LEGISLAÇÃO

EXAME DE ORDEM

VADE MECUM

CIVIL E EMPRESARIAL

ATUALIZAÇÃO

On-line

Para sua comodidade você terá acesso exclusivo a atualizações que ocorrerão até o dia **31 de dezembro de 2021**.

Realize o seu cadastro no *site* **www.apprideel.com.br**.

Permanecemos à disposição para esclarecimentos no *e-mail*: sac@rideel.com.br.

LEGISLAÇÃO
EXAME DE ORDEM

• Cristiane Penning Pauli de Menezes
• Douglas Azevedo
• Leonardo Rizzolo Fetter
• Luciana Aranalde
• Patrícia Strauss
• Maitê Damé Teixeira Lemos
• Tatiane Kipper

VADE MECUM CIVIL E EMPRESARIAL

4ª EDIÇÃO 2021

EDITORA RIDEEL
Quem tem Rideel tem mais.

EXPEDIENTE

FUNDADOR Italo Amadio (*in memoriam*)
DIRETORA EDITORIAL Katia Amadio
EQUIPE TÉCNICA Janaína Batista
Mayara Sobrane
ASSISTENTE EDITORIAL Mônica Ibiapino
PROJETO GRÁFICO Sergio A. Pereira
DIAGRAMAÇÃO Sheila Fahl / Projeto e Imagem

Até a 2ª edição Diogo Durigon participou da elaboração das notas remissivas.
Até a 3ª edição Grace Kellen e Veridiana Maria Rehbein participaram da elaboração das notas remissivas.

Dados Internacionais de Catalogação na Publicação (CIP)
Angélica Ilacqua CRB-8/7057

Vade Mecum civil e empresarial : legislação exame de ordem / organização de Cristiane Penning Pauli de Menezes... [et al.]. – 4. ed. – São Paulo : Rideel, 2021.
(Legislação Exame de Ordem)

ISBN 978-65-5738-417-6

1. Direito – Brasil 2. Direito civil – Brasil 3. Direito empresarial – Brasil 4. Manuais, vade-mécuns etc. I. Menezes, Cristiane Penning Pauli de

CDD 348.8102
21-3692 CDU 34(81)(02)

Índice para catálogo sistemático:
1. Direito : Brasil : Vademécuns

Edição Atualizada até 11-8-2021

EDITORA RIDEEL

ABDR EDITORA AFILIADA

Av. Casa Verde, 455 – Casa Verde
CEP 02519-000 – São Paulo – SP
e-mail: sac@rideel.com.br
www.editorarideel.com.br

3 5 7 9 8 6 4
1 1 2 1

Agradecimentos

Somos professores!

Descobrimos isso há algum tempo.

De certa forma, como já disse Buda, somos o que pensamos – e com nossos pensamentos buscamos e fazemos nosso mundo.

Somos professores!

E, talvez por isso, queiramos também mudar o mundo.

Somos professores!

E assim sendo, queremos tornar sonhos realidade.

Como lembrou Luis de Camões

"Mudam-se os tempos, mudam-se as vontades,

Muda-se o ser, muda-se a confiança;

Todo o mundo é composto de mudança,

Tomando sempre novas qualidades."

Somos professores!

E se pensamos e queremos, vamos contribuir para esta mudança.

Aqui nossa primeira contribuição (outras virão!).

Muitos deveriam ser homenageados nesta obra.

Mas simplificamos:

Obrigado CEISC (todas e todos que compõem esta família)

Obrigado Debora Voeltz e Gabriela Graeff – vocês foram indispensáveis.

No entanto, acima de todos, a homenagem principal vai direcionada para aquele que representa a nossa vida profissional – afinal, Somos professores!

Então – aos Alunos!

Aproveitem!

Usem e abusem da obra.

Ela acima de tudo foi feita

pensando em vocês,

sonhando com vocês e...

para vocês!

Os autores

Apresentação

A Editora Rideel, empresa com 50 anos de história e destacada atuação na área de publicação de legislação, apresenta, com muito orgulho, a Coleção Legislação Exame de Ordem.

Pensada especialmente para os examinandos da OAB, a Coleção é dividida em volumes que trazem matérias específicas, facilitando seu uso durante a 2ª Fase do certame. Compõem a coleção: Vade Mecum Penal, CLT Organizada, Vade Mecum Tributário, Vade Mecum Constitucional e Administrativo e Vade Mecum Civil e Empresarial.

Organizado por professores com destacada atuação na preparação de alunos para o Exame de Ordem, o conteúdo de cada título foi especialmente elaborado para atender aos requisitos do edital da prova.

Todos os volumes contam com a CF na íntegra, códigos e legislação complementar na íntegra e em excertos (selecionados somente artigos relevantes para cada matéria). Também trazem notas remissivas nos principais dispositivos legais, permitindo correlacionar os temas e, dessa maneira, ter uma consulta mais assertiva, segura e rápida, o que melhorará sobremaneira seu desempenho durante a 2ª Fase.

Todas as obras estão em conformidade com o Edital do Exame da OAB e podem ser consultadas durante a 2ª Fase, pois não trazem nenhum dos conteúdos vedados pela banca examinadora.

A coleção traz os mais modernos recursos de diagramação e conta com muitos facilitadores de consulta que constituem um diferencial que, acreditamos, será apreciado por todos os estudantes. São eles:

- Índice Cronológico Geral, contendo todos os diplomas legais publicados na obra com as respectivas ementas oficiais
- Notas remissivas objetivas e diretas a outros artigos, diplomas legais e súmulas dos tribunais superiores
- Índices Sistemático e Alfabético-Remissivo para cada Código
- Índice por Assuntos Geral da Obra (que abrange a legislação complementar e súmulas)
- Atualizações de 2021 em destaque (***negrito e itálico***)
- Tarjas laterais para identificação das seções da obra
- Indicação do número dos artigos no cabeçalho dos Códigos
- Indicação do número das leis no cabeçalho da legislação

Além disso, diante da rica produção legislativa no Brasil, visando brindar seus leitores com material sempre atualizado, a Rideel mantém, gratuitamente, as atualizações publicadas até 31 de dezembro de 2021 em seu *site* www.apprideel.com.br.

Visando o contínuo aprimoramento das nossas publicações, permanecemos à disposição para eventuais elogios, críticas e sugestões por meio do *e-mail* sac@rideel.com.br.

Bons estudos.

O Editor

Índice Geral

Lista de Abreviaturas

ABNT	Associação Brasileira de Normas Técnicas
Ac.	Acórdão
ACC	Autorização para Conduzir Ciclomotor
ADCT	Ato das Disposições Constitucionais Transitórias
ADPF	Arguição de Descumprimento de Preceito Fundamental
ADECON	Ação Declaratória de Constitucionalidade
ADIN	Ação Direta de Inconstitucionalidade
AGNU	Assembleia-Geral das Nações Unidas
AgReg	Agravo Regimental
ANEEL	Agência Nacional de Energia Elétrica
ANTP	Associação Nacional de Transportes Públicos
ANTT	Agência Nacional de Transportes Terrestres
APEX	Autorização Provisória Experimental
Art.	Artigo
Arts.	Artigos
CADE	Conselho Administrativo de Defesa Econômica
CAT	Certificado de Adequação à Legislação de Trânsito
c/c	combinado com
CC/1916	Código Civil de 1916
CC	Código Civil (Lei nº 10.406/2002)
CCom.	Código Comercial (Lei nº 556/1850)
CDC	Código de Defesa do Consumidor (Lei nº 8.078/1990)
CE	Código Eleitoral (Lei nº 4.737/1965)
CEF	Caixa Econômica Federal
CETRAN	Conselho Estadual de Trânsito
CF	Constituição Federal
CFC	Centro de Formação de Condutores
CGJT	Corregedoria-Geral da Justiça do Trabalho
Civ.	Civil
CLT	Consolidação das Leis do Trabalho (Dec.-lei nº 5.452/1943)
CNH	Carteira Nacional de Habilitação
CNJ	Conselho Nacional de Justiça
CNSP	Conselho Nacional de Seguros Privados
CONAMA	Conselho Nacional do Meio Ambiente
CONMETRO	Conselho Nacional de Metrologia, Normatização e Qualidade Industrial
CONTRAN	Conselho Nacional de Trânsito
CONTRANDIFE	Conselho de Trânsito do Distrito Federal
CP	Código Penal (Dec.-lei nº 2.848/1940)
CPC/2015	Código de Processo Civil de 2015
CPM	Código Penal Militar (Dec.-lei nº 1.001/1969)
CPP	Código de Processo Penal (Dec.-lei nº 3.689/1941)
CPPM	Código de Processo Penal Militar (Dec.-lei nº 1.002/1969)
Crim.	Criminal
CRLV	Certificado de Registro e Licenciamento de Veículo
CRV	Certificado de Registro de Veículo
CSV	Certificado de Segurança Veicular
CTB	Código de Trânsito Brasileiro
CTN	Código Tributário Nacional (Lei nº 5.172/1963)
CTVV	Convenção sobre Trânsito Viário de Viena
CVM	Comissão de valores Mobiliários
Dec.	Decreto
Dec.-lei	Decreto-lei
Del.	Deliberação
DENATRAN	Departamento Nacional de Trânsito
DETRAN	Departamento Estadual de Trânsito
DJ	Diário da Justiça
DJE	Diário da Justiça Eletrônica
DNIT	Departamento Nacional de Infraestrutura de Transportes
DOU	Diário Oficial da União
DPVAT	Seguro Obrigatório de Danos Pessoais Causados por Veículos Automotores de Via Terrestre, ou por sua Carga, a Pessoas Transportadas ou não
DS	Decreto Saraiva
DSST	Departamento de Segurança e Saúde no Trabalho
EC	Emenda Constitucional
ECA	Estatuto da Criança e do Adolescente (Lei nº 8.069/1990)
ECR	Emenda Constitucional de Revisão
En.	Enunciado
EOAB	Estatuto da Ordem dos Advogados do Brasil (Lei nº 8.906/1994)
ER	Emenda Regimental
ERE	Embargos em Recurso Extraordinário
FAT	Fundo de Amparo ao Trabalhador
FGTS	Fundo de Garantia do Tempo de Serviço
FONAJE	Fórum Nacional dos Juizados Especiais
FONAJEF	Fórum Nacional dos Juizados Especiais Federais
FNMC	Fundo Nacional sobre Mudança do Clima
FUNSET	Fundo Nacional de Segurança e Educação de Trânsito
HC	*Habeas Corpus*
IN	Instrução Normativa
INMETRO	Instituto Nacional de Metrologia, Qualidade e Tecnologia (denominação alterada pela Lei nº 12.545, de 14-12-2011)
Inq.	Inquérito
IPVA	Imposto sobre a Propriedade de Veículo Automotor
ITL	Instituição Técnica Licenciada
j.	Julgamento
JARI	Junta Administrativa de Recurso de Infrações
JEC	Juizado Especial Civil
JECrim	Juizado Especial Criminal
JEF	Juizado Especial Federal
LADV	Licença para Aprendizagem de Direção Veicular
LC	Lei Complementar
LCP	Lei das Contravenções Penais (Dec.-lei nº 3.688/1941)
LEP	Lei de Execução Penal (Lei nº 7.210/1984)
LINDB	Lei de Introdução às normas do Direito Brasileiro (Dec.-Lei nº 4.657, de 4-9-1942)
LUG	Lei Uniforme de Genebra
MJ	Ministério da Justiça
MP	Medida Provisória
MPAS	Ministério da Previdência e Assistência Social
MTb	Ministério do Trabalho, atual Ministério do Trabalho e Emprego – MTE
MTE	Ministério do Trabalho e Emprego
OAB	Ordem dos Advogados do Brasil
OIT	Organização Internacional do Trabalho
OJ	Orientação Jurisprudencial
PN	Precedente Normativo
Port.	Portaria
RAC	Regulamento de Avaliação de Conformidade
RE	Recurso Extraordinário
REFIS	Programa de Recuperação Fiscal
RENACH	Registro Nacional de Condutores Habilitados
RENACOM	Registro Nacional de Cobrança de Multas
RENAINF	Registro Nacional de Infrações de Trânsito
RENAVAN	Registro Nacional de Veículos Automotores
RENFOR	Rede Nacional de Formação e Habilitação de Condutores
REPORTO	Regime Tributário para Incentivo à Modernização e à Modernização e à Ampliação da Estrutura Portuária
Repre.	Representação
Res.	Resolução
Res. Adm.	Resolução Administrativa
Res. Norm.	Resolução Normativa
REsp.	Recurso Especial
RFB	Receita Federal do Brasil
RHC	Recurso de *Habeas Corpus*
RISTF	Regimento Interno do Supremo Tribunal Federal
RISTJ	Regimento Interno do Superior Tribunal de Justiça
RITST	Regimento Interno do Tribunal Superior do Trabalho
SDC	Seção de Dissídios Coletivos
SDE	Secretaria de Direito Econômico
SDI	Seção de Dissídios Individuais
SEAE	Secretaria de Acompanhamento Econômico
SECEX	Secretaria de Comércio Exterior
SEFIT	Secretaria de Fiscalização do Trabalho
Segs.	Seguintes
SF	Senado Federal
SINET	Sistema Nacional de Estatísticas de Trânsito
SIT	Secretaria de Inspeção do Trabalho
SNT	Sistema Nacional de Trânsito
SRT	Secretaria de Relações do Trabalho
SS	Suspensão de Segurança
STF	Supremo Tribunal Federal
STJ	Superior Tribunal de Justiça
STM	Superior Tribunal Militar
Súm.	Súmula
Súm. Vinc.	Súmula Vinculante
SUSEP	Superintendência de Seguros Privados
TDA	Títulos da Dívida Agrária
TFR	Tribunal Federal de Recursos
TJ	Tribunal de Justiça
TNU-JEF	Turma Nacional de Uniformização de Jurisprudência dos Juizados Especiais Federais
TRF	Tribunal Regional Federal
TRT	Tribunal Regional do Trabalho
TSE	Tribunal Superior Eleitoral
TST	Tribunal Superior do Trabalho

Índice Cronológico Geral

Leis

Medidas Provisórias

Decretos

Resoluções

Provimentos

Regimentos Internos dos Tribunais Superiores

Código de Ética

CONSTITUIÇÃO FEDERAL

Índice Sistemático da Constituição da República Federativa do Brasil

TÍTULO VII – DA ORDEM ECONÔMICA E FINANCEIRA

TÍTULO VIII – DA ORDEM SOCIAL

TÍTULO IX – DAS DISPOSIÇÕES CONSTITUCIONAIS GERAIS

ATO DAS DISPOSIÇÕES CONSTITUCIONAIS TRANSITÓRIAS

CONSTITUIÇÃO DA REPÚBLICA FEDERATIVA DO BRASIL

PREÂMBULO

Nós, representantes do povo brasileiro, reunidos em Assembleia Nacional Constituinte para instituir um Estado Democrático, destinado a assegurar o exercício dos direitos sociais e individuais, a liberdade, a segurança, o bem-estar, o desenvolvimento, a igualdade e a justiça como valores supremos de uma sociedade fraterna, pluralista e sem preconceitos, fundada na harmonia social e comprometida, na ordem interna e internacional, com a solução pacífica das controvérsias, promulgamos, sob a proteção de Deus, a seguinte CONSTITUIÇÃO DA REPÚBLICA FEDERATIVA DO BRASIL.

- ▸ Publicada no *DOU* nº 191-A, de 5-10-1988.

TÍTULO I – DOS PRINCÍPIOS FUNDAMENTAIS

Art. 1º A República Federativa do Brasil, formada pela união indissolúvel dos Estados e Municípios e do Distrito Federal, constitui-se em Estado Democrático de Direito e tem como fundamentos:

- ▸ A forma de governo república e o sistema de governo presidencialismo foram mantidos após o plebiscito de 21-4-1993, disposto na EC nº 2, de 25-8-1992.
- ▸ Arts. 18, *caput*, e 60, § 4º, I e II, desta Constituição.

I – a soberania;

- ▸ Arts. 20, VI, 21, I e II, 49, II, 84, VII, VIII e XIX, desta Constituição.

II – a cidadania;

- ▸ Arts. 5º, XXXIV, LIV, LXXI, LXXIII e LXXVII, e 60, § 4º, desta Constituição.
- ▸ Lei nº 9.265, de 12-2-1996, regulamenta o inciso LXXVII do art. 5º da Constituição, dispondo sobre a gratuidade dos atos necessários ao exercício da cidadania.

III – a dignidade da pessoa humana;

- ▸ Arts. 5º, 34, VII, *b*, 226, § 7º, 227 e 230, desta Constituição.
- ▸ Súmulas Vinculantes. nºˢ 6, 11 e 14 do STF.

IV – os valores sociais do trabalho e da livre iniciativa;

- ▸ Arts. 5º, 6º a 11, desta Constituição.

V – o pluralismo político.

- ▸ Art. 17 desta Constituição.

Parágrafo único. Todo o poder emana do povo, que o exerce por meio de representantes eleitos ou diretamente, nos termos desta Constituição.

- ▸ Arts. 14, e 60, § 4º, III, desta Constituição.
- ▸ Lei nº 9.709, de 18-11-1998, regulamenta a execução do disposto nos incisos I, II e III do art. 14 da CF.

Art. 2º São Poderes da União, independentes e harmônicos entre si, o Legislativo, o Executivo e o Judiciário.

- ▸ Art. 60, § 4º, III, desta Constituição.

Art. 3º Constituem objetivos fundamentais da República Federativa do Brasil:

I – construir uma sociedade livre, justa e solidária;

- ▸ Dec. nº 591, de 6-7-1992, atos Internacionais. Pacto Internacional sobre Direitos Econômicos, Sociais e Culturais. Promulgação.

II – garantir o desenvolvimento nacional;

- ▸ Arts. 23, par. ún, e 174, § 1º, desta Constituição.

III – erradicar a pobreza e a marginalização e reduzir as desigualdades sociais e regionais;

- ▸ Art. 23, X, desta Constituição.

IV – promover o bem de todos, sem preconceitos de origem, raça, sexo, cor, idade e quaisquer outras formas de discriminação.

- ▸ O STF, em 5 de maio de 2011, por unanimidade e com efeito vinculante, julgou procedentes a ADPF 132 e a ADIN 4.277, dando ao art. 1.723 do CC interpretação conforme à CF, de forma a excluir qualquer significado interpretativo que impeça o reconhecimento da união entre pessoas do mesmo sexo como entidade familiar.
- ▸ Lei nº 12.288, de 20-7-2010 (Estatuto da Igualdade Racial).

Art. 4º A República Federativa do Brasil rege-se nas suas relações internacionais pelos seguintes princípios:

- ▸ Arts. 21, I, e 84, VII e VIII, desta Constituição.

I – independência nacional;

- ▸ Arts. 78 e 91, § 1º, IV, desta Constituição.

II – prevalência dos direitos humanos;

- ▸ Dec. nº 678, de 6-11-1992, promulga a Convenção Americana sobre Direitos Humanos (Pacto de São José da Costa Rica).

III – autodeterminação dos povos;
IV – não intervenção;
V – igualdade entre os Estados;
VI – defesa da paz;
VII – solução pacífica dos conflitos;
VIII – repúdio ao terrorismo e ao racismo;

- ▸ Art. 5º, XLII e XLIII, desta Constituição.
- ▸ Lei nº 12.288, de 20-7-2010 (Estatuto da Igualdade Racial).

IX – cooperação entre os povos para o progresso da humanidade;
X – concessão de asilo político.

Parágrafo único. A República Federativa do Brasil buscará a integração econômica, política, social e cultural dos povos da América Latina, visando à formação de uma comunidade latino-americana de nações.

TÍTULO II – DOS DIREITOS E GARANTIAS FUNDAMENTAIS

CAPÍTULO I

DOS DIREITOS E DEVERES INDIVIDUAIS E COLETIVOS

Art. 5º Todos são iguais perante a lei, sem distinção de qualquer natureza, garantindo-se aos brasileiros e aos estrangeiros residentes no País a inviolabilidade do direito à vida, à liberdade, à igualdade, à segurança e à propriedade, nos termos seguintes:

► Art. 60, § 4º, IV, desta Constituição.

I – homens e mulheres são iguais em direitos e obrigações, nos termos desta Constituição;

► Arts. 143, § 2º, e 226, § 5º, desta Constituição.

II – ninguém será obrigado a fazer ou deixar de fazer alguma coisa senão em virtude de lei;

► Arts. 14, § 1º, I e 143 desta Constituição.
► Súm. Vinc. nº 44 do STF.

III – ninguém será submetido a tortura nem a tratamento desumano ou degradante;

► Súm. Vinc. nº 11 do STF.

IV – é livre a manifestação do pensamento, sendo vedado o anonimato;

► Arts. 220 e ss. desta Constituição.

V – é assegurado o direito de resposta, proporcional ao agravo, além da indenização por dano material, moral ou à imagem;

► Arts. 186 e 927 do CC.
► Art. 19 da Lei nº 12.965, de 23-04-2014 (Marco Civil da Internet).
► Lei nº 13.188, de 11-11-2015 (Lei do Direito de Resposta).
► Súmulas nºs 37, 227, 362, 387, 388 e 403 do STJ.

VI – é inviolável a liberdade de consciência e de crença, sendo assegurado o livre exercício dos cultos religiosos e garantida, na forma da lei, a proteção aos locais de culto e a suas liturgias;

VII – é assegurada, nos termos da lei, a prestação de assistência religiosa nas entidades civis e militares de internação coletiva;

VIII – ninguém será privado de direitos por motivo de crença religiosa ou de convicção filosófica ou política, salvo se as invocar para eximir-se de obrigação legal a todos imposta e recusar-se a cumprir prestação alternativa, fixada em lei;

► Art. 143 desta Constituição

IX – é livre a expressão da atividade intelectual, artística, científica e de comunicação, independentemente de censura ou licença;

► Lei nº 9.609, de 19-2-1998, dispõe sobre a proteção da propriedade intelectual de programa de computador e sua comercialização no País.
► Lei nº 9.610, de 19-2-1998 (Lei de Direitos Autorais).

X – são invioláveis a intimidade, a vida privada, a honra e a imagem das pessoas, assegurado o direito à indenização pelo dano material ou moral decorrente de sua violação;

► Art. 114, VI, desta Constituição.
► O STF, por unanimidade, julgou procedente a ADIN nº 4.815 (*DOU* de 26-6-2015), "para dar interpretação conforme a Constituição aos artigos 20 e 21 do Código Civil, sem redução de texto, para, em consonância com os direitos fundamentais a liberdade de pensamento e de sua expressão, de criação artística, produção cientifica, declarar inexigível o consentimento de pessoa biografada relativamente a obras biográficas literárias ou audiovisuais, sendo por igual desnecessária autorização de pessoas retratadas como coadjuvantes (ou de seus familiares, em caso de pessoas falecidas)".
► Arts. 19, 20, 186 e 927 do CC.
► Art. 19 da Lei nº 12.965, de 23-04-2014 (Marco Civil da Internet).
► Súm. Vinc. nº 11 do STF.
► Súm. nº 37, 362, 387 e 403 do STJ.

XI – a casa é asilo inviolável do indivíduo, ninguém nela podendo penetrar sem consentimento do morador, salvo em caso de flagrante delito ou desastre, ou para prestar socorro, ou, durante o dia, por determinação judicial;

XII – é inviolável o sigilo da correspondência e das comunicações telegráficas, de dados e das comunicações telefônicas, salvo, no último caso, por ordem judicial, nas hipóteses e na forma que a lei estabelecer para fins de investigação criminal ou instrução processual penal;

► Arts. 136, § 1º, *b* e *c*, e 139, III, desta Constituição.

XIII – é livre o exercício de qualquer trabalho, ofício ou profissão, atendidas as qualificações profissionais que a lei estabelecer;

► Art. 170 desta Constituição.

XIV – é assegurado a todos o acesso à informação e resguardado o sigilo da fonte, quando necessário ao exercício profissional;

XV – é livre a locomoção no território nacional em tempo de paz, podendo qualquer pessoa, nos termos da lei, nele entrar, permanecer ou dele sair com seus bens;

► Art. 139 desta Constituição.

XVI – todos podem reunir-se pacificamente, sem armas, em locais abertos ao público, independentemente de autorização, desde que não frustrem outra reunião anteriormente convocada para o mesmo local, sendo apenas exigido prévio aviso à autoridade competente;

► Art. 139 desta Constituição.

XVII – é plena a liberdade de associação para fins lícitos, vedada a de caráter paramilitar;

XVIII – a criação de associações e, na forma da lei, a de cooperativas independem de autorização, sendo vedada a interferência estatal em seu funcionamento;

► Lei nº 5.764, de 16-12-1971 (Lei das Cooperativas).
► Lei nº 9.867, de 10-11-1999, dispõe sobre a criação e o funcionamento de Cooperativas Sociais, visando à integração social dos cidadãos, conforme especifica.

XIX – as associações só poderão ser compulsoriamente dissolvidas ou ter suas atividades suspensas por decisão judicial, exigindo-se, no primeiro caso, o trânsito em julgado;

XX – ninguém poderá ser compelido a associar-se ou a permanecer associado;

XXI – as entidades associativas, quando expressamente autorizadas, têm legitimidade para representar seus filiados judicial ou extrajudicialmente;

► Lei 7.347, de 24-7-1985 (Lei da Ação Civil Pública).

XXII – é garantido o direito de propriedade;

► Art. 243 desta Constituição.
► Arts. 1.228 a 1.368 do CC.

XXIII – a propriedade atenderá a sua função social;

► Arts. 156, § 1º, 170, III, 182, §2º, e 186 desta Constituição.

XXIV – a lei estabelecerá o procedimento para desapropriação por necessidade ou utilidade pública, ou por interesse social, mediante justa e prévia indenização em dinheiro, ressalvados os casos previstos nesta Constituição;

► Art. 1.228, § 3º, do CC.
► Lei nº 4.132, de 10-9-1962 (Lei da Desapropriação por Interesse Social).
► Dec.-lei nº 3.365, de 21-6-1941 (Lei das Desapropriações).
► Dec.-lei nº 1.075, de 22-1-1970 (Lei da Imissão de Posse).

XXV – no caso de iminente perigo público, a autoridade competente poderá usar de propriedade particular, assegurada ao proprietário indenização ulterior, se houver dano;

XXVI – a pequena propriedade rural, assim definida em lei, desde que trabalhada pela família, não será objeto de penhora para pagamento de débitos decorrentes de sua atividade produtiva, dispondo a lei sobre os meios de financiar o seu desenvolvimento;

XXVII – aos autores pertence o direito exclusivo de utilização, publicação ou reprodução de suas obras, transmissível aos herdeiros pelo tempo que a lei fixar;

► Lei nº 9.609, de 19-2-1998, dispõe sobre a proteção da propriedade intelectual de programa de computador e sua comercialização no País.

► Lei nº 9.610, de 19-2-1998 (Lei de Direitos Autorais).

XXVIII – são assegurados, nos termos da lei:

a) a proteção às participações individuais em obras coletivas e à reprodução da imagem e voz humanas, inclusive nas atividades desportivas;

b) o direito de fiscalização do aproveitamento econômico das obras que criarem ou de que participarem aos criadores, aos intérpretes e às respectivas representações sindicais e associativas;

XXIX – a lei assegurará aos autores de inventos industriais privilégio temporário para sua utilização, bem como proteção às criações industriais, à propriedade das marcas, aos nomes de empresas e a outros signos distintivos, tendo em vista o interesse social e o desenvolvimento tecnológico e econômico do País;

► Lei nº 9.279, de 14-5-1996 (Lei da Propriedade Industrial).

XXX – é garantido o direito de herança;

► Arts. 1.784 a 2.027 do CC.

► Lei nº 8.971, de 29-12-1994, regula o direito dos companheiros a alimentos e à sucessão.

XXXI – a sucessão de bens de estrangeiros situados no País será regulada pela lei brasileira em benefício do cônjuge ou dos filhos brasileiros, sempre que não lhes seja mais favorável a lei pessoal do *de cujus*;

► Art. 10, §§1º e 2º do Dec.-lei nº 4.657, de 4-9-1942 (LINDB).

XXXII – o Estado promoverá, na forma da lei, a defesa do consumidor;

► Lei nº 8.078, de 11-9-1990 (Código de Defesa do Consumidor).

► Lei nº 12.529, de 30-11-2011 (Lei do Sistema Brasileiro de Defesa da Concorrência).

► Dec.-lei nº 2.181, de 20-3-1997, dispõe sobre a organização do Sistema Nacional de Defesa do Consumidor - SNDC, estabelece as normas gerais de aplicação das sanções administrativas previstas no CDC.

XXXIII – todos têm direito a receber dos órgãos públicos informações de seu interesse particular, ou de interesse coletivo ou geral, que serão prestadas no prazo da lei, sob pena de responsabilidade, ressalvadas aquelas cujo sigilo seja imprescindível à segurança da sociedade e do Estado;

► Incisos LXXII e LXXVII deste artigo.

► Lei 12.527, de 18-11-2011 (Lei do Acesso à Informação).

XXXIV – são a todos assegurados, independentemente do pagamento de taxas:

a) o direito de petição aos Poderes Públicos em defesa de direitos ou contra ilegalidade ou abuso de poder;

► Súm. Vinc. nº 21 do STF.

► Súm. 373 do STJ.

b) a obtenção de certidões em repartições públicas, para defesa de direitos e esclarecimento de situações de interesse pessoal;

XXXV – a lei não excluirá da apreciação do Poder Judiciário lesão ou ameaça a direito;

► Súm. Vinc. nº 28 do STF.

XXXVI – a lei não prejudicará o direito adquirido, o ato jurídico perfeito e a coisa julgada;

► Art. 6º do Dec.-lei nº 4.657, de 4-9-1942 (LINDB).

XXXVII – não haverá juízo ou tribunal de exceção;

XXXVIII – é reconhecida a instituição do júri, com a organização que lhe der a lei, assegurados:

► Súm. Vinc. nº 45 do STF.

a) a plenitude de defesa;

b) o sigilo das votações;

c) a soberania dos veredictos;

d) a competência para o julgamento dos crimes dolosos contra a vida;

XXXIX – não há crime sem lei anterior que o defina, nem pena sem prévia cominação legal;

XL – a lei penal não retroagirá, salvo para beneficiar o réu;

► Súm. Vinc. nº 26 do STF.

XLI – a lei punirá qualquer discriminação atentatória dos direitos e liberdades fundamentais;

XLII – a prática do racismo constitui crime inafiançável e imprescritível, sujeito à pena de reclusão, nos termos da lei;

XLIII – a lei considerará crimes inafiançáveis e insuscetíveis de graça ou anistia a prática da tortura, o tráfico ilícito de entorpecentes e drogas afins, o terrorismo e os definidos como crimes hediondos, por eles respondendo os mandantes, os executores e os que, podendo evitá-los, se omitirem;

XLIV – constitui crime inafiançável e imprescritível a ação de grupos armados, civis ou militares, contra a ordem constitucional e o Estado Democrático;

XLV – nenhuma pena passará da pessoa do condenado, podendo a obrigação de reparar o dano e a decretação do perdimento de bens ser, nos termos da lei, estendidas aos sucessores e contra eles executadas, até o limite do valor do patrimônio transferido;

► Arts. 932 e 935 do CC.

XLVI – a lei regulará a individualização da pena e adotará, entre outras, as seguintes:

a) privação ou restrição da liberdade;

b) perda de bens;

c) multa;

d) prestação social alternativa;

e) suspensão ou interdição de direitos;

XLVII – não haverá penas:

a) de morte, salvo em caso de guerra declarada, nos termos do artigo 84, XIX;

b) de caráter perpétuo;

c) de trabalhos forçados;

d) de banimento;

e) cruéis;

XLVIII – a pena será cumprida em estabelecimentos distintos, de acordo com a natureza do delito, a idade e o sexo do apenado;

XLIX – é assegurado aos presos o respeito à integridade física e moral;

► Súm. Vinc. nº 11 do STF.

L – às presidiárias serão asseguradas condições para que possam permanecer com seus filhos durante o período de amamentação;

LI – nenhum brasileiro será extraditado, salvo o naturalizado, em caso de crime comum, praticado antes da naturalização, ou de comprovado envolvimento em tráfico ilícito de entorpecentes e drogas afins, na forma da lei;

► Art. 12 desta Constituição.

LII – não será concedida extradição de estrangeiro por crime político ou de opinião;

LIII – ninguém será processado nem sentenciado senão pela autoridade competente;

LIV – ninguém será privado da liberdade ou de seus bens sem o devido processo legal;

LV – aos litigantes, em processo judicial ou administrativo, e aos acusados em geral são assegurados o contraditório e ampla defesa, com os meios e recursos a ela inerentes;

► Súmulas Vinculantes nºs 5, 14, 21 e 28 do STF.

LVI – são inadmissíveis, no processo, as provas obtidas por meios ilícitos;

► Arts. 369 e ss. do CPC.

LVII – ninguém será considerado culpado até o trânsito em julgado de sentença penal condenatória;

LVIII – o civilmente identificado não será submetido à identificação criminal, salvo nas hipóteses previstas em lei;

LIX – será admitida ação privada nos crimes de ação pública, se esta não for intentada no prazo legal;

LX – a lei só poderá restringir a publicidade dos atos processuais quando a defesa da intimidade ou o interesse social o exigirem;

► Art. 189 do CPC.

► Lei nº 9.800, de 26-5-1999, permite às partes a utilização de sistema de transmissão de dados para a prática de atos processuais.

LXI – ninguém será preso senão em flagrante delito ou por ordem escrita e fundamentada de autoridade judiciária competente, salvo nos casos de transgressão militar ou crime propriamente militar, definidos em lei;

► Inciso LVII deste artigo.

LXII – a prisão de qualquer pessoa e o local onde se encontre serão comunicados imediatamente ao juiz competente e à família do preso ou à pessoa por ele indicada;

LXIII – o preso será informado de seus direitos, entre os quais o de permanecer calado, sendo-lhe assegurada a assistência da família e de advogado;

► Art. 136, 3º, IV, desta Constituição.

► Súm. Vinc. nº 14 do STF.

LXIV – o preso tem direito à identificação dos responsáveis por sua prisão ou por seu interrogatório policial;

LXV – a prisão ilegal será imediatamente relaxada pela autoridade judiciária;

LXVI – ninguém será levado à prisão ou nela mantido, quando a lei admitir a liberdade provisória, com ou sem fiança;

LXVII – não haverá prisão civil por dívida, salvo a do responsável pelo inadimplemento voluntário e inescusável de obrigação alimentícia e a do depositário infiel;

► Art. 19 da Lei nº 5.478, de 25-7-1968 (Lei da Ação de Alimentos).

► Lei nº 9.514, de 20-11-1997, dispõe sobre o Sistema de Financiamento Imobiliário; institui a alienação fiduciária de coisa imóvel.

► Dec.-lei nº 911, de 1º-10-1969 (Lei das Alienações Fiduciárias).

► Súm. Vinc. nº 25 do STF.

LXVIII – conceder-se-á *habeas corpus* sempre que alguém sofrer ou se achar ameaçado de sofrer violência ou coação em sua liberdade de locomoção, por ilegalidade ou abuso de poder;

► Art. 142, § 2º, desta Constituição.

LXIX – conceder-se-á mandado de segurança para proteger direito líquido e certo, não amparado por *habeas corpus* ou *habeas data*, quando o responsável pela ilegalidade ou abuso de poder for autoridade pública ou agente de pessoa jurídica no exercício de atribuições do Poder Público;

► Lei nº 9.507, de 12-11-1997 (Lei do Habeas Data).

► Lei nº 12.016, de 7-8-2009 (Lei do Mandado de Segurança Individual e Coletivo).

LXX – o mandado de segurança coletivo pode ser impetrado por:

► Lei nº 12.016, de 7-8-2009 (Lei do Mandado de Segurança Individual e Coletivo).

a) partido político com representação no Congresso Nacional;

b) organização sindical, entidade de classe ou associação legalmente constituída e em funcionamento há pelo menos um ano, em defesa dos interesses de seus membros ou associados;

LXXI – conceder-se-á mandado de injunção sempre que a falta de norma regulamentadora torne inviável o exercício dos direitos e liberdades constitucionais e das prerrogativas inerentes à nacionalidade, à soberania e à cidadania;

► Lei nº 13.300, de 23-6-2016 (Lei do Mandado de Injunção).

LXXII – conceder-se-á *habeas data*:

► Lei nº 9.507, de 12-77-1997 (Lei do Habeas Data).

a) para assegurar o conhecimento de informações relativas à pessoa do impetrante, constantes de registros ou bancos de dados de entidades governamentais ou de caráter público;

b) para a retificação de dados, quando não se prefira fazê-lo por processo sigiloso, judicial ou administrativo;

LXXIII – qualquer cidadão é parte legítima para propor ação popular que vise a anular ato lesivo ao patrimônio público ou de entidade de que o Estado participe, à moralidade administrativa, ao meio ambiente e ao patrimônio histórico e cultural, ficando o autor, salvo comprovada má-fé, isento de custas judiciais e do ônus da sucumbência;

► Lei nº 4.717, de 29-6-1965 (Lei da Ação Popular).

LXXIV – o Estado prestará assistência jurídica integral e gratuita aos que comprovarem insuficiência de recursos;

LXXV – o Estado indenizará o condenado por erro judiciário, assim como o que ficar preso além do tempo fixado na sentença;

LXXVI – são gratuitos para os reconhecidamente pobres, na forma da lei:

► Art. 30 e parágrafos da Lei nº 6.015, de 31-12-1973 (Lei dos Registros Públicos).

► Lei nº 9.265, de 12-2-1996, regulamenta o inciso LXXVII do art. 5º da Constituição, dispondo sobre a gratuidade dos atos necessários ao exercício da cidadania.

a) o registro civil de nascimento;

► Arts. 46 e 50 a 60 da lei 6.015, de 31-12-1973 (Lei dos Registros Públicos).

b) a certidão de óbito;

► Arts. 77 a 88 da lei 6.015, de 31-12-1973 (Lei dos Registros Públicos).

LXXVII – são gratuitas as ações de *habeas corpus* e *habeas data* e, na forma da lei, os atos necessários ao exercício da cidadania;

LXXVIII – a todos, no âmbito judicial e administrativo, são assegurados a razoável duração do processo e os meios que garantam a celeridade de sua tramitação.

► Inciso LXXVIII acrescido pela EC nº 45, de 8-12-2004.

§ 1º As normas definidoras dos direitos e garantias fundamentais têm aplicação imediata.

§ 2º Os direitos e garantias expressos nesta Constituição não excluem outros decorrentes do regime e dos princípios por ela adotados, ou dos tratados internacionais em que a República Federativa do Brasil seja parte.

► Súm. Vinc. nº 25 do STF.

§ 3º Os tratados e convenções internacionais sobre direitos humanos que forem aprovados, em cada Casa do Congresso Nacional, em dois turnos, por três quintos dos votos dos respectivos membros, serão equivalentes às emendas constitucionais.

► Dec. nº 6.949, de 25-8-2009, promulga a Convenção Internacional sobre os Direitos das Pessoas com Deficiência e seu Protocolo Facultativo, assinados em Nova York, em 30-3-2007.

§ 4º O Brasil se submete à jurisdição de Tribunal Penal Internacional a cuja criação tenha manifestado adesão.

► §§ 3º e 4º acrescidos pela EC nº 45, de 8-12-2004.

CAPÍTULO II
DOS DIREITOS SOCIAIS

Art. 6º São direitos sociais a educação, a saúde, a alimentação, o trabalho, a moradia, o transporte, o lazer, a segurança, a previdência social, a proteção à maternidade e à infância, a assistência aos desamparados, na forma desta Constituição.

► Artigo com a redação dada pela EC nº 90, de 15-9-2015.

Art. 7º São direitos dos trabalhadores urbanos e rurais, além de outros que visem à melhoria de sua condição social:

I – relação de emprego protegida contra despedida arbitrária ou sem justa causa, nos termos de lei complementar, que preverá indenização compensatória, dentre outros direitos;

II – seguro-desemprego, em caso de desemprego involuntário;

► Lei nº 7.998, de 11-1-1990 (Lei do Seguro-Desemprego).

III – Fundo de Garantia do Tempo de Serviço;

► Lei nº 8.036, de 11-5-1990 (Lei do FGTS).

IV – salário mínimo, fixado em lei, nacionalmente unificado, capaz de atender a suas necessidades vitais básicas e às de sua família com moradia, alimentação, educação, saúde, lazer, vestuário, higiene, transporte e previdência social, com reajustes periódicos que lhe preservem o poder aquisitivo, sendo vedada sua vinculação para qualquer fim;

► Súmulas Vinculantes nºs 4, 15 e 16 do STF.

V – piso salarial proporcional à extensão e à complexidade do trabalho;

► LC nº 103, de 14-7-2000, autoriza os Estados e o DF a instituir o piso salarial a que se refere o inciso V do art. 7º da CF, por aplicação do disposto no par. ún. do seu art. 22).

VI – irredutibilidade do salário, salvo o disposto em convenção ou acordo coletivo;

VII – garantia de salário, nunca inferior ao mínimo, para os que percebem remuneração variável;

VIII – décimo terceiro salário com base na remuneração integral ou no valor da aposentadoria;

IX – remuneração do trabalho noturno superior à do diurno;

X – proteção do salário na forma da lei, constituindo crime sua retenção dolosa;

XI – participação nos lucros, ou resultados, desvinculada da remuneração, e, excepcionalmente, participação na gestão da empresa, conforme definido em lei;

XII – salário-família pago em razão do dependente do trabalhador de baixa renda nos termos da lei;

► Inciso XII com a redação dada pela EC nº 20, de 15-12-1998.

XIII – duração do trabalho normal não superior a oito horas diárias e quarenta e quatro semanais, facultada a compensação de horários e a redução da jornada, mediante acordo ou convenção coletiva de trabalho;

XIV – jornada de seis horas para o trabalho realizado em turnos ininterruptos de revezamento, salvo negociação coletiva;

XV – repouso semanal remunerado, preferencialmente aos domingos;

XVI – remuneração do serviço extraordinário superior, no mínimo, em cinquenta por cento à do normal;

XVII – gozo de férias anuais remuneradas com, pelo menos, um terço a mais do que o salário normal;

XVIII – licença à gestante, sem prejuízo do emprego e do salário, com a duração de cento e vinte dias;

XIX – licença-paternidade, nos termos fixados em lei;

XX – proteção do mercado de trabalho da mulher, mediante incentivos específicos, nos termos da lei;

XXI – aviso prévio proporcional ao tempo de serviço, sendo no mínimo de trinta dias, nos termos da lei;

XXII – redução dos riscos inerentes ao trabalho, por meio de normas de saúde, higiene e segurança;

XXIII – adicional de remuneração para as atividades penosas, insalubres ou perigosas, na forma da lei;

XXIV – aposentadoria;

XXV – assistência gratuita aos filhos e dependentes desde o nascimento até 5 (cinco) anos de idade em creches e pré-escolas;

► Inciso XXV com a redação dada pela EC nº 53, de 19-12-2006.

XXVI – reconhecimento das convenções e acordos coletivos de trabalho;

XXVII – proteção em face da automação, na forma da lei;

XXVIII – seguro contra acidentes de trabalho, a cargo do empregador, sem excluir a indenização a que este está obrigado, quando incorrer em dolo ou culpa;

XXIX – ação, quanto aos créditos resultantes das relações de trabalho, com prazo prescricional de cinco anos para os trabalhadores urbanos e rurais, até o limite de dois anos após a extinção do contrato de trabalho;

► Inciso XXIX com a redação dada pela EC nº 28, de 25-5-2000.

a) e *b)* *Revogadas*. EC nº 28, de 25-5-2000.

XXX – proibição de diferença de salários, de exercício de funções e de critério de admissão por motivo de sexo, idade, cor ou estado civil;

XXXI – proibição de qualquer discriminação no tocante a salário e critérios de admissão do trabalhador portador de deficiência;

XXXII – proibição de distinção entre trabalho manual, técnico e intelectual ou entre os profissionais respectivos;

XXXIII – proibição de trabalho noturno, perigoso ou insalubre a menores de dezoito e de qualquer trabalho a menores de dezesseis anos, salvo na condição de aprendiz, a partir de quatorze anos;

► Inciso XXXIII com a redação dada pela EC nº 20, de 15-12-1998.

XXXIV – igualdade de direitos entre o trabalhador com vínculo empregatício permanente e o trabalhador avulso.

Parágrafo único. São assegurados à categoria dos trabalhadores domésticos os direitos previstos nos incisos IV, VI, VII, VIII, X, XIII, XV, XVI, XVII, XVIII, XIX, XXI, XXII, XXIV, XXVI, XXX, XXXI e XXXIII e, atendidas as condições estabelecidas em lei e observada a simplificação do cumprimento das obrigações tributárias, principais e acessórias, decorrentes da relação de trabalho e suas peculiaridades, os previstos nos incisos I, II, III, IX, XII, XXV e XXVIII, bem como a sua integração à previdência social.

▸ Parágrafo único com a redação dada pela EC nº 72, de 3-4-2013.

Art. 8º É livre a associação profissional ou sindical, observado o seguinte:

I – a lei não poderá exigir autorização do Estado para a fundação de sindicato, ressalvado o registro no órgão competente, vedadas ao Poder Público a interferência e a intervenção na organização sindical;

II – é vedada a criação de mais de uma organização sindical, em qualquer grau, representativa de categoria profissional ou econômica, na mesma base territorial, que será definida pelos trabalhadores ou empregadores interessados, não podendo ser inferior à área de um município;

III – ao sindicato cabe a defesa dos direitos e interesses coletivos ou individuais da categoria, inclusive em questões judiciais ou administrativas;

IV – a assembleia-geral fixará a contribuição que, em se tratando de categoria profissional, será descontada em folha, para custeio do sistema confederativo da representação sindical respectiva, independentemente da contribuição prevista em lei;

▸ No Plenário, o STF julgou constitucional na ADIN nº 4.033 a isenção da contribuição sindical patronal das MEs e EPPs, optantes do SIMPLES NACIONAL, previsto no art. 13, § 3º, LC nº 123, 14-12-2006.

▸ No julgamento da ADIN nº 2.522, o Plenário do STF julgou constitucional o art. 47 da Lei nº 8.906, de 4-7-1994, (Estatuto da OAB) a isentar o recolhimento da contribuição sindical obrigatória aos advogados inscritos na Ordem dos Advogados do Brasil.

▸ Súm.Vinc. nº 40 do STF.

V – ninguém será obrigado a filiar-se ou manter-se filiado a sindicato;

VI – é obrigatória a participação dos sindicatos nas negociações coletivas de trabalho;

VII – o aposentado filiado tem direito a votar e ser votado nas organizações sindicais;

VIII – é vedada a dispensa do empregado sindicalizado, a partir do registro da candidatura a cargo de direção ou representação sindical e, se eleito, ainda que suplente, até um ano após o final do mandato, salvo se cometer falta grave nos termos da lei.

Parágrafo único. As disposições deste artigo aplicam-se à organização de sindicatos rurais e de colônias de pescadores, atendidas as condições que a lei estabelecer.

Art. 9º É assegurado o direito de greve, competindo aos trabalhadores decidir sobre a oportunidade de exercê-lo e sobre os interesses que devam por meio dele defender.

▸ Arts. 37, VII, 114, II e 142, § 3º, IV desta Constituição.

§ 1º A lei definirá os serviços ou atividades essenciais e disporá sobre o atendimento das necessidades inadiáveis da comunidade.

§ 2º Os abusos cometidos sujeitam os responsáveis às penas da lei.

Art. 10. É assegurada a participação dos trabalhadores e empregadores nos colegiados dos órgãos públicos em que seus interesses profissionais ou previdenciários sejam objeto de discussão e deliberação.

Art. 11. Nas empresas de mais de duzentos empregados, é assegurada a eleição de um representante destes com a finalidade exclusiva de promover-lhes o entendimento direto com os empregadores.

CAPÍTULO III

DA NACIONALIDADE

Art. 12. São brasileiros:

I – natos:

a) os nascidos na República Federativa do Brasil, ainda que de pais estrangeiros, desde que estes não estejam a serviço de seu país;

b) os nascidos no estrangeiro, de pai brasileiro ou mãe brasileira, desde que qualquer deles esteja a serviço da República Federativa do Brasil;

c) os nascidos no estrangeiro de pai brasileiro ou de mãe brasileira, desde que sejam registrados em repartição brasileira competente ou venham a residir na República Federativa do Brasil e optem, em qualquer tempo, depois de atingida a maioridade, pela nacionalidade brasileira;

▸ Alínea *c* com a redação dada pela EC nº 54, de 20-9-2007.

II – naturalizados:

a) os que, na forma da lei, adquiram a nacionalidade brasileira, exigidas aos originários de países de língua portuguesa apenas residência por um ano ininterrupto e idoneidade moral;

b) os estrangeiros de qualquer nacionalidade, residentes na República Federativa do Brasil há mais de quinze anos ininterruptos e sem condenação penal, desde que requeiram a nacionalidade brasileira.

▸ Alínea *b* com a redação dada pela ECR nº 3, de 7-6-1994.

§ 1º Aos portugueses com residência permanente no País, se houver reciprocidade em favor de brasileiros, serão atribuídos os direitos inerentes ao brasileiro, salvo os casos previstos nesta Constituição.

▸ § 1º com a redação dada pela ECR nº 3, de 7-6-1994.

§ 2º A lei não poderá estabelecer distinção entre brasileiros natos e naturalizados, salvo nos casos previstos nesta Constituição.

§ 3º São privativos de brasileiro nato os cargos:

I – de Presidente e Vice-Presidente da República;

II – de Presidente da Câmara dos Deputados;

III – de Presidente do Senado Federal;

IV – de Ministro do Supremo Tribunal Federal;

V – da carreira diplomática;

VI – de oficial das Forças Armadas;

VII – de Ministro de Estado da Defesa.

▸ Inciso VII acrescido pela EC nº 23, de 2-9-1999.

§ 4º Será declarada a perda da nacionalidade do brasileiro que:

I – tiver cancelada sua naturalização, por sentença judicial, em virtude de atividade nociva ao interesse nacional;

II – adquirir outra nacionalidade, salvo nos casos:

a) de reconhecimento de nacionalidade originária pela lei estrangeira;

b) de imposição de naturalização, pela norma estrangeira, ao brasileiro residente em Estado estrangeiro, como condição para permanência em seu território ou para o exercício de direitos civis.

► Inciso II, alíneas *a* e *b*, com a redação dada pela ECR nº 3, de 7-6-1994.

Art. 13. A língua portuguesa é o idioma oficial da República Federativa do Brasil.

§ 1º São símbolos da República Federativa do Brasil a bandeira, o hino, as armas e o selo nacionais.

► Lei nº 5.700, de 1º-9-1971, dispõe sobre a forma e a apresentação dos Símbolos Nacionais.

§ 2º Os Estados, o Distrito Federal e os Municípios poderão ter símbolos próprios.

CAPÍTULO IV
DOS DIREITOS POLÍTICOS

Art. 14. A soberania popular será exercida pelo sufrágio universal e pelo voto direto e secreto, com valor igual para todos, e, nos termos da lei, mediante:

I – plebiscito;
II – referendo;
III – iniciativa popular.

§ 1º O alistamento eleitoral e o voto são:

► Arts. 42 e ss. da Lei nº 4.737, de 15-7-1965 (Código Eleitoral).

I – obrigatórios para os maiores de dezoito anos;
II – facultativos para:
a) os analfabetos;
b) os maiores de setenta anos;
c) os maiores de dezesseis e menores de dezoito anos.

§ 2º Não podem alistar-se como eleitores os estrangeiros e, durante o período do serviço militar obrigatório, os conscritos.

§ 3º São condições de elegibilidade, na forma da lei:

I – a nacionalidade brasileira;
II – o pleno exercício dos direitos políticos;
III – o alistamento eleitoral;
IV – o domicílio eleitoral na circunscrição;
V – a filiação partidária;
VI – a idade mínima de:
a) trinta e cinco anos para Presidente e Vice-Presidente da República e Senador;
b) trinta anos para Governador e Vice-Governador de Estado e do Distrito Federal;
c) vinte e um anos para Deputado Federal, Deputado Estadual ou Distrital, Prefeito, Vice-Prefeito e juiz de paz;
d) dezoito anos para Vereador.

§ 4º São inelegíveis os inalistáveis e os analfabetos.

§ 5º O Presidente da República, os Governadores de Estado e do Distrito Federal, os Prefeitos e quem os houver sucedido ou substituído no curso dos mandatos poderão ser reeleitos para um único período subsequente.

► § 5º com a redação dada pela EC nº 16, de 4-6-1997.

§ 6º Para concorrerem a outros cargos, o Presidente da República, os Governadores de Estado e do Distrito Federal e os Prefeitos devem renunciar aos respectivos mandatos até seis meses antes do pleito.

§ 7º São inelegíveis, no território de jurisdição do titular, o cônjuge e os parentes consanguíneos ou afins, até o segundo grau ou por adoção, do Presidente da República, de Governador de Estado ou Território, do Distrito Federal, de Prefeito ou de quem os haja substituído dentro dos seis meses anteriores ao pleito, salvo se já titular de mandato eletivo e candidato à reeleição.

► Súm. Vinc. nº 18 do STF.

§ 8º O militar alistável é elegível, atendidas as seguintes condições:

I – se contar menos de dez anos de serviço, deverá afastar-se da atividade;
II – se contar mais de dez anos de serviço, será agregado pela autoridade superior e, se eleito, passará automaticamente, no ato da diplomação, para a inatividade.

► Art. 42 desta Constituição.

§ 9º Lei complementar estabelecerá outros casos de inelegibilidade e os prazos de sua cessação, a fim de proteger a probidade administrativa, a moralidade para o exercício do mandato, considerada a vida pregressa do candidato, e a normalidade e legitimidade das eleições contra a influência do poder econômico ou o abuso do exercício de função, cargo ou emprego na administração direta ou indireta.

► § 9º com a redação dada pela ECR nº 4, de 7-6-1994.

► LC nº 64, de 18-5-1990 (Lei dos Casos de Inelegibilidade).

§ 10. O mandato eletivo poderá ser impugnado ante a Justiça Eleitoral no prazo de quinze dias contados da diplomação, instruída a ação com provas de abuso do poder econômico, corrupção ou fraude.

§ 11. A ação de impugnação de mandato tramitará em segredo de justiça, respondendo o autor, na forma da lei, se temerária ou de manifesta má-fé.

Art. 15. É vedada a cassação de direitos políticos, cuja perda ou suspensão só se dará nos casos de:

I – cancelamento da naturalização por sentença transitada em julgado;
II – incapacidade civil absoluta;
III – condenação criminal transitada em julgado, enquanto durarem seus efeitos;
IV – recusa de cumprir obrigação a todos imposta ou prestação alternativa, nos termos do artigo 5º, VIII;
V – improbidade administrativa, nos termos do artigo 37, § 4º.

Art. 16. A lei que alterar o processo eleitoral entrará em vigor na data de sua publicação, não se aplicando à eleição que ocorra até um ano da data de sua vigência.

► Artigo com a redação dada pela EC nº 4, de 14-9-1993.

CAPÍTULO V
DOS PARTIDOS POLÍTICOS

Art. 17. É livre a criação, fusão, incorporação e extinção de partidos políticos, resguardados a soberania nacional, o regime democrático, o pluripartidarismo, os direitos fundamentais da pessoa humana e observados os seguintes preceitos:

► EC nº 91, de 18-2-2016.

I – caráter nacional;
II – proibição de recebimento de recursos financeiros de entidade ou governo estrangeiros ou de subordinação a estes;
III – prestação de contas à Justiça Eleitoral;
IV – funcionamento parlamentar de acordo com a lei.

§ 1º É assegurada aos partidos políticos autonomia para definir sua estrutura interna e estabelecer regras sobre escolha, formação e duração de seus órgãos permanentes e provisórios e sobre sua organização e funcionamento e para adotar os critérios de escolha e o regime de suas coligações nas eleições majoritárias, vedada a sua celebração nas eleições proporcionais, sem obrigatoriedade de vinculação entre as candidaturas em âmbito nacional, estadual, distrital ou municipal, devendo seus estatutos estabelecer normas de disciplina e fidelidade partidária.

► § 1º com a redação dada pela EC nº 97, de 4-10-2017.

► EC nº 97, de 4-10-2017.

§ 2º Os partidos políticos, após adquirirem personalidade jurídica, na forma da lei civil, registrarão seus estatutos no Tribunal Superior Eleitoral.

§ 3º Somente terão direito a recursos do fundo partidário e acesso gratuito ao rádio e à televisão, na forma da lei, os partidos políticos que alternativamente:

► Art. 3º da EC nº 97, de 4-10-2017.

I – obtiverem, nas eleições para a Câmara dos Deputados, no mínimo, 3% (três por cento) dos votos válidos, distribuídos em pelo menos um terço das unidades da Federação, com um mínimo de 2% (dois por cento) dos votos válidos em cada uma delas; ou

II – tiverem elegido pelo menos quinze Deputados Federais distribuídos em pelo menos um terço das unidades da Federação.

► § 3º com a redação dada pela EC nº 97, de 4-10-2017.

§ 4º É vedada a utilização pelos partidos políticos de organização paramilitar.

§ 5º Ao eleito por partido que não preencher os requisitos previstos no § 3º deste artigo é assegurado o mandato e facultada a filiação, sem perda do mandato, a outro partido que os tenha atingido, não sendo essa filiação considerada para fins de distribuição dos recursos do fundo partidário e de acesso gratuito ao tempo de rádio e de televisão.

► § 5º acrescido pela EC nº 97, de 4-10-2017.

TÍTULO III – DA ORGANIZAÇÃO DO ESTADO

CAPÍTULO I

DA ORGANIZAÇÃO POLÍTICO-ADMINISTRATIVA

Art. 18. A organização político-administrativa da República Federativa do Brasil compreende a União, os Estados, o Distrito Federal e os Municípios, todos autônomos, nos termos desta Constituição.

§ 1º Brasília é a Capital Federal.

§ 2º Os Territórios Federais integram a União, e sua criação, transformação em Estado ou reintegração ao Estado de origem serão reguladas em lei complementar.

§ 3º Os Estados podem incorporar-se entre si, subdividir-se ou desmembrar-se para se anexarem a outros, ou formarem novos Estados ou Territórios Federais, mediante aprovação da população diretamente interessada, através de plebiscito, e do Congresso Nacional, por lei complementar.

§ 4º A criação, a incorporação, a fusão e o desmembramento de Municípios, far-se-ão por lei estadual, dentro do período determinado por lei complementar federal, e dependerão de consulta prévia, mediante plebiscito, às populações dos Municípios envolvidos, após divulgação dos Estudos de Viabilidade Municipal, apresentados e publicados na forma da lei.

► § 4º com a redação dada pela EC nº 15, de 12-9-1996.

Art. 19. É vedado à União, aos Estados, ao Distrito Federal e aos Municípios:

I – estabelecer cultos religiosos ou igrejas, subvencioná-los, embaraçar-lhes o funcionamento ou manter com eles ou seus representantes relações de dependência ou aliança, ressalvada, na forma da lei, a colaboração de interesse público;

II – recusar fé aos documentos públicos;

III – criar distinções entre brasileiros ou preferências entre si.

CAPÍTULO II

DA UNIÃO

Art. 20. São bens da União:

I – os que atualmente lhe pertencem e os que lhe vierem a ser atribuídos;

II – as terras devolutas indispensáveis à defesa das fronteiras, das fortificações e construções militares, das vias federais de comunicação e à preservação ambiental, definidas em lei;

► Lei nº 6.938, de 31-8-1981 (Lei da Política Nacional do Meio Ambiente).

III – os lagos, rios e quaisquer correntes de água em terrenos de seu domínio, ou que banhem mais de um Estado, sirvam de limites com outros países, ou se estendam a território estrangeiro ou dele provenham, bem como os terrenos marginais e as praias fluviais;

IV – as ilhas fluviais e lacustres nas zonas limítrofes com outros países; as praias marítimas; as ilhas oceânicas e as costeiras, excluídas, destas, as que contenham a sede de Municípios, exceto aquelas áreas afetadas ao serviço público e a unidade ambiental federal, e as referidas no art. 26, II;

► Inciso IV com a redação dada pela EC nº 46, de 5-5-2005.

V – os recursos naturais da plataforma continental e da zona econômica exclusiva;

VI – o mar territorial;

VII – os terrenos de marinha e seus acrescidos;

VIII – os potenciais de energia hidráulica;

IX – os recursos minerais, inclusive os do subsolo;

X – as cavidades naturais subterrâneas e os sítios arqueológicos e pré-históricos;

XI – as terras tradicionalmente ocupadas pelos índios.

§ 1º É assegurada, nos termos da lei, à União, aos Estados, ao Distrito Federal e aos Municípios a participação no resultado da exploração de petróleo ou gás natural, de recursos hídricos para fins de geração de energia elétrica e de outros recursos minerais no respectivo território, plataforma continental, mar territorial ou zona econômica exclusiva, ou compensação financeira por essa exploração.

► § 1º com a redação dada pela EC nº 102, de 26-9-2019, para vigorar na data de sua publicação (*DOU* de 27-9-2019), produzindo efeitos a partir da execução orçamentária do exercício financeiro subsequente.

► Art. 198, § 2º, I, desta Constituição.

► Art. 3º da EC nº 86, de 17-3-2015.

§ 2º A faixa de até cento e cinquenta quilômetros de largura, ao longo das fronteiras terrestres, designada como faixa de fronteira, é considerada fundamental para defesa do território nacional, e sua ocupação e utilização serão reguladas em lei.

Art. 21. Compete à União:

I – manter relações com Estados estrangeiros e participar de organizações internacionais;

II – declarar a guerra e celebrar a paz;

III – assegurar a defesa nacional;

IV – permitir, nos casos previstos em lei complementar, que forças estrangeiras transitem pelo território nacional ou nele permaneçam temporariamente;

V – decretar o estado de sítio, o estado de defesa e a intervenção federal;

VI – autorizar e fiscalizar a produção e o comércio de material bélico;

VII – emitir moeda;

VIII – administrar as reservas cambiais do País e fiscalizar as operações de natureza financeira, especialmente as de crédito, câmbio e capitalização, bem como as de seguros e de previdência privada;

► Lei nº 4.595, de 31-12-1964 (Lei do Sistema Financeiro Nacional).

► Lei nº 4.728, de 14-7-1965 (Lei do Mercado de Capitais).

► Dec-lei nº 73, de 21-11-1966, dispõe sobre o Sistema Nacional de Seguros Privados, regula as operações de seguros e resseguros.

IX – elaborar e executar planos nacionais e regionais de ordenação do território e de desenvolvimento econômico e social;

X – manter o serviço postal e o correio aéreo nacional;

XI – explorar, diretamente ou mediante autorização, concessão ou permissão, os serviços de telecomunicações, nos termos da lei, que disporá sobre a organização dos serviços, a criação de um órgão regulador e outros aspectos institucionais;

► Inciso XI com a redação dada pela EC nº 8, de 15-8-1995.

XII – explorar, diretamente ou mediante autorização, concessão ou permissão:

a) os serviços de radiodifusão sonora e de sons e imagens;

► Alínea *a* com a redação dada pela EC nº 8, de 15-8-1995.

► Lei nº 4.117, de 27-8-1962 (Código Brasileiro de Telecomunicações).

b) os serviços e instalações de energia elétrica e o aproveitamento energético dos cursos de água, em articulação com os Estados onde se situam os potenciais hidroenergéticos;

c) a navegação aérea, aeroespacial e a infraestrutura aeroportuária;

d) os serviços de transporte ferroviário e aquaviário entre portos brasileiros e fronteiras nacionais, ou que transponham os limites de Estado ou Território;

e) os serviços de transporte rodoviário interestadual e internacional de passageiros;

f) os portos marítimos, fluviais e lacustres;

XIII – organizar e manter o Poder Judiciário, o Ministério Público do Distrito Federal e dos Territórios e a Defensoria Pública dos Territórios;

► Inciso XIII com a redação dada pela EC nº 69, de 29-3-2012, em vigor na data de sua publicação, produzindo efeitos após 120 dias de sua publicação oficial (*DOU* de 30-3-2012).

XIV – organizar e manter a polícia civil, a polícia penal, a polícia militar e o corpo de bombeiros militar do Distrito Federal, bem como prestar assistência financeira ao Distrito Federal para a execução de serviços públicos, por meio de fundo próprio;

► Inciso XIV com a redação dada pela EC nº 104, de 4-12-2019.

► Art. 25 da EC nº 19, de 4-6-1998.

► Súm. Vinc. nº 39 do STF.

XV – organizar e manter os serviços oficiais de estatística, geografia, geologia e cartografia de âmbito nacional;

XVI – exercer a classificação, para efeito indicativo, de diversões públicas e de programas de rádio e televisão;

XVII – conceder anistia;

XVIII – planejar e promover a defesa permanente contra as calamidades públicas, especialmente as secas e as inundações;

XIX – instituir sistema nacional de gerenciamento de recursos hídricos e definir critérios de outorga de direitos de seu uso;

XX – instituir diretrizes para o desenvolvimento urbano, inclusive habitação, saneamento básico e transportes urbanos;

XXI – estabelecer princípios e diretrizes para o sistema nacional de viação;

XXII – executar os serviços de polícia marítima, aeroportuária e de fronteiras;

► Inciso XXII com a redação dada pela EC nº 19, de 4-6-1998.

► Dec. nº 911, de 3-9-1993 (Lei das Alienações Fiduciárias).

XXIII – explorar os serviços e instalações nucleares de qualquer natureza e exercer monopólio estatal sobre a pesquisa, a lavra, o enriquecimento e reprocessamento, a industrialização e o comércio de minérios nucleares e seus derivados, atendidos os seguintes princípios e condições:

a) toda atividade nuclear em Território Nacional somente será admitida para fins pacíficos e mediante aprovação do Congresso Nacional;

b) sob regime de permissão, são autorizadas a comercialização e a utilização de radioisótopos para a pesquisa e usos médicos, agrícolas e industriais;

c) sob regime de permissão, são autorizadas a produção, comercialização e utilização de radioisótopos de meia-vida igual ou inferior a duas horas;

► Alíneas *b* e *c* com a redação dada pela EC nº 49, de 8-2-2006.

d) a responsabilidade civil por danos nucleares independe da existência de culpa;

► Alínea *d* acrescida pela EC nº 49, de 8-2-2006.

► Lei nº 6.453, de 17-10-1977, dispõe sobre a responsabilidade civil por danos nucleares e a responsabilidade criminal por atos relacionados com atividades nucleares.

XXIV – organizar, manter e executar a inspeção do trabalho;

XXV – estabelecer as áreas e as condições para o exercício da atividade de garimpagem, em forma associativa.

► Lei nº 7.805, de 18-7-1989, altera o Dec.-Lei nº 227, de 28-2-1967, cria o regime de permissão de lavra garimpeira, extingue o regime de matrícula.

Art. 22. Compete privativamente à União legislar sobre:

I – direito civil, comercial, penal, processual, eleitoral, agrário, marítimo, aeronáutico, espacial e do trabalho;

► Súm. Vinc. nº 46 do STF

II – desapropriação;

► Art. 1.228, § 3º, do CC.

► LC nº 76, de 6-7-1993 (Lei de Desapropriação de Imóvel Rural para fins de Reforma Agrária).

► Lei nº 4.132, de 20-9-1962 (Lei da Desapropriação por Interesse Social).

► Dec.-lei 3.365, de 21-6-1941 (Lei das Desapropriações).

► Dec.-lei nº 1.075, de 22-1-1970 (Lei da Imissão de Posse).

III – requisições civis e militares, em caso de iminente perigo e em tempo de guerra;

IV – águas, energia, informática, telecomunicações e radiodifusão;

V – serviço postal;

VI – sistema monetário e de medidas, títulos e garantias dos metais;

VII – política de crédito, câmbio, seguros e transferência de valores;

► Súm. Vinc. 32 do STF.

VIII – comércio exterior e interestadual;

IX – diretrizes da política nacional de transportes;

X – regime dos portos, navegação lacustre, fluvial, marítima, aérea e aeroespacial;

► Lei nº 12.815, de 5-6-2013 (Lei dos Portos).

XI – trânsito e transporte;

► Lei nº 9.503, de 23-9-1997 (Código de Trânsito Brasileiro).

XII – jazidas, minas, outros recursos minerais e metalurgia;

XIII – nacionalidade, cidadania e naturalização;

► Art. 12 desta Constituição.

XIV – populações indígenas;

► Lei nº 6.001, de 19-12-1973 (Estatuto do Índio).

XV – emigração e imigração, entrada, extradição e expulsão de estrangeiros;

XVI – organização do sistema nacional de emprego e condições para o exercício de profissões;

XVII – organização judiciária, do Ministério Público do Distrito Federal e dos Territórios e da Defensoria Pública dos Territórios, bem como organização administrativa destes;

► Inciso XVII com a redação dada pela EC nº 69, de 29-3-2012, em vigor na data de sua publicação, produzindo efeitos após 120 dias de sua publicação oficial (*DOU* de 30-3-2012).

XVIII – sistema estatístico, sistema cartográfico e de geologia nacionais;

XIX – sistemas de poupança, captação e garantia da poupança popular;

XX – sistemas de consórcios e sorteios;

► Lei nº 11.795, de 8-10-2008 (Lei do Sistema de Consórcios).

► Súm. Vinc. nº 2 do STF.

XXI – normas gerais de organização, efetivos, material bélico, garantias, convocação, mobilização, inatividades e pensões das polícias militares e dos corpos de bombeiros militares;

► Inciso XXI com a redação dada pela EC nº 103, de 12-11-2019.

XXII – competência da Polícia Federal e das Polícias Rodoviária e Ferroviária Federais;

XXIII – seguridade social;

XXIV – diretrizes e bases da educação nacional;

► Lei nº 9.394, de 20-12-1996 (Lei das Diretrizes e Bases da Educação Nacional).

XXV – registros públicos;

► Lei nº 6.015, de 31-12-1973 (Lei dos Registros Públicos).

XXVI – atividades nucleares de qualquer natureza;

► Lei nº 12.731, de 21-11-2012, institui o Sistema de Proteção ao Programa Nuclear Brasileiro – SIPRON.

XXVII – normas gerais de licitação e contratação, em todas as modalidades, para as administrações públicas diretas, autárquicas e fundacionais da União, Estados, Distrito Federal e Municípios, obedecido o disposto no artigo 37, XXI, e para as empresas públicas e sociedades de economia mista, nos termos do artigo 173, § 1º, III;

► Inciso XXVII com a redação dada pela EC nº 19, de 4-6-1998.

► Lei nº 8.666, de 21-6-1993 (Lei de Licitações e Contratos Administrativos).

► Lei nº 10.520, de 17-7-2002 (Lei do Pregão).

XXVIII – defesa territorial, defesa aeroespacial, defesa marítima, defesa civil e mobilização nacional;

► Lei nº 8.078, de 11-9-1190 (Código de Defesa do Consumidor).

► Dec nº 7.257, de 4-8-2010, regulamenta a MP nº 494 de 2-7-2010, para dispor sobre o Sistema Nacional de Defesa Civil – SINDEC, sobre o reconhecimento de situação de emergência e estado de calamidade pública, sobre as transferências de recursos para ações de socorro, assistência às vítimas, restabelecimento de serviços essenciais e reconstrução nas áreas atingidas por desastre.

► Lei nº 12.608, de 10-4-2012, institui a Política Nacional de Proteção e Defesa Civil - PNPDEC; dispõe sobre o Sistema Nacional de Proteção e Defesa Civil – SINPDEC e o Conselho Nacional de Proteção e Defesa Civil - CONPDEC; autoriza a criação de sistema de informações e monitoramento de desastres.

XXIX – propaganda comercial.

Parágrafo único. Lei complementar poderá autorizar os Estados a legislar sobre questões específicas das matérias relacionadas neste artigo.

Art. 23. É competência comum da União, dos Estados, do Distrito Federal e dos Municípios:

I – zelar pela guarda da Constituição, das leis e das instituições democráticas e conservar o patrimônio público;

II – cuidar da saúde e assistência pública, da proteção e garantia das pessoas portadoras de deficiência;

► Lei nº 7.853, de 24-10-1989 (Lei de Apoio às Pessoas Portadoras de Deficiência).

III – proteger os documentos, as obras e outros bens de valor histórico, artístico e cultural, os monumentos, as paisagens naturais notáveis e os sítios arqueológicos;

► Parágrafo único deste artigo.

IV – impedir a evasão, a destruição e a descaracterização de obras de arte e de outros bens de valor histórico, artístico ou cultural;

V – proporcionar os meios de acesso à cultura, à educação, à ciência, à tecnologia, à pesquisa e à inovação;

► Inciso V com a redação dada pela EC nº 85, de 26-2-2015.

► Art. 212 desta Constituição.

VI – proteger o meio ambiente e combater a poluição em qualquer de suas formas;

► Parágrafo único deste artigo.

► Lei nº 6.938, de 31-8-2008 (Lei da Política Nacional do Meio Ambiente).

► Dec. nº 5.445, de 12-5-2005, promulga o Protocolo de Quioto à Convenção-Quadro das Nações Unidas sobre Mudança do Clima, aberto a assinaturas na cidade de Quioto, Japão, em 11-12-1997, por ocasião da Terceira Conferência das Partes da Convenção-Quadro das Nações Unidas sobre Mudança do Clima.

VII – preservar as florestas, a fauna e a flora;

► Parágrafo único deste artigo.

► Lei nº 5.197, de 3-1-1967 (Lei de Proteção à Fauna).

► Lei nº 12.651, de 25-5-2012 (Novo Código Florestal).

VIII – fomentar a produção agropecuária e organizar o abastecimento alimentar;

IX – promover programas de construção de moradias e a melhoria das condições habitacionais e de saneamento básico;

X – combater as causas da pobreza e os fatores de marginalização, promovendo a integração social dos setores desfavorecidos;

XI – registrar, acompanhar e fiscalizar as concessões de direitos de pesquisa e exploração de recursos hídricos e minerais em seus territórios;

XII – estabelecer e implantar política de educação para a segurança do trânsito.

► Lei nº 9.503, de 23-9-1997 (Código de Trânsito Brasileiro).

Parágrafo único. Leis complementares fixarão normas para a cooperação entre a União e os Estados, o Distrito Federal e os Municípios, tendo em vista o equilíbrio do desenvolvimento e do bem-estar em âmbito nacional.

► Parágrafo único com a redação dada pela EC nº 53, de 19-12-2006.

► LC nº 140, de 8-12-2011, fixa normas para a cooperação entre a União, os Estados, o DF e os Municípios nas ações administrativas decorrentes do exercício da competência comum relativas à proteção das paisagens naturais notáveis, à proteção do meio ambiente, ao combate à poluição em qualquer de suas formas e à preservação das florestas, da fauna e da flora.

Art. 24. Compete à União, aos Estados e ao Distrito Federal legislar concorrentemente sobre:

I – direito tributário, financeiro, penitenciário, econômico e urbanístico;

► Lei nº 5.172, de 25-10-1966 (CTN).

► Lei nº 6.830, de 22-9-1980 (Lei das Execuções Fiscais).

II – orçamento;

III – juntas comerciais;

► Lei nº 8.934, de 18-11-1994 (Lei do Registro Público de Empresas Mercantis).

► Dec. nº 1.800, de 30-1-1996, regulamenta a Lei nº 8.934, de 18-11-1994.

IV – custas dos serviços forenses;

V – produção e consumo;

VI – florestas, caça, pesca, fauna, conservação da natureza, defesa do solo e dos recursos naturais, proteção do meio ambiente e controle da poluição;

► Lei nº 5.197, de 3-1-1967 (Lei de Proteção à Fauna).

► Lei nº 12.651, de 25-5-2012 (Novo Código Florestal).

► Lei nº 11.959, de 29-6-2009 (Lei da Política Nacional de Desenvolvimento Sustentável da Aquicultura e da Pesca).

VII – proteção ao patrimônio histórico, cultural, artístico, turístico e paisagístico;

VIII – responsabilidade por dano ao meio ambiente, ao consumidor, a bens e direitos de valor artístico, estético, histórico, turístico e paisagístico;

► Lei nº 7.347, de 24-7-1985 (Lei da Ação Civil Pública).

► Dec. nº 2.181, de 20-3-1997, dispõe sobre a organização do Sistema Nacional de Defesa do Consumidor - SNDC, estabelece as normas gerais de aplicação das sanções administrativas previstas no CDC.

IX – educação, cultura, ensino, desporto, ciência, tecnologia, pesquisa, desenvolvimento e inovação;

► Inciso IX com a redação dada pela EC nº 85, de 26-2-2015.

► Lei nº 9.615, de 24-3-1998, institui normas gerais sobre desporto.

► Lei nº 9.394, de 20-12-1996 (Lei das Diretrizes e Bases da Educação Nacional).

X – criação, funcionamento e processo do juizado de pequenas causas;

► Lei nº 9.099, de 26-9-1995 (Lei dos Juizados Especiais).

► Lei nº 10.259, de 12-7-2001 (Lei dos Juizados Especiais Federais).

► Lei nº 11.340, de 7-8-2006 (Lei que Coíbe a Violência Doméstica e Familiar Contra a Mulher).

► Lei nº 12.153, de 22-12-2009 (Lei dos Juizados Especiais da Fazenda Pública).

XI – procedimentos em matéria processual;

XII – previdência social, proteção e defesa da saúde;

XIII – assistência jurídica e defensoria pública;

XIV – proteção e integração social das pessoas portadoras de deficiência;

► Lei nº 7.853, de 24-10-1989 (Lei de Apoio às Pessoas Portadoras de Deficiência).

XV – proteção à infância e à juventude;

► Lei nº 8.069, de 13-7-1990 (Estatuto da Criança e do Adolescente).

► Lei nº 13.257, de 8-3-2016, dispõe sobre as políticas públicas para a primeira infância.

XVI – organização, garantias, direitos e deveres das polícias civis.

§ 1º No âmbito da legislação concorrente, a competência da União limitar-se-á a estabelecer normas gerais.

§ 2º A competência da União para legislar sobre normas gerais não exclui a competência suplementar dos Estados.

§ 3º Inexistindo lei federal sobre normas gerais, os Estados exercerão a competência legislativa plena, para atender a suas peculiaridades.

§ 4º A superveniência de lei federal sobre normas gerais suspende a eficácia da lei estadual, no que lhe for contrário.

CAPÍTULO III
DOS ESTADOS FEDERADOS

Art. 25. Os Estados organizam-se e regem-se pelas Constituições e leis que adotarem, observados os princípios desta Constituição.

§ 1º São reservadas aos Estados as competências que não lhes sejam vedadas por esta Constituição.

§ 2º Cabe aos Estados explorar diretamente, ou mediante concessão, os serviços locais de gás canalizado, na forma da lei, vedada a edição de medida provisória para a sua regulamentação.

► § 2º com a redação dada pela EC nº 5, de 15-8-1995.

§ 3º Os Estados poderão, mediante lei complementar, instituir regiões metropolitanas, aglomerações urbanas e microrregiões, constituídas por agrupamentos de municípios limítrofes, para integrar a organização, o planejamento e a execução de funções públicas de interesse comum.

Art. 26. Incluem-se entre os bens dos Estados:

I – as águas superficiais ou subterrâneas, fluentes, emergentes e em depósito, ressalvadas, neste caso, na forma da lei, as decorrentes de obras da União;

II – as áreas, nas ilhas oceânicas e costeiras, que estiverem no seu domínio, excluídas aquelas sob domínio da União, Municípios ou terceiros;

III – as ilhas fluviais e lacustres não pertencentes à União;

IV – as terras devolutas não compreendidas entre as da União.

Art. 27. O número de Deputados à Assembleia Legislativa corresponderá ao triplo da representação do Estado na Câmara dos Deputados e, atingido o número de trinta e seis, será acrescido de tantos quantos forem os Deputados Federais acima de doze.

§ 1º Será de quatro anos o mandato dos Deputados Estaduais, aplicando-se-lhes as regras desta Constituição sobre sistema eleitoral, inviolabilidade, imunidades, remuneração, perda de mandato, licença, impedimentos e incorporação às Forças Armadas.

§ 2º O subsídio dos Deputados Estaduais será fixado por lei de iniciativa da Assembleia Legislativa, na razão de, no máximo, setenta e cinco por cento daquele estabelecido, em espécie, para os Deputados Federais, observado o que dispõem os artigos 39, § 4º, 57, § 7º, 150, II, 153, III, e 153, § 2º, I.

► § 2º com a redação dada pela EC nº 19, de 4-6-1998.

§ 3º Compete às Assembleias Legislativas dispor sobre seu regimento interno, polícia e serviços administrativos de sua Secretaria, e prover os respectivos cargos.

§ 4º A lei disporá sobre a iniciativa popular no processo legislativo estadual.

Art. 28. A eleição do Governador e do Vice-Governador de Estado, para mandato de quatro anos, realizar-se-á no primeiro domingo de outubro, em primeiro turno, e no último domingo de outubro, em segundo turno, se houver, do ano anterior ao do término do mandato de seus antecessores, e a posse ocorrerá no dia 1º de janeiro do ano subsequente, observado, quanto ao mais, o disposto no artigo 77.

► *Caput* com a redação dada pela EC nº 16, de 4-6-1997.

► Lei nº 9.504, de 30-9-1997 (Lei das Eleições).

§ 1º Perderá o mandato o Governador que assumir outro cargo ou função na administração pública direta ou indireta, ressalvada a posse em virtude de concurso público e observado o disposto no artigo 38, I, IV e V.

► Parágrafo único transformado em § 1º pela EC nº 19, de 4-6-1998.

§ 2º Os subsídios do Governador, do Vice-Governador e dos Secretários de Estado serão fixados por lei de iniciativa da Assembleia Legislativa, observado o que dispõem os artigos 37, XI, 39, § 4º, 150, II, 153, III, e 153, § 2º, I.

► § 2º acrescido pela EC nº 19, de 4-6-1998.

CAPÍTULO IV
DOS MUNICÍPIOS

Art. 29. O Município reger-se-á por lei orgânica, votada em dois turnos, com o interstício mínimo de dez dias, e aprovada por dois terços dos membros da Câmara Municipal, que a promulgará, atendidos os princípios estabelecidos nesta Constituição, na Constituição do respectivo Estado e os seguintes preceitos:

► Súm. Vinc. 42 do STF.

I – eleição do Prefeito, do Vice-Prefeito e dos Vereadores, para mandato de quatro anos, mediante pleito direto e simultâneo realizado em todo o País;

II – eleição do Prefeito e do Vice-Prefeito realizada no primeiro domingo de outubro do ano anterior ao término do mandato dos que devam suceder, aplicadas as regras do artigo 77 no caso de Municípios com mais de duzentos mil eleitores;

► Inciso II com a redação dada pela EC nº 16, de 4-6-1997.

III – posse do Prefeito e do Vice-Prefeito no dia 1º de janeiro do ano subsequente ao da eleição;

IV – para a composição das Câmaras Municipais, será observado o limite máximo de:

► *Caput* do inciso IV com a redação dada pela EC nº 58, de 23-9-2009 (*DOU* de 24-9-2009), produzindo efeitos a partir do processo eleitoral de 2008.

► Nas Ações Diretas de Inconstitucionalidade nºs 4.307 e 4.310, o STF, em decisão com eficácia *ex tunc*, sustou os efeitos do art. 3º, I, da EC nº 58, de 23-9-2009, que altera este inciso IV (*DJE* de 8-10-2009).

a) 9 (nove) Vereadores, nos Municípios de até 15.000 (quinze mil) habitantes;

b) 11 (onze) Vereadores, nos Municípios de mais de 15.000 (quinze mil) habitantes e de até 30.000 (trinta mil) habitantes;

c) 13 (treze) Vereadores, nos Municípios com mais de 30.000 (trinta mil) habitantes e de até 50.000 (cinquenta mil) habitantes;

► Alíneas *a* a *c* com a redação dada pela EC nº 58, de 23-9-2009 (*DOU* de 24-9-2009), produzindo efeitos a partir do processo eleitoral de 2008.

d) 15 (quinze) Vereadores, nos Municípios de mais de 50.000 (cinquenta mil) habitantes e de até 80.000 (oitenta mil) habitantes;

e) 17 (dezessete) Vereadores, nos Municípios de mais de 80.000 (oitenta mil) habitantes e de até 120.000 (cento e vinte mil) habitantes;

f) 19 (dezenove) Vereadores, nos Municípios de mais de 120.000 (cento e vinte mil) habitantes e de até 160.000 (cento e sessenta mil) habitantes;

g) 21 (vinte e um) Vereadores, nos Municípios de mais de 160.000 (cento e sessenta mil) habitantes e de até 300.000 (trezentos mil) habitantes;

h) 23 (vinte e três) Vereadores, nos Municípios de mais de 300.000 (trezentos mil) habitantes e de até 450.000 (quatrocentos e cinquenta mil) habitantes;

i) 25 (vinte e cinco) Vereadores, nos Municípios de mais de 450.000 (quatrocentos e cinquenta mil) habitantes e de até 600.000 (seiscentos mil) habitantes;

j) 27 (vinte e sete) Vereadores, nos Municípios de mais de 600.000 (seiscentos mil) habitantes e de até 750.000 (setecentos e cinquenta mil) habitantes;

k) 29 (vinte e nove) Vereadores, nos Municípios de mais de 750.000 (setecentos e cinquenta mil) habitantes e de até 900.000 (novecentos mil) habitantes;

l) 31 (trinta e um) Vereadores, nos Municípios de mais de 900.000 (novecentos mil) habitantes e de até 1.050.000 (um milhão e cinquenta mil) habitantes;

m) 33 (trinta e três) Vereadores, nos Municípios de mais de 1.050.000 (um milhão e cinquenta mil) habitantes e de até 1.200.000 (um milhão e duzentos mil) habitantes;

n) 35 (trinta e cinco) Vereadores, nos Municípios de mais de 1.200.000 (um milhão e duzentos mil) habitantes e de até 1.350.000 (um milhão e trezentos e cinquenta mil) habitantes;

o) 37 (trinta e sete) Vereadores, nos Municípios de 1.350.000 (um milhão e trezentos e cinquenta mil) habitantes e de até 1.500.000 (um milhão e quinhentos mil) habitantes;

p) 39 (trinta e nove) Vereadores, nos Municípios de mais de 1.500.000 (um milhão e quinhentos mil) habitantes e de até 1.800.000 (um milhão e oitocentos mil) habitantes;

q) 41 (quarenta e um) Vereadores, nos Municípios de mais de 1.800.000 (um milhão e oitocentos mil) habitantes e de até 2.400.000 (dois milhões e quatrocentos mil) habitantes;

r) 43 (quarenta e três) Vereadores, nos Municípios de mais de 2.400.000 (dois milhões e quatrocentos mil) habitantes e de até 3.000.000 (três milhões) de habitantes;

s) 45 (quarenta e cinco) Vereadores, nos Municípios de mais de 3.000.000 (três milhões) de habitantes e de até 4.000.000 (quatro milhões) de habitantes;

t) 47 (quarenta e sete) Vereadores, nos Municípios de mais de 4.000.000 (quatro milhões) de habitantes e de até 5.000.000 (cinco milhões) de habitantes;

u) 49 (quarenta e nove) Vereadores, nos Municípios de mais de 5.000.000 (cinco milhões) de habitantes e de até 6.000.000 (seis milhões) de habitantes;

v) 51 (cinquenta e um) Vereadores, nos Municípios de mais de 6.000.000 (seis milhões) de habitantes e de até 7.000.000 (sete milhões) de habitantes;

w) 53 (cinquenta e três) Vereadores, nos Municípios de mais de 7.000.000 (sete milhões) de habitantes e de até 8.000.000 (oito milhões) de habitantes; e

x) 55 (cinquenta e cinco) Vereadores, nos Municípios de mais de 8.000.000 (oito milhões) de habitantes;

► Alíneas *d* a *x* acrescidas pela EC nº 58, de 23-9-2009 (*DOU* de 24-9-2009), produzindo efeitos a partir do processo eleitoral de 2008.

V – subsídios do Prefeito, do Vice-Prefeito e dos Secretários municipais fixados por lei de iniciativa da Câmara Municipal, observado o que dispõem os artigos 37, XI, 39, § 4º, 150, II, 153, III, e 153, § 2º, I;

► Inciso V com a redação dada pela EC nº 19, de 4-6-1998.

VI – o subsídio dos Vereadores será fixado pelas respectivas Câmaras Municipais em cada legislatura para a subsequente, observado o que dispõe esta Constituição, observados os critérios estabelecidos na respectiva Lei Orgânica e os seguintes limites máximos:

a) em Municípios de até dez mil habitantes, o subsídio máximo dos Vereadores corresponderá a vinte por cento do subsídio dos Deputados Estaduais;

b) em Municípios de dez mil e um a cinquenta mil habitantes, o subsídio máximo dos Vereadores corresponderá a trinta por cento do subsídio dos Deputados Estaduais;

c) em Municípios de cinquenta mil e um a cem mil habitantes, o subsídio máximo dos Vereadores corresponderá a quarenta por cento do subsídio dos Deputados Estaduais;

d) em Municípios de cem mil e um a trezentos mil habitantes, o subsídio máximo dos Vereadores corresponderá a cinquenta por cento do subsídio dos Deputados Estaduais;

e) em Municípios de trezentos mil e um a quinhentos mil habitantes, o subsídio máximo dos Vereadores corresponderá a sessenta por cento do subsídio dos Deputados Estaduais;

f) em Municípios de mais de quinhentos mil habitantes, o subsídio máximo dos Vereadores corresponderá a setenta e cinco por cento do subsídio dos Deputados Estaduais;

► Inciso VI com a redação dada pela EC nº 25, de 14-2-2000.

VII – o total da despesa com a remuneração dos Vereadores não poderá ultrapassar o montante de cinco por cento da receita do Município;

► Inciso VII acrescido pela EC nº 1, de 31-3-1992, renumerando os demais.

VIII – inviolabilidade dos Vereadores por suas opiniões, palavras e votos no exercício do mandato e na circunscrição do Município;

► Inciso VIII renumerado pela EC nº 1, de 31-3-1992.

IX – proibições e incompatibilidades, no exercício da vereança, similares, no que couber, ao disposto nesta Constituição para os membros do Congresso Nacional e, na Constituição do respectivo Estado, para os membros da Assembleia Legislativa;

► Inciso IX renumerado pela EC nº 1, de 31-3-1992.

X – julgamento do Prefeito perante o Tribunal de Justiça;

► Inciso X renumerado pela EC nº 1, de 31-3-1992.

XI – organização das funções legislativas e fiscalizadoras da Câmara Municipal;

► Inciso XI renumerado pela EC nº 1, de 31-3-1992.

XII – cooperação das associações representativas no planejamento municipal;

► Inciso XII renumerado pela EC nº 1, de 31-3-1992.

XIII – iniciativa popular de projetos de lei de interesse específico do Município, da cidade ou de bairros, através de manifestação de, pelo menos, cinco por cento do eleitorado;

► Inciso XIII renumerado pela EC nº 1, de 31-3-1992.

XIV – perda do mandato do Prefeito, nos termos do artigo 28, parágrafo único.

► Inciso XIV renumerado pela EC nº 1, de 31-3-1992.

Art. 29-A. O total da despesa do Poder Legislativo Municipal, incluídos os subsídios dos Vereadores e excluídos os gastos com inativos, não poderá ultrapassar os seguintes percentuais, relativos ao somatório da receita tributária e das transferências previstas no § 5º do artigo 153 e nos artigos 158 e 159, efetivamente realizado no exercício anterior:

► Artigo acrescido pela EC nº 25, de 14-2-2000.

★ **Nova redação do dispositivo alterado:** "Art. 29-A. O total da despesa do Poder Legislativo Municipal, incluídos os subsídios dos Vereadores e os demais gastos com pessoal inativo e pensionistas, não poderá ultrapassar os seguintes percentuais, relativos ao somatório da receita tributária e das transferências previstas no § 5º do art. 153 e nos arts. 158 e 159 desta Constituição, efetivamente realizado no exercício anterior:"

► *Caput* com a redação dada pela EC nº 109, de 15-3-2021, para vigorar a partir do início da primeira legislatura municipal após a data de publicação desta Emenda Constitucional.

I – 7% (sete por cento) para Municípios com população de até 100.000 (cem mil) habitantes;

II – 6% (seis por cento) para Municípios com população entre 100.000 (cem mil) e 300.000 (trezentos mil) habitantes;

III – 5% (cinco por cento) para Municípios com população entre 300.001 (trezentos mil e um) e 500.000 (quinhentos mil) habitantes;

IV – 4,5% (quatro inteiros e cinco décimos por cento) para Municípios com população entre 500.001 (quinhentos mil e um) e 3.000.000 (três milhões) de habitantes;

► Incisos I a IV com a redação dada pela EC nº 58, de 23-9-2009 (*DOU* de 24-9-2009), para vigorar na data de sua promulgação, produzindo efeitos a partir de 1º de janeiro do ano subsequente ao da promulgação desta Emenda.

V – 4% (quatro por cento) para Municípios com população entre 3.000.001 (três milhões e um) e 8.000.000 (oito milhões) de habitantes;

VI – 3,5% (três inteiros e cinco décimos por cento) para Municípios com população acima de 8.000.001 (oito milhões e um) habitantes.

► Incisos V e VI acrescidos pela EC nº 58, de 23-9-2009 (*DOU* de 24-9-2009), para vigorar na data de sua promulgação, produzindo efeitos a partir de 1º de janeiro do ano subsequente ao da promulgação desta Emenda.

§ 1º A Câmara Municipal não gastará mais de setenta por cento de sua receita com folha de pagamento, incluído o gasto com o subsídio de seus Vereadores.

§ 2º Constitui crime de responsabilidade do Prefeito Municipal:

I – efetuar repasse que supere os limites definidos neste artigo;

II – não enviar o repasse até o dia vinte de cada mês; ou

III – enviá-lo a menor em relação à proporção fixada na Lei Orçamentária.

§ 3º Constitui crime de responsabilidade do Presidente da Câmara Municipal o desrespeito ao § 1º deste artigo.

► §§ 1º a 3º acrescidos pela EC nº 25, de 14-2-2000.

Art. 30. Compete aos Municípios:

I – legislar sobre assuntos de interesse local;

II – suplementar a legislação federal e a estadual no que couber;

III – instituir e arrecadar os tributos de sua competência, bem como aplicar suas rendas, sem prejuízo da obrigatoriedade de prestar contas e publicar balancetes nos prazos fixados em lei;

IV – criar, organizar e suprimir distritos, observada a legislação estadual;

V – organizar e prestar, diretamente ou sob regime de concessão ou permissão, os serviços públicos de interesse local, incluído o de transporte coletivo, que tem caráter essencial;

VI – manter, com a cooperação técnica e financeira da União e do Estado, programas de educação infantil e de ensino fundamental;

► Inciso VI com a redação dada pela EC nº 53, de 19-12-2006.

VII – prestar, com a cooperação técnica e financeira da União e do Estado, serviços de atendimento à saúde da população;

VIII – promover, no que couber, adequado ordenamento territorial, mediante planejamento e controle do uso, do parcelamento e da ocupação do solo urbano;

IX – promover a proteção do patrimônio histórico-cultural local, observada a legislação e a ação fiscalizadora federal e estadual.

Art. 31. A fiscalização do Município será exercida pelo Poder Legislativo Municipal, mediante controle externo, e pelos sistemas de controle interno do Poder Executivo Municipal, na forma da lei.

§ 1º O controle externo da Câmara Municipal será exercido com o auxílio dos Tribunais de Contas dos Estados ou do Município ou dos Conselhos ou Tribunais de Contas dos Municípios, onde houver.

§ 2º O parecer prévio, emitido pelo órgão competente sobre as contas que o Prefeito deve anualmente prestar, só deixará de prevalecer por decisão de dois terços dos membros da Câmara Municipal.

§ 3º As contas dos Municípios ficarão, durante sessenta dias, anualmente, à disposição de qualquer contribuinte, para exame e apreciação, o qual poderá questionar-lhes a legitimidade, nos termos da lei.

§ 4º É vedada a criação de Tribunais, Conselhos ou órgãos de Contas Municipais.

CAPÍTULO V
DO DISTRITO FEDERAL E DOS TERRITÓRIOS

Seção I
DO DISTRITO FEDERAL

Art. 32. O Distrito Federal, vedada sua divisão em Municípios, reger-se-á por lei orgânica, votada em dois turnos com interstício mínimo de dez dias, e aprovada por dois terços da Câmara Legislativa, que a promulgará, atendidos os princípios estabelecidos nesta Constituição.

§ 1º Ao Distrito Federal são atribuídas as competências legislativas reservadas aos Estados e Municípios.

§ 2º A eleição do Governador e do Vice-Governador, observadas as regras do artigo 77, e dos Deputados Distritais coincidirá com a dos Governadores e Deputados Estaduais, para mandato de igual duração.

§ 3º Aos Deputados Distritais e à Câmara Legislativa aplica-se o disposto no artigo 27.

§ 4º Lei federal disporá sobre a utilização, pelo Governo do Distrito Federal, da polícia civil, da polícia penal, da polícia militar e do corpo de bombeiros militar.

► § 4º com a redação dada pela EC nº 104, de 4-12-2019.

Seção II
DOS TERRITÓRIOS

Art. 33. A lei disporá sobre a organização administrativa e judiciária dos Territórios.

§ 1º Os Territórios poderão ser divididos em Municípios, aos quais se aplicará, no que couber, o disposto no Capítulo IV deste Título.

§ 2º As contas do Governo do Território serão submetidas ao Congresso Nacional, com parecer prévio do Tribunal de Contas da União.

§ 3º Nos Territórios Federais com mais de cem mil habitantes, além do Governador nomeado na forma desta Constituição, haverá órgãos judiciários de primeira e segunda instância, membros do Ministério Público e defensores públicos federais; a lei disporá sobre as eleições para a Câmara Territorial e sua competência deliberativa.

CAPÍTULO VI
DA INTERVENÇÃO

Art. 34. A União não intervirá nos Estados nem no Distrito Federal, exceto para:

I – manter a integridade nacional;

II – repelir invasão estrangeira ou de uma Unidade da Federação em outra;

III – pôr termo a grave comprometimento da ordem pública;

IV – garantir o livre exercício de qualquer dos Poderes nas Unidades da Federação;

V – reorganizar as finanças da Unidade da Federação que:

a) suspender o pagamento da dívida fundada por mais de dois anos consecutivos, salvo motivo de força maior;

b) deixar de entregar aos Municípios receitas tributárias fixadas nesta Constituição, dentro dos prazos estabelecidos em lei;

VI – prover a execução de lei federal, ordem ou decisão judicial;

VII – assegurar a observância dos seguintes princípios constitucionais:

a) forma republicana, sistema representativo e regime democrático;

b) direitos da pessoa humana;

c) autonomia municipal;

d) prestação de contas da administração pública, direta e indireta;

e) aplicação do mínimo exigido da receita resultante de impostos estaduais, compreendida a proveniente de transferências, na manutenção e desenvolvimento do ensino e nas ações e serviços públicos de saúde.

► Alínea *e* com a redação dada pela EC nº 29, de 13-9-2000.

► Art. 212 desta Constituição.

Art. 35. O Estado não intervirá em seus Municípios, nem a União nos Municípios localizados em Território Federal, exceto quando:

I – deixar de ser paga, sem motivo de força maior, por dois anos consecutivos, a dívida fundada;

II – não forem prestadas contas devidas, na forma da lei;

III – não tiver sido aplicado o mínimo exigido da receita municipal na manutenção e desenvolvimento do ensino e nas ações e serviços públicos de saúde;

► Inciso III com a redação dada pela EC nº 29, de 13-9-2000.

► Art. 212 desta Constituição.

IV – o Tribunal de Justiça der provimento a representação para assegurar a observância de princípios indicados na Constituição Estadual, ou para prover a execução de lei, de ordem ou de decisão judicial.

Art. 36. A decretação da intervenção dependerá:

I – no caso do artigo 34, IV, de solicitação do Poder Legislativo ou do Poder Executivo coacto ou impedido, ou de requisição do Supremo Tribunal Federal, se a coação for exercida contra o Poder Judiciário;

II – no caso de desobediência a ordem ou decisão judiciária, de requisição do Supremo Tribunal Federal, do Superior Tribunal de Justiça ou do Tribunal Superior Eleitoral;

III – de provimento, pelo Supremo Tribunal Federal, de representação do Procurador-Geral da República, na hipótese do art. 34, VII, e no caso de recusa à execução de lei federal.

► Inciso III com a redação dada pela EC nº 45, de 8-12-2004.

IV – *Revogado*. EC nº 45, de 8-12-2004.

§ 1º O decreto de intervenção, que especificará a amplitude, o prazo e as condições de execução e que, se couber, nomeará o interventor, será submetido à apreciação do Congresso Nacional ou da Assembleia Legislativa do Estado, no prazo de vinte e quatro horas.

§ 2º Se não estiver funcionando o Congresso Nacional ou a Assembleia Legislativa, far-se-á convocação extraordinária, no mesmo prazo de vinte e quatro horas.

§ 3º Nos casos do artigo 34, VI e VII, ou do artigo 35, IV, dispensada a apreciação pelo Congresso Nacional ou pela Assembleia Legislativa, o decreto limitar-se-á a suspender a execução do ato impugnado, se essa medida bastar ao restabelecimento da normalidade.

§ 4º Cessados os motivos da intervenção, as autoridades afastadas de seus cargos a estes voltarão, salvo impedimento legal.

CAPÍTULO VII
DA ADMINISTRAÇÃO PÚBLICA

SEÇÃO I
DISPOSIÇÕES GERAIS

Art. 37. A administração pública direta e indireta de qualquer dos Poderes da União, dos Estados, do Distrito Federal e dos Municípios obedecerá aos princípios de legalidade, impessoalidade, moralidade, publicidade e eficiência e, também, ao seguinte:

► *Caput* com a redação dada pela EC nº 19, de 4-6-1998.

► Súm. Vinc. nº 13 do STF.

I – os cargos, empregos e funções públicas são acessíveis aos brasileiros que preencham os requisitos estabelecidos em lei, assim como aos estrangeiros, na forma da lei;

► Inciso I com a redação dada pela EC nº 19, de 4-6-1998.

► Súm. Vinc. nº 44 do STF.

► Lei nº 8.730, de 10-11-1993, estabelece a obrigatoriedade da declaração de bens e rendas para o exercício de cargos, empregos e funções nos Poderes Executivo, Legislativo e Judiciário.

II – a investidura em cargo ou emprego público depende de aprovação prévia em concurso público de provas ou de provas e títulos, de acordo com a natureza e a complexidade do cargo ou emprego, na forma prevista em lei, ressalvadas as nomeações para cargo em comissão declarado em lei de livre nomeação e exoneração;

► Inciso II com a redação dada pela EC nº 19, de 4-6-1998.

► Súm. Vinc. nº 43 do STF.

III – o prazo de validade do concurso público será de até dois anos, prorrogável uma vez, por igual período;

► Art. 12 da Lei nº 8.112, de 11-12-1990 (Estatuto dos Servidores Públicos Civis da União, Autarquias e Fundações Públicas Federais).

IV – durante o prazo improrrogável previsto no edital de convocação, aquele aprovado em concurso público de provas ou de provas e títulos será convocado com prioridade sobre novos concursados para assumir cargo ou emprego, na carreira;

V – as funções de confiança, exercidas exclusivamente por servidores ocupantes de cargo efetivo, e os cargos em comissão, a serem preenchidos por servidores de carreira nos casos, condições e percentuais mínimos previstos em lei, destinam-se apenas às atribuições de direção, chefia e assessoramento;

► Inciso V com a redação dada pela EC nº 19, de 4-6-1998.

► Dec. nº 6.906, de 21-7-2009, estabelece a obrigatoriedade de prestação de informações sobre vínculos familiares pelos agentes públicos que especifica.

VI – é garantido ao servidor público civil o direito à livre associação sindical;

VII – o direito de greve será exercido nos termos e nos limites definidos em lei específica;

► Inciso VII com a redação dada pela EC nº 19, de 4-6-1998.

VIII – a lei reservará percentual dos cargos e empregos públicos para as pessoas portadoras de deficiência e definirá os critérios de sua admissão;

IX – a lei estabelecerá os casos de contratação por tempo determinado para atender a necessidade temporária de excepcional interesse público;

X – a remuneração dos servidores públicos e o subsídio de que trata o § 4º do artigo 39 somente poderão ser fixados ou alterados por lei específica, observada a iniciativa privativa em cada caso, assegurada revisão geral anual, sempre na mesma data e sem distinção de índices;

► Inciso X com a redação dada pela EC nº 19, de 4-6-1998.

► Súmulas Vinculantes nºs 37 e 51 do STF.

XI – a remuneração e o subsídio dos ocupantes de cargos, funções e empregos públicos da administração direta, autárquica e fundacional, dos membros de qualquer dos Poderes da União, dos Estados, do Distrito Federal e dos Municípios, dos detentores de mandato eletivo e dos demais agentes políticos e os proventos, pensões ou outra espécie remuneratória, percebidos cumulativamente ou não, incluídas as vantagens pessoais ou de qualquer outra natureza, não poderão exceder o subsídio mensal, em espécie, dos Ministros do Supremo Tribunal Federal, aplicando-se como limite, nos Municípios, o subsídio do Prefeito, e nos Estados e no Distrito Federal, o subsídio mensal do Governador no âmbito do Poder Executivo, o subsídio dos Deputados Estaduais e Distritais no âmbito do Poder Legislativo e o subsídio dos Desembargadores do Tribunal de Justiça, limitado a noventa inteiros e vinte e cinco centésimos por cento do subsídio mensal, em espécie, dos Ministros do Supremo Tribunal Federal, no âmbito do Poder Judiciário, aplicável este limite aos membros do Ministério Público, aos Procuradores e aos Defensores Públicos;

► Inciso XI com a redação dada pela EC nº 41, de 19-12-2003.

► O STF, *ad referendum* do Plenário, deferiu o pedido de medida cautelar na ADIN nº 6.257 para: "dar interpretação a este inciso no tópico em que a norma estabelece subteto, para suspender qualquer interpretação e aplicação do subteto aos professores e pesquisadores das universidades estaduais, prevalecendo, assim, como teto único das universidades no país, os subsídios dos Ministros do STF" (*DJe* de 3-2-2020).

XII – os vencimentos dos cargos do Poder Legislativo e do Poder Judiciário não poderão ser superiores aos pagos pelo Poder Executivo;

XIII – é vedada a vinculação ou equiparação de quaisquer espécies remuneratórias para o efeito de remuneração de pessoal do serviço público;

► Inciso XIII com a redação dada pela EC nº 19, de 4-6-1998.

► Súm. Vinc. nº 42 do STF.

XIV – os acréscimos pecuniários percebidos por servidor público não serão computados nem acumulados para fins de concessão de acréscimos ulteriores;

► Inciso XIV com a redação dada pela EC nº 19, de 4-6-1998.

XV – o subsídio e os vencimentos dos ocupantes de cargos e empregos públicos são irredutíveis, ressalvado o disposto nos incisos XI e XIV deste artigo e nos artigos 39, § 4º, 150, II, 153, III, e 153, § 2º, I;

► Inciso XV com a redação dada pela EC nº 19, de 4-6-1998.

XVI – é vedada a acumulação remunerada de cargos públicos, exceto, quando houver compatibilidade de horários, observado em qualquer caso o disposto no inciso XI:

► Inciso XVI com a redação dada pela EC nº 19, de 4-6-1998.

a) a de dois cargos de professor;

b) a de um cargo de professor com outro, técnico ou científico;

► Alíneas *a* e *b* com a redação dada pela EC nº 19, de 4-6-1998.

c) a de dois cargos ou empregos privativos de profissionais de saúde, com profissões regulamentadas;

► Alínea *c* com a redação dada pela EC nº 34, de 13-12-2001.

XVII – a proibição de acumular estende-se a empregos e funções e abrange autarquias, fundações, empresas públicas, sociedades de economia mista, suas subsidiárias, e sociedades controladas, direta ou indiretamente, pelo Poder Público;

► Inciso XVII com a redação dada pela EC nº 19, de 4-6-1998.

XVIII – a administração fazendária e seus servidores fiscais terão, dentro de suas áreas de competência e jurisdição, precedência sobre os demais setores administrativos, na forma da lei;

XIX – somente por lei específica poderá ser criada autarquia e autorizada a instituição de empresa pública, de sociedade de economia mista e de fundação, cabendo à lei complementar, neste último caso, definir as áreas de sua atuação;

► Inciso XIX com a redação dada pela EC nº 19, de 4-6-1998.

XX – depende de autorização legislativa, em cada caso, a criação de subsidiárias das entidades mencionadas no inciso anterior, assim como a participação de qualquer delas em empresa privada;

► Lei nº 13.303, de 30-6-2016 (Estatuto Jurídico das Empresas Estatais).

XXI – ressalvados os casos especificados na legislação, as obras, serviços, compras e alienações serão contratados mediante processo de licitação pública que assegure igualdade de condições a todos os concorrentes, com cláusulas que estabeleçam obrigações de pagamento, mantidas as condições efetivas da proposta, nos termos da lei, o qual somente permitirá as exigências de qualificação técnica e econômica indispensáveis à garantia do cumprimento das obrigações;

XXII – as administrações tributárias da União, dos Estados, do Distrito Federal e dos Municípios, atividades essenciais ao funcionamento do Estado, exercidas por servidores de carreiras específicas, terão recursos prioritários para a realização de suas atividades e atuarão de forma integrada, inclusive com o compartilhamento de cadastros e de informações fiscais, na forma da lei ou convênio.

► Inciso XXII acrescido pela EC nº 42, de 19-12-2003.

§ 1º A publicidade dos atos, programas, obras, serviços e campanhas dos órgãos públicos deverá ter caráter educativo, informativo ou de orientação social, dela não podendo constar nomes, símbolos ou imagens que caracterizem promoção pessoal de autoridades ou servidores públicos.

► Art. 224 desta Constituição.

§ 2º A não observância do disposto nos incisos II e III implicará a nulidade do ato e a punição da autoridade responsável, nos termos da lei.

§ 3º A lei disciplinará as formas de participação do usuário na administração pública direta e indireta, regulando especialmente:

I – as reclamações relativas à prestação dos serviços públicos em geral, asseguradas a manutenção de serviços de atendimento ao usuário e a avaliação periódica, externa e interna, da qualidade dos serviços;

II – o acesso dos usuários a registros administrativos e a informações sobre atos de governo, observado o disposto no artigo 5º, X e XXXIII;

► Lei nº 12.527, de 18-11-2011 (Lei do Acesso à Informação).

III – a disciplina da representação contra o exercício negligente ou abusivo de cargo, emprego ou função na administração pública.

► § 3º e incisos I a III com a redação dada pela EC nº 19, de 4-6-1998.

§ 4º Os atos de improbidade administrativa importarão a suspensão dos direitos políticos, a perda da função pública, a indisponibilidade dos bens e o ressarcimento ao erário, na forma e gradação previstas em lei, sem prejuízo da ação penal cabível.

► Lei nº 8.429, de 2-6-1992 (Lei da Improbidade Administrativa).

§ 5º A lei estabelecerá os prazos de prescrição para ilícitos praticados por qualquer agente, servidor ou não, que causem prejuízos ao erário, ressalvadas as respectivas ações de ressarcimento.

§ 6º As pessoas jurídicas de direito público e as de direito privado prestadoras de serviços públicos responderão pelos danos que seus agentes, nessa qualidade, causarem a terceiros, assegurado o direito de regresso contra o responsável nos casos de dolo ou culpa.

§ 7º A lei disporá sobre os requisitos e as restrições ao ocupante de cargo ou emprego da administração direta e indireta que possibilite o acesso a informações privilegiadas.

§ 8º A autonomia gerencial, orçamentária e financeira dos órgãos e entidades da administração direta e indireta poderá ser ampliada mediante contrato, a ser firmado entre seus administradores e o poder público, que tenha por objeto a fixação de metas de desempenho para o órgão ou entidade, cabendo à lei dispor sobre:

I – o prazo de duração do contrato;

II – os controles e critérios de avaliação de desempenho, direitos, obrigações e responsabilidade dos dirigentes;

III – a remuneração do pessoal.

§ 9º O disposto no inciso XI aplica-se às empresas públicas e às sociedades de economia mista, e suas subsidiárias, que receberem recursos da União, dos Estados, do Distrito Federal ou dos Municípios para pagamento de despesas de pessoal ou de custeio em geral.

► §§ 7º a 9º acrescidos pela EC nº 19, de 4-6-1998.

§ 10. É vedada a percepção simultânea de proventos de aposentadoria decorrentes do artigo 40 ou dos artigos 42 e 142 com a remuneração de cargo, emprego ou função pública, ressalvados os cargos acumuláveis na forma desta Constituição, os cargos eletivos e os cargos em comissão declarados em lei de livre nomeação e exoneração.

► § 10 acrescido pela EC nº 20, de 15-12-1998.

► Art. 11 da EC nº 20, de 15-12-1998.

§ 11. Não serão computadas, para efeito dos limites remuneratórios de que trata o inciso XI do *caput* deste artigo, as parcelas de caráter indenizatório previstas em lei.

§ 12. Para os fins do disposto no inciso XI do *caput* deste artigo, fica facultado aos Estados e ao Distrito Federal fixar, em seu âmbito, mediante emenda às respectivas Constituições e Lei Orgânica, como limite único, o subsídio mensal dos Desembargadores do respectivo Tribunal de Justiça, limitado a noventa inteiros e vinte e cinco centésimos por cento do subsídio mensal dos Ministros do Supremo Tribunal Federal, não se aplicando o disposto neste parágrafo aos subsídios dos Deputados Estaduais e Distritais e dos Vereadores.

► §§ 11 e 12 acrescidos pela EC nº 47, de 5-7-2005.

► O STF, por maioria dos votos, julgou procedente os pedidos formulados nas Ações Diretas de Inconstitucionalidade nºs 3.854 e 4.014, dando interpretação conforme à Constituição ao art. 37, XI e § 12, para afastar a submissão dos membros da magistratura estadual da regra do subteto remuneratório (*DOU* de 8-1-2021).

§ 13. O servidor público titular de cargo efetivo poderá ser readaptado para exercício de cargo cujas atribuições e responsabilidades sejam compatíveis com a limitação que tenha sofrido em sua capacidade física ou mental, enquanto permanecer nesta condição, desde que possua a habilitação e o nível de escolaridade exigidos para o cargo de destino, mantida a remuneração do cargo de origem.

§ 14. A aposentadoria concedida com a utilização de tempo de contribuição decorrente de cargo, emprego ou função pública, inclusive do Regime Geral de Previdência Social, acarretará o rompimento do vínculo que gerou o referido tempo de contribuição.

§ 15. É vedada a complementação de aposentadorias de servidores públicos e de pensões por morte a seus dependentes que não seja decorrente do disposto nos §§ 14 a 16 do art. 40 ou que não seja prevista em lei que extinga regime próprio de previdência social.

► §§ 13 a 15 acrescidos pela EC nº 103, de 12-11-2019.

§ 16. Os órgãos e entidades da administração pública, individual ou conjuntamente, devem realizar avaliação das políticas públicas, inclusive com divulgação do objeto a ser avaliado e dos resultados alcançados, na forma da lei.

► § 16 acrescido pela EC nº 109, de 15-3-2021.

Art. 38. Ao servidor público da administração direta, autárquica e fundacional, no exercício de mandato eletivo, aplicam-se as seguintes disposições:

► *Caput* com a redação dada pela EC nº 19, de 4-6-1998.

I – tratando-se de mandato eletivo federal, estadual ou distrital, ficará afastado de seu cargo, emprego ou função;

II – investido no mandato de Prefeito será afastado do cargo, emprego ou função, sendo-lhe facultado optar pela sua remuneração;

III – investido no mandato de Vereador, havendo compatibilidade de horários, perceberá as vantagens de seu cargo, emprego ou função, sem prejuízo da remuneração do cargo eletivo, e, não havendo compatibilidade, será aplicada a norma do inciso anterior;

IV – em qualquer caso que exija o afastamento para o exercício de mandato eletivo, seu tempo de serviço será contado para todos os efeitos legais, exceto para promoção por merecimento;

V – na hipótese de ser segurado de regime próprio de previdência social, permanecerá filiado a esse regime, no ente federativo de origem.

► Inciso V com a redação dada pela EC nº 103, de 12-11-2019.

SEÇÃO II
DOS SERVIDORES PÚBLICOS

► Denominação desta Seção dada pela EC nº 18, de 5-2-1998.

Art. 39. A União, os Estados, o Distrito Federal e os Municípios instituirão conselho de política de administração e remuneração de pessoal, integrado por servidores designados pelos respectivos Poderes.

► *Caput* com a redação dada pela EC nº 19, de 4-6-1998.

§ 1º A fixação dos padrões de vencimento e dos demais componentes do sistema remuneratório observará:

I – a natureza, o grau de responsabilidade e a complexidade dos cargos componentes de cada carreira;

II – os requisitos para a investidura;

III – as peculiaridades dos cargos.

§ 2º A União, os Estados e o Distrito Federal manterão escolas de governo para a formação e o aperfeiçoamento dos servidores públicos, constituindo-se a participação nos cursos um dos requisitos para a promoção na carreira, facultada, para isso, a celebração de convênios ou contratos entre os entes federados.

► §§ 1º e 2º com a redação dada pela EC nº 19, de 4-6-1998.

§ 3º Aplica-se aos servidores ocupantes de cargo público o disposto no artigo 7º, IV, VII, VIII, IX, XII, XIII, XV, XVI, XVII, XVIII, XIX, XX, XXII e XXX, podendo a lei estabelecer requisitos diferenciados de admissão quando a natureza do cargo o exigir.

► Súm. Vinc. nº 16 do STF.

§ 4º O membro de Poder, o detentor de mandato eletivo, os Ministros de Estado e os Secretários Estaduais e Municipais serão remunerados exclusivamente por subsídio fixado em parcela única, vedado o acréscimo de qualquer gratificação, adicional, abono, prêmio, verba de representação ou outra espécie remuneratória, obedecido, em qualquer caso, o disposto no artigo 37, X e XI.

► Lei 13.092, de 12-1-2015, dispõe sobre o subsídio do Procurador-Geral da República.

§ 5º Lei da União, dos Estados, do Distrito Federal e dos Municípios poderá estabelecer a relação entre a maior e a menor remuneração dos servidores públicos, obedecido, em qualquer caso, o disposto no artigo 37, XI.

§ 6º Os Poderes Executivo, Legislativo e Judiciário publicarão anualmente os valores do subsídio e da remuneração dos cargos e empregos públicos.

§ 7º Lei da União, dos Estados, do Distrito Federal e dos Municípios disciplinará a aplicação de recursos orçamentários provenientes da economia com despesas correntes em cada órgão, autarquia e fundação, para aplicação no desenvolvimento de programas de qualidade e produtividade, treinamento e desenvolvimento, modernização, reaparelhamento e racionalização do serviço público, inclusive sob a forma de adicional ou prêmio de produtividade.

§ 8º A remuneração dos servidores públicos organizados em carreira poderá ser fixada nos termos do § 4º.

► §§ 3º a 8º acrescidos pela EC nº 19, de 4-6-1998.

§ 9º É vedada a incorporação de vantagens de caráter temporário ou vinculadas ao exercício de função de confiança ou de cargo em comissão à remuneração do cargo efetivo.

► § 9º acrescido pela EC nº 103, de 12-11-2019.

Art. 40. O regime próprio de previdência social dos servidores titulares de cargos efetivos terá caráter contributivo e solidário, mediante contribuição do respectivo ente federativo, de servidores ativos, de aposentados e de pensionistas, observados critérios que preservem o equilíbrio financeiro e atuarial.

► *Caput* com a redação dada pela EC nº 103, de 12-11-2019.

► Art. 3º da EC nº 47, de 5-7-2005.

§ 1º O servidor abrangido por regime próprio de previdência social será aposentado:

► *Caput* do § 1º com a redação dada pela EC nº 103, de 12-11-2019.

I – por incapacidade permanente para o trabalho, no cargo em que estiver investido, quando insuscetível de readaptação, hipótese em que será obrigatória a realização de avaliações periódicas para verificação da continuidade das condições que ensejaram a concessão da aposentadoria, na forma de lei do respectivo ente federativo;

► Inciso I com a redação dada pela EC nº 103, de 12-11-2019.

► Art. 6º da EC nº 41, de 19-12-2003.

II – compulsoriamente, com proventos proporcionais ao tempo de contribuição, aos 70 (setenta) anos de idade, ou aos 75 (setenta e cinco) anos de idade, na forma de lei complementar;

► Inciso II com a redação dada pela EC nº 88, de 7-5-2015.

III – no âmbito da União, aos 62 (sessenta e dois) anos de idade, se mulher, e aos 65 (sessenta e cinco) anos de idade, se homem, e, no âmbito dos Estados, do Distrito Federal e dos Municípios, na idade mínima estabelecida mediante emenda às respectivas Constituições e Leis Orgânicas, observados o tempo de contribuição e os demais requisitos estabelecidos em lei complementar do respectivo ente federativo.

► Inciso III com a redação dada pela EC nº 103, de 12-11-2019.

§ 2º Os proventos de aposentadoria não poderão ser inferiores ao valor mínimo a que se refere o § 2º do art. 201 ou superiores ao limite máximo estabelecido para o Regime Geral de Previdência Social, observado o disposto nos §§ 14 a 16.

§ 3º As regras para cálculo de proventos de aposentadoria serão disciplinadas em lei do respectivo ente federativo.

§ 4º É vedada a adoção de requisitos ou critérios diferenciados para concessão de benefícios em regime próprio de previdência social, ressalvado o disposto nos §§ 4º-A, 4º-B, 4º-C e 5º.

► §§ 2º a 4º com a redação dada pela EC nº 103, de 12-11-2019.

§ 4º-A. Poderão ser estabelecidos por lei complementar do respectivo ente federativo idade e tempo de contribuição diferenciados para aposentadoria de servidores com deficiência, previamente submetidos a avaliação biopsicossocial realizada por equipe multiprofissional e interdisciplinar.

► Lei nº 13.146, de 6-7-2015 (Estatuto da Pessoa com Deficiência).

§ 4º-B. Poderão ser estabelecidos por lei complementar do respectivo ente federativo idade e tempo de contribuição diferenciados para aposentadoria de ocupantes do cargo de agente penitenciário, de agente socioeducativo ou de policial dos órgãos de que tratam o inciso IV do *caput* do art. 51, o inciso XIII do *caput* do art. 52 e os incisos I a IV do *caput* do art. 144.

§ 4º-C. Poderão ser estabelecidos por lei complementar do respectivo ente federativo idade e tempo de contribuição diferenciados para aposentadoria de servidores cujas atividades sejam exercidas com efetiva exposição a agentes químicos, físicos e biológicos prejudiciais à saúde, ou associação desses agentes, vedada a caracterização por categoria profissional ou ocupação.

► §§ 4º-A a 4º-C acrescidos pela EC nº 103, de 12-11-2019.

► Súm. Vinc. nº 33 do STF.

§ 5º Os ocupantes do cargo de professor terão idade mínima reduzida em 5 (cinco) anos em relação às idades decorrentes da aplicação do disposto no inciso III do § 1º, desde que comprovem tempo de efetivo exercício das funções de magistério na educação infantil e no ensino fundamental e médio fixado em lei complementar do respectivo ente federativo.

► § 5º com a redação dada pela EC nº 103, de 12-11-2019.

► Arts. 2º, § 1º e 6º, *caput*, da EC nº 41, de 19-12-2003.

► Súm. nº 726 do STF.

§ 6º Ressalvadas as aposentadorias decorrentes dos cargos acumuláveis na forma desta Constituição, é vedada a percepção de mais de uma aposentadoria à conta de regime próprio de previdência social, aplicando-se outras vedações, regras e condições para a acumulação de benefícios previdenciários estabelecidas no Regime Geral de Previdência Social.

§ 7º Observado o disposto no § 2º do art. 201, quando se tratar da única fonte de renda formal auferida pelo dependente, o benefício de pensão por morte será concedido nos termos de lei do respectivo ente federativo, a qual tratará de forma diferenciada a hipótese de morte dos servidores de que trata o § 4º-B decorrente de agressão sofrida no exercício ou em razão da função.

► §§ 6º e 7º com a redação dada pela EC nº 103, de 12-11-2019.

§ 8º É assegurado o reajustamento dos benefícios para preservar-lhes, em caráter permanente, o valor real, conforme critérios estabelecidos em lei.

► § 8º com a redação dada pela EC nº 41, de 19-12-2003.

► Súm. Vinc. nº 34 do STF.

§ 9º O tempo de contribuição federal, estadual, distrital ou municipal será contado para fins de aposentadoria, observado o disposto nos §§ 9º e 9º-A do art. 201, e o tempo de serviço correspondente será contado para fins de disponibilidade.

► § 9º com a redação dada pela EC nº 103, de 12-11-2019.

§ 10. A lei não poderá estabelecer qualquer forma de contagem de tempo de contribuição fictício.

► Art. 4º da EC nº 20, de 15-12-1998.

§ 11. Aplica-se o limite fixado no artigo 37, XI, à soma total dos proventos de inatividade, inclusive quando decorrentes da acumulação de cargos ou empregos públicos, bem como de outras atividades sujeitas a contribuição para o regime geral de previdência social, e ao montante resultante da adição de proventos de inatividade com remuneração de cargo acumulável na forma desta Constituição, cargo em comissão declarado em lei de livre nomeação e exoneração, e de cargo eletivo.

§ 12. Além do disposto neste artigo, serão observados, em regime próprio de previdência social, no que couber, os requisitos e critérios fixados para o Regime Geral de Previdência Social.

§ 13. Aplica-se ao agente público ocupante, exclusivamente, de cargo em comissão declarado em lei de livre nomeação e exoneração, de outro cargo temporário, inclusive mandato eletivo, ou de emprego público, o Regime Geral de Previdência Social.

§ 14. A União, os Estados, o Distrito Federal e os Municípios instituirão, por lei de iniciativa do respectivo Poder Executivo, regime de previdência complementar para servidores públicos ocupantes de cargo efetivo, observado o limite máximo dos benefícios do Regime Geral de Previdência Social para o valor das aposentadorias e das pensões em regime próprio de previdência social, ressalvado o disposto no § 16.

§ 15. O regime de previdência complementar de que trata o § 14 oferecerá plano de benefícios somente na modalidade de contribuição definida, observará o disposto no art. 202 e será efetivado por intermédio de entidade fechada de previdência complementar ou de entidade aberta de previdência complementar.

► §§ 12 a 15 com a redação dada pela EC nº 103, de 12-11-2019.

§ 16. Somente mediante sua prévia e expressa opção, o disposto nos §§ 14 e 15 poderá ser aplicado ao servidor que tiver ingressado no serviço público até a data da publicação do ato de instituição do correspondente regime de previdência complementar.

► § 16 acrescido pela EC nº 20, de 15-12-1998.

► Lei nº 12.618, de 30-4-2012, institui o regime de previdência complementar para os servidores públicos federais titulares de cargo efetivo.

§ 17. Todos os valores de remuneração considerados para o cálculo do benefício previsto no § 3º serão devidamente atualizados, na forma da lei.

► Art. 2º da EC nº 41, de 19-12-2003.

§ 18. Incidirá contribuição sobre os proventos de aposentadorias e pensões concedidas pelo regime de que trata este artigo que superem o limite máximo estabelecido para os benefícios do regime geral de previdência social de que trata o art. 201, com percentual igual ao estabelecido para os servidores titulares de cargos efetivos.

► §§ 17 e 18 acrescidos pela EC nº 41, de 19-12-2003.

§ 19. Observados critérios a serem estabelecidos em lei do respectivo ente federativo, o servidor titular de cargo efetivo que tenha completado as exigências para a aposentadoria voluntária e que opte por permanecer em atividade poderá fazer jus a um abono de permanência equivalente, no máximo, ao valor da sua contribuição previdenciária, até completar a idade para aposentadoria compulsória.

§ 20. É vedada a existência de mais de um regime próprio de previdência social e de mais de um órgão ou entidade gestora desse regime em cada ente federativo, abrangidos todos os poderes, órgãos e entidades autárquicas e fundacionais, que serão responsáveis pelo seu financiamento, observados os critérios, os parâmetros e a natureza jurídica definidos na lei complementar de que trata o § 22.

► §§ 19 e 20 com a redação dada pela EC nº 103, de 12-11-2019.

§ 21. A contribuição prevista no § 18 deste artigo incidirá apenas sobre as parcelas de proventos de aposentadoria e de pensão que superem o dobro do limite máximo estabelecido para os benefícios do regime geral de previdência social de que trata o artigo 201 desta Constituição, quando o beneficiário, na forma da lei, for portador de doença incapacitante.

► § 21 acrescido pela EC nº 47, de 5-7-2005, em vigor na data de sua publicação, com efeitos retroativos à data de vigência da EC nº 41, de 19-12-2003 (*DOU* de 6-7-2005).

► Este parágrafo estará revogado pela EC nº 103, de 12-11-2019, em vigor na data de publicação de lei de iniciativa privativa do respectivo Poder Executivo que o referende integralmente.

§ 22. Vedada a instituição de novos regimes próprios de previdência social, lei complementar federal estabelecerá, para os que já existam, normas gerais de organização, de funcionamento e de responsabilidade em sua gestão, dispondo, entre outros aspectos, sobre:

I – requisitos para sua extinção e consequente migração para o Regime Geral de Previdência Social;

II – modelo de arrecadação, de aplicação e de utilização dos recursos;

III – fiscalização pela União e controle externo e social;

IV – definição de equilíbrio financeiro e atuarial;

V – condições para instituição do fundo com finalidade previdenciária de que trata o art. 249 e para vinculação a ele dos recursos provenientes de contribuições e dos bens, direitos e ativos de qualquer natureza;

VI – mecanismos de equacionamento do *deficit* atuarial;

VII – estruturação do órgão ou entidade gestora do regime, observados os princípios relacionados com governança, controle interno e transparência;

VIII – condições e hipóteses para responsabilização daqueles que desempenhem atribuições relacionadas, direta ou indiretamente, com a gestão do regime;

IX – condições para adesão a consórcio público;

X – parâmetros para apuração da base de cálculo e definição de alíquota de contribuições ordinárias e extraordinárias.

► § 22 acrescido pela EC nº 103, de 12-11-2019.

Art. 41. São estáveis após três anos de efetivo exercício os servidores nomeados para cargo de provimento efetivo em virtude de concurso público.

§ 1º O servidor público estável só perderá o cargo:

I – em virtude de sentença judicial transitada em julgado;

II – mediante processo administrativo em que lhe seja assegurada ampla defesa;

III – mediante procedimento de avaliação periódica de desempenho, na forma de lei complementar, assegurada ampla defesa.

► Arts. 198, § 6º, e 274 desta Constituição.

§ 2º Invalidada por sentença judicial a demissão do servidor estável, será ele reintegrado, e o eventual ocupante da vaga, se estável, reconduzido ao cargo de origem, sem direito a indenização, aproveitado em outro cargo ou posto em disponibilidade com remuneração proporcional ao tempo de serviço.

§ 3º Extinto o cargo ou declarada a sua desnecessidade, o servidor estável ficará em disponibilidade, com remuneração proporcional ao tempo de serviço, até seu adequado aproveitamento em outro cargo.

§ 4º Como condição para a aquisição da estabilidade, é obrigatória a avaliação especial de desempenho por comissão instituída para essa finalidade.

► Art. 28 da EC nº 19, de 4-6-1998.

Seção III

DOS MILITARES DOS ESTADOS, DO DISTRITO FEDERAL E DOS TERRITÓRIOS

► Denominação desta Seção dada pela EC nº 18, de 5-2-1998.

Art. 42. Os membros das Polícias Militares e Corpos de Bombeiros Militares, instituições organizadas com base na hierarquia e disciplina, são militares dos Estados, do Distrito Federal e dos Territórios.

► *Caput* com a redação dada pela EC nº 18, de 5-2-1998.

§ 1º Aplicam-se aos militares dos Estados, do Distrito Federal e dos Territórios, além do que vier a ser fixado em lei, as disposições do artigo 14, § 8º; do artigo 40, § 9º; e do artigo 142, §§ 2º e 3º, cabendo a lei estadual específica dispor sobre as matérias do artigo 142, § 3º, X, sendo as patentes dos oficiais conferidas pelos respectivos governadores.

► § 1º com a redação dada pela EC nº 20, de 15-12-1998.

► Súm. Vinc. nº 4 do STF.

§ 2º Aos pensionistas dos militares dos Estados, do Distrito Federal e dos Territórios aplica-se o que for fixado em lei específica do respectivo ente estatal.

► § 2º com a redação dada pela EC nº 41, de 19-12-2003.

§ 3º Aplica-se aos militares dos Estados, do Distrito Federal e dos Territórios o disposto no art. 37, inciso XVI, com prevalência da atividade militar.

► § 3º acrescido pela EC nº 101, de 3-7-2019.

Seção IV

DAS REGIÕES

Art. 43. Para efeitos administrativos, a União poderá articular sua ação em um mesmo complexo geoeconômico e social, visando a seu desenvolvimento e à redução das desigualdades regionais.

§ 1º Lei complementar disporá sobre:

I – as condições para integração de regiões em desenvolvimento;

II – a composição dos organismos regionais que executarão, na forma da lei, os planos regionais, integrantes dos planos nacionais de desenvolvimento econômico e social, aprovados juntamente com estes.

§ 2º Os incentivos regionais compreenderão, além de outros, na forma da lei:

I – igualdade de tarifas, fretes, seguros e outros itens de custos e preços de responsabilidade do Poder Público;

II – juros favorecidos para financiamento de atividades prioritárias;

III – isenções, reduções ou diferimento temporário de tributos federais devidos por pessoas físicas ou jurídicas;

IV – prioridade para o aproveitamento econômico e social dos rios e das massas de água represadas ou represáveis nas regiões de baixa renda, sujeitas a secas periódicas.

§ 3º Nas áreas a que se refere o § 2º, IV, a União incentivará a recuperação de terras áridas e cooperará com os pequenos e médios proprietários rurais para o estabelecimento, em suas glebas, de fontes de água e de pequena irrigação.

TÍTULO IV – DA ORGANIZAÇÃO DOS PODERES

CAPÍTULO I

DO PODER LEGISLATIVO

Seção I

DO CONGRESSO NACIONAL

Art. 44. O Poder Legislativo é exercido pelo Congresso Nacional, que se compõe da Câmara dos Deputados e do Senado Federal.

Parágrafo único. Cada legislatura terá a duração de quatro anos.

Art. 45. A Câmara dos Deputados compõe-se de representantes do povo, eleitos, pelo sistema proporcional, em cada Estado, em cada Território e no Distrito Federal.

§ 1º O número total de Deputados, bem como a representação por Estado e pelo Distrito Federal, será estabelecido por lei complementar, proporcionalmente à população, procedendo-se aos ajustes necessários, no ano anterior às eleições, para que nenhuma daquelas Unidades da Federação tenha menos de oito ou mais de setenta Deputados.

► LC nº 78, de 30-12-1993, disciplina a fixação do número de Deputados, nos termos do art. 45, § 1º, da CF.

§ 2º Cada Território elegerá quatro Deputados.

Art. 46. O Senado Federal compõe-se de representantes dos Estados e do Distrito Federal, eleitos segundo o princípio majoritário.

§ 1º Cada Estado e o Distrito Federal elegerão três Senadores, com mandato de oito anos.

§ 2º A representação de cada Estado e do Distrito Federal será renovada de quatro em quatro anos, alternadamente, por um e dois terços.

§ 3º Cada Senador será eleito com dois suplentes.

Art. 47. Salvo disposição constitucional em contrário, as deliberações de cada Casa e de suas Comissões serão tomadas por maioria dos votos, presente a maioria absoluta de seus membros.

Seção II

DAS ATRIBUIÇÕES DO CONGRESSO NACIONAL

Art. 48. Cabe ao Congresso Nacional, com a sanção do Presidente da República, não exigida esta para o especificado nos artigos 49, 51 e 52, dispor sobre todas as matérias de competência da União, especialmente sobre:

I – sistema tributário, arrecadação e distribuição de rendas;

II – plano plurianual, diretrizes orçamentárias, orçamento anual, operações de crédito, dívida pública e emissões de curso forçado;

III – fixação e modificação do efetivo das Forças Armadas;

IV – planos e programas nacionais, regionais e setoriais de desenvolvimento;

V – limites do território nacional, espaço aéreo e marítimo e bens do domínio da União;

VI – incorporação, subdivisão ou desmembramento de áreas de Territórios ou Estados, ouvidas as respectivas Assembleias Legislativas;

VII – transferência temporária da sede do Governo Federal;

VIII – concessão de anistia;

IX – organização administrativa, judiciária, do Ministério Público e da Defensoria Pública da União e dos Territórios e organização judiciária e do Ministério Público do Distrito Federal;

► Inciso IX com a redação dada pela EC nº 69, de 29-3-2012, em vigor na data de sua publicação, produzindo efeitos após 120 dias de sua publicação oficial (*DOU* de 30-3-2012).

X – criação, transformação e extinção de cargos, empregos e funções públicas, observado o que estabelece o art. 84, VI, *b*;

XI – criação e extinção de Ministérios e órgãos da administração pública;

► Incisos X e XI com a redação dada pela EC nº 32, de 11-9-2001.

XII – telecomunicações e radiodifusão;

XIII – matéria financeira, cambial e monetária, instituições financeiras e suas operações;

XIV – moeda, seus limites de emissão, e montante da dívida mobiliária federal;

XV – fixação do subsídio dos Ministros do Supremo Tribunal Federal, observado o que dispõem os arts. 39, § 4º; 150, II; 153, III; e 153, § 2º, I.

► Inciso XV com a redação dada pela EC nº 41, de 19-12-2003.

Art. 49. É da competência exclusiva do Congresso Nacional:

I – resolver definitivamente sobre tratados, acordos ou atos internacionais que acarretem encargos ou compromissos gravosos ao patrimônio nacional;

II – autorizar o Presidente da República a declarar guerra, a celebrar a paz, a permitir que forças estrangeiras transitem pelo território nacional ou nele permaneçam temporariamente, ressalvados os casos previstos em lei complementar;

III – autorizar o Presidente e o Vice-Presidente da República a se ausentarem do País, quando a ausência exceder a quinze dias;

IV – aprovar o estado de defesa e a intervenção federal, autorizar o estado de sítio, ou suspender qualquer uma dessas medidas;

V – sustar os atos normativos do Poder Executivo que exorbitem do poder regulamentar ou dos limites de delegação legislativa;

VI – mudar temporariamente sua sede;

VII – fixar idêntico subsídio para os Deputados Federais e os Senadores, observado o que dispõem os artigos 37, XI, 39, § 4º, 150, II, 153, III, e 153, § 2º, I;

VIII – fixar os subsídios do Presidente e do Vice-Presidente da República e dos Ministros de Estado, observado o que dispõem os artigos 37, XI, 39, § 4º, 150, II, 153, III, e 153, § 2º, I;

► Incisos VII e VIII com a redação dada pela EC nº 19, de 4-6-1998.

IX – julgar anualmente as contas prestadas pelo Presidente da República e apreciar os relatórios sobre a execução dos planos de governo;

X – fiscalizar e controlar, diretamente, ou por qualquer de suas Casas, os atos do Poder Executivo, incluídos os da administração indireta;

XI – zelar pela preservação de sua competência legislativa em face da atribuição normativa dos outros Poderes;

XII – apreciar os atos de concessão e renovação de concessão de emissoras de rádio e televisão;

XIII – escolher dois terços dos membros do Tribunal de Contas da União;

XIV – aproar iniciativas do Poder Executivo referentes a atividades nucleares;

XV – autorizar referendo e convocar plebiscito;

XVI – autorizar, em terras indígenas, a exploração e o aproveitamento de recursos hídricos e a pesquisa e lavra de riquezas minerais;

XVII – aprovar, previamente, a alienação ou concessão de terras públicas com área superior a dois mil e quinhentos hectares;

XVIII – decretar o estado de calamidade pública de âmbito nacional previsto nos arts. 167-B, 167-C, 167-D, 167-E, 167-F e 167-G desta Constituição.

► Inciso XVIII acrescido pela EC nº 109, de 15-3-2021.

Art. 50. A Câmara dos Deputados e o Senado Federal, ou qualquer de suas Comissões, poderão convocar Ministro de Estado ou quaisquer titulares de órgãos diretamente subordinados à Presidência da República para prestarem, pessoalmente, informações sobre assunto previamente determinado, importando em crime de responsabilidade a ausência sem justificação adequada.

► *Caput* com a redação dada pela ECR nº 2, de 7-6-1994.

§ 1º Os Ministros de Estado poderão comparecer ao Senado Federal, à Câmara dos Deputados, ou a qualquer de suas Comissões, por sua iniciativa e mediante entendimentos com a Mesa respectiva, para expor assunto de relevância de seu Ministério.

§ 2º As Mesas da Câmara dos Deputados e do Senado Federal poderão encaminhar pedidos escritos de informação a Ministros de Estado ou a qualquer das pessoas referidas no *caput* deste artigo, importando em crime de responsabilidade a recusa, ou o não atendimento, no prazo de trinta dias, bem como a prestação de informações falsas.

► § 2º com a redação dada pela ECR nº 2, de 7-6-1994.

SEÇÃO III
DA CÂMARA DOS DEPUTADOS

Art. 51. Compete privativamente à Câmara dos Deputados:

I – autorizar, por dois terços de seus membros, a instauração de processo contra o Presidente e o Vice-Presidente da República e os Ministros de Estado;

II – proceder à tomada de contas do Presidente da República, quando não apresentadas ao Congresso Nacional dentro de sessenta dias após a abertura da sessão legislativa;

III – elaborar seu regimento interno;

IV – dispor sobre sua organização, funcionamento, polícia, criação, transformação ou extinção dos cargos, empregos e funções de seus serviços, e a iniciativa de lei para fixação da respectiva remuneração, observados os parâmetros estabelecidos na lei de diretrizes orçamentárias;

► Inciso IV com a redação dada pela EC nº 19, de 4-6-1998.

V – eleger membros do Conselho da República, nos termos do artigo 89, VII.

SEÇÃO IV
DO SENADO FEDERAL

Art. 52. Compete privativamente ao Senado Federal:

I – processar e julgar o Presidente e o Vice-Presidente da República nos crimes de responsabilidade, bem como os Ministros de Estado e os Comandantes da Marinha, do Exército e da Aeronáutica nos crimes da mesma natureza conexos com aqueles;

► Inciso I com a redação dada pela EC nº 23, de 2-9-1999.

II – processar e julgar os Ministros do Supremo Tribunal Federal, os membros do Conselho Nacional de Justiça e do Conselho Nacional do Ministério Público, o Procurador-Geral da República e o Advogado-Geral da União nos crimes de responsabilidade;

► Inciso II com a redação dada pela EC nº 45, de 8-12-2004.

III – aprovar previamente, por voto secreto, após arguição pública, a escolha de:

a) magistrados, nos casos estabelecidos nesta Constituição;

b) Ministros do Tribunal de Contas da União indicados pelo Presidente da República;

c) Governador de Território;

d) presidente e diretores do Banco Central;

e) Procurador-Geral da República;

f) titulares de outros cargos que a lei determinar;

IV – aprovar previamente, por voto secreto, após arguição em sessão secreta, a escolha dos chefes de missão diplomática de caráter permanente;

V – autorizar operações externas de natureza financeira, de interesse da União, dos Estados, do Distrito Federal, dos Territórios e dos Municípios;

VI – fixar, por proposta do Presidente da República, limites globais para o montante da dívida consolidada da União, dos Estados, do Distrito Federal e dos Municípios;

VII – dispor sobre limites globais e condições para as operações de crédito externo e interno da União, dos Estados, do Distrito Federal e dos Municípios, de suas autarquias e demais entidades controladas pelo Poder Público Federal;

VIII – dispor sobre limites e condições para a concessão de garantia da União em operações de crédito externo e interno;

IX – estabelecer limites globais e condições para o montante da dívida mobiliária dos Estados, do Distrito Federal e dos Municípios;

X – suspender a execução, no todo ou em parte, de lei declarada inconstitucional por decisão definitiva do Supremo Tribunal Federal;

XI – aprovar, por maioria absoluta e por voto secreto, a exoneração, de ofício, do Procurador-Geral da República antes do término de seu mandato;

XII – elaborar seu regimento interno;

XIII – dispor sobre sua organização, funcionamento, polícia, criação, transformação ou extinção dos cargos, empregos e funções de seus serviços, e a iniciativa de lei para fixação da respectiva remuneração, observados os parâmetros estabelecidos na lei de diretrizes orçamentárias;

► Inciso XIII com a redação dada pela EC nº 19, de 4-6-1998.

XIV – eleger membros do Conselho da República, nos termos do artigo 89, VII;

XV – avaliar periodicamente a funcionalidade do Sistema Tributário Nacional, em sua estrutura e seus componentes, e o desempenho das administrações tributárias da União, dos Estados e do Distrito Federal e dos Municípios.

► Inciso XV acrescido pela EC nº 42, de 19-12-2003.

Parágrafo único. Nos casos previstos nos incisos I e II, funcionará como Presidente o do Supremo Tribunal Federal, limitando-se a condenação, que somente será proferida por dois terços dos votos do Senado Federal, à perda do cargo, com inabilitação, por oito anos, para o exercício de função pública, sem prejuízo das demais sanções judiciais cabíveis.

Seção V

DOS DEPUTADOS E DOS SENADORES

Art. 53. Os Deputados e Senadores são invioláveis, civil e penalmente, por quaisquer de suas opiniões, palavras e votos.

► *Caput* com a redação dada pela EC nº 35, de 20-12-2001.

§ 1º Os Deputados e Senadores, desde a expedição do diploma, serão submetidos a julgamento perante o Supremo Tribunal Federal.

§ 2º Desde a expedição do diploma, os membros do Congresso Nacional não poderão ser presos, salvo em flagrante de crime inafiançável. Nesse caso, os autos serão remetidos dentro de vinte e quatro horas à Casa respectiva, para que, pelo voto da maioria de seus membros, resolva sobre a prisão.

§ 3º Recebida a denúncia contra o Senador ou Deputado, por crime ocorrido após a diplomação, o Supremo Tribunal Federal dará ciência à Casa respectiva, que, por iniciativa de partido político nela representado e pelo voto da maioria de seus membros, poderá, até a decisão final, sustar o andamento da ação.

§ 4º O pedido de sustação será apreciado pela Casa respectiva no prazo improrrogável de quarenta e cinco dias do seu recebimento pela Mesa Diretora.

§ 5º A sustação do processo suspende a prescrição, enquanto durar o mandato.

§ 6º Os Deputados e Senadores não serão obrigados a testemunhar sobre informações recebidas ou prestadas em razão do exercício do mandato, nem sobre as pessoas que lhes confiaram ou deles receberam informações.

§ 7º A incorporação às Forças Armadas de Deputados e Senadores, embora militares e ainda que em tempo de guerra, dependerá de prévia licença da Casa respectiva.

► §§ 1º a 7º com a redação dada pela EC nº 35, de 20-12-2001.

§ 8º As imunidades de Deputados ou Senadores subsistirão durante o estado de sítio, só podendo ser suspensas mediante o voto de dois terços dos membros da Casa respectiva, nos casos de atos praticados fora do recinto do Congresso Nacional, que sejam incompatíveis com a execução da medida.

► § 8º acrescido pela EC nº 35, de 20-12-2001.

Art. 54. Os Deputados e Senadores não poderão:

I – desde a expedição do diploma:

a) firmar ou manter contrato com pessoa jurídica de direito público, autarquia, empresa pública, sociedade de economia mista ou empresa concessionária de serviço público, salvo quando o contrato obedecer a cláusulas uniformes;

b) aceitar ou exercer cargo, função ou emprego remunerado, inclusive os de que sejam demissíveis *ad nutum*, nas entidades constantes da alínea anterior;

II – desde a posse:

a) ser proprietários, controladores ou diretores de empresa que goze de favor decorrente de contrato com pessoa jurídica de direito público, ou nela exercer função remunerada;

b) ocupar cargo ou função de que sejam demissíveis *ad nutum*, nas entidades referidas no inciso I, *a*;

c) patrocinar causa em que seja interessada qualquer das entidades a que se refere o inciso I, *a*;

d) ser titulares de mais de um cargo ou mandato público eletivo.

Art. 55. Perderá o mandato o Deputado ou Senador:

I – que infringir qualquer das proibições estabelecidas no artigo anterior;

II – cujo procedimento for declarado incompatível com o decoro parlamentar;

III – que deixar de comparecer, em cada sessão legislativa, à terça parte das sessões ordinárias da Casa a que pertencer, salvo licença ou missão por esta autorizada;

IV – que perder ou tiver suspensos os direitos políticos;

V – quando o decretar a Justiça Eleitoral, nos casos previstos nesta Constituição;

VI – que sofrer condenação criminal em sentença transitada em julgado.

§ 1º É incompatível com o decoro parlamentar, além dos casos definidos no regimento interno, o abuso das prerrogativas asseguradas a membro do Congresso Nacional ou a percepção de vantagens indevidas.

§ 2º Nos casos dos incisos I, II e VI, a perda do mandato será decidida pela Câmara dos Deputados ou pelo Senado Federal, por maioria absoluta, mediante provocação da respectiva Mesa ou de partido político representado no Congresso Nacional, assegurada ampla defesa.

► § 2º com a redação dada pela EC nº 76, de 28-11-2013.

§ 3º Nos casos previstos nos incisos III a V, a perda será declarada pela Mesa da Casa respectiva, de ofício ou mediante provocação de qualquer de seus membros, ou de partido político representado no Congresso Nacional, assegurada ampla defesa.

§ 4º A renúncia de parlamentar submetido a processo que vise ou possa levar à perda do mandato, nos termos deste artigo, terá seus efeitos suspensos até as deliberações finais de que tratam os §§ 2º e 3º.

► § 4º acrescido pela ECR nº 6, de 7-6-1994.

Art. 56. Não perderá o mandato o Deputado ou Senador:

I – investido no cargo de Ministro de Estado, Governador de Território, Secretário de Estado, do Distrito Federal, de Território, de Prefeitura de Capital ou chefe de missão diplomática temporária;

II – licenciado pela respectiva Casa por motivo de doença, ou para tratar, sem remuneração, de interesse particular, desde que, neste caso, o afastamento não ultrapasse cento e vinte dias por sessão legislativa.

§ 1º O suplente será convocado nos casos de vaga, de investidura em funções previstas neste artigo ou de licença superior a cento e vinte dias.

§ 2º Ocorrendo vaga e não havendo suplente, far-se-á eleição para preenchê-la se faltarem mais de quinze meses para o término do mandato.

§ 3º Na hipótese do inciso I, o Deputado ou Senador poderá optar pela remuneração do mandato.

Seção VI
DAS REUNIÕES

Art. 57. O Congresso Nacional reunir-se-á, anualmente, na Capital Federal, de 2 de fevereiro a 17 de julho e de 1º de agosto a 22 de dezembro.

► *Caput* com a redação dada pela EC nº 50, de 14-2-2006.

§ 1º As reuniões marcadas para essas datas serão transferidas para o primeiro dia útil subsequente, quando recaírem em sábados, domingos ou feriados.

§ 2º A sessão legislativa não será interrompida sem a aprovação do projeto de lei de diretrizes orçamentárias.

§ 3º Além de outros casos previstos nesta Constituição, a Câmara dos Deputados e o Senado Federal reunir-se-ão em sessão conjunta para:

I – inaugurar a sessão legislativa;

II – elaborar o regimento comum e regular a criação de serviços comuns às duas Casas;

III – receber o compromisso do Presidente e do Vice-Presidente da República;

IV – conhecer do veto e sobre ele deliberar.

§ 4º Cada uma das Casas reunir-se-á em sessões preparatórias, a partir de 1º de fevereiro, no primeiro ano da legislatura, para a posse de seus membros e eleição das respectivas Mesas, para mandato de 2 (dois) anos, vedada a recondução para o mesmo cargo na eleição imediatamente subsequente.

► § 4º com a redação dada pela EC nº 50, de 14-2-2006.

§ 5º A Mesa do Congresso Nacional será presidida pelo Presidente do Senado Federal, e os demais cargos serão exercidos, alternadamente, pelos ocupantes de cargos equivalentes na Câmara dos Deputados e no Senado Federal.

§ 6º A convocação extraordinária do Congresso Nacional far-se-á:

► § 6º com a redação dada pela EC nº 50, de 14-2-2006.

I – pelo Presidente do Senado Federal, em caso de decretação de estado de defesa ou de intervenção federal, de pedido de autorização para a decretação de estado de sítio e para o compromisso e a posse do Presidente e do Vice-Presidente da República;

II – pelo Presidente da República, pelos Presidentes da Câmara dos Deputados e do Senado Federal ou a requerimento da maioria dos membros de ambas as Casas, em caso de urgência ou interesse público relevante, em todas as hipóteses deste inciso com a aprovação da maioria absoluta de cada uma das Casas do Congresso Nacional.

► Inciso II com a redação dada pela EC nº 50, de 14-2-2006.

§ 7º Na sessão legislativa extraordinária, o Congresso Nacional somente deliberará sobre a matéria para a qual foi convocado, ressalvada a hipótese do § 8º deste artigo, vedado o pagamento de parcela indenizatória, em razão da convocação.

► § 7º com a redação dada pela EC nº 50, de 14-2-2006.

§ 8º Havendo medidas provisórias em vigor na data de convocação extraordinária do Congresso Nacional, serão elas automaticamente incluídas na pauta da convocação.

► § 8º acrescido pela EC nº 32, de 11-9-2001.

Seção VII
DAS COMISSÕES

Art. 58. O Congresso Nacional e suas Casas terão comissões permanentes e temporárias, constituídas na forma e com as atribuições previstas no respectivo regimento ou no ato de que resultar sua criação.

§ 1º Na constituição das Mesas e de cada Comissão, é assegurada, tanto quanto possível, a representação proporcional dos partidos ou dos blocos parlamentares que participam da respectiva Casa.

§ 2º Às comissões, em razão da matéria de sua competência, cabe:

I – discutir e votar projeto de lei que dispensar, na forma do regimento, a competência do Plenário, salvo se houver recurso de um décimo dos membros da Casa;

II – realizar audiências públicas com entidades da sociedade civil;

III – convocar Ministros de Estado para prestar informações sobre assuntos inerentes a suas atribuições;

IV – receber petições, reclamações, representações ou queixas de qualquer pessoa contra atos ou omissões das autoridades ou entidades públicas;

V – solicitar depoimento de qualquer autoridade ou cidadão;

VI – apreciar programas de obras, planos nacionais, regionais e setoriais de desenvolvimento e sobre eles emitir parecer.

§ 3º As comissões parlamentares de inquérito, que terão poderes de investigação próprios das autoridades judiciais, além de outros previstos nos regimentos das respectivas Casas, serão criadas pela Câmara dos Deputados e pelo Senado Federal, em conjunto ou separadamente, mediante requerimento de um terço de seus membros, para a apuração de fato determinado e por prazo certo, sendo suas conclusões, se for o caso, encaminhadas ao Ministério Público, para que promova a responsabilidade civil ou criminal dos infratores.

§ 4º Durante o recesso, haverá uma Comissão Representativa do Congresso Nacional, eleita por suas Casas na última sessão ordinária do período legislativo, com atribuições definidas no regimento comum, cuja composição reproduzirá, quanto possível, a proporcionalidade da representação partidária.

Seção VIII
DO PROCESSO LEGISLATIVO

Subseção I
DISPOSIÇÃO GERAL

Art. 59. O processo legislativo compreende a elaboração de:

I – emendas à Constituição;
II – leis complementares;
III – leis ordinárias;
IV – leis delegadas;
V – medidas provisórias;
VI – decretos legislativos;
VII – resoluções.

Parágrafo único. Lei complementar disporá sobre a elaboração, redação, alteração e consolidação das leis.

Subseção II
DA EMENDA À CONSTITUIÇÃO

Art. 60. A Constituição poderá ser emendada mediante proposta:

I – de um terço, no mínimo, dos membros da Câmara dos Deputados ou do Senado Federal;
II – do Presidente da República;
III – de mais da metade das Assembleias Legislativas das Unidades da Federação, manifestando-se, cada uma delas, pela maioria relativa de seus membros.

§ 1º A Constituição não poderá ser emendada na vigência de intervenção federal, de estado de defesa ou de estado de sítio.

§ 2º A proposta será discutida e votada em cada Casa do Congresso Nacional, em dois turnos, considerando-se aprovada se obtiver, em ambos, três quintos dos votos dos respectivos membros.

§ 3º A emenda à Constituição será promulgada pelas Mesas da Câmara dos Deputados e do Senado Federal, com o respectivo número de ordem.

§ 4º Não será objeto de deliberação a proposta de emenda tendente a abolir:

I – a forma federativa de Estado;
II – o voto direto, secreto, universal e periódico;
III – a separação dos Poderes;
IV – os direitos e garantias individuais.

§ 5º A matéria constante de proposta de emenda rejeitada ou havida por prejudicada não pode ser objeto de nova proposta na mesma sessão legislativa.

Subseção III
DAS LEIS

Art. 61. A iniciativa das leis complementares e ordinárias cabe a qualquer membro ou Comissão da Câmara dos Deputados, do Senado Federal ou do Congresso Nacional, ao Presidente da República, ao Supremo Tribunal Federal, aos Tribunais Superiores, ao Procurador-Geral da República e aos cidadãos, na forma e nos casos previstos nesta Constituição.

§ 1º São de iniciativa privativa do Presidente da República as leis que:

I – fixem ou modifiquem os efetivos das Forças Armadas;
II – disponham sobre:

a) criação de cargos, funções ou empregos públicos na administração direta e autárquica ou aumento de sua remuneração;

► Súmulas nºs 679 e 681 do STF.

b) organização administrativa e judiciária, matéria tributária e orçamentária, serviços públicos e pessoal da administração dos Territórios;

c) servidores públicos da União e Territórios, seu regime jurídico, provimento de cargos, estabilidade e aposentadoria;

► Alínea *c* com a redação dada pela EC nº 18, de 5-2-1998.

d) organização do Ministério Público e da Defensoria Pública da União, bem como normas gerais para a organização do Ministério Público e da Defensoria Pública dos Estados, do Distrito Federal e dos Territórios;

e) criação e extinção de Ministérios e órgãos da administração pública, observado o disposto no artigo 84, VI;

► Alínea *e* com a redação dada pela EC nº 32, de 11-9-2001.

f) militares das Forças Armadas, seu regime jurídico, provimento de cargos, promoções, estabilidade, remuneração, reforma e transferência para a reserva.

► Alínea *f* acrescida pela EC nº 18, de 5-2-1998.

§ 2º A iniciativa popular pode ser exercida pela apresentação à Câmara dos Deputados de projeto de lei subscrito por, no mínimo, um por cento do eleitorado nacional, distribuído pelo menos por cinco Estados, com não menos de três décimos por cento dos eleitores de cada um deles.

Art. 62. Em caso de relevância e urgência, o Presidente da República poderá adotar medidas provisórias, com força de lei, devendo submetê-las de imediato ao Congresso Nacional.

► *Caput* com a redação dada pela EC nº 32, de 11-9-2001.
► Art. 2º da EC nº 32, de 11-9-2001.
► Súm Vinc. nº 54 do STF.

§ 1º É vedada a edição de medidas provisórias sobre matéria:

I – relativa a:

a) nacionalidade, cidadania, direitos políticos, partidos políticos e direito eleitoral;
b) direito penal, processual penal e processual civil;
c) organização do Poder Judiciário e do Ministério Público, a carreira e a garantia de seus membros;
d) planos plurianuais, diretrizes orçamentárias, orçamento e créditos adicionais e suplementares, ressalvado o previsto no artigo 167, § 3º;

II – que vise a detenção ou sequestro de bens, de poupança popular ou qualquer outro ativo financeiro;
III – reservada a lei complementar;
IV – já disciplinada em projeto de lei aprovado pelo Congresso Nacional e pendente de sanção ou veto do Presidente da República.

§ 2º Medida provisória que implique instituição ou majoração de impostos, exceto os previstos nos artigos 153, I, II, IV, V, e 154, II, só produzirá efeitos no exercício financeiro seguinte se houver sido convertida em lei até o último dia daquele em que foi editada.

§ 3º As medidas provisórias, ressalvado o disposto nos §§ 11 e 12 perderão eficácia, desde a edição, se não forem convertidas em lei no prazo de sessenta dias, prorrogável, nos termos do § 7º, uma vez por igual período, devendo o Congresso Nacional disciplinar, por decreto legislativo, as relações jurídicas delas decorrentes.

§ 4º O prazo a que se refere o § 3º contar-se-á da publicação da medida provisória, suspendendo-se durante os períodos de recesso do Congresso Nacional.

§ 5º A deliberação de cada uma das Casas do Congresso Nacional sobre o mérito das medidas provisórias dependerá de juízo prévio sobre o atendimento de seus pressupostos constitucionais.

§ 6º Se a medida provisória não for apreciada em até quarenta e cinco dias contados de sua publicação, entrará em regime de urgência, subsequentemente, em cada uma das Casas do Congresso Nacional, ficando sobrestadas, até que se ultime a votação, todas as demais deliberações legislativas da Casa em que estiver tramitando.

§ 7º Prorrogar-se-á uma única vez por igual período a vigência de medida provisória que, no prazo de sessenta dias, contado de sua publicação, não tiver a sua votação encerrada nas duas Casas do Congresso Nacional.

§ 8º As medidas provisórias terão sua votação iniciada na Câmara dos Deputados.

§ 9º Caberá à comissão mista de Deputados e Senadores examinar as medidas provisórias e sobre elas emitir parecer, antes de serem apreciadas, em sessão separada, pelo plenário de cada uma das Casas do Congresso Nacional.

§ 10. É vedada a reedição, na mesma sessão legislativa, de medida provisória que tenha sido rejeitada ou que tenha perdido sua eficácia por decurso de prazo.

§ 11. Não editado o decreto legislativo a que se refere o § 3º até sessenta dias após a rejeição ou perda de eficácia de medida provisória, as relações jurídicas constituídas e decorrentes de atos praticados durante sua vigência conservar-se-ão por ela regidas.

§ 12. Aprovado projeto de lei de conversão alterando o texto original da medida provisória, esta manter-se-á integralmente em vigor até que seja sancionado ou vetado o projeto.

► §§ 1º a 12 acrescidos pela EC nº 32, de 11-9-2001.

Art. 63. Não será admitido aumento da despesa prevista:

I – nos projetos de iniciativa exclusiva do Presidente da República, ressalvado o disposto no artigo 166, §§ 3º e 4º;

II – nos projetos sobre organização dos serviços administrativos da Câmara dos Deputados, do Senado Federal, dos Tribunais Federais e do Ministério Público.

Art. 64. A discussão e votação dos projetos de lei de iniciativa do Presidente da República, do Supremo Tribunal Federal e dos Tribunais Superiores terão início na Câmara dos Deputados.

§ 1º O Presidente da República poderá solicitar urgência para apreciação de projetos de sua iniciativa.

§ 2º Se, no caso do § 1º, a Câmara dos Deputados e o Senado Federal não se manifestarem sobre a proposição, cada qual sucessivamente, em até quarenta e cinco dias, sobrestar-se-ão todas as demais deliberações legislativas da respectiva Casa, com exceção das que tenham prazo constitucional determinado, até que se ultime a votação.

► § 2º com a redação dada pela EC nº 32, de 11-9-2001.

§ 3º A apreciação das emendas do Senado Federal pela Câmara dos Deputados far-se-á no prazo de dez dias, observado quanto ao mais o disposto no parágrafo anterior.

§ 4º Os prazos do § 2º não correm nos períodos de recesso do Congresso Nacional, nem se aplicam aos projetos de código.

Art. 65. O projeto de lei aprovado por uma Casa será revisto pela outra, em um só turno de discussão e votação, e enviado à sanção ou promulgação, se a Casa revisora o aprovar, ou arquivado, se o rejeitar.

Parágrafo único. Sendo o projeto emendado, voltará à Casa iniciadora.

Art. 66. A Casa na qual tenha sido concluída a votação enviará o projeto de lei ao Presidente da República, que, aquiescendo, o sancionará.

§ 1º Se o Presidente da República considerar o projeto, no todo ou em parte, inconstitucional ou contrário ao interesse público, vetá-lo-á total ou parcialmente, no prazo de quinze dias úteis, contados da data do recebimento, e comunicará, dentro de quarenta e oito horas, ao Presidente do Senado Federal os motivos do veto.

§ 2º O veto parcial somente abrangerá texto integral de artigo, de parágrafo, de inciso ou de alínea.

§ 3º Decorrido o prazo de quinze dias, o silêncio do Presidente da República importará sanção.

§ 4º O veto será apreciado em sessão conjunta, dentro de trinta dias a contar de seu recebimento, só podendo ser rejeitado pelo voto da maioria absoluta dos Deputados e Senadores.

► § 4º com a redação dada pela EC nº 76, de 28-11-2013.

§ 5º Se o veto não for mantido, será o projeto enviado, para promulgação, ao Presidente da República.

§ 6º Esgotado sem deliberação o prazo estabelecido no § 4º, o veto será colocado na ordem do dia da sessão imediata, sobrestadas as demais proposições, até sua votação final.

► § 6º com a redação dada pela EC nº 32, de 11-9-2001.

§ 7º Se a lei não for promulgada dentro de quarenta e oito horas pelo Presidente da República, nos casos dos §§ 3º e 5º, o Presidente do Senado a promulgará, e, se este não o fizer em igual prazo, caberá ao Vice-Presidente do Senado fazê-lo.

Art. 67. A matéria constante de projeto de lei rejeitado somente poderá constituir objeto de novo projeto, na mesma sessão legislativa, mediante proposta da maioria absoluta dos membros de qualquer das Casas do Congresso Nacional.

Art. 68. As leis delegadas serão elaboradas pelo Presidente da República, que deverá solicitar a delegação ao Congresso Nacional.

§ 1º Não serão objeto de delegação os atos de competência exclusiva do Congresso Nacional, os de competência privativa da Câmara dos Deputados ou do Senado Federal, a matéria reservada à lei complementar, nem a legislação sobre:

I – organização do Poder Judiciário e do Ministério Público, a carreira e a garantia de seus membros;

II – nacionalidade, cidadania, direitos individuais, políticos e eleitorais;

III – planos plurianuais, diretrizes orçamentárias e orçamentos.

§ 2º A delegação ao Presidente da República terá a forma de resolução do Congresso Nacional, que especificará seu conteúdo e os termos de seu exercício.

§ 3º Se a resolução determinar a apreciação do projeto pelo Congresso Nacional, este a fará em votação única, vedada qualquer emenda.

Art. 69. As leis complementares serão aprovadas por maioria absoluta.

Seção IX
DA FISCALIZAÇÃO CONTÁBIL, FINANCEIRA E ORÇAMENTÁRIA

Art. 70. A fiscalização contábil, financeira, orçamentária, operacional e patrimonial da União e das entidades da administração direta e indireta, quanto à legalidade, legitimidade, economicidade, aplicação das subvenções e renúncia de receitas, será exercida pelo Congresso Nacional, mediante controle externo, e pelo sistema de controle interno de cada Poder.

Parágrafo único. Prestará contas qualquer pessoa física ou jurídica, pública ou privada, que utilize, arrecade, guarde, gerencie ou administre dinheiros, bens e valores públicos ou pelos quais a União responda, ou que, em nome desta, assuma obrigações de natureza pecuniária.

► Parágrafo único com a redação dada pela EC nº 19, de 4-6-1998.

Art. 71. O controle externo, a cargo do Congresso Nacional, será exercido com o auxílio do Tribunal de Contas da União, ao qual compete:

I – apreciar as contas prestadas anualmente pelo Presidente da República, mediante parecer prévio que deverá ser elaborado em sessenta dias a contar de seu recebimento;

II – julgar as contas dos administradores e demais responsáveis por dinheiros, bens e valores públicos da administração direta e indireta, incluídas as fundações e sociedades instituídas e mantidas pelo Poder Público federal, e as contas daqueles que derem causa a perda, extravio ou outra irregularidade de que resulte prejuízo ao erário público;

III – apreciar, para fins de registro, a legalidade dos atos de admissão de pessoal, a qualquer título, na administração direta e indireta, incluídas as fundações instituídas e mantidas pelo Poder Público, excetuadas as nomeações para cargo de provimento em comissão, bem como a das concessões de aposentadorias, reformas e pensões, ressalvadas as melhorias posteriores que não alterem o fundamento legal do ato concessório;

IV – realizar, por iniciativa própria, da Câmara dos Deputados, do Senado Federal, de Comissão técnica ou de inquérito, inspeções e auditorias de natureza contábil, financeira, orçamentária, operacional e patrimonial, nas unidades administrativas dos Poderes Legislativo, Executivo e Judiciário, e demais entidades referidas no inciso II;

V – fiscalizar as contas nacionais das empresas supranacionais de cujo capital social a União participe, de forma direta ou indireta, nos termos do tratado constitutivo;

VI – fiscalizar a aplicação de quaisquer recursos repassados pela União mediante convênio, acordo, ajuste ou outros instrumentos congêneres, a Estado, ao Distrito Federal ou a Município;

VII – prestar as informações solicitadas pelo Congresso Nacional, por qualquer de suas Casas, ou por qualquer das respectivas Comissões, sobre a fiscalização contábil, financeira, orçamentária, operacional e patrimonial e sobre resultados de auditorias e inspeções realizadas;

VIII – aplicar aos responsáveis, em caso de ilegalidade de despesa ou irregularidade de contas, as sanções previstas em lei, que estabelecerá, entre outras cominações, multa proporcional ao dano causado ao erário;

IX – assinar prazo para que o órgão ou entidade adote as providências necessárias ao exato cumprimento da lei, se verificada ilegalidade;

X – sustar, se não atendido, a execução do ato impugnado, comunicando a decisão à Câmara dos Deputados e ao Senado Federal;

XI – representar ao Poder competente sobre irregularidades ou abusos apurados.

§ 1º No caso de contrato, o ato de sustação será adotado diretamente pelo Congresso Nacional, que solicitará, de imediato, ao Poder Executivo as medidas cabíveis.

§ 2º Se o Congresso Nacional ou o Poder Executivo, no prazo de noventa dias, não efetivar as medidas previstas no parágrafo anterior, o Tribunal decidirá a respeito.

§ 3º As decisões do Tribunal de que resulte imputação de débito ou multa terão eficácia de título executivo.

§ 4º O Tribunal encaminhará ao Congresso Nacional, trimestral e anualmente, relatório de suas atividades.

Art. 72. A Comissão mista permanente a que se refere o artigo 166, § 1º, diante de indícios de despesas não autorizadas, ainda que sob a forma de investimentos não programados ou de subsídios não aprovados, poderá solicitar à autoridade governamental responsável que, no prazo de cinco dias, preste os esclarecimentos necessários.

§ 1º Não prestados os esclarecimentos, ou considerados estes insuficientes, a Comissão solicitará ao Tribunal pronunciamento conclusivo sobre a matéria, no prazo de trinta dias.

§ 2º Entendendo o Tribunal irregular a despesa, a Comissão, se julgar que o gasto possa causar dano irreparável ou grave lesão à economia pública, proporá ao Congresso Nacional sua sustação.

Art. 73. O Tribunal de Contas da União, integrado por nove Ministros, tem sede no Distrito Federal, quadro próprio de pessoal e jurisdição em todo o Território Nacional, exercendo, no que couber, as atribuições previstas no artigo 96.

§ 1º Os Ministros do Tribunal de Contas da União serão nomeados dentre brasileiros que satisfaçam os seguintes requisitos:

I – mais de trinta e cinco e menos de sessenta e cinco anos de idade;

II – idoneidade moral e reputação ilibada;

III – notórios conhecimentos jurídicos, contábeis, econômicos e financeiros ou de administração pública;

IV – mais de dez anos de exercício de função ou de efetiva atividade profissional que exija os conhecimentos mencionados no inciso anterior.

§ 2º Os Ministros do Tribunal de Contas da União serão escolhidos:

I – um terço pelo Presidente da República, com aprovação do Senado Federal, sendo dois alternadamente dentre auditores e membros do Ministério Público junto ao Tribunal, indicados em lista tríplice pelo Tribunal, segundo os critérios de antiguidade e merecimento;

II – dois terços pelo Congresso Nacional.

§ 3º Os Ministros do Tribunal de Contas da União terão as mesmas garantias, prerrogativas, impedimentos, vencimentos e vantagens dos Ministros do Superior Tribunal de Justiça, aplicando-se-lhes, quanto à aposentadoria e pensão, as normas constantes do art. 40.

► § 3º com a redação dada pela EC nº 20, de 15-12-1998.

§ 4º O auditor, quando em substituição a Ministro, terá as mesmas garantias e impedimentos do titular e, quando no exercício das demais atribuições da judicatura, as de juiz de Tribunal Regional Federal.

Art. 74. Os Poderes Legislativo, Executivo e Judiciário manterão, de forma integrada, sistema de controle interno com a finalidade de:

I – avaliar o cumprimento das metas previstas no plano plurianual, a execução dos programas de governo e dos orçamentos da União;

II – comprovar a legalidade e avaliar os resultados, quanto à eficácia e eficiência, da gestão orçamentária, financeira e patrimonial nos órgãos e entidades da administração federal, bem como da aplicação de recursos públicos por entidades de direito privado;

III – exercer o controle das operações de crédito, avais e garantias, bem como dos direitos e haveres da União;

IV – apoiar o controle externo no exercício de sua missão institucional.

§ 1º Os responsáveis pelo controle interno, ao tomarem conhecimento de qualquer irregularidade ou ilegalidade, dela darão ciência ao Tribunal de Contas da União, sob pena de responsabilidade solidária.

§ 2º Qualquer cidadão, partido político, associação ou sindicato é parte legítima para, na forma da lei, denunciar irregularidades ou ilegalidades perante o Tribunal de Contas da União.

Art. 75. As normas estabelecidas nesta seção aplicam-se, no que couber, à organização, composição e fiscalização dos Tribunais de Contas dos Estados e do Distrito Federal, bem como dos Tribunais e Conselhos de Contas dos Municípios.

► Art. 31, § 4º, desta Constituição.

Parágrafo único. As Constituições estaduais disporão sobre os Tribunais de Contas respectivos, que serão integrados por sete Conselheiros.

CAPÍTULO II
DO PODER EXECUTIVO

Seção I
DO PRESIDENTE E DO VICE-PRESIDENTE DA REPÚBLICA

Art. 76. O Poder Executivo é exercido pelo Presidente da República, auxiliado pelos Ministros de Estado.

Art. 77. A eleição do Presidente e do Vice-Presidente da República realizar-se-á, simultaneamente, no primeiro domingo de outubro, em primeiro turno, e no último domingo de outubro, em segundo turno, se houver, do ano anterior ao do término do mandato presidencial vigente.

► *Caput* com a redação dada pela EC nº 16, de 4-6-1997.

§ 1º A eleição do Presidente da República importará a do Vice-Presidente com ele registrado.

§ 2º Será considerado eleito Presidente o candidato que, registrado por partido político, obtiver a maioria absoluta de votos, não computados os em branco e os nulos.

§ 3º Se nenhum candidato alcançar maioria absoluta na primeira votação, far-se-á nova eleição em até vinte dias após a proclamação do resultado, concorrendo os dois candidatos mais votados e considerando-se eleito aquele que obtiver a maioria dos votos válidos.

§ 4º Se, antes de realizado o segundo turno, ocorrer morte, desistência ou impedimento legal de candidato, convocar-se-á, dentre os remanescentes, o de maior votação.

§ 5º Se, na hipótese dos parágrafos anteriores, remanescer, em segundo lugar, mais de um candidato com a mesma votação, qualificar-se-á o mais idoso.

Art. 78. O Presidente e o Vice-Presidente da República tomarão posse em sessão do Congresso Nacional, prestando o compromisso de manter, defender e cumprir a Constituição, observar as leis, promover o bem geral do povo brasileiro, sustentar a união, a integridade e a independência do Brasil.

Parágrafo único. Se, decorridos dez dias da data fixada para a posse, o Presidente ou o Vice-Presidente, salvo motivo de força maior, não tiver assumido o cargo, este será declarado vago.

Art. 79. Substituirá o Presidente, no caso de impedimento, e suceder-lhe-á, no de vaga, o Vice-Presidente.

Parágrafo único. O Vice-Presidente da República, além de outras atribuições que lhe forem conferidas por lei complementar, auxiliará o Presidente, sempre que por ele convocado para missões especiais.

Art. 80. Em caso de impedimento do Presidente e do Vice-Presidente, ou vacância dos respectivos cargos, serão sucessivamente chamados ao exercício da Presidência o Presidente da Câmara dos Deputados, o do Senado Federal e o do Supremo Tribunal Federal.

Art. 81. Vagando os cargos de Presidente e Vice-Presidente da República, far-se-á eleição noventa dias depois de aberta a última vaga.

§ 1º Ocorrendo a vacância nos últimos dois anos do período presidencial, a eleição para ambos os cargos será feita trinta dias depois da última vaga, pelo Congresso Nacional, na forma da lei.

§ 2º Em qualquer dos casos, os eleitos deverão completar o período de seus antecessores.

Art. 82. O mandato do Presidente da República é de quatro anos e terá início em primeiro de janeiro do ano subsequente ao da sua eleição.

► Artigo com a redação dada pela EC nº 16, de 4-6-1997.

Art. 83. O Presidente e o Vice-Presidente da República não poderão, sem licença do Congresso Nacional, ausentar-se do País por período superior a quinze dias, sob pena de perda do cargo.

Seção II
DAS ATRIBUIÇÕES DO PRESIDENTE DA REPÚBLICA

Art. 84. Compete privativamente ao Presidente da República:

I – nomear e exonerar os Ministros de Estado;

II – exercer, com o auxílio dos Ministros de Estado, a direção superior da administração federal;

III – iniciar o processo legislativo, na forma e nos casos previstos nesta Constituição;

IV – sancionar, promulgar e fazer publicar as leis, bem como expedir decretos e regulamentos para sua fiel execução;

V – vetar projetos de lei, total ou parcialmente;

VI – dispor, mediante decreto, sobre:

► Art. 61, § 1º, II, *e*, desta Constituição.

a) organização e funcionamento da administração federal, quando não implicar aumento de despesa nem criação ou extinção de órgãos públicos;

b) extinção de funções ou cargos públicos, quando vagos;

► Inciso VI com a redação dada pela EC nº 32, de 11-9-2001.

► Art. 48, X, desta Constituição.

VII – manter relações com Estados estrangeiros e acreditar seus representantes diplomáticos;

VIII – celebrar tratados, convenções e atos internacionais, sujeitos a referendo do Congresso Nacional;

IX – decretar o estado de defesa e o estado de sítio;

X – decretar e executar a intervenção federal;

XI – remeter mensagem e plano de governo ao Congresso Nacional por ocasião da abertura da sessão legislativa, expondo a situação do País e solicitando as providências que julgar necessárias;

XII – conceder indulto e comutar penas, com audiência, se necessário, dos órgãos instituídos em lei;

XIII – exercer o comando supremo das Forças Armadas, nomear os Comandantes da Marinha, do Exército e da Aeronáutica, promover seus oficiais-generais e nomeá-los para os cargos que lhes são privativos;

► Inciso XIII com a redação dada pela EC nº 23, de 2-9-1999.

► EC nº 23, de 2-9-1999.

XIV – nomear, após aprovação pelo Senado Federal, os Ministros do Supremo Tribunal Federal e dos Tribunais Superiores, os Governadores de Territórios, o Procurador-Geral da República, o presidente e os diretores do Banco Central e outros servidores, quando determinado em lei;

XV – nomear, observado o disposto no artigo 73, os Ministros do Tribunal de Contas da União;

XVI – nomear os magistrados, nos casos previstos nesta Constituição, e o Advogado-Geral da União;

XVII – nomear membros do Conselho da República, nos termos do artigo 89, VII;

XVIII – convocar e presidir o Conselho da República e o Conselho de Defesa Nacional;

XIX – declarar guerra, no caso de agressão estrangeira, autorizado pelo Congresso Nacional ou referendado por ele, quando ocorrida no intervalo das sessões legislativas, e, nas mesmas condições, decretar, total ou parcialmente, a mobilização nacional;

XX – celebrar a paz, autorizado ou com o referendo do Congresso Nacional;

XXI – conferir condecorações e distinções honoríficas;

XXII – permitir, nos casos previstos em lei complementar, que forças estrangeiras transitem pelo Território Nacional ou nele permaneçam temporariamente;

XXIII – enviar ao Congresso Nacional o plano plurianual, o projeto de lei de diretrizes orçamentárias e as propostas de orçamento previstos nesta Constituição;

XXIV – prestar anualmente, ao Congresso Nacional, dentro de sessenta dias após a abertura da sessão legislativa, as contas referentes ao exercício anterior;

XXV – prover e extinguir os cargos públicos federais, na forma da lei;

XXVI – editar medidas provisórias com força de lei, nos termos do artigo 62;

XXVII – exercer outras atribuições previstas nesta Constituição;

XXVIII – propor ao Congresso Nacional a decretação do estado de calamidade pública de âmbito nacional previsto nos arts. 167-B, 167-C, 167-D, 167-E, 167-F e 167-G desta Constituição.

► Inciso XXVIII acrescido pela EC nº 109, de 15-3-2021.

Parágrafo único. O Presidente da República poderá delegar as atribuições mencionadas nos incisos VI, XII e XXV, primeira parte, aos Ministros de Estado, ao Procurador-Geral da República ou ao Advogado-Geral da União, que observarão os limites traçados nas respectivas delegações.

Seção III
DA RESPONSABILIDADE DO PRESIDENTE DA REPÚBLICA

Art. 85. São crimes de responsabilidade os atos do Presidente da República que atentem contra a Constituição Federal e, especialmente, contra:

► Lei nº 8.429, de 2-6-1992 (Lei da Improbidade Administrativa).

I – a existência da União;

II – o livre exercício do Poder Legislativo, do Poder Judiciário, do Ministério Público e dos Poderes Constitucionais das Unidades da Federação;

III – o exercício dos direitos políticos, individuais e sociais;

IV – a segurança interna do País;

V – a probidade na administração;

VI – a lei orçamentária;

VII – o cumprimento das leis e das decisões judiciais.

Parágrafo único. Estes crimes serão definidos em lei especial, que estabelecerá as normas de processo e julgamento.

► Súm. Vinc. nº 46 do STF.

Art. 86. Admitida a acusação contra o Presidente da República, por dois terços da Câmara dos Deputados, será ele submetido a julgamento perante o Supremo Tribunal Federal, nas infrações penais comuns, ou perante o Senado Federal, nos crimes de responsabilidade.

§ 1º O Presidente ficará suspenso de suas funções:

I – nas infrações penais comuns, se recebida a denúncia ou queixa-crime pelo Supremo Tribunal Federal;

II – nos crimes de responsabilidade, após a instauração do processo pelo Senado Federal.

§ 2º Se, decorrido o prazo de cento e oitenta dias, o julgamento não estiver concluído, cessará o afastamento do Presidente, sem prejuízo do regular prosseguimento do processo.

§ 3º Enquanto não sobrevier sentença condenatória, nas infrações comuns, o Presidente da República não estará sujeito à prisão.

§ 4º O Presidente da República, na vigência de seu mandato, não pode ser responsabilizado por atos estranhos ao exercício de suas funções.

Seção IV
DOS MINISTROS DE ESTADO

Art. 87. Os Ministros de Estado serão escolhidos dentre brasileiros maiores de vinte e um anos e no exercício dos direitos políticos.

Parágrafo único. Compete ao Ministro de Estado, além de outras atribuições estabelecidas nesta Constituição e na lei:

I – exercer a orientação, coordenação e supervisão dos órgãos e entidades da administração federal na área de sua competência e referendar os atos e decretos assinados pelo Presidente da República;

II – expedir instruções para a execução das leis, decretos e regulamentos;

III – apresentar ao Presidente da República relatório anual de sua gestão no Ministério;

IV – praticar os atos pertinentes às atribuições que lhe forem outorgadas ou delegadas pelo Presidente da República.

Art. 88. A lei disporá sobre a criação e extinção de Ministérios e órgãos da administração pública.

► Artigo com a redação dada pela EC nº 32, de 11-9-2001.

Seção V
DO CONSELHO DA REPÚBLICA E DO CONSELHO DE DEFESA NACIONAL

Subseção I
DO CONSELHO DA REPÚBLICA

Art. 89. O Conselho da República é órgão superior de consulta do Presidente da República, e dele participam:

I – o Vice-Presidente da República;

II – o Presidente da Câmara dos Deputados;

III – o Presidente do Senado Federal;

IV – os líderes da maioria e da minoria na Câmara dos Deputados;

V – os líderes da maioria e da minoria no Senado Federal;

► Arts. 51, V, 52, XIV, e 84, XIV, desta Constituição.

VI – o Ministro da Justiça;

VII – seis cidadãos brasileiros natos, com mais de trinta e cinco anos de idade, sendo dois nomeados pelo Presidente da República, dois eleitos pelo Senado Federal e dois eleitos pela Câmara dos Deputados, todos com mandato de três anos, vedada a recondução.

Art. 90. Compete ao Conselho da República pronunciar-se sobre:

I – intervenção federal, estado de defesa e estado de sítio;

II – as questões relevantes para a estabilidade das instituições democráticas.

§ 1º O Presidente da República poderá convocar Ministro de Estado para participar da reunião do Conselho, quando constar da pauta questão relacionada com o respectivo Ministério.

§ 2º A lei regulará a organização e o funcionamento do Conselho da República.

Subseção II

DO CONSELHO DE DEFESA NACIONAL

Art. 91. O Conselho de Defesa Nacional é órgão de consulta do Presidente da República nos assuntos relacionados com a soberania nacional e a defesa do Estado democrático, e dele participam como membros natos:

I – o Vice-Presidente da República;

II – o Presidente da Câmara dos Deputados;

III – o Presidente do Senado Federal;

IV – o Ministro da Justiça;

V – o Ministro de Estado da Defesa;

► Inciso V com a redação dada pela EC nº 23, de 2-9-1999.

VI – o Ministro das Relações Exteriores;

VII – o Ministro do Planejamento;

VIII – os Comandantes da Marinha, do Exército e da Aeronáutica.

► Inciso VIII acrescido pela EC nº 23, de 2-9-1999.

§ 1º Compete ao Conselho de Defesa Nacional:

I – opinar nas hipóteses de declaração de guerra e de celebração da paz, nos termos desta Constituição;

II – opinar sobre a decretação do estado de defesa, do estado de sítio e da intervenção federal;

III – propor os critérios e condições de utilização de áreas indispensáveis à segurança do território nacional e opinar sobre seu efetivo uso, especialmente na faixa de fronteira e nas relacionadas com a preservação e a exploração dos recursos naturais de qualquer tipo;

IV – estudar, propor e acompanhar o desenvolvimento de iniciativas necessárias a garantir a independência nacional e a defesa do Estado democrático.

§ 2º A lei regulará a organização e o funcionamento do Conselho de Defesa Nacional.

CAPÍTULO III

DO PODER JUDICIÁRIO

Seção I

DISPOSIÇÕES GERAIS

Art. 92. São órgãos do Poder Judiciário:

I – o Supremo Tribunal Federal;

I-A – O Conselho Nacional de Justiça;

► Inciso I-A acrescido pela EC nº 45, de 8-12-2004.

► Art. 5º da EC nº 45, de 8-12-2004.

► Na ADIN nº 3.367, o STF considerou constitucional a criação do CNJ, como órgão interno de controle administrativo, financeiro e disciplinar da magistratura.

II – o Superior Tribunal de Justiça;

II-A – o Tribunal Superior do Trabalho;

► Inciso II-A acrescido pela EC nº 92, de 12-7-2016.

III – os Tribunais Regionais Federais e Juízes Federais;

IV – os Tribunais e Juízes do Trabalho;

V – os Tribunais e Juízes Eleitorais;

VI – os Tribunais e Juízes Militares;

VII – os Tribunais e Juízes dos Estados e do Distrito Federal e Territórios.

§ 1º O Supremo Tribunal Federal, o Conselho Nacional de Justiça e os Tribunais Superiores têm sede na Capital Federal.

§ 2º O Supremo Tribunal Federal e os Tribunais Superiores têm jurisdição em todo o território nacional.

► §§ 1º e 2º acrescidos pela EC nº 45, de 8-12-2004.

Art. 93. Lei complementar, de iniciativa do Supremo Tribunal Federal, disporá sobre o Estatuto da Magistratura, observados os seguintes princípios:

I – ingresso na carreira, cujo cargo inicial será o de juiz substituto, mediante concurso público de provas e títulos, com a participação da Ordem dos Advogados do Brasil em todas as fases, exigindo-se do bacharel em direito, no mínimo, três anos de atividade jurídica e obedecendo-se, nas nomeações, à ordem de classificação;

► Inciso I com a redação dada pela EC nº 45, de 8-12-2004.

II – promoção de entrância para entrância, alternadamente, por antiguidade e merecimento, atendidas as seguintes normas:

a) é obrigatória a promoção do juiz que figure por três vezes consecutivas ou cinco alternadas em lista de merecimento;

b) a promoção por merecimento pressupõe dois anos de exercício na respectiva entrância e integrar o juiz a primeira quinta parte da lista de antiguidade desta, salvo se não houver com tais requisitos quem aceite o lugar vago;

c) aferição do merecimento conforme o desempenho e pelos critérios objetivos de produtividade e presteza no exercício da jurisdição e pela frequência e aproveitamento em cursos oficiais ou reconhecidos de aperfeiçoamento;

d) na apuração de antiguidade, o tribunal somente poderá recusar o juiz mais antigo pelo voto fundamentado de dois terços de seus membros, conforme procedimento próprio, e assegurada ampla defesa, repetindo-se a votação até fixar-se a indicação;

► Alíneas *c* e *d* com a redação dada pela EC nº 45, de 8-12-2004.

e) não será promovido o juiz que, injustificadamente, retiver autos em seu poder além do prazo legal, não podendo devolvê-los ao cartório sem o devido despacho ou decisão;

► Alínea *e* acrescida pela EC nº 45, de 8-12-2004.

III – o acesso aos tribunais de segundo grau far-se-á por antiguidade e merecimento, alternadamente, apurados na última ou única entrância;

IV – previsão de cursos oficiais de preparação, aperfeiçoamento e promoção de magistrados, constituindo etapa obrigatória do processo de vitaliciamento a participação em curso oficial ou reconhecido por escola nacional de formação e aperfeiçoamento de magistrados;

► Incisos III e IV com a redação dada pela EC nº 45, de 8-12-2004.

V – o subsídio dos Ministros dos Tribunais Superiores corresponderá a noventa e cinco por cento do subsídio mensal fixado para os Ministros do Supremo Tribunal Federal e os subsídios dos demais magistrados serão fixados em lei e escalonados, em nível federal e estadual, conforme as respectivas categorias da estrutura judiciária nacional, não podendo a diferença entre uma e outra ser superior a dez por cento ou inferior a cinco por cento, nem exceder a noventa e cinco por cento do subsídio mensal dos Ministros dos Tribunais Superiores, obedecido, em qualquer caso, o disposto nos artigos 37, XI, e 39, § 4º;

▸ Inciso V com a redação dada pela EC nº 19, de 4-6-1998.

VI – a aposentadoria dos magistrados e a pensão de seus dependentes observarão o disposto no artigo 40;

▸ Inciso VI com a redação dada pela EC nº 20, de 15-12-1998.

VII – o juiz titular residirá na respectiva comarca, salvo autorização do tribunal;

▸ Inciso VII com a redação dada pela EC nº 45, de 8-12-2004.

VIII – o ato de remoção ou de disponibilidade do magistrado, por interesse público, fundar-se-á em decisão por voto da maioria absoluta do respectivo tribunal ou do Conselho Nacional de Justiça, assegurada ampla defesa;

▸ Inciso VIII com a redação dada pela EC nº 103, de 12-11-2019.

VIII-A – a remoção a pedido ou a permuta de magistrados de comarca de igual entrância atenderá, no que couber, ao disposto nas alíneas *a*, *b*, *c* e *e* do inciso II;

▸ Inciso VIII-A acrescido pela EC nº 45, de 8-12-2004.

IX – todos os julgamentos dos órgãos do Poder Judiciário serão públicos, e fundamentadas todas as decisões, sob pena de nulidade, podendo a lei limitar a presença, em determinados atos, às próprias partes e a seus advogados, ou somente a estes, em casos nos quais a preservação do direito à intimidade do interessado no sigilo não prejudique o interesse público à informação;

X – as decisões administrativas dos tribunais serão motivadas e em sessão pública, sendo as disciplinares tomadas pelo voto da maioria absoluta de seus membros;

XI – nos tribunais com número superior a vinte e cinco julgadores, poderá ser constituído órgão especial, com o mínimo de onze e o máximo de vinte e cinco membros, para o exercício das atribuições administrativas e jurisdicionais delegadas da competência do tribunal pleno, provendo-se metade das vagas por antiguidade e a outra metade por eleição pelo tribunal pleno;

▸ Incisos IX a XI com a redação dada pela EC nº 45, de 8-12-2004.

XII – a atividade jurisdicional será ininterrupta, sendo vedado férias coletivas nos juízos e tribunais de segundo grau, funcionando, nos dias em que não houver expediente forense normal, juízes em plantão permanente;

XIII – o número de juízes na unidade jurisdicional será proporcional à efetiva demanda judicial e à respectiva população;

XIV – os servidores receberão delegação para a prática de atos de administração e atos de mero expediente sem caráter decisório;

XV – a distribuição de processos será imediata, em todos os graus de jurisdição.

▸ Incisos XII a XV acrescidos pela EC nº 45, de 8-12-2004.

Art. 94. Um quinto dos lugares dos Tribunais Regionais Federais, dos Tribunais dos Estados, e do Distrito Federal e Territórios será composto de membros, do Ministério Público, com mais de dez anos de carreira, e de advogados de notório saber jurídico e de reputação ilibada, com mais de dez anos de efetiva atividade profissional, indicados em lista sêxtupla pelos órgãos de representação das respectivas classes.

Parágrafo único. Recebidas as indicações, o Tribunal formará lista tríplice, enviando-a ao Poder Executivo, que, nos vinte dias subsequentes, escolherá um de seus integrantes para nomeação.

Art. 95. Os juízes gozam das seguintes garantias:

I – vitaliciedade, que, no primeiro grau, só será adquirida após dois anos de exercício, dependendo a perda do cargo, nesse período, de deliberação do Tribunal a que o juiz estiver vinculado, e, nos demais casos, de sentença judicial transitada em julgado;

II – inamovibilidade, salvo por motivo de interesse público, na forma do artigo 93, VIII;

III – irredutibilidade de subsídio, ressalvado o disposto nos artigos 37, X e XI, 39, § 4º, 150, II, 153, III, e 153, § 2º, I.

▸ Inciso III com a redação dada pela EC nº 19, de 4-6-1998.

Parágrafo único. Aos juízes é vedado:

I – exercer, ainda que em disponibilidade, outro cargo ou função, salvo uma de magistério;

II – receber, a qualquer título ou pretexto, custas ou participação em processo;

III – dedicar-se à atividade político-partidária;

IV – receber, a qualquer título ou pretexto, auxílios ou contribuições de pessoas físicas, entidades públicas ou privadas, ressalvadas as exceções previstas em lei;

V – exercer a advocacia no juízo ou tribunal do qual se afastou, antes de decorridos três anos do afastamento do cargo por aposentadoria ou exoneração.

▸ Incisos IV e V acrescidos pela EC nº 45, de 8-12-2004.

Art. 96. Compete privativamente:

I – aos Tribunais:

a) eleger seus órgãos diretivos e elaborar seus regimentos internos, com observância das normas de processo e das garantias processuais das partes, dispondo sobre a competência e o funcionamento dos respectivos órgãos jurisdicionais e administrativos;

b) organizar suas secretarias e serviços auxiliares e os dos juízos que lhes forem vinculados, velando pelo exercício da atividade correicional respectiva;

c) prover, na forma prevista nesta Constituição, os cargos de juiz de carreira da respectiva jurisdição;

d) propor a criação de novas varas judiciárias;

e) prover, por concurso público de provas, ou de provas e títulos, obedecido o disposto no artigo 169, parágrafo único, os cargos necessários à administração da Justiça, exceto os de confiança assim definidos em lei;

▸ De acordo com a alteração processada pela EC nº 19, de 4-6-1998, a referência passa a ser ao art. 169, § 1º.

f) conceder licença, férias e outros afastamentos a seus membros e aos juízes e servidores que lhes forem imediatamente vinculados;

II – ao Supremo Tribunal Federal, aos Tribunais Superiores e aos Tribunais de Justiça propor ao Poder Legislativo respectivo, observado o disposto no artigo 169:

a) a alteração do número de membros dos Tribunais inferiores;

b) a criação e a extinção de cargos e a remuneração dos seus serviços auxiliares e dos juízos que lhes forem vinculados, bem como a fixação do subsídio de seus membros e dos juízes, inclusive dos tribunais inferiores, onde houver;

▸ Alínea *b* com a redação dada pela EC nº 41, de 19-12-2003.

c) a criação ou extinção dos Tribunais inferiores;

d) a alteração da organização e da divisão judiciárias;

III – aos Tribunais de Justiça julgar os juízes estaduais e do Distrito Federal e Territórios, bem como os membros do Ministério Público, nos crimes comuns e de responsabilidade, ressalvada a competência da Justiça Eleitoral.

Art. 97. Somente pelo voto da maioria absoluta de seus membros ou dos membros do respectivo órgão especial poderão os Tribunais declarar a inconstitucionalidade de lei ou ato normativo do Poder Público.

► Súm. Vinc. nº 10 do STF.

Art. 98. A União, no Distrito Federal e nos Territórios, e os Estados criarão:

I – juizados especiais, providos por juízes togados, ou togados e leigos, competentes para a conciliação, o julgamento e a execução de causas cíveis de menor complexidade e infrações penais de menor potencial ofensivo, mediante os procedimentos oral e sumaríssimo, permitidos, nas hipóteses previstas em lei, a transação e o julgamento de recursos por turmas de juízes de primeiro grau;

► Lei nº 9.099, de 26-9-1995 (Lei dos Juizados Especiais).

► Lei nº 11.340, de 7-8-2006 (Lei que Coíbe a Violência Doméstica e Familiar Contra a Mulher).

II – justiça de paz, remunerada, composta de cidadãos eleitos pelo voto direto, universal e secreto, com mandato de quatro anos e competência para, na forma da lei, celebrar casamentos, verificar, de ofício ou em face de impugnação apresentada, o processo de habilitação e exercer atribuições conciliatórias, sem caráter jurisdicional, além de outras previstas na legislação.

§ 1º Lei federal disporá sobre a criação de juizados especiais no âmbito da Justiça Federal.

► Antigo parágrafo único renumerado para § 1º pela EC nº 45, de 8-12-2004.

► Lei nº 10.259, de 12-7-2001 (Lei dos Juizados Especiais Federais).

§ 2º As custas e emolumentos serão destinados exclusivamente ao custeio dos serviços afetos às atividades específicas da Justiça.

► § 2º acrescido pela EC nº 45, de 8-12-2004.

Art. 99. Ao Poder Judiciário é assegurada autonomia administrativa e financeira.

§ 1º Os Tribunais elaborarão suas propostas orçamentárias dentro dos limites estipulados conjuntamente com os demais Poderes na lei de diretrizes orçamentárias.

§ 2º O encaminhamento da proposta, ouvidos os outros Tribunais interessados, compete:

I – no âmbito da União, aos Presidentes do Supremo Tribunal Federal e dos Tribunais Superiores, com a aprovação dos respectivos Tribunais;

II – no âmbito dos Estados e no do Distrito Federal e Territórios, aos Presidentes dos Tribunais de Justiça, com a aprovação dos respectivos Tribunais.

§ 3º Se os órgãos referidos no § 2º não encaminharem as respectivas propostas orçamentárias dentro do prazo estabelecido na lei de diretrizes orçamentárias, o Poder Executivo considerará, para fins de consolidação da proposta orçamentária anual, os valores aprovados na lei orçamentária vigente, ajustados de acordo com os limites estipulados na forma do § 1º deste artigo.

§ 4º Se as propostas orçamentárias de que trata este artigo forem encaminhadas em desacordo com os limites estipulados na forma do § 1º, o Poder Executivo procederá aos ajustes necessários para fins de consolidação da proposta orçamentária anual.

§ 5º Durante a execução orçamentária do exercício, não poderá haver a realização de despesas ou a assunção de obrigações que extrapolem os limites estabelecidos na lei de diretrizes orçamentárias, exceto se previamente autorizadas, mediante a abertura de créditos suplementares ou especiais.

► §§ 3º a 5º acrescidos pela EC nº 45, de 8-12-2004.

Art. 100. Os pagamentos devidos pelas Fazendas Públicas Federal, Estaduais, Distrital e Municipais, em virtude de sentença judiciária, far-se-ão exclusivamente na ordem cronológica de apresentação dos precatórios e à conta dos créditos respectivos, proibida a designação de casos ou de pessoas nas dotações orçamentárias e nos créditos adicionais abertos para este fim.

► *Caput* com a redação dada pela EC nº 62, de 9-12-2009.

► Art. 4º da EC nº 62, de 9-12-2009.

§ 1º Os débitos de natureza alimentícia compreendem aqueles decorrentes de salários, vencimentos, proventos, pensões e suas complementações, benefícios previdenciários e indenizações por morte ou por invalidez, fundadas em responsabilidade civil, em virtude de sentença judicial transitada em julgado, e serão pagos com preferência sobre todos os demais débitos, exceto sobre aqueles referidos no § 2º deste artigo.

► § 1º com a redação dada pela EC nº 62, de 9-12-2009.

► Súmulas Vinculantes nºs 17 e 47 do STF.

§ 2º Os débitos de natureza alimentícia cujos titulares, originários ou por sucessão hereditária, tenham 60 (sessenta) anos de idade, ou sejam portadores de doença grave, ou pessoas com deficiência, assim definidos na forma da lei, serão pagos com preferência sobre todos os demais débitos, até o valor equivalente ao triplo fixado em lei para os fins do disposto no § 3º deste artigo, admitido o fracionamento para essa finalidade, sendo que o restante será pago na ordem cronológica de apresentação do precatório.

► § 2º com a redação dada pela EC nº 94, de 15-12-2016.

► O STF, por maioria dos votos, julgou parcialmente procedente a ADIN nº 4.425, para declarar a inconstitucionalidade da expressão "na data de expedição do precatório" contida neste parágrafo (*DOU* de 8-3-2021).

§ 3º O disposto no *caput* deste artigo relativamente à expedição de precatórios não se aplica aos pagamentos de obrigações definidas em leis como de pequeno valor que as Fazendas referidas devam fazer em virtude de sentença judicial transitada em julgado.

§ 4º Para os fins do disposto no § 3º, poderão ser fixados, por leis próprias, valores distintos às entidades de direito público, segundo as diferentes capacidades econômicas, sendo o mínimo igual ao valor do maior benefício do regime geral de previdência social.

§ 5º É obrigatória a inclusão, no orçamento das entidades de direito público, de verba necessária ao pagamento de seus débitos, oriundos de sentenças transitadas em julgado, constantes de precatórios judiciários apresentados até 1º de julho, fazendo-se o pagamento até o final do exercício seguinte, quando terão seus valores atualizados monetariamente.

§ 6º As dotações orçamentárias e os créditos abertos serão consignados diretamente ao Poder Judiciário, cabendo ao Presidente do Tribunal que proferir a decisão exequenda determinar o pagamento integral e autorizar, a requerimento do credor e exclusivamente para os casos de preterimento de seu direito de precedência ou de não alocação orçamentária do valor necessário à satisfação do seu débito, o sequestro da quantia respectiva.

► §§ 3º a 6º com a redação dada pela EC nº 62, de 9-12-2009.

§ 7º O Presidente do Tribunal competente que, por ato comissivo ou omissivo, retardar ou tentar frustrar a liquidação regular de precatórios incorrerá em crime de responsabilidade e responderá, também, perante o Conselho Nacional de Justiça.

§ 8º É vedada a expedição de precatórios complementares ou suplementares de valor pago, bem como o fracionamento, repartição ou quebra do valor da execução para fins de enquadramento de parcela do total ao que dispõe o § 3º deste artigo.

§ 9º No momento da expedição dos precatórios, independentemente de regulamentação, deles deverá ser abatido, a título de compensação, valor correspondente aos débitos líquidos e certos, inscritos ou não em dívida ativa e constituídos contra o credor original pela Fazenda Pública devedora, incluídas parcelas vincendas de parcelamentos, ressalvados aqueles cuja execução esteja suspensa em virtude de contestação administrativa ou judicial.

► O STF, por maioria dos votos, julgou parcialmente procedente a ADIN nº 4.425, para declarar a inconstitucionalidade deste parágrafo (*DOU* de 8-3-2021).

§ 10. Antes da expedição dos precatórios, o Tribunal solicitará à Fazenda Pública devedora, para resposta em até 30 (trinta) dias, sob pena de perda do direito de abatimento, informação sobre os débitos que preencham as condições estabelecidas no § 9º, para os fins nele previstos.

► O STF, por maioria dos votos, julgou parcialmente procedente a ADIN nº 4.425, para declarar a inconstitucionalidade deste parágrafo (*DOU* de 8-3-2021).

§ 11. É facultada ao credor, conforme estabelecido em lei da entidade federativa devedora, a entrega de créditos em precatórios para compra de imóveis públicos do respectivo ente federado.

§ 12. A partir da promulgação desta Emenda Constitucional, a atualização de valores de requisitórios, após sua expedição, até o efetivo pagamento, independentemente de sua natureza, será feita pelo índice oficial de remuneração básica da caderneta de poupança, e, para fins de compensação da mora, incidirão juros simples no mesmo percentual de juros incidentes sobre a caderneta de poupança, ficando excluída a incidência de juros compensatórios.

► O STF, por maioria dos votos, julgou parcialmente procedente a ADIN nº 4.425 para declarar a inconstitucionalidade parcial sem redução da expressão "independentemente de sua natureza", contida neste parágrafo, para determinar que, quanto aos precatórios de natureza tributária, sejam aplicados os mesmos juros de mora incidentes sobre todo e qualquer crédito tributário.

§ 13. O credor poderá ceder, total ou parcialmente, seus créditos em precatórios a terceiros, independentemente da concordância do devedor, não se aplicando ao cessionário o disposto nos §§ 2º e 3º.

§ 14. A cessão de precatórios somente produzirá efeitos após comunicação, por meio de petição protocolizada, ao tribunal de origem e à entidade devedora.

§ 15. Sem prejuízo do disposto neste artigo, lei complementar a esta Constituição Federal poderá estabelecer regime especial para pagamento de crédito de precatórios de Estados, Distrito Federal e Municípios, dispondo sobre vinculações à receita corrente líquida e forma e prazo de liquidação.

§ 16. A seu critério exclusivo e na forma de lei, a União poderá assumir débitos, oriundos de precatórios, de Estados, Distrito Federal e Municípios, refinanciando-os diretamente.

► §§ 7º a 16 acrescidos pela EC nº 62, de 9-12-2009.

§ 17. A União, os Estados, o Distrito Federal e os Municípios aferirão mensalmente, em base anual, o comprometimento de suas respectivas receitas correntes líquidas com o pagamento de precatórios e obrigações de pequeno valor.

§ 18. Entende-se como receita corrente líquida, para os fins de que trata o § 17, o somatório das receitas tributárias, patrimoniais, industriais, agropecuárias, de contribuições e de serviços, de transferências correntes e outras receitas correntes, incluindo as oriundas do § 1º do art. 20 da Constituição Federal, verificado no período compreendido pelo segundo mês imediatamente anterior ao de referência e os 11 (onze) meses precedentes, excluídas as duplicidades, e deduzidas:

I – na União, as parcelas entregues aos Estados, ao Distrito Federal e aos Municípios por determinação constitucional;

II – nos Estados, as parcelas entregues aos Municípios por determinação constitucional;

III – na União, nos Estados, no Distrito Federal e nos Municípios, a contribuição dos servidores para custeio de seu sistema de previdência e assistência social e as receitas provenientes da compensação financeira referida no § 9º do art. 201 da Constituição Federal.

§ 19. Caso o montante total de débitos decorrentes de condenações judiciais em precatórios e obrigações de pequeno valor, em período de 12 (doze) meses, ultrapasse a média do comprometimento percentual da receita corrente líquida nos 5 (cinco) anos imediatamente anteriores, a parcela que exceder esse percentual poderá ser financiada, excetuada dos limites de endividamento de que tratam os incisos VI e VII do art. 52 da Constituição Federal e de quaisquer outros limites de endividamento previstos, não se aplicando a esse financiamento a vedação de vinculação de receita prevista no inciso IV do art. 167 da Constituição Federal.

§ 20. Caso haja precatório com valor superior a 15% (quinze por cento) do montante dos precatórios apresentados nos termos do § 5º deste artigo, 15% (quinze por cento) do valor deste precatório serão pagos até o final do exercício seguinte e o restante em parcelas iguais nos cinco exercícios subsequentes, acrescidas de juros de mora e correção monetária, ou mediante acordos diretos, perante Juízos Auxiliares de Conciliação de Precatórios, com redução máxima de 40% (quarenta por cento) do valor do crédito atualizado, desde que em relação ao crédito não penda recurso ou defesa judicial e que sejam observados os requisitos definidos na regulamentação editada pelo ente federado.

► §§ 17 a 20 acrescidos pela EC nº 94, de 15-12-2016.

Seção II
DO SUPREMO TRIBUNAL FEDERAL

Art. 101. O Supremo Tribunal Federal compõe-se de onze Ministros, escolhidos dentre cidadãos com mais de trinta e cinco anos e menos de sessenta e cinco anos de idade, de notável saber jurídico e reputação ilibada.

Parágrafo único. Os Ministros do Supremo Tribunal Federal serão nomeados pelo Presidente da República, depois de aprovada a escolha pela maioria absoluta do Senado Federal.

Art. 102. Compete ao Supremo Tribunal Federal, precipuamente, a guarda da Constituição, cabendo-lhe:

I – processar e julgar, originariamente:

► Lei nº 8.038, de 28-5-1990, institui normas procedimentais para os processos que especifica, perante o STJ e o STF.

a) a ação direta de inconstitucionalidade de lei ou ato normativo federal ou estadual e a ação declaratória de constitucionalidade de lei ou ato normativo federal;

► Alínea *a* com a redação dada pela EC nº 3, de 17-3-1993.

► Lei nº 9.868, de 10-11-1999 (Lei da ADIN e da ADECON).

b) nas infrações penais comuns, o Presidente da República, o Vice-Presidente, os membros do Congresso Nacional, seus próprios Ministros e o Procurador-Geral da República;

c) nas infrações penais comuns e nos crimes de responsabilidade, os Ministros de Estado e os Comandantes da Marinha, do Exército e da Aeronáutica, ressalvado o disposto no artigo 52, I, os membros dos Tribunais Superiores, os do Tribunal de Contas da União e os chefes de missão diplomática de caráter permanente;

► Alínea *c* com a redação dada pela EC nº 23, de 2-9-1999.

d) o *habeas corpus*, sendo paciente qualquer das pessoas referidas nas alíneas anteriores; o mandado de segurança e o *habeas data* contra atos do Presidente da República, das Mesas da Câmara dos Deputados e do Senado Federal, do Tribunal de Contas da União, do Procurador-Geral da República e do próprio Supremo Tribunal Federal;

e) o litígio entre Estado estrangeiro ou organismo internacional e a União, o Estado, o Distrito Federal ou o Território;

f) as causas e os conflitos entre a União e os Estados, a União e o Distrito Federal, ou entre uns e outros, inclusive as respectivas entidades da administração indireta;

g) a extradição solicitada por Estado estrangeiro;

h) *Revogada*. EC nº 45, de 8-12-2004;

i) o *habeas corpus*, quando o coator for Tribunal Superior ou quando o coator ou o paciente for autoridade ou funcionário cujos atos estejam sujeitos diretamente à jurisdição do Supremo Tribunal Federal, ou se trate de crime sujeito à mesma jurisdição em uma única instância;

► Alínea *i* com a redação dada pela EC nº 22, de 18-3-1999.

j) a revisão criminal e a ação rescisória de seus julgados;

► Arts. 966 e ss. do CPC.

l) a reclamação para a preservação de sua competência e garantia da autoridade de suas decisões;

m) a execução de sentença nas causas de sua competência originária, facultada a delegação de atribuições para a prática de atos processuais;

n) a ação em que todos os membros da magistratura sejam direta ou indiretamente interessados, e aquela em que mais da metade dos membros do Tribunal de origem estejam impedidos ou sejam direta ou indiretamente interessados;

o) os conflitos de competência entre o Superior Tribunal de Justiça e quaisquer Tribunais, entre Tribunais Superiores, ou entre estes e qualquer outro Tribunal;

► Arts. 105, I, *d*, 108, I, *e*, e 114, V, desta Constituição.

p) o pedido de medida cautelar das ações diretas de inconstitucionalidade;

q) o mandado de injunção, quando a elaboração da norma regulamentadora for atribuição do Presidente da República, do Congresso Nacional, da Câmara dos Deputados, do Senado Federal, das Mesas de uma dessas Casas Legislativas, do Tribunal de Contas da União, de um dos Tribunais Superiores, ou do próprio Supremo Tribunal Federal;

r) as ações contra o Conselho Nacional de Justiça e contra o Conselho Nacional do Ministério Público;

► Alínea *r* acrescida pela EC nº 45, de 8-12-2004.

II – julgar, em recurso ordinário:

a) o *habeas corpus*, o mandado de segurança, o *habeas data* e o mandado de injunção decididos em única instância pelos Tribunais Superiores, se denegatória a decisão;

b) o crime político;

III – julgar, mediante recurso extraordinário, as causas decididas em única ou última instância, quando a decisão recorrida:

► Súmulas nºs 640 e 727 do STF.

a) contrariar dispositivo desta Constituição;

b) declarar a inconstitucionalidade de tratado ou lei federal;

c) julgar válida lei ou ato de governo local contestado em face desta Constituição;

d) julgar válida lei local contestada em face de lei federal.

► Alínea *d* acrescida pela EC nº 45, de 8-12-2004.

§ 1º A arguição de descumprimento de preceito fundamental decorrente desta Constituição será apreciada pelo Supremo Tribunal Federal, na forma da lei.

► Parágrafo único transformado em § 1º pela EC nº 3, de 17-3-1993.

► Lei nº 9.882, de 3-12-1999 (Lei da Ação de Descumprimento de Preceito Fundamental).

§ 2º As decisões definitivas de mérito, proferidas pelo Supremo Tribunal Federal, nas ações diretas de inconstitucionalidade e nas ações declaratórias de constitucionalidade, produzirão eficácia contra todos e efeito vinculante, relativamente aos demais órgãos do Poder Judiciário e à administração pública direta e indireta, nas esferas federal, estadual e municipal.

► § 2º com a redação dada pela EC nº 45, de 8-12-2004.

► Art. 28, par. ún., da Lei nº 9.868, de 10-11-1999 (Lei da ADIN e da ADECON).

§ 3º No recurso extraordinário o recorrente deverá demonstrar a repercussão geral das questões constitucionais discutidas no caso, nos termos da lei, a fim de que o Tribunal examine a admissão do recurso, somente podendo recusá-lo pela manifestação de dois terços de seus membros.

► § 3º acrescido pela EC nº 45, de 8-12-2004.

Art. 103. Podem propor a ação direta de inconstitucionalidade e a ação declaratória de constitucionalidade:

► *Caput* com a redação dada pela EC nº 45, de 8-12-2004.

► Arts. 2º, 12-A e 13 da Lei nº 9.868, de 10-11-1999 (Lei da ADIN e da ADECON).

I – o Presidente da República;

II – a Mesa do Senado Federal;

III – a Mesa da Câmara dos Deputados;

IV – a Mesa de Assembleia Legislativa ou da Câmara Legislativa do Distrito Federal;

V – o Governador de Estado ou do Distrito Federal;

► Incisos IV e V com a redação dada pela EC nº 45, de 8-12-2004.

VI – o Procurador-Geral da República;

VII – o Conselho Federal da Ordem dos Advogados do Brasil;

VIII – partido político com representação no Congresso Nacional;

IX – confederação sindical ou entidade de classe de âmbito nacional.

§ 1º O Procurador-Geral da República deverá ser previamente ouvido nas ações de inconstitucionalidade e em todos os processos de competência do Supremo Tribunal Federal.

§ 2º Declarada a inconstitucionalidade por omissão de medida para tornar efetiva norma constitucional, será dada ciência ao Poder competente para a adoção das providências necessárias e, em se tratando de órgão administrativo, para fazê-lo em trinta dias.

§ 3º Quando o Supremo Tribunal Federal apreciar a inconstitucionalidade, em tese, de norma legal ou ato normativo, citará, previamente, o Advogado-Geral da União, que defenderá o ato ou texto impugnado.

§ 4º *Revogado.* EC nº 45, de 8-12-2004.

Art. 103-A. O Supremo Tribunal Federal poderá, de ofício ou por provocação, mediante decisão de dois terços dos seus membros, após reiteradas decisões sobre matéria constitucional, aprovar súmula que, a partir de sua publicação na imprensa oficial, terá efeito vinculante em relação aos demais órgãos do Poder Judiciário e à administração pública direta e indireta, nas esferas federal, estadual e municipal, bem como proceder à sua revisão ou cancelamento, na forma estabelecida em lei.

§ 1º A súmula terá por objetivo a validade, a interpretação e a eficácia de normas determinadas, acerca das quais haja controvérsia atual entre órgãos judiciários ou entre esses e a administração pública que acarrete grave insegurança jurídica e relevante multiplicação de processos sobre questão idêntica.

§ 2º Sem prejuízo do que vier a ser estabelecido em lei, a aprovação, revisão ou cancelamento de súmula poderá ser provocada por aqueles que podem propor a ação direta de inconstitucionalidade.

§ 3º Do ato administrativo ou decisão judicial que contrariar a súmula aplicável ou que indevidamente a aplicar, caberá reclamação ao Supremo Tribunal Federal que, julgando-a procedente, anulará o ato administrativo ou cassará a decisão judicial reclamada, e determinará que outra seja proferida com ou sem a aplicação da súmula, conforme o caso.

Art. 103-B. O Conselho Nacional de Justiça compõe-se de 15 (quinze) membros com mandato de 2 (dois) anos, admitida 1 (uma) recondução, sendo:

► *Caput* com a redação dada pela EC nº 61, de 11-11-2009.

I – o Presidente do Supremo Tribunal Federal;

► Inciso I com a redação dada pela EC nº 61, de 11-11-2009.

II – um Ministro do Superior Tribunal de Justiça, indicado pelo respectivo tribunal;

III – um Ministro do Tribunal Superior do Trabalho, indicado pelo respectivo tribunal;

IV – um desembargador de Tribunal de Justiça, indicado pelo Supremo Tribunal Federal;

V – um juiz estadual, indicado pelo Supremo Tribunal Federal;

VI – um juiz de Tribunal Regional Federal, indicado pelo Superior Tribunal de Justiça;

VII – um juiz federal, indicado pelo Superior Tribunal de Justiça;

VIII – um juiz de Tribunal Regional do Trabalho, indicado pelo Tribunal Superior do Trabalho;

IX – um juiz do trabalho, indicado pelo Tribunal Superior do Trabalho;

X – um membro do Ministério Público da União, indicado pelo Procurador-Geral da República;

XI – um membro do Ministério Público estadual, escolhido pelo Procurador-Geral da República dentre os nomes indicados pelo órgão competente de cada instituição estadual;

XII – dois advogados, indicados pelo Conselho Federal da Ordem dos Advogados do Brasil;

XIII – dois cidadãos, de notável saber jurídico e reputação ilibada, indicados um pela Câmara dos Deputados e outro pelo Senado Federal.

► Incisos II a XIII acrescidos pela EC nº 45, de 8-12-2004.

§ 1º O Conselho será presidido pelo Presidente do Supremo Tribunal Federal e, nas suas ausências e impedimentos, pelo Vice-Presidente do Supremo Tribunal Federal.

§ 2º Os demais membros do Conselho serão nomeados pelo Presidente da República, depois de aprovada a escolha pela maioria absoluta do Senado Federal.

► §§ 1º e 2º com a redação dada pela EC nº 61, de 11-11-2009.

§ 3º Não efetuadas, no prazo legal, as indicações previstas neste artigo, caberá a escolha ao Supremo Tribunal Federal.

§ 4º Compete ao Conselho o controle da atuação administrativa e financeira do Poder Judiciário e do cumprimento dos deveres funcionais dos juízes, cabendo-lhe, além de outras atribuições que lhe forem conferidas pelo Estatuto da Magistratura:

I – zelar pela autonomia do Poder Judiciário e pelo cumprimento do Estatuto da Magistratura, podendo expedir atos regulamentares, no âmbito de sua competência, ou recomendar providências;

II – zelar pela observância do art. 37 e apreciar, de ofício ou mediante provocação, a legalidade dos atos administrativos praticados por membros ou órgãos do Poder Judiciário, podendo desconstituí-los, revê-los ou fixar prazo para que se adotem as providências necessárias ao exato cumprimento da lei, sem prejuízo da competência do Tribunal de Contas da União;

III – receber e conhecer das reclamações contra membros ou órgãos do Poder Judiciário, inclusive contra seus serviços auxiliares, serventias e órgãos prestadores de serviços notariais e de registro que atuem por delegação do poder público ou oficializados, sem prejuízo da competência disciplinar e correicional dos tribunais, podendo avocar processos disciplinares em curso, determinar a remoção ou a disponibilidade e aplicar outras sanções administrativas, assegurada ampla defesa;

► Inciso III com a redação dada pela EC nº 103, de 12-11-2019.

IV – representar ao Ministério Público, no caso de crime contra a administração pública ou de abuso de autoridade;

V – rever, de ofício ou mediante provocação, os processos disciplinares de juízes e membros de tribunais julgados há menos de um ano;

VI – elaborar semestralmente relatório estatístico sobre processos e sentenças prolatadas, por unidade da Federação, nos diferentes órgãos do Poder Judiciário;

VII – elaborar relatório anual, propondo as providências que julgar necessárias, sobre a situação do Poder Judiciário no País e as atividades do Conselho, o qual deve integrar mensagem do Presidente do Supremo Tribunal Federal a ser remetida ao Congresso Nacional, por ocasião da abertura da sessão legislativa.

§ 5º O Ministro do Superior Tribunal de Justiça exercerá a função de Ministro-Corregedor e ficará excluído da distribuição de processos no Tribunal, competindo-lhe, além das atribuições que lhe forem conferidas pelo Estatuto da Magistratura, as seguintes:

I – receber as reclamações e denúncias, de qualquer interessado, relativas aos magistrados e aos serviços judiciários;

II – exercer funções executivas do Conselho, de inspeção e de correição geral;

III – requisitar e designar magistrados, delegando-lhes atribuições, e requisitar servidores de juízos ou tribunais, inclusive nos Estados, Distrito Federal e Territórios.

§ 6º Junto ao Conselho oficiarão o Procurador-Geral da República e o Presidente do Conselho Federal da Ordem dos Advogados do Brasil.

§ 7º A União, inclusive no Distrito Federal e nos Territórios, criará ouvidorias de justiça, competentes para receber reclamações e denúncias de qualquer interessado contra membros ou órgãos do Poder Judiciário, ou contra seus serviços auxiliares, representando diretamente ao Conselho Nacional de Justiça.

► §§ 3º a 7º acrescidos pela EC nº 45, de 8-12-2004.

Seção III
DO SUPERIOR TRIBUNAL DE JUSTIÇA

► Lei nº 8.038, de 28-5-1990, institui normas procedimentais para os processos que especifica, perante o STJ e o STF.

Art. 104. O Superior Tribunal de Justiça compõe-se de, no mínimo, trinta e três Ministros.

Parágrafo único. Os Ministros do Superior Tribunal de Justiça serão nomeados pelo Presidente da República, dentre brasileiros com mais de trinta e cinco e menos de sessenta e cinco anos, de notável saber jurídico e reputação ilibada, depois de aprovada a escolha pela maioria absoluta do Senado Federal, sendo:

► Parágrafo único com a redação dada pela EC nº 45, de 8-12-2004.

I – um terço dentre juízes dos Tribunais Regionais Federais e um terço dentre desembargadores dos Tribunais de Justiça, indicados em lista tríplice elaborada pelo próprio Tribunal;

II – um terço, em partes iguais, dentre advogados e membros do Ministério Público Federal, Estadual, do Distrito Federal e Territórios, alternadamente, indicados na forma do artigo 94.

Art. 105. Compete ao Superior Tribunal de Justiça:

I – processar e julgar, originariamente:

a) nos crimes comuns, os Governadores dos Estados e do Distrito Federal, e, nestes e nos de responsabilidade, os desembargadores dos Tribunais de Justiça dos Estados e do Distrito Federal, os membros dos Tribunais de Contas dos Estados e do Distrito Federal, os dos Tribunais Regionais Federais, dos Tribunais Regionais Eleitorais e do Trabalho, os membros dos Conselhos ou Tribunais de Contas dos Municípios e os do Ministério Público da União que oficiem perante tribunais;

b) os mandados de segurança e os *habeas data* contra ato de Ministro de Estado, dos Comandantes da Marinha, do Exército e da Aeronáutica ou do próprio Tribunal;

► Alínea *b* com a redação dada pela EC nº 23, de 2-9-1999.

c) os *habeas corpus*, quando o coator ou paciente for qualquer das pessoas mencionadas na alínea *a*, ou quando o coator for tribunal sujeito à sua jurisdição, Ministro de Estado ou Comandante da Marinha, do Exército ou da Aeronáutica, ressalvada a competência da Justiça Eleitoral;

► Alínea *c* com a redação dada pela EC nº 23, de 2-9-1999.

d) os conflitos de competência entre quaisquer tribunais, ressalvado o disposto no artigo 102, I, *o*, bem como entre Tribunal e juízes a ele não vinculados e entre juízes vinculados a Tribunais diversos;

e) as revisões criminais e as ações rescisórias de seus julgados;

► Arts. 966 e ss. do CPC.

f) a reclamação para a preservação de sua competência e garantia da autoridade de suas decisões;

g) os conflitos de atribuições entre autoridades administrativas e judiciárias da União, ou entre autoridades judiciárias de um Estado e administrativas de outro ou do Distrito Federal, ou entre as deste e da União;

h) o mandado de injunção, quando a elaboração da norma regulamentadora for atribuição de órgão, entidade ou autoridade federal, da administração direta ou indireta, excetuados os casos de competência do Supremo Tribunal Federal e dos órgãos da Justiça Militar, da Justiça Eleitoral, da Justiça do Trabalho e da Justiça Federal;

i) a homologação de sentenças estrangeiras e a concessão de *exequatur* às cartas rogatórias;

► Alínea *i* acrescida pela EC nº 45, de 8-12-2004.

► Dec. nº 9.039, de 27-4-2017, promulga a Convenção sobre a Obtenção de Provas no Estrangeiro em Matéria Civil ou Comercial, firmada em Haia, em 18 de março de 1970.

II – julgar, em recurso ordinário:

a) os *habeas corpus* decididos em única ou última instância pelos Tribunais Regionais Federais ou pelos Tribunais dos Estados, do Distrito Federal e Territórios, quando a decisão for denegatória;

b) os mandados de segurança decididos em única instância pelos Tribunais Regionais Federais ou pelos Tribunais dos Estados, do Distrito Federal e Territórios, quando denegatória a decisão;

c) as causas em que forem partes Estado estrangeiro ou organismo internacional, de um lado, e, do outro, Município ou pessoa residente ou domiciliada no País;

III – julgar, em recurso especial, as causas decididas, em única ou última instância, pelos Tribunais Regionais Federais ou pelos Tribunais dos Estados, do Distrito Federal e Territórios, quando a decisão recorrida:

► Súm. nº 579 do STJ.

a) contrariar tratado ou lei federal, ou negar-lhes vigência;

b) julgar válido ato de governo local contestado em face de lei federal;

► Alínea *b* com a redação dada pela EC nº 45, de 8-12-2004.

c) der a lei federal interpretação divergente da que lhe haja atribuído outro Tribunal.

Parágrafo único. Funcionarão junto ao Superior Tribunal de Justiça:

► Parágrafo único com a redação dada pela EC nº 45, de 8-12-2004.

I – a escola nacional de formação e aperfeiçoamento de magistrados, cabendo-lhe, dentre outras funções, regulamentar os cursos oficiais para o ingresso e promoção na carreira;

II – o Conselho da Justiça Federal, cabendo-lhe exercer, na forma da lei, a supervisão administrativa e orçamentária da Justiça Federal de primeiro e segundo graus, como órgão central do sistema e com poderes correicionais, cujas decisões terão caráter vinculante.

► Incisos I e II acrescidos pela EC nº 45, de 8-12-2004.

Seção IV
DOS TRIBUNAIS REGIONAIS FEDERAIS E DOS JUÍZES FEDERAIS

Art. 106. São órgãos da Justiça Federal:

I – os Tribunais Regionais Federais;

II – os Juízes Federais.

Art. 107. Os Tribunais Regionais Federais compõem-se de, no mínimo, sete juízes, recrutados, quando possível, na respectiva região e nomeados pelo Presidente da República dentre brasileiros com mais de trinta anos e menos de sessenta e cinco anos, sendo:

I – um quinto dentre advogados com mais de dez anos de efetiva atividade profissional e membros do Ministério Público Federal com mais de dez anos de carreira;

II – os demais, mediante promoção de juízes federais com mais de cinco anos de exercício, por antiguidade e merecimento, alternadamente.

§ 1º A lei disciplinará a remoção ou a permuta de juízes dos Tribunais Regionais Federais e determinará sua jurisdição e sede.

► Parágrafo único transformado em § 1º pela EC nº 45, de 8-12-2004.

§ 2º Os Tribunais Regionais Federais instalarão a justiça itinerante, com a realização de audiências e demais funções da atividade jurisdicional, nos limites territoriais da respectiva jurisdição, servindo-se de equipamentos públicos e comunitários.

§ 3º Os Tribunais Regionais Federais poderão funcionar descentralizadamente, constituindo Câmaras regionais, a fim de assegurar o pleno acesso do jurisdicionado à justiça em todas as fases do processo.

► §§ 2º e 3º acrescidos pela EC nº 45, de 8-12-2004.

Art. 108. Compete aos Tribunais Regionais Federais:

I – processar e julgar, originariamente:

a) os juízes federais da área de sua jurisdição, incluídos os da Justiça Militar e da Justiça do Trabalho, nos crimes comuns e de responsabilidade, e os membros do Ministério Público da União, ressalvada a competência da Justiça Eleitoral;

b) as revisões criminais e as ações rescisórias de julgados seus ou dos juízes federais da região;

► Arts. 966 e ss. do CPC.

c) os mandados de segurança e os *habeas data* contra ato do próprio Tribunal ou de juiz federal;

d) os *habeas corpus*, quando a autoridade coatora for juiz federal;

e) os conflitos de competência entre juízes federais vinculados ao Tribunal;

► Súm. nº 428 do STJ.

II – julgar, em grau de recurso, as causas decididas pelos juízes federais e pelos juízes estaduais no exercício da competência federal da área de sua jurisdição.

► Súm. nº 55 do STJ.

Art. 109. Aos juízes federais compete processar e julgar:

► Súmulas nºs 504, 511, 517, 522, 557 e 689 do STF.

► Súmulas nºs 3, 32,66, 82, 122, 147, 150, 151, 165, 173, 200, 208, 224, 254, 324, 365 e 428 do STJ

I – as causas em que a União, entidade autárquica ou empresa pública federal forem interessadas na condição de autoras, rés, assistentes ou oponentes, exceto as de falência, as de acidentes de trabalho e as sujeitas à Justiça Eleitoral e à Justiça do Trabalho;

► Súm. Vinc. nº 22 do STF.

► Súmulas nºs 235 e 501 do STF.

► Súmulas nºs 15, 32, 82, 365 e 489 do STJ.

II – as causas entre Estado estrangeiro ou organismo internacional e Município ou pessoa domiciliada ou residente no País;

III – as causas fundadas em tratado ou contrato da União com Estado estrangeiro ou organismo internacional;

IV – os crimes políticos e as infrações penais praticadas em detrimento de bens, serviços ou interesse da União ou de suas entidades autárquicas ou empresas públicas, excluídas as contravenções e ressalvada a competência da Justiça Militar e da Justiça Eleitoral;

► Súmulas nºs 62 e 165 do STJ.

V – os crimes previstos em tratado ou convenção internacional, quando, iniciada a execução no País, o resultado tenha ou devesse ter ocorrido no estrangeiro, ou reciprocamente;

V-A – as causas relativas a direitos humanos a que se refere o § 5º deste artigo;

► Inciso V-A acrescido pela EC nº 45, de 8-12-2004.

VI – os crimes contra a organização do trabalho e, nos casos determinados por lei, contra o sistema financeiro e a ordem econômico-financeira;

VII – os *habeas corpus*, em matéria criminal de sua competência ou quando o constrangimento provier de autoridade cujos atos não estejam diretamente sujeitos a outra jurisdição;

VIII – os mandados de segurança e os *habeas data* contra ato de autoridade federal, excetuados os casos de competência dos Tribunais federais;

► Lei nº 9.507, de 12-11-1997 (Lei do Habeas Data).

► Lei nº 12.016, de 7-8-2009 (Lei do Mandado de Segurança Individual e Coletivo).

IX – os crimes cometidos a bordo de navios ou aeronaves, ressalvada a competência da Justiça Militar;

X – os crimes de ingresso ou permanência irregular de estrangeiro, a execução de carta rogatória, após o *exequatur*, e de sentença estrangeira após a homologação, as causas referentes à nacionalidade, inclusive a respectiva opção, e à naturalização;

XI – a disputa sobre direitos indígenas.

§ 1º As causas em que a União for autora serão aforadas na seção judiciária onde tiver domicílio a outra parte.

§ 2º As causas intentadas contra a União poderão ser aforadas na seção judiciária em que for domiciliado o autor, naquela onde houver ocorrido o ato ou fato que deu origem à demanda ou onde esteja situada a coisa, ou, ainda, no Distrito Federal.

§ 3º Lei poderá autorizar que as causas de competência da Justiça Federal em que forem parte instituição de previdência social e segurado possam ser processadas e julgadas na justiça estadual quando a comarca do domicílio do segurado não for sede de vara federal.

► § 3º com a redação dada pela EC nº 103, de 12-11-2019.

► Súm. nº 32 do STJ.

§ 4º Na hipótese do parágrafo anterior, o recurso cabível será sempre para o Tribunal Regional Federal na área de jurisdição do juiz de primeiro grau.

► Súm. nº 32 do STJ.

§ 5º Nas hipóteses de grave violação de direitos humanos, o Procurador-Geral da República, com a finalidade de assegurar o cumprimento de obrigações decorrentes de tratados internacionais de direitos humanos dos quais o Brasil seja parte, poderá suscitar, perante o Superior Tribunal de Justiça, em qualquer fase do inquérito ou processo, incidente de deslocamento de competência para a Justiça Federal.

► § 5º acrescido pela EC nº 45, de 8-12-2004.

Art. 110. Cada Estado, bem como o Distrito Federal, constituirá uma seção judiciária que terá por sede a respectiva Capital, e varas localizadas segundo o estabelecido em lei.

Parágrafo único. Nos Territórios Federais, a jurisdição e as atribuições cometidas aos juízes federais caberão aos juízes da justiça local, na forma da lei.

Seção V
DO TRIBUNAL SUPERIOR DO TRABALHO, DOS TRIBUNAIS REGIONAIS DO TRABALHO E DOS JUÍZES DO TRABALHO

► Seção V com a denominação dada pela EC nº 92, de 12-7-2016.

Art. 111. São órgãos da Justiça do Trabalho:

I – o Tribunal Superior do Trabalho;

II – os Tribunais Regionais do Trabalho;

III – Juízes do Trabalho.

► Inciso III com a redação dada pela EC nº 24, de 9-12-1999.

§§ 1º a 3º *Revogados*. EC nº 45, de 8-12-2004.

Art. 111-A. O Tribunal Superior do Trabalho compor-se-á de vinte e sete Ministros, escolhidos dentre brasileiros com mais de trinta e cinco anos e menos de sessenta e cinco anos, de notável saber jurídico e reputação ilibada, nomeados pelo Presidente da República após aprovação pela maioria absoluta do Senado Federal, sendo:

► *Caput* com a redação dada pela EC nº 92, de 12-7-2016.

I – um quinto dentre advogados com mais de dez anos de efetiva atividade profissional e membros do Ministério Público do Trabalho com mais de dez anos de efetivo exercício, observado o disposto no art. 94;

II – os demais dentre juízes do Trabalho dos Tribunais Regionais do Trabalho, oriundos da magistratura da carreira, indicados pelo próprio Tribunal Superior.

► Incisos I e II acrescidos pela EC nº 45, de 8-12-2004.

► Art. 6º da EC nº 92, de 12-7-2016.

§ 1º A lei disporá sobre a competência do Tribunal Superior do Trabalho.

§ 2º Funcionarão junto ao Tribunal Superior do Trabalho:

I – a Escola Nacional de Formação e Aperfeiçoamento de Magistrados do Trabalho, cabendo-lhe, dentre outras funções, regulamentar os cursos oficiais para o ingresso e promoção na carreira;

II – o Conselho Superior da Justiça do Trabalho, cabendo-lhe exercer, na forma da lei, a supervisão administrativa, orçamentária, financeira e patrimonial da Justiça do Trabalho de primeiro e segundo graus, como órgão central do sistema, cujas decisões terão efeito vinculante.

► §§ 1º e 2º acrescidos pela EC nº 45, de 8-12-2004.

§ 3º Compete ao Tribunal Superior do Trabalho processar e julgar, originariamente, a reclamação para a preservação de sua competência e garantia da autoridade de suas decisões.

► § 3º acrescido pela EC nº 92, de 12-7-2016.

Art. 112. A lei criará varas da Justiça do Trabalho, podendo, nas comarcas não abrangidas por sua jurisdição, atribuí-la aos juízes de direito, com recurso para o respectivo Tribunal Regional do Trabalho.

► Artigo com a redação dada pela EC nº 45, de 8-12-2004.

Art. 113. A lei disporá sobre a constituição, investidura, jurisdição, competência, garantias e condições de exercício dos órgãos da Justiça do Trabalho.

► Artigo com a redação dada pela EC nº 24, de 9-12-1999.

Art. 114. Compete à Justiça do Trabalho processar e julgar:

► *Caput* com a redação dada pela EC nº 45, de 8-12-2004.

► Súmulas Vinculantes nºs 22 e 23 do STF.

► Súmulas nºs 349 e 736 do STF.

► Súmulas nºs 97, 137 e 222 do STJ.

I – as ações oriundas da relação de trabalho, abrangidos os entes de direito público externo e da administração pública direta e indireta da União, dos Estados, do Distrito Federal e dos Municípios;

► O STF, por maioria de votos, julgou procedente a ADIN nº 3.684 para dar interpretação conforme a CF ao art. 114, I, IV e IX, com a redação dada pela EC nº 45, de 8-12-2004, para afastar qualquer interpretação que entenda competir à Justiça do Trabalho processar e julgar ações penais, nos termos da medida cautelar anteriormente deferida pelo Plenário (*DOU* de 22-5-2020).

II – as ações que envolvam exercício do direito de greve;

► Súm. Vinc. nº 23 do STF.

III – as ações sobre representação sindical, entre sindicatos, entre sindicatos e trabalhadores, e entre sindicatos e empregadores;

IV – os mandados de segurança, *habeas corpus* e *habeas data*, quando o ato questionado envolver matéria sujeita à sua jurisdição;

V – os conflitos de competência entre órgãos com jurisdição trabalhista, ressalvado o disposto no art. 102, I, *o*;

VI – as ações de indenização por dano moral ou patrimonial, decorrentes da relação de trabalho;

► Arts. 5º, X, e 109, I, desta Constituição.

► Súm. Vinc. nº 22 do STF.

VII – as ações relativas às penalidades administrativas impostas aos empregadores pelos órgãos de fiscalização das relações de trabalho;

VIII – a execução, de ofício, das contribuições sociais previstas no art. 195, I, *a*, e II, e seus acréscimos legais, decorrentes das sentenças que proferir;

► Súm. Vinc. nº 58 do STF.

IX – outras controvérsias decorrentes da relação de trabalho, na forma da lei.

► Incisos I a IX acrescidos pela EC nº 45, de 8-12-2004.

§ 1º Frustrada a negociação coletiva, as partes poderão eleger árbitros.

§ 2º Recusando-se qualquer das partes à negociação coletiva ou à arbitragem, é facultado às mesmas, de comum acordo, ajuizar dissídio coletivo de natureza econômica, podendo a Justiça do Trabalho decidir o conflito, respeitadas as disposições mínimas legais de proteção ao trabalho, bem como as convencionadas anteriormente.

§ 3º Em caso de greve em atividade essencial, com possibilidade de lesão do interesse público, o Ministério Público do Trabalho poderá ajuizar dissídio coletivo, competindo à Justiça do Trabalho decidir o conflito.

► §§ 2º e 3º com a redação dada pela EC nº 45, de 8-12-2004.

Art. 115. Os Tribunais Regionais do Trabalho compõem-se de, no mínimo, sete juízes, recrutados, quando possível, na respectiva região, e nomeados pelo Presidente da República dentre brasileiros com mais de trinta e menos de sessenta e cinco anos, sendo:

► *Caput* com a redação dada pela EC nº 45, de 8-12-2004.

I – um quinto dentre advogados com mais de dez anos de efetiva atividade profissional e membros do Ministério Público do Trabalho com mais de dez anos de efetivo exercício, observado o disposto no art. 94;

II – os demais, mediante promoção de juízes do trabalho por antiguidade e merecimento, alternadamente.

► Incisos I e II acrescidos pela EC nº 45, de 8-12-2004.

§ 1º Os Tribunais Regionais do Trabalho instalarão a justiça itinerante, com a realização de audiências e demais funções de atividade jurisdicional, nos limites territoriais da respectiva jurisdição, servindo-se de equipamentos públicos e comunitários.

§ 2º Os Tribunais Regionais do Trabalho poderão funcionar descentralizadamente, constituindo Câmaras regionais, a fim de assegurar o pleno acesso do jurisdicionado à justiça em todas as fases do processo.

► §§ 1º e 2º acrescidos pela EC nº 45, de 8-12-2004.

Art. 116. Nas Varas do Trabalho, a jurisdição será exercida por um juiz singular.

► *Caput* com a redação dada pela EC nº 24, de 9-12-1999.

Parágrafo único. *Revogado.* EC nº 24, de 9-12-1999.

Art. 117. *Revogado.* EC nº 24, de 9-12-1999.

Seção VI
DOS TRIBUNAIS E JUÍZES ELEITORAIS

Art. 118. São órgãos da Justiça Eleitoral:

I – o Tribunal Superior Eleitoral;

II – os Tribunais Regionais Eleitorais;

III – os Juízes Eleitorais;

IV – as Juntas Eleitorais.

Art. 119. O Tribunal Superior Eleitoral compor-se-á, no mínimo, de sete membros, escolhidos:

I – mediante eleição, pelo voto secreto:

a) três juízes dentre os Ministros do Supremo Tribunal Federal;

b) dois juízes dentre os Ministros do Superior Tribunal de Justiça;

II – por nomeação do Presidente da República, dois juízes dentre seis advogados de notável saber jurídico e idoneidade moral, indicados pelo Supremo Tribunal Federal.

Parágrafo único. O Tribunal Superior Eleitoral elegerá seu Presidente e o Vice-Presidente dentre os Ministros do Supremo Tribunal Federal, e o Corregedor Eleitoral dentre os Ministros do Superior Tribunal de Justiça.

Art. 120. Haverá um Tribunal Regional Eleitoral na Capital de cada Estado e no Distrito Federal.

§ 1º Os Tribunais Regionais Eleitorais compor-se-ão:

I – mediante eleição, pelo voto secreto:

a) de dois juízes dentre os desembargadores do Tribunal de Justiça;

b) de dois juízes, dentre juízes de direito, escolhidos pelo Tribunal de Justiça;

II – de um juiz do Tribunal Regional Federal com sede na Capital do Estado ou no Distrito Federal, ou, não havendo, de juiz federal, escolhido, em qualquer caso, pelo Tribunal Regional Federal respectivo;

III – por nomeação, pelo Presidente da República, de dois juízes dentre seis advogados de notável saber jurídico e idoneidade moral, indicados pelo Tribunal de Justiça.

§ 2º O Tribunal Regional Eleitoral elegerá seu Presidente e o Vice-Presidente dentre os desembargadores.

Art. 121. Lei complementar disporá sobre a organização e competência dos Tribunais, dos juízes de direito e das juntas eleitorais.

§ 1º Os membros dos Tribunais, os juízes de direito e os integrantes das juntas eleitorais, no exercício de suas funções, e no que lhes for aplicável, gozarão de plenas garantias e serão inamovíveis.

§ 2º Os juízes dos Tribunais eleitorais, salvo motivo justificado, servirão por dois anos, no mínimo, e nunca por mais de dois biênios consecutivos, sendo os substitutos escolhidos na mesma ocasião e pelo mesmo processo, em número igual para cada categoria.

§ 3º São irrecorríveis as decisões do Tribunal Superior Eleitoral, salvo as que contrariarem esta Constituição e as denegatórias de *habeas corpus* ou mandado de segurança.

§ 4º Das decisões dos Tribunais Regionais Eleitorais somente caberá recurso quando:

I – forem proferidas contra disposição expressa desta Constituição ou de lei;

II – ocorrer divergência na interpretação de lei entre dois ou mais Tribunais eleitorais;

III – versarem sobre inelegibilidade ou expedição de diplomas nas eleições federais ou estaduais;

IV – anularem diplomas ou decretarem a perda de mandatos eletivos federais ou estaduais;

V – denegarem *habeas corpus*, mandado de segurança, *habeas data* ou mandado de injunção.

Seção VII
DOS TRIBUNAIS E JUÍZES MILITARES

Art. 122. São órgãos da Justiça Militar:

I – o Superior Tribunal Militar;

II – os Tribunais e Juízes Militares instituídos por lei.

Art. 123. O Superior Tribunal Militar compor-se-á de quinze Ministros vitalícios, nomeados pelo Presidente da República, depois de aprovada a indicação pelo Senado Federal, sendo três dentre oficiais-generais da Marinha, quatro dentre oficiais-generais do Exército, três dentre oficiais-generais da Aeronáutica, todos da ativa e do posto mais elevado da carreira, e cinco dentre civis.

Parágrafo único. Os Ministros civis serão escolhidos pelo Presidente da República dentre brasileiros maiores de trinta e cinco anos, sendo:

I – três dentre advogados de notório saber jurídico e conduta ilibada, com mais de dez anos de efetiva atividade profissional;

II – dois, por escolha paritária, dentre juízes auditores e membros do Ministério Público da Justiça Militar.

Art. 124. À Justiça Militar compete processar e julgar os crimes militares definidos em lei.

Parágrafo único. A lei disporá sobre a organização, o funcionamento e a competência da Justiça Militar.

Seção VIII
DOS TRIBUNAIS E JUÍZES DOS ESTADOS

Art. 125. Os Estados organizarão sua Justiça, observados os princípios estabelecidos nesta Constituição.

§ 1º A competência dos Tribunais será definida na Constituição do Estado, sendo a lei de organização judiciária de iniciativa do Tribunal de Justiça.

► Súm. Vinc. nº 45 do STF.

§ 2º Cabe aos Estados a instituição de representação de inconstitucionalidade de leis ou atos normativos estaduais ou municipais em face da Constituição Estadual, vedada a atribuição da legitimação para agir a um único órgão.

§ 3º A lei estadual poderá criar, mediante proposta do Tribunal de Justiça, a Justiça Militar estadual, constituída, em primeiro grau, pelos juízes de direito e pelos Conselhos de Justiça e, em segundo grau, pelo próprio Tribunal de Justiça, ou por Tribunal de Justiça Militar nos Estados em que o efetivo militar seja superior a vinte mil integrantes.

§ 4º Compete à Justiça Militar estadual processar e julgar os militares dos Estados, nos crimes militares definidos em lei e as ações judiciais contra atos disciplinares militares, ressalvada a competência do júri quando a vítima for civil, cabendo ao tribunal competente decidir sobre a perda do posto e da patente dos oficiais e da graduação das praças.

► §§ 3º e 4º com a redação dada pela EC nº 45, de 8-12-2004.

§ 5º Compete aos juízes de direito do juízo militar processar e julgar, singularmente, os crimes militares cometidos contra civis e as ações judiciais contra atos disciplinares militares, cabendo ao Conselho de Justiça, sob a presidência de juiz de direito, processar e julgar os demais crimes militares.

§ 6º O Tribunal de Justiça poderá funcionar descentralizadamente, constituindo Câmaras regionais, a fim de assegurar o pleno acesso do jurisdicionado à justiça em todas as fases do processo.

§ 7º O Tribunal de Justiça instalará a justiça itinerante, com a realização de audiências e demais funções da atividade jurisdicional, nos limites territoriais da respectiva jurisdição, servindo-se de equipamentos públicos e comunitários.

► §§ 5º a 7º acrescidos pela EC nº 45, de 8-12-2004.

Art. 126. Para dirimir conflitos fundiários, o Tribunal de Justiça proporá a criação de varas especializadas, com competência exclusiva para questões agrárias.

► *Caput* com a redação dada pela EC nº 45, de 8-12-2004.

Parágrafo único. Sempre que necessário à eficiente prestação jurisdicional, o juiz far-se-á presente no local do litígio.

CAPÍTULO IV
DAS FUNÇÕES ESSENCIAIS À JUSTIÇA

Seção I
DO MINISTÉRIO PÚBLICO

Art. 127. O Ministério Público é instituição permanente, essencial à função jurisdicional do Estado, incumbindo-lhe a defesa da ordem jurídica, do regime democrático e dos interesses sociais e individuais indisponíveis.

§ 1º São princípios institucionais do Ministério Público a unidade, a indivisibilidade e a independência funcional.

§ 2º Ao Ministério Público é assegurada autonomia funcional e administrativa, podendo, observado o disposto no artigo 169, propor ao Poder Legislativo a criação e extinção de seus cargos e serviços auxiliares, provendo-os por concurso público de provas ou de provas e títulos, a política remuneratória e os planos de carreira; a lei disporá sobre sua organização e funcionamento.

► § 2º com a redação dada pela EC nº 19, de 4-6-1998.

§ 3º O Ministério Público elaborará sua proposta orçamentária dentro dos limites estabelecidos na lei de diretrizes orçamentárias.

§ 4º Se o Ministério Público não encaminhar a respectiva proposta orçamentária dentro do prazo estabelecido na lei de diretrizes orçamentárias, o Poder Executivo considerará, para fins de consolidação da proposta orçamentária anual, os valores aprovados na lei orçamentária vigente, ajustados de acordo com os limites estipulados na forma do § 3º.

§ 5º Se a proposta orçamentária de que trata este artigo for encaminhada em desacordo com os limites estipulados na forma do § 3º, o Poder Executivo procederá aos ajustes necessários para fins de consolidação da proposta orçamentária anual.

§ 6º Durante a execução orçamentária do exercício, não poderá haver a realização de despesas ou a assunção de obrigações que extrapolem os limites estabelecidos na lei de diretrizes orçamentárias, exceto se previamente autorizadas, mediante a abertura de créditos suplementares ou especiais.

► §§ 4º a 6º acrescidos pela EC nº 45, de 8-12-2004.

Art. 128. O Ministério Público abrange:

I – o Ministério Público da União, que compreende:

a) o Ministério Público Federal;

b) o Ministério Público do Trabalho;

c) o Ministério Público Militar;

d) o Ministério Público do Distrito Federal e Territórios;

II – os Ministérios Públicos dos Estados.

§ 1º O Ministério Público da União tem por chefe o Procurador-Geral da República, nomeado pelo Presidente da República dentre integrantes da carreira, maiores de trinta e cinco anos, após a aprovação de seu nome pela maioria absoluta dos membros do Senado Federal, para mandato de dois anos, permitida a recondução.

§ 2º A destituição do Procurador-Geral da República, por iniciativa do Presidente da República, deverá ser precedida de autorização da maioria absoluta do Senado Federal.

§ 3º Os Ministérios Públicos dos Estados e o do Distrito Federal e Territórios formarão lista tríplice dentre integrantes da carreira, na forma da lei respectiva, para escolha de seu Procurador-Geral, que será nomeado pelo Chefe do Poder Executivo, para mandato de dois anos, permitida uma recondução.

§ 4º Os Procuradores-Gerais nos Estados e no Distrito Federal e Territórios poderão ser destituídos por deliberação da maioria absoluta do Poder Legislativo, na forma da lei complementar respectiva.

§ 5º Leis complementares da União e dos Estados, cuja iniciativa é facultada aos respectivos Procuradores-Gerais, estabelecerão a organização, as atribuições e o estatuto de cada Ministério Público, observadas, relativamente a seus membros:

I – as seguintes garantias:

a) vitaliciedade, após dois anos de exercício, não podendo perder o cargo senão por sentença judicial transitada em julgado;

b) inamovibilidade, salvo por motivo de interesse público, mediante decisão do órgão colegiado competente do Ministério Público, pelo voto da maioria absoluta de seus membros, assegurada ampla defesa;

► Alínea *b* com a redação dada pela EC nº 45, de 8-12-2004.

c) irredutibilidade de subsídio, fixado na forma do artigo 39, § 4º, e ressalvado o disposto nos artigos 37, X e XI, 150, II, 153, III, 153, § 2º, I;

► Alínea *c* com a redação dada pela EC nº 19, de 4-6-1998.

II – as seguintes vedações:

a) receber, a qualquer título e sob qualquer pretexto, honorários, percentagens ou custas processuais;

b) exercer a advocacia;

c) participar de sociedade comercial, na forma da lei;

d) exercer, ainda que em disponibilidade, qualquer outra função pública, salvo uma de magistério;

e) exercer atividade político-partidária;

► Alínea *e* com a redação dada pela EC nº 45, de 8-12-2004.

f) receber, a qualquer título ou pretexto, auxílios ou contribuições de pessoas físicas, entidades públicas ou privadas, ressalvadas as exceções previstas em lei.

► Alínea *f* acrescida pela EC nº 45, de 8-12-2004.

§ 6º Aplica-se aos membros do Ministério Público o disposto no art. 95, parágrafo único, V.

► § 6º acrescido pela EC nº 45, de 8-12-2004.

Art. 129. São funções institucionais do Ministério Público:

I – promover, privativamente, a ação penal pública, na forma da lei;

II – zelar pelo efetivo respeito dos Poderes Públicos e dos serviços de relevância pública aos direitos assegurados nesta Constituição, promovendo as medidas necessárias a sua garantia;

► Lei nº 7.347, de 24-7-1985 (Lei da Ação Civil Pública).

III – promover o inquérito civil e a ação civil pública, para a proteção do patrimônio público e social, do meio ambiente e de outros interesses difusos e coletivos;

IV – promover a ação de inconstitucionalidade ou representação para fins de intervenção da União e dos Estados, nos casos previstos nesta Constituição;

V – defender judicialmente os direitos e interesses das populações indígenas;

► Arts. 231 e 232 desta Constituição.

VI – expedir notificações nos procedimentos administrativos de sua competência, requisitando informações e documentos para instruí-los, na forma da lei complementar respectiva;

VII – exercer o controle externo da atividade policial, na forma da lei complementar mencionada no artigo anterior;

VIII – requisitar diligências investigatórias e a instauração de inquérito policial, indicados os fundamentos jurídicos de suas manifestações processuais;

IX – exercer outras funções que lhe forem conferidas, desde que compatíveis com sua finalidade, sendo-lhe vedada a representação judicial e a consultoria jurídica de entidades públicas.

§ 1º A legitimação do Ministério Público para as ações civis previstas neste artigo não impede a de terceiros, nas mesmas hipóteses, segundo o disposto nesta Constituição e na lei.

§ 2º As funções do Ministério Público só podem ser exercidas por integrantes da carreira, que deverão residir na comarca da respectiva lotação, salvo autorização do chefe da instituição.

§ 3º O ingresso na carreira do Ministério Público far-se-á mediante concurso público de provas e títulos, assegurada a participação da Ordem dos Advogados do Brasil em sua realização, exigindo-se do bacharel em direito, no mínimo, três anos de atividade jurídica e observando-se, nas nomeações, a ordem de classificação.

§ 4º Aplica-se ao Ministério Público, no que couber, o disposto no art. 93.

► §§ 2º a 4º com a redação dada pela EC nº 45, de 8-12-2004.

§ 5º A distribuição de processos no Ministério Público será imediata.

► § 5º acrescido pela EC nº 45, de 8-12-2004.

Art. 130. Aos membros do Ministério Público junto aos Tribunais de Contas aplicam-se as disposições desta seção pertinentes a direitos, vedações e forma de investidura.

Art. 130-A. O Conselho Nacional do Ministério Público compõe-se de quatorze membros nomeados pelo Presidente da República, depois de aprovada a escolha pela maioria absoluta do Senado Federal, para um mandato de dois anos, admitida uma recondução, sendo:

I – o Procurador-Geral da República, que o preside;

II – quatro membros do Ministério Público da União, assegurada a representação de cada uma de suas carreiras;

III – três membros do Ministério Público dos Estados;

IV – dois juízes, indicados um pelo Supremo Tribunal Federal e outro pelo Superior Tribunal de Justiça;

V – dois advogados, indicados pelo Conselho Federal da Ordem dos Advogados do Brasil;

VI – dois cidadãos de notável saber jurídico e reputação ilibada, indicados um pela Câmara dos Deputados e outro pelo Senado Federal.

§ 1º Os membros do Conselho oriundos do Ministério Público serão indicados pelos respectivos Ministérios Públicos, na forma da lei.

§ 2º Compete ao Conselho Nacional do Ministério Público o controle da atuação administrativa e financeira do Ministério Público e do cumprimento dos deveres funcionais de seus membros, cabendo-lhe:

I – zelar pela autonomia funcional e administrativa do Ministério Público, podendo expedir atos regulamentares, no âmbito de sua competência, ou recomendar providências;

II – zelar pela observância do art. 37 e apreciar, de ofício ou mediante provocação, a legalidade dos atos administrativos praticados por membros ou órgãos do Ministério Público da União e dos Estados, podendo desconstituí-los, revê-los ou fixar prazo para que se adotem as providências necessárias ao exato cumprimento da lei, sem prejuízo da competência dos Tribunais de Contas;

III – receber e conhecer das reclamações contra membros ou órgãos do Ministério Público da União ou dos Estados, inclusive contra seus serviços auxiliares, sem prejuízo da competência disciplinar e correicional da instituição, podendo avocar processos disciplinares em curso, determinar a remoção ou a disponibilidade e aplicar outras sanções administrativas, assegurada ampla defesa;

► Inciso III com a redação dada pela EC nº 103, de 12-11-2019.

IV – rever, de ofício ou mediante provocação, os processos disciplinares de membros do Ministério Público da União ou dos Estados julgados há menos de um ano;

V – elaborar relatório anual, propondo as providências que julgar necessárias sobre a situação do Ministério Público no País e as atividades do Conselho, o qual deve integrar a mensagem prevista no art. 84, XI.

§ 3º O Conselho escolherá, em votação secreta, um Corregedor nacional, dentre os membros do Ministério Público que o integram, vedada a recondução, competindo-lhe, além das atribuições que lhe forem conferidas pela lei, as seguintes:

I – receber reclamações e denúncias, de qualquer interessado, relativas aos membros do Ministério Público e dos seus serviços auxiliares;

II – exercer funções executivas do Conselho, de inspeção e correição geral;

III – requisitar e designar membros do Ministério Público, delegando-lhes atribuições, e requisitar servidores de órgãos do Ministério Público.

§ 4º O Presidente do Conselho Federal da Ordem dos Advogados do Brasil oficiará junto ao Conselho.

§ 5º Leis da União e dos Estados criarão ouvidorias do Ministério Público, competentes para receber reclamações e denúncias de qualquer interessado contra membros ou órgãos do Ministério Público, inclusive contra seus serviços auxiliares, representando diretamente ao Conselho Nacional do Ministério Público.

► Art. 130-A acrescido pela EC nº 45, de 8-12-2004.

Seção II
DA ADVOCACIA PÚBLICA

► Denominação da Seção dada pela EC nº 19, de 4-6-1998.

Art. 131. A Advocacia-Geral da União é a instituição que, diretamente ou através de órgão vinculado, representa a União, judicial e extrajudicialmente, cabendo-lhe, nos termos da lei complementar que dispuser sobre sua organização e funcionamento, as atividades de consultoria e assessoramento jurídico do Poder Executivo.

§ 1º A Advocacia-Geral da União tem por chefe o Advogado-Geral da União, de livre nomeação pelo Presidente da República dentre cidadãos maiores de trinta e cinco anos, de notável saber jurídico e reputação ilibada.

§ 2º O ingresso nas classes iniciais das carreiras da instituição de que trata este artigo far-se-á mediante concurso público de provas e títulos.

§ 3º Na execução da dívida ativa de natureza tributária, a representação da União cabe à Procuradoria-Geral da Fazenda Nacional, observado o disposto em lei.

Art. 132. Os Procuradores dos Estados e do Distrito Federal, organizados em carreira, na qual o ingresso dependerá de concurso público de provas e títulos, com a participação da Ordem dos Advogados do Brasil em todas as suas fases, exercerão a representação judicial e a consultoria jurídica das respectivas unidades federadas.

Parágrafo único. Aos procuradores referidos neste artigo é assegurada estabilidade após três anos de efetivo exercício, mediante avaliação de desempenho perante os órgãos próprios, após relatório circunstanciado das corregedorias.

► Art. 132 com a redação dada pela EC nº 19, de 4-6-1998.

Seção III
DA ADVOCACIA

► Denominação da Seção dada pela EC nº 80, de 4-6-2014.

Art. 133. O advogado é indispensável à administração da justiça, sendo inviolável por seus atos e manifestações no exercício da profissão, nos limites da lei.

► O STF, ao julgar a ADIN nº 1.194, deu interpretação conforme à Constituição ao art. 21 e parágrafo único da Lei nº 8.906, de 4-7-1994 (Estatuto da OAB), no sentido da preservação da liberdade contratual quanto à destinação dos honorários de sucumbência fixados judicialmente.

Seção IV
DA DEFENSORIA PÚBLICA

► Denominação da Seção dada pela EC nº 80, de 4-6-2014.

Art. 134. A Defensoria Pública é instituição permanente, essencial à função jurisdicional do Estado, incumbindo-lhe, como expressão e instrumento do regime democrático, fundamentalmente, a orientação jurídica, a promoção dos direitos humanos e a defesa, em todos os graus, judicial e extrajudicial, dos direitos individuais e coletivos, de forma integral e gratuita, aos necessitados, na forma do inciso LXXIV do art. 5º desta Constituição Federal.

► *Caput* com a redação dada pela EC nº 80, de 4-6-2014.

► LC nº 80, de 12-1-1994 (Lei da Defensoria Pública).

► Súm. nº 421 do STJ.

§ 1º Lei complementar organizará a Defensoria Pública da União e do Distrito Federal e dos Territórios e prescreverá normas gerais para sua organização nos Estados, em cargos de carreira, providos, na classe inicial, mediante concurso público de provas e títulos, assegurada a seus integrantes a garantia da inamovibilidade e vedado o exercício da advocacia fora das atribuições institucionais.

► Parágrafo único transformado em § 1º pela EC nº 45, de 8-12-2004.

§ 2º Às Defensorias Públicas Estaduais é assegurada autonomia funcional e administrativa, e a iniciativa de sua proposta orçamentária dentro dos limites estabelecidos na lei de diretrizes orçamentárias e subordinação ao disposto no art. 99, § 2º.

► § 2º acrescido pela EC nº 45, de 8-12-2004.

§ 3º Aplica-se o disposto no § 2º às Defensorias Públicas da União e do Distrito Federal.

► § 3º acrescido pela EC nº 74, de 6-8-2013.

§ 4º São princípios institucionais da Defensoria Pública a unidade, a indivisibilidade e a independência funcional, aplicando-se também, no que couber, o disposto no art. 93 e no inciso II do art. 96 desta Constituição Federal.

► § 4º acrescido pela EC nº 80, de 4-6-2014.

Art. 135. Os servidores integrantes das carreiras disciplinadas nas Seções II e III deste Capítulo serão remunerados na forma do artigo 39, § 4º.

► Artigo com a redação dada pela EC nº 19, de 4-6-1998.

TÍTULO V – DA DEFESA DO ESTADO E DAS INSTITUIÇÕES DEMOCRÁTICAS

CAPÍTULO I
DO ESTADO DE DEFESA E DO ESTADO DE SÍTIO

Seção I
DO ESTADO DE DEFESA

Art. 136. O Presidente da República pode, ouvidos o Conselho da República e o Conselho de Defesa Nacional, decretar estado de defesa para preservar ou prontamente restabelecer, em locais restritos e determinados, a ordem pública ou a paz social ameaçadas por grave e iminente instabilidade institucional ou atingidas por calamidades de grandes proporções na natureza.

§ 1º O decreto que instituir o estado de defesa determinará o tempo de sua duração, especificará as áreas a serem abrangidas e indicará, nos termos e limites da lei, as medidas coercitivas a vigorarem, dentre as seguintes:

I – restrições aos direitos de:

a) reunião, ainda que exercida no seio das associações;

b) sigilo de correspondência;

c) sigilo de comunicação telegráfica e telefônica;

II – ocupação e uso temporário de bens e serviços públicos, na hipótese de calamidade pública, respondendo a União pelos danos e custos decorrentes.

§ 2º O tempo de duração do estado de defesa não será superior a trinta dias, podendo ser prorrogado uma vez, por igual período, se persistirem as razões que justificaram a sua decretação.

§ 3º Na vigência do estado de defesa:

I – a prisão por crime contra o Estado, determinada pelo executor da medida, será por este comunicada imediatamente ao juiz competente, que a relaxará, se não for legal, facultado ao preso requerer exame de corpo de delito à autoridade policial;

II – a comunicação será acompanhada de declaração, pela autoridade, do estado físico e mental do detido no momento de sua autuação;

III – a prisão ou detenção de qualquer pessoa não poderá ser superior a dez dias, salvo quando autorizada pelo Poder Judiciário;

IV – é vedada a incomunicabilidade do preso.

§ 4º Decretado o estado de defesa ou sua prorrogação, o Presidente da República, dentro de vinte e quatro horas, submeterá o ato com a respectiva justificação ao Congresso Nacional, que decidirá por maioria absoluta.

§ 5º Se o Congresso Nacional estiver em recesso, será convocado, extraordinariamente, no prazo de cinco dias.

§ 6º O Congresso Nacional apreciará o decreto dentro de dez dias contados de seu recebimento, devendo continuar funcionando enquanto vigorar o estado de defesa.

§ 7º Rejeitado o decreto, cessa imediatamente o estado de defesa.

Seção II
DO ESTADO DE SÍTIO

Art. 137. O Presidente da República pode, ouvidos o Conselho da República e o Conselho de Defesa Nacional, solicitar ao Congresso Nacional autorização para decretar o estado de sítio nos casos de:

I – comoção grave de repercussão nacional ou ocorrência de fatos que comprovem a ineficácia de medida tomada durante o estado de defesa;

II – declaração de estado de guerra ou resposta a agressão armada estrangeira.

Parágrafo único. O Presidente da República, ao solicitar autorização para decretar o estado de sítio ou sua prorrogação, relatará os motivos determinantes do pedido, devendo o Congresso Nacional decidir por maioria absoluta.

Art. 138. O decreto do estado de sítio indicará sua duração, as normas necessárias a sua execução e as garantias constitucionais que ficarão suspensas, e, depois de publicado, o Presidente da República designará o executor das medidas específicas e as áreas abrangidas.

§ 1º O estado de sítio, no caso do artigo 137, I, não poderá ser decretado por mais de trinta dias, nem prorrogado, de cada vez, por prazo superior; no do inciso II, poderá ser decretado por todo o tempo que perdurar a guerra ou a agressão armada estrangeira.

§ 2º Solicitada autorização para decretar o estado de sítio durante o recesso parlamentar, o Presidente do Senado Federal, de imediato, convocará extraordinariamente o Congresso Nacional para se reunir dentro de cinco dias, a fim de apreciar o ato.

§ 3º O Congresso Nacional permanecerá em funcionamento até o término das medidas coercitivas.

Art. 139. Na vigência do estado de sítio decretado com fundamento no artigo 137, I, só poderão ser tomadas contra as pessoas as seguintes medidas:

I – obrigação de permanência em localidade determinada;

II – detenção em edifício não destinado a acusados ou condenados por crimes comuns;

III – restrições relativas à inviolabilidade da correspondência, ao sigilo das comunicações, à prestação de informações e à liberdade de imprensa, radiodifusão e televisão, na forma da lei;

IV – suspensão da liberdade de reunião;

V – busca e apreensão em domicílio;

VI – intervenção nas empresas de serviços públicos;

VII – requisição de bens.

Parágrafo único. Não se inclui nas restrições do inciso III a difusão de pronunciamentos de parlamentares efetuados em suas Casas Legislativas, desde que liberada pela respectiva Mesa.

Seção III
DISPOSIÇÕES GERAIS

Art. 140. A Mesa do Congresso Nacional, ouvidos os líderes partidários, designará Comissão composta de cinco de seus membros para acompanhar e fiscalizar a execução das medidas referentes ao estado de defesa e ao estado de sítio.

Art. 141. Cessado o estado de defesa ou o estado de sítio, cessarão também seus efeitos, sem prejuízo da responsabilidade pelos ilícitos cometidos por seus executores ou agentes.

Parágrafo único. Logo que cesse o estado de defesa ou o estado de sítio, as medidas aplicadas em sua vigência serão relatadas pelo Presidente da República, em mensagem ao Congresso Nacional, com especificação e justificação das providências adotadas, com relação nominal dos atingidos, e indicação das restrições aplicadas.

CAPÍTULO II
DAS FORÇAS ARMADAS

Art. 142. As Forças Armadas, constituídas pela Marinha, pelo Exército e pela Aeronáutica, são instituições nacionais permanentes e regulares, organizadas com base na hierarquia e na disciplina, sob a autoridade suprema do Presidente da República, e destinam-se à defesa da Pátria, à garantia dos poderes constitucionais e, por iniciativa de qualquer destes, da lei e da ordem.

§ 1º Lei complementar estabelecerá as normas gerais a serem adotadas na organização, no preparo e no emprego das Forças Armadas.

§ 2º Não caberá *habeas corpus* em relação a punições disciplinares militares.

§ 3º Os membros das Forças Armadas são denominados militares, aplicando-se-lhes, além das que vierem a ser fixadas em lei, as seguintes disposições:

► § 3º acrescido pela EC nº 18, de 5-2-1998.

► Art. 42, § 2º, desta Constituição.

I – as patentes, com prerrogativas, direitos e deveres a elas inerentes, são conferidas pelo Presidente da República e asseguradas em plenitude aos oficiais da ativa, da reserva ou reformados, sendo-lhes privativos os títulos e postos militares e, juntamente com os demais membros, o uso dos uniformes das Forças Armadas;

► Inciso I acrescido pela EC nº 18, de 5-2-1998.

II – o militar em atividade que tomar posse em cargo ou emprego público civil permanente, ressalvada a hipótese prevista no art. 37, inciso XVI, alínea *c*, será transferido para a reserva, nos termos da lei;

III – o militar da ativa que, de acordo com a lei, tomar posse em cargo, emprego ou função pública civil temporária, não eletiva, ainda que da administração indireta, ressalvada a hipótese prevista no art. 37, inciso XVI, alínea *c*, ficará agregado ao respectivo quadro e somente poderá, enquanto permanecer nessa situação, ser promovido por antiguidade, contando-se-lhe o tempo de serviço apenas para aquela promoção e transferência para a reserva, sendo depois de dois anos de afastamento, contínuos ou não, transferido para a reserva, nos termos da lei;

► Incisos II e III com a redação dada pela EC nº 77, de 11-2-2014.

IV – ao militar são proibidas a sindicalização e a greve;

V – o militar, enquanto em serviço ativo, não pode estar filiado a partidos políticos;

VI – o oficial só perderá o posto e a patente se for julgado indigno do oficialato ou com ele incompatível, por decisão de Tribunal militar de caráter permanente, em tempo de paz, ou de Tribunal especial, em tempo de guerra;

VII – o oficial condenado na justiça comum ou militar a pena privativa de liberdade superior a dois anos, por sentença transitada em julgado, será submetido ao julgamento previsto no inciso anterior;

► Incisos IV a VII acrescidos pela EC nº 18, de 5-2-1998.

VIII – aplica-se aos militares o disposto no art. 7º, incisos VIII, XII, XVII, XVIII, XIX e XXV, e no art. 37, incisos XI, XIII, XIV e XV, bem como, na forma da lei e com prevalência da atividade militar, no art. 37, inciso XVI, alínea *c*;

► Inciso VIII com a redação dada pela EC nº 77, de 11-2-2014.

► Súm. Vinc. nº 6 do STF.

IX – *Revogado*. EC nº 41, de 19-12-2003;

X – a lei disporá sobre o ingresso nas Forças Armadas, os limites de idade, a estabilidade e outras condições de transferência do militar para a inatividade, os direitos, os deveres, a remuneração, as prerrogativas e outras situações especiais dos militares, consideradas as peculiaridades de suas atividades, inclusive aquelas cumpridas por força de compromissos internacionais e de guerra.

► Inciso X acrescido pela EC nº 18, de 5-2-1998.

► Art. 40, § 20, desta Constituição.

► Súm. Vinc. nº 4 do STF.

Art. 143. O serviço militar é obrigatório nos termos da lei.

§ 1º Às Forças Armadas compete, na forma da lei, atribuir serviço alternativo aos que, em tempo de paz, após alistados, alegarem imperativo de consciência, entendendo-se como tal o decorrente de crença religiosa e de convicção filosófica ou política, para se eximirem de atividades de caráter essencialmente militar.

► Lei nº 8.239, de 4-10-1991, regulamenta o art. 143, §§ 1º e 2º da CF, que dispõem sobre a prestação de Serviço Alternativo ao Serviço Militar Obrigatório.

§ 2º As mulheres e os eclesiásticos ficam isentos do serviço militar obrigatório em tempo de paz, sujeitos, porém, a outros encargos que a lei lhes atribuir.

► Lei nº 8.239, de 4-10-1991, regulamenta o art. 143, §§ 1º e 2º da CF, que dispõem sobre a prestação de Serviço Alternativo ao Serviço Militar Obrigatório.

CAPÍTULO III
DA SEGURANÇA PÚBLICA

Art. 144. A segurança pública, dever do Estado, direito e responsabilidade de todos, é exercida para a preservação da ordem pública e da incolumidade das pessoas e do patrimônio, através dos seguintes órgãos:

I – polícia federal;

II – polícia rodoviária federal;

III – polícia ferroviária federal;

IV – polícias civis;

V – polícias militares e corpos de bombeiros militares

VI – polícias penais federal, estaduais e distrital.

► Inciso VI acrescido pela EC nº 104, de 4-12-2019.

§ 1º A polícia federal, instituída por lei como órgão permanente, organizado e mantido pela União e estruturado em carreira, destina-se a:

► § 1º com a redação dada pela EC nº 19, de 4-6-1998.

I – apurar infrações penais contra a ordem política e social ou em detrimento de bens, serviços e interesses da União ou de suas entidades autárquicas e empresas públicas, assim como outras infrações cuja prática tenha repercussão interestadual ou internacional e exija repressão uniforme, segundo se dispuser em lei;

II – prevenir e reprimir o tráfico ilícito de entorpecentes e drogas afins, o contrabando e o descaminho, sem prejuízo da ação fazendária e de outros órgãos públicos nas respectivas áreas de competência;

III – exercer as funções de polícia marítima, aeroportuária e de fronteiras;

► Inciso III com a redação dada pela EC nº 19, de 4-6-1998.

IV – exercer, com exclusividade, as funções de polícia judiciária da União.

§ 2º A polícia rodoviária federal, órgão permanente, organizado e mantido pela União e estruturado em carreira, destina-se, na forma da lei, ao patrulhamento ostensivo das rodovias federais.

§ 3º A polícia ferroviária federal, órgão permanente, organizado e mantido pela União e estruturado em carreira, destina-se, na forma da lei, ao patrulhamento ostensivo das ferrovias federais.

► §§ 2º e 3º com a redação dada pela EC nº 19, de 4-6-1998.

§ 4º Às polícias civis, dirigidas por delegados de polícia de carreira, incumbem, ressalvada a competência da União, as funções de polícia judiciária e a apuração de infrações penais, exceto as Militares.

§ 5º Às polícias militares cabem a polícia ostensiva e a preservação da ordem pública; aos corpos de bombeiros militares, além das atribuições definidas em lei, incumbe a execução de atividades de defesa civil.

§ 5º-A. Às polícias penais, vinculadas ao órgão administrador do sistema penal da unidade federativa a que pertencem, cabe a segurança dos estabelecimentos penais.

► § 5º-A acrescido pela EC nº 104, de 4-12-2019.

§ 6º As polícias militares e os corpos de bombeiros militares, forças auxiliares e reserva do Exército subordinam-se, juntamente com as polícias civis e as polícias penais estaduais e distrital, aos Governadores dos Estados, do Distrito Federal e dos Territórios.

► § 6º com a redação dada pela EC nº 104, de 4-12-2019.

§ 7º A lei disciplinará a organização e o funcionamento dos órgãos responsáveis pela segurança pública, de maneira a garantir a eficiência de suas atividades.

§ 8º Os Municípios poderão constituir guardas municipais destinadas à proteção de seus bens, serviços e instalações, conforme dispuser a lei.

§ 9º A remuneração dos servidores policiais integrantes dos órgãos relacionados neste artigo será fixada na forma do § 4º do artigo 39.

► § 9º acrescido pela EC nº 19, de 4-6-1998.

§ 10. A segurança viária, exercida para a preservação da ordem pública e da incolumidade das pessoas e do seu patrimônio nas vias públicas:

I – compreende a educação, engenharia e fiscalização de trânsito, além de outras atividades previstas em lei, que assegurem ao cidadão o direito à mobilidade urbana eficiente; e

II – compete, no âmbito dos Estados, do Distrito Federal e dos Municípios, aos respectivos órgãos ou entidades executivos e seus agentes de trânsito, estruturados em Carreira, na forma da lei.

► § 10 acrescido pela EC nº 82, de 16-7-2014.

TÍTULO VI – DA TRIBUTAÇÃO E DO ORÇAMENTO

► Lei nº 5.172, de 25-10-1966 (CTN).

CAPÍTULO I
DO SISTEMA TRIBUTÁRIO NACIONAL

SEÇÃO I
DOS PRINCÍPIOS GERAIS

Art. 145. A União, os Estados, o Distrito Federal e os Municípios poderão instituir os seguintes tributos:

I – impostos;

II – taxas, em razão do exercício do poder de polícia ou pela utilização, efetiva ou potencial, de serviços públicos específicos e divisíveis, prestados ao contribuinte ou postos a sua disposição;

► Súm. nº 670 do STF.

► Súmulas Vinculantes nºs 19 e 41 do STF.

III – contribuição de melhoria, decorrente de obras públicas.

§ 1º Sempre que possível, os impostos terão caráter pessoal e serão graduados segundo a capacidade econômica do contribuinte, facultado à administração tributária, especialmente para conferir efetividade a esses objetivos, identificar, respeitados os direitos individuais e nos termos da lei, o patrimônio, os rendimentos e as atividades econômicas do contribuinte.

§ 2º As taxas não poderão ter base de cálculo própria de impostos.

► Súm. Vinc. nº 29 do STF.

Art. 146. Cabe à lei complementar:

I – dispor sobre conflitos de competência, em matéria tributária, entre a União, os Estados, o Distrito Federal e os Municípios;

II – regular as limitações constitucionais ao poder de tributar;

III – estabelecer normas gerais em matéria de legislação tributária, especialmente sobre:

a) definição de tributos e de suas espécies, bem como, em relação aos impostos discriminados nesta Constituição, a dos respectivos fatos geradores, bases de cálculo e contribuintes;

b) obrigação, lançamento, crédito, prescrição e decadência tributários;

c) adequado tratamento tributário ao ato cooperativo praticado pelas sociedades cooperativas;

d) definição de tratamento diferenciado e favorecido para as microempresas e para as empresas de pequeno porte, inclusive regimes especiais ou simplificados no caso do imposto previsto no art. 155, II, das contribuições previstas no art. 195, I e §§ 12 e 13, e da contribuição a que se refere o art. 239.

► Alínea *d* acrescida pela EC nº 42, de 19-12-2003.

► O referido § 13 foi revogado pela EC nº 103, de 12-11-2019 (Reforma da Previdência).

Parágrafo único. A lei complementar de que trata o inciso III, *d*, também poderá instituir um regime único de arrecadação dos impostos e contribuições da União, dos Estados, do Distrito Federal e dos Municípios, observado que:

I – será opcional para o contribuinte;

II – poderão ser estabelecidas condições de enquadramento diferenciadas por Estado;

III – o recolhimento será unificado e centralizado e a distribuição da parcela de recursos pertencentes aos respectivos entes federados será imediata, vedada qualquer retenção ou condicionamento;

IV – a arrecadação, a fiscalização e a cobrança poderão ser compartilhadas pelos entes federados, adotado cadastro nacional único de contribuintes.

► Parágrafo único acrescido pela EC nº 42, de 19-12-2003.

Art. 146-A. Lei complementar poderá estabelecer critérios especiais de tributação, com o objetivo de prevenir desequilíbrios da concorrência, sem prejuízo da competência de a União, por lei, estabelecer normas de igual objetivo.

Art. 147. Competem à União, em Território Federal, os impostos estaduais e, se o Território não for dividido em Municípios, cumulativamente, os impostos municipais; ao Distrito Federal cabem os impostos municipais.

Art. 148. A União, mediante lei complementar, poderá instituir empréstimos compulsórios:

I – para atender a despesas extraordinárias, decorrentes de calamidade pública, de guerra externa ou sua iminência;

II – no caso de investimento público de caráter urgente e de relevante interesse nacional, observado o disposto no artigo 150, III, *b*.

Parágrafo único. A aplicação dos recursos provenientes de empréstimo compulsório será vinculada à despesa que fundamentou sua instituição.

Art. 149. Compete exclusivamente à União instituir contribuições sociais, de intervenção no domínio econômico e de interesse das categorias profissionais ou econômicas, como instrumento de sua atuação nas respectivas áreas, observado o disposto nos artigos 146, III, e 150, I e III, e sem prejuízo do previsto no artigo 195, § 6º, relativamente às contribuições a que alude o dispositivo.

§ 1º Os Estados, o Distrito Federal e os Municípios instituirão contribuição, cobrada de seus servidores, para o custeio, em benefício destes, do regime previdenciário de que trata o art. 40, cuja alíquota não será inferior à da contribuição dos servidores titulares de cargos efetivos da União.

► § 1º com a redação dada pela EC nº 41, de 19-12-2003.

★ **Nova redação do dispositivo alterado:** "§ 1º A União, os Estados, o Distrito Federal e os Municípios instituirão, por meio de lei, contribuições para custeio de regime próprio de previdência social, cobradas dos servidores ativos, dos aposentados e dos pensionistas, que poderão ter alíquotas progressivas de acordo com o valor da base de contribuição ou dos proventos de aposentadoria e de pensões."

► **§ 1º com a redação dada pela EC nº 103, de 12-11-2019, em vigor na data de publicação de lei de iniciativa privativa do respectivo Poder Executivo que o referende integralmente.**

§ 1º-A. Quando houver *deficit* atuarial, a contribuição ordinária dos aposentados e pensionistas poderá incidir sobre o valor dos proventos de aposentadoria e de pensões que supere o salário mínimo.

§ 1º-B. Demonstrada a insuficiência da medida prevista no § 1º-A para equacionar o *deficit* atuarial, é facultada a instituição de contribuição extraordinária, no âmbito da União, dos servidores públicos ativos, dos aposentados e dos pensionistas.

§ 1º-C. A contribuição extraordinária de que trata o § 1º-B deverá ser instituída simultaneamente com outras medidas para equacionamento do *deficit* e vigorará por período determinado, contado da data de sua instituição.

► **§§ 1º-A a 1º-C acrescidos pela EC nº 103, de 12-11-2019, em vigor na data de publicação de lei de iniciativa privativa do respectivo Poder Executivo que os referende integralmente.**

§ 2º As contribuições sociais e de intervenção no domínio econômico de que trata o *caput* deste artigo:

I – não incidirão sobre as receitas decorrentes de exportação;

II – incidirão também sobre a importação de produtos estrangeiros ou serviços;

► Inciso II com a redação dada pela EC nº 42, de 19-12-2003.

III – poderão ter alíquotas:

a) *ad valorem*, tendo por base o faturamento, a receita bruta ou o valor da operação e, no caso de importação, o valor aduaneiro;

b) específica, tendo por base a unidade de medida adotada.

§ 3º A pessoa natural destinatária das operações de importação poderá ser equiparada a pessoa jurídica, na forma da lei.

§ 4º A lei definirá as hipóteses em que as contribuições incidirão uma única vez.

► §§ 2º a 4º acrescidos pela EC nº 33, de 11-12-2001.

Art. 149-A. Os Municípios e o Distrito Federal poderão instituir contribuição, na forma das respectivas leis, para o custeio do serviço de iluminação pública, observado o disposto no art. 150, I e III.

Parágrafo único. É facultada a cobrança da contribuição a que se refere o *caput*, na fatura de consumo de energia elétrica.

Seção II
DAS LIMITAÇÕES DO PODER DE TRIBUTAR

Art. 150. Sem prejuízo de outras garantias asseguradas ao contribuinte, é vedado à União, aos Estados, ao Distrito Federal e aos Municípios:

I – exigir ou aumentar tributo sem lei que o estabeleça;

► Arts. 153, § 1º, 155, § 4º, IV, *c*, e 177, § 4º, I, *b*, desta Constituição.

II – instituir tratamento desigual entre contribuintes que se encontrem em situação equivalente, proibida qualquer distinção em razão de ocupação profissional ou função por eles exercida, independentemente da denominação jurídica dos rendimentos, títulos ou direitos;

► Art. 153, § 2º desta Constituição.

III – cobrar tributos:

a) em relação a fatos geradores ocorridos antes do início da vigência da lei que os houver instituído ou aumentado;

b) no mesmo exercício financeiro em que haja sido publicada a lei que os instituiu ou aumentou;

► Art. 150, § 1º, desta Constituição.

c) antes de decorridos noventa dias da data em que haja sido publicada a lei que os instituiu ou aumentou, observado o disposto na alínea *b*;

► Alínea *c* acrescida pela EC nº 42, de 19-12-2003.

IV – utilizar tributo com efeito de confisco;

V – estabelecer limitações ao tráfego de pessoas ou bens, por meio de tributos interestaduais ou intermunicipais, ressalvada a cobrança de pedágio pela utilização de vias conservadas pelo Poder Público;

VI – instituir impostos sobre:

a) patrimônio, renda ou serviços, uns dos outros;

► Art. 150, § 3º, desta Constituição.

b) templos de qualquer culto;

c) patrimônio, renda ou serviços dos partidos políticos, inclusive suas fundações, das entidades sindicais dos trabalhadores, das instituições de educação e de assistência social, sem fins lucrativos, atendidos os requisitos da lei;

► Súm. Vinc. nº 52 do STF.

d) livros, jornais, periódicos e o papel destinado à sua impressão;

e) fonogramas e videofonogramas musicais produzidos no Brasil contendo obras musicais ou literomusicais de autores brasileiros e/ou obras em geral interpretadas por artistas brasileiros bem como os suportes materiais ou arquivos digitais que os contenham, salvo na etapa de replicação industrial de mídias ópticas de leitura a *laser*.

► Alínea *e* acrescida pela EC nº 75, de 15-10-2013.

§ 1º A vedação do inciso III, *b*, não se aplica aos tributos previstos nos arts. 148, I, 153, I, II, IV e V; e 154, II; e a vedação do inciso III, *c*, não se aplica aos tributos previstos nos arts. 148, I, 153, I, II, III e V; e 154, II, nem à fixação da base de cálculo dos impostos previstos nos arts. 155, III, e 156, I.

► § 1º com a redação dada pela EC nº 42, de 19-12-2003.

§ 2º A vedação do inciso VI, *a*, é extensiva às autarquias e às fundações instituídas e mantidas pelo Poder Público, no que se refere ao patrimônio, à renda e aos serviços, vinculados a suas finalidades essenciais ou às delas decorrentes.

§ 3º As vedações do inciso VI, *a*, e do parágrafo anterior não se aplicam ao patrimônio, à renda e aos serviços, relacionados com exploração de atividades econômicas regidas pelas normas aplicáveis a empreendimentos privados, ou em que haja contraprestação ou pagamento de preços ou tarifas pelo usuário, nem exonera o promitente comprador da obrigação de pagar imposto relativamente ao bem imóvel.

§ 4º As vedações expressas no inciso VI, alíneas *b* e *c*, compreendem somente o patrimônio, a renda e os serviços, relacionados com as finalidades essenciais das entidades nelas mencionadas.

§ 5º A lei determinará medidas para que os consumidores sejam esclarecidos acerca dos impostos que incidam sobre mercadorias e serviços.

§ 6º Qualquer subsídio ou isenção, redução de base de cálculo, concessão de crédito presumido, anistia ou remissão, relativos a impostos, taxas ou contribuições, só poderá ser concedido mediante lei específica, federal, estadual ou municipal, que regule exclusivamente as matérias acima enumeradas ou o correspondente tributo ou contribuição, sem prejuízo do disposto no artigo 155, § 2º, XII, *g*.

§ 7º A lei poderá atribuir a sujeito passivo de obrigação tributária a condição de responsável pelo pagamento de imposto ou contribuição, cujo fato gerador deva ocorrer posteriormente, assegurada a imediata e preferencial restituição da quantia paga, caso não se realize o fato gerador presumido.

► §§ 6º e 7º acrescidos pela EC nº 3, de 17-3-1993.

Art. 151. É vedado à União:

I – instituir tributo que não seja uniforme em todo o Território Nacional ou que implique distinção ou preferência em relação a Estado, ao Distrito Federal ou a Município, em detrimento de outro, admitida a concessão de incentivos fiscais destinados a promover o equilíbrio do desenvolvimento socioeconômico entre as diferentes regiões do País;

II – tributar a renda das obrigações da dívida pública dos Estados, do Distrito Federal e dos Municípios, bem como a remuneração e os proventos dos respectivos agentes públicos, em níveis superiores aos que fixar para suas obrigações e para seus agentes;

III – instituir isenções de tributos da competência dos Estados, do Distrito Federal ou dos Municípios.

Art. 152. É vedado aos Estados, ao Distrito Federal e aos Municípios estabelecer diferença tributária entre bens e serviços, de qualquer natureza, em razão de sua procedência ou destino.

Seção III

DOS IMPOSTOS DA UNIÃO

Art. 153. Compete à União instituir impostos sobre:

I – importação de produtos estrangeiros;

► Art. 62, § 2º, desta Constituição.

II – exportação, para o exterior, de produtos nacionais ou nacionalizados;

► Art. 62, § 2º desta Constituição.

III – renda e proventos de qualquer natureza;

► Dec. nº 9.580, de 22-11-2018, regulamenta a tributação, a fiscalização, a arrecadação e a administração do Imposto sobre a Renda e Proventos de Qualquer Natureza.

IV – produtos industrializados;

► Art. 62, § 2º desta Constituição.

V – operações de crédito, câmbio e seguro, ou relativas a títulos ou valores mobiliários;

► Art. 62, § 2º desta Constituição.
► Súm. Vinc. nº 32 do STF.

VI – propriedade territorial rural;

► § 4º deste artigo.

VII – grandes fortunas, nos termos de lei complementar.

§ 1º É facultado ao Poder Executivo, atendidas as condições e os limites estabelecidos em lei, alterar as alíquotas dos impostos enumerados nos incisos I, II, IV e V.

§ 2º O imposto previsto no inciso III:

I – será informado pelos critérios da generalidade, da universalidade e da progressividade, na forma da lei;

II – *Revogado.* EC nº 20, de 15-12-1998.

§ 3º O imposto previsto no inciso IV:

I – será seletivo, em função da essencialidade do produto;

II – será não cumulativo, compensando-se o que for devido em cada operação com o montante cobrado nas anteriores;

III – não incidirá sobre produtos industrializados destinados ao exterior;

IV – terá reduzido seu impacto sobre a aquisição de bens de capital pelo contribuinte do imposto, na forma da lei.

► Inciso IV acrescido pela EC nº 42, de 19-12-2003.

§ 4º O imposto previsto no inciso VI do *caput*:

► *Caput* com a redação dada pela EC nº 42, de 19-12-2003.

I – será progressivo e terá suas alíquotas fixadas de forma a desestimular a manutenção de propriedades improdutivas;

II – não incidirá sobre pequenas glebas rurais, definidas em lei, quando as explore o proprietário que não possua outro imóvel;

► Art. 146, II desta Constituição.

III – será fiscalizado e cobrado pelos Municípios que assim optarem, na forma da lei, desde que não implique redução do imposto ou qualquer outra forma de renúncia fiscal.

► Incisos I a III acrescidos pela EC nº 42, de 19-12-2003.
► Art. 158, II, desta Constituição.

§ 5º O ouro, quando definido em lei como ativo financeiro ou instrumento cambial, sujeita-se exclusivamente à incidência do imposto de que trata o inciso V do *caput* deste artigo, devido na operação de origem; a alíquota mínima será de um por cento, assegurada a transferência do montante da arrecadação nos seguintes termos:

I – trinta por cento para o Estado, o Distrito Federal ou o Território, conforme a origem;

II – setenta por cento para o Município de origem.

Art. 154. A União poderá instituir:

I – mediante lei complementar, impostos não previstos no artigo anterior, desde que sejam não cumulativos e não tenham fato gerador ou base de cálculo próprios dos discriminados nesta Constituição;

II – na iminência ou no caso de guerra externa, impostos extraordinários, compreendidos ou não em sua competência tributária, os quais serão suprimidos, gradativamente, cessadas as causas de sua criação.

► Art. 62, § 2º desta Constituição.

Seção IV

DOS IMPOSTOS DOS ESTADOS E DO DISTRITO FEDERAL

Art. 155. Compete aos Estados e ao Distrito Federal instituir impostos sobre:

► *Caput* com a redação dada pela EC nº 3, de 17-3-1993.

I – transmissão *causa mortis* e doação de quaisquer bens ou direitos;

► § 1º deste artigo.

II – operações relativas à circulação de mercadorias e sobre prestações de serviços de transporte interestadual e intermunicipal e de comunicação, ainda que as operações e as prestações se iniciem no exterior;

► § 2º deste artigo.
► Súm. Vinc. nº 20 do STF.

III – propriedade de veículos automotores;

► Incisos I a III acrescidos pela EC nº 3, de 17-3-1993.
► § 6º deste artigo.

§ 1º O imposto previsto no inciso I:

► § 1º com a redação dada pela EC nº 3, de 17-3-1993.

I – relativamente a bens imóveis e respectivos direitos, compete ao Estado da situação do bem, ou ao Distrito Federal;

II – relativamente a bens móveis, títulos e créditos, compete ao Estado onde se processar o inventário ou arrolamento, ou tiver domicílio o doador, ou ao Distrito Federal;

III – terá a competência para sua instituição regulada por lei complementar:

a) se o doador tiver domicílio ou residência no exterior;

b) se o *de cujus* possuía bens, era residente ou domiciliado ou teve o seu inventário processado no exterior;

IV – terá suas alíquotas máximas fixadas pelo Senado Federal.

§ 2º O imposto previsto no inciso II atenderá ao seguinte:

► *Caput* do § 2º com a redação dada pela EC nº 3, de 17-3-1993.

I – será não cumulativo, compensando-se o que for devido em cada operação relativa à circulação de mercadorias ou prestação de serviços com o montante cobrado nas anteriores pelo mesmo ou outro Estado ou pelo Distrito Federal;

II – a isenção ou não incidência, salvo determinação em contrário da legislação:

a) não implicará crédito para compensação com o montante devido nas operações ou prestações seguintes;

b) acarretará a anulação do crédito relativo às operações anteriores;

III – poderá ser seletivo, em função da essencialidade das mercadorias e dos serviços;

IV – resolução do Senado Federal, de iniciativa do Presidente da República ou de um terço dos Senadores, aprovada pela maioria absoluta de seus membros, estabelecerá as alíquotas aplicáveis às operações e prestações, interestaduais e de exportação;

V – é facultado ao Senado Federal:

a) estabelecer alíquotas mínimas nas operações internas, mediante resolução de iniciativa de um terço e aprovada pela maioria absoluta de seus membros;

b) fixar alíquotas máximas nas mesmas operações para resolver conflito específico que envolva interesse de Estados, mediante resolução de iniciativa da maioria absoluta e aprovada por dois terços de seus membros;

VI – salvo deliberação em contrário dos Estados e do Distrito Federal, nos termos do disposto no inciso XII, *g*, as alíquotas internas, nas operações relativas à circulação de mercadorias e nas prestações de serviços, não poderão ser inferiores às previstas para as operações interestaduais;

VII – nas operações e prestações que destinem bens e serviços a consumidor final, contribuinte ou não do imposto, localizado em outro Estado, adotar-se-á a alíquota interestadual e caberá ao Estado de localização do destinatário o imposto correspondente à diferença entre a alíquota interna do Estado destinatário e a alíquota interestadual;

▸ Inciso VII com a redação dada pela EC nº 87, de 16-4-2015.

a) e *b)* *Revogadas*. EC nº 87, de 16-4-2015.

VIII – a responsabilidade pelo recolhimento do imposto correspondente à diferença entre a alíquota interna e a interestadual de que trata o inciso VII será atribuída:

a) ao destinatário, quando este for contribuinte do imposto;

b) ao remetente, quando o destinatário não for contribuinte do imposto;

▸ Inciso VIII com a redação dada pela EC nº 87, de 16-4-2015.

IX – incidirá também:

a) sobre a entrada de bem ou mercadoria importados do exterior por pessoa física ou jurídica, ainda que não seja contribuinte habitual do imposto, qualquer que seja a sua finalidade, assim como sobre o serviço prestado no exterior, cabendo o imposto ao Estado onde estiver situado o domicílio ou o estabelecimento do destinatário da mercadoria, bem ou serviço;

▸ Alínea *a* com a redação dada pela EC nº 33, de 11-12-2001.

▸ Súm. Vinc. nº 48 do STF.

b) sobre o valor total da operação, quando mercadorias forem fornecidas com serviços não compreendidos na competência tributária dos Municípios;

X – não incidirá:

a) sobre operações que destinem mercadorias para o exterior, nem sobre serviços prestados a destinatários no exterior, assegurada a manutenção e o aproveitamento do montante do imposto cobrado nas operações e prestações anteriores;

▸ Alínea *a* com a redação dada pela EC nº 42, de 19-12-2003.

▸ Art. 155, § 2º, I, desta Constituição.

b) sobre operações que destinem a outros Estados petróleo, inclusive lubrificantes, combustíveis líquidos e gasosos dele derivados, e energia elétrica;

c) sobre o ouro, nas hipóteses definidas no artigo 153, § 5º;

d) nas prestações de serviço de comunicação nas modalidades de radiodifusão sonora e de sons e imagens de recepção livre e gratuita;

▸ Alínea *d* acrescida pela EC nº 42, de 19-12-2003.

XI – não compreenderá, em sua base de cálculo, o montante do imposto sobre produtos industrializados, quando a operação, realizada entre contribuintes e relativa a produto destinado à industrialização ou à comercialização, configure fato gerador dos dois impostos;

XII – cabe à lei complementar:

▸ Art. 4º da EC nº 42, de 19-12-2003.

a) definir seus contribuintes;

b) dispor sobre substituição tributária;

c) disciplinar o regime de compensação do imposto;

d) fixar, para efeito de sua cobrança e definição do estabelecimento responsável, o local das operações relativas à circulação de mercadorias e das prestações de serviços;

e) excluir da incidência do imposto, nas exportações para o exterior, serviços e outros produtos além dos mencionados no inciso X, *a*;

f) prever casos de manutenção de crédito, relativamente à remessa para outro Estado e exportação para o exterior, de serviços e de mercadorias;

g) regular a forma como, mediante deliberação dos Estados e do Distrito Federal, isenções, incentivos e benefícios fiscais serão concedidos e revogados;

h) definir os combustíveis e lubrificantes sobre os quais o imposto incidirá uma única vez, qualquer que seja a sua finalidade, hipótese em que não se aplicará o disposto no inciso X, *b*;

▸ Alínea *h* acrescida pela EC nº 33, de 11-12-2001.

▸ § 4º deste artigo.

i) fixar a base de cálculo, de modo que o montante do imposto a integre, também na importação do exterior de bem, mercadoria ou serviço.

▸ Alínea *i* acrescida pela EC nº 33, de 11-12-2001.

§ 3º À exceção dos impostos de que tratam o inciso II do *caput* deste artigo e o artigo 153, I e II, nenhum outro imposto poderá incidir sobre operações relativas a energia elétrica, serviços de telecomunicações, derivados de petróleo, combustíveis e minerais do País.

▸ § 3º com a redação dada pela EC nº 33, de 11-12-2001.

§ 4º Na hipótese do inciso XII, *h*, observar-se-á o seguinte:

I – nas operações com os lubrificantes e combustíveis derivados de petróleo, o imposto caberá ao Estado onde ocorrer o consumo;

II – nas operações interestaduais, entre contribuintes, com gás natural e seus derivados, e lubrificantes e combustíveis não incluídos no inciso I deste parágrafo, o imposto será repartido entre os Estados de origem e de destino, mantendo-se a mesma proporcionalidade que ocorre nas operações com as demais mercadorias;

III – nas operações interestaduais com gás natural e seus derivados, e lubrificantes e combustíveis não incluídos no inciso I deste parágrafo, destinadas a não contribuinte, o imposto caberá ao Estado de origem;

IV – as alíquotas do imposto serão definidas mediante deliberação dos Estados e Distrito Federal, nos termos do § 2º, XII, *g*, observando-se o seguinte:

a) serão uniformes em todo o território nacional, podendo ser diferenciadas por produto;

b) poderão ser específicas, por unidade de medida adotada, ou *ad valorem*, incidindo sobre o valor da operação ou sobre o preço que o produto ou seu similar alcançaria em uma venda em condições de livre concorrência;

c) poderão ser reduzidas e restabelecidas, não se lhes aplicando o disposto no artigo 150, III, *b*.

§ 5º As regras necessárias à aplicação do disposto no § 4º, inclusive as relativas à apuração e à destinação do imposto, serão estabelecidas mediante deliberação dos Estados e do Distrito Federal, nos termos do § 2º, XII, *g*.

► §§ 4º e 5º acrescidos pela EC nº 33, de 11-12-2001.

§ 6º O imposto previsto no inciso III:

I – terá alíquotas mínimas fixadas pelo Senado Federal;

II – poderá ter alíquotas diferenciadas em função do tipo e utilização.

► § 6º acrescido pela EC nº 42, de 19-12-2003.

Seção V
DOS IMPOSTOS DOS MUNICÍPIOS

Art. 156. Compete aos Municípios instituir impostos sobre:

I – propriedade predial e territorial urbana;

II – transmissão *inter vivos*, a qualquer título, por ato oneroso, de bens imóveis, por natureza ou acessão física, e de direitos reais sobre imóveis, exceto os de garantia, bem como cessão de direitos à sua aquisição;

III – serviços de qualquer natureza, não compreendidos no artigo 155, II, definidos em lei complementar.

► Inciso III com a redação dada pela EC nº 3, de 17-3-1993.

IV – *Revogado.* EC nº 3, de 17-3-1993.

§ 1º Sem prejuízo da progressividade no tempo a que se refere o artigo 182, § 4º, inciso II, o imposto previsto no inciso I poderá:

I – ser progressivo em razão do valor do imóvel; e

II – ter alíquotas diferentes de acordo com a localização e o uso do imóvel.

► § 1º com a redação dada pela EC nº 29, de 13-9-2000.

§ 2º O imposto previsto no inciso II:

I – não incide sobre a transmissão de bens ou direitos incorporados ao patrimônio de pessoa jurídica em realização de capital, nem sobre a transmissão de bens ou direitos decorrentes de fusão, incorporação, cisão ou extinção de pessoa jurídica, salvo se, nesses casos, a atividade preponderante do adquirente for a compra e venda desses bens ou direitos, locação de bens imóveis ou arrendamento mercantil;

II – compete ao Município da situação do bem.

§ 3º Em relação ao imposto previsto no inciso III do *caput* deste artigo, cabe à lei complementar:

► § 3º com a redação dada pela EC nº 37, de 12-6-2002.

I – fixar as suas alíquotas máximas e mínimas;

► Inciso I com a redação dada pela EC nº 37, de 12-6-2002.

II – excluir da sua incidência exportações de serviços para o exterior;

► Inciso II com a redação dada pela EC nº 3, de 17-3-1993.

III – regular a forma e as condições como isenções, incentivos e benefícios fiscais serão concedidos e revogados.

► Inciso III acrescido pela EC nº 37, de 12-6-2002.

§ 4º *Revogado.* EC nº 3, de 17-3-1993.

Seção VI
DA REPARTIÇÃO DAS RECEITAS TRIBUTÁRIAS

Art. 157. Pertencem aos Estados e ao Distrito Federal:

I – o produto da arrecadação do imposto da União sobre renda e proventos de qualquer natureza, incidente na fonte, sobre rendimentos pagos, a qualquer título, por eles, suas autarquias e pelas fundações que instituírem e mantiverem;

II – vinte por cento do produto da arrecadação do imposto que a União instituir no exercício da competência que lhe é atribuída pelo artigo 154, I.

Art. 158. Pertencem aos Municípios:

I – o produto da arrecadação do imposto da União sobre renda e proventos de qualquer natureza, incidente na fonte, sobre rendimentos pagos, a qualquer título, por eles, suas autarquias e pelas fundações que instituírem e mantiverem;

II – cinquenta por cento do produto da arrecadação do imposto da União sobre a propriedade territorial rural, relativamente aos imóveis neles situados, cabendo a totalidade na hipótese da opção a que se refere o art. 153, § 4º, III;

► Inciso II com a redação dada pela EC nº 42, de 19-12-2003.

III – cinquenta por cento do produto da arrecadação do imposto do Estado sobre a propriedade de veículos automotores licenciados em seus territórios;

IV – vinte e cinco por cento do produto da arrecadação do imposto do Estado sobre operações relativas à circulação de mercadorias e sobre prestações de serviços de transporte interestadual e intermunicipal e de comunicação.

Parágrafo único. As parcelas de receita pertencentes aos Municípios, mencionadas no inciso IV, serão creditadas conforme os seguintes critérios:

I – 65% (sessenta e cinco por cento), no mínimo, na proporção do valor adicionado nas operações relativas à circulação de mercadorias e nas prestações de serviços, realizadas em seus territórios;

II – até 35% (trinta e cinco por cento), de acordo com o que dispuser lei estadual, observada, obrigatoriamente, a distribuição de, no mínimo, 10 (dez) pontos percentuais com base em indicadores de melhoria nos resultados de aprendizagem e de aumento da equidade, considerado o nível socioeconômico dos educandos.

► Incisos I e II com a redação dada pela EC nº 108, de 26-8-2020.

Art. 159. A União entregará:

I – do produto da arrecadação dos impostos sobre renda e proventos de qualquer natureza e sobre produtos industrializados, 49% (quarenta e nove por cento), na seguinte forma:

► *Caput* do inciso I com a redação dada pela EC nº 84, de 2-12-2014.

a) vinte e um inteiros e cinco décimos por cento ao Fundo de Participação dos Estados e do Distrito Federal;

b) vinte e dois inteiros e cinco décimos por cento ao Fundo de Participação dos Municípios;

c) três por cento, para aplicação em programas de financiamento ao setor produtivo das Regiões Norte, Nordeste e Centro-Oeste, através de suas instituições financeiras de caráter regional, de acordo com os planos regionais de desenvolvimento, ficando assegurada ao semiárido do Nordeste a metade dos recursos destinados à Região, na forma que a lei estabelecer;

d) um por cento ao Fundo de Participação dos Municípios, que será entregue no primeiro decêndio do mês de dezembro de cada ano;

► Art. 2º da EC nº 55, de 20-9-2007.

e) 1% (um por cento) ao Fundo de Participação dos Municípios, que será entregue no primeiro decêndio do mês de julho de cada ano;

► Alínea *e* acrescida pela EC nº 84, de 2-12-2014.

II – do produto da arrecadação do imposto sobre produtos industrializados, dez por cento aos Estados e ao Distrito Federal, proporcionalmente ao valor das respectivas exportações de produtos industrializados;

III – do produto da arrecadação da contribuição de intervenção no domínio econômico prevista no art. 177, § 4º, 29% (vinte e nove por cento) para os Estados e o Distrito Federal, distribuídos na forma da lei, observada a destinação a que se refere o inciso II, *c*, do referido parágrafo.

▸ Inciso III com a redação dada pela EC nº 44, de 30-6-2004.

§ 1º Para efeito de cálculo da entrega a ser efetuada de acordo com o previsto no inciso I, excluir-se-á a parcela da arrecadação do imposto de renda e proventos de qualquer natureza pertencente aos Estados, ao Distrito Federal e aos Municípios, nos termos do disposto nos artigos 157, I, e 158, I.

§ 2º A nenhuma unidade federada poderá ser destinada parcela superior a vinte por cento do montante a que se refere o inciso II, devendo o eventual excedente ser distribuído entre os demais participantes, mantido, em relação a esses, o critério de partilha nele estabelecido.

§ 3º Os Estados entregarão aos respectivos Municípios vinte e cinco por cento dos recursos que receberem nos termos do inciso II, observados os critérios estabelecidos no artigo 158, parágrafo único, I e II.

§ 4º Do montante de recursos de que trata o inciso III que cabe a cada Estado, vinte e cinco por cento serão destinados aos seus Municípios, na forma da lei a que se refere o mencionado inciso.

▸ § 4º acrescido pela EC nº 42, de 19-12-2003.

Art. 160. É vedada a retenção ou qualquer restrição à entrega e ao emprego dos recursos atribuídos, nesta seção, aos Estados, ao Distrito Federal e aos Municípios, neles compreendidos adicionais e acréscimos relativos a impostos.

▸ Art. 3º da EC nº 17, de 22-11-1997.

Parágrafo único. A vedação prevista neste artigo não impede a União e os Estados de condicionarem a entrega de recursos:

▸ *Caput* do parágrafo único com a redação dada pela EC nº 29, de 13-9-2000.

I – ao pagamento de seus créditos, inclusive de suas autarquias;

II – ao cumprimento do disposto no artigo 198, § 2º, incisos II e III.

▸ Incisos I e II acrescidos pela EC nº 29, de 13-9-2000.

Art. 161. Cabe à lei complementar:

I – definir valor adicionado para fins do disposto no artigo 158, parágrafo único, I;

II – estabelecer normas sobre a entrega dos recursos de que trata o artigo 159, especialmente sobre os critérios de rateio dos fundos previstos em seu inciso I, objetivando promover o equilíbrio socioeconômico entre Estados e entre Municípios;

III – dispor sobre o acompanhamento, pelos beneficiários, do cálculo das quotas e da liberação das participações previstas nos artigos 157, 158 e 159.

Parágrafo único. O Tribunal de Contas da União efetuará o cálculo das quotas referentes aos fundos de participação a que alude o inciso II.

Art. 162. A União, os Estados, o Distrito Federal e os Municípios divulgarão, até o último dia do mês subsequente ao da arrecadação, os montantes de cada um dos tributos arrecadados, os recursos recebidos, os valores de origem tributária entregues e a entregar e a expressão numérica dos critérios de rateio.

Parágrafo único. Os dados divulgados pela União serão discriminados por Estado e por Município; os dos Estados, por Município.

CAPÍTULO II
DAS FINANÇAS PÚBLICAS

Seção I
NORMAS GERAIS

Art. 163. Lei complementar disporá sobre:

▸ Art. 30 da EC nº 19, de 4-6-1998.

I – finanças públicas;

II – dívida pública externa e interna, incluída a das autarquias, fundações e demais entidades controladas pelo Poder Público;

III – concessão de garantias pelas entidades públicas;

IV – emissão e resgate de títulos da dívida pública;

V – fiscalização financeira da administração pública direta e indireta;

▸ Inciso V com a redação dada pela EC nº 40, de 29-5-2003.

VI – operações de câmbio realizadas por órgãos e entidades da União, dos Estados, do Distrito Federal e dos Municípios;

VII – compatibilização das funções das instituições oficiais de crédito da União, resguardadas as características e condições operacionais plenas das voltadas ao desenvolvimento regional;

▸ Art. 30 da EC nº 19, de 4-6-1998.

VIII – sustentabilidade da dívida, especificando:

a) indicadores de sua apuração;

b) níveis de compatibilidade dos resultados fiscais com a trajetória da dívida;

c) trajetória de convergência do montante da dívida com os limites definidos em legislação;

d) medidas de ajuste, suspensões e vedações;

e) planejamento de alienação de ativos com vistas à redução do montante da dívida.

▸ Inciso VIII acrescido pela EC nº 109, de 15-3-2021.

Parágrafo único. A lei complementar de que trata o inciso VIII do caput deste artigo pode autorizar a aplicação das vedações previstas no art. 167-A desta Constituição.

▸ Parágrafo único acrescido pela EC nº 109, de 15-3-2021.

Art. 163-A. A União, os Estados, o Distrito Federal e os Municípios disponibilizarão suas informações e dados contábeis, orçamentários e fiscais, conforme periodicidade, formato e sistema estabelecidos pelo órgão central de contabilidade da União, de forma a garantir a rastreabilidade, a comparabilidade e a publicidade dos dados coletados, os quais deverão ser divulgados em meio eletrônico de amplo acesso público.

▸ Art. 163-A acrescido pela EC nº 108, de 26-8-2020.

Art. 164. A competência da União para emitir moeda será exercida exclusivamente pelo Banco Central.

§ 1º É vedado ao Banco Central conceder, direta ou indiretamente, empréstimos ao Tesouro Nacional e a qualquer órgão ou entidade que não seja instituição financeira.

§ 2º O Banco Central poderá comprar e vender títulos de emissão do Tesouro Nacional, com o objetivo de regular a oferta de moeda ou a taxa de juros.

§ 3º As disponibilidades de caixa da União serão depositadas no Banco Central; as dos Estados, do Distrito Federal, dos Municípios e dos órgãos ou entidades do Poder Público e das empresas por ele controladas, em instituições financeiras oficiais, ressalvados os casos previstos em lei.

Art. 164-A. A União, os Estados, o Distrito Federal e os Municípios devem conduzir suas políticas fiscais de forma a manter a dívida pública em níveis sustentáveis, na forma da lei complementar referida no inciso VIII do caput do art. 163 desta Constituição.

Parágrafo único. A elaboração e a execução de planos e orçamentos devem refletir a compatibilidade dos indicadores fiscais com a sustentabilidade da dívida.

► Art. 164-A acrescido pela EC nº 109, de 15-3-2021.

Seção II
DOS ORÇAMENTOS

Art. 165. Leis de iniciativa do Poder Executivo estabelecerão:

I – o plano plurianual;

II – as diretrizes orçamentárias;

III – os orçamentos anuais.

§ 1º A lei que instituir o plano plurianual estabelecerá, de forma regionalizada, as diretrizes, os objetivos e metas da administração pública federal para as despesas de capital e outras delas decorrentes e para as relativas aos programas de duração continuada.

§ 2º A lei de diretrizes orçamentárias compreenderá as metas e prioridades da administração pública federal, estabelecerá as diretrizes de política fiscal e respectivas metas, em consonância com trajetória sustentável da dívida pública, orientará a elaboração da lei orçamentária anual, disporá sobre as alterações na legislação tributária e estabelecerá a política de aplicação das agências financeiras oficiais de fomento.

► § 2º com a redação dada pela EC nº 109, de 15-3-2021.

§ 3º O Poder Executivo publicará, até trinta dias após o encerramento de cada bimestre, relatório resumido da execução orçamentária.

§ 4º Os planos e programas nacionais, regionais e setoriais previstos nesta Constituição serão elaborados em consonância com o plano plurianual e apreciados pelo Congresso Nacional.

§ 5º A lei orçamentária anual compreenderá:

I – o orçamento fiscal referente aos Poderes da União, seus fundos, órgãos e entidades da administração direta e indireta, inclusive fundações instituídas e mantidas pelo Poder Público;

II – o orçamento de investimento das empresas em que a União, direta ou indiretamente, detenha a maioria do capital social com direito a voto;

III – o orçamento da seguridade social, abrangendo todas as entidades e órgãos a ela vinculados, da administração direta ou indireta, bem como os fundos e fundações instituídos e mantidos pelo Poder Público.

§ 6º O projeto de lei orçamentária será acompanhado de demonstrativo regionalizado do efeito, sobre as receitas e despesas, decorrente de isenções, anistias, remissões, subsídios e benefícios de natureza financeira, tributária e creditícia.

§ 7º Os orçamentos previstos no § 5º, I e II, deste artigo, compatibilizados com o plano plurianual, terão entre suas funções a de reduzir desigualdades inter-regionais, segundo critério populacional.

§ 8º A lei orçamentária anual não conterá dispositivo estranho à previsão da receita e à fixação da despesa, não se incluindo na proibição a autorização para abertura de créditos suplementares e contratação de operações de crédito, ainda que por antecipação de receita, nos termos da lei.

§ 9º Cabe à lei complementar:

I – dispor sobre o exercício financeiro, a vigência, os prazos, a elaboração e a organização do plano plurianual, da lei de diretrizes orçamentárias e da lei orçamentária anual;

II – estabelecer normas de gestão financeira e patrimonial da administração direta e indireta, bem como condições para a instituição e funcionamento de fundos;

III – dispor sobre critérios para a execução equitativa, além de procedimentos que serão adotados quando houver impedimentos legais e técnicos, cumprimento de restos a pagar e limitação das programações de caráter obrigatório, para a realização do disposto nos §§ 11 e 12 do art. 166.

► Inciso III com a redação dada pela EC nº 100, de 26-6-2019, para vigorar na data de sua publicação (*DOU* de 27-6-2019), produzindo efeitos a partir da execução orçamentária do exercício financeiro subsequente.

§ 10. A administração tem o dever de executar as programações orçamentárias, adotando os meios e as medidas necessários, com o propósito de garantir a efetiva entrega de bens e serviços à sociedade.

► § 10 acrescido pela EC nº 100, de 26-6-2019, para vigorar na data de sua publicação (*DOU* de 27-6-2019), produzindo efeitos a partir da execução orçamentária do exercício financeiro subsequente.

§ 11. O disposto no § 10 deste artigo, nos termos da lei de diretrizes orçamentárias:

I – subordina-se ao cumprimento de dispositivos constitucionais e legais que estabeleçam metas fiscais ou limites de despesas e não impede o cancelamento necessário à abertura de créditos adicionais;

II – não se aplica nos casos de impedimentos de ordem técnica devidamente justificados;

III – aplica-se exclusivamente às despesas primárias discricionárias.

§ 12. Integrará a lei de diretrizes orçamentárias, para o exercício a que se refere e, pelo menos, para os 2 (dois) exercícios subsequentes, anexo com previsão de agregados fiscais e a proporção dos recursos para investimentos que serão alocados na lei orçamentária anual para a continuidade daqueles em andamento.

§ 13. O disposto no inciso III do § 9º e nos §§ 10, 11 e 12 deste artigo aplica-se exclusivamente aos orçamentos fiscal e da seguridade social da União.

§ 14. A lei orçamentária anual poderá conter previsões de despesas para exercícios seguintes, com a especificação dos investimentos plurianuais e daqueles em andamento.

§ 15. A União organizará e manterá registro centralizado de projetos de investimento contendo, por Estado ou Distrito Federal, pelo menos, análises de viabilidade, estimativas de custos e informações sobre a execução física e financeira.

► §§ 11 a 15 acrescidos pela EC nº 102, de 26-9-2019, para vigorar na data de sua publicação (*DOU* de 27-9-2019), produzindo efeitos a partir da execução orçamentária do exercício financeiro subsequente.

§ 16. As leis de que trata este artigo devem observar, no que couber, os resultados do monitoramento e da avaliação das políticas públicas previstos no § 16 do art. 37 desta Constituição.

► § 16 acrescido pela EC nº 109, de 15-3-2021.

Art. 166. Os projetos de lei relativos ao plano plurianual, às diretrizes orçamentárias, ao orçamento anual e aos créditos adicionais serão apreciados pelas duas Casas do Congresso Nacional, na forma do regimento comum.

§ 1º Caberá a uma Comissão mista permanente de Senadores e Deputados:

I – examinar e emitir parecer sobre os projetos referidos neste artigo e sobre as contas apresentadas anualmente pelo Presidente da República;

II – examinar e emitir parecer sobre os planos e programas nacionais, regionais e setoriais previstos nesta Constituição e exercer o acompanhamento e a fiscalização orçamentária, sem prejuízo da atuação das demais comissões do Congresso Nacional e de suas Casas, criadas de acordo com o artigo 58.

§ 2º As emendas serão apresentadas na Comissão mista, que sobre elas emitirá parecer, e apreciadas, na forma regimental, pelo Plenário das duas Casas do Congresso Nacional.

§ 3º As emendas ao projeto de lei do orçamento anual ou aos projetos que o modifiquem somente podem ser aprovadas caso:

I – sejam compatíveis com o plano plurianual e com a lei de diretrizes orçamentárias;

II – indiquem os recursos necessários, admitidos apenas os provenientes de anulação de despesa, excluídas as que incidam sobre:

a) dotações para pessoal e seus encargos;

b) serviço da dívida;

c) transferências tributárias constitucionais para Estados, Municípios e Distrito Federal; ou

III – sejam relacionadas:

a) com a correção de erros ou omissões; ou

b) com os dispositivos do texto do projeto de lei.

§ 4º As emendas ao projeto de lei de diretrizes orçamentárias não poderão ser aprovadas quando incompatíveis com o plano plurianual.

§ 5º O Presidente da República poderá enviar mensagem ao Congresso Nacional para propor modificação nos projetos a que se refere este artigo enquanto não iniciada a votação, na Comissão mista, da parte cuja alteração é proposta.

§ 6º Os projetos de lei do plano plurianual, das diretrizes orçamentárias e do orçamento anual serão enviados pelo Presidente da República ao Congresso Nacional, nos termos da lei complementar a que se refere o artigo 165, § 9º.

§ 7º Aplicam-se aos projetos mencionados neste artigo, no que não contrariar o disposto nesta seção, as demais normas relativas ao processo legislativo.

§ 8º Os recursos que, em decorrência de veto, emenda ou rejeição do projeto de lei orçamentária anual, ficarem sem despesas correspondentes poderão ser utilizados, conforme o caso, mediante créditos especiais ou suplementares, com prévia e específica autorização legislativa.

§ 9º As emendas individuais ao projeto de lei orçamentária serão aprovadas no limite de 1,2% (um inteiro e dois décimos por cento) da receita corrente líquida prevista no projeto encaminhado pelo Poder Executivo, sendo que a metade deste percentual será destinada a ações e serviços públicos de saúde.

§ 10. A execução do montante destinado a ações e serviços públicos de saúde previsto no § 9º, inclusive custeio, será computada para fins do cumprimento do inciso I do § 2º do art. 198, vedada a destinação para pagamento de pessoal ou encargos sociais.

§ 11. É obrigatória a execução orçamentária e financeira das programações a que se refere o § 9º deste artigo, em montante correspondente a 1,2% (um inteiro e dois décimos por cento) da receita corrente líquida realizada no exercício anterior, conforme os critérios para a execução equitativa da programação definidos na lei complementar prevista no § 9º do art. 165.

► §§ 9º a 11 acrescidos pela EC nº 86, de 17-3-2015.

§ 12. A garantia de execução de que trata o § 11 deste artigo aplica-se também às programações incluídas por todas as emendas de iniciativa de bancada de parlamentares de Estado ou do Distrito Federal, no montante de até 1% (um por cento) da receita corrente líquida realizada no exercício anterior.

► Art. 2º da EC nº 100, de 26-6-2019, que determina que o montante previsto neste parágrafo será de 0,8% (oito décimos por cento) no exercício subsequente ao da promulgação da referida Emenda Constitucional (*DOU* de 27-6-2019).

► Art. 3º da EC nº 100, de 26-6-2019, que determina que a partir do 3º (terceiro) ano posterior à promulgação da referida Emenda Constitucional até o último exercício de vigência do regime previsto na EC nº 95, de 15-12-2016, a execução prevista neste parágrafo corresponderá ao montante de execução obrigatória para o exercício anterior, corrigido na forma estabelecida no inciso II do § 1º do art. 107 do ADCT.

§ 13. As programações orçamentárias previstas nos §§ 11 e 12 deste artigo não serão de execução obrigatória nos casos dos impedimentos de ordem técnica.

► §§ 12 e 13 com a redação dada pela EC nº 100, de 26-6-2019, para vigorar na data de sua publicação (*DOU* de 27-6-2019), produzindo efeitos a partir da execução orçamentária do exercício financeiro subsequente.

§ 14. Para fins de cumprimento do disposto nos §§ 11 e 12 deste artigo, os órgãos de execução deverão observar, nos termos da lei de diretrizes orçamentárias, cronograma para análise e verificação de eventuais impedimentos das programações e demais procedimentos necessários à viabilização da execução dos respectivos montantes.

► *Caput* do § 14 com a redação dada pela EC nº 100, de 26-6-2019, para vigorar na data de sua publicação (*DOU* de 27-6-2019), produzindo efeitos a partir da execução orçamentária do exercício financeiro subsequente.

I a IV – *Revogados*. EC nº 100, de 26-6-2019, para vigorar na data de sua publicação (*DOU* de 27-6-2019), produzindo efeitos a partir da execução orçamentária do exercício financeiro subsequente.

§ 15. *Revogado*. EC nº 100, de 26-6-2019, para vigorar na data de sua publicação (*DOU* de 27-6-2019), produzindo efeitos a partir da execução orçamentária do exercício financeiro subsequente.

§ 16. Quando a transferência obrigatória da União para a execução da programação prevista nos §§ 11 e 12 deste artigo for destinada a Estados, ao Distrito Federal e a Municípios, independerá da adimplência do ente federativo destinatário e não integrará a base de cálculo da receita corrente líquida para fins de aplicação dos limites de despesa de pessoal de que trata o *caput* do art. 169.

§ 17. Os restos a pagar provenientes das programações orçamentárias previstas nos §§ 11 e 12 poderão ser considerados para fins de cumprimento da execução financeira até o limite de 0,6% (seis décimos por cento) da receita corrente líquida realizada no exercício anterior, para as programações das emendas individuais, e até o limite de 0,5% (cinco décimos por cento), para as programações das emendas de iniciativa de bancada de parlamentares de Estado ou do Distrito Federal.

§ 18. Se for verificado que a reestimativa da receita e da despesa poderá resultar no não cumprimento da meta de resultado fiscal estabelecida na lei de diretrizes orçamentárias, os montantes previstos nos §§ 11 e 12 deste artigo poderão ser reduzidos em até a mesma proporção da limitação incidente sobre o conjunto das demais despesas discricionárias.

► §§ 16 a 18 com a redação dada pela EC nº 100, de 26-6-2019, para vigorar na data de sua publicação (*DOU* de 27-6-2019), produzindo efeitos a partir da execução orçamentária do exercício financeiro subsequente.

§ 19. Considera-se equitativa a execução das programações de caráter obrigatório que observe critérios objetivos e imparciais e que atenda de forma igualitária e impessoal às emendas apresentadas, independentemente da autoria.

§ 20. As programações de que trata o § 12 deste artigo, quando versarem sobre o início de investimentos com duração de mais de 1 (um) exercício financeiro ou cuja execução já tenha sido iniciada, deverão ser objeto de emenda pela mesma bancada estadual, a cada exercício, até a conclusão da obra ou do empreendimento.

► §§ 19 e 20 acrescidos pela EC nº 100, de 26-6-2019, para vigorar na data de sua publicação (*DOU* de 27-6-2019), produzindo efeitos a partir da execução orçamentária do exercício financeiro subsequente.

Art. 166-A. As emendas individuais impositivas apresentadas ao projeto de lei orçamentária anual poderão alocar recursos a Estados, ao Distrito Federal e a Municípios por meio de:

I – transferência especial; ou

► Art. 2º da EC nº 105, de 12-12-2019, que acrescentou este artigo para autorizar a transferência de recursos federais a Estados, ao Distrito Federal e a Municípios mediante emendas ao projeto de lei orçamentária anual.

II – transferência com finalidade definida.

§ 1º Os recursos transferidos na forma do *caput* deste artigo não integrarão a receita do Estado, do Distrito Federal e dos Municípios para fins de repartição e para o cálculo dos limites da despesa com pessoal ativo e inativo, nos termos do § 16 do art. 166, e de endividamento do ente federado, vedada, em qualquer caso, a aplicação dos recursos a que se refere o *caput* deste artigo no pagamento de:

I – despesas com pessoal e encargos sociais relativas a ativos e inativos, e com pensionistas; e

II – encargos referentes ao serviço da dívida.

§ 2º Na transferência especial a que se refere o inciso I do *caput* deste artigo, os recursos:

I – serão repassados diretamente ao ente federado beneficiado, independentemente de celebração de convênio ou de instrumento congênere;

II – pertencerão ao ente federado no ato da efetiva transferência financeira; e

III – serão aplicadas em programações finalísticas das áreas de competência do Poder Executivo do ente federado beneficiado, observado o disposto no § 5º deste artigo.

§ 3º O ente federado beneficiado da transferência especial a que se refere o inciso I do *caput* deste artigo poderá firmar contratos de cooperação técnica para fins de subsidiar o acompanhamento da execução orçamentária na aplicação dos recursos.

§ 4º Na transferência com finalidade definida a que se refere o inciso II do *caput* deste artigo, os recursos serão:

I – vinculados à programação estabelecida na emenda parlamentar; e

II – aplicados nas áreas de competência constitucional da União.

§ 5º Pelo menos 70% (setenta por cento) das transferências especiais de que trata o inciso I do *caput* deste artigo deverão ser aplicadas em despesas de capital, observada a restrição a que se refere o inciso II do § 1º deste artigo.

► Art. 166-A acrescido pela EC nº 105, de 12-12-2019.

Art. 167. São vedados:

I – o início de programas ou projetos não incluídos na lei orçamentária anual;

II – a realização de despesas ou a assunção de obrigações diretas que excedam os créditos orçamentários ou adicionais;

III – a realização de operações de créditos que excedam o montante das despesas de capital, ressalvadas as autorizadas mediante créditos suplementares ou especiais com finalidade precisa, aprovados pelo Poder Legislativo por maioria absoluta;

IV – a vinculação de receita de impostos a órgão, fundo ou despesa, ressalvadas a repartição do produto da arrecadação dos impostos a que se referem os arts. 158 e 159, a destinação de recursos para as ações e serviços públicos de saúde, para manutenção e desenvolvimento do ensino e para realização de atividades da administração tributária, como determinado, respectivamente, pelos arts. 198, § 2º, 212 e 37, XXII, e a prestação de garantias às operações de crédito por antecipação de receita, previstas no art. 165, § 8º, bem como o disposto no § 4º deste artigo;

► Inciso IV com a redação dada pela EC nº 42, de 19-12-2003.

V – a abertura de crédito suplementar ou especial sem prévia autorização legislativa e sem indicação dos recursos correspondentes;

VI – a transposição, o remanejamento ou a transferência de recursos de uma categoria de programação para outra ou de um órgão para o outro, sem prévia autorização legislativa;

VII – a concessão ou utilização de créditos ilimitados;

VIII – a utilização, sem autorização legislativa específica, de recursos dos orçamentos fiscal e da seguridade social para suprir necessidade ou cobrir déficit de empresas, fundações e fundos, inclusive dos mencionados no artigo 165, § 5º;

IX – a instituição de fundos de qualquer natureza, sem prévia autorização legislativa;

X – a transferência voluntária de recursos e a concessão de empréstimos, inclusive por antecipação de receita, pelos Governos Federal e Estaduais e suas instituições financeiras, para pagamento de despesas com pessoal ativo, inativo e pensionista, dos Estados, do Distrito Federal e dos Municípios;

► Inciso X acrescido pela EC nº 19, de 4-6-1998.

XI – a utilização dos recursos provenientes das contribuições sociais de que trata o artigo 195, I, *a*, e II, para realização de despesas distintas do pagamento de benefícios do regime geral de previdência social de que trata o artigo 201;

► Inciso XI acrescido pela EC nº 20, de 15-12-1998.

XII – na forma estabelecida na lei complementar de que trata o § 22 do art. 40, a utilização de recursos de regime próprio de previdência social, incluídos os valores integrantes dos fundos previstos no art. 249, para a realização de despesas distintas do pagamento dos benefícios previdenciários do respectivo fundo vinculado àquele regime e das despesas necessárias à sua organização e ao seu funcionamento;

XIII – a transferência voluntária de recursos, a concessão de avais, as garantias e as subvenções pela União e a concessão de empréstimos e de financiamentos por instituições financeiras federais aos Estados, ao Distrito Federal e aos Municípios na hipótese de descumprimento das regras gerais de organização e de funcionamento de regime próprio de previdência social;

► Incisos XII e XIII acrescidos pela EC nº 103, de 12-11-2019.

XIV – a criação de fundo público, quando seus objetivos puderem ser alcançados mediante a vinculação de receitas orçamentárias específicas ou mediante a execução direta por programação orçamentária e financeira de órgão ou entidade da administração pública.

► Inciso XIV acrescido pela EC nº 109, de 15-3-2021.

§ 1º Nenhum investimento cuja execução ultrapasse um exercício financeiro poderá ser iniciado sem prévia inclusão no plano plurianual, ou sem lei que autorize a inclusão, sob pena de crime de responsabilidade.

§ 2º Os créditos especiais e extraordinários terão vigência no exercício financeiro em que forem autorizados, salvo se o ato de autorização for promulgado nos últimos quatro meses daquele exercício, caso em que, reabertos nos limites de seus saldos, serão incorporados ao orçamento do exercício financeiro subsequente.

§ 3º A abertura de crédito extraordinário somente será admitida para atender a despesas imprevisíveis e urgentes, como as decorrentes de guerra, comoção interna ou calamidade pública, observado o disposto no artigo 62.

§ 4º É permitida a vinculação das receitas a que se referem os arts. 155, 156, 157, 158 e as alíneas a, b, d e e do inciso I e o inciso II do caput do art. 159 desta Constituição para pagamento de débitos com a União e para prestar-lhe garantia ou contragarantia.

► § 4º com a redação dada pela EC nº 109, de 15-3-2021.

§ 5º A transposição, o remanejamento ou a transferência de recursos de uma categoria de programação para outra poderão ser admitidos, no âmbito das atividades de ciência, tecnologia e inovação, com o objetivo de viabilizar os resultados de projetos restritos a essas funções, mediante ato do Poder Executivo, sem necessidade da prévia autorização legislativa prevista no inciso VI deste artigo.

► § 5º acrescido pela EC nº 85, de 26-2-2015.

§ 6º Para fins da apuração ao término do exercício financeiro do cumprimento do limite de que trata o inciso III do caput deste artigo, as receitas das operações de crédito efetuadas no contexto da gestão da dívida pública mobiliária federal somente serão consideradas no exercício financeiro em que for realizada a respectiva despesa.

► § 6º acrescido pela EC nº 109, de 15-3-2021.

Art. 167-A. Apurado que, no período de 12 (doze) meses, a relação entre despesas correntes e receitas correntes supera 95% (noventa e cinco por cento), no âmbito dos Estados, do Distrito Federal e dos Municípios, é facultado aos Poderes Executivo, Legislativo e Judiciário, ao Ministério Público, ao Tribunal de Contas e à Defensoria Pública do ente, enquanto permanecer a situação, aplicar o mecanismo de ajuste fiscal de vedação da:

I – concessão, a qualquer título, de vantagem, aumento, reajuste ou adequação de remuneração de membros de Poder ou de órgão, de servidores e empregados públicos e de militares, exceto dos derivados de sentença judicial transitada em julgado ou de determinação legal anterior ao início da aplicação das medidas de que trata este artigo;

II – criação de cargo, emprego ou função que implique aumento de despesa;

III – alteração de estrutura de carreira que implique aumento de despesa;

IV – admissão ou contratação de pessoal, a qualquer título, ressalvadas:

a) as reposições de cargos de chefia e de direção que não acarretem aumento de despesa;

b) as reposições decorrentes de vacâncias de cargos efetivos ou vitalícios;

c) as contratações temporárias de que trata o inciso IX do caput do art. 37 desta Constituição; e

d) as reposições de temporários para prestação de serviço militar e de alunos de órgãos de formação de militares;

V – realização de concurso público, exceto para as reposições de vacâncias previstas no inciso IV deste caput;

VI – criação ou majoração de auxílios, vantagens, bônus, abonos, verbas de representação ou benefícios de qualquer natureza, inclusive os de cunho indenizatório, em favor de membros de Poder, do Ministério Público ou da Defensoria Pública e de servidores e empregados públicos e de militares, ou ainda de seus dependentes, exceto quando derivados de sentença judicial transitada em julgado ou de determinação legal anterior ao início da aplicação das medidas de que trata este artigo;

VII – criação de despesa obrigatória;

VIII – adoção de medida que implique reajuste de despesa obrigatória acima da variação da inflação, observada a preservação do poder aquisitivo referida no inciso IV do caput do art. 7º desta Constituição;

IX – criação ou expansão de programas e linhas de financiamento, bem como remissão, renegociação ou refinanciamento de dívidas que impliquem ampliação das despesas com subsídios e subvenções;

X – concessão ou ampliação de incentivo ou benefício de natureza tributária.

§ 1º Apurado que a despesa corrente supera 85% (oitenta e cinco por cento) da receita corrente, sem exceder o percentual mencionado no caput deste artigo, as medidas nele indicadas podem ser, no todo ou em parte, implementadas por atos do Chefe do Poder Executivo com vigência imediata, facultado aos demais Poderes e órgãos autônomos implementá-las em seus respectivos âmbitos.

§ 2º O ato de que trata o § 1º deste artigo deve ser submetido, em regime de urgência, à apreciação do Poder Legislativo.

§ 3º O ato perde a eficácia, reconhecida a validade dos atos praticados na sua vigência, quando:

I – rejeitado pelo Poder Legislativo;

II – transcorrido o prazo de 180 (cento e oitenta) dias sem que se ultime a sua apreciação; ou

III – apurado que não mais se verifica a hipótese prevista no § 1º deste artigo, mesmo após a sua aprovação pelo Poder Legislativo.

§ 4º A apuração referida neste artigo deve ser realizada bimestralmente.

§ 5º As disposições de que trata este artigo:

I – não constituem obrigação de pagamento futuro pelo ente da Federação ou direitos de outrem sobre o erário;

II – não revogam, dispensam ou suspendem o cumprimento de dispositivos constitucionais e legais que disponham sobre metas fiscais ou limites máximos de despesas.

§ 6º Ocorrendo a hipótese de que trata o caput deste artigo, até que todas as medidas nele previstas tenham sido adotadas por todos os Poderes e órgãos nele mencionados, de acordo com declaração do respectivo Tribunal de Contas, é vedada:

I – a concessão, por qualquer outro ente da Federação, de garantias ao ente envolvido;

II – a tomada de operação de crédito por parte do ente envolvido com outro ente da Federação, diretamente ou por intermédio de seus fundos, autarquias, fundações ou empresas estatais dependentes, ainda que sob a forma de novação, refinanciamento ou postergação de dívida contraída anteriormente, ressalvados os financiamentos destinados a projetos específicos celebrados na forma de operações típicas das agências financeiras oficiais de fomento.

Art. 167-B. Durante a vigência de estado de calamidade pública de âmbito nacional, decretado pelo Congresso Nacional por iniciativa privativa do Presidente da República, a União deve adotar regime extraordinário fiscal, financeiro e de contratações para atender às necessidades dele decorrentes, somente naquilo em que a urgência

for incompatível com o regime regular, nos termos definidos nos arts. 167-C, 167-D, 167-E, 167-F e 167-G desta Constituição.

Art. 167-C. *Com o propósito exclusivo de enfrentamento da calamidade pública e de seus efeitos sociais e econômicos, no seu período de duração, o Poder Executivo federal pode adotar processos simplificados de contratação de pessoal, em caráter temporário e emergencial, e de obras, serviços e compras que assegurem, quando possível, competição e igualdade de condições a todos os concorrentes, dispensada a observância do § 1º do art. 169 na contratação de que trata o inciso IX do* caput *do art. 37 desta Constituição, limitada a dispensa às situações de que trata o referido inciso, sem prejuízo do controle dos órgãos competentes.*

Art. 167-D. *As proposições legislativas e os atos do Poder Executivo com propósito exclusivo de enfrentar a calamidade e suas consequências sociais e econômicas, com vigência e efeitos restritos à sua duração, desde que não impliquem despesa obrigatória de caráter continuado, ficam dispensados da observância das limitações legais quanto à criação, à expansão ou ao aperfeiçoamento de ação governamental que acarrete aumento de despesa e à concessão ou à ampliação de incentivo ou benefício de natureza tributária da qual decorra renúncia de receita.*

Parágrafo único. Durante a vigência da calamidade pública de âmbito nacional de que trata o art. 167-B, não se aplica o disposto no § 3º do art. 195 desta Constituição.

Art. 167-E. *Fica dispensada, durante a integralidade do exercício financeiro em que vigore a calamidade pública de âmbito nacional, a observância do inciso III do* caput *do art. 167 desta Constituição.*

Art. 167-F. *Durante a vigência da calamidade pública de âmbito nacional de que trata o art. 167-B desta Constituição:*

I – são dispensados, durante a integralidade do exercício financeiro em que vigore a calamidade pública, os limites, as condições e demais restrições aplicáveis à União para a contratação de operações de crédito, bem como sua verificação;

II – o superávit financeiro apurado em 31 de dezembro do ano imediatamente anterior ao reconhecimento pode ser destinado à cobertura de despesas oriundas das medidas de combate à calamidade pública de âmbito nacional e ao pagamento da dívida pública.

§ 1º Lei complementar pode definir outras suspensões, dispensas e afastamentos aplicáveis durante a vigência do estado de calamidade pública de âmbito nacional.

§ 2º O disposto no inciso II do caput *deste artigo não se aplica às fontes de recursos:*

I – decorrentes de repartição de receitas a Estados, ao Distrito Federal e a Municípios;

II – decorrentes das vinculações estabelecidas pelos arts. 195, 198, 201, 212, 212-A e 239 desta Constituição;

III – destinadas ao registro de receitas oriundas da arrecadação de doações ou de empréstimos compulsórios, de transferências recebidas para o atendimento de finalidades determinadas ou das receitas de capital produto de operações de financiamento celebradas com finalidades contratualmente determinadas.

Art. 167-G. *Na hipótese de que trata o art. 167-B, aplicam-se à União, até o término da calamidade pública, as vedações previstas no art. 167-A desta Constituição.*

§ 1º Na hipótese de medidas de combate à calamidade pública cuja vigência e efeitos não ultrapassem a sua duração, não se aplicam as vedações referidas nos incisos II, IV, VII, IX e X do caput *do art. 167-A desta Constituição.*

§ 2º Na hipótese de que trata o art. 167-B, não se aplica a alínea c do inciso I do caput *do art. 159 desta Constituição, devendo a transferência a que se refere aquele dispositivo ser efetuada nos mesmos montantes transferidos no exercício anterior à decretação da calamidade.*

§ 3º É facultada aos Estados, ao Distrito Federal e aos Municípios a aplicação das vedações referidas no caput*, nos termos deste artigo, e, até que as tenham adotado na integralidade, estarão submetidos às restrições do § 6º do art. 167-A desta Constituição, enquanto perdurarem seus efeitos para a União.*

► Arts. 167-A a 167-G acrescidos pela EC nº 109, de 15-3-2021.

Art. 168. Os recursos correspondentes às dotações orçamentárias, compreendidos os créditos suplementares e especiais, destinados aos órgãos dos Poderes Legislativo e Judiciário, do Ministério Público e da Defensoria Pública, ser-lhes-ão entregues até o dia 20 de cada mês, em duodécimos, na forma da lei complementar a que se refere o art. 165, § 9º.

► *Caput* com a redação dada pela EC nº 45, de 8-12-2004.

§ 1º É vedada a transferência a fundos de recursos financeiros oriundos de repasses duodecimais.

§ 2º O saldo financeiro decorrente dos recursos entregues na forma do caput *deste artigo deve ser restituído ao caixa único do Tesouro do ente federativo, ou terá seu valor deduzido das primeiras parcelas duodecimais do exercício seguinte.*

► §§ 1º e 2º acrescidos pela EC nº 109, de 15-3-2021.

Art. 169. *A despesa com pessoal ativo e inativo e pensionistas da União, dos Estados, do Distrito Federal e dos Municípios não pode exceder os limites estabelecidos em lei complementar.*

► *Caput* com a redação dada pela EC nº 109, de 15-3-2021.

§ 1º A concessão de qualquer vantagem ou aumento de remuneração, a criação de cargos, empregos e funções ou alteração de estrutura de carreiras, bem como a admissão ou contratação de pessoal, a qualquer título, pelos órgãos e entidades da administração direta ou indireta, inclusive fundações instituídas e mantidas pelo poder público, só poderão ser feitas:

I – se houver prévia dotação orçamentária suficiente para atender às projeções de despesa de pessoal e aos acréscimos dela decorrentes;

II – se houver autorização específica na lei de diretrizes orçamentárias, ressalvadas as empresas públicas e as sociedades de economia mista.

► § 1º com a redação dada pela EC nº 19, de 4-6-1998.

§ 2º Decorrido o prazo estabelecido na lei complementar referida neste artigo para a adaptação aos parâmetros ali previstos, serão imediatamente suspensos todos os repasses de verbas federais ou estaduais aos Estados, ao Distrito Federal e aos Municípios que não observarem os referidos limites.

§ 3º Para o cumprimento dos limites estabelecidos com base neste artigo, durante o prazo fixado na lei complementar referida no *caput*, a União, os Estados, o Distrito Federal e os Municípios adotarão as seguintes providências:

I – redução em pelo menos vinte por cento das despesas com cargos em comissão e funções de confiança;

II – exoneração dos servidores não estáveis.

► Art. 33 da EC nº 19, de 4-6-1998.

§ 4º Se as medidas adotadas com base no parágrafo anterior não forem suficientes para assegurar o cumprimento da determinação da lei complementar referida neste artigo, o servidor estável poderá perder o cargo, desde que ato normativo motivado de cada um dos Poderes especifique a atividade funcional, o órgão ou unidade administrativa objeto da redução de pessoal.

► Art. 198, § 6º, desta Constituição.

§ 5º O servidor que perder o cargo na forma do parágrafo anterior fará jus a indenização correspondente a um mês de remuneração por ano de serviço.

§ 6º O cargo objeto da redução prevista nos parágrafos anteriores será considerado extinto, vedada a criação de cargo, emprego ou função com atribuições iguais ou assemelhadas pelo prazo de quatro anos.

§ 7º Lei federal disporá sobre as normas gerais a serem obedecidas na efetivação do disposto no § 4º.

► §§ 2º a 7º acrescidos pela EC nº 19, de 4-6-1998.

► Art. 247 desta Constituição.

TÍTULO VII – DA ORDEM ECONÔMICA E FINANCEIRA

CAPÍTULO I

DOS PRINCÍPIOS GERAIS DA ATIVIDADE ECONÔMICA

► Lei nº 12.529, de 30-11-2011 (Lei do Sistema Brasileiro de Defesa da Concorrência).

► Lei nº 9.279, de 14-5-1996 (Lei da Propriedade Industrial).

Art. 170. A ordem econômica, fundada na valorização do trabalho humano e na livre iniciativa, tem por fim assegurar a todos existência digna, conforme os ditames da justiça social, observados os seguintes princípios:

I – soberania nacional;

II – propriedade privada;

III – função social da propriedade;

IV – livre concorrência;

► Lei nº 12.529, de 30-11-2011 (Lei do Sistema Brasileiro de Defesa da Concorrência).

► Súm. Vinc. nº 49 do STF.

► Lei nº 9.279, de 14-5-1996 (Lei da Propriedade Industrial).

V – defesa do consumidor;

► Lei nº 8.078, de 11-9-1990 (Código de Defesa do Consumidor).

► Súm. Vinc. nº 49 do STF.

VI – defesa do meio ambiente, inclusive mediante tratamento diferenciado conforme o impacto ambiental dos produtos e serviços e de seus processos de elaboração e prestação;

► Inciso VI com a redação dada pela EC nº 42, de 19-12-2003.

► Lei nº 9.605, de 12-2-1998 (Lei dos Crimes Ambientais).

VII – redução das desigualdades regionais e sociais;

VIII – busca do pleno emprego;

IX – tratamento favorecido para as empresas de pequeno porte constituídas sob as leis brasileiras e que tenham sua sede e administração no País.

► Inciso IX com a redação dada pela EC nº 6, de 15-8-1995.

► LC nº 123, de 14-12-2006 (Estatuto Nacional da Microempresa e da Empresa de Pequeno Porte).

Parágrafo único. É assegurado a todos o livre exercício de qualquer atividade econômica, independentemente de autorização de órgãos públicos, salvo nos casos previstos em lei.

► Súm. Vinc. nº 49 do STF.

Art. 171. *Revogado.* EC nº 6, de 15-8-1995.

Art. 172. A lei disciplinará, com base no interesse nacional, os investimentos de capital estrangeiro, incentivará os reinvestimentos e regulará a remessa de lucros.

Art. 173. Ressalvados os casos previstos nesta Constituição, a exploração direta de atividade econômica pelo Estado só será permitida quando necessária aos imperativos da segurança nacional ou a relevante interesse coletivo, conforme definidos em lei.

§ 1º A lei estabelecerá o estatuto jurídico da empresa pública, da sociedade de economia mista e de suas subsidiárias que explorem atividade econômica de produção ou comercialização de bens ou de prestação de serviços, dispondo sobre:

► § 1º com a redação dada pela EC nº 19, de 4-6-1998.

► Lei nº 13.303, de 30-6-2016 (Estatuto Jurídico das Empresas Estatais).

I – sua função social e formas de fiscalização pelo Estado e pela sociedade;

II – a sujeição ao regime jurídico próprio das empresas privadas, inclusive quanto aos direitos e obrigações civis, comerciais, trabalhistas e tributários;

III – licitação e contratação de obras, serviços, compras e alienações, observados os princípios da administração pública;

IV – a constituição e o funcionamento dos conselhos de administração e fiscal, com a participação de acionistas minoritários;

V – os mandatos, a avaliação de desempenho e a responsabilidade dos administradores.

► Incisos I a V com a redação dada pela EC nº 19, de 4-6-1998.

§ 2º As empresas públicas e as sociedades de economia mista não poderão gozar de privilégios fiscais não extensivos às do setor privado.

§ 3º A lei regulamentará as relações da empresa pública com o Estado e a sociedade.

§ 4º A lei reprimirá o abuso do poder econômico que vise à dominação dos mercados, à eliminação da concorrência e ao aumento arbitrário dos lucros.

► Lei nº 12.529, de 30-11-2011 (Lei do Sistema Brasileiro de Defesa da Concorrência).

► Lei nº 9.279, de 14-5-1996 (Lei da Propriedade Industrial).

► Súm. Vinc. nº 49 do STF.

§ 5º A lei, sem prejuízo da responsabilidade individual dos dirigentes da pessoa jurídica, estabelecerá a responsabilidade desta, sujeitando-a às punições compatíveis com sua natureza, nos atos praticados contra a ordem econômica e financeira e contra a economia popular.

Art. 174. Como agente normativo e regulador da atividade econômica, o Estado exercerá, na forma da lei, as funções de fiscalização, incentivo e planejamento, sendo este determinante para o setor público e indicativo para o setor privado.

§ 1º A lei estabelecerá as diretrizes e bases do planejamento do desenvolvimento nacional equilibrado, o qual incorporará e compatibilizará os planos nacionais e regionais de desenvolvimento.

§ 2º A lei apoiará e estimulará o cooperativismo e outras formas de associativismo.

► Lei nº 5.764, de 16-12-1971 (Lei das Cooperativas).

§ 3º O Estado favorecerá a organização da atividade garimpeira em cooperativas, levando em conta a proteção do meio ambiente e a promoção econômico-social dos garimpeiros.

§ 4º As cooperativas a que se refere o parágrafo anterior terão prioridade na autorização ou concessão para pesquisa e lavra dos recursos e jazidas de minerais garimpáveis, nas áreas onde estejam atuando, e naquelas fixadas de acordo com o artigo 21, XXV, na forma da lei.

Art. 175. Incumbe ao Poder Público, na forma da lei, diretamente ou sob regime de concessão ou permissão, sempre através de licitação, a prestação de serviços públicos.

► Lei nº 8.666, de 21-6-1993 (Lei de Licitações e Contratos Administrativos).

► Lei nº 8.987, de 13-2-1995 (Lei da Concessão e Permissão da Prestação de Serviços Públicos).

► Lei nº 9.074, de 7-7-1995, estabelece normas para outorga e prorrogações das concessões e permissões de serviços públicos.

Parágrafo único. A lei disporá sobre:

I – o regime das empresas concessionárias e permissionárias de serviços públicos, o caráter especial de seu contrato e de sua prorrogação, bem como as condições de caducidade, fiscalização e rescisão da concessão ou permissão;

II – os direitos dos usuários;

III – política tarifária;

IV – a obrigação de manter serviço adequado.

Art. 176. As jazidas, em lavra ou não, e demais recursos minerais e os potenciais de energia hidráulica constituem propriedade distinta da do solo, para efeito de exploração ou aproveitamento, e pertencem à União, garantida ao concessionário a propriedade do produto da lavra.

§ 1º A pesquisa e a lavra de recursos minerais e o aproveitamento dos potenciais a que se refere o *caput* deste artigo somente poderão ser efetuados mediante autorização ou concessão da União, no interesse nacional, por brasileiros ou empresa constituída sob as leis brasileiras e que tenha sua sede e administração no País, na forma da lei, que estabelecerá as condições específicas quando essas atividades se desenvolverem em faixa de fronteira ou terras indígenas.

► § 1º com a redação dada pela EC nº 6, de 15-8-1995.

§ 2º É assegurada participação ao proprietário do solo nos resultados da lavra, na forma e no valor que dispuser a lei.

§ 3º A autorização de pesquisa será sempre por prazo determinado, e as autorizações e concessões previstas neste artigo não poderão ser cedidas ou transferidas, total ou parcialmente, sem prévia anuência do poder concedente.

§ 4º Não dependerá de autorização ou concessão o aproveitamento do potencial de energia renovável de capacidade reduzida.

Art. 177. Constituem monopólio da União:

I – a pesquisa e a lavra das jazidas de petróleo e gás natural e outros hidrocarbonetos fluidos;

II – a refinação do petróleo nacional ou estrangeiro;

III – a importação e exportação dos produtos e derivados básicos resultantes das atividades previstas nos incisos anteriores;

IV – o transporte marítimo do petróleo bruto de origem nacional ou de derivados básicos de petróleo produzidos no País, bem assim o transporte, por meio de conduto, de petróleo bruto, seus derivados e gás natural de qualquer origem;

V – a pesquisa, a lavra, o enriquecimento, o reprocessamento, a industrialização e o comércio de minérios e minerais nucleares e seus derivados, com exceção dos radioisótopos cuja produção, comercialização e utilização poderão ser autorizadas sob regime de permissão, conforme as alíneas *b* e *c* do inciso XXIII do *caput* do art. 21 desta Constituição Federal.

► Inciso V com a redação dada pela EC nº 49, de 8-2-2006.

§ 1º A União poderá contratar com empresas estatais ou privadas a realização das atividades previstas nos incisos I a IV deste artigo, observadas as condições estabelecidas em Lei.

► § 1º com a redação dada pela EC nº 9, de 9-11-1995.

§ 2º A lei a que se refere o § 1º disporá sobre:

I – a garantia do fornecimento dos derivados de petróleo em todo o Território Nacional;

II – as condições de contratação;

III – a estrutura e atribuições do órgão regulador do monopólio da União.

► § 2º acrescido pela EC nº 9, de 9-11-1995.

§ 3º A lei disporá sobre transporte e a utilização de materiais radioativos no Território Nacional.

► Antigo § 2º transformado em § 3º pela EC nº 9, de 9-11-1995.

§ 4º A lei que instituir contribuição de intervenção no domínio econômico relativa às atividades de importação ou comercialização de petróleo e seus derivados, gás natural e seus derivados e álcool combustível deverá atender aos seguintes requisitos:

I – a alíquota da contribuição poderá ser:

a) diferenciada por produto ou uso;

b) reduzida e restabelecida por ato do Poder Executivo, não se lhe aplicando o disposto no artigo 150, III, *b*;

II – os recursos arrecadados serão destinados:

a) ao pagamento de subsídios a preços ou transporte de álcool combustível, gás natural e seus derivados e derivados de petróleo;

b) ao financiamento de projetos ambientais relacionados com a indústria do petróleo e do gás;

c) ao financiamento de programas de infraestrutura de transportes.

► § 4º acrescido pela EC nº 33, de 11-12-2001.

► Art. 159, III, desta Constituição.

Art. 178. A lei disporá sobre a ordenação dos transportes aéreo, aquático e terrestre, devendo, quanto à ordenação do transporte internacional, observar os acordos firmados pela União, atendido o princípio da reciprocidade.

► Lei nº 9.611, de 19-2-1998, dispõe sobre o Transporte Multimodal de Cargas.

► Lei nº 10.233, de 5-6-2001, dispõe sobre a reestruturação dos transportes aquaviário e terrestre, cria o Conselho Nacional de Integração de Políticas de Transporte, a ANTT, a Agência Nacional de Transportes Aquaviários e o Departamento Nacional de Infraestrutura de Transportes.

► Dec. nº 5.910, de 27-9-2006, promulga a Convenção para a Unificação de Certas Regras Relativas ao Transporte Aéreo Internacional, celebrada em Montreal, em 28-5-1999.

Parágrafo único. Na ordenação do transporte aquático, a lei estabelecerá as condições em que o transporte de mercadorias na cabotagem e a navegação interior poderão ser feitos por embarcações estrangeiras.

Art. 179. A União, os Estados, o Distrito Federal e os Municípios dispensarão às microempresas e às empresas de pequeno porte, assim definidas em lei, tratamento jurídico diferenciado, visando a incentivá-las pela simplificação de suas obrigações administrativas, tributárias, previdenciárias e creditícias, ou pela eliminação ou redução destas por meio de lei.

► LC nº 123, de 14-12-2006 (Estatuto Nacional da Microempresa e da Empresa de Pequeno Porte).

Art. 180. A União, os Estados, o Distrito Federal e os Municípios promoverão e incentivarão o turismo como fator de desenvolvimento social e econômico.

Art. 181. O atendimento de requisição de documento ou informação de natureza comercial, feita por autoridade administrativa ou judiciária estrangeira, a pessoa física ou jurídica residente ou domiciliada no País dependerá de autorização do Poder competente.

CAPÍTULO II
DA POLÍTICA URBANA

Art. 182. A política de desenvolvimento urbano, executada pelo Poder Público municipal, conforme diretrizes gerais fixadas em lei, tem por objetivo ordenar o pleno desenvolvimento das funções sociais da cidade e garantir o bem-estar de seus habitantes.

§ 1º O plano diretor, aprovado pela Câmara Municipal, obrigatório para cidades com mais de vinte mil habitantes, é o instrumento básico da política de desenvolvimento e de expansão urbana.

§ 2º A propriedade urbana cumpre sua função social quando atende às exigências fundamentais de ordenação da cidade expressas no plano diretor.

§ 3º As desapropriações de imóveis urbanos serão feitas com prévia e justa indenização em dinheiro.

§ 4º É facultado ao Poder Público municipal, mediante lei específica para área incluída no plano diretor, exigir, nos termos da lei federal, do proprietário do solo urbano não edificado, subutilizado ou não utilizado, que promova seu adequado aproveitamento, sob pena, sucessivamente, de:

I – parcelamento ou edificação compulsórios;

II – imposto sobre a propriedade predial e territorial urbana progressivo no tempo;

III – desapropriação com pagamento mediante títulos da dívida pública de emissão previamente aprovada pelo Senado Federal, com prazo de resgate de até dez anos, em parcelas anuais, iguais e sucessivas, assegurados o valor real da indenização e os juros legais.

Art. 183. Aquele que possuir como sua área urbana de até duzentos e cinquenta metros quadrados, por cinco anos, ininterruptamente e sem oposição, utilizando-a para sua moradia ou de sua família, adquirir-lhe-á o domínio, desde que não seja proprietário de outro imóvel urbano ou rural.

§ 1º O título de domínio e a concessão de uso serão conferidos ao homem ou à mulher, ou a ambos, independentemente do estado civil.

§ 2º Esse direito não será reconhecido ao mesmo possuidor mais de uma vez.

§ 3º Os imóveis públicos não serão adquiridos por usucapião.

CAPÍTULO III
DA POLÍTICA AGRÍCOLA E FUNDIÁRIA E DA REFORMA AGRÁRIA

Art. 184. Compete à União desapropriar por interesse social, para fins de reforma agrária, o imóvel rural que não esteja cumprindo sua função social, mediante prévia e justa indenização em títulos da dívida agrária, com cláusula de preservação do valor real, resgatáveis no prazo de até vinte anos, a partir do segundo ano de sua emissão, e cuja utilização será definida em lei.

§ 1º As benfeitorias úteis e necessárias serão indenizadas em dinheiro.

§ 2º O decreto que declarar o imóvel como de interesse social, para fins de reforma agrária, autoriza a União a propor a ação de desapropriação.

§ 3º Cabe à lei complementar estabelecer procedimento contraditório especial, de rito sumário, para o processo judicial de desapropriação.

§ 4º O orçamento fixará anualmente o volume total de títulos da dívida agrária, assim como o montante de recursos para atender ao programa de reforma agrária no exercício.

§ 5º São isentas de impostos federais, estaduais e municipais as operações de transferência de imóveis desapropriados para fins de reforma agrária.

Art. 185. São insuscetíveis de desapropriação para fins de reforma agrária:

I – a pequena e média propriedade rural, assim definida em lei, desde que seu proprietário não possua outra;

II – a propriedade produtiva.

Parágrafo único. A lei garantirá tratamento especial à propriedade produtiva e fixará normas para o cumprimento dos requisitos relativos à sua função social.

Art. 186. A função social é cumprida quando a propriedade rural atende, simultaneamente, segundo critérios e graus de exigência estabelecidos em lei, aos seguintes requisitos:

I – aproveitamento racional e adequado;

II – utilização adequada dos recursos naturais disponíveis e preservação do meio ambiente;

III – observância das disposições que regulam as relações de trabalho;

IV – exploração que favoreça o bem-estar dos proprietários e dos trabalhadores.

Art. 187. A política agrícola será planejada e executada na forma da lei, com a participação efetiva do setor de produção, envolvendo produtores e trabalhadores rurais, bem como dos setores de comercialização, de armazenamento e de transportes, levando em conta, especialmente:

I – os instrumentos creditícios e fiscais;

II – os preços compatíveis com os custos de produção e a garantia de comercialização;

III – o incentivo à pesquisa e à tecnologia;

IV – a assistência técnica e extensão rural;

V – o seguro agrícola;

VI – o cooperativismo;

VII – a eletrificação rural e irrigação;

VIII – a habitação para o trabalhador rural.

§ 1º Incluem-se no planejamento agrícola as atividades agroindustriais, agropecuárias, pesqueiras e florestais.

§ 2º Serão compatibilizadas as ações de política agrícola e de reforma agrária.

Art. 188. A destinação de terras públicas e devolutas será compatibilizada com a política agrícola e com o plano nacional de reforma agrária.

§ 1º A alienação ou a concessão, a qualquer título, de terras públicas com área superior a dois mil e quinhentos hectares a pessoa física ou jurídica, ainda que por interposta pessoa, dependerá de prévia aprovação do Congresso Nacional.

§ 2º Excetuam-se do disposto no parágrafo anterior as alienações ou as concessões de terras públicas para fins de reforma agrária.

Art. 189. Os beneficiários da distribuição de imóveis rurais pela reforma agrária receberão títulos de domínio ou de concessão de uso, inegociáveis, pelo prazo de dez anos.

Parágrafo único. O título de domínio e a concessão de uso serão conferidos ao homem ou à mulher, ou a ambos, independentemente do estado civil, nos termos e condições previstos em lei.

Art. 190. A lei regulará e limitará a aquisição ou o arrendamento de propriedade rural por pessoa física ou jurídica estrangeira e estabelecerá os casos que dependerão de autorização do Congresso Nacional.

Art. 191. Aquele que, não sendo proprietário de imóvel rural ou urbano, possua como seu, por cinco anos ininterruptos, sem oposição, área de terra, em zona rural, não superior a cinquenta hectares, tornando-a produtiva por seu trabalho ou de sua família, tendo nela sua moradia, adquirir-lhe-á a propriedade.

Parágrafo único. Os imóveis públicos não serão adquiridos por usucapião.

► Art. 102 do CC.

CAPÍTULO IV

DO SISTEMA FINANCEIRO NACIONAL

Art. 192. O sistema financeiro nacional, estruturado de forma a promover o desenvolvimento equilibrado do País e a servir aos interesses da coletividade, em todas as partes que o compõem, abrangendo as cooperativas de crédito, será regulado por leis complementares que disporão, inclusive, sobre a participação do capital estrangeiro nas instituições que o integram.

► *Caput* com a redação dada pela EC nº 40, de 29-5-2003.

I a VIII – *Revogados.* EC nº 40, de 29-5-2003.

§§ 1º a 3º *Revogados.* EC nº 40, de 29-5-2003.

TÍTULO VIII – DA ORDEM SOCIAL

CAPÍTULO I

DISPOSIÇÃO GERAL

Art. 193. A ordem social tem como base o primado do trabalho, e como objetivo o bem-estar e a justiça sociais.

Parágrafo único. O Estado exercerá a função de planejamento das políticas sociais, assegurada, na forma da lei, a participação da sociedade nos processos de formulação, de monitoramento, de controle e de avaliação dessas políticas.

► Parágrafo único acrescido pela EC nº 108, de 26-8-2020.

CAPÍTULO II

DA SEGURIDADE SOCIAL

► Lei nº 8.212, de 24-7-1991 (Lei Orgânica da Seguridade Social).

Seção I

DISPOSIÇÕES GERAIS

Art. 194. A seguridade social compreende um conjunto integrado de ações de iniciativa dos Poderes Públicos e da sociedade, destinadas a assegurar os direitos relativos à saúde, à previdência e à assistência social.

Parágrafo único. Compete ao Poder Público, nos termos da lei, organizar a seguridade social, com base nos seguintes objetivos:

I – universalidade da cobertura e do atendimento;

II – uniformidade e equivalência dos benefícios e serviços às populações urbanas e rurais;

III – seletividade e distributividade na prestação dos benefícios e serviços;

IV – irredutibilidade do valor dos benefícios;

V – equidade na forma de participação no custeio;

VI – diversidade da base de financiamento, identificando-se, em rubricas contábeis específicas para cada área, as receitas e as despesas vinculadas a ações de saúde, previdência e assistência social, preservado o caráter contributivo da previdência social;

► Inciso VI com a redação dada pela EC nº 103, de 12-11-2019.

VII – caráter democrático e descentralizado da administração, mediante gestão quadripartite, com participação dos trabalhadores, dos empregadores, dos aposentados e do Governo nos órgãos colegiados.

► Inciso VII com a redação dada pela EC nº 20, de 15-12-1998.

Art. 195. A seguridade social será financiada por toda a sociedade, de forma direta e indireta, nos termos da lei, mediante recursos provenientes dos orçamentos da União, dos Estados, do Distrito Federal e dos Municípios, e das seguintes contribuições sociais:

► Art. 240 desta Constituição.

I – do empregador, da empresa e da entidade a ela equiparada na forma da lei, incidentes sobre:

a) a folha de salários e demais rendimentos do trabalho pagos ou creditados, a qualquer título, à pessoa física que lhe preste serviço, mesmo sem vínculo empregatício;

► Art. 114, VIII, desta Constituição.

b) a receita ou o faturamento;

c) o lucro;

► Inciso I com a redação dada pela EC nº 20, de 15-12-1998.

II – do trabalhador e dos demais segurados da previdência social, podendo ser adotadas alíquotas progressivas de acordo com o valor do salário de contribuição, não incidindo contribuição sobre aposentadoria e pensão concedidas pelo Regime Geral de Previdência Social;

► Inciso II com a redação dada pela EC nº 103, de 12-11-2019.

III – sobre a receita de concursos de prognósticos;

IV – do importador de bens ou serviços do exterior, ou de quem a lei a ele equiparar.

► Inciso IV acrescido pela EC nº 42, de 19-12-2003.

§ 1º As receitas dos Estados, do Distrito Federal e dos Municípios destinadas à seguridade social constarão dos respectivos orçamentos, não integrando o orçamento da União.

§ 2º A proposta de orçamento da seguridade social será elaborada de forma integrada pelos órgãos responsáveis pela saúde, previdência social e assistência social, tendo em vista as metas e prioridades estabelecidas na lei de diretrizes orçamentárias, assegurada a cada área a gestão de seus recursos.

§ 3º A pessoa jurídica em débito com o sistema da seguridade social, como estabelecido em lei, não poderá contratar com o Poder Público nem dele receber benefícios ou incentivos fiscais ou creditícios.

§ 4º A lei poderá instituir outras fontes destinadas a garantir a manutenção ou expansão da seguridade social, obedecido o disposto no artigo 154, I.

§ 5º Nenhum benefício ou serviço da seguridade social poderá ser criado, majorado ou estendido sem a correspondente fonte de custeio total.

§ 6º As contribuições sociais de que trata este artigo só poderão ser exigidas após decorridos noventa dias da data da publicação da lei que as houver instituído ou modificado, não se lhes aplicando o disposto no artigo 150, III, *b*.

► Súm. Vinc. nº 50 do STF.

§ 7º São isentas de contribuição para a seguridade social as entidades beneficentes de assistência social que atendam às exigências estabelecidas em lei.

► ADINs nºs 2.028, 2.036, 2.228 e 2.621 convoladas em ADPFs.

§ 8º O produtor, o parceiro, o meeiro e o arrendatário rurais e o pescador artesanal, bem como os respectivos cônjuges, que exerçam suas atividades em regime de economia familiar, sem empregados permanentes, contribuirão para a seguridade social mediante a aplicação de uma alíquota sobre o resultado da comercialização da produção e farão jus aos benefícios nos termos da lei.

► § 8º com a redação dada pela EC nº 20, de 15-12-1998.

§ 9º As contribuições sociais previstas no inciso I do *caput* deste artigo poderão ter alíquotas diferenciadas em razão da atividade econômica, da utilização intensiva de mão de obra, do porte da empresa ou da condição estrutural do mercado de trabalho, sendo também autorizada a adoção de bases de cálculo diferenciadas apenas no caso das alíneas *b* e *c* do inciso I do *caput*.

► § 9º com a redação dada pela EC nº 103, de 12-11-2019.

§ 10. A lei definirá os critérios de transferência de recursos para o sistema único de saúde e ações de assistência social da União para os Estados, o Distrito Federal e os Municípios, e dos Estados para os Municípios, observada a respectiva contrapartida de recursos.

► § 10 acrescido pela EC nº 20, de 15-12-1998.

§ 11. São vedados a moratória e o parcelamento em prazo superior a 60 (sessenta) meses e, na forma de lei complementar, a remissão e a anistia das contribuições sociais de que tratam a alínea *a* do inciso I e o inciso II do *caput*.

► § 11 com a redação dada pela EC nº 103, de 12-11-2019.

§ 12. A lei definirá os setores de atividade econômica para os quais as contribuições incidentes na forma dos incisos I, *b*; e IV do *caput*, serão não cumulativas.

► § 12 acrescido pela EC nº 42, de 19-12-2003.

§ 13. *Revogado*. EC nº 103, de 12-11-2019.

§ 14. O segurado somente terá reconhecida como tempo de contribuição ao Regime Geral de Previdência Social a competência cuja contribuição seja igual ou superior à contribuição mínima mensal exigida para sua categoria, assegurado o agrupamento de contribuições.

► § 14 acrescido pela EC nº 103, de 12-11-2019.

SEÇÃO II
DA SAÚDE

► Lei nº 9.790, de 23-3-1999, dispõe sobre a qualificação de pessoas jurídicas de direito privado, sem fins lucrativos, como Organizações da Sociedade Civil de Interesse Público, institui e disciplina o Termo de Parceria.

Art. 196. A saúde é direito de todos e dever do Estado, garantido mediante políticas sociais e econômicas que visem à redução do risco de doença e de outros agravos e ao acesso universal e igualitário às ações e serviços para sua promoção, proteção e recuperação.

Art. 197. São de relevância pública as ações e serviços de saúde, cabendo ao Poder Público dispor, nos termos da lei, sobre sua regulamentação, fiscalização e controle, devendo sua execução ser feita diretamente ou através de terceiros e, também, por pessoa física ou jurídica de direito privado.

Art. 198. As ações e serviços públicos de saúde integram uma rede regionalizada e hierarquizada e constituem um sistema único, organizado de acordo com as seguintes diretrizes:

I – descentralização, com direção única em cada esfera de governo;

II – atendimento integral, com prioridade para as atividades preventivas, sem prejuízo dos serviços assistenciais;

III – participação da comunidade.

§ 1º O sistema único de saúde será financiado, nos termos do artigo 195, com recursos do orçamento da seguridade social, da União, dos Estados, do Distrito Federal e dos Municípios, além de outras fontes.

► Parágrafo único transformado em § 1º pela EC nº 29, de 13-9-2000.

§ 2º União, os Estados, o Distrito Federal e os Municípios aplicarão, anualmente, em ações e serviços públicos de saúde recursos mínimos derivados da aplicação de percentuais calculados sobre:

I – no caso da União, a receita corrente líquida do respectivo exercício financeiro, não podendo ser inferior a 15% (quinze por cento);

► Inciso I com a redação dada pela EC nº 86, de 17-3-2015.

► Art. 3º da EC nº 86, de 17-3-2015.

II – no caso dos Estados e do Distrito Federal, o produto da arrecadação dos impostos a que se refere o artigo 155 e dos recursos de que tratam os artigos 157 e 159, inciso I, alínea *a* e inciso II, deduzidas as parcelas que forem transferidas aos respectivos Municípios;

III – no caso dos Municípios e do Distrito Federal, o produto da arrecadação dos impostos a que se refere o artigo 156 e dos recursos de que tratam os artigos 158 e 159, inciso I, alínea *b* e § 3º.

§ 3º Lei complementar, que será reavaliada pelo menos a cada cinco anos, estabelecerá:

I – os percentuais de que tratam os incisos II e III do § 2º;

► Inciso I com a redação dada pela EC nº 86, de 17-3-2015.

II – os critérios de rateio dos recursos da União vinculados à saúde destinados aos Estados, ao Distrito Federal e aos Municípios, e dos Estados destinados a seus respectivos Municípios, objetivando a progressiva redução das disparidades regionais;

III – as normas de fiscalização, avaliação e controle das despesas com saúde nas esferas federal, estadual, distrital e municipal;

IV – *Revogado*. EC nº 86, de 17-3-2015.

► §§ 2º e 3º acrescidos pela EC nº 29, de 13-9-2000.

§ 4º Os gestores locais do sistema único de saúde poderão admitir agentes comunitários de saúde e agentes de combate às endemias por meio de processo seletivo público, de acordo com a natureza e complexidade de suas atribuições e requisitos específicos para sua atuação.

► § 4º acrescido pela EC nº 51, de 14-2-2006.

► Art. 2º, par. ún., da EC nº 51, de 14-2-2006.

§ 5º Lei federal disporá sobre o regime jurídico, o piso salarial profissional nacional, as diretrizes para os Planos de Carreira e a regulamentação das atividades de agente comunitário de saúde e agente de combate às endemias, competindo à União, nos termos da lei, prestar assistência financeira complementar aos Estados, ao Distrito Federal e aos Municípios, para o cumprimento do referido piso salarial.

► § 5º com a redação dada pela EC nº 63, de 4-2-2010.

§ 6º Além das hipóteses previstas no § 1º do art. 41 e no § 4º do art. 169 da Constituição Federal, o servidor que exerça funções equivalentes às de agente comunitário de saúde ou de agente de combate às endemias poderá perder o cargo em caso de descumprimento dos requisitos específicos, fixados em lei, para o seu exercício.

► § 6º acrescido pela EC nº 51, de 14-2-2006.

Art. 199. A assistência à saúde é livre à iniciativa privada.

§ 1º As instituições privadas poderão participar de forma complementar do sistema único de saúde, segundo diretrizes deste, mediante contrato de direito público ou convênio, tendo preferência as entidades filantrópicas e as sem fins lucrativos.

§ 2º É vedada a destinação de recursos públicos para auxílios ou subvenções às instituições privadas com fins lucrativos.

§ 3º É vedada a participação direta ou indireta de empresas ou capitais estrangeiros na assistência à saúde no País, salvo nos casos previstos em lei.

§ 4º A lei disporá sobre as condições e os requisitos que facilitem a remoção de órgãos, tecidos e substâncias humanas para fins de transplante, pesquisa e tratamento, bem como a coleta, processamento e transfusão de sangue e seus derivados, sendo vedado todo tipo de comercialização.

Art. 200. Ao sistema único de saúde compete, além de outras atribuições, nos termos da lei:

I – controlar e fiscalizar procedimentos, produtos e substâncias de interesse para a saúde e participar da produção de medicamentos, equipamentos, imunobiológicos, hemoderivados e outros insumos;

II – executar as ações de vigilância sanitária e epidemiológica, bem como as de saúde do trabalhador;

III – ordenar a formação de recursos humanos na área de saúde;

IV – participar da formulação da política e da execução das ações de saneamento básico;

V – incrementar, em sua área de atuação, o desenvolvimento científico e tecnológico e a inovação;

► Inciso V com a redação dada pela EC nº 85, de 26-2-2015.

VI – fiscalizar e inspecionar alimentos, compreendido o controle de seu teor nutricional, bem como bebidas e águas para consumo humano;

VII – participar do controle e fiscalização da produção, transporte, guarda e utilização de substâncias e produtos psicoativos, tóxicos e radioativos;

VIII – colaborar na proteção do meio ambiente, nele compreendido o do trabalho.

Seção III
DA PREVIDÊNCIA SOCIAL

► Lei nº 8.213, de 24-7-1991 (Lei dos Planos de Benefícios da Previdência Social).

Art. 201. A previdência social será organizada sob a forma do Regime Geral de Previdência Social, de caráter contributivo e de filiação obrigatória, observados critérios que preservem o equilíbrio financeiro e atuarial, e atenderá, na forma da lei, a:

► *Caput* com a redação dada pela EC nº 103, de 12-11-2019.

► Art. 14 da EC nº 20, de 15-12-1998.

► Art. 4º, par. ún., da EC nº 41, de 19-12-2003.

I – cobertura dos eventos de incapacidade temporária ou permanente para o trabalho e idade avançada;

► Inciso I com a redação dada pela EC nº 103, de 12-11-2019.

II – proteção à maternidade, especialmente à gestante;

III – proteção ao trabalhador em situação de desemprego involuntário;

IV – salário-família e auxílio-reclusão para os dependentes dos segurados de baixa renda;

V – pensão por morte do segurado, homem ou mulher, ao cônjuge ou companheiro e dependentes, observado o disposto no § 2º.

► Incisos II a V com a redação dada pela EC nº 20, de 15-12-1998.

§ 1º É vedada a adoção de requisitos ou critérios diferenciados para concessão de benefícios, ressalvada, nos termos de lei complementar, a possibilidade de previsão de idade e tempo de contribuição distintos da regra geral para concessão de aposentadoria exclusivamente em favor dos segurados:

I – com deficiência, previamente submetidos a avaliação biopsicossocial realizada por equipe multiprofissional e interdisciplinar;

► Art. 41 da Lei nº 13.146, de 6-7-2015 (Estatuto da Pessoa com Deficiência).

II – cujas atividades sejam exercidas com efetiva exposição a agentes químicos, físicos e biológicos prejudiciais à saúde, ou associação desses agentes, vedada a caracterização por categoria profissional ou ocupação.

► § 1º com a redação dada pela EC nº 103, de 12-11-2019.

§ 2º Nenhum benefício que substitua o salário de contribuição ou o rendimento do trabalho do segurado terá valor mensal inferior ao salário mínimo.

§ 3º Todos os salários de contribuição considerados para o cálculo de benefício serão devidamente atualizados, na forma da lei.

§ 4º É assegurado o reajustamento dos benefícios para preservar-lhes, em caráter permanente, o valor real, conforme critérios definidos em lei.

► Súm. nº 688 do STF.

§ 5º É vedada a filiação ao regime geral de previdência social, na qualidade de segurado facultativo, de pessoa participante de regime próprio de previdência.

§ 6º A gratificação natalina dos aposentados e pensionistas terá por base o valor dos proventos do mês de dezembro de cada ano.

► §§ 2º a 6º com a redação dada pela EC nº 20, de 15-12-1998.

§ 7º É assegurada aposentadoria no regime geral de previdência social, nos termos da lei, obedecidas as seguintes condições:

► *Caput* com a redação dada pela EC nº 20, de 15-12-1998.

I – 65 (sessenta e cinco) anos de idade, se homem, e 62 (sessenta e dois) anos de idade, se mulher, observado tempo mínimo de contribuição;

II – 60 (sessenta) anos de idade, se homem, e 55 (cinquenta e cinco) anos de idade, se mulher, para os trabalhadores rurais e para os que exerçam suas atividades em regime de economia familiar, nestes incluídos o produtor rural, o garimpeiro e o pescador artesanal.

► Incisos I e II com a redação dada pela EC nº 103, de 12-11-2019.

§ 8º O requisito de idade a que se refere o inciso I do § 7º será reduzido em 5 (cinco) anos, para o professor que comprove tempo de efetivo exercício das funções de magistério na educação infantil e no ensino fundamental e médio fixado em lei complementar.

§ 9º Para fins de aposentadoria, será assegurada a contagem recíproca do tempo de contribuição entre o Regime Geral de Previdência Social e os regimes próprios de previdência social, e destes entre si, observada a compensação financeira, de acordo com os critérios estabelecidos em lei.

► §§ 8º e 9º com a redação dada pela EC nº 103, de 12-11-2019.

§ 9º-A. O tempo de serviço militar exercido nas atividades de que tratam os arts. 42, 142 e 143 e o tempo de contribuição ao Regime Geral de Previdência Social ou a regime próprio de previdência social terão contagem recíproca para fins de inativação militar ou aposentadoria, e a compensação financeira será devida entre as receitas de contribuição referentes aos militares e as receitas de contribuição aos demais regimes.

► § 9º-A acrescido pela EC nº 103, de 12-11-2019.

§ 10. Lei complementar poderá disciplinar a cobertura de benefícios não programados, inclusive os decorrentes de acidente do trabalho, a ser atendida concorrentemente pelo Regime Geral de Previdência Social e pelo setor privado.

► § 10 com a redação dada pela EC nº 103, de 12-11-2019.

§ 11. Os ganhos habituais do empregado, a qualquer título, serão incorporados ao salário para efeito de contribuição previdenciária e consequente repercussão em benefícios, nos casos e na forma da lei.

► §§ 9º a 11 acrescidos pela EC nº 20, de 15-12-1998.

§ 12. Lei instituirá sistema especial de inclusão previdenciária, com alíquotas diferenciadas, para atender aos trabalhadores de baixa renda, inclusive os que se encontram em situação de informalidade, e àqueles sem renda própria que se dediquem exclusivamente ao trabalho doméstico no âmbito de sua residência, desde que pertencentes a famílias de baixa renda.

§ 13. A aposentadoria concedida ao segurado de que trata o § 12 terá valor de 1 (um) salário mínimo.

► §§ 12 e 13 com a redação dada pela EC nº 103, de 12-11-2019.

§ 14. É vedada a contagem de tempo de contribuição fictício para efeito de concessão dos benefícios previdenciários e de contagem recíproca.

§ 15. Lei complementar estabelecerá vedações, regras e condições para a acumulação de benefícios previdenciários.

§ 16. Os empregados dos consórcios públicos, das empresas públicas, das sociedades de economia mista e das suas subsidiárias serão aposentados compulsoriamente, observado o cumprimento do tempo mínimo de contribuição, ao atingir a idade máxima de que trata o inciso II do § 1º do art. 40, na forma estabelecida em lei.

► §§ 14 a 16 acrescidos pela EC nº 103, de 12-11-2019.

Art. 202. O regime de previdência privada, de caráter complementar e organizado de forma autônoma em relação ao regime geral de previdência social, será facultativo, baseado na constituição de reservas que garantam o benefício contratado, e regulado por lei complementar.

► *Caput* com a redação dada pela EC nº 20, de 15-12-1998.

► Art. 7º da EC nº 20, de 15-12-1998.

► Súm. nº 149 do STJ.

§ 1º A lei complementar de que trata este artigo assegurará ao participante de planos de benefícios de entidades de previdência privada o pleno acesso às informações relativas à gestão de seus respectivos planos.

§ 2º As contribuições do empregador, os benefícios e as condições contratuais previstas nos estatutos, regulamentos e planos de benefícios das entidades de previdência privada não integram o contrato de trabalho dos participantes, assim como, à exceção dos benefícios concedidos, não integram a remuneração dos participantes, nos termos da lei.

► §§ 1º e 2º com a redação dada pela EC nº 20, de 15-12-1998.

§ 3º É vedado o aporte de recursos a entidade de previdência privada pela União, Estados, Distrito Federal e Municípios, suas autarquias, fundações, empresas públicas, sociedades de economia mista e outras entidades públicas, salvo na qualidade de patrocinador, situação na qual, em hipótese alguma, sua contribuição normal poderá exceder a do segurado.

► § 3º acrescido pela EC nº 20, de 15-12-1998.

§ 4º Lei complementar disciplinará a relação entre a União, Estados, Distrito Federal ou Municípios, inclusive suas autarquias, fundações, sociedades de economia mista e empresas controladas direta ou indiretamente, enquanto patrocinadores de planos de benefícios previdenciários, e as entidades de previdência complementar.

§ 5º A lei complementar de que trata o § 4º aplicar-se-á, no que couber, às empresas privadas permissionárias ou concessionárias de prestação de serviços públicos, quando patrocinadoras de planos de benefícios em entidades de previdência complementar.

§ 6º Lei complementar estabelecerá os requisitos para a designação dos membros das diretorias das entidades fechadas de previdência complementar instituídas pelos patrocinadores de que trata o § 4º e disciplinará a inserção dos participantes nos colegiados e instâncias de decisão em que seus interesses sejam objeto de discussão e deliberação.

► §§ 4º a 6º com a redação dada pela EC nº 103, de 12-11-2019.

Seção IV
DA ASSISTÊNCIA SOCIAL

► Lei nº 8.742, de 7-12-1993 (Lei Orgânica da Assistência Social).

Art. 203. A assistência social será prestada a quem dela necessitar, independentemente de contribuição à seguridade social, e tem por objetivos:

I – a proteção à família, à maternidade, à infância, à adolescência e à velhice;

II – o amparo às crianças e adolescentes carentes;

III – a promoção da integração ao mercado de trabalho;

IV – a habilitação e reabilitação das pessoas portadoras de deficiência e a promoção de sua integração à vida comunitária;

V – a garantia de um salário mínimo de benefício mensal à pessoa portadora de deficiência e ao idoso que comprovem não possuir meios de prover à própria manutenção ou de tê-la provida por sua família, conforme dispuser a lei.

► Lei nº 10.741, de 1º-10-2003 (Estatuto do Idoso).

Art. 204. As ações governamentais na área da assistência social serão realizadas com recursos do orçamento da seguridade social, previstos no artigo 195, além de outras fontes, e organizadas com base nas seguintes diretrizes:

I – descentralização político-administrativa, cabendo a coordenação e as normas gerais à esfera federal e a coordenação e a execução dos respectivos programas às esferas estadual e municipal, bem como a entidades beneficentes e de assistência social;

II – participação da população, por meio de organizações representativas, na formulação das políticas e no controle das ações em todos os níveis.

Parágrafo único. É facultado aos Estados e ao Distrito Federal vincular a programa de apoio à inclusão e promoção social até cinco décimos por cento de sua receita tributária líquida, vedada a aplicação desses recursos no pagamento de:

I – despesas com pessoal e encargos sociais;

II – serviço da dívida;

III – qualquer outra despesa corrente não vinculada diretamente aos investimentos ou ações apoiados.

► Parágrafo único acrescido pela EC nº 42, de 19-12-2003.

CAPÍTULO III
DA EDUCAÇÃO, DA CULTURA E DO DESPORTO

Seção I
DA EDUCAÇÃO

► Lei nº 9.394, de 20-12-1996 (Lei das Diretrizes e Bases da Educação Nacional).

Art. 205. A educação, direito de todos e dever do Estado e da família, será promovida e incentivada com a colaboração da sociedade, visando ao pleno desenvolvimento da pessoa, seu preparo para o exercício da cidadania e sua qualificação para o trabalho.

Art. 206. O ensino será ministrado com base nos seguintes princípios:

I – igualdade de condições para o acesso e permanência na escola;

II – liberdade de aprender, ensinar, pesquisar e divulgar o pensamento, a arte e o saber;

III – pluralismo de ideias e de concepções pedagógicas, e coexistência de instituições públicas e privadas de ensino;

IV – gratuidade do ensino público em estabelecimentos oficiais;

V – valorização dos profissionais da educação escolar, garantidos, na forma da lei, planos de carreira, com ingresso exclusivamente por concurso público de provas e títulos, aos das redes públicas;

► Inciso V com a redação dada pela EC nº 53, de 19-12-2006.

VI – gestão democrática do ensino público, na forma da lei;

VII – garantia de padrão de qualidade;

VIII – piso salarial profissional nacional para os profissionais da educação escolar pública, nos termos de lei federal;

► Inciso VIII acrescido pela EC nº 53, de 19-12-2006.

IX – garantia do direito à educação e à aprendizagem ao longo da vida.

► Inciso IX acrescido pela EC nº 108, de 26-8-2020.

Parágrafo único. A lei disporá sobre as categorias de trabalhadores considerados profissionais da educação básica e sobre a fixação de prazo para a elaboração ou adequação de seus planos de carreira, no âmbito da União, dos Estados, do Distrito Federal e dos Municípios.

► Parágrafo único acrescido pela EC nº 53, de 19-12-2006.

Art. 207. As universidades gozam de autonomia didático-científica, administrativa e de gestão financeira e patrimonial, e obedecerão ao princípio de indissociabilidade entre ensino, pesquisa e extensão.

§ 1º É facultado às universidades admitir professores, técnicos e cientistas estrangeiros, na forma da lei.

§ 2º O disposto neste artigo aplica-se às instituições de pesquisa científica e tecnológica.

► §§ 1º e 2º acrescidos pela EC nº 11, de 30-4-1996.

Art. 208. O dever do Estado com a educação será efetivado mediante a garantia de:

I – educação básica obrigatória e gratuita dos 4 (quatro) aos 17 (dezessete) anos de idade, assegurada inclusive sua oferta gratuita para todos os que a ela não tiveram acesso na idade própria;

► Inciso I com a redação dada pela EC nº 59, de 11-11-2009.

► Art. 6º da EC nº 59, de 11-11-2009.

II – progressiva universalização do ensino médio gratuito;

► Inciso II com a redação dada pela EC nº 14, de 12-9-1996.

III – atendimento educacional especializado aos portadores de deficiência, preferencialmente na rede regular de ensino;

► Lei nº 7.853, de 24-10-1989 (Lei de Apoio às Pessoas Portadoras de Deficiência).

► Lei nº 10.845, de 5-3-2004, institui o Programa de Complementação ao Atendimento Educacional Especializado às Pessoas Portadoras de Deficiência.

IV – educação infantil, em creche e pré-escola, às crianças até 5 (cinco) anos de idade;

► Inciso IV com a redação dada pela EC nº 53, de 19-12-2006.

V – acesso aos níveis mais elevados do ensino, da pesquisa e da criação artística, segundo a capacidade de cada um;

VI – oferta de ensino noturno regular, adequado às condições do educando;

VII – atendimento ao educando, em todas as etapas da educação básica, por meio de programas suplementares de material didático-escolar, transporte, alimentação e assistência à saúde.

► Inciso VII com a redação dada pela EC nº 59, de 11-11-2009.

§ 1º O acesso ao ensino obrigatório e gratuito é direito público subjetivo.

§ 2º O não oferecimento do ensino obrigatório pelo Poder Público, ou sua oferta irregular, importa responsabilidade da autoridade competente.

§ 3º Compete ao Poder Público recensear os educandos no ensino fundamental, fazer-lhes a chamada e zelar, junto aos pais ou responsáveis, pela frequência à escola.

Art. 209. O ensino é livre à iniciativa privada, atendidas as seguintes condições:

I – cumprimento das normas gerais da educação nacional;

II – autorização e avaliação de qualidade pelo Poder Público.

Art. 210. Serão fixados conteúdos mínimos para o ensino fundamental, de maneira a assegurar formação básica comum e respeito aos valores culturais e artísticos, nacionais e regionais.

§ 1º O ensino religioso, de matrícula facultativa, constituirá disciplina dos horários normais das escolas públicas de ensino fundamental.

§ 2º O ensino fundamental regular será ministrado em língua portuguesa, assegurada às comunidades indígenas também a utilização de suas línguas maternas e processos próprios de aprendizagem.

Art. 211. A União, os Estados, o Distrito Federal e os Municípios organizarão em regime de colaboração seus sistemas de ensino.

§ 1º A União organizará o sistema federal de ensino e o dos Territórios, financiará as instituições de ensino públicas federais e exercerá, em matéria educacional, função redistributiva e supletiva, de forma a garantir equalização de oportunidades educacionais e padrão mínimo de qualidade de ensino mediante assistência técnica e financeira aos Estados, ao Distrito Federal e aos Municípios.

§ 2º Os Municípios atuarão prioritariamente no ensino fundamental e na educação infantil.

► §§ 1º e 2º com a redação dada pela EC nº 14, de 12-9-1996.

§ 3º Os Estados e o Distrito Federal atuarão prioritariamente no ensino fundamental e médio.

► § 3º acrescido pela EC nº 14, de 12-9-1996.

§ 4º Na organização de seus sistemas de ensino, a União, os Estados, o Distrito Federal e os Municípios definirão formas de colaboração, de forma a assegurar a universalização, a qualidade e a equidade do ensino obrigatório.

► § 4º com a redação dada pela EC nº 108, de 26-8-2020.

§ 5º A educação básica pública atenderá prioritariamente ao ensino regular.

► § 5º acrescido pela EC nº 53, de 19-12-2006.

§ 6º A União, os Estados, o Distrito Federal e os Municípios exercerão ação redistributiva em relação a suas escolas.

§ 7º O padrão mínimo de qualidade de que trata o § 1º deste artigo considerará as condições adequadas de oferta e terá como referência o Custo Aluno Qualidade (CAQ), pactuados em regime de colaboração na forma disposta em lei complementar, conforme o parágrafo único do art. 23 desta Constituição.

► §§ 6º e 7º acrescidos pela EC nº 108, de 26-8-2020.

Art. 212. A União aplicará, anualmente, nunca menos de dezoito, e os Estados, o Distrito Federal e os Municípios vinte e cinco por cento, no mínimo, da receita resultante de impostos, compreendida a proveniente de transferências, na manutenção e desenvolvimento do ensino.

§ 1º A parcela da arrecadação de impostos transferida pela União aos Estados, ao Distrito Federal e aos Municípios, ou pelos Estados aos respectivos Municípios, não é considerada, para efeito do cálculo previsto neste artigo, receita do governo que a transferir.

§ 2º Para efeito do cumprimento do disposto no *caput* deste artigo, serão considerados os sistemas de ensino federal, estadual e municipal e os recursos aplicados na forma do artigo 213.

§ 3º A distribuição dos recursos públicos assegurará prioridade ao atendimento das necessidades do ensino obrigatório, no que se refere a universalização, garantia de padrão de qualidade e equidade, nos termos do plano nacional de educação.

► § 3º com a redação dada pela EC nº 59, de 11-11-2009.

§ 4º Os programas suplementares de alimentação e assistência à saúde previstos no artigo 208, VII, serão financiados com recursos provenientes de contribuições sociais e outros recursos orçamentários.

§ 5º A educação básica pública terá como fonte adicional de financiamento a contribuição social do salário-educação, recolhida pelas empresas na forma da lei.

► § 5º com a redação dada pela EC nº 53, de 19-12-2006.

§ 6º As cotas estaduais e municipais da arrecadação da contribuição social do salário-educação serão distribuídas proporcionalmente ao número de alunos matriculados na educação básica nas respectivas redes públicas de ensino.

► § 6º acrescido pela EC nº 53, de 19-12-2006.

§ 7º É vedado o uso dos recursos referidos no *caput* e nos §§ 5º e 6º deste artigo para pagamento de aposentadorias e de pensões.

§ 8º Na hipótese de extinção ou de substituição de impostos, serão redefinidos os percentuais referidos no *caput* deste artigo e no inciso II do *caput* do art. 212-A, de modo que resultem recursos vinculados à manutenção e ao desenvolvimento do ensino, bem como os recursos subvinculados aos fundos de que trata o art. 212-A desta Constituição, em aplicações equivalentes às anteriormente praticadas.

§ 9º A lei disporá sobre normas de fiscalização, de avaliação e de controle das despesas com educação nas esferas estadual, distrital e municipal.

► §§ 7º a 9º acrescidos pela EC nº 108, de 26-8-2020.

Art. 212-A. Os Estados, o Distrito Federal e os Municípios destinarão parte dos recursos a que se refere o *caput* do art. 212 desta Constituição à manutenção e ao desenvolvimento do ensino na educação básica e à remuneração condigna de seus profissionais, respeitadas as seguintes disposições:

I – a distribuição dos recursos e de responsabilidades entre o Distrito Federal, os Estados e seus Municípios é assegurada mediante a instituição, no âmbito de cada Estado e do Distrito Federal, de um Fundo de Manutenção e Desenvolvimento da Educação Básica e de Valorização dos Profissionais da Educação (FUNDEB), de natureza contábil;

II – os fundos referidos no inciso I do *caput* deste artigo serão constituídos por 20% (vinte por cento) dos recursos a que se referem os incisos I, II e III do *caput* do art. 155, o inciso II do *caput* do art. 157, os incisos II, III e IV do *caput* do art. 158 e as alíneas *a* e *b* do inciso I e o inciso II do *caput* do art. 159 desta Constituição;

III – os recursos referidos no inciso II do *caput* deste artigo serão distribuídos entre cada Estado e seus Municípios, proporcionalmente ao número de alunos das diversas etapas e modalidades da educação básica presencial matriculados nas respectivas redes, nos âmbitos de atuação prioritária, conforme estabelecido nos §§ 2º e 3º do art. 211 desta Constituição, observadas as ponderações referidas na alínea *a* do inciso X do *caput* e no § 2º deste artigo;

IV – a União complementará os recursos dos fundos a que se refere o inciso II do *caput* deste artigo;

V – a complementação da União será equivalente a, no mínimo, 23% (vinte e três por cento) do total de recursos a que se refere o inciso II do *caput* deste artigo, distribuída da seguinte forma:

a) 10 (dez) pontos percentuais no âmbito de cada Estado e do Distrito Federal, sempre que o valor anual por aluno (VAAF), nos termos do inciso III do *caput* deste artigo, não alcançar o mínimo definido nacionalmente;

b) no mínimo, 10,5 (dez inteiros e cinco décimos) pontos percentuais em cada rede pública de ensino municipal, estadual ou distrital, sempre que o valor anual total por aluno (VAAT), referido no inciso VI do *caput* deste artigo, não alcançar o mínimo definido nacionalmente;

c) 2,5 (dois inteiros e cinco décimos) pontos percentuais nas redes públicas que, cumpridas condicionalidades de melhoria de gestão previstas em lei, alcançarem evolução de indicadores a serem definidos, de atendimento e melhoria da aprendizagem com redução das desigualdades, nos termos do sistema nacional de avaliação da educação básica;

VI – o VAAT será calculado, na forma da lei de que trata o inciso X do *caput* deste artigo, com base nos recursos a que se refere o inciso II do *caput* deste artigo, acrescidos de outras receitas e de transferências vinculadas à educação, observado o disposto no § 1º e consideradas as matrículas nos termos do inciso III do *caput* deste artigo;

VII – os recursos de que tratam os incisos II e IV do *caput* deste artigo serão aplicados pelos Estados e pelos Municípios exclusivamente nos respectivos âmbitos de atuação prioritária, conforme estabelecido nos §§ 2º e 3º do art. 211 desta Constituição;

VIII – a vinculação de recursos à manutenção e ao desenvolvimento do ensino estabelecida no art. 212 desta Constituição suportará, no máximo, 30% (trinta por cento) da complementação da União, considerados para os fins deste inciso os valores previstos no inciso V do *caput* deste artigo;

IX – o disposto no *caput* do art. 160 desta Constituição aplica-se aos recursos referidos nos incisos II e IV do *caput* deste artigo, e seu descumprimento pela autoridade competente importará em crime de responsabilidade;

X – a lei disporá, observadas as garantias estabelecidas nos incisos I, II, III e IV do *caput* e no § 1º do art. 208 e as metas pertinentes do plano nacional de educação, nos termos previstos no art. 214 desta Constituição, sobre:

a) a organização dos fundos referidos no inciso I do *caput* deste artigo e a distribuição proporcional de seus recursos, as diferenças e as ponderações quanto ao valor anual por aluno entre etapas, modalidades, duração da jornada e tipos de estabelecimento de ensino, observados as respectivas especificidades e os insumos necessários para a garantia de sua qualidade;

b) a forma de cálculo do VAAF decorrente do inciso III do *caput* deste artigo e do VAAT referido no inciso VI do *caput* deste artigo;

c) a forma de cálculo para distribuição prevista na alínea *c* do inciso V do *caput* deste artigo;

d) a transparência, o monitoramento, a fiscalização e o controle interno, externo e social dos fundos referidos no inciso I do *caput* deste artigo, assegurada a criação, a autonomia, a manutenção e a consolidação de conselhos de acompanhamento e controle social, admitida sua integração aos conselhos de educação;

e) o conteúdo e a periodicidade da avaliação, por parte do órgão responsável, dos efeitos redistributivos, da melhoria dos indicadores educacionais e da ampliação do atendimento;

XI – proporção não inferior a 70% (setenta por cento) de cada fundo referido no inciso I do *caput* deste artigo, excluídos os recursos de que trata a alínea *c* do inciso V do *caput* deste artigo, será destinada ao pagamento dos profissionais da educação básica em efetivo exercício, observado, em relação aos recursos previstos na alínea *b* do inciso V do *caput* deste artigo, o percentual mínimo de 15% (quinze por cento) para despesas de capital;

XII – lei específica disporá sobre o piso salarial profissional nacional para os profissionais do magistério da educação básica pública;

XIII – a utilização dos recursos a que se refere o § 5º do art. 212 desta Constituição para a complementação da União ao FUNDEB, referida no inciso V do *caput* deste artigo, é vedada.

§ 1º O cálculo do VAAT, referido no inciso VI do *caput* deste artigo, deverá considerar, além dos recursos previstos no inciso II do *caput* deste artigo, pelo menos, as seguintes disponibilidades:

I – receitas de Estados, do Distrito Federal e de Municípios vinculadas à manutenção e ao desenvolvimento do ensino não integrantes dos fundos referidos no inciso I do *caput* deste artigo;

II – cotas estaduais e municipais da arrecadação do salário-educação de que trata o § 6º do art. 212 desta Constituição;

III – complementação da União transferida a Estados, ao Distrito Federal e a Municípios nos termos da alínea *a* do inciso V do *caput* deste artigo.

§ 2º Além das ponderações previstas na alínea *a* do inciso X do *caput* deste artigo, a lei definirá outras relativas ao nível socioeconômico dos educandos e aos indicadores de disponibilidade de recursos vinculados à educação e de potencial de arrecadação tributária de cada ente federado, bem como seus prazos de implementação.

§ 3º Será destinada à educação infantil a proporção de 50% (cinquenta por cento) dos recursos globais a que se refere a alínea *b* do inciso V do *caput* deste artigo, nos termos da lei.

► Art. 212-A acrescido pela EC nº 108, de 26-8-2020.

Art. 213. Os recursos públicos serão destinados às escolas públicas, podendo ser dirigidos a escolas comunitárias, confessionais ou filantrópicas, definidas em lei, que:

I – comprovem finalidade não lucrativa e apliquem seus excedentes financeiros em educação;

II – assegurem a destinação de seu patrimônio à outra escola comunitária, filantrópica ou confessional, ou ao Poder Público, no caso de encerramento de suas atividades.

§ 1º Os recursos de que trata este artigo poderão ser destinados a bolsas de estudo para o ensino fundamental e médio, na forma da lei, para os que demonstrarem insuficiência de recursos, quando houver falta de vagas e cursos regulares da rede pública na localidade da residência do educando, ficando o Poder Público obrigado a investir prioritariamente na expansão de sua rede na localidade.

§ 2º As atividades de pesquisa, de extensão e de estímulo e fomento à inovação realizadas por universidades e/ou por instituições de educação profissional e tecnológica poderão receber apoio financeiro do Poder Público.

► § 2º com a redação dada pela EC nº 85, de 26-2-2015.

Art. 214. A lei estabelecerá o plano nacional de educação, de duração decenal, com o objetivo de articular o sistema nacional de educação em regime de colaboração e definir diretrizes, objetivos, metas e estratégias de implementação para assegurar a manutenção e desenvolvimento do ensino em seus diversos níveis, etapas e modalidades por meio de ações integradas dos poderes públicos das diferentes esferas federativas que conduzam a:

► *Caput* com a redação dada pela EC nº 59, de 11-11-2009.

I – erradicação do analfabetismo;

II – universalização do atendimento escolar;

III – melhoria da qualidade do ensino;

IV – formação para o trabalho;

V – promoção humanística, científica e tecnológica do País;

VI – estabelecimento de meta de aplicação de recursos públicos em educação como proporção do produto interno bruto.

► Inciso VI acrescido pela EC nº 59, de 11-11-2009.

Seção II
DA CULTURA

► Lei nº 8.313, de 23-12-1991, restabelece princípios da Lei nº 7.505, de 2-7-1986, institui o Programa Nacional de Apoio à Cultura (PRONAC).

► Lei nº 8.685, de 20-7-1993, cria mecanismos de fomento à atividade audiovisual.

► Lei nº 12.761, de 27-12-2012, institui o Programa de Cultura do Trabalhador; cria o vale-cultura.

Art. 215. O Estado garantirá a todos o pleno exercício dos direitos culturais e acesso às fontes da cultura nacional, e apoiará e incentivará a valorização e a difusão das manifestações culturais.

§ 1º O Estado protegerá as manifestações das culturas populares, indígenas e afro-brasileiras, e das de outros grupos participantes do processo civilizatório nacional.

§ 2º A lei disporá sobre a fixação de datas comemorativas de alta significação para os diferentes segmentos étnicos nacionais.

§ 3º A lei estabelecerá o Plano Nacional de Cultura, de duração plurianual, visando ao desenvolvimento cultural do País e à integração das ações do poder público que conduzem à:

► Lei nº 12.343, de 2-12-2010, institui o Plano Nacional de Cultura – PNC, cria o Sistema Nacional de Informações e Indicadores Culturais – SNIIC.

I – defesa e valorização do patrimônio cultural brasileiro;

II – produção, promoção e difusão de bens culturais;

III – formação de pessoal qualificado para a gestão da cultura em suas múltiplas dimensões;

IV – democratização do acesso aos bens de cultura;

V – valorização da diversidade étnica e regional.

► § 3º acrescido pela EC nº 48, de 10-8-2005.

Art. 216. Constituem patrimônio cultural brasileiro os bens de natureza material e imaterial, tomados individualmente ou em conjunto, portadores de referência à identidade, à ação, à memória dos diferentes grupos formadores da sociedade brasileira, nos quais se incluem:

I – as formas de expressão;

II – os modos de criar, fazer e viver;

III – as criações científicas, artísticas e tecnológicas;

IV – as obras, objetos, documentos, edificações e demais espaços destinados às manifestações artístico-culturais;

V – os conjuntos urbanos e sítios de valor histórico, paisagístico, artístico, arqueológico, paleontológico, ecológico e científico.

► Arts. 1º, 20, 28, I, II e parágrafo único, da Lei nº 7.542, de 26-9-1986, que dispõe sobre a pesquisa, exploração, remoção e demolição de coisas ou bens afundados, submersos, encalhados e perdidos em águas sob jurisdição nacional, em terreno de marinha e seus acrescidos e em terrenos marginais, em decorrência de sinistro, alijamento ou fortuna do mar.

► Lei nº 3.924, de 26-7-1961, dispõe sobre os monumentos arqueológicos e pré-históricos.

► Art. 65, § 1º da Lei nº 9.605, de 12-2-1998 (Lei dos Crimes Ambientais).

§ 1º O Poder Público, com a colaboração da comunidade, promoverá e protegerá o patrimônio cultural brasileiro, por meio de inventários, registros, vigilância, tombamento e desapropriação, e de outras formas de acautelamento e preservação.

► Lei nº 8.394, de 30-12-1991, dispõe sobre a preservação, organização e proteção dos acervos documentais privados dos presidentes da República.

§ 2º Cabem à administração pública, na forma da lei, a gestão da documentação governamental e as providências para franquear sua consulta a quantos dela necessitem.

► Lei nº 12.527, de 18-11-2011 (Lei do Acesso à Informação).

► Dec. nº 7.845, de 14-11-2012, regulamenta procedimentos para credenciamento de segurança e tratamento de informação classificada em qualquer grau de sigilo, e dispõe sobre o Núcleo de Segurança e Credenciamento.

§ 3º A lei estabelecerá incentivos para a produção e o conhecimento de bens e valores culturais.

► Lei nº 7.505, de 2-7-1986, dispõe sobre benefícios fiscais na área do imposto de renda concedidos a operações de caráter cultural ou artístico.

► Lei nº 8.313, de 23-12-1991, restabelece princípios da Lei nº 7.505, de 2-7-1986, institui o Programa Nacional de Apoio à Cultura (PRONAC).

§ 4º Os danos e ameaças ao patrimônio cultural serão punidos, na forma da lei.

§ 5º Ficam tombados todos os documentos e os sítios detentores de reminiscências históricas dos antigos quilombos.

§ 6º É facultado aos Estados e ao Distrito Federal vincular a fundo estadual de fomento à cultura até cinco décimos por cento de sua receita tributária líquida, para o financiamento de programas e projetos culturais, vedada a aplicação desses recursos no pagamento de:

I – despesas com pessoal e encargos sociais;

II – serviço da dívida;

III – qualquer outra despesa corrente não vinculada diretamente aos investimentos ou ações apoiados.

► § 6º acrescido pela EC nº 42, de 19-12-2003.

Art. 216-A. O Sistema Nacional de Cultura, organizado em regime de colaboração, de forma descentralizada e participativa, institui um processo de gestão e promoção conjunta de políticas públicas de cultura, democráticas e permanentes, pactuadas entre os entes da Federação e a sociedade, tendo por objetivo promover o desenvolvimento humano, social e econômico com pleno exercício dos direitos culturais.

§ 1º O Sistema Nacional de Cultura fundamenta-se na política nacional de cultura e nas suas diretrizes, estabelecidas no Plano Nacional de Cultura, e rege-se pelos seguintes princípios:

I – diversidade das expressões culturais;

II – universalização do acesso aos bens e serviços culturais;

III – fomento à produção, difusão e circulação de conhecimento e bens culturais;

IV – cooperação entre os entes federados, os agentes públicos e privados atuantes na área cultural;

V – integração e interação na execução das políticas, programas, projetos e ações desenvolvidas;

VI – complementaridade nos papéis dos agentes culturais;

VII – transversalidade das políticas culturais;

VIII – autonomia dos entes federados e das instituições da sociedade civil;

IX – transparência e compartilhamento das informações;

X – democratização dos processos decisórios com participação e controle social;

XI – descentralização articulada e pactuada da gestão, dos recursos e das ações;

XII – ampliação progressiva dos recursos contidos nos orçamentos públicos para a cultura.

§ 2º Constitui a estrutura do Sistema Nacional de Cultura, nas respectivas esferas da Federação:

I – órgãos gestores da cultura;

II – conselhos de política cultural;

III – conferências de cultura;

IV – comissões intergestores;

V – planos de cultura;

VI – sistemas de financiamento à cultura;

VII – sistemas de informações e indicadores culturais;

VIII – programas de formação na área da cultura; e

IX – sistemas setoriais de cultura.

§ 3º Lei federal disporá sobre a regulamentação do Sistema Nacional de Cultura, bem como de sua articulação com os demais sistemas nacionais ou políticas setoriais de governo.

§ 4º Os Estados, o Distrito Federal e os Municípios organizarão seus respectivos sistemas de cultura em leis próprias.

Seção III
DO DESPORTO

Art. 217. É dever do Estado fomentar práticas desportivas formais e não formais, como direito de cada um, observados:

I – a autonomia das entidades desportivas dirigentes e associações, quanto a sua organização e funcionamento;

II – a destinação de recursos públicos para a promoção prioritária do desporto educacional e, em casos específicos, para a do desporto de alto rendimento;

III – o tratamento diferenciado para o desporto profissional e o não profissional;

IV – a proteção e o incentivo às manifestações desportivas de criação nacional.

§ 1º O Poder Judiciário só admitirá ações relativas à disciplina e às competições desportivas após esgotarem-se as instâncias da justiça desportiva, regulada em lei.

§ 2º A justiça desportiva terá o prazo máximo de sessenta dias, contados da instauração do processo, para proferir decisão final.

§ 3º O Poder Público incentivará o lazer, como forma de promoção social.

CAPÍTULO IV

DA CIÊNCIA, TECNOLOGIA E INOVAÇÃO

► Capítulo IV com a denominação dada pela EC nº 85, de 26-2-2015.

► Lei nº 10.973, de 2-12-2004, dispõe sobre incentivos à inovação e à pesquisa científica e tecnológica no ambiente produtivo.

► Lei nº 9.257, de 9-1-1996, dispõe sobre o Conselho Nacional de Ciência e Tecnologia.

Art. 218. O Estado promoverá e incentivará o desenvolvimento científico, a pesquisa, a capacitação científica e tecnológica e a inovação.

► *Caput* com a redação dada EC nº 85, de 26-2-2015.

§ 1º A pesquisa científica básica e tecnológica receberá tratamento prioritário do Estado, tendo em vista o bem público e o progresso da ciência, tecnologia e inovação.

► § 1º com a redação dada pela EC nº 85, de 26-2-2015.

§ 2º A pesquisa tecnológica voltar-se-á preponderantemente para a solução dos problemas brasileiros e para o desenvolvimento do sistema produtivo nacional e regional.

§ 3º O Estado apoiará a formação de recursos humanos nas áreas de ciência, pesquisa, tecnologia e inovação, inclusive por meio do apoio às atividades de extensão tecnológica, e concederá aos que delas se ocupem meios e condições especiais de trabalho.

► § 3º com a redação dada pela EC nº 85, de 26-2-2015.

§ 4º A lei apoiará e estimulará as empresas que invistam em pesquisa, criação de tecnologia adequada ao País, formação e aperfeiçoamento de seus recursos humanos e que pratiquem sistemas de remuneração que assegurem ao empregado, desvinculada do salário, participação nos ganhos econômicos resultantes da produtividade de seu trabalho.

§ 5º É facultado aos Estados e ao Distrito Federal vincular parcela de sua receita orçamentária a entidades públicas de fomento ao ensino e à pesquisa científica e tecnológica.

§ 6º O Estado, na execução das atividades previstas no *caput*, estimulará a articulação entre entes, tanto públicos quanto privados, nas diversas esferas de governo.

§ 7º O Estado promoverá e incentivará a atuação no exterior das instituições públicas de ciência, tecnologia e inovação, com vistas à execução das atividades previstas no *caput*.

► §§ 6º e 7º acrescidos pela EC nº 85, de 26-2-2015.

Art. 219. O mercado interno integra o patrimônio nacional e será incentivado de modo a viabilizar o desenvolvimento cultural e socioeconômico, o bem-estar da população e a autonomia tecnológica do País, nos termos de lei federal.

Parágrafo único. O Estado estimulará a formação e o fortalecimento da inovação nas empresas, bem como nos demais entes, públicos ou privados, a constituição e a manutenção de parques e polos tecnológicos e de demais ambientes promotores da inovação, a atuação dos inventores independentes e a criação, absorção, difusão e transferência de tecnologia.

► Parágrafo único acrescido pela EC nº 85, de 26-2-2015.

Art. 219-A. A União, os Estados, o Distrito Federal e os Municípios poderão firmar instrumentos de cooperação com órgãos e entidades públicos e com entidades privadas, inclusive para o compartilhamento de recursos humanos especializados e capacidade instalada, para a execução de projetos de pesquisa, de desenvolvimento científico e tecnológico e de inovação, mediante contrapartida financeira ou não financeira assumida pelo ente beneficiário, na forma da lei.

Art. 219-B. O Sistema Nacional de Ciência, Tecnologia e Inovação será organizado em regime de colaboração entre entes, tanto públicos quanto privados, com vistas a promover o desenvolvimento científico e tecnológico e a inovação.

§ 1º Lei federal disporá sobre as normas gerais do Sistema Nacional de Ciência, Tecnologia e Inovação.

§ 2º Os Estados, o Distrito Federal e os Municípios legislarão concorrentemente sobre suas peculiaridades.

► Arts. 219-A e 219-B acrescidos pela EC nº 85, de 26-2-2015.

CAPÍTULO V

DA COMUNICAÇÃO SOCIAL

Art. 220. A manifestação do pensamento, a criação, a expressão e a informação, sob qualquer forma, processo ou veículo não sofrerão qualquer restrição, observado o disposto nesta Constituição.

► Lei nº 4.117, de 27-8-1962 (Código Brasileiro de Telecomunicações).

► Lei nº 9.472, de 16-7-1997 (Dispõe sobre a organização dos serviços de telecomunicações, a criação e funcionamento de um órgão regulador e outros aspectos institucionais, nos termos da EC nº 8, de 1995).

§ 1º Nenhuma lei conterá dispositivo que possa constituir embaraço à plena liberdade de informação jornalística em qualquer veículo de comunicação social, observado o disposto no artigo 5º, IV, V, X, XIII e XIV.

§ 2º É vedada toda e qualquer censura de natureza política, ideológica e artística.

§ 3º Compete à lei federal:

I – regular as diversões e espetáculos públicos, cabendo ao Poder Público informar sobre a natureza deles, as faixas etárias a que não se recomendem, locais e horários em que sua apresentação se mostre inadequada;

► Lei nº 10.359, de 27-12-2001, dispõe sobre a obrigatoriedade de os novos aparelhos de televisão conterem dispositivo que possibilite o bloqueio temporário da recepção de programação inadequada.

► Port. do MJ nº 368, de 11-2-2014, regulamenta as disposições do ECA, da Lei nº 10.359, de 27-12-2001, e da Lei nº 12.485, de 12-9-2011, relativas ao processo de classificação indicativa.

II – estabelecer os meios legais que garantam à pessoa e à família a possibilidade de se defenderem de programas ou programações de rádio e televisão que contrariem o disposto no artigo 221, bem como da propaganda de produtos, práticas e serviços que possam ser nocivos à saúde e ao meio ambiente.

§ 4º A propaganda comercial de tabaco, bebidas alcoólicas, agrotóxicos, medicamentos e terapias estará sujeita a restrições legais, nos termos do inciso II do parágrafo anterior, e conterá, sempre que necessário, advertência sobre os malefícios decorrentes de seu uso.

► Lei nº 9.294, de 15-7-1996, dispõe sobre as restrições ao uso e à propaganda de produtos fumígeros, bebidas alcoólicas, medicamentos, terapias e defensivos agrícolas, referidos neste parágrafo.

§ 5º Os meios de comunicação social não podem, direta ou indiretamente, ser objeto de monopólio ou oligopólio.

§ 6º A publicação de veículo impresso de comunicação independe de licença de autoridade.

Art. 221. A produção e a programação das emissoras de rádio e televisão atenderão aos seguintes princípios:

I – preferência a finalidades educativas, artísticas, culturais e informativas;

II – promoção da cultura nacional e regional e estímulo à produção independente que objetive sua divulgação;

III – regionalização da produção cultural, artística e jornalística, conforme percentuais estabelecidos em lei;

IV – respeito aos valores éticos e sociais da pessoa e da família.

Art. 222. A propriedade de empresa jornalística e de radiodifusão sonora e de sons e imagens é privativa de brasileiros natos ou naturalizados há mais de dez anos, ou de pessoas jurídicas constituídas sob as leis brasileiras e que tenham sede no País.

► *Caput* com a redação dada pela EC nº 36, de 28-5-2002.

► Art. 972 do CC.

§ 1º Em qualquer caso, pelo menos setenta por cento do capital total e do capital votante das empresas jornalísticas e de radiodifusão sonora e de sons e imagens deverá pertencer, direta ou indiretamente, a brasileiros natos ou naturalizados há mais de dez anos, que exercerão obrigatoriamente a gestão das atividades e estabelecerão o conteúdo da programação.

§ 2º A responsabilidade editorial e as atividades de seleção e direção da programação veiculada são privativas de brasileiros natos ou naturalizados há mais de dez anos, em qualquer meio de comunicação social.

► §§ 1º e 2º com a redação dada pela EC nº 36, de 28-5-2002.

§ 3º Os meios de comunicação social eletrônica, independentemente da tecnologia utilizada para a prestação do serviço, deverão observar os princípios enunciados no art. 221, na forma de lei específica, que também garantirá a prioridade de profissionais brasileiros na execução de produções nacionais.

§ 4º Lei disciplinará a participação de capital estrangeiro nas empresas de que trata o § 1º.

► Lei nº 10.610, de 20-12-2002, dispõe sobre a participação de capital estrangeiro nas empresas jornalísticas e de radiodifusão Sonora e de sons e imagens.

§ 5º As alterações de controle societário das empresas de que trata o § 1º serão comunicadas ao Congresso Nacional.

► §§ 3º a 5º acrescidos pela EC nº 36, de 28-5-2002.

Art. 223. Compete ao Poder Executivo outorgar e renovar concessão, permissão e autorização para o serviço de radiodifusão sonora e de sons e imagens, observado o princípio da complementaridade dos sistemas privado, público e estatal.

► Dec. nº 52.795, de 31-10-1963, aprova o Regulamento dos Serviços de Radiodifusão.

§ 1º O Congresso Nacional apreciará o ato no prazo do artigo 64, §§ 2º e 4º, a contar do recebimento da mensagem.

§ 2º A não renovação da concessão ou permissão dependerá de aprovação de, no mínimo, dois quintos do Congresso Nacional, em votação nominal.

§ 3º O ato de outorga ou renovação somente produzirá efeitos legais após deliberação do Congresso Nacional, na forma dos parágrafos anteriores.

§ 4º O cancelamento da concessão ou permissão, antes de vencido o prazo, depende de decisão judicial.

§ 5º O prazo da concessão ou permissão será de dez anos para as emissoras de rádio e de quinze para as de televisão.

Art. 224. Para os efeitos do disposto neste Capítulo, o Congresso Nacional instituirá, como seu órgão auxiliar, o Conselho de Comunicação Social, na forma da lei.

CAPÍTULO VI
DO MEIO AMBIENTE

► Lei nº 7.735, de 22-2-1989, dispõe sobre a extinção de órgão e de entidade autárquica, cria o Instituto Brasileiro do Meio Ambiente e dos Recursos Naturais Renováveis.

► Lei nº 7.797, de 10-7-1989, cria o Fundo Nacional de Meio Ambiente.

► Lei nº 7.802, de 11-7-1989, dispõe sobre a pesquisa, a experimentação, a produção, a embalagem e rotulagem, o transporte, o armazenamento, a comercialização, a propaganda comercial, a utilização, a importação, a exportação, o destino final dos resíduos e embalagens, o registro, a classificação, o controle, a inspeção e a fiscalização, de agrotóxicos, seus componentes, e afins.

Art. 225. Todos têm direito ao meio ambiente ecologicamente equilibrado, bem de uso comum do povo e essencial à sadia qualidade de vida, impondo-se ao Poder Público e à coletividade o dever de defendê-lo e preservá-lo para as presentes e futuras gerações.

§ 1º Para assegurar a efetividade desse direito, incumbe ao Poder Público:

I – preservar e restaurar os processos ecológicos essenciais e prover o manejo ecológico das espécies e ecossistemas;

II – preservar a diversidade e a integridade do patrimônio genético do País e fiscalizar as entidades dedicadas à pesquisa e manipulação de material genético;

► Dec. nº 5.705, de 16-2-2006, promulga o Protocolo de Cartagena sobre Biossegurança da Convenção sobre Diversidade Biológica.

III – definir, em todas as Unidades da Federação, espaços territoriais e seus componentes a serem especialmente protegidos, sendo a alteração e a supressão permitidas somente através de lei, vedada qualquer utilização que comprometa a integridade dos atributos que justifiquem sua proteção;

IV – exigir, na forma da lei, para instalação de obra ou atividade potencialmente causadora de significativa degradação do meio ambiente, estudo prévio de impacto ambiental, a que se dará publicidade;

V – controlar a produção, a comercialização e o emprego de técnicas, métodos e substâncias que comportem risco para a vida, a qualidade de vida e o meio ambiente;

VI – promover a educação ambiental em todos os níveis de ensino e a conscientização pública para a preservação do meio ambiente;

► Lei nº 9.795, de 27-4-1999, dispõe sobre a educação ambiental, institui a Política Nacional de Educação Ambiental.

VII – proteger a fauna e a flora, vedadas, na forma da lei, as práticas que coloquem em risco sua função ecológica, provoquem a extinção de espécies ou submetam os animais à crueldade.

§ 2º Aquele que explorar recursos minerais fica obrigado a recuperar o meio ambiente degradado, de acordo com solução técnica exigida pelo órgão público competente, na forma da lei.

§ 3º As condutas e atividades consideradas lesivas ao meio ambiente sujeitarão os infratores, pessoas físicas ou jurídicas, a sanções penais e administrativas, independentemente da obrigação de reparar os danos causados.

§ 4º A Floresta Amazônica brasileira, a Mata Atlântica, a Serra do Mar, o Pantanal Mato-Grossense e a Zona Costeira são patrimônio nacional, e sua utilização far-se-á, na forma da lei, dentro de condições que assegurem a preservação do meio ambiente, inclusive quanto ao uso dos recursos naturais.

§ 5º São indisponíveis as terras devolutas ou arrecadadas pelos Estados, por ações discriminatórias, necessárias à proteção dos ecossistemas naturais.

► Dec.-lei nº 9.760, de 5-9-1946 (Lei dos Bens Imóveis da União).

§ 6º As usinas que operem com reator nuclear deverão ter sua localização definida em lei federal, sem o que não poderão ser instaladas.

§ 7º Para fins do disposto na parte final do inciso VII do § 1º deste artigo, não se consideram cruéis as práticas desportivas que utilizem animais, desde que sejam manifestações culturais, conforme o § 1º do art. 215 desta Constituição Federal, registradas como bem de natureza imaterial integrante do patrimônio cultural brasileiro, devendo ser regulamentadas por lei específica que assegure o bem-estar dos animais envolvidos.

► § 7º acrescido pela EC nº 96, de 6-6-2017.

CAPÍTULO VII
DA FAMÍLIA, DA CRIANÇA, DO ADOLESCENTE, DO JOVEM E DO IDOSO

► Capítulo VII com a denominação dada pela EC nº 65, de 13-7-2010.

► Lei nº 8.069, de 13-7-1990 (Estatuto da Criança e do Adolescente).

► Lei 12.852, de 5-8-2013 (Estatuto da Juventude).

► Lei nº 10.741, de 1º-10-2003 (Estatuto do Idoso).

Art. 226. A família, base da sociedade, tem especial proteção do Estado.

§ 1º O casamento é civil e gratuita a celebração.

► Art. 1.511 e ss do CC.

§ 2º O casamento religioso tem efeito civil, nos termos da lei.

► Arts. 1.515 e 1.516 do CC.

► Lei nº 1.110, de 23-5-1950, regula o reconhecimento dos efeitos civis ao casamento religioso.

► Arts. 71 a 75 da Lei nº 6.015, de 31-12-1973 (Lei dos Registros Públicos).

§ 3º Para efeito da proteção do Estado, é reconhecida a união estável entre o homem e a mulher como entidade familiar, devendo a lei facilitar sua conversão em casamento.

► O STF julgou, em maio de 2011, por unanimidade, a ADPF nº 132 e a ADI nº 4.277, tendo reconhecido eficácia *erga omnes* e efeito vinculante, para dar, ao art. 1.723 do CC, interpretação conforme à CF, para dele excluir qualquer significado que impeça o reconhecimento de união contínua, pública e duradorura, com intuito de formar família, entre pessoas do mesmo sexo, como entidade familiar.

► Art. 1.723 do CC.

► Res. do CNJ nº 175, de 14-5-2013, dispõe sobre a habilitação, celebração de casamento civil, ou de conversão de união estável em casamento, entre pessoas de mesmo sexo.

§ 4º Entende-se, também, como entidade familiar a comunidade formada por qualquer dos pais e seus descendentes.

§ 5º Os direitos e deveres referentes à sociedade conjugal são exercidos igualmente pelo homem e pela mulher.

§ 6º O casamento civil pode ser dissolvido pelo divórcio.

► § 6º com a redação dada pela EC nº 66, de 13-7-2010.

► Art. 1.571 e segs. do CC.

► Arts. 693 e segs., 731 e 733 do CPC.

► Lei nº 6.515, de 26-12-1977 (Lei do Divórcio).

§ 7º Fundado nos princípios da dignidade da pessoa humana e da paternidade responsável, o planejamento familiar é livre decisão do casal, competindo ao Estado propiciar recursos educacionais e científicos para o exercício desse direito, vedada qualquer forma coercitiva por parte de instituições oficiais ou privadas.

§ 8º O Estado assegurará a assistência à família na pessoa de cada um dos que a integram, criando mecanismos para coibir a violência no âmbito de suas relações.

► Lei nº 9.263, de 12-1-1996 (Lei do Planejamento Familiar).

Art. 227. É dever da família, da sociedade e do Estado assegurar à criança, ao adolescente e ao jovem, com absoluta prioridade, o direito à vida, à saúde, à alimentação, à educação, ao lazer, à profissionalização, à cultura, à dignidade, ao respeito, à liberdade e à convivência familiar e comunitária, além de colocá-los a salvo de toda forma de negligência, discriminação, exploração, violência, crueldade e opressão.

► *Caput* com a redação dada pela EC nº 65, de 13-7-2010.

► Arts. 1.694 e ss. do CC.

► Lei nº 8.069, de 13-7-1990 (Estatuto da Criança e do Adolescente).

► Lei nº 12.852, de 5-8-2013 (Estatuto da Juventude).

§ 1º O Estado promoverá programas de assistência integral à saúde da criança, do adolescente e do jovem, admitida a participação de entidades não governamentais, mediante políticas específicas e obedecendo aos seguintes preceitos:

► § 1º com a redação dada pela EC nº 65, de 13-7-2010.

I – aplicação de percentual dos recursos públicos destinados à saúde na assistência materno-infantil;

II – criação de programas de prevenção e atendimento especializado para as pessoas portadoras de deficiência física, sensorial ou mental, bem como de integração social do adolescente e do jovem portador de deficiência, mediante o treinamento para o trabalho e a convivência, e a facilitação do acesso aos bens e serviços coletivos, com a eliminação de obstáculos arquitetônicos e de todas as formas de discriminação.

► Inciso II com a redação dada pela EC nº 65, de 13-7-2010.

► Lei nº 7.853, de 24-10-1989 (Lei de Apoio às Pessoas Portadoras de Deficiência).

§ 2º A lei disporá sobre normas de construção dos logradouros e dos edifícios de uso público e de fabricação de veículos de transporte coletivo, a fim de garantir acesso adequado às pessoas portadoras de deficiência.

§ 3º O direito a proteção especial abrangerá os seguintes aspectos:

I – idade mínima de quatorze anos para admissão ao trabalho, observado o disposto no artigo 7º, XXXIII;

II – garantia de direitos previdenciários e trabalhistas;

III – garantia de acesso do trabalhador adolescente e jovem à escola;

► Inciso III com a redação dada pela EC nº 65, de 13-7-2010.

IV – garantia de pleno e formal conhecimento da atribuição de ato infracional, igualdade na relação processual e defesa técnica por profissional habilitado, segundo dispuser a legislação tutelar específica;

V – obediência aos princípios de brevidade, excepcionalidade e respeito à condição peculiar de pessoa em desenvolvimento, quando da aplicação de qualquer medida privativa da liberdade;

VI – estímulo do Poder Público, através de assistência jurídica, incentivos fiscais e subsídios, nos termos da lei, ao acolhimento, sob a forma de guarda, de criança ou adolescente órfão ou abandonado;

► Arts. 33 a 35 do ECA.

VII – programas de prevenção e atendimento especializado à criança, ao adolescente e ao jovem dependente de entorpecentes e drogas afins.

► Inciso VII com a redação dada pela EC nº 65, de 13-7-2010.

§ 4º A lei punirá severamente o abuso, a violência e a exploração sexual da criança e do adolescente.

§ 5º A adoção será assistida pelo Poder Público, na forma da lei, que estabelecerá casos e condições de sua efetivação por parte de estrangeiros.

► Arts. 39 a 52-D do ECA.

§ 6º Os filhos, havidos ou não da relação do casamento, ou por adoção, terão os mesmos direitos e qualificações, proibidas quaisquer designações discriminatórias relativas à filiação.

► Lei nº 8.069, de 13-7-1990 (Estatuto da Criança e do Adolescente).

► Lei nº 8.560, de 29-12-1992 (Lei de Investigação de Paternidade).

► Lei nº 11.804, de 5-11-2008 (Lei dos Alimentos Gravídicos).

§ 7º No atendimento dos direitos da criança e do adolescente levar-se-á em consideração o disposto no artigo 204.

§ 8º A lei estabelecerá:

I – o estatuto da juventude, destinado a regular os direitos dos jovens;

II – o plano nacional de juventude, de duração decenal, visando à articulação das várias esferas do poder público para a execução de políticas públicas.

► § 8º acrescido pela EC nº 65, de 13-7-2010.

Art. 228. São penalmente inimputáveis os menores de dezoito anos, sujeitos às normas da legislação especial.

► Lei nº 8.069, de 13-7-1990 (Estatuto da Criança e do Adolescente).

Art. 229. Os pais têm o dever de assistir, criar e educar os filhos menores, e os filhos maiores têm o dever de ajudar e amparar os pais na velhice, carência ou enfermidade.

► Art. 1.694 e ss do CC.

► Lei nº 5.478, de 25-7-1968 (Lei da Ação de Alimentos).

► Lei nº 8.069, de 13-7-1990 (Estatuto da Criança e do Adolescente).

Art. 230. A família, a sociedade e o Estado têm o dever de amparar as pessoas idosas, assegurando sua participação na comunidade, defendendo sua dignidade e bem-estar e garantindo-lhes o direito à vida.

► Lei nº 10.741, de 1º-10-2003 (Estatuto do Idoso).

§ 1º Os programas de amparo aos idosos serão executados preferencialmente em seus lares.

§ 2º Aos maiores de sessenta e cinco anos é garantida a gratuidade dos transportes coletivos urbanos.

CAPÍTULO VIII
DOS ÍNDIOS

► Dec. nº 7.747, de 5-6-2012, institui a Política Nacional de Gestão Territorial e Ambiental de Terras Indígenas – PNGATI.

► Dec. nº 6.861, de 27-5-2009, dispõe sobre a Educação Escolar Indígena, define sua organização em territórios etnoeducacionais.

Art. 231. São reconhecidos aos índios sua organização social, costumes, línguas, crenças e tradições, e os direitos originários sobre as terras que tradicionalmente ocupam, competindo à União demarcá-las, proteger e fazer respeitar todos os seus bens.

► Lei nº 6.001, de 19-12-1973 (Estatuto do Índio).

§ 1º São terras tradicionalmente ocupadas pelos índios as por eles habitadas em caráter permanente, as utilizadas para suas atividades produtivas, as imprescindíveis à preservação dos recursos ambientais necessários a seu bem-estar e as necessárias a sua reprodução física e cultural, segundo seus usos, costumes e tradições.

§ 2º As terras tradicionalmente ocupadas pelos índios destinam-se a sua posse permanente, cabendo-lhes o usufruto exclusivo das riquezas do solo, dos rios e dos lagos nelas existentes.

§ 3º O aproveitamento dos recursos hídricos, incluídos os potenciais energéticos, a pesquisa e a lavra das riquezas minerais em terras indígenas só podem ser efetivados com autorização do Congresso Nacional, ouvidas as comunidades afetadas, ficando-lhes assegurada participação nos resultados da lavra, na forma da lei.

§ 4º As terras de que trata este artigo são inalienáveis e indisponíveis, e os direitos sobre elas, imprescritíveis.

§ 5º É vedada a remoção dos grupos indígenas de suas terras, salvo, *ad referendum* do Congresso Nacional, em caso de catástrofe ou epidemia que ponha em risco sua população, ou no interesse da soberania do País, após deliberação do Congresso Nacional, garantindo, em qualquer hipótese, o retorno imediato logo que cesse o risco.

§ 6º São nulos e extintos, não produzindo efeitos jurídicos, os atos que tenham por objeto a ocupação, o domínio e a posse das terras a que se refere este artigo, ou a exploração das riquezas naturais do solo, dos rios e dos lagos nelas existentes, ressalvado relevante interesse público da União, segundo o que dispuser lei complementar, não gerando a nulidade e a extinção direito a indenização ou ações contra a União, salvo, na forma da lei, quanto às benfeitorias derivadas da ocupação de boa-fé.

§ 7º Não se aplica às terras indígenas o disposto no artigo 174, §§ 3º e 4º.

Art. 232. Os índios, suas comunidades e organizações são partes legítimas para ingressar em juízo em defesa de seus direitos e interesses, intervindo o Ministério Público em todos os atos do processo.

TÍTULO IX – DAS DISPOSIÇÕES CONSTITUCIONAIS GERAIS

Art. 233. *Revogado.* EC nº 28, de 25-5-2000.

Art. 234. É vedado à União, direta ou indiretamente, assumir, em decorrência da criação de Estado, encargos referentes a despesas com pessoal inativo e com encargos e amortizações da dívida interna ou externa da administração pública, inclusive da indireta.

Art. 235. Nos dez primeiros anos da criação de Estado, serão observadas as seguintes normas básicas:

I – a Assembleia Legislativa será composta de dezessete Deputados se a população do Estado for inferior a seiscentos mil habitantes, e de vinte e quatro, se igual ou superior a esse número, até um milhão e quinhentos mil;

II – o Governo terá no máximo dez Secretarias;

III – o Tribunal de Contas terá três membros, nomeados, pelo Governador eleito, dentre brasileiros de comprovada idoneidade e notório saber;

IV – o Tribunal de Justiça terá sete Desembargadores;

V – os primeiros Desembargadores serão nomeados pelo Governador eleito, escolhidos da seguinte forma:

a) cinco dentre os magistrados com mais de trinta e cinco anos de idade, em exercício na área do novo Estado ou do Estado originário;

b) dois dentre promotores, nas mesmas condições, e advogados de comprovada idoneidade e saber jurídico, com dez anos, no mínimo, de exercício profissional, obedecido o procedimento fixado na Constituição;

VI – no caso de Estado proveniente de Território Federal, os cinco primeiros Desembargadores poderão ser escolhidos dentre juízes de direito de qualquer parte do País;

VII – em cada Comarca, o primeiro Juiz de Direito, o primeiro Promotor de Justiça e o primeiro Defensor Público serão nomeados pelo Governador eleito após concurso público de provas e títulos;

VIII – até a promulgação da Constituição Estadual, responderão pela Procuradoria-Geral, pela Advocacia-Geral e pela Defensoria-Geral do Estado advogados de notório saber, com trinta e cinco anos de idade, no mínimo, nomeados pelo Governador eleito e demissíveis *ad nutum*;

IX – se o novo Estado for resultado de transformação de Território Federal, a transferência de encargos financeiros da União para pagamento dos servidores optantes que pertenciam à Administração Federal ocorrerá da seguinte forma:

a) no sexto ano de instalação, o Estado assumirá vinte por cento dos encargos financeiros para fazer face ao pagamento dos servidores públicos, ficando ainda o restante sob a responsabilidade da União;

b) no sétimo ano, os encargos do Estado serão acrescidos de trinta por cento e, no oitavo, dos restantes cinquenta por cento;

X – as nomeações que se seguirem às primeiras, para os cargos mencionados neste artigo, serão disciplinadas na Constituição Estadual;

XI – as despesas orçamentárias com pessoal não poderão ultrapassar cinquenta por cento da receita do Estado.

Art. 236. Os serviços notariais e de registro são exercidos em caráter privado, por delegação do Poder Público.

§ 1º Lei regulará as atividades, disciplinará a responsabilidade civil e criminal dos notários, dos oficiais de registro e de seus prepostos, e definirá a fiscalização de seus atos pelo Poder Judiciário.

§ 2º Lei federal estabelecerá normas gerais para fixação de emolumentos relativos aos atos praticados pelos serviços notariais e de registro.

► Lei nº 11.802, de 4-11-2008 , acrescenta § 3º-C ao art. 30 da Lei nº 6.015, de 31-12-1973, que dispõe sobre os registros públicos.

§ 3º O ingresso na atividade notarial e de registro depende de concurso público de provas e títulos, não se permitindo que qualquer serventia fique vaga, sem abertura de concurso de provimento ou de remoção, por mais de seis meses.

Art. 237. A fiscalização e o controle sobre o comércio exterior, essenciais à defesa dos interesses fazendários nacionais, serão exercidos pelo Ministério da Fazenda.

► Dec. nº 2.781, de 14-9-1998, institui o Programa Nacional de Combate ao Contrabando e ao Descaminho.

Art. 238. A lei ordenará a venda e revenda de combustíveis de petróleo, álcool carburante e outros combustíveis derivados de matérias-primas renováveis, respeitados os princípios desta Constituição.

Art. 239. A arrecadação decorrente das contribuições para o Programa de Integração Social, criado pela Lei Complementar nº 7, de 7 de setembro de 1970, e para o Programa de Formação do Patrimônio do Servidor Público, criado pela Lei Complementar nº 8, de 3 de dezembro de 1970, passa, a partir da promulgação desta Constituição, a financiar, nos termos que a lei dispuser, o programa do seguro-desemprego, outras ações da previdência social e o abono de que trata o § 3º deste artigo.

► *Caput* com a redação dada pela EC nº 103, de 12-11-2019.

§ 1º Dos recursos mencionados no *caput*, no mínimo 28% (vinte e oito por cento) serão destinados para o financiamento de programas de desenvolvimento econômico, por meio do Banco Nacional de Desenvolvimento Econômico e Social, com critérios de remuneração que preservem o seu valor.

► § 1º com a redação dada pela EC nº 103, de 12-11-2019.

§ 2º Os patrimônios acumulados do Programa de Integração Social e do Programa de Formação do Patrimônio do Servidor Público são preservados, mantendo-se os critérios de saque nas situações previstas nas leis específicas, com exceção da retirada por motivo de casamento, ficando vedada a distribuição da arrecadação de que trata o *caput* deste artigo, para depósito nas contas individuais dos participantes.

§ 3º Aos empregados que percebam de empregadores que contribuem para o Programa de Integração Social ou para o Programa de Formação do Patrimônio do Servidor Público, até dois salários mínimos de remuneração mensal, é assegurado o pagamento de um salário mínimo anual, computado neste valor o rendimento das contas individuais, no caso daqueles que já participavam dos referidos programas, até a data da promulgação desta Constituição.

§ 4º O financiamento do seguro-desemprego receberá uma contribuição adicional da empresa cujo índice de rotatividade da força de trabalho superar o índice médio da rotatividade do setor, na forma estabelecida por lei.

§ 5º Os programas de desenvolvimento econômico financiados na forma do § 1º e seus resultados serão anualmente avaliados e divulgados em meio de comunicação social eletrônico e apresentados em reunião da comissão mista permanente de que trata o § 1º do art. 166.

► § 5º acrescido pela EC nº 103, de 12-11-2019.

Art. 240. Ficam ressalvadas do disposto no artigo 195 as atuais contribuições compulsórias dos empregadores sobre a folha de salários, destinadas às entidades privadas de serviço social e de formação profissional vinculadas ao sistema sindical.

► Súm. nº 499 do STJ.

Art. 241. A União, os Estados, o Distrito Federal e os Municípios disciplinarão por meio de lei os consórcios públicos e os convênios de cooperação entre os entes federados, autorizando a gestão associada de serviços públicos, bem como a transferência total ou parcial de encargos, serviços, pessoal e bens essenciais à continuidade dos serviços transferidos.

► Artigo com a redação dada pela EC nº 19, de 4-6-1998.

Art. 242. O princípio do artigo 206, IV, não se aplica às instituições educacionais oficiais criadas por lei estadual ou municipal e existentes na data da promulgação desta Constituição, que não sejam total ou preponderantemente mantidas com recursos públicos.

§ 1º O ensino da História do Brasil levará em conta as contribuições das diferentes culturas e etnias para a formação do povo brasileiro.

§ 2º O Colégio Pedro II, localizado na cidade do Rio de Janeiro, será mantido na órbita federal.

Art. 243. As propriedades rurais e urbanas de qualquer região do País onde forem localizadas culturas ilegais de plantas psicotrópicas ou a exploração de trabalho escravo na forma da lei serão expropriadas e destinadas à reforma agrária e a programas de habitação popular, sem qualquer indenização ao proprietário e sem prejuízo de outras sanções previstas em lei, observado, no que couber, o disposto no art. 5º.

Parágrafo único. Todo e qualquer bem de valor econômico apreendido em decorrência do tráfico ilícito de entorpecentes e drogas afins e da exploração de trabalho escravo será confiscado e reverterá a fundo especial com destinação específica, na forma da lei.

Art. 244. A lei disporá sobre a adaptação dos logradouros, dos edifícios de uso público e dos veículos de transporte coletivo atualmente existentes a fim de garantir acesso adequado às pessoas portadoras de deficiência, conforme o disposto no art. 227, § 2º.

Art. 245. A lei disporá sobre as hipóteses e condições em que o Poder Público dará assistência aos herdeiros e dependentes carentes de pessoas vitimadas por crime doloso, sem prejuízo da responsabilidade civil do autor do ilícito.

Art. 246. É vedada a adoção de medida provisória na regulamentação de artigo da Constituição cuja redação tenha sido alterada por meio de emenda promulgada entre 1º de janeiro de 1995 até a promulgação desta emenda, inclusive.

► **Artigo com a redação dada pela EC nº 32, de 11-9-2001.**

Art. 247. As leis previstas no inciso III do § 1º do artigo 41 e no § 7º do artigo 169 estabelecerão critérios e garantias especiais para a perda do cargo pelo servidor público estável que, em decorrência das atribuições de seu cargo efetivo, desenvolva atividades exclusivas de Estado.

Parágrafo único. Na hipótese de insuficiência de desempenho, a perda do cargo somente ocorrerá mediante processo administrativo em que lhe sejam assegurados o contraditório e a ampla defesa.

Art. 248. Os benefícios pagos, a qualquer título, pelo órgão responsável pelo regime geral de previdência social, ainda que à conta do Tesouro Nacional, e os não sujeitos ao limite máximo de valor fixado para os benefícios concedidos por esse regime observarão os limites fixados no artigo 37, XI.

Art. 249. Com o objetivo de assegurar recursos para o pagamento de proventos de aposentadoria e pensões concedidas aos respectivos servidores e seus dependentes, em adição aos recursos dos respectivos tesouros, a União, os Estados, o Distrito Federal e os Municípios poderão constituir fundos integrados pelos recursos provenientes de contribuições e por bens, direitos e ativos de qualquer natureza, mediante lei que disporá sobre a natureza e administração desses fundos.

Art. 250. Com o objetivo de assegurar recursos para o pagamento dos benefícios concedidos pelo regime geral de previdência social, em adição aos recursos de sua arrecadação, a União poderá constituir fundo integrado por bens, direitos e ativos de qualquer natureza, mediante lei que disporá sobre a natureza e administração desse fundo.

► **Arts. 248 a 250 acrescidos pela EC nº 20, de 15-12-1998.**

ATO DAS DISPOSIÇÕES CONSTITUCIONAIS TRANSITÓRIAS

Art. 1º O Presidente da República, o Presidente do Supremo Tribunal Federal e os membros do Congresso Nacional prestarão o compromisso de manter, defender e cumprir a Constituição, no ato e na data de sua promulgação.

Art. 2º No dia 7 de setembro de 1993 o eleitorado definirá, através de plebiscito, a forma (república ou monarquia constitucional) e o sistema de governo (parlamentarismo ou presidencialismo) que devem vigorar no País.

► **No plebiscito realizado em 21-4-1993, disciplinado pela EC nº 2, de 25-8-1992, foram mantidos a República e o Presidencialismo, como forma e sistema de Governo, respectivamente.**

§ 1º Será assegurada gratuidade na livre divulgação dessas formas e sistemas, através dos meios de comunicação de massa cessionários de serviço público.

§ 2º O Tribunal Superior Eleitoral, promulgada a Constituição, expedirá as normas regulamentadoras deste artigo.

Art. 3º A revisão constitucional será realizada após cinco anos, contados da promulgação da Constituição, pelo voto da maioria absoluta dos membros do Congresso Nacional, em sessão unicameral.

Art. 4º O mandato do atual Presidente da República terminará em 15 de março de 1990.

§ 1º A primeira eleição para Presidente da República após a promulgação da Constituição será realizada no dia 15 de novembro de 1989, não se lhe aplicando o disposto no artigo 16 da Constituição.

§ 2º É assegurada a irredutibilidade da atual representação dos Estados e do Distrito Federal na Câmara dos Deputados.

§ 3º Os mandatos dos Governadores e dos Vice-Governadores eleitos em 15 de novembro de 1986 terminarão em 15 de março de 1991.

§ 4º Os mandatos dos atuais Prefeitos, Vice-Prefeitos e Vereadores terminarão no dia 1º de janeiro de 1989, com a posse dos eleitos.

Art. 5º Não se aplicam às eleições previstas para 15 de novembro de 1988 o disposto no artigo 16 e as regras do artigo 77 da Constituição.

§ 1º Para as eleições de 15 de novembro de 1988 será exigido domicílio eleitoral na circunscrição pelo menos durante os quatro meses anteriores ao pleito, podendo os candidatos que preencham este requisito, atendidas as demais exigências da lei, ter seu registro efetivado pela Justiça Eleitoral após a promulgação da Constituição.

§ 2º Na ausência de norma legal específica, caberá ao Tribunal Superior Eleitoral editar as normas necessárias à realização das eleições de 1988, respeitada a legislação vigente.

§ 3º Os atuais parlamentares federais e estaduais eleitos Vice-Prefeitos, se convocados a exercer a função de Prefeito, não perderão o mandato parlamentar.

§ 4º O número de vereadores por município será fixado, para a representação a ser eleita em 1988, pelo respectivo Tribunal Regional Eleitoral, respeitados os limites estipulados no artigo 29, IV, da Constituição.

§ 5º Para as eleições de 15 de novembro de 1988, ressalvados os que já exercem mandato eletivo, são inelegíveis para qualquer cargo, no território de jurisdição do titular, o cônjuge e os parentes por consanguinidade ou afinidade, até o segundo grau, ou por adoção, do Presidente da República, do Governador de Estado, do Governador do Distrito Federal e do Prefeito que tenham exercido mais da metade do mandato.

Art. 6º Nos seis meses posteriores à promulgação da Constituição, parlamentares federais, reunidos em número não inferior a trinta, poderão requerer ao Tribunal Superior Eleitoral o registro de novo partido político, juntando ao requerimento o manifesto, o estatuto e o programa devidamente assinados pelos requerentes.

§ 1º O registro provisório, que será concedido de plano pelo Tribunal Superior Eleitoral, nos termos deste artigo, defere ao novo partido todos os direitos, deveres e prerrogativas dos atuais, entre eles o de participar, sob legenda própria, das eleições que vierem a ser realizadas nos doze meses seguintes à sua formação.

§ 2º O novo partido perderá automaticamente seu registro provisório se, no prazo de vinte e quatro meses, contados de sua formação, não obtiver registro definitivo no Tribunal Superior Eleitoral, na forma que a lei dispuser.

Art. 7º O Brasil propugnará pela formação de um Tribunal Internacional dos Direitos Humanos.

Art. 8º É concedida anistia aos que, no período de 18 de setembro de 1946 até a data da promulgação da Constituição, foram atingidos, em decorrência de motivação exclusivamente política, por atos de exceção, institucionais ou complementares, aos que foram abrangidos pelo Decreto Legislativo nº 18, de 15 de dezembro de 1961, e aos atingidos pelo Decreto-Lei nº 864, de 12 de setembro de 1969, asseguradas as promoções, na inatividade, ao cargo, emprego, posto ou graduação a que teriam direito se estivessem em serviço ativo, obedecidos os prazos de permanência em atividade previstos nas leis e regulamentos vigentes, respeitadas as características e peculiaridades das carreiras dos servidores públicos civis e militares e observados os respectivos regimes jurídicos.

§ 1º O disposto neste artigo somente gerará efeitos financeiros a partir da promulgação da Constituição, vedada a remuneração de qualquer espécie em caráter retroativo.

§ 2º Ficam assegurados os benefícios estabelecidos neste artigo aos trabalhadores do setor privado, dirigentes e representantes sindicais que, por motivos exclusivamente políticos, tenham sido punidos, demitidos ou compelidos ao afastamento das atividades remuneradas que exerciam, bem como aos que foram impedidos de exercer atividades profissionais em virtude de pressões ostensivas ou expedientes oficiais sigilosos.

§ 3º Aos cidadãos que foram impedidos de exercer, na vida civil, atividade profissional específica, em decorrência das Portarias Reservadas do Ministério da Aeronáutica nº S-50-GM5, de 19 de junho de 1964, e nº S-285-GM5 será concedida reparação de natureza econômica, na forma que dispuser lei de iniciativa do Congresso Nacional e a entrar em vigor no prazo de doze meses a contar da promulgação da Constituição.

§ 4º Aos que, por força de atos institucionais, tenham exercido gratuitamente mandato eletivo de vereador serão computados, para efeito de aposentadoria no serviço público e Previdência Social, os respectivos períodos.

§ 5º A anistia concedida nos termos deste artigo aplica-se aos servidores públicos civis e aos empregados em todos os níveis de governo ou em suas fundações, empresas públicas ou empresas mistas sob controle estatal, exceto nos Ministérios militares, que tenham sidos punidos ou demitidos por atividades profissionais interrompidas em virtude de decisão de seus trabalhadores, bem como em decorrência do Decreto-lei nº 1.632, de 4 de agosto de 1978, ou por motivos exclusivamente políticos, assegurada a readmissão dos que foram atingidos a partir de 1979, observado o disposto no § 1º.

► O referido Decreto-lei foi revogado pela Lei nº 7.783, de 28-6-1989 (Lei de Greve).

Art. 9º Os que, por motivos exclusivamente políticos, foram cassados ou tiveram seus direitos políticos suspensos no período de 15 de julho a 31 de dezembro de 1969, por ato do então Presidente da República, poderão requerer ao Supremo Tribunal Federal o reconhecimento dos direitos e vantagens interrompidos pelos atos punitivos, desde que comprovem terem sido estes eivados de vício grave.

Parágrafo único. O Supremo Tribunal Federal proferirá a decisão no prazo de cento e vinte dias, a contar do pedido do interessado.

Art. 10. Até que seja promulgada a lei complementar a que se refere o artigo 7º, I, da Constituição:

I – fica limitada a proteção nele referida ao aumento, para quatro vezes, da porcentagem prevista no artigo 6º, *caput* e § 1º, da Lei nº 5.107, de 13 de setembro de 1966;

► A referida Lei foi revogada pela Lei nº 7.839, de 12-10-1989, e essa pela Lei nº 8.036, de 11-5-1990.

II – fica vedada a dispensa arbitrária ou sem justa causa:

a) do empregado eleito para cargo de direção de comissões internas de prevenção de acidentes, desde o registro de sua candidatura até um ano após o final de seu mandato;

b) da empregada gestante, desde a confirmação da gravidez até cinco meses após o parto.

§ 1º Até que a lei venha a disciplinar o disposto no artigo 7º, XIX, da Constituição, o prazo da licença-paternidade a que se refere o inciso é de cinco dias.

§ 2º Até ulterior disposição legal, a cobrança das contribuições para o custeio das atividades dos sindicatos rurais será feita juntamente com a do imposto territorial rural, pelo mesmo órgão arrecadador.

§ 3º Na primeira comprovação do cumprimento das obrigações trabalhistas pelo empregador rural, na forma do artigo 233, após a promulgação da Constituição, será certificada perante a Justiça do Trabalho a regularidade do contrato e das atualizações das obrigações trabalhistas de todo o período.

► O referido art. 233 foi revogado pela EC nº 28, de 25-5-2000.

Art. 11. Cada Assembleia Legislativa, com poderes constituintes, elaborará a Constituição do Estado, no prazo de um ano, contado da promulgação da Constituição Federal, obedecidos os princípios desta.

Parágrafo único. Promulgada a Constituição do Estado, caberá à Câmara Municipal, no prazo de seis meses, votar a Lei Orgânica respectiva, em dois turnos de discussão e votação, respeitado o disposto na Constituição Federal e na Constituição Estadual.

Art. 12. Será criada, dentro de noventa dias da promulgação da Constituição, Comissão de Estudos Territoriais, com dez membros indicados pelo Congresso Nacional e cinco pelo Poder Executivo, com a finalidade de apresentar estudos sobre o território nacional e anteprojetos relativos a novas unidades territoriais, notadamente na Amazônia Legal e em áreas pendentes de solução.

§ 1º No prazo de um ano, a Comissão submeterá ao Congresso Nacional os resultados de seus estudos para, nos termos da Constituição, serem apreciados nos doze meses subsequentes, extinguindo-se logo após.

§ 2º Os Estados e os Municípios deverão, no prazo de três anos, a contar da promulgação da Constituição, promover, mediante acordo ou arbitramento, a demarcação de suas linhas divisórias atualmente litigiosas, podendo para isso fazer alterações e compensações de área que atendam aos acidentes naturais, critérios históricos, conveniências administrativas e comodidade das populações limítrofes.

§ 3º Havendo solicitação dos Estados e Municípios interessados, a União poderá encarregar-se dos trabalhos demarcatórios.

§ 4º Se, decorrido o prazo de três anos, a contar da promulgação da Constituição, os trabalhos demarcatórios não tiverem sido concluídos, caberá à União determinar os limites das áreas litigiosas.

§ 5º Ficam reconhecidos e homologados os atuais limites do Estado do Acre com os Estados do Amazonas e de Rondônia, conforme levantamentos cartográficos e geodésicos realizados pela Comissão Tripartite integrada por representantes dos Estados e dos serviços técnico-especializados do Instituto Brasileiro de Geografia e Estatística.

Art. 13. É criado o Estado do Tocantins, pelo desmembramento da área descrita neste artigo, dando-se sua instalação no quadragésimo sexto dia após a eleição prevista no § 3º, mas não antes de 1º de janeiro de 1989.

§ 1º O Estado do Tocantins integra a Região Norte e limita-se com o Estado de Goiás pelas divisas norte dos Municípios de São Miguel do Araguaia, Porangatu, Formoso, Minaçu, Cavalcante, Monte Alegre de Goiás e Campos Belos, conservando a leste, norte e oeste as divisas atuais de Goiás com os Estados da Bahia, Piauí, Maranhão, Pará e Mato Grosso.

§ 2º O Poder Executivo designará uma das cidades do Estado para sua Capital provisória até a aprovação da sede definitiva do governo pela Assembleia Constituinte.

§ 3º O Governador, o Vice-Governador, os Senadores, os Deputados Federais e os Deputados Estaduais serão eleitos, em um único turno, até setenta e cinco dias após a promulgação da Constituição, mas não antes de 15 de novembro de 1988, a critério do Tribunal Superior Eleitoral, obedecidas, entre outras, as seguintes normas:

I – o prazo de filiação partidária dos candidatos será encerrado setenta e cinco dias antes da data das eleições;

II – as datas das convenções regionais partidárias destinadas a deliberar sobre coligações e escolha de candidatos, de apresentação de requerimento de registro dos candidatos escolhidos e dos demais procedimentos legais serão fixadas em calendário especial, pela Justiça Eleitoral;

III – são inelegíveis os ocupantes de cargos estaduais ou municipais que não se tenham deles afastado, em caráter definitivo, setenta e cinco dias antes da data das eleições previstas neste parágrafo;

IV – ficam mantidos os atuais diretórios regionais dos partidos políticos do Estado de Goiás, cabendo às Comissões Executivas Nacionais designar comissões provisórias no Estado do Tocantins, nos termos e para os fins previstos na lei.

§ 4º Os mandatos do Governador, do Vice-Governador, dos Deputados Federais e Estaduais eleitos na forma do parágrafo anterior extinguir-se-ão concomitantemente aos das demais Unidades da Federação; o mandato do Senador eleito menos votado extinguir-se-á nessa mesma oportunidade, e os dos outros dois, juntamente com os dos Senadores eleitos em 1986 nos demais Estados.

§ 5º A Assembleia Estadual Constituinte será instalada no quadragésimo sexto dia da eleição de seus integrantes, mas não antes de 1º de janeiro de 1989, sob a presidência do Presidente do Tribunal Regional Eleitoral do Estado de Goiás, e dará posse, na mesma data, ao Governador e ao Vice-Governador eleitos.

§ 6º Aplicam-se à criação e instalação do Estado do Tocantins, no que couber, as normas legais disciplinadoras da divisão do Estado de Mato Grosso, observado o disposto no artigo 234 da Constituição.

§ 7º Fica o Estado de Goiás liberado dos débitos e encargos decorrentes de empreendimentos no território do novo Estado, e autorizada a União, a seu critério, a assumir os referidos débitos.

Art. 14. Os Territórios Federais de Roraima e do Amapá são transformados em Estados Federados, mantidos seus atuais limites geográficos.

§ 1º A instalação dos Estados dar-se-á com a posse dos Governadores eleitos em 1990.

§ 2º Aplicam-se à transformação e instalação dos Estados de Roraima e Amapá as normas e critérios seguidos na criação do Estado de Rondônia, respeitado o disposto na Constituição e neste Ato.

§ 3º O Presidente da República, até quarenta e cinco dias após a promulgação da Constituição, encaminhará à apreciação do Senado Federal os nomes dos Governadores dos Estados de Roraima e do Amapá que exercerão o Poder Executivo até a instalação dos novos Estados com a posse dos Governadores eleitos.

§ 4º Enquanto não concretizada a transformação em Estados, nos termos deste artigo, os Territórios Federais de Roraima e do Amapá serão beneficiados pela transferência de recursos prevista nos artigos 159, I, *a*, da Constituição, e 34, § 2º, II, deste Ato.

Art. 15. Fica extinto o Território Federal de Fernando de Noronha, sendo sua área reincorporada ao Estado de Pernambuco.

Art. 16. Até que se efetive o disposto no artigo 32, § 2º, da Constituição, caberá ao Presidente da República, com a aprovação do Senado Federal, indicar o Governador e o Vice-Governador do Distrito Federal.

§ 1º A competência da Câmara Legislativa do Distrito Federal, até que se instale, será exercida pelo Senado Federal.

§ 2º A fiscalização contábil, financeira, orçamentária, operacional e patrimonial do Distrito Federal, enquanto não for instalada a Câmara Legislativa, será exercida pelo Senado Federal, mediante controle externo, com o auxílio do Tribunal de Contas do Distrito Federal, observado o disposto no artigo 72 da Constituição.

§ 3º Incluem-se entre os bens do Distrito Federal aqueles que lhe vierem a ser atribuídos pela União na forma da lei.

Art. 17. Os vencimentos, a remuneração, as vantagens e os adicionais, bem como os proventos de aposentadoria que estejam sendo percebidos em desacordo com a Constituição serão imediatamente reduzidos aos limites dela decorrentes, não se admitindo, neste caso, invocação de direito adquirido ou percepção de excesso a qualquer título.

§ 1º É assegurado o exercício cumulativo de dois cargos ou empregos privativos de médico que estejam sendo exercidos por médico militar na administração pública direta ou indireta.

§ 2º É assegurado o exercício cumulativo de dois cargos ou empregos privativos de profissionais de saúde que estejam sendo exercidos na administração pública direta ou indireta.

Art. 18. Ficam extintos os efeitos jurídicos de qualquer ato legislativo ou administrativo, lavrado a partir da instalação da Assembleia Nacional Constituinte, que tenha por objeto a concessão de estabilidade a servidor admitido sem concurso público, da administração direta ou indireta, inclusive das fundações instituídas e mantidas pelo Poder Público.

Art. 18-A. Os atos administrativos praticados no Estado do Tocantins, decorrentes de sua instalação, entre 1º de janeiro de 1989 e 31 de dezembro de 1994, eivados de qualquer vício jurídico e dos quais decorram efeitos favoráveis para os destinatários ficam

convalidados após 5 (cinco) anos, contados da data em que foram praticados, salvo comprovada má-fé.

► Art. 18-A acrescido pela EC nº 110, de 12-7-2021.

Art. 19. Os servidores públicos civis da União, dos Estados, do Distrito Federal e dos Municípios, da administração direta, autárquica e das fundações públicas, em exercício na data da promulgação da Constituição, há pelo menos cinco anos continuados, e que não tenham sido admitidos na forma regulada no artigo 37, da Constituição, são considerados estáveis no serviço público.

§ 1º O tempo de serviço dos servidores referidos neste artigo será contado como título quando se submeterem a concurso para fins de efetivação, na forma da lei.

§ 2º O disposto neste artigo não se aplica aos ocupantes de cargos, funções e empregos de confiança ou em comissão, nem aos que a lei declare de livre exoneração, cujo tempo de serviço não será computado para os fins do *caput* deste artigo, exceto se se tratar de servidor.

§ 3º O disposto neste artigo não se aplica aos professores de nível superior, nos termos da lei.

Art. 20. Dentro de cento e oitenta dias, proceder-se-á à revisão dos direitos dos servidores públicos inativos e pensionistas e à atualização dos proventos e pensões a eles devidos, a fim de ajustá-los ao disposto na Constituição.

Art. 21. Os juízes togados de investidura limitada no tempo, admitidos mediante concurso público de provas e títulos e que estejam em exercício na data da promulgação da Constituição, adquirem estabilidade, observado o estágio probatório, e passam a compor quadro em extinção, mantidas as competências, prerrogativas e restrições da legislação a que se achavam submetidos, salvo as inerentes à transitoriedade da investidura.

Parágrafo único. A aposentadoria dos juízes de que trata este artigo regular-se-á pelas normas fixadas para os demais juízes estaduais.

Art. 22. É assegurado aos defensores públicos investidos na função até a data de instalação da Assembleia Nacional Constituinte o direito de opção pela carreira, com a observância das garantias e vedações previstas no artigo 134, parágrafo único, da Constituição.

► O referido parágrafo único foi renumerado para § 1º, pela EC nº 45, de 8-12-2004.

Art. 23. Até que se edite a regulamentação do artigo 21, XVI, da Constituição, os atuais ocupantes do cargo de Censor Federal continuarão exercendo funções com este compatíveis, no Departamento de Polícia Federal, observadas as disposições constitucionais.

Parágrafo único. A lei referida disporá sobre o aproveitamento dos Censores Federais, nos termos deste artigo.

Art. 24. A União, os Estados, o Distrito Federal e os Municípios editarão leis que estabeleçam critérios para a compatibilização de seus quadros de pessoal ao disposto no artigo 39 da Constituição e à reforma administrativa dela decorrente, no prazo de dezoito meses, contados da sua promulgação.

Art. 25. Ficam revogados, a partir de cento e oitenta dias da promulgação da Constituição, sujeito este prazo a prorrogação por lei, todos os dispositivos legais que atribuam ou deleguem a órgão do Poder Executivo competência assinalada pela Constituição ao Congresso Nacional, especialmente no que tange à:

I – ação normativa;

II – alocação ou transferência de recursos de qualquer espécie.

§ 1º Os decretos-leis em tramitação no Congresso Nacional e por este não apreciados até a promulgação da Constituição terão seus efeitos regulados da seguinte forma:

I – se editados até 2 de setembro de 1988, serão apreciados pelo Congresso Nacional no prazo de até cento e oitenta dias a contar da promulgação da Constituição, não computado o recesso parlamentar;

II – decorrido o prazo definido no inciso anterior, e não havendo apreciação, os decretos-leis ali mencionados serão considerados rejeitados;

III – nas hipóteses definidas nos incisos I e II, terão plena validade os atos praticados na vigência dos respectivos decretos-leis, podendo o Congresso Nacional, se necessário, legislar sobre os efeitos deles remanescentes.

§ 2º Os decretos-leis editados entre 3 de setembro de 1988 e a promulgação da Constituição serão convertidos, nesta data, em medidas provisórias, aplicando-se-lhes as regras estabelecidas no artigo 62, parágrafo único.

Art. 26. No prazo de um ano a contar da promulgação da Constituição, o Congresso Nacional promoverá, através de Comissão Mista, exame analítico e pericial dos atos e fatos geradores do endividamento externo brasileiro.

§ 1º A Comissão terá a força legal de Comissão Parlamentar de Inquérito para os fins de requisição e convocação, e atuará com o auxílio do Tribunal de Contas da União.

§ 2º Apurada irregularidade, o Congresso Nacional proporá ao Poder Executivo a declaração de nulidade do ato e encaminhará o processo ao Ministério Público Federal, que formalizará, no prazo de sessenta dias, a ação cabível.

Art. 27. O Superior Tribunal de Justiça será instalado sob a Presidência do Supremo Tribunal Federal.

§ 1º Até que se instale o Superior Tribunal de Justiça, o Supremo Tribunal Federal exercerá as atribuições e competências definidas na ordem constitucional precedente.

§ 2º A composição inicial do Superior Tribunal de Justiça far-se-á:

I – pelo aproveitamento dos Ministros do Tribunal Federal de Recursos;

II – pela nomeação dos Ministros que sejam necessários para completar o número estabelecido na Constituição.

§ 3º Para os efeitos do disposto na Constituição, os atuais Ministros do Tribunal Federal de Recursos serão considerados pertencentes à classe de que provieram, quando de sua nomeação.

§ 4º Instalado o Tribunal, os Ministros aposentados do Tribunal Federal de Recursos tornar-se-ão, automaticamente, Ministros aposentados do Superior Tribunal de Justiça.

§ 5º Os Ministros a que se refere o § 2º, II, serão indicados em lista tríplice pelo Tribunal Federal de Recursos, observado o disposto no artigo 104, parágrafo único, da Constituição.

§ 6º Ficam criados cinco Tribunais Regionais Federais, a serem instalados no prazo de seis meses a contar da promulgação da Constituição, com a jurisdição e sede que lhes fixar o Tribunal Federal de Recursos, tendo em conta o número de processos e sua localização geográfica.

§ 7º Até que se instalem os Tribunais Regionais Federais, o Tribunal Federal de Recursos exercerá a competência a eles atribuída em todo o território nacional, cabendo-lhe promover sua instalação e indicar os candidatos a todos os cargos da composição inicial, mediante lista tríplice, podendo desta constar juízes federais de qualquer região, observado o disposto no § 9º.

§ 8º É vedado, a partir da promulgação da Constituição, o provimento de vagas de Ministros do Tribunal Federal de Recursos.

§ 9º Quando não houver juiz federal que conte o tempo mínimo previsto no artigo 107, II, da Constituição, a promoção poderá contemplar juiz com menos de cinco anos no exercício do cargo.

§ 10. Compete à Justiça Federal julgar as ações nela propostas até a data da promulgação da Constituição, e aos Tribunais Regionais Federais bem como ao Superior Tribunal de Justiça julgar as ações rescisórias das decisões até então proferidas pela Justiça Federal, inclusive daquelas cuja matéria tenha passado à competência de outro ramo do Judiciário.

§ 11. São criados, ainda, os seguintes Tribunais Regionais Federais: o da 6ª Região, com sede em Curitiba, Estado do Paraná, e jurisdição nos Estados do Paraná, Santa Catarina e Mato Grosso do Sul; o da 7ª Região, com sede em Belo Horizonte, Estado de Minas Gerais, e jurisdição no Estado de Minas Gerais; o da 8ª Região, com sede em Salvador, Estado da Bahia, e jurisdição nos Estados da Bahia e Sergipe; e o da 9ª Região, com sede em Manaus, Estado do Amazonas, e jurisdição nos Estados do Amazonas, Acre, Rondônia e Roraima.

- § 11 acrescido pela EC nº 73, de 6-6-2013.
- O STF, na ADIN nº 5.017, deferiu, em caráter excepcional e sujeita ao referendo do Colegiado, medida cautelar para suspender os efeitos da EC nº 73, de 6-6-2013 (*DJe* 1º-8-2013).

Art. 28. Os juízes federais de que trata o artigo 123, § 2º, da Constituição de 1967, com a redação dada pela Emenda Constitucional nº 7, de 1977, ficam investidos na titularidade de varas na Seção Judiciária para a qual tenham sido nomeados ou designados; na inexistência de vagas, proceder-se-á ao desdobramento das varas existentes.

- Dispunha o artigo citado: "A lei poderá atribuir a juízes federais exclusivamente funções de substituição, em uma ou mais seções judiciárias e, ainda, as de auxílio a juízes titulares de Varas, quando não se encontrarem no exercício de substituição".

Parágrafo único. Para efeito de promoção por antiguidade, o tempo de serviço desses juízes será computado a partir do dia de sua posse.

Art. 29. Enquanto não aprovadas as leis complementares relativas ao Ministério Público e à Advocacia-Geral da União, o Ministério Público Federal, a Procuradoria-Geral da Fazenda Nacional, as Consultorias Jurídicas dos Ministérios, as Procuradorias e Departamentos Jurídicos de autarquias federais com representação própria e os membros das Procuradorias das Universidades fundacionais públicas continuarão a exercer suas atividades na área das respectivas atribuições.

§ 1º O Presidente da República, no prazo de cento e vinte dias, encaminhará ao Congresso Nacional projeto de lei complementar dispondo sobre a organização e o funcionamento da Advocacia-Geral da União.

§ 2º Aos atuais Procuradores da República, nos termos da lei complementar, será facultada a opção, de forma irretratável, entre as carreiras do Ministério Público Federal e da Advocacia-Geral da União.

§ 3º Poderá optar pelo regime anterior, no que respeita às garantias e vantagens, o membro do Ministério Público admitido antes da promulgação da Constituição, observando-se, quanto às vedações, a situação jurídica na data desta.

§ 4º Os atuais integrantes do quadro suplementar dos Ministérios Públicos do Trabalho e Militar que tenham adquirido estabilidade nessas funções passam a integrar o quadro da respectiva carreira.

§ 5º Cabe à atual Procuradoria-Geral da Fazenda Nacional, diretamente ou por delegação, que pode ser ao Ministério Público Estadual, representar judicialmente a União nas causas de natureza fiscal, na área da respectiva competência, até a promulgação das leis complementares previstas neste artigo.

Art. 30. A legislação que criar a Justiça de Paz manterá os atuais juízes de paz até a posse dos novos titulares, assegurando-lhes os direitos e atribuições conferidos a estes, e designará o dia para a eleição prevista no artigo 98, II, da Constituição.

Art. 31. Serão estatizadas as serventias do foro judicial, assim definidas em lei, respeitados os direitos dos atuais titulares.

Art. 32. O disposto no artigo 236 não se aplica aos serviços notariais e de registro que já tenham sido oficializados pelo Poder Público, respeitando-se o direito de seus servidores.

Art. 33. Ressalvados os créditos de natureza alimentar, o valor dos precatórios judiciais pendentes de pagamento na data da promulgação da Constituição, incluído o remanescente de juros e correção monetária, poderá ser pago em moeda corrente, com atualização, em prestações anuais, iguais e sucessivas, no prazo máximo de oito anos, a partir de 1º de julho de 1989, por decisão editada pelo Poder Executivo até cento e oitenta dias da promulgação da Constituição.

Parágrafo único. Poderão as entidades devedoras, para o cumprimento do disposto neste artigo, emitir, em cada ano, no exato montante do dispêndio, títulos de dívida pública não computáveis para efeito do limite global de endividamento.

Art. 34. O sistema tributário nacional entrará em vigor a partir do primeiro dia do quinto mês seguinte ao da promulgação da Constituição, mantido, até então, o da Constituição de 1967, com a redação dada pela Emenda nº 1, de 1969, e pelas posteriores.

§ 1º Entrarão em vigor com a promulgação da Constituição os artigos 148, 149, 150, 154, I, 156, III, e 159, I, *c*, revogadas as disposições em contrário da Constituição de 1967 e das Emendas que a modificaram, especialmente de seu artigo 25, III.

§ 2º O Fundo de Participação dos Estados e do Distrito Federal e o Fundo de Participação dos Municípios obedecerão às seguintes determinações:

I – a partir da promulgação da Constituição, os percentuais serão, respectivamente, de dezoito por cento e de vinte por cento, calculados sobre o produto da arrecadação dos impostos referidos no artigo 153, III e IV, mantidos os atuais critérios de rateio até a entrada em vigor da lei complementar a que se refere o artigo 161, II;

II – o percentual relativo ao Fundo de Participação dos Estados e do Distrito Federal será acrescido de um ponto percentual no exercício financeiro de 1989 e, a partir de 1990, inclusive, à razão de meio ponto por exercício, até 1992, inclusive, atingindo em 1993 o percentual estabelecido no artigo 159, I, *a*;

III – o percentual relativo ao Fundo de Participação dos Municípios, a partir de 1989, inclusive, será elevado à razão de meio ponto percentual por exercício financeiro, até atingir o estabelecido no artigo 159, I, *b*.

§ 3º Promulgada a Constituição, a União, os Estados, o Distrito Federal e os Municípios poderão editar as leis necessárias à aplicação do sistema tributário nacional nela previsto.

§ 4º As leis editadas nos termos do parágrafo anterior produzirão efeitos a partir da entrada em vigor do sistema tributário nacional previsto na Constituição.

§ 5º Vigente o novo sistema tributário nacional, fica assegurada a aplicação da legislação anterior, no que não seja incompatível com ele e com a legislação referida nos §§ 3º e 4º.

§ 6º Até 31 de dezembro de 1989, o disposto no artigo 150, III, *b*, não se aplica aos impostos de que tratam os artigos 155, I, *a* e *b*, e 156, II e III, que podem ser cobrados trinta dias após a publicação da lei que os tenha instituído ou aumentado.

► Com a alteração determinada pela EC nº 3, de 17-3-1993, a referência ao art. 155, I, *b*, passou a ser ao art. 155, II.

§ 7º Até que sejam fixadas em lei complementar, as alíquotas máximas do imposto municipal sobre vendas a varejo de combustíveis líquidos e gasosos não excederão a três por cento.

§ 8º Se, no prazo de sessenta dias contados da promulgação da Constituição, não for editada a lei complementar necessária à instituição do imposto de que trata o artigo 155, I, *b*, os Estados e o Distrito Federal, mediante convênio celebrado nos termos da Lei Complementar nº 24, de 7 de janeiro de 1975, fixarão normas para regular provisoriamente a matéria.

► De acordo com a nova redação dada pela EC nº 3, de 17-3-1993, a referência ao art. 155, I, *b* passou a ser art. 155, II.

§ 9º Até que lei complementar disponha sobre a matéria, as empresas distribuidoras de energia elétrica, na condição de contribuintes ou de substitutos tributários, serão as responsáveis, por ocasião da saída do produto de seus estabelecimentos, ainda que destinado a outra Unidade da Federação, pelo pagamento do Imposto sobre Operações Relativas à Circulação de mercadorias incidente sobre energia elétrica, desde a produção ou importação até a última operação, calculado o imposto sobre o preço então praticado na operação final e assegurado seu recolhimento ao Estado ou ao Distrito Federal, conforme o local onde deva ocorrer essa operação.

§ 10. Enquanto não entrar em vigor a lei prevista no artigo 159, I, *c*, cuja promulgação se fará até 31 de dezembro de 1989, é assegurada a aplicação dos recursos previstos naquele dispositivo da seguinte maneira:

I – seis décimos por cento na Região Norte, através do Banco da Amazônia S/A;

II – um inteiro e oito décimos por cento na Região Nordeste, através do Banco do Nordeste do Brasil S/A;

III – seis décimos por cento na Região Centro-Oeste, através do Banco do Brasil S/A.

§ 11. Fica criado, nos termos da lei, o Banco de Desenvolvimento do Centro-Oeste, para dar cumprimento, na referida região, ao que determinam os artigos 159, I, *c*, e 192, § 2º, da Constituição.

► O referido § 2º foi revogado pela EC nº 40, de 29-5-2003.

§ 12. A urgência prevista no artigo 148, II, não prejudica a cobrança do empréstimo compulsório instituído, em benefício das Centrais Elétricas Brasileiras S/A (ELETROBRÁS), pela Lei nº 4.156, de 28 de novembro de 1962, com as alterações posteriores.

Art. 35. O disposto no artigo 165, § 7º, será cumprido de forma progressiva, no prazo de até dez anos, distribuindo-se os recursos entre as regiões macroeconômicas em razão proporcional à população, a partir da situação verificada no biênio 1986/1987.

§ 1º Para aplicação dos critérios de que trata este artigo, excluem-se das despesas totais as relativas:

I – aos projetos considerados prioritários no plano plurianual;

II – à segurança e defesa nacional;

III – à manutenção dos órgãos federais no Distrito Federal;

IV – ao Congresso Nacional, ao Tribunal de Contas da União e ao Poder Judiciário;

V – ao serviço da dívida da administração direta e indireta da União, inclusive fundações instituídas e mantidas pelo Poder Público Federal.

§ 2º Até a entrada em vigor da lei complementar a que se refere o artigo 165, § 9º, I e II, serão obedecidas as seguintes normas:

I – o projeto do plano plurianual, para vigência até o final do primeiro exercício financeiro do mandato presidencial subsequente, será encaminhado até quatro meses antes do encerramento do primeiro exercício financeiro e devolvido para sanção até o encerramento da sessão legislativa;

II – o projeto de lei de diretrizes orçamentárias será encaminhado até oito meses e meio antes do encerramento do exercício financeiro e devolvido para sanção até o encerramento do primeiro período da sessão legislativa;

III – o projeto de lei orçamentária da União será encaminhado até quatro meses antes do encerramento do exercício financeiro e devolvido para sanção até o encerramento da sessão legislativa.

Art. 36. Os fundos existentes na data da promulgação da Constituição, excetuados os resultantes de isenções fiscais que passem a integrar patrimônio privado e os que interessem à defesa nacional, extinguir-se-ão, se não forem ratificados pelo Congresso Nacional no prazo de dois anos.

Art. 37. A adaptação ao que estabelece o artigo 167, III, deverá processar-se no prazo de cinco anos, reduzindo-se o excesso à base de, pelo menos, um quinto por ano.

Art. 38. Até a promulgação da lei complementar referida no artigo 169, a União, os Estados, o Distrito Federal e os Municípios não poderão despender com pessoal mais do que sessenta e cinco por cento do valor das respectivas receitas correntes.

Parágrafo único. A União, os Estados, o Distrito Federal e os Municípios, quando a respectiva despesa de pessoal exceder o limite previsto neste artigo, deverão retornar àquele limite, reduzindo o percentual excedente à razão de um quinto por ano.

Art. 39. Para efeito do cumprimento das disposições constitucionais que impliquem variações de despesas e receitas da União, após a promulgação da Constituição, o Poder Executivo deverá elaborar e o Poder Legislativo apreciar projeto de revisão da lei orçamentária referente ao exercício financeiro de 1989.

Parágrafo único. O Congresso Nacional deverá votar no prazo de doze meses a lei complementar prevista no artigo 161, II.

Art. 40. É mantida a Zona Franca de Manaus, com suas características de área livre de comércio, de exportação e importação, e de incentivos fiscais, pelo prazo de vinte e cinco anos, a partir da promulgação da Constituição.

Parágrafo único. Somente por lei federal podem ser modificados os critérios que disciplinaram ou venham a disciplinar a aprovação dos projetos na Zona Franca de Manaus.

Art. 41. Os Poderes Executivos da União, dos Estados, do Distrito Federal e dos Municípios reavaliarão todos os incentivos fiscais de natureza setorial ora em vigor, propondo aos Poderes Legislativos respectivos as medidas cabíveis.

§ 1º Considerar-se-ão revogados após dois anos, a partir da data da promulgação da Constituição, os incentivos que não forem confirmados por lei.

§ 2º A revogação não prejudicará os direitos que já tiverem sido adquiridos, àquela data, em relação a incentivos concedidos sob condição e com prazo certo.

§ 3º Os incentivos concedidos por convênio entre Estados, celebrados nos termos do artigo 23, § 6º, da Constituição de

1967, com a redação da Emenda nº 1, de 17 de outubro de 1969, também deverão ser reavaliados e reconfirmados nos prazos deste artigo.

Art. 42. Durante 40 (quarenta) anos, a União aplicará dos recursos destinados à irrigação:

I – 20% (vinte por cento) na Região Centro-Oeste;

II – 50% (cinquenta por cento) na Região Nordeste, preferencialmente no Semiárido.

Parágrafo único. Dos percentuais previstos nos incisos I e II do *caput*, no mínimo 50% (cinquenta por cento) serão destinados a projetos de irrigação que beneficiem agricultores familiares que atendam aos requisitos previstos em legislação específica.

Art. 43. Na data da promulgação da lei que disciplinar a pesquisa e a lavra de recursos e jazidas minerais, ou no prazo de um ano, a contar da promulgação da Constituição, tornar-se-ão sem efeito as autorizações, concessões e demais títulos atributivos de direitos minerários, caso os trabalhos de pesquisa ou de lavra não hajam sido comprovadamente iniciados nos prazos legais ou estejam inativos.

Art. 44. As atuais empresas brasileiras titulares de autorização de pesquisa, concessão de lavra de recursos minerais e de aproveitamento dos potenciais de energia hidráulica em vigor terão quatro anos, a partir da promulgação da Constituição, para cumprir os requisitos do artigo 176, § 1º.

§ 1º Ressalvadas as disposições de interesse nacional previstas no texto constitucional, as empresas brasileiras ficarão dispensadas do cumprimento do disposto no artigo 176, § 1º, desde que, no prazo de até quatro anos da data da promulgação da Constituição, tenham o produto de sua lavra e beneficiamento destinado a industrialização no território nacional, em seus próprios estabelecimentos ou em empresa industrial controladora ou controlada.

§ 2º Ficarão também dispensadas do cumprimento do disposto no artigo 176, § 1º, as empresas brasileiras titulares de concessão de energia hidráulica para uso em seu processo de industrialização.

§ 3º As empresas brasileiras referidas no § 1º somente poderão ter autorizações de pesquisa e concessões de lavra ou potenciais de energia hidráulica, desde que a energia e o produto da lavra sejam utilizados nos respectivos processos industriais.

Art. 45. Ficam excluídas do monopólio estabelecido pelo artigo 177, II, da Constituição as refinarias em funcionamento no País amparadas pelo artigo 43 e nas condições do artigo 45 da Lei nº 2.004, de 3 de outubro de 1953.

► A referida Lei foi revogada pela Lei nº 9.478, de 6-8-1997.

Parágrafo único. Ficam ressalvados da vedação do artigo 177, § 1º, os contratos de risco feitos com a Petróleo Brasileiro S/A (PETROBRAS), para pesquisa de petróleo, que estejam em vigor na data da promulgação da Constituição.

Art. 46. São sujeitos à correção monetária desde o vencimento, até seu efetivo pagamento, sem interrupção ou suspensão, os créditos junto a entidades submetidas aos regimes de intervenção ou liquidação extrajudicial, mesmo quando esses regimes sejam convertidos em falência.

Parágrafo único. O disposto neste artigo aplica-se também:

I – às operações realizadas posteriormente à decretação dos regimes referidos no *caput* deste artigo;

II – às operações de empréstimo, financiamento, refinanciamento, assistência financeira de liquidez, cessão ou sub-rogação de créditos ou cédulas hipotecárias, efetivação de garantia de depósitos do público ou de compra de obrigações passivas, inclusive as realizadas com recursos de fundos que tenham essas destinações;

III – aos créditos anteriores à promulgação da Constituição;

IV – aos créditos das entidades da administração pública anteriores à promulgação da Constituição, não liquidados até 1º de janeiro de 1988.

Art. 47. Na liquidação dos débitos, inclusive suas renegociações e composições posteriores, ainda que ajuizados, decorrentes de quaisquer empréstimos concedidos por bancos e por instituições financeiras, não existirá correção monetária desde que o empréstimo tenha sido concedido:

I – aos micro e pequenos empresários ou seus estabelecimentos no período de 28 de fevereiro de 1986 a 28 de fevereiro de 1987;

II – aos mini, pequenos e médios produtores rurais no período de 28 de fevereiro de 1986 a 31 de dezembro de 1987, desde que relativos a crédito rural.

§ 1º Consideram-se, para efeito deste artigo, microempresas as pessoas jurídicas e as firmas individuais com receitas anuais de até dez mil Obrigações do Tesouro Nacional, e pequenas empresas as pessoas jurídicas e as firmas individuais com receita anual de até vinte e cinco mil Obrigações do Tesouro Nacional.

§ 2º A classificação de mini, pequeno e médio produtor rural será feita obedecendo-se às normas de crédito rural vigentes à época do contrato.

§ 3º A isenção da correção monetária a que se refere este artigo só será concedida nos seguintes casos:

I – se a liquidação do débito inicial, acrescido de juros legais e taxas judiciais, vier a ser efetivada no prazo de noventa dias, a contar da data da promulgação da Constituição;

II – se a aplicação dos recursos não contrariar a finalidade do financiamento, cabendo o ônus da prova à instituição credora;

III – se não for demonstrado pela instituição credora que o mutuário dispõe de meios para o pagamento de seu débito, excluído desta demonstração seu estabelecimento, a casa de moradia e os instrumentos de trabalho e produção;

IV – se o financiamento inicial não ultrapassar o limite de cinco mil Obrigações do Tesouro Nacional;

V – se o beneficiário não for proprietário de mais de cinco módulos rurais.

§ 4º Os benefícios de que trata este artigo não se estendem aos débitos já quitados e aos devedores que sejam constituintes.

§ 5º No caso de operações com prazos de vencimento posteriores à data-limite de liquidação da dívida, havendo interesse do mutuário, os bancos e as instituições financeiras promoverão, por instrumento próprio, alteração nas condições contratuais originais de forma a ajustá-las ao presente benefício.

§ 6º A concessão do presente benefício por bancos comerciais privados em nenhuma hipótese acarretará ônus para o Poder Público, ainda que através de refinanciamento e repasse de recursos pelo Banco Central.

§ 7º No caso de repasse a agentes financeiros oficiais ou cooperativas de crédito, o ônus recairá sobre a fonte de recursos originária.

Art. 48. O Congresso Nacional, dentro de cento e vinte dias da promulgação da Constituição, elaborará Código de Defesa do Consumidor.

Art. 49. A lei disporá sobre o instituto da enfiteuse em imóveis urbanos, sendo facultada aos foreiros, no caso de sua extinção, a remição dos aforamentos mediante aquisição do domínio direto, na conformidade do que dispuserem os respectivos contratos.

§ 1º Quando não existir cláusula contratual, serão adotados os critérios e bases hoje vigentes na legislação especial dos imóveis da União.

§ 2º Os direitos dos atuais ocupantes inscritos ficam assegurados pela aplicação de outra modalidade de contrato.

§ 3º A enfiteuse continuará sendo aplicada aos terrenos de marinha e seus acrescidos, situados na faixa de segurança, a partir da orla marítima.

§ 4º Remido o foro, o antigo titular do domínio direto deverá, no prazo de noventa dias, sob pena de responsabilidade, confiar à guarda do registro de imóveis competente toda a documentação a ele relativa.

Art. 50. Lei agrícola a ser promulgada no prazo de um ano disporá, nos termos da Constituição, sobre os objetivos e instrumentos de política agrícola, prioridades, planejamento de safras, comercialização, abastecimento interno, mercado externo e instituição de crédito fundiário.

Art. 51. Serão revistos pelo Congresso Nacional, através de Comissão Mista, nos três anos a contar da data da promulgação da Constituição, todas as doações, vendas e concessões de terras públicas com área superior a três mil hectares, realizadas no período de 1º de janeiro de 1962 a 31 de dezembro de 1987.

§ 1º No tocante às vendas, a revisão será feita com base exclusivamente no critério de legalidade da operação.

§ 2º No caso de concessões e doações, a revisão obedecerá aos critérios de legalidade e de conveniência do interesse público.

§ 3º Nas hipóteses previstas nos parágrafos anteriores, comprovada a ilegalidade, ou havendo interesse público, as terras reverterão ao patrimônio da União, dos Estados, do Distrito Federal ou dos Municípios.

Art. 52. Até que sejam fixadas as condições do art. 192, são vedados:

► *Caput* com a redação dada pela EC nº 40, de 29-5-2003.

I – a instalação, no País, de novas agências de instituições financeiras domiciliadas no exterior;

II – o aumento do percentual de participação, no capital de instituições financeiras com sede no País, de pessoas físicas ou jurídicas residentes ou domiciliadas no exterior.

Parágrafo único. A vedação a que se refere este artigo não se aplica às autorizações resultantes de acordos internacionais, de reciprocidade, ou de interesse do Governo brasileiro.

Art. 53. Ao ex-combatente que tenha efetivamente participado de operações bélicas durante a Segunda Guerra Mundial, nos termos da Lei nº 5.315, de 12 de setembro de 1967, serão assegurados os seguintes direitos:

I – aproveitamento no serviço público, sem a exigência de concurso, com estabilidade;

II – pensão especial correspondente à deixada por segundo-tenente das Forças Armadas, que poderá ser requerida a qualquer tempo, sendo inacumulável com quaisquer rendimentos recebidos dos cofres públicos, exceto os benefícios previdenciários, ressalvado o direito de opção;

III – em caso de morte, pensão à viúva ou companheira ou dependente, de forma proporcional, de valor igual à do inciso anterior;

IV – assistência médica, hospitalar e educacional gratuita, extensiva aos dependentes;

V – aposentadoria com proventos integrais aos vinte e cinco anos de serviço efetivo, em qualquer regime jurídico;

VI – prioridade na aquisição da casa própria, para os que não a possuam ou para suas viúvas ou companheiras.

Parágrafo único. A concessão da pensão especial do inciso II substitui, para todos os efeitos legais, qualquer outra pensão já concedida ao ex-combatente.

Art. 54. Os seringueiros recrutados nos termos do Decreto-Lei nº 5.813, de 14 de setembro de 1943, e amparados pelo Decreto-Lei nº 9.882, de 16 de setembro de 1946, receberão, quando carentes, pensão mensal vitalícia no valor de dois salários mínimos.

§ 1º O benefício é estendido aos seringueiros que, atendendo a apelo do Governo brasileiro, contribuíram para o esforço de guerra, trabalhando na produção de borracha, na Região Amazônica, durante a Segunda Guerra Mundial.

§ 2º Os benefícios estabelecidos neste artigo são transferíveis aos dependentes reconhecidamente carentes.

§ 3º A concessão do benefício far-se-á conforme lei a ser proposta pelo Poder Executivo dentro de cento e cinquenta dias da promulgação da Constituição.

Art. 54-A. Os seringueiros de que trata o art. 54 deste Ato das Disposições Constitucionais Transitórias receberão indenização, em parcela única, no valor de R$ 25.000,00 (vinte e cinco mil reais).

► Artigo acrescido pela EC nº 78, de 14-5-2014 (*DOU* de 15-5-2014), para vigorar no exercício financeiro seguinte ao de sua publicação.

Art. 55. Até que seja aprovada a lei de diretrizes orçamentárias, trinta por cento, no mínimo, do orçamento da seguridade social, excluído o seguro-desemprego, serão destinados ao setor de saúde.

Art. 56. Até que a lei disponha sobre o artigo 195, I, a arrecadação decorrente de, no mínimo, cinco dos seis décimos percentuais correspondentes à alíquota da contribuição de que trata o Decreto-Lei nº 1.940, de 25 de maio de 1982, alterada pelo Decreto-Lei nº 2.049, de 1º de agosto de 1983, pelo Decreto nº 91.236, de 8 de maio de 1985, e pela Lei nº 7.611, de 8 de julho de 1987, passa a integrar a receita da seguridade social, ressalvados, exclusivamente no exercício de 1988, os compromissos assumidos com programas e projetos em andamento.

Art. 57. Os débitos dos Estados e dos Municípios relativos às contribuições previdenciárias até 30 de junho de 1988 serão liquidados, com correção monetária, em cento e vinte parcelas mensais, dispensados os juros e multas sobre eles incidentes, desde que os devedores requeiram o parcelamento e iniciem seu pagamento no prazo de cento e oitenta dias a contar da promulgação da Constituição.

§ 1º O montante a ser pago em cada um dos dois primeiros anos não será inferior a cinco por cento do total do débito consolidado e atualizado, sendo o restante dividido em parcelas mensais de igual valor.

§ 2º A liquidação poderá incluir pagamentos na forma de cessão de bens e prestação de serviços, nos termos da Lei nº 7.578, de 23 de dezembro de 1986.

§ 3º Em garantia do cumprimento do parcelamento, os Estados e os Municípios consignarão, anualmente, nos respectivos orçamentos as dotações necessárias ao pagamento de seus débitos.

§ 4º Descumprida qualquer das condições estabelecidas para concessão do parcelamento, o débito será considerado vencido em sua totalidade, sobre ele incidindo juros de mora; nesta hipótese, parcela dos recursos correspondentes aos Fundos de Participação, destinada aos Estados e Municípios devedores, será bloqueada e repassada à Previdência Social para pagamento de seus débitos.

Art. 58. Os benefícios de prestação continuada, mantidos pela Previdência Social na data da promulgação da Constituição, terão seus valores revistos, a fim de que seja restabelecido o poder aquisitivo, expresso em número de salários mínimos, que tinham na data de sua concessão, obedecendo-se a esse critério de atualização até a implantação do plano de custeio e benefícios referidos no artigo seguinte.

Parágrafo único. As prestações mensais dos benefícios atualizadas de acordo com este artigo serão devidas e pagas a partir do sétimo mês a contar da promulgação da Constituição.

Art. 59. Os projetos de lei relativos à organização da seguridade social e aos planos de custeio e de benefício serão apresentados no prazo máximo de seis meses da promulgação da Constituição ao Congresso Nacional, que terá seis meses para apreciá-los.

Parágrafo único. Aprovados pelo Congresso Nacional, os planos serão implantados progressivamente nos dezoito meses seguintes.

Art. 60. A complementação da União referida no inciso IV do *caput* do art. 212-A da Constituição Federal será implementada progressivamente até alcançar a proporção estabelecida no inciso V do *caput* do mesmo artigo, a partir de 1º de janeiro de 2021, nos seguintes valores mínimos:

I – 12% (doze por cento), no primeiro ano;
II – 15% (quinze por cento), no segundo ano;
III – 17% (dezessete por cento), no terceiro ano;
IV – 19% (dezenove por cento), no quarto ano;
V – 21% (vinte e um por cento), no quinto ano;
VI – 23% (vinte e três por cento), no sexto ano.

§ 1º A parcela da complementação de que trata a alínea *b* do inciso V do *caput* do art. 212-A da Constituição Federal observará, no mínimo, os seguintes valores:

I – 2 (dois) pontos percentuais, no primeiro ano;
II – 5 (cinco) pontos percentuais, no segundo ano;
III – 6,25 (seis inteiros e vinte e cinco centésimos) pontos percentuais, no terceiro ano;
IV – 7,5 (sete inteiros e cinco décimos) pontos percentuais, no quarto ano;
V – 9 (nove) pontos percentuais, no quinto ano;
VI – 10,5 (dez inteiros e cinco décimos) pontos percentuais, no sexto ano.

§ 2º A parcela da complementação de que trata a alínea *c* do inciso V do *caput* do art. 212-A da Constituição Federal observará os seguintes valores:

I – 0,75 (setenta e cinco centésimos) ponto percentual, no terceiro ano;
II – 1,5 (um inteiro e cinco décimos) ponto percentual, no quarto ano;
III – 2 (dois) pontos percentuais, no quinto ano;
IV – 2,5 (dois inteiros e cinco décimos) pontos percentuais, no sexto ano.

► Art. 60 com a redação dada pela EC nº 108, de 26-8-2020.

Art. 60-A. Os critérios de distribuição da complementação da União e dos fundos a que se refere o inciso I do *caput* do art. 212-A da Constituição Federal serão revistos em seu sexto ano de vigência e, a partir dessa primeira revisão, periodicamente, a cada 10 (dez) anos.

► Art. 60-A acrescido pela EC nº 108, de 26-8-2020.

Art. 61. As entidades educacionais a que se refere o artigo 213, bem como as fundações de ensino e pesquisa cuja criação tenha sido autorizada por lei, que preencham os requisitos dos incisos I e II do referido artigo e que, nos últimos três anos, tenham recebido recursos públicos, poderão continuar a recebê-los, salvo disposição legal em contrário.

Art. 62. A lei criará o Serviço Nacional de Aprendizagem Rural (SENAR) nos moldes da legislação relativa ao Serviço Nacional de Aprendizagem Industrial (SENAI) e ao Serviço Nacional de Aprendizagem do Comércio (SENAC), sem prejuízo das atribuições dos órgãos públicos que atuam na área.

Art. 63. É criada uma Comissão composta de nove membros, sendo três do Poder Legislativo, três do Poder Judiciário e três do Poder Executivo, para promover as comemorações do centenário da proclamação da República e da promulgação da primeira Constituição republicana do País, podendo, a seu critério, desdobrar-se em tantas subcomissões quantas forem necessárias.

Parágrafo único. No desenvolvimento de suas atribuições, a Comissão promoverá estudos, debates e avaliações sobre a evolução política, social, econômica e cultural do País, podendo articular-se com os governos estaduais e municipais e com instituições públicas e privadas que desejem participar dos eventos.

Art. 64. A Imprensa Nacional e demais gráficas da União, dos Estados, do Distrito Federal e dos Municípios, da administração direta ou indireta, inclusive fundações instituídas e mantidas pelo Poder Público, promoverão edição popular do texto integral da Constituição, que será posta à disposição das escolas e dos cartórios, dos sindicatos, dos quartéis, das igrejas e de outras instituições representativas da comunidade, gratuitamente, de modo que cada cidadão brasileiro possa receber do Estado um exemplar da Constituição do Brasil.

Art. 65. O Poder Legislativo regulamentará, no prazo de doze meses, o artigo 220, § 4º.

Art. 66. São mantidas as concessões de serviços públicos de telecomunicações atualmente em vigor, nos termos da lei.

Art. 67. A União concluirá a demarcação das terras indígenas no prazo de cinco anos a partir da promulgação da Constituição.

Art. 68. Aos remanescentes das comunidades dos quilombos que estejam ocupando suas terras é reconhecida a propriedade definitiva, devendo o Estado emitir-lhes os títulos respectivos.

Art. 69. Será permitido aos Estados manter consultorias jurídicas separadas de suas Procuradorias-Gerais ou Advocacias-Gerais, desde que, na data da promulgação da Constituição, tenham órgãos distintos para as respectivas funções.

Art. 70. Fica mantida a atual competência dos tribunais estaduais até que a mesma seja definida na Constituição do Estado, nos termos do artigo 125, § 1º, da Constituição.

Art. 71. É instituído, nos exercícios financeiros de 1994 e 1995, bem assim nos períodos de 1º de janeiro de 1996 a 30 de junho de 1997 e 1º de julho de 1997 a 31 de dezembro de 1999, o Fundo Social de Emergência, com o objetivo de saneamento financeiro da Fazenda Pública Federal e de estabilização econômica, cujos recursos serão aplicados prioritariamente no custeio das ações dos sistemas de saúde e educação, incluindo a complementação de recursos de que trata o § 3º do artigo 60 do Ato das Disposições Constitucionais Transitórias, benefícios previdenciários e auxílios assistenciais de prestação continuada, inclusive liquidação de passivo previdenciário, e despesas orçamentárias associadas a programas de relevante interesse econômico e social.

► *Caput* com a redação dada pela EC nº 17, de 22-11-1997.

§ 1º Ao Fundo criado por este artigo não se aplica o disposto na parte final do inciso II do § 9º do artigo 165 da Constituição.

§ 2º O Fundo criado por este artigo passa a ser denominado Fundo de Estabilização Fiscal a partir do início do exercício financeiro de 1996.

§ 3º O Poder Executivo publicará demonstrativo da execução orçamentária, de periodicidade bimestral, no qual se discriminarão as fontes e usos do Fundo criado por este artigo.

► §§ 1º a 3º acrescidos pela EC nº 10, de 4-3-1996.

Art. 72. Integram o Fundo Social de Emergência:

I – o produto da arrecadação do imposto sobre renda e proventos de qualquer natureza incidente na fonte sobre pagamentos efetuados, a qualquer título, pela União, inclusive suas autarquias e fundações;

II – a parcela do produto da arrecadação do imposto sobre renda e proventos de qualquer natureza e do imposto sobre operações de crédito, câmbio e seguro, ou relativas a títulos e valores mobiliários, decorrente das alterações produzidas pela Lei nº 8.894, de 21 de junho de 1994, e pelas Leis nºs 8.849 e 8.848, ambas de 28 de janeiro de 1994, e modificações posteriores;

III – a parcela do produto da arrecadação resultante da elevação da alíquota da contribuição social sobre o lucro dos contribuintes a que se refere o § 1º do artigo 22 da Lei nº 8.212, de 24 de julho de 1991, a qual, nos exercícios financeiros de 1994 e 1995, bem assim no período de 1º de janeiro de 1996 a 30 de junho de 1997, passa a ser de trinta por cento, sujeita a alteração por lei ordinária, mantidas as demais normas da Lei nº 7.689, de 15 de dezembro de 1988;

IV – vinte por cento do produto da arrecadação de todos os impostos e contribuições da União, já instituídos ou a serem criados, excetuado o previsto nos incisos I, II e III, observado o disposto nos §§ 3º e 4º;

► Incisos II a IV com a redação dada pela EC nº 10, de 4-3-1996.

V – a parcela do produto da arrecadação da contribuição de que trata a Lei Complementar nº 7, de 7 de setembro de 1970, devida pelas pessoas jurídicas a que se refere o inciso III deste artigo, a qual será calculada, nos exercícios financeiros de 1994 a 1995, bem assim nos períodos de 1º de janeiro de 1996 a 30 de junho de 1997 e de 1º de julho de 1997 a 31 de dezembro de 1999, mediante a aplicação da alíquota de setenta e cinco centésimos por cento, sujeita a alteração por lei ordinária posterior, sobre a receita bruta operacional, como definida na legislação do imposto sobre renda e proventos de qualquer natureza;

► Inciso V com a redação dada pela EC nº 17, de 22-11-1997.

VI – outras receitas previstas em lei específica.

§ 1º As alíquotas e a base de cálculo previstas nos incisos III e IV aplicar-se-ão a partir do primeiro dia do mês seguinte aos noventa dias posteriores à promulgação desta Emenda.

§ 2º As parcelas de que tratam os incisos I, II, III e V serão previamente deduzidas da base de cálculo de qualquer vinculação ou participação constitucional ou legal, não se lhes aplicando o disposto nos artigos 159, 212 e 239 da Constituição.

§ 3º A parcela de que trata o inciso IV será previamente deduzida da base de cálculo das vinculações ou participações constitucionais previstas nos artigos 153, § 5º, 157, II, 212 e 239 da Constituição.

§ 4º O disposto no parágrafo anterior não se aplica aos recursos previstos nos artigos 158, II, e 159 da Constituição.

§ 5º A parcela dos recursos provenientes do imposto sobre renda e proventos de qualquer natureza, destinada ao Fundo Social de Emergência, nos termos do inciso II deste artigo, não poderá exceder a cinco inteiros e seis décimos por cento do total do produto da sua arrecadação.

► §§ 2º a 5º acrescidos pela EC nº 10, de 4-3-1996.

Art. 73. Na regulação do Fundo Social de Emergência não poderá ser utilizado o instrumento previsto no inciso V do artigo 59 da Constituição.

► Artigo acrescido pela ECR nº 1, de 1º-3-1994.

Art. 74. A União poderá instituir contribuição provisória sobre movimentação ou transmissão de valores e de créditos e direitos de natureza financeira.

§ 1º A alíquota da contribuição de que trata este artigo não excederá a vinte e cinco centésimos por cento, facultado ao Poder Executivo reduzi-la ou restabelecê-la, total ou parcialmente, nas condições e limites fixados em lei.

► Alíquota alterada pela EC nº 21, de 18-3-1999.

§ 2º À contribuição de que trata este artigo não se aplica o disposto nos artigos 153, § 5º, e 154, I, da Constituição.

§ 3º O produto da arrecadação da contribuição de que trata este artigo será destinado integralmente ao Fundo Nacional de Saúde, para financiamento das ações e serviços de saúde.

§ 4º A contribuição de que trata este artigo terá sua exigibilidade subordinada ao disposto no artigo 195, § 6º, da Constituição, e não poderá ser cobrada por prazo superior a dois anos.

Art. 75. É prorrogada, por trinta e seis meses, a cobrança da contribuição provisória sobre movimentação ou transmissão de valores e de créditos e direitos de natureza financeira de que trata o artigo 74, instituída pela Lei nº 9.311, de 24 de outubro de 1996, modificada pela Lei nº 9.539, de 12 de dezembro de 1997, cuja vigência é também prorrogada por idêntico prazo.

§ 1º Observado o disposto no § 6º do artigo 195 da Constituição Federal, a alíquota da contribuição será de trinta e oito centésimos por cento, nos primeiros doze meses, e de trinta centésimos, nos meses subsequentes, facultado ao Poder Executivo reduzi-la total ou parcialmente, nos limites aqui definidos.

§ 2º O resultado do aumento da arrecadação, decorrente da alteração da alíquota, nos exercícios financeiros de 1999, 2000 e 2001, será destinado ao custeio da Previdência Social.

§ 3º É a União autorizada a emitir títulos da dívida pública interna, cujos recursos serão destinados ao custeio da saúde e da Previdência Social, em montante equivalente ao produto da arrecadação da contribuição, prevista e não realizada em 1999.

► O STF, por maioria de votos, julgou parcialmente procedente a ADIN nº 2.031-5, para declarar a inconstitucionalidade deste parágrafo, acrescido pela EC nº 21, de 18-3-1999 (*DOU* de 5-11-2003).

Art. 76. São desvinculados de órgão, fundo ou despesa, até 31 de dezembro de 2023, 30% (trinta por cento) da arrecadação da União relativa às contribuições sociais, sem prejuízo do pagamento das despesas do Regime Geral da Previdência Social, às contribuições de intervenção no domínio econômico e às taxas, já instituídas ou que vierem a ser criadas até a referida data.

► *Caput* com a redação dada pela EC nº 93, de 8-9-2016 (*DOU* de 9-9-2016 – edição extra), produzindo efeitos a partir de 1º de janeiro de 2016.

§ 1º *Revogado.* EC nº 93, de 8-9-2016 (*DOU* de 9-9-2016 – edição extra), produzindo efeitos a partir de 1º de janeiro de 2016.

§ 2º Excetua-se da desvinculação de que trata o *caput* a arrecadação da contribuição social do salário-educação a que se refere o § 5º do art. 212 da Constituição Federal.

▸ § 2º com a redação dada pela EC nº 68, de 21-12-2011.

§ 3º *Revogado.* EC nº 93, de 8-9-2016 (*DOU* de 9-9-2016 – edição extra), produzindo efeitos a partir de 1º de janeiro de 2016.

§ 4º A desvinculação de que trata o *caput* não se aplica às receitas das contribuições sociais destinadas ao custeio da seguridade social.

▸ § 4º acrescido pela EC nº 103, de 12-11-2019.

Art. 76-A. São desvinculados de órgão, fundo ou despesa, até 31 de dezembro de 2023, 30% (trinta por cento) das receitas dos Estados e do Distrito Federal relativas a impostos, taxas e multas, já instituídos ou que vierem a ser criados até a referida data, seus adicionais e respectivos acréscimos legais, e outras receitas correntes.

Parágrafo único. Excetuam-se da desvinculação de que trata o *caput*:

I – recursos destinados ao financiamento das ações e serviços públicos de saúde e à manutenção e desenvolvimento do ensino de que tratam, respectivamente, os incisos II e III do § 2º do art. 198 e o art. 212 da Constituição Federal;

II – receitas que pertencem aos Municípios decorrentes de transferências previstas na Constituição Federal;

III – receitas de contribuições previdenciárias e de assistência à saúde dos servidores;

IV – demais transferências obrigatórias e voluntárias entre entes da Federação com destinação especificada em lei;

V – fundos instituídos pelo Poder Judiciário, pelos Tribunais de Contas, pelo Ministério Público, pelas Defensorias Públicas e pelas Procuradorias-Gerais dos Estados e do Distrito Federal.

Art. 76-B. São desvinculados de órgão, fundo ou despesa, até 31 de dezembro de 2023, 30% (trinta por cento) das receitas dos Municípios relativas a impostos, taxas e multas, já instituídos ou que vierem a ser criados até a referida data, seus adicionais e respectivos acréscimos legais, e outras receitas correntes.

Parágrafo único. Excetuam-se da desvinculação de que trata o *caput*:

I – recursos destinados ao financiamento das ações e serviços públicos de saúde e à manutenção e desenvolvimento do ensino de que tratam, respectivamente, os incisos II e III do § 2º do art. 198 e o art. 212 da Constituição Federal;

II – receitas de contribuições previdenciárias e de assistência à saúde dos servidores;

III – transferências obrigatórias e voluntárias entre entes da Federação com destinação especificada em lei;

IV – fundos instituídos pelo Tribunal de Contas do Município.

▸ Arts. 76-A e 76-B acrescidos pela EC nº 93, de 8-9-2016 (*DOU* de 9-9-2016 – edição extra), produzindo efeitos a partir de 1º de janeiro de 2016.

Art. 77. Até o exercício financeiro de 2004, os recursos mínimos aplicados nas ações e serviços públicos de saúde serão equivalentes:

I – no caso da União:

a) no ano 2000, o montante empenhado em ações e serviços públicos de saúde no exercício financeiro de 1999 acrescido de, no mínimo, cinco por cento;

b) do ano de 2001 ao ano de 2004, o valor apurado no ano anterior, corrigido pela variação nominal do Produto Interno Bruto – PIB;

II – no caso dos Estados e do Distrito Federal, doze por cento do produto da arrecadação dos impostos a que se refere o artigo 155 e dos recursos de que tratam os artigos 157 e 159, inciso I, alínea *a* e inciso II, deduzidas as parcelas que forem transferidas aos respectivos Municípios; e

III – no caso dos Municípios e do Distrito Federal, quinze por cento do produto da arrecadação dos impostos a que se refere o artigo 156 e dos recursos de que tratam os artigos 158 e 159, inciso I, alínea *b* e § 3º.

§ 1º Os Estados, o Distrito Federal e os municípios que apliquem percentuais inferiores aos fixados nos incisos II e III deverão elevá-los gradualmente, até o exercício financeiro de 2004, reduzida a diferença à razão de, pelo menos, um quinto por ano, sendo que, a partir de 2000, a aplicação será de pelo menos sete por cento.

§ 2º Dos recursos da União apurados nos termos deste artigo, quinze por cento, no mínimo, serão aplicados nos Municípios, segundo o critério populacional, em ações e serviços básicos de saúde, na forma da lei.

§ 3º Os recursos dos Estados, do Distrito Federal e dos Municípios destinados às ações e serviços públicos de saúde e os transferidos pela União para a mesma finalidade serão aplicados por meio de Fundo de Saúde que será acompanhado e fiscalizado por Conselho de Saúde, sem prejuízo do disposto no artigo 74 da Constituição Federal.

§ 4º Na ausência da lei complementar a que se refere o artigo 198, § 3º, a partir do exercício financeiro de 2005, aplicar-se-á à União, aos Estados, ao Distrito Federal e aos Municípios o disposto neste artigo.

Art. 78. Ressalvados os créditos definidos em lei como de pequeno valor, os de natureza alimentícia, os de que trata o artigo 33 deste Ato das Disposições Constitucionais Transitórias e suas complementações e os que já tiverem os seus respectivos recursos liberados ou depositados em juízo, os precatórios pendentes na data da publicação desta Emenda e os que decorram de ações iniciais ajuizadas até 31 de dezembro de 1999 serão liquidados pelo seu valor real, em moeda corrente, acrescido de juros legais, em prestações anuais, iguais e sucessivas, no prazo máximo de dez anos, permitida a cessão dos créditos.

▸ O STF, por maioria de votos, deferiu as cautelares, nas Ações Diretas de Inconstitucionalidade nºs 2.356 e 2.362, para suspender a eficácia do art. 2º da EC nº 30/2000, que introduziu este artigo ao ADCT (*DOU* de 7-12-2010).

§ 1º É permitida a decomposição de parcelas, a critério do credor.

§ 2º As prestações anuais a que se refere o *caput* deste artigo terão, se não liquidadas até o final do exercício a que se referem, poder liberatório do pagamento de tributos da entidade devedora.

§ 3º O prazo referido no *caput* deste artigo fica reduzido para dois anos, nos casos de precatórios judiciais originários de desapropriação de imóvel residencial do credor, desde que comprovadamente único à época da imissão na posse.

§ 4º O Presidente do Tribunal competente deverá, vencido o prazo ou em caso de omissão no orçamento, ou preterição ao direito de precedência, a requerimento do credor, requisitar ou determinar o sequestro de recursos financeiros da entidade executada, suficientes à satisfação da prestação.

Art. 79. É instituído, para vigorar até o ano de 2010, no âmbito do Poder Executivo Federal, o Fundo de Combate e Erradicação da Pobreza, a ser regulado por lei complementar com o objetivo de viabilizar a todos os brasileiros acesso a níveis dignos de subsistência, cujos recursos serão aplicados em ações suplementares de nutrição, habitação, educação, saúde, reforço de renda familiar e outros programas de relevante interesse social voltados para melhoria da qualidade de vida.

Parágrafo único. O Fundo previsto neste artigo terá Conselho Consultivo e de Acompanhamento que conte com a participação de representantes da sociedade civil, nos termos da lei.

Art. 80. Compõem o Fundo de Combate e Erradicação da Pobreza:

I – a parcela do produto da arrecadação correspondente a um adicional de oito centésimos por cento, aplicável de 18 de junho de 2000 a 17 de junho de 2002, na alíquota da contribuição social de que trata o art. 75 do Ato das Disposições Constitucionais Transitórias;

II – a parcela do produto da arrecadação correspondente a um adicional de cinco pontos percentuais na alíquota do Imposto sobre Produtos Industrializados – IPI, ou do imposto que vier a substituí-lo, incidente sobre produtos supérfluos e aplicável até a extinção do Fundo;

III – o produto da arrecadação do imposto de que trata o artigo 153, inciso VII, da Constituição;

IV – dotações orçamentárias;

V – doações, de qualquer natureza, de pessoas físicas ou jurídicas do País ou do exterior;

VI – outras receitas, a serem definidas na regulamentação do referido Fundo.

§ 1º Aos recursos integrantes do Fundo de que trata este artigo não se aplica o disposto nos artigos 159 e 167, inciso IV, da Constituição, assim como qualquer desvinculação de recursos orçamentários.

§ 2º A arrecadação decorrente do disposto no inciso I deste artigo, no período compreendido entre 18 de junho de 2000 e o início da vigência da lei complementar a que se refere o artigo 79, será integralmente repassada ao Fundo, preservando o seu valor real, em títulos públicos federais, progressivamente resgatáveis após 18 de junho de 2002, na forma da lei.

Art. 81. É instituído Fundo constituído pelos recursos recebidos pela União em decorrência da desestatização de sociedades de economia mista ou empresas públicas por ela controladas, direta ou indiretamente, quando a operação envolver a alienação do respectivo controle acionário a pessoa ou entidade não integrante da Administração Pública, ou de participação societária remanescente após a alienação, cujos rendimentos, gerados a partir de 18 de junho de 2002, reverterão ao Fundo de Combate e Erradicação da Pobreza.

§ 1º Caso o montante anual previsto nos rendimentos transferidos ao Fundo de Combate e Erradicação da Pobreza, na forma deste artigo, não alcance o valor de quatro bilhões de reais, far-se-á complementação na forma do artigo 80, inciso IV, do Ato das Disposições Constitucionais Transitórias.

§ 2º Sem prejuízo do disposto no § 1º, o Poder Executivo poderá destinar o Fundo a que se refere este artigo outras receitas decorrentes da alienação de bens da União.

§ 3º A constituição do Fundo a que se refere o *caput*, a transferência de recursos ao Fundo de Combate e Erradicação da Pobreza e as demais disposições referentes ao § 1º deste artigo serão disciplinadas em lei, não se aplicando o disposto no artigo 165, § 9º, inciso II, da Constituição.

Art. 82. Os Estados, o Distrito Federal e os Municípios devem instituir Fundos de Combate à Pobreza, com os recursos de que trata este artigo e outros que vierem a destinar, devendo os referidos Fundos ser geridos por entidades que contém com a participação da sociedade civil.

► Artigo acrescido pela EC nº 31, de 14-12-2000.

§ 1º Para o financiamento dos Fundos Estaduais e Distrital, poderá ser criado adicional de até dois pontos percentuais na alíquota do Imposto sobre Circulação de Mercadorias e Serviços – ICMS, sobre os produtos e serviços supérfluos e nas condições definidas na lei complementar de que trata o art. 155, § 2º, XII, da Constituição, não se aplicando, sobre este percentual, o disposto no art. 158, IV, da Constituição.

► § 1º com a redação dada pela EC nº 42, de 19-12-2003.

§ 2º Para o financiamento dos Fundos Municipais, poderá ser criado adicional de até meio ponto percentual na alíquota do Imposto sobre serviços ou do imposto que vier a substituí-lo, sobre os serviços supérfluos.

► § 2º acrescido pela EC nº 31, de 14-12-2000.

Art. 83. Lei federal definirá os produtos e serviços supérfluos a que se referem os arts. 80, II, e 82, § 2º.

► Artigo com a redação dada pela EC nº 42, de 19-12-2003.

Art. 84. A contribuição provisória sobre movimentação ou transmissão de valores e de créditos e direitos de natureza financeira, prevista nos arts. 74, 75 e 80, I, deste Ato das Disposições Constitucionais Transitórias, será cobrada até 31 de dezembro de 2004.

§ 1º Fica prorrogada, até a data referida no *caput* deste artigo, a vigência da Lei nº 9.311, de 24 de outubro de 1996, e suas alterações.

§ 2º Do produto da arrecadação da contribuição social de que trata este artigo será destinada a parcela correspondente à alíquota de:

I – vinte centésimos por cento ao Fundo Nacional de Saúde, para financiamento das ações e serviços de saúde;

II – dez centésimos por cento ao custeio da previdência social;

III – oito centésimos por cento ao Fundo de Combate e Erradicação da Pobreza, de que tratam os arts. 80 e 81 deste Ato das Disposições Constitucionais Transitórias.

§ 3º A alíquota da contribuição de que trata este artigo será de:

I – trinta e oito centésimos por cento, nos exercícios financeiros de 2002 e 2003;

II – *Revogado*. EC nº 42, de 19-12-2003.

Art. 85. A contribuição a que se refere o art. 84 deste Ato das Disposições Constitucionais Transitórias não incidirá, a partir do trigésimo dia da data de publicação desta Emenda Constitucional, nos lançamentos:

I – em contas correntes de depósito especialmente abertas e exclusivamente utilizadas para operações de:

a) câmaras e prestadoras de serviços de compensação e de liquidação de que trata o parágrafo único do art. 2º da Lei nº 10.214, de 27 de março de 2001;

b) companhias securitizadoras de que trata a Lei nº 9.514, de 20 de novembro de 1997;

c) sociedades anônimas que tenham por objeto exclusivo a aquisição de créditos oriundos de operações praticadas no mercado financeiro;

II – em contas correntes de depósito, relativos a:

a) operações de compra e venda de ações, realizadas em recintos ou sistemas de negociação de bolsas de valores e no mercado de balcão organizado;

b) contratos referenciados em ações ou índices de ações, em suas diversas modalidades, negociados em bolsas de valores, de mercadorias e de futuros;

III – em contas de investidores estrangeiros, relativos a entradas no País e a remessas para o exterior de recursos financeiros empregados, exclusivamente, em operações e contratos referidos no inciso II deste artigo.

§ 1º O Poder Executivo disciplinará o disposto neste artigo no prazo de trinta dias da data de publicação desta Emenda Constitucional.

§ 2º O disposto no inciso I deste artigo aplica-se somente às operações relacionadas em ato do Poder Executivo, dentre aquelas que constituam o objeto social das referidas entidades.

§ 3º O disposto no inciso II deste artigo aplica-se somente a operações e contratos efetuados por intermédio de instituições financeiras, sociedades corretoras de títulos e valores mobiliários, sociedades distribuidoras de títulos e valores mobiliários e sociedades corretoras de mercadorias.

Art. 86. Serão pagos conforme disposto no art. 100 da Constituição Federal, não se lhes aplicando a regra de parcelamento estabelecida no *caput* do art. 78 deste Ato das Disposições Constitucionais Transitórias, os débitos da Fazenda Federal, Estadual, Distrital ou Municipal oriundos de sentenças transitadas em julgado, que preencham, cumulativamente, as seguintes condições:

I – ter sido objeto de emissão de precatórios judiciários;

II – ter sido definidos como de pequeno valor pela lei de que trata o § 3º do art. 100 da Constituição Federal ou pelo art. 87 deste Ato das Disposições Constitucionais Transitórias;

III – estar, total ou parcialmente, pendentes de pagamento na data da publicação desta Emenda Constitucional.

§ 1º Os débitos a que se refere o *caput* deste artigo, ou os respectivos saldos, serão pagos na ordem cronológica de apresentação dos respectivos precatórios, com precedência sobre os de maior valor.

§ 2º Os débitos a que se refere o *caput* deste artigo, se ainda não tiverem sido objeto de pagamento parcial, nos termos do art. 78 deste Ato das Disposições Constitucionais Transitórias, poderão ser pagos em duas parcelas anuais, se assim dispuser a lei.

§ 3º Observada a ordem cronológica de sua apresentação, os débitos de natureza alimentícia previstos neste artigo terão precedência para pagamento sobre todos os demais.

Art. 87. Para efeito do que dispõem o § 3º do art. 100 da Constituição Federal e o art. 78 deste Ato das Disposições Constitucionais Transitórias serão considerados de pequeno valor, até que se dê a publicação oficial das respectivas leis definidoras pelos entes da Federação, observado o disposto no § 4º do art. 100 da Constituição Federal, os débitos ou obrigações consignados em precatório judiciário, que tenham valor igual ou inferior a:

I – quarenta salários mínimos, perante a Fazenda dos Estados e do Distrito Federal;

II – trinta salários mínimos, perante a Fazenda dos Municípios.

Parágrafo único. Se o valor da execução ultrapassar o estabelecido neste artigo, o pagamento far-se-á, sempre, por meio de precatório, sendo facultada à parte exequente a renúncia ao crédito do valor excedente, para que possa optar pelo pagamento do saldo sem o precatório, da forma prevista no § 3º do art. 100.

Art. 88. Enquanto lei complementar não disciplinar o disposto nos incisos I e III do § 3º do art. 156 da Constituição Federal, o imposto a que se refere o inciso III do *caput* do mesmo artigo:

I – terá alíquota mínima de dois por cento, exceto para os serviços a que se referem os itens 32, 33 e 34 da Lista de Serviços anexa ao Decreto-Lei nº 406, de 31 de dezembro de 1968;

II – não será objeto de concessão de isenções, incentivos e benefícios fiscais, que resulte, direta ou indiretamente, na redução da alíquota mínima estabelecida no inciso I.

Art. 89. Os integrantes da carreira policial militar e os servidores municipais do ex-Território Federal de Rondônia que, comprovadamente, se encontravam no exercício regular de suas funções prestando serviço àquele ex-Território na data em que foi transformado em Estado, bem como os servidores e os policiais militares alcançados pelo disposto no art. 36 da Lei Complementar nº 41, de 22 de dezembro de 1981, e aqueles admitidos regularmente nos quadros do Estado de Rondônia até a data de posse do primeiro Governador eleito, em 15 de março de 1987, constituirão, mediante opção, quadro em extinção da administração federal, assegurados os direitos e as vantagens a eles inerentes, vedado o pagamento, a qualquer título, de diferenças remuneratórias.

► *Caput* com a redação dada pela EC nº 60, de 11-11-2009.

§ 1º Os membros da Polícia Militar continuarão prestando serviços ao Estado de Rondônia, na condição de cedidos, submetidos às corporações da Polícia Militar, observadas as atribuições de função compatíveis com o grau hierárquico.

§ 2º Os servidores a que se refere o *caput* continuarão prestando serviços ao Estado de Rondônia na condição de cedidos, até seu aproveitamento em órgão ou entidade da administração federal direta, autárquica ou fundacional.

► §§ 1º e 2º acrescidos pela EC nº 60, de 11-11-2009.

Art. 90. O prazo previsto no *caput* do art. 84 deste Ato das Disposições Constitucionais Transitórias fica prorrogado até 31 de dezembro de 2007.

§ 1º Fica prorrogada, até a data referida no *caput* deste artigo, a vigência da Lei nº 9.311, de 24 de outubro de 1996, e suas alterações.

§ 2º Até a data referida no *caput* deste artigo, a alíquota da contribuição de que trata o art. 84 deste Ato das Disposições Constitucionais Transitórias será de trinta e oito centésimos por cento.

Art. 91.* Revogado. *EC nº 109, de 15-3-2021.

Art. 92. São acrescidos dez anos ao prazo fixado no art. 40 deste Ato das Disposições Constitucionais Transitórias.

► Artigo acrescido pela EC nº 42, de 19-12-2003.

Art. 92-A. São acrescidos 50 (cinquenta) anos ao prazo fixado pelo art. 92 deste Ato das Disposições Constitucionais Transitórias.

► Artigo acrescido pela EC nº 83, de 5-8-2014.

Art. 93. A vigência do disposto no art. 159, III, e § 4º, iniciará somente após a edição da lei de que trata o referido inciso III.

► Artigo acrescido pela EC nº 42, de 19-12-2003.

Art. 94. Os regimes especiais de tributação para microempresas e empresas de pequeno porte próprios da União, dos Estados, do Distrito Federal e dos Municípios cessarão a partir da entrada em vigor do regime previsto no art. 146, III, *d*, da Constituição.

► Artigo acrescido pela EC nº 42, de 19-12-2003.

Art. 95. Os nascidos no estrangeiro entre 7 de junho de 1994 e a data da promulgação desta Emenda Constitucional, filhos de pai brasileiro ou mãe brasileira, poderão ser registrados em repartição diplomática ou consular brasileira competente ou em ofício de registro, se vierem a residir na República Federativa do Brasil.

► Artigo acrescido pela EC nº 54, de 20-9-2007.

Art. 96. Ficam convalidados os atos de criação, fusão, incorporação e desmembramento de Municípios, cuja lei tenha sido publicada até 31 de dezembro de 2006, atendidos os requisitos estabelecidos na legislação do respectivo Estado à época de sua criação.

► Artigo acrescido pela EC nº 57, de 18-12-2008.

Art. 97. Até que seja editada a Lei Complementar de que trata o § 15 do art. 100 da Constituição Federal, os Estados, o Distrito Federal e os Municípios que, na data de publicação desta Emenda Constitucional, estejam em mora na quitação de precatórios vencidos, relativos às suas administrações direta e indireta, inclusive os emitidos durante o período de vigência do regime especial instituído por este artigo, farão esses pagamentos de acordo com as normas a seguir estabelecidas, sendo inaplicável o disposto no art. 100 desta Constituição Federal, exceto em seus §§ 2º, 3º, 9º, 10, 11, 12, 13 e 14, e sem prejuízo dos acordos de juízos conciliatórios já formalizados na data de promulgação desta Emenda Constitucional.

§ 1º Os Estados, o Distrito Federal e os Municípios sujeitos ao regime especial de que trata este artigo optarão, por meio de ato do Poder Executivo:

I – pelo depósito em conta especial do valor referido pelo § 2º deste artigo; ou

II – pela adoção do regime especial pelo prazo de até 15 (quinze) anos, caso em que o percentual a ser depositado na conta especial a que se refere o § 2º deste artigo corresponderá, anualmente, ao saldo total dos precatórios devidos, acrescido do índice oficial de remuneração básica da caderneta de poupança e de juros simples no mesmo percentual de juros incidentes sobre a caderneta de poupança para fins de compensação da mora, excluída a incidência de juros compensatórios, diminuído das amortizações e dividido pelo número de anos restantes no regime especial de pagamento.

§ 2º Para saldar os precatórios, vencidos e a vencer, pelo regime especial, os Estados, o Distrito Federal e os Municípios devedores depositarão mensalmente, em conta especial criada para tal fim, 1/12 (um doze avos) do valor calculado percentualmente sobre as respectivas receitas correntes líquidas, apuradas no segundo mês anterior ao mês de pagamento, sendo que esse percentual, calculado no momento de opção pelo regime e mantido fixo até o final do prazo a que se refere o § 14 deste artigo, será:

I – para os Estados e para o Distrito Federal:

a) de, no mínimo, 1,5% (um inteiro e cinco décimos por cento), para os Estados das regiões Norte, Nordeste e Centro-Oeste, além do Distrito Federal, ou cujo estoque de precatórios pendentes das suas administrações direta e indireta corresponder a até 35% (trinta e cinco por cento) do total da receita corrente líquida;

b) de, no mínimo, 2% (dois por cento), para os Estados das regiões Sul e Sudeste, cujo estoque de precatórios pendentes das suas administrações direta e indireta corresponder a mais de 35% (trinta e cinco por cento) da receita corrente líquida;

II – para Municípios:

a) de, no mínimo, 1% (um por cento), para Municípios das regiões Norte, Nordeste e Centro-Oeste, ou cujo estoque de precatórios pendentes das suas administrações direta e indireta corresponder a até 35% (trinta e cinco por cento) da receita corrente líquida;

b) de, no mínimo, 1,5% (um inteiro e cinco décimos por cento), para Municípios das regiões Sul e Sudeste, cujo estoque de precatórios pendentes das suas administrações direta e indireta corresponder a mais de 35 % (trinta e cinco por cento) da receita corrente líquida.

§ 3º Entende-se como receita corrente líquida, para os fins de que trata este artigo, o somatório das receitas tributárias, patrimoniais, industriais, agropecuárias, de contribuições e de serviços, transferências correntes e outras receitas correntes, incluindo as oriundas do § 1º do art. 20 da Constituição Federal, verificado no período compreendido pelo mês de referência e os 11 (onze) meses anteriores, excluídas as duplicidades, e deduzidas:

I – nos Estados, as parcelas entregues aos Municípios por determinação constitucional;

II – nos Estados, no Distrito Federal e nos Municípios, a contribuição dos servidores para custeio do seu sistema de previdência e assistência social e as receitas provenientes da compensação financeira referida no § 9º do art. 201 da Constituição Federal.

§ 4º As contas especiais de que tratam os §§ 1º e 2º serão administradas pelo Tribunal de Justiça local, para pagamento de precatórios expedidos pelos tribunais.

§ 5º Os recursos depositados nas contas especiais de que tratam os §§ 1º e 2º deste artigo não poderão retornar para Estados, Distrito Federal e Municípios devedores.

§ 6º Pelo menos 50% (cinquenta por cento) dos recursos de que tratam os §§ 1º e 2º deste artigo serão utilizados para pagamento de precatórios em ordem cronológica de apresentação, respeitadas as preferências definidas no § 1º, para os requisitórios do mesmo ano e no § 2º do art. 100, para requisitórios de todos os anos.

§ 7º Nos casos em que não se possa estabelecer a precedência cronológica entre 2 (dois) precatórios, pagar-se-á primeiramente o precatório de menor valor.

§ 8º A aplicação dos recursos restantes dependerá de opção a ser exercida por Estados, Distrito Federal e Municípios devedores, por ato do Poder Executivo, obedecendo à seguinte forma, que poderá ser aplicada isoladamente ou simultaneamente:

I – destinados ao pagamento dos precatórios por meio do leilão;

II – destinados a pagamento a vista de precatórios não quitados na forma do § 6º e do inciso I, em ordem única e crescente de valor por precatório;

III – destinados a pagamento por acordo direto com os credores, na forma estabelecida por lei própria da entidade devedora, que poderá prever criação e forma de funcionamento de câmara de conciliação.

§ 9º Os leilões de que trata o inciso I do § 8º deste artigo:

I – serão realizados por meio de sistema eletrônico administrado por entidade autorizada pela Comissão de Valores Mobiliários ou pelo Banco Central do Brasil;

II – admitirão a habilitação de precatórios, ou parcela de cada precatório indicada pelo seu detentor, em relação aos quais não esteja pendente, no âmbito do Poder Judiciário, recurso ou impugnação de qualquer natureza, permitida por iniciativa do Poder Executivo a compensação com débitos líquidos e certos, inscritos ou não em dívida ativa e constituídos contra devedor originário pela Fazenda Pública devedora até a data da expedição do precatório, ressalvados aqueles cuja exigibilidade esteja suspensa nos termos da legislação, ou que já tenham sido objeto de abatimento nos termos do § 9º do art. 100 da Constituição Federal;

III – ocorrerão por meio de oferta pública a todos os credores habilitados pelo respectivo ente federativo devedor;

IV – considerarão automaticamente habilitado o credor que satisfaça o que consta no inciso II;

V – serão realizados tantas vezes quanto necessário em função do valor disponível;

VI – a competição por parcela do valor total ocorrerá a critério do credor, com deságio sobre o valor desta;

VII – ocorrerão na modalidade deságio, associado ao maior volume ofertado cumulado ou não com o maior percentual de deságio, pelo maior percentual de deságio, podendo ser fixado valor máximo por credor, ou por outro critério a ser definido em edital;

VIII – o mecanismo de formação de preço constará nos editais publicados para cada leilão;

IX – a quitação parcial dos precatórios será homologada pelo respectivo Tribunal que o expediu.

§ 10. No caso de não liberação tempestiva dos recursos de que tratam o inciso II do § 1º e os §§ 2º e 6º deste artigo:

I – haverá o sequestro de quantia nas contas de Estados, Distrito Federal e Municípios devedores, por ordem do Presidente do Tribunal referido no § 4º, até o limite do valor não liberado;

II – constituir-se-á, alternativamente, por ordem do Presidente do Tribunal requerido, em favor dos credores de precatórios, contra Estados, Distrito Federal e Municípios devedores, direito líquido e certo, autoaplicável e independentemente de regulamentação, à compensação automática com débitos líquidos lançados por esta contra aqueles, e, havendo saldo em favor do credor, o valor terá automaticamente poder liberatório do pagamento de tributos de Estados, Distrito Federal e Municípios devedores, até onde se compensarem;

III – o chefe do Poder Executivo responderá na forma da legislação de responsabilidade fiscal e de improbidade administrativa;

IV – enquanto perdurar a omissão, a entidade devedora:

a) não poderá contrair empréstimo externo ou interno;

b) ficará impedida de receber transferências voluntárias;

V – a União reterá os repasses relativos ao Fundo de Participação dos Estados e do Distrito Federal e ao Fundo de Participação dos Municípios, e os depositará nas contas especiais referidas no § 1º, devendo sua utilização obedecer ao que prescreve o § 5º, ambos deste artigo.

§ 11. No caso de precatórios relativos a diversos credores, em litisconsórcio, admite-se o desmembramento do valor, realizado pelo Tribunal de origem do precatório, por credor, e, por este, a habilitação do valor total a que tem direito, não se aplicando, neste caso, a regra do § 3º do art. 100 da Constituição Federal.

§ 12. Se a lei a que se refere o § 4º do art. 100 não estiver publicada em até 180 (cento e oitenta) dias, contados da data de publicação desta Emenda Constitucional, será considerado, para os fins referidos, em relação a Estados, Distrito Federal e Municípios devedores, omissos na regulamentação, o valor de:

I – 40 (quarenta) salários mínimos para Estados e para o Distrito Federal;

II – 30 (trinta) salários mínimos para Municípios.

§ 13. Enquanto Estados, Distrito Federal e Municípios devedores estiverem realizando pagamentos de precatórios pelo regime especial, não poderão sofrer sequestro de valores, exceto no caso de não liberação tempestiva dos recursos de que tratam o inciso II do § 1º e o § 2º deste artigo.

§ 14. O regime especial de pagamento de precatório previsto no inciso I do § 1º vigorará enquanto o valor dos precatórios devidos for superior ao valor dos recursos vinculados, nos termos do § 2º, ambos deste artigo, ou pelo prazo fixo de até 15 (quinze) anos, no caso da opção prevista no inciso II do § 1º.

§ 15. Os precatórios parcelados na forma do art. 33 ou do art. 78 deste Ato das Disposições Constitucionais Transitórias e ainda pendentes de pagamento ingressarão no regime especial com o valor atualizado das parcelas não pagas relativas a cada precatório, bem como o saldo dos acordos judiciais e extrajudiciais.

§ 16. A partir da promulgação desta Emenda Constitucional, a atualização de valores de requisitórios, até o efetivo pagamento, independentemente de sua natureza, será feita pelo índice oficial de remuneração básica da caderneta de poupança, e, para fins de compensação da mora, incidirão juros simples no mesmo percentual de juros incidentes sobre a caderneta de poupança, ficando excluída a incidência de juros compensatórios.

§ 17. O valor que exceder o limite previsto no § 2º do art. 100 da Constituição Federal será pago, durante a vigência do regime especial, na forma prevista nos §§ 6º e 7º ou nos incisos I, II e III do § 8º deste artigo, devendo os valores dispendidos para o atendimento do disposto no § 2º do art. 100 da Constituição Federal serem computados para efeito do § 6º deste artigo.

§ 18. Durante a vigência do regime especial a que se refere este artigo, gozarão também da preferência a que se refere o § 6º os titulares originais de precatórios que tenham completado 60 (sessenta) anos de idade até a data da promulgação desta Emenda Constitucional.

Art. 98. O número de defensores públicos na unidade jurisdicional será proporcional à efetiva demanda pelo serviço da Defensoria Pública e à respectiva população.

§ 1º No prazo de 8 (oito) anos, a União, os Estados e o Distrito Federal deverão contar com defensores públicos em todas as unidades jurisdicionais, observado o disposto no *caput* deste artigo.

§ 2º Durante o decurso do prazo previsto no § 1º deste artigo, a lotação dos defensores públicos ocorrerá, prioritariamente, atendendo as regiões com maiores índices de exclusão social e adensamento populacional.

Art. 99. Para efeito do disposto no inciso VII do § 2º do art. 155, no caso de operações e prestações que destinem bens e serviços a consumidor final não contribuinte localizado em outro Estado, o imposto correspondente à diferença entre a alíquota interna e a interestadual será partilhado entre os Estados de origem e de destino, na seguinte proporção:

I – para o ano de 2015: 20% (vinte por cento) para o Estado de destino e 80% (oitenta por cento) para o Estado de origem;

II – para o ano de 2016: 40% (quarenta por cento) para o Estado de destino e 60% (sessenta por cento) para o Estado de origem;

III – para o ano de 2017: 60% (sessenta por cento) para o Estado de destino e 40% (quarenta por cento) para o Estado de origem;

IV – para o ano de 2018: 80% (oitenta por cento) para o Estado de destino e 20% (vinte por cento) para o Estado de origem;

V – a partir do ano de 2019: 100% (cem por cento) para o Estado de destino.

Art. 100. Até que entre em vigor a lei complementar de que trata o inciso II do § 1º do art. 40 da Constituição Federal, os Ministros do Supremo Tribunal Federal, dos Tribunais Superiores e do Tribunal de Contas da União aposentar-se-ão, compulsoriamente, aos 75 (setenta e cinco) anos de idade, nas condições do art. 52 da Constituição Federal.

► Artigo acrescido pela EC nº 88, de 7-5-2015.

► O STF, por maioria de votos, deferiu o pedido de medida cautelar na ADIN nº 5.316 (*DOU* de 9-6-2015), para: "1) suspender a aplicação da expressão *"nas condições do art. 52 da Constituição Federal"* contida no art. 100 do ADCT, introduzido pela EC nº 88/2015, por vulnerar as condições materiais necessárias ao exercício imparcial e independente da função jurisdicional, ultrajando a separação dos Poderes, cláusula pétrea inscrita no art. 60, § 4º, III, da CRFB; 2) fixar a interpretação, quanto à parte remanescente da EC nº 88/2015, de que o art. 100 do ADCT não pode ser estendido a outros agentes públicos até que seja editada a lei complementar a que alude o art. 40, § 1º, II, da CRFB, a qual, quanto à magistratura, é a lei complementar de iniciativa do Supremo Tribunal Federal nos termos do art. 93 da CRFB; 3) suspender a tramitação de todos os processos que envolvam a aplicação a magistrados do art. 40, § 1º, II da CRFB e do art. 100 do ADCT, até o julgamento definitivo da presente demanda, e 4) declarar sem efeito todo e qualquer pronunciamento judicial ou administrativo que afaste, amplie ou reduza a literalidade do comando previsto no art. 100 do ADCT e, com base neste fundamento, assegure a qualquer outro agente público o exercício das funções relativas a cargo efetivo após ter completado setenta anos de idade."

Art. 101. ***Os Estados, o Distrito Federal e os Municípios que, em 25 de março de 2015, se encontravam em mora no pagamento de seus precatórios quitarão, até 31 de dezembro de 2029, seus débitos vencidos e os que vencerão dentro desse período, atualizados pelo Índice Nacional de Preços ao Consumidor Amplo Especial (IPCA-E), ou por outro índice que venha a substituí-lo, depositando mensalmente em conta especial do Tribunal de Justiça local, sob única e exclusiva administração deste, 1/12 (um doze avos) do valor calculado percentualmente sobre suas receitas correntes líquidas apuradas no segundo mês anterior ao mês de pagamento, em percentual suficiente para a quitação de seus débitos e, ainda que variável, nunca inferior, em cada exercício, ao percentual praticado na data da entrada em vigor do regime especial a que se refere este artigo, em conformidade com plano de pagamento a ser anualmente apresentado ao Tribunal de Justiça local.***

► *Caput* com a redação dada pela EC nº 109, de 15-3-2021.

§ 1º Entende-se como receita corrente líquida, para os fins de que trata este artigo, o somatório das receitas tributárias, patrimoniais, industriais, agropecuárias, de contribuições e de serviços, de transferências correntes e outras receitas correntes, incluindo as oriundas do § 1º do art. 20 da Constituição Federal, verificado no período compreendido pelo segundo mês imediatamente anterior ao de referência e os 11 (onze) meses precedentes, excluídas as duplicidades, e deduzidas:

I – nos Estados, as parcelas entregues aos Municípios por determinação constitucional;

II – nos Estados, no Distrito Federal e nos Municípios, a contribuição dos servidores para custeio de seu sistema de previdência e assistência social e as receitas provenientes da compensação financeira referida no § 9º do art. 201 da Constituição Federal.

► § 1º acrescido pela EC nº 94, de 15-12-2016.

§ 2º O débito de precatórios será pago com recursos orçamentários próprios provenientes das fontes de receita corrente líquida referidas no § 1º deste artigo e, adicionalmente, poderão ser utilizados recursos dos seguintes instrumentos:

► *Caput* do § 2º com a redação dada pela EC nº 99, de 14-12-2017.

I – até 75% (setenta e cinco por cento) dos depósitos judiciais e dos depósitos administrativos em dinheiro referentes a processos judiciais ou administrativos, tributários ou não tributários, nos quais sejam parte os Estados, o Distrito Federal ou os Municípios, e as respectivas autarquias, fundações e empresas estatais dependentes, mediante a instituição de fundo garantidor em montante equivalente a 1/3 (um terço) dos recursos levantados, constituído pela parcela restante dos depósitos judiciais e remunerado pela taxa referencial do Sistema Especial de Liquidação e de Custódia (SELIC) para títulos federais, nunca inferior aos índices e critérios aplicados aos depósitos levantados;

► Inciso I com a redação dada pela EC nº 99, de 14-12-2017.

II – até 30% (trinta por cento) dos demais depósitos judiciais da localidade sob jurisdição do respectivo Tribunal de Justiça, mediante a instituição de fundo garantidor em montante equivalente aos recursos levantados, constituído pela parcela restante dos depósitos judiciais e remunerado pela taxa referencial do Sistema Especial de Liquidação e de Custódia (SELIC) para títulos federais, nunca inferior aos índices e critérios aplicados aos depósitos levantados, destinando-se:

► *Caput* do inciso II com a redação dada pela EC nº 99, de 14-12-2017.

a) no caso do Distrito Federal, 100% (cem por cento) desses recursos ao próprio Distrito Federal;

► Alínea *a* acrescida pela EC nº 94, de 15-12-2016.

b) no caso dos Estados, 50% (cinquenta por cento) desses recursos ao próprio Estado e 50% (cinquenta por cento) aos respectivos Municípios, conforme a circunscrição judiciária onde estão depositados os recursos, e, se houver mais de um Município na mesma circunscrição judiciária, os recursos serão rateados entre os Municípios concorrentes, proporcionalmente às respectivas populações, utilizado como referência o último levantamento censitário ou a mais recente estimativa populacional da Fundação Instituto Brasileiro de Geografia e Estatística (IBGE);

► Alínea *b* com a redação dada pela EC nº 99, de 14-12-2017.

III – empréstimos, excetuados para esse fim os limites de endividamento de que tratam os incisos VI e VII do *caput* do art. 52 da Constituição Federal e quaisquer outros limites de endividamento previstos em lei, não se aplicando a esses empréstimos a vedação de vinculação de receita prevista no inciso IV do *caput* do art. 167 da Constituição Federal;

► Inciso III com a redação dada pela EC nº 99, de 14-12-2017.

IV – a totalidade dos depósitos em precatórios e requisições diretas de pagamento de obrigações de pequeno valor efetuados até 31 de dezembro de 2009 e ainda não levantados, com o cancelamento dos respectivos requisitórios e a baixa das obrigações, assegurada a revalidação dos requisitórios pelos juízos dos processos perante os Tribunais, a requerimento dos credores e após a oitiva da entidade devedora, mantidas a posição de ordem cronológica original e a remuneração de todo o período.

► Inciso IV acrescido pela EC nº 99, de 14-12-2017.

§ 3º Os recursos adicionais previstos nos incisos I, II e IV do § 2º deste artigo serão transferidos diretamente pela instituição financeira depositária para a conta especial referida no *caput* deste artigo, sob única e exclusiva administração do Tribunal de Justiça local, e essa transferência deverá ser realizada em até sessenta dias contados a partir da entrada em vigor deste parágrafo, sob pena de responsabilização pessoal do dirigente da instituição financeira por improbidade.

► § 3º acrescido pela EC nº 99, de 14-12-2017.

§ 4º* Revogado. *EC nº 109, de 15-3-2021.

Art. 102. Enquanto viger o regime especial previsto nesta Emenda Constitucional, pelo menos 50% (cinquenta por cento) dos recursos que, nos termos do art. 101 deste Ato das Disposições Constitucionais Transitórias, forem destinados ao pagamento dos precatórios em mora serão utilizados no pagamento segundo a ordem cronológica de apresentação, respeitadas as preferências dos créditos alimentares, e, nessas, as relativas à idade, ao estado de saúde e à deficiência, nos termos do § 2º do art. 100 da Constituição Federal, sobre todos os demais créditos de todos os anos.

► *Caput* acrescido pela EC nº 94, de 15-12-2016.

§ 1º A aplicação dos recursos remanescentes, por opção a ser exercida por Estados, Distrito Federal e Municípios, por ato do respectivo Poder Executivo, observada a ordem de preferência dos credores, poderá ser destinada ao pagamento mediante acordos diretos, perante Juízos Auxiliares de Conciliação de Precatórios, com redução máxima de 40% (quarenta por cento) do valor do crédito atualizado, desde que em relação ao crédito não penda recurso ou defesa judicial e que sejam observados os requisitos definidos na regulamentação editada pelo ente federado.

► Parágrafo único transformado em § 1º pela EC nº 99, de 14-12-2017.

§ 2º Na vigência do regime especial previsto no art. 101 deste Ato das Disposições Constitucionais Transitórias, as preferências relativas à idade, ao estado de saúde e à deficiência serão atendidas até o valor equivalente ao quíntuplo fixado em lei para os fins do disposto no § 3º do art. 100 da Constituição Federal, admitido o fracionamento para essa finalidade, e o restante será pago em ordem cronológica de apresentação do precatório.

► § 2º acrescido pela EC nº 99, de 14-12-2017.

Art. 103. Enquanto os Estados, o Distrito Federal e os Municípios estiverem efetuando o pagamento da parcela mensal devida como previsto no *caput* do art. 101 deste Ato das Disposições Constitucionais Transitórias, nem eles, nem as respectivas autarquias, fundações e empresas estatais dependentes poderão sofrer sequestro de valores, exceto no caso de não liberação tempestiva dos recursos.

► *Caput* acrescido pela EC nº 94, de 15-12-2016.

Parágrafo único. Na vigência do regime especial previsto no art. 101 deste Ato das Disposições Constitucionais Transitórias, ficam vedadas desapropriações pelos Estados, pelo Distrito Federal e pelos Municípios, cujos estoques de precatórios ainda pendentes de pagamento, incluídos os precatórios a pagar de suas entidades da administração indireta, sejam superiores a 70% (setenta por cento) das respectivas receitas correntes líquidas, excetuadas as desapropriações para fins de necessidade pública nas áreas de saúde, educação, segurança pública, transporte público, saneamento básico e habitação de interesse social.

► Parágrafo único acrescido pela EC nº 99, de 14-12-2017.

Art. 104. Se os recursos referidos no art. 101 deste Ato das Disposições Constitucionais Transitórias para o pagamento de precatórios não forem tempestivamente liberados, no todo ou em parte:

I – o Presidente do Tribunal de Justiça local determinará o sequestro, até o limite do valor não liberado, das contas do ente federado inadimplente;

II – o chefe do Poder Executivo do ente federado inadimplente responderá, na forma da legislação de responsabilidade fiscal e de improbidade administrativa;

III – a União reterá os recursos referentes aos repasses ao Fundo de Participação dos Estados e do Distrito Federal e ao Fundo de Participação dos Municípios e os depositará na conta especial referida no art. 101 deste Ato das Disposições Constitucionais Transitórias, para utilização como nele previsto;

IV – os Estados reterão os repasses previstos no parágrafo único do art. 158 da Constituição Federal e os depositarão na conta especial referida no art. 101 deste Ato das Disposições Constitucionais Transitórias, para utilização como nele previsto.

Parágrafo único. Enquanto perdurar a omissão, o ente federado não poderá contrair empréstimo externo ou interno, exceto para os fins previstos no § 2º do art. 101 deste Ato das Disposições Constitucionais Transitórias, e ficará impedido de receber transferências voluntárias.

Art. 105. Enquanto viger o regime de pagamento de precatórios previsto no art. 101 deste Ato das Disposições Constitucionais Transitórias, é facultada aos credores de precatórios, próprios ou de terceiros, a compensação com débitos de natureza tributária ou de outra natureza que até 25 de março de 2015 tenham sido inscritos na dívida ativa dos Estados, do Distrito Federal ou dos Municípios, observados os requisitos definidos em lei própria do ente federado.

► *Caput* acrescido pela EC nº 94, de 15-12-2016.

§ 1º Não se aplica às compensações referidas no *caput* deste artigo qualquer tipo de vinculação, como as transferências a outros entes e as destinadas à educação, à saúde e a outras finalidades.

► Parágrafo único transformado em § 1º pela EC nº 99, de 14-12-2017.

§ 2º Os Estados, o Distrito Federal e os Municípios regulamentarão nas respectivas leis o disposto no *caput* deste artigo em até cento e vinte dias a partir de 1º de janeiro de 2018.

§ 3º Decorrido o prazo estabelecido no § 2º deste artigo sem a regulamentação nele prevista, ficam os credores de precatórios autorizados a exercer a faculdade a que se refere o *caput* deste artigo.

► §§ 2º e 3º acrescidos pela EC nº 99, de 14-12-2017.

Art. 106. Fica instituído o Novo Regime Fiscal no âmbito dos Orçamentos Fiscal e da Seguridade Social da União, que vigorará por vinte exercícios financeiros, nos termos dos arts. 107 a 114 deste Ato das Disposições Constitucionais Transitórias.

Art. 107. Ficam estabelecidos, para cada exercício, limites individualizados para as despesas primárias:

I – do Poder Executivo;

II – do Supremo Tribunal Federal, do Superior Tribunal de Justiça, do Conselho Nacional de Justiça, da Justiça do Trabalho, da Justiça Federal, da Justiça Militar da União, da Justiça Eleitoral e da Justiça do Distrito Federal e Territórios, no âmbito do Poder Judiciário;

III – do Senado Federal, da Câmara dos Deputados e do Tribunal de Contas da União, no âmbito do Poder Legislativo;

IV – do Ministério Público da União e do Conselho Nacional do Ministério Público; e

V – da Defensoria Pública da União.

§ 1º Cada um dos limites a que se refere o *caput* deste artigo equivalerá:

I – para o exercício de 2017, à despesa primária paga no exercício de 2016, incluídos os restos a pagar pagos e demais operações que afetam o resultado primário, corrigida em 7,2% (sete inteiros e dois décimos por cento); e

II – para os exercícios posteriores, ao valor do limite referente ao exercício imediatamente anterior, corrigido pela variação do Índice Nacional de Preços ao Consumidor Amplo – IPCA, publicado pelo Instituto Brasileiro de Geografia e Estatística, ou de outro índice que vier a substituí-lo, para o período de doze meses encerrado em junho do exercício anterior a que se refere a lei orçamentária.

§ 2º Os limites estabelecidos na forma do inciso IV do *caput* do art. 51, do inciso XIII do *caput* do art. 52, do § 1º do art. 99, do § 3º do art. 127 e do § 3º do art. 134 da Constituição Federal não poderão ser superiores aos estabelecidos nos termos deste artigo.

§ 3º A mensagem que encaminhar o projeto de lei orçamentária demonstrará os valores máximos de programação compatíveis com os limites individualizados calculados na forma do § 1º deste artigo, observados os §§ 7º a 9º deste artigo.

§ 4º As despesas primárias autorizadas na lei orçamentária anual sujeitas aos limites de que trata este artigo não poderão exceder os valores máximos demonstrados nos termos do § 3º deste artigo.

§ 5º É vedada a abertura de crédito suplementar ou especial que amplie o montante total autorizado de despesa primária sujeita aos limites de que trata este artigo.

§ 6º Não se incluem na base de cálculo e nos limites estabelecidos neste artigo:

I – transferências constitucionais estabelecidas no § 1º do art. 20, no inciso III do parágrafo único do art. 146, no § 5º do art. 153, no art. 157, nos incisos I e II do *caput* do art. 158, no art. 159 e no § 6º do art. 212, as despesas referentes ao inciso XIV do *caput* do art. 21 e as complementações de que tratam os incisos IV e V do *caput* do art. 212-A, todos da Constituição Federal;

► Inciso I com a redação dada pela EC nº 108, de 26-8-2020.

II – créditos extraordinários a que se refere o § 3º do art. 167 da Constituição Federal;

III – despesas não recorrentes da Justiça Eleitoral com a realização de eleições; e

IV – despesas com aumento de capital de empresas estatais não dependentes;

V – transferências a Estados, Distrito Federal e Municípios de parte dos valores arrecadados com os leilões dos volumes excedentes ao limite a que se refere o § 2º do art. 1º da Lei nº 12.276, de 30 de junho de 2010, e a despesa decorrente da revisão do contrato de cessão onerosa de que trata a mesma Lei.

► Inciso V acrescido pela EC nº 102, de 26-9-2019, para vigorar no mesmo exercício financeiro da data de sua publicação (*DOU* de 27-9-2019).

§ 7º Nos três primeiros exercícios financeiros da vigência do Novo Regime Fiscal, o Poder Executivo poderá compensar com redução equivalente na sua despesa primária, consoante os valores estabelecidos no projeto de lei orçamentária encaminhado pelo Poder Executivo no respectivo exercício, o excesso de despesas primárias em relação aos limites de que tratam os incisos II a V do *caput* deste artigo.

§ 8º A compensação de que trata o § 7º deste artigo não excederá a 0,25% (vinte e cinco centésimos por cento) do limite do Poder Executivo.

§ 9º Respeitado o somatório em cada um dos incisos de II a IV do *caput* deste artigo, a lei de diretrizes orçamentárias poderá dispor sobre a compensação entre os limites individualizados dos órgãos elencados em cada inciso.

§ 10. Para fins de verificação do cumprimento dos limites de que trata este artigo, serão consideradas as despesas primárias pagas, incluídos os restos a pagar pagos e demais operações que afetam o resultado primário no exercício.

§ 11. O pagamento de restos a pagar inscritos até 31 de dezembro de 2015 poderá ser excluído da verificação do cumprimento dos limites de que trata este artigo, até o excesso de resultado primário dos Orçamentos Fiscal e da Seguridade Social do exercício em relação à meta fixada na lei de diretrizes orçamentárias.

Art. 108. O Presidente da República poderá propor, a partir do décimo exercício da vigência do Novo Regime Fiscal, projeto de lei complementar para alteração do método de correção dos limites a que se refere o inciso II do § 1º do art. 107 deste Ato das Disposições Constitucionais Transitórias.

Parágrafo único. Será admitida apenas uma alteração do método de correção dos limites por mandato presidencial.

► Arts. 106 a 108 acrescidos pela EC nº 95, de 15-12-2016.

Art. 109. Se verificado, na aprovação da lei orçamentária, que, no âmbito das despesas sujeitas aos limites do art. 107 deste Ato das Disposições Constitucionais Transitórias, a proporção da despesa obrigatória primária em relação à despesa primária total foi superior a 95% (noventa e cinco por cento), aplicam-se ao respectivo Poder ou órgão, até o final do exercício a que se refere a lei orçamentária, sem prejuízo de outras medidas, as seguintes vedações:

► *Caput* com a redação dada pela EC nº 109, de 15-3-2021.

I – concessão, a qualquer título, de vantagem, aumento, reajuste ou adequação de remuneração de membros de Poder ou de órgão, de servidores e empregados públicos e de militares, exceto dos derivados de sentença judicial transitada em julgado ou de determinação legal anterior ao início da aplicação das medidas de que trata este artigo;

► Inciso I com a redação dada pela EC nº 109, de 15-3-2021.

II – criação de cargo, emprego ou função que implique aumento de despesa;

III – alteração de estrutura de carreira que implique aumento de despesa;

► Incisos II e III acrescidos pela EC nº 95, de 15-12-2016.

IV – admissão ou contratação de pessoal, a qualquer título, ressalvadas:

a) as reposições de cargos de chefia e de direção que não acarretem aumento de despesa;

b) as reposições decorrentes de vacâncias de cargos efetivos ou vitalícios;

c) as contratações temporárias de que trata o inciso IX do caput do art. 37 da Constituição Federal; e

d) as reposições de temporários para prestação de serviço militar e de alunos de órgãos de formação de militares;

► Inciso IV com a redação dada pela EC nº 109, de 15-3-2021.

V – realização de concurso público, exceto para as reposições de vacâncias previstas no inciso IV;

► Inciso V acrescido pela EC nº 95, de 15-12-2016.

VI – criação ou majoração de auxílios, vantagens, bônus, abonos, verbas de representação ou benefícios de qualquer natureza, inclusive os de cunho indenizatório, em favor de membros de Poder, do Ministério Público ou da Defensoria Pública, de servidores e empregados públicos e de militares, ou ainda de seus dependentes, exceto quando derivados de sentença judicial transitada em julgado ou de determinação legal anterior ao início da aplicação das medidas de que trata este artigo;

► Inciso VI com a redação dada pela EC nº 109, de 15-3-2021.

VII – criação de despesa obrigatória; e

VIII – adoção de medida que implique reajuste de despesa obrigatória acima da variação da inflação, observada a preservação do poder aquisitivo referida no inciso IV do *caput* do art. 7º da Constituição Federal;

► Incisos VII e VIII acrescidos pela EC nº 95, de 15-12-2016.

IX – aumento do valor de benefícios de cunho indenizatório destinados a qualquer membro de Poder, servidor ou empregado da administração pública e a seus dependentes, exceto quando derivado de sentença judicial transitada em julgado ou de determinação legal anterior ao início da aplicação das medidas de que trata este artigo.

► Inciso IX acrescido pela EC nº 109, de 15-3-2021.

§ 1º As vedações previstas nos incisos I, III e VI do* caput *deste artigo, quando acionadas as vedações para qualquer dos órgãos elencados nos incisos II, III e IV do* caput *do art. 107 deste Ato das Disposições Constitucionais Transitórias, aplicam-se ao conjunto dos órgãos referidos em cada inciso.

► § 1º com a redação dada pela EC nº 109, de 15-3-2021.

§ 2º Caso as vedações de que trata o* caput *deste artigo sejam acionadas para o Poder Executivo, ficam vedadas:

► *Caput* do § 2º com a redação dada pela EC nº 109, de 15-3-2021.

I – a criação ou expansão de programas e linhas de financiamento, bem como a remissão, renegociação ou refinanciamento de dívidas que impliquem ampliação das despesas com subsídios e subvenções; e

II – a concessão ou a ampliação de incentivo ou benefício de natureza tributária.

► Incisos I e II acrescidos pela EC nº 95, de 15-12-2016.

§ 3º Caso as vedações de que trata o* caput *deste artigo sejam acionadas, fica vedada a concessão da revisão geral prevista no inciso X do* caput *do art. 37 da Constituição Federal.

§ 4º As disposições deste artigo:

I – não constituem obrigação de pagamento futuro pela União ou direitos de outrem sobre o erário;

II – não revogam, dispensam ou suspendem o cumprimento de dispositivos constitucionais e legais que disponham sobre metas fiscais ou limites máximos de despesas; e

III – aplicam-se também a proposições legislativas.

► §§ 3º e 4º com a redação dada pela EC nº 109, de 15-3-2021.

§ 5º O disposto nos incisos II, IV, VII e VIII do* caput *e no § 2º deste artigo não se aplica a medidas de combate a calamidade pública nacional cuja vigência e efeitos não ultrapassem a sua duração.

► § 5º acrescido pela EC nº 109, de 15-3-2021.

Art. 110. Na vigência do Novo Regime Fiscal, as aplicações mínimas em ações e serviços públicos de saúde e em manutenção e desenvolvimento do ensino equivalerão:

I – no exercício de 2017, às aplicações mínimas calculadas nos termos do inciso I do § 2º do art. 198 e do *caput* do art. 212, da Constituição Federal; e

II – nos exercícios posteriores, aos valores calculados para as aplicações mínimas do exercício imediatamente anterior, corrigidos na forma estabelecida pelo inciso II do § 1º do art. 107 deste Ato das Disposições Constitucionais Transitórias.

Art. 111. A partir do exercício financeiro de 2018, até o último exercício de vigência do Novo Regime Fiscal, a aprovação e a execução previstas nos §§ 9º e 11 do art. 166 da Constituição Federal corresponderão ao montante de execução obrigatória para o exercício de 2017, corrigido na forma estabelecida pelo inciso II do § 1º do art. 107 deste Ato das Disposições Constitucionais Transitórias.

Art. 112. As disposições introduzidas pelo Novo Regime Fiscal:

I – não constituirão obrigação de pagamento futuro pela União ou direitos de outrem sobre o erário; e

II – não revogam, dispensam ou suspendem o cumprimento de dispositivos constitucionais e legais que disponham sobre metas fiscais ou limites máximos de despesas.

Art. 113. A proposição legislativa que crie ou altere despesa obrigatória ou renúncia de receita deverá ser acompanhada da estimativa do seu impacto orçamentário e financeiro.

Art. 114. A tramitação de proposição elencada no *caput* do art. 59 da Constituição Federal, ressalvada a referida no seu inciso V, quando acarretar aumento de despesa ou renúncia de receita, será suspensa por até vinte dias, a requerimento de um quinto dos membros da Casa, nos termos regimentais, para análise de sua compatibilidade com o Novo Regime Fiscal.

► Arts. 110 a 114 acrescidos pela EC nº 95, de 15-12-2016.

Brasília, 5 de outubro de 1988.

Ulysses Guimarães – Presidente,

Mauro Benevides – 1º Vice-Presidente,

Jorge Arbage – 2º Vice-Presidente,

Marcelo Cordeiro – 1º Secretário,

Mário Maia – 2º Secretário,

Arnaldo Faria de Sá – 3º Secretário,

Benedita da Silva – 1º Suplente de Secretário,

Luiz Soyer – 2º Suplente de Secretário,

Sotero Cunha – 3º Suplente de Secretário,

Bernardo Cabral – Relator Geral,

Adolfo Oliveira – Relator Adjunto,

Antônio Carlos Konder Reis – Relator Adjunto,

José Fogaça – Relator Adjunto.

Índice Alfabético-Remissivo da Constituição Federal e de suas Disposições Transitórias

CÓDIGO CIVIL

Índice Sistemático do Código Civil

(LEI Nº 10.406, DE 10-1-2002)

PARTE GERAL

LIVRO I – DAS PESSOAS

TÍTULO I – DAS PESSOAS NATURAIS

TÍTULO II – DAS PESSOAS JURÍDICAS

TÍTULO III – DO DOMICÍLIO

LIVRO II – DOS BENS

TÍTULO ÚNICO – DAS DIFERENTES CLASSES DE BENS

LIVRO III – DOS FATOS JURÍDICOS

TÍTULO I – DO NEGÓCIO JURÍDICO

TÍTULO II – DOS ATOS JURÍDICOS LÍCITOS

TÍTULO III – DOS ATOS ILÍCITOS

TÍTULO IV – DA PRESCRIÇÃO E DA DECADÊNCIA

TÍTULO V – DA PROVA

PARTE ESPECIAL

LIVRO I – DO DIREITO DAS OBRIGAÇÕES

TÍTULO I – DAS MODALIDADES DAS OBRIGAÇÕES

TÍTULO II – DA TRANSMISSÃO DAS OBRIGAÇÕES

TÍTULO III – DO ADIMPLEMENTO E EXTINÇÃO DAS OBRIGAÇÕES

TÍTULO II – DA SOCIEDADE

SUBTÍTULO I – DA SOCIEDADE NÃO PERSONIFICADA

SUBTÍTULO II – DA SOCIEDADE PERSONIFICADA

TÍTULO III – DO ESTABELECIMENTO

TÍTULO IV – DOS INSTITUTOS COMPLEMENTARES

LIVRO III – DO DIREITO DAS COISAS

TÍTULO I – DA POSSE

TÍTULO II – DOS DIREITOS REAIS

TÍTULO III – DA PROPRIEDADE

TÍTULO II – DO DIREITO PATRIMONIAL

SUBTÍTULO I – DO REGIME DE BENS ENTRE OS CÔNJUGES

SUBTÍTULO II – DO USUFRUTO E DA ADMINISTRAÇÃO DOS BENS DE FILHOS MENORES

SUBTÍTULO III – DOS ALIMENTOS

SUBTÍTULO IV – DO BEM DE FAMÍLIA

TÍTULO III – DA UNIÃO ESTÁVEL

TÍTULO IV – DA TUTELA, DA CURATELA E DA TOMADA DE DECISÃO APOIADA

LIVRO V – DO DIREITO DAS SUCESSÕES

TÍTULO I – DA SUCESSÃO EM GERAL

TÍTULO II – DA SUCESSÃO LEGÍTIMA

TÍTULO III – DA SUCESSÃO TESTAMENTÁRIA

TÍTULO IV – DO INVENTÁRIO E DA PARTILHA

LIVRO COMPLEMENTAR – DAS DISPOSIÇÕES FINAIS E TRANSITÓRIAS

CÓDIGO CIVIL

LEI Nº 10.406, DE 10 DE JANEIRO DE 2002

Institui o Código Civil.

► Publicada no *DOU* de 11-1-2002.

O Presidente da República:

Faço saber que o Congresso Nacional decreta e eu sanciono a seguinte Lei:

PARTE GERAL

LIVRO I – DAS PESSOAS

TÍTULO I – DAS PESSOAS NATURAIS

CAPÍTULO I

DA PERSONALIDADE E DA CAPACIDADE

Art. 1º Toda pessoa é capaz de direitos e deveres na ordem civil.

► Arts. 4º e 5º deste Código.

► Art. 70 do CPC.

► Art. 7º, *caput*, da LINDB.

Art. 2º A personalidade civil da pessoa começa do nascimento com vida; mas a lei põe a salvo, desde a concepção, os direitos do nascituro.

► Arts. 115 a 120, 166, I, 1.779, *caput*, 1.798, 1.799, 1.800 e 1.952 deste Código.

► Art. 18 do CPC.

► Art. 53, § 2º, da Lei nº 6.015, de 31-12-1973 (Lei dos Registros Públicos).

► En. nº 1 da I Jornada de Direito Civil.

Art. 3º São absolutamente incapazes de exercer pessoalmente os atos da vida civil os menores de 16 (dezesseis) anos.

► *Caput* com a redação dada pela Lei nº 13.146, de 6-7-2015.

► Arts. 5º, 76, 115 a 120, 166, I, 198, I, 1.634, 1.690, 1.728 e segs. deste Código.

► Arts. 71, 72, I, e 447, § 1º, do CPC.

► Art. 6º da Lei nº 13.146, de 6-7-2015 (Estatuto da Pessoa com Deficiência).

I a III – *Revogados*. Lei nº 13.146, de 6-7-2015.

Art. 4º São incapazes, relativamente a certos atos ou à maneira de os exercer:

► *Caput* com a redação dada pela Lei nº 13.146, de 6-7-2015.

► Arts. 71, 72 e 447, § 1º, e 747 do CPC.

► Arts. 171, I, e 178, II do CC.

► Art. 142 do ECA.

► Art. 6º da Lei nº 13.146, de 6-7-2015 (Estatuto da Pessoa com Deficiência).

I – os maiores de dezesseis e menores de dezoito anos;

► Arts. 105, 180, 228, I, 1.517, 1.634, 1.747, I, e 1.860, parágrafo único, deste Código.

II – os ébrios habituais e os viciados em tóxico;

► Art. 1.767, III, deste Código.

III – aqueles que, por causa transitória ou permanente, não puderem exprimir sua vontade;

► Incisos II e III com a redação dada pela Lei nº 13.146, de 6-7-2015.

► Art. 1.767 deste Código.

IV – os pródigos.

► Arts. 1.767, V, e 1.782 deste Código.

► Arts. 72 e 76 do CPC.

Parágrafo único. A capacidade dos indígenas será regulada por legislação especial.

► Parágrafo único com a redação dada pela Lei nº 13.146, de 6-7-2015.

► Arts. 231 e 232 da CF.

► Lei nº 6.001, de 19-12-1973 (Estatuto do Índio).

► Art. 50, § 2º, da Lei nº 6.015, de 31-12-1973 (Lei dos Registros Públicos).

Art. 5º A menoridade cessa aos dezoito anos completos, quando a pessoa fica habilitada à prática de todos os atos da vida civil.

► Art. 148, parágrafo único, *e*, do ECA.

► Art. 9º, I, da Lei nº 6.001, de 19-12-1973 (Estatuto do Índio).

► En. nº 3 da I Jornada de Direito Civil.

Parágrafo único. Cessará, para os menores, a incapacidade:

I – pela concessão dos pais, ou de um deles na falta do outro, mediante instrumento público, independentemente de homologação judicial, ou por sentença do juiz, ouvido o tutor, se o menor tiver dezesseis anos completos;

► Art. 226, § 5º, da CF.

► Arts. 9º, II, 1.635, II, e 1.763, I, deste Código.

► Art. 725, I, do CPC.

► Arts. 89 e segs. da Lei nº 6.015, de 31-12-1973 (Lei dos Registros Públicos).

► Arts. 1º e 2º do ECA.

► En. nº 397 da V Jornada de Direito Civil.

► En. nº 530 da VI Jornada de Direito Civil.

II – pelo casamento;

► Art. 226 da CF.

III – pelo exercício de emprego público efetivo;

IV – pela colação de grau em curso de ensino superior;

V – pelo estabelecimento civil ou comercial, ou pela existência de relação de emprego, desde que, em função deles, o menor com dezesseis anos completos tenha economia própria.

► Arts. 966 e 972 do deste Código.

Art. 6º A existência da pessoa natural termina com a morte; presume-se esta, quanto aos ausentes, nos casos em que a lei autoriza a abertura de sucessão definitiva.

- ► Art. 1.784 deste Código.
- ► Arts. 744 e 745 do CPC.
- ► Arts. 77 a 88 da Lei nº 6.015, de 31-12-1973 (Lei dos Registros Públicos).
- ► Súm. nº 331 do STF.

Art. 7º Pode ser declarada a morte presumida, sem decretação de ausência:

- ► Art. 1.784 deste Código.
- ► Art. 88 da Lei nº 6.015, de 31-12-1973 (Lei dos Registros Públicos).

I – se for extremamente provável a morte de quem estava em perigo de vida;

II – se alguém, desaparecido em campanha ou feito prisioneiro, não for encontrado até dois anos após o término da guerra.

Parágrafo único. A declaração da morte presumida, nesses casos, somente poderá ser requerida depois de esgotadas as buscas e averiguações, devendo a sentença fixar a data provável do falecimento.

Art. 8º Se dois ou mais indivíduos falecerem na mesma ocasião, não se podendo averiguar se algum dos comorientes precedeu aos outros, presumir-se-ão simultaneamente mortos.

- ► Art. 798 deste Código.

Art. 9º Serão registrados em registro público:

- ► Lei nº 6.015, de 31-12-1973 (Lei dos Registros Públicos).

I – os nascimentos, casamentos e óbitos;

- ► Arts. 1.512, parágrafo único, 1.545, 1.546 e 1.604 deste Código.
- ► Art. 18 da LINDB.
- ► Lei nº Lei nº 6.001, de 19-12-1973 (Estatuto do Índio).
- ► Arts. 29 a 32, 50 a 66, 70 e 77 a 88 da Lei nº 6.015, de 31-12-1973 (Lei dos Registros Públicos).
- ► Lei nº 12.662, de 5-6-2012, assegura validade nacional à Declaração de Nascido Vivo – DNV, regula sua expedição, altera a Lei nº 6.015, de 31 de dezembro de 1973.

II – a emancipação por outorga dos pais ou por sentença do juiz;

- ► Art. 226, § 5º, da CF.
- ► Art. 5º, parágrafo único, I, deste Código.
- ► Arts. 13, § 2º, 29, IV, 89 e segs. da Lei 6.015 de 31-12-1973.

III – a interdição por incapacidade absoluta ou relativa;

IV – a sentença declaratória de ausência e de morte presumida.

- ► Arts. 13, § 2º, 29, IV, 89 e segs. da Lei nº 6.015, de 31-12-1973 (Lei dos Registros Públicos).

Art. 10. Far-se-á averbação em registro público:

- ► Enunciados nºs 272 e 273 da IV Jornada de Direito Civil.

I – das sentenças que decretarem a nulidade ou anulação do casamento, o divórcio, a separação judicial e o restabelecimento da sociedade conjugal;

- ► Art. 226, § 6º, da CF.
- ► Arts. 1.571 a 1.582 deste Código.
- ► Art. 29, § 1º, da Lei nº 6.015, de 31-12-1973 (Lei dos Registros Públicos).
- ► EC nº 66, de 13-7-2010, dispõe sobre a possibilidade de dissolução do casamento civil pelo divórcio, independentemente de prazo de separação prévia.

II – dos atos judiciais ou extrajudiciais que declararem ou reconhecerem a filiação;

- ► Arts. 1.607 a 1.617 deste Código.
- ► Arts. 26 e 27 do ECA.
- ► Lei nº 8.560, de 29-12-1992 (Lei de Investigação de Paternidade).

III – *Revogado.* Lei nº 12.010, de 3-8-2009.

CAPÍTULO II

DOS DIREITOS DA PERSONALIDADE

Art. 11. Com exceção dos casos previstos em lei, os direitos da personalidade são intransmissíveis e irrenunciáveis, não podendo o seu exercício sofrer limitação voluntária.

- ► Art. 5º, X, da CF.
- ► Art. 52 deste Código.
- ► Arts. 8º a 28 da Lei nº 10.741, de 1º-10-2003 (Estatuto do Idoso).
- ► En. nº 4 da I Jornada de Direito Civil.
- ► En. nº 139 da III Jornada de Direito Civil.
- ► En. nº 274 da IV Jornada de Direito Civil.
- ► Enunciados nºs 531 e 532 da VI Jornada de Direito Civil.
- ► En. nº 613 da VIII Jornada de Direito Civil.

Art. 12. Pode-se exigir que cesse a ameaça, ou a lesão, a direito da personalidade, e reclamar perdas e danos, sem prejuízo de outras sanções previstas em lei.

- ► Art. 5º, X e XXXV, da CF.
- ► Arts. 186 e 927 deste Código.
- ► Arts. 189, 294, 368, 497 e 536 do CPC.
- ► En. nº 5 da I Jornada de Direito Civil.
- ► En. nº 140 da III Jornada de Direito Civil.

Parágrafo único. Em se tratando de morto, terá legitimação para requerer a medida prevista neste artigo o cônjuge sobrevivente, ou qualquer parente em linha reta, ou colateral até o quarto grau.

- ► Art. 20, parágrafo único, e 943, deste Código.
- ► En. nº 275 da IV Jornada de Direito Civil.
- ► Enunciados nºs 398, 399 e 400 da V Jornada de Direito Civil.

Art. 13. Salvo por exigência médica, é defeso o ato de disposição do próprio corpo, quando importar diminuição permanente da integridade física, ou contrariar os bons costumes.

- ► En. nº 6 da I Jornada de Direito Civil.
- ► En. nº 276 da IV Jornada de Direito Civil.
- ► En. nº 401 da V Jornada de Direito Civil.
- ► En. nº 532 da VI Jornada de Direito Civil.

Parágrafo único. O ato previsto neste artigo será admitido para fins de transplante, na forma estabelecida em lei especial.

Art. 14. É válida, com objetivo científico, ou altruístico, a disposição gratuita do próprio corpo, no todo ou em parte, para depois da morte.

- ► En. nº 277 da IV Jornada de Direito Civil.

Parágrafo único. O ato de disposição pode ser livremente revogado a qualquer tempo.

- ► En. nº 402 da V Jornada de Direito Civil.

Art. 15. Ninguém pode ser constrangido a submeter-se, com risco de vida, a tratamento médico ou a intervenção cirúrgica.

- ► En. nº 403 da V Jornada de Direito Civil.
- ► En. nº 533 da VI Jornada de Direito Civil.

Art. 16. Toda pessoa tem direito ao nome, nele compreendidos o prenome e o sobrenome.

- ► O STF, por unanimidade, julgou procedente a ADIN nº 4.275 (*DOU* de 28-3-2019), "para dar interpretação conforme a Constituição e o Pacto de São José da Costa Rica ao art. 58 da Lei 6.015/73, de modo a reconhecer aos transgêneros que assim o desejarem, independentemente da cirurgia de transgenitalização, ou da realização de tratamentos hormonais ou patologizantes, o direito à substituição de prenome e sexo diretamente no registro civil.".

► Art. 47, § 5º, do ECA.

► Arts. 59 e 60 da Lei nº 6.015, de 31-12-1973 (Lei dos Registros Públicos)

Art. 17. O nome da pessoa não pode ser empregado por outrem em publicações ou representações que a exponham ao desprezo público, ainda quando não haja intenção difamatória.

► Súm. nº 221 do STJ.

Art. 18. Sem autorização, não se pode usar o nome alheio em propaganda comercial.

► En. nº 278 da IV Jornada de Direito Civil.

Art. 19. O pseudônimo adotado para atividades lícitas goza da proteção que se dá ao nome.

► Art. 58 da Lei nº 6.015, de 31-12-1973 (Lei dos Registros Públicos).

► Arts. 12 e 24, II, da Lei nº 9.610, de 19-2-1998 (Lei de Direitos Autorais).

Art. 20. Salvo se autorizadas, ou se necessárias à administração da justiça ou à manutenção da ordem pública, a divulgação de escritos, a transmissão da palavra, ou a publicação, a exposição ou a utilização da imagem de uma pessoa poderão ser proibidas, a seu requerimento e sem prejuízo da indenização que couber, se lhe atingirem a honra, a boa fama ou a respeitabilidade, ou se se destinarem a fins comerciais.

► O STF, por unanimidade, julgou procedente a ADIN nº 4.815 (*DOU* de 26-6-2015), "para dar interpretação conforme a Constituição aos artigos 20 e 21 do Código Civil, sem redução de texto, para, em consonância com os direitos fundamentais a liberdade de pensamento e de sua expressão, de criação artística, produção cientifica, declarar inexigível o consentimento de pessoa biografada relativamente a obras biográficas literárias ou audiovisuais, sendo por igual desnecessária autorização de pessoas retratadas como coadjuvantes (ou de seus familiares, em caso de pessoas falecidas)".

► Art. 5º, V, IX, X e XXVIII, *a*, da CF.

► Lei nº 9.610, de 19-2-1998 (Lei de Direitos Autorais).

► Súmulas nºs 221, 227 e 403 do STJ.

► En. nº 5 da I Jornada de Direito Civil.

► Enunciados nºs 275 e 279 da IV Jornada de Direito Civil.

Parágrafo único. Em se tratando de morto ou de ausente, são partes legítimas para requerer essa proteção o cônjuge, os ascendentes ou os descendentes.

► Art. 943 deste Código.

► Enunciados nºs 399 e 400 da V Jornada de Direito Civil.

Art. 21. A vida privada da pessoa natural é inviolável, e o juiz, a requerimento do interessado, adotará as providências necessárias para impedir ou fazer cessar ato contrário a esta norma.

► O STF, por unanimidade, julgou procedente a ADIN nº 4.815 (*DOU* de 26-6-2015), "para dar interpretação conforme a Constituição aos artigos 20 e 21 do Código Civil, sem redução de texto, para, em consonância com os direitos fundamentais a liberdade de pensamento e de sua expressão, de criação artística, produção cientifica, declarar inexigível o consentimento de pessoa biografada relativamente a obras biográficas literárias ou audiovisuais, sendo por igual desnecessária autorização de pessoas retratadas como coadjuvantes (ou de seus familiares, em caso de pessoas falecidas)".

► Art. 5º, X, da CF.

► Enunciados nºs 404 e 405 da V Jornada de Direito Civil.

► En. nº 531 da VI Jornada de Direito Civil.

► En. nº 576 da VII Jornada de Direito Civil.

CAPÍTULO III
DA AUSÊNCIA

► Arts. 6º, 7º, 9º, IV, 20, parágrafo único, 335, III, 428, II e III, 1.728, I, e 1.759 deste Código.

► Arts. 49, 671, I, 744 e 745 do CPC.

► Arts. 94, 104 e 107, § 1º, da Lei nº 6.015, de 31-12-1973 (Lei dos Registros Públicos).

Seção I
DA CURADORIA DOS BENS DO AUSENTE

Art. 22. Desaparecendo uma pessoa do seu domicílio sem dela haver notícia, se não houver deixado representante ou procurador a quem caiba administrar-lhe os bens, o juiz, a requerimento de qualquer interessado ou do Ministério Público, declarará a ausência, e nomear-lhe-á curador.

► Arts. 626, 744 e 745 do CPC.

► Art. 29 da Lei nº 6.015, de 31-12-1973 (Lei dos Registros Públicos).

Art. 23. Também se declarará a ausência, e se nomeará curador, quando o ausente deixar mandatário que não queira ou não possa exercer ou continuar o mandato, ou se os seus poderes forem insuficientes.

► Art. 744 do CPC.

Art. 24. O juiz, que nomear o curador, fixar-lhe-á os poderes e obrigações, conforme as circunstâncias, observando, no que for aplicável, o disposto a respeito dos tutores e curadores.

► Arts. 1.728 e segs. deste Código.

Art. 25. O cônjuge do ausente, sempre que não esteja separado judicialmente, ou de fato por mais de dois anos antes da declaração da ausência, será o seu legítimo curador.

► Arts. 1.570, 1.775 e segs. deste Código.

► En. nº 97 da I Jornada de Direito Civil.

§ 1º Em falta do cônjuge, a curadoria dos bens do ausente incumbe aos pais ou aos descendentes, nesta ordem, não havendo impedimento que os iniba de exercer o cargo.

§ 2º Entre os descendentes, os mais próximos precedem os mais remotos.

§ 3º Na falta das pessoas mencionadas, compete ao juiz a escolha do curador.

Seção II
DA SUCESSÃO PROVISÓRIA

► Arts. 744 e 745 do CPC.

Art. 26. Decorrido um ano da arrecadação dos bens do ausente, ou, se ele deixou representante ou procurador, em se passando três anos, poderão os interessados requerer que se declare a ausência e se abra provisoriamente a sucessão.

► Art. 28, § 1º, deste Código.

► Art. 104, parágrafo único, da Lei nº 6.015, de 31-12-1973 (Lei dos Registros Públicos).

Art. 27. Para o efeito previsto no artigo anterior, somente se consideram interessados:

I – o cônjuge não separado judicialmente;

II – os herdeiros presumidos, legítimos ou testamentários;

III – os que tiverem sobre os bens do ausente direito dependente de sua morte;

► Art. 1.951 deste Código.

IV – os credores de obrigações vencidas e não pagas.

Art. 28. A sentença que determinar a abertura da sucessão provisória só produzirá efeito cento e oitenta dias depois de publicada pela imprensa; mas, logo que passe em julgado, proceder-se-á à abertura do testamento, se houver, e ao inventário e partilha dos bens, como se o ausente fosse falecido.

▸ Art. 104, parágrafo único, da Lei nº 6.015, de 31-12-1973 (Lei dos Registros Públicos).

§ 1º Findo o prazo a que se refere o art. 26, e não havendo interessados na sucessão provisória, cumpre ao Ministério Público requerê-la ao juízo competente.

§ 2º Não comparecendo herdeiro ou interessado para requerer o inventário até trinta dias depois de passar em julgado a sentença que mandar abrir a sucessão provisória, proceder-se-á à arrecadação dos bens do ausente pela forma estabelecida nos arts. 1.819 a 1.823.

Art. 29. Antes da partilha, o juiz, quando julgar conveniente, ordenará a conversão dos bens móveis, sujeitos a deterioração ou a extravio, em imóveis ou em títulos garantidos pela União.

Art. 30. Os herdeiros, para se imitirem na posse dos bens do ausente, darão garantias da restituição deles, mediante penhores ou hipotecas equivalentes aos quinhões respectivos.

§ 1º Aquele que tiver direito à posse provisória, mas não puder prestar a garantia exigida neste artigo, será excluído, mantendo-se os bens que lhe deviam caber sob a administração do curador, ou de outro herdeiro designado pelo juiz, e que preste essa garantia.

▸ Art. 34 deste Código.

§ 2º Os ascendentes, os descendentes e o cônjuge, uma vez provada a sua qualidade de herdeiros, poderão, independentemente de garantia, entrar na posse dos bens do ausente.

Art. 31. Os imóveis do ausente só se poderão alienar, não sendo por desapropriação, ou hipotecar, quando o ordene o juiz, para lhes evitar a ruína.

Art. 32. Empossados nos bens, os sucessores provisórios ficarão representando ativa e passivamente o ausente, de modo que contra eles correrão as ações pendentes e as que de futuro àquele forem movidas.

Art. 33. O descendente, ascendente ou cônjuge que for sucessor provisório do ausente, fará seus todos os frutos e rendimentos dos bens que a este couberem; os outros sucessores, porém, deverão capitalizar metade desses frutos e rendimentos, segundo o disposto no art. 29, de acordo com o representante do Ministério Público, e prestar anualmente contas ao juiz competente.

Parágrafo único. Se o ausente aparecer, e ficar provado que a ausência foi voluntária e injustificada, perderá ele, em favor do sucessor, sua parte nos frutos e rendimentos.

Art. 34. O excluído, segundo o art. 30, da posse provisória poderá, justificando falta de meios, requerer lhe seja entregue metade dos rendimentos do quinhão que lhe tocaria.

Art. 35. Se durante a posse provisória se provar a época exata do falecimento do ausente, considerar-se-á, nessa data, aberta a sucessão em favor dos herdeiros, que o eram àquele tempo.

▸ Art. 1.784 deste Código.

▸ Art. 745, § 3º, do CPC.

Art. 36. Se o ausente aparecer, ou se lhe provar a existência, depois de estabelecida a posse provisória, cessarão para logo as vantagens dos sucessores nela imitidos, ficando, todavia, obrigados a tomar as medidas assecuratórias precisas, até a entrega dos bens a seu dono.

Seção III
DA SUCESSÃO DEFINITIVA

Art. 37. Dez anos depois de passada em julgado a sentença que concede a abertura da sucessão provisória, poderão os interessados requerer a sucessão definitiva e o levantamento das cauções prestadas.

▸ Art. 1.784 e ss. deste Código.

▸ Art. 745, §§ 3º e 4º, do CPC.

▸ Súm. nº 331 do STF.

Art. 38. Pode-se requerer a sucessão definitiva, também, provando-se que o ausente conta oitenta anos de idade, e que de cinco datam as últimas notícias dele.

▸ Art. 1.784 e ss. deste Código.

▸ Art. 744, § 3º, do CPC.

Art. 39. Regressando o ausente nos dez anos seguintes à abertura da sucessão definitiva, ou algum de seus descendentes ou ascendentes, aquele ou estes haverão só os bens existentes no estado em que se acharem, os sub-rogados em seu lugar, ou o preço que os herdeiros e demais interessados houverem recebido pelos bens alienados depois daquele tempo.

▸ Art. 745, § 4º, do CPC.

Parágrafo único. Se, nos dez anos a que se refere este artigo, o ausente não regressar, e nenhum interessado promover a sucessão definitiva, os bens arrecadados passarão ao domínio do Município ou do Distrito Federal, se localizados nas respectivas circunscrições, incorporando-se ao domínio da União, quando situados em território federal.

▸ Arts. 28, § 2º, 1.822, *caput*, deste Código.

TÍTULO II – DAS PESSOAS JURÍDICAS

CAPÍTULO I
DISPOSIÇÕES GERAIS

Art. 40. As pessoas jurídicas são de direito público, interno ou externo, e de direito privado.

Art. 41. São pessoas jurídicas de direito público interno:

▸ Art. 75, I a IV, do CPC.

I – a União;

II – os Estados, o Distrito Federal e os Territórios;

III – os Municípios;

IV – as autarquias, inclusive as associações públicas;

▸ Inciso IV com a redação dada pela Lei nº 11.107, de 6-4-2005.

▸ Art. 37, XIX, da CF.

V – as demais entidades de caráter público criadas por lei.

Parágrafo único. Salvo disposição em contrário, as pessoas jurídicas de direito público, a que se tenha dado estrutura de direito privado, regem-se, no que couber, quanto ao seu funcionamento, pelas normas deste Código.

▸ En. nº 141 da III Jornada de Direito Civil.

Art. 42. São pessoas jurídicas de direito público externo os Estados estrangeiros e todas as pessoas que forem regidas pelo direito internacional público.

▸ Art. 4º da CF.

Art. 43. As pessoas jurídicas de direito público interno são civilmente responsáveis por atos dos seus agentes que nessa qualidade causem danos a terceiros, ressalvado direito regressivo contra os causadores do dano, se houver, por parte destes, culpa ou dolo.

▸ Art. 37, § 6º, da CF.

► Lei nº 6.453, de 17-10-1977, dispõe sobre a responsabilidade civil por danos nucleares e a responsabilidade criminal por atos relacionados com atividades nucleares.

► Lei nº 10.744, de 9-10-2003, dispõe sobre a assunção, pela União, de responsabilidades civis perante terceiros no caso de atentados terroristas, atos de guerra ou eventos correlatos, contra aeronaves de matrícula brasileira operadas por empresas brasileiras de transporte aéreo público, excluídas as empresas de táxi aéreo.

Art. 44. São pessoas jurídicas de direito privado:

► Arts. 2.031 a 2.034 e 2.037 deste Código.

► Enunciados nºs 142, 143 e 144 da III Jornada de Direito Civil.

► En. nº 280 da IV Jornada de Direito Civil.

I – as associações;

► Art. 5º, XVII a XXI, da CF.

► Arts. 53 a 61, 2.031, 2.033 e 2.034 deste Código.

II – as sociedades;

► Arts. 981 e segs., 2.031, 2.033, 2.034 e 2.037 deste Código.

► Lei nº 5.764, de 16-12-1971 (Lei das Cooperativas).

► Lei nº 6.404, de 15-12-1976 (Lei das Sociedades por Ações).

III – as fundações;

► Arts. 62 a 69, 2.031 e 2.032 deste Código.

► Lei nº 9.790, de 23-3-1999, dispõe sobre a qualificação de pessoas jurídicas de direito privado, sem fins lucrativos, como Organizações da Sociedade Civil de Interesse Público, institui e disciplina o Termo de Parceria, regulamentada pelo Dec. nº 3.100, de 30-6-1999.

IV – as organizações religiosas;

V – os partidos políticos;

► Incisos IV e V acrescidos pela Lei nº 10.825, de 22-12-2003.

VI – as empresas individuais de responsabilidade limitada.

► Inciso VI acrescido pela Lei nº 12.441, de 11-7-2011.

► Art. 980-A deste Código.

► Enunciados nºs 469 e 471 da V Jornada de Direito Civil.

§ 1º São livres a criação, a organização, a estruturação interna e o funcionamento das organizações religiosas, sendo vedado ao poder público negar-lhes reconhecimento ou registro dos atos constitutivos e necessários ao seu funcionamento.

§ 2º As disposições concernentes às associações aplicam-se subsidiariamente às sociedades que são objeto do Livro II da Parte Especial deste Código.

► Arts. 966 e segs. deste Código.

§ 3º Os partidos políticos serão organizados e funcionarão conforme o disposto em lei específica.

Art. 45. Começa a existência legal das pessoas jurídicas de direito privado com a inscrição do ato constitutivo no respectivo registro, precedida, quando necessário, de autorização ou aprovação do Poder Executivo, averbando-se no registro todas as alterações por que passar o ato constitutivo.

► Arts. 985, 998, 1.000, 1.150 a 1.154 deste Código.

► Art. 1º, § 2º, do EOAB.

► Lei nº 8.934, de 18-11-1994 (Lei do Registro Público de Empresas Mercantis).

► Lei nº 9.279, de 14-5-1996 (Lei da Propriedade Industrial).

Parágrafo único. Decai em três anos o direito de anular a constituição das pessoas jurídicas de direito privado, por defeito do ato respectivo, contado o prazo da publicação de sua inscrição no registro.

Art. 46. O registro declarará:

► Arts. 985, 998, 1.000, 1.150 a 1.154 deste Código.

► Arts. 120 e 121 da Lei nº 6.015, de 31-12-1973 (Lei dos Registros Públicos).

► Lei nº 8.934, de 18-11-1994 (Lei do Registro Público de Empresas Mercantis).

I – a denominação, os fins, a sede, o tempo de duração e o fundo social, quando houver;

II – o nome e a individualização dos fundadores ou instituidores, e dos diretores;

III – o modo por que se administra e representa, ativa e passivamente, judicial e extrajudicialmente;

IV – se o ato constitutivo é reformável no tocante à administração, e de que modo;

V – se os membros respondem, ou não, subsidiariamente, pelas obrigações sociais;

VI – as condições de extinção da pessoa jurídica e o destino do seu patrimônio, nesse caso.

Art. 47. Obrigam a pessoa jurídica os atos dos administradores, exercidos nos limites de seus poderes definidos no ato constitutivo.

► Arts. 43, 989, 990 e 997, VI, deste Código.

► En. nº 145 da III Jornada de Direito Civil.

Art. 48. Se a pessoa jurídica tiver administração coletiva, as decisões se tomarão pela maioria de votos dos presentes, salvo se o ato constitutivo dispuser de modo diverso.

► Art. 1.014 deste Código.

Parágrafo único. Decai em três anos o direito de anular as decisões a que se refere este artigo, quando violarem a lei ou estatuto, ou forem eivadas de erro, dolo, simulação ou fraude.

► Arts. 138 a 150, 158 a 165, 167 e 171, II, deste Código.

Art. 49. Se a administração da pessoa jurídica vier a faltar, o juiz, a requerimento de qualquer interessado, nomear-lhe-á administrador provisório.

Art. 49-A. A pessoa jurídica não se confunde com os seus sócios, associados, instituidores ou administradores.

Parágrafo único. A autonomia patrimonial das pessoas jurídicas é um instrumento lícito de alocação e segregação de riscos, estabelecido pela lei com a finalidade de estimular empreendimentos, para a geração de empregos, tributo, renda e inovação em benefício de todos.

► Art. 49-A acrescido pela Lei nº 13.874, de 20-9-2019.

Art. 50. Em caso de abuso da personalidade jurídica, caracterizado pelo desvio de finalidade ou pela confusão patrimonial, pode o juiz, a requerimento da parte, ou do Ministério Público quando lhe couber intervir no processo, desconsiderá-la para que os efeitos de certas e determinadas relações de obrigações sejam estendidos aos bens particulares de administradores ou de sócios da pessoa jurídica beneficiados direta ou indiretamente pelo abuso.

► Arts. 133, 134 e 795 do CPC.

► Art. 28 do CDC.

► Art. 14 da Lei nº 12.846, de 1º-8-2013 (Lei Anticorrupção).

► Art. 34 da Lei nº 12.529, de 30-11-2011 (Lei do Sistema Brasileiro de Defesa da Concorrência).

► Enunciados nºs 7, 9 e 51 da I Jornada de Direito Civil.

► En. nº 146 da III Jornada de Direito Civil.

► Enunciados nºs 281, 282, 283, 284 e 285 da IV Jornada de Direito Civil.

► Enunciados nºs 406 e 487 da V Jornada de Direito Civil.

§ 1º Para os fins do disposto neste artigo, desvio de finalidade é a utilização da pessoa jurídica com o propósito de lesar credores e para a prática de atos ilícitos de qualquer natureza.

§ 2º Entende-se por confusão patrimonial a ausência de separação de fato entre os patrimônios, caracterizada por:

I – cumprimento repetitivo pela sociedade de obrigações do sócio ou do administrador ou vice-versa;

II – transferência de ativos ou de passivos sem efetivas contraprestações, exceto os de valor proporcionalmente insignificante; e

III – outros atos de descumprimento da autonomia patrimonial.

§ 3º O disposto no *caput* e nos §§ 1º e 2º deste artigo também se aplica à extensão das obrigações de sócios ou de administradores à pessoa jurídica.

§ 4º A mera existência de grupo econômico sem a presença dos requisitos de que trata o *caput* deste artigo não autoriza a desconsideração da personalidade da pessoa jurídica.

§ 5º Não constitui desvio de finalidade a mera expansão ou a alteração da finalidade original da atividade econômica específica da pessoa jurídica.

► Art. 50 com a redação dada pela Lei nº 13.874, de 20-9-2019.

Art. 51. Nos casos de dissolução da pessoa jurídica ou cassada a autorização para seu funcionamento, ela subsistirá para os fins de liquidação, até que esta se conclua.

► Arts. 1.033 e segs. e 1.125 deste Código.

§ 1º Far-se-á, no registro onde a pessoa jurídica estiver inscrita, a averbação de sua dissolução.

§ 2º As disposições para a liquidação das sociedades aplicam-se, no que couber, às demais pessoas jurídicas de direito privado.

§ 3º Encerrada a liquidação, promover-se-á o cancelamento da inscrição da pessoa jurídica.

Art. 52. Aplica-se às pessoas jurídicas, no que couber, a proteção dos direitos da personalidade.

► Arts. 11 a 21 deste Código.

► Súm. nº 227 do STJ.

► En. nº 286 da IV Jornada de Direito Civil.

CAPÍTULO II

DAS ASSOCIAÇÕES

► Art. 5º, XVII a XXI, da CF.

► Arts. 2.031 a 2.034 deste Código.

Art. 53. Constituem-se as associações pela união de pessoas que se organizem para fins não econômicos.

► En. nº 534 da VI Jornada de Direito Civil.

Parágrafo único. Não há, entre os associados, direitos e obrigações recíprocos.

► Lei nº 9.790, de 23-3-1999, dispõe sobre a qualificação de pessoas jurídicas de direito privado, sem fins lucrativos, como Organizações da Sociedade Civil de Interesse Público, institui e disciplina o Termo de Parceria.

Art. 54. Sob pena de nulidade, o estatuto das associações conterá:

I – a denominação, os fins e a sede da associação;

II – os requisitos para a admissão, demissão e exclusão dos associados;

III – os direitos e deveres dos associados;

IV – as fontes de recursos para sua manutenção;

V – o modo de constituição e de funcionamento dos órgãos deliberativos;

► Inciso V com a redação dada pela Lei nº 11.127, de 28-6-2005.

VI – as condições para a alteração das disposições estatutárias e para a dissolução;

VII – a forma de gestão administrativa e de aprovação das respectivas contas.

► Inciso VII acrescido pela Lei nº 11.127, de 28-6-2005.

Art. 55. Os associados devem ter iguais direitos, mas o estatuto poderá instituir categorias com vantagens especiais.

Art. 56. A qualidade de associado é intransmissível, se o estatuto não dispuser o contrário.

Parágrafo único. Se o associado for titular de quota ou fração ideal do patrimônio da associação, a transferência daquela não importará, de per si, na atribuição da qualidade de associado ao adquirente ou ao herdeiro, salvo disposição diversa do estatuto.

Art. 57. A exclusão do associado só é admissível havendo justa causa, assim reconhecida em procedimento que assegure direito de defesa e de recurso, nos termos previstos no estatuto.

► *Caput* com a redação dada pela Lei nº 11.127, de 28-6-2005.

► En. nº 280 da IV Jornada de Direito Civil.

Parágrafo único. *Revogado*. Lei nº 11.127, de 28-6-2005.

Art. 58. Nenhum associado poderá ser impedido de exercer direito ou função que lhe tenha sido legitimamente conferido, a não ser nos casos e pela forma previstos na lei ou no estatuto.

Art. 59. Compete privativamente à assembleia-geral:

► *Caput* com a redação dada pela Lei nº 11.127, de 28-6-2005.

► Arts. 4º e 5º da Lei nº 14.010, de 10-6-2020 (Regime Jurídico Emergencial Transitório).

I – destituir os administradores;

II – alterar o estatuto.

► Incisos I e II com a redação dada pela Lei nº 11.127, de 28-6-2005.

III e IV – *Suprimidos*. Lei nº 11.127, de 28-6-2005.

Parágrafo único. Para as deliberações a que se referem os incisos I e II deste artigo é exigido deliberação da assembleia especialmente convocada para esse fim, cujo *quorum* será o estabelecido no estatuto, bem como os critérios de eleição dos administradores.

► Parágrafo único com a redação dada pela Lei nº 11.127, de 28-6-2005.

Art. 60. A convocação dos órgãos deliberativos far-se-á na forma do estatuto, garantindo a um quinto dos associados o direito de promovê-la.

► Artigo com a redação dada pela Lei nº 11.127, de 28-6-2005.

► En. nº 280 da IV Jornada de Direito Civil.

Art. 61. Dissolvida a associação, o remanescente do seu patrimônio líquido, depois de deduzidas, se for o caso, as quotas ou frações ideais referidas no parágrafo único do art. 56, será destinado à entidade de fins não econômicos designada no estatuto, ou, omisso este, por deliberação dos associados, à instituição municipal, estadual ou federal, de fins idênticos ou semelhantes.

► Art. 5º, XIX, da CF.

► En. nº 407 da V Jornada de Direito Civil.

§ 1º Por cláusula do estatuto ou, no seu silêncio, por deliberação dos associados, podem estes, antes da destinação do remanescente referida neste artigo, receber em restituição, atualizado o respectivo valor, as contribuições que tiverem prestado ao patrimônio da associação.

§ 2º Não existindo no Município, no Estado, no Distrito Federal ou no Território, em que a associação tiver sede, instituição nas condições indicadas neste artigo, o que remanescer do seu patrimônio se devolverá à Fazenda do Estado, do Distrito Federal ou da União.

▸ Dec.-lei nº 41, de 18-11-1966, que dispõe sobre a dissolução de sociedades civis de fins assistenciais.

CAPÍTULO III
DAS FUNDAÇÕES

▸ Art. 37, XIX, da CF.

▸ Arts. 2.031 a 2.034 deste Código.

Art. 62. Para criar uma fundação, o seu instituidor fará, por escritura pública ou testamento, dotação especial de bens livres, especificando o fim a que se destina, e declarando, se quiser, a maneira de administrá-la.

▸ Arts. 1.799, III, deste Código.

Parágrafo único. A fundação somente poderá constituir-se para fins de:

▸ Art. 11 da LINDB.

▸ Arts. 119, parágrafo único, e 120 da Lei nº 6.015, de 31-12-1973 (Lei dos Registros Públicos).

▸ Enunciados nºs 8 e 9 da I Jornada de Direito Civil.

I – assistência social;
II – cultura, defesa e conservação do patrimônio histórico e artístico;
III – educação;
IV – saúde;
V – segurança alimentar e nutricional;
VI – defesa, preservação e conservação do meio ambiente e promoção do desenvolvimento sustentável;
VII – pesquisa científica, desenvolvimento de tecnologias alternativas, modernização de sistemas de gestão, produção e divulgação de informações e conhecimentos técnicos e científicos;
VIII – promoção da ética, da cidadania, da democracia e dos direitos humanos;
IX – atividades religiosas; e
X – VETADO. Lei nº 13.151, de 28-7-2015.

▸ Parágrafo único com a redação dada pela Lei nº 13.151, de 28-7-2015.

Art. 63. Quando insuficientes para constituir a fundação, os bens a ela destinados serão, se de outro modo não dispuser o instituidor, incorporados em outra fundação que se proponha a fim igual ou semelhante.

Art. 64. Constituída a fundação por negócio jurídico entre vivos, o instituidor é obrigado a transferir-lhe a propriedade, ou outro direito real, sobre os bens dotados, e, se não o fizer, serão registrados, em nome dela, por mandado judicial.

Art. 65. Aqueles a quem o instituidor cometer a aplicação do patrimônio, em tendo ciência do encargo, formularão logo, de acordo com as suas bases (art. 62), o estatuto da fundação projetada, submetendo-o, em seguida, à aprovação da autoridade competente, com recurso ao juiz.

Parágrafo único. Se o estatuto não for elaborado no prazo assinado pelo instituidor, ou, não havendo prazo, em cento e oitenta dias, a incumbência caberá ao Ministério Público.

Art. 66. Velará pelas fundações o Ministério Público do Estado onde situadas.

§ 1º Se funcionarem no Distrito Federal ou em Território, caberá o encargo ao Ministério Público do Distrito Federal e Territórios.

▸ § 1º com a redação dada pela Lei nº 13.151, de 28-7-2015.

▸ En. nº 10 da I Jornada de Direito Civil.

§ 2º Se estenderem a atividade por mais de um Estado, caberá o encargo, em cada um deles, ao respectivo Ministério Público.

▸ En. nº 147 da III Jornada de Direito Civil.

Art. 67. Para que se possa alterar o estatuto da fundação é mister que a reforma:

I – seja deliberada por dois terços dos competentes para gerir e representar a fundação;
II – não contrarie ou desvirtue o fim desta;
III – seja aprovada pelo órgão do Ministério Público no prazo máximo de 45 (quarenta e cinco) dias, findo o qual ou no caso de o Ministério Público a denegar, poderá o juiz supri-la, a requerimento do interessado.

▸ Inciso III com a redação dada pela Lei nº 13.151, de 28-7-2015.

Art. 68. Quando a alteração não houver sido aprovada por votação unânime, os administradores da fundação, ao submeterem o estatuto ao órgão do Ministério Público, requererão que se dê ciência à minoria vencida para impugná-la, se quiser, em dez dias.

Art. 69. Tornando-se ilícita, impossível ou inútil a finalidade a que visa a fundação, ou vencido o prazo de sua existência, o órgão do Ministério Público, ou qualquer interessado, lhe promoverá a extinção, incorporando-se o seu patrimônio, salvo disposição em contrário no ato constitutivo, ou no estatuto, em outra fundação, designada pelo juiz, que se proponha a fim igual ou semelhante.

▸ Art. 66 deste Código.

▸ Art. 765 do CPC.

TÍTULO III – DO DOMICÍLIO

Art. 70. O domicílio da pessoa natural é o lugar onde ela estabelece a sua residência com ânimo definitivo.

▸ Art. 5º, XI, da CF.

▸ Arts. 46 a 53 do CPC.

▸ Art. 101, I, do CDC.

▸ Arts. 7º, 10 e 12 da LINDB.

▸ En. nº 408 da V Jornada de Direito Civil.

Art. 71. Se, porém, a pessoa natural tiver diversas residências, onde, alternadamente, viva, considerar-se-á domicílio seu qualquer delas.

▸ Art. 46, § 1º, do CPC.

Art. 72. É também domicílio da pessoa natural, quanto às relações concernentes à profissão, o lugar onde esta é exercida.

▸ Art. 10, § 1º, do EOAB.

Parágrafo único. Se a pessoa exercitar profissão em lugares diversos, cada um deles constituirá domicílio para as relações que lhe corresponderem.

Art. 73. Ter-se-á por domicílio da pessoa natural, que não tenha residência habitual, o lugar onde for encontrada.

▸ Art. 46, § 1º, do CPC.

▸ Art. 7º, § 8º, da LINDB.

Art. 74. Muda-se o domicílio, transferindo a residência, com a intenção manifesta de o mudar.

Parágrafo único. A prova da intenção resultará do que declarar a pessoa às municipalidades dos lugares, que deixa, e para onde vai, ou, se tais declarações não fizer, da própria mudança, com as circunstâncias que a acompanharem.

Art. 75. Quanto às pessoas jurídicas, o domicílio é:

I – da União, o Distrito Federal;
II – dos Estados e Territórios, as respectivas capitais;

III – do Município, o lugar onde funcione a administração municipal;

IV – das demais pessoas jurídicas, o lugar onde funcionarem as respectivas diretorias e administrações, ou onde elegerem domicílio especial no seu estatuto ou atos constitutivos.

► Art. 109, §§ 1º a 4º, da CF.

► Arts. 51, parágrafo único, 52, parágrafo único, e 53, III, do CPC.

§ 1º Tendo a pessoa jurídica diversos estabelecimentos em lugares diferentes, cada um deles será considerado domicílio para os atos nele praticados.

► Súm. nº 363 do STF.

§ 2º Se a administração, ou diretoria, tiver a sede no estrangeiro, haver-se-á por domicílio da pessoa jurídica, no tocante às obrigações contraídas por cada uma das suas agências, o lugar do estabelecimento, sito no Brasil, a que ela corresponder.

► Art. 21, I e parágrafo único, do CPC.

Art. 76. Têm domicílio necessário o incapaz, o servidor público, o militar, o marítimo e o preso.

Parágrafo único. O domicílio do incapaz é o do seu representante ou assistente; o do servidor público, o lugar em que exercer permanentemente suas funções; o do militar, onde servir, e, sendo da Marinha ou da Aeronáutica, a sede do comando a que se encontrar imediatamente subordinado; o do marítimo, onde o navio estiver matriculado; e o do preso, o lugar em que cumprir a sentença.

► Art. 50 do CPC.

► Art. 7º, § 7º, última parte, da LINDB.

► Lei nº 8.112, de 11-12-1990 (Estatuto dos Servidores Públicos Civis da União, Autarquias e Fundações Públicas Federais).

Art. 77. O agente diplomático do Brasil, que, citado no estrangeiro, alegar extraterritorialidade sem designar onde tem, no país, o seu domicílio, poderá ser demandado no Distrito Federal ou no último ponto do território brasileiro onde o teve.

Art. 78. Nos contratos escritos, poderão os contratantes especificar domicílio onde se exercitem e cumpram os direitos e obrigações deles resultantes.

► Art. 327 deste Código.

► Arts. 47, § 1º, e 63 do CPC.

► Súm. nº 335 do STF.

Livro II – Dos Bens

TÍTULO ÚNICO – DAS DIFERENTES CLASSES DE BENS

CAPÍTULO I

DOS BENS CONSIDERADOS EM SI MESMOS

Seção I

DOS BENS IMÓVEIS

Art. 79. São bens imóveis o solo e tudo quanto se lhe incorporar natural ou artificialmente.

► Arts. 147, §§ 3º e 4º, e 176, §§ 1º a 4º, da CF.

► Arts. 92, 95, 1.229, 1.331 a 1.358 deste Código.

► Lei nº 4.591, de 16-12-1964 (Lei do Condomínio e Incorporações).

► Súm. nº 329 do STF.

► En. nº 11 da I Jornada de Direito Civil.

Art. 80. Consideram-se imóveis para os efeitos legais:

I – os direitos reais sobre imóveis e as ações que os asseguram;

► Art. 1.225 deste Código.

► Dec. nº 24.778, de 14-7-1934, dispõe sobre a caução de hipoteca e penhor.

► Súm. nº 329 do STF.

II – o direito à sucessão aberta.

► Art. 1.784 deste Código.

Art. 81. Não perdem o caráter de imóveis:

I – as edificações que, separadas do solo, mas conservando a sua unidade, forem removidas para outro local;

II – os materiais provisoriamente separados de um prédio, para nele se reempregarem.

► Art. 84 deste Código.

Seção II

DOS BENS MÓVEIS

Art. 82. São móveis os bens suscetíveis de movimento próprio, ou de remoção por força alheia, sem alteração da substância ou da destinação econômico-social.

Art. 83. Consideram-se móveis para os efeitos legais:

I – as energias que tenham valor econômico;

II – os direitos reais sobre objetos móveis e as ações correspondentes;

► Art. 1.225 deste Código.

III – os direitos pessoais de caráter patrimonial e respectivas ações.

► Art. 5º da Lei nº 9.279, de 14-5-1996 (Lei da Propriedade Industrial).

► Art. 3º da Lei nº 9.610, de 19-2-1998 (Lei de Direitos Autorais).

Art. 84. Os materiais destinados a alguma construção, enquanto não forem empregados, conservam sua qualidade de móveis; readquirem essa qualidade os provenientes da demolição de algum prédio.

► Art. 81, II, deste Código.

Seção III

DOS BENS FUNGÍVEIS E CONSUMÍVEIS

Art. 85. São fungíveis os móveis que podem substituir-se por outros da mesma espécie, qualidade e quantidade.

► Art. 247, deste Código.

Art. 86. São consumíveis os bens móveis cujo uso importa destruição imediata da própria substância, sendo também considerados tais os destinados à alienação.

Seção IV

DOS BENS DIVISÍVEIS

Art. 87. Bens divisíveis são os que se podem fracionar sem alteração na sua substância, diminuição considerável de valor, ou prejuízo do uso a que se destinam.

► Art. 258 deste Código.

Art. 88. Os bens naturalmente divisíveis podem tornar-se indivisíveis por determinação da lei ou por vontade das partes.

► Arts. 263, 504, 844, 1.320, §§ 1º e 2º, 1.386 e 1.791, parágrafo único, deste Código.

Seção V

DOS BENS SINGULARES E COLETIVOS

Art. 89. São singulares os bens que, embora reunidos, se consideram *de per si*, independentemente dos demais.

Art. 90. Constitui universalidade de fato a pluralidade de bens singulares que, pertinentes à mesma pessoa, tenham destinação unitária.

► En. nº 288 da IV Jornada de Direito Civil.

Parágrafo único. Os bens que formam essa universalidade podem ser objeto de relações jurídicas próprias.

Art. 91. Constitui universalidade de direito o complexo de relações jurídicas, de uma pessoa, dotadas de valor econômico.

► En. nº 288 da IV Jornada de Direito Civil.

CAPÍTULO II
DOS BENS RECIPROCAMENTE CONSIDERADOS

Art. 92. Principal é o bem que existe sobre si, abstrata ou concretamente; acessório, aquele cuja existência supõe a do principal.

► Arts. 94, 233, 287, 364 e 1.209 deste Código.

Art. 93. São pertenças os bens que, não constituindo partes integrantes, se destinam, de modo duradouro, ao uso, ao serviço ou ao aformoseamento de outro.

► En. nº 535 da VI Jornada de Direito Civil.

Art. 94. Os negócios jurídicos que dizem respeito ao bem principal não abrangem as pertenças, salvo se o contrário resultar da lei, da manifestação de vontade, ou das circunstâncias do caso.

Art. 95. Apesar de ainda não separados do bem principal, os frutos e produtos podem ser objeto de negócio jurídico.

► Arts. 237 e 1.214 a 1.216 deste Código.

Art. 96. As benfeitorias podem ser voluptuárias, úteis ou necessárias.

§ 1º São voluptuárias as de mero deleite ou recreio, que não aumentam o uso habitual do bem, ainda que o tornem mais agradável ou sejam de elevado valor.

§ 2º São úteis as que aumentam ou facilitam o uso do bem.

§ 3º São necessárias as que têm por fim conservar o bem ou evitar que se deteriore.

► Arts. 1.219 a 1.222 e 1.922, parágrafo único, deste Código.

► Art. 35 da Lei nº 8.245, de 18-10-1991 (Lei das Locações).

Art. 97. Não se consideram benfeitorias os melhoramentos ou acréscimos sobrevindos ao bem sem a intervenção do proprietário, possuidor ou detentor.

CAPÍTULO III
DOS BENS PÚBLICOS

Art. 98. São públicos os bens do domínio nacional pertencentes às pessoas jurídicas de direito público interno; todos os outros são particulares, seja qual for a pessoa a que pertencerem.

► Arts. 20 e 26 da CF.

► Súmulas nºs 340 e 650 do STF.

► En. nº 287 da IV Jornada de Direito Civil.

Art. 99. São bens públicos:

I – os de uso comum do povo, tais como rios, mares, estradas, ruas e praças;

► Art. 10 da Lei nº 7.661, de 16-5-1988, que institui o Plano Nacional de Gerenciamento Costeiro.

► Súm. nº 496 do STJ.

II – os de uso especial, tais como edifícios ou terrenos destinados a serviço ou estabelecimento da administração federal, estadual, territorial ou municipal, inclusive os de suas autarquias;

III – os dominicais, que constituem o patrimônio das pessoas jurídicas de direito público, como objeto de direito pessoal, ou real, de cada uma dessas entidades.

► Arts. 20 e 176 da CF.

► Lei nº 13.178, de 22-10-2015, dispõe sobre a ratificação dos registros imobiliários decorrentes de alienações e concessões de terras públicas situadas nas faixas de fronteira; e revoga o Dec.-lei nº 1.414, de 18 de agosto de 1975, e a Lei nº 9.871, de 23 de novembro de 1999.

► Dec.-lei nº 9.760, de 5-9-1946 (Lei dos Bens Imóveis da União).

Parágrafo único. Não dispondo a lei em contrário, consideram-se dominicais os bens pertencentes às pessoas jurídicas de direito público a que se tenha dado estrutura de direito privado.

Art. 100. Os bens públicos de uso comum do povo e os de uso especial são inalienáveis, enquanto conservarem a sua qualificação, na forma que a lei determinar.

► Art. 183, § 3º, da CF.

► Súm. nº 340 do STF.

Art. 101. Os bens públicos dominicais podem ser alienados, observadas as exigências da lei.

Art. 102. Os bens públicos não estão sujeitos a usucapião.

► Art. 191, parágrafo único, da CF.

► Art. 200 do Dec.-lei nº 9.760, de 5-9-1946 (Lei dos Bens Imóveis da União).

► Súm. nº 340 do STF.

Art. 103. O uso comum dos bens públicos pode ser gratuito ou retribuído, conforme for estabelecido legalmente pela entidade a cuja administração pertencerem.

► Art. 150 da CF.

LIVRO III – DOS FATOS JURÍDICOS

TÍTULO I – DO NEGÓCIO JURÍDICO

CAPÍTULO I
DISPOSIÇÕES GERAIS

Art. 104. A validade do negócio jurídico requer:

► Arts. 166, 167, 171 e 2.035 deste Código.

I – agente capaz;

► Arts. 3º, 4º e 5º deste Código.

II – objeto lícito, possível, determinado ou determinável;

III – forma prescrita ou não defesa em lei.

► Arts. 107 e 108 deste Código.

► Arts. 6º, V, e 51 do CDC.

Art. 105. A incapacidade relativa de uma das partes não pode ser invocada pela outra em benefício próprio, nem aproveita aos cointeressados capazes, salvo se, neste caso, for indivisível o objeto do direito ou da obrigação comum.

► Arts. 88, 180 e 257 a 263 deste Código.

Art. 106. A impossibilidade inicial do objeto não invalida o negócio jurídico se for relativa, ou se cessar antes de realizada a condição a que ele estiver subordinado.

Art. 107. A validade da declaração de vontade não dependerá de forma especial, senão quando a lei expressamente a exigir.

► Arts. 104, III, 108, 109 e 183 deste Código.

Art. 108. Não dispondo a lei em contrário, a escritura pública é essencial à validade dos negócios jurídicos que visem à constituição, transferência, modificação ou renúncia de direitos reais sobre imóveis de valor superior a trinta vezes o maior salário mínimo vigente no País.

► Arts. 215, 1.653, 1.711 e 1.793 deste Código.

► En. nº 289 da IV Jornada de Direito Civil.

Art. 109. No negócio jurídico celebrado com a cláusula de não valer sem instrumento público, este é da substância do ato.

Art. 110. A manifestação de vontade subsiste ainda que o seu autor haja feito a reserva mental de não querer o que manifestou, salvo se dela o destinatário tinha conhecimento.

Art. 111. O silêncio importa anuência, quando as circunstâncias ou os usos o autorizarem, e não for necessária a declaração de vontade expressa.

► Arts. 147, 326, 539, e 1.807 deste Código.

Art. 112. Nas declarações de vontade se atenderá mais à intenção nelas consubstanciada do que ao sentido literal da linguagem.

► Arts. 114, 819 e 1.899 deste Código.

► Art. 47 da Lei nº 8.078, de 11-9-1990, que dispõe sobre proteção do consumidor.

► Art. 4º da Lei nº 9.610, de 19-2-1998 (Lei de Direitos Autorais).

► En. nº 421 da V Jornada de Direito Civil.

Art. 113. Os negócios jurídicos devem ser interpretados conforme a boa-fé e os usos do lugar de sua celebração.

► Arts. 164, 422 e 423 deste Código.

► Enunciados nºs 409 e 421 da V Jornada de Direito Civil.

§ 1º A interpretação do negócio jurídico deve lhe atribuir o sentido que:

I – for confirmado pelo comportamento das partes posterior à celebração do negócio;

II – corresponder aos usos, costumes e práticas do mercado relativas ao tipo de negócio;

III – corresponder à boa-fé;

IV – for mais benéfico à parte que não redigiu o dispositivo, se identificável; e

V – corresponder a qual seria a razoável negociação das partes sobre a questão discutida, inferida das demais disposições do negócio e da racionalidade econômica das partes, consideradas as informações disponíveis no momento de sua celebração.

§ 2º As partes poderão livremente pactuar regras de interpretação, de preenchimento de lacunas e de integração dos negócios jurídicos diversas daquelas previstas em lei.

► §§ 1º e 2º acrescidos pela Lei nº 13.874, de 20-9-2019.

Art. 114. Os negócios jurídicos benéficos e a renúncia interpretam-se estritamente.

► Art. 112 deste Código.

CAPÍTULO II

DA REPRESENTAÇÃO

Art. 115. Os poderes de representação conferem-se por lei ou pelo interessado.

► Arts. 120, 653 a 692, 1.634, V, 1.647, I, 1.690 e 1.774 do CC.

Art. 116. A manifestação de vontade pelo representante, nos limites de seus poderes, produz efeitos em relação ao representado.

Art. 117. Salvo se o permitir a lei ou o representado, é anulável o negócio jurídico que o representante, no seu interesse ou por conta de outrem, celebrar consigo mesmo.

► Arts. 138 e segs. e 171 deste Código.

Parágrafo único. Para esse efeito, tem-se como celebrado pelo representante o negócio realizado por aquele em quem os poderes houverem sido subestabelecidos.

Art. 118. O representante é obrigado a provar às pessoas, com quem tratar em nome do representado, a sua qualidade e a extensão de seus poderes, sob pena de, não o fazendo, responder pelos atos que a estes excederem.

► Arts. 673 e 679 deste Código.

Art. 119. É anulável o negócio concluído pelo representante em conflito de interesses com o representado, se tal fato era ou devia ser do conhecimento de quem com aquele tratou.

► Arts. 138 e segs. e 171 deste Código.

Parágrafo único. É de cento e oitenta dias, a contar da conclusão do negócio ou da cessação da incapacidade, o prazo de decadência para pleitear-se a anulação prevista neste artigo.

Art. 120. Os requisitos e os efeitos da representação legal são os estabelecidos nas normas respectivas; os da representação voluntária são os da Parte Especial deste Código.

► Arts. 653 a 692, 1.634, V, 1.69, 1.747, I, e 1.774 deste Código.

CAPÍTULO III

DA CONDIÇÃO, DO TERMO E DO ENCARGO

Art. 121. Considera-se condição a cláusula que, derivando exclusivamente da vontade das partes, subordina o efeito do negócio jurídico a evento futuro e incerto.

► Arts. 125, 127 e 128 deste Código.

Art. 122. São lícitas, em geral, todas as condições não contrárias à lei, à ordem pública ou aos bons costumes; entre as condições defesas se incluem as que privarem de todo efeito o negócio jurídico, ou o sujeitarem ao puro arbítrio de uma das partes.

► Art. 51, IX, X, XI e XIII, do CDC.

Art. 123. Invalidam os negócios jurídicos que lhes são subordinados:

► Art. 137 deste Código.

I – as condições física ou juridicamente impossíveis, quando suspensivas;

► Arts. 106 e 166 deste Código.

II – as condições ilícitas, ou de fazer coisa ilícita;

► Art. 122 deste Código.

III – as condições incompreensíveis ou contraditórias.

Art. 124. Têm-se por inexistentes as condições impossíveis, quando resolutivas, e as de não fazer coisa impossível.

Art. 125. Subordinando-se a eficácia do negócio jurídico à condição suspensiva, enquanto esta se não verificar, não se terá adquirido o direito, a que ele visa.

► Art. 332 do CC.

Art. 126. Se alguém dispuser de uma coisa sob condição suspensiva, e, pendente esta, fizer quanto àquela novas disposições, estas não terão valor, realizada a condição, se com ela forem incompatíveis.

Art. 127. Se for resolutiva a condição, enquanto esta se não realizar, vigorará o negócio jurídico, podendo exercer-se desde a conclusão deste o direito por ele estabelecido.

Art. 128. Sobrevindo a condição resolutiva, extingue-se, para todos os efeitos, o direito a que ela se opõe; mas, se aposta a um negócio de execução continuada ou periódica, a sua realização, salvo disposição em contrário, não tem eficácia quanto aos atos já praticados, desde que compatíveis com a natureza da condição pendente e conforme aos ditames de boa-fé.

► Art. 1.359 deste Código.

Art. 129. Reputa-se verificada, quanto aos efeitos jurídicos, a condição cujo implemento for maliciosamente obstado pela parte a quem desfavorecer, considerando-se, ao contrário, não verificada a condição maliciosamente levada a efeito por aquele a quem aproveita o seu implemento.

Art. 130. Ao titular do direito eventual, nos casos de condição suspensiva ou resolutiva, é permitido praticar os atos destinados a conservá-lo.

Art. 131. O termo inicial suspende o exercício, mas não a aquisição do direito.

Art. 132. Salvo disposição legal ou convencional em contrário, computam-se os prazos, excluído o dia do começo, e incluído o do vencimento.

§ 1º Se o dia do vencimento cair em feriado, considerar-se-á prorrogado o prazo até o seguinte dia útil.

§ 2º Meado considera-se, em qualquer mês, o seu décimo quinto dia.

§ 3º Os prazos de meses e anos expiram no dia de igual número do de início, ou no imediato, se faltar exata correspondência.

§ 4º Os prazos fixados por hora contar-se-ão de minuto a minuto.

► Lei nº 662, de 6-4-1949, declara feriados nacionais os dias 1º de janeiro, 1º de maio, 7 de setembro, 15 de novembro e 25 de dezembro.

► Lei nº 810, de 6-9-1949, define o ano civil.

► Lei nº 1.408, de 9-8-1951, prorroga vencimento de prazos judiciais.

► Lei nº 6.802, de 30-6-1980, declara Feriado Nacional o Dia 12 de outubro, Consagrado a Nossa Senhora Aparecida, Padroeira do Brasil.

► Lei nº 7.089, de 23-3-1983, veda a cobrança de juros de mora sobre título cujo vencimento se dê em feriado, sábado ou domingo.

► Lei nº 9.093, de 12-9-1995, dispõe sobre feriados.

► Dec.-lei nº 3.602, de 9-9-1941, dispõe sobre a contagem dos prazos em processos ou causas de natureza fiscal ou administrativa.

Art. 133. Nos testamentos, presume-se o prazo em favor do herdeiro, e, nos contratos, em proveito do devedor, salvo, quanto a esses, se do teor do instrumento, ou das circunstâncias, resultar que se estabeleceu a benefício do credor, ou de ambos os contratantes.

► Arts. 1.857 e segs. deste Código.

Art. 134. Os negócios jurídicos entre vivos, sem prazo, são exequíveis desde logo, salvo se a execução tiver de ser feita em lugar diverso ou depender de tempo.

► Arts. 331 e 592 deste Código.

Art. 135. Ao termo inicial e final aplicam-se, no que couber, as disposições relativas à condição suspensiva e resolutiva.

► Arts. 123, I, e 124 a 130 deste Código.

Art. 136. O encargo não suspende a aquisição nem o exercício do direito, salvo quando expressamente imposto no negócio jurídico, pelo disponente, como condição suspensiva.

Art. 137. Considera-se não escrito o encargo ilícito ou impossível, salvo se constituir o motivo determinante da liberalidade, caso em que se invalida o negócio jurídico.

► Arts. 104, II, e 166, III, deste Código.

CAPÍTULO IV
DOS DEFEITOS DO NEGÓCIO JURÍDICO

Seção I
DO ERRO OU IGNORÂNCIA

Art. 138. São anuláveis os negócios jurídicos, quando as declarações de vontade emanarem de erro substancial que poderia ser percebido por pessoa de diligência normal, em face das circunstâncias do negócio.

► Arts. 171, II, 177, 178, II e 187 deste Código.

► Arts. 393, 446, II, e 966, VIII, do CPC.

► En. nº 12 da I Jornada de Direito Civil.

Art. 139. O erro é substancial quando:

I – interessa à natureza do negócio, ao objeto principal da declaração, ou a alguma das qualidades a ele essenciais;

II – concerne à identidade ou à qualidade essencial da pessoa a quem se refira a declaração de vontade, desde que tenha influído nesta de modo relevante;

► Arts. 1.556, 1.557 e 1.903 deste Código.

III – sendo de direito e não implicando recusa à aplicação da lei, for o motivo único ou principal do negócio jurídico.

Art. 140. O falso motivo só vicia a declaração de vontade quando expresso como razão determinante.

Art. 141. A transmissão errônea da vontade por meios interpostos é anulável nos mesmos casos em que o é a declaração direta.

Art. 142. O erro de indicação da pessoa ou da coisa, a que se referir a declaração de vontade, não viciará o negócio quando, por seu contexto e pelas circunstâncias, se puder identificar a coisa ou pessoa cogitada.

► Art. 1.903 deste Código.

Art. 143. O erro de cálculo apenas autoriza a retificação da declaração de vontade.

Art. 144. O erro não prejudica a validade do negócio jurídico quando a pessoa, a quem a manifestação de vontade se dirige, se oferecer para executá-la na conformidade da vontade real do manifestante.

Seção II
DO DOLO

Art. 145. São os negócios jurídicos anuláveis por dolo, quando este for a sua causa.

► Arts. 171, II, 177, 178, 180, 849, 1.909 e 2.027 deste Código.

► Arts. 393 e 446, II, do CPC.

Art. 146. O dolo acidental só obriga à satisfação das perdas e danos, e é acidental quando, a seu despeito, o negócio seria realizado, embora por outro modo.

Art. 147. Nos negócios jurídicos bilaterais, o silêncio intencional de uma das partes a respeito de fato ou qualidade que a outra parte haja ignorado, constitui omissão dolosa, provando-se que sem ela o negócio não se teria celebrado.

► Arts. 441 a 446, 766 e 773 deste Código.

Art. 148. Pode também ser anulado o negócio jurídico por dolo de terceiro, se a parte a quem aproveite dele tivesse ou devesse ter conhecimento; em caso contrário, ainda que subsista o negócio jurídico, o terceiro responderá por todas as perdas e danos da parte a quem ludibriou.

Art. 149. O dolo do representante legal de uma das partes só obriga o representado a responder civilmente até a importância do proveito que teve; se, porém, o dolo for do representante convencional, o representado responderá solidariamente com ele por perdas e danos.

► Arts. 120, 653 a 692, 1.634, V, 1.690, 1.747, I, e 1.774 deste Código.

Art. 150. Se ambas as partes procederem com dolo, nenhuma pode alegá-lo para anular o negócio, ou reclamar indenização.

Seção III
DA COAÇÃO

Art. 151. A coação, para viciar a declaração da vontade, há de ser tal que incute ao paciente fundado temor de dano iminente e considerável à sua pessoa, à sua família, ou aos seus bens.

► Arts. 171, II, 177, 178, I, 1.558, 1.559 e 1.909 deste Código.

► Arts. 393 e 446, II, do CPC.

Parágrafo único. Se disser respeito a pessoa não pertencente à família do paciente, o juiz, com base nas circunstâncias, decidirá se houve coação.

Art. 152. No apreciar a coação, ter-se-ão em conta o sexo, a idade, a condição, a saúde, o temperamento do paciente e todas as demais circunstâncias que possam influir na gravidade dela.

Art. 153. Não se considera coação a ameaça do exercício normal de um direito, nem o simples temor reverencial.

Art. 154. Vicia o negócio jurídico a coação exercida por terceiro, se dela tivesse ou devesse ter conhecimento a parte a que aproveite, e esta responderá solidariamente com aquele por perdas e danos.

► Arts. 275 a 285 deste Código.

Art. 155. Subsistirá o negócio jurídico, se a coação decorrer de terceiro, sem que a parte a que aproveite dela tivesse ou devesse ter conhecimento; mas o autor da coação responderá por todas as perdas e danos que houver causado ao coacto.

► Arts. 402 a 405 deste Código.

Seção IV
DO ESTADO DE PERIGO

Art. 156. Configura-se o estado de perigo quando alguém, premido da necessidade de salvar-se, ou a pessoa de sua família, de grave dano conhecido pela outra parte, assume obrigação excessivamente onerosa.

► En. nº 148 da III Jornada de Direito Civil.

Parágrafo único. Tratando-se de pessoa não pertencente à família do declarante, o juiz decidirá segundo as circunstâncias.

► Arts. 171, II, e 178, II, deste Código.

Seção V
DA LESÃO

Art. 157. Ocorre a lesão quando uma pessoa, sob premente necessidade, ou por inexperiência, se obriga a prestação manifestamente desproporcional ao valor da prestação oposta.

► Arts. 171, II, e 178, II, deste Código.

► Arts. 39, V, e 51, IV, do CDC.

► En. nº 150 da III Jornada de Direito Civil.

► Enunciados nºs 290 e 291 da IV Jornada de Direito Civil.

► En. nº 410 da V Jornada de Direito Civil.

§ 1º Aprecia-se a desproporção das prestações segundo os valores vigentes ao tempo em que foi celebrado o negócio jurídico.

§ 2º Não se decretará a anulação do negócio, se for oferecido suplemento suficiente, ou se a parte favorecida concordar com a redução do proveito.

► Arts. 317 e 478 a 480 deste Código.

► Arts. 6º e 51 do CDC.

► En. nº 149 da III Jornada de Direito Civil.

Seção VI
DA FRAUDE CONTRA CREDORES

Art. 158. Os negócios de transmissão gratuita de bens ou remissão de dívida, se os praticar o devedor já insolvente, ou por eles reduzido à insolvência, ainda quando o ignore, poderão ser anulados pelos credores quirografários, como lesivos dos seus direitos.

► Arts. 171, II, 177 e 178, II, deste Código.

§ 1º Igual direito assiste aos credores cuja garantia se tornar insuficiente.

► En. nº 151 da III Jornada de Direito Civil.

§ 2º Só os credores que já o eram ao tempo daqueles atos podem pleitear a anulação deles.

► Arts. 171, II, e 178, II, deste Código.

► Art. 216 da Lei nº 6.015, de 31-12-1973 (Lei dos Registros Públicos).

► Súm. nº 195 do STJ.

► En. nº 292 da IV Jornada de Direito Civil.

Art. 159. Serão igualmente anuláveis os contratos onerosos do devedor insolvente, quando a insolvência for notória, ou houver motivo para ser conhecida do outro contratante.

► Art. 216 da Lei nº 6.015, de 31-12-1973 (Lei dos Registros Públicos).

► Súm. nº 195 do STJ.

Art. 160. Se o adquirente dos bens do devedor insolvente ainda não tiver pago o preço e este for, aproximadamente, o corrente, desobrigar-se-á depositando-o em juízo, com a citação de todos os interessados.

► Art. 335 deste Código.

► Arts. 539 a 549 do CPC.

Parágrafo único. Se inferior, o adquirente, para conservar os bens, poderá depositar o preço que lhes corresponda ao valor real.

Art. 161. A ação, nos casos dos arts. 158 e 159, poderá ser intentada contra o devedor insolvente, a pessoa que com ele celebrou a estipulação considerada fraudulenta, ou terceiros adquirentes que hajam procedido de má-fé.

► Art. 178, II, deste Código.

Art. 162. O credor quirografário, que receber do devedor insolvente o pagamento da dívida ainda não vencida, ficará obrigado a repor, em proveito do acervo sobre que se tenha de efetuar o concurso de credores, aquilo que recebeu.

Art. 163. Presumem-se fraudatórias dos direitos dos outros credores as garantias de dívidas que o devedor insolvente tiver dado a algum credor.

Art. 164. Presumem-se, porém, de boa-fé e valem os negócios ordinários indispensáveis à manutenção de estabelecimento mercantil, rural, ou industrial, ou à subsistência do devedor e de sua família.

► Arts. 113 e 1.142 a 1.149 deste Código.

Art. 165. Anulados os negócios fraudulentos, a vantagem resultante reverterá em proveito do acervo sobre que se tenha de efetuar o concurso de credores.

Parágrafo único. Se esses negócios tinham por único objeto atribuir direitos preferenciais, mediante hipoteca, penhor ou anticrese, sua invalidade importará somente na anulação da preferência ajustada.

► Arts. 184, primeira parte, e 1.419 deste Código.

CC

CAPÍTULO V
DA INVALIDADE DO NEGÓCIO JURÍDICO

Art. 166. É nulo o negócio jurídico quando:

I – celebrado por pessoa absolutamente incapaz;

► Art. 104, I, deste Código.

II – for ilícito, impossível ou indeterminável o seu objeto;

► Arts. 123 e 124 deste Código.

III – o motivo determinante, comum a ambas as partes, for ilícito;

► Art. 123 deste Código.

IV – não revestir a forma prescrita em lei;

► Art. 104, III, deste Código.

V – for preterida alguma solenidade que a lei considere essencial para a sua validade;

VI – tiver por objetivo fraudar lei imperativa;

VII – a lei taxativamente o declarar nulo, ou proibir-lhe a prática, sem cominar sanção.

► Arts. 426, 548, 549, 762, 1.428, 1.548, 1.900 e 1.912 deste Código.

Art. 167. É nulo o negócio jurídico simulado, mas subsistirá o que se dissimulou, se válido for na substância e na forma.

► Enunciados nºs 152 e 153 da III Jornada de Direito Civil.

► Enunciados nºs 293 e 294 da IV Jornada de Direito Civil.

§ 1º Haverá simulação nos negócios jurídicos quando:

I – aparentarem conferir ou transmitir direitos a pessoas diversas daquelas às quais realmente se conferem, ou transmitem;

II – contiverem declaração, confissão, condição ou cláusula não verdadeira;

► Art. 121 deste Código.

III – os instrumentos particulares forem antedatados, ou pós-datados.

§ 2º Ressalvam-se os direitos de terceiros de boa-fé em face dos contraentes do negócio jurídico simulado.

Art. 168. As nulidades dos artigos antecedentes podem ser alegadas por qualquer interessado, ou pelo Ministério Público, quando lhe couber intervir.

► En. nº 294 da IV Jornada de Direito Civil.

Parágrafo único. As nulidades devem ser pronunciadas pelo juiz, quando conhecer do negócio jurídico ou dos seus efeitos e as encontrar provadas, não lhe sendo permitido supri-las, ainda que a requerimento das partes.

► Art. 282 do CPC.

► Art. 214 da Lei nº 6.015, de 31-12-1973 (Lei dos Registros Públicos).

Art. 169. O negócio jurídico nulo não é suscetível de confirmação, nem convalesce pelo decurso do tempo.

► Art. 367 deste Código.

► En. nºs 536 e 537 da VI Jornada de Direito Civil.

Art. 170. Se, porém, o negócio jurídico nulo contiver os requisitos de outro, subsistirá este quando o fim a que visavam as partes permitir supor que o teriam querido, se houvessem previsto a nulidade.

► En. nº 13 da I Jornada de Direito Civil.

Art. 171. Além dos casos expressamente declarados na lei, é anulável o negócio jurídico:

I – por incapacidade relativa do agente;

► Arts. 4º, 105, 180 e 181 deste Código.

II – por vício resultante de erro, dolo, coação, estado de perigo, lesão ou fraude contra credores.

► Arts. 138 a 165 deste Código.

Art. 172. O negócio anulável pode ser confirmado pelas partes, salvo direito de terceiro.

► Art. 367 deste Código.

Art. 173. O ato de confirmação deve conter a substância do negócio celebrado e a vontade expressa de mantê-lo.

Art. 174. É escusada a confirmação expressa, quando o negócio já foi cumprido em parte pelo devedor, ciente do vício que o inquinava.

Art. 175. A confirmação expressa, ou a execução voluntária de negócio anulável, nos termos dos arts. 172 a 174, importa a extinção de todas as ações, ou exceções, de que contra ele dispusesse o devedor.

Art. 176. Quando a anulabilidade do ato resultar da falta de autorização de terceiro, será validado se este a der posteriormente.

► Art. 496 deste Código.

Art. 177. A anulabilidade não tem efeito antes de julgada por sentença, nem se pronuncia de ofício; só os interessados a podem alegar, e aproveita exclusivamente aos que a alegarem, salvo o caso de solidariedade ou indivisibilidade.

► Arts. 87, 88 e 264 a 285 deste Código.

Art. 178. É de quatro anos o prazo de decadência para pleitear-se a anulação do negócio jurídico, contado:

► Arts. 207 a 211 deste Código.

I – no caso de coação, do dia em que ela cessar;

► Arts. 151 a 155 deste Código.

II – no de erro, dolo, fraude contra credores, estado de perigo ou lesão, do dia em que se realizou o negócio jurídico;

► Arts. 138 a 144, 145 a 150, 156, 157 e 158 a 165 deste Código.

III – no de atos de incapazes, do dia em que cessar a incapacidade.

► Arts. 3º a 5º deste Código.

Art. 179. Quando a lei dispuser que determinado ato é anulável, sem estabelecer prazo para pleitear-se a anulação, será este de dois anos, a contar da data da conclusão do ato.

► Enunciados nºs 538 e 545 da VI Jornada de Direito Civil.

Art. 180. O menor, entre dezesseis e dezoito anos, não pode, para eximir-se de uma obrigação, invocar a sua idade se dolosamente a ocultou quando inquirido pela outra parte, ou se, no ato de obrigar-se, declarou-se maior.

Art. 181. Ninguém pode reclamar o que, por uma obrigação anulada, pagou a um incapaz, se não provar que reverteu em proveito dele a importância paga.

► Art. 310 deste Código.

Art. 182. Anulado o negócio jurídico, restituir-se-ão as partes ao estado em que antes dele se achavam, e, não sendo possível restituí-las, serão indenizadas com o equivalente.

► En. nº 537 da VI Jornada de Direito Civil.

Art. 183. A invalidade do instrumento não induz a do negócio jurídico sempre que este puder provar-se por outro meio.

Art. 184. Respeitada a intenção das partes, a invalidade parcial de um negócio jurídico não o prejudicará na parte válida, se esta for separável; a invalidade da obrigação principal implica a das obrigações acessórias, mas a destas não induz a da obrigação principal.

► Arts. 92 e 165 deste Código.

► Art. 51, § 2º, do CDC.

TÍTULO II – DOS ATOS JURÍDICOS LÍCITOS

Art. 185. Aos atos jurídicos lícitos, que não sejam negócios jurídicos, aplicam-se, no que couber, as disposições do Título anterior.

► Arts. 1.607 e 1.04 e segs. deste Código.

TÍTULO III – DOS ATOS ILÍCITOS

Art. 186. Aquele que, por ação ou omissão voluntária, negligência ou imprudência, violar direito e causar dano a outrem, ainda que exclusivamente moral, comete ato ilícito.

► Art. 43, deste Código.

► Arts. 81, 143 e 161 do CPC.

► Art. 243 do CE.

► Súmulas nºs 37, 43, 54, 221, 227, 246, 362, 387 e 476 do STJ.

► En. nº 411 da V Jornada de Direito Civil.

► Enunciados nºs 550 e 551 da VI Jornada de Direito Civil.

Art. 187. Também comete ato ilícito o titular de um direito que, ao exercê-lo, excede manifestamente os limites impostos pelo seu fim econômico ou social, pela boa-fé ou pelos bons costumes.

► Art. 1.277 deste Código.

► En. nº 37 da I Jornada de Direito Civil.

► Enunciados nºs 413 e 414 da V Jornada de Direito Civil.

► En. nº 539 da VI Jornada de Direito Civil.

Art. 188. Não constituem atos ilícitos:

I – os praticados em legítima defesa ou no exercício regular de um direito reconhecido;

► Art. 930, parágrafo único, deste Código.

II – a deterioração ou destruição da coisa alheia, ou a lesão a pessoa, a fim de remover perigo iminente.

► Arts. 929 e 930 deste Código.

Parágrafo único. No caso do inciso II, o ato será legítimo somente quando as circunstâncias o tornarem absolutamente necessário, não excedendo os limites do indispensável para a remoção do perigo.

TÍTULO IV – DA PRESCRIÇÃO E DA DECADÊNCIA

► Art. 2.028 deste Código.

► Súm. Vinc. nº 8 do STF.

CAPÍTULO I
DA PRESCRIÇÃO

SEÇÃO I
DISPOSIÇÕES GERAIS

Art. 189. Violado o direito, nasce para o titular a pretensão, a qual se extingue, pela prescrição, nos prazos a que aludem os arts. 205 e 206.

► En. nº 14 da I Jornada de Direito Civil.

Art. 190. A exceção prescreve no mesmo prazo em que a pretensão.

► En. nº 415 da V Jornada de Direito Civil.

Art. 191. A renúncia da prescrição pode ser expressa ou tácita, e só valerá, sendo feita, sem prejuízo de terceiro, depois que a prescrição se consumar; tácita é a renúncia quando se presume de fatos do interessado, incompatíveis com a prescrição.

► Art. 882 deste Código.

► En. nº 295 da IV Jornada de Direito Civil.

Art. 192. Os prazos de prescrição não podem ser alterados por acordo das partes.

Art. 193. A prescrição pode ser alegada em qualquer grau de jurisdição, pela parte a quem aproveita.

► Arts. 240, § 1º, 302, IV, 310 e 535, VI, do CPC.

► Súm. nº 150 do STF.

Art. 194. *Revogado.* Lei nº 11.280, de 16-2-2006.

Art. 195. Os relativamente incapazes e as pessoas jurídicas têm ação contra os seus assistentes ou representantes legais, que derem causa à prescrição, ou não a alegarem oportunamente.

► Arts. 4º, 43 e 208 deste Código.

Art. 196. A prescrição iniciada contra uma pessoa continua a correr contra o seu sucessor.

SEÇÃO II
DAS CAUSAS QUE IMPEDEM OU SUSPENDEM A PRESCRIÇÃO

Art. 197. Não corre a prescrição:

► En. nº 296 da IV Jornada de Direito Civil.

I – entre os cônjuges, na constância da sociedade conjugal;

II – entre ascendentes e descendentes, durante o poder familiar;

► Arts. 1.630 a 1.638 deste Código.

III – entre tutelados ou curatelados e seus tutores ou curadores, durante a tutela ou curatela.

► Arts. 1.728 a 1.783 deste Código.

Art. 198. Também não corre a prescrição:

► En. nº 156 da III Jornada de Direito Civil.

I – contra os incapazes de que trata o art. 3º;

► Art. 208 deste Código.

II – contra os ausentes do País em serviço público da União, dos Estados ou dos Municípios;

III – contra os que se acharem servindo nas Forças Armadas, em tempo de guerra.

► Arts. 6º e 82 da Lei nº 11.101, de 9-2-2005 (Lei de Recuperação de Empresas e Falências).

Art. 199. Não corre igualmente a prescrição:

I – pendendo condição suspensiva;

► Art. 125 deste Código.

II – não estando vencido o prazo;

► Art. 131 deste Código.

III – pendendo ação de evicção.

► Arts. 447 a 457 deste Código.

Art. 200. Quando a ação se originar de fato que deva ser apurado no juízo criminal, não correrá a prescrição antes da respectiva sentença definitiva.

► Art. 935 deste Código.

Art. 201. Suspensa a prescrição em favor de um dos credores solidários, só aproveitam os outros se a obrigação for indivisível.

► Arts. 257 a 263, 267 a 274 e 314 deste Código.

SEÇÃO III
DAS CAUSAS QUE INTERROMPEM A PRESCRIÇÃO

Art. 202. A interrupção da prescrição, que somente poderá ocorrer uma vez, dar-se-á:

► En. nº 416 da V Jornada de Direito Civil.

I – por despacho do juiz, mesmo incompetente, que ordenar a citação, se o interessado a promover no prazo e na forma da lei processual;

► Art. 240, § 1º, do CPC.

► Dec.-lei nº 4.597, de 19-8-1942, dispõe sobre a prescrição das ações contra a Fazenda Pública.

► Súm. nº 154 do STF.

► En. nº 417 da V Jornada de Direito Civil.

II – por protesto, nas condições do inciso antecedente;

III – por protesto cambial;

► Lei nº 9.492, de 10-9-1997 (Lei do Protesto de Títulos).

IV – pela apresentação do título de crédito em juízo de inventário ou em concurso de credores;

V – por qualquer ato judicial que constitua em mora o devedor;

VI – por qualquer ato inequívoco, ainda que extrajudicial, que importe reconhecimento do direito pelo devedor.

► Dec.-lei nº 4.597, de 19-8-1942, dispõe sobre a prescrição das ações contra a Fazenda Pública.

► Dec. nº 20.910, de 6-1-1932, regula a prescrição quinquenal.

► Súm. nº 154 do STF.

Parágrafo único. A prescrição interrompida recomeça a correr da data do ato que a interrompeu, ou do último ato do processo para a interromper.

► Art. 3º do Dec.-lei nº 4.597, de 19-8-1942, dispõe sobre a prescrição das ações contra a Fazenda Pública.

► Súm. nº 383 do STF.

Art. 203. A prescrição pode ser interrompida por qualquer interessado.

► Art. 193 deste Código.

Art. 204. A interrupção da prescrição por um credor não aproveita aos outros; semelhantemente, a interrupção operada contra o codevedor, ou seu herdeiro, não prejudica aos demais coobrigados.

§ 1º A interrupção por um dos credores solidários aproveita aos outros; assim como a interrupção efetuada contra o devedor solidário envolve os demais e seus herdeiros.

► Arts. 264 a 285 deste Código.

§ 2º A interrupção operada contra um dos herdeiros do devedor solidário não prejudica os outros herdeiros ou devedores, senão quando se trate de obrigações e direitos indivisíveis.

► Arts. 87, 88 e 257 a 263 deste Código.

§ 3º A interrupção produzida contra o principal devedor prejudica o fiador.

► Art. 837 deste Código.

Seção IV
DOS PRAZOS DA PRESCRIÇÃO

Art. 205. A prescrição ocorre em dez anos, quando a lei não lhe haja fixado prazo menor.

► Art. 12 da Lei nº 6.453, de 17-10-1977, que dispõe sobre a responsabilidade civil por danos nucleares e a responsabilidade criminal por atos relacionados com atividades nucleares.

► Art. 3º da Lei nº 14.010, de 10-6-2020 (Regime Jurídico Emergencial Transitório).

► Súmulas nºs 147, 150, 153, 154, 264, 383, 443, 494 e 592 do STF.

► Súmulas nºs 39,85, 101, 106, 143, 194, 210, 220, 278, 338 e 412 do STJ.

Art. 206. Prescreve:

► Art. 3º da Lei nº 14.010, de 10-6-2020 (Regime Jurídico Emergencial Transitório).

§ 1º Em um ano:

I – a pretensão dos hospedeiros ou fornecedores de víveres destinados a consumo no próprio estabelecimento, para o pagamento da hospedagem ou dos alimentos;

II – a pretensão do segurado contra o segurador, ou a deste contra aquele, contado o prazo:

► Arts. 757 a 802 deste Código.

► Súm. nº 101 do STJ.

a) para o segurado, no caso de seguro de responsabilidade civil, da data em que é citado para responder à ação de indenização proposta pelo terceiro prejudicado, ou da data que a este indeniza, com a anuência do segurador;

b) quanto aos demais seguros, da ciência do fato gerador da pretensão;

► Súmulas nºs 101e 278 do STJ.

III – a pretensão dos tabeliães, auxiliares da justiça, serventuários judiciais, árbitros e peritos, pela percepção de emolumentos, custas e honorários;

IV – a pretensão contra os peritos, pela avaliação dos bens que entraram para a formação do capital de sociedade anônima, contado da publicação da ata da assembleia que aprovar o laudo;

V – a pretensão dos credores não pagos contra os sócios ou acionistas e os liquidantes, contado o prazo da publicação da ata de encerramento da liquidação da sociedade.

§ 2º Em dois anos, a pretensão para haver prestações alimentares, a partir da data em que se vencerem.

► Arts. 198, I, 197, II, 948, II, e 1.635, II e III, deste Código.

► Art. 23 da Lei nº 5.478, de 25-7-1968 (Lei da Ação de Alimentos).

§ 3º Em três anos:

► Lei nº 8.245, de 18-10-1991 (Lei das Locações).

► En. nº 420 da V Jornada de Direito Civil.

I – a pretensão relativa a aluguéis de prédios urbanos ou rústicos;

II – a pretensão para receber prestações vencidas de rendas temporárias ou vitalícias;

► Lei nº 8.245, de 18-10-1991 (Lei das Locações).

► Súmulas nºs 291 e 427 do STJ.

III – a pretensão para haver juros, dividendos ou quaisquer prestações acessórias, pagáveis, em períodos não maiores de um ano, com capitalização ou sem ela;

IV – a pretensão de ressarcimento de enriquecimento sem causa;

► Arts. 884 a 886 deste Código

V – a pretensão de reparação civil;

► Arts. 186, 187, 927 a 943 deste Código.

► En. nº 420 da V Jornada de Direito Civil.

VI – a pretensão de restituição dos lucros ou dividendos recebidos de má-fé, correndo o prazo da data em que foi deliberada a distribuição;

VII – a pretensão contra as pessoas em seguida indicadas por violação da lei ou do estatuto, contado o prazo:

a) para os fundadores, da publicação dos atos constitutivos da sociedade anônima;

b) para os administradores, ou fiscais, da apresentação, aos sócios, do balanço referente ao exercício em que a violação tenha sido praticada, ou da reunião ou assembleia-geral que dela deva tomar conhecimento;

c) para os liquidantes, da primeira assembleia semestral posterior à violação;

VIII – a pretensão para haver o pagamento de título de crédito, a contar do vencimento, ressalvadas as disposições de lei especial;

IX – a pretensão do beneficiário contra o segurador, e a do terceiro prejudicado, no caso de seguro de responsabilidade civil obrigatório.

§ 4º Em quatro anos, a pretensão relativa à tutela, a contar da data da aprovação das contas.

► Arts. 1.728 e segs. deste Código.

§ 5º Em cinco anos:

► Art. 700 do CPC.

► Art. 12 da Lei nº 1.060, de 5-2-1950 (Lei de Assistência Judiciária).

► Lei nº 6.838, de 29-10-1980, dispõe sobre o prazo prescricional para a punibilidade de profissional liberal, por falta sujeita a processo disciplinar.

► Art. 27 da Lei nº 8.078, de 11-9-1990, que dispõe sobre proteção do consumidor.

► Lei nº 9.873, de 23-11-1999, estabelece prazo de prescrição para o exercício de ação punitiva pela Administração Pública Federal, direta e indireta.

I – a pretensão de cobrança de dívidas líquidas constantes de instrumento público ou particular;

► Súmulas nºs 503 e 504 do STJ.

II – a pretensão dos profissionais liberais em geral, procuradores judiciais, curadores e professores pelos seus honorários, contado o prazo da conclusão dos serviços, da cessação dos respectivos contratos ou mandato;

► Art. 25 do EOAB.

III – a pretensão do vencedor para haver do vencido o que despendeu em juízo.

► Art. 82, § 2º, do CPC.

Art. 206-A. A prescrição intercorrente observará o mesmo prazo de prescrição da pretensão.

► Art. 206-A acrescido pela MP nº 1.040, de 29-3-2021, que até o encerramento desta edição não havia sido convertida em lei.

CAPÍTULO II
DA DECADÊNCIA

Art. 207. Salvo disposição legal em contrário, não se aplicam à decadência as normas que impedem, suspendem ou interrompem a prescrição.

► Art. 3º da Lei nº 14.010, de 10-6-2020 (Regime Jurídico Emergencial Transitório).

Art. 208. Aplica-se à decadência o disposto nos arts. 195 e 198, inciso I.

Art. 209. É nula a renúncia à decadência fixada em lei.

Art. 210. Deve o juiz, de ofício, conhecer da decadência, quando estabelecida por lei.

► Arts. 302, IV, e 487, II, do CPC.

Art. 211. Se a decadência for convencional, a parte a quem aproveita pode alegá-la em qualquer grau de jurisdição, mas o juiz não pode suprir a alegação.

TÍTULO V – DA PROVA

Art. 212. Salvo o negócio a que se impõe forma especial, o fato jurídico pode ser provado mediante:

► Art. 107 deste Código.

I – confissão;

► Arts. 213 e 214 deste Código.

► Arts. 389 a 395 do CPC.

II – documento;

► Arts. 215 a 226 deste Código.

► Arts. 405 e segs. do CPC.

► Lei nº 7.115, de 29-8-1983, dispõe sobre prova documental nos casos que indica.

III – testemunha;

► Arts. 227 a 230 deste Código.

► Arts. 442 e segs. do CPC.

IV – presunção;

► Arts. 375 e 464 e segs. do CPC.

V – perícia.

► Art. 232 deste Código.

► Arts. 81, § 3º, e 464 a 480 do CPC.

Art. 213. Não tem eficácia a confissão se provém de quem não é capaz de dispor do direito a que se referem os fatos confessados.

Parágrafo único. Se feita a confissão por um representante, somente é eficaz nos limites em que este pode vincular o representado.

Art. 214. A confissão é irrevogável, mas pode ser anulada se decorreu de erro de fato ou de coação.

► Art. 393 do CPC.

Art. 215. A escritura pública, lavrada em notas de tabelião, é documento dotado de fé pública, fazendo prova plena.

§ 1º Salvo quando exigidos por lei outros requisitos, a escritura pública deve conter:

I – data e local de sua realização;

II – reconhecimento da identidade e capacidade das partes e de quantos hajam comparecido ao ato, por si, como representantes, intervenientes ou testemunhas;

III – nome, nacionalidade, estado civil, profissão, domicílio e residência das partes e demais comparecentes, com a indicação, quando necessário, do regime de bens do casamento, nome do outro cônjuge e filiação;

IV – manifestação clara da vontade das partes e dos intervenientes;

V – referência ao cumprimento das exigências legais e fiscais inerentes à legitimidade do ato;

VI – declaração de ter sido lida na presença das partes e demais comparecentes, ou de que todos a leram;

VII – assinatura das partes e dos demais comparecentes, bem como a do tabelião ou seu substituto legal, encerrando o ato.

► Lei nº 7.433, de 18-2-1985, dispõe sobre os requisitos para a lavratura de escrituras públicas.

§ 2º Se algum comparecente não puder ou não souber escrever, outra pessoa capaz assinará por ele, a seu rogo.

§ 3º A escritura será redigida na língua nacional.

§ 4º Se qualquer dos comparecentes não souber a língua nacional e o tabelião não entender o idioma em que se expressa, deverá comparecer tradutor público para servir de intérprete, ou, não o havendo na localidade, outra pessoa capaz que, a juízo do tabelião, tenha idoneidade e conhecimento bastantes.

§ 5º Se algum dos comparecentes não for conhecido do tabelião, nem puder identificar-se por documento, deverão participar do ato pelo menos duas testemunhas que o conheçam e atestem sua identidade.

Art. 216. Farão a mesma prova que os originais as certidões textuais de qualquer peça judicial, do protocolo das audiências, ou de outro qualquer livro a cargo do escrivão, sendo extraídas por ele, ou sob a sua vigilância, e por ele subscritas, assim como os traslados de autos, quando por outro escrivão consertados.

► Art. 425, I e II, do CPC.

Art. 217. Terão a mesma força probante os traslados e as certidões, extraídos por tabelião ou oficial de registro, de instrumentos ou documentos lançados em suas notas.

► Art. 425 do CPC.

Art. 218. Os traslados e as certidões considerar-se-ão instrumentos públicos, se os originais se houverem produzido em juízo como prova de algum ato.

► Arts. 162, 192, parágrafo único, e 425, III, do CPC.

► Art. 148 da Lei nº 6.015, de 31-12-1973 (Lei dos Registros Públicos).

Art. 219. As declarações constantes de documentos assinados presumem-se verdadeiras em relação aos signatários.

Parágrafo único. Não tendo relação direta, porém, com as disposições principais ou com a legitimidade das partes, as declarações enunciativas não eximem os interessados em sua veracidade do ônus de prová-las.

► Art. 408, parágrafo único, do CPC.

► Lei nº 7.115, de 29-8-1983, dispõe sobre prova documental nos casos que indica.

Art. 220. A anuência ou a autorização de outrem, necessária à validade de um ato, provar-se-á do mesmo modo que este, e constará, sempre que se possa, do próprio instrumento.

Art. 221. O instrumento particular, feito e assinado, ou somente assinado por quem esteja na livre disposição e administração de seus bens, prova as obrigações convencionais de qualquer valor; mas os seus efeitos, bem como os da cessão, não se operam, a respeito de terceiros, antes de registrado no registro público.

► Arts. 127, 156 e 161 da Lei nº 6.015, de 31-12-1973.

► Art. 31 da Lei nº 6.766, de 19-12-1979 (Lei do Parcelamento do Solo).

Parágrafo único. A prova do instrumento particular pode suprir-se pelas outras de caráter legal.

► Art. 408 do CPC.

Art. 222. O telegrama, quando lhe for contestada a autenticidade, faz prova mediante conferência com o original assinado.

► Arts. 413 e 414 do CPC.

Art. 223. A cópia fotográfica de documento, conferida por tabelião de notas, valerá como prova de declaração da vontade, mas, impugnada sua autenticidade, deverá ser exibido o original.

► Arts. 423 e 424 do CPC.

Parágrafo único. A prova não supre a ausência do título de crédito, ou do original, nos casos em que a lei ou as circunstâncias condicionarem o exercício do direito à sua exibição.

► Arts. 887 a 926 deste Código.

Art. 224. Os documentos redigidos em língua estrangeira serão traduzidos para o português para ter efeitos legais no País.

► Art. 192, parágrafo único, deste Código.

► Art. 148 da Lei nº 6.015, de 31-12-1973 (Lei dos Registros Públicos).

Art. 225. As reproduções fotográficas, cinematográficas, os registros fonográficos e, em geral, quaisquer outras reproduções mecânicas ou eletrônicas de fatos ou de coisas fazem prova plena destes, se a parte, contra quem forem exibidos, não lhes impugnar a exatidão.

► Art. 422 do CPC.

► En. nº 298 da IV Jornada de Direito Civil.

Art. 226. Os livros e fichas dos empresários e sociedades provam contra as pessoas a que pertencem, e, em seu favor, quando, escriturados sem vício extrínseco ou intrínseco, forem confirmados por outros subsídios.

Parágrafo único. A prova resultante dos livros e fichas não é bastante nos casos em que a lei exige escritura pública, ou escrito particular revestido de requisitos especiais, e pode ser ilidida pela comprovação da falsidade ou inexatidão dos lançamentos.

► Arts. 1.179 e segs. deste Código.

Art. 227. *Revogado.* Lei nº 13.105, de 16-3-2015.

Parágrafo único. Qualquer que seja o valor do negócio jurídico, a prova testemunhal é admissível como subsidiária ou complementar da prova por escrito.

► Art. 444 do CPC.

Art. 228. Não podem ser admitidos como testemunhas:

I – os menores de dezesseis anos;

II e III – *Revogados.* Lei nº 13.146, de 6-7-2015.

IV – o interessado no litígio, o amigo íntimo ou o inimigo capital das partes;

V – os cônjuges, os ascendentes, os descendentes e os colaterais, até o terceiro grau de alguma das partes, por consanguinidade, ou afinidade.

► Arts. 447 e 457 do CPC.

► Art. 42 da Lei nº 6.015, de 31-12-1973 (Lei dos Registros Públicos).

§ 1º Para a prova de fatos que só elas conheçam, pode o juiz admitir o depoimento das pessoas a que se refere este artigo.

► Parágrafo único renumerado para § 1º pela Lei nº 13.146, de 6-7-2015.

§ 2º A pessoa com deficiência poderá testemunhar em igualdade de condições com as demais pessoas, sendo-lhe assegurados todos os recursos de tecnologia assistiva.

► § 2º acrescido pela Lei nº 13.146, de 6-7-2015.

Arts. 229 e 230. *Revogados.* Lei nº 13.105, de 16-3-2015.

Art. 231. Aquele que se nega a submeter-se a exame médico necessário não poderá aproveitar-se de sua recusa.

► Súm. 301 do STJ.

Art. 232. A recusa à perícia médica ordenada pelo juiz poderá suprir a prova que se pretendia obter com o exame.

► Arts. 464 e segs. do CPC.

► Súm. 301 do STJ.

Parte Especial

Livro I – Do Direito das Obrigações

TÍTULO I – DAS MODALIDADES DAS OBRIGAÇÕES

CAPÍTULO I
DAS OBRIGAÇÕES DE DAR

Seção I
DAS OBRIGAÇÕES DE DAR COISA CERTA

Art. 233. A obrigação de dar coisa certa abrange os acessórios dela embora não mencionados, salvo se o contrário resultar do título ou das circunstâncias do caso.

► Arts. 94 e 313 deste Código.

► Arts. 498 e 806 a 810 do CPC.

Art. 234. Se, no caso do artigo antecedente, a coisa se perder, sem culpa do devedor, antes da tradição, ou pendente a condição suspensiva, fica resolvida a obrigação para ambas as partes; se a perda resultar de culpa do devedor, responderá este pelo equivalente e mais perdas e danos.

► Arts. 237, 389, 402 a 407 e 1.267 deste Código.

Art. 235. Deteriorada a coisa, não sendo o devedor culpado, poderá o credor resolver a obrigação, ou aceitar a coisa, abatido de seu preço o valor que perdeu.

► Art. 240 deste Código.

Art. 236. Sendo culpado o devedor, poderá o credor exigir o equivalente, ou aceitar a coisa no estado em que se acha, com direito a reclamar, em um ou em outro caso, indenização das perdas e danos.

► Arts. 240, 389 e 402 a 405 deste Código.

► En. nº 15 da I Jornada de Direito Civil.

Art. 237. Até a tradição pertence ao devedor a coisa, com os seus melhoramentos e acrescidos, pelos quais poderá exigir aumento no preço; se o credor não anuir, poderá o devedor resolver a obrigação.

► Art. 1.267, *caput* e parágrafo único, deste Código.

Parágrafo único. Os frutos percebidos são do devedor, cabendo ao credor os pendentes.

► Arts. 1.214 a 1.216 deste Código.

Art. 238. Se a obrigação for de restituir coisa certa, e esta, sem culpa do devedor, se perder antes da tradição, sofrerá o credor a perda, e a obrigação se resolverá, ressalvados os seus direitos até o dia da perda.

► Arts. 241, 502 e 1.267 deste Código.

Art. 239. Se a coisa se perder por culpa do devedor, responderá este pelo equivalente, mais perdas e danos.

► Art. 402 deste Código.

Art. 240. Se a coisa restituível se deteriorar sem culpa do devedor, recebê-la-á o credor, tal qual se ache, sem direito a indenização; se por culpa do devedor, observar-se-á o disposto no art. 239.

► Arts. 236 e 402 deste Código.

► En. nº 15 da I Jornada de Direito Civil.

Art. 241. Se, no caso do art. 238, sobrevier melhoramento ou acréscimo à coisa, sem despesa ou trabalho do devedor, lucrará o credor, desobrigado de indenização.

Art. 242. Se para o melhoramento, ou aumento, empregou o devedor trabalho ou dispêndio, o caso se regulará pelas normas deste Código atinentes às benfeitorias realizadas pelo possuidor de boa-fé ou de má-fé.

► Arts. 1.219 a 1.222 deste Código.

Parágrafo único. Quanto aos frutos percebidos, observar-se-á, do mesmo modo, o disposto neste Código, acerca do possuidor de boa-fé ou de má-fé.

► Arts. 1.214 a 1.217 deste Código.

Seção II
DAS OBRIGAÇÕES DE DAR COISA INCERTA

Art. 243. A coisa incerta será indicada, ao menos, pelo gênero e pela quantidade.

► Arts. 811 a 813 do CPC.

► En. nº 160 da III Jornada de Direito Civil.

Art. 244. Nas coisas determinadas pelo gênero e pela quantidade, a escolha pertence ao devedor, se o contrário não resultar do título da obrigação; mas não poderá dar a coisa pior, nem será obrigado a prestar a melhor.

► Art. 1.929 deste Código.

Art. 245. Cientificado da escolha o credor, vigorará o disposto na Seção antecedente.

Art. 246. Antes da escolha, não poderá o devedor alegar perda ou deterioração da coisa, ainda que por força maior ou caso fortuito.

► Art. 393, parágrafo único, deste Código.

CAPÍTULO II
DAS OBRIGAÇÕES DE FAZER

Art. 247. Incorre na obrigação de indenizar perdas e danos o devedor que recusar a prestação a ele só imposta, ou só por ele exequível.

► Art. 402 deste Código.

Art. 248. Se a prestação do fato tornar-se impossível sem culpa do devedor, resolver-se-á a obrigação; se por culpa dele, responderá por perdas e danos.

► Art. 402 deste Código.

Art. 249. Se o fato puder ser executado por terceiro, será livre ao credor mandá-lo executar à custa do devedor, havendo recusa ou mora deste, sem prejuízo da indenização cabível.

► Art. 389 deste Código.

► Arts. 815 e ss. do CPC.

Parágrafo único. Em caso de urgência, pode o credor, independentemente de autorização judicial, executar ou mandar executar o fato, sendo depois ressarcido.

CAPÍTULO III
DAS OBRIGAÇÕES DE NÃO FAZER

Art. 250. Extingue-se a obrigação de não fazer, desde que, sem culpa do devedor, se lhe torne impossível abster-se do ato, que se obrigou a não praticar.

Art. 251. Praticado pelo devedor o ato, a cuja abstenção se obrigara, o credor pode exigir dele que o desfaça, sob pena de se desfazer à sua custa, ressarcindo o culpado perdas e danos.

► Arts. 389 e 402 deste Código.

► Arts. 822 e 823 do CPC.

Parágrafo único. Em caso de urgência, poderá o credor desfazer ou mandar desfazer, independentemente de autorização judicial, sem prejuízo do ressarcimento devido.

CAPÍTULO IV
DAS OBRIGAÇÕES ALTERNATIVAS

Art. 252. Nas obrigações alternativas, a escolha cabe ao devedor, se outra coisa não se estipulou.

► Art. 342 deste Código.

► Art. 800 do CPC.

§ 1º Não pode o devedor obrigar o credor a receber parte em uma prestação e parte em outra.

► Art. 313 deste Código.

§ 2º Quando a obrigação for de prestações periódicas, a faculdade de opção poderá ser exercida em cada período.

§ 3º No caso de pluralidade de optantes, não havendo acordo unânime entre eles, decidirá o juiz, findo o prazo por este assinado para a deliberação.

§ 4º Se o título deferir a opção a terceiro, e este não quiser, ou não puder exercê-la, caberá ao juiz a escolha se não houver acordo entre as partes.

Art. 253. Se uma das duas prestações não puder ser objeto de obrigação ou se tornada inexequível, subsistirá o débito quanto à outra.

Art. 254. Se, por culpa do devedor, não se puder cumprir nenhuma das prestações, não competindo ao credor a escolha, ficará aquele obrigado a pagar o valor da que por último se impossibilitou, mais as perdas e danos que o caso determinar.

► Art. 402 deste Código.

Art. 255. Quando a escolha couber ao credor e uma das prestações tornar-se impossível por culpa do devedor, o credor terá direito de exigir a prestação subsistente ou o valor da outra, com perdas e danos; se, por culpa do devedor, ambas as prestações se tornarem inexequíveis, poderá o credor reclamar o valor de qualquer das duas, além da indenização por perdas e danos.

► Arts. 389 e 402 deste Código.

Art. 256. Se todas as prestações se tornarem impossíveis sem culpa do devedor, extinguir-se-á a obrigação.

► Arts. 234 e 250 deste Código.

CAPÍTULO V
DAS OBRIGAÇÕES DIVISÍVEIS E INDIVISÍVEIS

Art. 257. Havendo mais de um devedor ou mais de um credor em obrigação divisível, esta presume-se dividida em tantas obrigações, iguais e distintas, quantos os credores ou devedores.

► Art. 265 deste Código.

Art. 258. A obrigação é indivisível quando a prestação tem por objeto uma coisa ou um fato não suscetíveis de divisão, por sua natureza, por motivo de ordem econômica, ou dada a razão determinante do negócio jurídico.

Art. 259. Se, havendo dois ou mais devedores, a prestação não for divisível, cada um será obrigado pela dívida toda.

Parágrafo único. O devedor, que paga a dívida, sub-roga-se no direito do credor em relação aos outros coobrigados.

► Art. 346, III, deste Código.

Art. 260. Se a pluralidade for dos credores, poderá cada um destes exigir a dívida inteira; mas o devedor ou devedores se desobrigarão, pagando:

I – a todos conjuntamente;

II – a um, dando este caução de ratificação dos outros credores.

Art. 261. Se um só dos credores receber a prestação por inteiro, a cada um dos outros assistirá o direito de exigir dele em dinheiro a parte que lhe caiba no total.

Art. 262. Se um dos credores remitir a dívida, a obrigação não ficará extinta para com os outros; mas estes só a poderão exigir, descontada a quota do credor remitente.

Parágrafo único. O mesmo critério se observará no caso de transação, novação, compensação ou confusão.

► Arts. 360, 365, 368 e 381 deste Código.

Art. 263. Perde a qualidade de indivisível a obrigação que se resolver em perdas e danos.

► Art. 499 do CPC.

§ 1º Se, para efeito do disposto neste artigo, houver culpa de todos os devedores, responderão todos por partes iguais.

§ 2º Se for de um só a culpa, ficarão exonerados os outros, respondendo só esse pelas perdas e danos.

► Art. 402 deste Código.

► En. nº 540 da VI Jornada de Direito Civil.

CAPÍTULO VI
DAS OBRIGAÇÕES SOLIDÁRIAS

Seção I
DISPOSIÇÕES GERAIS

Art. 264. Há solidariedade, quando na mesma obrigação concorre mais de um credor, ou mais de um devedor, cada um com direito, ou obrigado, à dívida toda.

► Arts. 383, 388, 518, 585, 680, 756, 828 e 829, 942, parágrafo único, 1.012, 1.016, 1.052 e segs., 1.091, § 1º, 1.146, 1.173, parágrafo único, 1.177, parágrafo único, 1.460, 1.644, 1.752, § 2º, e 1.986 deste Código.

► Art. 130, III, do CPC.

► Arts. 7º, parágrafo único, 18, 19, 25, §§ 1º e 2º, 28, § 3º, e 34 do CDC.

Art. 265. A solidariedade não se presume; resulta da lei ou da vontade das partes.

► Art. 257 deste Código.

► Súm. nº 26 do STJ.

► En. nº 22 da I Jornada de Direito Civil.

Art. 266. A obrigação solidária pode ser pura e simples para um dos cocredores ou codevedores, e condicional, ou a prazo, ou pagável em lugar diferente, para o outro.

► En. nº 347 da IV Jornada de Direito Civil.

Seção II
DA SOLIDARIEDADE ATIVA

Art. 267. Cada um dos credores solidários tem direito a exigir do devedor o cumprimento da prestação por inteiro.

Art. 268. Enquanto alguns dos credores solidários não demandarem o devedor comum, a qualquer daqueles poderá este pagar.

Art. 269. O pagamento feito a um dos credores solidários extingue a dívida até o montante do que foi pago.

Art. 270. Se um dos credores solidários falecer deixando herdeiros, cada um destes só terá direito a exigir e receber a quota do crédito que corresponder ao seu quinhão hereditário, salvo se a obrigação for indivisível.

Art. 271. Convertendo-se a prestação em perdas e danos, subsiste, para todos os efeitos, a solidariedade.

► Art. 402 deste Código.

Art. 272. O credor que tiver remitido a dívida ou recebido o pagamento responderá aos outros pela parte que lhes caiba.

► Art. 388 deste Código.

Art. 273. A um dos credores solidários não pode o devedor opor as exceções pessoais oponíveis aos outros.

Art. 274. O julgamento contrário a um dos credores solidários não atinge os demais, mas o julgamento favorável aproveita-lhes, sem prejuízo de exceção pessoal que o devedor tenha direito de invocar em relação a qualquer deles.

► Artigo com a redação dada pela Lei nº 13.105, de 16-3-2015.

Seção III
DA SOLIDARIEDADE PASSIVA

Art. 275. O credor tem direito a exigir e receber de um ou de alguns dos devedores, parcial ou totalmente, a dívida comum; se o pagamento tiver sido parcial, todos os demais devedores continuam obrigados solidariamente pelo resto.

► Art. 333, parágrafo único, deste Código.

► Arts. 130, III, e 1.005 do CPC.

► Súm. nº 26 do STJ.

Parágrafo único. Não importará renúncia da solidariedade a propositura de ação pelo credor contra um ou alguns dos devedores.

► En. nº 348 da IV Jornada de Direito Civil.

Art. 276. Se um dos devedores solidários falecer deixando herdeiros, nenhum destes será obrigado a pagar senão a quota que corresponder ao seu quinhão hereditário, salvo se a obrigação for indivisível; mas todos reunidos serão considerados como um devedor solidário em relação aos demais devedores.

► Arts. 314, 1.792, 1.821 e 1.997 deste Código.

Art. 277. O pagamento parcial feito por um dos devedores e a remissão por ele obtida não aproveitam aos outros devedores, senão até à concorrência da quantia paga ou relevada.

► Art. 388 deste Código.

► En. nº 350 da IV Jornada de Direito Civil.

Art. 278. Qualquer cláusula, condição ou obrigação adicional, estipulada entre um dos devedores solidários e o credor, não poderá agravar a posição dos outros sem consentimento destes.

► Arts. 104, 107, 121 e segs. deste Código.

Art. 279. Impossibilitando-se a prestação por culpa de um dos devedores solidários, subsiste para todos o encargo de pagar o equivalente; mas pelas perdas e danos só responde o culpado.

► Art. 402 deste Código.

Art. 280. Todos os devedores respondem pelos juros da mora, ainda que a ação tenha sido proposta somente contra um; mas o culpado responde aos outros pela obrigação acrescida.

► Arts. 389, 394, 402, 406 e 407 deste Código.

Art. 281. O devedor demandado pode opor ao credor as exceções que lhe forem pessoais e as comuns a todos; não lhe aproveitando as exceções pessoais a outro codevedor.

Art. 282. O credor pode renunciar à solidariedade em favor de um, de alguns ou de todos os devedores.

► Enunciados nºs 348, 349 e 351 da IV Jornada de Direito Civil.

Parágrafo único. Se o credor exonerar da solidariedade um ou mais devedores, subsistirá a dos demais.

Art. 283. O devedor que satisfez a dívida por inteiro tem direito a exigir de cada um dos codevedores a sua quota, dividindo-se igualmente por todos a do insolvente, se o houver, presumindo-se iguais, no débito, as partes de todos os codevedores.

► Art. 346, III, deste Código.

Art. 284. No caso de rateio entre os codevedores, contribuirão também os exonerados da solidariedade pelo credor, pela parte que na obrigação incumbia ao insolvente.

► En. nº 350 da IV Jornada de Direito Civil.

Art. 285. Se a dívida solidária interessar exclusivamente a um dos devedores, responderá este por toda ela para com aquele que pagar.

TÍTULO II – DA TRANSMISSÃO DAS OBRIGAÇÕES

CAPÍTULO I
DA CESSÃO DE CRÉDITO

Art. 286. O credor pode ceder o seu crédito, se a isso não se opuser a natureza da obrigação, a lei, ou a convenção com o devedor; a cláusula proibitiva da cessão não poderá ser oposta ao cessionário de boa-fé, se não constar do instrumento da obrigação.

► Art. 358 deste Código.

► Art. 3º, § 2º, da Lei nº 6.194, de 19-12-1974 (Lei do Seguro Obrigatório).

► Arts. 3º, 18, 28, 35 e 38 da Lei nº 9.514, de 20-11-1997, que dispõe sobre o Sistema de Financiamento Imobiliário, institui a alienação fiduciária de coisa imóvel.

Art. 287. Salvo disposição em contrário, na cessão de um crédito abrangem-se todos os seus acessórios.

► Art. 92 deste Código.

Art. 288. É ineficaz, em relação a terceiros, a transmissão de um crédito, se não celebrar-se mediante instrumento público, ou instrumento particular revestido das solenidades do § 1º do art. 654.

► Arts. 127, I, e 129, nº 9º, da Lei nº 6.015, de 31-12-1973 (Lei dos Registros Públicos).

► En. nº 618 da VIII Jornada de Direito Civil.

Art. 289. O cessionário de crédito hipotecário tem o direito de fazer averbar a cessão no registro do imóvel.

► Art. 246 da Lei nº 6.015, de 31-12-1973 (Lei dos Registros Públicos).

Art. 290. A cessão do crédito não tem eficácia em relação ao devedor, senão quando a este notificada; mas por notificado se tem o devedor que, em escrito público ou particular, se declarou ciente da cessão feita.

► Art. 377 deste Código.

Art. 291. Ocorrendo várias cessões do mesmo crédito, prevalece a que se completar com a tradição do título do crédito cedido.

Art. 292. Fica desobrigado o devedor que, antes de ter conhecimento da cessão, paga ao credor primitivo, ou que, no caso de mais de uma cessão notificada, paga ao cessionário que lhe apresenta, com o título de cessão, o da obrigação cedida; quando o crédito constar de escritura pública, prevalecerá a prioridade da notificação.

Art. 293. Independentemente do conhecimento da cessão pelo devedor, pode o cessionário exercer os atos conservatórios do direito cedido.

Art. 294. O devedor pode opor ao cessionário as exceções que lhe competirem, bem como as que, no momento em que veio a ter conhecimento da cessão, tinha contra o cedente.

Art. 295. Na cessão por título oneroso, o cedente, ainda que não se responsabilize, fica responsável ao cessionário pela existência do crédito ao tempo em que lhe cedeu; a mesma responsabilidade lhe cabe nas cessões por título gratuito, se tiver procedido de má-fé.

Art. 296. Salvo estipulação em contrário, o cedente não responde pela solvência do devedor.

Art. 297. O cedente, responsável ao cessionário pela solvência do devedor, não responde por mais do que daquele recebeu, com os respectivos juros; mas tem de ressarcir-lhe as despesas da cessão e as que o cessionário houver feito com a cobrança.

Art. 298. O crédito, uma vez penhorado, não pode mais ser transferido pelo credor que tiver conhecimento da penhora; mas o devedor que o pagar, não tendo notificação dela, fica exonerado, subsistindo somente contra o credor os direitos de terceiro.

► Art. 312 deste Código.

► Art. 240 da Lei nº 6.015, de 31-12-1973 (Lei dos Registros Públicos).

CAPÍTULO II
DA ASSUNÇÃO DE DÍVIDA

Art. 299. É facultado a terceiro assumir a obrigação do devedor, com o consentimento expresso do credor, ficando exonerado o devedor primitivo, salvo se aquele, ao tempo da assunção, era insolvente e o credor o ignorava.

► En. nº 16 da I Jornada de Direito Civil.

Parágrafo único. Qualquer das partes pode assinar prazo ao credor para que consinta na assunção da dívida, interpretando-se o seu silêncio como recusa.

Art. 300. Salvo assentimento expresso do devedor primitivo, consideram-se extintas, a partir da assunção da dívida, as garantias especiais por ele originariamente dadas ao credor.

► En. nº 352 da IV Jornada de Direito Civil.

► En. nº 422 da V Jornada de Direito Civil.

Art. 301. Se a substituição do devedor vier a ser anulada, restaura-se o débito, com todas as suas garantias, salvo as garantias prestadas por terceiros, exceto se este conhecia o vício que inquinava a obrigação.

► En. nº 423 da V Jornada de Direito Civil.

Art. 302. O novo devedor não pode opor ao credor as exceções pessoais que competiam ao devedor primitivo.

Art. 303. O adquirente de imóvel hipotecado pode tomar a seu cargo o pagamento do crédito garantido; se o credor, notificado, não impugnar em trinta dias a transferência do débito, entender-se-á dado o assentimento.

► En. nº 353 da IV Jornada de Direito Civil.

► En. nº 424 da V Jornada de Direito Civil.

TÍTULO III – DO ADIMPLEMENTO E EXTINÇÃO DAS OBRIGAÇÕES

CAPÍTULO I
DO PAGAMENTO

Seção I
DE QUEM DEVE PAGAR

Art. 304. Qualquer interessado na extinção da dívida pode pagá-la, usando, se o credor se opuser, dos meios conducentes à exoneração do devedor.

► Arts. 334 e 346, III, deste Código.

Parágrafo único. Igual direito cabe ao terceiro não interessado, se o fizer em nome e à conta do devedor, salvo oposição deste.

Art. 305. O terceiro não interessado, que paga a dívida em seu próprio nome, tem direito a reembolsar-se do que pagar; mas não se sub-roga nos direitos do credor.

► Art. 347, I, deste Código.

Parágrafo único. Se pagar antes de vencida a dívida, só terá direito ao reembolso no vencimento.

Art. 306. O pagamento feito por terceiro, com desconhecimento ou oposição do devedor, não obriga a reembolsar aquele que pagou, se o devedor tinha meios para ilidir a ação.

Art. 307. Só terá eficácia o pagamento que importar transmissão da propriedade, quando feito por quem possa alienar o objeto em que ele consistiu.

Parágrafo único. Se se der em pagamento coisa fungível, não se poderá mais reclamar do credor que, de boa-fé, a recebeu e consumiu, ainda que o solvente não tivesse o direito de aliená-la.

► Art. 85 deste Código.

Seção II
DAQUELES A QUEM SE DEVE PAGAR

Art. 308. O pagamento deve ser feito ao credor ou a quem de direito o represente, sob pena de só valer depois de por ele ratificado, ou tanto quanto reverter em seu proveito.

► En. nº 425 da V Jornada de Direito Civil.

Art. 309. O pagamento feito de boa-fé ao credor putativo é válido, ainda provado depois que não era credor.

Art. 310. Não vale o pagamento cientemente feito ao credor incapaz de quitar, se o devedor não provar que em benefício dele efetivamente reverteu.

► Art. 181 deste Código.

Art. 311. Considera-se autorizado a receber o pagamento o portador da quitação, salvo se as circunstâncias contrariarem a presunção daí resultante.

► Art. 320 deste Código.

Art. 312. Se o devedor pagar ao credor, apesar de intimado da penhora feita sobre o crédito, ou da impugnação a ele oposta por terceiros, o pagamento não valerá contra estes, que poderão constranger o devedor a pagar de novo, ficando-lhe ressalvado o regresso contra o credor.

► Arts. 298 e 876 deste Código.

► Arts. 855 e 856 do CPC.

Seção III
DO OBJETO DO PAGAMENTO E SUA PROVA

Art. 313. O credor não é obrigado a receber prestação diversa da que lhe é devida, ainda que mais valiosa.

► Art. 356 deste Código.

Art. 314. Ainda que a obrigação tenha por objeto prestação divisível, não pode o credor ser obrigado a receber, nem o devedor a pagar, por partes, se assim não se ajustou.

► Art. 257 deste Código.

Art. 315. As dívidas em dinheiro deverão ser pagas no vencimento, em moeda corrente e pelo valor nominal, salvo o disposto nos artigos subsequentes.

► Art. 327, *caput*, deste Código.

► Art. 9º da LINDB.

Art. 316. É lícito convencionar o aumento progressivo de prestações sucessivas.

Art. 317. Quando, por motivos imprevisíveis, sobrevier desproporção manifesta entre o valor da prestação devida e o do momento de sua execução, poderá o juiz corrigi-lo, a pedido da parte, de modo que assegure, quanto possível, o valor real da prestação.

► Art. 478 deste Código.

► En. nº 17 da I Jornada de Direito Civil.

► En. nº 35 da I Jornada de Direito Civil.

Art. 318. São nulas as convenções de pagamento em ouro ou em moeda estrangeira, bem como para compensar a diferença entre o valor desta e o da moeda nacional, excetuados os casos previstos na legislação especial.

Art. 319. O devedor que paga tem direito a quitação regular, e pode reter o pagamento, enquanto não lhe seja dada.

► Art. 334 e segs., e 396 deste Código.

► En. nº 18 da Jornada de Direito Civil.

Art. 320. A quitação, que sempre poderá ser dada por instrumento particular, designará o valor e a espécie da dívida quitada, o nome do devedor, ou quem por este pagou, o tempo e o lugar do pagamento, com a assinatura do credor, ou do seu representante.

► Art. 251 da Lei nº 6.015, de 31-12-1973 (Lei dos Registros Públicos).

► Art. 44, I, da Lei nº 8.245, de 18-10-1991 (Lei das Locações).

Parágrafo único. Ainda sem os requisitos estabelecidos neste artigo valerá a quitação, se de seus termos ou das circunstâncias resultar haver sido paga a dívida.

Art. 321. Nos débitos, cuja quitação consista na devolução do título, perdido este, poderá o devedor exigir, retendo o pagamento, declaração do credor que inutilize o título desaparecido.

Art. 322. Quando o pagamento for em quotas periódicas, a quitação da última estabelece, até prova em contrário, a presunção de estarem solvidas as anteriores.

Art. 323. Sendo a quitação do capital sem reserva dos juros, estes presumem-se pagos.

Art. 324. A entrega do título ao devedor firma a presunção do pagamento.

► Art. 386 deste Código.

Parágrafo único. Ficará sem efeito a quitação assim operada se o credor provar, em sessenta dias, a falta do pagamento.

Art. 325. Presumem-se a cargo do devedor as despesas com o pagamento e a quitação; se ocorrer aumento por fato do credor, suportará este a despesa acrescida.

Art. 326. Se o pagamento se houver de fazer por medida, ou peso, entender-se-á, no silêncio das partes, que aceitaram os do lugar da execução.

Seção IV
DO LUGAR DO PAGAMENTO

Art. 327. Efetuar-se-á o pagamento no domicílio do devedor, salvo se as partes convencionarem diversamente, ou se o contrário resultar da lei, da natureza da obrigação ou das circunstâncias.

► Art. 78 deste Código.

Parágrafo único. Designados dois ou mais lugares, cabe ao credor escolher entre eles.

Art. 328. Se o pagamento consistir na tradição de um imóvel, ou em prestações relativas a imóvel, far-se-á no lugar onde situado o bem.

Art. 329. Ocorrendo motivo grave para que se não efetue o pagamento no lugar determinado, poderá o devedor fazê-lo em outro, sem prejuízo para o credor.

Art. 330. O pagamento reiteradamente feito em outro local faz presumir renúncia do credor relativamente ao previsto no contrato.

Seção V
DO TEMPO DO PAGAMENTO

Art. 331. Salvo disposição legal em contrário, não tendo sido ajustada época para o pagamento, pode o credor exigi-lo imediatamente.

► Arts. 134, 333, 397 e 592 deste Código.

Art. 332. As obrigações condicionais cumprem-se na data do implemento da condição, cabendo ao credor a prova de que deste teve ciência o devedor.

► Arts. 121 e segs. deste Código.

Art. 333. Ao credor assistirá o direito de cobrar a dívida antes de vencido o prazo estipulado no contrato ou marcado neste Código:

► Art. 476 deste Código.

I – no caso de falência do devedor, ou de concurso de credores;

► Lei nº 11.101, de 9-2-2005 (Lei de Recuperação de Empresas e Falências).

II – se os bens, hipotecados ou empenhados, forem penhorados em execução por outro credor;

III – se cessarem, ou se se tornarem insuficientes, as garantias do débito, fidejussórias, ou reais, e o devedor, intimado, se negar a reforçá-las.

Parágrafo único. Nos casos deste artigo, se houver, no débito, solidariedade passiva, não se reputará vencido quanto aos outros devedores solventes.

► Arts. 275 a 285 deste Código.

CAPÍTULO II
DO PAGAMENTO EM CONSIGNAÇÃO

► Arts. 539 e segs. do CPC.

Art. 334. Considera-se pagamento, e extingue a obrigação, o depósito judicial ou em estabelecimento bancário da coisa devida, nos casos e forma legais.

► Arts. 539 e segs. do CPC.

Art. 335. A consignação tem lugar:

► Arts. 635 e 641 deste Código.

I – se o credor não puder, ou, sem justa causa, recusar receber o pagamento, ou dar quitação na devida forma;

► Art. 304 deste Código.

II – se o credor não for, nem mandar receber a coisa no lugar, tempo e condição devidos;

► Arts. 327 a 333 e 341 deste Código.

III – se o credor for incapaz de receber, for desconhecido, declarado ausente, ou residir em lugar incerto ou de acesso perigoso ou difícil;

► Art. 104 deste Código.

IV – se ocorrer dúvida sobre quem deva legitimamente receber o objeto do pagamento;

► Arts. 344 e 345 deste Código.

► Art. 540 do CPC.

V – se pender litígio sobre o objeto do pagamento.

► Arts. 344 e 345 deste Código.

Art. 336. Para que a consignação tenha força de pagamento, será mister concorram, em relação às pessoas, ao objeto, modo e tempo, todos os requisitos sem os quais não é válido o pagamento.

Art. 337. O depósito requerer-se-á no lugar do pagamento, cessando, tanto que se efetue, para o depositante, os juros da dívida e os riscos, salvo se for julgado improcedente.

► Art. 327 deste Código.

► Art. 540 do CPC.

Art. 338. Enquanto o credor não declarar que aceita o depósito, ou não o impugnar, poderá o devedor requerer o levantamento, pagando as respectivas despesas, e subsistindo a obrigação para todas as consequências de direito.

Art. 339. Julgado procedente o depósito, o devedor já não poderá levantá-lo, embora o credor consinta, senão de acordo com os outros devedores e fiadores.

Art. 340. O credor que, depois de contestar a lide ou aceitar o depósito, aquiescer no levantamento, perderá a preferência e a garantia que lhe competiam com respeito à coisa consignada, ficando para logo desobrigados os codevedores e fiadores que não tenham anuído.

Art. 341. Se a coisa devida for imóvel ou corpo certo que deva ser entregue no mesmo lugar onde está, poderá o devedor citar o credor para vir ou mandar recebê-la, sob pena de ser depositada.

► Art. 540 do CPC.

Art. 342. Se a escolha da coisa indeterminada competir ao credor, será ele citado para esse fim, sob cominação de perder o direito e de ser depositada a coisa que o devedor escolher; feita a escolha pelo devedor, proceder-se-á como no artigo antecedente.

► Art. 244 deste Código.

► Art. 543 do CPC.

Art. 343. As despesas com o depósito, quando julgado procedente, correrão à conta do credor, e, no caso contrário, à conta do devedor.

► Art. 546 do CPC.

Art. 344. O devedor de obrigação litigiosa exonerar-se-á mediante consignação, mas, se pagar a qualquer dos pretendidos credores, tendo conhecimento do litígio, assumirá o risco do pagamento.

Art. 345. Se a dívida se vencer, pendendo litígio entre credores que se pretendem mutuamente excluir, poderá qualquer deles requerer a consignação.

CAPÍTULO III

DO PAGAMENTO COM SUB-ROGAÇÃO

Art. 346. A sub-rogação opera-se, de pleno direito, em favor:

I – do credor que paga a dívida do devedor comum;

► Art. 304 deste Código.

II – do adquirente do imóvel hipotecado, que paga a credor hipotecário, bem como do terceiro que efetiva o pagamento para não ser privado de direito sobre imóvel;

► Arts. 1.479 e segs. deste Código.

III – do terceiro interessado, que paga a dívida pela qual era ou podia ser obrigado, no todo ou em parte.

► Arts. 259, parágrafo único, 283, 304 e 831 deste Código.

Art. 347. A sub-rogação é convencional:

I – quando o credor recebe o pagamento de terceiro e expressamente lhe transfere todos os seus direitos;

► Art. 348 deste Código.

II – quando terceira pessoa empresta ao devedor a quantia precisa para solver a dívida, sob a condição expressa de ficar o mutuante sub-rogado nos direitos do credor satisfeito.

► Art. 129, nº 9º, da Lei nº 6.015, de 31-12-1973 (Lei dos Registros Públicos).

Art. 348. Na hipótese do inciso I do artigo antecedente, vigorará o disposto quanto à cessão do crédito.

Art. 349. A sub-rogação transfere ao novo credor todos os direitos, ações, privilégios e garantias do primitivo, em relação à dívida, contra o devedor principal e os fiadores.

Art. 350. Na sub-rogação legal o sub-rogado não poderá exercer os direitos e as ações do credor, senão até à soma que tiver desembolsado para desobrigar o devedor.

► Súmulas nºs 188 e 257 do STF.

Art. 351. O credor originário, só em parte reembolsado, terá preferência ao sub-rogado, na cobrança da dívida restante, se os bens do devedor não chegarem para saldar inteiramente o que a um e outro dever.

CAPÍTULO IV

DA IMPUTAÇÃO DO PAGAMENTO

Art. 352. A pessoa obrigada por dois ou mais débitos da mesma natureza, a um só credor, tem o direito de indicar a qual deles oferece pagamento, se todos forem líquidos e vencidos.

► Arts. 331 e segs. deste Código.

Art. 353. Não tendo o devedor declarado em qual das dívidas líquidas e vencidas quer imputar o pagamento, se aceitar a quitação de uma delas, não terá direito a reclamar contra a imputação feita pelo credor, salvo provando haver ele cometido violência ou dolo.

Art. 354. Havendo capital e juros, o pagamento imputar-se-á primeiro nos juros vencidos, e depois no capital, salvo estipulação em contrário, ou se o credor passar a quitação por conta do capital.

Art. 355. Se o devedor não fizer a indicação do art. 352, e a quitação for omissa quanto à imputação, esta se fará nas dívidas líquidas e vencidas em primeiro lugar. Se as dívidas forem todas líquidas e vencidas ao mesmo tempo, a imputação far-se-á na mais onerosa.

CAPÍTULO V
DA DAÇÃO EM PAGAMENTO

Art. 356. O credor pode consentir em receber prestação diversa da que lhe é devida.

► Art. 313 deste Código.

Art. 357. Determinado o preço da coisa dada em pagamento, as relações entre as partes regular-se-ão pelas normas do contrato de compra e venda.

Art. 358. Se for título de crédito a coisa dada em pagamento, a transferência importará em cessão.

► Arts. 286 e segs. deste Código.

Art. 359. Se o credor for evicto da coisa recebida em pagamento, restabelecer-se-á a obrigação primitiva, ficando sem efeito a quitação dada, ressalvados os direitos de terceiros.

► Arts. 447 e segs. deste Código.

CAPÍTULO VI
DA NOVAÇÃO

Art. 360. Dá-se a novação:

I – quando o devedor contrai com o credor nova dívida para extinguir e substituir a anterior;

II – quando novo devedor sucede ao antigo, ficando este quite com o credor;

III – quando, em virtude de obrigação nova, outro credor é substituído ao antigo, ficando o devedor quite com este.

► Art. 104 deste Código.

Art. 361. Não havendo ânimo de novar, expresso ou tácito mas inequívoco, a segunda obrigação confirma simplesmente a primeira.

Art. 362. A novação por substituição do devedor pode ser efetuada independentemente de consentimento deste.

Art. 363. Se o novo devedor for insolvente, não tem o credor, que o aceitou, ação regressiva contra o primeiro, salvo se este obteve por má-fé a substituição.

Art. 364. A novação extingue os acessórios e garantias da dívida, sempre que não houver estipulação em contrário. Não aproveitará, contudo, ao credor ressalvar o penhor, a hipoteca ou a anticrese, se os bens dados em garantia pertencerem a terceiro que não foi parte na novação.

Art. 365. Operada a novação entre o credor e um dos devedores solidários, somente sobre os bens do que contrair a nova obrigação subsistem as preferências e garantias do crédito novado. Os outros devedores solidários ficam por esse fato exonerados.

► Arts. 275 e segs. deste Código.

Art. 366. Importa exoneração do fiador a novação feita sem seu consenso com o devedor principal.

► Art. 388, I, deste Código.

► En. nº 547 da VI Jornada de Direito Civil.

Art. 367. Salvo as obrigações simplesmente anuláveis, não podem ser objeto de novação obrigações nulas ou extintas.

► Arts. 166 e 167 deste Código.

► Súm. nº 286 do STJ.

CAPÍTULO VII
DA COMPENSAÇÃO

Art. 368. Se duas pessoas forem ao mesmo tempo credor e devedor uma da outra, as duas obrigações extinguem-se, até onde se compensarem.

Art. 369. A compensação efetua-se entre dívidas líquidas, vencidas e de coisas fungíveis.

► Art. 85 deste Código.

Art. 370. Embora sejam do mesmo gênero as coisas fungíveis, objeto das duas prestações, não se compensarão, verificando-se que diferem na qualidade, quando especificada no contrato.

Art. 371. O devedor somente pode compensar com o credor o que este lhe dever; mas o fiador pode compensar sua dívida com a de seu credor ao afiançado.

Art. 372. Os prazos de favor, embora consagrados pelo uso geral, não obstam a compensação.

Art. 373. A diferença de causa nas dívidas não impede a compensação, exceto:

I – se provier de esbulho, furto ou roubo;

► Art. 1.210 deste Código.

II – se uma se originar de comodato, depósito ou alimentos;

► Arts. 579, 585, 627 e segs., 1.694 a 1.710 deste Código.

III – se uma for de coisa não suscetível de penhora.

Art. 374. *Revogado.* Lei nº 10.677, de 22-5-2003.

Art. 375. Não haverá compensação quando as partes, por mútuo acordo, a excluírem, ou no caso de renúncia prévia de uma delas.

Art. 376. Obrigando-se por terceiro uma pessoa, não pode compensar essa dívida com a que o credor dele lhe dever.

Art. 377. O devedor que, notificado, nada opõe à cessão que o credor faz a terceiros dos seus direitos, não pode opor ao cessionário a compensação, que antes da cessão teria podido opor ao cedente. Se, porém, a cessão lhe não tiver sido notificada, poderá opor ao cessionário compensação do crédito que antes tinha contra o cedente.

► Art. 290 deste Código.

Art. 378. Quando as duas dívidas não são pagáveis no mesmo lugar, não se podem compensar sem dedução das despesas necessárias à operação.

► Art. 327 deste Código.

Art. 379. Sendo a mesma pessoa obrigada por várias dívidas compensáveis, serão observadas, no compensá-las, as regras estabelecidas quanto à imputação do pagamento.

► Arts. 352 e segs. deste Código.

Art. 380. Não se admite a compensação em prejuízo de direito de terceiro. O devedor que se torne credor do seu credor, depois de penhorado o crédito deste, não pode opor ao exequente a compensação, de que contra o próprio credor disporia.

CAPÍTULO VIII
DA CONFUSÃO

Art. 381. Extingue-se a obrigação, desde que na mesma pessoa se confundam as qualidades de credor e devedor.

Art. 382. A confusão pode verificar-se a respeito de toda a dívida, ou só de parte dela.

► Arts. 1.667 e segs. deste Código.

Art. 383. A confusão operada na pessoa do credor ou devedor solidário só extingue a obrigação até a concorrência da respectiva parte no crédito, ou na dívida, subsistindo quanto ao mais a solidariedade.

Art. 384. Cessando a confusão, para logo se restabelece, com todos os seus acessórios, a obrigação anterior.

CAPÍTULO IX
DA REMISSÃO DAS DÍVIDAS

Art. 385. A remissão da dívida, aceita pelo devedor, extingue a obrigação, mas sem prejuízo de terceiro.

Art. 386. A devolução voluntária do título da obrigação, quando por escrito particular, prova desoneração do devedor e seus coobrigados, se o credor for capaz de alienar, e o devedor capaz de adquirir.

► Art. 324 deste Código.

Art. 387. A restituição voluntária do objeto empenhado prova a renúncia do credor à garantia real, não a extinção da dívida.

Art. 388. A remissão concedida a um dos codevedores extingue a dívida na parte a ele correspondente; de modo que, ainda reservando o credor a solidariedade contra os outros, já lhes não pode cobrar o débito sem dedução da parte remitida.

TÍTULO IV – DO INADIMPLEMENTO DAS OBRIGAÇÕES

CAPÍTULO I
DISPOSIÇÕES GERAIS

Art. 389. Não cumprida a obrigação, responde o devedor por perdas e danos, mais juros e atualização monetária segundo índices oficiais regularmente estabelecidos, e honorários de advogado.

► Arts. 233, 234, 394 e 395 deste Código.

► Art. 84 da Lei nº 8.078, de 11-9-1990, que dispõe sobre proteção do consumidor.

► En. nº 161 da III Jornada de Direito Civil.

► En. nº 426 da V Jornada de Direito Civil.

► En. nº 548 da VI Jornada de Direito Civil.

Art. 390. Nas obrigações negativas o devedor é havido por inadimplente desde o dia em que executou o ato de que se devia abster.

► Art. 250 deste Código.

Art. 391. Pelo inadimplemento das obrigações respondem todos os bens do devedor.

► Art. 789 do CPC.

Art. 392. Nos contratos benéficos, responde por simples culpa o contratante, a quem o contrato aproveite, e por dolo aquele a quem não favoreça. Nos contratos onerosos, responde cada uma das partes por culpa, salvo as exceções previstas em lei.

► Arts. 476 e 477 deste Código.

► Súm. nº 145 do STJ.

Art. 393. O devedor não responde pelos prejuízos resultantes de caso fortuito ou força maior, se expressamente não se houver por eles responsabilizado.

► Art. 492 deste Código.

► En. nº 443 da V Jornada de Direito Civil.

Parágrafo único. O caso fortuito ou de força maior verifica-se no fato necessário, cujos efeitos não era possível evitar ou impedir.

CAPÍTULO II
DA MORA

► Art. 404 deste Código.

► Súm. nº 380 do STJ.

Art. 394. Considera-se em mora o devedor que não efetuar o pagamento e o credor que não quiser recebê-lo no tempo, lugar e forma que a lei ou a convenção estabelecer.

► Arts. 327 e segs. deste Código.

► Súm. nº 54 do STJ.

Art. 395. Responde o devedor pelos prejuízos a que sua mora der causa, mais juros, atualização dos valores monetários segundo índices oficiais regularmente estabelecidos, e honorários de advogado.

► Art. 402 deste Código.

► Art. 52 do CDC.

► En. nº 354 da IV Jornada de Direito Civil.

Parágrafo único. Se a prestação, devido à mora, se tornar inútil ao credor, este poderá enjeitá-la, e exigir a satisfação das perdas e danos.

► En. nº 162 da III Jornada de Direito Civil.

Art. 396. Não havendo fato ou omissão imputável ao devedor, não incorre este em mora.

► Súm. nº 369 do STJ.

► En. nº 354 da IV Jornada de Direito Civil.

Art. 397. O inadimplemento da obrigação, positiva e líquida, no seu termo, constitui de pleno direito em mora o devedor.

► En. nº 619 da VIII Jornada de Direito Civil.

Parágrafo único. Não havendo termo, a mora se constitui mediante interpelação judicial ou extrajudicial.

► Súm. nº 76 do STJ.

► En. nº 427 da V Jornada de Direito Civil.

Art. 398. Nas obrigações provenientes de ato ilícito, considera-se o devedor em mora, desde que o praticou.

► Súm. nº 54 do STJ.

Art. 399. O devedor em mora responde pela impossibilidade da prestação, embora essa impossibilidade resulte de caso fortuito ou de força maior, se estes ocorrerem durante o atraso; salvo se provar isenção de culpa, ou que o dano sobreviria ainda quando a obrigação fosse oportunamente desempenhada.

► Art. 393 deste Código.

Art. 400. A mora do credor subtrai o devedor isento de dolo à responsabilidade pela conservação da coisa, obriga o credor a ressarcir as despesas empregadas em conservá-la, e sujeita-o a recebê-la pela estimação mais favorável ao devedor, se o seu valor oscilar entre o dia estabelecido para o pagamento e o da sua efetivação.

Art. 401. Purga-se a mora:

I – por parte do devedor, oferecendo este a prestação mais a importância dos prejuízos decorrentes do dia da oferta;

II – por parte do credor, oferecendo-se este a receber o pagamento e sujeitando-se aos efeitos da mora até a mesma data.

► Art. 62, parágrafo único, da Lei nº 8.245, de 18-10-1991 (Lei das Locações).

► Art. 3º, §§ 1º a 3º, do Dec.-lei nº 911, de 1-10-1969 (Lei das Alienações Fiduciárias).

CAPÍTULO III
DAS PERDAS E DANOS

► Arts. 18 e segs. da Lei nº 8.078, de 11-9-1990, que dispõe sobre proteção do consumidor.

► Art. 33 da Lei nº 8.245, de 18-10-1991 (Lei das Locações).

► Art. 15, § 2º, da Lei nº 9.492, de 10-9-1997 (Lei do Protesto de Títulos).

► Art. 2º, § 2º, da Lei nº 13.966, de 26-12-2019, que dispõe sobre o sistema de franquia empresarial.

► Súm. nº 412 do STF.

► Súm. nº 143 do STJ.

Art. 402. Salvo as exceções expressamente previstas em lei, as perdas e danos devidas ao credor abrangem, além do que ele efetivamente perdeu, o que razoavelmente deixou de lucrar.

► Súmulas nºs 412 e 562 do STF.

Art. 403. Ainda que a inexecução resulte de dolo do devedor, as perdas e danos só incluem os prejuízos efetivos e os lucros cessantes por efeito dela direto e imediato, sem prejuízo do disposto na lei processual.

Art. 404. As perdas e danos, nas obrigações de pagamento em dinheiro, serão pagas com atualização monetária segundo índices oficiais regularmente estabelecidos, abrangendo juros, custas e honorários de advogado, sem prejuízo da pena convencional.

► Art. 416, parágrafo único, deste Código.

► En. nº 161 da III Jornada de Direito Civil.

Parágrafo único. Provado que os juros da mora não cobrem o prejuízo, e não havendo pena convencional, pode o juiz conceder ao credor indenização suplementar.

Art. 405. Contam-se os juros de mora desde a citação inicial.

► Art. 395 deste Código.

► Súmulas nºs 54 e 426 do STJ.

► En. nº 163 da III Jornada de Direito Civil.

► En. nº 428 da V Jornada de Direito Civil.

CAPÍTULO IV

DOS JUROS LEGAIS

► Súmulas nºs 8, 12, 14, 36, 54, 67, 70, 102, 131, 188 e 204 do STJ.

Art. 406. Quando os juros moratórios não forem convencionados, ou o forem sem taxa estipulada, ou quando provierem de determinação da lei, serão fixados segundo a taxa que estiver em vigor para a mora do pagamento de impostos devidos à Fazenda Nacional.

► Art. 591 deste Código.

► Art. 161, § 1º, do CTN.

► Lei nº 7.089, de 23-3-1983, veda a cobrança de juros de mora sobre título cujo vencimento se dê em feriado, sábado ou domingo.

► Dec. nº 22.626, de 7-4-1933 (Lei da Usura).

► Súm. nº 618 do STF.

► Súmulas nºs 8, 14, 36, 43, 67 e 179 do STJ.

► En. nº 20 da I Jornada de Direito Civil.

► En. nº 164 da III Jornada de Direito Civil.

Art. 407. Ainda que se não alegue prejuízo, é obrigado o devedor aos juros da mora que se contarão assim às dívidas em dinheiro, como às prestações de outra natureza, uma vez que lhes esteja fixado o valor pecuniário por sentença judicial, arbitramento, ou acordo entre as partes.

CAPÍTULO V

DA CLÁUSULA PENAL

► Art. 11, do Dec.-lei nº 58, de 10-12-1937, que dispõe sobre o loteamento e a venda de terrenos para pagamento em prestações.

► Art. 2º, § 1º, do Dec.-lei nº 911, de 1-10-1969 (Lei das Alienações Fiduciárias).

► Art. 9º do Dec. nº 22.626, de 7-4-1933 (Lei da Usura).

Art. 408. Incorre de pleno direito o devedor na cláusula penal, desde que, culposamente, deixe de cumprir a obrigação ou se constitua em mora.

► Art. 397 deste Código.

Art. 409. A cláusula penal estipulada conjuntamente com a obrigação, ou em ato posterior, pode referir-se à inexecução completa da obrigação, à de alguma cláusula especial ou simplesmente à mora.

Art. 410. Quando se estipular a cláusula penal para o caso de total inadimplemento da obrigação, esta converter-se-á em alternativa a benefício do credor.

Art. 411. Quando se estipular a cláusula penal para o caso de mora, ou em segurança especial de outra cláusula determinada, terá o credor o arbítrio de exigir a satisfação da pena cominada, juntamente com o desempenho da obrigação principal.

► Art. 404 deste Código.

Art. 412. O valor da cominação imposta na cláusula penal não pode exceder o da obrigação principal.

► Art. 52, § 1º, do CDC.

Art. 413. A penalidade deve ser reduzida equitativamente pelo juiz se a obrigação principal tiver sido cumprida em parte, ou se o montante da penalidade for manifestamente excessivo, tendo-se em vista a natureza e a finalidade do negócio.

► Art. 4º da Lei nº 8.245, de 18-10-1991 (Lei das Locações).

► En. nº 165 da III Jornada de Direito Civil.

► Enunciados nºs 355, 356, 357, 358 e 359 da IV Jornada de Direito Civil.

► En. nº 429 da V Jornada de Direito Civil.

Art. 414. Sendo indivisível a obrigação, todos os devedores, caindo em falta um deles, incorrerão na pena; mas esta só se poderá demandar integralmente do culpado, respondendo cada um dos outros somente pela sua quota.

► Arts. 257 e segs. deste Código.

Parágrafo único. Aos não culpados fica reservada a ação regressiva contra aquele que deu causa à aplicação da pena.

Art. 415. Quando a obrigação for divisível, só incorre na pena o devedor ou o herdeiro do devedor que a infringir, e proporcionalmente à sua parte na obrigação.

Art. 416. Para exigir a pena convencional, não é necessário que o credor alegue prejuízo.

Parágrafo único. Ainda que o prejuízo exceda ao previsto na cláusula penal, não pode o credor exigir indenização suplementar se assim não foi convencionado. Se o tiver sido, a pena vale como mínimo da indenização, competindo ao credor provar o prejuízo excedente.

► En. nº 430 da V Jornada de Direito Civil.

CAPÍTULO VI

DAS ARRAS OU SINAL

Art. 417. Se, por ocasião da conclusão do contrato, uma parte der à outra, a título de arras, dinheiro ou outro bem móvel, deverão as arras, em caso de execução, ser restituídas ou computadas na prestação devida, se do mesmo gênero da principal.

Art. 418. Se a parte que deu as arras não executar o contrato, poderá a outra tê-lo por desfeito, retendo-as; se a inexecução for de quem recebeu as arras, poderá quem as deu haver o contrato por desfeito, e exigir sua devolução mais o equivalente, com atualização monetária segundo índices oficiais regularmente estabelecidos, juros e honorários de advogado.

Art. 419. A parte inocente pode pedir indenização suplementar, se provar maior prejuízo, valendo as arras como taxa mínima. Pode, também, a parte inocente exigir a execução do contrato, com as perdas e danos, valendo as arras como o mínimo da indenização.

► Art. 402 deste Código.

Art. 420. Se no contrato for estipulado o direito de arrependimento para qualquer das partes, as arras ou sinal terão função unicamente indenizatória. Neste caso, quem as deu perdê-las-á em benefício da outra parte; e quem as recebeu devolvê-las-á, mais o equivalente. Em ambos os casos não haverá direito a indenização suplementar.

► Súm. nº 412 do STF.

TÍTULO V – DOS CONTRATOS EM GERAL

► Arts. 46 a 54, do CDC.

CAPÍTULO I
DISPOSIÇÕES GERAIS

SEÇÃO I
PRELIMINARES

Art. 421. A liberdade contratual será exercida nos limites da função social do contrato.

Parágrafo único. Nas relações contratuais privadas, prevalecerão o princípio da intervenção mínima e a excepcionalidade da revisão contratual.

► Art. 421 com a redação dada pela Lei nº 13.874, de 20-9-2019.

Art. 421-A. Os contratos civis e empresariais presumem-se paritários e simétricos até a presença de elementos concretos que justifiquem o afastamento dessa presunção, ressalvados os regimes jurídicos previstos em leis especiais, garantido também que:

I – as partes negociantes poderão estabelecer parâmetros objetivos para a interpretação das cláusulas negociais e de seus pressupostos de revisão ou de resolução;

II – a alocação de riscos definida pelas partes deve ser respeitada e observada; e

III – a revisão contratual somente ocorrerá de maneira excepcional e limitada.

► Art. 421-A acrescido pela Lei nº 13.874, de 20-9-2019.

Art. 422. Os contratantes são obrigados a guardar, assim na conclusão do contrato, como em sua execução, os princípios de probidade e boa-fé.

► Arts. 113, 187, 765 e 1.741 deste Código.

► Enunciados nos 24, 25, 26 e 27 da I Jornada de Direito Civil.

► Enunciados nos 166, 167, 168, 169 e 170 da III Jornada de Direito Civil.

► Enunciados nos 361, 362 e 363 da IV Jornada de Direito Civil.

► En. nº 432 da V Jornada de Direito Civil.

► Enunciados nos 27 e 29 da I Jornada de Direito Comercial.

Art. 423. Quando houver no contrato de adesão cláusulas ambíguas ou contraditórias, dever-se-á adotar a interpretação mais favorável ao aderente.

Art. 424. Nos contratos de adesão, são nulas as cláusulas que estipulem a renúncia antecipada do aderente a direito resultante da natureza do negócio.

► Arts. 166 a 184 deste Código.

► Arts. 25 e 51, I e XVI, do CDC.

► Enunciados nos 167 e 172 da III Jornada de Direito Civil.

► En. nº 364 da IV Jornada de Direito Civil.

► En. nº 433 da V Jornada de Direito Civil.

Art. 425. É lícito às partes estipular contratos atípicos, observadas as normas gerais fixadas neste Código.

► Arts. 104 e 2.035 deste Código.

Art. 426. Não pode ser objeto de contrato a herança de pessoa viva.

► Arts. 166, II e VII, segunda parte, 1.655 e 2.018 deste Código.

SEÇÃO II
DA FORMAÇÃO DOS CONTRATOS

Art. 427. A proposta de contrato obriga o proponente, se o contrário não resultar dos termos dela, da natureza do negócio, ou das circunstâncias do caso.

► Art. 35 do CDC.

Art. 428. Deixa de ser obrigatória a proposta:

► En. nº 173 da III Jornada de Direito Civil.

I – se, feita sem prazo a pessoa presente, não foi imediatamente aceita. Considera-se também presente a pessoa que contrata por telefone ou por meio de comunicação semelhante;

► Art. 49 do CDC.

II – se, feita sem prazo a pessoa ausente, tiver decorrido tempo suficiente para chegar a resposta ao conhecimento do proponente;

III – se, feita a pessoa ausente, não tiver sido expedida a resposta dentro do prazo dado;

IV – se, antes dela, ou simultaneamente, chegar ao conhecimento da outra parte a retratação do proponente.

Art. 429. A oferta ao público equivale a proposta quando encerra os requisitos essenciais ao contrato, salvo se o contrário resultar das circunstâncias ou dos usos.

► Art. 31 da Lei nº 8.078, de 11-9-1990, que dispõe sobre proteção do consumidor.

Parágrafo único. Pode revogar-se a oferta pela mesma via de sua divulgação, desde que ressalvada esta faculdade na oferta realizada.

Art. 430. Se a aceitação, por circunstância imprevista, chegar tarde ao conhecimento do proponente, este comunicá-lo-á imediatamente ao aceitante, sob pena de responder por perdas e danos.

► Arts. 402 e 405 deste Código.

► Art. 39, III e parágrafo único, do CDC.

Art. 431. A aceitação fora do prazo, com adições, restrições, ou modificações, importará nova proposta.

Art. 432. Se o negócio for daqueles em que não seja costume a aceitação expressa, ou o proponente a tiver dispensado, reputar-se-á concluído o contrato, não chegando a tempo a recusa.

► Art. 659 deste Código.

► Art. 39, III e parágrafo único, do CDC.

Art. 433. Considera-se inexistente a aceitação, se antes dela ou com ela chegar ao proponente a retratação do aceitante.

Art. 434. Os contratos entre ausentes tornam-se perfeitos desde que a aceitação é expedida, exceto:

► En. nº 173 da III Jornada de Direito Civil.

I – no caso do artigo antecedente;

II – se o proponente se houver comprometido a esperar resposta;

III – se ela não chegar no prazo convencionado.

Art. 435. Reputar-se-á celebrado o contrato no lugar em que foi proposto.

► Art. 9º, § 2º, da LINDB.

Seção III

DA ESTIPULAÇÃO EM FAVOR DE TERCEIRO

Art. 436. O que estipula em favor de terceiro pode exigir o cumprimento da obrigação.

Parágrafo único. Ao terceiro, em favor de quem se estipulou a obrigação, também é permitido exigi-la, ficando, todavia, sujeito às condições e normas do contrato, se a ele anuir, e o estipulante não o inovar nos termos do art. 438.

Art. 437. Se ao terceiro, em favor de quem se fez o contrato, se deixar o direito de reclamar-lhe a execução, não poderá o estipulante exonerar o devedor.

Art. 438. O estipulante pode reservar-se o direito de substituir o terceiro designado no contrato, independentemente da sua anuência e da do outro contratante.

► Arts. 791 e 792 deste Código.

Parágrafo único. A substituição pode ser feita por ato entre vivos ou por disposição de última vontade.

Seção IV

DA PROMESSA DE FATO DE TERCEIRO

Art. 439. Aquele que tiver prometido fato de terceiro responderá por perdas e danos, quando este o não executar.

► Arts. 402 e 405 deste Código.

Parágrafo único. Tal responsabilidade não existirá se o terceiro for o cônjuge do promitente, dependendo da sua anuência o ato a ser praticado, e desde que, pelo regime do casamento, a indenização, de algum modo, venha a recair sobre os seus bens.

Art. 440. Nenhuma obrigação haverá para quem se comprometer por outrem, se este, depois de se ter obrigado, faltar à prestação.

Seção V

DOS VÍCIOS REDIBITÓRIOS

Art. 441. A coisa recebida em virtude de contrato comutativo pode ser enjeitada por vícios ou defeitos ocultos, que a tornem imprópria ao uso a que é destinada, ou lhe diminuam o valor.

► Arts. 138, 445, *caput* e § 1º, 484, *caput*, 500, *caput* e §3º, 503, 509 e 568 deste Código.

► Arts. 18, § 1º, 20, II, 26, 27, 35, III, 41 e 51, II, do CDC.

► En. nº 583 da VII Jornada de Direito Civil.

Parágrafo único. É aplicável a disposição deste artigo às doações onerosas.

► Arts. 136 e 538 a 564 deste Código.

Art. 442. Em vez de rejeitar a coisa, redibindo o contrato (art. 441), pode o adquirente reclamar abatimento no preço.

► Arts. 615 e 616 deste Código.

► Art. 18, §§ 1º a 6º, do CDC.

Art. 443. Se o alienante conhecia o vício ou defeito da coisa, restituirá o que recebeu com perdas e danos; se o não conhecia, tão somente restituirá o valor recebido, mais as despesas do contrato.

► Arts. 402 a 405 deste Código.

Art. 444. A responsabilidade do alienante subsiste ainda que a coisa pereça em poder do alienatário, se perecer por vício oculto, já existente ao tempo da tradição.

Art. 445. O adquirente decai do direito de obter a redibição ou abatimento no preço no prazo de trinta dias se a coisa for móvel, e de um ano se for imóvel, contado da entrega efetiva; se já estava na posse, o prazo conta-se da alienação, reduzido à metade.

► Arts. 441 e 442 deste Código.

► En. nº 174 da III Jornada de Direito Civil.

§ 1º Quando o vício, por sua natureza, só puder ser conhecido mais tarde, o prazo contar-se-á do momento em que dele tiver ciência, até o prazo máximo de cento e oitenta dias, em se tratando de bens móveis; e de um ano, para os imóveis.

► En. nº 28 da I Jornada de Direito Civil.

§ 2º Tratando-se de venda de animais, os prazos de garantia por vícios ocultos serão os estabelecidos em lei especial, ou, na falta desta, pelos usos locais, aplicando-se o disposto no parágrafo antecedente se não houver regras disciplinando a matéria.

► En. nº 28 da I Jornada de Direito Civil.

Art. 446. Não correrão os prazos do artigo antecedente na constância de cláusula de garantia; mas o adquirente deve denunciar o defeito ao alienante nos trinta dias seguintes ao seu descobrimento, sob pena de decadência.

Seção VI

DA EVICÇÃO

Art. 447. Nos contratos onerosos, o alienante responde pela evicção. Subsiste esta garantia ainda que a aquisição se tenha realizado em hasta pública.

► Arts. 199, III, 359, 552, 845,939 e 2.026 deste Código.

► Art. 125, I, do CPC.

Art. 448. Podem as partes, por cláusula expressa, reforçar, diminuir ou excluir a responsabilidade pela evicção.

Art. 449. Não obstante a cláusula que exclui a garantia contra a evicção, se esta se der, tem direito o evicto a receber o preço que pagou pela coisa evicta, se não soube do risco da evicção, ou, dele informado, não o assumiu.

Art. 450. Salvo estipulação em contrário, tem direito o evicto, além da restituição integral do preço ou das quantias que pagou:

I – à indenização dos frutos que tiver sido obrigado a restituir;

► Art. 95 deste Código.

II – à indenização pelas despesas dos contratos e pelos prejuízos que diretamente resultarem da evicção;

III – às custas judiciais e aos honorários do advogado por ele constituído.

► Arts. 22 a 26 do EOAB.

Parágrafo único. O preço, seja a evicção total ou parcial, será o do valor da coisa, na época em que se evenceu, e proporcional ao desfalque sofrido, no caso de evicção parcial.

Art. 451. Subsiste para o alienante esta obrigação, ainda que a coisa alienada esteja deteriorada, exceto havendo dolo do adquirente.

► Arts. 145 a 150 deste Código.

Art. 452. Se o adquirente tiver auferido vantagens das deteriorações, e não tiver sido condenado a indenizá-las, o valor das vantagens será deduzido da quantia que lhe houver de dar o alienante.

Art. 453. As benfeitorias necessárias ou úteis, não abonadas ao que sofreu a evicção, serão pagas pelo alienante.

► Art. 96, §§2º e 3º, deste Código.

Art. 454. Se as benfeitorias abonadas ao que sofreu a evicção tiverem sido feitas pelo alienante, o valor delas será levado em conta na restituição devida.

Art. 455. Se parcial, mas considerável, for a evicção, poderá o evicto optar entre a rescisão do contrato e a restituição da parte do preço correspondente ao desfalque sofrido. Se não for considerável, caberá somente direito a indenização.

► Art. 442 deste Código.

Art. 456. *Revogado.* Lei nº 13.105, de 16-3-2015.

Art. 457. Não pode o adquirente demandar pela evicção, se sabia que a coisa era alheia ou litigiosa.

Seção VII
DOS CONTRATOS ALEATÓRIOS

Art. 458. Se o contrato for aleatório, por dizer respeito a coisas ou fatos futuros, cujo risco de não virem a existir um dos contratantes assuma, terá o outro direito de receber integralmente o que lhe foi prometido, desde que de sua parte não tenha havido dolo ou culpa, ainda que nada do avençado venha a existir.

► Arts. 145 a 150 deste Código.

Art. 459. Se for aleatório, por serem objeto dele coisas futuras, tomando o adquirente a si o risco de virem a existir em qualquer quantidade, terá também direito o alienante a todo o preço, desde que de sua parte não tiver concorrido culpa, ainda que a coisa venha a existir em quantidade inferior à esperada.

Parágrafo único. Mas, se da coisa nada vier a existir, alienação não haverá, e o alienante restituirá o preço recebido.

Art. 460. Se for aleatório o contrato, por se referir a coisas existentes, mas expostas a risco, assumido pelo adquirente, terá igualmente direito o alienante a todo o preço, posto que a coisa já não existisse, em parte, ou de todo, no dia do contrato.

Art. 461. A alienação aleatória a que se refere o artigo antecedente poderá ser anulada como dolosa pelo prejudicado, se provar que o outro contratante não ignorava a consumação do risco, a que no contrato se considerava exposta a coisa.

Seção VIII
DO CONTRATO PRELIMINAR

► Arts. 34, § 3º, e 35, §§ 1º e 4º, da Lei nº 4.591, de 16-12-1964 (Lei do Condomínio e Incorporações).

Art. 462. O contrato preliminar, exceto quanto à forma, deve conter todos os requisitos essenciais ao contrato a ser celebrado.

► Arts. 421 a 426 deste Código.

► Arts. 1.417 e 1.418 deste Código.

► En. nº 435 da V Jornada de Direito Civil.

Art. 463. Concluído o contrato preliminar, com observância do disposto no artigo antecedente, e desde que dele não conste cláusula de arrependimento, qualquer das partes terá o direito de exigir a celebração do definitivo, assinando prazo à outra para que o efetive.

► En. nº 30 da I Jornada de Direito Civil.

Parágrafo único. O contrato preliminar deverá ser levado ao registro competente.

► Lei nº 6.015, de 31-12-1973 (Lei dos Registros Públicos).

Art. 464. Esgotado o prazo, poderá o juiz, a pedido do interessado, suprir a vontade da parte inadimplente, conferindo caráter definitivo ao contrato preliminar, salvo se a isto se opuser a natureza da obrigação.

Art. 465. Se o estipulante não der execução ao contrato preliminar, poderá a outra parte considerá-lo desfeito, e pedir perdas e danos.

► Arts. 402 a 405 deste Código.

Art. 466. Se a promessa de contrato for unilateral, o credor, sob pena de ficar a mesma sem efeito, deverá manifestar-se no prazo nela previsto, ou, inexistindo este, no que lhe for razoavelmente assinado pelo devedor.

Seção IX
DO CONTRATO COM PESSOA A DECLARAR

Art. 467. No momento da conclusão do contrato, pode uma das partes reservar-se a faculdade de indicar a pessoa que deve adquirir os direitos e assumir as obrigações dele decorrentes.

► Art. 469 deste Código.

Art. 468. Essa indicação deve ser comunicada à outra parte no prazo de cinco dias da conclusão do contrato, se outro não tiver sido estipulado.

Parágrafo único. A aceitação da pessoa nomeada não será eficaz se não se revestir da mesma forma que as partes usaram para o contrato.

► Arts. 104 e 470, I, deste Código.

Art. 469. A pessoa, nomeada de conformidade com os artigos antecedentes, adquire os direitos e assume as obrigações decorrentes do contrato, a partir do momento em que este foi celebrado.

Art. 470. O contrato será eficaz somente entre os contratantes originários:

I – se não houver indicação de pessoa, ou se o nomeado se recusar a aceitá-la;

► Art. 468, parágrafo único, deste Código.

II – se a pessoa nomeada era insolvente, e a outra pessoa o desconhecia no momento da indicação.

Art. 471. Se a pessoa a nomear era incapaz ou insolvente no momento da nomeação, o contrato produzirá seus efeitos entre os contratantes originários.

► Arts. 3º, 4º, 5º, 105, 171, I, 283, 284 e 296 a 298 deste Código.

CAPÍTULO II
DA EXTINÇÃO DO CONTRATO

Seção I
DO DISTRATO

Art. 472. O distrato faz-se pela mesma forma exigida para o contrato.

► Art. 320, *caput*, deste Código.

► Art. 251 da Lei nº 6.015, de 31-12-1973 (Lei dos Registros Públicos).

► En. nº 584 da VII Jornada de Direito Civil.

Art. 473. A resilição unilateral, nos casos em que a lei expressa ou implicitamente o permita, opera mediante denúncia notificada à outra parte.

► Arts. 682, I, e 688 deste Código.

Parágrafo único. Se, porém, dada a natureza do contrato, uma das partes houver feito investimentos consideráveis para a sua execução, a denúncia unilateral só produzirá efeito depois de transcorrido prazo compatível com a natureza e o vulto dos investimentos.

Seção II

DA CLÁUSULA RESOLUTIVA

Art. 474. A cláusula resolutiva expressa opera de pleno direito; a tácita depende de interpelação judicial.

► Arts. 128, 476 e 477 deste Código.

► En. nº 436 da V Jornada de Direito Civil.

Art. 475. A parte lesada pelo inadimplemento pode pedir a resolução do contrato, se não preferir exigir-lhe o cumprimento, cabendo, em qualquer dos casos, indenização por perdas e danos.

► Arts. 402 a 405 deste Código.

► En. nº 31 da I Jornada de Direito Civil.

► En. nº 361 da IV Jornada de Direito Civil.

► En. nº 437 da V Jornada de Direito Civil.

► En. nº 548 da VI Jornada de Direito Civil.

► En. nº 586 da VII Jornada de Direito Civil.

Seção III

DA EXCEÇÃO DE CONTRATO NÃO CUMPRIDO

► En. nº 24 da I Jornada de Direito Comercial.

Art. 476. Nos contratos bilaterais, nenhum dos contratantes, antes de cumprida a sua obrigação, pode exigir o implemento da do outro.

► Arts. 333, *caput*, 389, 491 e 495 deste Código.

Art. 477. Se, depois de concluído o contrato, sobrevier a uma das partes contratantes diminuição em seu patrimônio capaz de comprometer ou tornar duvidosa a prestação pela qual se obrigou, pode a outra recusar-se à prestação que lhe incumbe, até que aquela satisfaça a que lhe compete ou dê garantia bastante de satisfazê-la.

► Arts. 333, *caput*, 389, 491 e 495 deste Código.

► En. nº 438 da V Jornada de Direito Civil.

Seção IV

DA RESOLUÇÃO POR ONEROSIDADE EXCESSIVA

► En. nº 35 da I Jornada de Direito Comercial.

Art. 478. Nos contratos de execução continuada ou diferida, se a prestação de uma das partes se tornar excessivamente onerosa, com extrema vantagem para a outra, em virtude de acontecimentos extraordinários e imprevisíveis, poderá o devedor pedir a resolução do contrato. Os efeitos da sentença que a decretar retroagirão à data da citação.

► Art. 6º, V, do CDC.

► Enunciados nºs 175 e 176 da III Jornada de Direito Civil.

► Enunciados nºs 365 e 366 da IV Jornada de Direito Civil.

► Enunciados nºs 439 e 440 da V Jornada de Direito Civil

Art. 479. A resolução poderá ser evitada, oferecendo-se o réu a modificar equitativamente as condições do contrato.

► Arts. 6º, V, 37 e 51 do CDC.

Art. 480. Se no contrato as obrigações couberem a apenas uma das partes, poderá ela pleitear que a sua prestação seja reduzida, ou alterado o modo de executá-la, a fim de evitar a onerosidade excessiva.

► Arts. 572, 621, parágrafo único, 625, II, 944, parágrafo único, 1.286 e 1.341, § 2º, deste Código.

► Art. 10 da Lei nº 8.137, de 27-12-1990 (Lei dos Crimes Contra a Ordem Tributária, Econômica e Contra as Relações de Consumo).

► Art. 85 da Lei nº 12.529, de 30-11-2011 (Lei do Sistema Brasileiro de Defesa da Concorrência).

TÍTULO VI – DAS VÁRIAS ESPÉCIES DE CONTRATO

► Arts. 10 a 15 da Lei nº 11.795, de 8-10-2008 (Lei do Sistema de Consórcios).

CAPÍTULO I

DA COMPRA E VENDA

Seção I

DISPOSIÇÕES GERAIS

Art. 481. Pelo contrato de compra e venda, um dos contratantes se obriga a transferir o domínio de certa coisa, e o outro, a pagar-lhe certo preço em dinheiro.

► Arts. 77, 78, 81, 242 a 244, 256 e 257 do ECA.

► Art. 32, § 2º, da Lei nº 4.591, de 16-12-1964 (Lei do Condomínio e Incorporações).

► Lei nº 6.766, de 19-12-1979 (Lei do Parcelamento do Solo).

► Art. 129, nº 5, da Lei nº 6.015, de 31-12-1973 (Lei dos Registros Públicos).

► Dec.-lei nº 58, de 10-12-1937, dispõe sobre o loteamento e a venda de terrenos para pagamento em prestações.

► Dec.-lei nº 1.027, de 2-1-1939, dispõe sobre o registro de contratos de compra e venda com reserva de domínio.

► Súmulas nºs 413 e 489 do STF.

Art. 482. A compra e venda, quando pura, considerar-se-á obrigatória e perfeita, desde que as partes acordarem no objeto e no preço.

► Arts. 417 a 420, 485 e 486 deste Código.

► Súm. nº 413 do STF.

Art. 483. A compra e venda pode ter por objeto coisa atual ou futura. Neste caso, ficará sem efeito o contrato se esta não vier a existir, salvo se a intenção das partes era de concluir contrato aleatório.

► Arts. 458 a 461 deste Código.

Art. 484. Se a venda se realizar à vista de amostras, protótipos ou modelos, entender-se-á que o vendedor assegura ter a coisa as qualidades que a elas correspondem.

► Art. 441, *caput*, deste Código.

Parágrafo único. Prevalece a amostra, o protótipo ou o modelo, se houver contradição ou diferença com a maneira pela qual se descreveu a coisa no contrato.

► Arts. 30 e segs. do CDC.

Art. 485. A fixação do preço pode ser deixada ao arbítrio de terceiro, que os contratantes logo designarem ou prometerem designar. Se o terceiro não aceitar a incumbência, ficará sem efeito o contrato, salvo quando acordarem os contratantes designar outra pessoa.

Art. 486. Também se poderá deixar a fixação do preço à taxa de mercado ou de bolsa, em certo e determinado dia e lugar.

► Art. 318 deste Código.

Art. 487. É lícito às partes fixar o preço em função de índices ou parâmetros, desde que suscetíveis de objetiva determinação.

Art. 488. Convencionada a venda sem fixação de preço ou de critérios para a sua determinação, se não houver tabelamento oficial, entende-se que as partes se sujeitaram ao preço corrente nas vendas habituais do vendedor.

► En. nº 441 da V Jornada de Direito Civil.

Parágrafo único. Na falta de acordo, por ter havido diversidade de preço, prevalecerá o termo médio.

Art. 489. Nulo é o contrato de compra e venda, quando se deixa ao arbítrio exclusivo de uma das partes a fixação do preço.

► Art. 122 deste Código.

► Art. 51, X, da Lei nº 8.078, de 11-9-1990, que dispõe sobre proteção do consumidor.

Art. 490. Salvo cláusula em contrário, ficarão as despesas de escritura e registro a cargo do comprador, e a cargo do vendedor as da tradição.

► Art. 533, I, deste Código.

Art. 491. Não sendo a venda a crédito, o vendedor não é obrigado a entregar a coisa antes de receber o preço.

► Arts. 476 e 477 deste Código.

Art. 492. Até o momento da tradição, os riscos da coisa correm por conta do vendedor, e os do preço por conta do comprador.

► Arts. 234, 246, 458, 1.267 e 1.268 deste Código.

§ 1º Todavia, os casos fortuitos, ocorrentes no ato de contar, marcar ou assinalar coisas, que comumente se recebem, contando, pesando, medindo ou assinalando, e que já tiverem sido postas à disposição do comprador, correrão por conta deste.

► Art. 393, parágrafo único, deste Código.

§ 2º Correrão também por conta do comprador os riscos das referidas coisas, se estiver em mora de as receber, quando postas à sua disposição no tempo, lugar e pelo modo ajustados.

► Art. 400 deste Código.

Art. 493. A tradição da coisa vendida, na falta de estipulação expressa, dar-se-á no lugar onde ela se encontrava, ao tempo da venda.

► Arts. 1.245, 1.267, 1.268, §§ 1º e 2º, e 327 a 330 deste Código.

Art. 494. Se a coisa for expedida para lugar diverso, por ordem do comprador, por sua conta correrão os riscos, uma vez entregue a quem haja de transportá-la, salvo se das instruções dele se afastar o vendedor.

► Arts. 327 e 492 deste Código.

Art. 495. Não obstante o prazo ajustado para o pagamento, se antes da tradição o comprador cair em insolvência, poderá o vendedor sobrestar na entrega da coisa, até que o comprador lhe dê caução de pagar no tempo ajustado.

► Arts. 476 e 477 deste Código.

Art. 496. É anulável a venda de ascendente a descendente, salvo se os outros descendentes e o cônjuge do alienante expressamente houverem consentido.

► Arts. 179, 533, II, e 544, deste Código.

► En. nº 368 da IV Jornada de Direito Civil.

► En. nº 545 da VI Jornada de Direito Civil.

Parágrafo único. Em ambos os casos, dispensa-se o consentimento do cônjuge se o regime de bens for o da separação obrigatória.

► Art. 1.641 deste Código.

► En. nº 177 da III Jornada de Direito Civil.

► En. nº 178 da III Jornada de Direito Civil.

► En. nº 538 da IV Jornada de Direito Civil.

Art. 497. Sob pena de nulidade, não podem ser comprados, ainda que em hasta pública:

I – pelos tutores, curadores, testamenteiros e administradores, os bens confiados à sua guarda ou administração;

► Art. 1.749, I, deste Código.

II – pelos servidores públicos, em geral, os bens ou direitos da pessoa jurídica a que servirem, ou que estejam sob sua administração direta ou indireta;

III – pelos juízes, secretários de tribunais, arbitradores, peritos e outros serventuários ou auxiliares da justiça, os bens ou direitos sobre que se litigar em tribunal, juízo ou conselho, no lugar onde servirem, ou a que se estender a sua autoridade;

IV – pelos leiloeiros e seus prepostos, os bens de cuja venda estejam encarregados.

► Art. 36, *b*, pelo Dec. nº 21.981, de 19-10-1932, que regula a profissão de leiloeiro no território da República.

Parágrafo único. As proibições deste artigo estendem-se à cessão de crédito.

► Arts. 286 a 298 deste Código.

Art. 498. A proibição contida no inciso III do artigo antecedente, não compreende os casos de compra e venda ou cessão entre coerdeiros, ou em pagamento de dívida, ou para garantia de bens já pertencentes a pessoas designadas no referido inciso.

► Arts. 286 a 298 e 1.749, III, deste Código.

Art. 499. É lícita a compra e venda entre cônjuges, com relação a bens excluídos da comunhão.

► Arts. 1.659, 1.668 e 1.674 deste Código.

Art. 500. Se, na venda de um imóvel, se estipular o preço por medida de extensão, ou se determinar a respectiva área, e esta não corresponder, em qualquer dos casos, às dimensões dadas, o comprador terá o direito de exigir o complemento da área, e, não sendo isso possível, o de reclamar a resolução do contrato ou abatimento proporcional ao preço.

► Art. 73 do CPC.

► Arts. 18 e segs. do CDC.

§ 1º Presume-se que a referência às dimensões foi simplesmente enunciativa, quando a diferença encontrada não exceder de um vigésimo da área total enunciada, ressalvado ao comprador o direito de provar que, em tais circunstâncias, não teria realizado o negócio.

► Arts. 441, *caput*, e 445 deste Código.

► Art. 26 do CDC.

§ 2º Se em vez de falta houver excesso, e o vendedor provar que tinha motivos para ignorar a medida exata da área vendida, caberá ao comprador, à sua escolha, completar o valor correspondente ao preço ou devolver o excesso.

§ 3º Não haverá complemento de área, nem devolução de excesso, se o imóvel for vendido como coisa certa e discriminada, tendo sido apenas enunciativa a referência às suas dimensões, ainda que não conste, de modo expresso, ter sido a venda *ad corpus*.

Art. 501. Decai do direito de propor as ações previstas no artigo antecedente o vendedor ou o comprador que não o fizer no prazo de um ano, a contar do registro do título.

Parágrafo único. Se houver atraso na imissão de posse no imóvel, atribuível ao alienante, a partir dela fluirá o prazo de decadência.

Art. 502. O vendedor, salvo convenção em contrário, responde por todos os débitos que gravem a coisa até o momento da tradição.

► Arts. 402, 409, 492 e 533, I, deste Código.

Art. 503. Nas coisas vendidas conjuntamente, o defeito oculto de uma não autoriza a rejeição de todas.

► Arts. 441 e 446 deste Código.

Art. 504. Não pode um condômino em coisa indivisível vender a sua parte a estranhos, se outro consorte a quiser, tanto por tanto. O condômino, a quem não se der conhecimento da venda, poderá, depositando o preço, haver para si a parte vendida a estranhos, se o requerer no prazo de cento e oitenta dias, sob pena de decadência.

► Arts. 87, 88 e 1.314 deste Código.

► En. nº 623 da VIII Jornada de Direito Civil.

Parágrafo único. Sendo muitos os condôminos, preferirá o que tiver benfeitorias de maior valor e, na falta de benfeitorias, o de quinhão maior. Se as partes forem iguais, haverão a parte vendida os comproprietários, que a quiserem, depositando previamente o preço.

► Arts. 96, 97 e 1.322 deste Código.

► Arts. 27 a 36 da Lei nº 8.245, de 18-10-1991 (Lei das Locações).

Seção II
DAS CLÁUSULAS ESPECIAIS À COMPRA E VENDA

Subseção I
DA RETROVENDA

Art. 505. O vendedor de coisa imóvel pode reservar-se o direito de recobrá-la no prazo máximo de decadência de três anos, restituindo o preço recebido e reembolsando as despesas do comprador, inclusive as que, durante o período de resgate, se efetuaram com a sua autorização escrita, ou para a realização de benfeitorias necessárias.

Art. 506. Se o comprador se recusar a receber as quantias a que faz jus, o vendedor, para exercer o direito de resgate, as depositará judicialmente.

Parágrafo único. Verificada a insuficiência do depósito judicial, não será o vendedor restituído no domínio da coisa, até e enquanto não for integralmente pago o comprador.

► Arts. 334 a 345 deste Código.

► Arts. 539 a 549 do CPC.

Art. 507. O direito de retrato, que é cessível e transmissível a herdeiros e legatários, poderá ser exercido contra o terceiro adquirente.

► Arts. 286 a 298 e 1.359 deste Código.

Art. 508. Se a duas ou mais pessoas couber o direito de retrato sobre o mesmo imóvel, e só uma o exercer, poderá o comprador intimar as outras para nele acordarem, prevalecendo o pacto em favor de quem haja efetuado o depósito, contanto que seja integral.

Subseção II
DA VENDA A CONTENTO E DA SUJEITA A PROVA

Art. 509. A venda feita a contento do comprador entende-se realizada sob condição suspensiva, ainda que a coisa lhe tenha sido entregue; e não se reputará perfeita, enquanto o adquirente não manifestar seu agrado.

► Arts. 125, 127, 128 e 234 deste Código.

Art. 510. Também a venda sujeita a prova presume-se feita sob a condição suspensiva de que a coisa tenha as qualidades asseguradas pelo vendedor e seja idônea para o fim a que se destina.

Art. 511. Em ambos os casos, as obrigações do comprador, que recebeu, sob condição suspensiva, a coisa comprada, são as de mero comodatário, enquanto não manifeste aceitá-la.

► Arts. 579 e 585 deste Código.

Art. 512. Não havendo prazo estipulado para a declaração do comprador, o vendedor terá direito de intimá-lo, judicial ou extrajudicialmente, para que o faça em prazo improrrogável.

Subseção III
DA PREEMPÇÃO OU PREFERÊNCIA

Art. 513. A preempção, ou preferência, impõe ao comprador a obrigação de oferecer ao vendedor a coisa que aquele vai vender, ou dar em pagamento, para que este use de seu direito de prelação na compra, tanto por tanto.

► Arts. 1.373, 1.440 e 1.481, § 1º, deste Código.

► Arts. 27 a 34 da Lei nº 8.245, de 18-10-1991 (Lei das Locações).

Parágrafo único. O prazo para exercer o direito de preferência não poderá exceder a cento e oitenta dias, se a coisa for móvel, ou a dois anos, se imóvel.

Art. 514. O vendedor pode também exercer o seu direito de prelação, intimando o comprador, quando lhe constar que este vai vender a coisa.

Art. 515. Aquele que exerce a preferência está, sob pena de a perder, obrigado a pagar, em condições iguais, o preço encontrado, ou o ajustado.

Art. 516. Inexistindo prazo estipulado, o direito de preempção caducará, se a coisa for móvel, não se exercendo nos três dias, e, se for imóvel, não se exercendo nos sessenta dias subsequentes à data em que o comprador tiver notificado o vendedor.

► Art. 28 da Lei nº 8.245, de 18-10-1991 (Lei das Locações).

Art. 517. Quando o direito de preempção for estipulado a favor de dois ou mais indivíduos em comum, só pode ser exercido em relação à coisa no seu todo. Se alguma das pessoas, a quem ele toque, perder ou não exercer o seu direito, poderão as demais utilizá-lo na forma sobredita.

Art. 518. Responderá por perdas e danos o comprador, se alienar a coisa sem ter dado ao vendedor ciência do preço e das vantagens que por ela lhe oferecem. Responderá solidariamente o adquirente, se tiver procedido de má-fé.

► Arts. 402 a 405 deste Código.

Art. 519. Se a coisa expropriada para fins de necessidade ou utilidade pública, ou por interesse social, não tiver o destino para que se desapropriou, ou não for utilizada em obras ou serviços públicos, caberá ao expropriado direito de preferência, pelo preço atual da coisa.

► Art. 35 do Dec.-lei nº 3.365, de 21-6-1941 (Lei das Desapropriações).

Art. 520. O direito de preferência não se pode ceder nem passa aos herdeiros.

Subseção IV
DA VENDA COM RESERVA DE DOMÍNIO

Art. 521. Na venda de coisa móvel, pode o vendedor reservar para si a propriedade, até que o preço esteja integralmente pago.

► Art. 523 deste Código.

Art. 522. A cláusula de reserva de domínio será estipulada por escrito e depende de registro no domicílio do comprador para valer contra terceiros.

Art. 523. Não pode ser objeto de venda com reserva de domínio a coisa insuscetível de caracterização perfeita, para estremá-la de outras congêneres. Na dúvida, decide-se a favor do terceiro adquirente de boa-fé.

Art. 524. A transferência de propriedade ao comprador dá-se no momento em que o preço esteja integralmente pago. Todavia, pelos riscos da coisa responde o comprador, a partir de quando lhe foi entregue.

► Arts. 319 e 491 deste Código.

Art. 525. O vendedor somente poderá executar a cláusula de reserva de domínio após constituir o comprador em mora, mediante protesto do título ou interpelação judicial.

► Art. 394 deste Código.

Art. 526. Verificada a mora do comprador, poderá o vendedor mover contra ele a competente ação de cobrança das prestações vencidas e vincendas e o mais que lhe for devido; ou poderá recuperar a posse da coisa vendida.

► Arts. 394 a 401 deste Código.

► Lei nº 9.492, de 10-9-1997 (Lei do Protesto de Títulos).

Art. 527. Na segunda hipótese do artigo antecedente, é facultado ao vendedor reter as prestações pagas até o necessário para cobrir a depreciação da coisa, as despesas feitas e o mais que de direito lhe for devido. O excedente será devolvido ao comprador; e o que faltar lhe será cobrado, tudo na forma da lei processual.

Art. 528. Se o vendedor receber o pagamento à vista, ou, posteriormente, mediante financiamento de instituição do mercado de capitais, a esta caberá exercer os direitos e ações decorrentes do contrato, a benefício de qualquer outro. A operação financeira e a respectiva ciência do comprador constarão do registro do contrato.

Subseção V
DA VENDA SOBRE DOCUMENTOS

Art. 529. Na venda sobre documentos, a tradição da coisa é substituída pela entrega do seu título representativo e dos outros documentos exigidos pelo contrato ou, no silêncio deste, pelos usos.

Parágrafo único. Achando-se a documentação em ordem, não pode o comprador recusar o pagamento, a pretexto de defeito de qualidade ou do estado da coisa vendida, salvo se o defeito já houver sido comprovado.

Art. 530. Não havendo estipulação em contrário, o pagamento deve ser efetuado na data e no lugar da entrega dos documentos.

► Art. 9º da LINDB.

Art. 531. Se entre os documentos entregues ao comprador figurar apólice de seguro que cubra os riscos do transporte, correm estes à conta do comprador, salvo se, ao ser concluído o contrato, tivesse o vendedor ciência da perda ou avaria da coisa.

► Arts. 754, parágrafo único, 757 a 788 deste Código.

Art. 532. Estipulado o pagamento por intermédio de estabelecimento bancário, caberá a este efetuá-lo contra a entrega dos documentos, sem obrigação de verificar a coisa vendida, pela qual não responde.

Parágrafo único. Nesse caso, somente após a recusa do estabelecimento bancário a efetuar o pagamento, poderá o vendedor pretendê-lo, diretamente do comprador.

CAPÍTULO II
DA TROCA OU PERMUTA

Art. 533. Aplicam-se à troca as disposições referentes à compra e venda, com as seguintes modificações:

► En. nº 435 da V Jornada de Direito Civil.

I – salvo disposição em contrário, cada um dos contratantes pagará por metade as despesas com o instrumento da troca;

► Art. 490 deste Código.

II – é anulável a troca de valores desiguais entre ascendentes e descendentes, sem consentimento dos outros descendentes e do cônjuge do alienante.

► Arts. 481 e segs. deste Código.

CAPÍTULO III
DO CONTRATO ESTIMATÓRIO

Art. 534. Pelo contrato estimatório, o consignante entrega bens móveis ao consignatário, que fica autorizado a vendê-los, pagando àquele o preço ajustado, salvo se preferir, no prazo estabelecido, restituir-lhe a coisa consignada.

► En. nº 32 da I Jornada de Direito Civil.

Art. 535. O consignatário não se exonera da obrigação de pagar o preço, se a restituição da coisa, em sua integridade, se tornar impossível, ainda que por fato a ele não imputável.

Art. 536. A coisa consignada não pode ser objeto de penhora ou sequestro pelos credores do consignatário, enquanto não pago integralmente o preço.

Art. 537. O consignante não pode dispor da coisa antes de lhe ser restituída ou de lhe ser comunicada a restituição.

CAPÍTULO IV
DA DOAÇÃO

Seção I
DISPOSIÇÕES GERAIS

Art. 538. Considera-se doação o contrato em que uma pessoa, por liberalidade, transfere do seu patrimônio bens ou vantagens para o de outra.

► Súm. nº 328 do STF.

► En. nº 549 da VI Jornada de Direito Civil.

Art. 539. O doador pode fixar prazo ao donatário, para declarar se aceita ou não a liberalidade. Desde que o donatário, ciente do prazo, não faça, dentro dele, a declaração, entender-se-á que aceitou, se a doação não for sujeita a encargo.

Art. 540. A doação feita em contemplação do merecimento do donatário não perde o caráter de liberalidade, como não o perde a doação remuneratória, ou a gravada, no excedente ao valor dos serviços remunerados ou ao encargo imposto.

► Arts. 136, 441, parágrafo único, e 564 deste Código.

Art. 541. A doação far-se-á por escritura pública ou instrumento particular.

Parágrafo único. A doação verbal será válida, se, versando sobre bens móveis e de pequeno valor, se lhe seguir incontinenti a tradição.

► Arts. 108 e 1.267 deste Código.

► Art. 218 da Lei nº 6.015, de 31-12-1973 (Lei dos Registros Públicos).

Art. 542. A doação feita ao nascituro valerá, sendo aceita pelo seu representante legal.

► Arts. 2º e 1.779, *caput*, deste Código.

Art. 543. Se o donatário for absolutamente incapaz, dispensa-se a aceitação, desde que se trate de doação pura.

► Arts. 3º e 1.748, II, deste Código.

Art. 544. A doação de ascendentes a descendentes, ou de um cônjuge a outro, importa adiantamento do que lhes cabe por herança.

► Arts. 2.003, 2.005, parágrafo único, e 2.022 deste Código.

Art. 545. A doação em forma de subvenção periódica ao beneficiado extingue-se morrendo o doador, salvo se este outra coisa dispuser, mas não poderá ultrapassar a vida do donatário.

Art. 546. A doação feita em contemplação de casamento futuro com certa e determinada pessoa, quer pelos nubentes entre si, quer por terceiro a um deles, a ambos, ou aos filhos que, de futuro, houverem um do outro, não pode ser impugnada por falta de aceitação, e só ficará sem efeito se o casamento não se realizar.

► Art. 1.639 deste Código.

Art. 547. O doador pode estipular que os bens doados voltem ao seu patrimônio, se sobreviver ao donatário.

► Art. 1.359 deste Código.

Parágrafo único. Não prevalece cláusula de reversão em favor de terceiro.

Art. 548. É nula a doação de todos os bens sem reserva de parte, ou renda suficiente para a subsistência do doador.

► Art. 166 deste Código.

Art. 549. Nula é também a doação quanto à parte que exceder à de que o doador, no momento da liberalidade, poderia dispor em testamento.

► Arts. 1.789, 1.845 e 1.846 deste Código.

Art. 550. A doação do cônjuge adúltero ao seu cúmplice pode ser anulada pelo outro cônjuge, ou por seus herdeiros necessários, até dois anos depois de dissolvida a sociedade conjugal.

► Arts. 1.845 a 1.850 deste Código.

► Súm. nº 382 do STF.

Art. 551. Salvo declaração em contrário, a doação em comum a mais de uma pessoa entende-se distribuída entre elas por igual.

Parágrafo único. Se os donatários, em tal caso, forem marido e mulher, subsistirá na totalidade a doação para o cônjuge sobrevivo.

Art. 552. O doador não é obrigado a pagar juros moratórios, nem é sujeito às consequências da evicção ou do vício redibitório. Nas doações para casamento com certa e determinada pessoa, o doador ficará sujeito à evicção, salvo convenção em contrário.

► Arts. 441 a 446 e 447 a 457 deste Código.

Art. 553. O donatário é obrigado a cumprir os encargos da doação, caso forem a benefício do doador, de terceiro, ou do interesse geral.

► Arts. 436 a 438 e 1.938 deste Código.

Parágrafo único. Se desta última espécie for o encargo, o Ministério Público poderá exigir sua execução, depois da morte do doador, se este não tiver feito.

Art. 554. A doação a entidade futura caducará se, em dois anos, esta não estiver constituída regularmente.

► Art. 45 deste Código.

Seção II
DA REVOGAÇÃO DA DOAÇÃO

Art. 555. A doação pode ser revogada por ingratidão do donatário, ou por inexecução do encargo.

► Arts. 557 e 559 deste Código.

Art. 556. Não se pode renunciar antecipadamente o direito de revogar a liberalidade por ingratidão do donatário.

Art. 557. Podem ser revogadas por ingratidão as doações:

► En. nº 33 da I Jornada de Direito Civil.

I – se o donatário atentou contra a vida do doador ou cometeu crime de homicídio doloso contra ele;

II – se cometeu contra ele ofensa física;

III – se o injuriou gravemente ou o caluniou;

IV – se, podendo ministrá-los, recusou ao doador os alimentos de que este necessitava.

Art. 558. Pode ocorrer também a revogação quando o ofendido, nos casos do artigo anterior, for o cônjuge, ascendente, descendente, ainda que adotivo, ou irmão do doador.

► Art. 1.596 deste Código.

Art. 559. A revogação por qualquer desses motivos deverá ser pleiteada dentro de um ano, a contar de quando chegue ao conhecimento do doador o fato que a autorizar, e de ter sido o donatário o seu autor.

Art. 560. O direito de revogar a doação não se transmite aos herdeiros do doador, nem prejudica os do donatário. Mas aqueles podem prosseguir na ação iniciada pelo doador, continuando-a contra os herdeiros do donatário, se este falecer depois de ajuizada a lide.

Art. 561. No caso de homicídio doloso do doador, a ação caberá aos seus herdeiros, exceto se aquele houver perdoado.

Art. 562. A doação onerosa pode ser revogada por inexecução do encargo, se o donatário incorrer em mora. Não havendo prazo para o cumprimento, o doador poderá notificar judicialmente o donatário, assinando-lhe prazo razoável para que cumpra a obrigação assumida.

► Arts. 390 e 397 deste Código.

Art. 563. A revogação por ingratidão não prejudica os direitos adquiridos por terceiros, nem obriga o donatário a restituir os frutos percebidos antes da citação válida; mas sujeita-o a pagar os posteriores, e, quando não possa restituir em espécie as coisas doadas, a indenizá-la pelo meio-termo do seu valor.

► Art. 1.360 deste Código.

Art. 564. Não se revogam por ingratidão:

I – as doações puramente remuneratórias;

► Art. 540 deste Código.

II – as oneradas com encargo já cumprido;

III – as que se fizerem em cumprimento de obrigação natural;

► Art. 882 deste Código.

IV – as feitas para determinado casamento.

CAPÍTULO V
DA LOCAÇÃO DE COISAS

Art. 565. Na locação de coisas, uma das partes se obriga a ceder à outra, por tempo determinado ou não, o uso e gozo de coisa não fungível, mediante certa retribuição.

► Arts. 85 e 2.036 deste Código.

► Art. 1º, parágrafo único, da Lei nº 8.245, de 18-10-1991 (Lei das Locações).

Art. 566. O locador é obrigado:

I – a entregar ao locatário a coisa alugada, com suas pertenças, em estado de servir ao uso a que se destina, e a mantê-la nesse estado, pelo tempo do contrato, salvo cláusula expressa em contrário;

► Arts. 22 a 26 da Lei nº 8.245, de 18-10-1991 (Lei das Locações).

II – a garantir-lhe, durante o tempo do contrato, o uso pacífico da coisa.

► Art. 568 deste Código.

Art. 567. Se, durante a locação, se deteriorar a coisa alugada, sem culpa do locatário, a este caberá pedir redução proporcional do aluguel, ou resolver o contrato, caso já não sirva a coisa para o fim a que se destinava.

► Art. 26, parágrafo único, da Lei nº 8.245, de 18-10-1991 (Lei das Locações).

Art. 568. O locador resguardará o locatário dos embaraços e turbações de terceiros, que tenham ou pretendam ter direitos sobre a coisa alugada, e responderá pelos seus vícios, ou defeitos, anteriores à locação.

► Arts. 441, *caput*, 447 e 566, II, deste Código.

► Art. 22, IV, da Lei nº 8.245, de 18-10-1991 (Lei das Locações).

Art. 569. O locatário é obrigado:

I – a servir-se da coisa alugada para os usos convencionados ou presumidos, conforme a natureza dela e as circunstâncias, bem como tratá-la com o mesmo cuidado como se sua fosse;

► Art. 570 deste Código.

► Art. 23, II, da Lei nº 8.245, de 18-10-1991 (Lei das Locações).

II – a pagar pontualmente o aluguel nos prazos ajustados, e, em falta de ajuste, segundo o costume do lugar;

► Art. 23, I, da Lei nº 8.245, de 18-10-1991 (Lei das Locações).

III – a levar ao conhecimento do locador as turbações de terceiros, que se pretendam fundadas em direito;

► Art. 23, IV, da Lei nº 8.245, de 18-10-1991 (Lei das Locações).

IV – a restituir a coisa, finda a locação, no estado em que a recebeu, salvas as deteriorações naturais ao uso regular.

► Art. 23, III, da Lei nº 8.245, de 18-10-1991 (Lei das Locações).

Art. 570. Se o locatário empregar a coisa em uso diverso do ajustado, ou do a que se destina, ou se ela se danificar por abuso do locatário, poderá o locador, além de rescindir o contrato, exigir perdas e danos.

► Arts. 402 a 405 deste Código.

► Art. 9º da Lei nº 8.245, de 18-10-1991 (Lei das Locações).

Art. 571. Havendo prazo estipulado à duração do contrato, antes do vencimento não poderá o locador reaver a coisa alugada, senão ressarcindo ao locatário as perdas e danos resultantes, nem o locatário devolvê-la ao locador, senão pagando, proporcionalmente, a multa prevista no contrato.

► Art. 4º da Lei nº 8.245, de 18-10-1991 (Lei das Locações).

Parágrafo único. O locatário gozará do direito de retenção, enquanto não for ressarcido.

► Art. 578 deste Código.

Art. 572. Se a obrigação de pagar o aluguel pelo tempo que faltar constituir indenização excessiva, será facultado ao juiz fixá-la em bases razoáveis.

► Art. 5º da LINDB.

Art. 573. A locação por tempo determinado cessa de pleno direito findo o prazo estipulado, independentemente de notificação ou aviso.

► Arts. 46, *caput*, 47 e 56 da Lei nº 8.245, de 18-10-1991 (Lei das Locações).

Art. 574. Se, findo o prazo, o locatário continuar na posse da coisa alugada, sem oposição do locador, presumir-se-á prorrogada a locação pelo mesmo aluguel, mas sem prazo determinado.

► Art. 56, parágrafo único, da Lei nº 8.245, de 18-10-1991 (Lei das Locações).

Art. 575. Se, notificado o locatário, não restituir a coisa, pagará, enquanto a tiver em seu poder, o aluguel que o locador arbitrar, e responderá pelo dano que ela venha a sofrer, embora proveniente de caso fortuito.

► Arts. 703 a 706 do CPC.

Parágrafo único. Se o aluguel arbitrado for manifestamente excessivo, poderá o juiz reduzi-lo, mas tendo sempre em conta o seu caráter de penalidade.

► En. nº 180 da III Jornada de Direito Civil.

Art. 576. Se a coisa for alienada durante a locação, o adquirente não ficará obrigado a respeitar o contrato, se nele não for consignada a cláusula da sua vigência no caso de alienação, e não constar de registro.

► Arts. 129, nº 1, e 167, I, nº 3, da Lei nº 6.015, de 31-12-1973 (Lei dos Registros Públicos).

► Arts. 27 a 34 da Lei nº 8.245, de 18-10-1991 (Lei das Locações).

► Súm. nº 442 do STF.

§ 1º O registro a que se refere este artigo será o de Títulos e Documentos do domicílio do locador, quando a coisa for móvel; e será o Registro de Imóveis da respectiva circunscrição, quando imóvel.

§ 2º Em se tratando de imóvel, e ainda no caso em que o locador não esteja obrigado a respeitar o contrato, não poderá ele despedir o locatário, senão observado o prazo de noventa dias após a notificação.

► Art. 8º da Lei nº 8.245, de 18-10-1991 (Lei das Locações).

Art. 577. Morrendo o locador ou o locatário, transfere-se aos seus herdeiros a locação por tempo determinado.

► Arts. 10 e 11 da Lei nº 8.245, de 18-10-1991 (Lei das Locações).

Art. 578. Salvo disposição em contrário, o locatário goza do direito de retenção, no caso de benfeitorias necessárias, ou no de benfeitorias úteis, se estas houverem sido feitas com expresso consentimento do locador.

► Art. 96 deste Código.

► Arts. 35 e 36 da Lei nº 8.245, de 18-10-1991 (Lei das Locações).

► Súm. nº 158 do STF.

CAPÍTULO VI
DO EMPRÉSTIMO

Seção I
DO COMODATO

Art. 579. O comodato é o empréstimo gratuito de coisas não fungíveis. Perfaz-se com a tradição do objeto.

► Art. 85 deste Código.

Art. 580. Os tutores, curadores e em geral todos os administradores de bens alheios não poderão dar em comodato, sem autorização especial, os bens confiados à sua guarda.

► Arts. 1.749 e 1.774 deste Código.

Art. 581. Se o comodato não tiver prazo convencional, presumir-se-lhe-á o necessário para o uso concedido; não podendo o comodante, salvo necessidade imprevista e urgente, reconhecida pelo juiz, suspender o uso e gozo da coisa emprestada, antes de findo o prazo convencional, ou o que se determine pelo uso outorgado.

Art. 582. O comodatário é obrigado a conservar, como se sua própria fora, a coisa emprestada, não podendo usá-la senão de acordo com o contrato ou a natureza dela, sob pena de responder por perdas e danos. O comodatário constituído em mora, além de por ela responder, pagará, até restituí-la, o aluguel da coisa que for arbitrado pelo comodante.

► Arts. 399 e 402 a 405 deste Código.

► En. nº 180 da III Jornada de Direito Civil.

Art. 583. Se, correndo risco o objeto do comodato juntamente com outros do comodatário, antepuser este a salvação dos seus abandonando o do comodante, responderá pelo dano ocorrido, ainda que se possa atribuir a caso fortuito, ou força maior.

► Arts. 238 a 240 e 393, parágrafo único, deste Código.

Art. 584. O comodatário não poderá jamais recobrar do comodante as despesas feitas com o uso e gozo da coisa emprestada.

► Arts. 241 e 242 deste Código.

Art. 585. Se duas ou mais pessoas forem simultaneamente comodatárias de uma coisa, ficarão solidariamente responsáveis para com o comodante.

► Arts. 275 e segs. do CC.

Seção II
DO MÚTUO

► Arts. 8º a 11 e 12 do Dec.-lei nº 3.200, de 19-4-1941, que dispõe sobre a organização e proteção da família.

► Dec. nº 22.626, de 7-4-1933 (Lei da Usura).

► MP nº 2.172-32, de 23-8-2001, estabelece a nulidade das disposições contratuais que menciona e inverte, nas hipóteses que prevê, o ônus da prova nas ações intentadas para sua declaração.

► Súm. nº 60 do STJ.

Art. 586. O mútuo é o empréstimo de coisas fungíveis. O mutuário é obrigado a restituir ao mutuante o que dele recebeu em coisa do mesmo gênero, qualidade e quantidade.

► Arts. 85 e 645 deste Código.

Art. 587. Este empréstimo transfere o domínio da coisa emprestada ao mutuário, por cuja conta correm todos os riscos dela desde a tradição.

Art. 588. O mútuo feito a pessoa menor, sem prévia autorização daquele sob cuja guarda estiver, não pode ser reavido nem do mutuário, nem de seus fiadores.

► Arts. 3º e 4º deste Código.

Art. 589. Cessa a disposição do artigo antecedente:

I – se a pessoa, de cuja autorização necessitava o mutuário para contrair o empréstimo, o ratificar posteriormente;

► Arts. 172 e 175 deste Código.

II – se o menor, estando ausente essa pessoa, se viu obrigado a contrair o empréstimo para os seus alimentos habituais;

III – se o menor tiver bens ganhos com o seu trabalho. Mas, em tal caso, a execução do credor não lhes poderá ultrapassar as forças;

IV – se o empréstimo reverteu em benefício do menor;

V – se o menor obteve o empréstimo maliciosamente.

Art. 590. O mutuante pode exigir garantia da restituição, se antes do vencimento o mutuário sofrer notória mudança em sua situação econômica.

► Arts. 333, 472, 476 e 477 deste Código.

Art. 591. Destinando-se o mútuo a fins econômicos, presumem-se devidos juros, os quais, sob pena de redução, não poderão exceder a taxa a que se refere o art. 406, permitida a capitalização anual.

► Súmulas nºs 539 e 541 do STJ.

► En. nº 34 da I Jornada de Direito Civil.

Art. 592. Não se tendo convencionado expressamente, o prazo do mútuo será:

► Art. 331 deste Código.

► Súm. nº 530 do STJ.

I – até a próxima colheita, se o mútuo for de produtos agrícolas, assim para o consumo, como para semeadura;

II – de trinta dias, pelo menos, se for de dinheiro;

III – do espaço de tempo que declarar o mutuante, se for de qualquer outra coisa fungível.

CAPÍTULO VII
DA PRESTAÇÃO DE SERVIÇO

Art. 593. A prestação de serviço, que não estiver sujeita às leis trabalhistas ou a lei especial, reger-se-á pelas disposições deste Capítulo.

► En. nº 541 da VI Jornada de Direito Civil.

Art. 594. Toda a espécie de serviço ou trabalho lícito, material ou imaterial, pode ser contratada mediante retribuição.

► En. nº 541 da VI Jornada de Direito Civil.

Art. 595. No contrato de prestação de serviço, quando qualquer das partes não souber ler, nem escrever, o instrumento poderá ser assinado a rogo e subscrito por duas testemunhas.

Art. 596. Não se tendo estipulado, nem chegado a acordo as partes, fixar-se-á por arbitramento a retribuição, segundo o costume do lugar, o tempo de serviço e sua qualidade.

Art. 597. A retribuição pagar-se-á depois de prestado o serviço, se, por convenção, ou costume, não houver de ser adiantada, ou paga em prestações.

Art. 598. A prestação de serviço não se poderá convencionar por mais de quatro anos, embora o contrato tenha por causa o pagamento de dívida de quem o presta, ou se destine à execução de certa e determinada obra. Neste caso, decorridos quatro anos, dar-se-á por findo o contrato, ainda que não concluída a obra.

► En. nº 32 da I Jornada de Direito Comercial.

Art. 599. Não havendo prazo estipulado, nem se podendo inferir da natureza do contrato, ou do costume do lugar, qualquer das partes, a seu arbítrio, mediante prévio aviso, pode resolver o contrato.

Parágrafo único. Dar-se-á o aviso:

I – com antecedência de oito dias, se o salário se houver fixado por tempo de um mês, ou mais;

II – com antecipação de quatro dias, se o salário se tiver ajustado por semana, ou quinzena;

III – de véspera, quando se tenha contratado por menos de sete dias.

Art. 600. Não se conta no prazo do contrato o tempo em que o prestador de serviço, por culpa sua, deixou de servir.

Art. 601. Não sendo o prestador de serviço contratado para certo e determinado trabalho, entender-se-á que se obrigou a todo e qualquer serviço compatível com as suas forças e condições.

Art. 602. O prestador de serviço contratado por tempo certo, ou por obra determinada, não se pode ausentar, ou despedir, sem justa causa, antes de preenchido o tempo, ou concluída a obra.

Parágrafo único. Se se despedir sem justa causa, terá direito à retribuição vencida, mas responderá por perdas e danos. O mesmo dar-se-á, se despedido por justa causa.

Art. 603. Se o prestador de serviço for despedido sem justa causa, a outra parte será obrigada a pagar-lhe por inteiro a retribuição vencida, e por metade a que lhe tocaria de então ao termo legal do contrato.

► En. nº 33 da I Jornada de Direito Comercial.

Art. 604. Findo o contrato, o prestador de serviço tem direito a exigir da outra parte a declaração de que o contrato está findo. Igual direito lhe cabe, se for despedido sem justa causa, ou se tiver havido motivo justo para deixar o serviço.

Art. 605. Nem aquele a quem os serviços são prestados, poderá transferir a outrem o direito aos serviços ajustados, nem o prestador de serviços, sem aprazimento da outra parte, dar substituto que os preste.

Art. 606. Se o serviço for prestado por quem não possua título de habilitação, ou não satisfaça requisitos outros estabelecidos em lei, não poderá quem os prestou cobrar a retribuição normalmente correspondente ao trabalho executado. Mas se deste resultar benefício para a outra parte, o juiz atribuirá a quem o prestou uma compensação razoável, desde que tenha agido com boa-fé.

Parágrafo único. Não se aplica a segunda parte deste artigo, quando a proibição da prestação de serviço resultar de lei de ordem pública.

Art. 607. O contrato de prestação de serviço acaba com a morte de qualquer das partes. Termina, ainda, pelo escoamento do prazo, pela conclusão da obra, pela rescisão do contrato mediante aviso prévio, por inadimplemento de qualquer das partes ou pela impossibilidade da continuação do contrato, motivada por força maior.

Art. 608. Aquele que aliciar pessoas obrigadas em contrato escrito a prestar serviço a outrem pagará a este a importância que ao prestador de serviço, pelo ajuste desfeito, houvesse de caber durante dois anos.

Art. 609. A alienação do prédio agrícola, onde a prestação dos serviços se opera, não importa a rescisão do contrato, salvo ao prestador opção entre continuá-lo com o adquirente da propriedade ou com o primitivo contratante.

► Art. 605 deste Código.

CAPÍTULO VIII
DA EMPREITADA

Art. 610. O empreiteiro de uma obra pode contribuir para ela só com seu trabalho ou com ele e os materiais.

§ 1º A obrigação de fornecer os materiais não se presume; resulta da lei ou da vontade das partes.

§ 2º O contrato para elaboração de um projeto não implica a obrigação de executá-lo, ou de fiscalizar-lhe a execução.

Art. 611. Quando o empreiteiro fornece os materiais, correm por sua conta os riscos até o momento da entrega da obra, a contento de quem a encomendou, se este não estiver em mora de receber. Mas se estiver, por sua conta correrão os riscos.

► Arts. 234, 394, 400, 615 e 617 deste Código.

Art. 612. Se o empreiteiro só forneceu mão de obra, todos os riscos em que não tiver culpa correrão por conta do dono.

Art. 613. Sendo a empreitada unicamente de lavor (art. 610), se a coisa perecer antes de entregue, sem mora do dono nem culpa do empreiteiro, este perderá a retribuição, se não provar que a perda resultou de defeito dos materiais e que em tempo reclamara contra a sua quantidade ou qualidade.

Art. 614. Se a obra constar de partes distintas, ou for de natureza das que se determinam por medida, o empreiteiro terá direito a que também se verifique por medida, ou segundo as partes em que se dividir, podendo exigir o pagamento na proporção da obra executada.

§ 1º Tudo o que se pagou presume-se verificado.

§ 2º O que se mediu presume-se verificado se, em trinta dias, a contar da medição, não forem denunciados os vícios ou defeitos pelo dono da obra ou por quem estiver incumbido da sua fiscalização.

Art. 615. Concluída a obra de acordo com o ajuste, ou o costume do lugar, o dono é obrigado a recebê-la. Poderá, porém, rejeitá-la, se o empreiteiro se afastou das instruções recebidas e dos planos dados, ou das regras técnicas em trabalhos de tal natureza.

Art. 616. No caso da segunda parte do artigo antecedente, pode quem encomendou a obra, em vez de enjeitá-la, recebê-la com abatimento no preço.

► Art. 442 deste Código.

Art. 617. O empreiteiro é obrigado a pagar os materiais que recebeu, se por imperícia ou negligência os inutilizar.

Art. 618. Nos contratos de empreitada de edifícios ou outras construções consideráveis, o empreiteiro de materiais e execução responderá, durante o prazo irredutível de cinco anos, pela solidez e segurança do trabalho, assim em razão dos materiais, como do solo.

► En. nº 34 da I Jornada de Direito Comercial.

Parágrafo único. Decairá do direito assegurado neste artigo o dono da obra que não propuser a ação contra o empreiteiro, nos cento e oitenta dias seguintes ao aparecimento do vício ou defeito.

► En. nº 181 da III Jornada de Direito Civil.

Art. 619. Salvo estipulação em contrário, o empreiteiro que se incumbir de executar uma obra, segundo plano aceito por quem a encomendou, não terá direito a exigir acréscimo no preço, ainda que sejam introduzidas modificações no projeto, a não ser que estas resultem de instruções escritas do dono da obra.

► Art. 478 deste Código.

Parágrafo único. Ainda que não tenha havido autorização escrita, o dono da obra é obrigado a pagar ao empreiteiro os aumentos e acréscimos, segundo o que for arbitrado, se, sempre presente à obra, por continuadas visitas, não podia ignorar o que se estava passando, e nunca protestou.

Art. 620. Se ocorrer diminuição no preço do material ou da mão de obra superior a um décimo do preço global convencionado, poderá este ser revisto, a pedido do dono da obra, para que se lhe assegure a diferença apurada.

Art. 621. Sem anuência de seu autor, não pode o proprietário da obra introduzir modificações no projeto por ele aprovado, ainda que a execução seja confiada a terceiros, a não ser que, por motivos supervenientes ou razões de ordem técnica, fique comprovada a inconveniência ou a excessiva onerosidade de execução do projeto em sua forma originária.

Parágrafo único. A proibição deste artigo não abrange alterações de pouca monta, ressalvada sempre a unidade estética da obra projetada.

Art. 622. Se a execução da obra for confiada a terceiros, a responsabilidade do autor do projeto respectivo, desde que não assuma a direção ou fiscalização daquela, ficará limitada aos danos resultantes de defeitos previstos no art. 618 e seu parágrafo único.

Art. 623. Mesmo após iniciada a construção, pode o dono da obra suspendê-la, desde que pague ao empreiteiro as despesas e lucros relativos aos serviços já feitos, mais indenização razoável, calculada em função do que ele teria ganho, se concluída a obra.

Art. 624. Suspensa a execução da empreitada sem justa causa, responde o empreiteiro por perdas e danos.

► Arts. 402 a 405 deste Código.

Art. 625. Poderá o empreiteiro suspender a obra:

I – por culpa do dono, ou por motivo de força maior;

II – quando, no decorrer dos serviços, se manifestarem dificuldades imprevisíveis de execução, resultantes de causas geológicas ou hídricas, ou outras semelhantes, de modo que torne a empreitada excessivamente onerosa, e o dono da obra se opuser ao reajuste do preço inerente ao projeto por ele elaborado, observados os preços;

III – se as modificações exigidas pelo dono da obra, por seu vulto e natureza, forem desproporcionais ao projeto aprovado, ainda que o dono se disponha a arcar com o acréscimo de preço.

Art. 626. Não se extingue o contrato de empreitada pela morte de qualquer das partes, salvo se ajustado em consideração às qualidades pessoais do empreiteiro.

CAPÍTULO IX
DO DEPÓSITO

Seção I
DO DEPÓSITO VOLUNTÁRIO

Art. 627. Pelo contrato de depósito recebe o depositário um objeto móvel, para guardar, até que o depositante o reclame.

► Arts. 640, 645 e 652 deste Código.

► Lei nº 2.313, de 3-9-1954, dispõe sobre os prazos dos contratos de depósito regular e voluntário de bens de qualquer espécie.

► Súm. Vinc. nº 25 do STF.

► Súm. nº 304 do STJ.

Art. 628. O contrato de depósito é gratuito, exceto se houver convenção em contrário, se resultante de atividade negocial ou se o depositário o praticar por profissão.

► Art. 651 deste Código.

Parágrafo único. Se o depósito for oneroso e a retribuição do depositário não constar de lei, nem resultar de ajuste, será determinada pelos usos do lugar, e, na falta destes, por arbitramento.

Art. 629. O depositário é obrigado a ter na guarda e conservação da coisa depositada o cuidado e diligência que costuma com o que lhe pertence, bem como a restituí-la, com todos os frutos e acrescidos, quando o exija o depositante.

► Súm. nº 179 do STJ.

Art. 630. Se o depósito se entregou fechado, colado, selado, ou lacrado, nesse mesmo estado se manterá.

Art. 631. Salvo disposição em contrário, a restituição da coisa deve dar-se no lugar em que tiver de ser guardada. As despesas de restituição correm por conta do depositante.

Art. 632. Se a coisa houver sido depositada no interesse de terceiro, e o depositário tiver sido cientificado deste fato pelo depositante, não poderá ele exonerar-se restituindo a coisa a este, sem consentimento daquele.

Art. 633. Ainda que o contrato fixe prazo à restituição, o depositário entregará o depósito logo que se lhe exija, salvo se tiver o direito de retenção a que se refere o art. 644, se o objeto for judicialmente embargado, se sobre ele pender execução, notificada ao depositário, ou se houver motivo razoável de suspeitar que a coisa foi dolosamente obtida.

► Arts. 634 e 638 deste Código.

Art. 634. No caso do artigo antecedente, última parte, o depositário, expondo o fundamento da suspeita, requererá que se recolha o objeto ao Depósito Público.

► Art. 638 deste Código.

Art. 635. Ao depositário será facultado, outrossim, requerer depósito judicial da coisa, quando, por motivo plausível, não a possa guardar, e o depositante não queira recebê-la.

► Arts. 334 a 345 deste Código.

► Arts. 539 e segs. do CPC.

Art. 636. O depositário, que por força maior houver perdido a coisa depositada e recebido outra em seu lugar, é obrigado a entregar a segunda ao depositante, e ceder-lhe as ações que no caso tiver contra o terceiro responsável pela restituição da primeira.

► Arts. 286 a 298 e 293, parágrafo único, deste Código.

Art. 637. O herdeiro do depositário, que de boa-fé vendeu a coisa depositada, é obrigado a assistir o depositante na reivindicação, e a restituir ao comprador o preço recebido.

► Arts. 447, 879, *caput*, e 1.792 deste Código.

Art. 638. Salvo os casos previstos nos arts. 633 e 634, não poderá o depositário furtar-se à restituição do depósito, alegando não pertencer a coisa ao depositante, ou opondo compensação, exceto se noutro depósito se fundar.

► Art. 373, II, deste Código.

Art. 639. Sendo dois ou mais depositantes, e divisível a coisa, a cada um só entregará o depositário a respectiva parte, salvo se houver entre eles solidariedade.

► Arts. 87, 260 e 264 a 285 deste Código.

Art. 640. Sob pena de responder por perdas e danos, não poderá o depositário, sem licença expressa do depositante, servir-se da coisa depositada, nem a dar em depósito a outrem.

► Arts. 402 a 405 deste Código.

Parágrafo único. Se o depositário, devidamente autorizado, confiar a coisa em depósito a terceiro, será responsável se agiu com culpa na escolha deste.

Art. 641. Se o depositário se tornar incapaz, a pessoa que lhe assumir a administração dos bens diligenciará imediatamente restituir a coisa depositada e, não querendo ou não podendo o depositante recebê-la, recolhê-la-á ao Depósito Público ou promoverá nomeação de outro depositário.

► Arts. 334 e 335 deste Código.

► Arts. 539 e segs. do CPC.

Art. 642. O depositário não responde pelos casos de força maior; mas, para que lhe valha a escusa, terá de prová-los.

► Art. 393 deste Código.

Art. 643. O depositante é obrigado a pagar ao depositário as despesas feitas com a coisa, e os prejuízos que do depósito provierem.

Art. 644. O depositário poderá reter o depósito até que se lhe pague a retribuição devida, o líquido valor das despesas, ou dos prejuízos a que se refere o artigo anterior, provando imediatamente esses prejuízos ou essas despesas.

Parágrafo único. Se essas dívidas, despesas ou prejuízos não forem provados suficientemente, ou forem ilíquidos, o depositário poderá exigir caução idônea do depositante ou, na falta desta, a remoção da coisa para o Depósito Público, até que se liquidem.

Art. 645. O depósito de coisas fungíveis, em que o depositário se obrigue a restituir objetos do mesmo gênero, qualidade e quantidade, regular-se-á pelo disposto acerca do mútuo.

Art. 646. O depósito voluntário provar-se-á por escrito.

- ► Art. 648, parágrafo único, deste Código.
- ► Art. 129, nº 2, da Lei nº 6.015, de 31-12-1973 (Lei dos Registros Públicos).

Seção II
DO DEPÓSITO NECESSÁRIO

Art. 647. É depósito necessário:

I – o que se faz em desempenho de obrigação legal;

- ► Art. 648 deste Código.

II – o que se efetua por ocasião de alguma calamidade, como o incêndio, a inundação, o naufrágio ou o saque.

- ► Art. 648, parágrafo único, deste Código.

Art. 648. O depósito a que se refere o inciso I do artigo antecedente, reger-se-á pela disposição da respectiva lei, e, no silêncio ou deficiência dela, pelas concernentes ao depósito voluntário.

Parágrafo único. As disposições deste artigo aplicam-se aos depósitos previstos no inciso II do artigo antecedente, podendo estes certificarem-se por qualquer meio de prova.

- ► Arts. 627 a 646 deste Código.

Art. 649. Aos depósitos previstos no artigo antecedente é equiparado o das bagagens dos viajantes ou hóspedes nas hospedarias onde estiverem.

- ► Arts. 650, 651 e 1.467, I, deste Código.

Parágrafo único. Os hospedeiros responderão como depositários, assim como pelos furtos e roubos que perpetrarem as pessoas empregadas ou admitidas nos seus estabelecimentos.

Art. 650. Cessa, nos casos do artigo antecedente, a responsabilidade dos hospedeiros, se provarem que os fatos prejudiciais aos viajantes ou hóspedes não podiam ter sido evitados.

- ► Art. 393 deste Código.

Art. 651. O depósito necessário não se presume gratuito. Na hipótese do art. 649, a remuneração pelo depósito está incluída no preço da hospedagem.

- ► Art. 628 deste Código.

Art. 652. Seja o depósito voluntário ou necessário, o depositário que não o restituir quando exigido será compelido a fazê-lo mediante prisão não excedente a um ano, e ressarcir os prejuízos.

- ► Art. 5º, LXVII, da CF.
- ► Súm. Vinc. nº 25 do STF.
- ► Súmulas nºs 304, 305 e 419 do STJ.

CAPÍTULO X
DO MANDATO

Seção I
DISPOSIÇÕES GERAIS

Art. 653. Opera-se o mandato quando alguém recebe de outrem poderes para, em seu nome, praticar atos ou administrar interesses. A procuração é o instrumento do mandato.

- ► Art. 54, II, *c*, da CF.
- ► Arts. 656, 660, 662, 663, 1.010, 1.060 e 1.169 deste Código.
- ► Arts. 104, 111, 112, 260, II, e 287 do CPC.
- ► Arts. 5º, 22, § 5º, 25, V, 34, XIX, 40, III, 42, 63, *caput*, 65, parágrafo único, 66, parágrafo único, e 82 do EOAB.
- ► Art. 117 da Lei nº 8.112, de 11-12-1990 (Estatuto dos Servidores Públicos Civis da União, Autarquias e Fundações Públicas Federais).

Art. 654. Todas as pessoas capazes são aptas para dar procuração mediante instrumento particular, que valerá desde que tenha a assinatura do outorgante.

- ► Arts. 5º, 657 e 666 deste Código.

§ 1º O instrumento particular deve conter a indicação do lugar onde foi passado, a qualificação do outorgante e do outorgado, a data e o objetivo da outorga com a designação e a extensão dos poderes conferidos.

§ 2º O terceiro com quem o mandatário tratar poderá exigir que a procuração traga a firma reconhecida.

- ► Art. 105 do CPC.
- ► Art. 158 da Lei nº 6.015, de 31-12-1973 (Lei dos Registros Públicos).

Art. 655. Ainda quando se outorgue mandato por instrumento público, pode substabelecer-se mediante instrumento particular.

- ► En. nº 182 da III Jornada de Direito Civil.

Art. 656. O mandato pode ser expresso ou tácito, verbal ou escrito.

- ► Art. 1.324 deste Código.
- ► Art. 513 da CLT.
- ► Lei nº 1.134, de 14-6-1950, faculta representação perante as autoridades administrativas e a justiça ordinária dos associados de classes que especifica.

Art. 657. A outorga do mandato está sujeita à forma exigida por lei para o ato a ser praticado. Não se admite mandato verbal quando o ato deva ser celebrado por escrito.

- ► Arts. 108, 109 e 654 deste Código.

Art. 658. O mandato presume-se gratuito quando não houver sido estipulada retribuição, exceto se o seu objeto corresponder ao daqueles que o mandatário trata por ofício ou profissão lucrativa.

Parágrafo único. Se o mandato for oneroso, caberá ao mandatário a retribuição prevista em lei ou no contrato. Sendo estes omissos, será ela determinada pelos usos do lugar, ou, na falta destes, por arbitramento.

Art. 659. A aceitação do mandato pode ser tácita, e resulta do começo de execução.

Art. 660. O mandato pode ser especial a um ou mais negócios determinadamente, ou geral a todos os do mandante.

- ► En. nº 183 da III Jornada de Direito Civil.

Art. 661. O mandato em termos gerais só confere poderes de administração.

§ 1º Para alienar, hipotecar, transigir, ou praticar outros quaisquer atos que exorbitem da administração ordinária, depende a procuração de poderes especiais e expressos.

► Art. 105 do CPC.

► En. nº 183 da III Jornada de Direito Civil.

§ 2º O poder de transigir não importa o de firmar compromisso.

► Arts. 840 a 850 e 851 a 853 deste Código.

► Lei nº 9.307, de 23-9-1996 (Lei da Arbitragem).

Art. 662. Os atos praticados por quem não tenha mandato, ou o tenha sem poderes suficientes, são ineficazes em relação àquele em cujo nome foram praticados, salvo se este os ratificar.

► Arts. 665, 673, 679 e 873 deste Código.

► Art. 104, § 2º, do CPC.

► Súm. nº 476 do STJ.

Parágrafo único. A ratificação há de ser expressa, ou resultar de ato inequívoco, e retroagirá à data do ato.

► Art. 105 do CPC.

Art. 663. Sempre que o mandatário estipular negócios expressamente em nome do mandante, será este o único responsável; ficará, porém, o mandatário pessoalmente obrigado, se agir no seu próprio nome, ainda que o negócio seja de conta do mandante.

Art. 664. O mandatário tem o direito de reter, do objeto da operação que lhe foi cometida, quanto baste para pagamento de tudo que lhe for devido em consequência do mandato.

► En. nº 184 da III Jornada de Direito Civil.

Art. 665. O mandatário que exceder os poderes do mandato, ou proceder contra eles, será considerado mero gestor de negócios, enquanto o mandante lhe não ratificar os atos.

► Arts. 873 a 875 deste Código.

Art. 666. O maior de dezesseis e menor de dezoito anos não emancipado pode ser mandatário, mas o mandante não tem ação contra ele senão de conformidade com as regras gerais, aplicáveis às obrigações contraídas por menores.

► Arts. 180, 181 e 654 deste Código.

Seção II
DAS OBRIGAÇÕES DO MANDATÁRIO

Art. 667. O mandatário é obrigado a aplicar toda sua diligência habitual na execução do mandato, e a indenizar qualquer prejuízo causado por culpa sua ou daquele a quem substabelecer, sem autorização, poderes que devia exercer pessoalmente.

► Art. 26 da Lei nº 8.906, de 4-7-1994 (Estatuto da Advocacia e da OAB).

§ 1º Se, não obstante proibição do mandante, o mandatário se fizer substituir na execução do mandato, responderá ao seu constituinte pelos prejuízos ocorridos sob a gerência do substituto, embora provenientes de caso fortuito, salvo provando que o caso teria sobrevindo, ainda que não tivesse havido substabelecimento.

► Art. 393 deste Código.

§ 2º Havendo poderes de substabelecer, só serão imputáveis ao mandatário os danos causados pelo substabelecido, se tiver agido com culpa na escolha deste ou nas instruções dadas a ele.

§ 3º Se a proibição de substabelecer constar da procuração, os atos praticados pelo substabelecido não obrigam o mandante, salvo ratificação expressa, que retroagirá à data do ato.

§ 4º Sendo omissa a procuração quanto ao substabelecimento, o procurador será responsável se o substabelecido proceder culposamente.

Art. 668. O mandatário é obrigado a dar contas de sua gerência ao mandante, transferindo-lhe as vantagens provenientes do mandato, por qualquer título que seja.

Art. 669. O mandatário não pode compensar os prejuízos a que deu causa com os proveitos que, por outro lado, tenha granjeado ao seu constituinte.

► Art. 550 do CPC.

Art. 670. Pelas somas que devia entregar ao mandante ou recebeu para despesa, mas empregou em proveito seu, pagará o mandatário juros, desde o momento em que abusou.

► Art. 677 deste Código.

Art. 671. Se o mandatário, tendo fundos ou crédito do mandante, comprar, em nome próprio, algo que devera comprar para o mandante, por ter sido expressamente designado no mandato, terá este ação para obrigá-lo à entrega da coisa comprada.

Art. 672. Sendo dois ou mais os mandatários nomeados no mesmo instrumento, qualquer deles poderá exercer os poderes outorgados, se não forem expressamente declarados conjuntos, nem especificamente designados para atos diferentes, ou subordinados a atos sucessivos. Se os mandatários forem declarados conjuntos, não terá eficácia o ato praticado sem interferência de todos, salvo havendo ratificação, que retroagirá à data do ato.

► Art. 265 deste Código.

Art. 673. O terceiro que, depois de conhecer os poderes do mandatário, com ele celebrar negócio jurídico exorbitante do mandato, não tem ação contra o mandatário, salvo se este lhe prometeu ratificação do mandante ou se responsabilizou pessoalmente.

► Art. 662 deste Código.

Art. 674. Embora ciente da morte, interdição ou mudança de estado do mandante, deve o mandatário concluir o negócio já começado, se houver perigo na demora.

► Arts. 682, II e III, e 689 deste Código.

Seção III
DAS OBRIGAÇÕES DO MANDANTE

Art. 675. O mandante é obrigado a satisfazer todas as obrigações contraídas pelo mandatário, na conformidade do mandato conferido, e adiantar a importância das despesas necessárias à execução dele, quando o mandatário lho pedir.

► Arts. 665 a 673 deste Código.

Art. 676. É obrigado o mandante a pagar ao mandatário a remuneração ajustada e as despesas da execução do mandato, ainda que o negócio não surta o esperado efeito, salvo tendo o mandatário culpa.

► Arts. 658, 678 e 680 deste Código.

Art. 677. As somas adiantadas pelo mandatário, para a execução do mandato, vencem juros desde a data do desembolso.

► Art. 670 deste Código.

Art. 678. É igualmente obrigado o mandante a ressarcir ao mandatário as perdas que este sofrer com a execução do mandato, sempre que não resultem de culpa sua ou de excesso de poderes.

► Arts. 402 a 405, 665, 673 e 675 deste Código.

Art. 679. Ainda que o mandatário contrarie as instruções do mandante, se não exceder os limites do mandato, ficará o mandante obrigado para com aqueles com quem o seu procurador contratou; mas terá contra este ação pelas perdas e danos resultantes da inobservância das instruções.

Art. 680. Se o mandato for outorgado por duas ou mais pessoas, e para negócio comum, cada uma ficará solidariamente responsável ao mandatário por todos os compromissos e efeitos do mandato, salvo direito regressivo, pelas quantias que pagar, contra os outros mandantes.

► Arts. 283 a 285 deste Código.

Art. 681. O mandatário tem sobre a coisa de que tenha a posse em virtude do mandato, direito de retenção, até se reembolsar do que no desempenho do encargo despendeu.

► En. nº 184 da III Jornada de Direito Civil.

Seção IV
DA EXTINÇÃO DO MANDATO

Art. 682. Cessa o mandato:

I – pela revogação ou pela renúncia;

► Arts. 684, 687 e 688 deste Código.

► Arts. 111 e 112 do CPC.

► Art. 5º, § 3º, do EOAB.

II – pela morte ou interdição de uma das partes;

► Arts. 674, 690 e 691 deste Código.

► Arts. 313, I, e 1.004 do CPC.

III – pela mudança de estado que inabilite o mandante a conferir os poderes, ou o mandatário para os exercer;

IV – pelo término do prazo ou pela conclusão do negócio.

Art. 683. Quando o mandato contiver a cláusula de irrevogabilidade e o mandante o revogar, pagará perdas e danos.

► Arts. 402 a 405 deste Código.

Art. 684. Quando a cláusula de irrevogabilidade for condição de um negócio bilateral, ou tiver sido estipulada no exclusivo interesse do mandatário, a revogação do mandato será ineficaz.

Art. 685. Conferido o mandato com a cláusula "em causa própria", a sua revogação não terá eficácia, nem se extinguirá pela morte de qualquer das partes, ficando o mandatário dispensado de prestar contas, e podendo transferir para si os bens móveis ou imóveis objeto do mandato, obedecidas as formalidades legais.

Art. 686. A revogação do mandato, notificada somente ao mandatário, não se pode opor aos terceiros que, ignorando-a, de boa-fé com ele trataram; mas ficam salvas ao constituinte as ações que no caso lhe possam caber contra o procurador.

► Art. 111 do CPC.

Parágrafo único. É irrevogável o mandato que contenha poderes de cumprimento ou confirmação de negócios encetados, aos quais se ache vinculado.

Art. 687. Tanto que for comunicada ao mandatário a nomeação de outro, para o mesmo negócio, considerar-se-á revogado o mandato anterior.

Art. 688. A renúncia do mandato será comunicada ao mandante, que, se for prejudicado pela sua inoportunidade, ou pela falta de tempo, a fim de prover à substituição do procurador, será indenizado pelo mandatário, salvo se este provar que não podia continuar no mandato sem prejuízo considerável, e que não lhe era dado substabelecer.

► Art. 682, I, deste Código.

► Art. 112 do CPC.

Art. 689. São válidos, a respeito dos contratantes de boa-fé, os atos com estes ajustados em nome do mandante pelo mandatário, enquanto este ignorar a morte daquele ou a extinção do mandato, por qualquer outra causa.

► Art. 686 deste Código.

Art. 690. Se falecer o mandatário, pendente o negócio a ele cometido, os herdeiros, tendo ciência do mandato, avisarão o mandante, e providenciarão a bem dele, como as circunstâncias exigirem.

Art. 691. Os herdeiros, no caso do artigo antecedente, devem limitar-se às medidas conservatórias, ou continuar os negócios pendentes que se não possam demorar sem perigo, regulando-se os seus serviços dentro desse limite, pelas mesmas normas a que os do mandatário estão sujeitos.

Seção V
DO MANDATO JUDICIAL

Art. 692. O mandato judicial fica subordinado às normas que lhe dizem respeito, constantes da legislação processual, e, supletivamente, às estabelecidas neste Código.

► Arts. 104, 105, 111, 112 e 287, do CPC.

► Art. 5º do EOAB.

► Lei nº 1.060, de 5-2-1950 (Lei de Assistência Judiciária).

► Lei nº 1.134, de 14-6-1950, faculta representação perante as autoridades administrativas e a justiça ordinária dos associados de classes que especifica.

CAPÍTULO XI
DA COMISSÃO

Art. 693. O contrato de comissão tem por objeto a aquisição ou a venda de bens pelo comissário, em seu próprio nome, à conta do comitente.

► Art. 709 deste Código.

Art. 694. O comissário fica diretamente obrigado para com as pessoas com quem contratar, sem que estas tenham ação contra o comitente, nem este contra elas, salvo se o comissário ceder seus direitos a qualquer das partes.

► En. nº 68 da II Jornada de Direito Comercial.

Art. 695. O comissário é obrigado a agir de conformidade com as ordens e instruções do comitente, devendo, na falta destas, não podendo pedi-las a tempo, proceder segundo os usos em casos semelhantes.

Parágrafo único. Ter-se-ão por justificados os atos do comissário, se deles houver resultado vantagem para o comitente, e ainda no caso em que, não admitindo demora a realização do negócio, o comissário agiu de acordo com os usos.

Art. 696. No desempenho das suas incumbências o comissário é obrigado a agir com cuidado e diligência, não só para evitar qualquer prejuízo ao comitente, mas ainda para lhe proporcionar o lucro que razoavelmente se podia esperar do negócio.

Parágrafo único. Responderá o comissário, salvo motivo de força maior, por qualquer prejuízo que, por ação ou omissão, ocasionar ao comitente.

► Art. 393 deste Código.

Art. 697. O comissário não responde pela insolvência das pessoas com quem tratar, exceto em caso de culpa e no do artigo seguinte.

► Art. 955 deste Código.

Art. 698. Se do contrato de comissão constar a cláusula *del credere*, responderá o comissário solidariamente com as pessoas com que houver tratado em nome do comitente, caso em que, salvo estipulação em contrário, o comissário tem direito a remuneração mais elevada, para compensar o ônus assumido.

► Arts. 275 a 285 deste Código.

► En. nº 68 da II Jornada de Direito Comercial.

Art. 699. Presume-se o comissário autorizado a conceder dilação do prazo para pagamento, na conformidade dos usos do lugar onde se realizar o negócio, se não houver instruções diversas do comitente.

Art. 700. Se houver instruções do comitente proibindo prorrogação de prazos para pagamento, ou se esta não for conforme os usos locais, poderá o comitente exigir que o comissário pague incontinenti ou responda pelas consequências da dilação concedida, procedendo-se de igual modo se o comissário não der ciência ao comitente dos prazos concedidos e de quem é seu beneficiário.

Art. 701. Não estipulada a remuneração devida ao comissário, será ela arbitrada segundo os usos correntes no lugar.

Art. 702. No caso de morte do comissário, ou, quando, por motivo de força maior, não puder concluir o negócio, será devida pelo comitente uma remuneração proporcional aos trabalhos realizados.

► Arts. 393, parágrafo único, e 884 a 886 deste Código.

Art. 703. Ainda que tenha dado motivo à dispensa, terá o comissário direito a ser remunerado pelos serviços úteis prestados ao comitente, ressalvado a este o direito de exigir daquele os prejuízos sofridos.

Art. 704. Salvo disposição em contrário, pode o comitente, a qualquer tempo, alterar as instruções dadas ao comissário, entendendo-se por elas regidos também os negócios pendentes.

Art. 705. Se o comissário for despedido sem justa causa, terá direito a ser remunerado pelos trabalhos prestados, bem como a ser ressarcido pelas perdas e danos resultantes de sua dispensa.

► Arts. 402 a 405 deste Código.

Art. 706. O comitente e o comissário são obrigados a pagar juros um ao outro; o primeiro pelo que o comissário houver adiantado para cumprimento de suas ordens; e o segundo pela mora na entrega dos fundos que pertencerem ao comitente.

► Arts. 394 a 401, 406 e 407 deste Código.

Art. 707. O crédito do comissário, relativo a comissões e despesas feitas, goza de privilégio geral, no caso de falência ou insolvência do comitente.

► Art. 965 deste Código.

► Art. 83, V, *c*, da Lei nº 11.101, de 9-2-2005 (Lei de Recuperação de Empresas e Falências).

Art. 708. Para reembolso das despesas feitas, bem como para recebimento das comissões devidas, tem o comissário direito de retenção sobre os bens e valores em seu poder em virtude da comissão.

► Art. 644 deste Código.

Art. 709. São aplicáveis à comissão, no que couber, as regras sobre mandato.

► Arts. 653 a 692 deste Código.

► Art. 550 do CPC.

CAPÍTULO XII
DA AGÊNCIA E DISTRIBUIÇÃO

► Lei nº 4.886, de 9-12-1965 (Lei dos Representantes Comerciais Autônomos).

► Lei nº 6.729, de 28-11-1979, dispõe sobre a concessão comercial entre produtores e distribuidores de veículos automotores de via terrestre.

Art. 710. Pelo contrato de agência, uma pessoa assume, em caráter não eventual e sem vínculos de dependência, a obrigação de promover, à conta de outra, mediante retribuição, a realização de certos negócios, em zona determinada, caracterizando-se a distribuição quando o agente tiver à sua disposição a coisa a ser negociada.

► Arts. 27 e 31 da Lei nº 4.886, de 9-12-1965 (Lei dos Representantes Comerciais Autônomos).

► En. nº 31 da I Jornada de Direito Comercial.

Parágrafo único. O proponente pode conferir poderes ao agente para que este o represente na conclusão dos contratos.

Art. 711. Salvo ajuste, o proponente não pode constituir, ao mesmo tempo, mais de um agente, na mesma zona, com idêntica incumbência; nem pode o agente assumir o encargo de nela tratar de negócios do mesmo gênero, à conta de outros proponentes.

Art. 712. O agente, no desempenho que lhe foi cometido, deve agir com toda diligência, atendo-se às instruções recebidas do proponente.

► Art. 29 da Lei nº 4.886, de 9-12-1965 (Lei dos Representantes Comerciais Autônomos).

Art. 713. Salvo estipulação diversa, todas as despesas com a agência ou distribuição correm a cargo do agente ou distribuidor.

Art. 714. Salvo ajuste, o agente ou distribuidor terá direito à remuneração correspondente aos negócios concluídos dentro de sua zona, ainda que sem a sua interferência.

Art. 715. O agente ou distribuidor tem direito à indenização se o proponente, sem justa causa, cessar o atendimento das propostas ou reduzi-lo tanto que se torna antieconômica a continuação do contrato.

Art. 716. A remuneração será devida ao agente também quando o negócio deixar de ser realizado por fato imputável ao proponente.

► Art. 32 da Lei nº 4.886, de 9-12-1965 (Lei dos Representantes Comerciais Autônomos).

Art. 717. Ainda que dispensado por justa causa, terá o agente direito a ser remunerado pelos serviços úteis prestados ao proponente, sem embargo de haver este perdas e danos pelos prejuízos sofridos.

► Arts. 402 a 405 deste Código.

Art. 718. Se a dispensa se der sem culpa do agente, terá ele direito à remuneração até então devida, inclusive sobre os negócios pendentes, além das indenizações previstas em lei especial.

Art. 719. Se o agente não puder continuar o trabalho por motivo de força maior, terá direito à remuneração correspondente aos serviços realizados, cabendo esse direito aos herdeiros no caso de morte.

Art. 720. Se o contrato for por tempo indeterminado, qualquer das partes poderá resolvê-lo, mediante aviso prévio de noventa dias, desde que transcorrido prazo compatível com a natureza e o vulto do investimento exigido do agente.

► Art. 35 da Lei nº 4.886, de 9-12-1965 (Lei dos Representantes Comerciais Autônomos).

Parágrafo único. No caso de divergência entre as partes, o juiz decidirá da razoabilidade do prazo e do valor devido.

Art. 721. Aplicam-se ao contrato de agência e distribuição, no que couber, as regras concernentes ao mandato e à comissão e as constantes de lei especial.

► Arts. 653 a 692 e 693 a 709 deste Código.

CAPÍTULO XIII
DA CORRETAGEM

► Lei nº 6.530, de 12-5-1978, dá nova regulamentação à profissão de corretor de imóveis, regulamentada pelo Dec. nº 81.871, de 29-6-1978.

► En. nº 36 da I Jornada de Direito Comercial.

Art. 722. Pelo contrato de corretagem, uma pessoa, não ligada a outra em virtude de mandato, de prestação de serviços ou por qualquer relação de dependência, obriga-se a obter para a segunda um ou mais negócios, conforme as instruções recebidas.

► Arts. 593 a 609 e 653 a 692 deste Código.

Art. 723. O corretor é obrigado a executar a mediação com diligência e prudência, e a prestar ao cliente, espontaneamente, todas as informações sobre o andamento do negócio.

► *Caput* com a redação dada pela Lei nº 12.236, de 19-5-2010.

Parágrafo único. Sob pena de responder por perdas e danos, o corretor prestará ao cliente todos os esclarecimentos acerca da segurança ou do risco do negócio, das alterações de valores e de outros fatores que possam influir nos resultados da incumbência.

► Parágrafo único acrescido pela Lei nº 12.236, de 19-5-2010.

Art. 724. A remuneração do corretor, se não estiver fixada em lei, nem ajustada entre as partes, será arbitrada segundo a natureza do negócio e os usos locais.

Art. 725. A remuneração é devida ao corretor uma vez que tenha conseguido o resultado previsto no contrato de mediação, ou ainda que este não se efetive em virtude de arrependimento das partes.

Art. 726. Iniciado e concluído o negócio diretamente entre as partes, nenhuma remuneração será devida ao corretor; mas se, por escrito, for ajustada a corretagem com exclusividade, terá o corretor direito à remuneração integral, ainda que realizado o negócio sem a sua mediação, salvo se comprovada sua inércia ou ociosidade.

Art. 727. Se, por não haver prazo determinado, o dono do negócio dispensar o corretor, e o negócio se realizar posteriormente, como fruto da sua mediação, a corretagem lhe será devida; igual solução se adotará se o negócio se realizar após a decorrência do prazo contratual, mas por efeito dos trabalhos do corretor.

Art. 728. Se o negócio se concluir com a intermediação de mais de um corretor, a remuneração será paga a todos em partes iguais, salvo ajuste em contrário.

Art. 729. Os preceitos sobre corretagem constantes deste Código não excluem a aplicação de outras normas da legislação especial.

CAPÍTULO XIV
DO TRANSPORTE

► Arts. 261 e 262 do CP.

► Art. 8º, § 1º, da LINDB.

► Lei nº 9.611, de 19-2-1998, dispõe sobre o Transporte Multimodal de Cargas.

► Súm. nº 161 do STF.

► Súmulas nºs 109 e 145 do STJ.

Seção I
DISPOSIÇÕES GERAIS

Art. 730. Pelo contrato de transporte alguém se obriga, mediante retribuição, a transportar, de um lugar para outro, pessoas ou coisas.

► Art. 927, parágrafo único, deste Código.

Art. 731. O transporte exercido em virtude de autorização, permissão ou concessão, rege-se pelas normas regulamentares e pelo que for estabelecido naqueles atos, sem prejuízo do disposto neste Código.

► Arts. 21, XII, *d* e *e*, 25, § 1º, 30, V, 37, § 6º, e 175 da CF.

Art. 732. Aos contratos de transporte, em geral, são aplicáveis, quando couber, desde que não contrariem as disposições deste Código, os preceitos constantes da legislação especial e de tratados e convenções internacionais.

► En. nº 369 da IV Jornada de Direito Civil.

► En. nº 559 da VI Jornada de Direito Civil.

Art. 733. Nos contratos de transporte cumulativo, cada transportador se obriga a cumprir o contrato relativamente ao respectivo percurso, respondendo pelos danos nele causados a pessoas e coisas.

§ 1º O dano, resultante do atraso ou da interrupção da viagem, será determinado em razão da totalidade do percurso.

► Res. nº 141, de 9-3-2010, da ANAC, dispõe sobre as Condições Gerais de Transporte aplicáveis aos atrasos e cancelamentos de voos e às hipóteses de preterição de passageiros.

§ 2º Se houver substituição de algum dos transportadores no decorrer do percurso, a responsabilidade solidária estender-se-á ao substituto.

► Art. 927, parágrafo único, do CC.

Seção II
DO TRANSPORTE DE PESSOAS

► Arts. 83 a 85 do ECA.

► Lei nº 8.899, de 29-6-1994, concede passe livre às pessoas portadoras de deficiência no sistema de transporte coletivo interestadual, regulamentada pelo Dec. nº 3.691, de 19-12-2000.

Art. 734. O transportador responde pelos danos causados às pessoas transportadas e suas bagagens, salvo motivo de força maior, sendo nula qualquer cláusula excludente da responsabilidade.

► Arts. 393 e 927, parágrafo único, deste Código.

► Súm. nº 161 do STF.

Parágrafo único. É lícito ao transportador exigir a declaração do valor da bagagem a fim de fixar o limite da indenização.

► Art. 944 deste Código.

Art. 735. A responsabilidade contratual do transportador por acidente com o passageiro não é elidida por culpa de terceiro, contra o qual tem ação regressiva.

► Arts. 927, parágrafo único, 932, III, 933, 934 e 942, parágrafo único, deste Código.

► Súm. nº 187 do STF.

► En. nº 369 da IV Jornada de Direito Civil.

Art. 736. Não se subordina às normas do contrato de transporte o feito gratuitamente, por amizade ou cortesia.

► Súm. nº 145 do STJ.

► En. nº 549 da VI Jornada de Direito Civil.

Parágrafo único. Não se considera gratuito o transporte quando, embora feito sem remuneração, o transportador auferir vantagens indiretas.

Art. 737. O transportador está sujeito aos horários e itinerários previstos, sob pena de responder por perdas e danos, salvo motivo de força maior.

► Arts. 393 e 402 a 405 deste Código.

Art. 738. A pessoa transportada deve sujeitar-se às normas estabelecidas pelo transportador, constantes no bilhete ou afixadas à vista dos usuários, abstendo-se de quaisquer atos que causem incômodo ou prejuízo aos passageiros, danifiquem o veículo, ou dificultem ou impeçam a execução normal do serviço.

Parágrafo único. Se o prejuízo sofrido pela pessoa transportada for atribuível à transgressão de normas e instruções regulamentares, o juiz reduzirá equitativamente a indenização, na medida em que a vítima houver concorrido para a ocorrência do dano.

► Art. 945 deste Código.

Art. 739. O transportador não pode recusar passageiros, salvo os casos previstos nos regulamentos, ou se as condições de higiene ou de saúde do interessado o justificarem.

Art. 740. O passageiro tem direito a rescindir o contrato de transporte antes de iniciada a viagem, sendo-lhe devida a restituição do valor da passagem, desde que feita a comunicação ao transportador em tempo de ser renegociada.

§ 1º Ao passageiro é facultado desistir do transporte, mesmo depois de iniciada a viagem, sendo-lhe devida a restituição do valor correspondente ao trecho não utilizado, desde que provado que outra pessoa haja sido transportada em seu lugar.

§ 2º Não terá direito ao reembolso do valor da passagem o usuário que deixar de embarcar, salvo se provado que outra pessoa foi transportada em seu lugar, caso em que lhe será restituído o valor do bilhete não utilizado.

§ 3º Nas hipóteses previstas neste artigo, o transportador terá direito de reter até cinco por cento da importância a ser restituída ao passageiro, a título de multa compensatória.

Art. 741. Interrompendo-se a viagem por qualquer motivo alheio à vontade do transportador, ainda que em consequência de evento imprevisível, fica ele obrigado a concluir o transporte contratado em outro veículo da mesma categoria, ou, com a anuência do passageiro, por modalidade diferente, à sua custa, correndo também por sua conta as despesas de estada e alimentação do usuário, durante a espera de novo transporte.

Art. 742. O transportador, uma vez executado o transporte, tem direito de retenção sobre a bagagem de passageiro e outros objetos pessoais deste, para garantir-se do pagamento do valor da passagem que não tiver sido feito no início ou durante o percurso.

► Art. 644 deste Código.

Seção III
DO TRANSPORTE DE COISAS

► Súm. nº 151 do STF.

Art. 743. A coisa, entregue ao transportador, deve estar caracterizada pela sua natureza, valor, peso e quantidade, e o mais que for necessário para que não se confunda com outras, devendo o destinatário ser indicado ao menos pelo nome e endereço.

► Arts. 566 e segs. do CCom.

Art. 744. Ao receber a coisa, o transportador emitirá conhecimento com a menção dos dados que a identifiquem, obedecido o disposto em lei especial.

Parágrafo único. O transportador poderá exigir que o remetente lhe entregue, devidamente assinada, a relação discriminada das coisas a serem transportadas, em duas vias, uma das quais, por ele devidamente autenticada, ficará fazendo parte integrante do conhecimento.

► Art. 575 do CCom.

Art. 745. Em caso de informação inexata ou falsa descrição no documento a que se refere o artigo antecedente, será o transportador indenizado pelo prejuízo que sofrer, devendo a ação respectiva ser ajuizada no prazo de cento e vinte dias, a contar daquele ato, sob pena de decadência.

Art. 746. Poderá o transportador recusar a coisa cuja embalagem seja inadequada, bem como a que possa pôr em risco a saúde das pessoas, ou danificar o veículo e outros bens.

► Lei nº 9.611, de 19-2-1998, dispõe sobre o Transporte Multimodal de Cargas.

Art. 747. O transportador deverá obrigatoriamente recusar a coisa cujo transporte ou comercialização não sejam permitidos, ou que venha desacompanhada dos documentos exigidos por lei ou regulamento.

Art. 748. Até a entrega da coisa, pode o remetente desistir do transporte e pedi-la de volta, ou ordenar seja entregue a outro destinatário, pagando, em ambos os casos, os acréscimos de despesa decorrentes da contraordem, mais as perdas e danos que houver.

► Art. 473 deste Código.

Art. 749. O transportador conduzirá a coisa ao seu destino, tomando todas as cautelas necessárias para mantê-la em bom estado e entregá-la no prazo ajustado ou previsto.

Art. 750. A responsabilidade do transportador, limitada ao valor constante do conhecimento, começa no momento em que ele, ou seus prepostos, recebem a coisa; termina quando é entregue ao destinatário, ou depositada em juízo, se aquele não for encontrado.

► Art. 927, parágrafo único, deste Código.

Art. 751. A coisa, depositada ou guardada nos armazéns do transportador, em virtude de contrato de transporte, rege-se, no que couber, pelas disposições relativas a depósito.

► Arts. 627 a 652 deste Código.

Art. 752. Desembarcadas as mercadorias, o transportador não é obrigado a dar aviso ao destinatário, se assim não foi convencionado, dependendo também de ajuste a entrega a domicílio, e devem constar do conhecimento de embarque as cláusulas de aviso ou de entrega a domicílio.

Art. 753. Se o transporte não puder ser feito ou sofrer longa interrupção, o transportador solicitará, incontinenti, instruções ao remetente, e zelará pela coisa, por cujo perecimento ou deterioração responderá, salvo força maior.

§ 1º Perdurando o impedimento, sem motivo imputável ao transportador e sem manifestação do remetente, poderá aquele depositar a coisa em juízo, ou vendê-la, obedecidos os preceitos legais e regulamentares, ou os usos locais, depositando o valor.

► Arts. 334 a 345 deste Código.

► Arts. 539 e segs. do CPC.

§ 2º Se o impedimento for responsabilidade do transportador, este poderá depositar a coisa, por sua conta e risco, mas só poderá vendê-la se perecível.

§ 3º Em ambos os casos, o transportador deve informar o remetente da efetivação do depósito ou da venda.

§ 4º Se o transportador mantiver a coisa depositada em seus próprios armazéns, continuará a responder pela sua guarda e conservação, sendo-lhe devida, porém, uma remuneração pela custódia, a qual poderá ser contratualmente ajustada ou se conformará aos usos adotados em cada sistema de transporte.

► Arts. 627 a 652 deste Código.

Art. 754. As mercadorias devem ser entregues ao destinatário, ou a quem apresentar o conhecimento endossado, devendo aquele que as receber conferi-las e apresentar as reclamações que tiver, sob pena de decadência dos direitos.

► Art. 744 deste Código.

► Súm. nº 109 do STJ.

Parágrafo único. No caso de perda parcial ou de avaria não perceptível à primeira vista, o destinatário conserva a sua ação contra o transportador, desde que denuncie o dano em dez dias a contar da entrega.

Art. 755. Havendo dúvida acerca de quem seja o destinatário, o transportador deve depositar a mercadoria em juízo, se não lhe for possível obter instruções do remetente; se a demora puder ocasionar a deterioração da coisa, o transportador deverá vendê-la, depositando o saldo em juízo.

► Arts. 334 a 345 deste Código.

► Arts. 539 e segs. do CPC.

Art. 756. No caso de transporte cumulativo, todos os transportadores respondem solidariamente pelo dano causado perante o remetente, ressalvada a apuração final da responsabilidade entre eles, de modo que o ressarcimento recaia, por inteiro, ou proporcionalmente, naquele ou naqueles em cujo percurso houver ocorrido o dano.

► Arts. 275 a 285 deste Código.

CAPÍTULO XV

DO SEGURO

► Arts. 206, § 1º, II, *a* e *b*, e § 3º, IX, e 1.346 deste Código.

► Arts. 666 a 730 do CCom.

► Lei nº 5.764, de 16-12-1971 (Lei das Cooperativas).

► Lei nº 6.194, de 19-12-1974 (Lei do Seguro Obrigatório).

► Súmulas nºs 188 a 504 do STF.

Seção I

DISPOSIÇÕES GERAIS

Art. 757. Pelo contrato de seguro, o segurador se obriga, mediante o pagamento do prêmio, a garantir interesse legítimo do segurado, relativo a pessoa ou a coisa, contra riscos predeterminados.

► Súmulas nºs 31, 402, 426, 465, 529, 609, 610, 616, 620 e 632 do STJ.

► En. nº 185 da III Jornada de Direito Civil.

► Enunciados nºs 370 e 371 da IV Jornada de Direito Civil.

► Enunciados nºs 543 e 544 da VI Jornada de Direito Civil.

► En. nº 585 da VII Jornada de Direito Civil.

Parágrafo único. Somente pode ser parte, no contrato de seguro, como segurador, entidade para tal fim legalmente autorizada.

Art. 758. O contrato de seguro prova-se com a exibição da apólice ou do bilhete do seguro, e, na falta deles, por documento comprobatório do pagamento do respectivo prêmio.

► Art. 227, parágrafo único, deste Código.

Art. 759. A emissão da apólice deverá ser precedida de proposta escrita com a declaração dos elementos essenciais do interesse a ser garantido e do risco.

Art. 760. A apólice ou o bilhete de seguro serão nominativos, à ordem ou ao portador, e mencionarão os riscos assumidos, o início e o fim de sua validade, o limite da garantia e o prêmio devido, e, quando for o caso, o nome do segurado e o do beneficiário.

Parágrafo único. No seguro de pessoas, a apólice ou o bilhete não podem ser ao portador.

► Arts. 785, § 2º, 791 e 792 deste Código.

Art. 761. Quando o risco for assumido em cosseguro, a apólice indicará o segurador que administrará o contrato e representará os demais, para todos os seus efeitos.

Art. 762. Nulo será o contrato para garantia de risco proveniente de ato doloso do segurado, do beneficiário, ou de representante de um ou de outro.

► Arts. 677 e 678 do CCom.

Art. 763. Não terá direito a indenização o segurado que estiver em mora no pagamento do prêmio, se ocorrer o sinistro antes de sua purgação.

► Arts. 394 a 401 deste Código.

► Súmulas nºs 465 e 616 do STJ.

► Enunciados nºs 371 e 376 da IV Jornada de Direito Civil.

Art. 764. Salvo disposição especial, o fato de se não ter verificado o risco, em previsão do qual se faz o seguro, não exime o segurado de pagar o prêmio.

► Arts. 642 e 684 do CCom.

Art. 765. O segurado e o segurador são obrigados a guardar na conclusão e na execução do contrato, a mais estrita boa-fé e veracidade, tanto a respeito do objeto como das circunstâncias e declarações a ele concernentes.

► Enunciados nºs 542 e 543 da VI Jornada de Direito Civil.

Art. 766. Se o segurado, por si ou por seu representante, fizer declarações inexatas ou omitir circunstâncias que possam influir na aceitação da proposta ou na taxa do prêmio, perderá o direito à garantia, além de ficar obrigado ao prêmio vencido.

► En. nº 372 da IV Jornada de Direito Civil.

Parágrafo único. Se a inexatidão ou omissão nas declarações não resultar de má-fé do segurado, o segurador terá direito a resolver o contrato, ou a cobrar, mesmo após o sinistro, a diferença do prêmio.

► Arts. 677 e 678 deste Código.

Art. 767. No seguro à conta de outrem, o segurador pode opor ao segurado quaisquer defesas que tenha contra o estipulante, por descumprimento das normas de conclusão do contrato, ou de pagamento do prêmio.

Art. 768. O segurado perderá o direito à garantia se agravar intencionalmente o risco objeto do contrato.

► Arts. 677 e 678 deste Código.

Art. 769. O segurado é obrigado a comunicar ao segurador, logo que saiba, todo incidente suscetível de agravar consideravelmente o risco coberto, sob pena de perder o direito à garantia, se provar que silenciou de má-fé.

§ 1º O segurador, desde que o faça nos quinze dias seguintes ao recebimento do aviso da agravação do risco sem culpa do segurado, poderá dar-lhe ciência, por escrito, de sua decisão de resolver o contrato.

§ 2º A resolução só será eficaz trinta dias após a notificação, devendo ser restituída pelo segurador a diferença do prêmio.

Art. 770. Salvo disposição em contrário, a diminuição do risco no curso do contrato não acarreta a redução do prêmio estipulado; mas, se a redução do risco for considerável, o segurado poderá exigir a revisão do prêmio, ou a resolução do contrato.

Art. 771. Sob pena de perder o direito à indenização, o segurado participará o sinistro ao segurador, logo que o saiba, e tomará as providências imediatas para minorar-lhe as consequências.

► Súm. nº 229 do STJ.

Parágrafo único. Correm à conta do segurador, até o limite fixado no contrato, as despesas de salvamento consequente ao sinistro.

Art. 772. A mora do segurador em pagar o sinistro obriga à atualização monetária da indenização devida segundo índices oficiais regularmente estabelecidos, sem prejuízo dos juros moratórios.

Art. 773. O segurador que, ao tempo do contrato, sabe estar passado o risco de que o segurado se pretende cobrir, e, não obstante, expede a apólice, pagará em dobro o prêmio estipulado.

Art. 774. A recondução tácita do contrato pelo mesmo prazo, mediante expressa cláusula contratual, não poderá operar mais de uma vez.

Art. 775. Os agentes autorizados do segurador presumem-se seus representantes para todos os atos relativos aos contratos que agenciarem.

Art. 776. O segurador é obrigado a pagar em dinheiro o prejuízo resultante do risco assumido, salvo se convencionada a reposição da coisa.

Art. 777. O disposto no presente Capítulo aplica-se, no que couber, aos seguros regidos por leis próprias.

Seção II
DO SEGURO DE DANO

► Art. 3º, II, da Lei nº 9.099, de 26-9-1995 (Lei dos Juizados Especiais).

► Súm. nº 257 do STJ.

Art. 778. Nos seguros de dano, a garantia prometida não pode ultrapassar o valor do interesse segurado no momento da conclusão do contrato, sob pena do disposto no art. 766, e sem prejuízo da ação penal que no caso couber.

► Art. 677 do CCom.

Art. 779. O risco do seguro compreenderá todos os prejuízos resultantes ou consequentes, como sejam os estragos ocasionados para evitar o sinistro, minorar o dano, ou salvar a coisa.

Art. 780. A vigência da garantia, no seguro de coisas transportadas, começa no momento em que são pelo transportador recebidas, e cessa com a sua entrega ao destinatário.

Art. 781. A indenização não pode ultrapassar o valor do interesse segurado no momento do sinistro, e, em hipótese alguma, o limite máximo da garantia fixado na apólice, salvo em caso de mora do segurador.

Art. 782. O segurado que, na vigência do contrato, pretender obter novo seguro sobre o mesmo interesse, e contra o mesmo risco junto a outro segurador, deve previamente comunicar sua intenção por escrito ao primeiro, indicando a soma por que pretende segurar-se, a fim de se comprovar a obediência ao disposto no art. 778.

► Arts. 765, 778, 781 e 789 deste Código.

Art. 783. Salvo disposição em contrário, o seguro de um interesse por menos do que valha acarreta a redução proporcional da indenização, no caso de sinistro parcial.

Art. 784. Não se inclui na garantia o sinistro provocado por vício intrínseco da coisa segurada, não declarado pelo segurado.

Parágrafo único. Entende-se por vício intrínseco o defeito próprio da coisa, que se não encontra normalmente em outras da mesma espécie.

Art. 785. Salvo disposição em contrário, admite-se a transferência do contrato a terceiro com a alienação ou cessão do interesse segurado.

► Art. 959, I, deste Código.

§ 1º Se o instrumento contratual é nominativo, a transferência só produz efeitos em relação ao segurador mediante aviso escrito assinado pelo cedente e pelo cessionário.

► Súm. nº 465 do STJ.

§ 2º A apólice ou o bilhete à ordem só se transfere por endosso em preto, datado e assinado pelo endossante e pelo endossatário.

Art. 786. Paga a indenização, o segurador sub-roga-se, nos limites do valor respectivo, nos direitos e ações que competirem ao segurado contra o autor do dano.

► Arts. 346 a 351 deste Código.

► Súm. nº 257 do STF.

► En. nº 552 da VI Jornada de Direito Civil.

§ 1º Salvo dolo, a sub-rogação não tem lugar se o dano foi causado pelo cônjuge do segurado, seus descendentes ou ascendentes, consanguíneos ou afins.

§ 2º É ineficaz qualquer ato do segurado que diminua ou extinga, em prejuízo do segurador, os direitos a que se refere este artigo.

Art. 787. No seguro de responsabilidade civil, o segurador garante o pagamento de perdas e danos devidos pelo segurado a terceiro.

► Arts. 402 a 405 deste Código.

► Súmulas nºs 529 e 537 do STJ.

► En. nº 373 da IV Jornada de Direito Civil.

► Enunciados nºs 544 e 546 da VI Jornada de Direito Civil.

§ 1º Tão logo saiba o segurado das consequências de ato seu, suscetível de lhe acarretar a responsabilidade incluída na garantia, comunicará o fato ao segurador.

§ 2º É defeso ao segurado reconhecer sua responsabilidade ou confessar a ação, bem como transigir com o terceiro prejudicado, ou indenizá-lo diretamente, sem anuência expressa do segurador.

► Art. 422 deste Código.

► En. nº 546 da VI Jornada de Direito Civil.

§ 3º Intentada a ação contra o segurado, dará este ciência da lide ao segurador.

§ 4º Subsistirá a responsabilidade do segurado perante o terceiro, se o segurador for insolvente.

► Art. 955 deste Código.

Art. 788. Nos seguros de responsabilidade legalmente obrigatórios, a indenização por sinistro será paga pelo segurador diretamente ao terceiro prejudicado.

Parágrafo único. Demandado em ação direta pela vítima do dano, o segurador não poderá opor a exceção de contrato não cumprido pelo segurado, sem promover a citação deste para integrar o contraditório.

► Arts. 476 e 477 deste Código.

► Súm. nº 616 do STJ.

Seção III
DO SEGURO DE PESSOA

► Art. 36, parágrafo único, da LC nº 109, de 29-5-2001 (Lei do Regime de Previdência Complementar).

► Súmulas nºs 402 e 620 do STJ.

Art. 789. Nos seguros de pessoas, o capital segurado é livremente estipulado pelo proponente, que pode contratar mais de um seguro sobre o mesmo interesse, com o mesmo ou diversos seguradores.

Art. 790. No seguro sobre a vida de outros, o proponente é obrigado a declarar, sob pena de falsidade, o seu interesse pela preservação da vida do segurado.

► Súm. nº 105 do STF.

► Súm. nº 61 do STJ.

Parágrafo único. Até prova em contrário, presume-se o interesse, quando o segurado é cônjuge, ascendente ou descendente do proponente.

► En. nº 186 da III Jornada de Direito Civil.

Art. 791. Se o segurado não renunciar à faculdade, ou se o seguro não tiver como causa declarada a garantia de alguma obrigação, é lícita a substituição do beneficiário, por ato entre vivos ou de última vontade.

Parágrafo único. O segurador, que não for cientificado oportunamente da substituição, desobrigar-se-á pagando o capital segurado ao antigo beneficiário.

► Art. 438 deste Código.

Art. 792. Na falta de indicação da pessoa ou beneficiário, ou se por qualquer motivo não prevalecer a que for feita, o capital segurado será pago por metade ao cônjuge não separado judicialmente, e o restante aos herdeiros do segurado, obedecida a ordem da vocação hereditária.

► Arts. 1.798 a 1.803 deste Código.

► Art. 1º do Dec.-lei nº 5.384, de 8-4-1943, que dispõe sobre os beneficiários de seguro de vida.

► En. nº 374 da IV Jornada de Direito Civil.

Parágrafo único. Na falta das pessoas indicadas neste artigo, serão beneficiários os que provarem que a morte do segurado os privou dos meios necessários à subsistência.

► Art. 438 deste Código.

Art. 793. É válida a instituição do companheiro como beneficiário, se ao tempo do contrato o segurado era separado judicialmente, ou já se encontrava separado de fato.

► Arts. 1.723 a 1.727 deste Código.

Art. 794. No seguro de vida ou de acidentes pessoais para o caso de morte, o capital estipulado não está sujeito às dívidas do segurado, nem se considera herança para todos os efeitos de direito.

► Arts. 784, VI, e 833, VI, do CPC.

Art. 795. É nula, no seguro de pessoa, qualquer transação para pagamento reduzido do capital segurado.

► Arts. 422 e 840 a 850 deste Código.

► En. nº 374 da IV Jornada de Direito Civil.

Art. 796. O prêmio, no seguro de vida, será conveniado por prazo limitado, ou por toda a vida do segurado.

► En. nº 543 da VI Jornada de Direito Civil.

Parágrafo único. Em qualquer hipótese, no seguro individual, o segurador não terá ação para cobrar o prêmio vencido, cuja falta de pagamento, nos prazos previstos, acarretará, conforme se estipular, a resolução do contrato, com a restituição da reserva já formada, ou a redução do capital garantido proporcionalmente ao prêmio pago.

Art. 797. No seguro de vida para o caso de morte, é lícito estipular-se um prazo de carência, durante o qual o segurador não responde pela ocorrência do sinistro.

Parágrafo único. No caso deste artigo o segurador é obrigado a devolver ao beneficiário o montante da reserva técnica já formada.

► Súmulas nºs 609 e 610 do STJ.

Art. 798. O beneficiário não tem direito ao capital estipulado quando o segurado se suicida nos primeiros dois anos de vigência inicial do contrato, ou da sua recondução depois de suspenso, observado o disposto no parágrafo único do artigo antecedente.

► Enunciado 187 da III Jornada de Direito Civil.

Parágrafo único. Ressalvada a hipótese prevista neste artigo, é nula a cláusula contratual que exclui o pagamento do capital por suicídio do segurado.

► Súm. nº 105 do STF.

► Súm. nº 61 do STJ.

Art. 799. O segurador não pode eximir-se ao pagamento do seguro, ainda que da apólice conste a restrição, se a morte ou a incapacidade do segurado provier da utilização de meio de transporte mais arriscado, da prestação de serviço militar, da prática de esporte, ou de atos de humanidade em auxílio de outrem.

Art. 800. Nos seguros de pessoas, o segurador não pode sub-rogar-se nos direitos e ações do segurado, ou do beneficiário, contra o causador do sinistro.

► Art. 786 deste Código.

Art. 801. O seguro de pessoas pode ser estipulado por pessoa natural ou jurídica em proveito de grupo que a ela, de qualquer modo, se vincule.

► Súm. nº 101 do STJ.

► En. nº 375 da IV Jornada de Direito Civil.

§ 1º O estipulante não representa o segurador perante o grupo segurado, e é o único responsável, para com o segurador, pelo cumprimento de todas as obrigações contratuais.

§ 2º A modificação da apólice em vigor dependerá da anuência expressa de segurados que representem três quartos do grupo.

Art. 802. Não se compreende nas disposições desta Seção a garantia do reembolso de despesas hospitalares ou de tratamento médico, nem o custeio das despesas de luto e de funeral do segurado.

CAPÍTULO XVI
DA CONSTITUIÇÃO DE RENDA

Art. 803. Pode uma pessoa, pelo contrato de constituição de renda, obrigar-se para com outra a uma prestação periódica, a título gratuito.

► Arts. 809 e 813 deste Código.

Art. 804. O contrato pode ser também a título oneroso, entregando-se bens móveis ou imóveis à pessoa que se obriga a satisfazer as prestações a favor do credor ou de terceiros.

► Art. 809 deste Código.

Art. 805. Sendo o contrato a título oneroso, pode o credor, ao contratar, exigir que o rendeiro lhe preste garantia real, ou fidejussória.

Art. 806. O contrato de constituição de renda será feito a prazo certo, ou por vida, podendo ultrapassar a vida do devedor mas não a do credor, seja ele o contratante, seja terceiro.

Art. 807. O contrato de constituição de renda requer escritura pública.

► Art. 109 deste Código.

Art. 808. É nula a constituição de renda em favor de pessoa já falecida, ou que, nos trinta dias seguintes, vier a falecer de moléstia que já sofria, quando foi celebrado o contrato.

Art. 809. Os bens dados em compensação da renda caem, desde a tradição, no domínio da pessoa que por aquela se obrigou.

► Art. 1.359 deste Código.

Art. 810. Se o rendeiro, ou censuário, deixar de cumprir a obrigação estipulada, poderá o credor da renda acioná-lo, tanto para que lhe pague as prestações atrasadas como para que lhe dê garantias das futuras, sob pena de rescisão do contrato.

► Arts. 475 a 477 deste Código.

Art. 811. O credor adquire o direito à renda dia a dia, se a prestação não houver de ser paga adiantada, no começo de cada um dos períodos prefixos.

Art. 812. Quando a renda for constituída em benefício de duas ou mais pessoas, sem determinação da parte de cada uma, entende-se que os seus direitos são iguais; e, salvo estipulação diversa, não adquirirão os sobrevivos direito à parte dos que morrerem.

Art. 813. A renda constituída por título gratuito pode, por ato do instituidor, ficar isenta de todas as execuções pendentes e futuras.

Parágrafo único. A isenção prevista neste artigo prevalece de pleno direito em favor dos montepios e pensões alimentícias.

CAPÍTULO XVII

DO JOGO E DA APOSTA

Art. 814. As dívidas de jogo ou de aposta não obrigam a pagamento; mas não se pode recobrar a quantia, que voluntariamente se pagou, salvo se foi ganha por dolo, ou se o perdente é menor ou interdito.

► Arts. 166, II, e 816 deste Código.

§ 1º Estende-se esta disposição a qualquer contrato que encubra ou envolva reconhecimento, novação ou fiança de dívida de jogo; mas a nulidade resultante não pode ser oposta ao terceiro de boa-fé.

► Arts. 360 e 367 deste Código.

§ 2º O preceito contido neste artigo tem aplicação, ainda que se trate de jogo não proibido, só se excetuando os jogos e apostas legalmente permitidos.

§ 3º Excetuam-se, igualmente, os prêmios oferecidos ou prometidos para o vencedor em competição de natureza esportiva, intelectual ou artística, desde que os interessados se submetam às prescrições legais e regulamentares.

Art. 815. Não se pode exigir reembolso do que se emprestou para jogo ou aposta, no ato de apostar ou jogar.

Art. 816. As disposições dos arts. 814 e 815 não se aplicam aos contratos sobre títulos de bolsa, mercadorias ou valores, em que se estipulem a liquidação exclusivamente pela diferença entre o preço ajustado e a cotação que eles tiverem no vencimento do ajuste.

Art. 817. O sorteio para dirimir questões ou dividir coisas comuns considera-se sistema de partilha ou processo de transação, conforme o caso.

► Arts. 840 a 850 e 2.013 a 2.022 deste Código.

CAPÍTULO XVIII

DA FIANÇA

SEÇÃO I

DISPOSIÇÕES GERAIS

Art. 818. Pelo contrato de fiança, uma pessoa garante satisfazer ao credor uma obrigação assumida pelo devedor, caso este não a cumpra.

► Arts. 814, § 1º, 1.642, IV, e 1.647, II, deste Código.

► Arts. 477, 481, 483, 527, 535, 548, item 4, 580, 595, 604, 609, 612, 784 e 785 do CCom.

► Art. 129, § 3º, da Lei nº 6.015, de 31-12-1973 (Lei dos Registros Públicos).

► Arts. 23, XI, 37, II e III, 40, V e X, 41 e 71, VI, da Lei nº 8.245, de 18-10-1991 (Lei das Locações).

Art. 819. A fiança dar-se-á por escrito, e não admite interpretação extensiva.

► Arts. 114, 1.642, IV, e 1.647, III, deste Código.

► Súm. nº 214 do STJ.

Art. 819-A. VETADO. Lei nº 10.931, de 2-8-2004.

Art. 820. Pode-se estipular a fiança, ainda que sem consentimento do devedor ou contra a sua vontade.

Art. 821. As dívidas futuras podem ser objeto de fiança; mas o fiador, neste caso, não será demandado senão depois que se fizer certa e líquida a obrigação do principal devedor.

Art. 822. Não sendo limitada, a fiança compreenderá todos os acessórios da dívida principal, inclusive as despesas judiciais, desde a citação do fiador.

Art. 823. A fiança pode ser de valor inferior ao da obrigação principal e contraída em condições menos onerosas, e, quando exceder o valor da dívida, ou for mais onerosa que ela, não valerá senão até ao limite da obrigação afiançada.

► Art. 830 deste Código.

Art. 824. As obrigações nulas não são suscetíveis de fiança, exceto se a nulidade resultar apenas de incapacidade pessoal do devedor.

► Art. 837 deste Código.

Parágrafo único. A exceção estabelecida neste artigo não abrange o caso de mútuo feito a menor.

► Art. 588 deste Código.

Art. 825. Quando alguém houver de oferecer fiador, o credor não pode ser obrigado a aceitá-lo se não for pessoa idônea, domiciliada no município onde tenha de prestar a fiança, e não possua bens suficientes para cumprir a obrigação.

Art. 826. Se o fiador se tornar insolvente ou incapaz, poderá o credor exigir que seja substituído.

► Art. 333, III, deste Código.

SEÇÃO II

DOS EFEITOS DA FIANÇA

Art. 827. O fiador demandado pelo pagamento da dívida tem direito a exigir, até a contestação da lide, que sejam primeiro executados os bens do devedor.

► Art. 839 deste Código.

► Art. 794 do CPC.

Parágrafo único. O fiador que alegar o benefício de ordem, a que se refere este artigo, deve nomear bens do devedor, sitos no mesmo município, livres e desembargados, quantos bastem para solver o débito.

Art. 828. Não aproveita este benefício ao fiador:

► Art. 838 deste Código.

► En. nº 364 da IV Jornada de Direito Civil.

I – se ele o renunciou expressamente;

II – se se obrigou como principal pagador, ou devedor solidário;

► Arts. 264 a 285 deste Código.

III – se o devedor for insolvente, ou falido.

Art. 829. A fiança conjuntamente prestada a um só débito por mais de uma pessoa importa o compromisso de solidariedade entre elas, se declaradamente não se reservarem o benefício de divisão.

► Art. 130 do CPC.

Parágrafo único. Estipulado este benefício, cada fiador responde unicamente pela parte que, em proporção, lhe couber no pagamento.

Art. 830. Cada fiador pode fixar no contrato a parte da dívida que toma sob sua responsabilidade, caso em que não será por mais obrigado.

Art. 831. O fiador que pagar integralmente a dívida fica sub-rogado nos direitos do credor; mas só poderá demandar a cada um dos outros fiadores pela respectiva quota.

► Art. 346, III, deste Código.

Parágrafo único. A parte do fiador insolvente distribuir-se-á pelos outros.

► Art. 794, § 2º, do CPC.

Art. 832. O devedor responde também perante o fiador por todas as perdas e danos que este pagar, e pelos que sofrer em razão da fiança.

► Arts. 402 a 405 deste Código.

Art. 833. O fiador tem direito aos juros do desembolso pela taxa estipulada na obrigação principal, e, não havendo taxa convencionada, aos juros legais da mora.

► Arts. 406 e 407 deste Código.

Art. 834. Quando o credor, sem justa causa, demorar a execução iniciada contra o devedor, poderá o fiador promover-lhe o andamento.

► Art. 778 do CPC.

Art. 835. O fiador poderá exonerar-se da fiança que tiver assinado sem limitação de tempo, sempre que lhe convier, ficando obrigado por todos os efeitos da fiança, durante sessenta dias após a notificação do credor.

► Art. 2.036 deste Código.

► Art. 39 da Lei nº 8.245, de 18-10-1991 (Lei das Locações).

► Súm. nº 214 do STJ.

► En. nº 547 da VI Jornada de Direito Civil.

Art. 836. A obrigação do fiador passa aos herdeiros; mas a responsabilidade da fiança se limita ao tempo decorrido até a morte do fiador, e não pode ultrapassar as forças da herança.

► Arts. 1.792, 1.821 e 1.997 deste Código.

Seção III
DA EXTINÇÃO DA FIANÇA

Art. 837. O fiador pode opor ao credor as exceções que lhe forem pessoais, e as extintivas da obrigação que competem ao devedor principal, se não provierem simplesmente de incapacidade pessoal, salvo o caso do mútuo feito a pessoa menor.

► Arts. 204, 366, 371, 376, 588, 824 e 844, § 1º, deste Código.

Art. 838. O fiador, ainda que solidário, ficará desobrigado:

► Arts. 828 e 829 deste Código.

I – se, sem consentimento seu, o credor conceder moratória ao devedor;

II – se, por fato do credor, for impossível a sub-rogação nos seus direitos e preferências;

► Arts. 346 a 351 deste Código.

III – se o credor, em pagamento da dívida, aceitar amigavelmente do devedor objeto diverso do que este era obrigado a lhe dar, ainda que depois venha a perdê-lo por evicção.

► Arts. 356 a 359 e 447 a 457 deste Código.

Art. 839. Se for invocado o benefício da excussão e o devedor, retardando-se a execução, cair em insolvência, ficará exonerado o fiador que o invocou, se provar que os bens por ele indicados eram, ao tempo da penhora, suficientes para a solução da dívida afiançada.

CAPÍTULO XIX
DA TRANSAÇÃO

Art. 840. É lícito aos interessados prevenirem ou terminarem o litígio mediante concessões mútuas.

► Art. 661, § 2º, deste Código.

► Arts. 90, 122, 487, III, *b*, 535, VI, 619, II, e 924 do CPC.

► En. nº 442 da Jornada de Direito Civil.

Art. 841. Só quanto a direitos patrimoniais de caráter privado se permite a transação.

► Art. 846 deste Código.

► Art. 392 do CPC.

Art. 842. A transação far-se-á por escritura pública, nas obrigações em que a lei o exige, ou por instrumento particular, nas em que ela o admite; se recair sobre direitos contestados em juízo, será feita por escritura pública, ou por termo nos autos, assinado pelos transigentes e homologado pelo juiz.

► Art. 108 deste Código.

► Art. 359 do CPC.

Art. 843. A transação interpreta-se restritivamente, e por ela não se transmitem, apenas se declaram ou reconhecem direitos.

Art. 844. A transação não aproveita, nem prejudica senão aos que nela intervierem, ainda que diga respeito a coisa indivisível.

► Arts. 257 a 263 e 314 deste Código.

► En. nº 442 da V Jornada de Direito Civil.

§ 1º Se for concluída entre o credor e o devedor, desobrigará o fiador.

§ 2º Se entre um dos credores solidários e o devedor, extingue a obrigação deste para com os outros credores.

► Arts. 267 a 274 e 314 deste Código.

► Art. 1.005, parágrafo único, do CPC.

§ 3º Se entre um dos devedores solidários e seu credor, extingue a dívida em relação aos codevedores.

Art. 845. Dada a evicção da coisa renunciada por um dos transigentes, ou por ele transferida à outra parte, não revive a obrigação extinta pela transação; mas ao evicto cabe o direito de reclamar perdas e danos.

► Arts. 402 a 405 e 447 a 457 deste Código.

Parágrafo único. Se um dos transigentes adquirir, depois da transação, novo direito sobre a coisa renunciada ou transferida, a transação feita não o inibirá de exercê-lo.

Art. 846. A transação concernente a obrigações resultantes de delito não extingue a ação penal pública.

Art. 847. É admissível, na transação, a pena convencional.

► Arts. 408 a 416 deste Código.

Art. 848. Sendo nula qualquer das cláusulas da transação, nula será esta.

► Arts. 166 a 170 deste Código.

Parágrafo único. Quando a transação versar sobre diversos direitos contestados, independentes entre si, o fato de não prevalecer em relação a um não prejudicará os demais.

Art. 849. A transação só se anula por dolo, coação, ou erro essencial quanto à pessoa ou coisa controversa.

► Arts. 138, 139, III, a 155 e 171 deste Código.

Parágrafo único. A transação não se anula por erro de direito a respeito das questões que foram objeto de controvérsia entre as partes.

Art. 850. É nula a transação a respeito do litígio decidido por sentença passada em julgado, se dela não tinha ciência algum dos transatores, ou quando, por título ulteriormente descoberto, se verificar que nenhum deles tinha direito sobre o objeto da transação.

CAPÍTULO XX
DO COMPROMISSO

► Arts. 42, 485, VII, 337, § 5º, e 1.012, § 1º, IV, do CPC.

► Lei nº 9.307, de 23-9-1996 (Lei da Arbitragem).

Art. 851. É admitido compromisso, judicial ou extrajudicial, para resolver litígios entre pessoas que podem contratar.

► Art. 661, § 2º, deste Código.

► Art. 9º da Lei nº Lei nº 9.307, de 23-9-1996 (Lei da Arbitragem).

Art. 852. É vedado compromisso para solução de questões de estado, de direito pessoal de família e de outras que não tenham caráter estritamente patrimonial.

► Art. 1º da Lei nº 9.307, de 23-9-1996 (Lei da Arbitragem).

Art. 853. Admite-se nos contratos a cláusula compromissória, para resolver divergências mediante juízo arbitral, na forma estabelecida em lei especial.

► Arts. 4º e segs. da Lei nº 9.307, de 23-9-1996 (Lei da Arbitragem).

TÍTULO VII – DOS ATOS UNILATERAIS

CAPÍTULO I
DA PROMESSA DE RECOMPENSA

Art. 854. Aquele que, por anúncios públicos, se comprometer a recompensar, ou gratificar, a quem preencha certa condição, ou desempenhe certo serviço, contrai obrigação de cumprir o prometido.

► Art. 427 deste Código.

► Lei nº 5.768, de 20-12-1971, abre a legislação sobre distribuição gratuita de prêmios, mediante sorteio, vale-brinde ou concurso, a título de propaganda, estabelece normas de proteção à poupança popular.

► Súm. nº 15 do STF.

Art. 855. Quem quer que, nos termos do artigo antecedente, fizer o serviço, ou satisfizer a condição, ainda que não pelo interesse da promessa, poderá exigir a recompensa estipulada.

► Art. 121 deste Código.

Art. 856. Antes de prestado o serviço ou preenchida a condição, pode o promitente revogar a promessa, contanto que o faça com a mesma publicidade; se houver assinado prazo à execução da tarefa, entender-se-á que renuncia o arbítrio de retirar, durante ele, a oferta.

► Art. 859 deste Código.

Parágrafo único. O candidato de boa-fé, que houver feito despesas, terá direito a reembolso.

► Art. 422 deste Código.

Art. 857. Se o ato contemplado na promessa for praticado por mais de um indivíduo, terá direito à recompensa o que primeiro o executou.

► Art. 817 deste Código.

Art. 858. Sendo simultânea a execução, a cada um tocará quinhão igual na recompensa; se esta não for divisível, conferir-se-á por sorteio, e o que obtiver a coisa dará ao outro o valor de seu quinhão.

Art. 859. Nos concursos que se abrirem com promessa pública de recompensa, é condição essencial, para valerem, a fixação de um prazo, observadas também as disposições dos parágrafos seguintes.

► Art. 856 deste Código.

§ 1º A decisão da pessoa nomeada, nos anúncios, como juiz, obriga os interessados.

§ 2º Em falta de pessoa designada para julgar o mérito dos trabalhos que se apresentarem, entender-se-á que o promitente se reservou essa função.

§ 3º Se os trabalhos tiverem mérito igual, proceder-se-á de acordo com os arts. 857 e 858.

Art. 860. As obras premiadas, nos concursos de que trata o artigo antecedente, só ficarão pertencendo ao promitente, se assim for estipulado na publicação da promessa.

CAPÍTULO II
DA GESTÃO DE NEGÓCIOS

Art. 861. Aquele que, sem autorização do interessado, intervém na gestão de negócio alheio, dirigi-lo-á segundo o interesse e a vontade presumível de seu dono, ficando responsável a este e às pessoas com que tratar.

► Arts. 665, 866 e 869 deste Código.

► Arts. 53, IV, *b*, e 121, parágrafo único, do CPC.

Art. 862. Se a gestão foi iniciada contra a vontade manifesta ou presumível do interessado, responderá o gestor até pelos casos fortuitos, não provando que teriam sobrevindo, ainda quando se houvesse abatido.

► A palavra oficial "abatido" para melhor entendimento deve ser entendida como "abstido".

► Arts. 868 e 874 deste Código.

Art. 863. No caso do artigo antecedente, se os prejuízos da gestão excederem o seu proveito, poderá o dono do negócio exigir que o gestor restitua as coisas ao estado anterior, ou o indenize da diferença.

► Arts. 870 a 874 deste Código.

Art. 864. Tanto que se possa, comunicará o gestor ao dono do negócio a gestão que assumiu, aguardando-lhe a resposta, se da espera não resultar perigo.

Art. 865. Enquanto o dono não providenciar, velará o gestor pelo negócio, até o levar a cabo, esperando, se aquele falecer durante a gestão, as instruções dos herdeiros, sem se descuidar, entretanto, das medidas que o caso reclame.

► Art. 674 deste Código.

Art. 866. O gestor envidará toda sua diligência habitual na administração do negócio, ressarcindo ao dono o prejuízo resultante de qualquer culpa na gestão.

► Arts. 667, 862 e 868 deste Código.

Art. 867. Se o gestor se fizer substituir por outrem, responderá pelas faltas do substituto, ainda que seja pessoa idônea, sem prejuízo da ação que a ele, ou ao dono do negócio, contra ela possa caber.

► Arts. 275 a 285 e 667 deste Código.

Parágrafo único. Havendo mais de um gestor, solidária será a sua responsabilidade.

► Art. 672 deste Código.

Art. 868. O gestor responde pelo caso fortuito quando fizer operações arriscadas, ainda que o dono costumasse fazê-las, ou quando preterir interesse deste em proveito de interesses seus.

► Art. 393 deste Código.

Parágrafo único. Querendo o dono aproveitar-se da gestão, será obrigado a indenizar o gestor das despesas necessárias, que tiver feito, e dos prejuízos, que por motivo da gestão, houver sofrido.

Art. 869. Se o negócio for utilmente administrado, cumprirá ao dono as obrigações contraídas em seu nome, reembolsando ao gestor as despesas necessárias ou úteis que houver feito, com os juros legais, desde o desembolso, respondendo ainda pelos prejuízos que este houver sofrido por causa da gestão.

► Arts. 305, *caput*, 406, 407, 861, 868, parágrafo único, 870 e 873 deste Código.

§ 1º A utilidade, ou necessidade, da despesa, apreciar-se-á não pelo resultado obtido, mas segundo as circunstâncias da ocasião em que se fizerem.

§ 2º Vigora o disposto neste artigo, ainda quando o gestor, em erro quanto ao dono do negócio, der a outra pessoa as contas da gestão.

Art. 870. Aplica-se a disposição do artigo antecedente, quando a gestão se proponha a acudir a prejuízos iminentes, ou redunde em proveito do dono do negócio ou da coisa; mas a indenização ao gestor não excederá, em importância, as vantagens obtidas com a gestão.

Art. 871. Quando alguém, na ausência do indivíduo obrigado a alimentos, por ele os prestar a quem se devem, poder-lhes-á reaver do devedor a importância, ainda que este não ratifique o ato.

► Arts. 305, 872, 1.694 e segs. deste Código.

► Lei nº 5.478, de 25-7-1968 (Lei da Ação de Alimentos).

Art. 872. Nas despesas do enterro, proporcionadas aos usos locais e à condição do falecido, feitas por terceiro, podem ser cobradas da pessoa que teria a obrigação de alimentar a que veio a falecer, ainda mesmo que esta não tenha deixado bens.

Parágrafo único. Cessa o disposto neste artigo e no antecedente, em se provando que o gestor fez essas despesas com o simples intento de bem fazer.

Art. 873. A ratificação pura e simples do dono do negócio retroage ao dia do começo da gestão, e produz todos os efeitos do mandato.

► Arts. 172 e 653 a 692 deste Código.

Art. 874. Se o dono do negócio, ou da coisa, desaprovar a gestão, considerando-a contrária aos seus interesses, vigorará o disposto nos arts. 862 e 863, salvo o estabelecido nos arts. 869 e 870.

Art. 875. Se os negócios alheios forem conexos ao do gestor, de tal arte que se não possam gerir separadamente, haver-se-á o gestor por sócio daquele cujos interesses agenciar de envolta com os seus.

Parágrafo único. No caso deste artigo, aquele em cujo benefício interveio o gestor só é obrigado na razão das vantagens que lograr.

CAPÍTULO III
DO PAGAMENTO INDEVIDO

Art. 876. Todo aquele que recebeu o que lhe não era devido fica obrigado a restituir; obrigação que incumbe àquele que recebe dívida condicional antes de cumprida a condição.

► Arts. 125 e 880 deste Código.

Art. 877. Àquele que voluntariamente pagou o indevido incumbe a prova de tê-lo feito por erro.

► Súm. nº 322 do STJ.

Art. 878. Aos frutos, acessões, benfeitorias e deteriorações sobrevindas à coisa dada em pagamento indevido, aplica-se o disposto neste Código sobre o possuidor de boa-fé ou de má-fé, conforme o caso.

► Arts. 1.214 e 1.216 a 1.220 deste Código.

Art. 879. Se aquele que indevidamente recebeu um imóvel o tiver alienado em boa-fé, por título oneroso, responde somente pela quantia recebida; mas, se agiu de má-fé, além do valor do imóvel, responde por perdas e danos.

► Arts. 402 a 405 deste Código.

Parágrafo único. Se o imóvel foi alienado por título gratuito, ou se, alienado por título oneroso, o terceiro adquirente agiu de má-fé, cabe ao que pagou por erro o direito de reivindicação.

Art. 880. Fica isento de restituir pagamento indevido aquele que, recebendo-o como parte de dívida verdadeira, inutilizou o título, deixou prescrever a pretensão ou abriu mão das garantias que asseguravam seu direito; mas aquele que pagou dispõe de ação regressiva contra o verdadeiro devedor e seu fiador.

► Art. 305 deste Código.

Art. 881. Se o pagamento indevido tiver consistido no desempenho de obrigação de fazer ou para eximir-se da obrigação de não fazer, aquele que recebeu a prestação fica na obrigação de indenizar o que a cumpriu, na medida do lucro obtido.

Art. 882. Não se pode repetir o que se pagou para solver dívida prescrita, ou cumprir obrigação judicialmente inexigível.

► Arts. 564, III, e 814 deste Código.

Art. 883. Não terá direito à repetição aquele que deu alguma coisa para obter fim ilícito, imoral, ou proibido por lei.

Parágrafo único. No caso deste artigo, o que se deu reverterá em favor de estabelecimento local de beneficência, a critério do juiz.

CAPÍTULO IV
DO ENRIQUECIMENTO SEM CAUSA

Art. 884. Aquele que, sem justa causa, se enriquecer à custa de outrem, será obrigado a restituir o indevidamente auferido, feita a atualização dos valores monetários.

► En. nº 35 da I Jornada de Direito Civil.

► En. nº 188 da III Jornada de Direito Civil.

► Enunciados nºs 482 e 487 da V Jornada de Direito Civil.

► En. nº 551 da VI Jornada de Direito Civil.

Parágrafo único. Se o enriquecimento tiver por objeto coisa determinada, quem a recebeu é obrigado a restituí-la, e, se a coisa não mais subsistir, a restituição se fará pelo valor do bem na época em que foi exigido.

► Art. 206, § 3º, IV, deste Código.

Art. 885. A restituição é devida, não só quando não tenha havido causa que justifique o enriquecimento, mas também se esta deixou de existir.

Art. 886. Não caberá a restituição por enriquecimento, se a lei conferir ao lesado outros meios para se ressarcir do prejuízo sofrido.

► En. nº 36 da I Jornada de Direito Civil.

TÍTULO VIII – DOS TÍTULOS DE CRÉDITO

► Lei nº 5.474, de 18-7-1968 (Lei das Duplicatas).

► Lei nº 6.313, de 16-12-1975, dispõe sobre títulos de crédito à exportação.

► Lei nº 7.357, de 2-9-1985, dispõe sobre o cheque.

► Lei nº 8.929, de 22-8-1994, institui a Cédula de Produto Rural.

► Lei nº 10.931, de 2-8-2004, dispõe sobre o patrimônio de afetação de incorporações imobiliárias, Letra de Crédito Imobiliário, Cédula de Crédito Imobiliário, Cédula de Crédito Bancário.

► Lei nº 11.076, de 30-12-2004, dispõe sobre o Certificado de Depósito Agropecuário – CDA, o Warrant Agropecuário – WA, o Certificado de Direitos Creditórios do Agronegócio – CDCA, a Letra de Crédito do Agronegócio – LCA e o Certificado de Recebíveis do Agronegócio – CRA.

► Dec.-lei nº 167, de 14-2-1967 (Lei de Execução de Cédula de Crédito Rural).

► Dec.-lei nº 413, de 10-1-1969 (Lei de Execução de Cédula de Crédito Industrial).

► Dec. nº 2.044, de 31-12-1908, define a letra de câmbio e a nota promissória e regula as Operações Cambiais.

► Dec. nº 57.595, de 7-1-1966 (Lei Uniforme em Matéria de Cheque).

► Dec. nº 57.663, de 24-1-1966 (Lei Uniforme em Matéria de Letras de Câmbio e Notas Promissórias).

CAPÍTULO I
DISPOSIÇÕES GERAIS

Art. 887. O título de crédito, documento necessário ao exercício do direito literal e autônomo nele contido, somente produz efeito quando preencha os requisitos da lei.

► Arts. 206, § 3º, VIII, e 889 deste Código.

► Art. 784, I, do CPC.

Art. 888. A omissão de qualquer requisito legal, que tire ao escrito a sua validade como título de crédito, não implica a invalidade do negócio jurídico que lhe deu origem.

► Arts. 166 a 184 deste Código.

► Súm. nº 387 do STF.

Art. 889. Deve o título de crédito conter a data da emissão, a indicação precisa dos direitos que confere, e a assinatura do emitente.

► Art. 2º da Lei nº 5.474, de 18-7-1968 (Lei das Duplicatas).

► Art. 2º da Lei nº 7.357, de 2-9-1985 (Lei do Cheque).

► Arts. 1º e 54 do Dec. nº 2.044, de 31-12-1908 (Lei da Letra de Câmbio e da Nota Promissória).

► Arts. 1º, 2º e 76 do Dec. nº 57.663, de 24-1-1966 (Lei Uniforme em Matéria de Letras de Câmbio e Notas Promissórias).

§ 1º É à vista o título de crédito que não contenha indicação de vencimento.

► Art. 331 deste Código.

§ 2º Considera-se lugar de emissão e de pagamento, quando não indicado no título, o domicílio do emitente.

► Art. 327 deste Código.

§ 3º O título poderá ser emitido a partir dos caracteres criados em computador ou meio técnico equivalente e que constem da escrituração do emitente, observados os requisitos mínimos previstos neste artigo.

► En. nº 462 da V Jornada de Direito Civil.

Art. 890. Consideram-se não escritas no título a cláusula de juros, a proibitiva de endosso, a excludente de responsabilidade pelo pagamento ou por despesas, a que dispense a observância de termos e formalidade prescritas, e a que, além dos limites fixados em lei, exclua ou restrinja direitos e obrigações.

Art. 891. O título de crédito, incompleto ao tempo da emissão, deve ser preenchido de conformidade com os ajustes realizados.

► Art. 16 da Lei nº 7.357, de 2-9-1985 (Lei do Cheque).

► Súm. nº 387 do STJ.

Parágrafo único. O descumprimento dos ajustes previstos neste artigo pelos que deles participaram, não constitui motivo de oposição ao terceiro portador, salvo se este, ao adquirir o título, tiver agido de má-fé.

► Art. 10 do Anexo I do Dec. nº 57.663, de 24-1-1966 (Lei Uniforme em Matéria de Letras de Câmbio e Notas Promissórias).

Art. 892. Aquele que, sem ter poderes, ou excedendo os que tem, lança a sua assinatura em título de crédito, como mandatário ou representante de outrem, fica pessoalmente obrigado, e, pagando o título, tem ele os mesmos direitos que teria o suposto mandante ou representado.

► Arts. 661, 662, 663 e 665 deste Código.

Art. 893. A transferência do título de crédito implica a de todos os direitos que lhe são inerentes.

Art. 894. O portador de título representativo de mercadoria tem o direito de transferi-lo, de conformidade com as normas que regulam a sua circulação, ou de receber aquela independentemente de quaisquer formalidades, além da entrega do título devidamente quitado.

► Arts. 319 e 321 deste Código.

Art. 895. Enquanto o título de crédito estiver em circulação, só ele poderá ser dado em garantia, ou ser objeto de medidas judiciais, e não, separadamente, os direitos ou mercadorias que representa.

Art. 896. O título de crédito não pode ser reivindicado do portador que o adquiriu de boa-fé e na conformidade das normas que disciplinam a sua circulação.

► Art. 24 da Lei nº 7.357, de 2-9-1985 (Lei do Cheque).

► Art. 39, § 2º, do Dec. nº 2.044, de 31-12-1908 (Lei da Letra de Câmbio e da Nota Promissória).

► Art. 21 do Dec. nº 57.595, de 7-1-1966 (Lei Uniforme em Matéria de Cheque).

Art. 897. O pagamento de título de crédito, que contenha obrigação de pagar soma determinada, pode ser garantido por aval.

► En. nº 463 da V Jornada de Direito Civil.

Parágrafo único. É vedado o aval parcial.

► Art. 12 da Lei nº 5.474, de 18-7-1968 (Lei das Duplicatas).

► Arts. 29 a 31 da Lei nº 7.357, de 2-9-1985 (Lei do Cheque).

► Arts. 30 a 32 do Dec. nº 57.663, de 24-1-1966 (Lei Uniforme em Matéria de Letras de Câmbio e Notas Promissórias).

► En. nº 39 da I Jornada de Direito Comercial.

Art. 898. O aval deve ser dado no verso ou no anverso do próprio título.

► Arts. 30 a 32 do Dec. nº 57.663, de 24-1-1966 (Lei Uniforme em Matéria de Letras de Câmbio e Notas Promissórias).

§ 1º Para a validade do aval, dado no anverso do título, é suficiente a simples assinatura do avalista.

§ 2º Considera-se não escrito o aval cancelado.

► Art. 30 da LUG.

Art. 899. O avalista equipara-se àquele cujo nome indicar; na falta de indicação, ao emitente ou devedor final.

► Art. 349 deste Código.

► Súm. nº 26 do STJ.

§ 1º Pagando o título, tem o avalista ação de regresso contra o seu avalizado e demais coobrigados anteriores.

§ 2º Subsiste a responsabilidade do avalista, ainda que nula a obrigação daquele a quem se equipara, a menos que a nulidade decorra de vício de forma.

Art. 900. O aval posterior ao vencimento produz os mesmos efeitos do anteriormente dado.

Art. 901. Fica validamente desonerado o devedor que paga título de crédito ao legítimo portador, no vencimento, sem oposição, salvo se agiu de má-fé.

► Art. 324 deste Código.

Parágrafo único. Pagando, pode o devedor exigir do credor, além da entrega do título, quitação regular.

Art. 902. Não é o credor obrigado a receber o pagamento antes do vencimento do título, e aquele que o paga, antes do vencimento, fica responsável pela validade do pagamento.

§ 1º No vencimento, não pode o credor recusar pagamento, ainda que parcial.

§ 2º No caso de pagamento parcial, em que se não opera a tradição do título, além da quitação em separado, outra deverá ser firmada no próprio título.

Art. 903. Salvo disposição diversa em lei especial, regem-se os títulos de crédito pelo disposto neste Código.

► En. nº 464 da V Jornada de Direito Civil.

CAPÍTULO II
DO TÍTULO AO PORTADOR

Art. 904. A transferência de título ao portador se faz por simples tradição.

Art. 905. O possuidor de título ao portador tem direito à prestação nele indicada, mediante a sua simples apresentação ao devedor.

► Art. 311 deste Código.

Parágrafo único. A prestação é devida ainda que o título tenha entrado em circulação contra a vontade do emitente.

Art. 906. O devedor só poderá opor ao portador exceção fundada em direito pessoal, ou em nulidade de sua obrigação.

► Art. 371 deste Código.

► Art. 51 do Dec. nº 2.044, de 31-12-1908 (Lei da Letra de Câmbio e da Nota Promissória).

Art. 907. É nulo o título ao portador emitido sem autorização de lei especial.

Art. 908. O possuidor de título dilacerado, porém identificável, tem direito a obter do emitente a substituição do anterior, mediante a restituição do primeiro e o pagamento das despesas.

Art. 909. O proprietário, que perder ou extraviar título, ou for injustamente desapossado dele, poderá obter novo título em juízo, bem como impedir sejam pagos a outrem capital e rendimentos.

► Arts. 321 e 1.268 deste Código.

Parágrafo único. O pagamento, feito antes de ter ciência da ação referida neste artigo, exonera o devedor, salvo se se provar que ele tinha conhecimento do fato.

CAPÍTULO III
DO TÍTULO À ORDEM

► Arts. 11 a 20 do Dec. nº 57.663, de 24-1-1966 (Lei Uniforme em Matéria de Letras de Câmbio e Notas Promissórias).

Art. 910. O endosso deve ser lançado pelo endossante no verso ou anverso do próprio título.

§ 1º Pode o endossante designar o endossatário, e para validade do endosso, dado no verso do título, é suficiente a simples assinatura do endossante.

§ 2º A transferência por endosso completa-se com a tradição do título.

► Art. 324 deste Código.

§ 3º Considera-se não escrito o endosso cancelado, total ou parcialmente.

Art. 911. Considera-se legítimo possuidor o portador do título à ordem com série regular e ininterrupta de endossos, ainda que o último seja em branco.

► Art. 22, *caput*, da Lei nº 7.357, de 2-9-1985 (Lei do Cheque).

► Art. 16 do Dec. nº 57.663, de 24-1-1966 (Lei Uniforme em Matéria de Letras de Câmbio e Notas Promissórias).

Parágrafo único. Aquele que paga o título está obrigado a verificar a regularidade da série de endossos, mas não a autenticidade das assinaturas.

Art. 912. Considera-se não escrita no endosso qualquer condição a que o subordine o endossante.

Parágrafo único. É nulo o endosso parcial.

Art. 913. O endossatário de endosso em branco pode mudá-lo para endosso em preto, completando-o com o seu nome ou de terceiro; pode endossar novamente o título, em branco ou em preto; ou pode transferi-lo sem novo endosso.

Art. 914. Ressalvada cláusula expressa em contrário, constante do endosso, não responde o endossante pelo cumprimento da prestação constante do título.

§ 1º Assumindo responsabilidade pelo pagamento, o endossante se torna devedor solidário.

► Arts. 275 a 285 deste Código.

§ 2º Pagando o título, tem o endossante ação de regresso contra os coobrigados anteriores.

Art. 915. O devedor, além das exceções fundadas nas relações pessoais que tiver com o portador, só poderá opor a este as exceções relativas à forma do título e ao seu conteúdo literal, à falsidade da própria assinatura, a defeito de capacidade ou de representação no momento da subscrição, e à falta de requisito necessário ao exercício da ação.

Art. 916. As exceções, fundadas em relação do devedor com os portadores precedentes, somente poderão ser por ele opostas ao portador, se este, ao adquirir o título, tiver agido de má-fé.

Art. 917. A cláusula constitutiva de mandato, lançada no endosso, confere ao endossatário o exercício dos direitos inerentes ao título, salvo restrição expressamente estatuída.

- ► Art. 18 do Dec. nº 57.663, de 24-1-1966 (Lei Uniforme em Matéria de Letras de Câmbio e Notas Promissórias).
- ► Súm. nº 476 do STJ.

§ 1º O endossatário de endosso-mandato só pode endossar novamente o título na qualidade de procurador, com os mesmos poderes que recebeu.

§ 2º Com a morte ou a superveniente incapacidade do endossante, não perde eficácia o endosso-mandato.

§ 3º Pode o devedor opor ao endossatário de endosso-mandato somente as exceções que tiver contra o endossante.

Art. 918. A cláusula constitutiva de penhor, lançada no endosso, confere ao endossatário o exercício dos direitos inerentes ao título.

- ► Arts. 1.458 a 1.460 deste Código.
- ► Art. 19 do Dec. nº 57.663, de 24-1-1966 (Lei Uniforme em Matéria de Letras de Câmbio e Notas Promissórias).

§ 1º O endossatário de endosso-penhor só pode endossar novamente o título na qualidade de procurador.

§ 2º Não pode o devedor opor ao endossatário de endosso-penhor as exceções que tinha contra o endossante, salvo se aquele tiver agido de má-fé.

Art. 919. A aquisição de título à ordem, por meio diverso do endosso, tem efeito de cessão civil.

- ► Arts. 286 a 298 deste Código.

Art. 920. O endosso posterior ao vencimento produz os mesmos efeitos do anterior.

- ► Art. 8º, § 2º, do Dec. nº 2.044, de 31-12-1908 (Lei da Letra de Câmbio e da Nota Promissória).
- ► Art. 20 do Anexo I do Dec. nº 57.663, de 24-1-1966 (Lei Uniforme em Matéria de Letras de Câmbio e Notas Promissórias).

CAPÍTULO IV

DO TÍTULO NOMINATIVO

Art. 921. É título nominativo o emitido em favor de pessoa cujo nome conste no registro do emitente.

Art. 922. Transfere-se o título nominativo mediante termo, em registro do emitente, assinado pelo proprietário e pelo adquirente.

Art. 923. O título nominativo também pode ser transferido por endosso que contenha o nome do endossatário.

§ 1º A transferência mediante endosso só tem eficácia perante o emitente, uma vez feita a competente averbação em seu registro, podendo o emitente exigir do endossatário que comprove a autenticidade da assinatura do endossante.

§ 2º O endossatário, legitimado por série regular e ininterrupta de endossos, tem o direito de obter a averbação no registro do emitente, comprovada a autenticidade das assinaturas de todos os endossantes.

§ 3º Caso o título original contenha o nome do primitivo proprietário, tem direito o adquirente a obter do emitente novo título, em seu nome, devendo a emissão do novo título constar no registro do emitente.

Art. 924. Ressalvada proibição legal, pode o título nominativo ser transformado em à ordem ou ao portador, a pedido do proprietário e à sua custa.

- ► Arts. 904 a 920 deste Código.

Art. 925. Fica desonerado de responsabilidade o emitente que de boa-fé fizer a transferência pelos modos indicados nos artigos antecedentes.

Art. 926. Qualquer negócio ou medida judicial, que tenha por objeto o título, só produz efeito perante o emitente ou terceiros, uma vez feita a competente averbação no registro do emitente.

TÍTULO IX – DA RESPONSABILIDADE CIVIL

CAPÍTULO I

DA OBRIGAÇÃO DE INDENIZAR

Art. 927. Aquele que, por ato ilícito (arts. 186 e 187), causar dano a outrem, fica obrigado a repará-lo.

- ► Arts. 934 e 942 a 954 deste Código.
- ► Súmulas nºs 161, 491, 492 e 562 do STF.
- ► Súmulas nºs 37, 43, 227, 246 e 387 do STJ.
- ► En. nº 189 da III Jornada de Direito Civil.
- ► En. nº 377 da IV Jornada de Direito Civil.
- ► Enunciados nºs 443, 444, 445, da V Jornada Direito Civil.
- ► Enunciados nºs 551 e 553 da VI Jornada de Direito Civil.

Parágrafo único. Haverá obrigação de reparar o dano, independentemente de culpa, nos casos especificados em lei, ou quando a atividade normalmente desenvolvida pelo autor do dano implicar, por sua natureza, risco para os direitos de outrem.

- ► Arts. 5º, V e X, e 37, § 6º, da CF.
- ► Súmulas nºs 130, 479 e 638 do STJ.
- ► En. nº 38 da I Jornada de Direito Civil.
- ► Enunciados nºs 446 a 448 da V Jornada de Direito Civil.

Art. 928. O incapaz responde pelos prejuízos que causar, se as pessoas por ele responsáveis não tiverem obrigação de fazê-lo ou não dispuserem de meios suficientes.

- ► Arts. 932 a 934 deste Código.
- ► Enunciados nºs 39, 40 e 41 da I Jornada de Direito Civil.

Parágrafo único. A indenização prevista neste artigo, que deverá ser equitativa, não terá lugar se privar do necessário o incapaz ou as pessoas que dele dependem.

- ► Art. 116 do ECA.
- ► En. nº 449 da V Jornada de Direito Civil.

Art. 929. Se a pessoa lesada, ou o dono da coisa, no caso do inciso II do art. 188, não forem culpados do perigo, assistir-lhes-á direito à indenização do prejuízo que sofreram.

Art. 930. No caso do inciso II do art. 188, se o perigo ocorrer por culpa de terceiro, contra este terá o autor do dano ação regressiva para haver a importância que tiver ressarcido ao lesado.

Parágrafo único. A mesma ação competirá contra aquele em defesa de quem se causou o dano (art. 188, inciso I).

- ► Art. 125, II, do CPC.

Art. 931. Ressalvados outros casos previstos em lei especial, os empresários individuais e as empresas respondem independentemente de culpa pelos danos causados pelos produtos postos em circulação.

- ► Arts. 12, 18, 19 e 25 do CDC.
- ► Enunciados nºs 42 e 43 da I Jornada de Direito Civil.
- ► En. nº 190 da III Jornada de Direito Civil.

► En. nº 378 da IV Jornada de Direito Civil.

► En. nº 562 da VI Jornada de Direito Civil.

Art. 932. São também responsáveis pela reparação civil:

► Arts. 928, 933, 934 e 942, parágrafo único, deste Código.

► En. nº 451 da V Jornada de Direito Civil.

I – os pais, pelos filhos menores que estiverem sob sua autoridade e em sua companhia;

► Art. 116 do ECA.

► En. nº 590 da VII Jornada de Direito Civil.

II – o tutor e o curador, pelos pupilos e curatelados, que se acharem nas mesmas condições;

III – o empregador ou comitente, por seus empregados, serviçais e prepostos, no exercício do trabalho que lhes competir, ou em razão dele;

► Art. 149 deste Código.

► En. nº 191 da III Jornada de Direito Civil.

IV – os donos de hotéis, hospedarias, casas ou estabelecimentos onde se albergue por dinheiro, mesmo para fins de educação, pelos seus hóspedes, moradores e educandos;

V – os que gratuitamente houverem participado nos produtos do crime, até a concorrente quantia.

► Súm. nº 492 do STF.

Art. 933. As pessoas indicadas nos incisos I a V do artigo antecedente, ainda que não haja culpa de sua parte, responderão pelos atos praticados pelos terceiros ali referidos.

► En. nº 451 da V Jornada de Direito Civil.

Art. 934. Aquele que ressarcir o dano causado por outrem pode reaver o que houver pago daquele por quem pagou, salvo se o causador do dano for descendente seu, absoluta ou relativamente incapaz.

► Arts. 735 e 786 deste Código.

► En. nº 44 da I Jornada de Direito Civil.

Art. 935. A responsabilidade civil é independente da criminal, não se podendo questionar mais sobre a existência do fato, ou sobre quem seja o seu autor, quando estas questões se acharem decididas no juízo criminal.

► Art. 315 do CPC.

► En. nº 45 da I Jornada de Direito Civil.

Art. 936. O dono, ou detentor, do animal ressarcirá o dano por este causado, se não provar culpa da vítima ou força maior.

► En. nº 452 da V Jornada de Direito Civil.

Art. 937. O dono de edifício ou construção responde pelos danos que resultarem de sua ruína, se esta provier de falta de reparos, cuja necessidade fosse manifesta.

► Arts. 618 e 1.280 deste Código.

► En. nº 556 da VI Jornada de Direito Civil.

Art. 938. Aquele que habitar prédio, ou parte dele, responde pelo dano proveniente das coisas que dele caírem ou forem lançadas em lugar indevido.

► Arts. 1.331 a 1.358 deste Código.

► Lei nº 4.591, de 16-12-1964 (Lei do Condomínio e Incorporações).

► En. nº 557 da VI Jornada de Direito Civil.

Art. 939. O credor que demandar o devedor antes de vencida a dívida, fora dos casos em que a lei o permita, ficará obrigado a esperar o tempo que faltava para o vencimento, a descontar os juros correspondentes, embora estipulados, e a pagar as custas em dobro.

Art. 940. Aquele que demandar por dívida já paga, no todo ou em parte, sem ressalvar as quantias recebidas ou pedir mais do que for devido, ficará obrigado a pagar ao devedor, no primeiro caso, o dobro do que houver cobrado e, no segundo, o equivalente do que dele exigir, salvo se houver prescrição.

► Arts. 79 e segs. do CPC.

► Art. 42, parágrafo único, do CDC.

► Súm. nº 159 do STF.

Art. 941. As penas previstas nos arts. 939 e 940 não se aplicarão quando o autor desistir da ação antes de contestada a lide, salvo ao réu o direito de haver indenização por algum prejuízo que prove ter sofrido.

► Arts. 79 e segs. e 485, § 4º, do CPC.

Art. 942. Os bens do responsável pela ofensa ou violação do direito de outrem ficam sujeitos à reparação do dano causado; e, se a ofensa tiver mais de um autor, todos responderão solidariamente pela reparação.

► Arts. 5º, V e X, e 37, § 6º, da CF.

► Arts. 186 e 927 deste Código.

► Súmulas nºs 221 e 246 do STJ.

► En. nº 453 da V Jornada de Direito Civil.

► En. nº 558 da VI Jornada de Direito Civil.

Parágrafo único. São solidariamente responsáveis com os autores os coautores e as pessoas designadas no art. 932.

► Arts. 264 a 285 e 934 deste Código.

Art. 943. O direito de exigir reparação e a obrigação de prestá-la transmitem-se com a herança.

► Arts. 1.792, 1.821 e 1.997 deste Código.

► Súm. nº 642 do STJ.

► En. nº 454 da V Jornada de Direito Civil.

CAPÍTULO II

DA INDENIZAÇÃO

Art. 944. A indenização mede-se pela extensão do dano.

► Arts. 948 a 954 deste Código.

► En. nº 380 da IV Jornada de Direito Civil.

► Enunciados nºs 550 e 551 da VI Jornada de Direito Civil.

► Súm. nº 387 do STJ.

Parágrafo único. Se houver excessiva desproporção entre a gravidade da culpa e o dano, poderá o juiz reduzir, equitativamente, a indenização.

► Art. 5º da LINDB.

► En. nº 46 da I Jornada de Direito Civil.

► Enunciados nºs 445, 456, 457 e 458 da V Jornada de Direito Civil.

► Súmulas nºs 491 e 562 do STF.

Art. 945. Se a vítima tiver concorrido culposamente para o evento danoso, a sua indenização será fixada tendo-se em conta a gravidade de sua culpa em confronto com a do autor do dano.

► En. nº 47 da I Jornada de Direito Civil.

► En. nº 459 da V Jornada de Direito Civil.

► Enunciados nºs 629 e 630 da VIII Jornada de Direito Civil.

Art. 946. Se a obrigação for indeterminada, e não houver na lei ou no contrato disposição fixando a indenização devida pelo inadimplente, apurar-se-á o valor das perdas e danos na forma que a lei processual determinar.

Art. 947. Se o devedor não puder cumprir a prestação na espécie ajustada, substituir-se-á pelo seu valor, em moeda corrente.

► Art. 809, § 2º, do CPC.

Art. 948. No caso de homicídio, a indenização consiste, sem excluir outras reparações:

► En. nº 560 da VI Jornada de Direito Civil.

I – no pagamento das despesas com o tratamento da vítima, seu funeral e o luto da família;

II – na prestação de alimentos às pessoas a quem o morto os devia, levando-se em conta a duração provável da vida da vítima.

► Arts. 1.694 a 1.710 deste Código.

► Arts. 22 a 26 da Lei nº 8.906, de 4-7-1994 (Estatuto da Advocacia e da OAB).

► Súmulas nºs 490 e 491 do STF.

Art. 949. No caso de lesão ou outra ofensa à saúde, o ofensor indenizará o ofendido das despesas do tratamento e dos lucros cessantes até ao fim da convalescença, além de algum outro prejuízo que o ofendido prove haver sofrido.

► Arts. 402 e 403 deste Código.

► En. nº 192 da III Jornada de Direito Civil.

Art. 950. Se da ofensa resultar defeito pelo qual o ofendido não possa exercer o seu ofício ou profissão, ou se lhe diminua a capacidade de trabalho, a indenização, além das despesas do tratamento e lucros cessantes até ao fim da convalescença, incluirá pensão correspondente à importância do trabalho para que se inabilitou, ou da depreciação que ele sofreu.

► Súm. nº 490 do STF.

► En. nº 48 da I Jornada de Direito Civil.

► En. nº 192 da III Jornada de Direito Civil.

Parágrafo único. O prejudicado, se preferir, poderá exigir que a indenização seja arbitrada e paga de uma só vez.

► Enunciado 381 da IV Jornada de Direito Civil.

Art. 951. O disposto nos arts. 948, 949 e 950 aplica-se ainda no caso de indenização devida por aquele que, no exercício de atividade profissional, por negligência, imprudência ou imperícia, causar a morte do paciente, agravar-lhe o mal, causar-lhe lesão, ou inabilitá-lo para o trabalho.

► Arts. 14, § 4º, e 17 do CDC.

► Súm. Vinc. nº 22 do STF.

► Súm. nº 37 do STJ.

► En. nº 460 da V Jornada de Direito Civil.

Art. 952. Havendo usurpação ou esbulho do alheio, além da restituição da coisa, a indenização consistirá em pagar o valor das suas deteriorações e o devido a título de lucros cessantes; faltando a coisa, dever-se-á reembolsar o seu equivalente ao prejudicado.

► Arts. 402, 403, 1.210 e 1.228 deste Código.

► Arts. 555, I, 556 e 560 do CPC.

► En. nº 561 da VI Jornada de Direito Civil.

Parágrafo único. Para se restituir o equivalente, quando não exista a própria coisa, estimar-se-á ela pelo seu preço ordinário e pelo de afeição, contanto que este não se avantaje àquele.

Art. 953. A indenização por injúria, difamação ou calúnia consistirá na reparação do dano que delas resulte ao ofendido.

Parágrafo único. Se o ofendido não puder provar prejuízo material, caberá ao juiz fixar, equitativamente, o valor da indenização, na conformidade das circunstâncias do caso.

Art. 954. A indenização por ofensa à liberdade pessoal consistirá no pagamento das perdas e danos que sobrevierem ao ofendido, e se este não puder provar prejuízo, tem aplicação o disposto no parágrafo único do artigo antecedente.

► Arts. 402 a 405 deste Código.

Parágrafo único. Consideram-se ofensivos da liberdade pessoal:

► Súm. Vinc. nº 11 do STF..

I – o cárcere privado;

II – a prisão por queixa ou denúncia falsa e de má-fé;

III – a prisão ilegal.

TÍTULO X – DAS PREFERÊNCIAS E PRIVILÉGIOS CREDITÓRIOS

Art. 955. Procede-se à declaração de insolvência toda vez que as dívidas excedam à importância dos bens do devedor.

Art. 956. A discussão entre os credores pode versar quer sobre a preferência entre eles disputada, quer sobre a nulidade, simulação, fraude, ou falsidade das dívidas e contratos.

► Arts. 158 a 165, 166, 167 e 171 deste Código.

Art. 957. Não havendo título legal à preferência, terão os credores igual direito sobre os bens do devedor comum.

Art. 958. Os títulos legais de preferência são os privilégios e os direitos reais.

► Arts. 954 e 1.225 deste Código.

► Dec.-lei nº 167, de 14-2-1967 (Lei de Execução de Cédula de Crédito Rural).

► Dec.-lei nº 413, de 10-1-1969 (Lei de Execução de Cédula de Crédito Industrial).

Art. 959. Conservam seus respectivos direitos os credores, hipotecários ou privilegiados:

I – sobre o preço do seguro da coisa gravada com hipoteca ou privilégio, ou sobre a indenização devida, havendo responsável pela perda ou danificação da coisa;

► Arts. 785 e 1.425, IV, deste Código.

II – sobre o valor da indenização, se a coisa obrigada a hipoteca ou privilégio for desapropriada.

► Art. 1.425, V, deste Código.

► Dec.-lei nº 167, de 14-2-1967 (Lei de Execução de Cédula de Crédito Rural).

Art. 960. Nos casos a que se refere o artigo antecedente, o devedor do seguro, ou da indenização, exonera-se pagando sem oposição dos credores hipotecários ou privilegiados.

Art. 961. O crédito real prefere ao pessoal de qualquer espécie; o crédito pessoal privilegiado, ao simples; e o privilégio especial, ao geral.

► Art. 963 deste Código.

Art. 962. Quando concorrerem aos mesmos bens, e por título igual, dois ou mais credores da mesma classe especialmente privilegiados, haverá entre eles rateio proporcional ao valor dos respectivos créditos, se o produto não bastar para o pagamento integral de todos.

► Art. 908 do CPC.

Art. 963. O privilégio especial só compreende os bens sujeitos, por expressa disposição de lei, ao pagamento do crédito que ele favorece; e o geral, todos os bens não sujeitos a crédito real nem a privilégio especial.

Art. 964. Têm privilégio especial:

► Art. 83, V, *a*, da Lei nº 11.101, de 9-2-2005 (Lei de Recuperação de Empresas e Falências).

I – sobre a coisa arrecadada e liquidada, o credor de custas e despesas judiciais feitas com a arrecadação e liquidação;

II – sobre a coisa salvada, o credor por despesas de salvamento;

III – sobre a coisa beneficiada, o credor por benfeitorias necessárias ou úteis;

► Art. 96 deste Código.

IV – sobre os prédios rústicos ou urbanos, fábricas, oficinas, ou quaisquer outras construções, o credor de materiais, dinheiro, ou serviços para a sua edificação, reconstrução, ou melhoramento;

V – sobre os frutos agrícolas, o credor por sementes, instrumentos e serviços à cultura, ou à colheita;

VI – sobre as alfaias e utensílios de uso doméstico, nos prédios rústicos ou urbanos, o credor de aluguéis, quanto às prestações do ano corrente e do anterior;

VII – sobre os exemplares da obra existente na massa do editor, o autor dela, ou seus legítimos representantes, pelo crédito fundado contra aquele no contrato da edição;

► Lei nº 9.610, de 19-2-1998 (Lei de Direitos Autorais).

VIII – sobre o produto da colheita, para a qual houver concorrido com o seu trabalho, e precipuamente a quaisquer outros créditos, ainda que reais, o trabalhador agrícola, quanto à dívida dos seus salários;

► Art. 1.422, *caput*, deste Código.

IX – sobre os produtos do abate, o credor por animais.

► Inciso IX acrescido pela Lei nº 13.176, de 21-10-2015.

Art. 965. Goza de privilégio geral, na ordem seguinte, sobre os bens do devedor:

I – o crédito por despesa de seu funeral, feito segundo a condição do morto e o costume do lugar;

► Art. 83, V, *a*, da Lei nº 11.101, de 9-2-2005 (Lei de Recuperação de Empresas e Falências).

II – o crédito por custas judiciais, ou por despesas com a arrecadação e liquidação da massa;

III – o crédito por despesas com o luto do cônjuge sobrevivo e dos filhos do devedor falecido, se foram moderadas;

IV – o crédito por despesas com a doença de que faleceu o devedor, no semestre anterior à sua morte;

V – o crédito pelos gastos necessários à mantença do devedor falecido e sua família, no trimestre anterior ao falecimento;

VI – o crédito pelos impostos devidos à Fazenda Pública, no ano corrente e no anterior;

VII – o crédito pelos salários dos empregados do serviço doméstico do devedor, nos seus derradeiros seis meses de vida;

VIII – os demais créditos de privilégio geral.

Livro II – Do Direito de Empresa

TÍTULO I – DO EMPRESÁRIO

CAPÍTULO I

DA CARACTERIZAÇÃO E DA INSCRIÇÃO

Art. 966. Considera-se empresário quem exerce profissionalmente atividade econômica organizada para a produção ou a circulação de bens ou de serviços.

► Arts. 972, 974, 975, 2.031 e 2.037 deste Código.

► Art. 3º da LC nº 123, de 14-12-2006 (Estatuto Nacional da Microempresa e da Empresa de Pequeno Porte).

► Enunciados nºs 53 e 54 da I Jornada de Direito Civil.

► Enunciados nºs 193, 194, 195, 196 e 197 da III Jornada de Direito Civil.

► Enunciados nºs 27 e 28 da I Jornada de Direito Comercial.

Parágrafo único. Não se considera empresário quem exerce profissão intelectual, de natureza científica, literária ou artística, ainda com o concurso de auxiliares ou colaboradores, salvo se o exercício da profissão constituir elemento de empresa.

► Lei nº 9.610, de 19-2-1998 (Lei de Direitos Autorais).

Art. 967. É obrigatória a inscrição do empresário no Registro Público de Empresas Mercantis da respectiva sede, antes do início de sua atividade.

► Arts. 982, 985 e 1.150 deste Código.

► Arts. 32, II, 36, 37 e 38 da Lei nº 8.934, de 18-11-1994 (Lei do Registro Público de Empresas Mercantis), regulamentada pelo Dec. nº 1.800, de 30-1-1996.

► Enunciados nºs 197, 198 e 199 da III Jornada de Direito Civil.

Art. 968. A inscrição do empresário far-se-á mediante requerimento que contenha:

► Arts. 971 e 984 deste Código.

I – o seu nome, nacionalidade, domicílio, estado civil e, se casado, o regime de bens;

► Art. 12 da CF.

► Arts. 70 a 72, 75, IV, §§ 1º e 2º, 977 a 980, deste Código.

II – a firma, com a respectiva assinatura autógrafa que poderá ser substituída pela assinatura autenticada com certificação digital ou meio equivalente que comprove a sua autenticidade, ressalvado o disposto no inciso I do § 1º do art. 4º da Lei Complementar nº 123, de 14 de dezembro de 2006;

► Inciso II com a redação dada pela LC nº 147, de 7-8-2014.

III – o capital;

IV – o objeto e a sede da empresa.

► Art. 1.142 deste Código.

► En. nº 55 da I Jornada de Direito Civil.

► En. nº 466 da V Jornada de Direito Civil.

§ 1º Com as indicações estabelecidas neste artigo, a inscrição será tomada por termo no livro próprio do Registro Público de Empresas Mercantis, e obedecerá a número de ordem contínuo para todos os empresários inscritos.

§ 2º À margem da inscrição, e com as mesmas formalidades, serão averbadas quaisquer modificações nela ocorrentes.

§ 3º Caso venha a admitir sócios, o empresário individual poderá solicitar ao Registro Público de Empresas Mercantis a transformação de seu registro de empresário para registro de sociedade empresária, observado, no que couber, o disposto nos arts. 1.113 a 1.115 deste Código.

► § 3º acrescido pela LC nº 128, de 19-12-2008.

► En. nº 465 da V Jornada de Direito Civil.

§ 4º O processo de abertura, registro, alteração e baixa do microempreendedor individual de que trata o art. 18-A da Lei Complementar nº 123, de 14 de dezembro de 2006, bem como qualquer exigência para o início de seu funcionamento deverão ter trâmite especial e simplificado, preferentemente eletrônico, opcional para o empreendedor, na forma a ser disciplinada pelo Comitê para Gestão da Rede Nacional para a Simplificação do Registro e da Legalização de Empresas e Negócios – CGSIM, de que trata o inciso III do art. 2º da mesma Lei.

► LC nº 123, de 14-12-2006 (Estatuto Nacional da Microempresa e da Empresa de Pequeno Porte).

§ 5º Para fins do disposto no § 4º, poderão ser dispensados o uso da firma, com a respectiva assinatura autógrafa, o capital, requerimentos, demais assinaturas, informações relativas à nacionalidade, estado civil e regime de bens, bem como remessa de documentos, na forma estabelecida pelo CGSIM.

► §§ 4º e 5º acrescidos pela Lei nº 12.470, de 31-8-2011.

Art. 969. O empresário que instituir sucursal, filial ou agência, em lugar sujeito à jurisdição de outro Registro Público de Empresas Mercantis, neste deverá também inscrevê-la, com a prova da inscrição originária.

- ▸ Arts. 37 e 38 da Lei nº 8.934, de 18-11-1994 (Lei do Registro Público de Empresas Mercantis), regulamentada pelo Dec. nº 1.800, de 30-1-1996.
- ▸ En. nº 55 da I Jornada de Direito Civil.

Parágrafo único. Em qualquer caso, a constituição do estabelecimento secundário deverá ser averbada no Registro Público de Empresas Mercantis da respectiva sede.

Art. 970. A lei assegurará tratamento favorecido, diferenciado e simplificado ao empresário rural e ao pequeno empresário, quanto à inscrição e aos efeitos daí decorrentes.

- ▸ Art. 170, IX, da CF.
- ▸ Art. 1.179, § 2º, deste Código.
- ▸ LC nº 123, de 14-12-2006 (Estatuto Nacional da Microempresa e da Empresa de Pequeno Porte).
- ▸ En. nº 200 da III Jornada de Direito Civil.

Art. 971. O empresário, cuja atividade rural constitua sua principal profissão, pode, observadas as formalidades de que tratam o art. 968 e seus parágrafos, requerer inscrição no Registro Público de Empresas Mercantis da respectiva sede, caso em que, depois de inscrito, ficará equiparado, para todos os efeitos, ao empresário sujeito a registro.

- ▸ Arts. 984 e 1.150 deste Código.
- ▸ Lei nº 8.934, de 18-11-1994 (Lei do Registro Público de Empresas Mercantis).
- ▸ Enunciados nºs 201 e 202 da III Jornada de Direito Civil.
- ▸ En. nº 62 da II Jornada de Direito Comercial.

Parágrafo único. Aplica-se o disposto no caput deste artigo à associação que desenvolva atividade futebolística em caráter habitual e profissional, caso em que, com a inscrição, será considerada empresária, para todos os efeitos.

- ▸ Parágrafo único acrescido pela Lei nº 14.193, de 6-8-2021.

CAPÍTULO II
DA CAPACIDADE

Art. 972. Podem exercer a atividade de empresário os que estiverem em pleno gozo da capacidade civil e não forem legalmente impedidos.

- ▸ Art. 54, II, *a*, da CF.
- ▸ Arts. 5º e 1.011, § 1º, deste Código.
- ▸ Art. 36, I e II, da LC nº 35, de 14-3-1979 (Lei Orgânica da Magistratura Nacional).
- ▸ Arts. 147, § 1º, e 159, § 2º, da Lei nº 6.404, de 15-12-1976 (Lei das Sociedades por Ações).
- ▸ Art. 117, X, da Lei nº 8.112, de 11-12-1990 (Estatuto dos Servidores Públicos Civis da União, Autarquias e Fundações Públicas Federais).
- ▸ Art. 44, III, da Lei nº 8.625, de 12-2-1993 (Lei Orgânica Nacional do Ministério Público).
- ▸ Art. 181 da Lei nº 11.101, de 9-2-2005 (Lei de Recuperação de Empresas e Falências).
- ▸ Art. 36, *a*, 1º, do Dec. nº 21.981, de 19-10-1932, que regula a profissão de leiloeiro no território da República.
- ▸ En. nº 197 da III Jornada de Direito Civil.

Art. 973. A pessoa legalmente impedida de exercer atividade própria de empresário, se a exercer, responderá pelas obrigações contraídas.

- ▸ Arts. 1.010 a 1.021 e 1.060 a 1.065 deste Código.
- ▸ Art. 158 da Lei nº 6.404, de 15-12-1976 (Lei das Sociedades por Ações).

Art. 974. Poderá o incapaz, por meio de representante ou devidamente assistido, continuar a empresa antes exercida por ele enquanto capaz, por seus pais ou pelo autor de herança.

- ▸ Arts. 3º a 5º deste Código.
- ▸ En. nº 203 da III Jornada de Direito Civil.

§ 1º Nos casos deste artigo, precederá autorização judicial, após exame das circunstâncias e dos riscos da empresa, bem como da conveniência em continuá-la, podendo a autorização ser revogada pelo juiz, ouvidos os pais, tutores ou representantes legais do menor ou do interdito, sem prejuízo dos direitos adquiridos por terceiros.

§ 2º Não ficam sujeitos ao resultado da empresa os bens que o incapaz já possuía, ao tempo da sucessão ou da interdição, desde que estranhos ao acervo daquela, devendo tais fatos constar do alvará que conceder a autorização.

§ 3º O Registro Público de Empresas Mercantis a cargo das Juntas Comerciais deverá registrar contratos ou alterações contratuais de sociedade que envolva sócio incapaz, desde que atendidos, de forma conjunta, os seguintes pressupostos:

- ▸ En. nº 467 da V Jornada de Direito Civil.

I – o sócio incapaz não pode exercer a administração da sociedade;

II – o capital social deve ser totalmente integralizado;

III – o sócio relativamente incapaz deve ser assistido e o absolutamente incapaz deve ser representado por seus representantes legais.

- ▸ § 3º acrescido pela Lei nº 12.399, de 1º-4-2011.

Art. 975. Se o representante ou assistente do incapaz for pessoa que, por disposição de lei, não puder exercer atividade de empresário, nomeará, com a aprovação do juiz, um ou mais gerentes.

- ▸ Arts. 1.172 a 1.176 deste Código.

§ 1º Do mesmo modo será nomeado gerente em todos os casos em que o juiz entender ser conveniente.

§ 2º A aprovação do juiz não exime o representante ou assistente do menor ou do interdito da responsabilidade pelos atos dos gerentes nomeados.

Art. 976. A prova da emancipação e da autorização do incapaz, nos casos do art. 974, e a de eventual revogação desta, serão inscritas ou averbadas no Registro Público de Empresas Mercantis.

- ▸ Arts. 5º, parágrafo único, e 968, § 2º, deste Código.
- ▸ Art. 32, II, *e*, da Lei nº 8.934, de 18-11-1994 (Lei do Registro Público de Empresas Mercantis), regulamentada pelo Dec. nº 1.800, de 30-1-1996.

Parágrafo único. O uso da nova firma caberá, conforme o caso, ao gerente; ou ao representante do incapaz; ou a este, quando puder ser autorizado.

- ▸ Arts. 1.172 a 1.176 deste Código.

Art. 977. Faculta-se aos cônjuges contratar sociedade, entre si ou com terceiros, desde que não tenham casado no regime da comunhão universal de bens, ou no da separação obrigatória.

- ▸ Arts. 1.639, § 2º, 1.641, 1.167 e 1.668 deste Código.
- ▸ Art. 734 do CPC.
- ▸ Enunciados nºs 204 e 205 da III Jornada de Direito Civil.

Art. 978. O empresário casado pode, sem necessidade de outorga conjugal, qualquer que seja o regime de bens, alienar os imóveis que integrem o patrimônio da empresa ou gravá-los de ônus real.

► Arts. 1.642 e 1.647 deste Código.

► Enunciados nºs 6 e 58 das I e II Jornadas de Direito Comercial.

Art. 979. Além de no Registro Civil, serão arquivados e averbados, no Registro Público de Empresas Mercantis, os pactos e declarações antenupciais do empresário, o título de doação, herança, ou legado, de bens clausulados de incomunicabilidade ou inalienabilidade.

► Arts. 1.653 a 1.668, 1.674, 1.848 e 1.911 deste Código.

► Arts. 167, I, nº 12, e II, nº 1, 244 e 245 da Lei nº 6.015, de 31-12-1973 (Lei dos Registros Públicos).

► Lei nº 8.934, de 18-11-1994 (Lei do Registro Público de Empresas Mercantis).

Art. 980. A sentença que decretar ou homologar a separação judicial do empresário e o ato de reconciliação não podem ser opostos a terceiros, antes de arquivados e averbados no Registro Público de Empresas Mercantis.

► Art. 226, § 6º, da CF.

► Art. 1.571, III, deste Código.

► Arts. 167, II, nº 5, 10 e 14 da Lei nº 6.015, de 31-12-1973 (Lei dos Registros Públicos).

► Lei nº 8.934, de 18-11-1994 (Lei do Registro Público de Empresas Mercantis).

TÍTULO I-A – DA EMPRESA INDIVIDUAL DE RESPONSABILIDADE LIMITADA

► Art. 44, II, deste Código.

► Título I-A acrescido pela Lei nº 12.441, de 11-7-2011.

► En. nº 3 da I Jornada de Direito Comercial.

Art. 980-A. A empresa individual de responsabilidade limitada será constituída por uma única pessoa titular da totalidade do capital social, devidamente integralizado, que não será inferior a 100 (cem) vezes o maior salário mínimo vigente no País.

► *Caput* acrescido pela Lei nº 12.441, de 11-07-2011.

► Art. 44, VI, deste Código.

► En. nº 4 da I Jornada de Direito Comercial.

► Enunciados nºs 468, 469, 470, 471 e 472 da V Jornada de Direito Civil.

§ 1º O nome empresarial deverá ser formado pela inclusão da expressão "EIRELI" após a firma ou a denominação social da empresa individual de responsabilidade limitada.

§ 2º A pessoa natural que constituir empresa individual de responsabilidade limitada somente poderá figurar em uma única empresa dessa modalidade.

§ 3º A empresa individual de responsabilidade limitada também poderá resultar da concentração das quotas de outra modalidade societária num único sócio, independentemente das razões que motivaram tal concentração.

§ 4º VETADO. Lei nº 12.441, de 11-7-2011.

§ 5º Poderá ser atribuída à empresa individual de responsabilidade limitada constituída para a prestação de serviços de qualquer natureza a remuneração decorrente da cessão de direitos patrimoniais de autor ou de imagem, nome, marca ou voz de que seja detentor o titular da pessoa jurídica, vinculados à atividade profissional.

► En. nº 473 da V Jornada de Direito Civil.

§ 6º Aplicam-se à empresa individual de responsabilidade limitada, no que couber, as regras previstas para as sociedades limitadas.

► §§ 1º a 6º acrescidos pela Lei nº 12.441, de 11-07-2011.

§ 7º Somente o patrimônio social da empresa responderá pelas dívidas da empresa individual de responsabilidade limitada, hipótese em que não se confundirá, em qualquer situação, com o patrimônio do titular que a constitui, ressalvados os casos de fraude.

► § 7º acrescido pela Lei nº 13.874, de 20-9-2019.

TÍTULO II – DA SOCIEDADE

► Art. 44, II, deste Código.

► LC nº 123, de 14-12-2006 (Estatuto Nacional da Microempresa e da Empresa de Pequeno Porte).

► Lei nº 6.404, de 15-12-1976 (Lei das Sociedades por Ações).

► Lei nº 5.764, de 16-12-1971, define a Política Nacional de Cooperativismo, institui o regime jurídico das sociedades cooperativas.

► Arts. 15 a 17 da Lei nº 8.906, de 4-7-1994 (Estatuto da Advocacia e da OAB).

► Lei nº 8.934, de 18-11-1994 (Lei do Registro Público de Empresas Mercantis), regulamentada pelo Dec. nº 1.800, de 30-1-1996.

CAPÍTULO ÚNICO
DISPOSIÇÕES GERAIS

Art. 981. Celebram contrato de sociedade as pessoas que reciprocamente se obrigam a contribuir, com bens ou serviços, para o exercício de atividade econômica e a partilha, entre si, dos resultados.

► En. nº 206 da III Jornada de Direito Civil.

► Enunciados nºs 474 e 475 da V Jornada de Direito Civil.

Parágrafo único. A atividade pode restringir-se à realização de um ou mais negócios determinados.

Art. 982. Salvo as exceções expressas, considera-se empresária a sociedade que tem por objeto o exercício de atividade própria de empresário sujeito a registro (art. 967); e, simples, as demais.

► Art. 966 deste Código.

► Lei nº 8.934, de 18-11-1994 (Lei do Registro Público de Empresas Mercantis), regulamentada pelo Dec. nº 1.800, de 30-1-1996.

► Enunciados nºs 196 e 207 da III Jornada de Direito Civil.

► En. nº 476 da V Jornada de Direito Civil.

Parágrafo único. Independentemente de seu objeto, considera-se empresária a sociedade por ações; e, simples, a cooperativa.

► Arts. 1.088 e 1.089 e 1.093 a 1.096 deste Código.

► Lei nº 5.764, de 16-12-1971 (Lei das Cooperativas).

► Lei nº 6.404, de 15-12-1976 (Lei das Sociedades por Ações).

Art. 983. A sociedade empresária deve constituir-se segundo um dos tipos regulados nos arts. 1.039 a 1.092; a sociedade simples pode constituir-se de conformidade com um desses tipos, e, não o fazendo, subordina-se às normas que lhe são próprias.

► Arts. 966, 997 a 1.038 e 2.037 deste Código.

► En. nº 57 da I Jornada de Direito Civil.

► Enunciados nºs 206 e 207 da III Jornada de Direito Civil.

► Enunciados nºs 382, 474, 475 e 477 da V Jornada de Direito Civil.

Parágrafo único. Ressalvam-se as disposições concernentes à sociedade em conta de participação e à cooperativa, bem como as constantes de leis especiais que, para o exercício de certas atividades, imponham a constituição da sociedade segundo determinado tipo.

► Arts. 991 a 996 e 1.093 a 1.096 deste Código.

Art. 984. A sociedade que tenha por objeto o exercício de atividade própria de empresário rural e seja constituída, ou transformada, de acordo com um dos tipos de sociedade empresária, pode, com as formalidades do art. 968, requerer inscrição no Registro Público de Empresas Mercantis da sua sede, caso em que, depois de inscrita, ficará equiparada, para todos os efeitos, à sociedade empresária.

► Lei nº 5.764, de 16-12-1971 (Lei das Cooperativas).

► Lei nº 8.934, de 18-11-1994 (Lei do Registro Público de Empresas Mercantis), regulamentada pelo Dec. nº 1.800, de 30-1-1996.

► Enunciados nºs 201 e 202 da III Jornada de Direito Civil.

Parágrafo único. Embora já constituída a sociedade segundo um daqueles tipos, o pedido de inscrição se subordinará, no que for aplicável, às normas que regem a transformação.

Art. 985. A sociedade adquire personalidade jurídica com a inscrição, no registro próprio e na forma da lei, dos seus atos constitutivos (arts. 45 e 1.150).

► Art. 44, II, deste Código.

► Lei nº 8.934, de 18-11-1994 (Lei do Registro Público de Empresas Mercantis), regulamentada pelo Dec. nº 1.800, de 30-1-1996.

► En. nº 209 da III Jornada de Direito Civil.

SUBTÍTULO I – DA SOCIEDADE NÃO PERSONIFICADA

► Art. 3º da Lei nº 11.795, de 8-10-2008 (Lei do Sistema de Consórcios).

CAPÍTULO I
DA SOCIEDADE EM COMUM

► En. nº 58 da I Jornada de Direito Civil.

Art. 986. Enquanto não inscritos os atos constitutivos, reger-se-á a sociedade, exceto por ações em organização, pelo disposto neste Capítulo, observadas, subsidiariamente e no que com ele forem compatíveis, as normas da sociedade simples.

► Art. 997 deste Código.

► Art. 75, § 2º, do CPC.

► Enunciados nºs 208 e 209 da III Jornada de Direito Civil.

Art. 987. Os sócios, nas relações entre si ou com terceiros, somente por escrito podem provar a existência da sociedade, mas os terceiros podem prová-la de qualquer modo.

► Art. 212, I a V, deste Código.

► Art. 75, § 2º, do CPC.

Art. 988. Os bens e dívidas sociais constituem patrimônio especial, do qual os sócios são titulares em comum.

► En. nº 210 da III Jornada de Direito Civil.

Art. 989. Os bens sociais respondem pelos atos de gestão praticados por qualquer dos sócios, salvo pacto expresso limitativo de poderes, que somente terá eficácia contra o terceiro que o conheça ou deva conhecer.

► Art. 47 deste Código.

► En. nº 211 da III Jornada de Direito Civil.

Art. 990. Todos os sócios respondem solidária e ilimitadamente pelas obrigações sociais, excluído do benefício de ordem, previsto no art. 1.024, aquele que contratou pela sociedade.

► En. nº 59 da I Jornada de Direito Civil.

► En. nº 212 da III Jornada de Direito Civil.

CAPÍTULO II
DA SOCIEDADE EM CONTA DE PARTICIPAÇÃO

Art. 991. Na sociedade em conta de participação, a atividade constitutiva do objeto social é exercida unicamente pelo sócio ostensivo, em seu nome individual e sob sua própria e exclusiva responsabilidade, participando os demais dos resultados correspondentes.

► Art. 1.162 deste Código.

► En. nº 208 da III Jornada de Direito Civil.

Parágrafo único. Obriga-se perante terceiro tão somente o sócio ostensivo; e, exclusivamente perante este, o sócio participante, nos termos do contrato social.

Art. 992. A constituição da sociedade em conta de participação independe de qualquer formalidade e pode provar-se por todos os meios de direito.

► Arts. 104 e 212, I a V, deste Código.

Art. 993. O contrato social produz efeito somente entre os sócios, e a eventual inscrição de seu instrumento em qualquer registro não confere personalidade jurídica à sociedade.

Parágrafo único. Sem prejuízo do direito de fiscalizar a gestão dos negócios sociais, o sócio participante não pode tomar parte nas relações do sócio ostensivo com terceiros, sob pena de responder solidariamente com este pelas obrigações em que intervier.

Art. 994. A contribuição do sócio participante constitui, com a do sócio ostensivo, patrimônio especial, objeto da conta de participação relativa aos negócios sociais.

§ 1º A especialização patrimonial somente produz efeitos em relação aos sócios.

§ 2º A falência do sócio ostensivo acarreta a dissolução da sociedade e a liquidação da respectiva conta, cujo saldo constituirá crédito quirografário.

§ 3º Falindo o sócio participante, o contrato social fica sujeito às normas que regulam os efeitos da falência nos contratos bilaterais do falido.

► Art. 104 deste Código.

► Arts. 82 e 117 da Lei nº 11.101, de 9-2-2005 (Lei de Recuperação de Empresas e Falências).

Art. 995. Salvo estipulação em contrário, o sócio ostensivo não pode admitir novo sócio sem o consentimento expresso dos demais.

Art. 996. Aplica-se à sociedade em conta de participação, subsidiariamente e no que com ela for compatível, o disposto para a sociedade simples, e a sua liquidação rege-se pelas normas relativas à prestação de contas, na forma da lei processual.

► Arts. 997 a 1.038 deste Código.

► Arts. 550 e segs. do CPC.

Parágrafo único. Havendo mais de um sócio ostensivo, as respectivas contas serão prestadas e julgadas no mesmo processo.

SUBTÍTULO II – DA SOCIEDADE PERSONIFICADA

CAPÍTULO I
DA SOCIEDADE SIMPLES

Seção I
DO CONTRATO SOCIAL

Art. 997. A sociedade constitui-se mediante contrato escrito, particular ou público, que, além de cláusulas estipuladas pelas partes, mencionará:

► Arts. 999, 1.041 e 1.054 deste Código.

► Art. 120 da Lei nº 6.015, de 31-12-1973 (Lei dos Registros Públicos).

► En. nº 214 da III Jornada de Direito Civil.

► En. nº 383 da IV Jornada de Direito Civil.

► En. nº 478 da V Jornada de Direito Civil.

I – nome, nacionalidade, estado civil, profissão e residência dos sócios, se pessoas naturais, e a firma ou a denominação, nacionalidade e sede dos sócios, se jurídicas;

II – denominação, objeto, sede e prazo da sociedade;

► En. nº 213 da III Jornada de Direito Civil.

► En. nº 466 da V Jornada de Direito Civil.

III – capital da sociedade, expresso em moeda corrente, podendo compreender qualquer espécie de bens, suscetíveis de avaliação pecuniária;

► En. nº 478 da V Jornada de Direito Civil.

IV – a quota de cada sócio no capital social, e o modo de realizá-la;

► En. nº 206 de III Jornada de Direito Civil.

V – as prestações a que se obriga o sócio, cuja contribuição consista em serviços;

► Art. 1.006 deste Código.

VI – as pessoas naturais incumbidas da administração da sociedade, e seus poderes e atribuições;

VII – a participação de cada sócio nos lucros e nas perdas;

► En. nº 479 da V Jornada de Direito Civil.

VIII – se os sócios respondem, ou não, subsidiariamente, pelas obrigações sociais.

Parágrafo único. É ineficaz em relação a terceiros qualquer pacto separado, contrário ao disposto no instrumento do contrato.

► Arts. 981 e 983 deste Código.

Art. 998. Nos trinta dias subsequentes à sua constituição, a sociedade deverá requerer a inscrição do contrato social no Registro Civil das Pessoas Jurídicas do local de sua sede.

► Arts. 45 e 75, IV, deste Código.

► Arts. 114 a 126 da Lei nº 6.015, de 31-12-1973 (Lei dos Registros Públicos).

► En. nº 215 da III Jornada de Direito Civil.

► Enunciados nºs 384 e 385 da IV Jornada de Direito Civil.

§ 1º O pedido de inscrição será acompanhado do instrumento autenticado do contrato, e, se algum sócio nele houver sido representado por procurador, o da respectiva procuração, bem como, se for o caso, da prova de autorização da autoridade competente.

§ 2º Com todas as indicações enumeradas no artigo antecedente, será a inscrição tomada por termo no livro de registro próprio, e obedecerá a número de ordem contínua para todas as sociedades inscritas.

► Art. 46 deste Código.

Art. 999. As modificações do contrato social, que tenham por objeto matéria indicada no art. 997, dependem do consentimento de todos os sócios; as demais podem ser decididas por maioria absoluta de votos, se o contrato não determinar a necessidade de deliberação unânime.

► Arts. 18, 45, parágrafo único, 1.002, 1.003 e 2.033 deste Código.

Parágrafo único. Qualquer modificação do contrato social será averbada, cumprindo-se as formalidades previstas no artigo antecedente.

Art. 1.000. A sociedade simples que instituir sucursal, filial ou agência na circunscrição de outro Registro Civil das Pessoas Jurídicas, neste deverá também inscrevê-la, com a prova da inscrição originária.

Parágrafo único. Em qualquer caso, a constituição da sucursal, filial ou agência deverá ser averbada no Registro Civil da respectiva sede.

► Art. 997 deste Código.

Seção II
DOS DIREITOS E OBRIGAÇÕES DOS SÓCIOS

Art. 1.001. As obrigações dos sócios começam imediatamente com o contrato, se este não fixar outra data, e terminam quando, liquidada a sociedade, se extinguirem as responsabilidades sociais.

Art. 1.002. O sócio não pode ser substituído no exercício das suas funções, sem o consentimento dos demais sócios, expresso em modificação do contrato social.

► Art. 999 deste Código.

Art. 1.003. A cessão total ou parcial de quota, sem a correspondente modificação do contrato social com o consentimento dos demais sócios, não terá eficácia quanto a estes e à sociedade.

Parágrafo único. Até dois anos depois de averbada a modificação do contrato, responde o cedente solidariamente com o cessionário, perante a sociedade e terceiros, pelas obrigações que tinha como sócio.

► Arts. 275, 999, 1.032 e 1.057 deste Código.

► Art. 81 da Lei nº 11.101, de 9-2-2005 (Lei de Recuperação de Empresas e Falências).

Art. 1.004. Os sócios são obrigados, na forma e prazo previstos, às contribuições estabelecidas no contrato social, e aquele que deixar de fazê-lo, nos trinta dias seguintes ao da notificação pela sociedade, responderá perante esta pelo dano emergente da mora.

► Arts. 394 a 401, 997, IV, e 1.030 deste Código.

Parágrafo único. Verificada a mora, poderá a maioria dos demais sócios preferir, à indenização, a exclusão do sócio remisso, ou reduzir-lhe a quota ao montante já realizado, aplicando-se, em ambos os casos, o disposto no § 1º do art. 1.031.

► Arts. 997, IV, e 1.030 deste Código.

► En. nº 216 da III Jornada de Direito Civil.

Art. 1.005. O sócio que, a título de quota social, transmitir domínio, posse ou uso, responde pela evicção; e pela solvência do devedor, aquele que transferir crédito.

► Arts. 297, 447 a 457 e 1.004 deste Código.

Art. 1.006. O sócio, cuja contribuição consista em serviços, não pode, salvo convenção em contrário, empregar-se em atividade estranha à sociedade, sob pena de ser privado de seus lucros e dela excluído.

► Arts. 997, V, e 1.030 deste Código.

► En. nº 206 da III Jornada de Direito Civil.

Art. 1.007. Salvo estipulação em contrário, o sócio participa dos lucros e das perdas, na proporção das respectivas quotas, mas aquele, cuja contribuição consiste em serviços, somente participa dos lucros na proporção da média do valor das quotas.

▸ Art. 997, V e VII, deste Código.

▸ En. nº 206 da III Jornada de Direito Civil.

Art. 1.008. É nula a estipulação contratual que exclua qualquer sócio de participar dos lucros e das perdas.

▸ Art. 997, V e VII, deste Código.

Art. 1.009. A distribuição de lucros ilícitos ou fictícios acarreta responsabilidade solidária dos administradores que a realizarem e dos sócios que os receberem, conhecendo ou devendo conhecer-lhes a ilegitimidade.

▸ Arts. 264 a 285 deste Código.

▸ En. nº 59 da I Jornada de Direito Civil.

▸ En. nº 487 da V Jornada de Direito Civil.

Seção III
DA ADMINISTRAÇÃO

Art. 1.010. Quando, por lei ou pelo contrato social, competir aos sócios decidir sobre os negócios da sociedade, as deliberações serão tomadas por maioria de votos, contados segundo o valor das quotas de cada um.

▸ Art. 1.072 deste Código.

§ 1º Para formação da maioria absoluta são necessários votos correspondentes a mais de metade do capital.

§ 2º Prevalece a decisão sufragada por maior número de sócios no caso de empate, e, se este persistir, decidirá o juiz.

§ 3º Responde por perdas e danos o sócio que, tendo em alguma operação interesse contrário ao da sociedade, participar da deliberação que a aprove graças a seu voto.

▸ Arts. 402 a 405 deste Código.

▸ En. nº 217 da III Jornada de Direito Civil.

Art. 1.011. O administrador da sociedade deverá ter, no exercício de suas funções, o cuidado e a diligência que todo homem ativo e probo costuma empregar na administração de seus próprios negócios.

▸ Arts. 653 a 691 deste Código.

▸ Art. 153 da Lei nº 6.404, de 15-12-1976 (Lei das Sociedades por Ações).

▸ En. nº 218 da III Jornada de Direito Civil.

§ 1º Não podem ser administradores, além das pessoas impedidas por lei especial, os condenados a pena que vede, ainda que temporariamente, o acesso a cargos públicos; ou por crime falimentar, de prevaricação, peita ou suborno, concussão, peculato; ou contra a economia popular, contra o sistema financeiro nacional, contra as normas de defesa da concorrência, contra as relações de consumo, a fé pública ou a propriedade, enquanto perdurarem os efeitos da condenação.

▸ Art. 1.066, § 1º, deste Código.

▸ Art. 117, X, da Lei nº 8.112, de 11-12-1990 (Estatuto dos Servidores Públicos Civis da União, Autarquias e Fundações Públicas Federais).

§ 2º Aplicam-se à atividade dos administradores, no que couber, as disposições concernentes ao mandato.

Art. 1.012. O administrador, nomeado por instrumento em separado, deve averbá-lo à margem da inscrição da sociedade, e, pelos atos que praticar, antes de requerer a averbação, responde pessoal e solidariamente com a sociedade.

▸ Arts. 275 a 285 deste Código.

▸ Arts. 653 a 692 deste Código.

Art. 1.013. A administração da sociedade, nada dispondo o contrato social, compete separadamente a cada um dos sócios.

▸ Art. 1.060 deste Código.

§ 1º Se a administração competir separadamente a vários administradores, cada um pode impugnar operação pretendida por outro, cabendo a decisão aos sócios, por maioria de votos.

▸ Arts. 402 a 405, 997, VI, e 1.010 deste Código.

§ 2º Responde por perdas e danos perante a sociedade o administrador que realizar operações, sabendo ou devendo saber que estava agindo em desacordo com a maioria.

Art. 1.014. Nos atos de competência conjunta de vários administradores, torna-se necessário o concurso de todos, salvo nos casos urgentes, em que a omissão ou retardo das providências possa ocasionar dano irreparável ou grave.

▸ Arts. 402 a 405, 997, VI, e 1.010 deste Código.

Art. 1.015. No silêncio do contrato, os administradores podem praticar todos os atos pertinentes à gestão da sociedade; não constituindo objeto social, a oneração ou a venda de bens imóveis depende do que a maioria dos sócios decidir.

▸ En. nº 219 da III Jornada de Direito Civil.

Parágrafo único. O excesso por parte dos administradores somente pode ser oposto a terceiros se ocorrer pelo menos uma das seguintes hipóteses:

▸ En. nº 11 da I Jornada de Direito Comercial.

I – se a limitação de poderes estiver inscrita ou averbada no registro próprio da sociedade;
II – provando-se que era conhecida do terceiro;
III – tratando-se de operação evidentemente estranha aos negócios da sociedade.

Art. 1.016. Os administradores respondem solidariamente perante a sociedade e os terceiros prejudicados, por culpa no desempenho de suas funções.

▸ Arts. 275 a 285 e 1.070 deste Código.

▸ Enunciados nºs 59 e 60 da I Jornada de Direito Civil.

▸ En. nº 220 da III Jornada de Direito Civil.

▸ En. nº 487 da V Jornada de Direito Civil.

Art. 1.017. O administrador que, sem consentimento escrito dos sócios, aplicar créditos ou bens sociais em proveito próprio ou de terceiros, terá de restituí-los à sociedade, ou pagar o equivalente, com todos os lucros resultantes, e, se houver prejuízo, por ele também responderá.

▸ Arts. 402 a 405 deste Código.

▸ En. nº 59 da I Jornada de Direito Civil.

Parágrafo único. Fica sujeito às sanções o administrador que, tendo em qualquer operação interesse contrário ao da sociedade, tome parte na correspondente deliberação.

Art. 1.018. Ao administrador é vedado fazer-se substituir no exercício de suas funções, sendo-lhe facultado, nos limites de seus poderes, constituir mandatários da sociedade, especificados no instrumento os atos e operações que poderão praticar.

▸ Arts. 653 a 691 e 1.012 deste Código.

Art. 1.019. São irrevogáveis os poderes do sócio investido na administração por cláusula expressa do contrato social, salvo justa causa, reconhecida judicialmente, a pedido de qualquer dos sócios.

Parágrafo único. São revogáveis, a qualquer tempo, os poderes conferidos a sócio por ato separado, ou a quem não seja sócio.

► Arts. 997, VI, e 999 deste Código.

Art. 1.020. Os administradores são obrigados a prestar aos sócios contas justificadas de sua administração, e apresentar-lhes o inventário anualmente, bem como o balanço patrimonial e o de resultado econômico.

► Arts. 1.179 a 1.195 deste Código.

► Art. 31 da Lei nº 4.595, de 31-12-1964 (Lei do Sistema Financeiro Nacional).

► Arts. 109, 178 a 184 da Lei nº 6.404, de 15-12-1976 (Lei das Sociedades por Ações).

► Súmulas nºs 260 e 439 do STF.

► En. nº 63 da II Jornada de Direito Comercial.

Art. 1.021. Salvo estipulação que determine época própria, o sócio pode, a qualquer tempo, examinar os livros e documentos, e o estado da caixa e da carteira da sociedade.

► Arts. 417 a 421 do CPC.

► Art. 501 do CCom.

► Arts. 100 e 177 da Lei nº 6.404, de 15-12-1976 (Lei das Sociedades por Ações).

► En. nº 63 da II Jornada de Direito Comercial.

Seção IV
DAS RELAÇÕES COM TERCEIROS

Art. 1.022. A sociedade adquire direitos, assume obrigações e procede judicialmente, por meio de administradores com poderes especiais, ou, não os havendo, por intermédio de qualquer administrador.

► Art. 75, VIII, do CPC..

Art. 1.023. Se os bens da sociedade não lhe cobrirem as dívidas, respondem os sócios pelo saldo, na proporção em que participem das perdas sociais, salvo cláusula de responsabilidade solidária.

► Arts. 275 a 285 deste Código.

► En. nº 61 da I Jornada de Direito Civil.

Art. 1.024. Os bens particulares dos sócios não podem ser executados por dívidas da sociedade, senão depois de executados os bens sociais.

► Art. 990 deste Código.

► Art. 795 do CPC.

► En. nº 5 da I Jornada de Direito Comercial.

Art. 1.025. O sócio, admitido em sociedade já constituída, não se exime das dívidas sociais anteriores à admissão.

► Art. 1.003, parágrafo único, deste Código.

Art. 1.026. O credor particular de sócio pode, na insuficiência de outros bens do devedor, fazer recair a execução sobre o que a este couber nos lucros da sociedade, ou na parte que lhe tocar em liquidação.

► En. nº 386 da IV Jornada de Direito Civil.

Parágrafo único. Se a sociedade não estiver dissolvida, pode o credor requerer a liquidação da quota do devedor, cujo valor, apurado na forma do art. 1.031, será depositado em dinheiro, no juízo da execução, até noventa dias após aquela liquidação.

► Art. 1.030, parágrafo único, deste Código.

► Enunciados nºs 387, 388 e 389 da IV Jornada de Direito Civil.

Art. 1.027. Os herdeiros do cônjuge de sócio, ou o cônjuge do que se separou judicialmente, não podem exigir desde logo a parte que lhes couber na quota social, mas concorrer à divisão periódica dos lucros, até que se liquide a sociedade.

► Art. 1.028, III, deste Código.

Seção V
DA RESOLUÇÃO DA SOCIEDADE EM RELAÇÃO A UM SÓCIO

► En. nº 13 da I Jornada de Direito Comercial.

Art. 1.028. No caso de morte de sócio, liquidar-se-á sua quota, salvo:

► Arts. 997, 999 e 1.032 deste Código.

► Arts. 599 e segs. do CPC.

► En. nº 221 da III Jornada de Direito Civil.

I – se o contrato dispuser diferentemente;

II – se os sócios remanescentes optarem pela dissolução da sociedade;

III – se, por acordo com os herdeiros, regular-se a substituição do sócio falecido.

Art. 1.029. Além dos casos previstos na lei ou no contrato, qualquer sócio pode retirar-se da sociedade; se de prazo indeterminado, mediante notificação aos demais sócios, com antecedência mínima de sessenta dias; se de prazo determinado, provando judicialmente justa causa.

► Art. 1.031 deste Código.

► Arts. 599 e segs. do CPC.

Parágrafo único. Nos trinta dias subsequentes à notificação, podem os demais sócios optar pela dissolução da sociedade.

Art. 1.030. Ressalvado o disposto no art. 1.004 e seu parágrafo único, pode o sócio ser excluído judicialmente, mediante iniciativa da maioria dos demais sócios, por falta grave no cumprimento de suas obrigações, ou, ainda, por incapacidade superveniente.

► Arts. 1.031 e 1.034 deste Código.

► Arts. 599 e segs. do CPC.

► En. nº 67 da I Jornada de Direito Civil.

► En. nº 216 da III Jornada de Direito Civil.

Parágrafo único. Será de pleno direito excluído da sociedade o sócio declarado falido, ou aquele cuja quota tenha sido liquidada nos termos do parágrafo único do art. 1.026.

► Arts. 599 e segs. do CPC.

► Lei nº 11.101, de 9-2-2005 (Lei de Recuperação de Empresas e Falências).

► En. nº 481 da V Jornada de Direito Civil.

Art. 1.031. Nos casos em que a sociedade se resolver em relação a um sócio, o valor da sua quota, considerada pelo montante efetivamente realizado, liquidar-se-á, salvo disposição contratual em contrário, com base na situação patrimonial da sociedade, à data da resolução, verificada em balanço especialmente levantado.

► Arts. 1.026, parágrafo único, e 1.077 deste Código.

► Arts. 599 a 609 do CPC.

► Súm. nº 265 do STF.

► En. nº 62 da I Jornada de Direito Civil.

► En. nº 391 da IV Jornada de Direito Civil.

► En. nº 482 da V Jornada de Direito Civil.

§ 1º O capital social sofrerá a correspondente redução, salvo se os demais sócios suprirem o valor da quota.

► Art. 1.004, parágrafo único, deste Código.

§ 2º A quota liquidada será paga em dinheiro, no prazo de noventa dias, a partir da liquidação, salvo acordo, ou estipulação contratual em contrário.

Art. 1.032. A retirada, exclusão ou morte do sócio, não o exime, ou a seus herdeiros, da responsabilidade pelas obrigações sociais anteriores, até dois anos após averbada a resolução da sociedade; nem nos dois primeiros casos, pelas posteriores e em igual prazo, enquanto não se requerer a averbação.

► Art. 1.003, parágrafo único, deste Código.

► Art. 81 da Lei nº 11.101, de 9-2-2005 (Lei de Recuperação de Empresas e Falências).

Seção VI
DA DISSOLUÇÃO

► Arts. 206 e 207 da Lei nº 6.404, de 15-12-1976 (Lei das Sociedades por Ações).

Art. 1.033. Dissolve-se a sociedade quando ocorrer:

I – o vencimento do prazo de duração, salvo se, vencido este e sem oposição de sócio, não entrar a sociedade em liquidação, caso em que se prorrogará por tempo indeterminado;

II – o consenso unânime dos sócios;

III – a deliberação dos sócios, por maioria absoluta, na sociedade de prazo indeterminado;

► En. nº 67 da I Jornada de Direito Civil.

IV – a falta de pluralidade de sócios, não reconstituída no prazo de cento e oitenta dias;

V – a extinção, na forma da lei, de autorização para funcionar.

► Arts. 51, 1.037, *caput*, 1.044 e 1.123 deste Código.

Parágrafo único. Não se aplica o disposto no inciso IV caso o sócio remanescente, inclusive na hipótese de concentração de todas as cotas da sociedade sob sua titularidade, requeira, no Registro Público de Empresas Mercantis, a transformação do registro da sociedade para empresário individual ou para empresa individual de responsabilidade limitada, observado, no que couber, o disposto nos arts. 1.113 a 1.115 deste Código.

► Parágrafo único com a redação dada pela Lei nº 12.441, de 11-7-2011.

► Art. 980-A deste Código.

► Enunciados nºs 465 e 483 da V Jornada de Direito Civil.

Art. 1.034. A sociedade pode ser dissolvida judicialmente, a requerimento de qualquer dos sócios, quando:

I – anulada a sua constituição;

II – exaurido o fim social, ou verificada a sua inexequibilidade.

Art. 1.035. O contrato pode prever outras causas de dissolução, a serem verificadas judicialmente quando contestadas.

Art. 1.036. Ocorrida a dissolução, cumpre aos administradores providenciar imediatamente a investidura do liquidante, e restringir a gestão própria aos negócios inadiáveis, vedadas novas operações, pelas quais responderão solidária e ilimitadamente.

► Arts. 275 a 285 deste Código.

► En. nº 487 da V Jornada de Direito Civil.

Parágrafo único. Dissolvida de pleno direito a sociedade, pode o sócio requerer, desde logo, a liquidação judicial.

► Arts. 1.102 a 1.112 deste Código.

Art. 1.037. Ocorrendo a hipótese prevista no inciso V do art. 1.033, o Ministério Público, tão logo lhe comunique a autoridade competente, promoverá a liquidação judicial da sociedade, se os administradores não o tiverem feito nos trinta dias seguintes à perda da autorização, ou se o sócio não houver exercido a faculdade assegurada no parágrafo único do artigo antecedente.

Parágrafo único. Caso o Ministério Público não promova a liquidação judicial da sociedade nos quinze dias subsequentes ao recebimento da comunicação, a autoridade competente para conceder a autorização nomeará interventor com poderes para requerer a medida e administrar a sociedade até que seja nomeado o liquidante.

► Arts. 51, 1.111, 1.112 e 1.123 deste Código.

Art. 1.038. Se não estiver designado no contrato social, o liquidante será eleito por deliberação dos sócios, podendo a escolha recair em pessoa estranha à sociedade.

► Arts. 1.103 a 1.105 deste Código.

§ 1º O liquidante pode ser destituído, a todo tempo:

I – se eleito pela forma prevista neste artigo, mediante deliberação dos sócios;

II – em qualquer caso, por via judicial, a requerimento de um ou mais sócios, ocorrendo justa causa.

§ 2º A liquidação da sociedade se processa de conformidade com o disposto no Capítulo IX, deste Subtítulo.

► Arts. 1.103 a 1.112 deste Código.

CAPÍTULO II
DA SOCIEDADE EM NOME COLETIVO

► Art. 983 deste Código.

Art. 1.039. Somente pessoas físicas podem tomar parte na sociedade em nome coletivo, respondendo todos os sócios, solidária e ilimitadamente, pelas obrigações sociais.

► Arts. 275 a 285 e 974 deste Código.

Parágrafo único. Sem prejuízo da responsabilidade perante terceiros, podem os sócios, no ato constitutivo, ou por unânime convenção posterior, limitar entre si a responsabilidade de cada um.

Art. 1.040. A sociedade em nome coletivo se rege pelas normas deste Capítulo e, no que seja omisso, pelas do Capítulo antecedente.

Art. 1.041. O contrato deve mencionar, além das indicações referidas no art. 997, a firma social.

Art. 1.042. A administração da sociedade compete exclusivamente a sócios, sendo o uso da firma, nos limites do contrato, privativo dos que tenham os necessários poderes.

Art. 1.043. O credor particular de sócio não pode, antes de dissolver-se a sociedade, pretender a liquidação da quota do devedor.

► En. nº 63 da I Jornada de Direito Civil.

Parágrafo único. Poderá fazê-lo quando:

I – a sociedade houver sido prorrogada tacitamente;

II – tendo ocorrido prorrogação contratual, for acolhida judicialmente oposição do credor, levantada no prazo de noventa dias, contado da publicação do ato dilatório.

► En. nº 489 da V Jornada de Direito Civil.

Art. 1.044. A sociedade se dissolve de pleno direito por qualquer das causas enumeradas no art. 1.033 e, se empresária, também pela declaração da falência.

► Arts. 1.051, I, e 1.087 deste Código.

► Lei nº 11.101, de 9-2-2005 (Lei de Recuperação de Empresas e Falências).

CAPÍTULO III

DA SOCIEDADE EM COMANDITA SIMPLES

► Art. 983 deste Código.

Art. 1.045. Na sociedade em comandita simples tomam parte sócios de duas categorias: os comanditados, pessoas físicas, responsáveis solidária e ilimitadamente pelas obrigações sociais; e os comanditários, obrigados somente pelo valor de sua quota.

► Arts. 265, 966 e 974 deste Código.

► Art. 795 do CPC.

Parágrafo único. O contrato deve discriminar os comanditados e os comanditários.

Art. 1.046. Aplicam-se à sociedade em comandita simples as normas da sociedade em nome coletivo, no que forem compatíveis com as deste Capítulo.

► Arts. 1.039 a 1.044 deste Código.

Parágrafo único. Aos comanditados cabem os mesmos direitos e obrigações dos sócios da sociedade em nome coletivo.

Art. 1.047. Sem prejuízo da faculdade de participar das deliberações da sociedade e de lhe fiscalizar as operações, não pode o comanditário praticar qualquer ato de gestão, nem ter o nome na firma social, sob pena de ficar sujeito às responsabilidades de sócio comanditado.

Parágrafo único. Pode o comanditário ser constituído procurador da sociedade, para negócio determinado e com poderes especiais.

Art. 1.048. Somente após averbada a modificação do contrato, produz efeito, quanto a terceiros, a diminuição da quota do comanditário, em consequência de ter sido reduzido o capital social, sempre sem prejuízo dos credores preexistentes.

► Art. 1.045, parágrafo único, deste Código.

Art. 1.049. O sócio comanditário não é obrigado à reposição de lucros recebidos de boa-fé e de acordo com o balanço.

Parágrafo único. Diminuído o capital social por perdas supervenientes, não pode o comanditário receber quaisquer lucros, antes de reintegrado aquele.

Art. 1.050. No caso de morte de sócio comanditário, a sociedade, salvo disposição do contrato, continuará com os seus sucessores, que designarão quem os represente.

► Arts. 997 e 999 deste Código.

Art. 1.051. Dissolve-se de pleno direito a sociedade:

► Art. 1.033 deste Código.

► En. nº 489 da V Jornada de Direito Civil.

I – por qualquer das causas previstas no art. 1.044;

II – quando por mais de cento e oitenta dias perdurar a falta de uma das categorias de sócio.

Parágrafo único. Na falta de sócio comanditado, os comanditários nomearão administrador provisório para praticar, durante o período referido no inciso II e sem assumir a condição de sócio, os atos de administração.

CAPÍTULO IV

DA SOCIEDADE LIMITADA

► Art. 983 deste Código.

Seção I

DISPOSIÇÕES PRELIMINARES

Art. 1.052. Na sociedade limitada, a responsabilidade de cada sócio é restrita ao valor de suas quotas, mas todos respondem solidariamente pela integralização do capital social.

► Arts. 275 a 285, 1.056, § 2º, e 1.158 deste Código.

► En. nº 65 da I Jornada de Direito Civil.

§ 1º A sociedade limitada pode ser constituída por 1 (uma) ou mais pessoas.

§ 2º Se for unipessoal, aplicar-se-ão ao documento de constituição do sócio único, no que couber, as disposições sobre o contrato social.

► §§ 1º e 2º acrescidos pela Lei nº 13.874, de 20-9-2019.

Art. 1.053. A sociedade limitada rege-se, nas omissões deste Capítulo, pelas normas da sociedade simples.

► Arts. 997 a 1.038 deste Código.

► Enunciados nºs 222 e 223 da III Jornada de Direito Civil.

Parágrafo único. O contrato social poderá prever a regência supletiva da sociedade limitada pelas normas da sociedade anônima.

► Lei nº 6.404, de 15-12-1976 (Lei das Sociedades por Ações).

► En. nº 64 da II Jornada de Direito Comercial.

► En. nº 217 da III Jornada de Direito Civil.

Art. 1.054. O contrato mencionará, no que couber, as indicações do art. 997, e, se for o caso, a firma social.

► Art. 1.064 deste Código.

► En. nº 214 da III Jornada de Direito Civil.

Seção II

DAS QUOTAS

Art. 1.055. O capital social divide-se em quotas, iguais ou desiguais, cabendo uma ou diversas a cada sócio.

§ 1º Pela exata estimação de bens conferidos ao capital social respondem solidariamente todos os sócios, até o prazo de cinco anos da data do registro da sociedade.

► Arts. 275 a 285 deste Código.

► Enunciados nºs 12 e 18 da I Jornada de Direito Comercial.

► En. nº 224 da III Jornada de Direito Civil.

§ 2º É vedada contribuição que consista em prestação de serviços.

Art. 1.056. A quota é indivisível em relação à sociedade, salvo para efeito de transferência, caso em que se observará o disposto no artigo seguinte.

► Arts. 275 a 285 deste Código.

§ 1º No caso de condomínio de quota, os direitos a ela inerentes somente podem ser exercidos pelo condômino representante, ou pelo inventariante do espólio de sócio falecido.

§ 2º Sem prejuízo do disposto no art. 1.052, os condôminos de quota indivisa respondem solidariamente pelas prestações necessárias à sua integralização.

Art. 1.057. Na omissão do contrato, o sócio pode ceder sua quota, total ou parcialmente, a quem seja sócio, independentemente de audiência dos outros, ou a estranho, se não houver oposição de titulares de mais de um quarto do capital social.

► Art. 1.081, § 2º, deste Código.

► En. nº 225 da III Jornada de Direito Civil.

► En. nº 391 da IV Jornada de Direito Civil.

Parágrafo único. A cessão terá eficácia quanto à sociedade e terceiros, inclusive para os fins do parágrafo único do art. 1.003, a partir da averbação do respectivo instrumento, subscrito pelos sócios anuentes.

Art. 1.058. Não integralizada a quota de sócio remisso, os outros sócios podem, sem prejuízo do disposto no art. 1.004 e seu parágrafo único, tomá-la para si ou transferi-la a terceiros, excluindo o primitivo titular e devolvendo-lhe o que houver pago, deduzidos os juros da mora, as prestações estabelecidas no contrato mais as despesas.

► En. nº 391 da IV Jornada de Direito Civil.

Art. 1.059. Os sócios serão obrigados à reposição dos lucros e das quantias retiradas, a qualquer título, ainda que autorizados pelo contrato, quando tais lucros ou quantia se distribuírem com prejuízo do capital.

Seção III
DA ADMINISTRAÇÃO

Art. 1.060. A sociedade limitada é administrada por uma ou mais pessoas designadas no contrato social ou em ato separado.

► Arts. 1.013 a 1.172 deste Código.

Parágrafo único. A administração atribuída no contrato a todos os sócios não se estende de pleno direito aos que posteriormente adquiram essa qualidade.

► Art. 1.076, *caput*, deste Código.

Art. 1.061. A designação de administradores não sócios dependerá de aprovação da unanimidade dos sócios, enquanto o capital não estiver integralizado, e de 2/3 (dois terços), no mínimo, após a integralização.

► Artigo com a redação dada pela Lei nº 12.375, de 30-12-2010.

Art. 1.062. O administrador designado em ato separado investir-se-á no cargo mediante termo de posse no livro de atas da administração.

§ 1º Se o termo não for assinado nos trinta dias seguintes à designação, esta se tornará sem efeito.

§ 2º Nos dez dias seguintes ao da investidura, deve o administrador requerer seja averbada sua nomeação no registro competente, mencionando o seu nome, nacionalidade, estado civil, residência, com exibição de documento de identidade, o ato e a data da nomeação e o prazo de gestão.

► En. nº 66 da I Jornada de Direito Civil.

Art. 1.063. O exercício do cargo de administrador cessa pela destituição, em qualquer tempo, do titular, ou pelo término do prazo se, fixado no contrato ou em ato separado, não houver recondução.

► Art. 1.076 deste Código.

§ 1º Tratando-se de sócio nomeado administrador no contrato, sua destituição somente se opera pela aprovação de titulares de quotas correspondentes a mais da metade do capital social, salvo disposição contratual diversa.

► § 1º com a redação dada pela Lei nº 13.792, de 3-1-2019.

§ 2º A cessação do exercício do cargo de administrador deve ser averbada no registro competente, mediante requerimento apresentado nos dez dias seguintes ao da ocorrência.

§ 3º A renúncia de administrador torna-se eficaz, em relação à sociedade, desde o momento em que esta toma conhecimento da comunicação escrita do renunciante; e, em relação a terceiros, após a averbação e publicação.

► En. nº 489 da V Jornada de Direito Civil.

Art. 1.064. O uso da firma ou denominação social é privativo dos administradores que tenham os necessários poderes.

Art. 1.065. Ao término de cada exercício social, proceder-se-á à elaboração do inventário, do balanço patrimonial e do balanço de resultado econômico.

► Arts. 1.179 a 1.195 deste Código.

Seção IV
DO CONSELHO FISCAL

► Art. 1.078 deste Código.

► Arts. 161 a 165 da Lei nº 6.404, de 15-12-1976 (Lei das Sociedades por Ações).

Art. 1.066. Sem prejuízo dos poderes da assembleia dos sócios, pode o contrato instituir conselho fiscal composto de três ou mais membros e respectivos suplentes, sócios ou não, residentes no País, eleitos na assembleia anual prevista no art. 1.078.

§ 1º Não podem fazer parte do conselho fiscal, além dos inelegíveis enumerados no § 1º do art. 1.011, os membros dos demais órgãos da sociedade ou de outra por ela controlada, os empregados de quaisquer delas ou dos respectivos administradores, o cônjuge ou parente destes até o terceiro grau.

§ 2º É assegurado aos sócios minoritários, que representarem pelo menos um quinto do capital social, o direito de eleger, separadamente, um dos membros do conselho fiscal e o respectivo suplente.

Art. 1.067. O membro ou suplente eleito, assinando termo de posse lavrado no livro de atas e pareceres do conselho fiscal, em que se mencione o seu nome, nacionalidade, estado civil, residência e a data da escolha, ficará investido nas suas funções, que exercerá, salvo cessação anterior, até a subsequente assembleia anual.

Parágrafo único. Se o termo não for assinado nos trinta dias seguintes ao da eleição, esta se tornará sem efeito.

Art. 1.068. A remuneração dos membros do conselho fiscal será fixada, anualmente, pela assembleia dos sócios que os eleger.

Art. 1.069. Além de outras atribuições determinadas na lei ou no contrato social, aos membros do conselho fiscal incumbem, individual ou conjuntamente, os deveres seguintes:

I – examinar, pelo menos trimestralmente, os livros e papéis da sociedade e o estado da caixa e da carteira, devendo os administradores ou liquidantes prestar-lhes as informações solicitadas;

II – lavrar no livro de atas e pareceres do conselho fiscal o resultado dos exames referidos no inciso I deste artigo;

III – exarar no mesmo livro e apresentar à assembleia anual dos sócios parecer sobre os negócios e as operações sociais do exercício em que servirem, tomando por base o balanço patrimonial e o de resultado econômico;

IV – denunciar os erros, fraudes ou crimes que descobrirem, sugerindo providências úteis à sociedade;

V – convocar a assembleia dos sócios se a diretoria retardar por mais de trinta dias a sua convocação anual, ou sempre que ocorram motivos graves e urgentes;

VI – praticar, durante o período da liquidação da sociedade, os atos a que se refere este artigo, tendo em vista as disposições especiais reguladoras da liquidação.

► Arts. 1.065, 1.073, II, 1.078, I, 1.102 a 1.112, 1.188 e 1.189 deste Código.

► Arts. 175 a 188 da Lei nº 6.404, de 15-12-1976 (Lei das Sociedades por Ações).

Art. 1.070. As atribuições e poderes conferidos pela lei ao conselho fiscal não podem ser outorgados a outro órgão da sociedade, e a responsabilidade de seus membros obedece à regra que define a dos administradores (art. 1.016).

Parágrafo único. O conselho fiscal poderá escolher para assisti-lo no exame dos livros, dos balanços e das contas, contabilista legalmente habilitado, mediante remuneração aprovada pela assembleia dos sócios.

Seção V
DAS DELIBERAÇÕES DOS SÓCIOS

► Arts. 121 a 137 da Lei nº 6.404, de 15-12-1976 (Lei das Sociedades por Ações).

Art. 1.071. Dependem da deliberação dos sócios, além de outras matérias indicadas na lei ou no contrato:

► En. nº 227 da III Jornada de Direito Civil.

I – a aprovação das contas da administração;

II – a designação dos administradores, quando feita em ato separado;

► Art. 1.076, II, deste Código.

III – a destituição dos administradores;

► Art. 1.076, II, deste Código.

IV – o modo de sua remuneração, quando não estabelecido no contrato;

► Art. 1.076, II, deste Código.

V – a modificação do contrato social;

► Art. 1.076, I, deste Código.

VI – a incorporação, a fusão e a dissolução da sociedade, ou a cessação do estado de liquidação;

► Art. 1.076, I, deste Código.

VII – a nomeação e destituição dos liquidantes e o julgamento das suas contas;

VIII – o pedido de concordata.

► Arts. 1.072, § 4º, e 1.076, II, deste Código.

► Art. 48 da Lei nº 11.101, de 9-2-2005 (Lei de Recuperação de Empresas e Falências).

► O termo concordata não é mais utilizado na lei atual de falências. Leia-se recuperação judicial, conforme o art. 48 e segs. da Lei nº 11.101/2005.

Art. 1.072. As deliberações dos sócios, obedecido o disposto no art. 1.010, serão tomadas em reunião ou em assembleia, conforme previsto no contrato social, devendo ser convocadas pelos administradores nos casos previstos em lei ou no contrato.

► Art. 1.152, § 3º, deste Código.

§ 1º A deliberação em assembleia será obrigatória se o número dos sócios for superior a dez.

► Art. 1.079 deste Código.

§ 2º Dispensam-se as formalidades de convocação previstas no § 3º do art. 1.152, quando todos os sócios comparecerem ou se declararem, por escrito, cientes do local, data, hora e ordem do dia.

§ 3º A reunião ou a assembleia tornam-se dispensáveis quando todos os sócios decidirem, por escrito, sobre a matéria que seria objeto delas.

§ 4º No caso do inciso VIII do artigo antecedente, os administradores, se houver urgência e com autorização de titulares de mais da metade do capital social, podem requerer concordata preventiva.

§ 5º As deliberações tomadas de conformidade com a lei e o contrato vinculam todos os sócios, ainda que ausentes ou dissidentes.

§ 6º Aplica-se às reuniões dos sócios, nos casos omissos no contrato, o disposto na presente Seção sobre a assembleia.

Art. 1.073. A reunião ou a assembleia podem também ser convocadas:

I – por sócio, quando os administradores retardarem a convocação, por mais de sessenta dias, nos casos previstos em lei ou no contrato, ou por titulares de mais de um quinto do capital, quando não atendido, no prazo de oito dias, pedido de convocação fundamentado, com indicação das matérias a serem tratadas;

II – pelo conselho fiscal, se houver, nos casos a que se refere o inciso V do art. 1.069.

Art. 1.074. A assembleia dos sócios instala-se com a presença, em primeira convocação, de titulares de no mínimo três quartos do capital social, e, em segunda, com qualquer número.

► En. nº 226 da III Jornada de Direito Civil.

§ 1º O sócio pode ser representado na assembleia por outro sócio, ou por advogado, mediante outorga de mandato com especificação dos atos autorizados, devendo o instrumento ser levado a registro, juntamente com a ata.

► En. nº 484 da V Jornada de Direito Civil.

§ 2º Nenhum sócio, por si ou na condição de mandatário, pode votar matéria que lhe diga respeito diretamente.

Art. 1.075. A assembleia será presidida e secretariada por sócios escolhidos entre os presentes.

§ 1º Dos trabalhos e deliberações será lavrada, no livro de atas da assembleia, ata assinada pelos membros da mesa e por sócios participantes da reunião, quantos bastem à validade das deliberações, mas sem prejuízo dos que queiram assiná-la.

§ 2º Cópia da ata autenticada pelos administradores, ou pela mesa, será, nos vinte dias subsequentes à reunião, apresentada ao Registro Público de Empresas Mercantis para arquivamento e averbação.

► Lei nº 8.934, de 18-11-1994 (Lei do Registro Público de Empresas Mercantis).

§ 3º Ao sócio, que a solicitar, será entregue cópia autenticada da ata.

Art. 1.076. Ressalvado o disposto no art. 1.061, as deliberações dos sócios serão tomadas:

► *Caput* com a redação dada pela Lei nº 13.792, de 3-1-2019.

► En. nº 227 da III Jornada de Direito Civil.

► En. nº 485 da V Jornada de Direito Civil.

I – pelos votos correspondentes, no mínimo, a três quartos do capital social, nos casos previstos nos incisos V e VI do art. 1.071;

II – pelos votos correspondentes a mais de metade do capital social, nos casos previstos nos incisos II, III, IV e VIII do art. 1.071;

III – pela maioria de votos dos presentes, nos demais casos previstos na lei ou no contrato, se este não exigir maioria mais elevada.

Art. 1.077. Quando houver modificação do contrato, fusão da sociedade, incorporação de outra, ou dela por outra, terá o sócio que dissentiu o direito de retirar-se da sociedade, nos trinta dias subsequentes à reunião, aplicando-se, no silêncio do contrato social antes vigente, o disposto no art. 1.031.

► Arts. 1.113 a 1.122 deste Código.

► En. nº 392 da IV Jornada de Direito Civil.

Art. 1.078. A assembleia dos sócios deve realizar-se ao menos uma vez por ano, nos quatro meses seguintes ao término do exercício social, com o objetivo de:

▸ En. nº 228 da III Jornada de Direito Civil.

I – tomar as contas dos administradores e deliberar sobre o balanço patrimonial e o de resultado econômico;

II – designar administradores, quando for o caso;

III – tratar de qualquer outro assunto constante da ordem do dia.

▸ Art. 1.066 deste Código.

§ 1º Até trinta dias antes da data marcada para a assembleia, os documentos referidos no inciso I deste artigo devem ser postos, por escrito, e com a prova do respectivo recebimento, à disposição dos sócios que não exerçam a administração.

§ 2º Instalada a assembleia, proceder-se-á à leitura dos documentos referidos no parágrafo antecedente, os quais serão submetidos, pelo presidente, a discussão e votação, nesta não podendo tomar parte os membros da administração e, se houver, os do conselho fiscal.

§ 3º A aprovação, sem reserva, do balanço patrimonial e do de resultado econômico, salvo erro, dolo ou simulação, exonera de responsabilidade os membros da administração e, se houver, os do conselho fiscal.

▸ Arts. 138 a 167 deste Código.

§ 4º Extingue-se em dois anos o direito de anular a aprovação a que se refere o parágrafo antecedente.

Art. 1.079. Aplica-se às reuniões dos sócios, nos casos omissos no contrato, o estabelecido nesta Seção sobre a assembleia, obedecido o disposto no § 1º do art. 1.072.

Art. 1.080. As deliberações infringentes do contrato ou da lei tornam ilimitada a responsabilidade dos que expressamente as aprovaram.

▸ Art. 50 deste Código.

▸ En. nº 229 da III Jornada de Direito Civil.

▸ En. nº 487 da V Jornada de Direito Civil.

Art. 1.080-A. O sócio poderá participar e votar a distância em reunião ou em assembleia, nos termos do regulamento do órgão competente do Poder Executivo federal.

Parágrafo único. A reunião ou a assembleia poderá ser realizada de forma digital, respeitados os direitos legalmente previstos de participação e de manifestação dos sócios e os demais requisitos regulamentares.

▸ Art. 1.080-A acrescido pela Lei nº 14.030, de 28-7-2020.

Seção VI
DO AUMENTO E DA REDUÇÃO DO CAPITAL

▸ Arts. 1.053, parágrafo único, e 1.076, I, deste Código.

Art. 1.081. Ressalvado o disposto em lei especial, integralizadas as quotas, pode ser o capital aumentado, com a correspondente modificação do contrato.

§ 1º Até trinta dias após a deliberação, terão os sócios preferência para participar do aumento, na proporção das quotas de que sejam titulares.

▸ Art. 171 da Lei nº 6.404, de 15-12-1976 (Lei das Sociedades por Ações).

§ 2º À cessão do direito de preferência, aplica-se o disposto no *caput* do art. 1.057.

§ 3º Decorrido o prazo da preferência, e assumida pelos sócios, ou por terceiros, a totalidade do aumento, haverá reunião ou assembleia dos sócios, para que seja aprovada a modificação do contrato.

Art. 1.082. Pode a sociedade reduzir o capital, mediante a correspondente modificação do contrato:

▸ Art. 1.076, I, deste Código.

▸ Art. 173 da Lei nº 6.404, de 15-12-1976 (Lei das Sociedades por Ações).

I – depois de integralizado, se houver perdas irreparáveis;

▸ Art. 1.083 deste Código.

II – se excessivo em relação ao objeto da sociedade.

▸ Art. 1.076, I, deste Código.

▸ Art. 173 da Lei nº 6.404, de 15-12-1976 (Lei das Sociedades por Ações).

Art. 1.083. No caso do inciso I do artigo antecedente, a redução do capital será realizada com a diminuição proporcional do valor nominal das quotas, tornando-se efetiva a partir da averbação, no Registro Público de Empresas Mercantis, da ata da assembleia que a tenha aprovado.

▸ Lei nº 8.934, de 18-11-1994 (Lei do Registro Público de Empresas Mercantis).

Art. 1.084. No caso do inciso II do art. 1.082, a redução do capital será feita restituindo-se parte do valor das quotas aos sócios, ou dispensando-se as prestações ainda devidas, com diminuição proporcional, em ambos os casos, do valor nominal das quotas.

§ 1º No prazo de noventa dias, contado da data da publicação da ata da assembleia que aprovar a redução, o credor quirografário, por título líquido anterior a essa data, poderá opor-se ao deliberado.

▸ En. nº 489 da V Jornada de Direito Civil.

§ 2º A redução somente se tornará eficaz se, no prazo estabelecido no parágrafo antecedente, não for impugnada, ou se provado o pagamento da dívida ou o depósito judicial do respectivo valor.

§ 3º Satisfeitas as condições estabelecidas no parágrafo antecedente, proceder-se-á à averbação, no Registro Público de Empresas Mercantis, da ata que tenha aprovado a redução.

▸ Lei nº 8.934, de 18-11-1994 (Lei do Registro Público de Empresas Mercantis).

Seção VII
DA RESOLUÇÃO DA SOCIEDADE EM RELAÇÃO A SÓCIOS MINORITÁRIOS

Art. 1.085. Ressalvado o disposto no art. 1.030, quando a maioria dos sócios, representativa de mais da metade do capital social, entender que um ou mais sócios estão pondo em risco a continuidade da empresa, em virtude de atos de inegável gravidade, poderá excluí-los da sociedade, mediante alteração do contrato social, desde que prevista neste a exclusão por justa causa.

▸ En. nº 67 da I Jornada de Direito Civil.

▸ En. nº 17 da I Jornada de Direito Comercial.

Parágrafo único. Ressalvado o caso em que haja apenas dois sócios na sociedade, a exclusão de um sócio somente poderá ser determinada em reunião ou assembleia especialmente convocada para esse fim, ciente o acusado em tempo hábil para permitir seu comparecimento e o exercício do direito de defesa.

▸ Parágrafo único com a redação dada pela Lei nº 13.792, de 3-1-2019.

Art. 1.086. Efetuado o registro da alteração contratual, aplicar-se-á o disposto nos arts. 1.031 e 1.032.

Seção VIII

DA DISSOLUÇÃO

► Lei nº 11.101, de 9-2-2005 (Lei de Recuperação de Empresas e Falências).

Art. 1.087. A sociedade dissolve-se, de pleno direito, por qualquer das causas previstas no art. 1.044.

► Art. 1.033 deste Código.

► Art. 206, I, da Lei nº 6.404, de 15-12-1976 (Lei das Sociedades por Ações).

CAPÍTULO V

DA SOCIEDADE ANÔNIMA

► Art. 983 deste Código.

► Lei nº 6.404, de 15-12-1976 (Lei das Sociedades por Ações).

Seção Única

DA CARACTERIZAÇÃO

Art. 1.088. Na sociedade anônima ou companhia, o capital divide-se em ações, obrigando-se cada sócio ou acionista somente pelo preço de emissão das ações que subscrever ou adquirir.

► Arts. 1º e 2º, § 1º, da Lei nº 6.404, de 15-12-1976 (Lei das Sociedades por Ações).

► En. nº 68 da I Jornada de Direito Civil.

Art. 1.089. A sociedade anônima rege-se por lei especial, aplicando-se-lhe, nos casos omissos, as disposições deste Código.

► Arts. 982, parágrafo único, 1.126, parágrafo único, 1.128, 1.132, 1.134 e 1.160 deste Código.

► En. nº 68 da I Jornada de Direito Civil.

► En. nº 230 da III Jornada de Direito Civil.

CAPÍTULO VI

DA SOCIEDADE EM COMANDITA POR AÇÕES

► Art. 983 deste Código.

Art. 1.090. A sociedade em comandita por ações tem o capital dividido em ações, regendo-se pelas normas relativas à sociedade anônima, sem prejuízo das modificações constantes deste Capítulo, e opera sob firma ou denominação.

► Art. 1.161 deste Código.

► Arts. 280 a 284 da Lei nº 6.404, de 15-12-1976 (Lei das Sociedades por Ações).

Art. 1.091. Somente o acionista tem qualidade para administrar a sociedade e, como diretor, responde subsidiária e ilimitadamente pelas obrigações da sociedade.

► Art. 282 da Lei nº 6.404, de 15-12-1976 (Lei das Sociedades por Ações).

§ 1º Se houver mais de um diretor, serão solidariamente responsáveis, depois de esgotados os bens sociais.

► Arts. 275 a 285 deste Código.

§ 2º Os diretores serão nomeados no ato constitutivo da sociedade, sem limitação de tempo, e somente poderão ser destituídos por deliberação de acionistas que representem no mínimo dois terços do capital social.

§ 3º O diretor destituído ou exonerado continua, durante dois anos, responsável pelas obrigações sociais contraídas sob sua administração.

Art. 1.092. A assembleia-geral não pode, sem o consentimento dos diretores, mudar o objeto essencial da sociedade, prorrogar-lhe o prazo de duração, aumentar ou diminuir o capital social, criar debêntures, ou partes beneficiárias.

► Art. 983 deste Código.

► Art. 283 da Lei nº 6.404, de 15-12-1976 (Lei das Sociedades por Ações).

CAPÍTULO VII

DA SOCIEDADE COOPERATIVA

► Arts. 982, parágrafo único, e 983 deste Código.

Art. 1.093. A sociedade cooperativa reger-se-á pelo disposto no presente Capítulo, ressalvada a legislação especial.

► Lei nº 5.764, de 16-12-1971 (Lei das Cooperativas).

► Lei nº 9.867, de 10-11-1999, dispõe sobre a criação e o funcionamento de Cooperativas Sociais, visando à integração social dos cidadãos, conforme especifica.

► En. nº 69 da I Jornada de Direito Civil.

Art. 1.094. São características da sociedade cooperativa:

► Art. 1.096 deste Código.

► Art. 4º da Lei nº 5.764, de 16-12-1971 (Lei das Cooperativas).

► En. nº 206 da III Jornada de Direito Civil.

I – variabilidade, ou dispensa do capital social;

II – concurso de sócios em número mínimo necessário a compor a administração da sociedade, sem limitação de número máximo;

► Art. 6º da Lei nº 5.764, de 16-12-1971 (Lei das Cooperativas).

III – limitação do valor da soma de quotas do capital social que cada sócio poderá tomar;

IV – intransferibilidade das quotas do capital a terceiros estranhos à sociedade, ainda que por herança;

V – *quorum*, para a assembleia-geral funcionar e deliberar, fundado no número de sócios presentes à reunião, e não no capital social representado;

VI – direito de cada sócio a um só voto nas deliberações, tenha ou não capital a sociedade, e qualquer que seja o valor de sua participação;

VII – distribuição dos resultados, proporcionalmente ao valor das operações efetuadas pelo sócio com a sociedade, podendo ser atribuído juro fixo ao capital realizado;

VIII – indivisibilidade do fundo de reserva entre os sócios, ainda que em caso de dissolução da sociedade.

Art. 1.095. Na sociedade cooperativa, a responsabilidade dos sócios pode ser limitada ou ilimitada.

► Arts. 11 e 12 Lei nº 5.764, de 16-12-1971 (Lei das Cooperativas).

§ 1º É limitada a responsabilidade na cooperativa em que o sócio responde somente pelo valor de suas quotas e pelo prejuízo verificado nas operações sociais, guardada a proporção de sua participação nas mesmas operações.

§ 2º É ilimitada a responsabilidade na cooperativa em que o sócio responde solidária e ilimitadamente pelas obrigações sociais.

Art. 1.096. No que a lei for omissa, aplicam-se as disposições referentes à sociedade simples, resguardadas as características estabelecidas no art. 1.094.

► Arts. 997 a 1.038 deste Código.

CAPÍTULO VIII

DAS SOCIEDADES COLIGADAS

► Arts. 263 a 264 da Lei nº 6.404, de 15-12-1976 (Lei das Sociedades por Ações).

Art. 1.097. Consideram-se coligadas as sociedades que, em suas relações de capital, são controladas, filiadas, ou de simples participação, na forma dos artigos seguintes.

Art. 1.098. É controlada:

I – a sociedade de cujo capital outra sociedade possua a maioria dos votos nas deliberações dos quotistas ou da assembleia-geral e o poder de eleger a maioria dos administradores;

II – a sociedade cujo controle, referido no inciso antecedente, esteja em poder de outra, mediante ações ou quotas possuídas por sociedades ou sociedades por esta já controladas.

▸ Arts. 116 e 243, § 2º, da Lei nº 6.404, de 15-12-1976 (Lei das Sociedades por Ações).

Art. 1.099. Diz-se coligada ou filiada a sociedade de cujo capital outra sociedade participa com dez por cento ou mais, do capital da outra, sem controlá-la.

Art. 1.100. É de simples participação a sociedade de cujo capital outra sociedade possua menos de dez por cento do capital com direito de voto.

Art. 1.101. Salvo disposição especial de lei, a sociedade não pode participar de outra, que seja sua sócia, por montante superior, segundo o balanço, ao das próprias reservas, excluída a reserva legal.

▸ Art. 244 da Lei nº 6.404, de 15-12-1976 (Lei das Sociedades por Ações).

Parágrafo único. Aprovado o balanço em que se verifique ter sido excedido esse limite, a sociedade não poderá exercer o direito de voto correspondente às ações ou quotas em excesso, as quais devem ser alienadas nos cento e oitenta dias seguintes àquela aprovação.

CAPÍTULO IX
DA LIQUIDAÇÃO DA SOCIEDADE

▸ Arts. 2.033 e 2.034 deste Código.

Art. 1.102. Dissolvida a sociedade e nomeado o liquidante na forma do disposto neste Livro, procede-se à sua liquidação, de conformidade com os preceitos deste Capítulo, ressalvado o disposto no ato constitutivo ou no instrumento da dissolução.

▸ Arts. 207 e 208 a 218 da Lei nº 6.404, de 15-12-1976 (Lei das Sociedades por Ações).

Parágrafo único. O liquidante, que não seja administrador da sociedade, investir-se-á nas funções, averbada a sua nomeação no registro próprio.

▸ Arts. 114 a 126 da Lei nº 6.015, de 31-12-1973 (Lei dos Registros Públicos).

▸ Lei nº 8.934, de 18-11-1994 (Lei do Registro Público de Empresas Mercantis).

Art. 1.103. Constituem deveres do liquidante:

I – averbar e publicar a ata, sentença ou instrumento de dissolução da sociedade;

II – arrecadar os bens, livros e documentos da sociedade, onde quer que estejam;

III – proceder, nos quinze dias seguintes ao da sua investidura e com a assistência, sempre que possível, dos administradores, à elaboração do inventário e do balanço geral do ativo e do passivo;

IV – ultimar os negócios da sociedade, realizar o ativo, pagar o passivo e partilhar o remanescente entre os sócios ou acionistas;

V – exigir dos quotistas, quando insuficiente o ativo à solução do passivo, a integralização de suas quotas e, se for o caso, as quantias necessárias, nos limites da responsabilidade de cada um e proporcionalmente à respectiva participação nas perdas, repartindo-se, entre os sócios solventes e na mesma proporção, o devido pelo insolvente;

VI – convocar assembleia dos quotistas, cada seis meses, para apresentar relatório e balanço do estado da liquidação, prestando conta dos atos praticados durante o semestre, ou sempre que necessário;

VII – confessar a falência da sociedade e pedir concordata, de acordo com as formalidades prescritas para o tipo de sociedade liquidanda;

VIII – finda a liquidação, apresentar aos sócios o relatório da liquidação e as suas contas finais;

IX – averbar a ata da reunião ou da assembleia, ou o instrumento firmado pelos sócios, que considerar encerrada a liquidação.

▸ Art. 217 da Lei nº 6.404, de 15-12-1976 (Lei das Sociedades por Ações).

Parágrafo único. Em todos os atos, documentos ou publicações, o liquidante empregará a firma ou denominação social sempre seguida da cláusula "em liquidação" e de sua assinatura individual, com a declaração de sua qualidade.

Art. 1.104. As obrigações e a responsabilidade do liquidante regem-se pelos preceitos peculiares às dos administradores da sociedade liquidanda.

Art. 1.105. Compete ao liquidante representar a sociedade e praticar todos os atos necessários à sua liquidação, inclusive alienar bens móveis ou imóveis, transigir, receber e dar quitação.

▸ Art. 211 da Lei nº 6.404, de 15-12-1976 (Lei das Sociedades por Ações).

Parágrafo único. Sem estar expressamente autorizado pelo contrato social, ou pelo voto da maioria dos sócios, não pode o liquidante gravar de ônus reais os móveis e imóveis, contrair empréstimos, salvo quando indispensáveis ao pagamento de obrigações inadiáveis, nem prosseguir, embora para facilitar a liquidação, na atividade social.

Art. 1.106. Respeitados os direitos dos credores preferenciais, pagará o liquidante as dívidas sociais proporcionalmente, sem distinção entre vencidas e vincendas, mas, em relação a estas, com desconto.

▸ Arts. 955 a 965 deste Código.

Parágrafo único. Se o ativo for superior ao passivo, pode o liquidante, sob sua responsabilidade pessoal, pagar integralmente as dívidas vencidas.

Art. 1.107. Os sócios podem resolver, por maioria de votos, antes de ultimada a liquidação, mas depois de pagos os credores, que o liquidante faça rateios por antecipação da partilha, à medida em que se apurem os haveres sociais.

Art. 1.108. Pago o passivo e partilhado o remanescente, convocará o liquidante assembleia dos sócios para a prestação final de contas.

Art. 1.109. Aprovadas as contas, encerra-se a liquidação, e a sociedade se extingue, ao ser averbada no registro próprio a ata da assembleia.

Parágrafo único. O dissidente tem o prazo de trinta dias, a contar da publicação da ata, devidamente averbada, para promover a ação que couber.

▸ En. nº 489 da V Jornada de Direito Civil.

Art. 1.110. Encerrada a liquidação, o credor não satisfeito só terá direito a exigir dos sócios, individualmente, o pagamento do seu crédito, até o limite da soma por eles recebida em partilha, e a propor contra o liquidante ação de perdas e danos.

Art. 1.111. No caso de liquidação judicial, será observado o disposto na lei processual.

Art. 1.112. No curso de liquidação judicial, o juiz convocará, se necessário, reunião ou assembleia para deliberar sobre os interesses da liquidação, e as presidirá, resolvendo sumariamente as questões suscitadas.

Parágrafo único. As atas das assembleias serão, em cópia autêntica, apensadas ao processo judicial.

CAPÍTULO X
DA TRANSFORMAÇÃO, DA INCORPORAÇÃO, DA FUSÃO E DA CISÃO DAS SOCIEDADES

▸ Arts. 1.033, parágrafo único, e 2.033 deste Código.

▸ Arts. 220 a 234 da Lei nº 6.404, de 15-12-1976 (Lei das Sociedades por Ações).

Art. 1.113. O ato de transformação independe de dissolução ou liquidação da sociedade, e obedecerá aos preceitos reguladores da constituição e inscrição próprios do tipo em que vai converter-se.

▸ Art. 220 da Lei nº 6.404, de 15-12-1976 (Lei das Sociedades por Ações).

Art. 1.114. A transformação depende do consentimento de todos os sócios, salvo se prevista no ato constitutivo, caso em que o dissidente poderá retirar-se da sociedade, aplicando-se, no silêncio do estatuto ou do contrato social, o disposto no art. 1.031.

▸ Art. 221 da Lei nº 6.404, de 15-12-1976 (Lei das Sociedades por Ações).

Art. 1.115. A transformação não modificará nem prejudicará, em qualquer caso, os direitos dos credores.

▸ Art. 222 da Lei nº 6.404, de 15-12-1976 (Lei das Sociedades por Ações).

Parágrafo único. A falência da sociedade transformada somente produzirá efeitos em relação aos sócios que, no tipo anterior, a eles estariam sujeitos, se o pedirem os titulares de créditos anteriores à transformação, e somente a estes beneficiará.

▸ Art. 222 da Lei nº 6.404, de 15-12-1976 (Lei das Sociedades por Ações).

Art. 1.116. Na incorporação, uma ou várias sociedades são absorvidas por outra, que lhes sucede em todos os direitos e obrigações, devendo todas aprová-la, na forma estabelecida para os respectivos tipos.

▸ Art. 2.033 deste Código.

▸ Art. 227 da Lei nº 6.404, de 15-12-1976 (Lei das Sociedades por Ações).

▸ En. nº 70 da Jornada de Direito Civil.

▸ Enunciados nºs 231 e 232 da III Jornada de Direito Civil.

Art. 1.117. A deliberação dos sócios da sociedade incorporada deverá aprovar as bases da operação e o projeto de reforma do ato constitutivo.

▸ En. nº 232 da III Jornada de Direito Civil.

§ 1º A sociedade que houver de ser incorporada tomará conhecimento desse ato, e, se o aprovar, autorizará os administradores a praticar o necessário à incorporação, inclusive a subscrição em bens pelo valor da diferença que se verificar entre o ativo e o passivo.

§ 2º A deliberação dos sócios da sociedade incorporadora compreenderá a nomeação dos peritos para a avaliação do patrimônio líquido da sociedade, que tenha de ser incorporada.

▸ Art. 1.076, I, deste Código.

▸ Art. 227 da Lei nº 6.404, de 15-12-1976 (Lei das Sociedades por Ações).

Art. 1.118. Aprovados os atos da incorporação, a incorporadora declarará extinta a incorporada, e promoverá a respectiva averbação no registro próprio.

▸ Art. 234 da Lei nº 6.404, de 15-12-1976 (Lei das Sociedades por Ações).

Art. 1.119. A fusão determina a extinção das sociedades que se unem, para formar sociedade nova, que a elas sucederá nos direitos e obrigações.

▸ Art. 2.033 deste Código.

▸ Art. 228 da Lei nº 6.404, de 15-12-1976 (Lei das Sociedades por Ações).

Art. 1.120. A fusão será decidida, na forma estabelecida para os respectivos tipos, pelas sociedades que pretendam unir-se.

▸ En. nº 232 da III Jornada de Direito Civil.

§ 1º Em reunião ou assembleia dos sócios de cada sociedade, deliberada a fusão e aprovado o projeto do ato constitutivo da nova sociedade, bem como o plano de distribuição do capital social, serão nomeados os peritos para a avaliação do patrimônio da sociedade.

§ 2º Apresentados os laudos, os administradores convocarão reunião ou assembleia dos sócios para tomar conhecimento deles, decidindo sobre a constituição definitiva da nova sociedade.

§ 3º É vedado aos sócios votar o laudo de avaliação do patrimônio da sociedade de que façam parte.

▸ Art. 228 da Lei nº 6.404, de 15-12-1976 (Lei das Sociedades por Ações).

Art. 1.121. Constituída a nova sociedade, aos administradores incumbe fazer inscrever, no registro próprio da sede, os atos relativos à fusão.

▸ Art. 234 da Lei nº 6.404, de 15-12-1976 (Lei das Sociedades por Ações).

Art. 1.122. Até noventa dias após publicados os atos relativos à incorporação, fusão ou cisão, o credor anterior, por ela prejudicado, poderá promover judicialmente a anulação deles.

▸ En. nº 231 da III Jornada de Direito Civil.

▸ En. nº 489 da V Jornada de Direito Civil.

§ 1º A consignação em pagamento prejudicará a anulação pleiteada.

▸ Arts. 539 e segs. do CPC.

§ 2º Sendo ilíquida a dívida, a sociedade poderá garantir-lhe a execução, suspendendo-se o processo de anulação.

§ 3º Ocorrendo, no prazo deste artigo, a falência da sociedade incorporadora, da sociedade nova ou da cindida, qualquer credor anterior terá direito a pedir a separação dos patrimônios, para o fim de serem os créditos pagos pelos bens das respectivas massas.

▸ Art. 2.033 deste Código.

▸ Art. 229 da Lei nº 6.404, de 15-12-1976 (Lei das Sociedades por Ações).

CAPÍTULO XI
DA SOCIEDADE DEPENDENTE DE AUTORIZAÇÃO

▸ Art. 176, § 1º, da CF.

▸ Arts. 45, *caput*, 1.132 e 1.133 deste Código.

▸ Art. 11, § 1º, da LINDB.

▸ Art. 10, §§ 1º e 2º, da Lei nº 4.595, de 31-12-1964 (Lei do Sistema Financeiro Nacional).

- ▸ Arts. 11 e 49 da Lei nº 4.728, de 14-7-1965 (Lei do Mercado de Capitais).
- ▸ Arts. 17 a 20, 57, 63, VI, e 92, § 1º, da Lei nº 5.764, de 16-12-1971 (Lei das Cooperativas).
- ▸ Arts. 16, 18, 21, § 5º, e 23 da Lei nº 6.385, de 7-12-1976 (Lei do Mercado de Valores Mobiliários).
- ▸ Arts. 30, § 2º, 73, § 4º, 136, § 2º, 255 e 268 da Lei nº 6.404, de 15-12-1976 (Lei das Sociedades por Ações).
- ▸ Art. 35, VIII, da Lei nº 8.934, de 18-11-1994 (Lei do Registro Público de Empresas Mercantis).

SEÇÃO I
DISPOSIÇÕES GERAIS

Art. 1.123. A sociedade que dependa de autorização do Poder Executivo para funcionar reger-se-á por este título, sem prejuízo do disposto em lei especial.

Parágrafo único. A competência para a autorização será sempre do Poder Executivo federal.

Art. 1.124. Na falta de prazo estipulado em lei ou em ato do poder público, será considerada caduca a autorização se a sociedade não entrar em funcionamento nos doze meses seguintes à respectiva publicação.

Art. 1.125. Ao Poder Executivo é facultado, a qualquer tempo, cassar a autorização concedida a sociedade nacional ou estrangeira que infringir disposição de ordem pública ou praticar atos contrários aos fins declarados no seu estatuto.

SEÇÃO II
DA SOCIEDADE NACIONAL

Art. 1.126. É nacional a sociedade organizada de conformidade com a lei brasileira e que tenha no País a sede de sua administração.

- ▸ Arts. 170, IX, 176, § 1º, 222 e 223 da CF.
- ▸ Art. 75, *caput*, deste Código.

Parágrafo único. Quando a lei exigir que todos ou alguns sócios sejam brasileiros, as ações da sociedade anônima revestirão, no silêncio da lei, a forma nominativa. Qualquer que seja o tipo da sociedade, na sua sede ficará arquivada cópia autêntica do documento comprobatório da nacionalidade dos sócios.

Art. 1.127. Não haverá mudança de nacionalidade de sociedade brasileira sem o consentimento unânime dos sócios ou acionistas.

Art. 1.128. O requerimento de autorização de sociedade nacional deve ser acompanhado de cópia do contrato, assinada por todos os sócios, ou, tratando-se de sociedade anônima, de cópia, autenticada pelos fundadores, dos documentos exigidos pela lei especial.

Parágrafo único. Se a sociedade tiver sido constituída por escritura pública, bastará juntar-se ao requerimento a respectiva certidão.

- ▸ Art. 1.131, *caput*, deste Código.

Art. 1.129. Ao Poder Executivo é facultado exigir que se procedam a alterações ou aditamento no contrato ou no estatuto, devendo os sócios, ou, tratando-se de sociedade anônima, os fundadores, cumprir as formalidades legais para revisão dos atos constitutivos, e juntar ao processo prova regular.

- ▸ Art. 1.131, *caput*, deste Código.

Art. 1.130. Ao Poder Executivo é facultado recusar a autorização, se a sociedade não atender às condições econômicas, financeiras ou jurídicas especificadas em lei.

Art. 1.131. Expedido o decreto de autorização, cumprirá à sociedade publicar os atos referidos nos arts. 1.128 e 1.129, em trinta dias, no órgão oficial da União, cujo exemplar representará prova para inscrição, no registro próprio, dos atos constitutivos da sociedade.

- ▸ Art. 1.135, parágrafo único, deste Código.

Parágrafo único. A sociedade promoverá, também no órgão oficial da União e no prazo de trinta dias, a publicação do termo de inscrição.

- ▸ Art. 1.136, § 3º, deste Código.

Art. 1.132. As sociedades anônimas nacionais, que dependam de autorização do Poder Executivo para funcionar, não se constituirão sem obtê-la, quando seus fundadores pretenderem recorrer a subscrição pública para a formação do capital.

§ 1º Os fundadores deverão juntar ao requerimento cópias autênticas do projeto do estatuto e do prospecto.

- ▸ Art. 1.135, parágrafo único, deste Código.

§ 2º Obtida a autorização e constituída a sociedade, proceder-se-á à inscrição dos seus atos constitutivos.

- ▸ Arts. 82 a 87 da Lei nº 6.404, de 15-12-1976 (Lei das Sociedades por Ações).

Art. 1.133. Dependem de aprovação as modificações do contrato ou do estatuto de sociedade sujeita a autorização do Poder Executivo, salvo se decorrerem de aumento do capital social, em virtude de utilização de reservas ou reavaliação do ativo.

SEÇÃO III
DA SOCIEDADE ESTRANGEIRA

Art. 1.134. A sociedade estrangeira, qualquer que seja o seu objeto, não pode, sem autorização do Poder Executivo, funcionar no País, ainda que por estabelecimentos subordinados, podendo, todavia, ressalvados os casos expressos em lei, ser acionista de sociedade anônima brasileira.

- ▸ Arts. 1.089 e 1.141, § 1º, deste Código.
- ▸ Arts. 11 a 17 da LINDB.
- ▸ Art. 32, II, *c*, da Lei nº 8.934, de 18-11-1994 (Lei do Registro Público de Empresas Mercantis).
- ▸ En. nº 486 da V Jornada de Direito Civil.

§ 1º Ao requerimento de autorização devem juntar-se:

I – prova de se achar a sociedade constituída conforme a lei de seu país;

II – inteiro teor do contrato ou do estatuto;

III – relação dos membros de todos os órgãos da administração da sociedade, com nome, nacionalidade, profissão, domicílio e, salvo quanto a ações ao portador, o valor da participação de cada um no capital da sociedade;

IV – cópia do ato que autorizou o funcionamento no Brasil e fixou o capital destinado às operações no território nacional;

V – prova de nomeação do representante no Brasil, com poderes expressos para aceitar as condições exigidas para a autorização;

VI – último balanço.

§ 2º Os documentos serão autenticados, de conformidade com a lei nacional da sociedade requerente, legalizados no consulado brasileiro da respectiva sede e acompanhados de tradução em vernáculo.

Art. 1.135. É facultado ao Poder Executivo, para conceder a autorização, estabelecer condições convenientes à defesa dos interesses nacionais.

Parágrafo único. Aceitas as condições, expedirá o Poder Executivo decreto de autorização, do qual constará o montante de capital destinado às operações no País, cabendo à sociedade promover a publicação dos atos referidos no art. 1.131 e no § 1º do art. 1.134.

Art. 1.136. A sociedade autorizada não pode iniciar sua atividade antes de inscrita no registro próprio do lugar em que se deva estabelecer.

§ 1º O requerimento de inscrição será instruído com exemplar da publicação exigida no parágrafo único do artigo antecedente, acompanhado de documento do depósito em dinheiro, em estabelecimento bancário oficial, do capital ali mencionado.

► Art. 65, parágrafo único, do Dec.-lei nº 2.627, de 26-9-1940, que dispõe sobre as sociedades por ações.

§ 2º Arquivados esses documentos, a inscrição será feita por termo em livro especial para as sociedades estrangeiras, com número de ordem contínuo para todas as sociedades inscritas; no termo constarão:

I – nome, objeto, duração e sede da sociedade no estrangeiro;
II – lugar da sucursal, filial ou agência, no País;
III – data e número do decreto de autorização;
IV – capital destinado às operações no País;
V – individuação do seu representante permanente.

§ 3º Inscrita a sociedade, promover-se-á a publicação determinada no parágrafo único do art. 1.131.

Art. 1.137. A sociedade estrangeira autorizada a funcionar ficará sujeita às leis e aos tribunais brasileiros, quanto aos atos ou operações praticados no Brasil.

Parágrafo único. A sociedade estrangeira funcionará no território nacional com o nome que tiver em seu país de origem, podendo acrescentar as palavras "do Brasil" ou "para o Brasil".

► Arts. 21 e segs. do CPC.

► Arts. 9º e 12 da LINDB.

Art. 1.138. A sociedade estrangeira autorizada a funcionar é obrigada a ter, permanentemente, representante no Brasil, com poderes para resolver quaisquer questões e receber citação judicial pela sociedade.

Parágrafo único. O representante somente pode agir perante terceiros depois de arquivado e averbado o instrumento de sua nomeação.

Art. 1.139. Qualquer modificação no contrato ou no estatuto dependerá da aprovação do Poder Executivo, para produzir efeitos no território nacional.

Art. 1.140. A sociedade estrangeira deve, sob pena de lhe ser cassada a autorização, reproduzir no órgão oficial da União, e do Estado, se for o caso, as publicações que, segundo a sua lei nacional, seja obrigada a fazer relativamente ao balanço patrimonial e ao de resultado econômico, bem como aos atos de sua administração.

► Arts. 1.188 e 1.189 deste Código.

Parágrafo único. Sob pena, também, de lhe ser cassada a autorização, a sociedade estrangeira deverá publicar o balanço patrimonial e o de resultado econômico das sucursais, filiais ou agências existentes no País.

Art. 1.141. Mediante autorização do Poder Executivo, a sociedade estrangeira admitida a funcionar no País pode nacionalizar-se, transferindo sua sede para o Brasil.

► Art. 75, IV, deste Código.

► Art. 11 da LINDB.

§ 1º Para o fim previsto neste artigo, deverá a sociedade, por seus representantes, oferecer, com o requerimento, os documentos exigidos no art. 1.134, e ainda a prova da realização do capital, pela forma declarada no contrato, ou no estatuto, e do ato em que foi deliberada a nacionalização.

§ 2º O Poder Executivo poderá impor as condições que julgar convenientes à defesa dos interesses nacionais.

§ 3º Aceitas as condições pelo representante, proceder-se-á, após a expedição do decreto de autorização, à inscrição da sociedade e publicação do respectivo termo.

TÍTULO III – DO ESTABELECIMENTO

CAPÍTULO ÚNICO

DISPOSIÇÕES GERAIS

► Lei nº 12.291, de 20-7-2010, determina que haja um exemplar do Código de Defesa do Consumidor nos estabelecimentos empresariais.

► En. nº 233 da III Jornada de Direito Civil.

► En. nº 7 da I Jornada de Direito Comercial.

Art. 1.142. Considera-se estabelecimento todo complexo de bens organizado, para exercício da empresa, por empresário, ou por sociedade empresária.

► Art. 90 deste Código.

► Súm. nº 645 do STF.

► Súm. nº 451 do STJ.

► En. nº 488 da V Jornada de Direito Civil.

Art. 1.143. Pode o estabelecimento ser objeto unitário de direitos e de negócios jurídicos, translativos ou constitutivos, que sejam compatíveis com a sua natureza.

► En. nº 393 da IV Jornada de Direito Civil.

Art. 1.144. O contrato que tenha por objeto a alienação, o usufruto ou arrendamento do estabelecimento, só produzirá efeitos quanto a terceiros depois de averbado à margem da inscrição do empresário, ou da sociedade empresária, no Registro Público de Empresas Mercantis, e de publicado na imprensa oficial.

► Lei nº 8.934, de 18-11-1994 (Lei do Registro Público de Empresas Mercantis).

► En. nº 489 da V Jornada de Direito Civil.

Art. 1.145. Se ao alienante não restarem bens suficientes para solver o seu passivo, a eficácia da alienação do estabelecimento depende do pagamento de todos os credores, ou do consentimento destes, de modo expresso ou tácito, em trinta dias a partir de sua notificação.

► Arts. 66, 94, III, *c* e *d*, e 129, VI, da Lei nº 11.101, de 9-2-2005 (Lei de Recuperação de Empresas e Falências).

Art. 1.146. O adquirente do estabelecimento responde pelo pagamento dos débitos anteriores à transferência, desde que regularmente contabilizados, continuando o devedor primitivo solidariamente obrigado pelo prazo de um ano, a partir, quanto aos créditos vencidos, da publicação, e, quanto aos outros, da data do vencimento.

► Arts. 275 a 285 deste Código.

► Art. 81, § 1º, da Lei nº Lei nº 11.101, de 9-2-2005 (Lei de Recuperação de Empresas e Falências).

► Art. 141 da Lei nº 11.101, de 9-2-2005 (Lei de Recuperação de Empresas e Falências).

► En. nº 489 da V Jornada de Direito Civil.

► En. nº 59 da II Jornada de Direito Comercial.

► Súm. nº 554 do STJ.

Art. 1.147. Não havendo autorização expressa, o alienante do estabelecimento não pode fazer concorrência ao adquirente, nos cinco anos subsequentes à transferência.

► En. nº 490 da V Jornada de Direito Civil.

Parágrafo único. No caso de arrendamento ou usufruto do estabelecimento, a proibição prevista neste artigo persistirá durante o prazo do contrato.

Art. 1.148. Salvo disposição em contrário, a transferência importa a sub-rogação do adquirente nos contratos estipulados para exploração do estabelecimento, se não tiverem caráter pessoal, podendo os terceiros rescindir o contrato em noventa dias a contar da publicação da transferência, se ocorrer justa causa, ressalvada, neste caso, a responsabilidade do alienante.

► Arts. 346 e 1.152, § 1º, deste Código.

► Art. 13 da Lei nº 8.245, de 18-10-1991 (Lei das Locações).

► En. nº 234 da III Jornada de Direito Civil.

► En. nº 489 da V Jornada de Direito Civil.

Art. 1.149. A cessão dos créditos referentes ao estabelecimento transferido produzirá efeito em relação aos respectivos devedores, desde o momento da publicação da transferência, mas o devedor ficará exonerado se de boa-fé pagar ao cedente.

► Art. 290 deste Código.

► En. nº 489 da V Jornada de Direito Civil.

TÍTULO IV – DOS INSTITUTOS COMPLEMENTARES

CAPÍTULO I

DO REGISTRO

► Art. 985 deste Código.

Art. 1.150. O empresário e a sociedade empresária vinculam-se ao Registro Público de Empresas Mercantis a cargo das Juntas Comerciais, e a sociedade simples ao Registro Civil das Pessoas Jurídicas, o qual deverá obedecer às normas fixadas para aquele registro, se a sociedade simples adotar um dos tipos de sociedade empresária.

► Arts. 45, 966, 968, 985, 997 e 998 deste Código.

► Art. 114, II, da Lei nº 6.015, de 31-12-1973 (Lei dos Registros Públicos).

► Art. 3º, II, da Lei nº 8.934, de 18-11-1994 (Lei do Registro Público de Empresas Mercantis).

► Art. 15, § 1º, do EOAB.

► En. nº 55 da I Jornada de Direito Civil.

► En. nº 209 da III Jornada de Direito Civil.

► En. nº 60 da II Jornada de Direito Comercial.

Art. 1.151. O registro dos atos sujeitos à formalidade exigida no artigo antecedente será requerido pela pessoa obrigada em lei, e, no caso de omissão ou demora, pelo sócio ou qualquer interessado.

§ 1º Os documentos necessários ao registro deverão ser apresentados no prazo de trinta dias, contado da lavratura dos atos respectivos.

► Art. 36 da Lei nº 8.934, de 18-11-1994 (Lei do Registro Público de Empresas Mercantis).

§ 2º Requerido além do prazo previsto neste artigo, o registro somente produzirá efeito a partir da data de sua concessão.

§ 3º As pessoas obrigadas a requerer o registro responderão por perdas e danos, em caso de omissão ou demora.

Art. 1.152. Cabe ao órgão incumbido do registro verificar a regularidade das publicações determinadas em lei, de acordo com o disposto nos parágrafos deste artigo.

§ 1º Salvo exceção expressa, as publicações ordenadas neste Livro serão feitas no órgão oficial da União ou do Estado, conforme o local da sede do empresário ou da sociedade, e em jornal de grande circulação.

§ 2º As publicações das sociedades estrangeiras serão feitas nos órgãos oficiais da União e do Estado onde tiverem sucursais, filiais ou agências.

§ 3º O anúncio de convocação da assembleia de sócios será publicado por três vezes, ao menos, devendo mediar, entre a data da primeira inserção e a da realização da assembleia, o prazo mínimo de oito dias, para a primeira convocação, e de cinco dias, para as posteriores.

► Art. 1.072, § 2º, deste Código.

► Art. 124 da Lei nº 6.404, de 15-12-1976 (Lei das Sociedades por Ações).

Art. 1.153. Cumpre à autoridade competente, antes de efetivar o registro, verificar a autenticidade e a legitimidade do signatário do requerimento, bem como fiscalizar a observância das prescrições legais concernentes ao ato ou aos documentos apresentados.

► Art. 97 da Lei nº 6.404, de 15-12-1976 (Lei das Sociedades por Ações).

► Arts. 37, 40 e 63 da Lei nº 8.934, de 18-11-1994 (Lei do Registro Público de Empresas Mercantis).

Parágrafo único. Das irregularidades encontradas deve ser notificado o requerente, que, se for o caso, poderá saná-las, obedecendo às formalidades da lei.

Art. 1.154. O ato sujeito a registro, ressalvadas disposições especiais da lei, não pode, antes do cumprimento das respectivas formalidades, ser oposto a terceiro, salvo prova de que este o conhecia.

Parágrafo único. O terceiro não pode alegar ignorância, desde que cumpridas as referidas formalidades.

CAPÍTULO II

DO NOME EMPRESARIAL

► Arts. 33 e 34 da Lei nº 8.934, de 18-11-1994 (Lei do Registro Público de Empresas Mercantis).

► En. nº 7 da I Jornada de Direito Comercial.

Art. 1.155. Considera-se nome empresarial a firma ou a denominação adotada, de conformidade com este Capítulo, para o exercício de empresa.

► En. nº 60 da II Jornada de Direito Comercial.

Parágrafo único. Equipara-se ao nome empresarial, para os efeitos da proteção da lei, a denominação das sociedades simples, associações e fundações.

► Arts. 33 e 34 da Lei nº 8.934, de 18-11-1994 (Lei do Registro Público de Empresas Mercantis).

Art. 1.156. O empresário opera sob firma constituída por seu nome, completo ou abreviado, aditando-lhe, se quiser, designação mais precisa da sua pessoa ou do gênero de atividade.

► Lei nº 8.934, de 18-11-1994 (Lei do Registro Público de Empresas Mercantis), regulamentada pelo Dec. nº 1.800, de 30-1-1996.

Art. 1.157. A sociedade em que houver sócios de responsabilidade ilimitada operará sob firma, na qual somente os nomes daqueles poderão figurar, bastando para formá-la aditar ao nome de um deles a expressão "e companhia" ou sua abreviatura.

Parágrafo único. Ficam solidária e ilimitadamente responsáveis pelas obrigações contraídas sob a firma social aqueles que, por seus nomes, figurarem na firma da sociedade de que trata este artigo.

► Arts. 275 a 285 deste Código.

Art. 1.158. Pode a sociedade limitada adotar firma ou denominação, integradas pela palavra final "limitada" ou a sua abreviatura.

► En. nº 71 da I Jornada de Direito Civil.

§ 1º A firma será composta com o nome de um ou mais sócios, desde que pessoas físicas, de modo indicativo da relação social.

§ 2º A denominação deve designar o objeto da sociedade, sendo permitido nela figurar o nome de um ou mais sócios.

§ 3º A omissão da palavra "limitada" determina a responsabilidade solidária e ilimitada dos administradores que assim empregarem a firma ou a denominação da sociedade.

► Arts. 1.052 a 1.087 deste Código.

Art. 1.159. A sociedade cooperativa funciona sob denominação integrada pelo vocábulo "cooperativa".

► Art. 5º da Lei nº 5.764, de 16-12-1971 (Lei das Cooperativas).

Art. 1.160. A sociedade anônima opera sob denominação designativa do objeto social, integrada pelas expressões "sociedade anônima" ou "companhia", por extenso ou abreviadamente.

► Arts. 1.088 e 1.089 deste Código.

► Art. 3º da Lei nº 6.404, de 15-12-1976 (Lei das Sociedades por Ações).

► En. nº 71 da I Jornada de Direito Civil.

Parágrafo único. Pode constar da denominação o nome do fundador, acionista, ou pessoa que haja concorrido para o bom êxito da formação da empresa.

Art. 1.161. A sociedade em comandita por ações pode, em lugar de firma, adotar denominação designativa do objeto social, aditada da expressão "comandita por ações".

► Arts. 1.090 a 1.092 deste Código.

► Art. 281 da Lei nº 6.404, de 15-12-1976 (Lei das Sociedades por Ações).

Art. 1.162. A sociedade em conta de participação não pode ter firma ou denominação.

► Arts. 991 a 996 deste Código.

Art. 1.163. O nome de empresário deve distinguir-se de qualquer outro já inscrito no mesmo registro.

► Art. 3º, § 2º, da Lei nº 6.404, de 15-12-1976 (Lei das Sociedades por Ações).

► Art. 35, V, da Lei nº 8.934, de 18-11-1994 (Lei do Registro Público de Empresas Mercantis).

► Arts. 124, V, e 195, V, da Lei nº 9.279, de 14-5-1996 (Lei da Propriedade Industrial).

► En. nº 1 da I Jornada de Direito Comercial.

► En. nº 60 da II Jornada de Direito Comercial.

Parágrafo único. Se o empresário tiver nome idêntico ao de outros já inscritos, deverá acrescentar designação que o distinga.

Art. 1.164. O nome empresarial não pode ser objeto de alienação.

► Arts. 1.143 e 1.144 deste Código.

► En. nº 72 da I Jornada de Direito Civil.

Parágrafo único. O adquirente de estabelecimento, por ato entre vivos, pode, se o contrato o permitir, usar o nome do alienante, precedido do seu próprio, com a qualificação de sucessor.

Art. 1.165. O nome de sócio que vier a falecer, for excluído ou se retirar, não pode ser conservado na firma social.

► Arts. 1.143 e 1.144 deste Código.

Art. 1.166. A inscrição do empresário, ou dos atos constitutivos das pessoas jurídicas, ou as respectivas averbações, no registro próprio, asseguram o uso exclusivo do nome nos limites do respectivo Estado.

► Art. 1.154, parágrafo único, deste Código.

► Arts. 1º, I, 33 e 34 da Lei nº 8.934, de 18-11-1994 (Lei do Registro Público de Empresas Mercantis).

► En. nº 491 da V Jornada de Direito Civil.

► En. nº 2 da I Jornada de Direito Comercial.

Parágrafo único. O uso previsto neste artigo estender-se-á a todo o território nacional, se registrado na forma da lei especial.

Art. 1.167. Cabe ao prejudicado, a qualquer tempo, ação para anular a inscrição do nome empresarial feita com violação da lei ou do contrato.

► Art. 3º, § 2º, da Lei nº 6.404, de 15-12-1976 (Lei das Sociedades por Ações).

► Arts. 44 a 51 da Lei nº 8.934, de 18-11-1994 (Lei do Registro Público de Empresas Mercantis).

Art. 1.168. A inscrição do nome empresarial será cancelada, a requerimento de qualquer interessado, quando cessar o exercício da atividade para que foi adotado, ou quando ultimar-se a liquidação da sociedade que o inscreveu.

► Arts. 59 e 60, § 1º, Lei nº 8.934, de 18-11-1994 (Lei do Registro Público de Empresas Mercantis).

CAPÍTULO III
DOS PREPOSTOS

Seção I
DISPOSIÇÕES GERAIS

Art. 1.169. O preposto não pode, sem autorização escrita, fazer-se substituir no desempenho da preposição, sob pena de responder pessoalmente pelos atos do substituto e pelas obrigações por ele contraídas.

Art. 1.170. O preposto, salvo autorização expressa, não pode negociar por conta própria ou de terceiro, nem participar, embora indiretamente, de operação do mesmo gênero da que lhe foi cometida, sob pena de responder por perdas e danos e de serem retidos pelo preponente os lucros da operação.

► Arts. 402 a 405 deste Código.

Art. 1.171. Considera-se perfeita a entrega de papéis, bens ou valores ao preposto, encarregado pelo preponente, se os recebeu sem protesto, salvo nos casos em que haja prazo para reclamação.

Seção II
DO GERENTE

Art. 1.172. Considera-se gerente o preposto permanente no exercício da empresa, na sede desta, ou em sucursal, filial ou agência.

Art. 1.173. Quando a lei não exigir poderes especiais, considera-se o gerente autorizado a praticar todos os atos necessários ao exercício dos poderes que lhe foram outorgados.

Parágrafo único. Na falta de estipulação diversa, consideram-se solidários os poderes conferidos a dois ou mais gerentes.

Art. 1.174. As limitações contidas na outorga de poderes, para serem opostas a terceiros, dependem do arquivamento e averbação do instrumento no Registro Público de Empresas Mercantis, salvo se provado serem conhecidas da pessoa que tratou com o gerente.

Parágrafo único. Para o mesmo efeito e com idêntica ressalva, deve a modificação ou revogação do mandato ser arquivada e averbada no Registro Público de Empresas Mercantis.

► Arts. 660 a 661 e 1.182 deste Código.

► Lei nº 8.934, de 18-11-1994 (Lei do Registro Público de Empresas Mercantis), regulamentada pelo Dec. nº 1.800, de 30-1-1996.

Art. 1.175. O preponente responde com o gerente pelos atos que este pratique em seu próprio nome, mas à conta daquele.

Art. 1.176. O gerente pode estar em juízo em nome do preponente, pelas obrigações resultantes do exercício da sua função.

► Art. 242, § 1º, do CPC.

Seção III
DO CONTABILISTA E OUTROS AUXILIARES

Art. 1.177. Os assentos lançados nos livros ou fichas do preponente, por qualquer dos prepostos encarregados de sua escrituração, produzem, salvo se houver procedido de má-fé, os mesmos efeitos como se o fossem por aquele.

Parágrafo único. No exercício de suas funções, os prepostos são pessoalmente responsáveis, perante os preponentes, pelos atos culposos; e, perante terceiros, solidariamente com o preponente, pelos atos dolosos.

► Arts. 275 a 285 deste Código.

Art. 1.178. Os preponentes são responsáveis pelos atos de quaisquer prepostos, praticados nos seus estabelecimentos e relativos à atividade da empresa, ainda que não autorizados por escrito.

Parágrafo único. Quando tais atos forem praticados fora do estabelecimento, somente obrigarão o preponente nos limites dos poderes conferidos por escrito, cujo instrumento pode ser suprido pela certidão ou cópia autêntica do seu teor.

CAPÍTULO IV
DA ESCRITURAÇÃO

Art. 1.179. O empresário e a sociedade empresária são obrigados a seguir um sistema de contabilidade, mecanizado ou não, com base na escrituração uniforme de seus livros, em correspondência com a documentação respectiva, e a levantar anualmente o balanço patrimonial e o de resultado econômico.

► LC nº 123, de 14-12-2006 (Estatuto Nacional da Microempresa e da Empresa de Pequeno Porte).

► Arts. 175 a 188 da Lei nº 6.404, de 15-12-1976 (Lei das Sociedades por Ações).

► En. nº 235 da III Jornada de Direito Civil.

§ 1º Salvo o disposto no art. 1.180, o número e a espécie de livros ficam a critério dos interessados.

§ 2º É dispensado das exigências deste artigo o pequeno empresário a que se refere o art. 970.

► LC nº 123, de 14-12-2006 (Estatuto Nacional da Microempresa e da Empresa de Pequeno Porte).

Art. 1.180. Além dos demais livros exigidos por lei, é indispensável o Diário, que pode ser substituído por fichas no caso de escrituração mecanizada ou eletrônica.

► Art. 19 da Lei nº 5.474, de 18-7-1968 (Lei das Duplicatas).

► Art. 100 da Lei nº 6.404, de 15-12-1976 (Lei das Sociedades por Ações).

Parágrafo único. A adoção de fichas não dispensa o uso de livro apropriado para o lançamento do balanço patrimonial e do de resultado econômico.

Art. 1.181. Salvo disposição especial de lei, os livros obrigatórios e, se for o caso, as fichas, antes de postos em uso, devem ser autenticados no Registro Público de Empresas Mercantis.

► Art. 30 da Lei nº 8.934, de 18-11-1994 (Lei do Registro Público de Empresas Mercantis).

Parágrafo único. A autenticação não se fará sem que esteja inscrito o empresário, ou a sociedade empresária, que poderá fazer autenticar livros não obrigatórios.

Art. 1.182. Sem prejuízo do disposto no art. 1.174, a escrituração ficará sob a responsabilidade de contabilista legalmente habilitado, salvo se nenhum houver na localidade.

Art. 1.183. A escrituração será feita em idioma e moeda corrente nacionais e em forma contábil, por ordem cronológica de dia, mês e ano, sem intervalos em branco, nem entrelinhas, borrões, rasuras, emendas ou transportes para as margens.

► Art. 226 deste Código.

► Arts. 192, parágrafo único, e 418 do CPC.

Parágrafo único. É permitido o uso de código de números ou de abreviaturas, que constem de livro próprio, regularmente autenticado.

Art. 1.184. No Diário serão lançadas, com individuação, clareza e caracterização do documento respectivo, dia a dia, por escrita direta ou reprodução, todas as operações relativas ao exercício da empresa.

§ 1º Admite-se a escrituração resumida do Diário, com totais que não excedam o período de trinta dias, relativamente a contas cujas operações sejam numerosas ou realizadas fora da sede do estabelecimento, desde que utilizados livros auxiliares regularmente autenticados, para registro individualizado, e conservados os documentos que permitam a sua perfeita verificação.

§ 2º Serão lançados no Diário o balanço patrimonial e o de resultado econômico, devendo ambos ser assinados por técnico em Ciências Contábeis legalmente habilitado e pelo empresário ou sociedade empresária.

► Arts. 1.180 e 1.182 deste Código.

Art. 1.185. O empresário ou sociedade empresária que adotar o sistema de fichas de lançamentos poderá substituir o livro Diário pelo livro Balancetes Diários e Balanços, observadas as mesmas formalidades extrínsecas exigidas para aquele.

Art. 1.186. O livro Balancetes Diários e Balanços será escriturado de modo que registre:

I – a posição diária de cada uma das contas ou títulos contábeis, pelo respectivo saldo, em forma de balancetes diários;

II – o balanço patrimonial e o de resultado econômico, no encerramento do exercício.

Art. 1.187. Na coleta dos elementos para o inventário serão observados os critérios de avaliação a seguir determinados:

I – os bens destinados à exploração da atividade serão avaliados pelo custo de aquisição, devendo, na avaliação dos que se desgastam ou depreciam com o uso, pela ação do tempo ou outros fatores, atender-se à desvalorização respectiva, criando-se fundos de amortização para assegurar-lhes a substituição ou a conservação do valor;

II – os valores mobiliários, matéria-prima, bens destinados à alienação, ou que constituem produtos ou artigos da indústria ou comércio da empresa, podem ser estimados pelo custo de aquisição ou de fabricação, ou pelo preço corrente, sempre que este for inferior ao preço de custo, e quando o preço corrente ou venal estiver acima do valor do custo de aquisição, ou fabricação, e os bens forem avaliados pelo preço corrente, a diferença entre este e o preço de custo não será levada em conta para a distribuição de lucros, nem para as percentagens referentes a fundos de reserva;

III – o valor das ações e dos títulos de renda fixa pode ser determinado com base na respectiva cotação da Bolsa de Valores; os não cotados e as participações não acionárias serão considerados pelo seu valor de aquisição;

IV – os créditos serão considerados de conformidade com o presumível valor de realização, não se levando em conta os prescritos ou de difícil liquidação, salvo se houver, quanto aos últimos, previsão equivalente.

Parágrafo único. Entre os valores do ativo podem figurar, desde que se preceda, anualmente, à sua amortização:

I – as despesas de instalação da sociedade, até o limite correspondente a dez por cento do capital social;

II – os juros pagos aos acionistas da sociedade anônima, no período antecedente ao início das operações sociais, à taxa não superior a doze por cento ao ano, fixada no estatuto;

III – a quantia efetivamente paga a título de aviamento de estabelecimento adquirido pelo empresário ou sociedade.

► Art. 183 da Lei nº 6.404, de 15-12-1976 (Lei das Sociedades por Ações).

Art. 1.188. O balanço patrimonial deverá exprimir, com fidelidade e clareza, a situação real da empresa e, atendidas as peculiaridades desta, bem como as disposições das leis especiais, indicará, distintamente, o ativo e o passivo.

► Arts. 1.053, parágrafo único, e 1.097 a 1.101 deste Código.

► Arts. 178 a 188 e 247 a 253 da Lei nº 6.404, de 15-12-1976 (Lei das Sociedades por Ações).

► Art. 51, II, da Lei nº 11.101, de 9-2-2005 (Lei de Recuperação de Empresas e Falências).

Parágrafo único. Lei especial disporá sobre as informações que acompanharão o balanço patrimonial, em caso de sociedades coligadas.

Art. 1.189. O balanço de resultado econômico, ou demonstração da conta de lucros e perdas, acompanhará o balanço patrimonial e dele constarão crédito e débito, na forma da lei especial.

► Art. 176 da Lei nº 6.404, de 15-12-1976 (Lei das Sociedades por Ações).

Art. 1.190. Ressalvados os casos previstos em lei, nenhuma autoridade, juiz ou tribunal, sob qualquer pretexto, poderá fazer ou ordenar diligência para verificar se o empresário ou a sociedade empresária observam, ou não, em seus livros e fichas, as formalidades prescritas em lei.

► Art. 226 deste Código.

► Art. 178 da Lei nº 11.101, de 9-2-2005 (Lei de Recuperação de Empresas e Falências).

Art. 1.191. O juiz só poderá autorizar a exibição integral dos livros e papéis de escrituração quando necessária para resolver questões relativas à sucessão, comunhão ou sociedade, administração ou gestão à conta de outrem, ou em caso de falência.

§ 1º O juiz ou tribunal que conhecer de medida cautelar ou de ação pode, a requerimento ou de ofício, ordenar que os livros de qualquer das partes, ou de ambas, sejam examinados na presença do empresário ou da sociedade empresária a que pertencerem, ou de pessoas por estes nomeadas, para deles se extrair o que interessar à questão.

§ 2º Achando-se os livros em outra jurisdição, nela se fará o exame, perante o respectivo juiz.

► Arts. 417 a 421 do CPC.

► Art. 105 da Lei nº 6.404, de 15-12-1976 (Lei das Sociedades por Ações).

► Art. 51 da Lei nº 11.101, de 9-2-2005 (Lei de Recuperação de Empresas e Falências).

► Súmulas nºs 260, 390 e 439 do STF.

Art. 1.192. Recusada a apresentação dos livros, nos casos do artigo antecedente, serão apreendidos judicialmente e, no do seu § 1º, ter-se-á como verdadeiro o alegado pela parte contrária para se provar pelos livros.

► Arts. 399 e 400 do CPC.

Parágrafo único. A confissão resultante da recusa pode ser elidida por prova documental em contrário.

Art. 1.193. As restrições estabelecidas neste Capítulo ao exame da escrituração, em parte ou por inteiro, não se aplicam às autoridades fazendárias, no exercício da fiscalização do pagamento de impostos, nos termos estritos das respectivas leis especiais.

Art. 1.194. O empresário e a sociedade empresária são obrigados a conservar em boa guarda toda a escrituração, correspondência e mais papéis concernentes à sua atividade, enquanto não ocorrer prescrição ou decadência no tocante aos atos neles consignados.

► Arts. 205 a 211 deste Código.

Art. 1.195. As disposições deste Capítulo aplicam-se às sucursais, filiais ou agências, no Brasil, do empresário ou sociedade com sede em país estrangeiro.

► Arts. 1.134 a 1.141 deste Código.

LIVRO III – DO DIREITO DAS COISAS

TÍTULO I – DA POSSE

► En. nº 492 da V Jornada de Direito Civil.

CAPÍTULO I
DA POSSE E SUA CLASSIFICAÇÃO

Art. 1.196. Considera-se possuidor todo aquele que tem de fato o exercício, pleno ou não, de algum dos poderes inerentes à propriedade.

► Art. 1.228 deste Código.

► Arts. 554 e segs. do CPC.

► En. nº 236 da III Jornada de Direito Civil.

► En. nº 563 da VI Jornada de Direito Civil.

Art. 1.197. A posse direta, de pessoa que tem a coisa em seu poder, temporariamente, em virtude de direito pessoal, ou real, não anula a indireta, de quem aquela foi havida, podendo o possuidor direto defender a sua posse contra o indireto.

► Arts. 1.210, § 1º, e 1.267, parágrafo único, deste Código.

► En. nº 76 da I Jornada de Direito Civil.

► En. nº 502 da V Jornada de Direito Civil.

Art. 1.198. Considera-se detentor aquele que, achando-se em relação de dependência para com outro, conserva a posse em nome deste e em cumprimento de ordens ou instruções suas.

► Art. 1.208 deste Código.

► Súm. nº 619 do STJ.

► En. nº 301 da IV Jornada de Direito Civil.

► En. nº 493 da V Jornada de Direito Civil.

Parágrafo único. Aquele que começou a comportar-se do modo como prescreve este artigo, em relação ao bem e à outra pessoa, presume-se detentor, até que prove o contrário.

Art. 1.199. Se duas ou mais pessoas possuírem coisa indivisa, poderá cada uma exercer sobre ela atos possessórios, contanto que não excluam os dos outros compossuidores.

Art. 1.200. É justa a posse que não for violenta, clandestina ou precária.

► En. nº 302 da IV Jornada de Direito Civil.

Art. 1.201. É de boa-fé a posse, se o possuidor ignora o vício, ou o obstáculo que impede a aquisição da coisa.

► En. nº 303 da IV Jornada de Direito Civil.

Parágrafo único. O possuidor com justo título tem por si a presunção de boa-fé, salvo prova em contrário, ou quando a lei expressamente não admite esta presunção.

► Arts. 307, parágrafo único, 1.214, 1.216 a 1.220, 1253 a 1.259 deste Código.

Art. 1.202. A posse de boa-fé só perde este caráter no caso e desde o momento em que as circunstâncias façam presumir que o possuidor não ignora que possui indevidamente.

Art. 1.203. Salvo prova em contrário, entende-se manter a posse o mesmo caráter com que foi adquirida.

► En. nº 237 da III Jornada de Direito Civil.

CAPÍTULO II

DA AQUISIÇÃO DA POSSE

Art. 1.204. Adquire-se a posse desde o momento em que se torna possível o exercício, em nome próprio, de qualquer dos poderes inerentes à propriedade.

► Art. 1.228 deste Código.

► En. nº 301 da IV Jornada de Direito Civil.

Art. 1.205. A posse pode ser adquirida:

I – pela própria pessoa que a pretende ou por seu representante;

II – por terceiro sem mandato, dependendo de ratificação.

► En. nº 77 da I Jornada de Direito Civil.

► En. nº 236 da III Jornada de Direito Civil.

Art. 1.206. A posse transmite-se aos herdeiros ou legatários do possuidor com os mesmos caracteres.

► Art. 1.784 deste Código.

Art. 1.207. O sucessor universal continua de direito a posse do seu antecessor; e ao sucessor singular é facultado unir sua posse à do antecessor, para os efeitos legais.

► Art. 1.784 deste Código.

► En. nº 494 da V Jornada de Direito Civil.

Art. 1.208. Não induzem posse os atos de mera permissão ou tolerância assim como não autorizam a sua aquisição os atos violentos, ou clandestinos, senão depois de cessar a violência ou a clandestinidade.

Art. 1.209. A posse do imóvel faz presumir, até prova contrária, a das coisas móveis que nele estiverem.

CAPÍTULO III

DOS EFEITOS DA POSSE

Art. 1.210. O possuidor tem direito a ser mantido na posse em caso de turbação, restituído no de esbulho, e segurado de violência iminente, se tiver justo receio de ser molestado.

► Arts. 560 e segs. do CPC.

► Súm. nº 487 do STF.

► Súmulas nºs 225 e 637 do STJ.

► Enunciados nºs 78 e 79 da I Jornada de Direito Civil.

► Enunciados nºs 238 e 239 da III Jornada de Direito Civil.

§ 1º O possuidor turbado, ou esbulhado, poderá manter-se ou restituir-se por sua própria força, contanto que o faça logo; os atos de defesa, ou de desforço, não podem ir além do indispensável à manutenção, ou restituição da posse.

► En. nº 495 da V Jornada de Direito Civil.

§ 2º Não obsta à manutenção ou reintegração na posse a alegação de propriedade, ou de outro direito sobre a coisa.

► Art. 557 do CPC.

► Súm. nº 487 do STF.

Art. 1.211. Quando mais de uma pessoa se disser possuidora, manter-se-á provisoriamente a que tiver a coisa, se não estiver manifesto que a obteve de alguma das outras por modo vicioso.

Art. 1.212. O possuidor pode intentar a ação de esbulho, ou a de indenização, contra o terceiro, que recebeu a coisa esbulhada sabendo que o era.

► Arts. 554 e segs. do CPC.

► En. nº 80 da I Jornada de Direito Civil.

► En. nº 236 da III Jornada de Direito Civil.

Art. 1.213. O disposto nos artigos antecedentes não se aplica às servidões não aparentes, salvo quando os respectivos títulos provierem do possuidor do prédio serviente, ou daqueles de quem este o houve.

► Súm. nº 415 do STF.

Art. 1.214. O possuidor de boa-fé tem direito, enquanto ela durar, aos frutos percebidos.

► En. nº 302 da IV Jornada de Direito Civil.

Parágrafo único. Os frutos pendentes ao tempo em que cessar a boa-fé devem ser restituídos, depois de deduzidas as despesas da produção e custeio; devem ser também restituídos os frutos colhidos com antecipação.

Art. 1.215. Os frutos naturais e industriais reputam-se colhidos e percebidos, logo que são separados; os civis reputam-se percebidos dia por dia.

Art. 1.216. O possuidor de má-fé responde por todos os frutos colhidos e percebidos, bem como pelos que, por culpa sua, deixou de perceber, desde o momento em que se constituiu de má-fé; tem direito às despesas da produção e custeio.

Art. 1.217. O possuidor de boa-fé não responde pela perda ou deterioração da coisa, a que não der causa.

► Art. 1201 e 1202 deste Código.

Art. 1.218. O possuidor de má-fé responde pela perda, ou deterioração da coisa, ainda que acidentais, salvo se provar que de igual modo se teriam dado, estando ela na posse do reivindicante.

Art. 1.219. O possuidor de boa-fé tem direito à indenização das benfeitorias necessárias e úteis, bem como, quanto às voluptuárias, se não lhe forem pagas, a levantá-las, quando o puder sem detrimento da coisa, e poderá exercer o direito de retenção pelo valor das benfeitorias necessárias e úteis.

► Art. 96 deste Código.

► Art. 35 da Lei nº 8.245, de 18-10-1991 (Lei das Locações).

► Art. 27, § 4º, da Lei nº 9.514, de 20-11-1997, que dispõe sobre o Sistema de Financiamento Imobiliário, institui a alienação fiduciária de coisa imóvel.

► Súm. nº 158 do STF.

► En. nº 81 da I Jornada de Direito Civil.

Art. 1.220. Ao possuidor de má-fé serão ressarcidas somente as benfeitorias necessárias; não lhe assiste o direito de retenção pela importância destas, nem o de levantar as voluptuárias.

Art. 1.221. As benfeitorias compensam-se com os danos, e só obrigam ao ressarcimento se ao tempo da evicção ainda existirem.

Art. 1.222. O reivindicante, obrigado a indenizar as benfeitorias ao possuidor de má-fé, tem o direito de optar entre o seu valor atual e o seu custo; ao possuidor de boa-fé indenizará pelo valor atual.

► Art. 242 deste Código.

CAPÍTULO IV

DA PERDA DA POSSE

Art. 1.223. Perde-se a posse quando cessa, embora contra a vontade do possuidor, o poder sobre o bem, ao qual se refere o art. 1.196.

Art. 1.224. Só se considera perdida a posse para quem não presenciou o esbulho, quando, tendo notícia dele, se abstém de retornar a coisa, ou, tentando recuperá-la, é violentamente repelido.

► Art. 1.210, § 1º, deste Código.

TÍTULO II – DOS DIREITOS REAIS

CAPÍTULO ÚNICO

DISPOSIÇÕES GERAIS

Art. 1.225. São direitos reais:

► Art. 80 deste Código.

I – a propriedade;

► Arts. 1.228 a 1.368 deste Código.

II – a superfície;

► Arts. 1.369 a 1.377 deste Código.

III – as servidões;

► Arts. 1.378 a 1.389 deste Código.

IV – o usufruto;

► Arts. 1.390 a 1.411 deste Código.

V – o uso;

► Arts. 1.412 e 1.413 deste Código.

VI – a habitação;

► Arts. 1.414 a 1.416 deste Código.

VII – o direito do promitente comprador do imóvel;

► Arts. 1.417 e 1.418 deste Código.

VIII – o penhor;

► Arts. 1.431 a 1.472 deste Código.

IX – a hipoteca;

► Arts. 1.473 a 1.505 deste Código.

X – a anticrese;

► Arts. 1.506 a 1.510 deste Código.

XI – a concessão de uso especial para fins de moradia;

► Inciso XI acrescido pela Lei nº 11.481, de 31-5-2007.

XII – a concessão de direito real de uso; e

► Inciso XII com redação dada pela Lei nº 13.465, de 11-7-2017.

XIII – a laje.

► Inciso XIII acrescido pela Lei nº 13.465, de 11-7-2017.

Art. 1.226. Os direitos reais sobre coisas móveis, quando constituídos, ou transmitidos por atos entre vivos, só se adquirem com a tradição.

► Arts. 1.267 e 1.268 deste Código.

Art. 1.227. Os direitos reais sobre imóveis constituídos, ou transmitidos por atos entre vivos, só se adquirem com o registro no Cartório de Registro de Imóveis dos referidos títulos (arts. 1.245 a 1.247), salvo os casos expressos neste Código.

► Arts. 108, 1.245 a 1.247 e 1.417 deste Código.

► Arts. 167 e 168 da Lei nº 6.015, de 31-12-1973 (Lei dos Registros Públicos).

TÍTULO III – DA PROPRIEDADE

CAPÍTULO I

DA PROPRIEDADE EM GERAL

SEÇÃO I

DISPOSIÇÕES PRELIMINARES

Art. 1.228. O proprietário tem a faculdade de usar, gozar e dispor da coisa, e o direito de reavê-la do poder de quem quer que injustamente a possua ou detenha.

► Arts. 1.275, I, e 2.030 deste Código.

► Lei nº 4.504, de 30-11-1964 (Estatuto da Terra).

► Dec. nº 59.566, de 14-11-1966, regulamenta as Seções I, II e III do Capítulo IV do Título III da Lei nº 4.504, de 30 de novembro de 1964, Estatuto da Terra, o Capítulo III da Lei nº 4.947, de 6 de abril de 1966.

► Lei nº 6.766, de 19-12-1979 (Lei do Parcelamento do Solo).

► Lei nº 9.279, de 14-5-1996 (Lei da Propriedade Industrial).

► Lei nº 9.609, de 19-2-1998, dispõe sobre a proteção da propriedade intelectual de programa de computador, sua comercialização no País.

► Lei nº 9.610, de 19-2-1998 (Lei de Direitos Autorais).

► Dec.-lei nº 3.365, de 21-6-1941 (Lei das Desapropriações).

► Súm. nº 449 do STJ.

► Enunciados nºs 82, 83 e 84 da I Jornada de Direito Civil.

§ 1º O direito de propriedade deve ser exercido em consonância com as suas finalidades econômicas e sociais e de modo que sejam preservados, de conformidade com o estabelecido em lei especial, a flora, a fauna, as belezas naturais, o equilíbrio ecológico e o patrimônio histórico e artístico, bem como evitada a poluição do ar e das águas.

► Arts. 5º, XXIII, 180, § 2º, 186 e 225 da CF.

► Arts. 1º ao 4º da Lei nº 10.257, de 10-7-2001 (Estatuto da Cidade).

► Enunciados nºs 507 e 508 da V Jornada de Direito Civil.

§ 2º São defesos os atos que não trazem ao proprietário qualquer comodidade, ou utilidade, e sejam animados pela intenção de prejudicar outrem.

► Arts. 1.277 e 1.299 a 1.313 deste Código.

► En. nº 49 da I Jornada de Direito Civil.

► En. nº 508 da V Jornada de Direito Civil.

§ 3º O proprietário pode ser privado da coisa, nos casos de desapropriação, por necessidade ou utilidade pública ou interesse social, bem como no de requisição, em caso de perigo público iminente.

► Arts. 5º, XXIV, e 182, §§ 3º e 4º, da CF.

► Art. 8º da Lei nº 10.257, de 10-7-2001 (Estatuto da Cidade).

► En. nº 305 da IV Jornada de Direito Civil.

§ 4º O proprietário também pode ser privado da coisa se o imóvel reivindicado consistir em extensa área, na posse ininterrupta e de boa-fé, por mais de cinco anos, de considerável número de pessoas, e estas nela houverem realizado, em conjunto ou separadamente, obras e serviços considerados pelo juiz de interesse social e econômico relevante.

► Art. 1.238, deste Código.

► Enunciados n°s 304, 305, 306, 307, 309 e 310 da IV Jornada de Direito Civil.

► En. nº 496 da V Jornada de Direito Civil.

§ 5º No caso do parágrafo antecedente, o juiz fixará a justa indenização devida ao proprietário; pago o preço, valerá a sentença como título para o registro do imóvel em nome dos possuidores.

► Enunciados n°s 304 e 308 da III Jornada de Direito Civil.

► En. nº 496 da V Jornada de Direito Civil.

Art. 1.229. A propriedade do solo abrange a do espaço aéreo e subsolo correspondentes, em altura e profundidade úteis ao seu exercício, não podendo o proprietário opor-se a atividades que sejam realizadas, por terceiros, a uma altura ou profundidade tais, que não tenha ele interesse legítimo em impedi-las.

► Arts. 176 e 177 da CF.

► Art. 79 deste Código.

Art. 1.230. A propriedade do solo não abrange as jazidas, minas e demais recursos minerais, os potenciais de energia hidráulica, os monumentos arqueológicos e outros bens referidos por leis especiais.

Parágrafo único. O proprietário do solo tem o direito de explorar os recursos minerais de emprego imediato na construção civil, desde que não submetidos a transformação industrial, obedecido o disposto em lei especial.

Art. 1.231. A propriedade presume-se plena e exclusiva, até prova em contrário.

► Súm. nº 496 do STJ.

► En. nº 503 da V Jornada de Direito Civil.

Art. 1.232. Os frutos e mais produtos da coisa pertencem, ainda quando separados, ao seu proprietário, salvo se, por preceito jurídico especial, couberem a outrem.

► Arts. 1.214 a 1.216 e 1.255 a 1.257 deste Código.

Seção II
DA DESCOBERTA

► En. nº 497 da V Jornada de Direito Civil.

Art. 1.233. Quem quer que ache coisa alheia perdida há de restituí-la ao dono ou legítimo possuidor.

Parágrafo único. Não o conhecendo, o descobridor fará por encontrá-lo, e, se não o encontrar, entregará a coisa achada à autoridade competente.

Art. 1.234. Aquele que restituir a coisa achada, nos termos do artigo antecedente, terá direito a uma recompensa não inferior a cinco por cento do seu valor, e à indenização pelas despesas que houver feito com a conservação e transporte da coisa, se o dono não preferir abandoná-la.

Parágrafo único. Na determinação do montante da recompensa, considerar-se-á o esforço desenvolvido pelo descobridor para encontrar o dono, ou o legítimo possuidor, as possibilidades que teria este de encontrar a coisa e a situação econômica de ambos.

Art. 1.235. O descobridor responde pelos prejuízos causados ao proprietário ou possuidor legítimo, quando tiver procedido com dolo.

Art. 1.236. A autoridade competente dará conhecimento da descoberta através da imprensa e outros meios de informação, somente expedindo editais se o seu valor os comportar.

Art. 1.237. Decorridos sessenta dias da divulgação da notícia pela imprensa, ou do edital, não se apresentando quem comprove a propriedade sobre a coisa, será esta vendida em hasta pública e, deduzidas do preço as despesas, mais a recompensa do descobridor, pertencerá o remanescente ao Município em cuja circunscrição se deparou o objeto perdido.

► Art. 746 do CPC.

Parágrafo único. Sendo de diminuto valor, poderá o Município abandonar a coisa em favor de quem a achou.

CAPÍTULO II
DA AQUISIÇÃO DA PROPRIEDADE IMÓVEL

► Lei nº 6.766, de 19-12-1979 (Lei do Parcelamento do Solo).

► Lei nº 9.514, de 20-11-1997, dispõe sobre o Sistema de Financiamento Imobiliário, institui a alienação fiduciária de coisa imóvel.

► Dec.-lei nº 58, de 10-12-1937, dispõe sobre o loteamento e a venda de terrenos para pagamento em prestações, regulamentado pelo Dec. nº 3.079, de 15-9-1938.

Seção I
DA USUCAPIÃO

Art. 1.238. Aquele que, por quinze anos, sem interrupção, nem oposição, possuir como seu um imóvel, adquire-lhe a propriedade, independentemente de título e boa-fé; podendo requerer ao juiz que assim o declare por sentença, a qual servirá de título para o registro no Cartório de Registro de Imóveis.

► Arts. 183 e §§ 1º a 3º, e 191, parágrafo único, da CF.

► Art. 1.379 deste Código.

► Arts. 167, I, nº 28, 216-A, e 226 da Lei nº 6.015, de 31-12-1973 (Lei dos Registros Públicos).

► Arts. 246, § 3º, 259, I, Lei nº 6.969, de 10-12-1981 (Lei da Usucapião Especial).

► Arts. 9º a 14 da Lei nº 10.257, de 10-7-2001 (Estatuto da Cidade).

► Súmulas n°s 237, 263, 340, 391 e 445 do STF.

► Súmulas n°s 11 e 119 do STJ.

► En. nº 564 da VI Jornada de Direito Civil.

Parágrafo único. O prazo estabelecido neste artigo reduzir-se-á a dez anos se o possuidor houver estabelecido no imóvel a sua moradia habitual, ou nele realizado obras ou serviços de caráter produtivo.

Art. 1.239. Aquele que, não sendo proprietário de imóvel rural ou urbano, possua como sua, por cinco anos ininterruptos, sem oposição, área de terra em zona rural não superior a cinquenta hectares, tornando-a produtiva por seu trabalho ou de sua família, tendo nela sua moradia, adquirir-lhe-á a propriedade.

► Enunciados n°s 312 e 313 da IV Jornada de Direito Civil.

► En. nº 594 da VII Jornada de Direito Civil.

Art. 1.240. Aquele que possuir, como sua, área urbana de até duzentos e cinquenta metros quadrados, por cinco anos ininterruptamente e sem oposição, utilizando-a para sua moradia ou de sua família, adquirir-lhe-á o domínio, desde que não seja proprietário de outro imóvel urbano ou rural.

► En. nº 85 da I Jornada de Direito Civil.

► Enunciados n°s 313 e 314 da IV Jornada de Direito Civil.

§ 1º O título de domínio e a concessão de uso serão conferidos ao homem ou à mulher, ou a ambos, independentemente do estado civil.

§ 2º O direito previsto no parágrafo antecedente não será reconhecido ao mesmo possuidor mais de uma vez.

► Art. 183 da CF.

► Arts. 9º a 14 da Lei nº 10.257, de 10-7-2001 (Estatuto da Cidade).

Art. 1.240-A. Aquele que exercer, por 2 (dois) anos ininterruptamente e sem oposição, posse direta, com exclusividade, sobre imóvel urbano de até 250m² (duzentos e cinquenta metros quadrados) cuja propriedade divida com ex-cônjuge ou ex-companheiro que abandonou o lar, utilizando-o para sua moradia ou de sua família, adquirir-lhe-á o domínio integral, desde que não seja proprietário de outro imóvel urbano ou rural.

► Enunciados nºs 498, 499, 500, 501 e 502 da V Jornada de Direito Civil.

► En. nº 595 da VII Jornada de Direito Civil.

§ 1º O direito previsto no *caput* não será reconhecido ao mesmo possuidor mais de uma vez.

§ 2º VETADO. Lei nº 12.424, de 16-6-2011 (republicada no *DOU* de 20-6-2011).

Art. 1.241. Poderá o possuidor requerer ao juiz seja declarada adquirida, mediante usucapião, a propriedade imóvel.

► En. nº 315 da IV Jornada de Direito Civil.

Parágrafo único. A declaração obtida na forma deste artigo constituirá título hábil para o registro no Cartório de Registro de Imóveis.

► Art. 319 do CPC.

► Arts. 167, I, nº 28, 216-A, e 226 da Lei nº 6.015, de 31-12-1973 (Lei dos Registros Públicos).

Art. 1.242. Adquire também a propriedade do imóvel aquele que, contínua e incontestadamente, com justo título e boa-fé, o possuir por dez anos.

► Art. 191, parágrafo único, da CF.

► Art. 1.379 deste Código.

► Súm. nº 340 do STF.

► Súm. nº 11 do STJ.

► En. nº 86 da I Jornada de Direito Civil.

► En. nº 564 da VI Jornada de Direito Civil.

Parágrafo único. Será de cinco anos o prazo previsto neste artigo se o imóvel houver sido adquirido, onerosamente, com base no registro constante do respectivo cartório, cancelada posteriormente, desde que os possuidores nele tiverem estabelecido a sua moradia, ou realizado investimentos de interesse social e econômico.

► En. nº 317 da IV Jornada de Direito Civil.

Art. 1.243. O possuidor pode, para o fim de contar o tempo exigido pelos artigos antecedentes, acrescentar à sua posse a dos seus antecessores (art. 1.207), contanto que todas sejam contínuas, pacíficas e, nos casos do art. 1.242, com justo título e de boa-fé.

► En. nº 317 da IV Jornada de Direito Civil.

Art. 1.244. Estende-se ao possuidor o disposto quanto ao devedor acerca das causas que obstam, suspendem ou interrompem a prescrição, as quais também se aplicam à usucapião.

► Arts. 197 a 206 deste Código.

Seção II
DA AQUISIÇÃO PELO REGISTRO DO TÍTULO

► Arts. 167 a 288 da Lei nº 6.015, de 31-12-1973 (Lei dos Registros Públicos).

Art. 1.245. Transfere-se entre vivos a propriedade mediante o registro do título translativo no Registro de Imóveis.

► Art. 1.275, parágrafo único, do CC.

► En. nº 87 da I Jornada de Direito Civil.

§ 1º Enquanto não se registrar o título translativo, o alienante continua a ser havido como dono do imóvel.

§ 2º Enquanto não se promover, por meio de ação própria, a decretação de invalidade do registro, e o respectivo cancelamento, o adquirente continua a ser havido como dono do imóvel.

Art. 1.246. O registro é eficaz desde o momento em que se apresentar o título ao oficial do registro, e este o prenotar no protocolo.

► Arts. 182, 186 e 205 da Lei nº 6.015, de 31-12-1973 (Lei dos Registros Públicos).

Art. 1.247. Se o teor do registro não exprimir a verdade, poderá o interessado reclamar que se retifique ou anule.

Parágrafo único. Cancelado o registro, poderá o proprietário reivindicar o imóvel, independentemente da boa-fé ou do título do terceiro adquirente.

► Arts. 212, 213 e 216 da Lei nº 6.015, de 31-12-1973 (Lei dos Registros Públicos).

► En. nº 624 da VIII Jornada de Direito Civil.

Seção III
DA AQUISIÇÃO POR ACESSÃO

Art. 1.248. A acessão pode dar-se:

I – por formação de ilhas;

► Art. 1.249 deste Código.

II – por aluvião;

► Art. 1.250 deste Código.

III – por avulsão;

► Art. 1.251 deste Código.

IV – por abandono de álveo;

► Art. 1.252 deste Código.

V – por plantações ou construções.

► Art. 1.253 deste Código.

Subseção I
DAS ILHAS

Art. 1.249. As ilhas que se formarem em correntes comuns ou particulares pertencem aos proprietários ribeirinhos fronteiros, observadas as regras seguintes:

I – as que se formarem no meio do rio consideram-se acréscimos sobrevindos aos terrenos ribeirinhos fronteiros de ambas as margens, na proporção de suas testadas, até a linha que dividir o álveo em duas partes iguais;

II – as que se formarem entre a referida linha e uma das margens consideram-se acréscimos aos terrenos ribeirinhos fronteiros desse mesmo lado;

III – as que se formarem pelo desdobramento de um novo braço do rio continuam a pertencer aos proprietários dos terrenos à custa dos quais se constituíram.

► Arts. 20, IV, e 26, II e III, da CF.

Subseção II
DA ALUVIÃO

Art. 1.250. Os acréscimos formados, sucessiva e imperceptivelmente, por depósitos e aterros naturais ao longo das margens das correntes, ou pelo desvio das águas destas, pertencem aos donos dos terrenos marginais, sem indenização.

Parágrafo único. O terreno aluvial, que se formar em frente de prédios de proprietários diferentes, dividir-se-á entre eles, na proporção da testada de cada um sobre a antiga margem.

Subseção III
DA AVULSÃO

Art. 1.251. Quando, por força natural violenta, uma porção de terra se destacar de um prédio e se juntar a outro, o dono deste adquirirá a propriedade do acréscimo, se indenizar o dono do primeiro ou, sem indenização, se, em um ano, ninguém houver reclamado.

Parágrafo único. Recusando-se ao pagamento de indenização, o dono do prédio a que se juntou a porção de terra deverá aquiescer a que se remova a parte acrescida.

Subseção IV
DO ÁLVEO ABANDONADO

Art. 1.252. O álveo abandonado de corrente pertence aos proprietários ribeirinhos das duas margens, sem que tenham indenização os donos dos terrenos por onde as águas abrirem novo curso, entendendo-se que os prédios marginais se estendem até o meio do álveo.

Subseção V
DAS CONSTRUÇÕES E PLANTAÇÕES

Art. 1.253. Toda construção ou plantação existente em um terreno presume-se feita pelo proprietário e à sua custa, até que se prove o contrário.

Art. 1.254. Aquele que semeia, planta ou edifica em terreno próprio com sementes, plantas ou materiais alheios, adquire a propriedade destes; mas fica obrigado a pagar-lhes o valor, além de responder por perdas e danos, se agiu de má-fé.

- ► Arts. 1.214 a 1.222 deste Código.

Art. 1.255. Aquele que semeia, planta ou edifica em terreno alheio perde, em proveito do proprietário, as sementes, plantas e construções; se procedeu de boa-fé, terá direito a indenização.

Parágrafo único. Se a construção ou a plantação exceder consideravelmente o valor do terreno, aquele que, de boa-fé, plantou ou edificou, adquirirá a propriedade do solo, mediante pagamento da indenização fixada judicialmente, se não houver acordo.

Art. 1.256. Se de ambas as partes houve má-fé, adquirirá o proprietário as sementes, plantas e construções, devendo ressarcir o valor das acessões.

Parágrafo único. Presume-se má-fé no proprietário, quando o trabalho de construção, ou lavoura, se fez em sua presença e sem impugnação sua.

Art. 1.257. O disposto no artigo antecedente aplica-se ao caso de não pertencerem as sementes, plantas ou materiais a quem de boa-fé os empregou em solo alheio.

Parágrafo único. O proprietário das sementes, plantas ou materiais poderá cobrar do proprietário do solo a indenização devida, quando não puder havê-la do plantador ou construtor.

Art. 1.258. Se a construção, feita parcialmente em solo próprio, invade solo alheio em proporção não superior à vigésima parte deste, adquire o construtor de boa-fé a propriedade da parte do solo invadido, se o valor da construção exceder o dessa parte, e responde por indenização que represente, também, o valor da área perdida e a desvalorização da área remanescente.

Parágrafo único. Pagando em décuplo as perdas e danos previstos neste artigo, o construtor de má-fé adquire a propriedade da parte do solo que invadiu, se em proporção à vigésima parte deste e o valor da construção exceder consideravelmente o dessa parte e não se puder demolir a porção invasora sem grave prejuízo para a construção.

- ► Arts. 402 e segs. deste Código.
- ► En. nº 318 da IV Jornada de Direito Civil.

Art. 1.259. Se o construtor estiver de boa-fé, e a invasão do solo alheio exceder a vigésima parte deste, adquire a propriedade da parte do solo invadido, e responde por perdas e danos que abranjam o valor que a invasão acrescer à construção, mais o da área perdida e o da desvalorização da área remanescente; se de má-fé, é obrigado a demolir o que nele construiu, pagando as perdas e danos apurados, que serão devidos em dobro.

- ► Art. 402 deste Código.

CAPÍTULO III
DA AQUISIÇÃO DA PROPRIEDADE MÓVEL

Seção I
DA USUCAPIÃO

- ► Súmulas nºs 237 e 263 do STF.

Art. 1.260. Aquele que possuir coisa móvel como sua, contínua e incontestadamente durante três anos, com justo título e boa-fé, adquirir-lhe-á a propriedade.

- ► Art. 1.208 deste Código.
- ► Súm. nº 340 do STF.

Art. 1.261. Se a posse da coisa móvel se prolongar por cinco anos, produzirá usucapião, independentemente de título ou boa-fé.

Art. 1.262. Aplica-se à usucapião das coisas móveis o disposto nos arts. 1.243 e 1.244.

Seção II
DA OCUPAÇÃO

Art. 1.263. Quem se assenhorear de coisa sem dono para logo lhe adquire a propriedade, não sendo essa ocupação defesa por lei.

- ► Arts. 1.233 a 1.237 deste Código.

Seção III
DO ACHADO DO TESOURO

- ► Lei nº 3.924, de 26-7-1961 (Lei dos Monumentos Arqueológicos e Pré-Históricos).

Art. 1.264. O depósito antigo de coisas preciosas, oculto e de cujo dono não haja memória, será dividido por igual entre o proprietário do prédio e o que achar o tesouro casualmente.

Art. 1.265. O tesouro pertencerá por inteiro ao proprietário do prédio, se for achado por ele, ou em pesquisa que ordenou, ou por terceiro não autorizado.

Art. 1.266. Achando-se em terreno aforado, o tesouro será dividido por igual entre o descobridor e o enfiteuta, ou será deste por inteiro quando ele mesmo seja o descobridor.

Seção IV
DA TRADIÇÃO

- ► Arts. 234, 237, *caput*, 238, 291, 328, 1.226 e 1.431, deste Código.

Art. 1.267. A propriedade das coisas não se transfere pelos negócios jurídicos antes da tradição.

Parágrafo único. Subentende-se a tradição quando o transmitente continua a possuir pelo constituto possessório; quando cede ao adquirente o direito à restituição da coisa, que se encontra em poder de terceiro; ou quando o adquirente já está na posse da coisa, por ocasião do negócio jurídico.

Art. 1.268. Feita por quem não seja proprietário, a tradição não aliena a propriedade, exceto se a coisa, oferecida ao público, em leilão ou estabelecimento comercial, for transferida em circunstâncias tais que, ao adquirente de boa-fé, como a qualquer pessoa, o alienante se afigurar dono.

§ 1º Se o adquirente estiver de boa-fé e o alienante adquirir depois a propriedade, considera-se realizada a transferência desde o momento em que ocorreu a tradição.

► Art. 1.420, § 1º, deste Código.

§ 2º Não transfere a propriedade a tradição, quando tiver por título um negócio jurídico nulo.

► Arts. 166 e 167 deste Código.

Seção V
DA ESPECIFICAÇÃO

Art. 1.269. Aquele que, trabalhando em matéria-prima em parte alheia, obtiver espécie nova, desta será proprietário, se não se puder restituir à forma anterior.

Art. 1.270. Se toda a matéria for alheia, e não se puder reduzir à forma precedente, será do especificador de boa-fé a espécie nova.

§ 1º Sendo praticável a redução, ou quando impraticável, se a espécie nova se obteve de má-fé, pertencerá ao dono da matéria-prima.

§ 2º Em qualquer caso, inclusive o da pintura em relação à tela, da escultura, escritura e outro qualquer trabalho gráfico em relação à matéria-prima, a espécie nova será do especificador, se o seu valor exceder consideravelmente o da matéria-prima.

Art. 1.271. Aos prejudicados, nas hipóteses dos arts. 1.269 e 1.270, se ressarcirá o dano que sofrerem, menos ao especificador de má-fé, no caso do § 1º do artigo antecedente, quando irredutível a especificação.

Seção VI
DA CONFUSÃO, DA COMISSÃO E DA ADJUNÇÃO

► Comistão é a terminologia jurídica adequada. Porém, mantido "comissão" conforme publicação oficial.

Art. 1.272. As coisas pertencentes a diversos donos, confundidas, misturadas ou adjuntadas sem o consentimento deles, continuam a pertencer-lhes, sendo possível separá-las sem deterioração.

§ 1º Não sendo possível a separação das coisas, ou exigindo dispêndio excessivo, subsiste indiviso o todo, cabendo a cada um dos donos quinhão proporcional ao valor da coisa com que entrou para a mistura ou agregado.

§ 2º Se uma das coisas puder considerar-se principal, o dono sê-lo-á do todo, indenizando os outros.

► Art. 92 deste Código.

Art. 1.273. Se a confusão, comissão ou adjunção se operou de má-fé, à outra parte caberá escolher entre adquirir a propriedade do todo, pagando o que não for seu, abatida a indenização que lhe for devida, ou renunciar ao que lhe pertencer, caso em que será indenizado.

Art. 1.274. Se da união de matérias de natureza diversa se formar espécie nova, à confusão, comissão ou adjunção aplicam-se as normas dos arts. 1.272 e 1.273.

CAPÍTULO IV
DA PERDA DA PROPRIEDADE

Art. 1.275. Além das causas consideradas neste Código, perde-se a propriedade:

I – por alienação;

II – pela renúncia;

III – por abandono;

► En. nº 565 da VI Jornada de Direito Civil.

IV – por perecimento da coisa;

V – por desapropriação.

► Arts. 5º, XXIV, 22, II, e 182, §§ 3º e 4º, da CF.

► Art. 519 deste Código.

► Lei nº 10.257, de 10-7-2001 (Estatuto da Cidade).

► Dec.-lei nº 3.365, de 21-6-1941 (Lei das Desapropriações).

Parágrafo único. Nos casos dos incisos I e II, os efeitos da perda da propriedade imóvel serão subordinados ao registro do título transmissivo ou do ato renunciativo no Registro de Imóveis.

Art. 1.276. O imóvel urbano que o proprietário abandonar, com a intenção de não mais o conservar em seu patrimônio, e que se não encontrar na posse de outrem, poderá ser arrecadado, como bem vago, e passar, três anos depois, à propriedade do Município ou à do Distrito Federal, se se achar nas respectivas circunscrições.

► En. nº 242 da III Jornada de Direito Civil.

► En. nº 316 da IV Jornada de Direito Civil.

► En. nº 597 da VII Jornada de Direito Civil.

§ 1º O imóvel situado na zona rural, abandonado nas mesmas circunstâncias, poderá ser arrecadado, como bem vago, e passar, três anos depois, à propriedade da União, onde quer que ele se localize.

§ 2º Presumir-se-á de modo absoluto a intenção a que se refere este artigo, quando, cessados os atos de posse, deixar o proprietário de satisfazer os ônus fiscais.

► En. nº 243 da III Jornada de Direito Civil.

CAPÍTULO V
DOS DIREITOS DE VIZINHANÇA

Seção I
DO USO ANORMAL DA PROPRIEDADE

Art. 1.277. O proprietário ou o possuidor de um prédio tem o direito de fazer cessar as interferências prejudiciais à segurança, ao sossego e à saúde dos que o habitam, provocadas pela utilização de propriedade vizinha.

► En. nº 319 da IV Jornada de Direito Civil.

Parágrafo único. Proíbem-se as interferências considerando-se a natureza da utilização, a localização do prédio, atendidas as normas que distribuem as edificações em zonas, e os limites ordinários de tolerância dos moradores da vizinhança.

► Art. 1.228, § 2º, deste Código.

► Art. 47, § 1º, do CPC.

► Art. 19 da Lei nº 4.591, de 16-12-1964 (Lei do Condomínio e Incorporações).

Art. 1.278. O direito a que se refere o artigo antecedente não prevalece quando as interferências forem justificadas por interesse público, caso em que o proprietário ou o possuidor, causador delas, pagará ao vizinho indenização cabal.

Art. 1.279. Ainda que por decisão judicial devam ser toleradas as interferências, poderá o vizinho exigir a sua redução, ou eliminação, quando estas se tornarem possíveis.

Art. 1.280. O proprietário ou o possuidor tem direito a exigir do dono do prédio vizinho a demolição, ou a reparação deste, quando ameace ruína, bem como que lhe preste caução pelo dano iminente.

► Art. 937 deste Código.

Art. 1.281. O proprietário ou o possuidor de um prédio, em que alguém tenha direito de fazer obras, pode, no caso de dano iminente, exigir do autor delas as necessárias garantias contra o prejuízo eventual.

► Arts. 1.311 e 1.313 deste Código.

Seção II
DAS ÁRVORES LIMÍTROFES

Art. 1.282. A árvore, cujo tronco estiver na linha divisória, presume-se pertencer em comum aos donos dos prédios confinantes.

► Art. 1.327 deste Código.

Art. 1.283. As raízes e os ramos de árvore, que ultrapassarem a estrema do prédio, poderão ser cortados, até o plano vertical divisório, pelo proprietário do terreno invadido.

Art. 1.284. Os frutos caídos de árvore do terreno vizinho pertencem ao dono do solo onde caíram, se este for de propriedade particular.

Seção III
DA PASSAGEM FORÇADA

Art. 1.285. O dono do prédio que não tiver acesso a via pública, nascente ou porto, pode, mediante pagamento de indenização cabal, constranger o vizinho a lhe dar passagem, cujo rumo será judicialmente fixado, se necessário.

► En. nº 88 da I Jornada de Direito Civil.

§ 1º Sofrerá o constrangimento o vizinho cujo imóvel mais natural e facilmente se prestar à passagem.

§ 2º Se ocorrer alienação parcial do prédio, de modo que uma das partes perca o acesso a via pública, nascente ou porto, o proprietário da outra deve tolerar a passagem.

§ 3º Aplica-se o disposto no parágrafo antecedente ainda quando, antes da alienação, existia passagem através de imóvel vizinho, não estando o proprietário deste constrangido, depois, a dar uma outra.

Seção IV
DA PASSAGEM DE CABOS E TUBULAÇÕES

Art. 1.286. Mediante recebimento de indenização que atenda, também, à desvalorização da área remanescente, o proprietário é obrigado a tolerar a passagem, através de seu imóvel, de cabos, tubulações e outros condutos subterrâneos de serviços de utilidade pública, em proveito de proprietários vizinhos, quando de outro modo for impossível ou excessivamente onerosa.

Parágrafo único. O proprietário prejudicado pode exigir que a instalação seja feita de modo menos gravoso ao prédio onerado, bem como, depois, seja removida, à sua custa, para outro local do imóvel.

Art. 1.287. Se as instalações oferecerem grave risco, será facultado ao proprietário do prédio onerado exigir a realização de obras de segurança.

Seção V
DAS ÁGUAS

► Art. 250 deste Código.

Art. 1.288. O dono ou o possuidor do prédio inferior é obrigado a receber as águas que correm naturalmente do superior, não podendo realizar obras que embaracem o seu fluxo; porém a condição natural e anterior do prédio inferior não pode ser agravada por obras feitas pelo dono ou possuidor do prédio superior.

► Art. 250 deste Código.

Art. 1.289. Quando as águas, artificialmente levadas ao prédio superior, ou aí colhidas, correrem dele para o inferior, poderá o dono deste reclamar que se desviem, ou se lhe indenize o prejuízo que sofrer.

Parágrafo único. Da indenização será deduzido o valor do benefício obtido.

Art. 1.290. O proprietário de nascente, ou do solo onde caem águas pluviais, satisfeitas as necessidades de seu consumo, não pode impedir, ou desviar o curso natural das águas remanescentes pelos prédios inferiores.

Art. 1.291. O possuidor do imóvel superior não poderá poluir as águas indispensáveis às primeiras necessidades da vida dos possuidores dos imóveis inferiores; as demais, que poluir, deverá recuperar, ressarcindo os danos que estes sofrerem, se não for possível a recuperação ou o desvio do curso artificial das águas.

► En. nº 244 da III Jornada de Direito Civil.

Art. 1.292. O proprietário tem direito de construir barragens, açudes, ou outras obras para represamento de água em seu prédio; se as águas represadas invadirem prédio alheio, será o seu proprietário indenizado pelo dano sofrido, deduzido o valor do benefício obtido.

Art. 1.293. É permitido a quem quer que seja, mediante prévia indenização aos proprietários prejudicados, construir canais, através de prédios alheios, para receber as águas a que tenha direito, indispensáveis às primeiras necessidades da vida, e, desde que não cause prejuízo considerável à agricultura e à indústria, bem como para o escoamento de águas supérfluas ou acumuladas, ou a drenagem de terrenos.

► En. nº 245 da III Jornada de Direito Civil.

► En. nº 598 da VII Jornada de Direito Civil.

§ 1º Ao proprietário prejudicado, em tal caso, também assiste direito a ressarcimento pelos danos que de futuro lhe advenham da infiltração ou irrupção das águas, bem como da deterioração das obras destinadas a canalizá-las.

§ 2º O proprietário prejudicado poderá exigir que seja subterrânea a canalização que atravessa áreas edificadas, pátios, hortas, jardins ou quintais.

§ 3º O aqueduto será construído de maneira que cause o menor prejuízo aos proprietários dos imóveis vizinhos, e a expensas do seu dono, a quem incumbem também as despesas de conservação.

Art. 1.294. Aplica-se ao direito de aqueduto o disposto nos arts. 1.286 e 1.287.

Art. 1.295. O aqueduto não impedirá que os proprietários cerquem os imóveis e construam sobre ele, sem prejuízo para a sua segurança e conservação; os proprietários dos imóveis poderão usar das águas do aqueduto para as primeiras necessidades da vida.

Art. 1.296. Havendo no aqueduto águas supérfluas, outros poderão canalizá-las, para os fins previstos no art. 1.293, mediante pagamento de indenização aos proprietários prejudicados e ao dono do aqueduto, de importância equivalente às despesas que então seriam necessárias para a condução das águas até o ponto de derivação.

Parágrafo único. Têm preferência os proprietários dos imóveis atravessados pelo aqueduto.

Seção VI

DOS LIMITES ENTRE PRÉDIOS E DO DIREITO DE TAPAGEM

Art. 1.297. O proprietário tem direito a cercar, murar, valar ou tapar de qualquer modo o seu prédio, urbano ou rural, e pode constranger o seu confinante a proceder com ele à demarcação entre os dois prédios, a aviventar rumos apagados e a renovar marcos destruídos ou arruinados, repartindo-se proporcionalmente entre os interessados as respectivas despesas.

► Arts. 569 e segs. do CPC.

§ 1º Os intervalos, muros, cercas e os tapumes divisórios, tais como sebes vivas, cercas de arame ou de madeira, valas ou banquetas, presumem-se, até prova em contrário, pertencer a ambos os proprietários confinantes, sendo estes obrigados, de conformidade com os costumes da localidade, a concorrer, em partes iguais, para as despesas de sua construção e conservação.

► Arts. 1.328 e 1.330 deste Código.

§ 2º As sebes vivas, as árvores, ou plantas quaisquer, que servem de marco divisório, só podem ser cortadas, ou arrancadas, de comum acordo entre proprietários.

§ 3º A construção de tapumes especiais para impedir a passagem de animais de pequeno porte, ou para outro fim, pode ser exigida de quem provocou a necessidade deles, pelo proprietário, que não está obrigado a concorrer para as despesas.

Art. 1.298. Sendo confusos, os limites, em falta de outro meio, se determinarão de conformidade com a posse justa; e, não se achando ela provada, o terreno contestado se dividirá por partes iguais entre os prédios, ou, não sendo possível a divisão cômoda, se adjudicará a um deles, mediante indenização ao outro.

Seção VII

DO DIREITO DE CONSTRUIR

Art. 1.299. O proprietário pode levantar em seu terreno as construções que lhe aprouver, salvo o direito dos vizinhos e os regulamentos administrativos.

► Arts. 1.277 a 1.298 deste Código.

Art. 1.300. O proprietário construirá de maneira que o seu prédio não despeje águas, diretamente, sobre o prédio vizinho.

► Arts. 1.288 a 1.296 deste Código.

Art. 1.301. É defeso abrir janelas, ou fazer eirado, terraço ou varanda, a menos de metro e meio do terreno vizinho.

► Súmulas nºs 120 e 414 do STF.

§ 1º As janelas cuja visão não incida sobre a linha divisória, bem como as perpendiculares, não poderão ser abertas a menos de setenta e cinco centímetros.

§ 2º As disposições deste artigo não abrangem as aberturas para luz ou ventilação, não maiores de dez centímetros de largura sobre vinte de comprimento e construídas a mais de dois metros de altura de cada piso.

Art. 1.302. O proprietário pode, no lapso de ano e dia após a conclusão da obra, exigir que se desfaça janela, sacada, terraço ou goteira sobre o seu prédio; escoado o prazo, não poderá, por sua vez, edificar sem atender ao disposto no artigo antecedente, nem impedir, ou dificultar, o escoamento das águas da goteira, com prejuízo para o prédio vizinho.

Parágrafo único. Em se tratando de vãos, ou aberturas para luz, seja qual for a quantidade, altura e disposição, o vizinho poderá, a todo tempo, levantar a sua edificação, ou contramuro, ainda que lhes vede a claridade.

Art. 1.303. Na zona rural, não será permitido levantar edificações a menos de três metros do terreno vizinho.

Art. 1.304. Nas cidades, vilas e povoados cuja edificação estiver adstrita a alinhamento, o dono de um terreno pode nele edificar, madeirando na parede divisória do prédio contíguo, se ela suportar a nova construção; mas terá de embolsar ao vizinho metade do valor da parede e do chão correspondentes.

Art. 1.305. O confinante, que primeiro construir, pode assentar a parede divisória até meia espessura no terreno contíguo, sem perder por isso o direito a haver meio valor dela se o vizinho a travejar, caso em que o primeiro fixará a largura e a profundidade do alicerce.

Parágrafo único. Se a parede divisória pertencer a um dos vizinhos, e não tiver capacidade para ser travejada pelo outro, não poderá este fazer-lhe alicerce ao pé sem prestar caução àquele, pelo risco a que expõe a construção anterior.

Art. 1.306. O condômino da parede-meia pode utilizá-la até ao meio da espessura, não pondo em risco a segurança ou a separação dos dois prédios, e avisando previamente o outro condômino das obras que ali tenciona fazer; não pode sem consentimento do outro, fazer, na parede-meia, armários, ou obras semelhantes, correspondendo a outras, da mesma natureza, já feitas do lado oposto.

Art. 1.307. Qualquer dos confinantes pode altear a parede divisória, se necessário reconstruindo-a, para suportar o alteamento; arcará com todas as despesas, inclusive de conservação, ou com metade, se o vizinho adquirir meação também na parte aumentada.

Art. 1.308. Não é lícito encostar à parede divisória chaminés, fogões, fornos ou quaisquer aparelhos ou depósitos suscetíveis de produzir infiltrações ou interferências prejudiciais ao vizinho.

Parágrafo único. A disposição anterior não abrange as chaminés ordinárias e os fogões de cozinha.

Art. 1.309. São proibidas construções capazes de poluir, ou inutilizar, para uso ordinário, a água do poço, ou nascente alheia, a elas preexistentes.

Art. 1.310. Não é permitido fazer escavações ou quaisquer obras que tirem ao poço ou à nascente de outrem a água indispensável às suas necessidades normais.

Art. 1.311. Não é permitida a execução de qualquer obra ou serviço suscetível de provocar desmoronamento ou deslocação de terra, ou que comprometa a segurança do prédio vizinho, senão após haverem sido feitas as obras acautelatórias.

► Art. 1.281 deste Código.

Parágrafo único. O proprietário do prédio vizinho tem direito a ressarcimento pelos prejuízos que sofrer, não obstante haverem sido realizadas as obras acautelatórias.

Art. 1.312. Todo aquele que violar as proibições estabelecidas nesta Seção é obrigado a demolir as construções feitas, respondendo por perdas e danos.

► Arts. 1.280 e 1.281 deste Código.

Art. 1.313. O proprietário ou ocupante do imóvel é obrigado a tolerar que o vizinho entre no prédio, mediante prévio-aviso, para:

I – dele temporariamente usar, quando indispensável à reparação, construção, reconstrução ou limpeza de sua casa ou do muro divisório;

II – apoderar-se de coisas suas, inclusive animais que aí se encontrem casualmente.

§ 1º O disposto neste artigo aplica-se aos casos de limpeza ou reparação de esgotos, goteiras, aparelhos higiênicos, poços e nascentes e ao aparo de cerca viva.

§ 2º Na hipótese do inciso II, uma vez entregues as coisas buscadas pelo vizinho, poderá ser impedida a sua entrada no imóvel.

§ 3º Se do exercício do direito assegurado neste artigo provier dano, terá o prejudicado direito a ressarcimento.

CAPÍTULO VI
DO CONDOMÍNIO GERAL

- Arts. 75, XI, e 784, VIII, do CPC.
- Lei nº 4.591, de 16-12-1964 (Lei do Condomínio e Incorporações).
- Arts. 167, I, e 178, III, da Lei nº 6.015, de 31-12-1973 (Lei dos Registros Públicos).
- Arts. 22, X, parágrafo único, 23, X, XII, § 1º, 25, *caput*, e 34 da Lei nº 8.245, de 18-10-1991 (Lei das Locações).

Seção I
DO CONDOMÍNIO VOLUNTÁRIO

Subseção I
DOS DIREITOS E DEVERES DOS CONDÔMINOS

Art. 1.314. Cada condômino pode usar da coisa conforme sua destinação, sobre ela exercer todos os direitos compatíveis com a indivisão, reivindicá-la de terceiro, defender a sua posse e alhear a respectiva parte ideal, ou gravá-la.

- Art. 1.199 deste Código.

Parágrafo único. Nenhum dos condôminos pode alterar a destinação da coisa comum, nem dar posse, uso ou gozo dela a estranhos, sem o consenso dos outros.

- Lei nº 4.591, de 16-12-1964 (Lei do Condomínio e Incorporações).

Art. 1.315. O condômino é obrigado, na proporção de sua parte, a concorrer para as despesas de conservação ou divisão da coisa, e a suportar os ônus a que estiver sujeita.

Parágrafo único. Presumem-se iguais as partes ideais dos condôminos.

Art. 1.316. Pode o condômino eximir-se do pagamento das despesas e dívidas, renunciando à parte ideal.

§ 1º Se os demais condôminos assumem as despesas e as dívidas, a renúncia lhes aproveita, adquirindo a parte ideal de quem renunciou, na proporção dos pagamentos que fizerem.

§ 2º Se não há condômino que faça os pagamentos, a coisa comum será dividida.

Art. 1.317. Quando a dívida houver sido contraída por todos os condôminos, sem se discriminar a parte de cada um na obrigação, nem se estipular solidariedade, entende-se que cada qual se obrigou proporcionalmente ao seu quinhão na coisa comum.

- Art. 275 deste Código.

Art. 1.318. As dívidas contraídas por um dos condôminos em proveito da comunhão, e durante ela, obrigam o contratante; mas terá este ação regressiva contra os demais.

- Art. 125, II, do CPC.

Art. 1.319. Cada condômino responde aos outros pelos frutos que percebeu da coisa e pelo dano que lhe causou.

Art. 1.320. A todo tempo será lícito ao condômino exigir a divisão da coisa comum, respondendo o quinhão de cada um pela sua parte nas despesas da divisão.

- Art. 1.322 deste Código.
- Arts. 569 a 598 do CPC.

§ 1º Podem os condôminos acordar que fique indivisa a coisa comum por prazo não maior de cinco anos, suscetível de prorrogação ulterior.

§ 2º Não poderá exceder de cinco anos a indivisão estabelecida pelo doador ou pelo testador.

§ 3º A requerimento de qualquer interessado e se graves razões o aconselharem, pode o juiz determinar a divisão da coisa comum antes do prazo.

Art. 1.321. Aplicam-se à divisão do condomínio, no que couber, as regras de partilha de herança (arts. 2.013 a 2.022).

Art. 1.322. Quando a coisa for indivisível, e os consortes não quiserem adjudicá-la a um só, indenizando os outros, será vendida e repartido o apurado, preferindo-se, na venda, em condições iguais de oferta, o condômino ao estranho, e entre os condôminos aquele que tiver na coisa benfeitorias mais valiosas, e, não as havendo, o de quinhão maior.

- Arts. 504 e 2.019 deste Código.

Parágrafo único. Se nenhum dos condôminos tem benfeitorias na coisa comum e participam todos do condomínio em partes iguais, realizar-se-á licitação entre estranhos e, antes de adjudicada a coisa àquele que ofereceu maior lanço, proceder-se-á à licitação entre os condôminos, a fim de que a coisa seja adjudicada a quem afinal oferecer melhor lanço, preferindo, em condições iguais, o condômino ao estranho.

Subseção II
DA ADMINISTRAÇÃO DO CONDOMÍNIO

Art. 1.323. Deliberando a maioria sobre a administração da coisa comum, escolherá o administrador, que poderá ser estranho ao condomínio; resolvendo alugá-la, preferir-se-á, em condições iguais, o condômino ao que não o é.

- Arts. 1.347 a 1.356 deste Código.
- Art. 9º da Lei nº 4.591, de 16-12-1964 (Lei do Condomínio e Incorporações).

Art. 1.324. O condômino que administrar sem oposição dos outros presume-se representante comum.

Art. 1.325. A maioria será calculada pelo valor dos quinhões.

§ 1º As deliberações serão obrigatórias, sendo tomadas por maioria absoluta.

§ 2º Não sendo possível alcançar maioria absoluta, decidirá o juiz, a requerimento de qualquer condômino, ouvidos os outros.

§ 3º Havendo dúvida quanto ao valor do quinhão, será este avaliado judicialmente.

Art. 1.326. Os frutos da coisa comum, não havendo em contrário estipulação ou disposição de última vontade, serão partilhados na proporção dos quinhões.

- Art. 1.319 deste Código.

Seção II
DO CONDOMÍNIO NECESSÁRIO

Art. 1.327. O condomínio por meação de paredes, cercas, muros e valas regula-se pelo disposto neste Código (arts. 1.297 e 1.298; 1.304 a 1.307).

- Art. 5º da Lei nº 4.591, de 16-12-1964 (Lei do Condomínio e Incorporações).

Art. 1.328. O proprietário que tiver direito a estremar um imóvel com paredes, cercas, muros, valas ou valados, tê-lo-á igualmente a adquirir meação na parede, muro, valado ou cerca do vizinho, embolsando-lhe metade do que atualmente valer a obra e o terreno por ela ocupado (art. 1.297).

Art. 1.329. Não convindo os dois no preço da obra, será este arbitrado por peritos, a expensas de ambos os confinantes.

Art. 1.330. Qualquer que seja o valor da meação, enquanto aquele que pretender a divisão não o pagar ou depositar, nenhum uso poderá fazer na parede, muro, vala, cerca ou qualquer outra obra divisória.

CAPÍTULO VII
DO CONDOMÍNIO EDILÍCIO

► Lei nº 4.591, de 16-12-1964 (Lei do Condomínio e Incorporações).

► Enunciados nºs 89, 90 e 91 da I Jornada de Direito Civil.

SEÇÃO I
DISPOSIÇÕES GERAIS

Art. 1.331. Pode haver, em edificações, partes que são propriedade exclusiva, e partes que são propriedade comum dos condôminos.

► Enunciados nºs 246 e 247 da III Jornada de Direito Civil.

► En. nº 320 da IV Jornada de Direito Civil.

► En. nº 596 da VII Jornada de Direito Civil.

§ 1º As partes suscetíveis de utilização independente, tais como apartamentos, escritórios, salas, lojas e sobrelojas, com as respectivas frações ideais no solo e nas outras partes comuns, sujeitam-se a propriedade exclusiva, podendo ser alienadas e gravadas livremente por seus proprietários, exceto os abrigos para veículos, que não poderão ser alienados ou alugados a pessoas estranhas ao condomínio, salvo autorização expressa na convenção de condomínio.

► § 1º com a redação dada pela Lei nº 12.607, de 4-4-2012.

§ 2º O solo, a estrutura do prédio, o telhado, a rede geral de distribuição de água, esgoto, gás e eletricidade, a calefação e refrigeração centrais, e as demais partes comuns, inclusive o acesso ao logradouro público, são utilizados em comum pelos condôminos, não podendo ser alienados separadamente, ou divididos.

► Lei nº 4.591, de 16-12-1964 (Lei do Condomínio e Incorporações).

§ 3º A cada unidade imobiliária caberá, como parte inseparável, uma fração ideal no solo e nas outras partes comuns, que será identificada em forma decimal ou ordinária no instrumento de instituição do condomínio.

► § 3º com a redação dada pela Lei nº 10.931, de 2-8-2004.

§ 4º Nenhuma unidade imobiliária pode ser privada do acesso ao logradouro público.

§ 5º O terraço de cobertura é parte comum, salvo disposição contrária da escritura de constituição do condomínio.

► Art. 1.344 deste Código.

Art. 1.332. Institui-se o condomínio edilício por ato entre vivos ou testamento, registrado no Cartório de Registro de Imóveis, devendo constar daquele ato, além do disposto em lei especial:

► En. nº 504 da V Jornada de Direito Civil.

I – a discriminação e individualização das unidades de propriedade exclusiva, estremadas uma das outras e das partes comuns;

II – a determinação da fração ideal atribuída a cada unidade, relativamente ao terreno e partes comuns;

III – o fim a que as unidades se destinam.

► Art. 7º da Lei nº 4.591, de 16-12-1964 (Lei do Condomínio e Incorporações).

Art. 1.333. A convenção que constitui o condomínio edilício deve ser subscrita pelos titulares de, no mínimo, dois terços das frações ideais e torna-se, desde logo, obrigatória para os titulares de direito sobre as unidades, ou para quantos sobre elas tenham posse ou detenção.

► En. nº 504 da V Jornada de Direito Civil.

Parágrafo único. Para ser oponível contra terceiros, a convenção do condomínio deverá ser registrada no Cartório de Registro de Imóveis.

► Súm. nº 260 do STJ.

Art. 1.334. Além das cláusulas referidas no art. 1.332 e das que os interessados houverem por bem estipular, a convenção determinará:

I – a quota proporcional e o modo de pagamento das contribuições dos condôminos para atender às despesas ordinárias e extraordinárias do condomínio;

II – sua forma de administração;

III – a competência das assembleias, forma de sua convocação e quorum exigido para as deliberações;

IV – as sanções a que estão sujeitos os condôminos, ou possuidores;

V – o regimento interno.

► En. nº 248 da III Jornada de Direito Civil.

§ 1º A convenção poderá ser feita por escritura pública ou por instrumento particular.

§ 2º São equiparados aos proprietários, para os fins deste artigo, salvo disposição em contrário, os promitentes compradores e os cessionários de direitos relativos às unidades autônomas.

► Arts. 303, 1.417 e 1.418 deste Código.

► Arts. 9º a 11 da Lei nº 4.591, de 16-12-1964 (Lei do Condomínio e Incorporações).

► Art. 16 do Dec.-lei nº 58, de 10-12-1937, que dispõe sobre o loteamento e a venda de terrenos para pagamento em prestações.

Art. 1.335. São direitos do condômino:

I – usar, fruir e livremente dispor das suas unidades;

II – usar das partes comuns, conforme a sua destinação, e contanto que não exclua a utilização dos demais compossuidores;

III – votar nas deliberações da assembleia e delas participar, estando quite.

Art. 1.336. São deveres do condômino:

I – contribuir para as despesas do condomínio na proporção das suas frações ideais, salvo disposição em contrário na convenção;

► Inciso I com a redação dada pela Lei nº 10.931, de 2-8-2004.

► Art. 12, § 3º, da Lei nº 4.591, de 16-12-1964 (Lei do Condomínio e Incorporações).

II – não realizar obras que comprometam a segurança da edificação;

► Art. 10, III, da Lei nº 4.591, de 16-12-1964 (Lei do Condomínio e Incorporações).

III – não alterar a forma e a cor da fachada, das partes e esquadrias externas;

► Art. 10, I e II, da Lei nº 4.591, de 16-12-1964 (Lei do Condomínio e Incorporações).

IV – dar às suas partes a mesma destinação que tem a edificação, e não as utilizar de maneira prejudicial ao sossego, salubridade e segurança dos possuidores, ou aos bons costumes.

► Art. 10, III, da Lei nº 4.591, de 16-12-1964 (Lei do Condomínio e Incorporações).

§ 1º O condômino que não pagar a sua contribuição ficará sujeito aos juros moratórios convencionados ou, não sendo previstos, os de um por cento ao mês e multa de até dois por cento sobre o débito.

► A alteração que seria introduzida no § 1º, pela Lei nº 10.931, de 2-8-2004, foi vetada, razão pela qual mantivemos a sua redação.

► Art. 2.035 deste Código.

► Art. 12, § 3º, da Lei nº 4.591, de 16-12-1964 (Lei do Condomínio e Incorporações).

► En. nº 96 da I Jornada de Direito Civil.

► En. nº 505 da V Jornada de Direito Civil.

§ 2º O condômino, que não cumprir qualquer dos deveres estabelecidos nos incisos II a IV, pagará a multa prevista no ato constitutivo ou na convenção, não podendo ela ser superior a cinco vezes o valor de suas contribuições mensais, independentemente das perdas e danos que se apurarem; não havendo disposição expressa, caberá à assembleia-geral, por dois terços no mínimo dos condôminos restantes, deliberar sobre a cobrança da multa.

► Art. 10, § 1º, da Lei nº 4.591, de 16-12-1964 (Lei do Condomínio e Incorporações).

Art. 1.337. O condômino, ou possuidor, que não cumpre reiteradamente com os seus deveres perante o condomínio poderá, por deliberação de três quartos dos condôminos restantes, ser constrangido a pagar multa correspondente até ao quíntuplo do valor atribuído à contribuição para as despesas condominiais, conforme a gravidade das faltas e a reiteração, independentemente das perdas e danos que se apurem.

► Art. 402 deste Código.

► En. nº 92 da I Jornada de Direito Civil.

► En. nº 508 da V Jornada de Direito Civil.

Parágrafo único. O condômino ou possuidor que, por seu reiterado comportamento antissocial, gerar incompatibilidade de convivência com os demais condôminos ou possuidores, poderá ser constrangido a pagar multa correspondente ao décuplo do valor atribuído à contribuição para as despesas condominiais, até ulterior deliberação da assembleia.

► Art. 12 da Lei nº 4.591, de 16-12-1964 (Lei do Condomínio e Incorporações).

Art. 1.338. Resolvendo o condômino alugar área no abrigo para veículos, preferir-se-á, em condições iguais, qualquer dos condôminos a estranhos, e, entre todos, os possuidores.

► Art. 565 deste Código.

► Arts. 2º, §§ 1º e 2º, da Lei nº 4.591, de 16-12-1964 (Lei do Condomínio e Incorporações).

► Súm. nº 449 do STJ.

► En. nº 320 da IV Jornada de Direito Civil.

Art. 1.339. Os direitos de cada condômino às partes comuns são inseparáveis de sua propriedade exclusiva; são também inseparáveis das frações ideais correspondentes as unidades imobiliárias, com as suas partes acessórias.

§ 1º Nos casos deste artigo é proibido alienar ou gravar os bens em separado.

§ 2º É permitido ao condômino alienar parte acessória de sua unidade imobiliária a outro condômino, só podendo fazê-lo a terceiro se essa faculdade constar do ato constitutivo do condomínio, e se a ela não se opuser a respectiva assembleia-geral.

► Arts. 2º, §§ 1º a 3º, e 4º da Lei nº 4.591, de 16-12-1964 (Lei do Condomínio e Incorporações).

Art. 1.340. As despesas relativas a partes comuns de uso exclusivo de um condômino, ou de alguns deles, incumbem a quem delas se serve.

Art. 1.341. A realização de obras no condomínio depende:

I – se voluptuárias, de voto de dois terços dos condôminos;

► Art. 96, § 1º, deste Código.

II – se úteis, de voto da maioria dos condôminos.

► Art. 96, § 2º, deste Código.

§ 1º As obras ou reparações necessárias podem ser realizadas, independentemente de autorização, pelo síndico, ou, em caso de omissão ou impedimento deste, por qualquer condômino.

§ 2º Se as obras ou reparos necessários forem urgentes e importarem em despesas excessivas, determinada sua realização, o síndico ou o condômino que tomou a iniciativa delas dará ciência à assembleia, que deverá ser convocada imediatamente.

§ 3º Não sendo urgentes, as obras ou reparos necessários, que importarem em despesas excessivas, somente poderão ser efetuadas após autorização da assembleia, especialmente convocada pelo síndico, ou, em caso de omissão ou impedimento deste, por qualquer dos condôminos.

§ 4º O condômino que realizar obras ou reparos necessários será reembolsado das despesas que efetuar, não tendo direito à restituição das que fizer com obras ou reparos de outra natureza, embora de interesse comum.

► Art. 12, § 4º, da Lei nº 4.591, de 16-12-1964 (Lei do Condomínio e Incorporações).

Art. 1.342. A realização de obras, em partes comuns, em acréscimo às já existentes, a fim de lhes facilitar ou aumentar a utilização, depende da aprovação de dois terços dos votos dos condôminos, não sendo permitidas construções, nas partes comuns, suscetíveis de prejudicar a utilização, por qualquer dos condôminos, das partes próprias, ou comuns.

Art. 1.343. A construção de outro pavimento, ou, no solo comum, de outro edifício, destinado a conter novas unidades imobiliárias, depende da aprovação da unanimidade dos condôminos.

Art. 1.344. Ao proprietário do terraço de cobertura incumbem as despesas da sua conservação, de modo que não haja danos às unidades imobiliárias inferiores.

Art. 1.345. O adquirente de unidade responde pelos débitos do alienante, em relação ao condomínio, inclusive multas e juros moratórios.

Art. 1.346. É obrigatório o seguro de toda a edificação contra o risco de incêndio ou destruição, total ou parcial.

► Art. 13 da Lei nº 4.591, de 16-12-1964 (Lei do Condomínio e Incorporações).

Seção II
DA ADMINISTRAÇÃO DO CONDOMÍNIO

Art. 1.347. A assembleia escolherá um síndico, que poderá não ser condômino, para administrar o condomínio, por prazo não superior a dois anos, o qual poderá renovar-se.

► Arts. 22 e 23 da Lei nº 4.591, de 16-12-1964 (Lei do Condomínio e Incorporações).

► Súm. nº 260 do STJ.

Art. 1.348. Compete ao síndico:

► Arts. 22 e 23 da Lei nº 4.591, de 16-12-1964 (Lei do Condomínio e Incorporações).

I – convocar a assembleia dos condôminos;

► Arts. 24 a 27 da Lei nº 4.591, de 16-12-1964 (Lei do Condomínio e Incorporações).

II – representar, ativa e passivamente, o condomínio, praticando, em juízo ou fora dele, os atos necessários à defesa dos interesses comuns;

► Art. 75, XI, do CPC.

► Art. 22, § 1º, da Lei nº 4.591, de 16-12-1964 (Lei do Condomínio e Incorporações).

III – dar imediato conhecimento à assembleia da existência de procedimento judicial ou administrativo, de interesse do condomínio;

IV – cumprir e fazer cumprir a convenção, o regimento interno e as determinações da assembleia;

V – diligenciar a conservação e a guarda das partes comuns e zelar pela prestação dos serviços que interessem aos possuidores;

VI – elaborar o orçamento da receita e da despesa relativa a cada ano;

VII – cobrar dos condôminos as suas contribuições, bem como impor e cobrar as multas devidas;

VIII – prestar contas à assembleia, anualmente e quando exigidas;

IX – realizar o seguro da edificação.

§ 1º Poderá a assembleia investir outra pessoa, em lugar do síndico, em poderes de representação.

§ 2º O síndico pode transferir a outrem, total ou parcialmente, os poderes de representação ou as funções administrativas, mediante aprovação da assembleia, salvo disposição em contrário da convenção.

Art. 1.349. A assembleia, especialmente convocada para o fim estabelecido no § 2º do artigo antecedente, poderá, pelo voto da maioria absoluta de seus membros, destituir o síndico que praticar irregularidades, não prestar contas, ou não administrar convenientemente o condomínio.

Art. 1.350. Convocará o síndico, anualmente, reunião da assembleia dos condôminos, na forma prevista na convenção, a fim de aprovar o orçamento das despesas, as contribuições dos condôminos e a prestação de contas, e eventualmente eleger-lhe o substituto e alterar o regimento interno.

► Art. 24 da Lei nº 4.591, de 16-12-1964 (Lei do Condomínio e Incorporações).

§ 1º Se o síndico não convocar a assembleia, um quarto dos condôminos poderá fazê-lo.

§ 2º Se a assembleia não se reunir, o juiz decidirá, a requerimento de qualquer condômino.

► Art. 27 da Lei nº 4.591, de 16-12-1964 (Lei do Condomínio e Incorporações).

Art. 1.351. Depende da aprovação de dois terços dos votos dos condôminos a alteração da convenção; a mudança da destinação do edifício, ou da unidade imobiliária, depende da aprovação pela unanimidade dos condôminos.

Art. 1.352. Salvo quando exigido quorum especial, as deliberações da assembleia serão tomadas, em primeira convocação, por maioria de votos dos condôminos presentes que representem pelo menos metade das frações ideais.

Parágrafo único. Os votos serão proporcionais às frações ideais no solo e nas outras partes comuns pertencentes a cada condômino, salvo disposição diversa da convenção de constituição do condomínio.

Art. 1.353. Em segunda convocação, a assembleia poderá deliberar por maioria dos votos dos presentes, salvo quando exigido *quorum* especial.

Art. 1.354. A assembleia não poderá deliberar se todos os condôminos não forem convocados para a reunião.

Art. 1.355. Assembleias extraordinárias poderão ser convocadas pelo síndico ou por um quarto dos condôminos.

► Art. 25, *caput*, da Lei nº 4.591, de 16-12-1964 (Lei do Condomínio e Incorporações).

Art. 1.356. Poderá haver no condomínio um conselho fiscal, composto de três membros, eleitos pela assembleia, por prazo não superior a dois anos, ao qual compete dar parecer sobre as contas do síndico.

► Art. 23 da Lei nº 4.591, de 16-12-1964 (Lei do Condomínio e Incorporações).

SEÇÃO III
DA EXTINÇÃO DO CONDOMÍNIO

Art. 1.357. Se a edificação for total ou consideravelmente destruída, ou ameace ruína, os condôminos deliberarão em assembleia sobre a reconstrução, ou venda, por votos que representem metade mais uma das frações ideais.

§ 1º Deliberada a reconstrução, poderá o condômino eximir-se do pagamento das despesas respectivas, alienando os seus direitos a outros condôminos, mediante avaliação judicial.

§ 2º Realizada a venda, em que se preferirá, em condições iguais de oferta, o condômino ao estranho, será repartido o apurado entre os condôminos, proporcionalmente ao valor das suas unidades imobiliárias.

► Art. 14, parágrafo único, da Lei nº 4.591, de 16-12-1964 (Lei do Condomínio e Incorporações).

Art. 1.358. Se ocorrer desapropriação, a indenização será repartida na proporção a que se refere o § 2º do artigo antecedente.

SEÇÃO IV
DO CONDOMÍNIO DE LOTES

► Seção IV acrescida pela Lei nº 13.465, de 11-7-2017.

Art. 1.358-A. Pode haver, em terrenos, partes designadas de lotes que são propriedade exclusiva e partes que são propriedade comum dos condôminos.

§ 1º A fração ideal de cada condômino poderá ser proporcional à área do solo de cada unidade autônoma, ao respectivo potencial construtivo ou a outros critérios indicados no ato de instituição.

§ 2º Aplica-se, no que couber, ao condomínio de lotes o disposto sobre condomínio edilício neste Capítulo, respeitada a legislação urbanística.

§ 3º Para fins de incorporação imobiliária, a implantação de toda a infraestrutura ficará a cargo do empreendedor.

CAPÍTULO VII-A
DO CONDOMÍNIO EM MULTIPROPRIEDADE

► Capítulo VII-A acrescido pela Lei nº 13.777, de 20-12-2018.

► Arts. 1.314 a 1.358 deste Código.

SEÇÃO I
DISPOSIÇÕES GERAIS

Art. 1.358-B. A multipropriedade reger-se-á pelo disposto neste Capítulo e, de forma supletiva e subsidiária, pelas demais disposições deste Código e pelas disposições das Leis nos 4.591, de 16 de dezembro de 1964, e 8.078, de 11 de setembro de 1990 (Código de Defesa do Consumidor).

▸ Arts. 1.228, *caput*, §§ 1º e 2º, e 1.314 deste Código.

Art. 1.358-C. Multipropriedade é o regime de condomínio em que cada um dos proprietários de um mesmo imóvel é titular de uma fração de tempo, à qual corresponde a faculdade de uso e gozo, com exclusividade, da totalidade do imóvel, a ser exercida pelos proprietários de forma alternada.

Parágrafo único. A multipropriedade não se extinguirá automaticamente se todas as frações de tempo forem do mesmo multiproprietário.

Art. 1.358-D. O imóvel objeto da multipropriedade:

I – é indivisível, não se sujeitando a ação de divisão ou de extinção de condomínio;

▸ Art. 87 deste Código.

II – inclui as instalações, os equipamentos e o mobiliário destinados a seu uso e gozo.

▸ Arts. 92 e 93 deste Código.

Art. 1.358-E. Cada fração de tempo é indivisível.

§ 1º O período correspondente a cada fração de tempo será de, no mínimo, 7 (sete) dias, seguidos ou intercalados, e poderá ser:

I – fixo e determinado, no mesmo período de cada ano;

II – flutuante, caso em que a determinação do período será realizada de forma periódica, mediante procedimento objetivo que respeite, em relação a todos os multiproprietários, o princípio da isonomia, devendo ser previamente divulgado; ou

III – misto, combinando os sistemas fixo e flutuante.

§ 2º Todos os multiproprietários terão direito a uma mesma quantidade mínima de dias seguidos durante o ano, podendo haver a aquisição de frações maiores que a mínima, com o correspondente direito ao uso por períodos também maiores.

▸ Arts. 1.228, *caput*, §§ 1º e 2º, e 1.314 deste Código.

Seção II
DA INSTITUIÇÃO DA MULTIPROPRIEDADE

Art. 1.358-F. Institui-se a multipropriedade por ato entre vivos ou testamento, registrado no competente cartório de registro de imóveis, devendo constar daquele ato a duração dos períodos correspondentes a cada fração de tempo.

▸ Art. 1.245 deste Código.

Art. 1.358-G. Além das cláusulas que os multiproprietários decidirem estipular, a convenção de condomínio em multipropriedade determinará:

▸ Art. 1.332 deste Código.

I – os poderes e deveres dos multiproprietários, especialmente em matéria de instalações, equipamentos e mobiliário do imóvel, de manutenção ordinária e extraordinária, de conservação e limpeza e de pagamento da contribuição condominial;

II – o número máximo de pessoas que podem ocupar simultaneamente o imóvel no período correspondente a cada fração de tempo;

III – as regras de acesso do administrador condominial ao imóvel para cumprimento do dever de manutenção, conservação e limpeza;

IV – a criação de fundo de reserva para reposição e manutenção dos equipamentos, instalações e mobiliário;

V – o regime aplicável em caso de perda ou destruição parcial ou total do imóvel, inclusive para efeitos de participação no risco ou no valor do seguro, da indenização ou da parte restante;

VI – as multas aplicáveis ao multiproprietário nas hipóteses de descumprimento de deveres.

Art. 1.358-H. O instrumento de instituição da multipropriedade ou a convenção de condomínio em multipropriedade poderá estabelecer o limite máximo de frações de tempo no mesmo imóvel que poderão ser detidas pela mesma pessoa natural ou jurídica.

Parágrafo único. Em caso de instituição da multipropriedade para posterior venda das frações de tempo a terceiros, o atendimento a eventual limite de frações de tempo por titular estabelecido no instrumento de instituição será obrigatório somente após a venda das frações.

Seção III
DOS DIREITOS E DAS OBRIGAÇÕES DO MULTIPROPRIETÁRIO

Art. 1.358-I. São direitos do multiproprietário, além daqueles previstos no instrumento de instituição e na convenção de condomínio em multipropriedade:

I – usar e gozar, durante o período correspondente à sua fração de tempo, do imóvel e de suas instalações, equipamentos e mobiliário;

II – ceder a fração de tempo em locação ou comodato;

III – alienar a fração de tempo, por ato entre vivos ou por causa de morte, a título oneroso ou gratuito, ou onerá-la, devendo a alienação e a qualificação do sucessor, ou a oneração, ser informadas ao administrador;

IV – participar e votar, pessoalmente ou por intermédio de representante ou procurador, desde que esteja quite com as obrigações condominiais, em:

a) assembleia geral do condomínio em multipropriedade, e o voto do multiproprietário corresponderá à quota de sua fração de tempo no imóvel;

b) assembleia geral do condomínio edilício, quando for o caso, e o voto do multiproprietário corresponderá à quota de sua fração de tempo em relação à quota de poder político atribuído à unidade autônoma na respectiva convenção de condomínio edilício.

Art. 1.358-J. São obrigações do multiproprietário, além daquelas previstas no instrumento de instituição e na convenção de condomínio em multipropriedade:

I – pagar a contribuição condominial do condomínio em multipropriedade e, quando for o caso, do condomínio edilício, ainda que renuncie ao uso e gozo, total ou parcial, do imóvel, das áreas comuns ou das respectivas instalações, equipamentos e mobiliário;

II – responder por danos causados ao imóvel, às instalações, aos equipamentos e ao mobiliário por si, por qualquer de seus acompanhantes, convidados ou prepostos ou por pessoas por ele autorizadas;

III – comunicar imediatamente ao administrador os defeitos, avarias e vícios no imóvel dos quais tiver ciência durante a utilização;

IV – não modificar, alterar ou substituir o mobiliário, os equipamentos e as instalações do imóvel;

V – manter o imóvel em estado de conservação e limpeza condizente com os fins a que se destina e com a natureza da respectiva construção;

VI – usar o imóvel, bem como suas instalações, equipamentos e mobiliário, conforme seu destino e natureza;

VII – usar o imóvel exclusivamente durante o período correspondente à sua fração de tempo;

VIII – desocupar o imóvel, impreterivelmente, até o dia e hora fixados no instrumento de instituição ou na convenção de condomínio em multipropriedade, sob pena de multa diária, conforme convencionado no instrumento pertinente;

IX – permitir a realização de obras ou reparos urgentes.

§ 1º Conforme previsão que deverá constar da respectiva convenção de condomínio em multipropriedade, o multiproprietário estará sujeito a:

I – multa, no caso de descumprimento de qualquer de seus deveres;

II – multa progressiva e perda temporária do direito de utilização do imóvel no período correspondente à sua fração de tempo, no caso de descumprimento reiterado de deveres.

§ 2º A responsabilidade pelas despesas referentes a reparos no imóvel, bem como suas instalações, equipamentos e mobiliário, será:

I – de todos os multiproprietários, quando decorrentes do uso normal e do desgaste natural do imóvel;

II – exclusivamente do multiproprietário responsável pelo uso anormal, sem prejuízo de multa, quando decorrentes de uso anormal do imóvel.

► Art. 1.277 deste Código.

§§ 3º a 5º VETADOS. Lei nº 13.777, de 20-12-2018.

Art. 1.358-K. Para os efeitos do disposto nesta Seção, são equiparados aos multiproprietários os promitentes compradores e os cessionários de direitos relativos a cada fração de tempo.

► Art. 1.417 deste Código.

Seção IV
DA TRANSFERÊNCIA DA MULTIPROPRIEDADE

Art. 1.358-L. A transferência do direito de multipropriedade e a sua produção de efeitos perante terceiros dar-se-ão na forma da lei civil e não dependerão da anuência ou cientificação dos demais multiproprietários.

► Art. 1.245 deste Código.

§ 1º Não haverá direito de preferência na alienação de fração de tempo, salvo se estabelecido no instrumento de instituição ou na convenção do condomínio em multipropriedade em favor dos demais multiproprietários ou do instituidor do condomínio em multipropriedade.

§ 2º O adquirente será solidariamente responsável com o alienante pelas obrigações de que trata o § 5º do art. 1.358-J deste Código caso não obtenha a declaração de inexistência de débitos referente à fração de tempo no momento de sua aquisição.

► Arts. 265 e 275 deste Código.

Seção V
DA ADMINISTRAÇÃO DA MULTIPROPRIEDADE

Art. 1.358-M. A administração do imóvel e de suas instalações, equipamentos e mobiliário será de responsabilidade da pessoa indicada no instrumento de instituição ou na convenção de condomínio em multipropriedade, ou, na falta de indicação, de pessoa escolhida em assembleia geral dos condôminos.

§ 1º O administrador exercerá, além daquelas previstas no instrumento de instituição e na convenção de condomínio em multipropriedade, as seguintes atribuições:

I – coordenação da utilização do imóvel pelos multiproprietários durante o período correspondente a suas respectivas frações de tempo;

II – determinação, no caso dos sistemas flutuante ou misto, dos períodos concretos de uso e gozo exclusivos de cada multiproprietário em cada ano;

III – manutenção, conservação e limpeza do imóvel;

IV – troca ou substituição de instalações, equipamentos ou mobiliário, inclusive:

a) determinar a necessidade da troca ou substituição;

b) providenciar os orçamentos necessários para a troca ou substituição;

c) submeter os orçamentos à aprovação pela maioria simples dos condôminos em assembleia;

V – elaboração do orçamento anual, com previsão das receitas e despesas;

VI – cobrança das quotas de custeio de responsabilidade dos multiproprietários;

VII – pagamento, por conta do condomínio edilício ou voluntário, com os fundos comuns arrecadados, de todas as despesas comuns.

§ 2º A convenção de condomínio em multipropriedade poderá regrar de forma diversa a atribuição prevista no inciso IV do § 1º deste artigo.

Art. 1.358-N. O instrumento de instituição poderá prever fração de tempo destinada à realização, no imóvel e em suas instalações, em seus equipamentos e em seu mobiliário, de reparos indispensáveis ao exercício normal do direito de multipropriedade.

§ 1º A fração de tempo de que trata o *caput* deste artigo poderá ser atribuída:

I – ao instituidor da multipropriedade; ou

II – aos multiproprietários, proporcionalmente às respectivas frações.

§ 2º Em caso de emergência, os reparos de que trata o *caput* deste artigo poderão ser feitos durante o período correspondente à fração de tempo de um dos multiproprietários.

Seção VI
DISPOSIÇÕES ESPECÍFICAS RELATIVAS ÀS UNIDADES AUTÔNOMAS DE CONDOMÍNIOS EDILÍCIOS

Art. 1.358-O. O condomínio edilício poderá adotar o regime de multipropriedade em parte ou na totalidade de suas unidades autônomas, mediante:

I – previsão no instrumento de instituição; ou

II – deliberação da maioria absoluta dos condôminos.

Parágrafo único. No caso previsto no inciso I do *caput* deste artigo, a iniciativa e a responsabilidade para a instituição do regime da multipropriedade serão atribuídas às mesmas pessoas e observarão os mesmos requisitos indicados nas alíneas *a*, *b* e *c* e no § 1º do art. 31 da Lei nº 4.591, de 16 de dezembro de 1964.

Art. 1.358-P. Na hipótese do art. 1.358-O, a convenção de condomínio edilício deve prever, além das matérias elencadas nos arts. 1.332, 1.334 e, se for o caso, 1.358-G deste Código:

I – a identificação das unidades sujeitas ao regime da multipropriedade, no caso de empreendimentos mistos;

II – a indicação da duração das frações de tempo de cada unidade autônoma sujeita ao regime da multipropriedade;

III – a forma de rateio, entre os multiproprietários de uma mesma unidade autônoma, das contribuições condominiais relativas à unidade, que, salvo se disciplinada de forma diversa no instrumento de instituição ou na convenção de condomínio em multipropriedade, será proporcional à fração de tempo de cada multiproprietário;

IV – a especificação das despesas ordinárias, cujo custeio será obrigatório, independentemente do uso e gozo do imóvel e das áreas comuns;

V – os órgãos de administração da multipropriedade;

VI – a indicação, se for o caso, de que o empreendimento conta com sistema de administração de intercâmbio, na forma prevista no § 2º do art. 23 da Lei nº 11.771, de 17 de setembro de 2008, seja do período de fruição da fração de tempo, seja do local de fruição, caso em que a responsabilidade e as obrigações da companhia de intercâmbio limitam-se ao contido na documentação de sua contratação;

VII – a competência para a imposição de sanções e o respectivo procedimento, especialmente nos casos de mora no cumprimento das obrigações de custeio e nos casos de descumprimento da obrigação de desocupar o imóvel até o dia e hora previstos;

VIII – o quórum exigido para a deliberação de adjudicação da fração de tempo na hipótese de inadimplemento do respectivo multiproprietário;

IX – o quórum exigido para a deliberação de alienação, pelo condomínio edilício, da fração de tempo adjudicada em virtude do inadimplemento do respectivo multiproprietário.

Art. 1.358-Q. Na hipótese do art. 1.358-O deste Código, o regimento interno do condomínio edilício deve prever:

I – os direitos dos multiproprietários sobre as partes comuns do condomínio edilício;

II – os direitos e obrigações do administrador, inclusive quanto ao acesso ao imóvel para cumprimento do dever de manutenção, conservação e limpeza;

III – as condições e regras para uso das áreas comuns;

IV – os procedimentos a serem observados para uso e gozo dos imóveis e das instalações, equipamentos e mobiliário destinados ao regime da multipropriedade;

V – o número máximo de pessoas que podem ocupar simultaneamente o imóvel no período correspondente a cada fração de tempo;

VI – as regras de convivência entre os multiproprietários e os ocupantes de unidades autônomas não sujeitas ao regime da multipropriedade, quando se tratar de empreendimentos mistos;

VII – a forma de contribuição, destinação e gestão do fundo de reserva específico para cada imóvel, para reposição e manutenção dos equipamentos, instalações e mobiliário, sem prejuízo do fundo de reserva do condomínio edilício;

VIII – a possibilidade de realização de assembleias não presenciais, inclusive por meio eletrônico;

IX – os mecanismos de participação e representação dos titulares;

X – o funcionamento do sistema de reserva, os meios de confirmação e os requisitos a serem cumpridos pelo multiproprietário quando não exercer diretamente sua faculdade de uso;

XI – a descrição dos serviços adicionais, se existentes, e as regras para seu uso e custeio.

Parágrafo único. O regimento interno poderá ser instituído por escritura pública ou por instrumento particular.

Art. 1.358-R. O condomínio edilício em que tenha sido instituído o regime de multipropriedade em parte ou na totalidade de suas unidades autônomas terá necessariamente um administrador profissional.

▸ Arts. 1.347 e 1.348, §§ 1º e 2º, deste Código.

§ 1º O prazo de duração do contrato de administração será livremente convencionado.

§ 2º O administrador do condomínio referido no *caput* deste artigo será também o administrador de todos os condomínios em multipropriedade de suas unidades autônomas.

§ 3º O administrador será mandatário legal de todos os multiproprietários, exclusivamente para a realização dos atos de gestão ordinária da multipropriedade, incluindo manutenção, conservação e limpeza do imóvel e de suas instalações, equipamentos e mobiliário.

§ 4º O administrador poderá modificar o regimento interno quanto aos aspectos estritamente operacionais da gestão da multipropriedade no condomínio edilício.

§ 5º O administrador pode ser ou não um prestador de serviços de hospedagem.

Art. 1.358-S. Na hipótese de inadimplemento, por parte do multiproprietário, da obrigação de custeio das despesas ordinárias ou extraordinárias, é cabível, na forma da lei processual civil, a adjudicação ao condomínio edilício da fração de tempo correspondente.

Parágrafo único. Na hipótese de o imóvel objeto da multipropriedade ser parte integrante de empreendimento em que haja sistema de locação das frações de tempo no qual os titulares possam ou sejam obrigados a locar suas frações de tempo exclusivamente por meio de uma administração única, repartindo entre si as receitas das locações independentemente da efetiva ocupação de cada unidade autônoma, poderá a convenção do condomínio edilício regrar que em caso de inadimplência:

I – o inadimplente fique proibido de utilizar o imóvel até a integral quitação da dívida;

II – a fração de tempo do inadimplente passe a integrar o *pool* da administradora;

III – a administradora do sistema de locação fique automaticamente munida de poderes e obrigada a, por conta e ordem do inadimplente, utilizar a integralidade dos valores líquidos a que o inadimplente tiver direito para amortizar suas dívidas condominiais, seja do condomínio edilício, seja do condomínio em multipropriedade, até sua integral quitação, devendo eventual saldo ser imediatamente repassado ao multiproprietário.

Art. 1.358-T. O multiproprietário somente poderá renunciar de forma translativa a seu direito de multipropriedade em favor do condomínio edilício.

▸ Art. 1.275, II, deste Código.

Parágrafo único. A renúncia de que trata o *caput* deste artigo só é admitida se o multiproprietário estiver em dia com as contribuições condominiais, com os tributos imobiliários e, se houver, com o foro ou a taxa de ocupação.

Art. 1.358-U. As convenções dos condomínios edilícios, os memoriais de loteamentos e os instrumentos de venda dos lotes em loteamentos urbanos poderão limitar ou impedir a instituição da multipropriedade nos respectivos imóveis, vedação que somente poderá ser alterada no mínimo pela maioria absoluta dos condôminos.

► Arts. 1.358-B a 1.358-U acrescidos pela Lei nº 13.777, de 20-12-2018.

CAPÍTULO VIII
DA PROPRIEDADE RESOLÚVEL

Art. 1.359. Resolvida a propriedade pelo implemento da condição ou pelo advento do termo, entendem-se também resolvidos os direitos reais concedidos na sua pendência, e o proprietário, em cujo favor se opera a resolução, pode reivindicar a coisa do poder de quem a possua ou detenha.

► Arts. 121 a 129, 507, 547 e 1.953 deste Código.

Art. 1.360. Se a propriedade se resolver por outra causa superveniente, o possuidor, que a tiver adquirido por título anterior à sua resolução, será considerado proprietário perfeito, restando à pessoa, em cujo benefício houve a resolução, ação contra aquele cuja propriedade se resolveu para haver a própria coisa ou o seu valor.

CAPÍTULO IX
DA PROPRIEDADE FIDUCIÁRIA

► Arts. 22 e segs. da Lei nº 9.514, de 20-11-1997, que dispõe sobre o Sistema de Financiamento Imobiliário, institui a alienação fiduciária de coisa imóvel.

► Dec.-lei nº 911, de 1-10-1969 (Lei das Alienações Fiduciárias).

► En. nº 506 da V Jornada de Direito Civil.

Art. 1.361. Considera-se fiduciária a propriedade resolúvel de coisa móvel infungível que o devedor, com escopo de garantia, transfere ao credor.

► Arts. 1º, 2º e 3º do Dec.-lei nº 911, de 1-10-1969 (Lei das Alienações Fiduciárias).

► Arts. 22 a 33 da Lei nº 9.514, de 20-11-1997, que dispõe sobre o Sistema de Financiamento Imobiliário, institui a alienação fiduciária de coisa imóvel.

§ 1º Constitui-se a propriedade fiduciária com o registro do contrato, celebrado por instrumento público ou particular, que lhe serve de título, no Registro de Títulos e Documentos do domicílio do devedor, ou, em se tratando de veículos, na repartição competente para o licenciamento, fazendo-se a anotação no certificado de registro.

► Arts. 129, nº 5º, 130 e 131 da Lei nº 6.015, de 31-12-1973 (Lei dos Registros Públicos).

§ 2º Com a constituição da propriedade fiduciária, dá-se o desdobramento da posse, tornando-se o devedor possuidor direto da coisa.

► Art. 1.197 deste Código.

§ 3º A propriedade superveniente, adquirida pelo devedor, torna eficaz, desde o arquivamento, a transferência da propriedade fiduciária.

► Súmulas nºs 28 e 92 do STJ.

Art. 1.362. O contrato, que serve de título à propriedade fiduciária, conterá:

I – o total da dívida, ou sua estimativa;

II – o prazo, ou a época do pagamento;

III – a taxa de juros, se houver;

IV – a descrição da coisa objeto da transferência, com os elementos indispensáveis à sua identificação.

Art. 1.363. Antes de vencida a dívida, o devedor, a suas expensas e risco, pode usar a coisa segundo sua destinação, sendo obrigado, como depositário:

I – a empregar na guarda da coisa a diligência exigida por sua natureza;

II – a entregá-la ao credor, se a dívida não for paga no vencimento.

Art. 1.364. Vencida a dívida, e não paga, fica o credor obrigado a vender, judicial ou extrajudicialmente, a coisa a terceiros, a aplicar o preço no pagamento de seu crédito e das despesas de cobrança, e a entregar o saldo, se houver, ao devedor.

► Súmulas nºs 72 e 245 do STJ.

Art. 1.365. É nula a cláusula que autoriza o proprietário fiduciário a ficar com a coisa alienada em garantia, se a dívida não for paga no vencimento.

Parágrafo único. O devedor pode, com a anuência do credor, dar seu direito eventual à coisa em pagamento da dívida, após o vencimento desta.

► Art. 1.428 deste Código.

Art. 1.366. Quando, vendida a coisa, o produto não bastar para o pagamento da dívida e das despesas de cobrança, continuará o devedor obrigado pelo restante.

Art. 1.367. A propriedade fiduciária em garantia de bens móveis ou imóveis sujeita-se às disposições do Capítulo I do Título X do Livro III da Parte Especial deste Código e, no que for específico, à legislação especial pertinente, não se equiparando, para quaisquer efeitos, à propriedade plena de que trata o art. 1.231.

► Artigo com a redação dada pela Lei nº 13.043, de 13-11-2014.

Art. 1.368. O terceiro, interessado ou não, que pagar a dívida, se sub-rogará de pleno direito no crédito e na propriedade fiduciária.

► Arts. 346, 347 e 350 deste Código.

Art. 1.368-A. As demais espécies de propriedade fiduciária ou de titularidade fiduciária submetem-se à disciplina específica das respectivas leis especiais, somente se aplicando as disposições deste Código naquilo que não for incompatível com a legislação especial.

Art. 1.368-B. A alienação fiduciária em garantia de bem móvel ou imóvel confere direito real de aquisição ao fiduciante, seu cessionário ou sucessor.

Parágrafo único. O credor fiduciário que se tornar proprietário pleno do bem, por efeito de realização da garantia, mediante consolidação da propriedade, adjudicação, dação ou outra forma pela qual lhe tenha sido transmitida a propriedade plena, passa a responder pelo pagamento dos tributos sobre a propriedade e a posse, taxas, despesas condominiais e quaisquer outros encargos, tributários ou não, incidentes sobre o bem objeto da garantia, a partir da data em que vier a ser imitido na posse direta do bem.

CAPÍTULO X
DO FUNDO DE INVESTIMENTO

► Capítulo X acrescido pela Lei nº 13.874, de 20-9-2019.

Art. 1.368-C. O fundo de investimento é uma comunhão de recursos, constituído sob a forma de condomínio de natureza especial, destinado à aplicação em ativos financeiros, bens e direitos de qualquer natureza.

§ 1º Não se aplicam ao fundo de investimento as disposições constantes dos arts. 1.314 ao 1.358-A deste Código.

§ 2º Competirá à Comissão de Valores Mobiliários disciplinar o disposto no *caput* deste artigo.

§ 3º O registro dos regulamentos dos fundos de investimentos na Comissão de Valores Mobiliários é condição suficiente para garantir a sua publicidade e a oponibilidade de efeitos em relação a terceiros.

Art. 1.368-D. O regulamento do fundo de investimento poderá, observado o disposto na regulamentação a que se refere o § 2º do art. 1.368-C desta Lei, estabelecer:

I – a limitação da responsabilidade de cada investidor ao valor de suas cotas;

II – a limitação da responsabilidade, bem como parâmetros de sua aferição, dos prestadores de serviços do fundo de investimento, perante o condomínio e entre si, ao cumprimento dos deveres particulares de cada um, sem solidariedade; e

III – classes de cotas com direitos e obrigações distintos, com possibilidade de constituir patrimônio segregado para cada classe.

§ 1º A adoção da responsabilidade limitada por fundo de investimento constituído sem a limitação de responsabilidade somente abrangerá fatos ocorridos após a respectiva mudança em seu regulamento.

§ 2º A avaliação de responsabilidade dos prestadores de serviço deverá levar sempre em consideração os riscos inerentes às aplicações nos mercados de atuação do fundo de investimento e a natureza de obrigação de meio de seus serviços.

§ 3º O patrimônio segregado referido no inciso III do *caput* deste artigo só responderá por obrigações vinculadas à classe respectiva, nos termos do regulamento.

Art. 1.368-E. Os fundos de investimento respondem diretamente pelas obrigações legais e contratuais por eles assumidas, e os prestadores de serviço não respondem por essas obrigações, mas respondem pelos prejuízos que causarem quando procederem com dolo ou má-fé.

§ 1º Se o fundo de investimento com limitação de responsabilidade não possuir patrimônio suficiente para responder por suas dívidas, aplicam-se as regras de insolvência previstas nos arts. 955 a 965 deste Código.

§ 2º A insolvência pode ser requerida judicialmente por credores, por deliberação própria dos cotistas do fundo de investimento, nos termos de seu regulamento, ou pela Comissão de Valores Mobiliários.

Art. 1.368-F. O fundo de investimento constituído por lei específica e regulamentado pela Comissão de Valores Mobiliários deverá, no que couber, seguir as disposições deste Capítulo.

► Arts. 1.368-C a 1.368-F acrescidos pela Lei nº 13.874, de 20-9-2019.

TÍTULO IV – DA SUPERFÍCIE

► Arts. 21 a 24 da Lei nº 10.257, de 10-7-2001 (Estatuto da Cidade).

Art. 1.369. O proprietário pode conceder a outrem o direito de construir ou de plantar em seu terreno, por tempo determinado, mediante escritura pública devidamente registrada no Cartório de Registro de Imóveis.

► Art. 167, I, nº 39, da Lei nº 6.015, de 31-12-1973 (Lei dos Registros Públicos).

► Art. 21, *caput*, da Lei nº 10.257, de 10-7-2001 (Estatuto da Cidade).

► En. nº 93 da I Jornada de Direito Civil.

► Enunciados nºs 249 e 250 da III Jornada de Direito Civil.

► En. nº 321 da IV Jornada de Direito Civil.

► En. nº 568 da VI Jornada de Direito Civil.

Parágrafo único. O direito de superfície não autoriza obra no subsolo, salvo se for inerente ao objeto da concessão.

► Art. 21, § 1º, da Lei nº 10.257, de 10-7-2001 (Estatuto da Cidade).

Art. 1.370. A concessão da superfície será gratuita ou onerosa; se onerosa, estipularão as partes se o pagamento será feito de uma só vez, ou parceladamente.

► Art. 21, § 2º, da Lei nº 10.257, de 10-7-2001 (Estatuto da Cidade).

Art. 1.371. O superficiário responderá pelos encargos e tributos que incidirem sobre o imóvel.

► Art. 21, § 3º, da Lei nº 10.257, de 10-7-2001 (Estatuto da Cidade).

► En. nº 94 da I Jornada de Direito Civil.

Art. 1.372. O direito de superfície pode transferir-se a terceiros e, por morte do superficiário, aos seus herdeiros.

Parágrafo único. Não poderá ser estipulado pelo concedente, a nenhum título, qualquer pagamento pela transferência.

► Art. 21, §§ 4º e 5º, da Lei nº 10.257, de 10-7-2001 (Estatuto da Cidade).

Art. 1.373. Em caso de alienação do imóvel ou do direito de superfície, o superficiário ou o proprietário tem direito de preferência, em igualdade de condições.

► Art. 22 da Lei nº 10.257, de 10-7-2001 (Estatuto da Cidade).

► En. nº 510 da V Jornada de Direito Civil.

Art. 1.374. Antes do termo final, resolver-se-á a concessão se o superficiário der ao terreno destinação diversa daquela para que foi concedida.

► Art. 24, § 1º, da Lei nº 10.257, de 10-7-2001 (Estatuto da Cidade).

Art. 1.375. Extinta a concessão, o proprietário passará a ter a propriedade plena sobre o terreno, construção ou plantação, independentemente de indenização, se as partes não houverem estipulado o contrário.

► Art. 24, *caput* e § 2º, da Lei nº 10.257, de 10-7-2001 (Estatuto da Cidade).

Art. 1.376. No caso de extinção do direito de superfície em consequência de desapropriação, a indenização cabe ao proprietário e ao superficiário, no valor correspondente ao direito real de cada um.

► En. nº 322 da IV Jornada de Direito Civil.

Art. 1.377. O direito de superfície, constituído por pessoa jurídica de direito público interno, rege-se por este Código, no que não for diversamente disciplinado em lei especial.

TÍTULO V – DAS SERVIDÕES

► Arts. 256 e 257 da Lei nº 6.015, de 31-12-1973 (Lei dos Registros Públicos).

► Lei nº 10.257, de 10-7-2001 (Estatuto da Cidade).

► Súmulas nºs 120 e 415 do STF.

► Súm. nº 56 do STJ.

CAPÍTULO I
DA CONSTITUIÇÃO DAS SERVIDÕES

Art. 1.378. A servidão proporciona utilidade para o prédio dominante, e grava o prédio serviente, que pertence a diverso dono, e constitui-se mediante declaração expressa dos proprietários, ou por testamento, e subsequente registro no Cartório de Registro de Imóveis.

► Art. 1.227 deste Código.

► Arts. 167, I, nº 6, e 168 da Lei nº 6.015, de 31-12-1973 (Lei dos Registros Públicos).

Art. 1.379. O exercício incontestado e contínuo de uma servidão aparente, por dez anos, nos termos do art. 1.242, autoriza o interessado a registrá-la em seu nome no Registro de Imóveis, valendo-lhe como título a sentença que julgar consumado a usucapião.

► En. nº 251 da III Jornada de Direito Civil.

Parágrafo único. Se o possuidor não tiver título, o prazo da usucapião será de vinte anos.

► Art. 1.238 deste Código.

► Súm. nº 415 do STF.

CAPÍTULO II

DO EXERCÍCIO DAS SERVIDÕES

Art. 1.380. O dono de uma servidão pode fazer todas as obras necessárias à sua conservação e uso, e, se a servidão pertencer a mais de um prédio, serão as despesas rateadas entre os respectivos donos.

Art. 1.381. As obras a que se refere o artigo antecedente devem ser feitas pelo dono do prédio dominante, se o contrário não dispuser expressamente o título.

Art. 1.382. Quando a obrigação incumbir ao dono do prédio serviente, este poderá exonerar-se, abandonando, total ou parcialmente, a propriedade ao dono do dominante.

Parágrafo único. Se o proprietário do prédio dominante se recusar a receber a propriedade do serviente, ou parte dela, caber-lhe-á custear as obras.

Art. 1.383. O dono do prédio serviente não poderá embaraçar de modo algum o exercício legítimo da servidão.

Art. 1.384. A servidão pode ser removida, de um local para outro, pelo dono do prédio serviente e à sua custa, se em nada diminuir as vantagens do prédio dominante, ou pelo dono deste e à sua custa, se houver considerável incremento da utilidade e não prejudicar o prédio serviente.

Art. 1.385. Restringir-se-á o exercício da servidão às necessidades do prédio dominante, evitando-se, quanto possível, agravar o encargo ao prédio serviente.

§ 1º Constituída para certo fim, a servidão não se pode ampliar a outro.

§ 2º Nas servidões de trânsito, a de maior inclui a de menor ônus, e a menor exclui a mais onerosa.

§ 3º Se as necessidades da cultura, ou da indústria, do prédio dominante impuserem à servidão maior largueza, o dono do serviente é obrigado a sofrê-la; mas tem direito a ser indenizado pelo excesso.

Art. 1.386. As servidões prediais são indivisíveis, e subsistem, no caso de divisão dos imóveis, em benefício de cada uma das porções do prédio dominante, e continuam a gravar cada uma das do prédio serviente, salvo se, por natureza, ou destino, só se aplicarem a certa parte de um ou de outro.

CAPÍTULO III

DA EXTINÇÃO DAS SERVIDÕES

Art. 1.387. Salvo nas desapropriações, a servidão, uma vez registrada, só se extingue, com respeito a terceiros, quando cancelada.

Parágrafo único. Se o prédio dominante estiver hipotecado, e a servidão se mencionar no título hipotecário, será também preciso, para a cancelar, o consentimento do credor.

Art. 1.388. O dono do prédio serviente tem direito, pelos meios judiciais, ao cancelamento do registro, embora o dono do prédio dominante lho impugne:

I – quando o titular houver renunciado a sua servidão;

II – quando tiver cessado, para o prédio dominante, a utilidade ou a comodidade, que determinou a constituição da servidão;

III – quando o dono do prédio serviente resgatar a servidão.

Art. 1.389. Também se extingue a servidão, ficando ao dono do prédio serviente a faculdade de fazê-la cancelar, mediante a prova da extinção:

I – pela reunião dos dois prédios no domínio da mesma pessoa;

II – pela supressão das respectivas obras por efeito de contrato, ou de outro título expresso;

III – pelo não uso, durante dez anos contínuos.

TÍTULO VI – DO USUFRUTO

► Arts. 1.225, IV, 1.689, I, 1.693, 1.816, parágrafo único, 1.921 e 1.946, *caput* e parágrafo único, deste Código.

► Arts. 725, VI, 799, I, e 867 e segs. do CPC.

► Arts. 167, I, nº 7, e 220 da Lei nº 6.015, de 31-12-1973 (Lei dos Registros Públicos).

► Art. 7º, parágrafo único, da Lei nº 8.245, de 18-10-1991 (Lei das Locações).

CAPÍTULO I

DISPOSIÇÕES GERAIS

Art. 1.390. O usufruto pode recair em um ou mais bens, móveis ou imóveis, em um patrimônio inteiro, ou parte deste, abrangendo-lhe, no todo ou em parte, os frutos e utilidades.

► Arts. 1.225, IV, 1.689, I, 1.693, 1.816, parágrafo único, 1.921, 1.946, deste Código.

Art. 1.391. O usufruto de imóveis, quando não resulte de usucapião, constituir-se-á mediante registro no Cartório de Registro de Imóveis.

► Arts. 1.227, 1.652, I, e 1.689, I, deste Código.

► Art. 167, I, nº 7, da Lei nº 6.015, de 31-12-1973 (Lei dos Registros Públicos).

Art. 1.392. Salvo disposição em contrário, o usufruto estende-se aos acessórios da coisa e seus acrescidos.

► Art. 92 deste Código.

§ 1º Se, entre os acessórios e os acrescidos, houver coisas consumíveis, terá o usufrutuário o dever de restituir, findo o usufruto, as que ainda houver e, das outras, o equivalente em gênero, qualidade e quantidade, ou, não sendo possível, o seu valor, estimado ao tempo da restituição.

► Art. 86 deste Código.

§ 2º Se há no prédio em que recai o usufruto florestas ou os recursos minerais a que se refere o art. 1.230, devem o dono e o usufrutuário prefixar-lhe a extensão do gozo e a maneira de exploração.

§ 3º Se o usufruto recai sobre universalidade ou quota-parte de bens, o usufrutuário tem direito à parte do tesouro achado por outrem, e ao preço pago pelo vizinho do prédio usufruído, para obter meação em parede, cerca, muro, vala ou valado.

► Art. 90 deste Código.

Art. 1.393. Não se pode transferir o usufruto por alienação; mas o seu exercício pode ceder-se por título gratuito ou oneroso.

CAPÍTULO II

DOS DIREITOS DO USUFRUTUÁRIO

Art. 1.394. O usufrutuário tem direito à posse, uso, administração e percepção dos frutos.

► Arts. 1.197, 1.392, 1.396, 1.398, 1.401 e 1.402 deste Código.

Art. 1.395. Quando o usufruto recai em títulos de crédito, o usufrutuário tem direito a perceber os frutos e a cobrar as respectivas dívidas.

Parágrafo único. Cobradas as dívidas, o usufrutuário aplicará, de imediato, a importância em títulos da mesma natureza, ou em títulos da dívida pública federal, com cláusula de atualização monetária segundo índices oficiais regularmente estabelecidos.

Art. 1.396. Salvo direito adquirido por outrem, o usufrutuário faz seus os frutos naturais, pendentes ao começar o usufruto, sem encargo de pagar as despesas de produção.

Parágrafo único. Os frutos naturais, pendentes ao tempo em que cessa o usufruto, pertencem ao dono, também sem compensação das despesas.

Art. 1.397. As crias dos animais pertencem ao usufrutuário, deduzidas quantas bastem para inteirar as cabeças de gado existentes ao começar o usufruto.

Art. 1.398. Os frutos civis, vencidos na data inicial do usufruto, pertencem ao proprietário, e ao usufrutuário os vencidos na data em que cessa o usufruto.

► Art. 1.215 deste Código.

Art. 1.399. O usufrutuário pode usufruir em pessoa, ou mediante arrendamento, o prédio, mas não mudar-lhe a destinação econômica, sem expressa autorização do proprietário.

CAPÍTULO III
DOS DEVERES DO USUFRUTUÁRIO

Art. 1.400. O usufrutuário, antes de assumir o usufruto, inventariará, à sua custa, os bens que receber, determinando o estado em que se acham, e dará caução, fidejussória ou real, se lha exigir o dono, de velar-lhes pela conservação, e entregá-los findo o usufruto.

Parágrafo único. Não é obrigado à caução o doador que se reservar o usufruto da coisa doada.

Art. 1.401. O usufrutuário que não quiser ou não puder dar caução suficiente perderá o direito de administrar o usufruto; e, neste caso, os bens serão administrados pelo proprietário, que ficará obrigado, mediante caução, a entregar ao usufrutuário o rendimento deles, deduzidas as despesas de administração, entre as quais se incluirá a quantia fixada pelo juiz como remuneração do administrador.

Art. 1.402. O usufrutuário não é obrigado a pagar as deteriorações resultantes do exercício regular do usufruto.

Art. 1.403. Incumbem ao usufrutuário:

I – as despesas ordinárias de conservação dos bens no estado em que os recebeu;

► Art. 23 da Lei nº 8.245, de 18-10-1991 (Lei das Locações).

II – as prestações e os tributos devidos pela posse ou rendimento da coisa usufruída.

Art. 1.404. Incumbem ao dono as reparações extraordinárias e as que não forem de custo módico; mas o usufrutuário lhe pagará os juros do capital despendido com as que forem necessárias à conservação, ou aumentarem o rendimento da coisa usufruída.

► Art. 22 da Lei nº 8.245, de 18-10-1991 (Lei das Locações).

§ 1º Não se consideram módicas as despesas superiores a dois terços do líquido rendimento em um ano.

§ 2º Se o dono não fizer as reparações a que está obrigado, e que são indispensáveis à conservação da coisa, o usufrutuário pode realizá-las, cobrando daquele a importância despendida.

Art. 1.405. Se o usufruto recair num patrimônio, ou parte deste, será o usufrutuário obrigado aos juros da dívida que onerar o patrimônio ou a parte dele.

Art. 1.406. O usufrutuário é obrigado a dar ciência ao dono de qualquer lesão produzida contra a posse da coisa, ou os direitos deste.

Art. 1.407. Se a coisa estiver segurada, incumbe ao usufrutuário pagar, durante o usufruto, as contribuições do seguro.

§ 1º Se o usufrutuário fizer o seguro, ao proprietário caberá o direito dele resultante contra o segurador.

§ 2º Em qualquer hipótese, o direito do usufrutuário fica sub-rogado no valor da indenização do seguro.

Art. 1.408. Se um edifício sujeito a usufruto for destruído sem culpa do proprietário, não será este obrigado a reconstruí-lo, nem o usufruto se restabelecerá, se o proprietário reconstruir à sua custa o prédio; mas se a indenização do seguro for aplicada à reconstrução do prédio, restabelecer-se-á o usufruto.

► Art. 1.275, IV, deste Código.

Art. 1.409. Também fica sub-rogada no ônus do usufruto, em lugar do prédio, a indenização paga, se ele for desapropriado, ou a importância do dano, ressarcido pelo terceiro responsável no caso de danificação ou perda.

CAPÍTULO IV
DA EXTINÇÃO DO USUFRUTO

Art. 1.410. O usufruto extingue-se, cancelando-se o registro no Cartório de Registro de Imóveis:

I – pela renúncia ou morte do usufrutuário;

II – pelo termo de sua duração;

► Art. 1.921 deste Código.

III – pela extinção da pessoa jurídica, em favor de quem o usufruto foi constituído, ou, se ela perdurar, pelo decurso de trinta anos da data em que se começou a exercer;

IV – pela cessação do motivo de que se origina;

V – pela destruição da coisa, guardadas as disposições dos arts. 1.407, 1.408, 2ª parte, e 1.409;

VI – pela consolidação;

VII – por culpa do usufrutuário, quando aliena, deteriora, ou deixa arruinar os bens, não lhes acudindo com os reparos de conservação, ou quando, no usufruto de títulos de crédito, não dá às importâncias recebidas a aplicação prevista no parágrafo único do art. 1.395;

VIII – pelo não uso, ou não fruição, da coisa em que o usufruto recai (arts. 1.390 e 1.399).

► Art. 1.946 deste Código.

Art. 1.411. Constituído o usufruto em favor de duas ou mais pessoas, extinguir-se-á a parte em relação a cada uma das que falecerem, salvo se, por estipulação expressa, o quinhão desses couber ao sobrevivente.

TÍTULO VII – DO USO

► Arts. 167, I, nº 7, e 220, II, da Lei nº 6.015, de 31-12-1973 (Lei dos Registros Públicos).

Art. 1.412. O usuário usará da coisa e perceberá os seus frutos, quanto o exigirem as necessidades suas e de sua família.

§ 1º Avaliar-se-ão as necessidades pessoais do usuário conforme a sua condição social e o lugar onde viver.

§ 2º As necessidades da família do usuário compreendem as de seu cônjuge, dos filhos solteiros e das pessoas de seu serviço doméstico.

Art. 1.413. São aplicáveis ao uso, no que não for contrário à sua natureza, as disposições relativas ao usufruto.

► Arts. 1.390 a 1.411 deste Código.

TÍTULO VIII – DA HABITAÇÃO

Art. 1.414. Quando o uso consistir no direito de habitar gratuitamente casa alheia, o titular deste direito não a pode alugar, nem emprestar, mas simplesmente ocupá-la com sua família.

► Art. 1.831 deste Código.

► Art. 167, I, nº 7, da Lei nº 6.015, de 31-12-1973 (Lei dos Registros Públicos).

Art. 1.415. Se o direito real de habitação for conferido a mais de uma pessoa, qualquer delas que sozinha habite a casa não terá de pagar aluguel à outra, ou às outras, mas não as pode inibir de exercerem, querendo, o direito, que também lhes compete, de habitá-la.

► Art. 1.831 deste Código.

Art. 1.416. São aplicáveis à habitação, no que não for contrário à sua natureza, as disposições relativas ao usufruto.

► Arts. 1.390 a 1.411 deste Código.

TÍTULO IX – DO DIREITO DO PROMITENTE COMPRADOR

► Dec.-lei nº 58, de 10-12-1937, dispõe sobre o loteamento e a venda de terrenos para pagamento em prestações.

► Lei nº 6.766, de 19-12-1979 (Lei do Parcelamento do Solo).

Art. 1.417. Mediante promessa de compra e venda, em que se não pactuou arrependimento, celebrada por instrumento público ou particular, e registrada no Cartório de Registro de Imóveis, adquire o promitente comprador direito real à aquisição do imóvel.

► Súmulas nºs 76, 84 e 543 do STJ.

► En. nº 253 da III Jornada de Direito Civil.

Art. 1.418. O promitente comprador, titular de direito real, pode exigir do promitente vendedor, ou de terceiros, a quem os direitos deste forem cedidos, a outorga da escritura definitiva de compra e venda, conforme o disposto no instrumento preliminar; e, se houver recusa, requerer ao juiz a adjudicação do imóvel.

► Súm. nº 239 do STJ.

► En. nº 95 da I Jornada de Direito Civil.

TÍTULO X – DO PENHOR, DA HIPOTECA E DA ANTICRESE

CAPÍTULO I

DISPOSIÇÕES GERAIS

Art. 1.419. Nas dívidas garantidas por penhor, anticrese ou hipoteca, o bem dado em garantia fica sujeito, por vínculo real, ao cumprimento da obrigação.

► Art. 83, II, da Lei nº 11.101, de 9-2-2005 (Lei de Recuperação de Empresas e Falências).

Art. 1.420. Só aquele que pode alienar poderá empenhar, hipotecar ou dar em anticrese; só os bens que se podem alienar poderão ser dados em penhor, anticrese ou hipoteca.

► Arts. 1.647, 1.691, *caput*, 1.717 e 1.848 deste Código.

§ 1º A propriedade superveniente torna eficaz, desde o registro, as garantias reais estabelecidas por quem não era dono.

► En. nº 506 da V Jornada de Direito Civil.

§ 2º A coisa comum a dois ou mais proprietários não pode ser dada em garantia real, na sua totalidade, sem o consentimento de todos; mas cada um pode individualmente dar em garantia real a parte que tiver.

► Arts. 87 e 1.314 deste Código.

Art. 1.421. O pagamento de uma ou mais prestações da dívida não importa exoneração correspondente da garantia, ainda que esta compreenda vários bens, salvo disposição expressa no título ou na quitação.

► Art. 7º do Dec. nº 22.626, de 7-4-1933 (Lei da Usura).

Art. 1.422. O credor hipotecário e o pignoratício têm o direito de excutir a coisa hipotecada ou empenhada, e preferir, no pagamento, a outros credores, observada, quanto à hipoteca, a prioridade no registro.

► Art. 961 do deste Código.

► Arts. 784, V, e 835, § 3º, do CPC.

► Art. 83 da Lei nº 11.101, de 9-2-2005 (Lei de Recuperação de Empresas e Falências).

Parágrafo único. Excetuam-se da regra estabelecida neste artigo as dívidas que, em virtude de outras leis, devam ser pagas precipuamente a quaisquer outros créditos.

► Art. 964 deste Código.

Art. 1.423. O credor anticrético tem direito a reter em seu poder o bem, enquanto a dívida não for paga; extingue-se esse direito decorridos quinze anos da data de sua constituição.

Art. 1.424. Os contratos de penhor, anticrese ou hipoteca declararão, sob pena de não terem eficácia:

I – o valor do crédito, sua estimação, ou valor máximo;

II – o prazo fixado para pagamento;

III – a taxa dos juros, se houver;

IV – o bem dado em garantia com as suas especificações.

Art. 1.425. A dívida considera-se vencida:

I – se, deteriorando-se, ou depreciando-se o bem dado em segurança, desfalcar a garantia, e o devedor, intimado, não a reforçar ou substituir;

II – se o devedor cair em insolvência ou falir;

► Art. 333, II, deste Código.

III – se as prestações não forem pontualmente pagas, toda vez que deste modo se achar estipulado o pagamento. Neste caso, o recebimento posterior da prestação atrasada importa renúncia do credor ao seu direito de execução imediata;

IV – se perecer o bem dado em garantia, e não for substituído;

V – se se desapropriar o bem dado em garantia, hipótese na qual se depositará a parte do preço que for necessária para o pagamento integral do credor.

► Art. 31 do Dec.-lei nº 3.365, de 21-6-1941 (Lei das Desapropriações).

§ 1º Nos casos de perecimento da coisa dada em garantia, esta se sub-rogará na indenização do seguro, ou no ressarcimento do dano, em benefício do credor, a quem assistirá sobre ela preferência até seu completo reembolso.

§ 2º Nos casos dos incisos IV e V, só se vencerá a hipoteca antes do prazo estipulado, se o perecimento, ou a desapropriação recair sobre o bem dado em garantia, e esta não abranger outras; subsistindo, no caso contrário, a dívida reduzida, com a respectiva garantia sobre os demais bens, não desapropriados ou destruídos.

Art. 1.426. Nas hipóteses do artigo anterior, de vencimento antecipado da dívida, não se compreendem os juros correspondentes ao tempo ainda não decorrido.

Art. 1.427. Salvo cláusula expressa, o terceiro que presta garantia real por dívida alheia não fica obrigado a substituí-la, ou reforçá-la, quando, sem culpa sua, se perca, deteriore, ou desvalorize.

Art. 1.428. É nula a cláusula que autoriza o credor pignoratício, anticrético ou hipotecário a ficar com o objeto da garantia, se a dívida não for paga no vencimento.

► En. nº 626 da VIII Jornada de Direito Civil.

Parágrafo único. Após o vencimento, poderá o devedor dar a coisa em pagamento da dívida.

Art. 1.429. Os sucessores do devedor não podem remir parcialmente o penhor ou a hipoteca na proporção dos seus quinhões; qualquer deles, porém, pode fazê-lo no todo.

Parágrafo único. O herdeiro ou sucessor que fizer a remição fica sub-rogado nos direitos do credor pelas quotas que houver satisfeito.

Art. 1.430. Quando, excutido o penhor, ou executada a hipoteca, o produto não bastar para pagamento da dívida e despesas judiciais, continuará o devedor obrigado pessoalmente pelo restante.

CAPÍTULO II
DO PENHOR

► Art. 1.225, VIII, do deste Código.

► Arts. 703, 784, V, e 804 do CPC.

► Arts. 127, II e IV, 129, VII, 135, nº 3, 144 e 145, 167, I, nº 4, 167, I, nº 15, 178, I, IV e VI, e 219 da Lei nº 6.015, de 31-12-1973 (Lei dos Registros Públicos).

► Arts. 39 e parágrafos, 43, § 2º, 72, *caput*, 100, I, *f*, 113, *caput*, e 148, *caput*, da Lei nº 6.404, de 15-12-1976 (Lei das Sociedades por Ações).

► Art. 3º da Lei nº 6.840, de 3-11-1980, que dispõe sobre títulos de crédito comercial.

► Art. 22, III, *m*, da Lei nº 11.101, de 9-2-2005 (Lei de Recuperação de Empresas e Falências).

► Art. 8º, § 2º, da LINDB.

SEÇÃO I
DA CONSTITUIÇÃO DO PENHOR

Art. 1.431. Constitui-se o penhor pela transferência efetiva da posse que, em garantia do débito ao credor ou a quem o represente, faz o devedor, ou alguém por ele, de uma coisa móvel, suscetível de alienação.

► Art. 1.196 deste Código.

► Art. 8º, § 2º, da LINDB.

► Súm. nº 638 do STJ.

Parágrafo único. No penhor rural, industrial, mercantil e de veículos, as coisas empenhadas continuam em poder do devedor, que as deve guardar e conservar.

Art. 1.432. O instrumento do penhor deverá ser levado a registro, por qualquer dos contratantes; o do penhor comum será registrado no Cartório de Títulos e Documentos.

► Arts. 1.438, 1.452 e 1.462 deste Código.

► Arts. 127, II e IV, 167, I, nº 4, e 219 da Lei nº 6.015, de 31-12-1973 (Lei dos Registros Públicos).

SEÇÃO II
DOS DIREITOS DO CREDOR PIGNORATÍCIO

Art. 1.433. O credor pignoratício tem direito:

I – à posse da coisa empenhada;

► Arts. 1.196 e segs. deste Código.

II – à retenção dela, até que o indenizem das despesas devidamente justificadas, que tiver feito, não sendo ocasionadas por culpa sua;

► Art. 1.219 deste Código.

III – ao ressarcimento do prejuízo que houver sofrido por vício da coisa empenhada;

IV – a promover a execução judicial, ou a venda amigável, se lhe permitir expressamente o contrato, ou lhe autorizar o devedor mediante procuração;

V – a apropriar-se dos frutos da coisa empenhada que se encontra em seu poder;

► Art. 1.435, III, deste Código.

VI – a promover a venda antecipada, mediante prévia autorização judicial, sempre que haja receio fundado de que a coisa empenhada se perca ou deteriore, devendo o preço ser depositado. O dono da coisa empenhada pode impedir a venda antecipada, substituindo-a, ou oferecendo outra garantia real idônea.

Art. 1.434. O credor não pode ser constrangido a devolver a coisa empenhada, ou uma parte dela, antes de ser integralmente pago, podendo o juiz, a requerimento do proprietário, determinar que seja vendida apenas uma das coisas, ou parte da coisa empenhada, suficiente para o pagamento do credor.

SEÇÃO III
DAS OBRIGAÇÕES DO CREDOR PIGNORATÍCIO

Art. 1.435. O credor pignoratício é obrigado:

I – à custódia da coisa, como depositário, e a ressarcir ao dono a perda ou deterioração de que for culpado, podendo ser compensada na dívida, até a concorrente quantia, a importância da responsabilidade;

► Arts. 627 a 652 deste Código.

II – à defesa da posse da coisa empenhada e a dar ciência, ao dono dela, das circunstâncias que tornarem necessário o exercício de ação possessória;

► Arts. 1.210 e segs. deste Código.

► Arts. 554 e segs. do CPC.

III – a imputar o valor dos frutos, de que se apropriar (art. 1.433, inciso V) nas despesas de guarda e conservação, nos juros e no capital da obrigação garantida, sucessivamente;

IV – a restituí-la, com os respectivos frutos e acessões, uma vez paga a dívida;

V – a entregar o que sobeje do preço, quando a dívida for paga, no caso do inciso IV do art. 1.433.

SEÇÃO IV
DA EXTINÇÃO DO PENHOR

Art. 1.436. Extingue-se o penhor:

I – extinguindo-se a obrigação;

II – perecendo a coisa;

III – renunciando o credor;

IV – confundindo-se na mesma pessoa as qualidades de credor e de dono da coisa;

► Art. 381 deste Código.

V – dando-se a adjudicação judicial, a remissão ou a venda da coisa empenhada, feita pelo credor ou por ele autorizada.

► Consta do texto publicado no *DJU* a palavra "remissão" quando o correto seria "remição".

§ 1º Presume-se a renúncia do credor quando consentir na venda particular do penhor sem reserva de preço, quando restituir a sua posse ao devedor, ou quando anuir à sua substituição por outra garantia.

► Art. 387 deste Código.

§ 2º Operando-se a confusão tão somente quanto a parte da dívida pignoratícia, subsistirá inteiro o penhor quanto ao resto.

► Art. 381 deste Código.

Art. 1.437. Produz efeitos a extinção do penhor depois de averbado o cancelamento do registro, à vista da respectiva prova.

► Arts. 164 a 166 da Lei nº 6.015, de 31-12-1973 (Lei dos Registros Públicos).

SEÇÃO V
DO PENHOR RURAL

► Art. 8º, § 2º, da LINDB.

SUBSEÇÃO I
DISPOSIÇÕES GERAIS

Art. 1.438. Constitui-se o penhor rural mediante instrumento público ou particular, registrado no Cartório de Registro de Imóveis da circunscrição em que estiverem situadas as coisas empenhadas.

► Art. 167, I, nºs 4, 13, 14 e 15 da Lei nº 6.015, de 31-12-1973 (Lei dos Registros Públicos).

Parágrafo único. Prometendo pagar em dinheiro a dívida, que garante com penhor rural, o devedor poderá emitir, em favor do credor, cédula rural pignoratícia, na forma determinada em lei especial.

Art. 1.439. O penhor agrícola e o penhor pecuário não podem ser convencionados por prazos superiores aos das obrigações garantidas.

► *Caput* com a redação dada pela Lei nº 12.873, de 24-10-2013.

§ 1º Embora vencidos os prazos, permanece a garantia, enquanto subsistirem os bens que a constituem.

§ 2º A prorrogação deve ser averbada à margem do registro respectivo, mediante requerimento do credor e do devedor.

Art. 1.440. Se o prédio estiver hipotecado, o penhor rural poderá constituir-se independentemente da anuência do credor hipotecário, mas não lhe prejudica o direito de preferência, nem restringe a extensão da hipoteca, ao ser executada.

Art. 1.441. Tem o credor direito a verificar o estado das coisas empenhadas, inspecionando-as onde se acharem, por si ou por pessoa que credenciar.

SUBSEÇÃO II
DO PENHOR AGRÍCOLA

► Lei nº 2.666, de 6-12-1955, dispõe sobre o penhor dos produtos agrícolas.

► Lei nº 8.929, de 22-8-1994, institui a Cédula de Produto Rural.

Art. 1.442. Podem ser objeto de penhor:

I – máquinas e instrumentos de agricultura;

II – colheitas pendentes, ou em via de formação;

III – frutos acondicionados ou armazenados;

IV – lenha cortada e carvão vegetal;

V – animais do serviço ordinário de estabelecimento agrícola.

Art. 1.443. O penhor agrícola que recai sobre colheita pendente, ou em via de formação, abrange a imediatamente seguinte, no caso de frustrar-se ou ser insuficiente a que se deu em garantia.

Parágrafo único. Se o credor não financiar a nova safra, poderá o devedor constituir com outrem novo penhor, em quantia máxima equivalente à do primeiro; o segundo penhor terá preferência sobre o primeiro, abrangendo este apenas o excesso apurado na colheita seguinte.

SUBSEÇÃO III
DO PENHOR PECUÁRIO

Art. 1.444. Podem ser objeto de penhor os animais que integram a atividade pastoril, agrícola ou de lacticínios.

Art. 1.445. O devedor não poderá alienar os animais empenhados sem prévio consentimento, por escrito, do credor.

Parágrafo único. Quando o devedor pretende alienar o gado empenhado ou, por negligência, ameace prejudicar o credor, poderá este requerer se depositem os animais sob a guarda de terceiro, ou exigir que se lhe pague a dívida de imediato.

Art. 1.446. Os animais da mesma espécie, comprados para substituir os mortos, ficam sub-rogados no penhor.

Parágrafo único. Presume-se a substituição prevista neste artigo, mas não terá eficácia contra terceiros, se não constar de menção adicional ao respectivo contrato, a qual deverá ser averbada.

SEÇÃO VI
DO PENHOR INDUSTRIAL E MERCANTIL

Art. 1.447. Podem ser objeto de penhor máquinas, aparelhos, materiais, instrumentos, instalados e em funcionamento, com os acessórios ou sem eles; animais, utilizados na indústria; sal e bens destinados à exploração das salinas; produtos de suinocultura, animais destinados à industrialização de carnes e derivados; matérias-primas e produtos industrializados.

Parágrafo único. Regula-se pelas disposições relativas aos armazéns gerais o penhor das mercadorias neles depositadas.

Art. 1.448. Constitui-se o penhor industrial, ou o mercantil, mediante instrumento público ou particular, registrado no Cartório de Registro de Imóveis da circunscrição onde estiverem situadas as coisas empenhadas.

► Art. 167, I, nº 4, da Lei nº 6.015, de 31-12-1973 (Lei dos Registros Públicos).

Parágrafo único. Prometendo pagar em dinheiro a dívida, que garante com penhor industrial ou mercantil, o devedor poderá emitir, em favor do credor, cédula do respectivo crédito, na forma e para os fins que a lei especial determinar.

Art. 1.449. O devedor não pode, sem o consentimento por escrito do credor, alterar as coisas empenhadas ou mudar-lhes a situação, nem delas dispor. O devedor que, anuindo o credor, alienar as coisas empenhadas, deverá repor outros bens da mesma natureza, que ficarão sub-rogados no penhor.

Art. 1.450. Tem o credor direito a verificar o estado das coisas empenhadas, inspecionando-as onde se acharem, por si ou por pessoa que credenciar.

SEÇÃO VII
DO PENHOR DE DIREITOS E TÍTULOS DE CRÉDITO

► Arts. 887 a 926 deste Código.

► Art. 784 do CPC.

► Dec. nº 2.044, de 31-12-1908 (Lei da Letra de Câmbio e da Nota Promissória).

► Dec. nº 57.595, de 7-1-1966 (Lei Uniforme em Matéria de Cheque).

► Lei nº 6.404, de 15-12-1976 (Lei das Sociedades por Ações).

Art. 1.451. Podem ser objeto de penhor direitos, suscetíveis de cessão, sobre coisas móveis.

► Art. 83, II, deste Código.

Art. 1.452. Constitui-se o penhor de direito mediante instrumento público ou particular, registrado no Registro de Títulos e Documentos.

► Arts. 127 e 129 da Lei nº 6.015, de 31-12-1973 (Lei dos Registros Públicos).

Parágrafo único. O titular de direito empenhado deverá entregar ao credor pignoratício os documentos comprobatórios desse direito, salvo se tiver interesse legítimo em conservá-los.

Art. 1.453. O penhor de crédito não tem eficácia senão quando notificado ao devedor; por notificado tem-se o devedor que, em instrumento público ou particular, declarar-se ciente da existência do penhor.

Art. 1.454. O credor pignoratício deve praticar os atos necessários à conservação e defesa do direito empenhado e cobrar os juros e mais prestações acessórias compreendidas na garantia.

Art. 1.455. Deverá o credor pignoratício cobrar o crédito empenhado, assim que se torne exigível. Se este consistir numa prestação pecuniária, depositará a importância recebida, de acordo com o devedor pignoratício, ou onde o juiz determinar; se consistir na entrega da coisa, nesta se sub-rogará o penhor.

Parágrafo único. Estando vencido o crédito pignoratício, tem o credor direito a reter, da quantia recebida, o que lhe é devido, restituindo o restante ao devedor; ou a excutir a coisa a ele entregue.

Art. 1.456. Se o mesmo crédito for objeto de vários penhores, só ao credor pignoratício, cujo direito prefira aos demais, o devedor deve pagar; responde por perdas e danos aos demais credores o credor preferente que, notificado por qualquer um deles, não promover oportunamente a cobrança.

► Art. 402 deste Código.

Art. 1.457. O titular do crédito empenhado só pode receber o pagamento com a anuência, por escrito, do credor pignoratício, caso em que o penhor se extinguirá.

Art. 1.458. O penhor, que recai sobre título de crédito, constitui-se mediante instrumento público ou particular ou endosso pignoratício, com a tradição do título ao credor, regendo-se pelas Disposições Gerais deste Título e, no que couber, pela presente Seção.

Art. 1.459. Ao credor, em penhor de título de crédito, compete o direito de:

I – conservar a posse do título e recuperá-la de quem quer que o detenha;

II – usar dos meios judiciais convenientes para assegurar os seus direitos, e os do credor do título empenhado;

III – fazer intimar ao devedor do título que não pague ao seu credor, enquanto durar o penhor;

IV – receber a importância consubstanciada no título e os respectivos juros, se exigíveis, restituindo o título ao devedor, quando este solver a obrigação.

► Art. 324 deste Código.

Art. 1.460. O devedor do título empenhado que receber a intimação prevista no inciso III do artigo antecedente, ou se der por ciente do penhor, não poderá pagar ao seu credor. Se o fizer, responderá solidariamente por este, por perdas e danos, perante o credor pignoratício.

► Art. 312 deste Código.

Parágrafo único. Se o credor der quitação ao devedor do título empenhado, deverá saldar imediatamente a dívida, em cuja garantia se constituiu o penhor.

Seção VIII
DO PENHOR DE VEÍCULOS

Art. 1.461. Podem ser objeto de penhor os veículos empregados em qualquer espécie de transporte ou condução.

Art. 1.462. Constitui-se o penhor, a que se refere o artigo antecedente, mediante instrumento público ou particular, registrado no Cartório de Títulos e Documentos do domicílio do devedor, e anotado no certificado de propriedade.

► Art. 129, n. 7º, da Lei nº 6.015, de 31-12-1973 (Lei dos Registros Públicos).

Parágrafo único. Prometendo pagar em dinheiro a dívida garantida com o penhor, poderá o devedor emitir cédula de crédito, na forma e para os fins que a lei especial determinar.

Art. 1.463.* Revogado.** ***Lei nº 14.179, de 30-6-2021.

Art. 1.464. Tem o credor direito a verificar o estado do veículo empenhado, inspecionando-o onde se achar, por si ou por pessoa que credenciar.

Art. 1.465. A alienação, ou a mudança, do veículo empenhado sem prévia comunicação ao credor importa no vencimento antecipado do crédito pignoratício.

► Arts. 333 e 1.425 deste Código.

Art. 1.466. O penhor de veículos só se pode convencionar pelo prazo máximo de dois anos, prorrogável até o limite de igual tempo, averbada a prorrogação à margem do registro respectivo.

Seção IX
DO PENHOR LEGAL

Art. 1.467. São credores pignoratícios, independentemente de convenção:

► Arts. 703 e segs. do CPC.

I – os hospedeiros, ou fornecedores de pousada ou alimento, sobre as bagagens, móveis, joias ou dinheiro que os seus consumidores ou fregueses tiverem consigo nas respectivas casas ou estabelecimentos, pelas despesas ou consumo que aí tiverem feito;

► Arts. 932, IV, e 933 deste Código.

II – o dono do prédio rústico ou urbano, sobre os bens móveis que o rendeiro ou inquilino tiver guarnecendo o mesmo prédio, pelos aluguéis ou rendas.

► Lei nº 8.245, de 18-10-1991 (Lei das Locações).

Art. 1.468. A conta das dívidas enumeradas no inciso I do artigo antecedente será extraída conforme a tabela impressa, prévia e ostensivamente exposta na casa, dos preços de hospedagem, da pensão ou dos gêneros fornecidos, sob pena de nulidade do penhor.

► Arts. 703, § 1º, do CPC.

► Art. 6º, III, do CDC.

Art. 1.469. Em cada um dos casos do art. 1.467, o credor poderá tomar em garantia um ou mais objetos até o valor da dívida.

Art. 1.470. Os credores, compreendidos no art. 1.467, podem fazer efetivo o penhor, antes de recorrerem à autoridade judiciária, sempre que haja perigo na demora, dando aos devedores comprovante dos bens de que se apossarem.

Art. 1.471. Tomado o penhor, requererá o credor, ato contínuo, a sua homologação judicial.

► Arts. 703 e segs. do CPC.

Art. 1.472. Pode o locatário impedir a constituição do penhor mediante caução idônea.

► Arts. 37 a 39 da Lei nº 8.245, de 18-10-1991 (Lei das Locações).

CAPÍTULO III
DA HIPOTECA

► Arts. 30, *caput*, 165, parágrafo único, 364, 959, 1.225, IX, 1.419 e segs. deste Código.

► Arts. 495, 784, V e 799, I, do CPC.

► Arts. 468, 470, 564, 565, 626, 632, 633, 634, nº 8, 658 e 662 do CCom.

► Art. 4º, II, *b*, da Lei nº 4.717, de 29-6-1965 (Lei da Ação Popular).

► Arts. 167, II, nº 15, 178, I e II, 189, 238, 251, 266 a 276 e 279 da Lei nº 6.015, de 31-12-1973 (Lei dos Registros Públicos).

► Art. 3º, V, da Lei nº 8.009, de 29-3-1990 (Lei da Impenhorabilidade do Bem de Família).

► Arts. 37, parágrafo único, e 201, IV, do ECA.

► Art. 129, III, da Lei nº 11.101, de 9-2-2005 (Lei de Recuperação de Empresas e Falências).

Seção I
DISPOSIÇÕES GERAIS

Art. 1.473. Podem ser objeto de hipoteca:

► Súm. nº 308 do STJ.

I – os imóveis e os acessórios dos imóveis conjuntamente com eles;

► Arts. 79 a 81 e 92 deste Código.

II – o domínio direto;

III – o domínio útil;

IV – as estradas de ferro;

► Arts. 1.502 a 1.505 deste Código.

V – os recursos naturais a que se refere o art. 1.230, independentemente do solo onde se acham;

VI – os navios;

VII – as aeronaves;

VIII – o direito de uso especial para fins de moradia;

IX – o direito real de uso;

X – a propriedade superficiária.

► Incisos VIII a X acrescidos pela Lei nº 11.481, de 31-5-2007.

Parágrafo único. A hipoteca dos navios e das aeronaves reger-se-á pelo disposto em lei especial.

► A Lei nº 11.481, de 31-5-2007, acrescentou o § 2º abaixo, mas não dispôs sobre a renumeração deste parágrafo único para § 1º.

§ 2º Os direitos de garantia instituídos nas hipóteses dos incisos IX e X do *caput* deste artigo ficam limitados à duração da concessão ou direito de superfície, caso tenham sido transferidos por período determinado.

► § 2º acrescido pela Lei nº 11.481, de 31-5-2007.

Art. 1.474. A hipoteca abrange todas as acessões, melhoramentos ou construções do imóvel. Subsistem os ônus reais constituídos e registrados, anteriormente à hipoteca, sobre o mesmo imóvel.

► Art. 1.248 deste Código.

Art. 1.475. É nula a cláusula que proíbe ao proprietário alienar imóvel hipotecado.

Parágrafo único. Pode convencionar-se que vencerá o crédito hipotecário, se o imóvel for alienado.

Art. 1.476. O dono do imóvel hipotecado pode constituir outra hipoteca sobre ele, mediante novo título, em favor do mesmo ou de outro credor.

Art. 1.477. Salvo o caso de insolvência do devedor, o credor da segunda hipoteca, embora vencida, não poderá executar o imóvel antes de vencida a primeira.

Parágrafo único. Não se considera insolvente o devedor por faltar ao pagamento das obrigações garantidas por hipotecas posteriores à primeira.

Art. 1.478. Se o devedor da obrigação garantida pela primeira hipoteca não se oferecer, no vencimento, para pagá-la, o credor da segunda pode promover-lhe a extinção, consignando a importância e citando o primeiro credor para recebê-la e o devedor para pagá-la; se este não pagar, o segundo credor, efetuando o pagamento, se sub-rogará nos direitos da hipoteca anterior, sem prejuízo dos que lhe competirem contra o devedor comum.

► Art. 346, I, deste Código.

► Arts. 270 a 273 da Lei nº 6.015, de 31-12-1973 (Lei dos Registros Públicos).

Parágrafo único. Se o primeiro credor estiver promovendo a execução da hipoteca, o credor da segunda depositará a importância do débito e as despesas judiciais.

Art. 1.479. O adquirente do imóvel hipotecado, desde que não se tenha obrigado pessoalmente a pagar as dívidas aos credores hipotecários, poderá exonerar-se da hipoteca, abandonando-lhes o imóvel.

Art. 1.480. O adquirente notificará o vendedor e os credores hipotecários, deferindo-lhes, conjuntamente, a posse do imóvel, ou o depositará em juízo.

Parágrafo único. Poderá o adquirente exercer a faculdade de abandonar o imóvel hipotecado, até as vinte e quatro horas subsequentes à citação, com que se inicia o procedimento executivo.

Art. 1.481. Dentro em trinta dias, contados do registro do título aquisitivo, tem o adquirente do imóvel hipotecado o direito de remi-lo, citando os credores hipotecários e propondo importância não inferior ao preço por que o adquiriu.

► Art. 346, II, deste Código.

§ 1º Se o credor impugnar o preço da aquisição ou a importância oferecida, realizar-se-á licitação, efetuando-se a venda judicial a quem oferecer maior preço, assegurada preferência ao adquirente do imóvel.

§ 2º Não impugnado pelo credor, o preço da aquisição ou o preço proposto pelo adquirente, haver-se-á por definitivamente fixado para a remissão do imóvel, que ficará livre de hipoteca, uma vez pago ou depositado o preço.

► Consta do texto publicado no *DJU* a palavra "remissão", quando o correto seria "remição".

§ 3º Se o adquirente deixar de remir o imóvel, sujeitando-o a execução, ficará obrigado a ressarcir os credores hipotecários da desvalorização que, por sua culpa, o mesmo vier a sofrer, além das despesas judiciais da execução.

§ 4º Disporá de ação regressiva contra o vendedor o adquirente que ficar privado do imóvel em consequência de licitação ou penhora, o que pagar a hipoteca, o que, por causa de adjudicação ou licitação, desembolsar com o pagamento da hipoteca importância excedente à da compra e o que suportar custas e despesas judiciais.

► Art. 346, II, deste Código.

Arts. 1.482 e 1.483. *Revogados*. Lei nº 13.105, de 16-3-2015.

Art. 1.484. É lícito aos interessados fazer constar das escrituras o valor entre si ajustado dos imóveis hipotecados, o qual, devidamente atualizado, será a base para as arrematações, adjudicações e remições, dispensada a avaliação.

Art. 1.485. Mediante simples averbação, requerida por ambas as partes, poderá prorrogar-se a hipoteca, até trinta anos da data do contrato. Desde que perfaça esse prazo, só poderá subsistir o contrato de hipoteca reconstituindo-se por novo título e novo registro; e, nesse caso, lhe será mantida a precedência, que então lhe competir.

- ▶ Artigo com a redação dada pela Lei nº 10.931, de 2-8-2004.
- ▶ Art. 238 da Lei nº 6.015, de 31-12-1973 (Lei dos Registros Públicos).

Art. 1.486. Podem o credor e o devedor, no ato constitutivo da hipoteca, autorizar a emissão da correspondente cédula hipotecária, na forma e para os fins previstos em lei especial.

Art. 1.487. A hipoteca pode ser constituída para garantia de dívida futura ou condicionada, desde que determinado o valor máximo do crédito a ser garantido.

§ 1º Nos casos deste artigo, a execução da hipoteca dependerá de prévia e expressa concordância do devedor quanto à verificação da condição, ou ao montante da dívida.

§ 2º Havendo divergência entre o credor e o devedor, caberá àquele fazer prova de seu crédito. Reconhecido este, o devedor responderá, inclusive, por perdas e danos, em razão da superveniente desvalorização do imóvel.

- ▶ Art. 402 deste Código.

Art. 1.488. Se o imóvel, dado em garantia hipotecária, vier a ser loteado, ou se nele se constituir condomínio edilício, poderá o ônus ser dividido, gravando cada lote ou unidade autônoma, se o requererem ao juiz o credor, o devedor ou os donos, obedecida a proporção entre o valor de cada um deles e o crédito.

- ▶ Art. 1.334 deste Código.

§ 1º O credor só poderá se opor ao pedido de desmembramento do ônus, provando que o mesmo importa em diminuição de sua garantia.

§ 2º Salvo convenção em contrário, todas as despesas judiciais ou extrajudiciais necessárias ao desmembramento do ônus correm por conta de quem o requerer.

§ 3º O desmembramento do ônus não exonera o devedor originário da responsabilidade a que se refere o art. 1.430, salvo anuência do credor.

Seção II
DA HIPOTECA LEGAL

- ▶ Art. 274 da Lei nº 6.015, de 31-12-1973 (Lei dos Registros Públicos).

Art. 1.489. A lei confere hipoteca:

I – às pessoas de direito público interno (art. 41) sobre os imóveis pertencentes aos encarregados da cobrança, guarda ou administração dos respectivos fundos e rendas;

II – aos filhos, sobre os imóveis do pai ou da mãe que passar a outras núpcias, antes de fazer o inventário do casal anterior;

- ▶ Arts. 1.523, I, e 1.641, I, deste Código.

III – ao ofendido, ou aos seus herdeiros, sobre os imóveis do delinquente, para satisfação do dano causado pelo delito e pagamento das despesas judiciais;

- ▶ Arts. 186 e 927 deste Código.

IV – ao coerdeiro, para garantia do seu quinhão ou torna da partilha, sobre o imóvel adjudicado ao herdeiro reponente;

V – ao credor sobre o imóvel arrematado, para garantia do pagamento do restante do preço da arrematação.

Art. 1.490. O credor da hipoteca legal, ou quem o represente, poderá, provando a insuficiência dos imóveis especializados, exigir do devedor que seja reforçado com outros.

Art. 1.491. A hipoteca legal pode ser substituída por caução de títulos da dívida pública federal ou estadual, recebidos pelo valor de sua cotação mínima no ano corrente; ou por outra garantia, a critério do juiz, a requerimento do devedor.

Seção III
DO REGISTRO DA HIPOTECA

Art. 1.492. As hipotecas serão registradas no cartório do lugar do imóvel, ou no de cada um deles, se o título se referir a mais de um.

- ▶ Arts. 167, I, nº 2, e 169, II, da Lei nº 6.015, de 31-12-1973 (Lei dos Registros Públicos).

Parágrafo único. Compete aos interessados, exibido o título, requerer o registro da hipoteca.

Art. 1.493. Os registros e averbações seguirão a ordem em que forem requeridas, verificando-se ela pela da sua numeração sucessiva no protocolo.

Parágrafo único. O número de ordem determina a prioridade, e esta a preferência entre as hipotecas.

- ▶ Art. 1.422, *caput*, deste Código.
- ▶ Art. 186 da Lei nº 6.015, de 31-12-1973 (Lei dos Registros Públicos).

Art. 1.494. Não se registrarão no mesmo dia duas hipotecas, ou uma hipoteca e outro direito real, sobre o mesmo imóvel, em favor de pessoas diversas, salvo se as escrituras, do mesmo dia, indicarem a hora em que foram lavradas.

Art. 1.495. Quando se apresentar ao oficial do registro título de hipoteca que mencione a constituição de anterior, não registrada, sobrestará ele na inscrição da nova, depois de a prenotar, até trinta dias, aguardando que o interessado inscreva a precedente; esgotado o prazo, sem que se requeira a inscrição desta, a hipoteca ulterior será registrada e obterá preferência.

Art. 1.496. Se tiver dúvida sobre a legalidade do registro requerido, o oficial fará, ainda assim, a prenotação do pedido. Se a dúvida, dentro em noventa dias, for julgada improcedente, o registro efetuar-se-á com o mesmo número que teria na data da prenotação; no caso contrário, cancelada esta, receberá o registro o número correspondente à data em que se tornar a requerer.

- ▶ Arts. 198 a 207 da Lei nº 6.015, de 31-12-1973 (Lei dos Registros Públicos).

Art. 1.497. As hipotecas legais, de qualquer natureza, deverão ser registradas e especializadas.

§ 1º O registro e a especialização das hipotecas legais incumbem a quem está obrigado a prestar a garantia, mas os interessados podem promover a inscrição delas, ou solicitar ao Ministério Público que o faça.

§ 2º As pessoas, às quais incumbir o registro e a especialização das hipotecas legais, estão sujeitas a perdas e danos pela omissão.

- ▶ Art. 402 deste Código.

Art. 1.498. Vale o registro da hipoteca, enquanto a obrigação perdurar; mas a especialização, em completando vinte anos, deve ser renovada.

- ▶ Arts. 167, I, nº 2, e 238 da Lei nº 6.015, de 31-12-1973 (Lei dos Registros Públicos).

Seção IV
DA EXTINÇÃO DA HIPOTECA

Art. 1.499. A hipoteca extingue-se:

I – pela extinção da obrigação principal;

II – pelo perecimento da coisa;

III – pela resolução da propriedade;

► En. nº 509 da V Jornada de Direito Civil.

IV – pela renúncia do credor;

V – pela remição;

► Arts. 1.481 e 1.484 deste Código.

VI – pela arrematação ou adjudicação.

► Art. 251 da Lei nº 6.015, de 31-12-1973 (Lei dos Registros Públicos).

Art. 1.500. Extingue-se ainda a hipoteca com a averbação, no Registro de Imóveis, do cancelamento do registro, à vista da respectiva prova.

► Arts. 251 e 259 da Lei nº 6.015, de 31-12-1973 (Lei dos Registros Públicos).

Art. 1.501. Não extinguirá a hipoteca, devidamente registrada, a arrematação ou adjudicação, sem que tenham sido notificados judicialmente os respectivos credores hipotecários, que não forem de qualquer modo partes na execução.

► Art. 142 da Lei nº 11.101, de 9-2-2005 (Lei de Recuperação de Empresas e Falências).

Seção V
DA HIPOTECA DE VIAS FÉRREAS

► Dec.-lei nº 3.109, de 12-3-1941, dispõe sobre o registro das alienações das estradas de ferro.

Art. 1.502. As hipotecas sobre as estradas de ferro serão registradas no Município da estação inicial da respectiva linha.

► Art. 1.492, *caput*, deste Código.

► Art. 171 da Lei nº 6.015, de 31-12-1973 (Lei dos Registros Públicos).

Art. 1.503. Os credores hipotecários não podem embaraçar a exploração da linha, nem contrariar as modificações, que a administração deliberar, no leito da estrada, em suas dependências, ou no seu material.

Art. 1.504. A hipoteca será circunscrita à linha ou às linhas especificadas na escritura e ao respectivo material de exploração, no estado em que ao tempo da execução estiverem; mas os credores hipotecários poderão opor-se à venda da estrada, à de suas linhas, de seus ramais ou de parte considerável do material de exploração; bem como à fusão com outra empresa, sempre que com isso a garantia do débito enfraquecer.

Art. 1.505. Na execução das hipotecas será intimado o representante da União ou do Estado, para, dentro em quinze dias, remir a estrada de ferro hipotecada, pagando o preço da arrematação ou da adjudicação.

CAPÍTULO IV
DA ANTICRESE

► Arts. 165, parágrafo único, 364, 1.225, X, 1.419 e segs. deste Código.

► Art. 784, V, do CPC.

► Arts. 167, I, nº 11, 178, I, 220, IV, e 241 da Lei nº 6.015, de 31-12-1973 (Lei dos Registros Públicos).

Art. 1.506. Pode o devedor ou outrem por ele, com a entrega do imóvel ao credor, ceder-lhe o direito de perceber, em compensação da dívida, os frutos e rendimentos.

§ 1º É permitido estipular que os frutos e rendimentos do imóvel sejam percebidos pelo credor à conta de juros, mas se o seu valor ultrapassar a taxa máxima permitida em lei para as operações financeiras, o remanescente será imputado ao capital.

§ 2º Quando a anticrese recair sobre bem imóvel, este poderá ser hipotecado pelo devedor ao credor anticrético, ou a terceiros, assim como o imóvel hipotecado poderá ser dado em anticrese.

Art. 1.507. O credor anticrético pode administrar os bens dados em anticrese e fruir seus frutos e utilidades, mas deverá apresentar anualmente balanço, exato e fiel, de sua administração.

► Art. 1.423 deste Código.

§ 1º Se o devedor anticrético não concordar com o que se contém no balanço, por ser inexato, ou ruinosa a administração, poderá impugná-lo, e, se o quiser, requerer a transformação em arrendamento, fixando o juiz o valor mensal do aluguel, o qual poderá ser corrigido anualmente.

§ 2º O credor anticrético pode, salvo pacto em sentido contrário, arrendar os bens dados em anticrese a terceiro, mantendo, até ser pago, direito de retenção do imóvel, embora o aluguel desse arrendamento não seja vinculativo para o devedor.

► Art. 1.423 deste Código.

Art. 1.508. O credor anticrético responde pelas deteriorações que, por culpa sua, o imóvel vier a sofrer, e pelos frutos e rendimentos que, por sua negligência, deixar de perceber.

Art. 1.509. O credor anticrético pode vindicar os seus direitos contra o adquirente dos bens, os credores quirografários e os hipotecários posteriores ao registro da anticrese.

► Art. 1.423 deste Código.

§ 1º Se executar os bens por falta de pagamento da dívida, ou permitir que outro credor o execute, sem opor o seu direito de retenção ao exequente, não terá preferência sobre o preço.

§ 2º O credor anticrético não terá preferência sobre a indenização do seguro, quando o prédio seja destruído, nem, se forem desapropriados os bens, com relação à desapropriação.

Art. 1.510. O adquirente dos bens dados em anticrese poderá remi-los, antes do vencimento da dívida, pagando a sua totalidade à data do pedido de remição e imitir-se-á, se for o caso, na sua posse.

TÍTULO XI – DA LAJE

► Título XI acrescido pela Lei nº 13.465, de 11-7-2017.

Art. 1.510-A. O proprietário de uma construção-base poderá ceder a superfície superior ou inferior de sua construção a fim de que o titular da laje mantenha unidade distinta daquela originalmente construída sobre o solo.

► En. nº 627 da VIII Jornada de Direito Civil.

§ 1º O direito real de laje contempla o espaço aéreo ou o subsolo de terrenos públicos ou privados, tomados em projeção vertical, como unidade imobiliária autônoma, não contemplando as demais áreas edificadas ou não pertencentes ao proprietário da construção-base.

§ 2º O titular do direito real de laje responderá pelos encargos e tributos que incidirem sobre a sua unidade.

§ 3º Os titulares da laje, unidade imobiliária autônoma constituída em matrícula própria, poderão dela usar, gozar e dispor.

§ 4º A instituição do direito real de laje não implica a atribuição de fração ideal de terreno ao titular da laje ou a participação proporcional em áreas já edificadas.

§ 5º Os Municípios e o Distrito Federal poderão dispor sobre posturas edilícias e urbanísticas associadas ao direito real de laje.

§ 6º O titular da laje poderá ceder a superfície de sua construção para a instituição de um sucessivo direito real de laje, desde que haja autorização expressa dos titulares da construção-base e das demais lajes, respeitadas as posturas edilícias e urbanísticas vigentes.

Art. 1.510-B. É expressamente vedado ao titular da laje prejudicar com obras novas ou com falta de reparação a segurança, a linha arquitetônica ou o arranjo estético do edifício, observadas as posturas previstas em legislação local.

Art. 1.510-C. Sem prejuízo, no que couber, das normas aplicáveis aos condomínios edilícios, para fins do direito real de laje, as despesas necessárias à conservação e fruição das partes que sirvam a todo o edifício e ao pagamento de serviços de interesse comum serão partilhadas entre o proprietário da construção-base e o titular da laje, na proporção que venha a ser estipulada em contrato.

§ 1º São partes que servem a todo o edifício:

I – os alicerces, colunas, pilares, paredes-mestras e todas as partes restantes que constituam a estrutura do prédio;

II – o telhado ou os terraços de cobertura, ainda que destinados ao uso exclusivo do titular da laje;

III – as instalações gerais de água, esgoto, eletricidade, aquecimento, ar condicionado, gás, comunicações e semelhantes que sirvam a todo o edifício; e

IV – em geral, as coisas que sejam afetadas ao uso de todo o edifício.

§ 2º É assegurado, em qualquer caso, o direito de qualquer interessado em promover reparações urgentes na construção na forma do parágrafo único do art. 249 deste Código.

Art. 1.510-D. Em caso de alienação de qualquer das unidades sobrepostas, terão direito de preferência, em igualdade de condições com terceiros, os titulares da construção-base e da laje, nessa ordem, que serão cientificados por escrito para que se manifestem no prazo de trinta dias, salvo se o contrato dispuser de modo diverso.

§ 1º O titular da construção-base ou da laje a quem não se der conhecimento da alienação poderá, mediante depósito do respectivo preço, haver para si a parte alienada a terceiros, se o requerer no prazo decadencial de cento e oitenta dias, contado da data de alienação.

§ 2º Se houver mais de uma laje, terá preferência, sucessivamente, o titular das lajes ascendentes e o titular das lajes descendentes, assegurada a prioridade para a laje mais próxima à unidade sobreposta a ser alienada.

Art. 1.510-E. A ruína da construção-base implica extinção do direito real de laje, salvo:

I – se este tiver sido instituído sobre o subsolo;

II – se a construção-base não for reconstruída no prazo de cinco anos.

Parágrafo único. O disposto neste artigo não afasta o direito a eventual reparação civil contra o culpado pela ruína.

- ▸ Arts. 1.510-A a 1.510-E acrescidos pela Lei nº 13.465, de 11-7-2017.

LIVRO IV – DO DIREITO DE FAMÍLIA

TÍTULO I – DO DIREITO PESSOAL

SUBTÍTULO I – DO CASAMENTO

- ▸ Arts. 226 a 230 da CF.
- ▸ Arts. 5º, parágrafo único, II, 9º, I, 546, 564, IV, e 2.039 deste Código.
- ▸ Arts. 53, I, 189, II, 388, parágrafo único, e 731 do CPC.
- ▸ Lei nº 6.015, de 31-12-1973 (Lei dos Registros Públicos).
- ▸ Lei nº 8.560, de 29-12-1992 (Lei de Investigação de Paternidade).
- ▸ Lei nº 9.278, de 9-5-1996 (Lei da União Estável).
- ▸ Res. nº 175, de 14-5-2013, do CNJ, dispõe sobre a habilitação, celebração de casamento civil, ou de conversão de união estável em casamento, entre pessoas de mesmo sexo.
- ▸ Súm. nº 377 do STF.

CAPÍTULO I
DISPOSIÇÕES GERAIS

Art. 1.511. O casamento estabelece comunhão plena de vida, com base na igualdade de direitos e deveres dos cônjuges.

- ▸ Art. 226, § 5º, da CF.
- ▸ Arts. 1.565 a 1.570 deste Código.

Art. 1.512. O casamento é civil e gratuita a sua celebração.

- ▸ Art. 226, § 1º, da CF.

Parágrafo único. A habilitação para o casamento, o registro e a primeira certidão serão isentos de selos, emolumentos e custas, para as pessoas cuja pobreza for declarada, sob as penas da lei.

Art. 1.513. É defeso a qualquer pessoa, de direito público ou privado, interferir na comunhão de vida instituída pela família.

- ▸ Art. 226, § 7º, da CF.
- ▸ Art. 1.565, § 2º, deste Código.
- ▸ Lei nº 9.263, de 12-1-1996 (Lei do Planejamento Familiar).

Art. 1.514. O casamento se realiza no momento em que o homem e a mulher manifestam, perante o juiz, a sua vontade de estabelecer vínculo conjugal, e o juiz os declara casados.

- ▸ Art. 1.535 deste Código.

Art. 1.515. O casamento religioso, que atender às exigências da lei para a validade do casamento civil, equipara-se a este, desde que registrado no registro próprio, produzindo efeitos a partir da data de sua celebração.

- ▸ Art. 226, § 2º, da CF.
- ▸ Arts. 71 a 75 da Lei nº 6.015, de 31-12-1973 (Lei dos Registros Públicos).

Art. 1.516. O registro do casamento religioso submete-se aos mesmos requisitos exigidos para o casamento civil.

- ▸ Arts. 1.525 a 1.532 deste Código.
- ▸ Arts. 71 a 75 da Lei nº 6.015, de 31-12-1973 (Lei dos Registros Públicos).

§ 1º O registro civil do casamento religioso deverá ser promovido dentro de noventa dias de sua realização, mediante comunicação do celebrante ao ofício competente, ou por iniciativa de qualquer interessado, desde que haja sido homologada previamente a habilitação regulada neste Código. Após o referido prazo, o registro dependerá de nova habilitação.

- ▸ Arts. 1.525 a 1.532 deste Código.
- ▸ Arts. 67 a 69 e 71 a 75 da Lei nº 6.015, de 31-12-1973 (Lei dos Registros Públicos).

§ 2º O casamento religioso, celebrado sem as formalidades exigidas neste Código, terá efeitos civis se, a requerimento do casal, for registrado, a qualquer tempo, no registro civil, mediante prévia habilitação perante a autoridade competente e observado o prazo do art. 1.532.

► Art. 74 da Lei nº 6.015, de 31-12-1973 (Lei dos Registros Públicos).

§ 3º Será nulo o registro civil do casamento religioso se, antes dele, qualquer dos consorciados houver contraído com outrem casamento civil.

► Art. 1.521, VI, deste Código.

CAPÍTULO II
DA CAPACIDADE PARA O CASAMENTO

Art. 1.517. O homem e a mulher com dezesseis anos podem casar, exigindo-se autorização de ambos os pais, ou de seus representantes legais, enquanto não atingida a maioridade civil.

► Arts. 5º, I, e 226, § 5º, da CF.

► Arts. 5º, 1.519, 1.631, 1.634, III, 1.690 e 1.747, I, deste Código.

► En. nº 512 da V Jornada de Direito Civil.

Parágrafo único. Se houver divergência entre os pais, aplica-se o disposto no parágrafo único do art. 1.631.

► Arts. 1.555, 1.560, § 1º, e 1.641 deste Código.

Art. 1.518. Até a celebração do casamento podem os pais ou tutores revogar a autorização.

► Artigo com a redação dada pela Lei nº 13.146, de 6-7-2015.

Art. 1.519. A denegação do consentimento, quando injusta, pode ser suprida pelo juiz.

► Art. 148, parágrafo único, *c*, do ECA.

Art. 1.520. Não será permitido, em qualquer caso, o casamento de quem não atingiu a idade núbil, observado o disposto no art. 1.517 deste Código.

► Artigo com a redação dada pela Lei nº 13.811, de 12-3-2019.

► Arts. 166, VII, 1.550, I, 1.641 deste Código.

CAPÍTULO III
DOS IMPEDIMENTOS

Art. 1.521. Não podem casar:

► Arts. 166, VII, 1.529 e 1.723, § 1º, e 1.548 deste Código.

I – os ascendentes com os descendentes, seja o parentesco natural ou civil;

► Art. 1.591 deste Código.

II – os afins em linha reta;

► Art. 1.595 deste Código.

III – o adotante com quem foi cônjuge do adotado e o adotado com quem o foi do adotante;

IV – os irmãos, unilaterais ou bilaterais, e demais colaterais, até o terceiro grau inclusive;

► Arts. 1º a 3º do Dec.-lei nº 3.200, de 19-4-1941, que dispõe sobre a organização e proteção da família.

► En. nº 98 da I Jornada de Direito Civil.

V – o adotado com o filho do adotante;

► Arts. 39 e segs. do ECA.

VI – as pessoas casadas;

► Art. 1.723, § 1º, deste Código.

VII – o cônjuge sobrevivente com o condenado por homicídio ou tentativa de homicídio contra o seu consorte.

Art. 1.522. Os impedimentos podem ser opostos, até o momento da celebração do casamento, por qualquer pessoa capaz.

► Art. 1.529 deste Código.

► Art. 67, § 4º, da Lei nº 6.015, de 31-12-1973 (Lei dos Registros Públicos).

Parágrafo único. Se o juiz, ou o oficial de registro, tiver conhecimento da existência de algum impedimento, será obrigado a declará-lo.

CAPÍTULO IV
DAS CAUSAS SUSPENSIVAS

Art. 1.523. Não devem casar:

► Art. 1.641 deste Código.

I – o viúvo ou a viúva que tiver filho do cônjuge falecido, enquanto não fizer inventário dos bens do casal e der partilha aos herdeiros;

► Arts. 1.489, II, e 1.641, I, deste Código.

II – a viúva, ou a mulher cujo casamento se desfez por ser nulo ou ter sido anulado, até dez meses depois do começo da viuvez, ou da dissolução da sociedade conjugal;

► Arts. 1.598 e 1.641, I, deste Código.

III – o divorciado, enquanto não houver sido homologada ou decidida a partilha dos bens do casal;

► Arts. 1.581 e 1.641, I, deste Código.

IV – o tutor ou o curador e os seus descendentes, ascendentes, irmãos, cunhados ou sobrinhos, com a pessoa tutelada ou curatelada, enquanto não cessar a tutela ou curatela, e não estiverem saldadas as respectivas contas.

► Arts. 1.641, I, 1.755 a 1.762, 1.763 a 1.766 e 1.781 deste Código.

Parágrafo único. É permitido aos nubentes solicitar ao juiz que não lhes sejam aplicadas as causas suspensivas previstas nos incisos I, III e IV deste artigo, provando-se a inexistência de prejuízo, respectivamente, para o herdeiro, para o ex-cônjuge e para a pessoa tutelada ou curatelada; no caso do inciso II, a nubente deverá provar nascimento de filho, ou inexistência de gravidez, na fluência do prazo.

Art. 1.524. As causas suspensivas da celebração do casamento podem ser arguidas pelos parentes em linha reta de um dos nubentes, sejam consanguíneos ou afins, e pelos colaterais em segundo grau, sejam também consanguíneos ou afins.

► Arts. 1.591 a 1.595 deste Código.

► En. nº 330 da IV Jornada de Direito Civil.

CAPÍTULO V
DO PROCESSO DE HABILITAÇÃO PARA O CASAMENTO

► Res. nº 175, de 14-5-2013, do CNJ, dispõe sobre a habilitação, celebração de casamento civil, ou de conversão de união estável em casamento, entre pessoas de mesmo sexo.

► Arts. 67 a 69 da Lei nº 6.015, de 31-12-1973 (Lei dos Registros Públicos).

Art. 1.525. O requerimento de habilitação para o casamento será firmado por ambos os nubentes, de próprio punho, ou, a seu pedido, por procurador, e deve ser instruído com os seguintes documentos:

I – certidão de nascimento ou documento equivalente;

► Arts. 1.517, 1.550, I, e 1.641, II, deste Código.

II – autorização por escrito das pessoas sob cuja dependência legal estiverem, ou ato judicial que a supra;

► Arts. 1.517, 1.519 e 1.550, I, deste Código.

III – declaração de duas testemunhas maiores, parentes ou não, que atestem conhecê-los e afirmem não existir impedimento que os iniba de casar;

► Art. 228 deste Código.

IV – declaração do estado civil, do domicílio e da residência atual dos contraentes e de seus pais, se forem conhecidos;

V – certidão de óbito do cônjuge falecido, de sentença declaratória de nulidade ou de anulação de casamento, transitada em julgado, ou do registro da sentença de divórcio.

► Art. 226, §§ 1º a 4º, da CF.

► Art. 1.521, VI, deste Código.

► Arts. 67 e segs. da Lei nº 6.015, de 31-12-1973 (Lei dos Registros Públicos).

► Arts. 7º, 18 e 19 da LINDB.

Art. 1.526. A habilitação será feita pessoalmente perante o oficial do Registro Civil, com a audiência do Ministério Público.

► *Caput* com a redação dada pela Lei nº 12.133, de 17-12-2009.

► En. nº 120 da I Jornada de Direito Civil.

Parágrafo único. Caso haja impugnação do oficial, do Ministério Público ou de terceiro, a habilitação será submetida ao juiz.

► Parágrafo único acrescido pela Lei nº 12.133, de 17-12-2009.

Art. 1.527. Estando em ordem a documentação, o oficial extrairá o edital, que se afixará durante quinze dias nas circunscrições do Registro Civil de ambos os nubentes, e, obrigatoriamente, se publicará na imprensa local, se houver.

► Arts. 44 e 67, § 4º, da Lei nº 6.015, de 31-12-1973 (Lei dos Registros Públicos).

► En. nº 513 da V Jornada de Direito Civil.

Parágrafo único. A autoridade competente, havendo urgência, poderá dispensar a publicação.

► Arts. 43, 44 a 67, 70 e segs. da Lei nº 6.015, de 31-12-1973 (Lei dos Registros Públicos).

Art. 1.528. É dever do oficial do registro esclarecer os nubentes a respeito dos fatos que podem ocasionar a invalidade do casamento, bem como sobre os diversos regimes de bens.

► Arts. 1.548 a 1.564 e 1.639 a 1.688 deste Código.

► Art. 28 da Lei nº 6.015, de 31-12-1973 (Lei dos Registros Públicos).

Art. 1.529. Tanto os impedimentos quanto as causas suspensivas serão opostos em declaração escrita e assinada, instruída com as provas do fato alegado, ou com a indicação do lugar onde possam ser obtidas.

► Arts. 1.521 a 1.524 deste Código.

Art. 1.530. O oficial do registro dará aos nubentes ou a seus representantes nota da oposição, indicando os fundamentos, as provas e o nome de quem a ofereceu.

Parágrafo único. Podem os nubentes requerer prazo razoável para fazer prova contrária aos fatos alegados, e promover as ações civis e criminais contra o oponente de má-fé.

► Art. 67, § 5º, da Lei nº 6.015, de 31-12-1973 (Lei dos Registros Públicos).

Art. 1.531. Cumpridas as formalidades dos arts. 1.526 e 1.527 e verificada a inexistência de fato obstativo, o oficial do registro extrairá o certificado de habilitação.

Art. 1.532. A eficácia da habilitação será de noventa dias, a contar da data em que foi extraído o certificado.

CAPÍTULO VI

DA CELEBRAÇÃO DO CASAMENTO

► Res. nº 175, de 14-5-2013, do CNJ, dispõe sobre a habilitação, celebração de casamento civil, ou de conversão de união estável em casamento, entre pessoas de mesmo sexo.

Art. 1.533. Celebrar-se-á o casamento, no dia, hora e lugar previamente designados pela autoridade que houver de presidir o ato, mediante petição dos contraentes, que se mostrem habilitados com a certidão do art. 1.531.

► Arts. 5º, LXXVI, *a*, e 226, §§ 1º a 6º, da CF.

► Art. 74 da Lei nº 6.015, de 31-12-1973 (Lei dos Registros Públicos).

Art. 1.534. A solenidade realizar-se-á na sede do cartório, com toda publicidade, a portas abertas, presentes pelo menos duas testemunhas, parentes ou não dos contraentes, ou, querendo as partes e consentindo a autoridade celebrante, noutro edifício público ou particular.

§ 1º Quando o casamento for em edifício particular, ficará este de portas abertas durante o ato.

§ 2º Serão quatro as testemunhas na hipótese do parágrafo anterior e se algum dos contraentes não souber ou não puder escrever.

► Art. 228 deste Código.

Art. 1.535. Presentes os contraentes, em pessoa ou por procurador especial, juntamente com as testemunhas e o oficial do registro, o presidente do ato, ouvida aos nubentes a afirmação de que pretendem casar por livre e espontânea vontade, declarará efetuado o casamento, nestes termos:

"De acordo com a vontade que ambos acabais de afirmar perante mim, de vos receberdes por marido e mulher, eu, em nome da lei, vos declaro casados."

► Arts. 1.538 e 1.542 deste Código.

Art. 1.536. Do casamento, logo depois de celebrado, lavrar-se-á o assento no livro de registro. No assento, assinado pelo presidente do ato, pelos cônjuges, as testemunhas, e o oficial do registro, serão exarados:

I – os prenomes, sobrenomes, datas de nascimento, profissão, domicílio e residência atual dos cônjuges;

II – os prenomes, sobrenomes, datas de nascimento ou de morte, domicílio e residência atual dos pais;

III – o prenome e sobrenome do cônjuge precedente e a data da dissolução do casamento anterior;

IV – a data da publicação dos proclamas e da celebração do casamento;

V – a relação dos documentos apresentados ao oficial do registro;

VI – o prenome, sobrenome, profissão, domicílio e residência atual das testemunhas;

VII – o regime do casamento, com a declaração da data e do cartório em cujas notas foi lavrada a escritura antenupcial, quando o regime não for o da comunhão parcial, ou o obrigatoriamente estabelecido.

► Art. 1.565, § 1º, deste Código.

► Art. 70 da Lei nº 6.015, de 31-12-1973 (Lei dos Registros Públicos).

Art. 1.537. O instrumento da autorização para casar transcrever-se-á integralmente na escritura antenupcial.

► Arts. 220, 1.517, 1.634, III, e 1.653 deste Código.

Art. 1.538. A celebração do casamento será imediatamente suspensa se algum dos contraentes:

I – recusar a solene afirmação da sua vontade;

II – declarar que esta não é livre e espontânea;

III – manifestar-se arrependido.

Parágrafo único. O nubente que, por algum dos fatos mencionados neste artigo, der causa à suspensão do ato, não será admitido a retratar-se no mesmo dia.

Art. 1.539. No caso de moléstia grave de um dos nubentes, o presidente do ato irá celebrá-lo onde se encontrar o impedido, sendo urgente, ainda que à noite, perante duas testemunhas que saibam ler e escrever.

§ 1º A falta ou impedimento da autoridade competente para presidir o casamento suprir-se-á por qualquer dos seus substitutos legais, e a do oficial do Registro Civil por outro *ad hoc*, nomeado pelo presidente do ato.

§ 2º O termo avulso, lavrado pelo oficial *ad hoc*, será registrado no respectivo registro dentro em cinco dias, perante duas testemunhas, ficando arquivado.

Art. 1.540. Quando algum dos contraentes estiver em iminente risco de vida, não obtendo a presença da autoridade à qual incumba presidir o ato, nem a de seu substituto, poderá o casamento ser celebrado na presença de seis testemunhas, que com os nubentes não tenham parentesco em linha reta, ou, na colateral, até segundo grau.

► Art. 1.527, parágrafo único, deste Código.

► Art. 76 da Lei nº 6.015, de 31-12-1973 (Lei dos Registros Públicos).

Art. 1.541. Realizado o casamento, devem as testemunhas comparecer perante a autoridade judicial mais próxima, dentro em dez dias, pedindo que lhes tome por termo a declaração de:

I – que foram convocadas por parte do enfermo;

II – que este parecia em perigo de vida, mas em seu juízo;

III – que, em sua presença, declararam os contraentes, livre e espontaneamente, receber-se por marido e mulher.

► Art. 76, *caput*, da Lei nº 6.015, de 31-12-1973 (Lei dos Registros Públicos).

§ 1º Autuado o pedido e tomadas as declarações, o juiz procederá às diligências necessárias para verificar se os contraentes podiam ter-se habilitado, na forma ordinária, ouvidos os interessados que o requererem, dentro em quinze dias.

► Art. 76, § 1º, da Lei nº 6.015, de 31-12-1973 (Lei dos Registros Públicos).

§ 2º Verificada a idoneidade dos cônjuges para o casamento, assim o decidirá a autoridade competente, com recurso voluntário às partes.

§ 3º Se da decisão não se tiver recorrido, ou se ela passar em julgado, apesar dos recursos interpostos, o juiz mandará registrá-la no livro do Registro dos Casamentos.

§ 4º O assento assim lavrado retrotrairá os efeitos do casamento, quanto ao estado dos cônjuges, à data da celebração.

§ 5º Serão dispensadas as formalidades deste e do artigo antecedente, se o enfermo convalescer e puder ratificar o casamento na presença da autoridade competente e do oficial do registro.

Art. 1.542. O casamento pode celebrar-se mediante procuração, por instrumento público, com poderes especiais.

§ 1º A revogação do mandato não necessita chegar ao conhecimento do mandatário; mas, celebrado o casamento sem que o mandatário ou o outro contraente tivessem ciência da revogação, responderá o mandante por perdas e danos.

► Arts. 402 a 405 e 1.550, V, deste Código.

§ 2º O nubente que não estiver em iminente risco de vida poderá fazer-se representar no casamento nuncupativo.

§ 3º A eficácia do mandato não ultrapassará noventa dias.

§ 4º Só por instrumento público se poderá revogar o mandato.

CAPÍTULO VII

DAS PROVAS DO CASAMENTO

Art. 1.543. O casamento celebrado no Brasil prova-se pela certidão do registro.

Parágrafo único. Justificada a falta ou perda do registro civil, é admissível qualquer outra espécie de prova.

► Art. 7º, § 1º, da LINDB.

Art. 1.544. O casamento de brasileiro, celebrado no estrangeiro, perante as respectivas autoridades ou os cônsules brasileiros, deverá ser registrado em cento e oitenta dias, a contar da volta de um ou de ambos os cônjuges ao Brasil, no cartório do respectivo domicílio, ou, em sua falta, no 1º Ofício da Capital do Estado em que passarem a residir.

► Art. 32 da Lei nº 6.015, de 31-12-1973 (Lei dos Registros Públicos).

► Arts. 7º, 13, 18 e 19 da LINDB.

Art. 1.545. O casamento de pessoas que, na posse do estado de casadas, não possam manifestar vontade, ou tenham falecido, não se pode contestar em prejuízo da prole comum, salvo mediante certidão do Registro Civil que prove que já era casada alguma delas, quando contraiu o casamento impugnado.

Art. 1.546. Quando a prova da celebração legal do casamento resultar de processo judicial, o registro da sentença no livro do Registro Civil produzirá, tanto no que toca aos cônjuges como no que respeita aos filhos, todos os efeitos civis desde a data do casamento.

Art. 1.547. Na dúvida entre as provas favoráveis e contrárias, julgar-se-á pelo casamento, se os cônjuges, cujo casamento se impugna, viverem ou tiverem vivido na posse do estado de casados.

CAPÍTULO VIII

DA INVALIDADE DO CASAMENTO

Art. 1.548. É nulo o casamento contraído:

I – *Revogado*; Lei nº 13.146, de 6-7-2015.

► Arts. 3º, II, e 166, I, deste Código.

► En. nº 332 da IV Jornada de Direito Civil.

II – por infringência de impedimento.

► Arts. 1.521 e 1.522 deste Código.

Art. 1.549. A decretação de nulidade de casamento, pelos motivos previstos no artigo antecedente, pode ser promovida mediante ação direta, por qualquer interessado, ou pelo Ministério Público.

► Arts. 17 e 177 do CPC.

Art. 1.550. É anulável o casamento:

I – de quem não completou a idade mínima para casar;

► Arts. 1.517, e 1.560, § 1º, deste Código.

II – do menor em idade núbil, quando não autorizado por seu representante legal;

► Art. 1.555 deste Código.

III – por vício da vontade, nos termos dos arts. 1.556 a 1.558;

► Art. 1.560, III e IV, deste Código.

IV – do incapaz de consentir ou manifestar, de modo inequívoco, o consentimento;

► Art. 1.560, I, deste Código.

V – realizado pelo mandatário, sem que ele ou o outro contraente soubesse da revogação do mandato, e não sobrevindo coabitação entre os cônjuges;

► Arts. 1.542 e 1.560, § 2º, deste Código.

VI – por incompetência da autoridade celebrante.

► Arts. 1.542, 1.554 e 1.560, II, deste Código.

§ 1º Equipara-se à revogação a invalidade do mandato judicialmente decretada.

► Parágrafo único renumerado para § 1º pela Lei nº 13.146, de 6-7-2015.

§ 2º A pessoa com deficiência mental ou intelectual em idade núbia poderá contrair matrimônio, expressando sua vontade diretamente ou por meio de seu responsável ou curador.

► § 2º acrescido pela Lei nº 13.146, de 6-7-2015.

Art. 1.551. Não se anulará, por motivo de idade, o casamento de que resultou gravidez.

Art. 1.552. A anulação do casamento dos menores de dezesseis anos será requerida:

I – pelo próprio cônjuge menor;
II – por seus representantes legais;
III – por seus ascendentes.

Art. 1.553. O menor que não atingiu a idade núbil poderá, depois de completá-la, confirmar seu casamento, com a autorização de seus representantes legais, se necessária, ou com suprimento judicial.

Art. 1.554. Subsiste o casamento celebrado por aquele que, sem possuir a competência exigida na lei, exercer publicamente as funções de juiz de casamentos e, nessa qualidade, tiver registrado o ato no Registro Civil.

Art. 1.555. O casamento do menor em idade núbil, quando não autorizado por seu representante legal, só poderá ser anulado se a ação for proposta em cento e oitenta dias, por iniciativa do incapaz, ao deixar de sê-lo, de seus representantes legais ou de seus herdeiros necessários.

► Art. 1.845 deste Código.

§ 1º O prazo estabelecido neste artigo será contado do dia em que cessou a incapacidade, no primeiro caso; a partir do casamento, no segundo; e, no terceiro, da morte do incapaz.

§ 2º Não se anulará o casamento quando à sua celebração houverem assistido os representantes legais do incapaz, ou tiverem, por qualquer modo, manifestado sua aprovação.

Art. 1.556. O casamento pode ser anulado por vício da vontade, se houve por parte de um dos nubentes, ao consentir, erro essencial quanto à pessoa do outro.

Art. 1.557. Considera-se erro essencial sobre a pessoa do outro cônjuge:

► Art. 1.560, III, deste Código.

I – o que diz respeito à sua identidade, sua honra e boa fama, sendo esse erro tal que o seu conhecimento ulterior torne insuportável a vida em comum ao cônjuge enganado;
II – a ignorância de crime, anterior ao casamento, que, por sua natureza, torne insuportável a vida conjugal;
III – a ignorância, anterior ao casamento, de defeito físico irremediável que não caracterize deficiência ou de moléstia grave e transmissível, por contágio ou por herança, capaz de pôr em risco a saúde do outro cônjuge ou de sua descendência;

► Inciso III com a redação dada pela Lei nº 13.146, de 6-7-2015.

IV – *Revogado*. Lei nº 13.146, de 6-7-2015.

Art. 1.558. É anulável o casamento em virtude de coação, quando o consentimento de um ou de ambos os cônjuges houver sido captado mediante fundado temor de mal considerável e iminente para a vida, a saúde e a honra, sua ou de seus familiares.

► Art. 1.560, IV, deste Código.

Art. 1.559. Somente o cônjuge que incidiu em erro, ou sofreu coação, pode demandar a anulação do casamento; mas a coabitação, havendo ciência do vício, valida o ato, ressalvadas as hipóteses dos incisos III e IV do art. 1.557.

► O referido art. 1.557, IV, foi revogado pela Lei nº 13.146, de 6-7-2015.

Art. 1.560. O prazo para ser intentada a ação de anulação do casamento, a contar da data da celebração, é de:

I – cento e oitenta dias, no caso do inciso IV do art. 1.550;
II – dois anos, se incompetente a autoridade celebrante;
III – três anos, nos casos dos incisos I a IV do art. 1.557;

► O referido art. 1.557, IV, foi revogado pela Lei nº 13.146, de 6-7-2015.

IV – quatro anos, se houver coação.

§ 1º Extingue-se, em cento e oitenta dias, o direito de anular o casamento dos menores de dezesseis anos, contado o prazo para o menor do dia em que perfez essa idade; e da data do casamento, para seus representantes legais ou ascendentes.

§ 2º Na hipótese do inciso V do art. 1.550, o prazo para anulação do casamento é de cento e oitenta dias, a partir da data em que o mandante tiver conhecimento da celebração.

Art. 1.561. Embora anulável ou mesmo nulo, se contraído de boa-fé por ambos os cônjuges, o casamento, em relação a estes como aos filhos, produz todos os efeitos até o dia da sentença anulatória.

► Arts. 1.563 e 1.564 deste Código.

§ 1º Se um dos cônjuges estava de boa-fé ao celebrar o casamento, os seus efeitos civis só a ele e aos filhos aproveitarão.

§ 2º Se ambos os cônjuges estavam de má-fé ao celebrar o casamento, os seus efeitos civis só aos filhos aproveitarão.

Art. 1.562. Antes de mover a ação de nulidade do casamento, a de anulação, a de separação judicial, a de divórcio direto ou a de dissolução de união estável, poderá requerer a parte, comprovando sua necessidade, a separação de corpos, que será concedida pelo juiz com a possível brevidade.

► Art. 226, § 6º, da CF.

Art. 1.563. A sentença que decretar a nulidade do casamento retroagirá à data da sua celebração, sem prejudicar a aquisição de direitos, a título oneroso, por terceiros de boa-fé, nem a resultante de sentença transitada em julgado.

► Art. 227, § 6º, da CF.

► Art. 1.548 deste Código.

► Art. 53, I, do CPC.

► Art. 100 da Lei nº 6.015, de 31-12-1973 (Lei dos Registros Públicos).

Art. 1.564. Quando o casamento for anulado por culpa de um dos cônjuges, este incorrerá:

I – na perda de todas as vantagens havidas do cônjuge inocente;
II – na obrigação de cumprir as promessas que lhe fez no contrato antenupcial.

► Arts. 1.653 a 1.657 deste Código.

CAPÍTULO IX
DA EFICÁCIA DO CASAMENTO

► Art. 226, § 6º, da CF.

Art. 1.565. Pelo casamento, homem e mulher assumem mutuamente a condição de consortes, companheiros e responsáveis pelos encargos da família.

► Art. 226, § 5º, da CF.

§ 1º Qualquer dos nubentes, querendo, poderá acrescer ao seu o sobrenome do outro.

► Arts. 1.571, § 2º, e 1.578 deste Código.

§ 2º O planejamento familiar é de livre decisão do casal, competindo ao Estado propiciar recursos educacionais e financeiros para o exercício desse direito, vedado qualquer tipo de coerção por parte de instituições privadas ou públicas.

► Art. 226, § 7º, da CF.
► Art. 1.513 deste Código.
► Art. 70 da Lei nº 6.015, de 31-12-1973 (Lei dos Registros Públicos).
► Lei nº 9.263, de 12-1-1996 (Lei do Planejamento Familiar).
► En. nº 99 da I Jornada de Direito Civil.

Art. 1.566. São deveres de ambos os cônjuges:

I – fidelidade recíproca;

► Art. 1.573, I, deste Código.

II – vida em comum, no domicílio conjugal;

► Arts. 1.569 e 1.573, IV, deste Código.

III – mútua assistência;

IV – sustento, guarda e educação dos filhos;

► Arts. 226, § 5º, 227 e 229 da CF.
► Arts. 1.583 e segs., 1.634, 1.635, V, e 1.638 deste Código.
► Lei nº 8.069, de 13-7-1990, que dispõe sobre o Estatuto da Criança e do Adolescente.

V – respeito e consideração mútuos.

Art. 1.567. A direção da sociedade conjugal será exercida, em colaboração, pelo marido e pela mulher, sempre no interesse do casal e dos filhos.

Parágrafo único. Havendo divergência, qualquer dos cônjuges poderá recorrer ao juiz, que decidirá tendo em consideração aqueles interesses.

► Art. 1.631, parágrafo único, deste Código.

Art. 1.568. Os cônjuges são obrigados a concorrer, na proporção de seus bens e dos rendimentos do trabalho, para o sustento da família e a educação dos filhos, qualquer que seja o regime patrimonial.

Art. 1.569. O domicílio do casal será escolhido por ambos os cônjuges, mas um e outro podem ausentar-se do domicílio conjugal para atender a encargos públicos, ao exercício de sua profissão, ou a interesses particulares relevantes.

Art. 1.570. Se qualquer dos cônjuges estiver em lugar remoto ou não sabido, encarcerado por mais de cento e oitenta dias, interditado judicialmente ou privado, episodicamente, de consciência, em virtude de enfermidade ou de acidente, o outro exercerá com exclusividade a direção da família, cabendo-lhe a administração dos bens.

► Art. 1.651 deste Código.

CAPÍTULO X
DA DISSOLUÇÃO DA SOCIEDADE E DO VÍNCULO CONJUGAL

► Art. 226, § 6º, da CF.
► Arts. 961, § 5º, e 733 do CPC.
► En. nº 571 da VI Jornada de Direito Civil.

Art. 1.571. A sociedade conjugal termina:

I – pela morte de um dos cônjuges;

II – pela nulidade ou anulação do casamento;

► Arts. 1.548 a 1.564 deste Código.

III – pela separação judicial;

► En. nº 514 da V Jornada de Direito Civil.

IV – pelo divórcio.

§ 1º O casamento válido só se dissolve pela morte de um dos cônjuges ou pelo divórcio, aplicando-se a presunção estabelecida neste Código quanto ao ausente.

► Arts. 6º e 22 a 39 deste Código.

§ 2º Dissolvido o casamento pelo divórcio direto ou por conversão, o cônjuge poderá manter o nome de casado; salvo, no segundo caso, dispondo em contrário a sentença de separação judicial.

► En. nº 121 da I Jornada de Direito Civil.

Art. 1.572. Qualquer dos cônjuges poderá propor a ação de separação judicial, imputando ao outro qualquer ato que importe grave violação dos deveres do casamento e torne insuportável a vida em comum.

► Enunciados nºs 100 e 122 da I Jornada de Direito Civil.

§ 1º A separação judicial pode também ser pedida se um dos cônjuges provar ruptura da vida em comum há mais de um ano e a impossibilidade de sua reconstituição.

§ 2º O cônjuge pode ainda pedir a separação judicial quando o outro estiver acometido de doença mental grave, manifestada após o casamento, que torne impossível a continuação da vida em comum, desde que, após uma duração de dois anos, a enfermidade tenha sido reconhecida de cura improvável.

§ 3º No caso do § 2º, reverterão ao cônjuge enfermo, que não houver pedido a separação judicial, os remanescentes dos bens que levou para o casamento, e se o regime dos bens adotado o permitir, a meação dos adquiridos na constância da sociedade conjugal.

Art. 1.573. Podem caracterizar a impossibilidade da comunhão de vida a ocorrência de algum dos seguintes motivos:

► En. nº 254 da III Jornada de Direito Civil.

I – adultério;

► Art. 1.566, I, deste Código.

II – tentativa de morte;

III – sevícia ou injúria grave;

IV – abandono voluntário do lar conjugal, durante um ano contínuo;

► Art. 1.566, II, deste Código.

V – condenação por crime infamante;

VI – conduta desonrosa.

► Art. 1.566, V, deste Código.

Parágrafo único. O juiz poderá considerar outros fatos que tornem evidente a impossibilidade da vida em comum.

Art. 1.574. Dar-se-á a separação judicial por mútuo consentimento dos cônjuges se forem casados por mais de um ano e o manifestarem perante o juiz, sendo por ele devidamente homologada a convenção.

► Art. 733 do CPC.
► En. nº 515 da V Jornada de Direito Civil.

Parágrafo único. O juiz pode recusar a homologação e não decretar a separação judicial se apurar que a convenção não preserva suficientemente os interesses dos filhos ou de um dos cônjuges.

► En. nº 516 da V Jornada de Direito Civil.

Art. 1.575. A sentença de separação judicial importa a separação de corpos e a partilha de bens.

► Art. 1.562 deste Código.

► En. nº 255 da III Jornada de Direito Civil.

Parágrafo único. A partilha de bens poderá ser feita mediante proposta dos cônjuges e homologada pelo juiz ou por este decidida.

Art. 1.576. A separação judicial põe termo aos deveres de coabitação e fidelidade recíproca e ao regime de bens.

Parágrafo único. O procedimento judicial da separação caberá somente aos cônjuges, e, no caso de incapacidade, serão representados pelo curador, pelo ascendente ou pelo irmão.

Art. 1.577. Seja qual for a causa da separação judicial e o modo como esta se faça, é lícito aos cônjuges restabelecer, a todo tempo, a sociedade conjugal, por ato regular em juízo.

Parágrafo único. A reconciliação em nada prejudicará o direito de terceiros, adquirido antes e durante o estado de separado, seja qual for o regime de bens.

Art. 1.578. O cônjuge declarado culpado na ação de separação judicial perde o direito de usar o sobrenome do outro, desde que expressamente requerido pelo cônjuge inocente e se a alteração não acarretar:

► En. nº 124 da I Jornada de Direito Civil.

I – evidente prejuízo para a sua identificação;
II – manifesta distinção entre o seu nome de família e o dos filhos havidos da união dissolvida;
III – dano grave reconhecido na decisão judicial.

§ 1º O cônjuge inocente na ação de separação judicial poderá renunciar, a qualquer momento, ao direito de usar o sobrenome do outro.

§ 2º Nos demais casos caberá a opção pela conservação do nome de casado.

Art. 1.579. O divórcio não modificará os direitos e deveres dos pais em relação aos filhos.

► Arts. 1.634 e 1.636 deste Código.

► Art. 27 da Lei nº 6.515, de 26-12-1977 (Lei do Divórcio).

► Art. 22 da Lei nº 8.069, de 13-7-1990, que dispõe sobre o Estatuto da Criança e do Adolescente.

Parágrafo único. Novo casamento de qualquer dos pais, ou de ambos, não poderá importar restrições aos direitos e deveres previstos neste artigo.

Art. 1.580. Decorrido um ano do trânsito em julgado da sentença que houver decretado a separação judicial, ou da decisão concessiva da medida cautelar de separação de corpos, qualquer das partes poderá requerer sua conversão em divórcio.

► Art. 226, § 6º, da CF.

► En. nº 517 da V Jornada de Direito Civil.

§ 1º A conversão em divórcio da separação judicial dos cônjuges será decretada por sentença, da qual não constará referência à causa que a determinou.

§ 2º O divórcio poderá ser requerido, por um ou por ambos os cônjuges, no caso de comprovada separação de fato por mais de dois anos.

Art. 1.581. O divórcio pode ser concedido sem que haja prévia partilha de bens.

► Art. 356 do CPC.

► Art. 31 da Lei nº 6.015, de 31-12-1973 (Lei dos Registros Públicos).

► Súm. nº 197 do STJ.

Art. 1.582. O pedido de divórcio somente competirá aos cônjuges.

Parágrafo único. Se o cônjuge for incapaz para propor a ação ou defender-se, poderá fazê-lo o curador, o ascendente ou o irmão.

► Art. 24 da Lei nº 6.015, de 31-12-1973 (Lei dos Registros Públicos).

CAPÍTULO XI
DA PROTEÇÃO DA PESSOA DOS FILHOS

► Lei nº 12.318, de 26-8-2010 (Lei da Alienação Parental).

Art. 1.583. A guarda será unilateral ou compartilhada.

► *Caput* com a redação dada pela Lei nº 11.698, de 13-6-2008.

► En. nº 101 da I Jornada de Direito Civil.

► En. nº 518 da V Jornada de Direito Civil.

§ 1º Compreende-se por guarda unilateral a atribuída a um só dos genitores ou a alguém que o substitua (art. 1.584, § 5º) e, por guarda compartilhada a responsabilização conjunta e o exercício de direitos e deveres do pai e da mãe que não vivam sob o mesmo teto, concernentes ao poder familiar dos filhos comuns.

► § 1º acrescido pela Lei nº 11.698, de 13-6-2008.

§ 2º Na guarda compartilhada, o tempo de convívio com os filhos deve ser dividido de forma equilibrada com a mãe e com o pai, sempre tendo em vista as condições fáticas e os interesses dos filhos.

► *Caput* do § 2º com a redação dada pela Lei nº 13.058, de 22-12-2014.

I a III – *Revogados.* Lei nº 13.058, de 22-12-2014.

§ 3º Na guarda compartilhada, a cidade considerada base de moradia dos filhos será aquela que melhor atender aos interesses dos filhos.

► § 3º com a redação dada pela Lei nº 13.058, de 22-12-2014.

§ 4º VETADO. Lei nº 11.698, de 13-6-2008.

§ 5º A guarda unilateral obriga o pai ou a mãe que não a detenha a supervisionar os interesses dos filhos, e, para possibilitar tal supervisão, qualquer dos genitores sempre será parte legítima para solicitar informações e/ou prestação de contas, objetivas ou subjetivas, em assuntos ou situações que direta ou indiretamente afetem a saúde física e psicológica e a educação de seus filhos.

► § 5º acrescido pela Lei nº 13.058, de 22-12-2014.

Art. 1.584. A guarda, unilateral ou compartilhada, poderá ser:

► *Caput* com a redação dada pela Lei nº 11.698, de 13-6-2008.

► En. nº 102 da I Jornada de Direito Civil.

► Enunciados nºs 333 e 334 da IV Jornada de Direito Civil.

► En. nº 518 da V Jornada de Direito Civil.

I – requerida, por consenso, pelo pai e pela mãe, ou por qualquer deles, em ação autônoma de separação, de divórcio, de dissolução de união estável ou em medida cautelar;
II – decretada pelo juiz, em atenção a necessidades específicas do filho, ou em razão da distribuição de tempo necessário ao convívio deste com o pai e com a mãe.

► Incisos I e II acrescidos pela Lei nº 11.698, de 13-6-2008.

§ 1º Na audiência de conciliação, o juiz informará ao pai e à mãe o significado da guarda compartilhada, a sua importância, a similitude de deveres e direitos atribuídos aos genitores e as sanções pelo descumprimento de suas cláusulas.

► § 1º acrescido pela Lei nº 11.698, de 13-6-2008.

§ 2º Quando não houver acordo entre a mãe e o pai quanto à guarda do filho, encontrando-se ambos os genitores aptos a exercer o poder familiar, será aplicada a guarda compartilhada, salvo se um dos genitores declarar ao magistrado que não deseja a guarda do menor.

§ 3º Para estabelecer as atribuições do pai e da mãe e os períodos de convivência sob guarda compartilhada, o juiz, de ofício ou a requerimento do Ministério Público, poderá basear-se em orientação técnico-profissional ou de equipe interdisciplinar, que deverá visar à divisão equilibrada do tempo com o pai e com a mãe.

§ 4º A alteração não autorizada ou o descumprimento imotivado de cláusula de guarda unilateral ou compartilhada poderá implicar a redução de prerrogativas atribuídas ao seu detentor.

§ 5º Se o juiz verificar que o filho não deve permanecer sob a guarda do pai ou da mãe, deferirá a guarda a pessoa que revele compatibilidade com a natureza da medida, considerados, de preferência, o grau de parentesco e as relações de afinidade e afetividade.

► §§ 2º a 5º com a redação dada pela Lei nº 13.058, de 22-12-2014.

§ 6º Qualquer estabelecimento público ou privado é obrigado a prestar informações a qualquer dos genitores sobre os filhos destes, sob pena de multa de R$ 200,00 (duzentos reais) a R$ 500,00 (quinhentos reais) por dia pelo não atendimento da solicitação.

► § 6º acrescido pela Lei nº 13.058, de 22-12-2014.

► Art. 1.583 deste Código.

► Art. 28 da Lei nº 8.069, de 13-7-1990, que dispõe sobre o Estatuto da Criança e do Adolescente.

Art. 1.585. Em sede de medida cautelar de separação de corpos, em sede de medida cautelar de guarda ou em outra sede de fixação liminar de guarda, a decisão sobre guarda de filhos, mesmo que provisória, será proferida preferencialmente após a oitiva de ambas as partes perante o juiz, salvo se a proteção aos interesses dos filhos exigir a concessão de liminar sem a oitiva da outra parte, aplicando-se as disposições do art. 1.584.

► Artigo com a redação dada pela Lei nº 13.058, de 22-12-2014.

► Art. 1.562 deste Código.

Art. 1.586. Havendo motivos graves, poderá o juiz, em qualquer caso, a bem dos filhos, regular de maneira diferente da estabelecida nos artigos antecedentes a situação deles para com os pais.

Art. 1.587. No caso de invalidade do casamento, havendo filhos comuns, observar-se-á o disposto nos arts. 1.584 e 1.586.

► Arts. 1.548 a 1.564 deste Código.

Art. 1.588. O pai ou a mãe que contrair novas núpcias não perde o direito de ter consigo os filhos, que só lhe poderão ser retirados por mandado judicial, provado que não são tratados convenientemente.

► Arts. 1.579, parágrafo único, e 1.636 deste Código.

► En. nº 337 da IV Jornada de Direito Civil.

Art. 1.589. O pai ou a mãe, em cuja guarda não estejam os filhos, poderá visitá-los e tê-los em sua companhia, segundo o que acordar com o outro cônjuge, ou for fixado pelo juiz, bem como fiscalizar sua manutenção e educação.

► Art. 1.579 deste Código.

► Art. 15 da Lei nº 6.515, de 26-12-1977 (Lei do Divórcio).

Parágrafo único. O direito de visita estende-se a qualquer dos avós, a critério do juiz, observados os interesses da criança ou do adolescente.

► Parágrafo único acrescido pela Lei nº 12.398, de 28-3-2011.

Art. 1.590. As disposições relativas à guarda e prestação de alimentos aos filhos menores estendem-se aos maiores incapazes.

► Arts. 3º, 4º, 1.584 a 1.589 e 1.703 deste Código.

► Art. 16 da Lei nº 6.515, de 26-12-1977 (Lei do Divórcio).

SUBTÍTULO II – DAS RELAÇÕES DE PARENTESCO

CAPÍTULO I

DISPOSIÇÕES GERAIS

Art. 1.591. São parentes em linha reta as pessoas que estão umas para com as outras na relação de ascendentes e descendentes.

► Arts. 1.521, I, e 1.723, § 1º, deste Código.

Art. 1.592. São parentes em linha colateral ou transversal, até o quarto grau, as pessoas provenientes de um só tronco, sem descenderem uma da outra.

► Art. 1.839 deste Código..

Art. 1.593. O parentesco é natural ou civil, conforme resulte de consanguinidade ou outra origem.

► Arts. 226, § 4º, e 227, §§ 5º e 6º, da CF.

► Arts. 39 a 52-D do ECA.

► En. nº 103 da I Jornada de Direito Civil.

► En. nº 256 da III Jornada de Direito Civil.

► En. nº 519 da V Jornada de Direito Civil.

Art. 1.594. Contam-se, na linha reta, os graus de parentesco pelo número de gerações, e, na colateral, também pelo número delas, subindo de um dos parentes até ao ascendente comum, e descendo até encontrar o outro parente.

Art. 1.595. Cada cônjuge ou companheiro é aliado aos parentes do outro pelo vínculo da afinidade.

§ 1º O parentesco por afinidade limita-se aos ascendentes, aos descendentes e aos irmãos do cônjuge ou companheiro.

§ 2º Na linha reta, a afinidade não se extingue com a dissolução do casamento ou da união estável.

► Art. 1.521, II, deste Código.

CAPÍTULO II

DA FILIAÇÃO

► En. nº 339 da IV Jornada de Direito Civil.

Art. 1.596. Os filhos, havidos ou não da relação de casamento, ou por adoção, terão os mesmos direitos e qualificações, proibidas quaisquer designações discriminatórias relativas à filiação.

► Art. 227, § 6º, da CF.

► Art. 20 do ECA.

► Arts. 5º e 6º da Lei nº 8.560, de 29-12-1992 (Lei de Investigação de Paternidade).

Art. 1.597. Presumem-se concebidos na constância do casamento os filhos:

► En. nº 105 da I Jornada de Direito Civil.

I – nascidos cento e oitenta dias, pelo menos, depois de estabelecida a convivência conjugal;

II – nascidos nos trezentos dias subsequentes à dissolução da sociedade conjugal, por morte, separação judicial, nulidade e anulação do casamento;

► Lei nº 6.515, de 26-12-1977 (Lei do Divórcio).

III – havidos por fecundação artificial homóloga, mesmo que falecido o marido;

► Enunciados nºs 106 e 127 da I Jornada de Direito Civil.

IV – havidos, a qualquer tempo, quando se tratar de embriões excedentários, decorrentes de concepção artificial homóloga;

► Enunciados nºs 107 e 128 da I Jornada de Direito Civil.

V – havidos por inseminação artificial heteróloga, desde que tenha prévia autorização do marido.

► Art. 227, § 7º, da CF.
► Arts. 2º e 1.601 deste Código.
► En. nº 129 da I Jornada de Direito Civil.
► En. nº 258 da III Jornada de Direito Civil.

Art. 1.598. Salvo prova em contrário, se, antes de decorrido o prazo previsto no inciso II do art. 1.523, a mulher contrair novas núpcias e lhe nascer algum filho, este se presume do primeiro marido, se nascido dentro dos trezentos dias a contar da data do falecimento deste e, do segundo, se o nascimento ocorrer após esse período e já decorrido o prazo a que se refere o inciso I do art. 1.597.

Art. 1.599. A prova da impotência do cônjuge para gerar, à época da concepção, ilide a presunção da paternidade.

Art. 1.600. Não basta o adultério da mulher, ainda que confessado, para ilidir a presunção legal da paternidade.

Art. 1.601. Cabe ao marido o direito de contestar a paternidade dos filhos nascidos de sua mulher, sendo tal ação imprescritível.

► Art. 1.597 deste Código.
► Art. 102, § 1º, da Lei nº 6.015, de 31-12-1973 (Lei dos Registros Públicos).
► Art. 27 do ECA.
► En. nº 130 da I Jornada de Direito Civil.
► En. nº 258 da III Jornada de Direito Civil.
► En. nº 520 da V Jornada de Direito Civil.

Parágrafo único. Contestada a filiação, os herdeiros do impugnante têm direito de prosseguir na ação.

Art. 1.602. Não basta a confissão materna para excluir a paternidade.

Art. 1.603. A filiação prova-se pela certidão do termo de nascimento registrada no Registro Civil.

► Arts. 50 a 66 da Lei nº 6.015, de 31-12-1973 (Lei dos Registros Públicos).
► En. nº 108 da I Jornada de Direito Civil.

Art. 1.604. Ninguém pode vindicar estado contrário ao que resulta do registro de nascimento, salvo provando-se erro ou falsidade do registro.

► Art. 138 e ss. deste Código.
► Art. 114 da Lei nº 6.015, de 31-12-1973 (Lei dos Registros Públicos).

Art. 1.605. Na falta, ou defeito, do termo de nascimento, poderá provar-se a filiação por qualquer modo admissível em direito:

► Art. 369 do CPC.
► En. nº 190 da I Jornada de Direito Civil.

I – quando houver começo de prova por escrito, proveniente dos pais, conjunta ou separadamente;

II – quando existirem veementes presunções resultantes de fatos já certos.

► Art. 227, § 6º, da CF.
► Arts. 212 a 232 deste Código.

Art. 1.606. A ação de prova de filiação compete ao filho, enquanto viver, passando aos herdeiros, se ele morrer menor ou incapaz.

► Art. 227, § 6º, da CF.
► Art. 27 do ECA.
► Lei nº 8.560, de 29-12-1992 (Lei de Investigação de Paternidade).
► En. nº 521 da V Jornada de Direito Civil.

Parágrafo único. Se iniciada a ação pelo filho, os herdeiros poderão continuá-la, salvo se julgado extinto o processo.

CAPÍTULO III
DO RECONHECIMENTO DOS FILHOS

Art. 1.607. O filho havido fora do casamento pode ser reconhecido pelos pais, conjunta ou separadamente.

► Art. 59 da Lei nº 6.015, de 31-12-1973 (Lei dos Registros Públicos).
► Art. 26 do ECA.
► Lei nº 8.560, de 29-12-1992 (Lei de Investigação de Paternidade).
► Súmulas nºs 277 e 301 do STJ.
► En. nº 570 da VI Jornada de Direito Civil.

Art. 1.608. Quando a maternidade constar do termo do nascimento do filho, a mãe só poderá contestá-la, provando a falsidade do termo, ou das declarações nele contidas.

Art. 1.609. O reconhecimento dos filhos havidos fora do casamento é irrevogável e será feito:

► En. nº 570 da VI Jornada de Direito Civil.

I – no registro do nascimento;

II – por escritura pública ou escrito particular, a ser arquivado em cartório;

III – por testamento, ainda que incidentalmente manifestado;

IV – por manifestação direta e expressa perante o juiz, ainda que o reconhecimento não haja sido o objeto único e principal do ato que o contém.

► Art. 26 do ECA.
► Art. 1º, I a V, da Lei nº 8.560, de 29-12-1992 (Lei de Investigação de Paternidade).

Parágrafo único. O reconhecimento pode preceder o nascimento do filho ou ser posterior ao seu falecimento, se ele deixar descendentes.

► Art. 1.829 deste Código.

Art. 1.610. O reconhecimento não pode ser revogado, nem mesmo quando feito em testamento.

Art. 1.611. O filho havido fora do casamento, reconhecido por um dos cônjuges, não poderá residir no lar conjugal sem o consentimento do outro.

Art. 1.612. O filho reconhecido, enquanto menor, ficará sob a guarda do genitor que o reconheceu, e, se ambos o reconheceram e não houver acordo, sob a de quem melhor atender aos interesses do menor.

Art. 1.613. São ineficazes a condição e o termo apostos ao ato de reconhecimento do filho.

► Arts. 121, 131 e 136 deste Código.

Art. 1.614. O filho maior não pode ser reconhecido sem o seu consentimento, e o menor pode impugnar o reconhecimento, nos quatro anos que se seguirem à maioridade, ou à emancipação.

► Art. 4º da Lei nº 8.560, de 29-12-1992 (Lei de Investigação de Paternidade).

Art. 1.615. Qualquer pessoa, que justo interesse tenha, pode contestar a ação de investigação de paternidade, ou maternidade.

Art. 1.616. A sentença que julgar procedente a ação de investigação produzirá os mesmos efeitos do reconhecimento; mas poderá ordenar que o filho se crie e eduque fora da companhia dos pais ou daquele que lhe contestou essa qualidade.

► Arts. 29, § 1º, *d*, e 109, § 4º, da Lei nº 6.015, de 31-12-1973 (Lei dos Registros Públicos).

Art. 1.617. A filiação materna ou paterna pode resultar de casamento declarado nulo, ainda mesmo sem as condições do putativo.

► Art. 227, § 6º, da CF.

► Art. 1.561 deste Código.

CAPÍTULO IV
DA ADOÇÃO

► Arts. 1.521, III e V, 1.593, 1.635, IV, e 1.763, II, deste Código.

► Lei nº 8.069, de 13-7-1990, dispõe sobre o Estatuto da Criança e do Adolescente.

Art. 1.618. A adoção de crianças e adolescentes será deferida na forma prevista pela Lei nº 8.069, de 13 de julho de 1990 – Estatuto da Criança e do Adolescente.

► *Caput* com a redação dada pela Lei nº 12.010, de 3-8-2009.

Parágrafo único. *Revogado.* Lei nº 12.010, de 3-8-2009.

Art. 1.619. A adoção de maiores de 18 (dezoito) anos dependerá da assistência efetiva do poder público e de sentença constitutiva, aplicando-se, no que couber, as regras gerais da Lei nº 8.069, de 13 de julho de 1990 – Estatuto da Criança e do Adolescente.

► Artigo com a redação dada pela Lei nº 12.010, de 3-8-2009.

Arts. 1.620 a 1.629. *Revogados.* Lei nº 12.010, de 3-8-2009.

CAPÍTULO V
DO PODER FAMILIAR

► Arts. 197, II, 1.728, II, 1.730, 1.733, § 2º, 1.763, II, e 1.779, *caput*, deste Código.

► Lei nº 8.069, de 13-7-1990, dispõe sobre o Estatuto da Criança e do Adolescente.

Seção I
DISPOSIÇÕES GERAIS

Art. 1.630. Os filhos estão sujeitos ao poder familiar, enquanto menores.

► Arts. 5º, 1.612 e 1.635 deste Código.

► En. nº 112 da I Jornada de Direito Civil.

Art. 1.631. Durante o casamento e a união estável, compete o poder familiar aos pais; na falta ou impedimento de um deles, o outro o exercerá com exclusividade.

Parágrafo único. Divergindo os pais quanto ao exercício do poder familiar, é assegurado a qualquer deles recorrer ao juiz para solução do desacordo.

► Art. 1.517, parágrafo único, deste Código.

Art. 1.632. A separação judicial, o divórcio e a dissolução da união estável não alteram as relações entre pais e filhos senão quanto ao direito, que aos primeiros cabe, de terem em sua companhia os segundos.

► Art. 27 da Lei nº 6.515, de 26-12-1977 (Lei do Divórcio).

Art. 1.633. O filho, não reconhecido pelo pai, fica sob poder familiar exclusivo da mãe; se a mãe não for conhecida ou capaz de exercê-lo, dar-se-á tutor ao menor.

► Art. 1.612 deste Código.

Seção II
DO EXERCÍCIO DO PODER FAMILIAR

Art. 1.634. Compete a ambos os pais, qualquer que seja a sua situação conjugal, o pleno exercício do poder familiar, que consiste em, quanto aos filhos:

I – dirigir-lhes a criação e a educação;

► Art. 229 da CF.

► Art. 21 do ECA.

II – exercer a guarda unilateral ou compartilhada nos termos do art. 1.584;

► Arts. 1.583 a 1.590, 1.612 e 1.631, *caput*, do Código.

► Arts. 33 a 35 do ECA.

III – conceder-lhes ou negar-lhes consentimento para casarem;

► Arts. 1.517, *caput*, 1.519, 1.550, II, e 1.641, III, deste Código.

IV – conceder-lhes ou negar-lhes consentimento para viajarem ao exterior;

► Art. 1.729 deste Código.

V – conceder-lhes ou negar-lhes consentimento para mudarem sua residência permanente para outro Município;

VI – nomear-lhes tutor por testamento ou documento autêntico, se o outro dos pais não lhe sobreviver, ou o sobrevivo não puder exercer o poder familiar;

VII – representá-los judicial e extrajudicialmente até os 16 (dezesseis) anos, nos atos da vida civil, e assisti-los, após essa idade, nos atos em que forem partes, suprindo-lhes o consentimento;

VIII – reclamá-los de quem ilegalmente os detenha;

IX – exigir que lhes prestem obediência, respeito e os serviços próprios de sua idade e condição.

Seção III
DA SUSPENSÃO E EXTINÇÃO DO PODER FAMILIAR

► Lei nº 8.069, de 13-7-1990, dispõe sobre o Estatuto da Criança e do Adolescente.

Art. 1.635. Extingue-se o poder familiar:

I – pela morte dos pais ou do filho;

II – pela emancipação, nos termos do art. 5º, parágrafo único;

III – pela maioridade;

► Art. 5º, *caput*, deste Código.

IV – pela adoção;

V – por decisão judicial, na forma do artigo 1.638.

Art. 1.636. O pai ou a mãe que contrai novas núpcias, ou estabelece união estável, não perde, quanto aos filhos do relacionamento anterior, os direitos ao poder familiar, exercendo-os sem qualquer interferência do novo cônjuge ou companheiro.

► En. nº 335 da IV Jornada de Direito Civil.

Parágrafo único. Igual preceito ao estabelecido neste artigo aplica-se ao pai ou à mãe solteiros que casarem ou estabelecerem união estável.

► Art. 1.588 deste Código.

Art. 1.637. Se o pai, ou a mãe, abusar de sua autoridade, faltando aos deveres a eles inerentes ou arruinando os bens dos filhos, cabe ao juiz, requerendo algum parente, ou o Ministério Público, adotar a medida que lhe pareça reclamada pela segurança do menor e seus haveres, até suspendendo o poder familiar, quando convenha.

► Arts. 24, 129, X, 130 e 155 a 163 do ECA.

Parágrafo único. Suspende-se igualmente o exercício do poder familiar ao pai ou à mãe condenados por sentença irrecorrível, em virtude de crime cuja pena exceda a dois anos de prisão.

► Arts. 155 a 163 do ECA.

Art. 1.638. Perderá por ato judicial o poder familiar o pai ou a mãe que:

I – castigar imoderadamente o filho;

II – deixar o filho em abandono;

III – praticar atos contrários à moral e aos bons costumes;

IV – incidir, reiteradamente, nas faltas previstas no artigo antecedente;

V – entregar de forma irregular o filho a terceiros para fins de adoção.

► Inciso V acrescido pela Lei nº 13.509, de 22-11-2017.

Parágrafo único. Perderá também por ato judicial o poder familiar aquele que:

I – praticar contra outrem igualmente titular do mesmo poder familiar:

a) homicídio, feminicídio ou lesão corporal de natureza grave ou seguida de morte, quando se tratar de crime doloso envolvendo violência doméstica e familiar ou menosprezo ou discriminação à condição de mulher;

b) estupro ou outro crime contra a dignidade sexual sujeito à pena de reclusão;

II – praticar contra filho, filha ou outro descendente:

a) homicídio, feminicídio ou lesão corporal de natureza grave ou seguida de morte, quando se tratar de crime doloso envolvendo violência doméstica e familiar ou menosprezo ou discriminação à condição de mulher;

b) estupro, estupro de vulnerável ou outro crime contra a dignidade sexual sujeito à pena de reclusão.

► Parágrafo único acrescido pela Lei nº 13.715, de 24-9-2018.

TÍTULO II – DO DIREITO PATRIMONIAL

SUBTÍTULO I – DO REGIME DE BENS ENTRE OS CÔNJUGES

► Art. 2.039 deste Código.

CAPÍTULO I

DISPOSIÇÕES GERAIS

Art. 1.639. É lícito aos nubentes, antes de celebrado o casamento, estipular, quanto aos seus bens, o que lhes aprouver.

► Art. 1.536, VII, deste Código.

► En. nº 113 da I Jornada de Direito Civil.

► En. nº 262 da III Jornada de Direito Civil.

► En. nº 331 da IV Jornada de Direito Civil.

§ 1º O regime de bens entre os cônjuges começa a vigorar desde a data do casamento.

► Art. 7º, § 4º, da LINDB.

§ 2º É admissível alteração do regime de bens, mediante autorização judicial em pedido motivado de ambos os cônjuges, apurada a procedência das razões invocadas e ressalvados os direitos de terceiros.

► Arts 977 deste Código.

► Art. 734 do CPC.

► En. nº 131 da I Jornada de Direito Civil.

► En. nº 260 da III Jornada de Direito Civil.

Art. 1.640. Não havendo convenção, ou sendo ela nula ou ineficaz, vigorará, quanto aos bens entre os cônjuges, o regime da comunhão parcial.

Parágrafo único. Poderão os nubentes, no processo de habilitação, optar por qualquer dos regimes que este código regula. Quanto à forma, reduzir-se-á a termo a opção pela comunhão parcial, fazendo-se o pacto antenupcial por escritura pública, nas demais escolhas.

► Arts. 1.653 a 1.657 e 1.658 a 1.666 deste Código.

► En. nº 331 da IV Jornada de Direito Civil.

Art. 1.641. É obrigatório o regime da separação de bens no casamento:

► Súm. nº 377 do STF.

► Enunciados nºs 261 e 262 da III Jornada de Direito Civil.

I – das pessoas que o contraírem com inobservância das causas suspensivas da celebração do casamento;

► Art. 1.523 deste Código.

II – da pessoa maior de 70 (setenta) anos;

► Inciso II com a redação dada pela Lei nº 12.344, de 9-12-2010.

► Art. 45 da Lei nº 6.515, de 26-12-1977 (Lei do Divórcio).

► En. nº 125 da I Jornada de Direito Civil.

III – de todos os que dependerem, para casar, de suprimento judicial.

► Arts. 1.517, 1.519 e 1.634, III, deste Código.

Art. 1.642. Qualquer que seja o regime de bens, tanto o marido quanto a mulher podem livremente:

I – praticar todos os atos de disposição e de administração necessários ao desempenho de sua profissão, com as limitações estabelecidas no inciso I do art. 1.647;

II – administrar os bens próprios;

III – desobrigar ou reivindicar os imóveis que tenham sido gravados ou alienados sem o seu consentimento ou sem suprimento judicial;

IV – demandar a rescisão dos contratos de fiança e doação, ou a invalidação do aval, realizados pelo outro cônjuge com infração do disposto nos incisos III e IV do art. 1.647;

V – reivindicar os bens comuns, móveis ou imóveis, doados ou transferidos pelo outro cônjuge ao concubino, desde que provado que os bens não foram adquiridos pelo esforço comum destes, se o casal estiver separado de fato por mais de cinco anos;

► Art. 550 deste Código.

VI – praticar todos os atos que não lhes forem vedados expressamente.

Art. 1.643. Podem os cônjuges, independentemente de autorização um do outro:

I – comprar, ainda a crédito, as coisas necessárias à economia doméstica;

II – obter, por empréstimo, as quantias que a aquisição dessas coisas possa exigir.

Art. 1.644. As dívidas contraídas para os fins do artigo antecedente obrigam solidariamente ambos os cônjuges.

► Arts. 275 a 285 deste Código.

Art. 1.645. As ações fundadas nos incisos III, IV e V do art. 1.642 competem ao cônjuge prejudicado e a seus herdeiros.

Art. 1.646. No caso dos incisos III e IV do art. 1.642, o terceiro, prejudicado com a sentença favorável ao autor, terá direito regressivo contra o cônjuge, que realizou o negócio jurídico, ou seus herdeiros.

Art. 1.647. Ressalvado o disposto no art. 1.648, nenhum dos cônjuges pode, sem autorização do outro, exceto no regime da separação absoluta:

► Arts. 1.649 e 1.656 deste Código.

I – alienar ou gravar de ônus real os bens imóveis;

► Arts. 220, 1.642, 1.645 e 1.650 deste Código.

II – pleitear, como autor ou réu, acerca desses bens ou direitos;

► Arts. 73 e 76 do CPC.

III – prestar fiança ou aval;

► Arts. 1.642, IV, e 1.645 deste Código.

► Súm. nº 332 do STJ.

► Enunciados nºs 114 e 132 da I Jornada de Direito Civil.

IV – fazer doação, não sendo remuneratória, de bens comuns, ou dos que possam integrar futura meação.

► Arts. 1.642, IV, e 1.645 deste Código.

► Art. 74 do CPC.

► Art. 3º da Lei nº 8.245, de 18-10-1991 (Lei das Locações).

Parágrafo único. São válidas as doações nupciais feitas aos filhos quando casarem ou estabelecerem economia separada.

Art. 1.648. Cabe ao juiz, nos casos do artigo antecedente, suprir a outorga, quando um dos cônjuges a denegue sem motivo justo, ou lhe seja impossível concedê-la.

► Art. 74 do CPC.

Art. 1.649. A falta de autorização, não suprida pelo juiz, quando necessária (art. 1.647), tornará anulável o ato praticado, podendo o outro cônjuge pleitear-lhe a anulação, até dois anos depois de terminada a sociedade conjugal.

► En. nº 114 da I Jornada de Direito Civil.

Parágrafo único. A aprovação torna válido o ato, desde que feita por instrumento público, ou particular, autenticado.

Art. 1.650. A decretação de invalidade dos atos praticados sem outorga, sem consentimento, ou sem suprimento do juiz, só poderá ser demandada pelo cônjuge a quem cabia concedê-la, ou por seus herdeiros.

► Art. 1.645 deste Código.

Art. 1.651. Quando um dos cônjuges não puder exercer a administração dos bens que lhe incumbe, segundo o regime de bens, caberá ao outro:

I – gerir os bens comuns e os do consorte;

II – alienar os bens móveis comuns;

III – alienar os imóveis comuns e os móveis ou imóveis do consorte, mediante autorização judicial.

Art. 1.652. O cônjuge, que estiver na posse dos bens particulares do outro, será para com este e seus herdeiros responsável:

I – como usufrutuário, se o rendimento for comum;

► Arts. 1.400 a 1.409 deste Código.

II – como procurador, se tiver mandato expresso ou tácito para os administrar;

► Arts. 667 a 674 deste Código.

III – como depositário, se não for usufrutuário, nem administrador.

► Arts. 627 a 652 deste Código.

CAPÍTULO II
DO PACTO ANTENUPCIAL

Art. 1.653. É nulo o pacto antenupcial se não for feito por escritura pública, e ineficaz se não lhe seguir o casamento.

► Arts. 1.536, VII, 1.537 e 1.567, II, deste Código.

► Arts. 166, IV, 167, I, nº 12, II, nº 1, e 178, V, da Lei nº 6.015, de 31-12-1973 (Lei dos Registros Públicos).

Art. 1.654. A eficácia do pacto antenupcial, realizado por menor, fica condicionada à aprovação de seu representante legal, salvo as hipóteses de regime obrigatório de separação de bens.

Art. 1.655. É nula a convenção ou cláusula dela que contravenha disposição absoluta de lei.

Art. 1.656. No pacto antenupcial, que adotar o regime de participação final nos aquestos, poder-se-á convencionar a livre disposição dos bens imóveis, desde que particulares.

► Arts. 1.672 a 1.686 deste Código.

Art. 1.657. As convenções antenupciais não terão efeito perante terceiros senão depois de registradas, em livro especial, pelo oficial do Registro de Imóveis do domicílio dos cônjuges.

► Arts. 167, I, nº 12, e II, nº 1, 244 e 245 da Lei nº 6.015, de 31-12-1973 (Lei dos Registros Públicos).

CAPÍTULO III
DO REGIME DE COMUNHÃO PARCIAL

Art. 1.658. No regime de comunhão parcial, comunicam-se os bens que sobrevierem ao casal, na constância do casamento, com as exceções dos artigos seguintes.

Art. 1.659. Excluem-se da comunhão:

I – os bens que cada cônjuge possuir ao casar, e os que lhe sobrevierem, na constância do casamento, por doação ou sucessão, e os sub-rogados em seu lugar;

II – os bens adquiridos com valores exclusivamente pertencentes a um dos cônjuges em sub-rogação dos bens particulares;

► Art. 1.660, I, deste Código.

III – as obrigações anteriores ao casamento;

IV – as obrigações provenientes de atos ilícitos, salvo reversão em proveito do casal;

V – os bens de uso pessoal, os livros e instrumentos de profissão;

VI – os proventos do trabalho pessoal de cada cônjuge;

VII – as pensões, meios-soldos, montepios e outras rendas semelhantes.

Art. 1.660. Entram na comunhão:

I – os bens adquiridos na constância do casamento por título oneroso, ainda que só em nome de um dos cônjuges;

II – os bens adquiridos por fato eventual, com ou sem o concurso de trabalho ou despesa anterior;

III – os bens adquiridos por doação, herança ou legado, em favor de ambos os cônjuges;

IV – as benfeitorias em bens particulares de cada cônjuge;

► Arts. 96 e 97 deste Código.

V – os frutos dos bens comuns, ou dos particulares de cada cônjuge, percebidos na constância do casamento, ou pendentes ao tempo de cessar a comunhão.

Art. 1.661. São incomunicáveis os bens cuja aquisição tiver por título uma causa anterior ao casamento.

Art. 1.662. No regime da comunhão parcial, presumem-se adquiridos na constância do casamento os bens móveis, quando não se provar que o foram em data anterior.

Art. 1.663. A administração do patrimônio comum compete a qualquer dos cônjuges.

§ 1º As dívidas contraídas no exercício da administração obrigam os bens comuns e particulares do cônjuge que os administra, e os do outro na razão do proveito que houver auferido.

§ 2º A anuência de ambos os cônjuges é necessária para os atos, a título gratuito, que impliquem cessão do uso ou gozo dos bens comuns.

§ 3º Em caso de malversação dos bens, o juiz poderá atribuir a administração a apenas um dos cônjuges.

Art. 1.664. Os bens da comunhão respondem pelas obrigações contraídas pelo marido ou pela mulher para atender aos encargos da família, às despesas de administração e às decorrentes de imposição legal.

► Art. 1.643, I e II, deste Código.

Art. 1.665. A administração e a disposição dos bens constitutivos do patrimônio particular competem ao cônjuge proprietário, salvo convenção diversa em pacto antenupcial.

► Arts. 1.639, 1.642, II, e 1.647, I, deste Código.

► En. nº 340 da IV Jornada de Direito Civil.

Art. 1.666. As dívidas, contraídas por qualquer dos cônjuges na administração de seus bens particulares e em benefício destes, não obrigam os bens comuns.

CAPÍTULO IV

DO REGIME DE COMUNHÃO UNIVERSAL

Art. 1.667. O regime de comunhão universal importa a comunicação de todos os bens presentes e futuros dos cônjuges e suas dívidas passivas, com as exceções do artigo seguinte.

► Art. 977 deste Código.

Art. 1.668. São excluídos da comunhão:

I – os bens doados ou herdados com a cláusula de incomunicabilidade e os sub-rogados em seu lugar;

II – os bens gravados de fideicomisso e o direito do herdeiro fideicomissário, antes de realizada a condição suspensiva;

► Arts. 1.951 a 1.960 deste Código.

III – as dívidas anteriores ao casamento, salvo se provierem de despesas com seus aprestos, ou reverterem em proveito comum;

IV – as doações antenupciais feitas por um dos cônjuges ao outro com a cláusula de incomunicabilidade;

V – os bens referidos nos incisos V a VII do art. 1.659.

Art. 1.669. A incomunicabilidade dos bens enumerados no artigo antecedente não se estende aos frutos, quando se percebam ou vençam durante o casamento.

Art. 1.670. Aplica-se ao regime da comunhão universal o disposto no Capítulo antecedente, quanto à administração dos bens.

► Arts. 1.663 a 1.666 deste Código.

Art. 1.671. Extinta a comunhão, e efetuada a divisão do ativo e do passivo, cessará a responsabilidade de cada um dos cônjuges para com os credores do outro.

► Arts. 1.571 a 1.582 deste Código.

CAPÍTULO V

DO REGIME DE PARTICIPAÇÃO FINAL NOS AQUESTOS

Art. 1.672. No regime de participação final nos aquestos, cada cônjuge possui patrimônio próprio, consoante disposto no artigo seguinte, e lhe cabe, à época da dissolução da sociedade conjugal, direito à metade dos bens adquiridos pelo casal, a título oneroso, na constância do casamento.

Art. 1.673. Integram o patrimônio próprio os bens que cada cônjuge possuía ao casar e os por ele adquiridos, a qualquer título, na constância do casamento.

Parágrafo único. A administração desses bens é exclusiva de cada cônjuge, que os poderá livremente alienar, se forem móveis.

► Arts. 82 a 84 deste Código.

Art. 1.674. Sobrevindo a dissolução da sociedade conjugal, apurar-se-á o montante dos aquestos, excluindo-se da soma dos patrimônios próprios:

I – os bens anteriores ao casamento e os que em seu lugar se sub-rogaram;

II – os que sobrevieram a cada cônjuge por sucessão ou liberalidade;

III – as dívidas relativas a esses bens.

Parágrafo único. Salvo prova em contrário, presumem-se adquiridos durante o casamento os bens móveis.

► Art. 1.680 deste Código.

Art. 1.675. Ao determinar-se o montante dos aquestos, computar-se-á o valor das doações feitas por um dos cônjuges, sem a necessária autorização do outro; nesse caso, o bem poderá ser reivindicado pelo cônjuge prejudicado ou por seus herdeiros, ou declarado no monte partilhável, por valor equivalente ao da época da dissolução.

► Art. 1.647, IV, deste Código.

Art. 1.676. Incorpora-se ao monte o valor dos bens alienados em detrimento da meação, se não houver preferência do cônjuge lesado, ou de seus herdeiros, de os reivindicar.

Art. 1.677. Pelas dívidas posteriores ao casamento, contraídas por um dos cônjuges, somente este responderá, salvo prova de terem revertido, parcial ou totalmente, em benefício do outro.

Art. 1.678. Se um dos cônjuges solveu uma dívida do outro com bens do seu patrimônio, o valor do pagamento deve ser atualizado e imputado, na data da dissolução, à meação do outro cônjuge.

Art. 1.679. No caso de bens adquiridos pelo trabalho conjunto, terá cada um dos cônjuges uma quota igual no condomínio ou no crédito por aquele modo estabelecido.

Art. 1.680. As coisas móveis, em face de terceiros, presumem-se do domínio do cônjuge devedor, salvo se o bem for de uso pessoal do outro.

► Arts. 82 a 84 e 1.674, parágrafo único, deste Código.

Art. 1.681. Os bens imóveis são de propriedade do cônjuge cujo nome constar no registro.

Parágrafo único. Impugnada a titularidade, caberá ao cônjuge proprietário provar a aquisição regular dos bens.

Art. 1.682. O direito à meação não é renunciável, cessível ou penhorável na vigência do regime matrimonial.

Art. 1.683. Na dissolução do regime de bens por separação judicial ou por divórcio, verificar-se-á o montante dos aquestos à data em que cessou a convivência.

CC

Art. 1.684. Se não for possível nem conveniente a divisão de todos os bens em natureza, calcular-se-á o valor de alguns ou de todos para reposição em dinheiro ao cônjuge não proprietário.

Parágrafo único. Não se podendo realizar a reposição em dinheiro, serão avaliados e, mediante autorização judicial, alienados tantos bens quantos bastarem.

Art. 1.685. Na dissolução da sociedade conjugal por morte, verificar-se-á a meação do cônjuge sobrevivente de conformidade com os artigos antecedentes, deferindo-se a herança aos herdeiros na forma estabelecida neste Código.

► Arts. 1.784 e segs. deste Código.

Art. 1.686. As dívidas de um dos cônjuges, quando superiores à sua meação, não obrigam ao outro, ou a seus herdeiros.

► Art. 1.792 deste Código.

CAPÍTULO VI
DO REGIME DE SEPARAÇÃO DE BENS

Art. 1.687. Estipulada a separação de bens, estes permanecerão sob a administração exclusiva de cada um dos cônjuges, que os poderá livremente alienar ou gravar de ônus real.

► Arts. 1.652 e 1.838 deste Código.

Art. 1.688. Ambos os cônjuges são obrigados a contribuir para as despesas do casal na proporção dos rendimentos de seu trabalho e de seus bens, salvo estipulação em contrário no pacto antenupcial.

► Art. 226, § 5º, da CF.

SUBTÍTULO II – DO USUFRUTO E DA ADMINISTRAÇÃO DOS BENS DE FILHOS MENORES

Art. 1.689. O pai e a mãe, enquanto no exercício do poder familiar:

I – são usufrutuários dos bens dos filhos;

II – têm a administração dos bens dos filhos menores sob sua autoridade.

► Art. 1.637 deste Código.

Art. 1.690. Compete aos pais, e na falta de um deles ao outro, com exclusividade, representar os filhos menores de dezesseis anos, bem como assisti-los até completarem a maioridade ou serem emancipados.

Parágrafo único. Os pais devem decidir em comum as questões relativas aos filhos e a seus bens; havendo divergência, poderá qualquer deles recorrer ao juiz para a solução necessária.

► Art. 1.517, parágrafo único, deste Código.

► Art. 21 do ECA.

Art. 1.691. Não podem os pais alienar, ou gravar de ônus real os imóveis dos filhos, nem contrair, em nome deles, obrigações que ultrapassem os limites da simples administração, salvo por necessidade ou evidente interesse da prole, mediante prévia autorização do juiz.

► Art. 1.637 deste Código.

Parágrafo único. Podem pleitear a declaração de nulidade dos atos previstos neste artigo:

I – os filhos;

II – os herdeiros;

III – o representante legal.

Art. 1.692. Sempre que no exercício do poder familiar colidir o interesse dos pais com o do filho, a requerimento deste ou do Ministério Público o juiz lhe dará curador especial.

► Arts. 142, parágrafo único, e 148, parágrafo único, *f*, do ECA.

Art. 1.693. Excluem-se do usufruto e da administração dos pais:

I – os bens adquiridos pelo filho havido fora do casamento, antes do reconhecimento;

► Arts. 5º, I, e 227, § 6º, da CF.

II – os valores auferidos pelo filho maior de dezesseis anos, no exercício de atividade profissional e os bens com tais recursos adquiridos;

► Art. 589, III, deste Código.

III – os bens deixados ou doados ao filho, sob a condição de não serem usufruídos, ou administrados, pelos pais;

► Art. 1.848 deste Código.

IV – os bens que aos filhos couberem na herança, quando os pais forem excluídos da sucessão.

► Art. 1.816, parágrafo único, deste Código.

SUBTÍTULO III – DOS ALIMENTOS

► Arts. 373, II, 557, IV, 871, 948, II, 1.740, I, 1.920 e 1.928 deste Código.

► Arts. 53, II, 189, II, 215, II, 292, III, 1.012, § 1º, II, 833 e 834, 528 e segs., 911 e segs. do CPC.

► Lei nº 5.478, de 25-7-1968 (Lei da Ação de Alimentos).

► Arts. 16, 19 a 23 e 28 da Lei nº 6.515, de 26-12-1977 (Lei do Divórcio).

► Arts. 148, parágrafo único, *g*, e 201, III, do ECA.

► Art. 7º da Lei nº 8.560, de 29-12-1992 (Lei de Investigação de Paternidade).

► Lei nº 8.009, de 29-03-90 (Bem de Família).

► Arts. 11 a 14 da Lei nº 10.741, de 1º-10-2003 (Estatuto do Idoso).

► Lei nº 11.804, de 5-11-2008 (Lei dos Alimentos Gravídicos).

► Súm. nº 226 do STF.

Art. 1.694. Podem os parentes, os cônjuges ou companheiros pedir uns aos outros os alimentos de que necessitem para viver de modo compatível com a sua condição social, inclusive para atender às necessidades de sua educação.

► Lei nº 5.478, de 25-7-1968 (Lei da Ação de Alimentos).

► Arts. 11 a 14 da Lei nº 10.741, de 1º-10-2003 (Estatuto do Idoso).

► Súm. nº 358 do STJ.

► En. nº 522 da V Jornada de Direito Civil.

§ 1º Os alimentos devem ser fixados na proporção das necessidades do reclamante e dos recursos da pessoa obrigada.

► En. nº 573 da VI Jornada de Direito Civil.

§ 2º Os alimentos serão apenas os indispensáveis à subsistência, quando a situação de necessidade resultar de culpa de quem os pleiteia.

Art. 1.695. São devidos os alimentos quando quem os pretende não tem bens suficientes, nem pode prover, pelo seu trabalho, à própria mantença, e aquele, de quem se reclamam, pode fornecê-los, sem desfalque do necessário ao seu sustento.

► En. nº 342 da IV Jornada de Direito Civil.

► En. nº 572 da VI Jornada de Direito Civil.

Art. 1.696. O direito à prestação de alimentos é recíproco entre pais e filhos, e extensivo a todos os ascendentes, recaindo a obrigação nos mais próximos em grau, uns em falta de outros.

- ► Art. 229 da CF.
- ► En. nº 522 da V Jornada de Direito Civil.

Art. 1.697. Na falta dos ascendentes cabe a obrigação aos descendentes, guardada a ordem de sucessão e, faltando estes, aos irmãos, assim germanos como unilaterais.

Art. 1.698. Se o parente, que deve alimentos em primeiro lugar, não estiver em condições de suportar totalmente o encargo, serão chamados a concorrer os de grau imediato; sendo várias as pessoas obrigadas a prestar alimentos, todas devem concorrer na proporção dos respectivos recursos, e, intentada ação contra uma delas, poderão as demais ser chamadas a integrar a lide.

- ► Art. 1.694, § 1º, deste Código.
- ► Arts. 11 e 14 Lei nº 10.741, de 1º-10-2003 (Estatuto do Idoso).
- ► En. nº 342 da IV Jornada de Direito Civil.
- ► En. nº 523 da V Jornada de Direito Civil.

Art. 1.699. Se, fixados os alimentos, sobrevier mudança na situação financeira de quem os supre, ou na de quem os recebe, poderá o interessado reclamar ao juiz, conforme as circunstâncias, exoneração, redução ou majoração do encargo.

- ► Art. 505, I, do CPC.
- ► Arts. 13 e 15 da Lei nº 5.478, de 25-7-1968 (Lei da Ação de Alimentos).
- ► Súmulas nºs 358 e 621 do STJ.

Art. 1.700. A obrigação de prestar alimentos transmite-se aos herdeiros do devedor, na forma do art. 1.694.

- ► Art. 1.997 deste Código.
- ► Art. 23 da Lei nº 6.515, de 26-12-1977 (Lei do Divórcio).
- ► En. nº 343 da IV Jornada de Direito Civil.

Art. 1.701. A pessoa obrigada a suprir alimentos poderá pensionar o alimentando, ou dar-lhe hospedagem e sustento, sem prejuízo do dever de prestar o necessário à sua educação, quando menor.

- ► Art. 1.920 deste Código.
- ► En. nº 344 da IV Jornada de Direito Civil.

Parágrafo único. Compete ao juiz, se as circunstâncias o exigirem, fixar a forma do cumprimento da prestação.

- ► Art. 25 da Lei nº 5.478, de 25-7-1968 (Lei da Ação de Alimentos).
- ► En. nº 572 da VI Jornada de Direito Civil.

Art. 1.702. Na separação judicial litigiosa, sendo um dos cônjuges inocente e desprovido de recursos, prestar-lhe-á o outro a pensão alimentícia que o juiz fixar, obedecidos os critérios estabelecidos no art. 1.694.

- ► Art. 19 da Lei nº 6.515, de 26-12-1977 (Lei do Divórcio).
- ► En. nº 133 da I Jornada de Direito Civil.

Art. 1.703. Para a manutenção dos filhos, os cônjuges separados judicialmente contribuirão na proporção de seus recursos.

- ► Art. 20 da Lei nº 6.515, de 26-12-1977 (Lei do Divórcio).

Art. 1.704. Se um dos cônjuges separados judicialmente vier a necessitar de alimentos, será o outro obrigado a prestá-los mediante pensão a ser fixada pelo juiz, caso não tenha sido declarado culpado na ação de separação judicial.

- ► Art. 19 da Lei nº 6.515, de 26-12-1977 (Lei do Divórcio).
- ► En. nº 134 da I Jornada de Direito Civil.

Parágrafo único. Se o cônjuge declarado culpado vier a necessitar de alimentos, e não tiver parentes em condições de prestá-los, nem aptidão para o trabalho, o outro cônjuge será obrigado a assegurá-los, fixando o juiz o valor indispensável à sobrevivência.

Art. 1.705. Para obter alimentos, o filho havido fora do casamento pode acionar o genitor, sendo facultado ao juiz determinar, a pedido de qualquer das partes, que a ação se processe em segredo de justiça.

- ► Art. 227, § 6º, da CF.
- ► Art. 7º da Lei nº 8.560, de 29-12-1992 (Lei de Investigação de Paternidade).

Art. 1.706. Os alimentos provisionais serão fixados pelo juiz, nos termos da lei processual.

- ► Arts. 528 e segs. do CPC.
- ► En. nº 522 da V Jornada de Direito Civil.

Art. 1.707. Pode o credor não exercer, porém lhe é vedado renunciar o direito a alimentos, sendo o respectivo crédito insuscetível de cessão, compensação ou penhora.

- ► Arts. 206, § 2º, e 834 deste Código.
- ► Súm. nº 336 do STJ.
- ► Enunciados nºs 263 e 334 da III Jornada de Direito Civil.

Art. 1.708. Com o casamento, a união estável ou o concubinato do credor, cessa o dever de prestar alimentos.

- ► Art. 29 da Lei nº 6.515, de 26-12-1977 (Lei do Divórcio).
- ► Enunciados nºs 264 e 265 da III Jornada de Direito Civil.
- ► En. nº 344 da IV Jornada de Direito Civil.

Parágrafo único. Com relação ao credor cessa, também, o direito a alimentos, se tiver procedimento indigno em relação ao devedor.

Art. 1.709. O novo casamento do cônjuge devedor não extingue a obrigação constante da sentença de divórcio.

- ► Art. 30 da Lei nº 6.515, de 26-12-1977 (Lei do Divórcio).

Art. 1.710. As prestações alimentícias, de qualquer natureza, serão atualizadas segundo índice oficial regularmente estabelecido.

SUBTÍTULO IV – DO BEM DE FAMÍLIA

- ► Lei nº 8.009, de 29-3-1990 (Lei da Impenhorabilidade do Bem de Família).
- ► Súmulas nºs 205, 364, 449, 486 e 549 do STJ.

Art. 1.711. Podem os cônjuges, ou a entidade familiar, mediante escritura pública ou testamento, destinar parte de seu patrimônio para instituir bem de família, desde que não ultrapasse um terço do patrimônio líquido existente ao tempo da instituição, mantidas as regras sobre a impenhorabilidade do imóvel residencial estabelecida em lei especial.

- ► Lei nº 8.009, de 29-3-1990 (Lei da Impenhorabilidade do Bem de Família).
- ► Súm. nº 205 do STJ.

Parágrafo único. O terceiro poderá igualmente instituir bem de família por testamento ou doação, dependendo a eficácia do ato da aceitação expressa de ambos os cônjuges beneficiados ou da entidade familiar beneficiada.

Art. 1.712. O bem de família consistirá em prédio residencial urbano ou rural, com suas pertenças e acessórios, destinando-se em ambos os casos a domicílio familiar, e poderá abranger valores mobiliários, cuja renda será aplicada na conservação do imóvel e no sustento da família.

- ► Arts. 92 e 93 deste Código.

► Art. 4º, § 2º, da Lei nº 8.009, de 29-3-1990 (Lei da Impenhorabilidade do Bem de Família).

Art. 1.713. Os valores mobiliários, destinados aos fins previstos no artigo antecedente, não poderão exceder o valor do prédio instituído em bem de família, à época de sua instituição.

§ 1º Deverão os valores mobiliários ser devidamente individualizados no instrumento de instituição do bem de família.

§ 2º Se se tratar de títulos nominativos, a sua instituição como bem de família deverá constar dos respectivos livros de registro.

► Arts. 921 a 926 deste Código.

§ 3º O instituidor poderá determinar que a administração dos valores mobiliários seja confiada a instituição financeira, bem como disciplinar a forma de pagamento da respectiva renda aos beneficiários, caso em que a responsabilidade dos administradores obedecerá às regras do contrato de depósito.

► Arts. 627 a 652 deste Código.

Art. 1.714. O bem de família, quer instituído pelos cônjuges ou por terceiro, constitui-se pelo registro de seu título no Registro de Imóveis.

► Arts. 167, I, nº 1, e 260 a 265 da Lei nº 6.015, de 31-12-1973 (Lei dos Registros Públicos).

Art. 1.715. O bem de família é isento de execução por dívidas posteriores à sua instituição, salvo as que provierem de tributos relativos ao prédio, ou de despesas de condomínio.

► Art. 1.711 deste Código.

► Art. 833, I, do CPC.

► Art. 108, § 4º, da Lei nº 11.101, de 9-2-2005 (Lei de Recuperação de Empresas e Falências).

Parágrafo único. No caso de execução pelas dívidas referidas neste artigo, o saldo existente será aplicado em outro prédio, como bem de família, ou em títulos da dívida pública, para sustento familiar, salvo se motivos relevantes aconselharem outra solução, a critério do juiz.

Art. 1.716. A isenção de que trata o artigo antecedente durará enquanto viver um dos cônjuges, ou, na falta destes, até que os filhos completem a maioridade.

Art. 1.717. O prédio e os valores mobiliários, constituídos como bem da família, não podem ter destino diverso do previsto no art. 1.712 ou serem alienados sem o consentimento dos interessados e seus representantes legais, ouvido o Ministério Público.

► Art. 1.719 deste Código.

Art. 1.718. Qualquer forma de liquidação da entidade administradora, a que se refere o § 3º do art. 1.713, não atingirá os valores a ela confiados, ordenando o juiz a sua transferência para outra instituição semelhante, obedecendo-se, no caso de falência, ao disposto sobre pedido de restituição.

Art. 1.719. Comprovada a impossibilidade da manutenção do bem de família nas condições em que foi instituído, poderá o juiz, a requerimento dos interessados, extingui-lo ou autorizar a sub-rogação dos bens que o constituem em outros, ouvidos o instituidor e o Ministério Público.

Art. 1.720. Salvo disposição em contrário do ato de instituição, a administração do bem de família compete a ambos os cônjuges, resolvendo o juiz em caso de divergência.

► Art. 226, § 5º, da CF.

► Art. 1.567 deste Código.

Parágrafo único. Com o falecimento de ambos os cônjuges, a administração passará ao filho mais velho, se for maior, e, do contrário, a seu tutor.

Art. 1.721. A dissolução da sociedade conjugal não extingue o bem de família.

Parágrafo único. Dissolvida a sociedade conjugal pela morte de um dos cônjuges, o sobrevivente poderá pedir a extinção do bem de família, se for o único bem do casal.

► Arts. 1.571 a 1.582 deste Código.

Art. 1.722. Extingue-se, igualmente, o bem de família com a morte de ambos os cônjuges e a maioridade dos filhos, desde que não sujeitos a curatela.

TÍTULO III – DA UNIÃO ESTÁVEL

► Lei nº 8.971, de 29-12-1994, regula o direito dos companheiros a alimentos e à sucessão.

► Lei nº 9.278, de 9-5-1996 (Lei da União Estável).

► O STF, em 13 de maio de 2011, julgou procedente, por unanimidade, a ADPF nº 132 e a ADI nº 4.277, com eficácia *erga omnes* e efeito vinculante, para dar, ao art. 1.723, CC, interpretação conforme a CF, excluindo qualquer significado que impeça o reconhecimento, como entidade familiar, da união pública, contínua, duradoura e com o objetivo de constituir família entre pessoas de mesmo sexo.

Art. 1.723. É reconhecida como entidade familiar a união estável entre o homem e a mulher, configurada na convivência pública, contínua e duradoura e estabelecida com o objetivo de constituição de família.

► Art. 226, § 3º, da CF.

► Art. 793 deste Código.

► Art. 57, § 2º, da Lei nº 6.015, de 31-12-1973 (Lei dos Registros Públicos).

► Súm. nº 382 do STF.

► En. nº 525 da V Jornada de Direito Civil.

§ 1º A união estável não se constituirá se ocorrerem os impedimentos do art. 1.521; não se aplicando a incidência do inciso VI no caso de a pessoa casada se achar separada de fato ou judicialmente.

► Art. 1.727 do CC.

► En. nº 525 da V Jornada de Direito Civil.

§ 2º As causas suspensivas do art. 1.523 não impedirão a caracterização da união estável.

Art. 1.724. As relações pessoais entre os companheiros obedecerão aos deveres de lealdade, respeito e assistência, e de guarda, sustento e educação dos filhos.

► Arts. 1.566, 1.583 a 1.590 e 1.694 e segs. deste Código.

Art. 1.725. Na união estável, salvo contrato escrito entre os companheiros, aplica-se às relações patrimoniais, no que couber, o regime da comunhão parcial de bens.

► Arts. 1.658 a 1.666 deste Código.

► En. nº 115 da I Jornada de Direito Civil.

► En. nº 346 da IV Jornada de Direito Civil.

Art. 1.726. A união estável poderá converter-se em casamento, mediante pedido dos companheiros ao juiz e assento no Registro Civil.

► Art. 226, § 3º, da CF.

► Res. nº 175, de 14-5-2013, do CNJ, dispõe sobre a habilitação, celebração de casamento civil, ou de conversão de união estável em casamento, entre pessoas de mesmo sexo.

► En. nº 135 da I Jornada de Direito Civil.

► En. nº 526 da V Jornada de Direito Civil.

Art. 1.727. As relações não eventuais entre o homem e a mulher, impedidos de casar, constituem concubinato.

► Art. 226, § 3º, da CF.

► Arts. 1.521 e 1.723, § 1º, deste Código.

TÍTULO IV – DA TUTELA, DA CURATELA E DA TOMADA DE DECISÃO APOIADA

► Título IV com a redação dada pela Lei nº 13.146, de 6-7-2015.

CAPÍTULO I
DA TUTELA

► Arts. 197, III, 206, § 4º, e 1.523, IV, deste Código.

► Lei nº 8.069, de 13-7-1990, dispõe sobre o Estatuto da Criança e do Adolescente.

Seção I
DOS TUTORES

Art. 1.728. Os filhos menores são postos em tutela:

I – com o falecimento dos pais, ou sendo estes julgados ausentes;

► Arts. 22 e 1.635, I, deste Código.

II – em caso de os pais decaírem do poder familiar.

► Arts. 1.636 a 1.638 deste Código.

► Arts. 759 e segs. do CPC.

Art. 1.729. O direito de nomear tutor compete aos pais, em conjunto.

► Arts. 5º, I, e 226, § 5º, da CF.

► Art. 1.634, IV, deste Código.

Parágrafo único. A nomeação deve constar de testamento ou de qualquer outro documento autêntico.

► En. nº 528 da V Jornada de Direito Civil.

Art. 1.730. É nula a nomeação de tutor pelo pai ou pela mãe que, ao tempo de sua morte, não tinha o poder familiar.

► Arts. 5º, I, e 226, § 5º, da CF.

Art. 1.731. Em falta de tutor nomeado pelos pais incumbe a tutela aos parentes consanguíneos do menor, por esta ordem:

I – aos ascendentes, preferindo o de grau mais próximo ao mais remoto;

II – aos colaterais até o terceiro grau, preferindo os mais próximos aos mais remotos, e, no mesmo grau, os mais velhos aos mais moços; em qualquer dos casos, o juiz escolherá entre eles o mais apto a exercer a tutela em benefício do menor.

Art. 1.732. O juiz nomeará tutor idôneo e residente no domicílio do menor:

► Art. 759 do CPC.

I – na falta de tutor testamentário ou legítimo;

II – quando estes forem excluídos ou escusados da tutela;

► Arts. 1.735 a 1.739 deste Código.

III – quando removidos por não idôneos o tutor legítimo e o testamentário.

► Arts. 761 e 762 do CPC.

Art. 1.733. Aos irmãos órfãos dar-se-á um só tutor.

§ 1º No caso de ser nomeado mais de um tutor por disposição testamentária sem indicação de precedência, entende-se que a tutela foi cometida ao primeiro, e que os outros lhe sucederão pela ordem de nomeação, se ocorrer morte, incapacidade, escusa ou qualquer outro impedimento.

§ 2º Quem institui um menor herdeiro, ou legatário seu, poderá nomear-lhe curador especial para os bens deixados, ainda que o beneficiário se encontre sob o poder familiar, ou tutela.

Art. 1.734. As crianças e os adolescentes cujos pais forem desconhecidos, falecidos ou que tiverem sido suspensos ou destituídos do poder familiar terão tutores nomeados pelo Juiz ou serão incluídos em programa de colocação familiar, na forma prevista pela Lei nº 8.069, de 13 de julho de 1990 – Estatuto da Criança e do Adolescente.

► Artigo com a redação dada pela Lei nº 12.010, de 3-8-2009.

Seção II
DOS INCAPAZES DE EXERCER A TUTELA

Art. 1.735. Não podem ser tutores e serão exonerados da tutela, caso a exerçam:

I – aqueles que não tiverem a livre administração de seus bens;

II – aqueles que, no momento de lhes ser deferida a tutela, se acharem constituídos em obrigação para com o menor, ou tiverem que fazer valer direitos contra este, e aqueles cujos pais, filhos ou cônjuges tiverem demanda contra o menor;

III – os inimigos do menor, ou de seus pais, ou que tiverem sido por estes expressamente excluídos da tutela;

IV – os condenados por crime de furto, roubo, estelionato, falsidade, contra a família ou os costumes, tenham ou não cumprido pena;

V – as pessoas de mau procedimento, ou falhas em probidade, e as culpadas de abuso em tutorias anteriores;

VI – aqueles que exercerem função pública incompatível com a boa administração da tutela.

► Art. 1.751 do CC.

► Arts. 759 e segs. do CPC.

Seção III
DA ESCUSA DOS TUTORES

Art. 1.736. Podem escusar-se da tutela:

I – mulheres casadas;

► Art. 5º, I, da CF.

► En. nº 136 da I Jornada de Direito Civil.

II – maiores de sessenta anos;

III – aqueles que tiverem sob sua autoridade mais de três filhos;

IV – os impossibilitados por enfermidade;

V – aqueles que habitarem longe do lugar onde se haja de exercer a tutela;

VI – aqueles que já exercerem tutela ou curatela;

VII – militares em serviço.

Art. 1.737. Quem não for parente do menor não poderá ser obrigado a aceitar a tutela, se houver no lugar parente idôneo, consanguíneo ou afim, em condições de exercê-la.

Art. 1.738. A escusa apresentar-se-á nos dez dias subsequentes à designação, sob pena de entender-se renunciado o direito de alegá-la; se o motivo escusatório ocorrer depois de aceita a tutela, os dez dias contar-se-ão do em que ele sobrevier.

► Art. 760 do CPC.

Art. 1.739. Se o juiz não admitir a escusa, exercerá o nomeado a tutela, enquanto o recurso interposto não tiver provimento, e responderá desde logo pelas perdas e danos que o menor venha a sofrer.

► Art. 760, § 2º, do CPC.

Seção IV
DO EXERCÍCIO DA TUTELA

Art. 1.740. Incumbe ao tutor, quanto à pessoa do menor:

I – dirigir-lhe a educação, defendê-lo e prestar-lhe alimentos, conforme os seus haveres e condição;

II – reclamar do juiz que providencie, como houver por bem, quando o menor haja mister correção;

► Arts. 15, 53, 55 e 58 do ECA.

III – adimplir os demais deveres que normalmente cabem aos pais, ouvida a opinião do menor, se este já contar doze anos de idade.

Art. 1.741. Incumbe ao tutor, sob a inspeção do juiz, administrar os bens do tutelado, em proveito deste, cumprindo seus deveres com zelo e boa-fé.

► Art. 249 do ECA.

Art. 1.742. Para fiscalização dos atos do tutor, pode o juiz nomear um protutor.

Art. 1.743. Se os bens e interesses administrativos exigirem conhecimentos técnicos, forem complexos, ou realizados em lugares distantes do domicílio do tutor, poderá este, mediante aprovação judicial, delegar a outras pessoas físicas ou jurídicas o exercício parcial da tutela.

Art. 1.744. A responsabilidade do juiz será:

I – direta e pessoal, quando não tiver nomeado o tutor, ou não o houver feito oportunamente;

II – subsidiária, quando não tiver exigido garantia legal do tutor, nem o removido, tanto que se tornou suspeito.

Art. 1.745. Os bens do menor serão entregues ao tutor mediante termo especificado deles e seus valores, ainda que os pais o tenham dispensado.

Parágrafo único. Se o patrimônio do menor for de valor considerável, poderá o juiz condicionar o exercício da tutela à prestação de caução bastante, podendo dispensá-la se o tutor for de reconhecida idoneidade.

► Art. 2.040 deste Código.

Art. 1.746. Se o menor possuir bens, será sustentado e educado a expensas deles, arbitrando o juiz para tal fim as quantias que lhe pareçam necessárias, considerado o rendimento da fortuna do pupilo quando o pai ou a mãe não as houver fixado.

Art. 1.747. Compete mais ao tutor:

I – representar o menor, até os dezesseis anos, nos atos da vida civil, e assisti-lo, após essa idade, nos atos em que for parte;

► Arts. 3º, I, e 4º, I, deste Código.

II – receber as rendas e pensões do menor, e as quantias a ele devidas;

III – fazer-lhe as despesas de subsistência e educação, bem como as de administração, conservação e melhoramentos de seus bens;

IV – alienar os bens do menor destinados a venda;

V – promover-lhe, mediante preço conveniente, o arrendamento de bens de raiz.

Art. 1.748. Compete também ao tutor, com autorização do juiz:

I – pagar as dívidas do menor;

II – aceitar por ele heranças, legados ou doações, ainda que com encargos;

III – transigir;

IV – vender-lhe os bens móveis, cuja conservação não convier, e os imóveis nos casos em que for permitido;

V – propor em juízo as ações, ou nelas assistir o menor, e promover todas as diligências a bem deste, assim como defendê-lo nos pleitos contra ele movidos.

Parágrafo único. No caso de falta de autorização, a eficácia de ato do tutor depende da aprovação ulterior do juiz.

Art. 1.749. Ainda com a autorização judicial, não pode o tutor, sob pena de nulidade:

I – adquirir por si, ou por interposta pessoa, mediante contrato particular, bens móveis ou imóveis pertencentes ao menor;

► Arts. 82, 83 e 497, I, deste Código.

II – dispor dos bens do menor a título gratuito;

III – constituir-se cessionário de crédito ou de direito, contra o menor.

► Art. 497, I, deste Código.

Art. 1.750. Os imóveis pertencentes aos menores sob tutela somente podem ser vendidos quando houver manifesta vantagem, mediante prévia avaliação judicial e aprovação do juiz.

► Art. 1.748, IV, deste Código.

► Arts. 725, III, e 730 do CPC.

Art. 1.751. Antes de assumir a tutela, o tutor declarará tudo o que o menor lhe deva, sob pena de não lhe poder cobrar, enquanto exerça a tutoria, salvo provando que não conhecia o débito quando a assumiu.

► Art. 1.735, II, deste Código.

Art. 1.752. O tutor responde pelos prejuízos que, por culpa, ou dolo, causar ao tutelado; mas tem direito a ser pago pelo que realmente despender no exercício da tutela, salvo no caso do art. 1.734, e a perceber remuneração proporcional à importância dos bens administrados.

► Arts. 402 a 405 deste Código.

§ 1º Ao protutor será arbitrada uma gratificação módica pela fiscalização efetuada.

§ 2º São solidariamente responsáveis pelos prejuízos as pessoas às quais competia fiscalizar a atividade do tutor, e as que concorreram para o dano.

Seção V
DOS BENS DO TUTELADO

Art. 1.753. Os tutores não podem conservar em seu poder dinheiro dos tutelados, além do necessário para as despesas ordinárias com o seu sustento, a sua educação e a administração de seus bens.

§ 1º Se houver necessidade, os objetos de ouro e prata, pedras preciosas e móveis serão avaliados por pessoa idônea e, após autorização judicial, alienados, e o seu produto convertido em títulos, obrigações e letras de responsabilidade direta ou indireta da União ou dos Estados, atendendo-se preferentemente à rentabilidade, e recolhidos ao estabelecimento bancário oficial ou aplicado na aquisição de imóveis, conforme for determinado pelo juiz.

§ 2º O mesmo destino previsto no parágrafo antecedente terá o dinheiro proveniente de qualquer outra procedência.

► Arts. 725, II e III, 730 e 840, I, do CPC.

§ 3º Os tutores respondem pela demora na aplicação dos valores acima referidos, pagando os juros legais desde o dia em que deveriam dar esse destino, o que não os exime da obrigação, que o juiz fará efetiva, da referida aplicação.

Art. 1.754. Os valores que existirem em estabelecimento bancário oficial, na forma do artigo antecedente, não se poderão retirar, senão mediante ordem do juiz, e somente:

I – para as despesas com o sustento e educação do tutelado, ou a administração de seus bens;

II – para se comprarem bens imóveis e títulos, obrigações ou letras, nas condições previstas no § 1º do artigo antecedente;

III – para se empregarem em conformidade com o disposto por quem os houver doado, ou deixado;

IV – para se entregarem aos órfãos, quando emancipados, ou maiores, ou, mortos eles, aos seus herdeiros.

Seção VI
DA PRESTAÇÃO DE CONTAS

Art. 1.755. Os tutores, embora o contrário tivessem disposto os pais dos tutelados, são obrigados a prestar contas da sua administração.

Art. 1.756. No fim de cada ano de administração, os tutores submeterão ao juiz o balanço respectivo, que, depois de aprovado, se anexará aos autos do inventário.

Art. 1.757. Os tutores prestarão contas de dois em dois anos, e também quando, por qualquer motivo, deixarem o exercício da tutela ou toda vez que o juiz achar conveniente.

Parágrafo único. As contas serão prestadas em juízo, e julgadas depois da audiência dos interessados, recolhendo o tutor imediatamente a estabelecimento bancário oficial os saldos, ou adquirindo bens imóveis, ou títulos, obrigações ou letras, na forma do § 1º do art. 1.753.

▸ Art. 1.753 deste Código.

▸ Arts. 550 e segs. do CPC.

Art. 1.758. Finda a tutela pela emancipação ou maioridade, a quitação do menor não produzirá efeito antes de aprovadas as contas pelo juiz, subsistindo inteira, até então, a responsabilidade do tutor.

Art. 1.759. Nos casos de morte, ausência, ou interdição do tutor, as contas serão prestadas por seus herdeiros ou representantes.

Art. 1.760. Serão levadas a crédito do tutor todas as despesas justificadas e reconhecidamente proveitosas ao menor.

▸ Art. 1.752 deste Código.

Art. 1.761. As despesas com a prestação das contas serão pagas pelo tutelado.

Art. 1.762. O alcance do tutor, bem como o saldo contra o tutelado, são dívidas de valor e vencem juros desde o julgamento definitivo das contas.

▸ Art. 398 deste Código.

Seção VII
DA CESSAÇÃO DA TUTELA

Art. 1.763. Cessa a condição de tutelado:

I – com a maioridade ou a emancipação do menor;

II – ao cair o menor sob o poder familiar, no caso de reconhecimento ou adoção.

▸ Art. 227, § 6º, da CF.

Art. 1.764. Cessam as funções do tutor:

I – ao expirar o termo, em que era obrigado a servir;

▸ Art. 1.765 deste Código.

II – ao sobrevir escusa legítima;

▸ Art. 1.736 deste Código.

III – ao ser removido.

▸ Arts. 1.735 e 1.766 deste Código.

▸ Arts. 761 e 762 do CPC.

▸ Arts. 24, 38 e 164 do ECA.

Art. 1.765. O tutor é obrigado a servir por espaço de dois anos.

Parágrafo único. Pode o tutor continuar no exercício da tutela, além do prazo previsto neste artigo, se o quiser e o juiz julgar conveniente ao menor.

▸ Art. 763, § 1º, do CPC.

Art. 1.766. Será destituído o tutor, quando negligente, prevaricador ou incurso em incapacidade.

▸ Arts. 761 e 762 do CPC.

▸ Art. 164 do ECA.

CAPÍTULO II
DA CURATELA

▸ Arts. 22 a 25, 197, III, 932, II, e 1.800 deste Código.

▸ Arts. 94, nº 6, e 104, *caput*, da Lei nº 6.015, de 31-12-1973 (Lei dos Registros Públicos).

Seção I
DOS INTERDITOS

Art. 1.767. Estão sujeitos a curatela:

▸ Arts. 4º, II, III e IV, deste Código.

▸ Arts. 747 e segs. e 759 e segs. do CPC.

I – aqueles que, por causa transitória ou permanente, não puderem exprimir sua vontade;

▸ Inciso I com a redação dada pela Lei nº 13.146, de 6-7-2015.

II – *Revogado*. Lei nº 13.146, de 6-7-2015;

III – os ébrios habituais e os viciados em tóxico;

▸ Inciso III com a redação dada pela Lei nº 13.146, de 6-7-2015.

IV – *Revogado*. Lei nº 13.146, de 6-7-2015;

V – os pródigos.

▸ Arts. 4º, IV, 9º, III, e 1.782 deste Código.

Art. 1.768. O processo que define os termos da curatela deve ser promovido:

▸ *Caput* com a redação dada pela Lei nº 13.146, de 6-7-2015.

I a III – *Revogados*. Lei nº 13.105, de 16-3-2015.

IV – pela própria pessoa.

▸ Inciso IV acrescido pela Lei nº 13.146, de 6-7-2015.

Art. 1.769. O Ministério Público somente promoverá o processo que define os termos da curatela:

▸ *Caput* com a redação dada pela Lei nº 13.146, de 6-7-2015.

I – nos casos de deficiência mental ou intelectual;

▸ Inciso I com redação dada pela Lei nº 13.146, de 6-7-2015.

II – se não existir ou não promover a interdição alguma das pessoas designadas nos incisos I e II do artigo antecedente;

III – se, existindo, forem menores ou incapazes as pessoas mencionadas no inciso II.

▸ Inciso III com a redação dada pela Lei nº 13.146, de 6-7-2015.

Art. 1.770. *Revogado*. Lei nº 13.105, de 16-3-2015.

Art. 1.771. Antes de se pronunciar acerca dos termos da curatela, o juiz, que deverá ser assistido por equipe multidisciplinar, entrevistará pessoalmente o interditando.

Art. 1.772. O juiz determinará, segundo as potencialidades da pessoa, os limites da curatela, circunscritos às restrições constantes do art. 1.782, e indicará curador.

Parágrafo único. Para a escolha do curador, o juiz levará em conta a vontade e as preferências do interditando, a ausência de conflito de interesses e de influência indevida, a proporcionalidade e a adequação às circunstâncias da pessoa.

► Arts. 1.771 e 1.772 com a redação dada pela Lei nº 13.146, de 6-7-2015.

Art. 1.773. *Revogado.* Lei nº 13.105, de 16-3-2015.

Art. 1.774. Aplicam-se à curatela as disposições concernentes à tutela, com as modificações dos artigos seguintes.

► Arts. 1.728 a 1.766 deste Código.

Art. 1.775. O cônjuge ou companheiro, não separado judicialmente ou de fato, é, de direito, curador do outro, quando interdito.

► Arts. 1.570 e 1.783 deste Código.

§ 1º Na falta do cônjuge ou companheiro, é curador legítimo o pai ou a mãe; na falta destes, o descendente que se demonstrar mais apto.

§ 2º Entre os descendentes, os mais próximos precedem aos mais remotos.

§ 3º Na falta das pessoas mencionadas neste artigo, compete ao juiz a escolha do curador.

Art. 1.775-A. Na nomeação de curador para a pessoa com deficiência, o juiz poderá estabelecer curatela compartilhada a mais de uma pessoa.

► Artigo acrescido pela Lei nº 13.146, de 6-7-2015.

Art. 1.776. *Revogado.* Lei nº 13.146, de 6-7-2015.

Art. 1.777. As pessoas referidas no inciso I do art. 1.767 receberão todo o apoio necessário para ter preservado o direito à convivência familiar e comunitária, sendo evitado o seu recolhimento em estabelecimento que os afaste desse convívio.

► Artigo com a redação dada pela Lei nº 13.146, de 6-7-2015.

Art. 1.778. A autoridade do curador estende-se à pessoa e aos bens dos filhos do curatelado, observado o art. 5º.

Seção II

DA CURATELA DO NASCITURO E DO ENFERMO OU PORTADOR DE DEFICIÊNCIA FÍSICA

Art. 1.779. Dar-se-á curador ao nascituro, se o pai falecer estando grávida a mulher, e não tendo o poder familiar.

► Art. 2º deste Código.

Parágrafo único. Se a mulher estiver interdita, seu curador será o do nascituro.

Art. 1.780. *Revogado.* Lei nº 13.146, de 6-7-2015.

Seção III

DO EXERCÍCIO DA CURATELA

Art. 1.781. As regras a respeito do exercício da tutela aplicam-se ao da curatela, com a restrição do art. 1.772 e as desta Seção.

► Arts. 1.728 a 1.766 deste Código.

Art. 1.782. A interdição do pródigo só o privará de, sem curador, emprestar, transigir, dar quitação, alienar, hipotecar, demandar ou ser demandado, e praticar, em geral, os atos que não sejam de mera administração.

► Arts. 4º, IV, e 1.767, V, deste Código.

Art. 1.783. Quando o curador for o cônjuge e o regime de bens do casamento for de comunhão universal, não será obrigado à prestação de contas, salvo determinação judicial.

► Arts. 1.570, 1.651 e 1.667 a 1.671 deste Código.

CAPÍTULO III

DA TOMADA DE DECISÃO APOIADA

► Capítulo III acrescido pela Lei nº 13.146, de 6-7-2015.

Art. 1.783-A. A tomada de decisão apoiada é o processo pelo qual a pessoa com deficiência elege pelo menos 2 (duas) pessoas idôneas, com as quais mantenha vínculos e que gozem de sua confiança, para prestar-lhe apoio na tomada de decisão sobre atos da vida civil, fornecendo-lhes os elementos e informações necessários para que possa exercer sua capacidade.

§ 1º Para formular pedido de tomada de decisão apoiada, a pessoa com deficiência e os apoiadores devem apresentar termo em que constem os limites do apoio a ser oferecido e os compromissos dos apoiadores, inclusive o prazo de vigência do acordo e o respeito à vontade, aos direitos e aos interesses da pessoa que devem apoiar.

§ 2º O pedido de tomada de decisão apoiada será requerido pela pessoa a ser apoiada, com indicação expressa das pessoas aptas a prestarem o apoio previsto no *caput* deste artigo.

§ 3º Antes de se pronunciar sobre o pedido de tomada de decisão apoiada, o juiz, assistido por equipe multidisciplinar, após oitiva do Ministério Público, ouvirá pessoalmente o requerente e as pessoas que lhe prestarão apoio.

§ 4º A decisão tomada por pessoa apoiada terá validade e efeitos sobre terceiros, sem restrições, desde que esteja inserida nos limites do apoio acordado.

§ 5º Terceiro com quem a pessoa apoiada mantenha relação negocial pode solicitar que os apoiadores contra-assinem o contrato ou acordo, especificando, por escrito, sua função em relação ao apoiado.

§ 6º Em caso de negócio jurídico que possa trazer risco ou prejuízo relevante, havendo divergência de opiniões entre a pessoa apoiada e um dos apoiadores, deverá o juiz, ouvido o Ministério Público, decidir sobre a questão.

§ 7º Se o apoiador agir com negligência, exercer pressão indevida ou não adimplir as obrigações assumidas, poderá a pessoa apoiada ou qualquer pessoa apresentar denúncia ao Ministério Público ou ao juiz.

§ 8º Se procedente a denúncia, o juiz destituirá o apoiador e nomeará, ouvida a pessoa apoiada e se for de seu interesse, outra pessoa para prestação de apoio.

§ 9º A pessoa apoiada pode, a qualquer tempo, solicitar o término de acordo firmado em processo de tomada de decisão apoiada.

§ 10. O apoiador pode solicitar ao juiz a exclusão de sua participação do processo de tomada de decisão apoiada, sendo seu desligamento condicionado à manifestação do juiz sobre a matéria.

§ 11. Aplicam-se à tomada de decisão apoiada, no que couber, as disposições referentes à prestação de contas na curatela.

Livro V – Do Direito das Sucessões

TÍTULO I – DA SUCESSÃO EM GERAL

CAPÍTULO I

DISPOSIÇÕES GERAIS

Art. 1.784. Aberta a sucessão, a herança transmite-se, desde logo, aos herdeiros legítimos e testamentários.

► Art. 5º, XXX e XXXI, da CF.

► Arts. 6º e 7º deste Código.

► Art. 10 da LINDB.

Art. 1.785. A sucessão abre-se no lugar do último domicílio do falecido.

► Art. 5º, XXVII, XXX e XXXI, da CF.

► Arts. 70 a 78 deste Código.

► Art. 48 do CPC.

► Art. 10 da LINDB.

Art. 1.786. A sucessão dá-se por lei ou por disposição de última vontade.

► Arts. 426 e 1.857 a 1.859 deste Código.

Art. 1.787. Regula a sucessão e a legitimação para suceder a lei vigente ao tempo da abertura daquela.

► Arts. 70 a 78 deste Código.

► Art. 48 do CPC.

► Art. 10, § 2º, da LINDB.

Art. 1.788. Morrendo a pessoa sem testamento, transmite a herança aos herdeiros legítimos; o mesmo ocorrerá quanto aos bens que não forem compreendidos no testamento; e subsiste a sucessão legítima se o testamento caducar, ou for julgado nulo.

► Arts. 1.829, 1.906, 1.908, 1.943, 1.944, 1.955, 1.966 e 1.969 a 1.975 deste Código.

Art. 1.789. Havendo herdeiros necessários, o testador só poderá dispor da metade da herança.

► Arts. 549, 1.846, 1.961, 1.973 a 1.975 e 2.018 deste Código.

Art. 1.790. A companheira ou o companheiro participará da sucessão do outro, quanto aos bens adquiridos onerosamente na vigência da união estável, nas condições seguintes:

► Art. 1.829 deste Código.

► O STF julgou, em maio de 2017, os Res. nºs 646.721 e 878.694, declarando inconstitucional o art. 1.790 deste Código, fixando a seguinte tese de repercussão geral: "No sistema constitucional vigente é inconstitucional a diferenciação de regime sucessório entre cônjuges e companheiros devendo ser aplicado em ambos os casos o regime estabelecido no artigo 1.829 do Código Civil."

I – se concorrer com filhos comuns, terá direito a uma quota equivalente à que por lei for atribuída ao filho;

II – se concorrer com descendentes só do autor da herança, tocar-lhe-á a metade do que couber a cada um daqueles;

III – se concorrer com outros parentes sucessíveis, terá direito a um terço da herança;

IV – não havendo parentes sucessíveis, terá direito à totalidade da herança.

CAPÍTULO II

DA HERANÇA E DE SUA ADMINISTRAÇÃO

Art. 1.791. A herança defere-se como um todo unitário, ainda que vários sejam os herdeiros.

Parágrafo único. Até a partilha, o direito dos coerdeiros, quanto à propriedade e posse da herança, será indivisível, e regular-se-á pelas normas relativas ao condomínio.

► Arts. 88, 91, 1.199, 1.314 e segs. e 1.793 deste Código.

Art. 1.792. O herdeiro não responde por encargos superiores às forças da herança; incumbe-lhe, porém, a prova do excesso, salvo se houver inventário que a escuse, demonstrando o valor dos bens herdados.

► Arts. 836 e 1.997 deste Código.

► Art. 796 do CPC.

Art. 1.793. O direito à sucessão aberta, bem como o quinhão de que disponha o coerdeiro, pode ser objeto de cessão por escritura pública.

§ 1º Os direitos, conferidos ao herdeiro em consequência de substituição ou de direito de acrescer, presumem-se não abrangidos pela cessão feita anteriormente.

► Arts. 1.941 a 1.946 e 1.947 a 1.960 deste Código.

§ 2º É ineficaz a cessão, pelo coerdeiro, de seu direito hereditário sobre qualquer bem da herança considerado singularmente.

§ 3º Ineficaz é a disposição, sem prévia autorização do juiz da sucessão, por qualquer herdeiro, de bem componente do acervo hereditário, pendente a indivisibilidade.

Art. 1.794. O coerdeiro não poderá ceder a sua quota hereditária a pessoa estranha à sucessão, se outro coerdeiro a quiser, tanto por tanto.

► Art. 504 deste Código.

Art. 1.795. O coerdeiro, a quem não se der conhecimento da cessão, poderá, depositado o preço, haver para si a quota cedida a estranho, se o requerer até cento e oitenta dias após a transmissão.

► Art. 504 deste Código.

Parágrafo único. Sendo vários os coerdeiros a exercer a preferência, entre eles se distribuirá o quinhão cedido, na proporção das respectivas quotas hereditárias.

Art. 1.796. No prazo de trinta dias, a contar da abertura da sucessão, instaurar-se-á inventário do patrimônio hereditário, perante o juízo competente no lugar da sucessão, para fins de liquidação e, quando for o caso, de partilha da herança.

► Arts. 70 a 73 deste Código.

► Arts. 48 e 611 do CPC.

► Arts. 7º e 10 do LINDB.

► Súm. nº 542 do STF.

Art. 1.797. Até o compromisso do inventariante, a administração da herança caberá, sucessivamente:

► Arts. 610 e segs. do CPC.

I – ao cônjuge ou companheiro, se com o outro convivia ao tempo da abertura da sucessão;

II – ao herdeiro que estiver na posse e administração dos bens, e, se houver mais de um nessas condições, ao mais velho;

III – ao testamenteiro;

IV – a pessoa de confiança do juiz, na falta ou escusa das indicadas nos incisos antecedentes, ou quando tiverem de ser afastadas por motivo grave levado ao conhecimento do juiz.

CAPÍTULO III

DA VOCAÇÃO HEREDITÁRIA

Art. 1.798. Legitimam-se a suceder as pessoas nascidas ou já concebidas no momento da abertura da sucessão.

► Arts. 2º e 8º deste Código.

► En. nº 267 da III Jornada de Direito Civil.

Art. 1.799. Na sucessão testamentária podem ainda ser chamados a suceder:

► Arts. 1.857 e segs. deste Código.

I – os filhos, ainda não concebidos, de pessoas indicadas pelo testador, desde que vivas estas ao abrir-se a sucessão;

► Art. 2º deste Código.

► En. nº 268 da III Jornada de Direito Civil.

II – as pessoas jurídicas;

► Arts. 40 a 69 deste Código.

III – as pessoas jurídicas, cuja organização for determinada pelo testador sob a forma de fundação.

► Arts. 62 a 69 deste Código.

Art. 1.800. No caso do inciso I do artigo antecedente, os bens da herança serão confiados, após a liquidação ou partilha, a curador nomeado pelo juiz.

§ 1º Salvo disposição testamentária em contrário, a curatela caberá à pessoa cujo filho o testador esperava ter por herdeiro, e, sucessivamente, às pessoas indicadas no art. 1.775.

► Art. 1.797 deste Código.

§ 2º Os poderes, deveres e responsabilidades do curador, assim nomeado, regem-se pelas disposições concernentes à curatela dos incapazes, no que couber.

► Arts. 1.740 a 1.781 deste Código.

§ 3º Nascendo com vida o herdeiro esperado, ser-lhe-á deferida a sucessão, com os frutos e rendimentos relativos à deixa, a partir da morte do testador.

§ 4º Se, decorridos dois anos após a abertura da sucessão, não for concebido o herdeiro esperado, os bens reservados, salvo disposição em contrário do testador, caberão aos herdeiros legítimos.

► Art. 1.829 deste Código.

Art. 1.801. Não podem ser nomeados herdeiros nem legatários:

I – a pessoa que, a rogo, escreveu o testamento, nem o seu cônjuge ou companheiro, ou os seus ascendentes e irmãos;

► Art. 1.868 deste Código.

II – as testemunhas do testamento;

III – o concubino do testador casado, salvo se este, sem culpa sua, estiver separado de fato do cônjuge há mais de cinco anos;

► Súm. nº 447 do STF.

► En. nº 269 da III Jornada de Direito Civil.

IV – o tabelião, civil ou militar, ou o comandante ou escrivão, perante quem se fizer, assim como o que fizer ou aprovar o testamento.

► Arts. 1.864, I, e 1.868 deste Código.

Art. 1.802. São nulas as disposições testamentárias em favor de pessoas não legitimadas a suceder, ainda quando simuladas sob a forma de contrato oneroso, ou feitas mediante interposta pessoa.

Parágrafo único. Presumem-se pessoas interpostas os ascendentes, os descendentes, os irmãos e o cônjuge ou companheiro do não legitimado a suceder.

Art. 1.803. É lícita a deixa ao filho do concubino, quando também o for do testador.

► Art. 227, § 6º, da CF.

► Súm. nº 447 do STF.

CAPÍTULO IV

DA ACEITAÇÃO E RENÚNCIA DA HERANÇA

Art. 1.804. Aceita a herança, torna-se definitiva a sua transmissão ao herdeiro, desde a abertura da sucessão.

► Art. 1.784 deste Código.

Parágrafo único. A transmissão tem-se por não verificada quando o herdeiro renuncia à herança.

Art. 1.805. A aceitação da herança, quando expressa, faz-se por declaração escrita; quando tácita, há de resultar tão somente de atos próprios da qualidade de herdeiro.

§ 1º Não exprimem aceitação de herança os atos oficiosos, como o funeral do finado, os meramente conservatórios, ou os de administração e guarda provisória.

§ 2º Não importa igualmente aceitação a cessão gratuita, pura e simples, da herança, aos demais coerdeiros.

► Art. 1.810 deste Código.

Art. 1.806. A renúncia da herança deve constar expressamente de instrumento público ou termo judicial.

► Arts. 80, II, 108, 166, IV, e 215 deste Código.

Art. 1.807. O interessado em que o herdeiro declare se aceita, ou não, a herança, poderá, vinte dias após aberta a sucessão, requerer ao juiz prazo razoável, não maior de trinta dias, para, nele, se pronunciar o herdeiro, sob pena de se haver a herança por aceita.

► Art. 111 deste Código.

Art. 1.808. Não se pode aceitar ou renunciar a herança em parte, sob condição ou a termo.

► Arts. 121, 131, 133 e 135 deste Código.

§ 1º O herdeiro, a quem se testarem legados, pode aceitá-los, renunciando a herança; ou, aceitando-a, repudiá-los.

► Arts. 1.912 a 1.940 deste Código.

§ 2º O herdeiro, chamado, na mesma sucessão, a mais de um quinhão hereditário, sob títulos sucessórios diversos, pode livremente deliberar quanto aos quinhões que aceita e aos que renuncia.

Art. 1.809. Falecendo o herdeiro antes de declarar se aceita a herança, o poder de aceitar passa-lhe aos herdeiros, a menos que se trate de vocação adstrita a uma condição suspensiva, ainda não verificada.

► Arts. 125 e 1.933 deste Código.

Parágrafo único. Os chamados à sucessão do herdeiro falecido antes da aceitação, desde que concordem em receber a segunda herança, poderão aceitar ou renunciar a primeira.

Art. 1.810. Na sucessão legítima, a parte do renunciante acresce à dos outros herdeiros da mesma classe e, sendo ele o único desta, devolve-se aos da subsequente.

► Arts. 1.829 a 1.856 deste Código.

► En. nº 575 da VI Jornada de Direito Civil.

Art. 1.811. Ninguém pode suceder, representando herdeiro renunciante. Se, porém, ele for o único legítimo da sua classe, ou se todos os outros da mesma classe renunciarem a herança, poderão os filhos vir à sucessão, por direito próprio, e por cabeça.

► Arts. 1.835 e 1.856 deste Código.

Art. 1.812. São irrevogáveis os atos de aceitação ou de renúncia da herança.

Art. 1.813. Quando o herdeiro prejudicar os seus credores, renunciando à herança, poderão eles, com autorização do juiz, aceitá-la em nome do renunciante.

§ 1º A habilitação dos credores se fará no prazo de trinta dias seguintes ao conhecimento do fato.

§ 2º Pagas as dívidas do renunciante, prevalece a renúncia quanto ao remanescente, que será devolvido aos demais herdeiros.

► Arts. 158 a 165 deste Código.

► Art. 129, V, da Lei nº 11.101, de 9-2-2005 (Lei de Recuperação de Empresas e Falências).

CAPÍTULO V
DOS EXCLUÍDOS DA SUCESSÃO

Art. 1.814. São excluídos da sucessão os herdeiros ou legatários:

I – que houverem sido autores, coautores ou partícipes de homicídio doloso, ou tentativa deste, contra a pessoa de cuja sucessão se tratar, seu cônjuge, companheiro, ascendente ou descendente;

II – que houverem acusado caluniosamente em juízo o autor da herança ou incorrerem em crime contra a sua honra, ou de seu cônjuge ou companheiro;

III – que, por violência ou meios fraudulentos, inibirem ou obstarem o autor da herança de dispor livremente de seus bens por ato de última vontade.

► Arts. 557, 935, 1.939, V, e 1.961 a 1.965 deste Código.

Art. 1.815. A exclusão do herdeiro ou legatário, em qualquer desses casos de indignidade, será declarada por sentença.

► En. nº 116 da I Jornada de Direito Civil.

§ 1º O direito de demandar a exclusão do herdeiro ou legatário extingue-se em quatro anos, contados da abertura da sucessão.

► Parágrafo único transformado em § 1º pela Lei nº 13.532, de 7-12-2017.

§ 2º Na hipótese do inciso I do art. 1.814, o Ministério Público tem legitimidade para demandar a exclusão do herdeiro ou legatário.

► § 2º acrescido pela Lei nº 13.532, de 7-12-2017.

Art. 1.816. São pessoais os efeitos da exclusão; os descendentes do herdeiro excluído sucedem, como se ele morto fosse antes da abertura da sucessão.

Parágrafo único. O excluído da sucessão não terá direito ao usufruto ou à administração dos bens que a seus sucessores couberem na herança, nem à sucessão eventual desses bens.

► Arts. 1.689 e 1.693, IV, deste Código.

Art. 1.817. São válidas as alienações onerosas de bens hereditários a terceiros de boa-fé, e os atos de administração legalmente praticados pelo herdeiro, antes da sentença de exclusão; mas aos herdeiros subsiste, quando prejudicados, o direito de demandar-lhe perdas e danos.

► Arts. 402 a 405 deste Código.

Parágrafo único. O excluído da sucessão é obrigado a restituir os frutos e rendimentos que dos bens da herança houver percebido, mas tem direito a ser indenizado das despesas com a conservação deles.

► Art. 884 deste Código.

Art. 1.818. Aquele que incorreu em atos que determinem a exclusão da herança será admitido a suceder, se o ofendido o tiver expressamente reabilitado em testamento, ou em outro ato autêntico.

Parágrafo único. Não havendo reabilitação expressa, o indigno, contemplado em testamento do ofendido, quando o testador, ao testar, já conhecia a causa da indignidade, pode suceder no limite da disposição testamentária.

CAPÍTULO VI
DA HERANÇA JACENTE

► Arts. 75, VI, e 738 e segs. do CPC.

Art. 1.819. Falecendo alguém sem deixar testamento nem herdeiro legítimo notoriamente conhecido, os bens da herança, depois de arrecadados, ficarão sob a guarda e administração de um curador, até a sua entrega ao sucessor devidamente habilitado ou à declaração de sua vacância.

Art. 1.820. Praticadas as diligências de arrecadação e ultimado o inventário, serão expedidos editais na forma da lei processual, e, decorrido um ano de sua primeira publicação, sem que haja herdeiro habilitado, ou penda habilitação, será a herança declarada vacante.

► Arts. 75, VI, e 743, *caput* e §1º, do CPC.

Art. 1.821. É assegurado aos credores o direito de pedir o pagamento das dívidas reconhecidas, nos limites das forças da herança.

► Art. 741, § 4º, do CPC.

Art. 1.822. A declaração de vacância da herança não prejudicará os herdeiros que legalmente se habilitarem; mas, decorridos cinco anos da abertura da sucessão, os bens arrecadados passarão ao domínio do Município ou do Distrito Federal, se localizados nas respectivas circunscrições, incorporando-se ao domínio da União quando situados em território federal.

► Art. 1.884 deste Código.

Parágrafo único. Não se habilitando até a declaração de vacância, os colaterais ficarão excluídos da sucessão.

Art. 1.823. Quando todos os chamados a suceder renunciarem à herança, será esta desde logo declarada vacante.

► Arts. 1.804, parágrafo único, e 1.806 deste Código.

CAPÍTULO VII
DA PETIÇÃO DE HERANÇA

Art. 1.824. O herdeiro pode, em ação de petição de herança, demandar o reconhecimento de seu direito sucessório, para obter a restituição da herança, ou de parte dela, contra quem, na qualidade de herdeiro, ou mesmo sem título, a possua.

► Art. 205 deste Código.

► Súm. nº 149 do STF.

Art. 1.825. A ação de petição de herança, ainda que exercida por um só dos herdeiros, poderá compreender todos os bens hereditários.

► Art. 1.791 deste Código.

Art. 1.826. O possuidor da herança está obrigado à restituição dos bens do acervo, fixando-se-lhe a responsabilidade segundo a sua posse, observado o disposto nos arts. 1.214 a 1.222.

Parágrafo único. A partir da citação, a responsabilidade do possuidor se há de aferir pelas regras concernentes à posse de má-fé e à mora.

► Art. 395 deste Código.

Art. 1.827. O herdeiro pode demandar os bens da herança, mesmo em poder de terceiros, sem prejuízo da responsabilidade do possuidor originário pelo valor dos bens alienados.

Parágrafo único. São eficazes as alienações feitas, a título oneroso, pelo herdeiro aparente a terceiro de boa-fé.

Art. 1.828. O herdeiro aparente, que de boa-fé houver pago um legado, não está obrigado a prestar o equivalente ao verdadeiro sucessor, ressalvado a este o direito de proceder contra quem o recebeu.

► Art. 1.934 deste Código.

TÍTULO II – DA SUCESSÃO LEGÍTIMA

CAPÍTULO I

DA ORDEM DA VOCAÇÃO HEREDITÁRIA

► Art. 2.041 deste Código.

Art. 1.829. A sucessão legítima defere-se na ordem seguinte:

► Arts. 1.685, 1.790, 1.832, 1.845 a 1.850 e 1.961 a 1.965 deste Código.

I – aos descendentes, em concorrência com o cônjuge sobrevivente, salvo se casado este com o falecido no regime da comunhão universal, ou no da separação obrigatória de bens (art. 1.640, parágrafo único); ou se, no regime da comunhão parcial, o autor da herança não houver deixado bens particulares;

► Art. 227, § 6º, da CF.

► Arts. 1.641, 1.658 a 1.666 e 1.835 deste Código.

► En. nº 270 da III Jornada de Direito Civil.

► En. nº 525 da V Jornada de Direito Civil.

II – aos ascendentes, em concorrência com o cônjuge;

► Arts. 1.836 e 1.837 deste Código.

► En. nº 525 da V Jornada de Direito Civil.

III – ao cônjuge sobrevivente;

► Arts. 1.830, 1.831 e 1.838 deste Código.

IV – aos colaterais.

► Arts. 1.592 e 1.839 a 1.843 deste Código.

► Art. 10, § 1º, da LINDB.

Art. 1.830. Somente é reconhecido direito sucessório ao cônjuge sobrevivente se, ao tempo da morte do outro, não estavam separados judicialmente, nem separados de fato há mais de dois anos, salvo prova, neste caso, de que essa convivência se tornara impossível sem culpa do sobrevivente.

► Art. 226, § 6º, da CF.

► En. nº 525 da V Jornada de Direito Civil.

Art. 1.831. Ao cônjuge sobrevivente, qualquer que seja o regime de bens, será assegurado, sem prejuízo da participação que lhe caiba na herança, o direito real de habitação relativamente ao imóvel destinado à residência da família, desde que seja o único daquela natureza a inventariar.

► Arts. 1.414 a 1.416 deste Código.

► En. nº 117 da I Jornada de Direito Civil.

► En. nº 271 da III Jornada de Direito Civil.

Art. 1.832. Em concorrência com os descendentes (art. 1.829, inciso I) caberá ao cônjuge quinhão igual ao dos que sucederem por cabeça, não podendo a sua quota ser inferior à quarta parte da herança, se for ascendente dos herdeiros com que concorrer.

► En. nº 527 da V Jornada de Direito Civil.

Art. 1.833. Entre os descendentes, os em grau mais próximo excluem os mais remotos, salvo o direito de representação.

► Arts. 1.851 e 1.856 deste Código.

Art. 1.834. Os descendentes da mesma classe têm os mesmos direitos à sucessão de seus ascendentes.

► Art. 41 do ECA.

Art. 1.835. Na linha descendente, os filhos sucedem por cabeça, e os outros descendentes, por cabeça ou por estirpe, conforme se achem ou não no mesmo grau.

► Arts. 1.810, 1.811 e 1.816 deste Código.

Art. 1.836. Na falta de descendentes, são chamados à sucessão os ascendentes, em concorrência com o cônjuge sobrevivente.

► Art. 1.829, II, deste Código.

§ 1º Na classe dos ascendentes, o grau mais próximo exclui o mais remoto, sem distinção de linhas.

► Art. 1.594 deste Código.

§ 2º Havendo igualdade em grau e diversidade em linha, os ascendentes da linha paterna herdam a metade, cabendo a outra aos da linha materna.

Art. 1.837. Concorrendo com ascendente em primeiro grau, ao cônjuge tocará um terço da herança; caber-lhe-á a metade desta se houver um só ascendente, ou se maior for aquele grau.

Art. 1.838. Em falta de descendentes e ascendentes, será deferida a sucessão por inteiro ao cônjuge sobrevivente.

► Art. 1.830 deste Código.

Art. 1.839. Se não houver cônjuge sobrevivente, nas condições estabelecidas no art. 1.830, serão chamados a suceder os colaterais até o quarto grau.

Art. 1.840. Na classe dos colaterais, os mais próximos excluem os mais remotos, salvo o direito de representação concedido aos filhos de irmãos.

► Arts. 1.810, 1.811, 1.816, *caput*, 1.843, 1.851 e 1.853 deste Código.

Art. 1.841. Concorrendo à herança do falecido irmãos bilaterais com irmãos unilaterais, cada um destes herdará metade do que cada um daqueles herdar.

Art. 1.842. Não concorrendo à herança irmão bilateral, herdarão, em partes iguais, os unilaterais.

Art. 1.843. Na falta de irmãos, herdarão os filhos destes e, não os havendo, os tios.

§ 1º Se concorrerem à herança somente filhos de irmãos falecidos, herdarão por cabeça.

► Art. 1.853 deste Código.

§ 2º Se concorrem filhos de irmãos bilaterais com filhos de irmãos unilaterais, cada um destes herdará a metade do que herdar cada um daqueles.

§ 3º Se todos forem filhos de irmãos bilaterais, ou todos de irmãos unilaterais, herdarão por igual.

Art. 1.844. Não sobrevivendo cônjuge, ou companheiro, nem parente algum sucessível, ou tendo eles renunciado a herança, esta se devolve ao Município ou ao Distrito Federal, se localizada nas respectivas circunscrições, ou à União, quando situada em território federal.

► Art. 1.822 deste Código.

CAPÍTULO II

DOS HERDEIROS NECESSÁRIOS

Art. 1.845. São herdeiros necessários os descendentes, os ascendentes e o cônjuge.

► Arts. 549, 1.814, 1.829, 1.830, 1.847, 1.961 a 1.965, 1.973 a 1.975 e 2.018 deste Código.

Art. 1.846. Pertence aos herdeiros necessários, de pleno direito, a metade dos bens da herança, constituindo a legítima.

► Arts. 544, 549, 1.789, 1.814, 1.847, 1.857, § 1º, e 1.961 deste Código.

Art. 1.847. Calcula-se a legítima sobre o valor dos bens existentes na abertura da sucessão, abatidas as dívidas e as despesas do funeral, adicionando-se, em seguida, o valor dos bens sujeitos a colação.

► Arts. 544, 1.998 e 2.002 a 2.012 deste Código.

Art. 1.848. Salvo se houver justa causa, declarada no testamento, não pode o testador estabelecer cláusula de inalienabilidade, impenhorabilidade, e de incomunicabilidade, sobre os bens da legítima.

► Art. 2.042 deste Código.

§ 1º Não é permitido ao testador estabelecer a conversão dos bens da legítima em outros de espécie diversa.

§ 2º Mediante autorização judicial e havendo justa causa, podem ser alienados os bens gravados, convertendo-se o produto em outros bens, que ficarão sub-rogados nos ônus dos primeiros.

► Arts. 1.668, I, e 1.911 deste Código.

► Arts. 167, II, nº 11, e 247 da Lei nº 6.015, de 31-12-1973 (Lei dos Registros Públicos).

► Súm. nº 49 do STF.

Art. 1.849. O herdeiro necessário, a quem o testador deixar a sua parte disponível, ou algum legado, não perderá o direito à legítima.

► Art. 1.789 deste Código.

Art. 1.850. Para excluir da sucessão os herdeiros colaterais, basta que o testador disponha de seu patrimônio sem os contemplar.

► Art. 1.908 deste Código.

CAPÍTULO III

DO DIREITO DE REPRESENTAÇÃO

Art. 1.851. Dá-se o direito de representação, quando a lei chama certos parentes do falecido a suceder em todos os direitos, em que ele sucederia, se vivo fosse.

► Arts. 1.810, 1.811, 1.816, *caput*, 1.854 e 1.855 deste Código.

Art. 1.852. O direito de representação dá-se na linha reta descendente, mas nunca na ascendente.

► Art. 1.835 deste Código.

Art. 1.853. Na linha transversal, somente se dá o direito de representação em favor dos filhos de irmãos do falecido, quando com irmãos deste concorrerem.

► Arts. 1.840 e 1.843, *caput*, deste Código.

Art. 1.854. Os representantes só podem herdar, como tais, o que herdaria o representado, se vivo fosse.

Art. 1.855. O quinhão do representado partir-se-á por igual entre os representantes.

Art. 1.856. O renunciante à herança de uma pessoa poderá representá-la na sucessão de outra.

► Arts. 1.810 e 1.811 deste Código.

TÍTULO III – DA SUCESSÃO TESTAMENTÁRIA

CAPÍTULO I

DO TESTAMENTO EM GERAL

Art. 1.857. Toda pessoa capaz pode dispor, por testamento, da totalidade dos seus bens, ou de parte deles, para depois de sua morte.

► Art. 1.881 deste Código.

► En. nº 528 da V Jornada de Direito Civil.

§ 1º A legítima dos herdeiros necessários não poderá ser incluída no testamento.

§ 2º São válidas as disposições testamentárias de caráter não patrimonial, ainda que o testador somente a elas se tenha limitado.

► Arts. 14, 791, 792, 1.609, III, 1.634, IV, 1.729, parágrafo único, 1.796 e 1.881 deste Código.

Art. 1.858. O testamento é ato personalíssimo, podendo ser mudado a qualquer tempo.

► Art. 1.969 deste Código.

Art. 1.859. Extingue-se em cinco anos o direito de impugnar a validade do testamento, contado o prazo da data do seu registro.

► Art. 1.909, parágrafo único, deste Código.

CAPÍTULO II

DA CAPACIDADE DE TESTAR

Art. 1.860. Além dos incapazes, não podem testar os que, no ato de fazê-lo, não tiverem pleno discernimento.

► Arts. 3º e 1.767 deste Código.

Parágrafo único. Podem testar os maiores de dezesseis anos.

Art. 1.861. A incapacidade superveniente do testador não invalida o testamento, nem o testamento do incapaz se valida com a superveniência da capacidade.

CAPÍTULO III

DAS FORMAS ORDINÁRIAS DO TESTAMENTO

Seção I

DISPOSIÇÕES GERAIS

Art. 1.862. São testamentos ordinários:

I – o público;

► Arts. 1.864 a 1.867 deste Código.

II – o cerrado;

► Arts. 1.868 a 1.880 deste Código.

III – o particular.

Art. 1.863. É proibido o testamento conjuntivo, seja simultâneo, recíproco ou correspectivo.

► Arts. 1.868 a 1.880 deste Código.

Seção II

DO TESTAMENTO PÚBLICO

► Arts. 735 e 736 do CPC.

Art. 1.864. São requisitos essenciais do testamento público:

► Art. 166, V, deste Código.

I – ser escrito por tabelião ou por seu substituto legal em seu livro de notas, de acordo com as declarações do testador, podendo este servir-se de minuta, notas ou apontamentos;

II – lavrado o instrumento, ser lido em voz alta pelo tabelião ao testador e a duas testemunhas, a um só tempo; ou pelo testador, se o quiser, na presença destas e do oficial;

III – ser o instrumento, em seguida à leitura, assinado pelo testador, pelas testemunhas e pelo tabelião.

► Art. 1.865 deste Código.

Parágrafo único. O testamento público pode ser escrito manualmente ou mecanicamente, bem como ser feito pela inserção da declaração de vontade em partes impressas de livro de notas, desde que rubricadas todas as páginas pelo testador, se mais de uma.

Art. 1.865. Se o testador não souber, ou não puder assinar, o tabelião ou seu substituto legal assim o declarará, assinando,

CC

neste caso, pelo testador, e, a seu rogo, uma das testemunhas instrumentárias.

Art. 1.866. O indivíduo inteiramente surdo, sabendo ler, lerá o seu testamento, e, se não o souber, designará quem o leia em seu lugar, presentes as testemunhas.

Art. 1.867. Ao cego só se permite o testamento público, que lhe será lido, em voz alta, duas vezes, uma pelo tabelião ou por seu substituto legal, e a outra por uma das testemunhas, designada pelo testador, fazendo-se de tudo circunstanciada menção no testamento.

SEÇÃO III
DO TESTAMENTO CERRADO

► Art. 735 do CPC.

Art. 1.868. O testamento escrito pelo testador, ou por outra pessoa, a seu rogo, e por aquele assinado, será válido se aprovado pelo tabelião ou seu substituto legal, observadas as seguintes formalidades:

► Arts. 1.801, I, 1.870 e 1.871 deste Código.

I – que o testador o entregue ao tabelião em presença de duas testemunhas;

II – que o testador declare que aquele é o seu testamento e quer que seja aprovado;

III – que o tabelião lavre, desde logo, o auto de aprovação, na presença de duas testemunhas, e o leia, em seguida, ao testador e testemunhas;

IV – que o auto de aprovação seja assinado pelo tabelião, pelas testemunhas e pelo testador.

Parágrafo único. O testamento cerrado pode ser escrito mecanicamente, desde que seu subscritor numere e autentique, com a sua assinatura, todas as páginas.

Art. 1.869. O tabelião deve começar o auto de aprovação imediatamente depois da última palavra do testador, declarando, sob sua fé, que o testador lhe entregou para ser aprovado na presença das testemunhas; passando a cerrar e coser o instrumento aprovado.

Parágrafo único. Se não houver espaço na última folha do testamento, para início da aprovação, o tabelião aporá nele o seu sinal público, mencionando a circunstância no auto.

Art. 1.870. Se o tabelião tiver escrito o testamento a rogo do testador, poderá, não obstante, aprová-lo.

Art. 1.871. O testamento pode ser escrito em língua nacional ou estrangeira, pelo próprio testador, ou por outrem, a seu rogo.

Art. 1.872. Não pode dispor de seus bens em testamento cerrado quem não saiba ou não possa ler.

Art. 1.873. Pode fazer testamento cerrado o surdo-mudo, contanto que o escreva todo, e o assine de sua mão, e que, ao entregá-lo ao oficial público, ante as duas testemunhas, escreva, na face externa do papel ou do envoltório, que aquele é o seu testamento, cuja aprovação lhe pede.

Art. 1.874. Depois de aprovado e cerrado, será o testamento entregue ao testador, e o tabelião lançará, no seu livro, nota do lugar, dia, mês e ano em que o testamento foi aprovado e entregue.

Art. 1.875. Falecido o testador, o testamento será apresentado ao juiz, que o abrirá e o fará registrar, ordenando seja cumprido, se não achar vício externo que o torne eivado de nulidade ou suspeito de falsidade.

► Art. 735 do CPC.

SEÇÃO IV
DO TESTAMENTO PARTICULAR

► Art. 737 do CPC.

Art. 1.876. O testamento particular pode ser escrito de próprio punho ou mediante processo mecânico.

► Art. 1.880 deste Código.

§ 1º Se escrito de próprio punho, são requisitos essenciais à sua validade seja lido e assinado por quem o escreveu, na presença de pelo menos três testemunhas, que o devem subscrever.

► Art. 228 deste Código.

§ 2º Se elaborado por processo mecânico, não pode conter rasuras ou espaços em branco, devendo ser assinado pelo testador, depois de o ter lido na presença de pelo menos três testemunhas, que o subscreverão.

Art. 1.877. Morto o testador, publicar-se-á em juízo o testamento, com citação dos herdeiros legítimos.

Art. 1.878. Se as testemunhas forem contestes sobre o fato da disposição, ou, ao menos, sobre a sua leitura perante elas, e se reconhecerem as próprias assinaturas, assim como a do testador, o testamento será confirmado.

Parágrafo único. Se faltarem testemunhas, por morte ou ausência, e se pelo menos uma delas o reconhecer, o testamento poderá ser confirmado, se, a critério do juiz, houver prova suficiente de sua veracidade.

Art. 1.879. Em circunstâncias excepcionais declaradas na cédula, o testamento particular de próprio punho e assinado pelo testador, sem testemunhas, poderá ser confirmado, a critério do juiz.

Art. 1.880. O testamento particular pode ser escrito em língua estrangeira, contanto que as testemunhas a compreendam.

CAPÍTULO IV
DOS CODICILOS

Art. 1.881. Toda pessoa capaz de testar poderá, mediante escrito particular seu, datado e assinado, fazer disposições especiais sobre o seu enterro, sobre esmolas de pouca monta a certas e determinadas pessoas, ou, indeterminadamente, aos pobres de certo lugar, assim como legar móveis, roupas ou joias, de pouco valor, de seu uso pessoal.

► Arts. 1.860 e 1.998 deste Código.

Art. 1.882. Os atos a que se refere o artigo antecedente, salvo direito de terceiro, valerão como codicilos, deixe ou não testamento o autor.

Art. 1.883. Pelo modo estabelecido no art. 1.881, poder-se-ão nomear ou substituir testamenteiros.

► Art. 1.976 deste Código.

Art. 1.884. Os atos previstos nos artigos antecedentes revogam-se por atos iguais, e consideram-se revogados, se, havendo testamento posterior, de qualquer natureza, este os não confirmar ou modificar.

Art. 1.885. Se estiver fechado o codicilo, abrir-se-á do mesmo modo que o testamento cerrado.

► Art. 1.875 deste Código.

CAPÍTULO V
DOS TESTAMENTOS ESPECIAIS

SEÇÃO I
DISPOSIÇÕES GERAIS

Art. 1.886. São testamentos especiais:

I – o marítimo;
II – o aeronáutico;
III – o militar.

Art. 1.887. Não se admitem outros testamentos especiais além dos contemplados neste Código.

Seção II
DO TESTAMENTO MARÍTIMO E DO TESTAMENTO AERONÁUTICO

Art. 1.888. Quem estiver em viagem, a bordo de navio nacional, de guerra ou mercante, pode testar perante o comandante, em presença de duas testemunhas, por forma que corresponda ao testamento público ou ao cerrado.

► Arts. 1.864 e 1.868 deste Código.

Parágrafo único. O registro do testamento será feito no diário de bordo.

Art. 1.889. Quem estiver em viagem, a bordo de aeronave militar ou comercial, pode testar perante pessoa designada pelo comandante, observado o disposto no artigo antecedente.

► Art. 1.801, I, deste Código.

Art. 1.890. O testamento marítimo ou aeronáutico ficará sob a guarda do comandante, que o entregará às autoridades administrativas do primeiro porto ou aeroporto nacional, contra recibo averbado no diário de bordo.

Art. 1.891. Caducará o testamento marítimo, ou aeronáutico, se o testador não morrer na viagem, nem nos noventa dias subsequentes ao seu desembarque em terra, onde possa fazer, na forma ordinária, outro testamento.

Art. 1.892. Não valerá o testamento marítimo, ainda que feito no curso de uma viagem, se, ao tempo em que se fez, o navio estava em porto onde o testador pudesse desembarcar e testar na forma ordinária.

Seção III
DO TESTAMENTO MILITAR

Art. 1.893. O testamento dos militares e demais pessoas a serviço das Forças Armadas em campanha, dentro do País ou fora dele, assim como em praça sitiada, ou que esteja de comunicações interrompidas, poderá fazer-se, não havendo tabelião ou seu substituto legal, ante duas, ou três testemunhas, se o testador não puder, ou não souber assinar, caso em que assinará por ele uma delas.

§ 1º Se o testador pertencer a corpo ou seção de corpo destacado, o testamento será escrito pelo respectivo comandante, ainda que de graduação ou posto inferior.

§ 2º Se o testador estiver em tratamento em hospital, o testamento será escrito pelo respectivo oficial de saúde, ou pelo diretor do estabelecimento.

§ 3º Se o testador for o oficial mais graduado, o testamento será escrito por aquele que o substituir.

Art. 1.894. Se o testador souber escrever, poderá fazer o testamento de seu punho, contanto que o date e assine por extenso, e o apresente aberto ou cerrado, na presença de duas testemunhas ao auditor, ou ao oficial de patente, que lhe faça as vezes neste mister.

Parágrafo único. O auditor, ou o oficial a quem o testamento se apresente notará, em qualquer parte dele, lugar, dia, mês e ano, em que lhe for apresentado, nota esta que será assinada por ele e pelas testemunhas.

Art. 1.895. Caduca o testamento militar, desde que, depois dele, o testador esteja, noventa dias seguidos, em lugar onde possa testar na forma ordinária, salvo se esse testamento apresentar as solenidades prescritas no parágrafo único do artigo antecedente.

Art. 1.896. As pessoas designadas no art. 1.893, estando empenhadas em combate, ou feridas, podem testar oralmente, confiando a sua última vontade a duas testemunhas.

Parágrafo único. Não terá efeito o testamento se o testador não morrer na guerra ou convalescer do ferimento.

CAPÍTULO VI
DAS DISPOSIÇÕES TESTAMENTÁRIAS

Art. 1.897. A nomeação de herdeiro, ou legatário, pode fazer-se pura e simplesmente, sob condição, para certo fim ou modo, ou por certo motivo.

► Arts. 121, 128, primeira parte, 136 e 1.773, § 2º, do CC.

Art. 1.898. A designação do tempo em que deva começar ou cessar o direito do herdeiro, salvo nas disposições fideicomissárias, ter-se-á por não escrita.

► Arts. 1.951 a 1.960 do CC.

Art. 1.899. Quando a cláusula testamentária for suscetível de interpretações diferentes, prevalecerá a que melhor assegure a observância da vontade do testador.

► Art. 112 deste Código.

► Súm. nº 49 do STF.

Art. 1.900. É nula a disposição:

I – que institua herdeiro ou legatário sob a condição captatória de que este disponha, também por testamento, em benefício do testador, ou de terceiro;

II – que se refira a pessoa incerta, cuja identidade não se possa averiguar;

III – que favoreça a pessoa incerta, cometendo a determinação de sua identidade a terceiro;

► Art. 1.901, I, deste Código.

IV – que deixe a arbítrio do herdeiro, ou de outrem, fixar o valor do legado;

V – que favoreça as pessoas a que se referem os arts. 1.801 e 1.802.

► Art. 1.859 deste Código.

Art. 1.901. Valerá a disposição:

I – em favor de pessoa incerta que deva ser determinada por terceiro, dentre duas ou mais pessoas mencionadas pelo testador, ou pertencentes a uma família, ou a um corpo coletivo, ou a um estabelecimento por ele designado;

II – em remuneração de serviços prestados ao testador, por ocasião da moléstia de que faleceu, ainda que fique ao arbítrio do herdeiro ou de outrem determinar o valor do legado.

Art. 1.902. A disposição geral em favor dos pobres, dos estabelecimentos particulares de caridade, ou dos de assistência pública, entender-se-á relativa aos pobres do lugar do domicílio do testador ao tempo de sua morte, ou dos estabelecimentos aí sitos, salvo se manifestamente constar que tinha em mente beneficiar os de outra localidade.

Parágrafo único. Nos casos deste artigo, as instituições particulares preferirão sempre às públicas.

Art. 1.903. O erro na designação da pessoa do herdeiro, do legatário, ou da coisa legada anula a disposição, salvo se, pelo contexto do testamento, por outros documentos, ou por fatos inequívocos, se puder identificar a pessoa ou coisa a que o testador queria referir-se.

► Arts. 142, 1.899 e 1.909 do CC.

Art. 1.904. Se o testamento nomear dois ou mais herdeiros, sem discriminar a parte de cada um, partilhar-se-á por igual, entre todos, a porção disponível do testador.

► Art. 1.789 deste Código.

Art. 1.905. Se o testador nomear certos herdeiros individualmente e outros coletivamente, a herança será dividida em tantas quotas quantos forem os indivíduos e os grupos designados.

Art. 1.906. Se forem determinadas as quotas de cada herdeiro, e não absorverem toda a herança, o remanescente pertencerá aos herdeiros legítimos, segundo a ordem da vocação hereditária.

► Art. 1.829 deste Código.

Art. 1.907. Se forem determinados os quinhões de uns e não os de outros herdeiros, distribuir-se-á por igual a estes últimos o que restar, depois de completas as porções hereditárias dos primeiros.

Art. 1.908. Dispondo o testador que não caiba ao herdeiro instituído certo e determinado objeto, dentre os da herança, tocará ele aos herdeiros legítimos.

► Art. 1.788 deste Código.

Art. 1.909. São anuláveis as disposições testamentárias inquinadas de erro, dolo ou coação.

► Arts. 138 a 155 deste Código.

Parágrafo único. Extingue-se em quatro anos o direito de anular a disposição, contados de quando o interessado tiver conhecimento do vício.

► Arts. 177 e 178, I e II, deste Código.

Art. 1.910. A ineficácia de uma disposição testamentária importa a das outras que, sem aquela, não teriam sido determinadas pelo testador.

► Art. 184 deste Código.

Art. 1.911. A cláusula de inalienabilidade, imposta aos bens por ato de liberalidade, implica impenhorabilidade e incomunicabilidade.

Parágrafo único. No caso de desapropriação de bens clausulados, ou de sua alienação, por conveniência econômica do donatário ou do herdeiro, mediante autorização judicial, o produto da venda converter-se-á em outros bens, sobre os quais incidirão as restrições apostas aos primeiros.

► Art. 1.848 deste Código.

► Arts. 833 e 834 do CPC.

► Arts. 167, II, nº 11, e 247 Lei nº 6.015, de 31-12-1973 (Lei dos Registros Públicos).

CAPÍTULO VII
DOS LEGADOS

Seção I
DISPOSIÇÕES GERAIS

Art. 1.912. É ineficaz o legado de coisa certa que não pertença ao testador no momento da abertura da sucessão.

► Arts. 1.914 e 1.939, II, deste Código.

Art. 1.913. Se o testador ordenar que o herdeiro ou legatário entregue coisa de sua propriedade a outrem, não o cumprindo ele, entender-se-á que renunciou à herança ou ao legado.

► Art. 1.935 deste Código.

Art. 1.914. Se tão somente em parte a coisa legada pertencer ao testador, ou, no caso do artigo antecedente, ao herdeiro ou ao legatário, só quanto a essa parte valerá o legado.

Art. 1.915. Se o legado for de coisa que se determine pelo gênero, será o mesmo cumprido, ainda que tal coisa não exista entre os bens deixados pelo testador.

Art. 1.916. Se o testador legar coisa sua, singularizando-a, só terá eficácia o legado se, ao tempo do seu falecimento, ela se achava entre os bens da herança; se a coisa legada existir entre os bens do testador, mas em quantidade inferior à do legado, este será eficaz apenas quanto à existente.

► Art. 1.939 deste Código.

Art. 1.917. O legado de coisa que deva encontrar-se em determinado lugar só terá eficácia se nele for achada, salvo se removida a título transitório.

Art. 1.918. O legado de crédito, ou de quitação de dívida, terá eficácia somente até a importância desta, ou daquele, ao tempo da morte do testador.

§ 1º Cumpre-se o legado, entregando o herdeiro ao legatário o título respectivo.

§ 2º Este legado não compreende as dívidas posteriores à data do testamento.

Art. 1.919. Não o declarando expressamente o testador, não se reputará compensação da sua dívida o legado que ele faça ao credor.

► Arts. 368 a 380 deste Código.

Parágrafo único. Subsistirá integralmente o legado, se a dívida lhe foi posterior, e o testador a solveu antes de morrer.

Art. 1.920. O legado de alimentos abrange o sustento, a cura, o vestuário e a casa, enquanto o legatário viver, além da educação, se ele for menor.

► Art. 1.694, § 1º, deste Código.

Art. 1.921. O legado de usufruto, sem fixação de tempo, entende-se deixado ao legatário por toda a sua vida.

► Art. 1.940, I, deste Código.

Art. 1.922. Se aquele que legar um imóvel lhe ajuntar depois novas aquisições, estas, ainda que contíguas, não se compreendem no legado, salvo expressa declaração em contrário do testador.

Parágrafo único. Não se aplica o disposto neste artigo às benfeitorias necessárias, úteis ou voluptuárias feitas no prédio legado.

► Art. 96 deste Código.

Seção II
DOS EFEITOS DO LEGADO E DO SEU PAGAMENTO

Art. 1.923. Desde a abertura da sucessão, pertence ao legatário a coisa certa, existente no acervo, salvo se o legado estiver sob condição suspensiva.

§ 1º Não se defere de imediato a posse da coisa, nem nela pode o legatário entrar por autoridade própria.

► Arts. 121, 125, 1.784 e 1.937 deste Código.

§ 2º O legado de coisa certa existente na herança transfere também ao legatário os frutos que produzir, desde a morte do testador, exceto se dependente de condição suspensiva, ou de termo inicial.

Art. 1.924. O direito de pedir o legado não se exercerá, enquanto se litigue sobre a validade do testamento, e, nos legados condicionais, ou a prazo, enquanto esteja pendente a condição ou o prazo não se vença.

Art. 1.925. O legado em dinheiro só vence juros desde o dia em que se constituir em mora a pessoa obrigada a prestá-lo.

Art. 1.926. Se o legado consistir em renda vitalícia ou pensão periódica, esta ou aquela correrá da morte do testador.

Art. 1.927. Se o legado for de quantidades certas, em prestações periódicas, datará da morte do testador o primeiro período, e o legatário terá direito a cada prestação, uma vez encetado cada um dos períodos sucessivos, ainda que venha a falecer antes do termo dele.

Art. 1.928. Sendo periódicas as prestações, só no termo de cada período se poderão exigir.

Parágrafo único. Se as prestações forem deixadas a título de alimentos, pagar-se-ão no começo de cada período, sempre que outra coisa não tenha disposto o testador.

Art. 1.929. Se o legado consiste em coisa determinada pelo gênero, ao herdeiro tocará escolhê-la, guardando o meio-termo entre as congêneres da melhor e pior qualidade.

► Arts. 244 e 915 deste Código.

Art. 1.930. O estabelecido no artigo antecedente será observado, quando a escolha for deixada a arbítrio de terceiro; e, se este não a quiser ou não a puder exercer, ao juiz competirá fazê-la, guardado o disposto na última parte do artigo antecedente.

Art. 1.931. Se a opção foi deixada ao legatário, este poderá escolher, do gênero determinado, a melhor coisa que houver na herança; e, se nesta não existir coisa de tal gênero, dar-lhe-á de outra congênere o herdeiro, observada a disposição na última parte do art. 1.929.

Art. 1.932. No legado alternativo, presume-se deixada ao herdeiro a opção.

► Art. 255 deste Código.

Art. 1.933. Se o herdeiro ou legatário a quem couber a opção falecer antes de exercê-la, passará este poder aos seus herdeiros.

► Art. 1.809 deste Código.

Art. 1.934. No silêncio do testamento, o cumprimento dos legados incumbe aos herdeiros e, não os havendo, aos legatários, na proporção do que herdaram.

Parágrafo único. O encargo estabelecido neste artigo, não havendo disposição testamentária em contrário, caberá ao herdeiro ou legatário incumbido pelo testador da execução do legado; quando indicados mais de um, os onerados dividirão entre si o ônus, na proporção do que recebam da herança.

Art. 1.935. Se algum legado consistir em coisa pertencente a herdeiro ou legatário (art. 1.913), só a ele incumbirá cumpri-lo, com regresso contra os coerdeiros, pela quota de cada um, salvo se o contrário expressamente dispôs o testador.

Art. 1.936. As despesas e os riscos da entrega do legado correm à conta do legatário, se não dispuser diversamente o testador.

Art. 1.937. A coisa legada entregar-se-á, com seus acessórios, no lugar e estado em que se achava ao falecer o testador, passando ao legatário com todos os encargos que a onerarem.

Art. 1.938. Nos legados com encargo, aplica-se ao legatário o disposto neste Código quanto às doações de igual natureza.

► Arts. 136 e 553 deste Código.

Seção III
DA CADUCIDADE DOS LEGADOS

Art. 1.939. Caducará o legado:

I – se, depois do testamento, o testador modificar a coisa legada, ao ponto de já não ter a forma nem lhe caber a denominação que possuía;

II – se o testador, por qualquer título, alienar no todo ou em parte a coisa legada; nesse caso, caducará até onde ela deixou de pertencer ao testador;

► Arts. 1.912 e 1.914 deste Código.

III – se a coisa perecer ou for evicta, vivo ou morto o testador, sem culpa do herdeiro ou legatário incumbido do seu cumprimento;

► Arts. 447 a 457 deste Código.

IV – se o legatário for excluído da sucessão, nos termos do art. 1.815;

V – se o legatário falecer antes do testador.

Art. 1.940. Se o legado for de duas ou mais coisas alternativamente, e algumas delas perecerem, subsistirá quanto às restantes; perecendo parte de uma, valerá, quanto ao seu remanescente, o legado.

► Art. 253 deste Código.

CAPÍTULO VIII
DO DIREITO DE ACRESCER ENTRE HERDEIROS E LEGATÁRIOS

Art. 1.941. Quando vários herdeiros, pela mesma disposição testamentária, forem conjuntamente chamados à herança em quinhões não determinados, e qualquer deles não puder ou não quiser aceitá-la, a sua parte acrescerá à dos coerdeiros, salvo o direito do substituto.

► Art. 1.947 deste Código.

Art. 1.942. O direito de acrescer competirá aos colegatários, quando nomeados conjuntamente a respeito de uma só coisa, determinada e certa, ou quando o objeto do legado não puder ser dividido sem risco de desvalorização.

► Art. 1.929 deste Código.

Art. 1.943. Se um dos coerdeiros ou colegatários, nas condições do artigo antecedente, morrer antes do testador; se renunciar a herança ou legado, ou destes for excluído, e, se a condição sob a qual foi instituído não se verificar, acrescerá o seu quinhão, salvo o direito do substituto, à parte dos coerdeiros ou colegatários conjuntos.

► Arts. 1.809 e 1.947 deste Código.

Parágrafo único. Os coerdeiros ou colegatários, aos quais acresceu o quinhão daquele que não quis ou não pôde suceder, ficam sujeitos às obrigações ou encargos que o oneravam.

Art. 1.944. Quando não se efetua o direito de acrescer, transmite-se aos herdeiros legítimos a quota vaga do nomeado.

► Art. 1.788 deste Código.

Parágrafo único. Não existindo o direito de acrescer entre os colegatários, a quota do que faltar acresce ao herdeiro ou ao legatário incumbido de satisfazer esse legado, ou a todos os herdeiros, na proporção dos seus quinhões, se o legado se deduziu da herança.

Art. 1.945. Não pode o beneficiário do acréscimo repudiá-lo separadamente da herança ou legado que lhe caiba, salvo se o acréscimo comportar encargos especiais impostos pelo testador; nesse caso, uma vez repudiado, reverte o acréscimo para a pessoa a favor de quem os encargos foram instituídos.

Art. 1.946. Legado um só usufruto conjuntamente a duas ou mais pessoas, a parte da que faltar acresce aos colegatários.

Parágrafo único. Se não houver conjunção entre os colegatários, ou se, apesar de conjuntos, só lhes foi legada certa parte do usufruto, consolidar-se-ão na propriedade as quotas dos que faltarem, à medida que eles forem faltando.

► Art. 1.411 deste Código.

CAPÍTULO IX
DAS SUBSTITUIÇÕES

Seção I
DA SUBSTITUIÇÃO VULGAR E DA RECÍPROCA

Art. 1.947. O testador pode substituir outra pessoa ao herdeiro ou ao legatário nomeado, para o caso de um ou outro não querer ou não poder aceitar a herança ou o legado, presumindo-se que a substituição foi determinada para as duas alternativas, ainda que o testador só a uma se refira.

► Art. 1.799 deste Código.

Art. 1.948. Também é lícito ao testador substituir muitas pessoas por uma só, ou vice-versa, e ainda substituir com reciprocidade ou sem ela.

Art. 1.949. O substituto fica sujeito à condição ou encargo imposto ao substituído, quando não for diversa a intenção manifestada pelo testador, ou não resultar outra coisa da natureza da condição ou do encargo.

► Arts. 121 e 136 deste Código.

Art. 1.950. Se, entre muitos coerdeiros ou legatários de partes desiguais, for estabelecida substituição recíproca, a proporção dos quinhões fixada na primeira disposição entender-se-á mantida na segunda; se, com as outras anteriormente nomeadas, for incluída mais alguma pessoa na substituição, o quinhão vago pertencerá em partes iguais aos substitutos.

Seção II
DA SUBSTITUIÇÃO FIDEICOMISSÁRIA

Art. 1.951. Pode o testador instituir herdeiros ou legatários, estabelecendo que, por ocasião de sua morte, a herança ou o legado se transmita ao fiduciário, resolvendo-se o direito deste, por sua morte, a certo tempo ou sob certa condição, em favor de outrem, que se qualifica de fideicomissário.

► Arts. 1.668, II, e 1.898 deste Código.

► Art. 167, II, nº 11, da Lei nº 6.015, de 31-12-1973 (Lei dos Registros Públicos).

► En. nº 529 da V Jornada de Direito Civil.

Art. 1.952. A substituição fideicomissária somente se permite em favor dos não concebidos ao tempo da morte do testador.

Parágrafo único. Se, ao tempo da morte do testador, já houver nascido o fideicomissário, adquirirá este a propriedade dos bens fideicometidos, convertendo-se em usufruto o direito do fiduciário.

► Arts. 1.390 a 1.411, 1.784 e 1.799, I, deste Código.

Art. 1.953. O fiduciário tem a propriedade da herança ou legado, mas restrita e resolúvel.

► Art. 1.359 deste Código.

Parágrafo único. O fiduciário é obrigado a proceder ao inventário dos bens gravados, e a prestar caução de restituí-los se o exigir o fideicomissário.

Art. 1.954. Salvo disposição em contrário do testador, se o fiduciário renunciar a herança ou o legado, defere-se ao fideicomissário o poder de aceitar.

Art. 1.955. O fideicomissário pode renunciar a herança ou o legado, e, neste caso, o fideicomisso caduca, deixando de ser resolúvel a propriedade do fiduciário, se não houver disposição contrária do testador.

Art. 1.956. Se o fideicomissário aceitar a herança ou o legado, terá direito à parte que, ao fiduciário, em qualquer tempo acrescer.

Art. 1.957. Ao sobrevir a sucessão, o fideicomissário responde pelos encargos da herança que ainda restarem.

Art. 1.958. Caduca o fideicomisso se o fideicomissário morrer antes do fiduciário, ou antes de realizar-se a condição resolutória do direito deste último; nesse caso, a propriedade consolida-se no fiduciário, nos termos do art. 1.955.

Art. 1.959. São nulos os fideicomissos além do segundo grau.

Art. 1.960. A nulidade da substituição ilegal não prejudica a instituição, que valerá sem o encargo resolutório.

CAPÍTULO X
DA DESERDAÇÃO

Art. 1.961. Os herdeiros necessários podem ser privados de sua legítima, ou deserdados, em todos os casos em que podem ser excluídos da sucessão.

► Arts. 1.814 a 1.818, 1.962 e 1.963 deste Código.

Art. 1.962. Além das causas mencionadas no art. 1.814, autorizam a deserdação dos descendentes por seus ascendentes:

I – ofensa física;

II – injúria grave;

III – relações ilícitas com a madrasta ou com o padrasto;

IV – desamparo do ascendente em alienação mental ou grave enfermidade.

► Art. 229 da CF.

Art. 1.963. Além das causas enumeradas no art. 1.814, autorizam a deserdação dos ascendentes pelos descendentes:

I – ofensa física;

II – injúria grave;

III – relações ilícitas com a mulher ou companheira do filho ou a do neto, ou com o marido ou companheiro da filha ou o da neta;

IV – desamparo do filho ou neto com deficiência mental ou grave enfermidade.

Art. 1.964. Somente com expressa declaração de causa pode a deserdação ser ordenada em testamento.

Art. 1.965. Ao herdeiro instituído, ou àquele a quem aproveite a deserdação, incumbe provar a veracidade da causa alegada pelo testador.

Parágrafo único. O direito de provar a causa da deserdação extingue-se no prazo de quatro anos, a contar da data da abertura do testamento.

► Art. 1.815, § 1º, deste Código.

CAPÍTULO XI
DA REDUÇÃO DAS DISPOSIÇÕES TESTAMENTÁRIAS

Art. 1.966. O remanescente pertencerá aos herdeiros legítimos, quando o testador só em parte dispuser da quota hereditária disponível.

► Arts. 1.788, 1.829, 1.845 a 1.850, 1.906 e 1.908 deste Código.

Art. 1.967. As disposições que excederem a parte disponível reduzir-se-ão aos limites dela, de conformidade com o disposto nos parágrafos seguintes.

► Arts. 549 e 1.847 deste Código.

► En. nº 118 da I Jornada de Direito Civil.

§ 1º Em se verificando excederem as disposições testamentárias a porção disponível, serão proporcionalmente reduzidas as quotas do herdeiro ou herdeiros instituídos, até onde baste, e, não bastando, também os legados, na proporção do seu valor.

§ 2º Se o testador, prevenindo o caso, dispuser que se inteirem, de preferência, certos herdeiros e legatários, a redução far-se-á nos outros quinhões ou legados, observando-se a seu respeito a ordem estabelecida no parágrafo antecedente.

Art. 1.968. Quando consistir em prédio divisível o legado sujeito a redução, far-se-á esta dividindo-o proporcionalmente.

§ 1º Se não for possível a divisão, e o excesso do legado montar a mais de um quarto do valor do prédio, o legatário deixará inteiro na herança o imóvel legado, ficando com o direito de pedir aos herdeiros o valor que couber na parte disponível; se o excesso não for de mais de um quarto, aos herdeiros fará tornar em dinheiro o legatário, que ficará com o prédio.

§ 2º Se o legatário for ao mesmo tempo herdeiro necessário, poderá inteirar sua legítima no mesmo imóvel, de preferência aos outros, sempre que ela e a parte subsistente do legado lhe absorverem o valor.

CAPÍTULO XII
DA REVOGAÇÃO DO TESTAMENTO

Art. 1.969. O testamento pode ser revogado pelo mesmo modo e forma como pode ser feito.

► Arts. 1.858, 1.609 e 1.610 deste Código.

► Art. 1º, III, da Lei nº 8.560, de 29-12-1992 (Lei de Investigação de Paternidade).

Art. 1.970. A revogação do testamento pode ser total ou parcial.

Parágrafo único. Se parcial, ou se o testamento posterior não contiver cláusula revogatória expressa, o anterior subsiste em tudo que não for contrário ao posterior.

Art. 1.971. A revogação produzirá seus efeitos, ainda quando o testamento, que a encerra, vier a caducar por exclusão, incapacidade ou renúncia do herdeiro nele nomeado; não valerá, se o testamento revogatório for anulado por omissão ou infração de solenidades essenciais ou por vícios intrínsecos.

Art. 1.972. O testamento cerrado que o testador abrir ou dilacerar, ou for aberto ou dilacerado com seu consentimento, haver-se-á como revogado.

► Arts. 1.868 a 1.875 deste Código.

CAPÍTULO XIII
DO ROMPIMENTO DO TESTAMENTO

Art. 1.973. Sobrevindo descendente sucessível ao testador, que não o tinha ou não o conhecia quando testou, rompe-se o testamento em todas as suas disposições, se esse descendente sobreviver ao testador.

► Arts. 1.939 e 1.940 deste Código.

Art. 1.974. Rompe-se também o testamento feito na ignorância de existirem outros herdeiros necessários.

► Art. 1.845 deste Código.

Art. 1.975. Não se rompe o testamento, se o testador dispuser da sua metade, não contemplando os herdeiros necessários de cuja existência saiba, ou quando os exclua dessa parte.

► Arts. 1.789, 1.845 e 1.961 a 1.965 deste Código.

CAPÍTULO XIV
DO TESTAMENTEIRO

Art. 1.976. O testador pode nomear um ou mais testamenteiros, conjuntos ou separados, para lhe darem cumprimento às disposições de última vontade.

► Arts. 1.883 a 1.986 deste Código.

Art. 1.977. O testador pode conceder ao testamenteiro a posse e a administração da herança, ou de parte dela, não havendo cônjuge ou herdeiros necessários.

► Arts. 615 e 616, IV, do CPC.

Parágrafo único. Qualquer herdeiro pode requerer partilha imediata, ou devolução da herança, habilitando o testamenteiro com os meios necessários para o cumprimento dos legados, ou dando caução de prestá-los.

Art. 1.978. Tendo o testamenteiro a posse e a administração dos bens, incumbe-lhe requerer inventário e cumprir o testamento.

Art. 1.979. O testamenteiro nomeado, ou qualquer parte interessada, pode requerer, assim como o juiz pode ordenar, de ofício, ao detentor do testamento, que o leve a registro.

► Arts. 1.127 e 1.129, parágrafo único, deste Código.

Art. 1.980. O testamenteiro é obrigado a cumprir as disposições testamentárias, no prazo marcado pelo testador, e a dar contas do que recebeu e despendeu, subsistindo sua responsabilidade enquanto durar a execução do testamento.

► Art. 1.983 deste Código.

Art. 1.981. Compete ao testamenteiro, com ou sem o concurso do inventariante e dos herdeiros instituídos, defender a validade do testamento.

Art. 1.982. Além das atribuições exaradas nos artigos antecedentes, terá o testamenteiro as que lhe conferir o testador, nos limites da lei.

Art. 1.983. Não concedendo o testador prazo maior, cumprirá o testamenteiro o testamento e prestará contas em cento e oitenta dias, contados da aceitação da testamentaria.

Parágrafo único. Pode esse prazo ser prorrogado se houver motivo suficiente.

Art. 1.984. Na falta de testamenteiro nomeado pelo testador, a execução testamentária compete a um dos cônjuges, e, em falta destes, ao herdeiro nomeado pelo juiz.

► Art. 226, § 5º, da CF.

Art. 1.985. O encargo da testamentaria não se transmite aos herdeiros do testamenteiro, nem é delegável; mas o testamenteiro pode fazer-se representar em juízo e fora dele, mediante mandatário com poderes especiais.

Art. 1.986. Havendo simultaneamente mais de um testamenteiro, que tenha aceitado o cargo, poderá cada qual exercê-lo, em falta dos outros; mas todos ficam solidariamente obrigados a dar conta dos bens que lhes forem confiados, salvo se cada um tiver, pelo testamento, funções distintas, e a elas se limitar.

Art. 1.987. Salvo disposição testamentária em contrário, o testamenteiro, que não seja herdeiro ou legatário, terá direito a um prêmio, que, se o testador não o houver fixado, será de um a cinco por cento, arbitrado pelo juiz, sobre a herança líquida, conforme a importância dela e maior ou menor dificuldade na execução do testamento.

Parágrafo único. O prêmio arbitrado será pago à conta da parte disponível, quando houver herdeiro necessário.

Art. 1.988. O herdeiro ou o legatário nomeado testamenteiro poderá preferir o prêmio à herança ou ao legado.

Art. 1.989. Reverterá à herança o prêmio que o testamenteiro perder, por ser removido ou por não ter cumprido o testamento.

Art. 1.990. Se o testador tiver distribuído toda a herança em legados, exercerá o testamenteiro as funções de inventariante.

► Art. 617, V, do CPC.

TÍTULO IV – DO INVENTÁRIO E DA PARTILHA

► Art. 610 e segs. do CPC.

CAPÍTULO I
DO INVENTÁRIO

Art. 1.991. Desde a assinatura do compromisso até a homologação da partilha, a administração da herança será exercida pelo inventariante.

► Arts. 1.796, 1.977, 1.978, 1.981 e 1.990 deste Código.

► Arts. 617 e segs. do CPC.

CAPÍTULO II
DOS SONEGADOS

Art. 1.992. O herdeiro que sonegar bens da herança, não os descrevendo no inventário quando estejam em seu poder, ou, com o seu conhecimento, no de outrem, ou que os omitir na colação, a que os deva levar, ou que deixar de restituí-los, perderá o direito que sobre eles lhe cabia.

Art. 1.993. Além da pena cominada no artigo antecedente, se o sonegador for o próprio inventariante, remover-se-á, em se provando a sonegação, ou negando ele a existência dos bens, quando indicados.

► Arts. 621 e 622, VI, do CPC.

Art. 1.994. A pena de sonegados só se pode requerer e impor em ação movida pelos herdeiros ou pelos credores da herança.

► Art. 621 do CPC.

Parágrafo único. A sentença que se proferir na ação de sonegados, movida por qualquer dos herdeiros ou credores, aproveita aos demais interessados.

Art. 1.995. Se não se restituírem os bens sonegados, por já não os ter o sonegador em seu poder, pagará ele a importância dos valores que ocultou, mais as perdas e danos.

► Arts. 402 a 405 deste Código.

Art. 1.996. Só se pode arguir de sonegação o inventariante depois de encerrada a descrição dos bens, com a declaração, por ele feita, de não existirem outros por inventariar e partir, assim como arguir o herdeiro, depois de declarar-se no inventário que não os possui.

► Art. 621 do CPC.

CAPÍTULO III
DO PAGAMENTO DAS DÍVIDAS

► Arts. 642 e segs. do CPC.

Art. 1.997. A herança responde pelo pagamento das dívidas do falecido; mas, feita a partilha, só respondem os herdeiros, cada qual em proporção da parte que na herança lhe coube.

► Arts. 276, 836, 1.700 e 1.792 deste Código.

► Art. 23 da Lei nº 6.515, de 26-12-1977 (Lei do Divórcio).

§ 1º Quando, antes da partilha, for requerido no inventário o pagamento de dívidas constantes de documentos, revestidos de formalidades legais, constituindo prova bastante da obrigação, e houver impugnação, que não se funde na alegação de pagamento, acompanhada de prova valiosa, o juiz mandará reservar, em poder do inventariante, bens suficientes para solução do débito, sobre os quais venha a recair oportunamente a execução.

§ 2º No caso previsto no parágrafo antecedente, o credor será obrigado a iniciar a ação de cobrança no prazo de trinta dias, sob pena de se tornar de nenhum efeito a providência indicada.

Art. 1.998. As despesas funerárias, haja ou não herdeiros legítimos, sairão do monte da herança; mas as de sufrágios por alma do falecido só obrigarão a herança quando ordenadas em testamento ou codicilo.

► Arts. 965, I, e 1.847 deste Código.

Art. 1.999. Sempre que houver ação regressiva de uns contra outros herdeiros, a parte do coerdeiro insolvente dividir-se-á em proporção entre os demais.

Art. 2.000. Os legatários e credores da herança podem exigir que do patrimônio do falecido se discrimine o do herdeiro, e, em concurso com os credores deste, ser-lhes-ão preferidos no pagamento.

Art. 2.001. Se o herdeiro for devedor ao espólio, sua dívida será partilhada igualmente entre todos, salvo se a maioria consentir que o débito seja imputado inteiramente no quinhão do devedor.

CAPÍTULO IV
DA COLAÇÃO

► Arts. 639 e segs. do CPC.

Art. 2.002. Os descendentes que concorrerem à sucessão do ascendente comum são obrigados, para igualar as legítimas, a conferir o valor das doações que dele em vida receberam, sob pena de sonegação.

► Arts. 544, 549, 2.010 e 2.011 deste Código.

Parágrafo único. Para cálculo da legítima, o valor dos bens conferidos será computado na parte indisponível, sem aumentar a disponível.

Art. 2.003. A colação tem por fim igualar, na proporção estabelecida neste Código, as legítimas dos descendentes e do cônjuge sobrevivente, obrigando também os donatários que, ao tempo do falecimento do doador, já não possuírem os bens doados.

► Art. 2.009 deste Código.

Parágrafo único. Se, computados os valores das doações feitas em adiantamento de legítima, não houver no acervo bens suficientes para igualar as legítimas dos descendentes e do cônjuge, os bens assim doados serão conferidos em espécie, ou, quando deles já não disponha o donatário, pelo seu valor ao tempo da liberalidade.

Art. 2.004. O valor de colação dos bens doados será aquele, certo ou estimativo, que lhes atribuir o ato de liberalidade.

► Art. 639, parágrafo único, do CPC.

► En. nº 119 da I Jornada de Direito Civil.

§ 1º Se do ato de doação não constar valor certo, nem houver estimação feita naquela época, os bens serão conferidos na partilha pelo que então se calcular valessem ao tempo da liberalidade.

§ 2º Só o valor dos bens doados entrará em colação; não assim o das benfeitorias acrescidas, as quais pertencerão ao herdeiro donatário, correndo também à conta deste os rendimentos ou lucros, assim como os danos e perdas que eles sofrerem.

► Arts. 96 e 402 a 405 deste Código.

Art. 2.005. São dispensadas da colação as doações que o doador determinar saiam da parte disponível, contanto que não a excedam, computado o seu valor ao tempo da doação.

Parágrafo único. Presume-se imputada na parte disponível a liberalidade feita a descendente que, ao tempo do ato, não seria chamado à sucessão na qualidade de herdeiro necessário.

Art. 2.006. A dispensa da colação pode ser outorgada pelo doador em testamento, ou no próprio título de liberalidade.

Art. 2.007. São sujeitas à redução as doações em que se apurar excesso quanto ao que o doador poderia dispor, no momento da liberalidade.

► Arts. 549 e 1.967 deste Código.

§ 1º O excesso será apurado com base no valor que os bens doados tinham, no momento da liberalidade.

§ 2º A redução da liberalidade far-se-á pela restituição ao monte do excesso assim apurado; a restituição será em espécie, ou, se não mais existir o bem em poder do donatário, em dinheiro, segundo o seu valor ao tempo da abertura da sucessão, observadas, no que forem aplicáveis, as regras deste Código sobre a redução das disposições testamentárias.

§ 3º Sujeita-se a redução, nos termos do parágrafo antecedente, a parte da doação feita a herdeiros necessários que exceder a legítima e mais a quota disponível.

§ 4º Sendo várias as doações a herdeiros necessários, feitas em diferentes datas, serão elas reduzidas a partir da última, até a eliminação do excesso.

Art. 2.008. Aquele que renunciou a herança ou dela foi excluído, deve, não obstante, conferir as doações recebidas, para o fim de repor o que exceder o disponível.

► Arts. 1.804 a 1.813 deste Código.

► Art. 640 do CPC.

Art. 2.009. Quando os netos, representando os seus pais, sucederem aos avós, serão obrigados a trazer à colação, ainda que não o hajam herdado, o que os pais teriam de conferir.

► Arts. 1.851 e 1.852 deste Código.

Art. 2.010. Não virão à colação os gastos ordinários do ascendente com o descendente, enquanto menor, na sua educação, estudos, sustento, vestuário, tratamento nas enfermidades, enxoval, assim como as despesas de casamento, ou as feitas no interesse de sua defesa em processo-crime.

Art. 2.011. As doações remuneratórias de serviços feitos ao ascendente também não estão sujeitas a colação.

Art. 2.012. Sendo feita a doação por ambos os cônjuges, no inventário de cada um se conferirá por metade.

CAPÍTULO V

DA PARTILHA

► Arts. 647 e segs. do CPC.

Art. 2.013. O herdeiro pode sempre requerer a partilha, ainda que o testador o proíba, cabendo igual faculdade aos seus cessionários e credores.

Art. 2.014. Pode o testador indicar os bens e valores que devem compor os quinhões hereditários, deliberando ele próprio a partilha, que prevalecerá, salvo se o valor dos bens não corresponder às quotas estabelecidas.

Art. 2.015. Se os herdeiros forem capazes, poderão fazer partilha amigável, por escritura pública, termo nos autos do inventário, ou escrito particular, homologado pelo juiz.

► Art. 659 do CPC.

Art. 2.016. Será sempre judicial a partilha, se os herdeiros divergirem, assim como se algum deles for incapaz.

► Súm. nº 265 do STF.

Art. 2.017. No partilhar os bens, observar-se-á, quanto ao seu valor, natureza e qualidade, a maior igualdade possível.

Art. 2.018. É válida a partilha feita por ascendente, por ato entre vivos ou de última vontade, contanto que não prejudique a legítima dos herdeiros necessários.

Art. 2.019. Os bens insuscetíveis de divisão cômoda, que não couberem na meação do cônjuge sobrevivente ou no quinhão de um só herdeiro, serão vendidos judicialmente, partilhando-se o valor apurado, a não ser que haja acordo para serem adjudicados a todos.

§ 1º Não se fará a venda judicial se o cônjuge sobrevivente ou um ou mais herdeiros requererem lhes seja adjudicado o bem, repondo aos outros, em dinheiro, a diferença, após avaliação atualizada.

§ 2º Se a adjudicação for requerida por mais de um herdeiro, observar-se-á o processo da licitação.

► Arts. 1.322 e 1.489, IV, deste Código.

Art. 2.020. Os herdeiros em posse dos bens da herança, o cônjuge sobrevivente e o inventariante são obrigados a trazer ao acervo os frutos que perceberam, desde a abertura da sucessão; têm direito ao reembolso das despesas necessárias e úteis que fizeram, e respondem pelo dano a que, por dolo ou culpa, deram causa.

► Art. 614 do CPC.

Art. 2.021. Quando parte da herança consistir em bens remotos do lugar do inventário, litigiosos, ou de liquidação morosa ou difícil, poderá proceder-se, no prazo legal, à partilha dos outros, reservando-se aqueles para uma ou mais sobrepartilhas, sob a guarda e a administração do mesmo ou diverso inventariante, e consentimento da maioria dos herdeiros.

► Art. 661 do CPC.

Art. 2.022. Ficam sujeitos a sobrepartilha os bens sonegados e quaisquer outros bens da herança de que se tiver ciência após a partilha.

► Art. 661 do CPC.

CAPÍTULO VI

DA GARANTIA DOS QUINHÕES HEREDITÁRIOS

Art. 2.023. Julgada a partilha, fica o direito de cada um dos herdeiros circunscrito aos bens do seu quinhão.

Art. 2.024. Os coerdeiros são reciprocamente obrigados a indenizar-se no caso de evicção dos bens aquinhoados.

► Arts. 447 a 457 deste Código.

Art. 2.025. Cessa a obrigação mútua estabelecida no artigo antecedente, havendo convenção em contrário, e bem assim dando-se a evicção por culpa do evicto, ou por fato posterior à partilha.

► Arts. 447 a 457 deste Código.

Art. 2.026. O evicto será indenizado pelos coerdeiros na proporção de suas quotas hereditárias, mas, se algum deles se achar insolvente, responderão os demais na mesma proporção, pela parte desse, menos a quota que corresponderia ao indenizado.

► Arts. 447 a 457 deste Código.

CAPÍTULO VII

DA ANULAÇÃO DA PARTILHA

Art. 2.027. A partilha é anulável pelos vícios e defeitos que invalidam, em geral, os negócios jurídicos.

► *Caput* com a redação dada pela Lei nº 13.105, de 16-3-2015.

► Arts. 104 a 184, 171 e segs., 441 a 446 deste Código.

► Arts. 657, parágrafo único, e 966, § 4º, do CPC.

Parágrafo único. Extingue-se em um ano o direito de anular a partilha.

CC

Livro Complementar – Das Disposições Finais e Transitórias

Art. 2.028. Serão os da lei anterior os prazos, quando reduzidos por este Código, e se, na data de sua entrada em vigor, já houver transcorrido mais da metade do tempo estabelecido na lei revogada.

► Súm. nº 371 do STJ.

► En. nº 50 da I Jornada de Direito Civil.

► En. nº 299 da IV Jornada de Direito Civil.

► En. nº 564 da VI Jornada de Direito Civil.

Art. 2.029. Até dois anos após a entrada em vigor deste Código, os prazos estabelecidos no parágrafo único do art. 1.238 e no parágrafo único do art. 1.242 serão acrescidos de dois anos, qualquer que seja o tempo transcorrido na vigência do anterior, Lei nº 3.071, de 1º de janeiro de 1916.

Art. 2.030. O acréscimo de que trata o artigo antecedente, será feito nos casos a que se refere o § 4º do art. 1.228.

Art. 2.031. As associações, sociedades e fundações, constituídas na forma das leis anteriores, bem como os empresários, deverão se adaptar às disposições deste Código até 11 de janeiro de 2007.

► *Caput* com a redação dada pela Lei nº 11.127, de 28-6-2005.

► En. nº 73 da I Jornada de Direito Civil.

► Enunciados nºs 394 e 395 da IV Jornada de Direito Civil.

Parágrafo único. O disposto neste artigo não se aplica às organizações religiosas nem aos partidos políticos.

► Parágrafo único acrescido pela Lei nº 10.825, de 22-12-2003.

Art. 2.032. As fundações, instituídas segundo a legislação anterior, inclusive as de fins diversos dos previstos no parágrafo único do art. 62, subordinam-se, quanto ao seu funcionamento, ao disposto neste Código.

Art. 2.033. Salvo o disposto em lei especial, as modificações dos atos constitutivos das pessoas jurídicas referidas no art. 44, bem como a sua transformação, incorporação, cisão ou fusão, regem-se desde logo por este Código.

► Arts. 1.033 a 1.038 e 1.102 a 1.112 deste Código.

Art. 2.034. A dissolução e a liquidação das pessoas jurídicas referidas no artigo antecedente, quando iniciadas antes da vigência deste Código, obedecerão ao disposto nas leis anteriores.

Art. 2.035. A validade dos negócios e demais atos jurídicos, constituídos antes da entrada em vigor deste Código, obedece ao disposto nas leis anteriores, referidas no art. 2.045, mas os seus efeitos, produzidos após a vigência deste Código, aos preceitos dele se subordinam, salvo se houver sido prevista pelas partes determinada forma de execução.

► Art. 5º, XXXVI, da CF.

► Art. 6º da LINDB.

► Enunciados nºs 300 e 396 da IV Jornada de Direito Civil.

Parágrafo único. Nenhuma convenção prevalecerá se contrariar preceitos de ordem pública, tais como os estabelecidos por este Código para assegurar a função social da propriedade e dos contratos.

Art. 2.036. A locação de prédio urbano, que esteja sujeita à lei especial, por esta continua a ser regida.

► Art. 835 deste Código.

► Lei nº 8.245, de 18-10-1991 (Lei das Locações).

Art. 2.037. Salvo disposição em contrário, aplicam-se aos empresários e sociedades empresárias as disposições de lei não revogadas por este Código, referentes a comerciantes, ou a sociedades comerciais, bem como a atividades mercantis.

► Arts. 966 a 1.195 deste Código.

Art. 2.038. Fica proibida a constituição de enfiteuses e subenfiteuses, subordinando-se as existentes, até sua extinção, às disposições do Código Civil anterior, Lei nº 3.071, de 1º de janeiro de 1916, e leis posteriores.

§ 1º Nos aforamentos a que se refere este artigo é defeso:

I – cobrar laudêmio ou prestação análoga nas transmissões de bem aforado, sobre o valor das construções ou plantações;

II – constituir subenfiteuse.

§ 2º A enfiteuse dos terrenos de marinha e acrescidos regula-se por lei especial.

Art. 2.039. O regime de bens nos casamentos celebrados na vigência do Código Civil anterior, Lei nº 3.071, de 1º de janeiro de 1916, é o por ele estabelecido.

► Art. 5º, XXXVI, da CF.

► Art. 6º da LINDB.

► En. nº 260 da III Jornada de Direito Civil.

Art. 2.040. A hipoteca legal dos bens do tutor ou curador, inscrita em conformidade com o inciso IV do art. 827 do Código Civil anterior, Lei nº 3.071, de 1º de janeiro de 1916, poderá ser cancelada, obedecido o disposto no parágrafo único do art. 1.745 deste Código.

► Arts. 1.784, 1.787, 1.829 e 1.844 deste Código.

Art. 2.041. As disposições deste Código relativas à ordem da vocação hereditária (arts. 1.829 a 1.844) não se aplicam à sucessão aberta antes de sua vigência, prevalecendo o disposto na lei anterior (Lei nº 3.071, de 1º de janeiro de 1916).

Art. 2.042. Aplica-se o disposto no *caput* do art. 1.848, quando aberta a sucessão no prazo de um ano após a entrada em vigor deste Código, ainda que o testamento tenha sido feito na vigência do anterior, Lei nº 3.071, de 1º de janeiro de 1916; se, no prazo, o testador não aditar o testamento para declarar a justa causa de cláusula aposta à legítima, não subsistirá a restrição.

Art. 2.043. Até que por outra forma se disciplinem, continuam em vigor as disposições de natureza processual, administrativa ou penal, constantes de leis cujos preceitos de natureza civil hajam sido incorporados a este Código.

Art. 2.044. Este Código entrará em vigor um ano após a sua publicação.

► En. nº 137 da I Jornada de Direito Civil.

► En. nº 164 da III Jornada de Direito Civil.

Art. 2.045. Revogam-se a Lei nº 3.071, de 1º de janeiro de 1916 – Código Civil e a Parte Primeira do Código Comercial, Lei nº 556, de 25 de junho de 1850.

► Art. 2.035 deste Código.

► En. nºs 74 e 75 da I Jornada de Direito Civil.

► En. nº 164 da III Jornada de Direito Civil.

Art. 2.046. Todas as remissões, em diplomas legislativos, aos Códigos referidos no artigo antecedente, consideram-se feitas às disposições correspondentes deste Código.

Brasília, 10 de janeiro de 2002;
181º da Independência e
114º da República.

Fernando Henrique Cardoso

Índice Alfabético-Remissivo do Código Civil

(LEI Nº 10.406, DE 10-1-2002)

CÓDIGO DE PROCESSO CIVIL

Índice Sistemático do Código de Processo Civil/2015

(LEI Nº 13.105, DE 16-3-2015)

PARTE GERAL

LIVRO I – DAS NORMAS PROCESSUAIS CIVIS

TÍTULO ÚNICO – DAS NORMAS FUNDAMENTAIS E DA APLICAÇÃO DAS NORMAS PROCESSUAIS

LIVRO II – DA FUNÇÃO JURISDICIONAL

TÍTULO I – DA JURISDIÇÃO E DA AÇÃO

TÍTULO II – DOS LIMITES DA JURISDIÇÃO NACIONAL E DA COOPERAÇÃO INTERNACIONAL

TÍTULO III – DA COMPETÊNCIA INTERNA

LIVRO III – DOS SUJEITOS DO PROCESSO

TÍTULO I – DAS PARTES E DOS PROCURADORES

TÍTULO II – DO LITISCONSÓRCIO

TÍTULO III – DA INTERVENÇÃO DE TERCEIROS

TÍTULO IV – DO JUIZ E DOS AUXILIARES DA JUSTIÇA

TÍTULO V – DO MINISTÉRIO PÚBLICO

TÍTULO VI – DA ADVOCACIA PÚBLICA

TÍTULO VII – DA DEFENSORIA PÚBLICA

LIVRO IV – DOS ATOS PROCESSUAIS

TÍTULO I – DA FORMA, DO TEMPO E DO LUGAR DOS ATOS PROCESSUAIS

TÍTULO III – DOS PROCEDIMENTOS ESPECIAIS

LIVRO II – DO PROCESSO DE EXECUÇÃO

TÍTULO I – DA EXECUÇÃO EM GERAL

TÍTULO II – DAS DIVERSAS ESPÉCIES DE EXECUÇÃO

TÍTULO III – DOS EMBARGOS À EXECUÇÃO

TÍTULO IV – DA SUSPENSÃO E DA EXTINÇÃO DO PROCESSO DE EXECUÇÃO

LIVRO III – DOS PROCESSOS NOS TRIBUNAIS E DOS MEIOS DE IMPUGNAÇÃO DAS DECISÕES JUDICIAIS

TÍTULO I – DA ORDEM DOS PROCESSOS E DOS PROCESSOS DE COMPETÊNCIA ORIGINÁRIA DOS TRIBUNAIS

TÍTULO II – DOS RECURSOS

LIVRO COMPLEMENTAR – DISPOSIÇÕES FINAIS E TRANSITÓRIAS

CÓDIGO DE PROCESSO CIVIL/2015

LEI Nº 13.105, DE 16 DE MARÇO DE 2015

Código de Processo Civil.

► Publicada no *DOU* de 17-3-2015.

A Presidenta da República

Faço saber que o Congresso Nacional decreta e eu sanciono a seguinte Lei:

PARTE GERAL

LIVRO I – DAS NORMAS PROCESSUAIS CIVIS

TÍTULO ÚNICO – DAS NORMAS FUNDAMENTAIS E DA APLICAÇÃO DAS NORMAS PROCESSUAIS

CAPÍTULO I

DAS NORMAS FUNDAMENTAIS DO PROCESSO CIVIL

Art. 1º O processo civil será ordenado, disciplinado e interpretado conforme os valores e as normas fundamentais estabelecidos na Constituição da República Federativa do Brasil, observando-se as disposições deste Código.

Art. 2º O processo começa por iniciativa da parte e se desenvolve por impulso oficial, salvo as exceções previstas em lei.

► Arts. 141 e 312 deste Código.

Art. 3º Não se excluirá da apreciação jurisdicional ameaça ou lesão a direito.

► Art. 5º, XXXV, da CF.

§ 1º É permitida a arbitragem, na forma da lei.

► Arts. 189, IV, 337, X e §§ 5º e 6º, 359, 485, VII, 1.012, §1º, IV, 1.015, III deste Código.

► Lei nº 9.307, de 23-9-1996 (Lei da Arbitragem).

► Súm. nº 485 do STJ.

§ 2º O Estado promoverá, sempre que possível, a solução consensual dos conflitos.

► Art. 165, 174, 359, 694 e 696 deste Código.

§ 3º A conciliação, a mediação e outros métodos de solução consensual de conflitos deverão ser estimulados por juízes, advogados, defensores públicos e membros do Ministério Público, inclusive no curso do processo judicial.

► Lei nº 13.140, de 26-6-2015 (Lei da Mediação).

Art. 4º As partes têm o direito de obter em prazo razoável a solução integral do mérito, incluída a atividade satisfativa.

► Art. 5º, LXXVIII, da CF.

► Arts. 6º, 139, II, 685, parágrafo único deste Código.

Art. 5º Aquele que de qualquer forma participa do processo deve comportar-se de acordo com a boa-fé.

► Arts. 77, 80, 322, § 2º, 489, § 3º, deste Código.

► Arts. 113 e 422 do CC.

Art. 6º Todos os sujeitos do processo devem cooperar entre si para que se obtenha, em tempo razoável, decisão de mérito justa e efetiva.

► Art. 5º, LXXVIII, da CF.

► Arts. 26 a 41, arts. 67 e ss., Arts. 237, 261, § 3º e 357, § 3º deste Código.

Art. 7º É assegurada às partes paridade de tratamento em relação ao exercício de direitos e faculdades processuais, aos meios de defesa, aos ônus, aos deveres e à aplicação de sanções processuais, competindo ao juiz zelar pelo efetivo contraditório.

► Art. 5º, I e LV da CF.

► Arts. 26, II, 139, I, 285 e 820 deste Código.

► Súmulas Vinculantes nºs 5 e 14.

Art. 8º Ao aplicar o ordenamento jurídico, o juiz atenderá aos fins sociais e às exigências do bem comum, resguardando e promovendo a dignidade da pessoa humana e observando a proporcionalidade, a razoabilidade, a legalidade, a publicidade e a eficiência.

► Art. 5º da LINDB.

► Art. 11, parágrafo único, do CPC.

Art. 9º Não se proferirá decisão contra uma das partes sem que ela seja previamente ouvida.

► Art. 5º, LV, da CF.

Parágrafo único. O disposto no *caput* não se aplica:

I – à tutela provisória de urgência;

► Arts. 294, 300 e ss. deste Código.

II – às hipóteses de tutela da evidência previstas no art. 311, incisos II e III;

► Art. 311, parágrafo único, deste Código.

III – à decisão prevista no art. 701.

Art. 10. O juiz não pode decidir, em grau algum de jurisdição, com base em fundamento a respeito do qual não se tenha dado às partes oportunidade de se manifestar, ainda que se trate de matéria sobre a qual deva decidir de ofício.

► Art. 5º, LV, da CF.

► Art. 64, § 1º, 141, 142, 337, § 5º, 342, II, 487, II e parágrafo único, deste Código.

Art. 11. Todos os julgamentos dos órgãos do Poder Judiciário serão públicos, e fundamentadas todas as decisões, sob pena de nulidade.

► Art. 5º, LX, da CF.

► Arts. 107, I, 152, V, 189, 195, 370, parágrafo único, e 489, § 1º deste Código.

Parágrafo único. Nos casos de segredo de justiça, pode ser autorizada a presença somente das partes, de seus advogados, de defensores públicos ou do Ministério Público.

► Art. 189, I a IV, deste Código.

Art. 12. Os juízes e os tribunais atenderão, preferencialmente, à ordem cronológica de conclusão para proferir sentença ou acórdão.

► *Caput* com a redação dada pela Lei nº 13.256, de 4-2-2016.

► Arts. 153 e 1.046, §5º deste Código.

§ 1º A lista de processos aptos a julgamento deverá estar permanentemente à disposição para consulta pública em cartório e na rede mundial de computadores.

§ 2º Estão excluídos da regra do *caput*:

I – as sentenças proferidas em audiência, homologatórias de acordo ou de improcedência liminar do pedido;

II – o julgamento de processos em bloco para aplicação de tese jurídica firmada em julgamento de casos repetitivos;

III – o julgamento de recursos repetitivos ou de incidente de resolução de demandas repetitivas;

► Arts. 976 a 987 e 1.036 a 1.041 deste Código.

IV – as decisões proferidas com base nos arts. 485 e 932;

V – o julgamento de embargos de declaração;

► Arts. 1.022 a 1.026 deste Código.

VI – o julgamento de agravo interno;

► Art. 1.021 deste Código

VII – as preferências legais e as metas estabelecidas pelo Conselho Nacional de Justiça;

VIII – os processos criminais, nos órgãos jurisdicionais que tenham competência penal;

IX – a causa que exija urgência no julgamento, assim reconhecida por decisão fundamentada.

§ 3º Após elaboração de lista própria, respeitar-se-á a ordem cronológica das conclusões entre as preferências legais.

§ 4º Após a inclusão do processo na lista de que trata o § 1º, o requerimento formulado pela parte não altera a ordem cronológica para a decisão, exceto quando implicar a reabertura da instrução ou a conversão do julgamento em diligência.

§ 5º Decidido o requerimento previsto no § 4º, o processo retornará à mesma posição em que anteriormente se encontrava na lista.

§ 6º Ocupará o primeiro lugar na lista prevista no § 1º ou, conforme o caso, no § 3º, o processo que:

I – tiver sua sentença ou acórdão anulado, salvo quando houver necessidade de realização de diligência ou de complementação da instrução;

II – se enquadrar na hipótese do art. 1.040, inciso II.

CAPÍTULO II

DA APLICAÇÃO DAS NORMAS PROCESSUAIS

Art. 13. A jurisdição civil será regida pelas normas processuais brasileiras, ressalvadas as disposições específicas previstas em tratados, convenções ou acordos internacionais de que o Brasil seja parte.

► Art. 5º, § 2º, da CF.

Art. 14. A norma processual não retroagirá e será aplicável imediatamente aos processos em curso, respeitados os atos processuais praticados e as situações jurídicas consolidadas sob a vigência da norma revogada.

► Art. 1.046 deste Código.

► Art. 6º da LINDB.

Art. 15. Na ausência de normas que regulem processos eleitorais, trabalhistas ou administrativos, as disposições deste Código lhes serão aplicadas supletiva e subsidiariamente.

LIVRO II – DA FUNÇÃO JURISDICIONAL

TÍTULO I – DA JURISDIÇÃO E DA AÇÃO

Art. 16. A jurisdição civil é exercida pelos juízes e pelos tribunais em todo o território nacional, conforme as disposições deste Código.

► Art. 1.046 deste Código.

Art. 17. Para postular em juízo é necessário ter interesse e legitimidade.

Art. 18. Ninguém poderá pleitear direito alheio em nome próprio, salvo quando autorizado pelo ordenamento jurídico.

► Arts. 70, 76 e 108 e ss. deste Código.

► Art. 861 do CC.

► Arts. 81 e 82 do CDC.

► Lei nº 8.906, de 4-7-1994 (Estatuto da Advocacia e da OAB).

Parágrafo único. Havendo substituição processual, o substituído poderá intervir como assistente litisconsorcial.

► Art. 124 deste Código.

Art. 19. O interesse do autor pode limitar-se à declaração:

I – da existência, da inexistência ou do modo de ser de uma relação jurídica;

► Art. 20 deste Código.

II – da autenticidade ou da falsidade de documento.

► Art. 430 deste Código.

Art. 20. É admissível a ação meramente declaratória, ainda que tenha ocorrido a violação do direito.

► Súm. nº 258 do STF.

TÍTULO II – DOS LIMITES DA JURISDIÇÃO NACIONAL E DA COOPERAÇÃO INTERNACIONAL

CAPÍTULO I

DOS LIMITES DA JURISDIÇÃO NACIONAL

Art. 21. Compete à autoridade judiciária brasileira processar e julgar as ações em que:

I – o réu, qualquer que seja a sua nacionalidade, estiver domiciliado no Brasil;

► Art. 12 da LINDB.

II – no Brasil tiver de ser cumprida a obrigação;

► Art. 12 da LINDB.

III – o fundamento seja fato ocorrido ou ato praticado no Brasil.

Parágrafo único. Para o fim do disposto no inciso I, considera-se domiciliada no Brasil a pessoa jurídica estrangeira que nele tiver agência, filial ou sucursal.

Art. 22. Compete, ainda, à autoridade judiciária brasileira processar e julgar as ações:

I – de alimentos, quando:

► Arts. 528 e ss., 911 e ss. deste Código.

► Lei nº 5.478, de 25-7-1968 (Lei da Ação de Alimentos).

a) o credor tiver domicílio ou residência no Brasil;

b) o réu mantiver vínculos no Brasil, tais como posse ou propriedade de bens, recebimento de renda ou obtenção de benefícios econômicos;

II – decorrentes de relações de consumo, quando o consumidor tiver domicílio ou residência no Brasil;

► Lei nº 8.078, de 11-9-1990 (Código de Defesa do Consumidor).

III – em que as partes, expressa ou tacitamente, se submeterem à jurisdição nacional.

Art. 23. Compete à autoridade judiciária brasileira, com exclusão de qualquer outra:

I – conhecer de ações relativas a imóveis situados no Brasil;

► Art. 12, § 1º, da LINDB.

II – em matéria de sucessão hereditária, proceder à confirmação de testamento particular e ao inventário e à partilha de bens situados no Brasil, ainda que o autor da herança seja de nacionalidade estrangeira ou tenha domicílio fora do território nacional;

► Arts. 10 e 12, § 1º, da LINDB.

III – em divórcio, separação judicial ou dissolução de união estável, proceder à partilha de bens situados no Brasil, ainda que o titular seja de nacionalidade estrangeira ou tenha domicílio fora do território nacional.

► Art. 53, I, deste Código.

Art. 24. A ação proposta perante tribunal estrangeiro não induz litispendência e não obsta a que a autoridade judiciária brasileira conheça da mesma causa e das que lhe são conexas, ressalvadas as disposições em contrário de tratados internacionais e acordos bilaterais em vigor no Brasil.

► Arts. 57 e 337, §§ 1º a 3º, deste Código.

Parágrafo único. A pendência de causa perante a jurisdição brasileira não impede a homologação de sentença judicial estrangeira quando exigida para produzir efeitos no Brasil.

Art. 25. Não compete à autoridade judiciária brasileira o processamento e o julgamento da ação quando houver cláusula de eleição de foro exclusivo estrangeiro em contrato internacional, arguida pelo réu na contestação.

§ 1º Não se aplica o disposto no *caput* às hipóteses de competência internacional exclusiva previstas neste Capítulo.

§ 2º Aplica-se à hipótese do *caput* o art. 63, §§ 1º a 4º.

CAPÍTULO II
DA COOPERAÇÃO INTERNACIONAL

Seção I
DISPOSIÇÕES GERAIS

Art. 26. A cooperação jurídica internacional será regida por tratado de que o Brasil faz parte e observará:

I – o respeito às garantias do devido processo legal no Estado requerente;

► Art. 5º, LIV, da CF.

II – a igualdade de tratamento entre nacionais e estrangeiros, residentes ou não no Brasil, em relação ao acesso à justiça e à tramitação dos processos, assegurando-se assistência judiciária aos necessitados;

► Art. 5º, LXXIV, da CF.

► Art. 98 deste Código.

III – a publicidade processual, exceto nas hipóteses de sigilo previstas na legislação brasileira ou na do Estado requerente;

► Art. 5º, LX, da CF.

► Art. 98 deste Código.

IV – a existência de autoridade central para recepção e transmissão dos pedidos de cooperação;

V – a espontaneidade na transmissão de informações a autoridades estrangeiras.

§ 1º Na ausência de tratado, a cooperação jurídica internacional poderá realizar-se com base em reciprocidade, manifestada por via diplomática.

§ 2º Não se exigirá a reciprocidade referida no § 1º para homologação de sentença estrangeira.

► Arts. 960 a 965 deste Código.

§ 3º Na cooperação jurídica internacional não será admitida a prática de atos que contrariem ou que produzam resultados incompatíveis com as normas fundamentais que regem o Estado brasileiro.

§ 4º O Ministério da Justiça exercerá as funções de autoridade central na ausência de designação específica.

Art. 27. A cooperação jurídica internacional terá por objeto:

I – citação, intimação e notificação judicial e extrajudicial;

II – colheita de provas e obtenção de informações;

III – homologação e cumprimento de decisão;

IV – concessão de medida judicial de urgência;

V – assistência jurídica internacional;

VI – qualquer outra medida judicial ou extrajudicial não proibida pela lei brasileira.

Seção II
DO AUXÍLIO DIRETO

Art. 28. Cabe auxílio direto quando a medida não decorrer diretamente de decisão de autoridade jurisdicional estrangeira a ser submetida a juízo de delibação no Brasil.

Art. 29. A solicitação de auxílio direto será encaminhada pelo órgão estrangeiro interessado à autoridade central, cabendo ao Estado requerente assegurar a autenticidade e a clareza do pedido.

Art. 30. Além dos casos previstos em tratados de que o Brasil faz parte, o auxílio direto terá os seguintes objetos:

I – obtenção e prestação de informações sobre o ordenamento jurídico e sobre processos administrativos ou jurisdicionais findos ou em curso;

II – colheita de provas, salvo se a medida for adotada em processo, em curso no estrangeiro, de competência exclusiva de autoridade judiciária brasileira;

III – qualquer outra medida judicial ou extrajudicial não proibida pela lei brasileira.

Art. 31. A autoridade central brasileira comunicar-se-á diretamente com suas congêneres e, se necessário, com outros órgãos estrangeiros responsáveis pela tramitação e pela execução de pedidos de cooperação enviados e recebidos pelo Estado brasileiro, respeitadas disposições específicas constantes de tratado.

Art. 32. No caso de auxílio direto para a prática de atos que, segundo a lei brasileira, não necessitem de prestação jurisdicional, a autoridade central adotará as providências necessárias para seu cumprimento.

Art. 33. Recebido o pedido de auxílio direto passivo, a autoridade central o encaminhará à Advocacia-Geral da União, que requererá em juízo a medida solicitada.

Parágrafo único. O Ministério Público requererá em juízo a medida solicitada quando for autoridade central.

Art. 34. Compete ao juízo federal do lugar em que deva ser executada a medida apreciar pedido de auxílio direto passivo que demande prestação de atividade jurisdicional.

Seção III
DA CARTA ROGATÓRIA

► Dec. nº 9.039, de 27-4-2017, promulga a Convenção sobre a Obtenção de Provas no Estrangeiro em Matéria Civil ou Comercial.

Art. 35. VETADO.

► O dispositivo vetado tinha a seguinte redação: "Art. 35. Dar-se-á por meio de carta rogatória o pedido de cooperação entre órgão jurisdicional brasileiro e órgão jurisdicional estrangeiro para prática de ato de citação, intimação, notificação judicial, colheita de provas, obtenção de informações e cumprimento de decisão interlocutória, sempre que o ato estrangeiro constituir decisão a ser executada no Brasil."

► Art. 237, II deste Código.

Art. 36. O procedimento da carta rogatória perante o Superior Tribunal de Justiça é de jurisdição contenciosa e deve assegurar às partes as garantias do devido processo legal.

► Arts. 5º, LIV, e 105, I, *i*, da CF.

► Art. 237, II, deste Código.

§ 1º A defesa restringir-se-á à discussão quanto ao atendimento dos requisitos para que o pronunciamento judicial estrangeiro produza efeitos no Brasil.

§ 2º Em qualquer hipótese, é vedada a revisão do mérito do pronunciamento judicial estrangeiro pela autoridade judiciária brasileira.

Seção IV
DISPOSIÇÕES COMUNS ÀS SEÇÕES ANTERIORES

Art. 37. O pedido de cooperação jurídica internacional oriundo de autoridade brasileira competente será encaminhado à autoridade central para posterior envio ao Estado requerido para lhe dar andamento.

Art. 38. O pedido de cooperação oriundo de autoridade brasileira competente e os documentos anexos que o instruem serão encaminhados à autoridade central, acompanhados de tradução para a língua oficial do Estado requerido.

Art. 39. O pedido passivo de cooperação jurídica internacional será recusado se configurar manifesta ofensa à ordem pública.

Art. 40. A cooperação jurídica internacional para execução de decisão estrangeira dar-se-á por meio de carta rogatória ou de ação de homologação de sentença estrangeira, de acordo com o art. 960.

Art. 41. Considera-se autêntico o documento que instruir pedido de cooperação jurídica internacional, inclusive tradução para a língua portuguesa, quando encaminhado ao Estado brasileiro por meio de autoridade central ou por via diplomática, dispensando-se ajuramentação, autenticação ou qualquer procedimento de legalização.

Parágrafo único. O disposto no *caput* não impede, quando necessária, a aplicação pelo Estado brasileiro do princípio da reciprocidade de tratamento.

TÍTULO III – DA COMPETÊNCIA INTERNA

CAPÍTULO I
DA COMPETÊNCIA

Seção I
DISPOSIÇÕES GERAIS

Art. 42. As causas cíveis serão processadas e decididas pelo juiz nos limites de sua competência, ressalvado às partes o direito de instituir juízo arbitral, na forma da lei.

► Lei nº 9.307, de 23-9-1996 (Lei da Arbitragem).

Art. 43. Determina-se a competência no momento do registro ou da distribuição da petição inicial, sendo irrelevantes as modificações do estado de fato ou de direito ocorridas posteriormente, salvo quando suprimirem órgão judiciário ou alterarem a competência absoluta.

► Súm. nº 58 do STJ.

► Art. 312 deste Código.

Art. 44. Obedecidos os limites estabelecidos pela Constituição Federal, a competência é determinada pelas normas previstas neste Código ou em legislação especial, pelas normas de organização judiciária e, ainda, no que couber, pelas constituições dos Estados.

► Arts. 42 a 53 e 54, 62 e 63 deste Código.

Art. 45. Tramitando o processo perante outro juízo, os autos serão remetidos ao juízo federal competente se nele intervier a União, suas empresas públicas, entidades autárquicas e fundações, ou conselho de fiscalização de atividade profissional, na qualidade de parte ou de terceiro interveniente, exceto as ações:

► Art. 109 da CF.

I – de recuperação judicial, falência, insolvência civil e acidente de trabalho;

► Art. 109, I, da CF.

II – sujeitas à justiça eleitoral e à justiça do trabalho.

► Arts. 114 e 118 da CF.

► Art. 3º da Lei nº 11.101, de 9-2-2005 (Lei de Recuperação de Empresas e Falências).

§ 1º Os autos não serão remetidos se houver pedido cuja apreciação seja de competência do juízo perante o qual foi proposta a ação.

§ 2º Na hipótese do § 1º, o juiz, ao não admitir a cumulação de pedidos em razão da incompetência para apreciar qualquer deles, não examinará o mérito daquele em que exista interesse da União, de suas entidades autárquicas ou de suas empresas públicas.

§ 3º O juízo federal restituirá os autos ao juízo estadual sem suscitar conflito se o ente federal cuja presença ensejou a remessa for excluído do processo.

Art. 46. A ação fundada em direito pessoal ou em direito real sobre bens móveis será proposta, em regra, no foro de domicílio do réu.

► Arts. 70 a 78 do CC.

► Art. 12 da LINDB.

§ 1º Tendo mais de um domicílio, o réu será demandado no foro de qualquer deles.

► Art. 71 do CC.

§ 2º Sendo incerto ou desconhecido o domicílio do réu, ele poderá ser demandado onde for encontrado ou no foro de domicílio do autor.

► Art. 73 do CC.

§ 3º Quando o réu não tiver domicílio ou residência no Brasil, a ação será proposta no foro de domicílio do autor, e, se este também residir fora do Brasil, a ação será proposta em qualquer foro.

► Art. 12 da LINDB.

§ 4º Havendo 2 (dois) ou mais réus com diferentes domicílios, serão demandados no foro de qualquer deles, à escolha do autor.

§ 5º A execução fiscal será proposta no foro de domicílio do réu, no de sua residência ou no do lugar onde for encontrado.

► Lei nº 6.830, de 22-9-1980 (Lei das Execuções Fiscais).

Art. 47. Para as ações fundadas em direito real sobre imóveis é competente o foro de situação da coisa.

► Art. 12 da LINDB.

► Art. 48 da Lei nº 6.766, de 19-12-1979 (Lei do Parcelamento do Solo).

§ 1º O autor pode optar pelo foro de domicílio do réu ou pelo foro de eleição se o litígio não recair sobre direito de propriedade, vizinhança, servidão, divisão e demarcação de terras e de nunciação de obra nova.

§ 2º A ação possessória imobiliária será proposta no foro de situação da coisa, cujo juízo tem competência absoluta.

► Art. 554 e ss. deste Código.

Art. 48. O foro de domicílio do autor da herança, no Brasil, é o competente para o inventário, a partilha, a arrecadação, o cumprimento de disposições de última vontade, a impugnação ou anulação de partilha extrajudicial e para todas as ações em que o espólio for réu, ainda que o óbito tenha ocorrido no estrangeiro.

► Arts. 23 e 610 a 673 deste Código.

► Art. 1.785 do CC.

Parágrafo único. Se o autor da herança não possuía domicílio certo, é competente:

I – o foro de situação dos bens imóveis;

II – havendo bens imóveis em foros diferentes, qualquer destes;

III – não havendo bens imóveis, o foro do local de qualquer dos bens do espólio.

Art. 49. A ação em que o ausente for réu será proposta no foro de seu último domicílio, também competente para a arrecadação, o inventário, a partilha e o cumprimento de disposições testamentárias.

► Arts. 744 e 745 deste Código.

Art. 50. A ação em que o incapaz for réu será proposta no foro de domicílio de seu representante ou assistente.

► Art. 76 do CC.

Art. 51. É competente o foro de domicílio do réu para as causas em que seja autora a União.

► Art. 109 da CF.

Parágrafo único. Se a União for a demandada, a ação poderá ser proposta no foro de domicílio do autor, no de ocorrência do ato ou fato que originou a demanda, no de situação da coisa ou no Distrito Federal.

► Art. 109 da CF.

Art. 52. É competente o foro de domicílio do réu para as causas em que seja autor Estado ou o Distrito Federal.

Parágrafo único. Se Estado ou o Distrito Federal for o demandado, a ação poderá ser proposta no foro de domicílio do autor, no de ocorrência do ato ou fato que originou a demanda, no de situação da coisa ou na capital do respectivo ente federado.

Art. 53. É competente o foro:

I – para a ação de divórcio, separação, anulação de casamento e reconhecimento ou dissolução de união estável:

► Arts. 5º, I, e 226, § 5º, da CF.

► Arts. 693 a 699 e 731 a 734 deste Código.

a) de domicílio do guardião de filho incapaz;

b) do último domicílio do casal, caso não haja filho incapaz;

c) de domicílio do réu, se nenhuma das partes residir no antigo domicílio do casal;

d) de domicílio da vítima de violência doméstica e familiar, nos termos da Lei nº 11.340, de 7 de agosto de 2006 (Lei Maria da Penha);

► Alínea *d* acrescida pela Lei nº 13.894, de 29-10-2019.

II – de domicílio ou residência do alimentando, para a ação em que se pedem alimentos;

► Art. 26 da Lei nº 5.478, de 25-7-1968 (Lei da Ação de Alimentos).

III – do lugar:

a) onde está a sede, para a ação em que for ré pessoa jurídica;

► Art. 75 do CC.

b) onde se acha agência ou sucursal, quanto às obrigações que a pessoa jurídica contraiu;

► Art. 75, § 1º, do CC.

► Súm. nº 363 do STF.

c) onde exerce suas atividades, para a ação em que for ré sociedade ou associação sem personalidade jurídica;

► Art. 75 deste Código.

d) onde a obrigação deve ser satisfeita, para a ação em que se lhe exigir o cumprimento;

► Art. 540 deste Código.

► Arts. 327 a 330 do CC.

e) de residência do idoso, para a causa que verse sobre direito previsto no respectivo estatuto;

► Art. 80 da Lei nº 10.741, de 1-10-2003 (Estatuto do Idoso).

f) da sede da serventia notarial ou de registro, para a ação de reparação de dano por ato praticado em razão do ofício;

IV – do lugar do ato ou fato para a ação:

a) de reparação de dano;

► Arts. 186, 187 e 927 do CC.

b) em que for réu administrador ou gestor de negócios alheios;

V – de domicílio do autor ou do local do fato, para a ação de reparação de dano sofrido em razão de delito ou acidente de veículos, inclusive aeronaves.

Seção II
DA MODIFICAÇÃO DA COMPETÊNCIA

Art. 54. A competência relativa poderá modificar-se pela conexão ou pela continência, observado o disposto nesta Seção.

► Arts. 55 a 57, deste Código.

Art. 55. Reputam-se conexas 2 (duas) ou mais ações quando lhes for comum o pedido ou a causa de pedir.

► Art. 337, VIII, deste Código.

► Súm. nº 383 do STJ.

§ 1º Os processos de ações conexas serão reunidos para decisão conjunta, salvo se um deles já houver sido sentenciado.

§ 2º Aplica-se o disposto no *caput*:

I – à execução de título extrajudicial e à ação de conhecimento relativa ao mesmo ato jurídico;

► Arts. 318 e 771 e ss. deste Código.

II – às execuções fundadas no mesmo título executivo.

§ 3º Serão reunidos para julgamento conjunto os processos que possam gerar risco de prolação de decisões conflitantes ou contraditórias caso decididos separadamente, mesmo sem conexão entre eles.

Art. 56. Dá-se a continência entre 2 (duas) ou mais ações quando houver identidade quanto às partes e à causa de pedir, mas o pedido de uma, por ser mais amplo, abrange o das demais.

Art. 57. Quando houver continência e a ação continente tiver sido proposta anteriormente, no processo relativo à ação contida será proferida sentença sem resolução de mérito, caso contrário, as ações serão necessariamente reunidas.

Art. 58. A reunião das ações propostas em separado far-se-á no juízo prevento, onde serão decididas simultaneamente.

Art. 59. O registro ou a distribuição da petição inicial torna prevento o juízo.

► Art. 312 deste Código.

Art. 60. Se o imóvel se achar situado em mais de um Estado, comarca, seção ou subseção judiciária, a competência territorial do juízo prevento estender-se-á sobre a totalidade do imóvel.

Art. 61. A ação acessória será proposta no juízo competente para a ação principal.

► Art. 299 deste Código.

► Arts. 85 , 86, 132 e 137 da Lei nº 11.101, de 9-2-2005 (Lei de Recuperação de Empresas e Falências).

Art. 62. A competência determinada em razão da matéria, da pessoa ou da função é inderrogável por convenção das partes.

► Arts. 85 e 86 da Lei nº 11.101, de 9-2-2005 (Lei de Recuperação de Empresas e Falências).

► Súm. nº 335 do STF.

Art. 63. As partes podem modificar a competência em razão do valor e do território, elegendo foro onde será proposta ação oriunda de direitos e obrigações.

§ 1º A eleição de foro só produz efeito quando constar de instrumento escrito e aludir expressamente a determinado negócio jurídico.

§ 2º O foro contratual obriga os herdeiros e sucessores das partes.

§ 3º Antes da citação, a cláusula de eleição de foro, se abusiva, pode ser reputada ineficaz de ofício pelo juiz, que determinará a remessa dos autos ao juízo do foro de domicílio do réu.

§ 4º Citado, incumbe ao réu alegar a abusividade da cláusula de eleição de foro na contestação, sob pena de preclusão.

Seção III
DA INCOMPETÊNCIA

Art. 64. A incompetência, absoluta ou relativa, será alegada como questão preliminar de contestação.

► Art. 337, II e art. 966, II deste Código.

► Súm. nº 33 do STJ.

§ 1º A incompetência absoluta pode ser alegada em qualquer tempo e grau de jurisdição e deve ser declarada de ofício.

► Arts. 337, § 5º, 957 e 966, II, deste Código.

► Súm. nº 33 do STJ.

§ 2º Após manifestação da parte contrária, o juiz decidirá imediatamente a alegação de incompetência.

► Súm. nº 59 do STJ.

§ 3º Caso a alegação de incompetência seja acolhida, os autos serão remetidos ao juízo competente.

► Art. 51, III, da Lei nº 9.099, de 26-9-1995 (Lei dos Juizados Especiais).

§ 4º Salvo decisão judicial em sentido contrário, conservar-se-ão os efeitos de decisão proferida pelo juízo incompetente até que outra seja proferida, se for o caso, pelo juízo competente.

Art. 65. Prorrogar-se-á a competência relativa se o réu não alegar a incompetência em preliminar de contestação.

► Arts. 337, II, e 337, § 5º, deste Código.

Parágrafo único. A incompetência relativa pode ser alegada pelo Ministério Público nas causas em que atuar.

Art. 66. Há conflito de competência quando:

I – 2 (dois) ou mais juízes se declaram competentes;

II – 2 (dois) ou mais juízes se consideram incompetentes, atribuindo um ao outro a competência;

III – entre 2 (dois) ou mais juízes surge controvérsia acerca da reunião ou separação de processos.

► Arts. 57 e 951 e ss. deste Código.

► Súm. nº 489 do STJ.

Parágrafo único. O juiz que não acolher a competência declinada deverá suscitar o conflito, salvo se a atribuir a outro juízo.

CAPÍTULO II
DA COOPERAÇÃO NACIONAL

Art. 67. Aos órgãos do Poder Judiciário, estadual ou federal, especializado ou comum, em todas as instâncias e graus de jurisdição, inclusive aos tribunais superiores, incumbe o dever de recíproca cooperação, por meio de seus magistrados e servidores.

Art. 68. Os juízos poderão formular entre si pedido de cooperação para prática de qualquer ato processual.

Art. 69. O pedido de cooperação jurisdicional deve ser prontamente atendido, prescinde de forma específica e pode ser executado como:

► Arts. 236 e 237, I, III e IV, deste Código.

I – auxílio direto;

II – reunião ou apensamento de processos;

III – prestação de informações;

IV – atos concertados entre os juízes cooperantes.

§ 1º As cartas de ordem, precatória e arbitral seguirão o regime previsto neste Código.

► Arts. 236 e 237, I, III e IV deste Código.

§ 2º Os atos concertados entre os juízes cooperantes poderão consistir, além de outros, no estabelecimento de procedimento para:

I – a prática de citação, intimação ou notificação de ato;

► Art. 238 deste Código.

II – a obtenção e apresentação de provas e a coleta de depoimentos;

III – a efetivação de tutela provisória;

► Art. 294 e ss. deste Código.

IV – a efetivação de medidas e providências para recuperação e preservação de empresas;

V – a facilitação de habilitação de créditos na falência e na recuperação judicial;

VI – a centralização de processos repetitivos;

VII – a execução de decisão jurisdicional.

§ 3º O pedido de cooperação judiciária pode ser realizado entre órgãos jurisdicionais de diferentes ramos do Poder Judiciário.

Livro III – Dos Sujeitos do Processo

TÍTULO I – DAS PARTES E DOS PROCURADORES

CAPÍTULO I

DA CAPACIDADE PROCESSUAL

Art. 70. Toda pessoa que se encontre no exercício de seus direitos tem capacidade para estar em juízo.

► Arts. 3º a 5º do CC.

► Art. 8º, § 2º, da Lei nº 9.099, de 26-9-1995 (Lei dos Juizados Especiais).

Art. 71. O incapaz será representado ou assistido por seus pais, por tutor ou por curador, na forma da lei.

► Arts. 17 e 18, deste Código.

► Arts. 3º, 4º, 1.634, V, 1.690, 1.692, 1.747, I, 1.748, V, 1.767, 1.774, 1.778, 1.779 e 1.782 do CC.

Art. 72. O juiz nomeará curador especial ao:

I – incapaz, se não tiver representante legal ou se os interesses deste colidirem com os daquele, enquanto durar a incapacidade;

► Arts. 3º, 4º e 1.692 do CC.

II – réu preso revel, bem como ao réu revel citado por edital ou com hora certa, enquanto não for constituído advogado.

► Arts. 245, §§ 4º e 5º, 252, 256, 343 e 671 deste Código

► Súm. nº 196 do STJ.

Parágrafo único. A curatela especial será exercida pela Defensoria Pública, nos termos da lei.

► Art. 341, parágrafo único, deste Código.

Art. 73. O cônjuge necessitará do consentimento do outro para propor ação que verse sobre direito real imobiliário, salvo quando casados sob o regime de separação absoluta de bens.

► Art. 114 deste Código.

► Arts. 1.647 e 1.723 do CC.

§ 1º Ambos os cônjuges serão necessariamente citados para a ação:

I – que verse sobre direito real imobiliário, salvo quando casados sob o regime de separação absoluta de bens;

II – resultante de fato que diga respeito a ambos os cônjuges ou de ato praticado por eles;

III – fundada em dívida contraída por um dos cônjuges a bem da família;

► Arts. 1.643 e 1.644 do CC.

IV – que tenha por objeto o reconhecimento, a constituição ou a extinção de ônus sobre imóvel de um ou de ambos os cônjuges.

► Arts. 1.225, 1.642, III e 1.848 do CC.

§ 2º Nas ações possessórias, a participação do cônjuge do autor ou do réu somente é indispensável nas hipóteses de composse ou de ato por ambos praticado.

► Arts. 554 e ss. deste Código.

► Arts. 1.199 e 1.335, II, do CC.

§ 3º Aplica-se o disposto neste artigo à união estável comprovada nos autos.

Art. 74. O consentimento previsto no art. 73 pode ser suprido judicialmente quando for negado por um dos cônjuges sem justo motivo, ou quando lhe seja impossível concedê-lo.

► Art. 1.647 do CC.

Parágrafo único. A falta de consentimento, quando necessário e não suprido pelo juiz, invalida o processo.

► Arts. 337, IX, 352 e 485, IV, deste Código.

► Art. 1.648 do CC.

Art. 75. Serão representados em juízo, ativa e passivamente:

I – a União, pela Advocacia-Geral da União, diretamente ou mediante órgão vinculado;

II – o Estado e o Distrito Federal, por seus procuradores;

III – o Município, por seu prefeito ou procurador;

IV – a autarquia e a fundação de direito público, por quem a lei do ente federado designar;

V – a massa falida, pelo administrador judicial;

► Art. 21 da Lei nº 11.101, de 9-2-2005 (Lei de Recuperação de Empresas e Falências).

VI – a herança jacente ou vacante, por seu curador;

► Art. 739, § 1º, I, deste Código.

VII – o espólio, pelo inventariante;

► Art. 618, I, deste Código.

► Art. 1.991 do CC.

VIII – a pessoa jurídica, por quem os respectivos atos constitutivos designarem ou, não havendo essa designação, por seus diretores;

► Arts. 997 e ss. do CC.

IX – a sociedade e a associação irregulares e outros entes organizados sem personalidade jurídica, pela pessoa a quem couber a administração de seus bens;

X – a pessoa jurídica estrangeira, pelo gerente, representante ou administrador de sua filial, agência ou sucursal aberta ou instalada no Brasil;

XI – o condomínio, pelo administrador ou síndico.

► Art. 1.348 do CC.

► Art. 22, § 1º, da Lei nº 4.591, de 16-12-1964 (Lei do Condomínio e Incorporações).

§ 1º Quando o inventariante for dativo, os sucessores do falecido serão intimados no processo no qual o espólio seja parte.

§ 2º A sociedade ou associação sem personalidade jurídica não poderá opor a irregularidade de sua constituição quando demandada.

► Art. 45 do CC.

§ 3º O gerente de filial ou agência presume-se autorizado pela pessoa jurídica estrangeira a receber citação para qualquer processo.

§ 4º Os Estados e o Distrito Federal poderão ajustar compromisso recíproco para prática de ato processual por seus procuradores em favor de outro ente federado, mediante convênio firmado pelas respectivas procuradorias.

Art. 76. Verificada a incapacidade processual ou a irregularidade da representação da parte, o juiz suspenderá o processo e designará prazo razoável para que seja sanado o vício.

► Art. 313, I deste Código.

§ 1º Descumprida a determinação, caso o processo esteja na instância originária:

► Art. 111, parágrafo único, deste Código.

I – o processo será extinto, se a providência couber ao autor;

► Art. 485, IV, deste Código.

II – o réu será considerado revel, se a providência lhe couber;

► Art. 344 deste Código.

III – o terceiro será considerado revel ou excluído do processo, dependendo do polo em que se encontre.

► Arts. 313, I e § 2º, e 485, IV, deste Código.

§ 2º Descumprida a determinação em fase recursal perante tribunal de justiça, tribunal regional federal ou tribunal superior, o relator:

I – não conhecerá do recurso, se a providência couber ao recorrente;

► Arts. 994 e 996 deste Código.

II – determinará o desentranhamento das contrarrazões, se a providência couber ao recorrido.

CAPÍTULO II
DOS DEVERES DAS PARTES E DE SEUS PROCURADORES

Seção I
DOS DEVERES

Art. 77. Além de outros previstos neste Código, são deveres das partes, de seus procuradores e de todos aqueles que de qualquer forma participem do processo:

► Art. 5º deste Código.

I – expor os fatos em juízo conforme a verdade;

► Arts. 80, II e 319, III, deste Código.

II – não formular pretensão ou de apresentar defesa quando cientes de que são destituídas de fundamento;

► Art. 80, I, deste Código.

III – não produzir provas e não praticar atos inúteis ou desnecessários à declaração ou à defesa do direito;

► Art. 379 deste Código.

IV – cumprir com exatidão as decisões jurisdicionais, de natureza provisória ou final, e não criar embaraços à sua efetivação;

V – declinar, no primeiro momento que lhes couber falar nos autos, o endereço residencial ou profissional onde receberão intimações, atualizando essa informação sempre que ocorrer qualquer modificação temporária ou definitiva;

VI – não praticar inovação ilegal no estado de fato de bem ou direito litigioso.

§ 1º Nas hipóteses dos incisos IV e VI, o juiz advertirá qualquer das pessoas mencionadas no *caput* de que sua conduta poderá ser punida como ato atentatório à dignidade da justiça.

§ 2º A violação ao disposto nos incisos IV e VI constitui ato atentatório à dignidade da justiça, devendo o juiz, sem prejuízo das sanções criminais, civis e processuais cabíveis, aplicar ao responsável multa de até vinte por cento do valor da causa, de acordo com a gravidade da conduta.

§ 3º Não sendo paga no prazo a ser fixado pelo juiz, a multa prevista no § 2º será inscrita como dívida ativa da União ou do Estado após o trânsito em julgado da decisão que a fixou, e sua execução observará o procedimento da execução fiscal, revertendo-se aos fundos previstos no art. 97.

► Lei nº 6.830, de 22-9-1980 (Lei das Execuções Fiscais).

§ 4º A multa estabelecida no § 2º poderá ser fixada independentemente da incidência das previstas nos arts. 523, § 1º, e 536, § 1º.

§ 5º Quando o valor da causa for irrisório ou inestimável, a multa prevista no § 2º poderá ser fixada em até 10 (dez) vezes o valor do salário mínimo.

► Arts. 291 e ss. deste Código.

§ 6º Aos advogados públicos ou privados e aos membros da Defensoria Pública e do Ministério Público não se aplica o disposto nos §§ 2º a 5º, devendo eventual responsabilidade disciplinar ser apurada pelo respectivo órgão de classe ou corregedoria, ao qual o juiz oficiará.

§ 7º Reconhecida violação ao disposto no inciso VI, o juiz determinará o restabelecimento do estado anterior, podendo, ainda, proibir a parte de falar nos autos até a purgação do atentado, sem prejuízo da aplicação do § 2º.

§ 8º O representante judicial da parte não pode ser compelido a cumprir decisão em seu lugar.

Art. 78. É vedado às partes, a seus procuradores, aos juízes, aos membros do Ministério Público e da Defensoria Pública e a qualquer pessoa que participe do processo empregar expressões ofensivas nos escritos apresentados.

► Art. 7º, § 2º, da Lei nº 8.906, de 4-7-1994 (Estatuto da Advocacia e da OAB).

§ 1º Quando expressões ou condutas ofensivas forem manifestadas oral ou presencialmente, o juiz advertirá o ofensor de que não as deve usar ou repetir, sob pena de lhe ser cassada a palavra.

► Art. 360 deste Código.

► Art. 7º, § 2º, da Lei nº 8.906, de 4-7-1994 (Estatuto da Advocacia e da OAB).

§ 2º De ofício ou a requerimento do ofendido, o juiz determinará que as expressões ofensivas sejam riscadas e, a requerimento do ofendido, determinará a expedição de certidão com inteiro teor das expressões ofensivas e a colocará à disposição da parte interessada.

Seção II
DA RESPONSABILIDADE DAS PARTES POR DANO PROCESSUAL

Art. 79. Responde por perdas e danos aquele que litigar de má-fé como autor, réu ou interveniente.

► Arts. 302 e 776 deste Código.

► Arts. 186, 402 a 405, 927 e 940 do CC.

Art. 80. Considera-se litigante de má-fé aquele que:

► Arts. 142, 772, II, e 774 deste Código.

I – deduzir pretensão ou defesa contra texto expresso de lei ou fato incontroverso;

II – alterar a verdade dos fatos;

► Art. 319, III deste Código.

III – usar do processo para conseguir objetivo ilegal;

IV – opuser resistência injustificada ao andamento do processo;

V – proceder de modo temerário em qualquer incidente ou ato do processo;

VI – provocar incidente manifestamente infundado;

VII – interpuser recurso com intuito manifestamente protelatório.

Art. 81. De ofício ou a requerimento, o juiz condenará o litigante de má-fé a pagar multa, que deverá ser superior a um por cento e inferior a dez por cento do valor corrigido da causa, a indenizar a parte contrária pelos prejuízos que esta sofreu e a arcar com os honorários advocatícios e com todas as despesas que efetuou.

§ 1º Quando forem 2 (dois) ou mais os litigantes de má-fé, o juiz condenará cada um na proporção de seu respectivo interesse na causa ou solidariamente aqueles que se coligaram para lesar a parte contrária.

§ 2º Quando o valor da causa for irrisório ou inestimável, a multa poderá ser fixada em até 10 (dez) vezes o valor do salário mínimo.

§ 3º O valor da indenização será fixado pelo juiz ou, caso não seja possível mensurá-lo, liquidado por arbitramento ou pelo procedimento comum, nos próprios autos.

► Arts. 85, § 8º, 509, deste Código.

Seção III
DAS DESPESAS, DOS HONORÁRIOS ADVOCATÍCIOS E DAS MULTAS

Art. 82. Salvo as disposições concernentes à gratuidade da justiça, incumbe às partes prover as despesas dos atos que realizarem ou requererem no processo, antecipando-lhes o pagamento, desde o início até a sentença final ou, na execução, até a plena satisfação do direito reconhecido no título.

§ 1º Incumbe ao autor adiantar as despesas relativas a ato cuja realização o juiz determinar de ofício ou a requerimento do Ministério Público, quando sua intervenção ocorrer como fiscal da ordem jurídica.

► Art. 698, parágrafo único, deste Código.

§ 2º A sentença condenará o vencido a pagar ao vencedor as despesas que antecipou.

► Art. 203, § 1º deste Código.

► Lei nº 6.899, de 8-4-1981, determina a aplicação da correção monetária nos débitos oriundos de decisão judicial.

► Súm. nº 185 do STF.

► Súmulas nºs 14 e 105 do STJ.

Art. 83. O autor, brasileiro ou estrangeiro, que residir fora do Brasil ou deixar de residir no país ao longo da tramitação de processo prestará caução suficiente ao pagamento das custas e dos honorários de advogado da parte contrária nas ações que propuser, se não tiver no Brasil bens imóveis que lhes assegurem o pagamento.

► Art. 337, XII deste Código.

§ 1º Não se exigirá a caução de que trata o *caput*:

I – quando houver dispensa prevista em acordo ou tratado internacional de que o Brasil faz parte;

II – na execução fundada em título extrajudicial e no cumprimento de sentença;

► Arts. 513 e 771 deste Código.

III – na reconvenção.

► Art. 343 deste Código.

§ 2º Verificando-se no trâmite do processo que se desfalcou a garantia, poderá o interessado exigir reforço da caução, justificando seu pedido com a indicação da depreciação do bem dado em garantia e a importância do reforço que pretende obter.

Art. 84. As despesas abrangem as custas dos atos do processo, a indenização de viagem, a remuneração do assistente técnico e a diária de testemunha.

► Art. 462 deste Código.

Art. 85. A sentença condenará o vencido a pagar honorários ao advogado do vencedor.

► Enunciado nº 6 da I Jornada de Direito Processual Civil.

§ 1º São devidos honorários advocatícios na reconvenção, no cumprimento de sentença, provisório ou definitivo, na execução, resistida ou não, e nos recursos interpostos, cumulativamente.

► Arts. 85, § 11, 343, 513, 523, § 1º, 771, 827 e 994, deste Código.

§ 2º Os honorários serão fixados entre o mínimo de dez e o máximo de vinte por cento sobre o valor da condenação, do proveito econômico obtido ou, não sendo possível mensurá-lo, sobre o valor atualizado da causa, atendidos:

► Arts. 338, parágrafo único e 827 deste Código.

I – o grau de zelo do profissional;

II – o lugar de prestação do serviço;

III – a natureza e a importância da causa;

IV – o trabalho realizado pelo advogado e o tempo exigido para o seu serviço.

§ 3º Nas causas em que a Fazenda Pública for parte, a fixação dos honorários observará os critérios estabelecidos nos incisos I a IV do § 2º e os seguintes percentuais:

I – mínimo de dez e máximo de vinte por cento sobre o valor da condenação ou do proveito econômico obtido até 200 (duzentos) salários mínimos;

II – mínimo de oito e máximo de dez por cento sobre o valor da condenação ou do proveito econômico obtido acima de 200 (duzentos) salários mínimos até 2.000 (dois mil) salários mínimos;

III – mínimo de cinco e máximo de oito por cento sobre o valor da condenação ou do proveito econômico obtido acima de 2.000 (dois mil) salários mínimos até 20.000 (vinte mil) salários mínimos;

IV – mínimo de três e máximo de cinco por cento sobre o valor da condenação ou do proveito econômico obtido acima de 20.000 (vinte mil) salários mínimos até 100.000 (cem mil) salários mínimos;

V – mínimo de um e máximo de três por cento sobre o valor da condenação ou do proveito econômico obtido acima de 100.000 (cem mil) salários mínimos.

§ 4º Em qualquer das hipóteses do § 3º:

I – os percentuais previstos nos incisos I a V devem ser aplicados desde logo, quando for líquida a sentença;

II – não sendo líquida a sentença, a definição do percentual, nos termos previstos nos incisos I a V, somente ocorrerá quando liquidado o julgado;

III – não havendo condenação principal ou não sendo possível mensurar o proveito econômico obtido, a condenação em honorários dar-se-á sobre o valor atualizado da causa;

IV – será considerado o salário mínimo vigente quando prolatada sentença líquida ou o que estiver em vigor na data da decisão de liquidação.

§ 5º Quando, conforme o caso, a condenação contra a Fazenda Pública ou o benefício econômico obtido pelo vencedor ou o valor da causa for superior ao valor previsto no inciso I do § 3º, a fixação do percentual de honorários deve observar a faixa inicial e, naquilo que a exceder, a faixa subsequente, e assim sucessivamente.

§ 6º Os limites e critérios previstos nos §§ 2º e 3º aplicam-se independentemente de qual seja o conteúdo da decisão, inclusive aos casos de improcedência ou de sentença sem resolução de mérito.

§ 7º Não serão devidos honorários no cumprimento de sentença contra a Fazenda Pública que enseje expedição de precatório, desde que não tenha sido impugnada.

§ 8º Nas causas em que for inestimável ou irrisório o proveito econômico ou, ainda, quando o valor da causa for muito baixo, o juiz fixará o valor dos honorários por apreciação equitativa, observando o disposto nos incisos do § 2º.

► Art. 140, par. ún., deste Código.

► Súm. nº 201 do STJ.

§ 9º Na ação de indenização por ato ilícito contra pessoa, o percentual de honorários incidirá sobre a soma das prestações vencidas acrescida de 12 (doze) prestações vincendas.

► Art. 927 do CC.

► Súmulas nºs 389 e 512 do STF.

► Súm. nº 111 do STJ.

§ 10. Nos casos de perda do objeto, os honorários serão devidos por quem deu causa ao processo.

§ 11. O tribunal, ao julgar recurso, majorará os honorários fixados anteriormente levando em conta o trabalho adicional realizado em grau recursal, observando, conforme o caso, o disposto nos §§ 2º a 6º, sendo vedado ao tribunal, no cômputo geral da fixação de honorários devidos ao advogado do vencedor, ultrapassar os respectivos limites estabelecidos nos §§ 2º e 3º para a fase de conhecimento.

§ 12. Os honorários referidos no § 11 são cumuláveis com multas e outras sanções processuais, inclusive as previstas no art. 77.

§ 13. As verbas de sucumbência arbitradas em embargos à execução rejeitados ou julgados improcedentes e em fase de cumprimento de sentença serão acrescidas no valor do débito principal, para todos os efeitos legais.

§ 14. Os honorários constituem direito do advogado e têm natureza alimentar, com os mesmos privilégios dos créditos oriundos da legislação do trabalho, sendo vedada a compensação em caso de sucumbência parcial.

§ 15. O advogado pode requerer que o pagamento dos honorários que lhe caibam seja efetuado em favor da sociedade de advogados que integra na qualidade de sócio, aplicando-se à hipótese o disposto no § 14.

§ 16. Quando os honorários forem fixados em quantia certa, os juros moratórios incidirão a partir da data do trânsito em julgado da decisão.

§ 17. Os honorários serão devidos quando o advogado atuar em causa própria.

► Art. 106 deste Código.

§ 18. Caso a decisão transitada em julgado seja omissa quanto ao direito aos honorários ou ao seu valor, é cabível ação autônoma para sua definição e cobrança.

§ 19. Os advogados públicos perceberão honorários de sucumbência, nos termos da lei.

► O STF, por maioria dos votos, julgou parcialmente procedente a ADIN nº 6.053, para conferindo interpretação conforme a CF a este parágrafo, "estabelecer que a somatória dos subsídios e honorários de sucumbência percebidos mensalmente pelos advogados públicos não poderá exceder ao teto dos Ministros do Supremo Tribunal Federal, conforme o que dispõe o art. 37, XI, da CF" (*DOU* de 1º-7-2020).

Art. 86. Se cada litigante for, em parte, vencedor e vencido, serão proporcionalmente distribuídas entre eles as despesas.

Parágrafo único. Se um litigante sucumbir em parte mínima do pedido, o outro responderá, por inteiro, pelas despesas e pelos honorários.

Art. 87. Concorrendo diversos autores ou diversos réus, os vencidos respondem proporcionalmente pelas despesas e pelos honorários.

► Art. 257 do CC.

§ 1º A sentença deverá distribuir entre os litisconsortes, de forma expressa, a responsabilidade proporcional pelo pagamento das verbas previstas no *caput*.

► Art. 113 deste Código.

§ 2º Se a distribuição de que trata o § 1º não for feita, os vencidos responderão solidariamente pelas despesas e pelos honorários.

Art. 88. Nos procedimentos de jurisdição voluntária, as despesas serão adiantadas pelo requerente e rateadas entre os interessados.

► Arts. 719 a 770 deste Código.

Art. 89. Nos juízos divisórios, não havendo litígio, os interessados pagarão as despesas proporcionalmente a seus quinhões.

Art. 90. Proferida sentença com fundamento em desistência, em renúncia ou em reconhecimento do pedido, as despesas e os honorários serão pagos pela parte que desistiu, renunciou ou reconheceu.

► Arts. 485, VIII, 487, III, a e c deste Código.

§ 1º Sendo parcial a desistência, a renúncia ou o reconhecimento, a responsabilidade pelas despesas e pelos honorários será proporcional à parcela reconhecida, à qual se renunciou ou da qual se desistiu.

§ 2º Havendo transação e nada tendo as partes disposto quanto às despesas, estas serão divididas igualmente.

§ 3º Se a transação ocorrer antes da sentença, as partes ficam dispensadas do pagamento das custas processuais remanescentes, se houver.

► Art. 487, III, *b* deste Código.

§ 4º Se o réu reconhecer a procedência do pedido e, simultaneamente, cumprir integralmente a prestação reconhecida, os honorários serão reduzidos pela metade.

► Art. 487, III, a deste Código.

► Enunciados nºs 9 e 10 da I Jornada de Direito Processual Civil.

Art. 91. As despesas dos atos processuais praticados a requerimento da Fazenda Pública, do Ministério Público ou da Defensoria Pública serão pagas ao final pelo vencido.

► Art. 106 deste Código.

► Súm. nº 483 do STJ.

§ 1º As perícias requeridas pela Fazenda Pública, pelo Ministério Público ou pela Defensoria Pública poderão ser realizadas por entidade pública ou, havendo previsão orçamentária, ter os valores adiantados por aquele que requerer a prova.

§ 2º Não havendo previsão orçamentária no exercício financeiro para adiantamento dos honorários periciais, eles serão pagos no exercício seguinte ou ao final, pelo vencido, caso o processo se encerre antes do adiantamento a ser feito pelo ente público.

Art. 92. Quando, a requerimento do réu, o juiz proferir sentença sem resolver o mérito, o autor não poderá propor novamente a ação sem pagar ou depositar em cartório as despesas e os honorários a que foi condenado.

► Art. 486, § 2º deste Código.

Art. 93. As despesas de atos adiados ou cuja repetição for necessária ficarão a cargo da parte, do auxiliar da justiça, do órgão do Ministério Público ou da Defensoria Pública ou do juiz que, sem justo motivo, houver dado causa ao adiamento ou à repetição.

Art. 94. Se o assistido for vencido, o assistente será condenado ao pagamento das custas em proporção à atividade que houver exercido no processo.

► Art. 121 deste Código.

Art. 95. Cada parte adiantará a remuneração do assistente técnico que houver indicado, sendo a do perito adiantada pela parte que houver requerido a perícia ou rateada quando a perícia for determinada de ofício ou requerida por ambas as partes.

► Arts. 84 e 464 e ss. deste Código.

► Súm. nº 232 do STJ.

§ 1º O juiz poderá determinar que a parte responsável pelo pagamento dos honorários do perito deposite em juízo o valor correspondente.

§ 2º A quantia recolhida em depósito bancário à ordem do juízo será corrigida monetariamente e paga de acordo com o art. 465, § 4º.

§ 3º Quando o pagamento da perícia for de responsabilidade de beneficiário de gratuidade da justiça, ela poderá ser:

I – custeada com recursos alocados no orçamento do ente público e realizada por servidor do Poder Judiciário ou por órgão público conveniado;

II – paga com recursos alocados no orçamento da União, do Estado ou do Distrito Federal, no caso de ser realizada por particular, hipótese em que o valor será fixado conforme tabela do tribunal respectivo ou, em caso de sua omissão, do Conselho Nacional de Justiça.

§ 4º Na hipótese do § 3º, o juiz, após o trânsito em julgado da decisão final, oficiará a Fazenda Pública para que promova, contra quem tiver sido condenado ao pagamento das despesas processuais, a execução dos valores gastos com a perícia particular ou com a utilização de servidor público ou da estrutura de órgão público, observando-se, caso o responsável pelo pagamento das despesas seja beneficiário de gratuidade da justiça, o disposto no art. 98, § 2º.

§ 5º Para fins de aplicação do § 3º, é vedada a utilização de recursos do fundo de custeio da Defensoria Pública.

Art. 96. O valor das sanções impostas ao litigante de má-fé reverterá em benefício da parte contrária, e o valor das sanções impostas aos serventuários pertencerá ao Estado ou à União.

► Arts. 77, § 3º, 81, 202, 234, 258, 468 e 968, II, deste Código.

Art. 97. A União e os Estados podem criar fundos de modernização do Poder Judiciário, aos quais serão revertidos os valores das sanções pecuniárias processuais destinadas à União e aos Estados, e outras verbas previstas em lei.

Seção IV
DA GRATUIDADE DA JUSTIÇA

Art. 98. A pessoa natural ou jurídica, brasileira ou estrangeira, com insuficiência de recursos para pagar as custas, as despesas processuais e os honorários advocatícios tem direito à gratuidade da justiça, na forma da lei.

► Art. 5º, LXXIV, da CF.

► LC nº 80, de 12-1-1994 (Lei da Defensoria Pública).

§ 1º A gratuidade da justiça compreende:

I – as taxas ou as custas judiciais;

II – os selos postais;

III – as despesas com publicação na imprensa oficial, dispensando-se a publicação em outros meios;

IV – a indenização devida à testemunha que, quando empregada, receberá do empregador salário integral, como se em serviço estivesse;

V – as despesas com a realização de exame de código genético – DNA e de outros exames considerados essenciais;

VI – os honorários do advogado e do perito e a remuneração do intérprete ou do tradutor nomeado para apresentação de versão em português de documento redigido em língua estrangeira;

► Arts. 85, 156 e 162 deste Código.

VII – o custo com a elaboração de memória de cálculo, quando exigida para instauração da execução;

► Art. 798 deste Código.

VIII – os depósitos previstos em lei para interposição de recurso, para propositura de ação e para a prática de outros atos processuais inerentes ao exercício da ampla defesa e do contraditório;

► Art. 1.007 deste Código.

IX – os emolumentos devidos a notários ou registradores em decorrência da prática de registro, averbação ou qualquer outro ato notarial necessário à efetivação de decisão judicial ou à continuidade de processo judicial no qual o benefício tenha sido concedido.

§ 2º A concessão de gratuidade não afasta a responsabilidade do beneficiário pelas despesas processuais e pelos honorários advocatícios decorrentes de sua sucumbência.

► Arts. 82, § 2º e 85 deste Código.

§ 3º Vencido o beneficiário, as obrigações decorrentes de sua sucumbência ficarão sob condição suspensiva de exigibilidade e somente poderão ser executadas se, nos 5 (cinco) anos subsequentes ao trânsito em julgado da decisão que as certificou, o credor demonstrar que deixou de existir a situação de insuficiência de recursos que justificou a concessão de gratuidade, extinguindo-se, passado esse prazo, tais obrigações do beneficiário.

§ 4º A concessão de gratuidade não afasta o dever de o beneficiário pagar, ao final, as multas processuais que lhe sejam impostas.

► Arts. 77, § 2º, 81 e 334, § 8º, deste Código.

§ 5º A gratuidade poderá ser concedida em relação a algum ou a todos os atos processuais, ou consistir na redução percentual de despesas processuais que o beneficiário tiver de adiantar no curso do procedimento.

► Art. 1.007 deste Código.

§ 6º Conforme o caso, o juiz poderá conceder direito ao parcelamento de despesas processuais que o beneficiário tiver de adiantar no curso do procedimento.

§ 7º Aplica-se o disposto no art. 95, §§ 3º a 5º, ao custeio dos emolumentos previstos no § 1º, inciso IX, do presente artigo, observada a tabela e as condições da lei estadual ou distrital respectiva.

§ 8º Na hipótese do § 1º, inciso IX, havendo dúvida fundada quanto ao preenchimento atual dos pressupostos para a concessão de gratuidade, o notário ou registrador, após praticar o ato, pode requerer, ao juízo competente para decidir questões notariais ou registrais, a revogação total ou parcial do benefício ou a sua substituição pelo parcelamento de que trata o § 6º deste artigo, caso em que o beneficiário será citado para, em 15 (quinze) dias, manifestar-se sobre esse requerimento.

Art. 99. O pedido de gratuidade da justiça pode ser formulado na petição inicial, na contestação, na petição para ingresso de terceiro no processo ou em recurso.

§ 1º Se superveniente à primeira manifestação da parte na instância, o pedido poderá ser formulado por petição simples, nos autos do próprio processo, e não suspenderá seu curso.

§ 2º O juiz somente poderá indeferir o pedido se houver nos autos elementos que evidenciem a falta dos pressupostos legais para a concessão de gratuidade, devendo, antes de indeferir o pedido, determinar à parte a comprovação do preenchimento dos referidos pressupostos.

§ 3º Presume-se verdadeira a alegação de insuficiência deduzida exclusivamente por pessoa natural.

§ 4º A assistência do requerente por advogado particular não impede a concessão de gratuidade da justiça.

§ 5º Na hipótese do § 4º, o recurso que verse exclusivamente sobre valor de honorários de sucumbência fixados em favor do advogado de beneficiário estará sujeito a preparo, salvo se o próprio advogado demonstrar que tem direito à gratuidade.

§ 6º O direito à gratuidade da justiça é pessoal, não se estendendo a litisconsorte ou a sucessor do beneficiário, salvo requerimento e deferimento expressos.

► Arts. 113 e ss. deste Código.

§ 7º Requerida a concessão de gratuidade da justiça em recurso, o recorrente estará dispensado de comprovar o recolhimento do preparo, incumbindo ao relator, neste caso, apreciar o requerimento e, se indeferi-lo, fixar prazo para realização do recolhimento.

► Arts. 932 e 1.007 deste Código.

Art. 100. Deferido o pedido, a parte contrária poderá oferecer impugnação na contestação, na réplica, nas contrarrazões de recurso ou, nos casos de pedido superveniente ou formulado por terceiro, por meio de petição simples, a ser apresentada no prazo de 15 (quinze) dias, nos autos do próprio processo, sem suspensão de seu curso.

► Arts. 337, XIII, 350 e 351 deste Código.

Parágrafo único. Revogado o benefício, a parte arcará com as despesas processuais que tiver deixado de adiantar e pagará, em caso de má-fé, até o décuplo de seu valor a título de multa, que será revertida em benefício da Fazenda Pública estadual ou federal e poderá ser inscrita em dívida ativa.

Art. 101. Contra a decisão que indeferir a gratuidade ou a que acolher pedido de sua revogação caberá agravo de instrumento, exceto quando a questão for resolvida na sentença, contra a qual caberá apelação.

► Arts. 1.009, *caput*, § 3º, e 1.015, V, deste Código.

§ 1º O recorrente estará dispensado do recolhimento de custas até decisão do relator sobre a questão, preliminarmente ao julgamento do recurso.

§ 2º Confirmada a denegação ou a revogação da gratuidade, o relator ou o órgão colegiado determinará ao recorrente o recolhimento das custas processuais, no prazo de 5 (cinco) dias, sob pena de não conhecimento do recurso.

Art. 102. Sobrevindo o trânsito em julgado de decisão que revoga a gratuidade, a parte deverá efetuar o recolhimento de todas as despesas de cujo adiantamento foi dispensada, inclusive as relativas ao recurso interposto, se houver, no prazo fixado pelo juiz, sem prejuízo de aplicação das sanções previstas em lei.

Parágrafo único. Não efetuado o recolhimento, o processo será extinto sem resolução de mérito, tratando-se do autor, e, nos demais casos, não poderá ser deferida a realização de nenhum ato ou diligência requerida pela parte enquanto não efetuado o depósito.

CAPÍTULO III
DOS PROCURADORES

Art. 103. A parte será representada em juízo por advogado regularmente inscrito na Ordem dos Advogados do Brasil.

► Art. 133 da CF.

► Arts. 106, 111, 287 a 313, § 3º, deste Código.

► Art. 692 do CC.

► Art. 9º da Lei nº 9.099, de 26-9-1995 (Lei dos Juizados Especiais).

Parágrafo único. É lícito à parte postular em causa própria quando tiver habilitação legal.

Art. 104. O advogado não será admitido a postular em juízo sem procuração, salvo para evitar preclusão, decadência ou prescrição, ou para praticar ato considerado urgente.

► Art. 287, *caput* e parágrafo único, deste Código.

► Arts. 653 a 692 do CC.

► Súm. nº 115 do STJ.

§ 1º Nas hipóteses previstas no *caput*, o advogado deverá, independentemente de caução, exibir a procuração no prazo de 15 (quinze) dias, prorrogável por igual período por despacho do juiz.

§ 2º O ato não ratificado será considerado ineficaz relativamente àquele em cujo nome foi praticado, respondendo o advogado pelas despesas e por perdas e danos.

► Art. 402 do CC.

Art. 105. A procuração geral para o foro, outorgada por instrumento público ou particular assinado pela parte, habilita o advogado a praticar todos os atos do processo, exceto receber citação, confessar, reconhecer a procedência do pedido, transigir, desistir, renunciar ao direito sobre o qual se funda a ação, receber, dar quitação, firmar compromisso e assinar declaração de hipossuficiência econômica, que devem constar de cláusula específica.

► Arts. 98, 318 e 390, § 1º, deste Código.

► Art. 654 do CC.

§ 1º A procuração pode ser assinada digitalmente, na forma da lei.

► Lei nº 11.419, de 19-12-2006 (Lei da Informatização do Processo Judicial).

§ 2º A procuração deverá conter o nome do advogado, seu número de inscrição na Ordem dos Advogados do Brasil e endereço completo.

► Art. 654, § 1º, do CC.

► Art. 4º da Lei nº 8.906, de 4-7-1994 (Estatuto da Advocacia e da OAB).

§ 3º Se o outorgado integrar sociedade de advogados, a procuração também deverá conter o nome dessa, seu número de registro na Ordem dos Advogados do Brasil e endereço completo.

► Arts. 15 a 17 da Lei nº 8.906, de 4-7-1994 (Estatuto da Advocacia e da OAB).

§ 4º Salvo disposição expressa em sentido contrário constante do próprio instrumento, a procuração outorgada na fase de conhecimento é eficaz para todas as fases do processo, inclusive para o cumprimento de sentença.

► Art. 513, § 2º, I deste Código.

Art. 106. Quando postular em causa própria, incumbe ao advogado:

► Art. 287, parágrafo único deste Código.

I – declarar, na petição inicial ou na contestação, o endereço, seu número de inscrição na Ordem dos Advogados do Brasil e o nome da sociedade de advogados da qual participa, para o recebimento de intimações;

► Arts. 319 e 335 deste Código.

II – comunicar ao juízo qualquer mudança de endereço.

§ 1º Se o advogado descumprir o disposto no inciso I, o juiz ordenará que se supra a omissão, no prazo de 5 (cinco) dias, antes de determinar a citação do réu, sob pena de indeferimento da petição.

§ 2º Se o advogado infringir o previsto no inciso II, serão consideradas válidas as intimações enviadas por carta registrada ou meio eletrônico ao endereço constante dos autos.

Art. 107. O advogado tem direito a:

► Art. 7º da Lei nº 8.906, de 4-7-1994 (Estatuto da Advocacia e da OAB).

I – examinar, em cartório de fórum e secretaria de tribunal, mesmo sem procuração, autos de qualquer processo, independentemente da fase de tramitação, assegurados a obtenção de cópias e o registro de anotações, salvo na hipótese de segredo de justiça, nas quais apenas o advogado constituído terá acesso aos autos;

► Súm. Vinc. nº 14 do STF.

II – requerer, como procurador, vista dos autos de qualquer processo, pelo prazo de 5 (cinco) dias;

III – retirar os autos do cartório ou da secretaria, pelo prazo legal, sempre que neles lhe couber falar por determinação do juiz, nos casos previstos em lei.

► Art. 234 deste Código.

§ 1º Ao receber os autos, o advogado assinará carga em livro ou documento próprio.

§ 2º Sendo o prazo comum às partes, os procuradores poderão retirar os autos somente em conjunto ou mediante prévio ajuste, por petição nos autos.

§ 3º Na hipótese do § 2º, é lícito ao procurador retirar os autos para obtenção de cópias, pelo prazo de 2 (duas) a 6 (seis) horas, independentemente de ajuste e sem prejuízo da continuidade do prazo.

§ 4º O procurador perderá no mesmo processo o direito a que se refere o § 3º se não devolver os autos tempestivamente, salvo se o prazo for prorrogado pelo juiz.

§ 5º O disposto no inciso I do *caput* deste artigo aplica-se integralmente a processos eletrônicos.

► § 5º acrescido pela Lei nº 13.793, de 3-1-2019.

► Art. 234, §§ 1º e 2º deste Código.

CAPÍTULO IV

DA SUCESSÃO DAS PARTES E DOS PROCURADORES

Art. 108. No curso do processo, somente é lícita a sucessão voluntária das partes nos casos expressos em lei.

► Art. 778, § 1º, deste Código.

Art. 109. A alienação da coisa ou do direito litigioso por ato entre vivos, a título particular, não altera a legitimidade das partes.

► Arts. 778, § 1º, 790 e I, deste Código.

§ 1º O adquirente ou cessionário não poderá ingressar em juízo, sucedendo o alienante ou cedente, sem que o consinta a parte contrária.

§ 2º O adquirente ou cessionário poderá intervir no processo como assistente litisconsorcial do alienante ou cedente.

► Arts. 119 e ss. deste Código.

§ 3º Estendem-se os efeitos da sentença proferida entre as partes originárias ao adquirente ou cessionário.

Art. 110. Ocorrendo a morte de qualquer das partes, dar-se-á a sucessão pelo seu espólio ou pelos seus sucessores, observado o disposto no art. 313, §§ 1º e 2º.

► Arts. 75, VII e 221 deste Código.

Art. 111. A parte que revogar o mandato outorgado a seu advogado constituirá, no mesmo ato, outro que assuma o patrocínio da causa.

Parágrafo único. Não sendo constituído novo procurador no prazo de 15 (quinze) dias, observar-se-á o disposto no art. 76.

Art. 112. O advogado poderá renunciar ao mandato a qualquer tempo, provando, na forma prevista neste Código, que comunicou a renúncia ao mandante, a fim de que este nomeie sucessor.

► Arts. 76 e 313, I, deste Código.

► Art. 688 do CC.

§ 1º Durante os 10 (dez) dias seguintes, o advogado continuará a representar o mandante, desde que necessário para lhe evitar prejuízo.

§ 2º Dispensa-se a comunicação referida no *caput* quando a procuração tiver sido outorgada a vários advogados e a parte continuar representada por outro, apesar da renúncia.

TÍTULO II – DO LITISCONSÓRCIO

Art. 113. Duas ou mais pessoas podem litigar, no mesmo processo, em conjunto, ativa ou passivamente, quando:

► Art. 94, § 1º, da Lei nº 11.101, de 9-2-2005 (Lei de Recuperação de Empresas e Falências).

I – entre elas houver comunhão de direitos ou de obrigações relativamente à lide;

II – entre as causas houver conexão pelo pedido ou pela causa de pedir;

► Art. 55 deste Código.

► Súm. nº 235 do STJ.

III – ocorrer afinidade de questões por ponto comum de fato ou de direito.

§ 1º O juiz poderá limitar o litisconsórcio facultativo quanto ao número de litigantes na fase de conhecimento, na liquidação de sentença ou na execução, quando este comprometer a rápida solução do litígio ou dificultar a defesa ou o cumprimento da sentença.

► Art. 1.015, VIII deste Código.

§ 2º O requerimento de limitação interrompe o prazo para manifestação ou resposta, que recomeçará da intimação da decisão que o solucionar.

Art. 114. O litisconsórcio será necessário por disposição de lei ou quando, pela natureza da relação jurídica controvertida, a eficácia da sentença depender da citação de todos que devam ser litisconsortes.

► Súm. nº 631 do STF.

Art. 115. A sentença de mérito, quando proferida sem a integração do contraditório, será:

► Arts. 203, § 1º, e 487 deste Código.

I – nula, se a decisão deveria ser uniforme em relação a todos que deveriam ter integrado o processo;

II – ineficaz, nos outros casos, apenas para os que não foram citados.

Parágrafo único. Nos casos de litisconsórcio passivo necessário, o juiz determinará ao autor que requeira a citação de todos que devam ser litisconsortes, dentro do prazo que assinar, sob pena de extinção do processo.

► Art. 485, III, deste Código.

► Art. 94 do CDC.

Art. 116. O litisconsórcio será unitário quando, pela natureza da relação jurídica, o juiz tiver de decidir o mérito de modo uniforme para todos os litisconsortes.

Art. 117. Os litisconsortes serão considerados, em suas relações com a parte adversa, como litigantes distintos, exceto no litisconsórcio unitário, caso em que os atos e as omissões de um não prejudicarão os outros, mas os poderão beneficiar.

► Art. 1.005 deste Código.

Art. 118. Cada litisconsorte tem o direito de promover o andamento do processo, e todos devem ser intimados dos respectivos atos.

► Art. 229 deste Código.

TÍTULO III – DA INTERVENÇÃO DE TERCEIROS

CAPÍTULO I
DA ASSISTÊNCIA

Seção I
DISPOSIÇÕES COMUNS

Art. 119. Pendendo causa entre 2 (duas) ou mais pessoas, o terceiro juridicamente interessado em que a sentença seja favorável a uma delas poderá intervir no processo para assisti-la.

Parágrafo único. A assistência será admitida em qualquer procedimento e em todos os graus de jurisdição, recebendo o assistente o processo no estado em que se encontre.

Art. 120. Não havendo impugnação no prazo de 15 (quinze) dias, o pedido do assistente será deferido, salvo se for caso de rejeição liminar.

Parágrafo único. Se qualquer parte alegar que falta ao requerente interesse jurídico para intervir, o juiz decidirá o incidente, sem suspensão do processo.

Seção II
DA ASSISTÊNCIA SIMPLES

Art. 121. O assistente simples atuará como auxiliar da parte principal, exercerá os mesmos poderes e sujeitar-se-á aos mesmos ônus processuais que o assistido.

► Art. 94 deste Código.

Parágrafo único. Sendo revel ou, de qualquer outro modo, omisso o assistido, o assistente será considerado seu substituto processual.

Art. 122. A assistência simples não obsta a que a parte principal reconheça a procedência do pedido, desista da ação, renuncie ao direito sobre o que se funda a ação ou transija sobre direitos controvertidos.

Art. 123. Transitada em julgado a sentença no processo em que interveio o assistente, este não poderá, em processo posterior, discutir a justiça da decisão, salvo se alegar e provar que:

I – pelo estado em que recebeu o processo ou pelas declarações e pelos atos do assistido, foi impedido de produzir provas suscetíveis de influir na sentença;

II – desconhecia a existência de alegações ou de provas das quais o assistido, por dolo ou culpa, não se valeu.

► Art. 506 deste Código.

Seção III
DA ASSISTÊNCIA LITISCONSORCIAL

Art. 124. Considera-se litisconsorte da parte principal o assistente sempre que a sentença influir na relação jurídica entre ele e o adversário do assistido.

► Arts. 113 e 229 deste Código.

CAPÍTULO II
DA DENUNCIAÇÃO DA LIDE

Art. 125. É admissível a denunciação da lide, promovida por qualquer das partes:

I – ao alienante imediato, no processo relativo à coisa cujo domínio foi transferido ao denunciante, a fim de que possa exercer os direitos que da evicção lhe resultam;

► Art. 447 e ss. do CC.

II – àquele que estiver obrigado, por lei ou pelo contrato, a indenizar, em ação regressiva, o prejuízo de quem for vencido no processo.

► Art. 757 do CC.

► Art. 101, II, do CDC.

§ 1º O direito regressivo será exercido por ação autônoma quando a denunciação da lide for indeferida, deixar de ser promovida ou não for permitida.

§ 2º Admite-se uma única denunciação sucessiva, promovida pelo denunciado, contra seu antecessor imediato na cadeia dominial ou quem seja responsável por indenizá-lo, não podendo o denunciado sucessivo promover nova denunciação, hipótese em que eventual direito de regresso será exercido por ação autônoma.

Art. 126. A citação do denunciado será requerida na petição inicial, se o denunciante for autor, ou na contestação, se o denunciante for réu, devendo ser realizada na forma e nos prazos previstos no art. 131.

Art. 127. Feita a denunciação pelo autor, o denunciado poderá assumir a posição de litisconsorte do denunciante e acrescentar novos argumentos à petição inicial, procedendo-se em seguida à citação do réu.

► Arts. 113 a 118 deste Código.

Art. 128. Feita a denunciação pelo réu:

I – se o denunciado contestar o pedido formulado pelo autor, o processo prosseguirá tendo, na ação principal, em litisconsórcio, denunciante e denunciado;

► Art. 335 deste Código.

II – se o denunciado for revel, o denunciante pode deixar de prosseguir com sua defesa, eventualmente oferecida, e abster-se de recorrer, restringindo sua atuação à ação regressiva;

III – se o denunciado confessar os fatos alegados pelo autor na ação principal, o denunciante poderá prosseguir com sua defesa ou, aderindo a tal reconhecimento, pedir apenas a procedência da ação de regresso.

Parágrafo único. Procedente o pedido da ação principal, pode o autor, se for o caso, requerer o cumprimento da sentença também contra o denunciado, nos limites da condenação deste na ação regressiva.

Art. 129. Se o denunciante for vencido na ação principal, o juiz passará ao julgamento da denunciação da lide.

Parágrafo único. Se o denunciante for vencedor, a ação de denunciação não terá o seu pedido examinado, sem prejuízo da condenação do denunciante ao pagamento das verbas de sucumbência em favor do denunciado.

CAPÍTULO III
DO CHAMAMENTO AO PROCESSO

Art. 130. É admissível o chamamento ao processo, requerido pelo réu:

▸ Art. 831 do CC.

I – do afiançado, na ação em que o fiador for réu;

▸ Arts. 827 e ss. do CC

II – dos demais fiadores, na ação proposta contra um ou alguns deles;

▸ Art. 829 do CC.

III – dos demais devedores solidários, quando o credor exigir de um ou de alguns o pagamento da dívida comum.

▸ Arts. 275, 827 e 829 do CC.

Art. 131. A citação daqueles que devam figurar em litisconsórcio passivo será requerida pelo réu na contestação e deve ser promovida no prazo de 30 (trinta) dias, sob pena de ficar sem efeito o chamamento.

▸ Art. 335 deste Código.

Parágrafo único. Se o chamado residir em outra comarca, seção ou subseção judiciárias, ou em lugar incerto, o prazo será de 2 (dois) meses.

Art. 132. A sentença de procedência valerá como título executivo em favor do réu que satisfizer a dívida, a fim de que possa exigi-la, por inteiro, do devedor principal, ou, de cada um dos codevedores, a sua quota, na proporção que lhes tocar.

▸ Arts. 283 a 285 e 831 do CC.

CAPÍTULO IV
DO INCIDENTE DE DESCONSIDERAÇÃO DA PERSONALIDADE JURÍDICA

Art. 133. O incidente de desconsideração da personalidade jurídica será instaurado a pedido da parte ou do Ministério Público, quando lhe couber intervir no processo.

▸ Art. 50 do CC.

▸ Art. 28 do CDC.

▸ Art. 14 da Lei nº 12.846, de 1º-8-2013 (Lei Anticorrupção).

▸ Art. 34 da Lei nº 12.529, de 30-11-2011 (Lei do Sistema Brasileiro de Defesa da Concorrência).

§ 1º O pedido de desconsideração da personalidade jurídica observará os pressupostos previstos em lei.

§ 2º Aplica-se o disposto neste Capítulo à hipótese de desconsideração inversa da personalidade jurídica.

Art. 134. O incidente de desconsideração é cabível em todas as fases do processo de conhecimento, no cumprimento de sentença e na execução fundada em título executivo extrajudicial.

▸ Art. 790, VII, 795, § 4º, deste Código.

§ 1º A instauração do incidente será imediatamente comunicada ao distribuidor para as anotações devidas.

§ 2º Dispensa-se a instauração do incidente se a desconsideração da personalidade jurídica for requerida na petição inicial, hipótese em que será citado o sócio ou a pessoa jurídica.

§ 3º A instauração do incidente suspenderá o processo, salvo na hipótese do § 2º.

§ 4º O requerimento deve demonstrar o preenchimento dos pressupostos legais específicos para desconsideração da personalidade jurídica.

Art. 135. Instaurado o incidente, o sócio ou a pessoa jurídica será citado para manifestar-se e requerer as provas cabíveis no prazo de 15 (quinze) dias.

Art. 136. Concluída a instrução, se necessária, o incidente será resolvido por decisão interlocutória.

▸ Art. 1015, IV, deste Código.

Parágrafo único. Se a decisão for proferida pelo relator, cabe agravo interno.

▸ Art. 1.021 deste Código.

Art. 137. Acolhido o pedido de desconsideração, a alienação ou a oneração de bens, havida em fraude de execução, será ineficaz em relação ao requerente.

CAPÍTULO V
DO *AMICUS CURIAE*

Art. 138. O juiz ou o relator, considerando a relevância da matéria, a especificidade do tema objeto da demanda ou a repercussão social da controvérsia, poderá, por decisão irrecorrível, de ofício ou a requerimento das partes ou de quem pretenda manifestar-se, solicitar ou admitir a participação de pessoa natural ou jurídica, órgão ou entidade especializada, com representatividade adequada, no prazo de 15 (quinze) dias de sua intimação.

§ 1º A intervenção de que trata o *caput* não implica alteração de competência nem autoriza a interposição de recursos, ressalvadas a oposição de embargos de declaração e a hipótese do § 3º.

§ 2º Caberá ao juiz ou ao relator, na decisão que solicitar ou admitir a intervenção, definir os poderes do *amicus curiae*.

§ 3º O *amicus curiae* pode recorrer da decisão que julgar o incidente de resolução de demandas repetitivas.

TÍTULO IV – DO JUIZ E DOS AUXILIARES DA JUSTIÇA

CAPÍTULO I
DOS PODERES, DOS DEVERES E DA RESPONSABILIDADE DO JUIZ

Art. 139. O juiz dirigirá o processo conforme as disposições deste Código, incumbindo-lhe:

I – assegurar às partes igualdade de tratamento;

▸ Art. 7º deste Código.

▸ Art. 5º, I da CF.

II – velar pela duração razoável do processo;

▸ Arts. 4 e 6 deste Código.

III – prevenir ou reprimir qualquer ato contrário à dignidade da justiça e indeferir postulações meramente protelatórias;

▸ Arts. 78, 360, 772, II, e 774 deste Código.

IV – determinar todas as medidas indutivas, coercitivas, mandamentais ou sub-rogatórias necessárias para assegurar o cumprimento de ordem judicial, inclusive nas ações que tenham por objeto prestação pecuniária;

V – promover, a qualquer tempo, a autocomposição, preferencialmente com auxílio de conciliadores e mediadores judiciais;

▸ Art. 3º, §§ 2º e 3º, deste Código.

VI – dilatar os prazos processuais e alterar a ordem de produção dos meios de prova, adequando-os às necessidades do conflito de modo a conferir maior efetividade à tutela do direito;

▸ En. nº 13 da I Jornada de Direito Processual Civil.

VII – exercer o poder de polícia, requisitando, quando necessário, força policial, além da segurança interna dos fóruns e tribunais;
VIII – determinar, a qualquer tempo, o comparecimento pessoal das partes, para inquiri-las sobre os fatos da causa, hipótese em que não incidirá a pena de confesso;
IX – determinar o suprimento de pressupostos processuais e o saneamento de outros vícios processuais;
X – quando se deparar com diversas demandas individuais repetitivas, oficiar o Ministério Público, a Defensoria Pública e, na medida do possível, outros legitimados a que se referem o art. 5º da Lei nº 7.347, de 24 de julho de 1985, e o art. 82 da Lei nº 8.078, de 11 de setembro de 1990, para, se for o caso, promover a propositura da ação coletiva respectiva.
Parágrafo único. A dilação de prazos prevista no inciso VI somente pode ser determinada antes de encerrado o prazo regular.

Art. 140. O juiz não se exime de decidir sob a alegação de lacuna ou obscuridade do ordenamento jurídico.
Parágrafo único. O juiz só decidirá por equidade nos casos previstos em lei.

► Art. 375 deste Código.
► Arts. 4º e 5º da LINDB.

Art. 141. O juiz decidirá o mérito nos limites propostos pelas partes, sendo-lhe vedado conhecer de questões não suscitadas a cujo respeito a lei exige iniciativa da parte.

► Arts. 490 e 492 deste Código.

Art. 142. Convencendo-se, pelas circunstâncias, de que autor e réu se serviram do processo para praticar ato simulado ou conseguir fim vedado por lei, o juiz proferirá decisão que impeça os objetivos das partes, aplicando, de ofício, as penalidades da litigância de má-fé.

► Art. 487, I deste Código.

Art. 143. O juiz responderá, civil e regressivamente, por perdas e danos quando:

► Art. 37, § 6º, da CF.
► Arts. 402 e ss. e 927 do CC.

I – no exercício de suas funções, proceder com dolo ou fraude;
II – recusar, omitir ou retardar, sem justo motivo, providência que deva ordenar de ofício ou a requerimento da parte.
Parágrafo único. As hipóteses previstas no inciso II somente serão verificadas depois que a parte requerer ao juiz que determine a providência e o requerimento não for apreciado no prazo de 10 (dez) dias.

► Art. 235 deste Código.

CAPÍTULO II
DOS IMPEDIMENTOS E DA SUSPEIÇÃO

Art. 144. Há impedimento do juiz, sendo-lhe vedado exercer suas funções no processo:

► Art. 966, II, deste Código.

I – em que interveio como mandatário da parte, oficiou como perito, funcionou como membro do Ministério Público ou prestou depoimento como testemunha;

► Art. 452, I, deste Código.

II – de que conheceu em outro grau de jurisdição, tendo proferido decisão;

► Súm. nº 252 do STF.

III – quando nele estiver postulando, como defensor público, advogado ou membro do Ministério Público, seu cônjuge ou companheiro, ou qualquer parente, consanguíneo ou afim, em linha reta ou colateral, até o terceiro grau, inclusive;
IV – quando for parte no processo ele próprio, seu cônjuge ou companheiro, ou parente, consanguíneo ou afim, em linha reta ou colateral, até o terceiro grau, inclusive;
V – quando for sócio ou membro de direção ou de administração de pessoa jurídica parte no processo;
VI – quando for herdeiro presuntivo, donatário ou empregador de qualquer das partes;
VII – em que figure como parte instituição de ensino com a qual tenha relação de emprego ou decorrente de contrato de prestação de serviços;
VIII – em que figure como parte cliente do escritório de advocacia de seu cônjuge, companheiro ou parente, consanguíneo ou afim, em linha reta ou colateral, até o terceiro grau, inclusive, mesmo que patrocinado por advogado de outro escritório;
IX – quando promover ação contra a parte ou seu advogado.
§ 1º Na hipótese do inciso III, o impedimento só se verifica quando o defensor público, o advogado ou o membro do Ministério Público já integrava o processo antes do início da atividade judicante do juiz.
§ 2º É vedada a criação de fato superveniente a fim de caracterizar impedimento do juiz.
§ 3º O impedimento previsto no inciso III também se verifica no caso de mandato conferido a membro de escritório de advocacia que tenha em seus quadros advogado que individualmente ostente a condição nele prevista, mesmo que não intervenha diretamente no processo.

Art. 145. Há suspeição do juiz:
I – amigo íntimo ou inimigo de qualquer das partes ou de seus advogados;
II – que receber presentes de pessoas que tiverem interesse na causa antes ou depois de iniciado o processo, que aconselhar alguma das partes acerca do objeto da causa ou que subministrar meios para atender às despesas do litígio;
III – quando qualquer das partes for sua credora ou devedora, de seu cônjuge ou companheiro ou de parentes destes, em linha reta até o terceiro grau, inclusive;
IV – interessado no julgamento do processo em favor de qualquer das partes.
§ 1º Poderá o juiz declarar-se suspeito por motivo de foro íntimo, sem necessidade de declarar suas razões.
§ 2º Será ilegítima a alegação de suspeição quando:
I – houver sido provocada por quem a alega;
II – a parte que a alega houver praticado ato que signifique manifesta aceitação do arguido.

► Art. 148 deste Código.

Art. 146. No prazo de 15 (quinze) dias, a contar do conhecimento do fato, a parte alegará o impedimento ou a suspeição, em petição específica dirigida ao juiz do processo, na qual indicará o fundamento da recusa, podendo instruí-la com documentos em que se fundar a alegação e com rol de testemunhas.

► Art. 313, III, deste Código.

§ 1º Se reconhecer o impedimento ou a suspeição ao receber a petição, o juiz ordenará imediatamente a remessa dos autos a seu substituto legal, caso contrário, determinará a autuação em apartado da petição e, no prazo de 15 (quinze) dias, apresentará suas razões, acompanhadas de documentos e de rol de testemunhas, se houver, ordenando a remessa do incidente ao tribunal.

§ 2º Distribuído o incidente, o relator deverá declarar os seus efeitos, sendo que, se o incidente for recebido:

I – sem efeito suspensivo, o processo voltará a correr;

II – com efeito suspensivo, o processo permanecerá suspenso até o julgamento do incidente.

§ 3º Enquanto não for declarado o efeito em que é recebido o incidente ou quando este for recebido com efeito suspensivo, a tutela de urgência será requerida ao substituto legal.

§ 4º Verificando que a alegação de impedimento ou de suspeição é improcedente, o tribunal rejeitá-la-á.

§ 5º Acolhida a alegação, tratando-se de impedimento ou de manifesta suspeição, o tribunal condenará o juiz nas custas e remeterá os autos ao seu substituto legal, podendo o juiz recorrer da decisão.

§ 6º Reconhecido o impedimento ou a suspeição, o tribunal fixará o momento a partir do qual o juiz não poderia ter atuado.

§ 7º O tribunal decretará a nulidade dos atos do juiz, se praticados quando já presente o motivo de impedimento ou de suspeição.

Art. 147. Quando 2 (dois) ou mais juízes forem parentes, consanguíneos ou afins, em linha reta ou colateral, até o terceiro grau, inclusive, o primeiro que conhecer do processo impede que o outro nele atue, caso em que o segundo se escusará, remetendo os autos ao seu substituto legal.

Art. 148. Aplicam-se os motivos de impedimento e de suspeição:

I – ao membro do Ministério Público;

► Arts. 176 a 181 deste Código.

II – aos auxiliares da justiça;

► Arts. 144, 145, 149 a 175 deste Código.

III – aos demais sujeitos imparciais do processo.

► Arts. 149 e ss. deste Código.

§ 1º A parte interessada deverá arguir o impedimento ou a suspeição, em petição fundamentada e devidamente instruída, na primeira oportunidade em que lhe couber falar nos autos.

§ 2º O juiz mandará processar o incidente em separado e sem suspensão do processo, ouvindo o arguido no prazo de 15 (quinze) dias e facultando a produção de prova, quando necessária.

§ 3º Nos tribunais, a arguição a que se refere o § 1º será disciplinada pelo regimento interno.

§ 4º O disposto nos §§ 1º e 2º não se aplica à arguição de impedimento ou de suspeição de testemunha.

► Arts. 447, §§ 2º e 3º, 457, § 1º deste Código.

CAPÍTULO III

DOS AUXILIARES DA JUSTIÇA

Art. 149. São auxiliares da Justiça, além de outros cujas atribuições sejam determinadas pelas normas de organização judiciária, o escrivão, o chefe de secretaria, o oficial de justiça, o perito, o depositário, o administrador, o intérprete, o tradutor, o mediador, o conciliador judicial, o partidor, o distribuidor, o contabilista e o regulador de avarias.

► Arts. 148, II, 207, parágrafo único, 220, § 1º, 334, 707, 715, § 4º, 890, III, deste Código.

Seção I

DO ESCRIVÃO, DO CHEFE DE SECRETARIA E DO OFICIAL DE JUSTIÇA

Art. 150. Em cada juízo haverá um ou mais ofícios de justiça, cujas atribuições serão determinadas pelas normas de organização judiciária.

Art. 151. Em cada comarca, seção ou subseção judiciária haverá, no mínimo, tantos oficiais de justiça quantos sejam os juízos.

Art. 152. Incumbe ao escrivão ou ao chefe de secretaria:

I – redigir, na forma legal, os ofícios, os mandados, as cartas precatórias e os demais atos que pertençam ao seu ofício;

II – efetivar as ordens judiciais, realizar citações e intimações, bem como praticar todos os demais atos que lhe forem atribuídos pelas normas de organização judiciária;

III – comparecer às audiências ou, não podendo fazê-lo, designar servidor para substituí-lo;

IV – manter sob sua guarda e responsabilidade os autos, não permitindo que saiam do cartório, exceto:

a) quando tenham de seguir à conclusão do juiz;

b) com vista a procurador, à Defensoria Pública, ao Ministério Público ou à Fazenda Pública;

c) quando devam ser remetidos ao contabilista ou ao partidor;

d) quando forem remetidos a outro juízo em razão da modificação da competência;

V – fornecer certidão de qualquer ato ou termo do processo, independentemente de despacho, observadas as disposições referentes ao segredo de justiça;

VI – praticar, de ofício, os atos meramente ordinatórios.

§ 1º O juiz titular editará ato a fim de regulamentar a atribuição prevista no inciso VI.

§ 2º No impedimento do escrivão ou chefe de secretaria, o juiz convocará substituto e, não o havendo, nomeará pessoa idônea para o ato.

Art. 153. O escrivão ou o chefe de secretaria atenderá, preferencialmente, à ordem cronológica de recebimento para publicação e efetivação dos pronunciamentos judiciais.

► *Caput* com a redação dada pela Lei nº 13.256, de 4-2-2016.

§ 1º A lista de processos recebidos deverá ser disponibilizada, de forma permanente, para consulta pública.

§ 2º Estão excluídos da regra do *caput*:

I – os atos urgentes, assim reconhecidos pelo juiz no pronunciamento judicial a ser efetivado;

II – as preferências legais.

§ 3º Após elaboração de lista própria, respeitar-se-ão a ordem cronológica de recebimento entre os atos urgentes e as preferências legais.

§ 4º A parte que se considerar preterida na ordem cronológica poderá reclamar, nos próprios autos, ao juiz do processo, que requisitará informações ao servidor, a serem prestadas no prazo de 2 (dois) dias.

§ 5º Constatada a preterição, o juiz determinará o imediato cumprimento do ato e a instauração de processo administrativo disciplinar contra o servidor.

Art. 154. Incumbe ao oficial de justiça:

I – fazer pessoalmente citações, prisões, penhoras, arrestos e demais diligências próprias do seu ofício, sempre que possível na presença de 2 (duas) testemunhas, certificando no mandado o ocorrido, com menção ao lugar, ao dia e à hora;

► Arts. 238, 255, 797 e ss. deste Código.

II – executar as ordens do juiz a que estiver subordinado;

III – entregar o mandado em cartório após seu cumprimento;
IV – auxiliar o juiz na manutenção da ordem;
V – efetuar avaliações, quando for o caso;
VI – certificar, em mandado, proposta de autocomposição apresentada por qualquer das partes, na ocasião de realização de ato de comunicação que lhe couber.

Parágrafo único. Certificada a proposta de autocomposição prevista no inciso VI, o juiz ordenará a intimação da parte contrária para manifestar-se, no prazo de 5 (cinco) dias, sem prejuízo do andamento regular do processo, entendendo-se o silêncio como recusa.

Art. 155. O escrivão, o chefe de secretaria e o oficial de justiça são responsáveis, civil e regressivamente, quando:

► Art. 37, § 6º, da CF.

I – sem justo motivo, se recusarem a cumprir no prazo os atos impostos pela lei ou pelo juiz a que estão subordinados;
II – praticarem ato nulo com dolo ou culpa.

Seção II
DO PERITO

Art. 156. O juiz será assistido por perito quando a prova do fato depender de conhecimento técnico ou científico.

§ 1º Os peritos serão nomeados entre os profissionais legalmente habilitados e os órgãos técnicos ou científicos devidamente inscritos em cadastro mantido pelo tribunal ao qual o juiz está vinculado.

§ 2º Para formação do cadastro, os tribunais devem realizar consulta pública, por meio de divulgação na rede mundial de computadores ou em jornais de grande circulação, além de consulta direta a universidades, a conselhos de classe, ao Ministério Público, à Defensoria Pública e à Ordem dos Advogados do Brasil, para a indicação de profissionais ou de órgãos técnicos interessados.

§ 3º Os tribunais realizarão avaliações e reavaliações periódicas para manutenção do cadastro, considerando a formação profissional, a atualização do conhecimento e a experiência dos peritos interessados.

§ 4º Para verificação de eventual impedimento ou motivo de suspeição, nos termos dos arts. 148 e 467, o órgão técnico ou científico nomeado para realização da perícia informará ao juiz os nomes e os dados de qualificação dos profissionais que participarão da atividade.

§ 5º Na localidade onde não houver inscrito no cadastro disponibilizado pelo tribunal, a nomeação do perito é de livre escolha pelo juiz e deverá recair sobre profissional ou órgão técnico ou científico comprovadamente detentor do conhecimento necessário à realização da perícia.

Art. 157. O perito tem o dever de cumprir o ofício no prazo que lhe designar o juiz, empregando toda sua diligência, podendo escusar-se do encargo alegando motivo legítimo.

► Arts. 466, 467 e 476 deste Código.

§ 1º A escusa será apresentada no prazo de 15 (quinze) dias, contado da intimação, da suspeição ou do impedimento supervenientes, sob pena de renúncia ao direito a alegá-la.

§ 2º Será organizada lista de peritos na vara ou na secretaria, com disponibilização dos documentos exigidos para habilitação à consulta de interessados, para que a nomeação seja distribuída de modo equitativo, observadas a capacidade técnica e a área de conhecimento.

Art. 158. O perito que, por dolo ou culpa, prestar informações inverídicas responderá pelos prejuízos que causar à parte e ficará inabilitado para atuar em outras perícias no prazo de 2 (dois) a 5 (cinco) anos, independentemente das demais sanções previstas em lei, devendo o juiz comunicar o fato ao respectivo órgão de classe para adoção das medidas que entender cabíveis.

Seção III
DO DEPOSITÁRIO E DO ADMINISTRADOR

Art. 159. A guarda e a conservação de bens penhorados, arrestados, sequestrados ou arrecadados serão confiadas a depositário ou a administrador, não dispondo a lei de outro modo.

► Art. 5º, LXVII, da CF.
► Art. 840 deste Código.
► Súmula Vinculante nº 25.

Art. 160. Por seu trabalho o depositário ou o administrador perceberá remuneração que o juiz fixará levando em conta a situação dos bens, ao tempo do serviço e às dificuldades de sua execução.

Parágrafo único. O juiz poderá nomear um ou mais prepostos por indicação do depositário ou do administrador.

Art. 161. O depositário ou o administrador responde pelos prejuízos que, por dolo ou culpa, causar à parte, perdendo a remuneração que lhe foi arbitrada, mas tem o direito a haver o que legitimamente despendeu no exercício do encargo.

► Art. 553 deste Código.

Parágrafo único. O depositário infiel responde civilmente pelos prejuízos causados, sem prejuízo de sua responsabilidade penal e da imposição de sanção por ato atentatório à dignidade da justiça.

Seção IV
DO INTÉRPRETE E DO TRADUTOR

Art. 162. O juiz nomeará intérprete ou tradutor quando necessário para:

I – traduzir documento redigido em língua estrangeira;
II – verter para o português as declarações das partes e das testemunhas que não conhecerem o idioma nacional;

► Art. 192 deste Código.
► Art. 1.871 do CC.

III – realizar a interpretação simultânea dos depoimentos das partes e testemunhas com deficiência auditiva que se comuniquem por meio da Língua Brasileira de Sinais, ou equivalente, quando assim for solicitado.

Art. 163. Não pode ser intérprete ou tradutor quem:

I – não tiver a livre administração de seus bens;
II – for arrolado como testemunha ou atuar como perito no processo;
III – estiver inabilitado para o exercício da profissão por sentença penal condenatória, enquanto durarem seus efeitos.

Art. 164. O intérprete ou tradutor, oficial ou não, é obrigado a desempenhar seu ofício, aplicando-se-lhe o disposto nos arts. 157 e 158.

Seção V
DOS CONCILIADORES E MEDIADORES JUDICIAIS

Art. 165. Os tribunais criarão centros judiciários de solução consensual de conflitos, responsáveis pela realização de sessões e audiências de conciliação e mediação e pelo desenvolvimento de programas destinados a auxiliar, orientar e estimular a autocomposição.

► Art. 334 deste Código.
► Arts. 24 a 29 da Lei nº 13.140, de 26-6-2015 (Lei da Mediação).
► Art. 7º da Res. nº 125, de 29-11-2010 do CNJ.

CPC

§ 1º A composição e a organização dos centros serão definidas pelo respectivo tribunal, observadas as normas do Conselho Nacional de Justiça.

§ 2º O conciliador, que atuará preferencialmente nos casos em que não houver vínculo anterior entre as partes, poderá sugerir soluções para o litígio, sendo vedada a utilização de qualquer tipo de constrangimento ou intimidação para que as partes conciliem.

§ 3º O mediador, que atuará preferencialmente nos casos em que houver vínculo anterior entre as partes, auxiliará aos interessados a compreender as questões e os interesses em conflito, de modo que eles possam, pelo restabelecimento da comunicação, identificar, por si próprios, soluções consensuais que gerem benefícios mútuos.

Art. 166. A conciliação e a mediação são informadas pelos princípios da independência, da imparcialidade, da autonomia da vontade, da confidencialidade, da oralidade, da informalidade e da decisão informada.

§ 1º A confidencialidade estende-se a todas as informações produzidas no curso do procedimento, cujo teor não poderá ser utilizado para fim diverso daquele previsto por expressa deliberação das partes.

§ 2º Em razão do dever de sigilo, inerente às suas funções, o conciliador e o mediador, assim como os membros de suas equipes, não poderão divulgar ou depor acerca de fatos ou elementos oriundos da conciliação ou da mediação.

§ 3º Admite-se a aplicação de técnicas negociais, com o objetivo de proporcionar ambiente favorável à autocomposição.

§ 4º A mediação e a conciliação serão regidas conforme a livre autonomia dos interessados, inclusive no que diz respeito à definição das regras procedimentais.

Art. 167. Os conciliadores, os mediadores e as câmaras privadas de conciliação e mediação serão inscritos em cadastro nacional e em cadastro de tribunal de justiça ou de tribunal regional federal, que manterá registro de profissionais habilitados, com indicação de sua área profissional.

► Art. 12 da Lei nº 13.140, de 26-6-2015 (Lei da Mediação).

§ 1º Preenchendo o requisito da capacitação mínima, por meio de curso realizado por entidade credenciada, conforme parâmetro curricular definido pelo Conselho Nacional de Justiça em conjunto com o Ministério da Justiça, o conciliador ou o mediador, com o respectivo certificado, poderá requerer sua inscrição no cadastro nacional e no cadastro de tribunal de justiça ou de tribunal regional federal.

► Art. 11 da Lei nº 13.140, de 26-6-2015 (Lei da Mediação).

§ 2º Efetivado o registro, que poderá ser precedido de concurso público, o tribunal remeterá ao diretor do foro da comarca, seção ou subseção judiciária onde atuará o conciliador ou o mediador os dados necessários para que seu nome passe a constar da respectiva lista, a ser observada na distribuição alternada e aleatória, respeitado o princípio da igualdade dentro da mesma área de atuação profissional.

§ 3º Do credenciamento das câmaras e do cadastro de conciliadores e mediadores constarão todos os dados relevantes para a sua atuação, tais como o número de processos de que participou, o sucesso ou insucesso da atividade, a matéria sobre a qual versou a controvérsia, bem como outros dados que o tribunal julgar relevantes.

► Art. 13 da Res. nº 125, de 29-11-2010 do CNJ.

§ 4º Os dados colhidos na forma do § 3º serão classificados sistematicamente pelo tribunal, que os publicará, ao menos anualmente, para conhecimento da população e para fins estatísticos e de avaliação da conciliação, da mediação, das câmaras privadas de conciliação e de mediação, dos conciliadores e dos mediadores.

§ 5º Os conciliadores e mediadores judiciais cadastrados na forma do *caput*, se advogados, estarão impedidos de exercer a advocacia nos juízos em que desempenhem suas funções.

§ 6º O tribunal poderá optar pela criação de quadro próprio de conciliadores e mediadores, a ser preenchido por concurso público de provas e títulos, observadas as disposições deste Capítulo.

Art. 168. As partes podem escolher, de comum acordo, o conciliador, o mediador ou a câmara privada de conciliação e de mediação.

§ 1º O conciliador ou mediador escolhido pelas partes poderá ou não estar cadastrado no tribunal.

§ 2º Inexistindo acordo quanto à escolha do mediador ou conciliador, haverá distribuição entre aqueles cadastrados no registro do tribunal, observada a respectiva formação.

§ 3º Sempre que recomendável, haverá a designação de mais de um mediador ou conciliador.

Art. 169. Ressalvada a hipótese do art. 167, § 6º, o conciliador e o mediador receberão pelo seu trabalho remuneração prevista em tabela fixada pelo tribunal, conforme parâmetros estabelecidos pelo Conselho Nacional de Justiça.

§ 1º A mediação e a conciliação podem ser realizadas como trabalho voluntário, observada a legislação pertinente e a regulamentação do tribunal.

§ 2º Os tribunais determinarão o percentual de audiências não remuneradas que deverão ser suportadas pelas câmaras privadas de conciliação e mediação, com o fim de atender aos processos em que deferida gratuidade da justiça, como contrapartida de seu credenciamento.

Art. 170. No caso de impedimento, o conciliador ou mediador o comunicará imediatamente, de preferência por meio eletrônico, e devolverá os autos ao juiz do processo ou ao coordenador do centro judiciário de solução de conflitos, devendo este realizar nova distribuição.

Parágrafo único. Se a causa de impedimento for apurada quando já iniciado o procedimento, a atividade será interrompida, lavrando-se ata com relatório do ocorrido e solicitação de distribuição para novo conciliador ou mediador.

Art. 171. No caso de impossibilidade temporária do exercício da função, o conciliador ou mediador informará o fato ao centro, preferencialmente por meio eletrônico, para que, durante o período em que perdurar a impossibilidade, não haja novas distribuições.

Art. 172. O conciliador e o mediador ficam impedidos, pelo prazo de 1 (um) ano, contado do término da última audiência em que atuaram, de assessorar, representar ou patrocinar qualquer das partes.

Art. 173. Será excluído do cadastro de conciliadores e mediadores aquele que:

I – agir com dolo ou culpa na condução da conciliação ou da mediação sob sua responsabilidade ou violar qualquer dos deveres decorrentes do art. 166, §§ 1º e 2º;

II – atuar em procedimento de mediação ou conciliação, apesar de impedido ou suspeito.

§ 1º Os casos previstos neste artigo serão apurados em processo administrativo.

§ 2º O juiz do processo ou o juiz coordenador do centro de conciliação e mediação, se houver, verificando atuação inadequada do mediador ou conciliador, poderá afastá-lo de suas atividades por até 180 (cento e oitenta) dias, por decisão fundamentada, informando o fato imediatamente ao tribunal para instauração do respectivo processo administrativo.

Art. 174. A União, os Estados, o Distrito Federal e os Municípios criarão câmaras de mediação e conciliação, com atribuições relacionadas à solução consensual de conflitos no âmbito administrativo, tais como:

I – dirimir conflitos envolvendo órgãos e entidades da administração pública;

II – avaliar a admissibilidade dos pedidos de resolução de conflitos, por meio de conciliação, no âmbito da administração pública;

III – promover, quando couber, a celebração de termo de ajustamento de conduta.

Art. 175. As disposições desta Seção não excluem outras formas de conciliação e mediação extrajudiciais vinculadas a órgãos institucionais ou realizadas por intermédio de profissionais independentes, que poderão ser regulamentadas por lei específica.

Parágrafo único. Os dispositivos desta Seção aplicam-se, no que couber, às câmaras privadas de conciliação e mediação.

TÍTULO V – DO MINISTÉRIO PÚBLICO

► Arts. 127 a 130-A da CF.

► Súmulas nºs 99 e 329 do STJ.

Art. 176. O Ministério Público atuará na defesa da ordem jurídica, do regime democrático e dos interesses e direitos sociais e individuais indisponíveis.

► Súmulas nºs 99 e 329 do STJ.

Art. 177. O Ministério Público exercerá o direito de ação em conformidade com suas atribuições constitucionais.

► Art. 180 deste Código.

Art. 178. O Ministério Público será intimado para, no prazo de 30 (trinta) dias, intervir como fiscal da ordem jurídica nas hipóteses previstas em lei ou na Constituição Federal e nos processos que envolvam:

► Arts. 279 e 698, parágrafo único, deste Código.

I – interesse público ou social;

► Art. 75 da Lei nº 10.741, de 1-10-2003 (Estatuto do Idoso).

► Súm. nº 226 do STJ.

II – interesse de incapaz;

► Arts. 3º e 4º do CC.

III – litígios coletivos pela posse de terra rural ou urbana.

Parágrafo único. A participação da Fazenda Pública não configura, por si só, hipótese de intervenção do Ministério Público.

Art. 179. Nos casos de intervenção como fiscal da ordem jurídica, o Ministério Público:

I – terá vista dos autos depois das partes, sendo intimado de todos os atos do processo;

II – poderá produzir provas, requerer as medidas processuais pertinentes e recorrer.

Art. 180. O Ministério Público gozará de prazo em dobro para manifestar-se nos autos, que terá início a partir de sua intimação pessoal, nos termos do art. 183, § 1º.

► Arts. 335, 350 e 351, 364, § 2º, 994 e ss. deste Código.

► Súm. nº 116 do STJ.

§ 1º Findo o prazo para manifestação do Ministério Público sem o oferecimento de parecer, o juiz requisitará os autos e dará andamento ao processo.

§ 2º Não se aplica o benefício da contagem em dobro quando a lei estabelecer, de forma expressa, prazo próprio para o Ministério Público.

Art. 181. O membro do Ministério Público será civil e regressivamente responsável quando agir com dolo ou fraude no exercício de suas funções.

► Art. 37, § 6º, da CF.

► Arts. 186 a 188 e 927 do CC.

TÍTULO VI – DA ADVOCACIA PÚBLICA

► Arts. 131 e 132 da CF.

Art. 182. Incumbe à Advocacia Pública, na forma da lei, defender e promover os interesses públicos da União, dos Estados, do Distrito Federal e dos Municípios, por meio da representação judicial, em todos os âmbitos federativos, das pessoas jurídicas de direito público que integram a administração direta e indireta.

Art. 183. A União, os Estados, o Distrito Federal, os Municípios e suas respectivas autarquias e fundações de direito público gozarão de prazo em dobro para todas as suas manifestações processuais, cuja contagem terá início a partir da intimação pessoal.

§ 1º A intimação pessoal far-se-á por carga, remessa ou meio eletrônico.

► Arts. 269 a 275 deste Código.

§ 2º Não se aplica o benefício da contagem em dobro quando a lei estabelecer, de forma expressa, prazo próprio para o ente público.

Art. 184. O membro da Advocacia Pública será civil e regressivamente responsável quando agir com dolo ou fraude no exercício de suas funções.

► Arts. 37 § 6º, da CF.

► Arts. 186 a 188 e 927 do CC.

TÍTULO VII – DA DEFENSORIA PÚBLICA

Art. 185. A Defensoria Pública exercerá a orientação jurídica, a promoção dos direitos humanos e a defesa dos direitos individuais e coletivos dos necessitados, em todos os graus, de forma integral e gratuita.

► Arts. 134 e 135 da CF.

► Súm. nº 421 do STJ.

Art. 186. A Defensoria Pública gozará de prazo em dobro para todas as suas manifestações processuais.

► Arts. 335, 350 e 351, 364, § 2º e 994 e ss. deste Código.

§ 1º O prazo tem início com a intimação pessoal do defensor público, nos termos do art. 183, § 1º.

► Arts. 269 a 275 deste Código.

§ 2º A requerimento da Defensoria Pública, o juiz determinará a intimação pessoal da parte patrocinada quando o ato processual depender de providência ou informação que somente por ela possa ser realizada ou prestada.

§ 3º O disposto no *caput* aplica-se aos escritórios de prática jurídica das faculdades de Direito reconhecidas na forma da lei e às entidades que prestam assistência jurídica gratuita em razão de convênios firmados com a Defensoria Pública.

§ 4º Não se aplica o benefício da contagem em dobro quando a lei estabelecer, de forma expressa, prazo próprio para a Defensoria Pública.

Art. 187. O membro da Defensoria Pública será civil e regressivamente responsável quando agir com dolo ou fraude no exercício de suas funções.

► Art. 37, § 6º, da CF.

► Arts. 186 a 188 e 927 do CC.

Livro IV – Dos Atos Processuais

TÍTULO I – DA FORMA, DO TEMPO E DO LUGAR DOS ATOS PROCESSUAIS

CAPÍTULO I

DA FORMA DOS ATOS PROCESSUAIS

Seção I

DOS ATOS EM GERAL

Art. 188. Os atos e os termos processuais independem de forma determinada, salvo quando a lei expressamente a exigir, considerando-se válidos os que, realizados de outro modo, lhe preencham a finalidade essencial.

► Arts. 276 e ss. deste Código.

► Lei nº 9.800, de 26-5-1999, permite às partes a utilização de sistema de transmissão de dados para a prática de atos processuais.

Art. 189. Os atos processuais são públicos, todavia tramitam em segredo de justiça os processos:

► Art. 5º, LX, da CF.

► Arts. 11, 107, I, 152, V, e 368 deste Código.

I – em que o exija o interesse público ou social;

II – que versem sobre casamento, separação de corpos, divórcio, separação, união estável, filiação, alimentos e guarda de crianças e adolescentes;

► Arts. 1.511 a 1.590, 1.630 a 1.638 e 1.694 e ss. do CC.

► Lei nº 5.478, de 25-7-1968 (Lei da Ação de Alimentos).

► Lei nº 6.515, de 26-12-1977 (Lei do Divórcio).

► Lei nº 8.069, de 13-7-1990 (Estatuto da Criança e do Adolescente).

III – em que constem dados protegidos pelo direito constitucional à intimidade;

► Art. 5º, X, da CF.

IV – que versem sobre arbitragem, inclusive sobre cumprimento de carta arbitral, desde que a confidencialidade estipulada na arbitragem seja comprovada perante o juízo.

► Lei nº 9.307, de 23-9-1996 (Lei da Arbitragem).

§ 1º O direito de consultar os autos de processo que tramite em segredo de justiça e de pedir certidões de seus atos é restrito às partes e aos seus procuradores.

► Arts. 70 a 107 deste Código.

► Lei nº 8.906, de 4-7-1994 (Estatuto da Advocacia e da OAB).

§ 2º O terceiro que demonstrar interesse jurídico pode requerer ao juiz certidão do dispositivo da sentença, bem como de inventário e de partilha resultantes de divórcio ou separação.

Art. 190. Versando o processo sobre direitos que admitam autocomposição, é lícito às partes plenamente capazes estipular mudanças no procedimento para ajustá-lo às especificidades da causa e convencionar sobre os seus ônus, poderes, faculdades e deveres processuais, antes ou durante o processo.

Parágrafo único. De ofício ou a requerimento, o juiz controlará a validade das convenções previstas neste artigo, recusando-lhes aplicação somente nos casos de nulidade ou de inserção abusiva em contrato de adesão ou em que alguma parte se encontre em manifesta situação de vulnerabilidade.

Art. 191. De comum acordo, o juiz e as partes podem fixar calendário para a prática dos atos processuais, quando for o caso.

§ 1º O calendário vincula as partes e o juiz, e os prazos nele previstos somente serão modificados em casos excepcionais, devidamente justificados.

§ 2º Dispensa-se a intimação das partes para a prática de ato processual ou a realização de audiência cujas datas tiverem sido designadas no calendário.

Art. 192. Em todos os atos e termos do processo é obrigatório o uso da língua portuguesa.

► Art. 162, I deste Código.

► Art. 13 da CF.

Parágrafo único. O documento redigido em língua estrangeira somente poderá ser juntado aos autos quando acompanhado de versão para a língua portuguesa tramitada por via diplomática ou pela autoridade central, ou firmada por tradutor juramentado.

► Arts. 162, 425 e 768 e parágrafos, deste Código.

► Art. 224 do CC.

► Súm. nº 259 do STF.

Seção II

DA PRÁTICA ELETRÔNICA DE ATOS PROCESSUAIS

Art. 193. Os atos processuais podem ser total ou parcialmente digitais, de forma a permitir que sejam produzidos, comunicados, armazenados e validados por meio eletrônico, na forma da lei.

► Art. 8º da Lei nº 11.419, de 19-12-2006 (Lei da Informatização do Processo Judicial).

Parágrafo único. O disposto nesta Seção aplica-se, no que for cabível, à prática de atos notariais e de registro.

► Lei nº 8.935, de 18-11-1994 (Lei dos Serviços Notariais e de Registro).

Art. 194. Os sistemas de automação processual respeitarão a publicidade dos atos, o acesso e a participação das partes e de seus procuradores, inclusive nas audiências e sessões de julgamento, observadas as garantias da disponibilidade, independência da plataforma computacional, acessibilidade e interoperabilidade dos sistemas, serviços, dados e informações que o Poder Judiciário administre no exercício de suas funções.

Art. 195. O registro de ato processual eletrônico deverá ser feito em padrões abertos, que atenderão aos requisitos de autenticidade, integridade, temporalidade, não repúdio, conservação e, nos casos que tramitem em segredo de justiça, confidencialidade, observada a infraestrutura de chaves públicas unificada nacionalmente, nos termos da lei.

Art. 196. Compete ao Conselho Nacional de Justiça e, supletivamente, aos tribunais, regulamentar a prática e a comunicação oficial de atos processuais por meio eletrônico e velar pela compatibilidade dos sistemas, disciplinando a incorporação progressiva de novos avanços tecnológicos e editando, para esse fim, os atos que forem necessários, respeitadas as normas fundamentais deste Código.

Art. 197. Os tribunais divulgarão as informações constantes de seu sistema de automação em página própria na rede mundial de computadores, gozando a divulgação de presunção de veracidade e confiabilidade.

Parágrafo único. Nos casos de problema técnico do sistema e de erro ou omissão do auxiliar da justiça responsável pelo registro dos andamentos, poderá ser configurada a justa causa prevista no art. 223, *caput* e § 1º.

► Art. 10, § 2º, da Lei nº 11.419, de 19-12-2006 (Lei da Informatização do Processo Judicial).

Art. 198. As unidades do Poder Judiciário deverão manter gratuitamente, à disposição dos interessados, equipamentos necessários à prática de atos processuais e à consulta e ao acesso ao sistema e aos documentos dele constantes.

Parágrafo único. Será admitida a prática de atos por meio não eletrônico no local onde não estiverem disponibilizados os equipamentos previstos no *caput*.

Art. 199. As unidades do Poder Judiciário assegurarão às pessoas com deficiência acessibilidade aos seus sítios na rede mundial de computadores, ao meio eletrônico de prática de atos judiciais, à comunicação eletrônica dos atos processuais e à assinatura eletrônica.

Seção III
DOS ATOS DAS PARTES

Art. 200. Os atos das partes consistentes em declarações unilaterais ou bilaterais de vontade produzem imediatamente a constituição, modificação ou extinção de direitos processuais.

Parágrafo único. A desistência da ação só produzirá efeitos após homologação judicial.

► Arts. 90, 343, § 2º, e 485, VIII e § 4º, deste Código.

Art. 201. As partes poderão exigir recibo de petições, arrazoados, papéis e documentos que entregarem em cartório.

Art. 202. É vedado lançar nos autos cotas marginais ou interlineares, as quais o juiz mandará riscar, impondo a quem as escrever multa correspondente à metade do salário mínimo.

Seção IV
DOS PRONUNCIAMENTOS DO JUIZ

Art. 203. Os pronunciamentos do juiz consistirão em sentenças, decisões interlocutórias e despachos.

§ 1º Ressalvadas as disposições expressas dos procedimentos especiais, sentença é o pronunciamento por meio do qual o juiz, com fundamento nos arts. 485 e 487, põe fim à fase cognitiva do procedimento comum, bem como extingue a execução.

► Arts. 316, 1.009 a 1.014 deste Código.

§ 2º Decisão interlocutória é todo pronunciamento judicial de natureza decisória que não se enquadre no § 1º.

► Art. 1.015 deste Código.

§ 3º São despachos todos os demais pronunciamentos do juiz praticados no processo, de ofício ou a requerimento da parte.

► Art. 1.001 deste Código.

§ 4º Os atos meramente ordinatórios, como a juntada e a vista obrigatória, independem de despacho, devendo ser praticados de ofício pelo servidor e revistos pelo juiz quando necessário.

Art. 204. Acórdão é o julgamento colegiado proferido pelos tribunais.

► Arts. 941, 943, 1.029, 1.035 deste Código.

Art. 205. Os despachos, as decisões, as sentenças e os acórdãos serão redigidos, datados e assinados pelos juízes.

§ 1º Quando os pronunciamentos previstos no *caput* forem proferidos oralmente, o servidor os documentará, submetendo-os aos juízes para revisão e assinatura.

§ 2º A assinatura dos juízes, em todos os graus de jurisdição, pode ser feita eletronicamente, na forma da lei.

§ 3º Os despachos, as decisões interlocutórias, o dispositivo das sentenças e a ementa dos acórdãos serão publicados no *Diário de Justiça eletrônico*.

Seção V
DOS ATOS DO ESCRIVÃO OU DO CHEFE DE SECRETARIA

Art. 206. Ao receber a petição inicial de processo, o escrivão ou o chefe de secretaria a autuará, mencionando o juízo, a natureza do processo, o número de seu registro, os nomes das partes e a data de seu início, e procederá do mesmo modo em relação aos volumes em formação.

Art. 207. O escrivão ou o chefe de secretaria numerará e rubricará todas as folhas dos autos.

Parágrafo único. À parte, ao procurador, ao membro do Ministério Público, ao defensor público e aos auxiliares da justiça é facultado rubricar as folhas correspondentes aos atos em que intervierem.

Art. 208. Os termos de juntada, vista, conclusão e outros semelhantes constarão de notas datadas e rubricadas pelo escrivão ou pelo chefe de secretaria.

Art. 209. Os atos e os termos do processo serão assinados pelas pessoas que neles intervierem, todavia, quando essas não puderem ou não quiserem firmá-los, o escrivão ou o chefe de secretaria certificará a ocorrência.

§ 1º Quando se tratar de processo total ou parcialmente documentado em autos eletrônicos, os atos processuais praticados na presença do juiz poderão ser produzidos e armazenados de modo integralmente digital em arquivo eletrônico inviolável, na forma da lei, mediante registro em termo, que será assinado digitalmente pelo juiz e pelo escrivão ou chefe de secretaria, bem como pelos advogados das partes.

§ 2º Na hipótese do § 1º, eventuais contradições na transcrição deverão ser suscitadas oralmente no momento de realização do ato, sob pena de preclusão, devendo o juiz decidir de plano e ordenar o registro, no termo, da alegação e da decisão.

Art. 210. É lícito o uso da taquigrafia, da estenotipia ou de outro método idôneo em qualquer juízo ou tribunal.

Art. 211. Não se admitem nos atos e termos processuais espaços em branco, salvo os que forem inutilizados, assim como entrelinhas, emendas ou rasuras, exceto quando expressamente ressalvadas.

► Art. 426 deste Código.

CAPÍTULO II
DO TEMPO E DO LUGAR DOS ATOS PROCESSUAIS

Seção I
DO TEMPO

Art. 212. Os atos processuais serão realizados em dias úteis, das 6 (seis) às 20 (vinte) horas.

► Arts. 212, § 3º, 213 e 216 deste Código.

► Art. 5º, XI, da CF.

§ 1º Serão concluídos após as 20 (vinte) horas os atos iniciados antes, quando o adiamento prejudicar a diligência ou causar grave dano.

§ 2º Independentemente de autorização judicial, as citações, intimações e penhoras poderão realizar-se no período de férias forenses, onde as houver, e nos feriados ou dias úteis fora do horário estabelecido neste artigo, observado o disposto no art. 5º, inciso XI, da Constituição Federal.

§ 3º Quando o ato tiver de ser praticado por meio de petição em autos não eletrônicos, essa deverá ser protocolada no horário de funcionamento do fórum ou tribunal, conforme o disposto na lei de organização judiciária local.

Art. 213. A prática eletrônica de ato processual pode ocorrer em qualquer horário até as 24 (vinte e quatro) horas do último dia do prazo.

Parágrafo único. O horário vigente no juízo perante o qual o ato deve ser praticado será considerado para fins de atendimento do prazo.

► Art. 10, § 1º, da Lei nº 11.419, de 19-12-2006 (Lei da Informatização do Processo Judicial).

Art. 214. Durante as férias forenses e nos feriados, não se praticarão atos processuais, excetuando-se:

I – os atos previstos no art. 212, § 2º;

II – a tutela de urgência.

► Arts. 294 e ss. deste Código.

Art. 215. Processam-se durante as férias forenses, onde as houver, e não se suspendem pela superveniência delas:

I – os procedimentos de jurisdição voluntária e os necessários à conservação de direitos, quando puderem ser prejudicados pelo adiamento;

II – a ação de alimentos e os processos de nomeação ou remoção de tutor e curador;

III – os processos que a lei determinar.

Art. 216. Além dos declarados em lei, são feriados, para efeito forense, os sábados, os domingos e os dias em que não haja expediente forense.

Seção II
DO LUGAR

Art. 217. Os atos processuais realizar-se-ão ordinariamente na sede do juízo, ou, excepcionalmente, em outro lugar em razão de deferência, de interesse da justiça, da natureza do ato ou de obstáculo arguido pelo interessado e acolhido pelo juiz.

► Arts. 454 e 483 deste Código.

CAPÍTULO III
DOS PRAZOS

Seção I
DISPOSIÇÕES GERAIS

Art. 218. Os atos processuais serão realizados nos prazos prescritos em lei.

§ 1º Quando a lei for omissa, o juiz determinará os prazos em consideração à complexidade do ato.

► Art. 223 deste Código.

§ 2º Quando a lei ou o juiz não determinar prazo, as intimações somente obrigarão a comparecimento após decorridas 48 (quarenta e oito) horas.

§ 3º Inexistindo preceito legal ou prazo determinado pelo juiz, será de 5 (cinco) dias o prazo para a prática de ato processual a cargo da parte.

§ 4º Será considerado tempestivo o ato praticado antes do termo inicial do prazo.

► Súm. nº 579 do STJ.

Art. 219. Na contagem de prazo em dias, estabelecido por lei ou pelo juiz, computar-se-ão somente os dias úteis.

Parágrafo único. O disposto neste artigo aplica-se somente aos prazos processuais.

► Arts. 335, 343, 350, 351, 364, § 2º e 994 deste Código.

Art. 220. Suspende-se o curso do prazo processual nos dias compreendidos entre 20 de dezembro e 20 de janeiro, inclusive.

§ 1º Ressalvadas as férias individuais e os feriados instituídos por lei, os juízes, os membros do Ministério Público, da Defensoria Pública e da Advocacia Pública e os auxiliares da Justiça exercerão suas atribuições durante o período previsto no *caput*.

§ 2º Durante a suspensão do prazo, não se realizarão audiências nem sessões de julgamento.

Art. 221. Suspende-se o curso do prazo por obstáculo criado em detrimento da parte ou ocorrendo qualquer das hipóteses do art. 313, devendo o prazo ser restituído por tempo igual ao que faltava para sua complementação.

Parágrafo único. Suspendem-se os prazos durante a execução de programa instituído pelo Poder Judiciário para promover a autocomposição, incumbindo aos tribunais especificar, com antecedência, a duração dos trabalhos.

Art. 222. Na comarca, seção ou subseção judiciária onde for difícil o transporte, o juiz poderá prorrogar os prazos por até 2 (dois) meses.

§ 1º Ao juiz é vedado reduzir prazos peremptórios sem anuência das partes.

§ 2º Havendo calamidade pública, o limite previsto no *caput* para prorrogação de prazos poderá ser excedido.

Art. 223. Decorrido o prazo, extingue-se o direito de praticar ou de emendar o ato processual, independentemente de declaração judicial, ficando assegurado, porém, à parte provar que não o realizou por justa causa.

§ 1º Considera-se justa causa o evento alheio à vontade da parte e que a impediu de praticar o ato por si ou por mandatário.

§ 2º Verificada a justa causa, o juiz permitirá à parte a prática do ato no prazo que lhe assinar.

► Art. 1.004 deste Código.

Art. 224. Salvo disposição em contrário, os prazos serão contados excluindo o dia do começo e incluindo o dia do vencimento.

► Art. 231 deste Código.

§ 1º Os dias do começo e do vencimento do prazo serão protraídos para o primeiro dia útil seguinte, se coincidirem com dia em que o expediente forense for encerrado antes ou iniciado depois da hora normal ou houver indisponibilidade da comunicação eletrônica.

§ 2º Considera-se como data de publicação o primeiro dia útil seguinte ao da disponibilização da informação no *Diário da Justiça eletrônico*.

§ 3º A contagem do prazo terá início no primeiro dia útil que seguir ao da publicação.

► Art. 1.003, § 5º, deste Código.

► Art. 132 do CC.

► Súm. nº 117 do STJ.

Art. 225. A parte poderá renunciar ao prazo estabelecido exclusivamente em seu favor, desde que o faça de maneira expressa.

Art. 226. O juiz proferirá:

► Art. 203 deste Código.

I – os despachos no prazo de 5 (cinco) dias;

► Art. 203, § 3º deste Código.

II – as decisões interlocutórias no prazo de 10 (dez) dias;

III – as sentenças no prazo de 30 (trinta) dias.

► Art. 203, § 2º deste Código.

Art. 227. Em qualquer grau de jurisdição, havendo motivo justificado, pode o juiz exceder, por igual tempo, os prazos a que está submetido.

► Art. 203, § 1º deste Código.

Art. 228. Incumbirá ao serventuário remeter os autos conclusos no prazo de 1 (um) dia e executar os atos processuais no prazo de 5 (cinco) dias, contado da data em que:

► Art. 155, I, deste Código.

I – houver concluído o ato processual anterior, se lhe foi imposto pela lei;

II – tiver ciência da ordem, quando determinada pelo juiz.

§ 1º Ao receber os autos, o serventuário certificará o dia e a hora em que teve ciência da ordem referida no inciso II.

§ 2º Nos processos em autos eletrônicos, a juntada de petições ou de manifestações em geral ocorrerá de forma automática, independentemente de ato de serventuário da justiça.

► Art. 10, *caput*, da Lei nº 11.419, de 19-12-2006 (Lei da Informatização do Processo Judicial).

Art. 229. Os litisconsortes que tiverem diferentes procuradores, de escritórios de advocacia distintos, terão prazos contados em dobro para todas as suas manifestações, em qualquer juízo ou tribunal, independentemente de requerimento.

► Arst. 113 e ss. deste Código.

§ 1º Cessa a contagem do prazo em dobro se, havendo apenas 2 (dois) réus, é oferecida defesa por apenas um deles.

§ 2º Não se aplica o disposto no *caput* aos processos em autos eletrônicos.

► Súm. nº 641 do STF.

Art. 230. O prazo para a parte, o procurador, a Advocacia Pública, a Defensoria Pública e o Ministério Público será contado da citação, da intimação ou da notificação.

Art. 231. Salvo disposição em sentido diverso, considera-se dia do começo do prazo:

► Art. 224 deste Código.

I – a data de juntada aos autos do aviso de recebimento, quando a citação ou a intimação for pelo correio;

II – a data de juntada aos autos do mandado cumprido, quando a citação ou a intimação for por oficial de justiça;

III – a data de ocorrência da citação ou da intimação, quando ela se der por ato do escrivão ou do chefe de secretaria;

IV – o dia útil seguinte ao fim da dilação assinada pelo juiz, quando a citação ou a intimação for por edital;

► Art. 257, III deste Código.

V – o dia útil seguinte à consulta ao teor da citação ou da intimação ou ao término do prazo para que a consulta se dê, quando a citação ou a intimação for eletrônica;

► Art. 5º da Lei nº 11.419, de 19-12-2006 (Lei da Informatização do Processo Judicial).

VI – a data de juntada do comunicado de que trata o art. 232 ou, não havendo esse, a data de juntada da carta aos autos de origem devidamente cumprida, quando a citação ou a intimação se realizar em cumprimento de carta;

VII – a data de publicação, quando a intimação se der pelo *Diário da Justiça* impresso ou eletrônico;

► Art. 224, §§ 2º e 3º deste Código.

VIII – o dia da carga, quando a intimação se der por meio da retirada dos autos, em carga, do cartório ou da secretaria.

► Art. 272, § 6º deste Código.

§ 1º Quando houver mais de um réu, o dia do começo do prazo para contestar corresponderá à última das datas a que se referem os incisos I a VI do *caput*.

► Art. 335, III deste Código.

§ 2º Havendo mais de um intimado, o prazo para cada um é contado individualmente.

► Art. 269 deste Código.

§ 3º Quando o ato tiver de ser praticado diretamente pela parte ou por quem, de qualquer forma, participe do processo, sem a intermediação de representante judicial, o dia do começo do prazo para cumprimento da determinação judicial corresponderá à data em que se der a comunicação.

§ 4º Aplica-se o disposto no inciso II do *caput* à citação com hora certa.

Art. 232. Nos atos de comunicação por carta precatória, rogatória ou de ordem, a realização da citação ou da intimação será imediatamente informada, por meio eletrônico, pelo juiz deprecado ao juiz deprecante.

► Art. 237 deste Código.

Seção II
DA VERIFICAÇÃO DOS PRAZOS E DAS PENALIDADES

Art. 233. Incumbe ao juiz verificar se o serventuário excedeu, sem motivo legítimo, os prazos estabelecidos em lei.

► Art. 228 deste Código.

§ 1º Constatada a falta, o juiz ordenará a instauração de processo administrativo, na forma da lei.

§ 2º Qualquer das partes, o Ministério Público ou a Defensoria Pública poderá representar ao juiz contra o serventuário que injustificadamente exceder os prazos previstos em lei.

Art. 234. Os advogados públicos ou privados, o defensor público e o membro do Ministério Público devem restituir os autos no prazo do ato a ser praticado.

► Art. 34, XXII, da Lei nº 8.906, de 4-7-1994 (Estatuto da Advocacia e da OAB).

§ 1º É lícito a qualquer interessado exigir os autos do advogado que exceder prazo legal.

► Art. 107, III deste Código.

§ 2º Se, intimado, o advogado não devolver os autos no prazo de 3 (três) dias, perderá o direito à vista fora de cartório e incorrerá em multa correspondente à metade do salário mínimo.

► Art. 104, § 4º deste Código.

§ 3º Verificada a falta, o juiz comunicará o fato à seção local da Ordem dos Advogados do Brasil para procedimento disciplinar e imposição de multa.

► Art. 37, I, da Lei nº 8.906, de 4-7-1994 (Estatuto da Advocacia e da OAB).

§ 4º Se a situação envolver membro do Ministério Público, da Defensoria Pública ou da Advocacia Pública, a multa, se for o caso, será aplicada ao agente público responsável pelo ato.

§ 5º Verificada a falta, o juiz comunicará o fato ao órgão competente responsável pela instauração de procedimento disciplinar contra o membro que atuou no feito.

Art. 235. Qualquer parte, o Ministério Público ou a Defensoria Pública poderá representar ao corregedor do tribunal ou ao Conselho Nacional de Justiça contra juiz ou relator que injustificadamente exceder os prazos previstos em lei, regulamento ou regimento interno.

► Art. 226 deste Código.

§ 1º Distribuída a representação ao órgão competente e ouvido previamente o juiz, não sendo caso de arquivamento liminar, será instaurado procedimento para apuração da responsabilidade, com intimação do representado por meio eletrônico para, querendo, apresentar justificativa no prazo de 15 (quinze) dias.

§ 2º Sem prejuízo das sanções administrativas cabíveis, em até 48 (quarenta e oito) horas após a apresentação ou não da justificativa de que trata o § 1º, se for o caso, o corregedor do tribunal ou o relator no Conselho Nacional de Justiça determinará a intimação do representado por meio eletrônico para que, em 10 (dez) dias, pratique o ato.

§ 3º Mantida a inércia, os autos serão remetidos ao substituto legal do juiz ou do relator contra o qual se representou para decisão em 10 (dez) dias.

TÍTULO II – DA COMUNICAÇÃO DOS ATOS PROCESSUAIS

CAPÍTULO I
DISPOSIÇÕES GERAIS

Art. 236. Os atos processuais serão cumpridos por ordem judicial.

§ 1º Será expedida carta para a prática de atos fora dos limites territoriais do tribunal, da comarca, da seção ou da subseção judiciárias, ressalvadas as hipóteses previstas em lei.

§ 2º O tribunal poderá expedir carta para juízo a ele vinculado, se o ato houver de se realizar fora dos limites territoriais do local de sua sede.

§ 3º Admite-se a prática de atos processuais por meio de videoconferência ou outro recurso tecnológico de transmissão de sons e imagens em tempo real.

Art. 237. Será expedida carta:

I – de ordem, pelo tribunal, na hipótese do § 2º do art. 236;

II – rogatória, para que órgão jurisdicional estrangeiro pratique ato de cooperação jurídica internacional, relativo a processo em curso perante órgão jurisdicional brasileiro;

III – precatória, para que órgão jurisdicional brasileiro pratique ou determine o cumprimento, na área de sua competência territorial, de ato relativo a pedido de cooperação judiciária formulado por órgão jurisdicional de competência territorial diversa;

► Arts. 845, § 2º, 232 e 914, § 2º deste Código.

IV – arbitral, para que órgão do Poder Judiciário pratique ou determine o cumprimento, na área de sua competência territorial, de ato objeto de pedido de cooperação judiciária formulado por juízo arbitral, inclusive os que importem efetivação de tutela provisória.

Parágrafo único. Se o ato relativo a processo em curso na justiça federal ou em tribunal superior houver de ser praticado em local onde não haja vara federal, a carta poderá ser dirigida ao juízo estadual da respectiva comarca.

CAPÍTULO II
DA CITAÇÃO

Art. 238. Citação é o ato pelo qual são convocados o réu, o executado ou o interessado para integrar a relação processual.

► Arts. 114, 126, 127, 240, 243, 246, 254, 256, 329, 334, 337, I, 485, IV, 525, § 1º, I, 829 e 915, § 1º, deste Código.

Art. 239. Para a validade do processo é indispensável a citação do réu ou do executado, ressalvadas as hipóteses de indeferimento da petição inicial ou de improcedência liminar do pedido.

► Arts. 330 e 332 deste Código.

§ 1º O comparecimento espontâneo do réu ou do executado supre a falta ou a nulidade da citação, fluindo a partir desta data o prazo para apresentação de contestação ou de embargos à execução.

§ 2º Rejeitada a alegação de nulidade, tratando-se de processo de:

I – conhecimento, o réu será considerado revel;

► Arts. 318 e 344 deste Código.

II – execução, o feito terá seguimento.

► Art. 771 deste Código.

Art. 240. A citação válida, ainda quando ordenada por juízo incompetente, induz litispendência, torna litigiosa a coisa e constitui em mora o devedor, ressalvado o disposto nos arts. 397 e 398 da Lei nº 10.406, de 10 de janeiro de 2002 (Código Civil).

► Arts. 238, 337, §§ 2º a 3º, deste Código.

► Súm. nº 106 do STJ.

§ 1º A interrupção da prescrição, operada pelo despacho que ordena a citação, ainda que proferido por juízo incompetente, retroagirá à data de propositura da ação.

► Arts. 312 e 802 deste Código.

► Art. 202, I, do CC.

► Art. 8º, § 2º, da Lei nº 6.830, de 22-9-1980 (Lei das Execuções Fiscais).

§ 2º Incumbe ao autor adotar, no prazo de 10 (dez) dias, as providências necessárias para viabilizar a citação, sob pena de não se aplicar o disposto no § 1º.

§ 3º A parte não será prejudicada pela demora imputável exclusivamente ao serviço judiciário.

§ 4º O efeito retroativo a que se refere o § 1º aplica-se à decadência e aos demais prazos extintivos previstos em lei.

Art. 241. Transitada em julgado a sentença de mérito proferida em favor do réu antes da citação, incumbe ao escrivão ou ao chefe de secretaria comunicar-lhe o resultado do julgamento.

► Art. 502 deste Código.

Art. 242. A citação será pessoal, podendo, no entanto, ser feita na pessoa do representante legal ou do procurador do réu, do executado ou do interessado.

► Art.212, *caput*, paragrafo segundo, 105, deste Código.

► Súm. nº 429 do STJ.

§ 1º Na ausência do citando, a citação será feita na pessoa de seu mandatário, administrador, preposto ou gerente, quando a ação se originar de atos por eles praticados.

► Art. 119 da Lei nº 6.404, de 15-12-1976 (Lei das Sociedades por Ações).

§ 2º O locador que se ausentar do Brasil sem cientificar o locatário de que deixou, na localidade onde estiver situado o imóvel, procurador com poderes para receber citação será citado na pessoa do administrador do imóvel encarregado do recebimento dos aluguéis, que será considerado habilitado para representar o locador em juízo.

§ 3º A citação da União, dos Estados, do Distrito Federal, dos Municípios e de suas respectivas autarquias e fundações de direito público será realizada perante o órgão de Advocacia Pública responsável por sua representação judicial.

► Art. 75 deste Código.

Art. 243. A citação poderá ser feita em qualquer lugar em que se encontre o réu, o executado ou o interessado.

Parágrafo único. O militar em serviço ativo será citado na unidade em que estiver servindo, se não for conhecida sua residência ou nela não for encontrado.

Art. 244. Não se fará a citação, salvo para evitar o perecimento do direito:

► Art. 280 deste Código.

I – de quem estiver participando de ato de culto religioso;

II – de cônjuge, de companheiro ou de qualquer parente do morto, consanguíneo ou afim, em linha reta ou na linha colateral em segundo grau, no dia do falecimento e nos 7 (sete) dias seguintes;

► Art. 1.592 do CC.

III – de noivos, nos 3 (três) primeiros dias seguintes ao casamento;

IV – de doente, enquanto grave o seu estado.

Art. 245. Não se fará citação quando se verificar que o citando é mentalmente incapaz ou está impossibilitado de recebê-la.

► Arts. 3º e 4º do CC.

§ 1º O oficial de justiça descreverá e certificará minuciosamente a ocorrência.

§ 2º Para examinar o citando, o juiz nomeará médico, que apresentará laudo no prazo de 5 (cinco) dias.

§ 3º Dispensa-se a nomeação de que trata o § 2º se pessoa da família apresentar declaração do médico do citando que ateste a incapacidade deste.

§ 4º Reconhecida a impossibilidade, o juiz nomeará curador ao citando, observando, quanto à sua escolha, a preferência estabelecida em lei e restringindo a nomeação à causa.

► Art. 1.775 do CC.

§ 5º A citação será feita na pessoa do curador, a quem incumbirá a defesa dos interesses do citando.

Art. 246. A citação será feita:

I – pelo correio;

II – por oficial de justiça;

► Art. 247 deste Código.

III – pelo escrivão ou chefe de secretaria, se o citando comparecer em cartório;

► Art. 249 deste Código.

IV – por edital;

► Art. 18 da Lei nº 9.099, de 26-9-1995 (Lei dos Juizados Especiais).

V – por meio eletrônico, conforme regulado em lei.

§ 1º Com exceção das microempresas e das empresas de pequeno porte, as empresas públicas e privadas são obrigadas a manter cadastro nos sistemas de processo em autos eletrônicos, para efeito de recebimento de citações e intimações, as quais serão efetuadas preferencialmente por esse meio.

► Arts. 270, par. ún., e 1.051 deste Código.

§ 2º O disposto no § 1º aplica-se à União, aos Estados, ao Distrito Federal, aos Municípios e às entidades da administração indireta.

§ 3º Na ação de usucapião de imóvel, os confinantes serão citados pessoalmente, exceto quando tiver por objeto unidade autônoma de prédio em condomínio, caso em que tal citação é dispensada.

Art. 247. A citação será feita pelo correio para qualquer comarca do país, exceto:

► Art. 249 deste Código.

► Súm. nº 429 do STJ.

I – nas ações de estado, observado o disposto no art. 695, § 3º;

II – quando o citando for incapaz;

► Arts. 3º e 4º do CC.

III – quando o citando for pessoa de direito público;

IV – quando o citando residir em local não atendido pela entrega domiciliar de correspondência;

► Arts. 42 e 43 do CC.

V – quando o autor, justificadamente, a requerer de outra forma.

Art. 248. Deferida a citação pelo correio, o escrivão ou o chefe de secretaria remeterá ao citando cópias da petição inicial e do despacho do juiz e comunicará o prazo para resposta, o endereço do juízo e o respectivo cartório.

§ 1º A carta será registrada para entrega ao citando, exigindo-lhe o carteiro, ao fazer a entrega, que assine o recibo.

§ 2º Sendo o citando pessoa jurídica, será válida a entrega do mandado a pessoa com poderes de gerência geral ou de administração ou, ainda, a funcionário responsável pelo recebimento de correspondências.

§ 3º Da carta de citação no processo de conhecimento constarão os requisitos do art. 250.

§ 4º Nos condomínios edilícios ou nos loteamentos com controle de acesso, será válida a entrega do mandado a funcionário da portaria responsável pelo recebimento de correspondência, que, entretanto, poderá recusar o recebimento, se declarar, por escrito, sob as penas da lei, que o destinatário da correspondência está ausente.

Art. 249. A citação será feita por meio de oficial de justiça nas hipóteses previstas neste Código ou em lei, ou quando frustrada a citação pelo correio.

Art. 250. O mandado que o oficial de justiça tiver de cumprir conterá:

I – os nomes do autor e do citando e seus respectivos domicílios ou residências;

II – a finalidade da citação, com todas as especificações constantes da petição inicial, bem como a menção do prazo para contestar, sob pena de revelia, ou para embargar a execução;

III – a aplicação de sanção para o caso de descumprimento da ordem, se houver;

IV – se for o caso, a intimação do citando para comparecer, acompanhado de advogado ou de defensor público, à audiência de conciliação ou de mediação, com a menção do dia, da hora e do lugar do comparecimento;

V – a cópia da petição inicial, do despacho ou da decisão que deferir tutela provisória;

► Art. 695, § 1º deste Código.

VI – a assinatura do escrivão ou do chefe de secretaria e a declaração de que o subscreve por ordem do juiz.

Art. 251. Incumbe ao oficial de justiça procurar o citando e, onde o encontrar, citá-lo:

I – lendo-lhe o mandado e entregando-lhe a contrafé;

II – portando por fé se recebeu ou recusou a contrafé;

III – obtendo a nota de ciente ou certificando que o citando não a apôs no mandado.

Art. 252. Quando, por 2 (duas) vezes, o oficial de justiça houver procurado o citando em seu domicílio ou residência sem o encontrar, deverá, havendo suspeita de ocultação, intimar qualquer pessoa da família ou, em sua falta, qualquer vizinho de que, no dia útil imediato, voltará a fim de efetuar a citação, na hora que designar.

Parágrafo único. Nos condomínios edilícios ou nos loteamentos com controle de acesso, será válida a intimação a que se refere o *caput* feita a funcionário da portaria responsável pelo recebimento de correspondência.

Art. 253. No dia e na hora designados, o oficial de justiça, independentemente de novo despacho, comparecerá ao domicílio ou à residência do citando a fim de realizar a diligência.

§ 1º Se o citando não estiver presente, o oficial de justiça procurará informar-se das razões da ausência, dando por feita a citação, ainda que o citando se tenha ocultado em outra comarca, seção ou subseção judiciárias.

§ 2º A citação com hora certa será efetivada mesmo que a pessoa da família ou o vizinho que houver sido intimado esteja ausente, ou se, embora presente, a pessoa da família ou o vizinho se recusar a receber o mandado.

§ 3º Da certidão da ocorrência, o oficial de justiça deixará contrafé com qualquer pessoa da família ou vizinho, conforme o caso, declarando-lhe o nome.

§ 4º O oficial de justiça fará constar do mandado a advertência de que será nomeado curador especial se houver revelia.

Art. 254. Feita a citação com hora certa, o escrivão ou chefe de secretaria enviará ao réu, executado ou interessado, no prazo de 10 (dez) dias, contado da data da juntada do mandado aos autos, carta, telegrama ou correspondência eletrônica, dando-lhe de tudo ciência.

Art. 255. Nas comarcas contíguas de fácil comunicação e nas que se situem na mesma região metropolitana, o oficial de justiça poderá efetuar, em qualquer delas, citações, intimações, notificações, penhoras e quaisquer outros atos executivos.

► Art. 274 deste Código.

Art. 256. A citação por edital será feita:

I – quando desconhecido ou incerto o citando;

II – quando ignorado, incerto ou inacessível o lugar em que se encontrar o citando;

III – nos casos expressos em lei.

► Art. 830, § 2º, deste Código.

§ 1º Considera-se inacessível, para efeito de citação por edital, o país que recusar o cumprimento de carta rogatória.

► A concessão de *exequatur* às cartas rogatórias passou a ser da competência do STJ, conforme art. 105, I, *i*, da CF.

§ 2º No caso de ser inacessível o lugar em que se encontrar o réu, a notícia de sua citação será divulgada também pelo rádio, se na comarca houver emissora de radiodifusão.

§ 3º O réu será considerado em local ignorado ou incerto se infrutíferas as tentativas de sua localização, inclusive mediante requisição pelo juízo de informações sobre seu endereço nos cadastros de órgãos públicos ou de concessionárias de serviços públicos.

Art. 257. São requisitos da citação por edital:

I – a afirmação do autor ou a certidão do oficial informando a presença das circunstâncias autorizadoras;

II – a publicação do edital na rede mundial de computadores, no sítio do respectivo tribunal e na plataforma de editais do Conselho Nacional de Justiça, que deve ser certificada nos autos;

III – a determinação, pelo juiz, do prazo, que variará entre 20 (vinte) e 60 (sessenta) dias, fluindo da data da publicação única ou, havendo mais de uma, da primeira;

► Art. 231, IV, deste Código.

IV – a advertência de que será nomeado curador especial em caso de revelia.

► Art. 72, II, deste Código.

Parágrafo único. O juiz poderá determinar que a publicação do edital seja feita também em jornal local de ampla circulação ou por outros meios, considerando as peculiaridades da comarca, da seção ou da subseção judiciárias.

Art. 258. A parte que requerer a citação por edital, alegando dolosamente a ocorrência das circunstâncias autorizadoras para sua realização, incorrerá em multa de 5 (cinco) vezes o salário mínimo.

Parágrafo único. A multa reverterá em benefício do citando.

Art. 259. Serão publicados editais:

I – na ação de usucapião de imóvel;

II – na ação de recuperação ou substituição de título ao portador;

III – em qualquer ação em que seja necessária, por determinação legal, a provocação, para participação no processo, de interessados incertos ou desconhecidos.

CAPÍTULO III
DAS CARTAS

Art. 260. São requisitos das cartas de ordem, precatória e rogatória:

► Arts. 67 a 69, 237 e 267, I, deste Código.

► A concessão de *exequatur* às cartas rogatórias passou a ser da competência do STJ, conforme art. 105, I, *i*, da CF.

I – a indicação dos juízes de origem e de cumprimento do ato;

II – o inteiro teor da petição, do despacho judicial e do instrumento do mandato conferido ao advogado;

III – a menção do ato processual que lhe constitui o objeto;

IV – o encerramento com a assinatura do juiz.

§ 1º O juiz mandará trasladar para a carta quaisquer outras peças, bem como instruí-la com mapa, desenho ou gráfico, sempre que esses documentos devam ser examinados, na diligência, pelas partes, pelos peritos ou pelas testemunhas.

§ 2º Quando o objeto da carta for exame pericial sobre documento, este será remetido em original, ficando nos autos reprodução fotográfica.

§ 3º A carta arbitral atenderá, no que couber, aos requisitos a que se refere o *caput* e será instruída com a convenção de arbitragem e com as provas da nomeação do árbitro e de sua aceitação da função.

► Art. 263 deste Código.

Art. 261. Em todas as cartas o juiz fixará o prazo para cumprimento, atendendo à facilidade das comunicações e à natureza da diligência.

► Arts. 313, V, *b*, e 377 deste Código.

§ 1º As partes deverão ser intimadas pelo juiz do ato de expedição da carta.

§ 2º Expedida a carta, as partes acompanharão o cumprimento da diligência perante o juízo destinatário, ao qual compete a prática dos atos de comunicação.

§ 3º A parte a quem interessar o cumprimento da diligência cooperará para que o prazo a que se refere o *caput* seja cumprido.

Art. 262. A carta tem caráter itinerante, podendo, antes ou depois de lhe ser ordenado o cumprimento, ser encaminhada a juízo diverso do que dela consta, a fim de se praticar o ato.

Parágrafo único. O encaminhamento da carta a outro juízo será imediatamente comunicado ao órgão expedidor, que intimará as partes.

Art. 263. As cartas deverão, preferencialmente, ser expedidas por meio eletrônico, caso em que a assinatura do juiz deverá ser eletrônica, na forma da lei.

▶ Art. 7º da Lei nº 11.419, de 19-12-2006 (Lei da Informatização do Processo Judicial).

Art. 264. A carta de ordem e a carta precatória por meio eletrônico, por telefone ou por telegrama conterão, em resumo substancial, os requisitos mencionados no art. 250, especialmente no que se refere à aferição da autenticidade.

▶ Art. 413 deste Código.

Art. 265. O secretário do tribunal, o escrivão ou o chefe de secretaria do juízo deprecante transmitirá, por telefone, a carta de ordem ou a carta precatória ao juízo em que houver de se cumprir o ato, por intermédio do escrivão do primeiro ofício da primeira vara, se houver na comarca mais de um ofício ou de uma vara, observando-se, quanto aos requisitos, o disposto no art. 264.

§ 1º O escrivão ou o chefe de secretaria, no mesmo dia ou no dia útil imediato, telefonará ou enviará mensagem eletrônica ao secretário do tribunal, ao escrivão ou ao chefe de secretaria do juízo deprecante, lendo-lhe os termos da carta e solicitando-lhe que os confirme.

§ 2º Sendo confirmada, o escrivão ou o chefe de secretaria submeterá a carta a despacho.

Art. 266. Serão praticados de ofício os atos requisitados por meio eletrônico e de telegrama, devendo a parte depositar, contudo, na secretaria do tribunal ou no cartório do juízo deprecante, a importância correspondente às despesas que serão feitas no juízo em que houver de praticar-se o ato.

Art. 267. O juiz recusará cumprimento a carta precatória ou arbitral, devolvendo-a com decisão motivada quando:

I – a carta não estiver revestida dos requisitos legais;

II – faltar ao juiz competência em razão da matéria ou da hierarquia;

III – o juiz tiver dúvida acerca de sua autenticidade.

Parágrafo único. No caso de incompetência em razão da matéria ou da hierarquia, o juiz deprecado, conforme o ato a ser praticado, poderá remeter a carta ao juiz ou ao tribunal competente.

Art. 268. Cumprida a carta, será devolvida ao juízo de origem no prazo de 10 (dez) dias, independentemente de traslado, pagas as custas pela parte.

CAPÍTULO IV
DAS INTIMAÇÕES

▶ Súmulas nºs 310 e 708 do STF.

Art. 269. Intimação é o ato pelo qual se dá ciência a alguém dos atos e dos termos do processo.

▶ Súmulas nºs 310 e 708 do STF.

§ 1º É facultado aos advogados promover a intimação do advogado da outra parte por meio do correio, juntando aos autos, a seguir, cópia do ofício de intimação e do aviso de recebimento.

§ 2º O ofício de intimação deverá ser instruído com cópia do despacho, da decisão ou da sentença.

§ 3º A intimação da União, dos Estados, do Distrito Federal, dos Municípios e de suas respectivas autarquias e fundações de direito público será realizada perante o órgão de Advocacia Pública responsável por sua representação judicial.

Art. 270. As intimações realizam-se, sempre que possível, por meio eletrônico, na forma da lei.

Parágrafo único. Aplica-se ao Ministério Público, à Defensoria Pública e à Advocacia Pública o disposto no § 1º do art. 246.

Art. 271. O juiz determinará de ofício as intimações em processos pendentes, salvo disposição em contrário.

Art. 272. Quando não realizadas por meio eletrônico, consideram-se feitas as intimações pela publicação dos atos no órgão oficial.

§ 1º Os advogados poderão requerer que, na intimação a eles dirigida, figure apenas o nome da sociedade a que pertençam, desde que devidamente registrada na Ordem dos Advogados do Brasil.

§ 2º Sob pena de nulidade, é indispensável que da publicação constem os nomes das partes e de seus advogados, com o respectivo número de inscrição na Ordem dos Advogados do Brasil, ou, se assim requerido, da sociedade de advogados.

§ 3º A grafia dos nomes das partes não deve conter abreviaturas.

§ 4º A grafia dos nomes dos advogados deve corresponder ao nome completo e ser a mesma que constar da procuração ou que estiver registrada na Ordem dos Advogados do Brasil.

§ 5º Constando dos autos pedido expresso para que as comunicações dos atos processuais sejam feitas em nome dos advogados indicados, o seu desatendimento implicará nulidade.

§ 6º A retirada dos autos do cartório ou da secretaria em carga pelo advogado, por pessoa credenciada a pedido do advogado ou da sociedade de advogados, pela Advocacia Pública, pela Defensoria Pública ou pelo Ministério Público implicará intimação de qualquer decisão contida no processo retirado, ainda que pendente de publicação.

§ 7º O advogado e a sociedade de advogados deverão requerer o respectivo credenciamento para a retirada de autos por preposto.

§ 8º A parte arguirá a nulidade da intimação em capítulo preliminar do próprio ato que lhe caiba praticar, o qual será tido por tempestivo se o vício for reconhecido.

§ 9º Não sendo possível a prática imediata do ato diante da necessidade de acesso prévio aos autos, a parte limitar-se-á a arguir a nulidade da intimação, caso em que o prazo será contado da intimação da decisão que a reconheça.

Art. 273. Se inviável a intimação por meio eletrônico e não houver na localidade publicação em órgão oficial, incumbirá ao escrivão ou chefe de secretaria intimar de todos os atos do processo os advogados das partes:

I – pessoalmente, se tiverem domicílio na sede do juízo;

II – por carta registrada, com aviso de recebimento, quando forem domiciliados fora do juízo.

Art. 274. Não dispondo a lei de outro modo, as intimações serão feitas às partes, aos seus representantes legais, aos advogados e aos demais sujeitos do processo pelo correio ou, se presentes em cartório, diretamente pelo escrivão ou chefe de secretaria.

▶ Art. 255 deste Código.

Parágrafo único. Presumem-se válidas as intimações dirigidas ao endereço constante dos autos, ainda que não recebidas pessoalmente pelo interessado, se a modificação temporária ou definitiva não tiver sido devidamente comunicada ao juízo, fluindo os prazos a partir da juntada aos autos do comprovante de entrega da correspondência no primitivo endereço.

Art. 275. A intimação será feita por oficial de justiça quando frustrada a realização por meio eletrônico ou pelo correio.

§ 1º A certidão de intimação deve conter:

I – a indicação do lugar e a descrição da pessoa intimada, mencionando, quando possível, o número de seu documento de identidade e o órgão que o expediu;

II – a declaração de entrega da contrafé;

III – a nota de ciente ou a certidão de que o interessado não a apôs no mandado.

§ 2º Caso necessário, a intimação poderá ser efetuada com hora certa ou por edital.

TÍTULO III – DAS NULIDADES

Art. 276. Quando a lei prescrever determinada forma sob pena de nulidade, a decretação desta não pode ser requerida pela parte que lhe deu causa.

Art. 277. Quando a lei prescrever determinada forma, o juiz considerará válido o ato se, realizado de outro modo, lhe alcançar a finalidade.

Art. 278. A nulidade dos atos deve ser alegada na primeira oportunidade em que couber à parte falar nos autos, sob pena de preclusão.

Parágrafo único. Não se aplica o disposto no *caput* às nulidades que o juiz deva decretar de ofício, nem prevalece a preclusão provando a parte legítimo impedimento.

Art. 279. É nulo o processo quando o membro do Ministério Público não for intimado a acompanhar o feito em que deva intervir.

► Art. 178 deste Código.

§ 1º Se o processo tiver tramitado sem conhecimento do membro do Ministério Público, o juiz invalidará os atos praticados a partir do momento em que ele deveria ter sido intimado.

§ 2º A nulidade só pode ser decretada após a intimação do Ministério Público, que se manifestará sobre a existência ou a inexistência de prejuízo.

Art. 280. As citações e as intimações serão nulas quando feitas sem observância das prescrições legais.

► Art. 239 deste Código.

Art. 281. Anulado o ato, consideram-se de nenhum efeito todos os subsequentes que dele dependam, todavia, a nulidade de uma parte do ato não prejudicará as outras que dela sejam independentes.

Art. 282. Ao pronunciar a nulidade, o juiz declarará que atos são atingidos e ordenará as providências necessárias a fim de que sejam repetidos ou retificados.

► Art. 352 deste Código.

§ 1º O ato não será repetido nem sua falta será suprida quando não prejudicar a parte.

§ 2º Quando puder decidir o mérito a favor da parte a quem aproveite a decretação da nulidade, o juiz não a pronunciará nem mandará repetir o ato ou suprir-lhe a falta.

Art. 283. O erro de forma do processo acarreta unicamente a anulação dos atos que não possam ser aproveitados, devendo ser praticados os que forem necessários a fim de se observarem as prescrições legais.

Parágrafo único. Dar-se-á o aproveitamento dos atos praticados desde que não resulte prejuízo à defesa de qualquer parte.

TÍTULO IV – DA DISTRIBUIÇÃO E DO REGISTRO

Art. 284. Todos os processos estão sujeitos a registro, devendo ser distribuídos onde houver mais de um juiz.

Art. 285. A distribuição, que poderá ser eletrônica, será alternada e aleatória, obedecendo-se rigorosa igualdade.

Parágrafo único. A lista de distribuição deverá ser publicada no *Diário de Justiça*.

Art. 286. Serão distribuídas por dependência as causas de qualquer natureza:

I – quando se relacionarem, por conexão ou continência, com outra já ajuizada;

► Arts. 54 e ss. deste Código.

► Súm. nº 235 do STJ.

II – quando, tendo sido extinto o processo sem resolução de mérito, for reiterado o pedido, ainda que em litisconsórcio com outros autores ou que sejam parcialmente alterados os réus da demanda;

III – quando houver ajuizamento de ações nos termos do art. 55, § 3º, ao juízo prevento.

► Art. 486 deste Código.

Parágrafo único. Havendo intervenção de terceiro, reconvenção ou outra hipótese de ampliação objetiva do processo, o juiz, de ofício, mandará proceder à respectiva anotação pelo distribuidor.

► Arts. 119 a 138 e 343 deste Código.

Art. 287. A petição inicial deve vir acompanhada de procuração, que conterá os endereços do advogado, eletrônico e não eletrônico.

► Art. 319 deste Código.

Parágrafo único. Dispensa-se a juntada da procuração:

I – no caso previsto no art. 104;

II – se a parte estiver representada pela Defensoria Pública;

► LC nº 80, de 12-1-1994 (Lei da Defensoria Pública).

III – se a representação decorrer diretamente de norma prevista na Constituição Federal ou em lei.

Art. 288. O juiz, de ofício ou a requerimento do interessado, corrigirá o erro ou compensará a falta de distribuição.

Art. 289. A distribuição poderá ser fiscalizada pela parte, por seu procurador, pelo Ministério Público e pela Defensoria Pública.

Art. 290. Será cancelada a distribuição do feito se a parte, intimada na pessoa de seu advogado, não realizar o pagamento das custas e despesas de ingresso em 15 (quinze) dias.

► Art. 292 deste Código.

TÍTULO V – DO VALOR DA CAUSA

Art. 291. A toda causa será atribuído valor certo, ainda que não tenha conteúdo econômico imediatamente aferível.

Art. 292. O valor da causa constará da petição inicial ou da reconvenção e será:

► Arts. 319, V, deste Código.

► Art. 58, III, da Lei nº 8.245, de 18-10-1991 (Lei das Locações).

I – na ação de cobrança de dívida, a soma monetariamente corrigida do principal, dos juros de mora vencidos e de outras penalidades, se houver, até a data de propositura da ação;

II – na ação que tiver por objeto a existência, a validade, o cumprimento, a modificação, a resolução, a resilição ou a rescisão de ato jurídico, o valor do ato ou o de sua parte controvertida;

III – na ação de alimentos, a soma de 12 (doze) prestações mensais pedidas pelo autor;

► Lei nº 5.478, de 25-7-1968 (Lei da Ação de Alimentos).

IV – na ação de divisão, de demarcação e de reivindicação, o valor de avaliação da área ou do bem objeto do pedido;

V – na ação indenizatória, inclusive a fundada em dano moral, o valor pretendido;

► Arts. 186, 187 e 927 do CC.

VI – na ação em que há cumulação de pedidos, a quantia correspondente à soma dos valores de todos eles;

► Arts. 327 deste Código.

VII – na ação em que os pedidos são alternativos, o de maior valor;

VIII – na ação em que houver pedido subsidiário, o valor do pedido principal.

§ 1º Quando se pedirem prestações vencidas e vincendas, considerar-se-á o valor de umas e outras.

§ 2º O valor das prestações vincendas será igual a uma prestação anual, se a obrigação for por tempo indeterminado ou por tempo superior a 1 (um) ano, e, se por tempo inferior, será igual à soma das prestações.

§ 3º O juiz corrigirá, de ofício e por arbitramento, o valor da causa quando verificar que não corresponde ao conteúdo patrimonial em discussão ou ao proveito econômico perseguido pelo autor, caso em que se procederá ao recolhimento das custas correspondentes.

Art. 293. O réu poderá impugnar, em preliminar da contestação, o valor atribuído à causa pelo autor, sob pena de preclusão, e o juiz decidirá a respeito, impondo, se for o caso, a complementação das custas.

► Art. 337, III, deste Código.

Livro V – Da Tutela Provisória

TÍTULO I – DISPOSIÇÕES GERAIS

Art. 294. A tutela provisória pode fundamentar-se em urgência ou evidência.

► Arts. 1.013, § 5º e 1.015, I deste Código.

► Art. 137 da Lei nº 11.101, de 9-2-2005 (Lei de Recuperação de Empresas e Falências).

Parágrafo único. A tutela provisória de urgência, cautelar ou antecipada, pode ser concedida em caráter antecedente ou incidental.

► Art. 102, I, *p*, da CF.

► Arts. 9º, par. ún., 294, 300, 305, 311 e 519 deste Código.

► Art. 7º, § 1º, da Lei nº 6.515, de 26-12-1977 (Lei do Divórcio).

► Lei nº 8.437, de 30-6-1992 (Lei de Medidas Cautelares).

► Lei nº 9.494, de 10-9-1997, disciplina a aplicação da tutela antecipada contra a Fazenda Pública.

► Enunciados nºs 38 a 43, 45 e 46 e 70 da I Jornada de Direito Processual Civil.

Art. 295. A tutela provisória requerida em caráter incidental independe do pagamento de custas.

Art. 296. A tutela provisória conserva sua eficácia na pendência do processo, mas pode, a qualquer tempo, ser revogada ou modificada.

Parágrafo único. Salvo decisão judicial em contrário, a tutela provisória conservará a eficácia durante o período de suspensão do processo.

Art. 297. O juiz poderá determinar as medidas que considerar adequadas para efetivação da tutela provisória.

► Art. 300, §§ 1º e 2º deste Código.

Parágrafo único. A efetivação da tutela provisória observará as normas referentes ao cumprimento provisório da sentença, no que couber.

Art. 298. Na decisão que conceder, negar, modificar ou revogar a tutela provisória, o juiz motivará seu convencimento de modo claro e preciso.

► Arts. 11 e 489 deste Código.

Art. 299. A tutela provisória será requerida ao juízo da causa e, quando antecedente, ao juízo competente para conhecer do pedido principal.

Parágrafo único. Ressalvada disposição especial, na ação de competência originária de tribunal e nos recursos a tutela provisória será requerida ao órgão jurisdicional competente para apreciar o mérito.

► Súmulas nºs 634 e 635 do STF.

TÍTULO II – DA TUTELA DE URGÊNCIA

CAPÍTULO I

DISPOSIÇÕES GERAIS

Art. 300. A tutela de urgência será concedida quando houver elementos que evidenciem a probabilidade do direito e o perigo de dano ou o risco ao resultado útil do processo.

§ 1º Para a concessão da tutela de urgência, o juiz pode, conforme o caso, exigir caução real ou fidejussória idônea para ressarcir os danos que a outra parte possa vir a sofrer, podendo a caução ser dispensada se a parte economicamente hipossuficiente não puder oferecê-la.

► Art. 84, § 3º, do CDC.

§ 2º A tutela de urgência pode ser concedida liminarmente ou após justificação prévia.

► Art. 9º, parágrafo único, I deste Código.

§ 3º A tutela de urgência de natureza antecipada não será concedida quando houver perigo de irreversibilidade dos efeitos da decisão.

Art. 301. A tutela de urgência de natureza cautelar pode ser efetivada mediante arresto, sequestro, arrolamento de bens, registro de protesto contra alienação de bem e qualquer outra medida idônea para asseguração do direito.

Art. 302. Independentemente da reparação por dano processual, a parte responde pelo prejuízo que a efetivação da tutela de urgência causar à parte adversa, se:

I – a sentença lhe for desfavorável;

II – obtida liminarmente a tutela em caráter antecedente, não fornecer os meios necessários para a citação do requerido no prazo de 5 (cinco) dias;

III – ocorrer a cessação da eficácia da medida em qualquer hipótese legal;

IV – o juiz acolher a alegação de decadência ou prescrição da pretensão do autor.

Parágrafo único. A indenização será liquidada nos autos em que a medida tiver sido concedida, sempre que possível.

CAPÍTULO II

DO PROCEDIMENTO DA TUTELA ANTECIPADA REQUERIDA EM CARÁTER ANTECEDENTE

Art. 303. Nos casos em que a urgência for contemporânea à propositura da ação, a petição inicial pode limitar-se ao requerimento da tutela antecipada e à indicação do pedido de tutela final, com a exposição da lide, do direito que se busca realizar e do perigo de dano ou do risco ao resultado útil do processo.

§ 1º Concedida a tutela antecipada a que se refere o *caput* deste artigo:

I – o autor deverá aditar a petição inicial, com a complementação de sua argumentação, a juntada de novos documentos e a confirmação do pedido de tutela final, em 15 (quinze) dias ou em outro prazo maior que o juiz fixar;

II – o réu será citado e intimado para a audiência de conciliação ou de mediação na forma do art. 334;

III – não havendo autocomposição, o prazo para contestação será contado na forma do art. 335.

§ 2º Não realizado o aditamento a que se refere o inciso I do § 1º deste artigo, o processo será extinto sem resolução do mérito.

§ 3º O aditamento a que se refere o inciso I do § 1º deste artigo dar-se-á nos mesmos autos, sem incidência de novas custas processuais.

§ 4º Na petição inicial a que se refere o *caput* deste artigo, o autor terá de indicar o valor da causa, que deve levar em consideração o pedido de tutela final.

▸ Art. 292 deste Código.

§ 5º O autor indicará na petição inicial, ainda, que pretende valer-se do benefício previsto no *caput* deste artigo.

§ 6º Caso entenda que não há elementos para a concessão de tutela antecipada, o órgão jurisdicional determinará a emenda da petição inicial em até 5 (cinco) dias, sob pena de ser indeferida e de o processo ser extinto sem resolução de mérito.

Art. 304. A tutela antecipada, concedida nos termos do art. 303, torna-se estável se da decisão que a conceder não for interposto o respectivo recurso.

▸ Art. 1.015, I, deste Código.

§ 1º No caso previsto no *caput*, o processo será extinto.

§ 2º Qualquer das partes poderá demandar a outra com o intuito de rever, reformar ou invalidar a tutela antecipada estabilizada nos termos do *caput*.

§ 3º A tutela antecipada conservará seus efeitos enquanto não revista, reformada ou invalidada por decisão de mérito proferida na ação de que trata o § 2º.

§ 4º Qualquer das partes poderá requerer o desarquivamento dos autos em que foi concedida a medida, para instruir a petição inicial da ação a que se refere o § 2º, prevento o juízo em que a tutela antecipada foi concedida.

§ 5º O direito de rever, reformar ou invalidar a tutela antecipada, previsto no § 2º deste artigo, extingue-se após 2 (dois) anos, contados da ciência da decisão que extinguiu o processo, nos termos do § 1º.

§ 6º A decisão que concede a tutela não fará coisa julgada, mas a estabilidade dos respectivos efeitos só será afastada por decisão que a revir, reformar ou invalidar, proferida em ação ajuizada por uma das partes, nos termos do § 2º deste artigo.

CAPÍTULO III
DO PROCEDIMENTO DA TUTELA CAUTELAR REQUERIDA EM CARÁTER ANTECEDENTE

Art. 305. A petição inicial da ação que visa à prestação de tutela cautelar em caráter antecedente indicará a lide e seu fundamento, a exposição sumária do direito que se objetiva assegurar e o perigo de dano ou o risco ao resultado útil do processo.

▸ Arts. 319 e 320 deste Código.

Parágrafo único. Caso entenda que o pedido a que se refere o *caput* tem natureza antecipada, o juiz observará o disposto no art. 303.

Art. 306. O réu será citado para, no prazo de 5 (cinco) dias, contestar o pedido e indicar as provas que pretende produzir.

Art. 307. Não sendo contestado o pedido, os fatos alegados pelo autor presumir-se-ão aceitos pelo réu como ocorridos, caso em que o juiz decidirá dentro de 5 (cinco) dias.

Parágrafo único. Contestado o pedido no prazo legal, observar-se-á o procedimento comum.

Art. 308. Efetivada a tutela cautelar, o pedido principal terá de ser formulado pelo autor no prazo de 30 (trinta) dias, caso em que será apresentado nos mesmos autos em que deduzido o pedido de tutela cautelar, não dependendo do adiantamento de novas custas processuais.

▸ Súm. nº 482 do STJ.

§ 1º O pedido principal pode ser formulado conjuntamente com o pedido de tutela cautelar.

§ 2º A causa de pedir poderá ser aditada no momento de formulação do pedido principal.

§ 3º Apresentado o pedido principal, as partes serão intimadas para a audiência de conciliação ou de mediação, na forma do art. 334, por seus advogados ou pessoalmente, sem necessidade de nova citação do réu.

§ 4º Não havendo autocomposição, o prazo para contestação será contado na forma do art. 335.

Art. 309. Cessa a eficácia da tutela concedida em caráter antecedente, se:

I – o autor não deduzir o pedido principal no prazo legal;

▸ Arts. 303, § 2º, 308 deste Código.

II – não for efetivada dentro de 30 (trinta) dias;

III – o juiz julgar improcedente o pedido principal formulado pelo autor ou extinguir o processo sem resolução de mérito.

Parágrafo único. Se por qualquer motivo cessar a eficácia da tutela cautelar, é vedado à parte renovar o pedido, salvo sob novo fundamento.

Art. 310. O indeferimento da tutela cautelar não obsta a que a parte formule o pedido principal, nem influi no julgamento desse, salvo se o motivo do indeferimento for o reconhecimento de decadência ou de prescrição.

▸ Art. 302, IV, deste Código.

TÍTULO III – DA TUTELA DA EVIDÊNCIA

Art. 311. A tutela da evidência será concedida, independentemente da demonstração de perigo de dano ou de risco ao resultado útil do processo, quando:

I – ficar caracterizado o abuso do direito de defesa ou o manifesto propósito protelatório da parte;

▸ Art. 80 deste Código.

II – as alegações de fato puderem ser comprovadas apenas documentalmente e houver tese firmada em julgamento de casos repetitivos ou em súmula vinculante;

III – se tratar de pedido reipersecutório fundado em prova documental adequada do contrato de depósito, caso em que será decretada a ordem de entrega do objeto custodiado, sob cominação de multa;

IV – a petição inicial for instruída com prova documental suficiente dos fatos constitutivos do direito do autor, a que o réu não oponha prova capaz de gerar dúvida razoável.

Parágrafo único. Nas hipóteses dos incisos II e III, o juiz poderá decidir liminarmente.

► Art. 9º, parágrafo único, II deste Código.

LIVRO VI – DA FORMAÇÃO, DA SUSPENSÃO E DA EXTINÇÃO DO PROCESSO

TÍTULO I – DA FORMAÇÃO DO PROCESSO

Art. 312. Considera-se proposta a ação quando a petição inicial for protocolada, todavia, a propositura da ação só produz quanto ao réu os efeitos mencionados no art. 240 depois que for validamente citado.

TÍTULO II – DA SUSPENSÃO DO PROCESSO

Art. 313. Suspende-se o processo:

I – pela morte ou pela perda da capacidade processual de qualquer das partes, de seu representante legal ou de seu procurador;

► Arts. 76, 110, 221, 921, I, deste Código.

II – pela convenção das partes;

III – pela arguição de impedimento ou de suspeição;

► Arts. 144, 145 e 145 deste Código.

IV – pela admissão de incidente de resolução de demandas repetitivas;

► Art. 313, § 4º deste Código.

V – quando a sentença de mérito:

a) depender do julgamento de outra causa ou da declaração de existência ou de inexistência de relação jurídica que constitua o objeto principal de outro processo pendente;

b) tiver de ser proferida somente após a verificação de determinado fato ou a produção de certa prova, requisitada a outro juízo;

VI – por motivo de força maior;

VII – quando se discutir em juízo questão decorrente de acidentes e fatos da navegação de competência do Tribunal Marítimo;

VIII – nos demais casos que este Código regula;

IX – pelo parto ou pela concessão de adoção, quando a advogada responsável pelo processo constituir a única patrona da causa;

X – quando o advogado responsável pelo processo constituir o único patrono da causa e tornar-se pai.

► Incisos IX e X acrescidos pela Lei nº 13.363, de 25-11-2016.

§ 1º Na hipótese do inciso I, o juiz suspenderá o processo, nos termos do art. 689.

§ 2º Não ajuizada ação de habilitação, ao tomar conhecimento da morte, o juiz determinará a suspensão do processo e observará o seguinte:

I – falecido o réu, ordenará a intimação do autor para que promova a citação do respectivo espólio, de quem for o sucessor ou, se for o caso, dos herdeiros, no prazo que designar, de no mínimo 2 (dois) e no máximo 6 (seis) meses;

II – falecido o autor e sendo transmissível o direito em litígio, determinará a intimação de seu espólio, de quem for o sucessor ou, se for o caso, dos herdeiros, pelos meios de divulgação que reputar mais adequados, para que manifestem interesse na sucessão processual e promovam a respectiva habilitação no prazo designado, sob pena de extinção do processo sem resolução de mérito.

§ 3º No caso de morte do procurador de qualquer das partes, ainda que iniciada a audiência de instrução e julgamento, o juiz determinará que a parte constitua novo mandatário, no prazo de 15 (quinze) dias, ao final do qual extinguirá o processo sem resolução de mérito, se o autor não nomear novo mandatário, ou ordenará o prosseguimento do processo à revelia do réu, se falecido o procurador deste.

§ 4º O prazo de suspensão do processo nunca poderá exceder 1 (um) ano nas hipóteses do inciso V e 6 (seis) meses naquela prevista no inciso II.

§ 5º O juiz determinará o prosseguimento do processo assim que esgotados os prazos previstos no § 4º.

§ 6º No caso do inciso IX, o período de suspensão será de 30 (trinta) dias, contado a partir da data do parto ou da concessão da adoção, mediante apresentação de certidão de nascimento ou documento similar que comprove a realização do parto, ou de termo judicial que tenha concedido a adoção, desde que haja notificação ao cliente.

§ 7º No caso do inciso X, o período de suspensão será de 8 (oito) dias, contado a partir da data do parto ou da concessão da adoção, mediante apresentação de certidão de nascimento ou documento similar que comprove a realização do parto, ou de termo judicial que tenha concedido a adoção, desde que haja notificação ao cliente.

► §§ 6º e 7º acrescidos pela Lei nº 13.363, de 25-11-2016.

Art. 314. Durante a suspensão é vedado praticar qualquer ato processual, podendo o juiz, todavia, determinar a realização de atos urgentes a fim de evitar dano irreparável, salvo no caso de arguição de impedimento e de suspeição.

► Art. 923 deste Código.

Art. 315. Se o conhecimento do mérito depender de verificação da existência de fato delituoso, o juiz pode determinar a suspensão do processo até que se pronuncie a justiça criminal.

§ 1º Se a ação penal não for proposta no prazo de 3 (três) meses, contado da intimação do ato de suspensão, cessará o efeito desse, incumbindo ao juiz cível examinar incidentemente a questão prévia.

§ 2º Proposta a ação penal, o processo ficará suspenso pelo prazo máximo de 1 (um) ano, ao final do qual aplicar-se-á o disposto na parte final do § 1º.

TÍTULO III – DA EXTINÇÃO DO PROCESSO

Art. 316. A extinção do processo dar-se-á por sentença.

► Art. 203, §1º deste Código.

Art. 317. Antes de proferir decisão sem resolução de mérito, o juiz deverá conceder à parte oportunidade para, se possível, corrigir o vício.

► Arts. 485, art. 487 e 490 deste Código.

PARTE ESPECIAL

LIVRO I – DO PROCESSO DE CONHECIMENTO E DO CUMPRIMENTO DE SENTENÇA

TÍTULO I – DO PROCEDIMENTO COMUM

CAPÍTULO I

DISPOSIÇÕES GERAIS

Art. 318. Aplica-se a todas as causas o procedimento comum, salvo disposição em contrário deste Código ou de lei.

CPC

Parágrafo único. O procedimento comum aplica-se subsidiariamente aos demais procedimentos especiais e ao processo de execução.

► Arts. 539 e ss., 771 e ss. deste Código.

CAPÍTULO II
DA PETIÇÃO INICIAL

Seção I
DOS REQUISITOS DA PETIÇÃO INICIAL

Art. 319. A petição inicial indicará:

I – o juízo a que é dirigida;

► Arts. 102, 105, 108, 109 da CF.

► Arts. 46 a 53 deste Código.

II – os nomes, os prenomes, o estado civil, a existência de união estável, a profissão, o número de inscrição no Cadastro de Pessoas Físicas ou no Cadastro Nacional da Pessoa Jurídica, o endereço eletrônico, o domicílio e a residência do autor e do réu;

III – o fato e os fundamentos jurídicos do pedido;

IV – o pedido com as suas especificações;

► Art. 4º da Lei nº 12.318, de 26-08-2010 (Lei da Alienação Parental)

V – o valor da causa;

► Arts. 291 a 293 deste Código.

VI – as provas com que o autor pretende demonstrar a verdade dos fatos alegados;

► Arts. 369 a 484 deste Código.

VII – a opção do autor pela realização ou não de audiência de conciliação ou de mediação.

► Art. 334 deste Código.

§ 1º Caso não disponha das informações previstas no inciso II, poderá o autor, na petição inicial, requerer ao juiz diligências necessárias a sua obtenção.

§ 2º A petição inicial não será indeferida se, a despeito da falta de informações a que se refere o inciso II, for possível a citação do réu.

§ 3º A petição inicial não será indeferida pelo não atendimento ao disposto no inciso II deste artigo se a obtenção de tais informações tornar impossível ou excessivamente oneroso o acesso à justiça.

► Art. 330 deste Código.

Art. 320. A petição inicial será instruída com os documentos indispensáveis à propositura da ação.

► Arts. 104, 434 e 798 deste Código.

Art. 321. O juiz, ao verificar que a petição inicial não preenche os requisitos dos arts. 319 e 320 ou que apresenta defeitos e irregularidades capazes de dificultar o julgamento de mérito, determinará que o autor, no prazo de 15 (quinze) dias, a emende ou a complete, indicando com precisão o que deve ser corrigido ou completado.

► Art. 219 deste Código.

Parágrafo único. Se o autor não cumprir a diligência, o juiz indeferirá a petição inicial.

Seção II
DO PEDIDO

Art. 322. O pedido deve ser certo.

§ 1º Compreendem-se no principal os juros legais, a correção monetária e as verbas de sucumbência, inclusive os honorários advocatícios.

► Súm. nº 254 do STF.

§ 2º A interpretação do pedido considerará o conjunto da postulação e observará o princípio da boa-fé.

Art. 323. Na ação que tiver por objeto cumprimento de obrigação em prestações sucessivas, essas serão consideradas incluídas no pedido, independentemente de declaração expressa do autor, e serão incluídas na condenação, enquanto durar a obrigação, se o devedor, no curso do processo, deixar de pagá-las ou de consigná-las.

Art. 324. O pedido deve ser determinado.

§ 1º É lícito, porém, formular pedido genérico:

I – nas ações universais, se o autor não puder individuar os bens demandados;

II – quando não for possível determinar, desde logo, as consequências do ato ou do fato;

III – quando a determinação do objeto ou do valor da condenação depender de ato que deva ser praticado pelo réu.

§ 2º O disposto neste artigo aplica-se à reconvenção.

► Art. 343 deste Código.

Art. 325. O pedido será alternativo quando, pela natureza da obrigação, o devedor puder cumprir a prestação de mais de um modo.

Parágrafo único. Quando, pela lei ou pelo contrato, a escolha couber ao devedor, o juiz lhe assegurará o direito de cumprir a prestação de um ou de outro modo, ainda que o autor não tenha formulado pedido alternativo.

► Art. 292, VII, deste Código.

Art. 326. É lícito formular mais de um pedido em ordem subsidiária, a fim de que o juiz conheça do posterior, quando não acolher o anterior.

► Art. 292, VIII, deste Código.

Parágrafo único. É lícito formular mais de um pedido, alternativamente, para que o juiz acolha um deles.

Art. 327. É lícita a cumulação, em um único processo, contra o mesmo réu, de vários pedidos, ainda que entre eles não haja conexão.

► Art. 292, VI, deste Código.

§ 1º São requisitos de admissibilidade da cumulação que:

I – os pedidos sejam compatíveis entre si;

II – seja competente para conhecer deles o mesmo juízo;

III – seja adequado para todos os pedidos o tipo de procedimento.

§ 2º Quando, para cada pedido, corresponder tipo diverso de procedimento, será admitida a cumulação se o autor empregar o procedimento comum, sem prejuízo do emprego das técnicas processuais diferenciadas previstas nos procedimentos especiais a que se sujeitam um ou mais pedidos cumulados, que não forem incompatíveis com as disposições sobre o procedimento comum.

§ 3º O inciso I do § 1º não se aplica às cumulações de pedidos de que trata o art. 326.

Art. 328. Na obrigação indivisível com pluralidade de credores, aquele que não participou do processo receberá sua parte, deduzidas as despesas na proporção de seu crédito.

Art. 329. O autor poderá:

I – até a citação, aditar ou alterar o pedido ou a causa de pedir, independentemente de consentimento do réu;

II – até o saneamento do processo, aditar ou alterar o pedido e a causa de pedir, com consentimento do réu, assegurado o contraditório mediante a possibilidade de manifestação deste no prazo mínimo de 15 (quinze) dias, facultado o requerimento de prova suplementar.

Parágrafo único. Aplica-se o disposto neste artigo à reconvenção e à respectiva causa de pedir.

► Art. 343 deste Código.

Seção III
DO INDEFERIMENTO DA PETIÇÃO INICIAL

Art. 330. A petição inicial será indeferida quando:

► Art. 485, I, deste Código.

I – for inepta;

► Art. 330, § 1º, deste Código.

II – a parte for manifestamente ilegítima;

► Art. 17 deste Código.

III – o autor carecer de interesse processual;

► Art. 17 deste Código.

IV – não atendidas as prescrições dos arts. 106 e 321.

§ 1º Considera-se inepta a petição inicial quando:

I – lhe faltar pedido ou causa de pedir;

► Arts. 322 a 329 deste Código.

II – o pedido for indeterminado, ressalvadas as hipóteses legais em que se permite o pedido genérico;

► Art. 324 deste Código.

III – da narração dos fatos não decorrer logicamente a conclusão;

IV – contiver pedidos incompatíveis entre si.

§ 2º Nas ações que tenham por objeto a revisão de obrigação decorrente de empréstimo, de financiamento ou de alienação de bens, o autor terá de, sob pena de inépcia, discriminar na petição inicial, dentre as obrigações contratuais, aquelas que pretende controverter, além de quantificar o valor incontroverso do débito.

§ 3º Na hipótese do § 2º, o valor incontroverso deverá continuar a ser pago no tempo e modo contratados.

Art. 331. Indeferida a petição inicial, o autor poderá apelar, facultado ao juiz, no prazo de 5 (cinco) dias, retratar-se.

► Art. 1.009 deste Código.

§ 1º Se não houver retratação, o juiz mandará citar o réu para responder ao recurso.

► Art. 485, § 7º, 494 deste Código.

§ 2º Sendo a sentença reformada pelo tribunal, o prazo para a contestação começará a correr da intimação do retorno dos autos, observado o disposto no art. 334.

► Art. 335 deste Código

§ 3º Não interposta a apelação, o réu será intimado do trânsito em julgado da sentença.

CAPÍTULO III
DA IMPROCEDÊNCIA LIMINAR DO PEDIDO

Art. 332. Nas causas que dispensem a fase instrutória, o juiz, independentemente da citação do réu, julgará liminarmente improcedente o pedido que contrariar:

I – enunciado de súmula do Supremo Tribunal Federal ou do Superior Tribunal de Justiça;

► Art. 487, I deste Código.

II – acórdão proferido pelo Supremo Tribunal Federal ou pelo Superior Tribunal de Justiça em julgamento de recursos repetitivos;

► Art. 1036 deste Código.

III – entendimento firmado em incidente de resolução de demandas repetitivas ou de assunção de competência;

► Arts. 976 e 947 deste Código.

IV – enunciado de súmula de tribunal de justiça sobre direito local.

§ 1º O juiz também poderá julgar liminarmente improcedente o pedido se verificar, desde logo, a ocorrência de decadência ou de prescrição.

► Art. 487, II e parágrafo único deste Código.

► Art. 189 e ss do CC.

§ 2º Não interposta a apelação, o réu será intimado do trânsito em julgado da sentença, nos termos do art. 241.

§ 3º Interposta a apelação, o juiz poderá retratar-se em 5 (cinco) dias.

► Art.494 deste Código.

§ 4º Se houver retratação, o juiz determinará o prosseguimento do processo, com a citação do réu, e, se não houver retratação, determinará a citação do réu para apresentar contrarrazões, no prazo de 15 (quinze) dias.

CAPÍTULO IV
DA CONVERSÃO DA AÇÃO INDIVIDUAL EM AÇÃO COLETIVA

Art. 333. VETADO.

CAPÍTULO V
DA AUDIÊNCIA DE CONCILIAÇÃO OU DE MEDIAÇÃO

► Lei nº 13.140, de 26-6-2015 (Lei da Mediação).

Art. 334. Se a petição inicial preencher os requisitos essenciais e não for o caso de improcedência liminar do pedido, o juiz designará audiência de conciliação ou de mediação com antecedência mínima de 30 (trinta) dias, devendo ser citado o réu com pelo menos 20 (vinte) dias de antecedência.

► Arts. 238, 248, 257, 330, 332 deste Código.

§ 1º O conciliador ou mediador, onde houver, atuará necessariamente na audiência de conciliação ou de mediação, observando o disposto neste Código, bem como as disposições da lei de organização judiciária.

► Art. 165 e ss. deste Código.

§ 2º Poderá haver mais de uma sessão destinada à conciliação e à mediação, não podendo exceder a 2 (dois) meses da data de realização da primeira sessão, desde que necessárias à composição das partes.

§ 3º A intimação do autor para a audiência será feita na pessoa de seu advogado.

§ 4º A audiência não será realizada:

I – se ambas as partes manifestarem, expressamente, desinteresse na composição consensual;

► Arts. 319, VII e 334, § 5º, deste Código.

II – quando não se admitir a autocomposição.

§ 5º O autor deverá indicar, na petição inicial, seu desinteresse na autocomposição, e o réu deverá fazê-lo, por petição, apresentada com 10 (dez) dias de antecedência, contados da data da audiência.

§ 6º Havendo litisconsórcio, o desinteresse na realização da audiência deve ser manifestado por todos os litisconsortes.

► Art. 113 e ss. deste Código.

§ 7º A audiência de conciliação ou de mediação pode realizar-se por meio eletrônico, nos termos da lei.

§ 8º O não comparecimento injustificado do autor ou do réu à audiência de conciliação é considerado ato atentatório à dignidade da justiça e será sancionado com multa de até dois por cento da vantagem econômica pretendida ou do valor da causa, revertida em favor da União ou do Estado.

§ 9º As partes devem estar acompanhadas por seus advogados ou defensores públicos.

► Art. 133 da CF.

§ 10. A parte poderá constituir representante, por meio de procuração específica, com poderes para negociar e transigir.

§ 11. A autocomposição obtida será reduzida a termo e homologada por sentença.

§ 12. A pauta das audiências de conciliação ou de mediação será organizada de modo a respeitar o intervalo mínimo de 20 (vinte) minutos entre o início de uma e o início da seguinte.

CAPÍTULO VI
DA CONTESTAÇÃO

Art. 335. O réu poderá oferecer contestação, por petição, no prazo de 15 (quinze) dias, cujo termo inicial será a data:

► Arts. 180, 131, 183, 186, 186, § 3º, art. 229, 307, 344, 348, 434, deste Código.

I – da audiência de conciliação ou de mediação, ou da última sessão de conciliação, quando qualquer parte não comparecer ou, comparecendo, não houver autocomposição;

► Art. 334 deste Código.

II – do protocolo do pedido de cancelamento da audiência de conciliação ou de mediação apresentado pelo réu, quando ocorrer a hipótese do art. 334, § 4º, inciso I;

III – prevista no art. 231, de acordo com o modo como foi feita a citação, nos demais casos.

► Arts. 219 e 224 deste Código.

§ 1º No caso de litisconsórcio passivo, ocorrendo a hipótese do art. 334, § 6º, o termo inicial previsto no inciso II será, para cada um dos réus, a data de apresentação de seu respectivo pedido de cancelamento da audiência.

§ 2º Quando ocorrer a hipótese do art. 334, § 4º, inciso II, havendo litisconsórcio passivo e o autor desistir da ação em relação a réu ainda não citado, o prazo para resposta correrá da data de intimação da decisão que homologar a desistência.

Art. 336. Incumbe ao réu alegar, na contestação, toda a matéria de defesa, expondo as razões de fato e de direito com que impugna o pedido do autor e especificando as provas que pretende produzir.

► Art. 341 deste Código.

Art. 337. Incumbe ao réu, antes de discutir o mérito, alegar:

I – inexistência ou nulidade da citação;

► Arts. 238 e ss., 280, deste Código.

II – incompetência absoluta e relativa;

► Arts. 46 a 53, 64 e ss deste Código.

► Art. 64 deste Código.

III – incorreção do valor da causa;

► Arts. 291, 292 e 293, deste Código.

IV – inépcia da petição inicial;

► Art. 330, I, § 1º, deste Código.

V – perempção;

► Art. 486, § 3º, deste Código.

VI – litispendência;

► Art. 240, art. 337, §1º, §2º e §3º deste Código

VII – coisa julgada;

► Art. 5º, XXXVI, da CF.

► Arts. 337, §§ 1º, 2º e 4º, 502 e ss. deste Código

VIII – conexão;

► Art. 55 deste Código.

► Súm. nº 235 do STJ.

IX – incapacidade da parte, defeito de representação ou falta de autorização;

► Arts. 3º e 4º do CC.

► Arts. 71, 73, 75, 76 deste Código.

X – convenção de arbitragem;

► Lei nº 9.307, de 23-9-1996 (Lei da Arbitragem).

► Súm. nº 485 do STJ.

XI – ausência de legitimidade ou de interesse processual;

► Arts. 17, 338 e 339, deste Código.

XII – falta de caução ou de outra prestação que a lei exige como preliminar;

► Arts. 83 e 968, II, deste Código.

XIII – indevida concessão do benefício de gratuidade de justiça.

► Arts. 98, 99, 100 e 101 deste Código.

§ 1º Verifica-se a litispendência ou a coisa julgada quando se reproduz ação anteriormente ajuizada.

§ 2º Uma ação é idêntica a outra quando possui as mesmas partes, a mesma causa de pedir e o mesmo pedido.

§ 3º Há litispendência quando se repete ação que está em curso.

§ 4º Há coisa julgada quando se repete ação que já foi decidida por decisão transitada em julgado.

§ 5º Excetuadas a convenção de arbitragem e a incompetência relativa, o juiz conhecerá de ofício das matérias enumeradas neste artigo.

► Art. 64, § 1º, deste Código.

§ 6º A ausência de alegação da existência de convenção de arbitragem, na forma prevista neste Capítulo, implica aceitação da jurisdição estatal e renúncia ao juízo arbitral.

Art. 338. Alegando o réu, na contestação, ser parte ilegítima ou não ser o responsável pelo prejuízo invocado, o juiz facultará ao autor, em 15 (quinze) dias, a alteração da petição inicial para substituição do réu.

Parágrafo único. Realizada a substituição, o autor reembolsará as despesas e pagará os honorários ao procurador do réu excluído, que serão fixados entre três e cinco por cento do valor da causa ou, sendo este irrisório, nos termos do art. 85, § 8º.

Art. 339. Quando alegar sua ilegitimidade, incumbe ao réu indicar o sujeito passivo da relação jurídica discutida sempre que tiver conhecimento, sob pena de arcar com as despesas processuais e de indenizar o autor pelos prejuízos decorrentes da falta de indicação.

§ 1º O autor, ao aceitar a indicação, procederá, no prazo de 15 (quinze) dias, à alteração da petição inicial para a substituição do réu, observando-se, ainda, o parágrafo único do art. 338.

§ 2º No prazo de 15 (quinze) dias, o autor pode optar por alterar a petição inicial para incluir, como litisconsorte passivo, o sujeito indicado pelo réu.

Art. 340. Havendo alegação de incompetência relativa ou absoluta, a contestação poderá ser protocolada no foro de domicílio do réu, fato que será imediatamente comunicado ao juiz da causa, preferencialmente por meio eletrônico.

► Arts. 46 a 53, 64 e ss. deste Código.

§ 1º A contestação será submetida a livre distribuição ou, se o réu houver sido citado por meio de carta precatória, juntada aos autos dessa carta, seguindo-se a sua imediata remessa para o juízo da causa.

§ 2º Reconhecida a competência do foro indicado pelo réu, o juízo para o qual for distribuída a contestação ou a carta precatória será considerado prevento.

§ 3º Alegada a incompetência nos termos do *caput*, será suspensa a realização da audiência de conciliação ou de mediação, se tiver sido designada.

§ 4º Definida a competência, o juízo competente designará nova data para a audiência de conciliação ou de mediação.

Art. 341. Incumbe também ao réu manifestar-se precisamente sobre as alegações de fato constantes da petição inicial, presumindo-se verdadeiras as não impugnadas, salvo se:

I – não for admissível, a seu respeito, a confissão;

► Arts. 344 e 345 deste Código.

II – a petição inicial não estiver acompanhada de instrumento que a lei considerar da substância do ato;

III – estiverem em contradição com a defesa, considerada em seu conjunto.

► Arts. 72, parágrafo único e 186, deste Código.

Parágrafo único. O ônus da impugnação especificada dos fatos não se aplica ao defensor público, ao advogado dativo e ao curador especial.

► Art. 72, II, deste Código.

Art. 342. Depois da contestação, só é lícito ao réu deduzir novas alegações quando:

I – relativas a direito ou a fato superveniente;

II – competir ao juiz conhecer delas de ofício;

III – por expressa autorização legal, puderem ser formuladas em qualquer tempo e grau de jurisdição.

CAPÍTULO VII
DA RECONVENÇÃO

Art. 343. Na contestação, é lícito ao réu propor reconvenção para manifestar pretensão própria, conexa com a ação principal ou com o fundamento da defesa.

► Arts. 292 e 335 deste Código.

► Art. 31 da Lei nº 9.099, de 26-09-1995 (Lei dos Juizados Especiais Cíveis Estaduais).

► Art. 36, *caput*, da Lei nº 6.515, de 26-12-1977 (Lei do Divórcio).

§ 1º Proposta a reconvenção, o autor será intimado, na pessoa de seu advogado, para apresentar resposta no prazo de 15 (quinze) dias.

§ 2º A desistência da ação ou a ocorrência de causa extintiva que impeça o exame de seu mérito não obsta ao prosseguimento do processo quanto à reconvenção.

► Art. 485, §4º, deste Código.

§ 3º A reconvenção pode ser proposta contra o autor e terceiro.

§ 4º A reconvenção pode ser proposta pelo réu em litisconsórcio com terceiro.

► Art. 113 e ss. deste Código.

§ 5º Se o autor for substituto processual, o reconvinte deverá afirmar ser titular de direito em face do substituído, e a reconvenção deverá ser proposta em face do autor, também na qualidade de substituto processual.

§ 6º O réu pode propor reconvenção independentemente de oferecer contestação.

CAPÍTULO VIII
DA REVELIA

Art. 344. Se o réu não contestar a ação, será considerado revel e presumir-se-ão verdadeiras as alegações de fato formuladas pelo autor.

► Art. 349 deste Código.

Art. 345. A revelia não produz o efeito mencionado no art. 344 se:

I – havendo pluralidade de réus, algum deles contestar a ação;

II – o litígio versar sobre direitos indisponíveis;

III – a petição inicial não estiver acompanhada de instrumento que a lei considere indispensável à prova do ato;

► Art. 341, II, deste Código.

IV – as alegações de fato formuladas pelo autor forem inverossímeis ou estiverem em contradição com prova constante dos autos.

► Art. 349 deste Código.

Art. 346. Os prazos contra o revel que não tenha patrono nos autos fluirão da data de publicação do ato decisório no órgão oficial.

Parágrafo único. O revel poderá intervir no processo em qualquer fase, recebendo-o no estado em que se encontrar.

► Art. 349 deste Código.

CAPÍTULO IX
DAS PROVIDÊNCIAS PRELIMINARES E DO SANEAMENTO

Art. 347. Findo o prazo para a contestação, o juiz tomará, conforme o caso, as providências preliminares constantes das seções deste Capítulo.

► Art. 335 deste Código.

Seção I
DA NÃO INCIDÊNCIA DOS EFEITOS DA REVELIA

Art. 348. Se o réu não contestar a ação, o juiz, verificando a inocorrência do efeito da revelia previsto no art. 344, ordenará que o autor especifique as provas que pretenda produzir, se ainda não as tiver indicado.

Art. 349. Ao réu revel será lícita a produção de provas, contrapostas às alegações do autor, desde que se faça representar nos autos a tempo de praticar os atos processuais indispensáveis a essa produção.

Seção II
DO FATO IMPEDITIVO, MODIFICATIVO OU EXTINTIVO DO DIREITO DO AUTOR

Art. 350. Se o réu alegar fato impeditivo, modificativo ou extintivo do direito do autor, este será ouvido no prazo de 15 (quinze) dias, permitindo-lhe o juiz a produção de prova.

► Arts. 373, II e 437, § 1º, deste Código.

CPC

Seção III
DAS ALEGAÇÕES DO RÉU

Art. 351. Se o réu alegar qualquer das matérias enumeradas no art. 337, o juiz determinará a oitiva do autor no prazo de 15 (quinze) dias, permitindo-lhe a produção de prova.

Art. 352. Verificando a existência de irregularidades ou de vícios sanáveis, o juiz determinará sua correção em prazo nunca superior a 30 (trinta) dias.

Art. 353. Cumpridas as providências preliminares ou não havendo necessidade delas, o juiz proferirá julgamento conforme o estado do processo, observando o que dispõe o Capítulo X.

CAPÍTULO X
DO JULGAMENTO CONFORME O ESTADO DO PROCESSO

Seção I
DA EXTINÇÃO DO PROCESSO

Art. 354. Ocorrendo qualquer das hipóteses previstas nos arts. 485 e 487, incisos II e III, o juiz proferirá sentença.

► **Arts. 1009 a 1014 deste Código.**

Parágrafo único. A decisão a que se refere o *caput* pode dizer respeito a apenas parcela do processo, caso em que será impugnável por agravo de instrumento.

► **Art. 1.015, II, deste Código.**

Seção II
DO JULGAMENTO ANTECIPADO DO MÉRITO

Art. 355. O juiz julgará antecipadamente o pedido, proferindo sentença com resolução de mérito, quando:

► **Arts. 316, 487, I e II, 490 e 1.009 deste Código.**

I – não houver necessidade de produção de outras provas;

II – o réu for revel, ocorrer o efeito previsto no art. 344 e não houver requerimento de prova, na forma do art. 349.

Seção III
DO JULGAMENTO ANTECIPADO PARCIAL DO MÉRITO

Art. 356. O juiz decidirá parcialmente o mérito quando um ou mais dos pedidos formulados ou parcela deles:

I – mostrar-se incontroverso;

II – estiver em condições de imediato julgamento, nos termos do art. 355.

§ 1º A decisão que julgar parcialmente o mérito poderá reconhecer a existência de obrigação líquida ou ilíquida.

§ 2º A parte poderá liquidar ou executar, desde logo, a obrigação reconhecida na decisão que julgar parcialmente o mérito, independentemente de caução, ainda que haja recurso contra essa interposto.

§ 3º Na hipótese do § 2º, se houver trânsito em julgado da decisão, a execução será definitiva.

§ 4º A liquidação e o cumprimento da decisão que julgar parcialmente o mérito poderão ser processados em autos suplementares, a requerimento da parte ou a critério do juiz.

§ 5º A decisão proferida com base neste artigo é impugnável por agravo de instrumento.

► **Art. 1015, II, deste Código.**

Seção IV
DO SANEAMENTO E DA ORGANIZAÇÃO DO PROCESSO

Art. 357. Não ocorrendo nenhuma das hipóteses deste Capítulo, deverá o juiz, em decisão de saneamento e de organização do processo:

I – resolver as questões processuais pendentes, se houver;

II – delimitar as questões de fato sobre as quais recairá a atividade probatória, especificando os meios de prova admitidos;

III – definir a distribuição do ônus da prova, observado o art. 373;

IV – delimitar as questões de direito relevantes para a decisão do mérito;

► **Art. 10 deste Código.**

V – designar, se necessário, audiência de instrução e julgamento.

► **Art. 361 deste Código.**

§ 1º Realizado o saneamento, as partes têm o direito de pedir esclarecimentos ou solicitar ajustes, no prazo comum de 5 (cinco) dias, findo o qual a decisão se torna estável.

§ 2º As partes podem apresentar ao juiz, para homologação, delimitação consensual das questões de fato e de direito a que se referem os incisos II e IV, a qual, se homologada, vincula as partes e o juiz.

§ 3º Se a causa apresentar complexidade em matéria de fato ou de direito, deverá o juiz designar audiência para que o saneamento seja feito em cooperação com as partes, oportunidade em que o juiz, se for o caso, convidará as partes a integrar ou esclarecer suas alegações.

► **Art. 357, § 5º, deste Código.**

§ 4º Caso tenha sido determinada a produção de prova testemunhal, o juiz fixará prazo comum não superior a 15 (quinze) dias para que as partes apresentem rol de testemunhas.

► **Art. 447 deste Código.**

§ 5º Na hipótese do § 3º, as partes devem levar, para a audiência prevista, o respectivo rol de testemunhas.

§ 6º O número de testemunhas arroladas não pode ser superior a 10 (dez), sendo 3 (três), no máximo, para a prova de cada fato.

§ 7º O juiz poderá limitar o número de testemunhas levando em conta a complexidade da causa e dos fatos individualmente considerados.

§ 8º Caso tenha sido determinada a produção de prova pericial, o juiz deve observar o disposto no art. 465 e, se possível, estabelecer, desde logo, calendário para sua realização.

§ 9º As pautas deverão ser preparadas com intervalo mínimo de 1 (uma) hora entre as audiências.

CAPÍTULO XI
DA AUDIÊNCIA DE INSTRUÇÃO E JULGAMENTO

Art. 358. No dia e na hora designados, o juiz declarará aberta a audiência de instrução e julgamento e mandará apregoar as partes e os respectivos advogados, bem como outras pessoas que dela devam participar.

Art. 359. Instalada a audiência, o juiz tentará conciliar as partes, independentemente do emprego anterior de outros métodos de solução consensual de conflitos, como a mediação e a arbitragem.

Art. 360. O juiz exerce o poder de polícia, incumbindo-lhe:

I – manter a ordem e o decoro na audiência;

II – ordenar que se retirem da sala de audiência os que se comportarem inconvenientemente;

III – requisitar, quando necessário, força policial;

IV – tratar com urbanidade as partes, os advogados, os membros do Ministério Público e da Defensoria Pública e qualquer pessoa que participe do processo;

V – registrar em ata, com exatidão, todos os requerimentos apresentados em audiência.

Art. 361. As provas orais serão produzidas em audiência, ouvindo-se nesta ordem, preferencialmente:

I – o perito e os assistentes técnicos, que responderão aos quesitos de esclarecimentos requeridos no prazo e na forma do art. 477, caso não respondidos anteriormente por escrito;

II – o autor e, em seguida, o réu, que prestarão depoimentos pessoais;

► Arts. 385 e 385, § 2º, deste Código.

III – as testemunhas arroladas pelo autor e pelo réu, que serão inquiridas.

Parágrafo único. Enquanto depuserem o perito, os assistentes técnicos, as partes e as testemunhas, não poderão os advogados e o Ministério Público intervir ou apartear, sem licença do juiz.

Art. 362. A audiência poderá ser adiada:

I – por convenção das partes;

II – se não puder comparecer, por motivo justificado, qualquer pessoa que dela deva necessariamente participar;

III – por atraso injustificado de seu início em tempo superior a 30 (trinta) minutos do horário marcado.

► Art. 7º, XX, da Lei nº 8.906, de 4-7-1994 (Estatuto da Advocacia e da OAB).

§ 1º O impedimento deverá ser comprovado até a abertura da audiência, e, não o sendo, o juiz procederá à instrução.

§ 2º O juiz poderá dispensar a produção das provas requeridas pela parte cujo advogado ou defensor público não tenha comparecido à audiência, aplicando-se a mesma regra ao Ministério Público.

§ 3º Quem der causa ao adiamento responderá pelas despesas acrescidas.

Art. 363. Havendo antecipação ou adiamento da audiência, o juiz, de ofício ou a requerimento da parte, determinará a intimação dos advogados ou da sociedade de advogados para ciência da nova designação.

Art. 364. Finda a instrução, o juiz dará a palavra ao advogado do autor e do réu, bem como ao membro do Ministério Público, se for o caso de sua intervenção, sucessivamente, pelo prazo de 20 (vinte) minutos para cada um, prorrogável por 10 (dez) minutos, a critério do juiz.

► Art. 178 deste Código.

§ 1º Havendo litisconsorte ou terceiro interveniente, o prazo, que formará com o da prorrogação um só todo, dividir-se-á entre os do mesmo grupo, se não convencionarem de modo diverso.

► Arts. 113 e ss e 119 e ss deste Código.

§ 2º Quando a causa apresentar questões complexas de fato ou de direito, o debate oral poderá ser substituído por razões finais escritas, que serão apresentadas pelo autor e pelo réu, bem como pelo Ministério Público, se for o caso de sua intervenção, em prazos sucessivos de 15 (quinze) dias, assegurada vista dos autos.

► Arts. 219 e 224 deste Código.

Art. 365. A audiência é una e contínua, podendo ser excepcional e justificadamente cindida na ausência de perito ou de testemunha, desde que haja concordância das partes.

Parágrafo único. Diante da impossibilidade de realização da instrução, do debate e do julgamento no mesmo dia, o juiz marcará seu prosseguimento para a data mais próxima possível, em pauta preferencial.

Art. 366. Encerrado o debate ou oferecidas as razões finais, o juiz proferirá sentença em audiência ou no prazo de 30 (trinta) dias.

► Art. 226, III, deste Código.

Art. 367. O servidor lavrará, sob ditado do juiz, termo que conterá, em resumo, o ocorrido na audiência, bem como, por extenso, os despachos, as decisões e a sentença, se proferida no ato.

► Arts. 203 e 459, § 3º, deste Código.

§ 1º Quando o termo não for registrado em meio eletrônico, o juiz rubricar-lhe-á as folhas, que serão encadernadas em volume próprio.

§ 2º Subscreverão o termo o juiz, os advogados, o membro do Ministério Público e o escrivão ou chefe de secretaria, dispensadas as partes, exceto quando houver ato de disposição para cuja prática os advogados não tenham poderes.

§ 3º O escrivão ou chefe de secretaria trasladará para os autos cópia autêntica do termo de audiência.

§ 4º Tratando-se de autos eletrônicos, observar-se-á o disposto neste Código, em legislação específica e nas normas internas dos tribunais.

§ 5º A audiência poderá ser integralmente gravada em imagem e em áudio, em meio digital ou analógico, desde que assegure o rápido acesso das partes e dos órgãos julgadores, observada a legislação específica.

§ 6º A gravação a que se refere o § 5º também pode ser realizada diretamente por qualquer das partes, independentemente de autorização judicial.

Art. 368. A audiência será pública, ressalvadas as exceções legais.

► Art. 11 deste Código.

► Art. 143 do ECA.

CAPÍTULO XII
DAS PROVAS

Seção I
DISPOSIÇÕES GERAIS

Art. 369. As partes têm o direito de empregar todos os meios legais, bem como os moralmente legítimos, ainda que não especificados neste Código, para provar a verdade dos fatos em que se funda o pedido ou a defesa e influir eficazmente na convicção do juiz.

► Art. 5º, LVI, da CF.

► Art. 212 do CC.

Art. 370. Caberá ao juiz, de ofício ou a requerimento da parte, determinar as provas necessárias ao julgamento do mérito.

Parágrafo único. O juiz indeferirá, em decisão fundamentada, as diligências inúteis ou meramente protelatórias.

► Arts. 11 e 489 deste Código.

Art. 371. O juiz apreciará a prova constante dos autos, independentemente do sujeito que a tiver promovido, e indicará na decisão as razões da formação de seu convencimento.

► Art. 489, II, deste Código.

Art. 372. O juiz poderá admitir a utilização de prova produzida em outro processo, atribuindo-lhe o valor que considerar adequado, observado o contraditório.

► Art. 489 e § 1º, deste Código.

Art. 373. O ônus da prova incumbe:

► Arts. 6º, VIII, 38 e 51, VI, do CDC.

I – ao autor, quanto ao fato constitutivo de seu direito;

II – ao réu, quanto à existência de fato impeditivo, modificativo ou extintivo do direito do autor.

§ 1º Nos casos previstos em lei ou diante de peculiaridades da causa relacionadas à impossibilidade ou à excessiva dificuldade de cumprir o encargo nos termos do *caput* ou à maior facilidade de obtenção da prova do fato contrário, poderá o juiz atribuir o ônus da prova de modo diverso, desde que o faça por decisão fundamentada, caso em que deverá dar à parte a oportunidade de se desincumbir do ônus que lhe foi atribuído.

▸ Art. 1.015, XI, deste Código.

§ 2º A decisão prevista no § 1º deste artigo não pode gerar situação em que a desincumbência do encargo pela parte seja impossível ou excessivamente difícil.

§ 3º A distribuição diversa do ônus da prova também pode ocorrer por convenção das partes, salvo quando:

I – recair sobre direito indisponível da parte;

II – tornar excessivamente difícil a uma parte o exercício do direito.

§ 4º A convenção de que trata o § 3º pode ser celebrada antes ou durante o processo.

Art. 374. Não dependem de prova os fatos:

I – notórios;

II – afirmados por uma parte e confessados pela parte contrária;

▸ Art. 348 deste Código.

III – admitidos no processo como incontroversos;

IV – em cujo favor milita presunção legal de existência ou de veracidade.

▸ Art. 349 deste Código.

Art. 375. O juiz aplicará as regras de experiência comum subministradas pela observação do que ordinariamente acontece e, ainda, as regras de experiência técnica, ressalvado, quanto a estas, o exame pericial.

▸ Art. 140 deste Código.

Art. 376. A parte que alegar direito municipal, estadual, estrangeiro ou consuetudinário provar-lhe-á o teor e a vigência, se assim o juiz determinar.

Art. 377. A carta precatória, a carta rogatória e o auxílio direto suspenderão o julgamento da causa no caso previsto no art. 313, inciso V, alínea *b*, quando, tendo sido requeridos antes da decisão de saneamento, a prova neles solicitada for imprescindível.

Parágrafo único. A carta precatória e a carta rogatória não devolvidas no prazo ou concedidas sem efeito suspensivo poderão ser juntadas aos autos a qualquer momento.

Art. 378. Ninguém se exime do dever de colaborar com o Poder Judiciário para o descobrimento da verdade.

Art. 379. Preservado o direito de não produzir prova contra si própria, incumbe à parte:

I – comparecer em juízo, respondendo ao que lhe for interrogado;

II – colaborar com o juízo na realização de inspeção judicial que for considerada necessária;

▸ Arts. 481 a 484 deste Código.

III – praticar o ato que lhe for determinado.

Art. 380. Incumbe ao terceiro, em relação a qualquer causa:

I – informar ao juiz os fatos e as circunstâncias de que tenha conhecimento;

II – exibir coisa ou documento que esteja em seu poder.

▸ Arts. 396 e 401 deste Código.

Parágrafo único. Poderá o juiz, em caso de descumprimento, determinar, além da imposição de multa, outras medidas indutivas, coercitivas, mandamentais ou sub-rogatórias.

Seção II
DA PRODUÇÃO ANTECIPADA DA PROVA

Art. 381. A produção antecipada da prova será admitida nos casos em que:

I – haja fundado receio de que venha a tornar-se impossível ou muito difícil a verificação de certos fatos na pendência da ação;

II – a prova a ser produzida seja suscetível de viabilizar a autocomposição ou outro meio adequado de solução de conflito;

III – o prévio conhecimento dos fatos possa justificar ou evitar o ajuizamento de ação.

§ 1º O arrolamento de bens observará o disposto nesta Seção quando tiver por finalidade apenas a realização de documentação e não a prática de atos de apreensão.

§ 2º A produção antecipada da prova é da competência do juízo do foro onde esta deva ser produzida ou do foro de domicílio do réu.

§ 3º A produção antecipada da prova não previne a competência do juízo para a ação que venha a ser proposta.

§ 4º O juízo estadual tem competência para produção antecipada de prova requerida em face da União, de entidade autárquica ou de empresa pública federal se, na localidade, não houver vara federal.

§ 5º Aplica-se o disposto nesta Seção àquele que pretender justificar a existência de algum fato ou relação jurídica para simples documento e sem caráter contencioso, que exporá, em petição circunstanciada, a sua intenção.

Art. 382. Na petição, o requerente apresentará as razões que justificam a necessidade de antecipação da prova e mencionará com precisão os fatos sobre os quais a prova há de recair.

§ 1º O juiz determinará, de ofício ou a requerimento da parte, a citação de interessados na produção da prova ou no fato a ser provado, salvo se inexistente caráter contencioso.

§ 2º O juiz não se pronunciará sobre a ocorrência ou a inocorrência do fato, nem sobre as respectivas consequências jurídicas.

§ 3º Os interessados poderão requerer a produção de qualquer prova no mesmo procedimento, desde que relacionada ao mesmo fato, salvo se a sua produção conjunta acarretar excessiva demora.

§ 4º Neste procedimento, não se admitirá defesa ou recurso, salvo contra decisão que indeferir totalmente a produção da prova pleiteada pelo requerente originário.

Art. 383. Os autos permanecerão em cartório durante 1 (um) mês para extração de cópias e certidões pelos interessados.

Parágrafo único. Findo o prazo, os autos serão entregues ao promovente da medida.

Seção III
DA ATA NOTARIAL

Art. 384. A existência e o modo de existir de algum fato podem ser atestados ou documentados, a requerimento do interessado, mediante ata lavrada por tabelião.

▸ Arts. 6º, III, e 7º, III, da Lei nº 8.935, de 18-11-1994 (Lei dos Serviços Notariais e de Registro).

Parágrafo único. Dados representados por imagem ou som gravados em arquivos eletrônicos poderão constar da ata notarial.

Seção IV
DO DEPOIMENTO PESSOAL

Art. 385. Cabe à parte requerer o depoimento pessoal da outra parte, a fim de que esta seja interrogada na audiência de instrução e julgamento, sem prejuízo do poder do juiz de ordená-lo de ofício.

§ 1º Se a parte, pessoalmente intimada para prestar depoimento pessoal e advertida da pena de confesso, não comparecer ou, comparecendo, se recusar a depor, o juiz aplicar-lhe-á a pena.

§ 2º É vedado a quem ainda não depôs assistir ao interrogatório da outra parte.

§ 3º O depoimento pessoal da parte que residir em comarca, seção ou subseção judiciária diversa daquela onde tramita o processo poderá ser colhido por meio de videoconferência ou outro recurso tecnológico de transmissão de sons e imagens em tempo real, o que poderá ocorrer, inclusive, durante a realização da audiência de instrução e julgamento.

Art. 386. Quando a parte, sem motivo justificado, deixar de responder ao que lhe for perguntado ou empregar evasivas, o juiz, apreciando as demais circunstâncias e os elementos de prova, declarará, na sentença, se houve recusa de depor.

Art. 387. A parte responderá pessoalmente sobre os fatos articulados, não podendo servir-se de escritos anteriormente preparados, permitindo-lhe o juiz, todavia, a consulta a notas breves, desde que objetivem completar esclarecimentos.

Art. 388. A parte não é obrigada a depor sobre fatos:

I – criminosos ou torpes que lhe forem imputados;

II – a cujo respeito, por estado ou profissão, deva guardar sigilo;

III – acerca dos quais não possa responder sem desonra própria, de seu cônjuge, de seu companheiro ou de parente em grau sucessível;

IV – que coloquem em perigo a vida do depoente ou das pessoas referidas no inciso III.

Parágrafo único. Esta disposição não se aplica às ações de estado e de família.

Seção V
DA CONFISSÃO

Art. 389. Há confissão, judicial ou extrajudicial, quando a parte admite a verdade de fato contrário ao seu interesse e favorável ao do adversário.

Art. 390. A confissão judicial pode ser espontânea ou provocada.

§ 1º A confissão espontânea pode ser feita pela própria parte ou por representante com poder especial.

► Art. 105 deste Código.

§ 2º A confissão provocada constará do termo de depoimento pessoal.

Art. 391. A confissão judicial faz prova contra o confitente, não prejudicando, todavia, os litisconsortes.

Parágrafo único. Nas ações que versarem sobre bens imóveis ou direitos reais sobre imóveis alheios, a confissão de um cônjuge ou companheiro não valerá sem a do outro, salvo se o regime de casamento for o de separação absoluta de bens.

Art. 392. Não vale como confissão a admissão, em juízo, de fatos relativos a direitos indisponíveis.

► Art. 213 do CC.

§ 1º A confissão será ineficaz se feita por quem não for capaz de dispor do direito a que se referem os fatos confessados.

§ 2º A confissão feita por um representante somente é eficaz nos limites em que este pode vincular o representado.

Art. 393. A confissão é irrevogável, mas pode ser anulada se decorreu de erro de fato ou de coação.

► Art. 214 do CC.

Parágrafo único. A legitimidade para a ação prevista no *caput* é exclusiva do confitente e pode ser transferida a seus herdeiros se ele falecer após a propositura.

Art. 394. A confissão extrajudicial, quando feita oralmente, só terá eficácia nos casos em que a lei não exija prova literal.

► Art. 212, I, do CC.

Art. 395. A confissão é, em regra, indivisível, não podendo a parte que a quiser invocar como prova aceitá-la no tópico que a beneficiar e rejeitá-la no que lhe for desfavorável, porém cindir-se-á quando o confitente a ela aduzir fatos novos, capazes de constituir fundamento de defesa de direito material ou de reconvenção.

Seção VI
DA EXIBIÇÃO DE DOCUMENTO OU COISA

► Súm. nº 372 do STJ.

Art. 396. O juiz pode ordenar que a parte exiba documento ou coisa que se encontre em seu poder.

► Art. 5º, XII e XIV, da CF.

► Art. 380, II, deste Código.

Art. 397. O pedido formulado pela parte conterá:

I – a individuação, tão completa quanto possível, do documento ou da coisa;

II – a finalidade da prova, indicando os fatos que se relacionam com o documento ou com a coisa;

III – as circunstâncias em que se funda o requerente para afirmar que o documento ou a coisa existe e se acha em poder da parte contrária.

Art. 398. O requerido dará sua resposta nos 5 (cinco) dias subsequentes à sua intimação.

Parágrafo único. Se o requerido afirmar que não possui o documento ou a coisa, o juiz permitirá que o requerente prove, por qualquer meio, que a declaração não corresponde à verdade.

► Art. 400 deste Código.

Art. 399. O juiz não admitirá a recusa se:

I – o requerido tiver obrigação legal de exibir;

II – o requerido tiver aludido ao documento ou à coisa, no processo, com o intuito de constituir prova;

III – o documento, por seu conteúdo, for comum às partes.

Art. 400. Ao decidir o pedido, o juiz admitirá como verdadeiros os fatos que, por meio do documento ou da coisa, a parte pretendia provar se:

I – o requerido não efetuar a exibição nem fizer nenhuma declaração no prazo do art. 398;

II – a recusa for havida por ilegítima.

Parágrafo único. Sendo necessário, o juiz pode adotar medidas indutivas, coercitivas, mandamentais ou sub-rogatórias para que o documento seja exibido.

Art. 401. Quando o documento ou a coisa estiver em poder de terceiro, o juiz ordenará sua citação para responder no prazo de 15 (quinze) dias.

► Art. 380 deste Código.

Art. 402. Se o terceiro negar a obrigação de exibir ou a posse do documento ou da coisa, o juiz designará audiência especial, tomando-lhe o depoimento, bem como o das partes e, se necessário, o de testemunhas, e em seguida proferirá decisão.

Art. 403. Se o terceiro, sem justo motivo, se recusar a efetuar a exibição, o juiz ordenar-lhe-á que proceda ao respectivo depósito em cartório ou em outro lugar designado, no prazo de 5 (cinco) dias, impondo ao requerente que o ressarça pelas despesas que tiver.

Parágrafo único. Se o terceiro descumprir a ordem, o juiz expedirá mandado de apreensão, requisitando, se necessário, força policial, sem prejuízo da responsabilidade por crime de desobediência, pagamento de multa e outras medidas indutivas, coercitivas, mandamentais ou sub-rogatórias necessárias para assegurar a efetivação da decisão.

► Art. 7º, II, §§ 6º e 7º, da Lei nº 8.906, de 4-7-1994 (Estatuto da Advocacia e da OAB).

► Art. 104, parágrafo único, Lei nº 11.101, de 9-2-2005 (Lei de Recuperação de Empresas e Falências).

Art. 404. A parte e o terceiro se escusam de exibir, em juízo, o documento ou a coisa se:

I – concernente a negócios da própria vida da família;

II – sua apresentação puder violar dever de honra;

III – sua publicidade redundar em desonra à parte ou ao terceiro, bem como a seus parentes consanguíneos ou afins até o terceiro grau, ou lhes representar perigo de ação penal;

IV – sua exibição acarretar a divulgação de fatos a cujo respeito, por estado ou profissão, devam guardar segredo;

V – subsistirem outros motivos graves que, segundo o prudente arbítrio do juiz, justifiquem a recusa da exibição;

VI – houver disposição legal que justifique a recusa da exibição.

Parágrafo único. Se os motivos de que tratam os incisos I a VI do *caput* disserem respeito a apenas uma parcela do documento, a parte ou o terceiro exibirá a outra em cartório, para dela ser extraída cópia reprográfica, de tudo sendo lavrado auto circunstanciado.

Seção VII
DA PROVA DOCUMENTAL

Subseção I
DA FORÇA PROBANTE DOS DOCUMENTOS

Art. 405. O documento público faz prova não só da sua formação, mas também dos fatos que o escrivão, o chefe de secretaria, o tabelião ou o servidor declarar que ocorreram em sua presença.

► Art. 205 do CC.

Art. 406. Quando a lei exigir instrumento público como da substância do ato, nenhuma outra prova, por mais especial que seja, pode suprir-lhe a falta.

► Art. 109 do CC.

Art. 407. O documento feito por oficial público incompetente ou sem a observância das formalidades legais, sendo subscrito pelas partes, tem a mesma eficácia probatória do documento particular.

Art. 408. As declarações constantes do documento particular escrito e assinado ou somente assinado presumem-se verdadeiras em relação ao signatário.

► Art. 219 do CC.

Parágrafo único. Quando, todavia, contiver declaração de ciência de determinado fato, o documento particular prova a ciência, mas não o fato em si, incumbindo o ônus de prová-lo ao interessado em sua veracidade.

► Art. 220 do CC.

Art. 409. A data do documento particular, quando a seu respeito surgir dúvida ou impugnação entre os litigantes, provar-se-á por todos os meios de direito.

Parágrafo único. Em relação a terceiros, considerar-se-á datado o documento particular:

I – no dia em que foi registrado;

► Art. 127, I, da Lei nº 6.015, de 31-12-1973 (Lei dos Registros Públicos).

II – desde a morte de algum dos signatários;

III – a partir da impossibilidade física que sobreveio a qualquer dos signatários;

IV – da sua apresentação em repartição pública ou em juízo;

V – do ato ou do fato que estabeleça, de modo certo, a anterioridade da formação do documento.

► Súm. nº 132 do STJ.

Art. 410. Considera-se autor do documento particular:

I – aquele que o fez e o assinou;

II – aquele por conta de quem ele foi feito, estando assinado;

III – aquele que, mandando compô-lo, não o firmou porque, conforme a experiência comum, não se costuma assinar, como livros empresariais e assentos domésticos.

Art. 411. Considera-se autêntico o documento quando:

► Art 425, IV deste Código.

I – o tabelião reconhecer a firma do signatário;

II – a autoria estiver identificada por qualquer outro meio legal de certificação, inclusive eletrônico, nos termos da lei;

III – não houver impugnação da parte contra quem foi produzido o documento.

Art. 412. O documento particular de cuja autenticidade não se duvida prova que o seu autor fez a declaração que lhe é atribuída.

Parágrafo único. O documento particular admitido expressa ou tacitamente é indivisível, sendo vedado à parte que pretende utilizar-se dele aceitar os fatos que lhe são favoráveis e recusar os que são contrários ao seu interesse, salvo se provar que estes não ocorreram.

Art. 413. O telegrama, o radiograma ou qualquer outro meio de transmissão tem a mesma força probatória do documento particular se o original constante da estação expedidora tiver sido assinado pelo remetente.

Parágrafo único. A firma do remetente poderá ser reconhecida pelo tabelião, declarando-se essa circunstância no original depositado na estação expedidora.

Art. 414. O telegrama ou o radiograma presume-se conforme com o original, provando as datas de sua expedição e de seu recebimento pelo destinatário.

Art. 415. As cartas e os registros domésticos provam contra quem os escreveu quando:

I – enunciam o recebimento de um crédito;

II – contêm anotação que visa a suprir a falta de título em favor de quem é apontado como credor;

III – expressam conhecimento de fatos para os quais não se exija determinada prova.

Art. 416. A nota escrita pelo credor em qualquer parte de documento representativo de obrigação, ainda que não assinada, faz prova em benefício do devedor.

Parágrafo único. Aplica-se essa regra tanto para o documento que o credor conservar em seu poder quanto para aquele que se achar em poder do devedor ou de terceiro.

Art. 417. Os livros empresariais provam contra seu autor, sendo lícito ao empresário, todavia, demonstrar, por todos os meios permitidos em direito, que os lançamentos não correspondem à verdade dos fatos.

► Arts. 1.179 a 1.195 do CC.

Art. 418. Os livros empresariais que preencham os requisitos exigidos por lei provam a favor de seu autor no litígio entre empresários.

Art. 419. A escrituração contábil é indivisível, e, se dos fatos que resultam dos lançamentos, uns são favoráveis ao interesse de seu autor e outros lhe são contrários, ambos serão considerados em conjunto, como unidade.

Art. 420. O juiz pode ordenar, a requerimento da parte, a exibição integral dos livros empresariais e dos documentos do arquivo:

► Art. 1.191 do CC.

I – na liquidação de sociedade;

II – na sucessão por morte de sócio;

► Art. 1.028 do CC.

III – quando e como determinar a lei.

Art. 421. O juiz pode, de ofício, ordenar à parte a exibição parcial dos livros e dos documentos, extraindo-se deles a suma que interessar ao litígio, bem como reproduções autenticadas.

► Súm. nº 260 do STF.

Art. 422. Qualquer reprodução mecânica, como a fotográfica, a cinematográfica, a fonográfica ou de outra espécie, tem aptidão para fazer prova dos fatos ou das coisas representadas, se a sua conformidade com o documento original não for impugnada por aquele contra quem foi produzida.

§ 1º As fotografias digitais e as extraídas da rede mundial de computadores fazem prova das imagens que reproduzem, devendo, se impugnadas, ser apresentada a respectiva autenticação eletrônica ou, não sendo possível, realizada perícia.

§ 2º Se se tratar de fotografia publicada em jornal ou revista, será exigido um exemplar original do periódico, caso impugnada a veracidade pela outra parte.

§ 3º Aplica-se o disposto neste artigo à forma impressa de mensagem eletrônica.

Art. 423. As reproduções dos documentos particulares, fotográficas ou obtidas por outros processos de repetição, valem como certidões sempre que o escrivão ou o chefe de secretaria certificar sua conformidade com o original.

Art. 424. A cópia de documento particular tem o mesmo valor probante que o original, cabendo ao escrivão, intimadas as partes, proceder à conferência e certificar a conformidade entre a cópia e o original.

Art. 425. Fazem a mesma prova que os originais:

I – as certidões textuais de qualquer peça dos autos, do protocolo das audiências ou de outro livro a cargo do escrivão ou do chefe de secretaria, se extraídas por ele ou sob sua vigilância e por ele subscritas;

II – os traslados e as certidões extraídas por oficial público de instrumentos ou documentos lançados em suas notas;

III – as reproduções dos documentos públicos, desde que autenticadas por oficial público ou conferidas em cartório com os respectivos originais;

► Arts. 216 e 217 do CC.

IV – as cópias reprográficas de peças do próprio processo judicial declaradas autênticas pelo advogado, sob sua responsabilidade pessoal, se não lhes for impugnada a autenticidade;

► Art. 1.017 deste Código.

V – os extratos digitais de bancos de dados públicos e privados, desde que atestado pelo seu emitente, sob as penas da lei, que as informações conferem com o que consta na origem;

VI – as reproduções digitalizadas de qualquer documento público ou particular, quando juntadas aos autos pelos órgãos da justiça e seus auxiliares, pelo Ministério Público e seus auxiliares, pela Defensoria Pública e seus auxiliares, pelas procuradorias, pelas repartições públicas em geral e por advogados, ressalvada a alegação motivada e fundamentada de adulteração.

§ 1º Os originais dos documentos digitalizados mencionados no inciso VI deverão ser preservados pelo seu detentor até o final do prazo para propositura de ação rescisória.

§ 2º Tratando-se de cópia digital de título executivo extrajudicial ou de documento relevante à instrução do processo, o juiz poderá determinar seu depósito em cartório ou secretaria.

Art. 426. O juiz apreciará fundamentadamente a fé que deva merecer o documento, quando em ponto substancial e sem ressalva contiver entrelinha, emenda, borrão ou cancelamento.

► Art. 171 deste Código.

Art. 427. Cessa a fé do documento público ou particular sendo-lhe declarada judicialmente a falsidade.

► Arts. 297 e 298 do CC.

Parágrafo único. A falsidade consiste em:

I – formar documento não verdadeiro;

II – alterar documento verdadeiro.

Art. 428. Cessa a fé do documento particular quando:

I – for impugnada sua autenticidade e enquanto não se comprovar sua veracidade;

II – assinado em branco, for impugnado seu conteúdo, por preenchimento abusivo.

Parágrafo único. Dar-se-á abuso quando aquele que recebeu documento assinado com texto não escrito no todo ou em parte formá-lo ou completá-lo por si ou por meio de outrem, violando o pacto feito com o signatário.

Art. 429. Incumbe o ônus da prova quando:

I – se tratar de falsidade de documento ou de preenchimento abusivo, à parte que a arguir;

II – se tratar de impugnação da autenticidade, à parte que produziu o documento.

Subseção II
DA ARGUIÇÃO DE FALSIDADE

Art. 430. A falsidade deve ser suscitada na contestação, na réplica ou no prazo de 15 (quinze) dias, contado a partir da intimação da juntada do documento aos autos.

Parágrafo único. Uma vez arguida, a falsidade será resolvida como questão incidental, salvo se a parte requerer que o juiz a decida como questão principal, nos termos do inciso II do art. 19.

Art. 431. A parte arguirá a falsidade expondo os motivos em que funda a sua pretensão e os meios com que provará o alegado.

Art. 432. Depois de ouvida a outra parte no prazo de 15 (quinze) dias, será realizado o exame pericial.

Parágrafo único. Não se procederá ao exame pericial se a parte que produziu o documento concordar em retirá-lo.

Art. 433. A declaração sobre a falsidade do documento, quando suscitada como questão principal, constará da parte dispositiva da sentença e sobre ela incidirá também a autoridade da coisa julgada.

► Art. 19, II deste Código.

SUBSEÇÃO III

DA PRODUÇÃO DA PROVA DOCUMENTAL

Art. 434. Incumbe à parte instruir a petição inicial ou a contestação com os documentos destinados a provar suas alegações.

► Art. 212, II, do CC.

Parágrafo único. Quando o documento consistir em reprodução cinematográfica ou fonográfica, a parte deverá trazê-lo nos termos do *caput*, mas sua exposição será realizada em audiência, intimando-se previamente as partes.

Art. 435. É lícito às partes, em qualquer tempo, juntar aos autos documentos novos, quando destinados a fazer prova de fatos ocorridos depois dos articulados ou para contrapô-los aos que foram produzidos nos autos.

► Art. 437, parágrafo primeiro.

Parágrafo único. Admite-se também a juntada posterior de documentos formados após a petição inicial ou a contestação, bem como dos que se tornaram conhecidos, acessíveis ou disponíveis após esses atos, cabendo à parte que os produzir comprovar o motivo que a impediu de juntá-los anteriormente e incumbindo ao juiz, em qualquer caso, avaliar a conduta da parte de acordo com o art. 5º.

Art. 436. A parte, intimada a falar sobre documento constante dos autos, poderá:

I – impugnar a admissibilidade da prova documental;

II – impugnar sua autenticidade;

III – suscitar sua falsidade, com ou sem deflagração do incidente de arguição de falsidade;

IV – manifestar-se sobre seu conteúdo.

Parágrafo único. Nas hipóteses dos incisos II e III, a impugnação deverá basear-se em argumentação específica, não se admitindo alegação genérica de falsidade.

Art. 437. O réu manifestar-se-á na contestação sobre os documentos anexados à inicial, e o autor manifestar-se-á na réplica sobre os documentos anexados à contestação.

► Art. 139, VI deste Código.

§ 1º Sempre que uma das partes requerer a juntada de documento aos autos, o juiz ouvirá, a seu respeito, a outra parte, que disporá do prazo de 15 (quinze) dias para adotar qualquer das posturas indicadas no art. 436.

§ 2º Poderá o juiz, a requerimento da parte, dilatar o prazo para manifestação sobre a prova documental produzida, levando em consideração a quantidade e a complexidade da documentação.

Art. 438. O juiz requisitará às repartições públicas, em qualquer tempo ou grau de jurisdição:

I – as certidões necessárias à prova das alegações das partes;

II – os procedimentos administrativos nas causas em que forem interessados a União, os Estados, o Distrito Federal, os Municípios ou entidades da administração indireta.

► Art. 41, par. ún., da Lei nº 6.830, de 22-9-1980 (Lei das Execuções Fiscais).

§ 1º Recebidos os autos, o juiz mandará extrair, no prazo máximo e improrrogável de 1 (um) mês, certidões ou reproduções fotográficas das peças que indicar e das que forem indicadas pelas partes, e, em seguida, devolverá os autos à repartição de origem.

§ 2º As repartições públicas poderão fornecer todos os documentos em meio eletrônico, conforme disposto em lei, certificando, pelo mesmo meio, que se trata de extrato fiel do que consta em seu banco de dados ou no documento digitalizado.

SEÇÃO VIII

DOS DOCUMENTOS ELETRÔNICOS

Art. 439. A utilização de documentos eletrônicos no processo convencional dependerá de sua conversão à forma impressa e da verificação de sua autenticidade, na forma da lei.

Art. 440. O juiz apreciará o valor probante do documento eletrônico não convertido, assegurado às partes o acesso ao seu teor.

Art. 441. Serão admitidos documentos eletrônicos produzidos e conservados com a observância da legislação específica.

SEÇÃO IX

DA PROVA TESTEMUNHAL

SUBSEÇÃO I

DA ADMISSIBILIDADE E DO VALOR DA PROVA TESTEMUNHAL

Art. 442. A prova testemunhal é sempre admissível, não dispondo a lei de modo diverso.

Art. 443. O juiz indeferirá a inquirição de testemunhas sobre fatos:

► Arts. 447, 457, § 1º deste Código.

I – já provados por documento ou confissão da parte;

II – que só por documento ou por exame pericial puderem ser provados.

► Art. 227, parágrafo único, do CC.

Art. 444. Nos casos em que a lei exigir prova escrita da obrigação, é admissível a prova testemunhal quando houver começo de prova por escrito, emanado da parte contra a qual se pretende produzir a prova.

Art. 445. Também se admite a prova testemunhal quando o credor não pode ou não podia, moral ou materialmente, obter a prova escrita da obrigação, em casos como o de parentesco, de depósito necessário ou de hospedagem em hotel ou em razão das práticas comerciais do local onde contraída a obrigação.

► Art. 227, parágrafo único, do CC.

Art. 446. É lícito à parte provar com testemunhas:

I – nos contratos simulados, a divergência entre a vontade real e a vontade declarada;

II – nos contratos em geral, os vícios de consentimento.

► Arts. 110 e 167 do CC.

Art. 447. Podem depor como testemunhas todas as pessoas, exceto as incapazes, impedidas ou suspeitas.

► Art. 228 do CC.

§ 1º São incapazes:

► Art. 114 da Lei nº 13.146, de 6-7-2015 (Estatuto da Pessoa com Deficiência).

I – o interdito por enfermidade ou deficiência mental;

► Art. 1.767, I, do CC.

II – o que, acometido por enfermidade ou retardamento mental, ao tempo em que ocorreram os fatos, não podia discerni-los, ou, ao tempo em que deve depor, não está habilitado a transmitir as percepções;

III – o que tiver menos de 16 (dezesseis) anos;

► Art. 3º do CC.

IV – o cego e o surdo, quando a ciência do fato depender dos sentidos que lhes faltam.

§ 2º São impedidos:

I – o cônjuge, o companheiro, o ascendente e o descendente em qualquer grau e o colateral, até o terceiro grau, de alguma das partes, por consanguinidade ou afinidade, salvo se o exigir o interesse público ou, tratando-se de causa relativa ao estado da pessoa, não se puder obter de outro modo a prova que o juiz repute necessária ao julgamento do mérito;

II – o que é parte na causa;

III – o que intervém em nome de uma parte, como o tutor, o representante legal da pessoa jurídica, o juiz, o advogado e outros que assistam ou tenham assistido as partes.

► Art. 7º, XIX, da Lei nº 8.906, de 4-7-1994 (Estatuto da Advocacia e da OAB).

§ 3º São suspeitos:

I – o inimigo da parte ou o seu amigo íntimo;

II – o que tiver interesse no litígio.

§ 4º Sendo necessário, pode o juiz admitir o depoimento das testemunhas menores, impedidas ou suspeitas.

§ 5º Os depoimentos referidos no § 4º serão prestados independentemente de compromisso, e o juiz lhes atribuirá o valor que possam merecer.

Art. 448. A testemunha não é obrigada a depor sobre fatos:

► Arts. 378 e 380, I deste Código.

I – que lhe acarretem grave dano, bem como ao seu cônjuge ou companheiro e aos seus parentes consanguíneos ou afins, em linha reta ou colateral, até o terceiro grau;

► Arts. 1.591 a 1.595 do CC.

II – a cujo respeito, por estado ou profissão, deva guardar sigilo.

► Art. 457, § 3º, deste Código.

Art. 449. Salvo disposição especial em contrário, as testemunhas devem ser ouvidas na sede do juízo.

► Art. 361 deste Código.

Parágrafo único. Quando a parte ou a testemunha, por enfermidade ou por outro motivo relevante, estiver impossibilitada de comparecer, mas não de prestar depoimento, o juiz designará, conforme as circunstâncias, dia, hora e lugar para inquiri-la.

Subseção II
DA PRODUÇÃO DA PROVA TESTEMUNHAL

Art. 450. O rol de testemunhas conterá, sempre que possível, o nome, a profissão, o estado civil, a idade, o número de inscrição no Cadastro de Pessoas Físicas, o número de registro de identidade e o endereço completo da residência e do local de trabalho.

Art. 451. Depois de apresentado o rol de que tratam os §§ 4º e 5º do art. 357, a parte só pode substituir a testemunha:

I – que falecer;

II – que, por enfermidade, não estiver em condições de depor;

III – que, tendo mudado de residência ou de local de trabalho, não for encontrada.

Art. 452. Quando for arrolado como testemunha, o juiz da causa:

I – declarar-se-á impedido, se tiver conhecimento de fatos que possam influir na decisão, caso em que será vedado à parte que o incluiu no rol desistir de seu depoimento;

II – se nada souber, mandará excluir o seu nome.

► Art. 144, I deste Código.

Art. 453. As testemunhas depõem, na audiência de instrução e julgamento, perante o juiz da causa, exceto:

I – as que prestam depoimento antecipadamente;

II – as que são inquiridas por carta.

§ 1º A oitiva de testemunha que residir em comarca, seção ou subseção judiciária diversa daquela onde tramita o processo poderá ser realizada por meio de videoconferência ou outro recurso tecnológico de transmissão e recepção de sons e imagens em tempo real, o que poderá ocorrer, inclusive, durante a audiência de instrução e julgamento.

§ 2º Os juízos deverão manter equipamento para a transmissão e recepção de sons e imagens a que se refere o § 1º.

Art. 454. São inquiridos em sua residência ou onde exercem sua função:

I – o presidente e o vice-presidente da República;

II – os ministros de Estado;

III – os ministros do Supremo Tribunal Federal, os conselheiros do Conselho Nacional de Justiça e os ministros do Superior Tribunal de Justiça, do Superior Tribunal Militar, do Tribunal Superior Eleitoral, do Tribunal Superior do Trabalho e do Tribunal de Contas da União;

IV – o procurador-geral da República e os conselheiros do Conselho Nacional do Ministério Público;

V – o advogado-geral da União, o procurador-geral do Estado, o procurador-geral do Município, o defensor público-geral federal e o defensor público-geral do Estado;

VI – os senadores e os deputados federais;

VII – os governadores dos Estados e do Distrito Federal;

VIII – o prefeito;

IX – os deputados estaduais e distritais;

X – os desembargadores dos Tribunais de Justiça, dos Tribunais Regionais Federais, dos Tribunais Regionais do Trabalho e dos Tribunais Regionais Eleitorais e os conselheiros dos Tribunais de Contas dos Estados e do Distrito Federal;

XI – o procurador-geral de justiça;

XII – o embaixador de país que, por lei ou tratado, concede idêntica prerrogativa a agente diplomático do Brasil.

§ 1º O juiz solicitará à autoridade que indique dia, hora e local a fim de ser inquirida, remetendo-lhe cópia da petição inicial ou da defesa oferecida pela parte que a arrolou como testemunha.

§ 2º Passado 1 (um) mês sem manifestação da autoridade, o juiz designará dia, hora e local para o depoimento, preferencialmente na sede do juízo.

§ 3º O juiz também designará dia, hora e local para o depoimento, quando a autoridade não comparecer, injustificadamente, à sessão agendada para a colheita de seu testemunho no dia, hora e local por ela mesma indicados.

Art. 455. Cabe ao advogado da parte informar ou intimar a testemunha por ele arrolada do dia, da hora e do local da audiência designada, dispensando-se a intimação do juízo.

§ 1º A intimação deverá ser realizada por carta com aviso de recebimento, cumprindo ao advogado juntar aos autos, com antecedência de pelo menos 3 (três) dias da data da audiência, cópia da correspondência de intimação e do comprovante de recebimento.

§ 2º A parte pode comprometer-se a levar a testemunha à audiência, independentemente da intimação de que trata o § 1º, presumindo-se, caso a testemunha não compareça, que a parte desistiu de sua inquirição.

§ 3º A inércia na realização da intimação a que se refere o § 1º importa desistência da inquirição da testemunha.

§ 4º A intimação será feita pela via judicial quando:

I – for frustrada a intimação prevista no § 1º deste artigo;

II – sua necessidade for devidamente demonstrada pela parte ao juiz;

III – figurar no rol de testemunhas servidor público ou militar, hipótese em que o juiz o requisitará ao chefe da repartição ou ao comando do corpo em que servir;

IV – a testemunha houver sido arrolada pelo Ministério Público ou pela Defensoria Pública;

► Enunciado nº 15 da I Jornada de Direito Processual Civil.

V – a testemunha for uma daquelas previstas no art. 454.

§ 5º A testemunha que, intimada na forma do § 1º ou do § 4º, deixar de comparecer sem motivo justificado será conduzida e responderá pelas despesas do adiamento.

Art. 456. O juiz inquirirá as testemunhas separada e sucessivamente, primeiro as do autor e depois as do réu, e providenciará para que uma não ouça o depoimento das outras.

Parágrafo único. O juiz poderá alterar a ordem estabelecida no *caput* se as partes concordarem.

► Art. 139, VI deste Código.

Art. 457. Antes de depor, a testemunha será qualificada, declarará ou confirmará seus dados e informará se tem relações de parentesco com a parte ou interesse no objeto do processo.

§ 1º É lícito à parte contraditar a testemunha, arguindo-lhe a incapacidade, o impedimento ou a suspeição, bem como, caso a testemunha negue os fatos que lhe são imputados, provar a contradita com documentos ou com testemunhas, até 3 (três), apresentadas no ato e inquiridas em separado.

§ 2º Sendo provados ou confessados os fatos a que se refere o § 1º, o juiz dispensará a testemunha ou lhe tomará o depoimento como informante.

§ 3º A testemunha pode requerer ao juiz que a escuse de depor, alegando os motivos previstos neste Código, decidindo o juiz de plano após ouvidas as partes.

Art. 458. Ao início da inquirição, a testemunha prestará o compromisso de dizer a verdade do que souber e lhe for perguntado.

► Art. 447, §§ 4º e 5º, deste Código.

Parágrafo único. O juiz advertirá à testemunha que incorre em sanção penal quem faz afirmação falsa, cala ou oculta a verdade.

Art. 459. As perguntas serão formuladas pelas partes diretamente à testemunha, começando pela que a arrolou, não admitindo o juiz aquelas que puderem induzir a resposta, não tiverem relação com as questões de fato objeto da atividade probatória ou importarem repetição de outra já respondida.

§ 1º O juiz poderá inquirir a testemunha tanto antes quanto depois da inquirição feita pelas partes.

§ 2º As testemunhas devem ser tratadas com urbanidade, não se lhes fazendo perguntas ou considerações impertinentes, capciosas ou vexatórias.

§ 3º As perguntas que o juiz indeferir serão transcritas no termo, se a parte o requerer.

Art. 460. O depoimento poderá ser documentado por meio de gravação.

§ 1º Quando digitado ou registrado por taquigrafia, estenotipia ou outro método idôneo de documentação, o depoimento será assinado pelo juiz, pelo depoente e pelos procuradores.

§ 2º Se houver recurso em processo em autos não eletrônicos, o depoimento somente será digitado quando for impossível o envio de sua documentação eletrônica.

§ 3º Tratando-se de autos eletrônicos, observar-se-á o disposto neste Código e na legislação específica sobre a prática eletrônica de atos processuais.

Art. 461. O juiz pode ordenar, de ofício ou a requerimento da parte:

I – a inquirição de testemunhas referidas nas declarações da parte ou das testemunhas;

II – a acareação de 2 (duas) ou mais testemunhas ou de alguma delas com a parte, quando, sobre fato determinado que possa influir na decisão da causa, divergirem as suas declarações.

§ 1º Os acareados serão reperguntados para que expliquem os pontos de divergência, reduzindo-se a termo o ato de acareação.

§ 2º A acareação pode ser realizada por videoconferência ou por outro recurso tecnológico de transmissão de sons e imagens em tempo real.

Art. 462. A testemunha pode requerer ao juiz o pagamento da despesa que efetuou para comparecimento à audiência, devendo a parte pagá-la logo que arbitrada ou depositá-la em cartório dentro de 3 (três) dias.

► Art. 84 deste Código.

Art. 463. O depoimento prestado em juízo é considerado serviço público.

Parágrafo único. A testemunha, quando sujeita ao regime da legislação trabalhista, não sofre, por comparecer à audiência, perda de salário nem desconto no tempo de serviço.

Seção X
DA PROVA PERICIAL

Art. 464. A prova pericial consiste em exame, vistoria ou avaliação.

► Art. 95 deste Código.

§ 1º O juiz indeferirá a perícia quando:

► Art. 35 da Lei nº 9.099, de 26-9-1995 (Lei dos Juizados Especiais).

I – a prova do fato não depender de conhecimento especial de técnico;

II – for desnecessária em vista de outras provas produzidas;

III – a verificação for impraticável.

§ 2º De ofício ou a requerimento das partes, o juiz poderá, em substituição à perícia, determinar a produção de prova técnica simplificada, quando o ponto controvertido for de menor complexidade.

§ 3º A prova técnica simplificada consistirá apenas na inquirição de especialista, pelo juiz, sobre ponto controvertido da causa que demande especial conhecimento científico ou técnico.

§ 4º Durante a arguição, o especialista, que deverá ter formação acadêmica específica na área objeto de seu depoimento, poderá valer-se de qualquer recurso tecnológico de transmissão de sons e imagens com o fim de esclarecer os pontos controvertidos da causa.

Art. 465. O juiz nomeará perito especializado no objeto da perícia e fixará de imediato o prazo para a entrega do laudo.

► Arts. 91 e 95 deste Código.

§ 1º Incumbe às partes, dentro de 15 (quinze) dias contados da intimação do despacho de nomeação do perito:

I – arguir o impedimento ou a suspeição do perito, se for o caso;

II – indicar assistente técnico;

III – apresentar quesitos.

§ 2º Ciente da nomeação, o perito apresentará em 5 (cinco) dias:

I – proposta de honorários;

II – currículo, com comprovação de especialização;

III – contatos profissionais, em especial o endereço eletrônico, para onde serão dirigidas as intimações pessoais.

§ 3º As partes serão intimadas da proposta de honorários para, querendo, manifestar-se no prazo comum de 5 (cinco) dias, após o que o juiz arbitrará o valor, intimando-se as partes para os fins do art. 95.

§ 4º O juiz poderá autorizar o pagamento de até cinquenta por cento dos honorários arbitrados a favor do perito no início dos trabalhos, devendo o remanescente ser pago apenas ao final, depois de entregue o laudo e prestados todos os esclarecimentos necessários.

§ 5º Quando a perícia for inconclusiva ou deficiente, o juiz poderá reduzir a remuneração inicialmente arbitrada para o trabalho.

§ 6º Quando tiver de realizar-se por carta, poder-se-á proceder à nomeação de perito e à indicação de assistentes técnicos no juízo ao qual se requisitar a perícia.

► Art. 260, § 2º, deste Código.

Art. 466. O perito cumprirá escrupulosamente o encargo que lhe foi cometido, independentemente de termo de compromisso.

► Arts. 156 e ss. deste Código.

§ 1º Os assistentes técnicos são de confiança da parte e não estão sujeitos a impedimento ou suspeição.

§ 2º O perito deve assegurar aos assistentes das partes o acesso e o acompanhamento das diligências e dos exames que realizar, com prévia comunicação, comprovada nos autos, com antecedência mínima de 5 (cinco) dias.

Art. 467. O perito pode escusar-se ou ser recusado por impedimento ou suspeição.

Parágrafo único. O juiz, ao aceitar a escusa ou ao julgar procedente a impugnação, nomeará novo perito.

Art. 468. O perito pode ser substituído quando:

I – faltar-lhe conhecimento técnico ou científico;

II – sem motivo legítimo, deixar de cumprir o encargo no prazo que lhe foi assinado.

§ 1º No caso previsto no inciso II, o juiz comunicará a ocorrência à corporação profissional respectiva, podendo, ainda, impor multa ao perito, fixada tendo em vista o valor da causa e o possível prejuízo decorrente do atraso no processo.

§ 2º O perito substituído restituirá, no prazo de 15 (quinze) dias, os valores recebidos pelo trabalho não realizado, sob pena de ficar impedido de atuar como perito judicial pelo prazo de 5 (cinco) anos.

§ 3º Não ocorrendo a restituição voluntária de que trata o § 2º, a parte que tiver realizado o adiantamento dos honorários poderá promover execução contra o perito, na forma dos arts. 513 e seguintes deste Código, com fundamento na decisão que determinar a devolução do numerário.

Art. 469. As partes poderão apresentar quesitos suplementares durante a diligência, que poderão ser respondidos pelo perito previamente ou na audiência de instrução e julgamento.

Parágrafo único. O escrivão dará à parte contrária ciência da juntada dos quesitos aos autos.

Art. 470. Incumbe ao juiz:

I – indeferir quesitos impertinentes;

II – formular os quesitos que entender necessários ao esclarecimento da causa.

Art. 471. As partes podem, de comum acordo, escolher o perito, indicando-o mediante requerimento, desde que:

I – sejam plenamente capazes;

II – a causa possa ser resolvida por autocomposição.

§ 1º As partes, ao escolher o perito, já devem indicar os respectivos assistentes técnicos para acompanhar a realização da perícia, que se realizará em data e local previamente anunciados.

§ 2º O perito e os assistentes técnicos devem entregar, respectivamente, laudo e pareceres em prazo fixado pelo juiz.

§ 3º A perícia consensual substitui, para todos os efeitos, a que seria realizada por perito nomeado pelo juiz.

Art. 472. O juiz poderá dispensar prova pericial quando as partes, na inicial e na contestação, apresentarem, sobre as questões de fato, pareceres técnicos ou documentos elucidativos que considerar suficientes.

Art. 473. O laudo pericial deverá conter:

I – a exposição do objeto da perícia;

II – a análise técnica ou científica realizada pelo perito;

III – a indicação do método utilizado, esclarecendo-o e demonstrando ser predominantemente aceito pelos especialistas da área do conhecimento da qual se originou;

IV – resposta conclusiva a todos os quesitos apresentados pelo juiz, pelas partes e pelo órgão do Ministério Público.

§ 1º No laudo, o perito deve apresentar sua fundamentação em linguagem simples e com coerência lógica, indicando como alcançou suas conclusões.

§ 2º É vedado ao perito ultrapassar os limites de sua designação, bem como emitir opiniões pessoais que excedam o exame técnico ou científico do objeto da perícia.

§ 3º Para o desempenho de sua função, o perito e os assistentes técnicos podem valer-se de todos os meios necessários, ouvindo testemunhas, obtendo informações, solicitando documentos que estejam em poder da parte, de terceiros ou em repartições públicas, bem como instruir o laudo com planilhas, mapas, plantas, desenhos, fotografias ou outros elementos necessários ao esclarecimento do objeto da perícia.

Art. 474. As partes terão ciência da data e do local designados pelo juiz ou indicados pelo perito para ter início a produção da prova.

Art. 475. Tratando-se de perícia complexa que abranja mais de uma área de conhecimento especializado, o juiz poderá nomear mais de um perito, e a parte, indicar mais de um assistente técnico.

Art. 476. Se o perito, por motivo justificado, não puder apresentar o laudo dentro do prazo, o juiz poderá conceder-lhe, por uma vez, prorrogação pela metade do prazo originalmente fixado.

Art. 477. O perito protocolará o laudo em juízo, no prazo fixado pelo juiz, pelo menos 20 (vinte) dias antes da audiência de instrução e julgamento.

§ 1º As partes serão intimadas para, querendo, manifestar-se sobre o laudo do perito do juízo no prazo comum de 15 (quinze) dias, podendo o assistente técnico de cada uma das partes, em igual prazo, apresentar seu respectivo parecer.

§ 2º O perito do juízo tem o dever de, no prazo de 15 (quinze) dias, esclarecer ponto:

I – sobre o qual exista divergência ou dúvida de qualquer das partes, do juiz ou do órgão do Ministério Público;

II – divergente apresentado no parecer do assistente técnico da parte.

§ 3º Se ainda houver necessidade de esclarecimentos, a parte requererá ao juiz que mande intimar o perito ou o assistente técnico a comparecer à audiência de instrução e julgamento, formulando, desde logo, as perguntas, sob forma de quesitos.

► Arts. 156, 361, I, e 465, § 1º, II deste Código.

§ 4º O perito ou o assistente técnico será intimado por meio eletrônico, com pelo menos 10 (dez) dias de antecedência da audiência.

Art. 478. Quando o exame tiver por objeto a autenticidade ou a falsidade de documento ou for de natureza médico-legal, o perito será escolhido, de preferência, entre os técnicos dos estabelecimentos oficiais especializados, a cujos diretores o juiz autorizará a remessa dos autos, bem como do material sujeito a exame.

§ 1º Nas hipóteses de gratuidade de justiça, os órgãos e as repartições oficiais deverão cumprir a determinação judicial com preferência, no prazo estabelecido.

§ 2º A prorrogação do prazo referido no § 1º pode ser requerida motivadamente.

§ 3º Quando o exame tiver por objeto a autenticidade da letra e da firma, o perito poderá requisitar, para efeito de comparação, documentos existentes em repartições públicas e, na falta destes, poderá requerer ao juiz que a pessoa a quem se atribuir a autoria do documento lance em folha de papel, por cópia ou sob ditado, dizeres diferentes, para fins de comparação.

Art. 479. O juiz apreciará a prova pericial de acordo com o disposto no art. 371, indicando na sentença os motivos que o levaram a considerar ou a deixar de considerar as conclusões do laudo, levando em conta o método utilizado pelo perito.

Art. 480. O juiz determinará, de ofício ou a requerimento da parte, a realização de nova perícia quando a matéria não estiver suficientemente esclarecida.

§ 1º A segunda perícia tem por objeto os mesmos fatos sobre os quais recaiu a primeira e destina-se a corrigir eventual omissão ou inexatidão dos resultados a que esta conduziu.

§ 2º A segunda perícia rege-se pelas disposições estabelecidas para a primeira.

§ 3º A segunda perícia não substitui a primeira, cabendo ao juiz apreciar o valor de uma e de outra.

Seção XI
DA INSPEÇÃO JUDICIAL

Art. 481. O juiz, de ofício ou a requerimento da parte, pode, em qualquer fase do processo, inspecionar pessoas ou coisas, a fim de se esclarecer sobre fato que interesse à decisão da causa.

► Art. 35, par. ún., da Lei nº 9.099, de 26-09-1995 (Lei dos Juizados Especiais).

Art. 482. Ao realizar a inspeção, o juiz poderá ser assistido por um ou mais peritos.

Art. 483. O juiz irá ao local onde se encontre a pessoa ou a coisa quando:

I – julgar necessário para a melhor verificação ou interpretação dos fatos que deva observar;

II – a coisa não puder ser apresentada em juízo sem consideráveis despesas ou graves dificuldades;

III – determinar a reconstituição dos fatos.

Parágrafo único. As partes têm sempre direito a assistir à inspeção, prestando esclarecimentos e fazendo observações que considerem de interesse para a causa.

Art. 484. Concluída a diligência, o juiz mandará lavrar auto circunstanciado, mencionando nele tudo quanto for útil ao julgamento da causa.

Parágrafo único. O auto poderá ser instruído com desenho, gráfico ou fotografia.

CAPÍTULO XIII
DA SENTENÇA E DA COISA JULGADA

Seção I
DISPOSIÇÕES GERAIS

Art. 485. O juiz não resolverá o mérito quando:

► Arts. 203, § 1º, 316 e 317, deste Código.

I – indeferir a petição inicial;

► Arts. 330 e 321, parágrafo único, deste Código.

II – o processo ficar parado durante mais de 1 (um) ano por negligência das partes;

► Art. 485, §§ 1º e 2º, deste Código.

III – por não promover os atos e as diligências que lhe incumbir, o autor abandonar a causa por mais de 30 (trinta) dias;

► Súm. nº 631 do STF.

► Súm. nº 240 do STJ.

IV – verificar a ausência de pressupostos de constituição e de desenvolvimento válido e regular do processo;

► Art. 337, IX, deste Código.

V – reconhecer a existência de perempção, de litispendência ou de coisa julgada;

► Arts. 337, V, VI e VI e 486 e parágrafos, deste Código.

VI – verificar ausência de legitimidade ou de interesse processual;

► Arts. 17, 337, XI, deste Código.

VII – acolher a alegação de existência de convenção de arbitragem ou quando o juízo arbitral reconhecer sua competência;

► Arts. 3º a 12 da Lei nº 9.307, de 23-9-1996 (Lei da Arbitragem).

VIII – homologar a desistência da ação;

► Art. 485, §§ 4º e 5º deste Código.

IX – em caso de morte da parte, a ação for considerada intransmissível por disposição legal; e

► Arts. 110 e 313, I e seu § 2º deste Código.

X – nos demais casos prescritos neste Código.

► Art. 76, § 1º, I e 313, § 2º, II deste Código.

§ 1º Nas hipóteses descritas nos incisos II e III, a parte será intimada pessoalmente para suprir a falta no prazo de 5 (cinco) dias.

§ 2º No caso do § 1º, quanto ao inciso II, as partes pagarão proporcionalmente as custas, e, quanto ao inciso III, o autor será condenado ao pagamento das despesas e dos honorários de advogado.

§ 3º O juiz conhecerá de ofício da matéria constante dos incisos IV, V, VI e IX, em qualquer tempo e grau de jurisdição, enquanto não ocorrer o trânsito em julgado.

§ 4º Oferecida a contestação, o autor não poderá, sem o consentimento do réu, desistir da ação.

► Art. 1040, § 2º deste Código.

§ 5º A desistência da ação pode ser apresentada até a sentença.

§ 6º Oferecida a contestação, a extinção do processo por abandono da causa pelo autor depende de requerimento do réu.

► Súm. nº 240 do STJ.

§ 7º Interposta a apelação em qualquer dos casos de que tratam os incisos deste artigo, o juiz terá 5 (cinco) dias para retratar-se.

► Art. 494 deste Código.

Art. 486. O pronunciamento judicial que não resolve o mérito não obsta a que a parte proponha de novo a ação.

§ 1º No caso de extinção em razão de litispendência e nos casos dos incisos I, IV, VI e VII do art. 485, a propositura da nova ação depende da correção do vício que levou à sentença sem resolução do mérito.

§ 2º A petição inicial, todavia, não será despachada sem a prova do pagamento ou do depósito das custas e dos honorários de advogado.

► Art. 485, III deste Código.

§ 3º Se o autor der causa, por 3 (três) vezes, a sentença fundada em abandono da causa, não poderá propor nova ação contra o réu com o mesmo objeto, ficando-lhe ressalvada, entretanto, a possibilidade de alegar em defesa o seu direito.

► Art. 485, III deste Código.

Art. 487. Haverá resolução de mérito quando o juiz:

► Art. 203, § 1º, deste Código.

I – acolher ou rejeitar o pedido formulado na ação ou na reconvenção;

► Arts. 316, 332 e incisos, 355, 356 e 490 deste Código.

II – decidir, de ofício ou a requerimento, sobre a ocorrência de decadência ou prescrição;

► Art. 332, § 1º deste Código.

III – homologar:

► Art. 90, §§ 3º, 4º deste Código.

a) o reconhecimento da procedência do pedido formulado na ação ou na reconvenção;

b) a transação;

c) a renúncia à pretensão formulada na ação ou na reconvenção.

Parágrafo único. Ressalvada a hipótese do § 1º do art. 332, a prescrição e a decadência não serão reconhecidas sem que antes seja dada às partes oportunidade de manifestar-se.

► Art. 90, *caput*, deste Código.

Art. 488. Desde que possível, o juiz resolverá o mérito sempre que a decisão for favorável à parte a quem aproveitaria eventual pronunciamento nos termos do art. 485.

► Arts. 10, 282, § 2º e 317 deste Código.

Seção II
DOS ELEMENTOS E DOS EFEITOS DA SENTENÇA

Art. 489. São elementos essenciais da sentença:

I – o relatório, que conterá os nomes das partes, a identificação do caso, com a suma do pedido e da contestação, e o registro das principais ocorrências havidas no andamento do processo;

II – os fundamentos, em que o juiz analisará as questões de fato e de direito;

III – o dispositivo, em que o juiz resolverá as questões principais que as partes lhe submeterem.

§ 1º Não se considera fundamentada qualquer decisão judicial, seja ela interlocutória, sentença ou acórdão, que:

► Arts. 11 e 140 deste Código.

I – se limitar à indicação, à reprodução ou à paráfrase de ato normativo, sem explicar sua relação com a causa ou a questão decidida;

► Arts. 1.013, § 3º, IV e 1.022, parágrafo único, II deste Código.

II – empregar conceitos jurídicos indeterminados, sem explicar o motivo concreto de sua incidência no caso;

III – invocar motivos que se prestariam a justificar qualquer outra decisão;

IV – não enfrentar todos os argumentos deduzidos no processo capazes de, em tese, infirmar a conclusão adotada pelo julgador;

V – se limitar a invocar precedente ou enunciado de súmula, sem identificar seus fundamentos determinantes nem demonstrar que o caso sob julgamento se ajusta àqueles fundamentos;

VI – deixar de seguir enunciado de súmula, jurisprudência ou precedente invocado pela parte, sem demonstrar a existência de distinção no caso em julgamento ou a superação do entendimento.

§ 2º No caso de colisão entre normas, o juiz deve justificar o objeto e os critérios gerais da ponderação efetuada, enunciando as razões que autorizam a interferência na norma afastada e as premissas fáticas que fundamentam a conclusão.

§ 3º A decisão judicial deve ser interpretada a partir da conjugação de todos os seus elementos e em conformidade com o princípio da boa-fé.

► Art. 5º deste Código.

Art. 490. O juiz resolverá o mérito acolhendo ou rejeitando, no todo ou em parte, os pedidos formulados pelas partes.

► Arts. 316, 355, 356, 487, I, 1.009 e 1015, II, deste Código.

Art. 491. Na ação relativa à obrigação de pagar quantia, ainda que formulado pedido genérico, a decisão definirá desde logo a extensão da obrigação, o índice de correção monetária, a taxa de juros, o termo inicial de ambos e a periodicidade da capitalização dos juros, se for o caso, salvo quando:

I – não for possível determinar, de modo definitivo, o montante devido;

II – a apuração do valor devido depender da produção de prova de realização demorada ou excessivamente dispendiosa, assim reconhecida na sentença.

§ 1º Nos casos previstos neste artigo, seguir-se-á a apuração do valor devido por liquidação.

§ 2º O disposto no *caput* também se aplica quando o acórdão alterar a sentença.

Art. 492. É vedado ao juiz proferir decisão de natureza diversa da pedida, bem como condenar a parte em quantidade superior ou em objeto diverso do que lhe foi demandado.

► Arts. 2º e 141 deste Código.

Parágrafo único. A decisão deve ser certa, ainda que resolva relação jurídica condicional.

Art. 493. Se, depois da propositura da ação, algum fato constitutivo, modificativo ou extintivo do direito influir no julgamento do mérito, caberá ao juiz tomá-lo em consideração, de ofício ou a requerimento da parte, no momento de proferir a decisão.

Parágrafo único. Se constatar de ofício o fato novo, o juiz ouvirá as partes sobre ele antes de decidir.

Art. 494. Publicada a sentença, o juiz só poderá alterá-la:

► Art. 331, 332, § 3º, 485, § 7º e 505 deste Código.

I – para corrigir-lhe, de ofício ou a requerimento da parte, inexatidões materiais ou erros de cálculo;

II – por meio de embargos de declaração.

► Arts. 1.022 a 1.026 deste Código.

Art. 495. A decisão que condenar o réu ao pagamento de prestação consistente em dinheiro e a que determinar a conversão de prestação de fazer, de não fazer ou de dar coisa em prestação pecuniária valerão como título constitutivo de hipoteca judiciária.

§ 1º A decisão produz a hipoteca judiciária:

► Art. 1.489 do CC.

I – embora a condenação seja genérica;

II – ainda que o credor possa promover o cumprimento provisório da sentença ou esteja pendente arresto sobre bem do devedor;

III – mesmo que impugnada por recurso dotado de efeito suspensivo.

§ 2º A hipoteca judiciária poderá ser realizada mediante apresentação de cópia da sentença perante o cartório de registro imobiliário, independentemente de ordem judicial, de declaração expressa do juiz ou de demonstração de urgência.

§ 3º No prazo de até 15 (quinze) dias da data de realização da hipoteca, a parte informá-la-á ao juízo da causa, que determinará a intimação da outra parte para que tome ciência do ato.

§ 4º A hipoteca judiciária, uma vez constituída, implicará, para o credor hipotecário, o direito de preferência, quanto ao pagamento, em relação a outros credores, observada a prioridade no registro.

§ 5º Sobrevindo a reforma ou a invalidação da decisão que impôs o pagamento de quantia, a parte responderá, independentemente de culpa, pelos danos que a outra parte tiver sofrido em razão da constituição da garantia, devendo o valor da indenização ser liquidado e executado nos próprios autos.

Seção III
DA REMESSA NECESSÁRIA

Art. 496. Está sujeita ao duplo grau de jurisdição, não produzindo efeito senão depois de confirmada pelo tribunal, a sentença:

I – proferida contra a União, os Estados, o Distrito Federal, os Municípios e suas respectivas autarquias e fundações de direito público;

II – que julgar procedentes, no todo ou em parte, os embargos à execução fiscal.

► Art. 496, §§ 3º e 4º deste Código.

► Lei nº 6.830, de 22-9-1980 (Lei das Execuções Fiscais).

► Súm. nº 45 do STJ.

§ 1º Nos casos previstos neste artigo, não interposta a apelação no prazo legal, o juiz ordenará a remessa dos autos ao tribunal, e, se não o fizer, o presidente do respectivo tribunal avocá-los-á.

§ 2º Em qualquer dos casos referidos no § 1º, o tribunal julgará a remessa necessária.

§ 3º Não se aplica o disposto neste artigo quando a condenação ou o proveito econômico obtido na causa for de valor certo e líquido inferior a:

I – 1.000 (mil) salários mínimos para a União e as respectivas autarquias e fundações de direito público;

II – 500 (quinhentos) salários mínimos para os Estados, o Distrito Federal, as respectivas autarquias e fundações de direito público e os Municípios que constituam capitais dos Estados;

III – 100 (cem) salários mínimos para todos os demais Municípios e respectivas autarquias e fundações de direito público.

§ 4º Também não se aplica o disposto neste artigo quando a sentença estiver fundada em:

I – súmula de tribunal superior;

II – acórdão proferido pelo Supremo Tribunal Federal ou pelo Superior Tribunal de Justiça em julgamento de recursos repetitivos;

► Arts. 1.036 a 1.041 deste Código.

III – entendimento firmado em incidente de resolução de demandas repetitivas ou de assunção de competência;

► Arts. 947 e ss., 976 e ss. deste Código.

IV – entendimento coincidente com orientação vinculante firmada no âmbito administrativo do próprio ente público, consolidada em manifestação, parecer ou súmula administrativa.

Seção IV
DO JULGAMENTO DAS AÇÕES RELATIVAS ÀS PRESTAÇÕES DE FAZER, DE NÃO FAZER E DE ENTREGAR COISA

Art. 497. Na ação que tenha por objeto a prestação de fazer ou de não fazer, o juiz, se procedente o pedido, concederá a tutela específica ou determinará providências que assegurem a obtenção de tutela pelo resultado prático equivalente.

► Arts. 513, 536 e ss. deste Código.

► Art. 84 do CDC.

► Art. 213 do ECA.

► Art. 52, V, da Lei nº 9.099, de 26-9-1995 (Lei dos Juizados Especiais).

Parágrafo único. Para a concessão da tutela específica destinada a inibir a prática, a reiteração ou a continuação de um ilícito, ou a sua remoção, é irrelevante a demonstração da ocorrência de dano ou da existência de culpa ou dolo.

Art. 498. Na ação que tenha por objeto a entrega de coisa, o juiz, ao conceder a tutela específica, fixará o prazo para o cumprimento da obrigação.

Parágrafo único. Tratando-se de entrega de coisa determinada pelo gênero e pela quantidade, o autor individualizá-la-á na petição inicial, se lhe couber a escolha, ou, se a escolha couber ao réu, este a entregará individualizada, no prazo fixado pelo juiz.

Art. 499. A obrigação somente será convertida em perdas e danos se o autor o requerer ou se impossível a tutela específica ou a obtenção de tutela pelo resultado prático equivalente.

Art. 500. A indenização por perdas e danos dar-se-á sem prejuízo da multa fixada periodicamente para compelir o réu ao cumprimento específico da obrigação.

Art. 501. Na ação que tenha por objeto a emissão de declaração de vontade, a sentença que julgar procedente o pedido, uma vez transitada em julgado, produzirá todos os efeitos da declaração não emitida.

Seção V
DA COISA JULGADA

Art. 502. Denomina-se coisa julgada material a autoridade que torna imutável e indiscutível a decisão de mérito não mais sujeita a recurso.

► Art. 5º, XXXVI, da CF.

► Arts. 337, VII e § 1º, § 2º e § 4º, 487 e 490 deste Código.

Art. 503. A decisão que julgar total ou parcialmente o mérito tem força de lei nos limites da questão principal expressamente decidida.

§ 1º O disposto no *caput* aplica-se à resolução de questão prejudicial, decidida expressa e incidentemente no processo, se:

► Art. 1.054 deste Código.

I – dessa resolução depender o julgamento do mérito;

II – a seu respeito tiver havido contraditório prévio e efetivo, não se aplicando no caso de revelia;

III – o juízo tiver competência em razão da matéria e da pessoa para resolvê-la como questão principal.

§ 2º A hipótese do § 1º não se aplica se no processo houver restrições probatórias ou limitações à cognição que impeçam o aprofundamento da análise da questão prejudicial.

Art. 504. Não fazem coisa julgada:

I – os motivos, ainda que importantes para determinar o alcance da parte dispositiva da sentença;

II – a verdade dos fatos, estabelecida como fundamento da sentença.

Art. 505. Nenhum juiz decidirá novamente as questões já decididas relativas à mesma lide, salvo:

I – se, tratando-se de relação jurídica de trato continuado, sobreveio modificação no estado de fato ou de direito, caso em que poderá a parte pedir a revisão do que foi estatuído na sentença;

► Art. 15 da Lei nº 5.478, de 25-7-1968 (Lei da Ação de Alimentos).

II – nos demais casos prescritos em lei.

► Arts. 493 e 494 deste Código.

Art. 506. A sentença faz coisa julgada às partes entre as quais é dada, não prejudicando terceiros.

► Arts. 274 do CC.

► Art. 103 do CDC.

► Art. 16 da Lei nº 7.347, de 24-7-1985 (Lei da Ação Civil Pública).

► En. nº 36 da I Jornada de Direito Processual Civil.

Art. 507. É vedado à parte discutir no curso do processo as questões já decididas a cujo respeito se operou a preclusão.

► Art. 63, § 4º, 223 e 293 deste Código.

Art. 508. Transitada em julgado a decisão de mérito, considerar-se-ão deduzidas e repelidas todas as alegações e as defesas que a parte poderia opor tanto ao acolhimento quanto à rejeição do pedido.

CAPÍTULO XIV
DA LIQUIDAÇÃO DE SENTENÇA

Art. 509. Quando a sentença condenar ao pagamento de quantia ilíquida, proceder-se-á à sua liquidação, a requerimento do credor ou do devedor:

I – por arbitramento, quando determinado pela sentença, convencionado pelas partes ou exigido pela natureza do objeto da liquidação;

II – pelo procedimento comum, quando houver necessidade de alegar e provar fato novo.

§ 1º Quando na sentença houver uma parte líquida e outra ilíquida, ao credor é lícito promover simultaneamente a execução daquela e, em autos apartados, a liquidação desta.

§ 2º Quando a apuração do valor depender apenas de cálculo aritmético, o credor poderá promover, desde logo, o cumprimento da sentença.

§ 3º O Conselho Nacional de Justiça desenvolverá e colocará à disposição dos interessados programa de atualização financeira.

§ 4º Na liquidação é vedado discutir de novo a lide ou modificar a sentença que a julgou.

► Art 203, § 1º, deste Código.

Art. 510. Na liquidação por arbitramento, o juiz intimará as partes para a apresentação de pareceres ou documentos elucidativos, no prazo que fixar, e, caso não possa decidir de plano, nomeará perito, observando-se, no que couber, o procedimento da prova pericial.

Art. 511. Na liquidação pelo procedimento comum, o juiz determinará a intimação do requerido, na pessoa de seu advogado ou da sociedade de advogados a que estiver vinculado, para, querendo, apresentar contestação no prazo de 15 (quinze) dias, observando-se, a seguir, no que couber, o disposto no Livro I da Parte Especial deste Código.

Art. 512. A liquidação poderá ser realizada na pendência de recurso, processando-se em autos apartados no juízo de origem, cumprindo ao liquidante instruir o pedido com cópias das peças processuais pertinentes.

TÍTULO II – DO CUMPRIMENTO DA SENTENÇA

CAPÍTULO I
DISPOSIÇÕES GERAIS

Art. 513. O cumprimento da sentença será feito segundo as regras deste Título, observando-se, no que couber e conforme a natureza da obrigação, o disposto no Livro II da Parte Especial deste Código.

§ 1º O cumprimento da sentença que reconhece o dever de pagar quantia, provisório ou definitivo, far-se-á a requerimento do exequente.

§ 2º O devedor será intimado para cumprir a sentença:

I – pelo *Diário da Justiça*, na pessoa de seu advogado constituído nos autos;

► Art. 105, § 4º e, 523 do CPC.

II – por carta com aviso de recebimento, quando representado pela Defensoria Pública ou quando não tiver procurador constituído nos autos, ressalvada a hipótese do inciso IV;

III – por meio eletrônico, quando, no caso do § 1º do art. 246, não tiver procurador constituído nos autos;

IV – por edital, quando, citado na forma do art. 256, tiver sido revel na fase de conhecimento.

§ 3º Na hipótese do § 2º, incisos II e III, considera-se realizada a intimação quando o devedor houver mudado de endereço sem prévia comunicação ao juízo, observado o disposto no parágrafo único do art. 274.

§ 4º Se o requerimento a que alude o § 1º for formulado após 1 (um) ano do trânsito em julgado da sentença, a intimação será feita na pessoa do devedor, por meio de carta com aviso de recebimento encaminhada ao endereço constante dos autos, observado o disposto no parágrafo único do art. 274 e no § 3º deste artigo.

§ 5º O cumprimento da sentença não poderá ser promovido em face do fiador, do coobrigado ou do corresponsável que não tiver participado da fase de conhecimento.

Art. 514. Quando o juiz decidir relação jurídica sujeita a condição ou termo, o cumprimento da sentença dependerá de demonstração de que se realizou a condição ou de que ocorreu o termo.

► Arts. 121 a 137 do CC.

Art. 515. São títulos executivos judiciais, cujo cumprimento dar-se-á de acordo com os artigos previstos neste Título:

I – as decisões proferidas no processo civil que reconheçam a exigibilidade de obrigação de pagar quantia, de fazer, de não fazer ou de entregar coisa;

II – a decisão homologatória de autocomposição judicial;

► Art. 334 e 487, II, deste código

► Arts. 22, par. ún., e 74 da Lei nº 9.099, de 26-9-1995 (Lei dos Juizados Especiais).

III – a decisão homologatória de autocomposição extrajudicial de qualquer natureza;

► Art. 57, *caput*, da Lei nº 9.099, de 26-9-1995 (Lei dos Juizados Especiais).

IV – o formal e a certidão de partilha, exclusivamente em relação ao inventariante, aos herdeiros e aos sucessores a título singular ou universal;

► Art. 655 deste Código.

V – o crédito de auxiliar da justiça, quando as custas, emolumentos ou honorários tiverem sido aprovados por decisão judicial;

VI – a sentença penal condenatória transitada em julgado;

VII – a sentença arbitral;

► Art. 31 da Lei nº 9.307, de 23-9-1996 (Lei da Arbitragem).

VIII – a sentença estrangeira homologada pelo Superior Tribunal de Justiça;

► Art. 105, I, *i*, da CF.

IX – a decisão interlocutória estrangeira, após a concessão do *exequatur* à carta rogatória pelo Superior Tribunal de Justiça;

X – VETADO.

► O dispositivo vetado tinha a seguinte redação: "X – o acórdão proferido pelo Tribunal Marítimo quando do julgamento de acidentes e fatos da navegação;".

§ 1º Nos casos dos incisos VI a IX, o devedor será citado no juízo cível para o cumprimento da sentença ou para a liquidação no prazo de 15 (quinze) dias.

§ 2º A autocomposição judicial pode envolver sujeito estranho ao processo e versar sobre relação jurídica que não tenha sido deduzida em juízo.

Art. 516. O cumprimento da sentença efetuar-se-á perante:

I – os tribunais, nas causas de sua competência originária;

II – o juízo que decidiu a causa no primeiro grau de jurisdição;

III – o juízo cível competente, quando se tratar de sentença penal condenatória, de sentença arbitral, de sentença estrangeira ou de acórdão proferido pelo Tribunal Marítimo.

Parágrafo único. Nas hipóteses dos incisos II e III, o exequente poderá optar pelo juízo do atual domicílio do executado, pelo juízo do local onde se encontrem os bens sujeitos à execução ou pelo juízo do local onde deva ser executada a obrigação de fazer ou de não fazer, casos em que a remessa dos autos do processo será solicitada ao juízo de origem.

Art. 517. A decisão judicial transitada em julgado poderá ser levada a protesto, nos termos da lei, depois de transcorrido o prazo para pagamento voluntário previsto no art. 523.

► Art. 782, § 3º, deste Código.

§ 1º Para efetivar o protesto, incumbe ao exequente apresentar certidão de teor da decisão.

§ 2º A certidão de teor da decisão deverá ser fornecida no prazo de 3 (três) dias e indicará o nome e a qualificação do exequente e do executado, o número do processo, o valor da dívida e a data de decurso do prazo para pagamento voluntário.

§ 3º O executado que tiver proposto ação rescisória para impugnar a decisão exequenda pode requerer, a suas expensas e sob sua responsabilidade, a anotação da propositura da ação à margem do título protestado.

§ 4º A requerimento do executado, o protesto será cancelado por determinação do juiz, mediante ofício a ser expedido ao cartório, no prazo de 3 (três) dias, contado da data de protocolo do requerimento, desde que comprovada a satisfação integral da obrigação.

Art. 518. Todas as questões relativas à validade do procedimento de cumprimento da sentença e dos atos executivos subsequentes poderão ser arguidas pelo executado nos próprios autos e nestes serão decididas pelo juiz.

Art. 519. Aplicam-se as disposições relativas ao cumprimento da sentença, provisório ou definitivo, e à liquidação, no que couber, às decisões que concederem tutela provisória.

CAPÍTULO II

DO CUMPRIMENTO PROVISÓRIO DA SENTENÇA QUE RECONHECE A EXIGIBILIDADE DE OBRIGAÇÃO DE PAGAR QUANTIA CERTA

Art. 520. O cumprimento provisório da sentença impugnada por recurso desprovido de efeito suspensivo será realizado da mesma forma que o cumprimento definitivo, sujeitando-se ao seguinte regime:

► Art. 995, *caput*, deste Código.

I – corre por iniciativa e responsabilidade do exequente, que se obriga, se a sentença for reformada, a reparar os danos que o executado haja sofrido;

II – fica sem efeito, sobrevindo decisão que modifique ou anule a sentença objeto da execução, restituindo-se as partes ao estado anterior e liquidando-se eventuais prejuízos nos mesmos autos;

III – se a sentença objeto de cumprimento provisório for modificada ou anulada apenas em parte, somente nesta ficará sem efeito a execução;

IV – o levantamento de depósito em dinheiro e a prática de atos que importem transferência de posse ou alienação de propriedade ou de outro direito real, ou dos quais possa resultar grave dano ao executado, dependem de caução suficiente e idônea, arbitrada de plano pelo juiz e prestada nos próprios autos.

§ 1º No cumprimento provisório da sentença, o executado poderá apresentar impugnação, se quiser, nos termos do art.525.

§ 2º A multa e os honorários a que se refere o § 1º do art. 523 são devidos no cumprimento provisório de sentença condenatória ao pagamento de quantia certa.

§ 3º Se o executado comparecer tempestivamente e depositar o valor, com a finalidade de isentar-se da multa, o ato não será havido como incompatível com o recurso por ele interposto.

§ 4º A restituição ao estado anterior a que se refere o inciso II não implica o desfazimento da transferência de posse ou da alienação de propriedade ou de outro direito real eventualmente já realizada, ressalvado, sempre, o direito à reparação dos prejuízos causados ao executado.

§ 5º Ao cumprimento provisório de sentença que reconheça obrigação de fazer, de não fazer ou de dar coisa aplica-se, no que couber, o disposto neste Capítulo.

Art. 521. A caução prevista no inciso IV do art. 520 poderá ser dispensada nos casos em que:

I – o crédito for de natureza alimentar, independentemente de sua origem;

II – o credor demonstrar situação de necessidade;

III – pender o agravo do art. 1.042;

► Inciso III com a redação dada pela Lei nº 13.256, de 4-2-2016.

IV – a sentença a ser provisoriamente cumprida estiver em consonância com súmula da jurisprudência do Supremo Tribunal Federal ou do Superior Tribunal de Justiça ou em conformidade com acórdão proferido no julgamento de casos repetitivos.

Parágrafo único. A exigência de caução será mantida quando da dispensa possa resultar manifesto risco de grave dano de difícil ou incerta reparação.

Art. 522. O cumprimento provisório da sentença será requerido por petição dirigida ao juízo competente.

Parágrafo único. Não sendo eletrônicos os autos, a petição será acompanhada de cópias das seguintes peças do processo, cuja autenticidade poderá ser certificada pelo próprio advogado, sob sua responsabilidade pessoal:

I – decisão exequenda;

II – certidão de interposição do recurso não dotado de efeito suspensivo;

III – procurações outorgadas pelas partes;

IV – decisão de habilitação, se for o caso;

V – facultativamente, outras peças processuais consideradas necessárias para demonstrar a existência do crédito.

CAPÍTULO III

DO CUMPRIMENTO DEFINITIVO DA SENTENÇA QUE RECONHECE A EXIGIBILIDADE DE OBRIGAÇÃO DE PAGAR QUANTIA CERTA

Art. 523. No caso de condenação em quantia certa, ou já fixada em liquidação, e no caso de decisão sobre parcela incontroversa, o cumprimento definitivo da sentença far-se-á a requerimento do exequente, sendo o executado intimado para pagar o débito, no prazo de 15 (quinze) dias, acrescido de custas, se houver.

► Art. 824 e ss. deste Código.

§ 1º Não ocorrendo pagamento voluntário no prazo do *caput*, o débito será acrescido de multa de dez por cento e, também, de honorários de advogado de dez por cento.

§ 2º Efetuado o pagamento parcial no prazo previsto no *caput*, a multa e os honorários previstos no § 1º incidirão sobre o restante.

§ 3º Não efetuado tempestivamente o pagamento voluntário, será expedido, desde logo, mandado de penhora e avaliação, seguindo-se os atos de expropriação.

► Art. 870 e ss. deste Código.

Art. 524. O requerimento previsto no art. 523 será instruído com demonstrativo discriminado e atualizado do crédito, devendo a petição conter:

► Arts. 831 e ss. deste Código.

I – o nome completo, o número de inscrição no Cadastro de Pessoas Físicas ou no Cadastro Nacional da Pessoa Jurídica do exequente e do executado, observado o disposto no art. 319, §§ 1º a 3º;

II – o índice de correção monetária adotado;

III – os juros aplicados e as respectivas taxas;

IV – o termo inicial e o termo final dos juros e da correção monetária utilizados;

V – a periodicidade da capitalização dos juros, se for o caso;

VI – especificação dos eventuais descontos obrigatórios realizados;

VII – indicação dos bens passíveis de penhora, sempre que possível.

§ 1º Quando o valor apontado no demonstrativo aparentemente exceder os limites da condenação, a execução será iniciada pelo valor pretendido, mas a penhora terá por base a importância que o juiz entender adequada.

§ 2º Para a verificação dos cálculos, o juiz poderá valer-se de contabilista do juízo, que terá o prazo máximo de 30 (trinta) dias para efetuá-la, exceto se outro lhe for determinado.

§ 3º Quando a elaboração do demonstrativo depender de dados em poder de terceiros ou do executado, o juiz poderá requisitá-los, sob cominação do crime de desobediência.

§ 4º Quando a complementação do demonstrativo depender de dados adicionais em poder do executado, o juiz poderá, a requerimento do exequente, requisitá-los, fixando prazo de até 30 (trinta) dias para o cumprimento da diligência.

§ 5º Se os dados adicionais a que se refere o § 4º não forem apresentados pelo executado, sem justificativa, no prazo designado, reputar-se-ão corretos os cálculos apresentados pelo exequente apenas com base nos dados de que dispõe.

Art. 525. Transcorrido o prazo previsto no art. 523 sem o pagamento voluntário, inicia-se o prazo de 15 (quinze) dias para que o executado, independentemente de penhora ou nova intimação, apresente, nos próprios autos, sua impugnação.

§ 1º Na impugnação, o executado poderá alegar:

I – falta ou nulidade da citação se, na fase de conhecimento, o processo correu à revelia;

II – ilegitimidade de parte;

III – inexequibilidade do título ou inexigibilidade da obrigação;

IV – penhora incorreta ou avaliação errônea;

V – excesso de execução ou cumulação indevida de execuções;

► Art. 917, § 2º, deste Código.

VI – incompetência absoluta ou relativa do juízo da execução;

VII – qualquer causa modificativa ou extintiva da obrigação, como pagamento, novação, compensação, transação ou prescrição, desde que supervenientes à sentença.

§ 2º A alegação de impedimento ou suspeição observará o disposto nos arts. 146 e 148.

§ 3º Aplica-se à impugnação o disposto no art. 229.

► Art. 915, § 3º, deste Código.

§ 4º Quando o executado alegar que o exequente, em excesso de execução, pleiteia quantia superior à resultante da sentença, cumprir-lhe-á declarar de imediato o valor que entende correto, apresentando demonstrativo discriminado e atualizado de seu cálculo.

► Art. 917, § 2º, deste Código.

§ 5º Na hipótese do § 4º, não apontado o valor correto ou não apresentado o demonstrativo, a impugnação será liminarmente rejeitada, se o excesso de execução for o seu único fundamento, ou, se houver outro, a impugnação será processada, mas o juiz não examinará a alegação de excesso de execução.

► Art. 917, § 2º, deste Código.

§ 6º A apresentação de impugnação não impede a prática dos atos executivos, inclusive os de expropriação, podendo o juiz, a requerimento do executado e desde que garantido o juízo com penhora, caução ou depósito suficientes, atribuir-lhe efeito suspensivo, se seus fundamentos forem relevantes e se o prosseguimento da execução for manifestamente suscetível de causar ao executado grave dano de difícil ou incerta reparação.

► Art. 831 e ss. deste Código.

§ 7º A concessão de efeito suspensivo a que se refere o § 6º não impedirá a efetivação dos atos de substituição, de reforço ou de redução da penhora e de avaliação dos bens.

§ 8º Quando o efeito suspensivo atribuído à impugnação disser respeito apenas a parte do objeto da execução, esta prosseguirá quanto à parte restante.

§ 9º A concessão de efeito suspensivo à impugnação deduzida por um dos executados não suspenderá a execução contra os que não impugnaram, quando o respectivo fundamento disser respeito exclusivamente ao impugnante.

§ 10. Ainda que atribuído efeito suspensivo à impugnação, é lícito ao exequente requerer o prosseguimento da execução, oferecendo e prestando, nos próprios autos, caução suficiente e idônea a ser arbitrada pelo juiz.

§ 11. As questões relativas a fato superveniente ao término do prazo para apresentação da impugnação, assim como aquelas relativas à validade e à adequação da penhora, da avaliação e dos atos executivos subsequentes, podem ser arguidas por simples petição, tendo o executado, em qualquer dos casos, o prazo de 15 (quinze) dias para formular esta arguição, contado da comprovada ciência do fato ou da intimação do ato.

§ 12. Para efeito do disposto no inciso III do § 1º deste artigo, considera-se também inexigível a obrigação reconhecida em título executivo judicial fundado em lei ou ato normativo considerado inconstitucional pelo Supremo Tribunal Federal, ou fundado em aplicação ou interpretação da lei ou do ato normativo tido pelo Supremo Tribunal Federal como incompatível com a Constituição Federal, em controle de constitucionalidade concentrado ou difuso.

§ 13. No caso do § 12, os efeitos da decisão do Supremo Tribunal Federal poderão ser modulados no tempo, em atenção à segurança jurídica.

► Art. 27 da Lei nº 9.868, de 10-11-1999 (Lei da ADIN e da ADECON).

§ 14. A decisão do Supremo Tribunal Federal referida no § 12 deve ser anterior ao trânsito em julgado da decisão exequenda.

§ 15. Se a decisão referida no § 12 for proferida após o trânsito em julgado da decisão exequenda, caberá ação rescisória, cujo prazo será contado do trânsito em julgado da decisão proferida pelo Supremo Tribunal Federal.

► Art. 1.057 deste Código.

Art. 526. É lícito ao réu, antes de ser intimado para o cumprimento da sentença, comparecer em juízo e oferecer em pagamento o valor que entender devido, apresentando memória discriminada do cálculo.

§ 1º O autor será ouvido no prazo de 5 (cinco) dias, podendo impugnar o valor depositado, sem prejuízo do levantamento do depósito a título de parcela incontroversa.

§ 2º Concluindo o juiz pela insuficiência do depósito, sobre a diferença incidirão multa de dez por cento e honorários advocatícios, também fixados em dez por cento, seguindo-se a execução com penhora e atos subsequentes.

§ 3º Se o autor não se opuser, o juiz declarará satisfeita a obrigação e extinguirá o processo.

Art. 527. Aplicam-se as disposições deste Capítulo ao cumprimento provisório da sentença, no que couber.

CAPÍTULO IV
DO CUMPRIMENTO DE SENTENÇA QUE RECONHEÇA A EXIGIBILIDADE DE OBRIGAÇÃO DE PRESTAR ALIMENTOS

Art. 528. No cumprimento de sentença que condene ao pagamento de prestação alimentícia ou de decisão interlocutória que fixe alimentos, o juiz, a requerimento do exequente, mandará intimar o executado pessoalmente para, em 3 (três) dias, pagar o débito, provar que o fez ou justificar a impossibilidade de efetuá-lo.

► Lei nº 5.478, de 25-7-1968 (Lei da Ação de Alimentos).

► Lei nº 11.804, de 5-11-2008 (Lei dos Alimentos gravídicos).

► Art. 15 da Lei nº 14.010, de 10-6-2020 (Regime Jurídico Emergencial Transitório).

§ 1º Caso o executado, no prazo referido no *caput*, não efetue o pagamento, não prove que o efetuou ou não apresente justificativa da impossibilidade de efetuá-lo, o juiz mandará protestar o pronunciamento judicial, aplicando-se, no que couber, o disposto no art. 517.

§ 2º Somente a comprovação de fato que gere a impossibilidade absoluta de pagar justificará o inadimplemento.

§ 3º Se o executado não pagar ou se a justificativa apresentada não for aceita, o juiz, além de mandar protestar o pronunciamento judicial na forma do § 1º, decretar-lhe-á a prisão pelo prazo de 1 (um) a 3 (três) meses.

► Art. 19 da Lei nº 5.478, de 25-7-1968 (Lei da Ação de Alimentos).

► Súm. nº 309 do STJ.

§ 4º A prisão será cumprida em regime fechado, devendo o preso ficar separado dos presos comuns.

§ 5º O cumprimento da pena não exime o executado do pagamento das prestações vencidas e vincendas.

§ 6º Paga a prestação alimentícia, o juiz suspenderá o cumprimento da ordem de prisão.

§ 7º O débito alimentar que autoriza a prisão civil do alimentante é o que compreende até as 3 (três) prestações anteriores ao ajuizamento da execução e as que se vencerem no curso do processo.

§ 8º O exequente pode optar por promover o cumprimento da sentença ou decisão desde logo, nos termos do disposto neste Livro, Título II, Capítulo III, caso em que não será admissível a prisão do executado, e, recaindo a penhora em dinheiro, a concessão de efeito suspensivo à impugnação não obsta a que o exequente levante mensalmente a importância da prestação.

§ 9º Além das opções previstas no art. 516, parágrafo único, o exequente pode promover o cumprimento da sentença ou decisão que condena ao pagamento de prestação alimentícia no juízo de seu domicílio.

Art. 529. Quando o executado for funcionário público, militar, diretor ou gerente de empresa ou empregado sujeito à legislação do trabalho, o exequente poderá requerer o desconto em folha de pagamento da importância da prestação alimentícia.

► Art. 833, IV, deste Código.

► Art. 1.701, par. ún., do CC.
► Art. 22, par. ún., da Lei nº 5.478, de 25-7-1998 (Lei da Ação de Alimentos).

§ 1º Ao proferir a decisão, o juiz oficiará à autoridade, à empresa ou ao empregador, determinando, sob pena de crime de desobediência, o desconto a partir da primeira remuneração posterior do executado, a contar do protocolo do ofício.

§ 2º O ofício conterá o nome e o número de inscrição no Cadastro de Pessoas Físicas do exequente e do executado, a importância a ser descontada mensalmente, o tempo de sua duração e a conta na qual deve ser feito o depósito.

§ 3º Sem prejuízo do pagamento dos alimentos vincendos, o débito objeto de execução pode ser descontado dos rendimentos ou rendas do executado, de forma parcelada, nos termos do *caput* deste artigo, contanto que, somado à parcela devida, não ultrapasse cinquenta por cento de seus ganhos líquidos.

Art. 530. Não cumprida a obrigação, observar-se-á o disposto nos arts. 831 e seguintes.

Art. 531. O disposto neste Capítulo aplica-se aos alimentos definitivos ou provisórios.

► Art. 4º Lei nº 5.478, de 25-7-1968 (Lei da Ação de Alimentos).
► Art. 1.706 do CC.

§ 1º A execução dos alimentos provisórios, bem como a dos alimentos fixados em sentença ainda não transitada em julgado, se processa em autos apartados.

§ 2º O cumprimento definitivo da obrigação de prestar alimentos será processado nos mesmos autos em que tenha sido proferida a sentença.

Art. 532. Verificada a conduta procrastinatória do executado, o juiz deverá, se for o caso, dar ciência ao Ministério Público dos indícios da prática do crime de abandono material.

Art. 533. Quando a indenização por ato ilícito incluir prestação de alimentos, caberá ao executado, a requerimento do exequente, constituir capital cuja renda assegure o pagamento do valor mensal da pensão.

§ 1º O capital a que se refere o *caput*, representado por imóveis ou por direitos reais sobre imóveis suscetíveis de alienação, títulos da dívida pública ou aplicações financeiras em banco oficial, será inalienável e impenhorável enquanto durar a obrigação do executado, além de constituir-se em patrimônio de afetação.

§ 2º O juiz poderá substituir a constituição do capital pela inclusão do exequente em folha de pagamento de pessoa jurídica de notória capacidade econômica ou, a requerimento do executado, por fiança bancária ou garantia real, em valor a ser arbitrado de imediato pelo juiz.

§ 3º Se sobrevier modificação nas condições econômicas, poderá a parte requerer, conforme as circunstâncias, redução ou aumento da prestação.

§ 4º A prestação alimentícia poderá ser fixada tomando por base o salário mínimo.

§ 5º Finda a obrigação de prestar alimentos, o juiz mandará liberar o capital, cessar o desconto em folha ou cancelar as garantias prestadas.

CAPÍTULO V
DO CUMPRIMENTO DE SENTENÇA QUE RECONHEÇA A EXIGIBILIDADE DE OBRIGAÇÃO DE PAGAR QUANTIA CERTA PELA FAZENDA PÚBLICA

Art. 534. No cumprimento de sentença que impuser à Fazenda Pública o dever de pagar quantia certa, o exequente apresentará demonstrativo discriminado e atualizado do crédito contendo:

I – o nome completo e o número de inscrição no Cadastro de Pessoas Físicas ou no Cadastro Nacional da Pessoa Jurídica do exequente;

II – o índice de correção monetária adotado;

III – os juros aplicados e as respectivas taxas;

IV – o termo inicial e o termo final dos juros e da correção monetária utilizados;

V – a periodicidade da capitalização dos juros, se for o caso;

VI – a especificação dos eventuais descontos obrigatórios realizados.

§ 1º Havendo pluralidade de exequentes, cada um deverá apresentar o seu próprio demonstrativo, aplicando-se à hipótese, se for o caso, o disposto nos §§ 1º e 2º do art. 113.

§ 2º A multa prevista no § 1º do art. 523 não se aplica à Fazenda Pública.

Art. 535. A Fazenda Pública será intimada na pessoa de seu representante judicial, por carga, remessa ou meio eletrônico, para, querendo, no prazo de 30 (trinta) dias e nos próprios autos, impugnar a execução, podendo arguir:

I – falta ou nulidade da citação se, na fase de conhecimento, o processo correu à revelia;

II – ilegitimidade de parte;

III – inexequibilidade do título ou inexigibilidade da obrigação;

IV – excesso de execução ou cumulação indevida de execuções;

V – incompetência absoluta ou relativa do juízo da execução;

VI – qualquer causa modificativa ou extintiva da obrigação, como pagamento, novação, compensação, transação ou prescrição, desde que supervenientes ao trânsito em julgado da sentença.

§ 1º A alegação de impedimento ou suspeição observará o disposto nos arts. 146 e 148.

§ 2º Quando se alegar que o exequente, em excesso de execução, pleiteia quantia superior à resultante do título, cumprirá à executada declarar de imediato o valor que entende correto, sob pena de não conhecimento da arguição.

§ 3º Não impugnada a execução ou rejeitadas as arguições da executada:

I – expedir-se-á, por intermédio do presidente do tribunal competente, precatório em favor do exequente, observando-se o disposto na Constituição Federal;

II – por ordem do juiz, dirigida à autoridade na pessoa de quem o ente público foi citado para o processo, o pagamento de obrigação de pequeno valor será realizado no prazo de 2 (dois) meses contado da entrega da requisição, mediante depósito na agência de banco oficial mais próxima da residência do exequente.

§ 4º Tratando-se de impugnação parcial, a parte não questionada pela executada será, desde logo, objeto de cumprimento.

§ 5º Para efeito do disposto no inciso III do *caput* deste artigo, considera-se também inexigível a obrigação reconhecida em título executivo judicial fundado em lei ou ato normativo considerado inconstitucional pelo Supremo Tribunal Federal, ou fundado em aplicação ou interpretação da lei ou do ato normativo tido pelo Supremo Tribunal Federal como incompatível com a Constituição Federal, em controle de constitucionalidade concentrado ou difuso.

► Lei nº 9.868, de 10-11-1999 (Lei da ADIN e da ADECON).

§ 6º No caso do § 5º, os efeitos da decisão do Supremo Tribunal Federal poderão ser modulados no tempo, de modo a favorecer a segurança jurídica.

► Art. 27 da Lei nº 9.868, de 10-11-1999 (Lei da ADIN e da ADECON).

§ 7º A decisão do Supremo Tribunal Federal referida no § 5º deve ter sido proferida antes do trânsito em julgado da decisão exequenda.

► Art. 1.057 deste Código.

§ 8º Se a decisão referida no § 5º for proferida após o trânsito em julgado da decisão exequenda, caberá ação rescisória, cujo prazo será contado do trânsito em julgado da decisão proferida pelo Supremo Tribunal Federal.

► Art. 1.057 deste Código.

CAPÍTULO VI

DO CUMPRIMENTO DE SENTENÇA QUE RECONHEÇA A EXIGIBILIDADE DE OBRIGAÇÃO DE FAZER, DE NÃO FAZER OU DE ENTREGAR COISA

Seção I

DO CUMPRIMENTO DE SENTENÇA QUE RECONHEÇA A EXIGIBILIDADE DE OBRIGAÇÃO DE FAZER OU DE NÃO FAZER

Art. 536. No cumprimento de sentença que reconheça a exigibilidade de obrigação de fazer ou de não fazer, o juiz poderá, de ofício ou a requerimento, para a efetivação da tutela específica ou a obtenção de tutela pelo resultado prático equivalente, determinar as medidas necessárias à satisfação do exequente.

► Lei nº 9.494, de 10-9-1997, disciplina a aplicação da tutela antecipada contra a Fazenda Pública.

§ 1º Para atender ao disposto no *caput*, o juiz poderá determinar, entre outras medidas, a imposição de multa, a busca e apreensão, a remoção de pessoas e coisas, o desfazimento de obras e o impedimento de atividade nociva, podendo, caso necessário, requisitar o auxílio de força policial.

► Art. 519 deste Código.

§ 2º O mandado de busca e apreensão de pessoas e coisas será cumprido por 2 (dois) oficiais de justiça, observando-se o disposto no art. 846, §§ 1º a 4º, se houver necessidade de arrombamento.

§ 3º O executado incidirá nas penas de litigância de má-fé quando injustificadamente descumprir a ordem judicial, sem prejuízo de sua responsabilização por crime de desobediência.

§ 4º No cumprimento de sentença que reconheça a exigibilidade de obrigação de fazer ou de não fazer, aplica-se o art. 525, no que couber.

§ 5º O disposto neste artigo aplica-se, no que couber, ao cumprimento de sentença que reconheça deveres de fazer e de não fazer de natureza não obrigacional.

Art. 537. A multa independe de requerimento da parte e poderá ser aplicada na fase de conhecimento, em tutela provisória ou na sentença, ou na fase de execução, desde que seja suficiente e compatível com a obrigação e que se determine prazo razoável para cumprimento do preceito.

► En. nº 96 da I Jornada de Direito Processual Civil.

§ 1º O juiz poderá, de ofício ou a requerimento, modificar o valor ou a periodicidade da multa vincenda ou excluí-la, caso verifique que:

I – se tornou insuficiente ou excessiva;

II – o obrigado demonstrou cumprimento parcial superveniente da obrigação ou justa causa para o descumprimento.

§ 2º O valor da multa será devido ao exequente.

§ 3º A decisão que fixa a multa é passível de cumprimento provisório, devendo ser depositada em juízo, permitido o levantamento do valor após o trânsito em julgado da sentença favorável à parte.

► § 3º com a redação dada pela Lei nº 13.256, de 4-2-2016.

§ 4º A multa será devida desde o dia em que se configurar o descumprimento da decisão e incidirá enquanto não for cumprida a decisão que a tiver cominado.

§ 5º O disposto neste artigo aplica-se, no que couber, ao cumprimento de sentença que reconheça deveres de fazer e de não fazer de natureza não obrigacional.

Seção II

DO CUMPRIMENTO DE SENTENÇA QUE RECONHEÇA A EXIGIBILIDADE DE OBRIGAÇÃO DE ENTREGAR COISA

Art. 538. Não cumprida a obrigação de entregar coisa no prazo estabelecido na sentença, será expedido mandado de busca e apreensão ou de imissão na posse em favor do credor, conforme se tratar de coisa móvel ou imóvel.

§ 1º A existência de benfeitorias deve ser alegada na fase de conhecimento, em contestação, de forma discriminada e com atribuição, sempre que possível e justificadamente, do respectivo valor.

§ 2º O direito de retenção por benfeitorias deve ser exercido na contestação, na fase de conhecimento.

§ 3º Aplicam-se ao procedimento previsto neste artigo, no que couber, as disposições sobre o cumprimento de obrigação de fazer ou de não fazer.

TÍTULO III – DOS PROCEDIMENTOS ESPECIAIS

CAPÍTULO I

DA AÇÃO DE CONSIGNAÇÃO EM PAGAMENTO

Art. 539. Nos casos previstos em lei, poderá o devedor ou terceiro requerer, com efeito de pagamento, a consignação da quantia ou da coisa devida.

► Arts. 334 a 345 do CC.

► Art. 67 da Lei nº 8.245, de 18-10-1991 (Lei das Locações).

§ 1º Tratando-se de obrigação em dinheiro, poderá o valor ser depositado em estabelecimento bancário, oficial onde houver, situado no lugar do pagamento, cientificando-se o credor por carta com aviso de recebimento, assinado o prazo de 10 (dez) dias para a manifestação de recusa.

► Art. 334 do CC.

§ 2º Decorrido o prazo do § 1º, contado do retorno do aviso de recebimento, sem a manifestação de recusa, considerar-se-á o devedor liberado da obrigação, ficando à disposição do credor a quantia depositada.

§ 3º Ocorrendo a recusa, manifestada por escrito ao estabelecimento bancário, poderá ser proposta, dentro de 1 (um) mês, a ação de consignação, instruindo-se a inicial com a prova do depósito e da recusa.

§ 4º Não proposta a ação no prazo do § 3º, ficará sem efeito o depósito, podendo levantá-lo o depositante.

Art. 540. Requerer-se-á a consignação no lugar do pagamento, cessando para o devedor, à data do depósito, os juros e os riscos, salvo se a demanda for julgada improcedente.

► Art. 337 do CC.

Art. 541. Tratando-se de prestações sucessivas, consignada uma delas, pode o devedor continuar a depositar, no mesmo processo e sem mais formalidades, as que se forem vencendo, desde que o faça em até 5 (cinco) dias contados da data do respectivo vencimento.

► Art. 323 deste Código.

►► Art. 67, III, da Lei nº 8.245, de 18-10-1991 (Lei das Locações).

Art. 542. Na petição inicial, o autor requererá:

I – o depósito da quantia ou da coisa devida, a ser efetivado no prazo de 5 (cinco) dias contados do deferimento, ressalvada a hipótese do art. 539, § 3º;

II – a citação do réu para levantar o depósito ou oferecer contestação.

Parágrafo único. Não realizado o depósito no prazo do inciso I, o processo será extinto sem resolução do mérito.

► Arts. 304 a 306 e 335 do CC.

Art. 543. Se o objeto da prestação for coisa indeterminada e a escolha couber ao credor, será este citado para exercer o direito dentro de 5 (cinco) dias, se outro prazo não constar de lei ou do contrato, ou para aceitar que o devedor a faça, devendo o juiz, ao despachar a petição inicial, fixar lugar, dia e hora em que se fará a entrega, sob pena de depósito.

► Art. 442 do CC.

Art. 544. Na contestação, o réu poderá alegar que:

I – não houve recusa ou mora em receber a quantia ou a coisa devida;

II – foi justa a recusa;

III – o depósito não se efetuou no prazo ou no lugar do pagamento;

IV – o depósito não é integral.

Parágrafo único. No caso do inciso IV, a alegação somente será admissível se o réu indicar o montante que entende devido.

Art. 545. Alegada a insuficiência do depósito, é lícito ao autor completá-lo, em 10 (dez) dias, salvo se corresponder a prestação cujo inadimplemento acarrete a rescisão do contrato.

§ 1º No caso do *caput*, poderá o réu levantar, desde logo, a quantia ou a coisa depositada, com a consequente liberação parcial do autor, prosseguindo o processo quanto à parcela controvertida.

§ 2º A sentença que concluir pela insuficiência do depósito determinará, sempre que possível, o montante devido e valerá como título executivo, facultado ao credor promover-lhe o cumprimento nos mesmos autos, após liquidação, se necessária.

Art. 546. Julgado procedente o pedido, o juiz declarará extinta a obrigação e condenará o réu ao pagamento de custas e honorários advocatícios.

► Art. 343 do CC.

Parágrafo único. Proceder-se-á do mesmo modo se o credor receber e der quitação.

Art. 547. Se ocorrer dúvida sobre quem deva legitimamente receber o pagamento, o autor requererá o depósito e a citação dos possíveis titulares do crédito para provarem o seu direito.

► Art. 335, IV, do CC.

Art. 548. No caso do art. 547:

I – não comparecendo pretendente algum, converter-se-á o depósito em arrecadação de coisas vagas;

II – comparecendo apenas um, o juiz decidirá de plano;

III – comparecendo mais de um, o juiz declarará efetuado o depósito e extinta a obrigação, continuando o processo a correr unicamente entre os presuntivos credores, observado o procedimento comum.

Art. 549. Aplica-se o procedimento estabelecido neste Capítulo, no que couber, ao resgate do aforamento.

CAPÍTULO II
DA AÇÃO DE EXIGIR CONTAS

Art. 550. Aquele que afirmar ser titular do direito de exigir contas requererá a citação do réu para que as preste ou ofereça contestação no prazo de 15 (quinze) dias.

§ 1º Na petição inicial, o autor especificará, detalhadamente, as razões pelas quais exige as contas, instruindo-a com documentos comprobatórios dessa necessidade, se existirem.

§ 2º Prestadas as contas, o autor terá 15 (quinze) dias para se manifestar, prosseguindo-se o processo na forma do Capítulo X do Título I deste Livro.

§ 3º A impugnação das contas apresentadas pelo réu deverá ser fundamentada e específica, com referência expressa ao lançamento questionado.

§ 4º Se o réu não contestar o pedido, observar-se-á o disposto no art. 355.

§ 5º A decisão que julgar procedente o pedido condenará o réu a prestar as contas no prazo de 15 (quinze) dias, sob pena de não lhe ser lícito impugnar as que o autor apresentar.

§ 6º Se o réu apresentar as contas no prazo previsto no § 5º, seguir-se-á o procedimento do § 2º, caso contrário, o autor apresentá-las-á no prazo de 15 (quinze) dias, podendo o juiz determinar a realização de exame pericial, se necessário.

Art. 551. As contas do réu serão apresentadas na forma adequada, especificando-se as receitas, a aplicação das despesas e os investimentos, se houver.

§ 1º Havendo impugnação específica e fundamentada pelo autor, o juiz estabelecerá prazo razoável para que o réu apresente os documentos justificativos dos lançamentos individualmente impugnados.

§ 2º As contas do autor, para os fins do art. 550, § 5º, serão apresentadas na forma adequada, já instruídas com os documentos justificativos, especificando-se as receitas, a aplicação das despesas e os investimentos, se houver, bem como o respectivo saldo.

Art. 552. A sentença apurará o saldo e constituirá título executivo judicial.

Art. 553. As contas do inventariante, do tutor, do curador, do depositário e de qualquer outro administrador serão prestadas em apenso aos autos do processo em que tiver sido nomeado.

Parágrafo único. Se qualquer dos referidos no *caput* for condenado a pagar o saldo e não o fizer no prazo legal, o juiz poderá destituí-lo, sequestrar os bens sob sua guarda, glosar o prêmio ou a gratificação a que teria direito e determinar as medidas executivas necessárias à recomposição do prejuízo.

CAPÍTULO III
DAS AÇÕES POSSESSÓRIAS

Seção I
DISPOSIÇÕES GERAIS

Art. 554. A propositura de uma ação possessória em vez de outra não obstará a que o juiz conheça do pedido e outorgue a proteção legal correspondente àquela cujos pressupostos estejam provados.

► Arts. 47, § 2º e 73, § 2º, deste Código.

► Art. 1.196 e ss. do CC.

§ 1º No caso de ação possessória em que figure no polo passivo grande número de pessoas, serão feitas a citação pessoal dos ocupantes que forem encontrados no local e a citação por edital dos demais, determinando-se, ainda, a intimação do Ministério Público e, se envolver pessoas em situação de hipossuficiência econômica, da Defensoria Pública.

§ 2º Para fim da citação pessoal prevista no § 1º, o oficial de justiça procurará os ocupantes no local por uma vez, citando-se por edital os que não forem encontrados.

§ 3º O juiz deverá determinar que se dê ampla publicidade da existência da ação prevista no § 1º e dos respectivos prazos processuais, podendo, para tanto, valer-se de anúncios em jornal ou rádio locais, da publicação de cartazes na região do conflito e de outros meios.

Art. 555. É lícito ao autor cumular ao pedido possessório o de:

I – condenação em perdas e danos;

▸ Art. 322 e ss. deste Código.

II – indenização dos frutos.

Parágrafo único. Pode o autor requerer, ainda, imposição de medida necessária e adequada para:

I – evitar nova turbação ou esbulho;

II – cumprir-se a tutela provisória ou final.

▸ Arts. 294 a 311 deste Código.

Art. 556. É lícito ao réu, na contestação, alegando que foi o ofendido em sua posse, demandar a proteção possessória e a indenização pelos prejuízos resultantes da turbação ou do esbulho cometido pelo autor.

Art. 557. Na pendência de ação possessória é vedado, tanto ao autor quanto ao réu, propor ação de reconhecimento do domínio, exceto se a pretensão for deduzida em face de terceira pessoa.

▸ Art. 1.210, § 2º, do CC.

▸ Súm. nº 487 do STF.

Parágrafo único. Não obsta à manutenção ou à reintegração de posse a alegação de propriedade ou de outro direito sobre a coisa.

Art. 558. Regem o procedimento de manutenção e de reintegração de posse as normas da Seção II deste Capítulo quando a ação for proposta dentro de ano e dia da turbação ou do esbulho afirmado na petição inicial.

Parágrafo único. Passado o prazo referido no *caput*, será comum o procedimento, não perdendo, contudo, o caráter possessório.

▸ Arts. 318 e 294 a 311 deste Código.

Art. 559. Se o réu provar, em qualquer tempo, que o autor provisoriamente mantido ou reintegrado na posse carece de idoneidade financeira para, no caso de sucumbência, responder por perdas e danos, o juiz designar-lhe-á o prazo de 5 (cinco) dias para requerer caução, real ou fidejussória, sob pena de ser depositada a coisa litigiosa, ressalvada a impossibilidade da parte economicamente hipossuficiente.

Seção II
DA MANUTENÇÃO E DA REINTEGRAÇÃO DE POSSE

Art. 560. O possuidor tem direito a ser mantido na posse em caso de turbação e reintegrado em caso de esbulho.

▸ Art. 1.210 do CC.

Art. 561. Incumbe ao autor provar:

I – a sua posse;

▸ Art. 373, I, deste Código.

II – a turbação ou o esbulho praticado pelo réu;

III – a data da turbação ou do esbulho;

IV – a continuação da posse, embora turbada, na ação de manutenção, ou a perda da posse, na ação de reintegração.

Art. 562. Estando a petição inicial devidamente instruída, o juiz deferirá, sem ouvir o réu, a expedição do mandado liminar de manutenção ou de reintegração, caso contrário, determinará que o autor justifique previamente o alegado, citando-se o réu para comparecer à audiência que for designada.

▸ Art. 262 do STF.

Parágrafo único. Contra as pessoas jurídicas de direito público não será deferida a manutenção ou a reintegração liminar sem prévia audiência dos respectivos representantes judiciais.

Art. 563. Considerada suficiente a justificação, o juiz fará logo expedir mandado de manutenção ou de reintegração.

Art. 564. Concedido ou não o mandado liminar de manutenção ou de reintegração, o autor promoverá, nos 5 (cinco) dias subsequentes, a citação do réu para, querendo, contestar a ação no prazo de 15 (quinze) dias.

Parágrafo único. Quando for ordenada a justificação prévia, o prazo para contestar será contado da intimação da decisão que deferir ou não a medida liminar.

Art. 565. No litígio coletivo pela posse de imóvel, quando o esbulho ou a turbação afirmado na petição inicial houver ocorrido há mais de ano e dia, o juiz, antes de apreciar o pedido de concessão da medida liminar, deverá designar audiência de mediação, a realizar-se em até 30 (trinta) dias, que observará o disposto nos §§ 2º e 4º.

§ 1º Concedida a liminar, se essa não for executada no prazo de 1 (um) ano, a contar da data de distribuição, caberá ao juiz designar audiência de mediação, nos termos dos §§ 2º a 4º deste artigo.

§ 2º O Ministério Público será intimado para comparecer à audiência, e a Defensoria Pública será intimada sempre que houver parte beneficiária de gratuidade da justiça.

▸ Art. 178 deste Código.

§ 3º O juiz poderá comparecer à área objeto do litígio quando sua presença se fizer necessária à efetivação da tutela jurisdicional.

§ 4º Os órgãos responsáveis pela política agrária e pela política urbana da União, de Estado ou do Distrito Federal e de Município onde se situe a área objeto do litígio poderão ser intimados para a audiência, a fim de se manifestarem sobre seu interesse no processo e sobre a existência de possibilidade de solução para o conflito possessório.

§ 5º Aplica-se o disposto neste artigo ao litígio sobre propriedade de imóvel.

Art. 566. Aplica-se, quanto ao mais, o procedimento comum.

Seção III
DO INTERDITO PROIBITÓRIO

Art. 567. O possuidor direto ou indireto que tenha justo receio de ser molestado na posse poderá requerer ao juiz que o segure da turbação ou esbulho iminente, mediante mandado proibitório em que se comine ao réu determinada pena pecuniária caso transgrida o preceito.

Art. 568. Aplica-se ao interdito proibitório o disposto na Seção II deste Capítulo.

CAPÍTULO IV
DA AÇÃO DE DIVISÃO E DA DEMARCAÇÃO DE TERRAS PARTICULARES

Seção I
DISPOSIÇÕES GERAIS

Art. 569. Cabe:

I – ao proprietário a ação de demarcação, para obrigar o seu confinante a estremar os respectivos prédios, fixando-se novos limites entre eles ou aviventando-se os já apagados;

► Art. 1.297 e 1.298 do CC.

II – ao condômino a ação de divisão, para obrigar os demais consortes a estremar os quinhões.

► Arts. 47 e 73 deste Código.

► Art. 1.320 do CC.

Art. 570. É lícita a cumulação dessas ações, caso em que deverá processar-se primeiramente a demarcação total ou parcial da coisa comum, citando-se os confinantes e os condôminos.

Art. 571. A demarcação e a divisão poderão ser realizadas por escritura pública, desde que maiores, capazes e concordes todos os interessados, observando-se, no que couber, os dispositivos deste Capítulo.

Art. 572. Fixados os marcos da linha de demarcação, os confinantes considerar-se-ão terceiros quanto ao processo divisório, ficando-lhes, porém, ressalvado o direito de vindicar os terrenos de que se julguem despojados por invasão das linhas limítrofes constitutivas do perímetro ou de reclamar indenização correspondente ao seu valor.

§ 1º No caso do *caput*, serão citados para a ação todos os condôminos, se a sentença homologatória da divisão ainda não houver transitado em julgado, e todos os quinhoeiros dos terrenos vindicados, se a ação for proposta posteriormente.

§ 2º Neste último caso, a sentença que julga procedente a ação, condenando a restituir os terrenos ou a pagar a indenização, valerá como título executivo em favor dos quinhoeiros para haverem dos outros condôminos que forem parte na divisão ou de seus sucessores a título universal, na proporção que lhes tocar, a composição pecuniária do desfalque sofrido.

Art. 573. Tratando-se de imóvel georreferenciado, com averbação no registro de imóveis, pode o juiz dispensar a realização de prova pericial.

Seção II
DA DEMARCAÇÃO

Art. 574. Na petição inicial, instruída com os títulos da propriedade, designar-se-á o imóvel pela situação e pela denominação, descrever-se-ão os limites por constituir, aviventar ou renovar e nomear-se-ão todos os confinantes da linha demarcanda.

► Arts. 47 e 73 deste Código.

Art. 575. Qualquer condômino é parte legítima para promover a demarcação do imóvel comum, requerendo a intimação dos demais para, querendo, intervir no processo.

Art. 576. A citação dos réus será feita por correio, observado o disposto no art. 247.

Parágrafo único. Será publicado edital, nos termos do inciso III do art. 259.

Art. 577. Feitas as citações, terão os réus o prazo comum de 15 (quinze) dias para contestar.

Art. 578. Após o prazo de resposta do réu, observar-se-á o procedimento comum.

► Arts. 318 e ss. deste Código.

Art. 579. Antes de proferir a sentença, o juiz nomeará um ou mais peritos para levantar o traçado da linha demarcanda.

Art. 580. Concluídos os estudos, os peritos apresentarão minucioso laudo sobre o traçado da linha demarcanda, considerando os títulos, os marcos, os rumos, a fama da vizinhança, as informações de antigos moradores do lugar e outros elementos que coligirem.

Art. 581. A sentença que julgar procedente o pedido determinará o traçado da linha demarcanda.

Parágrafo único. A sentença proferida na ação demarcatória determinará a restituição da área invadida, se houver, declarando o domínio ou a posse do prejudicado, ou ambos.

Art. 582. Transitada em julgado a sentença, o perito efetuará a demarcação e colocará os marcos necessários.

► Art. 584 deste Código.

Parágrafo único. Todas as operações serão consignadas em planta e memorial descritivo com as referências convenientes para a identificação, em qualquer tempo, dos pontos assinalados, observada a legislação especial que dispõe sobre a identificação do imóvel rural.

Art. 583. As plantas serão acompanhadas das cadernetas de operações de campo e do memorial descritivo, que conterá:

I – o ponto de partida, os rumos seguidos e a aviventação dos antigos com os respectivos cálculos;

II – os acidentes encontrados, as cercas, os valos, os marcos antigos, os córregos, os rios, as lagoas e outros;

III – a indicação minuciosa dos novos marcos cravados, dos antigos aproveitados, das culturas existentes e da sua produção anual;

IV – a composição geológica dos terrenos, bem como a qualidade e a extensão dos campos, das matas e das capoeiras;

V – as vias de comunicação;

VI – as distâncias a pontos de referência, tais como rodovias federais e estaduais, ferrovias, portos, aglomerações urbanas e polos comerciais;

VII – a indicação de tudo o mais que for útil para o levantamento da linha ou para a identificação da linha já levantada.

Art. 584. É obrigatória a colocação de marcos tanto na estação inicial, dita marco primordial, quanto nos vértices dos ângulos, salvo se algum desses últimos pontos for assinalado por acidentes naturais de difícil remoção ou destruição.

Art. 585. A linha será percorrida pelos peritos, que examinarão os marcos e os rumos, consignando em relatório escrito a exatidão do memorial e da planta apresentados pelo agrimensor ou as divergências porventura encontradas.

Art. 586. Juntado aos autos o relatório dos peritos, o juiz determinará que as partes se manifestem sobre ele no prazo comum de 15 (quinze) dias.

Parágrafo único. Executadas as correções e as retificações que o juiz determinar, lavrar-se-á, em seguida, o auto de demarcação em que os limites demarcandos serão minuciosamente descritos de acordo com o memorial e a planta.

Art. 587. Assinado o auto pelo juiz e pelos peritos, será proferida a sentença homologatória da demarcação.

Seção III
DA DIVISÃO

Art. 588. A petição inicial será instruída com os títulos de domínio do promovente e conterá:

▸ Arts. 47, 1.320 e ss. do CC.

I – a indicação da origem da comunhão e a denominação, a situação, os limites e as características do imóvel;

II – o nome, o estado civil, a profissão e a residência de todos os condôminos, especificando-se os estabelecidos no imóvel com benfeitorias e culturas;

III – as benfeitorias comuns.

Art. 589. Feitas as citações como preceitua o art. 576, prosseguir-se-á na forma dos arts. 577 e 578.

Art. 590. O juiz nomeará um ou mais peritos para promover a medição do imóvel e as operações de divisão, observada a legislação especial que dispõe sobre a identificação do imóvel rural.

Parágrafo único. O perito deverá indicar as vias de comunicação existentes, as construções e as benfeitorias, com a indicação dos seus valores e dos respectivos proprietários e ocupantes, as águas principais que banham o imóvel e quaisquer outras informações que possam concorrer para facilitar a partilha.

Art. 591. Todos os condôminos serão intimados a apresentar, dentro de 10 (dez) dias, os seus títulos, se ainda não o tiverem feito, e a formular os seus pedidos sobre a constituição dos quinhões.

Art. 592. O juiz ouvirá as partes no prazo comum de 15 (quinze) dias.

§ 1º Não havendo impugnação, o juiz determinará a divisão geodésica do imóvel.

§ 2º Havendo impugnação, o juiz proferirá, no prazo de 10 (dez) dias, decisão sobre os pedidos e os títulos que devam ser atendidos na formação dos quinhões.

Art. 593. Se qualquer linha do perímetro atingir benfeitorias permanentes dos confinantes feitas há mais de 1 (um) ano, serão elas respeitadas, bem como os terrenos onde estiverem, os quais não se computarão na área dividenda.

Art. 594. Os confinantes do imóvel dividendo podem demandar a restituição dos terrenos que lhes tenham sido usurpados.

§ 1º Serão citados para a ação todos os condôminos, se a sentença homologatória da divisão ainda não houver transitado em julgado, e todos os quinhoeiros dos terrenos vindicados, se a ação for proposta posteriormente.

§ 2º Nesse último caso terão os quinhoeiros o direito, pela mesma sentença que os obrigar à restituição, a haver dos outros condôminos do processo divisório ou de seus sucessores a título universal a composição pecuniária proporcional ao desfalque sofrido.

Art. 595. Os peritos proporão, em laudo fundamentado, a forma da divisão, devendo consultar, quanto possível, a comodidade das partes, respeitar, para adjudicação a cada condômino, a preferência dos terrenos contíguos às suas residências e benfeitorias e evitar o retalhamento dos quinhões em glebas separadas.

Art. 596. Ouvidas as partes, no prazo comum de 15 (quinze) dias, sobre o cálculo e o plano da divisão, o juiz deliberará a partilha.

Parágrafo único. Em cumprimento dessa decisão, o perito procederá à demarcação dos quinhões, observando, além do disposto nos arts. 584 e 585, as seguintes regras:

I – as benfeitorias comuns que não comportarem divisão cômoda serão adjudicadas a um dos condôminos mediante compensação;

II – instituir-se-ão as servidões que forem indispensáveis em favor de uns quinhões sobre os outros, incluindo o respectivo valor no orçamento para que, não se tratando de servidões naturais, seja compensado o condômino aquinhoado com o prédio serviente;

III – as benfeitorias particulares dos condôminos que excederem à área a que têm direito serão adjudicadas ao quinhoeiro vizinho mediante reposição;

IV – se outra coisa não acordarem as partes, as compensações e as reposições serão feitas em dinheiro.

Art. 597. Terminados os trabalhos e desenhados na planta os quinhões e as servidões aparentes, o perito organizará o memorial descritivo.

▸ Art. 89 deste Código.

§ 1º Cumprido o disposto no art. 586, o escrivão, em seguida, lavrará o auto de divisão, acompanhado de uma folha de pagamento para cada condômino.

§ 2º Assinado o auto pelo juiz e pelo perito, será proferida sentença homologatória da divisão.

§ 3º O auto conterá:

I – a confinação e a extensão superficial do imóvel;

II – a classificação das terras com o cálculo das áreas de cada consorte e com a respectiva avaliação ou, quando a homogeneidade das terras não determinar diversidade de valores, a avaliação do imóvel na sua integridade;

III – o valor e a quantidade geométrica que couber a cada condômino, declarando-se as reduções e as compensações resultantes da diversidade de valores das glebas componentes de cada quinhão.

§ 4º Cada folha de pagamento conterá:

I – a descrição das linhas divisórias do quinhão, mencionadas as confinantes;

II – a relação das benfeitorias e das culturas do próprio quinhoeiro e das que lhe foram adjudicadas por serem comuns ou mediante compensação;

III – a declaração das servidões instituídas, especificados os lugares, a extensão e o modo de exercício.

Art. 598. Aplica-se às divisões o disposto nos arts. 575 a 578.

CAPÍTULO V
DA AÇÃO DE DISSOLUÇÃO PARCIAL DE SOCIEDADE

Art. 599. A ação de dissolução parcial de sociedade pode ter por objeto:

▸ Arts. 997 e 1.028 a 1.035 do CC.

I – a resolução da sociedade empresária contratual ou simples em relação ao sócio falecido, excluído ou que exerceu o direito de retirada ou recesso; e

II – a apuração dos haveres do sócio falecido, excluído ou que exerceu o direito de retirada ou recesso; ou

III – somente a resolução ou a apuração de haveres.

§ 1º A petição inicial será necessariamente instruída com o contrato social consolidado.

§ 2º A ação de dissolução parcial de sociedade pode ter também por objeto a sociedade anônima de capital fechado quando demonstrado, por acionista ou acionistas que representem cinco por cento ou mais do capital social, que não pode preencher o seu fim.

► Art. 206, II, *b*, da Lei nº 6.404, de 15-12-1976 (Lei das Sociedades por Ações).

Art. 600. A ação pode ser proposta:

I – pelo espólio do sócio falecido, quando a totalidade dos sucessores não ingressar na sociedade;

II – pelos sucessores, após concluída a partilha do sócio falecido;

III – pela sociedade, se os sócios sobreviventes não admitirem o ingresso do espólio ou dos sucessores do falecido na sociedade, quando esse direito decorrer do contrato social;

IV – pelo sócio que exerceu o direito de retirada ou recesso, se não tiver sido providenciada, pelos demais sócios, a alteração contratual consensual formalizando o desligamento, depois de transcorridos 10 (dez) dias do exercício do direito;

V – pela sociedade, nos casos em que a lei não autoriza a exclusão extrajudicial; ou

► Art. 1.028 a 1.030 e 1.035 do CC.

VI – pelo sócio excluído.

Parágrafo único. O cônjuge ou companheiro do sócio cujo casamento, união estável ou convivência terminou poderá requerer a apuração de seus haveres na sociedade, que serão pagos à conta da quota social titulada por este sócio.

Art. 601. Os sócios e a sociedade serão citados para, no prazo de 15 (quinze) dias, concordar com o pedido ou apresentar contestação.

Parágrafo único. A sociedade não será citada se todos os seus sócios o forem, mas ficará sujeita aos efeitos da decisão e à coisa julgada.

Art. 602. A sociedade poderá formular pedido de indenização compensável com o valor dos haveres a apurar.

► Art. 368 do CC.

Art. 603. Havendo manifestação expressa e unânime pela concordância da dissolução, o juiz a decretará, passando-se imediatamente à fase de liquidação.

§ 1º Na hipótese prevista no *caput*, não haverá condenação em honorários advocatícios de nenhuma das partes, e as custas serão rateadas segundo a participação das partes no capital social.

§ 2º Havendo contestação, observar-se-á o procedimento comum, mas a liquidação da sentença seguirá o disposto neste Capítulo.

Art. 604. Para apuração dos haveres, o juiz:

I – fixará a data da resolução da sociedade;

II – definirá o critério de apuração dos haveres à vista do disposto no contrato social; e

III – nomeará o perito.

§ 1º O juiz determinará à sociedade ou aos sócios que nela permanecerem que depositem em juízo a parte incontroversa dos haveres devidos.

§ 2º O depósito poderá ser, desde logo, levantando pelo ex-sócio, pelo espólio ou pelos sucessores.

§ 3º Se o contrato social estabelecer o pagamento dos haveres, será observado o que nele se dispôs no depósito judicial da parte incontroversa.

Art. 605. A data da resolução da sociedade será:

I – no caso de falecimento do sócio, a do óbito;

II – na retirada imotivada, o sexagésimo dia seguinte ao do recebimento, pela sociedade, da notificação do sócio retirante;

III – no recesso, o dia do recebimento, pela sociedade, da notificação do sócio dissidente;

IV – na retirada por justa causa de sociedade por prazo determinado e na exclusão judicial de sócio, a do trânsito em julgado da decisão que dissolver a sociedade; e

V – na exclusão extrajudicial, a data da assembleia ou da reunião de sócios que a tiver deliberado.

Art. 606. Em caso de omissão do contrato social, o juiz definirá, como critério de apuração de haveres, o valor patrimonial apurado em balanço de determinação, tomando-se por referência a data da resolução e avaliando-se bens e direitos do ativo, tangíveis e intangíveis, a preço de saída, além do passivo também a ser apurado de igual forma.

Parágrafo único. Em todos os casos em que seja necessária a realização de perícia, a nomeação do perito recairá preferencialmente sobre especialista em avaliação de sociedades.

Art. 607. A data da resolução e o critério de apuração de haveres podem ser revistos pelo juiz, a pedido da parte, a qualquer tempo antes do início da perícia.

Art. 608. Até a data da resolução, integram o valor devido ao ex-sócio, ao espólio ou aos sucessores a participação nos lucros ou os juros sobre o capital próprio declarados pela sociedade e, se for o caso, a remuneração como administrador.

Parágrafo único. Após a data da resolução, o ex-sócio, o espólio ou os sucessores terão direito apenas à correção monetária dos valores apurados e aos juros contratuais ou legais.

Art. 609. Uma vez apurados, os haveres do sócio retirante serão pagos conforme disciplinar o contrato social e, no silêncio deste, nos termos do § 2º do art. 1.031 da Lei nº 10.406, de 10 de janeiro de 2002 (Código Civil).

CAPÍTULO VI
DO INVENTÁRIO E DA PARTILHA

Seção I
DISPOSIÇÕES GERAIS

► Art. 5º, XXVII, XXX e XXXI, da CF.

Art. 610. Havendo testamento ou interessado incapaz, proceder-se-á ao inventário judicial.

§ 1º Se todos forem capazes e concordes, o inventário e a partilha poderão ser feitos por escritura pública, a qual constituirá documento hábil para qualquer ato de registro, bem como para levantamento de importância depositada em instituições financeiras.

§ 2º O tabelião somente lavrará a escritura pública se todas as partes interessadas estiverem assistidas por advogado ou por defensor público, cuja qualificação e assinatura constarão do ato notarial.

► Arts. 2.015 e 2.016 do CC.

► Art. 1º, *caput*, da Lei nº 6.858, de 24-11-1980, dispõe sobre pagamento, aos dependentes ou sucessores, de valores não recebidos em vida pelos respectivos titulares.

Art. 611. O processo de inventário e de partilha deve ser instaurado dentro de 2 (dois) meses, a contar da abertura da sucessão, ultimando-se nos 12 (doze) meses subsequentes, podendo o juiz prorrogar esses prazos, de ofício ou a requerimento de parte.

► Art. 48 deste Código.

► Arts. 1.796 e 1.991 do CC.

► Art. 16 da Lei nº 14.010, de 10-6-2020 (Regime Jurídico Emergencial Transitório).

Art. 612. O juiz decidirá todas as questões de direito desde que os fatos relevantes estejam provados por documento, só remetendo para as vias ordinárias as questões que dependerem de outras provas.

Art. 613. Até que o inventariante preste o compromisso, continuará o espólio na posse do administrador provisório.

Art. 614. O administrador provisório representa ativa e passivamente o espólio, é obrigado a trazer ao acervo os frutos que desde a abertura da sucessão percebeu, tem direito ao reembolso das despesas necessárias e úteis que fez e responde pelo dano a que, por dolo ou culpa, der causa.

Seção II
DA LEGITIMIDADE PARA REQUERER O INVENTÁRIO

Art. 615. O requerimento de inventário e de partilha incumbe a quem estiver na posse e na administração do espólio, no prazo estabelecido no art. 611.

Parágrafo único. O requerimento será instruído com a certidão de óbito do autor da herança.

Art. 616. Têm, contudo, legitimidade concorrente:

I – o cônjuge ou companheiro supérstite;

II – o herdeiro;

III – o legatário;

IV – o testamenteiro;

V – o cessionário do herdeiro ou do legatário;

VI – o credor do herdeiro, do legatário ou do autor da herança;

VII – o Ministério Público, havendo herdeiros incapazes;

VIII – a Fazenda Pública, quando tiver interesse;

IX – o administrador judicial da falência do herdeiro, do legatário, do autor da herança ou do cônjuge ou companheiro supérstite.

Seção III
DO INVENTARIANTE E DAS PRIMEIRAS DECLARAÇÕES

Art. 617. O juiz nomeará inventariante na seguinte ordem:

I – o cônjuge ou companheiro sobrevivente, desde que estivesse convivendo com o outro ao tempo da morte deste;

► Art. 1.830 do CC.

II – o herdeiro que se achar na posse e na administração do espólio, se não houver cônjuge ou companheiro sobrevivente ou se estes não puderem ser nomeados;

III – qualquer herdeiro, quando nenhum deles estiver na posse e na administração do espólio;

IV – o herdeiro menor, por seu representante legal;

V – o testamenteiro, se lhe tiver sido confiada a administração do espólio ou se toda a herança estiver distribuída em legados;

VI – o cessionário do herdeiro ou do legatário;

VII – o inventariante judicial, se houver;

VIII – pessoa estranha idônea, quando não houver inventariante judicial.

Parágrafo único. O inventariante, intimado da nomeação, prestará, dentro de 5 (cinco) dias, o compromisso de bem e fielmente desempenhar a função.

Art. 618. Incumbe ao inventariante:

I – representar o espólio ativa e passivamente, em juízo ou fora dele, observando-se, quanto ao dativo, o disposto no art. 75, § 1º;

II – administrar o espólio, velando-lhe os bens com a mesma diligência que teria se seus fossem;

III – prestar as primeiras e as últimas declarações pessoalmente ou por procurador com poderes especiais;

IV – exibir em cartório, a qualquer tempo, para exame das partes, os documentos relativos ao espólio;

V – juntar aos autos certidão do testamento, se houver;

VI – trazer à colação os bens recebidos pelo herdeiro ausente, renunciante ou excluído;

► Arts. 2.002 a 2.012 do CC.

VII – prestar contas de sua gestão ao deixar o cargo ou sempre que o juiz lhe determinar;

► Art. 622, V, deste Código.

VIII – requerer a declaração de insolvência.

Art. 619. Incumbe ainda ao inventariante, ouvidos os interessados e com autorização do juiz:

I – alienar bens de qualquer espécie;

II – transigir em juízo ou fora dele;

III – pagar dívidas do espólio;

► Arts. 642 a 646 deste Código.

IV – fazer as despesas necessárias para a conservação e o melhoramento dos bens do espólio.

Art. 620. Dentro de 20 (vinte) dias contados da data em que prestou o compromisso, o inventariante fará as primeiras declarações, das quais se lavrará termo circunstanciado, assinado pelo juiz, pelo escrivão e pelo inventariante, no qual serão exarados:

I – o nome, o estado, a idade e o domicílio do autor da herança, o dia e o lugar em que faleceu e se deixou testamento;

II – o nome, o estado, a idade, o endereço eletrônico e a residência dos herdeiros e, havendo cônjuge ou companheiro supérstite, além dos respectivos dados pessoais, o regime de bens do casamento ou da união estável;

III – a qualidade dos herdeiros e o grau de parentesco com o inventariado;

IV – a relação completa e individualizada de todos os bens do espólio, inclusive aqueles que devem ser conferidos à colação, e dos bens alheios que nele forem encontrados, descrevendo-se:

► Art. 674, *caput*, deste Código.

a) os imóveis, com as suas especificações, nomeadamente local em que se encontram, extensão da área, limites, confrontações, benfeitorias, origem dos títulos, números das matrículas e ônus que os gravam;

b) os móveis, com os sinais característicos;

► Arts. 82 e 84 do CC.

c) os semoventes, seu número, suas espécies, suas marcas e seus sinais distintivos;

d) o dinheiro, as joias, os objetos de ouro e prata e as pedras preciosas, declarando-se-lhes especificadamente a qualidade, o peso e a importância;

e) os títulos da dívida pública, bem como as ações, as quotas e os títulos de sociedade, mencionando-se-lhes o número, o valor e a data;

f) as dívidas ativas e passivas, indicando-se-lhes as datas, os títulos, a origem da obrigação e os nomes dos credores e dos devedores;

g) direitos e ações;

h) o valor corrente de cada um dos bens do espólio.

§ 1º O juiz determinará que se proceda:

I – ao balanço do estabelecimento, se o autor da herança era empresário individual;

II – à apuração de haveres, se o autor da herança era sócio de sociedade que não anônima.

§ 2º As declarações podem ser prestadas mediante petição, firmada por procurador com poderes especiais, à qual o termo se reportará.

Art. 621. Só se pode arguir sonegação ao inventariante depois de encerrada a descrição dos bens, com a declaração, por ele feita, de não existirem outros por inventariar.

► Arts. 1.992 a 1.996 do CC.

Art. 622. O inventariante será removido de ofício ou a requerimento:

I – se não prestar, no prazo legal, as primeiras ou as últimas declarações;

II – se não der ao inventário andamento regular, se suscitar dúvidas infundadas ou se praticar atos meramente protelatórios;

III – se, por culpa sua, bens do espólio se deteriorarem, forem dilapidados ou sofrerem dano;

IV – se não defender o espólio nas ações em que for citado, se deixar de cobrar dívidas ativas ou se não promover as medidas necessárias para evitar o perecimento de direitos;

V – se não prestar contas ou se as que prestar não forem julgadas boas;

VI – se sonegar, ocultar ou desviar bens do espólio.

► Arts. 1.992 a 1.996 do CC.

Art. 623. Requerida a remoção com fundamento em qualquer dos incisos do art. 622, será intimado o inventariante para, no prazo de 15 (quinze) dias, defender-se e produzir provas.

Parágrafo único. O incidente da remoção correrá em apenso aos autos do inventário.

Art. 624. Decorrido o prazo, com a defesa do inventariante ou sem ela, o juiz decidirá.

Parágrafo único. Se remover o inventariante, o juiz nomeará outro, observada a ordem estabelecida no art. 617.

Art. 625. O inventariante removido entregará imediatamente ao substituto os bens do espólio e, caso deixe de fazê-lo, será compelido mediante mandado de busca e apreensão ou de imissão na posse, conforme se tratar de bem móvel ou imóvel, sem prejuízo da multa a ser fixada pelo juiz em montante não superior a três por cento do valor dos bens inventariados.

Seção IV
DAS CITAÇÕES E DAS IMPUGNAÇÕES

Art. 626. Feitas as primeiras declarações, o juiz mandará citar, para os termos do inventário e da partilha, o cônjuge, o companheiro, os herdeiros e os legatários e intimar a Fazenda Pública, o Ministério Público, se houver herdeiro incapaz ou ausente, e o testamenteiro, se houver testamento.

§ 1º O cônjuge ou o companheiro, os herdeiros e os legatários serão citados pelo correio, observado o disposto no art. 247, sendo, ainda, publicado edital, nos termos do inciso III do art. 259.

§ 2º Das primeiras declarações extrair-se-ão tantas cópias quantas forem as partes.

§ 3º A citação será acompanhada de cópia das primeiras declarações.

§ 4º Incumbe ao escrivão remeter cópias à Fazenda Pública, ao Ministério Público, ao testamenteiro, se houver, e ao advogado, se a parte já estiver representada nos autos.

Art. 627. Concluídas as citações, abrir-se-á vista às partes, em cartório e pelo prazo comum de 15 (quinze) dias, para que se manifestem sobre as primeiras declarações, incumbindo às partes:

I – arguir erros, omissões e sonegação de bens;

II – reclamar contra a nomeação de inventariante;

III – contestar a qualidade de quem foi incluído no título de herdeiro.

§ 1º Julgando procedente a impugnação referida no inciso I, o juiz mandará retificar as primeiras declarações.

§ 2º Se acolher o pedido de que trata o inciso II, o juiz nomeará outro inventariante, observada a preferência legal.

§ 3º Verificando que a disputa sobre a qualidade de herdeiro a que alude o inciso III demanda produção de provas que não a documental, o juiz remeterá a parte às vias ordinárias e sobrestará, até o julgamento da ação, a entrega do quinhão que na partilha couber ao herdeiro admitido.

Art. 628. Aquele que se julgar preterido poderá demandar sua admissão no inventário, requerendo-a antes da partilha.

§ 1º Ouvidas as partes no prazo de 15 (quinze) dias, o juiz decidirá.

§ 2º Se para solução da questão for necessária a produção de provas que não a documental, o juiz remeterá o requerente às vias ordinárias, mandando reservar, em poder do inventariante, o quinhão do herdeiro excluído até que se decida o litígio.

Art. 629. A Fazenda Pública, no prazo de 15 (quinze) dias, após a vista de que trata o art. 627, informará ao juízo, de acordo com os dados que constam de seu cadastro imobiliário, o valor dos bens de raiz descritos nas primeiras declarações.

Seção V
DA AVALIAÇÃO E DO CÁLCULO DO IMPOSTO

Art. 630. Findo o prazo previsto no art. 627 sem impugnação ou decidida a impugnação que houver sido oposta, o juiz nomeará, se for o caso, perito para avaliar os bens do espólio, se não houver na comarca avaliador judicial.

Parágrafo único. Na hipótese prevista no art. 620, § 1º, o juiz nomeará perito para avaliação das quotas sociais ou apuração dos haveres.

Art. 631. Ao avaliar os bens do espólio, o perito observará, no que for aplicável, o disposto nos arts. 872 e 873.

Art. 632. Não se expedirá carta precatória para a avaliação de bens situados fora da comarca onde corre o inventário se eles forem de pequeno valor ou perfeitamente conhecidos do perito nomeado.

Art. 633. Sendo capazes todas as partes, não se procederá à avaliação se a Fazenda Pública, intimada pessoalmente, concordar de forma expressa com o valor atribuído, nas primeiras declarações, aos bens do espólio.

Art. 634. Se os herdeiros concordarem com o valor dos bens declarados pela Fazenda Pública, a avaliação cingir-se-á aos demais.

Art. 635. Entregue o laudo de avaliação, o juiz mandará que as partes se manifestem no prazo de 15 (quinze) dias, que correrá em cartório.

§ 1º Versando a impugnação sobre o valor dado pelo perito, o juiz a decidirá de plano, à vista do que constar dos autos.

§ 2º Julgando procedente a impugnação, o juiz determinará que o perito retifique a avaliação, observando os fundamentos da decisão.

Art. 636. Aceito o laudo ou resolvidas as impugnações suscitadas a seu respeito, lavrar-se-á em seguida o termo de últimas declarações, no qual o inventariante poderá emendar, aditar ou completar as primeiras.

► Art. 622, I, deste Código.

Art. 637. Ouvidas as partes sobre as últimas declarações no prazo comum de 15 (quinze) dias, proceder-se-á ao cálculo do tributo.

Art. 638. Feito o cálculo, sobre ele serão ouvidas todas as partes no prazo comum de 5 (cinco) dias, que correrá em cartório, e, em seguida, a Fazenda Pública.

§ 1º Se acolher eventual impugnação, o juiz ordenará nova remessa dos autos ao contabilista, determinando as alterações que devam ser feitas no cálculo.

§ 2º Cumprido o despacho, o juiz julgará o cálculo do tributo.

Seção VI

DAS COLAÇÕES

► Arts. 2.002 a 2.012 do CC.

Art. 639. No prazo estabelecido no art. 627, o herdeiro obrigado à colação conferirá por termo nos autos ou por petição à qual o termo se reportará os bens que recebeu ou, se já não os possuir, trar-lhes-á o valor.

Parágrafo único. Os bens a serem conferidos na partilha, assim como as acessões e as benfeitorias que o donatário fez, calcular-se-ão pelo valor que tiverem ao tempo da abertura da sucessão.

Art. 640. O herdeiro que renunciou à herança ou o que dela foi excluído não se exime, pelo fato da renúncia ou da exclusão, de conferir, para o efeito de repor a parte inoficiosa, as liberalidades que obteve do doador.

§ 1º É lícito ao donatário escolher, dentre os bens doados, tantos quantos bastem para perfazer a legítima e a metade disponível, entrando na partilha o excedente para ser dividido entre os demais herdeiros.

§ 2º Se a parte inoficiosa da doação recair sobre bem imóvel que não comporte divisão cômoda, o juiz determinará que sobre ela se proceda a licitação entre os herdeiros.

§ 3º O donatário poderá concorrer na licitação referida no § 2º e, em igualdade de condições, terá preferência sobre os herdeiros.

Art. 641. Se o herdeiro negar o recebimento dos bens ou a obrigação de os conferir, o juiz, ouvidas as partes no prazo comum de 15 (quinze) dias, decidirá à vista das alegações e das provas produzidas.

§ 1º Declarada improcedente a oposição, se o herdeiro, no prazo improrrogável de 15 (quinze) dias, não proceder à conferência, o juiz mandará sequestrar-lhe, para serem inventariados e partilhados, os bens sujeitos à colação ou imputar ao seu quinhão hereditário o valor deles, se já não os possuir.

§ 2º Se a matéria exigir dilação probatória diversa da documental, o juiz remeterá as partes às vias ordinárias, não podendo o herdeiro receber o seu quinhão hereditário, enquanto pender a demanda, sem prestar caução correspondente ao valor dos bens sobre os quais versar a conferência.

Seção VII

DO PAGAMENTO DAS DÍVIDAS

Art. 642. Antes da partilha, poderão os credores do espólio requerer ao juízo do inventário o pagamento das dívidas vencidas e exigíveis.

► Art. 1.997 do CC.

§ 1º A petição, acompanhada de prova literal da dívida, será distribuída por dependência e autuada em apenso aos autos do processo de inventário.

§ 2º Concordando as partes com o pedido, o juiz, ao declarar habilitado o credor, mandará que se faça a separação de dinheiro ou, em sua falta, de bens suficientes para o pagamento.

§ 3º Separados os bens, tantos quantos forem necessários para o pagamento dos credores habilitados, o juiz mandará aliená-los, observando-se as disposições deste Código relativas à expropriação.

► Art. 647 deste Código.

§ 4º Se o credor requerer que, em vez de dinheiro, lhe sejam adjudicados, para o seu pagamento, os bens já reservados, o juiz deferir-lhe-á o pedido, concordando todas as partes.

§ 5º Os donatários serão chamados a pronunciar-se sobre a aprovação das dívidas, sempre que haja possibilidade de resultar delas a redução das liberalidades.

Art. 643. Não havendo concordância de todas as partes sobre o pedido de pagamento feito pelo credor, será o pedido remetido às vias ordinárias.

► Art. 668, I, deste Código.

Parágrafo único. O juiz mandará, porém, reservar, em poder do inventariante, bens suficientes para pagar o credor quando a dívida constar de documento que comprove suficientemente a obrigação e a impugnação não se fundar em quitação.

Art. 644. O credor de dívida líquida e certa, ainda não vencida, pode requerer habilitação no inventário.

Parágrafo único. Concordando as partes com o pedido referido no *caput*, o juiz, ao julgar habilitado o crédito, mandará que se faça separação de bens para o futuro pagamento.

Art. 645. O legatário é parte legítima para manifestar-se sobre as dívidas do espólio:

I – quando toda a herança for dividida em legados;

► Arts. 1.912 a 1.940 do CC.

II – quando o reconhecimento das dívidas importar redução dos legados.

► Arts. 1.912 a 1.940 do CC.

Art. 646. Sem prejuízo do disposto no art. 860, é lícito aos herdeiros, ao separarem bens para o pagamento de dívidas, autorizar que o inventariante os indique à penhora no processo em que o espólio for executado.

Seção VIII

DA PARTILHA

Art. 647. Cumprido o disposto no art. 642, § 3º, o juiz facultará às partes que, no prazo comum de 15 (quinze) dias, formulem o pedido de quinhão e, em seguida, proferirá a decisão de deliberação da partilha, resolvendo os pedidos das partes e designando os bens que devam constituir quinhão de cada herdeiro e legatário.

► Art. 2.013 e ss. do CC.

Parágrafo único. O juiz poderá, em decisão fundamentada, deferir antecipadamente a qualquer dos herdeiros o exercício dos direitos de usar e de fruir de determinado bem, com a condição de que, ao término do inventário, tal bem integre a cota desse herdeiro, cabendo a este, desde o deferimento, todos os ônus e bônus decorrentes do exercício daqueles direitos.

Art. 648. Na partilha, serão observadas as seguintes regras:

I – a máxima igualdade possível quanto ao valor, à natureza e à qualidade dos bens;

► Art. 2.017 do CC.

II – a prevenção de litígios futuros;

III – a máxima comodidade dos coerdeiros, do cônjuge ou do companheiro, se for o caso.

Art. 649. Os bens insuscetíveis de divisão cômoda que não couberem na parte do cônjuge ou companheiro supérstite ou no quinhão de um só herdeiro serão licitados entre os interessados ou vendidos judicialmente, partilhando-se o valor apurado, salvo se houver acordo para que sejam adjudicados a todos.

► Art. 2.019 do CC.

Art. 650. Se um dos interessados for nascituro, o quinhão que lhe caberá será reservado em poder do inventariante até o seu nascimento.

Art. 651. O partidor organizará o esboço da partilha de acordo com a decisão judicial, observando nos pagamentos a seguinte ordem:

I – dívidas atendidas;

II – meação do cônjuge;

III – meação disponível;

IV – quinhões hereditários, a começar pelo coerdeiro mais velho.

Art. 652. Feito o esboço, as partes manifestar-se-ão sobre esse no prazo comum de 15 (quinze) dias, e, resolvidas as reclamações, a partilha será lançada nos autos.

Art. 653. A partilha constará:

I – de auto de orçamento, que mencionará:

a) os nomes do autor da herança, do inventariante, do cônjuge ou companheiro supérstite, dos herdeiros, dos legatários e dos credores admitidos;

b) o ativo, o passivo e o líquido partível, com as necessárias especificações;

c) o valor de cada quinhão;

II – de folha de pagamento para cada parte, declarando a quota a pagar-lhe, a razão do pagamento e a relação dos bens que lhe compõem o quinhão, as características que os individualizam e os ônus que os gravam.

Parágrafo único. O auto e cada uma das folhas serão assinados pelo juiz e pelo escrivão.

Art. 654. Pago o imposto de transmissão a título de morte e juntada aos autos certidão ou informação negativa de dívida para com a Fazenda Pública, o juiz julgará por sentença a partilha.

Parágrafo único. A existência de dívida para com a Fazenda Pública não impedirá o julgamento da partilha, desde que o seu pagamento esteja devidamente garantido.

Art. 655. Transitada em julgado a sentença mencionada no art. 654, receberá o herdeiro os bens que lhe tocarem e um formal de partilha, do qual constarão as seguintes peças:

I – termo de inventariante e título de herdeiros;

II – avaliação dos bens que constituíram o quinhão do herdeiro;

III – pagamento do quinhão hereditário;

IV – quitação dos impostos;

V – sentença.

Parágrafo único. O formal de partilha poderá ser substituído por certidão de pagamento do quinhão hereditário quando esse não exceder a 5 (cinco) vezes o salário mínimo, caso em que se transcreverá nela a sentença de partilha transitada em julgado.

Art. 656. A partilha, mesmo depois de transitada em julgado a sentença, pode ser emendada nos mesmos autos do inventário, convindo todas as partes, quando tenha havido erro de fato na descrição dos bens, podendo o juiz, de ofício ou a requerimento da parte, a qualquer tempo, corrigir-lhe as inexatidões materiais.

Art. 657. A partilha amigável, lavrada em instrumento público, reduzida a termo nos autos do inventário ou constante de escrito particular homologado pelo juiz, pode ser anulada por dolo, coação, erro essencial ou intervenção de incapaz, observado o disposto no § 4º do art. 966.

Parágrafo único. O direito à anulação de partilha amigável extingue-se em 1 (um) ano, contado esse prazo:

I – no caso de coação, do dia em que ela cessou;

II – no caso de erro ou dolo, do dia em que se realizou o ato;

III – quanto ao incapaz, do dia em que cessar a incapacidade.

► Arts. 171, 2.015 e 2.027 do CC.

Art. 658. É rescindível a partilha julgada por sentença:

I – nos casos mencionados no art. 657;

II – se feita com preterição de formalidades legais;

III – se preteriu herdeiro ou incluiu quem não o seja.

Seção IX
DO ARROLAMENTO

Art. 659. A partilha amigável, celebrada entre partes capazes, nos termos da lei, será homologada de plano pelo juiz, com observância dos arts. 660 a 663.

§ 1º O disposto neste artigo aplica-se, também, ao pedido de adjudicação, quando houver herdeiro único.

§ 2º Transitada em julgado a sentença de homologação de partilha ou de adjudicação, será lavrado o formal de partilha ou elaborada a carta de adjudicação e, em seguida, serão expedidos os alvarás referentes aos bens e às rendas por ele abrangidos, intimando-se o fisco para lançamento administrativo do imposto de transmissão e de outros tributos porventura incidentes, conforme dispuser a legislação tributária, nos termos do § 2º do art. 662.

Art. 660. Na petição de inventário, que se processará na forma de arrolamento sumário, independentemente da lavratura de termos de qualquer espécie, os herdeiros:

I – requererão ao juiz a nomeação do inventariante que designarem;

II – declararão os títulos dos herdeiros e os bens do espólio, observado o disposto no art. 630;

III – atribuirão valor aos bens do espólio, para fins de partilha.

Art. 661. Ressalvada a hipótese prevista no parágrafo único do art. 663, não se procederá à avaliação dos bens do espólio para nenhuma finalidade.

Art. 662. No arrolamento, não serão conhecidas ou apreciadas questões relativas ao lançamento, ao pagamento ou à quitação de taxas judiciárias e de tributos incidentes sobre a transmissão da propriedade dos bens do espólio.

► Art. 659, § 2º, deste Código.

§ 1º A taxa judiciária, se devida, será calculada com base no valor atribuído pelos herdeiros, cabendo ao fisco, se apurar em processo administrativo valor diverso do estimado, exigir a eventual diferença pelos meios adequados ao lançamento de créditos tributários em geral.

§ 2º O imposto de transmissão será objeto de lançamento administrativo, conforme dispuser a legislação tributária, não ficando as autoridades fazendárias adstritas aos valores dos bens do espólio atribuídos pelos herdeiros.

Art. 663. A existência de credores do espólio não impedirá a homologação da partilha ou da adjudicação, se forem reservados bens suficientes para o pagamento da dívida.

Parágrafo único. A reserva de bens será realizada pelo valor estimado pelas partes, salvo se o credor, regularmente notificado, impugnar a estimativa, caso em que se promoverá a avaliação dos bens a serem reservados.

Art. 664. Quando o valor dos bens do espólio for igual ou inferior a 1.000 (mil) salários mínimos, o inventário processar-se-á na forma de arrolamento, cabendo ao inventariante nomeado, independentemente de assinatura de termo de compromisso, apresentar, com suas declarações, a atribuição de valor aos bens do espólio e o plano da partilha.

► Art. 1º da Lei nº 6.858, de 24-11-1980, dispõe sobre o pagamento a dependentes ou sucessores de valores não recebidos em vida.

§ 1º Se qualquer das partes ou o Ministério Público impugnar a estimativa, o juiz nomeará avaliador, que oferecerá laudo em 10 (dez) dias.

§ 2º Apresentado o laudo, o juiz, em audiência que designar, deliberará sobre a partilha, decidindo de plano todas as reclamações e mandando pagar as dívidas não impugnadas.

§ 3º Lavrar-se-á de tudo um só termo, assinado pelo juiz, pelo inventariante e pelas partes presentes ou por seus advogados.

§ 4º Aplicam-se a essa espécie de arrolamento, no que couber, as disposições do art. 672, relativamente ao lançamento, ao pagamento e à quitação da taxa judiciária e do imposto sobre a transmissão da propriedade dos bens do espólio.

§ 5º Provada a quitação dos tributos relativos aos bens do espólio e às suas rendas, o juiz julgará a partilha.

Art. 665. O inventário processar-se-á também na forma do art. 664, ainda que haja interessado incapaz, desde que concordem todas as partes e o Ministério Público.

Art. 666. Independerá de inventário ou de arrolamento o pagamento dos valores previstos na Lei nº 6.858, de 24 de novembro de 1980.

Art. 667. Aplicam-se subsidiariamente a esta Seção as disposições das Seções VII e VIII deste Capítulo.

Seção X
DISPOSIÇÕES COMUNS A TODAS AS SEÇÕES

Art. 668. Cessa a eficácia da tutela provisória prevista nas Seções deste Capítulo:

► Arts. 308 e 309 deste Código.

I – se a ação não for proposta em 30 (trinta) dias contados da data em que da decisão foi intimado o impugnante, o herdeiro excluído ou o credor não admitido;

II – se o juiz extinguir o processo de inventário com ou sem resolução de mérito.

Art. 669. São sujeitos à sobrepartilha os bens:

I – sonegados;

► Arts. 1.992 a 1.996 do CC.

II – da herança descobertos após a partilha;

III – litigiosos, assim como os de liquidação difícil ou morosa;

IV – situados em lugar remoto da sede do juízo onde se processa o inventário.

Parágrafo único. Os bens mencionados nos incisos III e IV serão reservados à sobrepartilha sob a guarda e a administração do mesmo ou de diverso inventariante, a consentimento da maioria dos herdeiros.

Art. 670. Na sobrepartilha dos bens, observar-se-á o processo de inventário e de partilha.

Parágrafo único. A sobrepartilha correrá nos autos do inventário do autor da herança.

Art. 671. O juiz nomeará curador especial:

► Art. 72 deste Código.

I – ao ausente, se não o tiver;

II – ao incapaz, se concorrer na partilha com o seu representante, desde que exista colisão de interesses.

► Art. 72 deste Código.

► Art. 1.692 do CC.

Art. 672. É lícita a cumulação de inventários para a partilha de heranças de pessoas diversas quando houver:

I – identidade de pessoas entre as quais devam ser repartidos os bens;

II – heranças deixadas pelos dois cônjuges ou companheiros;

III – dependência de uma das partilhas em relação à outra.

Parágrafo único. No caso previsto no inciso III, se a dependência for parcial, por haver outros bens, o juiz pode ordenar a tramitação separada, se melhor convier ao interesse das partes ou à celeridade processual.

Art. 673. No caso previsto no art. 672, inciso II, prevalecerão as primeiras declarações, assim como o laudo de avaliação, salvo se alterado o valor dos bens.

CAPÍTULO VII
DOS EMBARGOS DE TERCEIRO

► Súm. nº 196 do STJ.

Art. 674. Quem, não sendo parte no processo, sofrer constrição ou ameaça de constrição sobre bens que possua ou sobre os quais tenha direito incompatível com o ato constritivo, poderá requerer seu desfazimento ou sua inibição por meio de embargos de terceiro.

§ 1º Os embargos podem ser de terceiro proprietário, inclusive fiduciário, ou possuidor.

► Súmulas nºs 84 e 134 do STJ.

§ 2º Considera-se terceiro, para ajuizamento dos embargos:

I – o cônjuge ou companheiro, quando defende a posse de bens próprios ou de sua meação, ressalvado o disposto no art. 843;

► Arts. 1.658, 1.660, 1.662, 1.667, 1.672 a 1.676 do CC.

► Súm. nº 377 do STF.

II – o adquirente de bens cuja constrição decorreu de decisão que declara a ineficácia da alienação realizada em fraude à execução;

► Art. 792 deste Código

III – quem sofre constrição judicial de seus bens por força de desconsideração da personalidade jurídica, de cujo incidente não fez parte;

► Art. 133 a 137 deste Código

IV – o credor com garantia real para obstar expropriação judicial do objeto de direito real de garantia, caso não tenha sido intimado, nos termos legais dos atos expropriatórios respectivos.

Art. 675. Os embargos podem ser opostos a qualquer tempo no processo de conhecimento enquanto não transitada em julgado a sentença e, no cumprimento de sentença ou no processo de execução, até 5 (cinco) dias depois da adjudicação, da alienação por iniciativa particular ou da arrematação, mas sempre antes da assinatura da respectiva carta.

Parágrafo único. Caso identifique a existência de terceiro titular de interesse em embargar o ato, o juiz mandará intimá-lo pessoalmente.

Art. 676. Os embargos serão distribuídos por dependência ao juízo que ordenou a constrição e autuados em apartado.

Parágrafo único. Nos casos de ato de constrição realizado por carta, os embargos serão oferecidos no juízo deprecado, salvo se indicado pelo juízo deprecante o bem constrito ou se já devolvida a carta.

► Art. 914, § 2º, deste Código.

Art. 677. Na petição inicial, o embargante fará a prova sumária de sua posse ou de seu domínio e da qualidade de terceiro, oferecendo documentos e rol de testemunhas.

§ 1º É facultada a prova da posse em audiência preliminar designada pelo juiz.

§ 2º O possuidor direto pode alegar, além da sua posse, o domínio alheio.

§ 3º A citação será pessoal, se o embargado não tiver procurador constituído nos autos da ação principal.

§ 4º Será legitimado passivo o sujeito a quem o ato de constrição aproveita, assim como o será seu adversário no processo principal quando for sua a indicação do bem para a constrição judicial.

Art. 678. A decisão que reconhecer suficientemente provado o domínio ou a posse determinará a suspensão das medidas constritivas sobre os bens litigiosos objeto dos embargos, bem como a manutenção ou a reintegração provisória da posse, se o embargante a houver requerido.

Parágrafo único. O juiz poderá condicionar a ordem de manutenção ou de reintegração provisória de posse à prestação de caução pelo requerente, ressalvada a impossibilidade da parte economicamente hipossuficiente.

Art. 679. Os embargos poderão ser contestados no prazo de 15 (quinze) dias, findo o qual se seguirá o procedimento comum.

► Arts. 219 e 318 e ss. deste Código.

Art. 680. Contra os embargos do credor com garantia real, o embargado somente poderá alegar que:

I – o devedor comum é insolvente;

II – o título é nulo ou não obriga a terceiro;

III – outra é a coisa dada em garantia.

Art. 681. Acolhido o pedido inicial, o ato de constrição judicial indevida será cancelado, com o reconhecimento do domínio, da manutenção da posse ou da reintegração definitiva do bem ou do direito ao embargante.

CAPÍTULO VIII

DA OPOSIÇÃO

Art. 682. Quem pretender, no todo ou em parte, a coisa ou o direito sobre que controvertem autor e réu poderá, até ser proferida a sentença, oferecer oposição contra ambos.

Art. 683. O opoente deduzirá o pedido em observação aos requisitos exigidos para propositura da ação.

► Arts. 319 e 320 deste Código.

Parágrafo único. Distribuída a oposição por dependência, serão os opostos citados, na pessoa de seus respectivos advogados, para contestar o pedido no prazo comum de 15 (quinze) dias.

Art. 684. Se um dos opostos reconhecer a procedência do pedido, contra o outro prosseguirá o opoente.

Art. 685. Admitido o processamento, a oposição será apensada aos autos e tramitará simultaneamente à ação originária, sendo ambas julgadas pela mesma sentença.

Parágrafo único. Se a oposição for proposta após o início da audiência de instrução, o juiz suspenderá o curso do processo ao fim da produção das provas, salvo se concluir que a unidade da instrução atende melhor ao princípio da duração razoável do processo.

Art. 686. Cabendo ao juiz decidir simultaneamente a ação originária e a oposição, desta conhecerá em primeiro lugar.

CAPÍTULO IX

DA HABILITAÇÃO

Art. 687. A habilitação ocorre quando, por falecimento de qualquer das partes, os interessados houverem de suceder-lhe no processo.

Art. 688. A habilitação pode ser requerida:

I – pela parte, em relação aos sucessores do falecido;

II – pelos sucessores do falecido, em relação à parte.

Art. 689. Proceder-se-á à habilitação nos autos do processo principal, na instância em que estiver, suspendendo-se, a partir de então, o processo.

► Arts. 110 e 313 deste Código.

Art. 690. Recebida a petição, o juiz ordenará a citação dos requeridos para se pronunciarem no prazo de 5 (cinco) dias.

Parágrafo único. A citação será pessoal, se a parte não tiver procurador constituído nos autos.

Art. 691. O juiz decidirá o pedido de habilitação imediatamente, salvo se este for impugnado e houver necessidade de dilação probatória diversa da documental, caso em que determinará que o pedido seja autuado em apartado e disporá sobre a instrução.

Art. 692. Transitada em julgado a sentença de habilitação, o processo principal retomará o seu curso, e cópia da sentença será juntada aos autos respectivos.

CAPÍTULO X

DAS AÇÕES DE FAMÍLIA

Art. 693. As normas deste Capítulo aplicam-se aos processos contenciosos de divórcio, separação, reconhecimento e extinção de união estável, guarda, visitação e filiação.

► Art. 1.583 e ss. do CC.

► EC nº 66, de 13-7-2010, dispõe sobre a dissolubilidade do casamento civil pelo divórcio, suprimindo o requisito de prévia separação judicial por mais de 1 (um) ano ou de comprovada separação de fato por mais de 2 (dois) anos.

► Lei nº 6.515, de 26-12-1977 (Lei do Divórcio).

► Lei nº 8.971, de 29-12-1994, regula o direito dos companheiros a alimentos e à sucessão.

► Lei nº 9.278, de 10-5-1996, regula o § 3º do art. 226 da CF.

► Lei nº 12.318, de 26-8-2010 (Lei da Alienação Parental).

Parágrafo único. A ação de alimentos e a que versar sobre interesse de criança ou de adolescente observarão o procedimento previsto em legislação específica, aplicando-se, no que couber, as disposições deste Capítulo.

► Lei nº 5.478, de 25-7-1968 (Lei da Ação de Alimentos).

Art. 694. Nas ações de família, todos os esforços serão empreendidos para a solução consensual da controvérsia, devendo o juiz dispor do auxílio de profissionais de outras áreas de conhecimento para a mediação e conciliação.

Parágrafo único. A requerimento das partes, o juiz pode determinar a suspensão do processo enquanto os litigantes se submetem a mediação extrajudicial ou a atendimento multidisciplinar.

Art. 695. Recebida a petição inicial e, se for o caso, tomadas as providências referentes à tutela provisória, o juiz ordenará a citação do réu para comparecer à audiência de mediação e conciliação, observado o disposto no art. 694.

§ 1º O mandado de citação conterá apenas os dados necessários à audiência e deverá estar desacompanhado de cópia da petição inicial, assegurado ao réu o direito de examinar seu conteúdo a qualquer tempo.

§ 2º A citação ocorrerá com antecedência mínima de 15 (quinze) dias da data designada para a audiência.

§ 3º A citação será feita na pessoa do réu.

§ 4º Na audiência, as partes deverão estar acompanhadas de seus advogados ou de defensores públicos.

Art. 696. A audiência de mediação e conciliação poderá dividir-se em tantas sessões quantas sejam necessárias para viabilizar a solução consensual, sem prejuízo de providências jurisdicionais para evitar o perecimento do direito.

Art. 697. Não realizado o acordo, passarão a incidir, a partir de então, as normas do procedimento comum, observado o art. 335.

► Art. 318 deste Código.

Art. 698. Nas ações de família, o Ministério Público somente intervirá quando houver interesse de incapaz e deverá ser ouvido previamente à homologação de acordo.

► Art. 178 deste Código.

Parágrafo único. O Ministério Público intervirá, quando não for parte, nas ações de família em que figure como parte vítima de violência doméstica e familiar, nos termos da Lei nº 11.340, de 7 de agosto de 2006 (Lei Maria da Penha).

► Parágrafo único acrescido pela Lei nº 13.894, de 29-10-2019.

Art. 699. Quando o processo envolver discussão sobre fato relacionado a abuso ou a alienação parental, o juiz, ao tomar o depoimento do incapaz, deverá estar acompanhado por especialista.

► Lei nº 12.318, de 26-8-2010 (Lei da Alienação Parental).

CAPÍTULO XI
DA AÇÃO MONITÓRIA

Art. 700. A ação monitória pode ser proposta por aquele que afirmar, com base em prova escrita sem eficácia de título executivo, ter direito de exigir do devedor capaz:

► Art. 206 do CC.

► Lei nº 5.474, de 18-7-1968 (Lei das Duplicatas).

► Lei nº 7.357, de 2-9-1985 (Lei do Cheque).

► Dec. nº 57.663, de 24-01-1966 (Lei Uniforme de Genebra).

► Súmulas nºs 233, 247, 299, 384, 503, 504, 531 do STJ.

I – o pagamento de quantia em dinheiro;

II – a entrega de coisa fungível ou infungível ou de bem móvel ou imóvel;

III – o adimplemento de obrigação de fazer ou de não fazer.

► Arts. 233 e ss. do CC.

§ 1º A prova escrita pode consistir em prova oral documentada, produzida antecipadamente nos termos do art. 381.

§ 2º Na petição inicial, incumbe ao autor explicitar, conforme o caso:

I – a importância devida, instruindo-a com memória de cálculo;

II – o valor atual da coisa reclamada;

III – o conteúdo patrimonial em discussão ou o proveito econômico perseguido.

§ 3º O valor da causa deverá corresponder à importância prevista no § 2º, incisos I a III.

§ 4º Além das hipóteses do art. 330, a petição inicial será indeferida quando não atendido o disposto no § 2º deste artigo.

§ 5º Havendo dúvida quanto à idoneidade de prova documental apresentada pelo autor, o juiz intimá-lo-á para, querendo, emendar a petição inicial, adaptando-a ao procedimento comum.

§ 6º É admissível ação monitória em face da Fazenda Pública.

► Súm. nº 339 do STJ.

§ 7º Na ação monitória, admite-se citação por qualquer dos meios permitidos para o procedimento comum.

► Súm. nº 282 do STJ.

Art. 701. Sendo evidente o direito do autor, o juiz deferirá a expedição de mandado de pagamento, de entrega de coisa ou para execução de obrigação de fazer ou de não fazer, concedendo ao réu prazo de 15 (quinze) dias para o cumprimento e o pagamento de honorários advocatícios de cinco por cento do valor atribuído à causa.

► Art. 9º, parágrafo único, III deste Código.

§ 1º O réu será isento do pagamento de custas processuais se cumprir o mandado no prazo.

§ 2º Constituir-se-á de pleno direito o título executivo judicial, independentemente de qualquer formalidade, se não realizado o pagamento e não apresentados os embargos previstos no art. 702, observando-se, no que couber, o Título II do Livro I da Parte Especial.

§ 3º É cabível ação rescisória da decisão prevista no *caput* quando ocorrer a hipótese do § 2º.

§ 4º Sendo a ré Fazenda Pública, não apresentados os embargos previstos no art. 702, aplicar-se-á o disposto no art. 496, observando-se, a seguir, no que couber, o Título II do Livro I da Parte Especial.

§ 5º Aplica-se à ação monitória, no que couber, o art. 916.

Art. 702. Independentemente de prévia segurança do juízo, o réu poderá opor, nos próprios autos, no prazo previsto no art. 701, embargos à ação monitória.

§ 1º Os embargos podem se fundar em matéria passível de alegação como defesa no procedimento comum.

§ 2º Quando o réu alegar que o autor pleiteia quantia superior à devida, cumprir-lhe-á declarar de imediato o valor que entende correto, apresentando demonstrativo discriminado e atualizado da dívida.

§ 3º Não apontado o valor correto ou não apresentado o demonstrativo, os embargos serão liminarmente rejeitados, se esse for o seu único fundamento, e, se houver outro fundamento, os embargos serão processados, mas o juiz deixará de examinar a alegação de excesso.

§ 4º A oposição dos embargos suspende a eficácia da decisão referida no *caput* do art. 701 até o julgamento em primeiro grau.

§ 5º O autor será intimado para responder aos embargos no prazo de 15 (quinze) dias.

§ 6º Na ação monitória admite-se a reconvenção, sendo vedado o oferecimento de reconvenção à reconvenção.

► Art. 343 deste Código.

► Súm. nº 292 do STJ.

§ 7º A critério do juiz, os embargos serão autuados em apartado, se parciais, constituindo-se de pleno direito o título executivo judicial em relação à parcela incontroversa.

§ 8º Rejeitados os embargos, constituir-se-á de pleno direito o título executivo judicial, prosseguindo-se o processo em observância ao disposto no Título II do Livro I da Parte Especial, no que for cabível.

§ 9º Cabe apelação contra a sentença que acolhe ou rejeita os embargos.

► Art. 1.009 e ss. deste Código.

§ 10. O juiz condenará o autor de ação monitória proposta indevidamente e de má-fé ao pagamento, em favor do réu, de multa de até dez por cento sobre o valor da causa.

§ 11. O juiz condenará o réu que de má-fé opuser embargos à ação monitória ao pagamento de multa de até dez por cento sobre o valor atribuído à causa, em favor do autor.

CAPÍTULO XII

DA HOMOLOGAÇÃO DO PENHOR LEGAL

Art. 703. Tomado o penhor legal nos casos previstos em lei, requererá o credor, ato contínuo, a homologação.

► Art. 1.467 e ss. do CC.

► Art. 31 da Lei nº 6.533 de 24-05-1978 (Dispõe sobre a regulamentação das profissões de Artistas e de técnico em Espetáculos de Diversões).

§ 1º Na petição inicial, instruída com o contrato de locação ou a conta pormenorizada das despesas, a tabela dos preços e a relação dos objetos retidos, o credor pedirá a citação do devedor para pagar ou contestar na audiência preliminar que for designada.

§ 2º A homologação do penhor legal poderá ser promovida pela via extrajudicial mediante requerimento, que conterá os requisitos previstos no § 1º deste artigo, do credor a notário de sua livre escolha.

§ 3º Recebido o requerimento, o notário promoverá a notificação extrajudicial do devedor para, no prazo de 5 (cinco) dias, pagar o débito ou impugnar sua cobrança, alegando por escrito uma das causas previstas no art. 704, hipótese em que o procedimento será encaminhado ao juízo competente para decisão.

§ 4º Transcorrido o prazo sem manifestação do devedor, o notário formalizará a homologação do penhor legal por escritura pública.

Art. 704. A defesa só pode consistir em:

I – nulidade do processo;

II – extinção da obrigação;

III – não estar a dívida compreendida entre as previstas em lei ou não estarem os bens sujeitos a penhor legal;

IV – alegação de haver sido ofertada caução idônea, rejeitada pelo credor.

Art. 705. A partir da audiência preliminar, observar-se-á o procedimento comum.

► Arts. 318 e ss. deste Código.

Art. 706. Homologado judicialmente o penhor legal, consolidar-se-á a posse do autor sobre o objeto.

§ 1º Negada a homologação, o objeto será entregue ao réu, ressalvado ao autor o direito de cobrar a dívida pelo procedimento comum, salvo se acolhida a alegação de extinção da obrigação.

§ 2º Contra a sentença caberá apelação, e, na pendência de recurso, poderá o relator ordenar que a coisa permaneça depositada ou em poder do autor.

► Arts. 1.009 a 1.014 deste Código.

CAPÍTULO XIII

DA REGULAÇÃO DE AVARIA GROSSA

Art. 707. Quando inexistir consenso acerca da nomeação de um regulador de avarias, o juiz de direito da comarca do primeiro porto onde o navio houver chegado, provocado por qualquer parte interessada, nomeará um de notório conhecimento.

► Arts. 761, 763, 764 e 783 da Lei nº 556, de 25-06-1850 (Código Comercial).

Art. 708. O regulador declarará justificadamente se os danos são passíveis de rateio na forma de avaria grossa e exigirá das partes envolvidas a apresentação de garantias idôneas para que possam ser liberadas as cargas aos consignatários.

► Art. 784 da Lei nº 556, de 25-06-1850 (Código Comercial).

§ 1º A parte que não concordar com o regulador quanto à declaração de abertura da avaria grossa deverá justificar suas razões ao juiz, que decidirá no prazo de 10 (dez) dias.

§ 2º Se o consignatário não apresentar garantia idônea a critério do regulador, este fixará o valor da contribuição provisória com base nos fatos narrados e nos documentos que instruírem a petição inicial, que deverá ser caucionado sob a forma de depósito judicial ou de garantia bancária.

§ 3º Recusando-se o consignatário a prestar caução, o regulador requererá ao juiz a alienação judicial de sua carga na forma dos arts. 879 a 903.

§ 4º É permitido o levantamento, por alvará, das quantias necessárias ao pagamento das despesas da alienação a serem arcadas pelo consignatário, mantendo-se o saldo remanescente em depósito judicial até o encerramento da regulação.

Art. 709. As partes deverão apresentar nos autos os documentos necessários à regulação da avaria grossa em prazo razoável a ser fixado pelo regulador.

Art. 710. O regulador apresentará o regulamento da avaria grossa no prazo de até 12 (doze) meses, contado da data da entrega dos documentos nos autos pelas partes, podendo o prazo ser estendido a critério do juiz.

§ 1º Oferecido o regulamento da avaria grossa, dele terão vista as partes pelo prazo comum de 15 (quinze) dias, e, não havendo impugnação, o regulamento será homologado por sentença.

§ 2º Havendo impugnação ao regulamento, o juiz decidirá no prazo de 10 (dez) dias, após a oitiva do regulador.

Art. 711. Aplicam-se ao regulador de avarias os arts. 156 a 158, no que couber.

CAPÍTULO XIV

DA RESTAURAÇÃO DE AUTOS

Art. 712. Verificado o desaparecimento dos autos, eletrônicos ou não, pode o juiz, de ofício, qualquer das partes ou o Ministério Público, se for o caso, promover-lhes a restauração.

► Art. 47 da Lei nº 6.515, de 26-12-1977 (Lei do Divórcio).

Parágrafo único. Havendo autos suplementares, nesses prosseguirá o processo.

Art. 713. Na petição inicial, declarará a parte o estado do processo ao tempo do desaparecimento dos autos, oferecendo:

I – certidões dos atos constantes do protocolo de audiências do cartório por onde haja corrido o processo;

II – cópia das peças que tenha em seu poder;

III – qualquer outro documento que facilite a restauração.

Art. 714. A parte contrária será citada para contestar o pedido no prazo de 5 (cinco) dias, cabendo-lhe exibir as cópias, as contrafés e as reproduções dos atos e dos documentos que estiverem em seu poder.

§ 1º Se a parte concordar com a restauração, lavrar-se-á o auto que, assinado pelas partes e homologado pelo juiz, suprirá o processo desaparecido.

§ 2º Se a parte não contestar ou se a concordância for parcial, observar-se-á o procedimento comum.

Art. 715. Se a perda dos autos tiver ocorrido depois da produção das provas em audiência, o juiz, se necessário, mandará repeti-las.

§ 1º Serão reinquiridas as mesmas testemunhas, que, em caso de impossibilidade, poderão ser substituídas de ofício ou a requerimento.

§ 2º Não havendo certidão ou cópia do laudo, far-se-á nova perícia, sempre que possível pelo mesmo perito.

§ 3º Não havendo certidão de documentos, esses serão reconstituídos mediante cópias ou, na falta dessas, pelos meios ordinários de prova.

▸ Art. 369 e ss. deste Código.

§ 4º Os serventuários e os auxiliares da justiça não podem eximir-se de depor como testemunhas a respeito de atos que tenham praticado ou assistido.

▸ Art. 149 e ss. deste Código.

§ 5º Se o juiz houver proferido sentença da qual ele próprio ou o escrivão possua cópia, esta será juntada aos autos e terá a mesma autoridade da original.

Art. 716. Julgada a restauração, seguirá o processo os seus termos.

Parágrafo único. Aparecendo os autos originais, neles se prosseguirá, sendo-lhes apensados os autos da restauração.

Art. 717. Se o desaparecimento dos autos tiver ocorrido no tribunal, o processo de restauração será distribuído, sempre que possível, ao relator do processo.

§ 1º A restauração far-se-á no juízo de origem quanto aos atos nele realizados.

§ 2º Remetidos os autos ao tribunal, nele completar-se-á a restauração e proceder-se-á ao julgamento.

Art. 718. Quem houver dado causa ao desaparecimento dos autos responderá pelas custas da restauração e pelos honorários de advogado, sem prejuízo da responsabilidade civil ou penal em que incorrer.

▸ Art. 81 deste Código.

CAPÍTULO XV
DOS PROCEDIMENTOS DE JURISDIÇÃO VOLUNTÁRIA

Seção I
DISPOSIÇÕES GERAIS

Art. 719. Quando este Código não estabelecer procedimento especial, regem os procedimentos de jurisdição voluntária as disposições constantes desta Seção.

▸ Art. 215, I, deste Código.

Art. 720. O procedimento terá início por provocação do interessado, do Ministério Público ou da Defensoria Pública, cabendo-lhes formular o pedido devidamente instruído com os documentos necessários e com a indicação da providência judicial.

Art. 721. Serão citados todos os interessados, bem como intimado o Ministério Público, nos casos do art. 178, para que se manifestem, querendo, no prazo de 15 (quinze) dias.

▸ Art. 279 deste Código.

Art. 722. A Fazenda Pública será sempre ouvida nos casos em que tiver interesse.

Art. 723. O juiz decidirá o pedido no prazo de 10 (dez) dias.

Parágrafo único. O juiz não é obrigado a observar critério de legalidade estrita, podendo adotar em cada caso a solução que considerar mais conveniente ou oportuna.

Art. 724. Da sentença caberá apelação.

▸ Arts. 1.009 a 1.014 deste Código.

Art. 725. Processar-se-á na forma estabelecida nesta Seção o pedido de:

I – emancipação;

▸ Art. 5º, parágrafo único, I a V, do CC.

▸ Art. 89 e ss. da Lei nº 6.015, de 31-12-1973 (Lei dos Registros Públicos).

II – sub-rogação;

III – alienação, arrendamento ou oneração de bens de crianças ou adolescentes, de órfãos e de interditos;

IV – alienação, locação e administração da coisa comum;

V – alienação de quinhão em coisa comum;

VI – extinção de usufruto, quando não decorrer da morte do usufrutuário, do termo da sua duração ou da consolidação, e de fideicomisso, quando decorrer de renúncia ou quando ocorrer antes do evento que caracterizar a condição resolutória;

VII – expedição de alvará judicial;

VIII – homologação de autocomposição extrajudicial, de qualquer natureza ou valor.

Parágrafo único. As normas desta Seção aplicam-se, no que couber, aos procedimentos regulados nas seções seguintes.

Seção II
DA NOTIFICAÇÃO E DA INTERPELAÇÃO

Art. 726. Quem tiver interesse em manifestar formalmente sua vontade a outrem sobre assunto juridicamente relevante poderá notificar pessoas participantes da mesma relação jurídica para dar-lhes ciência de seu propósito.

§ 1º Se a pretensão for a de dar conhecimento geral ao público, mediante edital, o juiz só a deferirá se a tiver por fundada e necessária ao resguardo de direito.

§ 2º Aplica-se o disposto nesta Seção, no que couber, ao protesto judicial.

Art. 727. Também poderá o interessado interpelar o requerido, no caso do art. 726, para que faça ou deixe de fazer o que o requerente entenda ser de seu direito.

Art. 728. O requerido será previamente ouvido antes do deferimento da notificação ou do respectivo edital:

I – se houver suspeita de que o requerente, por meio da notificação ou do edital, pretende alcançar fim ilícito;

II – se tiver sido requerida a averbação da notificação em registro público.

Art. 729. Deferida e realizada a notificação ou interpelação, os autos serão entregues ao requerente.

Seção III
DA ALIENAÇÃO JUDICIAL

Art. 730. Nos casos expressos em lei, não havendo acordo entre os interessados sobre o modo como se deve realizar a alienação do bem, o juiz, de ofício ou a requerimento dos interessados ou do depositário, mandará aliená-lo em leilão, observando-se o disposto na Seção I deste Capítulo e, no que couber, o disposto nos arts. 879 a 903.

▸ Dec.-lei nº 911, de 1-10-1969 (Lei das Alienações Fiduciárias).

Seção IV
DO DIVÓRCIO E DA SEPARAÇÃO CONSENSUAIS, DA EXTINÇÃO CONSENSUAL DE UNIÃO ESTÁVEL E DA ALTERAÇÃO DO REGIME DE BENS DO MATRIMÔNIO

Art. 731. A homologação do divórcio ou da separação consensuais, observados os requisitos legais, poderá ser requerida em petição assinada por ambos os cônjuges, da qual constarão:

► EC nº 66, de 13-7-2010, dispõe sobre a dissolubilidade do casamento civil pelo divórcio, suprimindo o requisito de prévia separação judicial por mais de 1 (um) ano ou de comprovada separação de fato por mais de 2 (dois) anos.

I – as disposições relativas à descrição e à partilha dos bens comuns;

II – as disposições relativas à pensão alimentícia entre os cônjuges;

► Arts. 1.694 e ss. do CC.

► Art. 4º da Lei nº 6.515, de 26-12-1977 (Lei do Divórcio).

III – o acordo relativo à guarda dos filhos incapazes e ao regime de visitas; e

► Art. 1.583 e ss. do CC.

► Art. nº 15 da Lei nº 6.515, de 26-12-1977 (Lei do Divórcio).

IV – o valor da contribuição para criar e educar os filhos.

► Art. 20 da Lei nº 6.515, de 26-12-1977 (Lei do Divórcio).

Parágrafo único. Se os cônjuges não acordarem sobre a partilha dos bens, far-se-á esta depois de homologado o divórcio, na forma estabelecida nos arts. 647 a 658.

Art. 732. As disposições relativas ao processo de homologação judicial de divórcio ou de separação consensuais aplicam-se, no que couber, ao processo de homologação da extinção consensual de união estável.

► Art. 226, § 3º da CF.

► Art. 1.723 e ss. do CC.

Art. 733. O divórcio consensual, a separação consensual e a extinção consensual de união estável, não havendo nascituro ou filhos incapazes e observados os requisitos legais, poderão ser realizados por escritura pública, da qual constarão as disposições de que trata o art. 731.

► EC nº 66, de 13-7-2010, dispõe sobre a dissolubilidade do casamento civil pelo divórcio, suprimindo o requisito de prévia separação judicial por mais de 1 (um) ano ou de comprovada separação de fato por mais de 2 (dois) anos.

§ 1º A escritura não depende de homologação judicial e constitui título hábil para qualquer ato de registro, bem como para levantamento de importância depositada em instituições financeiras.

§ 2º O tabelião somente lavrará a escritura se os interessados estiverem assistidos por advogado ou por defensor público, cuja qualificação e assinatura constarão do ato notarial.

Art. 734. A alteração do regime de bens do casamento, observados os requisitos legais, poderá ser requerida, motivadamente, em petição assinada por ambos os cônjuges, na qual serão expostas as razões que justificam a alteração, ressalvados os direitos de terceiros.

§ 1º Ao receber a petição inicial, o juiz determinará a intimação do Ministério Público e a publicação de edital que divulgue a pretendida alteração de bens, somente podendo decidir depois de decorrido o prazo de 30 (trinta) dias da publicação do edital.

§ 2º Os cônjuges, na petição inicial ou em petição avulsa, podem propor ao juiz meio alternativo de divulgação da alteração do regime de bens, a fim de resguardar direitos de terceiros.

§ 3º Após o trânsito em julgado da sentença, serão expedidos mandados de averbação aos cartórios de registro civil e de imóveis e, caso qualquer dos cônjuges seja empresário, ao Registro Público de Empresas Mercantis e Atividades Afins.

Seção V
DOS TESTAMENTOS E DOS CODICILOS

Art. 735. Recebendo testamento cerrado, o juiz, se não achar vício externo que o torne suspeito de nulidade ou falsidade, o abrirá e mandará que o escrivão o leia em presença do apresentante.

► Arts. 1.868 a 1.875 do CC.

§ 1º Do termo de abertura constarão o nome do apresentante e como ele obteve o testamento, a data e o lugar do falecimento do testador, com as respectivas provas, e qualquer circunstância digna de nota.

§ 2º Depois de ouvido o Ministério Público, não havendo dúvidas a serem esclarecidas, o juiz mandará registrar, arquivar e cumprir o testamento.

§ 3º Feito o registro, será intimado o testamenteiro para assinar o termo da testamentária.

§ 4º Se não houver testamenteiro nomeado ou se ele estiver ausente ou não aceitar o encargo, o juiz nomeará testamenteiro dativo, observando-se a preferência legal.

§ 5º O testamenteiro deverá cumprir as disposições testamentárias e prestar contas em juízo do que recebeu e despendeu, observando-se o disposto em lei.

Art. 736. Qualquer interessado, exibindo o traslado ou a certidão de testamento público, poderá requerer ao juiz que ordene o seu cumprimento, observando-se, no que couber, o disposto nos parágrafos do art. 735.

Art. 737. A publicação do testamento particular poderá ser requerida, depois da morte do testador, pelo herdeiro, pelo legatário ou pelo testamenteiro, bem como pelo terceiro detentor do testamento, se impossibilitado de entregá-lo a algum dos outros legitimados para requerê-la.

► Arts. 1.876 e ss. do CC.

§ 1º Serão intimados os herdeiros que não tiverem requerido a publicação do testamento.

§ 2º Verificando a presença dos requisitos da lei, ouvido o Ministério Público, o juiz confirmará o testamento.

§ 3º Aplica-se o disposto neste artigo ao codicilo e aos testamentos marítimo, aeronáutico, militar e nuncupativo.

§ 4º Observar-se-á, no cumprimento do testamento, o disposto nos parágrafos do art. 735.

Seção VI
DA HERANÇA JACENTE

Art. 738. Nos casos em que a lei considere jacente a herança, o juiz em cuja comarca tiver domicílio o falecido procederá imediatamente à arrecadação dos respectivos bens.

► Arts. 1.819 a 1.823 do CC.

Art. 739. A herança jacente ficará sob a guarda, a conservação e a administração de um curador até a respectiva entrega ao sucessor legalmente habilitado ou até a declaração de vacância.

► Art. 75, VI, deste Código.

§ 1º Incumbe ao curador:

I – representar a herança em juízo ou fora dele, com intervenção do Ministério Público;

► Art. 75, VI, deste Código.

II – ter em boa guarda e conservação os bens arrecadados e promover a arrecadação de outros porventura existentes;

III – executar as medidas conservatórias dos direitos da herança;

IV – apresentar mensalmente ao juiz balancete da receita e da despesa;

V – prestar contas ao final de sua gestão.

§ 2º Aplica-se ao curador o disposto nos arts. 159 a 161.

Art. 740. O juiz ordenará que o oficial de justiça, acompanhado do escrivão ou do chefe de secretaria e do curador, arrole os bens e descreva-os em auto circunstanciado.

§ 1º Não podendo comparecer ao local, o juiz requisitará à autoridade policial que proceda à arrecadação e ao arrolamento dos bens, com 2 (duas) testemunhas, que assistirão às diligências.

§ 2º Não estando ainda nomeado o curador, o juiz designará depositário e lhe entregará os bens, mediante simples termo nos autos, depois de compromissado.

§ 3º Durante a arrecadação, o juiz ou a autoridade policial inquirirá os moradores da casa e da vizinhança sobre a qualificação do falecido, o paradeiro de seus sucessores e a existência de outros bens, lavrando-se de tudo auto de inquirição e informação.

§ 4º O juiz examinará reservadamente os papéis, as cartas missivas e os livros domésticos e, verificando que não apresentam interesse, mandará empacotá-los e lacrá-los para serem assim entregues aos sucessores do falecido ou queimados quando os bens forem declarados vacantes.

§ 5º Se constar ao juiz a existência de bens em outra comarca, mandará expedir carta precatória a fim de serem arrecadados.

§ 6º Não se fará a arrecadação, ou essa será suspensa, quando, iniciada, apresentarem-se para reclamar os bens o cônjuge ou companheiro, o herdeiro ou o testamenteiro notoriamente reconhecido e não houver oposição motivada do curador, de qualquer interessado, do Ministério Público ou do representante da Fazenda Pública.

Art. 741. Ultimada a arrecadação, o juiz mandará expedir edital, que será publicado na rede mundial de computadores, no sítio do tribunal a que estiver vinculado o juízo e na plataforma de editais do Conselho Nacional de Justiça, onde permanecerá por 3 (três) meses, ou, não havendo sítio, no órgão oficial e na imprensa da comarca, por 3 (três) vezes com intervalos de 1 (um) mês, para que os sucessores do falecido venham a habilitar-se no prazo de 6 (seis) meses contado da primeira publicação.

§ 1º Verificada a existência de sucessor ou de testamenteiro em lugar certo, far-se-á a sua citação, sem prejuízo do edital.

§ 2º Quando o falecido for estrangeiro, será também comunicado o fato à autoridade consular.

§ 3º Julgada a habilitação do herdeiro, reconhecida a qualidade do testamenteiro ou provada a identidade do cônjuge ou companheiro, a arrecadação converter-se-á em inventário.

§ 4º Os credores da herança poderão habilitar-se como nos inventários ou propor a ação de cobrança.

Art. 742. O juiz poderá autorizar a alienação:

► Art. 730 deste Código.

I – de bens móveis, se forem de conservação difícil ou dispendiosa;

II – de semoventes, quando não empregados na exploração de alguma indústria;

III – de títulos e papéis de crédito, havendo fundado receio de depreciação;

IV – de ações de sociedade quando, reclamada a integralização, não dispuser a herança de dinheiro para o pagamento;

V – de bens imóveis:

a) se ameaçarem ruína, não convindo a reparação;

b) se estiverem hipotecados e vencer-se a dívida, não havendo dinheiro para o pagamento.

§ 1º Não se procederá, entretanto, à venda se a Fazenda Pública ou o habilitando adiantar a importância para as despesas.

§ 2º Os bens com valor de afeição, como retratos, objetos de uso pessoal, livros e obras de arte, só serão alienados depois de declarada a vacância da herança.

Art. 743. Passado 1 (um) ano da primeira publicação do edital e não havendo herdeiro habilitado nem habilitação pendente, será a herança declarada vacante.

► Art. 1.823 do CC.

§ 1º Pendendo habilitação, a vacância será declarada pela mesma sentença que a julgar improcedente, aguardando-se, no caso de serem diversas as habilitações, o julgamento da última.

§ 2º Transitada em julgado a sentença que declarou a vacância, o cônjuge, o companheiro, os herdeiros e os credores só poderão reclamar o seu direito por ação direta.

Seção VII
DOS BENS DOS AUSENTES

Art. 744. Declarada a ausência nos casos previstos em lei, o juiz mandará arrecadar os bens do ausente e nomear-lhes-á curador na forma estabelecida na Seção VI, observando-se o disposto em lei.

► Art. 71 deste Código.

► Art. 22 do CC.

Art. 745. Feita a arrecadação, o juiz mandará publicar editais na rede mundial de computadores, no sítio do tribunal a que estiver vinculado e na plataforma de editais do Conselho Nacional de Justiça, onde permanecerá por 1 (um) ano, ou, não havendo sítio, no órgão oficial e na imprensa da comarca, durante 1 (um) ano, reproduzida de 2 (dois) em 2 (dois) meses, anunciando a arrecadação e chamando o ausente a entrar na posse de seus bens.

§ 1º Findo o prazo previsto no edital, poderão os interessados requerer a abertura da sucessão provisória, observando-se o disposto em lei.

§ 2º O interessado, ao requerer a abertura da sucessão provisória, pedirá a citação pessoal dos herdeiros presentes e do curador e, por editais, a dos ausentes para requererem habilitação, na forma dos arts. 689 a 692.

§ 3º Presentes os requisitos legais, poderá ser requerida a conversão da sucessão provisória em definitiva.

§ 4º Regressando o ausente ou algum de seus descendentes ou ascendentes para requerer ao juiz a entrega de bens, serão citados para contestar o pedido os sucessores provisórios ou definitivos, o Ministério Público e o representante da Fazenda Pública, seguindo-se o procedimento comum.

Seção VIII
DAS COISAS VAGAS

Art. 746. Recebendo do descobridor coisa alheia perdida, o juiz mandará lavrar o respectivo auto, do qual constará a descrição do bem e as declarações do descobridor.

► Arts. 1.233 a 1.237 do CC.

§ 1º Recebida a coisa por autoridade policial, esta a remeterá em seguida ao juízo competente.

§ 2º Depositada a coisa, o juiz mandará publicar edital na rede mundial de computadores, no sítio do tribunal a que estiver vinculado e na plataforma de editais do Conselho Nacional de Justiça ou, não havendo sítio, no órgão oficial e na imprensa da comarca, para que o dono ou o legítimo possuidor a reclame, salvo se se tratar de coisa de pequeno valor e não for possível a publicação no sítio do tribunal, caso em que o edital será apenas afixado no átrio do edifício do fórum.

§ 3º Observar-se-á, quanto ao mais, o disposto em lei.

Seção IX
DA INTERDIÇÃO

Art. 747. A interdição pode ser promovida:

I – pelo cônjuge ou companheiro;

► Arts. 4º e 1.767 do CC.

II – pelos parentes ou tutores;

III – pelo representante da entidade em que se encontra abrigado o interditando;

IV – pelo Ministério Público.

Parágrafo único. A legitimidade deverá ser comprovada por documentação que acompanhe a petição inicial.

Art. 748. O Ministério Público só promoverá interdição em caso de doença mental grave:

I – se as pessoas designadas nos incisos I, II e III do art. 747 não existirem ou não promoverem a interdição;

II – se, existindo, forem incapazes as pessoas mencionadas nos incisos I e II do art. 747.

Art. 749. Incumbe ao autor, na petição inicial, especificar os fatos que demonstram a incapacidade do interditando para administrar seus bens e, se for o caso, para praticar atos da vida civil, bem como o momento em que a incapacidade se revelou.

Parágrafo único. Justificada a urgência, o juiz pode nomear curador provisório ao interditando para a prática de determinados atos.

Art. 750. O requerente deverá juntar laudo médico para fazer prova de suas alegações ou informar a impossibilidade de fazê-lo.

Art. 751. O interditando será citado para, em dia designado, comparecer perante o juiz, que o entrevistará minuciosamente acerca de sua vida, negócios, bens, vontades, preferências e laços familiares e afetivos e sobre o que mais lhe parecer necessário para convencimento quanto à sua capacidade para praticar atos da vida civil, devendo ser reduzidas a termo as perguntas e respostas.

§ 1º Não podendo o interditando deslocar-se, o juiz o ouvirá no local onde estiver.

§ 2º A entrevista poderá ser acompanhada por especialista.

§ 3º Durante a entrevista, é assegurado o emprego de recursos tecnológicos capazes de permitir ou de auxiliar o interditando a expressar suas vontades e preferências e a responder às perguntas formuladas.

§ 4º A critério do juiz, poderá ser requisitada a oitiva de parentes e de pessoas próximas.

Art. 752. Dentro do prazo de 15 (quinze) dias contado da entrevista, o interditando poderá impugnar o pedido.

§ 1º O Ministério Público intervirá como fiscal da ordem jurídica.

► Art. 178, II, deste Código.

§ 2º O interditando poderá constituir advogado, e, caso não o faça, deverá ser nomeado curador especial.

► Art. 72, I, deste Código.

§ 3º Caso o interditando não constitua advogado, o seu cônjuge, companheiro ou qualquer parente sucessível poderá intervir como assistente.

Art. 753. Decorrido o prazo previsto no art. 752, o juiz determinará a produção de prova pericial para avaliação da capacidade do interditando para praticar atos da vida civil.

§ 1º A perícia pode ser realizada por equipe composta por expertos com formação multidisciplinar.

§ 2º O laudo pericial indicará especificadamente, se for o caso, os atos para os quais haverá necessidade de curatela.

Art. 754. Apresentado o laudo, produzidas as demais provas e ouvidos os interessados, o juiz proferirá sentença.

Art. 755. Na sentença que decretar a interdição, o juiz:

► Art. 1.012, § 1º, VI, deste Código.

I – nomeará curador, que poderá ser o requerente da interdição, e fixará os limites da curatela, segundo o estado e o desenvolvimento mental do interdito;

II – considerará as características pessoais do interdito, observando suas potencialidades, habilidades, vontades e preferências.

§ 1º A curatela deve ser atribuída a quem melhor possa atender aos interesses do curatelado.

§ 2º Havendo, ao tempo da interdição, pessoa incapaz sob a guarda e a responsabilidade do interdito, o juiz atribuirá a curatela a quem melhor puder atender aos interesses do interdito e do incapaz.

§ 3º A sentença de interdição será inscrita no registro de pessoas naturais e imediatamente publicada na rede mundial de computadores, no sítio do tribunal a que estiver vinculado o juízo e na plataforma de editais do Conselho Nacional de Justiça, onde permanecerá por 6 (seis) meses, na imprensa local, 1 (uma) vez, e no órgão oficial, por 3 (três) vezes, com intervalo de 10 (dez) dias, constando do edital os nomes do interdito e do curador, a causa da interdição, os limites da curatela e, não sendo total a interdição, os atos que o interdito poderá praticar autonomamente.

► Art. 9º, III, do CC.

► Arts. 29, V, e 92 da Lei nº 6.015, de 31-12-1973 (Lei dos Registros Públicos).

Art. 756. Levantar-se-á a curatela quando cessar a causa que a determinou.

§ 1º O pedido de levantamento da curatela poderá ser feito pelo interdito, pelo curador ou pelo Ministério Público e será apensado aos autos da interdição.

§ 2º O juiz nomeará perito ou equipe multidisciplinar para proceder ao exame do interdito e designará audiência de instrução e julgamento após a apresentação do laudo.

§ 3º Acolhido o pedido, o juiz decretará o levantamento da interdição e determinará a publicação da sentença, após o trânsito em julgado, na forma do art. 755, § 3º, ou, não sendo possível, na imprensa local e no órgão oficial, por 3 (três) vezes, com intervalo de 10 (dez) dias, seguindo-se a averbação no registro de pessoas naturais.

§ 4º A interdição poderá ser levantada parcialmente quando demonstrada a capacidade do interdito para praticar alguns atos da vida civil.

Art. 757. A autoridade do curador estende-se à pessoa e aos bens do incapaz que se encontrar sob a guarda e a responsabilidade do curatelado ao tempo da interdição, salvo se o juiz considerar outra solução como mais conveniente aos interesses do incapaz.

Art. 758. O curador deverá buscar tratamento e apoio apropriados à conquista da autonomia pelo interdito.

Seção X
DISPOSIÇÕES COMUNS À TUTELA E À CURATELA

Art. 759. O tutor ou o curador será intimado a prestar compromisso no prazo de 5 (cinco) dias contado da:

I – nomeação feita em conformidade com a lei;

II – intimação do despacho que mandar cumprir o testamento ou o instrumento público que o houver instituído.

§ 1º O tutor ou o curador prestará o compromisso por termo em livro rubricado pelo juiz.

► Arts. 32 e 37 da Lei nº 8.069, de 13-07-1990 (ECA).

§ 2º Prestado o compromisso, o tutor ou o curador assume a administração dos bens do tutelado ou do interditado.

Art. 760. O tutor ou o curador poderá eximir-se do encargo apresentando escusa ao juiz no prazo de 5 (cinco) dias contado:

► Art. 1.738 do CC.

I – antes de aceitar o encargo, da intimação para prestar compromisso;

II – depois de entrar em exercício, do dia em que sobrevier o motivo da escusa.

§ 1º Não sendo requerida a escusa no prazo estabelecido neste artigo, considerar-se-á renunciado o direito de alegá-la.

§ 2º O juiz decidirá de plano o pedido de escusa, e, não o admitindo, exercerá o nomeado a tutela ou a curatela enquanto não for dispensado por sentença transitada em julgado.

► Art. 1.739 do CC.

Art. 761. Incumbe ao Ministério Público ou a quem tenha legítimo interesse requerer, nos casos previstos em lei, a remoção do tutor ou do curador.

► Art. 201, III e IV, do ECA.

Parágrafo único. O tutor ou o curador será citado para contestar a arguição no prazo de 5 (cinco) dias, findo o qual observar-se-á o procedimento comum.

Art. 762. Em caso de extrema gravidade, o juiz poderá suspender o tutor ou o curador do exercício de suas funções, nomeando substituto interino.

Art. 763. Cessando as funções do tutor ou do curador pelo decurso do prazo em que era obrigado a servir, ser-lhe-á lícito requerer a exoneração do encargo.

§ 1º Caso o tutor ou o curador não requeira a exoneração do encargo dentro dos 10 (dez) dias seguintes à expiração do termo, entender-se-á reconduzido, salvo se o juiz o dispensar.

§ 2º Cessada a tutela ou a curatela, é indispensável a prestação de contas pelo tutor ou pelo curador, na forma da lei civil.

Seção XI
DA ORGANIZAÇÃO E DA FISCALIZAÇÃO DAS FUNDAÇÕES

Art. 764. O juiz decidirá sobre a aprovação do estatuto das fundações e de suas alterações sempre que o requeira o interessado, quando:

► Arts. 62 a 69 do CC.

I – ela for negada previamente pelo Ministério Público ou por este forem exigidas modificações com as quais o interessado não concorde;

► Art. 67, III, do CC.

II – o interessado discordar do estatuto elaborado pelo Ministério Público.

§ 1º O estatuto das fundações deve observar o disposto na Lei nº 10.406, de 10 de janeiro de 2002 (Código Civil).

§ 2º Antes de suprir a aprovação, o juiz poderá mandar fazer no estatuto modificações a fim de adaptá-lo ao objetivo do instituidor.

Art. 765. Qualquer interessado ou o Ministério Público promoverá em juízo a extinção da fundação quando:

I – se tornar ilícito o seu objeto;

II – for impossível a sua manutenção;

III – vencer o prazo de sua existência.

Seção XII
DA RATIFICAÇÃO DOS PROTESTOS MARÍTIMOS E DOS PROCESSOS TESTEMUNHÁVEIS FORMADOS A BORDO

Art. 766. Todos os protestos e os processos testemunháveis formados a bordo e lançados no livro Diário da Navegação deverão ser apresentados pelo comandante ao juiz de direito do primeiro porto, nas primeiras 24 (vinte e quatro) horas de chegada da embarcação, para sua ratificação judicial.

Art. 767. A petição inicial conterá a transcrição dos termos lançados no livro Diário da Navegação e deverá ser instruída com cópias das páginas que contenham os termos que serão ratificados, dos documentos de identificação do comandante e das testemunhas arroladas, do rol de tripulantes, do documento de registro da embarcação e, quando for o caso, do manifesto das cargas sinistradas e a qualificação de seus consignatários, traduzidos, quando for o caso, de forma livre para o português.

Art. 768. A petição inicial deverá ser distribuída com urgência e encaminhada ao juiz, que ouvirá, sob compromisso a ser prestado no mesmo dia, o comandante e as testemunhas em número mínimo de 2 (duas) e máximo de 4 (quatro), que deverão comparecer ao ato independentemente de intimação.

§ 1º Tratando-se de estrangeiros que não dominem a língua portuguesa, o autor deverá fazer-se acompanhar por tradutor, que prestará compromisso em audiência.

§ 2º Caso o autor não se faça acompanhar por tradutor, o juiz deverá nomear outro que preste compromisso em audiência.

Art. 769. Aberta a audiência, o juiz mandará apregoar os consignatários das cargas indicados na petição inicial e outros eventuais interessados, nomeando para os ausentes curador para o ato.

Art. 770. Inquiridos o comandante e as testemunhas, o juiz, convencido da veracidade dos termos lançados no Diário da Navegação, em audiência, ratificará por sentença o protesto ou o processo testemunhável lavrado a bordo, dispensado o relatório.

Parágrafo único. Independentemente do trânsito em julgado, o juiz determinará a entrega dos autos ao autor ou ao seu advogado, mediante a apresentação de traslado.

Livro II – Do Processo de Execução

TÍTULO I – DA EXECUÇÃO EM GERAL

CAPÍTULO I
DISPOSIÇÕES GERAIS

Art. 771. Este Livro regula o procedimento da execução fundada em título extrajudicial, e suas disposições aplicam-se, também, no que couber, aos procedimentos especiais de execução, aos atos executivos realizados no procedimento de cumprimento de sentença, bem como aos efeitos de atos ou fatos processuais a que a lei atribuir força executiva.

► Arts. 513 e ss. deste Código.

Parágrafo único. Aplicam-se subsidiariamente à execução as disposições do Livro I da Parte Especial.

Art. 772. O juiz pode, em qualquer momento do processo:

I – ordenar o comparecimento das partes;

II – advertir o executado de que seu procedimento constitui ato atentatório à dignidade da justiça;

III – determinar que sujeitos indicados pelo exequente forneçam informações em geral relacionadas ao objeto da execução, tais como documentos e dados que tenham em seu poder, assinando-lhes prazo razoável.

Art. 773. O juiz poderá, de ofício ou a requerimento, determinar as medidas necessárias ao cumprimento da ordem de entrega de documentos e dados.

Parágrafo único. Quando, em decorrência do disposto neste artigo, o juízo receber dados sigilosos para os fins da execução, o juiz adotará as medidas necessárias para assegurar a confidencialidade.

Art. 774. Considera-se atentatória à dignidade da justiça a conduta comissiva ou omissiva do executado que:

I – frauda a execução;

► Art. 792 deste Código.

II – se opõe maliciosamente à execução, empregando ardis e meios artificiosos;

III – dificulta ou embaraça a realização da penhora;

IV – resiste injustificadamente às ordens judiciais;

V – intimado, não indica ao juiz quais são e onde estão os bens sujeitos à penhora e os respectivos valores, nem exibe prova de sua propriedade e, se for o caso, certidão negativa de ônus.

Parágrafo único. Nos casos previstos neste artigo, o juiz fixará multa em montante não superior a vinte por cento do valor atualizado do débito em execução, a qual será revertida em proveito do exequente, exigível nos próprios autos do processo, sem prejuízo de outras sanções de natureza processual ou material.

Art. 775. O exequente tem o direito de desistir de toda a execução ou de apenas alguma medida executiva.

► Art. 200, par. ún., deste Código.

Parágrafo único. Na desistência da execução, observar-se-á o seguinte:

I – serão extintos a impugnação e os embargos que versarem apenas sobre questões processuais, pagando o exequente as custas processuais e os honorários advocatícios;

II – nos demais casos, a extinção dependerá da concordância do impugnante ou do embargante.

Art. 776. O exequente ressarcirá ao executado os danos que este sofreu, quando a sentença, transitada em julgado, declarar inexistente, no todo ou em parte, a obrigação que ensejou a execução.

Art. 777. A cobrança de multas ou de indenizações decorrentes de litigância de má-fé ou de prática de ato atentatório à dignidade da justiça será promovida nos próprios autos do processo.

CAPÍTULO II
DAS PARTES

Art. 778. Pode promover a execução forçada o credor a quem a lei confere título executivo.

► Arts. 783 a 785 deste Código.

§ 1º Podem promover a execução forçada ou nela prosseguir, em sucessão ao exequente originário:

I – o Ministério Público, nos casos previstos em lei;

II – o espólio, os herdeiros ou os sucessores do credor, sempre que, por morte deste, lhes for transmitido o direito resultante do título executivo;

III – o cessionário, quando o direito resultante do título executivo lhe for transferido por ato entre vivos;

► Art. 109, § 1º, deste Código.

IV – o sub-rogado, nos casos de sub-rogação legal ou convencional.

► Art. 857 deste Código.

§ 2º A sucessão prevista no § 1º independe de consentimento do executado.

Art. 779. A execução pode ser promovida contra:

I – o devedor, reconhecido como tal no título executivo;

II – o espólio, os herdeiros ou os sucessores do devedor;

III – o novo devedor que assumiu, com o consentimento do credor, a obrigação resultante do título executivo;

► Art. 109, § 1º, deste Código.

IV – o fiador do débito constante em título extrajudicial;

► Art. 794, *caput* e § 1º, deste Código.

► Súm. nº 268 do STJ.

V – o responsável titular do bem vinculado por garantia real ao pagamento do débito;

VI – o responsável tributário, assim definido em lei.

Art. 780. O exequente pode cumular várias execuções, ainda que fundadas em títulos diferentes, quando o executado for o mesmo e desde que para todas elas seja competente o mesmo juízo e idêntico o procedimento.

CAPÍTULO III
DA COMPETÊNCIA

► Arts. 46, § 5º, e 63 deste Códgo.

Art. 781. A execução fundada em título extrajudicial será processada perante o juízo competente, observando-se o seguinte:

I – a execução poderá ser proposta no foro de domicílio do executado, de eleição constante do título ou, ainda, de situação dos bens a ela sujeitos;

II – tendo mais de um domicílio, o executado poderá ser demandado no foro de qualquer deles;

III – sendo incerto ou desconhecido o domicílio do executado, a execução poderá ser proposta no lugar onde for encontrado ou no foro de domicílio do exequente;

IV – havendo mais de um devedor, com diferentes domicílios, a execução será proposta no foro de qualquer deles, à escolha do exequente;

V – a execução poderá ser proposta no foro do lugar em que se praticou o ato ou em que ocorreu o fato que deu origem ao título, mesmo que nele não mais resida o executado.

Art. 782. Não dispondo a lei de modo diverso, o juiz determinará os atos executivos, e o oficial de justiça os cumprirá.

► Arts. 154 846 e 870 deste Código.

§ 1º O oficial de justiça poderá cumprir os atos executivos determinados pelo juiz também nas comarcas contíguas, de fácil comunicação, e nas que se situem na mesma região metropolitana.

§ 2º Sempre que, para efetivar a execução, for necessário o emprego de força policial, o juiz a requisitará.

§ 3º A requerimento da parte, o juiz pode determinar a inclusão do nome do executado em cadastros de inadimplentes.

CPC

§ 4º A inscrição será cancelada imediatamente se for efetuado o pagamento, se for garantida a execução ou se a execução for extinta por qualquer outro motivo.

► Súm. nº 385 do STJ.

§ 5º O disposto nos §§ 3º e 4º aplica-se à execução definitiva de título judicial.

CAPÍTULO IV
DOS REQUISITOS NECESSÁRIOS PARA REALIZAR QUALQUER EXECUÇÃO

SEÇÃO I
DO TÍTULO EXECUTIVO

Art. 783. A execução para cobrança de crédito fundar-se-á sempre em título de obrigação certa, líquida e exigível.

► Art. 786 deste Código.

Art. 784. São títulos executivos extrajudiciais:

► Art. 803, I deste Código.

I – a letra de câmbio, a nota promissória, a duplicata, a debênture e o cheque;

► Lei nº 5.474, de 18-7-1968 (Lei das Duplicatas).

► Lei nº 7.357, de 2-9-1985 (Lei do Cheque).

► Dec.-lei nº 167, de 14-2-1967 (Lei de Execução de Cédula de Crédito Rural).

► Dec.-lei nº 413, de 10-1-1969 (Lei de Execução de Cédula de Crédito Industrial).

► Arts. 49, 50, 51 e 56 do Dec. nº 2.044, de 31-12-1908 (Lei da Letra de Câmbio e da Nota Promissória).

► Dec. nº 57.595, de 7-1-1966 (Lei Uniforme em Matéria de Cheque).

► Dec. nº 57.663, de 24-1-1996 (Lei Uniforme em Matéria de Letras de Câmbio e Notas Promissórias).

► Súm. nº 258 do STJ.

II – a escritura pública ou outro documento público assinado pelo devedor;

► Art. 215 do CC.

► Súm. nº 300 do STJ.

III – o documento particular assinado pelo devedor e por 2 (duas) testemunhas;

IV – o instrumento de transação referendado pelo Ministério Público, pela Defensoria Pública, pela Advocacia Pública, pelos advogados dos transatores ou por conciliador ou mediador credenciado por tribunal;

► Art. 57, par. ún., da Lei nº 9.099, de 26-9-1995 (Lei dos Juizados Especiais).

► Art. 13 da Lei nº 10.741, de 1-10-2003 (Estatuto do Idoso).

V – o contrato garantido por hipoteca, penhor, anticrese ou outro direito real de garantia e aquele garantido por caução;

VI – o contrato de seguro de vida em caso de morte;

► Arts. 789 a 802 do CC.

VII – o crédito decorrente de foro e laudêmio;

VIII – o crédito, documentalmente comprovado, decorrente de aluguel de imóvel, bem como de encargos acessórios, tais como taxas e despesas de condomínio;

IX – a certidão de dívida ativa da Fazenda Pública da União, dos Estados, do Distrito Federal e dos Municípios, correspondente aos créditos inscritos na forma da lei;

► Lei nº 6.830, de 22-9-1980 (Lei das Execuções Fiscais).

X – o crédito referente às contribuições ordinárias ou extraordinárias de condomínio edilício, previstas na respectiva convenção ou aprovadas em assembleia-geral, desde que documentalmente comprovadas;

► Arts. 1.331 a 1350 do CC.

► Lei nº 4.591, de 16-12-1964 (Lei do Condomínio e Incorporações).

XI – a certidão expedida por serventia notarial ou de registro relativa a valores de emolumentos e demais despesas devidas pelos atos por ela praticados, fixados nas tabelas estabelecidas em lei;

XII – todos os demais títulos aos quais, por disposição expressa, a lei atribuir força executiva.

► Art. 211 do ECA.

► Art. 24 da Lei nº 8.906, de 4-7-1994 (Estatuto da Advocacia e da OAB).

► Art. 142 da Lei nº 11.101, de 9-2-2005 (Lei de Recuperação de Empresas e Falências).

► Súm. nº 233 do STJ.

§ 1º A propositura de qualquer ação relativa a débito constante de título executivo não inibe o credor de promover-lhe a execução.

§ 2º Os títulos executivos extrajudiciais oriundos de país estrangeiro não dependem de homologação para serem executados.

§ 3º O título estrangeiro só terá eficácia executiva quando satisfeitos os requisitos de formação exigidos pela lei do lugar de sua celebração e quando o Brasil for indicado como o lugar de cumprimento da obrigação.

Art. 785. A existência de título executivo extrajudicial não impede a parte de optar pelo processo de conhecimento, a fim de obter título executivo judicial.

SEÇÃO II
DA EXIGIBILIDADE DA OBRIGAÇÃO

Art. 786. A execução pode ser instaurada caso o devedor não satisfaça a obrigação certa, líquida e exigível consubstanciada em título executivo.

► Arts. 783 e 803, I, deste Código.

Parágrafo único. A necessidade de simples operações aritméticas para apurar o crédito exequendo não retira a liquidez da obrigação constante do título.

Art. 787. Se o devedor não for obrigado a satisfazer sua prestação senão mediante a contraprestação do credor, este deverá provar que a adimpliu ao requerer a execução, sob pena de extinção do processo.

► Arts. 798, I, *d*, 799 e 917, § 2º, IV, deste Código.

Parágrafo único. O executado poderá eximir-se da obrigação, depositando em juízo a prestação ou a coisa, caso em que o juiz não permitirá que o credor a receba sem cumprir a contraprestação que lhe tocar.

Art. 788. O credor não poderá iniciar a execução ou nela prosseguir se o devedor cumprir a obrigação, mas poderá recusar o recebimento da prestação se ela não corresponder ao direito ou à obrigação estabelecidos no título executivo, caso em que poderá requerer a execução forçada, ressalvado ao devedor o direito de embargá-la.

► Art. 313 do CC.

CAPÍTULO V
DA RESPONSABILIDADE PATRIMONIAL

Art. 789. O devedor responde com todos os seus bens presentes e futuros para o cumprimento de suas obrigações, salvo as restrições estabelecidas em lei.

► Art. 824 deste Código.

Art. 790. São sujeitos à execução os bens:

I – do sucessor a título singular, tratando-se de execução fundada em direito real ou obrigação reipersecutória;

II – do sócio, nos termos da lei;

► Art. 795 deste Código.

III – do devedor, ainda que em poder de terceiros;

► Arts. 133 e ss. deste Código.

IV – do cônjuge ou companheiro, nos casos em que seus bens próprios ou de sua meação respondem pela dívida;

► Arts. 842 e 843 deste Código.

V – alienados ou gravados com ônus real em fraude à execução;

► Art. 792 deste Código.

VI – cuja alienação ou gravação com ônus real tenha sido anulada em razão do reconhecimento, em ação autônoma, de fraude contra credores;

VII – do responsável, nos casos de desconsideração da personalidade jurídica.

► Arts. 133 e ss. deste Código.

Art. 791. Se a execução tiver por objeto obrigação de que seja sujeito passivo o proprietário de terreno submetido ao regime do direito de superfície, ou o superficiário, responderá pela dívida, exclusivamente, o direito real do qual é titular o executado, recaindo a penhora ou outros atos de constrição exclusivamente sobre o terreno, no primeiro caso, ou sobre a construção ou a plantação, no segundo caso.

► Arts. 1.369 a 1.377 do CC.

§ 1º Os atos de constrição a que se refere o *caput* serão averbados separadamente na matrícula do imóvel, com a identificação do executado, do valor do crédito e do objeto sobre o qual recai o gravame, devendo o oficial destacar o bem que responde pela dívida, se o terreno, a construção ou a plantação, de modo a assegurar a publicidade da responsabilidade patrimonial de cada um deles pelas dívidas e pelas obrigações que a eles estão vinculadas.

§ 2º Aplica-se, no que couber, o disposto neste artigo à enfiteuse, à concessão de uso especial para fins de moradia e à concessão de direito real de uso.

► MP nº 2.220, de 4-9-2001, dispõe sobre a concessão de uso especial de que trata o § 1º do art. 183 da CF e cria o Conselho Nacional de Desenvolvimento Urbano – CNDU.

Art. 792. A alienação ou a oneração de bem é considerada fraude à execução:

► Arts. 828, § 4º, e 856, § 3º, deste Código.

I – quando sobre o bem pender ação fundada em direito real ou com pretensão reipersecutória, desde que a pendência do processo tenha sido averbada no respectivo registro público, se houver;

II – quando tiver sido averbada, no registro do bem, a pendência do processo de execução, na forma do art. 828;

III – quando tiver sido averbado, no registro do bem, hipoteca judiciária ou outro ato de constrição judicial originário do processo onde foi arguida a fraude;

IV – quando, ao tempo da alienação ou da oneração, tramitava contra o devedor ação capaz de reduzi-lo à insolvência;

► Súm. nº 375 do STJ.

V – nos demais casos expressos em lei.

► Arts. 774, I, 828, §4º, e 856, § 3º, deste Código.

§ 1º A alienação em fraude à execução é ineficaz em relação ao exequente.

§ 2º No caso de aquisição de bem não sujeito a registro, o terceiro adquirente tem o ônus de provar que adotou as cautelas necessárias para a aquisição, mediante a exibição das certidões pertinentes, obtidas no domicílio do vendedor e no local onde se encontra o bem.

§ 3º Nos casos de desconsideração da personalidade jurídica, a fraude à execução verifica-se a partir da citação da parte cuja personalidade se pretende desconsiderar.

► Arts. 133 a 137 deste Código.

► Art. 50 do CC.

► Art. 28 do CDC.

§ 4º Antes de declarar a fraude à execução, o juiz deverá intimar o terceiro adquirente, que, se quiser, poderá opor embargos de terceiro, no prazo de 15 (quinze) dias.

► Arts. 674 e ss. deste Código.

Art. 793. O exequente que estiver, por direito de retenção, na posse de coisa pertencente ao devedor não poderá promover a execução sobre outros bens senão depois de excutida a coisa que se achar em seu poder.

Art. 794. O fiador, quando executado, tem o direito de exigir que primeiro sejam executados os bens do devedor situados na mesma comarca, livres e desembargados, indicando-os pormenorizadamente à penhora.

► Art. 827 do CC.

§ 1º Os bens do fiador ficarão sujeitos à execução se os do devedor, situados na mesma comarca que os seus, forem insuficientes à satisfação do direito do credor.

§ 2º O fiador que pagar a dívida poderá executar o afiançado nos autos do mesmo processo.

§ 3º O disposto no *caput* não se aplica se o fiador houver renunciado ao benefício de ordem.

Art. 795. Os bens particulares dos sócios não respondem pelas dívidas da sociedade, senão nos casos previstos em lei.

► Arts. 133 e ss. e 790, II, deste Código.

► Arts. 50 e 1.024 do CC.

► Art. 28 do CDC.

§ 1º O sócio réu, quando responsável pelo pagamento da dívida da sociedade, tem o direito de exigir que primeiro sejam excutidos os bens da sociedade.

► Art. 790, II, deste Código.

§ 2º Incumbe ao sócio que alegar o benefício do § 1º nomear quantos bens da sociedade situados na mesma comarca, livres e desembargados, bastem para pagar o débito.

§ 3º O sócio que pagar a dívida poderá executar a sociedade nos autos do mesmo processo.

§ 4º Para a desconsideração da personalidade jurídica é obrigatória a observância do incidente previsto neste Código.

► Arts. 133 a 137 deste Código.

Art. 796. O espólio responde pelas dívidas do falecido, mas, feita a partilha, cada herdeiro responde por elas dentro das forças da herança e na proporção da parte que lhe coube.

TÍTULO II – DAS DIVERSAS ESPÉCIES DE EXECUÇÃO

CAPÍTULO I

DISPOSIÇÕES GERAIS

Art. 797. Ressalvado o caso de insolvência do devedor, em que tem lugar o concurso universal, realiza-se a execução no interesse do exequente que adquire, pela penhora, o direito de preferência sobre os bens penhorados.

► Art. 905, I, deste Código.

Parágrafo único. Recaindo mais de uma penhora sobre o mesmo bem, cada exequente conservará o seu título de preferência.

► Arts. 908 e 909 deste Código.

Art. 798. Ao propor a execução, incumbe ao exequente:

I – instruir a petição inicial com:

► Arts. 319 e 320 deste Código.

a) o título executivo extrajudicial;

b) o demonstrativo do débito atualizado até a data de propositura da ação, quando se tratar de execução por quantia certa;

► Art. 798, parágrafo único, deste Código.

c) a prova de que se verificou a condição ou ocorreu o termo, se for o caso;

► Art. 803, III, 917, § 2º, V, deste Código.

d) a prova, se for o caso, de que adimpliu a contraprestação que lhe corresponde ou que lhe assegura o cumprimento, se o executado não for obrigado a satisfazer a sua prestação senão mediante a contraprestação do exequente;

► Art. 787 deste Código.

II – indicar:

a) a espécie de execução de sua preferência, quando por mais de um modo puder ser realizada;

► Art. 805 deste Código.

b) os nomes completos do exequente e do executado e seus números de inscrição no Cadastro de Pessoas Físicas ou no Cadastro Nacional da Pessoa Jurídica;

c) os bens suscetíveis de penhora, sempre que possível.

Parágrafo único. O demonstrativo do débito deverá conter:

► Arts. 829, § 2º, 835 e 854 deste Código.

I – o índice de correção monetária adotado;

II – a taxa de juros aplicada;

III – os termos inicial e final de incidência do índice de correção monetária e da taxa de juros utilizados;

IV – a periodicidade da capitalização dos juros, se for o caso;

V – a especificação de desconto obrigatório realizado.

Art. 799. Incumbe ainda ao exequente:

► Art. 889 deste Código.

I – requerer a intimação do credor pignoratício, hipotecário, anticrético ou fiduciário, quando a penhora recair sobre bens gravados por penhor, hipoteca, anticrese ou alienação fiduciária;

► Art. 804 deste Código.

II – requerer a intimação do titular de usufruto, uso ou habitação, quando a penhora recair sobre bem gravado por usufruto, uso ou habitação;

III – requerer a intimação do promitente comprador, quando a penhora recair sobre bem em relação ao qual haja promessa de compra e venda registrada;

IV – requerer a intimação do promitente vendedor, quando a penhora recair sobre direito aquisitivo derivado de promessa de compra e venda registrada;

V – requerer a intimação do superficiário, enfiteuta ou concessionário, em caso de direito de superfície, enfiteuse, concessão de uso especial para fins de moradia ou concessão de direito real de uso, quando a penhora recair sobre imóvel submetido ao regime do direito de superfície, enfiteuse ou concessão;

VI – requerer a intimação do proprietário de terreno com regime de direito de superfície, enfiteuse, concessão de uso especial para fins de moradia ou concessão de direito real de uso, quando a penhora recair sobre direitos do superficiário, do enfiteuta ou do concessionário;

► Art. 804 deste Código.

VII – requerer a intimação da sociedade, no caso de penhora de quota social ou de ação de sociedade anônima fechada, para o fim previsto no art. 876, § 7º;

VIII – pleitear, se for o caso, medidas urgentes;

► Art. 300 deste Código.

IX – proceder à averbação em registro público do ato de propositura da execução e dos atos de constrição realizados, para conhecimento de terceiros;

► Art. 828 deste Código.

X – requerer a intimação do titular da construção-base, bem como, se for o caso, do titular de lajes anteriores, quando a penhora recair sobre o direito real de laje;

XI – requerer a intimação do titular das lajes, quando a penhora recair sobre a construção-base.

► Incisos X e XI acrescidos pela Lei nº 13.465, de 11-7-2017.

► En. nº 104 da I Jornada de Direito Processual Civil.

Art. 800. Nas obrigações alternativas, quando a escolha couber ao devedor, esse será citado para exercer a opção e realizar a prestação dentro de 10 (dez) dias, se outro prazo não lhe foi determinado em lei ou em contrato.

§ 1º Devolver-se-á ao credor a opção, se o devedor não a exercer no prazo determinado.

§ 2º A escolha será indicada na petição inicial da execução quando couber ao credor exercê-la.

► Arts. 252 e ss. do CC.

Art. 801. Verificando que a petição inicial está incompleta ou que não está acompanhada dos documentos indispensáveis à propositura da execução, o juiz determinará que o exequente a corrija, no prazo de 15 (quinze) dias, sob pena de indeferimento.

► Arts. 799 e 924, I, deste Código.

Art. 802. Na execução, o despacho que ordena a citação, desde que realizada em observância ao disposto no § 2º do art. 240, interrompe a prescrição, ainda que proferido por juízo incompetente.

► Súm. nº 150 do STF.

► Arts. 240 e 312 deste Código.

Parágrafo único. A interrupção da prescrição retroagirá à data de propositura da ação.

Art. 803. É nula a execução se:

I – o título executivo extrajudicial não corresponder a obrigação certa, líquida e exigível;

II – o executado não for regularmente citado;

III – for instaurada antes de se verificar a condição ou de ocorrer o termo.

► Arts. 239, 514, 783, 786, 798, 917, § 2º, deste Código.

Parágrafo único. A nulidade de que cuida este artigo será pronunciada pelo juiz, de ofício ou a requerimento da parte, independentemente de embargos à execução.

Art. 804. A alienação de bem gravado por penhor, hipoteca ou anticrese será ineficaz em relação ao credor pignoratício, hipotecário ou anticrético não intimado.

► Arts. 799, I a VI, e 889, I a VII, deste Código.

► Art. 1.501 do CC.

§ 1º A alienação de bem objeto de promessa de compra e venda ou de cessão registrada será ineficaz em relação ao promitente comprador ou ao cessionário não intimado.

§ 2º A alienação de bem sobre o qual tenha sido instituído direito de superfície, seja do solo, da plantação ou da construção, será ineficaz em relação ao concedente ou ao concessionário não intimado.

► Arts. 1.369 a 1.377 do CC.

► Arts. 21 a 24 da Lei nº 10.257, de 10-7-2001 (Estatuto da Cidade).

§ 3º A alienação de direito aquisitivo de bem objeto de promessa de venda, de promessa de cessão ou de alienação fiduciária será ineficaz em relação ao promitente vendedor, ao promitente cedente ou ao proprietário fiduciário não intimado.

§ 4º A alienação de imóvel sobre o qual tenha sido instituída enfiteuse, concessão de uso especial para fins de moradia ou concessão de direito real de uso será ineficaz em relação ao enfiteuta ou ao concessionário não intimado.

§ 5º A alienação de direitos do enfiteuta, do concessionário de direito real de uso ou do concessionário de uso especial para fins de moradia será ineficaz em relação ao proprietário do respectivo imóvel não intimado.

§ 6º A alienação de bem sobre o qual tenha sido instituído usufruto, uso ou habitação será ineficaz em relação ao titular desses direitos reais não intimado.

Art. 805. Quando por vários meios o exequente puder promover a execução, o juiz mandará que se faça pelo modo menos gravoso para o executado.

► Arts. 798, II, *a*, 847 e 867 deste Código.

► Súm. nº 417 do STJ.

Parágrafo único. Ao executado que alegar ser a medida executiva mais gravosa incumbe indicar outros meios mais eficazes e menos onerosos, sob pena de manutenção dos atos executivos já determinados.

CAPÍTULO II
DA EXECUÇÃO PARA A ENTREGA DE COISA

Seção I
DA ENTREGA DE COISA CERTA

Art. 806. O devedor de obrigação de entrega de coisa certa, constante de título executivo extrajudicial, será citado para, em 15 (quinze) dias, satisfazer a obrigação.

► Arts. 233 e ss. do CC.

► Súm. nº 196 do STJ.

§ 1º Ao despachar a inicial, o juiz poderá fixar multa por dia de atraso no cumprimento da obrigação, ficando o respectivo valor sujeito a alteração, caso se revele insuficiente ou excessivo.

§ 2º Do mandado de citação constará ordem para imissão na posse ou busca e apreensão, conforme se tratar de bem imóvel ou móvel, cujo cumprimento se dará de imediato, se o executado não satisfizer a obrigação no prazo que lhe foi designado.

Art. 807. Se o executado entregar a coisa, será lavrado o termo respectivo e considerada satisfeita a obrigação, prosseguindo-se a execução para o pagamento de frutos ou o ressarcimento de prejuízos, se houver.

► Arts. 498 e 806 deste Código.

► Arts. 233 e 234 do CC.

Art. 808. Alienada a coisa quando já litigiosa, será expedido mandado contra o terceiro adquirente, que somente será ouvido após depositá-la.

► Art. 674 deste Código.

Art. 809. O exequente tem direito a receber, além de perdas e danos, o valor da coisa, quando essa se deteriorar, não lhe for entregue, não for encontrada ou não for reclamada do poder de terceiro adquirente.

§ 1º Não constando do título o valor da coisa e sendo impossível sua avaliação, o exequente apresentará estimativa, sujeitando-a ao arbitramento judicial.

§ 2º Serão apurados em liquidação o valor da coisa e os prejuízos.

Art. 810. Havendo benfeitorias indenizáveis feitas na coisa pelo executado ou por terceiros de cujo poder ela houver sido tirada, a liquidação prévia é obrigatória.

► Art. 1.219 do CC.

► Art. 51, XVI, do CDC.

► Art. 35 da Lei nº 8.245, de 18-10-1991 (Lei das Locações)..

► En. nº 81 da I Jornada de Direito Civil.

Parágrafo único. Havendo saldo:

I – em favor do executado ou de terceiros, o exequente o depositará ao requerer a entrega da coisa;

II – em favor do exequente, esse poderá cobrá-lo nos autos do mesmo processo.

Seção II
DA ENTREGA DE COISA INCERTA

Art. 811. Quando a execução recair sobre coisa determinada pelo gênero e pela quantidade, o executado será citado para entregá-la individualizada, se lhe couber a escolha.

► Arts. 243 e 246 do CC.

Parágrafo único. Se a escolha couber ao exequente, esse deverá indicá-la na petição inicial.

Art. 812. Qualquer das partes poderá, no prazo de 15 (quinze) dias, impugnar a escolha feita pela outra, e o juiz decidirá de plano ou, se necessário, ouvindo perito de sua nomeação.

Art. 813. Aplicar-se-ão à execução para entrega de coisa incerta, no que couber, as disposições da Seção I deste Capítulo.

CAPÍTULO III
DA EXECUÇÃO DAS OBRIGAÇÕES DE FAZER OU DE NÃO FAZER

Seção I
DISPOSIÇÕES COMUNS

Art. 814. Na execução de obrigação de fazer ou de não fazer fundada em título extrajudicial, ao despachar a inicial, o juiz fixará multa por período de atraso no cumprimento da obrigação e a data a partir da qual será devida.

► Arts. 500 e 537 deste Código.

Parágrafo único. Se o valor da multa estiver previsto no título e for excessivo, o juiz poderá reduzi-lo.

Seção II
DA OBRIGAÇÃO DE FAZER

Art. 815. Quando o objeto da execução for obrigação de fazer, o executado será citado para satisfazê-la no prazo que o juiz lhe designar, se outro não estiver determinado no título executivo.

► Arts. 247 a 249 do CC.

▸ Súm. nº 410 do STJ.

Art. 816. Se o executado não satisfizer a obrigação no prazo designado, é lícito ao exequente, nos próprios autos do processo, requerer a satisfação da obrigação à custa do executado ou perdas e danos, hipótese em que se converterá em indenização.

▸ Art. 249 do CC.

Parágrafo único. O valor das perdas e danos será apurado em liquidação, seguindo-se a execução para cobrança de quantia certa.

▸ Art. 402 e ss. do CC.

Art. 817. Se a obrigação puder ser satisfeita por terceiro, é lícito ao juiz autorizar, a requerimento do exequente, que aquele a satisfaça à custa do executado.

Parágrafo único. O exequente adiantará as quantias previstas na proposta que, ouvidas as partes, o juiz houver aprovado.

Art. 818. Realizada a prestação, o juiz ouvirá as partes no prazo de 10 (dez) dias e, não havendo impugnação, considerará satisfeita a obrigação.

Parágrafo único. Caso haja impugnação, o juiz a decidirá.

Art. 819. Se o terceiro contratado não realizar a prestação no prazo ou se o fizer de modo incompleto ou defeituoso, poderá o exequente requerer ao juiz, no prazo de 15 (quinze) dias, que o autorize a concluí-la ou a repará-la à custa do contratante.

Parágrafo único. Ouvido o contratante no prazo de 15 (quinze) dias, o juiz mandará avaliar o custo das despesas necessárias e o condenará a pagá-lo.

Art. 820. Se o exequente quiser executar ou mandar executar, sob sua direção e vigilância, as obras e os trabalhos necessários à realização da prestação, terá preferência, em igualdade de condições de oferta, em relação ao terceiro.

Parágrafo único. O direito de preferência deverá ser exercido no prazo de 5 (cinco) dias, após aprovada a proposta do terceiro.

Art. 821. Na obrigação de fazer, quando se convencionar que o executado a satisfaça pessoalmente, o exequente poderá requerer ao juiz que lhe assine prazo para cumpri-la.

▸ Art. 247 do CC.

Parágrafo único. Havendo recusa ou mora do executado, sua obrigação pessoal será convertida em perdas e danos, caso em que se observará o procedimento de execução por quantia certa.

Seção III
DA OBRIGAÇÃO DE NÃO FAZER

Art. 822. Se o executado praticou ato a cuja abstenção estava obrigado por lei ou por contrato, o exequente requererá ao juiz que assine prazo ao executado para desfazê-lo.

Art. 823. Havendo recusa ou mora do executado, o exequente requererá ao juiz que mande desfazer o ato à custa daquele, que responderá por perdas e danos.

Parágrafo único. Não sendo possível desfazer-se o ato, a obrigação resolve-se em perdas e danos, caso em que, após a liquidação, se observará o procedimento de execução por quantia certa.

CAPÍTULO IV
DA EXECUÇÃO POR QUANTIA CERTA

Seção I
DISPOSIÇÕES GERAIS

Art. 824. A execução por quantia certa realiza-se pela expropriação de bens do executado, ressalvadas as execuções especiais.

Art. 825. A expropriação consiste em:

I – adjudicação;

▸ Arts. 876 e ss. deste Código.

II – alienação;

III – apropriação de frutos e rendimentos de empresa ou de estabelecimentos e de outros bens.

▸ Arts. 879 e ss. deste Código.

Art. 826. Antes de adjudicados ou alienados os bens, o executado pode, a todo tempo, remir a execução, pagando ou consignando a importância atualizada da dívida, acrescida de juros, custas e honorários advocatícios.

▸ Arts. 902 e 924, II, deste Código.

▸ Arts. 304 e ss. do CC.

Seção II
DA CITAÇÃO DO DEVEDOR E DO ARRESTO

Art. 827. Ao despachar a inicial, o juiz fixará, de plano, os honorários advocatícios de dez por cento, a serem pagos pelo executado.

▸ Art. 829 deste Código.

§ 1º No caso de integral pagamento no prazo de 3 (três) dias, o valor dos honorários advocatícios será reduzido pela metade.

§ 2º O valor dos honorários poderá ser elevado até vinte por cento, quando rejeitados os embargos à execução, podendo a majoração, caso não opostos os embargos, ocorrer ao final do procedimento executivo, levando-se em conta o trabalho realizado pelo advogado do exequente.

Art. 828. O exequente poderá obter certidão de que a execução foi admitida pelo juiz, com identificação das partes e do valor da causa, para fins de averbação no registro de imóveis, de veículos ou de outros bens sujeitos a penhora, arresto ou indisponibilidade.

§ 1º No prazo de 10 (dez) dias de sua concretização, o exequente deverá comunicar ao juízo as averbações efetivadas.

§ 2º Formalizada penhora sobre bens suficientes para cobrir o valor da dívida, o exequente providenciará, no prazo de 10 (dez) dias, o cancelamento das averbações relativas àqueles não penhorados.

§ 3º O juiz determinará o cancelamento das averbações, de ofício ou a requerimento, caso o exequente não o faça no prazo.

§ 4º Presume-se em fraude à execução a alienação ou a oneração de bens efetuada após a averbação.

▸ Art. 792, II e III, deste Código.

§ 5º O exequente que promover averbação manifestamente indevida ou não cancelar as averbações nos termos do § 2º indenizará a parte contrária, processando-se o incidente em autos apartados.

Art. 829. O executado será citado para pagar a dívida no prazo de 3 (três) dias, contado da citação.

▸ Art. 224, 231 e 238 e ss. deste Código.

▸ Lei nº 6.899, de 8-4-1981, determina a aplicação da correção monetária nos débitos oriundos de decisão judicial.

§ 1º Do mandado de citação constarão, também, a ordem de penhora e a avaliação a serem cumpridas pelo oficial de justiça tão logo verificado o não pagamento no prazo assinalado, de tudo lavrando-se auto, com intimação do executado.

§ 2º A penhora recairá sobre os bens indicados pelo exequente, salvo se outros forem indicados pelo executado e aceitos pelo juiz, mediante demonstração de que a constrição proposta lhe será menos onerosa e não trará prejuízo ao exequente.

Art. 830. Se o oficial de justiça não encontrar o executado, arrestar-lhe-á tantos bens quantos bastem para garantir a execução.

► Arts. 256 a 258 deste Código.

§ 1º Nos 10 (dez) dias seguintes à efetivação do arresto, o oficial de justiça procurará o executado 2 (duas) vezes em dias distintos e, havendo suspeita de ocultação, realizará a citação com hora certa, certificando pormenorizadamente o ocorrido.

§ 2º Incumbe ao exequente requerer a citação por edital, uma vez frustradas a pessoal e a com hora certa.

§ 3º Aperfeiçoada a citação e transcorrido o prazo de pagamento, o arresto converter-se-á em penhora, independentemente de termo.

Seção III

DA PENHORA, DO DEPÓSITO E DA AVALIAÇÃO

Subseção I

DO OBJETO DA PENHORA

Art. 831. A penhora deverá recair sobre tantos bens quantos bastem para o pagamento do principal atualizado, dos juros, das custas e dos honorários advocatícios.

► Art. 212, § 2º, deste Código.

Art. 832. Não estão sujeitos à execução os bens que a lei considera impenhoráveis ou inalienáveis.

► Arts. 1.711, *caput*, e 1.715 do CC.

► Lei nº 8.009, de 29-3-1990 (Lei da Impenhorabilidade do Bem de Família).

Art. 833. São impenhoráveis:

► Art. 4º da Lei nº 8.009, de 29-3-1990 (Lei da Impenhorabilidade do Bem de Família).

I – os bens inalienáveis e os declarados, por ato voluntário, não sujeitos à execução;

► Súm. nº 205 do STJ.

II – os móveis, os pertences e as utilidades domésticas que guarnecem a residência do executado, salvo os de elevado valor ou os que ultrapassem as necessidades comuns correspondentes a um médio padrão de vida;

III – os vestuários, bem como os pertences de uso pessoal do executado, salvo se de elevado valor;

IV – os vencimentos, os subsídios, os soldos, os salários, as remunerações, os proventos de aposentadoria, as pensões, os pecúlios e os montepios, bem como as quantias recebidas por liberalidade de terceiro e destinadas ao sustento do devedor e de sua família, os ganhos de trabalhador autônomo e os honorários de profissional liberal, ressalvado o § 2º;

► Arts. 259 e 912 deste Código.

V – os livros, as máquinas, as ferramentas, os utensílios, os instrumentos ou outros bens móveis necessários ou úteis ao exercício da profissão do executado;

► Súm. nº 451 do STJ.

VI – o seguro de vida;

► Art. 5º, par. ún., do Dec.-lei nº 911, de 1-10-1969 (Lei das Alienações Fiduciárias).

VII – os materiais necessários para obras em andamento, salvo se essas forem penhoradas;

VIII – a pequena propriedade rural, assim definida em lei, desde que trabalhada pela família;

IX – os recursos públicos recebidos por instituições privadas para aplicação compulsória em educação, saúde ou assistência social;

X – a quantia depositada em caderneta de poupança, até o limite de 40 (quarenta) salários mínimos;

XI – os recursos públicos do fundo partidário recebidos por partido político, nos termos da lei;

XII – os créditos oriundos de alienação de unidades imobiliárias, sob regime de incorporação imobiliária, vinculados à execução da obra.

§ 1º A impenhorabilidade não é oponível à execução de dívida relativa ao próprio bem, inclusive àquela contraída para sua aquisição.

§ 2º O disposto nos incisos IV e X do *caput* não se aplica à hipótese de penhora para pagamento de prestação alimentícia, independentemente de sua origem, bem como às importâncias excedentes a 50 (cinquenta) salários mínimos mensais, devendo a constrição observar o disposto no art. 528, § 8º, e no art. 529, § 3º.

§ 3º Incluem-se na impenhorabilidade prevista no inciso V do *caput* os equipamentos, os implementos e as máquinas agrícolas pertencentes a pessoa física ou a empresa individual produtora rural, exceto quando tais bens tenham sido objeto de financiamento e estejam vinculados em garantia a negócio jurídico ou quando respondam por dívida de natureza alimentar, trabalhista ou previdenciária.

Art. 834. Podem ser penhorados, à falta de outros bens, os frutos e os rendimentos dos bens inalienáveis.

Art. 835. A penhora observará, preferencialmente, a seguinte ordem:

► Súm. nº 417 do STJ.

I – dinheiro, em espécie ou em depósito ou aplicação em instituição financeira;

► Art. 854 deste Código.

II – títulos da dívida pública da União, dos Estados e do Distrito Federal com cotação em mercado;

III – títulos e valores mobiliários com cotação em mercado;

IV – veículos de via terrestre;

V – bens imóveis;

VI – bens móveis em geral;

VII – semoventes;

VIII – navios e aeronaves;

IX – ações e quotas de sociedades simples e empresárias;

X – percentual do faturamento de empresa devedora;

XI – pedras e metais preciosos;

XII – direitos aquisitivos derivados de promessa de compra e venda e de alienação fiduciária em garantia;

XIII – outros direitos.

§ 1º É prioritária a penhora em dinheiro, podendo o juiz, nas demais hipóteses, alterar a ordem prevista no *caput* de acordo com as circunstâncias do caso concreto.

§ 2º Para fins de substituição da penhora, equiparam-se a dinheiro a fiança bancária e o seguro garantia judicial, desde que em valor não inferior ao do débito constante da inicial, acrescido de trinta por cento.

§ 3º Na execução de crédito com garantia real, a penhora recairá sobre a coisa dada em garantia, e, se a coisa pertencer a terceiro garantidor, este também será intimado da penhora.

Art. 836. Não se levará a efeito a penhora quando ficar evidente que o produto da execução dos bens encontrados será totalmente absorvido pelo pagamento das custas da execução.

§ 1º Quando não encontrar bens penhoráveis, independentemente de determinação judicial expressa, o oficial de justiça descreverá na certidão os bens que guarnecem a residência ou o estabelecimento do executado, quando este for pessoa jurídica.

§ 2º Elaborada a lista, o executado ou seu representante legal será nomeado depositário provisório de tais bens até ulterior determinação do juiz.

Subseção II
DA DOCUMENTAÇÃO DA PENHORA, DE SEU REGISTRO E DO DEPÓSITO

Art. 837. Obedecidas as normas de segurança instituídas sob critérios uniformes pelo Conselho Nacional de Justiça, a penhora de dinheiro e as averbações de penhoras de bens imóveis e móveis podem ser realizadas por meio eletrônico.

Art. 838. A penhora será realizada mediante auto ou termo, que conterá:

I – a indicação do dia, do mês, do ano e do lugar em que foi feita;

II – os nomes do exequente e do executado;

III – a descrição dos bens penhorados, com as suas características;

IV – a nomeação do depositário dos bens.

Art. 839. Considerar-se-á feita a penhora mediante a apreensão e o depósito dos bens, lavrando-se um só auto se as diligências forem concluídas no mesmo dia.

Parágrafo único. Havendo mais de uma penhora, serão lavrados autos individuais.

Art. 840. Serão preferencialmente depositados:

I – as quantias em dinheiro, os papéis de crédito e as pedras e os metais preciosos, no Banco do Brasil, na Caixa Econômica Federal ou em banco do qual o Estado ou o Distrito Federal possua mais da metade do capital social integralizado, ou, na falta desses estabelecimentos, em qualquer instituição de crédito designada pelo juiz;

► Art. 38, §§ 1º e 2º, da Lei nº 6.766, de 19-12-1979 (Lei do Parcelamento do Solo).

► Art. 32 da Lei nº 6.830, de 22-9-1980 (Lei das Execuções Fiscais).

II – os móveis, os semoventes, os imóveis urbanos e os direitos aquisitivos sobre imóveis urbanos, em poder do depositário judicial;

III – os imóveis rurais, os direitos aquisitivos sobre imóveis rurais, as máquinas, os utensílios e os instrumentos necessários ou úteis à atividade agrícola, mediante caução idônea, em poder do executado.

§ 1º No caso do inciso II do *caput*, se não houver depositário judicial, os bens ficarão em poder do exequente.

§ 2º Os bens poderão ser depositados em poder do executado nos casos de difícil remoção ou quando anuir o exequente.

§ 3º As joias, as pedras e os objetos preciosos deverão ser depositados com registro do valor estimado de resgate.

Art. 841. Formalizada a penhora por qualquer dos meios legais, dela será imediatamente intimado o executado.

§ 1º A intimação da penhora será feita ao advogado do executado ou à sociedade de advogados a que aquele pertença.

§ 2º Se não houver constituído advogado nos autos, o executado será intimado pessoalmente, de preferência por via postal.

§ 3º O disposto no § 1º não se aplica aos casos de penhora realizada na presença do executado, que se reputa intimado.

§ 4º Considera-se realizada a intimação a que se refere o § 2º quando o executado houver mudado de endereço sem prévia comunicação ao juízo, observado o disposto no parágrafo único do art. 274.

Art. 842. Recaindo a penhora sobre bem imóvel ou direito real sobre imóvel, será intimado também o cônjuge do executado, salvo se forem casados em regime de separação absoluta de bens.

Art. 843. Tratando-se de penhora de bem indivisível, o equivalente à quota-parte do coproprietário ou do cônjuge alheio à execução recairá sobre o produto da alienação do bem.

§ 1º É reservada ao coproprietário ou ao cônjuge não executado a preferência na arrematação do bem em igualdade de condições.

§ 2º Não será levada a efeito expropriação por preço inferior ao da avaliação na qual o valor auferido seja incapaz de garantir, ao coproprietário ou ao cônjuge alheio à execução, o correspondente à sua quota-parte calculado sobre o valor da avaliação.

Art. 844. Para presunção absoluta de conhecimento por terceiros, cabe ao exequente providenciar a averbação do arresto ou da penhora no registro competente, mediante apresentação de cópia do auto ou do termo, independentemente de mandado judicial.

► Súm. nº 375 do STJ.

Subseção III
DO LUGAR DE REALIZAÇÃO DA PENHORA

Art. 845. Efetuar-se-á a penhora onde se encontrem os bens, ainda que sob a posse, a detenção ou a guarda de terceiros.

§ 1º A penhora de imóveis, independentemente de onde se localizem, quando apresentada certidão da respectiva matrícula, e a penhora de veículos automotores, quando apresentada certidão que ateste a sua existência, serão realizadas por termo nos autos.

§ 2º Se o executado não tiver bens no foro do processo, não sendo possível a realização da penhora nos termos do § 1º, a execução será feita por carta, penhorando-se, avaliando-se e alienando-se os bens no foro da situação.

► Súm. nº 46 do STJ.

Art. 846. Se o executado fechar as portas da casa a fim de obstar a penhora dos bens, o oficial de justiça comunicará o fato ao juiz, solicitando-lhe ordem de arrombamento.

► Art. 5º, XI, da CF.

► Arts. 212 a 216 deste Código.

§ 1º Deferido o pedido, 2 (dois) oficiais de justiça cumprirão o mandado, arrombando cômodos e móveis em que se presuma estarem os bens, e lavrarão de tudo auto circunstanciado, que será assinado por 2 (duas) testemunhas presentes à diligência.

§ 2º Sempre que necessário, o juiz requisitará força policial, a fim de auxiliar os oficiais de justiça na penhora dos bens.

► Art. 782, § 2º, deste Código.

§ 3º Os oficiais de justiça lavrarão em duplicata o auto da ocorrência, entregando uma via ao escrivão ou ao chefe de secretaria, para ser juntada aos autos, e a outra à autoridade policial a quem couber a apuração criminal dos eventuais delitos de desobediência ou de resistência.

§ 4º Do auto da ocorrência constará o rol de testemunhas, com a respectiva qualificação.

SUBSEÇÃO IV
DAS MODIFICAÇÕES DA PENHORA

Art. 847. O executado pode, no prazo de 10 (dez) dias contado da intimação da penhora, requerer a substituição do bem penhorado, desde que comprove que lhe será menos onerosa e não trará prejuízo ao exequente.

§ 1º O juiz só autorizará a substituição se o executado:

I – comprovar as respectivas matrículas e os registros por certidão do correspondente ofício, quanto aos bens imóveis;

II – descrever os bens móveis, com todas as suas propriedades e características, bem como o estado deles e o lugar onde se encontram;

III – descrever os semoventes, com indicação de espécie, de número, de marca ou sinal e do local onde se encontram;

IV – identificar os créditos, indicando quem seja o devedor, qual a origem da dívida, o título que a representa e a data do vencimento; e

V – atribuir, em qualquer caso, valor aos bens indicados à penhora, além de especificar os ônus e os encargos a que estejam sujeitos.

§ 2º Requerida a substituição do bem penhorado, o executado deve indicar onde se encontram os bens sujeitos à execução, exibir a prova de sua propriedade e a certidão negativa ou positiva de ônus, bem como abster-se de qualquer atitude que dificulte ou embarace a realização da penhora.

§ 3º O executado somente poderá oferecer bem imóvel em substituição caso o requeira com a expressa anuência do cônjuge, salvo se o regime for o de separação absoluta de bens.

§ 4º O juiz intimará o exequente para manifestar-se sobre o requerimento de substituição do bem penhorado.

Art. 848. As partes poderão requerer a substituição da penhora se:

► Súm. nº 406 do STJ.

I – ela não obedecer à ordem legal;

II – ela não incidir sobre os bens designados em lei, contrato ou ato judicial para o pagamento;

III – havendo bens no foro da execução, outros tiverem sido penhorados;

IV – havendo bens livres, ela tiver recaído sobre bens já penhorados ou objeto de gravame;

V – ela incidir sobre bens de baixa liquidez;

VI – fracassar a tentativa de alienação judicial do bem; ou

VII – o executado não indicar o valor dos bens ou omitir qualquer das indicações previstas em lei.

Parágrafo único. A penhora pode ser substituída por fiança bancária ou por seguro garantia judicial, em valor não inferior ao do débito constante da inicial, acrescido de trinta por cento.

Art. 849. Sempre que ocorrer a substituição dos bens inicialmente penhorados, será lavrado novo termo.

Art. 850. Será admitida a redução ou a ampliação da penhora, bem como sua transferência para outros bens, se, no curso do processo, o valor de mercado dos bens penhorados sofrer alteração significativa.

Art. 851. Não se procede à segunda penhora, salvo se:

I – a primeira for anulada;

II – executados os bens, o produto da alienação não bastar para o pagamento do exequente;

► Art. 874, II, deste Código.

III – o exequente desistir da primeira penhora, por serem litigiosos os bens ou por estarem submetidos a constrição judicial.

Art. 852. O juiz determinará a alienação antecipada dos bens penhorados quando:

I – se tratar de veículos automotores, de pedras e metais preciosos e de outros bens móveis sujeitos à depreciação ou à deterioração;

II – houver manifesta vantagem.

Art. 853. Quando uma das partes requerer alguma das medidas previstas nesta Subseção, o juiz ouvirá sempre a outra, no prazo de 3 (três) dias, antes de decidir.

Parágrafo único. O juiz decidirá de plano qualquer questão suscitada.

SUBSEÇÃO V
DA PENHORA DE DINHEIRO EM DEPÓSITO OU EM APLICAÇÃO FINANCEIRA

Art. 854. Para possibilitar a penhora de dinheiro em depósito ou em aplicação financeira, o juiz, a requerimento do exequente, sem dar ciência prévia do ato ao executado, determinará às instituições financeiras, por meio de sistema eletrônico gerido pela autoridade supervisora do sistema financeiro nacional, que torne indisponíveis ativos financeiros existentes em nome do executado, limitando-se a indisponibilidade ao valor indicado na execução.

► Art. 833, § 1º, deste Código.

§ 1º No prazo de 24 (vinte e quatro) horas a contar da resposta, de ofício, o juiz determinará o cancelamento de eventual indisponibilidade excessiva, o que deverá ser cumprido pela instituição financeira em igual prazo.

§ 2º Tornados indisponíveis os ativos financeiros do executado, este será intimado na pessoa de seu advogado ou, não o tendo, pessoalmente.

§ 3º Incumbe ao executado, no prazo de 5 (cinco) dias, comprovar que:

I – as quantias tornadas indisponíveis são impenhoráveis;

II – ainda remanesce indisponibilidade excessiva de ativos financeiros.

§ 4º Acolhida qualquer das arguições dos incisos I e II do § 3º, o juiz determinará o cancelamento de eventual indisponibilidade irregular ou excessiva, a ser cumprido pela instituição financeira em 24 (vinte e quatro) horas.

§ 5º Rejeitada ou não apresentada a manifestação do executado, converter-se-á a indisponibilidade em penhora, sem necessidade de lavratura de termo, devendo o juiz da execução determinar à instituição financeira depositária que, no prazo de 24 (vinte e quatro) horas, transfira o montante indisponível para conta vinculada ao juízo da execução.

§ 6º Realizado o pagamento da dívida por outro meio, o juiz determinará, imediatamente, por sistema eletrônico gerido pela autoridade supervisora do sistema financeiro nacional, a notificação da instituição financeira para que, em até 24 (vinte e quatro) horas, cancele a indisponibilidade.

§ 7º As transmissões das ordens de indisponibilidade, de seu cancelamento e de determinação de penhora previstas neste artigo far-se-ão por meio de sistema eletrônico gerido pela autoridade supervisora do sistema financeiro nacional.

§ 8º A instituição financeira será responsável pelos prejuízos causados ao executado em decorrência da indisponibilidade de ativos financeiros em valor superior ao indicado na execução ou pelo juiz, bem como na hipótese de não cancelamento da indisponibilidade no prazo de 24 (vinte e quatro) horas, quando assim determinar o juiz.

§ 9º Quando se tratar de execução contra partido político, o juiz, a requerimento do exequente, determinará às instituições financeiras, por meio de sistema eletrônico gerido por autoridade supervisora do sistema bancário, que tornem indisponíveis ativos financeiros somente em nome do órgão partidário que tenha contraído a dívida executada ou que tenha dado causa à violação de direito ou ao dano, ao qual cabe exclusivamente a responsabilidade pelos atos praticados, na forma da lei.

Subseção VI
DA PENHORA DE CRÉDITOS

Art. 855. Quando recair em crédito do executado, enquanto não ocorrer a hipótese prevista no art. 856, considerar-se-á feita a penhora pela intimação:

I – ao terceiro devedor para que não pague ao executado, seu credor;

► Art. 312 do CC.

II – ao executado, credor do terceiro, para que não pratique ato de disposição do crédito.

► Arts. 298, 312, 1.451 a 1.460 do CC.

Art. 856. A penhora de crédito representado por letra de câmbio, nota promissória, duplicata, cheque ou outros títulos far-se-á pela apreensão do documento, esteja ou não este em poder do executado.

§ 1º Se o título não for apreendido, mas o terceiro confessar a dívida, será este tido como depositário da importância.

§ 2º O terceiro só se exonerará da obrigação depositando em juízo a importância da dívida.

§ 3º Se o terceiro negar o débito em conluio com o executado, a quitação que este lhe der caracterizará fraude à execução.

► Art. 789 e ss. deste Código.

§ 4º A requerimento do exequente, o juiz determinará o comparecimento, em audiência especialmente designada, do executado e do terceiro, a fim de lhes tomar os depoimentos.

Art. 857. Feita a penhora em direito e ação do executado, e não tendo ele oferecido embargos ou sendo estes rejeitados, o exequente ficará sub-rogado nos direitos do executado até a concorrência de seu crédito.

§ 1º O exequente pode preferir, em vez da sub-rogação, a alienação judicial do direito penhorado, caso em que declarará sua vontade no prazo de 10 (dez) dias contado da realização da penhora.

§ 2º A sub-rogação não impede o sub-rogado, se não receber o crédito do executado, de prosseguir na execução, nos mesmos autos, penhorando outros bens.

Art. 858. Quando a penhora recair sobre dívidas de dinheiro a juros, de direito a rendas ou de prestações periódicas, o exequente poderá levantar os juros, os rendimentos ou as prestações à medida que forem sendo depositados, abatendo-se do crédito as importâncias recebidas, conforme as regras de imputação do pagamento.

Art. 859. Recaindo a penhora sobre direito a prestação ou a restituição de coisa determinada, o executado será intimado para, no vencimento, depositá-la, correndo sobre ela a execução.

Art. 860. Quando o direito estiver sendo pleiteado em juízo, a penhora que recair sobre ele será averbada, com destaque, nos autos pertinentes ao direito e na ação correspondente à penhora, a fim de que esta seja efetivada nos bens que forem adjudicados ou que vierem a caber ao executado.

► Art. 646 deste Código.

Subseção VII
DA PENHORA DAS QUOTAS OU DAS AÇÕES DE SOCIEDADES PERSONIFICADAS

Art. 861. Penhoradas as quotas ou as ações de sócio em sociedade simples ou empresária, o juiz assinará prazo razoável, não superior a 3 (três) meses, para que a sociedade:

► Art. 981 e ss. e 997 e ss. do CC.

I – apresente balanço especial, na forma da lei;

II – ofereça as quotas ou as ações aos demais sócios, observado o direito de preferência legal ou contratual;

III – não havendo interesse dos sócios na aquisição das ações, proceda à liquidação das quotas ou das ações, depositando em juízo o valor apurado, em dinheiro.

§ 1º Para evitar a liquidação das quotas ou das ações, a sociedade poderá adquiri-las sem redução do capital social e com utilização de reservas, para manutenção em tesouraria.

§ 2º O disposto no *caput* e no § 1º não se aplica à sociedade anônima de capital aberto, cujas ações serão adjudicadas ao exequente ou alienadas em bolsa de valores, conforme o caso.

§ 3º Para os fins da liquidação de que trata o inciso III do *caput*, o juiz poderá, a requerimento do exequente ou da sociedade, nomear administrador, que deverá submeter à aprovação judicial a forma de liquidação.

§ 4º O prazo previsto no *caput* poderá ser ampliado pelo juiz, se o pagamento das quotas ou das ações liquidadas:

I – superar o valor do saldo de lucros ou reservas, exceto a legal, e sem diminuição do capital social, ou por doação; ou

II – colocar em risco a estabilidade financeira da sociedade simples ou empresária.

§ 5º Caso não haja interesse dos demais sócios no exercício de direito de preferência, não ocorra a aquisição das quotas ou das ações pela sociedade e a liquidação do inciso III do *caput* seja excessivamente onerosa para a sociedade, o juiz poderá determinar o leilão judicial das quotas ou das ações.

Subseção VIII
DA PENHORA DE EMPRESA, DE OUTROS ESTABELECIMENTOS E DE SEMOVENTES

Art. 862. Quando a penhora recair em estabelecimento comercial, industrial ou agrícola, bem como em semoventes, plantações ou edifícios em construção, o juiz nomeará administrador-depositário, determinando-lhe que apresente em 10 (dez) dias o plano de administração.

§ 1º Ouvidas as partes, o juiz decidirá.

§ 2º É lícito às partes ajustar a forma de administração e escolher o depositário, hipótese em que o juiz homologará por despacho a indicação.

§ 3º Em relação aos edifícios em construção sob regime de incorporação imobiliária, a penhora somente poderá recair sobre as unidades imobiliárias ainda não comercializadas pelo incorporador.

§ 4º Sendo necessário afastar o incorporador da administração da incorporação, será ela exercida pela comissão de representantes dos adquirentes ou, se se tratar de construção financiada, por empresa ou profissional indicado pela instituição fornecedora dos recursos para a obra, devendo ser ouvida, neste último caso, a comissão de representantes dos adquirentes.

Art. 863. A penhora de empresa que funcione mediante concessão ou autorização far-se-á, conforme o valor do crédito, sobre a renda, sobre determinados bens ou sobre todo o patrimônio, e o juiz nomeará como depositário, de preferência, um de seus diretores.

▸ Art. 981 e ss. e 1.123 e ss. do CC.

§ 1º Quando a penhora recair sobre a renda ou sobre determinados bens, o administrador-depositário apresentará a forma de administração e o esquema de pagamento, observando-se, quanto ao mais, o disposto em relação ao regime de penhora de frutos e rendimentos de coisa móvel e imóvel.

§ 2º Recaindo a penhora sobre todo o patrimônio, prosseguirá a execução em seus ulteriores termos, ouvindo-se, antes da arrematação ou da adjudicação, o ente público que houver outorgado a concessão.

Art. 864. A penhora de navio ou de aeronave não obsta que continuem navegando ou operando até a alienação, mas o juiz, ao conceder a autorização para tanto, não permitirá que saiam do porto ou do aeroporto antes que o executado faça o seguro usual contra riscos.

Art. 865. A penhora de que trata esta Subseção somente será determinada se não houver outro meio eficaz para a efetivação do crédito.

Subseção IX
DA PENHORA DE PERCENTUAL DE FATURAMENTO DE EMPRESA

Art. 866. Se o executado não tiver outros bens penhoráveis ou se, tendo-os, esses forem de difícil alienação ou insuficientes para saldar o crédito executado, o juiz poderá ordenar a penhora de percentual de faturamento de empresa.

§ 1º O juiz fixará percentual que propicie a satisfação do crédito exequendo em tempo razoável, mas que não torne inviável o exercício da atividade empresarial.

§ 2º O juiz nomeará administrador-depositário, o qual submeterá à aprovação judicial a forma de sua atuação e prestará contas mensalmente, entregando em juízo as quantias recebidas, com os respectivos balancetes mensais, a fim de serem imputadas no pagamento da dívida.

§ 3º Na penhora de percentual de faturamento de empresa, observar-se-á, no que couber, o disposto quanto ao regime de penhora de frutos e rendimentos de coisa móvel e imóvel.

Subseção X
DA PENHORA DE FRUTOS E RENDIMENTOS DE COISA MÓVEL OU IMÓVEL

Art. 867. O juiz pode ordenar a penhora de frutos e rendimentos de coisa móvel ou imóvel quando a considerar mais eficiente para o recebimento do crédito e menos gravosa ao executado.

▸ Art. 805 deste Código.

▸ Art. 1.390 do CC.

Art. 868. Ordenada a penhora de frutos e rendimentos, o juiz nomeará administrador-depositário, que será investido de todos os poderes que concernem à administração do bem e à fruição de seus frutos e utilidades, perdendo o executado o direito de gozo do bem, até que o exequente seja pago do principal, dos juros, das custas e dos honorários advocatícios.

▸ Lei nº 6.899, de 8-4-1981, determina a aplicação da correção monetária nos débitos oriundos de decisão judicial.

§ 1º A medida terá eficácia em relação a terceiros a partir da publicação da decisão que a conceda ou de sua averbação no ofício imobiliário, em caso de imóveis.

▸ Art. 1.391 do CC.

▸ Art. 167, I, item 7, da Lei nº 6.015, de 31-12-1973 (Lei dos Registros Públicos).

§ 2º O exequente providenciará a averbação no ofício imobiliário mediante a apresentação de certidão de inteiro teor do ato, independentemente de mandado judicial.

Art. 869. O juiz poderá nomear administrador-depositário o exequente ou o executado, ouvida a parte contrária, e, não havendo acordo, nomeará profissional qualificado para o desempenho da função.

§ 1º O administrador submeterá à aprovação judicial a forma de administração e a de prestar contas periodicamente.

§ 2º Havendo discordância entre as partes ou entre essas e o administrador, o juiz decidirá a melhor forma de administração do bem.

§ 3º Se o imóvel estiver arrendado, o inquilino pagará o aluguel diretamente ao exequente, salvo se houver administrador.

§ 4º O exequente ou o administrador poderá celebrar locação do móvel ou do imóvel, ouvido o executado.

§ 5º As quantias recebidas pelo administrador serão entregues ao exequente, a fim de serem imputadas ao pagamento da dívida.

§ 6º O exequente dará ao executado, por termo nos autos, quitação das quantias recebidas.

Subseção XI
DA AVALIAÇÃO

Art. 870. A avaliação será feita pelo oficial de justiça.

▸ Art. 154, I deste Código.

Parágrafo único. Se forem necessários conhecimentos especializados e o valor da execução o comportar, o juiz nomeará avaliador, fixando-lhe prazo não superior a 10 (dez) dias para entrega do laudo.

Art. 871. Não se procederá à avaliação quando:

▸ Art. 1.484 do CC.

I – uma das partes aceitar a estimativa feita pela outra;

II – se tratar de títulos ou de mercadorias que tenham cotação em bolsa, comprovada por certidão ou publicação no órgão oficial;

III – se tratar de títulos da dívida pública, de ações de sociedades e de títulos de crédito negociáveis em bolsa, cujo valor será o da cotação oficial do dia, comprovada por certidão ou publicação no órgão oficial;

IV – se tratar de veículos automotores ou de outros bens cujo preço médio de mercado possa ser conhecido por meio de pesquisas realizadas por órgãos oficiais ou de anúncios de venda divulgados em meios de comunicação, caso em que caberá a quem fizer a nomeação o encargo de comprovar a cotação de mercado.

Parágrafo único. Ocorrendo a hipótese do inciso I deste artigo, a avaliação poderá ser realizada quando houver fundada dúvida do juiz quanto ao real valor do bem.

Art. 872. A avaliação realizada pelo oficial de justiça constará de vistoria e de laudo anexados ao auto de penhora ou, em caso de perícia realizada por avaliador, de laudo apresentado no prazo fixado pelo juiz, devendo-se, em qualquer hipótese, especificar:

I – os bens, com as suas características, e o estado em que se encontram;

II – o valor dos bens.

▸ Arts. 631 e 873 deste Código.

§ 1º Quando o imóvel for suscetível de cômoda divisão, a avaliação, tendo em conta o crédito reclamado, será realizada em partes, sugerindo-se, com a apresentação de memorial descritivo, os possíveis desmembramentos para alienação.

§ 2º Realizada a avaliação e, sendo o caso, apresentada a proposta de desmembramento, as partes serão ouvidas no prazo de 5 (cinco) dias.

Art. 873. É admitida nova avaliação quando:

I – qualquer das partes arguir, fundamentadamente, a ocorrência de erro na avaliação ou dolo do avaliador;

II – se verificar, posteriormente à avaliação, que houve majoração ou diminuição no valor do bem;

III – o juiz tiver fundada dúvida sobre o valor atribuído ao bem na primeira avaliação.

Parágrafo único. Aplica-se o art. 480 à nova avaliação prevista no inciso III do *caput* deste artigo.

Art. 874. Após a avaliação, o juiz poderá, a requerimento do interessado e ouvida a parte contrária, mandar:

I – reduzir a penhora aos bens suficientes ou transferi-la para outros, se o valor dos bens penhorados for consideravelmente superior ao crédito do exequente e dos acessórios;

II – ampliar a penhora ou transferi-la para outros bens mais valiosos, se o valor dos bens penhorados for inferior ao crédito do exequente.

▸ Súm. nº 406 do STJ.

Art. 875. Realizadas a penhora e a avaliação, o juiz dará início aos atos de expropriação do bem.

Seção IV
DA EXPROPRIAÇÃO DE BENS

Subseção I
DA ADJUDICAÇÃO

Art. 876. É lícito ao exequente, oferecendo preço não inferior ao da avaliação, requerer que lhe sejam adjudicados os bens penhorados.

▸ Art. 1.436, V, do CC.

§ 1º Requerida a adjudicação, o executado será intimado do pedido:

I – pelo *Diário da Justiça*, na pessoa de seu advogado constituído nos autos;

II – por carta com aviso de recebimento, quando representado pela Defensoria Pública ou quando não tiver procurador constituído nos autos;

III – por meio eletrônico, quando, sendo o caso do § 1º do art. 246, não tiver procurador constituído nos autos.

§ 2º Considera-se realizada a intimação quando o executado houver mudado de endereço sem prévia comunicação ao juízo, observado o disposto no art. 274, parágrafo único.

§ 3º Se o executado, citado por edital, não tiver procurador constituído nos autos, é dispensável a intimação prevista no § 1º.

§ 4º Se o valor do crédito for:

I – inferior ao dos bens, o requerente da adjudicação depositará de imediato a diferença, que ficará à disposição do executado;

II – superior ao dos bens, a execução prosseguirá pelo saldo remanescente.

§ 5º Idêntico direito pode ser exercido por aqueles indicados no art. 889, incisos II a VIII, pelos credores concorrentes que hajam penhorado o mesmo bem, pelo cônjuge, pelo companheiro, pelos descendentes ou pelos ascendentes do executado.

§ 6º Se houver mais de um pretendente, proceder-se-á a licitação entre eles, tendo preferência, em caso de igualdade de oferta, o cônjuge, o companheiro, o descendente ou o ascendente, nessa ordem.

§ 7º No caso de penhora de quota social ou de ação de sociedade anônima fechada realizada em favor de exequente alheio à sociedade, esta será intimada, ficando responsável por informar aos sócios a ocorrência da penhora, assegurando-se a estes a preferência.

Art. 877. Transcorrido o prazo de 5 (cinco) dias, contado da última intimação, e decididas eventuais questões, o juiz ordenará a lavratura do auto de adjudicação.

§ 1º Considera-se perfeita e acabada a adjudicação com a lavratura e a assinatura do auto pelo juiz, pelo adjudicatário, pelo escrivão ou chefe de secretaria, e, se estiver presente, pelo executado, expedindo-se:

I – a carta de adjudicação e o mandado de imissão na posse, quando se tratar de bem imóvel;

II – a ordem de entrega ao adjudicatário, quando se tratar de bem móvel.

§ 2º A carta de adjudicação conterá a descrição do imóvel, com remissão à sua matrícula e aos seus registros, a cópia do auto de adjudicação e a prova de quitação do imposto de transmissão.

§ 3º No caso de penhora de bem hipotecado, o executado poderá remi-lo até a assinatura do auto de adjudicação, oferecendo preço igual ao da avaliação, se não tiver havido licitantes, ou ao do maior lance oferecido.

§ 4º Na hipótese de falência ou de insolvência do devedor hipotecário, o direito de remição previsto no § 3º será deferido à massa ou aos credores em concurso, não podendo o exequente recusar o preço da avaliação do imóvel.

Art. 878. Frustradas as tentativas de alienação do bem, será reaberta oportunidade para requerimento de adjudicação, caso em que também se poderá pleitear a realização de nova avaliação.

Subseção II
DA ALIENAÇÃO

Art. 879. A alienação far-se-á:

I – por iniciativa particular;

II – em leilão judicial eletrônico ou presencial.

Art. 880. Não efetivada a adjudicação, o exequente poderá requerer a alienação por sua própria iniciativa ou por intermédio de corretor ou leiloeiro público credenciado perante o órgão judiciário.

§ 1º O juiz fixará o prazo em que a alienação deve ser efetivada, a forma de publicidade, o preço mínimo, as condições de pagamento, as garantias e, se for o caso, a comissão de corretagem.

§ 2º A alienação será formalizada por termo nos autos, com a assinatura do juiz, do exequente, do adquirente e, se estiver presente, do executado, expedindo-se:

I – a carta de alienação e o mandado de imissão na posse, quando se tratar de bem imóvel;

II – a ordem de entrega ao adquirente, quando se tratar de bem móvel.

§ 3º Os tribunais poderão editar disposições complementares sobre o procedimento da alienação prevista neste artigo, admitindo, quando for o caso, o concurso de meios eletrônicos, e dispor sobre o credenciamento dos corretores e leiloeiros públicos, os quais deverão estar em exercício profissional por não menos que 3 (três) anos.

§ 4º Nas localidades em que não houver corretor ou leiloeiro público credenciado nos termos do § 3º, a indicação será de livre escolha do exequente.

Art. 881. A alienação far-se-á em leilão judicial se não efetivada a adjudicação ou a alienação por iniciativa particular.

§ 1º O leilão do bem penhorado será realizado por leiloeiro público.

§ 2º Ressalvados os casos de alienação a cargo de corretores de bolsa de valores, todos os demais bens serão alienados em leilão público.

Art. 882. Não sendo possível a sua realização por meio eletrônico, o leilão será presencial.

§ 1º A alienação judicial por meio eletrônico será realizada, observando-se as garantias processuais das partes, de acordo com regulamentação específica do Conselho Nacional de Justiça.

§ 2º A alienação judicial por meio eletrônico deverá atender aos requisitos de ampla publicidade, autenticidade e segurança, com observância das regras estabelecidas na legislação sobre certificação digital.

§ 3º O leilão presencial será realizado no local designado pelo juiz.

Art. 883. Caberá ao juiz a designação do leiloeiro público, que poderá ser indicado pelo exequente.

Art. 884. Incumbe ao leiloeiro público:

I – publicar o edital, anunciando a alienação;

II – realizar o leilão onde se encontrem os bens ou no lugar designado pelo juiz;

III – expor aos pretendentes os bens ou as amostras das mercadorias;

IV – receber e depositar, dentro de 1 (um) dia, à ordem do juiz, o produto da alienação;

V – prestar contas nos 2 (dois) dias subsequentes ao depósito.

Parágrafo único. O leiloeiro tem o direito de receber do arrematante a comissão estabelecida em lei ou arbitrada pelo juiz.

Art. 885. O juiz da execução estabelecerá o preço mínimo, as condições de pagamento e as garantias que poderão ser prestadas pelo arrematante.

Art. 886. O leilão será precedido de publicação de edital, que conterá:

► Art. 22 da Lei nº 6.830, de 22-9-1980 (Lei das Execuções Fiscais).

I – a descrição do bem penhorado, com suas características, e, tratando-se de imóvel, sua situação e suas divisas, com remissão à matrícula e aos registros;

II – o valor pelo qual o bem foi avaliado, o preço mínimo pelo qual poderá ser alienado, as condições de pagamento e, se for o caso, a comissão do leiloeiro designado;

III – o lugar onde estiverem os móveis, os veículos e os semoventes e, tratando-se de créditos ou direitos, a identificação dos autos do processo em que foram penhorados;

IV – o sítio, na rede mundial de computadores, e o período em que se realizará o leilão, salvo se este se der de modo presencial, hipótese em que serão indicados o local, o dia e a hora de sua realização;

V – a indicação de local, dia e hora de segundo leilão presencial, para a hipótese de não haver interessado no primeiro;

VI – menção da existência de ônus, recurso ou processo pendente sobre os bens a serem leiloados.

Parágrafo único. No caso de títulos da dívida pública e de títulos negociados em bolsa, constará do edital o valor da última cotação.

Art. 887. O leiloeiro público designado adotará providências para a ampla divulgação da alienação.

§ 1º A publicação do edital deverá ocorrer pelo menos 5 (cinco) dias antes da data marcada para o leilão.

§ 2º O edital será publicado na rede mundial de computadores, em sítio designado pelo juízo da execução, e conterá descrição detalhada e, sempre que possível, ilustrada dos bens, informando expressamente se o leilão se realizará de forma eletrônica ou presencial.

§ 3º Não sendo possível a publicação na rede mundial de computadores ou considerando o juiz, em atenção às condições da sede do juízo, que esse modo de divulgação é insuficiente ou inadequado, o edital será afixado em local de costume e publicado, em resumo, pelo menos uma vez em jornal de ampla circulação local.

§ 4º Atendendo ao valor dos bens e às condições da sede do juízo, o juiz poderá alterar a forma e a frequência da publicidade na imprensa, mandar publicar o edital em local de ampla circulação de pessoas e divulgar avisos em emissora de rádio ou televisão local, bem como em sítios distintos do indicado no § 2º.

§ 5º Os editais de leilão de imóveis e de veículos automotores serão publicados pela imprensa ou por outros meios de divulgação, preferencialmente na seção ou no local reservados à publicidade dos respectivos negócios.

§ 6º O juiz poderá determinar a reunião de publicações em listas referentes a mais de uma execução.

Art. 888. Não se realizando o leilão por qualquer motivo, o juiz mandará publicar a transferência, observando-se o disposto no art. 887.

Parágrafo único. O escrivão, o chefe de secretaria ou o leiloeiro que culposamente der causa à transferência responde pelas despesas da nova publicação, podendo o juiz aplicar-lhe a pena de suspensão por 5 (cinco) dias a 3 (três) meses, em procedimento administrativo regular.

Art. 889. Serão cientificados da alienação judicial, com pelo menos 5 (cinco) dias de antecedência:

I – o executado, por meio de seu advogado ou, se não tiver procurador constituído nos autos, por carta registrada, mandado, edital ou outro meio idôneo;

► Art. 804 deste Código.

► Art. 1.501 do CC.

► Súm. nº 121 do STJ.

II – o coproprietário de bem indivisível do qual tenha sido penhorada fração ideal;

III – o titular de usufruto, uso, habitação, enfiteuse, direito de superfície, concessão de uso especial para fins de moradia ou concessão de direito real de uso, quando a penhora recair sobre bem gravado com tais direitos reais;

IV – o proprietário do terreno submetido ao regime de direito de superfície, enfiteuse, concessão de uso especial para fins de moradia ou concessão de direito real de uso, quando a penhora recair sobre tais direitos reais;

V – o credor pignoratício, hipotecário, anticrético, fiduciário ou com penhora anteriormente averbada, quando a penhora recair sobre bens com tais gravames, caso não seja o credor, de qualquer modo, parte na execução;

► Art. 1.501 do CC.

VI – o promitente comprador, quando a penhora recair sobre bem em relação ao qual haja promessa de compra e venda registrada;

► Arts. 1.417 e 1.418 do CC.

VII – o promitente vendedor, quando a penhora recair sobre direito aquisitivo derivado de promessa de compra e venda registrada;

► Arts. 1.417 e 1.418 do CC.

VIII – a União, o Estado e o Município, no caso de alienação de bem tombado.

Parágrafo único. Se o executado for revel e não tiver advogado constituído, não constando dos autos seu endereço atual ou, ainda, não sendo ele encontrado no endereço constante do processo, a intimação considerar-se-á feita por meio do próprio edital de leilão.

Art. 890. Pode oferecer lance quem estiver na livre administração de seus bens, com exceção:

I – dos tutores, dos curadores, dos testamenteiros, dos administradores ou dos liquidantes, quanto aos bens confiados à sua guarda e à sua responsabilidade;

► Arts. 24, 1.728, 1.753, 1.767 e 1.781 do CC.

II – dos mandatários, quanto aos bens de cuja administração ou alienação estejam encarregados;

► Art. 653 e ss. do CC.

III – do juiz, do membro do Ministério Público e da Defensoria Pública, do escrivão, do chefe de secretaria e dos demais servidores e auxiliares da justiça, em relação aos bens e direitos objeto de alienação na localidade onde servirem ou a que se estender a sua autoridade;

IV – dos servidores públicos em geral, quanto aos bens ou aos direitos da pessoa jurídica a que servirem ou que estejam sob sua administração direta ou indireta;

V – dos leiloeiros e seus prepostos, quanto aos bens de cuja venda estejam encarregados;

VI – dos advogados de qualquer das partes.

Art. 891. Não será aceito lance que ofereça preço vil.

► Súm. nº 128 do STJ.

► Arts. 883 e 903, § 1º, I, deste Código.

Parágrafo único. Considera-se vil o preço inferior ao mínimo estipulado pelo juiz e constante do edital, e, não tendo sido fixado preço mínimo, considera-se vil o preço inferior a cinquenta por cento do valor da avaliação.

Art. 892. Salvo pronunciamento judicial em sentido diverso, o pagamento deverá ser realizado de imediato pelo arrematante, por depósito judicial ou por meio eletrônico.

§ 1º Se o exequente arrematar os bens e for o único credor, não estará obrigado a exibir o preço, mas, se o valor dos bens exceder ao seu crédito, depositará, dentro de 3 (três) dias, a diferença, sob pena de tornar-se sem efeito a arrematação, e, nesse caso, realizar-se-á novo leilão, à custa do exequente.

§ 2º Se houver mais de um pretendente, proceder-se-á entre eles à licitação, e, no caso de igualdade de oferta, terá preferência o cônjuge, o companheiro, o descendente ou o ascendente do executado, nessa ordem.

§ 3º No caso de leilão de bem tombado, a União, os Estados e os Municípios terão, nessa ordem, o direito de preferência na arrematação, em igualdade de oferta.

Art. 893. Se o leilão for de diversos bens e houver mais de um lançador, terá preferência aquele que se propuser a arrematá-los todos, em conjunto, oferecendo, para os bens que não tiverem lance, preço igual ao da avaliação e, para os demais, preço igual ao do maior lance que, na tentativa de arrematação individualizada, tenha sido oferecido para eles.

► Art. 23, § 1º, da Lei nº 6.830, de 22-9-1980 (Lei das Execuções Fiscais).

Art. 894. Quando o imóvel admitir cômoda divisão, o juiz, a requerimento do executado, ordenará a alienação judicial de parte dele, desde que suficiente para o pagamento do exequente e para a satisfação das despesas da execução.

► Art. 87 do CC.

§ 1º Não havendo lançador, far-se-á a alienação do imóvel em sua integridade.

§ 2º A alienação por partes deverá ser requerida a tempo de permitir a avaliação das glebas destacadas e sua inclusão no edital, e, nesse caso, caberá ao executado instruir o requerimento com planta e memorial descritivo subscritos por profissional habilitado.

Art. 895. O interessado em adquirir o bem penhorado em prestações poderá apresentar, por escrito:

I – até o início do primeiro leilão, proposta de aquisição do bem por valor não inferior ao da avaliação;

II – até o início do segundo leilão, proposta de aquisição do bem por valor que não seja considerado vil.

§ 1º A proposta conterá, em qualquer hipótese, oferta de pagamento de pelo menos vinte e cinco por cento do valor do lance à vista e o restante parcelado em até 30 (trinta) meses, garantido por caução idônea, quando se tratar de móveis, e por hipoteca do próprio bem, quando se tratar de imóveis.

§ 2º As propostas para aquisição em prestações indicarão o prazo, a modalidade, o indexador de correção monetária e as condições de pagamento do saldo.

§ 3º VETADO.

► O dispositivo vetado tinha a seguinte redação: "§ 3º As prestações, que poderão ser pagas por meio eletrônico, serão corrigidas mensalmente pelo índice oficial de atualização financeira, a ser informado, se for o caso, para a operadora do cartão de crédito."

§ 4º No caso de atraso no pagamento de qualquer das prestações, incidirá multa de dez por cento sobre a soma da parcela inadimplida com as parcelas vincendas.

§ 5º O inadimplemento autoriza o exequente a pedir a resolução da arrematação ou promover, em face do arrematante, a execução do valor devido, devendo ambos os pedidos ser formulados nos autos da execução em que se deu a arrematação.

§ 6º A apresentação da proposta prevista neste artigo não suspende o leilão.

§ 7º A proposta de pagamento do lance à vista sempre prevalecerá sobre as propostas de pagamento parcelado.

§ 8º Havendo mais de uma proposta de pagamento parcelado:

I – em diferentes condições, o juiz decidirá pela mais vantajosa, assim compreendida, sempre, a de maior valor;

II – em iguais condições, o juiz decidirá pela formulada em primeiro lugar.

§ 9º No caso de arrematação a prazo, os pagamentos feitos pelo arrematante pertencerão ao exequente até o limite de seu crédito, e os subsequentes, ao executado.

Art. 896. Quando o imóvel de incapaz não alcançar em leilão pelo menos oitenta por cento do valor da avaliação, o juiz o confiará à guarda e à administração de depositário idôneo, adiando a alienação por prazo não superior a 1 (um) ano.

§ 1º Se, durante o adiamento, algum pretendente assegurar, mediante caução idônea, o preço da avaliação, o juiz ordenará a alienação em leilão.

§ 2º Se o pretendente à arrematação se arrepender, o juiz impor-lhe-á multa de vinte por cento sobre o valor da avaliação, em benefício do incapaz, valendo a decisão como título executivo.

§ 3º Sem prejuízo do disposto nos §§ 1º e 2º, o juiz poderá autorizar a locação do imóvel no prazo do adiamento.

§ 4º Findo o prazo do adiamento, o imóvel será submetido a novo leilão.

Art. 897. Se o arrematante ou seu fiador não pagar o preço no prazo estabelecido, o juiz impor-lhe-á, em favor do exequente, a perda da caução, voltando os bens a novo leilão, do qual não serão admitidos a participar o arrematante e o fiador remissos.

Art. 898. O fiador do arrematante que pagar o valor do lance e a multa poderá requerer que a arrematação lhe seja transferida.

Art. 899. Será suspensa a arrematação logo que o produto da alienação dos bens for suficiente para o pagamento do credor e para a satisfação das despesas da execução.

► Súm. nº 128 do STJ.

Art. 900. O leilão prosseguirá no dia útil imediato, à mesma hora em que teve início, independentemente de novo edital, se for ultrapassado o horário de expediente forense.

► Arts. 212 a 216 deste Código.

Art. 901. A arrematação constará de auto que será lavrado de imediato e poderá abranger bens penhorados em mais de uma execução, nele mencionadas as condições nas quais foi alienado o bem.

§ 1º A ordem de entrega do bem móvel ou a carta de arrematação do bem imóvel, com o respectivo mandado de imissão na posse, será expedida depois de efetuado o depósito ou prestadas as garantias pelo arrematante, bem como realizado o pagamento da comissão do leiloeiro e das demais despesas da execução.

► Art. 826 deste Código.

§ 2º A carta de arrematação conterá a descrição do imóvel, com remissão à sua matrícula ou individuação e aos seus registros, a cópia do auto de arrematação e a prova de pagamento do imposto de transmissão, além da indicação da existência de eventual ônus real ou gravame.

Art. 902. No caso de leilão de bem hipotecado, o executado poderá remi-lo até a assinatura do auto de arrematação, oferecendo preço igual ao do maior lance oferecido.

Parágrafo único. No caso de falência ou insolvência do devedor hipotecário, o direito de remição previsto no *caput* defere-se à massa ou aos credores em concurso, não podendo o exequente recusar o preço da avaliação do imóvel.

Art. 903. Qualquer que seja a modalidade de leilão, assinado o auto pelo juiz, pelo arrematante e pelo leiloeiro, a arrematação será considerada perfeita, acabada e irretratável, ainda que venham a ser julgados procedentes os embargos do executado ou a ação autônoma de que trata o § 4º deste artigo, assegurada a possibilidade de reparação pelos prejuízos sofridos.

§ 1º Ressalvadas outras situações previstas neste Código, a arrematação poderá, no entanto, ser:

I – invalidada, quando realizada por preço vil ou com outro vício;

► Art. 891 deste Código.

II – considerada ineficaz, se não observado o disposto no art. 804;

III – resolvida, se não for pago o preço ou se não for prestada a caução.

§ 2º O juiz decidirá acerca das situações referidas no § 1º, se for provocado em até 10 (dez) dias após o aperfeiçoamento da arrematação.

§ 3º Passado o prazo previsto no § 2º sem que tenha havido alegação de qualquer das situações previstas no § 1º, será expedida a carta de arrematação e, conforme o caso, a ordem de entrega ou mandado de imissão na posse.

§ 4º Após a expedição da carta de arrematação ou da ordem de entrega, a invalidação da arrematação poderá ser pleiteada por ação autônoma, em cujo processo o arrematante figurará como litisconsorte necessário.

§ 5º O arrematante poderá desistir da arrematação, sendo-lhe imediatamente devolvido o depósito que tiver feito:

I – se provar, nos 10 (dez) dias seguintes, a existência de ônus real ou gravame não mencionado no edital;

II – se, antes de expedida a carta de arrematação ou a ordem de entrega, o executado alegar alguma das situações previstas no § 1º;

III – uma vez citado para responder a ação autônoma de que trata o § 4º deste artigo, desde que apresente a desistência no prazo de que dispõe para responder a essa ação.

§ 6º Considera-se ato atentatório à dignidade da justiça a suscitação infundada de vício com o objetivo de ensejar a desistência do arrematante, devendo o suscitante ser condenado, sem prejuízo da responsabilidade por perdas e danos, ao pagamento de multa, a ser fixada pelo juiz e devida ao exequente, em montante não superior a vinte por cento do valor atualizado do bem.

Seção V
DA SATISFAÇÃO DO CRÉDITO

Art. 904. A satisfação do crédito exequendo far-se-á:

I – pela entrega do dinheiro;

II – pela adjudicação dos bens penhorados.

Art. 905. O juiz autorizará que o exequente levante, até a satisfação integral de seu crédito, o dinheiro depositado para segurar o juízo ou o produto dos bens alienados, bem como do faturamento de empresa ou de outros frutos e rendimentos de coisas ou empresas penhoradas, quando:

► Art. 858 deste Código.

I – a execução for movida só a benefício do exequente singular, a quem, por força da penhora, cabe o direito de preferência sobre os bens penhorados e alienados;

II – não houver sobre os bens alienados outros privilégios ou preferências instituídos anteriormente à penhora.

Parágrafo único. Durante o plantão judiciário, veda-se a concessão de pedidos de levantamento de importância em dinheiro ou valores ou de liberação de bens apreendidos.

Art. 906. Ao receber o mandado de levantamento, o exequente dará ao executado, por termo nos autos, quitação da quantia paga.

Parágrafo único. A expedição de mandado de levantamento poderá ser substituída pela transferência eletrônica do valor depositado em conta vinculada ao juízo para outra indicada pelo exequente.

Art. 907. Pago ao exequente o principal, os juros, as custas e os honorários, a importância que sobrar será restituída ao executado.

- ► Art. 924, II, deste Código.
- ► Arts. 389, 395 e 404 do CC.
- ► Art. 1º da Lei nº 6.899, de 8-4-1981, determina a aplicação da correção monetária nos débitos oriundos de decisão judicial.
- ► Arts. 22 a 26 da Lei nº 8.906, de 4-7-1994 (Estatuto da Advocacia e da OAB).
- ► Súmulas nºs 14, 36 e 67 do STJ.

Art. 908. Havendo pluralidade de credores ou exequentes, o dinheiro lhes será distribuído e entregue consoante a ordem das respectivas preferências.

- ► Art. 797, par. ún., deste Código.
- ► Art. 99 do CDC.
- ► Art. 24 da Lei nº 8.906, de 4-7-1994 (Estatuto da Advocacia e da OAB).

§ 1º No caso de adjudicação ou alienação, os créditos que recaem sobre o bem, inclusive os de natureza *propter rem*, sub-rogam-se sobre o respectivo preço, observada a ordem de preferência.

§ 2º Não havendo título legal à preferência, o dinheiro será distribuído entre os concorrentes, observando-se a anterioridade de cada penhora.

Art. 909. Os exequentes formularão as suas pretensões, que versarão unicamente sobre o direito de preferência e a anterioridade da penhora, e, apresentadas as razões, o juiz decidirá.

CAPÍTULO V
DA EXECUÇÃO CONTRA A FAZENDA PÚBLICA

Art. 910. Na execução fundada em título extrajudicial, a Fazenda Pública será citada para opor embargos em 30 (trinta) dias.

- ► Art. 100 da CF.
- ► Súmulas nºs 279 e 339 do STJ.

§ 1º Não opostos embargos ou transitada em julgado a decisão que os rejeitar, expedir-se-á precatório ou requisição de pequeno valor em favor do exequente, observando-se o disposto no art. 100 da Constituição Federal.

§ 2º Nos embargos, a Fazenda Pública poderá alegar qualquer matéria que lhe seria lícito deduzir como defesa no processo de conhecimento.

§ 3º Aplica-se a este Capítulo, no que couber, o disposto nos artigos 534 e 535.

CAPÍTULO VI
DA EXECUÇÃO DE ALIMENTOS

- ► Arts. 1.694 a 1.710 e 1.920 do CC.
- ► Lei nº 5.478, de 27-7-1968 (Lei da Ação de Alimentos).
- ► Súm. nº 309 do STJ.

Art. 911. Na execução fundada em título executivo extrajudicial que contenha obrigação alimentar, o juiz mandará citar o executado para, em 3 (três) dias, efetuar o pagamento das parcelas anteriores ao início da execução e das que se vencerem no seu curso, provar que o fez ou justificar a impossibilidade de fazê-lo.

- ► Art. 523, §§ 1º e 3º, deste Código.

Parágrafo único. Aplicam-se, no que couber, os §§ 2º a 7º do art. 528.

Art. 912. Quando o executado for funcionário público, militar, diretor ou gerente de empresa, bem como empregado sujeito à legislação do trabalho, o exequente poderá requerer o desconto em folha de pagamento de pessoal da importância da prestação alimentícia.

- ► Art. 833, IV, deste Código.
- ► Art. 1.701 do CC.

§ 1º Ao despachar a inicial, o juiz oficiará à autoridade, à empresa ou ao empregador, determinando, sob pena de crime de desobediência, o desconto a partir da primeira remuneração posterior do executado, a contar do protocolo do ofício.

§ 2º O ofício conterá os nomes e o número de inscrição no Cadastro de Pessoas Físicas do exequente e do executado, a importância a ser descontada mensalmente, a conta na qual deve ser feito o depósito e, se for o caso, o tempo de sua duração.

Art. 913. Não requerida a execução nos termos deste Capítulo, observar-se-á o disposto no art. 824 e seguintes, com a ressalva de que, recaindo a penhora em dinheiro, a concessão de efeito suspensivo aos embargos à execução não obsta a que o exequente levante mensalmente a importância da prestação.

TÍTULO III – DOS EMBARGOS À EXECUÇÃO

Art. 914. O executado, independentemente de penhora, depósito ou caução, poderá se opor à execução por meio de embargos.

- ► Art. 917 deste Código.

§ 1º Os embargos à execução serão distribuídos por dependência, autuados em apartado e instruídos com cópias das peças processuais relevantes, que poderão ser declaradas autênticas pelo próprio advogado, sob sua responsabilidade pessoal.

§ 2º Na execução por carta, os embargos serão oferecidos no juízo deprecante ou no juízo deprecado, mas a competência para julgá-los é do juízo deprecante, salvo se versarem unicamente sobre vícios ou defeitos da penhora, da avaliação ou da alienação dos bens efetuadas no juízo deprecado.

- ► Art. 915, § 2º, deste Código.

Art. 915. Os embargos serão oferecidos no prazo de 15 (quinze) dias, contado, conforme o caso, na forma do art. 231.

- ► Art. 16 da Lei nº 6.830, de 22-9-1980 (Lei das Execuções Fiscais).
- ► Súm. nº 394 do STJ.

§ 1º Quando houver mais de um executado, o prazo para cada um deles embargar conta-se a partir da juntada do respectivo comprovante da citação, salvo no caso de cônjuges ou de companheiros, quando será contado a partir da juntada do último.

§ 2º Nas execuções por carta, o prazo para embargos será contado:

I – da juntada, na carta, da certificação da citação, quando versarem unicamente sobre vícios ou defeitos da penhora, da avaliação ou da alienação dos bens;

II – da juntada, nos autos de origem, do comunicado de que trata o § 4º deste artigo ou, não havendo este, da juntada da carta devidamente cumprida, quando versarem sobre questões diversas da prevista no inciso I deste parágrafo.

§ 3º Em relação ao prazo para oferecimento dos embargos à execução, não se aplica o disposto no art. 229.

- ► Art. 525, § 3º, deste Código.

§ 4º Nos atos de comunicação por carta precatória, rogatória ou de ordem, a realização da citação será imediatamente informada, por meio eletrônico, pelo juiz deprecado ao juiz deprecante.

Art. 916. No prazo para embargos, reconhecendo o crédito do exequente e comprovando o depósito de trinta por cento do valor em execução, acrescido de custas e de honorários de advogado, o executado poderá requerer que lhe seja permitido pagar o restante em até 6 (seis) parcelas mensais, acrescidas de correção monetária e de juros de um por cento ao mês.

§ 1º O exequente será intimado para manifestar-se sobre o preenchimento dos pressupostos do *caput*, e o juiz decidirá o requerimento em 5 (cinco) dias.

► Art. 525 deste Código.

§ 2º Enquanto não apreciado o requerimento, o executado terá de depositar as parcelas vincendas, facultado ao exequente seu levantamento.

§ 3º Deferida a proposta, o exequente levantará a quantia depositada, e serão suspensos os atos executivos.

§ 4º Indeferida a proposta, seguir-se-ão os atos executivos, mantido o depósito, que será convertido em penhora.

§ 5º O não pagamento de qualquer das prestações acarretará cumulativamente:

I – o vencimento das prestações subsequentes e o prosseguimento do processo, com o imediato reinício dos atos executivos;

II – a imposição ao executado de multa de dez por cento sobre o valor das prestações não pagas.

§ 6º A opção pelo parcelamento de que trata este artigo importa renúncia ao direito de opor embargos

§ 7º O disposto neste artigo não se aplica ao cumprimento da sentença.

► Art. 523 e ss. deste Código.

Art. 917. Nos embargos à execução, o executado poderá alegar:

► Art. 919 deste Código.

I – inexequibilidade do título ou inexigibilidade da obrigação;

II – penhora incorreta ou avaliação errônea;

III – excesso de execução ou cumulação indevida de execuções;

► Art. 917, §§ 3º e 4º, deste Código.

IV – retenção por benfeitorias necessárias ou úteis, nos casos de execução para entrega de coisa certa;

V – incompetência absoluta ou relativa do juízo da execução;

VI – qualquer matéria que lhe seria lícito deduzir como defesa em processo de conhecimento.

§ 1º A incorreção da penhora ou da avaliação poderá ser impugnada por simples petição, no prazo de 15 (quinze) dias, contado da ciência do ato.

§ 2º Há excesso de execução quando:

I – o exequente pleiteia quantia superior à do título;

II – ela recai sobre coisa diversa daquela declarada no título;

III – ela se processa de modo diferente do que foi determinado no título;

IV – o exequente, sem cumprir a prestação que lhe corresponde, exige o adimplemento da prestação do executado;

V – o exequente não prova que a condição se realizou.

§ 3º Quando alegar que o exequente, em excesso de execução, pleiteia quantia superior à do título, o embargante declarará na petição inicial o valor que entende correto, apresentando demonstrativo discriminado e atualizado de seu cálculo.

§ 4º Não apontado o valor correto ou não apresentado o demonstrativo, os embargos à execução:

I – serão liminarmente rejeitados, sem resolução de mérito, se o excesso de execução for o seu único fundamento;

► Art. 918 deste Código.

II – serão processados, se houver outro fundamento, mas o juiz não examinará a alegação de excesso de execução.

§ 5º Nos embargos de retenção por benfeitorias, o exequente poderá requerer a compensação de seu valor com o dos frutos ou dos danos considerados devidos pelo executado, cumprindo ao juiz, para a apuração dos respectivos valores, nomear perito, observando-se, então, o art. 464.

► Arts. 964 e 1.219 do CC.

► Art. 35 da Lei nº 8.245, de 18-10-1991 (Lei das Locações).

► Súm. nº 158 do STF.

§ 6º O exequente poderá a qualquer tempo ser imitido na posse da coisa, prestando caução ou depositando o valor devido pelas benfeitorias ou resultante da compensação.

§ 7º A arguição de impedimento e suspeição observará o disposto nos arts. 146 e 148.

Art. 918. O juiz rejeitará liminarmente os embargos:

► Art. 1.012, § 1º, III, deste Código.

► En. nº 94 da I Jornada de Direito Processual Civil.

I – quando intempestivos;

II – nos casos de indeferimento da petição inicial e de improcedência liminar do pedido;

III – manifestamente protelatórios.

► Arts. 330 e 332 deste Código.

Parágrafo único. Considera-se conduta atentatória à dignidade da justiça o oferecimento de embargos manifestamente protelatórios.

Art. 919. Os embargos à execução não terão efeito suspensivo.

► Art. 1.015, X, deste Código.

§ 1º O juiz poderá, a requerimento do embargante, atribuir efeito suspensivo aos embargos quando verificados os requisitos para a concessão da tutela provisória e desde que a execução já esteja garantida por penhora, depósito ou caução suficientes.

► Art. 1.015, X, deste Código.

§ 2º Cessando as circunstâncias que a motivaram, a decisão relativa aos efeitos dos embargos poderá, a requerimento da parte, ser modificada ou revogada a qualquer tempo, em decisão fundamentada.

► Art. 300 deste Código.

§ 3º Quando o efeito suspensivo atribuído aos embargos disser respeito apenas a parte do objeto da execução, esta prosseguirá quanto à parte restante.

§ 4º A concessão de efeito suspensivo aos embargos oferecidos por um dos executados não suspenderá a execução contra os que não embargaram quando o respectivo fundamento disser respeito exclusivamente ao embargante.

§ 5º A concessão de efeito suspensivo não impedirá a efetivação dos atos de substituição, de reforço ou de redução da penhora e de avaliação dos bens.

Art. 920. Recebidos os embargos:

► Art. 17 da Lei nº 6.830, de 22-9-1980 (Lei das Execuções Fiscais).

► En. nº 94 da I Jornada de Direito Processual Civil.

I – o exequente será ouvido no prazo de 15 (quinze) dias;

► Art. 335 deste Código.

II – a seguir, o juiz julgará imediatamente o pedido ou designará audiência;

► Arts. 361, 355 e 356 deste Código.

III – encerrada a instrução, o juiz proferirá sentença.

► Arts. 316, 485, 487 e 1.009 deste Código.

TÍTULO IV – DA SUSPENSÃO E DA EXTINÇÃO DO PROCESSO DE EXECUÇÃO

CAPÍTULO I
DA SUSPENSÃO DO PROCESSO DE EXECUÇÃO

Art. 921. Suspende-se a execução:

I – nas hipóteses dos arts. 313 e 315, no que couber;

II – no todo ou em parte, quando recebidos com efeito suspensivo os embargos à execução;

III – quando o executado não possuir bens penhoráveis;

► Art. 919 deste Código.

► Art. 40 da Lei nº 6.830, de 22-9-1980 (Lei das Execuções Fiscais).

► Súm. nº 314 do STJ.

IV – se a alienação dos bens penhorados não se realizar por falta de licitantes e o exequente, em 15 (quinze) dias, não requerer a adjudicação nem indicar outros bens penhoráveis;

► Art. 921, §§ 1º e 4º, deste Código.

V – quando concedido o parcelamento de que trata o art. 916.

§ 1º Na hipótese do inciso III, o juiz suspenderá a execução pelo prazo de 1 (um) ano, durante o qual se suspenderá a prescrição.

§ 2º Decorrido o prazo máximo de 1 (um) ano sem que seja localizado o executado ou que sejam encontrados bens penhoráveis, o juiz ordenará o arquivamento dos autos.

§ 3º Os autos serão desarquivados para prosseguimento da execução se a qualquer tempo forem encontrados bens penhoráveis.

§ 4º Decorrido o prazo de que trata o § 1º sem manifestação do exequente, começa a correr o prazo de prescrição intercorrente.

§ 5º O juiz, depois de ouvidas as partes, no prazo de 15 (quinze) dias, poderá, de ofício, reconhecer a prescrição de que trata o § 4º e extinguir o processo.

► Art. 924, V, deste Código.

Art. 922. Convindo as partes, o juiz declarará suspensa a execução durante o prazo concedido pelo exequente para que o executado cumpra voluntariamente a obrigação.

Parágrafo único. Findo o prazo sem cumprimento da obrigação, o processo retomará o seu curso.

Art. 923. Suspensa a execução, não serão praticados atos processuais, podendo o juiz, entretanto, salvo no caso de arguição de impedimento ou de suspeição, ordenar providências urgentes.

► Arts. 221 e 314 deste Código.

CAPÍTULO II
DA EXTINÇÃO DO PROCESSO DE EXECUÇÃO

Art. 924. Extingue-se a execução quando:

► Arts. 775 e 801 deste Código.

I – a petição inicial for indeferida;

II – a obrigação for satisfeita;

► Art. 807 deste Código.

III – o executado obtiver, por qualquer outro meio, a extinção total da dívida;

► Arts. 385 a 388 e 840 a 850 do CC.

IV – o exequente renunciar ao crédito;

► Lei nº 9.469, de 10-7-1997, regulamenta o disposto no art. 4º, VI, da LC nº 73, de 10-2-1993; dispõe sobre a intervenção da União nas causas em que figurarem, como autores ou réus, entes da administração indireta; regula os pagamentos devidos pela Fazenda Pública em virtude de sentença judiciária.

V – ocorrer a prescrição intercorrente.

► Art. 1.056 deste Código.

Art. 925. A extinção só produz efeito quando declarada por sentença.

► Arts. 203, § 1º, e 316 deste Código.

LIVRO III – DOS PROCESSOS NOS TRIBUNAIS E DOS MEIOS DE IMPUGNAÇÃO DAS DECISÕES JUDICIAIS

TÍTULO I – DA ORDEM DOS PROCESSOS E DOS PROCESSOS DE COMPETÊNCIA ORIGINÁRIA DOS TRIBUNAIS

CAPÍTULO I
DISPOSIÇÕES GERAIS

Art. 926. Os tribunais devem uniformizar sua jurisprudência e mantê-la estável, íntegra e coerente.

§ 1º Na forma estabelecida e segundo os pressupostos fixados no regimento interno, os tribunais editarão enunciados de súmula correspondentes a sua jurisprudência dominante.

§ 2º Ao editar enunciados de súmula, os tribunais devem ater-se às circunstâncias fáticas dos precedentes que motivaram sua criação.

Art. 927. Os juízes e os tribunais observarão:

I – as decisões do Supremo Tribunal Federal em controle concentrado de constitucionalidade;

► Arts. 102, I, *a*, e 103 da CF.

II – os enunciados de súmula vinculante;

► Art. 103-A da CF.

III – os acórdãos em incidente de assunção de competência ou de resolução de demandas repetitivas e em julgamento de recursos extraordinário e especial repetitivos;

► Arts. 1.036 a 1.041 deste Código.

IV – os enunciados das súmulas do Supremo Tribunal Federal em matéria constitucional e do Superior Tribunal de Justiça em matéria infraconstitucional;

V – a orientação do plenário ou do órgão especial aos quais estiverem vinculados.

§ 1º Os juízes e os tribunais observarão o disposto no art. 10 e no art. 489, § 1º, quando decidirem com fundamento neste artigo.

§ 2º A alteração de tese jurídica adotada em enunciado de súmula ou em julgamento de casos repetitivos poderá ser precedida de audiências públicas e da participação de pessoas, órgãos ou entidades que possam contribuir para a rediscussão da tese.

§ 3º Na hipótese de alteração de jurisprudência dominante do Supremo Tribunal Federal e dos tribunais superiores ou daquela oriunda de julgamento de casos repetitivos, pode haver modulação dos efeitos da alteração no interesse social e no da segurança jurídica.

§ 4º A modificação de enunciado de súmula, de jurisprudência pacificada ou de tese adotada em julgamento de casos repetitivos observará a necessidade de fundamentação adequada e específica, considerando os princípios da segurança jurídica, da proteção da confiança e da isonomia.

§ 5º Os tribunais darão publicidade a seus precedentes, organizando-os por questão jurídica decidida e divulgando-os, preferencialmente, na rede mundial de computadores.

Art. 928. Para os fins deste Código, considera-se julgamento de casos repetitivos a decisão proferida em:

I – incidente de resolução de demandas repetitivas;

► Arts. 976 a 987 deste Código.

II – recursos especial e extraordinário repetitivos.

► Arts. 1.036 a 1.041 deste Código.

Parágrafo único. O julgamento de casos repetitivos tem por objeto questão de direito material ou processual.

► Art. 1.029 deste Código.

► Arts. 102, III, e 105, III, da CF.

CAPÍTULO II

DA ORDEM DOS PROCESSOS NO TRIBUNAL

Art. 929. Os autos serão registrados no protocolo do tribunal no dia de sua entrada, cabendo à secretaria ordená-los, com imediata distribuição.

Parágrafo único. A critério do tribunal, os serviços de protocolo poderão ser descentralizados, mediante delegação a ofícios de justiça de primeiro grau.

Art. 930. Far-se-á a distribuição de acordo com o regimento interno do tribunal, observando-se a alternatividade, o sorteio eletrônico e a publicidade.

Parágrafo único. O primeiro recurso protocolado no tribunal tornará prevento o relator para eventual recurso subsequente interposto no mesmo processo ou em processo conexo.

Art. 931. Distribuídos, os autos serão imediatamente conclusos ao relator, que, em 30 (trinta) dias, depois de elaborar o voto, restituí-los-á, com relatório, à secretaria.

Art. 932. Incumbe ao relator:

I – dirigir e ordenar o processo no tribunal, inclusive em relação à produção de prova, bem como, quando for o caso, homologar autocomposição das partes;

► Art. 1.021 deste Código.

II – apreciar o pedido de tutela provisória nos recursos e nos processos de competência originária do tribunal;

III – não conhecer de recurso inadmissível, prejudicado ou que não tenha impugnado especificamente os fundamentos da decisão recorrida;

IV – negar provimento a recurso que for contrário a:

a) súmula do Supremo Tribunal Federal, do Superior Tribunal de Justiça ou do próprio tribunal;

b) acórdão proferido pelo Supremo Tribunal Federal ou pelo Superior Tribunal de Justiça em julgamento de recursos repetitivos;

c) entendimento firmado em incidente de resolução de demandas repetitivas ou de assunção de competência;

V – depois de facultada a apresentação de contrarrazões, dar provimento ao recurso se a decisão recorrida for contrária a:

a) súmula do Supremo Tribunal Federal, do Superior Tribunal de Justiça ou do próprio tribunal;

b) acórdão proferido pelo Supremo Tribunal Federal ou pelo Superior Tribunal de Justiça em julgamento de recursos repetitivos;

► Arts. 102, III, e 105, III, da CF.

► Art. 1.029 deste Código.

c) entendimento firmado em incidente de resolução de demandas repetitivas ou de assunção de competência;

► Arts. 976 a 987 deste Código.

VI – decidir o incidente de desconsideração da personalidade jurídica, quando este for instaurado originariamente perante o tribunal;

► Arts. 133 e ss. deste Código.

► Art. 50 do CC.

VII – determinar a intimação do Ministério Público, quando for o caso;

► Art. 178 deste Código.

VIII – exercer outras atribuições estabelecidas no regimento interno do tribunal.

Parágrafo único. Antes de considerar inadmissível o recurso, o relator concederá o prazo de 5 (cinco) dias ao recorrente para que seja sanado vício ou complementada a documentação exigível.

Art. 933. Se o relator constatar a ocorrência de fato superveniente à decisão recorrida ou a existência de questão apreciável de ofício ainda não examinada que devam ser considerados no julgamento do recurso, intimará as partes para que se manifestem no prazo de 5 (cinco) dias.

§ 1º Se a constatação ocorrer durante a sessão de julgamento, esse será imediatamente suspenso a fim de que as partes se manifestem especificamente.

§ 2º Se a constatação se der em vista dos autos, deverá o juiz que a solicitou encaminhá-los ao relator, que tomará as providências previstas no *caput* e, em seguida, solicitará a inclusão do feito em pauta para prosseguimento do julgamento, com submissão integral da nova questão aos julgadores.

Art. 934. Em seguida, os autos serão apresentados ao presidente, que designará dia para julgamento, ordenando, em todas as hipóteses previstas neste Livro, a publicação da pauta no órgão oficial.

Art. 935. Entre a data de publicação da pauta e a da sessão de julgamento decorrerá, pelo menos, o prazo de 5 (cinco) dias, incluindo-se em nova pauta os processos que não tenham sido julgados, salvo aqueles cujo julgamento tiver sido expressamente adiado para a primeira sessão seguinte.

§ 1º Às partes será permitida vista dos autos em cartório após a publicação da pauta de julgamento.

§ 2º Afixar-se-á a pauta na entrada da sala em que se realizar a sessão de julgamento.

Art. 936. Ressalvadas as preferências legais e regimentais, os recursos, a remessa necessária e os processos de competência originária serão julgados na seguinte ordem:

I – aqueles nos quais houver sustentação oral, observada a ordem dos requerimentos;

II – os requerimentos de preferência apresentados até o início da sessão de julgamento;

III – aqueles cujo julgamento tenha iniciado em sessão anterior; e

IV – os demais casos.

Art. 937. Na sessão de julgamento, depois da exposição da causa pelo relator, o presidente dará a palavra, sucessivamente, ao recorrente, ao recorrido e, nos casos de sua intervenção, ao membro do Ministério Público, pelo prazo improrrogável de 15 (quinze) minutos para cada um, a fim de sustentarem suas razões, nas seguintes hipóteses, nos termos da parte final do *caput* do art. 1.021:

I – no recurso de apelação;

► Arts. 1.009 a 1.014 deste Código.

II – no recurso ordinário;

► Arts. 1.027 e 1.028 deste Código.

► Arts. 102, II, e 105, II, da CF.

III – no recurso especial;

► Arts. 1.029 a 1.041 deste Código.

► Art. 105, III, da CF.

IV – no recurso extraordinário;

► Arts. 1.029 a 1.041 deste Código.

► Art. 102, III, da CF.

V – nos embargos de divergência;

► Arts. 1.043 a 1.044 deste Código.

VI – na ação rescisória, no mandado de segurança e na reclamação;

► Arts. 966 a 975 e 988 a 993 deste Código.

► Lei nº 12.016, de 7-8-2009 (Lei do Mandado de Segurança Individual e Coletivo).

VII – VETADO;

► O dispositivo vetado tinha a seguinte redação: "VII – no agravo interno originário de recurso de apelação, de recurso ordinário, de recurso especial ou de recurso extraordinário;".

VIII – no agravo de instrumento interposto contra decisões interlocutórias que versem sobre tutelas provisórias de urgência ou da evidência;

► Arts. 300 a 311 e 1.015, I a 1.020 deste Código.

IX – em outras hipóteses previstas em lei ou no regimento interno do tribunal.

§ 1º A sustentação oral no incidente de resolução de demandas repetitivas observará o disposto no art. 984, no que couber.

§ 2º O procurador que desejar proferir sustentação oral poderá requerer, até o início da sessão, que o processo seja julgado em primeiro lugar, sem prejuízo das preferências legais.

§ 3º Nos processos de competência originária previstos no inciso VI, caberá sustentação oral no agravo interno interposto contra decisão de relator que o extinga.

§ 4º É permitido ao advogado com domicílio profissional em cidade diversa daquela onde está sediado o tribunal realizar sustentação oral por meio de videoconferência ou outro recurso tecnológico de transmissão de sons e imagens em tempo real, desde que o requeira até o dia anterior ao da sessão.

Art. 938. A questão preliminar suscitada no julgamento será decidida antes do mérito, deste não se conhecendo caso seja incompatível com a decisão.

§ 1º Constatada a ocorrência de vício sanável, inclusive aquele que possa ser conhecido de ofício, o relator determinará a realização ou a renovação do ato processual, no próprio tribunal ou em primeiro grau de jurisdição, intimadas as partes.

§ 2º Cumprida a diligência de que trata o § 1º, o relator, sempre que possível, prosseguirá no julgamento do recurso.

§ 3º Reconhecida a necessidade de produção de prova, o relator converterá o julgamento em diligência, que se realizará no tribunal ou em primeiro grau de jurisdição, decidindo-se o recurso após a conclusão da instrução.

§ 4º Quando não determinadas pelo relator, as providências indicadas nos §§ 1º e 3º poderão ser determinadas pelo órgão competente para julgamento do recurso.

Art. 939. Se a preliminar for rejeitada ou se a apreciação do mérito for com ela compatível, seguir-se-ão a discussão e o julgamento da matéria principal, sobre a qual deverão se pronunciar os juízes vencidos na preliminar.

Art. 940. O relator ou outro juiz que não se considerar habilitado a proferir imediatamente seu voto poderá solicitar vista pelo prazo máximo de 10 (dez) dias, após o qual o recurso será reincluído em pauta para julgamento na sessão seguinte à data da devolução.

§ 1º Se os autos não forem devolvidos tempestivamente ou se não for solicitada pelo juiz prorrogação de prazo de no máximo mais 10 (dez) dias, o presidente do órgão fracionário os requisitará para julgamento do recurso na sessão ordinária subsequente, com publicação da pauta em que for incluído.

§ 2º Quando requisitar os autos na forma do § 1º, se aquele que fez o pedido de vista ainda não se sentir habilitado a votar, o presidente convocará substituto para proferir voto, na forma estabelecida no regimento interno do tribunal.

Art. 941. Proferidos os votos, o presidente anunciará o resultado do julgamento, designando para redigir o acórdão o relator ou, se vencido este, o autor do primeiro voto vencedor.

§ 1º O voto poderá ser alterado até o momento da proclamação do resultado pelo presidente, salvo aquele já proferido por juiz afastado ou substituído.

§ 2º No julgamento de apelação ou de agravo de instrumento, a decisão será tomada, no órgão colegiado, pelo voto de 3 (três) juízes.

§ 3º O voto vencido será necessariamente declarado e considerado parte integrante do acórdão para todos os fins legais, inclusive de pré-questionamento.

Art. 942. Quando o resultado da apelação for não unânime, o julgamento terá prosseguimento em sessão a ser designada com a presença de outros julgadores, que serão convocados nos termos previamente definidos no regimento interno, em número suficiente para garantir a possibilidade de inversão do resultado inicial, assegurado às partes e a eventuais terceiros o direito de sustentar oralmente suas razões perante os novos julgadores.

► Arts. 1.009 a 1.014 deste Código.

§ 1º Sendo possível, o prosseguimento do julgamento dar-se-á na mesma sessão, colhendo-se os votos de outros julgadores que porventura componham o órgão colegiado.

§ 2º Os julgadores que já tiverem votado poderão rever seus votos por ocasião do prosseguimento do julgamento.

§ 3º A técnica de julgamento prevista neste artigo aplica-se, igualmente, ao julgamento não unânime proferido em:

I – ação rescisória, quando o resultado for a rescisão da sentença, devendo, nesse caso, seu prosseguimento ocorrer em órgão de maior composição previsto no regimento interno;

► Art. 966 deste Código.

II – agravo de instrumento, quando houver reforma da decisão que julgar parcialmente o mérito.

► Art. 1.015, II, deste Código.

§ 4º Não se aplica o disposto neste artigo ao julgamento:

I – do incidente de assunção de competência e ao de resolução de demandas repetitivas;

► Arts. 947 e 976 deste Código.

II – da remessa necessária;

III – não unânime proferido, nos tribunais, pelo plenário ou pela corte especial.

► Art. 496 deste Código.

Art. 943. Os votos, os acórdãos e os demais atos processuais podem ser registrados em documento eletrônico inviolável e assinados eletronicamente, na forma da lei, devendo ser impressos para juntada aos autos do processo quando este não for eletrônico.

§ 1º Todo acórdão conterá ementa.

► Art. 204 deste Código.

§ 2º Lavrado o acórdão, sua ementa será publicada no órgão oficial no prazo de 10 (dez) dias.

Art. 944. Não publicado o acórdão no prazo de 30 (trinta) dias, contado da data da sessão de julgamento, as notas taquigráficas o substituirão, para todos os fins legais, independentemente de revisão.

Parágrafo único. No caso do *caput*, o presidente do tribunal lavrará, de imediato, as conclusões e a ementa e mandará publicar o acórdão.

Art. 945. *Revogado.* Lei nº 13.256, de 4-2-2016.

Art. 946. O agravo de instrumento será julgado antes da apelação interposta no mesmo processo.

Parágrafo único. Se ambos os recursos de que trata o *caput* houverem de ser julgados na mesma sessão, terá precedência o agravo de instrumento.

CAPÍTULO III
DO INCIDENTE DE ASSUNÇÃO DE COMPETÊNCIA

Art. 947. É admissível a assunção de competência quando o julgamento de recurso, de remessa necessária ou de processo de competência originária envolver relevante questão de direito, com grande repercussão social, sem repetição em múltiplos processos.

§ 1º Ocorrendo a hipótese de assunção de competência, o relator proporá, de ofício ou a requerimento da parte, do Ministério Público ou da Defensoria Pública, que seja o recurso, a remessa necessária ou o processo de competência originária julgado pelo órgão colegiado que o regimento indicar.

§ 2º O órgão colegiado julgará o recurso, a remessa necessária ou o processo de competência originária se reconhecer interesse público na assunção de competência.

§ 3º O acórdão proferido em assunção de competência vinculará todos os juízes e órgãos fracionários, exceto se houver revisão de tese.

§ 4º Aplica-se o disposto neste artigo quando ocorrer relevante questão de direito a respeito da qual seja conveniente a prevenção ou a composição de divergência entre câmaras ou turmas do tribunal.

CAPÍTULO IV
DO INCIDENTE DE ARGUIÇÃO DE INCONSTITUCIONALIDADE

Art. 948. Arguida, em controle difuso, a inconstitucionalidade de lei ou de ato normativo do poder público, o relator, após ouvir o Ministério Público e as partes, submeterá a questão à turma ou à câmara à qual competir o conhecimento do processo.

► Arts. 97, 102, I, *a*, e III, 103, 125 e 129, § 2º, da CF.

Art. 949. Se a arguição for:

I – rejeitada, prosseguirá o julgamento;

II – acolhida, a questão será submetida ao plenário do tribunal ou ao seu órgão especial, onde houver.

Parágrafo único. Os órgãos fracionários dos tribunais não submeterão ao plenário ou ao órgão especial a arguição de inconstitucionalidade quando já houver pronunciamento destes ou do plenário do Supremo Tribunal Federal sobre a questão.

Art. 950. Remetida cópia do acórdão a todos os juízes, o presidente do tribunal designará a sessão de julgamento.

§ 1º As pessoas jurídicas de direito público responsáveis pela edição do ato questionado poderão manifestar-se no incidente de inconstitucionalidade se assim o requererem, observados os prazos e as condições previstos no regimento interno do tribunal.

§ 2º A parte legitimada à propositura das ações previstas no art. 103 da Constituição Federal poderá manifestar-se, por escrito, sobre a questão constitucional objeto de apreciação, no prazo previsto pelo regimento interno, sendo-lhe assegurado o direito de apresentar memoriais ou de requerer a juntada de documentos.

§ 3º Considerando a relevância da matéria e a representatividade dos postulantes, o relator poderá admitir, por despacho irrecorrível, a manifestação de outros órgãos ou entidades.

CAPÍTULO V
DO CONFLITO DE COMPETÊNCIA

Art. 951. O conflito de competência pode ser suscitado por qualquer das partes, pelo Ministério Público ou pelo juiz.

Parágrafo único. O Ministério Público somente será ouvido nos conflitos de competência relativos aos processos previstos no art. 178, mas terá qualidade de parte nos conflitos que suscitar.

Art. 952. Não pode suscitar conflito a parte que, no processo, arguiu incompetência relativa.

Parágrafo único. O conflito de competência não obsta, porém, a que a parte que não o arguiu suscite a incompetência.

Art. 953. O conflito será suscitado ao tribunal:

► Súm. nº 59 do STJ.

I – pelo juiz, por ofício;

II – pela parte e pelo Ministério Público, por petição.

Parágrafo único. O ofício e a petição serão instruídos com os documentos necessários à prova do conflito.

Art. 954. Após a distribuição, o relator determinará a oitiva dos juízes em conflito ou, se um deles for suscitante, apenas do suscitado.

Parágrafo único. No prazo designado pelo relator, incumbirá ao juiz ou aos juízes prestar as informações.

Art. 955. O relator poderá, de ofício ou a requerimento de qualquer das partes, determinar, quando o conflito for positivo, o sobrestamento do processo e, nesse caso, bem como no de conflito negativo, designará um dos juízes para resolver, em caráter provisório, as medidas urgentes.

Parágrafo único. O relator poderá julgar de plano o conflito de competência quando sua decisão se fundar em:

► Art. 932 deste Código.

I – súmula do Supremo Tribunal Federal, do Superior Tribunal de Justiça ou do próprio tribunal;

II – tese firmada em julgamento de casos repetitivos ou em incidente de assunção de competência.

Art. 956. Decorrido o prazo designado pelo relator, será ouvido o Ministério Público, no prazo de 5 (cinco) dias, ainda que as informações não tenham sido prestadas, e, em seguida, o conflito irá a julgamento.

Art. 957. Ao decidir o conflito, o tribunal declarará qual o juízo competente, pronunciando-se também sobre a validade dos atos do juízo incompetente.

Parágrafo único. Os autos do processo em que se manifestou o conflito serão remetidos ao juiz declarado competente.

Art. 958. No conflito que envolva órgãos fracionários dos tribunais, desembargadores e juízes em exercício no tribunal, observar-se-á o que dispuser o regimento interno do tribunal.

Art. 959. O regimento interno do tribunal regulará o processo e o julgamento do conflito de atribuições entre autoridade judiciária e autoridade administrativa.

CAPÍTULO VI

DA HOMOLOGAÇÃO DE DECISÃO ESTRANGEIRA E DA CONCESSÃO DO *EXEQUATUR* À CARTA ROGATÓRIA

Art. 960. A homologação de decisão estrangeira será requerida por ação de homologação de decisão estrangeira, salvo disposição especial em sentido contrário prevista em tratado.

§ 1º A decisão interlocutória estrangeira poderá ser executada no Brasil por meio de carta rogatória.

§ 2º A homologação obedecerá ao que dispuserem os tratados em vigor no Brasil e o Regimento Interno do Superior Tribunal de Justiça.

§ 3º A homologação de decisão arbitral estrangeira obedecerá ao disposto em tratado e em lei, aplicando-se, subsidiariamente, as disposições deste Capítulo.

Art. 961. A decisão estrangeira somente terá eficácia no Brasil após a homologação de sentença estrangeira ou a concessão do *exequatur* às cartas rogatórias, salvo disposição em sentido contrário de lei ou tratado.

§ 1º É passível de homologação a decisão judicial definitiva, bem como a decisão não judicial que, pela lei brasileira, teria natureza jurisdicional.

§ 2º A decisão estrangeira poderá ser homologada parcialmente.

§ 3º A autoridade judiciária brasileira poderá deferir pedidos de urgência e realizar atos de execução provisória no processo de homologação de decisão estrangeira.

§ 4º Haverá homologação de decisão estrangeira para fins de execução fiscal quando prevista em tratado ou em promessa de reciprocidade apresentada à autoridade brasileira.

§ 5º A sentença estrangeira de divórcio consensual produz efeitos no Brasil, independentemente de homologação pelo Superior Tribunal de Justiça.

§ 6º Na hipótese do § 5º, competirá a qualquer juiz examinar a validade da decisão, em caráter principal ou incidental, quando essa questão for suscitada em processo de sua competência.

Art. 962. É passível de execução a decisão estrangeira concessiva de medida de urgência.

§ 1º A execução no Brasil de decisão interlocutória estrangeira concessiva de medida de urgência dar-se-á por carta rogatória.

§ 2º A medida de urgência concedida sem audiência do réu poderá ser executada, desde que garantido o contraditório em momento posterior.

§ 3º O juízo sobre a urgência da medida compete exclusivamente à autoridade jurisdicional prolatora da decisão estrangeira.

§ 4º Quando dispensada a homologação para que a sentença estrangeira produza efeitos no Brasil, a decisão concessiva de medida de urgência dependerá, para produzir efeitos, de ter sua validade expressamente reconhecida pelo juiz competente para dar-lhe cumprimento, dispensada a homologação pelo Superior Tribunal de Justiça.

Art. 963. Constituem requisitos indispensáveis à homologação da decisão:

I – ser proferida por autoridade competente;

► Art. 15, *a*, da LINDB.

II – ser precedida de citação regular, ainda que verificada a revelia;

► Art. 15, *b*, da LINDB.

III – ser eficaz no país em que foi proferida;

► Art. 15, *c*, da LINDB.

IV – não ofender a coisa julgada brasileira;

V – estar acompanhada de tradução oficial, salvo disposição que a dispense prevista em tratado;

► Art. 15, *d*, da LINDB.

VI – não conter manifesta ofensa à ordem pública.

► Art. 17 da LINDB.

Parágrafo único. Para a concessão do *exequatur* às cartas rogatórias, observar-se-ão os pressupostos previstos no *caput* deste artigo e no art. 962, § 2º.

Art. 964. Não será homologada a decisão estrangeira na hipótese de competência exclusiva da autoridade judiciária brasileira.

Parágrafo único. O dispositivo também se aplica à concessão do *exequatur* à carta rogatória.

Art. 965. O cumprimento de decisão estrangeira far-se-á perante o juízo federal competente, a requerimento da parte, conforme as normas estabelecidas para o cumprimento de decisão nacional.

Parágrafo único. O pedido de execução deverá ser instruído com cópia autenticada da decisão homologatória ou do *exequatur*, conforme o caso.

CAPÍTULO VII

DA AÇÃO RESCISÓRIA

► Art. 138, parágrafo único, da Lei nº 11.101, de 9-2-2005 (Lei de Recuperação de Empresas e Falências).

Art. 966. A decisão de mérito, transitada em julgado, pode ser rescindida quando:

► Arts. 355, 356, 487 e 975 deste Código.

► Arts. 102, I, *i*, 105, I, e 108, I, *b*, da CF.

I – se verificar que foi proferida por força de prevaricação, concussão ou corrupção do juiz;

II – for proferida por juiz impedido ou por juízo absolutamente incompetente;

III – resultar de dolo ou coação da parte vencedora em detrimento da parte vencida ou, ainda, de simulação ou colusão entre as partes, a fim de fraudar a lei;

► Arts. 64 e 144 deste Código.

► Arts. 145 a 150, 171, II, 178, II, e 1.909 do CC.

IV – ofender a coisa julgada;

► Art. 502 e ss. deste Código.

V – violar manifestamente norma jurídica;

► Súm. nº 343 do STF.

VI – for fundada em prova cuja falsidade tenha sido apurada em processo criminal ou venha a ser demonstrada na própria ação rescisória;

VII – obtiver o autor, posteriormente ao trânsito em julgado, prova nova cuja existência ignorava ou de que não pôde fazer uso, capaz, por si só, de lhe assegurar pronunciamento favorável;

VIII – for fundada em erro de fato verificável do exame dos autos.

§ 1º Há erro de fato quando a decisão rescindenda admitir fato inexistente ou quando considerar inexistente fato efetivamente ocorrido, sendo indispensável, em ambos os casos, que o fato não represente ponto controvertido sobre o qual o juiz deveria ter se pronunciado.

§ 2º Nas hipóteses previstas nos incisos do *caput*, será rescindível a decisão transitada em julgado que, embora não seja de mérito, impeça:

I – nova propositura da demanda; ou

II – admissibilidade do recurso correspondente.

§ 3º A ação rescisória pode ter por objeto apenas um capítulo da decisão.

§ 4º Os atos de disposição de direitos, praticados pelas partes ou por outros participantes do processo e homologados pelo juízo, bem como os atos homologatórios praticados no curso da execução, estão sujeitos à anulação, nos termos da lei.

§ 5º Cabe ação rescisória, com fundamento no inciso V do *caput* deste artigo, contra decisão baseada em enunciado de súmula ou acórdão proferido em julgamento de casos repetitivos que não tenha considerado a existência de distinção entre a questão discutida no processo e o padrão decisório que lhe deu fundamento.

§ 6º Quando a ação rescisória fundar-se na hipótese do § 5º deste artigo, caberá ao autor, sob pena de inépcia, demonstrar, fundamentadamente, tratar-se de situação particularizada por hipótese fática distinta ou de questão jurídica não examinada, a impor outra solução jurídica.

► §§ 5º e 6º acrescidos pela Lei nº 13.256, de 4-2-2016.

Art. 967. Têm legitimidade para propor a ação rescisória:

I – quem foi parte no processo ou o seu sucessor a título universal ou singular;

II – o terceiro juridicamente interessado;

III – o Ministério Público:

a) se não foi ouvido no processo em que lhe era obrigatória a intervenção;

b) quando a decisão rescindenda é o efeito de simulação ou de colusão das partes, a fim de fraudar a lei;

c) em outros casos em que se imponha sua atuação;

IV – aquele que não foi ouvido no processo em que lhe era obrigatória a intervenção.

Parágrafo único. Nas hipóteses do art. 178, o Ministério Público será intimado para intervir como fiscal da ordem jurídica quando não for parte.

Art. 968. A petição inicial será elaborada com observância dos requisitos essenciais do art. 319, devendo o autor:

I – cumular ao pedido de rescisão, se for o caso, o de novo julgamento do processo;

II – depositar a importância de cinco por cento sobre o valor da causa, que se converterá em multa caso a ação seja, por unanimidade de votos, declarada inadmissível ou improcedente.

§ 1º Não se aplica o disposto no inciso II à União, aos Estados, ao Distrito Federal, aos Municípios, às suas respectivas autarquias e fundações de direito público, ao Ministério Público, à Defensoria Pública e aos que tenham obtido o benefício de gratuidade da justiça.

§ 2º O depósito previsto no inciso II do *caput* deste artigo não será superior a 1.000 (mil) salários mínimos.

§ 3º Além dos casos previstos no art. 330, a petição inicial será indeferida quando não efetuado o depósito exigido pelo inciso II do *caput* deste artigo.

§ 4º Aplica-se à ação rescisória o disposto no art. 332.

§ 5º Reconhecida a incompetência do tribunal para julgar a ação rescisória, o autor será intimado para emendar a petição inicial, a fim de adequar o objeto da ação rescisória, quando a decisão apontada como rescindenda:

I – não tiver apreciado o mérito e não se enquadrar na situação prevista no § 2º do art. 966;

II – tiver sido substituída por decisão posterior.

§ 6º Na hipótese do § 5º, após a emenda da petição inicial, será permitido ao réu complementar os fundamentos de defesa, e, em seguida, os autos serão remetidos ao tribunal competente.

Art. 969. A propositura da ação rescisória não impede o cumprimento da decisão rescindenda, ressalvada a concessão de tutela provisória.

Art. 970. O relator ordenará a citação do réu, designando-lhe prazo nunca inferior a 15 (quinze) dias nem superior a 30 (trinta) dias para, querendo, apresentar resposta, ao fim do qual, com ou sem contestação, observar-se-á, no que couber, o procedimento comum.

Art. 971. Na ação rescisória, devolvidos os autos pelo relator, a secretaria do tribunal expedirá cópias do relatório e as distribuirá entre os juízes que compuserem o órgão competente para o julgamento.

Parágrafo único. A escolha de relator recairá, sempre que possível, em juiz que não haja participado do julgamento rescindendo.

Art. 972. Se os fatos alegados pelas partes dependerem de prova, o relator poderá delegar a competência ao órgão que proferiu a decisão rescindenda, fixando prazo de 1 (um) a 3 (três) meses para a devolução dos autos.

Art. 973. Concluída a instrução, será aberta vista ao autor e ao réu para razões finais, sucessivamente, pelo prazo de 10 (dez) dias.

► Súm. nº 252 do STF.

Parágrafo único. Em seguida, os autos serão conclusos ao relator, procedendo-se ao julgamento pelo órgão competente.

► Súmulas nºs 249 e 515 do STF.

Art. 974. Julgando procedente o pedido, o tribunal rescindirá a decisão, proferirá, se for o caso, novo julgamento e determinará a restituição do depósito a que se refere o inciso II do art. 968.

Parágrafo único. Considerando, por unanimidade, inadmissível ou improcedente o pedido, o tribunal determinará a reversão, em favor do réu, da importância do depósito, sem prejuízo do disposto no § 2º do art. 82.

Art. 975. O direito à rescisão se extingue em 2 (dois) anos contados do trânsito em julgado da última decisão proferida no processo.

§ 1º Prorroga-se até o primeiro dia útil imediatamente subsequente o prazo a que se refere o *caput*, quando expirar durante férias forenses, recesso, feriados ou em dia em que não houver expediente forense.

§ 2º Se fundada a ação no inciso VII do art. 966, o termo inicial do prazo será a data de descoberta da prova nova, observado o prazo máximo de 5 (cinco) anos, contado do trânsito em julgado da última decisão proferida no processo.

§ 3º Nas hipóteses de simulação ou de colusão das partes, o prazo começa a contar, para o terceiro prejudicado e para o Ministério Público, que não interveio no processo, a partir do momento em que têm ciência da simulação ou da colusão.

CAPÍTULO VIII
DO INCIDENTE DE RESOLUÇÃO DE DEMANDAS REPETITIVAS

Art. 976. É cabível a instauração do incidente de resolução de demandas repetitivas quando houver, simultaneamente:

I – efetiva repetição de processos que contenham controvérsia sobre a mesma questão unicamente de direito;

II – risco de ofensa à isonomia e à segurança jurídica.

§ 1º A desistência ou o abandono do processo não impede o exame de mérito do incidente.

§ 2º Se não for o requerente, o Ministério Público intervirá obrigatoriamente no incidente e deverá assumir sua titularidade em caso de desistência ou de abandono.

§ 3º A inadmissão do incidente de resolução de demandas repetitivas por ausência de qualquer de seus pressupostos de admissibilidade não impede que, uma vez satisfeito o requisito, seja o incidente novamente suscitado.

§ 4º É incabível o incidente de resolução de demandas repetitivas quando um dos tribunais superiores, no âmbito de sua respectiva competência, já tiver afetado recurso para definição de tese sobre questão de direito material ou processual repetitiva.

§ 5º Não serão exigidas custas processuais no incidente de resolução de demandas repetitivas.

Art. 977. O pedido de instauração do incidente será dirigido ao presidente de tribunal:

I – pelo juiz ou relator, por ofício;

II – pelas partes, por petição;

III – pelo Ministério Público ou pela Defensoria Pública, por petição.

Parágrafo único. O ofício ou a petição será instruído com os documentos necessários à demonstração do preenchimento dos pressupostos para a instauração do incidente.

Art. 978. O julgamento do incidente caberá ao órgão indicado pelo regimento interno dentre aqueles responsáveis pela uniformização de jurisprudência do tribunal.

Parágrafo único. O órgão colegiado incumbido de julgar o incidente e de fixar a tese jurídica julgará igualmente o recurso, a remessa necessária ou o processo de competência originária de onde se originou o incidente.

Art. 979. A instauração e o julgamento do incidente serão sucedidos da mais ampla e específica divulgação e publicidade, por meio de registro eletrônico no Conselho Nacional de Justiça.

§ 1º Os tribunais manterão banco eletrônico de dados atualizados com informações específicas sobre questões de direito submetidas ao incidente, comunicando-o imediatamente ao Conselho Nacional de Justiça para inclusão no cadastro.

§ 2º Para possibilitar a identificação dos processos abrangidos pela decisão do incidente, o registro eletrônico das teses jurídicas constantes do cadastro conterá, no mínimo, os fundamentos determinantes da decisão e os dispositivos normativos a ela relacionados.

§ 3º Aplica-se o disposto neste artigo ao julgamento de recursos repetitivos e da repercussão geral em recurso extraordinário.

Art. 980. O incidente será julgado no prazo de 1 (um) ano e terá preferência sobre os demais feitos, ressalvados os que envolvam réu preso e os pedidos de *habeas corpus*.

Parágrafo único. Superado o prazo previsto no *caput*, cessa a suspensão dos processos prevista no art. 982, salvo decisão fundamentada do relator em sentido contrário.

Art. 981. Após a distribuição, o órgão colegiado competente para julgar o incidente procederá ao seu juízo de admissibilidade, considerando a presença dos pressupostos do art. 976.

Art. 982. Admitido o incidente, o relator:

I – suspenderá os processos pendentes, individuais ou coletivos, que tramitam no Estado ou na região, conforme o caso;

II – poderá requisitar informações a órgãos em cujo juízo tramita processo no qual se discute o objeto do incidente, que as prestarão no prazo de 15 (quinze) dias;

III – intimará o Ministério Público para, querendo, manifestar-se no prazo de 15 (quinze) dias.

§ 1º A suspensão será comunicada aos órgãos jurisdicionais competentes.

§ 2º Durante a suspensão, o pedido de tutela de urgência deverá ser dirigido ao juízo onde tramita o processo suspenso.

§ 3º Visando à garantia da segurança jurídica, qualquer legitimado mencionado no art. 977, incisos II e III, poderá requerer, ao tribunal competente para conhecer do recurso extraordinário ou especial, a suspensão de todos os processos individuais ou coletivos em curso no território nacional que versem sobre a questão objeto do incidente já instaurado.

§ 4º Independentemente dos limites da competência territorial, a parte no processo em curso no qual se discuta a mesma questão objeto do incidente é legitimada para requerer a providência prevista no § 3º deste artigo.

§ 5º Cessa a suspensão a que se refere o inciso I do *caput* deste artigo se não for interposto recurso especial ou recurso extraordinário contra a decisão proferida no incidente.

Art. 983. O relator ouvirá as partes e os demais interessados, inclusive pessoas, órgãos e entidades com interesse na controvérsia, que, no prazo comum de 15 (quinze) dias, poderão requerer a juntada de documentos, bem como as diligências necessárias para a elucidação da questão de direito controvertida, e, em seguida, manifestar-se-á o Ministério Público, no mesmo prazo.

§ 1º Para instruir o incidente, o relator poderá designar data para, em audiência pública, ouvir depoimentos de pessoas com experiência e conhecimento na matéria.

§ 2º Concluídas as diligências, o relator solicitará dia para o julgamento do incidente.

Art. 984. No julgamento do incidente, observar-se-á a seguinte ordem:

I – o relator fará a exposição do objeto do incidente;

II – poderão sustentar suas razões, sucessivamente:

a) o autor e o réu do processo originário e o Ministério Público, pelo prazo de 30 (trinta) minutos;

b) os demais interessados, no prazo de 30 (trinta) minutos, divididos entre todos, sendo exigida inscrição com 2 (dois) dias de antecedência.

§ 1º Considerando o número de inscritos, o prazo poderá ser ampliado.

§ 2º O conteúdo do acórdão abrangerá a análise de todos os fundamentos suscitados concernentes à tese jurídica discutida, sejam favoráveis ou contrários.

Art. 985. Julgado o incidente, a tese jurídica será aplicada:

I – a todos os processos individuais ou coletivos que versem sobre idêntica questão de direito e que tramitem na área de jurisdição do respectivo tribunal, inclusive àqueles que tramitem nos juizados especiais do respectivo Estado ou região;

II – aos casos futuros que versem idêntica questão de direito e que venham a tramitar no território de competência do tribunal, salvo revisão na forma do art. 986.

§ 1º Não observada a tese adotada no incidente, caberá reclamação.

§ 2º Se o incidente tiver por objeto questão relativa a prestação de serviço concedido, permitido ou autorizado, o resultado do julgamento será comunicado ao órgão, ao ente ou à agência reguladora competente para fiscalização da efetiva aplicação, por parte dos entes sujeitos a regulação, da tese adotada.

Art. 986. A revisão da tese jurídica firmada no incidente far-se-á pelo mesmo tribunal, de ofício ou mediante requerimento dos legitimados mencionados no art. 977, inciso III.

Art. 987. Do julgamento do mérito do incidente caberá recurso extraordinário ou especial, conforme o caso.

► Arts. 102, III, e 105, III, da CF.

► Arts. 1.029 e ss. deste Código.

§ 1º O recurso tem efeito suspensivo, presumindo-se a repercussão geral de questão constitucional eventualmente discutida.

§ 2º Apreciado o mérito do recurso, a tese jurídica adotada pelo Supremo Tribunal Federal ou pelo Superior Tribunal de Justiça será aplicada no território nacional a todos os processos individuais ou coletivos que versem sobre idêntica questão de direito.

CAPÍTULO IX
DA RECLAMAÇÃO

Art. 988. Caberá reclamação da parte interessada ou do Ministério Público para:

► Art. 105, I, *f*, da CF.

I – preservar a competência do tribunal;

II – garantir a autoridade das decisões do tribunal;

III – garantir a observância de enunciado de súmula vinculante e de decisão do Supremo Tribunal Federal em controle concentrado de constitucionalidade;

► Art. 102, I, *j*, da CF.

IV – garantir a observância de acórdão proferido em julgamento de incidente de resolução de demandas repetitivas ou de incidente de assunção de competência;

► Incisos III e IV com a redação dada pela Lei nº 13.256, de 4-2-2016.

§ 1º A reclamação pode ser proposta perante qualquer tribunal, e seu julgamento compete ao órgão jurisdicional cuja competência se busca preservar ou cuja autoridade se pretenda garantir.

§ 2º A reclamação deverá ser instruída com prova documental e dirigida ao presidente do tribunal.

§ 3º Assim que recebida, a reclamação será autuada e distribuída ao relator do processo principal, sempre que possível.

§ 4º As hipóteses dos incisos III e IV compreendem a aplicação indevida da tese jurídica e sua não aplicação aos casos que a ela correspondam.

§ 5º É inadmissível a reclamação:

I – proposta após o trânsito em julgado da decisão reclamada;

II – proposta para garantir a observância de acórdão de recurso extraordinário com repercussão geral reconhecida ou de acórdão proferido em julgamento de recursos extraordinário ou especial repetitivos, quando não esgotadas as instâncias ordinárias.

► § 5º com a redação dada pela Lei nº 13.256, de 4-2-2016.

§ 6º A inadmissibilidade ou o julgamento do recurso interposto contra a decisão proferida pelo órgão reclamado não prejudica a reclamação.

Art. 989. Ao despachar a reclamação, o relator:

I – requisitará informações da autoridade a quem for imputada a prática do ato impugnado, que as prestará no prazo de 10 (dez) dias;

II – se necessário, ordenará a suspensão do processo ou do ato impugnado para evitar dano irreparável;

III – determinará a citação do beneficiário da decisão impugnada, que terá prazo de 15 (quinze) dias para apresentar a sua contestação.

Art. 990. Qualquer interessado poderá impugnar o pedido do reclamante.

Art. 991. Na reclamação que não houver formulado, o Ministério Público terá vista do processo por 5 (cinco) dias, após o decurso do prazo para informações e para o oferecimento da contestação pelo beneficiário do ato impugnado.

Art. 992. Julgando procedente a reclamação, o tribunal cassará a decisão exorbitante de seu julgado ou determinará medida adequada à solução da controvérsia.

Art. 993. O presidente do tribunal determinará o imediato cumprimento da decisão, lavrando-se o acórdão posteriormente.

TÍTULO II – DOS RECURSOS

CAPÍTULO I
DISPOSIÇÕES GERAIS

Art. 994. São cabíveis os seguintes recursos:

I – apelação;

► Arts. 1.009 a 1.014 deste Código.

II – agravo de instrumento;

► Art. 1.015 a 1.020 deste Código.

III – agravo interno;

► Art. 1.021 deste Código.

IV – embargos de declaração;

► Arts. 1.022 a 1.026 deste Código.

V – recurso ordinário;

► Arts. 102, II, e 105, II, da CF.

► Arts. 1.027 e 1.028 deste Código.

VI – recurso especial;

► Art. 105, III, da CF.

► Arts. 1.029 a 1.041 deste Código.

VII – recurso extraordinário;

► Art. 102, III, da CF.

► Arts. 1.029 a 1.041 deste Código.

VIII – agravo em recurso especial ou extraordinário;

► Arts 1.042 deste Código.

IX – embargos de divergência.

► Arts. 1.043 e 1.044 deste Código.

Art. 995. Os recursos não impedem a eficácia da decisão, salvo disposição legal ou decisão judicial em sentido diverso.

► Arts. 987, §1º, 1.015, 1.021, 1.022, 1.027, 1.029, 1.042, 1.043 deste Código.

Parágrafo único. A eficácia da decisão recorrida poderá ser suspensa por decisão do relator, se da imediata produção de seus efeitos houver risco de dano grave, de difícil ou impossível reparação, e ficar demonstrada a probabilidade de provimento do recurso.

Art. 996. O recurso pode ser interposto pela parte vencida, pelo terceiro prejudicado e pelo Ministério Público, como parte ou como fiscal da ordem jurídica.

► Arts. 176 a 181 deste Código.

► Súmulas n°s 99 e 202 do STJ.

Parágrafo único. Cumpre ao terceiro demonstrar a possibilidade de a decisão sobre a relação jurídica submetida à apreciação judicial atingir direito de que se afirme titular ou que possa discutir em juízo como substituto processual.

Art. 997. Cada parte interporá o recurso independentemente, no prazo e com observância das exigências legais.

§ 1º Sendo vencidos autor e réu, ao recurso interposto por qualquer deles poderá aderir o outro.

§ 2º O recurso adesivo fica subordinado ao recurso independente, sendo-lhe aplicáveis as mesmas regras deste quanto aos requisitos de admissibilidade e julgamento no tribunal, salvo disposição legal diversa, observado, ainda, o seguinte:

I – será dirigido ao órgão perante o qual o recurso independente fora interposto, no prazo de que a parte dispõe para responder;

► Art. 1003, § 5º, deste Código.

II – será admissível na apelação, no recurso extraordinário e no recurso especial;

III – não será conhecido, se houver desistência do recurso principal ou se for ele considerado inadmissível.

► Arts. 102, III, e 105, III, da CF.

► Art. 1.009 deste Código.

Art. 998. O recorrente poderá, a qualquer tempo, sem a anuência do recorrido ou dos litisconsortes, desistir do recurso.

Parágrafo único. A desistência do recurso não impede a análise de questão cuja repercussão geral já tenha sido reconhecida e daquela objeto de julgamento de recursos extraordinários ou especiais repetitivos.

► Art. 102, § 3º, da CF.

► Art. 1.035 deste Código.

Art. 999. A renúncia ao direito de recorrer independe da aceitação da outra parte.

Art. 1.000. A parte que aceitar expressa ou tacitamente a decisão não poderá recorrer.

Parágrafo único. Considera-se aceitação tácita a prática, sem nenhuma reserva, de ato incompatível com a vontade de recorrer.

Art. 1.001. Dos despachos não cabe recurso.

Art. 1.002. A decisão pode ser impugnada no todo ou em parte.

Art. 1.003. O prazo para interposição de recurso conta-se da data em que os advogados, a sociedade de advogados, a Advocacia Pública, a Defensoria Pública ou o Ministério Público são intimados da decisão.

► Arts. 180, 183, 186 e § 3º, e 229 deste Código.

► Súm. nº 25 do STJ.

§ 1º Os sujeitos previstos no *caput* considerar-se-ão intimados em audiência quando nesta for proferida a decisão.

§ 2º Aplica-se o disposto no art. 231, incisos I a VI, ao prazo de interposição de recurso pelo réu contra decisão proferida anteriormente à citação.

► Art. 9º, parágrafo único, deste Código.

§ 3º No prazo para interposição de recurso, a petição será protocolada em cartório ou conforme as normas de organização judiciária, ressalvado o disposto em regra especial.

§ 4º Para aferição da tempestividade do recurso remetido pelo correio, será considerada como data de interposição a data de postagem.

§ 5º Excetuados os embargos de declaração, o prazo para interpor os recursos e para responder-lhes é de 15 (quinze) dias.

► Art. 1.023 do CPC.

§ 6º O recorrente comprovará a ocorrência de feriado local no ato de interposição do recurso.

► Arts. 219 e 224 deste Código.

Art. 1.004. Se, durante o prazo para a interposição do recurso, sobrevier o falecimento da parte ou de seu advogado ou ocorrer motivo de força maior que suspenda o curso do processo, será tal prazo restituído em proveito da parte, do herdeiro ou do sucessor, contra quem começará a correr novamente depois da intimação.

Art. 1.005. O recurso interposto por um dos litisconsortes a todos aproveita, salvo se distintos ou opostos os seus interesses.

► Arts. 113 a 118 deste Código.

Parágrafo único. Havendo solidariedade passiva, o recurso interposto por um devedor aproveitará aos outros quando as defesas opostas ao credor lhes forem comuns.

Art. 1.006. Certificado o trânsito em julgado, com menção expressa da data de sua ocorrência, o escrivão ou o chefe de secretaria, independentemente de despacho, providenciará a baixa dos autos ao juízo de origem, no prazo de 5 (cinco) dias.

Art. 1.007. No ato de interposição do recurso, o recorrente comprovará, quando exigido pela legislação pertinente, o respectivo preparo, inclusive porte de remessa e de retorno, sob pena de deserção.

► Art. 42, § 1º da Lei nº 9.099, de 26-9-1995 (Lei dos Juizados Especiais).

► Súm. nº 187 do STJ.

§ 1º São dispensados de preparo, inclusive porte de remessa e de retorno, os recursos interpostos pelo Ministério Público, pela União, pelo Distrito Federal, pelos Estados, pelos Municípios, e respectivas autarquias, e pelos que gozam de isenção legal.

§ 2º A insuficiência no valor do preparo, inclusive porte de remessa e de retorno, implicará deserção se o recorrente, intimado na pessoa de seu advogado, não vier a supri-lo no prazo de 5 (cinco) dias.

§ 3º É dispensado o recolhimento do porte de remessa e de retorno no processo em autos eletrônicos.

§ 4º O recorrente que não comprovar, no ato de interposição do recurso, o recolhimento do preparo, inclusive porte de remessa e de retorno, será intimado, na pessoa de seu advogado, para realizar o recolhimento em dobro, sob pena de deserção.

§ 5º É vedada a complementação se houver insuficiência parcial do preparo, inclusive porte de remessa e de retorno, no recolhimento realizado na forma do § 4º.

§ 6º Provando o recorrente justo impedimento, o relator relevará a pena de deserção, por decisão irrecorrível, fixando-lhe prazo de 5 (cinco) dias para efetuar o preparo.

§ 7º O equívoco no preenchimento da guia de custas não implicará a aplicação da pena de deserção, cabendo ao relator, na hipótese de dúvida quanto ao recolhimento, intimar o recorrente para sanar o vício no prazo de 5 (cinco) dias.

Art. 1.008. O julgamento proferido pelo tribunal substituirá a decisão impugnada no que tiver sido objeto de recurso.

CAPÍTULO II
DA APELAÇÃO

Art. 1.009. Da sentença cabe apelação.

► Arts. 203, § 1º, 219, 224, 485, 487, 994, I, 1.003, § 5º deste Código.

§ 1º As questões resolvidas na fase de conhecimento, se a decisão a seu respeito não comportar agravo de instrumento, não são cobertas pela preclusão e devem ser suscitadas em preliminar de apelação, eventualmente interposta contra a decisão final, ou nas contrarrazões.

► Art. 1.015 deste Código.

§ 2º Se as questões referidas no § 1º forem suscitadas em contrarrazões, o recorrente será intimado para, em 15 (quinze) dias, manifestar-se a respeito delas.

§ 3º O disposto no *caput* deste artigo aplica-se mesmo quando as questões mencionadas no art. 1.015 integrarem capítulo da sentença.

Art. 1.010. A apelação, interposta por petição dirigida ao juízo de primeiro grau, conterá:

► Arts. 331, 332, § 3º, e 485, § 7º, deste Código.

I – os nomes e a qualificação das partes;

II – a exposição do fato e do direito;

III – as razões do pedido de reforma ou de decretação de nulidade;

IV – o pedido de nova decisão.

§ 1º O apelado será intimado para apresentar contrarrazões no prazo de 15 (quinze) dias.

► Arts. 219, 224 e 1.003, § 5º, deste Código

§ 2º Se o apelado interpuser apelação adesiva, o juiz intimará o apelante para apresentar contrarrazões.

► Art. 997, § 1º e § 2º, deste Código

§ 3º Após as formalidades previstas nos §§ 1º e 2º, os autos serão remetidos ao tribunal pelo juiz, independentemente de juízo de admissibilidade.

Art. 1.011. Recebido o recurso de apelação no tribunal e distribuído imediatamente, o relator:

I – decidi-lo-á monocraticamente apenas nas hipóteses do art. 932, incisos III a V;

II – se não for o caso de decisão monocrática, elaborará seu voto para julgamento do recurso pelo órgão colegiado.

Art. 1.012. A apelação terá efeito suspensivo.

§ 1º Além de outras hipóteses previstas em lei, começa a produzir efeitos imediatamente após a sua publicação a sentença que:

I – homologa divisão ou demarcação de terras;

► Arts. 569, 570 e 572 deste Código.

► Lei nº 6.766, de 19-12-1979 (Lei do Parcelamento do Solo).

II – condena a pagar alimentos;

► Arts. 1.694 e ss. do CC.

► Lei nº 5.478, de 25-7-1968 (Lei da Ação de Alimentos).

III – extingue sem resolução do mérito ou julga improcedentes os embargos do executado;

► Arts. 914 e ss deste Código.

IV – julga procedente o pedido de instituição de arbitragem;

► Lei nº 9.307, de 23-9-1996 (Lei da Arbitragem).

V – confirma, concede ou revoga tutela provisória;

► Arts. 294 e ss. do CPC.

VI – decreta a interdição.

► Arts. 747 e ss. deste Código.

§ 2º Nos casos do § 1º, o apelado poderá promover o pedido de cumprimento provisório depois de publicada a sentença.

► Art. 520 deste Código.

§ 3º O pedido de concessão de efeito suspensivo nas hipóteses do § 1º poderá ser formulado por requerimento dirigido ao:

I – tribunal, no período compreendido entre a interposição da apelação e sua distribuição, ficando o relator designado para seu exame prevento para julgá-la;

II – relator, se já distribuída a apelação.

§ 4º Nas hipóteses do § 1º, a eficácia da sentença poderá ser suspensa pelo relator se o apelante demonstrar a probabilidade de provimento do recurso ou se, sendo relevante a fundamentação, houver risco de dano grave ou de difícil reparação.

Art. 1.013. A apelação devolverá ao tribunal o conhecimento da matéria impugnada.

► Art. 942 do CC.

§ 1º Serão, porém, objeto de apreciação e julgamento pelo tribunal todas as questões suscitadas e discutidas no processo, ainda que não tenham sido solucionadas, desde que relativas ao capítulo impugnado.

§ 2º Quando o pedido ou a defesa tiver mais de um fundamento e o juiz acolher apenas um deles, a apelação devolverá ao tribunal o conhecimento dos demais.

§ 3º Se o processo estiver em condições de imediato julgamento, o tribunal deve decidir desde logo o mérito quando:

I – reformar sentença fundada no art. 485;

II – decretar a nulidade da sentença por não ser ela congruente com os limites do pedido ou da causa de pedir;

III – constatar a omissão no exame de um dos pedidos, hipótese em que poderá julgá-lo;

IV – decretar a nulidade de sentença por falta de fundamentação.

§ 4º Quando reformar sentença que reconheça a decadência ou a prescrição, o tribunal, se possível, julgará o mérito, examinando as demais questões, sem determinar o retorno do processo ao juízo de primeiro grau.

§ 5º O capítulo da sentença que confirma, concede ou revoga a tutela provisória é impugnável na apelação.

► Arts. 294 e ss. deste Código.

Art. 1.014. As questões de fato não propostas no juízo inferior poderão ser suscitadas na apelação, se a parte provar que deixou de fazê-lo por motivo de força maior.

CAPÍTULO III
DO AGRAVO DE INSTRUMENTO

Art. 1.015. Cabe agravo de instrumento contra as decisões interlocutórias que versarem sobre:

► Arts. 203, *caput*, e § 2º, 219, 224, 994, II e 1.003 e § 5º, deste Código.

I – tutelas provisórias;

► Arts. 294 e ss. do CPC.

II – mérito do processo;

► Arts. 354, parágrafo único e 356, § 5º, deste Código.

III – rejeição da alegação de convenção de arbitragem;

► Art. 337, X, deste Código.

CPC

IV – incidente de desconsideração da personalidade jurídica;

► Arts. 133 e ss. deste Código.

► Arts. 136, parágrafo único, e 1.021 deste Código.

V – rejeição do pedido de gratuidade da justiça ou acolhimento do pedido de sua revogação;

► Arts. 98 e 101 deste Código.

VI – exibição ou posse de documento ou coisa;

VII – exclusão de litisconsorte;

► Arts. 113 e ss. deste Código.

VIII – rejeição do pedido de limitação do litisconsórcio;

► Art. 113, § 1º, deste Código.

IX – admissão ou inadmissão de intervenção de terceiros;

► Arts. 121 e ss. deste Código.

X – concessão, modificação ou revogação do efeito suspensivo aos embargos à execução;

► Art. 919, § 1º, deste Código.

XI – redistribuição do ônus da prova nos termos do art. 373, § 1º;

XII – VETADO;

XIII – outros casos expressamente referidos em lei.

► Art. 1.037, § 13, I, deste Código.

Parágrafo único. Também caberá agravo de instrumento contra decisões interlocutórias proferidas na fase de liquidação de sentença ou de cumprimento de sentença, no processo de execução e no processo de inventário.

Art. 1.016. O agravo de instrumento será dirigido diretamente ao tribunal competente, por meio de petição com os seguintes requisitos:

I – os nomes das partes;

II – a exposição do fato e do direito;

III – as razões do pedido de reforma ou de invalidação da decisão e o próprio pedido;

IV – o nome e o endereço completo dos advogados constantes do processo.

Art. 1.017. A petição de agravo de instrumento será instruída:

I – obrigatoriamente, com cópias da petição inicial, da contestação, da petição que ensejou a decisão agravada, da própria decisão agravada, da certidão da respectiva intimação ou outro documento oficial que comprove a tempestividade e das procurações outorgadas aos advogados do agravante e do agravado;

► Art. 425, IV, deste Código.

II – com declaração de inexistência de qualquer dos documentos referidos no inciso I, feita pelo advogado do agravante, sob pena de sua responsabilidade pessoal;

III – facultativamente, com outras peças que o agravante reputar úteis.

§ 1º Acompanhará a petição o comprovante do pagamento das respectivas custas e do porte de retorno, quando devidos, conforme tabela publicada pelos tribunais.

► Art. 1.007 do CPC.

§ 2º No prazo do recurso, o agravo será interposto por:

I – protocolo realizado diretamente no tribunal competente para julgá-lo;

II – protocolo realizado na própria comarca, seção ou subseção judiciárias;

III – postagem, sob registro, com aviso de recebimento;

IV – transmissão de dados tipo fac-símile, nos termos da lei;

V – outra forma prevista em lei.

► Arts. 219, 224 e 1.003, § 5º, deste Código.

§ 3º Na falta da cópia de qualquer peça ou no caso de algum outro vício que comprometa a admissibilidade do agravo de instrumento, deve o relator aplicar o disposto no art. 932, parágrafo único.

§ 4º Se o recurso for interposto por sistema de transmissão de dados tipo fac-símile ou similar, as peças devem ser juntadas no momento de protocolo da petição original.

§ 5º Sendo eletrônicos os autos do processo, dispensam-se as peças referidas nos incisos I e II do *caput*, facultando-se ao agravante anexar outros documentos que entender úteis para a compreensão da controvérsia.

Art. 1.018. O agravante poderá requerer a juntada, aos autos do processo, de cópia da petição do agravo de instrumento, do comprovante de sua interposição e da relação dos documentos que instruíram o recurso.

§ 1º Se o juiz comunicar que reformou inteiramente a decisão, o relator considerará prejudicado o agravo de instrumento.

§ 2º Não sendo eletrônicos os autos, o agravante tomará a providência prevista no *caput*, no prazo de 3 (três) dias a contar da interposição do agravo de instrumento.

§ 3º O descumprimento da exigência de que trata o § 2º, desde que arguido e provado pelo agravado, importa inadmissibilidade do agravo de instrumento.

Art. 1.019. Recebido o agravo de instrumento no tribunal e distribuído imediatamente, se não for o caso de aplicação do art. 932, incisos III e IV, o relator, no prazo de 5 (cinco) dias:

I – poderá atribuir efeito suspensivo ao recurso ou deferir, em antecipação de tutela, total ou parcialmente, a pretensão recursal, comunicando ao juiz sua decisão;

► Arts. 294 e 300, *caput* e § 2º, deste Código.

► Art. 995, paragráfico único, deste Código.

II – ordenará a intimação do agravado pessoalmente, por carta com aviso de recebimento, quando não tiver procurador constituído, ou pelo *Diário da Justiça* ou por carta com aviso de recebimento dirigida ao seu advogado, para que responda no prazo de 15 (quinze) dias, facultando-lhe juntar a documentação que entender necessária ao julgamento do recurso;

► Art. 1.003, § 5º, deste Código.

► Art. 219 deste Código.

III – determinará a intimação do Ministério Público, preferencialmente por meio eletrônico, quando for o caso de sua intervenção, para que se manifeste no prazo de 15 (quinze) dias.

► Art. 178 deste Código.

Art. 1.020. O relator solicitará dia para julgamento em prazo não superior a 1 (um) mês da intimação do agravado.

CAPÍTULO IV

DO AGRAVO INTERNO

Art. 1.021. Contra decisão proferida pelo relator caberá agravo interno para o respectivo órgão colegiado, observadas, quanto ao processamento, as regras do regimento interno do tribunal.

► Arts. 932, 994, III, 1.030, I e III e § 2º, 1.035, § 7º, 1.037, § 13º, II deste Código.

§ 1º Na petição de agravo interno, o recorrente impugnará especificadamente os fundamentos da decisão agravada.

§ 2º O agravo será dirigido ao relator, que intimará o agravado para manifestar-se sobre o recurso no prazo de 15 (quinze) dias, ao final do qual, não havendo retratação, o relator levá-lo-á a julgamento pelo órgão colegiado, com inclusão em pauta.

► Art. 1.003, § 5º, do CPC.

§ 3º É vedado ao relator limitar-se à reprodução dos fundamentos da decisão agravada para julgar improcedente o agravo interno.

§ 4º Quando o agravo interno for declarado manifestamente inadmissível ou improcedente em votação unânime, o órgão colegiado, em decisão fundamentada, condenará o agravante a pagar ao agravado multa fixada entre um e cinco por cento do valor atualizado da causa.

§ 5º A interposição de qualquer outro recurso está condicionada ao depósito prévio do valor da multa prevista no § 4º, à exceção da Fazenda Pública e do beneficiário de gratuidade da justiça, que farão o pagamento ao final.

► Art. 98 deste Código.

CAPÍTULO V

DOS EMBARGOS DE DECLARAÇÃO

Art. 1.022. Cabem embargos de declaração contra qualquer decisão judicial para:

► Art. 494, II, deste Código.

► Arts. 219 e 994, IV do CPC.

I – esclarecer obscuridade ou eliminar contradição;
II – suprir omissão de ponto ou questão sobre o qual devia se pronunciar o juiz de ofício ou a requerimento;
III – corrigir erro material.

Parágrafo único. Considera-se omissa a decisão que:

I – deixe de se manifestar sobre tese firmada em julgamento de casos repetitivos ou em incidente de assunção de competência aplicável ao caso sob julgamento;
II – incorra em qualquer das condutas descritas no art. 489, § 1º.

Art. 1.023. Os embargos serão opostos, no prazo de 5 (cinco) dias, em petição dirigida ao juiz, com indicação do erro, obscuridade, contradição ou omissão, e não se sujeitam a preparo.

► Arts. 219 e 224 deste Código.

§ 1º Aplica-se aos embargos de declaração o art. 229.

§ 2º O juiz intimará o embargado para, querendo, manifestar-se, no prazo de 5 (cinco) dias, sobre os embargos opostos, caso seu eventual acolhimento implique a modificação da decisão embargada.

Art. 1.024. O juiz julgará os embargos em 5 (cinco) dias.

§ 1º Nos tribunais, o relator apresentará os embargos em mesa na sessão subsequente, proferindo voto, e, não havendo julgamento nessa sessão, será o recurso incluído em pauta automaticamente.

§ 2º Quando os embargos de declaração forem opostos contra decisão de relator ou outra decisão unipessoal proferida em tribunal, o órgão prolator da decisão embargada decidi-los-á monocraticamente.

§ 3º O órgão julgador conhecerá dos embargos de declaração como agravo interno se entender ser este o recurso cabível, desde que determine previamente a intimação do recorrente para, no prazo de 5 (cinco) dias, complementar as razões recursais, de modo a ajustá-las às exigências do art. 1.021, § 1º.

§ 4º Caso o acolhimento dos embargos de declaração implique modificação da decisão embargada, o embargado que já tiver interposto outro recurso contra a decisão originária tem o direito de complementar ou alterar suas razões, nos exatos limites da modificação, no prazo de 15 (quinze) dias, contado da intimação da decisão dos embargos de declaração.

§ 5º Se os embargos de declaração forem rejeitados ou não alterarem a conclusão do julgamento anterior, o recurso interposto pela outra parte antes da publicação do julgamento dos embargos de declaração será processado e julgado independentemente de ratificação.

► Súm. nº 579 do STJ.

Art. 1.025. Consideram-se incluídos no acórdão os elementos que o embargante suscitou, para fins de pré-questionamento, ainda que os embargos de declaração sejam inadmitidos ou rejeitados, caso o tribunal superior considere existentes erro, omissão, contradição ou obscuridade.

► Súm. nº 282 do STF.

► Súm. nº 98 do STJ.

Art. 1.026. Os embargos de declaração não possuem efeito suspensivo e interrompem o prazo para a interposição de recurso.

§ 1º A eficácia da decisão monocrática ou colegiada poderá ser suspensa pelo respectivo juiz ou relator se demonstrada a probabilidade de provimento do recurso ou, sendo relevante a fundamentação, se houver risco de dano grave ou de difícil reparação.

► Art. 995, parágrafo único, deste Código.

§ 2º Quando manifestamente protelatórios os embargos de declaração, o juiz ou o tribunal, em decisão fundamentada, condenará o embargante a pagar ao embargado multa não excedente a dois por cento sobre o valor atualizado da causa.

§ 3º Na reiteração de embargos de declaração manifestamente protelatórios, a multa será elevada a até dez por cento sobre o valor atualizado da causa, e a interposição de qualquer recurso ficará condicionada ao depósito prévio do valor da multa, à exceção da Fazenda Pública e do beneficiário de gratuidade da justiça, que a recolherão ao final.

§ 4º Não serão admitidos novos embargos de declaração se os dois anteriores houverem sido considerados protelatórios.

CAPÍTULO VI

DOS RECURSOS PARA O SUPREMO TRIBUNAL FEDERAL E PARA O SUPERIOR TRIBUNAL DE JUSTIÇA

SEÇÃO I

DO RECURSO ORDINÁRIO

Art. 1.027. Serão julgados em recurso ordinário:

► Arts. 219, 224, 994, V e 1.003 e § 5º, deste Código.

I – pelo Supremo Tribunal Federal, os mandados de segurança, os *habeas data* e os mandados de injunção decididos em única instância pelos tribunais superiores, quando denegatória a decisão;

► Art. 102, II, da CF.

II – pelo Superior Tribunal de Justiça:

a) os mandados de segurança decididos em única instância pelos tribunais regionais federais ou pelos tribunais de justiça dos Estados e do Distrito Federal e Territórios, quando denegatória a decisão;

► Art. 105, II, da CF.

b) os processos em que forem partes, de um lado, Estado estrangeiro ou organismo internacional e, de outro, Município ou pessoa residente ou domiciliada no País.

► Art. 109, II, da CF.

§ 1º Nos processos referidos no inciso II, alínea *b*, contra as decisões interlocutórias caberá agravo de instrumento dirigido ao Superior Tribunal de Justiça, nas hipóteses do art. 1.015.

§ 2º Aplica-se ao recurso ordinário o disposto nos arts. 1.013, § 3º, e 1.029, § 5º.

Art. 1.028. Ao recurso mencionado no art. 1.027, inciso II, alínea *b*, aplicam-se, quanto aos requisitos de admissibilidade e ao procedimento, as disposições relativas à apelação e o Regimento Interno do Superior Tribunal de Justiça.

► Art. 995, parágrafo único, deste Código.

§ 1º Na hipótese do art. 1.027, § 1º, aplicam-se as disposições relativas ao agravo de instrumento e o Regimento Interno do Superior Tribunal de Justiça.

► Art. 1.015 deste Código.

§ 2º O recurso previsto no art. 1.027, incisos I e II, alínea *a*, deve ser interposto perante o tribunal de origem, cabendo ao seu presidente ou vice-presidente determinar a intimação do recorrido para, em 15 (quinze) dias, apresentar as contrarrazões.

► Art. 1.003, § 5º, deste Código.

§ 3º Findo o prazo referido no § 2º, os autos serão remetidos ao respectivo tribunal superior, independentemente de juízo de admissibilidade.

Seção II
DO RECURSO EXTRAORDINÁRIO E DO RECURSO ESPECIAL

Subseção I
DISPOSIÇÕES GERAIS

Art. 1.029. O recurso extraordinário e o recurso especial, nos casos previstos na Constituição Federal, serão interpostos perante o presidente ou o vice-presidente do tribunal recorrido, em petições distintas que conterão:

► Arts. 102, III, § 3º, 105, III, da CF.

► Arts. 219, 224, 994, VI e VII, 1.003 e § 5º, 1.035 deste Código.

I – a exposição do fato e do direito;

II – a demonstração do cabimento do recurso interposto;

III – as razões do pedido de reforma ou de invalidação da decisão recorrida.

► Art. 1.025 deste Código.

► Súmulas nºs 279, 281, 282, 454, 640 do STF.

► Súmulas nºs 05, 07, 13, 126, 203, 579 do STJ.

§ 1º Quando o recurso fundar-se em dissídio jurisprudencial, o recorrente fará a prova da divergência com a certidão, cópia ou citação do repositório de jurisprudência, oficial ou credenciado, inclusive em mídia eletrônica, em que houver sido publicado o acórdão divergente, ou ainda com a reprodução de julgado disponível na rede mundial de computadores, com indicação da respectiva fonte, devendo-se, em qualquer caso, mencionar as circunstâncias que identifiquem ou assemelhem os casos confrontados.

§ 2º *Revogado*. Lei nº 13.256, de 4-2-2016.

§ 3º O Supremo Tribunal Federal ou o Superior Tribunal de Justiça poderá desconsiderar vício formal de recurso tempestivo ou determinar sua correção, desde que não o repute grave.

§ 4º Quando, por ocasião do processamento do incidente de resolução de demandas repetitivas, o presidente do Supremo Tribunal Federal ou do Superior Tribunal de Justiça receber requerimento de suspensão de processos em que se discuta questão federal constitucional ou infraconstitucional, poderá, considerando razões de segurança jurídica ou de excepcional interesse social, estender a suspensão a todo o território nacional, até ulterior decisão do recurso extraordinário ou do recurso especial a ser interposto.

§ 5º O pedido de concessão de efeito suspensivo a recurso extraordinário ou a recurso especial poderá ser formulado por requerimento dirigido:

► Art. 995, par. ún. deste Código.

I – ao tribunal superior respectivo, no período compreendido entre a publicação da decisão de admissão do recurso e sua distribuição, ficando o relator designado para seu exame prevento para julgá-lo;

► Inciso I com a redação dada pela Lei nº 13.256, de 4-2-2016.

II – ao relator, se já distribuído o recurso;

III – ao presidente ou ao vice-presidente do tribunal recorrido, no período compreendido entre a interposição do recurso e a publicação da decisão de admissão do recurso, assim como no caso de o recurso ter sido sobrestado, nos termos do art. 1.037.

► Inciso III com a redação dada pela Lei nº 13.256, de 4-2-2016.

Art. 1.030. Recebida a petição do recurso pela secretaria do tribunal, o recorrido será intimado para apresentar contrarrazões no prazo de 15 (quinze) dias, findo o qual os autos serão conclusos ao presidente ou ao vice-presidente do tribunal recorrido, que deverá:

I – negar seguimento:

a) a recurso extraordinário que discuta questão constitucional à qual o Supremo Tribunal Federal não tenha reconhecido a existência de repercussão geral ou a recurso extraordinário interposto contra acórdão que esteja em conformidade com entendimento do Supremo Tribunal Federal exarado no regime de repercussão geral;

b) a recurso extraordinário ou a recurso especial interposto contra acórdão que esteja em conformidade com entendimento do Supremo Tribunal Federal ou do Superior Tribunal de Justiça, respectivamente, exarado no regime de julgamento de recursos repetitivos;

II – encaminhar o processo ao órgão julgador para realização do juízo de retratação, se o acórdão recorrido divergir do entendimento do Supremo Tribunal Federal ou do Superior Tribunal de Justiça exarado, conforme o caso, nos regimes de repercussão geral ou de recursos repetitivos;

III – sobrestar o recurso que versar sobre controvérsia de caráter repetitivo ainda não decidida pelo Supremo Tribunal Federal ou pelo Superior Tribunal de Justiça, conforme se trate de matéria constitucional ou infraconstitucional;

IV – selecionar o recurso como representativo de controvérsia constitucional ou infraconstitucional, nos termos do § 6º do art. 1.036;

V – realizar o juízo de admissibilidade e, se positivo, remeter o feito ao Supremo Tribunal Federal ou ao Superior Tribunal de Justiça, desde que:

a) o recurso ainda não tenha sido submetido ao regime de repercussão geral ou de julgamento de recursos repetitivos;

b) o recurso tenha sido selecionado como representativo da controvérsia; ou

c) o tribunal recorrido tenha refutado o juízo de retratação.

§ 1º Da decisão de inadmissibilidade proferida com fundamento no inciso V caberá agravo ao tribunal superior, nos termos do art. 1.042.

§ 2º Da decisão proferida com fundamento nos incisos I e III caberá agravo interno, nos termos do art. 1.021.

Art. 1.031. Na hipótese de interposição conjunta de recurso extraordinário e recurso especial, os autos serão remetidos ao Superior Tribunal de Justiça.

§ 1º Concluído o julgamento do recurso especial, os autos serão remetidos ao Supremo Tribunal Federal para apreciação do recurso extraordinário, se este não estiver prejudicado.

§ 2º Se o relator do recurso especial considerar prejudicial o recurso extraordinário, em decisão irrecorrível, sobrestará o julgamento e remeterá os autos ao Supremo Tribunal Federal.

§ 3º Na hipótese do § 2º, se o relator do recurso extraordinário, em decisão irrecorrível, rejeitar a prejudicialidade, devolverá os autos ao Superior Tribunal de Justiça para o julgamento do recurso especial.

Art. 1.032. Se o relator, no Superior Tribunal de Justiça, entender que o recurso especial versa sobre questão constitucional, deverá conceder prazo de 15 (quinze) dias para que o recorrente demonstre a existência de repercussão geral e se manifeste sobre a questão constitucional.

Parágrafo único. Cumprida a diligência de que trata o *caput*, o relator remeterá o recurso ao Supremo Tribunal Federal, que, em juízo de admissibilidade, poderá devolvê-lo ao Superior Tribunal de Justiça.

Art. 1.033. Se o Supremo Tribunal Federal considerar como reflexa a ofensa à Constituição afirmada no recurso extraordinário, por pressupor a revisão da interpretação de lei federal ou de tratado, remetê-lo-á ao Superior Tribunal de Justiça para julgamento como recurso especial.

Art. 1.034. Admitido o recurso extraordinário ou o recurso especial, o Supremo Tribunal Federal ou o Superior Tribunal de Justiça julgará o processo, aplicando o direito.

Parágrafo único. Admitido o recurso extraordinário ou o recurso especial por um fundamento, devolve-se ao tribunal superior o conhecimento dos demais fundamentos para a solução do capítulo impugnado.

Art. 1.035. O Supremo Tribunal Federal, em decisão irrecorrível, não conhecerá do recurso extraordinário quando a questão constitucional nele versada não tiver repercussão geral, nos termos deste artigo.

► Art. 102, § 3º, da CF.

§ 1º Para efeito de repercussão geral, será considerada a existência ou não de questões relevantes do ponto de vista econômico, político, social ou jurídico que ultrapassem os interesses subjetivos do processo.

§ 2º O recorrente deverá demonstrar a existência de repercussão geral para apreciação exclusiva pelo Supremo Tribunal Federal.

§ 3º Haverá repercussão geral sempre que o recurso impugnar acórdão que:

I – contrarie súmula ou jurisprudência dominante do Supremo Tribunal Federal;

II – *Revogado*. Lei nº 13.256, de 4-2-2016.

III – tenha reconhecido a inconstitucionalidade de tratado ou de lei federal, nos termos do art. 97 da Constituição Federal.

§ 4º O relator poderá admitir, na análise da repercussão geral, a manifestação de terceiros, subscrita por procurador habilitado, nos termos do Regimento Interno do Supremo Tribunal Federal.

§ 5º Reconhecida a repercussão geral, o relator no Supremo Tribunal Federal determinará a suspensão do processamento de todos os processos pendentes, individuais ou coletivos, que versem sobre a questão e tramitem no território nacional.

§ 6º O interessado pode requerer, ao presidente ou ao vice-presidente do tribunal de origem, que exclua da decisão de sobrestamento e inadmita o recurso extraordinário que tenha sido interposto intempestivamente, tendo o recorrente o prazo de 5 (cinco) dias para manifestar-se sobre esse requerimento.

§ 7º Da decisão que indeferir o requerimento referido no § 6º ou que aplicar entendimento firmado em regime de repercussão geral ou em julgamento de recursos repetitivos caberá agravo interno.

► § 7º com a redação dada pela Lei nº 13.256, de 4-2-2016.

► Art. 1.021 deste Código.

§ 8º Negada a repercussão geral, o presidente ou o vice-presidente do tribunal de origem negará seguimento aos recursos extraordinários sobrestados na origem que versem sobre matéria idêntica.

§ 9º O recurso que tiver a repercussão geral reconhecida deverá ser julgado no prazo de 1 (um) ano e terá preferência sobre os demais feitos, ressalvados os que envolvam réu preso e os pedidos de *habeas corpus*.

§ 10. *Revogado*. Lei nº 13.256, de 4-2-2016.

§ 11. A súmula da decisão sobre a repercussão geral constará de ata, que será publicada no *Diário Oficial* e valerá como acórdão.

Subseção II
DO JULGAMENTO DOS RECURSOS EXTRAORDINÁRIO E ESPECIAL REPETITIVOS

Art. 1.036. Sempre que houver multiplicidade de recursos extraordinários ou especiais com fundamento em idêntica questão de direito, haverá afetação para julgamento de acordo com as disposições desta Subseção, observado o disposto no Regimento Interno do Supremo Tribunal Federal e no do Superior Tribunal de Justiça.

§ 1º O presidente ou o vice-presidente de tribunal de justiça ou de tribunal regional federal selecionará 2 (dois) ou mais recursos representativos da controvérsia, que serão encaminhados ao Supremo Tribunal Federal ou ao Superior Tribunal de Justiça para fins de afetação, determinando a suspensão do trâmite de todos os processos pendentes, individuais ou coletivos, que tramitem no Estado ou na região, conforme o caso.

§ 2º O interessado pode requerer, ao presidente ou ao vice-presidente, que exclua da decisão de sobrestamento e inadmita o recurso especial ou o recurso extraordinário que tenha sido interposto intempestivamente, tendo o recorrente o prazo de 5 (cinco) dias para manifestar-se sobre esse requerimento.

§ 3º Da decisão que indeferir o requerimento referido no § 2º caberá apenas agravo interno.

► § 3º com a redação dada pela Lei nº 13.256, de 4-2-2016.

► Art. 1.021 deste Código.

§ 4º A escolha feita pelo presidente ou vice-presidente do tribunal de justiça ou do tribunal regional federal não vinculará o relator no tribunal superior, que poderá selecionar outros recursos representativos da controvérsia.

§ 5º O relator em tribunal superior também poderá selecionar 2 (dois) ou mais recursos representativos da controvérsia para julgamento da questão de direito independentemente da iniciativa do presidente ou do vice-presidente do tribunal de origem.

§ 6º Somente podem ser selecionados recursos admissíveis que contenham abrangente argumentação e discussão a respeito da questão a ser decidida.

Art. 1.037. Selecionados os recursos, o relator, no tribunal superior, constatando a presença do pressuposto do *caput* do art. 1.036, proferirá decisão de afetação, na qual:

I – identificará com precisão a questão a ser submetida a julgamento;

II – determinará a suspensão do processamento de todos os processos pendentes, individuais ou coletivos, que versem sobre a questão e tramitem no território nacional;

III – poderá requisitar aos presidentes ou aos vice-presidentes dos tribunais de justiça ou dos tribunais regionais federais a remessa de um recurso representativo da controvérsia.

§ 1º Se, após receber os recursos selecionados pelo presidente ou pelo vice-presidente de tribunal de justiça ou de tribunal regional federal, não se proceder à afetação, o relator, no tribunal superior, comunicará o fato ao presidente ou ao vice-presidente que os houver enviado, para que seja revogada a decisão de suspensão referida no art. 1.036, § 1º.

§ 2º *Revogado.* Lei nº 13.256, de 4-2-2016.

§ 3º Havendo mais de uma afetação, será prevento o relator que primeiro tiver proferido a decisão a que se refere o inciso I do *caput*.

§ 4º Os recursos afetados deverão ser julgados no prazo de 1 (um) ano e terão preferência sobre os demais feitos, ressalvados os que envolvam réu preso e os pedidos de *habeas corpus*.

§ 5º *Revogado.* Lei nº 13.256, de 4-2-2016.

§ 6º Ocorrendo a hipótese do § 5º, é permitido a outro relator do respectivo tribunal superior afetar 2 (dois) ou mais recursos representativos da controvérsia na forma do art. 1.036.

§ 7º Quando os recursos requisitados na forma do inciso III do *caput* contiverem outras questões além daquela que é objeto da afetação, caberá ao tribunal decidir esta em primeiro lugar e depois as demais, em acórdão específico para cada processo.

§ 8º As partes deverão ser intimadas da decisão de suspensão de seu processo, a ser proferida pelo respectivo juiz ou relator quando informado da decisão a que se refere o inciso II do *caput*.

§ 9º Demonstrando distinção entre a questão a ser decidida no processo e aquela a ser julgada no recurso especial ou extraordinário afetado, a parte poderá requerer o prosseguimento do seu processo.

§ 10. O requerimento a que se refere o § 9º será dirigido:

I – ao juiz, se o processo sobrestado estiver em primeiro grau;

II – ao relator, se o processo sobrestado estiver no tribunal de origem;

III – ao relator do acórdão recorrido, se for sobrestado recurso especial ou recurso extraordinário no tribunal de origem;

IV – ao relator, no tribunal superior, de recurso especial ou de recurso extraordinário cujo processamento houver sido sobrestado.

§ 11. A outra parte deverá ser ouvida sobre o requerimento a que se refere o § 9º, no prazo de 5 (cinco) dias.

§ 12. Reconhecida a distinção no caso:

I – dos incisos I, II e IV do § 10, o próprio juiz ou relator dará prosseguimento ao processo;

II – do inciso III do § 10, o relator comunicará a decisão ao presidente ou ao vice-presidente que houver determinado o sobrestamento, para que o recurso especial ou o recurso extraordinário seja encaminhado ao respectivo tribunal superior, na forma do art. 1.030, parágrafo único.

§ 13. Da decisão que resolver o requerimento a que se refere o § 9º caberá:

I – agravo de instrumento, se o processo estiver em primeiro grau;

II – agravo interno, se a decisão for de relator.

Art. 1.038. O relator poderá:

I – solicitar ou admitir manifestação de pessoas, órgãos ou entidades com interesse na controvérsia, considerando a relevância da matéria e consoante dispuser o regimento interno;

► Art. 138 deste Código.

II – fixar data para, em audiência pública, ouvir depoimentos de pessoas com experiência e conhecimento na matéria, com a finalidade de instruir o procedimento;

III – requisitar informações aos tribunais inferiores a respeito da controvérsia e, cumprida a diligência, intimará o Ministério Público para manifestar-se.

§ 1º No caso do inciso III, os prazos respectivos são de 15 (quinze) dias, e os atos serão praticados, sempre que possível, por meio eletrônico.

§ 2º Transcorrido o prazo para o Ministério Público e remetida cópia do relatório aos demais ministros, haverá inclusão em pauta, devendo ocorrer o julgamento com preferência sobre os demais feitos, ressalvados os que envolvam réu preso e os pedidos de *habeas corpus*.

§ 3º O conteúdo do acórdão abrangerá a análise dos fundamentos relevantes da tese jurídica discutida.

► § 3º com a redação dada pela Lei nº 13.256, de 4-2-2016.

Art. 1.039. Decididos os recursos afetados, os órgãos colegiados declararão prejudicados os demais recursos versando sobre idêntica controvérsia ou os decidirão aplicando a tese firmada.

Parágrafo único. Negada a existência de repercussão geral no recurso extraordinário afetado, serão considerados automaticamente inadmitidos os recursos extraordinários cujo processamento tenha sido sobrestado.

Art. 1.040. Publicado o acórdão paradigma:

I – o presidente ou o vice-presidente do tribunal de origem negará seguimento aos recursos especiais ou extraordinários sobrestados na origem, se o acórdão recorrido coincidir com a orientação do tribunal superior;

II – o órgão que proferiu o acórdão recorrido, na origem, reexaminará o processo de competência originária, a remessa necessária ou o recurso anteriormente julgado, se o acórdão recorrido contrariar a orientação do tribunal superior;

III – os processos suspensos em primeiro e segundo graus de jurisdição retomarão o curso para julgamento e aplicação da tese firmada pelo tribunal superior;

IV – se os recursos versarem sobre questão relativa a prestação de serviço público objeto de concessão, permissão ou autorização, o resultado do julgamento será comunicado ao órgão, ao ente ou à agência reguladora competente para fiscalização da efetiva aplicação, por parte dos entes sujeitos a regulação, da tese adotada.

§ 1º A parte poderá desistir da ação em curso no primeiro grau de jurisdição, antes de proferida a sentença, se a questão nela discutida for idêntica à resolvida pelo recurso representativo da controvérsia.

§ 2º Se a desistência ocorrer antes de oferecida contestação, a parte ficará isenta do pagamento de custas e de honorários de sucumbência.

§ 3º A desistência apresentada nos termos do § 1º independe de consentimento do réu, ainda que apresentada contestação.

Art. 1.041. Mantido o acórdão divergente pelo tribunal de origem, o recurso especial ou extraordinário será remetido ao respectivo tribunal superior, na forma do art. 1.036, § 1º.

§ 1º Realizado o juízo de retratação, com alteração do acórdão divergente, o tribunal de origem, se for o caso, decidirá as demais questões ainda não decididas cujo enfrentamento se tornou necessário em decorrência da alteração.

§ 2º Quando ocorrer a hipótese do inciso II do *caput* do art. 1.040 e o recurso versar sobre outras questões, caberá ao presidente ou ao vice-presidente do tribunal recorrido, depois do reexame pelo órgão de origem e independentemente de ratificação do recurso, sendo positivo o juízo de admissibilidade, determinar a remessa do recurso ao tribunal superior para julgamento das demais questões.

► § 2º com a redação dada pela Lei nº 13.256, de 4-2-2016.

Seção III
DO AGRAVO EM RECURSO ESPECIAL E EM RECURSO EXTRAORDINÁRIO

Art. 1.042. Cabe agravo contra decisão do presidente ou do vice-presidente do tribunal recorrido que inadmitir recurso extraordinário ou recurso especial, salvo quando fundada na aplicação de entendimento firmado em regime de repercussão geral ou em julgamento de recursos repetitivos.

► *Caput* com a redação dada pela Lei nº 13.256, de 4-2-2016.

► Arts. 219, 224, 994, VIII e 1.003 e § 5º, deste Código.

I a III – *Revogados*. Lei nº 13.256, de 4-2-2016.

§ 1º *Revogado*. Lei nº 13.256, de 4-2-2016.

§ 2º A petição de agravo será dirigida ao presidente ou ao vice-presidente do tribunal de origem e independe do pagamento de custas e despesas postais, aplicando-se a ela o regime de repercussão geral e de recursos repetitivos, inclusive quanto à possibilidade de sobrestamento e do juízo de retratação.

► § 2º com a redação dada pela Lei nº 13.256, de 4-2-2016.

§ 3º O agravado será intimado, de imediato, para oferecer resposta no prazo de 15 (quinze) dias.

§ 4º Após o prazo de resposta, não havendo retratação, o agravo será remetido ao tribunal superior competente.

§ 5º O agravo poderá ser julgado, conforme o caso, conjuntamente com o recurso especial ou extraordinário, assegurada, neste caso, sustentação oral, observando-se, ainda, o disposto no regimento interno do tribunal respectivo.

§ 6º Na hipótese de interposição conjunta de recursos extraordinário e especial, o agravante deverá interpor um agravo para cada recurso não admitido.

§ 7º Havendo apenas um agravo, o recurso será remetido ao tribunal competente, e, havendo interposição conjunta, os autos serão remetidos ao Superior Tribunal de Justiça.

§ 8º Concluído o julgamento do agravo pelo Superior Tribunal de Justiça e, se for o caso, do recurso especial, independentemente de pedido, os autos serão remetidos ao Supremo Tribunal Federal para apreciação do agravo a ele dirigido, salvo se estiver prejudicado.

Seção IV
DOS EMBARGOS DE DIVERGÊNCIA

Art. 1.043. É embargável o acórdão de órgão fracionário que:

► Arts. 219, 224, 994, IX, 1.003 e § 5º, deste Código.

I – em recurso extraordinário ou em recurso especial, divergir do julgamento de qualquer outro órgão do mesmo tribunal, sendo os acórdãos, embargado e paradigma, de mérito;

II – *Revogado*. Lei nº 13.256, de 4-2-2016.

III – em recurso extraordinário ou em recurso especial, divergir do julgamento de qualquer outro órgão do mesmo tribunal, sendo um acórdão de mérito e outro que não tenha conhecido do recurso, embora tenha apreciado a controvérsia;

IV – *Revogado*. Lei nº 13.256, de 4-2-2016.

§ 1º Poderão ser confrontadas teses jurídicas contidas em julgamentos de recursos e de ações de competência originária.

§ 2º A divergência que autoriza a interposição de embargos de divergência pode verificar-se na aplicação do direito material ou do direito processual.

§ 3º Cabem embargos de divergência quando o acórdão paradigma for da mesma turma que proferiu a decisão embargada, desde que sua composição tenha sofrido alteração em mais da metade de seus membros.

§ 4º O recorrente provará a divergência com certidão, cópia ou citação de repositório oficial ou credenciado de jurisprudência, inclusive em mídia eletrônica, onde foi publicado o acórdão divergente, ou com a reprodução de julgado disponível na rede mundial de computadores, indicando a respectiva fonte, e mencionará as circunstâncias que identificam ou assemelham os casos confrontados.

§ 5º *Revogado*. Lei nº 13.256, de 4-2-2016.

Art. 1.044. No recurso de embargos de divergência, será observado o procedimento estabelecido no regimento interno do respectivo tribunal superior.

§ 1º A interposição de embargos de divergência no Superior Tribunal de Justiça interrompe o prazo para interposição de recurso extraordinário por qualquer das partes.

§ 2º Se os embargos de divergência forem desprovidos ou não alterarem a conclusão do julgamento anterior, o recurso extraordinário interposto pela outra parte antes da publicação do julgamento dos embargos de divergência será processado e julgado independentemente de ratificação.

Livro Complementar – Disposições Finais e Transitórias

Art. 1.045. Este Código entra em vigor após decorrido 1 (um) ano da data de sua publicação oficial.

Art. 1.046. Ao entrar em vigor este Código, suas disposições se aplicarão desde logo aos processos pendentes, ficando revogada a Lei nº 5.869, de 11 de janeiro de 1973.

§ 1º As disposições da Lei nº 5.869, de 11 janeiro de 1973, relativas ao procedimento sumário e aos procedimentos especiais que forem revogadas aplicar-se-ão às ações propostas e não sentenciadas até o início da vigência deste Código.

§ 2º Permanecem em vigor as disposições especiais dos procedimentos regulados em outras leis, aos quais se aplicará supletivamente este Código.

§ 3º Os processos mencionados no art. 1.218 da Lei nº 5.869, de 11 de janeiro de 1973, cujo procedimento ainda não tenha sido incorporado por lei submetem-se ao procedimento comum previsto neste Código.

§ 4º As remissões a disposições do Código de Processo Civil revogado, existentes em outras leis, passam a referir-se às que lhes são correspondentes neste Código.

§ 5º A primeira lista de processos para julgamento em ordem cronológica observará a antiguidade da distribuição entre os já conclusos na data da entrada em vigor deste Código.

Art. 1.047. As disposições de direito probatório adotadas neste Código aplicam-se apenas às provas requeridas ou determinadas de ofício a partir da data de início de sua vigência.

Art. 1.048. Terão prioridade de tramitação, em qualquer juízo ou tribunal, os procedimentos judiciais:

I – em que figure como parte ou interessado pessoa com idade igual ou superior a 60 (sessenta) anos ou portadora de doença grave, assim compreendida qualquer das enumeradas no art. 6º, inciso XIV, da Lei nº 7.713, de 22 de dezembro de 1988;

► Art. 71 e § 5º, da Lei 10.741, de 01-10-2003 (Estatuto do Idoso).

II – regulados pela Lei nº 8.069, de 13 de julho de 1990 (Estatuto da Criança e do Adolescente);

III – em que figure como parte a vítima de violência doméstica e familiar, nos termos da Lei nº 11.340, de 7 de agosto de 2006 (Lei Maria da Penha);

► Inciso III acrescido pela Lei nº 13.894, de 29-10-2019.

IV – em que se discuta a aplicação do disposto nas normas gerais de licitação e contratação a que se refere o inciso XXVII do* caput *do art. 22 da Constituição Federal.

► Inciso IV acrescido pela Lei nº 14.133, de 1º-4-2021 (Nova Lei de Licitações e Contratos Administrativos).

§ 1º A pessoa interessada na obtenção do benefício, juntando prova de sua condição, deverá requerê-lo à autoridade judiciária competente para decidir o feito, que determinará ao cartório do juízo as providências a serem cumpridas.

► Art. 4º da Lei 12.318 de 26-8-2010 (Dispõe sobre a alienação parental e altera o art. 236 da Lei nº 8.069, de 13 de julho de 1990).

§ 2º Deferida a prioridade, os autos receberão identificação própria que evidencie o regime de tramitação prioritária.

§ 3º Concedida a prioridade, essa não cessará com a morte do beneficiado, estendendo-se em favor do cônjuge supérstite ou do companheiro em união estável.

§ 4º A tramitação prioritária independe de deferimento pelo órgão jurisdicional e deverá ser imediatamente concedida diante da prova da condição de beneficiário.

Art. 1.049. Sempre que a lei remeter a procedimento previsto na lei processual sem especificá-lo, será observado o procedimento comum previsto neste Código.

Parágrafo único. Na hipótese de a lei remeter ao procedimento sumário, será observado o procedimento comum previsto neste Código, com as modificações previstas na própria lei especial, se houver.

Art. 1.050. A União, os Estados, o Distrito Federal, os Municípios, suas respectivas entidades da administração indireta, o Ministério Público, a Defensoria Pública e a Advocacia Pública, no prazo de 30 (trinta) dias a contar da data da entrada em vigor deste Código, deverão se cadastrar perante a administração do tribunal no qual atuem para cumprimento do disposto nos arts. 246, § 2º, e 270, parágrafo único.

Art. 1.051. As empresas públicas e privadas devem cumprir o disposto no art. 246, § 1º, no prazo de 30 (trinta) dias, a contar da data de inscrição do ato constitutivo da pessoa jurídica, perante o juízo onde tenham sede ou filial.

Parágrafo único. O disposto no *caput* não se aplica às microempresas e às empresas de pequeno porte.

Art. 1.052. Até a edição de lei específica, as execuções contra devedor insolvente, em curso ou que venham a ser propostas, permanecem reguladas pelo Livro II, Título IV, da Lei nº 5.869, de 11 de janeiro de 1973.

Art. 1.053. Os atos processuais praticados por meio eletrônico até a transição definitiva para certificação digital ficam convalidados, ainda que não tenham observado os requisitos mínimos estabelecidos por este Código, desde que tenham atingido sua finalidade e não tenha havido prejuízo à defesa de qualquer das partes.

Art. 1.054. O disposto no art. 503, § 1º, somente se aplica aos processos iniciados após a vigência deste Código, aplicando-se aos anteriores o disposto nos arts. 5º, 325 e 470 da Lei nº 5.869, de 11 de janeiro de 1973.

Art. 1.055. VETADO.

► O dispositivo vetado tinha a seguinte redação: "Art. 1.055. O devedor ou arrendatário não se exime da obrigação de pagamento dos tributos, das multas e das taxas incidentes sobre os bens vinculados e de outros encargos previstos em contrato, exceto se a obrigação de pagar não for de sua responsabilidade, conforme contrato, ou for objeto de suspensão em tutela provisória."

Art. 1.056. Considerar-se-á como termo inicial do prazo da prescrição prevista no art. 924, inciso V, inclusive para as execuções em curso, a data de vigência deste Código.

Art. 1.057. O disposto no art. 525, §§ 14 e 15, e no art. 535, §§ 7º e 8º, aplica-se às decisões transitadas em julgado após a entrada em vigor deste Código, e, às decisões transitadas em julgado anteriormente, aplica-se o disposto no art. 475-L, § 1º, e no art. 741, parágrafo único, da Lei nº 5.869, de 11 de janeiro de 1973.

Art. 1.058. Em todos os casos em que houver recolhimento de importância em dinheiro, esta será depositada em nome da parte ou do interessado, em conta especial movimentada por ordem do juiz, nos termos do art. 840, inciso I.

Art. 1.059. À tutela provisória requerida contra a Fazenda Pública aplica-se o disposto nos arts. 1º a 4º da Lei nº 8.437, de 30 de junho de 1992, e no art. 7º, § 2º, da Lei nº 12.016, de 7 de agosto de 2009.

Art. 1.060. O inciso II do art. 14 da Lei nº 9.289, de 4 de julho de 1996, passa a vigorar com a seguinte redação:

"Art. 14. ....

....

II – aquele que recorrer da sentença adiantará a outra metade das custas, comprovando o adiantamento no ato de interposição do recurso, sob pena de deserção, observado o disposto nos §§ 1º a 7º do art. 1.007 do Código de Processo Civil;

....:

Art. 1.061. O § 3º do art. 33 da Lei nº 9.307, de 23 de setembro de 1996 (Lei de Arbitragem), passa a vigorar com a seguinte redação:

"Art. 33. ....

....

§ 3º A decretação da nulidade da sentença arbitral também poderá ser requerida na impugnação ao cumprimento da sentença, nos termos dos arts. 525 e seguintes do Código de Processo Civil, se houver execução judicial."

Art. 1.062. O incidente de desconsideração da personalidade jurídica aplica-se ao processo de competência dos juizados especiais.

► Arts. 133 a 137 deste Código.

► Art. 50 do CC.

► Lei nº 9.099, de 26-9-1995 (Lei dos Juizados Especiais).

Art. 1.063. Até a edição de lei específica, os juizados especiais cíveis previstos na Lei nº 9.099, de 26 de setembro de 1995, continuam competentes para o processamento e julgamento das causas previstas no art. 275, inciso II, da Lei nº 5.869, de 11 de janeiro de 1973.

Art. 1.064. O *caput* do art. 48 da Lei nº 9.099, de 26 de setembro de 1995, passa a vigorar com a seguinte redação:

"Art. 48. Caberão embargos de declaração contra sentença ou acórdão nos casos previstos no Código de Processo Civil."

Art. 1.065. O art. 50 da Lei nº 9.099, de 26 de setembro de 1995, passa a vigorar com a seguinte redação:

" Art. 50. Os embargos de declaração interrompem o prazo para a interposição de recurso."

Art. 1.066. O art. 83 da Lei nº 9.099, de 26 de setembro de 1995, passam a vigorar com a seguinte redação:

" Art. 83. Cabem embargos de declaração quando, em sentença ou acórdão, houver obscuridade, contradição ou omissão.

....

§ 2º Os embargos de declaração interrompem o prazo para a interposição de recurso.

.... "

Art. 1.067. O art. 275 da Lei nº 4.737, de 15 de julho de 1965 (Código Eleitoral), passa a vigorar com a seguinte redação:

"Art. 275. São admissíveis embargos de declaração nas hipóteses previstas no Código de Processo Civil.

§ 1º Os embargos de declaração serão opostos no prazo de 3 (três) dias, contado da data de publicação da decisão embargada, em petição dirigida ao juiz ou relator, com a indicação do ponto que lhes deu causa.

§ 2º Os embargos de declaração não estão sujeitos a preparo.

§ 3º O juiz julgará os embargos em 5 (cinco) dias.

§ 4º Nos tribunais:

I – o relator apresentará os embargos em mesa na sessão subsequente, proferindo voto;

II – não havendo julgamento na sessão referida no inciso I, será o recurso incluído em pauta;

III – vencido o relator, outro será designado para lavrar o acórdão.

§ 5º Os embargos de declaração interrompem o prazo para a interposição de recurso.

§ 6º Quando manifestamente protelatórios os embargos de declaração, o juiz ou o tribunal, em decisão fundamentada, condenará o embargante a pagar ao embargado multa não excedente a 2 (dois) salários-mínimos.

§ 7º Na reiteração de embargos de declaração manifestamente protelatórios, a multa será elevada a até 10 (dez) salários-mínimos."

Art. 1.068. O art. 274 e o *caput* do art. 2.027 da Lei nº 10.406, de 10 de janeiro de 2002 (Código Civil), passam a vigorar com a seguinte redação:

"Art. 274. O julgamento contrário a um dos credores solidários não atinge os demais, mas o julgamento favorável aproveita-lhes, sem prejuízo de exceção pessoal que o devedor tenha direito de invocar em relação a qualquer deles."

"Art. 2.027. A partilha é anulável pelos vícios e defeitos que invalidam, em geral, os negócios jurídicos.

.... "

Art. 1.069. O Conselho Nacional de Justiça promoverá, periodicamente, pesquisas estatísticas para avaliação da efetividade das normas previstas neste Código.

Art. 1.070. É de 15 (quinze) dias o prazo para a interposição de qualquer agravo, previsto em lei ou em regimento interno de tribunal, contra decisão de relator ou outra decisão unipessoal proferida em tribunal.

Art. 1.071. O Capítulo III do Título V da Lei nº 6.015, de 31 de dezembro de 1973 (Lei de Registros Públicos), passa a vigorar acrescida do seguinte art. 216-A:

"Art. 216-A. Sem prejuízo da via jurisdicional, é admitido o pedido de reconhecimento extrajudicial de usucapião, que será processado diretamente perante o cartório do registro de imóveis da comarca em que estiver situado o imóvel usucapiendo, a requerimento do interessado, representado por advogado, instruído com:

I – ata notarial lavrada pelo tabelião, atestando o tempo de posse do requerente e seus antecessores, conforme o caso e suas circunstâncias;

II – planta e memorial descritivo assinado por profissional legalmente habilitado, com prova de anotação de responsabilidade técnica no respectivo conselho de fiscalização profissional, e pelos titulares de direitos reais e de outros direitos registrados ou averbados na matrícula do imóvel usucapiendo e na matrícula dos imóveis confinantes;

III – certidões negativas dos distribuidores da comarca da situação do imóvel e do domicílio do requerente;

IV – justo título ou quaisquer outros documentos que demonstrem a origem, a continuidade, a natureza e o tempo da posse, tais como o pagamento dos impostos e das taxas que incidirem sobre o imóvel.

§ 1º O pedido será autuado pelo registrador, prorrogando-se o prazo da prenotação até o acolhimento ou a rejeição do pedido.

§ 2º Se a planta não contiver a assinatura de qualquer um dos titulares de direitos reais e de outros direitos registrados ou averbados na matrícula do imóvel usucapiendo e na matrícula dos imóveis confinantes, esse será notificado pelo registrador competente, pessoalmente ou pelo correio com aviso de recebimento, para manifestar seu consentimento expresso em 15 (quinze) dias, interpretado o seu silêncio como discordância.

§ 3º O oficial de registro de imóveis dará ciência à União, ao Estado, ao Distrito Federal e ao Município, pessoalmente, por intermédio do oficial de registro de títulos e documentos, ou pelo correio com aviso de recebimento, para que se manifestem, em 15 (quinze) dias, sobre o pedido.

§ 4º O oficial de registro de imóveis promoverá a publicação de edital em jornal de grande circulação, onde houver, para a ciência de terceiros eventualmente interessados, que poderão se manifestar em 15 (quinze) dias.

§ 5º Para a elucidação de qualquer ponto de dúvida, poderão ser solicitadas ou realizadas diligências pelo oficial de registro de imóveis.

§ 6º Transcorrido o prazo de que trata o § 4º deste artigo, sem pendência de diligências na forma do § 5º deste artigo e achando-se em ordem a documentação, com inclusão da concordância expressa dos titulares de direitos reais e de outros direitos registrados ou averbados na matrícula do imóvel usucapiendo e na matrícula dos imóveis confinantes, o oficial de registro de imóveis registrará a aquisição do imóvel com as descrições apresentadas, sendo permitida a abertura de matrícula, se for o caso.

§ 7º Em qualquer caso, é lícito ao interessado suscitar o procedimento de dúvida, nos termos desta Lei.

§ 8º Ao final das diligências, se a documentação não estiver em ordem, o oficial de registro de imóveis rejeitará o pedido.

§ 9º A rejeição do pedido extrajudicial não impede o ajuizamento de ação de usucapião.

§ 10. Em caso de impugnação do pedido de reconhecimento extrajudicial de usucapião, apresentada por qualquer um dos titulares de direito reais e de outros direitos registrados ou averbados na matrícula do imóvel usucapiendo e na matrícula dos imóveis confinantes, por algum dos entes públicos ou por algum terceiro interessado, o oficial de registro de imóveis remeterá os autos ao juízo competente da comarca da situação do imóvel, cabendo ao requerente emendar a petição inicial para adequá-la ao procedimento comum."

Art. 1.072. Revogam-se:

I – o art. 22 do Decreto-Lei nº 25, de 30 de novembro de 1937;

II – os arts. 227, *caput*, 229, 230, 456, 1.482, 1.483 e 1.768 a 1.773 da Lei nº 10.406, de 10 de janeiro de 2002 (Código Civil);

III – os arts. 2º, 3º, 4º, 6º, 7º, 11, 12 e 17 da Lei nº 1.060, de 5 de fevereiro de 1950;

IV – os arts. 13 a 18, 26 a 29 e 38 da Lei nº 8.038, de 28 de maio de 1990;

V – os arts. 16 a 18 da Lei nº 5.478, de 25 de julho de 1968; e

VI – o art. 98, § 4º, da Lei nº 12.529, de 30 de novembro de 2011.

Brasília, 16 de março de 2015;
194º da Independência e
127º da República.

Dilma Rousseff

Índice Alfabético-Remissivo do Código de Processo Civil/2015

(LEI Nº 13.105, DE 16-3-2015)

A

CÓDIGO COMERCIAL

Índice Sistemático do Código Comercial

(LEI Nº 556, DE 25-6-1850)

CÓDIGO COMERCIAL

LEI Nº 556, DE 25 DE JUNHO DE 1850

Dom Pedro Segundo, por graça de Deus e unânime aclamação dos povos, Imperador Constitucional e defensor perpétuo do Brasil:

Fazemos saber a todos os súditos, que a Assembleia-Geral decretou, e nós queremos a Lei seguinte:

PARTE PRIMEIRA – DO COMÉRCIO EM GERAL

Revogada. Lei nº 10.406, de 10-1-2002 (Código Civil).

PARTE SEGUNDA – DO COMÉRCIO MARÍTIMO

TÍTULO I – DAS EMBARCAÇÕES

Art. 457. Somente podem gozar das prerrogativas e favores concedidos a embarcações brasileiras, as que verdadeiramente pertencerem a súditos do Império, sem que algum estrangeiro nelas possua parte ou interesse.

Provando-se que alguma embarcação, registrada debaixo do nome de brasileiro, pertence no todo ou em parte a estrangeiro, ou que este tem nela algum interesse, será apreendida como perdida; e metade do seu produto aplicado para o denunciante, havendo-o, e a outra metade a favor do cofre do Tribunal do Comércio respectivo.

Os súditos brasileiros domiciliados em país estrangeiro não podem possuir embarcação brasileira; salvo se nela for comparte alguma casa comercial brasileira estabelecida no Império.

Art. 458. Acontecendo que alguma embarcação brasileira passe por algum título a domínio de estrangeiro no todo ou em parte, não poderá navegar com a natureza de propriedade brasileira, enquanto não for alienada a súdito do Império.

Art. 459. É livre construir as embarcações pela forma e modo que mais conveniente parecer; nenhuma, porém, poderá aparelhar-se sem se reconhecer previamente, por vistoria feita na conformidade dos regulamentos do Governo, que se acha navegável.

O auto original da vistoria será depositado na secretaria do Tribunal do Comércio respectivo; e antes deste depósito nenhuma embarcação será admitida a registro.

Art. 460. Toda embarcação brasileira destinada à navegação do alto-mar, com exceção somente das que se empregarem exclusivamente nas pescarias das costas, deve ser registrada no Tribunal do Comércio do domicílio do seu proprietário ostensivo ou armador (artigo 484), e sem constar do registro não será admitida a despacho.

Art. 461. O registro deve conter:

1. a declaração do lugar onde a embarcação foi construída, o nome do construtor, e a qualidade das madeiras principais;
2. as dimensões da embarcação em palmos e polegadas, e a sua capacidade em toneladas, comprovadas por certidão de arqueação com referência à sua data;
3. a armação de que usa, e quantas cobertas tem;
4. o dia em que foi lançada ao mar;
5. o nome de cada um dos donos ou compartes, e os seus respectivos domicílios;
6. menção especificada do quinhão de cada comparte, se for de mais de um proprietário, e a época da sua respectiva aquisição, com referência à natureza e data do título, que deverá acompanhar a petição para o registro. O nome da embarcação registrada e do seu proprietário ostensivo ou armador serão publicados por anúncios nos periódicos do lugar.

Art. 462. Se a embarcação for de construção estrangeira, além das especificações sobreditas, deverá declarar-se no registro a nação a que pertencia, o nome que tinha e o que tomou, e o título por que passou a ser de propriedade brasileira; podendo omitir-se, quando não conste dos documentos, o nome do construtor.

Art. 463. O proprietário armador prestará juramento por si ou por seu procurador, nas mãos do presidente do tribunal, de que a sua declaração é verídica, e de que todos os proprietários da embarcação são verdadeiramente súditos brasileiros, obrigando-se por termo a não fazer uso ilegal do registro, e a entregá-lo dentro de um ano no mesmo tribunal, no caso da embarcação ser vendida, perdida ou julgada incapaz de navegar; pena de incorrer na multa no mesmo termo declarada, que o tribunal arbitrará.

Nos lugares onde não houver Tribunal do Comércio, todas as diligências sobreditas serão praticadas perante o juiz de direito do comércio, que enviará ao tribunal competente as devidas participações, acompanhadas dos documentos respectivos.

Art. 464. Todas as vezes que qualquer embarcação mudar de proprietário ou de nome, será o seu registro apresentado no Tribunal do Comércio respectivo para as competentes anotações.

Art. 465. Sempre que a embarcação mudar de capitão, será esta alteração anotada no registro, pela autoridade que tiver a seu cargo a matrícula dos navios, no porto onde a mudança tiver lugar.

Art. 466. Toda a embarcação brasileira em viagem é obrigada a ter a bordo:

1. o seu registro (artigo 460);
2. o passaporte do navio;
3. o rol da equipagem ou matrícula;
4. a guia ou manifesto da Alfândega do porto brasileiro donde houver saído, feito na conformidade das leis, regulamentos e instruções fiscais;
5. a carta de fretamento nos casos em que este tiver lugar, e os conhecimentos da carga existente a bordo, se alguma existir;
6. os recibos das despesas dos portos donde sair, compreendidas as de pilotagem, ancoragem e mais direitos ou impostos de navegação;

7. um exemplar do Código Comercial.

Art. 467. A matrícula deve ser feita no porto do armamento da embarcação, e conter:

1. os nomes do navio, capitão, oficiais e gente da tripulação, com declaração de suas idades, estado, naturalidade e domicílio, e o emprego de cada um a bordo;
2. o porto da partida e o do destino, e a torna-viagem, se esta for determinada;
3. as soldadas ajustadas, especificando-se, se são por viagem ou ao mês, por quantia certa ou a frete, quinhão ou lucro na viagem;
4. as quantias adiantadas, que se tiverem pago ou prometido pagar por conta das soldadas;
5. a assinatura do capitão, e de todos os oficiais do navio e mais indivíduos da tripulação que souberem escrever (artigos 511 e 512).

Art. 468. As alienações ou hipotecas de embarcações brasileiras destinadas à navegação do alto-mar, só podem fazer-se por escritura pública, na qual se deverá inserir o teor do seu registro, com todas as anotações que nele houver (artigos 472 e 474); pena de nulidade.

Todos os aprestos, aparelhos e mais pertences existentes a bordo de qualquer navio ao tempo da sua venda, deverão entender-se compreendidos nesta, ainda que deles se não faça expressa menção; salvo havendo no contrato convenção em contrário.

Art. 469. Vendendo-se algum navio em viagem, pertencem ao comprador os fretes que vencerem nesta viagem; mas se na data do contrato o navio tiver chegado ao lugar do seu destino, serão do vendedor; salvo convenção em contrário.

Art. 470. No caso de venda voluntária, a propriedade da embarcação passa para o comprador com todos os seus encargos; salvo os direitos dos credores privilegiados que nela tiverem hipoteca tácita. Tais são:

1. os salários devidos por serviços prestados ao navio, compreendidos os de salvados e pilotagem;
2. todos os direitos de porto e impostos de navegação;
3. os vencimentos de depositários e despesas necessárias feitas na guarda do navio, compreendido o aluguel dos armazéns de depósito dos aprestos e aparelhos do mesmo navio;
4. todas as despesas do custeio do navio e seus pertences, que houverem sido feitas para sua guarda e conservação depois da última viagem e durante a sua estadia no porto da venda;
5. as soldadas do capitão, oficiais e gente da tripulação, vencidas na última viagem;
6. o principal e prêmio das letras de risco tomadas pelo capitão sobre o casco e aparelho ou sobre os fretes (artigo 651) durante a última viagem, sendo o contrato celebrado e assinado antes do navio partir do porto onde tais obrigações forem contraídas;
7. o principal e prêmio de letras de risco, tomadas sobre o casco e aparelhos, ou fretes, antes de começar a última viagem, no porto da carga (artigo 515);
8. as quantias emprestadas ao capitão, ou dívidas por ele contraídas para o conserto e custeio do navio, durante a última viagem, com os respectivos prêmios de seguro, quando em virtude de tais empréstimos o capitão houver evitado firmar letras de risco (artigo 515);
9. faltas na entrega da carga, prêmios de seguro sobre o navio ou fretes, e avarias ordinárias, e tudo o que respeitar à última viagem somente.

Art. 471. São igualmente privilegiadas, ainda que contraídas fossem anteriormente à última viagem:

1. as dívidas provenientes do contrato da construção do navio e juros respectivos, por tempo de três anos, a contar do dia em que a construção ficar acabada;
2. as despesas do conserto do navio e seus aparelhos, e juros respectivos, por tempo dos dois últimos anos, a contar do dia em que o conserto terminou.

Art. 472. Os créditos provenientes das dívidas especificadas no artigo precedente, e nos n°s 4, 6, 7 e 8 do artigo 470, só serão considerados como privilegiados quando tiverem sido lançados no Registro do Comércio em tempo útil (artigo 10, nº 2) e as suas importâncias se acharem anotadas no registro da embarcação (artigo 468).

As mesmas dívidas, sendo contraídas fora do Império, só serão atendidas achando-se autenticadas com o – "*Visto*" – do respectivo cônsul.

Art. 473. Os credores contemplados nos artigos 470 e 471 preferem entre si pela ordem dos números em que estão colocados; as dívidas, contempladas debaixo do mesmo número e contraídas no mesmo porto, precederão entre si pela ordem em que ficam classificadas, e entrarão em concurso sendo de idêntica natureza; porém, se dívidas idênticas se fizerem por necessidade em outros portos, ou no mesmo porto a que voltar o navio, as posteriores preferirão às anteriores.

Art. 474. Em seguimento dos créditos mencionados nos artigos 470 e 471, são também privilegiados o preço da compra do navio não pago, e os juros respectivos, por tempo de três anos, a contar da data do instrumento do contrato; contanto, porém, que tais créditos constem de documentos inscritos lançados no Registro do Comércio em tempo útil, e a sua importância se ache anotada no registro da embarcação.

Art. 475. No caso de quebra ou insolvência do armador do navio, todos os créditos a cargo da embarcação, que se acharem nas precisas circunstâncias dos artigos 470, 471 e 474, preferirão sobre o preço do navio a outros credores da massa.

Art. 476. O vendedor de embarcação é obrigado a dar ao comprador uma nota por ele assinada de todos os créditos privilegiados a que a mesma embarcação possa achar-se obrigada (artigos 470, 471 e 474), a qual deverá ser incorporada na escritura da venda em seguimento do registro da embarcação.

A falta de declaração de algum crédito privilegiado induz presunção de má-fé da parte do vendedor, contra o qual o comprador poderá intentar a ação criminal que seja competente, se for obrigado ao pagamento de algum crédito não declarado.

Art. 477. Nas vendas judiciais extingue-se toda a responsabilidade da embarcação para com todos e quaisquer credores, desde a data do termo da arrematação, e fica subsistindo somente sobre o preço, enquanto este se não levanta.

Todavia, se do registro do navio constar que este está obrigado por algum crédito privilegiado, o preço da arrematação será conservado em depósito, em tanto quanto baste para solução dos créditos privilegiados constantes do registro; e não poderá levantar-se antes de expirar o prazo da prescrição dos créditos privilegiados, ou se mostrar que estão todos pagos, ainda mesmo que o exequente seja credor privilegiado, salvo prestando fiança idônea; pena de nulidade do levantamento do depósito; competindo ao credor prejudicado ação para haver de quem indevidamente houver recebido, e de perdas e danos solidariamente contra o juiz e escrivão que tiverem passado e assinado a ordem ou mandado.

Art. 478. Ainda que as embarcações sejam reputadas bens móveis, contudo, nas vendas judiciais, se guardarão as regras que as leis prescrevem para as arrematações dos bens de raiz; devendo as ditas vendas, além da afixação dos editais nos lugares públicos, e particularmente nas praças do comércio, ser publicadas por três anúncios insertos, com o intervalo de oito dias, nos jornais do lugar, que habitualmente publicarem anúncios, e, não os havendo, nos do lugar mais vizinho.

Nas mesmas vendas, as custas judiciais do processo da execução e arrematação preferem a todos os créditos privilegiados.

Art. 479. Enquanto durar a responsabilidade da embarcação por obrigações privilegiadas, pode esta ser embargada e detida, a requerimento de credores que apresentarem títulos legais (artigos 470, 471 e 474), em qualquer porto do Império onde se achar, estando sem carga ou não tendo recebido a bordo mais da quarta parte da que corresponder à sua lotação; o embargo, porém, não será admissível achando-se a embarcação com os despachos necessários para poder ser declarada desimpedida, qualquer que seja o estado da carga; salvo se a dívida proceder de fornecimentos feitos no mesmo porto, e para a mesma viagem.

Art. 480. Nenhuma embarcação pode ser embargada ou detida por dívida não privilegiada; salvo no porto da sua matrícula; e mesmo neste, unicamente nos casos em que os devedores são por direito obrigados a prestar caução em juízo, achando-se previamente intentadas as ações competentes.

Art. 481. Nenhuma embarcação, depois de ter recebido mais da quarta parte da carga correspondente à sua lotação, pode ser embargada ou detida por dívidas particulares do armador, exceto se estas tiverem sido contraídas para aprontar o navio para a mesma viagem, e o devedor não tiver outros bens com que possa pagar; mas, mesmo neste caso, se mandará levantar o embargo, dando os mais compartes fiança pelo valor de seus respectivos quinhões, assinando o capitão termo de voltar ao mesmo lugar finda a viagem, e prestando os interessados na expedição fiança idônea à satisfação da dívida, no caso da embarcação não voltar por qualquer incidente, ainda que seja de força maior. O capitão que deixar de cumprir o referido termo responderá pessoalmente pela dívida, salvo o caso de força maior, e a sua falta será qualificada de barataria.

Art. 482. Os navios estrangeiros surtos nos portos do Brasil não podem ser embargados nem detidos, ainda mesmo que se achem sem carga, por dívidas que não forem contraídas no território brasileiro em utilidade dos mesmos navios ou da sua carga; salvo provindo a dívida de letras de risco ou de câmbio sacadas em país estrangeiro no caso do artigo 651, e vencidas em algum lugar do Império.

Art. 483. Nenhum navio pode ser detido ou embargado, nem executado na sua totalidade por dívidas particulares de um comparte; poderá, porém, ter lugar a execução no valor do quinhão do devedor, sem prejuízo da livre navegação do mesmo navio, prestando os mais compartes fiança idônea.

TÍTULO II – DOS PROPRIETÁRIOS, COMPARTES E CAIXAS DE NAVIOS

Art. 484. Todos os cidadãos brasileiros podem adquirir e possuir embarcações brasileiras; mas a sua armação e expedição só pode girar debaixo do nome e responsabilidade de um proprietário ou comparte, armador ou caixa, que tenha as qualidades requeridas para ser comerciante (artigos 1º e 4º).

Art. 485. Quando os compartes de um navio fazem dele uso comum, esta sociedade ou parceria marítima regula-se pelas disposições das sociedades comerciais (Parte I, Título XV); salvo as determinações contidas no presente Título.

Art. 486. Nas parcerias ou sociedades de navios, o parecer da maioria no valor dos interesses prevalece contra o da minoria nos mesmos interesses, ainda que esta seja representada pelo maior número de sócios e aquela por um só. Os votos computam-se na proporção dos quinhões; o menor quinhão será contado por um voto; no caso de empate decidirá a sorte, se os sócios não preferirem cometer a decisão a um terceiro.

Art. 487. Achando-se um navio necessitado de conserto, e convindo neste a maioria, os sócios dissidentes, se não quiserem anuir, serão obrigados a vender os seus quinhões aos outros compartes, estimando-se o preço antes de principiar-se o conserto; se estes não quiserem comprar, proceder-se-á à venda em hasta pública.

Art. 488. Se o menor número entender que a embarcação necessita de conserto e a maioria se opuser, a minoria tem direito para requerer que se proceda a vistoria judicial; decidindo-se que o conserto é necessário, todos os compartes são obrigados a contribuir para ele.

Art. 489. Se algum comparte na embarcação quiser vender o seu quinhão, será obrigado a afrontar os outros parceiros; estes têm direito a preferir na compra em igualdade de condições, contanto que efetuem a entrega do preço à vista, ou o consignem em juízo no caso de contestação. Resolvendo-se a venda do navio por deliberação da maioria, a minoria pode exigir que se faça em hasta pública.

Art. 490. Todos os compartes têm direito de preferir no fretamento a qualquer terceiro, em igualdade de condições; concorrendo na preferência para a mesma viagem dois ou mais compartes, preferirá o que tiver maior parte de interesses na embarcação; no caso de igualdade de interesses decidirá a sorte; todavia, esta preferência não dá direito para exigir que se varie o destino da viagem acordada pela maioria.

Art. 491. Toda a parceria ou sociedade de navio é administrada por um ou mais caixas, que representa em juízo e fora dele a todos os interessados, e os responsabiliza; salvo as restrições contidas no instrumento social, ou nos poderes do seu mandato, competentemente registrados (artigo 10, nº 2).

Art. 492. O caixa deve ser nomeado dentre os compartes; salvo se todos convierem na nomeação de pessoa estranha à parceria; em todos os casos é necessário que o caixa tenha as qualidades exigidas no artigo 484.

Art. 493. Ao caixa, não havendo estipulação em contrário, pertence nomear, ajustar e despedir o capitão e mais oficiais do navio, dar todas as ordens, e fazer todos os contratos relativos à administração, fretamento e viagens da embarcação; obrando sempre em conformidade do acordo da maioria e do seu mandato, debaixo de sua responsabilidade pessoal para com os compartes pelo que obrar contra o mesmo acordo, ou mandato.

Art. 494. Todos os proprietários e compartes são solidariamente responsáveis pelas dívidas que o capitão contrair para consertar, habilitar e aprovisionar o navio; sem que esta responsabilidade possa ser ilidida, alegando-se que o capitão excedeu os limites das suas faculdades, ou instruções, se os credores provarem que a quantia pedida foi empregada a benefício do navio (artigo 517). Os mesmos proprietários e compartes são solidariamente responsáveis pelos prejuízos que o capitão causar a terceiro por falta da diligência que é obrigado a empregar para boa guarda, acondicionamento e conservação dos efeitos recebidos a bordo (artigo 519). Esta responsabilidade cessa, fazendo aqueles abandono do navio e fretes vencidos e a vencer na respectiva viagem. Não é permitido o abandono ao proprietário ou comparte que for ao mesmo tempo capitão do navio.

Art. 495. O caixa é obrigado a dar aos proprietários ou compartes, no fim de cada viagem, uma conta da sua gestão, tanto relativa ao estado do navio e parceria, como da viagem finda, acompanhada dos documentos competentes, e a pagar sem demora o saldo líquido que a cada um couber; os proprietários ou compartes são obrigados a examinar a conta do caixa logo que lhes for apresentada, e a pagar sem demora a quota respectiva aos seus quinhões. A aprovação das contas do caixa dada pela maioria dos compartes do navio não obsta a que a minoria dos sócios intente contra eles as ações que julgar competentes.

TÍTULO III – DOS CAPITÃES OU MESTRES DE NAVIO

Art. 496. Para ser capitão ou mestre de embarcação brasileira, palavras sinônimas neste Código para todos os efeitos de direito, requer-se ser cidadão brasileiro, domiciliado no Império, com capacidade civil para poder contratar validamente.

Art. 497. O capitão é o comandante da embarcação; toda a tripulação lhe está sujeita, e é obrigada a obedecer e cumprir as suas ordens em tudo quanto for relativo ao serviço do navio.

Art. 498. O capitão tem a faculdade de impor penas correcionais aos indivíduos da tripulação que perturbarem a ordem do navio, cometerem faltas de disciplina, ou deixarem de fazer o serviço que lhes competir; e até mesmo de proceder à prisão por motivo de insubordinação, ou de qualquer outro crime cometido a bordo, ainda mesmo que o delinquente seja passageiro; formando os necessários processos, os quais é obrigado a entregar com os presos às autoridades competentes no primeiro porto do Império aonde entrar.

Art. 499. Pertence ao capitão escolher e ajustar a gente da equipagem, e despedi-la, nos casos em que a despedida possa ter lugar (artigo 555), obrando de conserto com o dono ou armador, caixa, ou consignatário do navio, nos lugares onde estes se acharem presentes. O capitão não pode ser obrigado a receber na equipagem indivíduo algum contra a sua vontade.

Art. 500. O capitão que seduzir ou desencaminhar marinheiro matriculado em outra embarcação será punido com a multa de cem mil-réis por cada indivíduo que desencaminhar, e obrigado a entregar o marinheiro seduzido, existindo a bordo do seu navio; e se a embarcação por esta falta deixar de fazer-se à vela, será responsável pelas estadias da demora.

Art. 501. O capitão é obrigado a ter escrituração regular de tudo quanto diz respeito à administração do navio, e à sua navegação; tendo para este fim três livros distintos, encadernados e rubricados pela autoridade a cargo de quem estiver a matrícula dos navios; pena de responder por perdas e danos que resultarem da sua falta de escrituração regular.

Art. 502. No primeiro, que se denominará – "*Livro da Carga*" – assentará diariamente as entradas e saídas da carga, com declaração específica das marcas e números dos volumes, nomes dos carregadores e consignatários, portos da carga e descarga, fretes ajustados, e quaisquer outras circunstâncias ocorrentes que possam servir para futuros esclarecimentos. No mesmo livro se lançarão também os nomes dos passageiros, com declaração do lugar do seu destino, preço e condições da passagem, e a relação da sua bagagem.

Art. 503. O segundo livro será da — "*Receita e Despesa da Embarcação*" –; e nele, debaixo de competentes títulos, se lançará, em forma de contas-correntes, tudo quanto o capitão receber e despender respectivamente à embarcação; abrindo-se assento a cada um dos indivíduos da tripulação, com declaração de seus vencimentos, e de qualquer ônus a que se achem obrigados, e a cargo do que receberem por conta de suas soldadas.

Art. 504. No terceiro livro, que será denominado — "*Diário da Navegação*" — se assentarão diariamente, enquanto o navio se achar em algum porto, os trabalhos que tiverem lugar a bordo, e os consertos ou reparos do navio. No mesmo livro se assentará também toda a derrota da viagem, notando-se diariamente as observações que os capitães e os pilotos são obrigados a fazer, todas as ocorrências interessantes à navegação, acontecimentos extraordinários que possam ter lugar a bordo, e com especialidade os temporais, e os danos ou avarias que o navio ou a carga possam sofrer, as deliberações que se tomarem por acordo dos oficiais da embarcação, e os competentes protestos.

Art. 505. Todos os processos testemunháveis e protestos formados a bordo, tendentes a comprovar sinistros, avarias, ou quaisquer perdas, devem ser ratificados com juramento do capitão perante a autoridade competente do primeiro lugar onde chegar; a qual deverá interrogar o mesmo capitão, oficiais, gente da equipagem (artigo 545, nº 7) e passageiros sobre a veracidade dos fatos e suas circunstâncias, tendo presente o Diário da Navegação, se houver sido salvo.

Art. 506. Na véspera da partida do porto da carga, fará o capitão inventariar, em presença do piloto e contramestre, as amarras, âncoras, velames e mastreação, com declaração do estado em que se acharem. Este inventário será assinado pelo capitão, piloto e contramestre. Todas as alterações que durante a viagem sofrer qualquer dos sobreditos artigos serão anotadas no Diário da Navegação, e com as mesmas assinaturas.

Art. 507. O capitão é obrigado a permanecer a bordo desde o momento em que começa a viagem de mar, até a chegada do navio a surgidouro seguro e bom porto; e a tomar os pilotos e práticos necessários em todos os lugares em que os regulamentos, o uso e prudência o exigirem; pena de responder por perdas e danos que da sua falta resultarem.

Art. 508. É proibido ao capitão abandonar a embarcação, por maior perigo que se ofereça, fora do caso de naufrágio; e julgando-se indispensável o abandono, é obrigado a empregar a maior diligência possível para salvar todos os efeitos do navio e carga, e com preferência os papéis e livros da embarcação, dinheiro e mercadorias de maior valor. Se apesar de toda a diligência os objetos tirados do navio, ou os que nele ficarem se perderem ou forem roubados sem culpa sua, o capitão não será responsável.

Art. 509. Nenhuma desculpa poderá desonerar o capitão que alterar a derrota que era obrigado a seguir, ou que praticar algum ato extraordinário de que possa provir dano ao navio ou à carga, sem ter precedido deliberação tomada em junta composta de todos os oficiais da embarcação, e na presença dos interessados do navio ou na carga, se algum se achar a bordo. Em tais deliberações, e em todas as mais que for obrigado a tomar com acordo dos oficiais do navio, o capitão tem voto de qualidade, e até mesmo poderá obrar contra o vencido, debaixo de sua responsabilidade pessoal, sempre que o julgar conveniente.

Art. 510. É proibido ao capitão entrar em porto estranho ao do seu destino; e, se ali for levado por força maior (artigo 740), é obrigado a sair no primeiro tempo oportuno que se oferecer; pena de responder pelas perdas e danos que da demora resultarem ao navio ou à carga (artigo 748).

Art. 511. O capitão que entrar em porto estrangeiro é obrigado a apresentar-se ao cônsul do Império nas primeiras vinte e quatro horas úteis, e a depositar nas suas mãos a guia ou manifesto da Alfândega, indo de algum porto do Brasil, e a matrícula; e a declarar, e fazer anotar nesta pelo mesmo cônsul, no ato da apresentação, toda e qualquer alteração que tenha ocorrido sobre o mar na tripulação do navio; e antes da saída as que ocorrerem durante a sua estada no mesmo porto.

Quando a entrada for em porto do Império, o depósito do manifesto terá lugar na Alfândega respectiva, havendo-a, e o da matrícula na repartição onde esta se costuma fazer com as sobreditas declarações.

Art. 512. Na volta da embarcação ao porto donde saiu, ou naquele onde largar o seu comando, é o capitão obrigado a apresentar a matrícula original na repartição encarregada da matrícula dos navios, dentro de vinte e quatro horas úteis depois que der fundo, e a fazer as mesmas declarações ordenadas no artigo precedente.

Passados oito dias depois do referido tempo, prescreve qualquer ação de procedimento, que possa ter lugar contra o capitão por faltas por ele cometidas na matrícula durante a viagem.

O capitão que não apresentar todos os indivíduos matriculados, ou não fizer constar devidamente a razão da falta, será multado, pela autoridade encarregada da matrícula dos navios, em cem mil-réis por cada pessoa que apresentar de menos, com recurso para o Tribunal do Comércio competente.

Art. 513. Não se achando presentes os proprietários, seus mandatários ou consignatários, incumbe ao capitão ajustar fretamentos, segundo as instruções que tiver recebido (artigo 569).

Art. 514. O capitão, nos portos onde residirem os donos, seus mandatários ou consignatários, não pode, sem autorização especial destes, fazer despesa alguma extraordinária com a embarcação.

Art. 515. É permitido ao capitão em falta de fundos, durante a viagem, não se achando presente algum dos proprietários da embarcação, seus mandatários ou consignatários, e na falta deles algum interessado na carga, ou mesmo se, achando-se presentes, não providenciarem, contrair dívidas, tomar dinheiro a risco sobre o casco e pertences do navio e remanescentes dos fretes depois de pagas as soldadas, e até mesmo, na falta absoluta de outro recurso, vender mercadorias da carga, para o reparo ou provisão da embarcação; declarando nos títulos das obrigações que assinar a causa de que estas procedem (artigo 517).

As mercadorias da carga que em tais casos se venderem serão pagas aos carregadores pelo preço que outras de igual qualidade obtiverem no porto da descarga, ou pelo que por arbitradores se estimar no caso da venda ter compreendido todas as da mesma qualidade (artigo 621).

Art. 516. Para poder ter lugar alguma das providências autorizadas no artigo precedente, é indispensável:

1. que o capitão prove falta absoluta de fundos em seu poder pertencentes à embarcação;
2. que não se ache presente o proprietário da embarcação, ou mandatário seu ou consignatário, e na sua falta algum dos interessados na carga; ou que, estando presentes, se dirigiu a eles e não providenciaram;
3. que a deliberação seja tomada de acordo com os oficiais da embarcação, lavrando-se no Diário da Navegação termo da necessidade da medida tomada (artigo 504).

A justificação destes requisitos será feita perante o juiz de direito do comércio do porto onde se tomar o dinheiro a risco ou se venderem as mercadorias, e por ele julgada procedente, e nos portos estrangeiros perante os cônsules do Império.

Art. 517. O capitão que, nos títulos ou instrumentos das obrigações procedentes de despesas por ele feitas para fabrico, habilitação ou abastecimento da embarcação, deixar de declarar a causa de que procedem, ficará pessoalmente obrigado para com as pessoas com quem contratar; sem prejuízo da ação que estas possam ter contra os donos do navio provando que as quantias devidas foram efetivamente aplicadas a benefício deste (artigo 494).

Art. 518. O capitão que tomar dinheiro sobre o casco do navio e seus pertences, empenhar ou vender mercadorias, fora dos casos em que por este Código lhe é permitido, e o que for convencido de fraude em suas contas, além das indenizações de perdas e danos, ficará sujeito à ação criminal que no caso couber.

Art. 519. O capitão é considerado verdadeiro depositário da carga e de quaisquer efeitos que receber a bordo, e como tal está obrigado à sua guarda, bom acondicionamento e conservação, e à sua pronta entrega à vista dos conhecimentos (artigos 586 e 587).

A responsabilidade do capitão a respeito da carga principia a correr desde o momento em que a recebe, e continua até o ato da sua entrega no lugar que se houver convencionado, ou que estiver em uso no porto da descarga.

Art. 520. O capitão tem direito para ser indenizado pelos donos de todas as despesas necessárias que fizer em utilidade da embarcação com fundos próprios ou alheios, contanto que não tenha excedido as suas instruções, nem as faculdades que por sua natureza são inerentes à sua qualidade de capitão.

Art. 521. É proibido ao capitão pôr carga alguma no convés da embarcação sem ordem ou consentimento por escrito dos carregadores; pena de responder pessoalmente por todo o prejuízo que daí possa resultar.

Art. 522. Estando a embarcação fretada por inteiro, se o capitão receber carga de terceiro, o afretador tem direito a fazê-la desembarcar.

Art. 523. O capitão, ou qualquer outro indivíduo da tripulação, que carregar na embarcação, ainda mesmo a pretexto de ser na sua câmara ou nos seus agasalhados, mercadorias de sua conta particular, sem consentimento por escrito do dono do navio ou dos afretadores, pode ser obrigado a pagar frete dobrado.

Art. 524. O capitão que navega em parceria a lucro comum sobre a carga não pode fazer comércio algum por sua conta particular a não haver convenção em contrário; pena de correrem por conta dele todos os riscos e perdas, e de pertencerem aos demais parceiros os lucros que houver.

Art. 525. É proibido ao capitão fazer com os carregadores ajustes públicos ou secretos que revertam em benefício seu particular, debaixo de qualquer título ou pretexto que seja; pena de correr por conta dele e dos carregadores todo o risco que acontecer, e de pertencer ao dono do navio todo o lucro que houver.

Art. 526. É obrigação do capitão resistir por todos os meios que lhe ditar a sua prudência a toda e qualquer violência que possa intentar-se contra a embarcação, seus pertences e carga; e se for obrigado a fazer entrega de tudo ou de parte, deverá munir-se com os competentes protestos e justificações no mesmo porto, ou no primeiro onde chegar (artigos 504 e 505).

Art. 527. O capitão não pode reter a bordo os efeitos da carga a título de segurança do frete; mas tem direito de exigir dos donos ou consignatários, no ato da entrega da carga, que depositem ou afiancem a importância do frete, avarias grossas e despesas a seu cargo; e na falta de pronto pagamento, depósito, ou fiança, poderá requerer embargo pelos fretes, avarias e despesas sobre as mercadorias da carga, enquanto estas se acharem em poder dos donos ou consignatários, ou estejam fora das estações públicas ou dentro delas; e mesmo para requerer a sua venda imediata, se forem de fácil deterioração, ou de guarda arriscada ou dispendiosa.

A ação de embargo prescreve passados trinta dias a contar da data do último dia da descarga.

Art. 528. Quando por ausência do consignatário, ou por se não apresentar o portador do conhecimento à ordem, o capitão ignorar a quem deva competentemente fazer a entrega, solicitará do juiz de direito do comércio, e onde o não houver da autoridade local a quem competir, que nomeie depositário para receber os gêneros, e pagar os fretes devidos por conta de quem pertencer.

Art. 529. O capitão é responsável por todas as perdas e danos que, por culpa sua, omissão ou imperícia, sobrevierem ao navio ou à carga; sem prejuízo das ações criminais a que a sua malversação ou dolo possa dar lugar (artigo 608).

O capitão é também civilmente responsável pelos furtos, ou quaisquer danos praticados a bordo pelos indivíduos da tripulação nos objetos da carga, enquanto esta se achar debaixo da sua responsabilidade.

Art. 530. Serão pagas pelo capitão todas as multas que forem impostas à embarcação por falta de exata observância das leis e regulamentos das Alfândegas e polícia dos portos; e igualmente os prejuízos que resultarem de discórdias entre os indivíduos da mesma tripulação no serviço desta, se não provar que empregou todos os meios convenientes para as evitar.

Art. 531. O capitão que, fora do caso de inavegabilidade legalmente provada, vender o navio sem autorização especial dos donos, ficará responsável por perdas e danos, além da nulidade da venda, e do procedimento criminal que possa ter lugar.

Art. 532. O capitão que, sendo contratado para uma viagem certa, deixar de a concluir sem causa justificada, responderá aos proprietários, afretadores e carregadores pelas perdas e danos que dessa falta resultarem.

Em reciprocidade, o capitão, que sem justa causa for despedido antes de finda a viagem, será pago da sua soldada por inteiro, posto à custa do proprietário ou afretador no lugar onde começou a viagem, e indenizado de quaisquer vantagens que possa ter perdido pela despedida.

Pode, porém, ser despedido antes da viagem começada, sem direito a indenização, não havendo ajuste em contrário.

Art. 533. Sendo a embarcação fretada para porto determinado, só pode o capitão negar-se a fazer a viagem, sobrevindo peste, guerra, bloqueio ou impedimento legítimo da embarcação sem limitação de tempo.

Art. 534. Acontecendo falecer algum passageiro ou indivíduo da tripulação durante a viagem, o capitão procederá a inventário de todos os bens que o falecido deixar, com assistência dos oficiais da embarcação e de duas testemunhas, que serão com preferência passageiros, pondo tudo em boa arrecadação, e logo que chegar ao porto da saída fará entrega do inventário e bens às autoridades competentes.

Art. 535. Finda a viagem, o capitão é obrigado a dar sem demora contas da sua gestão ao dono ou caixa do navio, com entrega do dinheiro que em si tiver, livros e todos os mais papéis. E o dono ou caixa é obrigado a ajustar as contas do capitão logo que as receber, e a pagar a soma que lhe for devida. Havendo contestação sobre a conta, o capitão tem direito para ser pago imediatamente das soldadas vencidas, prestando fiança de as repor, a haver lugar.

Art. 536. Sendo o capitão o único proprietário da embarcação, será simultaneamente responsável aos afretadores e carregadores por todas as obrigações impostas aos capitães e aos armadores.

Art. 537. Toda a obrigação pela qual o capitão, sendo comparte do navio, for responsável à parceria, tem privilégio sobre o quinhão e lucros que o mesmo tiver no navio e fretes.

TÍTULO IV – DO PILOTO E CONTRAMESTRE

Art. 538. A habilitação e deveres dos pilotos e contramestres são prescritos nos regulamentos de Marinha.

Art. 539. O piloto, quando julgar necessário mudar de rumo, comunicará ao capitão as razões que assim o exigem; e se este se opuser, desprezando as suas observações, que em tal caso deverá renovar-lhe na presença dos mais oficiais do navio, lançará o seu protesto no Diário da Navegação (artigo 504), o qual deverá ser por todos assinado, e obedecerá às ordens do capitão, sobre quem recairá toda a responsabilidade.

Art. 540. O piloto, que, por imperícia, omissão ou malícia, perder o navio ou lhe causar dano, será obrigado a ressarcir o prejuízo que sofrer o mesmo navio ou a carga; além de incorrer nas penas criminais que possam ter lugar; a responsabilidade do piloto não exclui a do capitão nos casos do artigo 529.

Art. 541. Por morte ou impedimento do capitão recai o comando do navio no piloto, e na falta ou impedimento deste no contramestre, com todas as prerrogativas, faculdades, obrigações e responsabilidades inerentes ao lugar de capitão.

Art. 542. O contramestre que, recebendo ou entregando fazendas, não exige e entrega ao capitão as ordens, recibos, ou outros quaisquer documentos justificativos do seu ato, responde por perdas e danos daí resultantes.

TÍTULO V – DO AJUSTE E SOLDADAS DOS OFICIAIS E GENTE DA TRIPULAÇÃO, SEUS DIREITOS E OBRIGAÇÕES

Art. 543. O capitão é obrigado a dar às pessoas da tripulação, que o exigirem, uma nota por ele assinada, em que se declare a natureza do ajuste e preço da soldada, e a lançar na mesma nota as quantias que se forem pagando por conta.

As condições do ajuste entre o capitão e a gente da tripulação, na falta de outro título do contrato, provam-se pelo rol da equipagem ou matrícula; subentendendo-se sempre compreendido no ajuste o sustento da tripulação.

Não constando pela matrícula, nem por outro escrito do contrato, o tempo determinado do ajuste, entende-se sempre que foi por viagem redonda ou de ida e volta ao lugar em que teve lugar a matrícula.

Art. 544. Achando-se o Livro da Receita e Despesa do navio conforme à matrícula (artigo 467), e escriturado com regularidade (artigo 503), fará inteira fé para solução de quaisquer dúvidas que possam suscitar-se sobre as condições do contrato das soldadas; quanto, porém, às quantias entregues por conta, prevalecerão, em caso de dúvida, os assentos lançados nas notas de que trata o artigo precedente.

Art. 545. São obrigações dos oficiais e gente da tripulação:

1. ir para bordo prontos para seguir viagem no tempo ajustado; pena de poderem ser despedidos;
2. não sair do navio nem passar a noite fora sem licença do capitão; pena de perdimento de um mês de soldada;

3. não retirar os seus efeitos de bordo sem serem visitados pelo capitão, ou pelo seu segundo, debaixo da mesma pena;
4. obedecer sem contradição ao capitão e mais oficiais nas suas respectivas qualidades, e abster-se de brigas; debaixo das penas declaradas nos artigos 498 e 555;
5. auxiliar o capitão, em caso de ataque do navio, ou desastre sobrevindo à embarcação ou à carga, seja qual for a natureza do sinistro; pena de perdimento das soldadas vencidas;
6. finda a viagem, fundear e desaparelhar o navio, conduzi-lo a surgidouro seguro, e amarrá-lo, sempre que o capitão o exigir; pena de perdimento das soldadas vencidas;
7. prestar os depoimentos necessários para ratificação dos processos testemunháveis, e protestos formados a bordo (artigo 505), recebendo pelos dias da demora uma indenização proporcional às soldadas que venciam; faltando a este dever não terão ação para demandar as soldadas vencidas.

Art. 546. Os oficiais e quaisquer outros indivíduos da tripulação, que, depois de matriculados, abandonarem a viagem antes de começada, ou se ausentarem antes de acabada, podem ser compelidos com prisão ao cumprimento do contrato, a repor o que se lhes houver pago adiantado, e a servir um mês sem receberem soldada.

Art. 547. Se depois de matriculada a equipagem se romper a viagem no porto da matrícula por fato do dono, capitão, ou afretador, a todos os indivíduos da tripulação justos ao mês se abonará a soldada de um mês, além da que tiverem vencido; aos que estiverem contratados por viagem abonar-se-á metade da soldada ajustada.

Se, porém, o rompimento da viagem tiver lugar depois da saída do porto da matrícula, os indivíduos justos ao mês têm direito a receber, não só pelo tempo vencido, mas também pelo que seria necessário para regressarem ao porto da saída, ou para chegarem ao do destino, fazendo-se a conta por aquele que se achar mais próximo; aos contratados por viagem redonda se pagará como se a viagem se achasse terminada.

Tanto os indivíduos da equipagem justos por viagem, como os justos ao mês, têm direito a que se lhes pague a despesa da passagem do porto da despedida para aquele onde ou para onde se ajustarem, que for mais próximo. Cessa esta obrigação sempre que os indivíduos da equipagem podem encontrar soldada no porto da despedida.

Art. 548. Rompendo-se a viagem por causa de força maior, a equipagem, se a embarcação se achar no porto do ajuste, só tem direito a exigir as soldadas vencidas.

São causas de força maior:

1. declaração de guerra, ou interdito de comércio entre o porto da saída e o porto do destino da viagem;
2. declaração de bloqueio do porto, ou peste declarada nele existente;
3. proibição de admissão no mesmo porto dos gêneros carregados na embarcação;
4. detenção ou embargo da embarcação (no caso de se não admitir fiança ou não ser possível dá-la), que exceda ao tempo de noventa dias;
5. inavegabilidade da embarcação acontecida por sinistro.

Art. 549. Se o rompimento da viagem por causa de força maior acontecer achando-se a embarcação em algum porto de arribada, a equipagem contratada ao mês só tem direito a ser paga pelo tempo vencido desde a saída do porto até o dia em que for despedida, e a equipagem justa por viagem não tem direito a soldada alguma se a viagem não se conclui.

Art. 550. No caso de embargo ou detenção, os indivíduos da tripulação justos ao mês vencerão metade de suas soldadas durante o impedimento, não excedendo este de noventa dias; findo este prazo caduca o ajuste. Aqueles, porém, que forem justos por viagem redonda são obrigados a cumprir seus contratos até o fim da viagem.

Todavia, se o proprietário da embarcação vier a receber indenização pelo embargo ou detenção, será obrigado a pagar as soldadas por inteiro aos que forem justos ao mês, e aos de viagem redonda na devida proporção.

Art. 551. Quando o proprietário, antes de começada a viagem, der à embarcação destino diferente daquele que tiver sido declarado no contrato, terá lugar novo ajuste; e os que se não ajustarem só terão direito a receber o vencido, ou a reter o que tiverem recebido adiantado.

Art. 552. Se depois da chegada da embarcação ao porto do seu destino, e ultimada a descarga, o capitão, em lugar de fazer o seu retorno, fretar ou carregar a embarcação para ir a outro destino, é livre aos indivíduos da tripulação ajustarem-se de novo ou retirarem-se, não havendo no contrato estipulação em contrário.

Todavia, se o capitão, fora do Império, achar a bem navegar para outro porto livre, e nele carregar ou descarregar, a tripulação não pode despedir-se, posto que a viagem se prolongue além do ajuste; recebendo os indivíduos justos por viagem um aumento de soldada na proporção da prolongação.

Art. 553. Sendo a tripulação justa a partes ou quinhão no frete, não lhe será devida indenização alguma pelo rompimento, retardação ou prolongação da viagem causada por força maior; mas se o rompimento, retardação ou prolongação provier de fato dos carregadores, terá parte nas indenizações que se concederem ao navio; fazendo-se a divisão entre os donos do navio e a gente da tripulação, na mesma proporção em que o frete deveria ser dividido.

Se o rompimento, retardação ou prolongação provier de fato do capitão ou proprietário do navio, estes serão obrigados às indenizações proporcionais respectivas.

Quando a viagem for mudada para porto mais vizinho, ou abreviada por outra qualquer causa, os indivíduos da tripulação justos por viagem serão pagos por inteiro.

Art. 554. Se alguém da tripulação depois de matriculado for despedido sem justa causa, terá direito de haver a soldada contratada por inteiro, sendo redonda, e se for ao mês far-se-á a conta pelo termo médio do tempo que costuma gastar-se nas viagens para o porto do ajuste. Em tais casos o capitão não tem direito para exigir do dono do navio as indenizações que for obrigado a pagar; salvo tendo obrado com sua autorização.

Art. 555. São causas justas para a despedida:

1. perpetração de algum crime, ou desordem grave que perturbe a ordem da embarcação, reincidência em insubordinação, falta de disciplina ou de cumprimento de deveres (artigo 498);
2. embriaguez habitual;
3. ignorância do mister para que o despedido se tiver ajustado;
4. qualquer ocorrência que o inabilite para desempenhar as suas obrigações, com exceção do caso prevenido no artigo 560.

Art. 556. Os oficiais e gente da tripulação podem despedir-se, antes de começada a viagem, nos casos seguintes:

1. quando o capitão muda do destino ajustado (artigo 551);
2. se depois do ajuste o Império é envolvido em guerra marítima, ou há notícias certas de peste no lugar do destino;
3. se assoldadados para ir em comboio, este não tem lugar;
4. morrendo o capitão, ou sendo despedido.

Art. 557. Nenhum indivíduo da tripulação pode intentar litígio contra o navio ou capitão, antes de terminada a viagem; todavia, achando-se o navio em bom porto, os indivíduos maltratados, ou a quem o capitão houver faltado com o devido sustento, poderão demandar a rescisão do contrato.

Art. 558. Sendo a embarcação apresada, ou naufragando, a tripulação não tem direito às soldadas vencidas na viagem do sinistro, nem o dono do navio a reclamar as que tiver pago adiantadas.

Art. 559. Se a embarcação aprisionada se recuperar achando-se ainda a tripulação a bordo, será esta paga de suas soldadas por inteiro.

Salvando-se do naufrágio alguma parte do navio ou da carga, a tripulação terá direito a ser paga das soldadas vencidas na última viagem, com preferência a outra qualquer dívida anterior, até onde chegar o valor da parte do navio que se puder salvar; e não chegando esta, ou se nenhuma parte se tiver salvado, pelos fretes da carga salva.

Entende-se última viagem, o tempo decorrido desde que a embarcação principiou a receber o lastro ou carga que tiver a bordo na ocasião do apresamento, ou naufrágio.

Se a tripulação estiver justa a partes, será paga somente pelos fretes dos salvados, e em devida proporção de rateio com o capitão.

Art. 560. Não deixará de vencer a soldada ajustada qualquer indivíduo da tripulação que adoecer durante a viagem em serviço do navio, e o curativo será por conta deste; se, porém, a doença for adquirida fora do serviço do navio, cessará o vencimento da soldada enquanto ela durar, e a despesa do curativo será por conta das soldadas vencidas; e se estas não chegarem, por seus bens ou pelas soldadas que possam vir a vencer.

Art. 561. Falecendo algum indivíduo da tripulação durante a viagem, a despesa do seu enterro será paga por conta do navio; e seus herdeiros têm direito à soldada devida até o dia do falecimento, estando justo ao mês; até o porto do destino se a morte acontecer em caminho para ele, sendo o ajuste por viagem; e à de ida e volta acontecendo em torna-viagem, se o ajuste for por viagem redonda.

Art. 562. Qualquer que tenha sido o ajuste, o indivíduo da tripulação que for morto em defesa da embarcação será considerado como vivo para todos os vencimentos e quaisquer interesses que possam vir aos da sua classe, até que a mesma embarcação chegue ao porto do seu destino.

O mesmo benefício gozará o que for aprisionado em ato de defesa da embarcação, se esta chegar a salvamento.

Art. 563. Acabada a viagem, a tripulação tem ação para exigir o seu pagamento dentro de três dias depois de ultimada a descarga, com os juros da lei no caso de mora (artigo 449, nº 4).

Ajustando-se os oficiais e gente da tripulação para diversas viagens, poderão, terminada cada viagem, exigir as soldadas vencidas.

Art. 564. Todos os indivíduos da equipagem têm hipoteca tácita no navio e fretes para serem pagos das soldadas vencidas na última viagem com preferência a outras dívidas menos privilegiadas; e em nenhum caso o réu será ouvido sem depositar a quantia pedida.

Entender-se-á por equipagem ou tripulação para o dito efeito, e para todos os mais dispostos neste Título, o capitão, oficiais, marinheiros e todas as mais pessoas empregadas no serviço do navio, menos os sobrecargas.

Art. 565. O navio e frete respondem para com os donos da carga pelos danos que sofrerem por delitos, culpa ou omissão culposa do capitão ou gente da tripulação, perpetrados em serviço do navio; salvas as ações dos proprietários da embarcação contra o capitão, e deste contra a gente da tripulação.

O salário do capitão e as soldadas da equipagem são hipoteca especial nestas ações.

TÍTULO VI – DOS FRETAMENTOS

CAPÍTULO I

DA NATUREZA E FORMA DO CONTRATO DE FRETAMENTO E DAS CARTAS-PARTIDAS

Art. 566. O contrato de fretamento de qualquer embarcação, quer seja na sua totalidade ou em parte, para uma ou mais viagens, quer seja à carga, colheita ou prancha, o que tem lugar quando o capitão recebe carga de quantos se apresentam, deve provar-se por escrito. No primeiro caso o instrumento, que se chama "*carta-partida*" ou "*carta de fretamento*", deve ser assinado pelo fretador e afretador, e por quaisquer outras pessoas que intervenham no contrato, do qual se dará a cada uma das partes um exemplar; e no segundo, o instrumento chama-se "*conhecimento*", e basta ser assinado pelo capitão e o carregador. Entende-se por fretador o que dá, e por afretador o que toma a embarcação a frete.

► Arts. 743 a 756 do CC.

Art. 567. A carta-partida deve enunciar:

1. o nome do capitão e o do navio, o porte deste, a nação a que pertence, e o porto do seu registro (artigo 460);
2. o nome do fretador e o do afretador, e seus respectivos domicílios; se o fretamento for por conta de terceiro deverá também declarar-se o seu nome e domicílio;
3. a designação da viagem, se é redonda ou ao mês, para uma ou mais viagens, e se estas são de ida e volta ou somente para ida ou volta, e finalmente se a embarcação se freta no todo ou em parte;
4. o gênero e quantidade da carga que o navio deve receber, designada por toneladas, números, peso ou volume, e por conta de quem a mesma será conduzida para bordo, e deste para terra;
5. o tempo da carga e descarga, portos de escala quando a haja, as estadias e sobre-estadias ou demoras, e a forma por que estas se hão de vencer e contar;
6. o preço do frete, quanto há de pagar-se de primagem ou gratificação, e de estadias e sobre-estadias, e a forma, tempo e lugar do pagamento;
7. se há lugares reservados no navio, além dos necessários para uso e acomodação do pessoal e material do serviço da embarcação;
8. todas as mais estipulações em que as partes se acordarem.

Art. 568. As cartas de fretamento devem ser lançadas no Registro do Comércio, dentro de quinze dias a contar da saída da embarcação nos lugares da residência dos Tribunais do Comércio, e nos outros, dentro do prazo que estes designarem (artigo 31).

Art. 569. A carta de fretamento valerá como instrumento público tendo sido feita por intervenção e com assinatura de algum corretor de navios, ou na falta de corretor por tabelião que porte por fé ter sido passada na sua presença e de duas testemunhas com ele assinadas. A carta de fretamento que não for autenticada por alguma das duas referidas formas, obrigará as próprias partes mas não dará direito contra terceiro.

As cartas de fretamento assinadas pelo capitão valem ainda que este tenha excedido as faculdades das suas instruções; salvo o direito dos donos do navio por perdas e danos contra ele pelos abusos que cometer.

Art. 570. Fretando-se o navio por inteiro, entende-se que fica somente reservada a câmara do capitão, os agasalhados da equipagem, e as acomodações necessárias para o material da embarcação.

Art. 571. Dissolve-se o contrato de fretamento, sem que haja lugar a exigência alguma de parte a parte:

1. se a saída da embarcação for impelida, antes da partida, por força maior sem limitação de tempo;
2. sobrevindo, antes de principiada a viagem, declaração de guerra, ou interdito de comércio com o país para onde a embarcação é destinada, em consequência do qual o navio e a carga conjuntamente não sejam considerados como propriedade neutra;
3. proibição de exportação de todas ou da maior parte das fazendas compreendidas na carta de fretamento do lugar donde a embarcação deva partir, ou de importação no de seu destino;
4. declaração de bloqueio do porto da carga ou do seu destino, antes da partida do navio.

Em todos os referidos casos as despesas da descarga serão por conta do afretador ou carregadores.

Art. 572. Se o interdito de comércio com o porto do destino do navio acontece durante a sua viagem, e se por este motivo o navio é obrigado a voltar com a carga, deve-se somente o frete pela ida, ainda que o navio tivesse sido fretado por ida e volta.

Art. 573. Achando-se um navio fretado em lastro para outro porto onde deva carregar, dissolve-se o contrato, se chegando a esse porto sobrevier algum dos impedimentos designados nos artigos 571 e 572, sem que possa ter lugar indenização alguma por nenhuma das partes, quer o impedimento venha só do navio, quer do navio e carga. Se, porém, o impedimento nascer da carga e não do navio, o afretador será obrigado a pagar metade do frete ajustado.

Art. 574. Poderá igualmente rescindir-se o contrato de fretamento a requerimento do afretador, se o capitão lhe tiver ocultado a verdadeira bandeira da embarcação; ficando este pessoalmente responsável ao mesmo afretador por todas as despesas da carga e descarga, e por perdas e danos, se o valor do navio não chegar para satisfazer o prejuízo.

CAPÍTULO II
DOS CONHECIMENTOS

Art. 575. O conhecimento deve ser datado, e declarar:

1. o nome do capitão, e o do carregador e consignatário (podendo omitir-se o nome deste se for à ordem), e o nome e porte do navio;
2. a qualidade e a quantidade dos objetos da carga, suas marcas e números, anotados à margem;
3. o lugar da partida e o do destino, com declaração das escalas, havendo-as;
4. o preço do frete e primagem, se esta for estipulada, e o lugar e forma do pagamento;
5. a assinatura do capitão (artigo 577), e a do carregador.

Art. 576. Sendo a carga tomada em virtude de carta de fretamento, o portador do conhecimento não fica responsável por alguma condição ou obrigação especial contida na mesma carta, se o conhecimento não tiver a cláusula – "*segundo a carta de fretamento*".

Art. 577. O capitão é obrigado a assinar todas as vias de um mesmo conhecimento que o carregador exigir, devendo ser todas do mesmo teor e da mesma data, e conter o número da via. Uma via ficará em poder do capitão, as outras pertencem ao carregador.

Se o capitão for ao mesmo tempo o carregador, os conhecimentos respectivos serão assinados por duas pessoas da tripulação a ele imediatas no comando do navio, e uma via será depositada nas mãos do armador ou do consignatário.

Art. 578. Os conhecimentos serão assinados e entregues dentro de vinte e quatro horas, depois de ultimada a carga, em resgate dos recibos provisórios; pena de serem responsáveis por todos os danos que resultarem do retardamento da viagem, tanto o capitão como os carregadores que houverem sido remissos na entrega dos mesmos conhecimentos.

Art. 579. Seja qual for a natureza do conhecimento, não poderá o carregador variar a consignação por via de novos conhecimentos, sem que faça prévia entrega ao capitão de todas as vias que este houver assinado.

O capitão que assinar novos conhecimentos sem ter recolhido todas as vias do primeiro ficará responsável aos portadores legítimos que se apresentarem com alguma das mesmas vias.

Art. 580. Alegando-se extravio dos primeiros conhecimentos, o capitão não será obrigado a assinar segundos, sem que o carregador preste fiança à sua satisfação pelo valor da carga neles declarada.

▸ Art. 818 do CC.

Art. 581. Falecendo o capitão da embarcação antes de fazer-se à vela, ou deixando de exercer o seu ofício, os carregadores têm direito para exigir do sucessor que revalide com a sua assinatura os conhecimentos por aquele assinados, conferindo-se a carga com os mesmos conhecimentos; o capitão que os assinar sem esta conferência responderá pelas faltas; salvo se os carregadores convierem que ele declare nos conhecimentos que não conferiu a carga.

No caso de morte do capitão ou de ter sido despedido sem justa causa, serão pagas pelo dono do navio as despesas da conferência; mas se a despedida provier de fato do capitão, serão por conta deste.

Art. 582. Se as fazendas carregadas não tiverem sido entregues por número, peso ou medida, ou no caso de haver dúvida na contagem, o capitão pode declarar nos conhecimentos, que o mesmo número, peso ou medida lhe são desconhecidos; mas se o carregador não convier nesta declaração deverá proceder-se a nova contagem, correndo a despesa por conta de quem a tiver ocasionado.

Convindo o carregador na sobredita declaração, o capitão ficará somente obrigado a entregar no porto da descarga os efeitos que se acharem dentro da embarcação pertencentes ao mesmo carregador, sem que este tenha direito para exigir mais carga; salvo se provar que houve desvio da parte do capitão ou da tripulação.

Art. 583. Constando ao capitão que há diversos portadores das diferentes vias de um conhecimento das mesmas fazendas, ou tendo-se feito sequestro, arresto ou penhora nelas, é obrigado a pedir depósito judicial, por conta de quem pertencer.

Art. 584. Nenhuma penhora ou embargo de terceiro, que não for portador de alguma das vias de conhecimento, pode, fora do caso de reivindicação segundo as disposições deste Código (artigo 874, nº 2), privar o portador do mesmo conhecimento da faculdade de requerer o depósito ou venda judicial das fazendas no caso sobredito; salvo o direito do exequente ou de terceiro opoente sobre o preço da venda.

Art. 585. O capitão pode requerer o depósito judicial todas as vezes que os portadores de conhecimentos se não apresentarem para receber a carga imediatamente que ele der princípio à descarga, e nos casos em que o consignatário esteja ausente ou seja falecido.

Art. 586. O conhecimento concebido nos termos enunciados no artigo 575 faz inteira prova entre todas as partes interessadas na carga e frete, e entre elas e os seguradores; ficando salva a estes e aos donos do navio a prova em contrário.

Art. 587. O conhecimento feito em forma regular (artigo 575) tem força e é acionável como escritura pública.

Sendo passado "à ordem" é transferível e negociável por via de endosso.

Art. 588. Contra os conhecimentos só pode opor-se falsidade, quitação, embargo, arresto ou penhora e depósito judicial, ou perdimento dos efeitos carregados por causa justificada.

Art. 589. Nenhuma ação entre o capitão e os carregadores ou seguradores será admissível em juízo se não for logo acompanhada do conhecimento original. A falta deste não pode ser suprida pelos recibos provisórios da carga; salvo provando-se que o carregador fez diligência para obtê-lo e que, fazendo-se o navio à vela sem o capitão o haver passado, interpôs competente protesto dentro dos primeiros três dias úteis, contados da saída do navio, com intimação do armador, consignatário ou outro qualquer interessado, e na falta destes por editais; ou sendo a questão de seguros sobre sinistro acontecido no porto da carga, se provar que o mesmo sinistro aconteceu antes do conhecimento poder ser assinado.

CAPÍTULO III

DOS DIREITOS E OBRIGAÇÕES DO FRETADOR E AFRETADOR

Art. 590. O fretador é obrigado a ter o navio prestes para receber a carga, e o afretador a efetuá-la no tempo marcado no contrato.

Art. 591. Não se tendo determinado na carta de fretamento o tempo em que deve começar a carregar-se, entende-se que principia a correr desde o dia em que o capitão declarar que está pronto para receber a carga; se o tempo que deve durar a carga e a descarga não estiver fixado, ou quanto se há de pagar de primagem e estadias e sobre-estadias, e o tempo e modo do pagamento, será tudo regulado pelo uso do porto onde uma ou outra deva efetuar-se.

Art. 592. Vencido o prazo, e o das estadias e sobre-estadias que se tiverem ajustado, e, na falta de ajuste, as do uso no porto da carga, sem que o afretador tenha carregado efeitos alguns, terá o capitão a escolha, ou de resilir do contrato e exigir do afretador metade do frete ajustado e primagem com estadias e sobre-estadias, ou de empreender a viagem sem carga, e finda ela exigir dele o frete por inteiro e primagem, com as avarias que forem devidas, estadias e sobre-estadias.

Art. 593. Quando o afretador carrega só parte da carga no tempo aprazado, o capitão, vencido o tempo das estadias e sobre-estadias, tem direito, ou de proceder a descarga por conta do mesmo afretador e pedir meio frete, ou de empreender a viagem com a parte da carga que tiver a bordo para haver o frete por inteiro no porto do seu destino, com as mais despesas declaradas no artigo antecedente.

Art. 594. Renunciando o afretador ao contrato antes de começarem a correr os dias suplementares da carga, será obrigado a pagar metade do frete e primagem.

Art. 595. Sendo o navio fretado por inteiro, o afretador pode obrigar o fretador a que faça sair o navio logo que tiver metido a bordo carga suficiente para pagamento do frete e primagem, estadias e sobre-estadias, ou prestado fiança ao pagamento. O capitão neste caso não pode tomar carga de terceiro sem consentimento por escrito do afretador, nem recusar-se à saída; salvo por falta de prontificação do navio, que, segundo as cláusulas do fretamento, não possa ser imputável ao fretador.

Art. 596. Tendo o fretador direito de fazer sair o navio sem carga ou só com parte dela (artigos 592 e 593), poderá, para segurança do frete e de outras indenizações a que haja lugar, completar a carga por outros carregadores, independente de consentimento do afretador; mas o benefício do novo frete pertencerá a este.

Art. 597. Se o fretador houver declarado na carta-partida maior capacidade daquela que o navio na realidade tiver, não excedendo da décima parte, o afretador terá opção para anular o contrato, ou exigir correspondente abatimento no frete, com indenização de perdas e danos; salvo se a declaração estiver conforme à lotação do navio.

Art. 598. O fretador pode fazer descarregar à custa do afretador os efeitos que este introduzir no navio além da carga ajustada na carta de fretamento; salvo prestando-se aquele a pagar o frete correspondente, se o navio os puder receber.

Art. 599. Os carregadores ou afretadores respondem pelos danos que resultarem, se, sem ciência e consentimento do capitão, introduzirem no navio fazendas, cuja saída ou entrada for proibida, e de qualquer outro fato ilícito que praticarem ao tempo da carga ou descarga; e, ainda que as fazendas sejam confiscadas, serão obrigados a pagar o frete e primagem por inteiro, e a avaria grossa.

Art. 600. Provando-se que o capitão consentiu na introdução das fazendas proibidas, ou que, chegando ao seu conhecimento em tempo, as não fez descarregar, ou sendo informado depois da viagem começada as não denunciar no ato da primeira visita da Alfândega que receber a bordo no porto do seu destino, ficará solidariamente obrigado para com todos os interessados por perdas e danos que resultarem ao navio ou à carga, e sem ação para haver o frete, nem indenização alguma do carregador, ainda que esta se tenha estipulado.

Art. 601. Estando o navio a frete de carga geral, não pode o capitão, depois que tiver recebido alguma parte da carga, recusar-se a receber a mais que se lhe oferecer por frete igual, não achando outro mais vantajoso; pena de poder ser compelido pelos carregadores dos efeitos recebidos a que se faça à vela com o primeiro vento favorável, e de pagar as perdas e danos que da demora resultarem.

Art. 602. Se o capitão, quando tomar frete à colheita ou à prancha, fixar o tempo durante o qual a embarcação estará à carga, findo o tempo marcado será obrigado a partir com o primeiro vento favorável; pena de responder pelas perdas e danos que resultarem do retardamento da viagem; salvo convindo na demora a maioria dos carregadores em relação ao valor do frete.

Art. 603. Não tendo o capitão fixado o tempo da partida, é obrigado a sair com o primeiro vento favorável depois que tiver recebido mais de dois terços da carga correspondente à lotação do navio, se assim o exigir a maioria dos carregadores em relação ao valor do frete, sem que nenhum dos outros possa retirar as fazendas que tiver a bordo.

Art. 604. Se o capitão, no caso do artigo antecedente, não puder obter mais de dois terços da carga dentro de um mês depois que houver posto o navio a frete geral, poderá sub-rogar outra embarcação para transporte da carga que tiver a bordo, contanto que seja igualmente apta para fazer a viagem, pagando a despesa da baldeação da carga, e o aumento de frete e do prêmio do seguro; será, porém, lícito aos carregadores retirar de bordo as suas fazendas, sem pagar frete, sendo por conta deles a despesa de desarrumação e descarga, restituindo os recibos provisórios ou conhecimentos, e dando fiança pelos que tiverem remetido. Se o capitão não puder achar navio, e os carregadores não quiserem descarregar, será obrigado a sair sessenta dias depois que houver posto o navio à carga, com a que tiver a bordo.

Art. 605. Não tendo a embarcação capacidade para receber toda a carga contratada com diversos carregadores ou afretadores, terá preferência a que se achar a bordo, e depois a que tiver prioridade na data dos contratos; e se estes forem todos da mesma data haverá lugar a rateio, ficando o capitão responsável pela indenização dos danos causados.

Art. 606. Fretando-se a embarcação para ir receber carga em outro porto, logo que lá chegar, deverá o capitão apresentar-se sem demora ao consignatário, exigindo dele que lhe declare por escrito na carta de fretamento o dia, mês e ano de sua apresentação; pena de não principiar a correr o tempo do fretamento antes da sua apresentação.

Recusando o consignatário fazer na carta de fretamento a declaração requerida, deverá protestar e fazer-lhe intimar o protesto, e avisar o afretador. Se passado o tempo devido para a carga, e o da demora ou de estadias e sobre-estadias, o consignatário não tiver carregado o navio, o capitão, fazendo-o previamente intimar por via de novo protesto para efetuar a entrega da carga dentro do tempo ajustado, e não cumprindo ele, nem tendo recebido ordens do afretador, fará diligência para contratar carga por conta deste para o porto do seu destino; e com carga ou sem ela seguirá para ele, onde o afretador será obrigado a pagar-lhe o frete por inteiro com as demoras vencidas, fazendo encontro dos fretes da carga tomada por sua conta, se alguma houver tomado (artigo 596).

Art. 607. Sendo um navio embargado na partida, em viagem, ou no lugar da descarga, por fato ou negligência do afretador ou de algum dos carregadores, ficará o culpado obrigado, para com o fretador ou capitão e os mais carregadores, pelas perdas e danos que o navio ou as fazendas vierem a sofrer provenientes desse fato.

Art. 608. O capitão é responsável ao dono do navio e ao afretador e carregadores por perdas e danos, se por culpa sua o navio for embargado ou retardado na partida, durante a viagem, ou no lugar do seu destino.

Art. 609. Se antes de começada a viagem ou no curso dela, a saída da embarcação for impedida temporariamente por embargo ou força maior, subsistirá o contrato, sem haver lugar a indenizações de perdas e danos pelo retardamento. O carregador neste caso poderá descarregar os seus efeitos durante a demora, pagando a despesa, e prestando fiança de os tornar a carregar logo que cesse o impedimento, ou de pagar o frete por inteiro e estadias e sobre-estadias, não os reembarcando.

Art. 610. Se o navio não puder entrar no porto do seu destino por declaração de guerra, interdito de comércio, ou bloqueio, o capitão é obrigado a seguir imediatamente para aquele que tenha sido prevenido na sua carta de ordens. Não se achando prevenido, procurará o porto mais próximo que não estiver impedido; e daí fará os avisos competentes ao fretador e afretadores, cujas ordens deve esperar por tanto tempo quanto seja necessário para receber a resposta. Não recebendo esta, o capitão deve voltar para o porto da saída com a carga.

Art. 611. Sendo arrestado um navio no curso da viagem por ordem de uma potência, nenhum frete será devido pelo tempo da detenção sendo fretado ao mês, nem aumento de frete se for por viagem. Quando o navio for fretado para dois ou mais portos e acontecer que em um deles se saiba ter sido declarada guerra contra a potência a que pertence o navio ou a carga, o capitão, se nem esta nem aquele forem livres, quando não possa partir em comboio ou por algum outro modo seguro, deverá ficar no porto da notícia até receber ordens do dono do navio ou do afretador. Se só o navio não for livre, o fretador pode resilir do contrato, com direito ao frete vencido, estadias e sobre-estadias e avaria grossa, pagando as despesas da descarga. Se, pelo contrário, só a carga não for livre, o afretador tem direito para rescindir o contrato, pagando a despesa da descarga, e o capitão procederá na conformidade dos artigos 592 e 596.

Art. 612. Sendo o navio obrigado a voltar ao porto da saída, ou a arribar a outro qualquer por perigo de piratas ou de inimigos, podem os carregadores ou consignatários convir na sua total descarga, pagando as despesas desta e o frete da ida por inteiro, e prestando a fiança determinada no artigo 609. Se o fretamento for ao mês, o frete é devido somente pelo tempo que o navio tiver sido empregado.

Art. 613. Se o capitão for obrigado a consertar a embarcação durante a viagem, o afretador, carregadores, ou consignatários, não querendo esperar pelo conserto, podem retirar as suas fazendas pagando todo o frete, estadias e sobre-estadias e avaria grossa, havendo-a, as despesas da descarga e desarrumação.

Art. 614. Não admitindo o navio conserto, o capitão é obrigado a fretar por sua conta, e sem poder exigir aumento algum do frete, uma ou mais embarcações para transportar a carga ao lugar do destino. Se o capitão não puder fretar outro ou outros navios dentro de sessenta dias depois que o navio for julgado inavegável, e quando o conserto for impraticável, deverá requerer depósito judicial da carga e interpor os competentes protestos para sua ressalva; neste caso o contrato ficará resciso, e somente se deverá o frete vencido. Se, porém, os afretadores ou carregadores provarem que o navio condenado por incapaz estava inavegável quando se fez à vela, não serão obrigados a frete algum, e terão ação de perdas e danos contra o fretador. Esta prova é admissível não obstante e contra os certificados da visita da saída.

Art. 615. Ajustando-se os fretes por peso, sem se designar se é líquido ou bruto, deverá entender-se que é peso bruto; compreendendo-se nele qualquer espécie de capa, caixa ou vasilha em que as fazendas se acharem acondicionadas.

Art. 616. Quando o frete for justo por número, peso ou medida, e houver condição de que a carga será entregue no portaló do navio, o capitão tem direito de requerer que os efeitos sejam contados, medidos ou pesados a bordo do mesmo navio antes da descarga; e procedendo-se a esta diligência não responderá por faltas que possam aparecer em terra; se, porém, as fazendas se descarregarem sem se contarem, medirem ou pesarem, o consignatário terá direito de verificar em terra a identidade, número, medição ou peso, e o capitão será obrigado a conformar-se com o resultado desta verificação.

Art. 617. Nos gêneros que por sua natureza são suscetíveis de aumento ou diminuição, independentemente de má arrumação ou falta de estiva, ou de defeito no vasilhame, como é, por exemplo, o sal, será por conta do dono qualquer diminuição ou aumento que os mesmos gêneros tiverem dentro do navio; e em um e outro caso deve-se frete do que se numerar, medir ou pesar no ato da descarga.

Art. 618. Havendo presunção de que as fazendas foram danificadas, roubadas ou diminuídas, o capitão é obrigado, e o consignatário e quaisquer outros interessados têm direito a requerer que sejam judicialmente visitadas e examinadas, e os danos estimados a bordo antes da descarga, ou dentro em vinte e quatro horas depois; e ainda que este procedimento seja requerido pelo capitão não prejudicará os seus meios de defesa.

Se as fazendas forem entregues sem o referido exame, os consignatários têm direito de fazer proceder a exame judicial no preciso termo de quarenta e oito horas depois da descarga; e passado este prazo não haverá mais lugar a reclamação alguma.

Todavia, não sendo a avaria ou diminuição visível por fora, o exame judicial poderá validamente fazer-se dentro de dez dias depois que as fazendas passarem às mãos dos consignatários, nos termos do artigo 211.

Art. 619. O capitão ou fretador não pode reter fazendas no navio a pretexto de falta de pagamento de frete, avaria grossa ou despesas; poderá, porém, precedendo competente protesto, requerer o depósito de fazendas equivalentes, e pedir a venda delas, ficando-lhe direito salvo pelo resto contra o carregador, no caso de insuficiência do depósito.

A mesma disposição tem lugar quando o consignatário recusa receber a carga.

Nos dois referidos casos, se a avaria grossa não puder ser regulada imediatamente, é lícito ao capitão exigir o depósito judicial da soma que se arbitrar.

Art. 620. O capitão que entregar fazendas antes de receber o frete, avaria grossa e despesas, sem pôr em prática os meios do artigo precedente, ou os que lhe facultarem as leis ou usos do lugar da descarga, não terá ação para exigir o pagamento do carregador ou afretador, provando este que carregou as fazendas por conta de terceiro.

Art. 621. Pagam frete por inteiro as fazendas que se deteriorarem por avaria, ou diminuírem por mau acondicionamento das vasilhas, caixas, capas ou outra qualquer cobertura em que forem carregadas, provando o capitão que o dano não procedeu de falta de arrumação ou de estiva (artigo 624).

Pagam igualmente frete por inteiro as fazendas que o capitão é obrigado a vender nas circunstâncias previstas no artigo 515.

O frete das fazendas alijadas para salvação comum do navio e da carga abona-se por inteiro como avaria grossa (artigo 764).

Art. 622. Não se deve frete das mercadorias perdidas por naufrágio ou varação, roubo de piratas ou presa de inimigo, e, tendo-se pago adiantado, repete-se; salvo convenção em contrário.

Todavia, resgatando-se o navio e fazendas, ou salvando-se do naufrágio, deve-se o frete correspondente até o lugar da presa, ou naufrágio; e será pago por inteiro se o capitão conduzir as fazendas salvas até o lugar do destino, contribuindo este ao fretador por avaria grossa no dano, ou resgate.

Art. 623. Salvando-se no mar ou nas praias, sem cooperação da tripulação, fazendas que fizeram parte da carga, e sendo depois de salvas entregues por pessoas estranhas, não se deve por elas frete algum.

Art. 624. O carregador não pode abandonar as fazendas ao frete. Todavia pode ter lugar o abandono dos líquidos, cujas vasilhas se achem vazias ou quase vazias.

Art. 625. A viagem para todos os efeitos do vencimento de fretes, se outra coisa se não ajustar, começa a correr desde o momento em que a carga fica debaixo da responsabilidade do capitão.

Art. 626. Os fretes e avarias grossas têm hipoteca tácita e especial nos efeitos que fazem objeto da carga, durante trinta dias depois da entrega, se antes desse termo não houverem passado para o domínio de terceiro.

Art. 627. A dívida de fretes, primagem, estadias e sobre-estadias, avarias e despesas da carga prefere a todas as outras sobre o valor dos efeitos carregados; salvo os casos de que trata o artigo 470, nº 1.

Art. 628. O contrato de fretamento de um navio estrangeiro exequível no Brasil há de ser determinado e julgado pelas regras estabelecidas neste Código, quer tenha sido ajustado dentro do Império, quer em país estrangeiro.

CAPÍTULO IV
DOS PASSAGEIROS

Art. 629. O passageiro de um navio deve achar-se a bordo no dia e hora que o capitão designar, quer no porto da partida, quer em qualquer outro de escala ou arribada; pena de ser obrigado ao pagamento do preço da sua passagem por inteiro, se o navio se fizer de vela sem ele.

Art. 630. Nenhum passageiro pode transferir a terceiro, sem consentimento do capitão, o seu direito de passagem.

Resilindo o passageiro do contrato antes da viagem começada, o capitão tem direito à metade do preço da passagem; e ao pagamento por inteiro, se aquele a não quiser continuar depois de começada.

Se o passageiro falecer antes da viagem começada, deve-se só metade do preço da passagem.

Art. 631. Se a viagem for suspensa ou interrompida por causa de força maior, no porto da partida, rescinde-se o contrato, sem que nem o capitão nem o passageiro tenham direito a indenização alguma; tendo lugar a suspensão ou interrupção em outro qualquer porto de escala ou arribada, deve somente o preço correspondente à viagem feita.

Interrompendo-se a viagem depois de começada por demora de conserto do navio, o passageiro pode tomar passagem em outro, pagando o preço correspondente à viagem feita. Se quiser esperar pelo conserto, o capitão não é obrigado ao seu sustento; salvo se o passageiro não encontrar outro navio em que comodamente se possa transportar, ou o preço da nova passagem exceder o da primeira, na proporção da viagem andada.

Art. 632. O capitão tem hipoteca privilegiada para pagamento do preço da passagem em todos os efeitos que o passageiro tiver a bordo, e direito de os reter enquanto não for pago.

O capitão só responde pelo dano sobrevindo aos efeitos que o passageiro tiver a bordo debaixo da sua imediata guarda, quando o dano provier de fato seu ou da tripulação.

TÍTULO VII – DO CONTRATO DE DINHEIRO A RISCO OU CÂMBIO MARÍTIMO

Art. 633. O contrato de empréstimo a risco ou câmbio marítimo, pelo qual o dador estipula do tomador um prêmio certo e determinado por preço dos riscos de mar que toma sobre si, ficando com hipoteca especial no objeto sobre que recai o empréstimo, e sujeitando-se a perder o capital e prêmio se o dito objeto vier a perecer por efeito dos riscos tomados no tempo e lugar convencionados, só pode provar-se por instrumento público ou particular, o qual será registrado no Tribunal do Comércio dentro de oito dias da data da escritura ou letra. Se o contrato tiver lugar em país estrangeiro por súditos brasileiros, o instrumento deverá ser autenticado com o – "*visto*" – do cônsul do Império, se aí o houver, e em todo o caso anotado no verso do registro da embarcação, se versar sobre o navio ou fretes. Faltando no instrumento do contrato alguma das sobreditas formalidades, ficará este subsistindo entre as próprias partes, mas não estabelecerá direitos contra terceiro.

É permitido fazer empréstimo a risco não só em dinheiro, mas também em efeitos próprios para o serviço e consumo do navio, ou que possam ser objeto de comércio; mas em tais casos a coisa emprestada deve ser estimada em valor fixo para ser paga com dinheiro.

Art. 634. O instrumento do contrato de dinheiro a risco deve declarar:

1. a data e o lugar em que o empréstimo se faz;
2. o capital emprestado, e o preço do risco, aquele e este especificados separadamente;
3. o nome do dador e o do tomador, com o do navio e o do seu capitão;
4. o objeto ou efeito sobre que recai o empréstimo;
5. os riscos tomados, com menção específica de cada um;
6. se o empréstimo tem lugar por uma ou mais viagens, qual a viagem, e por que termo;
7. a época do pagamento por embolso, e o lugar onde deva efetuar-se;
8. qualquer outra cláusula em que as partes convenham, contanto que não seja oposta à natureza deste contrato, ou proibida por lei.

O instrumento em que faltar alguma das declarações enunciadas será considerado como simples crédito de dinheiro de empréstimo ao prêmio da lei, sem hipoteca nos efeitos sobre que tiver sido dada, nem privilégio algum.

Art. 635. A escritura ou letra de risco exarada à ordem tem força de letra de câmbio contra o tomador e garantes, e é transferível e exequível por via de endosso, com os mesmos direitos e pelas mesmas ações que as letras de câmbio.

O cessionário toma o lugar de endossador, tanto a respeito do capital como do prêmio e dos riscos, mas a garantia da solvabilidade do tomador é restrita ao capital; salvo condição em contrário quanto ao prêmio.

Art. 636. Não sendo a escritura ou letra de risco passada à ordem, só pode ser transferida por cessão, com as mesmas formalidades e efeitos das cessões civis, sem outra responsabilidade da parte do cedente, que não seja a de garantir a existência da dívida.

Art. 637. Se no instrumento do contrato se não tiver feito menção específica dos riscos com reserva de algum, ou deixar de se estipular o tempo, entende-se que o dador do dinheiro tomará sobre si todos aqueles riscos marítimos, e pelo mesmo tempo que geralmente costumam receber os seguradores.

Art. 638. Não se declarando na escritura ou letra de risco que o empréstimo é só por ida ou só por volta, ou por uma e outra, o pagamento, recaindo o empréstimo sobre fazendas, é exequível no lugar do destino destas, declarado nos conhecimentos ou fretamento, e se recair sobre o navio, no fim de dois meses depois da chegada ao porto do destino, se não aparelhar de volta.

Art. 639. O empréstimo a risco pode recair:

1. sobre o casco, fretes e pertences do navio;
2. sobre a carga;
3. sobre a totalidade destes objetos, conjunta ou separadamente, ou sobre uma parte determinada de cada um deles.

Art. 640. Recaindo o empréstimo a risco sobre o casco e pertences do navio, abrange na sua responsabilidade o frete da viagem respectiva.

Quando o contrato é celebrado sobre o navio e carga, o privilégio do dador é solidário sobre uma e outra coisa.

Se o empréstimo for feito sobre a carga ou sobre um objeto determinado do navio ou da carga, os seus efeitos não se estendem além desse objeto ou da carga.

Art. 641. Para o contrato surtir o seu efeito legal, é necessário que exista dentro do navio no momento do sinistro a importância da soma dada de empréstimo a risco, em fazendas ou no seu equivalente.

Art. 642. Quando o objeto sobre que se toma dinheiro a risco não chega a pôr-se efetivamente em risco por não se efetuar a viagem, rescinde-se o contrato; e o dador neste caso tem direito para haver o capital com os juros da lei desde o dia da entrega do dinheiro ao tomador, sem outro algum prêmio, e goza do privilégio de preferência quanto ao capital somente.

Art. 643. O tomador que não carregar efeitos no valor total da soma tomada a risco é obrigado a restituir o remanescente ao dador antes da partida do navio, ou todo se nenhum empregar; e se não restituir, dá-se ação pessoal contra o tomador pela parte descoberta, ainda que a parte coberta ou empregada venha a perder-se (artigo 655).

O mesmo terá lugar quando o dinheiro a risco for tomado para habilitar o navio, se o tomador não chegar a fazer uso dele ou da coisa estimável, em todo ou em parte.

Art. 644. Quando no instrumento de risco sobre fazendas houver a faculdade de – "*tocar e fazer escala*" – ficam obrigados ao contrato, não só o dinheiro carregado em espécie para ser empregado na viagem, e as fazendas carregadas no lugar da partida, mas também as que forem carregadas em retorno por conta do tomador, sendo o contrato feito de ida e volta; e o tomador neste caso tem faculdade de trocá-las ou vendê-las e comprovar outras em todos os portos de escala.

Art. 645. Se ao tempo do sinistro parte dos efeitos objeto de risco já se achar em terra, a perda do dador será reduzida ao que tiver ficado dentro do navio; e se os efeitos salvos forem transportados em outro navio para o porto do destino originário (artigo 614), neste continuam os riscos do dador.

Art. 646. O dador a risco sobre efeitos carregados em navio nominativamente designado no contrato não responde pela perda desses efeitos, ainda mesmo que seja acontecida por perigo de mar, se forem transferidos ou baldeados para outro navio, salvo provando-se legalmente que a baldeação tivera lugar por força maior.

Art. 647. Em caso de sinistro, salvando-se alguns efeitos da carga objeto de risco, a obrigação do pagamento de dinheiro a risco fica reduzida ao valor dos mesmos objetos estimado pela forma determinada nos artigos 694 e seguintes. O dador neste caso tem direito para ser pago do principal e prêmio por esse mesmo valor até onde alcançar, deduzidas as despesas de salvados, e as soldadas vencidas nessa viagem.

Sendo o dinheiro dado sobre o navio, o privilégio do dador compreende não só os fragmentos náufragos do mesmo navio, mas também o frete adquirido pelas fazendas salvas, deduzidas as despesas de salvados, e as soldadas vencidas na viagem respectiva, não havendo dinheiro a risco ou seguro especial sobre esse frete.

Art. 648. Havendo sobre o mesmo navio ou sobre a mesma carga um contrato de risco e outro de seguro (artigo 650), o produto dos efeitos salvos será dividido entre o segurador e o dador a risco pelo seu capital somente na proporção de seus respectivos interesses.

Art. 649. Não precedendo ajuste em contrário, o dador conserva seus direitos íntegros contra o tomador, ainda mesmo que a perda ou dano da coisa objeto do risco provenha de alguma das causas enumeradas no artigo 711.

Art. 650. Quando alguns, mas não todos os riscos, ou uma parte somente do navio ou da carga se acham seguros, pode contrair-se empréstimo a risco pelos riscos ou parte não segura até à concorrência do seu valor por inteiro (artigo 682).

Art. 651. As letras mercantis provenientes de dinheiro recebido pelo capitão para despesas indispensáveis do navio ou da carga nos termos dos artigos 515 e 516, e os prêmios do seguro correspondente, quando a sua importância houver sido realmente segurada, têm o privilégio de letras de empréstimo a risco, se contiverem declaração expressa de que o importe foi destinado para as referidas despesas; e são exequíveis, ainda mesmo que tais objetos se percam por qualquer evento posterior, provando o dador que o dinheiro foi efetivamente empregado em benefício do navio ou da carga (artigos 515 e 517).

Art. 652. O empréstimo de dinheiro a risco sobre o navio tomado pelo capitão no lugar do domicílio do dono, sem autorização escrita deste, produz ação e privilégio somente na parte que o capitão possa ter no navio e frete; e não obriga o dono, ainda mesmo que se pretenda provar que o dinheiro foi aplicado em benefício da embarcação.

Art. 653. O empréstimo a risco sobre fazendas, contraído antes da viagem começada, deve ser mencionado nos conhecimentos e no manifesto da carga, com designação da pessoa a quem o capitão deve participar a chegada feliz no lugar do destino. Omitida aquela declaração, o consignatário, tendo aceitado letras de câmbio, ou feito adiantamento na fé dos conhecimentos, preferirá ao portador da letra de risco. Na falta de designação a quem deva participar a chegada, o capitão pode descarregar as fazendas, sem responsabilidade alguma pessoal para com o portador da letra de risco.

Art. 654. Se entre o dador a risco e o capitão se der algum conluio por cujo meio os armadores ou carregadores sofram prejuízo, será este indenizado solidariamente pelo dador e pelo capitão, contra os quais poderá intentar-se a ação criminal que competente seja.

Art. 655. Incorre no crime de estelionato o tomador que receber dinheiro a risco por valor maior que o do objeto do risco, ou quando este não tenha sido efetivamente embarcado (artigo 643); e no mesmo crime incorre também o dador que, não podendo ignorar esta circunstância, a não declarar à pessoa a quem endossar a letra de risco. No primeiro caso o tomador, e no segundo o dador respondem solidariamente pela importância da letra, ainda quando tenha perecido o objeto do risco.

Art. 656. É nulo o contrato de câmbio marítimo:

1. sendo o empréstimo feito a gente da tripulação;
2. tendo o empréstimo somente por objeto o frete a vencer, ou o lucro esperado de alguma negociação, ou um e outro simultânea e exclusivamente;
3. quando o dador não corre algum risco dos objetos sobre os quais se deu o dinheiro;
4. quando recai sobre objetos, cujos riscos já têm sido tomados por outrem no seu inteiro valor (artigo 650);
5. faltando o registro, ou as formalidades exigidas no artigo 516 para o caso de que aí se trata.

Em todos os referidos casos, ainda que o contrato não surta os seus efeitos legais, o tomador responde pessoalmente pelo principal mutuado e juros legais, posto que a coisa objeto do contrato tenha perecido no tempo e no lugar dos riscos.

Art. 657. O privilégio do dador a risco sobre o navio compreende proporcionalmente, não só os fragmentos náufragos do mesmo navio, mas também o frete adquirido pelas fazendas salvas, deduzidas as despesas de salvados e as soldadas devidas por essa viagem, não havendo seguro ou risco especial sobre o mesmo frete.

Art. 658. Se o contrato a risco compreender navio e carga, as fazendas conservadas são hipoteca do dador, ainda que o navio pereça; o mesmo é, "*vice-versa*", quando o navio se salva e as fazendas se perdem.

Art. 659. É livre aos contraentes estipular o prêmio na quantidade, e o modo de pagamento que bem lhes pareça; mas uma vez concordado, a superveniência de risco não dá direito à exigência de aumento ou diminuição de prêmio; salvo se outra coisa for acordada no contrato.

Art. 660. Não estando fixada a época do pagamento, será este reputado vencido apenas tiverem cessado os riscos. Desse dia em diante correm para o dador os juros da lei sobre o capital e prêmio no caso de mora; a qual só pode provar-se pelo protesto.

Art. 661. O portador, na falta de pagamento no termo devido, é obrigado a protestar e a praticar todos os deveres dos portadores de letras de câmbio para vencimento dos juros, e conservação do direito regressivo sobre os garantes do instrumento de risco.

Art. 662. O dador de dinheiro a risco adquire hipoteca no objeto sobre que recai o empréstimo, mas fica sujeito a perder todo o direito à soma mutuada, perecendo o objeto hipotecado no tempo e lugar, e pelos riscos convencionados; e só tem direito ao embolso do principal e prêmio por inteiro no caso de chegada a salvamento.

Art. 663. Incumbe ao tomador provar a perda, e justificar que os feitos, objeto do empréstimo, existiam na embarcação na ocasião do sinistro.

Art. 664. Acontecendo presa ou desastre de mar ao navio ou fazendas sobre que recaiu o empréstimo a risco, o tomador tem obrigação de noticiar o acontecimento ao dador, apenas tal nova chegar ao seu conhecimento. Achando-se o tomador a esse tempo no navio, ou próximo aos objetos sobre que recaiu o empréstimo, é obrigado a empregar na sua reclamação e salvação as diligências próprias de um administrador exato; pena de responder por perdas e danos que da sua falta resultarem.

Art. 665. Quando sobre contrato de dinheiro a risco ocorra caso que se não ache prevenido neste Título, procurar-se-á a sua decisão por analogia, quanto seja compatível, no Título – "*Dos seguros marítimos*" – e "*vice-versa*".

TÍTULO VIII – DOS SEGUROS MARÍTIMOS

CAPÍTULO I

DA NATUREZA E FORMA DO CONTRATO DE SEGURO MARÍTIMO

Art. 666. O contrato de seguro marítimo, pelo qual o segurador, tomando sobre si a fortuna e riscos do mar, se obriga a indenizar ao segurado da perda ou dano que possa sobrevir ao objeto do seguro, mediante um prêmio ou soma determinada, equivalente ao risco tomado, só pode provar-se por escrito, a cujo instrumento se chama "*apólice*"; contudo julga-se subsistente para obrigar reciprocamente ao segurador e ao segurado desde o momento em que as partes se convierem, assinando ambas a minuta, a qual deve conter todas as declarações, cláusulas e condições da apólice.

Art. 667. A apólice de seguro deve ser assinada pelos seguradores, e conter:

1. o nome e domicílio do segurador e o do segurado; declarando este se segura por sua conta ou por conta de terceiro, cujo nome pode omitir-se; omitindo-se o nome do segurado, o terceiro que faz o seguro em seu nome fica pessoal e solidariamente responsável.

A apólice em nenhum caso pode ser concedida ao portador;

2. o nome, classe e bandeira do navio, e o nome do capitão; salvo não tendo o segurado certeza do navio (artigo 670);
3. a natureza e qualidade do objeto seguro e o seu valor fixo ou estimado;
4. o lugar onde as mercadorias foram, deviam ou devam ser carregadas;
5. os portos ou ancoradouros, onde o navio deve carregar ou descarregar, e aqueles onde deva tocar por escala;
6. o porto donde o navio partiu, devia ou deve partir; e a época da partida, quando esta houver sido positivamente ajustada;
7. menção especial de todos os riscos que o segurador toma sobre si;
8. o tempo e o lugar em que os riscos devem começar e acabar;
9. o prêmio do seguro, e o lugar, época e forma do pagamento;
10. o tempo, lugar e forma do pagamento no caso de sinistro;
11. declaração de que as partes se sujeitam à decisão arbitral, quando haja contestação, se elas assim o acordarem;
12. a data do dia em que se concluiu o contrato, com declaração, se antes, se depois do meio-dia;
13. e geralmente todas as outras condições em que as partes convenham.

Uma apólice pode conter dois ou mais seguros diferentes.

Art. 668. Sendo diversos os seguradores, cada um deve declarar a quantia por que se obriga, e esta declaração será datada e assinada. Na falta de declaração, a assinatura importa em responsabilidade solidária por todo o valor segurado.

Se um dos seguradores se obrigar por certa e determinada quantia, os seguradores que depois dele assinarem sem declaração da quantia por que se obrigam, ficarão responsáveis cada um por outra igual soma.

Art. 669. O seguro pode recair sobre a totalidade de um objeto ou sobre parte dele somente; e pode ser feito antes da viagem começada ou durante o curso dela, de ida e volta, ou só por ida ou só por volta, por viagem inteira ou por tempo limitado dela, e contra os riscos de viagem e transporte por mar somente, ou compreender também os riscos de transportes por canais e rios.

Art. 670. Ignorando o segurado a espécie de fazendas que hão de ser carregadas, ou não tendo certeza do navio em que o devam ser, pode efetuar validamente o seguro debaixo do nome genérico – "*fazendas*" – no primeiro caso, e – "*sobre um ou mais navios*" – no segundo; sem que o segurado seja obrigado a designar o nome do navio, uma vez que na apólice declare que o ignora, mencionando a data e assinatura da última carta de aviso ou ordens que tenha recebido.

Art. 671. Efetuando-se o seguro debaixo do nome genérico de – "*fazendas*" – o segurado é obrigado a provar, no caso de sinistro, que efetivamente se embarcaram as fazendas no valor declarado na apólice; e se o seguro se tiver feito – "*sobre um ou mais navios*" – incumbe-lhe provar que as fazendas seguras foram efetivamente embarcadas no navio que sofreu o sinistro (artigo 716).

Art. 672. A designação geral – "*fazendas*" – não compreende moeda de qualidade alguma, nem joias, ouro ou prata, pérolas ou pedras preciosas, nem munições de guerra; em seguros desta natureza é necessário que se declare a espécie do objeto sobre que recai o seguro.

Art. 673. Suscitando-se dúvida sobre a inteligência de alguma ou algumas das condições e cláusulas da apólice, a sua decisão será determinada pelas regras seguintes:

1. as cláusulas escritas terão mais força do que as impressas;
2. as que forem claras, e expuserem a natureza, objeto ou fim do seguro, servirão de regra para esclarecer as obscuras, e para fixar a intenção das partes na celebração do contrato;
3. o costume geral, observado em casos idênticos na praça onde se celebrou o contrato, prevalecerá a qualquer significação diversa que as palavras possam ter em uso vulgar;
4. em caso de ambiguidade que exija interpretação, será esta feita segundo as regras estabelecidas no artigo 131.

Art. 674. A cláusula de fazer escala compreende a faculdade de carregar e descarregar fazendas no lugar da escala, ainda que esta condição não seja expressa na apólice (artigo 667, nº 5).

Art. 675. A apólice de seguro é transferível e exequível por via de endosso, substituindo o endossado ao segurado em todas as suas obrigações, direitos e ações (artigo 363).

Art. 676. Mudando os efeitos segurados de proprietário durante o tempo do contrato, o seguro passa para o novo dono, independente de transferência da apólice; salvo condição em contrário.

Art. 677. O contrato de seguro é nulo:

1. sendo feito por pessoa que não tenha interesse no objeto segurado;
2. recaindo sobre algum dos objetos proibidos no artigo 686;
3. sempre que se provar fraude ou falsidade por alguma das partes;
4. quando o objeto do seguro não chega a pôr-se efetivamente em risco;
5. provando-se que o navio saiu antes da época designada na apólice, ou que se demorou além dela, sem ter sido obrigado por força maior;
6. recaindo o seguro sobre objetos já segurados no seu inteiro valor, e pelos mesmos riscos. Se, porém, o primeiro seguro não abranger o valor da coisa por inteiro, ou houver sido efetuado com exceção de algum ou alguns riscos, o seguro prevalecerá na parte, e pelos riscos executados;
7. o seguro de lucro esperado, que não fixar soma determinada sobre o valor do objeto do seguro;
8. sendo o seguro de mercadorias que se conduzirem em cima do convés, não se tendo feito na apólice declaração expressa desta circunstância;
9. sobre objetos que na data do contrato se achavam já perdidos ou salvos, havendo presunção fundada de que o segurado ou segurador podia ter notícia do evento ao tempo em que se efetuou o seguro. Existe esta presunção, provando-se por alguma forma que a notícia tinha chegado ao lugar em que se fez o seguro, ou àquele donde se expediu a ordem para ele se efetuar ao tempo da data da apólice ou da expedição da mesma ordem, e que o segurado ou o segurador a sabia.

Se, porém, a apólice contiver a cláusula – *"perdido ou não perdido"* – ou – *"sobre boa ou má nova"* – cessa a presunção; salvo provando-se fraude.

Art. 678. O seguro pode também anular-se:

1. quando o segurado oculta a verdade ou diz o que não é verdade;
2. quando faz declaração errônea, calando, falsificando ou alterando fatos ou circunstâncias, ou produzindo fatos ou circunstâncias não existentes, de tal natureza e importância que, a não se terem ocultado, falsificado ou produzido, os seguradores, ou não houveram admitido o seguro, ou o teriam efetuado debaixo de prêmio maior e mais restritas condições.

Art. 679. No caso de fraude da parte do segurado, além da nulidade do seguro, será este condenado a pagar ao segurador o prêmio estipulado em dobro. Quando a fraude estiver da parte do segurador, será este condenado a retornar o prêmio recebido, e a pagar ao segurado outra igual quantia.

Em um e outro caso pode-se intentar ação criminal contra o fraudulento.

Art. 680. A desviação voluntária da derrota da viagem, e a alteração na ordem das escalas, que não for obrigada por urgente necessidade ou força maior, anulará o seguro pelo resto da viagem (artigo 509).

Art. 681. Se o navio tiver vários pontos de escala designados na apólice, é lícito ao segurado alterar a ordem das escalas; mas em tal caso só poderá escalar em um único porto dos especificados na mesma apólice.

Art. 682. Quando o seguro versar sobre dinheiro dado a risco, deve declarar-se na apólice, não só o nome do navio, do capitão, e do tomador do dinheiro, como outrossim fazer-se menção dos riscos que este quer segurar e o dador excetuara, ou qual o valor descoberto sobre que é permitido o seguro (artigo 650). Além desta declaração é necessário mencionar também na apólice a causa da dívida para que serviu o dinheiro.

Art. 683. Tendo-se efetuado sem fraude diversos seguros sobre o mesmo objeto, prevalecerá o mais antigo na data da apólice. Os seguradores cujas apólices forem posteriores são obrigados a restituir o prêmio recebido, retendo por indenização meio por cento do valor segurado.

Art. 684. Em todos os casos em que o seguro se anular por fato que não resulte diretamente de força maior, o segurador adquire o prêmio por inteiro, se o objeto do seguro se tiver posto em risco; e se não se tiver posto em risco, retém meio por cento do valor segurado.

Anulando-se, porém, algum seguro por viagem redonda com prêmio ligado, o segurador adquire metade (tão somente) do prêmio ajustado.

CAPÍTULO II

DAS COISAS QUE PODEM SER OBJETO DE SEGURO MARÍTIMO

Art. 685. Toda e qualquer coisa, todo e qualquer interesse apreciável a dinheiro, que tenha sido posto ou deva pôr-se a risco de mar, pode ser objeto de seguro marítimo, não havendo proibição em contrário.

Art. 686. É proibido o seguro:

1. sobre coisas, cujo comércio não seja lícito pelas leis do Império, e sobre os navios nacionais ou estrangeiros que nesse comércio se empregarem;
2. sobre a vida de alguma pessoa livre;
3. sobre soldadas a vencer de qualquer indivíduo da tripulação.

Art. 687. O segurador pode ressegurar por outros seguradores os mesmos objetos que ele tiver segurado, com as mesmas ou diferentes condições, e por igual, maior ou menor prêmio.

O segurado pode tornar a segurar, quando o segurador ficar insolvente, antes da notícia da terminação do risco, pedindo em juízo anulação da primeira apólice; e se a esse tempo existir risco pelo qual seja devida alguma indenização ao segurado, entrará este pela sua importância na massa do segurador falido.

Art. 688. Não se declarando na apólice de seguro de dinheiro a risco, se o seguro compreende o capital e o prêmio, entende-se que compreende só o capital, o qual, no caso de sinistro, será indenizado pela forma determinada no artigo 647.

Art. 689. Pode segurar-se o navio, seu frete e fazendas na mesma apólice, mas neste caso há de determinar-se o valor de cada objeto distintamente; faltando esta especificação, o seguro ficará reduzido ao objeto definido na apólice somente.

Art. 690. Declarando-se genericamente na apólice, que se segura o navio sem outra alguma especificação, entende-se que o seguro compreende o casco e todos os pertences da embarcação, aprestos, aparelhos, mastreação e velame, lanchas, escaleres, botes, utensílios e vitualhas ou provisões; mas em nenhum caso os fretes nem o carregamento, ainda que este seja por conta do capitão, dono, ou armador do navio.

Art. 691. As apólices de seguro por ida e volta cobrem os riscos seguros que sobrevierem durante as estadias intermédias, ainda que esta cláusula seja omissa na apólice.

CAPÍTULO III

DA AVALIAÇÃO DOS OBJETOS SEGUROS

Art. 692. O valor do objeto do seguro deve ser declarado na apólice em quantia certa, sempre que o segurado tiver dele conhecimento exato.

No seguro de navio, esta declaração é essencialmente necessária, e faltando ela o seguro julga-se improcedente.

Nos seguros sobre fazendas, não tendo o segurado conhecimento exato do seu verdadeiro importe, basta que o valor se declare por estimativa.

Art. 693. O valor declarado na apólice, quer tenha a cláusula – "valha mais ou valha menos" –, quer a não tenha, será considerado em juízo como ajustado e admitido entre as partes para todos os efeitos do seguro. Contudo, se o segurador alegar que a coisa segura valia ao tempo do contrato um quarto menos, ou daí para cima, do preço em que o segurado a estimou, será admitido a reclamar a avaliação; incumbindo-lhe justificar a reclamação pelos meios de prova admissíveis em comércio. Para este fim, e em ajuda de outras provas, poderá o segurador obrigar o segurado à exibição dos documentos ou das razões em que se fundara para o cálculo da avaliação que dera na apólice; e se presumirá ter havido dolo da parte do segurado se ele se negar a esta exibição.

Art. 694. Não se tendo declarado na apólice o valor certo do seguro sobre fazenda, será este determinado pelo preço da compra das mesmas fazendas, aumentado com as despesas que estas tiverem feito até o embarque, e mais o prêmio do seguro e a comissão de se efetuar, quando esta se tiver pago; por forma que, no caso de perda total, o segurado seja embolsado de todo o valor posto a risco. Na apólice de seguro sobre fretes sem valor fixo, será este determinado pela carta de fretamento, ou pelos conhecimentos, e pelo manifesto, ou livro da carga, cumulativamente em ambos os casos.

Art. 695. O valor do seguro sobre dinheiro a risco prova-se pelo contrato original, e o do seguro sobre despesas feitas com o navio ou carga durante a viagem (artigos 515 e 651) com as respectivas contas competentemente legalizadas.

Art. 696. O valor de mercadorias provenientes de fábricas, lavras ou fazendas do segurado, que não for determinado na apólice, será avaliado pelo preço que outras tais mercadorias poderiam obter no lugar do desembarque, sendo aí vendidas, aumentado na forma do artigo 694.

Art. 697. As fazendas adquiridas por troca estimam-se pelo preço que poderiam obter no mercado do lugar da descarga aquelas que por elas se trocaram, aumentado na forma do artigo 694.

Art. 698. A avaliação em seguros feitos sobre moeda estrangeira faz-se, reduzindo-se esta ao valor da moeda corrente no Império pelo curso que o câmbio tinha na data da apólice.

Art. 699. O segurador em nenhum caso pode obrigar o segurado a vender os objetos do seguro para determinar o seu valor.

Art. 700. Sempre que se provar que o segurado procedeu com fraude na declaração do valor declarado na apólice, ou na que posteriormente se fizer no caso de se não ter feito no ato do contrato (artigos 692 e 694), o juiz, reduzindo a estimação do objeto segurado ao seu verdadeiro valor, condenará o segurado a pagar ao segurador o dobro do prêmio estipulado.

Art. 701. A cláusula inserta na apólice – "valha mais ou valha menos" – não releva o segurado da condenação por fraude; nem pode ser valiosa sempre que se provar que o objeto seguro valia menos de um quarto que o preço fixado na apólice (artigos 692 e 693).

CAPÍTULO IV

DO COMEÇO E FIM DOS RISCOS

Art. 702. Não constando da apólice do seguro o tempo em que os riscos devem começar e acabar, os riscos de seguro sobre navio principiam a correr por conta do segurador desde o momento em que a embarcação suspende a sua primeira âncora para velejar, e terminam depois que tem dado fundo e amarrado dentro do porto do seu destino, no lugar que aí for designado para descarregar, se levar carga, ou no lugar em que der fundo e amarrar, indo em lastro.

Art. 703. Segurando-se o navio por ida e volta, ou por mais de uma viagem, os riscos correm sem interrupção por conta do segurador, desde o começo da primeira viagem até o fim da última (artigo 691).

Art. 704. No seguro de navios por estadia em algum porto, os riscos começam a correr desde que o navio dá fundo e se amarra no mesmo porto, e findam desde o momento em que suspende a sua primeira âncora para seguir viagem.

Art. 705. Sendo o seguro sobre mercadorias, os riscos têm princípio desde o momento em que elas se começam a embarcar nos cais ou à borda d'água do lugar da carga, e só terminam depois que são postas a salvo no lugar da descarga; ainda mesmo no caso do capitão ser obrigado a descarregá-las em algum porto de escala, ou de arribada forçada.

Art. 706. Fazendo-se seguro sobre fazendas a transportar alternadamente por mar e terra, rios ou canais, em navios, barcos, carros ou animais, os riscos começam logo que os efeitos são entregues no lugar onde devem ser carregados, e só expiram quando são descarregados a salvamento no lugar do destino.

Art. 707. Os riscos de seguro sobre frete têm o seu começo desde o momento e à medida que são recebidas a bordo as fazendas que pagam frete; e acabam logo que saem para fora do portaló do navio, e à proporção que vão saindo; salvo se por ajuste ou por uso do porto o navio for obrigado a receber a carga à beira d'água, e pô-la em terra por sua conta.

O risco do frete, neste caso, acompanha o risco das mercadorias.

Art. 708. A fortuna das somas mutuadas a risco principia e acaba para os seguradores na mesma época, e pela mesma forma que corre para o dador do dinheiro a risco; no caso, porém, de se não ter feito no instrumento do contrato a risco menção específica dos riscos tomados, ou se não houver estipulado o tempo, entende-se que os seguradores tomaram sobre si todos os riscos, e pelo mesmo tempo que geralmente costumam receber os dadores de dinheiro a risco.

Art. 709. No seguro de lucro esperado, os riscos acompanham a sorte das fazendas respectivas.

CAPÍTULO V

DAS OBRIGAÇÕES RECÍPROCAS DO SEGURADOR E DO SEGURADO

Art. 710. São a cargo do segurador todas as perdas e danos que sobrevierem ao objeto seguro por algum dos riscos especificados na apólice.

Art. 711. O segurador não responde por dano ou avaria que aconteça por fato do segurado, ou por alguma das causas seguintes:

1. desviação voluntária da derrota ordinária e usual da viagem;
2. alteração voluntária na ordem das escalas designadas na apólice; salvo a exceção estabelecida no artigo 680;
3. prolongação voluntária da viagem, além do último porto atermado na apólice. Encurtando-se a viagem, o seguro surte pleno efeito, se o porto onde ela findar for de escala declarada na apólice; sem que o segurado tenha direito para exigir redução do prêmio estipulado;
4. separação espontânea de comboio, ou de outro navio armado, tendo-se estipulado na apólice de ir em conserva dele;
5. diminuição e derramamento de líquido (artigo 624);
6. falta de estiva, ou defeituosa arrumação da carga;
7. diminuição natural de gêneros, que por sua qualidade são suscetíveis de dissolução, diminuição ou quebra em peso ou medida entre o seu embarque e o desembarque; salvo tendo estado encalhado o navio, ou tendo sido descarregadas essas fazendas por ocasião de força maior; devendo-se, em tais casos, fazer dedução da diminuição ordinária que costuma haver em gêneros de semelhante natureza (artigo 617);
8. quando a mesma diminuição natural acontecer em cereais, açúcar, café, farinhas, tabaco, arroz, queijos, frutas secas ou verdes, livros ou papel e outros gêneros de semelhante natureza, se a avaria não exceder a dez por cento do valor seguro; salvo se a embarcação tiver estado encalhada, ou as mesmas fazendas tiverem sido descarregadas por motivo de força maior, ou o contrário se houver estipulado na apólice;
9. danificação de amarras, mastreação, velame ou outro qualquer pertence do navio, procedida do uso ordinário do seu destino;
10. vício intrínseco, má qualidade, ou mau acondicionamento do objeto seguro;
11. avaria simples ou particular, que, incluída a despesa de documentos justificativos, não exceda de três por cento do valor segurado;
12. rebeldia do capitão ou da equipagem; salvo havendo estipulação em contrário declarada na apólice. Esta estipula-

ção é nula sendo o seguro feito pelo capitão, por conta dele ou alheia, ou por terceiro por conta do capitão.

Art. 712. Todo e qualquer ato por sua natureza criminoso praticado pelo capitão no exercício do seu emprego, ou pela tripulação, ou por um e outra conjuntamente, do qual aconteça dano grave ao navio ou à carga, em oposição à presumida vontade legal do dono do navio, é rebeldia.

Art. 713. O segurador que toma o risco de rebeldia responde pela perda ou dano procedente do ato de rebeldia do capitão ou da equipagem, ou seja por consequência imediata, ou ainda casualmente, uma vez que a perda ou dano tenha acontecido dentro do tempo dos riscos tomados, e na viagem e portos da apólice.

Art. 714. A cláusula – *"livre de avaria"* – desobriga os seguradores das avarias simples ou particulares; a cláusula – *"livre de todas as avarias"* – desonera-os também das grossas. Nenhuma destas cláusulas, porém, os isenta nos casos em que tiver lugar o abandono.

Art. 715. Nos seguros feitos com a cláusula – *"livre de hostilidade"* – o segurador é livre, se os efeitos segurados perecem ou se deterioram por efeito de hostilidade. O seguro, neste caso, cessa desde que foi retardada a viagem, ou mudada a derrota por causa das hostilidades.

Art. 716. Contendo o seguro sobre fazendas a cláusula – *"carregadas em um ou mais navios"* –, o seguro surte todos os efeitos, provando-se que as fazendas seguras foram carregadas por inteiro em um só navio, ou por partes em diversas embarcações.

Art. 717. Sendo necessário baldear-se a carga, depois de começada a viagem, para embarcação diferente da que tiver sido designada na apólice, por inavegabilidade ou força maior, os riscos continuam a correr por conta do segurador até o navio substituído chegar ao porto do destino, ainda mesmo que tal navio seja de diversa bandeira, não sendo esta inimiga.

Art. 718. Ainda que o segurador não responda pelos danos que resultam ao navio por falta de exata observância das leis e regulamentos das Alfândegas e polícia dos portos (artigo 530), esta falta não o desonera de responder pelos que daí sobrevierem à carga.

Art. 719. O segurado deve sem demora participar ao segurador, e, havendo mais de um, somente ao primeiro na ordem da subscrição, todas as notícias que receber de qualquer sinistro acontecido ao navio ou à carga. A omissão culposa do segurado a este respeito, pode ser qualificada de presunção de má-fé.

Art. 720. Se passado um ano a datar da saída do navio nas viagens para qualquer porto da América, ou dois anos para outro qualquer porto do mundo, e, tendo expirado o tempo limitado na apólice, não houver notícia alguma do navio, presume-se este perdido, e o segurado pode fazer abandono ao segurador, e exigir o pagamento da apólice; o qual, todavia, será obrigado a restituir, se o navio se não houver perdido e se vier a provar que o sinistro aconteceu depois de ter expirado o termo dos riscos.

Art. 721. Nos casos de naufrágio ou varação, presa ou arresto de inimigo, o segurado é obrigado a empregar toda a diligência possível para salvar ou reclamar os objetos seguros, sem que para tais atos se faça necessária a procuração do segurador, do qual pode o segurado exigir o adiantamento do dinheiro preciso para a reclamação intentada ou que se possa intentar, sem que o mau sucesso desta prejudique ao embolso do segurado pelas despesas ocorridas.

Art. 722. Quando o segurado não pode fazer por si as devidas reclamações, por deverem ter lugar fora do Império, ou do seu domicílio, deve nomear para esse fim competente mandatário, avisando desta nomeação ao segurador (artigo 719). Feita a nomeação e o aviso, cessa toda a sua responsabilidade, nem responde pelos atos do seu mandatário; ficando unicamente obrigado a fazer cessão ao segurador das ações que competirem, sempre que este o exigir.

Art. 723. O segurado, no caso de presa ou arresto de inimigo, só está obrigado a seguir os termos da reclamação até a promulgação da sentença da primeira instância.

Art. 724. Nos casos dos três artigos precedentes, o segurado é obrigado a obrar de acordo com os seguradores. Não havendo tempo para os consultar, obrará como melhor entender, correndo as despesas por conta dos mesmos seguradores.

Em caso de abandono admitido pelos seguradores, ou destes tomarem sobre si as diligências dos salvados ou das reclamações, cessam todas as sobreditas obrigações do capitão e do segurado.

Art. 725. O julgamento de um tribunal estrangeiro, ainda que baseado pareça em fundamentos manifestamente injustos, ou fatos notoriamente falsos ou desfigurados, não desonera o segurador, mostrando o segurado que empregou os meios ao seu alcance, e produziu as provas que lhe era possível prestar para prevenir a injustiça do julgamento.

Art. 726. Os objetos segurados que forem restituídos gratuitamente pelos apresadores voltam ao domínio de seus donos, ainda que a restituição tenha sido feita a favor do capitão ou de qualquer outra pessoa.

Art. 727. Todo o ajuste que se fizer com os apresadores no alto-mar para resgatar a coisa segura é nulo; salvo havendo para isso autorização por escrito na apólice.

Art. 728. Pagando o segurador um dano acontecido à coisa segura, ficará sub-rogado em todos os direitos e ações que ao segurado competirem contra terceiro; e o segurado não pode praticar ato algum em prejuízo do direito adquirido dos seguradores.

Art. 729. O prêmio do seguro é devido por inteiro, sempre que o segurado receber a indenização do sinistro.

Art. 730. O segurador é obrigado a pagar ao segurado as indenizações a que tiver direito, dentro de quinze dias da apresentação da conta, instruída com os documentos respectivos; salvo se o prazo do pagamento tiver sido estipulado na apólice.

TÍTULO IX – DO NAUFRÁGIO E SALVADOS

Arts. 731 a 739. *Revogados.* Lei nº 7.542, de 26-9-1986.

TÍTULO X – DAS ARRIBADAS FORÇADAS

▸ Arts. 772 a 775 do CPC/1939, mantidos em vigor pelo art. 1.218, XVI, do CPC/1973. Revogados a partir de 17-3-2016 pelo CPC/2015.

Art. 740. Quando um navio entra por necessidade em algum porto ou lugar distinto dos determinados na viagem a que se propusera, diz-se que fez arribada forçada (artigo 510).

▸ Arts. 766 a 770 do CPC.

Art. 741. São causas justas para arribada forçada:

1. falta de víveres ou aguada;
2. qualquer acidente acontecido à equipagem, carga ou navio, que impossibilite este de continuar a navegar;
3. temor fundado de inimigo ou pirata.

Art. 742. Todavia, não será justificada a arribada:

1. se a falta de víveres ou de aguada proceder de não haver-se feito a provisão necessária segundo o costume e uso da navegação, ou de haver-se perdido e estragado por má arrumação ou descuido, ou porque o capitão vendesse alguma parte dos mesmos víveres ou aguada;
2. nascendo a inavegabilidade do navio de mau conserto, de falta de apercebimento ou esquipação, ou de má arrumação da carga;
3. se o temor de inimigo ou pirata não for fundado em fatos positivos que não deixem dúvida.

Art. 743. Dentro das primeiras vinte e quatro horas úteis da entrada no porto de arribada, deve o capitão apresentar-se à autoridade competente para lhe tomar o protesto da arribada, que justificará perante a mesma autoridade (artigos 505 e 512).

Art. 744. As despesas ocasionadas pela arribada forçada correm por conta do fretador ou do afretador, ou de ambos, segundo for a causa que as motivou, com direito regressivo contra quem pertencer.

Art. 745. Sendo a arribada justificada, nem o dono do navio nem o capitão respondem pelos prejuízos que puderem resultar à carga; se, porém, não for justificada, um e outro serão responsáveis solidariamente até a concorrência do valor do navio e frete.

Art. 746. Só pode autorizar-se descarga no porto de arribada, sendo indispensavelmente necessária para conserto no navio, ou reparo de avaria da carga (artigo 614). O capitão, neste caso, é responsável pela boa guarda e conservação dos efeitos descarregados; salvo unicamente os casos de força maior, ou de tal natureza que não possam ser prevenidos.

A descarga será reputada legal em juízo quando tiver sido autorizada pelo juiz de direito do comércio. Nos países estrangeiros compete aos cônsules do Império dar a autorização necessária, e onde os não houver será requerida à autoridade local competente.

Art. 747. A carga avariada será reparada ou vendida, como parecer mais conveniente; mas em todo o caso deve preceder autorização competente.

Art. 748. O capitão não pode, debaixo de pretexto algum, diferir a partida do porto da arribada desde que cessa o motivo dela; pena de responder por perdas e danos resultantes da dilação voluntária (artigo 510).

TÍTULO XI – DO DANO CAUSADO POR ABALROAÇÃO

Art. 749. Sendo um navio abalroado por outro, o dano inteiro causado ao navio abalroado e à sua carga será pago por aquele que tiver causado a abalroação, se esta tiver acontecido por falta de observância do regulamento do porto, imperícia, ou negligência do capitão ou da tripulação; fazendo-se a estimação por árbitros.

Art. 750. Todos os casos de abalroação serão decididos, na menor dilação possível, por peritos, que julgarão qual dos navios foi o causador do dano, conformando-se com as disposições do regulamento do porto, e os usos e prática do lugar. No caso dos árbitros declararem que não podem julgar com segurança qual navio foi culpado, sofrerá cada um o dano que tiver recebido.

Art. 751. Se, acontecendo a abalroação no alto-mar, o navio abalroado for obrigado a procurar porto de arribada para poder consertar, e se perder nessa derrota, a perda do navio presume-se causada pela abalroação.

Art. 752. Todas as perdas resultantes de abalroação pertencem à classe de avarias particulares ou simples; excetua-se o único caso em que o navio, para evitar dano maior de uma abalroação iminente, pica as suas amarras, e abalroa a outro para sua própria salvação (artigo 764). Os danos que o navio ou a carga, neste caso, sofre, são repartidos pelo navio, frete e carga por avaria grossa.

TÍTULO XII – DO ABANDONO

Art. 753. É lícito ao segurado fazer abandono dos objetos seguros, e pedir ao segurador a indenização de perda total nos seguintes casos:

1. presa ou arresto por ordem de potência estrangeira, seis meses depois de sua intimação, se o arresto durar por mais deste tempo;
2. naufrágio, varação, ou outro qualquer sinistro de mar compreendido na apólice, de que resulte não poder o navio navegar, ou cujo conserto importe em três quartos ou mais do valor por que o navio foi segurado;
3. perda total do objeto seguro, ou deterioração que importe pelo menos três quartos do valor da coisa segurada (artigos 759 e 777);
4. falta de notícia do navio sobre que se fez o seguro, ou em que se embarcaram os efeitos seguros (artigo 720).

Art. 754. O segurado não é obrigado a fazer abandono; mas se o não fizer nos casos em que este Código o permite, não poderá exigir do segurador indenização maior do que teria direito a pedir se houvera acontecido perda total; exceto nos casos de letra de câmbio passada pelo capitão (artigo 515), de naufrágio, reclamação de presa, ou arresto de inimigo, e de abalroação.

Art. 755. O abandono só é admissível quando as perdas acontecem depois de começada a viagem.

Não pode ser parcial, deve compreender todos os objetos contidos na apólice. Todavia, se na mesma apólice se tiver segurado o navio e a carga, pode ter lugar o abandono de cada um dos dois objetos separadamente (artigo 689).

Art. 756. Não é admissível o abandono por título de inavegabilidade, se o navio, sendo consertado, pode ser posto em estado de continuar a viagem até o lugar do destino; salvo se à vista das avaliações legais, a que se deve proceder, se vier no conhecimento de que as despesas do conserto excederiam pelo menos a três quartos do preço estimado na apólice.

Art. 757. No caso de inavegabilidade do navio, se o capitão, carregadores, ou pessoa que os represente não puderem fretar outro para transportar a carga ao seu destino dentro de sessenta dias depois de julgada a inavegabilidade (artigo 614), o segurado pode fazer abandono.

Art. 758. Quando nos casos de presa constar que o navio foi retomado antes de intimado o abandono, não é este admissível; salvo se o dano sofrido por causa da presa, e a despesa com o prêmio da retomada, ou salvagem importa em três quartos, pelo menos, do valor segurado, ou se em consequência da represa os efeitos seguros tiverem passado a domínio de terceiro.

Art. 759. O abandono do navio compreende os fretes das mercadorias que se puderem salvar, os quais serão considerados como pertencentes aos seguradores; salva a preferência que sobre os mesmos possa competir à equipagem por suas soldadas vencidas na viagem (artigo 564), e a outros quaisquer credores privilegiados (artigo 738).

Art. 760. Se os fretes se acharem seguros, os que forem devidos pelas mercadorias salvas, pertencerão aos seguradores dos mesmos fretes, deduzidas as despesas dos salvados, e as soldadas devidas à tripulação pela viagem (artigo 559).

TÍTULO XIII – DAS AVARIAS

CAPÍTULO I

DA NATUREZA E CLASSIFICAÇÃO DAS AVARIAS

Art. 761. Todas as despesas extraordinárias feitas a bem do navio ou da carga, conjunta ou separadamente, e todos os danos acontecidos àquele ou a esta, desde o embarque e partida até a sua volta e desembarque, são reputadas avarias.

Art. 762. Não havendo entre as partes convenção especial exarada na carta-partida ou no conhecimento, as avarias hão de qualificar-se, e regular-se pelas disposições deste Código.

Art. 763. As avarias são de duas espécies: avarias grossas ou comuns, e avarias simples ou particulares. A importância das primeiras é repartida proporcionalmente entre o navio, seu frete e a carga; e a das segundas é suportada, ou só pelo navio, ou só pela coisa que sofreu o dano ou deu causa à despesa.

Art. 764. São avarias grossas:

1. tudo o que se dá ao inimigo, corsário ou pirata por composição ou a título de resgate do navio e fazendas, conjunta ou separadamente;
2. as coisas alijadas para salvação comum;
3. os cabos, mastros, velas e outros quaisquer aparelhos deliberadamente cortados, ou partidos por força de vela para salvação do navio e carga;
4. as âncoras, amarras e quaisquer outras coisas abandonadas para salvamento ou benefício comum;
5. os danos causados pelo alijamento às fazendas restantes a bordo;
6. os danos feitos deliberadamente ao navio para facilitar a evacuação d'água e os danos acontecidos por esta ocasião à carga;
7. o tratamento, curativo, sustento e indenizações da gente da tripulação ferida ou mutilada defendendo o navio;
8. a indenização ou resgate da gente da tripulação mandada ao mar ou à terra em serviço do navio e da carga, e nessa ocasião aprisionada ou retida;
9. as soldadas e sustento da tripulação durante arribada forçada;
10. os direitos de pilotagem, e outros de entrada e saída num porto de arribada forçada;
11. os aluguéis de armazéns em que se depositem, em porto de arribada forçada, as fazendas que não puderem continuar a bordo durante o conserto do navio;
12. as despesas da reclamação do navio e carga feitas conjuntamente pelo capitão numa só instância, e o sustento e soldadas da gente da tripulação durante a mesma reclamação, uma vez que o navio e carga sejam relaxados e restituídos;
13. os gastos de descarga, e salários para aliviar o navio e entrar numa barra ou porto, quando o navio é obrigado a fazê-lo por borrasca, ou perseguição de inimigo, e os danos acontecidos às fazendas pela descarga e recarga do navio em perigo;
14. os danos acontecidos ao corpo e quilha do navio, que premeditadamente se faz varar para prevenir perda total, ou presa do inimigo;
15. as despesas feitas para pôr a nado o navio encalhado, e toda a recompensa por serviços extraordinários feitos para prevenir a sua perda total, ou presa;
16. as perdas ou danos sobrevindos às fazendas carregadas em barcas ou lanchas, em consequência de perigo;
17. as soldadas e sustento da tripulação, se o navio depois da viagem começada é obrigado a suspendê-la por ordem de potência estrangeira, ou por superveniência de guerra; e isto por todo o tempo que o navio e carga forem impedidos;
18. o prêmio do empréstimo a risco, tomado para fazer face a despesas que devam entrar na regra de avaria grossa;
19. o prêmio do seguro das despesas de avaria grossa, e as perdas sofridas na venda da parte da carga no porto de arribada forçada para fazer face às mesmas despesas;
20. as custas judiciais para regular as avarias, e fazer a repartição das avarias grossas;
21. as despesas de uma quarentena extraordinária.

E, em geral, os danos causados deliberadamente em caso de perigo ou desastre imprevisto, e sofridos como consequência imediata destes eventos, bem como as despesas feitas em iguais circunstâncias, depois de deliberações motivadas (artigo 509), em bem e salvamento comum do navio e mercadorias, desde a sua carga e partida até o seu retorno e descarga.

Art. 765. Não serão reputadas avarias grossas, posto que feitas voluntariamente e por deliberações motivadas para o bem do navio e carga, as despesas causadas por vício interno do navio, ou por falta ou negligência do capitão ou da gente da tripulação. Todas estas despesas são a cargo do capitão ou do navio (artigo 565).

Art. 766. São avarias simples e particulares:

1. o dano acontecido às fazendas por borrasca, presa, naufrágio, ou encalhe fortuito, durante a viagem, e as despesas feitas para as salvar;
2. a perda de cabos, amarras, âncoras, velas e mastros, causada por borrasca ou outro acidente do mar;
3. as despesas de reclamação, sendo o navio e fazendas reclamadas separadamente;
4. o conserto particular de vasilhas, e as despesas feitas para conservar os efeitos avariados;
5. o aumento de frete e despesa de carga e descarga; quando declarado o navio inavegável, as fazendas são levadas ao lugar do destino por um ou mais navios (artigo 614).

Em geral, as despesas feitas e o dano sofrido só pelo navio, ou só pela carga, durante o tempo dos riscos.

Art. 767. Se em razão de baixios ou bancos de areia conhecidos o navio não puder dar à vela do lugar da partida com a carga inteira, nem chegar ao lugar do destino sem descarregar parte da carga em barcas, as despesas feitas para aligeirar o navio não são reputadas avarias, e correm por conta do navio somente, não havendo na carta-partida ou nos conhecimentos estipulação em contrário.

Art. 768. Não são igualmente reputadas avarias, mas simples despesas a cargo do navio, as despesas de pilotagem da costa e barras, e outras feitas por entrada e saída de abras ou rios; nem os direitos de licenças, visitas, tonelagem, marcas, ancoragem, e outros impostos de navegação.

Art. 769. Quando for indispensável lançar-se ao mar alguma parte da carga, deve começar-se pelas mercadorias e efeitos que estiverem em cima do convés; depois serão alijadas as mais pesadas e de menos valor, e dada igualdade, as que estiverem na coberta e mais à mão; fazendo-se toda a diligência possível para tomar nota das marcas e números dos volumes alijados.

Art. 770. Em seguimento da ata da deliberação que se houver tomado para o alijamento (artigo 509) se fará declaração bem especificada das fazendas lançadas ao mar; e se pelo ato do alijamento algum dano tiver resultado ao navio ou à carga remanescente, se fará também menção deste acidente.

Art. 771. As danificações que sofrerem as fazendas postas a bordo de barcos para a sua condução ordinária, ou para aligeirar o navio em caso de perigo, serão reguladas pelas disposições estabelecidas neste Capítulo que lhes forem aplicáveis, segundo as diversas causas de que o dano resultar.

CAPÍTULO II

DA LIQUIDAÇÃO, REPARTIÇÃO E CONTRIBUIÇÃO DA AVARIA GROSSA

Art. 772. Para que o dano sofrido pelo navio ou carga possa considerar-se avaria a cargo do segurador, é necessário que ele seja examinado por dois arbitradores peritos que declarem:

1. de que procedeu o dano;
2. a parte da carga que se acha avariada, e por que causa, indicando as suas marcas, números ou volumes;
3. tratando-se do navio ou dos seus pertences, quanto valem os objetos avariados, e em quanto poderá importar o seu conserto ou reposição.

Todas estas diligências, exames e vistorias serão determinadas pelo Juiz de Direito do respectivo distrito, e praticadas com citação dos interessados, por si ou seus procuradores; podendo o juiz, no caso de ausência das partes, nomear de ofício pessoa inteligente e idônea que as represente (artigo 618).

As diligências, exames e vistorias sobre o casco do navio e seus pertences devem ser praticadas antes de dar-se princípio ao seu conserto, nos casos em que este possa ter lugar.

Art. 773. Os efeitos avariados serão sempre vendidos em público leilão a quem mais der, e pagos no ato da arrematação; e o mesmo se praticará com o navio, quando ele tenha de ser vendido segundo as disposições deste Código; em tais casos o juiz, se assim lhe parecer conveniente, ou se algum interessado o requerer, poderá determinar que o casco e cada um dos seus pertences se venda separadamente.

Art. 774. A estimação do preço para o cálculo da avaria será feita sobre a diferença entre o respectivo rendimento bruto das fazendas sãs e o das avariadas, vendidas a dinheiro no tempo da entrega; e em nenhum caso pelo seu rendimento líquido, nem por aquele que, demorada a venda ou sendo a prazo, poderiam vir a obter.

Art. 775. Se o dono ou consignatário não quiser vender a parte das mercadorias sãs, não pode ser compelido; e o preço para o cálculo será em tal caso o corrente que as mesmas fazendas, se vendidas fossem ao tempo da entrega, poderiam obter no mercado, certificado pelos preços correntes do lugar, ou, na falta destes, atestado, debaixo de juramento por dois comerciantes acreditados de fazendas do mesmo gênero.

Art. 776. O segurador não é obrigado a pagar mais de dois terços do custo do conserto das avarias que tiverem acontecido ao navio segurado por fortuna do mar, contanto que o navio fosse estimado na apólice por seu verdadeiro valor, e os consertos não excedam de três quartos desse valor no dizer de arbitradores expertos. Julgando estes, porém, que pelos consertos o valor real do navio se aumentaria além do terço da soma que custariam, o segurador pagará as despesas, abatido o excedente valor do navio.

Art. 777. Excedendo as despesas a três quartos do valor do navio, julga-se este declarado inavegável a respeito dos seguradores; os quais, neste caso, serão obrigados, não tendo havido abandono, a pagar a soma segurada, abatendo-se nesta o valor do navio danificado ou dos seus fragmentos, segundo o dizer de arbitradores expertos.

Art. 778. Tratando-se de avaria particular das mercadorias, e achando-se estas estimadas na apólice por valor certo, o cálculo do dano será feito sobre o preço que as mercadorias avariadas alcançarem no porto da entrega e o da venda das não avariadas no mesmo lugar e tempo, sendo de igual espécie e qualidade, ou se todas chegaram avariadas, sobre o preço que outras semelhantes não avariadas alcançaram ou poderiam alcançar; e a diferença, tomada a proporção entre umas e outras, será a soma devida ao segurado.

Art. 779. Se o valor das mercadorias se não tiver fixado na apólice, a regra para achar-se a soma devida será a mesma do artigo precedente, contanto que primeiro se determine o valor das mercadorias não avariadas; o que se fará acrescentando às importâncias das faturas originais as despesas subsequentes (artigo 694). E tomada a diferença proporcional entre o preço por que se venderam as não avariadas e as avariadas, se aplicará a proporção relativa à parte das fazendas avariadas pelo seu primeiro custo e despesas.

Art. 780. Contendo a apólice a cláusula de pagar-se avaria por marcas, volumes, caixas, sacas ou espécies, cada uma das partes designadas será considerada como um seguro separado para a forma da liquidação das avarias, ainda que essa parte se ache englobada no valor total do seguro (artigos 689 e 692).

Art. 781. Qualquer parte da carga, sendo objeto suscetível de avaliação separada, que se perca totalmente, ou que por algum dos riscos cobertos pela respectiva apólice fique tão danificada que não valha coisa alguma, será indenizada pelo segurador com perda total, ainda que relativamente ao todo ou à carga segura seja parcial, e o valor da parte perdida ou destruída pelo dano se ache incluído, ainda que indistintamente, no total do seguro.

Art. 782. Se a apólice contiver a cláusula de pagar avarias como perda de salvados, a diferença para menos do valor fixado na apólice, que resultar da venda líquida que os gêneros avariados produzirem no lugar onde se venderam, sem atenção alguma ao produto bruto que tenham no mercado do porto do seu destino, será a estimação da avaria.

Art. 783. A regulação, repartição ou rateio das avarias grossas serão feitos por árbitros, nomeados por ambas as partes, a instâncias do capitão.

Não se querendo as partes louvar, a nomeação de árbitros será feita pelo Tribunal do Comércio respectivo, ou pelo juiz de direito do comércio a que pertencer, nos lugares distantes do domicílio do mesmo tribunal.

Se o capitão for omisso em fazer efetuar o rateio das avarias grossas, pode a diligência ser promovida por outra qualquer pessoa que seja interessada.

► Arts. 707 a 711 do CPC.

Art. 784. O capitão tem direito para exigir, antes de abrir as escotilhas do navio, que os consignatários da carga prestem fiança idônea ao pagamento da avaria grossa, a que suas respectivas mercadorias forem obrigadas no rateio da contribuição comum.

Art. 785. Recusando-se os consignatários a prestar a fiança exigida, pode o capitão requerer o depósito judicial dos efeitos obrigados à contribuição, até ser pago, ficando o preço da venda sub-rogado, para se efetuar por ele o pagamento da avaria grossa, logo que o rateio tiver lugar.

Art. 786. A regulação e repartição das avarias grossas deverá fazer-se no porto da entrega da carga. Todavia, quando, por dano acontecido depois da saída, o navio for obrigado a regressar ao porto da carga, as despesas necessárias para reparar os danos da avaria grossa podem ser neste ajustadas.

Art. 787. Liquidando-se as avarias grossas ou comuns no porto da entrega da carga, hão de contribuir para a sua composição:

1. a carga, incluindo o dinheiro, prata, ouro, pedras preciosas, e todos os mais valores que se acharem a bordo;
2. o navio e seus pertences, pela sua avaliação no porto da descarga, qualquer que seja o seu estado;
3. os fretes, por metade do seu valor também.

Não entram para a contribuição o valor dos víveres que existirem a bordo para mantimento do navio, a bagagem do capitão, tripulação e passageiros, que for do seu uso pessoal, nem os objetos tirados do mar por mergulhadores à custa do dono.

Art. 788. Quando a liquidação se fizer no porto da carga, o valor da mesma será estimado pelas respectivas faturas, aumentando-se ao preço da compra as despesas até o embarque; e quanto ao navio e frete se observarão as regras estabelecidas no artigo antecedente.

Art. 789. Quer a liquidação se faça no porto da carga, quer no da descarga, contribuirão para as avarias grossas as importâncias que forem ressarcidas por via da respectiva contribuição.

Art. 790. Os objetos carregados sobre o convés (artigos 521 e 677, nº 8), e os que tiverem sido embarcados sem conhecimento assinado pelo capitão (artigo 599) e os que o proprietário ou seu representante, na ocasião do risco de mar, tiver mudado do lugar em que se achavam arrumados sem licença do capitão contribuem pelos respectivos valores, chegando a salvamento; mas o dono, no segundo caso, não tem direito para a indenização recíproca, ainda quando fiquem deteriorados, ou tenham sido alijados a benefício comum.

Art. 791. Salvando-se qualquer coisa em consequência de algum ato deliberado de que resultou avaria grossa, não pode quem sofreu o prejuízo causado por este ato exigir indenização alguma por contribuição dos objetos salvados, se estes por algum acidente não chegarem ao poder do dono ou consignatários, ou se, vindo ao seu poder, não tiverem valor algum; salvo os casos dos artigos 651 e 764, nºs 12 e 19.

Art. 792. No caso de alijamento, se o navio se tiver salvado do perigo que o motivou, mas, continuando a viagem, vier a perder-se depois, as fazendas salvas do segundo perigo são obrigadas a contribuir por avaria grossa para a perda das que foram alijadas na ocasião do primeiro.

Se o navio se perder no primeiro perigo e algumas fazendas se puderem salvar, estas não contribuem para a indenização das que foram alijadas na ocasião do desastre que causou o naufrágio.

Art. 793. A sentença que homologa a repartição das avarias grossas com condenação de cada um dos contribuintes tem força definitiva, e pode executar-se logo, ainda que dela se recorra.

Art. 794. Se, depois de pago o rateio, os donos recobrarem os efeitos indenizados por avaria grossa, serão obrigados a repor *pro rata* a todos os contribuintes o valor líquido dos efeitos recobrados. Não tendo sido contemplados no rateio para a indenização, não estão obrigados a entrar para a contribuição da avaria grossa com o valor dos gêneros recobrados depois da partilha em que deixaram de ser considerados.

Art. 795. Se o segurador tiver pago uma perda total, e depois vier a provar-se que ela foi só parcial, o segurado não é obrigado a restituir o dinheiro recebido; mas neste caso o segurador fica sub-rogado em todos os direitos e ações do segurado, e faz suas todas as vantagens que puderem resultar dos efeitos salvos.

Art. 796. Se, independente de qualquer liquidação ou exame, o segurador se ajustar em preço certo de indenização, obrigando-se por escrito na apólice, ou de outra qualquer forma, a pagar dentro de certo prazo, e depois se recusar ao pagamento, exigindo que o segurado prove satisfatoriamente o valor real do dano, não será este obrigado à prova, senão no único caso em que o segurador tenha em tempo reclamado o ajuste por fraude manifesta da parte do mesmo segurado.

Parte Terceira – Das Quebras

Arts. 797 a 913. *Revogados.* Dec.-lei nº 7.661, de 21-6-1945.

TÍTULO ÚNICO – DA ADMINISTRAÇÃO DA JUSTIÇA NOS NEGÓCIOS E CAUSAS COMERCIAIS

Arts. 1º a 30. *Revogados.* Dec.-lei nº 1.608, de 18-9-1939.

Mandamos, portanto, a todas as autoridades, a quem o conhecimento e execução da referida Lei pertencer, que a cumpram e façam cumprir, e guardar tão inteiramente, como nela se contém. O Secretário de Estado dos Negócios da Justiça a faça imprimir, publicar e correr. Dada no Palácio do Rio de Janeiro, aos vinte e cinco de junho de mil oitocentos e cinquenta, vigésimo nono da Independência e do Império. Imperador, com rubrica e guarda. Eusébio de Queirós Coutinho Matoso Câmara.

Carta de Lei, pela qual V.M.I. manda executar o Decreto da Assembleia-Geral, que houve por bem sancionar, sobre o Código Comercial do Império do Brasil, na forma acima declarada.

Para Vossa Majestade Imperial ver.

Antônio Álvares de Miranda Varejão a fez.

Eusébio de Queirós
Coutinho Matoso Câmara.

Selada na Chancelaria do Império em 1º de julho de 1850.

Josino do Nascimento Silva.

Publicada na Secretaria de Estado dos Negócios da Justiça em 1º de julho de 1850.

Josino do Nascimento Silva.

Registrada a folha 8 do Livro 1º das Leis e Resoluções, Secretaria de Estado dos Negócios da Justiça, 1º de julho de 1850.

Manuel Antônio Ferreira da Silva.

Índice Alfabético-Remissivo do Código Comercial

(LEI Nº 556, DE 25-6-1850)

T

V

CÓDIGO DE DEFESA DO CONSUMIDOR

Índice Sistemático do Código de Defesa do Consumidor

(LEI Nº 8.078, DE 11-9-1990)

TÍTULO I – DOS DIREITOS DO CONSUMIDOR

TÍTULO II – DAS INFRAÇÕES PENAIS

TÍTULO III – DA DEFESA DO CONSUMIDOR EM JUÍZO

TÍTULO IV – DO SISTEMA NACIONAL DE DEFESA DO CONSUMIDOR

TÍTULO V – DA CONVENÇÃO COLETIVA DE CONSUMO

TÍTULO VI – DISPOSIÇÕES FINAIS

CÓDIGO DE DEFESA DO CONSUMIDOR

LEI Nº 8.078, DE 11 DE SETEMBRO DE 1990

Dispõe sobre a proteção do consumidor e dá outras providências.

► Publicada no *DOU* de 12-9-1990, edição extra, e retificada no *DOU* de 10-1-2007.

TÍTULO I – DOS DIREITOS DO CONSUMIDOR

CAPÍTULO I

DISPOSIÇÕES GERAIS

Art. 1º O presente Código estabelece normas de proteção e defesa do consumidor, de ordem pública e interesse social, nos termos dos artigos 5º, inciso XXXII, 170, inciso V, da Constituição Federal e artigo 48 de suas Disposições Transitórias.

► Lei nº 12.291, de 20-7-2010, torna obrigatória a manutenção de exemplar do CDC nos estabelecimentos comerciais e de prestação de serviços.

Art. 2º Consumidor é toda pessoa física ou jurídica que adquire ou utiliza produto ou serviço como destinatário final.

► Arts. 17 e 29 deste Código.

Parágrafo único. Equipara-se a consumidor a coletividade de pessoas, ainda que indetermináveis, que haja intervindo nas relações de consumo.

► Arts. 6º, VI e VII e 81 deste Código.

► Súm. nº 643 do STF.

► Súm. nº 601 do STJ.

Art. 3º Fornecedor é toda pessoa física ou jurídica, pública ou privada, nacional ou estrangeira, bem como os entes despersonalizados, que desenvolvem atividades de produção, montagem, criação, construção, transformação, importação, exportação, distribuição ou comercialização de produtos ou prestações de serviços.

► Art. 966 do CC.

§ 1º Produto é qualquer bem, móvel ou imóvel, material ou imaterial.

► Arts. 79 a 91 do CC.

§ 2º Serviço é qualquer atividade fornecida no mercado de consumo, mediante remuneração, inclusive as de natureza bancária, financeira, de crédito e securitária, salvo as decorrentes das relações de caráter trabalhista.

► Súmulas nºs 297, 477, 563 e 608 do STJ.

CAPÍTULO II

DA POLÍTICA NACIONAL DE RELAÇÕES DE CONSUMO

Art. 4º A Política Nacional das Relações de Consumo tem por objetivo o atendimento das necessidades dos consumidores, o respeito à sua dignidade, saúde e segurança, a proteção de seus interesses econômicos, a melhoria da sua qualidade de vida, bem como a transparência e harmonia das relações de consumo, atendidos os seguintes princípios:

► *Caput* com a redação dada pela Lei nº 9.008, de 21-3-1995.

I – reconhecimento da vulnerabilidade do consumidor no mercado de consumo;

II – ação governamental no sentido de proteger efetivamente o consumidor:

a) por iniciativa direta;

b) por incentivos à criação e desenvolvimento de associações representativas;

c) pela presença do Estado no mercado de consumo;

d) pela garantia dos produtos e serviços com padrões adequados de qualidade, segurança, durabilidade e desempenho;

III – harmonização dos interesses dos participantes das relações de consumo e compatibilização da proteção do consumidor com a necessidade de desenvolvimento econômico e tecnológico, de modo a viabilizar os princípios nos quais se funda a ordem econômica (artigo 170, da Constituição Federal), sempre com base na boa-fé e equilíbrio nas relações entre consumidores e fornecedores;

IV – educação e informação de fornecedores e consumidores, quanto aos seus direitos e deveres, com vistas à melhoria do mercado de consumo;

V – incentivo à criação pelos fornecedores de meios eficientes de controle de qualidade e segurança de produtos e serviços, assim como de mecanismos alternativos de solução de conflitos de consumo;

VI – coibição e repressão eficientes de todos os abusos praticados no mercado de consumo, inclusive a concorrência desleal e utilização indevida de inventos e criações industriais, das marcas e nomes comerciais e signos distintivos, que possam causar prejuízos aos consumidores;

► Art. 170, V, da CF.

► Lei nº 9.279, de 14-5-1996 (Lei da Propriedade Industrial).

► Lei nº 12.529, de 30-11-2011 (Lei do Sistema Brasileiro de Defesa da Concorrência).

VII – racionalização e melhoria dos serviços públicos;

VIII – estudo constante das modificações do mercado de consumo;

IX – fomento de ações direcionadas à educação financeira e ambiental dos consumidores;

X – prevenção e tratamento do superendividamento como forma de evitar a exclusão social do consumidor.

► Incisos IX e X acrescidos pela Lei nº 14.181, de 1º-7-2021.

Art. 5º Para a execução da Política Nacional das Relações de Consumo, contará o Poder Público com os seguintes instrumentos, entre outros:

I – manutenção de assistência jurídica, integral e gratuita para o consumidor carente;

► Art. 5º, LXXIV da CF.

► Arts. 98 e 99 do CPC.

II – instituição de Promotorias de Justiça de Defesa do Consumidor, no âmbito do Ministério Público;

III – criação de delegacias de polícia especializadas no atendimento de consumidores vítimas de infrações penais de consumo;

IV – criação de Juizados Especiais de Pequenas Causas e Varas Especializadas para a solução de litígios de consumo;

► Art. 98, I, da CF.

► Lei nº 9.099, de 26-9-1995 (Lei dos Juizados Especiais).

V – concessão de estímulos à criação e desenvolvimento das Associações de Defesa do Consumidor;

VI – instituição de mecanismos de prevenção e tratamento extrajudicial e judicial do superendividamento e de proteção do consumidor pessoa natural;

VII – instituição de núcleos de conciliação e mediação de conflitos oriundos de superendividamento.

► Incisos VI e VII acrescidos pela Lei nº 14.181, de 1º-7-2021.

§§ 1º e 2º VETADOS.

CAPÍTULO III

DOS DIREITOS BÁSICOS DO CONSUMIDOR

Art. 6º São direitos básicos do consumidor:

I – a proteção da vida, saúde e segurança contra os riscos provocados por práticas no fornecimento de produtos e serviços considerados perigosos ou nocivos;

► Arts. 8º a 10 e 12 a 17 deste Código.

II – a educação e divulgação sobre o consumo adequado dos produtos e serviços, asseguradas a liberdade de escolha e a igualdade nas contratações;

III – a informação adequada e clara sobre os diferentes produtos e serviços, com especificação correta de quantidade, características, composição, qualidade, tributos incidentes e preço, bem como sobre os riscos que apresentem;

► Inciso III com a redação dada pela Lei nº 12.741, de 8-12-2012.

► Art. 31 deste Código.

IV – a proteção contra a publicidade enganosa e abusiva, métodos comerciais coercitivos ou desleais, bem como contra práticas e cláusulas abusivas ou impostas no fornecimento de produtos e serviços;

► Arts. 37, 39 a 41, 51 a 54 e 67 deste Código.

V – a modificação das cláusulas contratuais que estabeleçam prestações desproporcionais ou sua revisão em razão de fatos supervenientes que as tornem excessivamente onerosas;

► Art. 51, § 2º, deste Código.

► Arts. 478 e 480 do CC.

VI – a efetiva prevenção e reparação de danos patrimoniais e morais, individuais, coletivos e difusos;

► Art. 25 deste Código.

► Arts. 186, 402 e 927 do CC.

► Art. 22, 2, do Dec. nº 5.910, de 27-9-2006, que disciplina o transporte aéreo internacional.

► Súmulas nºs 37 e 387 do STJ.

VII – o acesso aos órgãos judiciários e administrativos, com vistas à prevenção ou reparação de danos patrimoniais e morais, individuais, coletivos ou difusos, assegurada a proteção jurídica, administrativa e técnica aos necessitados;

► Arts. 98 e 99 do CPC.

VIII – a facilitação da defesa de seus direitos, inclusive com a inversão do ônus da prova, a seu favor, no processo civil, quando, a critério do juiz, for verossímil a alegação ou quando for ele hipossuficiente, segundo as regras ordinárias de experiências;

► Arts. 12, § 3º, 14, § 3º, 38 e 51, VI, deste Código.

IX – VETADO;

X – a adequada e eficaz prestação dos serviços públicos em geral;

XI – a garantia de práticas de crédito responsável, de educação financeira e de prevenção e tratamento de situações de superendividamento, preservado o mínimo existencial, nos termos da regulamentação, por meio da revisão e da repactuação da dívida, entre outras medidas;

XII – a preservação do mínimo existencial, nos termos da regulamentação, na repactuação de dívidas e na concessão de crédito;

XIII – a informação acerca dos preços dos produtos por unidade de medida, tal como por quilo, por litro, por metro ou por outra unidade, conforme o caso.

► Incisos XI a XIII acrescidos pela Lei nº 14.181, de 1º-7-2021.

Parágrafo único. A informação de que trata o inciso III do *caput* deste artigo deve ser acessível à pessoa com deficiência, observado o disposto em regulamento.

► Parágrafo único acrescido pela Lei nº 13.146, de 6-7-2015.

Art. 7º Os direitos previstos neste Código não excluem outros decorrentes de tratados ou convenções internacionais de que o Brasil seja signatário, da legislação interna ordinária, de regulamentos expedidos pelas autoridades administrativas competentes, bem como dos que derivem dos princípios gerais do direito, analogia, costumes e equidade.

► Art. 5º, §§ 4º e 3º e 178 da CF.

Parágrafo único. Tendo mais de um autor a ofensa, todos responderão solidariamente pela reparação dos danos previstos nas normas de consumo.

► Arts. 12 a 14, 18 a 20, 25, §§ 1º e 2º, 28, § 3º e 34 deste Código.

► Arts. 264 a 266, 275 e 942, parágrafo único, do CC.

► Art. 113 do CPC.

CAPÍTULO IV

DA QUALIDADE DE PRODUTOS E SERVIÇOS, DA PREVENÇÃO E DA REPARAÇÃO DOS DANOS

SEÇÃO I

DA PROTEÇÃO À SAÚDE E SEGURANÇA

Art. 8º Os produtos e serviços colocados no mercado de consumo não acarretarão riscos à saúde ou segurança dos consumidores, exceto os considerados normais e previsíveis em decorrência de sua natureza e fruição, obrigando-se os fornecedores, em qualquer hipótese, a dar as informações necessárias e adequadas a seu respeito.

§ 1º Em se tratando de produto industrial, ao fabricante cabe prestar as informações a que se refere este artigo, através de impressos apropriados que devam acompanhar o produto.

► Parágrafo único transformado em § 1º pela Lei nº 13.486, de 3-10-2017.

§ 2º O fornecedor deverá higienizar os equipamentos e utensílios utilizados no fornecimento de produtos ou serviços, ou colocados à disposição do consumidor, e informar, de maneira ostensiva e adequada, quando for o caso, sobre o risco de contaminação.

► § 2º acrescido pela Lei nº 13.486, de 3-10-2017.

► Arts. 12 a 17 deste Código.

Art. 9º O fornecedor de produtos e serviços potencialmente nocivos ou perigosos à saúde ou segurança deverá informar, de maneira ostensiva e adequada, a respeito da sua nocividade ou periculosidade, sem prejuízo da adoção de outras medidas cabíveis em cada caso concreto.

► Arts. 12 a 17 e 63 deste Código.

Art. 10. O fornecedor não poderá colocar no mercado de consumo produto ou serviço que sabe ou deveria saber apresentar alto grau de nocividade ou periculosidade à saúde ou segurança.

§ 1º O fornecedor de produtos e serviços que, posteriormente à sua introdução no mercado de consumo, tiver conhecimento da periculosidade que apresentem, deverá comunicar o fato imediatamente às autoridades competentes e aos consumidores, mediante anúncios publicitários.

► Art. 64 deste Código.

§ 2º Os anúncios publicitários a que se refere o parágrafo anterior serão veiculados na imprensa, rádio e televisão, às expensas do fornecedor do produto ou serviço.

§ 3º Sempre que tiverem conhecimento de periculosidade de produtos ou serviços à saúde ou segurança dos consumidores, a União, os Estados, o Distrito Federal e os Municípios deverão informá-los a respeito.

Art. 11. VETADO.

Seção II
DA RESPONSABILIDADE PELO FATO DO PRODUTO E DO SERVIÇO

Art. 12. O fabricante, o produtor, o construtor, nacional ou estrangeiro, e o importador respondem, independentemente da existência de culpa, pela reparação dos danos causados aos consumidores por defeitos decorrentes de projeto, fabricação, construção, montagem, fórmulas, manipulação, apresentação ou acondicionamento de seus produtos, bem como por informações insuficientes ou inadequadas sobre sua utilização e riscos.

► Arts. 8º a 10, 13, 25 e 27 deste Código.

§ 1º O produto é defeituoso quando não oferece a segurança que dele legitimamente se espera, levando-se em consideração as circunstâncias relevantes, entre as quais:

I – sua apresentação;

II – o uso e os riscos que razoavelmente dele se esperam;

III – a época em que foi colocado em circulação.

§ 2º O produto não é considerado defeituoso pelo fato de outro de melhor qualidade ter sido colocado no mercado.

§ 3º O fabricante, o construtor, o produtor ou importador só não será responsabilizado quando provar:

I – que não colocou o produto no mercado;

II – que, embora haja colocado o produto no mercado, o defeito inexiste;

III – a culpa exclusiva do consumidor ou de terceiro.

► Art. 945 do CC.

Art. 13. O comerciante é igualmente responsável, nos termos do artigo anterior, quando:

I – o fabricante, o construtor, o produtor ou o importador não puderem ser identificados;

II – o produto for fornecido sem identificação clara do seu fabricante, produtor, construtor ou importador;

III – não conservar adequadamente os produtos perecíveis.

Parágrafo único. Aquele que efetivar o pagamento ao prejudicado poderá exercer o direito de regresso contra os demais responsáveis, segundo sua participação na causação do evento danoso.

► Art. 88 deste Código.

► Art. 283 do CC.

Art. 14. O fornecedor de serviços responde, independentemente da existência de culpa, pela reparação dos danos causados aos consumidores por defeitos relativos à prestação dos serviços, bem como por informações insuficientes ou inadequadas sobre sua fruição e riscos.

► Arts. 7º, par. ún., 8º a 10, 25, 27, 34 e 51, III, deste Código.

► Súmulas nºs 130, 387, 563, 595, 602 e 608 do STJ.

§ 1º O serviço é defeituoso quando não fornece a segurança que o consumidor dele pode esperar, levando-se em consideração as circunstâncias relevantes, entre as quais:

I – o modo de seu fornecimento;

II – o resultado e os riscos que razoavelmente dele se esperam;

III – a época em que foi fornecido.

§ 2º O serviço não é considerado defeituoso pela adoção de novas técnicas.

§ 3º O fornecedor de serviços só não será responsabilizado quando provar:

I – que, tendo prestado o serviço, o defeito inexiste;

II – a culpa exclusiva do consumidor ou de terceiro.

► Art. 945 do CC.

► Súm. nº 479 do STJ.

§ 4º A responsabilidade pessoal dos profissionais liberais será apurada mediante a verificação de culpa.

► Art. 951 do CC.

Arts. 15 e 16. VETADOS.

Art. 17. Para os efeitos desta Seção, equiparam-se aos consumidores todas as vítimas do evento.

► Art. 2º deste Código.

► Súm. nº 479 do STJ.

Seção III
DA RESPONSABILIDADE POR VÍCIO DO PRODUTO E DO SERVIÇO

Art. 18. Os fornecedores de produtos de consumo duráveis ou não duráveis respondem solidariamente pelos vícios de qualidade ou quantidade que os tornem impróprios ou inadequados ao consumo a que se destinam ou lhes diminuam o valor, assim como por aqueles decorrentes da disparidade, com as indicações constantes do recipiente, da embalagem, rotulagem ou mensagem publicitária, respeitadas as variações decorrentes de sua natureza, podendo o consumidor exigir a substituição das partes viciadas.

► Arts. 19, *caput*, 25 e 26, 34 e 51, III, deste Código.

► Arts. 441 a 446 do CC.

§ 1º Não sendo o vício sanado no prazo máximo de trinta dias, pode o consumidor exigir, alternativamente e à sua escolha:

I – a substituição do produto por outro da mesma espécie, em perfeitas condições de uso;

II – a restituição imediata da quantia paga, monetariamente atualizada, sem prejuízo de eventuais perdas e danos;

III – o abatimento proporcional do preço.

§ 2º Poderão as partes convencionar a redução ou ampliação do prazo previsto no parágrafo anterior, não podendo ser inferior a sete nem superior a cento e oitenta dias. Nos contratos de adesão, a cláusula de prazo deverá ser convencionada em separado, por meio de manifestação expressa do consumidor.

§ 3º O consumidor poderá fazer uso imediato das alternativas do § 1º deste artigo sempre que, em razão da extensão do vício, a substituição das partes viciadas puder comprometer a qualidade ou características do produto, diminuir-lhe o valor ou se tratar de produto essencial.

§ 4º Tendo o consumidor optado pela alternativa do inciso I do § 1º deste artigo, e não sendo possível a substituição do bem, poderá haver substituição por outro de espécie, marca ou modelo diversos, mediante complementação ou restituição de eventual diferença de preço, sem prejuízo do disposto nos incisos II e III do § 1º deste artigo.

§ 5º No caso de fornecimento de produtos *in natura*, será responsável perante o consumidor o fornecedor imediato, exceto quando identificado claramente seu produtor.

§ 6º São impróprios ao uso e consumo:

I – os produtos cujos prazos de validade estejam vencidos;

II – os produtos deteriorados, alterados, adulterados, avariados, falsificados, corrompidos, fraudados, nocivos à vida ou à saúde, perigosos ou, ainda, aqueles em desacordo com as normas regulamentares de fabricação, distribuição ou apresentação;

III – os produtos que, por qualquer motivo, se revelem inadequados ao fim a que se destinam.

Art. 19. Os fornecedores respondem solidariamente pelos vícios de quantidade do produto sempre que, respeitadas as variações decorrentes de sua natureza, seu conteúdo líquido for inferior às indicações constantes do recipiente, da embalagem, rotulagem ou de mensagem publicitária, podendo o consumidor exigir, alternativamente e à sua escolha:

► Art. 26 deste Código.

I – o abatimento proporcional do preço;

II – complementação do peso ou medida;

III – a substituição do produto por outro da mesma espécie, marca ou modelo, sem os aludidos vícios;

IV – a restituição imediata da quantia paga, monetariamente atualizada, sem prejuízo de eventuais perdas e danos.

§ 1º Aplica-se a este artigo o disposto no § 4º do artigo anterior.

§ 2º O fornecedor imediato será responsável quando fizer a pesagem ou a medição e o instrumento utilizado não estiver aferido segundo os padrões oficiais.

Art. 20. O fornecedor de serviços responde pelos vícios de qualidade que os tornem impróprios ao consumo ou lhes diminuam o valor, assim como por aqueles decorrentes da disparidade com as indicações constantes da oferta ou mensagem publicitária, podendo o consumidor exigir, alternativamente e à sua escolha:

► Arts. 7º, par. ún., 25, §§ 1º e 2º e 26 deste Código.

► Súm. nº 595 do STJ.

I – a reexecução dos serviços, sem custo adicional e quando cabível;

II – a restituição imediata da quantia paga, monetariamente atualizada, sem prejuízo de eventuais perdas e danos;

III – o abatimento proporcional do preço.

§ 1º A reexecução dos serviços poderá ser confiada a terceiros devidamente capacitados, por conta e risco do fornecedor.

§ 2º São impróprios os serviços que se mostrem inadequados para os fins que razoavelmente deles se esperam, bem como aqueles que não atendam as normas regulamentares de prestabilidade.

Art. 21. No fornecimento de serviços que tenham por objetivo a reparação de qualquer produto considerar-se-á implícita a obrigação do fornecedor de empregar componentes de reposição originais adequados e novos, ou que mantenham as especificações técnicas do fabricante, salvo, quanto a estes últimos, autorização em contrário do consumidor.

► Arts. 32 e 70 deste Código.

Art. 22. Os órgãos públicos, por si ou suas empresas, concessionárias, permissionárias ou sob qualquer outra forma de empreendimento, são obrigados a fornecer serviços adequados, eficientes, seguros e, quanto aos essenciais, contínuos.

Parágrafo único. Nos casos de descumprimento, total ou parcial, das obrigações referidas neste artigo, serão as pessoas jurídicas compelidas a cumpri-las e a reparar os danos causados na forma prevista neste Código.

► Art. 44, § 2º, deste Código.

Art. 23. A ignorância do fornecedor sobre os vícios de qualidade por inadequação dos produtos e serviços não o exime de responsabilidade.

Art. 24. A garantia legal de adequação do produto ou serviço independe de termo expresso, vedada a exoneração contratual do fornecedor.

► Arts. 26, § 3º, 50 e 74 deste Código.

Art. 25. É vedada a estipulação contratual de cláusula que impossibilite, exonere ou atenue a obrigação de indenizar prevista nesta e nas Seções anteriores.

§ 1º Havendo mais de um responsável pela causação do dano, todos responderão solidariamente pela reparação prevista nesta e nas Seções anteriores.

► Art. 7º, par. ún., deste Código.

§ 2º Sendo o dano causado por componente ou peça incorporada ao produto ou serviço, são responsáveis solidários seu fabricante, construtor ou importador e o que realizou a incorporação.

Seção IV
DA DECADÊNCIA E DA PRESCRIÇÃO

Art. 26. O direito de reclamar pelos vícios aparentes ou de fácil constatação caduca em:

► Súm. nº 477 do STJ.

I – trinta dias, tratando-se de fornecimento de serviço e de produto não duráveis;

II – noventa dias, tratando-se de fornecimento de serviço e de produto duráveis.

► Arts. 18 a 20 deste Código.

§ 1º Inicia-se a contagem do prazo decadencial a partir da entrega efetiva do produto ou do término da execução dos serviços.

§ 2º Obstam a decadência:

I – a reclamação comprovadamente formulada pelo consumidor perante o fornecedor de produtos e serviços até a resposta negativa correspondente, que deve ser transmitida de forma inequívoca;

II – VETADO;

III – a instauração de inquérito civil, até seu encerramento.

► Art. 90 deste Código.

► Arts. 8º, § 1º, e 9º da Lei nº 7.347, de 24-7-1985 (Lei da Ação Civil Pública).

► Súm. nº 477 do STJ.

§ 3º Tratando-se de vício oculto, o prazo decadencial inicia-se no momento em que ficar evidenciado o defeito.

Art. 27. Prescreve em cinco anos a pretensão à reparação pelos danos causados por fato do produto ou do serviço prevista na Seção II deste Capítulo, iniciando-se a contagem do prazo a partir do conhecimento do dano e de sua autoria.

► Arts. 101 e 102 deste Código.

► Art. 1º-C da Lei nº 9.494, de 10-9-1997, que disciplina a aplicação da tutela antecipada contra a Fazenda Pública.

► Art. 35 do Dec. nº 5.910, de 27-9-2006, que disciplina o transporte aéreo internacional.

Parágrafo único. VETADO.

Seção V
DA DESCONSIDERAÇÃO DA PERSONALIDADE JURÍDICA

Art. 28. O juiz poderá desconsiderar a personalidade jurídica da sociedade quando, em detrimento do consumidor, houver abuso de direito, excesso de poder, infração da lei, fato ou ato ilícito ou violação dos estatutos ou contrato social. A desconsideração também será efetivada quando houver falência, estado de insolvência, encerramento ou inatividade da pessoa jurídica provocados por má administração.

► Art. 50 do CC.

► Art. 34 da Lei nº 12.529, de 30-11-2011 (Lei do Sistema Brasileiro de Defesa da Concorrência).

§ 1º VETADO.

§ 2º As sociedades integrantes dos grupos societários e as sociedades controladas, são subsidiariamente responsáveis pelas obrigações decorrentes deste Código.

► Arts. 1.113 a 1.122 do CC.

§ 3º As sociedades consorciadas são solidariamente responsáveis pelas obrigações decorrentes deste Código.

► Arts. 275 a 285 do CC.

§ 4º As sociedades coligadas só responderão por culpa.

► Art. 1.099 do CC.

§ 5º Também poderá ser desconsiderada a pessoa jurídica sempre que sua personalidade for, de alguma forma, obstáculo ao ressarcimento de prejuízos causados aos consumidores.

CAPÍTULO V
DAS PRÁTICAS COMERCIAIS

Seção I
DAS DISPOSIÇÕES GERAIS

Art. 29. Para os fins deste Capítulo e do seguinte, equiparam-se aos consumidores todas as pessoas determináveis ou não, expostas às práticas nele previstas.

► Art. 2º deste Código.

Seção II
DA OFERTA

Art. 30. Toda informação ou publicidade, suficientemente precisa, veiculada por qualquer forma ou meio de comunicação com relação a produtos e serviços oferecidos ou apresentados, obriga o fornecedor que a fizer veicular ou dela se utilizar e integra o contrato que vier a ser celebrado.

► Arts. 427 a 435 do CC.

Art. 31. A oferta e apresentação de produtos ou serviços devem assegurar informações corretas, claras, precisas, ostensivas e em língua portuguesa sobre suas características, qualidades, quantidade, composição, preço, garantia, prazos de validade e origem, entre outros dados, bem como sobre os riscos que apresentam à saúde e segurança dos consumidores.

► Art. 6º, III, deste Código.

Parágrafo único. As informações de que trata este artigo, nos produtos refrigerados oferecidos ao consumidor, serão gravadas de forma indelével.

► Parágrafo único acrescido pela Lei nº 11.989, de 27-7-2009.

Art. 32. Os fabricantes e importadores deverão assegurar a oferta de componentes e peças de reposição enquanto não cessar a fabricação ou importação do produto.

► Art. 21 deste Código.

Parágrafo único. Cessadas a produção ou importação, a oferta deverá ser mantida por período razoável de tempo, na forma da lei.

Art. 33. Em caso de oferta ou venda por telefone ou reembolso postal, deve constar o nome do fabricante e endereço na embalagem, publicidade e em todos os impressos utilizados na transação comercial.

► Art. 49 deste Código.

Parágrafo único. É proibida a publicidade de bens e serviços por telefone, quando a chamada for onerosa ao consumidor que a origina.

► Parágrafo único acrescido pela Lei nº 11.800, de 29-10-2008.

Art. 34. O fornecedor do produto ou serviço é solidariamente responsável pelos atos de seus prepostos ou representantes autônomos.

► Arts. 7º, par. ún., e 25, § 1º, deste Código.

Art. 35. Se o fornecedor de produtos ou serviços recusar cumprimento à oferta, apresentação ou publicidade, o consumidor poderá, alternativamente e à sua livre escolha:

I – exigir o cumprimento forçado da obrigação, nos termos da oferta, apresentação ou publicidade;

► Arts. 48 e 84 deste Código.

II – aceitar outro produto ou prestação de serviço equivalente;

III – rescindir o contrato, com direito à restituição de quantia eventualmente antecipada, monetariamente atualizada, e a perdas e danos.

Seção III
DA PUBLICIDADE

Art. 36. A publicidade deve ser veiculada de tal forma que o consumidor, fácil e imediatamente, a identifique como tal.

► Art. 35 deste Código.

Parágrafo único. O fornecedor, na publicidade de seus produtos ou serviços, manterá, em seu poder, para informação dos legítimos interessados, os dados fáticos, técnicos e científicos que dão sustentação à mensagem.

Art. 37. É proibida toda publicidade enganosa ou abusiva.

§ 1º É enganosa qualquer modalidade de informação ou comunicação de caráter publicitário, inteira ou parcialmente falsa, ou, por qualquer outro modo, mesmo por omissão, capaz de induzir em erro o consumidor a respeito da natureza, características, qualidade, quantidade, propriedades, origem, preço e quaisquer outros dados sobre produtos e serviços.

► Súm. nº 595 do STJ.

§ 2º É abusiva, dentre outras, a publicidade discriminatória de qualquer natureza, a que incite à violência, explore o medo ou a superstição, se aproveite da deficiência de julgamento e experiência da criança, desrespeite valores ambientais, ou que seja capaz de induzir o consumidor a se comportar de forma prejudicial ou perigosa à sua saúde ou segurança.

► Art. 39, IV, deste Código.

§ 3º Para os efeitos deste Código, a publicidade é enganosa por omissão quando deixar de informar sobre dado essencial do produto ou serviço.

§ 4º VETADO.

Art. 38. O ônus da prova da veracidade e correção da informação ou comunicação publicitária cabe a quem as patrocina.

► Art. 35 deste Código.

Seção IV
DAS PRÁTICAS ABUSIVAS

Art. 39. É vedado ao fornecedor de produtos ou serviços, dentre outras práticas abusivas:

► *Caput* com a redação dada pela Lei nº 8.884, de 11-6-1994.

I – condicionar o fornecimento de produto ou de serviço ao fornecimento de outro produto ou serviço, bem como, sem justa causa, a limites quantitativos;

► Súm. nº 473 do STJ.

II – recusar atendimento às demandas dos consumidores, na exata medida de suas disponibilidades de estoque, e, ainda, de conformidade com os usos e costumes;

III – enviar ou entregar ao consumidor, sem solicitação prévia, qualquer produto ou fornecer qualquer serviço;

► Súm. nº 532 do STJ.

IV – prevalecer-se da fraqueza ou ignorância do consumidor, tendo em vista sua idade, saúde, conhecimento ou condição social, para impingir-lhe seus produtos ou serviços;

V – exigir do consumidor vantagem manifestamente excessiva;

VI – executar serviços sem a prévia elaboração de orçamento e autorização expressa do consumidor, ressalvadas as decorrentes de práticas anteriores entre as partes;

► Art. 40 deste Código.

VII – repassar informação depreciativa, referente a ato praticado pelo consumidor no exercício de seus direitos;

VIII – colocar, no mercado de consumo, qualquer produto ou serviço em desacordo com as normas expedidas pelos órgãos oficiais competentes ou, se normas específicas não existirem, pela Associação Brasileira de Normas Técnicas ou outra entidade credenciada pelo Conselho Nacional de Metrologia, Normalização e Qualidade Industrial – CONMETRO;

IX – recusar a venda de bens ou a prestação de serviços, diretamente a quem se disponha a adquiri-los mediante pronto pagamento, ressalvados os casos de intermediação regulados em leis especiais;

► Inciso IX com a redação dada pela Lei nº 8.884, de 11-6-1994.

X – elevar sem justa causa o preço de produtos ou serviços;

► Inciso X acrescido pela Lei nº 8.884, de 11-6-1994.

► Art. 122 do CC.

XI – aplicar fórmula ou índice de reajuste diverso do legal ou contratualmente estabelecido;

► Inciso XI acrescido pela MP nº 1.890-67, de 22-10-1999, convertida na Lei nº 9.870, de 23-11-1999, que dispõe sobre o valor total das anuidades escolares. Todavia, a referida Lei, em vez de convalidar a redação deste inciso, acrescentou o inciso XIII com a mesma redação. Como até o encerramento desta edição a falha ainda não havia sido corrigida, transcrevemos ambos os incisos.

XII – deixar de estipular prazo para o cumprimento de sua obrigação ou deixar a fixação de seu termo inicial a seu exclusivo critério;

► Inciso XII acrescido pela Lei nº 9.008, de 21-3-1995.

XIII – aplicar fórmula ou índice de reajuste diverso do valor legal ou contratualmente estabelecido;

► Inciso XIII acrescido pela Lei nº 9.870, de 23-11-1999.

XIV – permitir o ingresso em estabelecimentos comerciais ou de serviços de um número maior de consumidores que o fixado pela autoridade administrativa como máximo.

► Inciso XIV acrescido pela Lei nº 13.425, de 30-3-2017.

Parágrafo único. Os serviços prestados e os produtos remetidos ou entregues ao consumidor, na hipótese prevista no inciso III, equiparam-se às amostras grátis, inexistindo obrigação de pagamento.

Art. 40. O fornecedor de serviço será obrigado a entregar ao consumidor orçamento prévio discriminando o valor da mão de obra, dos materiais e equipamentos a serem empregados, as condições de pagamento, bem como as datas de início e término dos serviços.

§ 1º Salvo estipulação em contrário, o valor orçado terá validade pelo prazo de dez dias, contado de seu recebimento pelo consumidor.

§ 2º Uma vez aprovado pelo consumidor, o orçamento obriga os contraentes e somente pode ser alterado mediante livre negociação das partes.

§ 3º O consumidor não responde por quaisquer ônus ou acréscimos decorrentes da contratação de serviços de terceiros, não previstos no orçamento prévio.

Art. 41. No caso de fornecimento de produtos ou de serviços sujeitos ao regime de controle ou de tabelamento de preços, os fornecedores deverão respeitar os limites oficiais sob pena de, não o fazendo, responderem pela restituição da quantia recebida em excesso, monetariamente atualizada, podendo o consumidor exigir, à sua escolha, o desfazimento do negócio, sem prejuízo de outras sanções cabíveis.

Seção V
DA COBRANÇA DE DÍVIDAS

Art. 42. Na cobrança de débitos, o consumidor inadimplente não será exposto a ridículo, nem será submetido a qualquer tipo de constrangimento ou ameaça.

► Art. 71 deste Código.

Parágrafo único. O consumidor cobrado em quantia indevida tem direito à repetição do indébito, por valor igual ao dobro do que pagou em excesso, acrescido de correção monetária e juros legais, salvo hipótese de engano justificável.

Art. 42-A. Em todos os documentos de cobrança de débitos apresentados ao consumidor, deverão constar o nome, o endereço e o número de inscrição no Cadastro de Pessoas Físicas – CPF ou no Cadastro Nacional de Pessoa Jurídica – CNPJ do fornecedor do produto ou serviço correspondente.

► Artigo acrescido pela Lei nº 12.039, de 1º-10-2009.

Seção VI
DOS BANCOS DE DADOS E CADASTROS DE CONSUMIDORES

► Lei nº 12.414, de 9-6-2011 (Lei do Cadastro Positivo).

Art. 43. O consumidor, sem prejuízo do disposto no artigo 86, terá acesso às informações existentes em cadastros, fichas, registros e dados pessoais e de consumo arquivados sobre ele, bem como sobre as suas respectivas fontes.

► O referido art. 86 foi vetado.

► Súm. nº 550 do STJ.

► En. nº 553 da VI Jornada de Direito Civil.

§ 1º Os cadastros e dados de consumidores devem ser objetivos, claros, verdadeiros e em linguagem de fácil compreensão, não podendo conter informações negativas referentes a período superior a cinco anos.

► Súm. nº 323 do STJ.

§ 2º A abertura de cadastro, ficha, registro e dados pessoais e de consumo deverá ser comunicada por escrito ao consumidor, quando não solicitada por ele.

► Súmulas nºs 359, 385, 404 e 572 do STJ.

§ 3º O consumidor, sempre que encontrar inexatidão nos seus dados e cadastros, poderá exigir sua imediata correção, devendo o arquivista, no prazo de cinco dias úteis, comunicar a alteração aos eventuais destinatários das informações incorretas.

► Súm. nº 548 do STJ.

§ 4º Os bancos de dados e cadastros relativos a consumidores, os serviços de proteção ao crédito e congêneres são considerados entidades de caráter público.

► Art. 5º, LXXII, da CF.

§ 5º Consumada a prescrição relativa à cobrança de débitos do consumidor, não serão fornecidas, pelos respectivos Sistemas de Proteção ao Crédito, quaisquer informações que possam impedir ou dificultar novo acesso ao crédito junto aos fornecedores.

► Art. 5º, LXXII, da CF.

► Lei nº 9.507, de 12-11-1997 (Lei do *Habeas Data*).

► Súm. nº 323 do STJ.

§ 6º Todas as informações de que trata o *caput* deste artigo devem ser disponibilizadas em formatos acessíveis, inclusive para a pessoa com deficiência, mediante solicitação do consumidor.

► § 6º acrescido pela Lei nº 13.146, de 6-7-2015.

Art. 44. Os órgãos públicos de defesa do consumidor manterão cadastros atualizados de reclamações fundamentadas contra fornecedores de produtos e serviços, devendo divulgá-lo pública e anualmente. A divulgação indicará se a reclamação foi atendida ou não pelo fornecedor.

§ 1º É facultado o acesso às informações lá constantes para orientação e consulta por qualquer interessado.

§ 2º Aplicam-se a este artigo, no que couber, as mesmas regras enunciadas no artigo anterior e as do parágrafo único do artigo 22 deste Código.

Art. 45. VETADO.

CAPÍTULO VI
DA PROTEÇÃO CONTRATUAL

Seção I
DISPOSIÇÕES GERAIS

Art. 46. Os contratos que regulam as relações de consumo não obrigarão os consumidores, se não lhes for dada a oportunidade de tomar conhecimento prévio de seu conteúdo, ou se os respectivos instrumentos forem redigidos de modo a dificultar a compreensão de seu sentido e alcance.

Art. 47. As cláusulas contratuais serão interpretadas de maneira mais favorável ao consumidor.

► Art. 423 do CC.

► Súm. nº 181 do STJ.

Art. 48. As declarações de vontade constantes de escritos particulares, recibos e pré-contratos relativos às relações de consumo vinculam o fornecedor, ensejando inclusive execução específica, nos termos do artigo 84 e parágrafos.

► Art. 35, I, deste Código.

Art. 49. O consumidor pode desistir do contrato, no prazo de sete dias a contar de sua assinatura ou do ato de recebimento do produto ou serviço, sempre que a contratação de fornecimento de produtos e serviços ocorrer fora do estabelecimento comercial, especialmente por telefone ou a domicílio.

► Art. 33 deste Código.

Parágrafo único. Se o consumidor exercitar o direito de arrependimento previsto neste artigo, os valores eventualmente pagos, a qualquer título, durante o prazo de reflexão, serão devolvidos, de imediato, monetariamente atualizados.

Art. 50. A garantia contratual é complementar à legal e será conferida mediante termo escrito.

► Arts. 24 e 26, deste Código.

Parágrafo único. O termo de garantia ou equivalente deve ser padronizado e esclarecer, de maneira adequada, em que consiste a mesma garantia, bem como a forma, o prazo e o lugar em que pode ser exercitada e os ônus a cargo do consumidor, devendo ser-lhe entregue, devidamente preenchido pelo fornecedor, no ato do fornecimento, acompanhado de manual de instrução, de instalação e uso de produto em linguagem didática, com ilustrações.

Seção II
DAS CLÁUSULAS ABUSIVAS

Art. 51. São nulas de pleno direito, entre outras, as cláusulas contratuais relativas ao fornecimento de produtos e serviços que:

► Súm. nº 381 do STJ.

I – impossibilitem, exonerem ou atenuem a responsabilidade do fornecedor por vícios de qualquer natureza dos produtos e serviços ou impliquem renúncia ou disposição de direitos. Nas relações de consumo entre o fornecedor e o consumidor-pessoa jurídica, a indenização poderá ser limitada, em situações justificáveis;

► Art. 424 do CC.

► Súm. nº 543 do STJ.

II – subtraiam ao consumidor a opção de reembolso da quantia já paga, nos casos previstos neste Código;

► Arts. 18, § 1º, II, 19, IV, 20, II e 49, par. ún., deste Código.

III – transfiram responsabilidades a terceiros;

IV – estabeleçam obrigações consideradas iníquas, abusivas, que coloquem o consumidor em desvantagem exagerada, ou sejam incompatíveis com a boa-fé ou a equidade;

► Art. 413 do CC.

► Lei nº 13.455, de 26-6-2017, dispõe sobre a diferenciação de preços de bens e serviços oferecidos ao público em função do prazo ou do instrumento de pagamento utilizado.

► Súmulas nºs 543 e 609 do STJ.

V – VETADO;

VI – estabeleçam inversão do ônus da prova em prejuízo do consumidor;

► Arts. 6º, VIII, e 38 deste Código.

VII – determinem a utilização compulsória de arbitragem;

► Lei nº 9.307, de 23-9-1996 (Lei da Arbitragem).

VIII – imponham representante para concluir ou realizar outro negócio jurídico pelo consumidor;

IX – deixem ao fornecedor a opção de concluir ou não o contrato, embora obrigando o consumidor;

X – permitam ao fornecedor, direta ou indiretamente, variação do preço de maneira unilateral;

► Lei nº 13.455, de 26-6-2017, dispõe sobre a diferenciação de preços de bens e serviços oferecidos ao público em função do prazo ou do instrumento de pagamento utilizado.

XI – autorizem o fornecedor a cancelar o contrato unilateralmente, sem que igual direito seja conferido ao consumidor;

XII – obriguem o consumidor a ressarcir os custos de cobrança de sua obrigação, sem que igual direito lhe seja conferido contra o fornecedor;

XIII – autorizem o fornecedor a modificar unilateralmente o conteúdo ou a qualidade do contrato, após sua celebração;

XIV – infrinjam ou possibilitem a violação de normas ambientais;

XV – estejam em desacordo com o sistema de proteção ao consumidor;

XVI – possibilitem a renúncia do direito de indenização por benfeitorias necessárias;

XVII – condicionem ou limitem de qualquer forma o acesso aos órgãos do Poder Judiciário;

XVIII – estabeleçam prazos de carência em caso de impontualidade das prestações mensais ou impeçam o restabelecimento integral dos direitos do consumidor e de seus meios de pagamento a partir da purgação da mora ou do acordo com os credores;

► Incisos XVII e XVIII acrescidos pela Lei nº 14.181, de 1º-7-2021.

XIX – VETADO. Lei nº 14.181, de 1º-7-2021.

§ 1º Presume-se exagerada, entre outros casos, a vantagem que:

I – ofende os princípios fundamentais do sistema jurídico a que pertence;

II – restringe direitos ou obrigações fundamentais inerentes à natureza do contrato, de tal modo a ameaçar seu objeto ou o equilíbrio contratual;

III – se mostra excessivamente onerosa para o consumidor, considerando-se a natureza e conteúdo do contrato, o interesse das partes e outras circunstâncias peculiares ao caso.

§ 2º A nulidade de uma cláusula contratual abusiva não invalida o contrato, exceto quando de sua ausência, apesar dos esforços de integração, decorrer ônus excessivo a qualquer das partes.

► Art. 184 do CC.

§ 3º VETADO.

§ 4º É facultado a qualquer consumidor ou entidade que o represente requerer ao Ministério Público que ajuíze a competente ação para ser declarada a nulidade de cláusula contratual que contrarie o disposto neste Código ou de qualquer forma não assegure o justo equilíbrio entre direitos e obrigações das partes.

► Art. 82, I, deste Código.

Art. 52. No fornecimento de produtos ou serviços que envolva outorga de crédito ou concessão de financiamento ao consumidor, o fornecedor deverá, entre outros requisitos, informá-lo prévia e adequadamente sobre:

I – preço do produto ou serviço em moeda corrente nacional;

II – montante dos juros de mora e da taxa efetiva anual de juros;

III – acréscimos legalmente previstos;

IV – número e periodicidade das prestações;

V – soma total a pagar, com e sem financiamento.

§ 1º As multas de mora decorrentes do inadimplemento de obrigações no seu termo não poderão ser superiores a dois por cento do valor da prestação.

► § 1º com a redação dada pela Lei nº 9.298, de 1º-8-1996.

► Súm. nº 285 do STJ.

§ 2º É assegurada ao consumidor a liquidação antecipada do débito, total ou parcialmente, mediante redução proporcional dos juros e demais acréscimos.

§ 3º VETADO.

Art. 53. Nos contratos de compra e venda de móveis ou imóveis mediante pagamento em prestações, bem como nas alienações fiduciárias em garantia, consideram-se nulas de pleno direito as cláusulas que estabeleçam a perda total das prestações pagas em benefício do credor que, em razão do inadimplemento, pleitear a resolução do contrato e a retomada do produto alienado.

► Art. 413 do CC.

► Art. 67-A da Lei nº 4.591, de 16-12-1964 (Lei do Condomínio e Incorporações).

► Súm. nº 543 do STJ.

§ 1º VETADO.

§ 2º Nos contratos do sistema de consórcio de produtos duráveis, a compensação ou a restituição das parcelas quitadas, na forma deste artigo, terá descontada, além da vantagem econômica auferida com a fruição, os prejuízos que o desistente ou inadimplente causar ao grupo.

► Súm. nº 35 do STJ.

§ 3º Os contratos de que trata o *caput* deste artigo serão expressos em moeda corrente nacional.

Seção III
DOS CONTRATOS DE ADESÃO

Art. 54. Contrato de adesão é aquele cujas cláusulas tenham sido aprovadas pela autoridade competente ou estabelecidas unilateralmente pelo fornecedor de produtos ou serviços, sem que o consumidor possa discutir ou modificar substancialmente seu conteúdo.

§ 1º A inserção de cláusula no formulário não desfigura a natureza de adesão do contrato.

§ 2º Nos contratos de adesão admite-se cláusula resolutória, desde que alternativa, cabendo a escolha ao consumidor, ressalvando-se o disposto no § 2º do artigo anterior.

§ 3º Os contratos de adesão escritos serão redigidos em termos claros e com caracteres ostensivos e legíveis, cujo tamanho da fonte não será inferior ao corpo doze, de modo a facilitar sua compreensão pelo consumidor.

► § 3º com a redação dada pela Lei nº 11.785, de 22-9-2008.

§ 4º As cláusulas que implicarem limitação de direito do consumidor deverão ser redigidas com destaque, permitindo sua imediata e fácil compreensão.

► Art. 424 do CC.

§ 5º VETADO.

CAPÍTULO VI-A
DA PREVENÇÃO E DO TRATAMENTO DO SUPERENDIVIDAMENTO

► Capítulo VI-A acrescido pela Lei nº 14.181, de 1º-7-2021.

Art. 54-A. Este Capítulo tem a finalidade de prevenir o superendividamento da pessoa natural e de dispor sobre o crédito responsável e sobre a educação financeira do consumidor.

§ 1º Entende-se por superendividamento a impossibilidade manifesta de o consumidor pessoa natural, de boa-fé, pagar a totalidade de suas dívidas de consumo, exigíveis e vincendas, sem comprometer seu mínimo existencial, nos termos da regulamentação.

§ 2º As dívidas de que trata o § 1º deste artigo englobam quaisquer compromissos financeiros assumidos decorrentes de relação de consumo, inclusive operações de crédito, compras a prazo e serviços de prestação continuada.

§ 3º O disposto neste Capítulo não se aplica ao consumidor cujas dívidas tenham sido contraídas mediante fraude ou má-fé, sejam oriundas de contratos celebrados dolosamente com o propósito de não realizar o pagamento ou decorram da aquisição ou contratação de bens e serviços de luxo de alto valor.

Art. 54-B. *No fornecimento de crédito e na venda a prazo, além das informações obrigatórias previstas no art. 52 deste Código e na legislação aplicável à matéria, o fornecedor ou o intermediário deverá informar o consumidor, prévia e adequadamente, no momento da oferta, sobre:*

I – o custo efetivo total e a descrição dos elementos que o compõem;

II – a taxa efetiva mensal de juros, bem como a taxa dos juros de mora e o total de encargos, de qualquer natureza, previstos para o atraso no pagamento;

III – o montante das prestações e o prazo de validade da oferta, que deve ser, no mínimo, de 2 (dois) dias;

IV – o nome e o endereço, inclusive o eletrônico, do fornecedor;

V – o direito do consumidor à liquidação antecipada e não onerosa do débito, nos termos do § 2º do art. 52 deste Código e da regulamentação em vigor.

§ 1º As informações referidas no art. 52 deste Código e no caput *deste artigo devem constar de forma clara e resumida do próprio contrato, da fatura ou de instrumento apartado, de fácil acesso ao consumidor.*

§ 2º Para efeitos deste Código, o custo efetivo total da operação de crédito ao consumidor consistirá em taxa percentual anual e compreenderá todos os valores cobrados do consumidor, sem prejuízo do cálculo padronizado pela autoridade reguladora do sistema financeiro.

§ 3º Sem prejuízo do disposto no art. 37 deste Código, a oferta de crédito ao consumidor e a oferta de venda a prazo, ou a fatura mensal, conforme o caso, devem indicar, no mínimo, o custo efetivo total, o agente financiador e a soma total a pagar, com e sem financiamento.

Art. 54-C. *É vedado, expressa ou implicitamente, na oferta de crédito ao consumidor, publicitária ou não:*

I – VETADO. Lei nº 14.181, de 1º-7-2021;

II – indicar que a operação de crédito poderá ser concluída sem consulta a serviços de proteção ao crédito ou sem avaliação da situação financeira do consumidor;

III – ocultar ou dificultar a compreensão sobre os ônus e os riscos da contratação do crédito ou da venda a prazo;

IV – assediar ou pressionar o consumidor para contratar o fornecimento de produto, serviço ou

crédito, principalmente se se tratar de consumidor idoso, analfabeto, doente ou em estado de vulnerabilidade agravada ou se a contratação envolver prêmio;

V – condicionar o atendimento de pretensões do consumidor ou o início de tratativas à renúncia ou à desistência de demandas judiciais, ao pagamento de honorários advocatícios ou a depósitos judiciais.

Parágrafo único. VETADO. Lei nº 14.181, de 1º-7-2021.

Art. 54-D. *Na oferta de crédito, previamente à contratação, o fornecedor ou o intermediário deve, entre outras condutas:*

I – informar e esclarecer adequadamente o consumidor, considerada sua idade, sobre a natureza e a modalidade do crédito oferecido, sobre todos os custos incidentes, observado o disposto nos arts. 52 e 54-B deste Código, e sobre as consequências genéricas e específicas do inadimplemento;

II – avaliar, de forma responsável, as condições de crédito do consumidor, mediante análise das informações disponíveis em bancos de dados de proteção ao crédito, observado o disposto neste Código e na legislação sobre proteção de dados;

III – informar a identidade do agente financiador e entregar ao consumidor, ao garante e a outros coobrigados cópia do contrato de crédito.

Parágrafo único. O descumprimento de qualquer dos deveres previstos no caput *deste artigo e nos arts. 52 e 54-C deste Código poderá acarretar judicialmente a redução dos juros, dos encargos ou de qualquer acréscimo ao principal e a dilação do prazo de pagamento previsto no contrato original, conforme a gravidade da conduta do fornecedor e as possibilidades financeiras do consumidor, sem prejuízo de outras sanções e de indenização por perdas e danos, patrimoniais e morais, ao consumidor.*

Art. 54-E. *VETADO. Lei nº 14.181, de 1º-7-2021.*

Art. 54-F. *São conexos, coligados ou interdependentes, entre outros, o contrato principal de fornecimento de produto ou serviço e os contratos acessórios de crédito que lhe garantam o financiamento, quando o fornecedor de crédito:*

I – recorrer aos serviços do fornecedor de produto ou serviço para a preparação ou a conclusão do contrato de crédito;

II – oferecer o crédito no local da atividade empresarial do fornecedor de produto ou serviço financiado ou onde o contrato principal for celebrado.

§ 1º O exercício do direito de arrependimento nas hipóteses previstas neste Código, no contrato principal ou no contrato de crédito, implica a resolução de pleno direito do contrato que lhe seja conexo.

§ 2º Nos casos dos incisos I e II do caput *deste artigo, se houver inexecução de qualquer das obrigações e deveres do fornecedor de produto ou serviço, o consumidor poderá requerer a rescisão do contrato não cumprido contra o fornecedor do crédito.*

§ 3º O direito previsto no § 2º deste artigo caberá igualmente ao consumidor:

I – contra o portador de cheque pós-datado emitido para aquisição de produto ou serviço a prazo;

II – contra o administrador ou o emitente de cartão de crédito ou similar quando o cartão de crédito ou similar e o produto ou serviço forem fornecidos pelo mesmo fornecedor ou por entidades pertencentes a um mesmo grupo econômico.

§ 4º A invalidade ou a ineficácia do contrato principal implicará, de pleno direito, a do contrato de crédito que lhe seja conexo, nos termos do caput *deste artigo, ressalvado ao fornecedor do crédito o direito de obter do fornecedor do produto ou serviço a devolução dos valores entregues, inclusive relativamente a tributos.*

Art. 54-G. *Sem prejuízo do disposto no art. 39 deste Código e na legislação aplicável à matéria, é vedado ao fornecedor de produto ou serviço que envolva crédito, entre outras condutas:*

I – realizar ou proceder à cobrança ou ao débito em conta de qualquer quantia que houver sido contestada pelo consumidor em compra realizada com cartão de crédito ou similar, enquanto não for adequadamente solucionada a controvérsia, desde que o consumidor haja notificado a administradora do cartão com antecedência de pelo menos 10 (dez) dias contados da data de vencimento da fatura, vedada a manutenção do valor na fatura seguinte e assegurado ao consumidor o direito de deduzir do total da fatura o valor em disputa e efetuar o pagamento da parte não contestada, podendo o emissor

lançar como crédito em confiança o valor idêntico ao da transação contestada que tenha sido cobrada, enquanto não encerrada a apuração da contestação;

II – recusar ou não entregar ao consumidor, ao garante e aos outros coobrigados cópia da minuta do contrato principal de consumo ou do contrato de crédito, em papel ou outro suporte duradouro, disponível e acessível, e, após a conclusão, cópia do contrato;

III – impedir ou dificultar, em caso de utilização fraudulenta do cartão de crédito ou similar, que o consumidor peça e obtenha, quando aplicável, a anulação ou o imediato bloqueio do pagamento, ou ainda a restituição dos valores indevidamente recebidos.

§ 1º Sem prejuízo do dever de informação e esclarecimento do consumidor e de entrega da minuta do contrato, no empréstimo cuja liquidação seja feita mediante consignação em folha de pagamento, a formalização e a entrega da cópia do contrato ou do instrumento de contratação ocorrerão após o fornecedor do crédito obter da fonte pagadora a indicação sobre a existência de margem consignável.

§ 2º Nos contratos de adesão, deve o fornecedor, previamente, prestar ao consumidor as informações de que tratam o art. 52 e o* caput *do art. 54-B deste Código, além de outras porventura determinadas na legislação em vigor, e fica obrigado a entregar ao consumidor cópia do contrato, após a sua conclusão.

► Arts. 54-A a 54-G acrescidos pela Lei nº 14.181, de 1º-7-2021.

CAPÍTULO VII
DAS SANÇÕES ADMINISTRATIVAS

Art. 55. A União, os Estados e o Distrito Federal, em caráter concorrente e nas suas respectivas áreas de atuação administrativa, baixarão normas relativas à produção, industrialização, distribuição e consumo de produtos e serviços.

§ 1º A União, os Estados, o Distrito Federal e os Municípios fiscalizarão e controlarão a produção, industrialização, distribuição, a publicidade de produtos e serviços e o mercado de consumo, no interesse da preservação da vida, da saúde, da segurança, da informação e do bem-estar do consumidor, baixando as normas que se fizerem necessárias.

§ 2º VETADO.

§ 3º Os órgãos federais, estaduais, do Distrito Federal e municipais com atribuições para fiscalizar e controlar o mercado de consumo manterão comissões permanentes para elaboração, revisão e atualização das normas referidas no § 1º, sendo obrigatória a participação dos consumidores e fornecedores.

§ 4º Os órgãos oficiais poderão expedir notificações aos fornecedores para que, sob pena de desobediência, prestem informações sobre questões de interesse do consumidor, resguardado o segredo industrial.

Art. 56. As infrações das normas de defesa do consumidor ficam sujeitas, conforme o caso, às seguintes sanções administrativas, sem prejuízo das de natureza civil, penal e das definidas em normas específicas:

I – multa;

II – apreensão do produto;

III – inutilização do produto;

IV – cassação do registro do produto junto ao órgão competente;

V – proibição de fabricação do produto;

VI – suspensão de fornecimento de produtos ou serviço;

VII – suspensão temporária de atividade;

VIII – revogação de concessão ou permissão de uso;

IX – cassação de licença do estabelecimento ou de atividade;

X – interdição, total ou parcial, de estabelecimento, de obra ou de atividade;

XI – intervenção administrativa;

XII – imposição de contrapropaganda.

Parágrafo único. As sanções previstas neste artigo serão aplicadas pela autoridade administrativa, no âmbito de sua atribuição, podendo ser aplicadas cumulativamente, inclusive por medida cautelar antecedente ou incidente de procedimento administrativo.

Art. 57. A pena de multa, graduada de acordo com a gravidade da infração, a vantagem auferida e a condição econômica do fornecedor, será aplicada mediante procedimento administrativo, revertendo para o Fundo de que trata a Lei nº 7.347, de 24 de julho de 1985, os valores cabíveis à União, ou para os fundos estaduais ou municipais de proteção ao consumidor nos demais casos.

► *Caput* com a redação dada pela Lei nº 8.656, de 21-5-1993.

Parágrafo único. A multa será em montante nunca inferior a duzentas e não superior a três milhões de vezes o valor da Unidade Fiscal de Referência (UFIR), ou índice equivalente que venha substituí-lo.

► Parágrafo único acrescido pela Lei nº 8.703, de 6-9-1993.

Art. 58. As penas de apreensão, de inutilização de produtos, de proibição de fabricação de produtos, de suspensão do fornecimento de produto ou serviço, de cassação do registro do produto e revogação da concessão ou permissão de uso serão aplicadas pela administração, mediante procedimento administrativo, assegurada ampla defesa, quando forem constatados vícios de quantidade ou de qualidade por inadequação ou insegurança do produto ou serviço.

Art. 59. As penas de cassação de alvará de licença, de interdição e de suspensão temporária da atividade, bem como a de intervenção administrativa serão aplicadas mediante procedimento administrativo, assegurada ampla defesa, quando o fornecedor reincidir na prática das infrações de maior gravidade previstas neste Código e na legislação de consumo.

§ 1º A pena de cassação da concessão será aplicada à concessionária de serviço público, quando violar obrigação legal ou contratual.

§ 2º A pena de intervenção administrativa será aplicada sempre que as circunstâncias de fato desaconselharem a cassação de licença, a interdição ou suspensão da atividade.

§ 3º Pendendo ação judicial na qual se discuta a imposição de penalidade administrativa, não haverá reincidência até o trânsito em julgado da sentença.

Art. 60. A imposição de contrapropaganda será cominada quando o fornecedor incorrer na prática de publicidade enganosa ou abusiva, nos termos do artigo 36 e seus parágrafos, sempre às expensas do infrator.

► A referência deste dispositivo ao art. 36 deve ser entendida como feita ao art. 37 e seus parágrafos, que tratam exatamente da publicidade enganosa, da publicidade abusiva e da publicidade enganosa por omissão, enquanto o art. 36 e seu parágrafo único tratam, respectivamente, da veiculação da publicidade e da disponibilidade dos dados que sustentam a mensagem publicitária.

§ 1º A contrapropaganda será divulgada pelo responsável da mesma forma, frequência e dimensão e, preferencialmente no mesmo veículo, local, espaço e horário, de forma capaz de desfazer o malefício da publicidade enganosa ou abusiva.

§§ 2º e 3º VETADOS.

TÍTULO II – DAS INFRAÇÕES PENAIS

Art. 61. Constituem crimes contra as relações de consumo previstas neste Código, sem prejuízo do disposto no Código

Penal e leis especiais, as condutas tipificadas nos artigos seguintes.

Art. 62. VETADO.

Art. 63. Omitir dizeres ou sinais ostensivos sobre a nocividade ou periculosidade de produtos, nas embalagens, nos invólucros, recipientes ou publicidade:

Pena – Detenção de seis meses a dois anos e multa.

► Art. 9º deste Código.

§ 1º Incorrerá nas mesmas penas quem deixar de alertar, mediante recomendações escritas ostensivas, sobre a periculosidade do serviço a ser prestado.

§ 2º Se o crime é culposo:

Pena – Detenção de um a seis meses ou multa.

Art. 64. Deixar de comunicar à autoridade competente e aos consumidores a nocividade ou periculosidade de produtos cujo conhecimento seja posterior à sua colocação no mercado:

Pena – Detenção de seis meses a dois anos e multa.

► Art. 10, § 1º, deste Código.

Parágrafo único. Incorrerá nas mesmas penas quem deixar de retirar do mercado, imediatamente quando determinado pela autoridade competente, os produtos nocivos ou perigosos, na forma deste artigo.

Art. 65. Executar serviço de alto grau de periculosidade, contrariando determinação de autoridade competente:

Pena – Detenção de seis meses a dois anos e multa.

§ 1º As penas deste artigo são aplicáveis sem prejuízo das correspondentes à lesão corporal e à morte.

► Parágrafo único transformado em § 1º pela Lei nº 13.421, de 30-3-2017.

§ 2º A prática do disposto no inciso XIV do art. 39 desta Lei também caracteriza o crime previsto no *caput* deste artigo.

► § 2º acrescido pela Lei nº 13.425, de 30-3-2017.

Art. 66. Fazer afirmação falsa ou enganosa, ou omitir informação relevante sobre a natureza, característica, qualidade, quantidade, segurança, desempenho, durabilidade, preço ou garantia de produtos ou serviços:

Pena – Detenção de três meses a um ano e multa.

► Arts. 31, 37 e 52 deste Código.

§ 1º Incorrerá nas mesmas penas quem patrocinar a oferta.

§ 2º Se o crime é culposo:

Pena – Detenção de um a seis meses ou multa.

Art. 67. Fazer ou promover publicidade que sabe ou deveria saber ser enganosa ou abusiva:

Pena – Detenção de três meses a um ano e multa.

► Art. 37 deste Código.

Parágrafo único. VETADO.

Art. 68. Fazer ou promover publicidade que sabe ou deveria saber ser capaz de induzir o consumidor a se comportar de forma prejudicial ou perigosa a sua saúde ou segurança:

Pena – Detenção de seis meses a dois anos e multa.

► Art. 37, § 2º, deste Código.

Parágrafo único. VETADO.

Art. 69. Deixar de organizar dados fáticos, técnicos e científicos que dão base à publicidade:

Pena – Detenção de um a seis meses ou multa.

► Arts. 36, par. ún., e 38 deste Código.

Art. 70. Empregar, na reparação de produtos, peças ou componentes de reposição usados, sem autorização do consumidor:

Pena – Detenção de três meses a um ano e multa.

► Arts. 21 e 32 deste Código.

Art. 71. Utilizar, na cobrança de dívidas, de ameaça, coação, constrangimento físico ou moral, afirmações falsas, incorretas ou enganosas ou de qualquer outro procedimento que exponha o consumidor, injustificadamente, a ridículo ou interfira com seu trabalho, descanso ou lazer:

Pena – Detenção de três meses a um ano e multa.

► Art. 42 deste Código.

Art. 72. Impedir ou dificultar o acesso do consumidor às informações que sobre ele constem em cadastros, banco de dados, fichas e registros:

Pena – Detenção de seis meses a um ano ou multa.

► Art. 43 deste Código.

► Lei nº 12.414, de 9-6-2011 (Lei do Cadastro Positivo).

Art. 73. Deixar de corrigir imediatamente informação sobre consumidor constante de cadastro, banco de dados, fichas ou registros que sabe ou deveria saber ser inexata:

Pena – Detenção de um a seis meses ou multa.

Art. 74. Deixar de entregar ao consumidor o termo de garantia adequadamente preenchido e com especificação clara de seu conteúdo:

Pena – Detenção de um a seis meses ou multa.

► Arts. 24 e 50 deste Código.

Art. 75. Quem, de qualquer forma, concorrer para os crimes referidos neste Código incide nas penas a esses cominadas na medida de sua culpabilidade, bem como o diretor, administrador ou gerente da pessoa jurídica que promover, permitir ou por qualquer modo aprovar o fornecimento, oferta, exposição à venda ou manutenção em depósito de produtos ou a oferta e prestação de serviços nas condições por ele proibidas.

Art. 76. São circunstâncias agravantes dos crimes tipificados neste Código:

I – serem cometidos em época de grave crise econômica ou por ocasião de calamidade;

II – ocasionarem grave dano individual ou coletivo;

III – dissimular-se a natureza ilícita do procedimento;

IV – quando cometidos:

a) por servidor público, ou por pessoa cuja condição econômico-social seja manifestamente superior à da vítima;

b) em detrimento de operário ou rurícola; de menor de dezoito ou maior de sessenta anos ou de pessoas portadoras de deficiência mental, interditadas ou não;

V – serem praticados em operações que envolvam alimentos, medicamentos ou quaisquer outros produtos ou serviços essenciais.

Art. 77. A pena pecuniária prevista nesta Seção será fixada em dias-multa, correspondente ao mínimo e ao máximo de dias de duração da pena privativa da liberdade cominada ao crime. Na individualização desta multa, o juiz observará o disposto no artigo 60, § 1º, do Código Penal.

Art. 78. Além das penas privativas de liberdade e de multa, podem ser impostas, cumulativa ou alternadamente, observado o disposto nos artigos 44 a 47, do Código Penal:

I – a interdição temporária de direitos;

II – a publicação em órgãos de comunicação de grande circulação ou audiência, às expensas do condenado, de notícia sobre os fatos e a condenação;

III – a prestação de serviços à comunidade.

Art. 79. O valor da fiança, nas infrações de que trata este Código, será fixado pelo juiz, ou pela autoridade que presidir o inquérito, entre cem e duzentas mil vezes o valor do Bônus do Tesouro Nacional – BTN, ou índice equivalente que venha substituí-lo.

Parágrafo único. Se assim recomendar a situação econômica do indiciado ou réu, a fiança poderá ser:

a) reduzida até a metade de seu valor mínimo;

b) aumentada pelo juiz até vinte vezes.

Art. 80. No processo penal atinente aos crimes previstos neste Código, bem como a outros crimes e contravenções que envolvam relações de consumo, poderão intervir, como assistentes do Ministério Público, os legitimados indicados no artigo 82, incisos III e IV, aos quais também é facultado propor ação penal subsidiária, se a denúncia não for oferecida no prazo legal.

► Art. 5º, LIX, da CF.

TÍTULO III – DA DEFESA DO CONSUMIDOR EM JUÍZO

CAPÍTULO I

DISPOSIÇÕES GERAIS

Art. 81. A defesa dos interesses e direitos dos consumidores e das vítimas poderá ser exercida em juízo individualmente, ou a título coletivo.

► Art. 129, III, da CF.

Parágrafo único. A defesa coletiva será exercida quando se tratar de:

I – interesses ou direitos difusos, assim entendidos, para efeitos deste Código, os transindividuais, de natureza indivisível, de que sejam titulares pessoas indeterminadas e ligadas por circunstâncias de fato;

► Arts. 103, I, § 1º, e 104 deste Código.

II – interesses ou direitos coletivos, assim entendidos, para efeitos deste Código, os transindividuais de natureza indivisível de que seja titular grupo, categoria ou classe de pessoas ligadas entre si ou com a parte contrária por uma relação jurídica base;

► Arts. 103, II, § 1º, e 104 deste Código.

III – interesses ou direitos individuais homogêneos, assim entendidos os decorrentes de origem comum.

► Arts. 103, III e § 2º, deste Código.

Art. 82. Para os fins do artigo 81, parágrafo único, são legitimados concorrentemente:

► *Caput* com a redação dada pela Lei nº 9.008, de 21-3-1995.

► Arts. 91 e 98 deste Código.

I – o Ministério Público;

► Súm. nº 601 do STJ.

II – a União, os Estados, os Municípios e o Distrito Federal;

III – as entidades e órgãos da administração pública, direta ou indireta, ainda que sem personalidade jurídica, especificamente destinados à defesa dos interesses e direitos protegidos por este Código;

► Art. 80 deste Código.

IV – as associações legalmente constituídas há pelo menos um ano e que incluam entre seus fins institucionais a defesa dos interesses e direitos protegidos por este Código, dispensada a autorização assemblear.

§ 1º O requisito da pré-constituição pode ser dispensado pelo juiz, nas ações previstas no artigo 91 e seguintes, quando haja manifesto interesse social evidenciado pela dimensão ou característica do dano, ou pela relevância do bem jurídico a ser protegido.

§§ 2º e 3º VETADOS.

Art. 83. Para a defesa dos direitos e interesses protegidos por este Código são admissíveis todas as espécies de ações capazes de propiciar sua adequada e efetiva tutela.

Parágrafo único. VETADO.

Art. 84. Na ação que tenha por objeto o cumprimento da obrigação de fazer ou não fazer, o juiz concederá a tutela específica da obrigação ou determinará providências que assegurem o resultado prático equivalente ao do adimplemento.

§ 1º A conversão da obrigação em perdas e danos somente será admissível se por elas optar o autor ou se impossível a tutela específica ou a obtenção do resultado prático correspondente.

§ 2º A indenização por perdas e danos se fará sem prejuízo da multa (artigo 287 do Código de Processo Civil).

► Refere-se ao CPC/1973.

§ 3º Sendo relevante o fundamento da demanda e havendo justificado receio de ineficácia do provimento final, é lícito ao juiz conceder a tutela liminarmente ou após justificação prévia, citado o réu.

► Lei nº 9.494, de 10-9-1997, disciplina a aplicação da tutela antecipada contra a Fazenda Pública.

§ 4º O juiz poderá, na hipótese do § 3º ou na sentença, impor multa diária ao réu, independentemente de pedido do autor, se for suficiente ou compatível com a obrigação, fixando prazo razoável para o cumprimento do preceito.

§ 5º Para a tutela específica ou para a obtenção do resultado prático equivalente, poderá o juiz determinar as medidas necessárias, tais como busca e apreensão, remoção de coisas e pessoas, desfazimento de obra, impedimento de atividade nociva, além de requisição de força policial.

Arts. 85 e 86. VETADOS.

Art. 87. Nas ações coletivas de que trata este Código não haverá adiantamento de custas, emolumentos, honorários periciais e quaisquer outras despesas, nem condenação da associação autora, salvo comprovada má-fé, em honorários de advogados, custas e despesas processuais.

Parágrafo único. Em caso de litigância de má-fé, a associação autora e os diretores responsáveis pela propositura da ação serão solidariamente condenados em honorários advocatícios e ao décuplo das custas, sem prejuízo da responsabilidade por perdas e danos.

Art. 88. Na hipótese do artigo 13, parágrafo único deste Código, a ação de regresso poderá ser ajuizada em processo autônomo, facultada a possibilidade de prosseguir-se nos mesmos autos, vedada a denunciação da lide.

► Arts. 125 a 129 do CPC.

► Art. 283 do CC.

Art. 89. VETADO.

Art. 90. Aplicam-se às ações previstas neste Título as normas do Código de Processo Civil e da Lei nº 7.347, de 24 de julho de 1985, inclusive no que respeita ao inquérito civil, naquilo que não contrariar suas disposições.

CAPÍTULO II

DAS AÇÕES COLETIVAS PARA A DEFESA DE INTERESSES INDIVIDUAIS HOMOGÊNEOS

Art. 91. Os legitimados de que trata o artigo 82 poderão propor, em nome próprio e no interesse das vítimas ou seus sucessores, ação civil coletiva de responsabilidade pelos danos individualmente sofridos, de acordo com o disposto nos artigos seguintes.

► Artigo com a redação dada pela Lei nº 9.008, de 21-3-1995.

► Art. 82, § 1º, deste Código.

Art. 92. O Ministério Público, se não ajuizar a ação, atuará sempre como fiscal da lei.

Parágrafo único. VETADO.

Art. 93. Ressalvada a competência da justiça federal, é competente para a causa a justiça local:

I – no foro do lugar onde ocorreu ou deva ocorrer o dano, quando de âmbito local;

II – no foro da Capital do Estado ou no do Distrito Federal, para os danos de âmbito nacional ou regional, aplicando-se as regras do Código de Processo Civil aos casos de competência concorrente.

Art. 94. Proposta a ação, será publicado edital no órgão oficial, a fim de que os interessados possam intervir no processo como litisconsortes, sem prejuízo de ampla divulgação pelos meios de comunicação social por parte dos órgãos de defesa do consumidor.

Art. 95. Em caso de procedência do pedido, a condenação será genérica, fixando a responsabilidade do réu pelos danos causados.

Art. 96. VETADO.

Art. 97. A liquidação e a execução de sentença poderão ser promovidas pela vítima e seus sucessores, assim como pelos legitimados de que trata o artigo 82.

Parágrafo único. VETADO.

Art. 98. A execução poderá ser coletiva, sendo promovida pelos legitimados de que trata o artigo 82, abrangendo as vítimas cujas indenizações já tiverem sido fixadas em sentença de liquidação, sem prejuízo do ajuizamento de outras execuções.

► *Caput* com a redação dada pela Lei nº 9.008, de 21-3-1995.

► Art. 103, § 3º, deste Código.

§ 1º A execução coletiva far-se-á com base em certidão das sentenças de liquidação, da qual deverá constar a ocorrência ou não do trânsito em julgado.

§ 2º É competente para a execução o juízo:

I – da liquidação da sentença ou da ação condenatória, no caso de execução individual;

II – da ação condenatória, quando coletiva a execução.

Art. 99. Em caso de concurso de créditos decorrentes de condenação prevista na Lei nº 7.347, de 24 de julho de 1985, e de indenizações pelos prejuízos individuais resultantes do mesmo evento danoso, estas terão preferência no pagamento.

► Art. 103, § 3º, deste Código.

► Lei nº 7.347, de 24-7-1985 (Lei da Ação Civil Pública).

Parágrafo único. Para efeito do disposto neste artigo, a destinação da importância recolhida ao Fundo criado pela Lei nº 7.347, de 24 de julho de 1985, ficará sustada enquanto pendentes de decisão de segundo grau as ações de indenização pelos danos individuais, salvo na hipótese de o patrimônio do devedor ser manifestamente suficiente para responder pela integralidade das dívidas.

► Art. 13 da Lei nº 7.347, de 24-7-1985 (Lei da Ação Civil Pública).

Art. 100. Decorrido o prazo de um ano sem habilitação de interessados em número compatível com a gravidade do dano, poderão os legitimados do artigo 82 promover a liquidação e execução da indenização devida.

Parágrafo único. O produto da indenização devida reverterá para o Fundo criado pela Lei nº 7.347, de 24 de julho de 1985.

► Art. 13 da Lei nº 7.347, de 24-7-1985 (Lei da Ação Civil Pública).

CAPÍTULO III

DAS AÇÕES DE RESPONSABILIDADE DO FORNECEDOR DE PRODUTOS E SERVIÇOS

Art. 101. Na ação de responsabilidade civil do fornecedor de produtos e serviços, sem prejuízo do disposto nos Capítulos I e II deste Título, serão observadas as seguintes normas:

I – a ação pode ser proposta no domicílio do autor;

► Arts. 27 e 81 a 100 deste Código.

II – o réu que houver contratado seguro de responsabilidade poderá chamar ao processo o segurador, vedada a integração do contraditório pelo Instituto de Resseguros do Brasil. Nesta hipótese, a sentença que julgar procedente o pedido condenará o réu nos termos do artigo 80 do Código de Processo Civil. Se o réu houver sido declarado falido, o síndico será intimado a informar a existência de seguro de responsabilidade, facultando-se, em caso afirmativo, o ajuizamento de ação de indenização diretamente contra o segurador, vedada a denunciação da lide ao Instituto de Resseguros do Brasil e dispensado o litisconsórcio obrigatório com este.

► Refere-se ao CPC/1973.

Art. 102. Os legitimados a agir na forma deste Código poderão propor ação visando compelir o Poder Público competente a proibir, em todo o território nacional, a produção, divulgação, distribuição ou venda, ou a determinar alteração na composição, estrutura, fórmula ou acondicionamento de produto, cujo uso ou consumo regular se revele nocivo ou perigoso à saúde pública e à incolumidade pessoal.

► Art. 82 deste Código.

§§ 1º e 2º VETADOS.

CAPÍTULO IV

DA COISA JULGADA

Art. 103. Nas ações coletivas de que trata este Código, a sentença fará coisa julgada:

I – *erga omnes*, exceto se o pedido for julgado improcedente por insuficiência de provas, hipótese em que qualquer legitimado poderá intentar outra ação, com idêntico fundamento, valendo-se de nova prova, na hipótese do inciso I do parágrafo único do artigo 81;

II – *ultra partes*, mas limitadamente ao grupo, categoria ou classe, salvo improcedência por insuficiência de provas, nos termos do inciso anterior, quando se tratar da hipótese prevista no inciso II do parágrafo único do artigo 81;

► Art. 104 deste Código.

III – *erga omnes*, apenas no caso de procedência do pedido, para beneficiar todas as vítimas e seus sucessores, na hipótese do inciso III do parágrafo único do artigo 81.

► Art. 104 deste Código.

CDC

§ 1º Os efeitos da coisa julgada previstos nos incisos I e II não prejudicarão interesses e direitos individuais dos integrantes da coletividade, do grupo, categoria ou classe.

§ 2º Na hipótese prevista no inciso III, em caso de improcedência do pedido, os interessados que não tiverem intervindo no processo como litisconsortes poderão propor ação de indenização a título individual.

§ 3º Os efeitos da coisa julgada de que cuida o artigo 16, combinado com o artigo 13 da Lei nº 7.347, de 24 de julho de 1985, não prejudicarão as ações de indenização por danos pessoalmente sofridos, propostas individualmente ou na forma prevista neste Código, mas, se procedente o pedido, beneficiarão as vítimas e seus sucessores, que poderão proceder à liquidação e à execução, nos termos dos artigos 96 a 99.

► O referido art. 96 foi vetado.

► Lei nº 7.347, de 24-7-1985 (Lei da Ação Civil Pública).

§ 4º Aplica-se o disposto no parágrafo anterior à sentença penal condenatória.

Art. 104. As ações coletivas, previstas nos incisos I e II do parágrafo único do artigo 81, não induzem litispendência para as ações individuais, mas os efeitos da coisa julgada *erga omnes* ou *ultra partes* a que aludem os incisos II e III do artigo anterior não beneficiarão os autores das ações individuais, se não for requerida sua suspensão no prazo de 30 (trinta) dias, a contar da ciência nos autos do ajuizamento da ação coletiva.

CAPÍTULO V

DA CONCILIAÇÃO NO SUPERENDIVIDAMENTO

► Capítulo V acrescido pela Lei nº 14.181, de 1º-7-2021.

Art. 104-A. ***A requerimento do consumidor superendividado pessoa natural, o juiz poderá instaurar processo de repactuação de dívidas, com vistas à realização de audiência conciliatória, presidida por ele ou por conciliador credenciado no juízo, com a presença de todos os credores de dívidas previstas no art. 54-A deste Código, na qual o consumidor apresentará proposta de plano de pagamento com prazo máximo de 5 (cinco) anos, preservados o mínimo existencial, nos termos da regulamentação, e as garantias e as formas de pagamento originalmente pactuadas.***

§ 1º Excluem-se do processo de repactuação as dívidas, ainda que decorrentes de relações de consumo, oriundas de contratos celebrados dolosamente sem o propósito de realizar pagamento, bem como as dívidas provenientes de contratos de crédito com garantia real, de financiamentos imobiliários e de crédito rural.

§ 2º O não comparecimento injustificado de qualquer credor, ou de seu procurador com poderes especiais e plenos para transigir, à audiência de conciliação de que trata o **caput** ***deste artigo acarretará a suspensão da exigibilidade do débito e a interrupção dos encargos da mora, bem como a sujeição compulsória ao plano de pagamento da dívida se o montante devido ao credor ausente for certo e conhecido pelo consumidor, devendo o pagamento a esse credor ser estipulado para ocorrer apenas após o pagamento aos credores presentes à audiência conciliatória.***

§ 3º No caso de conciliação, com qualquer credor, a sentença judicial que homologar o acordo descreverá o plano de pagamento da dívida e terá eficácia de título executivo e força de coisa julgada.

§ 4º Constarão do plano de pagamento referido no § 3º deste artigo:

I – medidas de dilação dos prazos de pagamento e de redução dos encargos da dívida ou da remuneração do fornecedor, entre outras destinadas a facilitar o pagamento da dívida;

II – referência à suspensão ou à extinção das ações judiciais em curso;

III – data a partir da qual será providenciada a exclusão do consumidor de bancos de dados e de cadastros de inadimplentes;

IV – condicionamento de seus efeitos à abstenção, pelo consumidor, de condutas que importem no agravamento de sua situação de superendividamento.

§ 5º O pedido do consumidor a que se refere o **caput** ***deste artigo não importará em declaração de insolvência civil e poderá ser repetido somente após decorrido o prazo de 2 (dois) anos, contado da liquidação das obrigações previstas no plano de pagamento homologado, sem prejuízo de eventual repactuação.***

Art. 104-B. ***Se não houver êxito na conciliação em relação a quaisquer credores, o juiz, a pedido do consumidor, instaurará processo por superendividamento para revisão e integração dos contratos e repactuação das dívidas remanescentes mediante plano judicial compulsório e procederá à citação de todos os credores cujos créditos não tenham integrado o acordo porventura celebrado.***

§ 1º Serão considerados no processo por superendividamento, se for o caso, os documentos e as informações prestadas em audiência.

§ 2º No prazo de 15 (quinze) dias, os credores citados juntarão documentos e as razões da negativa de aceder ao plano voluntário ou de renegociar.

§ 3º O juiz poderá nomear administrador, desde que isso não onere as partes, o qual, no prazo de até 30 (trinta) dias, após cumpridas as diligências eventualmente necessárias, apresentará plano de pagamento que contemple medidas de temporização ou de atenuação dos encargos.

§ 4º O plano judicial compulsório assegurará aos credores, no mínimo, o valor do principal devido, corrigido monetariamente por índices oficiais de preço, e preverá a liquidação total da dívida, após a quitação do plano de pagamento consensual previsto no art. 104-A deste Código, em, no máximo, 5 (cinco) anos, sendo que a primeira parcela será devida no prazo máximo de 180 (cento e oitenta) dias, contado de sua homologação judicial, e o restante do saldo será devido em parcelas mensais iguais e sucessivas.

Art. 104-C. ***Compete concorrente e facultativamente aos órgãos públicos integrantes do Sistema Nacional de Defesa do Consumidor a fase conciliatória e preventiva do processo de repactuação de dívidas, nos moldes do art. 104-A deste Código, no que couber, com possibilidade de o processo ser regulado por convênios específicos celebrados entre os referidos órgãos e as instituições credoras ou suas associações.***

§ 1º Em caso de conciliação administrativa para prevenir o superendividamento do consumidor pessoa natural, os órgãos públicos poderão promover, nas reclamações individuais, audiência global de conciliação com todos os credores e, em todos os casos, facilitar a elaboração de plano de pagamento, preservado o mínimo existencial, nos termos da regulamentação, sob a supervisão desses órgãos, sem prejuízo das demais atividades de reeducação financeira cabíveis.

§ 2º O acordo firmado perante os órgãos públicos de defesa do consumidor, em caso de superendividamento do consumidor pessoa natural, incluirá a data a partir da qual será providenciada a exclusão do consumidor de bancos de dados e de cadastros de inadimplentes, bem como o condicionamento de seus efeitos à abstenção, pelo consumidor, de condutas que importem no agravamento de sua situação de superendividamento, especialmente a de contrair novas dívidas.

► Arts. 104-A a 104-C acrescidos pela Lei nº 14.181, de 1º-7-2021.

TÍTULO IV – DO SISTEMA NACIONAL DE DEFESA DO CONSUMIDOR

Art. 105. Integram o Sistema Nacional de Defesa do Consumidor – SNDC os órgãos federais, estaduais, do Distrito

Federal e municipais e as entidades privadas de defesa do consumidor.

Art. 106. O Departamento Nacional de Defesa do Consumidor, da Secretaria Nacional de Direito Econômico-MJ, ou órgão federal que venha substituí-lo, é organismo de coordenação da política do Sistema Nacional de Defesa do Consumidor, cabendo-lhe:

I – planejar, elaborar, propor, coordenar e executar a política nacional de proteção ao consumidor;

II – receber, analisar, avaliar e encaminhar consultas, denúncias ou sugestões apresentadas por entidades representativas ou pessoas jurídicas de direito público ou privado;

III – prestar aos consumidores orientação permanente sobre seus direitos e garantias;

IV – informar, conscientizar e motivar o consumidor através dos diferentes meios de comunicação;

V – solicitar à polícia judiciária a instauração de inquérito policial para a apreciação de delito contra os consumidores, nos termos da legislação vigente;

VI – representar ao Ministério Público competente para fins de adoção de medidas processuais no âmbito de suas atribuições;

VII – levar ao conhecimento dos órgãos competentes as infrações de ordem administrativa que violarem os interesses difusos, coletivos, ou individuais dos consumidores;

VIII – solicitar o concurso de órgãos e entidades da União, Estados, do Distrito Federal e Municípios, bem como auxiliar a fiscalização de preços, abastecimento, quantidade e segurança de bens e serviços;

IX – incentivar, inclusive com recursos financeiros e outros programas especiais, a formação de entidades de defesa do consumidor pela população e pelos órgãos públicos estaduais e municipais;

X a XII – VETADOS;

XIII – desenvolver outras atividades compatíveis com suas finalidades.

Parágrafo único. Para a consecução de seus objetivos, o Departamento Nacional de Defesa do Consumidor poderá solicitar o concurso de órgãos e entidades de notória especialização técnico-científica.

TÍTULO V – DA CONVENÇÃO COLETIVA DE CONSUMO

Art. 107. As entidades civis de consumidores e as associações de fornecedores ou sindicatos de categoria econômica podem regular, por convenção escrita, relações de consumo que tenham por objeto estabelecer condições relativas ao preço, à qualidade, à quantidade, à garantia e características de produtos e serviços, bem como à reclamação e composição do conflito de consumo.

§ 1º A convenção tornar-se-á obrigatória a partir do registro do instrumento no cartório de títulos e documentos.

§ 2º A convenção somente obrigará os filiados às entidades signatárias.

§ 3º Não se exime de cumprir a convenção o fornecedor que se desligar da entidade em data posterior ao registro do instrumento.

Art. 108. VETADO.

TÍTULO VI – DISPOSIÇÕES FINAIS

Art. 109. VETADO.

Art. 110. Acrescente-se o seguinte inciso IV ao artigo 1º da Lei nº 7.347, de 24 de julho de 1985:

▸ Alteração inserida no texto da referida Lei.

Art. 111. O inciso II do artigo 5º da Lei nº 7.347, de 24 de julho de 1985, passa a ter a seguinte redação:

▸ Alteração inserida no texto da referida Lei.

Art. 112. O § 3º do artigo 5º da Lei nº 7.347, de 24 de julho de 1985, passa a ter a seguinte redação:

▸ Alteração inserida no texto da referida Lei.

Art. 113. Acrescente-se os seguintes §§ 4º, 5º e 6º ao artigo 5º da Lei nº 7.347, de 24 de julho de 1985:

▸ Alteração inserida no texto da referida Lei.

Art. 114. O artigo 15 da Lei nº 7.347, de 24 de julho de 1985, passa a ter a seguinte redação:

▸ Alteração inserida no texto da referida Lei.

Art. 115. Suprima-se o *caput* do artigo 17 da Lei nº 7.347, de 24 de julho de 1985, passando o parágrafo único a constituir o *caput*, com a seguinte redação:

▸ Alteração inserida no texto da referida Lei.

▸ Artigo com a redação retificada no *DOU* de 10-1-2007.

Art. 116. Dê-se a seguinte redação ao artigo 18 da Lei nº 7.347, de 24 de julho de 1985:

▸ Alteração inserida no texto da referida Lei.

Art. 117. Acrescente-se à Lei nº 7.347, de 24 de julho de 1985, o seguinte dispositivo, renumerando-se os seguintes:

▸ Alteração inserida no texto da referida Lei.

Art. 118. Este Código entrará em vigor dentro de cento e oitenta dias a contar de sua publicação.

Art. 119. Revogam-se as disposições em contrário.

Brasília, 11 de setembro de 1990;
169º da Independência e
102º da República.

Fernando Collor

Índice Alfabético-Remissivo do Código de Defesa do Consumidor

LEI Nº 8.078, DE 11 DE SETEMBRO DE 1990

LINDB

LEI DE INTRODUÇÃO ÀS NORMAS DO DIREITO BRASILEIRO

DECRETO-LEI Nº 4.657, DE 4 DE SETEMBRO DE 1942

Lei de Introdução às normas do Direito Brasileiro.

► Antiga Lei de Introdução ao Código Civil (LICC), cuja ementa foi alterada pela Lei nº 12.376, de 30-12-2010.

O Presidente da República, usando da atribuição que lhe confere o artigo 180 da Constituição, decreta:

Art. 1º Salvo disposição contrária, a lei começa a vigorar em todo o País quarenta e cinco dias depois de oficialmente publicada.

► Art. 62, §§ 3º, 4º, 6º e 7º da CF.

► Art. 8º da LC nº 95/1998, de 26-2-1998, que dispõe sobre a elaboração, a redação, a alteração e a consolidação das leis.

§ 1º Nos Estados estrangeiros, a obrigatoriedade da lei brasileira, quando admitida, se inicia três meses depois de oficialmente publicada.

§ 2º *Revogado.* Lei nº 12.036, de 1º-10-2009.

§ 3º Se, antes de entrar a lei em vigor, ocorrer nova publicação de seu texto, destinada a correção, o prazo deste artigo e dos parágrafos anteriores começará a correr da nova publicação.

§ 4º As correções a texto de lei já em vigor consideram-se lei nova.

Art. 2º Não se destinando à vigência temporária, a lei terá vigor até que outra a modifique ou revogue.

§ 1º A lei posterior revoga a anterior quando expressamente o declare, quando seja com ela incompatível ou quando regule inteiramente a matéria de que tratava a lei anterior.

§ 2º A lei nova, que estabeleça disposições gerais ou especiais a par das já existentes, não revoga nem modifica a lei anterior.

§ 3º Salvo disposição em contrário, a lei revogada não se restaura por ter a lei revogadora perdido a vigência.

Art. 3º Ninguém se escusa de cumprir a lei, alegando que não a conhece.

Art. 4º Quando a lei for omissa, o juiz decidirá o caso de acordo com a analogia, os costumes e os princípios gerais de direito.

Art. 5º Na aplicação da lei, o juiz atenderá aos fins sociais a que ela se dirige e às exigências do bem comum.

► Art. 5º, LIV, da CF.

► Art. 6º da Lei nº 9.099, de 26-9-1995 (Lei dos Juizados Especiais).

Art. 6º A Lei em vigor terá efeito imediato e geral, respeitados o ato jurídico perfeito, o direito adquirido e a coisa julgada.

► Art. 5º, XXXVI, da CF.

§ 1º Reputa-se ato jurídico perfeito o já consumado segundo a lei vigente ao tempo em que se efetuou.

§ 2º Consideram-se adquiridos assim os direitos que o seu titular, ou alguém por ele, possa exercer, como aqueles cujo começo do exercício tenha termo prefixo, ou condição preestabelecida inalterável, a arbítrio de outrem.

► Arts. 121, 126, 130, 131 e 135 do CC.

§ 3º Chama-se coisa julgada ou caso julgado a decisão judicial de que já não caiba recurso.

► Art. 6º com a redação dada pela Lei nº 3.238, de 1º-8-1957.

► Art. 5º, XXXVI, da CF.

► Arts. 337, § 1º, e 502 do CPC.

Art. 7º A lei do país em que for domiciliada a pessoa determina as regras sobre o começo e o fim da personalidade, o nome, a capacidade e os direitos de família.

► Arts. 1º a 8º, 11 a 21, 70 a 78 e 1.511 a 1.738 do CC.

► Arts. 55 a 58 da Lei nº 6.015, de 31-12-1973 (Lei dos Registros Públicos).

► Art. 71 da Lei nº 13.445, de 24-5-2017, que institui a Lei de Migração.

§ 1º Realizando-se o casamento no Brasil, será aplicada a lei brasileira quanto aos impedimentos dirimentes e às formalidades da celebração.

§ 2º O casamento de estrangeiros poderá celebrar-se perante autoridades diplomáticas ou consulares do país de ambos os nubentes.

► § 2º com a redação dada pela Lei nº 3.238, de 1º-8-1957.

§ 3º Tendo os nubentes domicílio diverso, regerá os casos de invalidade do matrimônio a lei do primeiro domicílio conjugal.

► Arts. 1.548 a 1.564 do CC.

§ 4º O regime de bens, legal ou convencional, obedece à lei do país em que tiverem os nubentes domicílio, e, se este for diverso, à do primeiro domicílio conjugal.

► Arts. 1.639, 1.640 e 1.653 do CC.

§ 5º O estrangeiro casado, que se naturalizar brasileiro, pode, mediante expressa anuência de seu cônjuge, requerer ao juiz, no ato de entrega do decreto de naturalização, se apostile ao mesmo a adoção do regime de comunhão parcial de bens, respeitados os direitos de terceiros e dada esta adoção ao competente registro.

► § 5º com a redação dada pela Lei nº 6.515, de 26-12-1977 (Lei do Divórcio).

► Arts. 1.658 a 1.666 do CC.

§ 6º O divórcio realizado no estrangeiro, se um ou ambos os cônjuges forem brasileiros, só será reconhecido no Brasil depois de 1 (um) ano da data da sentença, salvo se houver sido antecedida de separação judicial por igual prazo, caso em que a homologação produzirá efeito imediato, obedecidas as condições estabelecidas para a eficácia das sentenças estrangeiras no país. O Superior Tribunal de Justiça, na forma de seu regimento interno, poderá reexaminar, a requerimento do interessado, decisões já proferidas em pedidos de homologação de sentenças estrangeiras de divórcio de brasileiros, a fim de que passem a produzir todos os efeitos legais.

► § 6º com a redação dada pela Lei nº 12.036, de 1º-10-2009.

► Art. 961 do CPC.

► Arts. 1.571 e ss. do CC.

► Arts. 226, § 6º, 227, §6º, da CF.

► Lei nº 6.515, de 26-12-1977 (Lei do Divórcio).

► Provimento nº 51, de 22-9-2015 do CNJ.

§ 7º Salvo o caso de abandono, o domicílio do chefe da família estende-se ao outro cônjuge e aos filhos não emancipados, e o do tutor ou curador aos incapazes sob sua guarda.

► Art. 76 do CC.

► Art. 226, § 5º, da CF.

§ 8º Quando a pessoa não tiver domicílio, considerar-se-á domiciliada no lugar de sua residência ou naquele em que se encontre.

► Art. 70 e ss. do CC.

► Art. 46, § 3º, do CPC.

Art. 8º Para qualificar os bens e regular as relações a eles concernentes, aplicar-se-á a lei do país em que estiverem situados.

§ 1º Aplicar-se-á a lei do país em que for domiciliado o proprietário, quanto aos bens móveis que ele trouxer ou se destinarem a transporte para outros lugares.

§ 2º O penhor regula-se pela lei do domicílio que tiver a pessoa, em cuja posse se encontre a coisa apenhada.

► Arts. 1.431 e ss. do CC.

Art. 9º Para qualificar e reger as obrigações, aplicar-se-á a lei do país em que se constituírem.

§ 1º Destinando-se a obrigação a ser executada no Brasil e dependendo de forma essencial, será esta observada, admitidas as peculiaridades da lei estrangeira quanto aos requisitos extrínsecos do ato.

§ 2º A obrigação resultante do contrato reputa-se constituída no lugar em que residir o proponente.

► Art. 435 do CC.

Art. 10. A sucessão por morte ou por ausência obedece à lei do país em que era domiciliado o defunto ou o desaparecido, qualquer que seja a natureza e a situação dos bens.

► Arts. 26 a 39 e 1.784 a 1.990 do CC.

§ 1º A sucessão de bens de estrangeiros, situados no País, será regulada pela lei brasileira em benefício do cônjuge ou dos filhos brasileiros, ou de quem os represente, sempre que não lhes seja mais favorável a lei pessoal do *de cujus*.

► § 1º com a redação dada pela Lei nº 9.047, de 18-5-1995.

► Art. 5º, XXXI, da CF.

► Art. 17 do Dec.-lei nº 3.200, de 19-4-1941, que dispõe sobre a organização e proteção da família.

► Arts. 1.851 a 1.856 do CC.

§ 2º A lei do domicílio do herdeiro ou legatário regula a capacidade para suceder.

► Art. 23 do CPC.

► Arts. 1.787 1.798 a 1.803 do CC.

Art. 11. As organizações destinadas a fins de interesse coletivo, como as sociedades e as fundações, obedecem à lei do Estado em que se constituírem.

► Arts. 62 a 69 e 981 a 1.141 do CC.

§ 1º Não poderão, entretanto, ter no Brasil filiais, agências ou estabelecimentos antes de serem os atos constitutivos aprovados pelo Governo brasileiro, ficando sujeitas à lei brasileira.

► Art. 170, parágrafo único, da CF.

► Arts. 1.134 a 1.141 e 1.150 a 1.154 do CC.

► Art. 32, II, da Lei nº 8.934, de 18-11-1994 (Lei do Registro Público de Empresas Mercantis).

§ 2º Os Governos estrangeiros, bem como as organizações de qualquer natureza, que eles tenham constituído, dirijam ou hajam investido de funções públicas, não poderão adquirir no Brasil bens imóveis ou suscetíveis de desapropriação.

§ 3º Os Governos estrangeiros podem adquirir a propriedade dos prédios necessários à sede dos representantes diplomáticos ou dos agentes consulares.

Art. 12. É competente a autoridade judiciária brasileira, quando for o réu domiciliado no Brasil ou aqui tiver de ser cumprida a obrigação.

► Art. 10, § 2º, LINDB.

§ 1º Só à autoridade judiciária brasileira compete conhecer das ações relativas a imóveis situados no Brasil.

§ 2º A autoridade judiciária brasileira cumprirá, concedido o *exequatur* e segundo a forma estabelecida pela lei brasileira, as diligências deprecadas por autoridade estrangeira competente, observando a lei desta, quanto ao objeto das diligências.

► A concessão de *exequatur* às cartas rogatórias passou a ser da competência do STJ, conforme art. 105, I, *i*, da CF, com a redação dada pela EC nº 45, de 8-12-2004.

► Art. 109, X, CF.

Art. 13. A prova dos fatos ocorridos em país estrangeiro rege-se pela lei que nele vigorar, quanto ao ônus e aos meios de produzir-se, não admitindo os tribunais brasileiros provas que a lei brasileira desconheça.

► Arts. 109 e 212 a 232 do CC.

► Arts. 369 e ss. do CPC.

► Art. 32 da Lei nº 6.015, de 31-12-1973 (Lei dos Registros Públicos).

Art. 14. Não conhecendo a lei estrangeira, poderá o juiz exigir de quem a invoca prova do texto e da vigência.

► Art. 376 do CPC.

Art. 15. Será executada no Brasil a sentença proferida no estrangeiro, que reúna os seguintes requisitos:

► Arts. 787 a 790 do CPP e os arts. 960 e ss. do CPC.

► Art. 35 da Lei nº 9.307, de 23-9-1996 (Lei da Arbitragem).

a) haver sido proferida por juiz competente;

b) terem sido as partes citadas ou haver-se legalmente verificado à revelia;

c) ter passado em julgado e estar revestida das formalidades necessárias para a execução no lugar em que foi proferida;

d) estar traduzida por intérprete autorizado;

e) ter sido homologada pelo Supremo Tribunal Federal.

► A concessão de *exequatur* às cartas rogatórias passou a ser da competência do STJ, conforme art. 105, I, *i*, da CF, com a redação dada pela EC nº 45, de 8-12-2004.

► Art. 961 do CPC.

Parágrafo único. *Revogado.* Lei nº 12.036, de 1º-10-2009.

Art. 16. Quando, nos termos dos artigos precedentes, se houver de aplicar a lei estrangeira, ter-se-á em vista a disposição desta, sem considerar-se qualquer remissão por ela feita a outra lei.

Art. 17. As leis, atos e sentenças de outro país, bem como quaisquer declarações de vontade, não terão eficácia no Brasil, quando ofenderem a soberania nacional, a ordem pública e os bons costumes.

Art. 18. Tratando-se de brasileiros, são competentes as autoridades consulares brasileiras para lhes celebrar o casamento e os mais atos de registro civil e de tabelionato, inclusive o registro de nascimento e de óbito dos filhos de brasileiro ou brasileira nascidos no país da sede do consulado.

► *Caput* com a redação dada pela Lei nº 3.238, de 1º-8-1957.

► Art. 12, I, c, da CF.

► Art. 32 da Lei nº 6.015, de 31-12-1973 (Lei dos Registros Públicos).

► Decreto nº 8.742, de 4-5-2016 (Lei Orgânica da Assistência Social).

§ 1º As autoridades consulares brasileiras também poderão celebrar a separação consensual e o divórcio consensual de brasileiros, não havendo filhos menores ou incapazes do casal e observados os requisitos legais quanto aos prazos, devendo constar da respectiva escritura pública as disposições relativas à descrição e à partilha dos bens comuns e à pensão alimentícia e, ainda, ao acordo quanto à retomada pelo cônjuge de seu nome de solteiro ou à manutenção do nome adotado quando se deu o casamento.

§ 2º É indispensável a assistência de advogado, devidamente constituído, que se dará mediante a subscrição de petição, juntamente com ambas as partes, ou com apenas uma delas, caso a outra constitua advogado próprio, não se fazendo necessário que a assinatura do advogado conste da escritura pública.

► §§ 1º e 2º acrescidos pela Lei nº 12.874, de 29-10-2013.

Art. 19. Reputam-se válidos todos os atos indicados no artigo anterior e celebrados pelos cônsules brasileiros na vigência do Decreto-Lei nº 4.657, de 4 de setembro de 1942, desde que satisfaçam todos os requisitos legais.

Parágrafo único. No caso em que a celebração desses atos tiver sido recusada pelas autoridades consulares, com fundamento no artigo 18 do mesmo Decreto-Lei, ao interessado é facultado renovar o pedido dentro de noventa dias contados da data da publicação desta Lei.

► Art. 19 acrescido pela Lei nº 3.238, de 1º-8-1957.

Art. 20. Nas esferas administrativa, controladora e judicial, não se decidirá com base em valores jurídicos abstratos sem que sejam consideradas as consequências práticas da decisão.

Parágrafo único. A motivação demonstrará a necessidade e a adequação da medida imposta ou da invalidação de ato, contrato, ajuste, processo ou norma administrativa, inclusive em face das possíveis alternativas.

Art. 21. A decisão que, nas esferas administrativa, controladora ou judicial, decretar a invalidação de ato, contrato, ajuste, processo ou norma administrativa deverá indicar de modo expresso suas consequências jurídicas e administrativas.

Parágrafo único. A decisão a que se refere o caput deste artigo deverá, quando for o caso, indicar as condições para que a regularização ocorra de modo proporcional e equânime e sem prejuízo aos interesses gerais, não se podendo impor aos sujeitos atingidos ônus ou perdas que, em função das peculiaridades do caso, sejam anormais ou excessivos.

Art. 22. Na interpretação de normas sobre gestão pública, serão considerados os obstáculos e as dificuldades reais do gestor e as exigências das políticas públicas a seu cargo, sem prejuízo dos direitos dos administrados.

§ 1º Em decisão sobre regularidade de conduta ou validade de ato, contrato, ajuste, processo ou norma administrativa, serão consideradas as circunstâncias práticas que houverem imposto, limitado ou condicionado a ação do agente.

§ 2º Na aplicação de sanções, serão consideradas a natureza e a gravidade da infração cometida, os danos que dela provierem para a administração pública, as circunstâncias agravantes ou atenuantes e os antecedentes do agente.

§ 3º As sanções aplicadas ao agente serão levadas em conta na dosimetria das demais sanções de mesma natureza e relativas ao mesmo fato.

► Arts. 20 a 22 acrescidos pela Lei nº 13.655, de 25-4-2018.

Art. 23. A decisão administrativa, controladora ou judicial que estabelecer interpretação ou orientação nova sobre norma de conteúdo indeterminado, impondo novo dever ou novo condicionamento de direito, deverá prever regime de transição quando indispensável para que o novo dever ou condicionamento de direito seja cumprido de modo proporcional, equânime e eficiente e sem prejuízo aos interesses gerais.

► *Caput* acrescido pela Lei nº 13.655, de 25-4-2018.

Parágrafo único. VETADO. Lei nº 13.655, de 25-4-2018.

Art. 24. A revisão, nas esferas administrativa, controladora ou judicial, quanto à validade de ato, contrato, ajuste, processo ou norma administrativa cuja produção já se houver completado levará em conta as orientações gerais da época, sendo vedado que, com base em mudança posterior de orientação geral, se declarem inválidas situações plenamente constituídas.

Parágrafo único. Consideram-se orientações gerais as interpretações e especificações contidas em atos públicos de caráter geral ou em jurisprudência judicial ou administrativa majoritária, e ainda as adotadas por prática administrativa reiterada e de amplo conhecimento público.

► Art. 24 acrescido pela Lei nº 13.655, de 25-4-2018.

Art. 25. VETADO. Lei nº 13.655, de 25-4-2018.

Art. 26. Para eliminar irregularidade, incerteza jurídica ou situação contenciosa na aplicação do direito público, inclusive no caso de expedição de licença, a autoridade administrativa poderá, após oitiva do órgão jurídico e, quando for o caso, após realização de consulta pública, e presentes razões de relevante interesse geral, celebrar compromisso com os interessados, observada a legislação aplicável, o qual só produzirá efeitos a partir de sua publicação oficial.

► *Caput* acrescido pela Lei nº 13.655, de 25-4-2018.

§ 1º O compromisso referido no caput deste artigo:

I – buscará solução jurídica proporcional, equânime, eficiente e compatível com os interesses gerais;

II – VETADO. Lei nº 13.655, de 25-4-2018;

III – não poderá conferir desoneração permanente de dever ou condicionamento de direito reconhecidos por orientação geral;

IV – deverá prever com clareza as obrigações das partes, o prazo para seu cumprimento e as sanções aplicáveis em caso de descumprimento.

► § 1º acrescido pela Lei nº 13.655, de 25-4-2018.

§ 2º VETADO. Lei nº 13.655, de 25-4-2018.

Art. 27. A decisão do processo, nas esferas administrativa, controladora ou judicial, poderá impor compensação por benefícios indevidos ou prejuízos anormais ou injustos resultantes do processo ou da conduta dos envolvidos.

§ 1º A decisão sobre a compensação será motivada, ouvidas previamente as partes sobre seu cabimento, sua forma e, se for o caso, seu valor.

§ 2º Para prevenir ou regular a compensação, poderá ser celebrado compromisso processual entre os envolvidos.

► Art. 27 acrescido pela Lei nº 13.655, de 25-4-2018.

Art. 28. O agente público responderá pessoalmente por suas decisões ou opiniões técnicas em caso de dolo ou erro grosseiro.

► *Caput* acrescido pela Lei nº 13.655, de 25-4-2018.

§§ 1º a 3º VETADOS. Lei nº 13.655, de 25-4-2018.

Art. 29. Em qualquer órgão ou Poder, a edição de atos normativos por autoridade administrativa, salvo os de mera organização interna, poderá ser precedida de consulta pública para manifestação de interessados, preferencialmente por meio eletrônico, a qual será considerada na decisão.

► *Caput* acrescido pela Lei nº 13.655, de 25-4-2018..

§ 1º A convocação conterá a minuta do ato normativo e fixará o prazo e demais condições da consulta pública, observadas as normas legais e regulamentares específicas, se houver.

► § 1º acrescido pela Lei nº 13.655, de 25-4-2018.

§ 2º VETADO. Lei nº 13.655, de 25-4-2018.

Art. 30. As autoridades públicas devem atuar para aumentar a segurança jurídica na aplicação das normas, inclusive por meio de regulamentos, súmulas administrativas e respostas a consultas.

Parágrafo único. Os instrumentos previstos no caput deste artigo terão caráter vinculante em relação ao órgão ou entidade a que se destinam, até ulterior revisão.

► Art. 30 acrescido pela Lei nº 13.655, de 25-4-2018.

Rio de Janeiro, 4 de setembro de 1942;
121º da Independência e
54º da República.

Getúlio Vargas

LEGISLAÇÃO COMPLEMENTAR

DECRETO Nº 2.044, DE 31 DE DEZEMBRO DE 1908

Define a letra de câmbio e a nota promissória e regula as operações cambiais.

TÍTULO I – DA LETRA DE CÂMBIO

CAPÍTULO I
DO SAQUE

Art. 1º A letra de câmbio é uma ordem de pagamento e deve conter estes requisitos, lançados, por extenso, no contexto:

I – a denominação "*letra de câmbio*" ou a denominação equivalente na língua em que for emitida;

II – a soma de dinheiro a pagar e a espécie de moeda;

III – o nome da pessoa que deve pagá-la. Esta indicação pode ser inserida abaixo do contexto;

IV – o nome da pessoa a quem deve ser paga. A letra pode ser ao portador e também pode ser emitida por ordem e conta de terceiro. O sacador pode designar-se como tomador;

V – a assinatura do próprio punho do sacador ou do mandatário especial. A assinatura deve ser firmada abaixo do contexto.

► Art. 892 do CC.

► Arts. 1º, anexo I, e 2º, anexo II, do Dec. nº 57.663, de 24-1-1966 (Lei Uniforme em Matéria de Letras de Câmbio e Notas Promissórias).

Art. 2º Não será letra de câmbio o escrito a que faltar qualquer dos requisitos acima enumerados.

Art. 3º Esses requisitos são considerados lançados ao tempo da emissão da letra. A prova em contrário será admitida no caso de má-fé do portador.

► Art. 891 do CC.

► Arts. 3º, anexo II e 10, anexo I do Dec. nº 57.663, de 24-1-1966 (Lei Uniforme em Matéria de Letras de Câmbio e Notas Promissórias).

► Súm. nº 387 do STF.

Art. 4º Presume-se mandato ao portador para inserir a data e o lugar do saque, na letra que não os contiver.

Art. 5º Havendo diferença entre o valor lançado por algarismo e o que se achar por extenso no corpo da letra, este último será sempre considerado verdadeiro e a diferença não prejudicará a letra. Diversificando as indicações da soma de dinheiro no contexto, o título não será letra de câmbio.

► Art. 6º, anexo I, do Dec. nº 57.663, de 24-1-1966 (Lei Uniforme em Matéria de Letras de Câmbio e Notas Promissórias).

Art. 6º A letra pode ser passada:

I – à vista;

II – a dia certo;

III – a tempo certo da data;

IV – a tempo certo da vista.

► Art. 33, anexo I, do Dec. nº 57.663, de 24-1-1966 (Lei Uniforme em Matéria de Letras de Câmbio e Notas Promissórias).

Art. 7º A época do pagamento deve ser precisa, uma e única para a totalidade da soma cambial.

CAPÍTULO II
DO ENDOSSO

► Arts. 11 a 20, anexo I, do Dec. nº 57.663, de 24-1-1966 (Lei Uniforme em Matéria de Letras de Câmbio e Notas Promissórias).

Art. 8º O endosso transmite a propriedade da letra de câmbio. Para a validade do endosso, é suficiente a simples assinatura do próprio punho do endossador ou do mandatário especial, no verso da letra. O endossatário pode completar este endosso.

§ 1º A cláusula "*por procuração*", lançada no endosso, indica o mandato com todos os poderes, salvo o caso de restrição, que deve ser expressa no mesmo endosso.

► Arts. 294 e 920 do CC.

► Art. 20, anexo I, do Dec. nº 57.663, de 24-1-1966 (Lei Uniforme em Matéria de Letras de Câmbio e Notas Promissórias).

§ 2º O endosso posterior ao vencimento da letra tem o efeito de cessão civil.

§ 3º É vedado o endosso parcial.

► Arts. 2º, anexo II, e 12, anexo I, do Dec. nº 57.663, de 24-1-1966 (Lei Uniforme em Matéria de Letras de Câmbio e Notas Promissórias).

CAPÍTULO III
DO ACEITE

► Arts. 21 a 29, anexo I, do Dec. nº 57.663, de 24-1-1966 (Lei Uniforme em Matéria de Letras de Câmbio e Notas Promissórias).

Art. 9º A apresentação da letra ao aceite é facultativa quando certa a data do vencimento. A letra a tempo certo da vista deve ser apresentada ao aceite do sacado, dentro do prazo nela marcado; na falta de designação, dentro de seis meses contados da data da emissão do título, sob pena de perder o portador o direito regressivo contra o sacador, endossadores e avalistas.

Parágrafo único. O aceite da letra, a tempo certo da vista, deve ser datado, presumindo-se, na falta de data, o mandado ao portador para inseri-la.

Art. 10. Sendo dois ou mais os sacados, o portador deve apresentar a letra ao primeiro nomeado; na falta ou recusa do aceite, ao segundo, se estiver domiciliado na mesma praça; assim, sucessivamente, sem embargo da forma da indicação na letra dos nomes dos sacados.

Art. 11. Para a validade do aceite é suficiente a simples assinatura do próprio punho do sacado ou do mandatário especial, no anverso da letra.

Vale, como aceite puro, a declaração que não traduzir inequivocamente a recusa, limitação ou modificação.

► Art. 2º, anexo II, do Dec. nº 57.663, de 24-1-1966 (Lei Uniforme em Matéria de Letras de Câmbio e Notas Promissórias).

Parágrafo único. Para os efeitos cambiais, a limitação ou modificação do aceite equivale à recusa, ficando, porém, o aceitante cambialmente vinculado, nos termos da limitação ou modificação.

Art. 12. O aceite, uma vez firmado, não pode ser cancelado nem retirado.

Art. 13. A falta ou recusa do aceite prova-se pelo protesto.

CAPÍTULO IV
DO AVAL

► Arts. 897 a 900 e 1.647, III, do CC.

► Arts. 30 a 32, anexo I, do Dec. nº 57.663, de 24-1-1966 (Lei Uniforme em Matéria de Letras de Câmbio e Notas Promissórias).

► Súm. nº 189 do STF.

Art. 14. O pagamento de uma letra de câmbio, independente do aceite e do endosso, pode ser garantido por aval. Para a validade do aval, é suficiente a simples assinatura do próprio punho do avalista ou do mandatário especial, no verso ou no anverso da letra.

► Art. 2º, anexo II, do Dec. nº 57.663, de 24-1-1966 (Lei Uniforme em Matéria de Letras de Câmbio e Notas Promissórias).

Art. 15. O avalista é equiparado àquele cujo nome indicar; na falta de indicação, àquele abaixo de cuja assinatura lançar a sua; fora destes casos, ao aceitante e, não estando aceita a letra, ao sacador.

CAPÍTULO V

DA MULTIPLICAÇÃO DA LETRA DE CÂMBIO

Seção Única

DAS DUPLICATAS

► Arts. 64 a 68, anexo I, do Dec. nº 57.663, de 24-1-1966 (Lei Uniforme em Matéria de Letras de Câmbio e Notas Promissórias).

Art. 16. O sacador, sob pena de responder por perdas e interesses, é obrigado a dar, ao portador, as vias de letra que este reclamar antes do vencimento, diferençadas, no contexto, por números de ordem ou pela ressalva, das que se extraviaram. Na falta da diferenciação ou da ressalva, que torne inequívoca a unicidade da obrigação, cada exemplar valerá como letra distinta.

§ 1º O endossador e o avalista, sob pena de responderem por perdas e interesses, são obrigados a repetir, na duplicata, o endosso e o aval firmados no original.

§ 2º O sacado fica cambialmente obrigado por cada um dos exemplares em que firmar o aceite.

§ 3º O endossador de dois ou mais exemplares da mesma letra a pessoas diferentes, e os sucessivos endossadores e avalistas ficam cambialmente obrigados.

§ 4º O detentor da letra expedida para o aceite é obrigado a entregá-la ao legítimo portador da duplicata, sob pena de responder por perdas e interesses.

CAPÍTULO VI

DO VENCIMENTO

► Arts. 33 a 37, anexo I, do Dec. nº 57.663, de 24-1-1966 (Lei Uniforme em Matéria de Letras de Câmbio e Notas Promissórias).

Art. 17. A letra à vista vence-se no ato da apresentação ao sacado.

A letra, a dia certo, vence-se nesse dia. A letra, a dias da data ou da vista, vence-se no último dia do prazo; não se conta, para a primeira, o dia do saque, e, para a segunda, o dia do aceite.

A letra a semanas, meses ou anos da data ou da vista vence no dia da semana, mês ou ano do pagamento, correspondente ao dia do saque ou dia do aceite. Na falta do dia correspondente, vence-se no último dia do mês do pagamento.

Art. 18. Sacada a letra em país onde vigorar outro calendário, sem a declaração do adotado, verifica-se o termo do vencimento contando-se do dia do calendário gregoriano, correspondente ao da emissão da letra pelo outro calendário.

Art. 19. A letra é considerada vencida, quando protestada:

I – pela falta ou recusa do aceite;

II – pela falência do aceitante.

► Art. 10, anexo II, do Dec. nº 57.663, de 24-1-1966 (Lei Uniforme em Matéria de Letras de Câmbio e Notas Promissórias).

O pagamento, nestes casos, continua diferido até o dia do vencimento ordinário da letra, ocorrendo o aceite de outro sacado nomeado ou, na falta, a aquiescência do portador expressa no ato do protesto, ao aceite na letra, pelo interveniente voluntário.

CAPÍTULO VII

DO PAGAMENTO

► Arts. 38 a 42, anexo I, do Dec. nº 57.663, de 24-1-1966 (Lei Uniforme em Matéria de Letras de Câmbio e Notas Promissórias).

Art. 20. A letra deve ser apresentada ao sacado ou ao aceitante para o pagamento, no lugar designado e no dia do vencimento ou, sendo este dia feriado por lei, no primeiro dia útil imediato, sob pena de perder o portador o direito de regresso contra o sacador, endossadores e avalistas.

► Art. 5º, anexo II, do Dec. nº 57.663, de 24-1-1966 (Lei Uniforme em Matéria de Letras de Câmbio e Notas Promissórias).

§ 1º Será pagável à vista a letra que não indicar a época do vencimento. Será pagável, no lugar mencionado ao pé do nome do sacado, a letra que não indicar o lugar do pagamento.

É facultada a indicação alternativa de lugares de pagamento, tendo o portador direito de opção. A letra pode ser sacada sobre uma pessoa, para ser paga no domicílio de outra, indicada pelo sacador ou pelo aceitante.

§ 2º No caso de recusa ou falta de pagamento pelo aceitante, sendo dois ou mais os sacados, o portador deve apresentar a letra ao primeiro nomeado, se estiver domiciliado na mesma praça; assim sucessivamente, sem embargo da forma da indicação na letra dos nomes dos sacados.

§ 3º Sobrevindo caso fortuito ou força maior, a apresentação deve ser feita, logo que cessar o impedimento.

Art. 21. A letra à vista deve ser apresentada ao pagamento dentro do prazo nela marcado; na falta desta designação, dentro de doze meses, contados da data da emissão do título, sob pena de perder o portador o direito de regresso contra o sacador, endossadores e avalistas.

Art. 22. O portador não é obrigado a receber o pagamento antes do vencimento da letra. Aquele que paga uma letra, antes do respectivo vencimento, fica responsável pela validade desse pagamento.

§ 1º O portador é obrigado a receber o pagamento parcial, ao tempo do vencimento.

§ 2º O portador é obrigado a entregar a letra com a quitação àquele que efetua o pagamento; no caso do pagamento parcial, em que se não opera a tradição do título, além da quitação em separado, outra deve ser firmada na própria letra.

Art. 23. Presume-se validamente desonerado aquele que paga a letra no vencimento, sem oposição.

Parágrafo único. A oposição ao pagamento é somente admissível no caso de extravio da letra, de falência ou incapacidade do portador para recebê-lo.

Art. 24. O pagamento feito pelo aceitante ou pelos respectivos avalistas desonera da responsabilidade cambial todos os coobrigados.

O pagamento feito pelo sacador, pelos endossadores ou respectivos avalistas desonera da responsabilidade cambial os coobrigados posteriores.

Parágrafo único. O endossador ou avalista, que paga ao endossatário ou ao avalista posterior, pode riscar o próprio endosso ou aval e os dos endossadores ou avalistas posteriores.

Art. 25. A letra de câmbio deve ser paga na moeda indicada. Designada moeda estrangeira, o pagamento, salvo determinação em contrário, expressa na letra, deve ser efetuado em moeda nacional, ao câmbio à vista do dia do vencimento e do lugar do pagamento; não havendo no lugar curso de câmbio, pelo da praça mais próxima.

Art. 26. Se o pagamento de uma letra de câmbio não for exigido no vencimento, o aceitante pode, depois de expirado o prazo para o protesto por falta de pagamento, depositar o valor da mesma, por conta e risco do portador, independente de qualquer citação.

Art. 27. A falta ou recusa, total ou parcial, de pagamento, prova-se pelo protesto.

CAPÍTULO VIII

DO PROTESTO

► Lei nº 9.492, de 10-9-1997 (Lei do Protesto de Títulos).

Art. 28. A letra que houver de ser protestada por falta de aceite ou de pagamento deve ser entregue ao oficial competente, no primeiro dia útil que se seguir ao da recusa do aceite ou ao do vencimento, e o respectivo protesto tirado dentro de três dias úteis.

► Art. 9º, anexo II, do Dec. nº 57.663, de 24-1-1966 (Lei Uniforme em Matéria de Letras de Câmbio e Notas Promissórias).

Parágrafo único. O protesto deve ser tirado do lugar indicado na letra para o aceite ou para o pagamento. Sacada ou aceita a letra para ser paga em outro domicílio que não o do sacado, naquele domicílio deve ser tirado o protesto.

Art. 29. O instrumento de protesto deve conter:

I – a data;

II – a transcrição literal da letra e das declarações nela inseridas pela ordem respectiva;

III – a certidão da intimação ao sacado ou ao aceitante ou aos outros sacados, nomeados na letra para aceitar ou pagar, a resposta dada ou a declaração da falta da resposta.

A intimação é dispensada no caso do sacado ou aceitante firmar na letra a declaração da recusa do aceite ou do pagamento e, na hipótese de protesto, por causa da falência do aceitante;

IV – a certidão de não haver sido encontrada ou de ser desconhecida a pessoa indicada para aceitar ou para pagar. Nesta hipótese, o oficial afixará a intimação nos lugares do estilo e, se possível, a publicará pela imprensa;

V – a indicação dos intervenientes voluntários e das firmas por eles honradas;

VI – a aquiescência do portador ao aceite por honra;

VII – a assinatura, com o sinal público, do oficial do protesto.

Parágrafo único. Este instrumento, depois de registrado no livro de protesto, deverá ser entregue ao detentor ou portador da letra ou àquele que houver efetuado o pagamento.

Art. 30. O portador é obrigado a dar aviso do protesto ao último endossador, dentro de dois dias, contados da data do instrumento do protesto e cada endossatário, dentro de dois dias, contados do recebimento do aviso, deve transmiti-lo ao seu endossador, sob pena de responder por perdas e interesses.

Não constando do endosso o domicílio ou a residência do endossador, o aviso deve ser transmitido ao endossador anterior, que houver satisfeito aquela formalidade.

Parágrafo único. O aviso pode ser dado em carta registrada. Para esse fim, a carta será levada aberta ao Correio, onde, verificada a existência do aviso, se declarará o conteúdo da carta registrada no conhecimento e talão respectivo.

Art. 31. Recusada a entrega da letra por aquele que a recebeu para firmar o aceite ou para efetuar o pagamento, o protesto pode ser tirado por outro exemplar ou, na falta, pelas indicações do protestante.

Parágrafo único. Pela prova do fato, pode ser decretada a prisão do detentor da letra, salvo depositando este a soma cambial e a importância das despesas feitas.

Art. 32. O portador que não tira, em tempo útil e forma regular, o instrumento do protesto da letra, perde o direito de regresso contra o sacador, endossadores e avalistas.

Art. 33. O oficial que não lavra, em tempo útil e forma regular, o instrumento do protesto, além da pena em que incorrer, segundo o Código Penal, responde por perdas e interesses.

CAPÍTULO IX

DA INTERVENÇÃO

► Arts. 55 a 63, anexo I, do Dec. nº 57.663, de 24-1-1966 (Lei Uniforme em Matéria de Letras de Câmbio e Notas Promissórias).

Art. 34. No ato do protesto pela falta ou recusa do aceite, a letra pode ser aceita por terceiro, mediante a aquiescência do detentor ou portador.

A responsabilidade cambial deste interveniente é equiparada à do sacado que aceita.

Art. 35. No ato do protesto, excetuada apenas a hipótese do artigo anterior, qualquer pessoa tem o direito de intervir para efetuar o pagamento da letra, por honra de qualquer das firmas.

§ 1º O pagamento, por honra da firma do aceitante ou dos respectivos avalistas, desonera da responsabilidade cambial todos os coobrigados.

O pagamento, por honra da firma do sacador, do endossador ou dos respectivos avalistas, desonera da responsabilidade cambial todos os coobrigados posteriores.

§ 2º Não indicada a firma, entende-se ter sido honrada a do sacador; quando aceita a letra, a do aceitante.

§ 3º Sendo múltiplas as intervenções, concorram ou não coobrigados, deve ser preferido o interveniente que desonera maior número de firmas.

Múltiplas as intervenções pela mesma firma, deve ser preferido o interveniente coobrigado; na falta deste, o sacado; na falta de ambos, o detentor ou portador tem a opção. É vedada a intervenção ao aceitante ou ao respectivo avalista.

CAPÍTULO X

DA ANULAÇÃO DA LETRA

Art. 36. Justificando a propriedade e o extravio ou a destruição total ou parcial da letra, descrita com clareza e precisão, o proprietário pode requerer ao juiz competente do lugar do pagamento, na hipótese de extravio, a intimação do sacado ou do aceitante e dos coobrigados, para não pagarem a aludida letra, e a citação do detentor para apresentá-la em juízo, dentro do prazo de três meses, e, nos casos de extravio e de destruição, a citação dos coobrigados para, dentro do referido prazo, oporem contestação firmada em defeito de forma do título ou, na falta de requisito essencial, ao exercício da ação cambial.

Estas citações e intimações devem ser feitas pela imprensa, publicadas no jornal oficial do Estado e no *Diário Oficial* para o Distrito Federal e nos periódicos indicados pelo juiz, além de afixadas nos lugares do estilo e na bolsa da praça do pagamento.

§ 1º O prazo de três meses corre da data do vencimento; estando vencida a letra, da data da publicação no jornal oficial.

§ 2º Durante o curso desse prazo, munido da certidão do requerimento e do despacho favorável do juiz, fica o proprietário autorizado a praticar todos os atos necessários à garantia do direito creditório, podendo, vencida a letra, reclamar do aceitante o depósito judicial da soma devida.

§ 3º Decorrido o prazo, sem se apresentar o portador legitimado (artigo 39) da letra, ou sem a contestação do coobrigado (artigo 36), o juiz decretará a nulidade do título extraviado ou destruído e ordenará, em benefício do proprietário, o levantamento do depósito da soma, caso tenha sido feito.

§ 4º Por esta sentença, fica o proprietário habilitado, para o exercício da ação executiva, contra o aceitante e os outros coobrigados.

§ 5º Apresentada a letra pelo portador legitimado (artigo 39) ou oferecida a contestação (artigo 36) pelo coobrigado, o juiz julgará prejudicado o pedido de anulação da letra, deixando, salvo à parte, o recurso aos meios ordinários.

§ 6º Da sentença proferida no processo cabe o recurso de agravo com efeito suspensivo.

§ 7º Este processo não impede o recurso à duplicata e nem para os efeitos da responsabilidade civil do coobrigado dispensa o aviso imediato do extravio, por cartas registradas endereçadas ao sacado, ao aceitante e aos outros coobrigados, pela forma indicada no parágrafo único do artigo 30.

CAPÍTULO XI

DO RESSAQUE

Art. 37. O portador da letra protestada pode haver o embolso da soma devida, pelo ressaque de nova letra de câmbio, à vista, sobre qualquer dos obrigados.

O ressacado que paga pode, por seu turno, ressacar sobre qualquer dos coobrigados a ele anteriores.

Parágrafo único. O ressaque deve ser acompanhado da letra protestada, do instrumento do protesto e da conta de retorno.

Art. 38. A conta de retorno deve indicar:

I – a soma cambial e a dos juros legais, desde o dia do vencimento;

II – a soma das despesas legais: protesto, comissão, porte de cartas, selos, e dos juros legais, desde o dia em que foram feitas;

III – o nome do ressacado;

IV – o preço do câmbio, certificado por corretor ou, na falta, por dois comerciantes.

§ 1º O recâmbio é regulado pelo curso do câmbio da praça do pagamento, sobre a praça do domicílio ou da residência do ressacado; o recâmbio, devido ao endossador ou ao avalista que ressaca, é regulado pelo curso do câmbio da praça do ressaque, sobre a praça da residência ou do domicílio do ressacado.

Não havendo curso de câmbio na praça do ressaque, o recâmbio é regulado pelo curso do câmbio da praça mais próxima.

§ 2º É facultado o cúmulo dos recâmbios nos sucessivos ressaques.

CAPÍTULO XII

DOS DIREITOS E DAS OBRIGAÇÕES CAMBIAIS

Seção I

DOS DIREITOS

Art. 39. O possuidor é considerado legítimo proprietário da letra ao portador e da letra endossada em branco.

O último endossatário é considerado legítimo proprietário da letra endossada em preto, se o primeiro endosso estiver assinado pelo tomador e cada um dos outros, pelo endossatário do endosso, imediatamente anterior.

Seguindo-se ao endosso em branco outro endosso presume-se haver o endossador deste adquirido por aquele a propriedade da letra.

§ 1º No caso de pluralidade de tomadores ou de endossatários, conjuntos ou disjuntos, o tomador ou o endossatário possuidor da letra é considerado, para os efeitos cambiais, o credor único da obrigação.

§ 2º O possuidor, legitimado de acordo com este artigo, somente no caso de má-fé na aquisição, pode ser obrigado a abrir mão da letra de câmbio.

Art. 40. Quem paga não está obrigado a verificar a autenticidade dos endossos.

Parágrafo único. O interveniente voluntário que paga fica sub-rogado em todos os direitos daquele, cuja firma foi por ele honrada.

Art. 41. O detentor, embora sem título algum, está autorizado a praticar as diligências necessárias à garantia do crédito, a reclamar o aceite, a tirar os protestos, a exigir, ao tempo do vencimento, o depósito da soma cambial.

Seção II

DAS OBRIGAÇÕES

Art. 42. Pode obrigar-se, por letra de câmbio, quem tem a capacidade civil ou comercial.

Parágrafo único. Tendo a capacidade pela lei brasileira, o estrangeiro fica obrigado pela declaração que firmar, sem embargo da sua incapacidade, pela lei do Estado a que pertencer.

Art. 43. As obrigações cambiais são autônomas e independentes umas das outras. O signatário da declaração cambial fica, por ela, vinculado e solidariamente responsável pelo aceite e pelo pagamento da letra, sem embargo da falsidade, da falsificação ou da nulidade de qualquer outra assinatura.

Art. 44. Para os efeitos cambiais, são consideradas não escritas:

I – a cláusula de juros;

II – a cláusula proibitiva do endosso ou do protesto, a excludente da responsabilidade pelas despesas e qualquer outra, dispensando a observância dos termos ou das formalidades prescritas por esta Lei;

III – a cláusula proibitiva da apresentação da letra ao aceite do sacado;

IV – a cláusula excludente ou restritiva da responsabilidade e qualquer outra beneficiando o devedor ou o credor, além dos limites fixados por esta Lei.

§ 1º Para os efeitos cambiais, o endosso ou aval cancelado é considerado não escrito.

§ 2º Não é letra de câmbio o título em que o emitente exclui ou restringe a sua responsabilidade cambial.

Art. 45. Pelo aceite, o sacado fica cambialmente obrigado para com o sacador e respectivos avalistas.

§ 1º A letra endossada ao aceitante pode ser por este reendossada, antes do vencimento.

§ 2º Pelo reendosso da letra, endossada ao sacador, ao endossado ou ao avalista, continuam cambialmente obrigados os codevedores intermédios.

Art. 46. Aquele que assina a declaração cambial, como mandatário ou representante legal de outrem, sem estar devidamente autorizado, fica, por ela, pessoalmente obrigado.

Art. 47. A substância, os efeitos, a forma extrínseca e os meios de prova da obrigação cambial são regulados pela lei do lugar onde a obrigação foi firmada.

Art. 48. Sem embargo da desoneração da responsabilidade cambial, o sacador ou aceitante fica obrigado a restituir ao portador com os juros legais, a soma com a qual se locupletou à custa deste.

A ação do portador, para este fim, é ordinária.

► Art. 15, anexo II, do Dec. nº 57.663, de 24-1-1966 (Lei Uniforme em Matéria de Letras de Câmbio e Notas Promissórias).

CAPÍTULO XIII
DA AÇÃO CAMBIAL

Art. 49. A ação cambial é a executiva. Por ela tem também o credor o direito de reclamar a importância que receberia pelo ressaque (artigo 38).

Art. 50. A ação cambial pode ser proposta contra um, alguns ou todos os coobrigados, sem estar o credor adstrito à observância da ordem dos endossos.

Art. 51. Na ação cambial, somente é admissível defesa fundada no direito pessoal do réu contra o autor, em defeito de forma do título e na falta de requisito necessário ao exercício da ação.

► Art. 16, anexo II, do Dec. nº 57.663, de 24-1-1966 (Lei Uniforme em Matéria de Letras de Câmbio e Notas Promissórias).

CAPÍTULO XIV
DA PRESCRIÇÃO DA AÇÃO CAMBIAL

► Arts. 52 e 53, anexo I, do Dec. nº 57.663, de 24-1-1966 (Lei Uniforme em Matéria de Letras de Câmbio e Notas Promissórias).

Art. 52. A ação cambial, contra o sacador, aceitante e respectivos avalistas, prescreve em cinco anos.

A ação cambial contra o endossador e respectivo avalista prescreve em doze meses.

Art. 53. O prazo da prescrição é contado do dia em que a ação pode ser proposta; para o endossador ou respectivo avalista que paga, do dia desse pagamento.

TÍTULO II – DA NOTA PROMISSÓRIA

CAPÍTULO I
DA EMISSÃO

► Arts. 75 a 78, anexo I, do Dec. nº 57.663, de 24-1-1966 (Lei Uniforme em Matéria de Letras de Câmbio e Notas Promissórias).

Art. 54. A nota promissória é uma promessa de pagamento e deve conter estes requisitos essenciais, lançados, por extenso, no contexto:

I – a denominação de "nota promissória" ou termo correspondente, na língua em que for emitida;

II – a soma de dinheiro a pagar;

III – o nome da pessoa a quem deve ser paga;

IV – a assinatura do próprio punho do emitente ou do mandatário especial.

§ 1º Presume-se ter o portador o mandato para inserir a data e lugar da emissão da nota promissória, que não contiver estes requisitos.

§ 2º Será pagável à vista a nota promissória que não indicar a época do vencimento. Será pagável no domicílio do emitente a nota promissória que não indicar o lugar do pagamento.

É facultada a indicação alternativa de lugar de pagamento, tendo o portador direito de opção.

§ 3º Diversificando as indicações da soma do dinheiro, será considerada verdadeira a que se achar lançada por extenso no contexto.

Diversificando no contexto as indicações da soma de dinheiro, o título não será nota promissória.

§ 4º Não será nota promissória o escrito ao qual faltar qualquer dos requisitos acima enumerados. Os requisitos essenciais são considerados lançados ao tempo da emissão da nota promissória. No caso de má-fé do portador, será admitida prova em contrário.

Art. 55. A nota promissória pode ser passada:

I – à vista;

II – a dia certo;

III – a tempo certo da data.

Parágrafo único. A época do pagamento deve ser precisa e única para toda a soma devida.

CAPÍTULO II
DISPOSIÇÕES GERAIS

Art. 56. São aplicáveis à nota promissória, com as modificações necessárias, todos os dispositivos do Título I desta Lei, exceto os que se referem ao aceite e às duplicatas.

Para o efeito da aplicação de tais dispositivos, o emitente da nota promissória é equiparado ao aceitante da letra de câmbio.

Art. 57. Ficam revogados todos os artigos do Título XVI do Código Comercial e mais disposições em contrário.

Rio de Janeiro, 31 de dezembro de 1908;
20º da República.

Afonso Augusto Moreira Pena

DECRETO Nº 20.910, DE 6 DE JANEIRO DE 1932

Regula a prescrição quinquenal.

► Publicado no *DOU* de 8-1-1932.

Art. 1º As dívidas passivas da União, dos Estados e dos Municípios, bem assim todo e qualquer direito ou ação contra a Fazenda federal, estadual ou municipal, seja qual for a sua natureza, prescrevem em cinco anos contados da data do ato ou fato do qual se originarem.

Art. 2º Prescrevem igualmente no mesmo prazo todo o direito e as prestações correspondentes a pensões vencidas ou por vencerem, ao meio soldo e ao montepio civil e militar ou a quaisquer restituições ou diferenças.

Art. 3º Quando o pagamento se dividir por dias, meses ou anos, a prescrição atingirá progressivamente as prestações à medida que completarem os prazos estabelecidos pelo presente decreto.

Art. 4º Não corre a prescrição durante a demora que, no estudo, no reconhecimento ou no pagamento da dívida, considerada líquida, tiverem as repartições ou funcionários encarregados de estudar e apurá-la.

Parágrafo único. A suspensão da prescrição, neste caso, verificar-se-á pela entrada do requerimento do titular do direito ou do credor nos livros ou protocolos das repartições públicas, com designação do dia, mês e ano.

Art. 5º *Revogado.* Lei nº 2.211, de 31-5-1954.

Art. 6º O direito à reclamação administrativa, que não tiver prazo fixado em disposição de lei para ser formulada, prescreve em um ano a contar da data do ato ou fato do qual a mesma se originar.

Art. 7º A citação inicial não interrompe a prescrição quando, por qualquer motivo, o processo tenha sido anulado.

Art. 8º A prescrição somente poderá ser interrompida uma vez.

Art. 9º A prescrição interrompida recomeça a correr, pela metade do prazo, da data do ato que a interrompeu ou do último ato ou termo do respectivo processo.

Art. 10. O disposto nos artigos anteriores não altera as prescrições de menor prazo, constantes das leis e regulamentos, as quais ficam subordinadas às mesmas regras.

Art. 11. Revogam-se as disposições em contrário.

Rio de Janeiro, 6 de janeiro de 1932;
111º da Independência e
44º da República.

Getúlio Vargas

DECRETO Nº 21.981, DE 19 DE OUTUBRO DE 1932

Regula a profissão de Leiloeiro ao território da República.

► Publicado no *DOU* de 22-10-1932 e retificado no *DOU* de 6-2-1933.

Artigo único. Fica aprovado o regulamento da profissão de leiloeiro no território da República, que a este acompanha e vai assinado pelo ministro do Estado dos Negócios do Trabalho, Indústria e Comércio; revogadas as disposições em contrário.

Rio de Janeiro, 19 de outubro de 1932;
111º da Independência e
44º da República.

Getúlio Vargas

REGULAMENTO A QUE SE REFERE O DECRETO Nº 21.981, DE 19 DE OUTUBRO DE 1932

► Arts. 156 a 158 do CPC.

CAPÍTULO I

DOS LEILOEIROS

Art. 1º A profissão de leiloeiro será exercida mediante matricula concedida pelas juntas Comerciais, do Distrito Federal, dos Estados e Território do Acre, de acordo com as disposições deste regulamento.

Art. 2º Para ser leiloeiro, é necessário provar:

a) ser cidadão brasileiro e estar no gozo dos direitos civis e políticos;

b) ser maior de vinte e cinco anos;

c) ser domiciliado no lugar em que pretenda exercer a profissão, há mais de cinco anos;

d) ter idoneidade, comprovada com apresentação de caderneta de identidade e de certidões negativas dos distribuidores, no Distrito Federal, da Justiça Federal e das Varas Criminais da Justiça local, ou de folhas corridas, passadas pelos cartórios dessas mesmas Justiças, e, nos Estados e no Território do Acre, pelos Cartórios da Justiça Federal e Local do distrito em que o candidato tiver o seu domicílio.

Apresentará, também, o candidato, certidão negativa de ações ou execuções movidas contra ele no foro civil federal e local, correspondente ao seu domicílio e relativo ao último quinquênio.

Art. 3º Não podem ser leiloeiros:

a) os que não podem ser comerciantes;

b) os que tiverem sido destituídos anteriormente dessa profissão, salvo se o houverem sido a pedido;

► Art. 972 do CC.

c) os falidos não reabilitados e os reabilitados, quando a falência tiver sido qualificada como culposa ou fraudulenta.

► Arts. 102 e 103 da Lei nº 11.101, de 9-2-2005 (Lei de Recuperação de Empresas e Falências).

Art. 4º Os leiloeiros serão nomeados pelas Juntas Comerciais, de conformidade com as condições prescritas por este regulamento no art. 2º, e suas alíneas.

Art. 5º Haverá, no Distrito Federal, 20 leiloeiros e, em cada Estado e no Território do Acre, o número que for fixado pelas respectivas Juntas Comerciais.

Art. 6º O leiloeiro, depois de habilitado devidamente perante as Juntas Comerciais fica obrigado, mediante despacho das mesmas Juntas, a prestar fiança, em dinheiro ou em apólices da Divida Pública federal que será recolhida, no Distrito Federal, ao Tesouro Nacional e, nos Estados o Território do Acre, ás Delegacias Fiscais, Alfandegas ou Coletorias Federais. O valor desta fiança será, no Distrito Federal de 40:000$000 e, nos Estados e Território do Acre, o que for arbitrado pelas respectivas Juntas comerciais.

► *Caput* com a redação dada pelo Dec. nº 22.427, de 1º-2-1933.

§ 1º A fiança em apólices nominativas será prestada com o relacionamento desses títulos na Caixa de Amortização, ou nas repartições federais competentes para recebê-la, dos Estados e no Território do Acre, mediante averbações que as conservem intransferíveis, até que possam ser levantadas legalmente, cabendo aos seus proprietários a percepção dos respectivos juros.

§ 2º Quando se oferecem como fiança depósitos feitos nas Caixas Econômicas, serão as respectivas cadernetas caucionadas na forma do parágrafo anterior, percebendo igualmente os seus proprietários os juros nos limites arbitrados por aqueles institutos,

§ 3º A caução da fiança em qualquer das espécies admitidas, a, bem assim o seu levantamento, serão efetuados sempre à requisição da Junta Comercial perante a qual se tiver processado a habilitação do leiloeiro.

Art. 7º A fiança responde pelas dívidas ou responsabilidades do leiloeiro, originadas por multas, infrações de disposições fiscais, impostos federais e estaduais relativos à profissão, saldos e produtos de leilões ou sinais que ele tenha recebido e pelas vendas efetuadas de bens de qualquer natureza, e subsistirá até 120 dias, após haver deixado o exercício da profissão, por exoneração voluntária, destituição ou falecimento.

§ 1º Verificada a vaga do cargo de leiloeiro em qualquer desses casos, a respectiva Junta Comercial, durante 120 dias, tornará pública a ocorrência por edital repetido no mínimo uma vez por semana, convidando os interessados a apresentarem suas reclamações dentro desse prazo.

§ 2º Somente depois de satisfeitas por dedução do valor da fiança, todas as dívidas e responsabilidades de que trata este artigo, será entregue a quem de direito o saldo porventura restante.

§ 3º Findo o prazo mencionado no § 1º, não se apurando qualquer alcance por dívidas oriundas da profissão, ou não tendo havido reclamação alguma, fundada na falta de liquidação definitiva de atos praticados pelo leiloeiro no exercício de suas funções, expedirá a Junta, certidão de quitação com que ficará exonerada e livre a fiança, para o seu levantamento.

Art. 8º O leiloeiro só poderá entrar no exercício da profissão, depois de aprovada a fiança oferecida e de ter assinado o respectivo compromisso perante à Junta comercial.

Art. 9º Os leiloeiros são obrigados a registar nas Juntas Comerciais, dentro de 15 dias após a cobrança, os documentos comprobatórios do pagamento dos impostos federais e estaduais relativos á sua profissão, sob pena de suspensão, de que não haverá recurso.

Parágrafo único. Se decorridos seis meses, o leiloeiro ainda não tiver cumprido a disposição deste artigo, será destituído do cargo, afixando-se na porta de seu estabelecimento a folha do órgão oficial em que houver sido publicado o edital respectivo.

Art. 10. Os leiloeiros não poderão vender em leilão, estabelecimentos comerciais ou industriais sem que provem terem os respectivos vendedores, quitação do imposto de indústrias e profissões relativo ao exercício vencido ou corrente, sob pena de ficarem os mesmos leiloeiros responsáveis pela dívida existente. Ficam isentos desta obrigação quando se tratar de leilões judiciais ou de massas falidas.

Art. 11. O leiloeiro exercerá pessoalmente suas funções, não podendo delegá-las, senão por moléstia ou impedimento ocasional em seu preposto.

Art. 12. O preposto indicado pelo leiloeiro prestará as mesmas provas de habilitação exigidas no art. 2º, sendo considerado mandatário legal do preponente para o efeito de substituí-lo e de praticar, sob a sua responsabilidade, os atos que lhe forem inerentes. Não poderá, entretanto, funcionar juntamente com o leiloeiro, sob pena de destituição e tornar-se o leiloeiro incurso na de multa de 2:000$0.

Parágrafo único. A destituição dos prepostos poderá ser dada mediante simples comunicação dos leiloeiros às Juntas Comerciais, acompanhada da indicação do respectivo substituto.

Art. 13. Quando o leiloeiro não tiver preposto habilitado, poderá, nos leilões já anunciados, ser substituído por outro leiloeiro de sua escolha, mediante prévia comunicação à Junta Comercial, ou adiar os respectivos pregões, se, em qualquer dos casos, nisso convierem os comitentes por declaração escrita, que será conservada pelo leiloeiro no seu próprio arquivo.

Parágrafo único. Os leilões efetuados com desrespeito deste artigo serão nulos, sujeitando-se o leiloeiro à satisfação de perdas e danos, que lhe for exigida pelos prejudicados.

Art. 14. Os leiloeiros, ou os prepostos, são obrigados a exibir ao iniciar os leilões, quando isso lhes for exigido, a prova de se acharem no exercício de suas funções, apresentando a carteira de identidade a que se refere o art. 2º, alínea *d*, ou o seu título de nomeação, sob as mesmas penas cominadas no parágrafo único do artigo precedente.

Art. 15. Os leiloeiros não poderão fazer novação com as dívidas provenientes do saldo dos leilões, convertendo-as em promissórias ou quaisquer outros títulos e responderão como fiéis depositários para com seus comitentes, sob as penas da lei.

Parágrafo único. Verificada a infração deste artigo, diante de denúncia cuja procedência as Juntas Comerciais apurarão em processo, será multado o leiloeiro, em quantia correspondente à quarta parte da fiança, com os mesmos efeitos do art. 9º.

CAPÍTULO II

DAS PENALIDADES APLICÁVEIS AOS LEILOEIROS

Art. 16. São competentes para suspender, destituir e multar os leiloeiros, nos casos em que estas penas são aplicáveis:

a) as Juntas Comerciais, com recurso para o ministro do Trabalho, Indústria e Comércio, no prazo de 10 dias, nos casos de suspensão, imposição de multas e destituição, com efeito devolutivo, quando não se tratar dos casos do art. 9º e seu parágrafo,

b) as justiças ordinárias, nos casos de mora e falta de pagamento, nas ações intentadas contra os leiloeiros segundo as disposições deste regulamento.

Parágrafo único. A condenação em perdas e danos só pode ser levada a efeito pelos meios ordinários.

Art. 17. As Juntas Comerciais cabe impor penas:

a) *ex-officio*;

b) por denúncia dos prejudicados.

§ 1º Todos os atos de cominação de penas aos leiloeiros e seus prepostos far-se-ão públicos por edital.

§ 2º A imposição da pena de multa, depois de confirmada pela decisão do recurso, se o houver, importa concomitantemente na suspensão dos leiloeiros até que satisfaçam o pagamento das respectivas importâncias.

§ 3º Suspenso o leiloeiro, também o estará, tacitamente o seu preposto.

Art. 18. Os processos administrativos contra os leiloeiros obedecerão às seguintes normas:

a) havendo denúncia de irregularidades praticadas por qualquer leiloeiro, falta de exação no cumprimento dos seus deveres ou infração a disposições deste regulamento, dará a respectiva Junta Comercial início ao processo, juntando à denúncia os documentos recebidos, com o parecer do diretor ou de quem suas vezes fizer, relativamente aos fatos arguidos, e intimará a leiloeiro a apresentar defesa, com vista do processo na própria Junta, pelo Prazo de cinco dias, que poderá ser prorrogado, a requerimento do interessado, por igual tempo, mediante termo que lhe for deferido;

b) vencido o prazo e a prorrogação, se a houver, sem que o acusado apresente defesa, será o processo julgado à revelia, de conformidade com a documentação existente;

c) apresentada defesa, o diretor ou quem suas vezes fizer, juntando-a ao processo, fará este concluso à Junta, acompanhado o de relatório, para o julgamento;

d) as decisões das Juntas, que cominarem penalidades aos leiloeiros, serão sempre fundamentadas.

CAPÍTULO III

DAS FUNÇÕES DOS LEILOEIROS

Art. 19. Compete aos leiloeiros, pessoal e privativamente, a venda em hasta pública ou público pregão, dentro de suas próprias casas ou fora delas, inclusive por meio da rede mundial de computadores, de tudo que, por autorização de seus donos por alvará judicial, forem encarregados, tais como imóveis, móveis, mercadorias, utensílios, semoventes e mais efeitos, e a de bens móveis e imóveis pertencentes às massas falidas, liquidações judiciais, penhores de qualquer natureza, inclusive de joias e *warrants* de armazéns gerais, e o mais que a lei mande, com fé de oficiais públicos.

► *Caput* com a redação dada pela Lei nº 13.138, de 26-62015.

Parágrafo único. Excetuam-se da competência dos leiloeiros as vendas dos bens imóveis nas arrematações por execução de sentença ou hipotecarias das massas falidas ou liquidandas, quando gravadas com hipoteca, dos bens pertencentes a menores sob tutela e de interditos, e dos que estejam gravados por disposições testamentarias; dos títulos de Divida Pública Federal, Estadual ou Municipal, bem como dos efeitos que estiverem excluídos por disposições legal.

► Parágrafo único com a redação dada pelo Dec. nº 22.427, de 1º-2-1933.

Art. 20. Os leiloeiros não poderão vender em leilão, em suas casas a fora delas, quaisquer efeitos senão mediante autorização por carta ou relação, em que o comitente os especifique, declarando as ordens ou instruções que julgar convenientes e fixando, se assim o entender, o mínimo dos preços pelos quais os mesmos efeitos deverão ser negociados, sob pena de multa na importância correspondente à quinta parte da fiança e, pela reincidência, na de destituição.

Art. 21. Os leiloeiros são obrigados a acusar o recebimento das mercadorias móveis e de tudo que lhes for remetido para venda e constar na carta ou relação a que se refere o artigo precedente, dando para o efeito de indenizações, no caso de incêndio, quebras ou extravios, e na hipótese do comitente haver omitido os respectivos valores a avaliação que julgar razoável, mediante comunicação que deverá ser entregue pelo protocolo ou por meio de carta registrada.

Parágrafo único. O comitente, não concordando com a avaliação feita como limite provável para venda em leilão, deverá retirar os objetos, dentro de oito dias, contados da comunicação respectiva, sob pena de serem vendidos pelo maior preço que alcançarem acima da avaliação, sem que lhe assista direito e reclamação alguma.

► Parágrafo único com a redação dada pelo Dec. nº 22.427, de 1º-2-1933.

Art. 22. Os leiloeiros, quando exercem o seu ofício dentro de suas casas e fora delas, não se achando presentes os donos dos efeitos que tiverem de ser vendidos, serão reputados verdadeiros consignatários ou mandatários, competindo-lhes nesta qualidade:

a) cumprir fielmente as instruções que receberem dos comitentes;

b) zelar pela boa guarda e conservação dos efeitos consignados e de que são responsáveis, salvo caso fortuito ou de força maior, ou de provir a deterioração de vício inerente à, natureza da cousa;

c) avisar as comitentes, com a possível brevidade, de qualquer dano que sofrerem os efeitos em seu poder, e verificar, em forma legal a verdadeira origem do dano devendo praticar iguais diligências todas as vezes que, ao receber os efeitos, notarem avaria, diminuição ou estado diverso daquele que constar das guias de remessa, sob pena de responderem, para com as comitentes, pelos mesmos efeitos nos termos designados nessas guias, sem que se lhes admita outra defesa que não seja a prova de terem praticado tais diligências;

d) declarar, ao aviso e conta que remeterem ao comitente nos casos de vendas a pagamento, o nome e domicílio dos compradores e os prazos estipuladores; presumindo-se a venda efetuada a dinheiro de contado, sem admissão de prova em contrário, quando não fizerem tais declarações;

e) responder, perante os respectivos donos, seus comitentes, pela perda ou extravio de fundos em dinheiro, metais ou pedras preciosas, existentes em seu poder, ainda mesmo que o dano provenha de caso fortuito ou de força maior, salvo a prova de que na sua guarda empregaram a diligência que em casos semelhantes empregam os comerciantes acautelados, e bem assim pelos riscos sobrevenientes na devolução de fundos em seu poder para as mãos dos comitentes, se desviarem das ordens e instruções recebidas por escrito, ou, na ausência delas, dos meios usados no lugar da remessa;

f) exigir dos comitentes uma comissão pelo seu trabalho, de conformidade com o que dispõe este regulamento, e a indenização da importância despendida no desempenho de suas funções, acrescida dos grupos legais, pelo tempo que demorar o seu reembolso, e, quando os efeitos a ser vendidos ficarem em depósito litigioso, por determinação judicial, as comissões devidas e o aluguel da parte do armazém que os mesmos ocuparem, calculado na proporção da área geral e do preço do aluguel pago por esse armazém.

Art. 23. Antes de começarem o ato do leilão, os leiloeiros farão conhecidas as condições da venda, a forma do pagamento e da entrega dos objetos que vão ser apregoados, o estado e qualidade desses objetos, principalmente quando, pela simples intuição, não puderem ser conhecidos facilmente, e bem assim o seu peso, medida ou quantidade, quando o respectivo valor estiver adstrito a essas indicações, sob pena de incorrerem na responsabilidade que no caso couber por fraude, dolo, simulação ou omissão culposa.

Art. 24. A taxa da comissão dos leiloeiros será regulada por convenção escrita que, sobre todos ou alguns dos efeitos a vender, eles estabelecerem com os comitentes. Em falta de estipulação prévia, regulará a taxa de 5% (cinco por cento), sobre moveis, mercadorias, joias e outros efeitos e a de 3 % (três por cento), sobre bens imóveis de qualquer natureza.

► *Caput* com a redação dada pelo Dec. nº 22.427, de 1º-2-1933.

Parágrafo único. Os compradores pagarão obrigatoriamente cinco por cento sobre quaisquer bens arrematados.

Art. 25. O comitente, no ato de contratar o leilão, dará por escrito uma declaração assinada do máximo das despesas que autoriza a fazer com publicações, carretos e outras que se tornarem indispensáveis, não podendo o leiloeiro reclamar a indenização de maior quantia porventura despendida sob esse título.

Art. 26. Os leiloeiros não poderão vender a crédito ou a prazo, sem autorização por escrito dos comitentes.

Art. 27. A conta de venda dos leilões será fornecida até cinco dias uteis depois da realização dos respectivos pregões, da entrega dos objetos vendidos ou assinatura da escritura de venda, e o seu pagamento efetuado no decurso dos cinco dias seguintes.

§ 1º As contas de venda, devidamente autenticadas pelos leiloeiros, demonstrarão os preços alcançados nos pregões de cada lote e serão entregues aos comitentes mediante remessa pelo protocolo ou por meio de carta registada.

§ 2º Devem as contas de venda conferir com os livros e assentamentos do leiloeiro, sob pena de incorrerem nas sanções deste regulamento.

§ 3º Se o comitente não procurar receber a importância do seu crédito, proveniente da conta de venda recebido, vencido o prazo de que trata este artigo, o leiloeiro depositá-la-á na Caixa Econômica ou agência do Banco do Brasil, em nome de seu possuidor, salvo se a soma respectiva não atingir a 500$000, ou tiver ordem, por escrito, do comitente para não fazer o depósito.

§ 4º Havendo mora por parte do leiloeiro, poderá o credor, exibindo a respectiva conta de venda, requerer ao juízo competente a intimação dele, para pagar dentro de 24 horas, em cartório, o produto do leilão, sem dedução da comissão que lhe cabia, sob pena de prisão, como depositário remisso, até que realize o pagamento.

Art. 28. Nos leilões judiciais, de massas falidas e de liquidações, os leiloeiros são obrigados a por á disposição do juízo competente, ou representantes legais, as importâncias dos respectivos produtos, dentro dos prazos estabelecidos no artigo precedente.

Art. 29. A falência do leiloeiro será sempre fraudulenta, como depositário de bens que lhe são entregues para a venda em leilão.

Art. 30. São nulas as fianças, bem como os endossos e avais dados pelos leiloeiros.

Art. 31. São livros obrigatórios do leiloeiro:

I. Diário de entrada, destinado á escrituração diária de todas as mercadorias, móveis, objetos e mais efeitos remetidos para venda em leilão no armazém, escriturado em ordem cronológica, sem entrelinhas, emendas ou rasuras, de acordo com a relação a que se refere o art. 20,

II. Diário de saída, destinado á escrituração das mercadorias efetivamente vendidas ou saídas do armazém com a menção da data do leilão, nomes dos vendedores e compradores, preços obtidos por lotes e o total das vendas de cada leilão, extraído do Diário de leilões.

III. Contas correntes, destinado aos lançamentos de todos os produtos líquidos apurados para cada comitente, de acordo com as contas de que trata o § 1º do art. 27, e dos sinais recebidos pelas vendas de Imóveis.

Parágrafo único. O balanço entre os livros – Diário de entrada a Diário de saída – determinará a existência dos efeitos conservados no armazém do leiloeiro.

Art. 32. Além dos livros exigidos no artigo precedente, os leiloeiros terão mais os seguintes, legalizados nas juntas Comerciais, mas isentos de selo, por serem de mera fiscalização.

I. Protocolo, para registar as entregas das contas de venda e das cartas a que se referem, respectivamente, os artigos 20 e 21.

II. "Diário de leilões", que poderá desdobrar-se em mais de um livro, para atender ás necessidades do movimento da respectiva agencia, e em que serão escriturados a tinta, no ato do leilão, sem emendas ou rasuras que possam levantar dívida, todos os leilões que o leiloeiro realizar, com catalogo ou sem ele, inclusive os do respectivo armazém, observadas na sua escrituração as mesmas normas que se observam na do "Diário de saída", com a indicação da data do leilão, nome de quem o autorizou, número dos lotes, nomes dos compradores, preço de venda de cada lote, e soma total do produto bruto do leilão, devendo a escrituração desse livro conferir exatamente com a descrição dos lotes o os preços declarados na conta de venda fornecida ao comitente.

▸ Item II com a redação dada pelo Dec. nº 22.427, de 1º-2-1933.

III. Livro talão, de cópia carbônica, para extração das faturas destinadas aos arrematantes de lotes, com indicação do nome por inteiro de cada um e seu endereço.

Art. 33. Todos os livros do leiloeiro terão número de ordem, inclusive o Livro-talão que não poderá ser emendado ou raspado e servirá para conferência ou esclarecimento de dúvidas, entre leiloeiros e comitentes.

§ 1º A exibição, em Juízo, dos livros dos leiloeiros não poderá ser recusada, quando exigida por autoridade competente, para dirimir questões suscitadas entre leiloeiro e comitente, incorrendo na pena de suspensão por tempo indeterminado, aplicável pela autoridade deprecante, e, por fim, na de destituição, aquele que não cumprir o mandado recebido.

▸ § 1º com a redação dada pelo Decreto nº 22.427, de 1º-2-1933.

§ 2º Poderão as Juntas Comerciais determinar, sempre que julgarem conveniente, o exame nos livros dos leiloeiros pelo diretor ou por seu substituto, a fim de se verificar se os mesmos livros estão devidamente escriturados e preenchem as condições prescritas neste regulamento, ordenando as correções que se tornarem necessárias e punindo os seus possuidores quando as faltas ou irregularidades encontradas exijam a aplicação de qualquer das medidas atribuídas à sua competência.

§ 3º Quando tiver de encerrar qualquer dos seus livros, o leiloeiro, para poder arquivá-lo ou substituí-lo, o levará, á Junta Comercial a que estiver subordinado para o respectivo encerramento.

Art. 34. Quando os produtos líquidos das contas de venda tiverem de ser depositados de acordo com o art. 27, § 3º, ou por determinação judicial, o selo proporcional será colado nas mesmas contas e inutilizado pelo próprio leiloeiro, que deverá entregar a segunda via ao comitente, juntamente com a caderneta do depósito.

Art. 35. As certidões ou contas que os leiloeiros extraírem de seus livros, quando estes se revestirem das formalidades legais, relativamente à venda de mercadorias ou de outros quaisquer afeitos que pela lei são levados a leilão, têm fé pública.

Art. 36. É proibido ao leiloeiro:

a) sob pena de destituição:

1º, exercer o comércio direta ou indiretamente no seu ou alheio nome;

2º, constituir sociedade de qualquer espécie ou denominação;

▸ Art. 972 do CC.

3º, encarregar-se de cobranças ou pagamentos comerciais;

b) sob pena de multa de 2:000$000:

Adquirir para si, ou para pessoas de sua família, coisa de cuja venda tenha sido incumbido, ainda que a pretexto de destinar-se a seu consumo particular.

Parágrafo único. Não poderão igualmente os leiloeiros, sob pena de nulidade de todos os seus atos, exercer a profissão nos domingos e dias feriados nacionais, estaduais ou municipais, delegar a terceiros os pregões, nem realizar mais de dois leilões no mesmo dia em locais muito distantes entre si, a não ser que se trate de imóveis próximos ou de prédios e móveis existentes no mesmo prédio, considerando-se, nestes casos, como de um só leilão os respectivos pregões.

Art. 37. Quando o leiloeiro precisar ausentar-se do exercício do cargo para tratamento de saúde, requererá licença às Juntas Comerciais, juntando atestado médico e indicando preposto, ou declarando, no requerimento, desde que data entrou em exercício esse seu substituto legal, se o tiver.

Parágrafo único. O afastamento do leiloeiro do exercício da profissão, por qualquer outro motivo, será sempre justificado.

Art. 38. Nenhum leilão poderá ser realizado sem que haja, pelo menos, três publicações no mesmo jornal, devendo a última ser bem pormenorizada, sob pena de multa de 2:000$0.

Parágrafo único. Todos os anúncios de leilões deverão ser muito claros nas descrições dos respectivos efeitos, principalmente quando se tratar de bens imóveis ou de objetos que se caracterizem pelos nomes dos autores e fabricantes, tipos e números, sob pena de nulidade e de responsabilidade do leiloeiro.

Art. 39. Aceitos os lanços sem condições nem reservas, os arrematantes ficam obrigados a entrar com um sinal ou caução que o leiloeiro tem o direito de exigir no ato da compra, a pagar os preços e a receber a coisa vendida. Se não se realizar o pagamento no prazo marcado, o leiloeiro ou o proprietário da coisa vendida terá a opção para rescindir a venda, perdendo neste caso o arrematante o sinal dado, do qual serão descontadas pelo leiloeiro a sua comissão e as despesas que houver feito, entregando a saldo a seu dono, dentro de 10 dias, – ou para demandar o arrematante pelo preço com os juros de mora, por ação executiva, instruída com certidão do leiloeiro em que se declare não ter sido completado o preço da arrematação no prazo marcado no ato do leilão.

Art. 40. O contrato que se estabelece entre o leiloeiro e a pessoa, ou autoridade judicial, que autorizar a sua intervenção ou efetuar a sua nomeação para realizar leilões, é de mandato ou comissão e dá ao leiloeiro o direito de cobrar judicialmente e sua comissão e as quantias que tiver desembolsado com anúncios, guarda e conservação do que lhe for entregue para vender, instruindo a ação com os documentos comprobatórios dos pagamentos que houver efetuado, por conta dos comitentes e podendo reter em seu poder algum objeto, que pertença ao devedor, até o seu efetivo embolso.

Art. 41. As Juntas Comerciais, dentro do menor prazo possível, organizarão a lista dos leiloeiros, classificados por antiguidade, com as anotações que julgarem indispensáveis, e mandarão publicá-la.

Parágrafo único. As autoridades judiciais ou administrativas poderão requisitar as informações que desejarem a respeito de qualquer leiloeiro, assim como a escala de classificação a que se refere este artigo, devendo ser as respectivas respostas fornecidas rapidamente e sob a responsabilidade funcional de quem as formular, quanto á sua veracidade.

Art. 42. Nas vendas de bens moveis ou imóveis pertencentes á União e aos Estados e municípios, os leiloeiros funcionarão por distribuição rigorosa de escala de antiguidade, a começar pelo mais antigo.

§ 1º O leiloeiro que for designado para realizar os leilões de que trata este artigo, verificando, em face da escala, que não lhe toca a vez de efetuá-los, indicará à repartição ou autoridade que o tiver designado àquele a quem deva caber a designação, sob pena de perder, em favor do prejudicado, a comissão proveniente da venda efetuada.

§ 2º Nas vendas acima referidas os leiloeiros cobrarão somente dos compradores a comissão estabelecida no parágrafo único do artigo 24, correndo as despesas de anúncios, reclamos e propaganda dos leilões por conta da parte vendedora.

§ 3º As autoridades administrativas poderão excluir da escala, a que, além deste, se referem os artigos 41 e 44, todo leiloeiro cuja conduta houver perante elas incorrido em desabono, devendo, ser comunicados, por oficio, á Junta Comercial em que estiver o leiloeiro matriculado, os motivos determinantes da sua exclusão, que seguirá o processo estabelecido pelo art. 18. Si se confirmar a exclusão, será o leiloeiro destituído na conformidade do artigo 16, alínea *a*.

► § 3º com a redação dada pelo Dec. nº 22.427, de 1º-2-1933.

Art. 43. Nas vendas judiciais, de bens de massas falidas e de propriedades particulares, os leiloeiros serão da exclusiva escolha e confiança dos interessados, síndicos, liquidatários ou comitentes, aos quais prestarão contas de acordo com as disposições legais.

CAPÍTULO IV

DISPOSIÇÕES GERAIS

Art. 44. As Juntas Comerciais publicarão em edital afixado à porta das suas sedes e inserto no Diário Oficial, ou, onde não houver órgão oficial, em jornal de maior circulação, durante o mês de março de cada ano, a lista dos leiloeiros matriculados, com a data das respectivas nomeações, para a escala de que trata o art. 41, podendo as repartições públicas requisita-la a qualquer tempo para execução do disposto no art. 42.

Art. 45. Somente para fins beneficentes, quando não haja remuneração de qualquer espécie, será permitido o pregão por estranhos á classe dos leiloeiros.

Parágrafo único. Excetuam-se dessa restrição os casos de venda de mercadorias apreendidas como contrabando, ou abandonadas nas alfândegas, repartições públicas e estradas de ferro, nos termos da Nova Consolidação das Leis das Alfândegas e Mesas de Rendas, e do decreto nº 5.573, de 14 de novembro de 1928.

Art. 46. No preenchimento das vagas de leiloeiro que se forem dando, terão preferência os respectivos prepostos, quando, requererem a sua nomeação dentro do prazo de 60 dias após a notificação da vaga perante as Juntas Comerciais.

Art. 47. Os atuais leiloeiros darão cumprimento ás disposições deste regulamento, relativas á organização dos livros novos, habilitação dos prepostos o outras exigências fiscalizadoras por ele criadas, dentro do prazo de 120 dias, no Distrito Federal e Estados do Rio do Janeiro, São Paulo e Minas Gerais, e de 180 dias, nos demais Estados e Território do Acre, sob a pena de suspensão, incorrendo na de destituição aqueles que não o houverem feito até 30 dias após o referido prazo.

► Artigo com a redação dada pelo Dec. nº 22.427, de 1º-2-1933.

Art. 48. Todas as atribuições conferidas às Juntas Comerciais, por este regulamento, serão exercidas, onde elas não existirem, pela autoridade que as deva substituir, de acordo com a legislação vigente.

Art. 49. Este regulamento entrará em vigor na data de sua publicação, sendo as dúvidas que se suscitarem e as omissões que se verificarem em sua execução resolvidas por decisão do ministro do Trabalho, Indústria e Comércio.

► Art. 49 com a redação dada pelo Decreto nº 22.427, de 1º-2-1933.

Art. 50. Revogam-se as disposições em contrário.

Rio, 19 de outubro de 1932.

Joaquim Pedro Salgado Filho

DECRETO Nº 22.626, DE 7 DE ABRIL DE 1933

Dispõe sobre os juros nos contratos e dá outras providências.

► Publicado no *DOU* de 8-4-1933 e retificado no *DOU* de 17-4-1933.

► Arts. 421 a 853 do CC.

► Súm. nº 596 do STF.

► Súmulas nºs 102, 283, 539 e 541 do STJ.

Art. 1º É vedado, e será punido nos termos desta Lei, estipular em quaisquer contratos taxas de juros superiores ao dobro da taxa legal.

§§ 1º e 2º *Revogados.* Dec.-lei nº 182, de 5-1-1938.

§ 3º A taxa de juros deve ser estipulada em escritura pública ou escrito particular, e, não o sendo, entender-se-á que as partes acordaram nos juros de seis por cento ao ano, a contar da data da propositura da respectiva ação ou do protesto cambial.

► Arts. 406 a 407 do CC.

► Súm. Vinc. nº 7 do STF.

Art. 2º É vedado, a pretexto de comissão, receber taxas maiores do que as permitidas por esta Lei.

Art. 3º As taxas de juros estabelecidas nesta Lei entrarão em vigor com a sua publicação e a partir desta data serão aplicáveis aos contratos existentes ou já ajuizados.

Art. 4º É proibido contar juros dos juros; esta proibição não compreende a acumulação de juros vencidos aos saldos líquidos em conta-corrente de ano a ano.

Art. 5º Admite-se que pela mora dos juros contratados estes sejam elevados de um por cento e não mais.

Art. 6º Tratando-se de operações a prazo superior a seis meses, quando os juros ajustados forem pagos por antecipação, o cálculo deve ser feito de modo que a importância desses juros não exceda a que produziria a importância líquida da operação no prazo convencionado, às taxas máximas que esta Lei permite.

Art. 7º O devedor poderá sempre liquidar ou amortizar a dívida quando hipotecária ou pignoratícia antes do vencimento, sem sofrer imposição de multa, gravame ou encargo de qualquer natureza por motivo dessa antecipação.

§ 1º O credor poderá exigir que a amortização não seja inferior a vinte e cinco por cento do valor inicial da dívida.

§ 2º Em caso de amortização, os juros só serão devidos sobre o saldo devedor.

Art. 8º As multas ou cláusulas penais, quando convencionadas, reputam-se estabelecidas para atender a despesas judiciais e honorários de advogados, e não poderão ser exigidas quando não for intentada ação judicial para cobrança da respectiva obrigação.

Parágrafo único. Quando se tratar de empréstimo até cem mil cruzeiros e com garantia hipotecária, as multas ou cláusulas penais convencionadas reputam-se estabelecidas para atender, apenas, a honorários de advogados, sendo as despesas judiciais pagas de acordo com a conta feita nos autos da ação judicial para cobrança da respectiva obrigação.

Art. 9º Não é válida cláusula penal superior à importância de dez por cento do valor da dívida.

Art. 10. As dívidas a que se refere o artigo 1º, §§ 1º, *in fine*, e 2º, se existentes ao tempo da publicação desta Lei, quando efetivamente cobertas, poderão ser pagas em dez prestações anuais iguais e continuadas, se assim entender o devedor.

Parágrafo único. A falta de pagamento de uma prestação, decorrido um ano da publicação desta Lei, determina o vencimento da dívida e dá ao credor o direito de excussão.

Art. 11. O contrato celebrado com infração desta Lei é nulo de pleno direito, ficando assegurada ao devedor a repetição do que houver pago a mais.

Art. 12. Os corretores e intermediários, que aceitarem negócios contrários ao texto da presente Lei, incorrerão em multa de cinco a vinte contos de réis, aplicada pelo Ministro da Fazenda e, em caso de reincidência, serão demitidos, sem prejuízo de outras penalidades aplicáveis.

Art. 13. É considerada delito de usura, toda a simulação ou prática tendente a ocultar a verdadeira taxa do juro ou a fraudar os dispositivos desta Lei, para o fim de sujeitar o devedor a maiores prestações ou encargos, além dos estabelecidos no respectivo título ou instrumento.

Penas: Prisão de seis meses a um ano e multas de cinco contos a cinquenta contos de réis.

No caso de reincidência, tais penas serão elevadas ao dobro.

Parágrafo único. Serão responsáveis como coautores o agente e o intermediário, e em se tratando de pessoa jurídica, os que tiverem qualidade para representá-la.

Art. 14. A tentativa deste crime é punível nos termos da lei penal vigente.

Art. 15. São consideradas circunstâncias agravantes o fato de, para conseguir aceitação de exigências contrárias a esta Lei, valer-se o credor da inexperiência ou das paixões do menor, ou da deficiência ou doença mental de alguém, ainda que não esteja interdito, ou de circunstâncias aflitivas em que se encontre o devedor.

Art. 16. Continuam em vigor os artigos 24, parágrafo único, nº 4, e 27 do Decreto nº 5.746, de 9 de dezembro de 1929, e artigo 44, nº 1, do Decreto nº 2.044, de 17 de dezembro de 1908, e as disposições do Código Comercial no que não contravierem com esta Lei.

- ► Com relação aos dispositivos do Código Comercial – ver arts. 406 e 407 do CC, norma que revogou tal disposição do Código Comercial.
- ► O Dec. nº 5.746/1929 foi substituído pela atual Lei de Falências – ver art. 124 da Lei nº 11.101/2005.

Art. 17. O governo federal baixará uma lei especial, dispondo sobre as casas de empréstimos sobre penhores e congêneres.

Art. 18. O teor desta Lei será transmitido por telegrama a todos os interventores federais, para que a façam publicar incontinenti.

Art. 19. Revogam-se as disposições em contrário.

Rio de Janeiro, 7 de abril de 1933;
112º da Independência e
45º da República.

Getúlio Vargas

DECRETO Nº 24.778, DE 14 DE JULHO DE 1934

Dispõe sobre a caução de hipoteca ou de penhor.

Art. 1º Podem ser objeto de penhor os créditos garantidos por hipoteca ou penhor, os quais, para esse efeito, considerar-se-ão coisa móvel.

Art. 2º O credor pignoratício poderá levar à praça os créditos dados em garantia, ou executá-los diretamente, para seu pagamento.

Art. 3º Revogam-se as disposições em contrário.

Rio de Janeiro, 14 de julho de 1934;
113º da Independência e
46º da República.

Getúlio Vargas

LEI Nº 370, DE 4 DE JANEIRO DE 1937

Dispõe sobre o Dinheiro e Objetos de Valor Depositados nos Estabelecimentos Bancários e Comerciais.

- ► Publicada no *DOU* de 7-1-1937.

Art. 1º Consideram-se abandonados o dinheiro e os objetos de ouro, platina, prata e pedras preciosas, depositados em quaisquer estabelecimentos bancários comerciais ou industriais e nas Caixas Econômicas, quando a conta de depósito tiver ficado sem movimento e os objetos não houverem sido reclamados durante 30 (trinta) anos contados do depósito.

Art. 2º O dinheiro e os objetos, nas condições previstas no artigo antecedente serão recolhidos ao Tesouro Nacional pelos bancos, casas bancárias, empresas e estabelecimentos comerciais ou industriais e Caixas Econômicas, que os houverem recebido se dentro de 6 (seis) meses da data da vigência desta Lei o interessado não movimentar o depósito, não exigir a entrega dos objetos, ou não declarar expressamente que deseja continuem em poder do depositário.

Art. 3º Findo o prazo de 6 (seis) meses, a que alude o preceito anterior, os bancos, empresas e estabelecimentos e Caixas Econômicas, incumbidos da guarda do dinheiro e objetos referidos nesta Lei, farão o seu recolhimento ao Tesouro Nacional, sempre e à medida que, em relação a cada depósito, se verificar a hipótese prevista no art. 1º.

Art. 4º O Presidente da República, dentro de 30 (trinta) dias da data desta Lei, expedirá regulamento para sua execução, podendo cominar multa de cinquenta contos de réis aos institutos de crédito, estabelecimentos, empresas e quaisquer outras pessoas que deixarem de fazer, quando obrigatório, o recolhimento exigido nesta Lei, ou que procurarem por qualquer modo ocultar a existência do depósito, ou impedir ou embaraçar o recolhimento.

Art. 5º Revogam-se as disposições em contrário.

Rio de Janeiro, 4 de janeiro de 1937;
116º da Independência e
49º da Republica.
Getulio Vargas

LEI Nº 492, DE 30 DE AGOSTO DE 1937

Regula o penhor rural e a cédula pignoratícia.

► Publicada no *DOU* de 1º-9-1937.

CAPÍTULO I
DO PENHOR RURAL

Art. 1º Constitui-se o penhor rural pelo vínculo real, resultante do registro, por via do qual agricultores ou criadores sujeitam suas culturas ou animais ao cumprimento de obrigações, ficando como depositários daqueles ou destes.

Parágrafo único. O penhor rural compreende o penhor agrícola e o penhor pecuário, conforme a natureza da coisa dada em garantia.

Art. 2º Contrata-se o penhor rural por escritura pública ou por escritura particular, transcrita no registro imobiliário da comarca em que estiverem, situados os bens ou animais empenhados, para valimento contra terceiros.

§ 1º A escritura particular pode ser feita e assinada ou somente assinada pelos contratantes, sendo subscrita por duas testemunhas.

§ 2º A escritura deve declarar:

I – os nomes, prenomes, estado, nacionalidade, profissão e domicílio dos contratantes;

II – o total da dívida ou sua estimação;

III – o prazo fixado para o pagamento;

IV – a taxa dos juros, se houver;

V – as cousas ou animais dados em garantia, com as suas especificações, de molde a individualizá-las;

VI – a denominação, confrontação e situação da propriedade agrícola onde se encontrem as coisas ou animais empenhados, bem assim a data da escritura de sua aquisição, ou arrendamento, e número de sua transcrição imobiliária;

VII – as demais estipulações usuais no contrato mútuo.

Art. 3º Pode ajustar-se o penhor rural em garantia de obrigação de terceiro, ficando as coisas ou animais em poder do proprietário e sob sua responsabilidade, não lhe sendo lícito, como depositário, dispor das mesmas, senão com o consentimento escrito do credor.

§ 1º No caso de falecimento do devedor ou do terceiro penhorante, depositários das coisas ou animais empenhados, pode o credor requerer ao juiz competente a sua imediata remoção para o poder do depositário, que nomear.

§ 2º Assiste ao credor ou endossatário da cédula rural pignoratícia direito para, sempre que lhe convier, verificar o estado das coisas ou animais dados em garantia, inspecionando-os onde se acharem, por si ou por interposta pessoa, e de solicitar a respeito informações escritas do devedor.

§ 3º A provada resistência ou recusa deste ou de quem ofereceu a garantia ao cumprimento do disposto no parágrafo anterior, importa, se ao credor convier, no vencimento da dívida e sua imediata exigibilidade.

§ 4º Em caso de abandono das coisas ou animais empenhados, pode o credor, autorizando o juiz competente, encarregar-se de os guardar, administrar e conservar.

Art. 4º Independe o penhor rural do consentimento do credor hipotecário, mas não lhe prejudica o direito de prelação, nem restringe a extensão da hipoteca, ao ser executada.

§ 1º Pode o devedor, independentemente de consentimento do credor, constituir novo penhor rural se o valor dos bens ou dos animais exceder ao da dívida anterior, ressalvada para esta a prioridade de pagamento.

§ 2º Paga uma das dívidas, subsiste a garantia para a outra, em sua totalidade.

§ 3º As coisas e animais dados em penhor garantem ao credor, em privilégio especial, a importância da dívida, os juros, as despesas e as demais obrigações constantes da escritura.

Art. 5º Entre os direitos do credor pignoratício especificados na escritura compreendem-se ainda:

I – o valor do seguro dos bens ou dos animais empenhados no caso de seu perecimento;

II – a indenização a que estiver sujeito o causador da perda ou deterioração dos bens ou animais empenhados, podendo exigir do devedor a satisfação do prejuízo sofrido por vício ou defeito oculto;

III – o preço da desapropriação ou da requisição dos bens ou animais, em caso de utilidade ou necessidade pública.

SECÇÃO I
DO PENHOR AGRÍCOLA

Art. 6º Podem ser objeto de penhor agrícola:

I – colheitas pendentes ou em via de formação, quer resultem de prévia cultura, quer de produção espontânea do solo;

II – frutos armazenados, em ser, ou beneficiados e acondicionados para venda;

III – madeira das matas, preparada para o corte, ou em toras, ou já serrada e lavrada;

IV – lenha cortada ou carvão vegetal;

V – máquinas e instrumentos agrícolas.

Art. 7º O prazo do penhor agrícola não excederá de dois anos, prorrogável por mais dois, devendo ser mencionada, no contrato, à época da colheita da cultura apenhada e, embora vencido, subsiste a garantia enquanto subsistirem os bens que a constituem.

► *Caput* com a redação dada pelo Dec.-lei nº 4.360, de 5-6-1942.

§ 1º Sendo objeto do penhor agrícola a colheita pendente ou em via de formação, abrange ele a colheita imediatamente seguinte no caso de frustrar-se ou ser insuficiente a dada em garantia. Quando, porém, não quiser ou não puder o credor, notificado com 15 dias de antecedência, financiar a nova safra, fica o devedor com o direito de estabelecer com terceiro novo penhor, em quantia máxima equivalente ao primitivo contrato, considerando-se, qualquer excesso apurado na colheita, apenhado à liquidação da dívida anterior.

§ 2º Nesse caso, não chegando as partes e ajustá-lo, assiste ao credor o direito de, exibindo a prova do tanto quanto a colheita se lhe consignou, ou se apurou, ou de ter-se frustrado no todo ou em parte, requerer ao juiz competente da situação da propriedade agrícola que faça expedir mandado para a averbação de estender-se o penhor à colheita imediata.

§ 3º Da decisão do juiz cabe o recurso de agravo de petição para a Corte de Apelação, interposto pelo credor ou pelo devedor.

§ 4º A prorrogação do prazo de vencimento da dívida garantida por penhor agrícola se efetua por simples escrito, assinado pelas partes e averbado à margem da transcrição respectiva.

Art. 8º Pode-se estipular, na escritura de penhor agrícola, que os frutos, tanto que colhidos e convenientemente preparados para o transporte, sejam remetidos pelo devedor ao credor, ou para que se torne simples depositário deles, ou para que os venda, por conta e segundo as instruções do devedor ou os usos e costumes da praça, marcando-se os prazos e quantidades das remessas.

Parágrafo único. Nesse caso, o credor, sujeito às obrigações e investido dos direitos de comissário, prestará contas ao devedor de cada venda que for realizando.

Art. 9º Não vale o contrato de penhor agrícola celebrado pelo locatário, arrendatário, colono ou qualquer prestador de serviços, sem o consentimento expresso do proprietário agrícola, dado previamente ou no ato dia constituição do penhor.

Parágrafo único. Na parceria rural, o penhor somente pode ajustar-se com o consentimento do outro parceiro e recai somente sobre os animais do devedor, salvo estipulação diversa.

Secção II
DO PENHOR PECUÁRIO

Art. 10. Podem ser objeto de penhor pecuário os animais que se criam pascendo para a indústria pastoril, agrícola ou de laticínios, em qualquer de suas modalidades, ou de que sejam eles simples acessórios ou pertences de sua exploração.

Parágrafo único. Deve a escritura, sob pena de nulidade designar os animais com, a maior precisão, indicando o lugar onde se encontrem e o destino que têm, mencionando de cada um a espécie, denominação comum ou científica, raça, grau de mestiçagem, marca, sinal, nome, se tiver todos os característicos por que se identifique.

Art. 11. É o penhor pecuário ajustável independentemente do penhor agrícola; nada, porém, se opõe a que se celebre conjuntamente com ele, para a garantia da mesma dívida, ficando, neste caso, subordinado à disciplina deste, no qual se integra.

Parágrafo único. Como o agrícola, o penhor pecuário independe de outorga uxória.

Art. 12. Não pode o devedor vender o gado, nem qualquer dos animais empenhados, sem prévio, consentimento escrito do credor.

§ 1º Quando o devedor pretenda vendê-los ou, por negligente, ameace prejudicar ao credor, pode este requerer se depositem os animais sob a guarda de terceiro ou exigir que incontinenti se lhe pague a dívida.

§ 2º Os animais da mesma espécie, comprados para substituir os mortos, ficam sub-rogados no penhor, que se estende às crias dos empenhados.

§ 3º Esta substituição presume-se, mas não vale contra terceiros se não constar de menção adicional ao respectivo contrato.

Art. 13. O penhor pecuário não admite prazo maior de três anos, mas pode ser prorrogado por igual período, averbando-se a prorrogação na transcrição respectiva.

► *Caput* com a redação dada pelo Dec.-lei nº 4.360, de 5-6-1942.

Parágrafo único. Vencida a prorrogação, deve o penhor reconstituído, se não executado.

CAPÍTULO II
DA CÉDULA RURAL PIGNORATÍCIA

Art. 14. A escritura pública ou particular, de penhor rural deve ser apresentada ao oficial do registro imobiliário da circunscrição ou comarca, em que estiver situada a propriedade agrícola em que se encontrem os bens ou animais dados em garantia, afim de ser transcrito, no livro e pela forma por que se transcreve o penhor agrícola.

Parágrafo único. Quando contraído por escritura particular, dela se tiram tantas vias quantas julgadas convenientes, de modo a ficar uma com as firmas reconhecidas, arquivada no cartório do registro imobiliário.

Art. 15. Feita a transcrição da escritura de penhor rural, em qualquer de suas modalidades, pode o oficial do registro imobiliário se o credor lhe solicitar, expedir em seu favor, averbando-o à margem da respectiva transcrição, e entregar-lhe, mediante recibo, uma cédula rural pignoratícia, destacando-a, depois de preenchida e por ambos assinada, do livro próprio.

§ 1º Haverá, em cada cartório de registro imobiliário, um livro talão de cédulas rurais pignoratícias, de folhas duplas e de igual conteúdo, de modelo anexo, numerado e rubricado pela autoridade judiciária competente, contendo cada uma:

I – a desinência do Estado, comarca, município, distrito ou circunscrição;

II – o número e data da emissão;

III – os nomes do devedor e do credor;

IV – a importância da dívida, seus juros e data do vencimento;

V – a denominação e individualização da propriedade agrícola em que se acham os bens ou animais empenhados, indicando a data e tabelião em que se passou a escritura de aquisição ou arrendamento daquela ou o título por que se operou, número da transcrição respectiva, data, livro e página em que esta se efetuou;

VI – a identificação e a quantidade dos bens e dos animais empenhados;

VII – a data e o número da transcrição do penhor rural;

VIII – as assinaturas, de próprio punho, nas duas folhas, do oficial e do credor;

IX – qualquer compromisso anterior nos casos dos arts. 4º, § 1º e 6º, I.

§ 2º Se o credor pignoratício não souber ou não puder assinar, será o título assinado por procurador, com poderes especiais, ficando a procuração, por instrumento público, arquivada em cartório.

Art. 16. A cédula rural pignoratícia é transferível, sucessivamente, por endosso em preto, em que à ordem de pagamento se acrescente o nome ou firma do endossante, seu domicílio, a data e a assinatura do endossante. O primeiro endossante só pode ser o credor pignoratício.

§ 1º O endosso é puro e simples, reputando-se não escrita qualquer cláusula condicional ou restritiva; e investe o endossatário nos direitos do endossante contra os signatários anteriores, solidariamente, e o contra o devedor pignoratício.

§ 2º O endosso parcial é nulo.

§ 3º O endosso cancelado é inexistente, mas hábil para justificar a série das transmissões do título.

§ 4º O endossante responde pela legitimidade da cédula rural pignoratícia da existência das coisas ou animais empenhados.

§ 5º O endosso pode ser garantido por aval.

Art. 17. Expedindo a cédula rural pignoratícia, dá o oficial, imediatamente, por carta, mediante recibo, aviso ao credor pignoratício, e os endossatários devem apresentar-lhe para que, averbando o endosso à margem da transcrição, nela o anote.

Parágrafo único. Ao averbar o endosso, o oficial averbará os anteriores ainda não anotados.

Art. 18. Emitida a cédula rural pignoratícia, passa a escritura de penhor a fazer parte dela, do modo que os direitos do credor se exercem pelo endossatário, em cujo poder se encontre, e inválido é o pagamento porventura efetuado pelo devedor sem que o título lhe seja restituído ou sem que nele registre o endossatário o pagamento parcial realizado, dando recibo em separado, para o mesmo efeito.

§ 1º Quando o empréstimo estabelecido na escritura do penhor rural for entregue em parcelas periódicas ao devedor será permitida a expedição de várias cédulas pignoratícias, conforme as quantias e prazos acordados, devendo, porém, constar nas respectivas cédulas o número da transcrição da escritura e a quantia, total do penhor contratado.

§ 2º Não podem os bens, nem os animais empenhados ser objeto de penhora, arresto, sequestro ou outra medida judicial, desde que expedida a cédula. rural pignoratícia, obrigado o devedor, sob pena de responder pelos prejuízos resultantes, a denunciar aos oficiais incumbidos da diligência, para que a não efetuem, ou ao juiz da causa, a existência do título, juntando o aviso recebido ao tempo de sua expedição.

Art. 19. É a cédula rural pignoratícia a resgatável a qualquer tempo, desde que se efetue o pagamento de sua importância, mais os juros devidos até ao dia da liquidação; e em caso de recusa por parte do endossatário constante do registro, pode o devedor fazer a consignação judicial da importância total da dívida capital e juros até ao dia do depósito, citado aquele e notificado o oficial do registo imobiliário competente para o cancelamento da transcrição e anotação no verso da folha do talão arquivando a respectiva contra fé, de que constará o teor do termo de depósito.

Parágrafo único. A consignação judicial libera os bens ou animais empenhados, subrogando-se o vínculo real pignoratício quantia depositada.

Art. 20. Tentando o devedor ou o terceiro, como depositário legal, desviar, no todo ou em parte, ou vender, sem consentimento do credor pignoratício ou do endossatário da cédula rural pignoratícia os bens ou animais empenhados, tem este direito para requerer ao juiz que os remova para o poder do depositário público, se houver, ou particular, que nomear, correndo todas as custas e despesas por conta do devedor.

Parágrafo único. Desviados ou vendidos, com infração do disposto, neste artigo, pode o juiz determinar-lhe o sequestro, cuja concessão importa no vencimento da dívida e sua exigibilidade.

Art. 21. Cancela-se a transcrição do penhor rural:

I – a requerimento do credor e do devedor, conjuntamente, se não expedida a cédula rural pignoratícia;

II – pela apresentação da cédula rural pignoratícia, caso em que o oficial, depois de lançar, no verso da primeira via, no livre talão, o cancelamento, a devolverá ao apresentante com anotação idêntica;

III – pela consignação judicial da importância total da dívida. capital e juros, até ao dia do depósito;

IV – por sentença judicial.

CAPÍTULO III

DA EXCUSSÃO PIGNORATÍCIA

Art. 22. Vencida e não paga a cédula rural pignoratícia, o seu portador, como endossatário, deve apresentá-la ao devedor, nos três dias seguintes, afim de ser resgatada.

§ 1º A apresentação pode ser feita por via do oficial de protestos, pessoalmente ao devedor, ou por carta, mediante recibo, em que lhe dê o aviso de achar-se em seu cartório, afim de resgatada sob pena de protesto.

§ 2º Findo o prazo de três dias, sem pagamento, o oficial tirará nos três dias seguintes, o instrumento do protesto, com as formalidades do protesto cambial, dando dele aviso a todos os endossantes, naquele prazo, por carta registrada, na impossibilidade ou dificuldade de fazer a notificação pessoal.

§ 3º Se o devedor pignoratício, por não encontrado tiver de ser citado por edital, neste não se mencionarão os nomes dos endossantes,

§ 4º A falta de interposição do protesto desonera os endossantes de qualquer responsabilidade pelo pagamento da cédula rural pignoratícia.

Art. 23. Tirado o protesto, o devedor é citado para, no prazo de quarenta e oito horas, que correrá em cartório, a conta do momento da entrega, neste, da fé de citação, efetuar o pagamento ou depositar, em juízo, as coisas ou animais empenhados.

§ 1º A petição inicial é instruída com a cédula rural pignoratícia e instrumento de protesto.

§ 2º Quando o penhor tiver sido dado por terceiro, será este o citado para efetuar o depósito, em prazo igual, se não tiver sido o pagamento efetuado.

§ 3º Não realizado o depósito, pode o credor requerer o sequestro dos bens ou animais empenhados, dando-se-lhes depositário judicial.

§ 4º Efetuada a prisão preventiva, o juiz determina ao escrivão tire, em cinco dias, traslado dos autos e imediatamente o encaminhe ao juiz criminal competente, se também ele não tiver jurisdição criminal e competência para o processo, caso em que o instaurará.

§ 5º Recebido e autuado o traslado no juízo criminal, o promotor público oferece a denúncia para o devido processo, na forma da lei.

§ 6º O credor pignoratício ou o endossatário pode apresentar queixa, antes de dada a denúncia, e o promotor público aditá-la e promover as diligências que julgar necessárias, sem prejuízo das de iniciativa do queixoso.

§ 7º Se o querelante não der andamento ao processo, incumbe ao promotor público der-lhe movimento.

Art. 24. O credor pignoratício, quando não expedida a cédula rural, juntando uma das vias da escritura particular ou certidão da pública, pode praticar as diligências constantes do art. 23 e parágrafos, independentemente de protesto.

Art. 25. Feito o deposito ou sequestro, tem o devedor o prazo de seis dias para defender-se por via de embargos.

§ 1º Sendo estes irrelevantes, pode o juiz desprezá-los, condenando o devedor ao pagamento pedido, despesas judiciais e custas.

§ 2º Sendo relevantes pode recebê-los e mandar contestar, dando ao processo o curso sumário.

§ 3º Nas hipóteses dos parágrafos anteriores, mandará o juiz expedir, incontinente, alvará para a venda dos bens ou animais empenhados, insuspensível sob qualquer pretexto ou por qualquer recurso, respondendo ele e o escrivão, solidariamente, pelo retardamento.

§ 4º Provado, documentalmente, o pagamento, o juiz julgando extinta a ação mandará cancelar a transcrição do Penhor, condenando o autor nas despesas judiciais e custas.

Art. 26. Se tiver sido ajustada a venda amigável, esta se fará nos termos convencionados e sempre que possível por corretor oficial.

Parágrafo único. A venda judicial se realizará em leilão público, por leiloeiro, ou, onde não existir, pelo porteiro dos auditórios ou quem suas vezes fizer.

Art. 27. No caso de venda amigável, se o resultado se mostrar insuficiente para o pagamento integral da dívida, assiste ao credor o direito de prosseguir na excussão penhorando tantos dos bens do devedor, quantos bastarem, seguindo-se como na ação executiva.

§ 1º Procede-se, nesse caso, ao cancelamento da transcrição, por mandado judicial.

§ 2º Se a excussão tiver sido de cédula pignoratícia, o endossante prestará, em juízo, contas da execução, citando a todos os coobrigados para a impugnarem se quiserem, por embargos, que serão processados como na ação de prestação de contas.

Art. 28. No caso de venda judicial, o preço será depositado em juízo e levantado pelo exequente, depois de efetuada o pagamento:

I – das custas e despesas judiciais;

II – dos impostos devidos.

§ 1º O saldo, se houver, se restitui ao credor.

§ 2º Pela importância que faltar para o pagamento integral da divida, seus juros, despesas, custas, tem o endossatário ação executiva contra o devedor pignoratício e os endossantes, avalistas ou coobrigados, todos solidariamente responsáveis; a ação pode ser proposta contra todos conjuntamente ou contra cada um ou alguns separadamente, como lhe convier.

§ 3º Cada endossatário tem direito de reaver do seu endossante, por ação executiva, a importância que pagar.

§ 4º Se os bens, em leilão público, não encontrarem licitantes, é permitido ao credor requerer-lhes a adjudicação, pela avaliação constante do contrato ou pela que, em juízo, se fizer, prosseguindo na ação pelo saldo creditício.

Art. 29. Perde o direito e ação contra os coobrigados no pagamento de cédula rural pignoratícia, por efeito de endosso ou de aval, o endossatário último, se não praticar as diligências do art. 23 e seguintes dentro em quinze dias depois de tirado o instrumento do protesto.

Art. 30. Não se suspende a execução do penhor pela morte ou pela falência do devedor, prosseguindo contra os herdeiros e o síndico ou liquidatário.

CAPÍTULO IV
DAS DISPOSIÇÕES GERAIS

Art. 31. Aplicam-se ao penhor rural, no que lhe for pertinente, as disposições sobre os direitos reais de garantia e os contratos de sua instituição.

Art. 32. Revogado pelo Decreto Lei nº 182, de 5-1-1938.

Art. 33. A garantia subsidiária de penhor para a cédula rural ou título cujo devedor, aceitante ou emitente exerça a sua atividade na agricultura ou pecuária ou em indústrias derivadas ou conexas, e cujo endossante, seja firma bancária idônea, confere-lhe o direito de redesconto, sem outro limite, em importância ou garantia, que o estabelecido pelo Conselho da Carteira de Redesconto para as cooperativas e, em um máximo de 50 % dos capitais e fundos de reserva, para cada Banco.

Art. 34. Pela transcrição do penhor rural as custas do oficial do registro imobiliário são as do regimento em vigor, em hipótese alguma excedente de 50$000; pela expedição da cédula rural pignoratícia, de 10$000; e pela averbação dos endossos, 5$000, cada vez, cabendo-lhe importância igual pelo cancelamento da transcrição.

Parágrafo único. O oficial não pode, sob pena de responsabilidade, recusar ou demorar a transcrição e a expedição da cédula rural pignoratícia.

Art. 34 com a execução suspensa pela RSF nº 48, de 20-5-1965.

Art. 35. O devedor, ou o terceiro que der os seus bens ou animais em garantia, da dívida, que os desviar, abandonar ou permitir que se depreciem ou venham a perecer, fica sujeito as penas de depositário infiel.

Parágrafo único. Pratica o crime de estelionato e fica sujeito as penas do art. 338 da Consolidação das Leis Penais aquele que fizer declarações falsas acerca da quantidade, de qualidade e dos caraterísticos dos bens ou animais empenhados ou omitir, na escritura, e, declaração de estarem eles já sujeitos ao vínculo de outro penhor.

Art. 36. Entrará esta lei em execução trinta dias depois de publicada no Diário Oficial da União, revogadas as disposições em contrário.

Rio de Janeiro, 30 de agosto de 1937;
116º da Independência e
49º da República.
Getúlio Vargas

► Optamos por não publicar o modelo a que se refere o art. 15, § 1º, desta lei.

DECRETO-LEI Nº 58, DE 10 DE DEZEMBRO DE 1937

Dispõe sobre o loteamento e a venda de terrenos para pagamento em prestações.

► Publicado no *DOU* de 13-12-1937 e retificado no *DOU* de 17-12-1937.

Art. 1º Os proprietários ou coproprietários de terras rurais ou terrenos urbanos, que pretendam vendê-los, divididos em lotes e por oferta pública, mediante pagamento do preço a prazo em prestações sucessivas e periódicas, são obrigados, antes de anunciar a venda, a depositar no cartório do registro de imóveis da circunscrição respectiva:

I – um memorial por eles assinado ou por procuradores com poderes especiais, contendo:

a) denominação, área, limites, situação e outros característicos do imóvel;

b) relação cronológica dos títulos de domínio, desde trinta anos, com indicação da natureza e data de cada um, e do número e data das transcrições, ou cópia autêntica dos títulos e prova de que se acham devidamente transcritos;

► Lei nº 2.437, de 7-3-1955, reduziu o prazo mencionado neste artigo para vinte anos, e posteriormente o art. 1.238 do CC reduziu esse prazo para quinze anos.

c) plano de loteamento de que conste o programa de desenvolvimento urbano, ou de aproveitamento industrial ou agrícola; nesta última hipótese, informações sobre a qualidade das terras, águas, servidões ativas e passivas, estradas e caminhos, distância da sede do município e das estações de transporte de acesso mais fácil;

II – planta do imóvel, assinada também pelo engenheiro que haja efetuado a medição e o loteamento e com todos os requisitos técnicos e legais; indicadas a situação, as dimensões e a numeração dos lotes, as dimensões e a nomenclatura das vias de comunicação e espaços livres, as construções e benfeitorias, e as vias públicas de comunicação;

III – exemplar de caderneta ou do contrato tipo de compromisso de venda dos lotes;

IV – certidão negativa de impostos e de ônus reais;

V – certidão dos documentos referidos na letra *b* do nº I.

§ 1º Tratando-se de propriedade urbana, o plano e a planta de loteamento devem ser previamente aprovados pela Prefeitura Municipal, ouvidas, quanto ao que lhes disser respeito, as autoridades sanitárias, militares e, desde que se trate de área total ou parcialmente florestada, as autoridades florestais.

► § 1º acrescido pela Lei nº 4.778, de 22-9-1965.

§ 2º As certidões positivas da existência de ônus reais, de impostos e de qualquer ação real ou pessoal, bem como qualquer protesto de título de dívida civil ou comercial não impedem o registro.

§ 3º Se a propriedade estiver gravada de ônus real, o memorial será acompanhado da escritura pública em que o respectivo titular estipule as condições em que se obriga a liberar os lotes no ato do instrumento definitivo de compra e venda.

§ 4º O plano de loteamento poderá ser modificado quanto aos lotes não comprometidos e o de arruamento desde que a modificação não prejudique os lotes comprometidos ou definitivamente adquiridos, se a Prefeitura Municipal aprovar a modificação. A planta e o memorial assim aprovados serão depositados no cartório do registro para nova inscrição, observando o disposto no artigo 2º e parágrafos.

§ 5º O memorial, o plano de loteamento e os documentos depositados serão franqueados, pelo oficial do registro, ao exame de qualquer interessado, independentemente do pagamento de emolumentos, ainda que a título de busca.

O oficial, neste caso, receberá apenas as custas regimentais das certidões que fornecer.

§ 6º Sob pena de incorrerem em crime de fraude, os vendedores, se quiserem invocar, como argumento de propaganda, a proximidade do terreno com algum acidente geográfico, cidade, fonte hidromineral ou termal ou qualquer outro motivo de atração ou valorização, serão obrigados a declarar no memorial descritivo e a mencionar nas divulgações, anúncios e prospectos de propaganda, a distância métrica a que se situa o imóvel do ponto invocado ou tomado como referência.

► § 6º acrescido pela Lei nº 5.532, de 14-11-1968.

Art. 2º Recebidos o memorial e os documentos mencionados no artigo 1º, o oficial do registro dará recibo ao depositante, e, depois de autuá-los e verificar a sua conformidade com a lei, tornará público o depósito por edital afixado no lugar do costume e publicado três vezes, durante dez dias, no jornal oficial do Estado e em jornal da sede da comarca, ou que nesta circule.

§ 1º Decorridos trinta dias da última publicação, e não havendo impugnação de terceiros, o oficial procederá ao registro se os documentos estiverem em ordem. Caso contrário, os autos serão desde logo conclusos ao juiz competente para conhecer da dúvida ou impugnação, publicada a sentença em cartório pelo oficial, que dela dará ciência aos interessados.

§ 2º Da sentença que negar ou conceder o registro caberá apelação.

► §§ 1º e 2º com a redação dada pela Lei nº 6.014, de 27-12-1973.

Art. 3º A inscrição torna inalienáveis, por qualquer título, as vias de comunicação e os espaços livres constantes do memorial e da planta.

Art. 4º Nos cartórios do registro imobiliário haverá um livro auxiliar na forma da lei respectiva e de acordo com o modelo anexo.

Nele se registrarão, resumidamente:

a) por inscrição, o memorial de propriedade loteada;

b) por averbação, os contratos de compromisso de venda e de financiamento, suas transferências e rescisões.

Parágrafo único. No livro de transcrição e à margem do registro da propriedade loteada, averbar-se-á a inscrição assim que efetuada.

Art. 5º A averbação atribui ao compromissário direito real oponível a terceiros, quanto à alienação ou oneração posterior, e far-se-á à vista do instrumento de compromisso de venda, em que o oficial lançará a nota indicativa do livro, página e data do assentamento.

Art. 6º A inscrição não pode ser cancelada senão:

a) em cumprimento de sentença;

b) a requerimento do proprietário, enquanto nenhum lote for objeto de compromisso devidamente inscrito, ou mediante o consentimento de todos os compromissários ou seus cessionários, expresso em documento por eles assinado ou por procuradores com poderes especiais.

Art. 7º Cancela-se a averbação:

a) a requerimento das partes contratantes do compromisso de venda;

b) pela resolução do contrato;

c) pela transcrição do contrato definitivo de compra e venda;

d) por mandado judicial.

Art. 8º O registro instituído por esta Lei, tanto por inscrição quanto por averbação, não dispensa nem substitui o dos atos constitutivos ou translativos de direitos reais na forma e para os efeitos das leis e regulamentos dos registros públicos.

Art. 9º O adquirente por ato *inter vivos*, ainda que em hasta pública, ou por sucessão legítima ou testamentária, da propriedade loteada e inscrita, sub-roga-se nos direitos e obrigações dos alienantes, autores da herança ou testadores, sendo nula qualquer disposição em contrário.

Art. 10. Nos anúncios e outras publicações de propaganda de venda de lotes a prestações, sempre se mencionará o número e data da inscrição do memorial e dos documentos no registro imobiliário.

Art. 11. Do compromisso de compra e venda a que se refere esta Lei, contratado por instrumento público ou particular, constarão sempre as seguintes especificações:

a) nome, nacionalidade, estado e domicílio dos contratantes;

b) denominação e situação da propriedade, número e data da inscrição;

c) descrição do lote ou dos lotes que forem objeto do compromisso, confrontações, áreas e outros característicos, bem como os números correspondentes na planta arquivada;

d) prazo, preço e forma de pagamento, e importância do sinal;

e) juros devidos sobre o débito em aberto e sobre as prestações vencidas e não pagas;

f) cláusula penal não superior a dez por cento do débito, só exigível no caso de intervenção judicial;

g) declaração da existência ou inexistência de servidão ativa ou passiva e outros ônus reais ou quaisquer outras restrições ao direito de propriedade;

h) indicação do contratante a quem incumbe o pagamento das taxas e impostos.

§ 1º O contrato, que será manuscrito, datilografado ou impresso, com espaços em branco preenchíveis em cada caso, lavrar-se-á em duas vias, assinadas pelas partes, e por duas testemunhas, devidamente reconhecidas as firmas por tabelião. Ambas as vias serão entregues dentro em dez dias ao oficial do registro, para averbá-las e restituí-las devidamente anotadas a cada uma das partes.

§ 2º É indispensável outorga uxória quando seja casado o vendedor.

§ 3º As procurações dos contratantes que não tiverem sido arquivadas anteriormente sê-lo-ão no cartório do registro, junto aos respectivos autos.

Art. 12. Subentende-se no contrato a condição resolutiva da legitimidade e validade do título de domínio.

§ 1º Em caso de resolução, além de se devolverem as prestações recebidas, com juros convencionados ou os da lei desde a data do pagamento, haverá, quando provada a má-fé, direito a indenização de perdas e danos.

§ 2º O falecimento dos contratantes não resolve o contrato, que se transmitirá aos herdeiros. Também não o resolve a sentença declaratória de falência; na dos proprietários, dar-lhe-ão cumprimento o síndico e o liquidatário; na dos compromissários, será ele arrecadado pelo síndico e vendido, em hasta pública, pelo liquidatário.

► Art. 119, IX, da Lei nº 11.101, de 9-2-2005 (Lei de Recuperação de Empresas e Falências).

Art. 13. O contrato transfere-se por simples trespasse lançado no verso das duas vias, ou por instrumento separado, sempre com as formalidades dos parágrafos do artigo 11.

§ 1º No primeiro caso, presume-se a anuência do proprietário. A falta do consentimento não impede a transferência, mas torna os adquirentes e os alienantes solidários nos direitos e obrigações contratuais.

§ 2º Averbando a transferência para a qual não conste o assentimento do proprietário, o oficial dela lhe dará ciência por escrito.

Art. 14. Vencida e não paga a prestação, considera-se o contrato rescindido trinta dias depois de constituído em mora o devedor.

§ 1º Para este efeito será ele intimado, a requerimento do compromitente, pelo oficial do registro a satisfazer as prestações vencidas e as que se vencerem até a data do pagamento, juros convencionados e custas da intimação.

§ 2º Purgada a mora, convalescerá o compromisso.

§ 3º Com a certidão de não haver sido feito pagamento em cartório, os compromitentes requererão ao oficial do registro o cancelamento da averbação.

Art. 15. Os compromissários têm o direito de, antecipando ou ultimando o pagamento integral do preço, e estando quites com os impostos e taxas, exigir a outorga da escritura de compra e venda.

Art. 16. Recusando-se os compromitentes a outorgar a escritura definitiva no caso do artigo 15, o compromissário poderá propor, para o cumprimento da obrigação, ação de adjudicação compulsória, que tomará o rito sumaríssimo.

► O termo "sumaríssimo" foi alterado para "sumário" pela Lei nº 9.245, de 26-12-1995.

► O rito sumário não existe no atual Código de Processo Civil: ver art. 1.046, § 1º, do CPC.

§ 1º A ação não será acolhida se a parte, que a intentou, não cumprir a sua prestação nem a oferecer nos casos e formas legais.

§ 2º Julgada procedente a ação, a sentença, uma vez transitada em julgado, adjudicará o imóvel ao compromissário, valendo como título para a transcrição.

► Súm. nº 413 do STF.

§ 3º Das sentenças proferidas nos casos deste artigo, caberá apelação.

► Art. 16 com a redação dada pela Lei nº 6.014, de 27-12-1973.

Art. 17. Pagas todas as prestações do preço, é lícito ao compromitente requerer a intimação judicial do compromissário para, no prazo de trinta dias, que correrá em cartório, receber a escritura de compra e venda.

Parágrafo único. Não sendo assinada a escritura nesse prazo, depositar-se-á o lote comprometido por conta e risco do compromissário, respondendo este pelas despesas judiciais e custas do depósito.

Art. 18. Os proprietários ou coproprietários dos terrenos urbanos loteados a prestação, na forma desta Lei, que se dispuserem a fornecer aos compromissários, por empréstimo, recursos para a construção do prédio, nos lotes comprometidos, ou tomá-la por empreitada, por conta dos compromissários, depositarão no cartório do registro imobiliário um memorial indicando as condições gerais do empréstimo ou da empreitada e da amortização da dívida em prestações.

§ 1º O contrato, denominado de financiamento, será feito por instrumento público ou particular, com as especificações do artigo 11, que lhe forem aplicáveis. Esse contrato será registrado, por averbação, no livro a que alude o artigo 4º, fazendo-se-lhe resumida referência na coluna apropriada.

§ 2º Com o memorial também se depositará o contrato tipo de financiamento, contendo as cláusulas gerais para todos os casos, com os claros a serem preenchidos em cada caso.

Art. 19. O contrato de compromisso não poderá ser transferido sem o de financiamento, nem este sem aquele. A rescisão do compromisso de venda acarretará a do contrato de financiamento e vice-versa, na forma do artigo 14.

Art. 20. O adquirente, por qualquer título, do lote fica solidariamente responsável, com o compromissário, pelas obrigações constantes e decorrentes do contrato de financiamento, se devidamente averbado.

Art. 21. Em caso de falência, os contratos de compromisso de venda e de financiamento serão vendidos conjuntamente em hasta pública, anunciada dentro de quinze dias, depois da primeira assembleia de credores, sob pena de destituição do liquidatário. Essa pena será aplicada pelo juiz a requerimento dos interessados, que poderão pedir designação de dia e hora para a hasta pública.

DISPOSIÇÕES GERAIS

Art. 22. Os contratos, sem cláusula de arrependimento, de compromisso de compra e venda e cessão de direito de imóveis não loteados, cujo preço tenha sido pago no ato de sua constituição ou deva sê-lo em uma ou mais prestações, desde que inscritos a qualquer tempo, atribuem aos compromissários direito real oponível a terceiros, e lhes conferem o direito de adjudicação compulsória nos termos dos artigos 16 desta Lei, 640 e 641 do Código de Processo Civil.

► Artigo com a redação dada pela Lei nº 6.014, de 27-12-1973.

► Os arts. 640 e 641 do CPC foram revogados pela Lei nº 11.232, de 22-12-2005. Arts. 466-B e 466-C do CPC/1973.

Art. 23. Nenhuma ação ou defesa se admitirá, fundada nos dispositivos desta Lei, sem apresentação de documento comprobatório do registro por ela instituído.

Art. 24. Em todos os casos de procedimento judicial, o foro competente será o da situação do lote comprometido ou o a que se referir o contrato de financiamento, quando as partes não hajam contratado outro foro.

Art. 25. O oficial do registro perceberá:

a) pelo depósito e inscrição, a taxa fixa de cem mil-réis, além das custas que forem devidas pelos demais atos;

b) pela averbação, a de cinco mil-réis por via de compromisso de venda ou de financiamento;

c) pelo cancelamento de averbação, a de cinco mil-réis.

Art. 26. Todos os requerimentos e documentos atinentes ao registro se juntarão aos autos respectivos, independentemente de despacho judicial.

DISPOSIÇÕES TRANSITÓRIAS

Art. 1º Os proprietários de terras e terrenos loteados em curso de venda deverão, dentro de três meses, proceder ao depósito e registro nos termos desta Lei, indicando no memorial os lotes já comprometidos cujas prestações estejam em dia. Se até trinta dias depois de esgotado esse prazo não houverem cumprido o disposto na lei, incorrerão os vendedores em multas de dez contos de réis a vinte contos de réis, aplicadas no dobro, quando decorridos mais três meses.

Parágrafo único. Efetuada a inscrição da propriedade loteada, os compromissários apresentarão as suas cadernetas ou contratos para serem averbados, ainda que não tenham todos os requisitos do artigo 11, contanto que sejam anteriores a esta Lei.

Art. 2º As penhoras, arrestos e sequestros de imóveis, para os efeitos da apreciação de fraude de alienações posteriores, serão inscritos obrigatoriamente, dependendo da prova desse procedimento o curso da ação.

Art. 3º A mudança de numeração, a construção, a reconstrução, a demolição, a adjudicação, o desmembramento, a alteração do nome por casamento ou desquite serão obrigatoriamente averbados nas transcrições dos imóveis a que se referirem, mediante prova, a critério do oficial do registro de imóveis.

Art. 4º Esta Lei entrará em vigor na data da sua publicação, revogadas as disposições em contrário.

Rio de Janeiro, 10 de dezembro de 1937;
116º da Independência e
49º da República.

Getúlio Vargas

► Optamos por não publicar o Anexo deste Decreto-lei nesta edição.

DECRETO Nº 3.079, DE 15 DE SETEMBRO DE 1938

Regulamenta o Decreto-Lei nº 58, de 10 de dezembro de 1937, que dispõe sobre o loteamento e a venda de terrenos para pagamento em prestações.

► Publicado no *DOU* de 16-9-1938.

Art. 1º Os proprietários, ou coproprietários de terras rurais ou terrenos urbanos, que pretendam vendê-los, divididos em lotes e por oferta pública, mediante pagamento do preço a prazo em prestações sucessivas e periódicas, são obrigados, antes de anunciar a venda, a depositar no cartório do registro de imóveis da circunscrição respectiva:

I – um memorial por eles assinado ou por procuradores, com poderes especiais, contendo:

a) descrição minuciosa da propriedade loteada, da qual conste a denominação, área, limites, situação e outros característicos do imóvel;

b) relação cronológica dos títulos de domínio, desde vinte anos, com indicação da natureza e data de cada um, e do número e data das transcrições, ou certidão dos títulos e prova de que se acham devidamente transcritos, salvo quanto aos títulos que, anteriormente ao Código Civil, não estavam sujeitos à transcrição;

c) plano de loteamento, de que conste o programa do desenvolvimento urbano, ou de aproveitamento industrial ou agrícola; nesta última hipótese, informações sobre a qualidade das terras, águas, servidões ativas e passivas, estradas e caminhos, distância da sede do município e das estações de transporte de mais fácil acesso;

II – planta do imóvel, assinada pelo proprietário e pelo engenheiro que haja efetuado a medição e o loteamento e com todos os requisitos técnicos e legais; indicadas a situação, as dimensões e a numeração dos lotes, as dimensões e a nomenclatura das vias de comunicação e espaços livres, as construções e benfeitorias, e as vias públicas de comunicação;

III – exemplar de caderneta ou do contrato-tipo de compromisso de venda dos lotes;

IV – certidão negativa de impostos e de ônus reais;

V – certidão referente a ação real ou pessoal, relativa a um período de dez anos, ou a protesto de dívida civil e comercial dentro de cinco anos;

VI – certidão dos documentos referidos na letra *b* do nº I.

§ 1º O plano de loteamento e as especificações mencionadas, bem como a planta do imóvel e os esclarecimentos constantes do nº II, poderão ser apresentados por seções, ou por glebas, à medida que as terras ou os terrenos forem postos à venda por prestações, quando por sua extensão não sejam objeto de uma única planta ou tenham origens várias.

§ 2º Tratando-se de propriedade urbana, o plano e planta do loteamento devem ser previamente aprovados pela Prefeitura Municipal, ouvidas, quanto ao que lhes disser respeito, as autoridades sanitárias e militares. O mesmo se observará quanto às modificações a que se refere o § 5º.

Excetuam-se do disposto neste parágrafo os terrenos que, anteriormente à data do Decreto-Lei nº 58, de 10 de dezembro de 1937, estavam sendo vendidos em logradouros em que a Prefeitura Municipal já tinha concedido alvarás para construções, ou se acham registrados de conformidade com as leis municipais.

A prefeitura e as demais autoridades ouvidas disporão de noventa dias para pronunciar-se, importando o silêncio a aprovação. A impugnação deverá ser fundamentada, em disposições de leis, regulamentos ou posturas, ou no interesse público.

§ 3º As certidões positivas da existência de ônus reais, de impostos e de qualquer ação real ou pessoal, bem como qualquer protesto de título de dívida civil ou comercial não impedem o registro.

§ 4º Se a propriedade estiver gravada de ônus real, o memorial será acompanhado da escritura pública em que o respectivo titular estipule as condições em que se obriga a liberar os lotes no ato do instrumento definitivo de compra e venda.

§ 5º O plano de loteamento poderá ser modificado quanto aos lotes não comprometidos e o de arruamento desde que a modificação não prejudique os lotes comprometidos ou definitivamente adquiridos.

A planta e o memorial assim aprovados serão depositados no cartório do registro para nova inscrição, observado o disposto no artigo 2º e parágrafos e dispensada, a critério do juiz, a apresentação das provas que já tenham sido produzidas no registro inicial.

§ 6º O memorial, o plano de loteamento e os documentos depositados serão franqueados, pelo oficial do registro, ao exame de qualquer interessado, independentemente do pagamento de emolumentos, ainda que a título de busca.

O oficial, neste caso, receberá apenas as custas regimentais das certidões que fornecer.

Art. 2º Recebidos o memorial e os documentos mencionados no artigo 1º, o oficial do registro dará recibo ao depositante e, depois de autuá-los e verificar a sua conformidade com a lei, tornará público o depósito por edital afixado no lugar do costume e publicado três vezes, durante dez dias, no jornal oficial do Estado, e em jornal da sede da comarca, ou que nesta circule. O edital conterá, sucintamente, os dados necessários à configuração do imóvel.

§ 1º O oficial fará essa verificação no prazo de dez dias e poderá exigir que o depositante ponha seus documentos em conformidade com a lei, concedendo-lhe, para isso, dez dias, no máximo. Não se conformando o depositante com a exigência do oficial, serão os autos conclusos ao juiz competente para decidir da exigência.

§ 2º Decorridos trinta dias da última publicação e não havendo impugnação de terceiros, que poderá ser oferecida até a expiração daquele prazo, o oficial procederá ao registro, se os documentos estiverem em ordem. Caso contrário, e findo o prazo, os autos serão desde logo conclusos ao juiz competente, para conhecer da dúvida ou impugnação.

§ 3º Será rejeitada *in limine*, remetendo-se o impugnante para o juízo contencioso, a impugnação que não vier fundada num direito real, devidamente comprovado de acordo com a legislação em vigor.

§ 4º Estando devidamente fundamentada a impugnação ou a dúvida, o juiz mandará dar vista ao impugnado pelo prazo de cinco dias, findo o qual proferirá a decisão, que será publicada em cartório, pelo oficial, para ciência dos interessados.

§ 5º Da decisão que negar ou conceder o registro caberá agravo de petição.

§ 6º Quando a propriedade estiver situada em mais de um município ou comarca, o registro far-se-á apenas onde se achar a maior porção de terras.

Art. 3º A inscrição torna inalienáveis, por qualquer título, as vias de comunicação e os espaços livres constantes do memorial e da planta.

Parágrafo único. Inscrita a modificação de arruamento a que se refere o artigo 1º, § 5º, cancelar-se-á a cláusula de inalienabilidade sobre as vias de comunicação e os espaços livres da planta modificada, a qual passará a gravar as vias e espaços abertos em substituição.

Art. 4º Nos cartórios do registro imobiliário haverá um livro auxiliar, na forma da lei respectiva, e de acordo com o modelo anexo.

Nele se registrarão, resumidamente:

a) por inscrição, o memorial da propriedade loteada;

b) por averbação, os contratos de compromisso de venda e de financiamento, suas transferências e rescisões.

Parágrafo único. No livro de transcrição, e à margem do registro da propriedade loteada, averbar-se-á a inscrição assim que efetuada.

Art. 5º A averbação atribui ao compromissário direito real, oponível a terceiros, quanto à alienação ou oneração posterior, e far-se-á à vista do instrumento de compromisso de venda, em que o oficial lançará a nota indicativa do livro, página e data do assentamento.

Art. 6º A inscrição não pode ser cancelada senão:

a) em cumprimento de sentença;

b) a requerimento do proprietário, enquanto nenhum lote for objeto de compromisso devidamente averbado, ou mediante o consentimento de todos os compromissários ou seus cessionários, expresso em documento por eles assinado ou por procuradores com poderes especiais.

Art. 7º Cancela-se a averbação:

a) a requerimento das partes contratantes do compromisso de compra e venda;

b) pela resolução do contrato;

c) pela transcrição do contrato definitivo de compra e venda;

d) por mandado judicial.

Art. 8º O registro instituído por esta Lei, tanto por inscrição quanto por averbação, não dispensa nem substitui o dos atos constitutivos ou translativos de direitos reais na forma e para os efeitos das leis e regulamentos dos registros públicos.

Art. 9º O adquirente por ato *inter vivos*, ainda que em hasta pública, ou por sucessão legítima ou testamentária, da propriedade loteada e inscrita, sub-roga-se nos direitos e obrigações dos alienantes autores da herança ou testadores, sendo nula qualquer disposição em contrário.

Art. 10. Nos anúncios e outras publicações de propaganda de venda de lotes a prestações, sempre se mencionará o número e data da inscrição do memorial e dos documentos no registro imobiliário.

Art. 11. Do compromisso de compra e venda a que se refere esta Lei, contratado por instrumento público ou particular, constarão sempre as seguintes especificações:

a) nome, nacionalidade, estado e domicílio dos contratantes;

b) denominação e situação da propriedade, número e data da inscrição;

c) descrição do lote ou dos lotes que forem objeto do compromisso, confrontações, áreas e outros característicos, bem como os números correspondentes na planta arquivada;

d) prazo, preço e forma de pagamento, e importância do sinal;

e) juros devidos sobre o débito em aberto e sobre as prestações vencidas e não pagas;

f) cláusula penal não superior a dez por cento do débito e só exigível no caso de intervenção judicial para a restituição do imóvel cujo compromisso for cancelado;

g) declaração da existência ou inexistência de servidão ativa ou passiva e outros ônus reais ou quaisquer outras restrições ao direito de propriedade, devendo, em caso positivo, constar a concordância do possuidor do direito real;

h) indicação do contratante a quem incumbe o pagamento das taxas e impostos.

§ 1º O contrato, quando feito por instrumento particular, será manuscrito, datilografado ou impresso, com espaços em branco preenchíveis em cada caso, e lavrar-se-á em duas vias, assinadas pelas partes e por duas testemunhas, devidamente reconhecidas as firmas por tabelião.

Os tabeliães poderão usar, para os contratos, livros impressos com espaços em branco, preenchíveis de caso em caso.

Ambas as vias ou traslados serão entregues pelo promitente vendedor dentro em dez dias ao oficial do registro para averbá-las e restituí-las anotadas a cada uma das partes.

§ 2º É indispensável a outorga uxória quando seja casado o vendedor.

§ 3º As procurações dos contratantes que não tiverem sido arquivadas anteriormente sê-lo-ão no cartório do registro, junto aos respectivos autos.

Art. 12. Subentende-se no contrato a condição resolutiva da legitimidade e validade do título de domínio.

§ 1º Em caso de resolução, com fundamento neste artigo, além de se devolverem as prestações recebidas, com juros convencionados ou os da lei desde a data do pagamento, haverá, quando provada a má-fé, direito a indenização de perdas e danos.

§ 2º O falecimento dos contratantes não resolve o contrato, que se transmitirá aos herdeiros.

Também não o resolve a sentença declaratória de falência. Na dos proprietários, dar-lhe-ão cumprimento o síndico e o liquidatário; na dos compromissários, será ele arrecadado pelo síndico e vendido, em hasta pública, pelo liquidatário.

Art. 13. O contrato transfere-se por simples trespasse lançado no verso das duas vias, ou por instrumento separado, neste caso com as formalidades do artigo 11.

§ 1º No primeiro caso, presume-se a anuência do proprietário. A falta de consentimento expresso do compromitente vendedor não impede a cessão do contrato de compromisso, mas torna o cedente e o cessionário solidários nos direitos e obrigações contratuais.

§ 2º Averbando a transferência para a qual não conste o assentimento do proprietário, o oficial lhe dará ciência por escrito.

Art. 14. Vencida e não paga a prestação do compromisso ou financiamento, ou não cumprida obrigação cujo inadimplemento rescinda o contrato, considerar-se-á este rescindido trinta dias depois de constituído em mora o devedor, prazo este contado da data da intimação, salvo se o compromitente vendedor conceder, por escrito, prorrogação do prazo.

§ 1º Para este efeito será o devedor intimado, pelo oficial do registro, a requerimento do compromitente, ou mutuante, a satisfazer as prestações vencidas, as que se venceram até a data do pagamento e juros convencionados, ou a obrigação, as custas do processo e, quando por eles se tenha obrigado, os impostos e taxas devidos, e multas.

§ 2º O oficial juntará aos autos do processo de loteamento do compromitente cópia da intimação feita, assim como do recibo passado ao compromissário, ao efetuar o pagamento do respectivo débito, e, ainda, o recibo, que lhe deverá ser fornecido pelo compromitente, do recebimento e competente quitação, em cartório.

§ 3º A intimação será feita mediante a entrega, ao oficial do registro, de uma carta do compromitente vendedor, em três vias, das quais uma será encaminhada ao compromissário comprador faltoso, por intermédio do mesmo oficial, ou de seu auxiliar responsável, e outra restituída ao compromitente vendedor, com a certidão da intimação, ficando a terceira arquivada em cartório, com cópia autêntica daquela intimação.

Se for desconhecida a residência do compromissário comprador, ou se este não for encontrado, a intimação será feita por edital resumido, publicado duas vezes, pelo menos, no jornal oficial respectivo e em jornal da sede da comarca de eleição, ou no da situação do imóvel, ou, na sua falta, em outro que nela circule. Decorridos dez dias da última publicação, o oficial do registro certificará o ocorrido, havendo-se por feita a intimação.

§ 4º Purgada a mora convalescerá o compromisso.

§ 5º Com a certidão de não haver sido feito o pagamento em cartório, ou apresentada a prova de estar cumprida a obrigação, no prazo regulamentar, o compromitente ou mutuante requererá ao oficial do registro o cancelamento da averbação.

Art. 15. Os compromissários têm o direito de, antecipando ou ultimando o pagamento integral do preço, e estando quites com os impostos e taxas, exigir a outorga da escritura de compra e venda.

Art. 16. Recusando-se os compromitentes a passar a escritura definitiva no caso do artigo anterior, serão intimados, por despacho judicial e a requerimento do compromissário, a dá-la nos dez dias seguintes à intimação, correndo o prazo em cartório.

§ 1º Se nada alegarem dentro desse prazo, o juiz, por sentença, adjudicará os lotes aos compradores, mandando:

a) tomar por termo a adjudicação, dela constando, além de outras especificações, as cláusulas do compromisso, que devessem figurar no contrato de compra e venda, e o depósito do restante do preço se ainda não integralmente pago;

b) expedir, pagos os impostos devidos, o de transmissão inclusive, em favor dos compradores, como título de propriedade, a carta de adjudicação;

c) cancelar a inscrição hipotecária tão somente a respeito dos lotes adjudicados nos termos da escritura aludida no § 4º do artigo 1º.

§ 2º Se, porém, no decêndio, alegarem os compromitentes matéria relevante, o juiz, recebendo-a como embargos, mandará que os compromissários os contestem em cinco dias.

§ 3º Havendo as partes protestado por provas, seguir-se-á uma dilação probatória de dez dias, findo os quais, sem mais alegação, serão os autos conclusos para sentença.

§ 4º Das sentenças proferidas nos casos deste artigo caberá o recurso de agravo de petição.

§ 5º Estando a propriedade hipotecada, será o credor citado para, no caso deste artigo, cumprido o disposto no § 3º do artigo 1º, autorizar o cancelamento parcial da inscrição, quanto aos lotes comprometidos.

Art. 17. Pagas todas as prestações do preço, é lícito ao compromitente requerer a intimação judicial do compromissário para, no prazo de trinta dias, que correrá em cartório, receber a escritura de compra e venda.

Parágrafo único. Não sendo assinada a escritura nesse prazo, depositar-se-á o lote comprometido por conta e risco do compromissário, respondendo este pelas despesas judiciais e custas do depósito.

Art. 18. Os proprietários, ou coproprietários, de terrenos urbanos loteados na forma deste Decreto e do Decreto-Lei nº 58, que se dispuserem a fornecer aos compromissários, por empréstimo, recursos para a construção do prédio, nos lotes comprometidos, ou tomá-la por empreitada, por conta dos compromissários, depositarão no cartório do registro imobiliário um memorial indicando as condições gerais do empréstimo, ou da empreitada, e da amortização da dívida em prestações.

§ 1º O contrato, denominado de financiamento, será feito por instrumento público ou particular, com as especificações do artigo 11 que lhe forem aplicáveis. Esse contrato será averbado no livro a que alude o artigo 4º, fazendo-se resumida referência na coluna apropriada.

O cancelamento da averbação do contrato acessório de financiamento far-se-á nos mesmos casos do artigo 7º.

§ 2º Com o memorial também se depositará o contrato-tipo de financiamento, contendo as cláusulas gerais para todos os casos, com os claros a serem preenchidos em cada caso.

§ 3º Não se considera financiamento o simples fornecimento de materiais para a construção do prédio no terreno comprometido.

Art. 19. O contrato de compromisso não poderá ser transferido sem o de financiamento, nem este sem aquele. A rescisão do compromisso de venda acarretará a do contrato de financiamento, e vice-versa, na forma do artigo 14.

Art. 20. O adquirente do lote, por qualquer título, fica solidariamente responsável, com o compromissário, pelas obrigações constantes e decorrentes do contrato de financiamento, se devidamente averbado.

Art. 21. Em caso de falência, os contratos de compromisso de venda e de financiamento serão vendidos conjuntamente em hasta pública, anunciada dentro de quinze dias depois da primeira assembleia de credores, sob pena de destituição do liquidatário. Essa pena será aplicada pelo juiz a requerimento dos interessados, que poderão pedir designação de dia e hora para a hasta pública.

DISPOSIÇÕES GERAIS

Art. 22. As escrituras de compromisso de compra e venda de imóveis não loteados, cujo preço deva pagar-se a prazo, em uma ou mais prestações, serão averbadas à margem das respectivas transcrições aquisitivas, para os efeitos desta Lei, compreendidas nesta disposição as escrituras de promessa de venda de imóveis em geral.

Art. 23. Nenhuma ação ou defesa se admitirá, fundada nos dispositivos deste Decreto e do Decreto-Lei nº 58, sem apresentação de documento comprobatório do registro por eles instituído.

Art. 24. Em todos os casos de procedimento judicial, o foro competente será o da situação do lote comprometido ou o a que se referir o contrato de financiamento, quando as partes não hajam contratado outro foro.

Parágrafo único. Todas as intimações a serem feitas pelo oficial do registro obedecerão à forma determinada no § 3º do artigo 14.

Art. 25. O oficial do registro, além das custas devidas pelos demais atos, perceberá:

a) pelo depósito e inscrição, a taxa de cem mil-réis;

b) pela averbação, a de cinco mil-réis por via de contrato de venda ou de financiamento;

c) pelo cancelamento da averbação, a de cinco mil-réis.

Art. 26. Todos os requerimentos e documentos atinentes ao registro se juntarão aos autos respectivos independentemente de despacho judicial.

Art. 27. As penhoras, arrestos e sequestros dos imóveis a que se refere este Decreto e o Decreto-Lei nº 58, para os efeitos da apreciação da fraude de alienações posteriores, serão inscritos obrigatoriamente, dependendo da prova desse procedimento o curso da ação.

Art. 28. A mudança de numeração, a construção, a reconstrução, a demolição, a edificação e o desmembramento dos imóveis referidos no artigo anterior, bem como a alteração do nome do seu proprietário, por casamento ou desquite, serão obrigatoriamente averbados nas transcrições dos imóveis a que disserem respeito.

Parágrafo único. A prova da mudança de numeração, da construção, da reconstrução, da demolição, da edificação e do desmembramento será feita mediante certidão da Prefeitura Municipal. Tratando-se de alteração do nome por casamento ou desquite, a prova consistirá, exclusivamente, em certidão do registro civil.

Art. 29. As multas decorrentes da aplicação desse Decreto e do Decreto-Lei nº 58 serão impostas pelo juiz a que estiver submetido o registro imobiliário, mediante comunicação documentada do oficial, e inscritas e cobradas pela União, de acordo com a legislação em vigor.

Art. 30. O disposto neste Decreto e no Decreto-Lei nº 58 não se aplica à União, aos Estados, nem aos Municípios. Estes, porém, não poderão vender terras pela forma referida sem autorização prévia do governo do Estado, por lei especial.

DISPOSIÇÕES TRANSITÓRIAS

Art. 1º Os proprietários de terras e terrenos loteados, em curso de venda, deverão proceder ao depósito e registro, nos termos do Decreto-Lei nº 58, de 10 de dezembro de 1937, até 30 de setembro corrente, indicando no memorial os lotes já comprometidos.

Se até trinta dias depois de esgotado esse prazo não houverem cumprido o disposto neste Decreto e no Decreto-Lei nº 58, incorrerão os vendedores em multas de dez contos de réis a vinte contos de réis, aplicadas no dobro, quando decorridos mais de três meses.

§ 1º Efetuada a inscrição da propriedade loteada, os compromissários apresentarão as suas cadernetas ou contratos para serem averbados, ainda que não tenham todos os requisitos do artigo 11, contanto que sejam anteriores à vigência do Decreto-Lei nº 58, ou celebrados até a do registro de que trata o artigo 2º, § 2º.

§ 2º Não se entendem em curso de venda as terras e terrenos loteados já comprometidos na sua totalidade, embora ainda não outorgadas as escrituras definitivas.

Art. 2º Antes de proceder ao depósito e ao registro a que alude o artigo anterior, o oficial verificará, confrontando os documentos apresentados com as transcrições de transmissões lançadas em seus livros, se as alienações parciais anteriores da propriedade loteada afetam os lotes comprometidos, dando para isso as buscas necessárias, desde a data da transcrição do imóvel em nome do loteado.

Parágrafo único. Pelas buscas que efetuar o oficial terá direito aos emolumentos fixados no Regimento de Custas.

Art. 3º Este Decreto entrará em vigor na data de sua publicação, revogadas as disposições em contrário.

Rio de Janeiro, em 15 de setembro de 1938;
117º da Independência e
50º da República.
Getúlio Vargas

DECRETO-LEI Nº 2.063, DE 7 DE MARÇO DE 1940

Regulamenta sob novos moldes as operações de seguros privados e sua fiscalização.

▸ Publicado no *DOU* de 13-3-1940 e retificado no *DOU* de 6-4-1940.

CAPÍTULO I
DAS SOCIEDADES SUJEITAS AO REGIME DESTE DECRETO-LEI

Art. 1º A exploração das operações de seguros privados será exercida. no território nacional, por sociedades anônimas, mútuas e cooperativas, mediante prévia autorização do Governo Federal.

Parágrafo único. As sociedades cooperativas terão por objeto somente os seguros agrícolas, cujas operações serão reguladas por legislação especial.

Art. 2º Ficam excluídos do regime estabelecido neste decreto-lei o Instituto de Resseguros do Brasil e quaisquer outras instituições criadas por lei federal, bem como as associações de classe, de beneficência e de socorros mútuos que instituam pensões ou pecúlios em favor de seus associados e respectivas famílias.

CAPÍTULO II
DA CONSTITUIÇÃO E ORGANIZAÇÃO DAS SOCIEDADES

Art. 3º As sociedades de seguros sujeitas ao regime deste decreto-lei serão reguladas pela legislação geral, no que lhes for aplicável. observados, porém, os preceitos da legislação especial que vigorarem sobre o objeto de suas autorizações.

Art. 4º As sociedades são obrigadas, qualquer que seja sua forma, a constituir com brasileiros os órgãos que, pelos estatutos sociais, tenham a seu cargo atos de administração e a fiscalização da observância de tais atos, ou mesmo atos de orientação dos administradores, embora em caráter consultivo.

Art. 5º As listas de subscrição do capital das sociedades anônimas ou do fundo inicial das mútuas deverão ser firmadas pelos subscritores, ou seus representantes legítimos, e conter, em relação a cada um, a nacionalidade, estado civil, profissão e domicílio, bem como o número e valor das ações ou quotas subscritas e respectiva realização.

Art. 6º Os tomadores do capital ou do fundo inicial são obrigados a realizar em dinheiro, no ato da subscrição, o mínimo de 20% (vinte por cento) do valor nominal de suas ações ou quotas.

Art. 7º As sociedades de seguros não poderão constituir-se com denominações semelhantes, ou iguais, às de outras, embora com autorização destas, nem tão pouco seus estatutos conferir a membros da administração social atribuições de gestão permanente de sucursais, filiais ou agências.

SEÇÃO I
DAS SOCIEDADES ANÔNIMAS

Art. 8º Nenhuma sociedade anônima poderá constituir-se com capital inferior a 1:500:000$0 (mil e quinhentos contos de réis), quando tiver por objeto operações de seguros dos ramos elementares, e a 3.000:000$0 (três mil contos de réis), quando de seguros de vida.

Parágrafo único. A sociedade que se constituir para operar em seguros de ambos os grupos referidos neste artigo não poderá fazê-lo com capital inferior à soma das importâncias mínimas exigidas para cada grupo.

Art. 9º O capital das sociedades anônimas pertencerá, em sua totalidade, a pessoas físicas de nacionalidade brasileira.

§ 1º Não poderão possuir ações as brasileiras casadas com estrangeiros pelo regime da comunhão de bens. Si o regime for o da separação, não poderá o marido estrangeiro, ainda que administrador dos bens da mulher, exercer atos de administração no tocante às ações.

§ 2º Com relação às ações que pertençam a menores brasileiros sob pátrio poder de estrangeiros, sua administração será obrigatoriamente cometida a brasileiro.

▸ Res. do Senado Federal nº 23, de 24-3-1965, suspende a execução deste artigo.

Art. 10. As ações serão nominativas.

Art. 11. A propriedade das ações estabelece-se exclusivamente pela inscrição no livro de registo.

§ 1º O livro a que este artigo se refere, além dos demais requisitos legais, deverá conter a declaração do valor da aquisição das ações e especificar a natureza da prova de observância do art. 9º.

§ 2º A prova a que alude o final do parágrafo anterior será arquivada na sede da sociedade.

Art. 12. Será nula de pleno direito a subscrição, cessão, ou transferência de ações efetuada com inobservância do art. 9º, como também nulos de pleno direito serão quaisquer compromissos ou declarações que importem em direito sobre ações, por parte de pessoas proibidas de adquiri-las.

Parágrafo único. Nos casos de transmissão causa mortis, não havendo cônjuge, herdeiros, ou legatários brasileiros a quem se faça a transferência, ou si os estatutos não assegurarem por outra forma a transferência a pessoas capazes, serão as ações vendidas em bolsa.

Art. 13. As ações não poderão ser dadas em penhor, ou caução, em favor de pessoas proibidas de adquiri-las.

SEÇÃO II
DAS SOCIEDADES MÚTUAS

Art. 14. As sociedades mútuas constituir-se-ão com o número mínimo de 500 (quinhentos) sócios fundadores, residentes no país, e um fundo inicial nunca inferior a 1.000:000$0 (mil contos de réis), quando tiverem por objeto operações de seguros de um dos grupos a que se refere o art. 40.

Parágrafo único. As sociedades que se constituírem para operar em seguros de ambos os grupos de que trata este artigo não poderão fazê-lo com o fundo inicial inferior à soma das importâncias mínimas exigidas para cada grupo.

Art. 15. O fundo inicial será constituído por quotas iguais, subscritas por todos os sócios fundadores, entre os limites mínimos e máximos estabelecidos nos estatutos sociais e constantes da lista de subscrição.

Art. 16. As sociedades mútuas, constituir-se-ão por instrumento público ou particular, assinado por todos os fundadores, ou em assembleia destes, convocada pelos três primeiros subscritores do fundo inicial, mediante anúncio publicado, pelo menos, três vezes e com a antecedência mínima de oito dias, no *Diário Oficial da União*, quando tiverem sede no Distrito Federal, ou no jornal oficial dos Estados em que tiverem sede, e em outra folha de grande circulação, devendo a convocação conter, de modo claro e preciso, o dia, hora, local e objeto da reunião.

Parágrafo único. A convocação da assembleia só poderá ser feita depois de subscrito integralmente o fundo inicial e de assinados os estatutos por todos os fundadores.

Art. 17. A assembleia de constituição deliberará com a presença de mais de metade dos fundadores e terá por fim declarar constituída a sociedade e aprovar os estatutos assinados.

§ 1º A assembleia, presidida e secretariada por três fundadores, escolhidos no momento, serão apresentados e lidos o edital de convocação, a lista dos subscritores do fundo inicial, os estatutos assinados e o documento comprobatório do depósito, no Banco do Brasil, ou na Caixa Econômica Federal, da importância a que se refere o art. 6º.

§ 2º Da reunião será lavrada ata, que, além de relatar os fatos essenciais à constituição, conterá a transcrição do edital de convocação, com indicação referente à publicação do mesmo, o documento do depósito a que alude o parágrafo anterior e os estatutos com suas assinaturas, devendo essa ata ser imediatamente aprovada e assinada por todos os fundadores presentes.

Art. 18. Os estatutos declararão:

a) a denominação, sede, objeto, e prazo de duração da sociedade;

b) a aquisição da qualidade de sócio pela celebração do contrato de seguro e a perda dessa qualidade pela sua liquidação;

c) os poderes da assembleia geral e a ordem que se há de guardar em suas reuniões;

d) os órgãos de administração social e fiscalização desta, e respectivas atribuições;

e) o número de componentes dos órgãos mencionados na alínea anterior, a duração dos respectivos mandatos, as condições de sua nomeação, substituição definitiva ou provisória e destituição, bem como seus honorários;

f) a exigência de serem escolhidos entre os sócios os componentes dos órgãos a que se refere a alínea *d*;

g) a data da realização anual da assembleia geral ordinária, cuja reunião deverá efetuar-se até ao fim do mês de março;

h) as condições gerais de distribuição anual de lucros aos segurados, inclusive a percentagem mínima que, do excedente da receita sobre a despesa, for destinada a essa distribuição;

i) a percentagem, até ao máximo de 20% (vinte por cento), que, do excedente anual da receita sobre a despesa, possa ser distribuída, sob qualquer título, a administradores e empregados;

j) a proibição da instituição de quaisquer vantagens a favor de administradores, auxiliares destes ou empregados, além do previsto nas alíneas *e* e *i*;

k) a obrigação, ou não, para os sócios, de se quotizarem para atender a responsabilidade de seguros, no caso dos bens sociais serem insuficientes a tal fim;

l) o número mínimo e máximo de quotas do fundo inicial que a cada fundador seja permitido possuir, não podendo o máximo exceder cinco vezes o mínimo, e a permissibilidade, ou não, de cessão dessas quotas aos sócios não fundadores, observados os aludidos limites.

Parágrafo único. O mandato dos órgãos da administração não excederá o prazo de quatro anos e o do conselho fiscal o de um ano, podendo ser reeleitos os seus membros.

Art. 19. A assembleia geral ordinária terá por fim tomar conhecimento e decidir do relatório e contas apresentados pela diretoria em relação ao exercício financeiro anterior, bem como do parecer do conselho fiscal a respeito, cabendo-lhe também a eleição, nas épocas fixadas nos estatutos, dos órgãos da administração e do conselho fiscal.

Art. 20. As assembleias gerais deverão reunir-se mediante convocação, publicada, pelo menos, duas vezes, na sede da sociedade, no *Diário Oficial da União*, si situada no Distrito Federal, ou no jornal oficial do Estado em que se achar, e em outra folha, de grande circulação, devendo a convocação conter de modo claro e preciso seu objeto, bem como o dia, hora e local da reunião.

§ 1º A publicação da primeira convocação será feita com a antecedência mínima de trinta dias, e a das demais com a de oito dias.

§ 2º O prazo da primeira convocação da assembleia ordinária será de quinze dias.

§ 3º A convocação da assembleia que tiver por fim a dissolução da sociedade antes de seu termo, a mudança de sua forma e a alteração do objeto social, ou dos estatutos, será publicada também no *Diário Oficial da União* e no jornal oficial dos Estados em que tiver sócios.

Art. 21. As assembleias gerais só poderão deliberar em primeira convocação com a presença de mais de metade dos sócios, e em segunda convocação com qualquer número.

Parágrafo único. Se tiver por fim a alteração dos estatutos ou do objeto social, a assembleia só poderá deliberar: em primeira convocação, com dois terços dos sócios; em segunda, com mais de metade; e, em terceira, com qualquer número.

Art. 22. Para dissolução da sociedade antes de seu termo, ou para mudança de sua forma, hipótese esta em que deve preceder autorização do Governo, que julgará da conveniência e oportunidade da operação, a assembleia só poderá deliberar: em primeira convocação, pelo consenso de três quartos dos sócios, pelo menos; em segunda, com o de dois terços, no mínimo; e, em terceira, com mais de metade.

§ 1º Se a dissolução ou a mudança de forma da sociedade for aprovada em terceira convocação, a deliberação da assembleia só valerá si for ratificada, dentro de quatro meses, por mais de metade dos sócios, computados para esse efeito os que se houverem manifestado favoravelmente na reunião.

§ 2º A ratificação poderá ser feita por cartas, declarações, ou por qualquer outra forma autêntica.

Art. 23. As resoluções das assembleias-gerais serão tomadas por maioria absoluta dos sócios presentes, cabendo a cada sócio um voto.

Art. 24. Os sócios poderão fazer-se representar nas assembleias gerais por meio de procuradores regularmente constituídos, os quais deverão ser sócios e não exercer cargos de administração ou do conselho fiscal, nem desempenhar quaisquer funções ou empregos da sociedade, inclusive os de angariador ou corretor.

Parágrafo único. Não pode um sócio representar mais de dez consócios.

Art. 25. Os membros da administração ou do conselho fiscal e os sócios que exerçam função ou emprego remunerado na sociedade não poderão votar sobre atos da administração, nem tão pouco tomar parte em eleição de administradores.

Art. 26. Das reuniões das assembleias deverão ser lavradas atas, de que constem em resumo, os debates havidos e, com clareza e precisão, as deliberações tomadas, atas que deverão ser assinadas pela mesa e pelos sócios presentes que o queiram.

Art. 27. Os sócios presentes às reuniões das assembleias deverão assinar livro especialmente destinado a esse fim, de que conste, para cada assembleia, antes das assinaturas, a declaração, feita pela administração, do número de sócios então pertencentes à sociedade

Parágrafo único. Após a última assinatura dos sócios presentes, a mesa que tenha presidido a assembleia deverá apor sua assinatura e inutilizar qualquer linha era branco porventura existente, devendo neste caso fazer menção desse fato.

Art. 28. Toda modificação feita nos estatutos sociais, depois de aprovada pelo Governo, deverá ser levada ao conhecimento dos sócios por meio de cartas.

Parágrafo único. A obrigação expressa neste artigo não elide a que tem a sociedade de fornecer exemplares de seus estatutos aos sócios que o pedirem e aos que nela ingressarem.

Art. 29. O fundo inicial exigido pelo art. 14 servirá para a realização dos depósitos a que se refere o art. 38, alíneas *a* e *b*, tomada de ações do Instituto de Resseguros do Brasil, custeio das despesas de instalação, cobertura da insuficiência das primeiras receitas, e garantia subsidiária das reservas técnicas.

Art. 30. Os sócios fundadores serão reembolsados das quotas que tenham subscrito, pelo excedente anual da receita sobre a despesa, depois de deduzidas as reservas obrigatórias e o necessário para pagamento do juro máximo de 6% (seis por cento) sobre as quotas não amortizadas.

§ 1º Não vencerão juros as quotas amortizadas. que, postas à disposição dos respectivos possuidores, não tenham sido por estes levantadas, nem tão pouco as dos que deixarem de ser sócios.

§ 2º O reembolso de quotas deverá ser feito em proporção igual para todos os seus possuidores, ressalvada, porém, a obrigação de serem amortizadas de preferência as quotas de sócios falecidos.

Art. 31. Todos os sócios terão direito ao rateio anual de parte do excedente da receita sobre a despesa, na conformidade dos estatutos sociais, depois de reembolsadas as quotas do fundo inicial.

Art. 32. É expressamente proibida qualquer operação na base de quota por sinistro, bem como a emissão de apólice com renúncia, por parte do segurado, do direito a que se refere o artigo anterior.

Art. 33. No silêncio dos estatutos sociais e da legislação especial sobre o objeto da autorização concedida à sociedade, prevalecerão, no que lhe for aplicável, as disposições que regem as sociedades anônimas.

CAPÍTULO III

DA AUTORIZAÇÃO PARA FUNCIONAMENTO

Art. 34. A autorização para funcionamento será concedida por decreto do Poder Executivo, mediante requerimento, apresentado pelos incorporadores ou iniciadores da sociedade, ao Ministro do Trabalho, Indústria e Comércio, por intermédio do Departamento Nacional de Seguros Privados e Capitalização, e no qual se pedirá não só a autorização para funcionamento, mas também a aprovação dos estatutos sociais.

Art. 35. O requerimento será instruído com documentos, devidamente legalizados, que provem:

1º) que a sociedade se constituiu com observância das leis – e regulamentos em vigor, inclusive quanto à nacionalidade dos acionistas;

2º) que se acha depositada no Banco do Brasil, ou em Caixa Econômica Federal, a parte já realizada do capital, ou do fundo inicial, da qual poderá ser descontada a importância das despesas de organização efetuadas.

§ 1º As relações da subscrição do capital ou do fundo inicial, a ata da assembleia de instalação, os estatutos sociais, os documentos comprobatórios do depósito e o requerimento deverão ser apresentados com as firmas devidamente reconhecidas.

§ 2º Os documentos a que se refere o parágrafo anterior, com exceção dos comprobatórios do depósito de que trata o item 2º deste artigo, deverão ser acompanhados de cópia fiel e integral.

Art. 36. Examinados a constituição da Sociedade, a oportunidade e conveniência de seu estabelecimento, as probabilidades do êxito de suas operações, o regime. administrativo, inclusive quanto às garantias de realização do capital e reservas e às despesas com os órgãos de administração, a idoneidade dos incorporadores e fundadores, o sistema de distribuição de dividendos, a partilha de lucros, e tudo quanto interessar possa ao bom funcionamento da sociedade e ao êxito de suas operações, será o requerimento encaminhado ao Ministro do Trabalho, Indústria e Comércio, com o parecer do Departamento Nacional de Seguros Privados e Capitalização, o qual deverá salientar as inconveniências, omissões e irregularidades encontradas na organização social e nos planos de operações porventura apresentados ou exigidos e proporá as medidas que julgar devam ser adotadas em salvaguarda, quer dos direitos e interesses dos segurados e mutualistas, quer da viabilidade da empresa.

Parágrafo único. A repartição competente, para a conveniente apreciação do assunto e emissão de parecer, fará as exigências necessárias à perfeita e completa instrução do pedido.

Art. 37. A. vista do requerimento devidamente instruído e informado, o Governo Federal resolverá sobre a concessão ou a recusa da autorização pedida.

Parágrafo único. O decreto que conceder a autorização mencionará todas as condições que o Governo julgue dever impor à requerente para que possa operar, as quais ficarão fazendo parte integrante dos estatutos sociais, bem como declarará, segundo o pedido, as modalidades de seguros a serem exploradas e o capital de responsabilidade ou fundo inicial com que se haja constituído a sociedade.

Art. 38. Publicado o decreto de autorização, deverá a sociedade interessada, dentro do prazo de noventa dias, sob pena de revogação do mesmo decreto, comprovar perante o Departamento Nacional de Seguros Privados e Capitalização:

a) haver feito no Tesouro Nacional, ou na respectiva Delegacia Fiscal, si tiver sede em Estado, o depósito de garantia inicial em moeda corrente ou em apólices da dívida pública federal interna, e no Instituto de Resseguros do Brasil o depósito de que trata o § 2º do art. 10 do Decreto-lei nº 4.186, de 3 de abril de 1939;

b) ter em depósito no Banco do Brasil, ou na Caixa Econômica Federal, o restante da metade do capital subscrito ou o restante do fundo inicial, após dedução dos depósitos de que trata a alínea anterior e das despesas de organização sob a condição de não poder ser levantada sem autorização do Departamento Nacional de Seguros Privados e Capitalização a parte a que se refere o art. 53.

c) terem-se praticado todos os registos e atos de publicidade exigidos por lei para seu funcionamento;

d) haver satisfeito quaisquer exigências porventura constantes do decreto de autorização.

Art. 39. Comprovado o exigido no artigo anterior, será expedida, mediante requerimento da interessada, a carta-patente para funcionamento da sociedade, assinada pelo Ministro do Trabalho, Indústria e Comércio e pelo Diretor do Departamento Nacional de Seguros Privados e Capitalização, a qual, depois de registada na referida repartição, arquivada no Registo do Comércio da sede da sociedade e publicada no *Diário Oficial da União*, dará direito ao início das operações, preenchidas as demais exigências do presente decreto-lei.

CAPÍTULO IV

DAS CONDIÇÕES GERAIS PARA FUNCIONAMENTO

Art. 40. Para os efeitos da autorização para funcionamento, depósito de garantia inicial e outros da fiscalização das operações dos seguros, dividem-se estas em dois grupos:

1º seguros dos ramos elementares, entendendo-se como tais os que tenham por fim garantir perdas e danos, ou responsabilidades, provenientes de riscos de fogo, transporte, acidentes pessoais e outros eventos que possam ocorrer afetando pessoas ou coisas;

2º seguros de vida entendendo-se como tais os que, com base na duração da vida humana, tenham por fim garantir aos segurados ou terceiros o pagamento, dentro de determinado prazo e condições, de quantia certa, renda ou outro benefício.

§ 1º As sociedades de seguros de vida poderão assumir, acessoriamente ao risco principal, responsabilidades de dupla indenização, renda, ou dispensa de pagamento de prêmio em caso de invalidez e outros conexos.

§ 2º Poderão ser exploradas por uma mesma sociedade as operações dos dois grupos.

Art. 41. O depósito de garantia inicial de que trata o art. 38, alínea *a*, será de 200:000$0 (duzentos contos de réis) para as operações de qualquer um dos grupos referidos no artigo antecedente e de 400:000$0 (quatrocentos contos de réis) para as de ambos.

Parágrafo único. A garantia inicial responde especialmente pelas dívidas fiscais, pelas multas impostas por infrações da legislação especial sobre fiscalização das operações de seguros e pelas obrigações das sociedades para com os segurados e mutualistas, sendo considerada, nas sociedades anônimas, como parte do capital e, nas mútuas, como do fundo inicial.

Art. 42. É vedado às sociedades sujeitas ao regime do presente decreto-lei explorar qualquer outro ramo de comércio ou indústria, podendo, entretanto, exercer a administração de bens.

Art. 43. Não é permitido às sociedades sujeitas ao regime do presente decreto-lei, sem prévia aprovação do Governo Federal, fundir-se com outras, encampar ou ceder operações, modificar sua organização ou seu objeto e alterar seus estatutos ou seu capital.

Parágrafo único. O pedido de aprovação, instruído pelos documentos necessários ao estudo da legalidade, conveniência e oportunidade da resolução, será dirigido ao Ministro do Trabalho, Indústria e Comércio, por intermédio do Departamento Nacional de Seguros Privados e Capitalização, podendo o Governo recusar a aprovação pedida, ou concedê-la com restrições ou sob condições, que constarão do respectivo decreto.

Art. 44. Nos casos de fusão, encampação, ou cessão de operações e mudança de forma social, as sociedades requerentes são obrigadas a apresentar, com os demais documentos, os seus balanços gerais, levantados no momento da operação, bem como quaisquer outros comprobatórios de sua situação econômico-financeira.

§ 1º Examinada a operação pelo Departamento Nacional de Seguros Privados e Capitalização, em face dos documentos apresentados e de quaisquer outros que sejam exigidos, e também, si necessário, realizado o exame dos registos e da escrituração das requerentes, será o processo, devidamente informado e com o parecer do Diretor do aludido Departamento, encaminhado ao Ministro do Trabalho, Indústria e Comércio.

§ 2º Merecendo aprovação a pretendida operação, o Governo, por decreto, habilitará as contratantes a ultimarem-na, respeitados em toda a sua plenitude os direitos e interesses dos segurados ou mutualistas, e satisfeitas as condições que julgue conveniente estabelecer.

Art. 45. As sociedades não poderão abandonar ou mudar a exploração dos seus planos de operações, sem prévia comunicação ao Departamento Nacional de Seguros Privados e Capitalização.

Art. 46. As sociedades não poderão estabelecer no estrangeiro agências, ou sucursais, sem prévia autorização do Governo Federal, que a concederá por decisão do Ministro do Trabalho, Indústria e Comércio, mediante requerimento apresentado por intermédio do Departamento Nacional de Seguros Privados e Capitalização, o qual procederá como nos casos previstos no art. 44.

Parágrafo único. A autorização. poderá ser dada somente quando a requerente, além do capital e reservas obrigatoriamente aplicadas, de acordo com os dispositivos do presente decreto lei, tiver fundos disponíveis para seu novo estabelecimento.

Art. 47. As sociedades nacionais estabelecidas no estrangeiro, são obrigadas a separar, nos seus balanços gerais, contas de lucros e perdas e respectivos anexos, de modo preciso e claro, as operações realizadas fora do país, e a apresentar, conjuntamente, um relatório minucioso de tais operações, bem como, por documento hábil, as provas do balanço e contas de lucros e perdas submetidos à autoridade estrangeira competente ou, em sua falta, a da publicação desses documentos.

Art. 48. As. sociedades autorizadas a funcionar no país, qualquer que seja sua forma, não poderão despender com a sua organização, até ao início do funcionamento, mais de 10% (dez por cento) de seu capital realizado.

Art. 49. Expedida a carta-patente; o Departamento Nacional, de Seguros Privados e Capitalização resolverá sobre o pedido de aprovação tanto dos modelos de propostas e de apólices ou contratos, como das tarifas de prêmios e dos planos técnicos das operações, cujos exemplares todos deverão ser apresentados em triplicata, para que um deles seja devolvido à sociedade requerente, com a respectiva nota de aprovação.

§ 1º As apólices ou contratos de seguros deverão conter a declaração do capital de responsabilidade e da parte do realizado a que se refere o art. 53, correspondentes ao respectivo grupo de operações, bem como as cláusulas ou condições que. além de ser equitativas, assinalem, de modo claro e preciso, os direitos e obrigações das partes contratantes, sem infração de dispositivos legais de caráter imperativo.

§ 2º No caso de recusa de aprovação, cujo despacho será fundamentado, deverá a sociedade satisfazer as exigências da decisão.

§ 3º Qualquer novo modelo, ou alteração introduzida em modelos aprovados, deverá ser submetido à aprovação, bem como qualquer modificação nos planos técnicos ou nas tabelas de prêmios.

Art. 50. As sociedades sujeitas ao regime do presente decreto-lei são, em geral, obrigadas:

I – a prestar prontamente, e com exatidão, quaisquer declarações ou esclarecimentos exigidos pelo Departamento Nacional de Seguros Privados e Capitalização, e que interessem às atribuições e serviço destes;

II – a cumprir fielmente as determinações do Departamento Nacional de Seguros Privados e Capitalização a respeito dos atos de funcionamento, inclusive para exibição dos seus registos, livros de escrituração geral e quaisquer documentos que interessem a ação fiscalizadora;

III – a publicar anualmente, até ao fim de fevereiro, no *Diário Oficial da União*, ou no jornal oficial dos Estados, segundo o local da respectiva sede, e também em outro jornal de grande circulação, os balanços gerais de suas operações, contas de lucros e perdas, e o relatório de tais operações, salvo quando essa publicação dependa de prévia autorização do Departamento Nacional de Seguros Privados e Capitalização, segundo notificação deste a sociedade;

IV – a publicar, pela forma estabelecida no item anterior, até cinco dias após a realização das assembleias, as respectivas atas;

V – a fornecer aos segurados e mutualistas, que o solicitarem, um exemplar dos documentos referidos no item III;

VI – a manter nas matrizes e agências os registos exigidos pelo presente decreto-lei, com escrituração completa das operações efetuadas, permitindo o atraso desta até oito dias, podendo esse prazo ser elevado até sessenta dias, para a escrituração, nas matrizes, das operações das agências, segundo a demora dos meios de comunicação entre estas e aquelas;

VII – a enviar ao Departamento Nacional de Seguros Privados e Capitalização, independentemente de solicitação ou aviso:

a) dentro de cinco dias, contado das publicações regulares das atas das assembleias, a respectiva comprovação, acompanhada dos documentos comprobatórios da validade das reuniões;

b) dentro de cinco dias, contados da respectiva aprovação pela assembleia geral ordinária, uma cópia fiel e integral, devidamente autenticada pela administração da sociedade, do balanço geral, conta de lucros e perdas e anexos, relat6rio da administração e parecer do conselho fiscal, organizados de acordo com os modelos adotados pelo Departamento Nacional de Seguros Privados e Capitalização;

c) dentro de cinco dias. contados da data em que qualquer componente de órgão da administração ou do conselho fiscal tenha assumido ou deixado o exercício das funções, a respectiva comunicação, com a forma e data da ocorrência e comprovação da respectiva regularidade;

d) dentro de cinco dias, contados da data em que qualquer representante acreditado para os fins previstos no art. 127 e seus parágrafos tenha assumido ou deixado o exercício das suas funções a respectiva comunicação, com a forma e data da ocorrência e comprovação de sua regularidade, inclusive certidão do instrumento de outorga de poderes;

e) dentro de cinco dias, contados do pagamento de qualquer imposto que incida diretamente sobre operações de seguros ou sorteios relacionados com tais operações, a respectiva comprovação;

f) dentro de cinco dias, contados das publicações a que forem obrigadas por lei, regulamentos ou estatutos sociais, as respectivas comprovações;

g) dentro de sessenta dias contados da terminação de cada trimestre, os dados estatísticos das operações efetuadas durante o referido período, organizados de acordo com as normas e instruções fornecidas pelo Departamento Nacional de Seguros Privados e Capitalização;

h) dentro dos últimos quinze dias de cada ano uma declaração das modalidades de seguros em que pretendam operar no ano seguinte.

Seção I
DO CAPITAL E DO FUNDO INICIAL

Art. 51. As sociedades anônimas, uma vez autorizadas a funcionar, ficam obrigadas a realizar em dinheiro, dentro do prazo a que se refere o art. 38, metade, pelo menos do capital subscrito, não podendo, porém, a realização ser inferior ao capital mínimo de que tratam o art. 8º e seu parágrafo.

Parágrafo único. O restante do capital subscrito deverá ser realizado no prazo máximo de dois anos, contados da publicação do decreto de autorização, conforme as prescrições dos estatutos sociais, ou em menor prazo segundo as exigências do Departamento Nacional de Seguros Privados e Capitalização.

Art. 52. As sociedades mútuas, uma vez autorizadas a funcionar, ficam obrigadas a realizar em dinheiro, dentro do prazo a que se refere o art. 38, os restantes 80% (oitenta por cento) do fundo inicial.

Art. 53. Metade do capital realizado das sociedades anônimas, ou do fundo inicial das mútuas, constituirá permanentemente garantia suplementar das reservas técnicas, e será empregada na forma prevista neste decreto-lei.

Parágrafo único. Serão considerados como integrantes dessa parte do capital realizado ou do fundo inicial os bens constitutivos dos depósitos a que se refere a alínea *a* do art. 38, bem como as ações do Instituto de Resseguros do Brasil.

Art. 54. A parte do capital realizado, ou do fundo inicial de que trata o artigo anterior, será empregada pela forma abaixo, guardadas, na distribuição de inversões, as necessárias cautelas quanto à maior ou menor facilidade de negociação dos bens e a possível depreciação de valores;

a) em depósitos em Bancos no país;

b) em títulos da dívida pública federal interna;

c) em títulos da dívida pública interna estadual ou do Distrito Federal, e cuja cotação não seja inferior a 70% (setenta por cento) do valor nominal;

d) em títulos que gozem da garantia da União, dos Estados ou do Distrito Federal, e que satisfaçam as condições da alínea anterior;

e) em ações integralizadas e debentures, emitidas por sociedades, ou bancos, com sede no Brasil, e de fácil negociação nas bolsas do país, desde que, há mais de três anos, não tenham tido cotação inferior a 70% (setenta por cento) do valor nominal;

f) em empréstimos sob caução dos títulos referidos nas alíneas anteriores, até ao máximo de 80% (oitenta por cento) do valor desses títulos pela cotação oficial;

g) em imóveis urbanos situados no Distrito Federal e nas capitais ou principais cidades dos Estados;

h) em hipotecas sobre imóveis urbanos nas condições precedentes, até ao máximo de 50% (cinquenta por cento) do seu valor.

Parágrafo único. Os títulos ao portador deverão ser depositados em Bancos no país, ou, mediante autorização do Departamento Nacional de Seguros Privados e Capitalização, em outros estabelecimentos de que não possam ser retirados sem permissão do mesmo Departamento.

Art. 55. A parte do capital, ou do fundo inicial, a que se refere o art. 53. não pode ser objeto de alienação ou qualquer transação, por parte das sociedades sem prévia autorização do Departamento Nacional de Seguros Privados e Capitalização, no qual deverão ser inscritos os bens em que estejam empregados, de acordo com instruções expedidas pelo mesmo Departamento.

Art. 56. O capital das sociedades anônimas, ou o fundo inicial das mútuas, será comum a todas as operações, embora pertinentes estas a mais de um dos grupos a que se refere o art. 40; entretanto, a parte do realizado a que se refere o art. 53 constituirá garantia suplementar e especial das reservas técnicas dos respectivos grupos,

Seção II

DISPOSIÇÕES ESPECIAIS REFERENTES AS OPERAÇÕES DOS RAMOS ELEMENTARES

Subseção I

DAS RESERVAS DE GARANTIA

Art. 57. As sociedades que tenham por objeto operações dos ramos elementares são obrigados a constituir, em garantia das mesmas, as seguintes reservas:

I – Reservas técnicas :

a) de riscos não expirados;

b) de sinistros a liquidar;

c) de contingência.

II – Reserva para oscilação de títulos.

Art. 58. A reserva de riscos não expirados será avaliada da seguinte forma:

I – quanto aos riscos de transportes contratados por viagem, em 25% (vinte e cinco por cento) dos prêmios líquidos correspondentes às responsabilidades efetivamente assumidas nos três meses anteriores a data da avaliação;

II – quanto aos demais riscos:

a) para os seguros com pagamentos de prêmios anuais, em 30% (trinta por cento) dos prêmios líquidos arrecadados durante os doze meses anteriores a avaliação;

b) para os seguros de prazo superior ao ano, com pagamentos adiantados de prêmios 30% (trinta por cento) da fração do prêmio correspondente aos doze meses anteriores à avaliação mais 60% (sessenta por cento) da fração dos prêmios correspondentes aos anos futuros;

c) 100% (cento por cento) dos prêmios a receber na data da avaliação.

Parágrafo único. Entende-se por prêmio líquido a importância que o segurado ou ressegurado se obriga a pagar à seguradora, ou ao ressegurador, pelo risco assumido no contrato, deduzida apenas a parte correspondente ao resseguro ou retrocessão, no país, e às anulações e restituições.

Art. 59. A reserva de sinistros a 1iquidar corresponderá na data de sua avaliação à importância total das indenizações a pagar por sinistro ocorrido, tomando-se por base do respectivo cálculo:

a) o valor convencionado, no caso de ajuste entre segurado e seguradora;

b) o valor reclamado pelo segurado, quando não tenha sido impugnado pela seguradora;

c) o valor estimado pela seguradora e aceito pelo Departamento Nacional de Seguros Privados e Capitalização quando o segurado não tenha indicado a avaliação do dano;

d) o valor igual a metade da soma da importância reclamada pelo segurado a da oferecida pela seguradora, ao caso de divergência de avaliações;

e) o valor fixado por qualquer procedimento judicial, ainda que não definitivo;

f) o valor estimado pelo Departamento Nacional de Seguros privados e Capitalização quando: a seguradora, com fundamento no contrato se julgue desobrigada de qualquer pagamento.

Parágrafo único. Nos casos, em que haja resseguro no país, de responsabilidades garantidas pela reserva de que trata este artigo, do valor da mesma será reduzida a parte correspondente ao resseguro a qual será computada na reserva da resseguradora.

Art. 60. Recebido a aviso de qualquer sinistro, ficam as sociedades obrigadas a constituir a respectiva reserva de acordo com os arts. 59 e 65.

Art. 61. A reserva de contingência, que servirá para suprir quaisquer deficiências que porventura se verifiquem nas reservas de riscos não expirados e de sinistros a liquidar, será formada pela acumulação de 2% (dois por cento dos prêmios líquidos anuais, até que seu valor atinja ao da metade da reserva de riscos não expirados.

Art. 62. A reserva para oscilação de títulos será igual a depreciação total que se verificar no conjunto dos títulos a data da avaliação dessa reserva, tendo em vista a última cotação oficial em relação ao valor de aquisição dos mesmos títulos, quando essa depreciação não for superior a 5% (cinco por cento) deste último valor.

Parágrafo único. Sendo a depreciação total maior do que a referida na parte final deste artigo, a reserva far-se-á anualmente, por quotas iguais a 5% (cinco por cento) do valor de aquisição dos títulos, até atingir a depreciação apurada.

Art. 63. A constituição das reservas a que se refere o art. 57 independe da apuração de lucros.

Art. 64. As reservas técnicas constituem garantia especial dos portadores de apólices em vigor e dos segurados credores de indenizações ajustadas ou por ajustar, os quais terão sobre elas privilégio especial.

Parágrafo único. Por essas reservas, no caso de insuficiência dos seus fundos e do referido no art. 58, responderão o restante do capital, ou do fundo inicial, e os demais bens da sociedade.

Art. 65. As reservas técnicas deverão ser empregadas da seguinte forma: as de riscos não expirados e de continência, com exceção da parcela a que se refere a alínea *c* do item II do artigo 58 em qualquer dos bens especificados no art. 54; e a de sinistros a liquidar, nas espécies de bens a que se referem os itens *a*, *b* e *c* deste último artigo.

Parágrafo único. Os títulos ao portador deverão ser depositados em Bancos no país, ou, mediante autorização do Departamento Nacional de Seguros Privados e Capitalização em outros estabelecimentos, de que não possam ser retirados sem permissão do mesmo Departamento.

Art. 66. Os bens garantidores das reservas técnicas não poderão ser alienados ou onerados, nem servir a quaisquer outros fins que não os previstos no presente decreto-lei e serão inscritos no Departamento Nacional de Seguros Privados e Capitalização, de acordo com instruções por este expedidas.

Parágrafo único. Os bens de que trata este artigo não poderão ser movimentados sem prévia autorização do Departamento Nacional de Seguros Privados e Capitalização, conforme instruções por este expedidas.

SUBSECÇÃO II

DO LIMITE DE RESPONSABILIDADE EM CADA RISCO ISOLADO – RESSEGURO E COSSEGURO

Art. 67. As sociedades de seguros não poderão guardar em cada risco isolado responsabilidade cujo valor não se enquadre nos limites constantes de suas tabelas de retenções, devidamente aprovadas.

§ 1º As tabelas a que alude este artigo, organizadas tendo-se em vista a situação econômico-financeira e demais condições das operações da sociedade requerente, serão por esta apresentadas a aprovação do Departamento Nacional de Seguros Privados e Capitalização, por intermédio do Instituto de Resseguros do Brasil, que opinará a respeito.

§ 2º O Departamento Nacional de Seguros Privados e Capitalização poderá aprovar as tabelas com modificações relativas aos limites apresentados e as demais condições de organização.

Art. 68. As alterações nas tabelas de que trata o artigo anterior só vigorarão depois de aprovadas pela forma no mesmo estatuída, ressalvado o disposto no art. 48 e seus parágrafos do Decreto-lei nº 1.805, de 27 de novembro de 1939.

Art. 69. Das decisões do Departamento Nacional de Seguros Privados e Capitalização, quando discordantes do parecer do Instituto de Resseguros do Brasil, poderá este recorrer para o Ministro do Trabalho, Indústria e Comércio.

Art. 70. Os limites máximos de responsabilidade em seguros diretos não poderão ser superiores aos seguintes:

I – Para as sociedades com ativo líquido igual ou inferior 1.000:000$0 (mil contos de réis), 20% (vinte por cento) desse ativo.

II – Para as sociedades com ativo líquido superior a 1.000:000$0 (mil contos de réis), os obtidos pela expressão:

$$L = 1000\left[1{,}1 - \frac{4500}{a + 4000}\right]$$

onde a representa o ativo líquido em contos de réis e L o limite procurado, na mesma unidade. Os valores desse limite são exemplificados na tabela seguinte:

a ativo líquido (contos de réis)	L limite de retenção (contos de réis)
1.000	200
1.500	282
2.000	350
2.500	408
3.000	457
3.500	500
4.000	538
4.500	571
5.000	600

Parágrafo único. A aplicação dos limites de retenção nas aceitações das sociedades, oriundos de retrocessões do Instituto de Resseguros do Brasil, fica sujeita ao disposto no art. 13, do Decreto-lei nº 1.805, de 27 de novembro de 1939.

Art. 71. Entende-se como um só risco, ou risco isolado, o conjunto de objetos de seguro que possam ser normalmente atingidos por um mesmo evento.

Art. 72. Considera-se ativo líquido, para os efeitos da determinação do limite de responsabilidade, o total de fundos sociais aplicados nos bens especificados nos arts. 53, parágrafo único, 54 e 212 do presente decreto-lei, deduzidas do seu valor as importâncias correspondentes a:

a) reserva para oscilação de títulos;

b) reserva de sinistros a liquidar;

c) todas as dívidas para com terceiros;

Art. 73. Todas as responsabilidades que não forem retidas pelas sociedades seguradoras deverão ser resseguradas, no ato da aceitação do seguro, no Instituto de Resseguros do Brasil ou pela forma prevista no art. 74, e dentro do prazo concedido pelo Instituto para manutenção da cobertura, no caso de cancelamento de responsabilidade por sua parte.

Parágrafo único. Esgotado o prazo de que trata o final deste artigo, sem que tenha sido conseguida a necessária cobertura, deverá a sociedade incontinenti cancelar a responsabilidade excedente de sua retenção, com imediata comunicação ao segurado e devolução, a este, da parte do prêmio correspondente.

Art. 74. Poderão as sociedades ressegurar em outras seguradoras no país as responsabilidades excedentes das suas retenções, quando o Instituto de Resseguros do Brasil não tenha aceito, ou haja cancelado, o resseguro das aludidas responsabilidades.

§ 1º Não encontrando as sociedades colocação no país para os resseguros das responsabilidades a que se refere este artigo, poderão fazê-lo no estrangeiro, por intermédio do Instituto de Resseguros do Brasil, ou diretamente, se este se recusar a intervir na operação.

§ 2º Dentro do prazo de oito dias, contados da colocação do resseguro no estrangeiro, as sociedades levarão o fato ao conhecimento do Departamento Nacional de Seguros Privados e Capitalização, comprovando a impossibilidade da operação no pais e declarando o nome e sede da resseguradora, importância ressegurada, prêmio pago, início e fim do resseguro e natureza e classe do risco ressegurado.

§ 3º A comunicação a que alude o parágrafo anterior será feita por intermédio do Instituto de Resseguros do Brasil, que opinará a respeito da regularidade da operação.

Art. 75. Nos casos de resseguros no estrangeiro, ficarão integralmente no país em poder das sociedades cedentes, as reservas de garantia correspondentes às responsabilidades resseguradas.

Art. 76. As sociedades poderão, em casos excepcionais, recusar as retrocessões do Instituto de Resseguros do Brasil, mediante ampla e cabal justificação, a juízo deste, em cada ocorrência.

Art. 77. Poderão ser seguradas no estrangeiro as responsabilidades sobre riscos que não encontram cobertura no país.

§ 1º A operação indicada neste artigo deverá ser feita por intermédio do Instituto de Resseguros do Brasil, que, entretanto, poderá deixar de intervir na operação.

§ 2º Na hipótese a que se refere o final do parágrafo anterior, a operação dependerá de autorização do Departamento Nacional de Seguros Privados e Capitalização, para o que o Instituto de Resseguros do Brasil lhe transmitira, com parecer a respeito, o pedido do interessado, acompanhado dos elementos necessários ao conhecimento da operação e de sua regularidade.

Art. 78. Quando duas ou mais sociedades assumirem, em cosseguro, responsabilidade sobre um mesmo seguro direto, cada uma delas fica obrigada a ressegurar no Instituto de

Resseguros do Brasil, o mínimo de 20% (vinte por cento) da responsabilidade assumida.

Art. 79. Nos casos de cosseguros é permitida a emissão de uma única apólice, cujas condições valerão integralmente para todas as cosseguradoras.

Parágrafo único. Além das demais declarações necessárias a,apólice conterá os nomes de todas as cosseguradoras e, por extenso os valores das respectivas responsabilidades assumidas, e será assinada pelos representantes legais de cada sociedade cosseguradora.

Art. 80. O cosseguro contra risco de fogo, regular-se-á, pelas disposições seguintes:

I – Para os efeitos do art. 78, constituem um mesmo seguro direto, quando pertencentes ao mesmo proprietário :

a) os imóveis situados em um mesmo terreno, ou em contíguos, e os bens móveis que os guarneçam, ou nele se abriguem, excluídos os móveis e utensílios domésticos ou de escritório;

b) os seguros de depósitos de café, de armazéns gerais, e os seguros suplementares de stocks de fábricas, salvo si o segurado declarar na proposta que, na vigência do seguro, nenhuma outra sociedade participará do risco, declaração esta que deverá ser reproduzida na apólice.

II – O Instituto de Resseguros do Brasil poderá estabelecer limites e condições dentro dos quais as sociedades fiquem dispensadas do resseguro de que trata o art. 78.

III – Das propostas e apólices de seguros constará: a declaração de existir, ou não, outro seguro sobre o mesmo risco, ou sobre bens móveis, ou imóveis, considerados como objeto. do mesmo seguro, na forma do item I deste artigo; quais os nomes dos cossegurados e suas responsabilidades, e o conceito de um mesmo risco, ou risco isolado, contido no item acima referido.

IV – A declaração de que trata o item anterior deverá figurar de forma destacada.

V – Quando o segurado transformar o seguro em cosseguro, os novos cosseguradores ficam obrigados ao resseguro de que trata o art. 78.

Subsecção III

DOS PRÊMIOS, REGISTROS, E OUTRAS OBRIGAÇÕES

Art. 81. Os prêmios dos seguros dos ramos elementares serão sempre calculados na base de um ano de curso dos riscos, tendo-se em vista a natureza e as condições do objeto, segundo as determinações da respectiva tarifa.

Art. 82. É permitida a emissão de apólices com prazo de vigência até cinco anos.

Parágrafo único. Nos casos de seguros contratados por prazo superior a um ano, será. permitido desconto sobre prêmios pagos adiantadamente, de acordo com as condições estabelecidas na respectiva tarifa.

Art. 83. As sociedades submeterão à aprovação do Departamento Nacional de Seguros Privados e Capitalização as suas tarifas de prêmios mínimos, dependendo igualmente dessa aprovação quaisquer alterações a introduzir nas mesmas ou inclusões de novas classes de riscos.

Art. 84. A aquisição de qualquer seguro não poderá ser feita senão mediante proposta assinada pelo interessado ou seu representante legal, ou por corretor devidamente habilitado.

Parágrafo único. Quando o seguro tiver sido adquirido por intermédio de corretor, a seguradora poderá pagar-lhe a comissão de aquisição até o máximo estabelecido na respectiva tarifa.

Art. 85. As apólices deverão ser emitidas em ordem numérica crescente, sendo distinta a numeração relativamente a cada modalidade de seguro e a cada agência emissora.

Art. 86. Poderão ser emitidas, para seguro de transporte das mercadorias, ou seguro de fogo de mercadorias depositadas em armazéns gerais, trapiches e fábricas, apólices com valor máximo determinado, para serem utilizadas por meios de averbações, desde que seja grande a variabilidade do valor dos respectivos *stocks*.

Seção III

DISPOSIÇÕES ESPECIAIS REFERENTES ÀS OPERAÇÕES DE SEGUROS DE VIDA

Subsecção I

DOS PLANOS DE OPERAÇÕES E DAS RESERVAS DE GARANTIA

Art. 87. As sociedades de seguros de vida só poderão operar nas modalidades aceitas pelo Departamento Nacional de Seguros Privados e Capitalização, segundo planos por este aprovados previamente.

Art. 88. Além dos esclarecimentos que exigir o Departamento Nacional de Seguros Privados e Capitalização para o conveniente estudo dos planos submetidos à sua aprovação, as sociedades requerentes ficarão obrigadas a apresentar-lhe, em triplicata, assinadas as respectivas folhas pelo atuário responsável, os seguintes elementos:

a) tábuas de mortalidade, invalidez e outras utilizadas no cálculo dos prêmios puros e reservas, bem como a indicação da taxa de juros adotada;

b) exposição do método atuarial, e indicação das fórmulas relativas aos prêmios puros e reservas, e valores garantidos (resgate, seguros saldados, e análogos).;

c) tabela dos prêmios puros, de inventário e comerciais;

d) limites de retenção de responsabilidades sobre uma mesma vida;

e) tabelas completas dos valores garantidos;

f) forma.de carregamento e as respectivas fórmulas de sua distribuição para despesas de aquisição, gestão, cobrança, e outras.

§ 1º As tabelas mencionadas na alínea *e* deverão conter os valores relativos a todas as idades inteiras compreendidas entre os limites mínimo e máximo em que, nas condições normais do plano, possam ser aceitos seguros.

§ 2º Dependendo o prêmio, além da idade, do prazo limitado do seu pagamento e da duração do seguro, poderão as tabelas indicadas na alínea *c* referir-se apenas a valores correspondentes a intervalos quinquenais dos prazos ou durações.

§ 3º Em casos especiais, a critério do Departamento Nacional de Seguros Privados e Capitalização, em virtude de pedido justificado das sociedades, poderão as tabelas a que se referem as alineas *c* e *e* ser reduzidas a menor número de valores.

Art. 89. As sociedades submeterão também a aprovação, na parte referente aos planos com participação em lucros, o modo de apuração destes bem como o critério de sua distribuição aos segurados.

Parágrafo único. Não serão permitidas condições ou formas de participação com caráter rotineiro.

Art. 90. Quaisquer alterações nos planos a que se referem os artigos anteriores dependerão de prévia aprovação do Departamento Nacional de Seguros Privados e Capitalização.

Art. 91. Os lucros a que tenham direito os segurados serão atribuídos anualmente às respectivas apólices, devendo, entretanto, seu pagamento ser feito em prazos não excedentes de três anos.

Art. 92. Em caso de morte do segurado ou de terminação do prazo do seguro, os lucros porventura devidos serão pagos juntamente com o capital garantido pelo contrato.

Art. 93. As sociedades de seguros de vida são obrigadas a constituir, em garantia de suas operações, as seguintes reservas:

I – Reservas técnicas:

a) reserva matemática;

b) reserva de seguros vencidos;

c) reserva de sinistros a liquidar;

d) reserva de contingência.

II – Reserva para oscilação de títulos.

Parágrafo único. As sociedades constituirão as reservas matemáticas das responsabilidades que tenham retidas.

Art. 94. As reservas matemáticas compreenderão todos os compromissos relativos aos contratos de seguros em caso de vida, de morte, mistos, e outros, bem como às cláusulas adicionais de dispensa de prêmios e pagamentos de rendas em caso de invalidez, e aumento de capital segurado das apólices com participação em lucros.

Art. 95. As reservas de que trata o artigo anterior não poderão ser inferiores às que corresponderem as bases técnicas em que forem calculados os prêmios, observado sempre o limite mínimo estabelecido pelo parágrafo único deste artigo.

Parágrafo único. Enquanto não forem organizadas as tabelas a que se refere o art. 191, as reservas matemáticas pão poderão ser inferiores às calculadas pela tábua American Experience, à taxa de juros de 5% (cinco por cento) ao ano, em relação aos seguros de vida, e pela tábua RF, a mesma taxa, quanto a rendas.

Art. 96. Das reservas matemáticas poderão ser descontadas as parcelas ainda não amortizadas das despesas de aquisição, nas quais se compreenderão, pelo menos, a comissão de primeiro ano e o custo do exame médico.

§ 1º As despesas de aquisição, que servirão de base ao cálculo referido neste artigo, não poderão ser superiores à diferença entre o prêmio puro do contrato e o prêmio puro do seguro temporário por um ano.

§ 2º As importâncias admitidas como despesas de aquisição das apólices em vigor deverão ser amortizadas em cinco anos, por quotas iguais, em cada exercício,

§ 3º Em relação aos contratos celebrados nos doze meses anteriores à avaliação da reserva, não poderão ser descontadas despesas superiores a 50% (cinquenta por cento) dos prêmios líquidos de primeiro ano realmente arrecadados no dito período e relativos às apólices em vigor na data da avaliação.

Art. 97. As reservas de seguros vencidos e sinistros a liquidar corresponderão, na data de sua avaliação, a importância total dos capitais garantidos a pagar em consequência de vencimentos de contratos ou de sinistros ocorridos.

Art. 98. A reserva de contingência, que servirá para suprir quaisquer deficiências que porventura se verifiquem nas reservas matemáticas, nas de seguros vencidos e nas de sinistros a liquidar, será, formada pela acumulação de parte dos prêmios recebidos de acordo com o seguinte critério: 1% dos prêmios, até que a importância desta reserva atinja ao valor de 5% (cinco por cento) das reservas matemáticas, e daí por diante 1/2% (meio por cento) até que esta reserva atinja ao valor de 10% (dez por cento) das reservas matemáticas, não sendo obrigatório o aumento desta reserva enquanto for igual ou superior a esse limite.

Art. 99. A reserva para oscilação de títulos será igual à depreciação total que se verificar no conjunto dos títulos, à data da avaliação dessa reserva, tendo em vista a última cotação oficial em relação ao valor de aquisição dos mesmos títulos, quando essa depreciação não for superior a 5% (cinco por cento) deste último valor.

Parágrafo único. Sendo a depreciação total maior do que a referida na parte final deste artigo, a reserva far-se-á anualmente, por quotas iguais a 5% (cinco por cento) do valor de aquisição dos títulos, até atingir a depreciação apurada.

Art. 100. De parte dos lucros apurados cada ano com os seguros de participação, poderão as sociedades formar um fundo de estabilização, cuja limitação e critério de constituição serão previamente aprovados pelo Departamento Nacional de Seguros Privados e Capitalização.

Parágrafo único. O fundo de que este artigo trata será considerado para todos os efeitos parte integrante das reservas técnicas dos contratos com participação em lucros.

Art. 101. As reservas técnicas, inclusive o fundo de estabilização de lucros a que se refere o art. 100, constituem garantia especial dos portadores de apólices em vigor e dos credores de capitais garantidos por seguros vencidos ou sinistros ocorridos, portadores e credores esses que terão sobre tais reservas privilégio especial.

Parágrafo único. Pelas reservas de que cogita este artigo, no caso de insuficiência de seus fundos e do referido no art. 53, responderão o restante do capital, ou do fundo inicial, e os demais bens da sociedade.

Art. 102. As reservas técnicas deverão ser empregadas de acordo com o estabelecido no art. 54, admitida também a aplicação:

a) em empréstimos a segurados, sob caução das próprias apólices, nos limites das respectivas reservas;

b) em valores em moeda estrangeira, unicamente para garantia de contratos efetuados regularmente, no país, na mesma moeda, mediante aprovação do Departamento Nacional de Seguros Privados e Capitalização.

§ 1º As reservas de seguros vencidos e sinistros a liquidar poderão ser empregadas somente nas espécies de bens especificadas nas alíneas *a*, *b* e *c* do art. 54.

§ 2º Os títulos ao portador deverão encontrar-se depositados em Bancos no país, ou, mediante autorização do Departamento Nacional de Seguros Privados e Capitalização, em outros estabelecimentos, de que não possam ser retirados sem permissão do mesmo Departamento.

Art. 103. Os bens garantidores das reservas técnicas não poderão ser alienados ou onerados, nem servir a quaisquer outros fins os previstos neste decreto-lei, e serão inscritos ao Departamento Nacional de Seguros Privados e Capitalização, de acordo com as instruções que este expedir.

Parágrafo único. Os bens a que este artigo se refere e os garantidores do fundo de estabilização de lucros não poderão ser movimentadas sem prévia autorização do Departamento Nacional de Seguros Privados e Capitalização, conforme instruções por este expedidas.

Art. 104. As reservas técnicas de garantia de responsabilidades assumidas por sucursais no estrangeiro ficam excluídas do regime estabelecido nesta subsecção, devendo regular-se segundo as legislações e exigências dos governos dos países em que tais responsabilidades tenham sido assumidas.

Subseção II

LIMITES DE RESPONSABILIDADES – RESSEGUROS

Art. 105. As sociedades não poderão guardar sobre uma só vida responsabilidades que não se enquadrem nos limites constantes das suas tabelas de retenções, devidamente aprovadas pelo Departamento Nacional de Seguros Privados e Capitalização com observância dos princípios estabelecidos nos arts. 67 a 69.

§ 1º Em caso algum os limites máximos de responsabilidades a reter poderão ser superiores à importância de 5% (cinco por cento) do capital, ou do fundo inicial, empregado nos bens especificados no art. 54, mais 2,5% (dois e meio por cento) dos prêmios arrecadados no exercício anterior.

§ 2º Verificando-se que a importância calculada na forma do parágrafo anterior excede 400:000$0 (quatrocentos contos de réis), será essa importância, considerada como limite máximo, que poderá, entretanto, ser aumentado pelo Departamento Nacional de Seguros Privados e Capitalização, mediante pedido fundamentado da sociedade interessada, após audiência do Instituto de Resseguros do Brasil, observado o disposto no final do art. 67, § 1º, e no art. 69.

Art. 106. Terá inteira aplicação as sociedades e as operações de seguros de vida o disposto nas arts. 73 a 77 do presente decreto-lei.

Subseção III

DAS PROPOSTAS DE SEGUROS E EMISSÃO DE APÓLICES

Art. 107. A aquisição de qualquer seguro não poderá ser feita senão mediante proposta.

Art. 108. A proposta para realização do seguro, que deverá ser assinada pelo interessado ou seu representante legal, e a apólice deverão conter as condições gerais do contrato, inclusive as vantagens garantidas pela sociedade e os casos de decadência, caducidade e eliminação ou redução dos direitos do segurado ou benefícios instituídos sendo que da apólice deverá ainda constar o quadro de garantias aprovado pelo Departamento Nacional de Seguros Privados e Capitalização.

Parágrafo único. A aceitação ou recusa do seguro deverá decidir-se no prazo de noventa dias, contados da apresentação da proposta. Se não o for, o proponente terá o direito de desistir do seguro e pedir a restituição de qualquer importância porventura paga adiantadamente a sociedade.

Art. 109. É proibida a estipulação de qualquer contrato de seguro sobre a vida de menores de quatorze anos de idade, sendo, porém, permitida a constituição de seguros pagáveis em caso de sobrevivência, estipulando-se, ou não, a restituição dos prêmios em caso de falecimento do segurado.

Art. 110. As apólices devem ser emitidas em ordem numérica crescente, distinta para as matrizes e cada agência emissora, podendo ser usada uma numeração especial para cada tipo de seguro.

Seção IV

DISPOSIÇÕES COMUNS AOS DOIS GRUPOS DE OPERAÇÕES

Art. 111. As sociedades são obrigadas a manter, nas suas matrizes e agências, o registo total do movimenta de suas operações, especialmente do seguinte:

a) propostas de seguros recebidas, apólices emitidas, renovações de contratos aditamentos a estes, averbações em apólices abertas e prêmios recebidos ou a receber;

b) responsabilidades assumidas em um só risco, resseguros cedidos e aceitos;

c) sinistros ocorridos, seguros pagos, reclamações de indenizações por sinistro, seguros devidos por vencimentos dos contratos, ou por sinistros e indenizações a receber;

d) elementos necessários ao cálculo de quaisquer reservas;

e) dados necessários a determinação de custo do risco, e das taxas reais de mortalidade por idade nos vários planos;

f) emprego de capitais e reservas.

g) Os registos de que trata este artigo constarão de livros, fichas ou folhas soltas e serão organizados de acordo com os modelos e instruções expedidos pelo Departamento Nacional de Seguros Privados e Capitalização.

§ 2º As agências terão semente o registo dos elementos referentes as operações e atos a seu cargo quanto necessários à fiscalização do Departamento Nacional de Seguros Privados e Capitalização na forma das instruções por este expedidas.

Art. 112. As sociedades possuirão em arquivo, nas matrizes e agências, devidamente colecionadas em ordem numérica, cópias de todas as apólices e das respectivas propostas.

Parágrafo único. As agências terão e arquivo indicado neste artigo somente em referência, aos contratos que celebrarem.

Art. 113. Os relatórios das operações de cada exercício financeiro, que as diretorias das, sociedades deverão submeter à, apreciação das assembleias gerais ordinárias, conterão, além de quaisquer outros esclarecimentos, aqueles que lhe forem exigidos pelo Departamento Nacional de Seguros Privados e Capitalização, conforme instruções por este expedidas.

Art. 114. Os balanços contas de lucros e perdas e respectivos anexos, bem como os quadros estatísticos das operações, serão organizadas. de acordo com os modelos e instruções expedidos pelo Departamento Nacional de Seguros Privados e Capitalização.

Parágrafo único. Os bens do ativo constarão dos balanços pelo respectivo valor de aquisição

Art. 115. O Departamento Nacional de Seguros Privados e Capitalização poderá determinar as sociedades todas as medidas e providências destinadas a que a forma de escrituração contábil e a demais registros, inclusive os de natureza estatística satisfaçam necessidades fiscalização.

Art. 116. As sociedades são obrigadas a amortizar, cada ano, e independentemente de lucros, as despesas de organização a que se refere o art. 48 e as de instalação, em 20% (vinte por cento) do valor inicial dessas despesas.

Art. 117. A conta representativa de móveis e utensílios deverá sofrer, por ocasião do encerramento do balanço, independentemente de lucros, a depreciação de 20% (vinte por cento) do seu valor.

Art. 118. As sociedades poderão formar, com parte dos lucros anuais, fundos para as amortizações e depreciações a que se referem os arts. 116 e 117.

Art. 119. As sociedades são obrigadas a amortizar, independentemente de lucros, os créditos que o Departamento Nacional de Seguros Privados e Capitalização considerar incobráveis.

Art. 120. O exercício financeiro das sociedades compreenderá o período de 1 de janeiro a 31 de dezembro de cada ano.

Art. 121. As sociedades não poderão distribuir lucros ou quais quer fundos correspondentes a reservas patrimoniais, desde que essa distribuição possa afetar a aplicação obrigatória do capital e reservas, conforme o disposto no presente decreto-lei.

§ 1º A distribuição de lucros só se fará mediante apuração regular no encerramento de cada exercício financeiro.

§ 2º Fora da época referida no parágrafo anterior, só serão distribuídos, mediante autorização do Departamento Nacional do Seguros Privados e Capitalização, os lucros retirados de reservas constituídas especialmente para esse fim.

Art. 122. 50% (cinquenta por cento) de todos os fundos e reservas patrimoniais das sociedades deverão estar representados por bens especificados no art. 54 deste decreto-lei.

Art. 123. Além da aplicação integral, na forma deste decreto-lei, das reservas obrigatórias, da metade do capital realizado e da metade dos fundos e reservas patrimoniais, as sociedades deverão apresentar em seu ativo bens de real valor, a juízo do Departamento Nacional de Seguros Privados e Capitalização, para liquidação de suas obrigações para com terceiros.

Art. 124. O ativo para cobertura obrigatória do capital e reservas será avaliado computando-se os títulos de renda pelo valor da última cotação oficial, não podendo, porém, esses títulos ser escriturados por importância superior ao preço de aquisição.

Art. 125. As sociedades que apresentarem situação deficitária, estando seus bens imóveis valorizados, poderão requerer ao Departamento Nacional de Seguros Privados e Capitalização autorização para levar em conta, no seu ativo, quantia correspondente ao déficit, até ao máximo de 50% (cinquenta por cento) da valorização verificada.

Parágrafo único. A autorização prevista neste artigo será concedida mediante avaliação efetuada ou aprovada pelo Departamento.

Art. 126. As sociedades não poderão distribuir aos segurados comissões ou bonificações de qualquer espécie, nem tão pouco conceder-lhes vantagens especiais que importem em dispensa ou diminuição de prêmios ou de quaisquer contribuições a que estejam obrigados os demais segurados em idênticas condições.

Art. 127. As sociedades são obrigadas a manter pelo menos nas respectivas capitais, nos Estados em que tiverem riscos em vigor ou responsabilidades não liquidadas, representantes para atender aos portadores de apólices ou interessados em contratos de seguros.

§ 1º Ao representante a que este artigo alude cabe receber e resolver reclamações, acordar a respeito, fazer pagamento de indenizações e de capitais garantidos, receber primeiras citações e representar a sociedade perante o Departamento Nacional de Seguros Privados e Capitalização, inclusive no tocante as obrigações impostas pelo presente decreto-lei às sociedades.

§ 2º Aos representantes com poderes de emitir apólices cabem todas as atribuições fixadas no parágrafo anterior.

§ 3º No caso de encerramento de operações de qualquer agência emissora, são as sociedades obrigadas a manter na sede dessa agência o representante a que se refere este artigo.

CAPÍTULO V

DO REGIME ESPECIAL DE FISCALIZAÇÃO

Art. 128. Quando as sociedades não mantiverem integralmente cobertas, pela forma prevista neste decreto-lei, a parte do capital ou do fundo inicial a que se refere o art. 53 e as reservas técnicas, ou quando não satisfizerem as condições constantes do art. 123, ameaçando de modo iminente os interesses e direitos dos segurados, a juízo do Departamento Nacional de Seguros Privados e Capitalização, poderá este, além de quaisquer outras providências cabíveis, e na medida do conveniente ou necessário :

I – Exigir-lhes:

a) o levantamento de balanços extraordinários e balancetes;

b) a diminuição de despesas, inclusive a suspensão ou redução de pagamento de lucros aos associados;

c) a realização ou aumento de capital;

d) a inalienabilidade de quaisquer bens;

e) o recolhimento obrigatório de parte dos prêmios arrecadados, em conta especial de Bancos, no país, sob a condição de seu movimento depender de autorização do Departamento.

II – Proibir-lhes o funcionamento de filiais, sucursais e agências.

III – Suspender a celebração de novos contratos de seguros.

IV – Recusar-lhes a aprovação de novos planos de operações.

Parágrafo único. Para o bom cumprimento do disposto neste artigo, o Departamento designará um ou mais funcionários que acompanhem permanentemente as operações da sociedade, segundo instruções especiais.

Art. 129. Não surtindo efeito a fiscalização de que trata o artigo anterior, ou em casos de maior gravidade, a seu juízo, o Ministro do Trabalho, Indústria e Comércio, por proposta do Departamento Nacional de Seguros Privados e Capitalização poderá nomear, por tempo indeterminado, um diretor-fiscal para a sociedade, com as mesmas atribuições e vantagens conferidas aos demais diretores, correndo as de caráter pecuniário por conta dos cofres sociais.

Art. 130. Ao diretor-fiscal, cujas funções deverão ser exercidas em caráter reservado, compete especialmente:

a) representar o Governo junto aos administradores da sociedade, acompanhando-lhes os atos e vetando os que não sejam convenientes ao reerguimento financeiro da sociedade ou que contrariem as determinações do Departamento Nacional de Seguros Privados e Capitalização;

b) dar conhecimento aos administradores, para as devidas providências, de quaisquer irregularidades que interessem à solvabilidade da. empresa; ponham em risco valores sob sua responsabilidade ou guarda ou lhe comprometam o crédito, moral ou materialmente,

c) providenciar junto aos administradores; para o recebimento de quaisquer débitos a sociedade e realização do capital,

d) sugerir, aos administradores as providências e práticas administrativas que facilitem o desenvolvimento dos negócios da sociedade e concorram. para consolidar sua estabilidade financeira;

e) trazer o Departamento no conhecimento perfeito do andamento dos negócios e da situação econômico-financeira da sociedade, por meio de informações verbais ou escritas;

f) submeter, por procedimento verbal ou escrito e conforme a gravidade do caso, à decisão do Departamento, os vetos aos atos dos demais diretores da sociedade, podendo os interessados recorrer, pela mesma forma, das decisões, para o Ministro do Trabalho, Indústria e Comércio;

g) promover perante a autoridade competente a responsabilidade criminal de diretores, de funcionários ou de quaisquer pessoas porventura responsáveis pelos prejuízos causados aos segurados;

h) providenciar, em geral, para execução das medidas indicadas no art. 128 que julgue necessárias.

§ 1º O diretor-fiscal exercerá suas atribuições até ao momento em que o Ministro do Trabalho, Indústria e Comércio julgue dispensável o regime especial instituído pelo art. 129.

§ 2º A substituição ou dispensa do diretor-fiscal verificar-se-á por livre deliberação do Ministro, mediante portaria.

Art. 131. As providências constantes dos artigos anteriores deverão ser tomadas em caráter reservado.

Art. 132. Verificada a impossibilidade do reerguimento econômico-financeiro de qualquer sociedade, ser-lhe-á cassada a autorização, para funcionar, entrando a, sociedade em liquidação na forma prescrita, no presente decreto-lei.

Art. 133. Será suspensa a carta-patente e em seguida cassada a autorização para funcionar, nem só no caso previsto no artigo anterior, mas também a sociedade que:

1º não formar os depósitos e reservas a que esteja obrigada por este decreto lei;

2º não aplicar os fundos e reservas pela maneira prescrita neste decreto-lei;

3º não se conformar com as disposições das leis, regulamentos. e estatutos sociais, planos de operações, tarifas de prêmios, modelos de propostas e de apólices, aprovadas pelo Departamento Nacional de Seguros Privados e Capitalização;

4º não emitir apólices, nem celebrar contratos, dentro de um ano contado da expedição da carta-patente.

Parágrafo único. A suspensão da carta-patente, nos, casos previstos neste artigo. somente se verificará si a sociedade não regularizar sua situação nos prazos que lhe forem marcados para. tal fim.

Art. 134. O Departamento Nacional de Seguros Privados e Capitalização requisitará das autoridades públicas competentes, oficiais públicos e estabelecimentos bancárias as providências necessárias a salvaguarda da inalienabilidade de bens a que se refere a item I; alínea *d*, do art. 128

Art. 135. Os administradores das sociedades ficarão suspense do exercício de suas funções si contra eles for instaurado processo criminal por fatos ou atos relativos a sua gestão nas sociedades e perderão imediatamente os respectivos mandatos si condenados.

CAPÍTULO VI
DA LIQUIDAÇÃO DA SOCIEDADES E CESSARÃO DE OPERAÇÕES

Art. 136. A cessação das operações de seguros pode resultar da vontade dos sócios, manifestada pela forma estabelecida na lei, ou de ato do governo Federal.

Art. 137. Resolvida a dissolução voluntária da sociedade, os administradores são obrigados a requerer ao Ministro do Trabalho, Indústria e Comércio, dentro do prazo de cinco dias, a cassação da autorização concedida para funcionar, instruindo o pedido com os documentos comprobatórios da validade da resolução.

Parágrafo único. O requerimento será encaminhado ao Ministro, por intermédio do Departamento Nacional de Seguros Privados e Capitalização.

Art. 138. No caso de cessação parcial, restrita às operações de um grupo, observar-se-ão, na parte aplicável, as disposições deste capítulo, considerando-se liquidantes os diretores em exercício.

Art. 139. As sociedades de seguros dissolver-se-ão compulsoriamente, por decisão do Poder Executivo:

a) se praticarem atos opostos aos seus fins ou nocivos ao bem público;

b) se infringirem qualquer dispositivo que estabeleça a pena de cassação de autorização para funcionamento;

c) se estiverem em má situação financeira.

Art. 140. As sociedades de seguros não são sujeitas a falência, devendo sua liquidação, uma vez verificada a insolvência pelo Departamento Nacional de Seguros Privados e Capitalização, processar-se pela forma prescrita neste decreto-lei.

Art. 141. Expedido o decreto de cassação, o Ministro do Trabalho, Indústria e Comércio nomeará imediatamente um liquidante para proceder a liquidação da sociedade.

Parágrafo único. Ao liquidante nomeado compete publicar no *Diário Oficial da União* e arquivar no Registo do Comércio os atos relativos à dissolução e à sua nomeação.

Art. 142. A cassação da autorização para o funcionamento da sociedade de seguros produz desde logo os seguintes efeitos:

a) ficam suspensas as ações e execuções judiciais, excetuando-se as iniciadas anteriormente por credores com privilégio sobre determinados bens;

b) consideram-se vencidas, a partir da cassação da autorização todas as obrigações civis ou comerciais da sociedade liquidanda, não se atendendo às cláusulas penais dos contratos;

c) contra a massa liquidanda não correm juros, ainda que estipulados, si ela não bastar para o pagamento do principal.

Parágrafo único. Durante a liquidação fica interrompida a prescrição extintiva a favor ou contra a massa liquidanda.

Art. 143. O liquidante fica investido de amplos poderes de administração, para representar a sociedade ativa e passivamente nos atos judiciais ou extrajudiciais, propondo e defendendo ações, inclusive contra acionistas, para integralização de capital, nomear e demitir funcionários, fixando-lhes os respectivos vencimentos, outorgar ou revogar mandatos, transigir, vender os valores móveis, convocar a assembleia geral do acionistas ou mutualistas e praticar todos os atos necessários à liquidação.

Art. 144. A liquidação será acompanhada, em todos os termos, pelo Departamento Nacional de Seguros Privados e Capitalização, encerrando-se no prazo de um ano, salvo prorrogação por ele concedida.

Art. 145. Os cálculos das reservas atribuídas aos portadores de apólices e contratos, ou de prêmios, contribuições ou quotas a restituir, devem ser submetidos ao exame do Departamento Nacional de Seguros Privados e Capitalização.

Art. 146. É dever do liquidante prestar, verbalmente ou por escrito, as informações solicitadas pelo Departamento Nacional de Seguros Privados e Capitalização sobre circunstâncias que interessem à liquidação.

Art. 147. Dentro de quinze dias, contados de sua nomeação, o liquidante levantará o balanço do ativo e passivo e organizará:

a) o arrolamento detalhado dos bens do ativo, com as respectivas avaliações, mencionando os garantidores das reservas técnicas, capital ou fundo inicial;

b) a lista dos credores por dívidas de indenizações de sinistros, de capitais garantidos, de reservas matemáticas, ou restituições de prêmios, com a indicação das respectivas importâncias;

c) a lista dos créditos da Fazenda Pública;

d) a lista dos demais credores, com a indicação das importâncias e proveniências dos créditos, bem como sua classificação segundo a lei de falências.

§ 1º Os documentos indicados neste artigo serão remetidos por cópia, autenticada pelo liquidante, ao Departamento Nacional de Seguros Privados e Capitalização e publicados, pelo menos, duas vezes.

§ 2º A lista dos credores de reservas técnicas de seguros de vida conterá as importâncias englobadas por classes de seguros, quando o prazo de quinze dias for insuficiente para a organização da lista detalhada caso em que esta deverá ser apresentada no prazo fixado pelo Departamento.

Art. 148. O liquidante publicará, na folha oficial e em jornal de grande circulação no Distrito Federal ou nas capitais dos Estados em que a sociedade tiver tido agências emissoras de apólices ou segurados de vida, um aviso convidando os interessados a examinar, nas repartições do Departamento Nacional de Seguros Privados e Capitalização ou nas que este houver designado, o quadro geral dos credores e, dentro do prazo máximo de vinte dias, alegar seus direitos.

Parágrafo único. As habilitações e reclamações dos credores mencionarão sua residência ou a de seus procuradores, ou a caixa postal para onde deverão ser dirigidos os avisos e comunicações.

Art. 149. Perderá o direito de contestar, mesmo por via judicial, o que for decidido a respeito de seu crédito o interessado que não apresentar sua reclamação dentro do prazo estabelecido no aviso a que se refere o artigo anterior.

Art. 150. De posse das reclamações, o liquidante, após as necessárias diligências, proferirá sua decisão, que será publicada no *Diário Oficial da União* e no jornal oficial do Estado onde residir o reclamante, a quem a comunicará por carta, remetida pelo correio, sob registo, com recibo de volta.

Parágrafo único. Da decisão do liquidante cabe, ao interessado. recurso para o Ministro do Trabalho, Indústria e Comércio, interposto no prazo de dez dias. contados de sua publicação, e encaminhado ao Departamento Nacional de Seguros Privados e Capitalização, depois de ouvido, em dez dias, o liquidante, que poderá juntar documentos.

Art. 151. Os credores não contemplados nas listas a que se refere o art. 147, os excluídos e os incluídos sem os privilégios a que se julguem com direito, ou por importância inferior a reclamada, poderão prosseguir nas ações já iniciadas, ou propor as que lhes competirem, depois da decisão a respeito de seus créditos ou daqueles contra os quais hajam reclamado.

Parágrafo único. Até que sejam resolvidas as ações, o liquidante reservará, para garantia dos credores de que trata este artigo, as quotas que lhes possam caber.

Art. 152. O liquidante promoverá, dentro do prazo de quatro meses, contados de sua nomeação, a liquidação do ativo, recolhendo ao Banco do Brasil ou a Caixa Econômica Federal, dentro de 24 horas após o seu recebimento, o produto da venda dos bens da massa, abrindo, porém, conta especial para a parte do capital ou do fundo inicial a que se refere o art. 53 e reservas obrigatórias.

Parágrafo único. Poderão ser atendidos imediatamente, pelas respectivas garantias, os créditos privilegiados sobre determinados bens do ativo.

Art. 153. Os bens imóveis serão vendidos, mediante autorização do Departamento Nacional de Seguros Privados e Capitalização

Parágrafo único. As vendas de títulos da dívida pública e das ações de companhias e bancos serão feitas em bolsa pelos corretores de fundos públicos.

Art. 154. O depósito de garantia inicial será entregue pelo Ministério da Fazenda ao liquidante, mediante autorização do Ministro do Trabalho. Indústria e Comércio.

Art. 155. Conhecido o montante exato dos créditos referidos nas alíneas *b* e *c* do art. 147, e convertidos em moeda corrente todos os bens representativos das reservas obrigatórias e da parte do capital ou do fundo inicial, a que se refere o art. 53, os respectivos credores serão pagos integralmente ou de acordo com a quota apurada em rateio, incluindo-se neste caso. entre os credores quirografários, pelo saldo de seus créditos.

Parágrafo único. Serão depositadas no Banco do Brasil ou na Caixa Econômica Federal, à ordem do Departamento Nacional de Seguros Privados e Capitalização, as importâncias das dívidas litigiosas e as dos credores que não comparecerem para recebê-las, dentro de 90 dias, depois de anunciado o pagamento.

Art. 156. Pagas as dívidas fiscais e as dos credores a que se refere o artigo anterior o liquidante, respeitados os direitos dos credores privilegiados, passará a solver os demais compromissos da sociedade.

Art. 157. Durante a liquidação, serão pagos os salários e honorários de empregados imprescindíveis ao serviço da sociedade e de pessoas contratadas para serviços especiais, os transportes e estadias, e demais despesas necessárias a marcha regular da liquidação.

Art. 158. O liquidante terá direito a uma remuneração, que o Ministro do Trabalho Indústria e Comércio arbitrará, atendendo a importância da massa diligência, trabalho e responsabilidades, não podendo exceder de 5% (cinco por cento) sobre o líquido efetivamente apurado, deduzidas as despesas de liquidação.

§ 1º A percentagem será paga ao liquidante somente no final da liquidação depois de aprovadas as contas.

§ 2º Não terá direito a remuneração alguma o liquidante que, por justa causa, haja sido destituído.

Art. 159. Extinto o passivo pelo modo indicado nos artigos anteriores, incluídas as dívidas provenientes da liquidação, organizará e liquidante o balanço final, de que deverão constar. distintamente, as dívidas pagas e as quotas dos sócios no saldo líquido.

Art. 160. As contas do liquidante, acompanhadas do relatório final, serão entregues ao Departamento Nacional de Seguros Privados e Capitalização, convidando-se, pela imprensa, os interessados a examiná-las.

Parágrafo único. Não havendo impugnação, considerar-se-ão aprovadas as contas.

Art. 161. Mediante proposta do Departamento Nacional de Seguros Privados e Capitalização. será destituído pelo Ministro do Trabalho. Industria e Comércio a liquidante que não cumprir os deveres que lhe impõe o presente decreto-lei.

Parágrafo único. Além da pena de destituição, o liquidante responderá pelos prejuízos causados, no desempenho de suas funções, a massa liquidanda, por negligência, abuso, má fé ou infração de qualquer dispositivo do presente decreto-lei.

Art. 162. As publicações obrigatórias por força do disposto neste capítulo serão feitas em jornal oficial e noutro de grande circulação na sede da sociedade.

Parágrafo único. No Distrito Federal, o jornal oficial será o da União e nos Estados e Território do Acre o que publicar o expediente dos respectivos Governos.

CAPÍTULO VII

DO REGIME REPRESSIVO

Art. 163. Além das penas em que possam incorrer, pela violação das leis fiscais, as sociedades de seguros ficarão ainda sujeitos as seguintes penalidades:

1º as que, diretamente ou por interposta pessoa, firma comercial ou sociedade.se propuserem a realizar, por meio de anúncios ou prospectos, ou realizarem contratos de seguros ou resseguros de qualquer natureza, interessando pessoas e cousas existentes no Brasil, sem que tenham obtido a carta-patente a que se refere o art. 89, – a multa de 5:000$0 (cinco contos de réis). no primeiro caso, e do dobro do prêmio de cada contrato, no segundo, respondendo solidariamente pela satisfação das multas os interessados nas publicações ou intermediários nas operações efetuadas;

2º as que embora autorizadas pela carta-patente a que se refere o art. 39, fizerem os contratos a que alude n item anterior, antes da aprovação dos respectivos planos, tabelas, tábuas de mortalidade métodos de cálculo tarifas e taxas de prêmios modelos do apólices e de propostas – à multa do dobro do prêmio de cada contrato;

3º as que, dentro do prazo que lhes for marcado pelo Instituto de Resseguros do Brasil. não recolherem ao mesmo Instituto a quota de capital que lhes couber, por meio de ações, ou as que não fizerem o depósito da quota inicial, – à cassação do decreto de autorização;

4º as que tomarem parte em qualquer operação de seguro e de resseguro com inobservância do disposto neste decreto-lei, ou deixarem de ceder ao Instituto de Resseguros do Brasil o resseguro a que se refere o art. 78, – a cassação da autorização para funcionar independentemente da nulidade da operação de resseguro efetuada irregularmente;

5º as que não completarem dentro do prazo que lhe for fixado pelo Departamento Nacional de. Seguros Privados e Capitalização a caução inicial desfalcada por qualquer dos fatos previstos nas leis e regulamentos em vigor, – a suspensão imediata da carta-patente, até a prova da integralização do depósito;

6º as sociedades seguradoras que retiverem quotas de responsabilidade inferiores às obrigatórias, ou excederem, seu limite de retenção – a multa, em importância correspondente ao dobro do valor das responsabilidades resseguradas. retidas ou aceitas irregularmente, aplicando-se a multa em dobro na primeira reincidência e sendo cassada á autorização para funcionamento na segunda;

7º as que alienarem ou onerarem bens em desacordo com este decreto-lei – a multa de 10:000$0 (dez contos de réis a 20:000$0 (vinte contos de réis), e, em caso de reincidência, a cassação da autorização;

8º as que infringirem os arts. 78 a 80 deste decreto-lei – a multa de 5:000$0 (cinco contos de réis) a 20:000$0 (vinte contos de réis), conforme a gravidade da falta;

9º as que fizerem declarações ou dissimulações fraudulentas, quer nos relatórios, balanços, contas e documentos apresentados ao Departamento, quer nas informações que este lhes requisitar, – à multa de 5:000$0 (cinco contos de réis) a 10:000$0 (dez contos de réis), ou à suspensão da carta-patente, conforme a gravidade da falta, e à suspensão da carta-patente ou cassação da autorização para funcionar, nos casos de reincidência, ainda conforme a gravidade da falta;

10º as que emitirem apólices em termos diversos da proposta aceita, quanto as vantagens oferecidas aos segurados e as condições gerais do contrato, exigidas por este decreto-lei e pelas lei em vigor – à multa de 5 :000$0 (cinco contos de réis) a 10 :000)$0 (dez contos de réis), conforme a gravidade da falta;

11º as que espalharem prospectos, publicarem anúncios, expedirem circulares ou fizerem outras publicações que contenham afirmativas ou informações contrárias às leis ou aos seus estatutos e planos, ou que possa induzir alguém em erro, quer sobre a verdadeira natureza e importância real das operações, quer sobre o alcance da fiscalização a que estiverem obrigadas, – à multa de 3:000$0 (três contos de réis) a 5:00$0 (cinco coutos de réis) e, na reincidência, a suspensão da carta-patente;

12º as que não mantiverem de acordo com este decreto-lei os registros a que se referem os arts. 111 e 112 – a multa de 1:000$0 (um conto de réis) a 5:000$0 (cinco contos de réis) aplicada em dobro no caso de reincidência, sendo suspensa a carta-patente ou assada a autorização para funcionar si, pelas novas reincidências, revelarem um intuito de não cumprir o estatuído;

13º as que se recusarem a submeter-se a qualquer ato de fiscalização do Departamento Nacional de Seguros Privados e Capitalização, notadamente omitindo informações, não fornecendo relatórios, balanços, contas e estatísticas ou quaisquer documentos exigidos pelo Departamento, ou recusarem exame de livros e registo, obrigatórios, – à multa de 1 :000$0 (um conto de réis) a 5:000$0 (cinco contos de réis), aplicada em dobro no caso de reincidência, sendo suspensa a carta-patente ou cassada a autorização para funcionar, si pelas novas reincidências revelarem um intuito de não cumprir o estatuído;

14º as que não enviarem ao Departamento, nos prazos estabelecidos por este decreto-lei, os documentos cuja remessa é exigida independentemente de solicitação ou aviso, – a multa de 100$0 (cem mil réis) a 500$0 (quinhentos mil réis);

15º as que concederem comissões ou vantagens a segurados, em desacordo com as leis e regulamento, ou infringirem as tarifas, – à multa de 5 :000$0 (cinco contos de réis) ou do dobro das comissões ou vantagens concedidas ou da diferença de prêmio, si esse dobro for superior àquela importância, elevada, nas reincidências, a penalidade ao dobro ou sendo cassada a autorização, si revelarem, pela repetição, o intuito de não cumprir o estatuído;

16º as que infringirem qualquer outra disposição das leis, regulamentos ou seus estatutos – à multa de 500$0 (quinhentos mil réis) a 5:000$0 (cinco contos de réis), conforme a gravidade da infração, suspendendo-se a carta-patente si revelarem, pela reincidência, o intuito de se furtarem ao cumprimento do estatuído.

Art. 164. As pessoas jurídicas ou físicas que deixarem de efetuar o seguro a que se acham obrigadas pelo art. 185 serão punidas com a multa de importância igual ao prêmio anual devido pelo seguro e, em caso de reincidência, com a multa em dobro.

Parágrafo único. As pessoas referidas neste artigo, quando efetuarem no estrangeiro o seguro de que cogita o art.185, incorrerão na multa de 15% (quinze por cento) do valor da responsabilidade segurada, por ano de vigência do contrato de seguro.

Art. 165. As pessoas físicas e jurídicas que infringirem o disposto no art. 186 ficarão sujeitas à multa de 10% (dez por cento) do valor da responsabilidade segurada, por ano de vigência do contrato de seguro.

Parágrafo único. As pessoas físicas e jurídicas que, de qualquer forma, intervirem em operações de seguros e resseguros proibidas por este decreto-lei incorrerão na mesma pena cominada neste artigo.

Art. 166. Pelas multas, assim como por todos os atos praticados pelas sociedades não autorizadas, suas sucursais, filiais, agências ou representantes, ficam solidariamente responsáveis as pessoas que promoverem ou tomarem parte em sua organização, direção ou gerência, bem como em suas deliberações.

Art. 167. As infrações serão verificadas e punidas mediante processo administrativo, que terá por base o auto, a representação, o relatório, a denúncia ou outro qualquer meio hábil positivando os fatos irregulares e pedindo a aplicação da penalidade, que deverá ser indicada.

Art. 168. Os processos iniciados como prescreve o artigo anterior serão presentes, na circunscrição em que houver ocorrido a infração, ao Inspetor do Departamento Nacional de Seguros Privados e Capitalização, que mandará intimar o denunciado a alegar, em prazo nunca inferior a quinze dias, o que entender a bem de seus direitos, sub pena de revelia, ou submeterá o caso à apreciação do Diretor do Departamento, si entender que a denúncia não satisfaz as condições do artigo anterior.

§ 1º A intimação para a defesa será feita na pessoa do infrator, e, quando se tratar de pessoa jurídica, na do diretor ou representante legal, devendo-se, na ausência de qualquer deles, fazer a intimação por edital, com o prazo de quinze dias, publicado no *Diário Oficial*.

§ 2º Decorrido o prazo determinado neste artigo e não comparecendo a parte intimada, subirá o processo a julgamento, depois de certificada a revelia.

Art. 169. Recebida a defesa, à qual todos os meios serão facultados, terão vista do processo o denunciante da infração e o fiscal a quem esteja afeta a fiscalização da sociedade denunciada, ou o que foi designado para esse efeito. Si qualquer deste apresentar novos documentos, deles terá vista a denunciada.

§ 1º Quando o denunciante for um particular e nada disser, no prazo de dez dias, sobre a defesa, o processo prosseguirá, nos seus termos ulteriores.

§ 2º Subindo o processo a julgamento da autoridade competente do Departamento Nacional de Seguros Privados e Capitalização, poderá esta determinar as diligências que julgar necessárias e, satisfeitas estas, proferirá sua decisão, impondo a penalidade em que tiver incorrido o contraventor ou julgando improcedente o auto de denúncia.

§ 3º Da decisão a que o parágrafo anterior alude será intimada a parte, na forma do artigo anterior.

Art. 170. Das decisões do Departamento Nacional de Seguros Privados e Capitalização sobre a matéria deste capítulo cabe recurso voluntário ou *ex officio* para o Ministro do Trabalho, Indústria e Comércio.

§ 1º O recurso voluntário será interposto dentro do prazo de quinze dias, contados da data da intimação do despacho à parte interessada.

§ 2º O recurso *ex officio*, ou necessário, será interposto pelo Diretor Geral do Departamento no próprio ato que julgar improcedente a infração.

Art. 171. Perempto ou julgado improcedente o recurso, o infrator será intimado, pelo modo previsto nos artigos anteriores, a dar cumprimento, no prazo improrrogável de oito dias, à decisão passada em julgado, e, si não o fizer, o Departamento Nacional de Seguros Privados e Capitalização providenciará, sem demora, no sentido de tornar efetiva a pena imposta, solicitando às repartições competentes seja deduzida no depósito de garantia inicial a importância da multa. Neste caso, o depósito será integralizado nos termos e pela mesma forma determinada neste decreto-lei.

Parágrafo único. Os recursos interpostos contra a imposição de multas serão acompanhados do conhecimento do depósito das respectivas importâncias no Tesouro Nacional, salvo quando forem recorrentes as sociedades dos seguros.

Art. 172. As multas cominadas neste decreto-lei serão recolhidas às repartições designadas pela legislação vigente, dentro de oito dias, contados da data da notificação ao infrator, sob pena de serem deduzidas da caução existente no Tesouro Nacional, a qual deverá ser integralizada dentro de quinze dias. Não havendo caução, a cobrança será feita judicialmente.

Art. 173. No caso de ser verificada qualquer infração das leis penais, além das previstas neste decreto-lei, o processo, em original ou por cópia, será enviado ao Ministério Público, para os fins de direito.

Art. 174. As pessoas jurídicas e físicas estabelecidas no país ficam obrigadas a exibir ao Departamento Nacional de Seguros Privados e Capitalização, para apuração das infrações deste decreto-lei, os seus livros e documentos, inclusive os de ordem comercial, no que se refira à aludida apuração.

Parágrafo único. No caso de recusa, o Departamento providenciará junto ao Ministério Público para que seja promovida a exibição judiciária.

CAPÍTULO VIII

DISPOSIÇÕES GERAIS

Art. 175. As sociedades a que se refere o art. 1º ficam inteiramente sujeitas aos dispositivos do presente decreto-lei, bem como aos de quaisquer leis ou regulamentos que vierem a vigorar a respeito do objeto de suas autorizações.

Art. 176. Serão nulas as alienações ou onerações de bens inseridos no Departamento Nacional de Seguros Privados e Capitalização em garantia de capital e reservas obrigatórias, quando não autorizadas pelo mesmo Departamento.

Art. 177. O Departamento Nacional de Seguros Privados e Capitalização poderá determinar às sociedades, em casos especiais, que não publiquem nem apresentem à assembleia de seus sócios o relatório, balanço e contas, sem prévia autorização, casos em que o mesmo Departamento poderá indicar as modificações tendentes à organização desses documentos pela forma regulamentar e fixará prazo para a publicação a que se refere o art. 50, inciso III.

Art. 178. Os cálculos de reservas técnicas das sociedades de seguros de vida deverão ser feitos e assinados pelo atuário responsável, que deverá assinar os balanços juntamente com os diretores e contador.

Art. 179. Os administradores, atuários e contadores das sociedades são responsáveis pelos atos por eles praticados, podendo o Departamento Nacional de Seguros Privados e Capitalização promover perante a autoridade competente a apuração da respectiva responsabilidade penal.

Art. 180. Além da responsabilidade a que se refere o artigo anterior, os administradores serão solidariamente responsáveis com as sociedades pelos prejuízos decorrentes da falta de aplicação obrigatória de capital e reservas, na forma legal, desde que essa falta lhes possa ser imputada.

Art. 181. As sociedades ficam responsáveis pela exatidão do pagamento de todos os impostos e selos devidos pelas suas operações de conformidade com as leis e decretos vigentes.

Art. 182. Os contratos de seguros em geral devem estipular a indenização máxima pela qual é a sociedade seguradora responsável, além da qual nenhum pagamento será feito a não ser o de juros de mora, em que possa ser condenada, no caso de ação judicial.

Art. 183. As sociedades deverão inserir em suas apólices, propostas e prospectos. bem como nos anúncios que se refiram a capital, a importância deste, quer subscrito, e quer realizado.

Art. 184. Cabe aos segurados e beneficiários de qualquer seguro o direito de exigir das seguradoras cópia fiel e integral das propostas de seguro que tenham firmado e hajam sido aceitas pelas sociedades, bem como da: respectivas apólices, pagando ' por estas últimas a respectiva despesa.

Art. 185. As pessoas físicas e jurídicas, estabelecida no país, quando comerciantes ou industriais, ou explorem concessões de serviços públicos, ficam obrigadas, a partir de 1 de julho de 1940, a segurar:

1º contra riscos de fogo. raio e suas consequências, os bens móveis e imóveis de sua propriedade situados no país, desde que o valor total desses bens seja igual ou superior a 500:000$0 (quinhentos contos de réis);

2º contra riscos de transportes ferroviários, rodoviários, aéreos, de navegação de cabotagem, fluvial, lacustre, e de interior de portos, as mercadorias cujo valor seja igual ou superior a 100:000$0 (cem contos de réis),

Art. 186. Serão feitos no país, salvo o disposto nos arts. 77 e 106, além dos contratos de seguros a que se refere o artigo anterior, os de seguros facultativos garantindo coisas ou bens situados no território nacional e os de seguros sobre a vida de pessoas residentes no país.

Art. 187. As sociedades seguradoras que não apresentarem aprovação do Departamento Nacional de Seguros Privados e Capitalização as suas tabelas de limite de retenção ficarão obrigadas a aplicar às suas operações as de outra sociedade que melhor se adaptem às suas condições, a critério do referido Departamento.

Art. 188. O Departamento Nacional de Seguro: Privados e Capitalização poderá solicitar de quaisquer autoridades, repartições ou ofícios públicos as informações necessárias ao exercício de suas atribuições.

Art. 189. Os pedidos de reconsideração de decisões do Departamento Nacional de Seguros Privados e Capitalização ou recursos para autoridade superior, quando não estabelecidos especialmente em leis ou regulamentos, serão considerados ou encaminhados, pela autoridade que houver proferido a decisão, sem efeito suspensivo.

Parágrafo único. A autoridade prolatora da decisão poderá, tendo em vista a gravidade do caso ou conveniência de ordem superior, emprestar ao pedido efeito suspensivo, por deliberação expressa e preliminar, proferida dentro de quarenta e oito horas da entrada do pedido na repartição.

Art. 190. O Departamento Nacional de Seguros Privados e Capitalização providenciará no sentido de ser estabelecida a uniformização das apólices e propostas, quanto aos dizeres e condições gerais, e das tabelas de retenções de responsabilidades e tarifas de prêmios, quanto aos princípios de ordem geral, e expedirá as instruções necessárias para seu cumprimento por parte das sociedades.

Arts. 191 a 193. *Revogados.* Dec.-lei nº 8.624, de 10-1-1946.

Art. 194. O Departamento nacional de Seguros Privados e Capitalização tem ação fiscalizadora sobre as operações das agências, sucursais e filiais das sociedades.

Art. 195. É expressamente proibida a realização de qualquer seguro sem prévia inspeção do respectivo risco, salvo quando aos seguros contra riscos de transportes e em todos os casos excetuados pelo Departamento Nacional de Seguros Privados e Capitalização.

Parágrafo único. A inspeção de cada risco assumido constará de um relatório especial e todas as sociedades sujeitas ao regime do presente decreto-lei ficam obrigadas a ter em dia e em perfeita ordem a coleção completa dos relatórios das inspeções realizadas.

CAPÍTULO IX

DISPOSIÇÕES TRANSITÓRIAS

Seção X

DAS SOCIEDADES NACIONAIS

Art. 196. As sociedades nacionais de seguros, inclusive contra riscos de acidentes do trabalho, já em funcionamento, enquanto não lhes for fixado prazo para observância integral do disposto no artigo 9º, poderão continuar a explorar as operações que lhes são permitidas pelas respectivas autorizações, observando, porém, as demais exigências deste decreto-lei relativamente à nacionalização das empresas de seguros.

Art. 197. É assegurado aos acionistas brasileiros o direito de preferência, em igualdade de condições, para aquisição de ações pertencentes a pessoas que não preencham os requisitos do art. 9º.

Art. 198. O disposto no art. 4º será observado á proporção que forem terminando os atuais mandatos conferidos a estrangeiros, podendo, entretanto, as sociedades, enquanto um terço ou mais de seu capital pertencer a estrangeiros, constituir com estes, até um terço do número dos respectivos membros, cada um dos órgãos de que trata o citado artigo.

Art. 199. Os acionistas brasileiros não poderão fazer-se representar nas reuniões de assembleia geral por mandatários estrangeiros.

Art. 200. As sociedades de que trata o art. 196 ficam obrigadas a converter, dentro de sessenta dias, as suas ações ao portador em nominativas, independentemente do que disponham os estatutos sociais.

Art. 201. As sociedades cujos capitais estejam em desacordo com os preceitos deste decreto-lei ficam obrigadas a observá-los, na conformidade das disposições seguintes:

1º as que tenham capital subscrito em importância inferior ao mínimo exigido pelo art. 8º, com realização menor do que 1.000.000$0 (mil contos de réis), terão o prazo de dois anos para a subscrição da diferença e realização do necessário para perfazer a aludida soma de mil contos de réis, mais dois anos para integralização do capital;

2º as que tenham capital subscrito em importância inferior só mínimo exigido pelo art. 8º, mas integralmente realizado, deverão cumprir o disposto no referido artigo dentro do prazo de dois anos;

3º as que tenham capital subscrito igual ou superior ao mínimo exigido pelo art. 8º, com realização inferior ao aludido mínimo, terão o prazo de dois anos para completar a realização de 1.000:000$0 (mil contos de réis), de quatro anos para elevar a realização a 1.500:000$0 (mil e quinhentos contos de réis) e de seis anos para integralização do capital;

4º as que tenham capital subscrito superior ao mínimo exigido pelo art. 8º, com realização igual ou superior ao aludido mínimo, terão o prazo de seis anos para integralização do capital;

5º as sociedades terão o prazo de seis meses, a partir da publicação do presente decreto-lei, para adaptação dos seus estatutos aos preceitos desta mesma lei, salvo no que concerne à semelhança de nome, cuja proibição (art. 7) não se aplica às sociedades já autorizadas a funcionar nem ás de que trata o art. 220.

Art. 202. As sociedades mútuas em funcionamento deverão constituir e realizar o fundo inicial, exigido pelo art. 14, com 10% (dez por cento) da receita de prêmios dos ramos elementares e 5% (cinco por cento) doa relativos ao grupo vida.

Seção II
DAS SOCIEDADES ESTRANGEIRAS

Art. 203. As sociedades estrangeiras, enquanto não lhes for marcado o prazo a que se refere o art. 145 da Constituição, continuarão a funcionar no pais, de acordo com as autorizações que lhes foram concedidas e com observância deste decreto-lei e mais leis da República.

Art. 204. As sociedades estrangeiras são obrigadas, dentro do prazo de noventa dias, contados da legalização, nos países em que tenham sede, de quaisquer alterações introduzidas em seus estatutos, a submeter essas alterações á aprovação do Governo, sem o que tais alterações não poderão ser postas em execução no país.

§ 1º Os requerimentos deverão ser assinados pelos representantes gerais das sociedades no Brasil e dirigidos ao Ministro do Trabalho, Indústria e Comércio, por intermédio do Departamento Nacional de Seguros Privados e Capitalização, com as firmas devidamente reconhecidas, e acompanhados:

a) dos documentos comprobatórios da legalidade da resolução, inclusive quanto à inexistência de quaisquer outras alterações após as últimas aprovadas pelo Governo Brasileiro;

b) de um exemplar dos estatutos integrais.

§ 2º Todos os documentos deverão ser apresentados devidamente autenticados e legalizados, e os originais em língua estrangeira acompanhados das respectivas traduções, firmadas por tradutor público juramentado do Distrito Federal. Dessas traduções deverão ser juntas cópias fiéis e integrais.

Art. 205. Os pedidos de aprovação de alterações de estatutos serão examinados sob os aspectos de conveniência e legalidade, inclusive em face da legislação brasileira.

Art. 206. As sociedades estrangeiras, são obrigadas a manter permanentemente na Capital Federal sua agência principal, a. cargo de representante geral, ao qual caberá a representação da sociedade em juízo ou fora dele, como autora ou ré, receber primeiras citações, resolver todas as questões que se suscitarem, quer com o Governo, quer com particulares, aceitar ou recusar propostas de seguros, emitir apólices, fazer pagamentos devidos por seguros, movimentar capitais e nomear agentes para o Brasil.

Art. 207. As sociedades ficam sujeitas, nas suas relações, quer com o Governo, quer com particulares, aos tribunais brasileiros e às leis e regulamentos brasileiros, vigentes, ou que vierem a ser adotados, sobre a matéria de sua autorização, assim como ás disposições que regem as sociedades brasileiras da mesma natureza, no tocante às relações entre estas e seus credores, acionistas e quaisquer interessados que tiverem domicílio no Brasil, embora ausentes.

Art. 208. As agências principais das sociedades estrangeiras são equiparadas, para todos os efeitos deste decreto-lei, às matrizes das sociedades nacionais.

Art. 209. Serão redigidos em português todos os registos, livros, apólices e documentos relativos as operações no país.

Art. 210. As sociedades são obrigadas a publicar e fornecer ao Departamento Nacional de Seguros Privados e Capitalização, com seus balanços e contas de lucros e perdas, referentes. às operações no Brasil, o relatório destas, organizado de acordo com o presente decreto-lei.

Art. 211. As sociedades estrangeiras são obrigadas s fornecer ao Departamento Nacional de Seguros Privados e Capitalização, independentemente de notificação ou aviso, dentro do primeiro semestre de cada ano, cópia do último balanço geral e conta de lucros e perdas organizados pelas suas matrizes, documentos que deverão ser autenticados pelos respectivos representantes gerais no Brasil e acompanhados de tradução particular, mas fiel e integral.

Art. 212. Os títulos da dívida pública externa, representativos de capital e reservas não obrigatórias das sociedades já em funcionamento, poderão continuar a garantir esses fundos, desde que depositados no Tesouro Nacional, ou na Delegacia Fiscal do Tesouro Nacional em Londres, ou em Bancos no país.

Parágrafo único. O cálculo do valor desses títulos em moeda nacional será feito à taxa cambial e cotação oficial na Bolsa de Londres à data da sua avaliação.

Seção III
DISPOSIÇÕES DE CARÁTER GERAL

Art. 213. Os seguros de riscos de acidentes do trabalho continuarão a ser assumidos pelas sociedades anônimas e cooperativas em funcionamento, de acordo com a legislação e regulamentação vigente, ou que vierem a vigorar a respeito, enquanto a garantia de tais riscos não for subordinada ao sistema de previdência social.

§ 1º As sociedades de seguros de que cogita este artigo serão aplicados os dispositivos contidos na secção IV do capítulo IV deste decreto-lei.

§ 2º As reservas das sociedades cooperativas até esta data formadas por parte dos lucros líquidos e as formadas por exigências regulamentares, uma vez liberadas, poderão ser distribuídas aos quotistas, por ocasião da dissolução das sociedades ou antes.

Art. 214. A reserva de contingência ou estatutária, formada dos lucros líquidos anuais que as sociedades possuem em garantia subsidiária do capital e reservas obrigatórias, constituirá a reserva a que se referem os arts. 57, inciso I, alínea *c*, e 61, podendo as sociedades, na falta da reserva indicada no princípio deste artigo, constituir a nova com outras que não tenham finalidade determinada pelos estatutos sociais.

Art. 215. Enquanto não forem uniformizados os modelos de propostas e apólices, o Departamento Nacional de Seguros Privados e Capitalização poderá rever os que hajam sido aprovados há mais de três anos e, para esse fim, exigir das sociedades a apresentação dos mesmos e a adoção, em prazo razoável, nunca inferior a três meses, das alterações neles introduzidas.

Art. 216. As sociedades que, á data da publicação deste decreto-lei, estejam em liquidação extrajudicial de operações deverão continuá-la de acordo com os preceitos deste mesmo decreto-lei.

Art. 217. As sociedades nacionais já estabelecidas no estrangeiro deverão comunicar ao Departamento Nacional de Seguros Privados e Capitalização, dentro do prazo de sessenta dias, contados da publicação deste decreto-lei, as operações que realizam no estrangeiro, os estabelecimentos que possuem, as condições da respectiva exploração e os fundos a ela destinados. bem como as responsabilidades assumidas e as respectivas garantias.

Art. 218. O Governo regulamentará o cosseguro das modalidades dos ramos elementares não incluídas no art. 80, ouvidos o Departamento Nacional de Seguros Privados e Capitalização e o Instituo de Resseguros do Brasil.

Art. 219. As sociedades de seguros, em funcionamento, ficam sujeitas ao regime integral deste decreto-lei, a partir da data de sua publicação. salvo quanto ao seguinte:

I – Enquanto não forem expedidos pelo Departamento Nacional de Seguros Privados e Capitalização os modelos e instruções para registos, balanços, contas, tabelas, mapas estatísticos e outros documentos de apresentação obrigatória ao mesmo Departamento. continuarão tais documentos a ser organizados de acordo com os dispositivos regulamentares atualmente em vigor.

II – A inscrição obrigatória de bens no Departamento começará a vigorar em 1º de julho de 1940.

Art. 220. As sociedades que se tiverem organizado sob a vigência do regulamento aprovado pelo Decreto nº 21.828, de 14 de setembro de 1932, poderão ser autorizadas a funcionar, sob a condição de se adaptarem às exigências do presente decreto-lei dentro do prazo que lhes for marcado.

Art. 221. Será reorganizado o Departamento Nacional de Seguros Privados e Capitalização de modo que fique aparelhado, quer quanto a pessoal, quer quanto a material, para a boa execução das medidas constantes do presente decreto-lei.

Art. 222. O presente decreto-lei entrará em vigor na data de sua publicação.

Art. 223. Ficam revogadas as disposições em contrário.

Rio de Janeiro, 7 de março de 1940;
119º da Independência e
52º da República.

Getúlio Vargas

DECRETO-LEI Nº 3.200, DE 19 DE ABRIL DE 1941

Dispõe sobre a organização e proteção da família.

► Publicado no *DOU* de 19-4-1941.

CAPÍTULO I
DO CASAMENTO DE COLATERAIS DO TERCEIRO GRAU

Art. 1º O casamento de colaterais, legítimos ou ilegítimos do terceiro grau, é permitido nos termos do presente decreto-lei.

► Art. 1.521, IV, do CC.

Art. 2º Os colaterais do terceiro grau, que pretendam casar-se, ou seus representantes legais, se forem menores, requererão ao juiz competente para a habilitação que nomeie dois médicos de reconhecida capacidade, isentos de suspeição para examiná-los e atestar-lhes a sanidade, afirmando não haver inconveniente, sob o ponto de vista, da saúde de qualquer deles e da prole, na realização do matrimônio.

§ 1º Se os dois médicos divergirem quanto à conveniência do patrimônio, poderão os nubentes, conjuntamente, requerer ao Juiz que nomeie terceiro, como desempatador.

§ 2º Sempre que, a critério do Juiz, não for possível a nomeação de dois médicos idôneos, poderá ele incumbir do exame um só médico, cujo parentesco será conclusivo.

§ 3º O exame médico será feito extrajudicialmente, sem qualquer formalidade, mediante simples apresentação do requerimento despachado pelo Juiz.

§ 4º Poderá o exame médico concluir não apenas pela declaração da possibilidade ou da irrestrita inconveniência do casamento, mas ainda pelo reconhecimento de sua viabilidade em época ulterior, uma vez feito, por um dos nubantes ou por ambos, o necessário tratamento de saúde. Nesta última hipótese, provando a realização do tratamento, poderão os interessados pedir ao juiz que determine novo exame médico, na forma do presente artigo.

§ 5º *Revogado.* Lei nº 5.891, de 12-6-1973.

§ 6º O atestado, constante de um só ou mais instrumentos, será entregue aos interessados, não podendo qualquer que se refira ao outro, sob penas do art.153 do Código Penal.

§ 7º Quando o atestado dos dois médicos, havendo ou não desempatador, ou do único médico, no caso do § 2º deste artigo, afirmar a inexistência de motivo que desaconselhe o matrimônio, poderão os interessados promover o processo de habilitação, apresentando, com o requerimento inicial, a prova de sanidade, devidamente autenticada. Se o atestado declarar a inconveniência do casamento, prevalecerá em toda a plenitude, o impedimento matrimonial.

§ 8º Sempre que na localidade não se encontrar médico que possa ser nomeado, o juiz designará profissional de localidade próxima a que irão os nubentes.

§ 9º *Revogado.* Lei nº 5.891, de 12-6-1973.

Art. 3º Se algum dos nubentes, para frustrar os efeitos do exame médico desfavorável, pretender habilitar-se, ou habilitar-se para casamento, perante outro juiz, incorrerá na pena do art. 237 do Código Penal.

CAPÍTULO II
DO CASAMENTO RELIGIOSO COM EFEITOS CIVIS

Arts. 4º e 5º *Revogados.* Lei nº 1.110, de 23-5-1950.

► Arts. 1.515 e 1.516 do CC.

CAPÍTULO III
DA GRATUIDADE DO CASAMENTO CIVIL

Art. 6º No Distrito Federal e no Território do Acre, serão inteiramente gratuitos, e isentos de selos e quaisquer emolumentos ou custas, para as pessoas reconhecidamente pobres, mediante atestado passado pelo prefeito, ou pelo funcionário que este designar, a habilitação para casamento, assim como a sua celebração, registro e primeira certidão.

► Arts. 1.515 e 1.516 do CC.

§ 1º O oficial do registro civil, exibindo o atestado referido no artigo precedente e o recibo da certidão de casamento, firmado por um dos cônjuges, ou, se ambos não souberem escrever, por pessoa idônea, a rogo de qualquer deles, com duas testemunhas, poderá cobrar da municipalidade metade dos emolumentos ou custas que a ele e ao juiz couberem.

§ 2º Nos Estados, será a gratuidade do casamento civil assegurada nos termos deste artigo, na conformidade do disposto no art. 41 do preste decreto-lei.

CAPÍTULO IV
DAS PENSÕES ALIMENTÍCIAS

Art. 7º Sempre que o pagamento da pensão alimentícia, fixada por sentença judicial ou por acordo homologado em juízo, não estiver suficientemente assegurado ou não se fizer com inteira regularidade, será ela descontada, a requerimento do interessado e por ordem do juiz, das vantagens pecuniárias do cargo ou função pública ou do emprego em serviço ou empresa particular, que exerça o devedor, e paga diretamente ao beneficiário.

► Arts. 528 e segs., 911 e segs. e 1.694 a 1.710 do CC.

Parágrafo único. Quando não seja aplicável o preceito do presente artigo, ou se verifique a insuficiência das vantagens referidas, poderá ser a pensão cobrada de aluguéres de prédios ou de quaisquer outros rendimentos do devedor, que o juiz destinará a esse efeito, ressalvados os encargos fiscais e de conservação, e que serão recebidos pelo alimentando diretamente, ou por depositário para isto designado.

CAPÍTULO V

DOS MÚTUOS PARA CASAMENTO

Art. 8º Ficam autorizados os institutos e caixas de previdência, assim como as caixas econômicas federais, a conceder, respectivamente, a seus associados, ou a trabalhadores de qualquer categoria de idade inferior a trinta anos e residente na localidade em que tenham sede, mútuos para casamento, nos termos do presente artigo.

§ 1º Serão os mútuos efetuados dentro do limite fixado, para cada instituição, pelo Presidente da República.

§ 2º Para obtenção do mútuo, apresentará o requerente declaração autêntica do propósito de casamento, feita pelo outro nubente, e submeter-se-ão ambos, sem qualquer dispêndio, a exame de sanidade pelo médico ou médicos que a instituição designar.

§ 3º Será dada, pelo médico ou pêlos médicos que hajam feito o exame, comunicação confidencial do resultado aos nubentes. Somente na hipótese de ser a conclusão favorável à realização do casamento, poderá ser concedido o mútuo, juntando-se o atestado ao processo respectivo. São os nubentes obrigados a sigilo, na conformidade do disposto no par. 6º do art. 2º deste decreto-lei, sob as mesmas penas aí indicadas.

§ 4º O mútuo não excederá do montante, em um triênio, da retribuição que o nubente interessado ou os dois, caso ambos trabalhem já tenham vencido por dois anos contínuos, e será aplicado em imóvel, adquirido pela instituição mutuante, em nome do mutuário, por indicação deste. A assinatura da escritura de compra far-se-á, posteriormente ao matrimônio, no mesmo dia se possível.

§ 5º Será feita a transcrição do título de transferência da propriedade, em nome do mutuário, com a averbação de bem de família, e com as cláusulas de inalienabilidade e de impenhorabilidade, a não ser pelo crédito da instituição mutuante.

§ 6º O resgate do mútuo se fará no prazo máximo de vinte anos, mediante amortizações mensais, com os juros de cinco por cento ao ano, ressalvado o disposto nos dois parágrafos seguintes.

§ 7º Por motivo do nascimento de cada filho do casal, mediante apresentação da certidão do respectivo registro e atestado de saúde passado por médico designado pela instituição credora, depois do trigésimo dia de vida, se fará no mútuo dedução da importância correspondente a dez por cento da importância inicialmente devida, ou redução de dez por cento da amortização mensal, como preferir o mutuário. Quando cada filho completar dez anos de idade, o mutuário, provando que lhe presta a assistência devida, educando-o convenientemente, obterá nova redução de dez por cento da importância do mútuo, ou, se preferir, de dez por cento da amortização mensal a que se obrigou.

§ 8º Por motivo comprovado de doença ou de perda involuntária de emprego, a administração da instituição mutuante poderá conceder moratória para o pagamento das quotas mensais de amortização ou reduzir temporariamente a importância destas.

§ 9º A falta injustificada de pagamento pontual da amortização acarretará, de pleno direito, a rescisão da venda. A instituição mutuante terá direito a obter a adjudicação e a emissão na posse do imóvel, cumprindo-lhe devolver as prestações pagas, deduzidas as despesas e os juros vencidos.

§ 10. As quotas mensais de amortização serão pagas, mediante desconto das vantagens pecuniárias do empregado, diretamente pela pessoa natural ou jurídica que o tiver a seu serviço, desde que a instituição mutuante lhe comunique o mútuo realizado.

§ 11. O prédio adquirido na conformidade deste artigo, no distrito Federal e no Território do Acre, gozará de isenção de imposto predial, enquanto não pago o mútuo respectivo. A isenção do imposto predial nos Estados será estabelecida na conformidade do disposto no art. 41 deste decreto-lei.

§ 12. A instituição mutuante será pela União indenizada da importância da dívida que não possa receber do mutuário, excluídos os juros.

Art. 9º Ficam autorizados os institutos e caixas de previdência e bem assim as caixas econômicas federais a conceder, respectivamente, aos seus associados ou, em geral, a trabalhadores de qualquer condição, que, pretendendo casar-se, não hajam obtido empréstimos nos termos do art. 8º deste decreto-lei, mútuos de importância correspondentes de seis contos de réis, a juros de seis por cento anuais, para aquisição de enxoval e instalação de casa, amortizáveis em prestações mensais no prazo de cinco anos.

§ 1º Aplicam-se ao mútuo de que trata o presente artigo as disposições dos parágrafos 1º, 2º, 3º, 8º, 10 e 12 do artigo precedente.

§ 2º Só se iniciará o pagamento depois de decorridos doze meses do matrimônio e caso até não tenha o casal tido filho vivo ou não se tenha verificado a gravidez da mulher; ocorrendo uma destas hipóteses, será prorrogado por vinte e quatro meses o início do pagamento, o qual só entrará a ser exigível se, decorrido o prazo, não tenha tido o casal segundo filho vivo ou não esteja novamente grávida a mulher; verificando-se um ou outro caso, será novamente adiado por vinte e quatro meses o inicio do pagamento, e este só será exigível se até então não tiver nascido terceiro filho vivo ou não estiver de novo grávida a mulher; e sendo afirmativa uma destas hipóteses, novo adiantamento far-se-á por vinte e quatro meses, iniciando-se, depois deles, o pagamento, caso não tenha o casal tido quarto filho vivo ou não esteja mais uma vez grávida a mulher. Verificando-se as hipótese de nascimento ou de gravidez, conforme os termos do presente parágrafo, será a importância do mútuo sucessivamente deduzida de vinte por cento, de mais vinte por cento e de mais trinta por cento e enfim extinta, como nascimento, com vida, do primeiro, do segundo, do terceiro e do quarto filho.

Art. 10. É proibida a acumulação de empréstimos para casamento, seja qual for a sua natureza, provenham de uma só ou mais instituições.

Art. 11. Em caso de morte do devedor, ficando sua família em condição precária, será concedida, a critério do Ministro a que esteja afeta a instituição credora, quitação do restante da dívida, correndo o ônus da indenização a conta dos cofres federais.

CAPÍTULO VI

DOS MÚTUOS A PESSOAS CASADAS

Art. 12. Quando concorrerem vários pretendentes aos mútuos dos instituto e caixas de previdência, serão preferidos os casados que tenham filho, e, dentre os casados, os de prole mais numerosa.

CAPÍTULO VII

DOS FILHOS NATURAIS

► Art. 227, § 6º, da CF.

Art. 13. Os Atos de reconhecimento de filhos naturais são isentos, no Distrito Federal e no Território do Acre, de quaisquer selos, emolumentos ou custas. É assegurada a concessão dos mesmos favores nos Estados, na forma do art. 41 deste decreto-lei.

► Arts. 1.607 a 1.617 do CC.

Art. 14. Nas certidões de registro civil, não se mencionará a circunstância de ser legítima, ou não, a filiação, salvo a requerimento do próprio interessado ou em virtude de determinação judicial.

► Art. 227, § 6º, da CF.

Art. 15. Se um dos cônjuges negar consentimento para que resida no lar conjugal o filho natural reconhecido do outro, caberá ao pai ou à mãe, que o reconheceu, prestar-lhe, fora do seu lar, inteira assistência, assim como alimentos correspondentes à condição social em que viva, iguais aos que prestar ao filho legítimo se o tiver.

► Art. 1.611 do CC.

Art. 16. O filho natural enquanto menor ficará sob o poder do genitor que o reconheceu e, se ambos o reconheceram, sob o poder da mãe, salvo se de tal solução advier prejuízo ao menor.

§ 1º Verificado que não deve o filho permanecer em poder da mãe ou do pai, deferirá o Juiz a sua guarda a pessoa notoriamente idônea, de preferência da família de qualquer dos genitores.

§ 2º Havendo motivos graves, devidamente comprovados, poderá o Juiz, a qualquer tempo e caso, decidir de outro modo, no interesse do menor.

► Art. 16 com a redação dada pela Lei nº 5.582, de 16-6-1970.

► Art. 1.612 do CC.

CAPÍTULO VIII

DA SUCESSÃO EM CASO DE REGIME MATRIMONIAL EXCLUSIVO DA COMUNHÃO

Art. 17. À brasileira, casada com estrangeiro sob regime que, exclua a comunhão universal, caberá, por morte do marido, o usufruto vitalício de quarta parto dos bens deste, se houver filhos brasileiros do casal ou do marido, e de metade, se vão os houver.

► Artigo com a redação dada pelo Dec.-lei nº 5.187, de 13-1-1943.

► Art. 10, § 1º, da LINDB.

Art. 18. *Revogado.* Lei nº 2.514, de 27-6-1955.

CAPÍTULO IX

DO BEM DE FAMÍLIA

► Arts. 1.711 a 1.722 do CC.

► Arts. 261 e segs. da Lei nº 6.015, de 31-12-1973 (Lei dos Registros Públicos).

► Lei nº 8.009, de 29-3-1990 (Lei da Impenhorabilidade do Bem de Família).

Art. 19. Não há limite de valor para o bem de família desde que o imóvel seja residência dos interessados por mais de dois anos.

► Artigo com a redação dada pela Lei nº 6.742, de 17-12-1979.

Art. 20. Por morte do instituidor, ou de seu cônjuge, o prédio instituído em bem de família não entrará em inventário, nem será partilhado, enquanto continuar a residir nele o cônjuge sobrevivente ou filho de menor idade. Num e outro caso, não sofrerá modificação a transcrição.

Art. 21. A cláusula de bem de família somente será eliminada, por mandado do juiz, e a requerimento do instituidor, ou, nos casos do art. 20, de qualquer interessado, se o prédio deixar de ser domicílio da família, ou por motivo relevante plenamente comprovado.

§ 1º Sempre que possível, o juiz determinará que a cláusula recaia em outro prédio, em que a família estabeleça domicílio.

§ 2º Eliminada a cláusula, caso se tenha verificado uma das hipóteses do art. 20, entrará o prédio logo em inventário para ser partilhado. Não se cobrará juro de mora sobre o imposto de transmissão relativamente ao período decorrido da abertura da sucessão ao cancelamento da cláusula.

Art. 22. Quando instituído em bem de família prédio de zona rural, poderão ficar incluídos na instituição a mobília e utensílios de uso doméstico, gado e instrumentos de trabalho, mencionados discriminadamente na escritura respectiva.

Art. 23. São isentos de qualquer imposto federal, inclusive selos, todos os atos relativos à aquisição de imóvel, de valor não superior a cinquenta contos de réis, que se institua em bem de família. Eliminada cláusula, será pago o imposto que tenha sido dispensado por ocasião da instituição.

§ 1º Os prédios urbanos e rurais, de valor superior a trinta contos de réis, instituídos em bem de família, gozarão de redução de cinquenta por cento dos impostos federais que neles recaiam ou em seus rendimentos.

§ 2º A isenção e redução de que trata o presente artigo são extensivas aos impostos pertencentes ao Distrito Federal, cabendo aos Estados e aos Municípios regular a matéria, no que lhes diz respeito, de acordo com o disposto no art. 41 deste decreto-lei.

CAPÍTULO X

DO ENSINO SECUNDÁRIO, NORMAL E PROFISSIONAL

Art. 24. As taxas de matrícula, de exame e quaisquer outras relativas ao ensino, nos estabelecimentos de educação secundária, normal e profissional, oficiais ou fiscalizados, e bem assim quaisquer impostos federais que recaiam em atos da vida escolar discente, nesses estabelecimentos, serão cobrados com as seguintes reduções, para as famílias com mais de um filho: para o segundo filho, redução de vinte por cento; para o terceiro, de quarenta por cento; para o quarto o seguintes, de sessenta por cento.

Parágrafo único. Para gozar dessas reduções, demonstrará o interessado que dois ou mais filhos seus estão sujeitos ao pagamento das citadas taxas, no mesmo estabelecimento.

Art. 25. Nos internatos oficiais de ensino secundário, normal e profissional, serão reservados, em cada ano, havendo candidatos, dez por cento dos lugares para matrícula de filhos de família com mais de dois filhos, e que preencham as condições pedagógicas exigidas.

Art. 26. *Revogado.* Dec-lei nº 5.976, de 10-11-1943.

Art. 27. A mulher de funcionário público, que também seja funcionária, sendo o marido mandado servir, independentemente de solicitação, em outra localidade, será, sempre que possível, sem prejuízo, aí aproveitada em serviço.

CAPÍTULO XII
DOS ABONOS FAMILIARES

Art. 28. A todo funcionário público, federal, estadual ou municipal, em comissão, em efetivo exercício, interino, em disponibilidade ou aposentado, ao extranumerário de qualquer modalidade, em qualquer esfera do serviço público, ou ao militar da ativa, da reserva ou reformado, mesmo, em qualquer dos casos, quando licenciado com o total de sua retribuição ou parte dela, sendo chefe de família numerosa e percebendo, por mês, menos de um conto de réis de vencimento, remuneração, gratificação, provento ou salário, conceder-se-á, mensalmente, o abono familiar de vinte mil réis por filho, se a retribuição mensal, que tenha, for de quinhentos mil réis ou menos, ou de dez mil réis, observada a disposição mensal for de mais de quinhentos mil réis, observada a disposição da alínea *a* do art. 37 deste decreto-lei.

§ 1º Ao inativo não será concedido o abono familiar a que, nesta qualidade, tenha direito, se entrar a exercer outro cargo ou função remunerada, a menos que desse exercício só provenha gratificação que a lei permita receber além do provento da inatividade.

§ 2º Quando também a mãe exercer, ou tiver exercido, emprego público, as vantagens pecuniárias, que a ela caibam, serão adicionadas à retribuição do chefe de família, para os efeitos deste artigo.

§ 3º Poderão a União, os Estados, o Distrito Federal e os Municípios, cada qual de acordo com as suas possibilidades financeiras, estabelecer, par aos seus servidores, abonos possibilidades financeiras, estabelecer, par aos seus servidores, abonos familiares mais amplos ou mais elevados do que os fixados no presente artigo.

Art. 29. *Revogado.* LC nº 11, de 25-5-1971.

CAPÍTULO XIII
DAS FAMÍLIAS EM SITUAÇÃO DE MISÉRIA

Art. 30. As instituições assistenciais, já organizadas ou que se organizarem para dar proteção às famílias em situação de miséria, seja qual fora extensão da prole, mediante a prestação de alimentos, internamento dos filhos menores para fins de educação e outras providências de natureza semelhante, serão, de modo especial, subvencionadas pela União, pelos Estados, pelo Distrito Federal e pelos Municípios.

CAPÍTULO XIV
DA INSCRIÇÃO EM SOCIEDADES RECREATIVAS E DESPORTIVAS

Art. 31. Toda associação recreativa ou desportiva, que gozar de favor oficial, admitirá, gratuitamente, coo seus associados, na proporção de um por vinte dos sócios inscritos por título oneroso, filhos de famílias numerosas e pobres, residentes na localidade.

§ 1º A designação caberá ao prefeito e recairá em jovens, até dezoito anos de idade, que preencham os requisitos dos estatutos da associação, preferindo-se, em equivalência de condições, os filhos das famílias de maior prole e de melhor educação.

§ 2º Se não houver, na localidade, filhos de famílias numerosas, nas condições do parágrafo precedente, em número suficiente para preencher todas as vagas, serão indicados filhos de famílias não consideradas numerosas, preferindo-se sempre os das que tenham maior prole.

§ 3º Em caso de exclusão de associado admitido na forma dos parágrafos anteriores, em observância dos estatutos da associação, designará o prefeito outro jovem que lhe preencha o lugar.

CAPÍTULO XV
DISPOSIÇÕES FISCAIS

Art. 32. Os contribuintes do imposto de renda, solteiros ou viúvos sem filho, maiores de vinte e cinco, pagarão o adicional de quinze por cento, e os casados, também maiores de vinte e cinco anos, sem filho, pagarão o adicional de dez por cento, sobre a importância, a que estiverem obrigados, do mesmo imposto.

Art. 33. Os contribuintes do imposto de renda, maiores de quarenta e cinco anos, que tenham um só filho, pagarão o adicional de cinco por cento sobre a importância do mesmo imposto, a que estiverem sujeitos.

Art. 34. Os impostos adicionais, a que se referem os arts. 32 e 33, serão mencionados nas declarações de rendimentos e pagos de uma só vez, juntamente com o total ou a primeira quota do imposto de renda, mas escriturados destacadamente pelas repartições arrecadadoras.

Art. 35. Para efeito do pagamento dos impostos de que trata o presente capítulo, ficam os contribuintes do imposto de renda obrigados a indicar, em suas declarações, a partir do exercício de 1941, a respectiva idade.

Art. 36. São extensivos aos impostos ora criados os dispositivos legais sobre o imposto de renda, que lhes forem aplicáveis

CAPÍTULO XVI
DISPOSIÇÕES GERAIS

Art. 37. Para efeitos do presente decreto-lei:

a) considerar-se-á família numerosa a que compreender oito ou mais filhos, brasileiros, até dezoito anos de idade, ou incapazes de trabalhar, vivendo em companhia e a expensas dos pais ou de quem os tenha sob sua guarda criando e educando-os à sua custa;

b) será equiparado ao pai quem tiver, permanentemente, sob sua guarda, criando-o e educando-o a suas expensas, menor de dezoito anos;

c) não se computarão os filhos que hajam atingido a maioridade, e ainda os casados e os que exerçam qualquer atividade remunerada.

Art. 38. Sempre que este decreto-lei se referir, de modo geral, a filhos, entender-se-á que só abrange os legítimos, os legitimados, os naturais reconhecidos e os adotivos.

Art. 39. Para obtenção sempre exigida do interessado prova de que tem feito ministrar a seus filhos educação não só física e intelectual senão também moral, respeitada a orientação religiosa paterna, e adequada á sua condição, coo permitam as circunstâncias. Esta prova será renovada anualmente.

Art. 40. A concessão dos favores estabelecidos por este decreto-lei se fará a requerimento do interessado, coma prova documental do alegado. O requerimento e todos os documentos serão isentos de selos.

Art. 41. Os Estados e os Municípios deverão expedir os atos necessários à concessão dos mesmos favores de que tratam os arts. 6º, 8º, § 11, 13 e 23 deste decreto-lei.

Art. 42. A execução do disposto nos arts. 28 e 29 deste decreto-lei terá início depois que a sua matéria for regulamentada.

► Artigo com a redação dada pelo Decreto Lei nº 3.747, de 23-10-1941.

Art. 43. Revogam-se as disposições em contrário.

Rio de Janeiro, 19 de abril de 1941;
120º da Independência e
53º da República
Getúlio Vargas

DECRETO-LEI Nº 3.365, DE 21 DE JUNHO DE 1941

Dispõe sobre desapropriação por utilidade pública.

► Publicado no *DOU* de 18-7-1941.

DISPOSIÇÕES PRELIMINARES

Art. 1º A desapropriação por utilidade pública regular-se-á por esta Lei, em todo o território nacional.

Art. 2º Mediante declaração de utilidade pública, todos os bens poderão ser desapropriados, pela União, pelos Estados, Municípios, Distrito Federal e Territórios.

§ 1º A desapropriação do espaço aéreo ou do subsolo só se tornará necessária, quando de sua utilização resultar prejuízo patrimonial do proprietário do solo.

§ 2º Os bens do domínio dos Estados, Municípios, Distrito Federal e Territórios poderão ser desapropriados pela União, e os dos Municípios pelos Estados, mas, em qualquer caso, ao ato deverá preceder autorização legislativa.

§ 3º É vedada a desapropriação, pelos Estados, Distrito Federal, Territórios e Municípios, de ações, cotas e direitos representativos do capital de instituições e empresas cujo funcionamento dependa de autorização do governo federal e se subordine à sua fiscalização, salvo mediante prévia autorização, por decreto do Presidente da República.

► § 3º acrescido pelo Dec.-lei nº 856, de 11-9-1969.

Art. 3º Os concessionários de serviços públicos e os estabelecimentos de caráter público ou que exerçam funções delegadas de poder público poderão promover desapropriações mediante autorização expressa, constante de lei ou contrato.

Art. 4º A desapropriação poderá abranger a área contígua necessária ao desenvolvimento da obra a que se destina, e as zonas que se valorizarem extraordinariamente, em consequência da realização do serviço. Em qualquer caso, a declaração de utilidade pública deverá compreendê-las, mencionando-se quais as indispensáveis à continuação da obra e as que se destinam à revenda.

Parágrafo único. Quando a desapropriação destinar-se à urbanização ou à reurbanização realizada mediante concessão ou parceria público-privada, o edital de licitação poderá prever que a receita decorrente da revenda ou utilização imobiliária integre projeto associado por conta e risco do concessionário, garantido ao poder concedente no mínimo o ressarcimento dos desembolsos com indenizações, quando estas ficarem sob sua responsabilidade.

► Parágrafo único acrescido pela Lei nº 12.873, de 24-10-2013.

Art. 5º Consideram-se casos de utilidade pública:

a) a segurança nacional;

b) a defesa do Estado;

c) o socorro público em caso de calamidade;

d) a salubridade pública;

e) a criação e melhoramento de centros de população, seu abastecimento regular de meios de subsistência;

f) o aproveitamento industrial das minas e das jazidas minerais, das águas e da energia hidráulica;

g) a assistência pública, as obras de higiene e decoração, casas de saúde, clínicas, estações de clima e fontes medicinais;

h) a exploração e a conservação dos serviços públicos;

i) a abertura, conservação e melhoramento de vias ou logradouros públicos; a execução de planos de urbanização; o parcelamento do solo com ou sem edificação para, sua melhor utilização econômica, higiênica ou estética; a construção ou ampliação de distritos industriais;

► Alínea *i* com a redação dada pela Lei nº 9.785, de 29-1-1999.

j) o funcionamento dos meios de transporte coletivo;

k) a preservação e conservação dos monumentos históricos e artísticos, isolados ou integrados em conjuntos urbanos ou rurais, bem como as medidas necessárias a manter-lhes e realçar-lhes os aspectos mais valiosos ou característicos e, ainda, a proteção de paisagens e locais particularmente dotados pela natureza;

l) a preservação e a conservação adequada de arquivos, documentos e outros bens móveis de valor histórico ou artístico;

m) a construção de edifícios públicos, monumentos comemorativos e cemitérios;

n) a criação de estádios, aeródromos ou campos de pouso para aeronaves;

o) a reedição ou divulgação de obra ou invento de natureza científica, artística ou literária;

p) os demais casos previstos por leis especiais.

§ 1º A construção ou ampliação de distritos industriais, de que trata a alínea *i* do *caput* deste artigo, inclui o loteamento das áreas necessárias à instalação de indústrias e atividades correlatas, bem como a revenda ou locação dos respectivos lotes a empresas previamente qualificadas.

§ 2º A efetivação da desapropriação para fins de criação ou ampliação de distritos industriais depende de aprovação, prévia e expressa, pelo Poder Público competente, do respectivo projeto de implantação.

► §§ 1º e 2º acrescidos pela Lei nº 6.602, de 7-12-1978.

§ 3º Ao imóvel desapropriado para implantação de parcelamento popular, destinado às classes de menor renda, não se dará outra utilização nem haverá retrocessão.

► § 3º acrescido pela Lei nº 9.785, de 29-1-1999.

Art. 6º A declaração de utilidade pública far-se-á por decreto do Presidente da República, Governador, Interventor ou Prefeito.

Art. 7º Declarada a utilidade pública, ficam as autoridades administrativas autorizadas a penetrar nos prédios compreendidos na declaração, podendo recorrer, em caso de oposição, ao auxílio de força policial.

Àquele que for molestado por excesso ou abuso de poder, cabe indenização por perdas e danos, sem prejuízo da ação penal.

Art. 8º O Poder Legislativo poderá tomar a iniciativa da desapropriação, cumprindo, neste caso, ao Executivo, praticar os atos necessários à sua efetivação.

Art. 9º Ao Poder Judiciário é vedado, no processo de desapropriação, decidir se se verificam ou não os casos de utilidade pública.

Art. 10. A desapropriação deverá efetivar-se mediante acordo ou intentar-se judicialmente dentro de cinco anos, contados da data da expedição do respectivo decreto e findos os quais este caducará.

► A alteração que seria inserida neste artigo pela Lei nº 13.867, de 26-8-2019, foi vetada, razão pela qual mantivemos a sua redação.

Neste caso, somente decorrido um ano, poderá ser o mesmo bem objeto de nova declaração.

Parágrafo único. Extingue-se em cinco anos o direito de propor ação que vise a indenização por restrições decorrentes de atos do Poder Público.

► Parágrafo único acrescido pela MP nº 2.183-56, de 24-8-2001, que até o encerramento desta edição não havia sido convertida em Lei.

Art. 10-A. O poder público deverá notificar o proprietário e apresentar-lhe oferta de indenização.

§ 1º A notificação de que trata o *caput* deste artigo conterá:

I – cópia do ato de declaração de utilidade pública;

II – planta ou descrição dos bens e suas confrontações;

III – valor da oferta;

IV – informação de que o prazo para aceitar ou rejeitar a oferta é de 15 (quinze) dias e de que o silêncio será considerado rejeição;

V – VETADO. Lei nº 13.867, de 26-8-2019.

§ 2º Aceita a oferta e realizado o pagamento, será lavrado acordo, o qual será título hábil para a transcrição no registro de imóveis.

§ 3º Rejeitada a oferta, ou transcorrido o prazo sem manifestação, o poder público procederá na forma dos arts. 11 e seguintes deste Decreto-Lei.

Art. 10-B. Feita a opção pela mediação ou pela via arbitral, o particular indicará um dos órgãos ou instituições especializados em mediação ou arbitragem previamente cadastrados pelo órgão responsável pela desapropriação.

§ 1º A mediação seguirá as normas da Lei nº 13.140, de 26 de junho de 2015, e, subsidiariamente, os regulamentos do órgão ou instituição responsável.

§ 2º Poderá ser eleita câmara de mediação criada pelo poder público, nos termos do art. 32 da Lei nº 13.140, de 26 de junho de 2015.

§ 3º VETADO. Lei nº 13.867, de 26-8-2019.

§ 4º A arbitragem seguirá as normas da Lei nº 9.307, de 23 de setembro de 1996, e, subsidiariamente, os regulamentos do órgão ou instituição responsável.

§ 5º VETADO. Lei nº 13.867, de 26-8-2019.

► Arts. 10-A e 10-B acrescidos pela Lei nº 13.867, de 26-8-2019.

Do Processo Judicial

Art. 11. A ação, quando a União for autora, será proposta no Distrito Federal ou no foro da capital do Estado onde for domiciliado o réu, perante o juízo privativo, se houver; sendo outro o autor, no foro da situação dos bens.

Art. 12. Somente os juízes que tiverem garantia de vitaliciedade, inamovibilidade e irredutibilidade de vencimentos poderão conhecer dos processos de desapropriação.

Art. 13. A petição inicial, além dos requisitos previstos no Código de Processo Civil, conterá a oferta do preço e será instruída com um exemplar do contrato, ou do jornal oficial que houver publicado o decreto de desapropriação, ou cópia autenticada dos mesmos, e a planta ou descrição dos bens e suas confrontações.

Parágrafo único. Sendo o valor da causa igual ou inferior a dois contos de réis, dispensam-se os autos suplementares.

Art. 14. Ao despachar a inicial, o juiz designará um perito de sua livre escolha, sempre que possível técnico, para proceder à avaliação dos bens.

Parágrafo único. O autor e o réu poderão indicar assistente técnico do perito.

Art. 15. Se o expropriante alegar urgência e depositar quantia arbitrada de conformidade com o artigo 685 do Código de Processo Civil, o juiz mandará imiti-lo provisoriamente na posse dos bens.

► Refere-se ao CPC/1939.

§ 1º A imissão provisória poderá ser feita, independentemente da citação do réu, mediante o depósito:

a) do preço oferecido, se este for superior a vinte vezes o valor locativo, caso o imóvel esteja sujeito ao imposto predial;

b) da quantia correspondente a vinte vezes o valor locativo, estando o imóvel sujeito ao imposto predial e sendo menor o preço oferecido;

c) do valor cadastral do imóvel, para fins de lançamento do imposto territorial, urbano ou rural, caso o referido valor tenha sido atualizado no ano fiscal imediatamente anterior;

d) não tendo havido a atualização a que se refere o inciso *c*, o juiz fixará, independentemente de avaliação, a importância do depósito, tendo em vista a época em que houver sido fixado originariamente o valor cadastral e a valorização ou desvalorização posterior do imóvel.

§ 2º A alegação de urgência, que não poderá ser renovada, obrigará o expropriante a requerer a imissão provisória dentro do prazo improrrogável de 120 (cento e vinte) dias.

§ 3º Excedido o prazo fixado no parágrafo anterior não será concedida a imissão provisória.

► §§ 1º a 3º acrescidos pela Lei nº 2.786, de 21-5-1956.

§ 4º A imissão provisória na posse será registrada no registro de imóveis competente.

► § 4º acrescido pela Lei nº 11.977, de 7-7-2009.

Art. 15-A. No caso de imissão prévia na posse, na desapropriação por necessidade ou utilidade pública e interesse social, inclusive para fins de reforma agrária, havendo divergência entre o preço ofertado em juízo e o valor do bem, fixado na sentença, expressos em termos reais, incidirão juros compensatórios de até seis por cento ao ano sobre o valor da diferença eventualmente apurada, a contar da imissão na posse, vedado o cálculo de juros compostos.

► O STF, por maioria de votos, julgou parcialmente procedente a ADIN nº 2.332-2 para reconhecer a constitucionalidade do percentual de juros compensatórios de 6% (seis por cento) ao ano para remuneração do proprietário pela imissão provisória do ente público na posse de seu bem, declarando a inconstitucionalidade do vocábulo "até", e interpretar conforme a CF o *caput* deste artigo (*DJe* de 28-5-2018).

§ 1º Os juros compensatórios destinam-se, apenas, a compensar a perda de renda comprovadamente sofrida pelo proprietário.

§ 2º Não serão devidos juros compensatórios quando o imóvel possuir graus de utilização da terra e de eficiência na exploração iguais a zero.

§ 3º O disposto no *caput* deste artigo aplica-se também às ações ordinárias de indenização por apossamento administrativo ou desapropriação indireta, bem assim às ações que visem a indenização por restrições decorrentes de atos do Poder Público, em especial aqueles destinados à proteção ambiental, incidindo os juros sobre o valor fixado na sentença.

§ 4º Nas ações referidas no § 3º, não será o Poder Público onerado por juros compensatórios relativos a período anterior à aquisição da propriedade ou posse titulada pelo autor da ação.

► O STF, por maioria de votos, julgou parcialmente procedente a ADIN nº 2.332-2 para reconhecer a inconstitucionalidade deste parágrafo (*DJe* de 28-5-2018).

Art. 15-B. Nas ações a que se refere o artigo 15-A, os juros moratórios destinam-se a recompor a perda decorrente do atraso no efetivo pagamento da indenização fixada na decisão final de mérito, e somente serão devidos à razão de até seis por cento ao ano, a partir de 1º de janeiro do exercício seguinte àquele em que o pagamento deveria ser feito, nos termos do artigo 100 da Constituição.

► Arts. 15-A e 15-B acrescidos pela MP nº 2.183-56, de 24-8-2001, que até o encerramento desta edição não havia sido convertida em Lei.

Art. 16. A citação far-se-á por mandado na pessoa do proprietário dos bens; a do marido dispensa a da mulher; a de um sócio, ou administrador, a dos demais, quando o bem pertencer a sociedade; a do administrador da coisa, no caso de condomínio, exceto o de edifício de apartamentos constituindo cada um propriedade autônoma, a dos demais condôminos, e a do inventariante, e, se não houver, a do cônjuge, herdeiro, ou legatário, detentor da herança, a dos demais interessados, quando o bem pertencer a espólio.

Parágrafo único. Quando não encontrar o citando, mas ciente de que se encontra no território da jurisdição do juiz, o oficial portador do mandado marcará desde logo hora certa para a citação, ao fim de quarenta e oito horas, independentemente de nova diligência ou despacho.

Art. 17. Quando a ação não for proposta no foro do domicílio ou da residência do réu, a citação far-se-á por precatória, se o mesmo estiver em lugar certo, fora do território da jurisdição do juiz.

Art. 18. A citação far-se-á por edital se o citando não for conhecido, ou estiver em lugar ignorado, incerto ou inacessível, ou, ainda, no estrangeiro, o que dois oficiais do juízo certificarão.

Art. 19. Feita a citação, a causa seguirá com o rito ordinário.

Art. 20. A contestação só poderá versar sobre vício do processo judicial ou impugnação do preço; qualquer outra questão deverá ser decidida por ação direta.

Art. 21. A instância não se interrompe. No caso de falecimento do réu, ou perda de sua capacidade civil, o juiz, logo que disso tenha conhecimento, nomeará curador à lide, até que se habilite o interessado.

Parágrafo único. Os atos praticados da data do falecimento ou perda da capacidade à investidura do curador à lide poderão ser ratificados ou impugnados por ele, ou pelo representante do espólio ou do incapaz.

Art. 22. Havendo concordância sobre o preço, o juiz o homologará por sentença no despacho saneador.

Art. 23. Findo o prazo para a contestação e não havendo concordância expressa quanto ao preço, o perito apresentará o laudo em cartório, até cinco dias, pelo menos, antes da audiência de instrução e julgamento.

§ 1º O perito poderá requisitar das autoridades públicas os esclarecimentos ou documentos que se tornarem necessários à elaboração do laudo, e deverá indicar nele, entre outras circunstâncias atendíveis para a fixação da indenização, as enumeradas no artigo 27.

Ser-lhe-ão abonadas, como custas, as despesas com certidões e, a arbítrio do juiz, as de outros documentos que juntar ao laudo.

§ 2º Antes de proferido o despacho saneador, poderá o perito solicitar prazo especial para apresentação do laudo.

Art. 24. Na audiência de instrução e julgamento proceder-se-á na conformidade do Código de Processo Civil. Encerrado o debate, o juiz proferirá sentença fixando o preço da indenização.

Parágrafo único. Se não se julgar habilitado a decidir, o juiz designará desde logo outra audiência que se realizará dentro de dez dias, a fim de publicar a sentença.

Art. 25. O principal e os acessórios serão computados em parcelas autônomas.

Parágrafo único. O juiz poderá arbitrar quantia módica para desmonte e transporte de maquinismos instalados e em funcionamento.

Art. 26. No valor da indenização que será contemporâneo da avaliação não se incluirão os direitos de terceiros contra o expropriado.

► *Caput* com a redação dada pela Lei nº 2.786, de 21-5-1956.

§ 1º Serão atendidas as benfeitorias necessárias feitas após a desapropriação; as úteis, quando feitas com autorização do expropriante.

► Parágrafo único transformado em § 1º pela Lei nº 4.686, de 21-6-1965.

§ 2º Decorrido prazo superior a um ano a partir da avaliação, o juiz ou tribunal, antes da decisão final, determinará a correção monetária do valor apurado, conforme índice que será fixado, trimestralmente, pela Secretaria de Planejamento da Presidência da República.

► § 2º com a redação dada pela Lei nº 6.306, de 15-12-1975.

Art. 27. O juiz indicará na sentença os fatos que motivaram o seu convencimento e deverá atender, especialmente, à estimação dos bens para efeitos fiscais; ao preço de aquisição o interesse que deles aufere o proprietário; à sua situação, estado de conservação e segurança; ao valor venal dos da mesma espécie, nos últimos cinco anos, e à valorização ou depreciação de área remanescente, pertencente ao réu.

§ 1º A sentença que fixar o valor da indenização quando este for superior ao preço oferecido condenará o desapropriante a pagar honorários do advogado, que serão fixados entre meio e cinco por cento do valor da diferença, observado o disposto no § 4º do artigo 20 do Código de Processo Civil, não podendo os honorários ultrapassar R$ 151.000,00 (cento e cinquenta e um mil reais).

► § 1º com a redação dada pela MP nº 2.183-56, de 24-8-2001, que até o encerramento desta edição não havia sido convertida em Lei.

► O STF, por unanimidade, julgou parcialmente procedente a ADIN nº 2.332-2 para declarar a constitucionalidade da estipulação de parâmetros mínimo e máximo para a concessão de honorários advocatícios previstos neste parágrafo, e declarar a inconstitucionalidade da expressão "não podendo os honorários ultrapassar R$ 151.000,00 (cento e cinquenta e um mil reais)" (*DJe* de 28-5-2018).

► Refere-se ao CPC/1973.

§ 2º A transmissão da propriedade decorrente de desapropriação amigável ou judicial, não ficará sujeita ao imposto de lucro imobiliário.

► § 2º acrescido pela Lei nº 2.786, de 21-5-1956.

§ 3º O disposto no § 1º deste artigo se aplica:

I – ao procedimento contraditório especial, de rito sumário, para o processo de desapropriação de imóvel rural, por interesse social, para fins de reforma agrária;

II – às ações de indenização por apossamento administrativo ou desapropriação indireta.

§ 4º O valor a que se refere o § 1º será atualizado, a partir de maio de 2000, no dia 1º de janeiro de cada ano, com base na variação acumulada do Índice de Preços ao Consumidor Amplo – IPCA do respectivo período.

► §§ 3º e 4º acrescidos pela MP nº 2.183-56, de 24-8-2001, que até o encerramento desta edição não havia sido convertida em Lei.

Art. 28. Da sentença que fixar o preço da indenização caberá apelação com efeito simplesmente devolutivo, quando interposta pelo expropriado, e com ambos os efeitos, quando o for pelo expropriante.

§ 1º A sentença que condenar a Fazenda Pública em quantia superior ao dobro da oferecida fica sujeita ao duplo grau de jurisdição.

► § 1º com a redação dada pela Lei nº 6.071, de 3-7-1974.

§ 2º Nas causas de valor igual ou inferior a dois contos de réis, observar-se-á o disposto no artigo 839 do Código de Processo Civil.

► Refere-se ao CPC/1973.

Art. 29. Efetuado o pagamento ou a consignação, expedir-se-á em favor do expropriante mandado de imissão de posse, valendo a sentença como título hábil para a transcrição no registro de imóveis.

Art. 30. As custas serão pagas pelo autor se o réu aceitar o preço oferecido; em caso contrário, pelo vencido, ou em proporção, na forma da lei.

DISPOSIÇÕES FINAIS

Art. 31. Ficam sub-rogados no preço quaisquer ônus ou direitos que recaiam sobre o bem expropriado.

Art. 32. O pagamento do preço será prévio e em dinheiro.

► *Caput* com a redação dada pela Lei nº 2.786, de 21-5-1956.

§ 1º As dívidas fiscais serão deduzidas dos valores depositados, quando inscritas e ajuizadas.

§ 2º Incluem-se na disposição prevista no § 1º as multas decorrentes de inadimplemento e de obrigações fiscais.

§ 3º A discussão acerca dos valores inscritos ou executados será realizada em ação própria.

► §§ 1º a 3º acrescidos pela Lei nº 11.977, de 7-7-2009.

Art. 33. O depósito do preço fixado por sentença, à disposição do juiz da causa, é considerado pagamento prévio da indenização.

§ 1º O depósito far-se-á no Banco do Brasil ou, onde este não tiver agência, em estabelecimento bancário acreditado, a critério do juiz.

► Parágrafo único transformado em § 1º pela Lei nº 2.786, de 21-5-1956.

§ 2º O desapropriado, ainda que discorde do preço oferecido, do arbitrado ou do fixado pela sentença, poderá levantar até oitenta por cento do depósito feito para o fim previsto neste e no artigo 15, observado o processo estabelecido no artigo 34.

► § 2º acrescido pela Lei nº 2.786, de 21-5-1956.

Art. 34. O levantamento do preço será deferido mediante prova de propriedade, de quitação de dívidas fiscais que recaiam sobre o bem expropriado, e publicação de editais, com o prazo de dez dias, para conhecimento de terceiros.

Parágrafo único. Se o juiz verificar que há dúvida fundada sobre o domínio, o preço ficará em depósito, ressalvada aos interessados a ação própria para disputá-lo.

Art. 34-A. Se houver concordância, reduzida a termo, do expropriado, a decisão concessiva da imissão provisória na posse implicará a aquisição da propriedade pelo expropriante com o consequente registro da propriedade na matrícula do imóvel.

§ 1º A concordância escrita do expropriado não implica renúncia ao seu direito de questionar o preço ofertado em juízo.

§ 2º Na hipótese deste artigo, o expropriado poderá levantar 100% (cem por cento) do depósito de que trata o art. 33 deste Decreto-Lei.

§ 3º Do valor a ser levantado pelo expropriado devem ser deduzidos os valores dispostos nos §§ 1º e 2º do art. 32 deste Decreto-Lei, bem como, a critério do juiz, aqueles tidos como necessários para o custeio das despesas processuais.

Art. 35. Os bens expropriados, uma vez incorporados à Fazenda Pública, não podem ser objeto de reivindicação, ainda que fundada em nulidade do processo de desapropriação. Qualquer ação, julgada procedente, resolver-se-á em perdas e danos.

Art. 36. É permitida a ocupação temporária, que será indenizada, afinal, por ação própria, de terrenos não edificados, vizinhos às obras e necessários à sua realização. O expropriante prestará caução, quando exigida.

Art. 37. Aquele cujo bem for prejudicado extraordinariamente em sua destinação econômica pela desapropriação de áreas contíguas terá direito a reclamar perdas e danos do expropriante.

Art. 38. O réu responderá perante terceiros, e por ação própria, pela omissão ou sonegação de quaisquer informações que possam interessar à marcha do processo ou ao recebimento da indenização.

Art. 39. A ação de desapropriação pode ser proposta durante as férias forenses, e não se interrompe pela superveniência destas.

Art. 40. O expropriante poderá constituir servidões, mediante indenização na forma desta Lei.

Art. 41. As disposições desta Lei aplicam-se aos processos de desapropriação em curso, não se permitindo depois de sua vigência outros termos e atos além dos por ela admitidos, nem o seu processamento por forma diversa da que por ela é regulada.

Art. 42. No que esta Lei for omissa aplica-se o Código de Processo Civil.

Art. 43. Esta Lei entrará em vigor dez dias depois de publicada, no Distrito Federal, e trinta dias nos Estados e Território do Acre; revogadas as disposições em contrário.

Rio de Janeiro, 21 de junho de 1941;
120º da Independência e
53º da República.

Getúlio Vargas

DECRETO-LEI Nº 4.597, DE 19 DE AGOSTO DE 1942

Dispõe sobre a prescrição das ações contra a Fazenda Pública e dá outras providências.

► Publicado no *DOU* de 20-8-1942.

Art. 1º Salvo o caso do foro do contrato, compete à Justiça de cada Estado e à do Distrito Federal processar e julgar as causas em que for interessado, como autor, réu, assistente ou opoente, respectivamente, o mesmo Estado, ou seus Municípios, e o Distrito Federal.

Parágrafo único. O disposto neste artigo não se aplica às causas já ajuizadas.

Art. 2º O Decreto nº 20.910, de 6 de janeiro de 1932, que regula a prescrição quinquenal, abrange as dívidas passivas das autarquias, ou entidades e órgãos paraestatais, criados por lei e mantidos mediante impostos, taxas ou quaisquer contribuições, exigidas em virtude de lei federal, estadual ou municipal, bem como a todo e qualquer direito e ação contra os mesmos.

Art. 3º A prescrição das dívidas, direitos e ações a que se refere o Decreto nº 20.910, de 6 de janeiro de 1932, somente pode ser interrompida uma vez, e recomeça a correr, pela metade do prazo, da data do ato que a interrompeu, ou do último do processo para a interromper; consumar-se-á a prescrição no curso da lide sempre que a partir do último ato ou termo da mesma, inclusive da sentença nela proferida, embora passada em julgado, decorrer o prazo de dois anos e meio.

Art. 4º As disposições do artigo anterior aplicam-se desde logo a todas as dívidas, direitos e ações a que se referem, ainda não extintos por qualquer causa, ajuizados ou não, devendo prescrição ser alegada e decretada em qualquer tempo e instância, inclusive nas execuções de sentença.

Art. 5º Este Decreto-lei entrará em vigor na data da sua publicação, revogadas as disposições em contrário.

Rio de Janeiro, 19 de agosto de 1942;
121º da Independência e
54º da República.

Getúlio Vargas

DECRETO-LEI Nº 9.760, DE 5 DE SETEMBRO DE 1946

Dispõe sobre os bens imóveis da União e dá outras providências.

► Publicado no *DOU* de 6-9-1946.

TÍTULO I – DOS BENS IMÓVEIS DA UNIÃO

CAPÍTULO I

DA DECLARAÇÃO DOS BENS

SEÇÃO I

DA ENUNCIAÇÃO

Art. 1º Incluem-se entre os bens imóveis da União:

a) os terrenos de marinha e seus acrescidos;

b) os terrenos marginais dos rios navegáveis, em Territórios Federais, se, por qualquer título legítimo, não pertencerem a particular;

c) os terrenos marginais de rios e as ilhas nestes situadas na faixa da fronteira do território nacional e nas zonas onde se faça sentir a influência das marés;

d) as ilhas situadas nos mares territoriais ou não, se por qualquer título legítimo não pertencerem aos Estados, Municípios ou particulares;

e) a porção de terras devolutas que for indispensável para a defesa da fronteira, fortificações, construções militares e estradas de ferro federais;

f) as terras devolutas situadas nos Territórios Federais;

g) as estradas de ferro, instalações portuárias, telégrafos, telefones, fábricas, oficinas e fazendas nacionais;

h) os terrenos dos extintos aldeamentos de índios e das colônias militares, que não tenham passado, legalmente, para o domínio dos Estados, Municípios ou particulares;

i) os arsenais com todo o material de marinha, exército e aviação, as fortalezas, fortificações e construções militares, bem como os terrenos adjacentes, reservados por ato imperial;

j) os que foram do domínio da Coroa;

k) os bens perdidos pelo criminoso condenado por sentença proferida em processo judiciário federal;

l) os que tenham sido a algum título, ou em virtude de lei, incorporados ao seu patrimônio.

SEÇÃO II

DA CONCEITUAÇÃO

Art. 2º São terrenos de marinha, em uma profundidade de 33 (trinta e três) metros, medidos horizontalmente, para a parte da terra, da posição da linha do preamar médio de 1831:

a) os situados no continente, na costa marítima e nas margens dos rios e lagoas, até onde se faça sentir a influência das marés;

b) os que contornam as ilhas situadas em zona onde se faça sentir a influência das marés.

Parágrafo único. Para os efeitos deste artigo a influência das marés é caracterizada pela oscilação periódica de 5 (cinco) centímetros pelo menos, do nível das águas, que ocorra em qualquer época do ano.

Art. 3º São terrenos acrescidos de marinha os que se tiverem formado natural ou artificialmente, para o lado do mar ou dos rios e lagoas, em seguimento aos terrenos de marinha.

Art. 4º São terrenos marginais os que banhados pelas correntes navegáveis, fora do alcance das marés, vão até a distância de 15 (quinze) metros, medidos horizontalmente para a parte da terra, contados desde a linha média das enchentes ordinárias.

Art. 5º São devolutas, na faixa da fronteira, nos Territórios Federais e no Distrito Federal, as terras que, não sendo próprias nem aplicadas a algum uso público federal, estadual ou municipal, não se incorporaram ao domínio privado:

a) por força da Lei nº 601, de 18 de setembro de 1850, Decreto nº 1.318, de 30 de janeiro de 1854, e outras leis e decretos gerais, federais e estaduais;

b) em virtude de alienação, concessão ou reconhecimento por parte da União ou dos Estados;

c) em virtude de lei ou concessão emanada de governo estrangeiro e ratificada ou reconhecida, expressa ou implicitamente, pelo Brasil, em tratado ou convenção de limites;

d) em virtude de sentença judicial com força de coisa julgada;

e) por se acharem em posse contínua e incontestada com justo título e boa-fé, por termo superior a 20 (vinte) anos;

f) por se acharem em posse pacífica e ininterrupta, por 30 (trinta) anos, independentemente de justo título e de boa-fé;

g) por força de sentença declaratória nos termos do art. 148 da Constituição Federal, de 10 de novembro de 1937.

Parágrafo único. A posse a que a União condiciona a sua liberalidade não pode constituir latifúndio e depende do efetivo aproveitamento e morada do possuidor ou do seu preposto, integralmente satisfeitas por estes, no caso de posse de terras situadas na faixa da fronteira, as condições especiais impostas na lei.

CAPÍTULO II

DA IDENTIFICAÇÃO DOS BENS

SEÇÃO I

DISPOSIÇÕES GERAIS

Arts. 6º a 8º *Revogados.* Lei nº 11.481, de 31-5-2007.

SEÇÃO II

DA DEMARCAÇÃO DOS TERRENOS DE MARINHA

Art. 9º É da competência do Serviço do Patrimônio da União (SPU) a determinação da posição das linhas do preamar médio do ano de 1831 e da média das enchentes ordinárias.

Art. 10. A determinação será feita à vista de documentos e plantas de autenticidade irrecusável, relativos àquele ano, ou, quando não obtidos, à época que do mesmo se aproxime.

Art. 11. Antes de dar início aos trabalhos demarcatórios e com o objetivo de contribuir para sua efetivação, a Secretaria do Patrimônio da União do Ministério do Planejamento, Orçamento e Gestão realizará audiência pública, preferencialmente, na Câmara de Vereadores do Município ou dos Municípios onde estiver situado o trecho a ser demarcado.

§ 1º Na audiência pública, além de colher plantas, documentos e outros elementos relativos aos terrenos compreendidos no trecho a ser demarcado, a Secretaria do Patrimônio da União do Ministério do Planejamento, Orçamento e Gestão apresentará à população interessada informações e esclarecimentos sobre o procedimento demarcatório.

§ 2º A Secretaria do Patrimônio da União do Ministério do Planejamento, Orçamento e Gestão fará o convite para a audiência pública, por meio de publicação em jornal de grande circulação nos Municípios abrangidos pelo trecho a ser demarcado e no *Diário Oficial da União*, com antecedência mínima de 30 (trinta) dias da data de sua realização.

§ 3º A Secretaria do Patrimônio da União do Ministério do Planejamento, Orçamento e Gestão notificará o Município para que apresente os documentos e plantas que possuir relativos ao trecho a ser demarcado, com antecedência mínima de 30 (trinta) dias da data da realização da audiência pública a que se refere o *caput*.

§ 4º Serão realizadas pelo menos 2 (duas) audiências públicas em cada Município situado no trecho a ser demarcado cuja população seja superior a 100.000 (cem mil) habitantes, de acordo com o último censo oficial.

► Art. 11 com a redação dada pela Lei nº 13.139, de 26-6-2015.

Art. 12. Após a realização dos trabalhos técnicos que se fizerem necessários, o Superintendente do Patrimônio da União no Estado determinará a posição da linha demarcatória por despacho.

► *Caput* com a redação dada pela Lei nº 13.139, de 26-6-2015.

Parágrafo único. *Revogado.* Lei nº 13.139, de 26-6-2015.

Art. 12-A. A Secretaria do Patrimônio da União do Ministério do Planejamento, Orçamento e Gestão fará notificação pessoal dos interessados certos alcançados pelo traçado da linha demarcatória para, no prazo de 60 (sessenta) dias, oferecerem quaisquer impugnações.

§ 1º Na área urbana, considera-se interessado certo o responsável pelo imóvel alcançado pelo traçado da linha demarcatória até a linha limite de terreno marginal ou de terreno de marinha que esteja cadastrado na Secretaria do Patrimônio da União ou inscrito no cadastro do Imposto Predial e Territorial Urbano (IPTU) ou outro cadastro que vier a substituí-lo.

§ 2º Na área rural, considera-se interessado certo o responsável pelo imóvel alcançado pelo traçado da linha demarcatória até a linha limite de terreno marginal que esteja cadastrado na Secretaria do Patrimônio da União e, subsidiariamente, esteja inscrito no Cadastro Nacional de Imóveis Rurais (CNIR) ou outro que vier a substituí-lo.

§ 3º O Município e o Instituto Nacional de Colonização e Reforma Agrária (INCRA), no prazo de 30 (trinta) dias contado da solicitação da Secretaria do Patrimônio da União, deverão fornecer a relação dos inscritos nos cadastros previstos nos §§ 1º e 2º.

§ 4º A relação dos imóveis constantes dos cadastros referidos nos §§ 1º e 2º deverá ser fornecida pelo Município e pelo INCRA no prazo de 30 (trinta) dias contado da solicitação da Secretaria do Patrimônio da União.

§ 5º A atribuição da qualidade de interessado certo independe da existência de título registrado no Cartório de Registro de Imóveis.

► Art. 12-A acrescido pela Lei nº 13.139, de 26-6-2015.

Art. 12-B. A Secretaria do Patrimônio da União do Ministério do Planejamento, Orçamento e Gestão fará notificação por edital, por meio de publicação em jornal de grande circulação no local do trecho demarcado e no Diário Oficial da União, dos interessados incertos alcançados pelo traçado da linha demarcatória para, no prazo de 60 (sessenta) dias, apresentarem quaisquer impugnações, que poderão ser dotadas de efeito suspensivo nos termos do parágrafo único do art. 61 da Lei nº 9.784, de 29 de janeiro de 1999.

► Art. 12-B acrescido pela Lei nº 13.139, de 26-6-2015.

Art. 12-C. Fica a Secretaria do Patrimônio da União (SPU) autorizada a concluir até 31 de dezembro de 2025 a identificação dos terrenos marginais de rio federal navegável, dos terrenos de marinha e seus acrescidos, de que tratam os arts. 2º, 3º e 4º deste Decreto-Lei.

Parágrafo único. A conclusão de que trata este artigo refere-se ao disposto no *caput* do art. 12 deste Decreto-Lei.

► Art. 12-C acrescido pela Lei nº 13.465, de 11-7-2017.

Art. 13. Tomando conhecimento das impugnações eventualmente apresentadas, o Superintendente do Patrimônio da União no Estado reexaminará o assunto e, se confirmar sua decisão, notificará os recorrentes que, no prazo improrrogável de 20 (vinte) dias contado da data de sua ciência, poderão interpor recurso, que poderá ser dotado de efeito suspensivo, dirigido ao Secretário do Patrimônio da União do Ministério do Planejamento, Orçamento e Gestão.

Parágrafo único. O efeito suspensivo de que tratam o *caput* e o art. 12-B aplicar-se-á apenas à demarcação do trecho impugnado, salvo se o fundamento alegado na impugnação ou no recurso for aplicável a trechos contíguos, hipótese em que o efeito suspensivo, se deferido, será estendido a todos eles.

► Art. 13 com a redação dada pela Lei nº 13.139, de 26-6-2015.

Art. 14. Da decisão proferida pelo Secretário de Coordenação e Governança do Patrimônio da União da Secretaria Especial de Desestatização, Desinvestimento e Mercados do Ministério da Economia será dado conhecimento aos recorrentes que, no prazo de 20 (vinte) dias, contado da data de sua ciência, poderão interpor recurso, sem efeito suspensivo, dirigido ao superior hierárquico, em última instância.

► Artigo com a redação dada pela Lei nº 13.874, de 20-9-2019.

Seção III
DA DEMARCAÇÃO DE TERRAS INTERIORES

Art. 15. Serão promovidas pelo SPU as demarcações e aviventações de rumos, desde que necessárias à exata individuação dos imóveis de domínio da União e sua perfeita discriminação da propriedade de terceiros.

Art. 16. Na eventualidade prevista, no artigo anterior, o órgão local do SPU convidará por edital sem prejuízo sempre que possível, de convite por outro meio, os que se julgarem com direito aos imóveis confinantes a, dentro do prazo de 60 (sessenta) dias, oferecerem a exame os títulos, em que fundamentam seus direitos e bem assim quaisquer documentos elucidativos, como plantas, memoriais etc.

Parágrafo único. O edital será afixado na repartição arrecadadora da Fazenda Nacional, na localidade da situação do imóvel, e publicado no órgão oficial do Estado ou Território, ou na folha que lhe publicar o expediente, e no *Diário Oficial da União*, em se tratando de imóvel situado no Distrito Federal.

Art. 17. Examinados os documentos exibidos pelos interessados e quaisquer outros de que possa dispor, o SPU, se entender aconselhável, proporá ao confinante a realização da diligência de demarcação administrativa, mediante prévia assinatura de termo em que as partes interessadas se comprometam a aceitar a decisão que for proferida em última instância pelo CTU, desde que seja o caso.

§ 1º Se não concordarem as partes na indicação de um só, os trabalhos demarcatórios serão efetuados por 2 (dois) peritos, obrigatoriamente engenheiros ou agrimensores, designados um pelo SPU, outro pelo confinante.

§ 2º Concluídas suas investigações preliminares os peritos apresentarão, conjuntamente ou não, laudo minucioso, concluindo pelo estabelecimento da linha divisória das propriedades demarcadas.

§ 3º Em face do laudo ou laudos apresentados, se houver acordo entre a União, representada pelo Procurador da Fazenda Pública, e o confinante, quanto ao estabelecimento da linha divisória, lavrar-se-á termo em livro próprio, do órgão local do SPU, efetuando o seu perito a cravação dos marcos, de acordo com o vencido.

§ 4º O termo a que se refere o parágrafo anterior, isento de selos ou quaisquer emolumentos, terá força, de escritura pública e por meio de certidão de inteiro teor será devidamente averbado no Registro Geral da situação dos imóveis demarcados.

§ 5º Não chegando as partes ao acordo a que se refere o § 3º deste artigo, o processo será submetido ao exame do CTU, cuja decisão terá força de sentença definitiva para a averbação aludida no parágrafo anterior.

§ 6º As despesas com a diligência da demarcação serão rateadas entre o confinante e a União, indenizada esta da metade a cargo daquele.

Art. 18. Não sendo atendido pelo confinante o convite mencionado no art. 16, ou se ele se recusar a assinar o termo em que se comprometa aceitar a demarcação administrativa, o SPU providenciará no sentido de se proceder à demarcação judicial, pelos meios ordinários.

Seção III-A
DA DEMARCAÇÃO DE TERRENOS PARA REGULARIZAÇÃO FUNDIÁRIA DE INTERESSE SOCIAL

▸ Seção III-A acrescida pela Lei nº 11.481, de 31-5-2007.

Art. 18-A. A União poderá lavrar auto de demarcação nos seus imóveis, nos casos de regularização fundiária de interesse social, com base no levantamento da situação da área a ser regularizada.

§ 1º Considera-se regularização fundiária de interesse social aquela destinada a atender a famílias com renda familiar mensal não superior a 5 (cinco) salários mínimos.

§ 2º O auto de demarcação assinado pelo Secretário do Patrimônio da União deve ser instruído com:

I – planta e memorial descritivo da área a ser regularizada, dos quais constem a sua descrição, com suas medidas perimetrais, área total, localização, confrontantes, coordenadas preferencialmente georreferenciadas dos vértices definidores de seus limites, bem como seu número de matrícula ou transcrição e o nome do pretenso proprietário, quando houver;

II – planta de sobreposição da área demarcada com a sua situação constante do registro de imóveis e, quando houver, transcrição ou matrícula respectiva;

III – certidão da matrícula ou transcrição relativa à área a ser regularizada, emitida pelo registro de imóveis competente e das circunscrições imobiliárias anteriormente competentes, quando houver;

IV – certidão da Secretaria do Patrimônio da União de que a área pertence ao patrimônio da União, indicando o Registro Imobiliário Patrimonial – RIP e o responsável pelo imóvel, quando for o caso;

V – planta de demarcação da Linha Preamar Média – LPM, quando se tratar de terrenos de marinha ou acrescidos; e

VI – planta de demarcação da Linha Média das Enchentes Ordinárias – LMEO, quando se tratar de terrenos marginais de rios federais.

§ 3º As plantas e memoriais mencionados nos incisos I e II do § 2º deste artigo devem ser assinados por profissional legalmente habilitado, com prova de anotação de responsabilidade técnica no competente Conselho Regional de Engenharia e Arquitetura – CREA.

§ 4º Entende-se por responsável pelo imóvel o titular de direito outorgado pela União, devidamente identificado no RIP.

Art. 18-B. Prenotado e autuado o pedido de registro da demarcação no registro de imóveis, o oficial, no prazo de 30 (trinta) dias, procederá às buscas para identificação de matrículas ou transcrições correspondentes à área a ser regularizada e examinará os documentos apresentados, comunicando ao apresentante, de 1 (uma) única vez, a existência de eventuais exigências para a efetivação do registro.

Art. 18-C. Inexistindo matrícula ou transcrição anterior e estando a documentação em ordem, ou atendidas as exigências feitas no art. 18-B desta Lei, o oficial do registro de imóveis deve abrir matrícula do imóvel em nome da União e registrar o auto de demarcação.

Art. 18-D. Havendo registro anterior, o oficial do registro de imóveis deve notificar pessoalmente o titular de domínio, no imóvel, no endereço que constar do registro imobiliário ou no endereço fornecido pela União, e, por meio de edital, os confrontantes, ocupantes e terceiros interessados.

§ 1º Não sendo encontrado o titular de domínio, tal fato será certificado pelo oficial encarregado da diligência, que promoverá sua notificação mediante o edital referido no *caput* deste artigo.

§ 2º O edital conterá resumo do pedido de registro da demarcação, com a descrição que permita a identificação da área demarcada, e deverá ser publicado por 2 (duas) vezes, dentro do prazo de 30 (trinta) dias, em um jornal de grande circulação local.

§ 3º No prazo de 15 (quinze) dias, contado da última publicação, poderá ser apresentada impugnação do pedido de registro do auto de demarcação perante o registro de imóveis.

§ 4º Presumir-se-á a anuência dos notificados que deixarem de apresentar impugnação no prazo previsto no § 3º deste artigo.

§ 5º A publicação dos editais de que trata este artigo será feita pela União, que encaminhará ao oficial do registro de imóveis os exemplares dos jornais que os tenham publicado.

Art. 18-E. Decorrido o prazo previsto no § 3º do art. 18-D desta Lei sem impugnação, o oficial do registro de imóveis deve abrir matrícula do imóvel em nome da União e registrar o auto de demarcação, procedendo às averbações necessárias nas matrículas ou transcrições anteriores, quando for o caso.

Parágrafo único. Havendo registro de direito real sobre a área demarcada ou parte dela, o oficial deverá proceder ao cancelamento de seu registro em decorrência da abertura da nova matrícula em nome da União.

Art. 18-F. Havendo impugnação, o oficial do registro de imóveis dará ciência de seus termos à União.

§ 1º Não havendo acordo entre impugnante e a União, a questão deve ser encaminhada ao juízo competente, dando-se continuidade ao procedimento de registro relativo ao remanescente incontroverso.

§ 2º Julgada improcedente a impugnação, os autos devem ser encaminhados ao registro de imóveis para que o oficial proceda na forma do art. 18-E desta Lei.

§ 3º Sendo julgada procedente a impugnação, os autos devem ser restituídos ao registro de imóveis para as anotações necessárias e posterior devolução ao poder público.

§ 4º A prenotação do requerimento de registro da demarcação ficará prorrogada até o cumprimento da decisão proferida pelo juiz ou até seu cancelamento a requerimento da União, não se aplicando às regularizações previstas nesta Seção o cancelamento por decurso de prazo.

▸ Arts. 18-A a 18-F acrescidos pela Lei nº 11.481, de 31-5-2007.

Seção IV
DA DISCRIMINAÇÃO DE TERRAS DA UNIÃO

Subseção I
DISPOSIÇÕES PRELIMINARES

Art. 19. Incumbe ao SPU promover, em nome da Fazenda Nacional, a discriminação administrativa das terras na faixa de fronteira e nos Territórios Federais, bem como de outras terras do domínio da União, a fim de descrevê-las, medi-las e extremá-las das do domínio particular.

Art. 20. Aos bens imóveis da União, quando indevidamente ocupados, invadidos, turbados na posse, ameaçados de perigos ou confundidos em suas limitações, cabem os remédios de direito comum.

Art. 21. Desdobra-se em duas fases ou instâncias o processo discriminatório, uma administrativa ou amigável, outra judicial, recorrendo a Fazenda Nacional à segunda, relativamente àqueles contra quem não houver surtido ou não puder surtir efeitos a primeira.

Parágrafo único. Dispensar-se-á, todavia, a fase administrativa ou amigável, nas discriminatórias, em que a Fazenda Nacional verificar ser a mesma de todo ou em grande parte ineficaz pela incapacidade, ausência ou conhecida oposição da totalidade ou maioria dos interessados.

Subseção II
DA DISCRIMINAÇÃO ADMINISTRATIVA

Art. 22. Procederá à abertura da instância administrativa o reconhecimento prévio da área discriminada, por engenheiro ou agrimensor com exercício no órgão local do SPU, que apresentará relatório ou memorial descritivo:

a) do perímetro com suas características e continência certa ou aproximada;

b) das propriedades e posses nele localizadas ou a ele confinantes, com os nomes e residências dos respectivos proprietários e possuidores;

c) das criações, benfeitorias e culturas, encontradas, assim como de qualquer manifestação evidente de posse das terras;

d) de um *croqui* circunstanciado quanto possível;

e) de outras quaisquer informações interessantes.

Art. 23. Com o memorial e documentos que porventura o instruírem, o Procurador da Fazenda Pública iniciará o processo, convocando os interessados para em dia, hora e lugar indicados com prazo antecedente não menor de 60 (sessenta) dias se instalarem os trabalhos de discriminação e apresentarem as partes seus títulos, documentos e informações que lhe possam interessar.

§ 1º O processo discriminatório correrá na sede da situação da área discriminanda ou de sua maior parte.

§ 2º A convocação ou citação será feita aos proprietários, possuidores, confinantes, a todos os interessados em geral, inclusive as mulheres casadas, por editais, e, além disso, cautelariamente, por carta àqueles cujos nomes constarem do memorial do engenheiro ou agrimensor.

§ 3º Os editais serão afixados em lugares públicos nas sedes dos municípios e distritos de paz, publicados 3 (três) vezes do *Diário Oficial da União*, do Estado ou Território, consoante seja o caso, ou na folha que lhe der publicidade ao expediente, e 2 (duas) vezes, na imprensa local, onde houver.

Art. 24. No dia, hora e lugar aprazados, o Procurador da Fazenda Pública, acompanhado do engenheiro ou agrimensor autor do memorial, do escrivão para isso designado pelo Chefe do órgão local do SPU, e dos servidores deste, que forem necessários, abrirá a diligência, dará por instalados os trabalhos e mandará fazer pelo escrivão a chamada dos interessados, procedendo-se a seguir ao recebimento, exame e conferência dos memoriais, requerimentos, informações, títulos e documentos apresentados pelos mesmos, bem como ao arrolamento das testemunhas informantes e indicação de 1 (um) ou 2 (dois) peritos que os citados porventura queiram eleger, por maioria de votos, para acompanhar e esclarecer o engenheiro ou agrimensor nos trabalhos topográficos.

§ 1º Com os documentos, pedidos e informações, deverão os interessados, sempre que lhes for possível e tanto quanto o for prestar esclarecimentos, por escrito ou verbalmente, para serem reduzidos a termo pelo escrivão, acerca da origem e sequência de seus títulos ou posse, da localização, valor estimado e área certa ou aproximada das terras de que se julgarem legítimos senhores ou possuidores, de suas confrontações, dos nomes dos confrontantes, da natureza, qualidade, quantidade e valor das benfeitorias, culturas e criações nelas existentes e o montante do imposto territorial porventura pago.

§ 2º As testemunhas oferecidas podem ser ouvidas desde logo e seus depoimentos tomados por escrito, como elementos instrutivos do direito dos interessados.

§ 3º A diligência se prolongará por tantos dias quantos necessários, lavrando-se diariamente auto do que se passar com assinatura dos presentes.

§ 4º Ultimados os trabalhos desta diligência, serão designados dia e hora para a seguinte, ficando as partes, presentes e revéis, convocadas para ela sem mais intimação.

§ 5º Entre as duas diligências mediará intervalo de 30 (trinta) a 60 (sessenta) dias, durante o qual o Procurador da Fazenda Pública estudará os autos, habilitando-se a pronunciar sobre as alegações, documentos e direitos dos interessados.

Art. 25. A segunda diligência instalar-se-á com as formalidades da primeira, tendo por objeto a audiência dos interessados de lado a lado, o acordo que entre eles se firmar sobre a propriedade e posses que forem reconhecidas, o registro dos que são excluídos do processo, por não haverem chegado a acordo ou serem revéis, e a designação do ponto de partida dos trabalhos topográficos; o que tudo se assentará em autos circunstanciados, com assinatura dos interessados presentes.

Art. 26. Em seguida o engenheiro ou agrimensor acompanhado de tantos auxiliares quantos necessários, procederá aos trabalhos geodésicos e topográficos de levantamento da planta geral das terras, sua situação quanto à divisão administrativa e judiciária do Estado, Distrito ou Território, sua discriminação, medição e demarcação, separando as da Fazenda Nacional das dos particulares.

§ 1º O levantamento técnico se fará com instrumentos de precisão, orientada a planta segundo o meridiano do lugar e determinada e declinação da agulha magnética.

§ 2º A planta deve ser tão minuciosa quanto possível, assinalando as correntes de água com seu valor mecânico, e conformação orográfica aproximativa dos terrenos, as construções existentes, os quinhões de cada um, com as respectivas áreas e situação na divisão administrativa e judiciária do Estado, Distrito ou Território, valos, cercas, muros, tapumes, limites ou marcos divisórios, vias de comunicação e por meio de convenções, as culturas, campos, matas, capoeiras, cerrados, caatingas e brejos.

§ 3º A planta será acompanhada de relatório que descreverá circunstanciadamente as indicações daquela, as propriedades culturais, mineralógicas, pastoris e industriais do solo, a qualidade e quantidade das várias áreas de vegetação diversa, a distância dos povoados, pontos de embarque e vias de comunicação.

§ 4º Os peritos nomeados e as partes que quiserem poderão acompanhar os trabalhos topográficos.

§ 5º Se durante estes surgirem dúvidas que interrompam ou embaracem as operações, o engenheiro ou agrimensor as submeterá ao chefe do órgão local do SPU para que as resolva com a parte interessada, ouvindo os peritos e testemunhas, se preciso.

Art. 27. Tomar-se-á nos autos termo à parte para cada um dos interessados, assinado pelo representante do órgão local do SPU contendo a descrição precisa das linhas e marcos divisórios, culturas e outras especificações constantes da planta geral e relatório do engenheiro ou agrimensor.

Art. 28. Findos os trabalhos, de tudo se lavrará auto solene e circunstanciado, em que as partes de lado a lado reconheçam e aceitem, em todos os seus atos, dizeres e operações, a discriminação feita. O auto fará menção expressa de cada um dos termos a que alude o artigo antecedente e será assinado por todos os interessados, fazendo-o em nome da União, o Procurador da Fazenda Pública.

Art. 29. A discriminação administrativa ou amigável não confere direito algum contra terceiros, senão contra a União e aqueles que forem partes no feito.

Art. 30. É lícito ao interessado tirar no SPU, para seu título, instrumento de discriminação, em forma de carta de sentença, contendo o termo e auto solene a que aludem os arts. 27 e 28. Tal carta, assinada pelo Diretor do SPU, terá força orgânica de instrumento público e conterá todos os requisitos necessários, para transcrições e averbações nos Registros Públicos.

Parágrafo único. Para a providência de que trata este artigo, subirão ao Diretor do SPU, em traslado todas as peças que interessem ao despacho do pedido, com o parecer do órgão local do mesmo Serviço.

Art. 31. Os particulares não pagam custas no processo discriminatório administrativo, salvo pelas diligências a seu exclusivo interesse e pela expedição das cartas de discriminação, para as quais as taxas serão as do Regimento de Custas.

Parágrafo único. Serão fornecidas gratuitamente as certidões necessárias à instrução do processo e as cartas de discriminação requeridas pelos possuidores de áreas consideradas diminutas, cujo valor declarado não seja superior a CR$ 5.000,00 (cinco mil cruzeiros), a critério do SPU.

Subseção III
DA DISCRIMINAÇÃO JUDICIAL

Art. 32. Contra aqueles que discordarem em qualquer termo da instância administrativa ou por qualquer motivo não entrarem em composição amigável, abrirá a União, por seu representante em Juízo, a instância judicial contenciosa.

Art. 33. Correrá o processo judiciário de discriminação perante o Juízo competente, de acordo com a organização judiciária.

Art. 34. Na petição inicial, a União requererá a citação dos proprietários, possuidores, confinantes e em geral de todos os interessados, para acompanharem o processo de discriminação até o final, exibindo seus títulos de propriedade ou prestando minuciosas informações sobre suas posses ou ocupações, ainda que sem títulos documentários.

Parágrafo único. A petição será instruída com o relatório a que alude o artigo 22.

Art. 35. A citação inicial compreenderá todos os atos do processo discriminatório sendo de rigor a citação da mulher casada e do Ministério Público, quando houver menor interessado.

Art. 36. A forma e os prazos de citação obedecerão ao que dispõe o Código do Processo Civil.

Art. 37. Entregue em cartório o mandado de citação pessoal devidamente cumprido e findo o prazo da citação por edital, terão os interessados o prazo comum de 30 (trinta) dias para as providências do artigo seguinte.

Art. 38. Com os títulos, documentos e informações, deverão os interessados oferecer esclarecimentos por escrito, tão minuciosos quanto possível, especialmente acerca da origem e sequência de seus títulos, posses e ocupação.

Art. 39. Organizados os autos, tê-los-á com vista por 60 (sessenta) dias o representante da União em Juízo para manifestar-se em memorial minucioso sobre os documentos, informações e pretensões dos interessados, bem como sobre o direito da União às terras que não forem do domínio particular, nos termos do artigo 5º deste Decreto-lei.

Parágrafo único. O Juiz poderá prorrogar, mediante requerimento, o prazo de que trata este artigo no máximo por mais 60 (sessenta) dias.

Art. 40. No memorial, depois de requerer a exclusão das áreas que houver reconhecido como do domínio particular, na forma do artigo antecedente, pedirá, a Procuradoria da República a discriminação das remanescentes como de domínio da União, indicando todos os elementos indispensáveis para esclarecimento da causa e, especialmente, os característicos das áreas que devam ser declaradas do mesmo domínio.

Art. 41. No memorial pedir-se-á a produção das provas juntamente com as perícias necessárias à demonstração do alegado pela União.

Art. 42. Devolvidos os autos a cartório, dar-se-á por edital, com prazo de 30 (trinta) dias, conhecimento das conclusões do memorial aos interessados, para que possam, querendo, concordar com as conclusões da Fazenda Nacional, e requerer a regularização de suas posses ou sanar quaisquer omissões que hajam cometido na defesa de seus direitos. Este edital será publicado 1 (uma) vez no *Diário Oficial da União*, do Estado, ou do Território, consoante seja o caso, ou na folha que lhe publicar o expediente, bem como na imprensa local, onde houver.

Art. 43. Conclusos os autos, o Juiz tomando conhecimento do memorial da União excluirá as áreas por essa reconhecidas como do domínio particular e quanto ao pedido de discriminação das áreas restantes, nomeará para as operações discriminatórias o engenheiro ou agrimensor, 2 (dois) peritos da confiança dele Juiz e os suplentes daquele e destes.

§ 1º O engenheiro ou agrimensor e seu suplente, serão propostos pelo SPU dentre os servidores de que dispuser, ficando-lhe facultado contratar auxiliares para os serviços de campo.

§ 2º Poderão as partes, por maioria de votos, indicar, ao Juiz, assistente técnico de sua confiança ao engenheiro ou agrimensor.

Art. 44. Em seguida terão as partes o prazo comum de 20 (vinte) dias para contestação, a contar da publicação do despacho a que se refere o artigo precedente, e que se fará no *Diário Oficial da União*, do Estado ou do Território, consoante seja o caso, ou na folha que lhe editar o expediente, bem como na imprensa local, se houver.

Art. 45. Se nenhum interessado contestar o pedido, o Juiz julgará de plano procedente a ação.

Parágrafo único. Havendo contestação, a causa tomará o curso ordinário e o Juiz proferirá o despacho saneador.

Art. 46. No despacho saneador procederá o Juiz na forma do art. 294 do Código do Processo Civil.

► Refere-se ao CPC/1939. Art. 331, § 2º, do CPC/1973. Trata da matéria atualmente o art. 357 do CPC/2015.

Art. 47. Se não houver sido requerida prova alguma ou findo o prazo para sua produção, mandará o Juiz que se proceda à audiência de instrução e julgamento na forma do Código de Processo Civil.

Art. 48. Proferida a sentença e dele intimados os interessados, iniciar-se-á, a despeito de qualquer recurso, o levantamento e demarcação do perímetro declarado devoluto, extremando-o das áreas declaradas particulares, contestes e incontestes; para o que requererá a Fazenda Nacional, ou qualquer dos interessados, designação de dia, hora e lugar para começo das operações técnicas da discriminação, notificadas as partes presentes ou representadas, o engenheiro ou agrimensor e os peritos.

§ 1º O recurso da sentença será o que determinar o Código do Processo Civil para decisões análogas.

§ 2º O recurso subirá ao Juízo *ad quem* nos autos suplementares, que se organizarão como no processo ordinário.

§ 3º Serão desde logo avaliadas, na forma de direito, as benfeitorias indenizáveis dos interessados que foram excluídos ou de terceiros, reconhecidos de boa-fé pela sentença (Código do Processo Civil, art. 996, parágrafo único).

► Refere-se ao CPC/1939.

Art. 49. Em seguida, o engenheiro ou agrimensor, acompanhado de seus auxiliares, procederá aos trabalhos geodésicos e topográficos de levantamento da planta geral das terras, sua situação quanto à divisão administrativa e judiciária do Estado, Distrito ou Território, sua discriminação, medição e demarcação, separando-as das terras particulares.

Parágrafo único. Na demarcação do perímetro devoluto atenderá o engenheiro ou agrimensor à sentença, títulos, posses, marcos, rumos, vestígios encontrados, fama da vizinhança, informações de testemunhas e antigos conhecedores do lugar e a outros elementos que coligir.

Art. 50. A planta levantada com os requisitos do artigo antecedente, será instruída pelo engenheiro ou agrimensor com minucioso relatório ou memorial, donde conste necessariamente a descrição de todas as glebas devolutas abarcadas pelo perímetro geral. Para execução desses trabalhos o Juiz marcará prazo prorrogável a seu prudente arbítrio.

Art. 51. A planta, que será autenticada pelo juiz, engenheiro ou agrimensor e peritos, deverá ser tão minuciosa quanto possível, assinalando as correntes d'água, a conformação orográfica aproximativa dos terrenos, as construções existentes, os quinhões de cada um, com as respectivas áreas e situação na divisão administrativa e judiciária do Estado, Distrito ou Território, valos, cercas, muros, tapumes, limites ou marcos divisórios, vias de comunicação e, por meio de convenções, as culturas, campos, matas, capoeiras, cerrados, caatingas e brejos.

Art. 52. O relatório ou memorial descreverá circunstanciadamente as indicações da planta, as propriedades culturais, mineralógicas, pastoris e industriais do solo, a qualidade e quantidade das várias áreas de vegetação diversa, a distância dos povoados, pontos de embarque e vias de comunicação.

Art. 53. Se durante os trabalhos técnicos da discriminação surgirem dúvidas que reclamem a deliberação do Juiz, a este as submeterá o engenheiro ou agrimensor a fim de que as resolva, ouvidos, se preciso, os peritos.

Parágrafo único. O Juiz ouvirá os peritos, quando qualquer interessado alegar falta que deva ser corrigida.

Art. 54. As plantas serão organizadas com observância das normas técnicas que lhes forem aplicáveis.

Art. 55. À planta anexar-se-ão o relatório ou memorial descritivo e as cadernetas das operações de campo, autenticadas pelo engenheiro ou agrimensor.

Art. 56. Concluídas as operações técnicas de discriminação, assinará o Juiz o prazo comum de 30 (trinta) dias aos interessados e outro igual à Fazenda Nacional, para sucessivamente falarem sobre o feito.

Art. 57. A seguir, subirão os autos à conclusão do Juiz para este homologar a discriminação e declarar judicialmente do domínio da União as terras devolutas apuradas no perímetro discriminado e incorporadas ao patrimônio dos particulares, respectivamente, as declaradas do domínio particular, ordenando antes as diligências ou retificações que lhe parecerem necessárias para sua sentença homologatória.

Parágrafo único. Será meramente devolutivo o recurso que couber contra a sentença homologatória.

Art. 58. As custas do primeiro estádio da causa serão pagas pela parte vencida; as do estádio das operações executivas, topográficas e geodésicas, sê-lo-ão pela União e pelos particulares *pro rata*, na proporção da área dos respectivos domínios.

Art. 59. Constituirá atentado, que o Juiz coibirá, mediante simples monitória, o ato da parte que no decurso do processo, dilatar a área de seus domínios ou ocupações, assim como o do terceiro que se intrusar no imóvel em discriminação.

Art. 60. As áreas disputadas pelos que houverem recorrido da sentença a que alude o art. 48, serão discriminadas com as demais, descritas no relatório ou memorial do engenheiro ou agrimensor e assinaladas na planta, em convenções específicas, a fim de que, julgados os recursos se atribuam à União ou aos particulares conforme o caso, mediante simples juntada aos autos da decisão superior, despacho do Juiz mandando cumpri-la e anotação do engenheiro ou agrimensor na planta.

Parágrafo único. Terão os recorrentes direito de continuar a intervir nos atos discriminatórios e deverão ser para eles intimados até decisão final dos respectivos recursos.

Seção V
DA REGULARIZAÇÃO DA OCUPAÇÃO DE IMÓVEIS PRESUMIDAMENTE DE DOMÍNIO DA UNIÃO

Art. 61. O SPU exigirá de todo aquele que estiver ocupando imóvel presumidamente pertencente à União, que lhe apresente os documentos e títulos comprobatórios de seus direitos sobre o mesmo.

§ 1º Para cumprimento do disposto neste artigo, o órgão local do SPU, por edital, sem prejuízo de intimação por outro meio, dará aos interessados o prazo de 60 (sessenta) dias, prorrogáveis por igual termo, a seu prudente arbítrio.

§ 2º O edital será afixado na repartição arrecadadora da Fazenda Nacional, na localidade da situação do imóvel, e publicado no órgão oficial do Estado ou Território, ou na folha que lhe publicar o expediente, e no *Diário Oficial da União*, em se tratando de imóvel situado no Distrito Federal.

Art. 62. Apreciados os documentos exibidos pelos interessados e quaisquer outros que possa produzir o SPU, com seu parecer, submeterá ao CTU a apreciação do caso.

Parágrafo único. Examinado o estado de fato e declarado o direito que lhe é aplicável, o CTU restituirá o processo ao SPU para cumprimento da decisão, que então proferir.

Art. 63. Não exibidos os documentos na forma prevista no art. 61, o SPU declarará irregular a situação do ocupante, e, imediatamente, providenciará no sentido de recuperar a União a posse do imóvel esbulhado.

§ 1º Para advertência a eventuais interessados de boa-fé e imputação de responsabilidades civis e penais se for o caso, o SPU tornará pública, por edital, a decisão que declarar a irregularidade da detenção do imóvel esbulhado.

§ 2º A partir da publicação da decisão a que alude o § 1º, se do processo já não constar a prova do vício manifesto da ocupação anterior, considera-se constituída em má-fé a detenção de imóvel do domínio presumido da União, obrigado o detentor a satisfazer plenamente as composições da lei.

TÍTULO II – DA UTILIZAÇÃO DOS BENS IMÓVEIS DA UNIÃO

CAPÍTULO I
DISPOSIÇÕES GERAIS

Art. 64. Os bens imóveis da União não utilizados em serviço público poderão, qualquer que seja a sua natureza, ser alugados, aforados ou cedidos.

§ 1º A locação se fará quando houver conveniência em tornar o imóvel produtivo, conservando porém, a União, sua plena propriedade, considerada arrendamento mediante condições especiais, quando objetivada a exploração de frutos ou prestação de serviços.

§ 2º O aforamento se dará quando coexistirem a conveniência de radicar-se o indivíduo ao solo e a de manter-se o vínculo da propriedade pública.

§ 3º A cessão se fará quando interessar à União concretizar, com a permissão da utilização gratuita de imóvel seu, auxílio ou colaboração que entenda prestar.

Arts. 65 e 66. *Revogados.* Lei nº 9.636, de 15-5-1998.

Art. 67. Cabe privativamente ao SPU a fixação do valor locativo e venal dos imóveis de que trata este Decreto-lei.

Art. 68. Os foros, laudêmios, taxas, cotas, aluguéis e multas serão recolhidos na estação arrecadadora da Fazenda Nacional com jurisdição na localidade do imóvel.

Parágrafo único. Excetuam-se dessa disposição os pagamentos que, na forma deste Decreto-lei, devam ser efetuados mediante desconto em folha.

Art. 69. As repartições pagadoras da União remeterão mensalmente ao SPU relação nominal dos servidores que, a título de taxa ou aluguel, tenham sofrido desconto em folha de pagamento, com indicação das importâncias correspondentes.

Parágrafo único. O desconto a que se refere o presente artigo não se somará a outras consignações, para efeito de qualquer limite.

Art. 70. O ocupante do próprio nacional, sob qualquer das modalidades previstas neste Decreto-lei, é obrigado a zelar pela conservação do imóvel, sendo responsável pelos danos ou prejuízos que nele tenha causado.

Art. 71. O ocupante de imóvel da União sem assentimento desta poderá ser sumariamente despejado e perderá, sem direito a qualquer indenização, tudo quanto haja incorporado ao solo, ficando ainda sujeito ao disposto nos arts. 513, 515 e 517 do Código Civil.

► Refere-se ao CC/1916. Arts. 1.216, 1.218 e 1.220 do CC/2002.

Parágrafo único. Excetuam-se dessa disposição os ocupantes de boa-fé, com cultura efetiva e moradia habitual, e os com direitos assegurados por este Decreto-lei.

Art. 72. Os editais de convocação a concorrências serão obrigatoriamente afixados, pelo prazo mínimo de 15 dias, na estação arrecadadora da Fazenda Nacional com jurisdição na localidade do imóvel e, quando convier, em outras repartições federais, devendo, ainda, sempre que possível, ter ampla divulgação em órgão de imprensa oficial e por outros meios de publicidade.

Parágrafo único. A fixação do edital será sempre atestada pelo Chefe da repartição em que se tenha feito.

Art. 73. As concorrências serão realizadas na sede da repartição local do SPU.

§ 1º Quando o Diretor do mesmo Serviço julgar conveniente, poderá qualquer concorrência ser realizada na sede do órgão central da repartição.

§ 2º Quando o objeto da concorrência for imóvel situado em lugar distante ou de difícil comunicação, poderá o Chefe da repartição local do SPU delegar competência ao Coletor Federal da localidade para realizá-la.

§ 3º As concorrências serão aprovadas pelo Chefe da repartição local do SPU, *ad referendum* do Diretor do mesmo Serviço, salvo no caso previsto no § 1º deste artigo, era que compete ao Diretor do SPU aprová-las.

Art. 74. Os termos, ajustes ou contratos relativos a imóveis da União, serão lavrados na repartição local do SPU e terão, para qualquer efeito, força de escritura pública, sendo isentos de publicação, para seu registro pelo Tribunal de Contas.

§ 1º Quando as circunstâncias aconselharem, poderão os atos de que trata o presente artigo ser lavrados em repartição arrecadadora da Fazenda situada na localidade do imóvel.

§ 2º Os termos de que trata o item I do art. 85 serão lavrados na sede da repartição a que tenha sido entregue o imóvel.

§ 3º São isentos de registro pelo Tribunal de Contas os termos e contratos celebrados para os fins previstos nos arts. 79 e 80 deste Decreto-lei.

Art. 75. Nos termos, ajustes e contratos relativos a imóveis, a União será representada por Procurador da Fazenda Pública que poderá, para esse fim, delegar competência a outro servidor federal.

§ 1º Nos termos de que trata o artigo 79, representará o SPU o Chefe de sua repartição local, que, no interesse do serviço, poderá para isso delegar competência a outro funcionário do Ministério da Fazenda.

§ 2º Os termos a que se refere o art. 85 serão assinados perante o Chefe da repartição interessada.

CAPÍTULO II
DA UTILIZAÇÃO EM SERVIÇO PÚBLICO

Seção I
DISPOSIÇÕES GERAIS

Art. 76. São considerados como utilizados em serviço público os imóveis ocupados:

I – por serviço federal;

II – por servidor da União, como residência em caráter obrigatório.

Art. 77. A administração dos próprios nacionais aplicados em serviço público compete às repartições que os tenham a seu cargo, enquanto durar a aplicação. Cessada esta passarão esses imóveis, independentemente do ato especial, à administração do SPU.

Art. 78. O SPU velará para que não sejam mantidos em uso público ou administrativo imóveis da União que ao mesmo uso não sejam estritamente necessários, levando ao conhecimento da autoridade competente as ocorrências que a esse respeito se verifiquem.

Seção II
DA APLICAÇÃO EM SERVIÇO FEDERAL

Art. 79. A entrega de imóvel para uso da Administração Pública Federal direta compete privativamente à Secretaria do Patrimônio da União – SPU.

► *Caput* com a redação dada pela Lei nº 9.636, de 15-5-1998.

§ 1º A entrega, que se fará mediante termo, ficará sujeita à confirmação 2 (dois) anos após a assinatura do mesmo, cabendo ao SPU ratificá-la, desde que, nesse período tenha o imóvel sido devidamente utilizado no fim para que fora entregue.

§ 2º O chefe de repartição, estabelecimento ou serviço federal que tenha a seu cargo próprio nacional, não poderá permitir, sob pena de responsabilidade, sua invasão, cessão, locação ou utilização em fim diferente do qual lhe tenha sido prescrito.

§ 3º Havendo necessidade de destinar imóvel ao uso de entidade da Administração Pública Federal indireta, a aplicação se fará sob o regime da cessão de uso.

► § 3º acrescido pela Lei nº 9.636, de 15-5-1998.

§ 4º Não subsistindo o interesse do órgão da administração pública federal direta na utilização de imóvel da União entregue para uso no serviço público, deverá ser formalizada a devolução mediante termo acompanhado de laudo de vistoria, recebido pela gerência regional da Secretaria do Patrimônio da União, no qual deverá ser informada a data da devolução.

§ 5º Constatado o exercício de posse para fins de moradia em bens entregues a órgãos ou entidades da administração pública federal e havendo interesse público na utilização destes bens para fins de implantação de programa ou ações de regularização fundiária ou para titulação em áreas ocupadas por comunidades tradicionais, a Secretaria do Patrimônio da União fica autorizada a reaver o imóvel por meio de ato de cancelamento da entrega, destinando o imóvel para a finalidade que motivou a medida, ressalvados os bens imóveis da União que estejam sob a administração do Ministério da Defesa e dos Comandos da Marinha, do Exército e da Aeronáutica, e observado o disposto no inciso III do § 1º do art. 91 da Constituição Federal.

§ 6º O disposto no § 5º deste artigo aplica-se, também, a imóveis não utilizados para a finalidade prevista no ato de entrega de que trata o *caput* deste artigo, quando verificada a necessidade de sua utilização em programas de provisão habitacional de interesse social.

► §§ 4º a 6º acrescidos pela Lei nº 11.481, de 31-5-2007.

Seção III
DA RESIDÊNCIA OBRIGATÓRIA DE SERVIDOR DA UNIÃO

Art. 80. A residência de servidor da União em próprio nacional ou em outro imóvel utilizado em serviço público somente será considerada obrigatória quando for indispensável, por necessidade de vigilância ou assistência constante.

Art. 81. O ocupante, em caráter obrigatório de próprio nacional ou de outro imóvel utilizado em serviço público federal, fica, sujeito ao pagamento da taxa de 3% (três por cento) ao ano sobre o valor atualizado, do imóvel ou da parte nele ocupada, sem exceder a 20% (vinte por cento) do seu vencimento o salário.

§ 1º Em caso de ocupação de imóvel alugado pela União, a taxa será de 50% (cinquenta por cento) sobre o valor locativo da parte ocupada.

§ 2º A taxa que trata o presente artigo será arrecadada mediante desconto mensal em folha de pagamento.

§ 3º É isento do pagamento da taxa o servidor da União que ocupar:

I – construção improvisada, junto à obra em que esteja trabalhando;

II – próprio nacional ou prédio utilizado por serviço público federal, em missão de caráter transitório, de guarda, plantão, proteção ou assistência; ou

III – alojamentos militares ou instalações semelhantes.

§ 4º O servidor que ocupar próprio nacional ou outro imóvel utilizado em serviço público da União, situado na zona rural, pagará apenas a taxa anual de 0,50% sobre o valor atualizado do imóvel, ou da parte nele ocupada.

► § 4º acrescido pela Lei nº 225, de 3-1-1948.

§ 5º A taxa de uso dos imóveis ocupados por servidores militares continuará a ser regida pela legislação específica que dispõe sobre a remuneração dos militares, resguardado o disposto no § 3º em se tratando de residência em alojamentos militares ou em instalações semelhantes.

► § 5º acrescido pela Lei nº 9.636, de 15-5-1998.

Art. 82. A obrigatoriedade da residência será determinada expressamente por ato do Ministro de Estado, sob a jurisdição de cujo Ministério se encontrar o imóvel, ouvido previamente o SPU.

► *Caput* com a redação dada pela Lei nº 225, de 3-1-1948.

Parágrafo único. Os imóveis residenciais administrados pelos órgãos militares e destinados à ocupação por servidor militar, enquanto utilizados nesta finalidade, serão considerados de caráter obrigatório, independentemente dos procedimentos previstos neste artigo.

► Parágrafo único com a redação dada pela Lei nº 9.636, de 15-5-1998.

Art. 83. O ocupante, em caráter obrigatório, de próprio nacional, não poderá no todo ou em parte, cedê-lo, alugá-lo ou dar-lhe destino diferente do residencial.

§ 1º A infração do disposto neste artigo constituirá falta grave, para o fim previsto no artigo 234 do Decreto-lei nº 1.713, de 28 de outubro de 1939.

§ 2º Verificada a hipótese prevista no parágrafo anterior, o SPU, ouvida a repartição interessada, examinará a necessidade de ser mantida a condição de obrigatoriedade de residência no imóvel, e submeterá o assunto, com o seu parecer e pelos meios competentes, à deliberação do Presidente da República.

Art. 84. Baixado o ato a que se refere o art. 82 se o caso for de residência em próprio nacional, o Ministério o remeterá, por cópia, ao SPU.

► *Caput* com a redação dada pela Lei nº 225, de 3-1-1948.

Parágrafo único. A repartição federal que dispuser de imóvel que deva ser ocupado nas condições previstas no § 3º do art. 81 deste Decreto-lei, comunicá-lo-á ao SPU, justificando-o.

Art. 85. A repartição federal que tenha sob sua jurisdição imóvel utilizado como residência obrigatória de servidor da União deverá:

I – entregá-lo ou recebê-lo do respectivo ocupante, mediante termo de que constarão as condições prescritas pelo SPU;

II – remeter cópia do termo ao SPU;

III – comunicar à repartição pagadora competente a importância do desconto que deva ser feito em folha de pagamento, para o fim previsto no § 2º do artigo 81, remetendo ao SPU cópia desse expediente;

IV – comunicar ao SPU qualquer alteração havida no desconto a que se refere o item anterior, esclarecendo devidamente o motivo que a determinou; e

V – comunicar imediatamente ao SPU qualquer infração das disposições deste Decreto-lei, bem como a cessação da obrigatoriedade de residência, não podendo utilizar o imóvel em nenhum outro fim sem autorização do mesmo Serviço.

CAPÍTULO III
DA LOCAÇÃO

Seção I
DISPOSIÇÕES GERAIS

Art. 86. Os próprios nacionais não aplicados, total ou parcialmente, nos fins previstos no art. 76 deste Decreto-lei, poderão, a juízo do SPU, ser alugados:

I – para residência de autoridades federais ou de outros servidores da União, no interesse do serviço;

II – para residência de servidor da União, em caráter voluntário;

III – a quaisquer interessados.

Art. 87. A locação de imóveis da União se fará mediante contrato, não ficando sujeita a disposições de outras leis concernentes à locação.

Art. 88. É proibida a sublocação do imóvel, no todo ou em parte, bem como a transferência de locação.

Art. 89. O contrato de locação poderá ser rescindido:

I – quando ocorrer infração do disposto no artigo anterior;

II – quando os aluguéis não forem pagos nos prazos estipulados;

III – quando o imóvel for necessário ao serviço público, e desde que não tenha a locação sido feita em condições especiais, aprovadas pelo Ministro da Fazenda;

IV – quando ocorrer inadimplemento de cláusula contratual.

§ 1º Nos casos previstos nos itens I e II, a rescisão dar-se-á de pleno direito, imitindo-se a União sumariamente na posse da coisa locada.

§ 2º Na hipótese do item III, a rescisão poderá ser feita em qualquer tempo, por ato administrativo da União, sem que esta fique por isso obrigada a pagar ao locatário indenização de qualquer espécie, excetuada a que se refira a benfeitorias necessárias.

§ 3º A rescisão, no caso do parágrafo anterior, será feita por notificação, em que se consignará o prazo para restituição do imóvel, que será:

a) de 90 (noventa) dias, quando situado em zona urbana;

b) de 180 (cento e oitenta) dias, quando em zona rural.

§ 4º Os prazos fixados no parágrafo precedente poderão, a critério do SPU, ser prorrogados, se requerida a prorrogação em tempo hábil e justificadamente.

Art. 90. As benfeitorias necessárias só serão indenizáveis pela União, quando o SPU tiver sido notificado da realização das mesmas dentro de 120 (cento e vinte) dias contados da sua execução.

Art. 91. Os aluguéis serão pagos:

I – mediante desconto em folha de pagamento, quando a locação se fizer na forma do item I do art. 86;

II – mediante recolhimento à estação arrecadadora da Fazenda Nacional, nos casos previstos nos itens II e III do mesmo art. 86.

§ 1º O SPU comunicará às repartições competentes a importância dos descontos que devam ser feitos para os fins previstos neste artigo.

§ 2º O pagamento dos aluguéis de que trata o item II deste artigo será garantido por depósito em dinheiro, em importância correspondente a 3 (três) meses de aluguel.

Seção II
DA RESIDÊNCIA DE SERVIDOR DA UNIÃO, NO INTERESSE DO SERVIÇO

Art. 92. Poderão ser reservados pelo SPU próprios nacionais, no todo ou em parte, para moradia de servidores da União no exercício de cargo em comissão ou função gratificada, ou que, no interesse do serviço, convenha, residam nas repartições respectivas ou nas suas proximidades.

Parágrafo único. A locação se fará sem concorrência e por aluguel correspondente à parte ocupada do imóvel.

Art. 93. As repartições que necessitem de imóveis para o fim previsto no artigo anterior, solicitarão sua reserva ao SPU, justificando a necessidade.

Parágrafo único. Reservado o imóvel e assinado o contrato de locação, o SPU fará sua entrega ao servidor que deverá ocupá-lo.

Seção III

DA RESIDÊNCIA VOLUNTÁRIA DE SERVIDOR DA UNIÃO

Art. 94. Os próprios nacionais não aplicados nos fins previstos no art. 76 ou no item I do art. 86 deste Decreto-lei, e que se prestem para moradia, poderão ser alugados para residência de servidor da União.

§ 1º A locação se fará pelo aluguel que for fixado e mediante concorrência, que versará sobre as qualidades preferenciais dos candidatos, relativas ao número de dependentes, remuneração e tempo de serviço público.

§ 2º As qualidades preferenciais serão apuradas conforme tabela organizada pelo SPU e aprovada pelo Diretor Geral da Fazenda Nacional, tendo em vista o amparo dos mais necessitados.

Seção IV

DA LOCAÇÃO A QUAISQUER INTERESSADOS

Art. 95. Os imóveis da União não aplicados em serviço público e que não forem utilizados nos fins previstos nos itens I e II do art. 86, poderão ser alugados a quaisquer interessados.

Parágrafo único. A locação se fará em concorrência pública e pelo maior preço oferecido, na base mínima do valor locativo fixado.

Art. 96. Em se tratando de exploração de frutos ou prestação de serviços, a locação se fará sob forma de arrendamento, mediante condições especiais, aprovadas pelo Ministro da Fazenda.

Parágrafo único. Salvo em casos especiais, expressamente determinados em lei, não se fará arrendamento por prazo superior a 20 (vinte) anos.

► Parágrafo único com a redação dada pela Lei nº 11.314, de 3-7-2006.

Art. 97. Terão preferência para a locação de próprio nacional os Estados e Municípios, que, porém, ficarão sujeitos ao pagamento da cota ou aluguel fixado e ao cumprimento das demais obrigações estipuladas em contrato.

Art. 98. Ao possuidor de benfeitorias, que estiver cultivando, por si e regularmente, terras compreendidas entre as de que trata o art. 65, fica assegurada a preferência para o seu arrendamento, se tal regime houver sido julgado aconselhável para a utilização das mesmas.

Parágrafo único Não usando desse direito no prazo que for estipulado, será o possuidor das benfeitorias indenizado do valor das mesmas, arbitrado pelo SPU.

CAPÍTULO IV

DO AFORAMENTO

Seção I

DISPOSIÇÕES GERAIS

Art. 99. A utilização do terreno da União sob regime de aforamento dependerá de prévia autorização do Presidente da República, salvo se já permitida em expressa disposição legal.

Parágrafo único. Em se tratando de terreno beneficiado com construção constituída de unidades autônomas, ou, comprovadamente, para tal fim destinado, o aforamento poderá ter por objeto as partes ideais correspondentes às mesmas unidades.

Art. 100. A aplicação do regime de aforamento a terras da União, quando autorizada na forma deste Decreto-lei, compete ao SPU, sujeita, porém, à prévia audiência:

a) dos Ministérios da Guerra, por intermédio dos Comandos das Regiões Militares; da Marinha por intermédio das Capitanias dos Portos; da Aeronáutica por intermédio dos Comandos das Zonas Aéreas, quando se tratar de terrenos situados dentro da faixa de fronteiras, da faixa de 100 (cem) metros ao longo da costa marítima ou de uma circunferência de 1.320 (um mil, trezentos e vinte) metros de raio em torno das fortificações e estabelecimentos militares;

b) do Ministério da Agricultura, por intermédio dos seus órgãos locais interessados, quando se tratar de terras suscetíveis de aproveitamento agrícola ou pastoril;

c) do Ministério da Viação e Obras Públicas por intermédio de seus órgãos próprios locais quando se tratar de terrenos situados nas proximidades de obras portuárias, ferroviárias, rodoviárias, de saneamento ou de irrigação;

d) das Prefeituras Municipais, quando se tratar de terreno situado em zona que esteja sendo urbanizada.

§ 1º A consulta versará sobre zona determinada devidamente caracterizada.

§ 2º Os órgãos consultados deverão se pronunciar dentro de 30 (trinta) dias do recebimento da consulta, prazo que poderá ser prorrogado por outros 30 (trinta) dias quando solicitado, importando o silêncio em assentimento à aplicação do regime enfitêutico na zona caracterizada na consulta.

§ 3º As impugnações, que se poderão restringir a parte da zona sobre que haja versado a consulta, deverão ser devidamente fundamentadas.

§ 4º O aforamento, à vista de ponderações dos órgãos consultados, poderá subordinar-se a condições especiais.

§ 5º Considerada improcedente a impugnação, a autoridade submeterá o recurso à autoridade superior, nos termos estabelecidos em regulamento.

► § 5º com a redação dada pela Lei nº 13.874, de 20-9-2019.

§ 6º Nos casos de aplicação do regime de aforamento gratuito com vistas na regularização fundiária de interesse social, ficam dispensadas as audiências previstas neste artigo, ressalvados os bens imóveis sob administração do Ministério da Defesa e dos Comandos do Exército, da Marinha e da Aeronáutica.

► § 6º acrescido pela Lei nº 11.481, de 31-5-2007.

§ 7º Quando se tratar de imóvel situado em áreas urbanas consolidadas e fora da faixa de segurança de que trata o § 3º do art. 49 do Ato das Disposições Constitucionais Transitórias, serão dispensadas as audiências previstas neste artigo e o procedimento será estabelecido em norma da Secretaria do Patrimônio da União.

► § 7º com a redação dada pela Lei nº 13.240, de 30-12-2015.

Art. 101. Os terrenos aforados pela União ficam sujeitos ao foro de 0,6% (seis décimos por cento) do valor do respectivo domínio pleno, que será anualmente atualizado.

► *Caput* com a redação dada pela Lei nº 7.450, de 23-12-1985.

Parágrafo único. O não pagamento do foro durante três anos consecutivos, ou quatro anos intercalados, importará a caducidade do aforamento.

► Parágrafo único com a redação dada pela Lei nº 9.636, de 15-5-1998.

Art. 102. *Revogado.* Dec.-lei nº 2.398, de 21-12-1987.

Art. 103. O aforamento extinguir-se-á:

► *Caput* com a redação dada pela Lei nº 11.481, de 31-5-2007.

I – por inadimplemento de cláusula contratual;

II – por acordo entre as partes;

III – pela remissão do foro, nas zonas onde não mais subsistam os motivos determinantes da aplicação do regime enfitêutico;

IV – pelo abandono do imóvel, caracterizado pela ocupação, por mais de 5 (cinco) anos, sem contestação, de assentamentos informais de baixa renda, retornando o domínio útil à União; ou

V – por interesse público, mediante prévia indenização.

► Incisos I a V acrescidos pela Lei nº 11.481, de 31-5-2007.

§ 1º Consistindo o inadimplemento de cláusula contratual no não pagamento do foro durante três anos consecutivos, ou quatro anos intercalados, é facultado ao foreiro, sem prejuízo do disposto no art. 120, revigorar o aforamento mediante as condições que lhe forem impostas.

§ 2º Na consolidação pela União do domínio pleno de terreno que haja concedido em aforamento, deduzir-se-á do valor do mesmo domínio a importância equivalente a 17% correspondente ao valor do domínio direto.

► §§ 1º e 2º com a redação dada pela Lei nº 9.636, de 15-5-1998.

Seção II
DA CONSTITUIÇÃO

Art. 104. Decidida a aplicação do regime enfitêutico a terrenos compreendidos em determinada zona, o SPU notificará os interessados com preferência ao aforamento nos termos dos arts. 105 e 215, para que o requeiram dentro do prazo de cento e oitenta dias, sob pena de perda dos direitos que porventura lhes assistam.

Parágrafo único. A notificação será feita por edital afixado na repartição arrecadadora da Fazenda Nacional com jurisdição na localidade do imóvel, e publicado no *Diário Oficial da União*, mediante aviso publicado três vezes, durante o período de convocação, nos dois jornais de maior veiculação local e, sempre que houver interessados conhecidos, por carta registrada.

► Art. 104 com a redação dada pela Lei nº 9.636, de 15-5-1998.

Art. 105. Têm preferência ao aforamento:

I – os que tiverem título de propriedade devidamente transcrito no Registro de Imóveis;

II – os que estejam na posse dos terrenos, com fundamento em título outorgado pelos Estados ou Municípios;

III – os que, necessariamente, utilizam os terrenos para acesso às suas propriedades;

IV – os ocupantes inscritos até o ano de 1940, e que estejam quites com o pagamento das devidas taxas quanto aos terrenos de marinha e seus acrescidos;

V – *Revogado*. Lei nº 9.636, de 15-5-1998;

VI – os concessionários de terrenos de marinha, quanto aos seus acrescidos desde que estes não possam constituir unidades autônomas;

VII – os que no terreno possuam benfeitorias, anteriores ao ano de 1940, de valor apreciável em relação ao daquele;

VIII a X – *Revogados*. Lei nº 9.636, de 15-5-1998.

§ 1º As divergências sobre propriedade, servidão ou posse devem ser decididas pelo Poder Judiciário.

► Parágrafo único renumerado para § 1º e com a redação dada pela Lei nº 13.139, de 26-6-2015.

§ 2º A decisão da Secretaria do Patrimônio da União quanto ao pedido formulado com fundamento no direito de preferência previsto neste artigo constitui ato vinculado e somente poderá ser desfavorável, de forma fundamentada, caso haja algum impedimento, entre aqueles já previstos em lei, informado em consulta formulada entre aquelas previstas na legislação em vigor, ou nas hipóteses previstas no inciso II do art. 9º da Lei nº 9.636, de 15 de maio de 1998.

► § 2º acrescido pela Lei nº 13.139, de 26-6-2015.

Art. 106. Os pedidos de aforamento serão dirigidos ao Chefe do órgão local do SPU, acompanhados dos documentos comprobatórios dos direitos alegados pelo interessado e de planta ou *croquis* que identifique o terreno.

Art. 107. *Revogado*. Dec.-lei nº 2.398, de 21-12-1987.

Art. 108. O Superintendente do Patrimônio da União no Estado apreciará a documentação e, deferindo o pedido, calculará o foro, com base no art. 101, e concederá o aforamento, devendo o foreiro comprovar sua regularidade fiscal perante a Fazenda Nacional até o ato da contratação.

Parágrafo único. O Ministério do Planejamento, Orçamento e Gestão estabelecerá diretrizes e procedimentos simplificados para a concessão do aforamento de que trata o *caput*.

► Art. 108 com a redação dada pela Lei nº 13.139, de 26-6-2015.

Art. 109. Concedido o aforamento, será lavrado em livro próprio da Superintendência do Patrimônio da União o contrato enfitêutico de que constarão as condições estabelecidas e as características do terreno aforado.

► Artigo com a redação dada pela Lei nº 13.139, de 26-6-2015.

Art. 110. Expirado o prazo de que trata o art. 104 e não havendo interesse do serviço público na manutenção do imóvel no domínio pleno da União, o SPU promoverá a venda do domínio útil dos terrenos sem posse, ou daqueles que se encontrem na posse de quem não tenha atendido à notificação a que se refere o mesmo artigo ou de quem, tendo requerido, não tenha preenchido as condições necessárias para obter a concessão do aforamento.

► Artigo com a redação dada pela Lei nº 9.636, de 15-5-1998.

Art. 111. *Revogado*. Dec.-lei nº 2.398, de 21-12-1987.

Seção III
DA TRANSFERÊNCIA

Arts. 112 a 115. *Revogados*. Dec.-lei nº 2.398, de 21-12-1987.

Art. 115-A. Efetuada a transação e transcrito o título no registro de imóveis, o antigo foreiro, exibindo os documentos comprobatórios, deverá comunicar a transferência à Superintendência do Patrimônio da União, no prazo de até sessenta dias, sob pena de permanecer responsável pelos débitos que vierem a incidir sobre o imóvel até a data da comunicação.

► Artigo acrescido pela Lei nº 13.465, de 11-7-2017.

Art. 116. Efetuada a transação e transcrito o título no Registro de Imóveis o adquirente, exibindo os documentos comprobatórios, deverá requerer, no prazo de sessenta dias que para o seu nome se transfiram as obrigações enfitêuticas.

§ 1º A transferência das obrigações será feita mediante averbação, no órgão local do SPU, do título de aquisição devidamente transcrito no Registro de Imóveis, ou, em caso de transmissão parcial do terreno, mediante termo.

§ 2º O adquirente estará sujeito à multa de 0,50% (cinquenta centésimos por cento), por mês ou fração, sobre o valor do terreno, caso não requeira a transferência no prazo estabelecido no *caput* deste artigo.

► § 2º com a redação dada pela Lei nº 13.465, de 11-7-2017.

§ 3º Para fatos geradores anteriores a 22 de dezembro de 2016, a cobrança da multa de que trata o § 2º deste artigo será efetuada de forma proporcional, regulamentada por intermédio de ato específico da Secretaria do Patrimônio da União (SPU).

► § 3º acrescido pela Lei nº 13.465, de 11-7-2017.

Art. 117. *Revogado.* Dec.-lei nº 2.398, de 21-12-1987.

Seção IV
DA CADUCIDADE E REVIGORAÇÃO

Art. 118. Caduco o aforamento na forma do parágrafo único do art. 101, o órgão local do SPU notificará o foreiro, por edital, ou quando possível, por carta registrada, marcando-lhe o prazo de noventa dias para apresentar qualquer reclamação ou solicitar a revigoração do aforamento.

► *Caput* com a redação dada pela Lei nº 9.636, de 15-5-1998.

Parágrafo único. Em caso de apresentação de reclamação, o prazo para o pedido de revigoração será contado da data da notificação ao foreiro da decisão final proferida.

Art. 119. Reconhecido o direito do requerente e pagos os foros em atraso, o chefe do órgão local da Secretaria do Patrimônio da União concederá a revigoração do aforamento.

Parágrafo único. A Secretaria do Patrimônio da União disciplinará os procedimentos operacionais destinados à revigoração de que trata o *caput* deste artigo.

► Art. 119 com a redação dada pela Lei nº 11.481, de 31-5-2007.

Art. 120. A revigoração do aforamento poderá ser negada se a União necessitar do terreno para serviço público, ou, quanto às terras de que trata o art. 65, quando não estiverem as mesmas sendo utilizadas apropriadamente, obrigando-se, nesses casos, à indenização das benfeitorias porventura existentes.

Art. 121. Decorrido o prazo de que trata o art. 118, sem que haja sido solicitada a revigoração do aforamento, o Chefe do órgão local do SPU providenciará no sentido de ser cancelado o aforamento no Registro de Imóveis e procederá na forma do disposto no art. 110.

Parágrafo único. Nos casos de cancelamento do registro de aforamento, considera-se a certidão da Secretaria do Patrimônio da União de cancelamento de aforamento documento hábil para o cancelamento de registro nos termos do inciso III do *caput* do art. 250 da Lei nº 6.015, de 31 de dezembro de 1973.

► Parágrafo único acrescido pela Lei nº 11.481, de 31-5-2007.

Seção V
DA REMISSÃO

Art. 122. Autorizada, na forma do disposto no art. 103, a remissão do aforamento dos terrenos compreendidos em determinada zona, o SPU notificará os foreiros, na forma do parágrafo único do art. 104, da autorização concedida.

Parágrafo único. A decisão da Secretaria do Patrimônio da União sobre os pedidos de remissão do aforamento de terreno de marinha e/ou acrescido de marinha localizado fora da faixa de segurança constitui ato vinculado.

► Parágrafo único com a redação dada pela Lei nº 13.139, de 26-6-2015.

Art. 123. A remição do aforamento será feita pela importância correspondente a 17% (dezessete por cento) do valor do domínio pleno do terreno, excluídas as benfeitorias.

► Artigo com a redação dada pela Lei nº 13.240, de 30-12-2015.

Art. 124. Efetuado o resgate, o órgão local do SPU expedirá certificado de remissão, para averbação no Registro de Imóveis.

CAPÍTULO V
DA CESSÃO

Arts. 125 e 126. *Revogados.* Lei nº 9.636, de 15-5-1998.

CAPÍTULO VI
DA OCUPAÇÃO

Art. 127. Os atuais ocupantes de terrenos da União, sem título outorgado por esta, ficam obrigados ao pagamento anual da taxa de ocupação.

§§ 1º e 2º *Revogados.* Dec.-lei nº 2.398, de 21-12-1987.

Art. 128. O pagamento da taxa será devido a partir da inscrição de ocupação, efetivada de ofício ou a pedido do interessado, não se vinculando ao cadastramento do imóvel.

► *Caput* com a redação dada pela Lei nº 13.139, de 26-6-2015.

§§ 1º a 3º *Revogados.* Lei nº 13.139, de 26-6-2015.

§ 4º Caso o imóvel objeto do pedido de inscrição de ocupação não se encontre cadastrado, a Secretaria do Patrimônio da União do Ministério do Planejamento, Orçamento e Gestão efetuará o cadastramento.

► § 4º acrescido pela Lei nº 13.139, de 26-6-2015.

Arts. 129 e 130. *Revogados.* Dec.-lei nº 2.398, de 21-12-1987.

Art. 131. A inscrição e o pagamento da taxa de ocupação, não importam, em absoluto, no reconhecimento, pela União, de qualquer direito de propriedade do ocupante sobre o terreno ou ao seu aforamento, salvo no caso previsto no item 4 do artigo 105.

Art. 132. A União poderá, em qualquer tempo que necessitar do terreno, imitir-se na posse do mesmo, promovendo sumariamente a sua desocupação, observados os prazos fixados no § 3º, do art. 89.

§ 1º As benfeitorias existentes no terreno somente serão indenizadas pela importância arbitrada pelo SPU, se por este for julgada, de boa-fé a ocupação.

§ 2º Do julgamento proferido na forma do parágrafo anterior, cabe recurso para o CTU, no prazo de 30 (trinta) dias da ciência dada ao ocupante.

§ 3º O preço das benfeitorias será depositado em Juízo pelo SPU, desde que a parte interessada não se proponha a recebê-lo.

Art. 132-A. Efetuada a transferência do direito de ocupação, o antigo ocupante, exibindo os documentos comprobatórios, deverá comunicar a transferência à Superintendência do Patrimônio da União, no prazo de até sessenta dias, sob pena de permanecer responsável pelos débitos que vierem a incidir sobre o imóvel até a data da comunicação.

► Art. 132-A acrescido pela Lei nº 13.465, de 11-7-2017.

Art. 133. *Revogado.* Lei nº 9.636, de 15-5-1998.

TÍTULO III – DA ALIENAÇÃO DOS BENS IMÓVEIS DA UNIÃO

CAPÍTULO I
DISPOSIÇÕES GERAIS

Arts. 134 a 140. *Revogados.* Dec.-lei nº 2.398, de 21-12-1987.

CAPÍTULO II

DOS IMÓVEIS UTILIZÁVEIS EM FINS RESIDENCIAIS

Arts. 141 a 144. *Revogados.* Dec.-lei nº 2.398, de 21-12-1987.

CAPÍTULO III

DOS IMÓVEIS UTILIZÁVEIS EM FINS COMERCIAIS OU INDUSTRIAIS

Arts. 145 a 148. *Revogados.* Dec.-lei nº 2.398, de 21-12-1987.

CAPÍTULO IV

DOS TERRENOS DESTINADOS A FINS AGRÍCOLAS E DE COLONIZAÇÃO

Art. 149. Serão reservados em zonas rurais, mediante escolha do Ministério da Agricultura, na forma da lei, terrenos da União, para estabelecimento de núcleos coloniais.

§ 1º Os terrenos assim reservados, excluídas as áreas destinadas à sede, logradouros e outros serviços gerais do núcleo, serão loteados para venda de acordo com plano organizado pelo Ministério da Agricultura.

§ 2º O Ministério da Agricultura remeterá ao SPU cópia do plano geral do núcleo, devidamente aprovado.

Art. 150. Os lotes de que trata o § 1º do artigo anterior serão vendidos a nacionais que queiram dedicar-se à agricultura e a estrangeiros agricultores, a critério, na forma da lei, do Ministério da Agricultura.

Art. 151. O preço de venda dos lotes será estabelecido por comissão de avaliação designada pelo Diretor da Divisão de Terras e Colonização (DTC) do Departamento Nacional da Produção Vegetal, do Ministério da Agricultura.

Art. 152. O preço da aquisição poderá ser pago em prestações anuais, até o máximo de 15 (quinze), compreendendo amortização e juros de 6% (seis por cento) ao ano, em total constante e discriminável conforme o estado real da dívida.

§ 1º A primeira prestação vencer-se-á no último dia do terceiro ano e as demais no último dos anos restantes, sob pena de multa de mora de 5% (cinco por cento) ao ano sobre o valor da dívida.

§ 2º Em caso de atraso de pagamento superior a 2 (dois) anos proceder-se-á à cobrança executiva da dívida, salvo motivo justificado, a critério da DTC.

§ 3º O adquirente poderá, em qualquer tempo, antecipar o pagamento da dívida, bem como fazer amortizações em cotas parciais, não inferiores a CR$ 1.000,00 (um mil cruzeiros), para o fim de reduzir a importância ou o número das prestações, ou ambos.

Art. 153. Ajustada a transação, lavrar-se-á contrato de promessa de compra e venda, de que constarão todas as condições que hajam sido estipuladas.

Parágrafo único. Para elaboração da minuta do contrato a DTC remeterá ao SPU os elementos necessários, concernentes à qualificação do adquirente, à identificação do lote e às obrigações estabelecidas, quanto ao pagamento e à utilização do terreno.

Art. 154. Pago o preço total da aquisição, e cumpridas as demais obrigações assumidas, será lavrado o contrato definitivo de compra e venda.

Parágrafo único. Em caso de falecimento do adquirente que tenha pago 3 (três) prestações, será dispensado o pagamento do restante da dívida aos seus herdeiros, aos quais será outorgado o título definitivo.

Art. 155. O promitente comprador e, quanto a núcleos coloniais não emancipados, o proprietário do lote, não poderão onerar nem por qualquer forma transferir o imóvel, sem prévia licença da DTC.

Parágrafo único. A DTC dará conhecimento ao SPU das licenças que tiver concedido para os fins de que trata o presente artigo.

Art. 156. As terras de que trata o art. 65 poderão ser alienadas sem concorrência, pelo SPU, com prévia audiência do Ministério da Agricultura, aos seus arrendatários, possuidores ou ocupantes.

Parágrafo único. A alienação poderá ser feita nas condições previstas nos arts. 152, 153 e 154, vencível, porém, a primeira prestação no último dia do primeiro ano, e excluída a dispensa de que trata o parágrafo único do art. 154.

Art. 157. Os contratos de que tratam os artigos anteriores são sujeitos às disposições deste Decreto-lei.

Art. 158. Cabe ao SPU fiscalizar o pagamento das prestações devidas e à DTC o cumprimento das demais obrigações contratuais.

CAPÍTULO V

DOS TERRENOS OCUPADOS

Arts. 159 a 163. *Revogados.* Dec.-lei nº 2.398, de 21-12-1987.

CAPÍTULO VI

DA LEGITIMAÇÃO DE POSSE DE TERRAS DEVOLUTAS

Art. 164. Proferida a sentença homologatória a que se refere o art. 57, iniciará a Fazenda Nacional a execução, sem embargo de qualquer recurso, requerendo preliminarmente ao Juiz da causa a intimação dos possuidores de áreas reconhecidas ou julgadas devolutas a legitimarem suas posses, caso o queiram, a lei o permita e o Governo Federal consinta-lhes fazê-lo, mediante pagamento das custas que porventura estiverem devendo e recolhimento aos cofres da União, dentro de 60 (sessenta) dias da taxa de legitimação.

Parágrafo único. O termo de 60 (sessenta) dias começará a correr da data em que entrar em cartório a avaliação da área possuída.

Art. 165. Declarar-se-ão no requerimento aqueles a quem o Governo Federal recusa legitimação. Dentro de 20 (vinte) dias da intimação os possuidores que quiserem e puderem legitimar suas posses fá-lo-ão saber, mediante comunicação autêntica ao Juiz da causa ou ao SPU.

Art. 166. Consistirá a taxa de legitimação em porcentagem sobre a avaliação, que será feita por perito residente no foro *rei sitae*, nomeado pelo Juiz. O perito não terá direito a emolumentos superiores os cifrados no Regimento de Custas Judiciais.

Art. 167. A avaliação recairá exclusivamente sobre o valor do solo, excluído o das benfeitorias, culturas, animais, acessórios e pertences do legitimante.

Art. 168. A taxa será de 5% (cinco por cento) em relação às posses titulares das de menos de 20 (vinte) e mais de 10 (dez) anos, de 10% (dez por cento) às tituladas e menos de 10 (dez) anos: de 20% (vinte por cento) e 15% (quinze por cento) para as não tituladas respectivamente de 15 (quinze) anos ou menos de 30 (trinta) e mais de 15 (quinze).

Art. 169. Recolhidas aos cofres públicos nacionais as custas porventura devidas, as da avaliação e a taxa de legitimação, expedirá o Diretor do SPU, a quem subirá o respectivo processo, o título de legitimação pelo qual pagará o legitimante apenas o selo devido.

§ 1º O título será confeccionado em forma de carta de sentença, com todos os característicos e individuações da propriedade a que se refere, segundo modelo oficial.

§ 2º Deverá ser registrado em livro a isso destinado pelo SPU, averbando-se ao lado em coluna própria, a publicação no *Diário Oficial da União*, do Estado ou do Território, consoante seja o caso, ou na folha que lhe publicar o expediente bem como a transcrição que do respectivo título se fizer no Registro Geral de Imóveis da Comarca da situação das terras, segundo o artigo subsequente.

Art. 170. Será o título transcrito no competente Registro Geral de Imóveis, feita a necessária publicação no *Diário Oficial da União*, do Estado ou do Território, conforme o caso, ou na folha que lhe editar o expediente.

§ 1º O oficial do Registro de Imóveis remeterá ao SPU uma certidão em relatório da transcrição feita, a fim de ser junta aos autos.

§ 2º Incorrerá na multa de CR$ 200,00 (duzentos cruzeiros) a CR$ 1.000,00 (um mil cruzeiros), aplicada pela autoridade judiciária local, a requerimento do SPU, o oficial que não fizer a transcrição ou remessa dentro de 30 (trinta) dias do recebimento do título.

Art. 171. Contra os que, sendo-lhes permitido fazer, não fizerem a legitimação no prazo legal, promoverá o SPU, a execução de sentença por mandado de imissão de posse.

Art. 172. Providenciará o SPU a transcrição no competente Registro Geral de Imóveis, das terras sobre que versar a execução, assim como de todas declaradas de domínio da União e a ele incorporadas, para o que se habilitará com carta de sentença, aparelhada no estilo do direito comum.

Art. 173. Aos brasileiros natos ou naturalizados, possuidores de áreas consideradas diminutas, atendendo-se às peculiaridades locais, com títulos externamente perfeitos de aquisições de boa-fé, é lícito requerer ao SPU conceder expedição de título de domínio sem taxa ou com taxa inferior à fixada no presente Decreto-lei.

Art. 174. O Governo Federal negará legitimação, quando assim entender de justiça, de interesse público ou quando assim lhe ordenar a disposição da lei, cumprindo-lhe, se for o caso, indenizar as benfeitorias feitas de boa-fé.

TÍTULO IV – DA JUSTIFICAÇÃO DE POSSE DE TERRAS DEVOLUTAS

Art. 175. Aos interessados que se acharem nas condições das letras *e*, *f*, *g*, e parágrafo único do art. 5º será facultada a justificação administrativa de suas posses perante o órgão local do SPU, a fim de se forrarem a possíveis inquietações da parte da União e a incômodos de pleitos em tela judicial.

Art. 176. As justificações só têm eficácia nas relações dos justificantes com a Fazenda Nacional e não obstam, ainda em caso de malogro, ao uso dos remédios que porventura lhes caibam e a dedução de seus direitos em Juízo, na forma e medida da legislação civil.

Art. 177. O requerimento de justificação será dirigido ao Chefe do órgão local do SPU, indicando o nome, nacionalidade, estado civil e residência do requerente e de seu representante no local da posse, se o tiver; a data da posse e os documentos que possam determinar a época do seu início e continuidade; a situação das terras e indicação da área certa ou aproximada, assim como a natureza das benfeitorias, culturas e criações que houver, com o valor real ou aproximado de uma e outras, a descrição dos limites da posse com indicação de todos os confrontantes e suas residências, o rol de testemunhas e documentos que acaso corroborem o alegado.

Art. 178. Recebido, protocolado e autuado o requerimento com os documentos que o instruírem, serão os autos distribuídos ao Procurador da Fazenda Pública para tomar conhecimento do pedido e dirigir o processo.

Parágrafo único. Se o pedido não se achar em forma, ordenará o referido Procurador ao requerente que complete as omissões, que contiver; se achar em forma ou for sanado das omissões, admiti-lo-á a processo.

Art. 179. Do pedido dar-se-á então conhecimento a terceiros, por aviso circunstanciado publicado 3 (três) vezes dentro de 60 (sessenta) dias, no *Diário Oficial da União*, do Estado ou Território, consoante for o caso, ou na folha que lhe der publicidade ao expediente, e 2 (duas) vezes com intervalo de 20 (vinte) dias no jornal da Comarca, ou Município onde estiverem as terras, se houver adiantadas as respectivas despesas pelo requerente.

Art. 180. Poderão contestar o pedido, terceiros por ele prejudicados, dentro de 30 (trinta) dias, depois de findo o prazo edital.

Parágrafo único. A contestação mencionará o nome e residência do contestante, motivos de sua oposição e provas em que se fundar. Apresentada a contestação ou findo o prazo para ela marcado, o Procurador da Fazenda Pública requisitará ao SPU um dos seus engenheiros ou agrimensores para, em face dos autos, proceder a uma vistoria sumária da área objeto da justificação e prestar todas as informações que interessem ao despacho do pedido.

Art. 181. Realizada a vistoria, serão as partes admitidas, uma após outra, a inquirir suas testemunhas, cujos depoimentos serão reduzidos a escrito em forma breve pelo escrivão *ad hoc*, que for designado para servir no processo.

Art. 182. Terminadas as inquirições serão os autos encaminhados, com parecer do Procurador da Fazenda Pública ao Chefe do órgão local do SPU, para decidir o caso de acordo com as provas colhidas e com outras que possa determinar *ex officio*.

Art. 183. Da decisão proferida pelo Chefe do órgão local do SPU cabe ao Procurador da Fazenda Pública e às partes, recurso voluntário e para o Conselho de Terras da União (CTU), dentro do prazo de 30 (trinta) dias da ciência dada aos interessados pessoalmente ou por carta registrada.

Parágrafo único. Antes de presente ao CTU subirão os autos do recurso ao Diretor do SPU para manifestar-se sobre o mesmo.

Art. 184. Julgada procedente a justificação e transitando em julgado a decisão administrativa, expedirá o Diretor do SPU, à vista do processo respectivo, título recognitivo do domínio do justificante, título que será devidamente formalizado como o de legitimação.

Art. 185. Carregar-se-ão às partes interessadas as custas e despesas feitas, salvo as de justificação com assento no art. 148 da Constituição Federal, que serão gratuitas, quando julgadas procedentes. A contagem se fará pelo Regimento das Custas Judiciais.

TÍTULO V – DO CONSELHO DE TERRAS DA UNIÃO

Art. 186. Fica criado, no Ministério da Fazenda, o Conselho de Terras da União (CTU), órgão coletivo de julgamento e deliberação, na esfera administrativa, de questões concernentes a direitos de propriedade ou posse de imóveis entre a União e terceiros, e de consulta do Ministro da Fazenda.

Parágrafo único. O CTU terá, além disso, as atribuições específicas que lhe forem conferidas no presente Decreto-lei.

Art. 187. O CTU será constituído por 6 (seis) membros, nomeados pelo Presidente da República, e cujos mandatos, com a duração de 3 (três) anos, serão renovados pelo terço.

§ 1º As nomeações recairão em 3 (três) servidores da União, 2 (dois) dos quais Engenheiros e 1 (um) Bacharel em Direito, dentre nomes indicados pelo Ministro da Fazenda, e os restantes escolhidos de listas tríplices apresentadas pela Federação Brasileira de Engenheiros, pela Ordem dos Advogados do Brasil e pela Federação das Associações de Proprietários de Imóveis, do Brasil ou, na falta destes, por entidades congêneres.

§ 2º Os Conselheiros terão Suplentes, indicados e nomeados na mesma forma daqueles.

§ 3º Aos Suplentes cabe, quando convocados pelo Presidente do Conselho, substituir, nos impedimentos temporários, e nos casos de perda ou renúncia de mandato, os respectivos Conselheiros.

Art. 188. O CTU será presidido por um Conselheiro, eleito anualmente pelos seus pares na primeira reunião de cada ano.

Parágrafo único. Concomitantemente com a do Presidente, far-se-á a eleição do Vice-Presidente, que substituirá aquele em suas faltas e impedimentos.

Art. 189. O CTU funcionará com a maioria de seus membros e realizará no mínimo 8 (oito) sessões mensais, das quais será lavrada ata circunstanciada.

Art. 190. Os processos submetidos ao Conselho serão distribuídos, em sessão, ao Conselheiro relator, mediante sorteio.

§ 1º Os Conselheiros poderão reter pelo prazo de 15 (quinze) dias, prorrogável, quando solicitado, a critério do Conselho, os processos que lhe tenham sido distribuídos para o relatório ou conclusos, mediante pedido de vista.

§ 2º Ao Presidente do Conselho, além das que lhes forem cometidas pelo Regimento, compete as mesmas atribuições dos demais Conselheiros.

Art. 191. O CTU decidirá por maioria de votos dos membros presentes, cabendo ao seu Presidente, além do de qualidade, o voto de desempate.

Art. 192. Das decisões do Conselho caberá recurso para o próprio Conselho, no prazo de 20 (vinte) dias úteis, contados da data da decisão proferida.

Parágrafo único. Os recursos somente serão julgados com a presença de no mínimo igual número dos membros presentes à sessão em que haja sido preferida a decisão recorrida.

Art. 193. Junto ao Conselho serão admitidos procuradores das partes interessadas no julgamento aos quais será permitido pronunciamento oral em sessão, constando do processo o instrumento do mandato.

§ 1º A Fazenda Nacional será representada por servidor da União, designado pelo Ministro da Fazenda, cabendo-lhe ter vista dos processos, pelo prazo improrrogável de 15 (quinze) dias antes do seu julgamento e depois de estudados pelo Conselheiro relator.

§ 2º O representante da Fazenda terá Suplente, pela mesma forma designado, que o substituirá em suas faltas e impedimentos.

Art. 194. O CTU votará e aprovará seu Regimento.

Parágrafo único. Nenhuma alteração se fará no Regimento sem aprovação do Conselho em 2 (duas) sessões consecutivas, a que estejam presentes pelo menos 5 (cinco) Conselheiros.

Art. 195. O Conselho terá uma Secretaria, que será chefiada por um Secretário e terá os auxiliares necessários, todos designados pelo Diretor Geral da Fazenda Nacional.

Parágrafo único. Ao Secretário competirá, além das atribuições que lhe forem cometidas no Regimento, lavrar e assinar nas atas das sessões, que serão submetidas à aprovação do Conselho.

Art. 196. O Conselheiro que, sem causa justificada, a critério do próprio Conselho, faltar a 4 (quatro) sessões Consecutivas, perderá o mandato.

Art. 197. Serão considerados de efetivo exercício os dias em que o Conselheiro, servidor da União, ou o Representante da Fazenda estiver afastado do serviço público ordinário, em virtude de comparecimento à sessão do Conselho.

TÍTULO VI – DISPOSIÇÕES FINAIS E TRANSITÓRIAS

Art. 198. A União tem por insubsistentes e nulas quaisquer pretensões sobre o domínio pleno de terrenos de marinha e seus acrescidos, salvo quando originais em títulos por ela outorgadas na forma do presente Decreto-lei.

Art. 199. A partir da data da publicação do presente Decreto-lei, cessarão as atribuições cometidas a outros órgãos da administração federal que não o CTU, concernentes ao exame e julgamento na esfera administrativa de questões entre a União e terceiros relativas à propriedade ou posse de imóvel.

§ 1º Os órgãos a que se refere este artigo remeterão ao CTU, dentro de 30 (trinta) dias, os respectivos processos pendentes de decisão final.

§ 2º Poderá, a critério do Governo, ser concedido novo prazo para apresentação, ao CTU, dos títulos de que trata o art. 2º do Decreto-lei nº 893, de 26 de novembro de 1938.

Art. 200. Os bens imóveis da União, seja qual for a sua natureza, não são sujeitos a usucapião.

Art. 201. São consideradas dívidas ativas da União para efeito de cobrança executiva, as provenientes de aluguéis, taxas, foros, laudêmios e outras contribuições concernentes à utilização de bens imóveis da União.

Art. 202. Ficam confirmadas as demarcações de terrenos de marinha com fundamento em lei vigente na época em que tenham sido realizadas.

Art. 203. Fora dos casos expressos em lei, não poderão as terras devolutas da União ser alienadas ou concedidas senão a título oneroso.

Parágrafo único. Até que sejam regularmente instalados nos Territórios Federais os órgãos locais do SPU, continuarão os Governadores a exercer as atribuições que a lei lhes confere, no que respeita às concessões de terras.

Art. 204. Na faixa de fronteira observar-se-á rigorosamente, em matéria de concessão de terras, o que a respeito estatuir a lei especial, cujos dispositivos prevalecerão em qualquer circunstância.

Art. 205. À pessoa estrangeira, física ou jurídica, não serão alienados, concedidos ou transferidos imóveis da União situados nas zonas de que trata a letra *a* do art. 100, exceto se houver autorização do Presidente da República.

§ 1º Fica dispensada a autorização quando se tratar de unidade autônoma de condomínio, regulados pela Lei nº 4.591, de 16 de dezembro de 1965, desde que o imóvel esteja situado em zona urbana, e as frações ideais pretendidas, em seu conjunto, não ultrapassem 1/3 (um terço) de sua área total.

► § 1º acrescido pela Lei nº 7.450, de 23-12-1985.

§ 2º A competência prevista neste artigo poderá ser delegada ao Ministro de Estado do Planejamento, Orçamento e Gestão, permitida a subdelegação ao Secretário do Patrimônio da União do Ministério do Planejamento, Orçamento e Gestão.

► § 2º com a redação dada pela Lei nº 13.139, de 26-6-2015.

§ 3º Exclusivamente para pessoas físicas, fica dispensada a autorização quando se tratar de transferência de titularidade de terrenos de até mil metros quadrados, situados dentro da faixa de cem metros ao longo da costa marítima.

§ 4º A dispensa de que trata o § 3º deste artigo aplica-se, também, aos processos de transferência protocolados na Secretaria do Patrimônio da União (SPU) até 22 de dezembro de 2016.

► §§ 3º e 4º acrescidos pela Lei nº 13.465, de 11-7-2017.

Art. 206. Os pedidos de aforamento de terrenos da União, já formulados ao SPU, deverão prosseguir em seu processamento, observadas, porém, as disposições deste Decreto-lei, no que for aplicável.

Art. 207. A DTC do Departamento Nacional da Produção Vegetal do Ministério da Agricultura remeterá ao SPU, no prazo de 180 (cento e oitenta) dias da publicação deste Decreto-lei, cópia das plantas coloniais, bem como dos termos, ajustes, contratos e títulos referentes à aquisição de lotes dos mesmos núcleos, e, ainda, relação dos adquirentes e dos pagamentos por eles efetuados.

Art. 208. Dentro de 90 (noventa) dias da publicação deste Decreto-lei, as repartições federais interessadas deverão remeter ao SPU relação dos imóveis de que necessitem, total ou parcialmente, para os fins previstos no artigo 76 e no item I do artigo 86, justificando o pedido.

Parágrafo único. Findo esse prazo, o SPU encaminhará dentro de 30 (trinta) dias ao Presidente da República as relações que dependam de sua aprovação, podendo dar aos demais imóveis da União a aplicação que julgar conveniente, na forma deste Decreto-lei.

Art. 209. As repartições federais deverão remeter ao SPU, no prazo de 60 (sessenta) dias da publicação deste Decreto-lei, relação dos imóveis que tenham a seu cargo, acompanhada da documentação respectiva, com indicação dos que estejam servindo de residência de servidor da União, em caráter obrigatório, e do ato determinante da obrigatoriedade.

Art. 210. Fica cancelada toda dívida existente, até à data da publicação deste Decreto-lei oriunda de aluguel de imóvel ocupado por servidor da União como residência em caráter obrigatório, determinado em lei, regulamento, regimento ou outros atos do Governo.

Art. 211. Enquanto não forem aprovadas, na forma deste Decreto-lei, as relações de que trata o art. 208, os ocupantes de imóveis que devam constituir residência obrigatória de servidor da União, ficam sujeitos ao pagamento do aluguel comum que for fixado.

Art. 212. Serão mantidas as locações, mediante contrato, de imóveis da União, existentes na data da publicação deste Decreto-lei.

Parágrafo único. Findo o prazo contratual, o SPU promoverá a conveniente utilização do imóvel.

Art. 213. Havendo, na data da publicação deste Decreto-lei, prédio residencial ocupado sem contrato e que não seja necessário aos fins previstos no artigo 76 e no item I do artigo 86, o SPU promoverá a realização de concorrência para sua regular locação.

§ 1º Enquanto não realizada a concorrência, poderá o ocupante permanecer no imóvel, pagando o aluguel que for fixado.

§ 2º Será mantida a locação, independentemente de concorrência, de próprio nacional ocupado por servidor da União pelo tempo ininterrupto de 3 (três) ou mais anos, contados da data da publicação deste Decreto-lei, desde que durante esse período tenha o locatário pago com pontualidade os respectivos aluguéis e, a critério do SPU, conservado satisfatoriamente o imóvel.

§ 3º Na hipótese prevista no parágrafo precedente, o órgão local do SPU promoverá imediatamente a assinatura do respectivo contrato de locação, mediante o aluguel que for fixado.

§ 4º Nos demais casos, ao ocupante será assegurada, na concorrência, preferência à locação, em igualdade de condições.

§ 5º Ao mesmo ocupante far-se-á notificação, com antecedência de 30 (trinta) dias, da abertura da concorrência.

Art. 214. No caso do artigo anterior, sendo, porém, necessário o imóvel aos fins nele mencionados ou não convindo à União alugá-lo por prazo certo, poderá o ocupante nele permanecer, sem contrato, pagando o aluguel que for fixado enquanto não utilizar-se a União do imóvel ou não lhe der outra aplicação.

Art. 215. Os direitos peremptos por força do disposto nos arts. 20, 28 e 35 do Decreto-lei nº 3.438, de 17 de julho de 1948, e 7º do Decreto-lei nº 5.666, de 15 de julho de 1943, ficam revigorados correndo os prazos para o seu exercício da data da notificação de que trata o art. 104 deste Decreto-lei.

Art. 216. O Ministro de Estado da Economia, diretamente ou por ato do Secretário Especial de Desestatização, Desinvestimento e Mercados do Ministério da Economia, ouvido previamente o Secretário de Coordenação e Governança do Patrimônio da União, editará os atos necessários à execução do disposto neste Decreto-Lei.

► Artigo com a redação dada pela Lei nº 13.874, de 20-9-2019.

Art. 217. O presente Decreto-lei entra em vigor na data de sua publicação.

Art. 218. Revogam-se as disposições em contrário.

Rio de Janeiro, 5 de setembro de 1946;
125º da Independência e
58º da República.

Eurico G. Dutra

LEI Nº 662, DE 6 DE ABRIL DE 1949

Declara feriados nacionais os dias 1º de janeiro, 1º de maio, 7 de setembro, 15 de novembro e 25 de dezembro.

► Publicada no *DOU* de 13-4-1949.

Art. 1º São feriados nacionais os dias 1º de janeiro, 21 de abril, 1º de maio, 7 de setembro, 2 de novembro, 15 de novembro e 25 de dezembro.

► Artigo com a redação dada pela Lei nº 10.607, de 19-12-2002.

Art. 2º Só serão permitidas nos feriados nacionais atividades privadas e administrativas absolutamente indispensáveis.

Art. 3º Os chamados "pontos facultativos" que os Estados, Distrito Federal ou os Municípios decretarem não suspenderão as horas normais do ensino nem prejudicarão os atos da vida forense, dos tabeliães e dos cartórios de registro.

Art. 4º Esta Lei entrará em vigor na data de sua publicação, revogadas as disposições em contrário.

Rio de Janeiro, 6 de abril de 1949;
128º da Independência e
61º da República.
Eurico G. Dutra

LEI Nº 810, DE 6 DE SETEMBRO DE 1949

Define o ano civil.

► Publicada no *DOU* de 16-9-1949.

Art. 1º Considera-se ano o período de doze meses contados do dia do início ao dia e mês correspondentes do ano seguinte.

Art. 2º Considera-se mês o período de tempo contado do dia do início ao dia correspondente do mês seguinte.

Art. 3º Quando no ano ou mês do vencimento não houver o dia correspondente ao do início do prazo, este findará no primeiro dia subsequente.

Art. 4º Revogam-se as disposições em contrário.

Rio de Janeiro, 6 de setembro de 1949;
128º da Independência e
61º da República.
Eurico G. Dutra

LEI Nº 1.060, DE 5 DE FEVEREIRO DE 1950

Estabelece normas para a concessão de assistência judiciária aos necessitados.

► Publicada no *DOU* de 13-2-1950.

Art. 1º Os poderes públicos federal e estadual, independentemente da colaboração que possam receber dos municípios e da Ordem dos Advogados do Brasil – OAB, concederão assistência judiciária aos necessitados, nos termos desta Lei (VETADO).

► Artigo com a redação dada pela Lei nº 7.510, de 4-7-1986.

Arts. 2º a 4º *Revogados.* Lei nº 13.105, de 16-3-2015.

Art. 5º O juiz, se não tiver fundadas razões para indeferir o pedido, deverá julgá-lo de plano, motivando ou não o deferimento, dentro do prazo de setenta e duas horas.

§ 1º Deferido o pedido, o juiz determinará que o serviço de assistência judiciária, organizado e mantido pelo Estado, onde houver, indique, no prazo de dois dias úteis, o advogado que patrocinará a causa do necessitado.

§ 2º Se no Estado não houver serviço de assistência judiciária, por ele mantido, caberá a indicação à Ordem dos Advogados, por suas Seções Estaduais, ou Subseções Municipais.

§ 3º Nos municípios em que não existirem subseções da Ordem dos Advogados do Brasil, o próprio juiz fará a nomeação do advogado que patrocinará a causa do necessitado.

§ 4º Será preferido para a defesa da causa o advogado que o interessado indicar e que declare aceitar o encargo.

§ 5º Nos Estados onde a Assistência Judiciária seja organizada e por eles mantida, o Defensor Público, ou quem exerça cargo equivalente, será intimado pessoalmente de todos os atos do processo, em ambas as instâncias, contando-se-lhes em dobro todos os prazos.

► § 5º acrescido pela Lei nº 7.871, de 8-11-1989.

Arts. 6º e 7º *Revogados.* Lei nº 13.105, de 16-3-2015.

Art. 8º Ocorrendo as circunstâncias mencionadas no artigo anterior, poderá o juiz, *ex officio*, decretar a revogação dos benefícios, ouvida a parte interessada dentro de quarenta e oito horas improrrogáveis.

Art. 9º Os benefícios da assistência judiciária compreendem todos os atos do processo até decisão final do litígio, em todas as instâncias.

Art. 10. São individuais e concedidos em cada caso ocorrente os benefícios de assistência judiciária, que se não transmitem ao cessionário de direito e se extinguem pela morte do beneficiário, podendo, entretanto, ser concedidos aos herdeiros que continuarem a demanda e que necessitarem de tais favores, na forma estabelecida nesta Lei.

Arts. 11 e 12. *Revogados.* Lei nº 13.105, de 16-3-2015.

Art. 13. Se o assistido puder atender, em parte, as despesas do processo, o juiz mandará pagar as custas, que serão rateadas entre os que tiverem direito ao seu recebimento.

Art. 14. Os profissionais liberais designados para o desempenho do encargo de defensor ou de perito, conforme o caso, salvo justo motivo previsto em lei ou, na sua omissão, a critério da autoridade judiciária competente, são obrigados ao respectivo cumprimento, sob pena de multa de CR$ 1.000,00 (mil cruzeiros) a CR$ 10.000,00 (dez mil cruzeiros), sujeita ao reajustamento estabelecido na Lei nº 6.205, de 29 de abril de 1975, sem prejuízo da sanção disciplinar cabível.

► *Caput* com a redação dada pela Lei nº 6.465, de 14-11-1977.

§ 1º Na falta de indicação pela assistência ou pela própria parte, o juiz solicitará a do órgão de classe respectivo.

► § 1º acrescido pela Lei nº 6.465, de 14-11-1977.

§ 2º A multa prevista neste artigo reverterá em benefício do profissional que assumir o encargo na causa.

► Parágrafo único transformado em § 2º e com a redação dada pela Lei nº 6.465, de 14-11-1977.

Art. 15. São motivos para a recusa do mandato pelo advogado designado ou nomeado:

1º) estar impedido de exercer a advocacia;

2º) ser procurador constituído pela parte contrária ou ter com ela relações profissionais de interesse atual;

3º) ter necessidade de se ausentar da sede do juízo para atender a outro mandato anteriormente outorgado ou para defender interesses próprios inadiáveis;

4º) já haver manifestado por escrito sua opinião contrária ao direito que o necessitado pretende pleitear;

5º) haver dado à parte contrária parecer escrito sobre a contenda.

Parágrafo único. A recusa será solicitada ao juiz, que, de plano, a concederá, temporária ou definitivamente, ou a denegará.

Art. 16. Se o advogado, ao comparecer em juízo, não exibir o instrumento do mandato outorgado pelo assistido, o juiz determinará que se exarem na ata da audiência os termos da referida outorga.

Parágrafo único. O instrumento de mandato não será exigido, quando a parte for representada em juízo por advogado integrante de entidade de direito público incumbido, na forma da lei, de prestação de assistência judiciária gratuita, ressalvados:

► Parágrafo único acrescido pela Lei nº 6.248, de 8-10-1975.

a) os atos previstos no artigo 38 do Código de Processo Civil;

► Refere-se ao CPC/1973.

b) o requerimento de abertura de inquérito por crime de ação privada, a proposição de ação penal privada ou o oferecimento de representação por crime de ação pública condicionada.

Art. 17. *Revogado.* Lei nº 13.105, de 16-3-2015.

Art. 18. Os acadêmicos de direito, a partir da 4ª serie, poderão ser indicados pela assistência judiciária, ou nomeados pelo juiz para auxiliar o patrocínio das causas dos necessitados, ficando sujeitos às mesmas obrigações impostas por esta Lei aos advogados.

Art. 19. Esta Lei entrará em vigor trinta dias depois da sua publicação no *Diário Oficial da União*, revogadas as disposições em contrário.

Rio de Janeiro, 5 de fevereiro de 1950;
129º da Independência e
62º da República.

Eurico G. Dutra

LEI Nº 1.134, DE 14 DE JUNHO DE 1950

Faculta representação perante as autoridades administrativas e a justiça ordinária dos associados de classes que especifica.

► Publicada no *DOU* de 20-6-1950.

Art. 1º Às associações de classes existentes na data da publicação desta Lei, sem nenhum caráter político, fundadas nos termos do Código Civil e enquadradas nos dispositivos constitucionais, que congreguem funcionários ou empregados de empresas industriais da União, administradas ou não por ela, dos Estados, dos Municípios e de entidades autárquicas, de modo geral, é facultada a representação coletiva ou individual de seus associados, perante as autoridades administrativas e a justiça ordinária.

Art. 2º A essas associações, que passam a ter as prerrogativas de órgãos de colaboração com o Estado, no estudo e na solução dos problemas que se relacionem com a classe que representam, é permitido, mediante consignação em folha de pagamento de seus associados, o desconto de mensalidades sociais.

Art. 3º A presente Lei entrará em vigor na data da sua publicação.

Art. 4º Revogam-se as disposições em contrário.

Senado Federal, 14 de junho de 1950.

Nereu Ramos

LEI Nº 2.313, DE 3 DE SETEMBRO DE 1954

Dispõe sobre os prazos dos contratos de depósito regular e voluntário de bens de qualquer espécie, e dá outras providências.

► Publicada no *DOU* de 13-9-1954.

Art. 1º Os contratos de depósito regular e voluntário de bens de qualquer espécie extinguem-se no prazo de 25 (vinte e cinco) anos, podendo, entretanto, ser renovados por expressa aquiescência das partes.

§ 1º Extintos esses contratos, pelo decurso do prazo, os bens depositados serão recolhidos ao Tesouro Nacional e, aí, devidamente relacionados, em nome dos seus proprietários, permanecerão, se não forem estes reclamados no prazo de 5 (cinco) anos, findo o qual se incorporarão ao patrimônio nacional.

§ 2º Por ocasião desse recolhimento ao Tesouro Nacional, os depositários dele darão conhecimento aos interessados por meio de publicidade no "Diário Oficial", e na imprensa local, onde houver, pelo menos 3 (três) vezes.

Art. 2º Os créditos resultantes de contratos de qualquer natureza, que se encontrarem em poder de estabelecimentos bancários, comerciais e industriais e nas Caixas Econômicas, e não forem reclamados ou movimentadas as respectivas contas pelos credores por mais de 25 (vinte e cinco) anos serão recolhidos, observado o disposto no § 2º do art. 1º ao Tesouro Nacional e aí escriturados em conta especial, sem juros, à disposição dos seus proprietários ou de seus sucessores, durante 5 (cinco) anos, em cujo termo se transferirão ao patrimônio nacional.

§ 1º Excetuam-se do disposto neste artigo os depósitos populares feitos nos estabelecimentos mencionados, que são imprescritíveis e os casos para os quais a lei determine prazo de prescrição menor de 25 (vinte e cinco) anos.

§ 2º Valerá como reclamação dos créditos e movimentação das contas a apresentação ou remessa, aos ditos estabelecimentos, da caderneta para contagem e lançamentos de juros, ou de qualquer documento pelo qual os credores acusem ciência dos seus saldos ou queiram deles conhecer, ressalvado também os meios idôneos admitidos em lei.

§ 3º Suspendem-se os prazos acima estipulados em tempo de guerra, pelo tempo que esta durar, em favor dos credores, a serviço das forças armadas dentro ou fora do país.

Art. 3º Revogam-se as disposições em contrário.

Senado Federal, em 3 de setembro de 1954.

Alexandre Marcondes Filho

Vice-Presidente do Senado Federal, no exercício da Presidência

LEI Nº 2.666, DE 6 DE DEZEMBRO DE 1955

Dispõe sobre o penhor dos produtos agrícolas.

► Publicada no *DOU* de 13-12-1955.

Art. 1º Independe de tradição efetiva o penhor mercantil dos produtos agrícolas existentes em estabelecimentos destinados ao seu benefício ou transformação.

§ 1º Em caso de dúvida quanto à identificação do produto apenhado em face de outros da mesma espécie existentes no local, o vínculo real incidirá sobre a quantidade equivalente de bens da mesma natureza, de propriedade e em poder de estabelecimento que responderá como fiel depositário sob as penas da lei.

§ 2º Aplicam-se ao penhor constante deste artigo as disposições que regem o penhor rural, inclusive os atos de registro.

Art. 2º O benefício ou a transformação dos gêneros agrícolas, dados em penhor rural ou mercantil, não extinguem o vínculo real que se transfere para os produtos e subprodutos resultantes de tais operações.

Art. 3º A validade do penhor celebrado pelo arrendatário, comodatário, parceiro agricultor, condômino, usufrutuário ou fiduciário independe da anuência do proprietário, consorte nu-proprietário ou fideicomissário do imóvel de situação dos bens dados em garantia.

§ 1º Em caso de arrendamento ou comodato, o prazo do penhor só poderá ultrapassar o da locação se nisso aquiescer o locador ou comodante.

§ 2º O penhor outorgado pelo parceiro agricultor só incidirá sobre a parte dos frutos ou bens que lhe couberem pelo contrato de parceria, admitida a sua constituição apenas, quando não houver no citado contrato expressa proibição à sua outorga, ou exigência de prévia anuência de parceiro proprietário.

§ 3º Se o imóvel estiver indiviso o penhor só incidirá sobre os bens correspondentes à parte ideal do apenhante.

§ 4º Se o usufruto ou fideicomisso cessarem antes de paga a dívida, existindo a garantia, o nu-proprietário ou fideicomissário só terão direito a esta se resgatarem a obrigação.

Art. 4º Os frutos pendentes, em formação ou percebidos de imóveis clausulados de inalienabilidade ou impenhorabilidade poderão ser dados em penhor rural.

Art. 5º Esta lei entrará em vigor na data de sua publicação, revogadas as disposições em contrário.

Rio de Janeiro, 6 de dezembro de 1955;
134º da Independência e
67º da República.

Nereu Ramos

LEI Nº 3.764, DE 25 DE ABRIL DE 1960

Estabelece rito sumaríssimo para retificações no registro civil.

▸ Publicada no *DOU* de 28-4-1960.

Art. 1º A retificação de registro de pessoa natural poderá ser processada no próprio cartório onde se encontrar o assentamento, mediante petição assinada pelo interessado, ou procurador, independentemente do pagamento de selos e taxas.

Art. 2º Recebida a petição, protocolada e autuada, o oficial de registro a submeterá com documentos ao órgão do Ministério Público e fará os autos conclusos ao juiz togado da circunscrição, que despachará em quarenta e oito (48) horas.

§ 1º Quando a prova depender de dados existentes no próprio cartório, poderá o oficial certificá-lo nos autos.

§ 2º A identidade do requerente e a veracidade de suas declarações poderão ser atestadas pelo próprio oficial ou por duas testemunhas idôneas.

Art. 3º Deferido o pedido, o oficial averbará a retificação à margem do registro, mencionando número do protocolo, a data da decisão e seu trânsito em julgado.

Art. 4º Entendendo o juiz que o pedido exige maior indagação, ou sendo impugnado pelo órgão do Ministério Público, mandará distribuir os autos a um dos cartórios judiciais da circunscrição, procedendo-se à retificação na forma da lei processual, assistida por advogado.

Art. 5º Os atos praticados no cartório do registro vencerão emolumentos, conforme regimento de custas, dispensado delas o requerente reconhecidamente pobre.

Parágrafo único. Quando o erro do registro for atribuível ao oficial, não lhes serão devidos emolumentos pela retificação.

Art. 6º Esta lei entrará em vigor na data de sua publicação, revogadas as disposições em contrário.

Brasília, 25 de abril de 1960;
139º da Independência e
72º da República.

Juscelino Kubitschek

LEI Nº 4.132, DE 10 DE SETEMBRO DE 1962

Define os casos de desapropriação por interesse social e dispõe sobre sua aplicação.

▸ Publicada no *DOU* de 7-11-1962.

Art. 1º A desapropriação por interesse social será decretada para promover a justa distribuição da propriedade ou condicionar o seu uso ao bem-estar social, na forma do artigo 147 da Constituição Federal.

▸ Refere-se à CF/1946. Arts. 184 e 185 da CF/1988.

Art. 2º Considera-se de interesse social:

I – o aproveitamento de todo bem improdutivo ou explorado sem correspondência com as necessidades de habitação, trabalho e consumo dos centros de população a que deve ou possa suprir por seu destino econômico;

II – a instalação ou a intensificação das culturas nas áreas em cuja exploração não se obedeça a plano de zoneamento agrícola (VETADO);

III – o estabelecimento e a manutenção de colônias ou cooperativas de povoamento e trabalho agrícola;

IV – a manutenção de posseiros em terrenos urbanos onde, com a tolerância expressa ou tácita do proprietário, tenham construído sua habitação, formando núcleos residenciais de mais de dez famílias;

V – a construção de casas populares;

VI – as terras e águas suscetíveis de valorização extraordinária, pela conclusão de obras e serviços públicos, notadamente de saneamento, portos, transporte, eletrificação, armazenamento de água e irrigação, no caso em que não sejam ditas áreas socialmente aproveitadas;

VII – a proteção do solo e a preservação de cursos e mananciais de água e de reservas florestais;

VIII – a utilização de áreas, locais ou bens que, por suas características, sejam apropriados ao desenvolvimento de atividades turísticas.

▸ Inciso VIII com a redação dada pela Lei nº 6.513, de 20-12-1977.

§ 1º O disposto no item I deste artigo só se aplicará nos casos de bens retirados de produção ou tratando-se de imóveis rurais cuja produção, por ineficientemente explorados, seja inferior à média da região, atendidas as condições naturais do seu solo e sua situação em relação aos mercados.

§ 2º As necessidades de habitação, trabalho e consumo serão apuradas anualmente segundo a conjuntura e condições econômicas locais, cabendo o seu estudo e verificação às autoridades encarregadas de velar pelo bem-estar e pelo abastecimento das respectivas populações.

Art. 3º O expropriante tem o prazo de dois anos, a partir da decretação da desapropriação por interesse social, para efetivar a aludida desapropriação e iniciar as providências de aproveitamento do bem expropriado.

Parágrafo único. VETADO.

Art. 4º Os bens desapropriados serão objeto de venda ou locação, a quem estiver em condições de dar-lhes a destinação social prevista.

Art. 5º No que esta Lei for omissa aplicam-se as normas legais que regulam a desapropriação por utilidade pública, inclusive no tocante ao processo e à justa indenização devida ao proprietário.

Art. 6º Revogam-se as disposições em contrário.

Brasília, 10 de setembro de 1962;
141º da Independência e
74º da República.
João Goulart

LEI Nº 4.504, DE 30 DE NOVEMBRO DE 1964

Dispõe sobre o Estatuto da Terra, e dá outras providências.

► Publicada no *DOU* de 30-11-1964 e retificada no *DOU* de 17-12-1964 e 6-4-1965.

TÍTULO I – DISPOSIÇÕES PRELIMINARES

CAPÍTULO I

PRINCÍPIOS E DEFINIÇÕES

Art. 1º Esta Lei regula os direitos e obrigações concernentes aos bens imóveis rurais, para os fins de execução da Reforma Agrária e promoção da Política Agrícola.

§ 1º Considera-se Reforma Agrária o conjunto de medidas que visem a promover melhor distribuição da terra, mediante modificações no regime de sua posse e uso, a fim de atender aos princípios de justiça social e ao aumento de produtividade.

§ 2º Entende-se por Política Agrícola o conjunto de providências de amparo à propriedade da terra, que se destinem a orientar, no interesse da economia rural, as atividades agropecuárias, seja no sentido de garantir-lhes o pleno emprego, seja no de harmonizá-las com o processo de industrialização do país.

Art. 2º É assegurada a todos a oportunidade de acesso à propriedade da terra, condicionada pela sua função social, na forma prevista nesta Lei.

§ 1º A propriedade da terra desempenha integralmente a sua função social quando, simultaneamente:

a) favorece o bem-estar dos proprietários e dos trabalhadores que nela labutam, assim como de suas famílias;

b) mantém níveis satisfatórios de produtividade;

c) assegura a conservação dos recursos naturais;

d) observa as disposições legais que regulam as justas relações de trabalho entre os que a possuem e a cultivem.

§ 2º É dever do Poder Público:

a) promover e criar as condições de acesso do trabalhador rural à propriedade da terra economicamente útil, de preferência nas regiões onde habita, ou, quando as circunstâncias regionais, o aconselhem em zonas previamente ajustadas na forma do disposto na regulamentação desta Lei;

b) zelar para que a propriedade da terra desempenhe sua função social, estimulando planos para a sua racional utilização, promovendo a justa remuneração e o acesso do trabalhador aos benefícios do aumento da produtividade e ao bem-estar coletivo.

§ 3º A todo agricultor assiste o direito de permanecer na terra que cultive, dentro dos termos e limitações desta Lei, observadas sempre que for o caso, as normas dos contratos de trabalho.

§ 4º É assegurado às populações indígenas o direito à posse das terras que ocupam ou que lhes sejam atribuídas de acordo com a legislação especial que disciplina o regime tutelar a que estão sujeitas.

Art. 3º O Poder Público reconhece às entidades privadas, nacionais ou estrangeiras, o direito à propriedade da terra em condomínio, quer sob a forma de cooperativas quer como sociedades abertas constituídas na forma da legislação em vigor.

Parágrafo único. Os estatutos das cooperativas e demais sociedades, que se organizarem na forma prevista neste artigo, deverão ser aprovados pelo Instituto Brasileiro de Reforma Agrária (IBRA) que estabelecerá condições mínimas para a democratização dessas sociedades.

Art. 4º Para os efeitos desta Lei, definem-se:

I – "Imóvel Rural", o prédio rústico, de área contínua qualquer que seja a sua localização que se destina à exploração extrativa agrícola, pecuária ou agroindustrial, quer através de planos públicos de valorização, quer através de iniciativa privada;

II – "Propriedade Familiar", o imóvel rural que, direta e pessoalmente explorado pelo agricultor e sua família, lhes absorva toda a força de trabalho, garantindo-lhes a subsistência e o progresso social e econômico, com área máxima fixada para cada região e tipo de exploração, e eventualmente trabalho com a ajuda de terceiros;

III – "Módulo Rural", a área fixada nos termos do inciso anterior;

IV – "Minifúndio", o imóvel rural de área e possibilidades inferiores às da propriedade familiar;

V – "Latifúndio", o imóvel rural que:

a) exceda a dimensão máxima fixada na forma do artigo 46, § 1º, alínea *b*, desta Lei, tendo-se em vista as condições ecológicas, sistemas agrícolas regionais e o fim a que se destine;

b) não excedendo o limite referido na alínea anterior, e tendo área igual ou superior à dimensão do módulo de propriedade rural, seja mantido inexplorado em relação às possibilidades físicas, econômicas e sociais do meio, com fins especulativos, ou seja deficiente ou inadequadamente explorado, de modo a vedar-lhe a inclusão no conceito de empresa rural;

VI – "Empresa Rural" é o empreendimento de pessoa física ou jurídica, pública ou privada, que explore econômica e racionalmente imóvel rural, dentro de condição de rendimento econômico ... VETADO ... da região em que se situe e que explore área mínima agricultável do imóvel segundo padrões fixados, pública e previamente, pelo Poder Executivo. Para esse fim, equiparam-se às áreas cultivadas, as pastagens, as matas naturais e artificiais e as áreas ocupadas com benfeitorias;

VII – "Parceleiro", aquele que venha a adquirir lotes ou parcelas em área destinada à Reforma Agrária ou à colonização pública ou privada;

VIII – "Cooperativa Integral de Reforma Agrária (CIRA)", toda sociedade cooperativa mista, de natureza civil, ... VETADO ... criada nas áreas prioritárias de Reforma Agrária, contando temporariamente com a contribuição financeira e técnica do Poder Público, através do Instituto Brasileiro de Reforma Agrária, com a finalidade de industrializar, beneficiar, preparar e padronizar a produção agropecuária, bem como realizar os demais objetivos previstos na legislação vigente;

IX – "Colonização", toda a atividade oficial ou particular, que se destine a promover o aproveitamento econômico da terra, pela sua divisão em propriedade familiar ou através de Cooperativas ... VETADO ...

Parágrafo único. Não se considera latifúndio:

a) o imóvel rural, qualquer que seja a sua dimensão, cujas características recomendem, sob o ponto de vista técnico e econômico, a exploração florestal racionalmente realizada, mediante planejamento adequado;

b) o imóvel rural, ainda que de domínio particular, cujo objeto de preservação florestal ou de outros recursos naturais haja sido reconhecido para fins de tombamento, pelo órgão competente da administração pública.

Art. 5º A dimensão da área dos módulos de propriedade rural será fixada para cada zona de características econômicas e ecológicas homogêneas, distintamente, por tipos de exploração rural que nela possam ocorrer.

Parágrafo único. No caso de exploração mista, o módulo será fixado pela média ponderada das partes do imóvel destinadas a cada um dos tipos de exploração considerados.

CAPÍTULO II
DOS ACORDOS E CONVÊNIOS

Art. 6º A União, os Estados, o Distrito Federal e os Municípios poderão unir seus esforços e recursos, mediante acordos, convênios ou contratos para a solução de problemas de interesse rural, principalmente os relacionados com a aplicação da presente Lei, visando a implantação da Reforma Agrária e à unidade de critérios na execução desta.

§ 1º Para os efeitos da Reforma Agrária, o Instituto Nacional de Colonização e Reforma Agrária – INCRA representará a União nos acordos, convênios ou contratos multilaterais referidos neste artigo.

▸ **Parágrafo único transformado em § 1º e com a redação dada pela MP nº 2.183-56, de 24-8-2001, que até o encerramento desta edição não havia sido convertida em lei.**

§ 2º A União, mediante convênio, poderá delegar aos Estados, ao Distrito Federal e aos Municípios o cadastramento, as vistorias e avaliações de propriedades rurais situadas no seu território, bem como outras atribuições relativas à execução do Programa Nacional de Reforma Agrária, observados os parâmetros e critérios estabelecidos nas leis e nos atos normativos federais.

§ 3º O convênio de que trata o *caput* será celebrado com os Estados, com o Distrito Federal e com os Municípios que tenham instituído órgão colegiado, com a participação das organizações dos agricultores familiares e trabalhadores rurais sem terra, mantida a paridade de representação entre o poder público e a sociedade civil organizada, com a finalidade de formular propostas para a adequada implementação da política agrária.

§ 4º Para a realização da vistoria e avaliação do imóvel rural para fins de reforma agrária, poderá o Estado utilizar-se de força policial.

§ 5º O convênio de que trata o *caput* deverá prever que a União poderá utilizar servidores integrantes dos quadros de pessoal dos órgãos e das entidades da Administração Pública dos Estados, do Distrito Federal e dos Municípios, para a execução das atividades referidas neste artigo.

▸ **§§ 2º a 5º acrescidos pela MP nº 2.183-56, de 24-8-2001, que até o encerramento desta edição não havia sido convertida em lei.**

Art. 7º Mediante acordo com a União, os Estados poderão encarregar funcionários federais da execução de Leis e serviços estaduais ou de atos e decisões das suas autoridades, pertinentes aos problemas rurais, e, reciprocamente, a União poderá, em matéria de sua competência, cometer a funcionários estaduais, encargos análogos, provendo às necessárias despesas de conformidade com o disposto no parágrafo terceiro do artigo 18 da Constituição Federal.

Art. 8º Os acordos, convênios ou contratos poderão conter cláusula que permita expressamente a adesão de outras pessoas de direito público, interno ou externo, bem como de pessoas físicas nacionais ou estrangeiras, não participantes direta dos atos jurídicos celebrados.

Parágrafo único. A adesão efetivar-se-á com a só notificação oficial às partes contratantes, independentemente de condição ou termo.

CAPÍTULO III
DAS TERRAS PÚBLICAS E PARTICULARES

Seção I
DAS TERRAS PÚBLICAS

Art. 9º Dentre as terras públicas, terão prioridade, subordinando-se aos itens previstos nesta Lei, as seguintes:

I – as de propriedade da União, que não tenham outra destinação específica;

II – as reservadas pelo Poder Público para serviços ou obras de qualquer natureza, ressalvadas as pertinentes à segurança nacional, desde que o órgão competente considere sua utilização econômica compatível com a atividade principal, sob a forma de exploração agrícola;

III – as devolutas da União, dos Estados e dos Municípios.

Art. 10. O Poder Público poderá explorar direta ou indiretamente, qualquer imóvel rural de sua propriedade, unicamente para fins de pesquisa, experimentação, demonstração e fomento, visando ao desenvolvimento da agricultura, a programas de colonização ou fins educativos de assistência técnica e de readaptação.

§ 1º Somente se admitirá a existência de imóveis rurais de propriedade pública, com objetivos diversos dos previstos neste artigo, em caráter transitório, desde que não haja viabilidade de transferi-los para a propriedade privada.

§ 2º Executados os projetos de colonização nos imóveis rurais de propriedade pública, com objetivos diversos dos previstos neste artigo, em caráter transitório.

§ 3º Os imóveis rurais pertencentes à União, cuja utilização não se enquadre nos termos deste artigo, poderão ser transferidos ao Instituto Brasileiro de Reforma Agrária, ou com ele permutados por ato do Poder Executivo.

Art. 11. O Instituto Brasileiro de Reforma Agrária fica investido de poderes de representação da União, para promover a discriminação das terras devolutas federais, restabelecida a instância administrativa disciplinada pelo Decreto-Lei nº 9.760, de 5 de setembro de 1946, e com autoridade para reconhecer as posses legítimas manifestadas através de cultura efetiva e morada habitual, bem como para incorporar ao patrimônio público as terras devolutas federais ilegalmente ocupadas e as que se encontrarem desocupadas.

§ 1º Através de convênios, celebrados com os Estados e Municípios, iguais poderes poderão ser atribuídos ao Instituto Brasileiro de Reforma Agrária, quanto às terras devolutas estaduais e municipais, respeitada a legislação local, o regime jurídico próprio das terras situadas na faixa da fronteira nacional bem como a atividade dos órgãos de valorização regional.

§ 2º Tanto quanto possível, o Instituto Brasileiro de Reforma Agrária imprimirá ao instituto das terras devolutas orientação tendente a harmonizar as peculiaridades regionais com os altos interesses do desbravamento através da colonização racional visando a erradicar os males do minifúndio e do latifúndio.

SEÇÃO II
DAS TERRAS PARTICULARES

Art. 12. À propriedade privada da terra cabe intrinsecamente uma função social e seu uso é condicionado ao bem-estar coletivo previsto na Constituição Federal e caracterizado nesta Lei.

Art. 13. O Poder Público promoverá a gradativa extinção das formas de ocupação e de exploração da terra que contrariem sua função social.

Art. 14. O Poder Público facilitará e prestigiará a criação e a expansão de associações de pessoas físicas e jurídicas que tenham por finalidade o racional desenvolvimento extrativo agrícola, pecuário ou agroindustrial, e promoverá a ampliação do sistema cooperativo, bem como de outras modalidades associativas e societárias que objetivem a democratização do capital.

§ 1º Para a implementação dos objetivos referidos neste artigo, os agricultores e trabalhadores rurais poderão constituir entidades societárias por cotas, em forma consorcial ou condominial, com a denominação de "consórcio" ou "condomínio", nos termos dos arts. 3º e 6º desta Lei.

§ 2º Os atos constitutivos dessas sociedades deverão ser arquivados na Junta Comercial, quando elas praticarem atos de comércio, e no Cartório de Registro das Pessoas Jurídicas, quando não envolver essa atividade.

► Art. 14 com a redação dada pela MP nº 2.183-56, de 24-8-2001, que até o encerramento desta edição não havia sido convertida em lei.

Art. 15. A implantação da Reforma Agrária em terras particulares será feita em caráter prioritário, quando se tratar de zonas críticas ou de tensão social.

TÍTULO II – DA REFORMA AGRÁRIA

CAPÍTULO I

DOS OBJETIVOS E DOS MEIOS DE ACESSO À PROPRIEDADE RURAL

Art. 16. A Reforma Agrária visa a estabelecer um sistema de relações entre o homem, a propriedade rural e o uso da terra, capaz de promover a justiça social, o progresso e o bem-estar do trabalhador rural e o desenvolvimento econômico do país, com a gradual extinção do minifúndio e do latifúndio.

Parágrafo único. O Instituto Brasileiro de Reforma Agrária será o órgão competente para promover e coordenar a execução dessa reforma, observadas as normas gerais da presente Lei e do seu regulamento.

Art. 17. O acesso à propriedade rural será promovido mediante a distribuição ou a redistribuição de terras, pela execução de qualquer das seguintes medidas:

a) desapropriação por interesse social;
b) doação;
c) compra e venda;
d) arrecadação dos bens vagos;
e) reversão à posse ... VETADO ... do Poder Público de terras de sua propriedade, indevidamente ocupadas e exploradas, a qualquer título, por terceiros;
f) herança ou legado.

Art. 18. À desapropriação por interesse social tem por fim:

a) condicionar o uso da terra à sua função social;
b) promover a justa e adequada distribuição da propriedade;
c) obrigar a exploração racional da terra;
d) permitir a recuperação social e econômica de regiões;
e) estimular pesquisas pioneiras, experimentação, demonstração e assistência técnica;
f) efetuar obras de renovação, melhoria e valorização dos recursos naturais;
g) incrementar a eletrificação e a industrialização no meio rural;
h) facultar a criação de áreas de proteção à fauna, à flora ou a outros recursos naturais, a fim de preservá-los de atividades predatórias.

Art. 19. A desapropriação far-se-á na forma prevista na Constituição Federal, obedecidas as normas constantes da presente Lei.

§ 1º Se for intentada desapropriação parcial, o proprietário poderá optar pela desapropriação de todo o imóvel que lhe pertence, quando a área agricultável remanescente, inferior a cinquenta por cento da área original, ficar:

a) reduzida a superfície inferior a três vezes a dimensão do módulo de propriedade; ou
b) prejudicada substancialmente em suas condições de exploração econômica, caso seja o seu valor inferior ao da parte desapropriada.

§ 2º Para efeito de desapropriação observar-se-ão os seguintes princípios:

a) para a fixação da justa indenização, na forma do artigo 147, § 1º, da Constituição Federal, levar-se-ão em conta o valor declarado do imóvel para efeito do Imposto Territorial Rural, o valor constante do cadastro acrescido das benfeitorias com a correção monetária porventura cabível, apurada na forma da legislação específica, e o valor venal do mesmo;
b) o poder expropriante não será obrigado a consignar, para fins de imissão de posse dos bens, quantia superior à que lhes tiver sido atribuída pelo proprietário na sua última declaração, exigida pela Lei do Imposto de Renda, a partir de 1965, se se tratar de pessoa física ou o valor constante do ativo, se se tratar de pessoa jurídica, num e noutro caso com a correção monetária cabível;
c) efetuada a imissão de posse, fica assegurado ao expropriado o levantamento de oitenta por cento da quantia depositada para obtenção da medida possessória.

§ 3º Salvo por motivo de necessidade ou utilidade pública, estão isentos da desapropriação:

a) os imóveis rurais que, em cada zona, não excederem de três vezes o módulo de produto de propriedade, fixado nos termos do artigo 4º, inciso III;
b) os imóveis que satisfizerem os requisitos pertinentes à empresa rural, enunciados no artigo 4º, inciso VI;
c) os imóveis que, embora não classificados como empresas rurais, situados fora da área prioritária de Reforma Agrária, tiverem aprovados pelo Instituto Brasileiro de Reforma Agrária, e em execução projetos que em prazo determinado, os elevem àquela categoria.

§ 4º O foro competente para desapropriação é o da situação do imóvel.

§ 5º De toda decisão que fixar o preço em quantia superior à oferta formulada pelo órgão expropriante, haverá, obrigatoriamente, recurso de ofício para o Tribunal Federal de Recursos. Verificado, em ação expropriatório, ter o imóvel valor superior ao declarado pelo expropriado, e apurada a má-fé ou o dolo deste, poderá a sentença condená-lo à penalidade prevista no artigo 49, § 3º, desta Lei, deduzindo-se do valor da indenização o montante da penalidade.

Art. 20. As desapropriações a serem realizadas pelo Poder Público, nas áreas prioritárias, recairão sobre:

I – os minifúndios e latifúndios;
II – as áreas já beneficiadas ou a serem por obras públicas de vulto;
III – as áreas cujos proprietários desenvolverem atividades predatórias, recusando-se a pôr em prática normas de conservação dos recursos naturais;
IV – as áreas destinadas a empreendimentos de colonização, quando estes não tiverem logrado atingir seus objetivos;
V – as áreas que apresentem elevada incidência de arrendatários, parceiros e posseiros;
VI – as terras cujo uso atual, estudos levados a efeito pelo Instituto Brasileiro de Reforma Agrária comprovem não ser o adequado à sua vocação de uso econômico.

Art. 21. Em áreas de minifúndio, o Poder Público tomará as medidas necessárias à organização de unidades econômicas adequadas, desapropriando, aglutinando e redistribuindo as áreas.

Art. 22. É o Instituto Brasileiro de Reforma Agrária autorizado, para todos os efeitos legais, a promover as desapropriações necessárias ao cumprimento da presente Lei.

Parágrafo único. A União poderá desapropriar, por interesse social, bens do domínio dos Estados, Municípios, Distrito Federal e Territórios, precedido o ato, em qualquer caso, de autorização legislativa.

Art. 23. Os bens desapropriados por sentença definitiva, uma vez incorporados ao patrimônio público, não podem ser objeto de reivindicação, ainda que fundada em nulidade do processo de desapropriação. Qualquer ação julgada procedente, resolver-se-á em perdas e danos.

Parágrafo único. A regra deste artigo aplica-se aos imóveis rurais incorporados ao domínio da União, em consequência de ações por motivo de enriquecimento ilícito em prejuízo do Patrimônio Federal, os quais transferidos ao Instituto Brasileiro de Reforma Agrária, serão aplicados aos objetivos desta Lei.

CAPÍTULO II

DA DISTRIBUIÇÃO DE TERRAS

Art. 24. As terras desapropriadas para os fins da Reforma Agrária que, a qualquer título, vierem a ser incorporadas ao patrimônio do Instituto Brasileiro de Reforma Agrária, respeitada a ocupação de terras devolutas federais manifestada em cultura efetiva e moradia habitual, só poderão ser distribuídas:
I – sob a forma de propriedade familiar, nos termos das normas aprovadas pelo Instituto Brasileiro de Reforma Agrária;
II – a agricultores cujos imóveis rurais sejam comprovadamente insuficientes para o sustento próprio e o de sua família;
III – para a formação de glebas destinadas à exploração extrativa, agrícola, pecuária ou agroindustrial, por associações de agricultores organizadas sob regime cooperativo;
IV – para fins de realização, a cargo do Poder Público, de atividades de demonstração educativa, de pesquisa, experimentação, assistência técnica e de organização de colônias-escolas;
V – para fins de reflorestamento ou de conservação de reservas florestais a cargo da União, dos Estados ou dos Municípios.

Art. 25. As terras adquiridas pelo Poder Público, nos termos desta Lei, deverão ser vendidas, atendidas as condições de maioridade, sanidade e de bons antecedentes, ou de reabilitação, de acordo com a seguinte ordem de preferência:
I – ao proprietário do imóvel desapropriado, desde que venha a explorar a parcela, diretamente ou por intermédio de sua família;
II – aos que trabalhem no imóvel desapropriado como posseiros, assalariados, parceiros ou arrendatários;
III – aos agricultores cujas propriedades não alcancem a dimensão da propriedade familiar da região;
IV – aos agricultores cujas propriedades sejam comprovadamente insuficientes para o sustento próprio e o de sua família;
V – aos tecnicamente habilitados na forma dá legislação em vigor, ou que tenham comprovada competência para a prática das atividades agrícolas.

§ 1º Na ordem de preferência de que trata este artigo, terão prioridade os chefes de família numerosas cujos membros se proponham a exercer atividade agrícola na área a ser distribuída.

§ 2º Só poderão adquirir lotes os trabalhadores sem terra, salvo as exceções previstas nesta Lei.

§ 3º Não poderá ser beneficiário da distribuição de terras a que se refere este artigo o proprietário rural, salvo nos casos dos incisos I, III e IV, nem quem exerça função pública, autárquica ou em órgão paraestatal, ou se ache investido de atribuições parafiscais.

§ 4º Sob pena de nulidade, qualquer alienação ou concessão de terras públicas, nas regiões prioritárias, definidas na forma do artigo 43, será precedida de consulta ao Instituto Brasileiro de Reforma Agrária, que se pronunciará obrigatoriamente no prazo de sessenta dias.

Art. 26. Na distribuição de terras regulada por este Capítulo, ressalvar-se-á sempre a prioridade pública dos terrenos de marinha e seus acrescidos na orla oceânica e na faixa marginal dos rios federais, até onde se faça sentir a influência das marés, bem como a reserva à margem dos rios navegáveis e dos que formam os navegáveis.

CAPÍTULO III

DO FINANCIAMENTO DA REFORMA AGRÁRIA

Seção I

DO FUNDO NACIONAL DE REFORMA AGRÁRIA

Art. 27. É criado o Fundo Nacional de Reforma Agrária, destinado a fornecer os meios necessários para o financiamento da Reforma Agrária e dos órgãos incumbidos da sua execução.

Art. 28. O Fundo Nacional de Reforma Agrária será constituído:
I – do produto da arrecadação da Contribuição de Melhoria cobrada pela União de acordo com a legislação vigente;
II – da destinação específica de 3% (três por cento) da receita tributária da União;
III – dos recursos destinados em lei à Superintendência de Política Agrária (SUPRA), ressalvado o disposto no artigo 117;
IV – dos recursos oriundos das verbas de órgãos e de entidades vinculados por convênios ao Instituto Brasileiro de Reforma Agrária;
V – de doações recebidas;
VI – da receita do Instituto Brasileiro de Reforma Agrária.

§ 1º Os recursos de que tratam os incisos I e II, deste artigo, bem como os provenientes de quaisquer créditos adicionais destinados à execução dos planos nacional e regionais de Reforma Agrária, não poderão ser suprimidos, nem aplicados em outros fins.

§ 2º Os saldos dessas dotações em poder do Instituto Brasileiro de Reforma Agrária ou a seu favor, verificados no final de cada exercício, não prescrevem, e serão aplicados, na sua totalidade, em consonância com os objetivos da presente Lei.

§ 3º Os tributos, dotações e recursos referidos nos incisos deste artigo terão a destinação, durante vinte anos, vinculada à execução dos programas da Reforma Agrária.

§ 4º Os atos relativos à receita do Instituto Brasileiro de Reforma Agrária constituída pelos recursos previstos no inciso II, e pelos resultados apurados no exercício anterior, nas hipóteses dos incisos I, III e IV, considerar-se-ão registrados, pelo Tribunal de Contas, a 1º de janeiro, e os respectivos recursos distribuídos ao Tesouro Nacional, que os depositará no Banco do Brasil, à disposição do referido Instituto, em quatro parcelas, até 31 de janeiro, 30 de abril, 31 de julho e 31 de outubro, respectivamente.

Art. 29. Além dos recursos do Fundo Nacional de Reforma Agrária, a execução dos projetos regionais contará com as contribuições financeiras dos órgãos e entidades vinculadas por convênios ao Instituto Brasileiro de Reforma Agrária, notadamente os de valorização regional, como a Superintendência do Desenvolvimento Econômico do Nordeste (SUDENE), a Superintendência do Plano de Valorização Econômica da Amazônia (SPVEA) a Comissão do Vale do São Francisco (CVSF) e a Superintendência do Plano de Valorização Econômica da Região da Fronteira Sudoeste do País (SUDOESTE), os quais deverão destinar, para este fim, vinte por cento, no mínimo de suas dotações globais.

Parágrafo único. Os recursos referidos neste artigo, depois de aprovados os planos para as respectivas regiões, serão entregues ao Instituto Brasileiro de Reforma Agrária, que, para a execução destes, contribuirá com igual quantia.

Art. 30. Para fins da presente Lei, é o Poder Executivo autorizado a receber doações, bem como a contrair empréstimos no país e no exterior, até o limite fixado no artigo 105.

Art. 31. É o Instituto Brasileiro de Reforma Agrária autorizado a:

I – firmar convênios com os Estados, Municípios, entidades públicas e privadas, para financiamento, execução ou administração dos planos regionais de Reforma Agrária;

II – colocar os títulos da Dívida Agrária Nacional para os fins desta Lei;

III – realizar operações financeiras ou de compra e venda para os objetivos desta Lei;

IV – praticar atos, tanto no contencioso como no administrativo, inclusive os relativos à desapropriação por interesse social ou por utilidade ou necessidade públicas.

SEÇÃO II
DO PATRIMÔNIO DO ÓRGÃO DE REFORMA AGRÁRIA

Art. 32. O Patrimônio do Instituto Brasileiro de Reforma Agrária será constituído:

I – do Fundo Nacional de Reforma Agrária;

II – dos bens das entidades públicas incorporadas ao Instituto Brasileiro de Reforma Agrária;

III – das terras e demais bens adquiridos a qualquer título.

CAPÍTULO IV
DA EXECUÇÃO E DA ADMINISTRAÇÃO DA REFORMA AGRÁRIA

SEÇÃO I
DOS PLANOS NACIONAL E REGIONAIS DE REFORMA AGRÁRIA

Art. 33. A Reforma Agrária será realizada por meio de planos periódicos, nacionais e regionais, com prazos e objetivos determinados, de acordo com projetos específicos.

Art. 34. O Plano Nacional de Reforma Agrária, elaborado pelo Instituto Brasileiro de Reforma Agrária e aprovado pelo Presidente da República, consignará necessariamente:

I – a delimitação de áreas regionais prioritárias;

II – a especificação dos órgãos regionais, zonas e locais, que vierem a ser criados para a execução e a administração da Reforma Agrária;

III – a determinação dos objetivos que deverão condicionar a elaboração dos Planos Regionais;

IV – a hierarquização das medidas a serem programadas pelos órgãos públicos, nas áreas prioritárias, nos setores de obras de saneamento, educação e assistência técnica;

V – a fixação dos limites das dotações destinadas à execução do Plano Nacional e de cada um dos planos regionais.

§ 1º Uma vez aprovados, os Planos terão prioridade absoluta para atuação dos órgãos e serviços federais já existentes nas áreas escolhidas.

§ 2º As entidades públicas e privadas que firmarem acordos, convênios ou tratados com o Instituto Brasileiro de Reforma Agrária, nos termos desta Lei, assumirão, igualmente compromisso expresso, quanto à prioridade aludida no parágrafo anterior, relativamente aos assuntos e serviços de sua alçada nas respectivas áreas.

Art. 35. Os Planos Regionais de Reforma Agrária antecederão, sempre, qualquer desapropriação por interesse social, e serão elaborados pelas Delegacias Regionais do Instituto Brasileiro de Reforma Agrária (IBRA), obedecidos os seguintes requisitos mínimos:

I – delimitação da área de ação;

II – determinação dos objetivos específicos da Reforma Agrária na região respectiva;

III – fixação das prioridades regionais;

IV – extensão e localização das áreas desapropriáveis;

V – previsão das obras de melhoria;

VI – estimativa das inversões necessárias e dos custos.

Art. 36. Os projetos elaborados para regiões geoeconômicas ou grupos de imóveis rurais, que possam ser tratados em comum, deverão consignar:

I – o levantamento socioeconômico da área;

II – os tipos e as unidades de exploração econômica perfeitamente determinados e caracterizados;

III – as obras de infraestrutura e os órgãos de defesa econômica dos parceleiros necessários à implementação do projeto;

IV – o custo dos investimentos e o seu esquema de aplicação;

V – os serviços essenciais a serem instalados no centro da comunidade;

VI – a renda familiar que se pretende alcançar;

VII – a colaboração a ser recebida dos órgãos públicos ou privados que celebrarem convênios ou acordos para a execução do projeto.

SEÇÃO II
DOS ÓRGÃOS ESPECÍFICOS

Art. 37. São órgãos específicos para a execução da Reforma Agrária:

I – O Grupo Executivo da Reforma Agrária (GERA);

II – O Instituto Brasileiro de Reforma Agrária (IBRA), diretamente, ou através de suas Delegacias Regionais;

III – as Comissões Agrárias.

Art. 38. O IBRA será dirigido por um Presidente nomeado pelo Presidente da República.

§ 1º O Presidente do IBRA terá a remuneração correspondente a 75% (setenta e cinco por cento) do que percebem os Ministros de Estado.

§ 2º Integrarão, ainda, a Administração Superior do IBRA Diretores, até o máximo de seis, de nomeação do Presidente do IBRA, mediante aprovação do GERA.

► Arts. 37 e 38 com a redação dada pelo Dec.-lei nº 582, de 15-5-1969.

Art. 39. Ao Conselho Técnico competirá discutir e propor as diretrizes dos planos nacional e regionais de Reforma Agrária, estudar e sugerir medidas de caráter legislativo e administrativo, necessárias à boa execução da Reforma.

Art. 40. À Secretaria Executiva competirá elaborar e promover a execução do plano nacional de Reforma Agrária, assessorar as Delegacias Regionais, analisar os projetos regionais e dirigir a vida administrativa do Instituto Brasileiro de Reforma Agrária.

Art. 41. As Delegacias Regionais do Instituto Brasileiro de Reforma Agrária (IBRA), cada qual dirigida por um Delegado Regional, nomeado pelo Presidente do Instituto Brasileiro de Reforma Agrária dentre técnicos de comprovada experiência em problemas agrários e reconhecida idoneidade, são órgãos executores da Reforma nas regiões do país, com áreas de jurisdição, competência e funções que serão fixadas na regulamentação da presente Lei, compreendendo a elaboração do cadastro, classificação das terras, formas e condições de uso atual e potencial da propriedade, preparo das propostas de desapropriação, e seleção dos candidatos à aquisição das parcelas.

Parágrafo único. Dentro de cento e oitenta dias, após a publicação do decreto que a criar, a Delegacia Regional apresentará ao Presidente do Instituto Brasileiro de Reforma Agrária o plano regional de Reforma Agrária, na forma prevista nesta Lei.

Art. 42. A Comissão Agrária, constituída de um representante do Instituto Brasileiro de Reforma Agrária, que a presidirá, de três representantes dos trabalhadores rurais, eleitos ou indicados pelos órgãos de classe respectivos, de três representantes dos proprietários rurais eleitos ou indicados pelos órgãos de classe respectivos, um representante categorizado de entidade pública vinculada à agricultura e um representante dos estabelecimentos de ensino agrícola, é o órgão competente para:

I – instruir e encaminhar os pedidos de aquisição e de desapropriação de terras;

II – manifestar-se sobre a lista de candidatos selecionados para a adjudicação de lotes;

III – oferecer sugestões à Delegacia Regional na elaboração e execução dos programas regionais de Reforma Agrária;

IV – acompanhar, até sua implantação, os programas de reformas nas áreas escolhidas, mantendo a Delegacia Regional informada sobre o andamento dos trabalhos.

§ 1º A Comissão Agrária será constituída quando estiver definida a área prioritária regional de reforma agrária e terá vigência até a implantação dos respectivos projetos.

§ 2º VETADO.

Seção III
DO ZONEAMENTO E DOS CADASTROS

Art. 43. O Instituto Brasileiro de Reforma Agrária promoverá a realização de estudos para o zoneamento do país em regiões homogêneas do ponto de vista socioeconômico e das características da estrutura agrária, visando a definir:

I – as regiões críticas que estão exigindo reforma agrária com progressiva eliminação dos minifúndios e dos latifúndios;

II – as regiões em estágio mais avançado de desenvolvimento social e econômico, em que não ocorram tenções nas estruturas demográficas e agrárias;

III – as regiões já economicamente ocupadas em que predomine economia de subsistência e cujos lavradores e pecuaristas careçam de assistência adequada;

IV – as regiões ainda em fase de ocupação econômica, carentes de programa de desbravamento, povoamento e colonização de áreas pioneiras.

§ 1º Para a elaboração do zoneamento e caracterização das áreas prioritárias, serão levados em conta, essencialmente, os seguintes elementos:

a) a posição geográfica das áreas, em relação aos centros econômicos de várias ordens, existentes no país;

b) o grau de intensidade de ocorrência de áreas em imóveis rurais acima de mil hectares e abaixo de cinquenta hectares;

c) o número médio de hectares por pessoa ocupada;

d) as populações rurais, seu incremento anual e a densidade específica da população agrícola;

e) a relação entre o número de proprietários e o número de rendeiros, parceiros e assalariados em cada área.

§ 2º A declaração de áreas prioritárias será feita por decreto do Presidente da República, mencionando:

a) a criação da Delegacia Regional do Instituto Brasileiro de Reforma Agrária com a exata delimitação de sua área de jurisdição;

b) a duração do período de intervenção governamental na área;

c) os objetivos a alcançar, principalmente o número de unidades familiares e cooperativas a serem criadas;

d) outras medidas destinadas a atender a peculiaridades regionais.

Art. 44. São objetivos dos zoneamentos definidos no artigo anterior:

I – estabelecer as diretrizes da política agrária a ser adotada em cada tipo de região;

II – programar a ação dos órgãos governamentais, para desenvolvimento do setor rural, nas regiões delimitadas como de maior significação econômica e social.

Art. 45. A fim de completar os trabalhos de zoneamento serão elaborados pelo Instituto Brasileiro de Reforma Agrária levantamentos e análises para:

I – orientar as disponibilidades agropecuárias nas áreas sob o controle do Instituto Brasileiro de Reforma Agrária quanto à melhor destinação econômica das terras, adoção de práticas adequadas segundo as condições ecológicas, capacidade potencial de uso e mercados interno e externo;

II – recuperar, diretamente, mediante projetos especiais, as áreas degradadas em virtude de uso predatório e ausência de medidas de proteção dos recursos naturais renováveis e que se situem em regiões de elevado valor econômico.

Art. 46. O Instituto Brasileiro de Reforma Agrária promoverá levantamentos, com utilização, nos casos indicados, dos meios previstos no Capítulo II do Título I, para a elaboração do cadastro dos imóveis rurais em todo o país, mencionando:

I – dados para caracterização dos imóveis rurais com indicação:

a) do proprietário e de sua família;

b) dos títulos de domínio, da natureza da posse e da forma de administração;

c) da localização geográfica;

d) da área com descrição das linhas de divisas e nome dos respectivos confrontantes;

e) das dimensões das testadas para vias públicas;

f) do valor das terras, das benfeitorias, dos equipamentos e das instalações existentes discriminadamente;

II – natureza e condições das vias de acesso e respectivas distâncias dos centros demográficos mais próximos com população:

a) até 5.000 habitantes;

b) de mais de 5.000 a 10.000 habitantes;

c) de mais de 10.000 a 20.000 habitantes;

d) de mais de 20.000 a 50.000 habitantes;

e) de mais de 50.000 a 100.000 habitantes;

f) de mais de 100.000 habitantes;

III – condições da exploração e do uso da terra, indicando:

a) as percentagens da superfície total em cerrados, matas, pastagens, glebas de cultivo (especificadamente em exploração e inexplorados) e em áreas inaproveitáveis;

b) os tipos de cultivo e de criação, as formas de proteção e comercialização dos produtos;

c) os sistemas de contrato de trabalho, com discriminação de arrendatários, parceiros e trabalhadores rurais;

d) as práticas conservacionistas empregadas e o grau de mecanização;

e) os volumes e os índices médios relativos à produção obtida;

f) as condições para o beneficiamento dos produtos agropecuários.

§ 1º Nas áreas prioritárias de reforma agrária serão complementadas as fichas cadastrais elaboradas para atender às finalidades fiscais, com dados relativos ao relevo, às pendentes, à drenagem, aos solos e a outras características ecológicas que permitam avaliar a capacidade do uso atual e potencial, e fixar uma classificação das terras para os fins de realização de estudos microeconômicos, visando, essencialmente, à determinação por amostragem para cada zona e forma de exploração:

a) das áreas mínimas ou módulos de propriedade rural determinados de acordo com elementos enumerados neste parágrafo e, mais a força de trabalho do conjunto familiar médio, o nível tecnológico predominante e a renda familiar a ser obtida;

b) dos limites máximos permitidos de áreas dos imóveis rurais, os quais não excederão a seiscentas vezes o módulo médio da propriedade rural nem a seiscentas vezes a área média dos imóveis rurais, na respectiva zona;

c) das dimensões ótimas do imóvel rural do ponto de vista do rendimento econômico;

d) do valor das terras em função das características do imóvel rural, da classificação da capacidade potencial de uso e da vocação agrícola das terras;

e) dos limites mínimos de produtividade agrícola para confronto com os mesmos índices obtidos em cada imóvel nas áreas prioritárias de reforma agrária.

§ 2º Os cadastros serão organizados de acordo com normas e fichas aprovadas pelo Instituto Brasileiro de Reforma Agrária na forma indicada no regulamento, e poderão ser executados centralizadamente pelos órgãos de valorização regional, pelos Estados ou pelos Municípios, caso em que o Instituto Brasileiro de Reforma Agrária lhes prestará assistência técnica e financeira com o objetivo de acelerar sua realização em áreas prioritárias de Reforma Agrária.

§ 3º Os cadastros terão em vista a possibilidade de garantir a classificação, a identificação e o grupamento dos vários imóveis rurais que pertençam a um único proprietário, ainda que situados em municípios distintos, sendo fornecido ao proprietário o certificado de cadastro na forma indicada na regulamentação desta Lei.

§ 4º Os cadastros serão continuamente atualizados para inclusão das novas propriedades que forem sendo constituídas e, no mínimo, de cinco em cinco anos serão feitas revisões gerais para atualização das fichas já levantadas.

§ 5º Poderão os proprietários requerer a atualização de suas fichas, dentro de um ano da data das modificações substanciais relativas aos respectivos imóveis rurais, desde que comprovadas as alterações, a critério do Instituto Brasileiro de Reforma Agrária.

§ 6º No caso de imóvel rural em comum por força de herança, as partes ideais, para os fins desta Lei, serão consideradas como se divisão houvesse, devendo ser cadastrada a área que, na partilha, tocaria a cada herdeiro e admitidos os demais dados médios verificados na área total do imóvel rural.

§ 7º O cadastro inscreverá o valor de cada imóvel de acordo com os elementos enumerados neste artigo, com base na declaração do proprietário relativa ao valor da terra nua, quando não impugnado pelo Instituto Brasileiro de Reforma Agrária, ou o valor que resultar da avaliação cadastral.

TÍTULO III – DA POLÍTICA DE DESENVOLVIMENTO RURAL

CAPÍTULO I

DA TRIBUTAÇÃO DA TERRA

Seção I

CRITÉRIOS BÁSICOS

Art. 47. Para incentivar a política de desenvolvimento rural, o Poder Público se utilizará da tributação progressiva da terra, do Imposto de Renda, da colonização pública e particular, da assistência e proteção à economia rural e ao cooperativismo e, finalmente, da regulamentação do uso e posse temporários da terra, objetivando:

I – desestimular os que exercem o direito de propriedade sem observância da função social e econômica da terra;

II – estimular a racionalização da atividade agropecuária dentro dos princípios de conservação dos recursos naturais renováveis;

III – proporcionar recursos à União, aos Estados e Municípios para financiar os projetos de Reforma Agrária;

IV – aperfeiçoar os sistemas de controle da arrecadação dos impostos.

Seção II

DO IMPOSTO TERRITORIAL RURAL

Art. 48. Observar-se-ão, quanto ao Imposto Territorial Rural, os seguintes princípios:

I – a União poderá atribuir, por convênio, aos Estados e Municípios, o lançamento, tendo por base os levantamentos cadastrais executados e periodicamente atualizados;

II – a União também poderá atribuir, por convênio, aos Municípios, a arrecadação, ficando a eles garantida a utilização da importância arrecadada;

III – quando a arrecadação for atribuída, por convênio, ao Município, à União caberá o controle da cobrança;

IV – as épocas de cobrança deverão ser fixadas em regulamento, de tal forma que, em cada região, se ajustem, o mais possível, aos períodos normais de comercialização da produção;

V – o imposto arrecadado será contabilizado diariamente como depósito à ordem, exclusivamente, do Município, a que pertencer e a ele entregue diretamente pelas repartições arrecadadoras, no último dia útil de cada mês;

VI – o imposto não incidirá sobre sítios de área não excedente a vinte hectares, quando os cultive só ou com sua família, o proprietário que não possua outro imóvel (artigo 29, parágrafo único, da Constituição Federal).

Art. 49. As normas gerais para a fixação do imposto sobre a propriedade territorial rural obedecerão a critérios de progressividade e regressividade, levando-se em conta os seguintes fatores:

I – o valor da terra nua;

II – a área do imóvel rural;

III – o grau de utilização da terra na exploração agrícola, pecuária e florestal;

IV – o grau de eficiência obtido nas diferentes explorações;

V – a área total, no País, do conjunto de imóveis rurais de um mesmo proprietário.

§ 1º Os fatores mencionados neste artigo serão estabelecidos com base nas informações apresentadas pelos proprietários, titulares do domínio útil ou possuidores, a qualquer título, de imóveis rurais, obrigados a prestar declaração para cadastro, nos prazos e segundo normas fixadas na regulamentação desta Lei.

§ 2º O órgão responsável pelo lançamento do imposto poderá efetuar o levantamento e a revisão das declarações prestadas pelos proprietários, titulares do domínio útil ou possuidores, a qualquer título, de imóveis rurais, procedendo-se a verificações *in loco* se necessário.

§ 3º As declarações previstas no parágrafo primeiro serão apresentadas sob inteira responsabilidade dos proprietários, titulares do domínio útil ou possuidores, a qualquer título, de imóvel rural, e, no caso de dolo ou má-fé, os obrigará ao pagamento em dobro dos tributos devidos, além das multas decorrentes e das despesas com as verificações necessárias.

§ 4º Fica facultado ao órgão responsável pelo lançamento, quando houver omissão dos proprietários, titulares do domínio útil ou possuidores, a qualquer título, de imóvel rural, na prestação da declaração para cadastro, proceder ao lançamento do imposto com a utilização de dados indiciários, além da cobrança de multas e despesas necessárias à apuração dos referidos dados.

Art. 50. Para cálculo do imposto, aplicar-se-á sobre o valor da terra nua, constante da declaração para cadastro, e não impugnado pelo órgão competente, ou resultante de avaliação, a alíquota correspondente ao número de módulos fiscais do imóvel, de acordo com a tabela adiante:

NÚMERO DE MÓDULOS FISCAIS	Alíquotas
Até 2	0,2%
Acima de 2 até 3	0,3%
Acima de 3 até 4	0,4%
Acima de 4 até 5	0,5%
Acima de 5 até 6	0,6%
Acima de 6 até 7	0,7%
Acima de 7 até 8	0,8%
Acima de 8 até 9	0,9%
Acima de 9 até 10	1,0%
Acima de 10 até 15	1,2%
Acima de 15 até 20	1,4%
Acima de 20 até 25	1,6%
Acima de 25 até 30	1,8%

NÚMERO DE MÓDULOS FISCAIS	Alíquotas
Acima de 30 até 35	2,0%
Acima de 35 até 40	2,2%
Acima de 40 até 50	2,4%
Acima de 50 até 60	2,6%
Acima de 60 até 70	2,8%
Acima de 70 até 80	3,0%
Acima de 80 até 90	3,2%
Acima de 90 até 100	3,4%
Acima de 100	3,5%

§ 1º O imposto não incidirá sobre o imóvel rural, ou conjunto de imóveis rurais, de área igual ou inferior a um módulo fiscal, desde que seu proprietário, titular do domínio útil ou possuidor, a qualquer título, o cultive só ou com sua família, admitida a ajuda eventual de terceiros.

§ 2º O módulo fiscal de cada Município, expresso em hectares, será determinado levando-se em conta os seguintes fatores:

a) o tipo de exploração predominante no Município:

I – hortifrutigranjeira;

II – cultura permanente;

III – cultura temporária;

IV – pecuária;

V – florestal;

b) a renda obtida no tipo de exploração predominante;

c) outras explorações existentes no Município que, embora não predominantes, sejam expressivas em função da renda ou da área utilizada;

d) o conceito de "propriedade familiar", definido no item II do artigo 4º desta Lei.

§ 3º O número de módulos fiscais de um imóvel rural será obtido dividindo-se sua área aproveitável total pelo modulo fiscal do Município.

§ 4º Para os efeitos desta Lei; constitui área aproveitável do imóvel rural a que for passível de exploração agrícola, pecuária ou florestal. Não se considera aproveitável:

a) a área ocupada por benfeitoria;

b) a área ocupada por floresta ou mata de efetiva preservação permanente, ou reflorestada com essências nativas;

c) a área comprovadamente imprestável para qualquer exploração agrícola, pecuária ou florestal.

§ 5º O imposto calculado na forma do *caput* deste artigo poderá ser objeto de redução de até 90% (noventa por cento) a título de estímulo fiscal, segundo o grau de utilização econômica do imóvel rural, da forma seguinte:

a) redução de até 45% (quarenta e cinco por cento), pelo grau de utilização da terra, medido pela relação entre a área efetivamente utilizada e a área aproveitável total do imóvel rural;

b) redução de até 45% (quarenta e cinco por cento), pelo grau de eficiência na exploração, medido pela relação entre o rendimento obtido por hectare para cada produto explorado e os correspondentes índices regionais fixados pelo Poder Executivo e multiplicado pelo grau de utilização da terra, referido na alínea *a* deste parágrafo.

§ 6º A redução do imposto de que trata o § 5º deste artigo não se aplicará para o imóvel que, na data do lançamento, não esteja com o imposto de exercícios anteriores devidamente quitado, ressalvadas as hipóteses previstas no artigo 151 do Código Tributário Nacional.

§ 7º O Poder Executivo poderá, mantido o limite máximo de 90% (noventa por cento), alterar a distribuição percentual prevista nas alíneas a e b do § 5º deste artigo, ajustando-a à política agrícola adotada para as diversas regiões do País.

§ 8º Nos casos de intempérie ou calamidade de que resulte frustração de safras ou mesmo destruição de pastos, para o cálculo da redução prevista nas alíneas *a* e *b* do § 5º deste artigo, poderão ser utilizados os dados do período anterior ao da ocorrência, podendo ainda o Ministro da Agricultura fixar as percentagens de redução do imposto que serão utilizadas.

§ 9º Para os imóveis rurais que apresentarem grau de utilização da terra, calculado na forma da alínea *a* § 5º deste artigo, inferior aos limites fixados no § 11, a alíquota a ser aplicada será multiplicada pelos seguintes coeficientes:

a) no primeiro ano: 2,0 (dois);

b) no segundo ano: 3,0 (três);

c) no terceiro ano e seguintes: 4,0 (quatro).

§ 10. Em qualquer hipótese, a aplicação do disposto no § 9º não resultará em alíquotas inferiores a:

a) no primeiro ano: 2% (dois por cento);

b) no segundo ano: 3% (três por cento);

c) no terceiro ano e seguintes: 4% (quatro por cento).

§ 11. Os limites referidos no § 9º são fixados segundo o tamanho do módulo fiscal do Município de localização do imóvel rural, da seguinte forma:

ÁREA DO MÓDULO FISCAL	GRAU DE UTILIZAÇÃO DA TERRA
Até 25 hectares	30%
Acima de 25 hectares até 50 hectares	25%
Acima de 50 hectares até 80 hectares	18%
Acima de 80 hectares	10%

§ 12. Nos casos de projetos agropecuários, a suspensão da aplicação do disposto nos §§ 9º 10 e 11 deste artigo, poderá ser requerida por um período de até 3 (três) anos.

▸ Arts. 49 e 50 com a redação dada pela Lei nº 6.746, de 10-12-1979.

Art. 51. VETADO.

Parágrafo único. VETADO.

Art. 52. *Revogado.* Lei nº 6.746, de 10-12-1979.

Seção III

DO RENDIMENTO DA EXPLORAÇÃO AGRÍCOLA E PASTORIL E DAS INDÚSTRIAS EXTRATIVAS, VEGETAL E ANIMAL

Art. 53. Na determinação, para efeitos do Imposto de Renda, do rendimento líquido da exploração agrícola ou pastoril, das indústrias extrativas, vegetal e animal, e de transformação de produtos agrícolas e pecuários feita pelo próprio agricultor ou criador, com matéria-prima da propriedade explorada, aplicar-se-á o coeficiente de três por cento sobre o valor referido no inciso I do artigo 49 desta Lei, constante da declaração de bens ou do balanço patrimonial.

§ 1º As construções e benfeitorias serão deduzidas do valor do imposto, sobre elas não recaindo a tributação de que trata este artigo.

§ 2º No caso de não ser possível apurar o valor exato das construções e benfeitorias existentes, será ele arbitrado em trinta por cento do valor da terra nua, conforme declaração para efeito do pagamento do imposto territorial.

§ 3º Igualmente será deduzido o valor do gado, das máquinas agrícolas e das culturas permanentes, sobre ele aplicando-se o coeficiente da um por cento para a determinação da renda tributável.

§ 4º No caso de imóvel rural explorado por arrendatário, o valor anual do arrendamento poderá ser deduzido da importância tributável, calculado nos termos deste artigo e §§ 1º, 2º e 3º. Admitir-se-á essa dedução dentro do limite de cinquenta por cento do respectivo valor, desde que se comuniquem à repartição arrecadadora o nome e endereço do proprietário, e o valor do pagamento que lhe houver sido feito.

§ 5º Poderá também ser deduzida do valor tributável, referido no parágrafo anterior, a importância paga pelo contribuinte no último exercício, a título de Imposto Territorial Rural.

§ 6º Não serão permitidas quaisquer outras deduções do rendimento líquido calculado na forma deste artigo, ressalvado o disposto nos §§ 4º e 5º.

§ 7º Ao proprietário do imóvel rural, total ou parcialmente arrendado, conceder-se-á o direito de excluir o valor dos bens arrendados, desde que declarado e comprovado o valor do arrendamento e identificado o arrendatário.

§ 8º Às pessoas físicas é facultado reajustar o valor dos imóveis rurais em suas declarações de renda e de bens, a partir do exercício financeiro de 1965, independentemente de qualquer comprovação, sem que seja tributável o aumento de patrimônio resultante desse reajustamento. Às empresas rurais, organizadas sob a forma de sociedade civil, serão outorgados idênticos benefícios quanto ao registro contábil e ao aumento do ativo líquido.

§ 9º À falta de integralização do capital das empresas rurais, referidas no parágrafo anterior, não impede a correção do ativo, prevista neste artigo. O aumento do ativo líquido e do capital resultante dessa correção não poderá ser aplicado na integralização de ações ou quotas.

§ 10. Os aumentos de capital das pessoas jurídicas resultantes da incorporação, a seu ativo, de ações distribuídas em virtude da correção monetária realizada por empresas rurais, de que sejam acionistas ou sócias nos termos deste artigo, não sofrerão qualquer tributação. Idêntica isenção vigorará relativamente às ações resultantes daquele aumento de capital.

§ 11. Os valores de que tratam os §§ 8º e 10, deste artigo, não poderão ser inferiores ao preço de aquisição do imóvel e das inversões em benfeitorias, atualizadas de acordo com os coeficientes de correção monetária, fixados pelo Conselho Nacional de Economia.

Art. 54. VETADO.

§§ 1º a 5º VETADOS.

CAPÍTULO II

DA COLONIZAÇÃO

Seção I

DA COLONIZAÇÃO OFICIAL

Art. 55. Na colonização oficial, o Poder Público tomará a iniciativa de recrutar e selecionar pessoas ou famílias, dentro ou fora do território nacional, reunindo-as em núcleos agrícolas ou agroindustriais, podendo encarregar-se de seu transporte, recepção, hospedagem e encaminhamento, até a sua colocação e integração nos respectivos núcleos.

Art. 56. A colonização oficial deverá ser realizada em terras já incorporadas ao Patrimônio Público ou que venham a sê-lo. Ela será efetuada, preferencialmente, nas áreas:

I – ociosas ou de aproveitamento inadequado;

II – próximas a grandes centros urbanos e de mercados de fácil acesso, tendo em vista os problemas de abastecimento;

III – de êxodo, em locais de fácil acesso e comunicação, de acordo com os planos nacionais e regionais de vias de transporte;

IV – de colonização predominantemente estrangeira, tendo em mira facilitar o processo de interculturação;

V – de desbravamento ao longo dos eixos viários, para ampliar a fronteira econômica do país.

Art. 57. Os programas de colonização têm em vista, além dos objetivos especificados no artigo 56:

I – a integração e o progresso social e econômico do parceleiro;

II – o levantamento do nível de vida do trabalhador rural;

III – a conservação dos recursos naturais e a recuperação social e econômica de determinadas áreas;

IV – o aumento da produção e da produtividade no setor primário.

Art. 58. Nas regiões prioritárias definidas pelo zoneamento e na fixação de suas populações em outras regiões, caberão ao Instituto Brasileiro de Reforma Agrária as atividades colonizadoras.

§ 1º Nas demais regiões, a colonização oficial obedecerá à metodologia observada nos projetos realizados nas áreas prioritárias, e será coordenada pelo Órgão do Ministério da Agricultura referido no artigo 74, e executada por este, pelos Governos Estaduais ou por entidades de valorização regional, mediante convênios.

§ 2º As atribuições referentes à seleção de imigrantes são da competência do Ministério das Relações Exteriores, conforme diretrizes fixadas pelo Ministério da Agricultura, em articulação com o Ministério do Trabalho e Previdência Social, cabendo ao órgão referido no artigo 74 a recepção e o encaminhamento dos imigrantes.

Art. 59. O órgão competente do Ministério da Agricultura referido no artigo 74, poderá criar núcleos de colonização, visando a fins especiais, e deverá igualmente entrar em entendimentos com o Ministério da Guerra para o estabelecimento de colônias, com assistência militar, na fronteira continental.

SEÇÃO II
DA COLONIZAÇÃO PARTICULAR

Art. 60. Para os efeitos desta Lei, consideram-se empresas particulares de colonização as pessoas físicas, nacionais ou estrangeiras, residentes ou domiciliadas no Brasil, ou jurídicas, constituídas e sediadas no País, que tiverem por finalidade executar programa de valorização de área ou distribuição de terras.

▸ *Caput* com a redação dada pela Lei nº 5.709, de 7-10-1971.

§ 1º É dever do Estado estimular, pelos meios enumerados no artigo 73, as iniciativas particulares de colonização.

§ 2º A empresa rural, definida no inciso VI do artigo 4º, desde que incluída em projeto de colonização, deverá permitir a livre participação em seu capital dos respectivos parceleiros.

Art. 61. Os projetos de colonização particular, quanto à metodologia, deverão ser previamente examinados pelo Instituto Brasileiro de Reforma Agrária, que inscreverá a entidade e o respectivo projeto em registro próprio. Tais projetos serão aprovados pelo Ministério da Agricultura, cujo órgão próprio coordenará a respectiva execução.

§ 1º Sem prévio registro da entidade colonizadora e do projeto e sem a aprovação deste, nenhuma parcela poderá ser vendida em programas particulares de colonização.

§ 2º O proprietário de terras próprias para a lavoura ou pecuária, interessados em loteá-las para fins de urbanização ou formação de sítios de recreio, deverá submeter o respectivo projeto à prévia aprovação e fiscalização do órgão competente do Ministério da Agricultura ou do Instituto Brasileiro de Reforma Agrária, conforme o caso.

§ 3º A fim de possibilitar o cadastro, o controle e a fiscalização dos loteamentos rurais, os Cartórios de Registro de Imóveis são obrigados a comunicar aos órgãos competentes, referidos no parágrafo anterior, os registros efetuados nas respectivas circunscrições, nos termos da legislação em vigor, informando o nome do proprietário, a denominação do imóvel e sua localização, bem como a área, o número de lotes, e a data do registro nos citados órgãos.

§ 4º Nenhum projeto de colonização particular será aprovado para gozar das vantagens desta Lei, se não consignar para a empresa colonizadora as seguintes obrigações mínimas:

a) abertura de estradas de acesso e de penetração à área a ser colonizada;

b) divisão dos lotes e respectivo piqueteamento, obedecendo a divisão, tanto quanto possível, ao critério de acompanhar as vertentes, partindo a sua orientação no sentido do espigão para as águas, de modo a todos os lotes possuírem água própria ou comum;

c) manutenção de uma reserva florestal nos vértices dos espigões e nas nascentes;

d) prestação de assistência médica e técnica aos adquirentes de lotes e aos membros de suas famílias;

e) fomento da produção de uma determinada cultura agrícola já predominante na região ou ecologicamente aconselhada pelos técnicos do Instituto Brasileiro de Reforma Agrária ou do Ministério da Agricultura;

f) entrega de documentação legalizada e em ordem aos adquirentes de lotes.

§§ 5º a 8º VETADOS.

Art. 62. Os interessados em projetos de colonização destinados à ocupação e valorização econômica da terra, em que predominem o trabalho assalariado ou contratos de arrendamento e parceria, não gozarão dos benefícios previstos nesta Lei.

SEÇÃO III
DA ORGANIZAÇÃO DA COLONIZAÇÃO

Art. 63. Para atender aos objetivos da presente Lei e garantir as melhores condições de fixação do homem à terra e seu progresso social e econômico, os programas de colonização serão elaborados prevendo-se os grupamentos de lotes em núcleos de colonização, e destes em distritos, e associação dos parceleiros em cooperativas.

Art. 64. Os lotes de colonização podem ser:

I – parcelas, quando se destinem ao trabalho agrícola do parceleiro e de sua família cuja moradia, quando não for no próprio local, há de ser no centro da comunidade a que elas correspondam;

II – urbanos, quando se destinem a constituir o centro da comunidade, incluindo as residências dos trabalhadores dos vários serviços implantados no núcleo ou distritos, eventualmente às dos próprios parceleiros, e as instalações necessárias à localização dos serviços administrativos assistenciais, bem como das atividades cooperativas, comerciais, artesanais e industriais.

§ 1º Sempre que o órgão competente do Ministério da Agricultura ou o Instituto Brasileiro de Reforma Agrária não manifestarem, dentro de noventa dias da consulta, a preferência a que terão direito, os lotes de colonização poderão ser alienados:

a) a pessoas que se enquadrem nas condições e ordem de preferência, previstas no artigo 25; ou *b*) livremente, após cinco anos, contados da data de sua transcrição.

§ 2º No caso em que o adquirente ou seu sucessor venha a desistir da exploração direta, os imóveis rurais, vendidos nos termos desta Lei, reverterão ao patrimônio do alienante, podendo o regulamento prever as condições em que se dará essa reversão, resguardada a restituição da quantia já paga pelo adquirente, com a correção monetária de acordo com os índices do Conselho Nacional de Economia, apurados entre a data do pagamento e da restituição, se tal cláusula constar do contrato de venda respectivo.

§ 3º Se os adquirentes mantiverem inexploradas áreas suscetíveis de aproveitamento, desde que à sua disposição existam condições objetivas para explorá-las, perderão o direito a essas áreas, que reverterão ao patrimônio do alienante, com a simples devolução das despesas feitas.

§ 4º Na regulamentação das matérias de que trata este capítulo, com a observância das primazias já codificadas, se estipularão:

a) as exigências quanto aos títulos de domínio e à demarcação de divisas;

b) os critérios para fixação das áreas-limites de parcelas, lotes urbanos e glebas de uso comum, bem como dos preços, condições de financiamento e pagamento;

c) o sistema de seleção dos parceleiros e artesãos;

d) as limitações para distribuição, desmembramentos, alienação e transmissão dos lotes;

e) as sanções pelo inadimplemento das cláusulas contratuais;

f) os serviços que devam ser assegurados aos promitentes compradores, bem como os encargos e isenções tributárias que, nos termos da lei, lhes sejam conferidos.

Art. 65. O imóvel rural não é divisível em áreas de dimensão inferior à constitutiva do módulo de propriedade rural.

§ 1º Em caso de sucessão causa mortis e nas partilhas judiciais ou amigáveis, não se poderão dividir imóveis em áreas inferiores às da dimensão do módulo de propriedade rural.

§ 2º Os herdeiros ou os legatários, que adquirirem por sucessão o domínio de imóveis rurais, não poderão dividi-los em outros de dimensão inferior ao módulo de propriedade rural.

§ 3º No caso de um ou mais herdeiros ou legatários desejar explorar as terras assim havidas, o Instituto Brasileiro de Reforma Agrária poderá prover no sentido de o requerente ou requerentes obterem financiamentos que lhes facultem o numerário para indenizar os demais condôminos.

§ 4º O financiamento referido no parágrafo anterior só poderá ser concedido mediante prova de que o requerente não possui recursos para adquirir o respectivo lote.

§ 5º Não se aplica o disposto no *caput* deste artigo aos parcelamentos de imóveis rurais em dimensão inferior à do módulo, fixada pelo órgão fundiário federal, quando promovidos pelo Poder Público, em programas oficiais de apoio à atividade agrícola familiar, cujos beneficiários sejam agricultores que não possuam outro imóvel rural ou urbano.

§ 6º Nenhum imóvel rural adquirido na forma do § 5º deste artigo poderá ser desmembrado ou dividido.

► §§ 5º e 6º acrescidos pela Lei nº 11.446, de 5-1-2007.

Art. 66. Os compradores e promitentes compradores de parcelas resultantes de colonização oficial ou particular, ficam isentos do pagamento dos tributos federais que incidam diretamente sobre o imóvel durante o período de cinco anos, a contar da data da compra ou compromisso.

Parágrafo único. O órgão competente firmará convênios com o fim de obter, para os compradores e promitentes compradores, idênticas isenções de tributos estaduais e municipais.

Art. 67. O Núcleo de Colonização, como unidade básica, caracteriza-se por um conjunto de parcelas integradas por uma sede administrativa e serviços comunitários.

Parágrafo único. O número de parcelas de um núcleo será condicionado essencialmente pela possibilidade de conhecimento mútuo entre os parceleiros e de sua identificação pelo administrador, em função das dimensões adequadas a cada região.

Art. 68. A emancipação do núcleo ocorrerá quando este tiver condições de vida autônoma, e será declarada por ato do órgão competente, observados os preceitos legais e regulamentares.

Art. 69. O custo operacional do núcleo de colonização será progressivamente transferido aos proprietários das parcelas, através de cooperativas ou outras entidades que os congreguem. O prazo para essa transferência, nunca superior a cinco anos, contar-se-á:

a) a partir de sua emancipação;

b) desde quando a maioria dos parceleiros já tenha recebido os títulos definitivos, embora o núcleo não tenha adquirido condições de vida autônoma.

Art. 70. O Distrito de Colonização caracteriza-se como unidade constituída por três ou mais núcleos interligados, subordinados a uma única chefia, integrado por serviços gerais administrativos e comunitários.

Art. 71. Nos casos de regiões muito afastadas dos centros urbanos e dos mercados consumidores, só se permitirá a organização de Distrito de Colonização.

Art. 72. A regulamentação deste capítulo estabelecerá, para os projetos de colonização que venham a gozar dos benefícios desta Lei:

a) a forma de administração, a composição, a área de jurisdição e os critérios de vinculação, desmembramento e incorporação dos núcleos aos Distritos de Colonização;

b) os serviços gerais administrativos e comunitários indispensáveis para a implantação de núcleos e Distrito de Colonizações;

c) os serviços complementares de assistência educacional, sanitária, social, técnica e creditícia;

d) os serviços de produção, de beneficiamento e de industrialização e de eletrificação rural, de comercialização e transportes;

e) os serviços de planejamento e execução de obras que, em cada caso, sejam aconselháveis e devam ser considerados para a eficácia dos programas.

CAPÍTULO III

DA ASSISTÊNCIA E PROTEÇÃO À ECONOMIA RURAL

Art. 73. Dentro das diretrizes fixadas para a política de desenvolvimento rural, com o fim de prestar assistência social, técnica e fomentista e de estimular a produção agropecuária, de forma a que ela atenda não só ao consumo nacional, mas também à possibilidade de obtenção de excedentes exportáveis, serão mobilizados, entre outros, os seguintes meios:

I – assistência técnica;

II – produção e distribuição de sementes e mudas;

III – criação, venda e distribuição de reprodutores e uso da inseminação artificial;

IV – mecanização agrícola;

V – cooperativismo;

VI – assistência financeira e creditícia; (Vide Lei nº 13.001, de 2014)
VII – assistência à comercialização;
VIII – industrialização e beneficiamento dos produtos;
IX – eletrificação rural e obras de infraestrutura;
X – seguro agrícola;
XI – educação, através de estabelecimentos agrícolas de orientação profissional;
XII – garantia de preços mínimos à produção agrícola.

§ 1º Todos os meios enumerados neste artigo serão utilizados para dar plena capacitação ao agricultor e sua família e visam, especialmente, ao preparo educacional, à formação empresarial e técnico-profissional:

a) garantindo sua integração social e ativa participação no processo de desenvolvimento rural;
b) estabelecendo, no meio rural, clima de cooperação entre o homem e o Estado, no aproveitamento da terra.

§ 2º No que tange aos campos de ação dos órgãos incumbidos de orientar, normalizar ou executar a política de desenvolvimento rural, através dos meios enumerados neste artigo, observar-se-á o seguinte:

a) nas áreas abrangidas pelas regiões prioritárias e incluídas nos planos nacional e regionais de Reforma Agrária, a atuação competirá sempre ao Instituto Brasileiro de Reforma Agrária;
b) nas demais áreas do país, esses meios de assistência e proteção serão utilizados sob coordenação do Ministério da Agricultura; no âmbito de atuação dos órgãos federais, pelas repartições e entidades subordinadas ou vinculadas àquele Ministério; nas áreas de jurisdição dos Estados, pelas respectivas Secretarias de Agricultura e entidades de economia mista, criadas e adequadamente organizadas com a finalidade de promover o desenvolvimento rural;
c) nas regiões em que atuem órgãos de valorização econômica, tais como a Superintendência do Desenvolvimento Econômico do Nordeste (SUDENE), a Superintendência do Plano de Valorização Econômica da Amazônia (SPVEA), a Comissão do Vale do São Francisco (CVSF), a Fundação Brasil Central (FBC), a Superintendência do Plano de Valorização Econômica da Região Fronteira Sudoeste do País (SUDOESTE), a utilização desses meios poderá ser, no todo ou em parte, exercida Por esses órgãos.

§ 3º Os projetos de Reforma Agrária receberão assistência integral, assim compreendido o emprego de todos os meios enumerados neste artigo, ficando a cargo dos organismos criados pela presente Lei e daqueles já existentes, sob coordenação do Instituto Brasileiro de Reforma Agrária.

§ 4º Nas regiões prioritárias de Reforma Agrária, será essa assistência prestada, também, pelo Instituto Brasileiro de Reforma Agrária, em colaboração com os órgãos estaduais pertinentes, aos proprietários rurais aí existentes, desde que se constituam em cooperativas, requeiram os benefícios aqui mencionados e se comprometam a observar as normas estabelecidas.

Art. 74. É criado, para atender às atividades atribuídas por esta Lei ao Ministério da Agricultura, o Instituto Nacional do Desenvolvimento Agrário (INDA), entidade autárquica vinculada ao mesmo Ministério, com personalidade jurídica e autonomia financeira, de acordo com o prescrito nos dispositivos seguintes:

I – o Instituto Nacional do Desenvolvimento Agrário tem por finalidade promover o desenvolvimento rural nos setores da colonização, da extensão rural e do cooperativismo;
II – o Instituto Nacional do Desenvolvimento Agrário terá os recursos e o patrimônio definidos na presente Lei;
III – o Instituto Nacional do Desenvolvimento Agrário será dirigido por um Presidente e um Conselho Diretor, composto de três membros, de nomeação do Presidente da República, mediante indicação do Ministro da Agricultura;
IV – Presidente do Instituto Nacional do Desenvolvimento Agrário integrará a Comissão de Planejamento da Política Agrícola;
V – além das atribuições que esta Lei lhe confere, cabe ao Instituto Nacional do Desenvolvimento Agrário:

a) VETADO;
b) planejar, programar, orientar, promover e fiscalizar as atividades relativas ao cooperativismo e associativismo rural;
c) colaborar em programas de colonização e de recolonização;
d) planejar, programar, promover e controlar as atividades relativas à extensão rural e cooperar com outros órgãos ou entidades que a executem;
e) planejar, programar e promover medidas visando à implantação e desenvolvimento da eletrificação rural;
f) proceder à avaliação do desenvolvimento das atividades de extensão rural. VETADO;
g) realizar estudos e pesquisas sobre a organização rural e propor as medidas deles decorrentes;
h) VETADO;
i) atuar, em colaboração com os órgãos do Ministério do Trabalho incumbidos da sindicalização rural visando a harmonizar as atribuições legais com os propósitos sociais, econômicos e técnicos da agricultura;
j) estabelecer normas, proceder ao registro e promover a fiscalização do funcionamento das cooperativas e de outras entidades de associativismo rural;
k) planejar e promover a aquisição e revenda de materiais agropecuários, reprodutores, sementes e mudas;
l) controlar os estoques e as operações financeiras de revenda;
m) centralizar a movimentação de recursos financeiros destinados à aquisição e revenda de materiais agropecuários, de acordo com o plano geral aprovado pela Comissão de Planejamento da Política Agrícola;
n) exercer as atribuições de que trata o artigo 88, desta Lei, no âmbito federal;
o) desempenhar as atribuições constantes do artigo 162 da Constituição Federal, observado o disposto no § 2º do artigo 58, desta Lei, coordenadas as suas atividades com as do Banco Nacional de Crédito Cooperativo;
p) firmar convênios com os Estados, Municípios e entidades privadas para execução dos programas de desenvolvimento rural nos setores da colonização, extensão rural, cooperativismo e demais atividades de sua atribuição;

VI – a organização do Instituto Nacional do Desenvolvimento Agrário e de seus sistemas de funcionamento será estabelecida em regulamento, com competência idêntica à fixada para o Instituto Brasileiro de Reforma Agrária, no artigo 104 e seus parágrafos.

SEÇÃO I
DA ASSISTÊNCIA TÉCNICA

Art. 75. A assistência técnica, nas modalidades e com os objetivos definidos nos parágrafos seguintes, será prestada por todos os órgãos referidos no artigo 73, § 2º, alíneas *a*, *b* e *c*.

§ 1º Nas áreas dos projetos de reforma agrária, a prestação de assistência técnica será feita através do Administrador do Projeto, dos agentes de extensão rural e das equipes de especialistas. O Administrador residirá obrigatoriamente, na área do projeto. Os agentes de extensão rural e as equipes de especialistas atuarão ao nível da Delegacia Regional do Instituto Brasileiro de Reforma Agrária e deverão residir na sua área de jurisdição, e durante a fase da implantação, se necessário, na própria área do projeto.

§ 2º Nas demais áreas, fora das regiões prioritárias, este tipo de assistência técnica será prestado na forma indicada no artigo 73, parágrafo 2º, alínea *b*.

§ 3º Os estabelecimentos rurais isolados continuarão a ser atendidos pelos órgãos de assistência técnica do Ministério da Agricultura e das Secretarias Estaduais, na forma atual ou através de técnicos e sistemas que vierem a ser adotados por aqueles organismos.

§ 4º As atividades de assistência técnica tanto nas áreas prioritárias de Reforma Agrária como nas previstas no § 3º deste artigo, terão, entre outros, os seguintes objetivos:

a) a planificação de empreendimentos e atividades agrícolas;

b) a elevação do nível sanitário, através de serviços próprios de saúde e saneamento rural, melhoria de habitação e de capacitação de lavradores e criadores, bem como de suas famílias;

c) a criação do espírito empresarial e a formação adequada em economia doméstica, indispensável à gerência dos pequenos estabelecimentos rurais e à administração da própria vida familiar;

d) a transmissão de conhecimentos e acesso a meios técnicos concernentes a métodos e práticas agropecuárias e extrativas, visando a escolha econômica das culturas e criações, a racional implantação e desenvolvimento, e ao emprego de medidas de defesa sanitária, vegetal e animal;

e) o auxílio e a assistência para o uso racional do solo, a execução de planos de reflorestamento, a obtenção de crédito e financiamento, a defesa e preservação dos recursos naturais;

f) a promoção, entre os agricultores, do espírito de liderança e de associativismo.

Seção II
DA PRODUÇÃO E DISTRIBUIÇÃO DE SEMENTES E MUDAS

Art. 76. Os órgãos referidos no artigo 73, § 2º, alínea *b*, deverão expandir suas atividades no setor de produção e distribuição e de material de plantio, inclusive o básico, de modo a atender tanto aos parceleiros como aos agricultores em geral.

Parágrafo único. A produção e distribuição de sementes e mudas, inclusive de novas variedades, poderão também ser feitas por organizações particulares, dentro do sistema de certificação de material de plantio, sob a fiscalização, controle e amparo do Poder Público.

Seção III
DA CRIAÇÃO, VENDA, DISTRIBUIÇÃO DE REPRODUTORES E USO DA INSEMINAÇÃO ARTIFICIAL

Art. 77. A melhoria dos rebanhos e plantéis será feita através de criação, venda de reprodutores e uso da inseminação artificial, devendo os órgãos referidos no artigo 73, § 2º, alínea *b*, ampliar para esse fim, a sua rede de postos especializados.

Parágrafo único. A criação de reprodutores e o emprego da inseminação artificial poderão ser feitos por entidades privadas, sob fiscalização, controle e amparo do Poder Público.

Seção IV
DA MECANIZAÇÃO AGRÍCOLA

Art. 78. Os planos de mecanização agrícola, elaborados pelos órgãos referidos no artigo 73, § 2º, alínea *b*, levarão em conta o mercado de mão-de-obra regional, as necessidades de preparação e capacitação de pessoal, para utilização e manutenção de maquinaria.

§ 1º Esses planos serão dimensionados em função do grau de produtividade que se pretende alcançar em cada uma das áreas geoeconômica do país, e deverão ser condicionados ao nível tecnológico já existente e à composição da força de trabalho ocorrente.

§ 2º Nos mesmos planos poderão ser incluídos serviços adequados de manutenção e de orientação técnica para o uso econômico das máquinas e implementos, os quais, sempre que possível deverão ser realizados por entidades privadas especializadas.

Seção V
DO COOPERATIVISMO

Art. 79. A Cooperativa Integral de Reforma Agrária (CIRA) contará com a contribuição financeira do Poder Público, através do Instituto Brasileiro de Reforma Agrária, durante o período de implantação dos respectivos projetos.

§ 1º A contribuição financeira referida neste artigo será feita de acordo com o vulto do empreendimento, a possibilidade de obtenção de crédito, empréstimo ou financiamento externo e outras facilidades.

§ 2º A Cooperativa Integral de Reforma Agrária terá um Delegado indicado pelo Instituto Brasileiro de Reforma Agrária, integrante do Conselho de Administração, sem direito a voto, com a função de prestar assistência técnico-administrativa à Diretoria e de orientar e fiscalizar a aplicação de recursos que o Instituto Brasileiro de Reforma Agrária tiver destinado à entidade cooperativa.

§ 3º Às cooperativas assim constituídas será permitida a contratação de gerentes não-cooperados na forma de lei.

§ 4º A participação direta do Instituto Brasileiro de Reforma Agrária na constituição, instalação e desenvolvimento da Cooperativa Integral de Reforma Agrária, quando constituir contribuição financeira, será feita com recursos do Fundo Nacional de Reforma Agrária, na forma de investimentos sem recuperação direta, considerada a finalidade social e econômica desses investimentos. Quando se tratar de assistência creditícia, tal participação será feita por intermédio do Banco Nacional de Crédito Cooperativo, de acordo com normas traçadas pela entidade coordenadora do crédito rural.

§ 5º A Contribuição do Estado será feita pela Cooperativa Integral de Reforma Agrária, levada à conta de um Fundo de Implantação da própria cooperativa.

§ 6º Quando o empreendimento resultante do projeto de Reforma Agrária tiver condições de vida autônoma, sua emancipação será declarada pelo Instituto Brasileiro de Reforma Agrária, cessando as funções do Delegado de que trata o § 2º deste artigo e incorporando-se ao patrimônio da cooperativa o Fundo requerido no parágrafo anterior.

§ 7º O Estatuto da Cooperativa integral de Reforma Agrária deverá determinar a incorporação ao Banco Nacional de Crédito Cooperativo do remanescente patrimonial, no caso de dissolução da sociedade.

§ 8º Além da sua designação qualitativa, a Cooperativa Integral de Reforma Agrária adotará a denominação que o respectivo Estatuto estabelecer.

§ 9º As cooperativas já existentes nas áreas prioritárias poderão transformar-se em Cooperativas Integradas de Reforma Agrária, a critério do Instituto Brasileiro de Reforma Agrária.

§ 10. O disposto nesta seção aplica-se, no que couber, às demais cooperativas, inclusive às destinadas a atividades extrativas.

Art. 80. O órgão referido no artigo 74 deverá promover a expansão do sistema cooperativista, prestando, quando necessário, assistência técnica, financeira e comercial às cooperativas visando à capacidade e ao treinamento dos cooperados para garantir a implantação dos serviços administrativos, técnicos, comerciais e industriais.

Seção VI
DA ASSISTÊNCIA FINANCEIRA E CREDITÍCIA

Art. 81. Para aquisição de terra destinada a seu trabalho e de sua família, o trabalhador rural terá direito a um empréstimo correspondente ao valor do salário-mínimo anual da região, pelo Fundo Nacional de Reforma Agrária, prazo de vinte anos, ao juro de seis por cento ao ano.

Parágrafo único. Poderão acumular o empréstimo de que trata este artigo, dois ou mais trabalhadores rurais que se entenderem para aquisição de propriedade de área superior à que estabelece o número 2 do artigo 4º, desta Lei, sob a administração comum ou em forma de cooperativa.

Art. 82. Nas áreas prioritárias de Reforma Agrária, a assistência creditícia aos parceleiros e demais cooperados será prestada, preferencialmente, através das cooperativas.

Parágrafo único. Nas demais regiões, sempre que possível, far-se-á o mesmo com referência aos pequenos e médios proprietários.

Art. 83. O Instituto Brasileiro de Reforma Agrária, em colaboração com o Ministério da Agricultura, a Superintendência da Moeda e do Crédito (SUMOC) e a Coordenação Nacional do Crédito Rural, promoverá as medidas legais necessárias para a institucionalização do crédito rural, tecnificado.

§ 1º A Coordenação Nacional do Crédito Rural fixará as normas do contrato padrão de financiamento que permita assegurar proteção ao agricultor, desde a fase do preparo da terra, até a venda de suas safras, ou entrega das mesmas à cooperativa para comercialização ou industrialização.

§ 2º O mesmo organismo deverá prover à forma de desconto de títulos oriundos de operações de financiamento a agricultores ou de venda de produtos, máquinas, implementos e utilidades agrícolas necessários ao custeio de safras, construção de benfeitorias e melhoramentos fundiários.

§ 3º A Superintendência da Moeda e do Crédito poderá determinar que dos depósitos compulsórios dos Bancos particulares, à sua ordem, sejam deduzidas as quantias a serem utilizadas em operações de crédito rural, na forma por ela regulamentada.

Seção VII
DA ASSISTÊNCIA À COMERCIALIZAÇÃO

Art. 84. Os planos de armazenamento e proteção dos produtos agropecuários levarão em conta o zoneamento de que trata o artigo 43, a fim de condicionar aos objetivos desta Lei, as atividades da Superintendência Nacional de Abastecimento (SUNAB) e de outros órgãos federais e estaduais com atividades que objetivem o desenvolvimento rural.

§ 1º Os órgãos referidos neste artigo, se necessário, deverão instalar em convênio com o Instituto Brasileiro de Reforma Agrária, armazéns, silos, frigoríficos, postos ou agências de compra, visando a dar segurança à produção agrícola.

§ 2º Os planos deverão também levar em conta a classificação dos produtos e o adequado e oportuno escoamento das safras.

Art. 85. A fixação dos preços mínimos, de acordo com a essencialidade dos produtos agropecuários, visando aos mercados interno e externo, deverá ser feita, no mínimo, sessenta dias antes da época do plantio em cada região e reajustados, na época da venda, de acordo com os índices de correção fixados pelo Conselho Nacional de Economia.

§ 1º Para fixação do preço mínimo se tomará por base o custo efetivo da produção, acrescido das despesas de transporte para o mercado mais próximo e da margem de lucro do produtor, que não poderá ser inferior a trinta por cento.

§ 2º As despesas do armazenamento, expurgo, conservação e embalagem dos produtos agrícolas correrão por conta do órgão executor da política de garantia de preços mínimos, não sendo dedutíveis do total a ser pago ao produtor.

Art. 86. Os órgãos referidos no artigo 73, § 2º, alínea *b*, deverão, se necessário e quando a rede comercial se mostrar insuficiente, promover a expansão desta ou expandir seus postos de revenda para atender aos interesses de lavradores e de criadores na obtenção de mercadorias e utilidades necessárias às suas atividades rurais, de forma oportuna e econômica, visando à melhoria da produção e ao aumento da produtividade, através, entre outros, de serviços locais, para distribuição de produção própria ou revenda de:

I – tratores, implementos agrícolas, conjuntos de irrigação e perfuração de poços, aparelhos e utensílios para pequenas indústrias de beneficiamento da produção;

II – arames, herbicidas, inseticidas, fungicidas, rações, misturas, soros, vacinas e medicamentos para animais;

III – corretivo de solo, fertilizantes e adubos, sementes e mudas.

Seção VIII
DA INDUSTRIALIZAÇÃO E BENEFICIAMENTO DOS PRODUTOS AGRÍCOLAS

Art. 87. Nas áreas prioritárias da Reforma Agrária, a industrialização e o beneficiamento dos produtos agrícolas serão promovidos pelas Cooperativas Integrais de Reforma Agrária.

Art. 88. O Poder Público, através dos órgãos referidos no artigo 73, § 2º, alínea *b*, exercerá atividades de orientação, planificação, execução e controle, com o objetivo de promover o incentivo da industrialização, do beneficiamento dos produtos agropecuários e dos meios indispensáveis ao aumento da produção e da produtividade agrícola, especialmente os referidos no artigo 86.

Parágrafo único. VETADO.

Seção IX
DA ELETRIFICAÇÃO RURAL E OBRAS DE INFRAESTRUTURA

Art. 89. Os planos nacional e regional de Reforma Agrária incluirão, obrigatoriamente, as providências de valorização, relativas a eletrificação rural e outras obras de melhoria de infraestrutura, tais como reflorestamento, regularização dos deflúvios dos cursos d'água, açudagem, barragens submersas, drenagem, irrigação, abertura de poços, saneamento, obras de conservação do solo, além do sistema viário indispensável à realização do projeto.

Art. 90. Os órgão públicos federais ou estaduais referidos no artigo 73, § 2º, alíneas a, b e c, bem como o Banco Nacional de Crédito Cooperativo, na medida de suas disponibilidades técnicas e financeiras, promoverão a difusão das atividades de reflorestamento e de eletrificação rural, estas essencialmente através de cooperativas de eletrificação e industrialização rural, organizadas pelos lavradores e pecuaristas da região.

§ 1º Os mesmos órgãos especialmente as entidades de economia mista destinadas a promover o desenvolvimento rural, deverão manter serviços para atender à orientação, planificação, execução e fiscalização das obras de melhoria e outras de infraestrutura, referidas neste artigo.

§ 2º Os consumidores rurais de energia elétrica distribuída através de cooperativa de eletrificação e industrialização rural ficarão isentos do respectivo empréstimo compulsório.

§ 3º Os projetos de eletrificação rural feitos pelas cooperativas rurais terão prioridade nos financiamentos e poderão receber auxílio do Governo federal, estadual e municipal.

Seção X
DO SEGURO AGRÍCOLA

Art. 91. A Companhia Nacional de Seguro Agrícola (C.N.S.A.), em convênio com o Instituto Brasileiro de Reforma Agrária, atuará nas áreas do projeto de Reforma Agrária, garantindo culturas, safras, colheitas, rebanhos e plantéis.

§ 1º O estabelecimento das tabelas dos prêmios de seguro para os vários tipos de atividade agropecuária nas diversas regiões do pais será feito tendo-se em vista a necessidade de sua aplicação, não somente nas áreas prioritárias de Reforma Agrária, como também nas outras regiões selecionadas pela Companhia Nacional de Seguro Agrícola, nas quais a produção agropecuária represente fator essencial de desenvolvimento.

§ 2º Os contratos de financiamento e empréstimo e os contratos agropecuários, de qualquer natureza, realizados através dos órgãos oficiais de crédito, deverão ser segurados na Companhia Nacional de Seguro Agrícola.

CAPÍTULO IV
DO USO OU DA POSSE TEMPORÁRIA DA TERRA

Seção I
DAS NORMAS GERAIS

Art. 92. A posse ou uso temporário da terra serão exercidos em virtude de contrato expresso ou tácito, estabelecido entre o proprietário e os que nela exercem atividade agrícola ou pecuária, sob forma de arrendamento rural, de parceria agrícola, pecuária, agroindustrial e extrativa, nos termos desta Lei.

§ 1º O proprietário garantirá ao arrendatário ou parceiro o uso e gozo do imóvel arrendado ou cedido em parceria.

§ 2º Os preços de arrendamento e de parceria fixados em contrato ... VETADO ... serão reajustados periodicamente, de acordo com os índices aprovados pelo Conselho Nacional de Economia. Nos casos em que ocorra exploração de produtos com preço oficialmente fixado, a relação entre os preços reajustados e os iniciais não pode ultrapassar a relação entre o novo preço fixado para os produtos e o respectivo preço na época do contrato, obedecidas as normas do Regulamento desta Lei.

§ 3º No caso de alienação do imóvel arrendado, o arrendatário terá preferência para adquiri-lo em igualdade de condições, devendo o proprietário dar-lhe conhecimento da venda, a fim de que possa exercitar o direito de perempção dentro de trinta dias, a contar da notificação judicial ou comprovadamente efetuada, mediante recibo.

§ 4º O arrendatário a quem não se notificar a venda poderá, depositando o preço, haver para si o imóvel arrendado, se o requerer no prazo de seis meses, a contar da transcrição do ato de alienação no Registro de Imóveis.

§ 5º A alienação ou a imposição de ônus real ao imóvel não interrompe a vigência dos contratos de arrendamento ou de parceria ficando o adquirente sub-rogado nos direitos e obrigações do alienante.

§ 6º O inadimplemento das obrigações assumidas por qualquer das partes dará lugar, facultativamente, à rescisão do contrato de arrendamento ou de parceria. observado o disposto em lei.

§ 7º Qualquer simulação ou fraude do proprietário nos contratos de arrendamento ou de parceria, em que o preço seja satisfeito em produtos agrícolas, dará ao arrendatário ou ao parceiro o direito de pagar pelas taxas mínimas vigorantes na região para cada tipo de contrato.

§ 8º Para prova dos contratos previstos neste artigo, será permitida a produção de testemunhas. A ausência de contrato não poderá elidir a aplicação dos princípios estabelecidos neste Capítulo e nas normas regulamentares.

§ 9º Para solução dos casos omissos na presente Lei, prevalecerá o disposto no Código Civil.

Art. 93. Ao proprietário é vedado exigir do arrendatário ou do parceiro:

I – prestação de serviço gratuito;

II – exclusividade da venda da colheita;

III – obrigatoriedade do beneficiamento da produção em seu estabelecimento;

IV – obrigatoriedade da aquisição de gêneros e utilidades em seus armazéns ou barracões;

V – aceitação de pagamento em "ordens", "vales", "borós" ou outras formas regionais substitutivas da moeda.

Parágrafo único. Ao proprietário que houver financiado o arrendatário ou parceiro, por inexistência de financiamento direto, será facultado exigir a venda da colheita até o limite do financiamento concedido, observados os níveis de preços do mercado local.

Art. 94. É vedado contrato de arrendamento ou parceria na exploração de terras de propriedade pública, ressalvado o disposto no parágrafo único deste artigo.

Parágrafo único. Excepcionalmente, poderão ser arrendadas ou dadas em parceria terras de propriedade púbica, quando:

a) razões de segurança nacional o determinarem;

b) áreas de núcleos de colonização pioneira, na sua fase de implantação, forem organizadas para fins de demonstração;

c) forem motivo de posse pacífica e a justo título, reconhecida pelo Poder Público, antes da vigência desta Lei.

Seção II
DO ARRENDAMENTO RURAL

Art. 95. Quanto ao arrendamento rural, observar-se-ão os seguintes princípios:

I – os prazos de arrendamento terminarão sempre depois de ultimada a colheita, inclusive a de plantas forrageiras temporárias cultiváveis. No caso de retardamento da colheita por motivo de força maior, considerar-se-ão esses prazos prorrogados nas mesmas condições, até sua ultimação;

II – presume-se feito, no prazo mínimo de três anos, o arrendamento por tempo indeterminado, observada a regra do item anterior;

III – o arrendatário, para iniciar qualquer cultura cujos frutos não possam ser recolhidos antes de terminado o prazo de arrendamento, deverá ajustar, previamente, com o arrendador a forma de pagamento do uso da terra por esse prazo excedente;

IV – em igualdade de condições com estranhos, o arrendatário terá preferência à renovação do arrendamento, devendo o proprietário, até 6 (seis) meses antes do vencimento do contrato, fazer-lhe a competente notificação extrajudicial das propostas existentes. Não se verificando a notificação extrajudicial, o contrato considera-se automaticamente renovado, desde que o arrendador, nos 30 (trinta) dias seguintes, não manifeste sua desistência ou formule nova proposta, tudo mediante simples registro de suas declarações no competente Registro de Títulos e Documentos;

V – os direitos assegurados no inciso IV do *caput* deste artigo não prevalecerão se, no prazo de 6 (seis) meses antes do vencimento do contrato, o proprietário, por via de notificação extrajudicial, declarar sua intenção de retomar o imóvel para explorá-lo diretamente ou por intermédio de descendente seu;

► Incisos III a V com a redação dada pela Lei nº 11.443, de 5-1-2007.

VI – sem expresso consentimento do proprietário é vedado o subarrendamento;

VII – poderá ser acertada, entre o proprietário e arrendatário, cláusula que permita a substituição de área arrendada por outra equivalente no mesmo imóvel rural, desde que respeitadas as condições de arrendamento e os direitos do arrendatário;

VIII – o arrendatário, ao termo do contrato, tem direito à indenização das benfeitorias necessárias e úteis; será indenizado das benfeitorias voluptuárias quando autorizadas pelo proprietário do solo; e, enquanto o arrendatário não for indenizado das benfeitorias necessárias e úteis, poderá permanecer no imóvel, no uso e gozo das vantagens por ele oferecidas, nos termos do contrato de arrendamento e das disposições do inciso I deste artigo;

► Inciso VIII com a redação dada pela Lei nº 11.443, de 5-1-2007.

IX – constando do contrato de arrendamento animais de cria, de corte ou de trabalho, cuja forma de restituição não tenha sido expressamente regulada, o arrendatário é obrigado, findo ou rescindido o contrato, a restituí-los em igual número, espécie e valor;

X – o arrendatário não responderá por qualquer deterioração ou prejuízo a que não tiver dado causa;

XI – na regulamentação desta Lei, serão complementadas as seguintes condições que, obrigatoriamente, constarão dos contratos de arrendamento:

a) limites da remuneração e formas de pagamento em dinheiro ou no seu equivalente em produtos;

b) prazos mínimos de arrendamento e limites de vigência para os vários tipos de atividades agrícolas;

► Alíneas *a* e *b* com a redação dada pela Lei nº 11.443, de 5-1-2007.

c) bases para as renovações convencionadas;

d) formas de extinção ou rescisão;

e) direito e formas de indenização ajustadas quanto às benfeitorias realizadas;

XII – a remuneração do arrendamento, sob qualquer forma de pagamento, não poderá ser superior a 15% (quinze por cento) do valor cadastral do imóvel, incluídas as benfeitorias que entrarem na composição do contrato, salvo se o arrendamento for parcial e recair apenas em glebas selecionadas para fins de exploração intensiva de alta rentabilidade, caso em que a remuneração poderá ir até o limite de 30% (trinta por cento)

► Inciso XII com a redação dada pela Lei nº 11.443, de 5-1-2007.

XIII – a todo aquele que ocupar, sob qualquer forma de arrendamento, por mais de cinco anos, um imóvel rural desapropriado, em área prioritária de Reforma Agrária, é assegurado o direito preferencial de acesso à terra ... VETADO ...

Art. 95-A. Fica instituído o Programa de Arrendamento Rural, destinado ao atendimento complementar de acesso à terra por parte dos trabalhadores rurais qualificados para participar do Programa Nacional de Reforma Agrária, na forma estabelecida em regulamento.

Parágrafo único. Os imóveis que integrarem o Programa de Arrendamento Rural não serão objeto de desapropriação para fins de reforma agrária enquanto se mantiverem arrendados, desde que atendam aos requisitos estabelecidos em regulamento.

► Art. 95-A acrescido pela MP nº 2.183-56, de 24-8-2001, que até o encerramento desta edição não havia sido convertida em lei.

Seção III
DA PARCERIA AGRÍCOLA, PECUÁRIA, AGROINDUSTRIAL E EXTRATIVA

Art. 96. Na parceria agrícola, pecuária, agroindustrial e extrativa, observar-se-ão os seguintes princípios:

I – o prazo dos contratos de parceria, desde que não convencionados pelas partes, será no mínimo de três anos, assegurado ao parceiro o direito à conclusão da colheita, pendente, observada a norma constante do inciso I, do artigo 95;

II – expirado o prazo, se o proprietário não quiser explorar diretamente a terra por conta própria, o parceiro em igualdade de condições com estranhos, terá preferência para firmar novo contrato de parceria;

III – as despesas com o tratamento e criação dos animais, não havendo acordo em contrário, correrão por conta do parceiro tratador e criador;

IV – o proprietário assegurará ao parceiro que residir no imóvel rural, e para atender ao uso exclusivo da família deste, casa de moradia higiênica e área suficiente para horta e criação de animais de pequeno porte;

V – no Regulamento desta Lei, serão complementadas, conforme o caso, as seguintes condições, que constarão, obrigatoriamente, dos contratos de parceria agrícola, pecuária, agroindustrial ou extrativa:

a) quota-limite do proprietário na participação dos frutos, segundo a natureza de atividade agropecuária e facilidades oferecidas ao parceiro;

b) prazos mínimos de duração e os limites de vigência segundo os vários tipos de atividade agrícola;

c) bases para as renovações convencionadas;

d) formas de extinção ou rescisão;

e) direitos e obrigações quanto às indenizações por benfeitorias levantadas com consentimento do proprietário e aos danos substanciais causados pelo parceiro, por práticas predatórias na área de exploração ou nas benfeitorias, nos equipamentos, ferramentas e implementos agrícolas a ele cedidos;

f) direito e oportunidade de dispor sobre os frutos repartidos;

VI – na participação dos frutos da parceria, a quota do proprietário não poderá ser superior a:

a) 20% (vinte por cento), quando concorrer apenas com a terra nua;

b) 25% (vinte e cinco por cento), quando concorrer com a terra preparada;

c) 30% (trinta por cento), quando concorrer com a terra preparada e moradia;

d) 40% (quarenta por cento), caso concorra com o conjunto básico de benfeitorias, constituído especialmente de casa de moradia, galpões, banheiro para gado, cercas, valas ou currais, conforme o caso;

e) 50% (cinquenta por cento), caso concorra com a terra preparada e o conjunto básico de benfeitorias enumeradas na alínea *d* deste inciso e mais o fornecimento de máquinas e implementos agrícolas, para atender aos tratos culturais, bem como as sementes e animais de tração, e, no caso de parceria pecuária, com animais de cria em proporção superior a 50% (cinquenta por cento) do número total de cabeças objeto de parceria;

f) 75% (setenta e cinco por cento), nas zonas de pecuária ultra-extensiva em que forem os animais de cria em proporção superior a 25% (vinte e cinco por cento) do rebanho e onde se adotarem a meação do leite e a comissão mínima de 5% (cinco por cento) por animal vendido;

► Alíneas *a* a *f* com a redação dada pela Lei nº 11.443, de 5-1-2007.

g) nos casos não previstos nas alíneas anteriores, a quota adicional do proprietário será fixada com base em percentagem máxima de dez por cento do valor das benfeitorias ou dos bens postos à disposição do parceiro;

VII – aplicam-se à parceria agrícola, pecuária, agropecuária, agroindustrial ou extrativa as normas pertinentes ao arrendamento rural, no que couber, bem como as regras do contrato de sociedade, no que não estiver regulado pela presente Lei.

VIII – o proprietário poderá sempre cobrar do parceiro, pelo seu preço de custo, o valor de fertilizantes e inseticidas fornecidos no percentual que corresponder à participação deste, em qualquer das modalidades previstas nas alíneas do inciso VI do *caput* deste artigo;

IX – nos casos não previstos nas alíneas do inciso VI do *caput* deste artigo, a quota adicional do proprietário será fixada com base em percentagem máxima de 10% (dez por cento) do valor das benfeitorias ou dos bens postos à disposição do parceiro.

► Incisos VIII e IX acrescidos pela Lei nº 11.443, de 5-1-2007.

§ 1º Parceria rural é o contrato agrário pelo qual uma pessoa se obriga a ceder à outra, por tempo determinado ou não, o uso específico de imóvel rural, de parte ou partes dele, incluindo, ou não, benfeitorias, outros bens e/ou facilidades, com o objetivo de nele ser exercida atividade de exploração agrícola, pecuária, agroindustrial, extrativa vegetal ou mista; e/ou lhe entrega animais para cria, recria, invernagem, engorda ou extração de matérias-primas de origem animal, mediante partilha, isolada ou cumulativamente, dos seguintes riscos:

I – caso fortuito e de força maior do empreendimento rural;

II – dos frutos, produtos ou lucros havidos nas proporções que estipularem, observados os limites percentuais estabelecidos no inciso VI do *caput* deste artigo;

III – variações de preço dos frutos obtidos na exploração do empreendimento rural.

§ 2º As partes contratantes poderão estabelecer a prefixação, em quantidade ou volume, do montante da participação do proprietário, desde que, ao final do contrato, seja realizado o ajustamento do percentual pertencente ao proprietário, de acordo com a produção.

§ 3º Eventual adiantamento do montante prefixado não descaracteriza o contrato de parceria.

§ 4º Os contratos que prevejam o pagamento do trabalhador, parte em dinheiro e parte em percentual na lavoura cultivada ou em gado tratado, são considerados simples locação de serviço, regulada pela legislação trabalhista, sempre que a direção dos trabalhos seja de inteira e exclusiva responsabilidade do proprietário, locatário do serviço a quem cabe todo o risco, assegurando-se ao locador, pelo menos, a percepção do salário mínimo no cômputo das 2 (duas) parcelas.

§ 5º O disposto neste artigo não se aplica aos contratos de parceria agroindustrial, de aves e suínos, que serão regulados por lei específica.

► §§ 1º a 5º acrescidos pela Lei nº 11.443, de 5-1-2007.

Seção IV
DOS OCUPANTES DE TERRAS PÚBLICAS FEDERAIS

Art. 97. Quanto aos legítimos possuidores de terras devolutas federais, observar-se-á o seguinte:

I – o Instituto Brasileiro de Reforma Agrária promoverá a discriminação das áreas ocupadas por posseiros, para a progressiva regularização de suas condições de uso e posse da terra, providenciando, nos casos e condições previstos nesta Lei, a emissão dos títulos de domínio;

II – todo o trabalhador agrícola que, à data da presente Lei, tiver ocupado, por um ano, terras devolutas, terá preferência para adquirir um lote da dimensão do módulo de propriedade rural, que for estabelecido para a região, obedecidas as prescrições da lei.

Art. 98. Todo aquele que, não sendo proprietário rural nem urbano, ocupar por dez anos ininterruptos, sem oposição nem reconhecimento de domínio alheio, tornando-o produtivo por seu trabalho, e tendo nele sua morada, trecho de terra com área caracterizada como suficiente para, por seu cultivo direto pelo lavrador e sua família, garantir-lhes a subsistência, o progresso social e econômico, nas dimensões fixadas por esta Lei, para o módulo de propriedade, adquirir-lhe-á o domínio, mediante sentença declaratória devidamente transcrita.

Art. 99. A transferência do domínio ao posseiro de terras devolutas federais efetivar-se-á no competente processo administrativo de legitimação de posse, cujos atos e termos obedecerão às normas do Regulamento da presente Lei.

Art. 100. O título de domínio expedido pelo Instituto Brasileiro de Reforma Agrária será, dentro do prazo que o Regulamento estabelecer, transcrito no competente Registro Geral de Imóveis.

Art. 101. As taxas devidas pelo legitimante de posse em terras devolutas federais, constarão de tabela a ser periodicamente expedida pelo Instituto Brasileiro de Reforma Agrária, atendendo-se à ancianidade da posse, bem como às diversificações das regiões em que se verificar a respectiva discriminação.

Art. 102. Os direitos dos legítimos possuidores de terras devolutas federais estão condicionados ao implemento dos requisitos absolutamente indispensáveis da cultura efetiva e da morada habitual.

TÍTULO IV – DAS DISPOSIÇÕES GERAIS E TRANSITÓRIAS

Art. 103. A aplicação da presente Lei deverá objetivar, antes e acima de tudo, a perfeita ordenação do sistema agrário do país, de acordo com os princípios da justiça social, conciliando a liberdade de iniciativa com a valorização do trabalho humano.

§ 1º Para a plena execução do disposto neste artigo, o Poder Executivo, através dos órgãos da sua administração centralizada e descentralizada, deverá prover no sentido de facultar e garantir todas as atividades extrativas, agrícolas, pecuárias e agroindustriais, de modo a não prejudicar, direta ou indiretamente, o harmônico desenvolvimento da vida rural.

§ 2º Dentro dessa orientação, a implantação dos serviços e trabalhos previstos nesta Lei processar-se-á progressivamente, seguindo-se os critérios, as condições técnicas e as prioridades fixados pelas mesmas, a fim de que a política de desenvolvimento rural de nenhum modo tenha solução de continuidade.

§ 3º De acordo com os princípios normativos deste artigo e dos parágrafos anteriores, será dada prioridade à elaboração do zoneamento e do cadastro, previstos no Título II, Capítulo IV, Seção III, desta Lei.

Art. 104. O Quadro de servidores do Instituto Brasileiro de Reforma Agrária será constituído de pessoal dos órgãos e repartições a ele incorporados, ou para ele transferidos, e de pessoal admitido na forma da lei.

§ 1º O disposto neste artigo não se aplica aos cargos ou funções cujos ocupantes estejam em exercício como requisitados, nos mencionados órgãos incorporados ou transferidos, bem como aos funcionários públicos civis ou militares, assim definidos pela legislação especial.

§ 2º O Instituto Brasileiro de Reforma Agrária poderá admitir, mediante portaria ou contrato, em regime especial de trabalho e salário, dentro das dotações orçamentárias próprias, especialistas necessários ao desempenho de atividades técnicas e científicas para cuja execução não dispuser de servidores habilitados.

§ 3º O Instituto Brasileiro de Reforma Agrária poderá requisitar servidores da administração centralizada ou descentralizada, sem prejuízo dos seus vencimentos, direitos e vantagens.

§ 4º Nenhuma admissão de pessoal, com exceção do parágrafo segundo, poderá ser feita senão mediante prestação de concurso de provas ou de títulos e provas.

§ 5º Os servidores da Superintendência da Política Agrária (SUPRA), pertencentes aos quadros do extinto Instituto Nacional de Imigração e Colonização (INIC), e do Serviço Social Rural (SSR) poderão optar pela sua lotação em qualquer órgão onde existirem cargos ou funções por eles ocupados.

Art. 105. Fica o Poder Executivo autorizado a emitir títulos, denominados Títulos da Dívida Agrária, distribuídos em séries autônomas, respeitado o limite máximo de circulação equivalente a 500.000.000 de OTN (quinhentos milhões de Obrigações do Tesouro Nacional).

► *Caput* com a redação dada pela Lei nº 7.647, de 19-1-1988.

► A OTN (Obrigações do Tesouro Nacional) foi extinta pelo art. 15, II, da Lei nº 7.730, de 31-1-1989, sendo substituída pelo BTN (Bônus do Tesouro Nacional). A partir de 1º-2-1991, foi extinta o BTN pelo art. 3º da Lei nº 8.177, de 1º-3-1991, que fixa, no seu parágrafo único, a conversão do BTN em cruzeiros no valor de CR$ 126,8621. Tal valor foi mantido pelo art. 21, I, da Lei nº 8.178, de 4-3-1991, tendo sido elevado em 70% pelo art. 10 da Lei nº 8.218, de 29-8-1991. Desde 1º-8-1993, o cruzeiro passou para cruzeiro real na paridade de mil por um, em função da MP nº 336, de 28-7-1993, convertida na Lei nº 8.697, de 27-8-1993. Desde 1º-7-1994, o cruzeiro real passou a real pela Lei nº 8.880, de 27-5-1994, fixada a paridade de R$ 1,00 para 2.750,00 URVs. Pelo art. 1º da Lei nº 8.383, de 30-12-1991, foi instituída a UFIR como medida de valor e parâmetro de atualização monetária de tributos e de multas e penalidades de qualquer natureza. O art. 29, § 3º, da Lei nº 10.522, de 19-7-2002, que dispõe sobre o Cadastro Informativo dos créditos não quitados de órgãos e entidades federais, extinguiu a UFIR.

§ 1º Os títulos de que trata este artigo vencerão juros de seis por cento a doze por cento ao ano, terão cláusula de garantia contra eventual desvalorização da moeda, em função dos índices fixados pelo Conselho Nacional de Economia, e poderão ser utilizados:

a) em pagamento de até cinquenta por cento do Imposto Territorial Rural;

b) em pagamento de preço de terras públicas;

c) em caução para garantia de quaisquer contratos, obras e serviços celebrados com a União;

d) como fiança em geral;

e) em caução como garantia de empréstimos ou financiamentos em estabelecimentos da União, autarquias federais e sociedades de economia mista, em entidades ou fundos de aplicação às atividades rurais criadas para este fim;

f) em depósito, para assegurar a execução em ações judiciais ou administrativas.

§ 2º Esses títulos serão nominativos ou ao portador e de valor nominal de referência equivalente ao de 5 (cinco), 10 (dez), 20 (vinte), 50 (cinquenta) e 100 (cem) Obrigações do Tesouro Nacional, ou outra unidade de correção monetária plena que venha a substituí-las, de acordo com o que estabelecer a regulamentação desta Lei.

► § 2º com a redação dada pela Lei nº 7.647, de 19-1-1988.

§ 3º Os títulos de cada série autônoma serão resgatados a partir do segundo ano de sua efetiva colocação em prazos variáveis de cinco, dez, quinze e vinte anos, de conformidade com o que estabelecer a regulamentação desta Lei. Dentro de uma mesma série não se poderá fazer diferenciação de juros e de prazo.

§ 4º Os orçamentos da União, a partir do relativo ao exercício de 1966, consignarão verbas específicas destinadas ao serviço de juros e amortização decorrentes desta Lei, inclusive as dotações necessárias para cumprimento da cláusula de correção monetária, as quais serão distribuídas automaticamente ao Tesouro Nacional.

§ 5º O Poder Executivo, de acordo com autorização e as normas constantes deste artigo e dos parágrafos anteriores, regulamentará a expedição, condições e colocação dos Títulos da Dívida Agrária.

Art. 106. A lei que for baixada para institucionalização do crédito rural tecnificado nos termos do artigo 83 fixará as normas gerais a que devem satisfazer os fundos de garantia e as formas permitidas para aplicação dos recursos provenientes da colocação, relativamente aos Títulos da Dívida Agrária ou de Bônus Rurais, emitidos pelos Governos Estaduais, para que estes possam ter direito à coobrigação da União Federal.

Art. 107. Os litígios judiciais entre proprietários e arrendatários rurais obedecerão ao rito processual previsto pelo artigo 685, do Código do Processo Civil.

§ 1º Não terão efeito suspensivo os recursos interpostos contra as decisões proferidas nos processos de que trata o presente artigo.

§ 2º Os litígios relativos às relações de trabalho rural em geral, inclusive as reclamações de trabalhadores agrícolas, pecuários, agroindustriais ou extrativos, são de competência da Justiça do Trabalho, regendo-se o seu processo pelo rito processual trabalhista.

Art. 108. Para fins de enquadramento serão revistos, a partir da data da publicação desta Lei, os regulamentos, portarias, instruções, circulares e outras disposições administrativas ou técnicas expedidas pelos Ministérios e Repartições.

Art. 109. Observado o disposto nesta Lei, será permitido o reajustamento das prestações mensais de amortizações e juros e dos saldos devedores nos contratos de venda a prazo de:

I – lotes de terra com ou sem benfeitorias, em projetos de Reforma Agrária e em núcleos de colonização;

II – máquinas, equipamentos e implementos agrícolas, a cooperativas agrícolas ou entidades especializadas em prestação de serviço e assistência à mecanização;

III – instalação de indústrias de beneficiamento, para cooperativas agrícolas ou empresas rurais.

§ 1º O reajustamento de que trata este artigo será feito em intervalos não inferiores a um ano, proporcionalmente aos índices gerais de preços, fixados pelo Conselho Nacional de Economia.

§ 2º Os contratos relativos às operações referidas no inciso I, serão limitados ao prazo máximo de vinte anos; os relativos às do inciso II ao prazo máximo de cinco anos; e as referentes às do inciso III ao prazo máximo de quinze anos.

§ 3º A correção monetária ... VETADO ... não constituirá rendimento tributável dos seus beneficiários.

Art. 110. Será permitida a negociação nas Bolsas de Valores do País, warrants fornecidos pelos armazéns-gerais, silos e frigoríficos.

Art. 111. Os oficiais do Registro de Imóveis inscreverão obrigatoriamente os contratos de promessa de venda ou de hipoteca celebrados de acordo com a presente Lei, declarando expressamente que os valores deles constantes são meramente estimativos, estando sujeitos, como as prestações mensais, às correções de valor determinadas nesta Lei.

§ 1º Mediante simples requerimento, firmado por qualquer das partes contratantes, acompanhado da publicação oficial do índice de correção aplicado, os oficiais do Registro de Imóveis averbarão, à margem das respectivas instruções, as correções de valor determinadas por esta Lei, com indicação do novo valor do preço ou da dívida e do saldo respectivo, bem como da nova prestação contratual.

§ 2º Se o promitente comprador ou mutuário se recusar a assinar o requerimento de averbação das correções verificadas, ficará, não obstante, obrigado ao pagamento da nova prestação, podendo a entidade financiadora, se lhe convier, rescindir o contrato com notificação prévia no prazo de noventa dias.

Art. 112. Passa a ter a seguinte redação o artigo 38, alínea *b*, do Decreto nº 22.239, de 19 de dezembro de 1932, revigorado pelo Decreto-Lei nº 8.401, de 19 de dezembro de 1945:

"*b*) do beneficiamento, industrialização e venda em comum de produtos de origem extrativa, agrícola ou de criação de animais".

Art. 113. O Estabelecimento Rural do Tapajós, incorporado à Superintendência de Política Agrária pela Lei Delegada nº 11, de 11 de outubro de 1962, fica, para todos os efeitos legais e patrimoniais, transferido para o Ministério da Agricultura.

Art. 114. Para fins de regularização, os núcleos coloniais e as terras pertencentes ao antigo Instituto Nacional de Imigração e Colonização, incorporados à Superintendência de Política Agrária pela Lei Delegada referida no artigo anterior, serão transferidos:

a) ao Instituto Brasileiro de Reforma Agrária, os localizados nas áreas prioritárias de reforma agrária;

b) ao patrimônio do Instituto Nacional de Desenvolvimento Agrário, os situados nas demais áreas do país.

Art. 115. As atribuições conferidas à Superintendência de Política Agrária pela Lei Delegada nº 11, de 11 de outubro de 1962, e que não são transferidas para o Instituto Brasileiro de Reforma Agrária, ficam distribuídas pelos órgãos federais, na forma dos seguintes dispositivos:

I – para os órgãos próprios do Ministério da Agricultura, transferem-se as atribuições, de:

a) planejar e executar, direta ou indiretamente, programas de colonização visando à fixação e ao acesso à terra própria de agricultores e trabalhadores sem terra nacionais ou estrangeiros, radicados no país, mediante a formação de unidades familiares reunidas em cooperativas nas áreas de ocupação pioneira e, nos vazios demográficos e econômicos;

b) promover, supletivamente, a entrada de imigrantes necessários ao aperfeiçoamento e à difusão de métodos agrícolas mais avançados;

c) fixar diretrizes para o serviço de imigração e seleção de imigrantes, exercido pelo Ministério das Relações Exteriores, através de seus órgãos próprios de representação;

d) administrar, direta ou indiretamente, os núcleos de colonização fora das áreas prioritárias de Reforma Agrária;

II – para os órgãos próprios de representação do Ministério das Relações Exteriores, as atividades concernentes à seleção de imigrantes;

III – para os órgãos próprios do Ministério da Justiça e Negócios Interiores, os assuntos pertinentes à legalização de permanência, prorrogação e retificação de nacionalidade de estrangeiros, no território nacional;

IV – para a Divisão de Turismo e Certames, do Departamento Nacional de Comércio, do Ministério da Indústria e do Comércio, o registro e a fiscalização de empresas de turismo e venda de passagens;

V – para os órgãos próprios do Ministério do Trabalho e Previdência Social:

a) a assistência e o encaminhamento dos trabalhadores rurais migrantes de uma para outra região, à vista das necessidades do desenvolvimento harmônico do país;

b) a recepção dos imigrantes selecionados pelo Ministério das Relações Exteriores, encaminhando-os para áreas predeterminadas de acordo com as normas gerais convencionadas com o Ministério da Agricultura.

Art. 116. Fica revogada a Lei Delegada nº 11, de 11 de outubro de 1962, extinta a Superintendência de Política Agrária (SUPRA) e incorporados ao Instituto Brasileiro de Reforma Agrária, ao Ministério da Agricultura, ao Instituto Nacional do Desenvolvimento Agrário e aos demais Ministérios, na forma do artigo 115, para todos os efeitos legais, jurídicos e patrimoniais, os serviços, atribuições e bens patrimoniais, na forma do disposto nesta Lei.

Parágrafo único. São transferidos para o Instituto Brasileiro de Reforma Agrária e para o Instituto Nacional do Desenvolvimento Agrário, quando for o caso, os saldos das dotações orçamentárias e dos créditos especiais destinados à Superintendência de Política Agrária, inclusive os recursos financeiro arrecadados e os que forem a ela devidos até a data da promulgação da presente Lei.

Art. 117. As atividades do Serviço Social Rural, incorporados à Superintendência de Política Agrária pela Lei Delegada nº 11, de 11 de outubro de 1962, bem como o produto da arrecadação das contribuições criadas pela Lei nº 2.613, de 23 de setembro de 1955, serão transferidas, de acordo com o disposto nos seguintes incisos:

I – ao Instituto Nacional do Desenvolvimento Agrário caberão as atribuições relativas à extensão rural e cinquenta por cento da arrecadação;

II – ao órgão do Serviço Social da Previdência que atenderá aos trabalhos rurais, ... VETADO ... caberão as demais atribuições e cinquenta por cento da arrecadação. Enquanto não for criado esse órgão, suas atribuições e arrecadações serão da competência da autarquia referida no inciso I;

III – VETADO.

Art. 118. São extensivos ao Instituto Brasileiro de Reforma Agrária os privilégios da Fazenda Pública no tocante à cobrança dos seus créditos e processos em geral, custas, prazos de prescrição, imunidades tributárias e isenções fiscais.

Art. 119. Não poderão gozar dos benefícios desta Lei, inclusive a obtenção de financiamentos, empréstimos e outras facilidades financeiras, os proprietários de imóveis rurais, cujos certificados de cadastro os classifiquem na forma prevista no artigo 4º, inciso V.

§ 1º Os órgãos competentes do Instituto Brasileiro de Reforma Agrária e do Ministério da Agricultura, poderão acordar com o proprietário, a forma e o prazo de enquadramento do imóvel nos objetivos desta Lei, dando deste fato ciência aos estabelecimentos de crédito de economia mista.

§ 2º VETADO.

Art. 120. É instituído o Fundo Agroindustrial de Reconversão, com a finalidade de financiar projetos apresentados por proprietários cujos imóveis rurais tiverem sido desapropriados contra pagamento por meio de Títulos da Dívida Agrária.

§ 1º O Fundo, administrado pelo Banco Nacional do Desenvolvimento Econômico (BNDE), terá as seguintes fontes:

I – dez por cento do Fundo Nacional de Reforma Agrária;

II – recursos provenientes de empréstimos contraídos no país e no exterior;

III – resultado de suas operações;

IV – recursos próprios do Banco Nacional de Desenvolvimento Econômico ou de outras entidades governamentais que venham a ser atribuídos ao Fundo.

§ 2º O Fundo somente financiará projetos de desenvolvimento econômico agropecuário ou industrial, que satisfaçam as condições técnicas e econômicas estabelecidas pelo Banco Nacional de Desenvolvimento Econômico e que se enquadrem dentro dos critérios de propriedade fixados pelo Ministério Extraordinário para o Planejamento e Coordenação Econômica.

§ 3º Os encargos resultantes do financiamento, inclusive amortização e juros, serão liquidados em Títulos da Dívida Agrária.

§ 4º Dentro dos recursos do Fundo, o financiamento será concedido em total nunca superior a cinquenta por cento do montante dos Títulos da Dívida Agrária que tiverem entrado na composição do preço da desapropriação.

Art. 121. É o Poder Executivo autorizado a abrir, pelo Ministério da Agricultura, o crédito especial de CR$ 100.000.000,00 (cem milhões de cruzeiros) para atender às despesas de qualquer natureza com a instalação, organização e funcionamento do Instituto Brasileiro de Reforma Agrária, bem como as relativas ao cumprimento do disposto nesta Lei.

Art. 122. O Poder Executivo, dentro do prazo de cento e oitenta dias, a partir da publicação da presente Lei, deverá baixar a regulamentação necessária à sua execução.

Art. 123. O critério da tributação constante do Título III, Capítulo I, passará a vigorar a partir de 1º de janeiro de 1965.

Parágrafo único. Do Imposto Territorial Rural, calculado na forma do disposto no artigo 50 e seus parágrafos serão feitas, nos três primeiros anos de aplicação desta Lei, as seguintes deduções:

a) no primeiro ano, setenta e cinco por cento do acréscimo verificado entre o valor apurado e o imposto pago no último exercício anterior à aplicação da Lei;

b) no segundo ano, cinquenta por cento do acréscimo verificado entre o valor apurado naquele ano e o imposto pago no último exercício anterior à aplicação da Lei, com a correção monetária pelos índices do Conselho Nacional de Economia;

c) no terceiro ano, vinte e cinco por cento do acréscimo verificado para o respectivo ano, na forma do disposto na alínea anterior.

Art. 124. A aplicação do disposto no artigo 19, § 2º, *a* e *b*, só terá a vigência respectivamente a partir das datas de encerramento da inscrição do cadastro das propriedades agrícolas e da de declaração do Imposto de Renda relativa ao ano-base de 1964.

Art. 125. Dentro de dez anos contados da publicação da presente Lei ficam isentas do pagamento do imposto sobre lucro imobiliário as transmissões de imóveis rurais realizadas com o objetivo imediato de eliminar latifúndio ou efetuar reagrupamentos de glebas, no propósito de corrigir minifúndios, desde que tais objetivos sejam verificados pelo Instituto Brasileiro de Reforma Agrária.

Art. 126. A Carteira de Colonização do Banco do Brasil, sem prejuízo de suas atribuições legais, atuará como entidade financiadora nas operações de venda de lotes rurais ... VETADO ...

§ 1º As Letras Hipotecárias que o Banco do Brasil está autorizado a emitir, em provimento de recursos e em empréstimos da sua Carteira de Colonização, poderão conter cláusula de garantia contra eventual desvalorização de moeda, de acordo com índices que forem sugeridos pelo Conselho Nacional de Economia, assegurando ao mesmo Banco o ressarcimento de prejuízos já previstos no artigo 4º da Lei nº 2.237, de 19 de junho de 1954.

§ 2º Caberá à Diretoria do Banco do Brasil fixar o limite do valor dos empréstimos que o Banco fica autorizado a realizar no país ou no estrangeiro para aplicação, pela sua Carteira de Colonização, revogado, portanto o limite estabelecido no parágrafo único do artigo 8º da Lei nº 2.237, de 19 de junho de 1954, e as disposições em contrário.

Art. 127. VETADO.

Art. 128. Esta Lei entrará em vigor na data de sua publicação, revogadas as disposições em contrário.

Brasília, 30 de novembro de 1964;
143º da Independência e
76º da República.

H. Castello Branco

LEI Nº 4.591, DE 16 DE DEZEMBRO DE 1964

Dispõe sobre o condomínio em edificações e as incorporações imobiliárias.

▸ Publicada no *DOU* de 21-12-1964 e retificada no *DOU* de 1º-2-1965.

TÍTULO I – DO CONDOMÍNIO

Art. 1º As edificações ou conjuntos de edificações, de um ou mais pavimentos, construídos sob a forma de unidades isoladas entre si, destinadas a fins residenciais ou não residenciais, poderão ser alienados, no todo ou em parte, objetivamente considerados, e constituirá, cada unidade, propriedade autônoma sujeita às limitações desta Lei.

§ 1º Cada unidade será assinalada por designação especial, numérica ou alfabética, para efeitos de identificação e discriminação.

§ 2º A cada unidade caberá, como parte inseparável, uma fração ideal do terreno e coisas comuns, expressa sob forma decimal ou ordinária.

Art. 2º Cada unidade com saída para a via pública, diretamente ou por processo de passagem comum, será sempre tratada como objeto de propriedade exclusiva, qualquer que seja o número de suas peças e sua destinação, inclusive (VETADO) edifício-garagem, com ressalva das restrições que se lhe imponham.

§ 1º O direito à guarda de veículos nas garagens ou locais a isso destinados nas edificações ou conjuntos de edificações será tratado como objeto de propriedade exclusiva, com ressalva das restrições que ao mesmo sejam impostas por instrumentos contratuais adequados, e será vinculada à unidade habitacional a que corresponder, no caso de não lhe ser atribuída fração ideal específica de terreno.

§ 2º O direito de que trata o § 1º deste artigo poderá ser transferido a outro condômino independentemente da alienação da unidade a que corresponder, vedada sua transferência a pessoas estranhas ao condomínio.

§ 3º Nos edifícios-garagem, às vagas serão atribuídas frações ideais de terreno específicas.

Art. 3º O terreno em que se levantam a edificação ou o conjunto de edificações e suas instalações, bem como as fundações, paredes externas, o teto, as áreas internas de ventilação, e tudo o mais que sirva a qualquer dependência de uso comum dos proprietários ou titulares de direito à aquisição de unidades ou ocupantes, constituirão condomínio de todos, e serão insuscetíveis de divisão, ou de alienação destacada da respectiva unidade. Serão, também, insuscetíveis de utilização exclusiva por qualquer condômino (VETADO).

Art. 4º A alienação de cada unidade, a transferência de direitos pertinentes à sua aquisição e a constituição de direitos reais sobre ela independerão do consentimento dos condôminos (VETADO).

Parágrafo único. A alienação ou transferência de direitos de que trata este artigo dependerá de prova de quitação das obrigações do alienante para com o respectivo condomínio.

Art. 5º O condomínio por meação de parede, soalhos e tetos das unidades isoladas regular-se-á pelo disposto no Código Civil, no que lhe for aplicável.

Art. 6º Sem prejuízo do disposto nesta Lei, regular-se-á pelas disposições de direito comum o condomínio por quota ideal de mais de uma pessoa sobre a mesma unidade autônoma.

Art. 7º O condomínio por unidades autônomas instituir-se-á por ato entre vivos ou por testamento, com inscrição obrigatória no registro de imóveis, dele constando: a individualização de cada unidade, sua identificação e discriminação, bem como a fração ideal sobre o terreno e partes comuns, atribuída a cada unidade, dispensando-se a descrição interna da unidade.

Art. 8º Quando, em terreno onde não houver edificação, o proprietário, o promitente comprador, o cessionário deste ou promitente cessionário sobre ele desejar erigir mais de uma edificação, observar-se-á também o seguinte:

a) em relação às unidades autônomas que se constituírem em casas térreas ou assobradadas, será discriminada a parte do terreno ocupada pela edificação e também aquela eventualmente reservada como de utilização exclusiva dessas casas, como jardim e quintal, bem assim a fração ideal do todo do terreno e de partes comuns, que corresponderá às unidades;

b) em relação às unidades autônomas que constituírem edifícios de dois ou mais pavimentos, será discriminada a parte do terreno ocupada pela edificação, aquela que eventualmente for reservada como de utilização exclusiva, correspondente às unidades do edifício, e ainda a fração ideal do todo do terreno e de partes comuns que corresponderá a cada uma das unidades;

c) serão discriminadas as partes do total do terreno que poderão ser utilizadas em comum pelos titulares de direito sobre os vários tipos de unidades autônomas;

d) serão discriminadas as áreas que se constituírem em passagem comum para as vias públicas ou para as unidades entre si.

CAPÍTULO II

DA CONVENÇÃO DE CONDOMÍNIO

Art. 9º Os proprietários, promitentes compradores, cessionários ou promitentes cessionários dos direitos pertinentes à aquisição de unidades autônomas, em edificações a serem construídas, em construção ou já construídas, elaborarão, por escrito, a convenção de condomínio, e deverão, também, por contrato ou por deliberação, em assembleia, aprovar o regimento interno da edificação ou conjunto de edificações.

§ 1º Far-se-á o registro da convenção no registro de imóveis, bem como a averbação das suas eventuais alterações.

§ 2º Considera-se aprovada, e obrigatória para os proprietários de unidades, promitentes compradores, cessionários e promitentes cessionários, atuais e futuros, como para qualquer ocupante, a convenção que reúna as assinaturas de titulares de direitos que representem, no mínimo, dois terços das frações ideais que compõem o condomínio.

§ 3º Além de outras normas aprovadas pelos interessados, a convenção deverá conter:

a) a discriminação das partes de propriedade exclusiva e as de condomínio, com especificações das diferentes áreas;

b) o destino das diferentes partes;

c) o modo de usar as coisas e serviços comuns;

d) encargos, forma e proporção das contribuições dos condôminos para as despesas de custeio e para as extraordinárias;

e) o modo de escolher o síndico e o conselho consultivo;

f) as atribuições do síndico, além das legais;

g) a definição da natureza gratuita ou remunerada de suas funções;

h) o modo e o prazo de convocação das assembleias-gerais dos condôminos;

i) o *quorum* para os diversos tipos de votações;

j) a forma de contribuição para constituição de fundo de reserva;

l) a forma e o *quorum* para as alterações de convenção;

m) a forma e o *quorum* para a aprovação do regimento interno quando não incluídos na própria convenção.

§ 4º No caso de conjunto de edificações, a que se refere o artigo 8º, a convenção de condomínio fixará os direitos e as relações de propriedade entre os condôminos das várias edificações, podendo estipular formas pelas quais se possam desmembrar e alienar porções do terreno, inclusive as edificadas.

Art. 10. É defeso a qualquer condômino:

I – alterar a forma externa da fachada;

II – decorar as partes e esquadrias externas com tonalidades ou cores diversas das empregadas no conjunto da edificação;

III – destinar a unidade a utilização diversa de finalidade do prédio, ou usá-la de forma nociva ou perigosa ao sossego, à salubridade e à segurança dos demais condôminos;

IV – embaraçar o uso das partes comuns.

§ 1º O transgressor ficará sujeito ao pagamento de multa prevista na convenção ou no regulamento do condomínio, além de ser compelido a desfazer a obra ou abster-se da prática do ato, cabendo, ao síndico, com autorização judicial, mandar desmanchá-la, à custa do transgressor, se este não a desfizer no prazo que lhe for estipulado.

§ 2º O proprietário ou titular de direito à aquisição de unidade poderá fazer obra que (VETADO) ou modifique sua fachada, se obtiver a aquiescência da unanimidade dos condôminos.

Art. 11. Para efeitos tributários, cada unidade autônoma será tratada como prédio isolado, contribuindo o respectivo condômino, diretamente, com as importâncias relativas aos impostos e taxas federais, estaduais e municipais, na forma dos respectivos lançamentos.

CAPÍTULO III

DAS DESPESAS DO CONDOMÍNIO

Art. 12. Cada condômino concorrerá nas despesas do condomínio, recolhendo, nos prazos previstos na convenção, a quota-parte que lhe couber em rateio.

§ 1º Salvo disposição em contrário na convenção, a fixação da quota do rateio corresponderá à fração ideal do terreno de cada unidade.

§ 2º Cabe ao síndico arrecadar as contribuições, competindo-lhe promover, por via executiva, a cobrança judicial das quotas atrasadas.

§ 3º O condômino que não pagar a sua contribuição no prazo fixado na convenção fica sujeito ao juro moratório de um por cento ao mês, e multa de até vinte por cento sobre o débito, que será atualizado, se o estipular a convenção, com a aplicação dos índices de correção monetária levantados pelo Conselho Nacional de Economia, no caso de mora por período igual ou superior a seis meses.

§ 4º As obras que interessarem à estrutura integral da edificação ou conjunto de edificações, ou ao serviço comum, serão feitas com o concurso pecuniário de todos os proprietários ou titulares de direito à aquisição de unidades, mediante orçamento prévio aprovado em assembleia-geral, podendo incumbir-se de sua execução o síndico, ou outra pessoa, com aprovação da assembleia.

§ 5º A renúncia de qualquer condômino aos seus direitos, em caso algum valerá como escusa para exonerá-lo de seus encargos.

CAPÍTULO IV

DO SEGURO, DO INCÊNDIO, DA DEMOLIÇÃO E DA RECONSTRUÇÃO OBRIGATÓRIA

Art. 13. Proceder-se-á ao seguro da edificação ou do conjunto de edificações, neste caso, discriminadamente, abrangendo todas as unidades autônomas e partes comuns, contra incêndio ou outro sinistro que cause destruição no todo ou em parte, computando-se o prêmio nas despesas ordinárias do condomínio.

Parágrafo único. O seguro de que trata este artigo será obrigatoriamente feito dentro de cento e vinte dias, contados da data da concessão do "habite-se", sob pena de ficar o condomínio sujeito à multa mensal equivalente a um doze avos do imposto predial, cobrável executivamente pela municipalidade.

Art. 14. Na ocorrência de sinistro total, ou que destrua mais de dois terços de uma edificação, seus condôminos reunir-se-ão em assembleia especial, e deliberarão sobre a sua reconstrução ou venda do terreno e materiais, por *quorum* mínimo de votos que representem metade mais uma das frações ideais do respectivo terreno.

§ 1º Rejeitada a proposta de reconstrução, a mesma assembleia, ou outra para este fim convocada, decidirá, pelo mesmo *quorum*, do destino a ser dado ao terreno, e aprovará a partilha do valor do seguro entre os condôminos, sem prejuízo do que receber cada um pelo seguro facultativo de sua unidade.

§ 2º Aprovada, a reconstrução será feita, guardados, obrigatoriamente, o mesmo destino, a mesma forma externa e a mesma disposição interna.

§ 3º Na hipótese do parágrafo anterior, a minoria não poderá ser obrigada a contribuir para a reedificação, caso em que a maioria poderá adquirir as partes dos dissidentes, mediante avaliação judicial, feita em vistoria.

Art. 15. Na hipótese de que trata o § 3º do artigo antecedente, à maioria poderão ser adjudicadas, por sentença, as frações ideais da minoria.

§ 1º Como condição para o exercício da ação prevista neste artigo, com a inicial, a maioria oferecerá e depositará, à disposição do juízo, as importâncias arbitradas na vistoria para avaliação, prevalecendo as de eventual desempatador.

§ 2º Feito o depósito de que trata o parágrafo anterior, o juiz, liminarmente, poderá autorizar a adjudicação à maioria, e a minoria poderá levantar as importâncias depositadas; o oficial de registro de imóveis, nestes casos, fará constar do registro que a adjudicação foi resultante de medida liminar.

§ 3º Feito o depósito, será expedido o mandado de citação, com o prazo de dez dias para a contestação (VETADO).

§ 4º Se não contestado, o juiz, imediatamente, julgará o pedido.

§ 5º Se contestado o pedido, seguirá o processo o rito ordinário.

§ 6º Se a sentença fixar valor superior ao da avaliação feita na vistoria, o condomínio, em execução, restituirá à minoria a respectiva diferença, acrescida de juros de mora à razão de um por cento ao mês, desde a data da concessão de eventual liminar, ou pagará o total devido, com os juros da mora a contar da citação.

§ 7º Transitada em julgado a sentença, servirá ela de título definitivo para a maioria, que deverá registrá-la no registro de imóveis.

§ 8º A maioria poderá pagar e cobrar da minoria, em execução de sentença, encargos fiscais necessários à adjudicação definitiva a cujo pagamento se recusar a minoria.

Art. 16. Em caso de sinistro que destrua menos de dois terços da edificação, o síndico promoverá o recebimento do seguro e a reconstrução ou os reparos nas partes danificadas.

Art. 17. Os condôminos que representem, pelo menos, dois terços do total de unidades isoladas e frações ideais correspondentes a oitenta por cento do terreno e coisas comuns poderão decidir sobre a demolição e reconstrução do prédio, ou sua alienação, por motivos urbanísticos ou arquitetônicos, ou, ainda, no caso de condenação do edifício pela autoridade pública, em razão de sua insegurança ou insalubridade.

§ 1º A minoria não fica obrigada a contribuir para as obras, mas assegura-se à maioria o direito de adquirir as partes dos dissidentes, mediante avaliação judicial, aplicando-se o processo previsto no artigo 15.

§ 2º Ocorrendo desgaste, pela ação do tempo, das unidades habitacionais de uma edificação, que deprecie seu valor unitário em relação ao valor global do terreno onde se acha construída, os condôminos, pelo *quorum* mínimo de votos que representem dois terços das unidades isoladas e frações ideais correspondentes a oitenta por cento do terreno e coisas comuns, poderão decidir por sua alienação total, procedendo-se em relação à minoria na forma estabelecida no artigo 15, e seus parágrafos, desta Lei.

§ 3º Decidida por maioria a alienação do prédio, o valor atribuído à quota dos condôminos vencidos será correspondente ao preço efetivo e, no mínimo, à avaliação prevista no § 2º ou, a critério desses, a imóvel localizado em área próxima ou adjacente com a mesma área útil de construção.

Art. 18. A aquisição parcial de uma edificação, ou de um conjunto de edificações, ainda que por força de desapropriação, importará no ingresso do adquirente no condomínio, ficando sujeito às disposições desta Lei, bem assim às da convenção do condomínio e do regulamento interno.

CAPÍTULO V

UTILIZAÇÃO DA EDIFICAÇÃO OU DO CONJUNTO DE EDIFICAÇÕES

Art. 19. Cada condômino tem o direito de usar e fruir, com exclusividade, de sua unidade autônoma, segundo suas conveniências e interesses, condicionados, umas e outros, às normas de boa vizinhança, e poderá usar as partes e coisas comuns de maneira a não causar dano ou incômodo aos demais condôminos ou moradores, nem obstáculo ou embaraço ao bom uso das mesmas partes por todos.

Parágrafo único. VETADO.

Art. 20. Aplicam-se ao ocupante do imóvel, a qualquer título, todas as obrigações referentes ao uso, fruição e destino da unidade.

Art. 21. A violação de qualquer dos deveres estipulados na Convenção sujeitará o infrator à multa fixada na própria Convenção ou no Regimento Interno, sem prejuízo da responsabilidade civil ou criminal que, no caso, couber.

Parágrafo único. Compete ao síndico a iniciativa do processo e a cobrança da multa, por via executiva, em benefício do condomínio e, em caso de omitir-se ele, a qualquer condômino.

CAPÍTULO VI

DA ADMINISTRAÇÃO DO CONDOMÍNIO

Art. 22. Será eleito, na forma prevista pela Convenção, um síndico do condomínio, cujo mandato não poderá exceder a dois anos, permitida a reeleição.

§ 1º Compete ao síndico:

a) representar, ativa e passivamente, o condomínio, em juízo ou fora dele, e praticar os atos de defesa dos interesses comuns, nos limites das atribuições conferidas por esta Lei ou pela Convenção;

b) exercer a administração interna da edificação ou do conjunto de edificações, no que respeita à sua vigilância, moralidade e segurança, bem como aos serviços que interessam a todos os moradores;

c) praticar os atos que lhe atribuírem as leis, a Convenção e o Regimento Interno;

d) impor as multas estabelecidas na Lei, na convenção ou no Regimento Interno;

e) cumprir e fazer cumprir a Convenção e o Regimento Interno, bem como executar e fazer executar as deliberações da assembleia;

f) prestar contas à assembleia dos condôminos;

g) manter guardada durante o prazo de cinco anos, para eventuais necessidades de verificação contábil, toda a documentação relativa ao condomínio.

§ 2º As funções administrativas podem ser delegadas a pessoas de confiança do síndico, e sob a sua inteira responsabilidade, mediante aprovação da assembleia-geral dos condôminos.

§ 3º A Convenção poderá estipular que dos atos do síndico caiba recurso para a assembleia, convocada pelo interessado.

§ 4º Ao síndico, que poderá ser condômino ou pessoa física ou jurídica estranha ao condomínio, será fixada a remuneração pela mesma assembleia que o eleger, salvo se a Convenção dispuser diferentemente.

§ 5º O síndico poderá ser destituído, pela forma e sob as condições previstas na Convenção, ou, no silêncio desta, pelo voto de dois terços dos condôminos, presentes, em assembleia-geral especialmente convocada.

§ 6º A Convenção poderá prever a eleição de subsíndicos, definindo-lhes atribuições e fixando-lhes o mandato, que não poderá exceder de dois anos, permitida a reeleição.

Art. 23. Será eleito, na forma prevista na Convenção, um Conselho Consultivo, constituído de três condôminos, com mandatos que não poderão exceder de dois anos, permitida a reeleição.

Parágrafo único. Funcionará o conselho como órgão consultivo do síndico, para assessorá-lo na solução dos problemas que digam respeito ao condomínio, podendo a Convenção definir suas atribuições específicas.

CAPÍTULO VII

DA ASSEMBLEIA-GERAL

Art. 24. Haverá, anualmente, uma assembleia-geral ordinária dos condôminos, convocada pelo síndico na forma prevista na Convenção, à qual compete, além das demais matérias inscritas na ordem do dia, aprovar, por maioria dos presentes, as verbas para as despesas de condomínio, compreendendo as de conservação da edificação ou conjunto de edificações, manutenção de seus serviços e correlatas.

§ 1º As decisões da assembleia, tomadas, em cada caso, pelo *quorum* que a Convenção fixar, obrigam todos os condôminos.

§ 2º O síndico, nos oito dias subsequentes à assembleia, comunicará aos condôminos o que tiver sido deliberado, inclusive no tocante à previsão orçamentária, o rateio das despesas, e promoverá a arrecadação, tudo na forma que a Convenção previr.

§ 3º Nas assembleias-gerais, os votos serão proporcionais às frações ideais do terreno e partes comuns, pertencentes a cada condômino, salvo disposição diversa da Convenção.

§ 4º Nas decisões da assembleia que não envolvam despesas extraordinárias do condomínio, o locatário poderá votar, caso o condômino-locador a ela não compareça.

► § 4º com a redação dada pela Lei nº 9.267, de 25-3-1996.

Art. 25. Ressalvado o disposto no § 3º do artigo 22, poderá haver assembleias-gerais extraordinárias, convocadas pelo síndico ou por condôminos que representem um quarto, no mínimo, do condomínio, sempre que o exigirem os interesses gerais.

Parágrafo único. Salvo estipulação diversa da Convenção, esta só poderá ser modificada em assembleia-geral extraordinária, pelo voto mínimo de condôminos que representem dois terços do total das frações ideais.

Art. 26. VETADO.

Art. 27. Se a assembleia não se reunir para exercer qualquer dos poderes que lhe competem, quinze dias após o pedido de convocação, o juiz decidirá a respeito, mediante requerimento dos interessados.

TÍTULO II – DAS INCORPORAÇÕES

CAPÍTULO I

DISPOSIÇÕES GERAIS

Art. 28. As incorporações imobiliárias, em todo o território nacional, reger-se-ão pela presente Lei.

Parágrafo único. Para efeito desta Lei, considera-se incorporação imobiliária a atividade exercida com o intuito de promover e realizar a construção, para alienação total ou parcial, de edificações, ou conjunto de edificações compostas de unidades autônomas (VETADO).

Art. 29. Considera-se incorporador a pessoa física ou jurídica, comerciante ou não, que, embora não efetuando a construção, compromisse ou efetive a venda de frações ideais de terreno objetivando a vinculação de tais frações a unidades autônomas (VETADO), em edificações a serem construídas ou em construção sob regime condominial, ou que meramente aceita propostas para efetivação de tais transações, coordenando e levando a termo a incorporação e responsabilizando-se, conforme o caso, pela entrega, a certo prazo, preço e determinadas condições, das obras concluídas.

Parágrafo único. Presume-se a vinculação entre a alienação das frações do terreno e o negócio de construção, se, ao ser contratada a venda, ou promessa de venda ou de cessão das frações de terreno, já houver sido aprovado e estiver em vigor, ou pender de aprovação de autoridade administrativa, o respectivo projeto de construção, respondendo o alienante como incorporador.

Art. 30. Estende-se a condição de incorporador aos proprietários e titulares de direitos aquisitivos que contratem a construção de edifícios que se destinem a constituição em condomínio, sempre que iniciarem as alienações antes da conclusão das obras.

Arts. 30-A a 30-G. *Revogados.* Lei nº 10.931, de 2-8-2004.

Art. 31. A iniciativa e a responsabilidade das incorporações imobiliárias caberão ao incorporador, que somente poderá ser:

a) o proprietário do terreno, o promitente comprador, o cessionário deste ou promitente cessionário com título que satisfaça os requisitos da alínea *a* do artigo 32;

b) o construtor (Decretos nºs 23.569, de 11-12-1933, e 3.995, de 31-12-1941, e Decreto-Lei nº 8.620, de 10-1-1946) ou corretor de imóveis (Lei nº 4.116, de 27-8-1962);

c) o ente da Federação imitido na posse a partir de decisão proferida em processo judicial de desapropriação em curso ou o cessionário deste, conforme comprovado mediante registro no registro de imóveis competente.

► Alínea *c* com a redação dada pela Lei nº 12.424, de 16-6-2011 (*DOU* de 17-6-2011 e republicada no *DOU* de 20-6-2011).

§ 1º No caso da alínea *b*, o incorporador será investido, pelo proprietário do terreno, o promitente comprador e cessionário deste ou o promitente cessionário, de mandato outorgado por instrumento público, onde se faça menção expressa desta Lei e se transcreva o disposto no § 4º do artigo 35, para concluir todos os negócios tendentes à alienação das frações ideais do terreno, mas se obrigará pessoalmente pelos atos que praticar na qualidade de incorporador.

§ 2º Nenhuma incorporação poderá ser proposta à venda sem a indicação expressa do incorporador, devendo também seu nome permanecer indicado ostensivamente no local da construção.

§ 3º Toda e qualquer incorporação, independentemente da forma por que seja constituída, terá um ou mais incorporadores solidariamente responsáveis, ainda que em fase subordinada a período de carência, referido no artigo 34.

CAPÍTULO I-A

DO PATRIMÔNIO DE AFETAÇÃO

► Lei nº 10.931, de 2-8-2004, dispõe sobre o patrimônio de afetação de incorporações imobiliárias, Letra de Crédito Imobiliário, Cédula de Crédito Imobiliário e Cédula de Crédito Bancário.

Art. 31-A. A critério do incorporador, a incorporação poderá ser submetida ao regime da afetação, pelo qual o terreno e as acessões objeto de incorporação imobiliária, bem como os demais bens e direitos a ela vinculados, manter-se-ão apartados do patrimônio do incorporador e constituirão patrimônio de afetação, destinado à consecução da incorporação correspondente e à entrega das unidades imobiliárias aos respectivos adquirentes.

§ 1º O patrimônio de afetação não se comunica com os demais bens, direitos e obrigações do patrimônio geral do incorporador ou de outros patrimônios de afetação por ele constituídos e só responde por dívidas e obrigações vinculadas à incorporação respectiva.

§ 2º O incorporador responde pelos prejuízos que causar ao patrimônio de afetação.

§ 3º Os bens e direitos integrantes do patrimônio de afetação somente poderão ser objeto de garantia real em operação de crédito cujo produto seja integralmente destinado à consecução da edificação correspondente e à entrega das unidades imobiliárias aos respectivos adquirentes.

§ 4º No caso de cessão, plena ou fiduciária, de direitos creditórios oriundos da comercialização das unidades imobiliárias componentes da incorporação, o produto da cessão também passará a integrar o patrimônio de afetação, observado o disposto no § 6º.

§ 5º As quotas de construção correspondentes a acessões vinculadas a frações ideais serão pagas pelo incorporador até que a responsabilidade pela sua construção tenha sido assumida por terceiros, nos termos da parte final do § 6º do art. 35.

§ 6º Os recursos financeiros integrantes do patrimônio de afetação serão utilizados para pagamento ou reembolso das despesas inerentes à incorporação.

§ 7º O reembolso do preço de aquisição do terreno somente poderá ser feito quando da alienação das unidades autônomas, na proporção das respectivas frações ideais, considerando-se tão somente os valores efetivamente recebidos pela alienação.

§ 8º Excluem-se do patrimônio de afetação:

I – os recursos financeiros que excederem a importância necessária à conclusão da obra (art. 44), considerando-se os valores a receber até sua conclusão e, bem assim, os recursos necessários à quitação de financiamento para a construção, se houver; e

II – o valor referente ao preço de alienação da fração ideal de terreno de cada unidade vendida, no caso de incorporação em que a construção seja contratada sob o regime por empreitada (art. 55) ou por administração (art. 58).

§ 9º No caso de conjuntos de edificações de que trata o art. 8º, poderão ser constituídos patrimônios de afetação separados, tantos quantos forem os:

I – subconjuntos de casas para as quais esteja prevista a mesma data de conclusão (art. 8º, alínea *a*); e

II – edifícios de dois ou mais pavimentos (art. 8º, alínea *b*).

§ 10. A constituição de patrimônios de afetação separados de que trata o § 9º deverá estar declarada no memorial de incorporação.

§ 11. Nas incorporações objeto de financiamento, a comercialização das unidades deverá contar com a anuência da instituição financiadora ou deverá ser a ela cientificada, conforme vier a ser estabelecido no contrato de financiamento.

§ 12. A contratação de financiamento e constituição de garantias, inclusive mediante transmissão, para o credor, da propriedade fiduciária sobre as unidades imobiliárias integrantes da incorporação, bem como a cessão, plena ou fiduciária, de direitos creditórios decorrentes da comercialização dessas unidades, não implicam a transferência para o credor de nenhuma das obrigações ou responsabilidades do cedente, do incorporador ou do construtor, permanecendo estes como únicos responsáveis pelas obrigações e pelos deveres que lhes são imputáveis.

Art. 31-B. Considera-se constituído o patrimônio de afetação mediante averbação, a qualquer tempo, no Registro de Imóveis, de termo firmado pelo incorporador e, quando for o caso, também pelos titulares de direitos reais de aquisição sobre o terreno.

Parágrafo único. A averbação não será obstada pela existência de ônus reais que tenham sido constituídos sobre o imóvel objeto da incorporação para garantia do pagamento do preço de sua aquisição ou do cumprimento de obrigação de construir o empreendimento.

Art. 31-C. A Comissão de Representantes e a instituição financiadora da construção poderão nomear, às suas expensas, pessoa física ou jurídica para fiscalizar e acompanhar o patrimônio de afetação.

§ 1º A nomeação a que se refere o *caput* não transfere para o nomeante qualquer responsabilidade pela qualidade da obra, pelo prazo de entrega do imóvel ou por qualquer outra obrigação decorrente da responsabilidade do incorporador ou do construtor, seja legal ou a oriunda dos contratos de alienação das unidades imobiliárias, de construção e de outros contratos eventualmente vinculados à incorporação.

§ 2º A pessoa que, em decorrência do exercício da fiscalização de que trata o *caput* deste artigo, obtiver acesso às informações comerciais, tributárias e de qualquer outra natureza referentes ao patrimônio afetado responderá pela falta de zelo, dedicação e sigilo destas informações.

§ 3º A pessoa nomeada pela instituição financiadora deverá fornecer cópia de seu relatório ou parecer à Comissão de Representantes, a requerimento desta, não constituindo esse fornecimento quebra de sigilo de que trata o § 2º deste artigo.

Art. 31-D. Incumbe ao incorporador:

I – promover todos os atos necessários à boa administração e à preservação do patrimônio de afetação, inclusive mediante adoção de medidas judiciais;

II – manter apartados os bens e direitos objeto de cada incorporação;

III – diligenciar a captação dos recursos necessários à incorporação e aplicá-los na forma prevista nesta Lei, cuidando de preservar os recursos necessários à conclusão da obra;

IV – entregar à Comissão de Representantes, no mínimo a cada três meses, demonstrativo do estado da obra e de sua correspondência com o prazo pactuado ou com os recursos financeiros que integrem o patrimônio de afetação recebidos no período, firmados por profissionais habilitados, ressalvadas eventuais modificações sugeridas pelo incorporador e aprovadas pela Comissão de Representantes;

V – manter e movimentar os recursos financeiros do patrimônio de afetação em conta de depósito aberta especificamente para tal fim;

VI – entregar à Comissão de Representantes balancetes coincidentes com o trimestre civil, relativos a cada patrimônio de afetação;

VII – assegurar à pessoa nomeada nos termos do art. 31-C o livre acesso à obra, bem como aos livros, contratos, movimentação da conta de depósito exclusiva referida no inciso V deste artigo e quaisquer outros documentos relativos ao patrimônio de afetação; e

VIII – manter escrituração contábil completa, ainda que esteja desobrigado pela legislação tributária.

Art. 31-E. O patrimônio de afetação extinguir-se-á pela:

I – averbação da construção, registro dos títulos de domínio ou de direito de aquisição em nome dos respectivos adquirentes e, quando for o caso, extinção das obrigações do incorporador perante a instituição financiadora do empreendimento;

II – revogação em razão de denúncia da incorporação, depois de restituídas aos adquirentes as quantias por eles pagas (art. 36), ou de outras hipóteses previstas em lei; e

III – liquidação deliberada pela assembleia-geral nos termos do art. 31-F, § 1º.

Art. 31-F. Os efeitos da decretação da falência ou da insolvência civil do incorporador não atingem os patrimônios de afetação constituídos, não integrando a massa concursal o terreno, as acessões e demais bens, direitos creditórios, obrigações e encargos objeto da incorporação.

§ 1º Nos sessenta dias que se seguirem à decretação da falência ou da insolvência civil do incorporador, o condomínio dos adquirentes, por convocação da sua Comissão de Representantes ou, na sua falta, de um sexto dos titulares de frações ideais, ou, ainda, por determinação do juiz prolator da decisão, realizará assembleia-geral, na qual, por maioria simples, ratificará o mandato da Comissão de Representantes ou elegerá novos membros, e, em primeira convocação, por dois terços dos votos dos adquirentes ou, em segunda convocação, pela maioria absoluta desses votos, instituirá o condomínio da construção, por instrumento público ou particular, e deliberará sobre os termos da continuação da obra ou da liquidação do patrimônio de afetação (art. 43, inciso III); havendo financiamento para construção, a convocação poderá ser feita pela instituição financiadora.

§ 2º O disposto no § 1º aplica-se também à hipótese de paralisação das obras prevista no art. 43, inciso VI.

§ 3º Na hipótese de que tratam os §§ 1º e 2º, a Comissão de Representantes ficará investida de mandato irrevogável para firmar com os adquirentes das unidades autônomas o contrato definitivo a que estiverem obrigados o incorporador, o titular do domínio e o titular dos direitos aquisitivos do imóvel objeto da incorporação em decorrência de contratos preliminares.

§ 4º O mandato a que se refere o § 3º será válido mesmo depois de concluída a obra.

§ 5º O mandato outorgado à Comissão de Representantes confere poderes para transmitir domínio, direito, posse e ação, manifestar a responsabilidade do alienante pela evicção e imitir os adquirentes na posse das unidades respectivas.

§ 6º Os contratos definitivos serão celebrados mesmo com os adquirentes que tenham obrigações a cumprir perante o incorporador ou a instituição financiadora, desde que comprovadamente adimplentes, situação em que a outorga do contrato fica condicionada à constituição de garantia real sobre o imóvel, para assegurar o pagamento do débito remanescente.

§ 7º Ainda na hipótese dos §§ 1º e 2º, a Comissão de Representantes ficará investida de mandato irrevogável para, em nome dos adquirentes, e em cumprimento da decisão da assembleia-geral que deliberar pela liquidação do patrimônio de afetação, efetivar a alienação do terreno e das acessões, transmitindo posse, direito, domínio e ação, manifestar a responsabilidade pela evicção, imitir os futuros adquirentes na posse do terreno e das acessões.

§ 8º Na hipótese do § 7º, será firmado o respectivo contrato de venda, promessa de venda ou outra modalidade de contrato compatível com os direitos objeto da transmissão.

§ 9º A Comissão de Representantes cumprirá o mandato nos termos e nos limites estabelecidos pela deliberação da assembleia-geral e prestará contas aos adquirentes, entregando-lhes o produto líquido da alienação, no prazo de cinco dias da data em que tiver recebido o preço ou cada parcela do preço.

§ 10. Os valores pertencentes aos adquirentes não localizados deverão ser depositados em Juízo pela Comissão de Representantes.

§ 11. Caso decidam pela continuação da obra, os adquirentes ficarão automaticamente sub-rogados nos direitos, nas obrigações e nos encargos relativos à incorporação, inclusive aqueles relativos ao contrato de financiamento da obra, se houver.

§ 12. Para os efeitos do § 11 deste artigo, cada adquirente responderá individualmente pelo saldo porventura existente entre as receitas do empreendimento e o custo da conclusão da incorporação na proporção dos coeficientes de construção atribuíveis às respectivas unidades, se outro critério de rateio não for deliberado em assembleia-geral por dois terços dos votos dos adquirentes, observado o seguinte:

I – os saldos dos preços das frações ideais e acessões integrantes da incorporação que não tenham sido pagos ao incorporador até a data da decretação da falência ou da insolvência civil passarão a ser pagos à Comissão de Representantes, permanecendo o somatório desses recursos submetido à afetação, nos termos do art. 31-A, até o limite necessário à conclusão da incorporação;

II – para cumprimento do seu encargo de administradora da incorporação, a Comissão de Representantes fica investida de mandato legal, em caráter irrevogável, para, em nome do incorporador ou do condomínio de construção, conforme o caso, receber as parcelas do saldo do preço e dar quitação, bem como promover as medidas extrajudiciais ou judiciais necessárias a esse recebimento, praticando todos os atos relativos ao leilão de que trata o art. 63 ou os atos relativos à consolidação da propriedade e ao leilão de que tratam os arts. 26 e 27 da Lei nº 9.514, de 20 de novembro de 1997, devendo realizar a garantia e aplicar na incorporação todo o produto do recebimento do saldo do preço e do leilão;

III – consideram-se receitas do empreendimento os valores das parcelas a receber, vincendas e vencidas e ainda não pagas, de cada adquirente, correspondentes ao preço de aquisição das respectivas unidades ou do preço de custeio de construção, bem como os recursos disponíveis afetados; e

IV – compreendem-se no custo de conclusão da incorporação todo o custeio da construção do edifício e a averbação da construção das edificações para efeito de individualização e discriminação das unidades, nos termos do art. 44.

§ 13. Havendo saldo positivo entre as receitas da incorporação e o custo da conclusão da incorporação, o valor correspondente a esse saldo deverá ser entregue à massa falida pela Comissão de Representantes.

§ 14. Para assegurar as medidas necessárias ao prosseguimento das obras ou à liquidação do patrimônio de afetação, a Comissão de Representantes, no prazo de sessenta dias, a contar da data de realização da assembleia-geral de que trata o § 1º, promoverá, em leilão público, com observância dos critérios estabelecidos pelo art. 63, a venda das frações ideais e respectivas acessões que, até a data da decretação da falência ou insolvência não tiverem sido alienadas pelo incorporador.

§ 15. Na hipótese de que trata o § 14, o arrematante ficará sub-rogado, na proporção atribuível à fração e acessões adquiridas, nos direitos e nas obrigações relativas ao empreendimento, inclusive nas obrigações de eventual financiamento, e, em se tratando da hipótese do art. 39 desta Lei, nas obrigações perante o proprietário do terreno.

§ 16. Dos documentos para anúncio da venda de que trata o § 14 e, bem assim, o inciso III do art. 43, constarão o valor das acessões não pagas pelo incorporador (art. 35, § 6º) e o preço da fração ideal do terreno e das acessões (arts. 40 e 41).

§ 17. No processo de venda de que trata o § 14, serão asseguradas, sucessivamente, em igualdade de condições com terceiros:

I – ao proprietário do terreno, nas hipóteses em que este seja pessoa distinta da pessoa do incorporador, a preferência para aquisição das acessões vinculadas à fração objeto da venda, a ser exercida nas vinte e quatro horas seguintes à data designada para a venda; e

II – ao condomínio, caso não exercida a preferência de que trata o inciso I, ou caso não haja licitantes, a preferência para aquisição da fração ideal e acessões, desde que deliberada em assembleia-geral, pelo voto da maioria simples dos adquirentes presentes, e exercida no prazo de quarenta e oito horas a contar da data designada para a venda.

§ 18. Realizada a venda prevista no § 14, incumbirá à Comissão de Representantes, sucessivamente, nos cinco dias que se seguirem ao recebimento do preço:

I – pagar as obrigações trabalhistas, previdenciárias e tributárias, vinculadas ao respectivo patrimônio de afetação, observada a ordem de preferência prevista na legislação, em especial o disposto no art. 186 do Código Tributário Nacional;

II – reembolsar aos adquirentes as quantias que tenham adiantado, com recursos próprios, para pagamento das obrigações referidas no inciso I;

III – reembolsar à instituição financiadora a quantia que esta tiver entregue para a construção, salvo se outra forma for convencionada entre as partes interessadas;

IV – entregar ao condomínio o valor que este tiver desembolsado para construção das acessões de responsabilidade do incorporador (§ 6º do art. 35 e § 5º do art. 31-A), na proporção do valor obtido na venda;

V – entregar ao proprietário do terreno, nas hipóteses em que este seja pessoa distinta da pessoa do incorporador, o valor apurado na venda, em proporção ao valor atribuído à fração ideal; e

VI – entregar à massa falida o saldo que porventura remanescer.

§ 19. O incorporador deve assegurar à pessoa nomeada nos termos do art. 31-C, o acesso a todas as informações necessárias à verificação do montante das obrigações referidas no § 12, inciso I, do art. 31-F vinculadas ao respectivo patrimônio de afetação.

§ 20. Ficam excluídas da responsabilidade dos adquirentes as obrigações relativas, de maneira direta ou indireta, ao imposto de renda e à contribuição social sobre o lucro, devidas pela pessoa jurídica do incorporador, inclusive por equiparação, bem como as obrigações oriundas de outras atividades do incorporador não relacionadas diretamente com as incorporações objeto de afetação.

► Arts. 31-A a 31-F acrescidos pela Lei nº 10.931, de 2-8-2004.

CAPÍTULO II

DAS OBRIGAÇÕES E DIREITOS DO INCORPORADOR

Art. 32. O incorporador somente poderá negociar sobre unidades autônomas após ter arquivado, no cartório competente de registro de imóveis, os seguintes documentos:

a) título de propriedade de terreno, ou de promessa, irrevogável e irretratável, de compra e venda ou de cessão de direitos ou de permuta, do qual conste cláusula de imissão na posse do imóvel, não haja estipulações impeditivas de sua alienação em frações ideais e inclua consentimento para demolição e construção, devidamente registrado;

b) certidões negativas de impostos federais, estaduais e municipais, de protesto de títulos, de ações cíveis e criminais e de ônus reais relativamente ao imóvel, aos alienantes do terreno e ao incorporador;

c) histórico dos títulos de propriedade do imóvel, abrangendo os últimos vinte anos, acompanhado de certidão dos respectivos registros;

d) projeto de construção devidamente aprovado pelas autoridades competentes;

e) cálculo das áreas das edificações, discriminando, além da global, a das partes comuns, e indicando, para cada tipo de unidade, a respectiva metragem de área construída;

f) certidão negativa de débito para com a Previdência Social, quando o titular de direitos sobre o terreno for responsável pela arrecadação das respectivas contribuições;

g) memorial descritivo das especificações da obra projetada, segundo modelo a que se refere o inciso IV do artigo 53 desta Lei;

h) avaliação do custo global da obra, atualizada à data do arquivamento, calculada de acordo com a norma do inciso III do artigo 53, com base nos custos unitários referidos no artigo 54, discriminando-se, também, o custo de construção de cada unidade, devidamente autenticada pelo profissional responsável pela obra;

i) discriminação das frações ideais de terreno, com as unidades autônomas que a elas corresponderão;

j) minuta da futura convenção de condomínio que regerá a edificação ou o conjunto de edificações;

l) declaração em que se defina a parcela do preço de que trata o inciso II, do artigo 39;

m) certidão do instrumento público de mandato, referido no § 1º do artigo 31;

n) declaração expressa em que se fixe, se houver, o prazo de carência (artigo 34);

o) atestado de idoneidade financeira, fornecido por estabelecimento de crédito que opere no País há mais de cinco anos;

p) declaração, acompanhada de plantas elucidativas, sobre o número de veículos que a garagem comporta e os locais destinados à guarda dos mesmos.

§ 1º A documentação referida neste artigo, após o exame do oficial de registro de imóveis, será arquivada em cartório, fazendo-se o competente registro.

§ 2º Os contratos de compra e venda, promessa de venda, cessão ou promessa de cessão de unidades autônomas são irretratáveis e, uma vez registrados, conferem direito real oponível a terceiros, atribuindo direito a adjudicação compulsória perante o incorporador ou a quem o suceder, inclusive na hipótese de insolvência posterior ao término da obra.

► § 2º com a redação dada pela Lei nº 10.931, de 2-8-2004.

§ 3º O número do registro referido no § 1º, bem como a indicação do cartório competente, constará, obrigatoriamente, dos anúncios, impressos, publicações, propostas, contratos, preliminares ou definitivos, referentes à incorporação, salvo dos anúncios "classificados".

§ 4º O registro de imóveis dará certidão ou fornecerá, a quem o solicitar, cópia fotostática, heliográfica, termofax, microfilmagem ou outra equivalente, dos documentos especificados neste artigo, ou autenticará cópia apresentada pela parte interessada.

§ 5º A existência de ônus fiscais ou reais, salvo os impeditivos de alienação, não impedem o registro, que será feito com as devidas ressalvas, mencionando-se, em todos os documentos, extraídos do registro, a existência e a extensão dos ônus.

§ 6º Os oficiais de registro de imóveis terão quinze dias para apresentar, por escrito, todas as exigências que julgarem necessárias ao arquivamento, e, satisfeitas as referidas exigências, terão o prazo de quinze dias para fornecer certidão, relacionando a documentação apresentada e devolver, autenticadas, as segundas vias da mencionada documentação, com exceção dos documentos públicos. Em casos de divergência, o oficial levantará a dúvida segundo as normas processuais aplicáveis.

§ 7º O oficial do registro de imóveis responde, civil e criminalmente, se efetuar o arquivamento de documentação contraveniente à lei ou der certidão (VETADO) sem o arquivamento de todos os documentos exigidos.

§ 8º O oficial do registro de imóveis que não observar o prazo previsto no § 6º ficará sujeito a penalidade imposta pela autoridade judiciária competente em montante igual ao dos emolumentos devidos pelo registro de que trata este artigo, aplicável por quinzena ou fração de quinzena de superação de cada um daqueles prazos.

§ 9º O oficial do registro de imóveis não responde pela exatidão dos documentos que lhe forem apresentados para arquivamento em obediência ao disposto nas alíneas *e, g, h, l,* e *p* deste artigo, desde que assinados pelo profissional responsável pela obra.

§ 10. As plantas do projeto aprovado (alínea *d* deste artigo) poderão ser apresentadas em cópia autenticada pelo profissional responsável pela obra, acompanhada de cópia de licença de construção.

§ 11. Até 30 de junho de 1966, se, dentro de quinze dias da entrega ao cartório do registro de imóveis da documentação completa prevista neste artigo, feita por carta enviada pelo ofício de títulos e documentos, não tiver o cartório de imóveis entregue a certidão de arquivamento e registro, nem formulado, por escrito, as exigências previstas no § 6º, considerar-se-á de pleno direito completado o registro provisório.

§ 12. O registro provisório previsto no parágrafo anterior autoriza o incorporador a negociar as unidades da incorporação, indicando na sua publicação o número do registro de títulos e documentos referente à remessa dos documentos ao cartório de imóveis, sem prejuízo, todavia, da sua responsabilidade perante o adquirente da unidade e da obrigação de satisfazer as exigências posteriormente formuladas pelo cartório, bem como de completar o registro definitivo.

§ 13. Na incorporação sobre imóvel objeto de imissão na posse registrada conforme item 36 do inciso I do art. 167 da Lei nº 6.015, de 31 de dezembro de 1973, fica dispensada a apresentação, relativamente ao ente público, dos documentos mencionados nas alíneas *a*, *b*, *c*, *f* e *o* deste artigo, devendo o incorporador celebrar contrato de cessão de posse com os adquirentes das unidades autônomas, aplicando-se a regra prevista nos §§ 4º, 5º e 6º do art. 26 da Lei nº 6.766, de 19 de dezembro de 1979.

► § 13 com a redação dada pela Lei nº 12.424, de 16-6-2011 (*DOU* de 17-6-2011 e republicada no *DOU* de 20-6-2011).

Art. 33. O registro da incorporação será válido pelo prazo de 120 dias, findo o qual, se ela ainda não se houver concretizado, o incorporador só poderá negociar unidades depois de atualizar a documentação a que se refere o artigo anterior, revalidado o registro por igual prazo.

► O art. 12 da Lei nº 4.864, de 29-11-1965, elevou para 180 dias o prazo da validade de registro a que se refere este artigo.

Art. 34. O incorporador poderá fixar, para efetivação da incorporação, prazo de carência, dentro do qual lhe é lícito desistir do empreendimento.

§ 1º A fixação do prazo de carência será feita pela declaração a que se refere a alínea *n* do artigo 32, onde se fixem as condições que autorizarão o incorporador a desistir do empreendimento.

§ 2º Em caso algum poderá o prazo de carência ultrapassar o termo final do prazo da validade do registro ou, se for o caso, de sua revalidação.

§ 3º Os documentos preliminares de ajuste, se houver, mencionarão, obrigatoriamente, o prazo de carência, inclusive para efeitos do artigo 45.

§ 4º A desistência da incorporação será denunciada, por escrito, ao registro de imóveis (VETADO) e comunicada, por escrito, a cada um dos adquirentes ou candidatos à aquisição, sob pena de responsabilidade civil e criminal do incorporador.

§ 5º Será averbada no registro da incorporação a desistência de que trata o parágrafo anterior, arquivando-se em cartório o respectivo documento.

§ 6º O prazo de carência é improrrogável.

Art. 35. O incorporador terá o prazo máximo de 45 dias, a contar do termo final do prazo de carência, se houver, para promover a celebração do competente contrato relativo à fração ideal de terreno, e, bem assim, do contrato de construção e da convenção do condomínio, de acordo com discriminação constante da alínea *i* do artigo 32.

► O art. 13 da Lei nº 4.864, de 29-11-1965, elevou para 60 (sessenta) dias o prazo máximo concedido neste artigo.

§ 1º No caso de não haver prazo de carência, o prazo acima se contará da data de qualquer documento de ajuste preliminar.

§ 2º Quando houver prazo de carência, a obrigação somente deixará de existir se o incorporador tiver denunciado, dentro do mesmo prazo e nas condições previamente estabelecidas, por escrito, ao registro de imóveis, a não concretização do empreendimento.

§ 3º Se, dentro do prazo de carência, o incorporador não denunciar a incorporação, embora não se tenham reunido as condições a que se refere o § 1º, o outorgante do mandato, de que trata o § 1º, do artigo 31, poderá fazê-lo nos cinco dias subsequentes ao prazo de carência, e nesse caso ficará solidariamente responsável com o incorporador pela devolução das quantias que os adquirentes ou candidatos à aquisição houverem entregue ao incorporador, resguardado o direito de regresso sobre eles, dispensando-se, então, do cumprimento da obrigação fixada no *caput* deste artigo.

§ 4º Descumprida pelo incorporador e pelo mandante de que trata o § 1º do artigo 31 a obrigação da outorga dos contratos referidos no *caput* deste artigo, nos prazos ora fixados, a carta proposta ou o documento de ajuste preliminar poderão ser averbados no registro de imóveis, averbação que conferirá direito real oponível a terceiros, com o consequente direito à obtenção compulsória do contrato correspondente.

§ 5º Na hipótese do parágrafo anterior, o incorporador incorrerá também na multa de cinquenta por cento sobre a quantia que efetivamente tiver recebido, cobrável por via executiva, em favor do adquirente ou candidato à aquisição.

§ 6º Ressalvado o disposto no artigo 43, do contrato de construção deverá constar expressamente a menção dos responsáveis pelo pagamento da construção de cada uma das unidades. O incorporador responde, em igualdade de condições, com os demais contratantes, pelo pagamento da construção das unidades que não tenham tido a responsabilidade pela sua construção assumida por terceiros e até que o tenham.

Art. 35-A. Os contratos de compra e venda, promessa de venda, cessão ou promessa de cessão de unidades autônomas integrantes de incorporação imobiliária serão iniciados por quadro-resumo, que deverá conter:

I – o preço total a ser pago pelo imóvel;

II – o valor da parcela do preço a ser tratada como entrada, a sua forma de pagamento, com destaque para o valor pago à vista, e os seus percentuais sobre o valor total do contrato;

III – o valor referente à corretagem, suas condições de pagamento e a identificação precisa de seu beneficiário;

IV – a forma de pagamento do preço, com indicação clara dos valores e vencimentos das parcelas;

V – os índices de correção monetária aplicáveis ao contrato e, quando houver pluralidade de índices, o período de aplicação de cada um;

VI – as consequências do desfazimento do contrato, seja por meio de distrato, seja por meio de resolução contratual motivada por inadimplemento de obrigação do adquirente ou do incorporador, com destaque negritado para as penalidades aplicáveis e para os prazos para devolução de valores ao adquirente;

VII – as taxas de juros eventualmente aplicadas, se mensais ou anuais, se nominais ou efetivas, o seu período de incidência e o sistema de amortização;

VIII – as informações acerca da possibilidade do exercício, por parte do adquirente do imóvel, do direito de arrependimento previsto no art. 49 da Lei nº 8.078, de 11 de setembro de 1990 (Código de Defesa do Consumidor), em todos os contratos firmados em estandes de vendas e fora da sede do incorporador ou do estabelecimento comercial;

IX – o prazo para quitação das obrigações pelo adquirente após a obtenção do auto de conclusão da obra pelo incorporador;

X – as informações acerca dos ônus que recaiam sobre o imóvel, em especial quando o vinculem como garantia real do financiamento destinado à construção do investimento;

XI – o número do registro do memorial de incorporação, a matrícula do imóvel e a identificação do cartório de registro de imóveis competente;

XII – o termo final para obtenção do auto de conclusão da obra (habite-se) e os efeitos contratuais da intempestividade prevista no art. 43-A desta Lei.

§ 1º Identificada a ausência de quaisquer das informações previstas no *caput* deste artigo, será concedido prazo de 30 (trinta) dias para aditamento do contrato e saneamento da omissão, findo o qual, essa omissão, se não sanada, caracterizará justa causa para rescisão contratual por parte do adquirente.

§ 2º A efetivação das consequências do desfazimento do contrato, referidas no inciso VI do *caput* deste artigo, dependerá de anuência prévia e específica do adquirente a seu respeito, mediante assinatura junto a essas cláusulas, que deverão ser redigidas conforme o disposto no § 4º do art. 54 da Lei nº 8.078, de 11 de setembro de 1990 (Código de Defesa do Consumidor).

► Art. 35-A acrescido pela Lei nº 13.786, de 27-12-2018.

Art. 36. No caso de denúncia de incorporação, nos termos do artigo 34, se o incorporador, até trinta dias a contar da denúncia, não restituir aos adquirentes as importâncias pagas, estes poderão cobrá-la por via executiva, reajustado o seu valor a contar da data do recebimento, em função do índice geral de preços mensalmente publicado pelo Conselho Nacional de Economia, que reflita as variações no poder aquisitivo da moeda nacional, e acrescido de juros de seis por cento ao ano, sobre o total corrigido.

Art. 37. Se o imóvel estiver gravado de ônus real ou fiscal ou se contra os alienantes houver qualquer ação que possa comprometê-lo, o fato será obrigatoriamente mencionado em todos os documentos de ajuste, com a indicação de sua natureza e das condições de liberação.

Art. 38. Também constará, obrigatoriamente, dos documentos de ajuste, se for o caso, o fato de encontrar-se ocupado o imóvel, esclarecendo-se a que título se deve esta ocupação e quais as condições de desocupação.

Art. 39. Nas incorporações em que a aquisição do terreno se der com pagamento total ou parcial em unidades a serem construídas, deverão ser discriminadas em todos os documentos de ajuste:

I – a parcela que, se houver, será paga em dinheiro;

II – a quota-parte da área das unidades a serem entregues em pagamento do terreno que corresponderá a cada uma das unidades, a qual deverá ser expressa em metros quadrados.

Parágrafo único. Deverá constar, também, de todos os documentos de ajuste, se o alienante do terreno ficou ou não sujeito a qualquer prestação ou encargo.

Art. 40. No caso de rescisão de contrato de alienação do terreno ou de fração ideal, ficarão rescindidas as cessões ou promessas de cessão de direitos correspondentes à aquisição do terreno.

§ 1º Nesta hipótese, consolidar-se-á, no alienante em cujo favor se opera a resolução, o direito sobre a construção porventura existente.

§ 2º No caso do parágrafo anterior, cada um dos ex-titulares de direito à aquisição de unidades autônomas haverá do mencionado alienante o valor da parcela de construção que haja adicionado à unidade, salvo se a rescisão houver sido causada pelo ex-titular.

§ 3º Na hipótese dos parágrafos anteriores, sob pena de nulidade, não poderá o alienante em cujo favor se operou a resolução voltar a negociar seus direitos sobre a unidade autônoma, sem a prévia indenização aos titulares, de que trata o § 2º.

§ 4º No caso do parágrafo anterior, se os ex-titulares tiverem de recorrer à cobrança judicial do que lhes for devido, somente poderão garantir o seu pagamento à unidade e respectiva fração de terreno objeto do presente artigo.

Art. 41. Quando as unidades imobiliárias forem contratadas pelo incorporador por preço global compreendendo quota de terreno e construção, inclusive com parte do pagamento após a entrega da unidade, discriminar-se-ão, no contrato, o preço da quota de terreno e o da construção.

§ 1º Poder-se-á estipular que, na hipótese de o adquirente atrasar o pagamento de parcela relativa a construção, os efeitos da mora recairão não apenas sobre a aquisição da parte construída, mas, também, sobre a fração ideal de terreno, ainda que esta tenha sido totalmente paga.

§ 2º Poder-se-á também estipular que, na hipótese de o adquirente atrasar o pagamento da parcela relativa à fração ideal de terreno, os efeitos da mora recairão não apenas sobre a aquisição da fração ideal, mas, também, sobre a parte construída, ainda que totalmente paga.

Art. 42. No caso de rescisão do contrato relativo à fração ideal de terreno e partes comuns, a pessoa em cujo favor se tenha operado a resolução sub-rogar-se-á nos direitos e obrigações contratualmente atribuídos ao inadimplente, com relação à construção.

Art. 43. Quando o incorporador contratar a entrega da unidade a prazo e preços certos, determinados ou determináveis, mesmo quando pessoa física, ser-lhe-ão impostas as seguintes normas:

I – informar obrigatoriamente aos adquirentes, por escrito, no mínimo de seis em seis meses, o estado da obra;

II – responder civilmente pela execução da incorporação, devendo indenizar os adquirentes ou compromissários, dos prejuízos que a estes advierem do fato de não se concluir a edificação ou de se retardar injustificadamente a conclusão das obras, cabendo-lhe ação regressiva contra o construtor, se for o caso e se a este couber a culpa;

III – em caso de falência do incorporador, pessoa física ou jurídica, e não ser possível à maioria prosseguir na construção das edificações, os subscritores ou candidatos à aquisição de unidades serão credores privilegiados pelas quantias que houverem pago ao incorporador, respondendo subsidiariamente os bens pessoais deste;

IV – é vedado ao incorporador alterar o projeto, especialmente no que se refere à unidade do adquirente e às partes comuns, modificar as especificações, ou desviar-se do plano da construção, salvo autorização unânime dos interessados ou exigência legal;

V – não poderá modificar as condições de pagamento nem reajustar o preço das unidades, ainda no caso de elevação dos preços dos materiais e da mão de obra, salvo se tiver sido expressamente ajustada a faculdade de reajustamento, procedendo-se, então, nas condições estipuladas;

VI – se o incorporador, sem justa causa devidamente comprovada, paralisar as obras por mais de trinta dias, ou retardar-lhes excessivamente o andamento, poderá o juiz notificá-lo para que no prazo mínimo de trinta dias as reinicie ou torne a dar-lhes o andamento normal. Desatendida a notificação, poderá o incorporador ser destituído pela maioria absoluta dos votos dos adquirentes, sem prejuízo da responsabilidade civil ou penal que couber, sujeito à cobrança executiva das importâncias comprovadamente devidas, facultando-se aos interessados prosseguir na obra (VETADO);

VII – em caso de insolvência do incorporador que tiver optado pelo regime da afetação e não sendo possível à maioria prosseguir na construção, a assembleia-geral poderá, pelo voto de 2/3 (dois terços) dos adquirentes, deliberar pela venda do terreno, das acessões e demais bens e direitos integrantes do patrimônio de afetação, mediante leilão ou outra forma que estabelecer, distribuindo entre si, na proporção dos recursos que comprovadamente tiverem aportado, o resultado líquido da venda, depois de pagas as dívidas do patrimônio de afetação e deduzido e entregue ao proprietário do terreno a quantia que lhe couber, nos termos do art. 40; não se obtendo, na venda, a reposição dos aportes efetivados pelos adquirentes, reajustada na forma da lei e de acordo com os critérios do contrato celebrado com o incorporador, os adquirentes serão credores privilegiados pelos valores da diferença não reembolsada, respondendo subsidiariamente os bens pessoais do incorporador.

► Inciso VII com a redação dada pela Lei nº 10.931, de 2-8-2004.

Art. 43-A. A entrega do imóvel em até 180 (cento e oitenta) dias corridos da data estipulada contratualmente como data prevista para conclusão do empreendimento, desde que expressamente pactuado, de forma clara e destacada, não dará causa à resolução do contrato por parte do adquirente nem ensejará o pagamento de qualquer penalidade pelo incorporador.

§ 1º Se a entrega do imóvel ultrapassar o prazo estabelecido no *caput* deste artigo, desde que o adquirente não tenha dado causa ao atraso, poderá ser promovida por este a resolução do contrato, sem prejuízo da devolução da integralidade de todos os valores pagos e da multa estabelecida, em até 60 (sessenta) dias corridos contados da resolução, corrigidos nos termos do § 8º do art. 67-A desta Lei.

§ 2º Na hipótese de a entrega do imóvel estender-se por prazo superior àquele previsto no *caput* deste artigo, e não se tratar de resolução do contrato, será devida ao adquirente adimplente, por ocasião da entrega da unidade, indenização de 1% (um por cento) do valor efetivamente pago à incorporadora, para cada mês de atraso, *pro rata die*, corrigido monetariamente conforme índice estipulado em contrato.

§ 3º A multa prevista no § 2º deste artigo, referente a mora no cumprimento da obrigação, em hipótese alguma poderá ser cumulada com a multa estabelecida no § 1º deste artigo, que trata da inexecução total da obrigação.

► Art. 43-A acrescido pela Lei nº 13.786, de 27-12-2018.

Art. 44. Após a concessão do "habite-se" pela autoridade administrativa, o incorporador deverá requerer (VETADO) a averbação da construção das edificações, para efeito de individualização e discriminação das unidades, respondendo perante os adquirentes pelas perdas e danos que resultem da demora no cumprimento dessa obrigação.

§ 1º Se o incorporador não requerer a averbação (VETADO) o construtor requerê-la-á (VETADO) sob pena de ficar solidariamente responsável com o incorporador perante os adquirentes.

§ 2º Na omissão do incorporador e do construtor, a averbação poderá ser requerida por qualquer dos adquirentes de unidade.

Art. 45. É lícito ao incorporador recolher o imposto do selo devido, mediante apresentação dos contratos preliminares, até dez dias a contar do vencimento do prazo de carência a que se refere o artigo 34, extinta a obrigação se, dentro deste prazo, for denunciada a incorporação.

Art. 46. Quando o pagamento do imposto sobre lucro imobiliário e respectivos acréscimos e adicionais for de responsabilidade do vendedor do terreno, será lícito ao adquirente reter o pagamento das últimas prestações anteriores à data limite em que é lícito pagar, sem reajuste, o referido imposto e os adicionais, caso o vendedor não apresente a quitação até dez dias antes do vencimento das prestações cujo pagamento torne inferior ao débito fiscal a parte do preço a ser ainda paga até a referida data limite.

Parágrafo único. No caso de retenção pelo adquirente, este ficará responsável, para todos os efeitos, perante o Fisco, pelo recolhimento do tributo, adicionais e acréscimos, inclusive pelos reajustamentos que vier a sofrer o débito fiscal (VETADO).

Art. 47. Quando se fixar no contrato que a obrigação do pagamento do imposto sobre lucro imobiliário, acréscimos e adicionais devidos pelo alienante é transferida ao adquirente, dever-se-á explicitar o montante que tal obrigação atingiria, se sua satisfação se desse na data da escritura.

§ 1º Neste caso, o adquirente será tido, para todos os efeitos, como responsável perante o Fisco.

§ 2º Havendo parcela restituível, a restituição será feita ao adquirente, e, se for o caso, em nome deste serão emitidas as obrigações do Tesouro Nacional a que se refere o artigo 4º da Lei nº 4.357, de 16 de julho de 1964.

§ 3º Para efeitos fiscais, não importará em aumento do preço de aquisição a circunstância de obrigar-se o adquirente ao pagamento do imposto sobre lucro imobiliário, seus acréscimos e adicionais.

CAPÍTULO III

DA CONSTRUÇÃO DE EDIFICAÇÕES EM CONDOMÍNIO

Seção I

DA CONSTRUÇÃO EM GERAL

Art. 48. A construção de imóveis, objeto de incorporação, nos moldes previstos nesta Lei, poderá ser contratada sob o regime da empreitada ou de administração, conforme adiante definidos, e poderá estar incluída no contrato com o incorporador (VETADO), ou ser contratada diretamente entre os adquirentes e o construtor.

§ 1º O projeto e o memorial descritivo das edificações farão parte integrante e complementar do contrato.

§ 2º Do contrato deverá constar o prazo da entrega das obras e as condições e formas de sua eventual prorrogação.

Art. 49. Os contratantes da construção, inclusive no caso do artigo 43, para tratar de seus interesses, com relação a ela, poderão reunir-se em assembleia, cujas deliberações, desde que aprovadas por maioria simples dos votos presentes, serão válidas e obrigatórias para todos eles, salvo no que afetar ao direito de propriedade previsto na legislação.

§ 1º As assembleias serão convocadas, pelo menos, por um terço dos votos dos contratantes, pelo incorporador ou pelo construtor, com menção expressa do assunto a tratar, sendo admitido comparecimento de procurador bastante.

§ 2º A convocação da assembleia será feita por carta registrada ou protocolo, com antecedência mínima de cinco dias para a primeira convocação, e mais três dias para a segunda, podendo ambas as convocações ser feitas no mesmo aviso.

§ 3º A assembleia instalar-se-á, no mínimo, com metade dos contratantes, em primeira convocação, e com qualquer número, em segunda, sendo, porém, obrigatória a presença, em qualquer caso, do incorporador ou do construtor, quando convocantes e, pelo menos, com metade dos contratantes que a tenham convocado, se for o caso.

§ 4º Na assembleia, os votos dos contratantes serão proporcionais às respectivas frações ideais de terreno.

Art. 50. Será designada no contrato de construção ou eleita em assembleia-geral uma Comissão de Representantes composta de três membros, pelo menos, escolhidos entre os adquirentes, para representá-los perante o construtor ou, no caso do art. 43, ao incorporador, em tudo o que interessar ao bom andamento da incorporação, e, em especial, perante terceiros, para praticar os atos resultantes da aplicação dos arts. 31-A a 31-F.

► *Caput* com a redação dada pela Lei nº 10.931, de 2-8-2004.

§ 1º Uma vez eleita a Comissão, cuja constituição se comprovará com a ata da assembleia, devidamente inscrita no registro de títulos e documentos, esta ficará de pleno direito investida dos poderes necessários para exercer todas as atribuições e praticar todos os atos que esta Lei e o contrato de construção lhe deferirem, sem necessidade de instrumento especial outorgado pelos contratantes ou, se for o caso, pelos que se sub-rogarem nos direitos e obrigações destes.

§ 2º A assembleia-geral poderá, pela maioria absoluta dos votos dos adquirentes, alterar a composição da Comissão de Representantes e revogar qualquer de suas decisões, ressalvados os direitos de terceiros quanto aos efeitos já produzidos.

► § 2º com a redação dada pela Lei nº 10.931, de 2-8-2004.

§ 3º Respeitados os limites constantes desta Lei, o contrato poderá discriminar as atribuições da Comissão e deverá dispor sobre os mandatos de seus membros, sua destituição e a forma de preenchimento das vagas eventuais, sendo lícita a estipulação de que o mandato conferido a qualquer membro, no caso de sub-rogação de seu contrato a terceiros, se tenha por transferido, de pleno direito, ao sub-rogatário, salvo se este não o aceitar.

§ 4º Nas incorporações em que o número de contratantes de unidades for igual ou inferior a três, a totalidade deles exercerá, em conjunto, as atribuições que esta Lei confere à Comissão, aplicando-se, no que couber, o disposto nos parágrafos anteriores.

Art. 51. Nos contratos de construção, seja qual for seu regime, deverá constar expressamente a quem caberão as despesas com ligações de serviços públicos, devidas ao Poder Público, bem como as despesas indispensáveis à instalação, funcionamento e regulamentação do condomínio.

Parágrafo único. Quando o serviço público for explorado mediante concessão, os contratos de construção deverão também especificar a quem caberão as despesas com as ligações que incumbam às concessionárias, no caso de não estarem elas obrigadas a fazê-las, ou, em o estando, se a isto se recusarem ou alegarem impossibilidade.

Art. 52. Cada contratante da construção só será imitido na posse de sua unidade se estiver em dia com as obrigações assumidas, inclusive as relativas à construção, exercendo o construtor e o condomínio, até então, o direito de retenção sobre a respectiva unidade; no caso do artigo 43, este direito será exercido pelo incorporador.

Art. 53. O Poder Executivo, através do Banco Nacional da Habitação, promoverá a celebração de contratos, com a Associação Brasileira de Normas Técnicas (ABNT), no sentido de que esta, tendo em vista o disposto na Lei nº 4.150, de 21 de novembro de 1962, prepare, no prazo máximo de cento e vinte dias, normas que estabeleçam, para cada tipo de prédio que padronizar:

I – critérios e normas para cálculo de custos unitários de construção, para uso dos sindicatos, na forma do artigo 54;

II – critérios e normas para execução de orçamentos de custos de construção, para fins do disposto no artigo 59;

III – critérios e normas para a avaliação de custo global de obra, para fins da alínea *h*, do artigo 32;

IV – modelo de memorial descritivo dos acabamentos de edificação, para fins do disposto no artigo 32;

V – critério para entrosamento entre o cronograma das obras e o pagamento das prestações, que poderá ser introduzido nos contratos de incorporação inclusive para o efeito de aplicação do disposto no § 2º do artigo 48.

§ 1º O número de tipos padronizados deverá ser reduzido e na fixação se atenderá primordialmente:

a) o número de pavimentos e a existência de pavimentos especiais (subsolo, pilotis etc.);

b) o padrão da construção (baixo, normal, alto), tendo em conta as condições de acabamento, a qualidade dos materiais empregados, os equipamentos, o número de elevadores e as inovações de conforto;

c) as áreas de construção.

§ 2º Para custear o serviço a ser feito pela ABNT, definido neste artigo, fica autorizado o Poder Executivo a abrir um crédito especial no valor de dez milhões de cruzeiros, em favor do Banco Nacional da Habitação, vinculado a este fim, podendo o Banco adiantar a importância à ABNT, se necessário.

§ 3º No contrato a ser celebrado com a ABNT, estipular-se-á a atualização periódica das normas previstas neste artigo, mediante remuneração razoável.

Art. 54. Os sindicatos estaduais da indústria da construção civil ficam obrigados a divulgar mensalmente, até o dia 5 de cada mês, os custos unitários de construção a serem adotados nas respectivas regiões jurisdicionais, calculados com observância dos critérios e normas a que se refere o inciso I do artigo anterior.

§ 1º O sindicato estadual que deixar de cumprir a obrigação prevista neste artigo deixará de receber dos cofres públicos, enquanto perdurar a omissão, qualquer subvenção ou auxílio que pleiteie ou a que tenha direito.

§ 2º Na ocorrência de omissão de sindicato estadual, o construtor usará os índices fixados por outro sindicato estadual, em cuja região os custos de construção mais lhe pareçam aproximados dos da sua.

§ 3º Os orçamentos ou estimativas baseados nos custos unitários a que se refere este artigo só poderão ser considerados atualizados, em certo mês, para os efeitos desta Lei, se baseados em custos unitários relativos ao próprio mês ou a um dos dois meses anteriores.

Seção II

DA CONSTRUÇÃO POR EMPREITADA

Art. 55. Nas incorporações em que a construção seja feita pelo regime de empreitada, esta poderá ser a preço fixo, ou a preço reajustável por índices previamente determinados.

§ 1º Na empreitada a preço fixo, o preço da construção será irreajustável, independentemente das variações que sofrer o custo efetivo das obras e quaisquer que sejam suas causas.

§ 2º Na empreitada a preço reajustável, o preço fixado no contrato será reajustado na forma e nas épocas nele expressamente previstas, em função da variação dos índices adotados, também previstos obrigatoriamente no contrato.

§ 3º Nos contratos de construção por empreitada, a Comissão de Representantes fiscalizará o andamento da obra e a obediência ao projeto e às especificações exercendo as demais obrigações inerentes à sua função representativa dos contratantes e fiscalizadora da construção.

§ 4º Nos contratos de construção fixados sob regime de empreitada, reajustável, a Comissão de Representantes fiscalizará, também, o cálculo do reajustamento.

§ 5º No contrato deverá ser mencionado o montante do orçamento atualizado da obra, calculado de acordo com as normas do inciso III do artigo 53, com base nos custos unitários referidos no artigo 54, quando o preço estipulado for inferior ao mesmo.

§ 6º Na forma de expressa referência, os contratos de empreitada entendem-se como sendo a preço fixo.

Art. 56. Em toda a publicidade ou propaganda escrita, destinada a promover a venda de incorporação com construção pelo regime de empreitada reajustável, em que conste preço, serão discriminados explicitamente o preço da fração ideal do terreno e o preço da construção, com indicação expressa da reajustabilidade.

§ 1º As mesmas indicações deverão constar em todos os papéis utilizados para a realização da incorporação, tais como cartas, propostas, escrituras, contratos e documentos semelhantes.

§ 2º Esta exigência será dispensada nos anúncios "classificados" dos jornais.

Art. 57. Ao construtor que contratar, por empreitada a preço fixo, uma obra de incorporação, aplicar-se-á, no que couber, o disposto nos itens II, III, IV (VETADO) e VI do artigo 43.

Seção III
DA CONSTRUÇÃO POR ADMINISTRAÇÃO

Art. 58. Nas incorporações em que a construção for contratada pelo regime de administração, também chamado "a preço de custo", será de responsabilidade dos proprietários ou adquirentes o pagamento do custo integral de obra, observadas as seguintes disposições:

I – todas as faturas, duplicatas, recibos e quaisquer documentos referentes às transações ou aquisições para construção, serão emitidos em nome do condomínio dos contratantes da construção;

II – todas as contribuições dos condôminos, para qualquer fim relacionado com a construção, serão depositadas em contas abertas em nome do condomínio dos contratantes em estabelecimentos bancários, as quais serão movimentadas pela forma que for fixada no contrato.

Art. 59. No regime de construção por administração será obrigatório constar do respectivo contrato o montante do orçamento do custo da obra, elaborado com estrita observância dos critérios e normas referidos no inciso II do artigo 53, e a data em que se iniciará efetivamente a obra.

§ 1º Nos contratos lavrados até o término das fundações, este montante não poderá ser inferior ao da estimativa atualizada, a que se refere o § 3º do artigo 54.

§ 2º Nos contratos celebrados após o término das fundações, este montante não poderá ser inferior à última revisão efetivada na forma do artigo seguinte.

§ 3º Às transferências e sub-rogações do contrato, em qualquer fase da obra, aplicar-se-á o disposto neste artigo.

Art. 60. As revisões da estimativa de custo da obra serão efetuadas, pelo menos semestralmente, em comum entre a Comissão de Representantes e o construtor. O contrato poderá estipular que, em função das necessidades da obra, sejam alteráveis os esquemas de contribuições quanto ao total, ao número, ao valor e à distribuição no tempo das prestações.

Parágrafo único. Em caso de majoração de prestações, o novo esquema deverá ser comunicado aos contratantes, com antecedência mínima de quarenta e cinco dias da data em que deverão ser efetuados os depósitos das primeiras prestações alteradas.

Art. 61. A Comissão de Representantes terá poderes para, em nome de todos os contratantes e na forma prevista no contrato:

a) examinar os balancetes organizados pelos construtores, dos recebimentos e despesas do condomínio dos contratantes, aprová-los ou impugná-los, examinando a documentação respectiva;

b) fiscalizar concorrências relativas às compras dos materiais necessários à obra ou aos serviços a ela pertinentes;

c) contratar, em nome do condomínio, com qualquer condômino, modificações por ele solicitadas em sua respectiva unidade, a serem administradas pelo construtor, desde que não prejudiquem unidade de outro condômino e não estejam em desacordo com o parecer técnico do construtor;

d) fiscalizar a arrecadação das contribuições destinadas à construção;

e) exercer as demais obrigações inerentes a sua função representativa dos contratantes e fiscalizadora da construção, e praticar todos os atos necessários ao funcionamento regular do condomínio.

Art. 62. Em toda publicidade ou propaganda escrita destinada a promover a venda de incorporação com construção pelo regime de administração em que conste preço, serão discriminados explicitamente o preço da fração ideal de terreno e o montante do orçamento atualizado do custo da construção, na forma dos artigos 59 e 60, com a indicação do mês a que se refere o dito orçamento e do tipo padronizado a que se vincule o mesmo.

§ 1º As mesmas indicações deverão constar em todos os papéis utilizados para a realização da incorporação, tais como cartas, propostas, escrituras, contratos e documentos semelhantes.

§ 2º Esta exigência será dispensada nos anúncios "classificados" dos jornais.

CAPÍTULO IV
DAS INFRAÇÕES

Art. 63. É lícito estipular no contrato, sem prejuízo de outras sanções, que a falta de pagamento, por parte do adquirente ou contratante, de três prestações do preço da construção, quer estabelecidas inicialmente, quer alteradas ou criadas posteriormente, quando for o caso, depois de prévia notificação com o prazo de dez dias para purgação da mora, implique na rescisão do contrato, conforme nele se fixar, ou que, na falta de pagamento pelo débito respondem os direitos à respectiva fração ideal de terreno e à parte construída adicionada, na forma abaixo estabelecida, se outra forma não fixar o contrato.

§ 1º Se o débito não for liquidado no prazo de dez dias, após solicitação da Comissão de Representantes, esta ficará, desde logo, de pleno direito, autorizada a efetuar, no prazo que fixar, em público, leilão anunciado pela forma que o contrato previr, a venda, promessa de venda ou de cessão, ou a cessão da quota de terreno e correspondente parte construída e direitos, bem como a sub-rogação do contrato de construção.

§ 2º Se o maior lanço obtido for inferior ao desembolso efetuado pelo inadimplente, para a quota do terreno e a construção, despesas acarretadas e as percentagens expressas no parágrafo seguinte, será realizada nova praça no prazo estipulado no contrato. Nesta segunda praça, será aceito o maior lanço apurado, ainda que inferior àquele total (VETADO).

§ 3º No prazo de vinte e quatro horas após a realização do leilão final, o condomínio, por decisão unânime de assembleia-geral em condições de igualdade com terceiros, terá preferência na aquisição dos bens, caso em que serão adjudicados ao condomínio.

§ 4º Do preço que for apurado no leilão, serão deduzidas as quantias em débito, todas as despesas ocorridas, inclusive honorários de advogado e anúncios, e mais cinco por cento a título de comissão e dez por cento de multa compensatória, que reverterão em benefício do condomínio de todos os contratantes com exceção do faltoso, ao qual será entregue o saldo, se houver.

§ 5º Para os fins das medidas estipuladas neste artigo, a Comissão de Representantes ficará investida de mandato irrevogável, isento do imposto do selo, na vigência do contrato geral de construção da obra, com poderes necessários para, em nome do condômino inadimplente, efetuar as citadas transações, podendo para este fim fixar preços, ajustar condições, sub-rogar o arrematante nos direitos e obrigações decorrentes do contrato de construção e da quota de terreno e construção; outorgar as competentes escrituras e contratos, receber preços, dar quitações; imitir o arrematante na posse do imóvel; transmitir domínio, direito e ação; responder pela evicção; receber citação, propor e variar de ações; e também dos poderes *ad juditia*, a serem substabelecidos a advogado legalmente habilitado.

§ 6º A morte, falência ou concordata do condômino ou sua dissolução, se se tratar de sociedade, não revogará o mandato de que trata o parágrafo anterior, o qual poderá ser exercido pela Comissão de Representantes até a conclusão dos pagamentos devidos, ainda que a unidade pertença a menor de idade.

§ 7º Os eventuais débitos, fiscais ou para com a Previdência Social, não impedirão a alienação por leilão público. Neste caso, ao condômino somente será entregue o saldo, se houver, desde que prove estar quite com o Fisco e a Previdência Social, devendo a Comissão de Representantes, em caso contrário, consignar judicialmente a importância equivalente aos débitos existentes, dando ciência do fato à entidade credora.

§ 8º Independentemente das disposições deste artigo e seus parágrafos, e como penalidades preliminares, poderá o contrato de construção estabelecer a incidência de multas e juros de mora em caso de atraso no depósito de contribuições sem prejuízo do disposto no parágrafo seguinte.

§ 9º O contrato poderá dispor que o valor das prestações, pagas com atraso, seja corrigível em função da variação do índice geral de preços mensalmente publicado pelo Conselho Nacional de Economia, que reflita as oscilações do poder aquisitivo da moeda nacional.

§ 10. O membro da Comissão de Representantes que incorrer na falta prevista neste artigo estará sujeito à perda automática do mandato e deverá ser substituído segundo dispuser o contrato.

Art. 64. Os órgãos de informação e publicidade que divulgarem publicidade sem os requisitos exigidos pelo § 3º do artigo 32 e pelos artigos 56 e 62, desta Lei, sujeitar-se-ão à multa em importância correspondente ao dobro do preço pago pelo anunciante, a qual reverterá em favor da respectiva Municipalidade.

Art. 65. É crime contra a economia popular promover incorporação, fazendo, em proposta, contratos, prospectos ou comunicação ao público ou aos interessados, afirmação falsa sobre a constituição do condomínio, alienação das frações ideais do terreno ou sobre a construção das edificações.

Pena – reclusão de um a quatro anos e multa de cinco a cinquenta vezes o maior salário mínimo legal vigente no País.

§ 1º Incorrem na mesma pena:

I – o incorporador, o corretor e o construtor, individuais, bem como os diretores ou gerentes de empresa coletiva, incorporadora, corretora ou construtora que, em proposta, contrato, publicidade, prospecto, relatório, parecer, balanço ou comunicação ao público ou aos condôminos, candidatos ou subscritores de unidades, fizerem afirmação falsa sobre a constituição do condomínio, alienação das frações ideais ou sobre a construção das edificações;

II – o incorporador, o corretor e o construtor individuais, bem como os diretores ou gerentes de empresa coletiva, incorporadora, corretora ou construtora que usar, ainda que a título de empréstimo, em proveito próprio ou de terceiro, bens ou haveres destinados a incorporação contratada por administração, sem prévia autorização dos interessados.

§ 2º O julgamento destes crimes será de competência de juízo singular, aplicando-se os artigos 5º, 6º e 7º da Lei nº 1.521, de 26 de dezembro de 1951.

§ 3º Em qualquer fase do procedimento criminal objeto deste artigo, a prisão do indiciado dependerá sempre de mandado do juízo referido no § 2º.

Art. 66. São contravenções relativas à economia popular, puníveis na forma do artigo 10 da Lei nº 1.521, de 26 de dezembro de 1951:

I – negociar o incorporador frações ideais de terreno, sem previamente satisfazer às exigências constantes desta Lei;

II – omitir o incorporador, em qualquer documento de ajuste, as indicações a que se referem os artigos 37 e 38, desta Lei;

III – deixar o incorporador, sem justa causa, no prazo do artigo 35 e ressalvada a hipótese de seus §§ 2º e 3º, de promover a celebração do contrato relativo à fração ideal de terreno, do contrato de construção ou da Convenção do Condomínio;

IV – VETADO;

V – omitir o incorporador, no contrato, a indicação a que se refere o § 5º do artigo 55 desta Lei;

VI – paralisar o incorporador a obra, por mais de trinta dias, ou retardar-lhe excessivamente o andamento sem justa causa.

Pena – multa de cinco a vinte vezes o maior salário mínimo legal vigente no País.

Parágrafo único. No caso de contratos relativos a incorporações, de que não participe o incorporador, responderão solidariamente pelas faltas capituladas neste artigo o construtor, o corretor, o proprietário ou titular de direitos aquisitivos do terreno, desde que figurem no contrato, com direito regressivo sobre o incorporador, se as faltas cometidas lhe forem imputáveis.

CAPÍTULO V

DAS DISPOSIÇÕES FINAIS E TRANSITÓRIAS

Art. 67. Os contratos poderão consignar exclusivamente as cláusulas, termos ou condições variáveis ou específicas.

§ 1º As cláusulas comuns a todos os adquirentes não precisarão figurar expressamente nos respectivos contratos.

§ 2º Os contratos, no entanto, consignarão obrigatoriamente que as partes contratantes adotem e se comprometam a cumprir as cláusulas, termos e condições contratuais a que se refere o parágrafo anterior, sempre transcritas, *verbo ad verbum*, no respectivo cartório ou ofício, mencionando, inclusive, o número do livro e das folhas do competente registro.

§ 3º Aos adquirentes, ao receberem os respectivos instrumentos, será obrigatoriamente entregue cópia, impressa ou mimeografada, autenticada, do contrato padrão contendo as cláusulas, termos e condições referidas no § 1º deste artigo.

§ 4º Os cartórios de registro de imóveis, para os devidos efeitos, receberão dos incorporadores, autenticadamente, o instrumento a que se refere o parágrafo anterior.

Art. 67-A. Em caso de desfazimento do contrato celebrado exclusivamente com o incorporador, mediante distrato ou resolução por inadimplemento absoluto de obrigação do adquirente, este fará jus à restituição das quantias que houver pago diretamente ao incorporador, atualizadas com base no índice contratualmente estabelecido para a correção monetária das parcelas do preço do imóvel, delas deduzidas, cumulativamente:

I – a integralidade da comissão de corretagem;

II – a pena convencional, que não poderá exceder a 25% (vinte e cinco por cento) da quantia paga.

§ 1º Para exigir a pena convencional, não é necessário que o incorporador alegue prejuízo.

§ 2º Em função do período em que teve disponibilizada a unidade imobiliária, responde ainda o adquirente, em caso de resolução ou de distrato, sem prejuízo do disposto no *caput* e no § 1º deste artigo, pelos seguintes valores:

I – quantias correspondentes aos impostos reais incidentes sobre o imóvel;

II – cotas de condomínio e contribuições devidas a associações de moradores;

III – valor correspondente à fruição do imóvel, equivalente à 0,5% (cinco décimos por cento) sobre o valor atualizado do contrato, *pro rata die*;

IV – demais encargos incidentes sobre o imóvel e despesas previstas no contrato.

§ 3º Os débitos do adquirente correspondentes às deduções de que trata o § 2º deste artigo poderão ser pagos mediante compensação com a quantia a ser restituída.

§ 4º Os descontos e as retenções de que trata este artigo, após o desfazimento do contrato, estão limitados aos valores efetivamente pagos pelo adquirente, salvo em relação às quantias relativas à fruição do imóvel.

§ 5º Quando a incorporação estiver submetida ao regime do patrimônio de afetação, de que tratam os arts. 31-A a 31-F desta Lei, o incorporador restituirá os valores pagos pelo adquirente, deduzidos os valores descritos neste artigo e atualizados com base no índice contratualmente estabelecido para a correção monetária das parcelas do preço do imóvel, no prazo máximo de 30 (trinta) dias após o habite-se ou documento equivalente expedido pelo órgão público municipal competente, admitindo-se, nessa hipótese, que a pena referida no inciso II do *caput* deste artigo seja estabelecida até o limite de 50% (cinquenta por cento) da quantia paga.

§ 6º Caso a incorporação não esteja submetida ao regime do patrimônio de afetação de que trata a Lei nº 10.931, de 2 de agosto de 2004, e após as deduções a que se referem os parágrafos anteriores, se houver remanescente a ser ressarcido ao adquirente, o pagamento será realizado em parcela única, após o prazo de 180 (cento e oitenta) dias, contado da data do desfazimento do contrato.

§ 7º Caso ocorra a revenda da unidade antes de transcorrido o prazo a que se referem os §§ 5º ou 6º deste artigo, o valor remanescente devido ao adquirente será pago em até 30 (trinta) dias da revenda.

§ 8º O valor remanescente a ser pago ao adquirente nos termos do § 7º deste artigo deve ser atualizado com base no índice contratualmente estabelecido para a correção monetária das parcelas do preço do imóvel.

§ 9º Não incidirá a cláusula penal contratualmente prevista na hipótese de o adquirente que der causa ao desfazimento do contrato encontrar comprador substituto que o sub-rogue nos direitos e obrigações originalmente assumidos, desde que haja a devida anuência do incorporador e a aprovação dos cadastros e da capacidade financeira e econômica do comprador substituto.

§ 10. Os contratos firmados em estandes de vendas e fora da sede do incorporador permitem ao adquirente o exercício do direito de arrependimento, durante o prazo improrrogável de 7 (sete) dias, com a devolução de todos os valores eventualmente antecipados, inclusive a comissão de corretagem.

§ 11. Caberá ao adquirente demonstrar o exercício tempestivo do direito de arrependimento por meio de carta registrada, com aviso de recebimento, considerada a data da postagem como data inicial da contagem do prazo a que se refere o § 10 deste artigo.

§ 12. Transcorrido o prazo de 7 (sete) dias a que se refere o § 10 deste artigo sem que tenha sido exercido o direito de arrependimento, será observada a irretratabilidade do contrato de incorporação imobiliária, conforme disposto no § 2º do art. 32 da Lei nº 4.591, de 16 de dezembro de 1964.

§ 13. Poderão as partes, em comum acordo, por meio de instrumento específico de distrato, definir condições diferenciadas das previstas nesta Lei.

§ 14. Nas hipóteses de leilão de imóvel objeto de contrato de compra e venda com pagamento parcelado, com ou sem garantia real, de promessa de compra e venda ou de cessão e de compra e venda com pacto adjeto de alienação fiduciária em garantia, realizado o leilão no contexto de execução judicial ou de procedimento extrajudicial de execução ou de resolução, a restituição far-se-á de acordo com os critérios estabelecidos na respectiva lei especial ou com as normas aplicáveis à execução em geral.

► Art. 67-A acrescido pela Lei nº 13.786, de 27-12-2018.

Art. 68. Os proprietários ou titulares de direito aquisitivo sobre as terras rurais ou os terrenos onde pretendam construir ou mandar construir habitações isoladas para aliená-las antes de concluídas, mediante pagamento do preço a prazo, deverão, previamente, satisfazer às exigências constantes no artigo 32, ficando sujeitos ao regime instituído nesta Lei para os incorporadores, no que lhes for aplicável.

Art. 69. O Poder Executivo baixará, no prazo de noventa dias, regulamento sobre o registro no registro de imóveis (VETADO).

Art. 70. A presente Lei entrará em vigor na data de sua publicação, revogados o Decreto nº 5.481, de 25 de junho de 1928, e quaisquer disposições em contrário.

Brasília, 16 de dezembro de 1964;
143º da Independência e
76º da República.

H. Castello Branco

LEI Nº 4.594, DE 29 DE DEZEMBRO DE 1964

Regula a profissão de Corretor de Seguros.

► Publicada no *DOU* de 5-1-1965.

CAPÍTULO I

DO CORRETOR DE SEGUROS E DA SUA HABILITAÇÃO PROFISSIONAL

Art. 1º O corretor de seguros, seja pessoa física ou jurídica, é o intermediário legalmente autorizado a angariar e a promover contratos de seguros, admitidos pela legislação vigente, entre as sociedades de seguros e as pessoas físicas ou jurídicas, de direito público ou privado.

Art. 2º O exercício da profissão de corretor de seguros depende da prévia obtenção do título de habilitação, o qual será concedido pelo Departamento Nacional de Seguros Privados e Capitalização, nos temos desta Lei.

Parágrafo único. O número de corretores de seguro é ilimitado.

Art. 3º O interessado na obtenção do título a que se refere o artigo anterior, o requererá ao Departamento Nacional de Seguros Privados e Capitalização, indicando o ramo de seguro a que se pretenda dedicar, provando documentalmente:

a) ser brasileiro ou estrangeiro com residência permanente;

b) estar quite com o serviço militar, quando se tratar de brasileiro ou naturalizado;

c) não haver sido condenado por crimes a que se referem as Seções II, III e IV do Capítulo VI do Título I; os Capítulos I, II, III, IV, V, VI e VII do Título II; o Capítulo V do Título VI; Capítulos I, II e III do Título VIII; os Capítulos I, II, III e IV do Título X e o Capítulo I do Título XI, parte especial do Código Penal;

d) não ser falido;

e) ter habilitação técnico-profissional referente aos ramos requeridos.

§ 1º Se se tratar de pessoa jurídica deverá a requerente provar que está organizada segundo as leis brasileiras, ter sede no País, e que seus diretores, gerentes ou administradores preencham as condições deste artigo.

§ 2º Satisfeitos pelo requerente os requisitos deste artigo terá ele direito a imediata obtenção do título.

Art. 4º O cumprimento da exigência da alínea *e* do artigo anterior poderá consistir na observância comprovada de qualquer das seguintes condições:

a) haver concluído curso técnico profissional de seguros, oficial ou reconhecido;

b) apresentar atestado de exercício profissional anterior a esta Lei, fornecido pelo sindicato de classe ou pelo Departamento Nacional de Seguros Privados e Capitalização.

► Alíneas *a* e *b*, com a redação dada pela Lei nº 7.278, de 10-12-1984.

c) apresentar atestado de exercício profissional anterior a esta Lei, fornecido pelo sindicato de classe ou pelo Departamento Nacional de Seguros Privados e Capitalização.

Art. 5º O corretor, seja pessoa física ou jurídica, antes de entrar no exercício da profissão deverá:

a) *Revogada.* LC nº 137, de 26-8-2010;

b) estar quite com o imposto sindical;

c) inscrever-se para o pagamento do Imposto de Indústrias e Profissões.

Art. 6º Não se poderá habilitar novamente como corretor aquele cujo título de habilitação profissional houver sido cassado, nos termos do artigo 24.

Art. 7º O título de habilitação de corretor de seguros será expedido pelo Departamento Nacional de Seguros Privados e Capitalização e publicado no Diário Oficial da República.

Art. 8º O atestado, a que se refere a alínea *c* do art. 4º, será concedido na conformidade das informações e documentos colhidos pela Diretoria do Sindicato, e dele deverão constar os dados de identidade do pretendente, bem como as indicações relativas ao tempo de exercício nos diversos ramos de seguro e as empresas a que tiver servido.

§ 1º Da recusa do Sindicato em fornecer o atestado acima referido, cabe recurso, no prazo de 60 dias, para o Departamento Nacional de Seguros Privados e Capitalização.

§ 2º Os motivos da recusa do atestado, quando se fundarem em razões que atentem à honra do interessado, terão caráter sigiloso e somente poderão ser certificados a pedido de terceiros por ordem judicial ou mediante requisição do Departamento Nacional de Seguros Privados e Capitalização.

Art. 9º Nos municípios onde não houver sindicatos da respectiva categoria, delegacias ou seções desses sindicatos, poderá o atestado ser fornecido pelo sindicato da localidade mais próxima.

Art. 10. Os sindicatos organizarão e manterão registro dos corretores e respectivos prepostos, habilitados na forma desta lei, com os assentamentos essenciais sobre a habilitação legal e o *curriculum vitae* profissional de cada um.

Parágrafo único. Para os efeitos deste artigo, o Departamento Nacional de Seguros Privados e Capitalização fornecerá aos interessados os dados necessários.

Art. 11. Os sindicatos farão publicar semestralmente, no Diário Oficial da União e dos Estados, a relação devidamente atualizada dos corretores e respectivos prepostos habilitados.

CAPÍTULO II

DOS PREPOSTOS DOS CORRETORES

Art. 12. O corretor de seguros poderá ter prepostos de sua livre escolha bem como designar, entre eles, o que o substitua nos impedimentos ou faltas.

Parágrafo único. Os prepostos serão registrados no Departamento Nacional de Seguros Privados e Capitalização, mediante requerimento do corretor e preenchimento dos requisitos exigidos pelo art. 3º.

CAPÍTULO III

DOS DIREITOS E DEVERES

Art. 13. Só ao corretor de seguros devidamente habilitado nos termos desta lei e que houver assinado a proposta, deverão ser pagas as corretagens admitidas para cada modalidade de seguro, pelas respectivas tarifas, inclusive em caso de ajustamento de prêmios.

§ 1º Nos casos de alterações de prêmios por erro de cálculo na proposta ou por ajustamentos negativos, deverá o corretor restituir a diferença da corretagem.

§ 2º Nos seguros efetuados diretamente entre o segurador e o segurado, sem interveniência de corretor, não haverá corretagem a pagar.

Art. 14. O corretor deverá ter o registro devidamente autenticado pelo Departamento Nacional de Seguros Privados e Capitalização das propostas que encaminhar às sociedades de seguros, com todos os assentamentos necessários à elucidação completa dos negócios em que intervier.

Art. 15. O corretor deverá recolher incontinente à caixa da seguradora o prêmio que porventura tiver recebido do segurado para pagamento de seguro realizado por seu intermédio.

Art. 16. Sempre que for exigido pelo Departamento Nacional de Seguros Privados e Capitalização e no prazo por ele determinado, os corretores e prepostos deverão exibir os seus registros bem como os documentos nos quais se baseiam os lançamentos feitos.

Art. 17. É vedado aos corretores e aos prepostos:

a) aceitarem ou exercerem empregos de pessoa jurídica de direito público, inclusive de entidade paraestatal;

b) serem sócios, administradores, procuradores, despachantes ou empregados de empresa de seguros.

► Art. 982 do CC.

Parágrafo único. O impedimento previsto neste artigo é extensivo aos sócios e diretores de empresa de corretagem.

CAPÍTULO IV

DA ACEITAÇÃO DAS PROPOSTAS DE SEGUROS

Art. 18. As sociedades de seguros, por suas matrizes, filiais, sucursais, agências ou representantes, só poderão receber proposta de contrato de seguros:

a) por intermédio de corretor de seguros devidamente habilitado;

b) diretamente dos proponentes ou seus legítimos representantes.

Art. 19. Nos casos de aceitação de propostas pela forma a que se refere a alínea *b* do artigo anterior, a importância habitualmente cobrada a título de comissão e calculada de acordo com a tarifa respectiva será recolhida ao Fundo de Desenvolvimento Educacional do Seguro, administrado pela Fundação Escola Nacional de Seguros – FUNENSEG, que se destinará à criação e manutenção de:

► *Caput* com a redação dada pela Lei nº 6.317, de 22-12-1975.

a) escolas e cursos de formação e aperfeiçoamento profissional de corretores de seguros e prepostos;

b) bibliotecas especializadas.

► Alíneas *a* e *b* acrescidas pela Lei nº 6.317, de 22-12-1975.

§ 1º As empresas de seguros escriturarão essa importância em livro devidamente autenticado pela Superintendência de Seguros Privados – SUSEP, e recolherão diretamente à FUNENSEG as importâncias arrecadadas, no prazo de 30 (trinta) dias de seu efetivo recebimento, cabendo à SUSEP fiscalizar a regularidade de tais créditos.

► § 1º com a redação dada pela Lei nº 6.317, de 22-12-1975.

§ 2º A criação e funcionamento dessas instituições ficarão a cargo do Instituto de Resseguros do Brasil, que arrecadará essas importâncias diretamente das entidades seguradoras.

► A alteração que seria introduzida no § 2º pela Lei 6.317, de 22-12-1975, foi vetada, razão pela qual mantivemos a sua redação.

CAPÍTULO V

DAS PENALIDADES

Art. 20. O corretor responderá profissional e civilmente pelas declarações inexatas contidas em propostas por ele assinadas, independentemente das sanções que forem cabíveis a outros responsáveis pela infração.

Art. 21. Os corretores de seguros, independentemente de responsabilidade penal e civil em que possam incorrer no exercício de suas funções, são passíveis das penas disciplinares de multa, suspensão e destituição.

Art. 22. Incorrerá na pena de multa de Cr$5.000,00 a Cr$10.000,00 e, na reincidência, em suspensão pelo tempo que durar a infração, o corretor que deixar de cumprir o disposto nos arts. 16 e 17.

Art. 23. Incorrerá em pena de suspensão das funções, de 30 a 180 dias, o corretor que infringir as disposições desta Lei, quando não foi cominada pena de multa ou destituição.

Art. 24. Incorrerá em pena de destituição o corretor que sofrer condenação penal por motivo de ato praticado no exercício da profissão.

Art. 25. Ficam sujeitos à multa correspondente a 25% do prêmio anual da respectiva apólice, e ao dobro no caso de reincidência, as empresas de seguro e corretores que, transgredindo o art. 14 desta lei e as disposições do Decreto-Lei nº 2.063, de 7 de março de 1940, concederem, sob qualquer forma, vantagens que importem no tratamento desigual dos segurados.

Art. 26. O processo para cominação das penalidades previstas nesta lei reger-se-á, no que for aplicável, pelos arts. 167, 168, 169, 170 e 171 do Decreto-Lei nº 2.063, de 7 de março de 1940.

CAPÍTULO VI

DA REPARTIÇÃO FISCALIZADORA

Art. 27. Compete ao Departamento Nacional de Seguros Privados e Capitalização aplicar as penalidades previstas nesta lei e fazer cumprir as suas disposições.

CAPÍTULO VII

DISPOSIÇÕES GERAIS

Art. 28. A presente Lei é aplicável aos territórios estaduais nos quais existem Sindicatos de Corretores de Seguros legalmente constituídos.

Art. 29. Não se enquadram nos efeitos desta Lei as operações de cosseguro e de resseguro entre as empresas seguradoras.

Art. 30. Nos Municípios onde não houver corretor legalmente habilitado, as propostas de contratos de seguro relativos a bens e interesses de pessoas físicas ou jurídicas nele domiciliadas continuarão a ser encaminhadas às empresas seguradoras por corretor de seguros ou por qualquer cidadão, indiferentemente, mantido o regime de livre concorrência na mediação do contrato de seguro em vigor na data da publicação desta lei.

§ 1º As comissões, devidas pela mediação de contratos de seguro de pessoa física ou jurídica, domiciliada nos Municípios a que se refere este artigo e neles agenciados e assinados, continuarão também a ser pagas ao intermediário da proposta, seja corretor habilitado ou não.

§ 2º As companhias seguradoras deverão encaminhar instruções, nos termos da presente Lei, a fim de os referidos corretores possam se habilitar e se registrar, dando ciência dessa providência ao sindicato de classe mais próximo.

CAPÍTULO VIII

DISPOSIÇÕES TRANSITÓRIAS

Art. 31. Os corretores, já em atividade de sua profissão quando da vigência desta Lei, poderão continuar a exercê-la desde que apresentem ao Departamento Nacional de Seguros Privados e Capitalização seus requerimentos, acompanhados dos documentos exigidos pelas alíneas *a*, *c* e *d* do art. 3º, *c*, do art. 4º, e prova da observância do disposto no art. 5º.

Art. 32. Dentro de noventa dias, a contar da vigência desta lei, o Poder Executivo regulamentará as profissões de corretor de seguro de vida e de capitalização, obedecidos os princípios estabelecidos na presente Lei.

Art. 33. Esta Lei entra em vigor na data de sua publicação.

Art. 34. Revogam-se as disposições em contrário.

Brasília, 29 de dezembro de 1964;
143º da Independência e
76º da República.

H. Castello Branco

LEI Nº 4.595, DE 31 DE DEZEMBRO DE 1964

Dispõe sobre a Política e as Instituições monetárias, bancárias e creditícias, cria o Conselho Monetário Nacional e dá outras providências.

► Publicada no *DOU* de 31-12-1964, Edição Extra, e retificada no *DOU* de 3-2-1965.

CAPÍTULO I
DO SISTEMA FINANCEIRO NACIONAL

► Dec.-lei nº 2.321, de 25-2-1987.

Art. 1º O Sistema Financeiro Nacional, estruturado e regulado pela presente Lei, será constituído:

► Lei nº 13.294, de 6-6-2016, dispõe sobre o prazo para emissão de recibo de quitação integral de débitos de qualquer natureza pelas instituições integrantes do Sistema Financeiro Nacional.

I – do Conselho Monetário Nacional;
II – do Banco Central do Brasil;
III – do Banco do Brasil S.A.;
IV – do Banco Nacional do Desenvolvimento Econômico;

► O Banco Nacional do Desenvolvimento Econômico teve sua denominação alterada para Banco Nacional do Desenvolvimento Econômico e Social (BNDES).

V – das demais instituições financeiras públicas e privadas.

CAPÍTULO II
DO CONSELHO MONETÁRIO NACIONAL

► Dec. nº 1.307, de 9-11-1994, aprova o Regimento Interno do Conselho Monetário Nacional.

Art. 2º Fica extinto o Conselho da atual Superintendência da Moeda e do Crédito, e criado, em substituição, o Conselho Monetário Nacional, com a finalidade de formular a política da moeda e do crédito, como previsto nesta Lei, objetivando o progresso econômico e social do País.

Art. 3º A política do Conselho Monetário Nacional objetivará:

I a III* – Revogados. *LC nº 179, de 24-2-2021;

IV – orientar a aplicação dos recursos das instituições financeiras, quer públicas, quer privadas; tendo em vista propiciar, nas diferentes regiões do País, condições favoráveis ao desenvolvimento harmônico da economia nacional;

V – propiciar o aperfeiçoamento das instituições e dos instrumentos financeiros, com vistas à maior eficiência do sistema de pagamentos e de mobilização de recursos;

VI – zelar pela liquidez e solvência das instituições financeiras;

VII – coordenar as políticas monetária, creditícia, orçamentária, fiscal e da dívida pública, interna e externa.

Art. 4º Compete ao Conselho Monetário Nacional, segundo diretrizes estabelecidas pelo Presidente da República:

► *Caput* com a redação dada pela Lei nº 6.045, de 15-5-1974.

I e II* – Revogados. *LC nº 179, de 24-2-2021;

III – Aprovar os orçamentos monetários, preparados pelo Banco Central do Brasil, por meio dos quais se estimarão as necessidades globais de moeda e crédito;

IV – Determinar as características gerais (VETADO) das cédulas e das moedas;

V – Fixar as diretrizes e normas da política cambial, inclusive quanto à compra e venda de ouro e quaisquer operações em Direitos Especiais de Saque e em moeda estrangeira;

► Inciso V com a redação dada pelo Dec.-lei nº 581, de 14-5-1969.

VI – Disciplinar o crédito em todas as suas modalidades e as operações creditícias em todas as suas formas, inclusive aceites, avais e prestações de quaisquer garantias por parte das instituições financeiras;

VII – Coordenar a política de que trata o artigo 3º desta Lei com a de investimentos do Governo Federal;

VIII – Regular a constituição, funcionamento e fiscalização dos que exercerem atividades subordinadas a esta Lei, bem como a aplicação das penalidades previstas;

IX – Limitar, sempre que necessário, as taxas de juros, descontos, comissões e qualquer outra forma de remuneração de operações e serviços bancários ou financeiros, inclusive os prestados pelo Banco Central do Brasil, assegurando taxas favorecidas aos financiamentos que se destinem a promover:

- recuperação e fertilização do solo;
- reflorestamento;
- combate a epizootias e pragas, nas atividades rurais;
- eletrificação rural;
- mecanização;
- irrigação;
- investimentos indispensáveis às atividades agropecuárias.

X – Determinar a percentagem máxima dos recursos que as instituições financeiras poderão emprestar a um mesmo cliente ou grupo de empresas;

XI – Estipular índices e outras condições técnicas sobre encaixes, mobilizações e outras relações patrimoniais, a serem observadas pelas instituições financeiras;

XII – Expedir normas gerais de contabilidade e estatística a serem observadas pelas instituições financeiras;

XIII – Delimitar, com periodicidade não inferior a dois anos, o capital mínimo das instituições financeiras privadas, levando em conta sua natureza, bem como a localização de suas sedes e agências ou filiais;

XIV* – Revogado. *LC nº 179, de 24-2-2021;

XV – Estabelecer para as instituições financeiras públicas a dedução dos depósitos de pessoas jurídicas de direito público que lhes detenham o controle acionário, bem como dos das respectivas autarquias e sociedades de economia mista, no cálculo a que se refere o inciso anterior;

XVI e XVII* – Revogados. *LC nº 179, de 24-2-2021;

XVIII – Outorgar ao Banco Central do Brasil o monopólio das operações de câmbio quando ocorrer grave desequilíbrio no balanço de pagamentos ou houver sérias razões para prever a iminência de tal situação;

XIX* – Revogado. *LC nº 179, de 24-2-2021;

XX – Autorizar o Banco Central do Brasil e as instituições financeiras públicas federais a efetuar a subscrição, compra e venda de ações e outros papéis emitidos ou de responsabilidade das sociedades de economia mista e empresas do Estado;

XXI – Disciplinar as atividades das bolsas de valores e dos corretores de fundos públicos;

► Art. 1º, IV, da Lei nº 6.385, de 7-12-1976 (Lei do Mercado de Valores Mobiliários).

XXII – Estatuir normas para as operações das instituições financeiras públicas, para preservar sua solidez e adequar seu funcionamento aos objetivos desta Lei;

XXIII – Fixar, até quinze vezes a soma do capital realizado e reservas livres, o limite além do qual os excedentes dos depósitos das instituições financeiras serão recolhidos ao Banco Central do Brasil ou aplicados de acordo com as normas que o Conselho estabelecer;

XXIV – Decidir de sua própria organização, elaborando seu regimento interno no prazo máximo de trinta dias;

XXV – Revogado. LC nº 179, de 24-2-2021;

XXVI – Conhecer dos recursos de decisões do Banco Central do Brasil;

XXVII – Aprovar o regimento interno e as contas do Banco Central do Brasil e decidir sobre o seu orçamento e sobre seus sistemas de contabilidade, bem como sobre a forma e prazo de transferência de seus resultados para o Tesouro Nacional, sem prejuízo da competência do Tribunal de Contas da União;

► Inciso XXVII com a redação dada pelo Dec.-lei nº 2.376, de 25-11-1987.

XXVIII – Aplicar aos bancos estrangeiros que funcionem no País as mesmas vedações ou restrições equivalentes, que vigorem, nas praças de suas matrizes, em relação a bancos brasileiros ali instalados ou que nelas desejem estabelecer-se;

XXIX – Colaborar com o Senado Federal, na instrução dos processos de empréstimos externos dos Estados, do Distrito Federal e dos Municípios, para cumprimento do disposto no artigo 63, II, da Constituição Federal;

► Refere-se à CF/1946.

► Atual art. 52, V, da CF.

XXX – Expedir normas e regulamentação para as designações e demais efeitos do artigo 7º desta Lei;

XXXI – Baixar normas que regulem as operações de câmbio, inclusive *swaps*, fixando limites, taxas, prazos e outras condições;

XXXII – Regular os depósitos a prazo de instituições financeiras e demais sociedades autorizadas a funcionar pelo Banco Central do Brasil, inclusive entre aquelas sujeitas ao mesmo controle acionário ou coligadas.

► Inciso XXXII com a redação dada pelo Dec.-lei nº 2.290, de 21-11-1986.

§ 1º O Conselho Monetário Nacional, no exercício das atribuições previstas no inciso VIII deste artigo, poderá determinar que o Banco Central do Brasil recuse autorização para o funcionamento de novas instituições financeiras, em função de conveniências de ordem geral.

§ 2º Competirá ao Banco Central do Brasil acompanhar a execução dos orçamentos monetários e relatar a matéria ao Conselho Monetário Nacional, apresentando as sugestões que considerar convenientes.

§ 3º Revogado. LC nº 179, de 24-2-2021.

§ 4º O Conselho Monetário Nacional poderá convidar autoridades, pessoas ou entidades para prestar esclarecimentos considerados necessários.

§ 5º Nas hipóteses do artigo 4º, I, e do § 6º do artigo 49 desta Lei, se o Congresso Nacional negar homologação à emissão extraordinária efetuada, as autoridades responsáveis serão responsabilizadas nos termos da Lei nº 1.079, de 10 de abril de 1950.

§ 6º O Conselho Monetário Nacional encaminhará ao Congresso Nacional, até 31 de março de cada ano, relatório da evolução da situação monetária e creditícia do País no ano anterior, no qual descreverá, minudentemente, as providências adotadas para cumprimento dos objetivos estabelecidos nesta Lei, justificando, destacadamente, os montantes das emissões de papel-moeda que tenham sido feitas para atendimento das atividades produtivas.

§ 7º O Banco Nacional da Habitação é o principal instrumento de execução da política habitacional do Governo Federal e integra o sistema financeiro nacional, juntamente com as sociedades de crédito imobiliário, sob orientação, autorização, coordenação e fiscalização do Conselho Monetário Nacional e do Banco Central do Brasil, quanto à execução, nos termos desta Lei, revogadas as disposições especiais em contrário.

Art. 5º As deliberações do Conselho Monetário Nacional entendem-se de responsabilidade de seu presidente para os efeitos do artigo 104, I, *b*, da Constituição Federal e obrigarão também os órgãos oficiais, inclusive autarquias e sociedades de economia mista, nas atividades que afetem o mercado financeiro e o de capitais.

► Refere-se à CF/1946.

Arts. 6º e 7º Revogados. LC nº 179, de 24-2-2021.

CAPÍTULO III

DO BANCO CENTRAL DO BRASIL

Art. 8º A atual Superintendência da Moeda e do Crédito é transformada em autarquia federal, tendo sede e foro na Capital da República, sob a denominação de Banco Central do Brasil, com personalidade jurídica e patrimônio próprios, este constituído dos bens, direitos e valores que lhe são transferidos na forma desta Lei e ainda da apropriação dos juros e rendas resultantes, na data da vigência desta Lei, do disposto no artigo 9º do Decreto-Lei nº 8.495, de 28 de dezembro de 1945, dispositivo que ora é expressamente revogado.

Parágrafo único. Os resultados obtidos pelo Banco Central do Brasil, consideradas as receitas e despesas de todas as suas operações, serão, a partir de 1º de janeiro de 1988, apurados pelo regime de competência e transferidos para o Tesouro Nacional, após compensados eventuais prejuízos de exercícios anteriores.

► Parágrafo único com a redação dada pelo Dec.-lei nº 2.376, de 25-11-1987.

Art. 9º Compete ao Banco Central do Brasil cumprir e fazer cumprir as disposições que lhe são atribuídas pela legislação em vigor e as normas expedidas pelo Conselho Monetário Nacional.

► Súm. nº 23 do STJ.

Art. 10. Compete privativamente ao Banco Central do Brasil:

I – emitir moeda-papel e moeda metálica, nas condições e limites autorizados pelo Conselho Monetário Nacional (VETADO);

► Art. 21, VII, da CF.

II – executar os serviços do meio circulante;

III – determinar o recolhimento de até cem por cento do total dos depósitos à vista e de até sessenta por cento de outros títulos contábeis das instituições financeiras, seja na forma de subscrição de Letras ou Obrigações do Tesouro Nacional ou compra de títulos da Dívida Pública Federal, seja através de recolhimento em espécie, em ambos os casos entregues ao Banco Central do Brasil, a forma e condições por ele determinadas, podendo:

a) adotar percentagens diferentes em função:

1. das regiões geoeconômicas;
2. das prioridades que atribuir às aplicações;
3. da natureza das instituições financeiras;

b) determinar percentuais que não serão recolhidos, desde que tenham sido reaplicados em financiamentos à agricultura, sob juros favorecidos e outras condições por ele fixadas.

► Inciso III acrescido pela Lei nº 7.730, de 31-1-1989.

IV – receber os recolhimentos compulsórios de que trata o inciso anterior e, ainda, os depósitos voluntários à vista das instituições financeiras, nos termos do inciso III e § 2º do artigo 19;

V – realizar operações de redesconto e empréstimo com instituições financeiras públicas e privadas, consoante remuneração, limites, prazos, garantias, formas de negociação e outras condições estabelecidos em regulamentação por ele editada;

► Inciso V com a redação dada pela LC nº 179, de 24-2-2021.

VI – exercer o controle do crédito sob todas as suas formas;

VII – efetuar o controle dos capitais estrangeiros, nos termos da lei;

VIII – ser depositário das reservas oficiais de ouro de moeda estrangeira e de Direitos Especiais de Saque e fazer com estas últimas todas e quaisquer operações previstas no Convênio Constitutivo do Fundo Monetário Internacional;

IX – exercer a fiscalização das instituições financeiras e aplicar as penalidades previstas;

X – conceder autorização às instituições financeiras, a fim de que possam:

a) funcionar no País;

b) instalar ou transferir suas sedes, ou dependências, inclusive no Exterior;

c) ser transformadas, fundidas, incorporadas ou encampadas;

d) praticar operações de câmbio, crédito real e venda habitual de títulos da dívida pública federal, estadual ou municipal, ações, debêntures, letras hipotecárias e outros títulos de crédito ou imobiliários;

e) ter prorrogados os prazos concedidos para funcionamento;

f) alterar seus estatutos;

g) alienar ou, por qualquer outra forma, transferir o seu controle acionário;

► Súm. nº 283 do STJ.

XI – estabelecer condições para a posse e para o exercício de quaisquer cargos de administração de instituições financeiras privadas, assim como para o exercício de quaisquer funções em órgãos consultivos, fiscais e semelhantes, segundo normas que forem expedidas pelo Conselho Monetário Nacional;

XII – efetuar, como instrumento de política monetária, operações de compra e venda de títulos públicos federais, consoante remuneração, limites, prazos, formas de negociação e outras condições estabelecidos em regulamentação por ele editada, sem prejuízo do disposto no art. 39 da Lei Complementar nº 101, de 4 de maio de 2000;

► Inciso XII com a redação dada pela LC nº 179, de 24-2-2021.

XIII – determinar que as matrizes das instituições financeiras registrem os cadastros das firmas que operam com suas agências há mais de um ano;

XIV – aprovar seu regimento interno;

XV – efetuar, como instrumento de política cambial, operações de compra e venda de moeda estrangeira e operações com instrumentos derivativos no mercado interno, consoante remuneração, limites, prazos, formas de negociação e outras condições estabelecidos em regulamentação por ele editada.

► Incisos XIV e XV acrescidos pela LC nº 179, de 24-2-2021.

§ 1º No exercício das atribuições a que se refere o inciso IX deste artigo, com base nas normas estabelecidas pelo Conselho Monetário Nacional, o Banco Central do Brasil estudará os pedidos que lhe sejam formulados e resolverá conceder ou recusar a autorização pleiteada, podendo (VETADO) incluir as cláusulas que reputar convenientes ao interesse público.

► Arts. 1.123 a 1.141 do CC.

§ 2º Observado o disposto no parágrafo anterior, as instituições financeiras estrangeiras dependem de autorização do Poder Executivo, mediante decreto, para que possam funcionar no País (VETADO).

► Arts. 1.123 a 1.141 do CC.

§ 3º O Banco Central do Brasil informará previamente ao Conselho Monetário Nacional sobre o deferimento de operações na forma estabelecida no inciso V do caput deste artigo, sempre que identificar a possibilidade de impacto fiscal relevante.

► § 3º acrescido pela LC nº 179, de 24-2-2021.

Art. 11. Compete ao Banco Central do Brasil:

I – entender-se, em nome do Governo brasileiro, com as instituições financeiras estrangeiras e internacionais;

II – promover, como agente do Governo Federal, a colocação de empréstimos internos ou externos, podendo, também, encarregar-se dos respectivos serviços;

III – atuar no sentido de funcionamento regular do mercado cambial, da estabilidade relativa das taxas de câmbio e do equilíbrio no balanço de pagamentos, podendo para esse fim comprar e vender ouro e moeda estrangeira, bem como realizar operações de crédito no exterior, inclusive as referentes aos Direitos Especiais de Saque e separar os mercados de câmbio financeiro e comercial;

► Inciso III com a redação dada pelo Dec.-lei nº 581, de 14-5-1969.

IV – Revogado. LC nº 179, de 24-2-2021;

V – emitir títulos de responsabilidade própria, de acordo com as condições estabelecidas pelo Conselho Monetário Nacional;

VI – regular a execução dos serviços de compensação de cheques e outros papéis;

VII – exercer permanente vigilância nos mercados financeiros e de capitais sobre empresas que, direta, ou indiretamente, interfiram nesses mercados e em relação às modalidades ou processos operacionais que utilizem;

VIII – prover, sob controle do Conselho Monetário Nacional, os serviços de sua Secretaria.

§ 1º No exercício das atribuições a que se refere o inciso VIII do artigo 10 desta Lei, o Banco Central do Brasil poderá examinar os livros e documentos das pessoas naturais ou jurídicas que detenham o controle acionário de instituição financeira, ficando essas pessoas sujeitas ao disposto no artigo 44, § 8º, desta Lei.

► § 1º acrescido pelo Dec.-lei nº 2.321, de 25-2-1987.

§ 2º O Banco Central do Brasil instalará delegacias, com autorização do Conselho Monetário Nacional, nas diferentes regiões geoeconômicas do País, tendo em vista a descentralização administrativa para distribuição e recolhimento da moeda e o cumprimento das decisões adotadas pelo mesmo Conselho ou prescritas em lei.

► Antigo § 1º renumerado para § 2º pelo Dec.-lei nº 2.321, de 25-2-1987.

Art. 12. O Banco Central do Brasil operará exclusivamente com instituições financeiras públicas e privadas, vedadas operações bancárias de qualquer natureza com outras pessoas de direito público ou privado, salvo as expressamente autorizadas por lei.

Art. 13. Os encargos e serviços de competência do Banco Central, quando por ele não executados diretamente, serão contratados de preferência com o Banco do Brasil S.A., exceto nos casos especialmente autorizados pelo Conselho Monetário Nacional.

► Artigo com a redação dada pelo Dec.-lei nº 278, de 28-2-1967.

Art. 14. Revogado. *LC nº 179, de 24-2-2021.*

Art. 15. O regimento interno do Banco Central do Brasil, a que se refere o inciso XXVII do artigo 4º desta Lei, prescreverá as atribuições do presidente e dos diretores e especificará os casos que dependerão de deliberação da diretoria, a qual será tomada por maioria de votos, presentes no mínimo o presidente ou seu substituto eventual e dois outros diretores, cabendo ao presidente também o voto de qualidade.

Parágrafo único. A diretoria se reunirá, ordinariamente, uma vez por semana, e, extraordinariamente, sempre que necessário, por convocação do presidente ou a requerimento de, pelo menos, dois de seus membros.

Art. 16. Constituem receita do Banco Central do Brasil as rendas:

► *Caput* com a redação dada pelo Dec.-lei nº 2.376, de 25-11-1987.

I – de operações financeiras e de outras aplicações de seus recursos;

II – das suas operações de câmbio, da compra e venda de ouro e de quaisquer outras operações em moeda estrangeira;

III – eventuais, inclusive as derivadas de multas e de juros de mora aplicados por força do disposto na legislação em vigor.

► Incisos I a III com a redação dada pelo Dec.-lei nº 2.376, de 25-11-1987.

§ 1º Do resultado das operações de câmbio de que trata o inciso II deste artigo, ocorrido a partir da data de entrada em vigor desta Lei, setenta e cinco por cento da parte referente ao lucro realizado na compra e venda de moeda estrangeira destinar-se-á à formação de reserva monetária do Banco Central do Brasil, que registrará esses recursos em conta específica, na forma que for estabelecida pelo Conselho Monetário Nacional.

► § 1º com a redação dada pelo Dec.-lei nº 2.076, de 20-12-1983.

§ 2º A critério do Conselho Monetário Nacional, poderão também ser destinados à reserva monetária de que trata o § 1º os recursos provenientes de rendimentos gerados por:

a) suprimentos específicos do Banco Central do Brasil ao Banco do Brasil S.A., concedidos nos termos do § 1º, do artigo 19, desta Lei;

b) suprimentos especiais do Banco Central do Brasil aos fundos e programas que administra.

§ 3º O Conselho Monetário Nacional estabelecerá, observado o disposto no § 1º do artigo 19 desta Lei, a cada exercício, as bases da remuneração das operações referidas no § 2º e as condições para incorporação desses rendimentos à referida reserva monetária.

► §§ 2º e 3º acrescidos pelo Dec.-lei nº 2.076, de 20-12-1983.

CAPÍTULO IV

DAS INSTITUIÇÕES FINANCEIRAS

Seção I

DA CARACTERIZAÇÃO E SUBORDINAÇÃO

Art. 17. Consideram-se instituições financeiras, para os efeitos da legislação em vigor, as pessoas jurídicas públicas ou privadas, que tenham como atividade principal ou acessória a coleta, intermediação ou aplicação de recursos financeiros próprios ou de terceiros, em moeda nacional ou estrangeira, e a custódia de valor de propriedade de terceiros.

► Lei nº 7.492, de 16-6-1986 (Lei dos Crimes Contra o Sistema Financeiro Nacional).

► Lei nº 10.305, de 7-11-2001, estabelece normas para registro do resultado líquido negativo decorrente do ajuste dos valores em reais de obrigações e créditos.

Parágrafo único. Para os efeitos desta Lei e da legislação em vigor, equiparam-se às instituições financeiras as pessoas físicas que exerçam qualquer das atividades referidas neste artigo, de forma permanente ou eventual.

Art. 18. As instituições financeiras somente poderão funcionar no País mediante prévia autorização do Banco Central do Brasil ou decreto do Poder Executivo, quando forem estrangeiras.

§ 1º Além dos estabelecimentos bancários oficiais ou privados, das sociedades de crédito, financiamento e investimentos, das caixas econômicas e das cooperativas de crédito ou a seção de crédito das cooperativas que a tenham, também se subordinam às disposições e disciplinas desta Lei no que for aplicável, as bolsas de valores, companhias de seguros e de capitalização, as sociedades que efetuam distribuição de prêmios em imóveis, mercadoria ou dinheiro, mediante sorteio de títulos de sua emissão ou por qualquer forma, e as pessoas físicas ou jurídicas que exerçam, por conta própria ou de terceiros, atividade relacionada com a compra e venda de ações e outros quaisquer títulos, realizando, nos mercados financeiros e de capitais, operações ou serviços de natureza dos executados pelas instituições financeiras.

§ 2º O Banco Central do Brasil, no exercício da fiscalização que lhe compete, regulará as condições de concorrência entre instituições financeiras, coibindo-lhes os abusos com a aplicação da pena (VETADO) nos termos desta Lei.

§ 3º Dependerão de prévia autorização do Banco Central do Brasil as campanhas destinadas à coleta de recursos do público, praticadas por pessoas físicas ou jurídicas abrangidas neste artigo, salvo para subscrição pública de ações, nos termos da lei das sociedades por ações.

Seção II

DO BANCO DO BRASIL S.A.

► Dec. nº 3.905, de 31-8-2001, dispõe sobre a composição, indicação, eleição e nomeação dos membros dos órgãos colegiados do Banco do Brasil S.A.

Art. 19. Ao Banco do Brasil S.A. competirá, precipuamente, sob a supervisão do Conselho Monetário Nacional e como instrumento de execução da política creditícia e financeira do Governo Federal:

I – na qualidade de Agente Financeiro do Tesouro Nacional, sem prejuízo de outras funções que lhe venham a ser atribuídas e ressalvado o disposto no artigo 8º da Lei nº 1.628, de 20 de junho de 1952:

a) receber, a crédito do Tesouro Nacional, as importâncias provenientes da arrecadação de tributos ou rendas federais e ainda o produto das operações de que trata o artigo 49 desta Lei;

b) realizar os pagamentos e suprimentos necessários à execução do Orçamento Geral da União e leis complementares que lhe forem transmitidas pelo Ministério da Fazenda, as quais não poderão exceder o montante global dos recursos a que se refere a letra anterior, vedada a concessão, pelo Banco, de créditos de qualquer natureza ao Tesouro Nacional;

c) conceder aval, fiança e outras garantias, consoante expressa autorização legal;

d) adquirir e financiar estoques de produção exportável;

e) executar a política de preços mínimos dos produtos agropastoris;

f) ser agente pagador e receber fora do País;

g) executar o serviço da dívida pública consolidada;

II – como principal executor dos serviços bancários de interesse do Governo Federal, inclusive suas autarquias, receber em depósito, com exclusividade, as disponibilidades de quaisquer entidades federais, compreendendo as repartições de todos os ministérios civis e militares, instituições de previdência e outras autarquias, comissões, departamentos, entidades em regime especial de administração e quaisquer pessoas físicas ou jurídicas responsáveis por adiantamentos, ressalvados o disposto no § 5º deste artigo, as exceções previstas em lei ou casos especiais, expressamente autorizadas pelo Conselho Monetário Nacional, por proposta do Banco Central do Brasil;

III – arrecadar os depósitos voluntários, à vista, das instituições de que trata o inciso III, do artigo 10, desta Lei, escriturando as respectivas contas;

► Inciso III com a redação dada pelo Dec.-lei nº 2.284, de 10-3-1986.

IV – executar os serviços de compensação de cheques e outros papéis;

V – receber, com exclusividade, os depósitos de que tratam os artigos 38, item 3º, do Decreto-Lei nº 2.627, de 26 de setembro de 1940, e 1º do Decreto-Lei nº 5.956, de 1º de novembro de 1943, ressalvado o disposto no artigo 27 desta Lei;

► Art. 80, III, da Lei nº 6.404, de 15-12-1976 (Lei das Sociedades por Ações).

VI – realizar, por conta própria, operações de compra e venda de moeda estrangeira e, por conta do Banco Central do Brasil, nas condições estabelecidas pelo Conselho Monetário Nacional;

VII – realizar recebimentos ou pagamentos e outros serviços de interesse do Banco Central do Brasil, mediante contratação na forma do artigo 13 desta Lei;

VIII – dar execução à política de comércio exterior (VETADO);

IX – financiar a aquisição e instalação da pequena e média propriedade rural, nos termos da legislação que regular a matéria;

X – financiar as atividades industriais e rurais, estas com o favorecimento referido no artigo 4º, IX, e artigo 53 desta Lei;

XI – difundir e orientar o crédito, inclusive as atividades comerciais suplementando a ação da rede bancária:

a) no financiamento das atividades econômicas, atendendo às necessidades creditícias das diferentes regiões do País;

b) no financiamento das exportações e importações.

§ 1º O Conselho Monetário Nacional assegurará recursos específicos que possibilitem ao Banco do Brasil S.A., sob adequada remuneração, o atendimento dos encargos previstos nesta Lei.

§ 2º Do montante global dos depósitos arrecadados, na forma do inciso III deste artigo, o Banco do Brasil S.A. colocará à disposição do Banco Central do Brasil, observadas as normas que forem estabelecidas pelo Conselho Monetário Nacional, a parcela que exceder as necessidades normais de movimentação das contas respectivas, em função dos serviços aludidos no inciso IV deste artigo.

§ 3º Os encargos referidos no inciso I deste artigo serão objeto de contratação entre o Banco do Brasil S.A. e a União Federal, esta representada pelo Ministro da Fazenda.

§ 4º O Banco do Brasil S.A. prestará ao Banco Central do Brasil todas as informações por este julgadas necessárias para a exata execução desta Lei.

§ 5º Os depósitos de que trata o inciso II deste artigo também poderão ser feitos nas Caixas Econômicas Federais, nos limites e condições fixados pelo Conselho Monetário Nacional.

Art. 20. O Banco do Brasil S.A. e o Banco Central do Brasil elaborarão, em conjunto, o programa global de aplicações e recursos do primeiro, para fins de inclusão nos orçamentos monetários de que trata o inciso III do artigo 4º desta Lei.

Art. 21. O presidente e os diretores do Banco do Brasil S.A. deverão ser pessoas de reputação ilibada e notória capacidade.

§ 1º A nomeação do presidente do Banco do Brasil S.A. será feita pelo Presidente da República, após aprovação do Senado Federal.

§ 2º As substituições eventuais do presidente do Banco do Brasil S.A. não poderão exceder o prazo de trinta dias consecutivos, sem que o Presidente da República submeta ao Senado Federal o nome do substituto.

§§ 3º e 4º VETADOS.

Seção III

DAS INSTITUIÇÕES FINANCEIRAS PÚBLICAS

Art. 22. As instituições financeiras públicas são órgãos auxiliares da execução da política de crédito do Governo Federal.

§ 1º O Conselho Monetário Nacional regulará as atividades, capacidade e modalidade operacionais das instituições financeiras públicas federais, que deverão submeter à aprovação daquele órgão, com a prioridade por ele prescrita, seus programas de recursos e aplicações, de forma que se ajustem à política de crédito do Governo Federal.

§ 2º A escolha dos diretores ou administradores das instituições financeiras públicas federais e a nomeação dos respectivos presidentes e designação dos substitutos observarão o disposto no artigo 21, §§ 1º e 2º, desta Lei.

§ 3º A atuação das instituições financeiras públicas será coordenada nos termos do artigo 4º desta Lei.

Art. 23. O Banco Nacional do Desenvolvimento Econômico é o principal instrumento de execução de política de investimentos do Governo Federal, nos termos das Leis nºs 1.628, de 20 de junho de 1952, e 2.973, de 26 de novembro de 1956.

► O Banco Nacional do Desenvolvimento Econômico teve sua denominação alterada para Banco Nacional do Desenvolvimento Econômico e Social (BNDES).

Art. 24. As instituições financeiras públicas não federais ficam sujeitas às disposições relativas às instituições financeiras privadas, assegurada a forma de constituição das existentes na data da publicação desta Lei.

Parágrafo único. As Caixas Econômicas Estaduais equiparam-se, no que couber, às Caixas Econômicas Federais, para os efeitos da legislação em vigor, estando isentas do recolhimento a que se refere o artigo 4º, XIV, e à taxa de fiscalização, mencionada no artigo 16 desta Lei.

Seção IV

DAS INSTITUIÇÕES FINANCEIRAS PRIVADAS

Art. 25. As instituições financeiras privadas, exceto as cooperativas de crédito, constituir-se-ão unicamente sob a forma de sociedade anônima, devendo a totalidade de seu capital com direito a voto ser representada por ações nominativas.

► *Caput* com a redação dada pela Lei nº 5.710, de 7-10-1971.

§ 1º Observadas as normas fixadas pelo Conselho Monetário Nacional as instituições a que se refere este artigo poderão emitir até o limite de 50% de seu capital social em ações preferenciais, nas formas nominativas e ao portador, sem direito a voto, às quais não se aplicará o disposto no parágrafo único do art. 81 do Decreto-Lei nº 2.627, de 26 de setembro de 1940.

► O art. 81 do Decreto-Lei nº 2.627, de 26 de setembro de 1940, foi revogado pela Lei nº 6.404, de 15-12-1976 (LSA)

§ 2º A emissão de ações preferenciais ao portador, que poderá ser feita em virtude de aumento de capital, conversão de ações ordinárias ou de ações preferenciais nominativas, ficará sujeita a alterações prévias dos estatutos das sociedades, a fim de que sejam neles incluídas as declarações sobre:

I – as vantagens, preferenciais e restrições atribuídas a cada classe de ações preferenciais, de acordo com o Decreto-lei nº 2.627, de 26 de setembro de 1940;

► Lei nº 6.404, de 15-12-1976 (LSA)

II – as formas e prazos em que poderá ser autorizada a conversão das ações, vedada a conversão das ações preferenciais em outro tipo de ações com direito a voto.

§ 3º Os títulos e cautelas representativas das ações preferenciais, emitidos nos termos dos parágrafos anteriores, deverão conter expressamente as restrições ali especificadas.

► §§ 1º a 3º acrescidos pela Lei nº 5.710, de 7-10-1971.

Art. 26. O capital inicial das instituições financeiras públicas e privadas será sempre realizado em moeda corrente.

Art. 27. Na subscrição do capital inicial e na de seus aumentos em moeda corrente, será exigida no ato a realização de, pelo menos, cinquenta por cento do montante subscrito.

§ 1º As quantias recebidas dos subscritores de ações serão recolhidas no prazo de cinco dias, contados do recebimento, ao Banco Central do Brasil, permanecendo indisponíveis até a solução do respectivo processo.

§ 2º O remanescente do capital subscrito, inicial ou aumentado, em moeda corrente, deverá ser integralizado dentro de um ano da data da solução do respectivo processo.

Art. 28. Os aumentos de capital, que não forem realizados em moeda corrente, poderão decorrer da incorporação de reservas, segundo normas expedidas pelo Conselho Monetário Nacional, e da reavaliação da parcela dos bens do ativo imobilizado, representado por imóveis de uso e instalações, aplicados no caso, como limite máximo, os índices fixados pelo Conselho Nacional de Economia.

Art. 29. As instituições financeiras privadas deverão aplicar, de preferência, não menos de cinquenta por cento dos depósitos do público que recolherem, na respectiva Unidade Federada ou Território.

§ 1º O Conselho Monetário Nacional poderá, em casos especiais, admitir que o percentual referido neste artigo seja aplicado em cada Estado e Território isoladamente ou por grupos de Estados e Territórios componentes da mesma região geoeconômica.

§ 2º *Revogado.* Dec.-lei nº 48, de 18-11-1966.

Art. 30. As instituições financeiras de direito privado, exceto as de investimento, só poderão participar de capital de quaisquer sociedades com prévia autorização do Banco Central do Brasil, solicitada justificadamente e concedida expressamente, ressalvados os casos de garantia de subscrição, nas condições que forem estabelecidas, em caráter geral, pelo Conselho Monetário Nacional.

Parágrafo único. VETADO.

Art. 31. As instituições financeiras levantarão balanços gerais a 30 de junho e 31 de dezembro de cada ano, obrigatoriamente, com observância das regras contábeis estabelecidas pelo Conselho Monetário Nacional.

Art. 32. As instituições financeiras públicas deverão comunicar ao Banco Central do Brasil a nomeação ou a eleição de diretores e membros de órgãos consultivos, fiscais e semelhantes, no prazo de quinze dias da data de sua ocorrência.

Art. 33. As instituições financeiras privadas deverão comunicar ao Banco Central do Brasil os atos relativos à eleição de diretores e membros de órgãos consultivos, fiscais e semelhantes, no prazo de quinze dias de sua ocorrência, de acordo com o estabelecido no artigo 10, X, desta Lei.

§ 1º O Banco Central do Brasil, no prazo máximo de sessenta dias, decidirá aceitar ou recusar o nome do eleito, que não atender às condições a que se refere o artigo 10, X, desta Lei.

§ 2º A posse do eleito dependerá da aceitação a que se refere o parágrafo anterior.

§ 3º Oferecida integralmente a documentação prevista nas normas referidas no artigo 10, X, desta Lei, e decorrido, sem manifestações do Banco Central do Brasil, o prazo mencionado no § 1º deste artigo, entender-se-á não ter havido recusa à posse.

Art. 34. É vedado às instituições financeiras realizar operação de crédito com a parte relacionada.

► *Caput* com a redação dada pela Lei nº 13.506, de 13-11-2017.

I a V – *Revogados.* Lei nº 13.506, de 13-11-2017.

§§ 1º e 2º *Revogados.* Lei nº 13.506, de 13-11-2017.

§ 3º Considera-se parte relacionada à instituição financeira, para efeitos deste artigo:

I – seus controladores, pessoas físicas ou jurídicas, nos termos do art. 116 da Lei nº 6.404, de 15 de dezembro de 1976;

II – seus diretores e membros de órgãos estatutários ou contratuais;

III – o cônjuge, o companheiro e os parentes, consanguíneos ou afins, até o segundo grau, das pessoas mencionadas nos incisos I e II deste parágrafo;

IV – as pessoas físicas com participação societária qualificada em seu capital; e

V – as pessoas jurídicas:

a) com participação qualificada em seu capital;

b) em cujo capital, direta ou indiretamente, haja participação societária qualificada;

c) nas quais haja controle operacional efetivo ou preponderância nas deliberações, independentemente da participação societária; e

d) que possuírem diretor ou membro de conselho de administração em comum.

§ 4º Excetuam-se da vedação de que trata o *caput* deste artigo, respeitados os limites e as condições estabelecidos em regulamentação:

I – as operações realizadas em condições compatíveis com as de mercado, inclusive quanto a limites, taxas de juros, carência, prazos, garantias requeridas e critérios para classificação de risco para fins de constituição de provisão para perdas prováveis e baixa como prejuízo, sem benefícios adicionais ou diferenciados comparativamente às operações deferidas aos demais clientes de mesmo perfil das respectivas instituições;

II – as operações com empresas controladas pela União, no caso das instituições financeiras públicas federais;

III – as operações de crédito que tenham como contraparte instituição financeira integrante do mesmo conglomerado prudencial, desde que contenham cláusula contratual de subordinação, observado o disposto no inciso V do art. 10 desta Lei, no caso das instituições financeiras bancárias;

IV – os depósitos interfinanceiros regulados na forma do inciso XXXII do *caput* do art. 4º desta Lei;

V – as obrigações assumidas entre partes relacionadas em decorrência de responsabilidade imposta a membros de compensação e demais participantes de câmaras ou prestadores de serviços de compensação e de liquidação autorizados pelo Banco Central do Brasil ou pela Comissão de Valores Mobiliários e suas respectivas contrapartes em operações conduzidas no âmbito das referidas câmaras ou prestadores de serviços; e

VI – os demais casos autorizados pelo Conselho Monetário Nacional.

§ 5º Considera-se também realizada com parte relacionada qualquer operação que caracterize negócio indireto, simulado ou mediante interposição de terceiro, com o fim de realizar operação vedada nos termos deste artigo.

§ 6º O Conselho Monetário Nacional disciplinará o disposto neste artigo, inclusive a definição de operação de crédito, de limites e de participação qualificada.

► §§ 3º a 6º acrescidos pela Lei nº 13.506, de 13-11-2017.

Arts. 35 e 36. *Revogados.* Lei nº 13.506, de 13-11-2017.

Art. 37. As instituições financeiras, entidades e pessoas referidas nos artigos 17 e 18 desta Lei, bem como os corretores de fundos públicos, ficam obrigados a fornecer ao Banco Central do Brasil, na forma por ele determinada, os dados ou informes julgados necessários para o fiel desempenho de suas atribuições.

Art. 38. *Revogado.* LC nº 105, de 10-1-2001.

Art. 39. Aplicam-se às instituições financeiras estrangeiras, em funcionamento ou que venham a se instalar no País, as disposições da presente Lei, sem prejuízo das que se contêm na legislação vigente.

Arts. 40 e 41. *Revogados.* LC nº 130, de 17-4-2009.

CAPÍTULO V

DAS PENALIDADES

Arts. 42 a 44. *Revogados.* Lei nº 13.506, de 13-11-2017.

Art. 45. As instituições financeiras públicas não federais e as privadas estão sujeitas, nos termos da legislação vigente, à intervenção efetuada pelo Banco Central do Brasil ou à liquidação extrajudicial.

Parágrafo único. A partir da vigência desta Lei, as instituições de que trata este artigo não poderão impetrar concordata.

► Lei nº 7.492, de 16-6-1986 (Lei dos Crimes Contra o Sistema Financeiro Nacional).

CAPÍTULO VI

DISPOSIÇÕES GERAIS

Art. 46. Ficam transferidas as atribuições legais e regulamentares do Ministério da Fazenda relativamente ao meio circulante, inclusive as exercidas pela Caixa de Amortização para o Conselho Monetário Nacional, e (VETADO) para o Banco Central do Brasil.

Art. 47. Será transferido à responsabilidade do Tesouro Nacional, mediante encampação, sendo definitivamente incorporado ao meio circulante, o montante das emissões feitas por solicitação da Carteira de Redesconto do Banco do Brasil S.A., e da Caixa de Mobilização Bancária.

§ 1º O valor correspondente à encampação será destinado à liquidação das responsabilidades financeiras do Tesouro Nacional no Banco do Brasil S.A., inclusive as decorrentes de operações de câmbio concluídas até a data da vigência desta Lei, mediante aprovação específica do Poder Legislativo, ao qual será submetida a lista completa dos débitos assim amortizados.

§ 2º Para a liquidação do saldo remanescente das responsabilidades do Tesouro Nacional, após a encampação das emissões atuais por solicitação da Carteira de Redescontos do Banco do Brasil S.A., e da Caixa de Mobilização Bancária, o Poder Executivo submeterá ao Poder Legislativo proposta específica, indicando os recursos e os meios necessários a esse fim.

Art. 48. Concluídos os acertos financeiros previstos no artigo anterior, a responsabilidade da moeda em circulação passará a ser do Banco Central do Brasil.

Art. 49. As operações de crédito da União, por antecipação de receita orçamentária ou a qualquer outro título dentro dos limites legalmente autorizados, somente serão realizadas mediante colocação de obrigações, apólices ou letras do Tesouro Nacional.

§ 1º A lei de orçamento, nos termos do artigo 73, § 1º, II, da Constituição Federal, determinará, quando for o caso, a parcela do *deficit* que poderá ser coberta pela venda de títulos do Tesouro Nacional diretamente ao Banco Central do Brasil.

► Refere-se à CF/1946.

► Orçamento está previsto nos arts. 165 a 169 da atual CF

§ 2º O Banco Central do Brasil, mediante autorização do Conselho Monetário Nacional baseada na lei orçamentária do exercício, poderá adquirir diretamente letras do Tesouro Nacional, com emissão de papel-moeda.

§ 3º O Conselho Monetário Nacional decidirá, a seu exclusivo critério, a política de sustentação em bolsa da cotação dos títulos de emissão do Tesouro Nacional.

§ 4º No caso de despesas urgentes e inadiáveis do Governo Federal, a serem atendidas mediante critérios suplementares ou especiais, autorizados após a lei do orçamento, o Congresso Nacional determinará, especificamente, os recursos a serem utilizados na cobertura de tais despesas, estabelecendo, quando a situação do Tesouro Nacional for deficitária, a discriminação prevista neste artigo.

§ 5º Na ocorrência das hipóteses citadas no parágrafo único do artigo 75 da Constituição Federal, o Presidente da República poderá determinar que o Conselho Monetário Nacional, através do Banco Central do Brasil, faça aquisição de letras do Tesouro Nacional com a emissão de papel-moeda até o montante do crédito extraordinário que tiver sido decretado.

► Refere-se à CF/1946.

§ 6º O Presidente da República fará acompanhar a determinação ao Conselho Monetário Nacional, mencionada no parágrafo anterior, de cópia da mensagem que deverá dirigir ao Congresso Nacional, indicando os motivos que tornaram indispensável a emissão e solicitando a sua homologação.

§ 7º As letras do Tesouro Nacional, colocadas por antecipação de receita, não poderão ter vencimentos posteriores a cento e vinte dias do encerramento do exercício respectivo.

§ 8º Até 15 de março do ano seguinte, o Poder Executivo enviará mensagem ao Poder Legislativo, propondo a forma de liquidação das letras do Tesouro Nacional emitidas no exercício anterior e não resgatadas.

§ 9º É vedada a aquisição dos títulos mencionados neste artigo pelo Banco do Brasil S.A., e pelas instituições bancárias de que a União detenha a maioria das ações.

Art. 50. O Conselho Monetário Nacional, o Banco Central do Brasil, o Banco Nacional do Desenvolvimento Econômico, o Banco do Brasil S.A., o Banco do Nordeste do Brasil S.A. e o Banco de Crédito da Amazônia S.A. gozarão dos favores, isenções e privilégios, inclusive fiscais, que são próprios da Fazenda Nacional, ressalvado quanto aos três últimos o regime especial de tributação do Imposto de Renda a que estão sujeitos na forma da legislação em vigor.

Parágrafo único. São mantidos os favores, isenções e privilégios de que atualmente gozam as instituições financeiras.

Art. 51. Ficam abolidas, após três meses da data da vigência desta Lei, as exigências de "visto" em "pedidos de licença" para efeito de exportação, excetuadas as referentes às armas, munições, entorpecentes, materiais estratégicos, objetos e obras de valor artístico, cultural ou histórico.

Parágrafo único. Quando o interesse nacional exigir, o Conselho Monetário Nacional criará o "visto" ou exigência equivalente.

Art. 52. O quadro de pessoal do Banco Central do Brasil será constituído de:

I – pessoal próprio, admitido mediante concurso público de provas ou de títulos e provas, sujeita à pena de nulidade a admissão que se processar com inobservância destas exigências;

II – pessoal requisitado ao Banco do Brasil S.A. e a outras instituições financeiras federais, de comum acordo com as respectivas administrações;

III – pessoal requisitado a outras instituições e que venham prestando serviços à Superintendência da Moeda e do Crédito há mais de um ano, contado da data da publicação desta Lei.

§ 1º O Banco Central do Brasil baixará, dentro de noventa dias da vigência desta Lei, o estatuto de seus funcionários e servidores, no qual serão garantidos os direitos legalmente atribuídos a seus atuais servidores e mantidos deveres e obrigações que lhes são inerentes.

§ 2º Aos funcionários e servidores requisitados, na forma deste artigo, as instituições de origem lhes assegurarão os direitos e vantagens que lhes cabem ou lhes venham a ser atribuídos, como se em efetivo exercício nelas estivessem.

§ 3º Correrão por conta do Banco Central do Brasil todas as despesas decorrentes do cumprimento do disposto no parágrafo anterior, inclusive as de aposentadoria e pensão que sejam de responsabilidade das instituições de origem ali mencionadas, estas últimas rateadas proporcionalmente em função dos prazos de vigência da requisição.

§ 4º Os funcionários do quadro pessoal próprio permanecerão com seus direitos e garantias regidos pela legislação de proteção ao trabalho e de previdência social, incluídos na categoria profissional de bancários.

§ 5º Durante o prazo de dez anos, contados da data da vigência desta Lei, é facultado aos funcionários de que tratam os incisos II e III deste artigo, manifestarem opção para transferência para o quadro do pessoal próprio do Banco Central do Brasil, desde que:

a) tenham sido admitidos nas respectivas instituições de origem, consoante determina o inciso I deste artigo;

b) estejam em exercício (VETADO) há mais de dois anos;

c) seja a opção feita pela diretoria do Banco Central do Brasil, que sobre ela deverá pronunciar-se conclusivamente no prazo máximo de três meses, contados da entrega do respectivo requerimento.

Art. 53. *Revogado.* Lei nº 4.829, de 5-11-1965.

CAPÍTULO VII

DISPOSIÇÕES TRANSITÓRIAS

Art. 54. O Poder Executivo, com base em proposta do Conselho Monetário Nacional, que deverá ser apresentada dentro de noventa dias de sua instalação, submeterá ao Poder Legislativo projeto de lei que institucionalize o crédito rural, regule seu campo específico e caracterize as modalidades de aplicação, indicando as respectivas fontes de recursos.

Parágrafo único. A Comissão Consultiva do Crédito Rural dará assessoramento ao Conselho Monetário Nacional, na elaboração da proposta que estabelecerá a coordenação das instituições existentes ou que venham a ser criadas, com o objetivo de garantir sua melhor utilização e da rede bancária privada na difusão do crédito rural, inclusive com redução de seu custo.

Art. 55. Ficam transferidas ao Banco Central do Brasil as atribuições cometidas por lei ao Ministério da Agricultura, no que concerne à autorização de funcionamento e fiscalização de cooperativas de crédito de qualquer tipo, bem assim da seção de crédito das cooperativas que a tenham.

Art. 56. Ficam extintas a Carteira de Redescontos do Banco do Brasil S.A. e a Caixa de Mobilização Bancária, incorporando-se seus bens, direitos e obrigações ao Banco Central do Brasil.

Parágrafo único. As atribuições e prerrogativas legais da Caixa de Mobilização Bancária passam a ser exercidas pelo Banco Central do Brasil, sem solução de continuidade.

Art. 57. Passam à competência do Conselho Monetário Nacional as atribuições de caráter normativo da legislação cambial vigente e as executivas ao Banco Central do Brasil e ao Banco do Brasil S.A., nos termos desta Lei.

Parágrafo único. Fica extinta a Fiscalização Bancária do Banco do Brasil S.A., passando suas atribuições e prerrogativas legais ao Banco Central do Brasil.

Art. 58. Os prejuízos decorrentes das operações de câmbio concluídas e eventualmente não regularizadas nos termos desta Lei, bem como os das operações de câmbio contratadas e não concluídas até a data de vigência desta Lei, pelo Banco do Brasil S.A., como mandatário do Governo Federal, serão, na medida em que se efetivarem, transferidos ao Banco Central do Brasil, sendo neste registrados como responsabilidade do Tesouro Nacional.

§ 1º Os débitos do Tesouro Nacional perante o Banco Central do Brasil, provenientes das transferências de que trata este artigo, serão regularizados com recursos orçamentários da União.

§ 2º O disposto neste artigo se aplica também aos prejuízos decorrentes de operações de câmbio que outras instituições financeiras federais, de natureza bancária, tenham realizado como mandatárias do Governo Federal.

Art. 59. É mantida, no Banco do Brasil S.A., a Carteira de Comércio Exterior, criada nos termos da Lei nº 2.145, de 29 de dezembro de 1953, e regulamentada pelo Decreto nº 42.820, de 16 de dezembro de 1957, como órgão executor da política de comércio exterior (VETADO).

Art. 60. O valor equivalente aos recursos financeiros que, nos termos desta Lei, passarem à responsabilidade do Banco Central do Brasil, e estejam, na data de sua vigência, em poder do Banco do Brasil S.A., será neste escriturado em conta e em nome do primeiro, considerando-se como suprimento de recursos, nos termos do § 1º do artigo 19 desta Lei.

Art. 61. Para cumprir as disposições desta Lei, o Banco do Brasil S.A. tomará providências no sentido de que seja remodelada sua estrutura administrativa, a fim de que possa eficazmente exercer os encargos e executar os serviços que lhe estão reservados, como principal instrumento de execução da política de crédito do Governo Federal.

Art. 62. O Conselho Monetário Nacional determinará providências no sentido de que a transferência de atribuições dos órgãos existentes para o Banco Central do Brasil se processe sem solução de continuidade dos serviços atingidos por esta Lei.

Art. 63. Os mandatos dos primeiros membros do Conselho Monetário Nacional, a que alude o inciso IV do artigo 6º desta Lei, serão respectivamente de seis, cinco, quatro, três, dois e um anos.

Art. 64. O Conselho Monetário Nacional fixará prazo de até um ano de vigência desta Lei para a adaptação das instituições financeiras às disposições desta Lei.

§ 1º Em casos excepcionais o Conselho Monetário Nacional poderá prorrogar até mais de um ano o prazo para que seja complementada a adaptação a que se refere este artigo.

§ 2º Será de um ano, prorrogável, nos termos do parágrafo anterior, o prazo para cumprimento do estabelecido por força do artigo 30 desta Lei.

Art. 65. Esta Lei entrará em vigor noventa dias após a data de sua publicação, revogadas as disposições em contrário.

Brasília, 31 de dezembro de 1964;
143º da Independência e
76º da República.

H. Castello Branco

LEI Nº 4.717, DE 29 DE JUNHO DE 1965

Regula a ação popular.

► Publicada no *DOU* de 5-7-1965.

Da Ação Popular

Art. 1º Qualquer cidadão será parte legítima para pleitear a anulação ou a declaração de nulidade de atos lesivos ao patrimônio da União, do Distrito Federal, dos Estados e dos Municípios, de entidades autárquicas, de sociedades de economia mista (Constituição, artigo 141, § 38), de sociedades mútuas de seguro nas quais a União represente os segurados ausentes, de empresas públicas, de serviços sociais autônomos, de instituições ou fundações para cuja criação ou custeio o tesouro público haja concorrido ou concorra com mais de cinquenta por cento do patrimônio ou da receita ânua de empresas incorporadas ao patrimônio da União, do Distrito Federal, dos Estados e dos Municípios e de quaisquer pessoas jurídicas ou entidades subvencionadas pelos cofres públicos.

► Refere-se à CF/1946.

§ 1º Consideram-se patrimônio público para os fins referidos neste artigo, os bens e direitos de valor econômico, artístico, estético, histórico ou turístico.

► § 1º com a redação dada pela Lei nº 6.513, de 20-12-1977.

§ 2º Em se tratando de instituições ou fundações, para cuja criação ou custeio o tesouro público concorra com menos de cinquenta por cento do patrimônio ou da receita ânua, bem como de pessoas jurídicas ou entidades subvencionadas, as consequências patrimoniais da invalidez dos atos lesivos terão por limite a repercussão deles sobre a contribuição dos cofres públicos.

§ 3º A prova da cidadania, para ingresso em juízo, será feita com o título eleitoral, ou com documento que a ele corresponda.

§ 4º Para instruir a inicial, o cidadão poderá requerer às entidades a que se refere este artigo, as certidões e informações que julgar necessárias, bastando para isso indicar a finalidade das mesmas.

§ 5º As certidões e informações, a que se refere o parágrafo anterior, deverão ser fornecidas dentro de quinze dias da entrega, sob recibo, dos respectivos requerimentos, e só poderão ser utilizadas para a instrução de ação popular.

§ 6º Somente nos casos em que o interesse público, devidamente justificado, impuser sigilo, poderá ser negada certidão ou informação.

§ 7º Ocorrendo a hipótese do parágrafo anterior, a ação poderá ser proposta desacompanhada das certidões ou informações negadas, cabendo ao juiz, após apreciar os motivos do indeferimento, e salvo em se tratando de razão de segurança nacional, requisitar umas e outras; feita a requisição, o processo correrá em segredo de justiça, que cessará com o trânsito em julgado de sentença condenatória.

Art. 2º São nulos os atos lesivos ao patrimônio das entidades mencionadas no artigo anterior, nos casos de:

a) incompetência;
b) vício de forma;
c) ilegalidade do objeto;
d) inexistência dos motivos;
e) desvio de finalidade.

Parágrafo único. Para a conceituação dos casos de nulidade observar-se-ão as seguintes normas:

a) a incompetência fica caracterizada quando o ato não se incluir nas atribuições legais do agente que o praticou;
b) o vício de forma consiste na omissão ou na observância incompleta ou irregular de formalidades indispensáveis à existência ou seriedade do ato;
c) a ilegalidade do objeto ocorre quando o resultado do ato importa em violação de lei, regulamento ou outro ato normativo;
d) a inexistência dos motivos se verifica quando a matéria de fato ou de direito, em que se fundamenta o ato, é materialmente inexistente ou juridicamente inadequada ao resultado obtido;
e) o desvio da finalidade se verifica quando o agente pratica o ato visando a fim diverso daquele previsto, explícita ou implicitamente, na regra de competência.

Art. 3º Os atos lesivos ao patrimônio das pessoas de direito público ou privado, ou das entidades mencionadas no artigo 1º, cujos vícios não se compreendam nas especificações do artigo anterior, serão anuláveis, segundo as prescrições legais, enquanto compatíveis com a natureza deles.

Art. 4º São também nulos os seguintes atos ou contratos, praticados ou celebrados por quaisquer das pessoas ou entidades referidas no artigo 1º:

I – a admissão ao serviço público remunerado, com desobediência, quanto às condições de habilitação das normas legais, regulamentares ou constantes de instruções gerais;

II – a operação bancária ou de crédito real, quando:

a) for realizada com desobediência a normas legais, regulamentares, estatutárias, regimentais ou internas;
b) o valor real do bem dado em hipoteca ou penhor for inferior ao constante de escritura, contrato ou avaliação;

III – a empreitada, a tarefa e a concessão do serviço público, quando:

a) o respectivo contrato houver sido celebrado sem prévia concorrência pública ou administrativa, sem que essa condição seja estabelecida em lei, regulamento ou norma geral;
b) no edital de concorrência forem incluídas cláusulas ou condições, que comprometam o seu caráter competitivo;

c) a concorrência administrativa for processada em condições que impliquem na limitação das possibilidades normais de competição;

IV – as modificações ou vantagens, inclusive prorrogações que forem admitidas, em favor do adjudicatário, durante a execução dos contratos de empreitada, tarefa e concessão de serviço público, sem que estejam previstas em lei ou nos respectivos instrumentos;

V – a compra e venda de bens móveis ou imóveis, nos casos em que não for cabível concorrência pública ou administrativa, quando:

a) for realizada com desobediência a normas legais regulamentares, ou constantes de instruções gerais;

b) o preço de compra dos bens for superior ao corrente no mercado, na época da operação;

c) o preço de venda dos bens for inferior ao corrente no mercado, na época da operação;

VI – a concessão de licença de exportação ou importação, qualquer que seja a sua modalidade, quando:

a) houver sido praticada com violação das normas legais e regulamentares ou de instruções e ordens de serviço;

b) resultar em exceção ou privilégio, em favor de exportador ou importador;

VII – a operação de redesconto quando, sob qualquer aspecto, inclusive o limite de valor, desobedecer a normas legais, regulamentares ou constantes de instruções gerais;

VIII – o empréstimo concedido pelo Banco Central da República, quando:

a) concedido com desobediência de quaisquer normas legais, regulamentares, regimentais ou constantes de instruções gerais;

b) o valor dos bens dados em garantia, na época da operação, for inferior ao da avaliação;

IX – a emissão, quando efetuada sem observância das normas constitucionais, legais e regulamentadoras que regem a espécie.

Da Competência

Art. 5º Conforme a origem do ato impugnado, é competente para conhecer da ação, processá-la e julgá-la, o juiz que, de acordo com a organização judiciária de cada Estado, o for para as causas que interessem à União, ao Distrito Federal, ao Estado ou ao Município.

§ 1º Para fins de competência, equiparam-se a atos da União, do Distrito Federal, do Estado ou dos Municípios os atos das pessoas criadas ou mantidas por essas pessoas jurídicas de direito público, bem como os atos das sociedades de que elas sejam acionistas e os das pessoas ou entidades por elas subvencionadas ou em relação às quais tenham interesse patrimonial.

§ 2º Quando o pleito interessar simultaneamente à União e a qualquer outra pessoa ou entidade, será competente o juiz das causas da União, se houver; quando interessar simultaneamente ao Estado e ao Município, será competente o juiz das causas do Estado, se houver.

§ 3º A propositura da ação prevenirá a jurisdição do juízo para todas as ações, que forem posteriormente intentadas contra as mesmas partes e sob os mesmos fundamentos.

§ 4º Na defesa do patrimônio público caberá a suspensão liminar do ato lesivo impugnado.

► § 4º acrescido pela Lei nº 6.513, de 20-12-1977.

Dos Sujeitos Passivos da Ação e dos Assistentes

Art. 6º A ação será proposta contra as pessoas públicas ou privadas e as entidades referidas no artigo 1º, contra as autoridades, funcionários ou administradores que houverem autorizado, aprovado, ratificado ou praticado o ato impugnado, ou que, por omissão, tiverem dado oportunidade à lesão, e contra os beneficiários diretos do mesmo.

§ 1º Se não houver beneficiário direto do ato lesivo, ou se for ele indeterminado ou desconhecido, a ação será proposta somente contra as outras pessoas indicadas neste artigo.

§ 2º No caso de que trata o inciso II, *b*, do artigo 4º, quando o valor real do bem for inferior ao da avaliação, citar-se-ão como réus, além das pessoas públicas ou privadas e entidades referidas no artigo 1º, apenas os responsáveis pela avaliação inexata e os beneficiários da mesma.

§ 3º A pessoa jurídica de direito público ou de direito privado, cujo ato seja objeto de impugnação, poderá abster-se de contestar o pedido, ou poderá atuar ao lado do autor, desde que isso se afigure útil ao interesse público, a juízo do respectivo representante legal ou dirigente.

§ 4º O Ministério Público acompanhará a ação, cabendo-lhe apressar a produção da prova e promover a responsabilidade, civil ou criminal, dos que nela incidirem, sendo-lhe vedado, em qualquer hipótese, assumir a defesa do ato impugnado ou dos seus autores.

§ 5º É facultado a qualquer cidadão habilitar-se como litisconsorte ou assistente do autor da ação popular.

Do Processo

Art. 7º A ação obedecerá ao procedimento ordinário, previsto no Código de Processo Civil, observadas as seguintes normas modificativas:

I – ao despachar a inicial o juiz ordenará:

a) além da citação dos réus, a intimação do representante do Ministério Público;

b) a requisição às entidades indicadas na petição inicial, dos documentos que tiverem sido referidos pelo autor (artigo 1º, § 6º), bem como a de outros que se lhe afigurem necessários ao esclarecimento dos fatos, fixando o prazo de quinze a trinta dias para o atendimento.

§ 1º O representante do Ministério Público providenciará para que as requisições, a que se refere o inciso anterior, sejam atendidas dentro dos prazos fixados pelo juiz.

§ 2º Se os documentos e informações não puderem ser oferecidos nos prazos assinalados, o juiz poderá autorizar prorrogação dos mesmos, por prazo razoável.

II – quando o autor o preferir, a citação dos beneficiários far-se-á por edital com o prazo de trinta dias, afixado na sede do juízo e publicado três vezes no jornal oficial do Distrito Federal, ou da Capital do Estado ou Território em que seja ajuizada a ação. A publicação será gratuita e deverá iniciar-se no máximo três dias após a entrega, na repartição competente, sob protocolo, de uma via autenticada do mandado;

III – qualquer pessoa, beneficiada ou responsável pelo ato impugnado, cuja existência ou identidade se torne conhecida no curso do processo e antes de proferida a sentença final de primeira instância, deverá ser citada para a integração do contraditório, sendo-lhe restituído o prazo para contestação e produção de provas. Salvo, quanto a beneficiário, se a citação se houver feito na forma do inciso anterior;

IV – o prazo de contestação é de vinte dias prorrogáveis por mais vinte, a requerimento do interessado, se particularmente difícil a produção de prova documental, e será comum a todos os interessados, correndo da entrega em cartório do mandado cumprido, ou, quando for o caso, do decurso do prazo assinado em edital;

V – caso não requerida, até o despacho saneador, a produção de prova testemunhal ou pericial, o juiz ordenará vista às partes por dez dias, para alegações, sendo-lhe os autos conclusos, para sentença, quarenta e oito horas após a expiração desse prazo; havendo requerimento de prova, o processo tomará o rito ordinário;

VI – a sentença, quando não prolatada em audiência de instrução e julgamento, deverá ser proferida dentro de quinze dias do recebimento dos autos pelo juiz.

Parágrafo único. O proferimento da sentença além do prazo estabelecido privará o juiz da inclusão em lista de merecimento para promoção, durante dois anos, e acarretará a perda, para efeito de promoção por antiguidade, de tantos dias, quantos forem os do retardamento; salvo motivo justo, declinado nos autos e comprovado perante o órgão disciplinar competente.

Art. 8º Ficará sujeita à pena de desobediência, salvo motivo justo devidamente comprovado, à autoridade, o administrador ou o dirigente, que deixar de fornecer, no prazo fixado no artigo 1º, § 5º, ou naquele que tiver sido estipulado pelo juiz (artigo 7º, I, *b*), informações e certidão ou fotocópia de documentos necessários à instrução da causa.

Parágrafo único. O prazo contar-se-á do dia em que entregue, sob recibo, o requerimento do interessado ou o ofício de requisição (artigo 1º, § 5º, e artigo 7º, I, *b*).

Art. 9º Se o autor desistir da ação ou der motivo à absolvição da instância, serão publicados editais nos prazos e condições previstos no artigo 7º, II, ficando assegurado a qualquer cidadão, bem como ao representante do Ministério Público, dentro do prazo de noventa dias da última publicação feita, promover o prosseguimento da ação.

Art. 10. As partes só pagarão custas e preparo a final.

Art. 11. A sentença que julgando procedente a ação popular decretar a invalidade do ato impugnado, condenará ao pagamento de perdas e danos os responsáveis pela sua prática e os beneficiários dele, ressalvada a ação regressiva contra os funcionários causadores de dano, quando incorrerem em culpa.

Art. 12. A sentença incluirá sempre, na condenação dos réus, o pagamento, ao autor, das custas e demais despesas, judiciais e extrajudiciais, diretamente relacionadas com a ação e comprovadas, bem como o dos honorários de advogado.

Art. 13. A sentença que, apreciando o fundamento de direito do pedido, julgar a lide manifestamente temerária, condenará o autor ao pagamento do décuplo das custas.

Art. 14. Se o valor da lesão ficar provado no curso da causa, será indicado na sentença; se depender da avaliação ou perícia, será apurado na execução.

§ 1º Quando a lesão resultar da falta ou isenção de qualquer pagamento, a condenação imporá o pagamento devido, com acréscimo de juros de mora e multa legal ou contratual, se houver.

§ 2º Quando a lesão resultar da execução fraudulenta, simulada ou irreal de contratos, a condenação versará sobre a reposição do débito, com juros de mora.

§ 3º Quando o réu condenado perceber dos cofres públicos, a execução far-se-á por desconto em folha até o integral ressarcimento de dano causado, se assim mais convier ao interesse público.

§ 4º A parte condenada a restituir bens ou valores ficará sujeita a sequestro e penhora, desde a prolação da sentença condenatória.

Art. 15. Se, no curso da ação, ficar provada a infringência da lei penal ou a prática de falta disciplinar a que a lei comine a pena de demissão ou a de rescisão de contrato de trabalho, o juiz, *ex officio*, determinará a remessa de cópia autenticada das peças necessárias às autoridades ou aos administradores a quem competir aplicar a sanção.

Art. 16. Caso decorridos sessenta dias de publicação da sentença condenatória de segunda instância, sem que o autor ou terceiro promova a respectiva execução, o representante do Ministério Público a promoverá nos trinta dias seguintes, sob pena de falta grave.

Art. 17. É sempre permitido às pessoas ou entidades referidas no artigo 1º, ainda que hajam contestado a ação, promover, em qualquer tempo, e no que as beneficiar, a execução da sentença contra os demais réus.

Art. 18. A sentença terá eficácia de coisa julgada oponível *erga omnes*, exceto no caso de haver sido a ação julgada improcedente por deficiência de prova; neste caso, qualquer cidadão poderá intentar outra ação com idêntico fundamento, valendo-se de nova prova.

Art. 19. A sentença que concluir pela carência ou pela improcedência da ação está sujeita ao duplo grau de jurisdição, não produzindo efeito senão depois de confirmada pelo tribunal; da que julgar a ação procedente, caberá apelação, com efeito suspensivo.

§ 1º Das decisões interlocutórias cabe agravo de instrumento.

► Art. 1.015, XIII, do CPC.

§ 2º Das sentenças e decisões proferidas contra o autor da ação e suscetíveis de recurso, poderá recorrer qualquer cidadão e também o Ministério Público.

► Art. 19 com a redação dada pela Lei nº 6.014, de 27-12-1973.

DISPOSIÇÕES GERAIS

Art. 20. Para os fins desta Lei, consideram-se entidades autárquicas:

a) o serviço estatal descentralizado com personalidade jurídica, custeado mediante orçamento próprio, independente do orçamento geral;

b) as pessoas jurídicas especialmente instituídas por lei, para a execução de serviços de interesse público ou social, custeados por tributos de qualquer natureza ou por outros recursos oriundos do Tesouro Público;

c) as entidades de direito público ou privado a que a lei tiver atribuído competência para receber e aplicar contribuições parafiscais.

Art. 21. A ação prevista nesta Lei prescreve em cinco anos.

Art. 22. Aplicam-se à ação popular as regras do Código de Processo Civil, naquilo em que não contrariem os dispositivos desta Lei, nem à natureza específica da ação.

Brasília, 29 de junho de 1965;
144º da Independência e
77º da República.

H. Castello Branco

LEI Nº 4.728, DE 14 DE JULHO DE 1965

Disciplina o mercado de capitais e estabelece medidas para o seu desenvolvimento.

▸ Publicada no *DOU* de 16-7-1965 e retificada no *DOU* de 16-8-1965.

SEÇÃO I
ATRIBUIÇÕES DOS ÓRGÃOS ADMINISTRATIVOS

Art. 1º Os mercados financeiro e de capitais serão disciplinados pelo Conselho Monetário Nacional e fiscalizados pelo Banco Central da República do Brasil.

Art. 2º O Conselho Monetário Nacional e o Banco Central exercerão as suas atribuições legais relativas aos mercados financeiro e de capitais com a finalidade de:

I – facilitar o acesso do público a informações sobre os títulos ou valores mobiliários distribuídos no mercado e sobre as sociedades que os emitirem;

II – proteger os investidores contra emissões ilegais ou fraudulentas de títulos ou valores mobiliários;

III – evitar modalidades de fraude e manipulação destinadas a criar condições artificiais da demanda, oferta ou preço de títulos ou valores mobiliários distribuídos no mercado;

IV – assegurar a observância de práticas comerciais equitativas por todos aqueles que exerçam, profissionalmente, funções de intermediação na distribuição ou negociação de títulos ou valores mobiliários;

V – disciplinar a utilização do crédito no mercado de títulos ou valores mobiliários;

VI – regular o exercício da atividade corretora de títulos mobiliários e de câmbio.

Art. 3º Compete ao Banco Central:

I – autorizar a constituição e fiscalizar o funcionamento das Bolsas de Valores;

II – autorizar o funcionamento e fiscalizar as operações das sociedades corretoras membros das Bolsas de Valores (artigos 8º e 9º) e das sociedades de investimento;

III – autorizar o funcionamento e fiscalizar as operações das instituições financeiras, sociedades ou firmas individuais que tenham por objeto a subscrição para revenda e a distribuição de títulos ou valores mobiliários;

IV – manter registro e fiscalizar as operações das sociedades e firmas individuais que exerçam as atividades de intermediação na distribuição de títulos ou valores mobiliários, ou que efetuem, com qualquer propósito, a captação de poupança popular no mercado de capitais;

V – registrar títulos e valores mobiliários para efeito de sua negociação nas Bolsas de Valores;

VI – registrar as emissões de títulos ou valores mobiliários a serem distribuídos no mercado de capitais;

VII – fiscalizar a observância, pelas sociedades emissoras de títulos ou valores mobiliários negociados na Bolsa, das disposições legais e regulamentares relativas a:

a) publicidade da situação econômica e financeira da sociedade, sua administração e aplicação dos seus resultados;

b) proteção dos interesses dos portadores de títulos e valores mobiliários distribuídos nos mercados financeiro e de capitais.

VIII – fiscalizar a observância das normas legais e regulamentares relativas à emissão, ao lançamento, à subscrição e à distribuição de títulos ou valores mobiliários colocados no mercado de capitais;

IX – manter e divulgar as estatísticas relativas ao mercado de capitais, em coordenação com o sistema estatístico nacional;

X – fiscalizar a utilização de informações não divulgadas ao público em benefício próprio ou de terceiros, por acionistas ou pessoas que, por força de cargos que exerçam, a elas tenham acesso.

Art. 4º No exercício de suas atribuições, o Banco Central poderá examinar os livros e documentos das instituições financeiras, sociedades, empresas e pessoas referidas no artigo anterior, as quais serão obrigadas a prestar as informações e os esclarecimentos solicitados pelo Banco Central.

§ 1º Nenhuma sanção será imposta pelo Banco Central, sem antes ter assinado prazo, não inferior a trinta dias, ao interessado, para se manifestar, ressalvado o disposto no § 3º do artigo 16 desta Lei.

§ 2º Quando, no exercício das suas atribuições, o Banco Central tomar conhecimento de crime definido em lei como de ação pública, oficiará ao Ministério Público para instalação de inquérito policial.

§ 3º Os pedidos de registro submetidos ao Banco Central, nos termos dos artigos 19 e 20 desta Lei, consideram-se deferidos dentro de trinta dias da sua apresentação, se nesse prazo não forem indeferidos.

§ 4º A fluência do prazo referido no parágrafo anterior poderá ser interrompida uma única vez, se o Banco Central pedir informações ou documentos suplementares, em cumprimento das normas legais ou regulamentares em vigor.

§ 5º Ressalvado o disposto no § 3º, o Conselho Monetário Nacional fixará os prazos em que o Banco Central deverá processar os pedidos de autorização, registro ou aprovação previstos nesta Lei.

§ 6º *Revogado.* Lei nº 13.506, de 13-11-2017.

SEÇÃO II
SISTEMA DE DISTRIBUIÇÃO NO MERCADO DE CAPITAIS

Art. 5º O sistema de distribuição de títulos ou valores mobiliários no mercado de capitais será constituído:

I – das Bolsas de Valores e das sociedades corretoras que sejam seus membros;

II – das instituições financeiras autorizadas a operar no mercado de capitais;

III – das sociedades ou empresas que tenham por objeto a subscrição de títulos para revenda, ou sua distribuição no mercado, e que sejam autorizadas a funcionar nos termos do artigo 11;

IV – das sociedades ou empresas que tenham por objeto atividades de intermediação na distribuição de títulos ou valores mobiliários, e que estejam registradas nos termos do artigo 12.

Art. 6º As Bolsas de Valores terão autonomia administrativa, financeira e patrimonial, e operarão sob a supervisão do Banco Central, de acordo com a regulamentação expedida pelo Conselho Monetário Nacional.

Art. 7º Compete ao Conselho Monetário Nacional fixar as normas gerais a serem observadas na constituição, organização e funcionamento das Bolsas de Valores, e relativas a:

I – condições de constituição e extinção; forma jurídica; órgãos de administração e seu preenchimento; exercício de poder disciplinar sobre os membros da Bolsa, imposição de penas e condições de exclusão;

II – número de sociedades corretoras membros da Bolsa, requisitos ou condições de admissão quanto à idoneidade, capacidade financeira, habilitação técnica dos seus administradores e forma de representação nas Bolsas;

III – espécies de operações admitidas nas Bolsas; normas, métodos e práticas a serem observados nessas operações; responsabilidade das sociedades corretoras nas operações;

IV – administração financeira das Bolsas; emolumentos, comissões e quaisquer outros custos cobrados pelas Bolsas ou seus membros;

V – normas destinadas a evitar ou reprimir manipulações de preços e operações fraudulentas; condições a serem observadas nas operações autorizadas de sustentação de preços;

VI – registro das operações a ser mantido pelas Bolsas e seus membros; dados estatísticos a serem apurados pelas Bolsas e fornecidos ao Banco Central;

VII – fiscalização do cumprimento de obrigações legais pelas sociedades cujos títulos sejam negociados na Bolsa;

VIII – percentagem mínima do preço dos títulos negociados a termo, que deverá ser obrigatoriamente liquidada à vista;

IX – crédito para aquisição de títulos e valores mobiliários no mercado de capitais.

§ 1º Exceto na matéria prevista no inciso VIII, as normas a que se refere este artigo somente poderão ser aprovadas pelo Conselho Monetário Nacional depois de publicadas para receber sugestões durante trinta dias.

§ 2º As sugestões referidas no parágrafo anterior serão feitas por escrito, por intermédio do Banco Central.

Art. 8º A intermediação dos negócios nas Bolsas de Valores será exercida por sociedades corretoras membros da Bolsa, cujo capital mínimo será fixado pelo Conselho Monetário Nacional.

§ 1º *Revogado*. Dec.-lei nº 2.313, de 23-12-1986.

§ 2º As sociedades referidas neste artigo somente poderão funcionar depois de autorizadas pelo Banco Central, e a investidura dos seus dirigentes estará sujeita às condições legais vigentes para os administradores de instituições financeiras.

§ 3º Nas condições fixadas pelo Conselho Monetário Nacional, a sociedade corretora poderá ser membro de mais de uma Bolsa de Valores.

§ 4º Os administradores das sociedades corretoras não poderão exercer qualquer cargo administrativo, consultivo, fiscal ou deliberativo em outras empresas cujos títulos ou valores mobiliários sejam negociados em Bolsa.

§ 5º As sociedades referidas neste artigo, ainda que não revistam a forma anônima, são obrigadas a observar as normas de que trata o artigo 20, § 1º, alíneas *a* e *b*.

§ 6º O Conselho Monetário Nacional assegurará aos atuais Corretores de Fundos Públicos a faculdade de se registrarem no Banco Central, para intermediar a negociação nas Bolsas de Valores, sob a forma da firma individual, observados os mesmos requisitos estabelecidos para as sociedades corretoras previstas neste artigo, e sob a condição de extinção da firma, por morte do respectivo titular, ou pela participação deste em sociedade corretora.

Art. 9º O Conselho Monetário Nacional fixará as normas gerais a serem observadas em matéria de organização, disciplina e fiscalização das atribuições e atividades das sociedades corretoras membros das Bolsas e dos corretores de câmbio.

§ 1º A partir de um ano, a contar da vigência desta Lei, prorrogável, no máximo, por mais 3 (três) meses, a critério do Conselho Monetário Nacional, será facultativa a intervenção de corretores nas operações de câmbio e negociações das respectivas letras, quando realizadas fora das Bolsas.

§ 2º Para efeito da fixação do curso de câmbio, todas as operações serão obrigatoriamente comunicadas ao Banco Central.

§ 3º Aos atuais corretores inscritos nas Bolsas de Valores será permitido o exercício simultâneo da profissão de corretor de câmbio com a de membro da sociedade corretora ou de titular de firma individual organizada de acordo com o § 6º do artigo 8º desta Lei.

§ 4º O Conselho Monetário Nacional fixará o prazo de até um ano, prorrogável, a seu critério, por mais um ano, para que as Bolsas de Valores existentes e os atuais corretores de fundos públicos se adaptem aos dispositivos desta Lei.

§ 5º A facultatividade a que se refere o § 1º deste artigo entrará em vigor na data da vigência desta Lei, para as transações de compra e venda de câmbio por parte da União, dos Estados, dos Municípios, das sociedades de economia mista, das autarquias e das entidades paraestatais excetuadas as operações de câmbio dos bancos oficiais com pessoas físicas ou jurídicas não estatais.

§ 6º O Banco Central é autorizado, durante o prazo de dois anos, a contar da vigência desta Lei, a prestar assistência financeira às Bolsas de Valores, quando, a seu critério, se fizer necessário para que se adaptem aos dispositivos desta Lei.

Art. 10. Compete ao Conselho Monetário Nacional fixar as normas gerais a serem observadas no exercício das atividades de subscrição para revenda, distribuição, ou intermediação na colocação, no mercado, de títulos ou valores mobiliários, e relativos a:

I – capital mínimo das sociedades que tenham por objeto a subscrição para revenda e a distribuição de títulos no mercado;

II – condições de registro das sociedades ou firmas individuais que tenham por objeto atividades de intermediação na distribuição de títulos no mercado;

III – condições de idoneidade, capacidade financeira e habilitação técnica a que deverão satisfazer os administradores ou responsáveis pelas sociedades ou firmas individuais referidas nos incisos anteriores;

IV – procedimento administrativo de autorização para funcionar das sociedades referidas no inciso I e do registro das sociedades e firmas individuais referidas no inciso II;

V – espécies de operações das sociedades referidas nos incisos anteriores; normas, métodos e práticas a serem observados nessas operações;

VI – comissões, ágios, descontos ou quaisquer outros custos cobrados pelas sociedades de empresas referidas nos incisos anteriores;

VII – normas destinadas a evitar manipulações de preço e operações fraudulentas;

VIII – registro das operações a serem mantidas pelas sociedades e empresas referidas nos incisos anteriores, e dados estatísticos a serem apurados e fornecidos ao Banco Central;

IX – condições de pagamento a prazo dos títulos negociados.

Art. 11. Depende de prévia autorização do Banco Central o funcionamento de sociedades ou firmas individuais que tenham por objeto a subscrição para revenda e a distribuição no mercado de títulos ou valores mobiliários.

Parágrafo único. Depende igualmente de aprovação pelo Banco Central:

a) a modificação de contratos ou estatutos sociais das sociedades referidas neste artigo;

b) a investidura de administradores, responsáveis ou prepostos das sociedades e empresas referidas neste artigo.

Art. 12. Depende de prévio registro no Banco Central o funcionamento de sociedades que tenham por objeto qualquer atividade de intermediação na distribuição, ou colocação no mercado, de títulos ou valores mobiliários.

Art. 13. A autorização para funcionar e o registro referidos nos artigos 11 e 12 observarão o disposto no § 1º do artigo 10 da Lei nº 4.595, de 31 de dezembro de 1964, e somente poderão ser cassados nos casos previstos em normas gerais aprovadas pelo Conselho Monetário Nacional.

Art. 14. Compete ao Conselho Monetário Nacional fixar as normas gerais a serem observadas nas operações das instituições financeiras autorizadas a operar em aceite ou coobrigação em títulos cambiais a serem distribuídos no mercado, e relativas a:

I – capital mínimo;

II – limites de riscos, prazo mínimo e máximo dos títulos, espécie das garantias recebidas; relação entre o valor das garantias e o valor dos títulos objeto do aceite ou coobrigação;

III – disciplina ou proibição de redesconto de papéis;

IV – fiscalização das operações pelo Banco Central;

V – organização e funcionamento de consórcios (art. 15).

Art. 15. As instituições financeiras autorizadas a operar no mercado financeiro e de capitais poderão organizar consórcio para o fim especial de colocar títulos ou valores mobiliários no mercado.

§ 1º Quando o consórcio tiver por objetivo aceite ou coobrigação em títulos cambiais, a responsabilidade poderá ser distribuída entre os membros do consórcio.

§ 2º O consórcio será regulado por contrato que só entrará em vigor depois de registrado no Banco Central e do qual constarão, obrigatoriamente, as condições e os limites de coobrigação de cada instituição participante, a designação da instituição líder do consórcio e a outorga, a esta, de poderes de representação das demais participantes.

§ 3º A responsabilidade de cada uma das instituições participantes do consórcio formado nos termos deste artigo será limitada ao montante do risco que assumir no instrumento de contrato de que trata o parágrafo anterior.

§ 4º Os contratos previstos no presente artigo são isentos do Imposto do Selo.

► **O Imposto do Selo foi extinto pela reforma tributária de 1965, tendo sido substituído pelo Imposto sobre Operações de Crédito, Câmbio e Seguro ou relativas a Títulos ou Valores Mobiliários.**

Seção III
ACESSO AOS MERCADOS FINANCEIRO E DE CAPITAIS

Art. 16. As emissões de títulos ou valores mobiliários somente poderão ser feitas nos mercados financeiro e de capitais através do sistema de distribuição previsto no artigo 5º.

§ 1º Para os efeitos deste artigo considera-se emissão a oferta ou negociação de títulos ou valores mobiliários:

a) pela sociedade emissora ou coobrigada;

b) por sociedades ou empresas que exerçam habitualmente as atividades de subscrição, distribuição ou intermediação na colocação no mercado de títulos ou valores mobiliários;

c) pela pessoa natural ou jurídica que mantém o controle da sociedade emissora dos títulos ou valores mobiliários oferecidos ou negociados.

§ 2º Entende-se por colocação ou distribuição de títulos ou valores mobiliários nos mercados financeiro e de capitais a negociação, oferta ou aceitação de oferta para negociação:

a) mediante qualquer modalidade de oferta pública;

b) mediante a utilização de serviços públicos de comunicação;

c) em lojas, escritórios ou quaisquer outros estabelecimentos acessíveis ao público;

d) através de corretores ou intermediários que procurem tomadores para os títulos.

§ 3º As sociedades que infringirem o disposto neste artigo ficarão sujeitas à cessação imediata de suas atividades de colocação de títulos ou valores mobiliários no mercado, mediante intimação do Banco Central, que requisitará, se necessário, a intervenção da autoridade policial.

Art. 17. Os títulos cambiais deverão ter a coobrigação de instituição financeira para sua colocação no mercado, salvo os casos regulamentados pelo Conselho Monetário Nacional em caráter geral e de modo a assegurar garantia adequada aos que os adquirirem.

§ 1º As empresas que, a partir da publicação desta Lei, colocarem papéis no mercado de capitais em desobediência ao disposto neste Capítulo, não terão acesso aos bancos oficiais e os títulos de sua emissão ou aceite não terão curso na Carteira de Redescontos, ressalvado o disposto no parágrafo seguinte.

§ 2º As empresas que, na data da publicação desta Lei, tiverem em circulação títulos cambiais com sua responsabilidade em condições proibidas por esta Lei, poderão ser autorizadas pelo Banco Central a continuar a colocação com a redução gradativa do total dos papéis em circulação, desde que dentro de sessenta dias o requeiram, com a indicação do valor total dos títulos em circulação e apresentação da proposta de sua liquidação no prazo de até doze meses, prorrogável, pelo Banco Central, no caso de comprovada necessidade, no máximo, por mais seis meses.

§ 3º As empresas que utilizarem a faculdade indicada no parágrafo anterior poderão realizar assembleia-geral ou alterar seus contratos sociais, no prazo de sessenta dias da vigência desta Lei, de modo a assegurar opção aos tomadores para converter seus créditos em ações ou cotas de capital da empresa devedora, opção válida até a data do vencimento dos respectivos títulos.

§ 4º A infração ao disposto neste artigo sujeitará os emitentes, coobrigados e tomadores de títulos de crédito à multa de até 50% (cinquenta por cento) do valor do título.

Art. 18. São isentas do Imposto do Selo quaisquer conversões, livremente pactuadas, em ações ou cotas do capital das empresas obrigadas em títulos de dívida em circulação na data da presente Lei, sem a coobrigação de instituições financeiras, concretizadas no prazo de cento e oitenta dias da vigência desta Lei.

► **O Imposto do Selo foi extinto pela reforma tributária de 1965, tendo sido substituído pelo Imposto sobre Operações de Crédito, Câmbio e Seguro ou relativas a Títulos ou Valores Mobiliários.**

Art. 19. Somente poderão ser negociados nas Bolsas de Valores os títulos ou valores mobiliários de emissão:

I – de pessoas jurídicas de direito público;

II – de pessoas jurídicas de direito privado registradas no Banco Central.

§ 1º O disposto neste artigo não se aplica aos títulos cambiais colocados no mercado de acordo com o artigo 17.

§ 2º Para as sociedades que já tenham requerido a cotação de suas ações nas Bolsas de Valores, o disposto neste artigo entrará em vigor a partir de 1º de janeiro de 1966, quando ficará revogado o Decreto-lei nº 9.783, de 6 de setembro de 1946.

Art. 20. Compete ao Conselho Monetário Nacional expedir normas gerais sobre o registro referido no inciso II do artigo anterior, e relativas a:

I – informações e documentos a serem apresentados para obtenção do registro inicial;

II – informações e documentos a serem apresentados periodicamente para a manutenção do registro;

III – casos em que o Banco Central poderá recusar, suspender ou cancelar o registro.

§ 1º Caberá ainda ao Conselho Monetário Nacional expedir normas a serem observadas pelas pessoas jurídicas referidas neste artigo, e relativas a:

a) natureza, detalhe e periodicidade da publicação de informações sobre a situação econômica e financeira da pessoa jurídica, suas operações, administração e acionistas que controlam a maioria do seu capital votante;

b) organização do balanço e das demonstrações de resultado, padrões de organização contábil, relatórios e pareceres de auditores independentes registrados no Banco Central;

c) manutenção de mandatários para a prática dos atos relativos ao registro de ações e obrigações nominativas, ou nominativas endossáveis.

§ 2º As normas referidas neste artigo não poderão ser aprovadas antes de decorridos trinta dias de sua publicação para receber sugestões.

Art. 21. Nenhuma emissão de títulos ou valores mobiliários poderá ser lançada, oferecida publicamente, ou ter iniciada a sua distribuição no mercado, sem estar registrada no Banco Central.

§ 1º Caberá ao Conselho Monetário Nacional estabelecer normas gerais relativas às informações que deverão ser prestadas no pedido de registro previsto neste artigo em matéria de:

a) pessoa jurídica emitente ou coobrigada, sua situação econômica e financeira, administração e acionistas que controlam a maioria de seu capital votante;

b) características e condições dos títulos ou valores mobiliários a serem distribuídos;

c) pessoas que participarão da distribuição.

§ 2º O pedido de registro será acompanhado dos prospectos e quaisquer outros documentos a serem publicados, ou distribuídos, para oferta, anúncio ou promoção de lançamento da emissão.

§ 3º O Banco Central poderá suspender ou proibir a distribuição de títulos ou valores:

a) cuja oferta, lançamento, promoção ou anúncio esteja sendo feito em condições diversas das constantes do registro da emissão, ou com a divulgação de informações falsas ou manifestamente tendenciosas ou imprecisas;

b) cuja emissão tenha sido julgada ilegal ou fraudulenta, ainda que em data posterior ao respectivo registro.

§ 4º O disposto neste artigo não se aplica aos títulos cambiais colocados no mercado com a coobrigação de instituições financeiras.

Seção IV

ACESSO DE EMPRESAS DE CAPITAL ESTRANGEIRO AO SISTEMA FINANCEIRO NACIONAL

Art. 22. Em períodos de desequilíbrio do balanço de pagamentos, reconhecidos pelo Conselho Monetário Nacional, o Banco Central, ao adotar medidas de contenção do crédito, poderá limitar o recurso ao sistema financeiro do País, no caso das empresas que tenham acesso ao mercado financeiro internacional.

§ 1º Para os efeitos deste artigo considera-se que têm acesso ao mercado financeiro internacional:

a) filiais de empresas estrangeiras;

b) empresas com sede no País cujo capital pertença integralmente a residentes ou domiciliados no exterior;

c) sociedades com sede no País controladas por pessoas residentes ou domiciliadas no exterior.

§ 2º Considera-se empresa controlada por pessoas residentes ou domiciliadas no exterior, quando estas detenham direta ou indiretamente a maioria do capital com direito a voto.

Art. 23. O limite de acesso ao sistema financeiro referido no artigo 22 não poderá ser fixado em nível inferior:

a) cento e cinquenta por cento dos recursos próprios pertencentes a residentes ou domiciliados no exterior;

b) duzentos e cinquenta por cento dos recursos próprios pertencentes a residentes ou domiciliados no País.

§ 1º O limite previsto no presente artigo será apurado pela média mensal em cada exercício social da empresa.

§ 2º Para efeito deste artigo, os recursos próprios compreendem:

a) o capital declarado para a filial, ou o capital da empresa com sede no País;

b) o resultado das correções monetárias de ativo fixo ou de manutenção de capital de giro próprio;

c) os saldos credores de acionistas, matriz ou empresas associadas, sempre que não vencerem juros e tiverem a natureza de capital adicional, avaliados, em moeda estrangeira, à taxa de câmbio, em vigor para a amortização de empréstimos externos;

d) as reservas e os lucros suspensos ou pendentes.

§ 3º As reservas referidas na alínea *d* do parágrafo anterior compreendem as facultativas ou obrigatoriamente formadas com lucros acumulados, excluídas as contas passivas de regularização do ativo, tais como depreciação, amortização ou exaustão, e as provisões para quaisquer riscos, inclusive contas de liquidação duvidosa e técnicas de seguro de capitalização.

§ 4º O sistema financeiro nacional, para os efeitos deste artigo, compreende o mercado de capitais e todas as instituições financeiras, públicas ou privadas, com sede ou autorizadas a funcionar no País.

§ 5º O saldo devedor da empresa no sistema financeiro corresponderá à soma de todos os empréstimos desse sistema, seja qual for a forma do contrato, inclusive abertura de créditos e emissão ou desconto, de efeitos comerciais, títulos cambiais ou debêntures, não computados os seguintes valores:

a) empréstimos realizados nos termos da Lei nº 2.300, de 23 de agosto de 1954;

b) empréstimos sob a forma de debêntures conversíveis em ações;

c) depósitos em moeda em instituições financeiras;

d) créditos contra quaisquer pessoas de direito público interno, autarquias federais e sociedades de economia mista controladas pelos Governos Federal, Estadual ou Municipal;

e) adiantamentos sobre venda de câmbio resultantes de exportações.

§ 6º O disposto neste artigo e no artigo seguinte não se aplica às instituições financeiras, cujos limites serão fixados de acordo com a Lei nº 4.595, de 31 de dezembro de 1964.

Art. 24. Dentro de quatro meses do encerramento de cada exercício social seguinte ao da decisão prevista no artigo 22, as empresas referidas no artigo 23 apresentarão ao Banco Central quadro demonstrativo da observância, no exercício, encerrado, dos limites de dívidas no sistema financeiro nacional.

Parágrafo único. A empresa que deixar de observar, em algum exercício social, o limite previsto no artigo 23, ficará sujeita à multa imposta pelo Banco Central, de até trinta por cento do excesso da dívida no sistema financeiro nacional, multa que será duplicada no caso de reincidência.

Art. 25. O Banco Central, ao aplicar a norma prevista no artigo 22, fixará as condições seguintes:

I – se a média mensal das dívidas da empresa no sistema financeiro nacional, durante os doze meses anteriores, não tiver excedido os limites previstos no artigo 23, esses limites serão obrigatórios inclusive para o exercício social em curso;

II – se a média mensal das dívidas da empresa no sistema financeiro nacional, durante os doze meses anteriores, tiver excedido os limites previstos no artigo 23, a empresas deverá aumentar os recursos próprios ou reduzir progressivamente o total das suas dívidas no sistema financeiro nacional, de modo a alcançar os limites do artigo 23, no prazo máximo de dois anos, a contar da data da resolução do Banco Central.

Seção V
OBRIGAÇÕES COM CLÁUSULA DE CORREÇÃO MONETÁRIA

Art. 26. As sociedades por ações poderão emitir debêntures ou obrigações ao portador ou nominativas endossáveis, com cláusula de correção monetária, desde que observadas as seguintes condições:

I – prazo de vencimento igual ou superior a um ano;

II – correção efetuada em períodos não inferiores a três meses, em bases idênticas às aplicáveis às Obrigações do Tesouro Nacional;

▸ Inciso II com a redação dada pelo Dec.-lei nº 614, de 6-6-1969.

III – subscrição por instituições financeiras especialmente autorizadas pelo Banco Central, ou colocação no mercado de capitais com a intermediação dessas instituições.

§ 1º A emissão de debêntures nos termos deste artigo terá por limite máximo a importância do patrimônio líquido da companhia, apurado nos termos fixados pelo Conselho Monetário Nacional.

§ 2º O Conselho Monetário Nacional expedirá, para cada tipo de atividade, normas relativas a:

a) limite da emissão de debêntures observado o máximo estabelecido no parágrafo anterior;

b) análise técnica e econômico-financeira da empresa emissora e do projeto a ser financiado com os recursos da emissão, que deverá ser procedida pela instituição financeira que subscrever ou colocar a emissão;

c) coeficientes ou índices mínimos de rentabilidade, solvabilidade ou liquidez a que deverá satisfazer a empresa emissora;

d) sustentação das debêntures no mercado pelas instituições financeiras que participem da colocação.

§ 3º As diferenças nominais resultantes da correção do principal das debêntures emitidas nos termos deste artigo não constituem rendimento tributável para efeitos do Imposto de Renda, nem obrigarão a complementação do Imposto do Selo pago na emissão das debêntures.

▸ Art. 15, § 2º, da Lei nº 4.728, de 14-7-1965

§ 4º Será assegurado às instituições financeiras intermediárias no lançamento das debêntures a que se refere este artigo, enquanto obrigadas à sustentação prevista na alínea *d* do § 2º, o direito de indicar um representante como membro do Conselho Fiscal da empresa emissora, até o final resgate de todas as obrigações emitidas.

§ 5º A instituição financeira intermediária na colocação representa os portadores de debêntures ausentes das assembleias de debenturistas.

§ 6º As condições de correção monetária estabelecidas no inciso II deste artigo poderão ser aplicadas às operações previstas nos artigos 5º, 15 e 52, § 2º, da Lei nº 4.380, de 21 de agosto de 1964.

Art. 27. As sociedades de fins econômicos poderão sacar, emitir ou aceitar letras de câmbio ou notas promissórias cujo principal fique sujeito à correção monetária, desde que observadas as seguintes condições:

I – prazo de vencimento igual ou superior a um ano, e dentro do limite máximo fixado pelo Conselho Monetário Nacional;

II – correção segundo os coeficientes aprovados pelo Conselho Nacional de Economia para a correção atribuída às Obrigações do Tesouro;

III – sejam destinadas à colocação no mercado de capitais com o aceite ou coobrigação de instituições financeiras autorizadas pelo Banco Central.

§ 1º O disposto no artigo 26, § 3º, aplica-se à correção monetária dos títulos referidos neste artigo.

§ 2º As letras de câmbio e as promissórias a que se refere este artigo deverão conter, no seu contexto, a cláusula de correção monetária.

Art. 28. As instituições financeiras que satisfizerem as condições gerais fixadas pelo Banco Central, para esse tipo de operações, poderão assegurar a correção monetária a depósitos a prazo fixo não inferior a um ano e não movimentáveis durante todo seu prazo.

§ 1º Observadas as normas aprovadas pelo Conselho Monetário Nacional, as instituições financeiras a que se refere este artigo poderão contratar empréstimos com as mesmas condições de correção, desde que:

a) tenham prazo mínimo de um ano;

b) o total dos empréstimos corrigidos não exceda o montante dos depósitos corrigidos referidos neste artigo;

c) o total da remuneração da instituição financeira, nessas transações, não exceda os limites fixados pelo Conselho Monetário Nacional.

§ 2º Os depósitos e empréstimos referidos neste artigo não poderão ser corrigidos além dos coeficientes fixados pelo Conselho Nacional de Economia para a correção das Obrigações do Tesouro.

§ 3º As diferenças nominais resultantes da correção, nos termos deste artigo, do principal de depósitos, não constituem rendimento tributável para os efeitos do Imposto de Renda.

Art. 29. Compete ao Banco Central autorizar a constituição de bancos de investimento de natureza privada cujas operações e condições de funcionamento serão reguladas pelo Conselho Monetário Nacional, prevendo:

I – o capital mínimo;

II – a proibição de receber depósitos à vista ou movimentáveis por cheque;

III – a permissão para receber depósitos a prazo não inferior a um ano, não movimentáveis e com cláusula de correção monetária do seu valor;

IV – a permissão para conceder empréstimos a prazo não inferior a um ano, com cláusula de correção monetária;

V – a permissão para administração dos fundos em condomínio de que trata o artigo 50;

VI – os juros e taxas máximas admitidos nas operações indicadas nos incisos III e VI;

VII – as condições operacionais, de modo geral, inclusive garantias exigíveis, montantes e prazos máximos.

§ 1º O Conselho Monetário Nacional fixará ainda as normas a serem observadas pelos bancos de investimento e relativas a:

a) espécies de operações ativas e passivas, inclusive as condições para concessão de aval em moeda nacional ou estrangeira;

b) análise econômico-financeira e técnica do mutuário e do projeto a ser financiado; coeficientes ou índices mínimos de rentabilidade, solvabilidade e liquidez a que deverá satisfazer o mutuário;

c) condições de diversificação de riscos.

§ 2º Os bancos de investimentos adotarão em suas operações ativas e passivas sujeitas à correção monetária as mesmas regras ditadas no artigo 28.

§ 3º Os bancos de que trata este artigo ficarão sujeitos à disciplina ditada pela Lei nº 4.595, de 31 de dezembro de 1964, para as instituições financeiras privadas.

§ 4º Atendidas as exigências que forem estabelecidas em caráter geral pelo Conselho Monetário Nacional, o Banco Central autorizará a transformação, em bancos de investimentos, de instituições financeiras que pratiquem operações relacionadas com a concessão de crédito a médio e longo prazos, por conta própria ou de terceiros, a subscrição para revenda e a distribuição no mercado de títulos ou valores mobiliários.

Art. 30. *Revogado.* Lei nº 13.986, de 7-4-2020.

Art. 31. Os bancos referidos no artigo 29, quando previamente autorizados pelo Banco Central e nas condições estabelecidas pelo Conselho Monetário Nacional, poderão emitir "certificados de depósitos em garantia", relativos a ações preferenciais, obrigações, debêntures ou títulos cambiais emitidos por sociedades interessadas em negociá-las em mercados externos, ou no País.

§ 1º Os títulos depositados nestas condições permanecerão custodiados no estabelecimento emitente do certificado até a devolução deste.

§ 2º O certificado poderá ser desdobrado por conveniências do seu proprietário.

§ 3º O capital, ingressado do Exterior na forma deste artigo, será registrado no Banco Central, mediante comprovação da efetiva negociação das divisas no País.

§ 4º A emissão de "certificados de depósitos em garantia" e respectivas inscrições, ou averbações, não estão sujeitas ao Imposto do Selo.

► **O Imposto do Selo foi extinto pela reforma tributária de 1965, tendo sido substituído pelo Imposto sobre Operações de Crédito, Câmbio e Seguro ou relativas a Títulos ou Valores Mobiliários.**

Seção VI
AÇÕES E OBRIGAÇÕES ENDOSSÁVEIS

► Art. 15, § 4º, da Lei nº 4.728, de 14-7-1965.

Art. 32. As ações de sociedades anônimas, além das formas nominativas e ao portador, poderão ser endossáveis.

§ 1º As sociedades por ações, além do "Livro de Registro de Ações Nominativas" deverão ter o "Livro de Registro de Ações Endossáveis".

§ 2º No livro de registro de ações endossáveis será inscrita a propriedade das ações endossáveis e averbadas as transferências de propriedade e os direitos sobre elas constituídos.

§ 3º Os registros referidos neste artigo poderão ser mantidos em livros ou em diários copiativos, nos quais serão copiados cronologicamente os atos sujeitos a registro.

Art. 33. O certificado de ação endossável conterá, além dos demais requisitos da Lei:

I – a declaração de sua transferibilidade mediante endosso;

II – o nome e a qualificação do proprietário da ação inscrito no "Livro de Registro das Ações Endossáveis";

III – se a ação não estiver integralizada, o débito do acionista e a época e lugar de seu pagamento, de acordo com o estatuto ou as condições da subscrição.

Art. 34. A transferência das ações endossáveis opera-se:

I – pela averbação do nome do adquirente no livro de registro e no próprio certificado efetuado pela sociedade emitente ou pela emissão de novo certificado em nome do adquirente;

II – no caso de ação integralizada, mediante endosso no próprio certificado, datado e assinado pelo proprietário da ação, ou por mandatário especial, com a indicação do nome e a qualificação do endossatário;

III – no caso de ação não integralizada, mediante endosso nas condições do inciso anterior e assinatura do endossatário no próprio certificado.

§ 1º Aquele que pedir averbação da ação endossável em favor de terceiro, ou a emissão de novo certificado em nome de terceiro, deverá provar perante a sociedade emitente sua identidade e o poder de dispor da ação.

§ 2º O adquirente que pedir a averbação da transferência ou a emissão de novo certificado em seu nome deve apresentar à sociedade emitente o instrumento de aquisição, que será por esta arquivado.

§ 3º Se a ação não estiver integralizada, a sociedade somente procederá à averbação da transferência para terceiro, ou à emissão de novo certificado em nome de terceiro, se o adquirente assinar o certificado averbado ou cancelado.

§ 4º A transferência mediante endosso não terá eficácia perante a sociedade emitente, enquanto não for feita a averbação no livro de registro e no próprio certificado, mas o endossatário que demonstrar ser possuidor do título, com base em série contínua de endossos, tem direito a obter a averbação da transferência ou a emissão de novo certificado em seu nome, ou no nome que indicar.

§ 5º O adquirente da ação não integralizada responde pela sua integralização.

§ 6º Aqueles que transferirem ação endossável antes de sua integralização responderão subsidiariamente pelo pagamento devido à sociedade, se esta não conseguir receber o seu crédito em ação executiva contra o proprietário da ação, ou mediante a venda da ação.

§ 7º As sociedades por ações deverão completar, dentro de quinze dias do pedido do acionista ou interessado, os atos de registro, averbação, conversão ou transferência de ações.

§ 8º A falta de cumprimento, do disposto no parágrafo anterior, autorizará o acionista a exigir indenização correspondente a um por cento sobre o valor nominal das ações objeto do pedido de registro, averbação ou transferência.

§ 9º Se o estatuto social admite mais de uma forma de ação não poderá limitar a conversibilidade de uma forma em outra, ressalvada a cobrança do custo de substituição dos certificados.

§ 10. As sociedades cujas ações sejam admitidas à cotação das Bolsas de Valores deverão colocar à disposição dos acionistas, no prazo máximo de sessenta dias, a contar da data da publicação da Ata da Assembleia-Geral, os dividendos e as bonificações em dinheiro distribuídos, assim como as ações correspondentes ao aumento de capital mediante incorporação de reservas e correção monetária.

► **§ 10 com a redação dada pela Lei nº 5.589, de 3-7-1970.**

§ 11. As sociedades por ações são obrigadas a comunicar, às Bolsas nas quais os seus títulos são negociados, a suspensão transitória de transferência de ações no livro competente, com quinze dias de antecedência, aceitando o registro das transferências que lhes forem apresentadas com data anterior.

§ 12. É facultado as sociedades por ações o direito de suspender os serviços de conversão, transferência e desdobramento de ações, para atender a determinações de assembleia-geral, não podendo fazê-lo, porém, por mais de noventa dias intercalados durante o ano, nem por mais de quinze dias consecutivos.

Art. 35. Os direitos constituídos sobre ações endossáveis somente produzem efeitos perante a sociedade emitente e terceiros, depois de anotada a sua constituição no livro de registro.

Parágrafo único. As ações endossáveis poderão, entretanto, ser dadas em penhor ou caução mediante endosso com a expressa indicação dessa finalidade e, a requerimento de credor pignoratício ou do proprietário da ação, a sociedade emitente averbará o penhor no "Livro de Registro".

Art. 36. A sociedade emitente fiscalizará, por ocasião da averbação ou emissão do novo certificado, a regularidade das transferências e dos direitos constituídos sobre a ação.

§ 1º As dúvidas suscitadas entre a sociedade emitente e o titular da ação ou qualquer interessado, a respeito das emissões ou averbações previstas nos artigos anteriores, serão dirimidas pelo juiz competente para solucionar as dúvidas levantadas pelos oficiais dos registros públicos, excetuadas as questões atinentes à substância do direito.

§ 2º A autenticidade do endosso não poderá ser posta em dúvida pela sociedade emitente da ação, quando atestada por sociedade corretora membro de Bolsa de Valores, reconhecida por cartório de ofício de notas, ou abonada por estabelecimento bancário.

§ 3º Nas transferências feitas por procurador ou representante legal do cedente, a sociedade emitente fiscalizará a regularidade da representação e arquivará o respectivo instrumento.

Art. 37. No caso de perda ou extravio do certificado das ações endossáveis, cabe ao respectivo titular, ou a seus sucessores, a ação de recuperação prevista nos artigos 336 e 341 do Código do Processo Civil, para obter a expedição de novo certificado em substituição ao extraviado.

▸ Refere-se ao CPC/1939. Sem correspondência no CPC/2015.

Parágrafo único. Até que os certificados sejam recuperados ou substituídos, as transferências serão averbadas sob condição e a sociedade emitente poderá exigir do titular ou cessionário, para o pagamento dos dividendos, garantia de sua eventual restituição, mediante fiança idônea.

Art. 38. A sociedade anônima somente poderá pagar dividendos, bonificações em dinheiro, amortizações, reembolso ou resgate às ações endossáveis, contra recibo da pessoa registrada como proprietária da ação, no Livro do Registro das Ações Endossáveis, ou mediante cheque nominativo a favor dessa pessoa.

§ 1º Se a ação tiver sido transferida desde a época do último pagamento do dividendo, bonificação ou amortização, a transferência deverá ser obrigatoriamente averbada no livro de registro e no certificado da ação antes do novo pagamento.

§ 2º O recibo do dividendo, bonificação, amortização, reembolso ou resgate poderá ser assinado por sociedade corretora de Bolsa de Valores, ou instituição financeira que tenha o título em custódia, depósito ou penhor, e que certifique continuar o mesmo de propriedade da pessoa em cujo nome se acha inscrito ou averbado no Livro do Registro das Ações Endossáveis.

Art. 39. O certificado, ação ou respectiva cautela, deverá conter a assinatura de um diretor ou de um procurador especialmente designado pela Diretoria para esse fim.

§ 1º A sociedade anônima poderá constituir instituição financeira, ou sociedade corretora membro de Bolsa de Valores, como mandatária para a prática dos atos relativos ao registro e averbação de transferência das ações endossáveis e a constituição de direitos sobre as mesmas.

§ 2º *Revogado.* Lei nº 5.589, de 3-7-1970.

Art. 40. As debêntures ou obrigações emitidas por sociedades anônimas poderão ser ao portador ou endossáveis.

Parágrafo único. As sociedades que emitirem obrigações nominativas endossáveis manterão um "Livro de Registro de Obrigações Endossáveis", ao qual se aplicarão, no que couber, os dispositivos relativos aos livros das ações endossáveis de sociedades anônimas.

Art. 41. Aplicam-se às obrigações endossáveis o disposto no § 3º do artigo 32 e nos artigos 33 a 37 e 39.

Art. 42. As sociedades anônimas somente poderão pagar juros amortização ou resgate de obrigações endossáveis, contra recibo da pessoa registrada como proprietária do respectivo título no Livro do Registro de Obrigações Endossáveis, ou mediante cheque nominativo a favor dessa pessoa.

§ 1º Se a obrigação tiver sido transferida desde a época do último pagamento de juros ou amortizações, a transferência deverá ser obrigatoriamente averbada no livro de registro e no certificado, antes do novo pagamento.

§ 2º Aplica-se às obrigações endossáveis o disposto no artigo 38, § 2º.

Art. 43. O Imposto do Selo não incide nos negócios de transferência, promessa de transferência, opção, ou constituição de direitos sobre ações, obrigações endossáveis, quotas de fundos em condomínios, e respectivos contratos, inscrições ou averbações.

▸ O Imposto do Selo foi extinto pela reforma tributária de 1965, tendo sido substituído pelo Imposto sobre Operações de Crédito, Câmbio e Seguro ou relativas a Títulos ou Valores Mobiliários.

▸ Art. 15, § 4º, da Lei n. 4.728, de 14-7-1965.

Seção VII
DEBÊNTURES CONVERSÍVEIS EM AÇÕES

Art. 44. As sociedades anônimas poderão emitir debêntures ou obrigações, assegurando aos respectivos titulares o direito de convertê-las em ações do capital da sociedade emissora.

§ 1º Constarão obrigatoriamente da ata da assembleia-geral, que terá força de escritura autorizando a emissão de debêntures ou obrigações ao portador, as condições para conversão em ações relativas a:

a) prazo ou épocas para exercício do direito à conversão;

b) bases da conversão, com relação ao número de ações a serem emitidas por debêntures ou obrigações endossáveis ou entre o valor do principal das debêntures e das ações em que forem convertidas.

§ 2º As condições de conversão deverão constar também dos certificados ou cautelas das debêntures.

§ 3º As condições da emissão de debêntures ou obrigações conversíveis em ações deverão ser aprovadas pela assembleia de acionistas, observado o *quorum* previsto nos artigos 94 e 104 do Decreto-Lei nº 2.627, de 26 de setembro de 1940.

§ 4º A conversão de debêntures ou obrigações em ações, nas condições da emissão aprovada pela assembleia-geral independerá de nova assembleia de acionistas e será efetivada pela Diretoria da sociedade, à vista da quitação da obrigação o pedido escrito do seu titular, no caso de obrigações endossáveis ou mediante tradição do certificado da debênture, no caso de obrigação ao portador.

§ 5º Dentro de trinta dias de cada aumento de capital efetuado nos termos do parágrafo anterior a Diretoria da sociedade o registrará mediante requerimento ao registro do Comércio.

§ 6º Os acionistas da sociedade por ações do capital subscrito terão preferência para aquisição das debêntures e obrigações conversíveis em ações, nos termos do artigo 111, do Decreto-Lei nº 2.627, de 26 de setembro de 1940.

► Remissão prejudicada em razão do art. 171, § 3º, da Lei nº 6.404, de 15-12-1976

§ 7º Nas sociedades anônimas de capital autorizado, a preferência dos acionistas à aquisição das debêntures e das obrigações conversíveis em ação obedecerá às mesmas normas de preferência para subscrição das emissões de capital autorizado.

§ 8º O direito à subscrição de capital poderá ser negociado ou transferido separadamente da debênture conversível em ação, desde que seja objeto de cupão destacável ou sua transferência seja averbada pela sociedade emissora, no próprio título e no livro de registro, se for o caso.

§ 9º O Imposto do Selo não incide na conversão de debêntures ou obrigações em ações e, assim, no aumento do capital pela incorporação dos respectivos valores.

Seção VIII
SOCIEDADES ANÔNIMAS DE CAPITAL AUTORIZADO

Art. 45. As sociedades anônimas cujas ações sejam nominativas, ou endossáveis, poderão ser constituídas com capital subscrito inferior ao autorizado pelo estatuto social.

§ 1º As sociedades referidas neste artigo poderão, outrossim, aumentar o seu capital autorizado, independentemente de subscrição, ou com a subscrição imediata, de apenas parte do aumento.

§ 2º Em todas as publicações e documentos em que declarar o seu capital, a sociedade com capital autorizado deverá indicar o montante do seu capital subscrito e integralizado.

§ 3º A emissão de ações dentro dos limites do capital autorizado não importa modificação do estatuto social.

§ 4º Dentro de trinta dias de cada emissão de ações do capital autorizado, a Diretoria da sociedade registrará o aumento do capital subscrito, mediante requerimento ao Registro do Comércio.

§ 5º Na subscrição de ações de sociedade de capital autorizado, o mínimo de integralização inicial será fixado pelo Conselho Monetário Nacional, e as importâncias correspondentes poderão ser recebidas pela sociedade, independentemente de depósito bancário.

§ 6º As sociedades referidas neste artigo não poderão emitir ações (vetado) de gozo ou fruição, ou partes beneficiárias.

Art. 46. O estatuto da sociedade com capital autorizado regulará obrigatoriamente:

I – a emissão e colocação das ações com prévia aprovação da assembleia-geral ou por deliberação da diretoria;

II – as condições de subscrição e integralização a serem observadas pela assembleia-geral ou pela Diretoria, na emissão e colocação das ações de capital autorizado;

III – a emissão e colocação das ações, com ou sem preferência para os acionistas da sociedade, e as condições do exercício do direito de preferência, quando houver.

§ 1º As ações do capital autorizado não podem ser colocadas por valor inferior ao nominal.

§ 2º Salvo disposição expressa no estatuto social, a emissão de ações para integralização em bens ou créditos, dependerá de prévia aprovação pela assembleia-geral.

§ 3º Nem o estatuto social nem a assembleia-geral poderão negar a preferência dos acionistas à subscrição das ações emitidas que se destinem à colocação:

a) por valor inferior ao de sua cotação em Bolsa, se as ações da sociedade forem negociáveis nas Bolsas de Valores; ou

b) por valor inferior ao do patrimônio líquido, se as ações da sociedade não tiverem cotação nas Bolsas de Valores.

§ 4º Quando a emissão de ações se processar por deliberação da Diretoria, será obrigatória a prévia audiência do Conselho Fiscal.

Art. 47. As sociedades anônimas de capital autorizado somente poderão adquirir as próprias ações mediante a aplicação de lucros acumulados ou capital excedente, e sem redução do capital subscrito, ou por doação.

§ 1º O capital em circulação da sociedade corresponde ao subscrito menos as ações adquiridas e em tesouraria.

§ 2º As ações em tesouraria na sociedade não terão direito de voto enquanto não forem novamente colocadas no mercado.

Art. 48. Nas condições previstas no estatuto, ou aprovadas pela assembleia-geral, a sociedade poderá assegurar opções para a subscrição futura de ações do capital autorizado.

Seção IX
SOCIEDADES E FUNDOS DE INVESTIMENTO

Art. 49. Depende de prévia autorização do Banco Central o funcionamento das sociedades de investimento que tenham por objeto:

I – a aplicação de capital em Carteira diversificada de títulos ou valores mobiliários ou;

II – a administração de fundos em condomínio ou de terceiros, para aplicação nos termos do inciso anterior.

§ 1º Compete ao Conselho Monetário Nacional fixar as normas a serem observadas pelas sociedades referidas neste artigo, e relativas a:

a) diversificação mínima da carteira segundo empresas, grupos de empresas associadas, e espécie de atividade;

b) limites máximos de aplicação em títulos de crédito;

c) condições de reembolso ou aquisição de suas ações pelas sociedades de investimento, ou de resgate das quotas de participação do fundo em condomínio;

d) normas e práticas na administração da carteira de títulos e limites máximos de custos de administração.

§ 2º As sociedades de investimento terão sempre a forma anônima, e suas ações serão nominativas, ou endossáveis.

§ 3º Compete ao Banco Central, de acordo com as normas fixadas pelo Conselho Monetário Nacional, fiscalizar as sociedades de investimento e os fundos por elas administrados.

§ 4º A alteração do estatuto social e a investidura de administradores das sociedades de investimentos dependerão de prévia aprovação do Banco Central.

Art. 50. Os fundos em condomínios de títulos ou valores mobiliários poderão converter-se em sociedades anônimas de capital autorizado, a que se refere a Seção VIII, ficando isentos de encargos fiscais os atos relativos à transformação.

§ 1º A administração da carteira de investimentos dos fundos, a que se refere este artigo, será sempre contratada com companhia de investimentos, com observância das normas gerais que serão traçadas pelo Conselho Monetário Nacional.

§ 2º Anualmente os administradores dos fundos em condomínios farão realizar assembleia-geral dos condôminos, com a finalidade de tomar as contas aos administradores e deliberar sobre o balanço por eles apresentado.

§ 3º Será obrigatório aos fundos em condomínio a auditoria realizada por auditor independente, registrado no Banco Central.

§ 4º As quotas de Fundos Mútuos de Investimentos constituídos em condomínio, observadas as condições estabelecidas pelo Conselho Monetário Nacional, poderão ser emitidas sob a forma nominativa, endossável ou ao portador, podendo assumir a forma escritural.

► § 4º com a redação dada pelo Dec.-lei nº 2.287, de 23-7-1986.

§§ 5º a 7º VETADOS.

► Arts. 904 a 909 do CC.

► Art. 2º, I, da Lei nº 8.021, de 12-4-1990, que dispõe sobre a identificação dos contribuintes para fins fiscais.

Seção X
CONTAS-CORRENTES BANCÁRIAS

Art. 51. Os bancos e casas bancárias que devolvem aos seus depositantes os cheques por estes sacados, depois de liquidados, poderão fazer prova da movimentação das respectivas contas de depósito mediante cópia fotográfica ou microfotográfica dos cheques devolvidos, desde que mantenham esse serviço de acordo com as normas de segurança aprovadas pelo Banco Central.

Art. 52. O endosso no cheque nominativo, pago pelo banco contra o qual foi sacado, prova o recebimento da respectiva importância pela pessoa a favor da qual foi emitido, e pelos endossantes subsequentes.

Parágrafo único. Se o cheque indica a nota, fatura, conta, cambial, imposto lançado ou declarado a cujo pagamento se destina, ou outra causa da sua emissão, o endosso do cheque pela pessoa a favor da qual foi emitido e a sua liquidação pelo banco sacado provam o pagamento da obrigação indicada no cheque.

Seção XI
TRIBUTAÇÃO DE RENDIMENTOS DE TÍTULOS DE CRÉDITO E AÇÕES

Art. 53. Está sujeito ao desconto do Imposto de Renda na fonte, à razão de quinze por cento o deságio concedido na venda, ou colocação no mercado por pessoa jurídica a pessoa física, de debêntures ou obrigações ao portador, letras de câmbio ou outros quaisquer títulos de crédito.

§ 1º Considera-se deságio a diferença para menos entre o valor nominal do título e o preço de sua venda ou colocação no mercado.

§ 2º Na circulação dos títulos referidos no presente artigo, o imposto não incidirá na fonte nos deságios concedidos entre pessoas jurídicas, mas a primeira pessoa jurídica que vender ou revender o título a pessoa física deverá:

a) reter o imposto previsto neste artigo, calculado sobre o deságio referido ao valor nominal do título;

b) exigir a identificação do adquirente e o recibo correspondente ao deságio;

c) declarar no próprio título a retenção do imposto nos termos da alínea *a*, e o montante do deságio sobre o qual incidiu;

d) fornecer ao beneficiário do deságio declaração da retenção do imposto, da qual deverão constar a identificação do título e as datas de sua negociação e do seu vencimento.

§ 3º Os títulos dos quais constar a anotação de retenção do imposto previsto no § 2º, alínea *c*, deste artigo, poderão circular entre pessoas jurídicas e físicas sem nova incidência do imposto, salvo se uma pessoa jurídica revendê-lo a pessoa física com deságio superior ao que serviu de base à incidência do imposto pago, caso em que o imposto incidirá sobre a diferença entre o novo deságio e o já tributado, observado o disposto no § 2º.

§ 4º O deságio percebido por pessoas físicas na aquisição das obrigações ou títulos cambiais referidos neste artigo será obrigatoriamente incluído pelo beneficiário na sua declaração anual de rendimentos, classificado como juros compensando-se o imposto retido na fonte com o devido, de acordo com a declaração anual de rendimentos.

§ 5º Se o prazo entre a aquisição e o vencimento do título tiver sido superior a doze meses, a pessoa física beneficiária do primeiro deságio poderá deduzir do respectivo rendimento bruto, na sua declaração anual do Imposto de Renda, a importância correspondente à correção monetária do capital aplicado na obrigação ou letra de câmbio, observadas as seguintes normas:

a) a correção será procedida entre as datas de aquisição e liquidação do título, segundo os coeficientes de correção monetária fixados pelo Conselho Nacional de Economia, para a correção das Obrigações do Tesouro;

b) a data e o valor de aquisição serão comprovados através da declaração de retenção do imposto (§ 2º, alínea *d*) anexada à declaração.

§ 6º Os lucros obtidos por pessoas jurídicas na aquisição e revenda, ou liquidação de obrigações e títulos cambiais, integrarão o respectivo lucro real sem compensação de imposto na fonte referido neste artigo, se tiver sido pago, e com a dedução da correção monetária nos casos e nos termos previstos no § 5º.

§ 7º Para efeito da declaração anual de renda, o rendimento dos títulos, a que se refere o § 5º, considera-se percebido no ano da sua liquidação.

§ 8º O disposto no presente artigo entrará em vigor a 1º de janeiro de 1967, quando ficarão revogadas as disposições vigentes relativas à tributação de deságio, inclusive a opção pela não identificação do respectivo beneficiário; salvo em relação ao disposto nos §§ 5º e 7º, que será aplicável desde a publicação desta Lei, nos rasos em que o beneficiário do deságio optar pela sua identificação.

Art. 54. Os juros de debêntures ou obrigações ao portador e a remuneração das partes beneficiárias estão sujeitos à incidência do imposto de renda na fonte:

I – à razão de quinze por cento, no caso de identificação do beneficiário nos termos do artigo 3º, da Lei nº 4.154, de 28 de novembro de 1962;

II – à razão de sessenta por cento, se o beneficiário optar pela não identificação.

Parágrafo único. No caso do inciso I deste artigo o imposto retido na fonte será compensado com o imposto devido com base na declaração anual de renda, na qual serão obrigatoriamente incluídos os juros percebidos.

Art. 55. A incidência do Imposto de Renda na fonte, a que se refere o artigo 16 da Lei nº 4.357, de 16 de julho de 1964, sobre rendimentos de ações ao portador, quando o beneficiário não se identifica, fica reduzida para vinte e cinco por cento, quando se tratar de sociedade anônima de capital aberto definida nos termos do artigo 59 desta Lei, e quarenta por cento para as demais sociedades.

§ 1º O Imposto de Renda não incidirá na fonte sobre os rendimentos distribuídos por sociedades anônimas de capital aberto aos seus acionistas titulares de ações nominativas, endossáveis ou ao portador, se optarem pela identificação, bem como sobre os juros dos títulos da dívida pública federal, estadual ou municipal, subscritos voluntariamente.

§§ 2º e 3º *Revogados.* Dec.-lei nº 1.338, de 23-7-1974.

Art. 56. *Revogado.* Dec.-lei nº 1.338, de 23-7-1974.

§ 1º *Revogado.* Dec.-lei nº 1.338, de 23-7-1974.

§ 2º VETADO.

Art. 57. *Revogado.* Dec.-lei nº 1.338, de 23-7-1974.

Art. 58. Na emissão de ações, as importâncias recebidas dos subscritores a título de ágio não serão consideradas como rendimento tributável da pessoa jurídica, constituindo obrigatoriamente reserva específica, enquanto não forem incorporadas ao capital da sociedade.

§ 1º Não sofrerão nova tributação na declaração de pessoa física, ou na fonte, os aumentos de capital das pessoas jurídicas mediante a utilização das importâncias recebidas a título de ágio, quando realizados, nos termos deste artigo, por sociedades das quais sejam as referidas pessoas físicas acionistas, bem como as novas ações distribuídas em virtude daqueles aumentos de capital.

§ 2º As quantias relativas aos aumentos de capital das pessoas jurídicas, mediante a utilização de acréscimos do valor do ativo decorrentes de aumentos de capital realizados nos termos deste artigo por sociedades das quais sejam acionistas, não sofrerão nova tributação.

► Art. 58 com a redação dada pela Lei nº 4.862, de 29-11-1965.

Art. 59. Caberá ao Conselho Monetário Nacional fixar periodicamente as condições em que, para efeitos legais, a sociedade anônima é considerada de capital aberto.

§ 1º A deliberação do Conselho Monetário Nacional aumentando as exigências para a conceituação das sociedades de capital aberto somente entrará em vigor no exercício financeiro que se inicie, no mínimo, seis meses depois da data em que for publicada a deliberação.

§ 2º Para efeito do cálculo da percentagem mínima do capital com direito a voto, representado por ações efetivamente cotadas nas Bolsas de Valores, o Conselho Monetário Nacional levará em conta a participação acionária da União, dos Estados, dos Municípios, das autarquias, bem como das instituições de educação e de assistência social, das fundações e das ordens religiosas de qualquer culto.

Seção XII
DA ALIENAÇÃO DE AÇÕES DAS SOCIEDADES DE ECONOMIA MISTA

► Os arts. 60 e 61 têm a redação dada pela Lei nº 5.710, de 7-10-1971, que foi expressamente revogada pela Lei nº 7.565, de 19-12-1986, sem ressalvar a vigência destes artigos.

Art. 60. O Poder Executivo poderá promover a alienação de ações de propriedade da União, representativas do capital social de sociedades anônimas de economia mista, mantendo-se cinquenta e um por cento, no mínimo, das ações com direito a voto, das empresas, nas quais deva assegurar o controle estatal.

Parágrafo único. As transferências de ações de propriedade da União, representativas do capital social da Petróleo Brasileiro S.A. – PETROBRAS, e de suas subsidiárias em território nacional, reger-se-ão pelo disposto no artigo 11 da Lei nº 2.004, de 3 de outubro de 1953.

► Art. 60 com a redação dada pela Lei nº 5.710, de 7-10-1971.

► A referida Lei nº 2.004, de 3-10-1953 foi revogada pela Lei nº 9.478, de 6-8-1997, que dispõe sobre a política energética nacional, as atividades relativas ao monopólio do petróleo, institui o Conselho Nacional de Política Energética e a Agência Nacional do Petróleo.

Art. 61. O Conselho Monetário Nacional fixará a participação da União nas diferentes sociedades referidas no artigo anterior, ouvido o Conselho de Segurança Nacional, nos casos de sua competência e nos das empresas cujo controle estatal é determinada em lei especial.

► *Caput* com a redação dada Lei nº 5.710, de 7-10-1971.

§ 1º As ações de que tratam este artigo e o anterior, serão negociadas através do sistema de distribuição instituído no art. 5º desta Lei, com a participação do Banco Central do Brasil, na forma do inciso IV do artigo 11 da Lei nº 4.595, de 31 de dezembro de 1964.

§ 2º O Poder Executivo, através do Ministério da Fazenda, poderá manter no Banco Central do Brasil, em conta especial de depósitos, os recursos originários da alienação de ações de propriedade da União, representativas do capital social de sociedades referidas no artigo 60.

► §§ 1º e 2º acrescidos pela Lei nº 5.710, de 7-10-1971.

Seção XIII
DAS SOCIEDADES IMOBILIÁRIAS

Art. 62. As sociedades que tenham por objeto a compra e venda de imóveis construídos ou em construção, a construção e venda de unidades habitacionais, a incorporação de edificações ou conjunto de edificações em condomínio e a venda de terrenos loteados e construídos ou com a construção contratada, quando revestirem a forma anônima, poderão ter o seu capital dividido em ações nominativas ou nominativas endossáveis.

Art. 63. Na alienação, promessa de alienação ou transferência de direito à aquisição de imóveis, quando o adquirente for sociedade que tenha por objeto alguma das atividades referidas no artigo anterior, a pessoa física que alienar ou prometer alienar o imóvel, ceder ou prometer ceder o direito à sua aquisição, ficará sujeita ao Imposto sobre Lucro Imobiliário, à taxa de cinco por cento.

§ 1º Nos casos previstos neste artigo, o contribuinte poderá optar pela subscrição de Obrigações do Tesouro, nos termos do artigo 3º, § 8º, da Lei nº 4.357, de 16 de julho de 1964.

§ 2º Nos casos previstos neste artigo, se a sociedade adquirente vier, a qualquer tempo, a alienar o terreno ou transferir o direito à sua aquisição sem construí-lo ou sem a simultânea contratação de sua construção, responderá pela diferença do imposto da pessoa física, entre as taxas normais e a prevista neste artigo, diferença que será atualizada nos termos do artigo 7º, da Lei nº 4.357, de 16 de julho de 1964.

Art. 64. As sociedades que tenham por objeto alguma das atividades referidas no artigo 62 poderão corrigir, nos termos do artigo 3º da Lei nº 4.357, de 16 de julho de 1964, o custo do terreno e da construção objeto de suas transações.

§ 1º Para efeito de determinar o lucro auferido pelas sociedades mencionadas neste artigo, o custo do terreno e da construção poderá ser atualizado, em cada operação, com base nos coeficientes a que se refere o artigo 7º, § 1º, da Lei nº 4.357, de 16 de julho de 1964, e as diferenças nominais resultantes dessa atualização terão o mesmo tratamento fiscal previsto na lei para o resultado das correções a que se refere o artigo 3º da referida Lei (VETADO).

§ 2º Nas operações a prazo, das sociedades referidas neste artigo, a apuração do lucro obedecerá ao disposto no parágrafo anterior, até o final do pagamento.

Art. 65. Por proposta do Banco Nacional de Habitação, o Conselho Monetário Nacional poderá autorizar a emissão de Letras Imobiliárias, com prazo superior a um ano.

Parágrafo único. O Banco Nacional de Habitação deverá regulamentar, adaptando-as ao disposto nesta Lei, as condições e características das Letras Imobiliárias previstas no artigo 44 da Lei nº 4.380, de 21 de agosto de 1964.

► O referido art. 44 foi revogado pela Lei nº 13.137, de 19-6-2015.

Seção XIV
ALIENAÇÃO FIDUCIÁRIA EM GARANTIA NO ÂMBITO DO MERCADO FINANCEIRO E DE CAPITAIS

► Denominação da Seção com a redação dada pela Lei nº 10.931, de 2-8-2004.

Arts. 66 e 66-A. *Revogados.* Lei nº 10.931, de 2-8-2004.

Art. 66-B. O contrato de alienação fiduciária celebrado no âmbito do mercado financeiro e de capitais, bem como em garantia de créditos fiscais e previdenciários, deverá conter, além dos requisitos definidos na Lei nº 10.406, de 10 de janeiro de 2002 – Código Civil, a taxa de juros, a cláusula penal, o índice de atualização monetária, se houver, e as demais comissões e encargos.

► Arts. 1.361 a 1.368 do CC.

§ 1º Se a coisa objeto de propriedade fiduciária não se identifica por números, marcas e sinais no contrato de alienação fiduciária, cabe ao proprietário fiduciário o ônus da prova, contra terceiros, da identificação dos bens do seu domínio que se encontram em poder do devedor.

§ 2º O devedor que alienar, ou der em garantia a terceiros, coisa que já alienara fiduciariamente em garantia, ficará sujeito à pena prevista no art. 171, § 2º, I, do Código Penal.

§ 3º É admitida a alienação fiduciária de coisa fungível e a cessão fiduciária de direitos sobre coisas móveis, bem como de títulos de crédito, hipóteses em que, salvo disposição em contrário, a posse direta e indireta do bem objeto da propriedade fiduciária ou do título representativo do direito ou do crédito é atribuída ao credor, que, em caso de inadimplemento ou mora da obrigação garantida, poderá vender a terceiros o bem objeto da propriedade fiduciária independente de leilão, hasta pública ou qualquer outra medida judicial ou extrajudicial, devendo aplicar o preço da venda no pagamento do seu crédito e das despesas decorrentes da realização da garantia, entregando ao devedor o saldo, se houver, acompanhado do demonstrativo da operação realizada.

§ 4º No tocante à cessão fiduciária de direitos sobre coisas móveis ou sobre títulos de crédito aplica-se, também, o disposto nos arts. 18 a 20 da Lei nº 9.514, de 20 de novembro de 1997.

§ 5º Aplicam-se à alienação fiduciária e à cessão fiduciária de que trata esta Lei os arts. 1.421, 1.425, 1.426, 1.435 e 1.436 da Lei nº 10.406, de 10 de janeiro de 2002.

§ 6º Não se aplica à alienação fiduciária e à cessão fiduciária de que trata esta Lei o disposto no art. 644 da Lei nº 10.406, de 10 de janeiro de 2002.

► Art. 66-B acrescido pela Lei nº 10.931, de 2-8-2004.

Seção XV
DISPOSIÇÕES DIVERSAS

Art. 67. O Conselho Monetário Nacional poderá autorizar emissões de Obrigações do Tesouro a que se refere a Lei nº 4.357, de 16 de julho de 1964, com prazos inferiores a três anos.

Art. 68. O resultado líquido das correções monetárias do ativo imobilizado e do capital de giro próprio, efetuadas nos termos da legislação em vigor, poderão, à opção da pessoa jurídica, ser incorporados ao capital social ou a reservas.

§ 1º No caso de correção monetária, do ativo imobilizado, o imposto devido, sem prejuízo do disposto no artigo 76 da Lei nº 4.506 , de 30 de novembro de 1964, incidirá sobre o aumento líquido do ativo resultante da correção, independentemente da sua incorporação ao capital.

§§ 2º e 3º *Revogados.* Dec.-lei nº 1.283, de 20-8-1973.

§ 4º As sociedades que no corrente exercício, e em virtude de correção monetária, tenham aprovado aumento de capital ainda não registrado pelo Registro de Comércio, poderão usar da opção prevista neste artigo, desde que paguem Imposto nos termos do § 1º.

Art. 69. Os fundos contábeis de natureza financeira, em estabelecimentos oficiais de crédito, para aplicação de doações, dotações ou financiamentos, obtidos de entidades nacionais ou estrangeiras, não incluídos no orçamento, dependem de decreto do Presidente da República.

§ 1º Os fundos contábeis consistirão de contas gráficas abertas e serão exclusivamente para os objetivos designados pelo decreto do Poder Executivo, admitidas apenas as deduções necessárias ao custeio das operações.

§ 2º O decreto executivo de constituição de fundo deverá indicar:

I – origem dos recursos que o constituirão;

II – objetivo das aplicações explicitando a natureza das operações, o setor de aplicação e demais condições;

III – mecanismo geral das operações;

IV – a gestão do fundo, podendo atribuí-la ao próprio estabelecimento de crédito no qual será aberta a conta, ou a um administrador ou órgão colegiado;

V – a representação ativa e passiva, do órgão gestor do fundo.

Art. 70. O Imposto de Consumo, relativo a produto industrializado saído do estabelecimento produtor diretamente para depósito em armazém geral, poderá ser recolhido, mediante guia especial, na quinzena imediatamente subsequente à sua saída do armazém geral.

§ 1º Para o transporte do produto até o armazém geral a que se destinar, o estabelecimento produtor remetente emitirá guia de trânsito, na forma do artigo 54 da Lei nº 4.502, de 30 de novembro de 1964.

§ 2º A empresa de armazém geral fica obrigada a manter escrituração que permita à repartição fiscal competente o controle da movimentação de produtos feita na forma supra, da qual constarão os tipos, quantidades, lotes, valores, destinos e notas fiscais respectivas.

§ 3º No verso do recibo de depósito, do *warrant* e da guia de trânsito emitidos para estes fins, constará expressa referência ao presente artigo de lei e seus parágrafos.

§ 4º Não terá aplicação este artigo de lei nos casos do artigo 26, incisos I e II, da Lei nº 4.502, de 30 de novembro de 1964.

► O art. 26, II, da referida Lei foi revogado pelo Dec.-lei nº 623, de 11-6-1969, que altera o art. 11 do Dec.-lei nº 352, de 17-6-1968.

§ 5º O Departamento de Rendas Internas do Ministério da Fazenda expedirá as instruções e promoverá os formulários necessários ao cumprimento do presente dispositivo.

Art. 71. Não se aplicam aos títulos da Dívida Pública Federal, Estadual ou Municipal, as disposições do artigo 1.509 e seu parágrafo único, do Código Civil ficando, consequentemente, a Fazenda Pública da União, dos Estados e dos Municípios, excluídas da formalidade de intimação prevista neste ou em quaisquer outros dispositivos legais reguladores do processo de recuperação de títulos ao portador, extraviados.

► Art. 909 do CC.

§ 1º Os juros e as amortizações ou resgates dos títulos a que se refere este artigo serão pagos, nas épocas próprias, pelas repartições competentes, à vista dos cupões respectivos, verificada a autenticidade destes e independentemente de outras formalidades.

§ 2º Fica dispensada, para a caução de títulos ao portador, a certidão a que se refere a primeira parte da alínea *a* do § 1º do artigo 860 do Regulamento Geral de Contabilidade Pública, ou outros documentos semelhantes.

Art. 72. Ninguém poderá gravar ou produzir clichês, compor tipograficamente, imprimir, fazer, reproduzir ou fabricar de qualquer forma, papéis representativos de ações ou cautelas, que os representem, ou títulos negociáveis de sociedades, sem autorização escrita e assinada pelos respectivos representantes legais, na quantidade autorizada.

Art. 73. Ninguém poderá fazer, imprimir ou fabricar ações de sociedades anônimas, ou cautelas que as representem, sem autorização escrita e assinada pela respectiva representação legal da sociedade, com firmas reconhecidas.

§ 1º Ninguém poderá fazer, imprimir ou fabricar prospectos ou qualquer material de propaganda para venda de ações de sociedade anônima, sem autorização dada pela respectiva representação legal da sociedade.

§ 2º A violação de qualquer dos dispositivos constituirá crime de ação pública, punido com pena de 1 a 3 anos de detenção, recaindo a responsabilidade, quando se tratar de pessoa jurídica, em todos os seus diretores.

Art. 74. Quem colocar no mercado ações de sociedade anônima, ou cautelas que a representem, falsas ou falsificadas, responderá por delito de ação pública, e será punido com pena de um a quatro anos de reclusão.

Parágrafo único. Incorrerá nas penas previstas neste artigo quem falsificar ou concorrer para a falsificação ou uso indevido de assinatura autenticada mediante chancela mecânica.

► Artigo com a redação dada pela Lei nº 5.589, de 3-7-1970.

Art. 75. O contrato de câmbio, desde que protestado por oficial competente para o protesto de títulos, constitui instrumento bastante para requerer a ação executiva.

§ 1º Por esta via, o credor haverá a diferença entre a taxa de câmbio do contrato e a data em que se efetuar o pagamento, conforme cotação fornecida pelo Banco Central, acrescida dos juros de mora.

§ 2º Pelo mesmo rito, serão processadas as ações para cobrança dos adiantamentos feitos pelas instituições financeiras aos exportadores, por conta do valor do contrato de câmbio, desde que as importâncias correspondentes estejam averbadas no contrato, com anuência do vendedor.

§ 3º No caso de falência ou concordata, o credor poderá pedir a restituição das importâncias adiantadas, a que se refere o parágrafo anterior.

§ 4º As importâncias adiantadas na forma do § 2º deste artigo serão destinadas, na hipótese de falência, liquidação extrajudicial ou intervenção em instituição financeira, ao pagamento das linhas de crédito comercial que lhes deram origem, nos termos e condições estabelecidas pelo Banco Central do Brasil.

► § 4º acrescido pela Lei nº 9.450, de 14-3-1997.

Art. 76. O Conselho Monetário Nacional, quando entender aconselhável, em face de situação conjuntural da economia, poderá autorizar as companhias de seguro a aplicarem, em percentagens por ele fixadas, parte de suas reservas técnicas em letras de câmbio, ações de sociedades anônimas de capital aberto, e em quotas de fundos em condomínio de títulos ou valores mobiliários.

Art. 77. Os contribuintes em débito para com a Fazenda Nacional, em decorrência do não pagamento do Imposto do Selo federal, incidente sobre contratos ou quaisquer outros atos jurídicos em que tenham sido parte ou interveniente a União, os Estados, os Municípios, o Distrito Federal, os Territórios, e suas autarquias, levados a efeito anteriormente à Lei nº 4.388, de 28 de agosto de 1964, poderão, dentro do prazo de trinta dias, a contar da publicação desta Lei, recolher aos cofres federais o imposto devido, isentos de qualquer penalidade ou correção monetária.

Art. 78. A alínea *i* do artigo 20 do Decreto-Lei nº 2.627, de 26 de setembro de 1940, passa a vigorar com a seguinte redação:

► O referido art. 20 foi revogado pela Lei nº 6.404, de 15-12-1976 (Lei das Sociedades por Ações).

Art. 79. O artigo 21 do Decreto-Lei nº 2.627, de 26 de setembro de 1940, é acrescido do seguinte parágrafo:

► O referido art. 21 foi revogado pela Lei nº 6.404, de 15-12-1976 (Lei das Sociedades por Ações).

Art. 80. É fixado o prazo máximo de doze meses, a contar da data da publicação desta Lei, para que as companhias ou sociedades anônimas cujas ações ou títulos que as representem tenham o valor nominal inferior a um mil cruzeiros providenciem o reajustamento delas para este valor, através da necessária modificação estatutária, sob pena de não terem os seus títulos admitidos à cotação nas Bolsas de Valores.

Art. 81. Os Membros dos Conselhos Administrativos das Caixas Econômicas Federais nos Estados serão nomeados pelo Presidente da República, escolhidos entre brasileiros de ilibada reputação e notória capacidade em assuntos administrativos ou econômico-financeiros, com o mandato de cinco anos, podendo ser reconduzidos.

Parágrafo único. As nomeações de que trata o artigo anterior, bem como as designações dos Presidentes dos respectivos Conselhos, também pelo Presidente da República, independerão da aprovação do Senado Federal, prevista no § 2º do artigo 22 da Lei nº 4.595, de 31 de dezembro de 1964.

Art. 82. Até que sejam expedidos os Títulos da Dívida Agrária, criados pelo artigo 105 da Lei nº 4.504, de 30 de novembro de 1964, poderá o Poder Executivo, para os fins previstos naquela Lei, se utilizar das Obrigações do Tesouro Nacional – Tipo Reajustável, criadas pela Lei nº 4.357, de 16 de julho de 1964.

Parágrafo único. As condições e vantagens asseguradas aos Títulos da Dívida Agrária serão atribuídas às Obrigações do Tesouro Nacional – Tipo Reajustável, emitidas na forma deste artigo, e constarão obrigatoriamente dos respectivos certificados.

Art. 83. A presente Lei entra em vigor na data de sua publicação.

Art. 84. Revogam-se as disposições em contrário.

Brasília, 14 de julho de 1965;
144º da Independência e
77º da República.
H. Castello Branco

LEI Nº 4.886, DE 9 DE DEZEMBRO DE 1965

Regula as atividades dos representantes comerciais autônomos.

▸ Publicada no *DOU* de 10-12-1965.

Art. 1º Exerce a representação comercial autônoma a pessoa jurídica ou a pessoa física, sem relação de emprego, que desempenha, em caráter não eventual por conta de uma ou mais pessoas, a mediação para a realização de negócios mercantis, agenciando propostas ou pedidos, para transmiti-los aos representados, praticando ou não atos relacionados com a execução dos negócios.

▸ Arts. 710 a 721 do CC.

Parágrafo único. Quando a representação comercial incluir poderes atinentes ao mandato mercantil, serão aplicáveis, quanto ao exercício deste, os preceitos próprios da legislação comercial.

▸ Arts. 653 a 692 e 710 do CC.

Art. 2º É obrigatório o registro dos que exerçam a representação comercial autônoma nos Conselhos Regionais criados pelo artigo 6º desta Lei.

Parágrafo único. As pessoas que, na data da publicação da presente Lei, estiverem no exercício da atividade, deverão registrar-se nos Conselhos Regionais, no prazo de noventa dias a contar da data em que estes forem instalados.

Art. 3º O candidato a registro, como representante comercial, deverá apresentar:

a) prova de identidade;

b) prova de quitação com o serviço militar, quando a ele obrigado;

c) prova de estar em dia com as exigências da legislação eleitoral;

d) folha corrida de antecedentes, expedida pelos cartórios criminais das comarcas em que o registrado houver sido domiciliado nos últimos dez anos;

e) quitação com o Imposto Sindical.

§ 1º O estrangeiro é desobrigado da apresentação dos documentos constantes das alíneas *b* e *c* deste artigo.

§ 2º Nos casos de transferência ou de exercício simultâneo da profissão, em mais de uma região, serão feitas as devidas anotações na carteira profissional do interessado, pelos respectivos Conselhos Regionais.

§ 3º As pessoas jurídicas deverão fazer prova de sua existência legal.

Art. 4º Não pode ser representante comercial:

a) o que não pode ser comerciante;

b) o falido não reabilitado;

c) o que tenha sido condenado por infração penal de natureza infamante, tais como falsidade, estelionato, apropriação indébita, contrabando, roubo, furto, lenocínio ou crimes também punidos com a perda de cargo público;

d) o que estiver com seu registro comercial cancelado como penalidade.

Art. 5º Somente será devida remuneração, como mediador de negócios comerciais, a representante comercial devidamente registrado.

Art. 6º São criados o Conselho Federal e os Conselhos Regionais dos Representantes Comerciais, aos quais incumbirá a fiscalização do exercício da profissão, na forma desta Lei.

Parágrafo único. É vedado, aos Conselhos Federal e Regionais dos Representantes Comerciais, desenvolverem quaisquer atividades não compreendidas em suas finalidades previstas nesta Lei, inclusive as de caráter político e partidárias.

Art. 7º O Conselho Federal instalar-se-á dentro de noventa dias, a contar da vigência da presente Lei, no Estado da Guanabara, onde funcionará provisoriamente, transferindo-se para a Capital da República, quando estiver em condições de fazê-lo, a juízo da maioria dos Conselhos Regionais.

§ 1º O Conselho Federal será presidido por um dos seus membros, na forma que dispuser o Regimento Interno do Conselho, cabendo-lhe, além do próprio voto, o de qualidade, no caso de empate.

§ 2º A renda do Conselho Federal será constituída de vinte por cento da renda bruta dos Conselhos Regionais.

Art. 8º O Conselho Federal será composto de representantes comerciais de cada Estado, eleitos pelos Conselhos Regionais, dentre seus membros, cabendo a cada Conselho Regional a escolha de dois delegados.

Art. 9º Compete ao Conselho Federal determinar o número dos Conselhos Regionais, o qual não poderá ser superior a um por Estado, Território Federal e Distrito Federal e estabelecer-lhes as bases territoriais.

Art. 10. Compete, privativamente, ao Conselho Federal:

I – elaborar o seu regimento interno;

II – dirimir as dúvidas suscitadas pelos Conselhos Regionais;

III – aprovar os regimentos internos dos Conselhos Regionais;

IV – julgar quaisquer recursos relativos às decisões dos Conselhos Regionais;

V – baixar instruções para a fiel observância da presente Lei;

VI – elaborar o Código de Ética Profissional;

VII – resolver os casos omissos.

▸ Antigas alíneas *a* a *g* renumeradas para incisos I a VII pela Lei nº 12.246, de 27-5-2010.

VIII – fixar, mediante resolução, os valores das anuidades e emolumentos devidos pelos representantes comerciais, pessoas físicas e jurídicas, aos Conselhos Regionais dos Representantes Comerciais nos quais estejam registrados, observadas as peculiaridades regionais e demais situações inerentes à capacidade contributiva da categoria profissional nos respectivos Estados e necessidades de cada entidade, e respeitados os seguintes limites máximos:

a) anuidade para pessoas físicas – até R$ 300,00 (trezentos reais);

b) VETADA. Lei nº 12.246, de 27-5-2010;

c) anuidade para pessoas jurídicas, de acordo com as seguintes classes de capital social:

1. de R$ 1,00 (um real) a R$ 10.000,00 (dez mil reais) – até R$ 350,00 (trezentos e cinquenta reais);
2. de R$ 10.000,01 (dez mil reais e um centavo) a R$ 50.000,00 (cinquenta mil reais) – até R$ 420,00 (quatrocentos e vinte reais);
3. de R$ 50.000,01 (cinquenta mil reais e um centavo) a R$ 100.000,00 (cem mil reais) – até R$ 504,00 (quinhentos e quatro reais);

4. de R$ 100.000,01 (cem mil reais e um centavo) a R$ 300.000,00 (trezentos mil reais) – até R$ 604,00 (seiscentos e quatro reais);
5. de R$ 300.000,01 (trezentos mil reais e um centavo) a R$ 500.000,00 (quinhentos mil reais) – até R$ 920,00 (novecentos e vinte reais);
6. acima de R$ 500.000,00 (quinhentos mil reais) – até R$ 1.370,00 (mil, trezentos e setenta reais);

d e *e*) VETADAS. Lei nº 12.246, de 27-5-2010.

► Inciso VIII acrescido pela Lei nº 12.246, de 27-5-2010.

§ 1º *Suprimido.* Lei nº 12.246, de 27-5-2010.

► Antigo parágrafo único renumerado para § 1º pela Lei nº 12.246, de 27-5-2010.

§ 2º Os valores correspondentes aos limites máximos estabelecidos neste artigo serão corrigidos anualmente pelo índice oficial de preços ao consumidor.

§ 3º O pagamento da anuidade será efetuado pelo representante comercial, pessoa física ou jurídica, até o dia 31 de março de cada ano, com desconto de 10% (dez por cento), ou em até 3 (três) parcelas, sem descontos, vencendo-se a primeira em 30 de abril, a segunda em 31 de agosto e a terceira em 31 de dezembro de cada ano.

§ 4º Ao pagamento antecipado será concedido desconto de 20% (vinte por cento) até 31 de janeiro e 15% (quinze por cento) até 28 de fevereiro de cada ano.

§ 5º As anuidades que forem pagas após o vencimento serão acrescidas de 2% (dois por cento) de multa, 1% (um por cento) de juros de mora por mês de atraso e atualização monetária pelo índice oficial de preços ao consumidor.

§ 6º A filial ou representação de pessoa jurídica instalada em jurisdição de outro Conselho Regional que não o da sua sede pagará anuidade em valor que não exceda a 50% (cinquenta por cento) do que for pago pela matriz.

► §§ 2º a 6º acrescidos pela Lei nº 12.246, de 27-5-2010.

§§ 7º e 8º VETADOS. Lei nº 12.246, de 27-5-2010.

§ 9º O representante comercial pessoa física, como responsável técnico de pessoa jurídica devidamente registrada no Conselho Regional dos Representantes Comerciais, pagará anuidade em valor correspondente a 50% (cinquenta por cento) da anuidade devida pelos demais profissionais autônomos registrados no mesmo Conselho.

► § 9º acrescido pela Lei nº 12.246, de 27-5-2010.

Parágrafo único. *Suprimido.* Lei nº 8.420, de 8-5-1992.

Art. 11. Dentro de sessenta dias, contados da vigência da presente Lei, serão instalados os Conselhos Regionais correspondentes aos Estados onde existirem órgãos sindicais de representação da classe dos representantes comerciais, atualmente reconhecidos pelo Ministério do Trabalho e Previdência Social.

Art. 12. Os Conselhos Regionais terão a seguinte composição:

a) dois terços de seus membros serão constituídos pelo presidente do mais antigo sindicato da classe do respectivo Estado e por diretores de sindicatos da classe, do mesmo Estado, eleitos estes em assembleia-geral;

b) um terço formado de representantes comerciais no exercício efetivo da profissão, eleitos em assembleia-geral realizada no sindicato da classe.

§ 1º A secretaria do sindicato incumbido da realização das eleições organizará cédula única, por ordem alfabética dos candidatos, destinada à votação.

§ 2º Se os órgãos sindicais de representação da classe não tomarem as providências previstas quanto à instalação dos Conselhos Regionais, o Conselho Federal determinará, imediatamente, a sua constituição, mediante eleições em assembleia-geral, com a participação dos representantes comerciais no exercício efetivo da profissão no respectivo Estado.

§ 3º Havendo, num mesmo Estado, mais de um sindicato de representantes comerciais, as eleições a que se refere este artigo se processarão na sede do sindicato da classe situado na Capital e, na sua falta, na sede do mais antigo.

§ 4º O Conselho Regional será presidido por um dos seus membros, na forma que dispuser o seu Regimento Interno, cabendo-lhe, além do próprio voto, o de qualidade, no caso de empate.

§ 5º Os Conselhos Regionais terão no máximo trinta membros, e no mínimo, o número que for fixado pelo Conselho Federal.

Art. 13. Os mandatos dos membros do Conselho Federal e dos Conselhos Regionais serão de três anos.

§ 1º Todos os mandatos serão exercidos gratuitamente.

§ 2º A aceitação do cargo de presidente, secretário ou tesoureiro importará na obrigação de residir na localidade em que estiver sediado o respectivo Conselho.

Art. 14. O Conselho Federal e os Conselhos Regionais serão administrados por uma diretoria que não poderá exceder a um terço dos seus integrantes.

Art. 15. Os presidentes dos Conselhos Federal e Regionais completarão o prazo do seu mandato, caso sejam substituídos na presidência do sindicato.

Art. 16. Constituem renda dos Conselhos Regionais as contribuições e multas devidas pelos representantes comerciais, pessoas físicas ou jurídicas, neles registrados.

Art. 17. Compete aos Conselhos Regionais:

a) elaborar o seu regimento interno, submetendo-o à apreciação do Conselho Federal;

b) decidir sobre os pedidos de registros de representantes comerciais, pessoas físicas ou jurídicas, na conformidade desta Lei;

c) manter o cadastro profissional;

d) expedir as carteiras profissionais e anotá-las, quando necessário;

e) impor as sanções disciplinares previstas nesta Lei, mediante a feitura de processo adequado, de acordo com o disposto no artigo 18;

f) arrecadar, cobrar e executar as anuidades e emolumentos devidos pelos representantes comerciais, pessoas físicas e jurídicas, registrados, servindo como título executivo extrajudicial a certidão relativa aos seus créditos.

► Alínea *f* com a redação dada pela Lei nº 12.246, de 27-5-2010.

Parágrafo único. *Suprimido.* Leis nºs 8.420, de 8-5-1992, e 12.246, de 27-5-2010.

Art. 18. Compete aos Conselhos Regionais aplicar, ao representante comercial faltoso, as seguintes penas disciplinares:

a) advertência, sempre sem publicidade;

b) multa até a importância equivalente ao maior salário mínimo vigente no País;

c) suspensão do exercício profissional, até um ano;

d) cancelamento do registro, com apreensão da carteira profissional.

§ 1º No caso de reincidência ou de falta manifestamente grave, o representante comercial poderá ser suspenso do exercício de sua atividade ou ter cancelado o seu registro.

§ 2º As penas disciplinares serão aplicadas após processo regular, sem prejuízo, quando couber, da responsabilidade civil ou criminal.

§ 3º O acusado deverá ser citado, inicialmente, dando-se-lhe ciência do inteiro teor da denúncia ou queixa, sendo-lhe assegurado, sempre, o amplo direito de defesa, por si ou por procurador regularmente constituído.

§ 4º O processo disciplinar será presidido por um dos membros do Conselho Regional, ao qual incumbirá coligir as provas necessárias.

§ 5º Encerradas as provas de iniciativa da autoridade processante, ao acusado será dado requerer e produzir as suas próprias provas, após o que lhe será assegurado o direito de apresentar, por escrito, defesa final e o de sustentar, oralmente, suas razões, na sessão do julgamento.

§ 6º Da decisão dos Conselhos Regionais caberá recurso voluntário, com efeito suspensivo, para o Conselho Federal.

Art. 19. Constituem faltas no exercício da profissão de representante comercial:

a) prejudicar, por dolo ou culpa, os interesses confiados aos seus cuidados;

b) auxiliar ou facilitar, por qualquer meio, o exercício da profissão aos que estiverem proibidos, impedidos ou não habilitados a exercê-la;

c) promover ou facilitar negócios ilícitos, bem como quaisquer transações que prejudiquem interesse da Fazenda Pública;

d) violar o sigilo profissional;

e) negar ao representado as competentes prestações de conta, recibos de quantias ou documentos que lhe tiverem sido entregues, para qualquer fim;

f) recusar a apresentação da carteira profissional, quando solicitada por quem de direito.

Art. 20. Observados os princípios desta Lei, o Conselho Federal dos Representantes Comerciais expedirá instruções relativas à aplicação das penalidades em geral e, em particular, aos casos em que couber imposições da pena de multa.

Art. 21. As repartições federais, estaduais e municipais, ao receberem tributos relativos à atividade do representante comercial, pessoa física ou jurídica, exigirão prova de seu registro no Conselho Regional da respectiva região.

Art. 22. Da propaganda deverá constar, obrigatoriamente, o número da carteira profissional.

Parágrafo único. As pessoas jurídicas farão constar, também, da propaganda, além do número da carteira do representante comercial responsável, o seu próprio número de registro no Conselho Regional.

Art. 23. O exercício financeiro dos Conselhos Federal e Regionais coincidirá com o ano civil.

Art. 24. As diretorias dos Conselhos Regionais prestarão contas da sua gestão ao próprio Conselho, até o dia 15 de fevereiro de cada ano.

Art. 25. Os Conselhos Regionais prestarão contas até o último dia do mês de fevereiro de cada ano ao Conselho Federal.

Parágrafo único. A diretoria do Conselho Federal prestará contas ao respectivo plenário até o último dia do mês de março de cada ano.

► Arts. 24 e 25 com a redação dada pela Lei nº 8.420, de 8-5-1992.

Art. 26. Os sindicatos incumbidos do processamento das eleições, a que se refere o artigo 12, deverão tomar, dentro do prazo de trinta dias, a contar da publicação desta Lei, as providências necessárias à instalação dos Conselhos Regionais dentro do prazo previsto no artigo 11.

Art. 27. Do contrato de representação comercial, além dos elementos comuns e outros, a juízo dos interessados, constarão, obrigatoriamente:

► *Caput* com a redação dada pela Lei nº 8.420, de 8-5-1992.

a) condições e requisitos gerais da representação;

b) indicação genérica ou específica dos produtos ou artigos objeto da representação;

c) prazo certo ou indeterminado da representação;

d) indicação da zona ou zonas em que será exercida a representação;

► Alínea *d* com a redação dada pela Lei nº 8.420, de 8-5-1992.

e) garantia ou não, parcial ou total, ou por certo prazo, da exclusividade de zona ou setor de zona;

f) retribuição e época do pagamento, pelo exercício da representação, dependente da efetiva realização dos negócios, e recebimento, ou não, pelo representado, dos valores respectivos;

g) os casos em que se justifique a restrição de zona concedida com exclusividade;

h) obrigações e responsabilidades das partes contratantes;

i) exercício exclusivo ou não da representação a favor do representado;

j) indenização devida ao representante, pela rescisão do contrato fora dos casos previstos no artigo 35, cujo montante não poderá ser inferior a um doze avos do total da retribuição auferida durante o tempo em que exerceu a representação.

► Alínea *j* com a redação dada pela Lei nº 8.420, de 8-5-1992.

§ 1º Na hipótese de contrato a prazo certo, a indenização corresponderá à importância equivalente à média mensal da retribuição auferida até a data da rescisão, multiplicada pela metade dos meses resultantes do prazo contratual.

§ 2º O contrato com prazo determinado, uma vez prorrogado o prazo inicial, tácita ou expressamente, torna-se a prazo indeterminado.

§ 3º Considera-se por prazo indeterminado todo contrato que suceder, dentro de seis meses, a outro contrato, com ou sem determinação de prazo.

► §§ 1º a 3º acrescidos pela Lei nº 8.420, de 8-5-1992.

Art. 28. O representante comercial fica obrigado a fornecer ao representado, segundo as disposições do contrato ou, sendo este omisso, quando lhe for solicitado, informações detalhadas sobre o andamento dos negócios a seu cargo, devendo dedicar-se à representação, de modo a expandir os negócios do representado e promover os seus produtos.

Art. 29. Salvo autorização expressa, não poderá o representante conceder abatimentos, descontos ou dilações, nem agir em desacordo com as instruções do representado.

Art. 30. Para que o representante possa exercer a representação em juízo, em nome do representado, requer-se mandato expresso. Incumbir-lhe-á, porém, tomar conhecimento das reclamações atinentes aos negócios, transmitindo-as ao representado e sugerindo as providências acauteladoras do interesse deste.

Parágrafo único. O representante, quanto aos atos que praticar, responde segundo as normas do contrato e, sendo este omisso, na conformidade do direito comum.

Art. 31. Prevendo o contrato de representação a exclusividade de zona ou zonas, ou quando este for omisso, fará jus o representante à comissão pelos negócios aí realizados, ainda que diretamente pelo representado ou por intermédio de terceiros.

► Art. 714 do CC.

Parágrafo único. A exclusividade de representação não se presume na ausência de ajustes expressos.

► Art. 31 com a redação dada pela Lei nº 8.420, de 8-5-1992.

► Art. 711 do CC

Art. 32. O representante comercial adquire o direito às comissões quando do pagamento dos pedidos ou propostas.

► *Caput* com a redação dada pela Lei nº 8.420, de 8-5-1992.

§ 1º O pagamento das comissões deverá ser efetuado até o dia quinze do mês subsequente ao da liquidação da fatura, acompanhada das respectivas cópias das notas fiscais.

§ 2º As comissões pagas fora do prazo previsto no parágrafo anterior deverão ser corrigidas monetariamente.

§ 3º É facultado ao representante comercial emitir títulos de créditos para cobrança de comissões.

§ 4º As comissões deverão ser calculadas pelo valor total das mercadorias.

§ 5º Em caso de rescisão injusta do contrato por parte do representando, a eventual retribuição pendente, gerada por pedidos em carteira ou em fase de execução e recebimento, terá vencimento na data da rescisão.

§ 6º VETADO.

§ 7º São vedadas na representação comercial alterações que impliquem, direta ou indiretamente, a diminuição da média dos resultados auferidos pelo representante nos últimos seis meses de vigência.

► §§ 1º a 7º acrescidos pela Lei nº 8.420, de 8-5-1992.

► Art. 716 do CC.

Art. 33. Não sendo previstos, no contrato de representação, os prazos para recusa das propostas ou pedidos, que hajam sido entregues pelo representante, acompanhados dos requisitos exigíveis, ficará o representado obrigado a creditar-lhe a respectiva comissão, se não manifestar a recusa, por escrito, nos prazos de quinze, trinta, sessenta ou cento e vinte dias, conforme se trate de comprador domiciliado, respectivamente, na mesma praça, em outra do mesmo Estado, em outro Estado ou no estrangeiro.

§ 1º Nenhuma retribuição será devida ao representante comercial, se a falta de pagamento resultar de insolvência do comprador, bem como se o negócio vier a ser por ele desfeito ou for sustada a entrega de mercadorias devido à situação comercial do comprador, capaz de comprometer ou tornar duvidosa a liquidação.

§ 2º Salvo ajuste em contrário, as comissões devidas serão pagas mensalmente, expedindo o representado a conta respectiva, conforme cópias das faturas remetidas aos compradores, no respectivo período.

§ 3º Os valores das comissões para efeito tanto do pré-aviso como da indenização, prevista nesta Lei, deverão ser corrigidos monetariamente.

► § 3º acrescido pela Lei nº 8.420, de 8-5-1992.

Art. 34. A denúncia, por qualquer das partes, sem causa justificada, do contrato de representação, ajustado por tempo indeterminado e que haja vigorado por mais de seis meses, obriga o denunciante, salvo outra garantia prevista no contrato, à concessão de pré-aviso, com antecedência mínima de trinta dias, ou ao pagamento de importância igual a um terço das comissões auferidas pelo representante, nos três meses anteriores.

► Art. 720 do CC.

Art. 35. Constituem motivos justos para rescisão do contrato de representação comercial, pelo representado:

a) a desídia do representante no cumprimento das obrigações decorrentes do contrato;

b) a prática de atos que importem em descrédito comercial do representado;

c) a falta de cumprimento de quaisquer obrigações inerentes ao contrato de representação comercial;

d) a condenação definitiva por crime considerado infamante;

e) força maior.

Art. 36. Constituem motivos justos para rescisão do contrato de representação comercial, pelo representante:

a) redução de esfera de atividade do representante em desacordo com as cláusulas do contrato;

b) a quebra, direta ou indireta, da exclusividade, se prevista no contrato;

c) a fixação abusiva de preços em relação à zona do representante, com o exclusivo escopo de impossibilitar-lhe ação regular;

d) o não pagamento de sua retribuição na época devida;

e) força maior.

Art. 37. Somente ocorrendo motivo justo para rescisão do contrato, poderá o representado reter comissões devidas ao representante, com o fim de ressarcir-se de danos por este causados e, bem assim, nas hipóteses previstas no artigo 35, a título de compensação.

Art. 38. Não serão prejudicados os direitos dos representantes comerciais quando, a título de cooperação, desempenhem, temporariamente, a pedido do representado, encargos ou atribuições diversos dos previstos no contrato de representação.

Art. 39. Para julgamento das controvérsias que surgirem entre representante e representado é competente a Justiça Comum e o Foro do domicílio do representante, aplicando-se o procedimento sumário previsto no artigo 275 do Código de Processo Civil, ressalvada a competência do Juizado de Pequenas Causas.

► Artigo com a redação dada pela Lei nº 8.420, de 8-5-1992.

► Refere-se ao CPC/1973. Sem correspondência no CPC/2015.

► Lei nº 9.099, de 26-9-1995 (Lei dos Juizados Especiais).

► Lei nº 10.259, de 12-7-2001 (Lei dos Juizados Especiais Federais).

Art. 40. Dentro de cento e oitenta dias da publicação da presente Lei, serão formalizadas, entre representado e representantes, em documento escrito, as condições das representações comerciais vigentes.

Parágrafo único. A indenização devida pela rescisão dos contratos de representação comercial vigentes na data desta Lei, fora dos casos previstos no artigo 35, e quando as partes não tenham usado da faculdade prevista neste artigo, será calculada, sobre a retribuição percebida, pelo representante, nos últimos cinco anos anteriores à vigência desta Lei.

Art. 41. Ressalvada expressa vedação contratual, o representante comercial poderá exercer sua atividade para mais de uma empresa e empregá-la em outros misteres ou ramos de negócios.

Art. 42. Observadas as disposições constantes do artigo anterior, é facultado ao representante contratar com outros representantes comerciais a execução dos serviços relacionados com a representação.

§ 1º Na hipótese deste artigo, o pagamento das comissões a representante comercial contratado dependerá da liquidação da conta de comissão devida pelo representando ao representante contratante.

§ 2º Ao representante contratado, no caso de rescisão de representação, será devida pelo representante contratante a participação no que houver recebido da representada a título de indenização e aviso prévio, proporcionalmente às retribuições auferidas pelo representante contratado na vigência do contrato.

§ 3º Se o contrato referido no *caput* deste artigo for rescindido sem motivo justo pelo representante contratante, o representante contratado fará jus ao aviso prévio e indenização na forma da lei.

§ 4º Os prazos de que trata o artigo 33 desta Lei são aumentados em dez dias quando se tratar de contrato realizado entre representantes comerciais.

Art. 43. É vedada no contrato de representação comercial a inclusão de cláusulas *del credere*.

► Art. 698 do CC.

Art. 44. No caso de falência do representado as importâncias por ele devidas ao representante comercial, relacionadas com a representação, inclusive comissões vencidas e vincendas, indenização e aviso prévio, serão considerados créditos da mesma natureza dos créditos trabalhistas.

► Art. 83, I, da Lei nº 11.101, de 9-2-2005 (Lei de Recuperação de Empresas e Falências).

Parágrafo único. Prescreve em cinco anos a ação do representante comercial para pleitear a retribuição que lhe é devida e os demais direitos que lhe são garantidos por esta Lei.

Art. 45. Não constitui motivo justo para rescisão do contrato de representação comercial o impedimento temporário do representante comercial que estiver em gozo do benefício de auxílio-doença concedido pela Previdência Social.

Art. 46. Os valores a que se referem a alínea *j* do artigo 27, o § 5º do artigo 32 e o artigo 34 desta Lei serão corrigidos monetariamente com base na variação dos BTNs ou por outro indexador que venha a substituí-los e legislação ulterior aplicável à matéria.

Art. 47. Compete ao Conselho Federal dos Representantes Comerciais fiscalizar a execução da presente Lei.

► Arts. 41 a 47 acrescidos pela Lei nº 8.420, de 8-5-1992.

Parágrafo único. Em caso de inobservância das prescrições legais, caberá intervenção do Conselho Federal nos Conselhos Regionais, por decisão da Diretoria do primeiro, *ad referendum* da reunião plenária, assegurado, em qualquer caso, o direito de defesa. A intervenção cessará quando do cumprimento da Lei.

Art. 48. Esta Lei entra em vigor na data de sua publicação.

Art. 49. Revogam-se as disposições em contrário.

► Arts. 48 e 49 renumerados em virtude dos acréscimos determinados pela Lei nº 8.420, de 8-5-1992.

Brasília, 9 de dezembro de 1965;
144º da Independência e
77º da República.

H. Castello Branco

DECRETO Nº 57.595, DE 7 DE JANEIRO DE 1966

Promulga as Convenções para adoção de uma Lei Uniforme em matéria de cheques.

► Publicado no *DOU* de 17-1-1966.

O Presidente da República:

Havendo o Governo brasileiro, por nota da Legação em Berna, datada de 26 de agosto de 1942, ao Secretário-Geral da Liga das Nações, aderido às seguintes Convenções assinadas em Genebra, a 19 de março de 1931:

1º) Convenção para adoção de uma Lei Uniforme sobre cheques, Anexos e Protocolo, com reservas aos artigos 2, 3, 4, 5, 6, 7, 8, 9, 10, 11, 12, 14, 15, 16, 17, 18, 19, 20, 21, 23, 25, 26, 29 e 30 do Anexo II;

2º) Convenção destinada a regular certos conflitos de leis em matéria de cheques e Protocolo;

3º) Convenção relativa ao Imposto de Selo em matéria de cheques e Protocolo;

Havendo as referidas Convenções entrado em vigor para o Brasil noventa dias após a data do registro pela Secretaria-Geral da Liga das Nações, isto é, a 26 de novembro de 1942;

E havendo o Congresso Nacional aprovado pelo Decreto Legislativo nº 54, de 1964, as referidas Convenções:

Decreta que as mesmas, apensas por cópia ao presente Decreto, sejam executadas e cumpridas tão inteiramente como nelas se contém, observadas as reservas feitas à Convenção relativa à Lei Uniforme sobre cheques.

Brasília, 7 de janeiro de 1966;
145º da Independência e
78º da República.

H. Castello Branco

CONVENÇÃO PARA ADOÇÃO DE UMA LEI UNIFORME EM MATÉRIA DE CHEQUES

O Presidente do Reich Alemão; O Presidente Federal da República Austríaca; Sua Majestade o Rei dos Belgas; Sua Majestade o Rei da Dinamarca e da Islândia; O Presidente da República da Polônia pela Cidade Livre de Dantzig; O Presidente da República do Equador; Sua Majestade o Rei da Espanha; O Presidente da República da Finlândia; O Presidente da República Francesa; O Presidente da República Helênica; Sua Alteza Sereníssima o Regente do Reino da Hungria; Sua Majestade o Rei da Itália; Sua Majestade o Imperador do Japão; Sua Alteza Real a Grã-Duquesa do Luxemburgo; O Presidente dos Estados Unidos do México; Sua Alteza Sereníssima o Príncipe de Mônaco; Sua Majestade o Rei da Noruega; Sua Majestade a Rainha da Holanda; O Presidente da República da Polônia; O Presidente da República Portuguesa; Sua Majestade o Rei da Rumânia; Sua Majestade o Rei da Suécia; O Conselho Federal Suíço; O Presidente da República Tchecoslovaca; O Presidente da República Turca; Sua Majestade o Rei da Iugoslávia,

Desejando evitar as dificuldades originadas pela diversidade de legislação nos vários países em que os cheques circulam e aumentar assim a segurança e rapidez das relações do comércio internacional,

Designaram como seus plenipotenciários,

Os quais, depois de terem apresentado os seus plenos poderes, achados em boa e devida forma, acordaram nas disposições seguintes:

Artigo 1º

As Altas Partes Contratantes obrigam-se a adotar nos territórios respectivos, quer num dos textos originais, quer nas suas línguas nacionais, a Lei Uniforme que constitui o Anexo I da presente Convenção.

Esta obrigação poderá ficar subordinada a certas reservas, que deverão eventualmente ser formuladas por cada uma das Altas Partes Contratantes no momento da sua ratificação ou adesão. Estas reservas deverão ser escolhidas entre as mencionadas no Anexo II da presente Convenção.

Todavia, as reservas a que se referem os artigos 9º, 22, 27 e 30 do citado Anexo II poderão ser feitas posteriormente à ratificação ou adesão, desde que sejam notificadas ao Secretário-Geral da Sociedade das Nações, o qual imediatamente comunicará o seu texto aos membros da Sociedade das Nações e aos Estados não membros em cujo nome tenha sido ratificada a presente Convenção ou que a ela tenham aderido. Essas reservas só produzirão efeitos noventa dias depois de o Secretário-Geral ter recebido a referida notificação.

Qualquer das Altas Partes Contratantes poderá, em caso de urgência, fazer uso, depois da ratificação ou da adesão, das reservas indicadas nos artigos 17 e 28 do referido Anexo II. Neste caso deverá comunicar essas reservas direta e imediatamente a todas as outras Altas Partes Contratantes e ao Secretário-Geral da Sociedade das Nações. Esta notificação produzirá os seus efeitos dois dias depois de recebida a dita comunicação pelas Altas Partes Contratantes.

Artigo 2º

A Lei Uniforme não será aplicável no território de cada uma das Altas Partes Contratantes aos cheques já passados à data da entrada em vigor da presente Convenção.

Artigo 3º

A presente Convenção, cujos textos em francês e inglês farão ambos igualmente fé, terá a data de hoje.

Poderá ser ulteriormente assinada, até 15 de julho de 1931, em nome de qualquer membro da Sociedade das Nações e qualquer Estado não membro.

Artigo 4º

A presente Convenção será ratificada.

Os instrumentos de ratificação serão transmitidos, antes de 1º de setembro de 1933, ao Secretário-Geral da Sociedade das Nações, que notificará imediatamente do seu depósito todos os membros da Sociedade das Nações e os Estados não membros em nome dos quais a presente Convenção tenha sido assinada ou que a ela tenham aderido.

Artigo 5º

A partir de 15 de julho de 1931, qualquer membro da Sociedade das Nações e qualquer Estado não membro poderá aderir à presente Convenção.

Esta adesão efetuar-se-á por meio de notificação ao Secretário-Geral da Sociedade das Nações, que será depositada nos Arquivos do Secretariado.

O Secretário-Geral notificará imediatamente desse depósito todos os membros da Sociedade das Nações e os Estados não membros em nome dos quais a presente Convenção tenha sido assinada ou que a ela tenham aderido.

Artigo 6º

A presente Convenção somente entrará em vigor depois de ter sido ratificada ou de a ela terem aderido sete membros da Sociedade das Nações ou Estados não membros, entre os quais deverão figurar três dos membros da Sociedade das Nações com representação permanente no Conselho.

Começará a vigorar noventa dias depois de recebida pelo Secretário-Geral da Sociedade das Nações a sétima ratificação ou adesão, em conformidade com o disposto na alínea primeira do presente artigo.

O Secretário-Geral da Sociedade das Nações, nas notificações previstas nos artigos 4º e 5º, fará menção especial de terem sido recebidas as ratificações ou adesões a que se refere a alínea primeira do presente artigo.

Artigo 7º

As ratificações ou adesões, após a entrada em vigor da presente Convenção, em conformidade com o disposto no artigo 6º, produzirão os seus efeitos noventa dias depois da data da sua recepção pelo Secretário-Geral da Sociedade das Nações.

Artigo 8º

Exceto nos casos de urgência, a presente Convenção não poderá ser denunciada antes de decorrido um prazo de dois anos a contar da data em que tiver começado a vigorar para o membro da Sociedade das Nações ou para o Estado não membro que a denuncia; esta denúncia produzirá os seus efeitos noventa dias depois de recebida pelo Secretário-Geral a respectiva notificação.

Qualquer denúncia será imediatamente comunicada pelo Secretário-Geral da Sociedade das Nações a todas as Altas Partes Contratantes.

Nos casos de urgência a Alta Parte Contratante que efetuar a denúncia comunicará esse fato direta e imediatamente a todas as outras Altas Partes Contratantes, e a denúncia produzirá os seus efeitos dois dias depois de recebida a dita comunicação pelas respectivas Altas Partes Contratantes. A Alta Parte Contratante que fizer a denúncia nestas condições dará igualmente conhecimento da sua decisão ao Secretário-Geral da Sociedade das Nações.

Qualquer denúncia só produzirá efeitos em relação à Alta Parte Contratante em nome da qual ela tenha sido feita.

Artigo 9º

Decorrido um prazo de quatro anos da entrada em vigor da presente Convenção, qualquer membro da Sociedade das Nações ou Estado não membro a ela ligado poderá formular ao Secretário-Geral da Sociedade das Nações um pedido de revisão de algumas ou de todas as disposições da Convenção.

Se este pedido, comunicado aos outros membros ou Estados não membros para os quais a Convenção estiver então em vigor, for apoiado dentro do prazo de um ano por seis, pelo menos, dentre eles, o Conselho da Sociedade das Nações decidirá se deve ser convocada uma Conferência para aquele fim.

Artigo 10

Qualquer das Altas Partes Contratantes poderá declarar no momento da assinatura, da ratificação ou da adesão que, aceitando a presente Convenção, não assume nenhuma obrigação pelo que respeita a todas ou parte das suas colônias, protetorados ou territórios sob a sua soberania ou mandato, caso em que a presente Convenção se não aplicará aos territórios mencionados nessa declaração. Qualquer das Altas Partes Contratantes poderá, posteriormente, comunicar ao Secretário-Geral da Sociedade das Nações o seu desejo de que a presente Convenção se aplique a todos ou parte dos seus territórios que tenham sido objeto da declaração prevista na alínea precedente, e nesse caso a presente Convenção aplicar-se-á aos territórios mencionados nessa comunicação noventa dias depois desta ter sido recebida pelo Secretário-Geral da Sociedade das Nações.

As Altas Partes Contratantes reservam-se igualmente o direito, nos termos do artigo 8º, de denunciar a presente Convenção pelo que se refere a todas ou parte das suas colônias, protetorados ou territórios sob a sua soberania ou mandato.

Artigo 11

A presente Convenção será registrada pelo Secretário-Geral da Sociedade das Nações desde que entre em vigor.

Em fé do que os plenipotenciários acima designados assinaram a presente Convenção.

Feito em Genebra, aos dezenove de março de mil novecentos e trinta e um, num só exemplar, que será depositado nos arquivos do Secretariado da Sociedade das Nações. Será transmitida cópia autêntica a todos os membros da Sociedade das Nações e a todos os Estados não membros representados na Conferência.

Alemanha: *L. Quassowski, Doutor Albrecht, Erwin Patzold*; Áustria: *Dr. Guido Strobele*; Bélgica: *De La Vallée Poussin*; Dinamarca: *Helper, V. Efgtved*; Cidade Livre de Dantzig: Jósef Sulkowski; Equador: Alej. Gastelú; Espanha: *Francisco Bernis*; Finlândia: *F. Gruvall*; França: *Percerou*; Grécia: *R. Raphael, A. Contoumas*; Hungria: *Pelénvi*; Itália: *Amedeo, Giannini, Giovanni Zappala*; Japão: *N. Kawashima, Ukitsu Tanaka*; Luxemburgo: *Ch. G. Vermaire*; México: *Antonio Castro-Leal*; Mônaco: *C. Hentsch, Ad referendum*; Noruega: *Stub Holmboe*; Holanda: *J. Kosters*; Polônia: *Jósef Sulkowski*; Portugal: *José Caieiro da Mata*; Rumânia: *C. Antoniade*; Suécia: *E. Marks von Wurtemberg, Birger Ekeberg, K. Dahlberg*; Sob reserva de ratificação por S. M. o Rei da Suécia, com a aprovação do *Riksdag*; Suíça: *Vischer Hulftegger*; Tchecoslováquia: *Dr. Karel Hermann-Otavsky*; Turquia: *Cemal Husnu*; Iugoslávia: *I. Choumenkovitch*.

ANEXO I
LEI UNIFORME RELATIVA AO CHEQUE

CAPÍTULO I
DA EMISSÃO E FORMA DO CHEQUE

Artigo 1º

O cheque contém:

1º) A palavra "cheque" inserta no próprio texto do título e expressa na língua empregada para a redação deste título;

2º) O mandato puro e simples de pagar uma quantia determinada;

3º) O nome de quem deve pagar (sacado);

4º) A indicação do lugar em que o pagamento se deve efetuar;

5º) A indicação da data em que e do lugar onde o cheque é passado;

6º) A assinatura de quem passa o cheque (sacador).

Artigo 2º

O título a que faltar qualquer dos requisitos enumerados no artigo precedente não produz efeito como cheque, salvo nos casos determinados nas alíneas seguintes:

Na falta de indicação especial, o lugar designado ao lado do nome do sacado considera-se como sendo o lugar de pagamento. Se forem indicados vários lugares ao lado do nome do sacado, o cheque é pagável no primeiro lugar indicado.

Na ausência destas indicações ou de qualquer outra indicação, o cheque é pagável no lugar em que o sacado tem o seu estabelecimento principal.

O cheque sem indicação do lugar da sua emissão considera-se passado no lugar designado ao lado do nome do sacador.

Artigo 3º

O cheque é sacado sobre um banqueiro que tenha fundos à disposição do sacador e em harmonia com uma convenção expressa ou tácita, segundo a qual o sacador tem o direito de dispor desses fundos por meio de cheque. A validade do título como cheque não fica, todavia, prejudicada no caso de inobservância destas prescrições.

Artigo 4º

O cheque não pode ser aceito. A menção de aceite lançada no cheque considera-se como não escrita.

Artigo 5º

O cheque pode ser feito pagável:

A uma determinada pessoa, com ou sem cláusula expressa "à ordem";

A uma determinada pessoa, com a cláusula "não à ordem" ou outra equivalente;

Ao portador.

O cheque passado a favor duma determinada pessoa, mas que contenha a menção "ou ao portador", ou outra equivalente, é considerado como cheque ao portador.

O cheque sem indicação do beneficiário é considerado como cheque ao portador.

Artigo 6º

O cheque pode ser passado à ordem do próprio sacador.

O cheque pode ser sacado por conta de terceiro.

O cheque não pode ser passado sobre o próprio sacador, salvo no caso em que se trate dum cheque sacado por um estabelecimento sobre outro estabelecimento, ambos pertencentes ao mesmo sacador.

Artigo 7º

Considera-se como não escrita qualquer estipulação de juros inserta no cheque.

Artigo 8º

O cheque pode ser pagável no domicílio de terceiro, quer na localidade onde o sacado tem o seu domicílio, quer numa outra localidade, sob a condição no entanto de que o terceiro seja banqueiro.

Artigo 9º

O cheque cuja importância for expressa por extenso e em algarismos vale, em caso de divergência, pela quantia designada por extenso.

O cheque cuja importância for expressa várias vezes, quer por extenso, quer em algarismos, vale, em caso de divergência, pela menor quantia indicada.

Artigo 10

Se o cheque contém assinaturas de pessoas incapazes de se obrigarem por cheque, assinaturas falsas, assinaturas de pessoas fictícias, ou assinaturas que por qualquer outra razão não poderiam obrigar as pessoas que assinarem o cheque, ou em nome das quais ele foi assinado, as obrigações dos outros signatários não deixam por esse fato de ser válidas.

Artigo 11

Todo aquele que apuser a sua assinatura num cheque, como representante duma pessoa, para representar a qual não tinha de fato poderes, fica obrigado em virtude do cheque e, se o pagar, tem os mesmos direitos que o pretendido representado. A mesma regra se aplica ao representante que tenha excedido os seus poderes.

Artigo 12

O sacador garante o pagamento. Considera-se como não escrita qualquer declaração pela qual o sacador se exima a esta garantia.

Artigo 13

Se um cheque incompleto no momento de ser passado tiver sido completado contrariamente aos acordos realizados, não pode a inobservância desses acordos ser motivo de oposição ao portador, salvo se este tiver adquirido o cheque de má-fé ou, adquirindo-o, tenha cometido uma falta grave.

CAPÍTULO II

DA TRANSMISSÃO

Artigo 14

O cheque estipulado pagável a favor duma determinada pessoa, com ou sem cláusula expressa "à ordem", é transmissível por via de endosso.

O cheque estipulado pagável a favor duma determinada pessoa, com a cláusula "não à ordem" ou outra equivalente, só é transmissível pela forma e com os efeitos duma cessão ordinária.

O endosso deve ser puro e simples, a favor do sacador ou de qualquer outro coobrigado. Essas pessoas podem endossar novamente o cheque.

Artigo 15

O endosso deve ser puro e simples. Considera-se como não escrita qualquer condição a que ele esteja subordinado.

É nulo o endosso parcial.

É nulo igualmente o endosso feito pelo sacado.

O endosso ao portador vale como endosso em branco.

O endosso ao sacado só vale como quitação, salvo no caso de o sacado ter vários estabelecimentos e de o endosso ser feito em benefício de um estabelecimento diferente daquele sobre o qual o cheque foi sacado.

Artigo 16

O endosso deve ser escrito no cheque ou numa folha ligada a este (Anexo). Deve ser assinado pelo endossante.

O endosso pode não designar o beneficiário ou consistir simplesmente na assinatura do endossante (endosso em branco). Neste último caso o endosso, para ser válido, deve ser escrito no verso do cheque ou na folha anexa.

Artigo 17

O endosso transmite todos os direitos resultantes do cheque.

Se o endosso é em branco, o portador pode:

1º) Preencher o espaço em branco, quer com o seu nome, quer com o nome de outra pessoa;

2º) Endossar o cheque de novo em branco ou a outra pessoa;

3º) Transferir o cheque a um terceiro sem preencher o espaço em branco nem o endossar.

Artigo 18

Salvo estipulação em contrário, o endossante garante o pagamento.

O endossante pode proibir um novo endosso, e neste caso não garante o pagamento às pessoas a quem o cheque for posteriormente endossado.

Artigo 19

O detentor de um cheque endossável é considerado portador legítimo se justifica o seu direito por uma série ininterrupta de endossos, mesmo se o último for em branco. Os endossos riscados são, para este efeito, considerados como não escritos. Quando o endosso em branco é seguido de um outro endosso, presume-se que o signatário deste adquiriu o cheque pelo endosso em branco.

Artigo 20

Um endosso num cheque passado ao portador torna o endossante responsável nos termos das disposições que regulam o direito de ação, mas nem por isso converte o título num cheque à ordem.

Artigo 21

Quando uma pessoa foi por qualquer maneira desapossada de um cheque, o detentor a cujas mãos ele foi parar – quer se trate de um cheque ao portador, quer se trate de um cheque endossável em relação ao qual o detentor justifique o seu direito pela forma indicada no artigo 19 – não é obrigado a restituí-lo, a não ser que o tenha adquirido de má-fé, ou que, adquirindo-o, tenha cometido uma falta grave.

Artigo 22

As pessoas acionadas em virtude de um cheque não podem opor ao portador as exceções fundadas sobre as relações pessoais delas com o sacador, ou com os portadores anteriores, salvo se o portador ao adquirir o cheque tiver procedido conscientemente em detrimento do devedor.

Artigo 23

Quando um endosso contém a menção "valor a cobrar" (*valeur en recouvrement*), "para cobrança" (*pour encaissement*), "por procuração" (*par procuration*), ou qualquer outra menção que implique um simples mandato, o portador pode exercer todos os direitos resultantes do cheque, mas só pode endossá-lo na qualidade de procurador.

Os coobrigados neste caso só podem invocar contra o portador as exceções que eram oponíveis ao endossante.

O mandato que resulta de um endosso por procuração não se extingue por morte ou pela superveniência de incapacidade legal do mandatário.

Artigo 24

O endosso feito depois de protesto ou uma declaração equivalente, ou depois de ter terminado o prazo para apresentação, produz apenas os efeitos de uma cessão ordinária.

Salvo prova em contrário, presume-se que um endosso sem data haja sido feito antes do protesto ou das declarações equivalentes ou antes de findo o prazo indicado na alínea precedente.

CAPÍTULO III

DO AVAL

Artigo 25

O pagamento de um cheque pode ser garantido no todo ou em parte do seu valor por um aval.

Esta garantia pode ser dada por um terceiro, excetuado o sacado, ou mesmo por um signatário do cheque.

Artigo 26

O aval é dado sobre o cheque ou sobre a folha anexa.

Exprime-se pelas palavras "*bom para aval*", ou por qualquer outra fórmula equivalente; é assinado pelo avalista.

Considera-se como resultante da simples aposição da assinatura do avalista na face do cheque, exceto quando se trate da assinatura do sacador.

O aval deve indicar a quem é prestado. Na falta desta indicação considera-se prestado ao sacador.

Artigo 27

O avalista é obrigado da mesma forma que a pessoa que ele garante.

A sua responsabilidade subsiste ainda mesmo que a obrigação que ele garantiu fosse nula por qualquer razão que não seja um vício de forma.

Pagando o cheque, o avalista adquire os direitos resultantes dele contra o garantido e contra os obrigados para com este em virtude do cheque.

CAPÍTULO IV

DA APRESENTAÇÃO E DO PAGAMENTO

Artigo 28

O cheque é pagável à vista. Considera-se como não escrita qualquer menção em contrário.

O cheque apresentado a pagamento antes do dia indicado como data da emissão é pagável no dia da apresentação.

Artigo 29

O cheque pagável no país onde foi passado deve ser apresentado a pagamento no prazo de oito dias.

O cheque passado num país diferente daquele em que é pagável deve ser apresentado respectivamente num prazo de vinte dias ou de setenta dias, conforme o lugar de emissão e o lugar de pagamento se encontrem situados na mesma ou em diferentes partes do mundo.

Para este efeito os cheques passados num país europeu e pagáveis num país à beira do Mediterrâneo, ou vice-versa, são considerados como passados e pagáveis na mesma parte do mundo.

Os prazos acima indicados começam a contar-se do dia indicado no cheque como data da emissão.

Artigo 30

Quando o cheque for passado num lugar e pagável noutro em que se adote um calendário diferente, a data da emissão será o dia correspondente no calendário do lugar do pagamento.

Artigo 31

A apresentação do cheque a uma câmara de compensação equivale à apresentação a pagamento.

Artigo 32

A revogação do cheque só produz efeito depois de findo o prazo de apresentação.

Se o cheque não tiver sido revogado, o sacado pode pagá-lo mesmo depois de findo o prazo.

Artigo 33

A morte do sacador ou a sua incapacidade posterior à emissão do cheque não invalidam os efeitos deste.

Artigo 34

O sacador pode exigir, ao pagar o cheque, que este lhe seja entregue munido de recibo passado pelo portador.

O portador não pode recusar um pagamento parcial.

No caso de pagamento parcial, o sacado pode exigir que desse pagamento se faça menção no cheque e que lhe seja entregue o respectivo recibo.

Artigo 35

O sacado que paga um cheque endossável é obrigado a verificar a regularidade da sucessão dos endossos, mas não a assinatura dos endossantes.

Artigo 36

Quando um cheque é pagável numa moeda que não tem curso no lugar do pagamento, a sua importância pode ser paga, dentro do prazo da apresentação do cheque, na moeda do país em que é apresentado, segundo o seu valor no dia do pagamento. Se o pagamento não foi efetuado à apresentação, o portador pode, à sua escolha, pedir que o pagamento da importância do cheque na moeda do país em que é apresentado seja efetuado ao câmbio, quer do dia da apresentação, quer do dia do pagamento.

A determinação do valor da moeda estrangeira será feita segundo os usos do lugar de pagamento. O sacador pode, todavia, estipular que a soma a pagar seja calculada segundo uma taxa indicada no cheque.

As regras acima indicadas não se aplicam ao caso em que o sacador tenha estipulado que o pagamento deverá ser efetuado numa certa moeda especificada (cláusula de pagamento efetivo em moeda estrangeira).

Se a importância do cheque for indicada numa moeda que tenha a mesma denominação mas valor diferente no país de emissão e no de pagamento, presume-se que se fez referência à moeda do lugar de pagamento.

CAPÍTULO V

DOS CHEQUES CRUZADOS E CHEQUES A LEVAR EM CONTA

Artigo 37

O sacador ou o portador dum cheque pode cruzá-lo, produzindo assim os efeitos indicados no artigo seguinte.

O cruzamento efetua-se por meio de duas linhas paralelas traçadas na face do cheque e pode ser geral ou especial.

O cruzamento é geral quando consiste apenas nos dois traçados paralelos, ou se entre eles está escrita a palavra "*banqueiro*" ou outra equivalente; é especial quando tem escrito entre os dois traços o nome dum banqueiro.

O cruzamento geral pode ser convertido em cruzamento especial, mas este não pode ser convertido em cruzamento geral.

A inutilização do cruzamento ou do nome do banqueiro indicado considera-se como não feita.

Artigo 38

Um cheque com cruzamento geral só pode ser pago pelo sacado a um banqueiro ou a um cliente do sacado.

Um cheque com cruzamento especial só pode ser pago pelo sacado ao banqueiro designado, ou, se este é o sacado, ao seu cliente. O banqueiro designado pode, contudo, recorrer a outro banqueiro para liquidar o cheque.

Um banqueiro só pode adquirir um cheque cruzado a um dos seus clientes ou a outro banqueiro. Não pode cobrá-lo por conta doutras pessoas que não sejam as acima indicadas.

Um cheque que contenha vários cruzamentos especiais só poderá ser pago pelo sacado no caso de se tratar de dois cruzamentos, dos quais um para liquidação por uma câmara de compensação.

O sacado ou o banqueiro que deixar de observar as disposições acima referidas é responsável pelo prejuízo que daí possa resultar até uma importância igual ao valor do cheque.

Artigo 39

O sacador ou o portador dum cheque podem proibir o seu pagamento em numerário inserindo na face do cheque transversalmente a menção "*para levar em conta*", ou outra equivalente.

Neste caso o sacado só pode fazer a liquidação do cheque por lançamento de escrita (crédito em conta, transferência duma conta para outra ou compensação). A liquidação por lançamento de escrita vale como pagamento.

A inutilização da menção "*para levar em conta*" considera-se como não feita.

O sacado que deixar de observar as disposições acima referidas é responsável pelo prejuízo que daí possa resultar até uma importância igual ao valor do cheque.

CAPÍTULO VI

DA AÇÃO POR FALTA DE PAGAMENTO

Artigo 40

O portador pode exercer os seus direitos de ação contra os endossantes, sacador e outros coobrigados, se o cheque, apresentado em tempo útil, não for pago e se a recusa de pagamento for verificada:

1º) quer por um ato formal (protesto);

2º) quer por uma declaração do sacado, datada e escrita sobre o cheque, com a indicação do dia em que este foi apresentado;

3º) quer por uma declaração datada duma câmara de compensação, constatando que o cheque foi apresentado em tempo útil e não foi pago.

Artigo 41

O protesto ou declaração equivalente devem ser feitos antes de expirar o prazo para a apresentação.

Se o cheque for apresentado no último dia do prazo, o protesto ou a declaração equivalente podem ser feitos no primeiro dia útil seguinte.

Artigo 42

O portador deve avisar da falta de pagamento o seu endossante e o sacador, dentro dos quatro dias úteis que se seguirem ao dia do protesto, ou da declaração equivalente, ou que contiver a cláusula "*sem despesas*". Cada um dos endossantes deve por sua vez, dentro de dois dias úteis que se seguirem ao da recepção do aviso, informar o seu endossante do aviso que recebeu, indicando os nomes e endereços dos que enviaram os avisos precedentes, e assim contam-se a partir da recepção do aviso precedente.

Quando, em conformidade com o disposto na alínea anterior, se avisou um signatário do cheque, deve avisar-se igualmente o seu avalista dentro do mesmo prazo de tempo.

No caso de um endossante não ter indicado o seu endereço, ou de o ter feito de maneira ilegível, basta que o aviso seja enviado ao endossante que o precede.

A pessoa que tenha de enviar um aviso pode fazê-lo por qualquer forma, mesmo pela simples devolução do cheque.

Essa pessoa deverá provar que o aviso foi enviado dentro do prazo prescrito. O prazo considerar-se-á como tendo sido observado desde que a carta que contém o aviso tenha sido posta no correio dentro dele.

A pessoa que não der o aviso dentro do prazo acima indicado não perde os seus direitos. Será responsável pelo prejuízo, se o houver, motivado pela sua negligência, sem que a responsabilidade possa exceder o valor do cheque.

Artigo 43

O sacador, um endossante ou um avalista, pode, pela cláusula "sem despesas", "*sem protesto*", ou outra cláusula equivalente, dispensar o portador de estabelecer um protesto ou outra declaração equivalente para exercer os seus direitos de ação.

Essa cláusula não dispensa o portador da apresentação do cheque dentro do prazo prescrito nem tampouco dos avisos a dar. A prova da inobservância do prazo incumbe àquele que dela se prevaleça contra o portador.

Se a cláusula foi escrita pelo sacador, produz os seus efeitos em relação a todos os signatários do cheque; se for inserida por um endossante ou por um avalista, só produz efeito em relação a esse endossante ou avalista. Se, apesar da cláusula escrita pelo sacador, o portador faz o protesto ou a declaração equivalente, as respectivas despesas serão por conta dele. Quando a cláusula emanar de um endossante ou de um avalista, as despesas do protesto, ou da declaração equivalente, se for feito, podem ser cobradas de todos os signatários do cheque.

Artigo 44

Todas as pessoas obrigadas em virtude de um cheque são solidariamente responsáveis para com o portador.

O portador tem o direito de proceder contra essas pessoas, individual ou coletivamente, sem necessidade de observar a ordem segundo a qual elas se obrigaram.

O mesmo direito tem todo o signatário dum cheque que o tenha pago.

A ação intentada contra um dos coobrigados não obsta ao procedimento contra os outros, embora esses se tivessem obrigado posteriormente àquele que foi acionado em primeiro lugar.

Artigo 45

O portador pode reclamar daquele contra o qual exerceu o seu direito de ação:

1º) A importância do cheque não pago;

2º) Os juros à taxa de seis por cento desde o dia da apresentação;

3º) As despesas do protesto ou da declaração equivalente, as dos avisos feitos e as outras despesas.

Artigo 46

A pessoa que tenha pago o cheque pode reclamar daqueles que são responsáveis para com ele:

1º) A importância integral que pagou;

2º) Os juros da mesma importância, à taxa de seis por cento, desde o dia em que a pagou;

3º) As despesas por ela feitas.

Artigo 47

Qualquer dos coobrigados, contra o qual se intentou ou pode ser intentada uma ação, pode exigir, desde que reembolse o cheque, a sua entrega com o protesto ou declaração equivalente e um recibo.

Qualquer endossante que tenha pago o cheque pode inutilizar o seu endosso e os endossos dos endossantes subsequentes.

Artigo 48

Quando a apresentação do cheque, o seu protesto ou a declaração equivalente não puder efetuar-se dentro dos prazos indicados por motivo de obstáculo insuperável (prescrição legal declarada por um Estado qualquer ou caso de força maior), esses prazos serão prorrogados.

O portador deverá avisar imediatamente do caso de força maior o seu endossante e fazer menção datada e assinada desse aviso no cheque ou na folha anexa; para os demais aplicar-se-ão as disposições do artigo 42.

Desde que tenha cessado o caso de força maior, o portador deve apresentar imediatamente o cheque a pagamento, e, caso haja motivo para tal, fazer o protesto ou uma declaração equivalente.

Se o caso de força maior se prolongar além de quinze dias a contar da data em que o portador, mesmo antes de expirado o prazo para a apresentação, avisou o endossante do dito caso de força maior, podem promover-se ações sem que haja necessidade de apresentação, de protesto ou de declaração equivalente.

Não são considerados casos de força maior os fatos que sejam de interesse puramente pessoal do portador ou da pessoa por ele encarregada da apresentação do cheque ou de efetivar o protesto ou a declaração equivalente.

CAPÍTULO VII

DA PLURALIDADE DE EXEMPLARES

Artigo 49

Excetuado o cheque ao portador, qualquer outro cheque emitido num país e pagável noutro país ou numa possessão ultramarina desse país, e vice-versa, ou ainda emitido e pagável na mesma possessão ou em diversas possessões ultramarinas do mesmo país, pode ser passado em vários exemplares idênticos. Quando um cheque é passado em vários exemplares, esses exemplares devem ser numerados no texto do próprio título, pois do contrário cada um será considerado como sendo um cheque distinto.

Artigo 50

O pagamento efetuado contra um dos exemplares é liberatório, mesmo quando não esteja estipulado que este pagamento anula o efeito dos outros.

O endossante que transmitiu os exemplares do cheque a várias pessoas, bem como os endossantes subsequentes, são responsáveis por todos os exemplares por eles assinados que não forem restituídos.

CAPÍTULO VIII

DAS ALTERAÇÕES

Artigo 51

No caso de alteração do texto dum cheque, os signatários posteriores a essa alteração ficam obrigados nos termos do texto alterado; os signatários anteriores são obrigados nos termos do original.

CAPÍTULO IX

DA PRESCRIÇÃO

Artigo 52

Toda a ação do portador contra os endossantes, contra o sacador ou contra os demais coobrigados prescreve decorridos que sejam seis meses, contados do termo do prazo de apresentação.

Toda a ação de um dos coobrigados no pagamento de um cheque contra os demais prescreve no prazo de seis meses, contados do dia em que ele tenha pago o cheque ou do dia em que ele próprio foi acionado.

Artigo 53

A interrupção da prescrição só produz efeito em relação à pessoa para a qual a interrupção foi feita.

CAPÍTULO X

DISPOSIÇÕES GERAIS

Artigo 54

Na presente Lei a palavra "*banqueiro*" compreende também as pessoas ou instituições assimiladas por lei aos banqueiros.

Artigo 55

A apresentação e o protesto dum cheque só podem efetuar-se em dia útil.

Quando o último dia do prazo prescrito na lei para a realização dos atos relativos ao cheque, e principalmente para a sua apresentação ou estabelecimento do protesto ou dum ato equivalente, for feriado legal, esse prazo é prorrogado até ao primeiro dia útil que se seguir ao termo do mesmo. Os dias feriados intermédios são compreendidos na contagem do prazo.

Artigo 56

Os prazos previstos na presente Lei não compreendem o dia que marca o seu início.

Artigo 57

Não são admitidos dias de perdão, quer legal quer judicial.

ANEXO II

Artigo 1º

Qualquer das Altas Partes Contratantes pode prescrever que a obrigação de inserir nos cheques passados no seu território a palavra "*cheque*" prevista no artigo 1º, nº 1, da Lei Uniforme, e bem assim a obrigação, a que se refere o nº 5 do mesmo artigo, de indicar o lugar onde o cheque é passado, só se aplicarão seis meses após a entrada em vigor da presente Convenção.

Artigo 2º

Qualquer das Altas Partes Contratantes tem, pelo que respeita às obrigações contraídas em matéria de cheques no seu território, a faculdade de determinar de que maneira pode ser suprida a falta da assinatura, desde que por uma declaração autêntica escrita no cheque se possa constatar a vontade daquele que deveria ter assinado.

Artigo 3º

Por derrogação da alínea 3 do artigo 2º da Lei Uniforme qualquer das Altas Partes Contratantes tem a faculdade de prescrever que um cheque sem indicação do lugar de pagamento é considerado pagável no lugar onde foi passado.

Artigo 4º

Qualquer das Altas Partes Contratantes reserva-se a faculdade, quanto aos cheques passados e pagáveis no seu território, de decidir que os cheques sacados sobre pessoas que não sejam banqueiros ou entidades ou instituições assimiladas por lei aos banqueiros não são válidos como cheques.

Qualquer das Altas Partes Contratantes reserva-se igualmente a faculdade de inserir na sua lei nacional o artigo 3º da Lei Uniforme na forma e termos que melhor se adaptem ao uso que ela fizer das disposições da alínea precedente.

Artigo 5º

Qualquer das Altas Partes Contratantes tem a faculdade de determinar em que momento deve o sacador ter fundos disponíveis em poder do sacado.

Artigo 6º

Qualquer das Altas Partes Contratantes tem a faculdade de admitir que o sacado inscreva sobre o cheque uma menção de certificação, confirmação, visto ou outra declaração equivalente e de regular os seus efeitos jurídicos; tal menção não deve ter, porém, o efeito dum aceite.

Artigo 7º

Por derrogação dos artigos 5º e 14 da Lei Uniforme, qualquer das Altas Partes Contratantes reserva-se a faculdade de determinar, no que respeita aos cheques pagáveis no seu território que contenham a cláusula "*não transmissível*", que eles só podem ser pagos aos portadores que os tenham recebido com essa cláusula.

Artigo 8º

Qualquer das Altas Partes Contratantes reserva-se a faculdade de decidir se, fora dos casos previstos no artigo 6º da Lei Uniforme, um cheque pode ser sacado sobre o próprio sacador.

Artigo 9º

Por derrogação do artigo 6º da Lei Uniforme, qualquer das Altas Partes Contratantes, quer admita de uma maneira geral o cheque sacado sobre o próprio sacador (artigo 8º do presente Anexo), quer o admita somente no caso de múltiplos estabelecimentos (artigo 6º da Lei Uniforme), reserva-se o direito de proibir a emissão ao portador de cheques deste gênero.

Artigo 10

Qualquer das Altas Partes Contratantes, por derrogação do artigo 8º da Lei Uniforme, reserva-se a faculdade de admitir que um cheque possa ser pago no domicílio de terceiro que não seja banqueiro.

Artigo 11

Qualquer das Altas Partes Contratantes reserva-se a faculdade de não inserir na sua lei nacional o artigo 13 da Lei Uniforme.

Artigo 12

Qualquer das Altas Partes Contratantes reserva-se a faculdade de não aplicar o artigo 21 da Lei Uniforme pelo que respeita a cheques ao portador.

Artigo 13

Por derrogação do artigo 26 da Lei Uniforme qualquer das Altas Partes Contratantes tem a faculdade de admitir a possibilidade de ser dado um aval no seu território por ato separado em que se indique o lugar onde foi feito.

Artigo 14

Qualquer das Altas Partes Contratantes reserva-se a faculdade de prolongar o prazo fixado na alínea 1 do artigo 29 da Lei Uniforme e de determinar os prazos da apresentação pelo que respeita aos territórios submetidos à sua soberania ou autoridade.

Qualquer das Altas Partes Contratantes, por derrogação da alínea 2 do artigo 29 da Lei Uniforme, reserva-se a faculdade de prolongar os prazos previstos na referida alínea para os cheques emitidos e pagáveis em diferentes partes do mundo ou em diferentes países de outra parte do mundo que não seja a Europa.

Duas ou mais das Altas Partes Contratantes têm a faculdade, pelo que respeita aos cheques passados e pagáveis nos seus respectivos territórios, de acordarem entre si uma modificação dos prazos a que se refere a alínea 2 do artigo 29 da Lei Uniforme.

Artigo 15

Para os efeitos da aplicação do artigo 31 da Lei Uniforme, qualquer das Altas Partes Contratantes tem a faculdade de determinar as instituições que, segundo a lei nacional, devam ser consideradas câmaras de compensação.

Artigo 16

Qualquer das Altas Partes Contratantes, por derrogação do artigo 32 da Lei Uniforme, reserva-se a faculdade de, no que respeita aos cheques pagáveis no seu território:

a) Admitir a revogação do cheque mesmo antes de expirado o prazo de apresentação;

b) Proibir a revogação do cheque mesmo depois de expirado o prazo de apresentação.

Qualquer das Altas Partes Contratantes tem, além disso, a faculdade de determinar as medidas a tomar em caso de perda ou roubo dum cheque e de regular os seus efeitos jurídicos.

Artigo 17

Pelo que se refere aos cheques pagáveis no seu território, qualquer das Altas Partes Contratantes tem a faculdade de sustar, se o julgar necessário em circunstâncias excepcionais relacionadas com a taxa de câmbio da moeda nacional, os efeitos da cláusula prevista no artigo 36 da Lei Uniforme, relativa ao pagamento efetivo em moeda estrangeira. A mesma regra se aplica no que respeita à emissão no Território Nacional de cheques em moedas estrangeiras.

Artigo 18

Por derrogação dos artigos 37, 38 e 39 da Lei Uniforme, qualquer das Altas Partes Contratantes reserva-se a faculdade de só admitir na sua lei nacional os cheques cruzados ou os cheques para levar em conta. Todavia, os cheques cruzados e para levar em conta emitidos no estrangeiro e pagáveis no território de uma dessas Altas Partes Contratantes serão respectivamente considerados como cheques para levar em conta e como cheques cruzados.

Artigo 19

A Lei Uniforme não abrange a questão de saber se o portador tem direitos especiais sobre a provisão e quais são as consequências desses direitos.

O mesmo sucede relativamente a qualquer outra questão que diz respeito às relações jurídicas que serviram de base à emissão do cheque.

Artigo 20

Qualquer das Altas Partes Contratantes reserva-se a faculdade de não subordinar à apresentação do cheque e ao estabelecimento do protesto ou duma declaração equivalente em tempo útil a conservação do direito de ação contra o sacador, bem como a faculdade de determinar os efeitos dessa ação.

Artigo 21

Qualquer das Altas Partes Contratantes reserva-se a faculdade de determinar, pelo que respeita aos cheques pagáveis no seu território, que a verificação da recusa de pagamento prevista nos artigos 40 e 41 da Lei Uniforme, para a conservação do direito de ação deve ser obrigatoriamente feita por meio de protesto, com exclusão de qualquer outro ato equivalente.

Qualquer das Altas Partes Contratantes tem igualmente a faculdade de determinar que as declarações previstas nos nºs 2º e 3º do artigo 40 da Lei Uniforme sejam transcritas num registro público dentro do prazo fixado para o protesto.

Artigo 22

Por derrogação do artigo 42 da Lei Uniforme, qualquer das Altas Partes Contratantes tem a faculdade de manter ou de introduzir o sistema de aviso por intermédio de um agente público, que consiste no seguinte: ao fazer o protesto, o notário ou o funcionário incumbido desse serviço, em conformidade com a lei nacional, é obrigado a dar comunicação por escrito desse protesto às pessoas obrigadas pelo cheque, cujos endereços figurem nele, ou sejam conhecidos do agente que faz o protesto, ou sejam indicados pelas pessoas que exigiram o protesto. As despesas originadas por esses avisos serão adicionadas às despesas do protesto.

Artigo 23

Qualquer das Altas Partes Contratantes tem a faculdade de determinar, quanto aos cheques passados e pagáveis no seu território, que a taxa de juro a que se refere o artigo 45, nº 2º, e o artigo 46, nº 2º, da Lei Uniforme poderá ser substituída pela taxa legal em vigor no seu território.

Artigo 24

Por derrogação do artigo 45 da Lei Uniforme, qualquer das Altas Partes Contratantes reserva-se a faculdade de inserir na lei nacional uma disposição determinando que o portador pode reclamar daquele contra o qual exerce o seu direito de ação uma comissão cuja importância será fixada pela mesma lei nacional.

Por derrogação do artigo 46 da Lei Uniforme, a mesma regra é aplicável à pessoa que, tendo pago o cheque, reclama o seu valor aos que para com ele são responsáveis.

Artigo 25

Qualquer das Altas Partes Contratantes tem liberdade de decidir que, no caso de perda de direitos ou de prescrição, no seu território subsistirá o direito de procedimento contra o sacador que não constituir provisão ou contra um sacador ou endossante que tenha feito lucros ilegítimos.

Artigo 26

A cada uma das Altas Partes Contratantes compete determinar na sua legislação nacional as causas de interrupção e de suspensão da prescrição das ações relativas a cheques que os seus tribunais são chamados a conhecer.

As outras Altas Partes Contratantes têm a faculdade de determinar as condições a que subordinarão o conhecimento de tais causas. O mesmo sucede quanto ao efeito de uma ação como meio de indicação do início do prazo de prescrição, a que se refere a alínea 2 do artigo 52 da Lei Uniforme.

Artigo 27

Qualquer das Altas Partes Contratantes tem a faculdade de determinar que certos dias úteis sejam assimilados aos dias feriados legais, pelo que respeita ao prazo de apresentação e a todos os atos relativos a cheques.

Artigo 28

Qualquer das Altas Partes Contratantes tem a faculdade de tomar medidas excepcionais de ordem geral relativas ao adiantamento do pagamento e aos prazos de tempo que dizem respeito a atos tendentes à conservação de direitos.

Artigo 29

Compete a cada uma das Altas Partes Contratantes, para os efeitos da aplicação da Lei Uniforme, determinar as pessoas que devem ser consideradas banqueiros e as entidades ou instituições que, em virtude da natureza das suas funções, devem ser assimiladas a banqueiros.

Artigo 30

Qualquer das Altas Partes Contratantes reserva-se o direito de excluir, no todo ou em parte, da aplicação da Lei Uniforme os cheques postais e os cheques especiais, quer dos Bancos emissores, quer das caixas do Tesouro, quer das instituições públicas de crédito, na medida em que os instrumentos acima mencionados estejam submetidos a uma legislação especial.

Artigo 31

Qualquer das Altas Partes Contratantes compromete-se a reconhecer as disposições adotadas por outra das Altas Partes Contratantes em virtude dos artigos 1º a 13, 14, alíneas 1 e 2, 15 e 16, 18 a 25, 27, 29 e 30 do presente Anexo.

PROTOCOLO

Ao assinar a Convenção datada de hoje, estabelecendo uma Lei Uniforme em matéria de cheques, os abaixo-assinados, devidamente autorizados, acordaram nas disposições seguintes:

A

Os membros da Sociedade das Nações e os Estados não membros que não tenham podido efetuar, antes de 1º de setembro de 1933, o depósito da ratificação da referida Convenção obrigam-se a enviar, dentro de quinze dias, a contar daquela data, uma comunicação ao secretário-geral da Sociedade das Nações, dando-lhe a conhecer a situação em que se encontram no que diz respeito à ratificação.

B

Se em 1º de novembro de 1933 não se tiverem verificado as condições previstas na alínea 1 do artigo 6º para a entrada em vigor da Convenção, o secretário-geral da Sociedade das Nações convocará uma reunião dos membros da Sociedade das Nações e Estados não membros que tenham assinado a Convenção ou a ela tenham aderido, a fim de ser examinada a situação e as medidas que devam porventura ser tomadas para a resolver.

C

As Altas Partes Contratantes comunicar-se-ão, reciprocamente, a partir da sua entrada em vigor, as disposições legislativas promulgadas nos respectivos territórios para tornar efetiva a Convenção.

Em fé do que os plenipotenciários acima mencionados assinaram o presente Protocolo.

Feito em Genebra, aos dezenove de março de mil novecentos e trinta e um, num só exemplar que será depositado nos arquivos do Secretariado da Sociedade das Nações. Será transmitida cópia autêntica a todos os membros da Sociedade das Nações e a todos os Estados não membros representados na Conferência.

CONVENÇÃO DESTINADA A REGULAR CERTOS CONFLITOS DE LEIS EM MATÉRIA DE CHEQUES E PROTOCOLO

O Presidente do Reich Alemão; o Presidente Federal da República Austríaca; Sua Majestade o Rei dos Belgas; Sua Majestade o Rei da Dinamarca e da Islândia; o Presidente da República da Polônia, pela Cidade Livre de Dantzig; o Presidente da República do Equador; Sua Majestade o Rei da Espanha; o Presidente da República da Finlândia; o Presidente da República Francesa; o Presidente da República Helênica; Sua Alteza Sereníssima o Regente do Reino da Hungria; Sua Majestade o Rei da Itália; Sua Majestade o Imperador do Japão; Sua Alteza Real a Grã-Duquesa do Luxemburgo; o Presidente dos Estados Unidos do México; Sua Alteza Sereníssima o Príncipe de Mônaco; Sua Majestade o Rei da Noruega; Sua Majestade a Rainha da Holanda; o Presidente da República da Polônia; o Presidente da República Portuguesa; Sua Majestade o Rei da Rumânia; Sua Majestade o Rei da Suécia; o Conselho Federal Suíço; o Presidente da República Tchecoslovaca; o Presidente da República Turca; Sua Majestade o Rei da Iugoslávia.

Desejando adotar disposições para regular certos conflitos de leis em matéria de cheques, designaram seus plenipotenciários.

Os quais, depois de terem apresentado os seus plenos poderes, achados em boa e devida forma, acordaram nas disposições seguintes:

Artigo 1º

As Altas Partes Contratantes obrigam-se mutuamente a aplicar para a solução dos conflitos de leis em matéria de cheques, a seguir enumerados, as disposições constantes dos artigos seguintes:

Artigo 2º

A capacidade de uma pessoa para se obrigar por virtude de um cheque é regulada pela respectiva lei nacional. Se a lei nacional declarar competente a lei de um outro país, será aplicada esta última.

A pessoa incapaz, segundo a lei indicada na alínea precedente, é contudo havida como validamente obrigada se tiver aposto a sua assinatura em território de um país segundo cuja legislação teria sido considerada capaz.

Qualquer das Altas Partes Contratantes tem a faculdade de não reconhecer como válida a obrigação contraída em matéria de cheques por um dos seus nacionais, desde que para essa obrigação ser válida no território das outras Altas Partes Contratantes seja necessária a aplicação da alínea precedente deste artigo.

Artigo 3º

A lei do país em que o cheque é pagável determina quais as pessoas sobre as quais pode ser sacado um cheque.

Se, em conformidade com esta Lei, o título não for válido como cheque por causa da pessoa sobre quem é sacado, nem por isso deixam de ser válidas as assinaturas nele apostas em outros países cujas leis não contenham tal disposição.

Artigo 4º

A forma das obrigações contraídas em matéria de cheques é regulada pela lei do país em cujo território essas obrigações tenham sido assumidas. Será, todavia, suficiente o cumprimento das formas prescritas pela lei do lugar do pagamento.

No entanto, se as obrigações contraídas por virtude de um cheque não forem válidas nos termos da alínea precedente, mas o forem em face da legislação do país em que tenha posteriormente sido contraída uma outra obrigação, o fato de as primeiras obrigações serem irregulares quanto à forma não afeta a validade da obrigação posterior.

Qualquer das Altas Partes Contratantes tem a faculdade de determinar que as obrigações contraídas no estrangeiro por um dos seus nacionais, em matéria de cheques, serão válidas no seu próprio território em relação a qualquer outro dos seus nacionais desde que tenham sido contraídas na forma estabelecida na lei nacional.

Artigo 5º

A lei do país em cujo território as obrigações emergentes do cheque forem contraídas regula os efeitos dessas obrigações.

Artigo 6º

Os prazos para o exercício do direito de ação são regulados por todos os signatários pela lei do lugar da criação do título.

Artigo 7º

A lei do país em que o cheque é pagável regula:

1º) Se o cheque é necessariamente à vista ou se pode ser sacado a um determinado prazo de vista, e também quais os efeitos de o cheque ser pós-datado;

2º) O prazo da apresentação;

3º) Se o cheque pode ser aceito, certificado, confirmado ou visado, e quais os efeitos destas menções;

4º) Se o portador pode exigir e se é obrigado a receber um pagamento parcial;

5º) Se o cheque pode ser cruzado ou conter a cláusula "*para levar em conta*", ou outra expressão equivalente, e quais os efeitos desse cruzamento, dessa cláusula ou da expressão equivalente;

6º) Se o portador tem direitos especiais sobre a provisão e qual a natureza desses direitos;

7º) Se o sacador pode revogar o cheque ou opor-se ao seu pagamento;

8º) As medidas a tomar em caso de perda ou roubo do cheque;

9º) Se é necessário um protesto, ou uma declaração equivalente para conservar o direito de ação contra o endossante, o sacador e os outros coobrigados.

Artigo 8º

A forma e os prazos do protesto, assim como a forma dos outros atos necessários ao exercício ou à conservação dos direitos em matéria de cheques são regulados pela lei do país em cujo território se deva fazer o protesto ou praticar os referidos atos.

Artigo 9º

Qualquer das Altas Partes Contratantes reserva-se a faculdade de não aplicar os princípios de direito internacional privado consignado na presente Convenção pelo que respeita:

1º) A uma obrigação contraída fora do território de uma das Altas Partes Contratantes;

2º) A uma lei que seria aplicável em conformidade com estes princípios, mas que não seja lei em vigor no território de uma das Altas Partes Contratantes.

Artigo 10

As disposições da presente Convenção não serão aplicáveis no território de cada uma das Altas Partes Contratantes, aos cheques já emitidos à data da entrada em vigor da Convenção.

Artigo 11

A presente Convenção, cujos textos francês e inglês farão, ambos, igualmente fé, terá a data de hoje.

Poderá ser ulteriormente assinada, até 15 de julho de 1931, em nome de qualquer membro da Liga das Nações e qualquer Estado não membro.

Artigo 12

A presente Convenção será ratificada.

Os instrumentos de ratificação serão transmitidos, antes de 1º de setembro de 1933, ao secretário-geral da Liga das Nações, que notificará imediatamente do seu depósito todos os membros da Liga das Nações e os Estados não membros em nome dos quais a presente Convenção tenha sido assinada ou que a ela tenham aderido.

Artigo 13

A partir de 15 de julho de 1931 qualquer membro da Liga das Nações e qualquer Estado não membro poderá aderir à presente Convenção.

Esta adesão efetuar-se-á por meio de notificação ao secretário-geral da Liga das Nações que será depositada nos arquivos do Secretariado.

O secretário-geral notificará imediatamente desse depósito todos os Membros da Liga das Nações e os Estados não membros em nome dos quais a presente Convenção tenha sido assinada ou que a ela tenham aderido.

Artigo 14

A presente Convenção somente entrará em vigor depois de ter sido ratificada ou de a ela terem aderido sete membros da Liga das Nações ou Estados não membros, entre os quais deverão figurar três dos membros da Liga das Nações com representação permanente no Conselho.

Começará vigorar noventa dias depois de recebida pelo secretário-geral da Liga das Nações a sétima ratificação ou adesão, em conformidade com o disposto na alínea 1ª do presente artigo.

O secretário-geral da Liga das Nações, nas notificações previstas nos artigos 12 e 13, fará menção especial de terem sido recebidas as ratificações ou adesões a que se refere a alínea 1ª do presente artigo.

Artigo 15

As ratificações ou adesões após a entrada em vigor da presente Convenção em conformidade com o disposto no artigo 14 produzirão os seus efeito noventa dias depois da data da sua recepção pelo secretário-geral da Liga das Nações.

Artigo 16

A presente Convenção não poderá ser denunciada antes de decorrido um prazo de dois anos a contar da data em que ela tiver começado a vigorar para o membro da Liga das Nações ou para o Estado não membro que a denuncia; esta denúncia produzirá os seus efeitos noventa dias depois de recebida pelo secretário-geral a respectiva notificação.

Qualquer denúncia será imediatamente comunicada pelo secretário-geral da Liga das Nações, a todos os membros da Liga das Nações e aos Estados não membros em nome dos quais a presente Convenção tenha sido assinada ou que a ela tenham aderido.

A denúncia só produzirá efeito em relação ao membro da Liga das Nações ou ao Estado não membro em nome do qual ela tenha sido feita.

Artigo 17

Decorrido um prazo de quatro anos da entrada em vigor da presente Convenção, qualquer membro da Ligadas Nações ou Estado não membro ligado à Convenção poderá formular ao secretário-geral da Liga das Nações um pedido de revisão de algumas ou de todas as suas disposições.

Se este pedido, comunicado aos outros membros ou Estados não membros para os quais a Convenção estiver então em vigor, for apoiado dentro do prazo de um ano por seis, pelo menos, dentre eles, o Conselho da Liga das Nações decidirá se deve ser convocada uma Conferência para aquele fim.

Artigo 18

Qualquer das Altas Partes Contratantes poderá declarar no momento da assinatura, da ratificação ou da adesão, que ao aceitar a presente Convenção não assume nenhuma obrigação pelo que respeita, a todas ou parte das suas colônias, protetorados ou territórios sob a sua soberania ou mandato, caso em que a presente Convenção se não aplicará aos territórios mencionados nessa declaração.

Qualquer das Altas Partes Contratantes poderá, posteriormente, comunicar ao secretário-geral da Liga das Nações o seu desejo de que a presente Convenção se aplique a todos ou parte dos seus territórios que tenham sido objeto da declaração prevista na alínea precedente, e nesse caso a presente Convenção aplicar-se-á aos territórios mencionados nessa comunicação noventa dias depois de esta ter sido recebida pelo secretário-geral da Liga das Nações.

Qualquer das Altas Partes Contratantes poderá, a todo o tempo, declarar que deseja que a presente Convenção cesse de se aplicar a todas ou parte das suas colônias, protetorados ou territórios sob a sua soberania ou mandato, caso em que a Convenção deixará de se aplicar aos territórios mencionados nessa declaração um ano após esta ter sido recebida pelo secretário-geral da Liga das Nações.

Artigo 19

A presente Convenção será registrada pelo secretário-geral da Liga das Nações desde que entre em vigor.

Em fé do que os plenipotenciários acima designados assinaram a presente Convenção.

Feito em Genebra, aos dezenove de março de mil novecentos e trinta e um, num só exemplar, que será depositado nos arquivos do Secretariado da Liga das Nações. Será transmitida cópia autêntica a todos os membros da Liga das Nações e a todos os Estados não membros representados na Conferência.

PROTOCOLO

Ao assinar a Convenção datada de hoje, destinada a regular certos conflitos de leis em matéria de cheques, os abaixo-assinados, devidamente autorizados, acordaram nas disposições seguintes:

A

Os membros da Liga das Nações e os Estados não membros que não tenham podido efetuar, antes de 1º de setembro de 1933, o depósito da ratificação da referida Convenção obrigam-se a enviar, dentro de quinze dias a partir daquela data, uma comunicação ao secretário-geral da Liga das Nações, dando-lhe a conhecer a situação em que se encontram no que diz respeito à ratificação.

B

Se, em 1º de novembro de 1933, não se tiverem verificado as condições previstas na alínea 1 do artigo 14 para a entrada em vigor da Convenção, o secretário-geral da Liga das Nações convocará uma reunião dos membros da Liga das Nações e Estados não membros que tenham assinado a Convenção ou a ela tenham aderido, a fim de ser examinada a situação e as medidas que devam porventura ser tomadas para a resolver.

C

As Altas Partes Contratantes comunicar-se-ão, reciprocamente a partir da sua entrada em vigor, as disposições legislativas promulgadas nos respectivos territórios para tornar efetiva a Convenção.

Em fé do que os plenipotenciários acima designados assinaram a presente Convenção.

Feito em Genebra, aos dezenove de março de mil novecentos e trinta e um, num só exemplar, que será depositado nos arquivos do Secretariado da Liga das Nações. Será transmitida cópia autêntica a todos os membros da Liga das Nações e a todos os Estados não membros representados na Conferência.

....

► Seguem-se as mesmas assinaturas colocadas após o art. 11 da Convenção para adoção de uma Lei Uniforme em matéria de cheques.

DECRETO Nº 57.663, DE 24 DE JANEIRO DE 1966

Promulga as Convenções para adoção de uma Lei Uniforme em matéria de letras de câmbio e notas promissórias.

► Publicado no *DOU* de 31-1-1966 e retificado no *DOU* de 2-3-1966.

O Presidente da República:

Havendo o Governo brasileiro, por nota da Legação em Berna, datada de 26 de agosto de 1942, ao secretário-geral da Liga das Nações, aderido às seguintes Convenções assinadas em Genebra, a 7 de junho de 1930:

1ª) Convenção para adoção de uma Lei Uniforme sobre letras de câmbio e notas promissórias, anexos e protocolo, com reservas aos artigos 2, 3, 5, 6, 7, 9, 10, 13, 15, 16, 17, 19 e 20 do Anexo II;

2ª) Convenção destinada a regular conflitos de leis em matéria de letras de câmbio e notas promissórias, com Protocolo;

3ª) Convenção relativa ao Imposto do Selo, em matéria de letras de câmbio e de notas promissórias, com Protocolo;

Havendo as referidas Convenções entrado em vigor para o Brasil noventa dias após a data do registro pela Secretaria-Geral da Liga das Nações, isto é, a 26 de novembro de 1942;

E havendo o Congresso Nacional aprovado pelo Decreto Legislativo nº 54, de 1964, as referidas Convenções;

Decreta que as mesmas, apensas por cópia ao presente Decreto, sejam executadas e cumpridas tão inteiramente como nelas se contém, observadas as reservas feitas à Convenção relativa à Lei Uniforme sobre letras de câmbio e notas promissórias.

Brasília, 24 de janeiro de 1966;
145º da Independência e
78º da República.

H. Castello Branco

CONVENÇÃO PARA A ADOÇÃO DE UMA LEI UNIFORME SOBRE LETRAS DE CÂMBIO E NOTAS PROMISSÓRIAS

O Presidente do Reich Alemão; o Presidente Federal da República Austríaca; Sua Majestade o Rei dos Belgas; o Presidente da República dos Estados Unidos do Brasil; o Presidente da República da Colômbia; Sua Majestade o Rei da Dinamarca; o Presidente da República da Polônia pela Cidade Livre de Dantzig; o Presidente da República do Equador; Sua Majestade o Rei da Espanha; o Presidente da República da Finlândia; o Presidente da República Francesa; o Presidente da República Helênica; Sua Alteza Sereníssima o Regente do Reino da Hungria; Sua Majestade o Rei da Itália; Sua Majestade o Imperador do Japão; Sua Alteza Real a Grã-Duquesa do Luxemburgo; Sua Majestade o Rei da Noruega; Sua Majestade a Rainha da Holanda; o Presidente da República da Polônia; o Presidente da República Portuguesa; Sua Majestade o Rei da Suécia; o Conselho Federal Suíço; o Presidente da República da Tchecoslováquia; o Presidente da República da Turquia; Sua Majestade o Rei da Iugoslávia.

Desejando evitar as dificuldades originadas pela diversidade de legislação nos vários países em que as letras circulam e aumentar assim a segurança e rapidez das relações do comércio internacional;

Designaram como seus plenipotenciários:

Os quais, depois de terem apresentado os seus plenos poderes, achados em boa e devida forma, acordaram nas disposições seguintes:

Artigo 1º

As Altas Partes Contratantes obrigam-se a adotar nos territórios respectivos, quer num dos textos originais, quer nas suas línguas nacionais, a Lei Uniforme que constitui o Anexo I da presente Convenção.

Esta obrigação poderá ficar subordinada a certas reservas que deverão eventualmente ser formuladas por cada uma das Altas Partes Contratantes no momento da sua ratificação ou adesão. Estas reservas deverão ser recolhidas entre as mencionadas no Anexo II da presente Convenção.

Todavia, as reservas a que se referem os artigos 8º, 12 e 18 do citado Anexo II poderão ser feitas posteriormente à ratificação ou adesão, desde que sejam notificadas ao secretário-geral da Sociedade das Nações, o qual imediatamente comunicará o seu texto aos membros da Sociedade das Nações e aos Estados não membros em cujo nome tenha sido ratificada a presente Convenção ou que a ela tenham aderido. Essas reservas só produzirão efeitos noventa dias depois de o secretário-geral ter recebido a referida notificação.

Qualquer das Altas Partes Contratantes poderá, em caso de urgência, fazer uso, depois da ratificação ou da adesão, das reservas indicadas nos artigos 7º e 22 do referido Anexo II. Neste caso deverá comunicar essas reservas direta e imediatamente a todas as outras Altas Partes Contratantes e ao secretário-geral da Sociedade das Nações. Esta notificação produzirá os seus efeitos dois dias depois de recebida a dita comunicação pelas Altas Partes Contratantes.

Artigo 2º

A Lei Uniforme não será aplicável no território de cada uma das Altas Partes Contratantes às letras e notas promissórias já passadas à data da entrada em vigor da presente Convenção.

Artigo 3º

A presente Convenção, cujos textos francês e inglês farão, ambos, igualmente fé, terá a data de hoje.

Poderá ser ulteriormente assinada, até 6 de setembro de 1930, em nome de qualquer membro da Sociedade das Nações e de qualquer Estado não membro.

Artigo 4º

A presente Convenção será ratificada.

Os instrumentos de ratificação serão transmitidos, antes de 1º de setembro de 1932, ao secretário-geral da Sociedade das Nações, que notificará imediatamente do seu depósito todos os membros da Sociedade das Nações e os Estados não membros que sejam Partes na presente Convenção.

Artigo 5º

A partir de 6 de setembro de 1930, qualquer membro da Sociedade das Nações e qualquer Estado não membro poderá aderir à presente Convenção.

Esta adesão efetuar-se-á por meio de notificação ao secretário-geral da Sociedade das Nações, que será depositada nos arquivos do Secretariado.

O secretário-geral notificará imediatamente desse depósito todos os Estados que tenham assinado ou aderido à presente Convenção.

Artigo 6º

A presente Convenção somente entrará em vigor depois de ter sido ratificada ou de a ela terem aderido sete membros da Sociedade das Nações ou Estados não membros, entre os quais deverão figurar três dos membros da Sociedade das Nações com representação permanente no Conselho.

Começará a vigorar noventa dias depois de recebida pelo secretário-geral da Sociedade das Nações a sétima ratificação ou adesão, em conformidade com o disposto na alínea primeira do presente artigo.

O secretário-geral da Sociedade das Nações, nas notificações previstas nos artigos 4º e 5º, fará menção especial de terem sido recebidas as ratificações ou adesões a que se refere a alínea primeira do presente artigo.

Artigo 7º

As ratificações ou adesões após a entrada em vigor da presente Convenção em conformidade com o disposto no artigo 6º produzirão os seus efeitos noventa dias depois da data da sua recepção pelo secretário-geral da Sociedade das Nações.

Artigo 8º

Exceto nos casos de urgência, a presente Convenção não poderá ser denunciada antes de decorrido um prazo de dois anos a contar da data em que tiver começado a vigorar para o membro da Sociedade das Nações ou para o Estado não membro que a denuncia; esta denúncia produzirá os seus efeitos noventa dias depois de recebida pelo secretário-geral a respectiva notificação.

Qualquer denúncia será imediatamente comunicada pelo secretário-geral da Sociedade das Nações a todas as outras Altas Partes Contratantes.

Nos casos de urgência, a Alta Parte Contratante que efetuar a denúncia comunicará esse fato direta e imediatamente a todas as outras Altas Partes Contratantes, e a denúncia produzirá os seus efeitos dois dias depois de recebida a dita comunicação pelas respectivas Altas Partes Contratantes. A Alta Parte Contratante que fizer a denúncia nestas condições dará igualmente conhecimento da sua decisão ao secretário-geral da Sociedade das Nações.

Qualquer denúncia só produzirá efeitos em relação à Alta Parte Contratante em nome da qual ela tenha sido feita.

Artigo 9º

Decorrido um prazo de quatro anos da entrada em vigor da presente Convenção, qualquer membro da Sociedade das Nações ou Estado não membro ligado à Convenção poderá formular ao secretário-geral da Sociedade das Nações um pedido de revisão de algumas ou de todas as suas disposições.

Se este pedido, comunicado aos outros membros ou Estados não membros para os quais a Convenção estiver em vigor, for apoiado dentro do prazo de um ano por seis, pelo menos, dentre eles, o Conselho da Sociedade das Nações decidirá se deve ser convocada uma conferência para aquele fim.

Artigo 10

As Altas Partes Contratantes poderão declarar no momento da assinatura da ratificação ou da adesão que, aceitando a presente Convenção, não assumem nenhuma obrigação pelo que respeita a todas ou partes das suas colônias, protetorados ou territórios sob a sua soberania ou mandato, caso em que a presente Convenção se não aplicará aos territórios mencionados nessa declaração.

As Altas Partes Contratantes poderão a todo o tempo mais tarde notificar o secretário-geral da Sociedade das Nações de que desejam que a presente Convenção se aplique a todos ou parte dos territórios que tenham sido objeto da declaração prevista na alínea precedente, e nesse caso a Convenção aplicar-se-á aos territórios mencionados na comunicação noventa dias depois de esta ter sido recebida pelo secretário-geral da Sociedade das Nações.

Da mesma forma, as Altas Partes Contratantes podem, nos termos do artigo 8º, denunciar a presente Convenção para todas ou parte das suas colônias, protetorados ou territórios sob a sua soberania ou mandato.

Artigo 11

A presente Convenção será registrada pelo secretário-geral da Sociedade das Nações desde que entre em vigor. Será publicada, logo que for possível, na "*Coleção de Tratados*" da Sociedade das Nações.

Em fé do que os plenipotenciários acima designados assinaram a presente Convenção.

Feito em Genebra, aos sete de junho de mil novecentos e trinta, num só exemplar, que será depositado nos arquivos do Secretariado da Sociedade das Nações. Será transmitida cópia autêntica a todos os membros da Sociedade das Nações e a todos os Estados não membros representados na Conferência.

Alemanha: *Leo Quassowski, Dr. Albrecht, Dr. Ullmann*; Áustria: *Dr. Strobele*; Bélgica: Vte. *P. Poullert de la Vallée Poussin*; Brasil: *Deoclécio de Campos*; Colômbia: *A. J. Restrepo*; Dinamarca: *A. Helper, V. Eigtved*; Cidade Livre de Dantzig: *Sulkowski*; Equador: *Alej. Gastolú*; Espanha: *Juan Gómez Monteio*; Finlândia: *F. Gronvall*; França: *J. Percerou*; Grécia: *R. Raphael*; Hungria: *Dr. Baranyai, Zoltán*; Itália: *Amedeo Giannini*; Japão: *M. Ohno, T. Shimada*; Luxemburgo: *Ch. G. Vermaire*; Noruega: *Stub Holmboe*; Holanda: *Molengraaff*; Peru: *J. M. Barreto*; Polônia: *Sulkowski*; Portugal: *José Caieiro da Matta*; Suécia: *E. Marks von Wurtemberg, Birger Ekeberg*; Suíça: *Vischer*; Tchecoslováquia: *Prof. Dr. Karel Hermann-Otavsky*; Turquia: *Ad referendum, Mehmed Munir*; Iugoslávia: *I. Choumenkovitch.*

ANEXO I
LEI UNIFORME RELATIVA ÀS LETRAS DE CÂMBIO E NOTAS PROMISSÓRIAS

TÍTULO I – DAS LETRAS

CAPÍTULO I

DA EMISSÃO E FORMA DA LETRA

Artigo 1º

A letra contém:

1. a palavra "*letra*" inserta no próprio texto do título e expressa na língua empregada para a redação desse título;

2. o mandato puro e simples de pagar uma quantia determinada;
3. o nome daquele que deve pagar (sacado);
4. a época do pagamento;
5. a indicação do lugar em que se deve efetuar o pagamento;
6. o nome da pessoa a quem ou à ordem de quem deve ser paga;
7. a indicação da data em que, e do lugar onde a letra é passada;
8. a assinatura de quem passa a letra (sacador).

► Art. 1º do Dec. nº 2.044, de 31-12-1908 (Lei da Letra de Câmbio e da Nota Promissória).

Artigo 2º

O escrito em que faltar algum dos requisitos indicados no artigo anterior não produzirá efeito como letra, salvo nos casos determinados nas alíneas seguintes:

A letra em que se não indique a época do pagamento entende-se pagável à vista.

Na falta de indicação especial, o lugar designado ao lado do nome do sacado considera-se como sendo o lugar do pagamento, e, ao mesmo tempo, o lugar do domicílio do sacado.

A letra sem indicação do lugar onde foi passada considera-se como tendo-o sido no lugar designado, ao lado do nome do sacador.

► Súm. nº 387 do STF.

Artigo 3º

A letra pode ser à ordem do próprio sacador.

Pode ser sacada sobre o próprio sacador.

Pode ser sacada por ordem e conta de terceiro.

Artigo 4º

A letra pode ser pagável no domicílio de terceiro, quer na localidade onde o sacado tem o seu domicílio, quer noutra localidade.

Artigo 5º

Numa letra pagável à vista ou a um certo termo de vista, pode o sacador estipular que a sua importância vencerá juros. Em qualquer outra espécie de letra a estipulação de juros será considerada como não escrita.

A taxa de juros deve ser indicada na letra; na falta de indicação, a cláusula de juros é considerada como não escrita.

Os juros contam-se da data da letra, se outra data não for indicada.

Artigo 6º

Se na letra a indicação da quantia a satisfazer se achar feita por extenso e em algarismos, e houver divergência entre uma e outra, prevalece a que estiver feita por extenso.

Se na letra a indicação da quantia a satisfazer se achar feita por mais de uma vez, quer por extenso, quer em algarismos, e houver divergências entre as diversas indicações, prevalecerá a que se achar feita pela quantia inferior.

Artigo 7º

Se a letra contém assinaturas de pessoas incapazes de se obrigarem por letras, assinaturas falsas, assinaturas de pessoas fictícias, ou assinaturas que por qualquer outra razão não poderiam obrigar as pessoas que assinaram a letra, ou em nome das quais ela foi assinada, as obrigações dos outros signatários nem por isso deixam de ser válidas.

Artigo 8º

Todo aquele que apuser a sua assinatura numa letra, como representante de uma pessoa, para representar a qual não tinha de fato poderes, fica obrigado em virtude da letra e, se a pagar, tem os mesmos direitos que o pretendido representado. A mesma regra se aplica ao representante que tenha excedido os seus poderes.

Artigo 9º

O sacador é garante tanto da aceitação como do pagamento de letra.

O sacador pode exonerar-se da garantia da aceitação; toda e qualquer cláusula pela qual ele se exonere da garantia do pagamento considera-se como não escrita.

Artigo 10

Se uma letra incompleta no momento de ser passada tiver sido completada contrariamente aos acordos realizados, não pode a inobservância desses acordos ser motivo de oposição ao portador, salvo se este tiver adquirido a letra de má-fé ou, adquirindo-a, tenha cometido uma falta grave.

► Art. 891 do CC.

► Art. 13, anexo II, do Dec. nº 2.044, de 31-12-1908 (Lei da Letra de Câmbio e da Nota Promissória).

► Súm nº 387 do STF.

CAPÍTULO II
DO ENDOSSO

► Art. 8º do Dec. nº 2.044, de 31-12-1908 (Lei da Letra de Câmbio e da Nota Promissória).

Artigo 11

Toda letra de câmbio, mesmo que não envolva expressamente a cláusula à ordem, é transmissível por via de endosso.

Quando o sacador tiver inserido na letra as palavras "*não à ordem*", ou uma expressão equivalente, a letra só é transmissível pela forma e com os efeitos de uma cessão ordinária de créditos.

O endosso pode ser feito mesmo a favor do sacado, aceitando ou não, do sacador, ou de qualquer outro coobrigado. Estas pessoas podem endossar novamente a letra.

Artigo 12

O endosso deve ser puro e simples. Qualquer condição a que ele seja subordinado considera-se como não escrita.

O endosso parcial é nulo.

► Art. 8º, § 3º, do Dec. nº 2.044, de 31-12-1908 (Lei da Letra de Câmbio e da Nota Promissória).

O endosso ao portador vale como endosso em branco.

Artigo 13

O endosso deve ser escrito na letra ou numa folha ligada a esta (anexo). Deve ser assinado pelo endossante.

O endosso pode não designar o benefício, ou consistir simplesmente na assinatura do endossante (endosso em branco). Neste último caso, o endosso para ser válido deve ser escrito no verso da letra ou na folha anexa.

Artigo 14

O endosso transmite todos os direitos emergentes da letra.

Se o endosso for em branco, o portador pode:

1º) preencher o espaço em branco, quer com o seu nome, quer com o nome de outra pessoa;

2º) endossar de novo a letra em branco ou a favor de outra pessoa;

3º) remeter a letra a um terceiro, sem preencher o espaço em branco e sem a endossar.

Artigo 15

O endossante, salvo cláusula em contrário, é garante tanto da aceitação como do pagamento da letra.

O endossante pode proibir um novo endosso, e, neste caso, não garante o pagamento às pessoas a quem a letra for posteriormente endossada.

► Art. 890 do CC.

Artigo 16

O detentor de uma letra é considerado portador legítimo se justifica o seu direito por uma série ininterrupta de endossos, mesmo se o último for em branco. Os endossos riscados consideram-se, para este efeito, como não escritos. Quando um endosso em branco é seguido de um outro endosso, presume-se que o signatário deste adquiriu a letra pelo endosso em branco.

Se uma pessoa foi por qualquer maneira desapossada de uma letra, o portador dela, desde que justifique o seu direito pela maneira indicada na alínea precedente, não é obrigado a restituí-la, salvo se a adquiriu de má-fé ou se, adquirindo-a, cometeu uma falta grave.

Artigo 17

As pessoas acionadas em virtude de uma letra não podem opor ao portador exceções fundadas sobre as relações pessoais delas com o sacador ou com os portadores anteriores, a menos que o portador ao adquirir a letra tenha procedido conscientemente em detrimento do devedor.

Artigo 18

Quando o endosso contém a menção "valor a cobrar" (*valeur en recouvrement*), "para cobrança" (*pour encaissement*), "*por procuração*" (*par procuration*), ou qualquer outra menção que implique um simples mandato, o portador pode exercer todos os direitos emergentes da letra, mas só pode endossá-la na qualidade de procurador.

Os coobrigados, neste caso, só podem invocar contra o portador as exceções que eram oponíveis ao endossante.

O mandato que resulta de um endosso por procuração não se extingue por morte ou sobrevinda incapacidade legal do mandatário.

► Súmulas nºs 474 e 475 do STJ.

Artigo 19

Quando o endosso contém a menção "*valor em garantia*", "*valor em penhor*" ou qualquer outra menção que implique uma caução, o portador pode exercer todos os direitos emergentes da letra, mas um endosso feito por ele só vale como endosso a título de procuração.

Os coobrigados não podem invocar contra o portador as exceções fundadas sobre as relações pessoais deles com o endossante, a menos que o portador, ao receber a letra, tenha procedido conscientemente em detrimento do devedor.

► Art. 918 do CC.

Artigo 20

O endosso posterior ao vencimento tem os mesmos efeitos que o endosso anterior. Todavia, o endosso posterior ao protesto por falta de pagamento, ou feito depois de expirado o prazo fixado para se fazer o protesto, produz apenas os efeitos de uma cessão ordinária de créditos.

Salvo prova em contrário, presume-se que um endosso sem data foi feito antes de expirado o prazo fixado para se fazer o protesto.

► Arts. 294 e 920 do CC.

CAPÍTULO III

DO ACEITE

► Arts. 9º a 13 do Dec. nº 2.044, de 31-12-1908 (Lei da Letra de Câmbio e da Nota Promissória).

Artigo 21

A letra pode ser apresentada, até o vencimento, ao aceite do sacado, no seu domicílio, pelo portador ou até por um simples detentor.

Artigo 22

O sacador pode, em qualquer letra, estipular que ela será apresentada ao aceite, com ou sem fixação de prazo.

Pode proibir na própria letra a sua apresentação ao aceite, salvo se se tratar de uma letra pagável em domicílio de terceiro, ou de uma letra pagável em localidade diferente da do domicílio do sacado, ou de uma letra sacada a certo termo de vista.

O sacador pode também estipular que a apresentação ao aceite não poderá efetuar-se antes de determinada data.

Todo endossante pode estipular que a letra deve ser apresentada ao aceite, com ou sem fixação de prazo, salvo se ela tiver sido declarada não aceitável pelo sacador.

Artigo 23

As letras a certo termo de vista devem ser apresentadas ao aceite dentro do prazo de um ano das suas datas.

O sacador pode reduzir este prazo ou estipular um prazo maior.

Esses prazos podem ser reduzidos pelos endossantes.

Artigo 24

O sacado pode pedir que a letra lhe seja apresentada uma segunda vez no dia seguinte ao da primeira apresentação. Os interessados somente podem ser admitidos a pretender que não foi dada satisfação a este pedido no caso de ele figurar no protesto.

O portador não é obrigado a deixar nas mãos do aceitante a letra apresentada ao aceite.

Artigo 25

O aceite é escrito na própria letra. Exprime-se pela palavra "aceite" ou qualquer outra palavra equivalente; o aceite é assinado pelo sacado. Vale como aceite a simples assinatura do sacado aposta na parte anterior da letra.

Quando se trate de uma letra pagável a certo termo de vista, ou que deva ser apresentada ao aceite dentro de um prazo determinado por estipulação especial, o aceite deve ser datado do dia em que foi dado, salvo se o portador exigir que a data seja a da apresentação. À falta de data, o portador, para conservar os seus direitos de recurso contra os endossantes e contra o sacador, deve fazer constar essa omissão por um protesto, feito em tempo útil.

Artigo 26

O aceite é puro e simples, mas o sacado pode limitá-lo a uma parte da importância sacada.

Qualquer outra modificação introduzida pelo aceite no enunciado da letra equivale a uma recusa de aceite. O aceitante fica, todavia, obrigado nos termos do seu aceite.

Artigo 27

Quando o sacador tiver indicado na letra um lugar de pagamento diverso do domicílio do sacado, sem designar um terceiro em cujo domicílio o pagamento se deva efetuar, o sacado pode designar no ato do aceite a pessoa que deve pagar a letra. Na falta dessa indicação, considera-se que o aceitante se obriga, ele próprio, a efetuar o pagamento no lugar indicado na letra.

Se a letra é pagável no domicílio do sacado, este pode, no ato do aceite, indicar, para ser efetuado o pagamento, um outro domicílio no mesmo lugar.

Artigo 28

O sacado obriga-se pelo aceite pagar a letra à data do vencimento.

Na falta de pagamento, o portador, mesmo no caso de ser ele o sacador, tem contra o aceitante um direito de ação resultante da letra, em relação a tudo que pode ser exigido nos termos dos artigos 48 e 49.

Artigo 29

Se o sacado, antes da restituição da letra, riscar o aceite que tiver dado, tal aceite é considerado como recusado. Salvo prova em contrário, a anulação do aceite considera-se feita antes da restituição da letra.

Se, porém, o sacado tiver informado por escrito o portador ou qualquer outro signatário da letra de que aceita, fica obrigado para com estes, nos termos do seu aceite.

CAPÍTULO IV

DO AVAL

- ► Arts. 897 a 900 e 1.647, III, do CC.
- ► Arts. 14 e 15 do Dec. nº 2.044, de 31-12-1908 (Lei da Letra de Câmbio e da Nota Promissória).
- ► Súmulas nºs 26 e 189 do STF.
- ► En. nº 39 da I Jornada de Direito Comercial.

Artigo 30

O pagamento de uma letra pode ser no todo ou em parte garantido por aval.

Esta garantia é dada por um terceiro ou mesmo por um signatário da letra.

Artigo 31

O aval é escrito na própria letra ou numa folha anexa.

Exprime-se pelas palavras "bom para aval" ou por qualquer fórmula equivalente; e assinado pelo dador do aval.

O aval considera-se como resultante da simples assinatura do dador aposta na face anterior da letra, salvo se se trata das assinaturas do sacado ou do sacador.

O aval deve indicar a pessoa por quem se dá. Na falta de indicação, entender-se-á pelo sacador.

Artigo 32

O dador de aval é responsável da mesma maneira que a pessoa por ele afiançada.

A sua obrigação mantém-se, mesmo no caso de a obrigação que ele garantiu ser nula por qualquer razão que não seja um vício de forma.

Se o dador de aval paga a letra, fica sub-rogado nos direitos emergentes da letra contra a pessoa a favor de quem foi dado o aval e contra os obrigados para com esta em virtude da letra.

CAPÍTULO V

DO VENCIMENTO

Artigo 33

- ► Arts. 6º e 17 a 19 do Dec. nº 2.044, de 31-12-1908 (Lei da Letra de Câmbio e da Nota Promissória).

Uma letra pode ser sacada:

à vista;

a um certo termo de vista;

a um certo termo de data;

pagável num dia fixado.

As letras, quer com vencimentos diferentes, quer com vencimentos sucessivos, são nulas.

- ► Art. 20 do Dec. nº 2.044, de 31-12-1908 (Lei da Letra de Câmbio e da Nota Promissória).

Artigo 34

A letra à vista é pagável à apresentação. Deve ser apresentada a pagamento dentro do prazo de um ano, a contar da sua data. O sacador pode reduzir este prazo ou estipular um outro mais longo. Estes prazos podem ser encurtados pelos endossantes.

O sacador pode estipular que uma letra pagável à vista não deverá ser apresentada a pagamento antes de uma certa data. Nesse caso, o prazo para a apresentação conta-se dessa data.

Artigo 35

O vencimento de uma letra a certo termo de vista determina-se, quer pela data do aceite, quer pela do protesto. Na falta de protesto, o aceite não datado entende-se, no que respeita ao aceitante, como tendo sido dado no último dia do prazo para a apresentação ao aceite.

Artigo 36

O vencimento de uma letra sacada a um ou mais meses de data ou de vista será na data correspondente do mês em que o pagamento se deve efetuar. Na falta de data correspondente, o vencimento será no último dia desse mês.

Quando a letra é sacada a um ou mais meses e meio de data ou de vista, contam-se primeiro os meses inteiros.

Se o vencimento for fixado para o princípio, meado ou fim do mês, entende-se que a letra será vencível no primeiro, no dia quinze, ou no último dia desse mês.

As expressões "oito dias" ou "quinze dias" entendem-se não como uma ou duas semanas, mas como um prazo de oito ou quinze dias efetivos.

A expressão "meio mês" indica um prazo de quinze dias.

Artigo 37

Quando uma letra é pagável num dia fixo num lugar em que o calendário é diferente do do lugar de emissão, a data do vencimento é considerada como fixada segundo o calendário do lugar de pagamento.

Quando uma letra sacada entre duas praças que em calendários diferentes é pagável a certo termo de vista, o dia da emissão é referido ao dia correspondente do calendário do lugar de pagamento, para o efeito da determinação da data do vencimento.

Os prazos de apresentação das letras são calculados segundo as regras da alínea precedente.

Estas regras não se aplicam se uma cláusula da letra, ou até o simples enunciado do título, indicar que houve intenção de adotar regras diferentes.

CAPÍTULO VI
DO PAGAMENTO

Artigo 38

O portador de uma letra pagável em dia fixo ou a certo termo de data ou de vista deve apresentá-la a pagamento no dia em que ela é pagável ou num dos dois dias úteis seguintes.

A apresentação da letra a uma câmara de compensação equivale a apresentação a pagamento.

Artigo 39

O sacado que paga uma letra pode exigir que ela lhe seja entregue com a respectiva quitação.

O portador não pode recusar qualquer pagamento parcial.

No caso de pagamento parcial, o sacado pode exigir que desse pagamento se faça menção na letra e que dele lhe seja dada quitação.

Artigo 40

O portador de uma letra não pode ser obrigado a receber o pagamento dela antes do vencimento.

O sacado que paga uma letra antes do vencimento fá-lo sob sua responsabilidade.

Aquele que paga uma letra no vencimento fica validamente desobrigado, salvo se da sua parte tiver havido fraude ou falta grave. É obrigado a verificar a regularidade da sucessão dos endossos mas não a assinatura dos endossantes.

Artigo 41

Se numa letra se estipular o pagamento em moeda que não tenha curso legal no lugar do pagamento, pode a sua importância ser paga na moeda do país, segundo o seu valor no dia do vencimento. Se o devedor está em atraso, o portador pode, à sua escolha, pedir que o pagamento da importância da letra seja feito na moeda do país ao câmbio do dia do vencimento ou ao câmbio do dia do pagamento.

A determinação do valor da moeda estrangeira será feita segundo os usos do lugar de pagamento. O sacador pode, todavia, estipular que a soma a pagar seja calculada segundo um câmbio fixado na letra.

As regras acima indicadas não se aplicam ao caso em que o sacador tenha estipulado que o pagamento deverá ser efetuado numa certa moeda especificada (cláusula de pagamento efetivo numa moeda estrangeira).

Se a importância da letra for indicada numa moeda que tenha a mesma denominação mas o valor diferente no país de emissão e no de pagamento, presume-se que se fez referência à moeda do lugar de pagamento.

Artigo 42

Se a letra não for apresentada a pagamento dentro do prazo fixado no artigo 38, qualquer devedor tem a faculdade de depositar a sua importância junto da autoridade competente à custa do portador e sob a responsabilidade deste.

CAPÍTULO VII
DA AÇÃO POR FALTA DE ACEITE E FALTA DE PAGAMENTO

Artigo 43

O portador de uma letra pode exercer os seus direitos de ação contra os endossantes, sacador e outros coobrigados:

no vencimento;

se o pagamento não foi efetuado;

mesmo antes do vencimento:

1º) se houve recusa total ou parcial de aceite;

2º) nos casos de falência do sacado, quer ele tenha aceite, quer não, de suspensão de pagamentos do mesmo, ainda que não constatada por sentença, ou de ter sido promovida, sem resultado, execução dos seus bens;

3º) nos casos de falência do sacador de uma letra não aceitável.

Artigo 44

A recusa de aceite ou de pagamento deve ser comprovada por um ato formal (protesto por falta de aceite ou falta de pagamento).

O protesto por falta de aceite deve ser feito nos prazos fixados para a apresentação ao aceite. Se, no caso previsto na alínea 1ª do artigo 24, a primeira apresentação da letra tiver sido feita no último dia do prazo, pode fazer-se ainda o protesto no dia seguinte.

O protesto por falta de pagamento de uma letra pagável em dia fixo ou a certo termo de data ou de vista deve ser feito num dos dois dias úteis seguintes àquele em que a letra é pagável. Se se trata de uma letra pagável à vista, o protesto deve ser feito nas condições indicadas na alínea precedente para o protesto por falta de aceite.

► Art. 28 do Dec. nº 2.044, de 31-12-1908 (Lei da Letra de Câmbio e da Nota Promissória).

O protesto por falta de aceite dispensa a apresentação a pagamento e o protesto por falta de pagamento.

No caso de suspensão de pagamentos do sacado, quer seja aceitante, quer não, ou no caso de lhe ter sido promovida, sem resultado, execução dos bens, o portador da letra só pode exercer o seu direito de ação após a apresentação da mesma ao sacado para pagamento e depois de feito o protesto.

No caso de falência declarada do sacado, quer seja aceitante, quer não, bem como no caso de falência declarada do sacador de uma letra não aceitável, a apresentação da sentença de declaração de falência é suficiente para que o portador da letra possa exercer o seu direito de ação.

Artigo 45

O portador deve avisar da falta de aceite ou de pagamento o seu endossante e o sacador dentro dos quatro dias úteis que se seguirem ao dia do protesto ou da apresentação, no caso de a letra conter a cláusula "*sem despesas*". Cada um dos endossantes deve, por sua vez, dentro dos dois dias úteis que se seguirem ao da recepção do aviso, informar o seu endossante do aviso que recebeu, indicando os nomes e endereços dos que enviaram os avisos precedentes, e assim sucessivamente até se chegar ao sacador. Os prazos acima indicados contam-se a partir da recepção do aviso precedente.

Quando, em conformidade com o disposto na alínea anterior, se avisou um signatário da letra, deve avisar-se também o seu avalista dentro do mesmo prazo de tempo.

No caso de um endossante não ter indicado o seu endereço, ou de o ter feito de maneira ilegível, basta que o aviso seja enviado ao endossante que o precede.

A pessoa que tenha de enviar um aviso pode fazê-lo por qualquer forma, mesmo pela simples devolução da letra.

Essa pessoa deverá provar que o aviso foi enviado dentro do prazo prescrito. O prazo considerar-se-á como tendo sido observado desde que a carta contendo o aviso tenha sido posta no Correio dentro dele.

A pessoa que não der o aviso dentro do prazo acima indicado não perde os seus direitos; será responsável pelo prejuízo, se o houver, motivado pela sua negligência, sem que a responsabilidade possa exceder a importância da letra.

Artigo 46

O sacador, um endossante ou um avalista pode, pela cláusula "*sem despesas*", "*sem protesto*", ou outra cláusula equivalente, dispensar o portador de fazer um protesto por falta de aceite ou falta de pagamento, para poder exercer os seus direitos de ação.

Essa cláusula não dispensa o portador da apresentação da letra dentro do prazo prescrito nem tampouco dos avisos a dar. A prova da inobservância do prazo incumbe àquele que dela se prevaleça contra o portador.

Se a cláusula foi escrita pelo sacador produz os seus efeitos em relação a todos os signatários da letra; se for inserida por um endossante ou por avalista, só produz efeito em relação a esse endossante ou avalista. Se, apesar da cláusula escrita pelo sacador, o portador faz o protesto, as respectivas despesas serão de conta dele. Quando a cláusula emanar de um endossante ou de um avalista, as despesas do protesto, se for feito, podem ser cobradas de todos os signatários da letra.

Artigo 47

Os sacadores, aceitantes, endossantes ou avalistas de uma letra são todos solidariamente responsáveis para com o portador.

O portador tem o direito de acionar todas estas pessoas individualmente, sem estar adstrito a observar a ordem por que elas se obrigaram.

O mesmo direito possui qualquer dos signatários de uma letra quando a tenha pago.

A ação intentada contra um dos coobrigados não impede acionar os outros, mesmo os posteriores àquele que foi acionado em primeiro lugar.

Artigo 48

O portador pode reclamar daquele contra quem exerce o seu direito de ação:

1º) o pagamento da letra não aceita, não paga, com juros se assim foi estipulado;

2º) os juros à taxa de seis por cento desde a data do vencimento;

3º) as despesas do protesto, as dos avisos dados e as outras despesas.

Se a ação for interposta antes do vencimento da letra, a sua importância será reduzida de um desconto. Esse desconto será calculado de acordo com a taxa oficial de desconto (taxa de Banco) em vigor no lugar do domicílio do portador à data da ação.

Artigo 49

A pessoa que pagou uma letra pode reclamar dos seus garantes:

1º) a soma integral que pagou;

2º) os juros da dita soma, calculados à taxa de seis por cento, desde a data em que a pagou;

3º) as despesas que tiver feito.

Artigo 50

Qualquer dos coobrigados, contra o qual se intentou ou pode ser intentada uma ação, pode exigir, desde que pague a letra, que ela lhe seja entregue com o protesto e um recibo.

Qualquer dos endossantes que tenha pago uma letra pode riscar o seu endosso e os dos endossantes subsequentes.

Artigo 51

No caso de ação intentada depois de um aceite parcial, a pessoa que pagar a importância pela qual a letra não foi aceita pode exigir que esse pagamento seja mencionado na letra e que dele lhe seja dada quitação. O portador deve, além disso, entregar a essa pessoa uma cópia autêntica da letra e o protesto, de maneira a permitir o exercício de ulteriores direitos de ação.

Artigo 52

Qualquer pessoa que goze do direito de ação pode, salvo estipulação em contrário, embolsar-se por meio de uma nova letra (ressaque) à vista, sacada sobre um dos coobrigados e pagável no domicílio deste.

O ressaque inclui, além das importâncias indicadas nos artigos 48 e 49, um direito de corretagem e a importância do selo do ressaque.

Se o ressaque é sacado pelo portador, a sua importância é fixada segundo a taxa para uma letra à vista, sacada do lugar onde a primitiva letra era pagável sobre o lugar do domicílio do coobrigado. Se o ressaque é sacado por um endossante a sua importância é fixada segundo a taxa para uma letra à vista, sacada do lugar onde o sacador do ressaque tem o seu domicílio sobre o lugar do domicílio do coobrigado.

Artigo 53

Depois de expirados os prazos fixados:

- para a apresentação de uma letra à vista ou a certo termo de vista;
- para se fazer o protesto por falta de aceite ou por falta de pagamento;
- para a apresentação a pagamento no caso de cláusula "*sem despesas*".

O portador perdeu os seus direitos de ação contra os endossantes, contra o sacador e contra os outros coobrigados, à exceção do aceitante.

Na falta de apresentação ao aceite no prazo estipulado pelo sacador, o portador perdeu os seus direitos de ação, tanto por falta de pagamento como por falta de aceite, a não ser que dos termos da estipulação se conclua que o sacador apenas teve em vista exonerar-se da garantia do aceite.

Se a estipulação de um prazo para a apresentação constar de um endosso, somente aproveita ao respectivo endossante.

Artigo 54

Quando a apresentação da letra ou o seu protesto não puder fazer-se dentro dos prazos indicados por motivo insuperável (prescrição legal declarada por um Estado qualquer ou outro caso de força maior), esses prazos serão prorrogados.

O portador deverá avisar imediatamente o seu endossante do caso de força maior e fazer menção desse aviso, datada e assinada, na letra ou numa folha anexa; para os demais são aplicáveis as disposições do artigo 45.

Desde que tenha cessado o caso de força maior, o portador deve apresentar sem demora a letra ao aceite ou a pagamento, e, caso haja motivo para tal, fazer o protesto.

Se o caso de força maior se prolongar além de trinta dias a contar da data do vencimento, podem promover-se ações sem que haja necessidade de apresentação ou protesto.

Para as letras à vista ou a certo termo de vista, o prazo de trinta dias conta-se da data em que o portador, mesmo antes de expirado o prazo para a apresentação, deu o aviso do caso de força maior ao seu endossante; para as letras a certo termo de vista, o prazo de trinta dias fica acrescido do prazo de vista indicado na letra.

Não são considerados casos de força maior os fatos que sejam de interesse puramente pessoal do portador ou da pessoa por ele encarregada da apresentação da letra ou de fazer o protesto.

CAPÍTULO VIII

DA INTERVENÇÃO

► Arts. 34 e 35 do Dec. nº 2.044, de 31-12-1908 (Lei da Letra de Câmbio e da Nota Promissória).

1 – Disposições Gerais

Artigo 55

O sacador, um endossante ou um avalista, podem indicar uma pessoa para em caso de necessidade aceitar ou pagar.

A letra pode, nas condições a seguir indicadas, ser aceita ou paga por uma pessoa que intervenha por um devedor qualquer contra quem existe direito de ação.

O interveniente pode ser um terceiro, ou mesmo o sacado, ou uma pessoa já obrigada em virtude da letra, exceto o aceitante.

O interveniente é obrigado a participar, no prazo de dois dias úteis, a sua intervenção à pessoa por quem interveio. Em caso de inobservância deste prazo, o interveniente é responsável pelo prejuízo, se o houver, resultante da sua negligência, sem que as perdas e danos possam exceder a importância da letra.

2 – Aceite por Intervenção

Artigo 56

O aceite por intervenção pode realizar-se em todos os casos em que o portador de uma letra aceitável tem direito de ação antes do vencimento.

Quando na letra se indica uma pessoa para em caso de necessidade a aceitar ou a pagar no lugar do pagamento, o portador não pode exercer o seu direito de ação antes do vencimento contra aquele que indicou essa pessoa e contra os signatários subsequentes a não ser que tenha apresentado a letra à pessoa designada e que, tendo esta recusado o aceite, se tenha feito o protesto.

Nos outros casos de intervenção, o portador pode recusar o aceite por intervenção. Se, porém, o admitir, perde o direito de ação antes do vencimento contra aquele por quem a aceitação foi dada e contra os signatários subsequentes.

Artigo 57

O aceite por intervenção será mencionado na letra e assinado pelo interveniente. Deverá indicar por honra de quem se fez a intervenção; na falta desta indicação, presume-se que interveio pelo sacador.

Artigo 58

O aceitante por intervenção fica obrigado para com o portador e para com os endossantes posteriores àquele por honra de quem interveio da mesma forma que este.

Não obstante o aceite por intervenção, aquele por honra de quem ele foi feito e os seus garantes podem exigir do portador, contra o pagamento da importância indicada, no artigo 48, a entrega da letra, do instrumento do protesto e, havendo lugar, de uma conta com a respectiva quitação.

3 – Pagamento por Intervenção

Artigo 59

O pagamento por intervenção pode realizar-se em todos os casos em que o portador de uma letra tem direito de ação à data do vencimento ou antes dessa data.

O pagamento deve abranger a totalidade da importância que teria a pagar àquele por honra de quem a intervenção se realizou.

O pagamento deve ser feito o mais tardar no dia seguinte ao último em que é permitido fazer o protesto por falta de pagamento.

Artigo 60

Se a letra foi aceita por intervenientes tendo o seu domicílio no lugar do pagamento, ou se foram indicadas pessoas tendo o seu domicílio no mesmo lugar para, em caso de necessidade, pagarem a letra, o portador deve apresentá-la a todas essas pessoas e, se houver lugar, fazer o protesto por falta de pagamento o mais tardar no dia seguinte e ao último em que era permitido fazer o protesto.

Na falta de protesto dentro deste prazo, aquele que tiver indicado pessoas para pagarem em caso de necessidade, ou por conta de quem a letra tiver sido aceita, bem como os endossantes posteriores, ficam desonerados.

Artigo 61

O portador que recusar o pagamento por intervenção perde o seu direito de ação contra aqueles que teriam ficado desonerados.

Artigo 62

O pagamento por intervenção deve ficar constatado por um recibo passado na letra, contendo a indicação da pessoa por honra de quem foi feito. Na falta desta indicação presume-se que o pa gamento foi feito por honra do sacador.

A letra e o instrumento do protesto, se o houve, devem ser entregues à pessoa que pagou por intervenção.

Artigo 63

O que paga por intervenção fica sub-rogado nos direitos emergentes da letra contra aquele por honra de quem pagou e contra os que são obrigados para com este em virtude da letra. Não pode, todavia, endossar de novo a letra.

Os endossantes posteriores ao signatário por honra de quem foi feito o pagamento ficam desonerados.

Quando se apresentarem várias pessoas para pagar uma letra por intervenção, será preferida aquela que desonerar maior número de obrigados. Aquele que, com conhecimento de causa, intervir contrariamente a esta regra, perde os seus direitos de ação contra os que teriam sido desonerados.

CAPÍTULO IX

DA PLURALIDADE DE EXEMPLARES E DAS CÓPIAS

► Art. 16 do Dec. nº 2.044, de 31-12-1908 (Lei da Letra de Câmbio e da Nota Promissória).

1 – Pluralidade de Exemplares

Artigo 64

A letra pode ser sacada por várias vias.

Essas vias devem ser numeradas no próprio texto, na falta do que, cada via será considerada como uma letra distinta.

O portador de uma letra que não contenha a indicação de ter sido sacada numa única via pode exigir à sua custa a entrega de várias vias. Para este efeito o portador deve dirigir-se ao seu endossante imediato, para que este o auxilie a proceder contra o seu próprio endossante e assim sucessivamente até se chegar ao sacador. Os endossantes são obrigados a reproduzir os endossos nas novas vias.

Artigo 65

O pagamento de uma das vias é liberatório, mesmo que não esteja estipulado que esse pagamento anula o efeito das outras. O sacado fica, porém, responsável por cada uma das vias que tenham o seu aceite e lhe não hajam sido restituídas.

O endossante que transferiu vias da mesma letra a várias pessoas e os endossantes subsequentes são responsáveis por todas as vias que contenham as suas assinaturas e que não hajam sido restituídas.

Artigo 66

Aquele que enviar ao aceite uma das vias da letra deve indicar nas outras o nome da pessoa em cujas mãos aquela se encontra. Essa pessoa é obrigada a entregar essa via ao portador legítimo doutro exemplar.

Se se recusar a fazê-lo, o portador só pode exercer seu direito de ação depois de ter feito constatar por um protesto:

1º) que a via enviada ao aceite lhe não foi restituída a seu pedido;

2º) que não foi possível conseguir o aceite ou o pagamento de uma outra via.

2 – Cópias

Artigo 67

O portador de uma letra tem o direito de tirar cópias dela.

A cópia deve reproduzir exatamente o original, com os endossos e todas as outras menções que nela figurem. Deve mencionar onde acaba a cópia.

A cópia pode ser endossada e avalizada da mesma maneira e produzindo os mesmos efeitos que o original.

Artigo 68

A cópia deve indicar a pessoa em cuja posse se encontra o título original. Esta é obrigada a remeter o dito título ao portador legítimo da cópia.

Se se recusar a fazê-lo, o portador só pode exercer o seu direito de ação contra as pessoas que tenham endossado ou avalizado a cópia, depois de ter feito constatar por um protesto que o original lhe não foi entregue a seu pedido.

Se o título original, em seguida ao último endosso feito antes de tirada a cópia, contiver a cláusula "*daqui em diante só é válido o endosso na cópia*" ou qualquer outra fórmula equivalente, é nulo qualquer endosso assinado ulteriormente no original.

CAPÍTULO X

DAS ALTERAÇÕES

Artigo 69

No caso de alteração do texto de uma letra, os signatários posteriores a essa alteração ficam obrigados nos termos do texto alterado; os signatários anteriores são obrigados nos termos do texto original.

CAPÍTULO XI

DA PRESCRIÇÃO

Artigo 70

► Art. 52 a 53 do Dec. nº 2.044, de 31-12-1908 (Lei da Letra de Câmbio e da Nota Promissória).

Todas as ações contra o aceitante relativas a letras prescrevem em três anos a contar do seu vencimento.

As ações do portador contra os endossantes e contra o sacador prescrevem num ano, a contar da data do protesto feito em tempo útil, ou da data do vencimento, se se trata de letra que contenha cláusula "sem despesas".

As ações dos endossantes uns contra os outros e contra o sacador prescrevem em seis meses a contar do dia em que o endossante pagou a letra ou em que ele próprio foi acionado.

Artigo 71

A interrupção da prescrição só produz efeito em relação à pessoa para quem a interrupção foi feita.

CAPÍTULO XII

DISPOSIÇÕES GERAIS

Artigo 72

O pagamento de uma letra cujo vencimento recai em dia feriado legal só pode ser exigido no primeiro dia útil seguinte. Da mesma maneira, todos os atos relativos a letras, especialmente a apresentação ao aceite e o protesto, somente podem ser feitos em dia útil.

Quando um desses atos tem de ser realizado num determinado prazo, e o último dia desse prazo é feriado legal, fica o dito prazo prorrogado até ao primeiro dia útil que se seguir ao seu termo.

Artigo 73

Os prazos legais ou convencionais não compreendem o dia que marca o seu início.

Artigo 74

Não são admitidos dias de perdão quer legal, quer judicial.

TÍTULO II – DA NOTA PROMISSÓRIA

Artigo 75

► Arts. 54 e 55 do Dec. nº 2.044, de 31-12-1908 (Lei da Letra de Câmbio e da Nota Promissória).

A nota promissória contém:

1. denominação "*nota promissória*" inserta no próprio texto do título e expressa na língua empregada para a redação desse título;
2. a promessa pura e simples de pagar uma quantia determinada;
3. a época do pagamento;
4. a indicação do lugar em que se efetuar o pagamento;
5. o nome da pessoa a quem ou à ordem de quem deve ser paga;
6. a indicação da data em que e do lugar onde a nota promissória é passada;
7. a assinatura de quem passa a nota promissória (subscritor).

Artigo 76

O título em que faltar algum dos requisitos indicados no artigo anterior não produzirá efeito como nota promissória, salvo nos casos determinados das alíneas seguintes.

A nota promissória em que se não indique a época do pagamento será considerada à vista.

Na falta de indicação especial, o lugar onde o título foi passado considera-se como sendo o lugar do pagamento e, ao mesmo tempo, o lugar do domicílio do subscritor da nota promissória.

A nota promissória que não contenha indicação do lugar onde foi passada considera-se como tendo-o sido no lugar designado ao lado do nome do subscritor.

Artigo 77

São aplicáveis às notas promissórias, na parte em que não sejam contrárias à natureza deste título, as disposições relativas às letras e concernentes:

► Súm nº 258 do STJ.

Endosso (artigos 11 a 20);

Vencimento (artigos 33 a 37);

Pagamento (artigos 38 a 42);

Direito de ação por falta de pagamento (artigos 43 a 50 e 52 a 54);

Pagamento por intervenção (artigos 55 e 59 a 63);

Cópias (artigos 67 e 68);

Alterações (artigo 69);

Prescrição (artigos 70 e 71);

Dias feriados, contagem de prazos e interdição de dias de perdão (artigos 72 a 74).

São igualmente aplicáveis às notas promissórias as disposições relativas às letras pagáveis no domicílio de terceiro ou numa localidade diversa da do domicílio do sacado (artigos 4º e 27), a estipulação de juros (artigo 5º), as divergências das indicações da quantia a pagar (artigo 6º), as consequências da aposição de uma assinatura nas condições indicadas no artigo 7º, as da assinatura de uma pessoa que age sem poderes ou excedendo os seus poderes (artigo 8º) e a letra em branco (artigo 10).

São também aplicáveis às notas promissórias as disposições relativas ao aval (artigos 30 a 32); no caso previsto na última alínea do artigo 31, se o aval não indicar a pessoa por quem é dado, entender-se-á ser pelo subscritor da nota promissória.

Artigo 78

O subscritor de uma nota promissória é responsável da mesma forma que o aceitante de uma letra.

As notas promissórias pagáveis a certo termo de vista devem ser presentes ao visto dos subscritores nos prazos fixados no artigo 23. O termo de vista conta-se da data do visto dado pelo subscritor. A recusa do subscritor a dar o seu visto é comprovada por um protesto (artigo 25), cuja data serve de início ao termo de vista.

ANEXO II

Artigo 1º

Qualquer das Altas Partes Contratantes pode prescrever que a obrigação de inserir nas letras passadas no seu território a palavra "letra", prevista no artigo 1º, nº 1, da Lei Uniforme, só se aplicará seis meses após a entrada em vigor da presente Convenção.

Artigo 2º

Qualquer das Altas Partes Contratantes tem, pelo que respeita às obrigações contraídas em matéria de letras no seu território, a faculdade de determinar de que maneira pode ser suprida a falta de assinatura, desde que por uma declaração autêntica escrita na letra se possa constatar a vontade daquele que deveria ter assinado.

► Artigo com reserva.

► Arts. 1º, V, 8º, 11 e 14 do Dec. nº 2.044, de 31-12-1908 (Lei da Letra de Câmbio e da Nota Promissória).

Artigo 3º

Qualquer das Altas Partes Contratantes reserva-se a faculdade de não inserir o artigo 10 da Lei Uniforme na sua lei nacional.

► Artigo com reserva.

► Art. 3º do Dec. nº 2.044, de 31-12-1908 (Lei da Letra de Câmbio e da Nota Promissória).

Artigo 4º

Por derrogação da alínea primeira do artigo 31 da Lei Uniforme, qualquer das Altas Partes Contratantes tem a faculdade de admitir a possibilidade de ser dado um aval no seu território por ato separado em que se indique o lugar onde foi feito.

Artigo 5º

Qualquer das Altas Partes Contratantes pode completar o artigo 38 da Lei Uniforme dispondo que, em relação às letras pagáveis no seu território, o portador deverá fazer a apresentação no próprio dia do vencimento; a inobservância desta obrigação só acarreta responsabilidade por perdas e danos.

As outras Altas Partes Contratantes terão a faculdade de fixar as condições em que reconhecerão uma tal obrigação.

► Artigo com reserva.

► Art. 20 do Dec. nº 2.044, de 31-12-1908 (Lei da Letra de Câmbio e da Nota Promissória).

Artigo 6º

A cada uma das Altas Partes Contratantes incumbe determinar, para os efeitos da aplicação da última alínea do artigo 38, quais as instituições que, segundo a lei nacional, devam ser consideradas câmaras de compensação.

► Artigo com reserva.

Artigo 7º

Pelo que se refere às letras pagáveis no seu território, qualquer das Altas Partes Contratantes tem a faculdade de sustar, se o julgar necessário, em circunstâncias excepcionais relacionadas com a taxa de câmbio da moeda nacional, os efeitos da cláusula prevista no artigo 41 relativa ao pagamento efetivo em moeda estrangeira. A mesma regra se aplica no que respeita à emissão no território nacional de letras em moedas estrangeiras.

► Artigo com reserva.

Artigo 8º

Qualquer das Altas Partes Contratantes tem a faculdade de determinar que os protestos a fazer no seu território possam ser substituídos por uma declaração datada, escrita na própria letra e assinada pelo sacado, exceto no caso de o sacador exigir no texto da letra que se faça um protesto com as formalidades devidas.

Qualquer das Altas Partes Contratantes tem igualmente a faculdade de determinar que a dita declaração seja transcrita num registro público no prazo fixado para os protestos.

No caso previsto nas alíneas precedentes o endosso sem data presume-se ter sido feito anteriormente ao protesto.

Artigo 9º

Por derrogação da alínea terceira do artigo 44 da Lei Uniforme, qualquer das Altas Partes Contratantes tem a faculdade de determinar que o protesto por falta de pagamento deve ser feito no dia em que a letra é pagável ou num dos dois dias úteis seguintes.

► Artigo com reserva.

► Art. 28 do Dec. nº 2.044, de 31-12-1908 (Lei da Letra de Câmbio e da Nota Promissória).

Artigo 10

Fica reservada para a legislação de cada uma das Altas Partes Contratantes a determinação precisa das situações jurídicas a que se referem os n°s 2 e 3 do artigo 43 e n°s 5 e 6 do artigo 44 da Lei Uniforme.

► Artigo com reserva.

► Art. 19, II, do Dec. nº 2.044, de 31-12-1908 (Lei da Letra de Câmbio e da Nota Promissória).

Artigo 11

Por derrogação dos n°s 2 e 3 do artigo 43 e do artigo 74 da Lei Uniforme, qualquer das Altas Partes Contratantes reserva-se a faculdade de admitir na sua legislação a possibilidade, para os garantes de uma letra que tenham sido acionados, de ser concedido um alongamento de prazos, os quais não poderão em caso algum ir além da data do vencimento da letra.

Artigo 12

Por derrogação do artigo 45 da Lei Uniforme, qualquer das Altas Partes Contratantes tem a faculdade de manter ou de introduzir o sistema de aviso por intermédio de um agente público, que consiste no seguinte: ao fazer o protesto por falta de aceite ou por falta de pagamento, o notário ou funcionário público incumbido desse serviço, segundo a lei nacional, é obrigado a dar comunicação por escrito desse protesto às pessoas obrigadas pela letra, cujos endereços figuram nela, ou que sejam conhecidos do agente que faz o protesto, ou sejam indicados pelas pessoas que exigiram o protesto. As despesas originadas por esses avisos serão adicionadas às despesas do protesto.

Artigo 13

Qualquer das Altas Partes Contratantes tem a faculdade de determinar, no que respeita às letras passadas e pagáveis no seu território, que a taxa de juro a que se referem os n°s 2 dos artigos 48 e 49 da Lei Uniforme poderá ser substituída pela taxa legal em vigor no território da respectiva Alta Parte Contratante.

► Artigo com reserva.

Artigo 14

Por derrogação do artigo 48 da Lei Uniforme, qualquer das Altas Partes Contratantes reserva-se a faculdade de inserir na lei nacional uma disposição pela qual o portador pode reclamar daquele contra quem exerce o seu direito de ação uma comissão cujo quantitativo será fixado pela mesma lei nacional.

A mesma doutrina se aplica, por derrogação do artigo 49 da Lei Uniforme, no que se refere à pessoa que, tendo pago uma letra, reclama a sua importância aos seus garantes.

Artigo 15

Qualquer das Altas Partes Contratantes tem a liberdade de decidir que, no caso de perda de direitos ou de prescrição, no seu território subsistirá o direito de proceder contra o sacador que não constituir provisão ou contra um sacador ou endossante que tenha feito lucros ilegítimos. A mesma faculdade existe, em caso de prescrição, pelo que respeita ao aceitante que recebeu provisão ou tenha realizado lucros ilegítimos.

► Artigo com reserva.

Artigo 16

A questão de saber se o sacador é obrigado a constituir provisão à data do vencimento e se o portador tem direitos especiais sobre essa provisão está fora do âmbito da Lei Uniforme.

O mesmo sucede relativamente a qualquer outra questão respeitante às relações jurídicas que serviram de base à emissão da letra.

► Artigo com reserva.

Artigo 17

A cada uma das Altas Partes Contratantes compete determinar na sua legislação nacional as causas de interrupção e de suspensão da prescrição das ações relativas a letras que os seus tribunais são chamados a conhecer.

As outras Altas Partes Contratantes têm a faculdade de determinar as condições a que subordinarão o conhecimento de tais causas. O mesmo sucede quanto ao efeito de uma ação como meio de indicação do início do prazo de prescrição, a que se refere a alínea terceira do artigo 70 da Lei Uniforme.

► Artigo com reserva.

Artigo 18

Qualquer das Altas Partes Contratantes tem a faculdade de determinar que certos dias úteis sejam assimilados aos dias feriados legais, pelo que respeita à apresentação ao aceite ou ao pagamento e demais atos relativos às letras.

Artigo 19

Qualquer das Altas Partes Contratantes pode determinar o nome a dar nas leis nacionais aos títulos a que se refere o artigo 75 da Lei Uniforme ou dispensar esses títulos de qualquer denominação especial, uma vez que contenham a indicação expressa de que são à ordem.

► Artigo com reserva.

Artigo 20

As disposições dos artigos 1º a 18 do presente Anexo, relativas às letras, aplicam-se igualmente às notas promissórias.

► Artigo com reserva.

Artigo 21

Qualquer das Altas Partes Contratantes reserva-se a faculdade de limitar a obrigação assumida, em virtude do artigo 1º da Convenção, exclusivamente às disposições relativas às letras, não introduzindo no seu território as disposições sobre notas promissórias constantes do Título II da Lei Uniforme. Neste caso, a Alta Parte Contratante que fizer uso desta reserva será considerada Parte Contratante apenas pelo que respeita às letras.

Qualquer das Altas Partes Contratantes reserva-se igualmente a faculdade de compilar num regulamento especial as disposições relativas às notas promissórias, regulamento que será inteiramente conforme com as estipulações do Título II da Lei Uniforme e que deverá reproduzir as disposições sobre letras referidas no mesmo título sujeitas apenas às modificações resultantes dos artigos 75, 76, 77 e 78 da Lei Uniforme e dos artigos 19 e 20 do presente Anexo.

Artigo 22

Qualquer das Altas Partes Contratantes tem a faculdade de tomar medidas excepcionais de ordem geral relativas à prorrogação dos prazos relativos a atos tendentes à conservação de direitos e à prorrogação do vencimento das letras.

Artigo 23

Cada uma das Altas Partes Contratantes obriga-se a reconhecer as disposições adotadas por qualquer das outras Altas Partes Contratantes em virtude dos artigos 1º a 4º, 6º, 8º a 16 e 18 a 21 do presente Anexo.

PROTOCOLO

Ao assinar a Convenção datada de hoje, estabelecendo uma Lei Uniforme em matéria de letras e notas promissórias, os abaixo-assinados, devidamente autorizados, acordaram nas disposições seguintes:

A

Os membros da Sociedade das Nações e os Estados não membros que não tenham podido efetuar antes de 1º de setembro de 1932 o depósito da ratificação da referida Convenção obrigam-se a enviar, dentro de quinze dias, a contar daquela data, uma comunicação ao secretário-geral da Sociedade das Nações, dando-lhe a conhecer a situação em que se encontram no que diz respeito à ratificação.

B

Se, em 1º de novembro de 1932, não se tiverem verificado as condições previstas na alínea primeira do artigo 6º para a entrada em vigor da Convenção, o secretário-geral da Sociedade das Nações convocará uma reunião dos membros da Sociedade das Nações e dos Estados não membros que tenham assinado a Convenção ou a ela tenham aderido, a fim de serem examinadas a situação e as medidas que porventura devam ser tomadas para a resolver.

C

As Altas Partes Contratantes comunicar-se-ão reciprocamente, a partir da sua entrada em vigor, as disposições legislativas promulgadas nos respectivos territórios para tornar efetiva a Convenção.

Em fé do que os plenipotenciários acima mencionados assinaram o presente Protocolo.

Feito em Genebra, aos sete de junho de mil novecentos e trinta, num só exemplar, que será depositado nos arquivos do Secretariado da Sociedade das Nações, será transmitida cópia autêntica a todos os membros da Sociedade das Nações e a todos os Estados não membros representados na Conferência.

CONVENÇÃO DESTINADA A REGULAR CERTOS CONFLITOS DE LEIS EM MATÉRIA DAS LETRAS DE CÂMBIO E NOTAS PROMISSÓRIAS E PROTOCOLO

O Presidente do Reich Alemão...

Desejando adotar disposições para resolver certos conflitos de leis em matéria de letras e de notas promissórias, designaram como seus plenipotenciários:

Os quais depois de terem apresentado os seus plenos poderes, achados em boa e devida forma, acordaram nas disposições seguintes:

Artigo 1º

As Altas Partes Contratantes obrigam-se mutuamente a aplicar para a solução dos conflitos de leis em matéria de letras e de notas promissórias, a seguir enumerados, as disposições constantes dos artigos seguintes:

Artigo 2º

A capacidade de uma pessoa para se obrigar por letra ou nota promissória é regulada pela respectiva lei nacional. Se a lei nacional declarar competente a lei de um outro país, será aplicada esta última.

A pessoa incapaz, segundo a lei indicada na alínea precedente, é contudo havida como validamente obrigada se tiver aposto a sua assinatura em território de um país segundo cuja legislação teria sido considerada capaz.

Qualquer das Altas Partes Contratantes tem a faculdade de não reconhecer a validade da obrigação contraída em matéria de letras ou notas promissórias por um dos seus nacionais, quando essa obrigação só seja válida no território das outras Altas Partes Contratantes pela aplicação da alínea anterior do presente artigo.

Artigo 3º

A forma das obrigações contraídas em matéria de letras e notas promissórias é regulada pela lei do país em cujo território essas obrigações tenham sido assumidas.

No entanto, se as obrigações assumidas em virtude de uma letra ou nota promissória não forem válidas nos termos da alínea precedente, mas o forem em face da legislação do país em que tenha posteriormente sido contraída uma outra obrigação, o fato de as primeiras obrigações serem irregulares quanto à forma não afeta a validade da obrigação posterior.

Qualquer das Altas Partes Contratantes tem a faculdade de determinar que as obrigações contraídas no estrangeiro por algum dos seus nacionais, em matéria de letras e notas promissórias, serão válidas no seu próprio território, em relação a qualquer outro dos seus nacionais, desde que tenham sido contraídas pela forma estabelecida na lei nacional.

Artigo 4º

Os efeitos das obrigações do aceitante de uma letra e do subscritor de uma nota promissória são determinados pela lei do lugar onde esses títulos sejam pagáveis.

Os efeitos provenientes das assinaturas dos outros coobrigados por letra ou nota promissória são determinados pela lei do país em cujo território as assinaturas forem apostas.

Artigo 5º

Os prazos para o exercício do direito de ação são determinados para todos os signatários pela lei do lugar de emissão do título.

Artigo 6º

A lei do lugar de emissão do título determina se o portador de uma letra adquire o crédito que originou a emissão do título.

Artigo 7º

A lei do país em que a letra é pagável determina se o aceite pode ser restrito a uma parte da importância a pagar ou se o portador é ou não obrigado a receber um pagamento parcial.

A mesma regra é aplicável a pagamento de notas promissórias.

Artigo 8º

A forma e os prazos do protesto, assim como a forma dos outros atos necessários ao exercício ou à conservação dos direitos em matéria de letras e notas promissórias, são regulados pelas leis do país em cujo território se deva fazer o protesto ou praticar os referidos atos.

Artigo 9º

As medidas a tomar em caso de perda ou de roubo de uma letra ou de uma nota promissória são determinadas pela lei do país em que esses títulos sejam pagáveis.

Artigo 10

Qualquer das Altas Partes Contratantes reserva-se a faculdade de não aplicar os princípios de Direito Internacional privado consignados na presente Convenção, pelo que respeita:

1º) uma obrigação contraída fora do território de uma das Altas Partes Contratantes;

2º) a uma lei que seria aplicável em conformidade com estes princípios, mas que não seja lei em vigor no território de uma das Altas Partes Contratantes.

Artigo 11

As disposições da presente Convenção não serão aplicáveis, no território de cada uma das Altas Partes Contratantes, às letras e notas promissórias já criadas à data de entrada em vigor da Convenção.

Artigo 12

A presente Convenção, cujos textos francês e inglês farão, ambos, igualmente fé, terá a data de hoje.

Poderá ser ulteriormente assinada até 6 de setembro de 1930 em nome de qualquer membro da Sociedade das Nações e de qualquer Estado não membro.

Artigo 13

A presente Convenção será ratificada.

Os instrumentos de ratificação serão transmitidos, antes de 1º de setembro de 1932, ao secretário-geral da Sociedade das Nações, que notificará imediatamente do seu depósito todos os membros da Sociedade das Nações e os Estados não membros que sejam partes na presente Convenção.

Artigo 14

A partir de 6 de setembro de 1930, qualquer membro da Sociedade das Nações e qualquer Estado não membro poderá aderir à presente Convenção.

Esta adesão efetuar-se-á por meio de notificação ao secretário-geral da Sociedade das Nações, que será depositada nos Arquivos do Secretariado.

O secretário-geral notificará imediatamente desse depósito todos os Estados que tenham assinado a presente Convenção ou a ela tenham aderido.

Artigo 15

A presente Convenção somente entrará em vigor depois de ter sido ratificada ou de a ela terem aderido sete membros da Sociedade das Nações ou Estados não membros, entre os quais deverão figurar três dos membros da Sociedade das Nações com representação no Conselho.

Começará a vigorar noventa dias depois de recebida pelo secretário-geral da Sociedade das Nações a sétima ratificação ou adesão, em conformidade com o disposto na alínea primeira do presente artigo.

O secretário-geral da Sociedade das Nações, nas notificações previstas nos artigos 13 e 14, fará menção especial de terem sido recebidas as ratificações ou adesões a que se refere a alínea primeira do presente artigo.

Artigo 16

As ratificações ou adesões após a entrada em vigor da presente Convenção, em conformidade com o disposto no artigo 15 produzirão os seus efeitos noventa dias depois da data da sua recepção pelo secretário-geral da Sociedade das Nações.

Artigo 17

A presente Convenção não poderá ser denunciada antes de decorrido um prazo de dois anos a contar da data em que ela tiver começado a vigorar para o membro da Sociedade das Nações ou para o Estado não membro que a denuncia; esta denúncia produzirá os seus efeitos noventa dias depois de recebida pelo secretário-geral a respectiva notificação.

Qualquer denúncia será imediatamente comunicada pelo secretário-geral da Sociedade das Nações a todas as outras Altas Partes Contratantes.

A denúncia só produzirá efeito em relação à Alta Parte Contratante em nome da qual ela tenha sido feita.

Artigo 18

Decorrido um prazo de quatro anos da entrada em vigor da presente Convenção, qualquer membro da Sociedade das Nações, ou Estado não membro ligado à Convenção poderá formular ao secretário-geral da Sociedade das Nações um pedido de revisão de algumas ou de todas as suas disposições.

Se este pedido, comunicado aos outros membros da Sociedade das Nações ou Estados não membros para os quais a Convenção estiver então em vigor, for apoiado dentro do prazo de um ano por seis, pelo menos, dentre eles, o Conselho da Sociedade das Nações decidirá se deve ser convocada uma conferência para aquele fim.

Artigo 19

As Altas Partes Contratantes podem declarar no momento da assinatura da ratificação ou da adesão que, aceitando a presente Convenção, não assumem nenhuma obrigação pelo que respeita a todas ou parte das suas colônias, protetorados ou territórios sob a sua soberania ou mandato, caso em que a presente Convenção se não aplicará aos territórios mencionados nessa declaração.

As Altas Partes Contratantes poderão mais tarde notificar o secretário-geral da Sociedade das Nações de que desejam que a presente Convenção se aplique a todos ou parte dos territórios que tenham sido objeto da declaração prevista na alínea precedente, e nesse caso a Convenção aplicar-se-á aos territórios mencionados na comunicação, noventa dias depois de esta ter sido recebida pelo secretário-geral da Sociedade das Nações.

As Altas Partes Contratantes podem a todo o tempo declarar que desejam que a presente Convenção cesse de se aplicar a todas ou parte das suas colônias, protetorados ou territórios sob a sua soberania ou mandato, caso em que a Convenção deixará de se aplicar aos territórios mencionados nessa declaração um ano após esta ter sido recebida pelo secretário-geral da Sociedade das Nações.

Artigo 20

A presente Convenção será registrada pelo secretário-geral da Sociedade das Nações desde que entre em vigor. Será publicada, logo que for possível, na "*Coleção de Tratados*" da Sociedade das Nações.

Em fé do que os plenipotenciários acima designados assinaram a presente Convenção.

Feito em Genebra, aos sete de junho de mil novecentos e trinta, num só exemplar, que será depositado nos arquivos do Secretariado da Sociedade das Nações. Será transmitida cópia autêntica a todos os membros da Sociedade das Nações e a todos os Estados não membros representados na Conferência.

► **Seguem-se as mesmas assinaturas colocadas após o art. 11 da Convenção para a adoção de uma Lei Uniforme sobre letras de câmbio e notas promissórias.**

PROTOCOLO

Ao assinar a Convenção datada de hoje, destinada a regular certos conflitos de leis em matéria de letras e de notas promissórias, os abaixo-assinados, devidamente autorizados, acordaram nas disposições seguintes:

A

Os membros da Sociedade das Nações e os Estados não membros que não tenham podido efetuar, antes de 1º de setembro de 1932, o depósito da ratificação da referida Convenção, obrigam-se a enviar, dentro de quinze dias a contar daquela data, uma comunicação ao secretário-geral da Sociedade das Nações dando-lhe a conhecer a situação em que se encontram no que diz respeito à ratificação.

B

Se, em 1º de novembro de 1932, não se tiverem verificado as condições previstas na alínea primeira do artigo 15 para a entrada em vigor da Convenção, o secretário-geral da Sociedade das Nações convocará uma reunião dos membros da Sociedade das Nações e dos Estados não membros que tenham assinado a Convenção ou a ela tenham aderido, a fim de ser examinada a situação e as medidas que porventura devem ser tomadas para a resolver.

C

As Altas Partes Contratantes comunicar-se-ão, reciprocamente, a partir da sua entrada em vigor, as disposições legislativas promulgadas nos respectivos territórios para tornar efetiva a Convenção.

Em fé do que os plenipotenciários acima mencionados assinaram o presente Protocolo.

Feito em Genebra, aos sete de junho de mil novecentos e trinta, num só exemplar, que será depositado nos arquivos do Secretariado da Sociedade das Nações, será transmitida cópia autêntica a todos os membros da Sociedade das Nações e a todos os Estados não membros representados na Conferência.

LEI Nº 4.947, DE 6 DE ABRIL DE 1966

Fixa Normas de Direito Agrário, dispõe sobre o Sistema de Organização e Funcionamento do Instituto Brasileiro de Reforma Agrária, e dá outras Providências

▸ Publicada no *DOU* de 11-4-1966 e retificado no *DOU* de 24-7-1966.

CAPÍTULO I

DISPOSIÇÕES PRELIMINARES

Art. 1º Esta Lei estabelece normas de Direito Agrário e de ordenamento, disciplinação, fiscalização e controle dos atos e fatos administrativos relativos ao planejamento e à implantação da Reforma Agrária, na forma do que dispõe a Lei nº 4.504, de 30 de novembro de 1964.

Parágrafo único. Os Atos do Poder Executivo que na forma da Lei nº 4.504, de 30 de novembro de 1964, aprovarem os Planos Nacional e Regionais de Reforma Agrária, fixarão as prioridades a serem observadas na sua execução pelos órgãos da administração centralizada e descentralizada.

CAPÍTULO II

DA TERRA E DOS IMÓVEIS RURAIS

Art. 2º Compete privativamente ao IBRA, nos termos do art. 147 da Constituição Federal, com a redação que lhe deu a Emenda Constitucional nº 10, e dos artigos 16, parágrafo único, e 22 da Lei nº 4.504, de 30 de novembro de 1964, selecionar, para fins de Reforma Agrária, os imóveis rurais a serem desapropriados nas áreas prioritárias fixadas em decreto do Poder Executivo.

Parágrafo único. As desapropriações recairão sobre imóveis rurais selecionados como necessários à integração de projetos e à garantia de continuidade de suas áreas, de acesso ao sistema de transportes e, ainda, de conservação de recursos naturais indispensáveis à sua execução.

Art. 3º Os foreiros, arrendatários, possuidores, ocupantes e quantos se julguem com direito sobre qualquer porção dos imóveis rurais pertencentes à União, que foram ou vierem a ser transferidos para o IBRA, ficam obrigados a apresentar ao referido Instituto os títulos ou qualquer prova, em direito admitida, em que fundamentam as suas alegações.

§ 1º A apresentação desses títulos deverá ocorrer no prazo de 180 (cento e oitenta) dias a contar da data do edital de convocação que será publicado no "Diário Oficial" da União, devendo o IBRA promover a divulgação dessa convocação por meio de resumo estampado em jornal de grande circulação na Capital Federal, nas capitais dos Estados e Territórios, bem como por editais afixados na sede dos Municípios onde estejam situados os imóveis.

§ 2º Quando houver dúvida quanto aos títulos apresentados, o IBRA os submeterá ao Conselho de Terras da União, que deverá, no prazo de 90 (noventa) dias, decidir de sua legitimidade.

§ 3º Não apresentados os títulos ou não reconhecidos como legítimos, observada a norma do parágrafo anterior, o IBRA providenciará no sentido de recuperar a posse do imóvel.

Art. 4º O IBRA promoverá a extinção dos aforamentos existentes sempre que as terras respectivas se tornarem necessárias à execução dos planos de colonização e de serviço, a eles atinentes, aplicando-se, para fins de avaliação do depósito prévio, o disposto no art. 5º, I, *a* e *b*, do Decreto-lei nº 893, de 26 de novembro de 1938.

§ 1º Os foros devidos pelas áreas transferidas ao IBRA, cujo aforamento não for extinto ou até sua extinção, serão arrecadados pelo IBRA e incorporados ao Fundo Nacional de Reforma Agrária.

§ 2º Compete ao IBRA, quanto às terras que lhe forem transferidas, declarar em comissão e, consequentemente, extintos os aforamentos dos enfiteutas em débito, nos termos da lei, indenizadas as benfeitorias e aplicado, para consolidação do domínio pleno, o rito sumário do art. 685 do Código do Processo Civil.

§ 3º Compete, ainda, ao IBRA, quanto às terras que lhe forem transferidas:

I – declarar a inadimplência do foreiro, em qualquer caso;

II – declarar a nulidade de pleno direito de transmissão *inter vivos* do domínio útil sem prévio assentimento do senhorio direto;

III – promover, quando for o caso, as medidas judiciais consequentes.

Art. 5º Compete ao IBRA tomar as providências administrativas e promover as judiciais concernentes à discriminação das terras devolutas existentes no Distrito Federal, nos Territórios Federais e na faixa de 150 (cento e cinquenta) quilômetros ao longo das fronteiras do País, respeitado o disposto na Lei nº 2.597, de 13 de setembro de 1955.

§ 1º É o Poder Executivo autorizado a ratificar as alienações e concessões de terras já feitas pelos Estados na Faixa de

Fronteiras, se entender que se coadunam com os objetivos do Estatuto da Terra.

§ 2º Para os fins previstos no art. 11 da Lei nº 4.504, de 30 de novembro de 1964, o Serviço de Patrimônio da União, dentro de 90 (noventa) dias, a contar da publicação da presente Lei, remeterá ao IBRA todos os processos ainda não ultimados de pedidos de aforamento ou aquisição de terras devolutas, desde que destinadas pelos seus ocupantes ou pretendentes ao aproveitamento agropecuário.

§ 3º *Revogado.* Dec.-lei nº 1.561, de 13-7-1977.

§ 4º Compete ao IBRA converter os referidos processos de aforamento em venda definitiva na respectiva área, para consecução dos fins determinados nos artigos 2º e 10 do Estatuto da Terra.

Art. 6º Todos os imóveis rurais pertencentes à União, desde que destinados à atividade agropecuária, somente podem ser concedidos, por venda ou outra forma de alienação, aos ocupantes ou pretendentes, através do Instituto Brasileiro de Reforma Agrária (IBRA), ou de órgão Federal de Colonização por ele autorizado em cada caso.

Parágrafo único. A receita proveniente da venda ou outra forma de alienação de imóveis rurais pertencentes à União, realizadas nos termos desta Lei, será recolhida ao Banco do Brasil S/A., à conta do Tesouro Nacional, como receita orçamentária da União, sendo o seu produto destinado à cobertura das providências administrativas e judiciárias, a cargo do Instituto Nacional de Colonização e Reforma Agrária – INCRA, concernentes à discriminação, arrecadação, demarcação, transcrição e alienação de terras devolutas.

► Parágrafo único acrescido pelo Dec.-lei nº 1.640, de 20-11-1978.

Art. 7º No desempenho das atribuições de alienar bens da União, com finalidades agropecuárias, o IBRA submeterá à prévia audiência:

a) da Comissão Especial da Faixa de Fronteiras, se se tratar de área na faixa sob sua jurisdição;

b) dos Ministérios da Guerra, da Marinha e da Aeronáutica, se houver fortificações ou estabelecimentos militares nas proximidades da área pretendida ou na faixa de 100 (cem) metros ao longo da costa marítima;

c) das Prefeituras Municipais, quando se tratar de terreno situado em zona que esteja sendo urbanizada.

§ 1º A consulta versará sobre zona determinada, devidamente caracterizada.

§ 2º Os órgãos consultados deverão pronunciar-se dentro de 30 (trinta) dias do recebimento da consulta, prazo que poderá ser prorrogado por outros 30 (trinta) dias, quando solicitado, importando o silêncio em assentimento à alienação.

Art. 8º Poderá ser delegada aos Estados, mediante convênio com o IBRA, competência para reconhecer as posses legítimas e expedir, em nome deste ou da União, os respectivos títulos de domínio, desde que respeitados, para isso, os critérios estabelecidos no Estatuto da Terra.

Art. 9º As áreas e prédios dos imóveis rurais transferidos para o IBRA, que não forem necessários à instalação de seus serviços ou à colocação de excedentes rurais, poderão retornar à administração do Serviço de Patrimônio da União ou, se julgados necessários para planos habitacionais, cedidos ao Banco Nacional de Habitação.

Art. 10. Fica vedada a inscrição de loteamentos rurais no registro de imóveis, sem prova de prévia aprovação pela autoridade pública competente a que se refere o art. 61 da Lei nº 4.504, de 30 de novembro de 1964.

§ 1º São nulos de pleno direito a inscrição e todos os atos dela decorrentes, quando praticados com infração do disposto neste artigo.

§ 2º Nos loteamentos já inscritos até a publicação da Lei nº 4.947, de 6 de abril de 1966, é permitida a venda dos lotes rurais remanescentes, com área inferior à do módulo fixado para a respectiva região.

► § 2º com a redação dada pela Lei nº 5.672, de 2-7-1971.

§ 3º Ao fim de cada exercício, para fins estatísticos, o IBRA enviará ao Tribunal de Contas relação pormenorizada das alienações efetuadas.

Art. 11. Não se aplica aos núcleos coloniais que foram ou vierem a ser transferidos para a jurisdição do IBRA o estabelecido no art. 39 do Decreto-lei nº 6.117, de 16 de dezembro de 1943.

Art. 12. Para execução do disposto no art. 32 do Decreto-lei nº 6.117, de 16 de dezembro de 1943, o Presidente do IBRA designará Comissões especiais de verificação e regularização, com poderes para aplicar as sanções previstas em lei.

Parágrafo único. Das decisões tomadas pelas referidas Comissões, caberá recurso, no prazo de 30 (trinta) dias, à Diretoria do IBRA, a contar da data da notificação.

CAPÍTULO III

DOS CONTRATOS AGRÁRIOS

Art. 13. Os contratos agrários regulam-se pelos princípios gerais que regem os contratos de Direito comum, no que concerne ao acordo de vontade e ao objeto, observados os seguintes preceitos de Direito Agrário:

I – artigos 92, 93 e 94 da Lei nº 4.504, de 30 de novembro de 1964, quanto ao uso ou posse temporária da terra;

II – artigos 95 e 96 da mesma Lei, no tocante ao arrendamento rural e à parceria agrícola, pecuária, agroindustrial e extrativa;

III – obrigatoriedade de cláusulas irrevogáveis, estabelecidas pelo IBRA, que visem à conservação de recursos naturais;

IV – proibição de renúncia, por parte do arrendatário ou do parceiro não-proprietário, de direitos ou vantagens estabelecidas em leis ou regulamentos;

V – proteção social e econômica aos arrendatários cultivadores diretos e pessoais.

§ 1º O disposto neste artigo aplicar-se-á a todos os contratos pertinentes ao Direito Agrário e informará a regulamentação do Capítulo IV do Título III da Lei nº 4.504, de 30 de novembro de 1964.

§ 2º Os órgãos oficiais de assistência técnica e creditícia darão prioridade aos contratos agrários que obedecerem ao disposto neste artigo.

Art. 14. Fica o IBRA autorizado a permitir, a título precário, nas áreas pioneiras do País, a utilização de terras públicas sob qualquer das formas de uso temporário previstas na Lei nº 4.504, de 30 de novembro de 1964, e a promover sua progressiva adaptação às normas estabelecidas na referida Lei.

Art. 15. O inciso III do art. 95 da Lei nº 4.504, de 30 de novembro de 1964, passa a ter a seguinte redação:

► Alteração inserida no texto da referida Lei.

CAPÍTULO IV
DO SISTEMA DE ORGANIZAÇÃO E FUNCIONAMENTO DO IBRA

Art. 16. A Diretoria do IBRA, além das atribuições que lhe são conferidas pela Lei nº 4.504, de 30 de novembro de 1964, e atos complementares, para exercício da autonomia administrativa e financeira assegurada ao Instituto, terá ainda, em caráter exclusivo e privativo, nos assuntos de administração geral, competências idênticas às conferidas ao Conselho de Administração do Banco Nacional do Desenvolvimento Econômico, estabelecidas na alínea *c* do art. 13 da Lei nº 1.628, de 20 de junho de 1952; no art. 23 da Lei nº 2.973, de 26 de novembro de 1956; e na forma do disposto no art. 32 da Lei nº 4.863, de 29 de novembro de 1965.

§ 1º Cabe ao Secretário-Executivo do IBRA atribuição idêntica à conferida ao Diretor-Superintendente do Banco Nacional de Desenvolvimento Econômico pela alínea *a* do art. 13, da Lei nº 1.628, de 20 de junho de 1952.

§ 2º Para execução de serviços de caráter transitório ou eventual, pagos mediante recibo, ou cuja vinculação de emprego seja regida pela Consolidação das Leis do Trabalho, as tabelas de remuneração e a relação quantitativa do pessoal serão fixadas em cada caso, nos atos que autorizarem aquela execução.

§ 3º Os funcionários optantes da extinta SUPRA serão readaptados, após cursos de treinamento e de capacitação que os habilitem ao exercício de suas novas funções nos quadros do IBRA, respeitada a situação jurídica de cada qual.

Art. 17. Fica o IBRA autorizado a promover a criação, organização, incorporação, fusão e aquisição de sociedade de economia mista, para execução de empreendimentos e serviços de natureza agroindustrial ou comercial que se enquadrem nos objetivos da Reforma Agrária ou da Política Agrícola a seu cargo, e, especialmente, que visem à execução de projetos dos Planos Nacional e Regionais de Reforma Agrária.

CAPÍTULO V
DISPOSIÇÕES GERAIS

Art. 18. Será cometida aos Governos dos Estados, dos Territórios Federais, dos Municípios e do Distrito Federal, mediante convênios firmados na forma dos artigos 6º, 7º e 8º da Lei nº 4.504, de 30 de novembro de 1964, a responsabilidade da execução, em colaboração com o IBRA, dentro dos respectivos limites territoriais, de tarefas que visem à implantação da Reforma Agrária, bem como à fiscalização do cumprimento das instruções e outros atos normativos baixados para consecução daquele objetivo.

Parágrafo único. A celebração e o cumprimento dos convênios podem constituir condição para a concessão de assistência técnica e financeira por parte do Governo Federal.

Art. 19. Utilizar, como prova de propriedade ou de direitos a ela relativos, documento expedido pelo IBRA para fins cadastrais ou tributários, em prejuízo de outrem ou em proveito próprio ou alheio:

Pena – Reclusão de 2 a 6 anos.

Parágrafo único. Se o agente é funcionário público e comete o crime prevalecendo-se do cargo, aumenta-se a pena de sexta parte.

Art. 20. Invadir, com intenção de ocupá-las, terras da União, dos Estados e dos Municípios:

Pena – Detenção de 6 meses a 3 anos.

Parágrafo único. Na mesma pena incorre quem, com idêntico propósito, invadir terras de órgãos ou entidades federais, estaduais ou municipais, destinadas à Reforma Agrária.

Art. 21. Caberá ao Presidente do Instituto Brasileiro de Reforma Agrária decretar a prisão administrativa dos responsáveis por dinheiros, bens ou valores pertencentes, direta ou indiretamente, ao IBRA, ou que se achem sob sua guarda.

Art. 22. A partir de 1º de janeiro de 1967, somente mediante apresentação do Certificado de Cadastro, expedido pelo IBRA e previsto na Lei nº 4.504, de 30 de novembro de 1964, poderá o proprietário de qualquer imóvel rural pleitear as facilidades proporcionadas pelos órgãos federais de administração centralizada ou descentralizada, ou por empresas de economia mista de que a União possua a maioria das ações, e, bem assim, obter inscrição, aprovação e registro de projetos de colonização particular, no IBRA ou no INDA, ou aprovação de projetos de loteamento.

§ 1º Sem apresentação do Certificado de Cadastro, não poderão os proprietários, a partir da data a que se refere este artigo, sob pena de nulidade, desmembrar, arrendar, hipotecar, vender ou prometer em venda imóveis rurais.

§ 2º Em caso de sucessão causa mortis nenhuma partilha, amigável ou judicial, poderá ser homologada pela autoridade competente, sem a apresentação do Certificado de Cadastro, a partir da data referida neste artigo.

§ 3º A apresentação do Certificado de Cadastro de Imóvel Rural – CCIR, exigida no *caput* deste artigo e nos §§ 1º e 2º, far-se-á, sempre, acompanhada da prova de quitação do Imposto sobre a Propriedade Territorial Rural – ITR, correspondente aos últimos cinco exercícios, ressalvados os casos de inexigibilidade e dispensa previstos no art. 20 da Lei nº 9.393, de 19 de dezembro de 1996.

► § 3º com a redação dada pela Lei nº 10.267, de 28-8-2001.

§ 4º Dos títulos de domínio destacados do patrimônio público constará obrigatoriamente o número de inscrição do CCIR, nos termos da regulamentação desta Lei.

§ 5º Nos casos de usucapião, o juiz intimará o INCRA do teor da sentença, para fins de cadastramento do imóvel rural.

§ 6º Além dos requisitos previstos no art. 134 do Código Civil e na Lei nº 7.433, de 18 de dezembro de 1985, os serviços notariais são obrigados a mencionar nas escrituras os seguintes dados do CCIR:

I – código do imóvel;
II – nome do detentor;
III – nacionalidade do detentor;
IV – denominação do imóvel;
V – localização do imóvel.

§ 7º Os serviços de registro de imóveis ficam obrigados a encaminhar ao INCRA, mensalmente, as modificações ocorridas nas matrículas imobiliárias decorrentes de mudanças de titularidade, parcelamento, desmembramento, loteamento, remembramento, retificação de área, reserva legal e particular do patrimônio natural e outras limitações e restrições de caráter ambiental, envolvendo os imóveis rurais, inclusive os destacados do patrimônio público.

§ 8º O INCRA encaminhará, mensalmente, aos serviços de registro de imóveis, os códigos dos imóveis rurais de que trata o § 7º, para serem averbados de ofício, nas respectivas matrículas.

► §§ 4º e 8º acrescidos pela Lei nº 10.267, de 28-8-2001.

Art. 23. O IBRA poderá promover, em colaboração com os órgãos executivos da Política Habitacional, a organização de nucleamentos urbanos para assegurar a colocação de excedentes rurais não qualificados para as atividades agropecuárias.

Art. 24. Os acordos, convênios ou contratos de interesse da política agrária instituída pela Lei nº 4.504, de 30 de novembro de 1964, firmados em qualquer Ministério ou outra entidade de direito público, serão registrados no Instituto Brasileiro de Reforma Agrária (IBRA).

Parágrafo único. O IBRA enviará relatório anual, ao Tribunal de Contas, para os fins estatísticos e de contabilidade pública, sobre os convênios, acordos e contratos firmados no exercício.

Art. 25. Nenhum dos instrumentos referidos no artigo anterior, após a lavratura e para o fim de registro, poderá ser enviado diretamente, pelas partes que nele se obrigarem, ao Tribunal de Contas da União.

Art. 26. Para que não seja considerado latifúndio o imóvel rural, ainda que do domínio particular, cujo objetivo de preservação florestal ou de outros recursos naturais haja sido reconhecido para fins de tombamento pelo órgão competente da administração pública, deve este tombamento, no prazo de 60 (sessenta) dias de sua ultimação, ser submetido ao julgamento do IBRA.

Art. 27. A presente Lei entrará em vigor na data de sua publicação, revogadas as disposições em contrário.

Brasília, 6 de abril de 1966;
145º da Independência e
78º da República.

H. Castello Branco

DECRETO-LEI Nº 41, DE 18 DE NOVEMBRO DE 1966

Dispõe sobre a dissolução de sociedades civis de fins assistenciais.

► Publicado no *DOU* de 21-11-1966.

Art. 1º Toda sociedade civil de fins assistenciais que receba auxílio ou subvenção do Poder Público ou que se mantenha, no todo ou em parte, com contribuições periódicas de populares, fica sujeita à dissolução nos casos e forma previstos neste decreto-lei.

Art. 2º A sociedade será dissolvida se:

I – Deixar de desempenhar efetivamente as atividades assistenciais a que se destina;

II – Aplicar as importâncias representadas pelos auxílios, subvenções ou contribuições populares em fins diversos dos previstos nos seus atos constitutivos ou nos estatutos sociais;

III – Ficar sem efetiva administração, por abandono ou omissão continuada dos seus órgãos diretores.

Art. 3º Verificada a ocorrência de alguma das hipóteses do artigo anterior, o Ministério Público, de ofício ou por provocação de qualquer interessado, requererá ao juízo competente a dissolução da sociedade.

Parágrafo único. O processo da dissolução e da liquidação reger-se-á pelos arts. 655 e seguintes do Código de Processo Civil.

► Refere-se ao CPC/1939.

► O atual procedimento é comum – art. 318 e segs. do CPC.

Art. 4º A sanção prevista neste Decreto-lei não exclui a aplicação de quaisquer outras, porventura cabíveis, contra os responsáveis pelas irregularidades ocorridas.

Art. 5º Este Decreto-lei entra em vigor na data de sua publicação, revogadas as disposições em contrário.

Brasília, 18 de novembro de 1966;
145º da Independência e
78º da Republica.

H. Castello Branco

DECRETO-LEI Nº 73, DE 21 DE NOVEMBRO DE 1966

Dispõe sobre o Sistema Nacional de Seguros Privados, regula as operações de seguros e resseguros e dá outras providências.

► Publicado no *DOU* de 22-11-1966.

CAPÍTULO I
INTRODUÇÃO

Art. 1º Todas as operações de seguros privados realizados no País ficarão subordinadas às disposições do presente Decreto-Lei.

Art. 2º O controle do Estado se exercerá pelos órgãos instituídos neste Decreto-Lei, no interesse dos segurados e beneficiários dos contratos de seguro.

Art. 3º Consideram-se operações de seguros privados os seguros de coisas, pessoas, bens, responsabilidades, obrigações, direitos e garantias.

Parágrafo único. Ficam excluídos das disposições deste Decreto-Lei os seguros do âmbito da Previdência Social, regidos pela legislação especial pertinente.

Art. 4º Integra-se nas operações de seguros privados o sistema de cosseguro, resseguro e retrocessão, por forma a pulverizar os riscos e fortalecer as relações econômicas do mercado.

Parágrafo único. Aplicam-se aos estabelecimentos autorizados a operar em resseguro e retrocessão, no que couber, as regras estabelecidas para as sociedades seguradoras.

► Parágrafo único acrescido pela Lei nº 9.932, de 20-12-1999.

Art. 5º A política de seguros privados objetivará:

I – Promover a expansão do mercado de seguros e propiciar condições operacionais necessárias para sua integração no processo econômico e social do País;

II – Evitar evasão de divisas, pelo equilíbrio do balanço dos resultados do intercâmbio, de negócios com o exterior;

III – *Revogado.* Lei nº 13.874, de 20-9-2019;

IV – Promover o aperfeiçoamento das Sociedades Seguradoras;

V – Preservar a liquidez e a solvência das Sociedades Seguradoras;

VI – Coordenar a política de seguros com a política de investimentos do Governo Federal, observados os critérios estabelecidos para as políticas monetária, creditícia e fiscal.

Art. 6º *Revogado.* LC nº 126, de 15-1-2007.

CAPÍTULO II
DO SISTEMA NACIONAL DE SEGUROS PRIVADOS

Art. 7º Compete privativamente ao Governo Federal formular a política de seguros privados, legislar sobre suas normas gerais e fiscalizar as operações no mercado nacional.

► Artigo com a redação retificada pelo Decreto-Lei nº 296, de 28-2-1967.

Art. 8º Fica instituído o Sistema Nacional de Seguros Privados, regulado pelo presente Decreto-Lei e constituído:

a) do Conselho Nacional de Seguros Privados – CNSP;

b) da Superintendência de Seguros Privados – SUSEP;
c) dos resseguradores;

► Alínea *c* com a redação dada pela LC nº 126, de 15-1-2007.

d) das Sociedades autorizadas a operar em seguros privados;
e) dos corretores habilitados.

CAPÍTULO III

DISPOSIÇÕES ESPECIAIS AO SISTEMA

Art. 9º Os seguros serão contratados mediante propostas assinadas pelo segurado, seu representante legal ou por corretor habilitado, com emissão das respectivas apólices, ressalvado o disposto no artigo seguinte.

Art. 10. É autorizada a contratação de seguros por simples emissão de bilhete de seguro, mediante solicitação verbal do interessado.

§ 1º O CNSP regulamentará os casos previstos neste artigo, padronizando as cláusulas e os impressos necessários.

§ 2º Não se aplicam a tais seguros as disposições do artigo 1.433 do Código Civil.

Art. 11. Quando o seguro for contratado na forma estabelecida no artigo anterior, a boa-fé da Sociedade Seguradora, em sua aceitação, constitui presunção *juris tantum*.

§ 1º Sobrevindo o sinistro, a prova da ocorrência do risco coberto pelo seguro e a justificação de seu valor competirão ao segurado ou beneficiário.

§ 2º Será lícito à Sociedade Seguradora arguir a existência de circunstância relativa ao objeto ou interesse segurado cujo conhecimento prévio influiria na sua aceitação ou na taxa de seguro, para exonerar-se da responsabilidade assumida, até no caso de sinistro. Nessa hipótese, competirá ao segurado ou beneficiário provar que a Sociedade Seguradora teve ciência prévia da circunstância arguida.

§ 3º A violação ou inobservância, pelo segurado, seu preposto ou beneficiário, de qualquer das condições estabelecidas para a contratação de seguros na forma do disposto no artigo 10 exonera a Sociedade Seguradora da responsabilidade assumida.

► § 3º com a redação retificada pelo Dec.-lei nº 296, de 28-2-1967.

§ 4º É vedada a realização de mais de um seguro cobrindo o mesmo objeto ou interesse, desde que qualquer deles seja contratado mediante a emissão de simples certificado, salvo nos casos de seguros de pessoas.

Art. 12. A obrigação do pagamento do prêmio pelo segurado vigerá a partir do dia previsto na apólice ou bilhete de seguro, ficando suspensa a cobertura do seguro até o pagamento do prêmio e demais encargos.

Parágrafo único. Qualquer indenização decorrente do contrato de seguros dependerá de prova de pagamento do prêmio devido, antes da ocorrência do sinistro.

Art. 13. As apólices não poderão conter cláusula que permita rescisão unilateral dos contratos de seguro ou por qualquer modo subtraia sua eficácia e validade além das situações previstas em Lei.

Art. 14. Fica autorizada a contratação de seguros com a cláusula de correção monetária para capitais e valores, observadas equivalência atuarial dos compromissos futuros assumidos pelas partes contratantes, na forma das instruções do Conselho Nacional de Seguros Privados.

Art. 15. *Revogado.* Lei nº 9.932, de 20-12-1999.

Art. 16. É criado o Fundo de Estabilidade do Seguro Rural, com a finalidade de garantir a estabilidade dessas operações e atender à cobertura suplementar dos riscos de catástrofe.

► *Revogado* a partir da data da extinção do Fundo de Estabilidade do Seguro Rural, conforme arts. 18 e 22, IV, da LC nº 137, de 26-8-2010, que autoriza a participação da União em fundo destinado à cobertura suplementar dos riscos do seguro rural.

Parágrafo único. O Fundo será administrado pelo IRB e seus recursos aplicados segundo o estabelecido pelo CNSP.

► A alteração que seria introduzida neste parágrafo único pela LC nº 126, de 15-1-2007, foi vetada, razão pela qual mantivemos a redação.

► Art. 59 da Lei nº 9.649, de 27-5-1998, que altera a denominação do IRB para IRB – Brasil Resseguros S.A., com a abreviatura IRB-Brasil RE.

Art. 17. O Fundo de Estabilidade do Seguro Rural será constituído:

► *Revogado* a partir da data da extinção do Fundo de Estabilidade do Seguro Rural, conforme arts. 18 e 22, IV, da LC nº 137, de 26-8-2010, que autoriza a participação da União em fundo destinado à cobertura suplementar dos riscos do seguro rural.

a) dos excedentes do máximo admissível tecnicamente como lucro nas operações dos seguros de crédito rural, seus resseguros e suas retrocessões, segundo os limites fixados pelo CNSP;
b) dos recursos previstos no artigo 23, parágrafo 3º, deste Decreto-Lei;
c) por dotações orçamentárias anuais, durante dez anos, a partir do presente Decreto-Lei ou mediante o crédito especial necessário para cobrir a deficiência operacional do exercício anterior.

► Alíneas *b* e *c* com a redação retificada pelo Dec.-lei nº 296, de 28-2-1967.

Art. 18. *Revogado.* LC nº 126, de 15-1-2007.

Art. 19. As operações de Seguro Rural gozam de isenção tributária irrestrita, de quaisquer impostos ou tributos federais.

► *Revogado* a partir de 1º de julho do ano seguinte ao do início de operação do Fundo, conforme art. 22, III, da LC nº 137, de 26-8-2010, que autoriza a participação da União em fundo destinado à cobertura suplementar dos riscos do seguro rural.

Art. 20. Sem prejuízo do disposto em leis especiais, são obrigatórios os seguros de:

a) danos pessoais a passageiros de aeronaves comerciais;
b) responsabilidade civil do proprietário de aeronaves e do transportador aéreo;

► Alínea *b* com a redação dada pela Lei nº 8.374, de 30-12-1991.

c) responsabilidade civil do construtor de imóveis em zonas urbanas por danos a pessoas ou coisas;
d) *Revogada.* Lei nº 13.986, de 7-4-2020;
e) garantia do cumprimento das obrigações do incorporador e construtor de imóveis;
f) garantia do pagamento a cargo de mutuário da construção civil, inclusive obrigação imobiliária;
g) edifícios divididos em unidades autônomas;
h) incêndio e transporte de bens pertencentes a pessoas jurídicas, situados no País ou nele transportados;
i) *Revogada.* LC nº 126, de 15-1-2007;
j) crédito à exportação, quando julgado conveniente pelo CNSP, ouvido o Conselho Nacional do Comércio Exterior (CONCEX);

► Alínea *j* com a redação dada pelo Dec.-lei nº 826, de 5-9-1969.

l) danos pessoais causados por veículos automotores de vias terrestres e por embarcações, ou por sua carga, a pessoas transportadas ou não;

► Alínea *l* com a redação dada pela Lei nº 8.374, de 30-12-1991.

m) responsabilidade civil dos transportadores terrestres, marítimos, fluviais e lacustres, por danos à carga transportada.

► Alínea *m* acrescida pela Lei nº 8.374, de 30-12-1991.

Parágrafo único. Não se aplica à União a obrigatoriedade estatuída na alínea *h* deste artigo.

► Parágrafo único acrescido pela Lei nº 10.190, de 14-2-2001.

Art. 21. Nos casos de seguros legalmente obrigatórios, o estipulante equipara-se ao segurado para os efeitos de contratação e manutenção do seguro.

§ 1º Para os efeitos deste Decreto-Lei, estipulante é a pessoa que contrata seguro por conta de terceiros, podendo acumular a condição de beneficiário.

§ 2º Nos seguros facultativos o estipulante é mandatário dos segurados.

§ 3º O CNSP estabelecerá os direitos e obrigações do estipulante, quando for o caso, na regulamentação de cada ramo ou modalidade de seguro.

§ 4º O não recolhimento dos prêmios recebidos de segurados, nos prazos devidos, sujeita o estipulante à multa, imposta pela SUSEP, de importância igual ao dobro do valor dos prêmios por ele retidos, sem prejuízo da ação penal que couber.

► § 4º acrescido pela Lei nº 5.627, de 1º-12-1970.

Art. 22. As instituições financeiras públicas não poderão realizar operações ativas de crédito com as pessoas jurídicas e firmas individuais que não tenham em dia os seguros obrigatórios por lei, salvo mediante aplicação da parcela do crédito, que for concedido, no pagamento dos prêmios em atraso.

► *Caput* com a redação retificada pelo Dec.-lei nº 296, de 28-2-1967.

Parágrafo único. Para participar de concorrências abertas pelo Poder Público, é indispensável comprovar o pagamento dos prêmios dos seguros legalmente obrigatórios.

Art. 23. *Revogado.* LC nº 126, de 15-1-2007.

Art. 24. Poderão operar em seguros privados apenas Sociedades Anônimas ou Cooperativas, devidamente autorizadas.

Parágrafo único. As Sociedades Cooperativas operarão unicamente em seguros agrícolas, de saúde e de acidentes do trabalho.

Art. 25. As ações das Sociedades Seguradoras serão sempre nominativas.

Art. 26. As sociedades seguradoras não poderão requerer concordata e não estão sujeitas à falência, salvo, neste último caso, se decretada a liquidação extrajudicial, o ativo não for suficiente para o pagamento de pelo menos a metade dos credores quirografários, ou quando houver fundados indícios da ocorrência de crime falimentar.

► Artigo com a redação dada pela Lei nº 10.190, de 14-2-2001.

Art. 27. Serão processadas pela forma executiva as ações de cobrança dos prêmios dos contratos de seguro.

Art. 28. A partir da vigência deste Decreto-Lei, a aplicação das reservas técnicas das Sociedades Seguradoras será feita conforme as diretrizes do Conselho Monetário Nacional.

Art. 29. Os investimentos compulsórios das Sociedades Seguradoras obedecerão a critérios que garantam remuneração adequada, segurança e liquidez.

Parágrafo único. Nos casos de seguros contratados com a cláusula de correção monetária é obrigatório o investimento das respectivas reservas nas condições estabelecidas neste artigo.

Art. 30. As Sociedades Seguradoras não poderão conceder aos segurados comissões ou bonificações de qualquer espécie, nem vantagens especiais que importem dispensa ou redução de prêmio.

Art. 31. É assegurada ampla defesa em qualquer processo instaurado por infração ao presente Decreto-Lei, sendo nulas as decisões proferidas com inobservância deste preceito.

► Artigo com a redação retificada pelo Dec.-lei nº 296, de 28-2-1967.

CAPÍTULO IV

DO CONSELHO NACIONAL DE SEGUROS PRIVADOS

Art. 32. É criado o Conselho Nacional de Seguros Privados – CNSP, ao qual compete privativamente:

► *Caput* com a redação retificada pelo Dec.-lei nº 296, de 28-2-1967.

I – Fixar as diretrizes e normas da política de seguros privados;

II – Regular a constituição, organização, funcionamento e fiscalização dos que exercerem atividades subordinadas a este Decreto-Lei, bem como a aplicação das penalidades previstas;

III – Estipular índices e demais condições técnicas sobre tarifas, investimentos e outras relações patrimoniais a serem observadas pelas Sociedades Seguradoras;

IV – Fixar as características gerais dos contratos de seguros;

V – Fixar normas gerais de contabilidade e estatística a serem observadas pelas Sociedades Seguradoras;

VI – delimitar o capital das sociedades seguradoras e dos resseguradores;

► Inciso VI com a redação dada pela LC nº 126, de 15-1-2007.

VII – Estabelecer as diretrizes gerais das operações de resseguro;

VIII – disciplinar as operações de cosseguro;

► Inciso VIII com a redação dada pela LC nº 126, de 15-1-2007.

IX – *Revogado.* LC nº 126, de 15-1-2007;

X – *Revogado.* Lei nº 13.874, de 20-9-2019;

XI – Prescrever os critérios de constituição das Sociedades Seguradoras, com fixação dos limites legais e técnicos das operações de seguro;

XII – Disciplinar a corretagem de seguros e a profissão de corretor;

XIII – *Revogado.* LC nº 126, de 15-1-2007;

XIV – Decidir sobre sua própria organização, elaborando o respectivo Regimento Interno;

XV – Regular a organização, a composição e o funcionamento de suas Comissões Consultivas;

XVI – Regular a instalação e o funcionamento das Bolsas de Seguro;

XVII – fixar as condições de constituição e extinção de entidades autorreguladoras do mercado de corretagem, sua forma jurídica, seus órgãos de administração e a forma de preenchimento de cargos administrativos;

XVIII – regular o exercício do poder disciplinar das entidades autorreguladoras do mercado de corretagem sobre seus membros, inclusive do poder de impor penalidades e de excluir membros;

XIX – disciplinar a administração das entidades autorreguladoras do mercado de corretagem e a fixação de emolumentos, comissões e quaisquer outras despesas cobradas por tais entidades, quando for o caso.

► Incisos XVII a XIX acrescidos pela LC nº 137, de 26-8-2010.

Art. 33. O CNSP será integrado pelos seguintes membros:

I – Ministro de Estado da Fazenda, ou seu representante;

II – representante do Ministério da Justiça;

III – representante do Ministério da Previdência e Assistência Social;

IV – Superintendente da Superintendência de Seguros Privados – SUSEP;

V – representante do Banco Central do Brasil;

VI – representante da Comissão de Valores Mobiliários – CVM.

§ 1º O CNSP será presidido pelo Ministro de Estado da Fazenda e, na sua ausência, pelo Superintendente da SUSEP.

§ 2º O CNSP terá seu funcionamento regulado em regimento interno.

► Art. 33 restabelecido e com a redação dada pela Lei nº 10.190, de 14-2-2001.

Art. 34. Com audiência obrigatória nas deliberações relativas às respectivas finalidades específicas, funcionarão junto ao CNSP as seguintes Comissões Consultivas:

I – de Saúde;

II – do Trabalho;

III – de Transporte;

IV – Mobiliária e de Habitação;

V – Rural;

VI – Aeronáutica;

VII – de Crédito;

VIII – de Corretores.

§ 1º O CNSP poderá criar outras Comissões Consultivas, desde que ocorra justificada necessidade.

§ 2º A organização, a composição e o funcionamento das Comissões Consultivas serão regulados pelo CNSP, cabendo ao seu Presidente designar os representantes que as integrarão, mediante indicação das entidades participantes delas.

► § 2º com a redação retificada pelo Dec.-lei nº 296, de 28-2-1967.

CAPÍTULO V

DA SUPERINTENDÊNCIA DE SEGUROS PRIVADOS

Seção I

Art. 35. Fica criada a Superintendência de Seguros Privados (SUSEP), entidade autárquica, jurisdicionada ao Ministério da Indústria e do Comércio, dotada de personalidade jurídica de Direito Público, com autonomia administrativa e financeira.

Parágrafo único. A sede da SUSEP será na cidade do Rio de Janeiro, Estado da Guanabara, até que o Poder Executivo a fixe, em definitivo, em Brasília.

Art. 36. Compete à SUSEP, na qualidade de executora da política traçada pelo CNSP, como órgão fiscalizador da constituição, organização, funcionamento e operações das Sociedades Seguradoras:

a) processar os pedidos de autorização, para constituição, organização, funcionamento, fusão, encampação, grupamento, transferência de controle acionário e reforma dos Estatutos das Sociedades Seguradoras, opinar sobre os mesmos e encaminhá-los ao CNSP;

b) baixar instruções e expedir circulares relativas à regulamentação das operações de seguro, de acordo com as diretrizes do CNSP;

c) fixar condições de apólices, planos de operações e tarifas a serem utilizadas obrigatoriamente pelo mercado segurador nacional;

d) aprovar os limites de operações das Sociedades Seguradoras, de conformidade com o critério fixado pelo CNSP;

e) examinar e aprovar as condições de coberturas especiais, bem como fixar as taxas aplicáveis;

► Alínea *e* com a redação retificada pelo Dec.-lei nº 296, de 28-2-1967.

f) autorizar a movimentação e liberação dos bens e valores obrigatoriamente inscritos em garantia das reservas técnicas e do capital vinculado;

g) fiscalizar a execução das normas gerais de contabilidade e estatística fixadas pelo CNSP para as Sociedades Seguradoras;

h) fiscalizar as operações das Sociedades Seguradoras, inclusive o exato cumprimento deste Decreto-Lei, de outras leis pertinentes, disposições regulamentares em geral, resoluções do CNSP e aplicar as penalidades cabíveis;

i) proceder à liquidação das Sociedades Seguradoras que tiverem cassada a autorização para funcionar no País;

j) organizar seus serviços, elaborar e executar seu orçamento;

k) fiscalizar as operações das entidades autorreguladoras do mercado de corretagem, inclusive o exato cumprimento deste Decreto-Lei, de outras leis pertinentes, de disposições regulamentares em geral e de resoluções do Conselho Nacional de Seguros Privados (CNSP), e aplicar as penalidades cabíveis; e

l) celebrar convênios para a execução dos serviços de sua competência em qualquer parte do território nacional, observadas as normas da legislação em vigor.

► Alíneas *k* e *l* acrescidas pela LC nº 137, de 26-8-2010.

Seção II

DA ADMINISTRAÇÃO DA SUSEP

Art. 37. A administração da SUSEP será exercida por um Superintendente, nomeado pelo Presidente da República, mediante indicação do Ministro da Indústria e do Comércio, que terá as suas atribuições definidas no Regulamento deste Decreto-Lei e seus vencimentos fixados em Portaria do mesmo Ministro.

Parágrafo único. A organização interna da SUSEP constará de seu Regimento, que será aprovado pelo CNSP.

► Art. 37 com a redação dada pelo Dec.-lei nº 168, de 14-2-1967.

Seção III

Art. 38. Os cargos da SUSEP somente poderão ser preenchidos mediante concurso público de provas, ou de provas e títulos, salvo os da direção e os casos de contratação, por prazo determinado, de prestação de serviços técnicos ou de natureza especializada.

Parágrafo único. O pessoal da SUSEP reger-se-á pela legislação trabalhista e os seus níveis salariais serão fixados pelo Superintendente, com observância do mercado de trabalho, ouvido o CNSP.

► Art. 38 com a redação dada pelo Dec.-lei nº 168, de 14-2-1967.

Seção IV

DOS RECURSOS FINANCEIROS

Art. 39. Do produto da arrecadação do imposto sobre operações financeiras a que se refere a Lei nº 5.143, de 20-10-66, será destacada a parcela necessária ao custeio das atividades da SUSEP.

Art. 40. Constituem ainda recursos da SUSEP:

I – o produto das multas aplicadas pela SUSEP;

II – dotação orçamentária específica ou créditos especiais;

III – juros de depósitos bancários;

IV – a participação que lhe for atribuída pelo CNSP no fundo previsto no art. 16;

V – outras receitas ou valores adventícios, resultantes de suas atividades.

CAPÍTULO VI
DO INSTITUTO DE RESSEGUROS DO BRASIL

Seção I
DA NATUREZA JURÍDICA, FINALIDADE, CONSTITUIÇÃO E COMPETÊNCIA

Art. 41. O IRB é uma sociedade de economia mista, dotada de personalidade jurídica própria de Direito Privado e gozando de autonomia administrativa e financeira.

► Art. 59 da Lei nº 9.649, de 27-5-1998, que altera a denominação do IRB para IRB – Brasil Resseguros S.A., com a abreviatura IRB-Brasil RE.

Parágrafo único. O IRB será representado em juízo ou fora dele por seu Presidente e responderá no foro comum.

Art. 42. *Revogado.* LC nº 126, de 15-1-2007.

Art. 43. O capital social do IRB é representado por ações escriturais, ordinárias e preferenciais, todas sem valor nominal.

► Art. 59 da Lei nº 9.649, de 27-5-1998, que altera a denominação do IRB para IRB – Brasil Resseguros S.A., com a abreviatura IRB-Brasil RE.

Parágrafo único. As ações ordinárias, com direito a voto, representam, no mínimo, cinquenta por cento do capital social.

► Art. 43 com a redação dada pela Lei nº 9.482, de 13-8-1997.

Art. 44. *Revogado.* LC nº 126, de 15-1-2007.

Art. 45. *Revogado.* Lei nº 9.932, de 20-12-1999.

Seção II
DA ADMINISTRAÇÃO E DO CONSELHO FISCAL

Art. 46. São órgãos de administração do IRB o Conselho de Administração e a Diretoria.

► Art. 59 da Lei nº 9.649, de 27-5-1998, que altera a denominação do IRB para IRB – Brasil Resseguros S.A., com a abreviatura IRB-Brasil RE.

§ 1º O Conselho de Administração é composto por seis membros, eleitos pela Assembleia-Geral, sendo:

I – três membros indicados pelo Ministro de Estado da Fazenda, dentre eles:

a) o Presidente do Conselho;

b) o Presidente do IRB, que será o Vice-Presidente do Conselho;

II – um membro indicado pelo Ministro de Estado do Planejamento e Orçamento;

III – um membro indicado pelos acionistas detentores de ações preferenciais;

IV – um membro indicado pelos acionistas minoritários, detentores de ações ordinárias.

§ 2º A Diretoria do IRB é composta por seis membros, sendo o Presidente e o Vice-Presidente Executivo nomeados pelo Presidente da República, por indicação do Ministro de Estado da Fazenda, e os demais eleitos pelo Conselho de Administração.

§ 3º Enquanto a totalidade das ações ordinárias permanecer com a União, aos acionistas detentores de ações preferenciais será facultado o direito de indicar até dois membros para o Conselho de Administração do IRB.

§ 4º Os membros do Conselho de Administração e da Diretoria do IRB terão mandato de três anos, observado o disposto na Lei nº 6.404, de 15 de dezembro de 1976.

► Art. 46 com a redação dada pela Lei nº 9.482, de 13-8-1997.

Art. 47. O Conselho Fiscal do IRB é composto por cinco membros efetivos e respectivos suplentes, eleitos pela Assembleia-Geral, sendo:

► Art. 59 da Lei nº 9.649, de 27-5-1998, que altera a denominação do IRB para IRB – Brasil Resseguros S.A., com a abreviatura IRB-Brasil RE.

I – três membros e respectivos suplentes indicados pelo Ministro de Estado da Fazenda, dentre os quais um representante do Tesouro Nacional;

II – um membro e respectivo suplente eleitos, em votação em separado, pelos acionistas minoritários detentores de ações ordinárias;

III – um membro e respectivo suplente eleitos pelos acionistas detentores de ações preferenciais sem direito a voto ou com voto restrito, excluído o acionista controlador, se detentor dessa espécie de ação.

Parágrafo único. Enquanto a totalidade das ações ordinárias permanecer com a União, aos acionistas detentores de ações preferenciais será facultado o direito de indicar até dois membros para o Conselho Fiscal do IRB.

► Art. 47 com a redação dada pela Lei nº 9.482, de 13-8-1997.

Art. 48. Os estatutos fixarão a competência do Conselho de Administração e da Diretoria do IRB.

► Artigo com a redação dada pela Lei nº 9.482, de 13-8-1997.

► Art. 59 da Lei nº 9.649, de 27-5-1998, que altera a denominação do IRB para IRB – Brasil Resseguros S.A., com a abreviatura IRB-Brasil RE.

Arts. 49 a 54. *Revogados.* Lei nº 9.482, de 13-8-1997.

Seção III
DO PESSOAL

Art. 55. Os serviços do IRB serão executados por pessoal admitido mediante concurso público de provas ou de provas e títulos, cabendo aos Estatutos regular suas condições de realização, bem como os direitos, vantagens e deveres dos servidores, inclusive as punições aplicáveis.

► Art. 59 da Lei nº 9.649, de 27-5-1998, que altera a denominação do IRB para IRB – Brasil Resseguros S.A., com a abreviatura IRB-Brasil RE.

§ 1º A nomeação para cargo em comissão será feita pelo Presidente, depois de aprovada sua criação pelo Conselho Técnico.

§ 2º É permitida a contratação de pessoal destinado a funções técnicas especializadas ou para serviços auxiliares de manutenção, transporte, higiene e limpeza.

§ 3º Ficam assegurados aos servidores do IRB os direitos decorrentes de normas legais em vigor no que digam respeito à participação nos lucros, aposentadoria, enquadramento sindical, estabilidade e aplicação da legislação do trabalho.

► § 3º com a redação retificada pelo Decreto-Lei nº 296, de 28-2-1967.

§ 4º *Revogado.* LC nº 126, de 15-1-2007.

Seção IV
DAS OPERAÇÕES

Arts. 56 a 64. *Revogados.* Lei nº 9.932, de 20-12-1999.

Seção V

DAS LIQUIDAÇÕES DE SINISTROS

Arts. 65 a 69. *Revogados.* Lei nº 9.932, de 20-12-1999.

Seção VI

DO BALANÇO E DISTRIBUIÇÃO DE LUCROS

Arts. 70 e 71. *Revogados.* Lei nº 9.932, de 20-12-1999.

CAPÍTULO VII

DAS SOCIEDADES SEGURADORAS

Seção I

LEGISLAÇÃO APLICÁVEL

Art. 72. As Sociedades Seguradoras serão reguladas pela legislação geral no que lhes for aplicável e, em especial, pelas disposições do presente Decreto-Lei.

Parágrafo único. Aplicam-se às sociedades seguradoras o disposto no art. 25 da Lei nº 4.595, de 31 de dezembro de 1964, com a redação que lhe dá o art. 1º desta lei.

► Parágrafo único acrescido pela Lei nº 5.710, de 7-10-1971.

Art. 73. As Sociedades Seguradoras não poderão explorar qualquer outro ramo de comércio ou indústria.

Seção II

DA AUTORIZAÇÃO PARA FUNCIONAMENTO

Art. 74. A autorização para funcionamento será concedida através de Portaria do Ministro da Indústria e do Comércio, mediante requerimento firmado pelos incorporadores, dirigido ao CNSP e apresentado por intermédio da SUSEP.

Art. 75. Concedida a autorização para funcionamento, a Sociedade terá o prazo de noventa dias para comprovar perante a SUSEP, o cumprimento de todas as formalidades legais ou exigências feitas no ato da autorização.

Art. 76. Feita a comprovação referida no artigo anterior, será expedida a carta-patente pelo Ministro da Indústria e do Comércio.

Art. 77. As alterações dos Estatutos das Sociedades Seguradoras dependerão de prévia autorização do Ministro da Indústria e do Comércio, ouvidos a SUSEP e o CNSP.

Seção III

DAS OPERAÇÕES DAS SOCIEDADES SEGURADORAS

Art. 78. As Sociedades Seguradoras só poderão operar em seguros para os quais tenham a necessária autorização, segundo os planos, tarifas e normas aprovadas pelo CNSP.

Art. 79. É vedado às Sociedades Seguradoras reter responsabilidades cujo valor ultrapasse os limites técnicos, fixados pela SUSEP de acordo com as normas aprovadas pelo CNSP, e que levarão em conta:

a) a situação econômico-financeira das Sociedades Seguradoras;

b) as condições técnicas das respectivas carteiras;

c) *Revogada.* LC nº 126, de 15-1-2007.

§ 1º *Revogado.* LC nº 126, de 15-1-2007.

§ 2º Não haverá cobertura de resseguro para as responsabilidades assumidas pelas Sociedades Seguradoras em desacordo com as normas e instruções em vigor.

Art. 80. As operações de cosseguro obedecerão a critérios fixados pelo CNSP, quanto à obrigatoriedade e normas técnicas.

Arts. 81 e 82. *Revogados.* LC nº 126, de 15-1-2007.

Art. 83. As apólices, certificados e bilhetes de seguro mencionarão a responsabilidade máxima da Sociedade Seguradora, expressa em moeda nacional para cobertura dos riscos neles descritos e caracterizados.

Art. 84. Para garantia de todas as suas obrigações, as Sociedades Seguradoras constituirão reservas técnicas, fundos especiais e provisões, de conformidade com os critérios fixados pelo CNSP, além das reservas e fundos determinados em leis especiais.

§§ 1º a 3º *Revogados.* Lei nº 11.941, de 27-5-2009.

Art. 85. Os bens garantidores das reservas técnicas, fundos e previsões serão registrados na SUSEP e não poderão ser alienados, prometidos alienar ou de qualquer forma gravados em sua previa e expressa autorização, sendo nulas de pleno direito, as alienações realizadas ou os gravames constituídos com violação deste artigo.

► *Caput* com a redação retificada pelo Dec.-Lei nº 296, de 28-2-1967.

Parágrafo único. Quando a garantia recair em bem imóvel, será obrigatoriamente inscrita no competente Cartório do Registro Geral de Imóveis, mediante simples requerimento firmado pela Sociedade Seguradora e pela SUSEP.

Art. 86. Os segurados e beneficiários que sejam credores por indenização ajustada ou por ajustar têm privilégio especial sobre reservas técnicas, fundos especiais ou provisões garantidoras das operações de seguro, de resseguro e de retrocessão.

Parágrafo único. Após o pagamento aos segurados e beneficiários mencionados no *caput* deste artigo, o privilégio citado será conferido, relativamente aos fundos especiais, reservas técnicas ou provisões garantidoras das operações de resseguro e de retrocessão, às sociedades seguradoras e, posteriormente, aos resseguradores.

► Art. 86 com a redação dada pela LC nº 126, de 15-1-2007.

Art. 87. As Sociedades Seguradoras não poderão distribuir lucros ou quaisquer fundos correspondentes às reservas patrimoniais, desde que essa distribuição possa prejudicar o investimento obrigatório do capital e reserva, de conformidade com os critérios estabelecidos neste Decreto-Lei.

Art. 88. As sociedades seguradoras e os resseguradores obedecerão às normas e instruções dos órgãos regulador e fiscalizador de seguros sobre operações de seguro, cosseguro, resseguro e retrocessão, bem como lhes fornecerão dados e informações atinentes a quaisquer aspectos de suas atividades.

Parágrafo único. Os inspetores e funcionários credenciados do órgão fiscalizador de seguros terão livre acesso às sociedades seguradoras e aos resseguradores, deles podendo requisitar e apreender livros, notas técnicas e documentos, caracterizando-se como embaraço à fiscalização, sujeito às penas previstas neste Decreto-Lei, qualquer dificuldade oposta aos objetivos deste artigo.

► Art. 88 com a redação dada pela LC nº 126, de 15-1-2007.

CAPÍTULO VIII

DO REGIME ESPECIAL DE FISCALIZAÇÃO

► Capítulo VIII com a numeração retificada pelo Dec.-lei nº 296, de 28-2-1967.

Art. 89. Em caso de insuficiência de cobertura das reservas técnicas ou de má situação econômico-financeira da Sociedade Seguradora, a critério da SUSEP, poderá esta, além de outras providências cabíveis, inclusive fiscalização especial, nomear, por tempo indeterminado, às expensas da Sociedade Seguradora, um diretor-fiscal com as atribuições e vantagens que lhe forem indicadas pelo CNSP.

§ 1º Sempre que julgar necessário ou conveniente à defesa dos interesses dos segurados, a SUSEP verificará, nas indenizações, o fiel cumprimento do contrato, inclusive a exatidão do cálculo da reserva técnica e se as causas protelatórias do pagamento, porventura existentes, decorrem de dificuldades econômico-financeira da empresa.

► Parágrafo único transformado em § 1º pelo Dec.-lei nº 1.115, de 24-7-1970.

§ 2º *Revogado.* LC nº 126, de 15-1-2007.

Art. 90. Não surtindo efeito as medidas especiais ou a intervenção, a SUSEP encaminhará ao CNSP proposta de cassação da autorização para funcionamento da Sociedade Seguradora.

Parágrafo único. Aplica-se à intervenção a que se refere este artigo o disposto nos arts. 55 a 62 da Lei nº 6.435, de 15 de julho de 1977.

► Parágrafo único acrescido pela Lei nº 10.190, de 14-2-2001.

Art. 91. O descumprimento de qualquer determinação do Diretor-Fiscal por Diretores, administradores, gerentes, fiscais ou funcionários da Sociedade Seguradora em regime especial de fiscalização acarretará o afastamento do infrator, sem prejuízo das sanções penais cabíveis.

Art. 92. Os administradores das Sociedades Seguradoras ficarão suspensos do exercício de suas funções desde que instaurado processo-crime por atos ou fatos relativos à respectiva gestão, perdendo imediatamente seu mandato na hipótese de condenação.

► Artigo com a redação retificada pelo Dec.-Lei nº 296, de 28-2-1967.

Art. 93. Cassada a autorização de uma Sociedade Seguradora para funcionar, a alienação ou gravame de qualquer de seus bens dependerá de autorização da SUSEP, que, para salvaguarda dessa inalienabilidade, terá poderes para controlar o movimento de contas bancárias e promover o levantamento do respectivo ônus junto às Autoridades ou Registros Públicos.

CAPÍTULO IX

DA LIQUIDAÇÃO DAS SOCIEDADES SEGURADORAS

► Capítulo IX com a numeração retificada pelo Dec.-lei nº 296, de 28-2-1967.

Art. 94. A cessação das operações das Sociedades Seguradoras poderá ser:

a) voluntária, por deliberação dos sócios em Assembleia-Geral;

b) compulsória, por ato do Ministro da Indústria e do Comércio, nos termos deste Decreto-Lei.

Art. 95. Nos casos de cessação voluntária das operações, os Diretores requererão ao Ministro da Indústria e do Comércio o cancelamento da autorização para funcionamento da Sociedade Seguradora, no prazo de cinco dias da respectiva Assembleia-Geral.

Parágrafo único. Devidamente instruído, o requerimento será encaminhado por intermédio da SUSEP, que opinará sobre a cessação deliberada.

Art. 96. Além dos casos previstos neste Decreto-Lei ou em outras leis, ocorrerá a cessação compulsória das operações da Sociedade Seguradora que:

a) praticar atos nocivos à política de seguros determinada pelo CNSP;

b) não formar as reservas, fundos e provisões a que esteja obrigada ou deixar de aplicá-las pela forma prescrita neste Decreto-Lei;

c) acumular obrigações vultosas devidas aos resseguradores, a juízo do órgão fiscalizador de seguros, observadas as determinações do órgão regulador de seguros;

► Alínea *c* com a redação dada pela LC nº 126, de 15-1-2007.

d) configurar a insolvência econômico-financeira.

Art. 97. A liquidação voluntária ou compulsória das Sociedades Seguradoras será processada pela SUSEP.

► Artigo com a redação retificada pelo Dec.-lei nº 296, de 28-2-1967.

Art. 98. O ato da cassação será publicado no *Diário Oficial da União*, produzindo imediatamente os seguintes efeitos:

a) suspensão das ações e execuções judiciais, excetuadas as que tiveram início anteriormente, quando intentadas por credores com privilégio sobre determinados bens da Sociedade Seguradora;

b) vencimento de todas as obrigações civis ou comerciais da Sociedade Seguradora liquidanda, incluídas as cláusulas penais dos contratos;

c) suspensão da incidência de juros, ainda que estipulados, se a massa liquidanda não bastar para o pagamento do principal;

d) cancelamento dos poderes de todos os órgãos de administração da Sociedade liquidanda.

§ 1º Durante a liquidação, fica interrompida a prescrição extintiva contra ou a favor da massa liquidanda.

► Parágrafo único transformado em § 1º pelo Dec.-lei nº 296, de 28-2-1967.

§ 2º Quando a sociedade tiver credores por salários ou indenizações trabalhistas, também ficarão suspensas as ações e execuções a que se refere a parte final da alínea *a* deste artigo.

§ 3º Poderá ser arguida em qualquer fase processual, inclusive quanto às questões trabalhistas, a nulidade dos despachos ou decisões que contravenham o disposto na alínea *a* deste artigo ou em seu § 2º. Nos processos sujeitos à suspensão, caberá à sociedade liquidanda, para realização do ativo, requerer o levantamento de penhoras, arrestos e quaisquer outras medidas de apreensão ou reserva de bens, sem prejuízo do estatuído adiante no parágrafo único do artigo 103.

§ 4º A massa liquidanda não estará obrigada a reajustamentos salariais sobrevindos durante a liquidação, nem responderá pelo pagamento de multas, custas, honorários e demais despesas feitas pelos credores em interesse próprio, assim como não se aplicará correção monetária aos créditos pela mora resultante de liquidação.

► §§ 2º a 4º acrescidos pelo Dec.-lei nº 296, de 28-2-1967.

Art. 99. Além dos poderes gerais de administração, a SUSEP ficará investida de poderes especiais para representar a Sociedade Seguradora liquidanda ativa e passivamente, em juízo ou fora dele, podendo:

a) propor e contestar ações, inclusive para integralização de capital pelos acionistas;

b) nomear e demitir funcionários;

c) fixar os vencimentos de funcionários;

d) outorgar ou revogar mandatos;

e) transigir;

f) vender valores móveis e bens imóveis.

Art. 100. Dentro de 90 (noventa) dias da cassação para funcionamento, a SUSEP levantará o balanço do ativo e do passivo da Sociedade Seguradora liquidanda e organizará:

a) o arrolamento pormenorizado dos bens do ativo, com as respectivas avaliações, especificando os garantidores das reservas técnicas ou do capital;

b) a lista dos credores por dívida de indenização de sinistro, capital garantidor de reservas técnicas ou restituição de prêmios, com a indicação das respectivas importâncias;

c) a relação dos créditos da Fazenda Pública e da Previdência Social;

► Alínea *c* com a redação dada pela LC nº 126, de 15-1-2007.

d) a relação dos demais credores, com indicação das importâncias e procedência dos créditos, bem como sua classificação, de acordo com a legislação de falências.

Parágrafo único. *Revogado.* Lei nº 9.932, de 20-12-1999.

Art. 101. Os interessados poderão impugnar o quadro geral de credores, mas decairão desse direito se não o exercerem no prazo de quinze dias.

Art. 102. A SUSEP examinará as impugnações e fará publicar no *Diário Oficial da União*, sua decisão, dela notificando os recorrentes por via postal, sob AR.

Parágrafo único. Da decisão da SUSEP caberá recurso para o Ministro da Indústria e do Comércio, no prazo de quinze dias.

Art. 103. Depois da decisão relativa a seus créditos ou aos créditos contra os quais tenham reclamado, os credores não incluídos nas relações a que se refere o art. 100, os delas excluídos, os incluídos sem os privilégios a que se julguem com direito, inclusive por atribuição de importância inferior à reclamada, poderão prosseguir na ação já iniciada ou propor a que lhes competir.

Parágrafo único. Até que sejam julgadas as ações, a SUSEP reservará cota proporcional do ativo para garantia dos credores de que trata este artigo.

Art. 104. A SUSEP promoverá a realização do ativo e efetuará o pagamento dos credores pelo crédito apurado e aprovado, no prazo de seis meses, observados os respectivos privilégios e classificação, de acordo com a cota apurada em rateio.

Art. 105. Ultimada a liquidação e levantado e balanço final, será o mesmo submetido à aprovação do Ministro da Indústria e do Comércio, com relatório da SUSEP.

Art. 106. A SUSEP terá direito à comissão de cinco por cento sobre o ativo apurado nos trabalhos de liquidação, competindo ao Superintendente arbitrar a gratificação a ser paga aos inspetores e funcionários encarregados de executá-los.

Art. 107. Nos casos omissos, são aplicáveis as disposições da legislação de falências, desde que não contrariem as disposições do presente Decreto-lei.

Parágrafo único. Nos casos de cessação parcial, restrita às operações de um ramo, serão observadas as disposições deste Capítulo, na parte aplicável.

CAPÍTULO X
DO REGIME REPRESSIVO

► Capítulo X com a numeração retificada pelo Dec.-lei nº 296, de 28-2-1967.

Art. 108. A infração às normas referentes às atividades de seguro, cosseguro, resseguro, retrocessão e capitalização sujeita, na forma definida pelo órgão regulador de seguros, a pessoa natural ou jurídica responsável às seguintes penalidades administrativas, aplicadas pelo órgão fiscalizador de seguros:

► *Caput* com a redação dada pela LC nº 137, de 26-8-2010.

I – advertência;

II – suspensão do exercício das atividades ou profissão abrangidas por este Decreto-Lei pelo prazo de até 180 (cento e oitenta) dias;

III – inabilitação, pelo prazo de 2 (dois) anos a 10 (dez) anos, para o exercício de cargo ou função no serviço público e em empresas públicas, sociedades de economia mista e respectivas subsidiárias, entidades de previdência complementar, sociedades de capitalização, instituições financeiras, sociedades seguradoras e resseguradores;

IV – multa de R$ 10.000,00 (dez mil reais) a R$ 1.000.000,00 (um milhão de reais); e

V – suspensão para atuação em 1 (um) ou mais ramos de seguro ou resseguro.

► Incisos I a V com a redação dada pela LC nº 126, de 15-1-2007.

VI a IX – *Revogados.* LC nº 126, de 15-1-2007.

§ 1º Caso a penalidade prevista no inciso IV do *caput* deste artigo seja aplicada à pessoa natural, responderá solidariamente o ressegurador ou a sociedade seguradora ou de capitalização, assegurado o direito de regresso, e a penalidade poderá ser cumulada com aquelas constantes dos incisos I, II, III ou V do *caput* deste artigo.

► § 1º com a redação dada pela Lei nº 13.195, de 25-11-2015.

§ 2º Das decisões do órgão fiscalizador de seguros caberá recurso, no prazo de 30 (trinta) dias, com efeito suspensivo, ao órgão competente.

§ 3º O recurso a que se refere o § 2º deste artigo, na hipótese do inciso IV do *caput* deste artigo, somente será conhecido se for comprovado pelo requerente o pagamento antecipado, em favor do órgão fiscalizador de seguros, de 30% (trinta por cento) do valor da multa aplicada.

§ 4º Julgada improcedente a aplicação da penalidade de multa, o órgão fiscalizador de seguros devolverá, no prazo máximo de 90 (noventa) dias a partir de requerimento da parte interessada, o valor depositado.

§ 5º Em caso de reincidência, a multa será agravada até o dobro em relação à multa anterior, conforme critérios estipulados pelo órgão regulador de seguros.

► §§ 2º a 5º acrescidos pela LC nº 126, de 15-1-2007.

Art. 109. Os Diretores, administradores, gerentes e fiscais das Sociedades Seguradoras responderão solidariamente com a mesma pelos prejuízos causados a terceiros, inclusive aos seus acionistas, em consequência do descumprimento de leis, normas e instruções referentes às operações de seguro, cosseguro, resseguro ou retrosseção, e em especial, pela falta de constituição das reservas obrigatórias.

Art. 110. Constitui crime contra a economia popular, punível de acordo com a legislação respectiva, a ação ou omissão, pessoal ou coletiva, de que decorra a insuficiência das reservas e de sua cobertura, vinculadas à garantia das obrigações das Sociedades Seguradoras.

Art. 111. Compete ao órgão fiscalizador de seguros expedir normas sobre relatórios e pareceres de prestadores de serviços de auditoria independente aos resseguradores, às sociedades seguradoras, às sociedades de capitalização e às entidades abertas de previdência complementar.

► *Caput* com a redação dada pela LC nº 126, de 15-1-2007.

a a *e)* *Revogadas.* LC nº 126, de 15-1-2007;

f) *Revogada.* Lei nº 9.932, de 20-12-1999;

g a *i)* *Revogadas.* LC nº 126, de 15-1-2007.

§ 1º Os prestadores de serviços de auditoria independente aos resseguradores, às sociedades seguradoras, às sociedades de capitalização e às entidades abertas de previdência complementar responderão, civilmente, pelos prejuízos que causarem a terceiros em virtude de culpa ou dolo no exercício das funções previstas neste artigo.

§ 2º Sem prejuízo do disposto no *caput* deste artigo, os prestadores de serviços de auditoria independente responderão administrativamente perante o órgão fiscalizador de seguros pelos atos praticados ou omissões em que houverem incorrido no desempenho das atividades de auditoria independente aos resseguradores, às sociedades seguradoras, às sociedades de capitalização e às entidades abertas de previdência complementar.

§ 3º Instaurado processo administrativo contra resseguradores, sociedades seguradoras, sociedades de capitalização e entidades abertas de previdência complementar, o órgão fiscalizador poderá, considerada a gravidade da infração, cautelarmente, determinar a essas empresas a substituição do prestador de serviços de auditoria independente.

§ 4º Apurada a existência de irregularidade cometida pelo prestador de serviços de auditoria independente mencionado no *caput* deste artigo, serão a ele aplicadas as penalidades previstas no art. 108 deste Decreto-Lei.

§ 5º Quando as entidades auditadas relacionadas no *caput* deste artigo forem reguladas ou fiscalizadas pela Comissão de Valores Mobiliários ou pelos demais órgãos reguladores e fiscalizadores, o disposto neste artigo não afastará a competência desses órgãos para disciplinar e fiscalizar a atuação dos respectivos prestadores de serviço de auditoria independente e para aplicar, inclusive a esses auditores, as penalidades previstas na legislação própria.

► §§ 1º a 5º acrescidos pela LC nº 126, de 15-1-2007.

Art. 112. Às pessoas que deixarem de contratar os seguros legalmente obrigatórios, sem prejuízo de outras sanções legais, será aplicada multa de:

I – o dobro do valor do prêmio, quando este for definido na legislação aplicável; e

II – nos demais casos, o que for maior entre 10% (dez por cento) da importância segurável ou R$ 1.000,00 (mil reais).

► Art. 112 com a redação dada pela LC nº 126, de 15-1-2007.

Art. 113. As pessoas naturais ou jurídicas que realizarem operações de capitalização, seguro, cosseguro ou resseguro sem a devida autorização estão sujeitas às penalidades administrativas previstas no art. 108, aplicadas pelo órgão fiscalizador de seguros, aumentadas até o triplo.

§ 1º Caso a penalidade de multa seja aplicada à pessoa natural, responderá solidariamente a pessoa jurídica, assegurado o direito de regresso, e a penalidade poderá ser cumulada com aquelas constantes dos incisos I, II, III e V do *caput* do art. 108.

§ 2º A multa prevista no *caput* será fixada com base na importância segurada ou em outro parâmetro a ser definido pelo órgão regulador de seguros.

► Art. 113 com a redação dada pela Lei nº 13.195, de 25-11-2015.

Art. 114. *Revogado.* LC nº 126, de 15-1-2007.

Art. 115. A suspensão de autorização para operar em determinado ramo de seguro será aplicada quando verificada má condução técnica ou financeira dos respectivos negócios.

Art. 116. *Revogado.* LC nº 126, de 15-1-2007.

Art. 117. A cassação da carta patente se fará nas hipóteses de infringência dos artigos 81 e 82, nos casos previstos no artigo 96 ou de reincidência na proibição estabelecida nas letras *c* e *i* do artigo 111, todos do presente Decreto-lei.

Art. 118. As infrações serão apuradas mediante processo administrativo que tenha por base o auto, a representação ou a denúncia positivando fatos irregulares, e o CNSP disporá sobre as respectivas instaurações, recursos e seus efeitos, instâncias, prazos, perempção e outros atos processualísticos.

Art. 119. As multas aplicadas de conformidade com o disposto neste Capítulo e seguinte serão recolhidas aos cofres da SUSEP.

Art. 120. Os valores monetários das penalidades previstas nos artigos precedentes ficam sujeitos à correção monetária pelo CNSP.

Art. 121. Provada qualquer infração penal a SUSEP remeterá cópia do processo ao Ministério Público para fins de direito.

CAPÍTULO XI
DOS CORRETORES DE SEGUROS

► Capítulo XI com a numeração retificada pelo Dec.-lei nº 296, de 28-2-1967.

Art. 122. O corretor de seguros, pessoa física ou jurídica, é o intermediário legalmente autorizado a angariar e promover contratos de seguro entre as Sociedades Seguradoras e as pessoas físicas ou jurídicas de Direito Privado.

Art. 123. O exercício da profissão, de corretor de seguros depende de prévia habilitação e registro.

§ 1º A habilitação será feita perante a SUSEP, mediante prova de capacidade técnico-profissional, na forma das instruções baixadas pelo CNSP.

§ 2º O corretor de seguros poderá ter prepostos de sua livre escolha e designará, dentre eles, o que o substituirá.

§ 3º Os corretores e prepostos serão registrados na SUSEP, com obediência aos requisitos estabelecidos pelo CNSP.

Art. 124. As comissões de corretagem só poderão ser pagas a corretor de seguros devidamente habilitado.

Art. 125. É vedado aos corretores e seus prepostos:

a) aceitar ou exercer emprego de pessoa jurídica de Direito Público;

b) manter relação de emprego ou de direção com Sociedade Seguradora.

Parágrafo único. Os impedimentos deste artigo aplicam-se também aos Sócios e Diretores de Empresas de corretagem.

Art. 126. O corretor de seguros responderá civilmente perante os segurados e as Sociedades Seguradoras pelos prejuízos que causar, por omissão, imperícia ou negligência no exercício da profissão.

Art. 127. Caberá responsabilidade profissional, perante a SUSEP, ao corretor que deixar de cumprir as leis, regulamentos e resoluções em vigor, ou que der causa dolosa ou culposa a prejuízos às Sociedades Seguradoras ou aos segurados.

Art. 127-A. As entidades autorreguladoras do mercado de corretagem terão autonomia administrativa, financeira e patrimonial, operando sob a supervisão da Superintendência de Seguros Privados (SUSEP), aplicando-se a elas, inclusive, o disposto no art. 108 deste Decreto-Lei.

Parágrafo único. Incumbe às entidades autorreguladoras do mercado de corretagem, na condição de órgãos auxiliares da SUSEP, fiscalizar os respectivos membros e as operações de corretagem que estes realizarem.

► Art. 127-A acrescido pela LC nº 137, de 26-8-2010.

Art. 128. O corretor de seguros estará sujeito às penalidades seguintes:

a) multa;

b) suspensão temporária do exercício da profissão;

c) cancelamento do registro.

Parágrafo único. As penalidades serão aplicadas pela SUSEP, em processo regular, na forma prevista no art. 119 desta Lei.

► Parágrafo único com a redação retificada pelo Dec.-lei nº 296, de 28-2-1967.

CAPÍTULO XII
DISPOSIÇÕES GERAIS E TRANSITÓRIAS

► Capítulo XII com a numeração retificada pelo Dec.-lei nº 296, de 28-2-1967.

SEÇÃO I
DO SEGURO-SAÚDE

Art. 129. Fica instituído o Seguro-Saúde para dar cobertura aos riscos de assistência médica e hospitalar.

Art. 130. A garantia do Seguro-Saúde consistirá no pagamento em dinheiro, efetuado pela Sociedade Seguradora, à pessoa física ou jurídica prestante da assistência médico-hospitalar ao segurado.

§ 1º A cobertura do Seguro-Saúde ficará sujeita ao regime de franquia, de acordo com os critérios fixados pelo CNSP.

§ 2º A livre escolha do médico e do hospital é condição obrigatória nos contratos referidos no artigo anterior.

Art. 131. Para os efeitos do artigo 130 deste Decreto-Lei, o CNSP estabelecerá tabelas de honorários médico-hospitalares e fixará percentuais de participação obrigatória dos segurados nos sinistros.

§ 1º Na elaboração das tabelas, o CNSP observará a média regional dos honorários e a renda média dos pacientes, incluindo a possibilidade da ampliação voluntária da cobertura pelo acréscimo do prêmio.

§ 2º Na fixação das percentagens de participação, o CNSP levará em conta os índices salariais dos segurados e seus encargos familiares.

Art. 132. O pagamento das despesas cobertas pelo Seguro-Saúde dependerá de apresentação da documentação médico hospitalar que possibilite a identificação do sinistro.

► Artigo com a redação retificada pelo Dec.-lei nº 296, de 28-2-1967.

Art. 133. É vedado às Sociedades Seguradoras acumular assistência financeira com assistência médico-hospitalar.

Art. 134. As sociedades civis ou comerciais que, na data deste Decreto-Lei, tenham vendido títulos, contratos, garantias de saúde, segurança de saúde, benefícios de saúde, títulos de saúde ou seguros sob qualquer outra denominação, para atendimento médico, farmacêutico e hospitalar, integral ou parcial, ficam proibidas de efetuar novas transações do mesmo gênero, ressalvado o disposto no art. 135, parágrafo 1º.

► *Caput* com a redação retificada pelo Dec.-lei nº 296, de 28-2-1967.

§ 1º As Sociedades civis e comerciais que se enquadrem no disposto neste artigo poderão continuar prestando os serviços nele referidos exclusivamente às pessoas físicas ou jurídicas com as quais os tenham ajustado antes da promulgação deste Decreto-Lei, facultada opção bilateral pelo regime do Seguro-Saúde.

§ 2º No caso da opção prevista no parágrafo anterior, as pessoas jurídicas prestantes da assistência médica, farmacêutica e hospitalar, ora regulada, ficarão responsáveis pela contribuição do Seguro-Saúde devida pelas pessoas físicas optantes.

§ 3º Ficam excluídas das obrigações previstas neste artigo as Sociedades Beneficentes que estiverem em funcionamento na data da promulgação desse Decreto-Lei, as quais poderão preferir o regime do Seguro-Saúde a qualquer tempo.

Art. 135. As entidades organizadas sem objetivo de lucro, por profissionais médicos e paramédicos ou por estabelecimentos hospitalares, visando a institucionalizar suas atividades para a prática da medicina social e para a melhoria das condições técnicas e econômicas dos serviços assistenciais, isoladamente ou em regime de associação, poderão operar sistemas próprios de pré-pagamento de serviços médicos e/ou hospitalares, sujeitas ao que dispuser a Regulamentação desta Lei, às resoluções do CNSP e à fiscalização dos órgãos competentes.

SEÇÃO II

Art. 136. Fica extinto o Departamento Nacional de Seguros Privados e Capitalização (DNSPC), da Secretaria do Comércio, do Ministério da Indústria e do Comércio, cujo acervo e documentação passarão para a Superintendência de Seguros Privados (SUSEP).

§ 1º Até que entre em funcionamento a SUSEP, as atribuições a ela conferidas pelo presente Decreto-Lei continuarão a ser desempenhadas pelo DNSPC.

§ 2º Fica extinto, no Quadro de Pessoal do Ministério da Indústria e do Comércio, o cargo em comissão de Diretor-Geral do Departamento Nacional de Seguros Privados e Capitalização, símbolo 2-C.

§ 3º Serão considerados extintos, no Quadro de Pessoal do Ministério da Indústria e do Comércio, a partir da criação dos cargos correspondentes nos quadros da SUSEP, os 8 (oito) cargos em comissão do Delegado Regional de Seguros, símbolo 5-C.

Art. 137. Os funcionários atualmente em exercício do DNSPC continuarão a integrar o Quadro de Pessoal do Ministério da Indústria e do Comércio.

Art. 138. Poderá a SUSEP requisitar servidores da administração pública federal, centralizada e descentralizada, sem prejuízo dos vencimentos e vantagens relativos aos cargos que ocuparem.

Art. 139. Os servidores requisitados antes da aprovação, pelo CNSP, do Quadro de Pessoal da SUSEP, poderão nele ser aproveitado, desde que consultados os interesses da Autarquia e dos Servidores.

Parágrafo único. O aproveitamento de que trata este artigo implica na aceitação do regime de pessoal da SUSEP devendo ser contado o tempo de serviço, no órgão de origem, para todos os efeitos legais.

► Arts. 136 a 139 com a redação dada pelo Dec.-lei nº 168, de 14-2-1967.

Art. 140. As dotações consignadas no Orçamento da União, para o exercício de 1967, à conta do DNSPC, serão transferidas para a SUSEP excluídas as relativas às despesas decorrentes de vencimentos e vantagens de Pessoal Permanente.

Art. 141. Fica dissolvida a Companhia Nacional de Seguro Agrícola, competindo ao Ministério da Agricultura promover sua liquidação e aproveitamento de seu pessoal.

Art. 142. Ficam incorporadas ao Fundo de Estabilidade do Seguro Rural:

a) Fundo de Estabilidade do seguro Agrário, a que se refere o artigo 3º da Lei nº 2.168, de 11 de janeiro de 1954;

► Alínea *a* com a redação retificada pelo Dec.-lei nº 296, de 28-2-1967.

b) O Fundo de Estabilização previsto no artigo 3º da Lei nº 4.430, de 20 de outubro de 1964.

Art. 143. Os órgãos do Poder Público que operam em seguros privados enquadrarão suas atividades ao regime deste Decreto-Lei no prazo de cento e oitenta dias, ficando autorizados a constituir a necessária Sociedade Anônima ou Cooperativa.

§ 1º As Associações de Classe, de Beneficência e de Socorros mútuos e os Montepios que instituem pensões ou pecúlios, atualmente em funcionamento, ficam excluídos do regime estabelecido neste Decreto-Lei, facultado ao CNSP mandar fiscalizá-los se e quando julgar conveniente.

§ 2º As Sociedades Seguradoras estrangeiras que operam no País adaptarão suas organizações às novas exigências legais, no prazo deste artigo e nas condições determinadas pelo CNSP.

▸ § 2º com a redação retificada pelo Dec.-lei nº 296, de 28-2-1967.

Art. 144. O CNSP proporá ao Poder Executivo, no prazo de cento e oitenta dias, as normas de regulamentação dos seguros obrigatórios previstos no artigo 20 deste Decreto-Lei.

▸ Artigo com a redação retificada pelo Dec.-lei nº 296, de 28-2-1967.

Art. 145. Até a instalação do CNSP e da SUSEP, será mantida a jurisdição e a competência do DNSPC, conservadas em vigor as disposições legais e regulamentares, inclusive as baixadas pelo IRB, no que forem cabíveis.

▸ Art. 59 da Lei nº 9.649, de 27-5-1998, que altera a denominação do IRB para IRB – Brasil Resseguros S.A., com a abreviatura IRB-Brasil RE.

Art. 146. O Poder Executivo fica autorizado a abrir o crédito especial de CR$ 500.000.000 (quinhentos milhões de cruzeiros), no exercício de 1967, destinado à instalação do CNSP e da SUSEP.

Art. 147. *Revogado.* Dec.-lei nº 261, de 28-2-1967.

Art. 148. As resoluções do Conselho Nacional de Seguros Privados *vigorarão imediatamente e serão publicadas no Diário Oficial da União.*

Art. 149. O Poder Executivo regulamentará este Decreto-Lei no prazo de 120 (cento e vinte) dias, vigendo idêntico prazo para a aprovação dos Estatutos do IRB.

▸ Artigo com a redação dada pelo Dec.-lei nº 168, de 14-2-1967.

▸ Art. 59 da Lei nº 9.649, de 27-5-1998, que altera a denominação do IRB para IRB – Brasil Resseguros S.A., com a abreviatura IRB-Brasil RE.

Art. 150. *Revogado.* Dec.-lei nº 261, de 28-2-1967.

Art. 151. Para efeito do artigo precedente ficam suprimidos os cargos e funções de Delegado do Governo Federal e de liquidante designado pela sociedade, a que se referem os artigos 24 e 25 do Decreto nº 22.456, de 10 de fevereiro de 1933, ressalvadas as liquidações decretadas até dezembro de 1965.

Art. 152. O risco de acidente de trabalho continua a ser regido pela legislação específica, devendo ser objeto de nova legislação dentro de 90 dias.

Art. 153. Este Decreto-Lei entrará em vigor na data de sua publicação, ficando revogadas expressamente todas as disposições de leis, decretos e regulamentos que dispuserem em sentido contrário.

Brasília, 21 de novembro de 1966;
145º da Independência e
78º da República.

H. Castello Branco

DECRETO-LEI Nº 167, DE 14 DE FEVEREIRO DE 1967

Dispõe sobre títulos de crédito rural e dá outras providências.

(EXCERTOS)

▸ Publicado no *DOU* de 15-2-1967.

....

CAPÍTULO IV

DA AÇÃO PARA COBRANÇA DE CÉDULA DE CRÉDITO RURAL

Art. 41. Cabe ação executiva para a cobrança da cédula de crédito rural.

§ 1º Penhorados os bens constitutivos da garantia real, assistirá ao credor o direito de promover, a qualquer tempo, contestada ou não a ação, a venda daqueles bens, observado o disposto nos artigos 704 e 705 do Código de Processo Civil, podendo ainda levantar desde logo, mediante caução idônea, o produto líquido da venda, à conta e no limite de seu crédito, prosseguindo-se na ação.

▸ Referência a dispositivos do CPC/1939. Arts. 1.118 e 1.119 do CPC/1973.

▸ Sem correspondência no CPC/2015.

§ 2º Decidida a ação por sentença passada em julgado, o credor restituirá a quantia ou o excesso levantado, conforme seja a ação julgada improcedente, total ou parcialmente, sem prejuízo doutras cominações da lei processual.

§ 3º Da caução a que se refere o § 1º dispensam-se as cooperativas rurais e as instituições financeiras públicas (artigo 22 da Lei nº 4.595, de 31 de dezembro de 1964), inclusive o Banco do Brasil S.A.

....

Art. 69. Os bens objeto de penhor ou de hipoteca constituídos pela cédula de crédito rural não serão penhorados, arrestados ou sequestrados por outras dívidas do emitente ou do terceiro empenhador ou hipotecante, cumprindo ao emitente ou ao terceiro empenhador ou hipotecante denunciar a existência da cédula às autoridades incumbidas da diligência ou a quem a determinou, sob pena de responderem pelos prejuízos resultantes de sua omissão.

....

Art. 71. Em caso de cobrança em processo contencioso ou não, judicial ou administrativo, o emitente da cédula de crédito rural ou da nota promissória rural ou o aceitante da duplicata rural responderá ainda pela multa de até 2% (dois por cento) sobre o principal e acessórios em débito, devida a partir do primeiro despacho da autoridade competente na petição de cobrança ou de habilitação de crédito.

▸ Artigo com a redação dada pela Lei nº 13.986, de 7-4-2020.

....

Art. 79. Este Decreto-lei entrará em vigor noventa dias depois de publicado, revogando-se a Lei nº 3.253, de 27 de agosto de 1957, e as disposições em contrário.

....

Brasília, 14 de fevereiro de 1967;
146º da Independência e
79º da República.

H. Castello Branco

DECRETO-LEI Nº 204, DE 27 DE FEVEREIRO DE 1967

Dispõe sobre a exploração de loterias e dá outras providências.

► Publicado no *DOU* de 27-2-1967 e retificado no *DOU* de 8-3-1967.

Art. 1º A exploração de loteria, como derrogação excepcional das normas do Direito Penal, constitui serviço público exclusivo da União não suscetível de concessão e só será permitida nos termos do presente Decreto-lei.

Parágrafo único. A renda líquida obtida com a exploração do serviço de loteria será obrigatoriamente destinada a aplicações de caráter social e de assistência médica, empreendimentos do interesse público.

Art. 2º A Loteria Federal, de circulação, em todo o território nacional, constitui um serviço da União, executado pelo Conselho Superior das Caixas Econômicas Federais, através da Administração do Serviço de Loteria Federal, com a colaboração das Caixas Econômicas Federais.

Parágrafo único. As Caixas Econômicas Federais, na execução dos serviços relacionados com a Loteria Federal, obedecerão às normas e às determinações emanadas daquela Administração.

Art. 3º A Loteria Federal subordinar-se-á as seguintes regras:

I – *Revogado.* Lei nº 13.756, de 12-12-2018;

II – 2 (duas) extrações por semana, no mínimo;

III – emissão máxima de 100.000 (cem mil) bilhetes, em cada série, devendo as mesmas obedecer ao plano aprovado e mediante um único sorteio para todas as séries;

IV – emissão máxima de 6.000 (seis mil) bilhetes por milhão de habitantes do território nacional;

V – pagamento de cota de previdência prevista no artigo 4º e seu parágrafo único;

VI – recolhimento do imposto de renda na forma estabelecida pelo artigo 5º e seus parágrafos.

Arts. 4º e 5º *Revogados.* Lei nº 13.756, de 12-12-2018.

Art. 6º O bilhete de loteria, ou sua fração, será considerado nominativo e intransferível quando contiver o nome e endereço do possuidor. A falta desses elementos será tido como ao portador, para todos os efeitos.

Art. 7º Os bilhetes poderão ser inteiros ou divididos em: meios, quartos, quintos, décimos, vigésimos ou quadragésimos.

Parágrafo único. Em uma mesma emissão ou série, poderá haver bilhetes inteiros e divididos, de acordo com os planos aprovados.

Art. 8º Cada bilhete ou fração consignará no anverso, além de outros dizeres:

I – a denominação "Loteria Federal do Brasil";

II – o número que concorrerá ao sorteio;

III – em caracteres legíveis, o preço de plano do bilhete inteiro e o de cada fração, acrescido da cota de previdência constante do Artigo 4º e seu parágrafo único;

IV – a declaração de ser inteiro, meio, quarto, décimo, vigésimo ou quadragésimo e, sendo fração, o número de ordem desta;

V – a indicação da série, se for o caso.

Art. 9º Cada bilhete, ou fração consignará no reverso, além de outros dizeres:

I – o plano de extração, por inteiro ou resumido;

II – a indicação do lugar, dia e hora do sorteio;

III – a assinatura das autoridades responsáveis pela emissão;

IV – local apropriado para receber o nome e endereço do possuidor que desejar o bilhete nominativo.

Art. 10. A Loteria Federal adotará os sistemas de garantia que julgar mais convenientes à segurança contra adulteração ou contratação dos bilhetes.

Art. 11. Não se admitirá a substituição de bilhetes postos em circulação, ainda que sob o pretexto de furto, roubo, destruição ou extravio.

Art. 12. Em caso de roubo, furto ou extravio, aplicar-se-á ao bilhete ou fração de bilhete de loteria, não nominativo, e no que couber, o disposto na legislação sobre ação de recuperação de título ao portador.

§ 1º Os prêmios relativos a bilhetes ou frações nominativos somente serão pagos ao respectivo titular, devidamente identificado.

§ 2º Somente mediante ordem judicial deixará de ser pago algum prêmio ao portador ou ao titular do bilhete ou fração premiados.

Art. 13. As extrações serão realizadas em sala franqueada ao público, pelo sistema de urnas transparentes e de esferas numeradas por inteiro.

§ 1º A Loteria Federal, poderá, também, adotar outros sistemas modernos de extração, de comprovada eficiência e garantia, devidamente aprovados pelo Ministro da Fazenda.

§ 2º As extrações serão realizadas na sede da Loteria Federal ou em local prévia e amplamente divulgado pela imprensa.

Art. 14. Não haverá extração em feriados nacionais e as que já estiverem programadas serão adiadas para o primeiro dia útil subsequente.

Art. 15. Depois de postos os bilhetes em circulação, a extração só poderá ser cancelada ou adiada por ato expresso do Diretor Executivo da Administração do Serviço de Loteria Federal, do qual será cientificado, imediatamente, o Ministério da Fazenda.

Parágrafo único. No primeiro caso, serão recolhidos todos os bilhetes e restituídos os respectivos preços e, no segundo, avisar-se-á pela imprensa o novo dia designado para a extração.

Art. 16. Far-se-á o pagamento do prêmio mediante a apresentação e resgate do respectivo bilhete ou fração, desde que verificada a sua autenticidade.

§ 1º Constituirá motivo justificado para recusa de pagamento a apresentação de bilhetes ou frações rasgados, dilacerados, cortados ou que dificultem, de qualquer modo, a verificação de sua autenticidade.

§ 2º O pagamento do prêmio será imediato à apresentação do bilhete na sede da Administração do Serviço de Loteria Federal ou dentro de 15 (quinze) dias, no máximo, no caso de prêmio cujos bilhetes estejam sujeitos à verificação de sua autenticidade, quando apresentados nas Agências das Caixas Econômicas Federais.

§ 3º Somente a verificação feita em face da ata oficial de sorteio servirá de fundamento a qualquer reclamação de pagamento de prêmio.

Art. 17. Os prêmios prescrevem em 90 (noventa) dias a contar da data da respectiva extração.

Parágrafo único. Interrompem a prescrição:

I – citação válida, no caso do procedimento judicial em se tratando de furto, roubo ou extravio;

II – a entrega do bilhete para o recebimento de prêmio dentro do prazo de 90 (noventa) dias da data da extração na sede da Administração do Serviço de Loteria Federal ou nas Agências das Caixas Econômicas Federais.

Art. 18. Os planos de extração podem prever a distribuição de prêmios idênticos ou diversos em cada uma das séries ou, ainda, prêmio maior líquido para o conjunto de séries, observada sempre a condição estipulada no inciso I do artigo 3º.

Art. 19. Não serão postos em circulação bilhetes da Loteria Federal cujos planos e cálculos para recolhimento do imposto de renda não tenham sido previamente aprovados pelo Diretor-Geral da Fazenda Nacional.

Parágrafo único. A solução será comunicada impreterivelmente à Administração do Serviço de Loteria Federal dentro de 20 (vinte) dias da data da apresentação dos planos.

Art. 20. Nenhuma pessoa física ou jurídica poderá redistribuir, vender ou expor à venda bilhetes da Loteria Federal, sem ter sido previamente credenciada pelas Caixas Econômicas Federais, sob pena de apreensão dos bilhetes que estiverem em seu poder.

Art. 21. As Caixas Econômicas Federais credenciarão os revendedores de bilhetes de preferência, entre pessoas que, por serem idosas, inválidas ou portadoras de defeito físico, não tenham outras condições de prover sua subsistência.

§ 1º Poderão ser credenciados, para revenda de bilhetes, pequenos comerciantes, devidamente legalizados e estabelecidos que, além de outras atividades, tenham condições para fazê-lo.

§ 2º Nenhuma pessoa física ou jurídica de direito privado poderá ser detentora de cotas ou comercializar bilhetes da Loteria Federal em quantidade superior a 2% (dois por cento) da respectiva emissão.

§ 3º Ninguém será credenciado para a revenda de bilhetes em mais de uma unidade da Federação.

§ 4º O credenciamento de revendedores estabelecidos dependerá de prévia comprovação da existência de local apropriado e acessível ao público para a exposição e revenda de bilhetes e pagamento de prêmios.

§ 5º A cessão ou transferência de cota de bilhetes de loteria entre revendedores importará na perda de credenciamento dos participantes da operação.

Art. 22. Na sede da Administração do Serviço de Loteria Federal haverá lugar apropriado para venda direta de bilhetes ao público e pagamento de prêmios.

Art. 23. A circulação dos bilhetes da Loteria Federal é livre em todo o território nacional e não poderá ser obstada ou embaraçada por quaisquer autoridades estaduais ou municipais, e nem oneradas por quaisquer impostos ou taxas estaduais ou municipais.

Art. 24. A Administração do Serviço de Loteria Federal, órgão vinculado ao Conselho Superior das Caixas Econômicas Federais, terá orçamento e contabilidade próprios e regime administrativo especial, gozando, de acordo com a legislação em vigor, das isenções e vantagens atribuídas às Caixas Econômicas Federais.

Art. 25. A Administração do Serviço de Loteria Federal compete superintender, coordenar, fiscalizar e controlar, em todo território nacional, a execução do Serviço de Loteria Federal, na forma do presente Decreto-lei.

Art. 26. A Administração do Serviço de Loteria Federal será dirigida pelo Presidente do Conselho Superior das Caixas Econômicas Federais, na qualidade de seu Diretor Executivo, e por um Conselho Consultivo.

Parágrafo único. O Conselho Consultivo será composto pelo Presidente, pelo 1º Vice-Presidente e pelo 2º Vice-Presidente do Conselho Superior das Caixas Econômicas Federais.

Art. 27. A renda líquida da Administração do Serviço de Loteria Federal, apurada em balanço anual, será levada a crédito da conta Fundo Especial da Loteria Federal destinado às aplicações previstas no artigo 28.

Parágrafo único. Para os efeitos do disposto neste artigo, considera-se renda líquida a que resultar da renda bruta deduzidas as despesas de custeio e manutenção do Conselho Superior das Caixas Econômicas Federais e da Administração do Serviço de Loteria Federal.

Art. 28. O Fundo Especial da Loteria Federal, previsto no artigo anterior, terá seus recursos aplicados nas seguintes finalidades:

► *Caput* com a redação dada pela Lei nº 5.525, de 5-11-1968.

I – 30% destinados à constituição de um "Fundo Especial de Financiamento da Assistência Médica".

II – 20% destinados à constituição de um "Fundo Especial de Desenvolvimento das Operações das Caixas Econômicas Federais".

III – 20% destinados a constituição de um "Fundo Especial de Serviços Públicos e Investimentos Municipais".

IV – 20% destinados à constituição de um "Fundo Especial de Manutenção e Investimentos".

► Incisos I a IV com a redação dada pela Lei nº 5.525, de 5-11-1968.

V – 20% destinados ao "Fundo Nacional de Desenvolvimento da Educação".

VI – 20% destinados à constituição de um "Fundo Especial de Alimentação Escolar (FEAE)".

► Incisos V e VI acrescidos pela Lei nº 5.525, de 5-11-1968.

§ 1º Sob a supervisão e gerência do Ministério da Saúde e na forma do Regulamento a ser baixado pelo Poder Executivo, o "FEFAM" será aplicado em instituições hospitalares e para-hospitalares, mantidas por pessoas jurídicas de Direito Público ou Privado, ou em sociedades médico-científicas, e movimentado pelo Ministro da Saúde, que prestará contas da gestão financeira, relativa a cada exercício, ao Tribunal de Contas da União.

§ 2º O "FEDOCEF" será aplicado, sob supervisão e gerência do Conselho Superior das Caixas Econômicas Federais, em empréstimos concedidos, através da Administração do Serviço de Loteria Federal, diretamente às Caixas Econômicas Federais, objetivando o equilíbrio econômico-financeiro das mesmas, no atendimento de suas operações assistenciais.

§ 3º O "FESPIM" será aplicada, sob a supervisão do Conselho Superior das Caixas Econômicas Federais, em empréstimos aos Municípios destinados à construção ou melhoria de redes de água ou sistemas de esgoto, cujos projetos forem aprovados pelo Ministério da Saúde, e concedidos pelas Caixas Econômicas Federais, com os recursos entregues em convênios com a Administração do Serviço de Loteria Federal.

§ 4º O "FEMI" será aplicado pelo Conselho Superior das Caixas Econômicas Federais e pela Administração do Serviço de Loteria Federal na expansão e aperfeiçoamento dos seus equipamentos e instalações.

§ 5º O Conselho Superior das Caixas Econômicas Federais exercerá permanente fiscalização de modo a assegurar a exata aplicação dos recursos previstos nos itens II e III de que trata este artigo, e garantir a sua reversão ao Fundo Especial, dentro dos prazos, na forma e aos juros estipulados.

Art. 29. Os serviços da Administração do Serviço de Loteria Federal serão atendidos por economiários postos à sua disposição e por empregados contratados pelo regime de emprego previsto na Consolidação das Leis do Trabalho, na forma de tabelas aprovadas pelo Ministro da Fazenda.

Parágrafo único. Os servidores da Administração do Serviço de Loteria Federal serão admitidos como associados obrigatórios do Serviço de Assistência e Seguro Social dos Economiários, assegurando-se aos atuais empregados o ingresso automático.

Art. 30. As despesas de custeio e manutenção do Conselho Superior das Caixas Econômicas Federais e da Administração do Serviço de Loteria Federal não poderão ultrapassar de 5 por cento da receita bruta dos planos executados.

Art. 31. É vedado o uso das expressões "Loteria Federal", "Loteria Federal do Brasil", "Loteria do Brasil", "Loteria Nacional", e outras assemelhadas, quer como nome próprio, quer como nome comum, no intuito de propaganda que não seja em benefício da Loteria Federal, ficando reservado o uso daquelas expressões ao Conselho Superior das Caixas Econômicas Federais, à Administração do Serviço de Loteria Federal e às Caixas Econômicas Federais.

§ 1º O emprego da expressão "Loteria Federal" pelas organizações autorizadas a distribuir prêmios de mercadorias, por sorteio, só será permitida no anúncio do sorteio ou na divulgação do resultado das extrações.

§ 2º Na divulgação dos resultados da "Loteria Federal", as organizações a que se refere o parágrafo anterior deverão proceder de modo a não induzir a equívoco, publicando na íntegra os números correspondentes aos prêmios maiores da Loteria Federal, sob pena de cancelamento da autorização mediante representação do Diretor-Executivo da Administração do Serviço de Loteria Federal ao Departamento de Rendas Internas.

Art. 32. Mantida a situação atual, na forma do disposto no presente Decreto-lei, não mais será permitida a criação de loterias estaduais.

§ 1º As loterias estaduais atualmente existentes não poderão aumentar as suas emissões ficando limitadas às quantidades de bilhetes e séries em vigor na data da publicação deste Decreto-lei.

§ 2º A soma das despesas administrativas de execução de todos os serviços de cada loteria estadual não poderá ultrapassar de 5% da receita bruta dos planos executados.

Art. 33. No que não colidir com os termos do presente Decreto-lei, as loterias estaduais continuarão regidas pelo Decreto-lei nº 6.259, de 10 de fevereiro de 1944.

Art. 34. A Administração do Serviço de Loteria Federal poderá estabelecer convênio com a Casa da Moeda para a impressão de bilhetes.

Art. 35. No exercício de 1967, o Conselho Superior das Caixas Econômicas Federais poderá autorizar adiantamento ao "FEFAM", dentro das previsões mensais da renda líquida da Administração do Serviço de Loteria Federal.

Art. 36. Este Decreto-lei será regulamentado por Decreto do Poder Executivo.

Art. 37. Fica revogado o parágrafo único, do artigo 70, da Lei número 4.380, de 21 de agosto de 1964.

Art. 38. Este Decreto-lei entrará em vigor na data de sua publicação, independentemente de regulamentação, ficando revogadas as disposições em contrário.

Brasília, 27 de fevereiro de 1967;
146º da Independência e
79º da República.

H. Castello Branco

DECRETO-LEI Nº 271, DE 28 DE FEVEREIRO DE 1967

Dispõe sobre loteamento urbano, responsabilidade do loteador, concessão de uso do espaço aéreo, e dá outras providências.

► Publicado no *DOU* de 28-2-1967.

Art. 1º O loteamento urbano rege-se por este Decreto-Lei.

§ 1º Considera-se loteamento urbano a subdivisão de área em lotes destinados à edificação de qualquer natureza que não se enquadre no disposto no § 2º deste artigo.

§ 2º Considera-se desmembramento a subdivisão de área urbana em lotes para edificação na qual seja aproveitado o sistema viário oficial da cidade ou vila sem que se abram novas vias ou logradouros públicos e sem que se prolonguem ou se modifiquem os existentes.

§ 3º Considera-se zona urbana, para os fins deste Decreto-lei, a da edificação contínua das povoações, as partes adjacentes e as áreas que, a critério dos Municípios, possivelmente venham a ser ocupadas por edificações contínuas dentro dos seguintes 10 (dez) anos.

Art. 2º Obedecidas as normas gerais de diretrizes, apresentação de projeto, especificações técnicas e dimensionais e aprovação a serem baixadas pelo Banco Nacional de Habitação dentro do prazo de 90 (noventa) dias, os Municípios poderão, quanto aos loteamentos:

I – obrigar a sua subordinação às necessidades locais, inclusive quanto à destinação e utilização das áreas, de modo a permitir o desenvolvimento local adequado;

II – recusar a sua aprovação ainda que seja apenas para evitar excessivo número de lotes com o consequente aumento de investimento subutilizado em obras de infraestrutura e custeio de serviços.

Art. 3º Aplica-se aos loteamentos a Lei nº 4.591, de 16 de dezembro de 1964, equiparando-se o loteador ao incorporador, os compradores de lote aos condôminos e as obras de infraestrutura à construção da edificação.

§ 1º O Poder Executivo, dentro de 180 dias regulamentará este Decreto-lei, especialmente quanto à aplicação da Lei nº 4.591, de 16 de dezembro de 1964, aos loteamentos, fazendo inclusive as necessárias adaptações.

§ 2º O loteamento poderá ser dividido em etapas discriminadas, a critério do loteador, cada uma das quais constituirá um condomínio que poderá ser dissolvido quando da aceitação do loteamento pela Prefeitura.

Art. 4º Desde a data da inscrição do loteamento passam a integrar o domínio público de Município as vias e praças e as áreas destinadas a edifícios públicos e outros equipamentos urbanos, constantes do projeto e do memorial descritivo.

Parágrafo único. O proprietário ou loteador poderá requerer ao Juiz competente a reintegração em seu domínio das partes mencionados no corpo deste artigo quando não se efetuarem vendas de lotes.

Art. 5º Nas desapropriações, não se indenizarão as benfeitorias ou construções realizadas em lotes ou loteamentos irregulares, nem se considerarão como terrenos loteados ou loteáveis, para fins de indenização, as glebas não inscritas ou irregularmente inscritas como loteamentos urbanos ou para fins urbanos.

Art. 6º O loteador ainda que já tenha vendido todos os lotes, ou os vizinhos são partes legítimas para promover ação destinada a impedir construção em desacordo com as restrições urbanísticas do loteamento ou contrárias a quaisquer outras normas de edificação ou de urbanização referentes aos lotes.

Art. 7º É instituída a concessão de uso de terrenos públicos ou particulares remunerada ou gratuita, por tempo certo ou indeterminado, como direito real resolúvel, para fins específicos de regularização fundiária de interesse social, urbanização, industrialização, edificação, cultivo da terra, aproveitamento sustentável das várzeas, preservação das comunidades tradicionais e seus meios de subsistência ou outras modalidades de interesse social em áreas urbanas.

► *Caput* com a redação dada pela Lei nº 11.481, de 31-5-2007.

§ 1º A concessão de uso poderá ser contratada, por instrumento público ou particular, ou por simples termo administrativo, e será inscrita e cancelada em livro especial.

§ 2º Desde a inscrição da concessão de uso, o concessionário fruirá plenamente do terreno para os fins estabelecidos no contrato e responderá por todos os encargos civis, administrativos e tributários que venham a incidir sobre o imóvel e suas rendas.

§ 3º Resolve-se a concessão antes de seu termo, desde que o concessionário dê ao imóvel destinação diversa da estabelecida no contrato ou termo, ou descumpra cláusula resolutória do ajuste, perdendo, neste caso, as benfeitorias de qualquer natureza.

§ 4º A concessão de uso, salvo disposição contratual em contrário, transfere-se por ato *inter vivos*, ou por sucessão legítima ou testamentária, como os demais direitos reais sobre coisas alheias, registrando-se a transferência.

§ 5º Para efeito de aplicação do disposto no *caput* deste artigo, deverá ser observada a anuência prévia:

I – do Ministério da Defesa e dos Comandos da Marinha, do Exército ou da Aeronáutica, quando se tratar de imóveis que estejam sob sua administração; e

II – do Gabinete de Segurança Institucional da Presidência de República, observados os termos do inciso III do § 1º do art. 91 da Constituição Federal.

► § 5º acrescido pela Lei nº 11.481, de 31-5-2007.

Art. 8º É permitida a concessão de uso do espaço aéreo sobre a superfície de terrenos públicos ou particulares, tomada em projeção vertical, nos termos e para os fins do artigo anterior e na forma que for regulamentada.

Art. 9º Este Decreto-lei não se aplica aos loteamentos que na data da publicação deste Decreto-lei já estiverem protocolados ou aprovados nas prefeituras municipais para os quais continua prevalecendo a legislação em vigor até essa data.

Parágrafo único. As alterações de loteamentos enquadrados no *caput* deste artigo estão, porém, sujeitas ao disposto neste Decreto-Lei.

Art. 10. Este Decreto-lei entrará em vigor na data de sua publicação, mantidos o Decreto-Lei nº 58, de 10 de dezembro de 1937 e o Decreto nº 3.079, de 15 de setembro de 1938, no que couber e não for revogado por dispositivo expresso deste Decreto-Lei, da Lei nº 4.591, de 16 de dezembro de 1964 e dos atos normativos mencionados no art. 2º deste Decreto-Lei.

Brasília, 28 de fevereiro de 1967;
146º da Independência e
79º da República.

H. Castello Branco

LEI Nº 5.474, DE 18 DE JULHO DE 1968

Dispõe sobre as duplicatas e dá outras providências.

► Publicada no *DOU* de 19-7-1968 e retificada no *DOU* de 25-7-1968.

CAPÍTULO I

DA FATURA E DA DUPLICATA

Art. 1º Em todo o contrato de compra e venda mercantil entre partes domiciliadas no território brasileiro, com prazo não inferior a trinta dias, contado da data da entrega ou despacho das mercadorias, o vendedor extrairá a respectiva fatura para apresentação ao comprador.

§ 1º A fatura discriminará as mercadorias vendidas ou, quando convier ao vendedor, indicará somente os números e valores das notas parciais expedidas por ocasião das vendas, despachos ou entregas das mercadorias.

§ 2º *Revogado*. Dec.-lei nº 436, de 27-1-1969.

Art. 2º No ato da emissão da fatura, dela poderá ser extraída uma duplicata para circulação como efeito comercial, não sendo admitida qualquer outra espécie de título de crédito para documentar o saque do vendedor pela importância faturada ao comprador.

§ 1º A duplicata conterá:

I – a denominação "*duplicata*", a data de sua emissão e o número de ordem;

II – o número da fatura;

III – a data certa do vencimento ou a declaração de ser a duplicata à vista;

IV – o nome e domicílio do vendedor e do comprador;

V – a importância a pagar, em algarismos e por extenso;

VI – a praça de pagamento;

VII – a cláusula à ordem;

VIII – a declaração do reconhecimento de sua exatidão e da obrigação de pagá-la, a ser assinada pelo comprador, como aceite cambial;

IX – a assinatura do emitente.

§ 2º Uma só duplicata não pode corresponder a mais de uma fatura.

§ 3º Nos casos de venda para pagamento em parcelas, poderá ser emitida duplicata única, em que se discriminarão todas as prestações e seus vencimentos, ou série de duplicatas, uma para cada prestação, distinguindo-se a numeração a que se refere o item I do § 1º deste artigo, pelo acréscimo de letra do alfabeto, em sequência.

Art. 3º A duplicata indicará sempre o valor total da fatura, ainda que o comprador tenha direito a qualquer rebate, mencionando o vendedor o valor líquido que o comprador deverá reconhecer como obrigação de pagar.

§ 1º Não se incluirão no valor total da duplicata os abatimentos de preços das mercadorias feitos pelo vendedor até o ato do faturamento, desde que constem da fatura.

§ 2º A venda mercantil para pagamento contra a entrega da mercadoria ou do conhecimento de transporte, sejam ou não da mesma praça vendedor e comprador, ou para pagamento em prazo inferior a trinta dias, contado da entrega ou despacho das mercadorias, poderá representar-se, também, por duplicata, em que se declarará que o pagamento será feito nessas condições.

Art. 4º Nas vendas realizadas por consignatários ou comissários e faturadas em nome e por conta do consignante ou comitente, caberá àqueles cumprir os dispositivos desta Lei.

Art. 5º Quando a mercadoria for vendida por conta do consignatário, este é obrigado, na ocasião de expedir a fatura e a duplicata, a comunicar a venda ao consignante.

§ 1º Por sua vez, o consignante expedirá fatura e duplicata correspondente à mesma venda, a fim de ser esta assinada pelo consignatário, mencionando-se o prazo estipulado para a liquidação do saldo da conta.

§ 2º Fica o consignatário dispensado de emitir duplicata quando na comunicação a que se refere o § 1º declarar que o produto líquido apurado está à disposição do consignante.

CAPÍTULO II

DA REMESSA E DA DEVOLUÇÃO DA DUPLICATA

Art. 6º A remessa de duplicata poderá ser feita diretamente pelo vendedor ou por seus representantes, por intermédio de instituições financeiras, procuradores ou correspondentes que se incumbam de apresentá-la ao comprador na praça ou no lugar de seu estabelecimento, podendo os intermediários devolvê-la, depois de assinada, ou conservá-la em seu poder até o momento do resgate, segundo as instruções de quem lhes cometeu o encargo.

§ 1º O prazo para remessa da duplicata será de trinta dias, contado da data de sua emissão.

§ 2º Se a remessa for feita por intermédio de representantes, instituições financeiras, procuradores ou correspondentes, estes deverão apresentar o título ao comprador dentro de dez dias, contados da data de seu recebimento na praça de pagamento.

Art. 7º A duplicata, quando não for à vista, deverá ser devolvida pelo comprador ao apresentante dentro do prazo de dez dias, contados da data de sua apresentação, devidamente assinada ou acompanhada de declaração, por escrito, contendo as razões da falta do aceite.

§ 1º Havendo expressa concordância da instituição financeira cobradora, o sacado poderá reter a duplicata em seu poder até a data do vencimento, desde que comunique, por escrito, à apresentante, o aceite e a retenção.

§ 2º A comunicação de que trata o parágrafo anterior substituirá, quando necessário, no ato do protesto ou na execução judicial, a duplicata a que se refere.

► § 2º com a redação dada pela Lei nº 6.458, de 1º-11-1977.

Art. 8º O comprador só poderá deixar de aceitar a duplicata por motivo de:

I – avaria ou não recebimento das mercadorias, quando não expedidas ou não entregues por sua conta e risco;

II – vícios, defeitos e diferenças na qualidade ou na quantidade das mercadorias, devidamente comprovados;

III – divergência nos prazos ou nos preços ajustados.

CAPÍTULO III

DO PAGAMENTO DAS DUPLICATAS

Art. 9º É lícito ao comprador resgatar a duplicata antes de aceitá-la ou antes da data do vencimento.

§ 1º A prova do pagamento é o recibo, passado pelo legítimo portador ou por seu representante com poderes especiais, no verso do próprio título ou em documento, em separado, com referência expressa à duplicata.

§ 2º Constituirá, igualmente, prova de pagamento, total ou parcial, da duplicata, a liquidação de cheque, a favor do estabelecimento endossatário, no qual conste, no verso, que seu valor se destina à amortização ou liquidação da duplicata nele caracterizada.

Art. 10. No pagamento da duplicata poderão ser deduzidos quaisquer créditos a favor do devedor, resultantes de devolução de mercadorias, diferenças de preço, enganos verificados, pagamentos por conta e outros motivos assemelhados, desde que devidamente autorizados.

Art. 11. A duplicata admite reforma ou prorrogação do prazo de vencimento, mediante declaração em separado ou nela escrita, assinada pelo vendedor ou endossatário, ou por representante com poderes especiais.

Parágrafo único. A reforma ou prorrogação de que trata este artigo, para manter a coobrigação dos demais intervenientes por endosso ou aval, requer a anuência expressa destes.

Art. 12. O pagamento da duplicata poderá ser assegurado por aval, sendo o avalista equiparado àquele cujo nome indicar; na falta da indicação, àquele abaixo de cuja firma lançar a sua; fora desses casos, ao comprador.

Parágrafo único. O aval dado posteriormente ao vencimento do título produzirá os mesmos efeitos que o prestado anteriormente àquela ocorrência.

► Arts. 897 a 900 do CC.

CAPÍTULO IV

DO PROTESTO

► Lei nº 9.492, de 10-9-1997 (Lei do Protesto de Títulos).

Art. 13. A duplicata é protestável por falta de aceite, de devolução ou de pagamento.

► Enunciado nº 70, II, da II Jornada de Direito Comercial.

§ 1º Por falta de aceite, de devolução ou de pagamento, o protesto será tirado, conforme o caso, mediante apresentação da duplicata, da triplicata, ou, ainda, por simples indicações do portador, na falta de devolução do título.

§ 2º O fato de não ter sido exercida a faculdade de protestar o título, por falta de aceite ou de devolução, não elide a possibilidade de protesto por falta de pagamento.

§ 3º O protesto será tirado na praça de pagamento constante do título.

§ 4º O portador que não tirar o protesto da duplicata, em forma regular e dentro do prazo de trinta dias, contado da data de seu vencimento, perderá o direito de regresso contra os endossantes e respectivos avalistas.

► Súm. nº 475 do STJ.

► Enunciado nº 70, II, da II Jornada de Direito Comercial.

Art. 14. Nos casos de protesto, por falta de aceite, de devolução ou de pagamento, ou feitos por indicações do portador o instrumento de protesto deverá conter os requisitos enumerados no artigo 29 do Decreto nº 2.044, de 31 de dezembro de 1908, exceto a transcrição mencionada no inciso II, que será substituída pela reprodução das indicações feitas pelo portador do título.

► Artigo com a redação dada pelo Dec.-lei nº 436, de 27-1-1969.

CAPÍTULO V

DO PROCESSO PARA COBRANÇA DA DUPLICATA

► Capítulo V com a redação dada pela Lei nº 6.458, de 1º-11-1977.

Art. 15. A cobrança judicial de duplicata ou triplicata será efetuada de conformidade com o processo aplicável aos títulos executivos extrajudiciais, de que cogita o Livro II do Código de Processo Civil, quando se tratar:

► Arts. 783 e segs. do CPC vigente.

I – de duplicata ou triplicata aceita, protestada ou não;

II – de duplicata ou triplicata não aceita, contanto que, cumulativamente:

a) haja sido protestada;

b) esteja acompanhada de documento hábil comprobatório da entrega e recebimento da mercadoria; e

c) o sacado não tenha, comprovadamente, recusado o aceite, no prazo, nas condições e pelos motivos previstos nos artigos 7º e 8º desta Lei.

§ 1º Contra o sacador, os endossantes e respectivos avalistas caberá o processo de execução referido neste artigo, quaisquer que sejam a forma e as condições do protesto.

§ 2º Processar-se-á também da mesma maneira a execução de duplicata ou triplicata não aceita e não devolvida, desde que haja sido protestada mediante indicações do credor ou do apresentante do título, nos termos do artigo 14, preenchidas as condições do inciso II deste artigo.

Art. 16. Aplica-se o procedimento ordinário previsto no Código de Processo Civil à ação do credor contra o devedor, por duplicata ou triplicata que não preencha os requisitos do artigo 15, I e II, e §§ 1º e 2º, bem como à ação para ilidir as razões invocadas pelo devedor para o não aceite do título, nos casos previstos no artigo 8º.

Art. 17. O foro competente para cobrança judicial da duplicata ou da triplicata é o da praça de pagamento constante do título, ou outra de domicílio do comprador e, no caso de ação regressiva, a dos sacadores, dos endossantes e respectivos avalistas.

Art. 18. A pretensão à execução da duplicata prescreve:

I – contra o sacado e respectivos avalistas, em três anos, contados da data do vencimento do título;

II – contra endossante e seus avalistas, em um ano, contado da data do protesto;

III – de qualquer dos coobrigados, contra os demais, em um ano, contado da data em que haja sido efetuado o pagamento do título.

§ 1º A cobrança judicial poderá ser proposta contra um ou contra todos os coobrigados, sem observância da ordem em que figurem no título.

§ 2º Os coobrigados da duplicata respondem solidariamente pelo aceite e pelo pagamento.

CAPÍTULO VI

DA ESCRITA ESPECIAL

Art. 19. A adoção do regime de vendas de que trata o artigo 2º desta Lei obriga o vendedor a ter e a escriturar o Livro de Registro de Duplicatas.

► Art. 1.180 do CC.

§ 1º No Registro de Duplicatas serão escrituradas, cronologicamente, todas as duplicatas emitidas, com o número de ordem, data e valor das faturas originárias e data de sua expedição; nome e domicílio do comprador; anotações das reformas; prorrogações e outras circunstâncias necessárias.

§ 2º Os Registros de Duplicatas, que não poderão conter emendas, borrões, rasuras ou entrelinhas, deverão ser conservados nos próprios estabelecimentos.

§ 3º O Registro de Duplicatas poderá ser substituído por qualquer sistema mecanizado, desde que os requisitos deste artigo sejam observados.

CAPÍTULO VII

DAS DUPLICATAS DE PRESTAÇÃO DE SERVIÇOS

Art. 20. Poderão emitir, na forma prevista nesta Lei, fatura e duplicata:

► *Caput* com a redação dada pela MP nº 1.051, de 18-5-2021, que até o encerramento desta edição não havia sido convertida em lei.

I – as empresas, individuais ou coletivas, fundações ou sociedades civis, que se dediquem à prestação de serviços; e

II – o Transportador Autônomo de Cargas – TAC, de que trata o inciso I do caput do art. 2º da Lei nº 11.442, de 5 de janeiro de 2007.

► Incisos I e II acrescidos pela MP nº 1.051, de 18-5-2021, que até o encerramento desta edição não havia sido convertida em lei.

§ 1º A fatura deverá discriminar a natureza dos serviços prestados.

§ 2º A soma a pagar em dinheiro corresponderá ao preço dos serviços prestados.

§ 3º Aplicam-se à fatura e à duplicata ou triplicata de prestação de serviços, com as adaptações cabíveis, as disposições referentes à fatura e à duplicata ou triplicata de venda mercantil, constituindo documento hábil, para transcrição do instrumento de protesto, qualquer documento que comprove a efetiva prestação dos serviços e o vínculo contratual que a autorizou.

► § 3º acrescido pelo Dec.-lei nº 436, de 27-1-1969.

Art. 21. O sacado poderá deixar de aceitar a duplicata de prestação de serviços por motivo de:

I – não correspondência com os serviços efetivamente contratados;

II – vícios ou defeitos na qualidade dos serviços prestados, devidamente comprovados;

III – divergências nos prazos ou nos preços ajustados.

Art. 22. Equiparam-se às entidades constantes do artigo 20, para os efeitos da presente Lei, ressalvado o disposto no Capítulo VI, os profissionais liberais e os que prestam serviço de natureza eventual, desde que o valor do serviço ultrapasse a cem cruzeiros novos.

§ 1º Nos casos deste artigo, o credor enviará ao devedor fatura ou conta que mencione a natureza e valor dos serviços prestados, data e local do pagamento e o vínculo contratual que deu origem aos serviços executados.

§ 2º Registrada a fatura ou conta no Cartório de Títulos e Documentos, será ela remetida ao devedor, com as cautelas constantes do artigo 6º.

§ 3º O não pagamento da fatura ou conta no prazo nela fixado autorizará o credor a levá-la a protesto, valendo, na ausência do original, certidão do cartório competente.

§ 4º O instrumento do protesto, elaborado com as cautelas do artigo 14, discriminando a fatura ou conta original ou a certidão do Cartório de Títulos e Documentos, autorizará o ajuizamento do competente processo de execução na forma prescrita nesta Lei.

► § 4º com a redação dada redação dada pela Lei nº 6.458, de 1º-11-1977.

CAPÍTULO VIII

DAS DISPOSIÇÕES GERAIS

Art. 23. A perda ou extravio da duplicata obrigará o vendedor a extrair triplicata, que terá os mesmos efeitos e requisitos e obedecerá às mesmas formalidades daquela.

Art. 24. Da duplicata poderão constar outras indicações, desde que não alterem sua feição característica.

Art. 25. Aplicam-se à duplicata e à triplicata, no que couber, os dispositivos da legislação sobre emissão, circulação e pagamento das Letras de Câmbio.

► Enunciado nº 70, II, da II Jornada de Direito Comercial.

Art. 26. O artigo 172 do Código Penal (Decreto-lei nº 2.848, de 7 de dezembro de 1940) passa a vigorar com a seguinte redação:

"Art. 172. Expedir ou aceitar duplicata que não corresponda, juntamente com a fatura respectiva, a uma venda efetiva de bens ou a uma real prestação de serviço.

Pena – Detenção de um a cinco anos, e multa equivalente a 20% sobre o valor da duplicata."

Art. 27. O Conselho Monetário Nacional, por proposta do Ministério da Indústria e do Comércio, baixará, dentro de cento e vinte dias da data da publicação desta Lei, normas para padronização formal dos títulos e documentos nela referidos fixando prazo para sua adoção obrigatória.

Art. 28. Esta Lei entrará em vigor trinta dias após a data de sua publicação, revogando-se a Lei nº 187, de 15 de janeiro de 1936, a Lei nº 4.068, de 9 de junho de 1962, os Decretos-lei nºs 265, de 28 de fevereiro de 1967; 320, de 29 de março de 1967; 331, de 21 de setembro de 1967 e 345, de 28 de dezembro de 1967, na parte referente às duplicatas e todas as demais disposições em contrário.

Brasília, 18 de julho de 1968;
147º da Independência e
80º da República.

A. Costa e Silva

LEI Nº 5.478, DE 25 DE JULHO DE 1968

Dispõe sobre ação de alimentos e dá outras providências.

► Publicada no *DOU* de 26-7-1968 e retificada no *DOU* de 14-8-1968.

Art. 1º A ação de alimentos é de rito especial, independe de prévia distribuição e de anterior concessão do benefício de gratuidade.

§ 1º A distribuição será determinada posteriormente por ofício do juízo, inclusive para o fim de registro do feito.

§ 2º A parte que não estiver em condições de pagar as custas do processo, sem prejuízo do sustento próprio ou de sua família, gozará do benefício da gratuidade, por simples afirmativa dessas condições perante o juiz, sob pena de pagamento até o décuplo das custas judiciais.

§ 3º Presume-se pobre, até prova em contrário, quem afirmar essa condição, nos termos desta Lei.

§ 4º A impugnação do direito à gratuidade não suspende o curso do processo de alimentos e será feita em autos apartados.

Art. 2º O credor, pessoalmente, ou por intermédio de advogado, dirigir-se-á ao juiz competente, qualificando-se, e exporá suas necessidades, provando, apenas, o parentesco ou a obrigação de alimentar do devedor, indicando seu nome e sobrenome, residência ou local de trabalho, profissão e naturalidade, quanto ganha aproximadamente ou os recursos de que dispõe.

► Arts. 1.694 e segs. do CC.

§ 1º Dispensar-se-á a produção inicial de documentos probatórios:

I – quando existente em notas, registros, repartições ou estabelecimentos públicos e ocorrer impedimento ou demora em extrair certidões;

II – quando estiverem em poder do obrigado, as prestações alimentícias ou de terceiro residente em lugar incerto ou não sabido.

§ 2º Os documentos públicos ficam isentos de reconhecimento de firma.

§ 3º Se o credor comparecer pessoalmente e não indicar profissional que haja concordado em assisti-lo, o juiz designará desde logo quem o deva fazer.

Art. 3º O pedido será apresentado por escrito, em três vias, e deverá conter a indicação do juiz a quem for dirigido, os elementos referidos no artigo anterior e um histórico sumário dos fatos.

§ 1º Se houver sido designado pelo juiz defensor para assistir o solicitante, na forma prevista no artigo 2º, formulará o designado, dentro de vinte e quatro horas da nomeação, o pedido, por escrito, podendo, se achar conveniente, indicar seja a solicitação verbal reduzida a termo.

§ 2º O termo previsto no parágrafo anterior será em três vias, datadas e assinadas pelo escrivão, observado, no que couber, o disposto no *caput* do presente artigo.

Art. 4º Ao despachar o pedido, o juiz fixará desde logo alimentos provisórios a serem pagos pelo devedor, salvo se o credor expressamente declarar que deles não necessita.

Parágrafo único. Se se tratar de alimentos provisórios pedidos pelo cônjuge, casado pelo regime da comunhão universal de bens, o juiz determinará igualmente que seja entregue ao credor, mensalmente, parte da renda líquida dos bens comuns, administrados pelo devedor.

Art. 5º O escrivão, dentro de quarenta e oito horas, remeterá ao devedor a segunda via da petição ou do termo, juntamente com a cópia do despacho do juiz, e a comunicação do dia e hora da realização da audiência de conciliação e julgamento.

§ 1º Na designação da audiência, o juiz fixará o prazo razoável que possibilite ao réu a contestação da ação proposta e a eventualidade de citação por edital.

§ 2º A comunicação, que será feita mediante registro postal isento de taxas e com aviso de recebimento, importa em citação, para todos os efeitos legais.

§ 3º Se o réu criar embaraços ao recebimento da citação, ou não for encontrado, repetir-se-á a diligência por intermédio do oficial de justiça, servindo de mandado a terceira via da petição ou do termo.

§ 4º Impossibilitada a citação do réu por qualquer dos modos acima previstos, será ele citado por edital afixado na sede do juízo e publicado três vezes consecutivas no órgão oficial do Estado, correndo a despesa por conta do vencido, a final, sendo previamente a conta juntada aos autos.

§ 5º O edital deverá conter um resumo do pedido inicial, a íntegra do despacho nele exarado, a data e a hora da audiência.

§ 6º O autor será notificado da data e hora da audiência no ato de recebimento da petição, ou da lavratura do termo.

§ 7º O juiz, ao marcar a audiência, oficiará ao empregador do réu, ou, se o mesmo for funcionário público, ao responsável por sua repartição, solicitando o envio, no máximo até a data marcada para a audiência, de informações sobre o salário ou os vencimentos do devedor, sob as penas previstas no artigo 22 desta Lei.

§ 8º A citação do réu, mesmo no caso dos artigos 200 e 201 do Código do Processo Civil, far-se-á na forma do § 2º, do artigo 5º desta Lei.

Art. 6º Na audiência de conciliação e julgamento deverão estar presentes autor e réu, independentemente de intimação e de comparecimento de seus representantes.

Art. 7º O não comparecimento do autor determina o arquivamento do pedido, e a ausência do réu importa em revelia, além de confissão quanto à matéria de fato.

Art. 8º Autor e réu comparecerão à audiência acompanhados de suas testemunhas, três no máximo, apresentando, nessa ocasião, as demais provas.

Art. 9º Aberta a audiência, lida a petição, ou o termo, e a resposta, se houver, ou dispensada a leitura, o juiz ouvirá as partes litigantes e o representante do Ministério Público, propondo conciliação.

§ 1º Se houver acordo, lavrar-se-á o respectivo termo, que será assinado pelo juiz, escrivão, partes e representantes do Ministério Público.

§ 2º Não havendo acordo, o juiz tomará o depoimento pessoal das partes e das testemunhas, ouvidos os peritos se houver, podendo julgar o feito sem a mencionada produção de provas, se as partes concordarem.

Art. 10. A audiência de julgamento será contínua; mas, se não for possível, por motivo de força maior, concluí-la no mesmo dia, o juiz marcará a sua continuação para o primeiro dia desimpedido, independentemente de novas intimações.

Art. 11. Terminada a instrução, poderão as partes e o Ministério Público aduzir alegações finais, em prazo não excedente de dez minutos para cada um.

Parágrafo único. Em seguida, o juiz renovará a proposta de conciliação e, não sendo aceita, ditará sua sentença, que conterá sucinto relatório do ocorrido na audiência.

Art. 12. Da sentença serão as partes intimadas, pessoalmente ou através de seus representantes, na própria audiência, ainda quando ausentes, desde que intimadas de sua realização.

Art. 13. O disposto nesta Lei aplica-se igualmente, no que couber, às ações ordinárias de desquite, nulidade e anulação de casamento, à revisão de sentenças proferidas em pedidos de alimentos e respectivas execuções.

§ 1º Os alimentos provisórios fixados na inicial poderão ser revistos a qualquer tempo, se houver modificação na situação financeira das partes, mas o pedido será sempre processado em apartado.

§ 2º Em qualquer caso, os alimentos fixados retroagem à data da citação.

§ 3º Os alimentos provisórios serão devidos até a decisão final, inclusive o julgamento do recurso extraordinário.

Art. 14. Da sentença caberá apelação no efeito devolutivo.

Art. 15. A decisão judicial sobre alimentos não transita em julgado e pode a qualquer tempo ser revista, em face da modificação da situação financeira dos interessados.

Arts. 16 a 18. *Revogados.* Lei nº 13.105, de 16-3-2015.

Art. 19. O juiz, para instrução da causa ou na execução da sentença ou do acordo, poderá tomar todas as providências necessárias para seu esclarecimento ou para o cumprimento do julgado ou do acordo, inclusive a decretação de prisão do devedor até sessenta dias.

§ 1º O cumprimento integral da pena de prisão não eximirá o devedor do pagamento das prestações alimentícias, vincendas ou vencidas e não pagas.

§ 2º Da decisão que decretar a prisão do devedor, caberá agravo de instrumento.

§ 3º A interposição do agravo não suspende a execução da ordem de prisão.

Art. 20. As repartições públicas, civis ou militares, inclusive do Imposto de Renda, darão todas as informações necessárias à instrução dos processos previstos nesta Lei e à execução do que for decidido ou acordado em juízo.

Art. 21. O artigo 244 do Código Penal passa a vigorar com a seguinte redação:

> "Art. 244. Deixar, sem justa causa, de prover a subsistência do cônjuge, ou de filho menor de 18 anos ou inapto para o trabalho ou de ascendente inválido ou valetudinário, não lhes proporcionando os recursos necessários ou faltando ao pagamento de pensão alimentícia judicialmente acordada, fixada ou majorada; deixar, sem justa causa, de socorrer descendente ou ascendente gravemente enfermo:
>
> Pena – Detenção de 1 (um) ano a 4 (quatro) anos e multa, de uma a dez vezes o maior salário-mínimo vigente no País.
>
> Parágrafo único. Nas mesmas penas incide quem, sendo solvente, frustra ou ilide, de qualquer modo, inclusive por abandono injustificado de emprego ou função, o pagamento de pensão alimentícia judicialmente acordada, fixada ou majorada."

Art. 22. Constitui crime contra a administração da justiça deixar o empregador ou funcionário público de prestar ao juízo competente as informações necessárias à instrução de processo ou execução de sentença ou acordo que fixe pensão alimentícia:

Pena – Detenção de seis meses a um ano, sem prejuízo da pena acessória de suspensão do emprego de trinta a noventa dias.

Parágrafo único. Nas mesmas penas incide quem, de qualquer modo, ajuda o devedor a eximir-se ao pagamento de pensão alimentícia judicialmente acordada, fixada ou majorada, ou se recusa, ou procrastina a executar ordem de descontos em folhas de pagamento, expedida pelo juiz competente.

Art. 23. A prescrição quinquenal referida no artigo 178, § 10, inciso I, do Código Civil só alcança as prestações mensais e não o direito a alimentos, que, embora irrenunciável, pode ser provisoriamente dispensado.

Art. 24. A parte responsável pelo sustento da família, e que deixar a residência comum por motivo, que não necessitará declarar, poderá tomar a iniciativa de comunicar ao juízo os rendimentos de que dispõe e de pedir a citação do credor, para comparecer à audiência de conciliação e julgamento destinada à fixação dos alimentos a que está obrigado.

Art. 25. A prestação não pecuniária estabelecida no artigo 403 do Código Civil, só pode ser autorizada pelo juiz se a ela anuir o alimentando capaz.

► Refere-se ao CC/1916. Art. 1.701 do CC/2002.

Art. 26. É competente para as ações de alimentos decorrentes da aplicação do Decreto Legislativo nº 10, de 13 de novembro de 1958, e Decreto nº 56.826, de 2 de setembro de 1965, o juízo federal da capital da Unidade Federativa Brasileira em que reside o devedor, sendo considerada instituição intermediária, para os fins dos referidos decretos, a Procuradoria-Geral da República.

Parágrafo único. Nos termos do inciso III, artigo 2º, da Convenção Internacional sobre ações de alimentos, o governo brasileiro comunicará, sem demora, ao Secretário Geral das Nações Unidas, o disposto neste artigo.

Art. 27. Aplicam-se supletivamente nos processos regulados por esta Lei as disposições do Código de Processo Civil.

► Arts. 693 e segs. do CPC.

Art. 28. Esta Lei entrará em vigor trinta dias depois de sua publicação.

Art. 29. Revogam-se as disposições em contrário.

Brasília, 25 de julho de 1968;
147º da Independência e
80º da República.
A. Costa e Silva

DECRETO-LEI Nº 413, DE 9 DE JANEIRO DE 1969

Dispõe sobre títulos de crédito industrial e dá outras providências.

(EXCERTOS)

► Publicado no *DOU* de 10-1-1969 e retificado no *DOU* de 10-2-1969.

....

CAPÍTULO VI
DA AÇÃO PARA COBRANÇA DA CÉDULA DE CRÉDITO INDUSTRIAL

Art. 41. Independentemente da inscrição de que trata o artigo 30 deste Decreto-Lei, o processo judicial para cobrança da cédula de crédito industrial seguirá o procedimento seguinte:

1º) despachada a petição, serão os réus, sem que haja preparo ou expedição de mandado, citados pela simples entrega de outra via do requerimento, para, dentro de vinte e quatro horas, pagar a dívida;

2º) não depositado, naquele prazo, o montante do débito, proceder-se-á à penhora ou ao sequestro dos bens constitutivos da garantia ou, em se tratando de nota de crédito industrial, à daqueles enumerados no artigo 1.563 do Código Civil (artigo 17 deste Decreto-Lei);

► Refere-se ao CC/1916. Sem correspondência no CC/2002.

3º) no que não colidirem com este Decreto-Lei, observar-se-ão, quanto à penhora, as disposições do Capítulo III, Título III, do Livro VIII, do Código de Processo Civil;

► Referido Capítulo tratava da penhora no CPC/1939. Arts. 659 a 676 do CPC/1973.

► Arts. 831 a 859 do CPC/2015.

4º) feita a penhora, terão os réus, dentro de quarenta e oito horas, prazo para impugnar o pedido;

5º) findo o termo referido no item anterior, o juiz, impugnado ou não o pedido, procederá a uma instrução sumária, facultando às partes a produção de provas, decidindo em seguida;

6º) a decisão será proferida dentro de trinta dias, a contar da efetivação da penhora;

7º) não terão efeito suspensivo os recursos interpostos das decisões proferidas na ação de cobrança a que se refere este artigo;

8º) o foro competente será o da praça do pagamento da cédula de crédito industrial.

....

Art. 57. Os bens vinculados à cédula de crédito industrial não serão penhorados ou sequestrados por outras dívidas do emitente ou do terceiro prestante da garantia real, cumprindo a qualquer deles denunciar a existência da cédula às autoridades incumbidas da diligência, ou a quem a determinou, sob pena de responderem pelos prejuízos resultantes de sua omissão.

Art. 58. Em caso de cobrança em processo contencioso ou não, judicial ou administrativo, o emitente da cédula de crédito industrial responderá ainda pela multa de dez por cento sobre o principal e acessórios em débito, devida a partir do primeiro despacho da autoridade competente na petição de cobrança ou de habilitação do crédito.

Art. 59. No caso de execução judicial, os bens adquiridos ou pagos com o crédito concedido pela cédula de crédito industrial responderão primeiramente pela satisfação do título, não podendo ser vinculados ao pagamento de dívidas privilegiadas, enquanto não for liquidada a cédula.

....

Art. 66. Este Decreto-Lei entrará em vigor noventa dias depois de publicado, revogando-se os Decretos-Leis nºs 265, de 28 de fevereiro de 1967, 320, de 29 de março de 1967, e 331, de 21 de setembro de 1967, na parte referente à cédula industrial pignoratícia, 1.271, de 16 de maio de 1939, 1.697, de 23 de outubro de 1939, 2.064, de 7 de março de 1940, 3.169, de 2 de abril de 1941, 4.191, de 18 de março de 1942, 4.312, de 20 de maio de 1942, e Leis nºs 2.931, de 27 de outubro de 1956, e 3.408, de 16 de junho de 1958, e as demais disposições em contrário.

Brasília, 9 de janeiro de 1969;
148º da Independência e
81º da República.
A. Costa e Silva

DECRETO-LEI Nº 857, DE 11 DE SETEMBRO DE 1969

Consolida e altera a legislação sobre moeda de pagamento de obrigações exequíveis no Brasil.

► Publicado no *DOU* de 12-9-1969.

► Arts. 421 a 813 do CC.

Art. 1º São nulos de pleno direito os contratos, títulos e quaisquer documentos, bem como as obrigações que, exequíveis no Brasil, estipulem pagamento em ouro, em moeda estrangeira, ou, por alguma forma, restrinjam ou recusem, nos seus efeitos, o curso legal do cruzeiro.

Art. 2º Não se aplicam as disposições do artigo anterior:

I – aos contratos e títulos referentes a importação ou exportação de mercadorias;

II – aos contratos de financiamento ou de prestação de garantias relativos às operações de exportação de bens e serviços vendidos a crédito para o exterior;

► Inciso II com a redação dada pela Lei nº 13.292, 31-5-2016.

III – aos contratos de compra e venda de câmbio em geral;

IV – aos empréstimos e quaisquer outras obrigações cujo credor ou devedor seja pessoa residente e domiciliada no exterior, excetuados os contratos de locação de imóveis situados no território nacional;

V– aos contratos que tenham por objeto a cessão, transferência, delegação, assunção ou modificação das obrigações referidas no item anterior, ainda que ambas as partes contratantes sejam pessoas residentes ou domiciliadas no país;

VI e VII – VETADOS. Lei nº 13.292, 31-5-2016.

Parágrafo único. Os contratos de locação de bens móveis que estipulem pagamento em moeda estrangeira ficam sujeitos, para sua validade a registro prévio no Banco Central do Brasil.

Art. 3º No caso de rescisão judicial ou extrajudicial de contratos a que se refere o item I do artigo 2º deste Decreto-lei, os pagamentos decorrentes do acerto entre as partes, ou de execução de sentença judicial, subordinam-se aos postulados da legislação de câmbio vigente.

Art. 4º O presente Decreto-lei entrará em vigor na data de sua publicação, revogados o Decreto nº 23.501, de 27 de novembro de 1933, a Lei nº 28, de 15 de fevereiro de 1935, o Decreto-lei nº 236, de 2 de fevereiro de 1938, o Decreto-lei número 1.079, de 27 de janeiro de 1939, o Decreto-lei nº 6.650, de 29 de junho de 1944, o Decreto-lei nº 316, de 13 de março de 1967 e demais disposições em contrário mantida a suspensão do § 1º do art. 947 do Código Civil.

► Refere-se ao CC/1916. Art. 318 do CC/2002.

Brasília, 11 de setembro de 1969;
148º da Independência e
81º da República.

Augusto Hamann Rademaker Grunewald
Aurélio de Lyra Tavares
Márcio de Souza e Mello
Antônio Delfim Netto

DECRETO-LEI Nº 911, DE 1º DE OUTUBRO DE 1969

Altera a redação do artigo 66 da Lei nº 4.728, de 14 de julho de 1965, estabelece normas de processo sobre alienação fiduciária e dá outras providências.

► Publicado no *DOU* de 3-10-1969.

Art. 1º O artigo 66, da Lei nº 4.728, de 14 de julho de 1965, passa a ter a seguinte redação:

► O art. 66 da Lei nº 4.728, de 14-7-1965, foi revogado pela Lei nº 10.931, de 2-8-2004.

Art. 2º No caso de inadimplemento ou mora nas obrigações contratuais garantidas mediante alienação fiduciária, o proprietário fiduciário ou credor poderá vender a coisa a terceiros, independentemente de leilão, hasta pública, avaliação prévia ou qualquer outra medida judicial ou extrajudicial, salvo disposição expressa em contrário prevista no contrato, devendo aplicar o preço da venda no pagamento de seu crédito e das despesas decorrentes e entregar ao devedor o saldo apurado, se houver, com a devida prestação de contas.

► *Caput* com a redação dada pela Lei nº 13.043, de 13-11-2014.

§ 1º O crédito a que se refere o presente artigo abrange o principal, juros e comissões, além das taxas, cláusula penal e correção monetária, quando expressamente convencionados pelas partes.

§ 2º A mora decorrerá do simples vencimento do prazo para pagamento e poderá ser comprovada por carta registrada com aviso de recebimento, não se exigindo que a assinatura constante do referido aviso seja a do próprio destinatário.

► § 2º com a redação dada pela Lei nº 13.043, de 13-11-2014.

► Súmulas nºs 72 e 245 do STJ

§ 3º A mora e o inadimplemento de obrigações contratuais garantidas por alienação fiduciária, ou a ocorrência legal ou convencional de algum dos casos de antecipação de vencimento da dívida facultarão ao credor considerar, de pleno direito, vencidas todas as obrigações contratuais, independentemente de aviso ou notificação judicial ou extrajudicial.

► Súmula nº 72 do STJ

§ 4º Os procedimentos previstos no *caput* e no seu § 2º aplicam-se às operações de arrendamento mercantil previstas na forma da Lei nº 6.099, de 12 de setembro de 1974.

► § 4º acrescido pela Lei nº 13.043, de 13-11-2014.

Art. 3º O proprietário fiduciário ou credor poderá, desde que comprovada a mora, na forma estabelecida pelo § 2º do art. 2º, ou o inadimplemento, requerer contra o devedor ou terceiro a busca e apreensão do bem alienado fiduciariamente, a qual será concedida liminarmente, podendo ser apreciada em plantão judiciário.

► *Caput* com a redação dada pela Lei nº 13.043, de 13-11-2014.

► Súmula nº 284 do STJ

§ 1º Cinco dias após executada a liminar mencionada no *caput*, consolidar-se-ão a propriedade e a posse plena e exclusiva do bem no patrimônio do credor fiduciário, cabendo às repartições competentes, quando for o caso, expedir novo certificado de registro de propriedade em nome do credor, ou de terceiro por ele indicado, livre do ônus da propriedade fiduciária.

§ 2º No prazo do § 1º, o devedor fiduciante poderá pagar a integralidade da dívida pendente, segundo os valores apresentados pelo credor fiduciário na inicial, hipótese na qual o bem lhe será restituído livre do ônus.

§ 3º O devedor fiduciante apresentará resposta no prazo de quinze dias da execução da liminar.

§ 4º A resposta poderá ser apresentada ainda que o devedor tenha se utilizado da faculdade do § 2º, caso entenda ter havido pagamento a maior e desejar restituição.

§ 5º Da sentença cabe apelação apenas no efeito devolutivo.

§ 6º Na sentença que decretar a improcedência da ação de busca e apreensão, o juiz condenará o credor fiduciário ao pagamento de multa, em favor do devedor fiduciante, equivalente a cinquenta por cento do valor originalmente financiado, devidamente atualizado, caso o bem já tenha sido alienado.

► §§ 1º a 6º com a redação dada pela Lei nº 10.931, de 2-8-2004.

§ 7º A multa mencionada no § 6º não exclui a responsabilidade do credor fiduciário por perdas e danos.

§ 8º A busca e apreensão prevista no presente artigo constitui processo autônomo e independente de qualquer procedimento posterior.

► §§ 7º e 8º acrescidos pela Lei nº 10.931, de 2-8-2004.

§ 9º Ao decretar a busca e apreensão de veículo, o juiz, caso tenha acesso à base de dados do Registro Nacional de Veículos Automotores – RENAVAM, inserirá diretamente a restrição judicial na base de dados do RENAVAM, bem como retirará tal restrição após a apreensão.

§ 10. Caso o juiz não tenha acesso à base de dados prevista no § 9º, deverá oficiar ao departamento de trânsito competente para que:

I – registre o gravame referente à decretação da busca e apreensão do veículo; e

II – retire o gravame após a apreensão do veículo.

§ 11. O juiz também determinará a inserção do mandado a que se refere o § 9º em banco próprio de mandados.

§ 12. A parte interessada poderá requerer diretamente ao juízo da comarca onde foi localizado o veículo com vistas à sua apreensão, sempre que o bem estiver em comarca distinta daquela da tramitação da ação, bastando que em tal requerimento conste a cópia da petição inicial da ação e, quando for o caso, a cópia do despacho que concedeu a busca e apreensão do veículo.

§ 13. A apreensão do veículo será imediatamente comunicada ao juízo, que intimará a instituição financeira para retirar o veículo do local depositado no prazo máximo de 48 (quarenta e oito) horas.

§ 14. O devedor, por ocasião do cumprimento do mandado de busca e apreensão, deverá entregar o bem e seus respectivos documentos.

§ 15. As disposições deste artigo aplicam-se no caso de reintegração de posse de veículos referente às operações de arrendamento mercantil previstas na Lei nº 6.099, de 12 de setembro de 1974.

► §§ 9º a 15 acrescidos pela Lei nº 13.043, de 13-11-2014.

Art. 4º Se o bem alienado fiduciariamente não for encontrado ou não se achar na posse do devedor, fica facultado ao credor requerer, nos mesmos autos, a conversão do pedido de busca e apreensão em ação executiva, na forma prevista no Capítulo II do Livro II da Lei nº 5.869, de 11 de janeiro de 1973 – Código de Processo Civil.

► Artigo com a redação dada pela Lei nº 13.043, de 13-11-2014.

► Arts. 781 e 782 do CPC/2015.

Art. 5º Se o credor preferir recorrer à ação executiva, direta ou a convertida na forma do art. 4º, ou, se for o caso ao executivo fiscal, serão penhorados, a critério do autor da ação, bens do devedor quantos bastem para assegurar a execução.

► *Caput* com a redação dada pela Lei nº 13.043, de 13-11-2014.

Parágrafo único. Não se aplica à alienação fiduciária o disposto nos incisos VI e VIII do artigo 649 do Código de Processo Civil.

► Parágrafo único com a redação dada pela Lei nº 6.071, de 3-7-1974.

► Refere-se ao CPC/1973.

► Art. 833 do CPC/2015.

Art. 6º O avalista, fiador ou terceiro interessado, que pagar a dívida do alienante ou devedor, se sub-rogará, de pleno direito, no crédito e na garantia constituída pela alienação fiduciária.

Art. 6º-A. O pedido de recuperação judicial ou extrajudicial pelo devedor nos termos da Lei nº 11.101, de 9 de fevereiro de 2005, não impede a distribuição e a busca e apreensão do bem.

► Art. 6º-A acrescido pela Lei nº 13.043, de 13-11-2014.

► Arts. 48, 51 e 161 a 167 da Lei nº 11.101, de 9-2-2005 (Lei de Recuperação de Empresas e Falências).

Art. 7º Na falência do devedor alienante, fica assegurado ao credor ou proprietário fiduciário o direito de pedir, na forma prevista na lei, a restituição do bem alienado fiduciariamente.

Parágrafo único. Efetivada a restituição o proprietário fiduciário agirá na forma prevista neste Decreto-Lei.

► Art. 85 da Lei nº 11.101, de 9-2-2005 (Lei de Recuperação de Empresas e Falências).

Art. 7º-A. Não será aceito bloqueio judicial de bens constituídos por alienação fiduciária nos termos deste Decreto-Lei, sendo que, qualquer discussão sobre concursos de preferências deverá ser resolvida pelo valor da venda do bem, nos termos do art. 2º.

► Art. 7º-A acrescido pela Lei nº 13.043, de 13-11-2014.

Art. 8º O Conselho Nacional de Trânsito, no prazo máximo de sessenta dias, a contar da vigência do presente Decreto-Lei, expedirá normas regulamentares relativas à alienação fiduciária de veículos automotores.

Art. 8º-A. O procedimento judicial disposto neste Decreto-Lei aplica-se exclusivamente às hipóteses da Seção XIV da Lei nº 4.728, de 14 de julho de 1965, ou quando o ônus da propriedade fiduciária tiver sido constituído para fins de garantia de débito fiscal ou previdenciário.

► Art. 8º-A acrescido pela Lei nº 10.931, de 2-8-2004.

Art. 9º O presente Decreto-Lei entrará em vigor na data de sua publicação, aplicando-se, desde logo, aos processos em curso, revogadas as disposições em contrário.

Brasília, 1º de outubro de 1969;
148º da Independência e
81º da República.

Augusto Hamann Rademaker
Grunewald Aurélio de Lyra Tavares
Márcio de Souza Mello

DECRETO-LEI Nº 1.075, DE 22 DE JANEIRO DE 1970

Regula a imissão de posse, initio litis, *em imóveis residenciais urbanos.*

► Publicado no *DOU* de 22-1-1970.

Art. 1º Na desapropriação por utilidade pública de prédio urbano residencial, o expropriante, alegando urgência, poderá imitir-se provisoriamente na posse do bem, mediante o depósito do preço oferecido, se este não for impugnado pelo expropriado em cinco dias da intimação da oferta.

Art. 2º Impugnada a oferta pelo expropriado, o juiz, servindo-se, caso necessário, de perito avaliador, fixará em quarenta e oito horas o valor provisório do imóvel.

Parágrafo único. O perito, quando designado, deverá apresentar o laudo no prazo máximo de cinco dias.

Art. 3º Quando o valor arbitrado for superior à oferta, o juiz só autorizará a imissão provisória na posse do imóvel, se o expropriante complementar o depósito para que este atinja a metade do valor arbitrado.

Art. 4º No caso do artigo anterior, fica, porém, fixado em dois mil e trezentos salários mínimos vigentes na região, o máximo do depósito a que será obrigado o expropriante.

Art. 5º O expropriado, observadas as cautelas previstas no artigo 34 do Decreto-Lei nº 3.365, de 21 de junho de 1941, poderá levantar toda a importância depositada e complementada nos termos do artigo 3º.

Parágrafo único. Quando o valor arbitrado for inferior ou igual ao dobro do preço oferecido, é lícito ao expropriado optar entre o levantamento de oitenta por cento do preço oferecido ou da metade do valor arbitrado.

Art. 6º O disposto neste Decreto-Lei só se aplica à desapropriação de prédio residencial urbano, habitado pelo proprietário ou compromissário comprador, cuja promessa de compra esteja devidamente inscrita no registro de imóveis.

Art. 7º Este Decreto-Lei entra em vigor na data de sua publicação, aplicando-se às ações já ajuizadas.

Art. 8º Revogam-se as disposições em contrário.

Brasília, 22 de janeiro de 1970;
149º da Independência e
82º da República.

Emílio G. Médici

LEI Nº 5.741, DE 1º DE DEZEMBRO DE 1971

Dispõe sobre a proteção do financiamento de bens imóveis vinculados ao Sistema Financeiro da Habitação.

► Publicada no *DOU* de 2-12-1971.

Art. 1º Para a cobrança de crédito hipotecário vinculado ao Sistema Financeiro da Habitação, criado pela Lei nº 4.380, de 21 de agosto de 1964, é lícito ao credor promover a execução de que tratam os artigos 31 e 32 do Decreto-Lei nº 70, de 21 de novembro de 1966, ou ajuizar a ação executiva na forma da presente Lei.

► Conforme art. 21 da Lei nº 8.004, de 14-3-1990, que dispõe sobre transferência de financiamento no âmbito do Sistema Financeiro da Habitação, somente serão objeto da execução prevista nesta Lei os financiamentos em que se verificar atraso de pagamento de três ou mais prestações.

Art. 2º A execução terá início por petição escrita, com os requisitos do artigo 282 do Código de Processo Civil, apresentada em três vias, servindo a segunda e a terceira de mandado e contrafé, e sendo a primeira instruída com:

► Refere-se ao CPC/1973.

I – o título da dívida devidamente inscrita;

II – a indicação do valor das prestações e encargos cujo não pagamento deu lugar ao vencimento do contrato;

III – o saldo devedor, discriminadas as parcelas relativas a principal, juros, multa e outros encargos contratuais, fiscais e honorários advocatícios;

IV – cópia dos avisos regulamentares reclamando o pagamento da dívida, expedidos segundo instruções do Banco Nacional da Habitação.

► Art. 2º com a redação dada pela Lei nº 6.071, de 3-7-1974.

Art. 3º O devedor será citado para pagar o valor do crédito reclamado ou depositá-lo em juízo no prazo de 24 (vinte e quatro) horas, sob pena de lhe ser penhorado o imóvel hipotecado.

§ 1º A citação far-se-á na pessoa do réu e de seu cônjuge ou de seus representantes legais.

► § 1º com a redação dada pela Lei nº 8.004, de 14-3-1990.

§ 2º Se o executado e seu cônjuge se acharem fora da jurisdição da situação do imóvel, a citação far-se-á por meio de edital, pelo prazo de dez dias, publicado, uma vez no órgão oficial do Estado e, pelo menos, duas vezes em jornal local de grande circulação, onde houver.

Art. 4º Se o executado não pagar a dívida indicada no inciso II do artigo 2º, acrescida das custas e honorários de advogado ou não depositar o saldo devedor, efetuar-se-á a penhora do imóvel hipotecado, sendo nomeado depositário o exequente ou quem este indicar.

§ 1º Se o executado não estiver na posse direta do imóvel, o juiz ordenará a expedição de mandado de desocupação contra a pessoa que o estiver ocupando, para entregá-lo ao exequente no prazo de dez dias.

§ 2º Se o executado estiver na posse direta do imóvel, o juiz ordenará que o desocupe no prazo de trinta dias, entregando-o ao exequente.

Art. 5º O executado poderá opor embargos no prazo de dez dias contados da penhora e que serão recebidos com efeito suspensivo, desde que alegue e prove:

I – que depositou por inteiro a importância reclamada na inicial;

II – que resgatou a dívida, oferecendo desde logo a prova da quitação.

Parágrafo único. Os demais fundamentos de embargos, previstos no artigo 741 do Código de Processo Civil, não suspendem a execução.

► Art. 5º com a redação dada pela Lei nº 6.014, de 27-12-1973.

► Refere-se ao CPC/1973. Art. 535 do CPC/2015.

Art. 6º Rejeitados os embargos referidos no *caput* do artigo anterior, o juiz ordenará a venda do imóvel hipotecado em praça pública por preço não inferior ao saldo devedor, expedindo-se edital pelo prazo de dez dias.

Parágrafo único. O edital será afixado à porta do edifício onde tiver sede o juízo, e publicado três vezes, por extrato, em um dos jornais locais de maior circulação, onde houver.

Art. 7º Não havendo licitante na praça pública, o Juiz adjudicará, dentro de quarenta e oito horas, ao exequente o imóvel hipotecado, ficando exonerado o executado da obrigação de pagar o restante da dívida.

Art. 8º É lícito ao executado remir o imóvel penhorado, desde que deposite em juízo, até a assinatura do auto de arrematação, a importância que baste ao pagamento da dívida reclamada, mais custas e honorários advocatícios; caso em que convalescerá o contrato hipotecário.

Art. 9º Constitui crime de ação pública, punido com a pena de detenção de seis meses a dois anos e multa de cinco a vinte salários mínimos, invadir alguém ou ocupar, com o fim de esbulho possessório, terreno ou unidade residencial, construída ou em construção, objeto de financiamento do Sistema Financeiro da Habitação.

§ 1º Se o agente usa de violência, incorre também nas penas a esta cominadas.

§ 2º É isento da pena de esbulho o agente que, espontaneamente, desocupa o imóvel antes de qualquer medida coativa.

§ 3º O salário a que se refere este artigo é o maior mensal vigente no País, à época do fato.

Art. 10. A ação executiva, fundada em outra causa que não a falta de pagamento pelo executado das prestações vencidas, será processada na forma do Código de Processo Civil, que se aplicará, subsidiariamente, à ação executiva de que trata esta lei.

Art. 11. Ficam dispensadas de averbação no Registro de Imóveis as alterações contratuais de qualquer natureza, desde que não importem em novação objetiva da dívida, realizadas em operações do Sistema Financeiro da Habitação, criado pela Lei nº 4.380, de 21 de agosto de 1964, sejam as operações consubstanciadas em instrumentos públicos ou particulares, ou em cédulas hipotecárias.

Parágrafo único. O registro da cédula hipotecária limitar-se-á à averbação de suas características originais, a que se refere o artigo 13 do Decreto-Lei nº 70, de 21 de novembro de 1966, ficando dispensadas de averbação também as alterações que decorram da circulação do título.

Art. 12. As entidades credoras integrantes do Sistema Financeiro da Habitação ficam obrigadas a fornecer por escrito, no prazo de cinco dias, as informações sobre as alterações de que trata o artigo 11, quando requeridas por interessados.

Art. 13. Esta Lei entra em vigor na data de sua publicação.

Art. 14. Revogam-se as disposições em contrário.

Brasília, 1º de dezembro de 1971;
150º da Independência e
83º da República.

Emílio G. Medici

LEI Nº 5.764, DE 16 DE DEZEMBRO DE 1971

Define a Política Nacional de Cooperativismo, institui o regime jurídico das sociedades cooperativas, e dá outras providências.

▸ Publicada no *DOU* de 16-12-1971.

CAPÍTULO I
DA POLÍTICA NACIONAL DE COOPERATIVISMO

Art. 1º Compreende-se como Política Nacional de Cooperativismo a atividade decorrente das iniciativas ligadas ao sistema cooperativo, originárias de setor público ou privado, isoladas ou coordenadas entre si, desde que reconhecido seu interesse público.

Art. 2º As atribuições do Governo Federal na coordenação e no estímulo às atividades de cooperativismo no território nacional serão exercidas na forma desta Lei e das normas que surgirem em sua decorrência.

Parágrafo único. A ação do Poder Público se exercerá, principalmente, mediante prestação de assistência técnica e de incentivos financeiros e creditórios especiais, necessários à criação, desenvolvimento e integração das entidades cooperativas.

CAPÍTULO II
DAS SOCIEDADES COOPERATIVAS

Art. 3º Celebram contrato de sociedade cooperativa as pessoas que reciprocamente se obrigam a contribuir com bens ou serviços para o exercício de uma atividade econômica, de proveito comum, sem objetivo de lucro.

▸ LC nº 130, de 17-4-2009, dispõe sobre o Sistema Nacional de Crédito Cooperativo.

Art. 4º As cooperativas são sociedades de pessoas, com forma e natureza jurídica próprias, de natureza civil, não sujeitas a falência, constituídas para prestar serviços aos associados, distinguindo-se das demais sociedades pelas seguintes características:

▸ Art. 1.094 do CC.

I – adesão voluntária, com número ilimitado de associados, salvo impossibilidade técnica de prestação de serviços;

II – variabilidade do capital social representado por quotas-partes;

III – limitação do número de quotas-partes do capital para cada associado, facultado, porém, o estabelecimento de critérios de proporcionalidade, se assim for mais adequado para o cumprimento dos objetivos sociais;

IV – incessibilidade das quotas-partes do capital a terceiros, estranhos à sociedade;

V – singularidade de voto, podendo as cooperativas centrais, federações e confederações de cooperativas, com exceção das que exerçam atividade de crédito, optar pelo critério da proporcionalidade;

VI – *quorum* para o funcionamento e deliberação da Assembleia-Geral baseado no número de associados e não no capital;

VII – retorno das sobras líquidas do exercício, proporcionalmente às operações realizadas pelo associado, salvo deliberação em contrário da Assembleia-Geral;

VIII – indivisibilidade dos fundos de Reserva e de Assistência Técnica Educacional e Social;

IX – neutralidade política e indiscriminação religiosa, racial e social;

X – prestação de assistência aos associados, e, quando previsto nos estatutos, aos empregados da cooperativa;

XI – área de admissão de associados limitada às possibilidades de reunião, controle, operações e prestação de serviços.

CAPÍTULO III
DO OBJETIVO E CLASSIFICAÇÃO DAS SOCIEDADES COOPERATIVAS

Art. 5º As sociedades cooperativas poderão adotar por objeto qualquer gênero de serviço, operação ou atividade, assegurando-se-lhes o direito exclusivo e exigindo-se-lhes a obrigação do uso da expressão "cooperativa" em sua denominação.

Parágrafo único. É vedado às cooperativas o uso da expressão "Banco".

Art. 6º As sociedades cooperativas são consideradas:

I – singulares, as constituídas pelo número mínimo de vinte pessoas físicas, sendo excepcionalmente permitida a admissão de pessoas jurídicas que tenham por objeto as mesmas ou correlatas atividades econômicas das pessoas físicas ou, ainda, aquelas sem fins lucrativos;

II – cooperativas centrais ou federações de cooperativas, as constituídas de, no mínimo, três singulares, podendo, excepcionalmente, admitir associados individuais;

III – confederações de cooperativas, as constituídas, pelo menos, de três federações de cooperativas ou cooperativas centrais, da mesma ou de diferentes modalidades.

§ 1º Os associados individuais das cooperativas centrais e federações de cooperativas serão inscritos no Livro de Matrícula da sociedade e classificados em grupos visando à transformação, no futuro, em cooperativas singulares que a elas se filiarão.

§ 2º A exceção estabelecida no item II, *in fine*, do *caput* deste artigo não se aplica às centrais e federações que exerçam atividades de crédito.

Art. 7º As cooperativas singulares se caracterizam pela prestação direta de serviços aos associados.

Art. 8º As cooperativas centrais e federações de cooperativas objetivam organizar, em comum e em maior escala, os serviços econômicos e assistenciais de interesse das filiadas, integrando e orientando suas atividades, bem como facilitando a utilização recíproca dos serviços.

Parágrafo único. Para a prestação de serviços de interesse comum, é permitida a constituição de cooperativas centrais, às quais se associem outras cooperativas de objetivo e finalidades diversas.

Art. 9º As confederações de cooperativas têm por objetivo orientar e coordenar as atividades das filiadas, nos casos em que o vulto dos empreendimentos transcender o âmbito de capacidade ou conveniência de atuação das centrais e federações.

Art. 10. As cooperativas se classificam também de acordo com o objeto ou pela natureza das atividades desenvolvidas por elas ou por seus associados.

§ 1º Além das modalidades de cooperativas já consagradas, caberá ao respectivo órgão controlador apreciar e caracterizar outras que se apresentem.

§ 2º Serão consideradas mistas as cooperativas que apresentarem mais de um objeto de atividades.

§ 3º *Revogado*. LC nº 130, de 17-4-2009.

Art. 11. As sociedades cooperativas serão de responsabilidade limitada, quando a responsabilidade do associado pelos compromissos da sociedade se limitar ao valor do capital por ele subscrito.

Art. 12. As sociedades cooperativas serão de responsabilidade ilimitada, quando a responsabilidade do associado pelos compromissos da sociedade for pessoal, solidária e não tiver limite.

Art. 13. A responsabilidade do associado para com terceiros, como membro da sociedade, somente poderá ser invocada depois de judicialmente exigida da cooperativa.

CAPÍTULO IV
DA CONSTITUIÇÃO DAS SOCIEDADES COOPERATIVAS

Art. 14. A sociedade cooperativa constitui-se por deliberação da Assembleia-Geral dos fundadores, constantes da respectiva ata ou por instrumento público.

Art. 15. O ato constitutivo, sob pena de nulidade, deverá declarar:

I – a denominação da entidade, sede e objeto de funcionamento;

II – o nome, nacionalidade, idade, estado civil, profissão e residência dos associados, fundadores que o assinaram, bem como o valor e número da quota-parte de cada um;

III – aprovação do estatuto da sociedade;

IV – o nome, nacionalidade, estado civil, profissão e residência dos associados eleitos para os órgãos de administração, fiscalização e outros.

Art. 16. O ato constitutivo da sociedade e os estatutos, quando não transcritos naquele, serão assinados pelos fundadores.

SEÇÃO I
DA AUTORIZAÇÃO DE FUNCIONAMENTO

Art. 17. A cooperativa constituída na forma da legislação vigente apresentará ao respectivo órgão executivo federal de controle, no Distrito Federal, Estados ou Territórios, ou ao órgão local para isso credenciado, dentro de trinta dias da data da constituição, para fins de autorização, requerimento acompanhado de quatro vias do ato constitutivo, estatuto e lista nominativa, além de outros documentos considerados necessários.

► Art. 5º, XVIII, da CF.

Art. 18. Verificada, no prazo máximo de sessenta dias, a contar da data de entrada em seu protocolo, pelo respectivo órgão executivo federal de controle ou órgão local para isso credenciado, a existência de condições de funcionamento da cooperativa em constituição, bem como a regularidade da documentação apresentada, o órgão controlador devolverá, devidamente autenticadas, duas vias à cooperativa, acompanhadas de documento dirigido à Junta Comercial do Estado, onde a entidade estiver sediada, comunicando a aprovação do ato constitutivo da requerente.

§ 1º Dentro desse prazo, o órgão controlador, quando julgar conveniente, no interesse do fortalecimento do sistema, poderá ouvir o Conselho Nacional de Cooperativismo, caso em que não se verificará a aprovação automática prevista no parágrafo seguinte.

§ 2º A falta de manifestação do órgão controlador no prazo a que se refere este artigo implicará a aprovação do ato constitutivo e o seu subsequente arquivamento na Junta Comercial respectiva.

§ 3º Se qualquer das condições citadas neste artigo não for atendida satisfatoriamente, o órgão ao qual compete conceder a autorização dará ciência ao requerente, indicando as exigências a serem cumpridas no prazo de sessenta dias, findos os quais, se não atendidas, o pedido será automaticamente arquivado.

§ 4º À parte é facultado interpor da decisão proferida pelo órgão controlador, nos Estados, Distrito Federal ou Territórios, recurso para a respectiva administração central, dentro do prazo de trinta dias contado da data do recebimento da comunicação e, em segunda e última instância, ao Conselho Nacional de Cooperativismo, também no prazo de trinta dias, exceção feita às cooperativas de crédito, às seções de crédito das cooperativas agrícolas mistas, e às cooperativas habitacionais, hipótese em que o recurso será apreciado pelo Conselho Monetário Nacional, no tocante às duas primeiras, e pelo Banco Nacional de Habitação em relação às últimas.

§ 5º Cumpridas as exigências, deverá o despacho do deferimento ou indeferimento da autorização ser exarado dentro de sessenta dias, findos os quais, na ausência de decisão, o requerimento será considerado deferido. Quando a autorização depender de dois ou mais órgãos do Poder Público, cada um deles terá o prazo de sessenta dias para se manifestar.

§ 6º Arquivados os documentos na Junta Comercial e feita a respectiva publicação, a cooperativa adquire personalidade jurídica, tornando-se apta a funcionar.

§ 7º A autorização caducará, independentemente de qualquer despacho, se a cooperativa não entrar em atividade dentro do prazo de noventa dias contados da data em que forem arquivados os documentos na Junta Comercial.

§ 8º Cancelada a autorização, o órgão de controle expedirá comunicação à respectiva Junta Comercial, que dará baixa nos documentos arquivados.

§ 9º A autorização para funcionamento das cooperativas de habitação, das de crédito e das seções de crédito das cooperativas agrícolas mistas subordina-se ainda, à política dos respectivos órgãos normativos.

§ 10. *Revogado*. LC nº 130, de 17-4-2009.

Art. 19. A cooperativa escolar não estará sujeita ao arquivamento dos documentos de constituição, bastando remetê-los ao Instituto Nacional de Colonização e Reforma Agrária, ou respectivo órgão local de controle, devidamente autenticados pelo diretor do estabelecimento de ensino ou a maior autoridade escolar do município, quando a cooperativa congregar associações de mais de um estabelecimento de ensino.

Art. 20. A reforma de estatutos obedecerá, no que couber, ao disposto nos artigos anteriores, observadas as prescrições dos órgãos normativos.

SEÇÃO II
DO ESTATUTO SOCIAL

Art. 21. O estatuto da cooperativa, além de atender ao disposto no artigo 4º, deverá indicar:

I – a denominação, sede, prazo de duração, área de ação, objeto da sociedade, fixação do exercício social e da data do levantamento do balanço geral;

II – os direitos e deveres dos associados, natureza de suas responsabilidades e as condições de admissão, demissão, eliminação e exclusão e as normas para sua representação nas assembleias-gerais;

III – o capital mínimo, o valor da quota-parte, o mínimo de quotas-partes a ser subscrito pelo associado, o modo de integralização das quotas-partes, bem como as condições de sua retirada nos casos de demissão, eliminação ou de exclusão do associado;

IV – a forma de devolução das sobras registradas aos associados, ou do rateio das perdas apuradas por insuficiência de contribuição para cobertura das despesas da sociedade;

V – o modo de administração e fiscalização, estabelecendo os respectivos órgãos, com definição de suas atribuições, poderes e funcionamento, a representação ativa e passiva da sociedade em juízo ou fora dele, o prazo do mandato, bem como o processo de substituição dos administradores e conselheiros fiscais;

VI – as formalidades de convocação das assembleias-gerais e a maioria requerida para a sua instalação e validade de suas deliberações, vedado o direito de voto aos que nelas tiverem interesse particular sem privá-los da participação nos debates;

VII – os casos de dissolução voluntária da sociedade;

VIII – o modo e o processo de alienação ou oneração de bens imóveis da sociedade;

IX – o modo de reformar o estatuto;

X – o número mínimo de associados;

XI – se a cooperativa tem poder para agir como substituta processual de seus associados, na forma do art. 88-A desta Lei.

► Inciso XI acrescido pela Lei nº 13.806, de 10-1-2019.

CAPÍTULO V
DOS LIVROS

Art. 22. A sociedade cooperativa deverá possuir os seguintes livros:

I – de Matrícula;

II – de Atas das Assembleias-Gerais;

III – de Atas dos Órgãos de Administração;

IV – de Atas do Conselho Fiscal;

V – de presença dos Associados nas Assembleias-Gerais;

VI – outros, fiscais e contábeis, obrigatórios.

Parágrafo único. É facultada a adoção de livros de folhas soltas ou fichas.

► Art. 1.180 do CC.

Art. 23. No Livro de Matrícula, os associados serão inscritos por ordem cronológica de admissão, dele constando:

I – o nome, idade, estado civil, nacionalidade, profissão e residência do associado;

II – a data de sua admissão e, quando for o caso, de sua demissão a pedido, eliminação ou exclusão;

III – a conta-corrente das respectivas quotas-partes do capital social.

CAPÍTULO VI
DO CAPITAL SOCIAL

Art. 24. O capital social será subdividido em quotas-partes, cujo valor unitário não poderá ser superior ao maior salário mínimo vigente no País.

§ 1º Nenhum associado poderá subscrever mais de um terço do total das quotas-partes, salvo nas sociedades em que a subscrição deva ser diretamente proporcional ao movimento financeiro do cooperado ou ao quantitativo dos produtos a serem comercializados, beneficiados ou transformados, ou ainda, em relação à área cultivada ou ao número de plantas e animais em exploração.

§ 2º Não estão sujeitas ao limite estabelecido no parágrafo anterior as pessoas jurídicas de direito público que participem de cooperativas de eletrificação, irrigação e telecomunicações.

§ 3º É vedado às cooperativas distribuírem qualquer espécie de benefício às quotas-partes do capital ou estabelecer outras vantagens ou privilégios, financeiros ou não, em favor de quaisquer associados ou terceiros excetuando-se os juros até o máximo de doze por cento ao ano que incidirão sobre a parte integralizada.

§ 4º As quotas de que trata o *caput* deixam de integrar o patrimônio líquido da cooperativa quando se tornar exigível, na forma prevista no estatuto social e na legislação vigente, a restituição do capital integralizado pelo associado, em razão do seu desligamento, por demissão, exclusão ou eliminação.

► § 4º acrescido pela Lei nº 13.097, de 19-1-2015.

Art. 25. Para a formação do capital social poder-se-á estipular que o pagamento das quotas-partes seja realizado mediante prestações periódicas, independentemente de chamada, por meio de contribuições ou outra forma estabelecida a critério dos respectivos órgãos executivos federais.

Art. 26. A transferência de quotas-partes será averbada no Livro de Matrícula, mediante termo que conterá as assinaturas do cedente, do cessionário e do diretor que o estatuto designar.

Art. 27. A integralização das quotas-partes e o aumento do capital social poderão ser feitos com bens avaliados previamente e após homologação em Assembleia-Geral ou mediante retenção de determinada porcentagem do valor do movimento financeiro de cada associado.

§ 1º O disposto neste artigo não se aplica às cooperativas de crédito, às agrícolas mistas com seção de crédito e às habitacionais.

§ 2º Nas sociedades cooperativas em que a subscrição de capital for diretamente proporcional ao movimento ou à expressão econômica de cada associado, o estatuto deverá prever sua revisão periódica para ajustamento às condições vigentes.

CAPÍTULO VII
DOS FUNDOS

Art. 28. As cooperativas são obrigadas a constituir:

I – Fundo de Reserva destinado a reparar perdas e atender ao desenvolvimento de suas atividades, constituído com dez por cento, pelo menos, das sobras líquidas do exercício;

II – Fundo de Assistência Técnica, Educacional e Social, destinado a prestação de assistência aos associados, seus familiares e, quando previsto nos estatutos, aos empregados da cooperativa, constituído de cinco por cento, pelo menos, das sobras líquidas apuradas no exercício.

§ 1º Além dos previstos neste artigo, a Assembleia-Geral poderá criar outros fundos, inclusive rotativos, com recursos destinados a fins específicos fixando o modo de formação, aplicação e liquidação.

§ 2º Os serviços a serem atendidos pelo Fundo de Assistência Técnica, Educacional e Social poderão ser executados mediante convênio com entidades públicas e privadas.

CAPÍTULO VIII
DOS ASSOCIADOS

Art. 29. O ingresso nas cooperativas é livre a todos que desejarem utilizar os serviços prestados pela sociedade, desde que adiram aos propósitos sociais e preencham as condições estabelecidas no estatuto, ressalvado o disposto no artigo 4º, item I, desta Lei.

§ 1º A admissão dos associados poderá ser restrita, a critério do órgão normativo respectivo, às pessoas que exerçam determinada atividade ou profissão, ou estejam vinculadas a determinada entidade.

§ 2º Poderão ingressar nas cooperativas de pesca e nas constituídas por produtores rurais ou extrativistas, as pessoas jurídicas que pratiquem as mesmas atividades econômicas das pessoas físicas associadas.

§ 3º Nas cooperativas de eletrificação, irrigação e telecomunicações, poderão ingressar as pessoas jurídicas que se localizem na respectiva área de operações.

§ 4º Não poderão ingressar no quadro das cooperativas os agentes de comércio e empresários que operem no mesmo campo econômico da sociedade.

Art. 30. À exceção das cooperativas de crédito e das agrícolas mistas com seção de crédito, a admissão de associados, que se efetive mediante aprovação de seu pedido de ingresso pelo órgão de administração, complementa-se com a subscrição das quotas-partes de capital social e a sua assinatura no Livro de Matrícula.

Art. 31. O associado que aceitar e estabelecer relação empregatícia com a cooperativa, perde o direito de votar e ser votado, até que sejam aprovadas as contas do exercício em que ele deixou o emprego.

Art. 32. A demissão do associado será unicamente a seu pedido.

Art. 33. A eliminação do associado é aplicada em virtude de infração legal ou estatutária, ou por fato especial previsto no estatuto, mediante termo firmado por quem de direito no Livro de Matrícula, com os motivos que a determinaram.

Art. 34. A diretoria da cooperativa tem o prazo de trinta dias para comunicar ao interessado a sua eliminação.

Parágrafo único. Da eliminação cabe recurso, com efeito suspensivo à primeira Assembleia-Geral.

Art. 35. A exclusão do associado será feita:

I – por dissolução da pessoa jurídica;

II – por morte da pessoa física;

III – por incapacidade civil não suprida;

IV – por deixar de atender aos requisitos estatutários de ingresso ou permanência na cooperativa.

Art. 36. A responsabilidade do associado perante terceiros, por compromissos da sociedade, perdura para os demitidos, eliminados ou excluídos até quando aprovadas as contas do exercício em que se deu o desligamento.

Parágrafo único. As obrigações dos associados falecidos, contraídas com a sociedade, e as oriundas de sua responsabilidade como associado em face de terceiros, passam aos herdeiros, prescrevendo, porém, após um ano contado do dia da abertura da sucessão, ressalvados os aspectos peculiares das cooperativas de eletrificação rural e habitacionais.

Art. 37. A cooperativa assegurará a igualdade de direitos dos associados sendo-lhe defeso:

I – remunerar a quem agencie novos associados;

II – cobrar prêmios ou ágio pela entrada de novos associados ainda a título de compensação das reservas;

III – estabelecer restrições de qualquer espécie ao livre exercício dos direitos sociais.

CAPÍTULO IX

DOS ÓRGÃOS SOCIAIS

SEÇÃO I

DAS ASSEMBLEIAS-GERAIS

Art. 38. A Assembleia-Geral dos associados é o órgão supremo da sociedade, dentro dos limites legais e estatutários, tendo poderes para decidir os negócios relativos ao objeto da sociedade e tomar as resoluções convenientes ao desenvolvimento e defesa desta, e suas deliberações vinculam a todos, ainda que ausentes ou discordantes.

§ 1º As Assembleias-Gerais serão convocadas com antecedência mínima de dez dias, em primeira convocação, mediante editais afixados em locais apropriados das dependências comumente mais frequentadas pelos associados, publicação em jornal e comunicação aos associados por intermédio de circulares. Não havendo no horário estabelecido, *quorum* de instalação, as assembleias poderão ser realizadas em segunda ou terceira convocações desde que assim permitam os estatutos e conste do respectivo edital, quando então será observado o intervalo mínimo de uma hora entre a realização por uma ou outra convocação.

§ 2º A convocação será feita pelo Presidente, ou por qualquer dos órgãos de administração, pelo Conselho Fiscal, ou após solicitação não atendida, por um quinto dos associados em pleno gozo dos seus direitos.

§ 3º As deliberações nas Assembleias-Gerais serão tomadas por maioria de votos dos associados presentes com direito de votar.

Art. 39. É da competência das Assembleias-Gerais, ordinárias ou extraordinárias, a destituição dos membros dos órgãos de administração ou fiscalização.

Parágrafo único. Ocorrendo destituição que possa afetar a regularidade da administração ou fiscalização da entidade, poderá a Assembleia designar administradores e conselheiros provisórios, até a posse dos novos, cuja eleição se efetuará no prazo máximo de trinta dias.

Art. 40. Nas Assembleias-Gerais o *quorum* de instalação será o seguinte:

I – dois terços do número de associados, em primeira convocação;

II – metade mais um dos associados em segunda convocação;

III – mínimo de dez associados na terceira convocação ressalvado o caso de cooperativas centrais e federações e confederações de cooperativas, que se instalarão com qualquer número.

Art. 41. Nas Assembleias-Gerais das cooperativas centrais, federações e confederações de cooperativas, a representação será feita por delegados indicados na forma dos seus estatutos e credenciados pela diretoria das respectivas filiadas.

Parágrafo único. Os grupos de associados individuais das cooperativas centrais e federações de cooperativas serão representados por um delegado, escolhida entre seus membros e credenciado pela respectiva administração.

Art. 42. Nas cooperativas singulares, cada associado presente não terá direito a mais de um voto, qualquer que seja o número de suas quotas-partes.

§ 1º Não será permitida a representação por meio de mandatário.

§ 2º Quando o número de associados, nas cooperativas singulares exceder a três mil, pode o estatuto estabelecer que os mesmos sejam representados nas Assembleias-Gerais por delegados que tenham a qualidade de associados no gozo de seus direitos sociais e não exerçam cargos eletivos na sociedade.

§ 3º O estatuto determinará o número de delegados, a época e forma de sua escolha por grupos seccionais de associados de igual número e o tempo de duração da delegação.

§ 4º Admitir-se-á, também, a delegação definida no parágrafo anterior nas cooperativas singulares cujo número de associados seja inferior a três mil, desde que haja filiados residindo a mais de cinquenta quilômetros da sede.

§ 5º Os associados, integrantes de grupos seccionais, que não sejam delegados, poderão comparecer às Assembleias-Gerais, privados, contudo, de voz e voto.

§ 6º As Assembleias-Gerais compostas por delegados decidem sobre todas as matérias que, nos termos da lei ou dos estatutos, constituem objeto de decisão da assembleia-geral dos associados.

► *Caput* e §§ 1º a 6º com a redação dada pela Lei nº 6.981, de 30-3-1982.

Art. 43. Prescreve em quatro anos, a ação para anular as deliberações da Assembleia-Geral viciadas de erro, dolo, fraude ou simulação, ou tomadas com violação da lei ou do estatuto, contado o prazo da data em que a Assembleia foi realizada.

Art. 43-A. O associado poderá participar e votar a distância em reunião ou em assembleia, que poderão ser realizadas em meio digital, nos termos do regulamento do órgão competente do Poder Executivo federal.

Parágrafo único. A assembleia geral poderá ser realizada de forma digital, respeitados os direitos legalmente previstos de participação e de manifestação dos associados e os demais requisitos regulamentares.

► Art. 43-A acrescido pela Lei nº 14.030, de 28-7-2020.

Seção II
DAS ASSEMBLEIAS-GERAIS ORDINÁRIAS

Art. 44. A Assembleia-Geral Ordinária, que se realizará anualmente nos três primeiros meses após o término do exercício social, deliberará sobre os seguintes assuntos que deverão constar da ordem do dia:

I – prestação de contas dos órgãos de administração acompanhada de parecer do Conselho Fiscal, compreendendo:

a) relatório da gestão;

b) balanço;

c) demonstrativo das sobras apuradas ou das perdas decorrentes da insuficiência das contribuições para cobertura das despesas da sociedade e o parecer do Conselho Fiscal;

II – destinação das sobras apuradas ou rateio das perdas decorrentes da insuficiência das contribuições para cobertura das despesas da sociedade, deduzindo-se, no primeiro caso as parcelas para os Fundos Obrigatórios;

III – eleição dos componentes dos órgãos de administração, do Conselho Fiscal e de outros, quando for o caso;

IV – quando previsto, a fixação do valor dos honorários, gratificações e cédula de presença dos membros do Conselho de Administração ou da Diretoria e do Conselho Fiscal;

V – quaisquer assuntos de interesse social, excluídos os enumerados no artigo 46.

§ 1º Os membros dos órgãos de administração e fiscalização não poderão participar da votação das matérias referidas nos itens I e IV deste artigo.

§ 2º À exceção das cooperativas de crédito e das agrícolas mistas com seção de crédito, a aprovação do relatório, balanço e contas dos órgãos de administração, desonera seus componentes de responsabilidade, ressalvados os casos de erro, dolo, fraude ou simulação, bem como a infração da lei ou do estatuto.

Seção III
DAS ASSEMBLEIAS-GERAIS EXTRAORDINÁRIAS

Art. 45. A Assembleia-Geral Extraordinária realizar-se-á sempre que necessário e poderá deliberar sobre qualquer assunto de interesse da sociedade, desde que mencionado no edital de convocação.

Art. 46. É da competência exclusiva da Assembleia-Geral Extraordinária deliberar sobre os seguintes assuntos:

I – reforma do estatuto;

II – fusão, incorporação ou desmembramento;

III – mudança do objeto da sociedade;

IV – dissolução voluntária da sociedade e nomeação de liquidantes;

V – contas do liquidante.

Parágrafo único. São necessários os votos de dois terços dos associados presentes, para tornar válidas as deliberações de que trata este artigo.

Seção IV
DOS ÓRGÃOS DE ADMINISTRAÇÃO

Art. 47. A sociedade será administrada por uma Diretoria ou Conselho de Administração, composto exclusivamente de associados eleitos pela Assembleia-Geral, com mandato nunca superior a quatro anos, sendo obrigatória a renovação de, no mínimo, um terço do Conselho de Administração.

§ 1º O estatuto poderá criar outros órgãos necessários à administração.

§ 2º A posse dos administradores e conselheiros fiscais das cooperativas de crédito e das agrícolas mistas com seção de crédito e habitacionais fica sujeita à prévia homologação dos respectivos órgãos normativos.

Art. 48. Os órgãos de administração podem contratar gerentes técnicos ou comerciais, que não pertençam ao quadro de associados, fixando-lhes as atribuições e salários.

Art. 49. Ressalvada a legislação específica que rege as cooperativas de crédito, as seções de crédito das cooperativas agrícolas mistas e as de habitação, os administradores eleitos ou contratados não serão pessoalmente responsáveis pelas obrigações que contraírem em nome da sociedade, mas responderão solidariamente pelos prejuízos resultantes de seus atos, se procederem com culpa ou dolo.

Parágrafo único. A sociedade responderá pelos atos a que se refere a última parte deste artigo se os houver ratificado ou deles logrado proveito.

Art. 50. Os participantes de ato ou operação social em que se oculte a natureza da sociedade podem ser declarados pessoalmente responsáveis pelas obrigações em nome dela contraídas, sem prejuízo das sanções penais cabíveis.

Art. 51. São inelegíveis, além das pessoas impedidas por lei, os condenados a pena que vede, ainda que temporariamente, o acesso a cargos públicos; ou por crime falimentar, de prevaricação, peita ou suborno, concussão, peculato, ou contra a economia popular, a fé pública ou a propriedade.

Parágrafo único. Não podem compor uma mesma Diretoria ou Conselho de Administração, os parentes entre si até segundo grau, em linha reta ou colateral.

Art. 52. O diretor ou associado que, em qualquer operação, tenha interesse oposto ao da sociedade, não pode participar das deliberações referentes a essa operação, cumprindo-lhe acusar o seu impedimento.

Art. 53. Os componentes da Administração e do Conselho fiscal, bem como os liquidantes, equiparam-se aos administradores das sociedades anônimas para efeito de responsabilidade criminal.

Art. 54. Sem prejuízo da ação que couber ao associado, a sociedade, por seus diretores, ou representada pelo associado escolhido em Assembleia-Geral, terá direito de ação contra os administradores, para promover sua responsabilidade.

Art. 55. Os empregados de empresas que sejam eleitos diretores de sociedades cooperativas pelos mesmos criadas, gozarão das garantias asseguradas aos dirigentes sindicais pelo artigo 543 da Consolidação das Leis do Trabalho (Decreto-Lei nº 5.452, de 1º de maio de 1943).

Seção V
DO CONSELHO FISCAL

Art. 56. A administração da sociedade será fiscalizada, assídua e minuciosamente, por um Conselho Fiscal, constituído de três membros efetivos e três suplentes, todos associados eleitos anualmente pela Assembleia-Geral, sendo permitida apenas a reeleição de um terço dos seus componentes.

§ 1º Não podem fazer parte do Conselho Fiscal, além dos inelegíveis enumerados no artigo 51, os parentes dos diretores até o segundo grau, em linha reta ou colateral, bem como os parentes entre si até esse grau.

§ 2º O associado não pode exercer cumulativamente cargos nos órgãos de administração e de fiscalização.

CAPÍTULO X
FUSÃO, INCORPORAÇÃO E DESMEMBRAMENTO

Art. 57. Pela fusão, duas ou mais cooperativas formam nova sociedade.

§ 1º Deliberada a fusão, cada cooperativa interessada indicará nomes para comporem comissão mista que procederá aos estudos necessários à constituição da nova sociedade, tais como o levantamento patrimonial, balanço geral, plano de distribuição de quotas-partes, destino dos fundos de reserva e outros e o projeto de estatuto.

§ 2º Aprovado o relatório da comissão mista e constituída a nova sociedade em Assembleia-Geral conjunta os respectivos documentos serão arquivados, para aquisição de personalidade jurídica, na Junta Comercial competente, e duas vias dos mesmos, com a publicação do arquivamento, serão encaminhadas ao órgão executivo de controle ou ao órgão local credenciado.

§ 3º Exclui-se do disposto no parágrafo anterior a fusão que envolver cooperativas que exerçam atividades de crédito. Nesse caso, aprovado o relatórios da comissão mista e constituída a nova sociedade em Assembleia-Geral conjunta, a autorização para funcionar e o registro dependerão de prévia anuência do Banco Central do Brasil.

Art. 58. A fusão determina a extinção das sociedades que se unem para formar a nova sociedade que lhe sucederá nos direitos e obrigações.

Art. 59. Pela incorporação, uma sociedade cooperativa absorve o patrimônio, recebe os associados, assume as obrigações e se investe nos direitos de outra ou outras cooperativas.

Parágrafo único. Na hipótese prevista neste artigo, serão obedecidas as mesmas formalidades estabelecidas para a fusão, limitadas as avaliações ao patrimônio da ou das sociedades incorporandas.

Art. 60. As sociedades cooperativas poderão desmembrar-se em tantas quantas forem necessárias para atender aos interesses dos seus associados, podendo uma das novas entidades ser constituída como cooperativa central ou federação de cooperativas, cujas autorizações de funcionamento e os arquivamentos serão requeridos conforme o disposto nos artigos 17 e seguintes.

Art. 61. Deliberado o desmembramento, a Assembleia designará uma comissão para estudar as providências necessárias à efetivação da medida.

§ 1º O relatório apresentado pela comissão, acompanhado dos projetos de estatutos das novas cooperativas, será apreciado em nova Assembleia especialmente convocada para esse fim.

§ 2º O plano de desmembramento preverá o rateio, entre as novas cooperativas, do ativo e passivo da sociedade desmembrada.

§ 3º No rateio previsto no parágrafo anterior, atribuir-se-á a cada nova cooperativa parte do capital social da sociedade desmembrada em quota correspondente à participação dos associados que passam a integrá-la.

§ 4º Quando uma das cooperativas for constituída como cooperativa central ou federação de cooperativas, prever-se-á o montante das quotas-partes que as associadas terão no capital social.

Art. 62. Constituídas as sociedades e observado o disposto nos artigos 17 e seguintes, proceder-se-á às transferências contábeis e patrimoniais necessárias à concretização das medidas adotadas.

CAPÍTULO XI
DA DISSOLUÇÃO E LIQUIDAÇÃO

Art. 63. As sociedades cooperativas se dissolvem de pleno direito:

I – quando assim deliberar a Assembleia-Geral, desde que os associados, totalizando o número mínimo exigido por esta Lei, não se disponham a assegurar a sua continuidade;

II – pelo decurso do prazo de duração;

III – pela consecução dos objetivos predeterminados;

IV – devido à alteração de sua forma jurídica;

V – pela redução do número mínimo de associados ou do capital social mínimo se, até a Assembleia-Geral subsequente, realizada em prazo não inferior a seis meses, eles não forem restabelecidos;

VI – pelo cancelamento da autorização para funcionar;

VII – pela paralisação de suas atividades por mais de cento e vinte dias.

Parágrafo único. A dissolução da sociedade importará no cancelamento da autorização para funcionar e do registro.

Art. 64. Quando a dissolução da sociedade não for promovida voluntariamente, nas hipóteses previstas no artigo anterior, a medida poderá ser tomada judicialmente a pedido de qualquer associado ou por iniciativa do órgão executivo federal.

Art. 65. Quando a dissolução for deliberada pela Assembleia-Geral, esta nomeará um liquidante ou mais, e um Conselho Fiscal de três membros para proceder à sua liquidação.

§ 1º O processo de liquidação só poderá ser iniciado após a audiência do respectivo órgão executivo federal.

§ 2º A Assembleia-Geral, nos limites de suas atribuições, poderá, em qualquer época, destituir os liquidantes e os membros do Conselho Fiscal, designando os seus substitutos.

Art. 66. Em todos os atos e operações, os liquidantes deverão usar a denominação da cooperativa, seguida da expressão: "Em liquidação".

Art. 67. Os liquidantes terão todos os poderes normais de administração podendo praticar atos e operações necessários à realização do ativo e pagamento do passivo.

Art. 68. São obrigações dos liquidantes:

I – providenciar o arquivamento, na junta Comercial, da Ata da Assembleia-Geral em que foi deliberada a liquidação;

II – comunicar à administração central do respectivo órgão executivo federal e ao Banco Nacional de Crédito Cooperativo S/A., a sua nomeação, fornecendo cópia da Ata da Assembleia-Geral que decidiu a matéria;
III – arrecadar os bens, livros e documentos da sociedade, onde quer que estejam;
IV – convocar os credores e devedores e promover o levantamento dos créditos e débitos da sociedade;
V – proceder nos quinze dias seguintes ao de sua investidura e com a assistência, sempre que possível, dos administradores, ao levantamento do inventário e balanço geral do ativo e passivo;
VI – realizar o ativo social para saldar o passivo e reembolsar os associados de suas quotas-partes, destinando o remanescente, inclusive o dos fundos indivisíveis, ao Banco Nacional de Crédito Cooperativo S/A;
VII – exigir dos associados a integralização das respectivas quotas-partes do capital social não realizadas, quando o ativo não bastar para solução do passivo;
VIII – fornecer aos credores a relação dos associados, se a sociedade for de responsabilidade ilimitada e se os recursos apurados forem insuficientes para o pagamento das dívidas;
IX – convocar a Assembleia-Geral, cada seis meses ou sempre que necessário, para apresentar relatório e balanço do estado da liquidação e prestar contas dos atos praticados durante o período anterior;
X – apresentar à Assembleia-Geral, finda a liquidação, o respectivo relatório e as contas finais;
XI – averbar, no órgão competente, a Ata da Assembleia-Geral que considerar encerrada a liquidação.

Art. 69. As obrigações e as responsabilidades dos liquidantes regem-se pelos preceitos peculiares aos dos administradores da sociedade liquidanda.

Art. 70. Sem autorização da Assembleia não poderá o liquidante gravar de ônus os móveis e imóveis, contrair empréstimos, salvo quando indispensáveis para o pagamento de obrigações inadiáveis, nem prosseguir, embora para facilitar a liquidação, na atividade social.

Art. 71. Respeitados os direitos dos credores preferenciais, pagará o liquidante as dívidas sociais proporcionalmente e sem distinção entre vencidas ou não.

Art. 72. A Assembleia-Geral poderá resolver, antes de ultimada a liquidação, mas depois de pagos os credores, que o liquidante faça rateios por antecipação da partilha, à medida em que se apurem os haveres sociais.

Art. 73. Solucionado o passivo, reembolsados os cooperados até o valor de suas quotas-partes e encaminhado o remanescente conforme o estatuído, convocará o liquidante Assembleia-Geral para prestação final de contas.

Art. 74. Aprovadas as contas, encerra-se a liquidação e a sociedade se extingue, devendo a ata da Assembleia ser arquivada na Junta Comercial e publicada.

Parágrafo único. O associado discordante terá o prazo de trinta dias, a contar da publicação da ata, para promover a ação que couber.

Art. 75. A liquidação extrajudicial das cooperativas poderá ser promovida por iniciativa do respectivo órgão executivo federal, que designará o liquidante, e será processada de acordo com a legislação específica e demais disposições regulamentares, desde que a sociedade deixe de oferecer condições operacionais, principalmente por constatada insolvência.

§ 1º A liquidação extrajudicial, tanto quanto possível, deverá ser precedida de intervenção na sociedade.

§ 2º Ao interventor, além dos poderes expressamente concedidos no ato de intervenção, são atribuídas funções, prerrogativas e obrigações dos órgãos de administração.

Art. 76. A publicação no Diário Oficial, da ata da Assembleia-Geral da sociedade, que deliberou sua liquidação, ou da decisão do órgão executivo federal quando a medida for de sua iniciativa, implicará a sustação de qualquer ação judicial contra a cooperativa, pelo prazo de um ano, sem prejuízo, entretanto, da fluência dos juros legais ou pactuados e seus acessórios.

Parágrafo único. Decorrido o prazo previsto neste artigo, sem que, por motivo relevante, esteja encerrada a liquidação, poderá ser o mesmo prorrogado, no máximo por mais um ano, mediante decisão do órgão citado no artigo, publicada, com os mesmos efeitos, no *Diário Oficial*.

Art. 77. Na realização do ativo da sociedade, o liquidante deverá:
I – mandar avaliar, por avaliadores judiciais ou de Instituições Financeiras Públicas, os bens de sociedade;
II – proceder à venda dos bens necessários ao pagamento do passivo da sociedade, observadas, no que couber, as normas constantes dos artigos 117 e 118 do Decreto-Lei nº 7.661, de 21 de junho de 1945.

Art. 78. A liquidação das cooperativas de crédito e da seção de crédito das cooperativas agrícolas mistas reger-se-á pelas normas próprias legais e regulamentares.

CAPÍTULO XII
DO SISTEMA OPERACIONAL DAS COOPERATIVAS

Seção I
DO ATO COOPERATIVO

Art. 79. Denominam-se atos cooperativos os praticados entre as cooperativas e seus associados, entre estes e aquelas e pelas cooperativas entre si quando associados, para a consecução dos objetivos sociais.

Parágrafo único. O ato cooperativo não implica operação de mercado, nem contrato de compra e venda de produto ou mercadoria.

Seção II
DAS DISTRIBUIÇÕES DE DESPESAS

Art. 80. As despesas da sociedade serão cobertas pelos associados mediante rateio na proporção direta da fruição de serviços.

Parágrafo único. A cooperativa poderá, para melhor atender à equanimidade de cobertura das despesas da sociedade, estabelecer:
I – rateio, em partes iguais, das despesas gerais da sociedade entre todos os associados, quer tenham ou não, no ano, usufruído dos serviços por ela prestados, conforme definidas no estatuto;
II – rateio, em razão diretamente proporcional, entre os associados que tenham usufruído dos serviços durante o ano, das sobras líquidas ou dos prejuízos verificados no balanço do exercício, excluídas as despesas gerais já atendidas na forma do item anterior.

Art. 81. A cooperativa que tiver adotado o critério de separar as despesas da sociedade e estabelecido o seu rateio na forma indicada no parágrafo único do artigo anterior deverá levantar separadamente as despesas gerais.

Seção III

DAS OPERAÇÕES DA COOPERATIVA

Art. 82. A cooperativa que se dedicar a vendas em comum poderá registrar-se como armazém geral, podendo também desenvolver as atividades previstas na Lei nº 9.973, de 29 de maio de 2000, e nessa condição expedir Conhecimento de Depósito, Warrant, Certificado de Depósito Agropecuário – CDA e Warrant Agropecuário – WA para os produtos de seus associados conservados em seus armazéns, próprios ou arrendados, sem prejuízo da emissão de outros títulos decorrentes de suas atividades normais, aplicando-se, no que couber, a legislação específica.

▸ *Caput* com a redação dada pela Lei nº 11.076, de 30-12-2004.

§ 1º Para efeito deste artigo, os armazéns da cooperativa se equiparam aos "Armazéns Gerais", com as prerrogativas e obrigações destes, ficando os componentes do Conselho de Administração ou Diretoria Executiva, emitente do título, responsáveis pessoal e solidariamente, pela boa guarda e conservação dos produtos vinculados, respondendo criminal e civilmente pelas declarações constantes do título, como também por qualquer ação ou omissão que acarrete o desvio, deterioração ou perda dos produtos.

§ 2º Observado o disposto no § 1º, as cooperativas poderão operar unidades de armazenagem, embalagem e frigorificação, bem como armazéns gerais alfandegários, nos termos do disposto no Capítulo IV da Lei nº 5.025, de 10 de junho de 1966.

Art. 83. A entrega da produção do associado à sua cooperativa significa a outorga a esta de plenos poderes para a sua livre disposição, inclusive para gravá-la e dá-la em garantia de operações de crédito realizadas pela sociedade, salvo se, tendo em vista os usos e costumes relativos à comercialização de determinados produtos, sendo de interesse do produtor, os estatutos dispuserem de outro modo.

Art. 84. *Revogado.* LC nº 130, de 17-4-2009.

Art. 85. As cooperativas agropecuárias e de pesca poderão adquirir produtos de não associados, agricultores, pecuaristas ou pescadores, para completar lotes destinados ao cumprimento de contratos ou suprir capacidade ociosa de instalações industriais das cooperativas que as possuem.

Art. 86. As cooperativas poderão fornecer bens e serviços a não associados, desde que tal faculdade atenda aos objetivos sociais e estejam de conformidade com a presente lei.

Parágrafo único. *Revogado.* LC nº 130, de 17-4-2009.

Art. 87. Os resultados das operações das cooperativas com não associados, mencionados nos artigos 85 e 86, serão levados à conta do "Fundo de Assistência Técnica, Educacional e Social" e serão contabilizados em separado, de molde a permitir cálculo para incidência de tributos.

Art. 88. Poderão as cooperativas participar de sociedades não cooperativas para melhor atendimento dos próprios objetivos e de outros de caráter acessório ou complementar.

▸ *Caput* com a redação dada pela MP nº 2.168-40, de 24-8-2001, que até o encerramento desta edição não havia sido convertida em Lei.

Parágrafo único. As inversões decorrentes dessa participação serão contabilizadas em títulos específicos e seus eventuais resultados positivos levados ao "Fundo de Assistência Técnica, Educacional e Social".

Art. 88-A. A cooperativa poderá ser dotada de legitimidade extraordinária autônoma concorrente para agir como substituta processual em defesa dos direitos coletivos de seus associados quando a causa de pedir versar sobre atos de interesse direto dos associados que tenham relação com as operações de mercado da cooperativa, desde que isso seja previsto em seu estatuto e haja, de forma expressa, autorização manifestada individualmente pelo associado ou por meio de assembleia geral que delibere sobre a propositura da medida judicial.

▸ Art. 88-A acrescido pela Lei nº 13.806, de 10-1-2019.

Seção IV

DOS PREJUÍZOS

Art. 89. Os prejuízos verificados no decorrer do exercício serão cobertos com recursos provenientes do Fundo de Reserva e, se insuficiente este, mediante rateio, entre os associados, na razão direta dos serviços usufruídos, ressalvada a opção prevista no parágrafo único do artigo 80.

Seção V

DO SISTEMA TRABALHISTA

Art. 90. Qualquer que seja o tipo de cooperativa, não existe vínculo empregatício entre ela e seus associados.

Art. 91. As cooperativas igualam-se às demais empresas em relação aos seus empregados para os fins da legislação trabalhista e previdenciária.

CAPÍTULO XIII

DA FISCALIZAÇÃO E CONTROLE

Art. 92. A fiscalização e o controle das sociedades cooperativas, nos termos desta lei e dispositivos legais específicos, serão exercidos, de acordo com o objeto de funcionamento, da seguinte forma:

I – as de crédito e as seções de crédito das agrícolas mistas pelo Banco Central do Brasil;

II – as de habitação pelo Banco Nacional de Habitação;

III – as demais pelo Instituto Nacional de Colonização e Reforma Agrária.

§ 1º Mediante autorização do Conselho Nacional de Cooperativismo, os órgãos controladores federais, poderão solicitar, quando julgarem necessário, a colaboração de outros órgãos administrativos, na execução das atribuições previstas neste artigo.

§ 2º As sociedades cooperativas permitirão quaisquer verificações determinadas pelos respectivos órgãos de controle, prestando os esclarecimentos que lhes forem solicitados, além de serem obrigadas a remeter-lhes anualmente a relação dos associados admitidos, demitidos, eliminados e excluídos no período, cópias de atas, de balanços e dos relatórios do exercício social e parecer do Conselho Fiscal.

Art. 93. O Poder Público, por intermédio da administração central dos órgãos executivos federais competentes, por iniciativa própria ou solicitação da Assembleia-Geral ou do Conselho Fiscal, intervirá nas cooperativas quando ocorrer um dos seguintes casos:

I – violação contumaz das disposições legais;

II – ameaça de insolvência em virtude de má administração da sociedade;

III – paralisação das atividades sociais por mais de cento e vinte dias consecutivos;

IV – inobservância do artigo 56, § 2º.

Parágrafo único. Aplica-se, no que couber, às cooperativas habitacionais, o disposto neste artigo.

Art. 94. Observar-se-á, no processo de intervenção, a disposição constante do § 2º do artigo 75.

CAPÍTULO XIV
DO CONSELHO NACIONAL DE COOPERATIVISMO

Art. 95. A orientação geral da política cooperativista nacional caberá ao Conselho Nacional de Cooperativismo – CNC, que passará a funcionar junto ao Instituto Nacional de Colonização e Reforma Agrária – INCRA, com plena autonomia administrativa e financeira, na forma do artigo 172 do Decreto-Lei nº 200, de 25 de fevereiro de 1967, sob a presidência do Ministro da Agricultura e composto de oito membros indicados pelos seguintes representados:

I – Ministério do Planejamento e Coordenação-Geral;

II – Ministério da Fazenda, por intermédio do Banco Central do Brasil;

III – Ministério do Interior, por intermédio do Banco Nacional da Habitação;

IV – Ministério da Agricultura, por intermédio do Instituto Nacional de Colonização e Reforma Agrária – INCRA, e do Banco Nacional de Crédito Cooperativo S/A.;

V – Organização das Cooperativas Brasileiras.

Parágrafo único. A entidade referida no inciso V deste artigo contará com três elementos para fazer-se representar no Conselho.

Art. 96. O Conselho, que deverá reunir-se ordinariamente uma vez por mês, será presidido pelo Ministro da Agricultura, a quem caberá o voto de qualidade, sendo suas resoluções votadas por maioria simples, com a presença, no mínimo de três representantes dos órgãos oficiais mencionados nos itens I a IV do artigo anterior.

Parágrafo único. Nos seus impedimentos eventuais, o substituto do Presidente será o Presidente do Instituto Nacional de Colonização e Reforma Agrária.

Art. 97. Ao Conselho Nacional de Cooperativismo compete:

I – editar atos normativos para a atividade cooperativista nacional;

II – baixar normas regulamentadoras, complementares e interpretativas, da legislação cooperativista;

III – organizar e manter atualizado o cadastro geral das cooperativas nacionais;

IV – decidir, em última instância, os recursos originários de decisões do respectivo órgão executivo federal;

V – apreciar os anteprojetos que objetivam a revisão da legislação cooperativista;

VI – estabelecer condições para o exercício de quaisquer cargos eletivos de administração ou fiscalização de cooperativas;

VII – definir as condições de funcionamento do empreendimento cooperativo, a que se refere o artigo 18;

VIII – votar o seu próprio regimento;

IX – autorizar, onde houver condições, a criação de Conselhos Regionais de Cooperativismo, definindo-lhes as atribuições;

X – decidir sobre a aplicação do Fundo Nacional de Cooperativismo, nos termos do artigo 102 desta Lei;

XI – estabelecer em ato normativo ou de caso a caso, conforme julgar necessário, o limite a ser observado nas operações com não associados a que se referem os artigos 85 e 86.

Parágrafo único. As atribuições do Conselho Nacional de Cooperativismo não se estendem às cooperativas de habitação, às de crédito e às seções de crédito das cooperativas agrícolas mistas, no que forem regidas por legislação própria.

Art. 98. O Conselho Nacional de Cooperativismo – CNC contará com uma Secretaria Executiva que se incumbirá de seus encargos administrativos, podendo seu Secretário Executivo requisitar funcionários de qualquer órgão da Administração Pública.

§ 1º O Secretário Executivo do Conselho Nacional de Cooperativismo será o Diretor do Departamento de Desenvolvimento Rural do Instituto Nacional de Colonização e Reforma Agrária – INCRA, devendo o Departamento referido incumbir-se dos encargos administrativos do Conselho Nacional de Cooperativismo.

§ 2º Para os impedimentos eventuais do Secretário Executivo, este indicará à apreciação do Conselho seu substituto.

Art. 99. Compete ao Presidente do Conselho Nacional de Cooperativismo:

I – presidir as reuniões;

II – convocar as reuniões extraordinárias;

III – proferir o voto de qualidade.

Art. 100. Compete à Secretaria Executiva do Conselho Nacional de Cooperativismo:

I – dar execução às resoluções do Conselho;

II – comunicar as decisões do Conselho ao respectivo órgão executivo federal;

III – manter relações com os órgãos executivos federais, bem assim com quaisquer outros órgãos públicos ou privados, nacionais ou estrangeiros, que possam influir no aperfeiçoamento do cooperativismo;

IV – transmitir aos órgãos executivos federais e entidade superior do movimento cooperativista nacional todas as informações relacionadas com a doutrina e práticas cooperativistas de seu interesse;

V – organizar e manter atualizado o cadastro geral das cooperativas nacionais e expedir as respectivas certidões;

VI – apresentar ao Conselho, em tempo hábil, a proposta orçamentária do órgão, bem como o relatório anual de suas atividades;

VII – providenciar todos os meios que assegurem o regular funcionamento do Conselho;

VIII – executar quaisquer outras atividades necessárias ao pleno exercício das atribuições do Conselho.

Art. 101. O Ministério da Agricultura incluirá, em sua proposta orçamentária anual, os recursos financeiros solicitados pelo Conselho Nacional de Cooperativismo – CNC, para custear seu funcionamento.

Parágrafo único. As contas do Conselho Nacional de Cooperativismo – CNC, serão prestadas por intermédio do Ministério da Agricultura, observada a legislação específica que regula a matéria.

Art. 102. Fica mantido, junto ao Banco Nacional de Crédito Cooperativo S/A., o "Fundo Nacional de Cooperativismo", criado pelo Decreto-Lei nº 59, de 21 de novembro de 1966, destinado a prover recursos de apoio ao movimento cooperativista nacional.

§ 1º O Fundo de que trata este artigo será, suprido por:

I – dotação incluída no orçamento do Ministério da Agricultura para o fim específico de incentivos às atividades cooperativas;

II – juros e amortizações dos financiamentos realizados com seus recursos;

III – doações, legados e outras rendas eventuais;

IV – dotações consignadas pelo Fundo Federal Agropecuário e pelo Instituto Nacional de Colonização e Reforma Agrária – INCRA.

§ 2º Os recursos do Fundo, deduzido o necessário ao custeio de sua administração, serão aplicados pelo Banco Nacional de Crédito Cooperativo S/A., obrigatoriamente, em financiamento de atividades que interessem de maneira relevante o abastecimento das populações, a critério do Conselho Nacional de Cooperativismo.

§ 3º O Conselho Nacional de Cooperativismo poderá, por conta do Fundo, autorizar a concessão de estímulos ou auxílios para execução de atividades que, pela sua relevância socioeconômica, concorram para o desenvolvimento do sistema cooperativista nacional.

CAPÍTULO XV

DOS ÓRGÃOS GOVERNAMENTAIS

Art. 103. As cooperativas permanecerão subordinadas, na parte normativa, ao Conselho Nacional de Cooperativismo, com exceção das de crédito, das seções de crédito das agrícolas mistas e das de habitação, cujas normas continuarão a ser baixadas pelo Conselho Monetário Nacional, relativamente às duas primeiras, e Banco Nacional de Habitação, com relação à última, observado o disposto no artigo 92 desta Lei.

Parágrafo único. Os órgãos executivos federais, visando à execução descentralizada de seus serviços, poderão delegar sua competência, total ou parcialmente, a órgãos e entidades da administração estadual e municipal, bem como, excepcionalmente, a outros órgãos e entidades da administração federal.

Art. 104. Os órgãos executivos federais comunicarão todas as alterações havidas nas cooperativas sob a sua jurisdição ao Conselho Nacional de Cooperativismo, para fins de atualização do cadastro geral das cooperativas nacionais.

CAPÍTULO XVI

DA REPRESENTAÇÃO DO SISTEMA COOPERATIVISTA

Art. 105. A representação do sistema cooperativista nacional cabe à Organização das Cooperativas Brasileiras – OCB, sociedade civil, com sede na Capital Federal, órgão técnico-consultivo do Governo, estruturada nos termos desta Lei, sem finalidade lucrativa, competindo-lhe precipuamente:

a) manter neutralidade política e indiscriminação racial, religiosa e social;

b) integrar todos os ramos das atividades cooperativistas;

c) manter registro de todas as sociedades cooperativas que, para todos os efeitos, integram a Organização das Cooperativas Brasileiras – OCB;

d) manter serviços de assistência geral ao sistema cooperativista, seja quanto à estrutura social, seja quanto aos métodos operacionais e orientação jurídica, mediante pareceres e recomendações, sujeitas, quando for o caso, à aprovação do Conselho Nacional de Cooperativismo – CNC;

e) denunciar ao Conselho Nacional de Cooperativismo práticas nocivas ao desenvolvimento cooperativista;

f) opinar nos processos que lhe sejam encaminhados pelo Conselho Nacional de Cooperativismo;

g) dispor de setores consultivos especializados, de acordo com os ramos de cooperativismo;

h) fixar a política da organização com base nas proposições emanadas de seus órgãos técnicos;

i) exercer outras atividades inerentes à sua condição de órgão de representação e defesa do sistema cooperativista;

j) manter relações de integração com as entidades congêneres do exterior e suas cooperativas.

§ 1º A Organização das Cooperativas Brasileiras – OCB, será constituída de entidades, uma para cada Estado, Território e Distrito Federal, criadas com as mesmas características da organização nacional.

§ 2º As Assembleias-Gerais do órgão central serão formadas pelos Representantes credenciados das filiadas, um por entidade, admitindo-se proporcionalidade de voto.

§ 3º A proporcionalidade de voto, estabelecida no parágrafo anterior, ficará a critério da OCB, baseando-se no número de associados – pessoas físicas e as exceções previstas nesta Lei – que compõem o quadro das cooperativas filiadas.

§ 4º A composição da Diretoria da Organização das Cooperativas Brasileiras – OCB será estabelecida em seus estatutos sociais.

§ 5º Para o exercício de cargos de Diretoria e Conselho Fiscal, as eleições se processarão por escrutínio secreto, permitida a reeleição para mais um mandato consecutivo.

Art. 106. A atual Organização das Cooperativas Brasileiras e as suas filiadas ficam investidas das atribuições e prerrogativas conferidas nesta Lei, devendo, no prazo de um ano, promover a adaptação de seus estatutos e a transferência da sede nacional.

Art. 107. As cooperativas são obrigadas, para seu funcionamento, a registrar-se na Organização das Cooperativas Brasileiras ou na entidade estadual, se houver, mediante apresentação dos estatutos sociais e suas alterações posteriores.

Parágrafo único. Por ocasião do registro, a cooperativa pagará dez por cento do maior salário mínimo vigente, se a soma do respectivo capital integralizado e fundos não exceder de duzentos e cinquenta salários mínimos, e cinquenta por cento se aquele montante for superior.

Art. 108. Fica instituída, além do pagamento previsto no parágrafo único do artigo anterior, a Contribuição Cooperativista, que será recolhida anualmente pela cooperativa após o encerramento de seu exercício social, a favor da Organização das Cooperativas Brasileiras de que trata o artigo 105 desta Lei.

§ 1º A Contribuição Cooperativista constituir-se-á de importância correspondente a dois décimos por cento do valor do capital integralizado e fundos da sociedade cooperativa, no exercício social do ano anterior, sendo o respectivo montante distribuído, por metade, a suas filiadas, quando constituídas.

§ 2º No caso das cooperativas centrais ou federações, a Contribuição de que trata o parágrafo anterior será calculada sobre os fundos e reservas existentes.

§ 3º A Organização das Cooperativas Brasileiras poderá estabelecer um teto à Contribuição Cooperativista, com base em estudos elaborados pelo seu corpo técnico.

CAPÍTULO XVII

DOS ESTÍMULOS CREDITÍCIOS

Art. 109. Caberá ao Banco Nacional de Crédito Cooperativo S/A, estimular e apoiar as cooperativas, mediante concessão de financiamentos necessários ao seu desenvolvimento.

§ 1º Poderá o Banco Nacional de Crédito Cooperativo S/A, receber depósitos das cooperativas de crédito e das seções de crédito das cooperativas agrícolas mistas.

§ 2º Poderá o Banco Nacional de Crédito Cooperativo S/A, operar com pessoas físicas ou jurídicas, estranhas ao quadro social cooperativo, desde que haja benefício para as cooperativas e estas figurem na operação bancária.

§ 3º O Banco Nacional de Crédito Cooperativo S/A, manterá linhas de crédito específicas para as cooperativas, de acordo com o objeto e a natureza de suas atividades, a juros módicos e prazos adequados inclusive com sistema de garantias ajustado às peculiaridades das cooperativas a que se destinam.

§ 4º O Banco Nacional de Crédito Cooperativo S/A, manterá linha especial de crédito para financiamento de quotas-partes de capital.

Art. 110. Fica extinta a contribuição de que trata o artigo 13 do Decreto-Lei nº 60, de 21 de novembro de 1966, com a redação dada pelo Decreto-Lei nº 668, de 3 de julho de 1969.

CAPÍTULO XVIII

DAS DISPOSIÇÕES GERAIS E TRANSITÓRIAS

Art. 111. Serão considerados como renda tributável os resultados positivos obtidos pelas cooperativas nas operações de que tratam os artigos 85, 86 e 88 desta Lei.

Art. 112. O Balanço Geral e o Relatório do exercício social que as cooperativas deverão encaminhar anualmente aos órgãos de controle serão acompanhados, a juízo destes, de parecer emitido por um serviço independente de auditoria credenciado pela Organização das Cooperativas Brasileiras.

Parágrafo único. Em casos especiais, tendo em vista a sede da Cooperativa, o volume de suas operações e outras circunstâncias dignas de consideração, a exigência da apresentação do parecer pode ser dispensada.

Art. 113. Atendidas as deduções determinadas pela legislação específica, às sociedades cooperativas ficará assegurada primeira prioridade para o recebimento de seus créditos de pessoas jurídicas que efetuem descontos na folha de pagamento de seus empregados, associados de cooperativas.

Art. 114. Fica estabelecido o prazo de trinta e seis meses para que as cooperativas atualmente registradas nos órgãos competentes reformulem os seus estatutos, no que for cabível, adaptando-os ao disposto na presente Lei.

Art. 115. As Cooperativas dos Estados, Territórios ou do Distrito Federal, enquanto não constituírem seus órgãos de representação, serão convocadas às Assembleias da OCB, como vogais, com sessenta dias de antecedência, mediante editais publicados três vezes em jornal de grande circulação local.

Art. 116. A presente Lei não altera o disposto nos sistemas próprios instituídos para as cooperativas de habitação e cooperativas de crédito, aplicando-se ainda, no que couber, o regime instituído para essas últimas às seções de crédito das agrícolas mistas.

Art. 117. Esta Lei entrará em vigor na data de sua publicação, revogadas as disposições em contrário e especificamente o Decreto-Lei nº 59, de 21 de novembro de 1966, bem como o Decreto nº 60.597, de 19 de abril de 1967.

Brasília, 16 de dezembro de 1971;
150º da Independência e
83º da República.

Emílio G. Médici

LEI Nº 6.001, DE 19 DE DEZEMBRO DE 1973

Dispõe sobre o Estatuto do Índio.

▸ Publicada no *DOU* de 21-12-1973.

TÍTULO I – DOS PRINCÍPIOS E DEFINIÇÕES

Art. 1º Esta Lei regula a situação jurídica dos índios ou silvícolas e das comunidades indígenas, com o propósito de preservar a sua cultura e integrá-los, progressiva e harmoniosamente, à comunhão nacional.

Parágrafo único. Aos índios e às comunidades indígenas se estende a proteção das leis do País, nos mesmos termos em que se aplicam aos demais brasileiros, resguardados os usos, costumes e tradições indígenas, bem como as condições peculiares reconhecidas nesta Lei.

Art. 2º Cumpre à União, aos Estados e aos Municípios, bem como aos órgãos das respectivas administrações indiretas, nos limites de sua competência, para a proteção das comunidades indígenas e a preservação dos seus direitos:

I – estender aos índios os benefícios da legislação comum, sempre que possível a sua aplicação;

II – prestar assistência aos índios e às comunidades indígenas ainda não integrados à comunhão nacional;

III – respeitar, ao proporcionar aos índios meios para o seu desenvolvimento, as peculiaridades inerentes à sua condição;

IV – assegurar aos índios a possibilidade de livre escolha dos seus meios de vida e subsistência;

V – garantir aos índios a permanência voluntária no seu hábitat, proporcionando-lhes ali recursos para seu desenvolvimento e progresso;

VI – respeitar, no processo de integração do índio à comunhão nacional, a coesão das comunidades indígenas, os seus valores culturais, tradições, usos e costumes;

VII – executar, sempre que possível mediante a colaboração dos índios, os programas e projetos tendentes a beneficiar as comunidades indígenas;

VIII – utilizar a cooperação, o espírito de iniciativa e as qualidades pessoais do índio, tendo em vista a melhoria de suas condições de vida e a sua integração no processo de desenvolvimento;

IX – garantir aos índios e comunidades indígenas, nos termos da Constituição, a posse permanente das terras que habitam, reconhecendo-lhes o direito ao usufruto exclusivo das riquezas naturais e de todas as utilidades naquelas terras existentes;

X – garantir aos índios o pleno exercício dos direitos civis e políticos que em face da legislação lhes couberem.

Parágrafo único. VETADO.

Art. 3º Para os efeitos de lei, ficam estabelecidas as definições a seguir discriminadas:

I – Índio ou Silvícola – É todo indivíduo de origem e ascendência pré-colombiana que se identifica e é identificado como pertencente a um grupo étnico cujas características culturais o distinguem da sociedade nacional;

II – Comunidade Indígena ou Grupo Tribal – É um conjunto de famílias ou comunidades índias, quer vivendo em estado de completo isolamento em relação aos outros setores da comunhão nacional, quer em contatos intermitentes ou permanentes, sem contudo estarem neles integrados.

Art. 4º Os índios são considerados:

I – Isolados – Quando vivem em grupos desconhecidos ou de que se possuem poucos e vagos informes através de contatos eventuais com elementos da comunhão nacional;

II – Em vias de integração – Quando, em contato intermitente ou permanente com grupos estranhos, conservam menor ou maior parte das condições de sua vida nativa, mas aceitam algumas práticas e modos de existência comuns aos demais setores da comunhão nacional, da qual vão necessitando cada vez mais para o próprio sustento;

III – Integrados – Quando incorporados à comunhão nacional e reconhecidos no pleno exercício dos direitos civis, ainda que conservem usos, costumes e tradições característicos da sua cultura.

TÍTULO II – DOS DIREITOS CIVIS E POLÍTICOS

CAPÍTULO I

DOS PRINCÍPIOS

Art. 5º Aplicam-se aos índios ou silvícolas as normas dos arts. 145 e 146, da Constituição Federal, relativas à nacionalidade e à cidadania.

Parágrafo único. O exercício dos direitos civis e políticos pelo índio depende da verificação das condições especiais estabelecidas nesta Lei e na legislação pertinente.

Art. 6º Serão respeitados os usos, costumes e tradições das comunidades indígenas e seus efeitos, nas relações de família, na ordem de sucessão, no regime de propriedade e nos atos ou negócios realizados entre índios, salvo se optarem pela aplicação do direito comum.

Parágrafo único. Aplicam-se as normas de direito comum às relações entre índios não integrados e pessoas estranhas à comunidade indígena, excetuados os que forem menos favoráveis a eles e ressalvado o disposto nesta Lei.

CAPÍTULO II

DA ASSISTÊNCIA OU TUTELA

Art. 7º Os índios e as comunidades indígenas ainda não integrados à comunhão nacional ficam sujeitos ao regime tutelar estabelecido nesta Lei.

§ 1º Ao regime tutelar estabelecido nesta Lei aplicam-se no que couber, os princípios e normas da tutela de direito comum, independendo, todavia, o exercício da tutela da especialização de bens imóveis em hipoteca legal, bem como da prestação de caução real ou fidejussória.

§ 2º Incumbe a tutela à União, que a exercerá através do competente órgão federal de assistência aos silvícolas.

Art. 8º São nulos os atos praticados entre o índio não integrado e qualquer pessoa estranha à comunidade indígena quando não tenha havido assistência do órgão tutelar competente.

Parágrafo único. Não se aplica a regra deste artigo no caso em que o índio revele consciência e conhecimento do ato praticado, desde que não lhe seja prejudicial, e da extensão dos seus efeitos.

Art. 9º Qualquer índio poderá requerer ao Juiz competente a sua liberação do regime tutelar previsto nesta Lei, investindo-se na plenitude da capacidade civil, desde que preencha os requisitos seguintes:

I – idade mínima de 21 anos;

II – conhecimento da língua portuguesa;

III – habilitação para o exercício de atividade útil, na comunhão nacional;

IV – razoável compreensão dos usos e costumes da comunhão nacional.

Parágrafo único. O Juiz decidirá após instrução sumária, ouvidos o órgão de assistência ao índio e o Ministério Público, transcrita a sentença concessiva no registro civil.

Art. 10. Satisfeitos os requisitos do artigo anterior e a pedido escrito do interessado, o órgão de assistência poderá reconhecer ao índio, mediante declaração formal, a condição de integrado, cessando toda restrição à capacidade, desde que, homologado judicialmente o ato, seja inscrito no registro civil.

Art. 11. Mediante decreto do Presidente da República, poderá ser declarada a emancipação da comunidade indígena e de seus membros, quanto ao regime tutelar estabelecido em lei, desde que requerida pela maioria dos membros do grupo e comprovada, em inquérito realizado pelo órgão federal competente, a sua plena integração na comunhão nacional.

Parágrafo único. Para os efeitos do disposto neste artigo, exigir-se-á o preenchimento, pelos requerentes, dos requisitos estabelecidos no art. 9º.

CAPÍTULO III

DO REGISTRO CIVIL

Art. 12. Os nascimentos e óbitos, e os casamentos civis dos índios não integrados, serão registrados de acordo com a legislação comum, atendidas as peculiaridades de sua condição quanto à qualificação do nome, prenome e filiação.

Parágrafo único. O registro civil será feito a pedido do interessado ou da autoridade administrativa competente.

Art. 13. Haverá livros próprios, no órgão competente de assistência, para o registro administrativo de nascimentos e óbitos dos índios, da cessação de sua incapacidade e dos casamentos contraídos segundo os costumes tribais.

Parágrafo único. O registro administrativo constituirá, quando couber documento hábil para proceder ao registro civil do ato correspondente, admitido, na falta deste, como meio subsidiário de prova.

CAPÍTULO IV

DAS CONDIÇÕES DE TRABALHO

Art. 14. Não haverá discriminação entre trabalhadores indígenas e os demais trabalhadores, aplicando-se-lhes todos os direitos e garantias das leis trabalhistas e de previdência social.

Parágrafo único. É permitida a adaptação de condições de trabalho aos usos e costumes da comunidade a que pertencer o índio.

Art. 15. Será nulo o contrato de trabalho ou de locação de serviços realizado com os índios de que trata o art. 4º, I.

Art. 16. Os contratos de trabalho ou de locação de serviços realizados com indígenas em processo de integração ou habitantes de parques ou colônias agrícolas dependerão de prévia aprovação do órgão de proteção ao índio, obedecendo, quando necessário, a normas próprias.

§ 1º Será estimulada a realização de contratos por equipe, ou a domicílio, sob a orientação do órgão competente, de modo a favorecer a continuidade da via comunitária.

§ 2º Em qualquer caso de prestação de serviços por indígenas não integrados, o órgão de proteção ao índio exercerá permanente fiscalização das condições de trabalho, denunciando os abusos e providenciando a aplicação das sanções cabíveis.

§ 3º O órgão de assistência ao indígena propiciará o acesso, aos seus quadros, de índios integrados, estimulando a sua especialização indigenista.

TÍTULO III – DAS TERRAS DOS ÍNDIOS

CAPÍTULO I

DAS DISPOSIÇÕES GERAIS

Art. 17. Reputam-se terras indígenas:

I – as terras ocupadas ou habitadas pelos silvícolas, a que se referem os arts. 4º, IV, e 198, da Constituição;

II – as áreas reservadas de que trata o Capítulo III deste Título;

III – as terras de domínio das comunidades indígenas ou de silvícolas.

Art. 18. As terras indígenas não poderão ser objeto de arrendamento ou de qualquer ato ou negócio jurídico que restrinja o pleno exercício da posse direta pela comunidade indígena ou pelos silvícolas.

§ 1º Nessas áreas, é vedada a qualquer pessoa estranha aos grupos tribais ou comunidades indígenas a prática da caça, pesca ou coleta de frutos, assim como de atividade agropecuária ou extrativa.

§ 2º VETADO.

Art. 19. As terras indígenas, por iniciativa e sob orientação do órgão federal de assistência ao índio, serão administrativamente demarcadas, de acordo com o processo estabelecido em decreto do Poder Executivo.

§ 1º A demarcação promovida nos termos deste artigo, homologada pelo Presidente da República, será registrada em livro próprio do Serviço do Patrimônio da União (SPU) e do registro imobiliário da comarca da situação das terras.

§ 2º Contra a demarcação processada nos termos deste artigo não caberá a concessão de interdito possessório, facultado aos interessados contra ela recorrer à ação petitória ou à demarcatória.

Art. 20. Em caráter excepcional e por qualquer dos motivos adiante enumerados, poderá a União intervir, se não houver solução alternativa, em área indígena, determinada a providência por decreto do Presidente da República.

§ 1º A intervenção poderá ser decretada:

a) para pôr termo à luta entre grupos tribais;

b) para combater graves surtos epidêmicos, que possam acarretar o extermínio da comunidade indígena, ou qualquer mal que ponha em risco a integridade do silvícola ou do grupo tribal;

c) por imposição da segurança nacional;

d) para a realização de obras públicas que interessem ao desenvolvimento nacional;

e) para reprimir a turbação ou esbulho em larga escala;

f) para a exploração de riquezas do subsolo de relevante interesse para a segurança e o desenvolvimento nacional.

§ 2º A intervenção executar-se-á nas condições estipuladas no decreto e sempre por meios suasórios, dela podendo resultar, segundo a gravidade do fato, uma ou algumas das medidas seguintes:

a) contenção de hostilidades, evitando-se o emprego de força contra os índios;

b) deslocamento temporário de grupos tribais de uma para outra área;

c) remoção de grupos tribais de uma para outra área.

§ 3º Somente caberá a remoção de grupo tribal quando de todo impossível ou desaconselhável a sua permanência na área sob intervenção, destinando-se à comunidade indígena removida área equivalente à anterior, inclusive quanto às condições ecológicas.

§ 4º A comunidade indígena removida será integralmente ressarcida dos prejuízos decorrentes da remoção.

§ 5º O ato de intervenção terá a assistência direta do órgão federal que exercita a tutela do índio.

Art. 21. As terras espontânea e definitivamente abandonadas por comunidade indígena ou grupo tribal reverterão, por proposta do órgão federal de assistência ao índio e mediante ato declaratório do Poder Executivo, à posse e ao domínio pleno da União.

CAPÍTULO II

DAS TERRAS OCUPADAS

Art. 22. Cabe aos índios ou silvícolas a posse permanente das terras que habitam e o direito ao usufruto exclusivo das riquezas naturais e de todas as utilidades naquelas terras existentes.

Parágrafo único. As terras ocupadas pelos índios, nos termos deste artigo, serão bens inalienáveis da União (arts. 4º, IV, e 198, da Constituição Federal).

Art. 23. Considera-se posse do índio ou silvícola a ocupação efetiva da terra que, de acordo com os usos, costumes e tradições tribais, detém e onde habita ou exerce atividade indispensável à sua subsistência ou economicamente útil.

Art. 24. O usufruto assegurado aos índios ou silvícolas compreende o direito à posse, uso e percepção das riquezas naturais e de todas as utilidades existentes nas terras ocupadas, bem assim ao produto da exploração econômica de tais riquezas naturais e utilidades.

§ 1º Incluem-se, no usufruto, que se estende aos acessórios e seus acrescidos, o uso dos mananciais e das águas dos trechos das vias fluviais compreendidos nas terras ocupadas.

§ 2º É garantido ao índio o exclusivo exercício da caça e pesca nas áreas por ele ocupadas, devendo ser executadas por forma suasória as medidas de polícia que em relação a ele eventualmente tiverem de ser aplicadas.

Art. 25. O reconhecimento do direito dos índios e grupos tribais à posse permanente das terras por eles habitadas, nos termos do art. 198, da Constituição Federal, independerá de sua demarcação, e será assegurado pelo órgão federal de assistência aos silvícolas, atendendo à situação atual e ao consenso histórico sobre a antiguidade da ocupação, sem prejuízo das medidas cabíveis que, na omissão ou erro do referido órgão, tomar qualquer dos Poderes da República.

CAPÍTULO III

DAS ÁREAS RESERVADAS

Art. 26. A União poderá estabelecer, em qualquer parte do território nacional, áreas destinadas à posse e ocupação pelos índios, onde possam viver e obter meios de subsistência, com direito ao usufruto e utilização das riquezas naturais e dos bens nelas existentes, respeitadas as restrições legais.

Parágrafo único. As áreas reservadas na forma deste artigo não se confundem com as de posse imemorial das tribos indígenas, podendo organizar-se sob uma das seguintes modalidades:

a) reserva indígena;

b) parque indígena;

c) colônia agrícola indígena.

Art. 27. Reserva indígena é uma área destinada a servidor de hábitat a grupo indígena, com os meios suficientes à sua subsistência.

Art. 28. Parque indígena é a área contida em terra na posse de índios, cujo grau de integração permita assistência econômica, educacional e sanitária dos órgãos da União, em que se preservem as reservas de flora e fauna e as belezas naturais da região.

§ 1º Na administração dos parques serão respeitados a liberdade, usos, costumes e tradições dos índios.

§ 2º As medidas de polícia, necessárias à ordem interna e à preservação das riquezas existentes na área do parque, deverão ser tomadas por meios suasórios e de acordo com o interesse dos índios que nela habitem.

§ 3º O loteamento das terras dos parques indígenas obedecerá ao regime de propriedade, usos e costumes tribais, bem como às normas administrativas nacionais, que deverão ajustar-se aos interesses das comunidades indígenas.

Art. 29. Colônia agrícola indígena é a área destinada à exploração agropecuária, administrada pelo órgão de assistência ao índio, onde convivam tribos aculturadas e membros da comunidade nacional.

Art. 30. Território federal indígena é a unidade administrativa subordinada à União, instituída em região na qual pelo menos um terço da população seja formado por índios.

Art. 31. As disposições deste Capítulo serão aplicadas, no que couber, às áreas em que a posse decorra da aplicação do art. 198, da Constituição Federal.

CAPÍTULO IV

DAS TERRAS DE DOMÍNIO INDÍGENA

Art. 32. São de propriedade plena do índio ou da comunidade indígena, conforme o caso, as terras havidas por qualquer das formas de aquisição do domínio, nos termos da legislação civil.

Art. 33. O índio, integrado ou não, que ocupe como próprio, por dez anos consecutivos, trecho de terra inferior a cinquenta hectares, adquirir-lhe-á a propriedade plena.

Parágrafo único. O disposto neste artigo não se aplica às terras do domínio da União, ocupadas por grupos tribais, às áreas reservadas de que trata esta Lei, nem às terras de propriedade coletiva de grupo tribal.

CAPÍTULO V

DA DEFESA DAS TERRAS INDÍGENAS

Art. 34. O órgão federal de assistência ao índio poderá solicitar a colaboração das Forças Armadas e Auxiliares e da Polícia Federal, para assegurar a proteção das terras ocupadas pelos índios e pelas comunidades indígenas.

Art. 35. Cabe ao órgão federal de assistência ao índio a defesa judicial ou extrajudicial dos direitos dos silvícolas e das comunidades indígenas.

Art. 36. Sem prejuízo do disposto no artigo anterior, compete à União adotar as medidas administrativas ou propor, por intermédio do Ministério Público Federal, as medidas judiciais adequadas à proteção da posse dos silvícolas sobre as terras que habitem.

Parágrafo único. Quando as medidas judiciais previstas neste artigo forem propostas pelo órgão federal de assistência, ou contra ele, a União será litisconsorte ativa ou passiva.

Art. 37. Os grupos tribais ou comunidades indígenas são partes legítimas para a defesa dos seus direitos em juízo, cabendo-lhes, no caso, a assistência do Ministério Público Federal ou do órgão de proteção ao índio.

Art. 38. As terras indígenas são inusucapíveis e sobre elas não poderá recair desapropriação, salvo o previsto no art. 20.

TÍTULO IV – DOS BENS E RENDA DO PATRIMÔNIO INDÍGENA

Art. 39. Constituem bens do Patrimônio Indígena:

I – as terras pertencentes ao domínio dos grupos tribais ou comunidades indígenas;

II – o usufruto exclusivo das riquezas naturais e de todas as utilidades existentes nas terras ocupadas por grupos tribais ou comunidades indígenas e nas áreas a eles reservadas;

III – os bens móveis ou imóveis, adquiridos a qualquer título.

Art. 40. São titulares do Patrimônio Indígena:

I – a população indígena do País, no tocante a bens ou rendas pertencentes ou destinadas aos silvícolas, sem discriminação de pessoas ou grupos tribais;

II – o grupo tribal ou comunidade indígena determinada, quanto à posse e usufruto das terras por ele exclusivamente ocupadas, ou a ele reservadas;

III – a comunidade indígena ou grupo tribal nomeado no título aquisitivo da propriedade, em relação aos respectivos imóveis ou móveis.

Art. 41. Não integram o Patrimônio Indígena:

I – as terras de exclusiva posse ou domínio do índio ou silvícola, individualmente considerado, e o usufruto das respectivas riquezas naturais e utilidades;

II – a habitação, os móveis e utensílios domésticos, os objetos de uso pessoal, os instrumentos de trabalho e os produtos da lavoura, caça, pesca e coleta ou do trabalho em geral dos silvícolas.

Art. 42. Cabe ao órgão de assistência a gestão do Patrimônio Indígena, propiciando-se, porém, a participação dos silvícolas e dos grupos tribais na administração dos próprios bens, sendo-lhes totalmente confiado o encargo, quando demonstrem capacidade efetiva para o seu exercício.

Parágrafo único. O arrolamento dos bens do Patrimônio Indígena será permanentemente atualizado, procedendo-se à fiscalização rigorosa de sua gestão, mediante controle interno e externo, a fim de tornar efetiva a responsabilidade dos seus administradores.

Art. 43. A renda indígena é a resultante da aplicação de bens e utilidades integrantes do Patrimônio Indígena, sob a responsabilidade do órgão de assistência ao índio.

§ 1º A renda indígena será preferencialmente reaplicada em atividades rentáveis ou utilizada em programas de assistência ao índio.

§ 2º A reaplicação prevista no parágrafo anterior reverterá principalmente em benefício da comunidade que produziu os primeiros resultados econômicos.

Art. 44. As riquezas do solo, nas áreas indígenas, somente pelos silvícolas podem ser exploradas, cabendo-lhes com exclusividade o exercício da garimpagem, faiscação e cata das áreas referidas.

Art. 45. A exploração das riquezas do subsolo nas áreas pertencentes aos índios, ou do domínio da União, mas na posse de comunidades indígenas, far-se-á nos termos da legislação vigente, observado o disposto nesta Lei.

§ 1º O Ministério do Interior, através do órgão competente de assistência aos índios, representará os interesses da União, como proprietária do solo, mas a participação no resultado da exploração, as indenizações e a renda devida pela ocupação do terreno, reverterão em benefício dos índios e constituirão fontes de renda indígena.

§ 2º Na salvaguarda dos interesses do Patrimônio Indígena e do bem-estar dos silvícolas, a autorização de pesquisa ou lavra, a terceiros, nas posses tribais, estará condicionada a prévio entendimento com o órgão de assistência ao índio.

Art. 46. O corte de madeira nas florestas indígenas, consideradas em regime de preservação permanente, de acordo com a letra *g* e § 2º, do art. 3º, do Código Florestal, está condicionado à existência de programas ou projetos para o aproveitamento das terras respectivas na exploração agropecuária, na indústria ou no reflorestamento.

TÍTULO V – DA EDUCAÇÃO, CULTURA E SAÚDE

Art. 47. É assegurado o respeito ao patrimônio cultural das comunidades indígenas, seus valores artísticos e meios de expressão.

Art. 48. Estende-se à população indígena, com as necessárias adaptações, o sistema de ensino em vigor no País.

Art. 49. A alfabetização dos índios far-se-á na língua do grupo a que pertençam, e em português, salvaguardado o uso da primeira.

Art. 50. A educação do índio será orientada para a integração na comunhão nacional mediante processo de gradativa compreensão dos problemas gerais e valores da sociedade nacional, bem como do aproveitamento das suas aptidões individuais.

Art. 51. A assistência aos menores, para fins educacionais, será prestada, quanto possível, sem afastá-los do convívio familiar ou tribal.

Art. 52. Será proporcionada ao índio a formação profissional adequada, de acordo com o seu grau de aculturação.

Art. 53. O artesanato e as indústrias rurais serão estimulados, no sentido de elevar o padrão de vida do índio com a conveniente adaptação às condições técnicas modernas.

Art. 54. Os índios têm direito aos meios de proteção à saúde facultados à comunhão nacional.

Parágrafo único. Na infância, na maternidade, na doença e na velhice, deve ser assegurada ao silvícola, especial assistência dos poderes públicos, em estabelecimentos a esse fim destinados.

Art. 55. O regime geral da previdência social será extensivo aos índios, atendidas as condições sociais, econômicas e culturais das comunidades beneficiadas.

TÍTULO VI – DAS NORMAS PENAIS

CAPÍTULO I

DOS PRINCÍPIOS

Art. 56. No caso de condenação de índio por infração penal, a pena deverá ser atenuada e na sua aplicação o Juiz atenderá também ao grau de integração do silvícola.

Parágrafo único. As penas de reclusão e de detenção serão cumpridas, se possível, em regime especial de semiliberdade, no local de funcionamento do órgão federal de assistência aos índios mais próximos da habitação do condenado.

Art. 57. Será tolerada a aplicação, pelos grupos tribais, de acordo com as instituições próprias, de sanções penais ou disciplinares contra os seus membros, desde que não revistam caráter cruel ou infamante, proibida em qualquer caso a pena de morte.

CAPÍTULO II

DOS CRIMES CONTRA OS ÍNDIOS

Art. 58. Constituem crimes contra os índios e a cultura indígena:

I – escarnecer de cerimônia, rito, uso, costume ou tradição culturais indígenas, vilipendiá-los ou perturbar, de qualquer modo, a sua prática.

Pena – detenção de um a três meses;

II – utilizar o índio ou comunidade indígena como objeto de propaganda turística ou de exibição para fins lucrativos.

Pena – detenção de dois a seis meses;

III – propiciar, por qualquer meio, a aquisição, o uso e a disseminação de bebidas alcoólicas, nos grupos tribais ou entre índios não integrados.

Pena – detenção de seis meses a dois anos.

Parágrafo único. As penas estatuídas neste artigo são agravadas de um terço, quando o crime for praticado por funcionário ou empregado do órgão de assistência ao índio.

Art. 59. No caso de crime contra a pessoa, o patrimônio ou os costumes, em que o ofendido seja índio não integrado ou comunidade indígena, a pena será agravada de um terço.

TÍTULO VII – DISPOSIÇÕES GERAIS

Art. 60. Os bens e rendas do Patrimônio Indígena gozam de plena isenção tributária.

Art. 61. São extensivos aos interesses do Patrimônio Indígena os privilégios da Fazenda Pública, quanto à impenhorabilidade de bens, rendas e serviços, ações especiais, prazos processuais, juros e custas.

Art. 62. Ficam declaradas a nulidade e a extinção dos efeitos jurídicos dos atos de qualquer natureza que tenham por objeto o domínio, a posse ou a ocupação das terras habitadas pelos índios ou comunidades indígenas.

§ 1º Aplica-se o disposto deste artigo às terras que tenham sido desocupadas pelos índios ou comunidades indígenas em virtude de ato ilegítimo de autoridade e particular.

§ 2º Ninguém terá direito a ação ou indenização contra a União, o órgão de assistência ao índio ou os silvícolas em virtude da nulidade e extinção de que trata este artigo, ou de suas consequências econômicas.

§ 3º Em caráter excepcional e a juízo exclusivo do dirigente do órgão de assistência ao índio, será permitida a continuação, por prazo razoável dos efeitos dos contratos de arrendamento em vigor na data desta Lei, desde que a sua extinção acarrete graves consequências sociais.

Art. 63. Nenhuma medida judicial será concedida liminarmente em causas que envolvam interesse de silvícolas ou do Patrimônio Indígena, sem prévia audiência da União e do órgão de proteção ao índio.

Art. 64. VETADO.

Parágrafo único. VETADO.

Art. 65. O Poder Executivo fará, no prazo de cinco anos, a demarcação das terras indígenas, ainda não demarcadas.

Art. 66. O órgão de proteção ao silvícola fará divulgar e respeitar as normas da Convenção 107, promulgada pelo Decreto nº 58.824, de 14 de julho de 1966.

Art. 67. É mantida a Lei nº 5.371, de 5 de dezembro de 1967.

Art. 68. Esta Lei entrará em vigor na data de sua publicação, revogadas as disposições em contrário.

Brasília, 19 de dezembro de 1973;
152º da Independência e
85º da República.

Emílio G. Médici

LEI Nº 6.015, DE 31 DE DEZEMBRO DE 1973

Dispõe sobre os Registros Públicos, e dá outras providências.

► Publicada no *DOU* de 31-12-1973, republicada no *DOU* de 16-9-1975 e retificada no *DOU* de 30-10-1975.

TÍTULO I – DAS DISPOSIÇÕES GERAIS

CAPÍTULO I
DAS ATRIBUIÇÕES

Art. 1º Os serviços concernentes aos Registros Públicos, estabelecidos pela legislação civil para autenticidade, segurança e eficácia dos atos jurídicos, ficam sujeitos ao regime estabelecido nesta Lei.

§ 1º Os registros referidos neste artigo são os seguintes:

I – o registro civil de pessoas naturais;
II – o registro civil de pessoas jurídicas;
III – o registro de títulos e documentos;
IV – o registro de imóveis.

► Lei nº 7.433, de 18-12-1985, dispõe sobre os requisitos para a lavratura de escrituras públicas.

§ 2º Os demais registros reger-se-ão por leis próprias.

§ 3º Os registros poderão ser escriturados, publicitados e conservados em meio eletrônico, obedecidos os padrões tecnológicos estabelecidos em regulamento.

► § 3º acrescido pela Lei nº 13.874, de 20-9-2019.

Art. 2º Os registros indicados no § 1º do artigo anterior ficam a cargo dos serventuários privativos nomeados de acordo com o estabelecido na Lei de Organização Administrativa e Judiciária do Distrito Federal e dos Territórios e nas Resoluções sobre a Divisão e Organização Judiciária dos Estados, e serão feitos:

I – o do item I, nos ofícios privativos, ou nos cartórios de registro de nascimentos, casamentos e óbitos;
II – os dos itens II e III, nos ofícios privativos, ou nos cartórios de registro de títulos e documentos;
III – os do item IV, nos ofícios privativos, ou nos cartórios de registro de imóveis.

CAPÍTULO II
DA ESCRITURAÇÃO

Art. 3º A escrituração será feita em livros encadernados, que obedecerão aos modelos anexos a esta Lei, sujeitos à correição da autoridade judiciária competente.

§ 1º Os livros podem ter 0,22 m até 0,40 m de largura e de 0,33 m até 0,55 m de altura, cabendo ao oficial a escolha, dentro dessas dimensões, de acordo com a conveniência do serviço.

§ 2º Para facilidade do serviço podem os livros ser escriturados mecanicamente, em folhas soltas, obedecidos os modelos aprovados pela autoridade judiciária competente.

Art. 4º Os livros de escrituração serão abertos, numerados, autenticados e encerrados pelo oficial do registro, podendo ser utilizado, para tal fim, processo mecânico de autenticação previamente aprovado pela autoridade judiciária competente.

Parágrafo único. Os livros notariais, nos modelos existentes, em folhas fixas ou soltas, serão também abertos, numerados, autenticados e encerrados pelo tabelião, que determinará a respectiva quantidade a ser utilizada, de acordo com a necessidade do serviço.

► Parágrafo único acrescido pela Lei nº 9.955, de 6-1-2000.

Art. 5º Considerando a quantidade dos registros o juiz poderá autorizar a diminuição do número de páginas dos livros respectivos, até à terça parte do consignado nesta Lei.

Art. 6º Findando-se um livro, o imediato tomará o número seguinte, acrescido à respectiva letra, salvo no registro de imóveis, em que o número será conservado, com a adição sucessiva de letras, na ordem alfabética simples, e, depois, repetidas em combinações com a primeira, com a segunda, e assim indefinidamente. Exemplos: 2-A a 2-Z; 2-AA a 2-AZ; 2-BA a 2-BZ, etc.

Art. 7º Os números de ordem dos registros não serão interrompidos no fim de cada livro, mas continuarão, indefinidamente, nos seguintes da mesma espécie.

CAPÍTULO III
DA ORDEM DO SERVIÇO

Art. 8º O serviço começará e terminará às mesmas horas em todos os dias úteis.

Parágrafo único. O registro civil de pessoas naturais funcionará todos os dias, sem exceção.

Art. 9º Será nulo o registro lavrado fora das horas regulamentares ou em dias em que não houver expediente, sendo civil e criminalmente responsável o oficial que der causa à nulidade.

Art. 10. Todos os títulos, apresentados no horário regulamentar e que não forem registrados até a hora do encerramento do serviço, aguardarão o dia seguinte, no qual serão registrados, preferencialmente, aos apresentados nesse dia.

Parágrafo único. O registro civil de pessoas naturais não poderá, entretanto, ser adiado.

Art. 11. Os oficiais adotarão o melhor regime interno de modo a assegurar às partes a ordem de precedência na apresentação dos seus títulos, estabelecendo-se, sempre, o número de ordem geral.

Art. 12. Nenhuma exigência fiscal, ou dúvida, obstará a apresentação de um título e o seu lançamento do protocolo com o respectivo número de ordem, nos casos em que da precedência decorra prioridade de direitos para o apresentante.

Parágrafo único. Independem de apontamento no protocolo os títulos apresentados apenas para exame e cálculo dos respectivos emolumentos.

Art. 13. Salvo as anotações e as averbações obrigatórias, os atos do registro serão praticados:

I – por ordem judicial;
II – a requerimento verbal ou escrito dos interessados;
III – a requerimento do Ministério Público, quando a lei autorizar.

§ 1º O reconhecimento de firma nas comunicações ao registro civil pode ser exigido pelo respectivo oficial.

§ 2º A emancipação concedida por sentença judicial será anotada às expensas do interessado.

Art. 14. Pelos atos que praticarem, em decorrência desta Lei, os oficiais do registro terão direito, a título de remuneração, aos emolumentos fixados nos Regimentos de Custas do Distrito Federal, dos Estados e dos Territórios, os quais serão pagos, pelo interessado que os requerer, no ato de requerimento ou no da apresentação do título.

Parágrafo único. O valor correspondente às custas de escrituras, certidões, buscas, averbações, registros de qualquer natureza, emolumentos e despesas legais constará, obrigatoriamente, do próprio documento, independentemente da expedição do recibo quando solicitado.

► Parágrafo único acrescido pela Lei nº 6.724, de 19-11-1979.

Art. 15. Quando o interessado no registro for o oficial encarregado de fazê-lo, ou algum parente seu, em grau que determine impedimento, o ato incumbe ao substituto legal do oficial.

CAPÍTULO IV
DA PUBLICIDADE

Art. 16. Os oficiais e os encarregados das repartições em que se façam os registros são obrigados:

1º) a lavrar certidão do que lhes for requerido;

2º) a fornecer às partes as informações solicitadas.

Art. 17. Qualquer pessoa pode requerer certidão do registro sem informar ao oficial ou ao funcionário o motivo ou interesse do pedido.

Parágrafo único. O acesso ou envio de informações aos registros públicos, quando forem realizados por meio da rede mundial de computadores (internet) deverão ser assinados com uso de certificado digital, que atenderá os requisitos da Infraestrutura de Chaves Públicas Brasileira – ICP.

► Parágrafo único com a redação dada pela Lei nº 11.977, de 7-7-2009.

Art. 18. Ressalvado o disposto nos artigos 45, 57, § 7º, e 95, parágrafo único, a certidão será lavrada independentemente de despacho judicial, devendo mencionar o livro do registro ou o documento arquivado no cartório.

► Artigo com a redação dada pela Lei nº 9.807, de 13-7-1999.

Art. 19. A certidão será lavrada em inteiro teor, em resumo, ou em relatório, conforme quesitos, e devidamente autenticada pelo oficial ou seus substitutos legais, não podendo ser retardada por mais de cinco dias.

§ 1º A certidão, de inteiro teor, poderá ser extraída por meio datilográfico ou reprográfico.

§ 2º As certidões do Registro Civil de Pessoas Naturais mencionarão, sempre, a data em que foi lavrado o assento e serão manuscritas ou datilografadas e, no caso de adoção de papéis impressos, os claros serão preenchidos também em manuscrito ou datilografados.

§ 3º Nas certidões de registro civil, não se mencionará a circunstância de ser legítima ou não a filiação, salvo a requerimento do próprio interessado, ou em virtude de determinação judicial.

§ 4º As certidões de nascimento mencionarão a data em que foi feito o assento, a data, por extenso, do nascimento e, ainda, expressamente, a naturalidade.

► § 4º com a redação dada pela Lei nº 13.484, de 26-9-2017.

§ 5º As certidões extraídas dos registros públicos deverão ser fornecidas em papel e mediante escrita que permitam a sua reprodução por fotocópia, ou outro processo equivalente.

Art. 20. No caso de recusa ou retardamento na expedição da certidão, o interessado poderá reclamar à autoridade competente, que aplicará, se for o caso, a pena disciplinar cabível.

Parágrafo único. Para a verificação do retardamento, o oficial, logo que receber alguma petição, fornecerá à parte uma nota de entrega devidamente autenticada.

Art. 21. Sempre que houver qualquer alteração posterior ao ato cuja certidão é pedida, deve o oficial mencioná-la, obrigatoriamente, não obstante as especificações do pedido, sob pena de responsabilidade civil e penal, ressalvado o disposto nos artigos 45 e 95.

Parágrafo único. A alteração a que se refere este artigo deverá ser anotada na própria certidão, contendo a inscrição de que "a presente certidão envolve elementos de averbação à margem do termo".

CAPÍTULO V
DA CONSERVAÇÃO

Art. 22. Os livros de registro, bem como as fichas que os substituam, somente sairão do respectivo cartório mediante autorização judicial.

Art. 23. Todas as diligências judiciais e extrajudiciais que exigirem a apresentação de qualquer livro, ficha substitutiva de livro ou documento, efetuar-se-ão no próprio cartório.

Art. 24. Os oficiais devem manter, em segurança, permanentemente, os livros e documentos e respondem pela sua ordem e conservação.

Art. 25. Os papéis referentes ao serviço do registro serão arquivados em cartório mediante a utilização de processos racionais que facilitem as buscas, facultada a utilização de microfilmagem e de outros meios de reprodução autorizados em lei.

Art. 26. Os livros e papéis pertencentes ao arquivo do cartório ali permanecerão indefinidamente.

Art. 27. Quando a lei criar novo cartório, e enquanto este não for instalado, os registros continuarão a ser feitos no cartório que sofreu o desmembramento, não sendo necessário repeti-los no novo ofício.

Parágrafo único. O arquivo do antigo cartório continuará a pertencer-lhe.

CAPÍTULO VI
DA RESPONSABILIDADE

Art. 28. Além dos casos expressamente consignados, os oficiais são civilmente responsáveis por todos os prejuízos que, pessoalmente, ou pelos prepostos ou substitutos que indicarem, causarem, por culpa ou dolo, aos interessados no registro.

Parágrafo único. A responsabilidade civil independe da criminal pelos delitos que cometerem.

TÍTULO II – DO REGISTRO CIVIL DE PESSOAS NATURAIS

CAPÍTULO I
DISPOSIÇÕES GERAIS

Art. 29. Serão registrados no registro civil de pessoas naturais:

I – os nascimentos;

II – os casamentos;

III – os óbitos;

IV – as emancipações;

V – as interdições;

VI – as sentenças declaratórias de ausência;

VII – as opções de nacionalidade;

VIII – as sentenças que deferirem a legitimação adotiva.

§ 1º Serão averbados:

a) as sentenças que decidirem a nulidade ou anulação do casamento, o desquite e o restabelecimento da sociedade conjugal;

b) as sentenças que julgarem ilegítimos os filhos concebidos na constância do casamento e as que declararem a filiação legítima;

c) os casamentos de que resultar a legitimação de filhos havidos ou concebidos anteriormente;

d) os atos judiciais ou extrajudiciais de reconhecimento de filhos ilegítimos;

e) as escrituras de adoção e os atos que a dissolverem;

► Alínea tacitamente revogada pelos arts. 47 e 48 do ECA (Lei nº 8.069, de 13-7-1990).

f) as alterações ou abreviaturas de nomes.

§ 2º É competente para a inscrição da opção de nacionalidade o cartório da residência do optante, ou de seus pais. Se forem residentes no estrangeiro, far-se-á o registro no Distrito Federal.

§ 3º Os ofícios do registro civil das pessoas naturais são considerados ofícios da cidadania e estão autorizados a prestar outros serviços remunerados, na forma prevista em convênio, em credenciamento ou em matrícula com órgãos públicos e entidades interessadas.

► O STF, por maioria de votos, julgou parcialmente procedente a ADIN nº 5.855 para conceder interpretação conforme a Constituição a este parágrafo (*DOU* 24-4-2019).

§ 4º O convênio referido no § 3º deste artigo independe de homologação e será firmado pela entidade de classe dos registradores civis de pessoas naturais de mesma abrangência territorial do órgão ou da entidade interessada.

► §§ 3º e 4º acrescidos pela Lei nº 13.484, de 26-9-2017.

► O STF, por maioria de votos, julgou parcialmente procedente a ADIN nº 5.855 para declarar a nulidade parcial com redução de texto da expressão "independe de homologação" deste parágrafo (*DOU* 24-4-2019).

Art. 30. Não serão cobrados emolumentos pelo registro civil de nascimento e pelo assento de óbito, bem como pela primeira certidão respectiva.

► *Caput* com a redação dada pela Lei nº 9.534, de 10-12-1997.

§ 1º Os reconhecidamente pobres estão isentos de pagamento de emolumentos pelas demais certidões extraídas pelo cartório de registro civil.

§ 2º O estado de pobreza será comprovado por declaração do próprio interessado ou a rogo, tratando-se de analfabeto, neste caso, acompanhada da assinatura de duas testemunhas.

§ 3º A falsidade da declaração ensejará a responsabilidade civil e criminal do interessado.

► §§ 1º a 3º com a redação dada pela Lei nº 9.534, de 10-12-1997.

§ 3º-A. Comprovado o descumprimento, pelos oficiais de Cartórios de Registro Civil, do disposto no *caput* deste artigo, aplicar-se-ão as penalidades previstas nos arts. 32 e 33 da Lei nº 8.935, de 18 de novembro de 1994.

§ 3º-B. Esgotadas as penalidades a que se refere o parágrafo anterior e verificando-se novo descumprimento, aplicar-se-á o disposto no art. 39 da Lei nº 8.935, de 18 de novembro de 1994.

► §§ 3º-A e 3º-B acrescidos pela Lei nº 9.812, de 10-8-1999.

§ 3º-C. Os cartórios de registros públicos deverão afixar, em local de grande visibilidade, que permita fácil leitura e acesso ao público, quadros contendo tabelas atualizadas das custas e emolumentos, além de informações claras sobre a gratuidade prevista no *caput* deste artigo.

► § 3º-C acrescido pela Lei nº 11.802, de 4-11-2008.

§ 4º É proibida a inserção nas certidões de que trata o § 1º deste artigo de expressões que indiquem condição de pobreza ou semelhantes.

► § 4º acrescido pela Lei nº 11.789, de 2-10-2008.

Art. 31. Os fatos concernentes ao registro civil, que se derem a bordo dos navios de guerra e mercantes, em viagem, e no Exército, em campanha, serão imediatamente registrados e comunicados em tempo oportuno, por cópia autêntica, aos respectivos ministérios, a fim de que, através do Ministério da Justiça, sejam ordenados os assentamentos, notas ou averbações nos livros competentes das circunscrições a que se referirem.

Art. 32. Os assentos de nascimento, óbito e de casamento de brasileiros em país estrangeiro serão considerados autênticos, nos termos da lei do lugar em que forem feitos, legalizadas as certidões pelos cônsules ou, quando por estes tomados, nos termos do regulamento consular.

§ 1º Os assentos de que trata este artigo serão, porém, trasladados nos cartórios do 1º Ofício do domicílio do registrado ou no 1º Ofício do Distrito Federal, em falta de domicílio conhecido, quando tiverem de produzir efeito no País, ou, antes, por meio de segunda via que os cônsules serão obrigados a remeter por intermédio do Ministério das Relações Exteriores.

§ 2º O filho de brasileiro ou brasileira, nascido no estrangeiro, e cujos pais não estejam ali a serviço do Brasil, desde que registrado em consulado brasileiro ou, não registrado, venha a residir no território nacional antes de atingir a maioridade, poderá requerer, no juízo de seu domicílio, se registre, no Livro "E" do 1º Ofício do Registro Civil, o termo de nascimento.

§ 3º Do termo e das respectivas certidões do nascimento registrado na forma do parágrafo antecedente constará que só valerão como prova de nacionalidade brasileira, até quatro anos depois de atingida a maioridade.

§ 4º Dentro do prazo de quatro anos, depois de atingida a maioridade pelo interessado referido no § 2º, deverá ele manifestar a sua opção pela nacionalidade brasileira perante o juízo federal. Deferido o pedido, proceder-se-á ao registro no Livro "E" do cartório do 1º Ofício do domicílio do optante.

§ 5º Não se verificando a hipótese prevista no parágrafo anterior, o oficial cancelará, de ofício, o registro provisório efetuado na forma do § 2º.

CAPÍTULO II

DA ESCRITURAÇÃO E ORDEM DE SERVIÇO

Art. 33. Haverá, em cada cartório, os seguintes livros, todos com trezentas folhas cada um:

I – "A" – de registro de nascimentos;

II – "B" – de registro de casamento;

III – "B Auxiliar" – de registro de casamento religioso para efeitos civis;

IV – "C" – de registro de óbitos;

V – "C Auxiliar" – de registro de natimortos;

VI – "D" – de registro de proclamas.

Parágrafo único. No cartório do 1º Ofício ou da 1ª subdivisão judiciária, em cada comarca, haverá outro livro para inscrição dos demais atos relativos ao estado civil, designado sob a letra "E", com cento e cinquenta folhas, podendo o juiz competente, nas comarcas de grande movimento, autorizar o seu desdobramento, pela natureza dos atos que nele devam ser registrados, em livros especiais.

Art. 34. O oficial juntará, a cada um dos livros, índice alfabético dos assentos lavrados pelos nomes das pessoas a quem se referirem.

Parágrafo único. O índice alfabético poderá, a critério do oficial, ser organizado pelo sistema de fichas, desde que preencham estas os requisitos de segurança, comodidade e pronta busca.

Art. 35. A escrituração será feita seguidamente, em ordem cronológica de declarações, sem abreviaturas, nem algarismos; no fim de cada assento e antes da subscrição e das assinaturas, serão ressalvadas as emendas, entrelinhas ou outras circunstâncias que puderem ocasionar dúvidas. Entre um assento e outro, será traçada uma linha de intervalo, tendo cada um o seu número de ordem.

Art. 36. Os livros de registro serão divididos em três partes, sendo na da esquerda lançado o número de ordem e na central o assento, ficando na da direita espaço para as notas, averbações e retificações.

Art. 37. As partes, ou seus procuradores, bem como as testemunhas, assinarão os assentos, inserindo-se neles as declarações feitas de acordo com a lei ou ordenadas por sentença. As procurações serão arquivadas, declarando-se no termo a data, o livro, a folha e o ofício em que foram lavradas, quando constarem de instrumento público.

§ 1º Se os declarantes, ou as testemunhas não puderem, por qualquer circunstância, assinar, far-se-á declaração no assento, assinando a rogo outra pessoa e tomando-se a impressão dactiloscópica da que não assinar, à margem do assento.

§ 2º As custas com o arquivamento das procurações ficarão a cargo dos interessados.

Art. 38. Antes da assinatura dos assentos, serão estes lidos às partes e às testemunhas, do que se fará menção.

Art. 39. Tendo havido omissão ou erro, de modo que seja necessário fazer adição ou emenda, estas serão feitas antes da assinatura ou ainda em seguida, mas antes de outro assento, sendo a ressalva novamente por todos assinada.

Art. 40. Fora da retificação feita no ato, qualquer outra só poderá ser efetuada nos termos dos arts. 109 a 112 desta Lei.

▸ Artigo com a redação dada pela Lei nº 12.100, de 27-11-2009.

Art. 41. Reputam-se inexistentes e sem efeitos jurídicos quaisquer emendas ou alterações posteriores, não ressalvadas ou não lançadas na forma indicada nos artigos 39 e 40.

Art. 42. A testemunha para os assentos de registro deve satisfazer às condições exigidas pela lei civil, sendo admitido o parente, em qualquer grau, do registrando.

Parágrafo único. Quando a testemunha não for conhecida do oficial do registro, deverá apresentar documento hábil da sua identidade, do qual se fará, no assento, expressa menção.

Art. 43. Os livros de proclamas serão escriturados cronologicamente com o resumo do que constar dos editais expedidos pelo próprio cartório, ou recebidos de outros, todos assinados pelo oficial.

Parágrafo único. As despesas de publicação do edital serão pagas pelo interessado.

Art. 44. O registro do edital de casamento conterá todas as indicações quanto à época de publicação e aos documentos apresentados, abrangendo também o edital remetido por outro oficial processante.

Art. 45. A certidão relativa ao nascimento de filho legitimado por subsequente matrimônio deverá ser fornecida sem o teor da declaração ou averbação a esse respeito, como se fosse legítimo; na certidão de casamento também será omitida a referência àquele filho, salvo havendo, em qualquer dos casos, determinação judicial, deferida em favor de quem demonstre legítimo interesse em obtê-la.

CAPÍTULO III
DAS PENALIDADES

Art. 46. As declarações de nascimento feitas após o decurso do prazo legal serão registradas no lugar de residência do interessado.

▸ *Caput* com a redação dada pela Lei nº 11.790, de 2-10-2008.

§ 1º O requerimento de registro será assinado por 2 (duas) testemunhas, sob as penas da lei.

▸ § 1º com a redação dada pela Lei nº 11.790, de 2-10-2008.

§ 2º *Revogado.* Lei nº 10.215, de 6-4-2001.

§ 3º O oficial do Registro Civil, se suspeitar da falsidade da declaração, poderá exigir prova suficiente.

§ 4º Persistindo a suspeita, o oficial encaminhará os autos ao juízo competente.

▸ §§ 3º e 4º com a redação dada pela Lei nº 11.790, de 2-10-2008.

§ 5º Se o juiz não fixar prazo menor, o oficial deverá lavrar o assento dentro em cinco dias, sob pena de pagar multa correspondente a um salário mínimo da região.

Art. 47. Se o oficial do registro civil recusar fazer ou retardar qualquer registro, averbação ou anotação, bem como o fornecimento de certidão, as partes prejudicadas poderão queixar-se à autoridade judiciária, a qual, ouvindo o acusado, decidirá dentro de cinco dias.

§ 1º Se for injusta a recusa ou injustificada a demora, o juiz que tomar conhecimento do fato poderá impor ao oficial multa de um a dez salários mínimos da região, ordenando que, no prazo improrrogável de vinte e quatro horas, seja feito o registro, a averbação, a anotação ou fornecida certidão, sob pena de prisão de cinco a vinte dias.

§ 2º Os pedidos de certidão feitos por via postal, telegráfica ou bancária serão obrigatoriamente atendidos pelo oficial do registro civil, satisfeitos os emolumentos devidos, sob as penas previstas no parágrafo anterior.

Art. 48. Os juízes farão correição e fiscalização nos livros de registro, conforme as normas da organização judiciária.

Art. 49. Os oficiais de registro civil remeterão à Fundação Instituto Brasileiro de Geografia e Estatística, dentro dos primeiros oito dias dos meses de janeiro, abril, julho e outubro de cada ano, um mapa dos nascimentos, casamentos e óbitos ocorridos no trimestre anterior.

§ 1º A Fundação Instituto Brasileiro de Geografia e Estatística fornecerá mapas para a execução do disposto neste artigo, podendo requisitar aos oficiais do registro que façam as correções que forem necessárias.

§ 2º Os oficiais que, no prazo legal, não remeterem os mapas, incorrerão na multa de um a cinco salários mínimos da região, que será cobrada como dívida ativa da União, sem prejuízo da ação penal que no caso couber.

▸ Art. 49 com a redação dada pela Lei nº 6.140, de 28-11-1974.

§ 3º No mapa de que trata o *caput* deverá ser informado o número da identificação da Declaração de Nascido Vivo.

§ 4º Os mapas dos nascimentos deverão ser remetidos aos órgãos públicos interessados no cruzamento das informações do registro civil e da Declaração de Nascido Vivo conforme o regulamento, com o objetivo de integrar a informação e promover a busca ativa de nascimentos.

§ 5º Os mapas previstos no *caput* e no § 4º deverão ser remetidos por meio digital quando o registrador detenha capacidade de transmissão de dados.

▸ §§ 3º a 5º acrescidos pela Lei nº 12.662, de 5-6-2012.

CAPÍTULO IV
DO NASCIMENTO

Art. 50. Todo nascimento que ocorrer no território nacional deverá ser dado a registro, no lugar em que tiver ocorrido o parto ou no lugar da residência dos pais, dentro do prazo de quinze dias, que será ampliado em até três meses para os lugares distantes mais de trinta quilômetros da sede do cartório.

▸ *Caput* com a redação dada pela Lei nº 9.053, de 25-5-1995.

§ 1º Quando for diverso o lugar da residência dos pais, observa-se-á a ordem contida nos itens 1º e 2º do artigo 52.

▸ § 1º acrescido pela Lei nº 9.053, de 25-5-1995, renumerando-se os demais.

§ 2º Os índios, enquanto não integrados, não estão obrigados à inscrição do nascimento. Este poderá ser feito em livro próprio do órgão federal de assistência aos índios.

§ 3º Os menores de vinte e um anos e maiores de dezoito anos poderão, pessoalmente e isentos de multa, requerer o registro de seu nascimento.

§ 4º É facultado aos nascidos anteriormente à obrigatoriedade do registro civil requerer, isentos de multa, a inscrição de seu nascimento.

§ 5º Aos brasileiros nascidos no estrangeiro se aplicará o disposto neste artigo, ressalvadas as prescrições legais relativas aos consulados.

Art. 51. Os nascimentos ocorridos a bordo, quando não registrados nos termos do artigo 64, deverão ser declarados dentro de cinco dias, a contar da chegada do navio ou aeronave ao local do destino, no respectivo cartório ou consulado.

Art. 52. São obrigados a fazer a declaração de nascimento:

1º) o pai ou a mãe, isoladamente ou em conjunto, observado o disposto no § 2º do art. 54;

2º) no caso de falta ou de impedimento de um dos indicados no item 1º, outro indicado, que terá o prazo para declaração prorrogado por 45 (quarenta e cinco) dias;

► Itens 1 e 2 com a redação dada pela Lei nº 13.112, de 30-3-2015.

3º) no impedimento de ambos, o parente mais próximo, sendo maior e achando-se presente;

4º) em falta ou impedimento do parente referido no número anterior, os administradores de hospitais ou os médicos e parteiras, que tiverem assistido o parto;

5º) pessoa idônea da casa em que ocorrer, sendo fora da residência da mãe;

6º) finalmente, as pessoas (VETADO) encarregadas da guarda do menor.

§ 1º Quando o oficial tiver motivo para duvidar da declaração, poderá ir à casa do recém-nascido verificar a sua existência, ou exigir atestação do médico ou parteira que tiver assistido o parto, ou o testemunho de duas pessoas que não forem os pais e tiverem visto o recém-nascido.

§ 2º Tratando-se de registro fora do prazo legal o oficial, em caso de dúvida, poderá requerer ao juiz as providências que forem cabíveis para esclarecimento do fato.

§ 3º O oficial de registro civil comunicará o registro de nascimento ao Ministério da Economia e ao INSS pelo Sistema Nacional de Informações de Registro Civil (SIRC) ou por outro meio que venha a substituí-lo.

► § 3º acrescido pela Lei nº 13.846, de 18-6-2019.

Art. 53. No caso de ter a criança nascido morta ou no de ter morrido na ocasião do parto, será, não obstante, feito o assento com os elementos que couberem e com remissão ao do óbito.

§ 1º No caso de ter a criança nascido morta, será o registro feito no livro "C Auxiliar", com os elementos que couberem.

§ 2º No caso de a criança morrer na ocasião do parto, tendo, entretanto, respirado, serão feitos os dois assentos, o de nascimento e o de óbito, com os elementos cabíveis e com remissões recíprocas.

► Art. 2º do CC.

Art. 54. O assento do nascimento deverá conter:

1º) o dia, mês, ano e lugar do nascimento e a hora certa, sendo possível determiná-la, ou aproximada;

2º) o sexo do registrando;

3º) o fato de ser gêmeo, quando assim tiver acontecido;

4º) o nome e o prenome, que forem postos à criança;

5º) a declaração de que nasceu morta, ou morreu no ato ou logo depois do parto;

6º) a ordem de filiação de outros irmãos do mesmo prenome que existirem ou tiverem existido;

7º) os nomes e prenomes, a naturalidade, a profissão dos pais, o lugar e cartório onde se casaram, a idade da genitora, do registrando em anos completos, na ocasião do parto, e o domicílio ou a residência do casal;

► Item 7º com a redação dada pela Lei nº 6.140, de 28-11-1974.

8º) os nomes e prenomes dos avós paternos e maternos;

9º) os nomes e prenomes, a profissão e a residência das duas testemunhas do assento, quando se tratar de parto ocorrido sem assistência médica em residência ou fora de unidade hospitalar ou casa de saúde;

10) o número de identificação da Declaração de Nascido Vivo, com controle do dígito verificador, exceto na hipótese de registro tardio previsto no art. 46 desta Lei; e

► Itens 9º e 10 com a redação dada pela Lei nº 13.484, de 26-9-2017.

11) a naturalidade do registrando.

► Item 11 acrescido pela Lei nº 13.484, de 26-9-2017.

§ 1º Não constituem motivo para recusa, devolução ou solicitação de retificação da Declaração de Nascido Vivo por parte do Registrador Civil das Pessoas Naturais:

I – equívocos ou divergências que não comprometam a identificação da mãe;

II – omissão do nome do recém-nascido ou do nome do pai;

III – divergência parcial ou total entre o nome do recém-nascido constante da declaração e o escolhido em manifestação perante o registrador no momento do registro de nascimento, prevalecendo este último;

IV – divergência parcial ou total entre o nome do pai constante da declaração e o verificado pelo registrador nos termos da legislação civil, prevalecendo este último;

V – demais equívocos, omissões ou divergências que não comprometam informações relevantes para o registro de nascimento.

§ 2º O nome do pai constante da Declaração de Nascido Vivo não constitui prova ou presunção da paternidade, somente podendo ser lançado no registro de nascimento quando verificado nos termos da legislação civil vigente.

§ 3º Nos nascimentos frutos de partos sem assistência de profissionais da saúde ou parteiras tradicionais, a Declaração de Nascido Vivo será emitida pelos Oficiais de Registro Civil que lavrarem o registro de nascimento, sempre que haja demanda das Secretarias Estaduais ou Municipais de Saúde para que realizem tais emissões.

► §§ 1º a 3º acrescidos pela Lei nº 12.662, de 5-6-2012.

§ 4º A naturalidade poderá ser do Município em que ocorreu o nascimento ou do Município de residência da mãe do registrando na data do nascimento, desde que localizado em território nacional, e a opção caberá ao declarante no ato de registro do nascimento.

► § 4º acrescido pela Lei nº 13.484, de 26-9-2017.

Art. 55. Quando o declarante não indicar o nome completo, o oficial lançará adiante do prenome escolhido o nome do pai, e na falta, o da mãe, se forem conhecidos e não o impedir a condição de ilegitimidade, salvo reconhecimento no ato.

Parágrafo único. Os oficiais do registro civil não registrarão prenomes suscetíveis de expor ao ridículo os seus portadores. Quando os pais não se conformarem com a recusa do oficial, este submeterá por escrito o caso, independente da cobrança de quaisquer emolumentos, à decisão do juiz competente.

Art. 56. O interessado, no primeiro ano após ter atingido a maioridade civil, poderá, pessoalmente ou por procurador bastante, alterar o nome, desde que não prejudique os apelidos de família, averbando-se a alteração que será publicada pela imprensa.

Art. 57. A alteração posterior de nome, somente por exceção e motivadamente, após audiência do Ministério Público, será permitida por sentença do juiz a que estiver sujeito o registro, arquivando-se o mandado e publicando-se a alteração pela imprensa, ressalvada a hipótese do art. 110 desta Lei.

► *Caput* com a redação dada pela Lei nº 12.100, de 27-11-2009.

► Dec. nº 8.727, de 28-4-2016, dispõe sobre o uso do nome social e o reconhecimento da identidade de gênero de pessoas travestis e transexuais no âmbito da administração pública federal direta, autárquica e fundacional.

§ 1º Poderá, também, ser averbado, nos mesmos termos, o nome abreviado, usado como firma comercial registrada ou em qualquer atividade profissional.

§ 2º A mulher solteira, desquitada ou viúva, que viva com homem solteiro, desquitado ou viúvo, excepcionalmente e havendo motivo ponderável, poderá requerer ao juiz competente que, no registro de nascimento, seja averbado o patronímico de seu companheiro, sem prejuízo dos apelidos próprios, de família, desde que haja impedimento legal para o casamento, decorrente do estado civil de qualquer das partes ou de ambas.

► Art. 1.723, parágrafo único, segunda parte, do CC.

§ 3º O juiz competente somente processará o pedido, se tiver expressa concordância do companheiro, e se da vida em comum houverem decorrido, no mínimo, cinco anos ou existirem filhos da união.

§ 4º O pedido de averbação só terá curso, quando desquitado o companheiro, se a ex-esposa houver sido condenada ou tiver renunciado ao uso dos apelidos do marido, ainda que dele receba pensão alimentícia.

§ 5º O aditamento regulado nesta Lei será cancelado a requerimento de uma das partes, ouvida a outra.

§ 6º Tanto o aditamento quanto o cancelamento da averbação previstos neste artigo serão processados em segredo de justiça.

§ 7º Quando a alteração de nome for concedida em razão de fundada coação ou ameaça decorrente de colaboração com a apuração de crime, o juiz competente determinará que haja a averbação no registro de origem de menção da existência de sentença concessiva da alteração, sem a averbação do nome alterado, que somente poderá ser procedida mediante determinação posterior, que levará em consideração a cessação da coação ou ameaça que deu causa à alteração.

► § 7º acrescido pela Lei nº 9.807, de 13-7-1999.

§ 8º O enteado ou a enteada, havendo motivo ponderável e na forma dos §§ 2º e 7º deste artigo, poderá requerer ao juiz competente que, no registro de nascimento, seja averbado o nome de família de seu padrasto ou de sua madrasta, desde que haja expressa concordância destes, sem prejuízo de seus apelidos de família.

► § 8º acrescido pela Lei nº 11.924, de 17-4-2009.

Art. 58. O prenome será definitivo, admitindo-se, todavia, a sua substituição por apelidos públicos notórios.

► O STF, por maioria de votos, julgou procedente a ADIN nº 4.275 para dar a este artigo interpretação conforme a CF e o Pacto de São José de Costa Rica, "de modo a reconhecer aos transgêneros que assim o desejarem, independentemente da cirurgia de transgenitalização, ou da realização de tratamentos hormonais ou patologizantes, o direito à substituição de prenome e sexo diretamente no registro civil" (*DJe* de 21-3-2019).

Parágrafo único. A substituição do prenome será ainda admitida em razão de fundada coação ou ameaça decorrente da colaboração com a apuração de crime, por determinação, em sentença, de juiz competente, ouvido o Ministério Público.

► Art. 58 com a redação dada pela Lei nº 9.807, de 13-7-1999.

Art. 59. Quando se tratar de filho ilegítimo, não será declarado o nome do pai sem que este expressamente o autorize e compareça, por si ou por procurador especial, para, reconhecendo-o, assinar, ou não sabendo ou não podendo, mandar assinar a seu rogo o respectivo assento com duas testemunhas.

Art. 60. O registro conterá o nome do pai ou da mãe, ainda que ilegítimos, quando qualquer deles for o declarante.

Art. 61. Tratando-se de exposto, o registro será feito de acordo com as declarações que os estabelecimentos de caridade, as autoridades ou os particulares comunicarem ao oficial competente, nos prazos mencionados no artigo 50, a partir do achado ou entrega, sob a pena do artigo 46, apresentando ao oficial, salvo motivo de força maior comprovada, o exposto e os objetos a que se refere o parágrafo único deste artigo.

Parágrafo único. Declarar-se-á o dia, mês e ano, lugar em que foi exposto, a hora em que foi encontrado e a sua idade aparente. Nesse caso, o envoltório, roupas e quaisquer outros objetos e sinais que trouxer a criança e que possam a todo o tempo fazê-la reconhecer, serão numerados, alistados e fechados em caixa lacrada e selada, com o seguinte rótulo: "Pertence ao exposto tal, assento de fls. ... do livro..." e remetidos imediatamente, com uma guia em duplicata, ao juiz para serem recolhidos a lugar seguro. Recebida e arquivada a duplicata com o competente recibo do depósito, far-se-á à margem do assento a correspondente anotação.

Art. 62. O registro do nascimento do menor abandonado, sob jurisdição do Juiz de Menores, poderá fazer-se por iniciativa deste, à vista dos elementos de que dispuser e com observância, no que for aplicável, do que preceitua o artigo anterior.

Art. 63. No caso de gêmeos, será declarada no assento especial de cada um a ordem de nascimento. Os gêmeos que tiverem o prenome igual deverão ser inscritos com duplo prenome ou nome completo diverso, de modo que possam distinguir-se.

Parágrafo único. Também serão obrigados a duplo prenome, ou a nome completo diverso, os irmãos a que se pretender dar o mesmo prenome.

Art. 64. Os assentos de nascimentos em navio brasileiro mercante ou de guerra serão lavrados, logo que o fato se verificar, pelo modo estabelecido na legislação de marinha, devendo, porém, observar-se as disposições da presente Lei.

Art. 65. No primeiro porto a que se chegar, o comandante depositará imediatamente, na capitania do porto, ou em sua falta, na estação fiscal, ou ainda, no consulado, em se tratando de porto estrangeiro, duas cópias autenticadas dos assentos referidos no artigo anterior, uma das quais será remetida, por intermédio do Ministério da Justiça, ao oficial do registro para o registro, no lugar de residência dos pais ou, se não for possível descobri-lo, no 1º Ofício do Distrito Federal. Uma terceira cópia será entregue pelo comandante ao interessado que, após conferência na capitania do porto, por ela poderá, também, promover o registro no cartório competente.

Parágrafo único. Os nascimentos ocorridos a bordo de quaisquer aeronaves, ou de navio estrangeiro, poderão ser dados a registro pelos pais brasileiros no cartório ou consulado do local de desembarque.

Art. 66. Pode ser tomado assento de nascimento de filho de militar ou assemelhado em livro criado pela administração militar mediante declaração feita pelo interessado ou remetida pelo comandante da unidade, quando em campanha. Esse assento será publicado em boletim da unidade e, logo que possível, trasladado por cópia autenticada, *ex officio* ou a requerimento do interessado, para o cartório de registro civil a que competir ou para o do 1º Ofício do Distrito Federal, quando não puder ser conhecida a residência do pai.

Parágrafo único. A providência de que trata este artigo será extensiva ao assento de nascimento de filho de civil, quando, em consequência de operações de guerra, não funcionarem os cartórios locais.

CAPÍTULO V

DA HABILITAÇÃO PARA O CASAMENTO

Art. 67. Na habilitação para o casamento, os interessados, apresentando os documentos exigidos pela lei civil, requererão ao oficial do registro do distrito de residência de um dos nubentes, que lhes expeça certidão de que se acham habilitados para se casarem.

§ 1º Autuada a petição com os documentos, o oficial mandará afixar proclamas de casamento em lugar ostensivo de seu cartório e fará publicá-los na imprensa local, se houver. Em seguida, abrirá vista dos autos ao órgão do Ministério Público, para manifestar-se sobre o pedido e requerer o que for necessário à sua regularidade, podendo exigir a apresentação de atestado de residência, firmado por autoridade policial, ou qualquer outro elemento de convicção admitido em direito.

§ 2º Se o órgão do Ministério Público impugnar o pedido ou a documentação, os autos serão encaminhados ao juiz, que decidirá sem recurso.

§ 3º Decorrido o prazo de quinze dias a contar da afixação do edital em cartório, se não aparecer quem oponha impedimento nem constar algum dos que de ofício deva declarar, ou se tiver sido rejeitada a impugnação do órgão do Ministério Público, o oficial do registro certificará a circunstância nos autos e entregará aos nubentes certidão de que estão habilitados para se casar dentro do prazo previsto em lei.

§ 4º Se os nubentes residirem em diferentes distritos do registro civil, em um e em outro se publicará e se registrará o edital.

§ 5º Se houver apresentação de impedimento, o oficial dará ciência do fato aos nubentes, para que indiquem em três dias prova que pretendam produzir, e remeterá os autos a juízo; produzidas as provas pelo oponente e pelos nubentes, no prazo de dez dias, com ciência do Ministério Público, e ouvidos os interessados e o órgão do Ministério Público em cinco dias, decidirá o juiz em igual prazo.

§ 6º Quando o casamento se der em circunscrição diferente daquela da habilitação, o oficial do registro comunicará ao da habilitação esse fato, com os elementos necessários às anotações nos respectivos autos.

Art. 68. Se o interessado quiser justificar fato necessário à habilitação para o casamento, deduzirá sua intenção perante o juiz competente, em petição circunstanciada, indicando testemunhas e apresentando documentos que comprovem as alegações.

§ 1º Ouvidas as testemunhas, se houver, dentro do prazo de cinco dias, com a ciência do órgão do Ministério Público, este terá o prazo de vinte e quatro horas para manifestar-se, decidindo o juiz em igual prazo, sem recurso.

§ 2º Os autos da justificação serão encaminhados ao oficial do registro para serem anexados ao processo da habilitação matrimonial.

Art. 69. Para a dispensa de proclamas, nos casos previstos em lei, os contraentes, em petição dirigida ao juiz, deduzirão os motivos de urgência do casamento, provando-a, desde logo, com documentos ou indicando outras provas para demonstração do alegado.

§ 1º Quando o pedido se fundar em crime contra os costumes, a dispensa de proclamas será precedida da audiência dos contraentes, separadamente e em segredo de justiça.

§ 2º Produzidas as provas dentro de cinco dias, com a ciência do órgão do Ministério Público, que poderá manifestar-se, a seguir, em vinte e quatro horas, o juiz decidirá, em igual prazo, sem recurso, remetendo os autos para serem anexados ao processo de habilitação matrimonial.

CAPÍTULO VI

DO CASAMENTO

► Arts. 1.511 e segs. do CC.

Art. 70. Do matrimônio, logo depois de celebrado, será lavrado assento, assinado pelo presidente do ato, os cônjuges, as testemunhas e o oficial, sendo exarados:

1º) os nomes, prenomes, nacionalidade, naturalidade, data de nascimento, profissão, domicílio e residência atual dos cônjuges;

► Item 1º com a redação dada pela Lei nº 13.484, de 26-9-2017.

2º) os nomes, prenomes, nacionalidade, data de nascimento ou de morte, domicílio e residência atual dos pais;

3º) os nomes e prenomes do cônjuge precedente e a data da dissolução do casamento anterior, quando for o caso;

4º) a data da publicação dos proclamas e da celebração do casamento;

5º) a relação dos documentos apresentados ao oficial do registro;

6º) os nomes, prenomes, nacionalidade, profissão, domicílio e residência atual das testemunhas;

7º) o regime de casamento, com declaração da data e do cartório em cujas notas foi tomada a escritura antenupcial, quando o regime não for o da comunhão ou o legal que, sendo conhecido, será declarado expressamente;

8º) o nome, que passa a ter a mulher, em virtude do casamento;

9º) os nomes e as idades dos filhos havidos de matrimônio anterior ou legitimados pelo casamento;

10) à margem do termo, a impressão digital do contraente que não souber assinar o nome.

Parágrafo único. As testemunhas serão pelo menos duas, não dispondo a lei de modo diverso.

CAPÍTULO VII

DO REGISTRO DO CASAMENTO RELIGIOSO PARA EFEITOS CIVIS

Art. 71. Os nubentes habilitados para o casamento poderão pedir ao oficial que lhes forneça a respectiva certidão, para se casarem perante a autoridade ou ministro religioso, nela mencionando o prazo legal de validade da habilitação.

Art. 72. O termo ou assento do casamento religioso, subscrito pela autoridade ou ministro que o celebrar, pelos nubentes e por duas testemunhas, conterá os requisitos do artigo 70, exceto o 5º.

Art. 73. No prazo de trinta dias a contar da realização, o celebrante ou qualquer interessado poderá, apresentando o assento ou termo de casamento religioso, requerer-lhe o registro ao oficial do cartório que expediu a certidão.

§ 1º O assento ou termo conterá a data da celebração, o lugar, o culto religioso, o nome do celebrante, sua qualidade, o cartório que expediu a habilitação, sua data, os nomes, profissões, residências, nacionalidades das testemunhas que o assinarem e os nomes dos contraentes.

§ 2º Anotada a entrada do requerimento, o oficial fará o registro no prazo de vinte e quatro horas.

§ 3º A autoridade ou ministro celebrante arquivará a certidão de habilitação que lhe foi apresentada, devendo, nela, anotar a data da celebração do casamento.

Art. 74. O casamento religioso, celebrado sem a prévia habilitação perante o oficial de registro público, poderá ser registrado desde que apresentados pelos nubentes, com o requerimento de registro, a prova do ato religioso e os documentos exigidos pelo Código Civil, suprindo eles eventual falta de requisitos no termo da celebração.

Parágrafo único. Processada a habilitação com a publicação dos editais e certificada a inexistência de impedimentos, o oficial fará o registro do casamento religioso, de acordo com a prova do ato e os dados constantes do processo, observado o disposto no artigo 70.

Art. 75. O registro produzirá efeitos jurídicos a contar da celebração do casamento.

Parágrafo único. O oficial de registro civil comunicará o registro ao Ministério da Economia e ao INSS pelo Sistema Nacional de Informações de Registro Civil (SIRC) ou por outro meio que venha a substituí-lo.

► Parágrafo único acrescido pela Lei nº 13.846, de 18-6-2019.

CAPÍTULO VIII

DO CASAMENTO EM IMINENTE RISCO DE VIDA

Art. 76. Ocorrendo iminente risco de vida de algum dos contraentes, e não sendo possível a presença da autoridade competente para presidir o ato, o casamento poderá realizar-se na presença de seis testemunhas, que comparecerão, dentro de cinco dias, perante a autoridade judiciária mais próxima, a fim de que sejam reduzidas a termo suas declarações.

§ 1º Não comparecendo as testemunhas, espontaneamente, poderá qualquer interessado requerer a sua intimação.

§ 2º Autuadas as declarações e encaminhadas à autoridade judiciária competente, se outra for a que as tomou por termo, será ouvido o órgão do Ministério Público e se realizarão as diligências necessárias para verificar a inexistência de impedimento para o casamento.

§ 3º Ouvidos dentro de cinco dias os interessados que o requererem e o órgão do Ministério Público, o juiz decidirá em igual prazo.

§ 4º Da decisão caberá apelação com ambos os efeitos.

§ 5º Transitada em julgado a sentença, o juiz mandará registrá-la no Livro de Casamento.

CAPÍTULO IX

DO ÓBITO

Art. 77. Nenhum sepultamento será feito sem certidão do oficial de registro do lugar do falecimento ou do lugar de residência do *de cujus*, quando o falecimento ocorrer em local diverso do seu domicílio, extraída após a lavratura do assento de óbito, em vista do atestado de médico, se houver no lugar, ou em caso contrário, de duas pessoas qualificadas que tiverem presenciado ou verificado a morte.

► *Caput* com a redação dada pela Lei nº 13.484, de 26-9-2017.

§ 1º Antes de proceder ao assento de óbito de criança de menos de um ano, o oficial verificará se houve registro de nascimento, que, em caso de falta, será previamente feito.

§ 2º A cremação de cadáver somente será feita daquele que houver manifestado a vontade de ser incinerado ou no interesse da saúde pública e se o atestado de óbito houver sido firmado por dois médicos ou por um médico legista e, no caso de morte violenta, depois de autorizada pela autoridade judiciária.

Art. 78. Na impossibilidade de ser feito o registro dentro de vinte e quatro horas do falecimento pela distância ou qualquer outro motivo relevante, o assento será lavrado depois, com a maior urgência, e dentro dos prazos fixados no artigo 50.

Art. 79. São obrigados a fazer declaração de óbito:

1º) o chefe de família, a respeito de sua mulher, filhos, hóspedes, agregados e fâmulos;
2º) a viúva, a respeito de seu marido, e de cada uma das pessoas indicadas no número antecedente;
3º) o filho, a respeito do pai ou da mãe; o irmão, a respeito dos irmãos, e demais pessoas de casa, indicadas no nº 1; o parente mais próximo, maior e presente;
4º) o administrador, diretor ou gerente de qualquer estabelecimento público ou particular, a respeito dos que nele faleceram, salvo se estiver presente algum parente em grau acima indicado;
5º) na falta de pessoa competente, nos termos dos números anteriores, a que tiver assistido aos últimos momentos do finado, o médico, o sacerdote ou vizinho que do falecimento tiver notícia;
6º) a autoridade policial, a respeito de pessoas encontradas mortas.

Parágrafo único. A declaração poderá ser feita por meio de preposto, autorizando-o o declarante em escrito de que constem os elementos necessários ao assento de óbito.

Art. 80. O assento de óbito deverá conter:

1º) a hora, se possível, dia, mês e ano do falecimento;
2º) o lugar do falecimento, com indicação precisa;
3º) o prenome, nome, sexo, idade, cor, estado civil, profissão, naturalidade, domicílio e residência do morto;
4º) se era casado, o nome do cônjuge sobrevivente, mesmo quando desquitado; se viúvo, o do cônjuge predefunto; e o cartório de casamento em ambos os casos;
5º) os nomes, prenomes, profissão, naturalidade e residência dos pais;
6º) se faleceu com testamento conhecido;
7º) se deixou filhos, nome e idade de cada um;
8º) se a morte foi natural ou violenta e a causa conhecida, com o nome dos atestantes;
9º) o lugar do sepultamento;
10) se deixou bens e herdeiros menores ou interditos;
11) se era eleitor;
12) pelo menos uma das informações a seguir arroladas: número de inscrição do PIS/PASEP; número de inscrição do Instituto Nacional do Seguro Social – INSS, se contribuinte individual; número de benefício previdenciário – NB, se a pessoa falecida for titular de qualquer benefício pago pelo INSS; número do CPF; número de registro da Carteira de Identidade e respectivo órgão emissor; número do título

de eleitor; número do registro de nascimento, com informação do livro, da folha e do termo; número e série da Carteira de Trabalho.

► Item 12 acrescido pela MP nº 2.187-13, de 24-8-2001, que até o encerramento desta edição não havia sido convertida em Lei.

Parágrafo único. O oficial de registro civil comunicará o óbito à Receita Federal e à Secretaria de Segurança Pública da unidade da Federação que tenha emitido a cédula de identidade, exceto se, em razão da idade do falecido, essa informação for manifestamente desnecessária.

► Parágrafo único acrescido pela Lei nº 13.114, de 16-4-2015.

Art. 81. Sendo o finado desconhecido, o assento deverá conter declaração de estatura ou medida, se for possível, cor, sinais aparentes, idade presumida, vestuário e qualquer outra indicação que possa auxiliar de futuro o seu reconhecimento; e, no caso de ter sido encontrado morto, serão mencionados esta circunstância e o lugar em que se achava e o da necropsia, se tiver havido.

Parágrafo único. Neste caso, será extraída a individual dactiloscópica, se no local existir esse serviço.

Art. 82. O assento deverá ser assinado pela pessoa que fizer a comunicação ou por alguém a seu rogo, se não souber ou não puder assinar.

Art. 83. Quando o assento for posterior ao enterro, faltando atestado de médico ou de duas pessoas qualificadas, assinarão, com a que fizer a declaração, duas testemunhas que tiverem assistido ao falecimento ou ao funeral e puderem atestar, por conhecimento próprio ou por informação que tiverem colhido, a identidade do cadáver.

Art. 84. Os assentos de óbitos de pessoas falecidas a bordo de navio brasileiro serão lavrados de acordo com as regras estabelecidas para os nascimentos, no que lhes for aplicável, com as referências constantes do artigo 80, salvo se o enterro for no porto, onde será tomado o assento.

Art. 85. Os óbitos, verificados em campanha, serão registrados em livro próprio, para esse fim designado, nas formações sanitárias e corpos de tropas, pelos oficiais da corporação militar correspondente, autenticado cada assento com a rubrica do respectivo médico-chefe, ficando a cargo da unidade que proceder ao sepultamento o registro, nas condições especificadas, dos óbitos que se derem no próprio local de combate.

Art. 86. Os óbitos, a que se refere o artigo anterior, serão publicados em boletim da corporação e registrados no registro civil, mediante relações autenticadas, remetidas ao Ministério da Justiça, contendo os nomes dos mortos, idade, naturalidade, estado civil, designação dos corpos a que pertenciam, lugar da residência ou de mobilização, dia, mês, ano e lugar do falecimento e do sepultamento para, à vista dessas relações, se fazerem os assentamentos de conformidade com o que a respeito está disposto no artigo 66.

Art. 87. O assentamento de óbito ocorrido em hospital, prisão ou outro qualquer estabelecimento público será feito, em falta de declaração de parentes, segundo a da respectiva administração, observadas as disposições dos artigos 80 a 83 e o relativo à pessoa encontrada acidental ou violentamente morta segundo a comunicação, *ex officio*, das autoridades policiais, às quais incumbe fazê-la logo que tenham conhecimento do fato.

Art. 88. Poderão os juízes togados admitir justificação para o assento de óbito de pessoas desaparecidas em naufrágio, inundação, incêndio, terremoto ou qualquer outra catástrofe, quando estiver provada a sua presença no local do desastre e não for possível encontrar-se o cadáver para exame.

Parágrafo único. Será também admitida a justificação no caso de desaparecimento em campanha, provados a impossibilidade de ter sido feito o registro nos termos do artigo 85 e os fatos que convençam da ocorrência do óbito.

CAPÍTULO X

DA EMANCIPAÇÃO, INTERDIÇÃO E AUSÊNCIA

Art. 89. No cartório do 1º Ofício ou da 1ª subdivisão judiciária de cada comarca serão registrados, em livro especial, as sentenças de emancipação, bem como os atos dos pais que a concederem, em relação aos menores nela domiciliados.

Art. 90. O registro será feito mediante trasladação da sentença oferecida em certidão ou do instrumento, limitando-se, se for de escritura pública, às referências da data, livro, folha e ofício em que for lavrada sem dependência, em qualquer dos casos, da presença de testemunhas, mas com a assinatura do apresentante. Dele sempre constarão:

1º) data do registro e da emancipação;
2º) nome, prenome, idade, filiação, profissão, naturalidade e residência do emancipado; data e cartório em que foi registrado o seu nascimento;
3º) nome, profissão, naturalidade e residência dos pais ou do tutor.

Art. 91. Quando o juiz conceder emancipação, deverá comunicá-la, de ofício, ao oficial de registro, se não constar dos autos haver sido efetuado este dentro de oito dias.

Parágrafo único. Antes do registro, a emancipação, em qualquer caso, não produzirá efeito.

Art. 92. As interdições serão registradas no mesmo cartório e no mesmo livro de que trata o artigo 89, salvo a hipótese prevista na parte final do parágrafo único do artigo 33, declarando-se:

1º) data do registro;
2º) nome, prenome, idade, estado civil, profissão, naturalidade, domicílio e residência do interdito, data e cartório em que forem registrados o nascimento e o casamento, bem como o nome do cônjuge, se for casado;
3º) data da sentença, nome e vara do juiz que a proferiu;
4º) nome, profissão, estado civil, domicílio e residência do curador;
5º) nome do requerente da interdição e causa desta;
6º) limites da curadoria, quando for parcial a interdição;
7º) lugar onde está internado o interdito.

Art. 93. A comunicação, com os dados necessários, acompanhados de certidão de sentença, será remetida pelo juiz ao cartório, para registro de ofício, se o curador ou promovente não o tiver feito dentro de oito dias.

Parágrafo único. Antes de registrada a sentença, não poderá o curador assinar o respectivo termo.

Art. 94. O registro das sentenças declaratórias de ausência, que nomearem curador, será feito no cartório do domicílio anterior do ausente, com as mesmas cautelas e efeitos do registro de interdição, declarando-se:

1º) data do registro;
2º) nome, idade, estado civil, profissão e domicílio anterior do ausente, data e cartório em que foram registrados o nascimento e o casamento, bem como o nome do cônjuge, se for casado;
3º) tempo de ausência até a data da sentença;
4º) nome do promotor do processo;
5º) data da sentença e nome e vara do juiz que a proferiu;

6º) nome, estado civil, profissão, domicílio e residência do curador e os limites da curatela.

CAPÍTULO XI
DA LEGITIMAÇÃO ADOTIVA

Art. 95. Serão registradas no registro de nascimentos as sentenças de legitimação adotiva, consignando-se nele os nomes dos pais adotivos como pais legítimos e os dos ascendentes dos mesmos se já falecidos, ou sendo vivos, se houverem, em qualquer tempo, manifestada por escrito sua adesão ao ato (Lei nº 4.655, de 2 de junho de 1965, art. 6º).

► A Lei nº 4.655, de 2-6-1965, foi revogada pela Lei nº 6.697, de 10-10-1979, que foi revogada pela Lei nº 8.069, de 13-7-1990.

► Artigo tacitamente revogado pelo ECA, cujo art. 47 dispõe em contrário sobre a matéria. Arts. 39 a 52, sobre adoção, do referido Estatuto.

Parágrafo único. O mandado será arquivado, dele não podendo o oficial oferecer certidão, a não ser por determinação judicial e em segredo de justiça, para salvaguarda de direitos (Lei nº 4.655, de 2-6-1965, art. 8º, parágrafo único).

Art. 96. Feito o registro, será cancelado o assento do nascimento original do menor.

CAPÍTULO XII
DA AVERBAÇÃO

Art. 97. A averbação será feita pelo oficial do cartório em que constar o assento à vista da carta de sentença, de mandado ou de petição acompanhada de certidão ou documento legal e autêntico.

► *Caput* com a redação dada pela Lei nº 13.484, de 26-9-2017.

Parágrafo único. Nas hipóteses em que o oficial suspeitar de fraude, falsidade ou má-fé nas declarações ou na documentação apresentada para fins de averbação, não praticará o ato pretendido e submeterá o caso ao representante do Ministério Público para manifestação, com a indicação, por escrito, dos motivos da suspeita.

► Parágrafo único acrescido pela Lei nº 13.484, de 26-9-2017.

Art. 98. A averbação será feita à margem do assento, e, quando não houver espaço, no livro corrente, com as notas e remissões recíprocas, que facilitem a busca.

Art. 99. A averbação será feita mediante a indicação minuciosa da sentença ou ato que a determinar.

Art. 100. No livro de casamento, será feita averbação da sentença de nulidade e anulação de casamento, bem como de desquite, declarando-se a data em que o juiz a proferiu, a sua conclusão, os nomes das partes e o trânsito em julgado.

§ 1º Antes de averbadas, as sentenças não produzirão efeito contra terceiros.

§ 2º As sentenças de nulidade ou anulação de casamento não serão averbadas enquanto sujeitas a recurso, qualquer que seja o seu efeito.

§ 3º A averbação a que se refere o parágrafo anterior será feita à vista da carta de sentença, subscrita pelo presidente ou outro juiz do Tribunal que julgar a ação em grau de recurso, da qual constem os requisitos mencionados neste artigo e, ainda, certidão do trânsito em julgado do acórdão.

§ 4º O oficial do registro comunicará, dentro de quarenta e oito horas, o lançamento da averbação respectiva ao juiz que houver subscrito a carta de sentença mediante ofício sob registro postal.

§ 5º Ao oficial, que deixar de cumprir as obrigações consignadas nos parágrafos anteriores, será imposta a multa de cinco salários mínimos da região e a suspensão do cargo até seis meses; em caso de reincidência ser-lhe-á aplicada, em dobro, a pena pecuniária, ficando sujeito à perda do cargo.

Art. 101. Será também averbado, com as mesmas indicações e efeitos, o ato de restabelecimento de sociedade conjugal.

Art. 102. No livro de nascimento, serão averbados:

1º) as sentenças que julgarem ilegítimos os filhos concebidos na constância do casamento;

2º) as sentenças que declararem legítima a filiação;

3º) as escrituras de adoção e os atos que a dissolverem;

4º) o reconhecimento judicial ou voluntário dos filhos ilegítimos;

5º) a perda de nacionalidade brasileira, quando comunicada pelo Ministério da Justiça;

6º) a perda e a suspensão do pátrio poder.

► Item 6º com a redação dada pela Lei nº 8.069, de 13-7-1990.

► A Lei nº 10.406, de 10-1-2002 (Código Civil) substituiu a expressão "pátrio poder" por "poder familiar".

Art. 103. Será feita, ainda de ofício, diretamente quando no mesmo cartório, ou por comunicação do oficial que registrar o casamento, a averbação da legitimação dos filhos por subsequente matrimônio dos pais, quando tal circunstância constar do assento de casamento.

Art. 104. No livro de emancipação, interdições e ausências, será feita a averbação das sentenças que puserem termo à interdição, das substituições dos curadores de interditos ou ausentes, das alterações dos limites de curatela, da cessação ou mudança de internação, bem como da cessação de ausência pelo aparecimento do ausente, de acordo com o disposto nos artigos anteriores.

Parágrafo único. Averbar-se-á, também, no assento de ausência, a sentença de abertura de sucessão provisória, após o trânsito em julgado, com referência especial ao testamento do ausente, se houver, e indicação de seus herdeiros habilitados.

Art. 105. Para a averbação de escritura de adoção de pessoa cujo registro de nascimento haja sido feito fora do país, será trasladado, sem ônus para os interessados, no Livro "A" do cartório do 1º Ofício ou da 1ª subdivisão judiciária da comarca em que for domiciliado o adotante, aquele registro, legalmente traduzido, se for o caso, para que se faça, à margem dele, a competente averbação.

CAPÍTULO XIII
DAS ANOTAÇÕES

Art. 106. Sempre que o oficial fizer algum registro ou averbação, deverá, no prazo de cinco dias, anotá-lo nos atos anteriores, com remissões recíprocas, se lançados em seu cartório, ou fará comunicação, com resumo do assento, ao oficial em cujo cartório estiverem os registros primitivos, obedecendo-se sempre à forma prescrita no artigo 98.

Parágrafo único. As comunicações serão feitas mediante cartas relacionadas em protocolo, anotando-se à margem ou sob o ato comunicado o número do protocolo e ficarão arquivadas no cartório que as receber.

Art. 107. O óbito deverá ser anotado, com as remissões recíprocas, nos assentos de casamento e nascimento, e o casamento no deste.

§ 1º A emancipação, a interdição e a ausência serão anotadas pela mesma forma, nos assentos de nascimento e casamento, bem como a mudança do nome da mulher, em virtude de casamento, ou sua dissolução, anulação ou desquite.

§ 2º A dissolução e a anulação do casamento e o restabelecimento da sociedade conjugal serão, também, anotadas nos assentos de nascimento dos cônjuges.

Art. 108. Os oficiais, além das penas disciplinares em que incorrerem, são responsáveis civil e criminalmente pela omissão ou atraso na remessa de comunicações a outros cartórios.

CAPÍTULO XIV

DAS RETIFICAÇÕES, RESTAURAÇÕES E SUPRIMENTOS

Art. 109. Quem pretender que se restaure, supra ou retifique assentamento no registro civil, requererá, em petição fundamentada e instruída com documentos ou com indicação de testemunhas, que o juiz o ordene, ouvido o órgão do Ministério Público e os interessados, no prazo de cinco dias, que correrá em cartório.

§ 1º Se qualquer interessado ou o órgão do Ministério Público impugnar o pedido, o juiz determinará a produção da prova, dentro do prazo de dez dias e ouvidos, sucessivamente, em três dias, os interessados e o órgão do Ministério Público, decidirá em cinco dias.

§ 2º Se não houver impugnação ou necessidade de mais provas, o juiz decidirá no prazo de cinco dias.

§ 3º Da decisão do juiz, caberá o recurso de apelação com ambos os efeitos.

§ 4º Julgado procedente o pedido, o juiz ordenará que se expeça mandado para que seja lavrado, restaurado ou retificado o assentamento, indicando, com precisão, os fatos ou circunstâncias que devam ser retificados, e em que sentido, ou os que devam ser objeto do novo assentamento.

§ 5º Se houver de ser cumprido em jurisdição diversa, o mandado será remetido, por ofício, ao juiz sob cuja jurisdição estiver o cartório do registro civil e, com o seu "cumpra-se", executar-se-á.

§ 6º As retificações serão feitas à margem do registro, com as indicações necessárias ou, quando for o caso, com a trasladação do mandado, que ficará arquivado. Se não houver espaço, far-se-á o transporte do assento, com as remissões à margem do registro original.

Art. 110. O oficial retificará o registro, a averbação ou a anotação, de ofício ou a requerimento do interessado, mediante petição assinada pelo interessado, representante legal ou procurador, independentemente de prévia autorização judicial ou manifestação do Ministério Público, nos casos de:

► *Caput* com a redação dada pela Lei nº 13.484, de 26-9-2017.

I – erros que não exijam qualquer indagação para a constatação imediata de necessidade de sua correção;

II – erro na transposição dos elementos constantes em ordens e mandados judiciais, termos ou requerimentos, bem como outros títulos a serem registrados, averbados ou anotados, e o documento utilizado para a referida averbação e/ou retificação ficará arquivado no registro no cartório;

III – inexatidão da ordem cronológica e sucessiva referente à numeração do livro, da folha, da página, do termo, bem como da data do registro;

IV – ausência de indicação do Município relativo ao nascimento ou naturalidade do registrado, nas hipóteses em que existir descrição precisa do endereço do local do nascimento;

V – elevação de Distrito a Município ou alteração de suas nomenclaturas por força de lei.

► Incisos I a V acrescidos pela Lei nº 13.484, de 26-9-2017.

§§ 1º a 4º *Revogados.* Lei nº 13.484, de 26-9-2017.

§ 5º Nos casos em que a retificação decorra de erro imputável ao oficial, por si ou por seus prepostos, não será devido pelos interessados o pagamento de selos e taxas.

► § 5º acrescido pela Lei nº 13.484, de 26-9-2017.

Art. 111. Nenhuma justificação em matéria de registro civil, para retificação, restauração ou abertura de assento, será entregue à parte.

Art. 112. Em qualquer tempo poderá ser apreciado o valor probante da justificação, em original ou por traslado, pela autoridade judiciária competente ao conhecer de ações que se relacionem com os fatos justificados.

Art. 113. As questões de filiação legítima ou ilegítima serão decididas em processo contencioso para anulação ou reforma de assento.

TÍTULO III – DO REGISTRO CIVIL DE PESSOAS JURÍDICAS

► Lei nº 8.934, de 18-11-1994 (Lei do Registro Público de Empresas Mercantis).

CAPÍTULO I

DA ESCRITURAÇÃO

Art. 114. No registro civil de pessoas jurídicas serão inscritos:

► Art. 1º, § 2º, da Lei nº 8.906, de 4-7-1994 (Estatuto da Advocacia e da OAB).

I – os contratos, os atos constitutivos, o estatuto ou compromissos das sociedades civis, religiosas, pias, morais, científicas ou literárias, bem como o das fundações e das associações de utilidade pública;

II – as sociedades civis que revestirem as formas estabelecidas nas leis comerciais, salvo as anônimas;

III – os atos constitutivos e os estatutos dos partidos políticos.

► Inciso III acrescido pela Lei nº 9.096, de 19-9-1995.

Parágrafo único. No mesmo cartório será feito o registro dos jornais, periódicos, oficinas impressoras, empresas de radiodifusão e agências de notícias a que se refere o artigo 8º da Lei nº 5.250, de 9 de fevereiro de 1967.

► O STF, por maioria de votos e nos termos do voto do Relator, julgou procedente a ADPF nº 130-7 (*DOU* de 12-5-2009), para declarar a incompatibilidade da Lei nº 5.250, de 9-2-1967, com a CF/1988.

Art. 115. Não poderão ser registrados os atos constitutivos de pessoas jurídicas, quando o seu objeto ou circunstâncias relevantes indiquem destino ou atividades ilícitos, ou contrários, nocivos ou perigosos ao bem público, à segurança do Estado e da coletividade, à ordem pública ou social, à moral e aos bons costumes.

Parágrafo único. Ocorrendo qualquer dos motivos previstos neste artigo, o oficial do registro, de ofício ou por provocação de qualquer autoridade, sobrestará no processo de registro e suscitará dúvida para o juiz, que a decidirá.

Art. 116. Haverá, para o fim previsto nos artigos anteriores, os seguintes livros:

I – Livro "A", para os fins indicados nos números I e II, do artigo 114, com trezentas folhas;

II – Livro "B", para matrícula das oficinas impressoras, jornais, periódicos, empresas de radiodifusão e agências de notícias, com cento e cinquenta folhas.

Art. 117. Todos os exemplares de contratos, de atos, de estatuto e de publicações, registrados e arquivados, serão encadernados por períodos certos, acompanhados de índice que facilite a busca e o exame.

Art. 118. Os oficiais farão índices, pela ordem cronológica e alfabética, de todos os registros e arquivamentos, podendo adotar o sistema de fichas, mas ficando sempre responsáveis por qualquer erro ou omissão.

Art. 119. A existência legal das pessoas jurídicas só começa com o registro de seus atos constitutivos.

▸ Art. 45 do CC.

Parágrafo único. Quando o funcionamento da sociedade depender de aprovação da autoridade, sem esta não poderá ser feito o registro.

CAPÍTULO II
DA PESSOA JURÍDICA

Art. 120. O registro das sociedades, fundações e partidos políticos consistirá na declaração, feita em livro, pelo oficial, do número de ordem, da data da apresentação e da espécie do ato constitutivo, com as seguintes indicações:

▸ *Caput* com a redação dada pela Lei nº 9.096, de 19-9-1995.

I – a denominação, o fundo social, quando houver, os fins e a sede da associação ou fundação, bem como o tempo de sua duração;

II – o modo por que se administra e representa a sociedade, ativa e passivamente, judicial e extrajudicialmente;

III – se o estatuto, o contrato ou o compromisso é reformável, no tocante à administração, e de que modo;

IV – se os membros respondem ou não, subsidiariamente, pelas obrigações sociais;

V – as condições de extinção da pessoa jurídica e nesse caso o destino do seu patrimônio;

VI – os nomes dos fundadores ou instituidores e dos membros da diretoria, provisória ou definitiva, com indicação da nacionalidade, estado civil e profissão de cada um, bem como o nome e residência do apresentante dos exemplares.

Parágrafo único. Para o registro dos partidos políticos, serão obedecidos, além dos requisitos deste artigo, os estabelecidos em lei específica.

▸ Parágrafo único acrescido pela Lei nº 9.096, de 19-9-1995.

Art. 121. Para o registro serão apresentadas duas vias do estatuto, compromisso ou contrato, pelas quais far-se-á o registro mediante petição do representante legal da sociedade, lançando o oficial, nas duas vias, a competente certidão do registro, com o respectivo número de ordem, livro e folha. Uma das vias será entregue ao representante e a outra arquivada em cartório, rubricando o oficial as folhas em que estiver impresso o contrato, compromisso ou estatuto.

▸ Artigo com a redação dada pela Lei nº 9.042, de 9-5-1995.

CAPÍTULO III
DO REGISTRO DE JORNAIS, OFICINAS IMPRESSORAS, EMPRESAS DE RADIODIFUSÃO E AGÊNCIAS DE NOTÍCIAS

Art. 122. No registro civil das pessoas jurídicas serão matriculados:

I – os jornais e demais publicações periódicas;

II – as oficinas impressoras de qualquer natureza, pertencentes a pessoas naturais ou jurídicas;

III – as empresas de radiodifusão que mantenham serviços de notícias, reportagens, comentários, debates e entrevistas;

IV – as empresas que tenham por objeto o agenciamento de notícias.

Art. 123. O pedido de matrícula conterá as informações e será instruído com os documentos seguintes:

I – no caso de jornais ou outras publicações periódicas:

a) título do jornal ou periódico, sede da redação, administração e oficinas impressoras, esclarecendo, quanto a estas, se são próprias ou de terceiros, e indicando, neste caso, os respectivos proprietários;

b) nome, idade, residência e prova da nacionalidade do diretor ou redator chefe;

c) nome, idade, residência e prova da nacionalidade do proprietário;

d) se propriedade de pessoa jurídica, exemplar do respectivo estatuto ou contrato social e nome, idade, residência e prova de nacionalidade dos diretores, gerentes e sócios da pessoa jurídica proprietária;

II – nos casos de oficinas impressoras:

a) nome, nacionalidade, idade e residência do gerente e do proprietário, se pessoa natural;

b) sede da administração, lugar, rua e número onde funcionam as oficinas e denominação destas;

c) exemplar do contrato ou estatuto social, se pertencentes a pessoa jurídica;

III – no caso de empresas de radiodifusão:

a) designação da emissora, sede de sua administração e local das instalações do estúdio;

b) nome, idade, residência e prova de nacionalidade do diretor ou redator chefe responsável pelos serviços de notícias, reportagens, comentários, debates e entrevistas;

IV – no caso de empresas noticiosas:

a) nome, nacionalidade, idade e residência do gerente e do proprietário, se pessoa natural;

b) sede da administração;

c) exemplar do contrato ou estatuto social, se pessoa jurídica.

§ 1º As alterações em qualquer dessas declarações ou documentos deverão ser averbadas na matrícula no prazo de oito dias.

§ 2º A cada declaração a ser averbada deverá corresponder um requerimento.

Art. 124. A falta de matrícula das declarações, exigidas no artigo anterior, ou da averbação da alteração, será punida com multa que terá o valor de meio a dois salários mínimos da região.

§ 1º A sentença que impuser a multa fixará prazo, não inferior a vinte dias, para matrícula ou alteração das declarações.

§ 2º A multa será aplicada pela autoridade judiciária em representação feita pelo oficial, e cobrada por processo executivo, mediante ação do órgão competente.

§ 3º Se a matrícula ou alteração não for efetivada no prazo referido no § 1º deste artigo, o juiz poderá impor nova multa, agravando-a de cinquenta por cento toda vez que seja ultrapassado de dez dias o prazo assinalado na sentença.

Art. 125. Considera-se clandestino o jornal, ou outra publicação periódica, não matriculado nos termos do artigo 122 ou de cuja matrícula não constem os nomes e as qualificações do diretor ou redator e do proprietário.

Art. 126. O processo de matrícula será o mesmo do registro prescrito no artigo 121.

TÍTULO IV – DO REGISTRO DE TÍTULOS E DOCUMENTOS

CAPÍTULO I

DAS ATRIBUIÇÕES

Art. 127. No Registro de Títulos e Documentos será feita a transcrição:

I – dos instrumentos particulares, para a prova das obrigações convencionais de qualquer valor;

II – do penhor comum sobre coisas móveis;

III – da caução de títulos de crédito pessoal e da dívida pública federal, estadual ou municipal, ou de Bolsa ao portador;

IV – do contrato de penhor de animais, não compreendido nas disposições do artigo 10 da Lei nº 492, de 30 de agosto de 1934;

V – do contrato de parceria agrícola ou pecuária;

VI – do mandado judicial de renovação do contrato de arrendamento para sua vigência, quer entre as partes contratantes, quer em face de terceiros (artigo 19, § 2º, do Decreto nº 24.150, de 20 de abril de 1934);

▸ O Dec. nº 24.150, de 20-4-1934, foi revogado pela Lei nº 8.245, de 18-10-1991 (Lei das Locações).

VII – facultativo, de quaisquer documentos, para sua conservação.

Parágrafo único. Caberá ao Registro de Títulos e Documentos a realização de quaisquer registros não atribuídos expressamente a outro ofício.

Art. 128. À margem dos respectivos registros, serão averbadas quaisquer ocorrências que os alterem, quer em relação às obrigações, quer em atinência às pessoas que nos atos figurem, inclusive quanto à prorrogação dos prazos.

Art. 129. Estão sujeitos a registro, no Registro de Títulos e Documentos, para surtir efeitos em relação a terceiros:

1º) os contratos de locação de prédios, sem prejuízo do disposto no artigo 167, I, nº 3;

2º) os documentos decorrentes de depósitos, ou de cauções feitos em garantia de cumprimento de obrigações contratuais, ainda que em separado dos respectivos instrumentos;

3º) as cartas de fiança, em geral, feitas por instrumento particular, seja qual for a natureza do compromisso por elas abonado;

4º) os contratos de locação de serviços não atribuídos a outras repartições;

5º) os contratos de compra e venda em prestações com reserva de domínio ou não, qualquer que seja a forma de que se revistam, os de alienação ou de promessas de venda referentes a bens móveis e os de alienação fiduciária;

6º) todos os documentos de procedência estrangeira, acompanhados das respectivas traduções, para produzirem efeitos em repartições da União, dos Estados, do Distrito Federal, dos Territórios e dos Municípios ou em qualquer instância, juízo ou tribunal;

7º) as quitações, recibos e contratos de compra e venda de automóveis, bem como o penhor destes, qualquer que seja a forma que revistam;

8º) os atos administrativos expedidos para cumprimento de decisões judiciais, sem trânsito em julgado, pelas quais for determinada a entrega, pelas alfândegas e mesas de renda, de bens e mercadorias procedentes do exterior;

9º) os instrumentos de cessão de direitos e de créditos, de sub-rogação e de dação em pagamento.

Art. 130. Dentro do prazo de vinte dias da data da sua assinatura pelas partes, todos os atos enumerados nos artigos 127 e 129 serão registrados no domicílio das partes contratantes e, quando residam estas em circunscrições territoriais diversas, far-se-á o registro em todas elas.

Parágrafo único. Os registros de documentos apresentados, depois de findo o prazo, produzirão efeitos a partir da data da apresentação.

Art. 131. Os registros referidos nos artigos anteriores serão feitos independentemente de prévia distribuição.

CAPÍTULO II

DA ESCRITURAÇÃO

Art. 132. No Registro de Títulos e Documentos haverá os seguintes livros, todos com trezentas folhas:

I – Livro A – protocolo para apontamentos de todos os títulos, documentos e papéis apresentados, diariamente, para serem registrados, ou averbados;

II – Livro B – para trasladação integral de títulos e documentos, sua conservação e validade contra terceiros, ainda que registrados por extratos em outros livros;

III – Livro C – para inscrição, por extração, de títulos e documentos, a fim de surtirem efeitos em relação a terceiros e autenticação de data;

IV – Livro D – indicador pessoal, substituível pelo sistema de fichas, a critério e sob a responsabilidade do oficial, o qual é obrigado a fornecer, com presteza, as certidões pedidas pelos nomes das partes que figurarem, por qualquer modo, nos livros de registros.

Art. 133. Na parte superior de cada página do livro se escreverá o título, a letra com o número e o ano em que começar.

Art. 134. O juiz, em caso de afluência de serviço, poderá autorizar o desdobramento dos livros de registro para escrituração das várias espécies de atos, sem prejuízo da unidade do protocolo e de sua numeração em ordem rigorosa.

Parágrafo único. Esses livros desdobrados terão as indicações de E, F, G, H etc.

Art. 135. O protocolo deverá conter colunas para as seguintes anotações:

1º) número de ordem, continuando, indefinidamente, nos seguintes;

2º) dia e mês;

3º) natureza do título e qualidade do lançamento (integral, resumido, penhor, etc.);

4º) o nome do apresentante;

5º) anotações e averbações.

Parágrafo único. Em seguida ao registro, far-se-á, no protocolo, remissão ao número da página do livro em que foi ele lançado, mencionando-se, também, o número e a página de outros livros em que houver qualquer nota ou declaração concernente ao mesmo ato.

Art. 136. O livro de registro integral de títulos será escriturado nos termos do artigo 142, lançando-se, antes de cada registro, o número de ordem, a data do protocolo e o nome do apresentante, e conterá colunas para as seguintes declarações:

1º) número de ordem;

2º) dia e mês;

3º) transcrição;

4º) anotações e averbações.

Art. 137. O livro de registro, por extrato, conterá colunas para as seguintes declarações:

1º) número de ordem;

2º) dia e mês;
3º) espécie e resumo do título;
4º) anotações e averbações.

Art. 138. O indicador pessoal será dividido alfabeticamente para a indicação do nome de todas as pessoas que, ativa ou passivamente, individual ou coletivamente, figurarem nos livros de registro e deverá conter, além dos nomes das pessoas, referências aos números de ordem e páginas dos outros livros e anotações.

Art. 139. Se a mesma pessoa já estiver mencionada no indicador, somente se fará, na coluna das anotações, uma referência ao número de ordem, página e número do livro em que estiver lançado o novo registro ou averbação.

Art. 140. Se no mesmo registro, ou averbação, figurar mais de uma pessoa, ativa ou passivamente, o nome de cada uma será lançado distintamente, no indicador, com referência recíproca na coluna das anotações.

Art. 141. Sem prejuízo do disposto no artigo 161, ao oficial é facultado efetuar o registro por meio de microfilmagem, desde que, por lançamentos remissivos, com menção ao protocolo, ao nome dos contratantes, à data e à natureza dos documentos apresentados, sejam os microfilmes havidos como partes integrantes dos livros de registro, nos seus termos de abertura e encerramento.

CAPÍTULO III
DA TRANSCRIÇÃO E DA AVERBAÇÃO

Art. 142. O registro integral dos documentos consistirá na trasladação dos mesmos, com a mesma ortografia e pontuação, com referências às entrelinhas ou quaisquer acréscimos, alterações, defeitos ou vícios que tiver o original apresentado, e, bem assim, com menção precisa aos seus característicos exteriores e às formalidades legais, podendo a transcrição dos documentos mercantis, quando levados a registro, ser feita na mesma disposição gráfica em que estiverem escritos, se o interessado assim o desejar.

§ 1º Feita a trasladação, na última linha, de maneira a não ficar espaço em branco, será conferida e realizado o seu encerramento, depois do que o oficial, seu substituto legal ou escrevente designado pelo oficial e autorizado pelo juiz competente, ainda que o primeiro não esteja afastado, assinará o seu nome por inteiro.

§ 2º Tratando-se de documento impresso, idêntico a outro já anteriormente registrado na íntegra, no mesmo livro, poderá o registro limitar-se a consignar o nome das partes contratantes, as características do objeto e demais dados constantes dos claros preenchidos, fazendo-se remissão, quanto ao mais, àquele já registrado.

Art. 143. O registro resumido consistirá na declaração da natureza do título, do documento ou papel, valor, prazo, lugar em que tenha sido feito, nome e condição jurídica das partes, nomes das testemunhas, data da assinatura e do reconhecimento de firma por tabelião, se houver, o nome deste, o do apresentante, o número de ordem e a data do protocolo, e da averbação, a importância e a qualidade do imposto pago, depois do que será datado e rubricado pelo oficial ou servidores referidos no artigo 142, § 1º.

Art. 144. O registro de contratos de penhor, caução e parceria será feito com declaração do nome, profissão e domicílio do credor e do devedor, valor da dívida, juros, penas, vencimento e especificações dos objetos apenhados, pessoa em poder de quem ficam, espécie do título, condições do contrato, data e número de ordem.

Parágrafo único. Nos contratos de parceria, serão considerados credor o parceiro proprietário e devedor, o parceiro cultivador ou criador.

Art. 145. Qualquer dos interessados poderá levar a registro os contratos de penhor ou caução.

CAPÍTULO IV
DA ORDEM DO SERVIÇO

Art. 146. Apresentado o título ou documento para registro ou averbação, serão anotados, no protocolo, a data de sua apresentação, sob o número de ordem que se seguir imediatamente, a natureza do instrumento, a espécie de lançamento a fazer (registro integral ou resumido, ou averbação), o nome do apresentante, reproduzindo-se as declarações relativas ao número de ordem, à data, e à espécie de lançamento a fazer no corpo do título, do documento ou do papel.

Art. 147. Protocolizado o título ou documento, far-se-á, em seguida, no livro respectivo, o lançamento (registro integral ou resumido, ou averbação) e, concluído este, declarar-se-á no corpo do título, documento ou papel, o número de ordem e a data do procedimento no livro competente, rubricando o oficial ou os servidores referidos no artigo 142, § 1º, esta declaração e as demais folhas do título, do documento ou do papel.

Art. 148. Os títulos, documentos e papéis escritos em língua estrangeira, uma vez adotados os caracteres comuns, poderão ser registrados no original, para o efeito da sua conservação ou perpetuidade. Para produzirem efeitos legais no país e para valerem contra terceiros, deverão, entretanto, ser vertidos em vernáculo e registrada a tradução, o que, também, se observará em relação às procurações lavradas em língua estrangeira.

Parágrafo único. Para o registro resumido, os títulos, documentos ou papéis em língua estrangeira deverão ser sempre traduzidos.

Art. 149. Depois de concluídos os lançamentos nos livros respectivos, será feita, nas anotações do protocolo, referência ao número de ordem sob o qual tiver sido feito o registro, ou a averbação, no livro respectivo, datando e rubricando, em seguida, o oficial ou os servidores referidos no artigo 142, § 1º.

Art. 150. O apontamento do título, documento ou papel no protocolo será feito, seguida e imediatamente um depois do outro. Sem prejuízo da numeração individual de cada documento, se a mesma pessoa apresentar simultaneamente diversos documentos de idêntica natureza, para lançamento da mesma espécie, serão eles lançados no protocolo englobadamente.

Parágrafo único. Onde terminar cada apontamento, será traçada uma linha horizontal, separando-o do seguinte, sendo lavrado, no fim do expediente diário, o termo de encerramento do próprio punho do oficial, por ele datado e assinado.

Art. 151. O lançamento dos registros e das averbações nos livros respectivos será feito, também seguidamente, na ordem de prioridade do seu apontamento no protocolo, quando não for obstado por ordem de autoridade judiciária competente, ou por dúvida superveniente; neste caso, seguir-se-ão os registros ou averbações dos imediatos, sem prejuízo da data autenticada pelo competente apontamento.

Art. 152. Cada registro ou averbação será datado e assinado por inteiro, pelo oficial ou pelos servidores referidos no artigo 142, § 1º, separados, um do outro, por uma linha horizontal.

Art. 153. Os títulos terão sempre um número diferente, segundo a ordem de apresentação, ainda que se refiram à mesma pessoa. O registro e a averbação deverão ser imediatos, e, quando não o puderem ser, por acúmulo de serviço, o lançamento será feito no prazo estritamente necessário, e sem prejuízo da ordem da prenotação. Em qualquer desses casos, o oficial, depois de haver dado entrada no protocolo e lançado no corpo do título as declarações prescritas, fornecerá um recibo contendo a declaração da data da apresentação, o número de ordem desta no protocolo, e a indicação do dia em que deverá ser entregue, devidamente legalizado; o recibo será restituído pelo apresentante contra a devolução do documento.

Art. 154. Nos termos de encerramento diário do protocolo, lavrados ao findar a hora regulamentar, deverão ser mencionados, pelos respectivos números, os títulos apresentados cujos registros ficarem adiados, com a declaração dos motivos do adiamento.

Parágrafo único. Ainda que o expediente continue para ultimação do serviço, nenhuma nova apresentação será admitida depois da hora regulamentar.

Art. 155. Quando o título, já registrado por extrato, for levado a registro integral, ou for exigido simultaneamente pelo apresentante o duplo registro, mencionar-se-á essa circunstância no lançamento posterior e, nas anotações do protocolo, far-se-ão referências recíprocas para verificação das diversas espécies de lançamento do mesmo título.

Art. 156. O oficial deverá recusar registro a título e a documento que não se revistam das formalidades legais.

Parágrafo único. Se tiver suspeita de falsificação, poderá o oficial sobrestar no registro, depois de protocolado o documento, até notificar o apresentante dessa circunstância; se este insistir, o registro será feito com essa nota, podendo o oficial, entretanto, submeter a dúvida ao juiz competente, ou notificar o signatário para assistir ao registro, mencionando também as alegações pelo último aduzidas.

Art. 157. O oficial, salvo quando agir de má-fé, devidamente comprovada, não será responsável pelos danos decorrentes da anulação do registro, ou da averbação, por vício intrínseco ou extrínseco do documento, título ou papel, mas, tão somente, pelos erros ou vícios no processo do registro.

Art. 158. As procurações deverão trazer reconhecidas as firmas dos outorgantes.

Art. 159. As folhas do título, documento ou papel que tiver sido registrado e as das certidões serão rubricadas pelo oficial, antes de entregues aos apresentantes. As declarações no protocolo, bem como as dos registros e das averbações lançadas no título, documento ou papel e as respectivas datas poderão ser apostas por carimbo, sendo, porém, para autenticação de próprio punho do oficial, ou de quem suas vezes fizer, a assinatura ou a rubrica.

Art. 160. O oficial será obrigado, quando o apresentante o requerer, a notificar do registro ou da averbação os demais interessados que figurarem no título, documento ou papel apresentado, e a quaisquer terceiros que lhes sejam indicados, podendo requisitar dos oficiais do registro, em outros Municípios, as notificações necessárias. Por esse processo, também, poderão ser feitos avisos, denúncias e notificações, quando não for exigida a intervenção judicial.

§ 1º Os certificados de notificação ou da entrega de registros serão lavrados nas colunas das anotações, no livro competente, à margem dos respectivos registros.

§ 2º O serviço das notificações e demais diligências poderá ser realizado por escreventes designados pelo oficial e autorizados pelo juiz competente.

Art. 161. As certidões do registro integral de títulos terão o mesmo valor probante dos originais, ressalvado o incidente de falsidade destes, oportunamente levantado em juízo.

§ 1º O apresentante do título para registro integral poderá também deixá-lo arquivado em cartório ou a sua fotocópia, autenticada pelo oficial, circunstâncias que serão declaradas no registro e nas certidões.

§ 2º Quando houver acúmulo de trabalho, um dos suboficiais poderá ser autorizado pelo juiz, a pedido do oficial e sob sua responsabilidade, a lavrar e subscrever certidão.

Art. 162. O fato da apresentação de um título, documento ou papel, para registro ou averbação, não constituirá, para o apresentante, direito sobre o mesmo, desde que não seja o próprio interessado.

Art. 163. Os tabeliães e escrivães, nos atos que praticarem, farão sempre referência ao livro e à folha do Registro de Títulos e Documentos em que tenham sido trasladados os mandatos de origem estrangeira, a que tenham de reportar-se.

CAPÍTULO V
DO CANCELAMENTO

Art. 164. O cancelamento poderá ser feito em virtude de sentença ou de documento autêntico de quitação ou de exoneração do título registrado.

Art. 165. Apresentado qualquer dos documentos referidos no artigo anterior, o oficial certificará, na coluna das averbações do livro respectivo, o cancelamento e a razão dele, mencionando-se o documento que o autorizou, datando e assinando a certidão, de tudo fazendo referência nas anotações do protocolo.

Parágrafo único. Quando não for suficiente o espaço da coluna das averbações, será feito novo registro, com referência recíproca, na coluna própria.

Art. 166. Os requerimentos de cancelamento serão arquivados com os documentos que os instruírem.

TÍTULO V – DO REGISTRO DE IMÓVEIS

CAPÍTULO I
DAS ATRIBUIÇÕES

Art. 167. No registro de imóveis, além da matrícula, serão feitos:

I – o registro:

► O art. 168 desta Lei fundiu, sob a denominação *"registro"*, as expressões *"inscrição"* e *"transcrição"*.

1) da instituição de bem de família;
2) das hipotecas legais, judiciais e convencionais;
3) dos contratos de locação de prédios, nos quais tenha sido consignada cláusula de vigência no caso de alienação da coisa locada;
4) do penhor de máquinas e de aparelhos utilizados na indústria, instalados e em funcionamento, com os respectivos pertences ou sem eles;
5) das penhoras, arrestos e sequestros de imóveis;
6) das servidões em geral;
7) do usufruto e do uso sobre imóveis e da habitação, quando não resultarem do direito de família;
8) das rendas constituídas sobre imóveis ou a eles vinculadas por disposição de última vontade;
9) dos contratos de compromisso de compra e venda, de cessão deste e de promessa de cessão, com ou sem cláusula de arrependimento, que tenham por objeto imóveis não loteados e cujo preço tenha sido pago no ato de sua celebração, ou deva sê-lo a prazo, de uma só vez ou em prestações;
10) da enfiteuse;

11) da anticrese;
12) das convenções antenupciais;
13) *Revogado.* Lei nº 13.986, de 7-4-2020;
14) das cédulas de crédito industrial;
15) dos contratos de penhor rural;

▸ Item 15 acrescido pela Lei nº 6.941, de 14-9-1981.

16) dos empréstimos por obrigações ao portador ou debêntures, inclusive as conversíveis em ações;
17) das incorporações, instituições e convenções de condomínio;
18) dos contratos de promessa de venda, cessão ou promessa de cessão de unidades autônomas condominiais a que alude a Lei nº 4.591, de 16 de dezembro de 1964, quando a incorporação ou a instituição de condomínio se formalizar na vigência desta Lei;
19) dos loteamentos urbanos e rurais;
20) dos contratos de promessa de compra e venda de terrenos loteados em conformidade com o Decreto-Lei nº 58, de 10 de dezembro de 1937, e respectiva cessão e promessa de cessão, quando o loteamento se formalizar na vigência desta Lei;

▸ Itens 18 a 20 acrescidos pela Lei nº 10.257, de 10-7-2001.

21) das citações de ações reais ou pessoais reipersecutórias, relativas a imóveis;
22) *Revogado.* Lei nº 6.850, de 12-11-1980;
23) dos julgados e atos jurídicos entre vivos que dividirem imóveis ou os demarcarem inclusive nos casos de incorporação que resultarem em constituição de condomínio e atribuírem uma ou mais unidades aos incorporadores;
24) das sentenças que nos inventários, arrolamentos e partilhas adjudicarem bens de raiz em pagamento das dívidas da herança;
25) dos atos de entrega de legados de imóveis, dos formais de partilha e das sentenças de adjudicação em inventário ou arrolamento quando não houver partilha;
26) da arrematação e da adjudicação em hasta pública;
27) do dote;
28) das sentenças declaratórias de usucapião;

▸ Item 28 com a redação dada pela MP nº 2.220, de 4-9-2001, que até o encerramento desta edição não havia sido convertida em Lei.

29) da compra e venda pura e da condicional;
30) da permuta;
31) da dação em pagamento;
32) da transferência de imóvel a sociedade, quando integrar quota social;
33) da doação entre vivos;
34) da desapropriação amigável e das sentenças que, em processo de desapropriação, fixarem o valor da indenização;
35) da alienação fiduciária em garantia de coisa imóvel;

▸ Item 35 acrescido pela Lei nº 9.514, de 20-11-1997.

36) da imissão provisória na posse, quando concedida à União, aos Estados, ao Distrito Federal, aos Municípios ou às suas entidades delegadas, e respectiva cessão e promessa de cessão;

▸ Item 36 com a redação dada pela Lei nº 12.424, de 16-6-2011 (*DOU* de 17-6-2011 e republicada no *DOU* de 20-6-2011).

37) dos termos administrativos ou das sentenças declaratórias da concessão de uso especial para fins de moradia;

▸ Item 37 com a redação dada pela MP nº 2.220, de 4-9-2001, que até o encerramento desta edição não havia sido convertida em Lei.

38) VETADO. Lei nº 10.257, de 10-7-2001;
39) da constituição do direito de superfície de imóvel urbano;

▸ Item 39 acrescido pela Lei nº 10.257, de 10-7-2001.

▸ A alteração que seria introduzida no item 39 pela Lei nº 13.465, de 11-7-2017, foi vetada, razão pela qual mantivemos a sua redação.

40) do contrato de concessão de direito real de uso de imóvel público;

▸ Item 40 com a redação dada pela MP nº 2.220, de 4-9-2001, que até o encerramento desta edição não havia sido convertida em Lei.

41) da legitimação de posse;

▸ Item 41 acrescido pela Lei nº 11.977, de 7-7-2009.

42) da conversão da legitimação de posse em propriedade, prevista no art. 60 da Lei nº 11.977, de 7 de julho de 2009;

▸ Item 42 com a redação dada pela Lei nº 12.424, de 16-6-2011 (*DOU* de 17-6-2011 e republicada no *DOU* de 20-6-2011).

43) da Certidão de Regularização Fundiária (CRF);
44) da legitimação fundiária;

▸ Itens 43 e 44 acrescidos pela Lei nº 13.465, de 11-7-2017.

45) do contrato de pagamento por serviços ambientais, quando este estipular obrigações de natureza* propter rem*;

▸ Item 45 acrescido pela Lei nº 14.119, de 13-1-2021.

II – a averbação:

1) das convenções antenupciais e do regime de bens diverso do legal, nos registros referentes a imóveis ou a direitos reais pertencentes a qualquer dos cônjuges, inclusive os adquiridos posteriormente ao casamento;
2) por cancelamento, da extinção dos ônus e direitos reais;
3) dos contratos de promessa de compra e venda, das cessões e das promessas de cessão a que alude o Decreto-Lei nº 58, de 10 de dezembro de 1937, quando o loteamento se tiver formalizado anteriormente à vigência desta Lei;
4) da mudança de denominação e de numeração dos prédios, da edificação, da reconstrução, da demolição, do desmembramento e do loteamento de imóveis;
5) da alteração do nome por casamento ou por desquite, ou, ainda, de outras circunstâncias que, de qualquer modo, tenham influência no registro ou nas pessoas nele interessadas;
6) dos atos pertinentes a unidades autônomas condominiais a que alude a Lei nº 4.591, de 16 de dezembro de 1964, quando a incorporação tiver sido formalizada anteriormente à vigência desta Lei;
7) das cédulas hipotecárias;
8) da caução e da cessão fiduciária de direitos relativos a imóveis;
9) das sentenças de separação de dote;
10) do restabelecimento da sociedade conjugal;
11) das cláusulas de inalienabilidade, impenhorabilidade e incomunicabilidade impostas a imóveis, bem como da constituição de fideicomisso;
12) das decisões, recursos e seus efeitos, que tenham por objeto atos ou títulos registrados ou averbados;
13) *ex officio*, dos nomes dos logradouros, decretados pelo Poder Público;
14) das sentenças de separação judicial, de divórcio e de nulidade ou anulação de casamento, quando nas respectivas partilhas existirem imóveis ou direitos reais sujeitos a registro;

▸ Item 14 acrescido pela Lei nº 6.850, de 12-11-1980.

15) da rerratificação do contrato de mútuo com pacto adjeto de hipoteca em favor de entidade integrante do Sistema Financeiro da Habitação, ainda que importando elevação da dívida, desde que mantidas as mesmas partes e que inexista outra hipoteca registrada em favor de terceiros;

► Item 15 acrescido pela Lei nº 6.941, de 14-9-1981.

16) do contrato de locação, para os fins de exercício do direito de preferência;

► Item 16 acrescido pela Lei nº 8.245, de 18-10-1991.

17) do termo de securitização de créditos imobiliários, quando submetidos a regime fiduciário;

► Item 17 acrescido pela Lei nº 9.514, de 20-11-1997.

18) da notificação para parcelamento, edificação ou utilização compulsórios de imóvel urbano;

19) da extinção da concessão de uso especial para fins de moradia;

20) da extinção do direito de superfície do imóvel urbano;

► Itens 18, 19 e 20 acrescidos pela Lei nº 10.257, de 10-7-2001.

► A alteração que seria introduzida no item 20 pela Lei nº 13.465, de 11-7-2017, foi vetada, razão pela qual mantivemos a sua redação.

21) da cessão de crédito imobiliário.

► Item 21 com a redação dada pela Lei nº 10.931, de 2-8-2004.

22) da reserva legal;

23) da servidão ambiental.

► Itens 22 e 23 acrescidos pela Lei nº 11.284, de 2-3-2006.

24) do destaque de imóvel de gleba pública originária;

► Item 24 com a redação dada pela Lei nº 11.952, de 25-6-2009.

► A Lei nº 11.952, de 25-6-2009, ao converter a MP nº 458, de 3-12-2008, não manteve o acréscimo do item 25.

26) do auto de demarcação urbanística;

► Item 26 com a redação dada pela Lei nº 11.977, de 7-7-2009.

27) da extinção da legitimação de posse;

28) da extinção da concessão de uso especial para fins de moradia;

29) da extinção da concessão de direito real de uso;

► Itens 27 a 29 com a redação dada pela Lei nº 12.424, de 16-6-2011 (*DOU* de 17-6-2011 e republicada no *DOU* de 20-6-2011).

30) da sub-rogação de dívida, da respectiva garantia fiduciária ou hipotecária e da alteração das condições contratuais, em nome do credor que venha a assumir tal condição na forma do disposto pelo art. 31 da Lei nº 9.514, de 20 de novembro de 1997, ou do art. 347 da Lei nº 10.406, de 10 de janeiro de 2002 – Código Civil, realizada em ato único, a requerimento do interessado instruído com documento comprobatório firmado pelo credor original e pelo mutuário;

► Item 30 com a redação dada pela Lei nº 12.810, de 15-5-2013.

31) da certidão de liberação de condições resolutivas dos títulos de domínio resolúvel emitidos pelos órgãos fundiários;

32) do termo de quitação de contrato de compromisso de compra e venda registrado e do termo de quitação dos instrumentos públicos ou privados oriundos da implantação de empreendimentos ou de processo de regularização fundiária, firmado pelo empreendedor proprietário de imóvel ou pelo promotor do empreendimento ou da regularização fundiária objeto de loteamento, desmembramento, condomínio de qualquer modalidade ou de regularização fundiária, exclusivamente para fins de exoneração da sua responsabilidade sobre tributos municipais incidentes sobre o imóvel perante o Município, não implicando transferência de domínio ao compromissário comprador ou ao beneficiário da regularização.

► Itens 31 e 32 acrescidos pela Lei nº 13.465, de 11-7-2017.

Art. 168. Na designação genérica de registro, consideram-se englobadas a inscrição e a transcrição a que se referem as leis civis.

Art. 169. Todos os atos enumerados no artigo 167 são obrigatórios e efetuar-se-ão no cartório da situação do imóvel, salvo:

I – as averbações, que serão efetuadas na matrícula ou à margem do registro a que se referirem, ainda que o imóvel tenha passado a pertencer a outra circunscrição;

II – os registros relativos a imóveis situados em comarcas ou circunscrições limítrofes, que serão feitos em todas elas, devendo os Registros de Imóveis fazer constar dos registros tal ocorrência;

► Inciso II com a redação dada pela Lei nº 10.267, de 28-8-2001.

III – o registro previsto no nº 3 do inciso I do artigo 167, e a averbação prevista no nº 16 do inciso II do artigo 167 serão efetuados no cartório onde o imóvel esteja matriculado mediante apresentação de qualquer das vias do contrato, assinado pelas partes e subscrito por duas testemunhas, bastando a coincidência entre o nome de um dos proprietários e o locador.

► Inciso III acrescido pela Lei nº 8.245, de 18-10-1991.

Art. 170. O desmembramento territorial posterior ao registro não exige sua repetição no novo cartório.

Art. 171. Os atos relativos a vias férreas serão registrados na circunscrição imobiliária onde se situe o imóvel.

Parágrafo único. A requerimento do interessado, o oficial do cartório do registro de imóveis da circunscrição a que se refere o *caput* deste artigo abrirá a matrícula da área correspondente, com base em planta, memorial descritivo e certidão atualizada da matrícula ou da transcrição do imóvel, caso exista, podendo a apuração do remanescente ocorrer em momento posterior.

► Art. 171 com a redação dada pela Lei nº 13.465, de 11-7-2017.

CAPÍTULO II
DA ESCRITURAÇÃO

Art. 172. No registro de imóveis serão feitos, nos termos desta Lei, o registro e a averbação dos títulos ou atos constitutivos, declaratórios, translativos e extintivos de direitos reais sobre imóveis reconhecidos em lei, *inter vivos* ou *mortis causa*, quer para sua constituição, transferência e extinção, quer para sua validade em relação a terceiros, quer para a sua disponibilidade.

Art. 173. Haverá, no registro de imóveis, os seguintes livros:

I – Livro nº 1 – Protocolo;

II – Livro nº 2 – Registro Geral;

III – Livro nº 3 – Registro Auxiliar;

IV – Livro nº 4 – Indicador Real;

V – Livro nº 5 – Indicador Pessoal.

Parágrafo único. Observado o disposto no § 2º do artigo 3º desta Lei, os Livros nºs 2, 3, 4 e 5 poderão ser substituídos por fichas.

Art. 174. O Livro nº 1 – Protocolo – servirá para apontamento de todos os títulos apresentados diariamente, ressalvado o disposto no parágrafo único do artigo 12 desta Lei.

Art. 175. São requisitos da escrituração do Livro nº 1 – Protocolo:

I – o número de ordem que seguirá indefinidamente nos livros da mesma espécie;

II – a data da apresentação;
III – o nome do apresentante;
IV – a natureza formal do título;
V – os atos que formalizar, resumidamente mencionados.

Art. 176. O Livro nº 2 – Registro Geral – será destinado à matrícula dos imóveis e ao registro ou averbação dos atos relacionados no artigo 167 e não atribuídos ao Livro nº 3.

§ 1º A escrituração do Livro nº 2 obedecerá às seguintes normas:

I – cada imóvel terá matrícula própria, que será aberta por ocasião do primeiro registro a ser feito na vigência desta Lei;

II – são requisitos da matrícula:

1) o número de ordem, que seguirá ao infinito;
2) a data;
3) a identificação do imóvel, que será feita com indicação:

a) se rural, do código do imóvel, dos dados constantes do CCIR, da denominação e de suas características, confrontações, localização e área;

b) se urbano, de suas características e confrontações, localização, área, logradouro, número e de sua designação cadastral, se houver;

▸ Item 3 com a redação dada pela Lei nº 10.267, de 28-8-2001.

4) o nome, domicílio e nacionalidade do proprietário, bem como:

a) tratando-se de pessoa física, o estado civil, a profissão, o número de inscrição no Cadastro de Pessoas Físicas do Ministério da Fazenda ou do Registro Geral da cédula de identidade, ou, à falta deste, sua filiação;

b) tratando-se de pessoa jurídica, a sede social e o número de inscrição no Cadastro Geral de Contribuintes do Ministério da Fazenda;

5) o número do registro anterior;
6) tratando-se de imóvel em regime de multipropriedade, a indicação da existência de matrículas, nos termos do § 10 deste artigo;

▸ Item 6 acrescido pela Lei nº 13.777, de 20-12-2018.

III – são requisitos do registro no Livro nº 2:

1) a data;
2) o nome, domicílio e nacionalidade do transmitente, ou do devedor, e do adquirente, ou credor, bem como:

a) tratando-se de pessoa física, o estado civil, a profissão e o número de inscrição no Cadastro de Pessoas Físicas do Ministério da Fazenda ou do Registro Geral da cédula de identidade, ou, à falta deste, sua filiação;

b) tratando-se de pessoa jurídica, a sede social e o número de inscrição no Cadastro Geral de Contribuintes do Ministério da Fazenda;

3) o título da transmissão ou do ônus;
4) a forma do título, sua procedência e caracterização;
5) o valor do contrato, da coisa ou da dívida, prazo desta, condições e mais especificações, inclusive os juros, se houver.

§ 2º Para a matrícula e registro das escrituras e partilhas, lavradas ou homologadas na vigência do Decreto nº 4.857, de 9 de novembro de 1939, não serão observadas as exigências deste artigo, devendo tais atos obedecer ao disposto na legislação anterior.

▸ § 2º acrescido pela Lei nº 6.688, de 17-9-1979.

§ 3º Nos casos de desmembramento, parcelamento ou remembramento de imóveis rurais, a identificação prevista na alínea *a* do item 3 do inciso II do § 1º será obtida a partir de memorial descritivo, assinado por profissional habilitado e com a devida Anotação de Responsabilidade Técnica – ART, contendo as coordenadas dos vértices definidores dos limites dos imóveis rurais, georreferenciadas ao Sistema Geodésico Brasileiro e com precisão posicional a ser fixada pelo INCRA, garantida a isenção de custos financeiros aos proprietários de imóveis rurais cuja somatória da área não exceda a quatro módulos fiscais.

§ 4º A identificação de que trata o § 3º tornar-se-á obrigatória para efetivação de registro, em qualquer situação de transferência de imóvel rural, nos prazos fixados por ato do Poder Executivo.

▸ §§ 3º e 4º acrescidos pela Lei nº 10.267, de 28-8-2001.

§ 5º Nas hipóteses do § 3º, caberá ao INCRA certificar que a poligonal objeto do memorial descritivo não se sobrepõe a nenhuma outra constante de seu cadastro georreferenciado e que o memorial atende às exigências técnicas, conforme ato normativo próprio.

§ 6º A certificação do memorial descritivo de glebas públicas será referente apenas ao seu perímetro originário.

§ 7º Não se exigirá, por ocasião da efetivação do registro do imóvel destacado de glebas públicas, a retificação do memorial descritivo da área remanescente, que somente ocorrerá a cada 3 (três) anos, contados a partir do primeiro destaque, englobando todos os destaques realizados no período.

▸ §§ 5º a 7º acrescidos pela Lei nº 11.952, de 25-6-2009.

§ 8º O ente público proprietário ou imitido na posse a partir de decisão proferida em processo judicial de desapropriação em curso poderá requerer a abertura de matrícula de parte de imóvel situado em área urbana ou de expansão urbana, previamente matriculado ou não, com base em planta e memorial descritivo, podendo a apuração de remanescente ocorrer em momento posterior.

▸ § 8º com a redação dada pela Lei nº 12.424, de 16-6-2011 (*DOU* de 17-6-2011 e republicada no *DOU* de 20-6-2011).

§ 9º A instituição do direito real de laje ocorrerá por meio da abertura de uma matrícula própria no registro de imóveis e por meio da averbação desse fato na matrícula da construção-base e nas matrículas de lajes anteriores, com remissão recíproca.

▸ § 9º acrescido pela Lei nº 13.465, de 11-7-2017.

§ 10. Quando o imóvel se destinar ao regime da multipropriedade, além da matrícula do imóvel, haverá uma matrícula para cada fração de tempo, na qual se registrarão e averbarão os atos referentes à respectiva fração de tempo, ressalvado o disposto no § 11 deste artigo.

§ 11. Na hipótese prevista no § 10 deste artigo, cada fração de tempo poderá, em função de legislação tributária municipal, ser objeto de inscrição imobiliária individualizada.

§ 12. Na hipótese prevista no inciso II do § 1º do art. 1.358-N da Lei nº 10.406, de 10 de janeiro de 2002 (Código Civil), a fração de tempo adicional, destinada à realização de reparos, constará da matrícula referente à fração de tempo principal de cada multiproprietário e não será objeto de matrícula específica.

▸ §§ 10 a 12 acrescidos pela Lei nº 13.777, de 20-12-2018.

§ 13. Para a identificação de que tratam os §§ 3º e 4º deste artigo, é dispensada a anuência dos confrontantes, bastando para tanto a declaração do requerente de que respeitou os limites e as confrontações.

▸ § 13 acrescido pela Lei nº 13.838, de 4-6-2019.

Art. 177. O Livro nº 3 – Registro Auxiliar – será destinado ao registro dos atos que, sendo atribuídos ao registro de imóveis por disposição legal, não digam respeito diretamente a imóvel matriculado.

Art. 178. Registrar-se-ão no Livro nº 3 – Registro Auxiliar:

I – a emissão de debêntures, sem prejuízo do registro eventual e definitivo, na matrícula do imóvel, da hipoteca, anticrese ou penhor que abonarem especialmente tais emissões, firmando-se pela ordem do registro a prioridade entre as séries de obrigações emitidas pela sociedade;

II – as cédulas de crédito industrial, sem prejuízo do registro da hipoteca cedular;

► Inciso II com a redação dada pela Lei nº 13.986, de 7-4-2020.

III – as convenções de condomínio edilício, condomínio geral voluntário e condomínio em multipropriedade;

► Inciso III com a redação dada pela Lei nº 13.777, de 20-12-2018.

IV – o penhor de máquinas e de aparelhos utilizados na indústria, instalados e em funcionamento, com os respectivos pertences ou sem eles;

V – as convenções antenupciais;

VI – os contratos de penhor rural;

VII – os títulos que, a requerimento do interessado, forem registrados no seu inteiro teor, sem prejuízo do ato praticado no Livro nº 2.

Art. 179. O Livro nº 4 – Indicador Real – será o repositório de todos os imóveis que figurarem nos demais livros, devendo conter sua identificação, referência aos números de ordem dos outros livros e anotações necessárias.

§ 1º Se não for utilizado o sistema de fichas, o Livro nº 4 conterá, ainda, o número de ordem, que seguirá indefinidamente, nos livros da mesma espécie.

§ 2º Adotado o sistema previsto no parágrafo precedente, os oficiais deverão ter, para auxiliar a consulta, um livro índice ou fichas pelas ruas, quando se tratar de imóveis urbanos, e pelos nomes e situações, quando rurais.

Art. 180. O Livro nº 5 – Indicador Pessoal – dividido alfabeticamente, será repositório dos nomes de todas as pessoas que, individual ou coletivamente, ativa ou passivamente, direta ou indiretamente, figurarem nos demais livros, fazendo-se referência aos respectivos números de ordem.

Parágrafo único. Se não for utilizado o sistema de fichas, o Livro nº 5 conterá, ainda, o número de ordem de cada letra do alfabeto, que seguirá, indefinidamente, nos livros da mesma espécie. Os oficiais poderão adotar, para auxiliar as buscas, um livro índice ou fichas em ordem alfabética.

Art. 181. Poderão ser abertos e escriturados, concomitantemente, até dez livros de "Registro Geral", obedecendo, neste caso, a sua escrituração ao algarismo final de matrícula, sendo as matrículas de número final um feitas no Livro 2-1, as de final dois no Livro 2-2 e as de final três no Livro 2-3, e assim, sucessivamente.

Parágrafo único. Também poderão ser desdobrados, a critério do oficial, os Livros nº 3 "Registro Auxiliar", nº 4 "Indicador Real" e nº 5 "Indicador Pessoal".

CAPÍTULO III
DO PROCESSO DE REGISTRO

Art. 182. Todos os títulos tomarão, no protocolo, o número de ordem que lhes competir em razão da sequência rigorosa de sua apresentação.

Art. 183. Reproduzir-se-á, em cada título, o número de ordem respectivo e a data de sua prenotação.

Art. 184. O protocolo será encerrado diariamente.

Art. 185. A escrituração do protocolo incumbirá tanto ao oficial titular como ao seu substituto legal, podendo ser feita, ainda, por escrevente auxiliar expressamente designado pelo oficial titular ou pelo seu substituto legal mediante autorização do juiz competente, ainda que os primeiros não estejam nem afastados nem impedidos.

Art. 186. O número de ordem determinará a prioridade do título, e esta a preferência dos direitos reais, ainda que apresentados pela mesma pessoa mais de um título simultaneamente.

Art. 187. Em caso de permuta, e pertencendo os imóveis à mesma circunscrição, serão feitos os registros nas matrículas correspondentes, sob um único número de ordem no protocolo.

Art. 188. Protocolizado o título, proceder-se-á ao registro, dentro do prazo de trinta dias, salvo nos casos previstos nos artigos seguintes.

Art. 189. Apresentado título de segunda hipoteca, com referência expressa à existência de outra anterior, o oficial, depois de prenotá-lo, aguardará durante trinta dias que os interessados na primeira promovam a inscrição. Esgotado esse prazo, que correrá da data da prenotação, sem que seja apresentado o título anterior, o segundo será inscrito e obterá preferência sobre aquele.

Art. 190. Não serão registrados, no mesmo dia, títulos pelos quais se constituam direitos reais contraditórios sobre o mesmo imóvel.

Art. 191. Prevalecerão, para efeito de prioridade de registro, quando apresentados no mesmo dia, os títulos prenotados no protocolo sob número de ordem mais baixo, protelando se o registro dos apresentados posteriormente, pelo prazo correspondente a, pelo menos, um dia útil.

Art. 192. O disposto nos artigos 190 e 191 não se aplica às escrituras públicas, da mesma data e apresentadas no mesmo dia, que determinem, taxativamente, a hora da sua lavratura, prevalecendo, para efeito de prioridade, a que foi lavrada em primeiro lugar.

Art. 193. O registro será feito pela simples exibição do título, sem dependência de extratos.

Art. 194. O título de natureza particular apresentado em uma só via será arquivado em cartório, fornecendo o oficial, a pedido, certidão do mesmo.

Art. 195. Se o imóvel não estiver matriculado ou registrado em nome do outorgante, o oficial exigirá a prévia matrícula e o registro do título anterior, qualquer que seja a sua natureza, para manter a continuidade do registro.

Art. 195-A. O Município poderá solicitar ao cartório de registro de imóveis competente a abertura de matrícula de parte ou da totalidade de imóveis públicos oriundos de parcelamento do solo urbano implantado, ainda que não inscrito ou registrado, por meio de requerimento acompanhado dos seguintes documentos:

► *Caput* com a redação dada pela Lei nº 13.465, de 11-7-2017.

I – planta e memorial descritivo do imóvel público a ser matriculado, dos quais constem a sua descrição, com medidas perimetrais, área total, localização, confrontantes e coordenadas preferencialmente georreferenciadas dos vértices definidores de seus limites;

II – comprovação de intimação dos confrontantes para que informem, no prazo de 15 (quinze) dias, se os limites definidos na planta e no memorial descritivo do imóvel público a ser matriculado se sobrepõem às suas respectivas áreas, se for o caso;

III – as respostas à intimação prevista no inciso II, quando houver; e

► Incisos I a III com a redação dada pela Lei nº 12.424, de 16-6-2011 (*DOU* de 17-6-2011 e republicada no *DOU* de 20-6-2011).

IV – planta de parcelamento ou do imóvel público a ser registrado, assinada pelo loteador ou elaborada e assinada por agente público da prefeitura, acompanhada de declaração de que o parcelamento encontra-se implantado, na hipótese de este não ter sido inscrito ou registrado.

► Inciso IV com a redação dada pela Lei nº 13.465, de 11-7-2017.

§ 1º Apresentados pelo Município os documentos relacionados no *caput*, o registro de imóveis deverá proceder ao registro dos imóveis públicos decorrentes do parcelamento do solo urbano na matrícula ou transcrição da gleba objeto de parcelamento.

§ 2º Na abertura de matrícula de imóvel público oriundo de parcelamento do solo urbano, havendo divergência nas medidas perimetrais de que resulte, ou não, alteração de área, a situação de fato implantada do bem deverá prevalecer sobre a situação constante do registro ou da planta de parcelamento, respeitados os limites dos particulares lindeiros.

§ 3º Não será exigido, para transferência de domínio, formalização da doação de áreas públicas pelo loteador nos casos de parcelamentos urbanos realizados na vigência do Decreto-Lei nº 58, de 10 de dezembro de 1937.

§ 4º Recebido o requerimento e verificado o atendimento aos requisitos previstos neste artigo, o oficial do registro de imóveis abrirá a matrícula em nome do Município.

§ 5º A abertura de matrícula de que trata o *caput* independe do regime jurídico do bem público.

► §§ 1º a 5º com a redação dada pela Lei nº 12.424, de 16-6-2011 (*DOU* de 17-6-2011 e republicada no *DOU* de 20-6-2011).

§ 6º Na hipótese de haver área remanescente, a sua apuração poderá ocorrer em momento posterior.

§ 7º O procedimento definido neste artigo poderá ser adotado para abertura de matrícula de glebas municipais adquiridas por lei ou por outros meios legalmente admitidos, inclusive para as terras devolutas transferidas ao Município em razão de legislação estadual ou federal, dispensado o procedimento discriminatório administrativo ou judicial.

§ 8º O disposto neste artigo aplica-se, em especial, às áreas de uso público utilizadas pelo sistema viário do parcelamento urbano irregular.

► §§ 6º a 8º acrescidos pela Lei nº 13.465, de 11-7-2017.

Art. 195-B. A União, os Estados e o Distrito Federal poderão solicitar ao registro de imóveis competente a abertura de matrícula de parte ou da totalidade de imóveis urbanos sem registro anterior, cujo domínio lhes tenha sido assegurado pela legislação, por meio de requerimento acompanhado dos documentos previstos nos incisos I, II e III do *caput* do art. 195-A, inclusive para as terras devolutas, dispensado o procedimento discriminatório administrativo ou judicial.

► *Caput* com a redação dada pela Lei nº 13.465, de 11-7-2017.

§ 1º Recebido o requerimento na forma prevista no *caput* deste artigo, o oficial do registro de imóveis abrirá a matrícula em nome do requerente, observado o disposto nos §§ 5º e 6º do art. 195-A.

► § 1º com a redação dada pela Lei nº 13.465, de 11-7-2017.

§ 2º O Município poderá realizar, em acordo com o Estado, o procedimento de que trata este artigo e requerer, em nome deste, no registro de imóveis competente a abertura de matrícula de imóveis urbanos situados nos limites do respectivo território municipal.

► § 2º com a redação dada pela Lei nº 12.424, de 16-6-2011 (*DOU* de 17-6-2011 e republicada no *DOU* de 20-6-2011).

§ 3º O procedimento de que trata este artigo poderá ser adotado pela União para o registro de imóveis rurais de sua propriedade, observado o disposto nos §§ 3º, 4º, 5º, 6º e 7º do art. 176 desta Lei.

§ 4º Para a abertura de matrícula em nome da União com base neste artigo, a comprovação de que trata o inciso II do *caput* do art. 195-A será realizada, no que couber, mediante o procedimento de notificação previsto nos arts. 12-A e 12-B do Decreto-Lei nº 9.760, de 5 de setembro de 1946, com ressalva quanto ao prazo para apresentação de eventuais impugnações, que será de quinze dias, na hipótese de notificação pessoal, e de trinta dias, na hipótese de notificação por edital.

► §§ 3º e 4º acrescidos pela Lei nº 13.465, de 11-7-2017.

Art. 196. A matrícula será feita à vista dos elementos constantes do título apresentado e do registro anterior que constar do próprio cartório.

Art. 197. Quando o título anterior estiver registrado em outro cartório, o novo título será apresentado juntamente com certidão atualizada, comprobatória do registro anterior, e da existência ou inexistência de ônus.

Art. 198. Havendo exigência a ser satisfeita, o oficial indicá-la-á por escrito. Não se conformando o apresentante com a exigência do oficial, ou não a podendo satisfazer, será o título, a seu requerimento e com a declaração de dúvida, remetido ao juízo competente para dirimi-la, obedecendo-se ao seguinte:

I – no protocolo, anotará o oficial, à margem da prenotação, a ocorrência da dúvida;

II – após certificar, no título, a prenotação e a suscitação da dúvida, rubricará o oficial todas as suas folhas;

III – em seguida, o oficial dará ciência dos termos da dúvida ao apresentante, fornecendo-lhe cópia da suscitação e notificando-o para impugná-la, perante o juízo competente, no prazo de quinze dias;

IV – certificado o cumprimento do disposto no item anterior, remeter-se-ão ao juízo competente, mediante carga, as razões da dúvida, acompanhadas do título.

Art. 199. Se o interessado não impugnar a dúvida no prazo referido no item III do artigo anterior, será ela, ainda assim, julgada por sentença.

Art. 200. Impugnada a dúvida com os documentos que o interessado apresentar, será ouvido o Ministério Público, no prazo de dez dias.

Art. 201. Se não forem requeridas diligências, o juiz proferirá decisão no prazo de quinze dias, com base nos elementos constantes dos autos.

Art. 202. Da sentença, poderão interpor apelação, com os efeitos devolutivo e suspensivo, o interessado, o Ministério Público e o terceiro prejudicado.

Art. 203. Transitada em julgado a decisão da dúvida, proceder-se-á do seguinte modo:

I – se for julgada procedente, os documentos serão restituídos à parte independentemente de traslado, dando-se ciência da decisão ao oficial, para que a consigne no protocolo e cancele a prenotação;

II – se for julgada improcedente o interessado apresentará, de novo, os seus documentos, com o respectivo mandado, ou certidão da sentença, que ficarão arquivados, para que, desde logo, se proceda ao registro, declarando o oficial o fato na coluna de anotações do protocolo.

Art. 204. A decisão da dúvida tem natureza administrativa e não impede o uso do processo contencioso competente.

Art. 205. Cessarão automaticamente os efeitos da prenotação se, decorridos trinta dias do seu lançamento no protocolo, o título não tiver sido registrado por omissão do interessado em atender às exigências legais.

Parágrafo único. Nos procedimentos de regularização fundiária de interesse social, os efeitos da prenotação cessarão decorridos 60 (sessenta) dias de seu lançamento no protocolo.

► Parágrafo único com a redação dada pela Lei nº 12.424, de 16-6-2011 (*DOU* de 17-6-2011 e republicada no *DOU* de 20-6-2011).

Art. 206. Se o documento, uma vez prenotado, não puder ser registrado ou o apresentante desistir de seu registro, a importância relativa às despesas previstas no artigo 14 será restituída, deduzida a quantia correspondente às buscas e à prenotação.

Art. 207. No processo de dúvida, somente serão devidas custas, a serem pagas pelo interessado, quando a dúvida for julgada procedente.

Art. 208. O registro começado dentro das horas fixadas não será interrompido, salvo motivo de força maior declarado, prorrogando-se o expediente até ser concluído.

Art. 209. Durante a prorrogação nenhuma nova apresentação será admitida, lavrando o termo de encerramento no protocolo.

Art. 210. Todos os atos serão assinados e encerrados pelo oficial, por seu substituto legal, ou por escrevente expressamente designado pelo oficial ou por seu substituto legal e autorizado pelo juiz competente ainda que os primeiros não estejam nem afastados nem impedidos.

Art. 211. Nas vias dos títulos restituídas aos apresentantes, serão declarados resumidamente, por carimbo, os atos praticados.

Art. 212. Se o registro ou a averbação for omissa, imprecisa ou não exprimir a verdade, a retificação será feita pelo Oficial do Registro de Imóveis competente, a requerimento do interessado, por meio do procedimento administrativo previsto no art. 213, facultado ao interessado requerer a retificação por meio de procedimento judicial.

► *Caput* com a redação dada pela Lei nº 10.931, de 2-8-2004.

Parágrafo único. A opção pelo procedimento administrativo previsto no art. 213 não exclui a prestação jurisdicional, a requerimento da parte prejudicada.

► Parágrafo único acrescido pela Lei nº 10.931, de 2-8-2004.

Art. 213. O oficial retificará o registro ou a averbação:

► *Caput* com a redação dada pela Lei nº 10.931, de 2-8-2004.

I – de ofício ou a requerimento do interessado nos casos de:

a) omissão ou erro cometido na transposição de qualquer elemento do título;

b) indicação ou atualização de confrontação;

c) alteração de denominação de logradouro público, comprovada por documento oficial;

d) retificação que vise a indicação de rumos, ângulos de deflexão ou inserção de coordenadas georeferenciadas, em que não haja alteração das medidas perimetrais;

e) alteração ou inserção que resulte de mero cálculo matemático feito a partir das medidas perimetrais constantes do registro;

f) reprodução de descrição de linha divisória de imóvel confrontante que já tenha sido objeto de retificação;

g) inserção ou modificação dos dados de qualificação pessoal das partes, comprovada por documentos oficiais, ou mediante despacho judicial quando houver necessidade de produção de outras provas;

II – a requerimento do interessado, no caso de inserção ou alteração de medida perimetral de que resulte, ou não, alteração de área, instruído com planta e memorial descritivo assinado por profissional legalmente habilitado, com prova de anotação de responsabilidade técnica no competente Conselho Regional de Engenharia e Arquitetura – CREA, bem assim pelos confrontantes.

► Incisos I e II acrescidos pela Lei nº 10.931, de 2-8-2004.

§ 1º Uma vez atendidos os requisitos de que trata o *caput* do art. 225, o oficial averbará a retificação.

§ 2º Se a planta não contiver a assinatura de algum confrontante, este será notificado pelo Oficial de Registro de Imóveis competente, a requerimento do interessado, para se manifestar em quinze dias, promovendo-se a notificação pessoalmente ou pelo correio, com aviso de recebimento, ou, ainda, por solicitação do Oficial de Registro de Imóveis, pelo Oficial de Registro de Títulos e Documentos da comarca da situação do imóvel ou do domicílio de quem deva recebê-la.

§ 3º A notificação será dirigida ao endereço do confrontante constante do Registro de Imóveis, podendo ser dirigida ao próprio imóvel contíguo ou àquele fornecido pelo requerente; não sendo encontrado o confrontante ou estando em lugar incerto e não sabido, tal fato será certificado pelo oficial encarregado da diligência, promovendo-se a notificação do confrontante mediante edital, com o mesmo prazo fixado no § 2º, publicado por duas vezes em jornal local de grande circulação.

§ 4º Presumir-se-á a anuência do confrontante que deixar de apresentar impugnação no prazo da notificação.

§ 5º Findo o prazo sem impugnação, o oficial averbará a retificação requerida; se houver impugnação fundamentada por parte de algum confrontante, o oficial intimará o requerente e o profissional que houver assinado a planta e o memorial a fim de que, no prazo de cinco dias, se manifestem sobre a impugnação.

► §§ 1º a 5º com a redação dada pela Lei nº 10.931, de 2-8-2004.

§ 6º Havendo impugnação e se as partes não tiverem formalizado transação amigável para solucioná-la, o oficial remeterá o processo ao juiz competente, que decidirá de plano ou após instrução sumária, salvo se a controvérsia versar sobre o direito de propriedade de alguma das partes, hipótese em que remeterá o interessado para as vias ordinárias.

§ 7º Pelo mesmo procedimento previsto neste artigo poderão ser apurados os remanescentes de áreas parcialmente alienadas, caso em que serão considerados como confrontantes tão somente os confinantes das áreas remanescentes.

§ 8º As áreas públicas poderão ser demarcadas ou ter seus registros retificados pelo mesmo procedimento previsto neste artigo, desde que constem do registro ou sejam logradouros devidamente averbados.

§ 9º Independentemente de retificação, dois ou mais confrontantes poderão, por meio de escritura pública, alterar ou estabelecer as divisas entre si e, se houver transferência de área, com o recolhimento do devido imposto de transmissão e desde que preservadas, se rural o imóvel, a fração mínima de parcelamento e, quando urbano, a legislação urbanística.

§ 10. Entendem-se como confrontantes não só os proprietários dos imóveis contíguos, mas, também, seus eventuais ocupantes; o condomínio geral, de que tratam os arts. 1.314 e seguintes do Código Civil, será representado por qualquer dos condôminos e o condomínio edilício, de que tratam os arts. 1.331 e seguintes do Código Civil, será representado, conforme o caso, pelo síndico ou pela Comissão de Representantes.

► §§ 6º a 10 acrescidos pela Lei nº 10.931, de 2-8-2004.

§ 11. Independe de retificação:

► *Caput* do § 11 acrescido pela Lei nº 10.931, de 2-8-2004.

I – a regularização fundiária de interesse social realizada em Zonas Especiais de Interesse Social, promovida por Município ou pelo Distrito Federal, quando os lotes já estiverem cadastrados individualmente ou com lançamento fiscal há mais de 10 (dez) anos;

► Inciso I com a redação dada pela Lei nº 12.424, de 16-6-2011 (*DOU* de 17-6-2011 e republicada no *DOU* de 20-6-2011).

II – a adequação da descrição de imóvel rural às exigências dos arts. 176, §§ 3º e 4º, e 225, § 3º, desta Lei;

► Inciso II acrescido pela Lei nº 10.931, de 2-8-2004.

III – a adequação da descrição de imóvel urbano decorrente de transformação de coordenadas geodésicas entre os sistemas de georreferenciamento oficiais;

IV – a averbação do auto de demarcação urbanística e o registro do parcelamento decorrente de projeto de regularização fundiária de interesse social de que trata a Lei nº 11.977, de 7 de julho de 2009; e

V – o registro do parcelamento de glebas para fins urbanos anterior a 19 de dezembro de 1979, que esteja implantado e integrado à cidade, nos termos do artigo 71 da Lei nº 11.977, de 7 de julho de 2009.

► Incisos III a V com a redação dada pela Lei nº 12.424, de 16-6-2011 (*DOU* de 17-6-2011 e republicada no *DOU* de 20-6-2011).

§ 12. Poderá o oficial realizar diligências no imóvel para a constatação de sua situação em face dos confrontantes e localização na quadra.

§ 13. Não havendo dúvida quanto à identificação do imóvel, o título anterior à retificação poderá ser levado a registro desde que requerido pelo adquirente, promovendo-se o registro em conformidade com a nova descrição.

§ 14. Verificado a qualquer tempo não serem verdadeiros os fatos constantes do memorial descritivo, responderão os requerentes e o profissional que o elaborou pelos prejuízos causados, independentemente das sanções disciplinares e penais.

§ 15. Não são devidos custas ou emolumentos notariais ou de registro decorrentes de regularização fundiária de interesse social a cargo da administração pública.

► §§ 12 a 15 acrescidos pela Lei nº 10.931, de 2-8-2004.

§ 16. Na retificação de que trata o inciso II do *caput*, serão considerados confrontantes somente os confinantes de divisas que forem alcançadas pela inserção ou alteração de medidas perimetrais.

► § 16 com a redação dada pela Lei nº 12.424, de 16-6-2011 (*DOU* de 17-6-2011 e republicada no *DOU* de 20-6-2011).

Art. 214. As nulidades de pleno direito do registro, uma vez provadas, invalidam-no, independentemente de ação direta.

§ 1º A nulidade será decretada depois de ouvidos os atingidos.

§ 2º Da decisão tomada no caso do § 1º caberá apelação ou agravo conforme o caso.

§ 3º Se o juiz entender que a superveniência de novos registros poderá causar danos de difícil reparação, poderá determinar de ofício, a qualquer momento, ainda que sem oitiva das partes, o bloqueio da matrícula do imóvel.

§ 4º Bloqueada a matrícula, o oficial não poderá mais nela praticar qualquer ato, salvo com autorização judicial, permitindo-se, todavia, aos interessados a prenotação de seus títulos, que ficarão com o prazo prorrogado até a solução do bloqueio.

§ 5º A nulidade não será decretada se atingir terceiro de boa-fé que já tiver preenchido as condições de usucapião do imóvel.

► §§ 1º a 5º acrescidos pela Lei nº 10.931, de 2-8-2004.

Art. 215. São nulos os registros efetuados após sentença de abertura de falência, ou do termo legal nele fixado, salvo se a apresentação tiver sido feita anteriormente.

Art. 216. O registro poderá também ser retificado ou anulado por sentença em processo contencioso, ou por efeito do julgado em ação de anulação ou de declaração de nulidade de ato jurídico, ou de julgado sobre fraude à execução.

Art. 216-A. Sem prejuízo da via jurisdicional, é admitido o pedido de reconhecimento extrajudicial de usucapião, que será processado diretamente perante o cartório do registro de imóveis da comarca em que estiver situado o imóvel usucapiendo, a requerimento do interessado, representado por advogado, instruído com:

► *Caput* acrescido pela Lei nº 13.105, de 16-3-2015.

I – ata notarial lavrada pelo tabelião, atestando o tempo de posse do requerente e de seus antecessores, conforme o caso e suas circunstâncias, aplicando-se o disposto no art. 384 da Lei nº 13.105, de 16 de março de 2015 (Código de Processo Civil);

II – planta e memorial descritivo assinado por profissional legalmente habilitado, com prova de anotação de responsabilidade técnica no respectivo conselho de fiscalização profissional, e pelos titulares de direitos registrados ou averbados na matrícula do imóvel usucapiendo ou na matrícula dos imóveis confinantes;

► Incisos I e II com a redação dada pela Lei nº 13.465, de 11-7-2017.

III – certidões negativas dos distribuidores da comarca da situação do imóvel e do domicílio do requerente;

IV – justo título ou quaisquer outros documentos que demonstrem a origem, a continuidade, a natureza e o tempo da posse, tais como o pagamento dos impostos e das taxas que incidirem sobre o imóvel.

► Incisos III e IV acrescidos pela Lei nº 13.105, de 16-3-2015.

§ 1º O pedido será autuado pelo registrador, prorrogando-se o prazo da prenotação até o acolhimento ou a rejeição do pedido.

► § 1º acrescido pela Lei nº 13.105, de 16-3-2015.

§ 2º Se a planta não contiver a assinatura de qualquer um dos titulares de direitos registrados ou averbados na matrícula do imóvel usucapiendo ou na matrícula dos imóveis confinantes, o titular será notificado pelo registrador competente, pessoalmente ou pelo correio com aviso de recebimento, para manifestar consentimento expresso em quinze dias, interpretado o silêncio como concordância.

► § 2º com a redação dada pela Lei nº 13.465, de 11-7-2017.

§ 3º O oficial de registro de imóveis dará ciência à União, ao Estado, ao Distrito Federal e ao Município, pessoalmente, por intermédio do oficial de registro de títulos e documentos, ou pelo correio com aviso de recebimento, para que se manifestem, em 15 (quinze) dias, sobre o pedido.

§ 4º O oficial de registro de imóveis promoverá a publicação de edital em jornal de grande circulação, onde houver, para a ciência de terceiros eventualmente interessados, que poderão se manifestar em 15 (quinze) dias.

§ 5º Para a elucidação de qualquer ponto de dúvida, poderão ser solicitadas ou realizadas diligências pelo oficial de registro de imóveis.

► §§ 3º a 5º acrescidos pela Lei nº 13.105, de 16-3-2015.

§ 6º Transcorrido o prazo de que trata o § 4º deste artigo, sem pendência de diligências na forma do § 5º deste artigo e achando-se em ordem a documentação, o oficial de registro de imóveis registrará a aquisição do imóvel com as descrições apresentadas, sendo permitida a abertura de matrícula, se for o caso.

► § 6º com a redação dada pela Lei nº 13.465, de 11-7-2017.

§ 7º Em qualquer caso, é lícito ao interessado suscitar o procedimento de dúvida, nos termos desta Lei.

§ 8º Ao final das diligências, se a documentação não estiver em ordem, o oficial de registro de imóveis rejeitará o pedido.

§ 9º A rejeição do pedido extrajudicial não impede o ajuizamento de ação de usucapião.

§ 10. Em caso de impugnação do pedido de reconhecimento extrajudicial de usucapião, apresentada por qualquer um dos titulares de direito reais e de outros direitos registrados ou averbados na matrícula do imóvel usucapiendo e na matrícula dos imóveis confinantes, por algum dos entes públicos ou por algum terceiro interessado, o oficial de registro de imóveis remeterá os autos ao juízo competente da comarca da situação do imóvel, cabendo ao requerente emendar a petição inicial para adequá-la ao procedimento comum.

► §§ 7º a 10 acrescidos pela Lei nº 13.105, de 16-3-2015.

§ 11. No caso de o imóvel usucapiendo ser unidade autônoma de condomínio edilício, fica dispensado consentimento dos titulares de direitos reais e outros direitos registrados ou averbados na matrícula dos imóveis confinantes e bastará a notificação do síndico para se manifestar na forma do § 2º deste artigo.

§ 12. Se o imóvel confinante contiver um condomínio edilício, bastará a notificação do síndico para o efeito do § 2º deste artigo, dispensada a notificação de todos os condôminos.

§ 13. Para efeito do § 2º deste artigo, caso não seja encontrado o notificando ou caso ele esteja em lugar incerto ou não sabido, tal fato será certificado pelo registrador, que deverá promover a sua notificação por edital mediante publicação, por duas vezes, em jornal local de grande circulação, pelo prazo de quinze dias cada um, interpretado o silêncio do notificando como concordância.

§ 14. Regulamento do órgão jurisdicional competente para a correição das serventias poderá autorizar a publicação do edital em meio eletrônico, caso em que ficará dispensada a publicação em jornais de grande circulação.

§ 15. No caso de ausência ou insuficiência dos documentos de que trata o inciso IV do *caput* deste artigo, a posse e os demais dados necessários poderão ser comprovados em procedimento de justificação administrativa perante a serventia extrajudicial, que obedecerá, no que couber, ao disposto no § 5º do art. 381 e ao rito previsto nos arts. 382 e 383 da Lei nº 13.105, de 16 março de 2015 (Código de Processo Civil).

► §§ 11 a 15 acrescidos pela Lei nº 13.465, de 11-7-2017.

CAPÍTULO IV
DAS PESSOAS

Art. 217. O registro e a averbação poderão ser provocados por qualquer pessoa, incumbindo-lhe as despesas respectivas.

Art. 218. Nos atos a título gratuito, o registro pode também ser promovido pelo transferente, acompanhado da prova de aceitação do beneficiado.

Art. 219. O registro do penhor rural independe do consentimento do credor hipotecário.

Art. 220. São considerados, para fins de escrituração, credores e devedores, respectivamente:

I – nas servidões, o dono do prédio dominante e dono do prédio serviente;

II – no uso, o usuário e o proprietário;

III – na habitação, o habitante e o proprietário;

IV – na anticrese, o mutuante e o mutuário;

V – no usufruto, o usufrutuário e o nu-proprietário;

VI – na enfiteuse, o senhorio e o enfiteuta;

VII – na constituição de renda, o beneficiário e o rendeiro censuário;

VIII – na locação, o locatário e o locador;

IX – nas promessas de compra e venda, o promitente comprador e o promitente vendedor;

X – nas penhoras e ações, o autor e o réu;

XI – nas cessões de direitos, o cessionário e o cedente;

XII – nas promessas de cessão de direitos, o promitente cessionário e o promitente cedente.

CAPÍTULO V
DOS TÍTULOS

Art. 221. Somente são admitidos a registro:

I – escrituras públicas, inclusive as lavradas em consulados brasileiros;

II – escritos particulares autorizados em lei, assinados pelas partes e testemunhas, com as firmas reconhecidas, dispensado o reconhecimento quando se tratar de atos praticados por entidades vinculadas ao Sistema Financeiro da Habitação;

III – atos autênticos de países estrangeiros, com força de instrumento público, legalizados e traduzidos na forma da lei, e registrados no cartório do registro de títulos e documentos, assim como sentenças proferidas por tribunais estrangeiros após homologação pelo Supremo Tribunal Federal;

IV – cartas de sentença, formais de partilha, certidões e mandados extraídos de autos de processo;

V – contratos ou termos administrativos, assinados com a União, Estados, Municípios ou o Distrito Federal, no âmbito de programas de regularização fundiária e de programas habitacionais de interesse social, dispensado o reconhecimento de firma.

► Inciso V com a redação dada pela Lei nº 12.424, de 16- 6-2011.

§ 1º Serão registrados os contratos e termos mencionados no inciso V do *caput* assinados a rogo com a impressão dactiloscópica do beneficiário, quando este for analfabeto ou não puder assinar, acompanhados da assinatura de 2 (duas) testemunhas.

§ 2º Os contratos ou termos administrativos mencionados no inciso V do *caput* poderão ser celebrados constando apenas o nome e o número de documento oficial do beneficiário, podendo sua qualificação completa ser efetuada posteriormente, no momento do registro do termo ou contrato, mediante simples requerimento do interessado dirigido ao registro de imóveis.

► §§ 1º e 2º com a redação dada pela Lei nº 12.424, de 16-6-2011 (*DOU* de 17-6-2011 e republicada no *DOU* de 20-6-2011).

§ 3º Fica dispensada a apresentação dos títulos previstos nos incisos I a V do *caput* deste artigo quando se tratar de registro do projeto de regularização fundiária e da constituição de direito real, sendo o ente público promotor da regularização fundiária urbana responsável pelo fornecimento das informações necessárias ao registro, ficando dispensada a apresentação de título individualizado, nos termos da legislação específica.

► § 3º com a redação dada pela Lei nº 13.465, de 11-7-2017.

Art. 222. Em todas as escrituras e em todos os atos relativos a imóveis, bem como nas cartas de sentença e formais de partilha, o tabelião ou escrivão deve fazer referência à matrícula ou ao registro anterior, seu número e cartório.

Art. 223. Ficam sujeitas à obrigação, a que alude o artigo anterior, as partes que, por instrumento particular, celebrarem atos relativos a imóveis.

Art. 224. Nas escrituras, lavradas em decorrência de autorização judicial, serão mencionados, por certidão, em breve relatório, com todas as minúcias que permitam identificá-los, os respectivos alvarás.

Art. 225. Os tabeliães, escrivães e juízes farão com que, nas escrituras e nos autos judiciais, as partes indiquem, com precisão, os característicos, as confrontações e as localizações dos imóveis, mencionando os nomes dos confrontantes e, ainda, quando se tratar só de terreno, se esse fica do lado par ou ímpar do logradouro, em que quadra e a que distância métrica da edificação ou da esquina mais próxima, exigindo dos interessados certidão do registro imobiliário.

§ 1º As mesmas minúcias, com relação à caracterização do imóvel, devem constar dos instrumentos particulares apresentados em cartório para registro.

§ 2º Consideram-se irregulares, para efeito de matrícula, os títulos nos quais a caracterização do imóvel não coincida com a que consta do registro anterior.

§ 3º Nos autos judiciais que versem sobre imóveis rurais, a localização, os limites e as confrontações serão obtidos a partir de memorial descritivo assinado por profissional habilitado e com a devida Anotação de Responsabilidade Técnica – ART, contendo as coordenadas dos vértices definidores dos limites dos imóveis rurais, georreferenciadas ao Sistema Geodésico Brasileiro e com precisão posicional a ser fixada pelo INCRA, garantida a isenção de custos financeiros aos proprietários de imóveis rurais cuja somatória da área não exceda a quatro módulos fiscais.

► § 3º acrescido pela Lei nº 10.267, de 28-8-2001.

Art. 226. Tratando-se de usucapião, os requisitos da matrícula devem constar do mandado judicial.

CAPÍTULO VI
DA MATRÍCULA

Art. 227. Todo imóvel objeto de título a ser registrado deve estar matriculado no Livro nº 2 – Registro Geral – obedecido o disposto no artigo 176.

Art. 228. A matrícula será efetuada por ocasião do primeiro registro a ser lançado na vigência desta Lei, mediante os elementos constantes do título apresentado e do registro anterior nele mencionado.

Art. 229. Se o registro anterior foi efetuado em outra circunscrição, a matrícula será aberta com os elementos constantes do título apresentado e da certidão atualizada daquele registro, a qual ficará arquivada em cartório.

Art. 230. Se na certidão constar ônus, o oficial fará a matrícula e, logo em seguida ao registro, averbará a existência do ônus, sua natureza e valor, certificando o fato no título que devolver à parte, o que ocorrerá, também, quando o ônus estiver lançado no próprio cartório.

Art. 231. No preenchimento dos livros, observar-se-ão as seguintes normas:

I – no alto da face de cada folha será lançada a matrícula do imóvel, com os requisitos constantes do artigo 176, e no espaço restante e no verso, serão lançados, por ordem cronológica e em forma narrativa, os registros e averbações dos atos pertinentes ao imóvel matriculado;

II – preenchida uma folha, será feito o transporte para a primeira folha em branco do mesmo livro ou do livro da mesma série que estiver em uso, onde continuarão os lançamentos, com remissões recíprocas.

Art. 232. Cada lançamento de registro será precedido pela letra "R" e o da averbação pelas letras "*AV*", seguindo-se o número de ordem do lançamento e o da matrícula (ex.: R-1-1, R-2-1, AV-3-1, R-4-1, AV-5-1 etc.).

Art. 233. A matrícula será cancelada:

I – por decisão judicial;

II – quando, em virtude de alienações parciais, o imóvel for inteiramente transferido a outros proprietários;

III – pela fusão, nos termos do artigo seguinte.

Art. 234. Quando dois ou mais imóveis contíguos, pertencentes ao mesmo proprietário, constarem de matrículas autônomas, pode ele requerer a fusão destas em uma só, de novo número, encerrando-se as primitivas.

Art. 235. Podem, ainda, ser unificados, com abertura de matrícula única:

I – dois ou mais imóveis constantes de transcrições anteriores a esta Lei, à margem das quais será averbada a abertura da matrícula que os unificar;

II – dois ou mais imóveis, registrados por ambos os sistemas, caso em que, nas transcrições, será feita a averbação prevista no item anterior, e as matrículas serão encerradas na forma do artigo anterior;

III – 2 (dois) ou mais imóveis contíguos objeto de imissão provisória na posse registrada em nome da União, Estado, Município ou Distrito Federal.

► Inciso III com a redação dada pela Lei nº 12.424, de 16-6-2011.

§ 1º Os imóveis de que trata este artigo, bem como os oriundos de desmembramentos, partilha e glebas destacadas de maior porção, serão desdobrados em novas matrículas, juntamente com os ônus que sobre eles existirem, sempre que ocorrer a transferência de 1 (uma) ou mais unidades, procedendo-se, em seguida, ao que estipula o inciso II do art. 233.

§ 2º A hipótese de que trata o inciso III somente poderá ser utilizada nos casos de imóveis inseridos em área urbana ou de expansão urbana e com a finalidade de implementar programas habitacionais ou de regularização fundiária, o que deverá ser informado no requerimento de unificação.

§ 3º Na hipótese de que trata o inciso III, a unificação das matrículas poderá abranger um ou mais imóveis de domínio público que sejam contíguos à área objeto da imissão provisória na posse.

► §§ 1º a 3º com a redação dada pela Lei nº 12.424, de 16-6-2011 (*DOU* de 17-6-2011 e republicada no *DOU* de 20-6-2011).

Art. 235-A. Fica instituído o Código Nacional de Matrícula (CNM) que corresponde à numeração única de matrículas imobiliárias em âmbito nacional.

§ 1º O CNM referente a matrícula encerrada ou cancelada não poderá ser reutilizado.

§ 2º Ato da Corregedoria Nacional de Justiça do Conselho Nacional de Justiça regulamentará as características e a forma de implementação do CNM.

► Art. 235-A acrescido pela Lei nº 13.465, de 11-7-2017.

CAPÍTULO VII

DO REGISTRO

Art. 236. Nenhum registro poderá ser feito sem que o imóvel a que se referir esteja matriculado.

Art. 237. Ainda que o imóvel esteja matriculado, não se fará registro que dependa da apresentação de título anterior, a fim de que se preserve a continuidade do registro.

Art. 237-A. Após o registro do parcelamento do solo ou da incorporação imobiliária, até a emissão da carta de habite-se, as averbações e registros relativos à pessoa do incorporador ou referentes a direitos reais de garantias, cessões ou demais negócios jurídicos que envolvam o empreendimento serão realizados na matrícula de origem do imóvel e em cada uma das matrículas das unidades autônomas eventualmente abertas.

► *Caput* com a redação dada pela Lei nº 11.977, de 7-7-2009.

§ 1º Para efeito de cobrança de custas e emolumentos, as averbações e os registros relativos ao mesmo ato jurídico ou negócio jurídico e realizados com base no *caput* serão considerados como ato de registro único, não importando a quantidade de unidades autônomas envolvidas ou de atos intermediários existentes.

► § 1º com a redação dada pela Lei nº 12.424, de 16-6-2011 (*DOU* de 17-6-2011 e republicada no *DOU* de 20-6-2011).

§ 2º Nos registros decorrentes de processo de parcelamento do solo ou de incorporação imobiliária, o registrador deverá observar o prazo máximo de 15 (quinze) dias para o fornecimento do número do registro ao interessado ou a indicação das pendências a serem satisfeitas para sua efetivação.

► § 2º com a redação dada pela Lei nº 11.977, de 7-7-2009.

§ 3º O registro da instituição de condomínio ou da especificação do empreendimento constituirá ato único para fins de cobrança de custas e emolumentos.

► § 3º acrescido pela Lei nº 12.424, de 16-6-2011 (*DOU* de 17-6-2011 e republicada no *DOU* de 20-6-2011).

Art. 238. O registro de hipoteca convencional valerá pelo prazo de trinta anos, findo o qual só será mantido o número anterior se reconstituída por novo título e novo registro.

Art. 239. As penhoras, arrestos e sequestros de imóveis serão registrados depois de pagas as custas do registro pela parte interessada, em cumprimento de mandado ou à vista de certidão do escrivão, de que constem, além dos requisitos exigidos para o registro, os nomes do juiz, do depositário, das partes e a natureza do processo.

Parágrafo único. A certidão será lavrada pelo escrivão do feito, com a declaração do fim especial a que se destina, após a entrega, em cartório, do mandado devidamente cumprido.

Art. 240. O registro da penhora faz prova quanto à fraude de qualquer transação posterior.

Art. 241. O registro da anticrese no Livro nº 2 declarará, também, o prazo, a época do pagamento e a forma de administração.

Art. 242. O contrato de locação, com cláusula expressa de vigência no caso de alienação do imóvel, registrado no Livro nº 2, consignará, também, o seu valor, a renda, o prazo, o tempo e o lugar do pagamento, bem como a pena convencional.

Art. 243. A matrícula do imóvel promovida pelo titular do domínio direto aproveita ao titular do domínio útil, e vice-versa.

Art. 244. As escrituras antenupciais serão registradas no Livro nº 3 do cartório do domicílio conjugal, sem prejuízo de sua averbação obrigatória no lugar da situação dos imóveis de propriedade do casal, ou dos que forem sendo adquiridos e sujeitos a regime de bens diversos do comum, com a declaração das respectivas cláusulas para ciência de terceiros.

► Art. 1.657 do CC.

Art. 245. Quando o regime de separação de bens for determinado por lei, far-se-á a respectiva averbação nos termos do artigo anterior, incumbindo ao Ministério Público zelar pela fiscalização e observância dessa providência.

CAPÍTULO VIII

DA AVERBAÇÃO E DO CANCELAMENTO

Art. 246. Além dos casos expressamente indicados no item II do artigo 167, serão averbadas na matrícula as sub-rogações e outras ocorrências que, por qualquer modo, alterem o registro.

§ 1º As averbações a que se referem os itens 4 e 5 do inciso II do artigo 167 serão as feitas a requerimento dos interessados, com firma reconhecida, instruído com documento dos interessados, com firma reconhecida, instruído com documento comprobatório fornecido pela autoridade competente. A alteração do nome só poderá ser averbada quando devidamente comprovada por certidão do Registro Civil.

§ 2º Tratando-se de terra indígena com demarcação homologada, a União promoverá o registro da área em seu nome.

§ 3º Constatada, durante o processo demarcatório, a existência de domínio privado nos limites da terra indígena, a União requererá ao Oficial de Registro a averbação, na respectiva matrícula, dessa circunstância.

§ 4º As providências a que se referem os §§ 2º e 3º deste artigo deverão ser efetivadas pelo cartório, no prazo de trinta dias, contado a partir do recebimento da solicitação de registro e averbação, sob pena de aplicação de multa diária no valor de R$ 1.000,00 (mil reais), sem prejuízo da responsabilidade civil e penal do Oficial de Registro.

► §§ 1º a 4º acrescidos pela Lei nº 10.267, de 28-8-2001.

Art. 247. Averbar-se-á, também, na matrícula, a declaração de indisponibilidade de bens, na forma prevista na lei.

Art. 247-A. É dispensado o habite-se expedido pela prefeitura municipal para a averbação de construção residencial urbana unifamiliar de um só pavimento finalizada há mais de 5 (cinco) anos em área ocupada predominantemente por população de baixa renda, inclusive para o fim de registro ou averbação decorrente de financiamento à moradia.

► Art. 247-A acrescido pela Lei nº 13.865, de 8-8-2019.

Art. 248. O cancelamento efetuar-se-á mediante averbação, assinada pelo oficial, seu substituto legal ou escrevente autorizado, e declarará o motivo que o determinou, bem como o título em virtude do qual foi feito.

Art. 249. O cancelamento poderá ser total ou parcial e referir-se a qualquer dos atos do registro.

Art. 250. Far-se-á o cancelamento:

I – em cumprimento de decisão judicial transitada em julgado;

II – a requerimento unânime das partes que tenham participado do ato registrado, se capazes, com as firmas reconhecidas por tabelião;

III – a requerimento do interessado, instruído com documento hábil;

IV – a requerimento da Fazenda Pública, instruído com certidão de conclusão de processo administrativo que declarou, na forma da lei, a rescisão do título de domínio ou de concessão de direito real de uso de imóvel rural, expedido para fins de regularização fundiária, e a reversão do imóvel ao patrimônio público.

► Inciso IV acrescido pela Lei nº 11.952, de 25-6-2009.

Art. 251. O cancelamento da hipoteca só pode ser feito:

I – à vista de autorização expressa ou quitação outorgada pelo credor ou seu sucessor, em instrumento público ou particular;

II – em razão de procedimento administrativo ou contencioso, no qual o credor tenha sido intimado (artigo 698 do Código de Processo Civil);

► Refere-se ao CPC/1973. Art. 889 do CPC/2015.

III – na conformidade da legislação referente às cédulas hipotecárias.

Art. 252. O registro, enquanto não cancelado, produz todos os seus efeitos legais ainda que, por outra maneira, se prove que o título está desfeito, anulado, extinto ou rescindido.

Art. 253. Ao terceiro prejudicado é lícito, em juízo, fazer prova da extinção dos ônus reais, e promover o cancelamento do seu registro.

Art. 254. Se, cancelado o registro, subsistirem o título e os direitos dele decorrentes, poderá o credor promover novo registro, o qual só produzirá efeitos a partir da nova data.

Art. 255. Além dos casos previstos nesta Lei, a inscrição de incorporação ou loteamento só será cancelada a requerimento do incorporador ou loteador, enquanto nenhuma unidade ou lote for objeto de transação averbada, ou mediante o consentimento de todos os compromissários ou cessionários.

Art. 256. O cancelamento da servidão, quando o prédio dominante estiver hipotecado, só poderá ser feito com aquiescência do credor, expressamente manifestada.

Art. 257. O dono do prédio serviente terá, nos termos da lei, direito a cancelar a servidão.

Art. 258. O foreiro poderá, nos termos da lei, averbar a renúncia de seu direito, sem dependência do consentimento do senhorio direto.

Art. 259. O cancelamento não pode ser feito em virtude de sentença sujeita, ainda, a recurso.

CAPÍTULO IX

DO BEM DE FAMÍLIA

Art. 260. A instituição do bem de família far-se-á por escritura pública, declarando o instituidor que determinado prédio se destina a domicílio de sua família e ficará isento de execução por dívida.

Art. 261. Para a inscrição do bem de família, o instituidor apresentará ao oficial do registro a escritura pública de instituição, para que mande publicá-la na imprensa local e, à falta, na da Capital do Estado ou do Território.

Art. 262. Se não ocorrer razão para dúvida, o oficial fará a publicação, em forma de edital, do qual constará:

I – o resumo da escritura, nome, naturalidade e profissão do instituidor, data do instrumento e nome do tabelião que o fez, situação e característicos do prédio;

II – o aviso de que, se alguém se julgar prejudicado deverá, dentro em trinta dias, contados da data da publicação, reclamar contra a instituição, por escrito e perante o oficial.

Art. 263. Findo o prazo do nº II do artigo anterior, sem que tenha havido reclamação, o oficial transcreverá a escritura integralmente no Livro nº 3 e fará a inscrição na competente matrícula, arquivando um exemplar do jornal em que a publicação houver sido feita e restituindo o instrumento ao apresentante, com a nota da inscrição.

Art. 264. Se for apresentada reclamação, dela fornecerá o oficial, ao instituidor, cópia autêntica e lhe restituirá a escritura, com a declaração de haver sido suspenso o registro, cancelando a prenotação.

§ 1º O instituidor poderá requerer ao juiz que ordene o registro, sem embargo da reclamação.

§ 2º Se o juiz determinar que se proceda ao registro, ressalvará ao reclamante o direito de recorrer à ação competente para anular a instituição ou de fazer execução sobre o prédio instituído, na hipótese de tratar-se de dívida anterior e cuja solução se tornou inexequível em virtude do ato da instituição.

§ 3º O despacho do juiz será irrecorrível e se deferir o pedido será transcrito integralmente, juntamente com o instrumento.

Art. 265. Quando o bem de família for instituído juntamente com a transmissão da propriedade (Decreto-Lei nº 3.200, de 14 de abril de 1941, artigo 8º, § 5º), a inscrição far-se-á imediatamente após o registro da transmissão ou, se for o caso, com a matrícula.

CAPÍTULO X

DA REMIÇÃO DO IMÓVEL HIPOTECADO

Art. 266. Para remir o imóvel hipotecado, o adquirente requererá, no prazo legal, a citação dos credores hipotecários propondo, para a remição, no mínimo, o preço por que adquiriu o imóvel.

Art. 267. Se o credor, citado, não se opuser à remição, ou não comparecer, lavrar-se-á termo de pagamento e quitação e o juiz ordenará, por sentença, o cancelamento da hipoteca.

Parágrafo único. No caso de revelia, consignar-se-á o preço à custa do credor.

Art. 268. Se o credor, citado, comparecer e impugnar o preço oferecido, o juiz mandará promover a licitação entre os credores hipotecários, os fiadores e o próprio adquirente, autorizando a venda judicial a quem oferecer maior preço.

§ 1º Na licitação, será preferido, em igualdade de condições, o lanço do adquirente.

§ 2º Na falta de arrematante, o valor será o proposto pelo adquirente.

Art. 269. Arrematado o imóvel e depositado, dentro de quarenta e oito horas, o respectivo preço, o juiz mandará cancelar a hipoteca, sub-rogando-se no produto da venda os direitos do credor hipotecário.

Art. 270. Se o credor de segunda hipoteca, embora não vencida a dívida, requerer a remição, juntará o título e certidão da inscrição da anterior e depositará a importância devida ao primeiro credor, pedindo a citação deste para levantar o depósito e a do devedor para dentro do prazo de cinco dias remir a hipoteca, sob pena de ficar o requerente sub-rogado nos direitos creditórios, sem prejuízo dos que lhe couberem em virtude da segunda hipoteca.

Art. 271. Se o devedor não comparecer ou não remir a hipoteca, os autos serão conclusos ao juiz para julgar por sentença a remição pedida pelo segundo credor.

Art. 272. Se o devedor comparecer e quiser efetuar a remição, notificar-se-á o credor para receber o preço, ficando sem efeito o depósito realizado pelo autor.

Art. 273. Se o primeiro credor estiver promovendo a execução da hipoteca, a remição, que abrangerá a importância das custas e despesas realizadas, não se efetuará antes da primeira praça, nem depois de assinado o auto de arrematação.

Art. 274. Na remição de hipoteca legal em que haja interesse de incapaz intervirá o Ministério Público.

Art. 275. Das sentenças que julgarem o pedido de remição caberá o recurso de apelação com ambos os efeitos.

Art. 276. Não é necessária a remição quando o credor assinar, com o vendedor, escritura de venda do imóvel gravado.

CAPÍTULO XI

DO REGISTRO TORRENS

Art. 277. Requerida a inscrição de imóvel rural no registro Torrens, o oficial protocolará e autuará o requerimento e documentos que o instruírem e verificará se o pedido se acha em termos de ser despachado.

Art. 278. O requerimento será instruído com:

I – os documentos comprobatórios do domínio do requerente;

II – a prova de quaisquer atos que modifiquem ou limitem a sua propriedade;

III – o memorial de que constem os encargos do imóvel, os nomes dos ocupantes, confrontantes, quaisquer interessados, e a indicação das respectivas residências;

IV – a planta do imóvel, cuja escala poderá variar entre os limites: 1:500 m (1/500) e 1:5.000 m (1/5.000).

§ 1º O levantamento da planta obedecerá às seguintes regras:

a) empregar-se-ão goniômetros ou outros instrumentos de maior precisão;

b) a planta será orientada segundo o mediano do lugar, determinada a declinação magnética;

c) fixação dos pontos de referência necessários a verificações ulteriores e de marcos especiais, ligados a pontos certos e estáveis nas sedes das propriedades, de maneira que a planta possa incorporar-se à carta geral cadastral.

§ 2º Às plantas serão anexadas o memorial e as cadernetas das operações de campo, autenticadas pelo agrimensor.

Art. 279. O imóvel sujeito a hipoteca ou ônus real não será admitido a registro sem consentimento expresso do credor hipotecário ou da pessoa em favor de quem se tenha instituído o ônus.

Art. 280. Se o oficial considerar irregular o pedido ou a documentação, poderá conceder o prazo de trinta dias para que o interessado os regularize. Se o requerente não estiver de acordo com a exigência do oficial, este suscitará dúvida.

Art. 281. Se o oficial considerar em termos o pedido, remetê-lo-á a juízo para ser despachado.

Art. 282. O juiz, distribuído o pedido a um dos cartórios judiciais, se entender que os documentos justificam a propriedade do requerente, mandará expedir edital que será afixado no lugar de costume e publicado uma vez no órgão oficial do Estado e três vezes na imprensa local, se houver, marcando prazo não menor de dois meses, nem maior de quatro meses para que se ofereça oposição.

Art. 283. O juiz ordenará, de ofício ou a requerimento da parte, que, à custa do peticionário, se notifiquem do requerimento as pessoas nele indicadas.

Art. 284. Em qualquer hipótese, será ouvido o órgão do Ministério Público, que poderá impugnar o registro por falta de prova completa do domínio ou preterição de outra formalidade legal.

Art. 285. Feita a publicação do edital, a pessoa que se julgar com direito sobre o imóvel, no todo ou em parte, poderá contestar o pedido no prazo de quinze dias.

§ 1º A contestação mencionará o nome e a residência do réu, fará a descrição exata do imóvel e indicará os direitos reclamados e os títulos em que se fundarem.

§ 2º Se não houver contestação, e se o Ministério Público não impugnar o pedido, o juiz ordenará que se inscreva o imóvel, que ficará, assim, submetido aos efeitos do registro Torrens.

Art. 286. Se houver contestação ou impugnação, o procedimento será ordinário, cancelando-se, mediante mandado, a prenotação.

Art. 287. Da sentença que deferir, ou não, o pedido, cabe o recurso de apelação, com ambos os efeitos.

Art. 288. Transitada em julgado a sentença que deferir o pedido, o oficial inscreverá, na matrícula, o julgado que determinou a submissão do imóvel aos efeitos do registro Torrens, arquivando em cartório a documentação autuada.

CAPÍTULO XII

DO REGISTRO DA REGULARIZAÇÃO FUNDIÁRIA URBANA

Art. 288-A. O procedimento de registro da regularização fundiária urbana observará o disposto em legislação específica.

▸ *Caput* com a redação dada pela Lei nº 13.465, de 11-7-2017.

I a III – *Revogados*. Lei nº 13.465, de 11-7-2017.

§§ 1º a 4º *Revogados*. Lei nº 13.465, de 11-7-2017.

Arts. 288-B a 288-G. *Revogados*. Lei nº 13.465, de 11-7-2017.

TÍTULO VI – DAS DISPOSIÇÕES FINAIS E TRANSITÓRIAS

Art. 289. No exercício de suas funções, cumpre aos oficiais de registro fazer rigorosa fiscalização do pagamento dos impostos devidos por força dos atos que lhes forem apresentados em razão do ofício.

Art. 290. Os emolumentos devidos pelos atos relacionados com a primeira aquisição imobiliária para fins residenciais, financiada pelo Sistema Financeiro da Habitação, serão reduzidos em cinquenta por cento.

▸ *Caput* com a redação dada pela Lei nº 6.941, de 14-9-1981.

§ 1º O registro e a averbação referentes à aquisição da casa própria, em que seja parte cooperativa habitacional ou entidade assemelhada, serão considerados, para efeito de cálculo de custas e emolumentos, como um ato apenas, não podendo a sua cobrança exceder o limite correspondente a quarenta por cento do maior valor de referência.

§ 2º Nos demais programas de interesse social, executados pelas Companhias de Habitação Popular – COHABs ou entidades assemelhadas, os emolumentos e as custas devidos pelos atos de aquisição de imóveis e pelos de averbação de construção estarão sujeitos às seguintes limitações:

a) imóvel de até sessenta metros quadrados de área construída: dez por cento do maior valor de referência;

b) de mais de sessenta metros quadrados até setenta metros quadrados de área construída: quinze por cento do maior valor de referência;

c) de mais de setenta metros quadrados e até oitenta metros quadrados de área construída: vinte por cento do maior valor de referência.

§ 3º Os emolumentos devidos pelos atos relativos a financiamento rural serão cobrados de acordo com a legislação federal.

► §§ 1º a 3º com a redação dada pela Lei nº 6.941, de 14-9-1981.

§ 4º As custas e emolumentos devidos aos Cartórios de Notas e de Registro de Imóveis, nos atos relacionados com a aquisição imobiliária para fins residenciais, oriundas de programas e convênios com a União, Estados, Distrito Federal e Municípios, para a construção de habitações populares destinadas a famílias de baixa renda, pelo sistema de mutirão e autoconstrução orientada, serão reduzidos para vinte por cento da tabela cartorária normal, considerando-se que o imóvel será limitado a até sessenta e nove metros quadrados de área construída, em terreno de até duzentos e cinquenta metros quadrados.

§ 5º Os cartórios que não cumprirem o disposto no § 4º ficarão sujeitos a multa de até R$ 1.120,00 (um mil, cento e vinte reais) a ser aplicada pelo juiz, com a anualização que se fizer necessária, em caso de desvalorização da moeda.

► §§ 4º e 5º acrescidos pela Lei nº 9.934, de 20-12-1999.

Art. 290-A. Devem ser realizados independentemente do recolhimento de custas e emolumentos:

► Artigo acrescido pela Lei nº 11.481, de 31-5-2007.

I – o primeiro registro de direito real constituído em favor de beneficiário de regularização fundiária de interesse social em áreas urbanas e em áreas rurais de agricultura familiar;

II – a primeira averbação de construção residencial de até 70 m² (setenta metros quadrados) de edificação em áreas urbanas objeto de regularização fundiária de interesse social;

► Incisos I e II acrescidos pela Lei nº 11.481, de 31-5-2007.

III – o registro de título de legitimação de posse, concedido pelo poder público, de que trata o art. 59 da Lei nº 11.977, de 7 de julho de 2009, e de sua conversão em propriedade.

► Inciso III acrescido pela Lei nº 12.424, de 16-6-2011 (*DOU* de 17-6-2011 e republicada no *DOU* de 20-6-2011).

§ 1º O registro e a averbação de que tratam os incisos I, II e III do *caput* deste artigo independem da comprovação do pagamento de quaisquer tributos, inclusive previdenciários.

► § 1º com a redação dada pela Lei nº 12.424, de 16-6-2011 (*DOU* de 17-6-2011 e republicada no *DOU* de 20-6-2011).

§ 2º *Revogado.* Lei nº 12.424, de 16-6-2011 (*DOU* de 17-6-2011 e republicada no *DOU* de 20-6-2011).

Art. 291. A emissão ou averbação da cédula hipotecária, consolidando créditos hipotecários de um só credor, não implica modificação da ordem preferencial dessas hipotecas em relação a outras que lhes sejam posteriores e que garantam créditos não incluídos na consolidação.

Art. 292. É vedado aos tabeliães e aos oficiais de registro de imóveis, sob pena de responsabilidade, lavrar ou registrar escritura ou escritos particulares autorizados por lei, que tenham por objeto imóvel hipotecado a entidade do Sistema Financeiro da Habitação, ou direitos a eles relativos, sem que conste dos mesmos, expressamente, a menção ao ônus real e ao credor, bem como a comunicação ao credor, necessariamente feita pelo alienante, com antecedência de, no mínimo, trinta dias.

Art. 293. Se a escritura deixar de ser lavrada no prazo de sessenta dias a contar da data da comunicação do alienante, esta perderá a validade.

Parágrafo único. A ciência da comunicação não importará consentimento tácito do credor hipotecário.

Art. 294. Nos casos de incorporação de bens imóveis do patrimônio público, para a formação ou integralização do capital de sociedade por ações da administração indireta ou para a formação do patrimônio de empresa pública, o oficial do respectivo registro de imóveis fará o novo registro em nome da entidade a que os mesmos forem incorporados ou transferidos, valendo-se, para tanto, dos dados característicos e confrontações constantes do anterior.

§ 1º Servirá como título hábil para o novo registro o instrumento pelo qual a incorporação ou transferência se verificou, em cópia autêntica, ou exemplar do órgão oficial no qual foi aquele publicado.

§ 2º Na hipótese de não coincidência das características do imóvel com as constantes do registro existente, deverá a entidade, ao qual foi o mesmo incorporado ou transferido, promover a respectiva correção mediante termo aditivo ao instrumento de incorporação ou transferência e do qual deverão constar, entre outros elementos, seus limites ou confrontações, sua descrição e caracterização.

§ 3º Para fins do registro de que trata o presente artigo, considerar-se-á, como valor de transferência dos bens, o constante do instrumento a que alude o § 1º.

► Anterior art. 291 renumerado pela Lei nº 6.941, de 14-9-1981.

Art. 295. O encerramento dos livros em uso, antes da vigência da presente Lei, não exclui a validade dos atos neles registrados, nem impede que, neles, se façam as averbações e anotações posteriores.

Parágrafo único. Se a averbação ou anotação deve ser feita no Livro nº 2 do registro de imóvel, pela presente Lei, e não houver espaço nos anteriores Livros de Transcrição das Transmissões, será aberta a matrícula do imóvel.

► Anterior art. 292 renumerado pela Lei nº 6.941, de 14-9-1981.

Art. 296. Aplicam-se aos registros referidos no artigo 1º, § 1º, incisos I, II e III, desta Lei, as disposições relativas ao processo de dúvida no registro de imóveis.

► Anterior art. 293 renumerado pela Lei nº 6.941, de 14-9-1981.

Art. 297. Os oficiais, na data de vigência desta Lei, lavrarão termo de encerramento nos livros, e dele remeterão cópia ao juiz a que estiverem subordinados.

Parágrafo único. Sem prejuízo do cumprimento integral das disposições desta Lei, os livros antigos poderão ser aproveitados, até o seu esgotamento, mediante autorização judicial e adaptação aos novos modelos, iniciando-se nova numeração.

► Anterior art. 294 renumerado pela Lei nº 6.941, de 14-9-1981.

Art. 298. Esta Lei entrará em vigor no dia 1º de janeiro de 1976.

► Anterior art. 295 renumerado pela Lei nº 6.941, de 14-9-1981.

Art. 299. Revogam-se a Lei nº 4.827, de 7 de março de 1924, os Decretos nºs 4.857, de 9 de novembro de 1939, 5.318, de 29 de fevereiro de 1940, 5.553, de 6 de maio de 1940, e as demais disposições em contrário.

► Anterior art. 296 renumerado pela Lei nº 6.941, de 14-9-1981.

Brasília, 31 de dezembro de 1973;
152º da Independência e
85º da República.

Emílio G. Médici

LEI Nº 6.024, DE 13 DE MARÇO DE 1974

Dispõe sobre a intervenção e a liquidação extrajudicial de instituições financeiras, e dá outras providências.

► Publicada no *DOU* de 14-3-1974.

CAPÍTULO I

DISPOSIÇÃO PRELIMINAR

Art. 1º As instituições financeiras privadas e as públicas não federais, assim como as cooperativas de crédito, estão sujeitas, nos termos desta Lei, à intervenção ou à liquidação extrajudicial, em ambos os casos efetuada e decretada pelo Banco Central do Brasil, sem prejuízo do disposto nos artigos 137 e 138 do Decreto-Lei nº 2.627, de 26 de setembro de 1940, ou à falência, nos termos da legislação vigente.

► Após a revogação do Dec.-lei nº 2.627, de 26-9-1940, passaram a regular o tema os arts. 208 e 209 da Lei nº 6.404, de 15-12-1976.

CAPÍTULO II

DA INTERVENÇÃO E SEU PROCESSO

SEÇÃO I

DA INTERVENÇÃO

Art. 2º Far-se-á a intervenção quando se verificarem as seguintes anormalidades nos negócios sociais da instituição:

I – a entidade sofrer prejuízo, decorrente da má administração, que sujeite a riscos os seus credores;

II – forem verificadas reiteradas infrações a dispositivos da legislação bancária não regularizadas após as determinações do Banco Central do Brasil, no uso das suas atribuições de fiscalização;

III – na hipótese de ocorrer qualquer dos fatos mencionados nos artigos 1º e 2º, do Decreto-Lei nº 7.661, de 21 de junho de 1945 (Lei de Falências), houver possibilidade de evitar-se, a liquidação extrajudicial.

► Na vigente Lei nº 11.101, de 9-2-2005 (Lei de Recuperação de Empresas e Falências), o artigo correspondente é o 94 e seus incisos.

► Liquidação de sociedades: arts. 208 a 218 da Lei nº 6.404, de 15-12-1976.

Art. 3º A intervenção será decretada *ex officio* pelo Banco Central do Brasil, ou por solicitação dos administradores da instituição – se o respectivo estatuto lhes conferir esta competência – com indicação das causas do pedido, sem prejuízo da responsabilidade civil e criminal em que incorrerem os mesmos administradores, pela indicação falsa ou dolosa.

Art. 4º O período da intervenção não excederá a 6 (seis) meses o qual, por decisão do Banco Central do Brasil, poderá ser prorrogado uma única vez, até o máximo de outros 6 (seis) meses.

Art. 5º A intervenção será executada por interventor nomeado pelo Banco Central do Brasil, com plenos poderes de gestão.

Parágrafo único. Dependerão de prévia e expressa autorização do Banco Central do Brasil os atos do interventor que impliquem em disposição ou oneração do patrimônio da sociedade, admissão e demissão de pessoal.

Art. 6º A intervenção produzirá, desde sua decretação, os seguintes efeitos:

a) suspensão da exigibilidade das obrigações vencidas;

b) suspensão da fluência do prazo das obrigações vincendas anteriormente contraídas;

c) inexigibilidade dos depósitos já existentes à data de sua decretação.

Art. 7º A intervenção cessará:

a) se os interessados, apresentando as necessárias condições de garantia, julgados a critério do Banco Central do Brasil, tomarem a si o prosseguimento das atividades econômicas da empresa;

b) quando, a critério do Banco Central do Brasil, a situação da entidade se houver normalizado;

c) se decretada a liquidação extrajudicial, ou a falência da entidade.

SEÇÃO II

DO PROCESSO DA INTERVENÇÃO

Art. 8º Independentemente da publicação do ato de sua nomeação, o interventor será investido, de imediato, em suas funções, mediante termo de posse lavrado no "Diário" da entidade, ou, na falta deste, no livro que o substituir, com a transcrição do ato que houver decretado a medida e que o tenha nomeado.

Art. 9º Ao assumir suas funções, o interventor:

a) arrecadará, mediante termo, todos os livros da entidade e os documentos de interesse da administração;

b) levantará o balanço geral e o inventário de todos os livros, documentos, dinheiro e demais bens da entidade, ainda que em poder de terceiros, a qualquer título.

Parágrafo único. O termo de arrecadação, o balanço geral e o inventário, deverão ser assinados também pelos administradores em exercício no dia anterior ao da posse do interventor, os quais poderão apresentar, em separado, as declarações e observações que julgarem a bem dos seus interesses.

Art. 10. Os ex-administradores da entidade deverão entregar ao interventor, dentro de cinco dias, contados da posse deste, declaração, assinada em conjunto por todos eles, de que conste a indicação:

a) do nome, nacionalidade, estado civil e endereço dos administradores e membros do Conselho Fiscal que estiverem em exercício nos últimos 12 meses anteriores à decretação da medida;

b) dos mandatos que, porventura, tenham outorgado em nome da instituição, indicando o seu objeto, nome e endereço do mandatário;

c) dos bens imóveis, assim como dos móveis, que não se encontrem no estabelecimento;

d) da participação que, porventura, cada administrador ou membro do Conselho Fiscal tenha em outras sociedades, com a respectiva indicação.

Art. 11. O interventor, dentro em sessenta dias, contados de sua posse, prorrogável se necessário, apresentará ao Banco Central do Brasil relatório, que conterá:

a) exame da escrituração, da aplicação dos fundos e disponibilidades, e da situação econômico-financeira da instituição;

b) indicação, devidamente comprovada, dos atos e omissões danosos que eventualmente tenha verificado;

c) proposta justificada da adoção das providências que lhe pareçam convenientes à instituição.

Parágrafo único. As disposições deste artigo não impedem que o interventor, antes da apresentação do relatório, proponha ao Banco Central do Brasil a adoção de qualquer providência que lhe pareça necessária e urgente.

Art. 12. À vista do relatório ou da proposta do interventor, o Banco Central do Brasil poderá:

a) determinar a cessação da intervenção, hipótese em que o interventor será autorizado a promover os atos que, nesse sentido, se tornaram necessários;

b) manter a instituição sob intervenção, até serem eliminadas as irregularidades que a motivaram, observado o disposto no artigo 4º;

c) decretar a liquidação extrajudicial da entidade;

d) autorizar o interventor a requerer a falência da entidade, quando o seu ativo não for suficiente para cobrir sequer metade do valor dos créditos quirografários, ou quando julgada inconveniente a liquidação extrajudicial, ou quando a complexidade dos negócios da instituição ou a gravidade dos fatos apurados aconselharem a medida.

Art. 13. Das decisões do interventor caberá recurso, sem efeito suspensivo, dentro de dez dias da respectiva ciência, para o Banco Central do Brasil, em única instância.

§ 1º Findo o prazo sem a interposição de recurso, a decisão assumirá caráter definitivo.

§ 2º O recurso será entregue, mediante protocolo, ao interventor que o informará e o encaminhará dentro em cinco dias, ao Banco Central do Brasil.

Art. 14. O interventor prestará contas ao Banco Central do Brasil, independentemente de qualquer exigência, no momento em que deixar suas funções, ou a qualquer tempo, quando solicitado, e responderá, civil e criminalmente, por seus atos.

CAPÍTULO III

DA LIQUIDAÇÃO EXTRAJUDICIAL

Seção I

DA APLICAÇÃO E DOS EFEITOS DA MEDIDA

Art. 15. Decretar-se-á a liquidação extrajudicial da instituição financeira:

I – *ex officio*:

a) em razão de ocorrências que comprometam sua situação econômica ou financeira especialmente quando deixar de satisfazer, com pontualidade, seus compromissos ou quando se caracterizar qualquer dos motivos que autorizem a declararão de falência;

b) quando a administração violar gravemente as normas legais e estatutárias que disciplinam a atividade da instituição bem como as determinações do Conselho Monetário Nacional ou do Banco Central do Brasil, no uso de suas atribuições legais;

c) quando a instituição sofrer prejuízo que sujeite a risco anormal seus credores quirografários;

d) quando, cassada a autorização para funcionar, a instituição não iniciar, nos 90 (noventa) dias seguintes, sua liquidação ordinária, ou quando, iniciada esta, verificar o Banco Central do Brasil que a morosidade de sua administração pode acarretar prejuízo para os credores;

II – a requerimento dos administradores da instituição – se o respectivo estatuto social lhes conferir esta competência – ou por proposta do interventor, expostos circunstanciadamente os motivos justificadores da medida.

§ 1º O Banco Central do Brasil decidirá sobre a gravidade dos fatos determinantes da liquidação extrajudicial, considerando as repercussões deste sobre os interesses dos mercados financeiro e de capitais, e, poderá, em lugar da liquidação, efetuar a intervenção, se julgar esta medida suficiente para a normalização dos negócios da instituição e preservação daqueles interesses.

§ 2º O ato do Banco Central do Brasil, que decretar a liquidação extrajudicial, indicará a data em que se tenha caracterizado o estado que a determinou, fixando o termo legal da liquidação que não poderá ser superior a 60 (sessenta) dias contados do primeiro protesto por falta de pagamento ou, na falta deste do ato que haja decretado a intervenção ou a liquidação.

Art. 16. A liquidação extrajudicial será executada por liquidante nomeado pelo Banco Central do Brasil, com amplos poderes de administração e liquidação, especialmente os de verificação e classificação dos créditos, podendo nomear e demitir funcionários, fixando-lhes os vencimentos, outorgar e cassar mandatos, propor ações e representar a massa em Juízo ou fora dele.

§ 1º Com prévia e expressa autorização do Banco Central do Brasil, poderá o liquidante, em benefício da massa, ultimar os negócios pendentes e, a qualquer tempo, onerar ou alienar seus bens, neste último caso através de licitações.

§ 2º Os honorários do liquidante, a serem pagos por conta da liquidanda, serão fixados pelo Banco Central do Brasil.

Art. 17. Em todos os atos, documentos e publicações de interesse da liquidação, será usada obrigatoriamente, a expressão "Em liquidação extrajudicial", em seguida à denominação da entidade.

Art. 18. A decretação da liquidação extrajudicial produzirá, de imediato, os seguintes efeitos:

a) suspensão das ações e execuções iniciadas sobre direitos e interesses relativos ao acervo da entidade liquidanda, não podendo ser intentadas quaisquer outras, enquanto durar a liquidação;

b) vencimento antecipado das obrigações da liquidanda;

c) não atendimento das cláusulas penais dos contratos unilaterais vencidos em virtude da decretação da liquidação extrajudicial;

d) não fluência de juros, mesmo que estipulados, contra a massa, enquanto não integralmente pago o passivo;

e) interrupção da prescrição relativa a obrigações de responsabilidade da instituição;

f) não reclamação de correção monetária de quaisquer dívidas passivas, nem de penas pecuniárias por infração de leis penais ou administrativas.

Art. 19. A liquidação extrajudicial será encerrada:

► *Caput* com a redação dada pela Lei nº 13.506, de 13-11-2017.

a a *d*) Revogadas. Lei nº 13.506, de 13-11-2017.

I – por decisão do Banco Central do Brasil, nas seguintes hipóteses:

a) pagamento integral dos credores quirografários;

b) mudança de objeto social da instituição para atividade econômica não integrante do Sistema Financeiro Nacional;

c) transferência do controle societário da instituição;

d) convolação em liquidação ordinária;

e) exaustão do ativo da instituição, mediante a sua realização total e a distribuição do produto entre os credores, ainda que não ocorra o pagamento integral dos créditos; ou

f) iliquidez ou difícil realização do ativo remanescente na instituição, reconhecidas pelo Banco Central do Brasil;

II – pela decretação da falência da instituição.

► Incisos I e II acrescidos pela Lei nº 13.506, de 13-11-2017.

§ 1º Encerrada a liquidação extrajudicial nas hipóteses previstas nas alíneas *a*, *b*, *d*, *e* e *f* do inciso I do *caput* deste artigo, o Banco Central do Brasil comunicará o encerramento ao órgão competente do registro do comércio, que deverá:

I – nas hipóteses das alíneas *b* e *d* do inciso I do *caput* deste artigo, promover as anotações pertinentes;

II – nas hipóteses das alíneas *a*, *e* e *f* do inciso I do *caput* deste artigo, proceder à anotação do encerramento da liquidação extrajudicial no registro correspondente e substituir, na denominação da sociedade, a expressão "Em liquidação extrajudicial" por "Liquidação extrajudicial encerrada".

§ 2º Encerrada a liquidação extrajudicial nas hipóteses previstas no inciso I do *caput* deste artigo, o prazo prescricional relativo às obrigações da instituição voltará a contar da data da publicação do ato de encerramento do regime.

§ 3º O encerramento da liquidação extrajudicial nas hipóteses previstas nas alíneas *b* e *d* do inciso I do *caput* deste artigo pode ser proposto ao Banco Central do Brasil, após a aprovação por maioria simples dos presentes à assembleia geral de credores, pelos:

I – cooperados ou associados, autorizados pela assembleia geral; ou

II – controladores.

§ 4º A assembleia geral de credores a que se refere o § 3º será presidida pelo liquidante e nela poderão votar os titulares de créditos inscritos no quadro geral de credores, computados os votos proporcionalmente ao valor dos créditos dos presentes.

§ 5º Encerrada a liquidação extrajudicial nas hipóteses previstas no inciso I do *caput* deste artigo, o acervo remanescente da instituição, se houver, será restituído:

I – ao último sócio controlador ou a qualquer sócio participante do grupo de controle ou, na impossibilidade de identificá-lo ou localizá-lo, ao maior acionista ou cotista da sociedade; ou

II – a qualquer cooperado, no caso de cooperativa de crédito.

§ 6º As pessoas referidas no § 5º deste artigo não poderão recusar o recebimento do acervo remanescente e serão consideradas depositárias dos bens recebidos.

§ 7º Na hipótese em que o lugar em que se encontrarem as pessoas referidas no § 5º deste artigo for ignorado, incerto ou inacessível, ou na hipótese de suspeita de ocultação, é o liquidante autorizado a depositar o acervo remanescente em favor delas, no juízo ao qual caberia decretar a falência.

▸ §§ 1º a 7º acrescidos pela Lei nº 13.506, de 13-11-2017.

Seção II
DO PROCESSO DA LIQUIDAÇÃO EXTRAJUDICIAL

Art. 20. Aplicam-se, ao processo da liquidação extrajudicial, as disposições relativas ao processo da intervenção, constantes dos artigos 8º, 9º, 10 e 11, desta Lei.

Art. 21. À vista do relatório ou da proposta previstos no artigo 11, apresentados pelo liquidante na conformidade do artigo anterior, o Banco Central do Brasil poderá autorizá-lo a:

a) prosseguir na liquidação extrajudicial;

b) requerer a falência da entidade, quando o seu ativo não for suficiente para cobrir pelo menos a metade do valor dos créditos quirografários, ou quando houver fundados indícios de crimes falimentares.

Parágrafo único. Sem prejuízo do disposto neste artigo, em qualquer tempo, o Banco Central do Brasil poderá estudar pedidos de cessação da liquidação extrajudicial, formulados pelos interessados, concedendo ou recusando a medida pleiteada, segundo as garantias oferecidas e as conveniências de ordem geral.

Art. 22. Se determinado o prosseguimento da liquidação extrajudicial o liquidante fará publicar, no Diário Oficial da União e em jornal de grande circulação do local da sede da entidade, aviso aos credores para que declarem os respectivos créditos, dispensados desta formalidade os credores por depósitos ou por letras de câmbio de aceite da instituição financeira liquidanda.

§ 1º No aviso de que trata este artigo, o liquidante fixará o prazo para a declaração dos créditos, o qual não será inferior a vinte, nem superior a quarenta dias, conforme a importância da liquidação e os interesses nela envolvidos.

§ 2º Relativamente aos créditos dispensados de habilitação, o liquidante manterá, na sede da liquidanda, relação nominal dos depositantes e respectivos saldos, bem como relação das letras de câmbio de seu aceite.

§ 3º Aos credores obrigados à declaração assegurar-se-á o direito de obterem do liquidante as informações, extratos de contas, saldos e outros elementos necessários à defesa dos seus interesses e à prova dos respectivos créditos.

§ 4º O liquidante dará sempre recibo das declarações de crédito e dos documentos recebidos.

Art. 23. O liquidante juntará a cada declaração a informação completa a respeito do resultado das averiguações a que procedeu nos livros, papéis e assentamentos da entidade, relativos ao crédito declarado, bem como sua decisão quanto à legitimidade, valor e classificação.

Parágrafo único. O liquidante poderá exigir dos ex-administradores da instituição que prestem informações sobre qualquer dos créditos declarados.

Art. 24. Os credores serão notificados, por escrito, da decisão do liquidante, os quais, a contar da data do recebimento da notificação, terão o prazo de dez dias para recorrer, ao Banco Central do Brasil, do ato que lhes pareça desfavorável.

Art. 25. Esgotado o prazo para a declaração de créditos e julgados estes, o liquidante organizará o quadro geral de credores e publicará, na forma prevista no artigo 22, aviso de que dito quadro, juntamente com o balanço geral, se acha fixado na sede e demais dependências da entidade, para conhecimento dos interessados.

Parágrafo único. Após a publicação mencionada neste artigo, qualquer interessado poderá impugnar a legitimidade, valor, ou a classificação dos créditos constantes do referido quadro.

Art. 26. A impugnação será apresentada por escrito, devidamente justificada com os documentos julgados convenientes, dentro de dez dias, contados da data da publicação de que trata o artigo anterior.

§ 1º A entrega da impugnação será feita contra recibo, passado pelo liquidante, com cópia que será juntada ao processo.

§ 2º O titular do crédito impugnado será notificado pelo liquidante e, a contar da data do recebimento da notificação, terá o prazo de cinco dias para oferecer as alegações e provas que julgar convenientes à defesa dos seus direitos.

§ 3º O liquidante encaminhará as impugnações com o seu parecer, juntando os elementos probatórios, à decisão do Banco Central do Brasil.

§ 4º Julgadas todas as impugnações, o liquidante fará publicar avisos na forma do artigo 22, sobre as eventuais modificações no quadro geral de credores que, a partir desse momento, será considerado definitivo.

Art. 27. Os credores que se julgarem prejudicados pelo não provimento do recurso interposto, ou pela decisão proferida na impugnação poderão prosseguir nas ações que tenham sido suspensas por força do artigo 18, ou propor as que couberem, dando ciência do fato ao liquidante para que este reserve fundos suficientes à eventual satisfação dos respectivos pedidos.

Parágrafo único. Decairão do direito assegurado neste artigo os interessados que não o exercitarem dentro do prazo de trinta dias, contados da data em que for considerado definitivo o quadro geral dos credores, com a publicação a que alude o § 4º do artigo anterior.

Art. 28. Nos casos de descoberta de falsidade, dolo, simulação, fraude, erro essencial, ou de documentos ignorados na época do julgamento dos créditos, o liquidante ou qualquer credor admitido pode pedir ao Banco Central do Brasil, até ao encerramento da liquidação, a exclusão, ou outra classificação, ou a simples retificação de qualquer crédito.

Parágrafo único. O titular desse crédito será notificado do pedido e, a contar da data do recebimento da notificação, terá o prazo de cinco dias para oferecer as alegações e provas que julgar convenientes, sendo-lhe assegurado o direito a que se refere o artigo anterior, se se julgar prejudicado pela decisão proferida, que lhe será notificada por escrito, contando-se da data do recebimento da notificação o prazo de decadência fixado no parágrafo único do mesmo artigo.

Art. 29. Incluem-se, entre os encargos da massa, as quantias a ela fornecidas pelos credores, pelo liquidante ou pelo Banco Central do Brasil.

Art. 30. Salvo expressa disposição em contrário desta Lei, das decisões do liquidante caberá recurso sem efeito suspensivo, dentro em dez dias da respectiva ciência, para o Banco Central do Brasil, em única instância.

§ 1º Findo o prazo, sem a interposição de recurso, a decisão assumirá caráter definitivo.

§ 2º O recurso será entregue, mediante protocolo, ao liquidante, que o informará e o encaminhará, dentro de cinco dias, ao Banco Central do Brasil.

Art. 31. No resguardo da economia pública, da poupança privada e da segurança nacional, sempre que a atividade da entidade liquidanda colidir com os interesses daquelas áreas, poderá o liquidante, prévia e expressamente autorizado pelo Banco Central do Brasil, adotar qualquer forma especial ou qualificada de realização do ativo e liquidação do passivo, ceder o ativo a terceiros, organizar ou reorganizar sociedade para continuação geral ou parcial do negócio ou atividade da liquidanda.

§ 1º Os atos referidos neste artigo produzem efeitos jurídicos imediatos, independentemente de formalidades e registros.

§ 2º Os registros correspondentes serão procedidos no prazo de quinze dias, pelos Oficiais dos Registros de Imóveis e pelos Registros do Comércio, bem como pelos demais órgãos da administração pública, quando for o caso, à vista da comunicação formal, que lhes tenha sido feita pelo liquidante.

Art. 32. Apurados, no curso da liquidação, seguros elementos de prova, mesmo indiciária, da prática de contravenções penais ou crimes por parte de qualquer dos antigos administradores e membros do Conselho Fiscal, o liquidante os encaminhará ao órgão do Ministério Público para que este promova a ação penal.

Art. 33. O liquidante prestará contas ao Banco Central do Brasil, independentemente de qualquer exigência, no momento em que deixar suas funções, ou a qualquer tempo, quando solicitado, e responderá, civil e criminalmente, por seus atos.

Art. 34. Aplicam-se à liquidação extrajudicial no que couberem e não colidirem com os preceitos desta Lei, as disposições da Lei de Falências (Decreto-Lei nº 7.661, de 21 de junho de 1945), equiparando-se ao síndico, o liquidante, ao juiz da falência, o Banco Central do Brasil, sendo competente para conhecer da ação revocatória prevista no artigo 55 daquele Decreto-lei, o juiz a quem caberia processar e julgar a falência da instituição liquidanda.

► Arts. 3º (competência), 21 (administrador judicial) e 75 (falência) da Lei nº 11.101, de 9-2-2005, vigente Lei de Recuperação de Empresas e Falências.

Art. 35. Os atos indicados nos artigos 52 e 53, da Lei de Falências (Decreto-Lei nº 7.661, de 1945) praticados pelos administradores da liquidanda poderão ser declarados nulos ou revogados, cumprindo o disposto nos artigos 54 e 58 da mesma Lei.

► Atos anuláveis e revogáveis: arts. 129 e 130 da Lei nº 11.101, de 9-2-2005, vigente Lei de Recuperação de Empresas e Falências.

Parágrafo único. A ação revocatória será proposta pelo liquidante, observado o disposto nos artigos 55, 56 e 57, da Lei de Falências.

CAPÍTULO IV

DOS ADMINISTRADORES E MEMBROS DO CONSELHO FISCAL

Seção I

DA INDISPONIBILIDADE DOS BENS

Art. 36. Os administradores das instituições financeiras em intervenção, em liquidação extrajudicial ou em falência, ficarão com todos os seus bens indisponíveis não podendo, por qualquer forma, direta ou indireta, aliená-los ou onerá-los, até apuração e liquidação final de suas responsabilidades.

§ 1º A indisponibilidade prevista neste artigo decorre do ato que decretar a intervenção, a liquidação extrajudicial ou a falência, e atinge a todos aqueles que tenham estado no exercício das funções nos doze meses anteriores ao mesmo ato.

§ 2º Por proposta do Banco Central do Brasil, aprovada pelo Conselho Monetário Nacional, a indisponibilidade prevista neste artigo poderá ser estendida:

a) aos bens de gerentes, conselheiros fiscais e aos de todos aqueles que, até o limite da responsabilidade estimada de cada um, tenham concorrido, nos últimos doze meses, para a decretação da intervenção ou da liquidação extrajudicial;

b) aos bens de pessoas que, nos últimos doze meses, os tenham a qualquer título, adquirido de administradores da instituição, ou das pessoas referidas na alínea anterior desde que haja seguros elementos de convicção de que se trata de simulada transferência com o fim de evitar os efeitos desta Lei.

§ 3º Não se incluem nas disposições deste artigo os bens considerados inalienáveis ou impenhoráveis pela legislação em vigor.

§ 4º Não são igualmente atingidos pela indisponibilidade os bens objeto de contrato de alienação, de promessa de compra e venda, de cessão ou promessa de cessão de direitos, desde que os respectivos instrumentos tenham sido levados ao competente registro público, anteriormente à data da decretação da intervenção, da liquidação extrajudicial ou da falência.

Art. 37. Os abrangidos pela indisponibilidade de bens de que trata o artigo anterior, não poderão ausentar-se do foro, da intervenção, da liquidação extrajudicial ou da falência, sem prévia e expressa autorização do Banco Central do Brasil ou do juiz da falência.

Art. 38. Decretada a intervenção, a liquidação extrajudicial ou a falência, o interventor, o liquidante ou escrivão da falência comunicará ao registro público competente e às Bolsas de Valores a indisponibilidade de bens imposta no artigo 36.

Parágrafo único. Recebida a comunicação, a autoridade competente ficará relativamente a esses bens impedida de:

a) fazer transcrições, inscrições, ou averbações de documentos públicos ou particulares;

b) arquivar atos ou contratos que importem em transferência de cotas sociais, ações ou partes beneficiárias;

c) realizar ou registrar operações e títulos de qualquer natureza;

d) processar a transferência de propriedade de veículos automotores.

Seção II
DA RESPONSABILIDADE DOS ADMINISTRADORES E MEMBROS DO CONSELHO FISCAL

Art. 39. Os administradores e membros do Conselho Fiscal de instituições financeiras responderão, a qualquer tempo salvo prescrição extintiva, pelos que tiverem praticado ou omissões em que houverem incorrido.

Art. 40. Os administradores de instituições financeiras respondem solidariamente pelas obrigações por elas assumidas durante sua gestão até que se cumpram.

Parágrafo único. A responsabilidade solidária se circunscreverá ao montante dos prejuízos causados.

Art. 41. Decretada a intervenção, a liquidação extrajudicial ou a falência de instituição financeira, o Banco Central do Brasil procederá a inquérito, a fim de apurar as causas que levaram a sociedade àquela situação e a responsabilidade de seus administradores e membros do Conselho Fiscal.

§ 1º Para os efeitos deste artigo, decretada a falência, o escrivão do feito a comunicará, dentro em vinte e quatro horas, ao Banco Central do Brasil.

§ 2º O inquérito será aberto imediatamente à decretação da intervenção ou da liquidação extrajudicial, ou ao recebimento da comunicação da falência, e concluído dentro em cento e vinte dias, prorrogáveis, se absolutamente necessário, por igual prazo.

§ 3º No inquérito, o Banco Central do Brasil poderá:

a) examinar, quando e quantas vezes julgar necessário, a contabilidade, os arquivos, os documentos, os valores e mais elementos das instituições;

b) tomar depoimentos solicitando para isso, se necessário, o auxílio da polícia;

c) solicitar informações a qualquer autoridade ou repartição pública, ao juiz da falência, ao órgão do Ministério Público, ao síndico, ao liquidante ou ao interventor;

d) examinar, por pessoa que designar, os autos da falência e obter, mediante solicitação escrita, cópias ou certidões de peças desses autos;

e) examinar a contabilidade e os arquivos de terceiros com os quais a instituição financeira tiver negociado e no que entender com esses negócios, bem como a contabilidade e os arquivos dos ex-administradores, se comerciantes ou industriais sob firma individual, e as respectivas contas junto a outras instituições financeiras.

§ 4º Os ex-administradores poderão acompanhar o inquérito, oferecer documentos e indicar diligências.

Art. 42. Concluída a apuração, os ex-administradores serão convidados por carta, a apresentar, por escrito, suas alegações e explicações dentro em cinco dias comuns para todos.

Art. 43. Transcorrido o prazo do artigo anterior, com ou sem a defesa, será o inquérito encerrado com um relatório, do qual constarão, em síntese, a situação da entidade examinada, as causas de sua queda, o nome, a qualificação e a relação dos bens particulares dos que, nos últimos cinco anos, geriram a sociedade, bem como o montante ou a estimativa dos prejuízos apurados em cada gestão.

Art. 44. Se o inquérito concluir pela inexistência de prejuízo, será, no caso de intervenção e de liquidação extrajudicial, arquivado no próprio Banco Central do Brasil, ou, no caso de falência, será remetido ao competente juiz, que o mandará apensar aos respectivos autos.

Parágrafo único. Na hipótese prevista neste artigo, o Banco Central do Brasil, nos casos de intervenção e de liquidação extrajudicial ou o juiz, no caso de falência, de ofício ou a requerimento de qualquer interessado, determinará o levantamento da indisponibilidade de que trata o artigo 36.

Art. 45. Concluindo o inquérito pela existência de prejuízos será ele, com o respectivo relatório, remetido pelo Banco Central do Brasil ao juiz da falência, ou ao que for competente para decretá-la, o qual o fará com vista ao órgão do Ministério Público, que, em oito dias, sob pena de responsabilidade, requererá o sequestro dos bens dos ex-administradores, que não tinham sido atingidos pela indisponibilidade prevista no artigo 36, quantos bastem para a efetivação da responsabilidade.

§ 1º Em caso de intervenção ou liquidação extrajudicial, a distribuição do inquérito ao juízo competente na forma deste artigo, previne a jurisdição do mesmo juízo, na hipótese de vir a ser decretada a falência.

§ 2º Feito o arresto, os bens serão depositados em mãos do interventor, do liquidante ou do síndico, conforme a hipótese, cumprindo ao depositário administrá-los, receber os respectivos rendimentos e prestar contas a final.

Art. 46. A responsabilidade dos ex-administradores, definida nesta Lei, será apurada em ação própria, proposta no juízo da falência ou no que for para ela competente.

Parágrafo único. O órgão do Ministério Público, nos casos de intervenção e liquidação extrajudicial proporá a ação obrigatoriamente dentro em trinta dias, a contar da realização do arresto, sob pena de responsabilidade e preclusão da sua iniciativa. Findo esse prazo ficarão os autos em cartório, à disposição de qualquer credor, que poderá iniciar a ação, nos quinze dias seguintes. Se neste último prazo ninguém o fizer, levantar-se-ão o arresto e a indisponibilidade, apensando-se os autos aos da falência, se for o caso.

Art. 47. Se, decretado o arresto ou proposta a ação, sobrevier a falência da entidade, competirá ao síndico tomar, daí por diante as providências necessárias ao efetivo cumprimento das determinações desta Lei, cabendo-lhe promover a devida substituição processual, no prazo de trinta dias, contados da data do seu compromisso.

Art. 48. Independentemente do inquérito e do arresto, qualquer das partes, a que se refere o parágrafo único do artigo 46, no prazo nele previsto, poderá propor a ação de responsabilidade dos ex-administradores, na forma desta Lei.

Art. 49. Passada em julgado a sentença que declarar a responsabilidade dos ex-administradores, o arresto e a indisponibilidade de bens se convolarão em penhora, seguindo-se o processo de execução.

§ 1º Apurados os bens penhorados e pagas as custas judiciais, o líquido será entregue ao interventor, ao liquidante ou ao síndico, conforme o caso, para rateio entre os credores da instituição.

§ 2º Se, no curso da ação ou da execução, encerrar-se a intervenção ou a liquidação extrajudicial, o interventor ou o liquidante, por ofício, dará conhecimento da ocorrência ao juiz, solicitando sua substituição como depositário dos bens arrestados ou penhorados, e fornecendo a relação nominal e respectivos saldos dos credores a serem, nesta hipótese diretamente contemplados com o rateio previsto no parágrafo anterior.

CAPÍTULO V
DISPOSIÇÕES GERAIS

Art. 50. A intervenção determina a suspensão, e, a liquidação extrajudicial, a perda do mandato respectivamente, dos administradores e membros do Conselho Fiscal e de quaisquer outros órgãos criados pelo estatuto, competindo, exclusivamente, ao interventor e ao liquidante a convocação da assembleia-geral nos casos em que julgarem conveniente.

Art. 51. Com o objetivo de preservar os interesses da poupança popular e a integridade do acervo das entidades submetidas a intervenção ou a liquidação extrajudicial o Banco Central do Brasil poderá estabelecer idêntico regime para as pessoas jurídicas que com elas tenham integração de atividade ou vínculo de interesse, ficando os seus administradores sujeitos aos preceitos desta Lei.

Parágrafo único. Verifica-se integração de atividade ou vínculo de interesse, quando as pessoas jurídicas referidas neste artigo, forem devedoras da sociedade sob intervenção ou submetida a liquidação extrajudicial, ou quando seus sócios ou acionistas participarem do capital desta importância superior a 10% (dez por cento) ou sejam cônjuges, ou parentes até o segundo grau, consanguíneos ou afins, de seus diretores ou membros dos conselhos consultivo, administrativo, fiscal ou semelhantes.

Art. 52. Aplicam-se as disposições da presente Lei às sociedades ou empresas que integram o sistema de distribuição de títulos ou valores mobiliários no mercado de capitais (artigo 5º, da Lei nº 4.728, de 14 de julho de 1965), assim como às sociedades ou empresas corretoras de câmbio.

§ 1º A intervenção nessas sociedades ou empresas, ou sua liquidação extrajudicial, poderá ser decretada pelo Banco Central do Brasil por iniciativa própria ou por solicitação das Bolsas de Valores quanto às corretoras a elas associadas, mediante representação fundamentada.

§ 2º Por delegação de competência do Banco Central do Brasil e sem prejuízo de suas atribuições a intervenção ou a liquidação extrajudicial, das sociedades corretoras, membros das Bolsas de Valores, poderá ser processada por estas, sendo competente no caso, aquela da área em que a sociedade tiver sede.

Art. 53. As sociedades ou empresas que integram o sistema de distribuição de títulos ou valores mobiliários no mercado de capitais, assim como as sociedades ou empresas corretoras do câmbio, não poderão com as instituições financeiras, impetrar concordata.

Art. 54. As disposições da presente Lei estendem-se às intervenções e liquidações extrajudiciais em curso, no que couberem.

Art. 55. O Banco Central do Brasil é autorizado a prestar assistência financeira às Bolsas de Valores, nas condições fixadas pelo Conselho Nacional, quando, a seu critério, se fizer necessária para que elas se adaptem, inteiramente, às exigências do mercado de capitais.

Parágrafo único. A assistência financeira prevista neste artigo poderá ser estendida às Bolsas de Valores nos casos de intervenção ou liquidação extrajudicial em sociedades corretoras de valores mobiliários e de câmbio, com vistas a resguardar legítimos interesses de investidores.

Art. 56. Ao artigo 129, do Decreto-Lei nº 2.627, de 26 de setembro de 1940, é acrescentado o seguinte parágrafo, além do que já lhe fora aditado pela Lei nº 5.589, de 3 de junho de 1970:

► O Dec.-lei nº 2.627, de 26-9-1940, foi revogado pela Lei nº 6.404, de 15-12-1976 (Lei das Sociedades por Ações).

Art. 57. Esta Lei entrará em vigor na data de sua publicação, revogada a Lei nº 1.808, de 7 de janeiro de 1953, os Decretos-Leis nºs 9.228, de 3 de maio de 1946; 9.328, de 10 de junho de 1946; 9.346, de 10 de junho de 1946; 48, de 18 de novembro de 1966; 462, de 11 de fevereiro de 1969; e 685, de 17 de julho de 1969, e demais disposições gerais e especiais em contrário.

Brasília, 13 de março de 1974;
153º da Independência e
86º da República.

Emílio G. Médici

LEI Nº 6.099, DE 12 DE SETEMBRO DE 1974

Dispõe sobre o tratamento tributário das operações de arrendamento mercantil, e dá outras providências.

► Publicada no *DOU* de 13-9-1974.

► Súmulas nºs 138, 293, 369 e 564 do STJ.

Art. 1º O tratamento tributário das operações de arrendamento mercantil reger-se-á pelas disposições desta Lei.

Parágrafo único. Considera-se arrendamento mercantil, para os efeitos desta Lei, o negócio jurídico realizado entre pessoa jurídica, na qualidade de arrendadora, e pessoa física ou jurídica, na qualidade de arrendatária, e que tenha por objeto o arrendamento de bens adquiridos pela arrendadora, segundo especificações da arrendatária e para uso próprio desta.

► A Lei nº 11.941, de 27-5-2009, ao converter a MP nº 449, de 3-12-2008, não manteve o acréscimo do art. 1º-A.

Art. 2º Não terá o tratamento previsto nesta Lei o arrendamento de bens contratado entre pessoas jurídicas direta ou indiretamente coligadas ou interdependentes, assim como o contratado com o próprio fabricante.

§ 1º O Conselho Monetário Nacional especificará em regulamento os casos de coligação e interdependência.

§ 2º Somente farão jus ao tratamento previsto nesta Lei as operações realizadas ou por empresas arrendadoras que fizerem dessa operação o objeto principal de sua atividade ou que centralizarem tais operações em um departamento especializado com escrituração própria.

Art. 3º Serão escriturados em conta especial do ativo imobilizado da arrendadora os bens destinados a arrendamento mercantil.

Art. 4º A pessoa jurídica arrendadora manterá registro individualizado que permita a verificação do fator determinante da receita e do tempo efetivo de arrendamento.

Art. 5º Os contratos de arrendamento mercantil conterão as seguintes disposições:

a) prazo do contrato;

b) valor de cada contraprestação por períodos determinados, não superiores a um semestre;

c) opção de compra ou renovação de contrato, como faculdade do arrendatário;

d) preço para opção de compra ou critério para sua fixação, quando for estipulada esta cláusula.

Parágrafo único. Poderá o Conselho Monetário Nacional, nas operações que venha a definir, estabelecer que as contraprestações sejam estipuladas por períodos superiores aos previstos na alínea *b* deste artigo.

► Parágrafo único acrescido pela Lei nº 7.132, de 26-10-1983.

Art. 6º O Conselho Monetário Nacional poderá estabelecer índices máximos para a soma das contraprestações, acrescidas do preço para exercício da opção da compra nas operações de arrendamento mercantil.

§ 1º Ficam sujeitas à regra deste artigo as prorrogações do arrendamento nele referido.

§ 2º Os índices de que trata este artigo serão fixados, considerando o custo do arrendamento em relação ao do financiamento da compra e venda.

Art. 7º Todas as operações de arrendamento mercantil subordinam-se ao controle e fiscalização do Banco Central do Brasil, segundo normas estabelecidas pelo Conselho Monetário Nacional, a elas se aplicando, no que couber, as disposições da Lei nº 4.595, de 31 de dezembro de 1964, e legislação posterior relativa ao Sistema Financeiro Nacional.

Art. 8º O Conselho Monetário Nacional poderá baixar resolução disciplinando as condições segundo as quais as instituições financeiras poderão financiar suas controladas, coligadas ou interdependentes que se especializarem em operações de arrendamento mercantil.

Parágrafo único. A aquisição de debêntures emitidas por sociedades de arrendamento mercantil em mercado primário ou secundário constitui obrigação de natureza cambiária, não caracterizando operação de empréstimo ou adiantamento.

► Art. 8º com a redação dada pela Lei nº 11.882, de 23-12-2008.

Art. 9º As operações de arrendamento mercantil contratadas com o próprio vendedor do bem ou com pessoas jurídicas a ele vinculadas, mediante quaisquer das relações previstas no artigo 2º desta Lei, poderão também ser realizadas por instituições financeiras expressamente autorizadas pelo Conselho Monetário Nacional, que estabelecerá as condições para a realização das operações previstas neste artigo.

Parágrafo único. Nos casos deste artigo, o prejuízo decorrente da venda do bem não será dedutível na determinação do lucro real.

► Art. 9º com a redação dada pela Lei nº 7.132, de 26-10-1983.

Art. 10. Somente poderão ser objeto de arrendamento mercantil os bens de produção estrangeira que forem enumerados pelo Conselho Monetário Nacional, que poderá, também, estabelecer condições para seu arrendamento a empresas cujo controle acionário pertencer a pessoas residentes no Exterior.

Art. 11. Serão consideradas como custo ou despesa operacional da pessoa jurídica arrendatária as contraprestações pagas ou creditadas por força do contrato de arrendamento mercantil.

§ 1º A aquisição pelo arrendatário de bens arrendados em desacordo com as disposições desta Lei será considerada operação de compra e venda a prestação.

► Súm. nº 293 do STJ.

§ 2º O preço de compra e venda, no caso do parágrafo anterior, será o total das contraprestações pagas durante a vigência do arrendamento, acrescido da parcela paga a título de preço de aquisição.

§ 3º Na hipótese prevista no § 1º deste artigo, as importâncias já deduzidas, como custo ou despesa operacional pela adquirente, acrescerão ao lucro tributável pelo Imposto sobre a Renda, no exercício correspondente à respectiva dedução.

§ 4º O imposto não recolhido, na hipótese do parágrafo anterior, será devido com acréscimo de juros e correção monetária, multa e demais penalidades legais.

Art. 12. Serão admitidas como custos das pessoas jurídicas arrendadoras as quotas de depreciação do preço de aquisição de bem arrendado, calculadas de acordo com a vida útil do bem.

§ 1º Entende-se por vida útil do bem o prazo durante o qual se possa esperar a sua efetiva utilização econômica.

§ 2º A Secretaria da Receita Federal publicará periodicamente o prazo de vida útil admissível, em condições normais, para cada espécie de bem.

§ 3º Enquanto não forem publicados os prazos de vida útil de que trata o parágrafo anterior, a sua determinação se fará segundo as normas previstas pela legislação do Imposto sobre a Renda para fixação da taxa de depreciação.

Art. 13. Nos casos de operações de vendas de bens que tenham sido objeto de arrendamento mercantil, o saldo não depreciado será admitido como custo para efeito de apuração do lucro tributável pelo Imposto sobre a Renda.

Art. 14. Não será dedutível, para fins de apuração do lucro tributável pelo Imposto sobre a Renda, a diferença a menor entre o valor contábil residual do bem arrendado e o seu preço de venda, quando do exercício da opção de compra.

Art. 15. *Revogado.* Lei nº 12.973, de 13-5-2014.

Art. 16. Os contratos de arrendamento mercantil celebrados com entidades domiciliadas no Exterior serão submetidos a registro no Banco Central do Brasil.

§ 1º O Conselho Monetário Nacional estabelecerá as normas para a concessão do registro a que se refere este artigo, observando as seguintes condições:

a) razoabilidade da contraprestação e de sua composição;
b) critérios para fixação do prazo de vida útil do bem;
c) compatibilidade do prazo de arrendamento do bem com a sua vida útil;
d) relação entre o preço internacional do bem e o custo total do arrendamento;
e) cláusula de opção de compra ou renovação do contrato;
f) outras cautelas ditadas pela política econômico-financeira nacional.

§ 2º Mediante prévia autorização do Banco Central do Brasil, segundo normas para este fim expedidas pelo Conselho Monetário Nacional, os bens objeto das operações de que trata este artigo poderão ser arrendados a sociedades arrendadoras domiciliadas no País, para o fim de subarrendamento.

§ 3º Estender-se-ão ao subarrendamento as normas aplicáveis aos contratos de arrendamento mercantil celebrados com entidades domiciliadas no Exterior.

§ 4º No subarrendamento poderá haver vínculo de coligação ou de interdependência entre a entidade domiciliada no Exterior e a sociedade arrendatária subarrendadora, domiciliada no País.

§ 5º Mediante as condições que estabelecer, o Conselho Monetário Nacional poderá autorizar o registro de contratos sem cláusula de opção de compra, bem como fixar prazos mínimos para as operações previstas neste artigo.

Art. 17. A entrada no Território Nacional dos bens objeto de arrendamento mercantil, contratado com entidades arrendadoras domiciliadas no Exterior, não se confunde com o regime de admissão temporária de que trata o Decreto-Lei nº 37, de 18 de novembro de 1966, e se sujeitará a todas as normas legais que regem a importação.

► Arts. 16 e 17 com a redação dada pela Lei nº 7.132, de 26-10-1983.

Art. 18. A base de cálculo, para efeito do Imposto sobre Produtos Industrializados, do fato gerador que ocorrer por ocasião da remessa de bens importados ao estabelecimento da empresa arrendatária, corresponderá ao preço atacado desse bem na praça em que a empresa arrendadora estiver domiciliada.

► *Caput* com a redação dada pela Lei nº 7.132, de 26-10-1983.

§ 1º *Revogado.* Lei nº 9.532, de 10-12-1997.

§ 2º Nas hipóteses em que o preço dos bens importados para o fim de arrendamento for igual ou superior ao que seria pago pelo arrendatário se os importasse diretamente, a base de cálculo mencionada no *caput* deste artigo será o valor que servir de base para o recolhimento do Imposto sobre Produtos Industrializados, por ocasião do desembaraço alfandegário desses bens.

Art. 19. Fica equiparada à exportação a compra e venda de bens no mercado interno, para o fim específico de arrendamento pelo comprador a arrendatário domiciliado no Exterior.

Art. 20. São assegurados ao vendedor dos bens de que trata o artigo anterior todos os benefícios fiscais concedidos por lei para incentivo à exportação, observadas as condições de qualidade da pessoa do vendedor e outras exigidas para os casos de exportação direta ou indireta.

§ 1º Os benefícios fiscais de que trata este artigo serão concedidos sobre o equivalente em moeda nacional de garantia irrevogável do pagamento das contraprestações do arrendamento contratado, limitada a base de cálculo ao preço da compra e venda.

§ 2º Para os fins do disposto no § 1º, a equivalência em moeda nacional será determinada pela maior taxa de câmbio do dia da utilização dos benefícios fiscais, quando o pagamento das contraprestações do arrendamento contratado for efetivado em moeda estrangeira de livre conversibilidade.

► § 2º com a redação dada pela Lei nº 12.024, de 27-8-2009.

Art. 21. O Ministro da Fazenda poderá estender aos arrendatários de máquinas, aparelhos e equipamentos de produção nacional, objeto de arrendamento mercantil, os benefícios de que trata o Decreto-Lei nº 1.136, de 7 de dezembro de 1970.

Art. 22. As pessoas jurídicas que estiverem operando com arrendamento de bens, e que se ajustarem às disposições desta Lei dentro de cento e oitenta dias, a contar da sua vigência, terão as suas operações regidas por este Diploma legal, desde que ajustem convenientemente os seus contratos, mediante instrumentos de aditamento.

Art. 23. Fica o Conselho Monetário Nacional autorizado a:

a) expedir normas que visem a estabelecer mecanismos reguladores das atividades previstas nesta Lei, inclusive excluir modalidades de operações do tratamento nela previsto e limitar ou proibir sua prática por determinadas categorias de pessoas físicas ou jurídicas;

► Alínea *a* com a redação dada pela Lei nº 7.132, de 26-10-1983.

b) enumerar restritivamente os bens que não poderão ser objeto de arrendamento mercantil, tendo em vista a política econômico-financeira do País.

Art. 24. A cessão do contrato de arrendamento mercantil a entidade domiciliada no Exterior reger-se-á pelo disposto nesta Lei e dependerá de prévia autorização do Banco Central do Brasil, conforme normas expedidas pelo Conselho Monetário Nacional.

► *Caput* com a redação dada pela Lei nº 7.132, de 26-10-1983.

Parágrafo único. Observado o disposto neste artigo, poderão ser transferidos, exclusiva e independentemente da cessão do contrato, os direitos de crédito relativos às contraprestações devidas.

Art. 25. Esta Lei entrará em vigor na data de sua publicação, revogadas as disposições em contrário.

► Anterior art. 24 renumerado pela Lei nº 7.132, de 26-10-1983.

Brasília, 12 de setembro de 1974;
153º da Independência e
86º da República.

Ernesto Geisel

LEI Nº 6.194, DE 19 DE DEZEMBRO DE 1974

Dispõe sobre Seguro Obrigatório de Danos Pessoais causados por veículos automotores de via terrestre, ou por sua carga, a pessoas transportadas ou não.

► Publicada no *DOU* de 20-12-1974 e retificada no *DOU* de 31-12-1974.

Art. 1º A alínea *b* do artigo 20, do Decreto-lei nº 73, de 21 de novembro de 1966, passa a ter a seguinte redação:

"Art. 20. ....

b) Responsabilidade civil dos proprietários de veículos automotores de vias fluvial, lacustre, marítima, de aeronaves e dos transportadores em geral."

Art. 2º Fica acrescida ao artigo 20, do Decreto-lei nº 73, de 21 de novembro de 1966, a alínea *l* nestes termos:

"Art. 20. ....

l) Danos pessoais causados por veículos automotores de via terrestre, ou por sua carga, a pessoas transportadas ou não."

Art. 3º Os danos pessoais cobertos pelo seguro estabelecido no art. 2º desta Lei compreendem as indenizações por morte, por invalidez permanente, total ou parcial, e por despesas de assistência médica e suplementares, nos valores e conforme as regras que se seguem, por pessoa vitimada:

► *Caput* com a redação dada pela Lei nº 11.945, de 4-6-2009.

► O art. 2º refere-se à obrigatoriedade do seguro por danos pessoais causados por veículos automotores de via terrestre, ou por sua carga, a pessoas transportadas ou não.

a a c) Revogadas. Lei nº 11.482, de 31-5-2007.

I – R$ 13.500,00 (treze mil e quinhentos reais) – no caso de morte;

II – até R$ 13.500,00 (treze mil e quinhentos reais) – no caso de invalidez permanente; e

III – até R$ 2.700,00 (dois mil e setecentos reais) – como reembolso à vítima – no caso de despesas de assistência médica e suplementares devidamente comprovadas.

► Incisos I a III com a redação dada pela Lei nº 11.482, de 31-5-2007.

§ 1º No caso da cobertura de que trata o inciso II do *caput* deste artigo, deverão ser enquadradas na tabela anexa a esta Lei as lesões diretamente decorrentes de acidente e que não sejam suscetíveis de amenização proporcionada por qualquer medida terapêutica, classificando-se a invalidez permanente como total ou parcial, subdividindo-se a invalidez permanente parcial em completa e incompleta, conforme a extensão das perdas anatômicas ou funcionais, observado o disposto abaixo:

I – quando se tratar de invalidez permanente parcial completa, a perda anatômica ou funcional será diretamente enquadrada em um dos segmentos orgânicos ou corporais previstos na tabela anexa, correspondendo a indenização ao valor resultante da aplicação do percentual ali estabelecido ao valor máximo da cobertura; e

II – quando se tratar de invalidez permanente parcial incompleta, será efetuado o enquadramento da perda anatômica ou funcional na forma prevista no inciso I deste parágrafo, procedendo-se, em seguida, à redução proporcional da indenização que corresponderá a 75% (setenta e cinco por cento) para as perdas de repercussão intensa, 50% (cinquenta por cento) para as de média repercussão, 25% (vinte e cinco por cento) para as de leve repercussão, adotando-se ainda o percentual de 10% (dez por cento), nos casos de sequelas residuais.

§ 2º Assegura-se à vítima o reembolso, no valor de até R$ 2.700,00 (dois mil e setecentos reais), previsto no inciso III do *caput* deste artigo, de despesas médico-hospitalares, desde que devidamente comprovadas, efetuadas pela rede credenciada junto ao Sistema Único de Saúde, quando em caráter privado, vedada a cessão de direitos.

► §§ 1º e 2º com a redação dada pela Lei nº 11.945, de 4-6-2009.

§ 3º As despesas de que trata o § 2º deste artigo em nenhuma hipótese poderão ser reembolsadas quando o atendimento for realizado pelo SUS, sob pena de descredenciamento do estabelecimento de saúde do SUS, sem prejuízo das demais penalidades previstas em lei.

► § 3º acrescido pela Lei nº 11.945, de 4-6-2009.

Art. 4º A indenização no caso de morte será paga de acordo com o disposto no art. 792 da Lei nº 10.406, de 10 de janeiro de 2002 – Código Civil.

► *Caput* com a redação dada pela Lei nº 11.482, de 31-5-2007.

§§ 1º e 2º. *Revogados*. Lei nº 11.482, de 31-5-2007.

§ 3º Nos demais casos, o pagamento será feito diretamente à vítima na forma que dispuser o Conselho Nacional de Seguros Privados – CNSP.

► § 3º acrescido pela Lei nº 11.482, de 31-5-2007.

Art. 5º O pagamento da indenização será efetuado mediante simples prova do acidente e do dano decorrente, independentemente da existência de culpa, haja ou não resseguro, abolida qualquer franquia de responsabilidade do segurado.

§ 1º A indenização referida neste artigo será paga com base no valor vigente na época da ocorrência do sinistro, em cheque nominal aos beneficiários, descontável no dia e na praça da sucursal que fizer a liquidação, no prazo de 30 (trinta) dias da entrega dos seguintes documentos:

► *Caput* do § 1º com a redação dada pela Lei nº 11.482, de 31-5-2007.

a) certidão de óbito, registro da ocorrência no órgão policial competente e a prova de qualidade de beneficiários – no caso de morte;

► Alínea *a* com a redação dada pela Lei nº 8.441, de 13-7-1992.

b) prova das despesas efetuadas pela vítima com o seu atendimento por hospital, ambulatório ou médico assistente e registro da ocorrência no órgão policial competente – no caso de danos pessoais.

§ 2º Os documentos referidos no § 1º serão entregues à Sociedade Seguradora, mediante recibo, que os especificará.

§ 3º Não se concluindo na certidão de óbito o nexo de causa e efeito entre a morte e o acidente, será acrescentada a certidão de auto de necropsia, fornecida diretamente pelo Instituto Médico Legal, independentemente de requisição ou autorização da autoridade policial ou da jurisdição do acidente.

§ 4º Havendo dúvida quanto ao nexo de causa e efeito entre o acidente e as lesões, em caso de despesas médicas suplementares e invalidez permanente, poderá ser acrescentado ao boletim de atendimento hospitalar relatório de internamento ou tratamento, se houver, fornecido pela rede hospitalar e previdenciária, mediante pedido verbal ou escrito, pelos interessados, em formulário próprio da entidade fornecedora.

► §§ 3º e 4º acrescidos pela Lei nº 8.441, de 13-7-1992.

§ 5º O Instituto Médico Legal da jurisdição do acidente ou da residência da vítima deverá fornecer, no prazo de até 90 (noventa) dias, laudo à vítima com a verificação da existência e quantificação das lesões permanentes, totais ou parciais.

► § 5º com a redação dada pela Lei nº 11.945, de 4-6-2009.

§ 6º O pagamento da indenização também poderá ser realizado por intermédio de depósito ou Transferência Eletrônica de Dados – TED para a conta-corrente ou conta de poupança do beneficiário, observada a legislação do Sistema de Pagamentos Brasileiro.

§ 7º Os valores correspondentes às indenizações, na hipótese de não cumprimento do prazo para o pagamento da respectiva obrigação pecuniária, sujeitam-se à correção monetária segundo índice oficial regularmente estabelecido e juros moratórios com base em critérios fixados na regulamentação específica de seguro privado.

► §§ 6º e 7º acrescidos pela Lei nº 11.482, de 31-5-2007.

Art. 6º No caso de ocorrência do sinistro do qual participem dois ou mais veículos, a indenização será paga pela Sociedade Seguradora do respectivo veículo em que cada pessoa vitimada era transportada.

§ 1º Resultando do acidente vítimas não transportadas, as indenizações a elas correspondentes serão pagas, em partes iguais, pelas Sociedades Seguradoras dos veículos envolvidos.

§ 2º Havendo veículos não identificados e identificados, a indenização será paga pelas Sociedades Seguradoras destes últimos.

Art. 7º A indenização por pessoa vitimada por veículo não identificado, com seguradora não identificada, seguro não realizado ou vencido, será paga nos mesmos valores, condições e prazos dos demais casos por um consórcio constituído, obrigatoriamente, por todas as sociedades seguradoras que operem no seguro objeto desta lei.

► *Caput* com a redação dada pela Lei nº 8.441, de 13-7-1992.

§ 1º O consórcio de que trata este artigo poderá haver regressivamente do proprietário do veículo os valores que desembolsar, ficando o veículo, desde logo, como garantia da obrigação, ainda que vinculada a contrato de alienação fiduciária, reserva de domínio, *leasing* ou qualquer outro.

► § 1º com a redação dada pela Lei nº 8.441, de 13-7-1992.

§ 2º O Conselho Nacional de Seguros Privados (CNSP) estabelecerá normas para atender ao pagamento das indenizações previstas neste artigo, bem como a forma de sua distribuição pelas Seguradoras participantes do Consórcio.

Art. 8º Comprovado o pagamento, a Sociedade Seguradora que houver pago a indenização poderá, mediante ação própria, haver do responsável a importância efetivamente indenizada.

Art. 9º Nos seguros facultativos de responsabilidade civil dos proprietários de veículos automotores de via terrestre, as indenizações por danos materiais causados a terceiros serão pagas independentemente da responsabilidade que for apurada em ação judicial contra o causador do dano, cabendo à Seguradora o direito de regresso contra o responsável.

Art. 10. Observar-se-á o procedimento sumaríssimo do Código de Processo Civil nas causas relativas aos danos pessoais mencionados na presente Lei.

Art. 11. A sociedade seguradora que infringir as disposições desta Lei estará sujeita às penalidades previstas no art. 108 do Decreto-Lei nº 73, de 21 de novembro de 1966, de acordo com a gravidade da irregularidade, observado o disposto no art. 118 do referido Decreto-Lei.

► Artigo com a redação dada pela Lei nº 11.482, de 31-5-2007.

Art. 12. O Conselho Nacional de Seguros Privados expedirá normas disciplinadoras e tarifas que atendam ao disposto nesta Lei.

§ 1º O Conselho Nacional de Trânsito implantará e fiscalizará as medidas de sua competência, garantidoras do não licenciamento e não circulação de veículos automotores de vias terrestres, em via pública ou fora dela, a descoberta do seguro previsto nesta Lei.

§ 2º Para efeito do parágrafo anterior, o Conselho Nacional de Trânsito expedirá normas para o vencimento do seguro coincidir com o do IPVA, arquivando-se cópia do bilhete ou apólice no prontuário respectivo, bem como fazer constar no registro de ocorrências nome, qualificação, endereço residencial e profissional completos do proprietário do veículo, além do nome da seguradora, número e vencimento do bilhete ou apólice de seguro.

► §§ 1º e 2º acrescidos pela Lei nº 8.441, de 13-7-1992.

§ 3º O CNSP estabelecerá anualmente o valor correspondente ao custo da emissão e da cobrança da apólice ou do bilhete do Seguro Obrigatório de Danos Pessoais causados por veículos automotores de vias terrestres.

§ 4º O disposto no parágrafo único do art. 27 da Lei nº 8.212, de 24 de julho de 1991, não se aplica ao produto da arrecadação do ressarcimento do custo descrito no § 3º deste artigo.

► §§ 3º e 4º com a redação dada pela Lei nº 11.945, de 4-6-2009.

Art. 13. Esta Lei entrará em vigor na data de sua publicação, revogados o Decreto-Lei nº 814, de 4 de setembro de 1969, e demais disposições em contrário.

Brasília, 19 de dezembro de 1974;
153º da Independência e
86º da República.

Ernesto Geisel

ANEXO
(ART. 3º DA LEI Nº 6.194, DE 19 DE DEZEMBRO DE 1974)

► Anexo com a redação dada pela Lei nº 11.945, de 4-6-2009, e retificado no *DOU* de 24-6-2009.

Danos Corporais Totais Repercussão na Íntegra do Patrimônio Físico	Percentual da Perda
Perda anatômica e/ou funcional completa de ambos os membros superiores ou inferiores	100
Perda anatômica e/ou funcional completa de ambas as mãos ou de ambos os pés	
Perda anatômica e/ou funcional completa de um membro superior e de um membro inferior	
Perda completa da visão em ambos os olhos (cegueira bilateral) ou cegueira legal bilateral	
Lesões neurológicas que cursem com: (a) dano cognitivo-comportamental	
alienante; (b) impedimento do senso de orientação espacial e/ou do livre	
deslocamento corporal; (c) perda completa do controle esfincteriano; (d)	
comprometimento de função vital ou autonômica	
Lesões de órgãos e estruturas craniofaciais, cervicais, torácicos, abdominais, pélvicos ou retroperitoneais cursando com prejuízos funcionais não compensáveis de ordem autonômica, respiratória, cardiovascular, digestiva, excretora ou de qualquer outra espécie, desde que haja comprometimento de função vital	
Danos Corporais Segmentares (Parciais) Repercussões em Partes de Membros Superiores e Inferiores	**Percentuais das Perdas**
Perda anatômica e/ou funcional completa de um dos membros superiores e/ou de uma das mãos	70
Perda anatômica e/ou funcional completa de um dos membros inferiores	
Perda anatômica e/ou funcional completa de um dos pés	50
Perda completa da mobilidade de um dos ombros, cotovelos, punhos ou dedo polegar	25
Perda completa da mobilidade de um quadril, joelho ou tornozelo	
Perda anatômica e/ou funcional completa de qualquer um dentre os outros dedos da mão	10
Perda anatômica e/ou funcional completa de qualquer um dos dedos do pé	
Danos Corporais Segmentares (Parciais) Outras Repercussões em Órgãos e Estruturas Corporais	**Percentuais das Perdas**
Perda auditiva total bilateral (surdez completa) ou da fonação (mudez completa) ou da visão de um olho	50
Perda completa da mobilidade de um segmento da coluna vertebral exceto o sacral	25
Perda integral (retirada cirúrgica) do baço	10

LEI Nº 6.313,
DE 16 DE DEZEMBRO DE 1975

Dispõe sobre títulos de crédito à exportação e dá outras providências.

► Publicada no *DOU* de 17-12-1975.

Art. 1º As operações de financiamento à exportação ou à produção de bens para exportação, bem como às atividades de apoio e complementação integrantes e fundamentais da exportação, realizadas por instituições financeiras, poderão ser representadas por Cédula Crédito à Exportação e por Nota de Crédito à Exportação com características idênticas, respectivamente, à Cédula de Crédito Industrial e à Nota de Crédito Industrial, instituídas pelo Decreto-lei nº 413, de 9 de janeiro de 1969.

Parágrafo único. A Cédula de Crédito à Exportação e a Nota de Crédito à Exportação poderão ser emitidas por pessoas físicas e jurídicas, que se dediquem a qualquer das atividades referidas neste artigo.

Art. 2º Os financiamentos efetuados por meio de Cédula de Crédito à Exportação e da Nota de Crédito à Exportação ficarão isentos do imposto sobre operações financeiras de que trata a Lei nº 5.143, de 20 de outubro de 1966.

Art. 3º Serão aplicáveis à Cédula de Crédito à Exportação, respectivamente, os dispositivos do Decreto-lei número 413, de 9 de janeiro de 1969, referente à Cédula de Crédito Industrial e à Nota de Crédito Industrial.

► Art. 2º, *c*, da Lei nº 8.522, de 11-12-1992, extingue taxas, emolumentos, contribuições, parcela da União das Custas e Emolumentos da Justiça do Distrito Federal.

Art. 4º O registro da Cédula de Crédito à Exportação será feito no mesmo livro e observados os requisitos aplicáveis à Cédula Industrial.

Art. 5º A Cédula de Crédito à Exportação e a Nota de Crédito à Exportação obedecerão aos modelos anexos ao Decreto-Lei nº 413, de 9 de janeiro de 1969, respeitada, porém, em cada caso, a respectiva denominação.

Art. 6º Esta Lei entrará em vigor na data de sua publicação, revogadas as disposições em contrário.

Brasília, 16 de dezembro de 1975;
154º da Independência e
87º da República.

Ernesto Geisel

LEI Nº 6.383, DE 7 DE DEZEMBRO DE 1976

Dispõe sobre o processo discriminatório de terras devolutas da União, e dá outras providências.

► Publicada no *DOU* de 9-12-1976.

CAPÍTULO I

DAS DISPOSIÇÕES PRELIMINARES

Art. 1º O processo discriminatório das terras devolutas da União será regulado por esta Lei.

Parágrafo único. O processo discriminatório será administrativo ou judicial.

CAPÍTULO II

DO PROCESSO ADMINISTRATIVO

Art. 2º O processo discriminatório administrativo será instaurado por Comissões Especiais constituídas de três membros, a saber: um bacharel em direito do Serviço Jurídico do Instituto Nacional de Colonização e Reforma Agrária – INCRA, que a presidirá; um engenheiro agrônomo e um outro funcionário que exercerá as funções de secretário.

§ 1º As Comissões Especiais serão criadas por ato do presidente do Instituto Nacional de Colonização e Reforma Agrária – INCRA, e terão jurisdição e sede estabelecidas no respectivo ato de criação, ficando os seus presidentes investidos de poderes de representação da União, para promover o processo discriminatório administrativo previsto nesta Lei.

§ 2º O Instituto Nacional de Colonização e Reforma Agrária – INCRA, no prazo de 30 (trinta) dias após a vigência desta Lei, baixará Instruções Normativas, dispondo, inclusive, sobre o apoio administrativo às Comissões Especiais.

Art. 3º A Comissão Especial instruirá inicialmente o processo com memorial descritivo da área, no qual constará:

I – o perímetro com suas características e confinância, certa ou aproximada, aproveitando, em princípio, os acidentes naturais;

II – a indicação de registro da transcrição das propriedades;

III – o rol das ocupações conhecidas;

IV – o esboço circunstanciado da gleba a ser discriminada ou seu levantamento aerofotogramétrico;

V – outras informações de interesse.

Art. 4º O presidente da Comissão Especial convocará os interessados para apresentarem, no prazo de 60 (sessenta) dias e em local a ser fixado no edital de convocação, seus títulos, documentos, informações de interesse e, se for o caso, testemunhas.

§ 1º Consideram-se de interesse as informações relativas à origem e sequência dos títulos, localização, valor estimado e área certa ou aproximada das terras de quem se julgar legítimo proprietário ou ocupante; suas confrontações e nome dos confrontantes; natureza, qualidade e valor das benfeitorias; culturas e criações nelas existentes; financiamento e ônus incidentes sobre o imóvel e comprovantes de impostos pagos, se houver.

§ 2º O edital de convocação conterá a delimitação perimétrica da área a ser discriminada com suas características e será dirigido, nominalmente, a todos os interessados, proprietários, ocupantes, confinantes certos e respectivos cônjuges, bem como aos demais interessados incertos ou desconhecidos.

§ 3º O edital deverá ter a maior divulgação possível, observado o seguinte procedimento:

a) afixação em lugar público na sede dos municípios e distritos, onde se situar a área nele indicada;

b) publicação simultânea, por duas vezes, no *Diário Oficial da União*, nos órgãos oficiais do Estado ou Território Federal e na imprensa local, onde houver, com intervalo mínimo de 8 (oito) e máximo de 15 (quinze) dias entre a primeira e a segunda.

§ 4º O prazo de apresentação dos interessados será contado a partir da segunda publicação no *Diário Oficial da União*.

Art. 5º A Comissão Especial autuará e processará a documentação recebida de cada interessado, em separado, de modo a ficar bem caracterizado o domínio ou a ocupação com suas respectivas confrontações.

§ 1º Quando se apresentarem dois ou mais interessados no mesmo imóvel, ou parte dele, a Comissão Especial procederá à apensação dos processos.

§ 2º Serão tomadas por termo as declarações dos interessados e, se for o caso, os depoimentos de testemunhas previamente arroladas.

Art. 6º Constituído o processo, deverá ser realizada, desde logo, obrigatoriamente, a vistoria para identificação dos imóveis e, se forem necessárias, outras diligências.

Art. 7º Encerrado o prazo estabelecido no edital de convocação, o presidente da Comissão Especial, dentro de 30 (trinta) dias improrrogáveis, deverá pronunciar-se sobre as alegações, títulos de domínio, documentos dos interessados e boa-fé das ocupações, mandando lavrar os respectivos termos.

Art. 8º Reconhecida a existência de dúvida sobre a legitimidade do título, o presidente da Comissão Especial reduzirá a termo as irregularidades encontradas, encaminhando-o à Procuradoria do Instituto Nacional de Colonização e Reforma Agrária – INCRA, para propositura da ação competente.

Art. 9º Encontradas ocupações, legitimáveis ou não, serão lavrados os respectivos termos de identificação, que serão encaminhados ao órgão competente do Instituto Nacional de Colonização e Reforma Agrária – INCRA, para as providências cabíveis.

Art. 10. Serão notificados, por ofício, os interessados e seus cônjuges para, no prazo não inferior a 8 (oito) nem superior a 30 (trinta) dias, a contar da juntada ao processo do recibo de notificação, celebrarem com a União os termos cabíveis.

Art. 11. Celebrado, em cada caso, o termo que couber, o presidente da Comissão Especial designará agrimensor para, em dia e hora avençados com os interessados, iniciar o levantamento geodésico e topográfico das terras objeto de discriminação, ao fim da qual determinará a demarcação das terras devolutas, bem como, se for o caso, das retificações objeto de acordo.

§ 1º Aos interessados será permitido indicar um perito para colaborar com o agrimensor designado.

§ 2º A designação do perito, a que se refere o parágrafo anterior, deverá ser feita até a véspera do dia fixado para início do levantamento geodésico e topográfico.

Art. 12. Concluídos os trabalhos demarcatórios, o presidente da Comissão Especial mandará lavrar o termo de encerramento da discriminação administrativa, do qual constarão, obrigatoriamente:

I – o mapa detalhado da área discriminada;

II – o rol de terras devolutas apuradas, com suas respectivas confrontações;

III – a descrição dos acordos realizados;

IV – a relação das áreas com titulação transcrita no Registro de Imóveis, cujos presumidos proprietários ou ocupantes não atenderam ao edital de convocação ou à notificação (artigos 4º e 10 desta Lei);

V – o rol das ocupações legitimáveis;

VI – o rol das propriedades reconhecidas; e

VII – a relação dos imóveis cujos títulos suscitaram dúvidas.

Art. 13. Encerrado o processo discriminatório, o Instituto Nacional de Colonização e Reforma Agrária – INCRA providenciará o registro, em nome da União, das terras devolutas discriminadas, definidas em lei, como bens da União.

Parágrafo único. Caberá ao oficial do Registro de Imóveis proceder à matrícula e ao registro da área devoluta discriminada em nome da União.

Art. 14. O não atendimento ao edital de convocação ou à notificação (artigos 4º e 10 da presente Lei) estabelece a presunção de discordância e acarretará imediata propositura da ação judicial prevista no art. 19, II.

Parágrafo único. Os presumíveis proprietários e ocupantes, nas condições do presente artigo, não terão acesso ao crédito oficial ou aos benefícios de incentivos fiscais, bem como terão cancelados os respectivos cadastros rurais junto ao órgão competente.

Art. 15. O presidente da Comissão Especial comunicará a instauração do processo discriminatório administrativo a todos os oficiais de Registro de Imóveis da jurisdição.

Art. 16. Uma vez instaurado o processo discriminatório administrativo, o oficial do Registro de Imóveis não efetuará matrícula, registro, inscrição ou averbação estranhas à discriminação, relativamente aos imóveis situados, total ou parcialmente, dentro da área discriminada, sem que desses atos tome prévio conhecimento o presidente da Comissão Especial.

Parágrafo único. Contra os atos praticados com infração do disposto no presente artigo, o presidente da Comissão Especial solicitará que a Procuradoria do Instituto Nacional de Colonização e Reforma Agrária – INCRA utilize os instrumentos previstos no Código de Processo Civil, incorrendo o oficial do Registro de Imóveis infrator nas penas do crime de prevaricação.

Art. 17. Os particulares não pagam custas no processo administrativo, salvo para serviços de demarcação e diligências a seu exclusivo interesse.

CAPÍTULO III

DO PROCESSO JUDICIAL

Art. 18. O Instituto Nacional de Colonização e Reforma Agrária – INCRA fica investido de poderes de representação da União, para promover a discriminação judicial das terras devolutas da União.

Art. 19. O processo discriminatório judicial será promovido:

I – quando o processo discriminatório administrativo for dispensado ou interrompido por presumida ineficácia;

II – contra aqueles que não atenderem ao edital de convocação ou à notificação (artigos 4º e 10 da presente Lei); e

III – quando configurada a hipótese do art. 25 desta Lei.

Parágrafo único. Compete à Justiça Federal processar e julgar o processo discriminatório judicial regulado nesta Lei.

Art. 20. No processo discriminatório judicial será observado o procedimento sumaríssimo de que trata o Código de Processo Civil.

§ 1º A petição inicial será instruída com o memorial descritivo da área, de que trata o art. 3º desta Lei.

§ 2º A citação será feita por edital, observados os prazos e condições estabelecidos no art. 4º desta Lei.

Art. 21. Da sentença proferida caberá apelação somente no efeito devolutivo, facultada a execução provisória.

Art. 22. A demarcação da área será procedida, ainda que em execução provisória da sentença, valendo esta, para efeitos de registro, como título de propriedade.

Parágrafo único. Na demarcação observar-se-á, no que couber, o procedimento prescrito nos artigos 959 a 966 do Código de Processo Civil.

Art. 23. O processo discriminatório judicial tem caráter preferencial e prejudicial em relação às ações em andamento, referentes a domínio ou posse de imóveis situados, no todo ou em parte, na área discriminada, determinando o imediato deslocamento da competência para a Justiça Federal.

Parágrafo único. Nas ações em que a União não for parte, dar-se-á, para os efeitos previstos neste artigo, a sua intervenção.

CAPÍTULO IV

DAS DISPOSIÇÕES GERAIS E FINAIS

Art. 24. Iniciado o processo discriminatório, não poderão alterar-se quaisquer divisas na área discriminada, sendo defesa a derrubada da cobertura vegetal, a construção de cercas e transferências de benfeitorias a qualquer título, sem assentimento do representante da União.

Art. 25. A infração ao disposto no artigo anterior constituirá atentado, cabendo a aplicação das medidas cautelares previstas no Código de Processo Civil.

Art. 26. No processo discriminatório judicial os vencidos pagarão as custas a que houverem dado causa e participarão *pro rata* das despesas da demarcação, considerada a extensão da linha ou linhas de confrontação com as áreas públicas.

Art. 27. O processo discriminatório previsto nesta Lei aplicar-se-á, no que couber, às terras devolutas estaduais, observado o seguinte:

I – na instância administrativa, por intermédio de órgão estadual específico, ou através do Instituto Nacional de Colonização e Reforma Agrária – INCRA, mediante convênio;

II – na instância judicial, na conformidade do que dispuser a Lei de Organização Judiciária local.

Art. 28. Sempre que se apurar, através de pesquisa nos registros públicos, a inexistência de domínio particular em áreas rurais declaradas indispensáveis à segurança e ao desenvolvimento nacionais, a União, desde logo, as arrecadará mediante ato do presidente do Instituto Nacional de Colonização e Reforma Agrária – INCRA, do qual constará:

I – a circunscrição judiciária ou administrativa em que está situado o imóvel, conforme o critério adotado pela legislação local;

II – a eventual denominação, as características e confrontações do imóvel.

§ 1º A autoridade que promover a pesquisa, para fins deste artigo, instruirá o processo de arrecadação com certidão negativa comprobatória da inexistência de domínio particular, expedida pelo Cartório de Registro de Imóveis, certidões do Serviço do Patrimônio da União e do órgão estadual competente que comprovem não haver contestação ou reclamação administrativa promovida por terceiros, quanto ao domínio e posse do imóvel.

§ 2º As certidões negativas mencionadas neste artigo consignarão expressamente a sua finalidade.

Art. 29. O ocupante de terras públicas, que as tenha tornado produtivas com o seu trabalho e o de sua família, fará jus à legitimação da posse de área contínua até 100 (cem) hectares, desde que preencha os seguintes requisitos:

I – não seja proprietário de imóvel rural;

II – comprove a morada permanente e cultura efetiva, pelo prazo mínimo de 1 (um) ano.

§ 1º A legitimação da posse de que trata o presente artigo consistirá no fornecimento de uma Licença de Ocupação, pelo prazo mínimo de mais 4 (quatro) anos, findo o qual o ocupante terá a preferência para aquisição do lote, pelo valor histórico da terra nua, satisfeitos os requisitos de morada permanente e cultura efetiva e comprovada a sua capacidade para desenvolver a área ocupada.

► A Lei nº 11.952, de 25-6-2009, ao converter a MP nº 458, de 10-2-2009, não manteve a alteração deste parágrafo.

§ 2º Aos portadores de Licenças de Ocupação, concedidas na forma da legislação anterior, será assegurada a preferência para aquisição de área até 100 (cem) hectares, nas condições do parágrafo anterior, e, o que exceder esse limite, pelo valor atual da terra nua.

§ 3º A Licença de Ocupação será intransferível *inter vivos* e inegociável, não podendo ser objeto de penhora e arresto.

Art. 30. A Licença de Ocupação dará acesso aos financiamentos concedidos pelas instituições financeiras integrantes do Sistema Nacional de Crédito Rural.

§ 1º As obrigações assumidas pelo detentor de Licença de Ocupação serão garantidas pelo Instituto Nacional de Colonização e Reforma Agrária – INCRA.

§ 2º Ocorrendo inadimplência do favorecido, o Instituto Nacional de Colonização e Reforma Agrária – INCRA cancelará a Licença de Ocupação e providenciará a alienação do imóvel, na forma da lei, a fim de ressarcir-se do que houver assegurado.

Art. 31. A União poderá, por necessidade ou utilidade pública, em qualquer tempo que necessitar do imóvel, cancelar a Licença de Ocupação e imitir-se na posse do mesmo, promovendo, sumariamente, a sua desocupação no prazo de 180 (cento e oitenta) dias.

§ 1º As benfeitorias existentes serão indenizadas pela importância fixada através de avaliação pelo Instituto Nacional de Colonização e Reforma Agrária – INCRA, considerados os valores declarados para fins de cadastro.

§ 2º Caso o interessado se recuse a receber o valor estipulado, o mesmo será depositado em juízo.

§ 3º O portador da Licença de Ocupação, na hipótese prevista no presente artigo, fará jus, se o desejar, à instalação em outra gleba da União, assegurada a indenização, de que trata o § 1º deste artigo, e computados os prazos de morada habitual e cultura efetiva da antiga ocupação.

Art. 32. Não se aplica aos imóveis rurais o disposto nos artigos 19 a 31, 127 a 133, 139, 140 e 159 a 174 do Decreto-Lei nº 9.760, de 5 de setembro de 1946.

Art. 33. Esta Lei entrará em vigor na data de sua publicação, aplicando-se, desde logo, aos processos pendentes.

Art. 34. Revogam-se a Lei nº 3.081, de 22 de dezembro de 1956, e as demais disposições em contrário.

Brasília, 7 de dezembro de 1976;
155º da Independência e
88º da República.

Ernesto Geisel

LEI Nº 6.385, DE 7 DE DEZEMBRO DE 1976

Dispõe sobre o mercado de valores mobiliários e cria a Comissão de Valores Mobiliários.

► Publicada no *DOU* de 9-12-1976.

CAPÍTULO I

DAS DISPOSIÇÕES GERAIS

Art. 1º Serão disciplinadas e fiscalizadas de acordo com esta Lei as seguintes atividades:

I – a emissão e distribuição de valores mobiliários no mercado;

II – a negociação e intermediação no mercado de valores mobiliários;

III – a negociação e intermediação no mercado de derivativos;

IV – a organização, o funcionamento e as operações das Bolsas de Valores;

V – a organização, o funcionamento e as operações das Bolsas de Mercadorias e Futuros;

VI – a administração de carteiras e a custódia de valores mobiliários;

► *Caput* e incisos I a VI com a redação dada pela Lei nº 10.303, de 31-10-2001.

VII – a auditoria das companhias abertas;

VIII – os serviços de consultor e analista de valores mobiliários.

► Incisos VII e VIII acrescidos pela Lei nº 10.303, de 31-10-2001.

Art. 2º São valores mobiliários sujeitos ao regime desta Lei:

► *Caput* com a redação dada pela Lei nº 10.303, de 31-10-2001.

I – as ações, debêntures e bônus de subscrição;

II – os cupons, direitos, recibos de subscrição e certificados de desdobramento relativos aos valores mobiliários referidos no inciso II;

III – os certificados de depósito de valores mobiliários;

► Incisos I a III com a redação dada pela Lei nº 10.303, de 31-10-2001.

IV – as cédulas de debêntures;

V – as cotas de fundos de investimento em valores mobiliários ou de clubes de investimento em quaisquer ativos;

► Instr. da CVM nº 494, de 20-4-2011, dispõe sobre a constituição, a administração, o funcionamento, a divulgação de informações e a distribuição de cotas dos Clubes de Investimento.

VI – as notas comerciais;

VII – os contratos futuros, de opções e outros derivativos, cujos ativos subjacentes sejam valores mobiliários;

VIII – outros contratos derivativos, independentemente dos ativos subjacentes; e

IX – quando ofertados publicamente, quaisquer outros títulos ou contratos de investimento coletivo, que gerem direito de participação, de parceria ou de remuneração, inclusive resultante de prestação de serviços, cujos rendimentos advêm do esforço do empreendedor ou de terceiros.

► Incisos IV a IX acrescidos pela Lei nº 10.303, de 31-10-2001.

§ 1º Excluem-se do regime desta Lei:

I – os títulos da dívida pública federal, estadual ou municipal;

II – os títulos cambiais de responsabilidade de instituição financeira, exceto as debêntures.

► Parágrafo único transformado em § 1º pela Lei nº 10.303, de 31-10-2001.

§ 2º Os emissores dos valores mobiliários referidos neste artigo, bem como seus administradores e controladores, sujeitam-se à disciplina prevista nesta Lei, para as companhias abertas.

§ 3º Compete à Comissão de Valores Mobiliários expedir normas para a execução do disposto neste artigo, podendo:

I – exigir que os emissores se constituam sob a forma de sociedade anônima;

II – exigir que as demonstrações financeiras dos emissores, ou que as informações sobre o empreendimento ou projeto, sejam auditadas por auditor independente nela registrado;

III – dispensar, na distribuição pública dos valores mobiliários referidos neste artigo, a participação de sociedade integrante do sistema previsto no artigo 15 desta Lei;

IV – estabelecer padrões de cláusulas e condições que devam ser adotadas nos títulos ou contratos de investimento, destinados à negociação em bolsa ou balcão, organizado ou não, e recusar a admissão ao mercado da emissão que não satisfaça a esses padrões.

► §§ 2º e 3º acrescidos pela Lei nº 10.303, de 31-10-2001.

§ 4º É condição de validade dos contratos derivativos, de que tratam os incisos VII e VIII do *caput*, celebrados a partir da entrada em vigor da Medida Provisória nº 539, de 26 de julho de 2011, o registro em câmaras ou prestadores de serviço de compensação, de liquidação e de registro autorizados pelo Banco Central do Brasil ou pela Comissão de Valores Mobiliários.

► § 4º acrescido pela Lei nº 12.543, de 8-12-2011.

Art. 3º Compete ao Conselho Monetário Nacional:

I – definir a política a ser observada na organização e no funcionamento do mercado de valores mobiliários;

II – regular a utilização do crédito nesse mercado;

III – fixar, a orientação geral a ser observada pela Comissão de Valores Mobiliários no exercício de suas atribuições;

IV – definir as atividades da Comissão de Valores Mobiliários que devem ser exercidas em coordenação com o Banco Central do Brasil;

V – aprovar o Quadro e o Regulamento de Pessoal da Comissão de Valores Mobiliários, bem como fixar a retribuição do presidente, diretores, ocupantes de funções de confiança e demais servidores;

► Inciso V acrescido pela Lei nº 6.422, de 8-6-1977.

VI – estabelecer, para fins da política monetária e cambial, condições específicas para negociação de contratos derivativos, independentemente da natureza do investidor, podendo, inclusive:

a) determinar depósitos sobre os valores nocionais dos contratos; e

b) fixar limites, prazos e outras condições sobre as negociações dos contratos derivativos.

► Inciso VI acrescido pela Lei nº 12.543, de 8-12-2011.

§ 1º Ressalvado o disposto nesta Lei, a fiscalização do mercado financeiro e de capitais continuará a ser exercida, nos termos da legislação em vigor, pelo Banco Central do Brasil.

► Antigo parágrafo único transformado em § 1º pela Lei nº 12.543, de 8-12-2011.

§ 2º As condições específicas de que trata o inciso VI do *caput* deste artigo não poderão ser exigidas para as operações em aberto na data de publicação do ato que as estabelecer.

► § 2º acrescido pela Lei nº 12.543, de 8-12-2011.

Art. 4º O Conselho Monetário Nacional e a Comissão de Valores Mobiliários exercerão as atribuições previstas na Lei para o fim de:

I – estimular a formação de poupança e a sua aplicação em valores mobiliários;

II – promover a expansão e o funcionamento eficiente e regular do mercado de ações, e estimular as aplicações permanentes em ações do capital social de companhias abertas sob controle de capitais privados nacionais;

III – assegurar o funcionamento eficiente e regular dos mercados da Bolsa e do balcão;

IV – proteger os titulares de valores mobiliários e os investidores do mercado contra:

a) emissões irregulares de valores mobiliários;

b) atos ilegais de administradores e acionistas controladores das companhias abertas, ou de administradores de carteira de valores mobiliários;

c) o uso de informação relevante não divulgada no mercado de valores mobiliários.

► Alínea *c* acrescida pela Lei nº 10.303, de 31-10-2001.

V – evitar ou coibir modalidades de fraude ou manipulaçao destinada a criar condições artificiais de demanda, oferta ou preço dos valores mobiliários negociados no mercado;

VI – assegurar o acesso do público a informações sobre os valores mobiliários negociados e as companhias que os tenham emitido;

VII – assegurar a observância de práticas comerciais equitativas no mercado de valores mobiliários;

VIII – assegurar a observância, no mercado, das condições de utilização de crédito fixadas pelo Conselho Monetário Nacional.

CAPÍTULO II
DA COMISSÃO DE VALORES MOBILIÁRIOS

► O Decreto s/n., de 14-6-1995, transfere a sede da CVM para a cidade do Rio de Janeiro.

Art. 5º É instituída a Comissão de Valores Mobiliários, entidade autárquica em regime especial, vinculada ao Ministério da Fazenda, com personalidade jurídica e patrimônio próprios, dotada de autoridade administrativa independente, ausência de subordinação hierárquica, mandato fixo e estabilidade de seus dirigentes, e autonomia financeira e orçamentária.

► Artigo com a redação dada pela Lei nº 10.411, de 26-2-2002.

Art. 6º A Comissão de Valores Mobiliários será administrada por um Presidente e quatro Diretores, nomeados pelo Presidente da República, depois de aprovados pelo Senado Federal, dentre pessoas de ilibada reputação e reconhecida competência em matéria de mercado de capitais.

► *Caput* com a redação dada pela Lei nº 10.411, de 26-2-2002.

► Artigo regulamentado pelo Dec. nº 4.300, de 12-7-2002, que dispõe sobre o mercado de valores mobiliários e cria a Comissão de Valores Mobiliários.

► Art. 2º da Lei nº 10.411, de 26-2-2002: na composição da primeira Diretoria da Comissão de Valores Mobiliários com mandatos fixos e não coincidentes, o Presidente e os quatros diretores serão nomeados, respectivamente, com mandatos de cinco, quatro, três, dois e um ano.

► Dec. nº 6.382, de 27-2-2008, aprova a Estrutura Regimental e o Quadro Demonstrativo dos Cargos em Comissão e das Funções Gratificadas da Comissão de Valores Mobiliários – CVM.

§ 1º O mandato dos dirigentes da Comissão será de cinco anos, vedada a recondução, devendo ser renovado a cada ano um quinto dos membros do Colegiado.

§ 2º Os dirigentes da Comissão somente perderão o mandato em virtude de renúncia, de condenação judicial transitada em julgado ou de processo administrativo disciplinar.

§ 3º Sem prejuízo do que preveem a lei penal e a lei de improbidade administrativa, será causa da perda do mandato a inobservância, pelo Presidente ou Diretor, dos deveres e das proibições inerentes ao cargo.

§ 4º Cabe ao Ministro de Estado da Fazenda instaurar o processo administrativo disciplinar, que será conduzido por comissão especial, competindo ao Presidente da República determinar o afastamento preventivo, quando for o caso, e proferir o julgamento.

§ 5º No caso de renúncia, morte ou perda de mandato do Presidente da Comissão de Valores Mobiliários, assumirá o Diretor mais antigo ou o mais idoso, nessa ordem, até nova nomeação, sem prejuízo de suas atribuições.

§ 6º No caso de renúncia, morte ou perda de mandato de Diretor, proceder-se-á à nova nomeação pela forma disposta nesta Lei, para completar o mandato do substituído.

► §§ 1º a 6º com a redação dada pela Lei nº 10.411, de 26-2-2002.

§ 7º A Comissão funcionará como órgão de deliberação colegiada de acordo com o seu regimento interno, e no qual serão fixadas as atribuições do Presidente, dos Diretores e do Colegiado.

► § 7º acrescido pelo Dec. nº 3.995, de 31-10-2001.

Art. 7º A Comissão custeará as despesas necessárias ao seu funcionamento com os recursos provenientes de:

► *Caput* com a redação dada pela Lei nº 10.303, de 31-10-2001.

I – dotações das reservas monetárias a que se refere o artigo 12 da Lei nº 5.143, de 20 de outubro de 1966, alterado pelo Decreto-Lei nº 1.342, de 28 de agosto de 1974, que lhe forem atribuídas pelo Conselho Monetário Nacional;

II – dotações que lhe forem consignadas no orçamento federal;

III – receitas provenientes da prestação de serviços pela Comissão, observada a tabela aprovada pelo Conselho Monetário Nacional;

IV – renda de bens patrimoniais e receitas eventuais;

V – receitas de taxas decorrentes do exercício de seu poder de polícia, nos termos da lei.

► Inciso V acrescido pela Lei nº 10.303, de 31-10-2001.

Art. 8º Compete à Comissão de Valores Mobiliários:

► *Caput* com a redação dada pela Lei nº 10.303, de 31-10-2001.

I – regulamentar, com observância da política definida pelo Conselho Monetário Nacional, as matérias expressamente previstas nesta Lei e na Lei de Sociedades por Ações;

► Lei nº 6.404, de 15-12-1976 (Lei das Sociedades por Ações).

II – administrar os registros instituídos por esta Lei;

III – fiscalizar permanentemente as atividades e os serviços do mercado de valores mobiliários, de que trata o artigo 1º, bem como a veiculação de informações relativas ao mercado, às pessoas que dele participem, e aos valores nele negociados;

IV – propor ao Conselho Monetário Nacional a eventual fixação de limites máximos de preço, comissões, emolumentos e quaisquer outras vantagens cobradas pelos intermediários de mercado;

V – fiscalizar e inspecionar as companhias abertas, dada prioridade às que não apresentem lucro em balanço ou às que deixem de pagar o dividendo mínimo obrigatório.

§ 1º O disposto neste artigo não exclui a competência das Bolsas de Valores, das Bolsas de Mercadorias e Futuros, e das entidades de compensação e liquidação com relação aos seus membros e aos valores mobiliários nelas negociados.

§ 2º Serão de acesso público todos os documentos e autos de processos administrativos, ressalvados aqueles cujo sigilo seja imprescindível para a defesa da intimidade ou do interesse social, ou cujo sigilo esteja assegurado por expressa disposição legal.

► §§ 1º e 2º com a redação dada pelo Dec. nº 3.995, de 31-10-2001.

§ 3º Em conformidade com o que dispuser o seu Regimento, a Comissão de Valores Mobiliários poderá:

I – publicar projeto de ato normativo para receber sugestões de interessados;

II – convocar, a seu juízo, qualquer pessoa que possa contribuir com informações ou opiniões para o aperfeiçoamento das normas a serem promulgadas.

Art. 9º A Comissão de Valores Mobiliários, observado o disposto no § 2º do artigo 15, poderá:

► *Caput* com a redação dada pelo Dec. nº 3.995, de 31-10-2001.

I – examinar e extrair cópias de registros contábeis, livros ou documentos, inclusive programas eletrônicos e arquivos magnéticos, ópticos ou de qualquer outra natureza, bem como papéis de trabalho de auditores independentes, devendo tais documentos ser mantidos em perfeita ordem e estado de conservação pelo prazo mínimo de cinco anos:

► Inciso I com a redação dada pelo Dec. nº 3.995, de 31-10-2001.

a) das pessoas naturais e jurídicas que integram o sistema de distribuição de valores mobiliários (artigo 15);

b) das companhias abertas e demais emissoras de valores mobiliários e, quando houver suspeita fundada de atos ilegais, das respectivas sociedades controladoras, controladas, coligadas e sociedades sob controle comum;

► Alínea *b* com a redação dada pela Lei nº 10.303, de 31-10-2001.

c) dos fundos e sociedades de investimento;

d) das carteiras e depósitos de valores mobiliários (artigos 23 e 24);

e) dos auditores independentes;

f) dos consultores e analistas de valores mobiliários;

g) de outras pessoas quaisquer, naturais ou jurídicas, quando da ocorrência de qualquer irregularidade a ser apurada nos termos do inciso V deste artigo, para efeito de verificação de ocorrência de atos ilegais ou práticas não equitativas;

► Alínea *g* com a redação dada pelo Dec. nº 3.995, de 31-10-2001.

II – intimar as pessoas referidas no inciso I a prestar informações, ou esclarecimentos, sob cominação de multa, sem prejuízo da aplicação das penalidades previstas no artigo 11;

► Inciso II com a redação dada pela Lei nº 10.303, de 31-10-2001.

III – requisitar informações de qualquer órgão público, autarquia ou empresa pública;

IV – determinar às companhias abertas que republiquem, com correções ou aditamentos, demonstrações financeiras, relatórios ou informações divulgadas;

V – apurar, mediante processo administrativo, atos ilegais e práticas não equitativas de administradores, membros do conselho fiscal e acionistas de companhias abertas, dos intermediários e dos demais participantes do mercado;

► Inciso V com a redação dada pela Lei nº 10.303, de 31-10-2001.

VI – aplicar aos autores das infrações indicadas no inciso anterior as penalidades previstas no artigo 11, sem prejuízo da responsabilidade civil ou penal.

§ 1º Com o fim de prevenir ou corrigir situações anormais do mercado, a Comissão poderá:

► § 1º com a redação dada pelo Dec. nº 3.995, de 31-10-2001.

I – suspender a negociação de determinado valor mobiliário ou decretar o recesso de Bolsa de Valores;

II – suspender ou cancelar os registros de que trata esta Lei;

III – divulgar informações ou recomendações com o fim de esclarecer ou orientar os participantes do mercado;

IV – proibir aos participantes do mercado, sob cominação de multa, a prática de atos que especificar, prejudiciais ao seu funcionamento regular.

§ 2º O processo, nos casos do inciso V deste artigo, poderá ser precedido de etapa investigativa, em que será assegurado o sigilo necessário à elucidação dos fatos ou exigido pelo interesse público, e observará o procedimento fixado pela Comissão.

§ 3º Quando o interesse público exigir, a Comissão poderá divulgar a instauração do procedimento investigativo a que se refere o § 2º.

► §§ 2º e 3º com a redação dada pelo Dec. nº 3.995, de 31-10-2001.

§ 4º Na apuração de infrações da legislação do mercado de valores mobiliários, a Comissão priorizará as infrações de natureza grave, cuja apenação proporcione maior efeito educativo e preventivo para os participantes do mercado, e poderá deixar de instaurar o processo administrativo sancionador, consideradas a pouca relevância da conduta, a baixa expressividade da lesão ao bem jurídico tutelado e a utilização de outros instrumentos e medidas de supervisão que julgar mais efetivos.

► § 4º com a redação dada pela Lei nº 13.506, de 13-11-2017.

§ 5º As sessões de julgamento do Colegiado, no processo administrativo de que trata o inciso V deste artigo, serão públicas, podendo ser restringido o acesso de terceiros em função do interesse público envolvido.

§ 6º A Comissão será competente para apurar e punir condutas fraudulentas no mercado de valores mobiliários sempre que:

I – seus efeitos ocasionem danos a pessoas residentes no território nacional, independentemente do local em que tenham ocorrido; e

II – os atos ou omissões relevantes tenham sido praticados em território nacional.

► §§ 5º e 6º com a redação dada pelo Dec. nº 3.995, de 31-10-2001.

Art. 10. A Comissão de Valores Mobiliários poderá celebrar convênios com órgãos similares de outros países, ou com entidades internacionais, para assistência e cooperação na condução de investigações para apurar transgressões às normas atinentes ao mercado de valores mobiliários ocorridas no País e no exterior.

► *Caput* com a redação dada pela Lei nº 10.303, de 31-10-2001.

§ 1º A Comissão de Valores Mobiliários poderá se recusar a prestar a assistência referida no *caput* deste artigo quando houver interesse público a ser resguardado.

§ 2º O disposto neste artigo aplica-se, inclusive, às informações que, por disposição legal, estejam submetidas a sigilo.

► §§ 1º e 2º acrescidos pela Lei nº 10.303, de 31-10-2001.

Art. 10-A. A Comissão de Valores Mobiliários, o Banco Central do Brasil e demais órgãos e agências reguladoras poderão celebrar convênio com entidade que tenha por objeto o estudo e a divulgação de princípios, normas e padrões de contabilidade e de auditoria, podendo, no exercício de suas atribuições regulamentares, adotar, no todo ou em parte, os pronunciamentos e demais orientações técnicas emitidas.

Parágrafo único. A entidade referida no *caput* deste artigo deverá ser majoritariamente composta por contadores, dela fazendo parte, paritariamente, representantes de entidades representativas de sociedades submetidas ao regime de elaboração de demonstrações financeiras previstas nesta Lei, de sociedades que auditam e analisam as demonstrações financeiras, do órgão federal de fiscalização do exercício da profissão contábil e de universidade ou instituto de pesquisa com reconhecida atuação na área contábil e de mercado de capitais.

► Art. 10-A acrescido pela Lei nº 11.638, de 28-12-2007.

Art. 11. A Comissão de Valores Mobiliários poderá impor aos infratores das normas desta Lei, da Lei nº 6.404, de 15 de dezembro de 1976 (Lei de Sociedades por Ações), de suas resoluções e de outras normas legais cujo cumprimento lhe caiba fiscalizar as seguintes penalidades, isoladas ou cumulativamente:

► *Caput* com a redação dada pela Lei nº 13.506, de 13-11-2017.

I – advertência;

II – multa;

III – *Revogado.* Lei nº 13.506, de 13-11-2017.

IV – inabilitação temporária, até o máximo de 20 (vinte) anos, para o exercício de cargo de administrador ou de conselheiro fiscal de companhia aberta, de entidade do sistema de distribuição ou de outras entidades que dependam de autorização ou registro na Comissão de Valores Mobiliários;

► Inciso IV com a redação dada pela Lei nº 13.506, de 13-11-2017.

V – suspensão da autorização ou registro para o exercício das atividades de que trata esta Lei;

VI – inabilitação temporária, até o máximo de 20 (vinte) anos, para o exercício das atividades de que trata esta Lei;

► Inciso VI com a redação dada pela Lei nº 13.506, de 13-11-2017.

VII – proibição temporária, até o máximo de vinte anos, de praticar determinadas atividades ou operações, para os integrantes do sistema de distribuição ou de outras entidades que dependam de autorização ou registro na Comissão de Valores Mobiliários;

VIII – proibição temporária, até o máximo de dez anos, de atuar, direta ou indiretamente, em uma ou mais modalidades de operação no mercado de valores mobiliários.

► Incisos VII e VIII acrescidos pela Lei nº 9.457, de 5-5-1997.

§ 1º A multa deverá observar, para fins de dosimetria, os princípios da proporcionalidade e da razoabilidade, a capacidade econômica do infrator e os motivos que justifiquem sua imposição, e não deverá exceder o maior destes valores:

I – R$ 50.000.000,00 (cinquenta milhões de reais);

II – o dobro do valor da emissão ou da operação irregular;

III – 3 (três) vezes o montante da vantagem econômica obtida ou da perda evitada em decorrência do ilícito; ou

IV – o dobro do prejuízo causado aos investidores em decorrência do ilícito.

§ 2º Nas hipóteses de reincidência, poderá ser aplicada multa de até o triplo dos valores fixados no § 1º deste artigo.

§ 3º As penalidades previstas nos incisos IV, V, VI, VII e VIII do *caput* deste artigo somente serão aplicadas nos casos de infração grave, assim definidas em normas da Comissão de Valores Mobiliários, ou nos casos de reincidência.

► §§ 1º a 3º com a redação dada pela Lei nº 13.506, de 13-11-2017.

§ 4º As penalidades somente serão impostas com observância do procedimento previsto no § 2º do artigo 9º desta Lei, cabendo recurso para o Conselho de Recursos do Sistema Financeiro Nacional.

► §§ 1º a 4º com a redação dada pela Lei nº 9.457, de 5-5-1997.

► A alteração que seria introduzida no § 4º pela Lei nº 10.303, de 31-10-2001, foi vetada, razão pela qual mantivemos a sua redação.

§ 5º A Comissão de Valores Mobiliários, após análise de conveniência e oportunidade, com vistas a atender ao interesse público, poderá deixar de instaurar ou suspender, em qualquer fase que preceda a tomada da decisão de primeira instância, o procedimento administrativo destinado à apuração de infração prevista nas normas legais e regulamentares cujo cumprimento lhe caiba fiscalizar, se o investigado assinar termo de compromisso no qual se obrigue a:

► *Caput* do § 5º com a redação dada pela Lei nº 13.506, de 13-11-2017.

I – cessar a prática de atividades ou atos considerados ilícitos pela Comissão de Valores Mobiliários; e

II – corrigir as irregularidades apontadas, inclusive indenizando os prejuízos.

► Incisos I e II acrescidos pela Lei nº 9.457, de 5-5-1997.

§ 6º O compromisso a que se refere o parágrafo anterior não importará confissão quanto à matéria de fato, nem reconhecimento de ilicitude da conduta analisada.

► § 6º acrescido pela Lei nº 9.457, de 5-5-1997.

§ 7º O termo de compromisso deverá ser publicado no sítio eletrônico da Comissão de Valores Mobiliários, com discriminação do prazo para cumprimento das obrigações eventualmente assumidas, e constituirá título executivo extrajudicial.

► § 7º com a redação dada pela Lei nº 13.506, de 13-11-2017.

§ 8º Não cumpridas as obrigações no prazo, a Comissão de Valores Mobiliários dará continuidade ao procedimento administrativo anteriormente suspenso, para a aplicação das penalidades cabíveis.

§ 9º Serão considerados, na aplicação de penalidades previstas na lei, o arrependimento posterior ou a circunstância de qualquer pessoa, espontaneamente, confessar ilícito ou prestar informações relativas à sua materialidade.

► §§ 8º e 9º acrescidos pela Lei nº 9.457, de 5-5-1997.

§ 10. A Comissão de Valores Mobiliários regulamentará a aplicação do disposto nos §§ 5º a 9º deste artigo aos procedimentos conduzidos pelas Bolsas de Valores, Bolsas de Mercadorias e Futuros, entidades do mercado de balcão organizado e entidades de compensação e liquidação de operações com valores mobiliários.

► § 10 com a redação dada pelo Dec. nº 3.995, de 31-10-2001.

§ 11. A multa aplicada pela inexecução de ordem da Comissão de Valores Mobiliários, nos termos do inciso II do *caput* e do inciso IV do § 1º do art. 9º desta Lei, independentemente do processo administrativo previsto no inciso V do *caput* do art. 9º desta Lei, não excederá, por dia de atraso no seu cumprimento, o maior destes valores:

I – 1/1.000 (um milésimo) do valor do faturamento total individual ou consolidado do grupo econômico, obtido no exercício anterior à aplicação da multa; ou

II – R$ 100.000,00 (cem mil reais).

► § 11 com a redação dada pela Lei nº 13.506, de 13-11-2017.

§ 12. Da decisão que aplicar a multa prevista no parágrafo anterior caberá recurso voluntário, no prazo de dez dias, ao Colegiado da Comissão de Valores Mobiliários, sem efeito suspensivo.

► § 12 acrescido pela Lei nº 9.457, de 5-5-1997.

§ 13. Adicionalmente às penalidades previstas no *caput* deste artigo, a Comissão de Valores Mobiliários poderá proibir os acusados de contratar, por até de 5 (cinco) anos, com instituições financeiras oficiais e de participar de licitação que tenha por objeto aquisições, alienações, realizações de obras e serviços e concessões de serviços públicos, no âmbito da administração pública federal, estadual, distrital e municipal e das entidades da administração pública indireta.

§ 14. Os créditos oriundos de condenação do apenado ao pagamento de indenização em ação civil pública movida em benefício de investidores e demais credores do apenado e os créditos do Fundo Garantidor de Crédito (FGC) ou de outros mecanismos de ressarcimento aprovados pelo Banco Central do Brasil ou pela Comissão de Valores Mobiliários, se houver, preferirão aos créditos oriundos da aplicação da penalidade de multa.

§ 15. Em caso de falência, liquidação extrajudicial ou qualquer outra forma de concurso de credores do apenado, os créditos da Comissão de Valores Mobiliários oriundos da aplicação da penalidade de multa de que trata o inciso II do *caput* deste artigo serão subordinados.

► §§ 13 a 15 acrescidos pela Lei nº 13.506, de 13-11-2017.

Art. 12. Quando o inquérito, instaurado de acordo com o § 2º do artigo 9º, concluir pela ocorrência de crime de ação pública, a Comissão de Valores Mobiliários oficiará ao Ministério Público, para a propositura da ação penal.

Art. 13. A Comissão de Valores Mobiliários manterá serviço para exercer atividade consultiva ou de orientação junto aos agentes do mercado de valores mobiliários ou a qualquer investidor.

Parágrafo único. Fica a critério da Comissão de Valores Mobiliários divulgar ou não as respostas às consultas ou aos critérios de orientação.

Art. 14. A Comissão de Valores Mobiliários poderá prever, em seu orçamento, dotações de verbas às Bolsas de Valores e às Bolsas de Mercadorias e Futuros.

► Artigo com a redação dada pela Lei nº 10.303, de 31-10-2001.

CAPÍTULO III
DO SISTEMA DE DISTRIBUIÇÃO

Art. 15. O sistema de distribuição de valores mobiliários compreende:

I – as instituições financeiras e demais sociedades que tenham por objeto distribuir emissão de valores mobiliários:

a) como agentes da companhia emissora;

b) por conta própria, subscrevendo ou comprando a emissão para a colocar no mercado;

II – as sociedades que tenham por objeto a compra de valores mobiliários em circulação no mercado, para os revender por conta própria;

III – as sociedades e os agentes autônomos que exerçam atividades de mediação na negociação de valores mobiliários, em Bolsas de Valores ou no mercado de balcão;

IV – as Bolsas de Valores;

V – entidades de mercado de balcão organizado;

► Inciso V acrescido pela Lei nº 9.457, de 5-5-1997.

VI – as corretoras de mercadorias, os operadores especiais e as Bolsas de Mercadorias e Futuros; e

► Inciso VI com a redação dada pela Lei nº 10.303, de 31-10-2001.

VII – as entidades de compensação e liquidação de operações com valores mobiliários.

► Inciso VII acrescido pela Lei nº 10.303, de 31-10-2001.

§ 1º Compete à Comissão de Valores Mobiliários definir:

► § 1º com a redação dada pelo Dec. nº 3.995, de 31-10-2001.

I – os tipos de instituição financeira que poderão exercer atividades no mercado de valores mobiliários, bem como as espécies de operação que poderão realizar e de serviços que poderão prestar nesse mercado;

II – a especialização de operações ou serviços a ser observada pelas sociedades do mercado, e as condições em que poderão cumular espécies de operação ou serviços.

§ 2º Em relação às instituições financeiras e demais sociedades autorizadas a explorar simultaneamente operações ou serviços no mercado de valores mobiliários e nos mercados sujeitos à fiscalização do Banco Central do Brasil, as atribuições da Comissão de Valores Mobiliários serão limitadas às atividades submetidas ao regime da presente Lei, e serão exercidas sem prejuízo das atribuições daquele.

§ 3º Compete ao Conselho Monetário Nacional regulamentar o disposto no parágrafo anterior, assegurando a coordenação de serviços entre o Banco Central do Brasil e a Comissão de Valores Mobiliários.

Art. 16. Depende de prévia autorização da Comissão de Valores Mobiliários o exercício das seguintes atividades:

► *Caput* com a redação dada pela Lei nº 10.303, de 31-10-2001.

I – distribuição de emissão no mercado (artigo 15, I);

II – compra de valores mobiliários para revendê-los por conta própria (artigo 15, II);

III – mediação ou corretagem de operações com valores mobiliários; e

IV – compensação e liquidação de operações com valores mobiliários.

► Incisos III e IV com a redação dada pela Lei nº 10.411, de 26-2-2002.

Parágrafo único. Só os agentes autônomos e as sociedades com registro na Comissão poderão exercer a atividade de mediação ou corretagem de valores mobiliários fora da Bolsa.

Art. 17. As Bolsas de Valores, as Bolsas de Mercadorias e Futuros, as entidades do mercado de balcão organizado e as entidades de compensação e liquidação de operações com valores mobiliários terão autonomia administrativa, financeira e patrimonial, operando sob a supervisão da Comissão de Valores Mobiliários.

► *Caput* com a redação dada pela Lei nº 10.303, de 31-10-2001.

§ 1º Às Bolsas de Valores, às Bolsas de Mercadorias e Futuros, às entidades do mercado de balcão organizado e às entidades de compensação e liquidação de operações com valores mobiliários incumbe, como órgãos auxiliares da Comissão de Valores Mobiliários, fiscalizar os respectivos membros e as operações com valores mobiliários nelas realizadas.

► Parágrafo único transformado em § 1º com a redação dada pela Lei nº 10.303, de 31-10-2001.

§ 2º VETADO. Lei nº 10.303, de 31-10-2001.

Art. 17-A. VETADO. Lei nº 10.303, de 31-10-2001.

Art. 18. Compete à Comissão de Valores Mobiliários:

► *Caput* com a redação dada pela Lei nº 10.411, de 26-2-2002.

I – editar normas gerais sobre:

► *Caput* do inciso I com a redação dada pela Lei nº 10.411, de 26-2-2002.

a) condições para obter autorização ou registro necessário ao exercício das atividades indicadas no artigo 16, e respectivos procedimentos administrativos;

b) requisitos de idoneidade, habilitação técnica e capacidade financeira a que deverão satisfazer os administradores de sociedades e demais pessoas que atuem no mercado de valores mobiliários;

c) condições de constituição e extinção das Bolsas de Valores, entidades do mercado de balcão organizado e das entidades de compensação e liquidação de operações com valores mobiliários, forma jurídica, órgãos de administração e seu preenchimento;

d) exercício do poder disciplinar pelas Bolsas e pelas entidades do mercado de balcão organizado, no que se refere às negociações com valores mobiliários, e pelas entidades de compensação e liquidação de operações com valores mobiliários, sobre os seus membros, imposição de penas e casos de exclusão;

► Alíneas *a* a *d* com a redação dada pela Lei nº 10.411, de 26-2-2002.

e) número de sociedades corretoras, membros da Bolsa; requisitos ou condições de admissão quanto à idoneidade, capacidade financeira e habilitação técnica dos seus administradores; e representação no recinto da bolsa;

f) administração das Bolsas, das entidades do mercado de balcão organizado e das entidades de compensação e liquidação de operações com valores mobiliários; emolumentos, comissões e quaisquer outros custos cobrados pelas Bolsas e pelas entidades de compensação e liquidação de operações com valores mobiliários ou seus membros, quando for o caso;

► Alínea *f* com a redação dada pela Lei nº 10.411, de 26-2-2002.

g) condições de realização das operações a termo;

h) condições de constituição e extinção das Bolsas de Mercadorias e Futuros, forma jurídica, órgãos de administração e seu preenchimento.

► Alínea *h* com a redação dada pela Lei nº 10.411, de 26-2-2002.

II – definir:

a) as espécies de operação autorizadas na Bolsa e no mercado de balcão; métodos e práticas que devem ser observados no mercado; e responsabilidade dos intermediários nas operações;

b) a configuração de condições artificiais de demanda, oferta ou preço de valores mobiliários, ou de manipulação de preço; operações fraudulentas e práticas não equitativas na distribuição ou intermediação de valores;

c) normas aplicáveis ao registro de operações a ser mantido pelas entidades do sistema de distribuição (artigo 15).

CAPÍTULO IV
DA NEGOCIAÇÃO NO MERCADO

SEÇÃO I
EMISSÃO E DISTRIBUIÇÃO

Art. 19. Nenhuma emissão pública de valores mobiliários será distribuída no mercado sem prévio registro na Comissão.

§ 1º São atos de distribuição, sujeitos à norma deste artigo, a venda, promessa de venda, oferta à venda ou subscrição, assim como a aceitação de pedido de venda ou subscrição de valores mobiliários, quando os pratiquem a companhia emissora, seus fundadores ou as pessoas a ela equiparadas.

§ 2º Equiparam-se à companhia emissora para os fins deste artigo:

I – o seu acionista controlador e as pessoas por ela controladas;

II – o coobrigado nos títulos;

III – as instituições financeiras e demais sociedades a que se refere o artigo 15, inciso I;

IV – quem quer que tenha subscrito valores da emissão, ou os tenha adquirido à companhia emissora, com o fim de os colocar no mercado.

§ 3º Caracterizam a emissão pública:

I – a utilização de listas ou boletins de venda ou subscrição, folhetos, prospectos ou anúncios destinados ao público;

II – a procura de subscritores ou adquirentes para os títulos por meio de empregados, agentes ou corretores;

III – a negociação feita em loja, escritório ou estabelecimento aberto ao público, ou com a utilização dos serviços públicos de comunicação.

§ 4º A emissão pública só poderá ser colocada no mercado através do sistema previsto no artigo 15, podendo a Comissão exigir a participação de instituição financeira.

§ 5º Compete à Comissão expedir normas para a execução do disposto neste artigo, podendo:

I – definir outras situações que configurem emissão pública, para fins de registro, assim como os casos em que este poderá ser dispensado, tendo em vista o interesse do público investidor;

II – fixar o procedimento do registro e especificar as informações que devam instruir o seu pedido, inclusive sobre:

a) a companhia emissora, os empreendimentos ou atividades que explora ou pretende explorar, sua situação econômica e financeira, administração e principais acionistas;

b) as características da emissão e a aplicação a ser dada aos recursos dela provenientes;

c) o vendedor dos valores mobiliários, se for o caso;

d) os participantes na distribuição, sua remuneração e seu relacionamento com a companhia emissora ou com o vendedor.

§ 6º A Comissão poderá subordinar o registro a capital mínimo da companhia emissora e a valor mínimo da emissão, bem como a que sejam divulgadas as informações que julgar necessárias para proteger os interesses do público investidor.

§ 7º O pedido de registro será acompanhado dos prospectos e outros documentos quaisquer a serem publicados ou distribuídos, para oferta, anúncio ou promoção do lançamento.

Art. 20. A Comissão mandará suspender a emissão ou a distribuição que se esteja processando em desacordo com o artigo anterior, particularmente quando:

I – a emissão tenha sido julgada fraudulenta ou ilegal, ainda que após efetuado o registro;

II – a oferta, o lançamento, a promoção ou o anúncio dos valores se esteja fazendo em condições diversas das constantes do registro, ou com informações falsas, dolosas ou substancialmente imprecisas.

SEÇÃO II
NEGOCIAÇÃO NA BOLSA E NO MERCADO DE BALCÃO

Art. 21. A Comissão de Valores Mobiliários manterá, além do registro de que trata o artigo 19:

► Arts. 1.123 a 1.141 do CC.

I – o registro para negociação na Bolsa;

II – o registro para negociação no mercado de balcão, organizado ou não.

► Inciso II com a redação dada pela Lei nº 9.457, de 5-5-1997.

§ 1º Somente os valores mobiliários emitidos por companhia registrada nos termos deste artigo podem ser negociados na Bolsa e no mercado de balcão.

§ 2º O registro do artigo 19 importa registro para o mercado de balcão, mas não para a Bolsa ou entidade de mercado de balcão organizado.

§ 3º São atividades do mercado de balcão não organizado as realizadas com a participação das empresas ou profissionais indicados no artigo 15, incisos I, II e III, ou nos seus estabelecimentos, excluídas as operações efetuadas em Bolsas ou em sistemas administrados por entidades de balcão organizado.

§ 4º Cada Bolsa de Valores ou entidade de mercado de balcão organizado poderá estabelecer requisitos próprios para que os valores sejam admitidos à negociação no seu recinto ou sistema, mediante prévia aprovação da Comissão de Valores Mobiliários.

§ 5º O mercado de balcão organizado será administrado por entidades cujo funcionamento dependerá de autorização da Comissão de Valores Mobiliários, que expedirá normas gerais sobre:

I – condições de constituição e extinção, forma jurídica, órgãos de administração e seu preenchimento;

II – exercício do poder disciplinar pelas entidades, sobre os seus participantes ou membros, imposição de penas e casos de exclusão;

III – requisitos ou condições de admissão quanto à idoneidade, capacidade financeira e habilitação técnica dos administradores e representantes das sociedades participantes ou membros;

IV – administração das entidades, emolumentos, comissões e quaisquer outros custos cobrados pelas entidades ou seus participantes ou membros, quando for o caso.

► §§ 2º a 5º com a redação dada pela Lei nº 9.457, de 5-5-1997.

§ 6º Compete à Comissão expedir normas para a execução do disposto neste artigo, especificando:

I – casos em que os registros podem ser dispensados, recusados, suspensos ou cancelados;

II – informações e documentos que devam ser apresentados pela companhia para a obtenção do registro, e seu procedimento;

III – casos em que os valores mobiliários poderão ser negociados simultaneamente nos mercados de bolsa e de balcão, organizado ou não.

► Inciso III acrescido pela Lei nº 9.457, de 5-5-1997.

Art. 21-A. A Comissão de Valores Mobiliários poderá expedir normas aplicáveis à natureza das informações mínimas e à periodicidade de sua apresentação por qualquer pessoa que tenha acesso à informação relevante.

► Artigo com a redação dada pelo Decreto nº 3.995, de 31-10-2001.

CAPÍTULO V

DAS COMPANHIAS ABERTAS

Art. 22. Considera-se aberta a companhia cujos valores mobiliários estejam admitidos à negociação na Bolsa ou no mercado de balcão.

§ 1º Compete à Comissão de Valores Mobiliários expedir normas aplicáveis às companhias abertas sobre:

I – a natureza das informações que devam divulgar e a periodicidade da divulgação;

II – relatório da administração e demonstrações financeiras;

III – a compra de ações emitidas pela própria companhia e a alienação das ações em tesouraria;

IV – padrões de contabilidade, relatórios e pareceres de auditores independentes;

V – informações que devam ser prestadas por administradores, membros do conselho fiscal, acionistas controladores e minoritários, relativas à compra, permuta ou venda de valores mobiliários emitidas pela companhia e por sociedades controladas ou controladoras;

VI – a divulgação de deliberações da assembleia-geral e dos órgãos de administração da companhia, ou de fatos relevantes ocorridos nos seus negócios, que possam influir, de modo ponderável, na decisão dos investidores do mercado, de vender ou comprar valores mobiliários emitidos pela companhia;

VII – a realização, pelas companhias abertas com ações admitidas à negociação em bolsa ou no mercado de balcão organizado, de reuniões anuais com seus acionistas e agentes do mercado de valores mobiliários, no local de maior negociação dos títulos da companhia no ano anterior, para a divulgação de informações quanto à respectiva situação econômico-financeira, projeções de resultados e resposta aos esclarecimentos que lhes forem solicitados;

VIII – as demais matérias previstas em lei.

§ 2º As normas editadas pela Comissão de Valores Mobiliários em relação ao disposto nos incisos II e IV do § 1º aplicam-se às instituições financeiras e demais entidades autorizadas a funcionar pelo Banco Central do Brasil, no que não forem conflitantes com as normas por ele baixadas.

► §§ 1º e 2º com a redação dada pelo Dec. nº 3.995, de 31-10-2001.

CAPÍTULO VI

DA ADMINISTRAÇÃO DE CARTEIRAS E CUSTÓDIA DE VALORES MOBILIÁRIOS

Art. 23. O exercício profissional da administração de carteiras de valores mobiliários de outras pessoas está sujeito à autorização prévia da Comissão.

§ 1º O disposto neste artigo se aplica à gestão profissional e recursos ou valores mobiliários entregues ao administrador, com autorização para que este compre ou venda valores mobiliários por conta do comitente.

§ 2º Compete à Comissão estabelecer as normas a serem observadas pelos administradores na gestão de carteiras e sua remuneração, observado o disposto no artigo 8º, IV.

Art. 24. Compete à Comissão autorizar a atividade de custódia de valores mobiliários, cujo exercício será privativo das instituições financeiras, entidades de compensação e das entidades autorizadas, na forma da lei, a prestar serviços de depósito centralizado.

► *Caput* com a redação dada pela Lei nº 12.810, de 15-5-2013.

Parágrafo único. Considera-se custódia de valores mobiliários o depósito para guarda, recebimento de dividendos e bonificações, resgate, amortização ou reembolso, e exercício de direitos de subscrição, sem que o depositário, tenha poderes, salvo autorização expressa do depositante em cada caso, para alienar os valores mobiliários depositados ou reaplicar as importâncias recebidas.

Art. 25. Salvo mandato expresso com prazo não superior a um ano, o administrador de carteira e o depositário de valores mobiliários não podem exercer o direito de voto que couber às ações sob sua administração ou custódia.

CAPÍTULO VII

DOS AUDITORES INDEPENDENTES, CONSULTORES E ANALISTAS DE VALORES MOBILIÁRIOS

Art. 26. Somente as empresas de auditoria contábil ou auditores contábeis independentes, registrados na Comissão de Valores Mobiliários, poderão auditar, para os efeitos desta Lei, as demonstrações financeiras de companhias abertas e das instituições, sociedades ou empresas que integram o sistema de distribuição e intermediação de valores mobiliários.

§ 1º A Comissão estabelecerá as condições para o registro e o seu procedimento, e definirá os casos em que poderá ser recusado, suspenso ou cancelado.

§ 2º As empresas de auditoria contábil ou auditores contábeis independentes responderão, civilmente, pelos prejuízos que causarem a terceiros em virtude de culpa ou dolo no exercício das funções previstas neste artigo.

§ 3º Sem prejuízo do disposto no parágrafo precedente, as empresas de auditoria contábil ou os auditores contábeis independentes responderão administrativamente, perante o Banco Central do Brasil, pelos atos praticados ou omissões em que houverem incorrido no desempenho das atividades de auditoria de instituições financeiras e demais instituições autorizadas a funcionar pelo Banco Central do Brasil.

► § 3º acrescido pela Lei nº 9.447, de 14-3-1997.

§ 4º *Revogado.* Lei nº 13.506, de 13-11-2017.

§ 5º VETADO. Lei nº 10.303, de 31-10-2001.

Art. 27. A Comissão poderá fixar normas sobre o exercício das atividades de consultor e analista de valores mobiliários.

CAPÍTULO VII-A

DO COMITÊ DE PADRÕES CONTÁBEIS

► Capítulo VII-A acrescido pela Lei nº 10.303, de 31-10-2001.

Arts. 27-A e 27-B. VETADOS. Lei nº 10.303, de 31-10-2001.

CAPÍTULO VII-B

DOS CRIMES CONTRA O MERCADO DE CAPITAIS

► Capítulo VII-B acrescido pela Lei nº 10.303, de 31-10-2001.

Manipulação do Mercado

Art. 27-C. Realizar operações simuladas ou executar outras manobras fraudulentas destinadas a elevar, manter ou baixar a cotação, o preço ou o volume negociado de um valor mobiliário, com o fim de obter vantagem indevida ou lucro, para si ou para outrem, ou causar dano a terceiros:

► *Caput* com a redação dada pela Lei nº 13.506, de 13-11-2017.

Pena – reclusão, de um a oito anos, e multa de até três vezes o montante da vantagem ilícita obtida em decorrência do crime.

► Pena acrescida pela Lei nº 10.303, de 31-10-2001.

Uso Indevido de Informação Privilegiada

Art. 27-D. Utilizar informação relevante de que tenha conhecimento, ainda não divulgada ao mercado, que seja capaz de propiciar, para si ou para outrem, vantagem indevida, mediante negociação, em nome próprio ou de terceiros, de valores mobiliários:

► *Caput* com a redação dada pela Lei nº 13.506, de 13-11-2017.

Pena – reclusão, de um a cinco anos, e multa de até três vezes o montante da vantagem ilícita obtida em decorrência do crime.

► Pena acrescida pela Lei nº 10.303, de 31-10-2001.

§ 1º Incorre na mesma pena quem repassa informação sigilosa relativa a fato relevante a que tenha tido acesso em razão de cargo ou posição que ocupe em emissor de valores mobiliários ou em razão de relação comercial, profissional ou de confiança com o emissor.

§ 2º A pena é aumentada em 1/3 (um terço) se o agente comete o crime previsto no *caput* deste artigo valendo-se de informação relevante de que tenha conhecimento e da qual deva manter sigilo.

► §§ 1º e 2º acrescidos pela Lei nº 13.506, de 13-11-2017.

Exercício Irregular de Cargo, Profissão, Atividade ou Função

Art. 27-E. Exercer, ainda que a título gratuito, no mercado de valores mobiliários, a atividade de administrador de carteira, agente autônomo de investimento, auditor independente, analista de valores mobiliários, agente fiduciário ou qualquer outro cargo, profissão, atividade ou função, sem estar, para esse fim, autorizado ou registrado na autoridade administrativa competente, quando exigido por lei ou regulamento:

► *Caput* com a redação dada pela Lei nº 13.506, de 13-11-2017.

Pena – detenção de seis meses a dois anos, e multa.

► Pena acrescida pela Lei nº 10.303, de 31-10-2001.

Art. 27-F. As multas cominadas para os crimes previstos nos artigos 27-C e 27-D deverão ser aplicadas em razão do dano provocado ou da vantagem ilícita auferida pelo agente.

Parágrafo único. Nos casos de reincidência, a multa pode ser de até o triplo dos valores fixados neste artigo.

► Art. 27-F acrescido pela Lei nº 10.303, de 31-10-2001.

CAPÍTULO VIII

DAS DISPOSIÇÕES FINAIS E TRANSITÓRIAS

Art. 28. O Banco Central do Brasil, a Comissão de Valores Mobiliários, a Secretaria de Previdência Complementar, a Secretaria da Receita Federal e Superintendência de Seguros Privados manterão um sistema de intercâmbio de informações, relativas à fiscalização que exerçam, nas áreas de suas respectivas competências, no mercado de valores mobiliários.

► *Caput* com a redação dada pela Lei nº 10.303, de 31-10-2001.

Parágrafo único. O dever de guardar sigilo de informações obtidas através do exercício do poder de fiscalização pelas entidades referidas no *caput* não poderá ser invocado como impedimento para o intercâmbio de que trata este artigo.

► Parágrafo único acrescido pela Lei nº 10.303, de 31-10-2001.

Arts. 29 e 30. *Revogados.* Lei nº 10.303, de 31-10-2001.

Art. 31. Nos processos judiciários que tenham por objeto matéria incluída na competência da Comissão de Valores Mobiliários, será esta sempre intimada para, querendo, oferecer parecer ou prestar esclarecimentos, no prazo de quinze dias a contar da intimação.

§ 1º A intimação far-se-á, logo após a contestação, por mandado ou por carta com aviso de recebimento, conforme a Comissão tenha, ou não, sede ou representação na comarca em que tenha sido proposta a ação.

§ 2º Se a Comissão oferecer parecer ou prestar esclarecimentos, será intimada de todos os atos processuais subsequentes, pelo jornal oficial que publica expedientes forense ou por carta com aviso de recebimento, nos termos do parágrafo anterior.

§ 3º À Comissão é atribuída legitimidade para interpor recursos, quando as partes não o fizeram.

§ 4º O prazo para os efeitos do parágrafo anterior começará a correr, independentemente de nova intimação, no dia imediato àquele em que findar o das partes.

► Art. 31 com a redação dada pela Lei nº 6.616, de 16-12-1978.

Art. 32. As multas impostas pela Comissão de Valores Mobiliários, após a decisão final que as impôs na esfera administrativa, terão eficácia de título executivo e serão cobradas judicialmente, de acordo com o rito estabelecido pelo Código de Processo Civil para o processo de execução.

► Artigo acrescido pela Lei nº Lei nº 9.457, de 5-5-1997.

Art. 33. *Revogado.* Lei nº 9.873, de 23-11-1999.

Art. 34. Esta Lei entrará em vigor na data de sua publicação.

► Art. 31 renumerado para art. 33 pela Lei nº 6.616, de 16-12-1978, e posteriormente renumerado para art. 34 pela Lei nº 9.457, de 5-5-1997.

Art. 35. Revogam-se as disposições em contrário.

► Art. 32 renumerado para art. 34 Lei nº 6.616, de 16-12-1978, e posteriormente renumerado para art. 35 pela Lei nº 9.457, de 5-5-1997.

Brasília, 7 de dezembro de 1976;
155º da Independência e
88º da República.

Ernesto Geisel

LEI Nº 6.404, DE 15 DE DEZEMBRO DE 1976

Dispõe sobre as sociedades por ações.

► Publicada no *DOU* de 17-12-1976.

CAPÍTULO I

CARACTERÍSTICAS E NATUREZA DA COMPANHIA OU SOCIEDADE ANÔNIMA

Características

Art. 1º A companhia ou sociedade anônima terá o capital dividido em ações, e a responsabilidade dos sócios ou acionistas será limitada ao preço de emissão das ações subscritas ou adquiridas.

Objetivo Social

Art. 2º Pode ser objeto da companhia qualquer empresa de fim lucrativo, não contrário à lei, à ordem pública e aos bons costumes.

§ 1º Qualquer que seja o objeto, a companhia é mercantil e se rege pelas leis e usos do comércio.

► Arts. 1.088 e 1.089 do CC.

§ 2º O estatuto social definirá o objeto de modo preciso e completo.

§ 3º A companhia pode ter por objeto participar de outras sociedades; ainda que não prevista no estatuto, a participação é facultada como meio de realizar o objeto social, ou para beneficiar-se de incentivos fiscais.

Denominação

Art. 3º A sociedade será designada por denominação acompanhada das expressões "*companhia*" ou "*sociedade anônima*", expressas por extenso ou abreviadamente mas vedada a utilização da primeira ao final.

► Art. 1.160 do CC.

§ 1º O nome do fundador, acionista, ou pessoa que, por qualquer outro modo, tenha concorrido para o êxito da empresa, poderá figurar na denominação.

§ 2º Se a denominação for idêntica ou semelhante a de companhia já existente assistirá à prejudicada o direito de requerer a modificação, por via administrativa (artigo 97) ou em juízo, e demandar as perdas e danos resultantes.

► Arts. 1.163 e 1.167 do CC.

Companhia Aberta e Fechada

Art. 4º Para os efeitos desta Lei, a companhia é aberta ou fechada conforme os valores mobiliários de sua emissão estejam ou não admitidos à negociação no mercado de valores mobiliários.

► *Caput* com a redação dada pela Lei nº 10.303, de 31-10-2001.

► Lei nº 6.385, de 7-12-1976 (Lei do Mercado de Valores Mobiliários).

§ 1º Somente os valores mobiliários de emissão de companhia registrada na Comissão de Valores Mobiliários podem ser negociados no mercado de valores mobiliários.

► Parágrafo único transformado em § 1º e com a redação dada pela Lei nº 10.303, de 31-10-2001.

§ 2º Nenhuma distribuição pública de valores mobiliários será efetivada no mercado sem prévio registro na Comissão de Valores Mobiliários.

§ 3º A Comissão de Valores Mobiliários poderá classificar as companhias abertas em categorias, segundo as espécies e classes dos valores mobiliários por ela emitidos negociados no mercado, e especificará as normas sobre companhias abertas aplicáveis a cada categoria.

§ 4º O registro de companhia aberta para negociação de ações no mercado somente poderá ser cancelado se a companhia emissora de ações, o acionista controlador ou a sociedade que a controle, direta ou indiretamente, formular oferta pública para adquirir a totalidade das ações em circulação no mercado, por preço justo, ao menos igual ao valor de avaliação da companhia, apurado com base nos critérios, adotados de forma isolada ou combinada, de patrimônio líquido contábil, de patrimônio líquido avaliado a preço de mercado, de fluxo de caixa descontado, de comparação por múltiplos, de cotação das ações no mercado de valores mobiliários, ou com base em outro critério aceito pela Comissão de Valores Mobiliários, assegurada a revisão do valor da oferta, em conformidade com o disposto no artigo 4º-A.

§ 5º Terminado o prazo da oferta pública fixado na regulamentação expedida pela Comissão de Valores Mobiliários, se remanescerem em circulação menos de cinco por cento do total das ações emitidas pela companhia, a assembleia-geral poderá deliberar o resgate dessas ações pelo valor da oferta de que trata o § 4º, desde que deposite em estabelecimento bancário autorizado pela Comissão de Valores Mobiliários, à disposição dos seus titulares, o valor de resgate, não se aplicando, nesse caso, o disposto no § 6º do artigo 44.

§ 6º O acionista controlador ou a sociedade controladora que adquirir ações da companhia aberta sob seu controle que elevem sua participação, direta ou indireta, em determinada espécie e classe de ações à porcentagem que, segundo normas gerais expedidas pela Comissão de Valores Mobiliários, impeça a liquidez de mercado das ações remanescentes, será obrigado a fazer oferta pública, por preço determinado nos termos do § 4º, para aquisição da totalidade das ações remanescentes no mercado.

► §§ 2º a 6º acrescidos pela Lei nº 10.303, de 31-10-2001.

Art. 4º-A. Na companhia aberta, os titulares de, no mínimo, dez por cento das ações em circulação no mercado poderão requerer aos administradores da companhia que convoquem assembleia especial dos acionistas titulares de ações em circulação no mercado, para deliberar sobre a realização de nova avaliação pelo mesmo ou por outro critério, para efeito de determinação do valor de avaliação da companhia, referido no § 4º do artigo 4º.

► Art. 287, I, *a*, da Lei nº 6.404, de 15-12-1976 (Lei das Sociedades por Ações).

§ 1º O requerimento deverá ser apresentado no prazo de quinze dias da divulgação do valor da oferta pública, devidamente fundamentado e acompanhado de elementos de convicção que demonstrem a falha ou imprecisão no emprego da metodologia de cálculo ou no critério de avaliação adotado, podendo os acionistas referidos no *caput* convocar a assembleia quando os administradores não atenderem, no prazo de oito dias, ao pedido de convocação.

§ 2º Consideram-se ações em circulação no mercado todas as ações do capital da companhia aberta menos as de propriedade do acionista controlador, de diretores, de conselheiros de administração e as em tesouraria.

§ 3º Os acionistas que requererem a realização de nova avaliação e aqueles que votarem a seu favor deverão ressarcir a companhia pelos custos incorridos, caso o novo valor seja inferior ou igual ao valor inicial da oferta pública.

§ 4º Caberá à Comissão de Valores Mobiliários disciplinar o disposto no artigo 4º e neste artigo, e fixar prazos para a eficácia desta revisão.

► Art. 4º-A acrescido pela Lei nº 10.303, de 31-10-2001.

CAPÍTULO II

CAPITAL SOCIAL

Seção I

VALOR

Fixação no Estatuto e Moeda

Art. 5º O estatuto da companhia fixará o valor do capital social, expresso em moeda nacional.

Parágrafo único. A expressão monetária do valor do capital social realizado será corrigida anualmente (artigo 167).

Alteração

Art. 6º O capital social somente poderá ser modificado com observância dos preceitos desta Lei e do estatuto social (artigos 166 a 174).

Seção II
FORMAÇÃO

Dinheiro e Bens

Art. 7º O capital social poderá ser formado com contribuições em dinheiro ou em qualquer espécie de bens suscetíveis de avaliação em dinheiro.

Avaliação

Art. 8º A avaliação dos bens será feita por três peritos ou por empresa especializada, nomeados em assembleia-geral dos subscritores, convocada pela imprensa e presidida por um dos fundadores, instalando-se em primeira convocação com a presença de subscritores que representem metade, pelo menos, do capital social, e em segunda convocação com qualquer número.

► Arts. 86, I, 95, IV, e 287, I, *a*, da Lei nº 6.404, de 15-12-1976 (Lei das Sociedades por Ações).

§ 1º Os peritos ou a empresa avaliadora deverão apresentar laudo fundamentado, com a indicação dos critérios de avaliação e dos elementos de comparação adotados e instruído com os documentos relativos aos bens avaliados, e estarão presentes à assembleia que conhecer do laudo, a fim de prestarem as informações que lhes forem solicitadas.

► Art. 256, § 1º, da Lei nº 6.404, de 15-12-1976 (Lei das Sociedades por Ações).

§ 2º Se o subscritor aceitar o valor aprovado pela assembleia, os bens incorporar-se-ão ao patrimônio da companhia, competindo aos primeiros diretores cumprir as formalidades necessárias à respectiva transmissão.

§ 3º Se a assembleia não aprovar a avaliação, ou o subscritor não aceitar a avaliação aprovada, ficará sem efeito o projeto de constituição da companhia.

§ 4º Os bens não poderão ser incorporados ao patrimônio da companhia por valor acima do que lhes tiver dado o subscritor.

§ 5º Aplica-se à assembleia referida neste artigo o disposto nos §§ 1º e 2º do artigo 115.

§ 6º Os avaliadores e o subscritor responderão perante a companhia, os acionistas e terceiros, pelos danos que lhes causarem por culpa ou dolo na avaliação dos bens, sem prejuízo da responsabilidade penal em que tenham incorrido. No caso de bens em condomínio, a responsabilidade dos subscritores é solidária.

► Art. 256, § 1º, da Lei nº 6.404, de 15-12-1976 (Lei das Sociedades por Ações).

Transferência dos Bens

Art. 9º Na falta de declaração expressa em contrário, os bens transferem-se à companhia a título de propriedade.

Responsabilidade do Subscritor

Art. 10. A responsabilidade civil dos subscritores ou acionistas que contribuírem com bens para a formação do capital social será idêntica à do vendedor.

Parágrafo único. Quando a entrada consistir em crédito, o subscritor ou acionista responderá pela solvência do devedor.

CAPÍTULO III
AÇÕES

Seção I
NÚMERO E VALOR NOMINAL

Fixação no Estatuto

Art. 11. O estatuto fixará o número das ações em que se divide o capital social e estabelecerá se as ações terão ou não valor nominal.

§ 1º Na companhia com ações sem valor nominal, o estatuto poderá criar uma ou mais classes de ações preferenciais com valor nominal.

§ 2º O valor nominal será o mesmo para todas as ações da companhia.

§ 3º O valor nominal das ações de companhia aberta não poderá ser inferior ao mínimo fixado pela Comissão de Valores Mobiliários.

Alteração

Art. 12. O número e o valor nominal das ações somente poderão ser alterados nos casos de modificação do valor do capital social ou da sua expressão monetária, de desdobramento ou grupamento de ações, ou de cancelamento de ações autorizado nesta Lei.

Seção II
PREÇO DE EMISSÃO

Ações com Valor Nominal

Art. 13. É vedada a emissão de ações por preço inferior ao seu valor nominal.

§ 1º A infração do disposto neste artigo importará nulidade do ato ou operação e responsabilidade dos infratores, sem prejuízo da ação penal que no caso couber.

§ 2º A contribuição do subscritor que ultrapassar o valor nominal constituirá reserva de capital (artigo 182, § 1º).

Ações sem Valor Nominal

Art. 14. O preço de emissão das ações sem valor nominal será fixado, na constituição da companhia, pelos fundadores, e no aumento de capital, pela assembleia-geral ou pelo conselho de administração (artigos 166 e 170, § 2º).

Parágrafo único. O preço de emissão pode ser fixado com parte destinada à formação de reserva de capital; na emissão de ações preferenciais com prioridade no reembolso do capital, somente a parcela que ultrapassar o valor de reembolso poderá ter essa destinação.

Seção III
ESPÉCIES E CLASSES

Espécies

Art. 15. As ações, conforme a natureza dos direitos ou vantagens que confiram a seus titulares, são ordinárias, preferenciais ou de fruição.

§ 1º As ações ordinárias da companhia fechada e as ações preferenciais da companhia aberta e fechada poderão ser de uma ou mais classes.

§ 2º O número de ações preferenciais sem direito a voto, ou sujeitas a restrição no exercício desse direito, não pode ultrapassar cinquenta por cento do total das ações emitidas.

► § 2º com a redação dada pela Lei nº 10.303, de 31-10-2001.

► Art. 8º, §§ 1º e 2º, da Lei nº 10.303, de 31-10-2001, que altera e acrescenta dispositivos na Lei nº 6.404, de 15 de dezembro de 1976, que dispõe sobre as Sociedades por Ações, e na Lei nº 6.385, de 7 de dezembro de 1976, que dispõe sobre o mercado de valores mobiliários e cria a Comissão de Valores Mobiliários.

Ações Ordinárias

Art. 16. As ações ordinárias de companhia fechada poderão ser de classes diversas, em função de:

I – conversibilidade em ações preferenciais;

II – exigência de nacionalidade brasileira do acionista; ou

III – direito de voto em separado para o preenchimento de determinados cargos de órgãos administrativos.

► Incisos I a III com a redação dada pela Lei nº 9.457, de 5-5-1997.

Parágrafo único. A alteração do estatuto na parte em que regula a diversidade de classes, se não for expressamente prevista e regulada, requererá a concordância de todos os titulares das ações atingidas.

Ações Preferenciais

Art. 17. As preferências ou vantagens das ações preferenciais podem consistir:

► *Caput* com a redação dada pela Lei nº 10.303, de 31-10-2001.

I – em prioridade na distribuição de dividendo, fixo ou mínimo;

II – em prioridade no reembolso do capital, com prêmio ou sem ele; ou

III – na acumulação das preferências e vantagens de que tratam os incisos I e II.

► Incisos I a III com a redação dada pela Lei nº 10.303, de 31-10-2001.

§ 1º Independentemente do direito de receber ou não o valor de reembolso do capital com prêmio ou sem ele, as ações preferenciais sem direito de voto ou com restrição ao exercício deste direito, somente serão admitidas à negociação no mercado de valores mobiliários se a elas for atribuída pelo menos uma das seguintes preferências ou vantagens:

► Art. 8º, § 3º, da Lei nº 10.303, de 31-10-2001, que altera e acrescenta dispositivos na Lei nº 6.404, de 15 de dezembro de 1976, que dispõe sobre as Sociedades por Ações, e na Lei nº 6.385, de 7 de dezembro de 1976, que dispõe sobre o mercado de valores mobiliários e cria a Comissão de Valores Mobiliários.

I – direito de participar do dividendo a ser distribuído, correspondente a, pelo menos, vinte e cinco por cento do lucro líquido do exercício, calculado na forma do artigo 202, de acordo com o seguinte critério:

a) prioridade no recebimento dos dividendos mencionados neste inciso correspondente a, no mínimo, três por cento do valor do patrimônio líquido da ação; e

b) direito de participar dos lucros distribuídos em igualdade de condições com as ordinárias, depois de a estas assegurado dividendo igual ao mínimo prioritário estabelecido em conformidade com a alínea *a*; ou

II – direito ao recebimento de dividendo, por ação preferencial, pelo menos dez por cento maior do que o atribuído a cada ação ordinária; ou

III – direito de serem incluídas na oferta pública de alienação de controle, nas condições previstas no artigo 254-A, assegurado o dividendo pelo menos igual ao das ações ordinárias.

§ 2º Deverão constar do estatuto, com precisão e minúcia, outras preferências ou vantagens que sejam atribuídas aos acionistas sem direito a voto, ou com voto restrito, além das previstas neste artigo.

§ 3º Os dividendos, ainda que fixos ou cumulativos, não poderão ser distribuídos em prejuízo do capital social, salvo quando, em caso de liquidação da companhia, essa vantagem tiver sido expressamente assegurada.

§ 4º Salvo disposição em contrário no estatuto, o dividendo prioritário não é cumulativo, a ação com dividendo fixo não participa dos lucros remanescentes e a ação com dividendo mínimo participa dos lucros distribuídos em igualdade de condições com as ordinárias, depois de a estas assegurado dividendo igual ao mínimo.

§ 5º Salvo no caso de ações com dividendo fixo, o estatuto não pode excluir ou restringir o direito das ações preferenciais de participar dos aumentos de capital decorrentes da capitalização de reservas ou lucros (artigo 169).

§ 6º O estatuto pode conferir às ações preferenciais com prioridade na distribuição de dividendo cumulativo, o direito de recebê-lo, no exercício em que o lucro for insuficiente, à conta das reservas de capital de que trata o § 1º do artigo 182.

► §§ 1º a 6º com a redação dada pela Lei nº 10.303, de 31-10-2001.

§ 7º Nas companhias objeto de desestatização poderá ser criada ação preferencial de classe especial, de propriedade exclusiva do ente desestatizante, à qual o estatuto social poderá conferir os poderes que especificar, inclusive o poder de veto às deliberações da assembleia-geral nas matérias que especificar.

► § 7º acrescido pela Lei nº 10.303, de 31-10-2001.

Vantagens Políticas

Art. 18. O estatuto pode assegurar a uma ou mais classes de ações preferenciais o direito de eleger, em votação em separado, um ou mais membros dos órgãos da administração.

► Art. 141, § 4º, II, da Lei nº 6.404, de 15-12-1976 (Lei das Sociedades por Ações).

Parágrafo único. O estatuto pode subordinar as alterações estatutárias que especificar à aprovação, em assembleia especial, dos titulares de uma ou mais classes de ações preferenciais.

Regulação no Estatuto

Art. 19. O estatuto da companhia com ações preferenciais declarará as vantagens ou preferências atribuídas a cada classe dessas ações e as restrições a que ficarão sujeitas, e poderá prever o resgate ou a amortização, a conversão de ações de uma classe em ações de outra e em ações ordinárias, e destas em preferenciais, fixando as respectivas condições.

Seção IV
FORMA

Art. 20. As ações devem ser nominativas.

► Artigo com a redação dada pela Lei nº 8.021, de 12-4-1990.

Ações não Integralizadas

Art. 21. Além dos casos regulados em lei especial, as ações terão obrigatoriamente forma nominativa ou endossável até o integral pagamento do preço de emissão.

► Arts. 904 a 909 do CC

► Lei nº 8.021, de 12-4-1990, dispõe sobre a identificação dos contribuintes para fins fiscais.

Determinação no Estatuto

Art. 22. O estatuto determinará a forma das ações e a conversibilidade de uma em outra forma.

Parágrafo único. As ações ordinárias da companhia aberta e ao menos uma das classes de ações ordinárias da companhia fechada, quando tiverem a forma ao portador, serão obrigatoriamente conversíveis, à vontade do acionista, em nominativas ou endossáveis.

► Arts. 904 a 909 do CC.

► Lei nº 8.021, de 12-4-1990, dispõe sobre a identificação dos contribuintes para fins fiscais.

SEÇÃO V
CERTIFICADOS

► Arts. 50, 63 e 78, parágrafo único, da Lei nº 6.404, de 15-12-1976 (Lei das Sociedades por Ações).

Emissão

Art. 23. A emissão de certificado de ação somente será permitida depois de cumpridas as formalidades necessárias ao funcionamento legal da companhia.

§ 1º A infração do disposto neste artigo importa nulidade do certificado e responsabilidade dos infratores.

§ 2º Os certificados das ações, cujas entradas não consistirem em dinheiro, só poderão ser emitidos depois de cumpridas as formalidades necessárias à transmissão de bens, ou de realizados os créditos.

§ 3º A companhia poderá cobrar o custo da substituição dos certificados, quando pedida pelo acionista.

Requisitos

Art. 24. Os certificados das ações serão escritos em vernáculo e conterão as seguintes declarações:

I – denominação da companhia, sua sede e prazo de duração;

II – o valor do capital social, a data do ato que o tiver fixado, o número de ações em que se divide e o valor nominal das ações, ou a declaração de que não têm valor nominal;

III – nas companhias com capital autorizado, o limite da autorização, em número de ações ou valor do capital social;

IV – o número de ações ordinárias e preferenciais das diversas classes, se houver, as vantagens ou preferências conferidas a cada classe e as limitações ou restrições a que as ações estiverem sujeitas;

V – o número de ordem do certificado e da ação, e a espécie e classe a que pertence;

VI – os direitos conferidos às partes beneficiárias, se houver;

VII – a época e o lugar da reunião da assembleia-geral ordinária;

VIII – a data da constituição da companhia e do arquivamento e publicação de seus atos constitutivos;

IX – o nome do acionista;

X – o débito do acionista e a época e o lugar de seu pagamento, se a ação não estiver integralizada;

XI – a data da emissão do certificado e as assinaturas de dois diretores, ou do agente emissor de certificados (artigo 27).

► Incisos IX a XI com a redação dada pela Lei nº 9.457, de 5-5-1997.

§ 1º A omissão de qualquer dessas declarações dá ao acionista direito a indenização por perdas e danos contra a companhia e os diretores na gestão dos quais os certificados tenham sido emitidos.

§ 2º Os certificados de ações emitidas por companhias abertas podem ser assinados por dois mandatários com poderes especiais, ou autenticados por chancela mecânica, observadas as normas expedidas pela Comissão de Valores Mobiliários.

► § 2º com a redação dada pela Lei nº 10.303, de 31-10-2001.

Títulos Múltiplos e Cautelas

Art. 25. A companhia poderá, satisfeitos os requisitos do artigo 24, emitir certificados de múltiplos de ações e, provisoriamente, cautelas que as representem.

Parágrafo único. Os títulos múltiplos das companhias abertas obedecerão à padronização de número de ações fixada pela Comissão de Valores Mobiliários.

Cupões

Art. 26. Aos certificados das ações ao portador podem ser anexados cupões relativos a dividendos ou outros direitos.

► Arts. 904 a 909 do CC.

► Lei nº 8.021, de 12-4-1990, dispõe sobre a identificação dos contribuintes para fins fiscais.

Parágrafo único. Os cupões conterão a denominação da companhia, a indicação do lugar da sede, o número de ordem do certificado, a classe da ação e o número de ordem do cupão.

► Arts. 904 a 909 do CC.

► Lei nº 8.021, de 12-4-1990, dispõe sobre a identificação dos contribuintes para fins fiscais.

Agente Emissor de Certificados

Art. 27. A companhia pode contratar a escrituração e a guarda dos livros de registro e transferência de ações e a emissão dos certificados com instituição financeira autorizada pela Comissão de Valores Mobiliários a manter esse serviço.

► Arts. 43, 101 e 103 da Lei nº 6.404, de 15-12-1976 (Lei das Sociedades por Ações).

§ 1º Contratado o serviço, somente o agente emissor poderá praticar os atos relativos aos registros e emitir certificados.

§ 2º O nome do agente emissor constará das publicações e ofertas públicas de valores mobiliários feitas pela companhia.

§ 3º Os certificados de ações emitidos pelo agente emissor da companhia deverão ser numerados seguidamente, mas a numeração das ações será facultativa.

SEÇÃO VI
PROPRIEDADE E CIRCULAÇÃO

Indivisibilidade

Art. 28. A ação é indivisível em relação à companhia.

Parágrafo único. Quando a ação pertencer a mais de uma pessoa, os direitos por ela conferidos serão exercidos pelo representante do condomínio.

Negociabilidade

Art. 29. As ações da companhia aberta somente poderão ser negociadas depois de realizados trinta por cento do preço de emissão.

Parágrafo único. A infração do disposto neste artigo importa na nulidade do ato.

Negociação com as Próprias Ações

Art. 30. A companhia não poderá negociar com as próprias ações.

§ 1º Nessa proibição não se compreendem:

a) as operações de resgate, reembolso ou amortização previstas em lei;

b) a aquisição, para permanência em tesouraria ou cancelamento, desde que até o valor do saldo de lucros ou reservas, exceto a legal, e sem diminuição do capital social ou por doação;

c) a alienação das ações adquiridas nos termos da alínea *b* e mantidas em tesouraria;

d) a compra quando, resolvida a redução do capital mediante restituição, em dinheiro, de parte do valor das ações, o preço destas em bolsa for inferior ou igual à importância que deve ser restituída.

§ 2º A aquisição das próprias ações pela companhia aberta obedecerá, sob pena de nulidade, às normas expedidas pela Comissão de Valores Mobiliários, que poderá subordiná-la a prévia autorização em cada caso.

§ 3º A companhia não poderá receber em garantia as próprias ações, salvo para assegurar a gestão dos seus administradores.

§ 4º As ações adquiridas nos termos da alínea *b* do § 1º, enquanto mantidas em tesouraria, não terão direito a dividendo nem a voto.

§ 5º No caso da alínea *d* do § 1º, as ações adquiridas serão retiradas definitivamente de circulação.

Ações Nominativas

Art. 31. A propriedade das ações nominativas presume-se pela inscrição do nome do acionista no livro de "Registro de Ações Nominativas" ou pelo extrato que seja fornecido pela instituição custodiante, na qualidade de proprietária fiduciária das ações.

► *Caput* com a redação dada pela Lei nº 10.303, de 31-10-2001.

§ 1º A transferência das ações nominativas opera-se por termo lavrado no livro de "*Transferência de Ações Nominativas*", datado e assinado pelo cedente e pelo cessionário, ou seus legítimos representantes.

§ 2º A transferência das ações nominativas em virtude de transmissão por sucessão universal ou legado, de arrematação, adjudicação ou outro ato judicial, ou por qualquer outro título, somente se fará mediante averbação no livro de "*Registro de Ações Nominativas*", à vista de documento hábil, que ficará em poder da companhia.

§ 3º Na transferência das ações nominativas adquiridas em Bolsa de Valores, o cessionário será representado, independentemente de instrumento de procuração, pela sociedade corretora, ou pela caixa de liquidação da Bolsa de Valores.

Ações Endossáveis

Art. 32. *Revogado.* Lei nº 8.021, de 12-4-1990.

Ações ao Portador

Art. 33. *Revogado.* Lei nº 8.021, de 12-4-1990.

Ações Escriturais

Art. 34. O estatuto da companhia pode autorizar ou estabelecer que todas as ações da companhia, ou uma ou mais classes delas, sejam mantidas em contas de depósito, em nome de seus titulares, na instituição que designar, sem emissão de certificados.

► Art. 43, § 3º, da Lei nº 10.931, de 2-8-2004, dispõe sobre o patrimônio de afetação de incorporações imobiliárias, Letra de Crédito Imobiliário, Cédula de Crédito Imobiliário, Cédula de Crédito Bancário.

§ 1º No caso de alteração estatutária, a conversão em ação escritural depende da apresentação e do cancelamento do respectivo certificado em circulação.

§ 2º Somente as instituições financeiras autorizadas pela Comissão de Valores Mobiliários podem manter serviços de escrituração de ações e de outros valores mobiliários.

► § 2º com a redação dada pela Lei nº 12.810, de 15-5-2013.

§ 3º A companhia responde pelas perdas e danos causados aos interessados por erros ou irregularidades no serviço de ações escriturais, sem prejuízo do eventual direito de regresso contra a instituição depositária.

Art. 35. A propriedade da ação escritural presume-se pelo registro na conta de depósito das ações, aberta em nome do acionista nos livros da instituição depositária.

► Art. 34 da Lei nº 6.404, de 15-12-1976 (Lei das Sociedades por Ações).

§ 1º A transferência da ação escritural opera-se pelo lançamento efetuado pela instituição depositária em seus livros, a débito da conta de ações do alienante e a crédito da conta de ações do adquirente, à vista de ordem escrita do alienante, ou de autorização ou ordem judicial, em documento hábil que ficará em poder da instituição.

§ 2º A instituição depositária fornecerá ao acionista extrato da conta de depósito das ações escriturais, sempre que solicitado, ao término de todo mês em que for movimentada e, ainda que não haja movimentação, ao menos uma vez por ano.

§ 3º O estatuto pode autorizar a instituição depositária a cobrar do acionista o custo do serviço de transferência da propriedade das ações escriturais, observados os limites máximos fixados pela Comissão de Valores Mobiliários.

Limitações à Circulação

Art. 36. O estatuto da companhia fechada pode impor limitações à circulação das ações nominativas, contanto que regule minuciosamente tais limitações e não impeça a negociação, nem sujeite o acionista ao arbítrio dos órgãos de administração da companhia ou da maioria dos acionistas.

Parágrafo único. A limitação à circulação criada por alteração estatutária somente se aplicará às ações cujos titulares com ela expressamente concordarem, mediante pedido de averbação no livro de "*Registro de Ações Nominativas*".

Suspensão dos Serviços de Certificados

Art. 37. A companhia aberta pode, mediante comunicação às Bolsas de Valores em que suas ações forem negociadas e publicação de anúncio, suspender, por períodos que não ultrapassem, cada um, quinze dias, nem o total de noventa dias durante o ano, os serviços de transferência, conversão e desdobramento de certificados.

Parágrafo único. O disposto neste artigo não prejudicará o registro da transferência das ações negociadas em bolsa anteriormente ao início do período de suspensão.

Perda ou Extravio

Art. 38. O titular de certificado perdido ou extraviado de ação ao portador ou endossável poderá, justificando a propriedade e a perda ou extravio, promover, na forma da lei processual, o procedimento de anulação e substituição para obter a expedição de novo certificado.

§ 1º Somente será admitida a anulação e substituição de certificado ao portador ou endossado em branco à vista da prova, produzida pelo titular, da destruição ou inutilização do certificado a ser substituído.

§ 2º Até que o certificado seja recuperado ou substituído, as transferências poderão ser averbadas sob condição, cabendo à companhia exigir do titular, para satisfazer dividendo e demais direitos, garantia idônea de sua eventual restituição.

Seção VII

CONSTITUIÇÃO DE DIREITOS REAIS E OUTROS ÔNUS

Penhor

► Arts. 904 a 909 do CC.

► Lei nº 8.021, de 12-4-1990, dispõe sobre a identificação dos contribuintes para fins fiscais.

Art. 39. O penhor ou caução de ações se constitui pela averbação do respectivo instrumento no livro de "*Registro de Ações Nominativas*".

► *Caput* com a redação dada pela Lei nº 9.457, de 5-5-1997.

► Art. 20 da Lei nº 6.404, de 15-12-1976 (Lei das Sociedades por Ações).

§ 1º O penhor da ação escritural se constitui pela averbação do respectivo instrumento nos livros da instituição financeira, a qual será anotado no extrato da conta de depósito fornecido ao acionista.

§ 2º Em qualquer caso, a companhia, ou a instituição financeira, tem o direito de exigir, para seu arquivo, um exemplar do instrumento de penhor.

Outros Direitos e Ônus

Art. 40. O usufruto, o fideicomisso, a alienação fiduciária em garantia e quaisquer cláusulas ou ônus que gravarem a ação deverão ser averbados:

I - se nominativa, no livro de "*Registro de Ações Nominativas*";

II - se escritural, nos livros da instituição financeira, que os anotará no extrato da conta de depósito fornecida ao acionista.

► Inciso II com a redação dada pela Lei nº 9.457, de 5-5-1997.

Parágrafo único. Mediante averbação nos termos deste artigo, a promessa de venda da ação e o direito de preferência à sua aquisição são oponíveis a terceiros.

Seção VIII
CUSTÓDIA DE AÇÕES FUNGÍVEIS

Art. 41. A instituição autorizada pela Comissão de Valores Mobiliários a prestar serviços de custódia de ações fungíveis pode contratar custódia em que as ações de cada espécie e classe da companhia sejam recebidas em depósito como valores fungíveis, adquirindo a instituição depositária a propriedade fiduciária das ações.

► *Caput* com a redação dada pela Lei nº 10.303, de 31-10-2001.

§ 1º A instituição depositária não pode dispor das ações e fica obrigada a devolver ao depositante a quantidade de ações recebidas, com as modificações resultantes de alterações no capital social ou no número de ações da companhia emissora, independentemente do número de ordem das ações ou dos certificados recebidos em depósito.

► Parágrafo único transformado em § 1º e com a redação dada pela Lei nº 10.303, de 31-10-2001.

§ 2º Aplica-se o disposto neste artigo, no que couber, aos demais valores mobiliários.

§ 3º A instituição depositária ficará obrigada a comunicar à companhia emissora:

I - imediatamente, o nome do proprietário efetivo quando houver qualquer evento societário que exija a sua identificação; e

II - no prazo de até dez dias, a contratação da custódia e a criação de ônus ou gravames sobre as ações.

§ 4º A propriedade das ações em custódia fungível será provada pelo contrato firmado entre o proprietário das ações e a instituição depositária.

§ 5º A instituição tem as obrigações de depositária e responde perante o acionista e terceiros pelo descumprimento de suas obrigações.

► §§ 2º a 5º acrescidos pela Lei nº 10.303, de 31-10-2001.

Representação e Responsabilidade

Art. 42. A instituição financeira representa, perante a companhia, os titulares das ações recebidas em custódia nos termos do artigo 41, para receber dividendos e ações bonificadas e exercer direito de preferência para subscrição de ações.

§ 1º Sempre que houver distribuição de dividendos ou bonificação de ações e, em qualquer caso, ao menos uma vez por ano, a instituição financeira fornecerá à companhia a lista dos depositantes de ações recebidas nos termos deste artigo, assim como a quantidade de ações de cada um.

► § 1º com a redação dada pela Lei nº 9.457, de 5-5-1997.

§ 2º O depositante pode, a qualquer tempo, extinguir a custódia e pedir a devolução dos certificados de suas ações.

§ 3º A companhia não responde perante o acionista nem terceiros pelos atos da instituição depositária das ações.

Seção IX
CERTIFICADO DE DEPÓSITO DE AÇÕES

Art. 43. A instituição financeira autorizada a funcionar como agente emissor de certificados (artigo 27) pode emitir título representativo das ações que receber em depósito, do qual constarão:

► *Caput* com a redação dada pela Lei nº 9.457, de 5-5-1997.

I - o local e a data da emissão;

II - o nome da instituição emitente e as assinaturas de seus representantes;

III - a denominação "*Certificado de Depósito de Ações*";

IV - a especificação das ações depositadas;

V - a declaração de que as ações depositadas, seus rendimentos e o valor recebido nos casos de resgate ou amortização somente serão entregues ao titular do certificado de depósito, contra apresentação deste;

VI - o nome e a qualificação do depositante;

VII - o preço do depósito cobrado pelo banco, se devido na entrega das ações depositadas;

VIII - o lugar da entrega do objeto do depósito.

§ 1º A instituição financeira responde pela origem e autenticidade dos certificados das ações depositadas.

§ 2º Emitido o certificado de depósito, as ações depositadas, seus rendimentos, o valor de resgate ou de amortização não poderão ser objeto de penhora, arresto, sequestro, busca ou apreensão, ou qualquer outro embaraço que impeça sua entrega ao titular do certificado, mas este poderá ser objeto de penhora ou de qualquer medida cautelar por obrigação do seu titular.

§ 3º Os certificados de depósito de ações serão nominativos, podendo ser mantidos sob o sistema escritural.

► § 3º com a redação dada pela Lei nº 9.457, de 5-5-1997.

§ 4º Os certificados de depósitos de ações poderão, a pedido do seu titular, e por sua conta, ser desdobrados ou grupados.

§ 5º Aplicam-se ao endosso do certificado, no que couber, as normas que regulam o endosso de títulos cambiários.

Seção X
RESGATE, AMORTIZAÇÃO E REEMBOLSO

Resgate e Amortização

Art. 44. O estatuto ou assembleia-geral extraordinária pode autorizar a aplicação de lucros ou reservas no resgate ou na amortização de ações, determinando as condições e o modo de proceder-se à operação.

§ 1º O resgate consiste no pagamento do valor das ações para retirá-las definitivamente de circulação, com redução ou não do capital social; mantido o mesmo capital, será atribuído, quando for o caso, novo valor nominal às ações remanescentes.

§ 2º A amortização consiste na distribuição aos acionistas, a título de antecipação e sem redução do capital social, de quantias que lhes poderiam tocar em caso de liquidação da companhia.

§ 3º A amortização pode ser integral ou parcial e abranger todas as classes de ações ou só uma delas.

§ 4º O resgate e a amortização que não abrangerem a totalidade das ações de uma mesma classe serão feitos mediante sorteio; sorteadas ações custodiadas nos termos do artigo 41, a instituição financeira especificará, mediante rateio, as resgatadas ou amortizadas, se outra forma não estiver prevista no contrato de custódia.

§ 5º As ações integralmente amortizadas poderão ser substituídas por ações de fruição, com as restrições fixadas pelo estatuto ou pela assembleia-geral que deliberar a amortização; em qualquer caso, ocorrendo liquidação da companhia, as ações amortizadas só concorrerão ao acervo líquido depois de assegurado às ações não amortizadas valor igual ao da amortização, corrigido monetariamente.

§ 6º Salvo disposição em contrário do estatuto social, o resgate de ações de uma ou mais classes só será efetuado se, em assembleia especial convocada para deliberar essa matéria específica, for aprovado por acionistas que representem, no mínimo, a metade das ações da(s) classe(s) atingida(s).

► § 6º acrescido pela Lei nº 10.303, de 31-10-2001.

Reembolso

Art. 45. O reembolso é a operação pela qual, nos casos previstos em lei, a companhia paga aos acionistas dissidentes de deliberação da assembleia-geral o valor de suas ações.

§ 1º O Estatuto pode estabelecer normas para a determinação do valor de reembolso, que, entretanto, somente poderá ser inferior ao valor de patrimônio líquido constante do último balanço aprovado pela assembleia-geral, observado o disposto no § 2º, se estipulado com base no valor econômico da companhia, a ser apurado em avaliação (§§ 3º e 4º).

► § 1º com a redação dada pela Lei nº 9.457, de 5-5-1997.

§ 2º Se a deliberação da assembleia-geral ocorrer mais de sessenta dias depois da data do último balanço aprovado, será facultado ao acionista dissidente pedir, juntamente com o reembolso, levantamento de balanço especial em data que atenda àquele prazo. Nesse caso, a companhia pagará imediatamente oitenta por cento do valor de reembolso calculado com base no último balanço e, levantado o balanço especial, pagará o saldo no prazo de cento e vinte dias, a contar da data da deliberação da assembleia-geral.

§ 3º Se o Estatuto determinar a avaliação da ação para efeito de reembolso, o valor será o determinado por três peritos ou empresa especializada, mediante laudo que satisfaça os requisitos do § 1º, do artigo 8º e com a responsabilidade prevista no § 6º do mesmo artigo.

§ 4º Os peritos ou empresa especializada serão indicados em lista sêxtupla ou tríplice, respectivamente, pelo Conselho de Administração ou, se não houver, pela Diretoria, e escolhidos pela Assembleia-Geral em deliberação tomada por maioria absoluta de votos, não se computando os votos em branco, cabendo a cada ação, independentemente de sua espécie ou classe, o direito a um voto.

§ 5º O valor de reembolso poderá ser pago à conta de lucros ou reservas, exceto a legal, e nesse caso as ações reembolsadas ficarão em tesouraria.

§ 6º Se, no prazo de cento e vinte dias, a contar da data da publicação da ata da assembleia, não forem substituídos os acionistas cujas ações tenham sido reembolsadas à conta do capital social, este considerar-se-á reduzido no montante correspondente, cumprindo aos órgãos da administração convocar a assembleia-geral, dentro de cinco dias, para tomar conhecimento daquela redução.

§ 7º Se sobrevier a falência da sociedade, os acionistas dissidentes, credores pelo reembolso de suas ações, serão classificados como quirografários em quadro separado, e os rateios que lhes couberem serão imputados no pagamento dos créditos constituídos anteriormente à data da publicação da ata da assembleia. As quantias assim atribuídas aos créditos mais antigos não se deduzirão dos créditos dos ex-acionistas que subsistirão integralmente para serem satisfeitos pelos bens da massa, depois de pagos os primeiros.

§ 8º Se, quando ocorrer a falência, já se houver efetuado, à conta do capital social, o reembolso dos ex-acionistas, estes não tiverem sido substituídos, e a massa não bastar para o pagamento dos créditos mais antigos, caberá ação revocatória para restituição do reembolso pago com redução do capital social, até a concorrência do que remanescer dessa parte do passivo. A restituição será havida, na mesma proporção, de todos os acionistas cujas ações tenham sido reembolsadas.

► §§ 3º a 8º com a redação dada pela Lei nº 9.457, de 5-5-1997.

CAPÍTULO IV

PARTES BENEFICIÁRIAS

Características

Art. 46. A companhia pode criar, a qualquer tempo, títulos negociáveis, sem valor nominal e estranhos ao capital social, denominados "partes beneficiárias".

§ 1º As partes beneficiárias conferirão aos seus titulares direito de crédito eventual contra a companhia, consistente na participação nos lucros anuais (artigo 190).

§ 2º A participação atribuída às partes beneficiárias, inclusive para formação de reserva para resgate, se houver, não ultrapassará um décimo dos lucros.

§ 3º É vedado conferir às partes beneficiárias qualquer direito privativo de acionista, salvo o de fiscalizar, nos termos desta Lei, os atos dos administradores.

§ 4º É proibida a criação de mais de uma classe ou série de partes beneficiárias.

Emissão

Art. 47. As partes beneficiárias poderão ser alienadas pela companhia, nas condições determinadas pelo estatuto ou pela assembleia-geral, ou atribuídas a fundadores, acionistas ou terceiros, como remuneração de serviços prestados à companhia.

Parágrafo único. É vedado às companhias abertas emitir partes beneficiárias.

► Parágrafo único com a redação dada pela Lei nº 10.303, de 31-10-2001.

Resgate e Conversão

Art. 48. O estatuto fixará o prazo de duração das partes beneficiárias e, sempre que estipular resgate, deverá criar reserva especial para esse fim.

§ 1º O prazo de duração das partes beneficiárias atribuídas gratuitamente, salvo as destinadas a sociedades ou fundações beneficentes dos empregados da companhia, não poderá ultrapassar dez anos.

§ 2º O estatuto poderá prever a conversão das partes beneficiárias em ações, mediante capitalização de reserva criada para esse fim.

§ 3º No caso de liquidação da companhia, solvido o passivo exigível, os titulares das partes beneficiárias terão direito de preferência sobre o que restar do ativo até a importância da reserva para resgate ou conversão.

Certificados

Art. 49. Os certificados das partes beneficiárias conterão:

I – a denominação "*Parte Beneficiária*";

II – a denominação da companhia, sua sede e prazo de duração;

III – o valor do capital social, a data do ato que o fixou e o número de ações em que se divide;

IV – o número de partes beneficiárias criadas pela companhia e o respectivo número de ordem;

V – os direitos que lhes são atribuídos pelo estatuto, o prazo de duração e as condições de resgate, se houver;

VI – a data da constituição da companhia e do arquivamento e publicação dos seus atos constitutivos;

VII – o nome do beneficiário;

► Inciso VII com a redação dada pela Lei nº 9.457, de 5-5-1997.

VIII – a data da emissão do certificado e as assinaturas de dois diretores.

► Inciso VIII com a redação dada pela Lei nº 9.457, de 5-5-1997.

Forma, Propriedade, Circulação e Ônus

Art. 50. As partes beneficiárias serão nominativas e a elas se aplica, no que couber, o disposto nas Seções V a VII do Capítulo III.

► *Caput* com a redação dada pela Lei nº 9.457, de 5-5-1997.

§ 1º As partes beneficiárias serão registradas em livros próprios, mantidos pela companhia.

► § 1º com a redação dada pela Lei nº 9.457, de 5-5-1997.

§ 2º As partes beneficiárias podem ser objeto de depósito com emissão de certificado, nos termos do artigo 43.

Modificação dos Direitos

Art. 51. A reforma do estatuto que modificar ou reduzir as vantagens conferidas às partes beneficiárias só terá eficácia quando aprovada pela metade, no mínimo, dos seus titulares, reunidos em assembleia-geral especial.

§ 1º A assembleia será convocada, através da imprensa, de acordo com as exigências para convocação das assembleias de acionistas, com um mês de antecedência, no mínimo. Se, após duas convocações, deixar de instalar-se por falta de número, somente seis meses depois outra poderá ser convocada.

§ 2º Cada parte beneficiária dá direito a um voto, não podendo a companhia votar com os títulos que possuir em tesouraria.

§ 3º A emissão de partes beneficiárias poderá ser feita com a nomeação de agente fiduciário dos seus titulares, observado, no que couber, o disposto nos artigos 66 a 71.

CAPÍTULO V

DEBÊNTURES

Características

Art. 52. A companhia poderá emitir debêntures que conferirão aos seus titulares direito de crédito contra ela, nas condições constantes da escritura de emissão e, se houver, do certificado.

► Artigo com a redação dada pela Lei nº 10.303, de 31-10-2001.

SEÇÃO I

DIREITO DOS DEBENTURISTAS

Emissões e Séries

Art. 53. A companhia poderá efetuar mais de uma emissão de debêntures, e cada emissão pode ser dividida em séries.

Parágrafo único. As debêntures da mesma série terão igual valor nominal e conferirão a seus titulares os mesmos direitos.

Valor Nominal

Art. 54. A debênture terá valor nominal expresso em moeda nacional, salvo nos casos de obrigação que, nos termos da legislação em vigor, possa ter o pagamento estipulado em moeda estrangeira.

§ 1º A debênture poderá conter cláusula de correção monetária, com base nos coeficientes fixados para correção de títulos da dívida pública, na variação da taxa cambial ou em outros referenciais não expressamente vedados em lei.

► Parágrafo único transformado em § 1º e com a redação dada pela Lei nº 10.303, de 31-10-2001.

§ 2º A escritura de debênture poderá assegurar ao debenturista a opção de escolher receber o pagamento do principal e acessórios, quando do vencimento, amortização ou resgate, em moeda ou em bens avaliados nos termos do artigo 8º.

► § 2º acrescido pela Lei nº 10.303, de 31-10-2001.

Vencimento, Amortização e Resgate

Art. 55. A época do vencimento da debênture deverá constar da escritura de emissão e do certificado, podendo a companhia estipular amortizações parciais de cada série, criar fundos de amortização e reservar-se o direito de resgate antecipado, parcial ou total, dos títulos da mesma série.

§ 1º A amortização de debêntures da mesma série deve ser feita mediante rateio.

► § 1º com a redação dada pela Lei nº 12.431, de 24-6-2011.

§ 2º O resgate parcial de debêntures da mesma série deve ser feito:

► *Caput* do § 2º com a redação dada pela Lei nº 12.431, de 24-6-2011.

I – mediante sorteio; ou

II – se as debêntures estiverem cotadas por preço inferior ao valor nominal, por compra no mercado organizado de valores mobiliários, observadas as regras expedidas pela Comissão de Valores Mobiliários.

► Incisos I e II acrescidos pela Lei nº 12.431, de 24-6-2011.

§ 3º É facultado à companhia adquirir debêntures de sua emissão:

► *Caput* do § 2º com a redação dada pela Lei nº 12.431, de 24-6-2011.

I – por valor igual ou inferior ao nominal, devendo o fato constar do relatório da administração e das demonstrações financeiras; ou

II – por valor superior ao nominal, desde que observe as regras expedidas pela Comissão de Valores Mobiliários.

► Incisos I e II acrescidos pela Lei nº 12.431, de 24-6-2011.

§ 4º A companhia poderá emitir debêntures cujo vencimento somente ocorra nos casos de inadimplência da obrigação de pagar juros e dissolução da companhia, ou de outras condições previstas no título.

► § 4º acrescido pela Lei nº 12.431, de 24-6-2011.

Juros e Outros Direitos

Art. 56. A debênture poderá assegurar ao seu titular juros, fixos ou variáveis, participação no lucro da companhia e prêmio de reembolso.

Conversibilidade em Ações

Art. 57. A debênture poderá ser conversível em ações nas condições constantes da escritura de emissão, que especificará:

I – as bases da conversão, seja em número de ações em que poderá ser convertida cada debênture, seja como relação entre o valor nominal da debênture e o preço de emissão das ações;

II – a espécie e a classe das ações em que poderá ser convertida;

III – o prazo ou época para o exercício do direito à conversão;

IV – as demais condições a que a conversão acaso fique sujeita.

§ 1º Os acionistas terão direito de preferência para subscrever a emissão de debêntures com cláusula de conversibilidade em ações, observado o disposto nos artigos 171 e 172.

§ 2º Enquanto puder ser exercido o direito à conversão, dependerá de prévia aprovação dos debenturistas, em assembleia especial, ou de seu agente fiduciário, a alteração do estatuto para:

a) mudar o objeto da companhia;

b) criar ações preferenciais ou modificar as vantagens das existentes, em prejuízo das ações em que são conversíveis as debêntures.

Seção II
ESPÉCIES

Art. 58. A debênture poderá, conforme dispuser a escritura de emissão, ter garantia real ou garantia flutuante, não gozar de preferência ou ser subordinada aos demais credores da companhia.

§ 1º A garantia flutuante assegura à debênture privilégio geral sobre o ativo da companhia, mas não impede a negociação dos bens que compõem esse ativo.

§ 2º As garantias poderão ser constituídas cumulativamente.

§ 3º As debêntures com garantia flutuante de nova emissão são preferidas pelas de emissão ou emissões anteriores, e a prioridade se estabelece pela data da inscrição da escritura de emissão; mas dentro da mesma emissão, as séries concorrem em igualdade.

§ 4º A debênture que não gozar de garantia poderá conter cláusula de subordinação aos credores quirografários, preferindo apenas os acionistas no ativo remanescente, se houver, em caso de liquidação da companhia.

§ 5º A obrigação de não alienar ou onerar bem imóvel ou outro bem sujeito a registro de propriedade, assumida pela companhia na escritura de emissão, é oponível a terceiros, desde que averbada no competente registro.

§ 6º As debêntures emitidas por companhia integrante de grupo de sociedades (artigo 265) poderão ter garantia flutuante do ativo de duas ou mais sociedades do grupo.

Seção III
CRIAÇÃO E EMISSÃO

Competência

Art. 59. A deliberação sobre emissão de debêntures é da competência privativa da assembleia-geral, que deverá fixar, observado o que a respeito dispuser o estatuto:

I – o valor da emissão ou os critérios de determinação do seu limite, e a sua divisão em séries, se for o caso;

II – o número e o valor nominal das debêntures;

III – as garantias reais ou a garantia flutuante, se houver;

IV – as condições de correção monetária, se houver;

V – a conversibilidade ou não em ações e as condições a serem observadas na conversão;

VI – a época e as condições de vencimento, amortização ou resgate;

VII – a época e as condições do pagamento dos juros, da participação nos lucros e do prêmio de reembolso, se houver;

VIII – o modo de subscrição ou colocação, e o tipo das debêntures.

§ 1º Na companhia aberta, o conselho de administração pode deliberar sobre a emissão de debêntures não conversíveis em ações, salvo disposição estatutária em contrário.

§ 2º O estatuto da companhia aberta poderá autorizar o conselho de administração a, dentro dos limites do capital autorizado, deliberar sobre a emissão de debêntures conversíveis em ações, especificando o limite do aumento de capital decorrente da conversão das debêntures, em valor do capital social ou em número de ações, e as espécies e classes das ações que poderão ser emitidas.

§ 3º A assembleia-geral pode deliberar que a emissão terá valor e número de série indeterminados, dentro dos limites por ela fixados.

► §§ 1º a 3º com a redação dada pela Lei nº 12.431, de 24-6-2011.

§ 4º Nos casos não previstos nos §§ 1º e 2º, a assembleia-geral pode delegar ao conselho de administração a deliberação sobre as condições de que tratam os incisos VI a VIII do *caput* e sobre a oportunidade da emissão.

► § 4º acrescido pela Lei nº 12.431, de 24-6-2011.

Limite de Emissão

Art. 60. *Revogado.* Lei nº 12.431, de 24-6-2011.

Escritura de Emissão

Art. 61. A companhia fará constar da escritura de emissão os direitos conferidos pelas debêntures, suas garantias e demais cláusulas ou condições.

§ 1º A escritura de emissão, por instrumento público ou particular, de debêntures distribuídas ou admitidas à negociação no mercado, terá obrigatoriamente a intervenção de agente fiduciário dos debenturistas (artigos 66 a 70).

§ 2º Cada nova série da mesma emissão será objeto de aditamento à respectiva escritura.

§ 3º A Comissão de Valores Mobiliários poderá aprovar padrões de cláusulas e condições que devam ser adotados nas escrituras de emissão de debêntures destinadas à negociação em bolsa ou no mercado de balcão, e recusar a admissão ao mercado da emissão que não satisfaça a esses padrões.

Registro

Art. 62. Nenhuma emissão de debêntures será feita sem que tenham sido satisfeitos os seguintes requisitos:

► *Caput* com a redação dada pela Lei nº 10.303, de 31-10-2001.

I – arquivamento, no registro do comércio, e publicação da ata da assembleia-geral, ou do conselho de administração, que deliberou sobre a emissão;

II – inscrição da escritura de emissão no registro do comércio;

► Incisos I e II com a redação dada pela Lei nº 10.303, de 31-10-2001.

III – constituição das garantias reais, se for o caso.

§ 1º Os administradores da companhia respondem pelas perdas e danos causados à companhia ou a terceiros por infração deste artigo.

§ 2º O agente fiduciário e qualquer debenturista poderão promover os registros requeridos neste artigo e sanar as lacunas e irregularidades porventura existentes nos registros promovidos pelos administradores da companhia; neste caso, o oficial do registro notificará a administração da companhia para que lhe forneça as indicações e documentos necessários.

§ 3º Os aditamentos à escritura de emissão serão averbados nos mesmos registros.

§ 4º Os registros do comércio manterão livro especial para inscrição das emissões de debêntures, no qual serão anotadas as condições essenciais de cada emissão.

► § 4º com a redação dada pela Lei nº 10.303, de 31-10-2001.

Seção IV

FORMA, PROPRIEDADE, CIRCULAÇÃO E *ÔNUS*

Art. 63. As debêntures serão nominativas, aplicando-se, no que couber, o disposto nas Seções V a VII do Capítulo III.

► *Caput* com a redação dada pela Lei nº 9.457, de 5-5-1997.

§ 1º As debêntures podem ser objeto de depósito com emissão de certificado, nos termos do artigo 43.

► Parágrafo único transformado em § 1º pela Lei nº 10.303, de 31-10-2001.

§ 2º A escritura de emissão pode estabelecer que as debêntures sejam mantidas em contas de custódia, em nome de seus titulares, na instituição que designar, sem emissão de certificados, aplicando-se, no que couber, o disposto no artigo 41.

► § 2º acrescido pela Lei nº 10.303, de 31-10-2001.

Seção V

CERTIFICADOS

Requisitos

Art. 64. Os certificados das debêntures conterão:

I – a denominação, sede, prazo de duração e objeto da companhia;

II – a data da constituição da companhia e do arquivamento e publicação dos seus atos constitutivos;

III – a data da publicação da ata da assembleia-geral que deliberou sobre a emissão;

IV – a data e ofício do registro de imóveis em que foi inscrita a emissão;

V – a denominação "Debênture" e a indicação da sua espécie, pelas palavras "com garantia real", "com garantia flutuante", "sem preferência" ou "subordinada";

VI – a designação da emissão e da série;

VII – o número de ordem;

VIII – o valor nominal e a cláusula de correção monetária, se houver, as condições de vencimento, amortização, resgate, juros, participação no lucro ou prêmio de reembolso, e a época em que serão devidos;

IX – as condições de conversibilidade em ações, se for o caso;

X – o nome do debenturista;

XI – o nome do agente fiduciário dos debenturistas, se houver;

XII – a data da emissão do certificado e a assinatura de dois diretores da companhia;

XIII – a autenticação do agente fiduciário, se for o caso.

► Incisos X a XIII com a redação dada pela Lei nº 9.457, de 5-5-1997.

Títulos Múltiplos e Cautelas

Art. 65. A companhia poderá emitir certificados de múltiplos de debêntures e, provisoriamente, cautelas que as representem, satisfeitos os requisitos do artigo 64.

§ 1º Os títulos múltiplos de debêntures das companhias abertas obedecerão à padronização de quantidade fixada pela Comissão de Valores Mobiliários.

§ 2º Nas condições previstas na escritura de emissão com nomeação de agente fiduciário, os certificados poderão ser substituídos, desdobrados ou grupados.

Seção VI

AGENTE FIDUCIÁRIO DOS DEBENTURISTAS

Requisitos e Incompatibilidades

Art. 66. O agente fiduciário será nomeado e deverá aceitar a função na escritura de emissão das debêntures.

§ 1º Somente podem ser nomeados agentes fiduciários as pessoas naturais que satisfaçam aos requisitos para o exercício de cargo em órgão de administração da companhia e as instituições financeiras que, especialmente autorizadas pelo Banco Central do Brasil, tenham por objeto a administração ou a custódia de bens de terceiros.

§ 2º A Comissão de Valores Mobiliários poderá estabelecer que nas emissões de debêntures negociadas no mercado o agente fiduciário, ou um dos agentes fiduciários, seja instituição financeira.

§ 3º Não pode ser agente fiduciário:

a) pessoa que já exerça a função em outra emissão da mesma companhia, a menos que autorizado, nos termos das normas expedidas pela Comissão de Valores Mobiliários;

► Alínea *a* com a redação dada pela Lei nº 12.431, de 24-6-2011.

b) instituição financeira coligada à companhia emissora ou à entidade que subscreva a emissão para distribuí-la no mercado, e qualquer sociedade por elas controlada;

c) credor, por qualquer título, da sociedade emissora, ou sociedade por ele controlada;

d) instituição financeira cujos administradores tenham interesse na companhia emissora;

e) pessoa que, de qualquer outro modo, se coloque em situação de conflito de interesse pelo exercício da função.

§ 4º O agente fiduciário que, por circunstâncias posteriores à emissão, ficar impedido de continuar a exercer a função deverá comunicar imediatamente o fato aos debenturistas e pedir sua substituição.

Substituição, Remuneração e Fiscalização

Art. 67. A escritura de emissão estabelecerá as condições de substituição e remuneração do agente fiduciário, observadas as normas expedidas pela Comissão de Valores Mobiliários.

Parágrafo único. A Comissão de Valores Mobiliários fiscalizará o exercício da função de agente fiduciário das emissões distribuídas no mercado, ou de debêntures negociadas em bolsa ou no mercado de balcão, podendo:

a) nomear substituto provisório, nos casos de vacância;

b) suspender o agente fiduciário de suas funções e dar-lhe substituto, se deixar de cumprir os seus deveres.

Deveres e Atribuições

Art. 68. O agente fiduciário representa, nos termos desta Lei e da escritura de emissão, a comunhão dos debenturistas perante a companhia emissora.

§ 1º São deveres do agente fiduciário:

a) proteger os direitos e interesses dos debenturistas, empregando no exercício da função o cuidado e a diligência que todo homem ativo e probo costuma empregar na administração de seus próprios bens;

b) elaborar relatório e colocá-lo anualmente à disposição dos debenturistas, dentro de quatro meses do encerramento do exercício social da companhia, informando os fatos relevantes ocorridos durante o exercício, relativos à execução das obrigações assumidas pela companhia, aos bens garantidores das debêntures e à constituição e aplicação do fundo de amortização, se houver; do relatório constará, ainda, declaração do agente sobre sua aptidão para continuar no exercício da função;

c) notificar os debenturistas, no prazo máximo de sessenta dias, de qualquer inadimplemento, pela companhia, de obrigações assumidas na escritura da emissão.

► Alínea *c* com a redação dada pela Lei nº 10.303, de 31-10-2001.

§ 2º A escritura de emissão disporá sobre o modo de cumprimento dos deveres de que tratam as alíneas *b* e *c* do parágrafo anterior.

§ 3º O agente fiduciário pode usar de qualquer ação para proteger direitos ou defender interesses dos debenturistas, sendo-lhe especialmente facultado, no caso de inadimplemento da companhia:

a) declarar, observadas as condições da escritura de emissão, antecipadamente vencidas as debêntures e cobrar o seu principal e acessórios;

b) executar garantias reais, receber o produto da cobrança e aplicá-lo no pagamento, integral ou proporcional, dos debenturistas;

c) requerer a falência da companhia emissora, se não existirem garantias reais;

d) representar os debenturistas em processos de falência, concordata, intervenção ou liquidação extrajudicial da companhia emissora, salvo deliberação em contrário da assembleia dos debenturistas;

► A concordata foi substituída pela recuperação judicial, conforme Lei nº 11.101, de 9-2-2005 (Lei de Recuperação de Empresas e Falências).

e) tomar qualquer providência necessária para que os debenturistas realizem os seus créditos.

§ 4º O agente fiduciário responde perante os debenturistas pelos prejuízos que lhes causar por culpa ou dolo no exercício das suas funções.

§ 5º O crédito do agente fiduciário por despesas que tenha feito para proteger direitos e interesses ou realizar créditos dos debenturistas será acrescido à dívida da companhia emissora, gozará das mesmas garantias das debêntures e preferirá a estas na ordem de pagamento.

§ 6º Serão reputadas não escritas as cláusulas da escritura de emissão que restringirem os deveres, atribuições e responsabilidade do agente fiduciário previstos neste artigo.

Outras Funções

Art. 69. A escritura de emissão poderá ainda atribuir ao agente fiduciário as funções de autenticar os certificados de debêntures, administrar o fundo de amortização, manter em custódia bens dados em garantia e efetuar os pagamentos de juros, amortização e resgate.

Substituição de Garantias e Modificação da Escritura

Art. 70. A substituição de bens dados em garantia, quando autorizada na escritura de emissão, dependerá da concordância do agente fiduciário.

Parágrafo único. O agente fiduciário não tem poderes para acordar na modificação das cláusulas e condições da emissão.

Seção VII

ASSEMBLEIA DE DEBENTURISTAS

Art. 71. Os titulares de debêntures da mesma emissão ou série podem, a qualquer tempo, reunir-se em assembleia a fim de deliberar sobre matéria de interesse da comunhão dos debenturistas.

§ 1º A assembleia de debenturistas pode ser convocada pelo agente fiduciário, pela companhia emissora, por debenturistas que representem dez por cento, no mínimo, dos títulos em circulação, e pela Comissão de Valores Mobiliários.

§ 2º Aplica-se à assembleia de debenturistas, no que couber, o disposto nesta Lei sobre a assembleia-geral de acionistas.

§ 3º A assembleia se instalará, em primeira convocação, com a presença de debenturistas que representem metade, no mínimo, das debêntures em circulação, e, em segunda convocação, com qualquer número.

§ 4º O agente fiduciário deverá comparecer à assembleia e prestar aos debenturistas as informações que lhe forem solicitadas.

§ 5º A escritura de emissão estabelecerá a maioria necessária, que não será inferior à metade das debêntures em circulação, para aprovar modificação nas condições das debêntures.

§ 6º Nas deliberações da assembleia, a cada debênture caberá um voto.

Seção VIII

CÉDULA DE DEBÊNTURES

► Denominação da Seção com a redação dada pela Lei nº 9.457, de 5-5-1997.

Art. 72. As instituições financeiras autorizadas pelo Banco Central do Brasil a efetuar esse tipo de operação poderão emitir cédulas lastreadas em debêntures, com garantia própria, que conferirão a seus titulares direito de crédito contra o emitente, pelo valor nominal e os juros nela estipulados.

► *Caput* com a redação dada pela Lei nº 9.457, de 5-5-1997.

§ 1º A cédula será nominativa, escritural ou não.

► § 1º com a redação dada pela Lei nº 9.457, de 5-5-1997.

§ 2º O certificado da cédula conterá as seguintes declarações:

a) o nome da instituição financeira emitente e as assinaturas dos seus representantes;

b) o número de ordem, o local e a data da emissão;

c) a denominação Cédula de Debêntures;

► Alínea *c* com a redação dada pela Lei nº 9.457, de 5-5-1997.

d) o valor nominal e a data do vencimento;

e) os juros, que poderão ser fixos ou variáveis, e as épocas do seu pagamento;

f) o lugar do pagamento do principal e dos juros;

g) a identificação das debêntures lastro, do seu valor e da garantia constituída;

► Alínea *g* com a redação dada pela Lei nº 9.457, de 5-5-1997.

h) o nome do agente fiduciário dos debenturistas;

i) a cláusula de correção monetária, se houver;

j) o nome do titular.

► Alínea *j* com a redação dada pela Lei nº 9.457, de 5-5-1997.

Seção IX

EMISSÃO DE DEBÊNTURES NO ESTRANGEIRO

Art. 73. Somente com a prévia aprovação do Banco Central do Brasil as companhias brasileiras poderão emitir debêntures no Exterior com garantia real ou flutuante de bens situados no País.

§ 1º Os credores por obrigações contraídas no Brasil terão preferência sobre os créditos por debêntures emitidas no Exterior por companhias estrangeiras autorizadas a funcionar no país, salvo se a emissão tiver sido previamente autorizada pelo Banco Central do Brasil e o seu produto aplicado em estabelecimento situado no território nacional.

§ 2º Em qualquer caso, somente poderão ser remetidos para o exterior o principal e os encargos de debêntures registradas no Banco Central do Brasil.

§ 3º A emissão de debêntures no estrangeiro, além de observar os requisitos do artigo 62, requer a inscrição, no Registro de Imóveis, do local da sede ou do estabelecimento, dos demais documentos exigidos pelas leis do lugar da emissão, autenticadas de acordo com a lei aplicável, legalizadas pelo consulado brasileiro no exterior e acompanhadas de tradução em vernáculo, feita por tradutor público juramentado; e, no caso de companhia estrangeira, o arquivamento no registro do comércio e publicação do ato que, de acordo com o estatuto social e a lei do local da sede, tenha autorizado a emissão.

§ 4º A negociação, no mercado de capitais do Brasil, de debêntures emitidas no estrangeiro, depende de prévia autorização da Comissão de Valores Mobiliários.

SEÇÃO X
EXTINÇÃO

Art. 74. A companhia emissora fará, nos livros próprios, as anotações referentes à extinção das debêntures, e manterá arquivados, pelo prazo de cinco anos, juntamente com os documentos relativos à extinção, os certificados cancelados ou os recibos dos titulares das contas das debêntures escriturais.

§ 1º Se a emissão tiver agente fiduciário, caberá a este fiscalizar o cancelamento dos certificados.

§ 2º Os administradores da companhia responderão solidariamente pelas perdas e danos decorrentes da infração do disposto neste artigo.

CAPÍTULO VI
BÔNUS DE SUBSCRIÇÃO

Características

Art. 75. A companhia poderá emitir, dentro do limite de aumento do capital autorizado no estatuto (artigo 168), títulos negociáveis denominados "bônus de subscrição".

Parágrafo único. Os bônus de subscrição conferirão aos seus titulares, nas condições constantes do certificado, direito de subscrever ações do capital social, que será exercido mediante apresentação do título à companhia e pagamento do preço de emissão das ações.

Competência

Art. 76. A deliberação sobre emissão de bônus de subscrição compete à assembleia-geral, se o estatuto não a atribuir ao Conselho de Administração.

Emissão

Art. 77. Os bônus de subscrição serão alienados pela companhia ou por ela atribuídos, como vantagem adicional, aos subscritores de emissões de suas ações ou debêntures.

Parágrafo único. Os acionistas da companhia gozarão, nos termos dos artigos 171 e 172, de preferência para subscrever a emissão de bônus.

Forma, Propriedade e Circulação

Art. 78. Os bônus de subscrição terão a forma nominativa.

► *Caput* com a redação dada pela Lei nº 9.457, de 5-5-1997.

Parágrafo único. Aplica-se aos bônus de subscrição, no que couber, o disposto nas Seções V a VII do Capítulo III.

Certificados

Art. 79. O certificado de bônus de subscrição conterá as seguintes declarações:

I – as previstas nos nºs I a IV do artigo 24;

II – a denominação "Bônus de Subscrição";

III – o número de ordem;

IV – o número, a espécie e a classe das ações que poderão ser subscritas, o preço de emissão ou os critérios para sua determinação;

V – a época em que o direito de subscrição poderá ser exercido e a data do término do prazo para esse exercício;

VI – o nome do titular;

► Inciso VI com a redação dada pela Lei nº 9.457, de 5-5-1997.

VII – a data da emissão do certificado e as assinaturas de dois diretores.

► Inciso VII com a redação dada pela Lei nº 9.457, de 5-5-1997.

CAPÍTULO VII
CONSTITUIÇÃO DA COMPANHIA

SEÇÃO I
REQUISITOS PRELIMINARES

► Art. 287, II, *b*, da Lei nº 6.404, de 15-12-1976 (Lei das Sociedades por Ações).

Art. 80. A constituição da companhia depende do cumprimento dos seguintes requisitos preliminares:

► Arts. 81, *caput*, 87, § 1º, 88, § 2º, *d*, e 95, III, da Lei nº 6.404, de 15-12-1976 (Lei das Sociedades por Ações).

I – subscrição, pelo menos por duas pessoas, de todas as ações em que se divide o capital social fixado no estatuto;

II – realização, como entrada, de dez por cento, no mínimo, do preço de emissão das ações subscritas em dinheiro;

III – depósito, no Banco do Brasil S.A., ou em outro estabelecimento bancário autorizado pela Comissão de Valores Mobiliários, da parte do capital realizado em dinheiro.

Parágrafo único. O disposto no nº II não se aplica às companhias para as quais a lei exige realização inicial de parte maior do capital social.

Depósito da Entrada

Art. 81. O depósito referido no nº III do artigo 80 deverá ser feito pelo fundador no prazo de cinco dias contados do recebimento das quantias, em nome do subscritor e a favor da sociedade em organização, que só poderá levantá-lo após haver adquirido personalidade jurídica.

Parágrafo único. Caso a companhia não se constitua dentro de seis meses da data do depósito, o banco restituirá as quantias depositadas diretamente aos subscritores.

SEÇÃO II
CONSTITUIÇÃO POR SUBSCRIÇÃO PÚBLICA

Registro da Emissão

Art. 82. A constituição de companhia por subscrição pública depende do prévio registro da emissão na Comissão de Valores Mobiliários, e a subscrição somente poderá ser efetuada com a intermediação de instituição financeira.

► Art. 170, § 5º, da Lei nº 6.404, de 15-12-1976 (Lei das Sociedades por Ações).

§ 1º O pedido de registro de emissão obedecerá às normas expedidas pela Comissão de Valores Mobiliários e será instruído com:

a) o estudo de viabilidade econômica e financeira do empreendimento;

b) o projeto do estatuto social;

c) o prospecto, organizado e assinado pelos fundadores e pela instituição financeira intermediária.

§ 2º A Comissão de Valores Mobiliários poderá condicionar o registro a modificações no estatuto ou no prospecto e denegá-lo por inviabilidade ou temeridade do empreendimento, ou inidoneidade dos fundadores.

► Art. 170, § 6º, da Lei nº 6.404, de 15-12-1976 (Lei das Sociedades por Ações).

Projeto do Estatuto

Art. 83. O projeto de estatuto deverá satisfazer a todos os requisitos exigidos para os contratos das sociedades mercantis em geral e aos peculiares às companhias, e conterá as normas pelas quais se regerá a companhia.

► Art. 997 do CC.

Prospecto

Art. 84. O prospecto deverá mencionar, com precisão e clareza, as bases da companhia e os motivos que justifiquem a expectativa de bom êxito do empreendimento, e em especial:

I – o valor do capital social a ser subscrito, o modo de sua realização e a existência ou não de autorização para aumento futuro;

II – a parte do capital a ser formada com bens, a discriminação desses bens e o valor a eles atribuído pelos fundadores;

III – o número, as espécies e classes de ações em que se dividirá o capital; o valor nominal das ações, e o preço da emissão das ações;

IV – a importância da entrada a ser realizada no ato da subscrição;

V – as obrigações assumidas pelos fundadores, os contratos assinados no interesse da futura companhia e as quantias já despendidas e por despender;

VI – as vantagens particulares, a que terão direito os fundadores ou terceiros, e o dispositivo do projeto do estatuto que as regula;

VII – a autorização governamental para constituir-se a companhia, se necessária;

VIII – as datas de início e término da subscrição e as instituições autorizadas a receber as entradas;

IX – a solução prevista para o caso de excesso de subscrição;

X – o prazo dentro do qual deverá realizar-se a assembleia de constituição da companhia, ou a preliminar para avaliação dos bens, se for o caso;

XI – o nome, nacionalidade, estado civil, profissão e residência dos fundadores, ou, se pessoa jurídica, a firma ou denominação, nacionalidade e sede, bem como o número e espécie de ações que cada um houver subscrito;

XII – a instituição financeira intermediária do lançamento, em cujo poder ficarão depositados os originais do prospecto e do projeto de estatuto, com os documentos a que fizerem menção, para exame de qualquer interessado.

Lista, Boletim de Entrada

Art. 85. No ato da subscrição das ações a serem realizadas em dinheiro, o subscritor pagará a entrada e assinará a lista ou o boletim individual autenticados pela instituição autorizada a receber as entradas, qualificando-se pelo nome, nacionalidade, residência, estado civil, profissão e documento de identidade, ou, se pessoa jurídica, pela firma ou denominação, nacionalidade e sede, devendo especificar o número das ações subscritas, a sua espécie e classe, se houver mais de uma, e o total da entrada.

► Arts. 88, § 2º, e 95, II, da Lei nº 6.404, de 15-12-1976 (Lei das Sociedades por Ações).

§ 1º A subscrição poderá ser feita, nas condições previstas no prospecto, por carta à instituição, acompanhada das declarações a que se refere este artigo e do pagamento da entrada.

► Parágrafo único transformado em § 1º e com a redação dada pela Lei nº 13.874, de 20-9-2019.

§ 2º Será dispensada a assinatura de lista ou de boletim a que se refere o *caput* deste artigo na hipótese de oferta pública cuja liquidação ocorra por meio de sistema administrado por entidade administradora de mercados organizados de valores mobiliários.

► § 2º acrescido pela Lei nº 13.874, de 20-9-2019.

Convocação de Assembleia

Art. 86. Encerrada a subscrição e havendo sido subscrito todo o capital social, os fundadores convocarão a assembleia-geral, que deverá:

I – promover a avaliação dos bens, se for o caso (artigo 8º);

II – deliberar sobre a constituição da companhia.

► Art. 88, § 1º, da Lei nº 6.404, de 15-12-1976 (Lei das Sociedades por Ações).

Parágrafo único. Os anúncios de convocação mencionarão hora, dia e local da reunião e serão inseridos nos jornais em que houver sido feita a publicidade da oferta de subscrição.

Assembleia de Constituição

Art. 87. A assembleia de constituição instalar-se-á, em primeira convocação, com a presença de subscritores que representem, no mínimo, metade do capital social, e, em segunda convocação, com qualquer número.

► Arts. 88, § 1º, 95, V, e 97, § 1º, da Lei nº 6.404, de 15-12-1976 (Lei das Sociedades por Ações).

§ 1º Na assembleia, presidida por um dos fundadores e secretariada por subscritor, será lido o recibo de depósito de que trata o nº III do artigo 80, bem como discutido e votado o projeto de estatuto.

§ 2º Cada ação, independentemente de sua espécie ou classe, dá direito a um voto; a maioria não tem poder para alterar o projeto de estatuto.

§ 3º Verificando-se que foram observadas as formalidades legais e não havendo oposição de subscritores que representem mais da metade do capital social, o presidente declarará constituída a companhia, procedendo-se, a seguir, à eleição dos administradores e fiscais.

§ 4º A ata da reunião, lavrada em duplicata, depois de lida e aprovada pela assembleia, será assinada por todos os subscritores presentes, ou por quantos bastem à validade das deliberações; um exemplar ficará em poder da companhia e o outro será destinado ao registro do comércio.

Seção III
CONSTITUIÇÃO POR SUBSCRIÇÃO PARTICULAR

Art. 88. A constituição da companhia por subscrição particular do capital pode fazer-se por deliberação dos subscritores em assembleia-geral ou por escritura pública, considerando-se fundadores todos os subscritores.

§ 1º Se a forma escolhida for a de assembleia-geral, observar-se-á o disposto nos artigos 86 e 87, devendo ser entregues à assembleia o projeto do estatuto, assinado em duplicata por todos os subscritores do capital, e as listas ou boletins de subscrição de todas as ações.

► Art. 95, I, da Lei nº 6.404, de 15-12-1976 (Lei das Sociedades por Ações).

§ 2º Preferida a escritura pública, será ela assinada por todos os subscritores, e conterá:

a) a qualificação dos subscritores, nos termos do artigo 85;

b) o estatuto da companhia;

c) a relação das ações tomadas pelos subscritores e a importância das entradas pagas;

d) a transcrição do recibo do depósito referido no nº III do artigo 80;

e) a transcrição do laudo de avaliação dos peritos, caso tenha havido subscrição do capital social em bens (artigo 8º);

f) a nomeação dos primeiros administradores e, quando for o caso, dos fiscais.

Seção IV
DISPOSIÇÕES GERAIS

Art. 89. A incorporação de imóveis para formação do capital social não exige escritura pública.

Art. 90. O subscritor pode fazer-se representar na assembleia-geral ou na escritura pública por procurador com poderes especiais.

Art. 91. Nos atos e publicações referentes a companhia em constituição, sua denominação deverá ser aditada da cláusula "em organização".

Art. 92. Os fundadores e as instituições financeiras que participarem da constituição por subscrição pública responderão, no âmbito das respectivas atribuições, pelos prejuízos resultantes da inobservância de preceitos legais.

► Art. 97, § 1º, da Lei nº 6.404, de 15-12-1976 (Lei das Sociedades por Ações).

Parágrafo único. Os fundadores responderão, solidariamente, pelo prejuízo decorrente de culpa ou dolo em atos ou operações anteriores à constituição.

Art. 93. Os fundadores entregarão aos primeiros administradores eleitos todos os documentos, livros ou papéis relativos à constituição da companhia ou a esta pertencentes.

CAPÍTULO VIII
FORMALIDADES COMPLEMENTARES DA CONSTITUIÇÃO

► Instrução normativa n. 38, de 2-3-2017, do DREI

Arquivamento e Publicação

Art. 94. Nenhuma companhia poderá funcionar sem que sejam arquivados e publicados seus atos constitutivos.

► Arts. 45, 985 e 1.150 do CC.

Companhia Constituída por Assembleia

Art. 95. Se a companhia houver sido constituída por deliberação em assembleia-geral, deverão ser arquivados no Registro do Comércio do lugar da sede:

I – um exemplar do estatuto social, assinado por todos os subscritores (artigo 88, § 1º) ou, se a subscrição houver sido pública, os originais do estatuto e do prospecto, assinados pelos fundadores, bem como do jornal em que tiverem sido publicados;

II – a relação completa, autenticada pelos fundadores ou pelo presidente da assembleia, dos subscritores do capital social, com a qualificação, número das ações e o total da entrada de cada subscritor (artigo 85);

III – o recibo do depósito a que se refere o nº III do artigo 80;

IV – duplicata das atas das assembleias realizadas para a avaliação de bens, quando for o caso (artigo 8º);

V – duplicata da ata da assembleia-geral dos subscritores que houver deliberado a constituição da companhia (artigo 87).

Companhia Constituída por Escritura Pública

Art. 96. Se a companhia tiver sido constituída por escritura pública, bastará o arquivamento de certidão do instrumento.

Registro do Comércio

Art. 97. Cumpre ao Registro do Comércio examinar se as prescrições legais foram observadas na constituição da companhia, bem como se no estatuto existem cláusulas contrárias à lei, à ordem pública e aos bons costumes.

► Art. 1.153 do CC.

► Art. 135, § 2º, da Lei nº 6.404, de 15-12-1976 (Lei das Sociedades por Ações).

§ 1º Se o arquivamento for negado, por inobservância de prescrição ou exigência legal ou por irregularidade verificada na constituição da companhia, os primeiros administradores deverão convocar imediatamente a assembleia-geral para sanar a falta ou irregularidade, ou autorizar as providências que se fizerem necessárias. A instalação e funcionamento da assembleia obedecerão ao disposto no artigo 87, devendo a deliberação ser tomada por acionistas que representem, no mínimo, metade do capital social. Se a falta for do estatuto, poderá ser sanada na mesma assembleia, a qual deliberará, ainda, sobre se a companhia deve promover a responsabilidade civil dos fundadores (artigo 92).

§ 2º Com a segunda via da ata da assembleia e a prova de ter sido sanada a falta ou irregularidade, o Registro do Comércio procederá ao arquivamento dos atos constitutivos da companhia.

§ 3º A criação de sucursais, filiais ou agências, observado o disposto no estatuto, será arquivada no Registro do Comércio.

Publicação e Transferência de Bens

Art. 98. Arquivados os documentos relativos à constituição da companhia, os seus administradores providenciarão, nos trinta dias subsequentes, a publicação deles, bem como a de certidão do arquivamento, em órgão oficial do local de sua sede.

► Arts. 135, § 2º, e 170, § 3º, da Lei nº 6.404, de 15-12-1976 (Lei das Sociedades por Ações).

§ 1º Um exemplar do órgão oficial deverá ser arquivado no Registro do Comércio.

§ 2º A certidão dos atos constitutivos da companhia, passada pelo Registro do Comércio em que foram arquivados, será o documento hábil para a transferência, por transcrição no registro público competente, dos bens com que o subscritor tiver contribuído para a formação do capital social (artigo 8º, § 2º).

§ 3º A ata da assembleia-geral que aprovar a incorporação deverá identificar o bem com precisão, mas poderá descrevê-lo sumariamente, desde que seja suplementada por declaração, assinada pelo subscritor, contendo todos os elementos necessários para a transcrição no registro público.

Responsabilidade dos Primeiros Administradores

Art. 99. Os primeiros administradores são solidariamente responsáveis perante a companhia pelos prejuízos causados pela demora no cumprimento das formalidades complementares à sua constituição.

Parágrafo único. A companhia não responde pelos atos ou operações praticados pelos primeiros administradores antes de cumpridas as formalidades de constituição, mas a assembleia-geral poderá deliberar em contrário.

CAPÍTULO IX
LIVROS SOCIAIS

Art. 100. A companhia deve ter, além dos livros obrigatórios para qualquer comerciante, os seguintes, revestidos das mesmas formalidades legais:

► Art. 1.180 do CC.

► Art. 104 da Lei nº 6.404, de 15-12-1976 (Lei das Sociedades por Ações).

► Lei nº 8.021, de 12-4-1990, dispõe sobre a identificação dos contribuintes para fins fiscais.

I – o livro de *"Registro de Ações Nominativas"*, para inscrição, anotação ou averbação:

► Inciso I com a redação dada pela Lei nº 9.457, de 5-5-1997.

a) do nome do acionista e do número das suas ações;

b) das entradas ou prestações de capital realizado;

c) das conversões de ações, de uma em outra espécie ou classe;

► Alínea *c* com a redação dada pela Lei nº 9.457, de 5-5-1997.

d) do resgate, reembolso e amortização das ações, ou de sua aquisição pela companhia;

e) das mutações operadas pela alienação ou transferência de ações;

f) do penhor, usufruto, fideicomisso, da alienação fiduciária em garantia ou de qualquer ônus que grave as ações ou obste sua negociação;

II – o livro de "Transferência de Ações Nominativas", para lançamento dos termos de transferência, que deverão ser assinados pelo cedente e pelo cessionário ou seus legítimos representantes;

III – o livro de "Registro de Partes Beneficiárias Nominativas" e o de "Transferência de Partes Beneficiárias Nominativas", se tiverem sido emitidos, observando-se, em ambos, no que couber, o disposto nos nºs I e II deste artigo;

IV – o livro de "Atas das Assembleias-Gerais";

V – o livro de "Presença dos Acionistas";

VI – os livros de "Atas das Reuniões do Conselho de Administração", se houver, e de Ata das Reuniões da Diretoria;

VII – o livro de "Atas e Pareceres do Conselho Fiscal".

► Incisos IV a VII com a redação dada pela Lei nº 9.457, de 5-5-1997.

§ 1º A qualquer pessoa, desde que se destinem a defesa de direitos e esclarecimento de situações de interesse pessoal ou dos acionistas ou do mercado de valores mobiliários, serão dadas certidões dos assentamentos constantes dos livros mencionados nos incisos I a III, e por elas a companhia poderá cobrar o custo do serviço, cabendo, do indeferimento do pedido por parte da companhia, recurso à Comissão de Valores Mobiliários.

► § 1º com a redação dada pela Lei nº 9.457, de 5-5-1997.

§ 2º Nas companhias abertas, os livros referidos nos incisos I a V do *caput* deste artigo poderão ser substituídos, observadas as normas expedidas pela Comissão de Valores Mobiliários, por registros mecanizados ou eletrônicos.

► § 2º com a redação dada pela Lei nº 12.431, de 24-6-2011.

Escrituração do Agente Emissor

Art. 101. O agente emissor de certificados (artigo 27) poderá substituir os livros referidos nos incisos I a III do artigo 100 pela sua escrituração e manter, mediante sistemas adequados, aprovados pela Comissão de Valores Mobiliários, os registros de propriedade das ações, partes beneficiárias, debêntures e bônus de subscrição, devendo uma vez por ano preparar lista dos seus titulares, com o número dos títulos de cada um, a qual será encadernada, autenticada no registro do comércio e arquivada na companhia.

► *Caput* com a redação dada pela Lei nº 9.457, de 5-5-1997.

§ 1º Os termos de transferência de ações nominativas perante o agente emissor poderão ser lavrados em folhas soltas, à vista do certificado da ação, no qual serão averbados a transferência e o nome e qualificação do adquirente.

§ 2º Os termos de transferência em folhas soltas serão encadernados em ordem cronológica, em livros autenticados no Registro do Comércio e arquivados no agente emissor.

Ações Escriturais

Art. 102. A instituição financeira depositária de ações escriturais deverá fornecer à companhia, ao menos uma vez por ano, cópia dos extratos das contas de depósito das ações e a lista dos acionistas com a quantidade das respectivas ações, que serão encadernadas em livros autenticados no Registro do Comércio e arquivados na instituição financeira.

Fiscalização e Dúvidas no Registro

Art. 103. Cabe à companhia verificar a regularidade das transferências e da constituição de direitos ou ônus sobre os valores mobiliários de sua emissão; nos casos dos artigos 27 e 34, essa atribuição compete, respectivamente, ao agente emissor de certificados e à instituição financeira depositária das ações escriturais.

Parágrafo único. As dúvidas suscitadas entre o acionista, ou qualquer interessado, e a companhia, o agente emissor de certificados ou a instituição financeira depositária das ações escriturais, a respeito das averbações ordenadas por esta Lei, ou sobre anotações, lançamentos ou transferências de ações, partes beneficiárias, debêntures, ou bônus de subscrição, nos livros de registro ou transferência, serão dirimidas pelo juiz competente para solucionar as dúvidas levantadas pelos oficiais dos registros públicos, excetuadas as questões atinentes à substância do direito.

Responsabilidade da Companhia

Art. 104. A companhia é responsável pelos prejuízos que causar aos interessados por vícios ou irregularidades verificadas nos livros de que tratam os incisos I a III do artigo 100.

► *Caput* com a redação dada pela Lei nº 9.457, de 5-5-1997.

Parágrafo único. A companhia deverá diligenciar para que os atos de emissão e substituição de certificados, e de transferências e averbações nos livros sociais, sejam praticados ao menor prazo possível, não excedente do fixado pela Comissão de Valores Mobiliários, respondendo perante acionistas e terceiros pelos prejuízos decorrentes de atrasos culposos.

Exibição dos Livros

Art. 105. A exibição por inteiro dos livros da companhia pode ser ordenada judicialmente sempre que, a requerimento de acionistas que representem, pelo menos, cinco por cento do capital social, sejam apontados atos violadores da lei ou do estatuto, ou haja fundada suspeita de graves irregularidades praticadas por qualquer dos órgãos da companhia.

► Súmula nº 260 do STF.

CAPÍTULO X
ACIONISTAS

Seção I
OBRIGAÇÃO DE REALIZAR O CAPITAL

Condições e Mora

Art. 106. O acionista é obrigado a realizar, nas condições previstas no estatuto ou no boletim de subscrição, a prestação correspondente às ações subscritas ou adquiridas.

§ 1º Se o estatuto e o boletim forem omissos quanto ao montante da prestação e ao prazo ou data do pagamento, caberá aos órgãos da administração efetuar chamada, mediante avisos publicados na imprensa, por três vezes, no mínimo, fixando prazo, não inferior a trinta dias, para o pagamento.

§ 2º O acionista que não fizer o pagamento nas condições previstas no estatuto ou boletim, ou na chamada, ficará de pleno direito constituído em mora, sujeitando-se ao pagamento dos juros, da correção monetária e da multa que o estatuto determinar, esta não superior a dez por cento do valor da prestação.

Acionista Remisso

Art. 107. Verificada a mora do acionista, a companhia pode, à sua escolha:

► Art. 174 da Lei nº 6.404, de 15-12-1976 (Lei das Sociedades por Ações).

I – promover contra o acionista, e os que com ele forem solidariamente responsáveis (artigo 108), processo de execução para cobrar as importâncias devidas, servindo o boletim de subscrição e o aviso de chamada como título extrajudicial nos termos do Código de Processo Civil; ou

II – mandar vender as ações em Bolsa de Valores, por conta e risco do acionista.

§ 1º Será havida como não escrita, relativamente à companhia, qualquer estipulação do estatuto do boletim de subscrição que exclua ou limite o exercício da opção prevista neste artigo, mas o subscritor de boa-fé terá ação, contra os responsáveis pela estipulação, para haver perdas e danos sofridos, sem prejuízo da responsabilidade penal que no caso couber.

§ 2º A venda será feita em leilão especial na Bolsa de Valores do lugar da sede social, ou, se não houver, na mais próxima, depois de publicado aviso, por três vezes, com antecedência mínima de três dias. Do produto da venda serão deduzidos as despesas com a operação e, se previsto no estatuto, os juros, correção monetária e multa, ficando o saldo à disposição do ex-acionista, na sede da sociedade.

§ 3º É facultado à companhia, mesmo após iniciada a cobrança judicial, mandar vender a ação em bolsa de valores; a companhia poderá também promover a cobrança judicial se as ações oferecidas em bolsa não encontrarem tomador, ou se o preço apurado não bastar para pagar os débitos do acionista.

§ 4º Se a companhia não conseguir, por qualquer dos meios previstos neste artigo, a integralização das ações, poderá declará-las caducas e fazer suas as entradas realizadas, integralizando-as com lucros ou reservas, exceto a legal; se não tiver lucros e reservas suficientes, terá o prazo de um ano para colocar as ações caídas em comisso, findo o qual, não tendo sido encontrado comprador, a assembleia-geral deliberará sobre a redução do capital em importância correspondente.

Responsabilidade dos Alienantes

Art. 108. Ainda quando negociadas as ações, os alienantes continuarão responsáveis, solidariamente com os adquirentes, pelo pagamento das prestações que faltarem para integralizar as ações transferidas.

Parágrafo único. Tal responsabilidade cessará em relação a cada alienante, no fim de dois anos a contar da data da transferência das ações.

SEÇÃO II
DIREITOS ESSENCIAIS

Art. 109. Nem o estatuto social nem a assembleia-geral poderão privar o acionista dos direitos de:

► Art. 111 da Lei nº 6.404, de 15-12-1976 (Lei das Sociedades por Ações).

I – participar dos lucros sociais;

II – participar do acervo da companhia, em caso de liquidação;

III – fiscalizar, na forma prevista nesta Lei, a gestão dos negócios sociais;

IV – preferência para subscrição de ações, partes beneficiárias conversíveis em ações, debêntures conversíveis em ações e bônus de subscrição, observado o disposto nos artigos 171 e 172;

V – retirar-se da sociedade nos casos previstos nesta Lei.

§ 1º As ações de cada classe conferirão iguais direitos aos seus titulares.

§ 2º Os meios, processos ou ações que a lei confere ao acionista para assegurar os seus direitos não podem ser elididos pelo estatuto ou pela assembleia-geral.

§ 3º O estatuto da sociedade pode estabelecer que as divergências entre os acionistas e a companhia, ou entre os acionistas controladores e os acionistas minoritários, poderão ser solucionadas mediante arbitragem, nos termos em que especificar.

► § 3º acrescido pela Lei nº 10.303, de 31-10-2001.

► Art. 287, II, *a*, da Lei nº 6.404, de 15-12-1976 (Lei das Sociedades por Ações).

► Enunciado nº 16 da I Jornada de Direito Comercial.

SEÇÃO III
DIREITO DE VOTO

Disposições Gerais

Art. 110. A cada ação ordinária corresponde um voto nas deliberações da assembleia-geral.

§ 1º O estatuto pode estabelecer limitação ao número de votos de cada acionista.

§ 2º É vedado atribuir voto plural a qualquer classe de ações.

Ações Preferenciais

Art. 111. O estatuto poderá deixar de conferir às ações preferenciais algum ou alguns dos direitos reconhecidos às ações ordinárias, inclusive o de voto, ou conferi-lo com restrições, observado o disposto no artigo 109.

§ 1º As ações preferenciais sem direito de voto adquirirão o exercício desse direito se a companhia, pelo prazo previsto no estatuto, não superior a três exercícios consecutivos, deixar de pagar os dividendos fixos ou mínimos a que fizerem jus, direito que conservarão até o pagamento, se tais dividendos não forem cumulativos, ou até que sejam pagos os cumulativos em atraso.

► Art. 112, parágrafo único, da Lei nº 6.404, de 15-12-1976 (Lei das Sociedades por Ações).

§ 2º Na mesma hipótese e sob a mesma condição do § 1º, as ações preferenciais com direito de voto restrito terão suspensas as limitações ao exercício desse direito.

► Art. 112, parágrafo único, Lei nº 6.404, de 15-12-1976 (Lei das Sociedades por Ações).

§ 3º O estatuto poderá estipular que o disposto nos §§ 1º e 2º vigorará a partir do término da implantação do empreendimento inicial da companhia.

Não Exercício de Voto pelas Ações ao Portador

► Arts. 904 a 909 do CC.

► Lei n. 8.021, de 12-4-1990, dispõe sobre a identificação dos contribuintes para fins fiscais.

Art. 112. Somente os titulares de ações nominativas, endossáveis e escriturais poderão exercer o direito de voto.

Parágrafo único. Os titulares de ações preferenciais ao portador que adquirirem direito de voto de acordo com o disposto nos §§ 1º e 2º do artigo 111, e enquanto dele gozarem, poderão converter as ações em nominativas ou endossáveis, independentemente de autorização estatutária.

Voto das Ações Empenhadas e Alienadas Fiduciariamente

Art. 113. O penhor da ação não impede o acionista de exercer o direito de voto; será lícito, todavia, estabelecer, no contrato, que o acionista não poderá, sem consentimento do credor pignoratício, votar em certas deliberações.

► Arts. 1.431 e segs. do CC.

Parágrafo único. O credor garantido por alienação fiduciária da ação não poderá exercer o direito de voto; o devedor somente poderá exercê-lo nos termos do contrato.

Voto das Ações Gravadas com Usufruto

Art. 114. O direito de voto da ação gravada com usufruto, se não for regulado no ato de constituição do gravame, somente poderá ser exercido mediante prévio acordo entre o proprietário e o usufrutuário.

► Arts. 1.390 e segs. do CC.

Abuso do Direito de Voto e Conflito de Interesses

Art. 115. O acionista deve exercer o direito a voto no interesse da companhia; considerar-se-á abusivo o voto exercido com o fim de causar dano à companhia ou a outros acionistas, ou de obter, para si ou para outrem, vantagem a que não faz jus e de que resulte, ou possa resultar, prejuízo para a companhia ou para outros acionistas.

► *Caput* com a redação dada pela Lei nº 10.303, de 31-10-2001.

§ 1º O acionista não poderá votar nas deliberações da assembleia-geral relativas ao laudo de avaliação de bens com que concorrer para a formação do capital social e à aprovação de suas contas como administrador, nem em quaisquer outras que puderem beneficiá-lo de modo particular, ou em que tiver interesse conflitante com o da companhia.

► Enunciado nº 14 da I Jornada de Direito Comercial.

§ 2º Se todos os subscritores forem condôminos de bem com que concorreram para a formação do capital social, poderão aprovar o laudo, sem prejuízo da responsabilidade de que trata o § 6º do artigo 8º.

§ 3º O acionista responde pelos danos causados pelo exercício abusivo do direito de voto, ainda que seu voto não haja prevalecido.

§ 4º A deliberação tomada em decorrência do voto de acionista que tem interesse conflitante com o da companhia é anulável; o acionista responderá pelos danos causados e será obrigado a transferir para a companhia as vantagens que tiver auferido.

§§ 5º a 10. VETADOS. Lei nº 10.303, de 31-10-2001.

Seção IV
ACIONISTA CONTROLADOR

► Art. 1.098 do CC.

Deveres

Art. 116. Entende-se por acionista controlador a pessoa, natural ou jurídica, ou o grupo de pessoas vinculadas por acordo de voto, ou sob controle comum, que:

► Art. 1.098 do CC.

► Arts. 118, § 2º, 238 e 246 da Lei nº 6.404, de 15-12-1976 (Lei das Sociedades por Ações).

a) é titular de direitos de sócio que lhe assegurem, de modo permanente, a maioria dos votos nas deliberações da assembleia-geral e o poder de eleger a maioria dos administradores da companhia; e

b) usa efetivamente seu poder para dirigir as atividades sociais e orientar o funcionamento dos órgãos da companhia.

Parágrafo único. O acionista controlador deve usar o poder com o fim de fazer a companhia realizar o seu objeto e cumprir sua função social, e tem deveres e responsabilidades para com os demais acionistas da empresa, os que nela trabalham e para com a comunidade em que atua, cujos direitos e interesses deve lealmente respeitar e atender.

Art. 116-A. O acionista controlador da companhia aberta e os acionistas, ou grupo de acionistas, que elegerem membro do conselho de administração ou membro do conselho fiscal, deverão informar imediatamente as modificações em sua posição acionária na companhia à Comissão de Valores Mobiliários e às Bolsas de Valores ou entidades do mercado de balcão organizado nas quais os valores mobiliários de emissão da companhia estejam admitidos à negociação, nas condições e na forma determinadas pela Comissão de Valores Mobiliários.

► Art. 116-A acrescido pela Lei nº 10.303, de 31-10-2001.

Responsabilidade

Art. 117. O acionista controlador responde pelos danos causados por atos praticados com abuso de poder.

► Art. 116 da Lei nº 6.404, de 15-12-1976 (Lei das Sociedades por Ações).

► Art. 15 da Lei nº 13.303, de 30-6-2016, dispõe sobre o estatuto jurídico da empresa pública, da sociedade de economia mista e de suas subsidiárias, no âmbito da União, dos Estados, do Distrito Federal e dos Municípios.

► Instr. da CVM nº 491, de 22-2-2011, dispõe sobre hipóteses de infração grave, nos termos do § 3º do art. 11 da Lei nº 6.385, de 7 de dezembro de 1976.

§ 1º São modalidades de exercício abusivo de poder:

a) orientar a companhia para fim estranho ao objeto social ou lesivo ao interesse nacional, ou levá-la a favorecer outra sociedade, brasileira ou estrangeira, em prejuízo da participação dos acionistas minoritários nos lucros ou no acervo da companhia, ou da economia nacional;

b) promover a liquidação de companhia próspera, ou a transformação, incorporação, fusão ou cisão da companhia, com o fim de obter, para si ou para outrem, vantagem indevida, em prejuízo dos demais acionistas, dos que trabalham na empresa ou dos investidores em valores mobiliários emitidos pela companhia;

c) promover alteração estatutária, emissão de valores mobiliários ou adoção de políticas ou decisões que não tenham por fim o interesse da companhia e visem a causar prejuízo a acionistas minoritários, aos que trabalham na empresa ou aos investidores em valores mobiliários emitidos pela companhia;

d) eleger administrador ou fiscal que sabe inapto, moral ou tecnicamente;

e) induzir, ou tentar induzir, administrador ou fiscal a praticar ato ilegal, ou, descumprindo seus deveres definidos nesta Lei e no estatuto, promover, contra o interesse da companhia, sua ratificação pela assembleia-geral;

f) contratar com a companhia, diretamente ou através de outrem, ou de sociedade na qual tenha interesse, em condições de favorecimento ou não equitativas;

g) aprovar ou fazer aprovar contas irregulares de administradores, por favorecimento pessoal, ou deixar de apurar denúncia que saiba ou devesse saber procedente, ou que justifique fundada suspeita de irregularidade;

h) subscrever ações, para os fins do disposto no artigo 170, com a realização em bens estranhos ao objeto social da companhia.

► Alínea *h* acrescida pela Lei nº 9.457, de 5-5-1997.

§ 2º No caso da alínea *e* do § 1º, o administrador ou fiscal que praticar o ato ilegal responde solidariamente com o acionista controlador.

§ 3º O acionista controlador que exerce cargo de administrador ou fiscal tem também os deveres e responsabilidades próprios do cargo.

Seção V
ACORDO DE ACIONISTAS

Art. 118. Os acordos de acionistas, sobre a compra e venda de suas ações, preferência para adquiri-las, exercício do direito a voto, ou do poder de controle deverão ser observados pela companhia quando arquivados na sua sede.

► *Caput* com a redação dada pela Lei nº 10.303, de 31-10-2001.

§ 1º As obrigações ou ônus decorrentes desses acordos somente serão oponíveis a terceiros, depois de averbados nos livros de registro e nos certificados das ações, se emitidos.

§ 2º Esses acordos não poderão ser invocados para eximir o acionista de responsabilidade no exercício do direito de voto (artigo 115) ou do poder de controle (artigos 116 e 117).

§ 3º Nas condições previstas no acordo, os acionistas podem promover a execução específica das obrigações assumidas.

► A alteração que seria introduzida no § 3º pela Lei nº 10.303, de 31-10-2001, foi vetada, razão pela qual mantivemos a sua redação.

§ 4º As ações averbadas nos termos deste artigo não poderão ser negociadas em bolsa ou no mercado de balcão.

§ 5º No relatório anual, os órgãos da administração da companhia aberta informarão à assembleia-geral as disposições sobre política de reinvestimento de lucros e distribuição de dividendos, constantes de acordos de acionistas arquivados na companhia.

§ 6º O acordo de acionistas cujo prazo for fixado em função de termo ou condição resolutiva somente pode ser denunciado segundo suas estipulações.

§ 7º O mandato outorgado nos termos de acordo de acionistas para proferir, em assembleia-geral ou especial, voto contra ou a favor de determinada deliberação, poderá prever prazo superior ao constante do § 1º do artigo 126 desta Lei.

§ 8º O presidente da assembleia ou do órgão colegiado de deliberação da companhia não computará o voto proferido com infração de acordo de acionistas devidamente arquivado.

§ 9º O não comparecimento à assembleia ou às reuniões dos órgãos de administração da companhia, bem como as abstenções de voto de qualquer parte de acordo de acionistas ou de membros do conselho de administração eleitos nos termos de acordo de acionistas, assegura à parte prejudicada o direito de votar com as ações pertencentes ao acionista ausente ou omisso e, no caso de membro do conselho de administração, pelo conselheiro eleito com os votos da parte prejudicada.

§ 10. Os acionistas vinculados a acordo de acionistas deverão indicar, no ato de arquivamento, representante para comunicar-se com a companhia, para prestar ou receber informações, quando solicitadas.

§ 11. A companhia poderá solicitar aos membros do acordo esclarecimento sobre suas cláusulas.

► §§ 6º a 11 acrescidos pela Lei nº 10.303, de 31-10-2001.

Seção VI
REPRESENTAÇÃO DE ACIONISTA RESIDENTE OU DOMICILIADO NO EXTERIOR

Art. 119. O acionista residente ou domiciliado no Exterior deverá manter, no País, representante com poderes para receber citação em ações contra ele, propostas com fundamento nos preceitos desta Lei.

► Art. 242, § 1º, do CPC.

► Enunciado nº 65 da II Jornada de Direito de Comercial.

Parágrafo único. O exercício, no Brasil, de qualquer dos direitos de acionista, confere ao mandatário ou representante legal qualidade para receber citação judicial.

Seção VII
SUSPENSÃO DO EXERCÍCIO DE DIREITOS

Art. 120. A assembleia-geral poderá suspender o exercício dos direitos do acionista que deixar de cumprir obrigação imposta pela lei ou pelo estatuto, cessando a suspensão logo que cumprida a obrigação.

► Art. 122, V, da Lei nº 6.404, de 15-12-1976 (Lei das Sociedades por Ações).

CAPÍTULO XI
ASSEMBLEIA-GERAL

► Arts. 1.071 a 1.080 do CC.

Seção I
DISPOSIÇÕES GERAIS

Art. 121. A assembleia-geral, convocada e instalada de acordo com a lei e o estatuto, tem poderes para decidir todos os negócios relativos ao objeto da companhia e tomar as resoluções que julgar convenientes à sua defesa e desenvolvimento.

Parágrafo único. Nas companhias, abertas e fechadas, o acionista poderá participar e votar a distância em assembleia geral, nos termos do regulamento da Comissão de Valores Mobiliários e do órgão competente do Poder Executivo federal, respectivamente.

► Parágrafo único com a redação dada pela Lei nº 14.030, de 28-7-2020.

► Art. 286 da Lei nº 6.404, de 15-12-1976 (Lei das Sociedades por Ações).

Competência Privativa

Art. 122. Compete privativamente à assembleia-geral:

► *Caput* com a redação dada pela Lei nº 12.431, de 24-6-2011.

I – reformar o estatuto social;

II – eleger ou destituir, a qualquer tempo, os administradores e fiscais da companhia, ressalvado o disposto no inciso II do artigo 142;

III – tomar, anualmente, as contas dos administradores e deliberar sobre as demonstrações financeiras por eles apresentadas;

► Incisos I a III com a redação dada pela Lei nº 10.303, de 31-10-2001.

IV – autorizar a emissão de debêntures, ressalvado o disposto nos §§ 1º, 2º e 4º do art. 59;

► Inciso IV com a redação dada pela Lei nº 12.431, de 24-6-2011.

V – suspender o exercício dos direitos do acionista (artigo 120);

► Art. 120 da Lei nº 6.404, de 15-12-1976 (Lei das Sociedades por Ações).

VI – deliberar sobre a avaliação de bens com que o acionista concorrer para a formação do capital social;

VII – autorizar a emissão de partes beneficiárias;

VIII – deliberar sobre transformação, fusão, incorporação e cisão da companhia, sua dissolução e liquidação, eleger e destituir liquidantes e julgar-lhes as contas;

IX – autorizar os administradores a confessar falência e a pedir recuperação judicial; e

► Incisos VIII e IX com a redação dada pela MP nº 1.040, de 29-3-2021, que até o encerramento desta edição não havia sido convertida em lei.

X – deliberar, quando se tratar de companhias abertas, sobre:

a) a alienação ou a contribuição para outra empresa de ativos, caso o valor da operação corresponda a mais de 50% (cinquenta por cento) do valor dos ativos totais da companhia constantes do último balanço aprovado; e

b) a celebração de transações com partes relacionadas que atendam aos critérios de relevância a serem definidos pela Comissão de Valores Mobiliários.

► Inciso X acrescido pela MP nº 1.040, de 29-3-2021, que até o encerramento desta edição não havia sido convertida em lei.

Parágrafo único. Em caso de urgência, a confissão de falência ou o pedido de recuperação judicial poderá ser formulado pelos administradores, com a concordância do acionista controlador, se houver, hipótese em que a assembleia geral será convocada imediatamente para deliberar sobre a matéria.

► Parágrafo único com a redação dada pela MP nº 1.040, de 29-3-2021, que até o encerramento desta edição não havia sido convertida em lei.

Competência para Convocação

Art. 123. Compete ao Conselho de Administração, se houver, ou aos diretores, observado o disposto no estatuto, convocar a assembleia-geral.

Parágrafo único. A assembleia-geral pode também ser convocada:

a) pelo Conselho Fiscal, nos casos previstos no nº V do artigo 163;

b) por qualquer acionista, quando os administradores retardarem, por mais de sessenta dias, a convocação, nos casos previstos em lei ou no estatuto;

c) por acionistas que representem cinco por cento, no mínimo, do capital social, quando os administradores não atenderem, no prazo de oito dias, a pedido de convocação que apresentarem, devidamente fundamentado, com indicação das matérias a serem tratadas;

► Alínea *c* com a redação dada pela Lei nº 9.457, de 5-5-1997.

•A concordata foi substituída pela recuperação judicial, conforme Lei nº 11.101, de 9-2-2005 (Lei de Recuperação de Empresas e Falências).

► Art. 291 da Lei nº 6.404, de 15-12-1976 (Lei das Sociedades por Ações).

d) por acionistas que representem cinco por cento, no mínimo, do capital votante, ou cinco por cento, no mínimo, dos acionistas sem direito a voto, quando os administradores não atenderem, no prazo de oito dias, a pedido de convocação de assembleia para instalação do Conselho Fiscal.

► Alínea *d* acrescida pela Lei nº 9.457, de 5-5-1997.

Modo de Convocação e Local

Art. 124. A convocação far-se-á mediante anúncio publicado por três vezes, no mínimo, contendo, além do local, data e hora da assembleia, a ordem do dia, e, no caso de reforma do estatuto, a indicação da matéria.

► Arts. 133 a 294, I, da Lei nº 6.404, de 15-12-1976 (Lei das Sociedades por Ações).

§ 1º A primeira convocação da assembleia-geral deverá ser feita:

► *Caput* do § 1º com a redação dada pela Lei nº 10.303, de 31-10-2001.

I – na companhia fechada, com oito dias de antecedência, no mínimo, contado o prazo da publicação do primeiro anúncio; não se realizando a assembleia, será publicado novo anúncio, de segunda convocação, com antecedência mínima de cinco dias;

► Inciso I com a redação dada pela Lei nº 10.303, de 31-10-2001.

II – na companhia aberta, o prazo de antecedência da primeira convocação será de 30 (trinta) dias e o da segunda convocação será de 8 (oito) dias.

► Inciso II com a redação dada pela MP nº 1.040, de 29-3-2021, que até o encerramento desta edição não havia sido convertida em lei.

► Art. 1.152, § 3º, do CC.

§ 2º A assembleia geral deverá ser realizada, preferencialmente, no edifício onde a companhia tiver sede ou, por motivo de força maior, em outro lugar, desde que seja no mesmo Município da sede e seja indicado com clareza nos anúncios.

► § 2º com a redação dada pela Lei nº 14.030, de 28-7-2020.

§ 2º-A. Sem prejuízo do disposto no § 2º deste artigo, as companhias, abertas e fechadas, poderão realizar assembleia digital, nos termos do regulamento da Comissão de Valores Mobiliários e do órgão competente do Poder Executivo federal, respectivamente.

► § 2º-A acrescido pela Lei nº 14.030, de 28-7-2020.

§ 3º Nas companhias fechadas, o acionista que representar cinco por cento, ou mais, do capital social, será convocado por telegrama ou carta registrada, expedidos com a antecedência prevista no § 1º, desde que o tenha solicitado, por escrito, à companhia, com a indicação do endereço completo e do prazo de vigência do pedido, não superior a dois exercícios sociais, e renovável; essa convocação não dispensa a publicação do aviso previsto no § 1º, e sua inobservância dará ao acionista direito de haver, dos administradores da companhia, indenização pelos prejuízos sofridos.

► Art. 133, § 2º, da Lei nº 6.404, de 15-12-1976 (Lei das Sociedades por Ações).

§ 4º Independentemente das formalidades previstas neste artigo, será considerada regular a assembleia-geral a que comparecerem todos os acionistas.

§ 5º A Comissão de Valores Mobiliários poderá, a seu exclusivo critério, mediante decisão fundamentada de seu Colegiado, a pedido de qualquer acionista, e ouvida a companhia:

► *Caput* do § 5º acrescido pela Lei nº 10.303, de 31-10-2001.

I – declarar quais documentos e informações relevantes para a deliberação da assembleia geral não foram tempestivamente disponibilizados aos acionistas e determinar o adiamento da assembleia por até 30 (trinta) dias, contado da data de disponibilização dos referidos documentos e informações aos acionistas; e

► Inciso I com a redação dada pela MP nº 1.040, de 29-3-2021, que até o encerramento desta edição não havia sido convertida em lei.

II – interromper, por até quinze dias, o curso do prazo de antecedência da convocação de assembleia-geral extraordinária de companhia aberta, a fim de conhecer e analisar as propostas a serem submetidas à assembleia e, se for o caso, informar à companhia, até o término da interrupção, as razões pelas quais entende que a deliberação proposta à assembleia viola dispositivos legais ou regulamentares.

► Inciso II acrescido pela Lei nº 10.303, de 31-10-2001.

§ 6º As companhias abertas com ações admitidas à negociação em bolsa de valores deverão remeter, na data da publicação do anúncio de convocação da assembleia, à bolsa de valores em que suas ações forem mais negociadas, os documentos postos à disposição dos acionistas para deliberação na assembleia-geral.

► § 6º acrescido pela Lei nº 10.303, de 31-10-2001.

Quorum de Instalação

Art. 125. Ressalvadas as exceções previstas em lei, a assembleia-geral instalar-se-á, em primeira convocação, com a presença de acionistas que representem, no mínimo, um quarto do capital social com direito de voto; em segunda convocação, instalar-se-á com qualquer número.

Parágrafo único. Os acionistas sem direito de voto podem comparecer à assembleia-geral e discutir a matéria submetida à deliberação.

Legitimação e Representação

Art. 126. As pessoas presentes à assembleia deverão provar a sua qualidade de acionista, observadas as seguintes normas:

I – os titulares de ações nominativas exibirão, se exigido, documento hábil de sua identidade;

II – os titulares de ações escriturais ou em custódia nos termos do artigo 41, além do documento de identidade, exibirão, ou depositarão na companhia, se o estatuto o exigir, comprovante expedido pela instituição financeira depositária.

► Inciso II com a redação dada pela Lei nº 9.457, de 5-5-1997.

III – os titulares de ações ao portador exibirão os respectivos certificados ou documento de depósito nos termos do nº II;

► A Lei nº 9.457, de 5-5-1997, em seu art. 6º, deixa de revogar expressamente este inciso.

► Arts. 904 a 909 do CC.

► Lei nº 8.021, de 12-4-1990, dispõe sobre a identificação dos contribuintes para fins fiscais.

IV – os titulares de ações escriturais ou em custódia nos termos do artigo 41, além do documento de identidade, exibirão, ou depositarão na companhia, se o estatuto o exigir, comprovante expedido pela instituição financeira depositária.

► A Lei nº 9.457, de 5-5-1997, em seu art. 6º, deixa de revogar expressamente este inciso.

§ 1º O acionista pode ser representado na assembleia-geral por procurador constituído há menos de um ano, que seja acionista, administrador da companhia ou advogado; na companhia aberta, o procurador pode, ainda, ser instituição financeira, cabendo ao administrador de fundos de investimento representar os condôminos.

§ 2º O pedido de procuração mediante correspondência, ou anúncio publicado, sem prejuízo da regulamentação que sobre o assunto vier a baixar a Comissão de Valores Mobiliários, deverá satisfazer aos seguintes requisitos:

a) conter todos os elementos informativos necessários ao exercício do voto pedido;

b) facultar ao acionista o exercício de voto contrário à decisão com indicação de outro procurador para o exercício desse voto;

c) ser dirigido a todos os titulares de ações cujos endereços constem da companhia.

► Alínea *c* com a redação dada pela Lei nº 9.457, de 5-5-1997.

§ 3º É facultado a qualquer acionista, detentor de ações, com ou sem voto, que represente meio por cento, no mínimo, do capital social, solicitar relação de endereços dos acionistas, para os fins previstos no § 1º, obedecidos sempre os requisitos do parágrafo anterior.

► § 3º com a redação dada pela Lei nº 9.457, de 5-5-1997.

§ 4º Têm a qualidade para comparecer à assembleia os representantes legais dos acionistas.

Livro de Presença

Art. 127. Antes de abrir-se a assembleia, os acionistas assinarão o "Livro de Presença", indicando o seu nome, nacionalidade e residência, bem como a quantidade, espécie e classe das ações de que forem titulares.

Parágrafo único. Considera-se presente em assembleia-geral, para todos os efeitos desta Lei, o acionista que registrar a distância sua presença, na forma prevista em regulamento da Comissão de Valores Mobiliários.

► Parágrafo único acrescido pela Lei nº 12.431, de 24-6-2011.

Mesa

Art. 128. Os trabalhos da assembleia serão dirigidos por mesa composta, salvo disposição diversa do estatuto, de presidente e secretário, escolhidos pelos acionistas presentes.

Quorum das Deliberações

Art. 129. As deliberações da assembleia-geral, ressalvadas as exceções previstas em lei, serão tomadas por maioria absoluta de votos, não se computando os votos em branco.

§ 1º O estatuto da companhia fechada pode aumentar o *quorum* exigido para certas deliberações, desde que especifique as matérias.

§ 2º No caso de empate, se o estatuto não estabelecer procedimento de arbitragem e não contiver norma diversa, a assembleia será convocada, com intervalo mínimo de dois meses, para votar a deliberação; se permanecer o empate e os acionistas não concordarem em cometer a decisão a um terceiro, caberá ao Poder Judiciário decidir, no interesse da companhia.

Ata da Assembleia

Art. 130. Dos trabalhos e deliberações da assembleia será lavrada, em livro próprio, ata assinada pelos membros da mesa e pelos acionistas presentes. Para validade da ata é suficiente a assinatura de quantos bastem para constituir a maioria necessária para as deliberações tomadas na assembleia. Da ata tirar-se-ão certidões ou cópias autênticas para os fins legais.

§ 1º A ata poderá ser lavrada na forma de sumário dos fatos ocorridos, inclusive dissidências e protestos, e conter a transcrição apenas das deliberações tomadas, desde que:

a) os documentos ou propostas submetidos à assembleia, assim como as declarações de voto ou dissidência, referidos na ata, sejam numerados seguidamente, autenticados pela mesa e por qualquer acionista que o solicitar, e arquivados na companhia;

b) a mesa, a pedido de acionista interessado, autentique exemplar ou cópia de proposta, declaração de voto ou dissidência, ou protesto apresentado.

§ 2º A assembleia-geral da companhia aberta pode autorizar a publicação de ata com omissão das assinaturas dos acionistas.

§ 3º Se a ata não for lavrada na forma permitida pelo § 1º, poderá ser publicado apenas o seu extrato, com o sumário dos fatos ocorridos e a transcrição das deliberações tomadas.

Espécies de Assembleia

Art. 131. A assembleia-geral é ordinária quando tem por objeto as matérias previstas no artigo 132, e extraordinária nos demais casos.

Parágrafo único. A assembleia-geral ordinária e a assembleia-geral extraordinária poderão ser, cumulativamente, convocadas e realizadas no mesmo local, data e hora, instrumentadas em ata única.

Seção II
ASSEMBLEIA-GERAL ORDINÁRIA

Objeto

Art. 132. Anualmente, nos quatro primeiros meses seguintes ao término do exercício social, deverá haver uma assembleia-geral para:

I – tomar as contas dos administradores, examinar, discutir e votar as demonstrações financeiras;

II – deliberar sobre a destinação do lucro líquido do exercício e a distribuição de dividendos;

III – eleger os administradores e os membros do Conselho Fiscal, quando for o caso;

IV – aprovar a correção da expressão monetária do capital social (artigo 167).

► Art. 142, IV, da Lei nº 6.404, de 15-12-1976 (Lei das Sociedades por Ações).

Documentos da Administração

Art. 133. Os administradores devem comunicar, até um mês antes da data marcada para a realização da assembleia-geral ordinária, por anúncios publicados na forma prevista no artigo 124, que se acham à disposição dos acionistas:

► Art. 294, II, da Lei nº 6.404, de 15-12-1976 (Lei das Sociedades por Ações).

I – o relatório da administração sobre os negócios sociais e os principais fatos administrativos do exercício findo;

II – a cópia das demonstrações financeiras;

III – o parecer dos auditores independentes, se houver;

IV – o parecer do conselho fiscal, inclusive votos dissidentes, se houver; e

V – demais documentos pertinentes a assuntos incluídos na ordem do dia.

► Incisos IV e V acrescidos pela Lei nº 10.303, de 31-10-2001.

§ 1º Os anúncios indicarão o local ou locais onde os acionistas poderão obter cópias desses documentos.

§ 2º A companhia remeterá cópia desses documentos aos acionistas que o pedirem por escrito, nas condições previstas no § 3º do artigo 124.

§ 3º Os documentos referidos neste artigo, à exceção dos constantes dos incisos IV e V, serão publicados até cinco dias, pelo menos, antes da data marcada para a realização da assembleia-geral.

► § 3º com a redação dada pela Lei nº 10.303, de 31-10-2001.

§ 4º A assembleia-geral que reunir a totalidade dos acionistas poderá considerar sanada a falta de publicação dos anúncios ou a inobservância dos prazos referidos neste artigo; mas é obrigatória a publicação dos documentos antes da realização da assembleia.

§ 5º A publicação dos anúncios é dispensada quando os documentos a que se refere este artigo são publicados até um mês antes da data marcada para a realização da assembleia-geral ordinária.

Procedimento

Art. 134. Instalada a assembleia-geral, proceder-se-á, se requerida por qualquer acionista, à leitura dos documentos referidos no artigo 133 e do parecer do Conselho Fiscal, se houver, os quais serão submetidos pela mesa à discussão e votação.

§ 1º Os administradores da companhia, ou ao menos um deles, e o auditor independente, se houver, deverão estar presentes à assembleia para atender a pedidos de esclarecimentos de acionistas, mas os administradores não poderão votar, como acionistas ou procuradores, os documentos referidos neste artigo.

§ 2º Se a assembleia tiver necessidade de outros esclarecimentos, poderá adiar a deliberação e ordenar diligências; também será adiada a deliberação, salvo dispensa dos acionistas presentes, na hipótese de não comparecimento de administrador, membro do Conselho Fiscal ou auditor independente.

§ 3º A aprovação, sem reserva, das demonstrações financeiras e das contas, exonera de responsabilidade os administradores e fiscais, salvo erro, dolo, fraude ou simulação (artigo 286).

§ 4º Se a assembleia aprovar as demonstrações financeiras com modificação no montante do lucro do exercício ou no valor das obrigações da companhia, os administradores promoverão, dentro de trinta dias, a republicação das demonstrações, com as retificações deliberadas pela assembleia; se a destinação dos lucros proposta pelos órgãos de administração não lograr aprovação (artigo 176, § 3º), as modificações introduzidas constarão da ata da assembleia.

§ 5º A ata da assembleia-geral ordinária será arquivada no Registro do Comércio e publicada.

§ 6º As disposições do § 1º, segunda parte, não se aplicam quando, nas sociedades fechadas, os diretores forem os únicos acionistas.

Seção III
ASSEMBLEIA-GERAL EXTRAORDINÁRIA

Reforma do Estatuto

Art. 135. A assembleia-geral extraordinária que tiver por objeto a reforma do estatuto somente se instalará em primeira convocação com a presença de acionistas que representem dois terços, no mínimo, do capital com direito a voto, mas poderá instalar-se em segunda com qualquer número.

§ 1º Os atos relativos a reformas do estatuto, para valerem contra terceiros, ficam sujeitos às formalidades de arquivamento e publicação, não podendo, todavia, a falta de cumprimento dessas formalidades ser oposta, pela companhia ou por seus acionistas, a terceiros de boa-fé.

► Art. 271, § 4º, da Lei nº 6.404, de 15-12-1976 (Lei das Sociedades por Ações).

§ 2º Aplica-se aos atos de reforma do estatuto o disposto no artigo 97 e seus §§ 1º e 2º e no artigo 98 e seu § 1º.

§ 3º Os documentos pertinentes à matéria a ser debatida na assembleia-geral extraordinária deverão ser postos à disposição dos acionistas, na sede da companhia, por ocasião da publicação do primeiro anúncio de convocação da assembleia-geral.

► § 3º acrescido pela Lei nº 10.303, de 31-10-2001.

***Quorum* Qualificado**

Art. 136. É necessária a aprovação de acionistas que representem metade, no mínimo, das ações com direito a voto, se maior *quorum* não for exigido pelo estatuto da companhia cujas ações não estejam admitidas à negociação em bolsa ou no mercado de balcão, para deliberação sobre:

► *Caput* com a redação dada pela Lei nº 9.457, de 5-5-1997.

I – criação de ações preferenciais ou aumento de classe de ações preferenciais existentes, sem guardar proporção com as demais classes de ações preferenciais, salvo se já previstos ou autorizados pelo estatuto;

► Inciso I com a redação dada pela Lei nº 10.303, de 31-10-2001.

II – alteração nas preferências, vantagens e condições de resgate ou amortização de uma ou mais classes de ações preferenciais, ou criação de nova classe mais favorecida;
III – redução do dividendo obrigatório;
IV – fusão da companhia, ou sua incorporação em outra;
V – participação em grupo de sociedades (artigo 265);
VI – mudança do objeto da companhia;
VII – cessação do estado de liquidação da companhia;
VIII – criação de partes beneficiárias;

► Incisos II a VIII com a redação dada pela Lei nº 9.457, de 5-5-1997.

IX – cisão de companhia;
X – dissolução da companhia.

► Incisos IX e X acrescidos pela Lei nº 9.457, de 5-5-1997.

§ 1º Nos casos dos incisos I e II, a eficácia da deliberação depende de prévia aprovação ou da ratificação, em prazo improrrogável de um ano, por titulares de mais da metade de cada classe de ações preferenciais prejudicadas, reunidos em assembleia especial convocada pelos administradores e instalada com as formalidades desta Lei.

► § 1º com a redação dada pela Lei nº 9.457, de 5-5-1997.

§ 2º A Comissão de Valores Mobiliários pode autorizar a redução do *quorum* previsto neste artigo no caso de companhia aberta com a propriedade das ações dispersa no mercado, e cujas três últimas assembleias tenham sido realizadas com a presença de acionistas representando menos da metade das ações com direito a voto. Neste caso, a autorização da Comissão de Valores Mobiliários será mencionada nos avisos de convocação e a deliberação com *quorum* reduzido somente poderá ser adotada em terceira convocação.

§ 3º O disposto no § 2º deste artigo aplica-se também às assembleias especiais de acionistas preferenciais de que trata o § 1º.

► § 3º com a redação dada pela Lei nº 10.303, de 31-10-2001.

§ 4º Deverá constar da ata da assembleia-geral que deliberar sobre as matérias dos incisos I e II, se não houver prévia aprovação, que a deliberação só terá eficácia após a sua ratificação pela assembleia especial prevista no § 1º.

► § 4º acrescido pela Lei nº 9.457, de 5-5-1997.

Art. 136-A. A aprovação da inserção de convenção de arbitragem no estatuto social, observado o *quorum* do art. 136, obriga a todos os acionistas, assegurado ao acionista dissidente o direito de retirar-se da companhia mediante o reembolso do valor de suas ações, nos termos do art. 45.

§ 1º A convenção somente terá eficácia após o decurso do prazo de 30 (trinta) dias, contado da publicação da ata da assembleia geral que a aprovou.

§ 2º O direito de retirada previsto no *caput* não será aplicável:

I – caso a inclusão da convenção de arbitragem no estatuto social represente condição para que os valores mobiliários de emissão da companhia sejam admitidos à negociação em segmento de listagem de bolsa de valores ou de mercado de balcão organizado que exija dispersão acionária mínima de 25% (vinte e cinco por cento) das ações de cada espécie ou classe;

II – caso a inclusão da convenção de arbitragem seja efetuada no estatuto social de companhia aberta cujas ações sejam dotadas de liquidez e dispersão no mercado, nos termos das alíneas *a* e *b* do inciso II do art. 137 desta Lei.

► Art. 136-A acrescido pela Lei nº 13.129, de 26-5-2015.

Direito de Retirada

Art. 137. A aprovação das matérias previstas nos incisos I a VI e IX do artigo 136 dá ao acionista dissidente o direito de retirar-se da companhia, mediante reembolso do valor das suas ações (artigo 45), observadas as seguintes normas:

► *Caput* com a redação dada pela Lei nº 10.303, de 31-10-2001.

► Art. 270, parágrafo único, da Lei nº 6.404, de 15-12-1976 (Lei das Sociedades por Ações).

► Art. 8º da Lei nº 10.303, de 31-10-2001, que altera e acrescenta dispositivos na Lei nº 6.404, de 15 de dezembro de 1976, que dispõe sobre as Sociedades por Ações, e na Lei nº 6.385, de 7 de dezembro de 1976, que dispõe sobre o mercado de valores mobiliários e cria a Comissão de Valores Mobiliários.

I – nos casos dos incisos I e II do artigo 136, somente terá direito de retirada o titular de ações de espécie ou classe prejudicadas;

► Inciso I com a redação dada pela Lei nº 9.457, de 5-5-1997.

II – nos casos dos incisos IV e V do artigo 136, não terá direito de retirada o titular de ação de espécie ou classe que tenha liquidez e dispersão no mercado, considerando-se haver:

a) liquidez, quando a espécie ou classe de ação, ou certificado que a represente, integre índice geral representativo de carteira de valores mobiliários admitido à negociação no mercado de valores mobiliários, no Brasil ou no exterior, definido pela Comissão de Valores Mobiliários; e

b) dispersão, quando o acionista controlador, a sociedade controladora ou outras sociedades sob seu controle detiverem menos da metade da espécie ou classe de ação;

► Arts. 230, 252, § 1º, 256, § 2º, e 264, § 3º, da Lei nº 6.404, de 15-12-1976 (Lei das Sociedades por Ações).

III – no caso do inciso IX do artigo 136, somente haverá direito de retirada se a cisão implicar:

a) mudança do objeto social, salvo quando o patrimônio cindido for vertido para sociedade cuja atividade preponderante coincida com a decorrente do objeto social da sociedade cindida;

b) redução do dividendo obrigatório; ou

c) participação em grupo de sociedades;

IV – o reembolso da ação deve ser reclamado à companhia no prazo de trinta dias contado da publicação da ata da assembleia-geral;

V – o prazo para o dissidente de deliberação de assembleia especial (artigo 136, § 1º) será contado da publicação da respectiva ata;

► Incisos II a V com a redação dada pela Lei nº 10.303, de 31-10-2001.

VI – o pagamento do reembolso somente poderá ser exigido após a observância do disposto no § 3º e, se for o caso, da ratificação da deliberação pela assembleia-geral.

► Inciso VI acrescido pela Lei nº 10.303, de 31-10-2001.

§ 1º O acionista dissidente de deliberação da assembleia, inclusive o titular de ações preferenciais sem direito de voto, poderá exercer o direito de reembolso das ações de que, comprovadamente, era titular na data da primeira publicação do edital de convocação da assembleia, ou na data da comunicação do fato relevante objeto da deliberação, se anterior.

► § 1º com a redação dada pela Lei nº 9.457, de 5-5-1997.

► Art. 223, § 4º, da Lei nº 6.404, de 15-12-1976 (Lei das Sociedades por Ações).

§ 2º O direito de reembolso poderá ser exercido no prazo previsto nos incisos IV ou V do *caput* deste artigo, conforme o caso, ainda que o titular das ações tenha se abstido de votar contra a deliberação ou não tenha comparecido à assembleia.

§ 3º Nos dez dias subsequentes ao término do prazo de que tratam os incisos IV e V do *caput* deste artigo, conforme o caso, contado da publicação da ata da assembleia-geral ou da assembleia especial que ratificar a deliberação, é facultado aos órgãos da administração convocar a assembleia-geral para ratificar ou reconsiderar a deliberação, se entenderem que o pagamento do preço do reembolso das ações aos acionistas dissidentes que exerceram o direito de retirada porá em risco a estabilidade financeira da empresa.

► §§ 2º e 3º com a redação dada pela Lei nº 10.303, de 31-10-2001.

§ 4º Decairá do direito de retirada o acionista que não o exercer no prazo fixado.

► § 4º acrescido pela Lei nº 9.457, de 5-5-1997.

► Art. 223, § 4º, da Lei nº 6.404, de 15-12-1976 (Lei das Sociedades por Ações).

CAPÍTULO XII

CONSELHO DE ADMINISTRAÇÃO E DIRETORIA

Administração da Companhia

Art. 138. A administração da companhia competirá, conforme dispuser o estatuto, ao Conselho de Administração e à diretoria, ou somente à diretoria.

§ 1º O Conselho de Administração é órgão de deliberação colegiada, sendo a representação da companhia privativa dos diretores.

§ 2º As companhias abertas e as de capital autorizado terão, obrigatoriamente, Conselho de Administração.

§ 3º É vedada, nas companhias abertas, a acumulação do cargo de presidente do conselho de administração e do cargo de diretor-presidente ou de principal executivo da companhia.

► Art. 34 da MP nº 1.040, de 29-3-2021, que até o encerramento desta edição não havia sido convertida em lei, que estabelece um prazo de 360 dias, contados de sua publicação, para a produção de efeitos da redação dada a este parágrafo.

§ 4º A Comissão de Valores Mobiliários poderá excepcionar a vedação de que trata o § 3º para as companhias com menor faturamento, nos termos de sua regulamentação.

► §§ 3º e 4º acrescidos pela MP nº 1.040, de 29-3-2021, que até o encerramento desta edição não havia sido convertida em lei.

Art. 139. As atribuições e poderes conferidos por lei aos órgãos de administração não podem ser outorgados a outro órgão, criado por lei ou pelo estatuto.

Seção I

CONSELHO DE ADMINISTRAÇÃO

Composição

Art. 140. O Conselho de Administração será composto por, no mínimo, três membros, eleitos pela assembleia-geral e por ela destituíveis a qualquer tempo, devendo o estatuto estabelecer:

I – o número de conselheiros, ou o máximo e mínimo permitidos, e o processo de escolha e substituição do presidente do conselho pela assembleia ou pelo próprio conselho;

► Inciso I com a redação dada pela Lei nº 10.303, de 31-10-2001.

II – o modo de substituição dos conselheiros;

III – o prazo de gestão, que não poderá ser superior a três anos, permitida a reeleição;

IV – as normas sobre convocação, instalação e funcionamento do conselho, que deliberará por maioria de votos, podendo o estatuto estabelecer *quorum* qualificado para certas deliberações, desde que especifique as matérias.

► Inciso IV com a redação dada pela Lei nº 10.303, de 31-10-2001.

§ 1º O estatuto poderá prever a participação no conselho de representantes dos empregados, escolhidos pelo voto destes, em eleição direta, organizada pela empresa, em conjunto com as entidades sindicais que os representam.

► Parágrafo único transformado em § 1º e com a redação dada pela MP nº 1.040, de 29-3-2021, que até o encerramento desta edição não havia sido convertida em lei.

► Lei nº 12.353, de 28-12-2010, dispõe sobre a participação de empregados nos conselhos de administração das empresas públicas e sociedades de economia mista, suas subsidiárias e controladas e demais empresas em que a União, direta ou indiretamente, detenha a maioria do capital social com direito a voto.

§ 2º Na composição do conselho de administração das companhias abertas, é obrigatória a participação de conselheiros independentes, nos termos e nos prazos definidos pela Comissão de Valores Mobiliários.

► § 2º acrescido pela MP nº 1.040, de 29-3-2021, que até o encerramento desta edição não havia sido convertida em lei.

Voto Múltiplo

Art. 141. Na eleição dos conselheiros, é facultado aos acionistas que representem, no mínimo, um décimo do capital social com direito a voto, esteja ou não previsto no estatuto, requerer a adoção do processo de voto múltiplo, atribuindo-se a cada ação tantos votos quantos sejam os membros do Conselho, e reconhecido ao acionista o direito de cumular os votos num só candidato ou distribuí-los entre vários.

§ 1º A faculdade prevista neste artigo deverá ser exercida pelos acionistas até quarenta e oito horas antes da assembleia-geral, cabendo à mesa que dirigir os trabalhos da assembleia informar previamente aos acionistas, à vista do "Livro de Presença", o número de votos necessários para a eleição de cada membro do Conselho.

§ 2º Os cargos que, em virtude de empate, não forem preenchidos, serão objeto de nova votação, pelo mesmo processo, observado o disposto no § 1º, *in fine*.

§ 3º Sempre que a eleição tiver sido realizada por esse processo, a destituição de qualquer membro do Conselho de Administração pela assembleia-geral importará destituição dos demais membros, procedendo-se a nova eleição; nos demais casos de vaga, não havendo suplente, a primeira assembleia-geral procederá à nova eleição de todo o Conselho.

§ 4º Terão direito de eleger e destituir um membro e seu suplente do conselho de administração, em votação em separado na assembleia-geral, excluído o acionista controlador, a maioria dos titulares, respectivamente:

I – de ações de emissão de companhia aberta com direito a voto, que representem, pelo menos, quinze por cento do total das ações com direito a voto; e

II – de ações preferenciais sem direito a voto ou com voto restrito de emissão de companhia aberta, que representem, no mínimo, dez por cento do capital social, que não houverem exercido o direito previsto no estatuto, em conformidade com o artigo 18.

► § 4º com a redação dada pela Lei nº 10.303, de 31-10-2001.

§ 5º Verificando-se que nem os titulares de ações com direito a voto e nem os titulares de ações preferenciais sem direito a voto ou com voto restrito perfizeram, respectivamente, o *quorum* exigido nos incisos I e II do § 4º, ser-lhes-á facultado agregar suas ações para elegerem em conjunto um membro e seu suplente para o conselho de administração, observando-se, nessa hipótese, o *quorum* exigido pelo inciso II do § 4º.

► Art. 8º, § 5º, da Lei nº 10.303, de 31-10-2001, que altera e acrescenta dispositivos na Lei nº 6.404, de 15 de dezembro de 1976, que dispõe sobre as Sociedades por Ações, e na Lei nº 6.385, de 7 de dezembro de 1976, que dispõe sobre o mercado de valores mobiliários e cria a Comissão de Valores Mobiliários.

§ 6º Somente poderão exercer o direito previsto no § 4º os acionistas que comprovarem a titularidade ininterrupta da participação acionária ali exigida durante o período de três meses, no mínimo, imediatamente anterior à realização da assembleia-geral.

► Art. 8º, § 5º, da Lei nº 10.303, de 31-10-2001, que altera e acrescenta dispositivos na Lei nº 6.404, de 15 de dezembro de 1976, que dispõe sobre as Sociedades por Ações, e na Lei nº 6.385, de 7 de dezembro de 1976, que dispõe sobre o mercado de valores mobiliários e cria a Comissão de Valores Mobiliários.

§ 7º Sempre que, cumulativamente, a eleição do conselho de administração se der pelo sistema do voto múltiplo e os titulares de ações ordinárias ou preferenciais exercerem a prerrogativa de eleger conselheiro, será assegurado a acionista ou grupo de acionistas vinculados por acordo de votos que detenham mais do que cinquenta por cento das ações com direito de voto o direito de eleger conselheiros em número igual ao dos eleitos pelos demais acionistas, mais um, independentemente do número de conselheiros que, segundo o estatuto, componha o órgão.

§ 8º A companhia deverá manter registro com a identificação dos acionistas que exercerem a prerrogativa a que se refere o § 4º.

► §§ 5º a 8º acrescidos pela Lei nº 10.303, de 31-10-2001.

§ 9º VETADO. Lei nº 10.303, de 31-10-2001.

Competência

Art. 142. Compete ao conselho de administração:

► *Caput* com a redação dada pela Lei nº 10.303, de 31-10-2001.

► Art. 144 da Lei nº 6.404, de 15-12-1976 (Lei das Sociedades por Ações).

► Art. 18 da Lei nº 13.303, de 30-6-2016, que dispõe sobre o estatuto jurídico da empresa pública, da sociedade de economia mista e de suas subsidiárias, no âmbito da União, dos Estados, do Distrito Federal e dos Municípios.

I – fixar a orientação geral dos negócios da companhia;

II – eleger e destituir os diretores da companhia e fixar-lhes as atribuições, observado o que a respeito dispuser o estatuto;

III – fiscalizar a gestão dos diretores, examinar, a qualquer tempo, os livros e papéis da companhia, solicitar informações sobre contratos celebrados ou em via de celebração, e quaisquer outros atos;

IV – convocar a assembleia-geral quando julgar conveniente, ou no caso do artigo 132;

V – manifestar-se sobre o relatório da administração e as contas da diretoria;

VI – manifestar-se previamente sobre atos ou contratos, quando o estatuto assim o exigir;

VII – deliberar, quando autorizado pelo estatuto, sobre a emissão de ações ou de bônus de subscrição;

VIII – autorizar, se o estatuto não dispuser em contrário, a alienação de bens do ativo não circulante, a constituição de ônus reais e a prestação de garantias a obrigações de terceiros;

► Inciso VIII com a redação dada pela Lei nº 11.941, de 27-5-2009.

IX – escolher e destituir os auditores independentes, se houver.

§ 1º Serão arquivadas no registro do comércio e publicadas as atas das reuniões do conselho de administração que contiverem deliberação destinada a produzir efeitos perante terceiros.

► Parágrafo único transformado em § 1º pela Lei nº 10.303, de 31-10-2001.

§ 2º A escolha e a destituição do auditor independente ficará sujeita a veto, devidamente fundamentado, dos conselheiros eleitos na forma do artigo 141, § 4º, se houver.

► § 2º acrescido pela Lei nº 10.303, de 31-10-2001.

Seção II
DIRETORIA

Composição

Art. 143. A diretoria será composta por dois ou mais diretores, eleitos e destituíveis a qualquer tempo pelo Conselho de Administração, ou, se inexistente, pela assembleia-geral, devendo o estatuto estabelecer:

★ **Nova redação do dispositivo alterado:** "Art. 143. A Diretoria será composta por 1 (um) ou mais membros eleitos e destituíveis a qualquer tempo pelo conselho de administração ou, se inexistente, pela assembleia-geral, e o estatuto estabelecerá:

► *Caput* com a redação dada pela LC nº 182, de 1º-6-2021, para vigorar após 90 dias de sua publicação.

I – o número de diretores, ou o máximo e o mínimo permitidos;

II – o modo de sua substituição;

III – o prazo de gestão, que não será superior a três anos, permitida a reeleição;

IV – as atribuições e poderes de cada diretor.

§ 1º Os membros do Conselho de Administração, até o máximo de um terço, poderão ser eleitos para cargos de diretores.

§ 2º O estatuto pode estabelecer que determinadas decisões, de competência dos diretores, sejam tomadas em reunião da diretoria.

► A alteração que seria introduzida no art. 143 pela Lei nº 10.303, de 31-10-2001, foi vetada, razão pela qual mantivemos a sua redação.

Representação

Art. 144. No silêncio do estatuto e inexistindo deliberação do Conselho de Administração (artigo 142, II e parágrafo único), competirão a qualquer diretor a representação da companhia e a prática dos atos necessários ao seu funcionamento regular.

► Este parágrafo único foi transformado em § 1º.

Parágrafo único. Nos limites de suas atribuições e poderes, é lícito aos diretores constituir mandatários da companhia, devendo ser especificados no instrumento os atos ou operações que poderão praticar e a duração do mandato, que, no caso de mandato judicial, poderá ser por prazo indeterminado.

Seção III
ADMINISTRADORES

Normas Comuns

Art. 145. As normas relativas a requisitos, impedimentos, investidura, remuneração, deveres e responsabilidades dos administradores aplicam-se a conselheiros e diretores.

► Art. 147, § 4º, da Lei nº 6.404, de 15-12-1976 (Lei das Sociedades por Ações).

► Lei nº 9.292, de 12-7-1996, dispõe sobre a remuneração dos membros dos conselhos de administração e fiscal das entidades que menciona.

► Arts. 16 e segs. da Lei nº 13.303, de 30-6-2016, que dispõe sobre o estatuto jurídico da empresa pública, da sociedade de economia mista e de suas subsidiárias, no âmbito da União, dos Estados, do Distrito Federal e dos Municípios.

Requisitos e Impedimentos

Art. 146. Poderão ser eleitas para membros dos órgãos de administração pessoas naturais, devendo os diretores ser residentes no País.

► *Caput* com a redação dada pela Lei nº 12.431, de 24-6-2011.

§ 1º A ata da assembleia-geral ou da reunião do conselho de administração que eleger administradores deverá conter a qualificação e o prazo de gestão de cada um dos eleitos, devendo ser arquivada no registro do comércio e publicada.

§ 2º A posse do conselheiro residente ou domiciliado no exterior fica condicionada à constituição de representante residente no País, com poderes para receber citação em ações contra ele propostas com base na legislação societária, mediante procuração com prazo de validade que deverá estender-se por, no mínimo, três anos após o término do prazo de gestão do conselheiro.

► §§ 1º e 2º com a redação dada pela Lei nº 10.303, de 31-10-2001.

Art. 147. Quando a lei exigir certos requisitos para a investidura em cargo de administração da companhia, a assembleia-geral somente poderá eleger quem tenha exibido os necessários comprovantes, dos quais se arquivará cópia autêntica na sede social.

► Art. 162, § 2º, da Lei nº 6.404, de 15-12-1976 (Lei das Sociedades por Ações).

§ 1º São inelegíveis para os cargos de administração da companhia as pessoas impedidas por lei especial, ou condenadas por crime falimentar, de prevaricação, peita ou suborno, concussão, peculato, contra a economia popular, a fé pública ou a propriedade ou a pena criminal que vede, ainda que temporariamente, o acesso a cargos públicos.

§ 2º São ainda inelegíveis para os cargos de administração de companhia aberta as pessoas declaradas inabilitadas por ato da Comissão de Valores Mobiliários.

§ 3º O conselheiro deve ter reputação ilibada, não podendo ser eleito, salvo dispensa da assembleia-geral, aquele que:

I – ocupar cargos em sociedades que possam ser consideradas concorrentes no mercado, em especial, em conselhos consultivos, de administração ou fiscal; e

II – tiver interesse conflitante com a sociedade.

§ 4º A comprovação do cumprimento das condições previstas no § 3º será efetuada por meio de declaração firmada pelo conselheiro eleito nos termos definidos pela Comissão de Valores Mobiliários, com vistas ao disposto nos artigos 145 e 159, sob as penas da lei.

► §§ 3º e 4º acrescidos pela Lei nº 10.303, de 31-10-2001.

Garantia da Gestão

Art. 148. O estatuto pode estabelecer que o exercício do cargo de administrador deva ser assegurado, pelo titular ou por terceiro, mediante penhor de ações da companhia ou outra garantia.

► Arts. 1.431 e segs. do CC.

Parágrafo único. A garantia só será levantada após aprovação das últimas contas apresentadas pelo administrador que houver deixado o cargo.

Investidura

Art. 149. Os conselheiros e diretores serão investidos nos seus cargos mediante assinatura de termo de posse no livro de atas do Conselho de Administração ou da diretoria, conforme o caso.

§ 1º Se o termo não for assinado nos trinta dias seguintes à nomeação, esta tornar-se-á sem efeito, salvo justificação aceita pelo órgão da administração para o qual tiver sido eleito.

► Parágrafo único transformado em § 1º pela Lei nº 10.303, de 31-10-2001.

§ 2º O termo de posse deverá conter, sob pena de nulidade, a indicação de pelo menos um domicílio no qual o administrador receberá as citações e intimações em processos administrativos e judiciais relativos a atos de sua gestão, as quais reputar-se-ão cumpridas mediante entrega no domicílio indicado, o qual somente poderá ser alterado mediante comunicação por escrito à companhia.

► § 2º acrescido pela Lei nº 10.303, de 31-10-2001.

Substituição e Término da Gestão

Art. 150. No caso de vacância do cargo de conselheiro, salvo disposição em contrário do estatuto, o substituto será nomeado pelos conselheiros remanescentes e servirá até a primeira assembleia-geral. Se ocorrer vacância da maioria dos cargos, a assembleia-geral será convocada para proceder a nova eleição.

§ 1º No caso de vacância de todos os cargos do Conselho de Administração, compete à diretoria convocar a assembleia-geral.

§ 2º No caso de vacância de todos os cargos da diretoria, se a companhia não tiver Conselho de Administração, compete ao Conselho Fiscal, se em funcionamento, ou a qualquer acionista, convocar a assembleia-geral, devendo o representante de maior número de ações praticar, até a realização da assembleia, os atos urgentes de administração da companhia.

§ 3º O substituto eleito para preencher cargo vago completará o prazo de gestão do substituído.

§ 4º O prazo de gestão do Conselho de Administração ou da diretoria se estende até a investidura dos novos administradores eleitos.

Renúncia

Art. 151. A renúncia do administrador torna-se eficaz, em relação à companhia, desde o momento em que lhe for entregue a comunicação escrita do renunciante, e em relação a terceiros de boa-fé, após arquivamento no Registro do Comércio e publicação, que poderão ser promovidos pelo renunciante.

Remuneração

Art. 152. A assembleia-geral fixará o montante global ou individual da remuneração dos administradores, inclusive benefícios de qualquer natureza e verbas de representação, tendo em conta suas responsabilidades, o tempo dedicado às suas funções, sua competência e reputação profissional e o valor dos seus serviços no mercado.

► *Caput* com a redação dada pela Lei nº 9.457, de 5-5-1997.

§ 1º O estatuto da companhia que fixar o dividendo obrigatório em vinte e cinco por cento ou mais do lucro líquido, pode atribuir aos administradores participação no lucro da companhia, desde que o seu total não ultrapasse a remuneração anual dos administradores nem um décimo dos lucros (artigo 190), prevalecendo o limite que for menor.

► Art. 274 da Lei nº 6.404, de 15-12-1976 (Lei das Sociedades por Ações).

§ 2º Os administradores somente farão jus à participação nos lucros do exercício social em relação ao qual for atribuído aos acionistas o dividendo obrigatório, de que trata o artigo 202.

Seção IV
DEVERES E RESPONSABILIDADES

► Art. 165 da Lei nº 6.404, de 15-12-1976 (Lei das Sociedades por Ações).

► Art. 106, § 1º, da Lei nº 12.529, de 30-11-2011 (Lei do Sistema Brasileiro de Defesa da Concorrência).

Dever de Diligência

Art. 153. O administrador da companhia deve empregar, no exercício de suas funções, o cuidado e diligência que todo homem ativo e probo costuma empregar na administração dos seus próprios negócios.

► Art. 1.011 do CC.

Finalidade das Atribuições e Desvio de Poder

Art. 154. O administrador deve exercer as atribuições que a lei e o estatuto lhe conferem para lograr os fins e no interesse da companhia, satisfeitas as exigências do bem público e da função social da empresa.

§ 1º O administrador eleito por grupo ou classe de acionistas tem, para com a companhia, os mesmos deveres que os demais, não podendo, ainda que para defesa do interesse dos que o elegeram, faltar a esses deveres.

§ 2º É vedado ao administrador:

a) praticar ato de liberalidade à custa da companhia;

b) sem prévia autorização da assembleia-geral ou do Conselho de Administração, tomar por empréstimo recursos ou bens da companhia, ou usar, em proveito próprio, de sociedade em que tenha interesse, ou de terceiros, os seus bens, serviços ou crédito;

c) receber de terceiros sem autorização estatutária ou da assembleia-geral, qualquer modalidade de vantagem pessoal, direta ou indireta, em razão do exercício de seu cargo.

§ 3º As importâncias recebidas com infração ao disposto na alínea *c* do § 2º pertencerão à companhia.

§ 4º O Conselho de Administração ou a diretoria podem autorizar a prática de atos gratuitos razoáveis em benefício dos empregados ou da comunidade de que participe a empresa, tendo em vista suas responsabilidades sociais.

Dever de Lealdade

Art. 155. O administrador deve servir com lealdade à companhia e manter reserva sobre os seus negócios, sendo-lhe vedado:

I – usar, em benefício próprio ou de outrem, com ou sem prejuízo para a companhia, as oportunidades comerciais de que tenha conhecimento em razão do exercício de seu cargo;

II – omitir-se no exercício ou proteção de direitos da companhia ou, visando à obtenção de vantagens, para si ou para outrem, deixar de aproveitar oportunidades de negócio de interesse da companhia;

III – adquirir, para revender com lucro, bem ou direito que sabe necessário à companhia, ou que esta tencione adquirir.

§ 1º Cumpre, ademais, ao administrador de companhia aberta, guardar sigilo sobre qualquer informação que ainda não tenha sido divulgada para conhecimento do mercado, obtida em razão do cargo e capaz de influir de modo ponderável na cotação de valores mobiliários, sendo-lhe vedado valer-se da informação para obter, para si ou para outrem, vantagem mediante compra ou venda de valores mobiliários.

§ 2º O administrador deve zelar para que a violação do disposto no § 1º não possa ocorrer através de subordinados ou terceiros de sua confiança.

§ 3º A pessoa prejudicada em compra e venda de valores mobiliários, contratada com infração do disposto nos §§ 1º e 2º, tem direito de haver do infrator indenização por perdas e danos, a menos que ao contratar já conhecesse a informação.

§ 4º É vedada a utilização de informação relevante ainda não divulgada, por qualquer pessoa que a ela tenha tido acesso, com a finalidade de auferir vantagem, para si ou para outrem, no mercado de valores mobiliários.

► § 4º acrescido pela Lei nº 10.303, de 31-10-2001.

Conflito de Interesses

Art. 156. É vedado ao administrador intervir em qualquer operação social em que tiver interesse conflitante com o da companhia, bem como na deliberação que a respeito tomarem os demais administradores, cumprindo-lhe cientificá-los do seu impedimento e fazer consignar, em ata de reunião do Conselho de Administração ou da diretoria, a natureza e extensão do seu interesse.

§ 1º Ainda que observado o disposto neste artigo, o administrador somente pode contratar com a companhia em condições razoáveis ou equitativas, idênticas às que prevalecem no mercado ou em que a companhia contrataria com terceiros.

§ 2º O negócio contratado com infração do disposto no § 1º é anulável, e o administrador interessado será obrigado a transferir para a companhia as vantagens que dele tiver auferido.

Dever de Informar

Art. 157. O administrador de companhia aberta deve declarar, ao firmar o termo de posse, o número de ações, bônus de subscrição, opções de compra de ações e debêntures conversíveis em ações, de emissão da companhia e de sociedades controladas ou do mesmo grupo, de que seja titular.

§ 1º O administrador de companhia aberta é obrigado a revelar à assembleia-geral ordinária, a pedido de acionistas que representem cinco por cento ou mais do capital social:

a) o número dos valores mobiliários de emissão da companhia ou de sociedades controladas, ou do mesmo grupo, que tiver adquirido ou alienado, diretamente ou através de outras pessoas, no exercício anterior;

b) as opções de compra de ações que tiver contratado ou exercido no exercício anterior;

c) os benefícios ou vantagens, indiretas ou complementares, que tenha recebido ou esteja recebendo da companhia e de sociedades coligadas, controladas ou do mesmo grupo;

d) as condições dos contratos de trabalho que tenham sido firmados pela companhia com os diretores e empregados de alto nível;

e) quaisquer atos ou fatos relevantes nas atividades da companhia.

§ 2º Os esclarecimentos prestados pelo administrador poderão, a pedido de qualquer acionista, ser reduzidos a escrito, autenticados pela mesa da assembleia, e fornecidos por cópia aos solicitantes.

§ 3º A revelação dos atos ou fatos de que trata este artigo só poderá ser utilizada no legítimo interesse da companhia ou do acionista, respondendo os solicitantes pelos abusos que praticarem.

§ 4º Os administradores da companhia aberta são obrigados a comunicar imediatamente à Bolsa de Valores e a divulgar pela imprensa qualquer deliberação da assembleia-geral ou dos órgãos de administração da companhia, ou fato relevante ocorrido nos seus negócios, que possa influir, de modo ponderável, na decisão dos investidores do mercado de vender ou comprar valores mobiliários emitidos pela companhia.

§ 5º Os administradores poderão recusar-se a prestar a informação (§ 1º, *e*), ou deixar de divulgá-la (§ 4º), se entenderem que sua revelação porá em risco interesse legítimo da companhia, cabendo à Comissão de Valores Mobiliários, a pedido dos administradores, de qualquer acionista, ou por iniciativa própria, decidir sobre a prestação de informação e responsabilizar os administradores, se for o caso.

§ 6º Os administradores da companhia aberta deverão informar imediatamente, nos termos e na forma determinados pela Comissão de Valores Mobiliários, a esta e às bolsas de valores ou entidades do mercado de balcão organizado nas quais os valores mobiliários de emissão da companhia estejam admitidos à negociação, as modificações em suas posições acionárias na companhia.

► § 6º acrescido pela Lei nº 10.303, de 31-10-2001.

Responsabilidade dos Administradores

► Art. 973 do CC.

Art. 158. O administrador não é pessoalmente responsável pelas obrigações que contrair em nome da sociedade e em virtude de ato regular de gestão; responde, porém, civilmente, pelos prejuízos que causar, quando proceder:

I – dentro de suas atribuições ou poderes, com culpa ou dolo;

II – com violação da lei ou do estatuto.

§ 1º O administrador não é responsável por atos ilícitos de outros administradores, salvo se com eles for conivente, se negligenciar em descobri-los ou se, deles tendo conhecimento, deixar de agir para impedir a sua prática. Exime-se de responsabilidade o administrador dissidente que faça consignar sua divergência em ata de reunião do órgão de administração ou, não sendo possível, dela dê ciência imediata e por escrito ao órgão da administração, ao Conselho Fiscal, se em funcionamento, ou à assembleia-geral.

§ 2º Os administradores são solidariamente responsáveis pelos prejuízos causados em virtude do não cumprimento dos deveres impostos por lei para assegurar o funcionamento normal da companhia, ainda que, pelo estatuto, tais deveres não caibam a todos eles.

§ 3º Nas companhias abertas, a responsabilidade de que trata o § 2º ficará restrita, ressalvado o disposto no § 4º, aos administradores que, por disposição do estatuto, tenham atribuição específica de dar cumprimento àqueles deveres.

§ 4º O administrador que, tendo conhecimento do não cumprimento desses deveres por seu predecessor, ou pelo administrador competente nos termos do § 3º, deixar de comunicar o fato à assembleia-geral, tornar-se-á por ele solidariamente responsável.

§ 5º Responderá solidariamente com o administrador quem, com o fim de obter vantagem para si ou para outrem, concorrer para a prática de ato com violação da lei ou do estatuto.

Ação de Responsabilidade

Art. 159. Compete à companhia, mediante prévia deliberação da assembleia-geral, a ação de responsabilidade civil contra o administrador, pelos prejuízos causados ao seu patrimônio.

► Art. 147, § 4º, da Lei nº 6.404, de 15-12-1976 (Lei das Sociedades por Ações).

§ 1º A deliberação poderá ser tomada em assembleia-geral ordinária e, se prevista na ordem do dia, ou for consequência direta de assunto nela incluído, em assembleia-geral extraordinária.

§ 2º O administrador ou administradores contra os quais deva ser proposta a ação ficarão impedidos e deverão ser substituídos na mesma assembleia.

§ 3º Qualquer acionista poderá promover a ação, se não for proposta no prazo de três meses da deliberação da assembleia-geral.

§ 4º Se a assembleia deliberar não promover a ação, poderá ela ser proposta por acionistas que representem cinco por cento, pelo menos, do capital social.

§ 5º Os resultados da ação promovida por acionista deferem-se à companhia, mas esta deverá indenizá-lo, até o limite daqueles resultados, de todas as despesas em que tiver incorrido, inclusive correção monetária e juros dos dispêndios realizados.

§ 6º O juiz poderá reconhecer a exclusão da responsabilidade do administrador, se convencido de que este agiu de boa-fé e visando ao interesse da companhia.

§ 7º A ação prevista neste artigo não exclui a que couber ao acionista ou terceiro diretamente prejudicado por ato de administrador.

► Art. 22, III, da Lei nº 6.404, de 15-12-1976 (Lei das Sociedades por Ações).

Órgãos Técnicos e Consultivos

Art. 160. As normas desta Seção aplicam-se aos membros de quaisquer órgãos, criados pelo estatuto, com funções técnicas ou destinados a aconselhar os administradores.

CAPÍTULO XIII
CONSELHO FISCAL

Composição e Funcionamento

► Arts. 1.066 a 1.070 do CC.

► Art. 26 da Lei nº 13.303, de 30-6-2016, dispõe sobre o estatuto jurídico da empresa pública, da sociedade de economia mista e de suas subsidiárias, no âmbito da União, dos Estados, do Distrito Federal e dos Municípios.

Art. 161. A companhia terá um Conselho Fiscal e o estatuto disporá sobre seu funcionamento, de modo permanente ou nos exercícios sociais em que for instalado a pedido de acionistas.

§ 1º O Conselho Fiscal será composto de, no mínimo, três e no máximo, cinco membros, e suplentes em igual número, acionistas ou não, eleitos pela assembleia-geral.

§ 2º O Conselho Fiscal, quando o funcionamento não for permanente, será instalado pela assembleia-geral a pedido de acionistas que representem, no mínimo, um décimo das ações com direito a voto, ou cinco por cento das ações sem direito a voto, e cada período de seu funcionamento terminará na primeira assembleia-geral ordinária após a sua instalação.

► Art. 291 da Lei nº 6.404, de 15-12-1976 (Lei das Sociedades por Ações).

§ 3º O pedido de funcionamento do Conselho Fiscal, ainda que a matéria não conste do anúncio de convocação, poderá ser formulado em qualquer assembleia-geral, que elegerá os seus membros.

§ 4º Na constituição do Conselho Fiscal serão observadas as seguintes normas:

a) os titulares de ações preferenciais sem direito a voto, ou com voto restrito, terão direito de eleger, em votação em separado, um membro e respectivo suplente; igual direito terão os acionistas minoritários, desde que representem, em conjunto, dez por cento ou mais das ações com direito a voto;

b) ressalvado o disposto na alínea anterior, os demais acionistas com direito a voto poderão eleger os membros efetivos e suplentes que, em qualquer caso, serão em número igual ao dos eleitos nos termos da alínea *a*, mais um.

§ 5º Os membros do Conselho Fiscal e seus suplentes exercerão seus cargos até a primeira assembleia-geral ordinária que se realizar após a sua eleição, e poderão ser reeleitos.

► A alteração que seria introduzida no § 5º pela Lei nº 10.303, de 31-10-2001, foi vetada, razão pela qual mantivemos a sua redação.

§ 6º Os membros do conselho fiscal e seus suplentes exercerão seus cargos até a primeira assembleia-geral ordinária que se realizar após a sua eleição, e poderão ser reeleitos.

► § 6º acrescido pela Lei nº 10.303, de 31-10-2001.

§ 7º A função de membro do conselho fiscal é indelegável.

► § 6º transformado em § 7º pela Lei nº 10.303, de 31-10-2001.

Requisitos, Impedimentos e Remuneração

Art. 162. Somente podem ser eleitas para o Conselho Fiscal pessoas naturais, residentes no País, diplomadas em curso de nível universitário, ou que tenham exercido, por prazo mínimo de três anos, cargo de administrador de empresa ou de conselheiro fiscal.

§ 1º Nas localidades em que não houver pessoas habilitadas, em número suficiente, para o exercício da função, caberá ao juiz dispensar a companhia da satisfação dos requisitos estabelecidos neste artigo.

§ 2º Não podem ser eleitos para o Conselho Fiscal, além das pessoas enumeradas nos parágrafos do artigo 147, membros de órgãos de administração e empregados da companhia ou de sociedade controlada ou do mesmo grupo, e o cônjuge ou parente, até terceiro grau, de administrador da companhia.

§ 3º A remuneração dos membros do Conselho Fiscal, além do reembolso, obrigatório, das despesas de locomoção e estada necessárias ao desempenho da função será fixada pela assembleia-geral que os eleger, e não poderá ser inferior, para cada membro em exercício, a dez por cento da que, em média, for atribuída a cada diretor, não computados benefícios, verbas da representação e participação nos lucros.

► § 3º com a redação dada pela Lei nº 9.457, de 5-5-1997.

Competência

Art. 163. Compete ao conselho fiscal:

I – fiscalizar, por qualquer de seus membros, os atos dos administradores e verificar o cumprimento dos seus deveres legais e estatuários;

► Inciso I com a redação dada pela Lei nº 10.303, de 31-10-2001.

II – opinar sobre o relatório anual da administração, fazendo constar do seu parecer as informações complementares que julgar necessárias ou úteis à deliberação da assembleia-geral;

III – opinar sobre as propostas dos órgãos da administração, a serem submetidas à assembleia-geral, relativas a modificação do capital social, emissão de debêntures ou bônus de subscrição, planos de investimento ou orçamentos de capital, distribuição de dividendos, transformação, incorporação, fusão ou cisão;

IV – denunciar, por qualquer de seus membros, aos órgãos de administração e, se estes não tomarem as providências necessárias para a proteção dos interesses da companhia, à assembleia-geral, os erros, fraudes ou crimes que descobrirem, e sugerir providências úteis à companhia;

► Inciso IV com a redação dada pela Lei nº 10.303, de 31-10-2001.

V – convocar a assembleia-geral ordinária, se os órgãos da administração retardarem por mais de um mês essa convocação, e a extraordinária, sempre que ocorrerem motivos graves ou urgentes, incluindo na agenda das assembleias as matérias que considerarem necessárias;

VI – analisar, ao menos trimestralmente, o balancete e demais demonstrações financeiras elaboradas periodicamente pela companhia;

VII – examinar as demonstrações financeiras de exercício social e sobre elas opinar;

VIII – exercer essas atribuições, durante a liquidação, tendo em vista as disposições especiais que a regulam.

§ 1º Os órgãos de administração são obrigados, através de comunicação por escrito, a colocar à disposição dos membros em exercício do Conselho Fiscal, dentro de dez dias, cópias das atas de suas reuniões e, dentro de quinze dias do seu recebimento, cópias dos balancetes e demais demonstrações financeiras elaboradas periodicamente e, quando houver, dos relatórios de execução de orçamentos.

§ 2º O conselho fiscal, a pedido de qualquer dos seus membros, solicitará aos órgãos de administração esclarecimentos ou informações, desde que relativas à sua função fiscalizadora, assim como a elaboração de demonstrações financeiras ou contábeis especiais.

► § 2º com a redação dada pela Lei nº 10.303, de 31-10-2001.

§ 3º Os membros do Conselho Fiscal assistirão às reuniões do Conselho de Administração, se houver, ou da diretoria, em que se deliberar sobre os assuntos em que devam opinar (nºs II, III e VII).

§ 4º Se a companhia tiver auditores independentes, o Conselho Fiscal, a pedido de qualquer de seus membros, poderá solicitar-lhes esclarecimentos ou informações, e a apuração de fatos específicos.

► § 4º com a redação dada pela Lei nº 9.457, de 5-5-1997.

§ 5º Se a companhia não tiver auditores independentes, o Conselho Fiscal poderá, para melhor desempenho das suas funções, escolher contador ou firma de auditoria e fixar-lhes os honorários, dentro de níveis razoáveis, vigentes na praça e compatíveis com a dimensão econômica da companhia, os quais serão pagos por esta.

§ 6º O Conselho Fiscal deverá fornecer ao acionista, ou grupo de acionistas que representem, no mínimo, cinco por cento do capital social, sempre que solicitadas, informações sobre matérias de sua competência.

§ 7º As atribuições e poderes conferidos pela lei ao Conselho Fiscal não podem ser outorgados a outro órgão da companhia.

§ 8º O conselho fiscal poderá, para apurar fato cujo esclarecimento seja necessário ao desempenho de suas funções, formular, com justificativa, questões a serem respondidas por perito e solicitar à diretoria que indique, para esse fim, no prazo máximo de trinta dias, três peritos, que podem ser pessoas físicas ou jurídicas, de notório conhecimento na área em questão, entre os quais o Conselho Fiscal escolherá um, cujos honorários serão pagos pela companhia.

► § 8º acrescido pela Lei nº 9.457, de 5-5-1997.

Pareceres e Representações

Art. 164. Os membros do Conselho Fiscal, ou ao menos um deles, deverão comparecer às reuniões da assembleia-geral e responder aos pedidos de informações formulados pelos acionistas.

Parágrafo único. Os pareceres e representações do conselho fiscal, ou de qualquer um de seus membros, poderão ser apresentados e lidos na assembleia-geral, independentemente de publicação e ainda que a matéria não conste da ordem do dia.

► Parágrafo único com a redação dada pela Lei nº 10.303, de 31-10-2001.

Deveres e Responsabilidades

Art. 165. Os membros do conselho fiscal têm os mesmos deveres dos administradores de que tratam os artigos 153 a 156 e respondem pelos danos resultantes de omissão no cumprimento de seus deveres e de atos praticados com culpa ou dolo, ou com violação da lei ou do estatuto.

► *Caput* com a redação dada pela Lei nº 10.303, de 31-10-2001.

§ 1º Os membros do conselho fiscal deverão exercer suas funções no exclusivo interesse da companhia; considerar-se-á abusivo o exercício da função com o fim de causar dano à companhia, ou aos seus acionistas ou administradores, ou de obter, para si ou para outrem, vantagem a que não faz jus e de que resulte, ou possa resultar, prejuízo para a companhia, seus acionistas ou administradores.

§ 2º O membro do conselho fiscal não é responsável pelos atos ilícitos de outros membros, salvo se com eles foi conivente, ou se concorrer para a prática do ato.

► §§ 1º e 2º com a redação dada pela Lei nº 10.303, de 31-10-2001.

§ 3º A responsabilidade dos membros do conselho fiscal por omissão no cumprimento de seus deveres é solidária, mas dela se exime o membro dissidente que fizer consignar sua divergência em ata da reunião do órgão e a comunicar aos órgãos da administração e à assembleia-geral.

► § 3º acrescido pela Lei nº 10.303, de 31-10-2001.

Art. 165-A. Os membros do conselho fiscal da companhia aberta deverão informar imediatamente as modificações em suas posições acionárias na companhia à Comissão de Valores Mobiliários e às Bolsas de Valores ou entidades do mercado de balcão organizado nas quais os valores mobiliários de emissão da companhia estejam admitidos à negociação, nas condições e na forma determinadas pela Comissão de Valores Mobiliários.

► Artigo acrescido pela Lei nº 10.303, de 31-10-2001.

CAPÍTULO XIV
MODIFICAÇÃO DO CAPITAL SOCIAL

Seção I
AUMENTO

► Art. 1.081 do CC.

Competência

Art. 166. O capital social pode ser aumentado:

I – por deliberação da assembleia-geral ordinária, para correção da expressão monetária do seu valor (artigo 167);

II – por deliberação da assembleia-geral ou do Conselho de Administração, observado o que a respeito dispuser o estatuto, nos casos de emissão de ações dentro do limite autorizado no estatuto (artigo 168);

III – por conversão, em ações, de debêntures ou partes beneficiárias e pelo exercício de direitos conferidos por bônus de subscrição, ou de opção de compra de ações;

IV – por deliberação da assembleia-geral extraordinária convocada para decidir sobre reforma do estatuto social, no caso de inexistir autorização de aumento, ou de estar a mesma esgotada.

§ 1º Dentro dos trinta dias subsequentes à efetivação do aumento, a companhia requererá ao Registro do Comércio a sua averbação, nos casos dos nºs I a III, ou o arquivamento da ata da assembleia de reforma do estatuto, no caso do nº IV.

§ 2º O Conselho Fiscal, se em funcionamento, deverá, salvo nos casos do nº III, ser obrigatoriamente ouvido antes da deliberação sobre o aumento de capital.

Correção Monetária Anual

Art. 167. A reserva de capital constituída por ocasião do balanço de encerramento do exercício social e resultante da correção monetária do capital realizado (artigo 182, § 2º) será capitalizada por deliberação da assembleia-geral ordinária que aprovar o balanço.

§ 1º Na companhia aberta, a capitalização prevista neste artigo será feita sem modificação do número de ações emitidas e com aumento do valor nominal das ações, se for o caso.

§ 2º A companhia poderá deixar de capitalizar o saldo da reserva correspondente às frações de centavo do valor nominal das ações, ou, se não tiverem valor nominal, à fração inferior a um por cento do capital social.

§ 3º Se a companhia tiver ações com e sem valor nominal, a correção do capital correspondente às ações com valor nominal será feita separadamente, sendo a reserva resultante capitalizada em benefício dessas ações.

Capital Autorizado

Art. 168. O estatuto pode conter autorização para aumento do capital social independentemente de reforma estatutária.

§ 1º A autorização deverá especificar:

a) o limite de aumento, em valor do capital ou em número de ações, e as espécies e classes das ações que poderão ser emitidas;

b) o órgão competente para deliberar sobre as emissões, que poderá ser a assembleia-geral ou o Conselho de Administração;

c) as condições a que estiverem sujeitas as emissões;

d) os casos ou as condições em que os acionistas terão direito de preferência para subscrição, ou de inexistência desse direito (artigo 172).

§ 2º O limite de autorização, quando fixado em valor do capital social, será anualmente corrigido pela assembleia-geral ordinária, com base nos mesmos índices adotados na correção do capital social.

§ 3º O estatuto pode prever que a companhia, dentro do limite de capital autorizado, e de acordo com plano aprovado pela assembleia-geral, outorgue opção de compra de ações a seus administradores ou empregados, ou a pessoas naturais que prestem serviços à companhia ou à sociedade sob seu controle.

Capitalização de Lucros e Reservas

Art. 169. O aumento mediante capitalização de lucros ou de reservas importará alteração do valor nominal das ações ou distribuição das ações novas, correspondentes ao aumento, entre acionistas, na proporção do número de ações que possuírem.

§ 1º Na companhia com ações sem valor nominal, a capitalização de lucros ou de reservas poderá ser efetivada sem modificação do número de ações.

§ 2º Às ações distribuídas de acordo com este artigo se estenderão, salvo cláusula em contrário dos instrumentos que os tenham constituído, o usufruto, o fideicomisso, a inalienabilidade e a incomunicabilidade que porventura gravarem as ações de que elas forem derivadas.

► Arts. 1.390 e segs. e 1.911 do CC.

§ 3º As ações que não puderem ser atribuídas por inteiro a cada acionista serão vendidas em Bolsa, dividindo-se o produto da venda, proporcionalmente, pelos titulares das frações; antes da venda, a companhia fixará prazo, não inferior a trinta dias, durante o qual os acionistas poderão transferir as frações de ação.

Aumento Mediante Subscrição de Ações

Art. 170. Depois de realizados três quartos, no mínimo, do capital social, a companhia pode aumentá-lo mediante subscrição pública ou particular de ações.

§ 1º O preço de emissão deverá ser fixado, sem diluição injustificada da participação dos antigos acionistas, ainda que tenham direito de preferência para subscrevê-las, tendo em vista, alternativa ou conjuntamente:

I – a perspectiva de rentabilidade da companhia;

II – o valor do patrimônio líquido da ação;

III – a cotação de suas ações em Bolsa de Valores ou no mercado de balcão organizado, admitido ágio ou deságio em função das condições de mercado.

► § 1º com a redação dada pela Lei nº 9.457, de 5-5-1997.

§ 2º A assembleia-geral, quando for de sua competência deliberar sobre o aumento, poderá delegar ao Conselho de Administração a fixação do preço de emissão de ações a serem distribuídas no mercado.

§ 3º A subscrição de ações para realização em bens será sempre procedida com observância do disposto no artigo 8º, e a ela se aplicará o disposto nos §§ 2º e 3º do artigo 98.

§ 4º As entradas e as prestações da realização das ações poderão ser recebidas pela companhia independentemente de depósito bancário.

§ 5º No aumento de capital observar-se-á, se mediante subscrição pública, o disposto no artigo 82, e se mediante subscrição particular, o que a respeito for deliberado pela assembleia-geral ou pelo Conselho de Administração, conforme dispuser o estatuto.

§ 6º Ao aumento de capital aplica-se, no que couber, o disposto sobre a constituição da companhia, exceto na parte final do § 2º do artigo 82.

§ 7º A proposta de aumento do capital deverá esclarecer qual o critério adotado, nos termos do § 1º deste artigo, justificando pormenorizadamente os aspectos econômicos que determinaram a sua escolha.

► § 7º acrescido pela Lei nº 9.457, de 5-5-1997.

Direito de Preferência

Art. 171. Na proporção do número de ações que possuírem, os acionistas terão preferência para a subscrição do aumento de capital.

► Art. 1.081, § 1º, do CC.

► Art. 253, parágrafo único, da Lei nº 6.404, de 15-12-1976 (Lei das Sociedades por Ações).

§ 1º Se o capital for dividido em ações de diversas espécies ou classes e o aumento for feito por emissão de mais de uma espécie ou classe, observar-se-ão as seguintes normas:

a) no caso de aumento, na mesma proporção, do número de ações de todas as espécies e classes existentes, cada acionista exercerá o direito de preferência sobre ações idênticas às de que for possuidor;

b) se as ações emitidas forem de espécies e classes existentes, mas importarem alteração das respectivas proporções no capital social, a preferência será exercida sobre ações de espécies e classes idênticas às de que forem possuidores os acionistas, somente se estendendo às demais se aquelas forem insuficientes para lhes assegurar, no capital aumentado, a mesma proporção que tinham no capital antes do aumento;

c) se houver emissão de ações de espécie ou classe diversa das existentes, cada acionista exercerá a preferência, na proporção do número de ações que possuir, sobre ações de todas as espécies e classes do aumento.

§ 2º No aumento mediante capitalização de créditos ou subscrição em bens, será sempre assegurado aos acionistas o direito de preferência e, se for o caso, as importâncias por eles pagas serão entregues ao titular do crédito a ser capitalizado ou do bem a ser incorporado.

§ 3º Os acionistas terão direito de preferência para subscrição das emissões de debêntures conversíveis em ações, bônus de subscrição e partes beneficiárias conversíveis em ações emitidas para alienação onerosa; mas na conversão desses títulos em ações, ou na outorga e no exercício de opção de compra de ações, não haverá direito de preferência.

§ 4º O estatuto ou a assembleia-geral fixará prazo de decadência, não inferior a trinta dias, para o exercício do direito de preferência.

► Art. 172 da Lei nº 6.404, de 15-12-1976 (Lei das Sociedades por Ações).

§ 5º No usufruto e no fideicomisso, o direito de preferência, quando não exercido pelo acionista até dez dias antes do vencimento do prazo, poderá sê-lo pelo usufrutuário ou fideicomissário.

► Arts. 1.390 e segs. da Lei nº 6.404, de 15-12-1976 (Lei das Sociedades por Ações).

§ 6º O acionista poderá ceder seu direito de preferência.

§ 7º Na companhia aberta, o órgão que deliberar sobre a emissão mediante subscrição particular deverá dispor sobre as sobras de valores mobiliários não subscritos, podendo:

a) mandar vendê-las em Bolsa, em benefício da companhia; ou

b) rateá-las, na proporção dos valores subscritos, entre os acionistas que tiverem pedido, no boletim ou lista de subscrição, reserva de sobras; nesse caso, a condição constará dos boletins e listas de subscrição e o saldo não rateado será vendido em Bolsa, nos termos da alínea anterior.

§ 8º Na companhia fechada, será obrigatório o rateio previsto na alínea *b* do § 7º, podendo o saldo, se houver, ser subscrito por terceiros, de acordo com os critérios estabelecidos pela assembleia-geral ou pelos órgãos da administração.

Exclusão do Direito de Preferência

Art. 172. O estatuto da companhia aberta que contiver autorização para o aumento do capital pode prever a emissão, sem direito de preferência para os antigos acionistas, ou com redução do prazo de que trata o § 4º do artigo 171, de ações e debêntures conversíveis em ações, ou bônus de subscrição, cuja colocação seja feita mediante:

▶ *Caput* com a redação dada pela Lei nº 10.303, de 31-10-2001.

I – venda em Bolsa de Valores ou subscrição pública; ou

▶ A alteração que seria introduzida no inciso I pela Lei nº 10.303, de 31-10-2001, foi vetada, razão pela qual mantivemos a sua redação.

II – permuta por ações, em oferta pública de aquisição de controle, nos termos dos artigos 257 e 263.

▶ Inciso II com a redação dada pela Lei nº 10.303, de 31-10-2001.

Parágrafo único. O estatuto da companhia, ainda que fechada, pode excluir o direito de preferência para subscrição de ações nos termos de lei especial sobre incentivos fiscais.

SEÇÃO II
REDUÇÃO

Art. 173. A assembleia-geral poderá deliberar a redução do capital social se houver perda, até o montante dos prejuízos acumulados, ou se julgá-lo excessivo.

▶ Art. 1.082, II, do CC.

§ 1º A proposta de redução do capital social, quando de iniciativa dos administradores, não poderá ser submetida à deliberação da assembleia-geral sem o parecer do Conselho Fiscal, se em funcionamento.

§ 2º A partir da deliberação de redução ficarão suspensos os direitos correspondentes às ações cujos certificados tenham sido emitidos, até que sejam apresentados à companhia para substituição.

Oposição dos Credores

Art. 174. Ressalvado o disposto nos artigos 45 e 107, a redução do capital social com restituição aos acionistas de parte do valor das ações, ou pela diminuição do valor destas, quando não integralizadas, à importância das entradas, só se tornará efetiva sessenta dias após a publicação da ata da assembleia-geral que a tiver deliberado.

§ 1º Durante o prazo previsto neste artigo, os credores quirografários por títulos anteriores à data da publicação da ata poderão, mediante notificação, de que se dará ciência ao Registro do Comércio da sede da companhia, opor-se à redução do capital; decairão desse direito os credores que o não exercerem dentro do prazo.

§ 2º Findo o prazo, a ata da assembleia-geral que houver deliberado a redução poderá ser arquivada se não tiver havido oposição ou, se tiver havido oposição de algum credor, desde que feita a prova do pagamento do seu crédito ou do depósito judicial da importância respectiva.

§ 3º Se houver em circulação debêntures emitidas pela companhia, a redução do capital, nos casos previstos neste artigo, não poderá ser efetivada sem prévia aprovação pela maioria dos debenturistas, reunidos em assembleia especial.

CAPÍTULO XV
EXERCÍCIO SOCIAL E DEMONSTRAÇÕES FINANCEIRAS

▶ Arts. 1.179 a 1.195 do CC.

SEÇÃO I
EXERCÍCIO SOCIAL

Art. 175. O exercício social terá duração de um ano e a data do término será fixada no estatuto.

Parágrafo único. Na constituição da companhia e nos casos de alteração estatutária o exercício social poderá ter duração diversa.

SEÇÃO II
DEMONSTRAÇÕES FINANCEIRAS

Disposições Gerais

Art. 176. Ao fim de cada exercício social, a diretoria fará elaborar, com base na escrituração mercantil da companhia, as seguintes demonstrações financeiras, que deverão exprimir com clareza a situação do patrimônio da companhia e as mutações ocorridas no exercício:

I – balanço patrimonial;

II – demonstração dos lucros ou prejuízos acumulados;

III – demonstração do resultado do exercício; e

IV – demonstração dos fluxos de caixa; e

▶ Inciso IV com a redação dada pela Lei nº 11.638, de 28-12-2007.

▶ Art. 188 da Lei nº 6.404, de 15-12-1976 (Lei das Sociedades por Ações).

V – se companhia aberta, demonstração do valor adicionado.

▶ Inciso V acrescido pela Lei nº 11.638, de 28-12-2007.

▶ Art. 188 da Lei nº 6.404, de 15-12-1976 (Lei das Sociedades por Ações).

§ 1º As demonstrações de cada exercício serão publicadas com a indicação dos valores correspondentes das demonstrações do exercício anterior.

§ 2º Nas demonstrações, as contas semelhantes poderão ser agrupadas; os pequenos saldos poderão ser agregados, desde que indicada a sua natureza e não ultrapassem um décimo do valor do respectivo grupo de contas; mas é vedada a utilização de designações genéricas, como "*diversas contas*" ou "*contas-correntes*".

§ 3º As demonstrações financeiras registrarão a destinação dos lucros segundo a proposta dos órgãos da administração, no pressuposto de sua aprovação pela assembleia-geral.

§ 4º As demonstrações serão complementadas por notas explicativas e outros quadros analíticos ou demonstrações contábeis necessários para esclarecimento da situação patrimonial e dos resultados do exercício.

§ 5º As notas explicativas devem:

I – apresentar informações sobre a base de preparação das demonstrações financeiras e das práticas contábeis específicas selecionadas e aplicadas para negócios e eventos significativos;

II – divulgar as informações exigidas pelas práticas contábeis adotadas no Brasil que não estejam apresentadas em nenhuma outra parte das demonstrações financeiras;

III – fornecer informações adicionais não indicadas nas próprias demonstrações financeiras e consideradas necessárias para uma apresentação adequada; e

IV – indicar:

a) os principais critérios de avaliação dos elementos patrimoniais, especialmente estoques, dos cálculos de depreciação, amortização e exaustão, de constituição de provisões para encargos ou riscos, e dos ajustes para atender a perdas prováveis na realização de elementos do ativo;

b) os investimentos em outras sociedades, quando relevantes (art. 247, parágrafo único);

c) o aumento de valor de elementos do ativo resultante de novas avaliações (art. 182, § 3º);

d) os ônus reais constituídos sobre elementos do ativo, as garantias prestadas a terceiros e outras responsabilidades eventuais ou contingentes;

e) a taxa de juros, as datas de vencimento e as garantias das obrigações a longo prazo;

f) o número, espécies e classes das ações do capital social;

g) as opções de compra de ações outorgadas e exercidas no exercício;

h) os ajustes de exercícios anteriores (art. 186, § 1º); e

i) os eventos subsequentes à data de encerramento do exercício que tenham, ou possam vir a ter, efeito relevante sobre a situação financeira e os resultados futuros da companhia.

► § 5º com a redação dada pela Lei nº 11.941, de 27-5-2009.

§ 6º A companhia fechada com patrimônio líquido, na data do balanço, inferior a R$ 2.000.000,00 (dois milhões de reais) não será obrigada à elaboração e publicação da demonstração dos fluxos de caixa.

► § 6º com a redação dada pela Lei nº 11.638, de 28-12-2007.

§ 7º A Comissão de Valores Mobiliários poderá, a seu critério, disciplinar de forma diversa o registro de que trata o § 3º deste artigo.

► § 7º com a redação dada pela Lei nº 11.941, de 27-5-2009.

Escrituração

Art. 177. A escrituração da companhia será mantida em registros permanentes, com obediência aos preceitos da legislação comercial e desta Lei e aos princípios de contabilidade geralmente aceitos, devendo observar métodos ou critérios contábeis uniformes no tempo e registrar as mutações patrimoniais segundo o regime de competência.

§ 1º As demonstrações financeiras do exercício em que houver modificação de métodos ou critérios contábeis, de efeitos relevantes, deverão indicá-la em nota e ressaltar esses efeitos.

§ 2º A companhia observará exclusivamente em livros ou registros auxiliares, sem qualquer modificação da escrituração mercantil e das demonstrações reguladas nesta Lei, as disposições da lei tributária, ou de legislação especial sobre a atividade que constitui seu objeto, que prescrevam, conduzam ou incentivem a utilização de métodos ou critérios contábeis diferentes ou determinem registros, lançamentos ou ajustes ou a elaboração de outras demonstrações financeiras.

► *Caput* do § 2º com a redação dada pela Lei nº 11.941, de 27-5-2009.

I e II – *Revogados.* Lei nº 11.941, de 27-5-2009.

§ 3º As demonstrações financeiras das companhias abertas observarão, ainda, as normas expedidas pela Comissão de Valores Mobiliários e serão obrigatoriamente submetidas a auditoria por auditores independentes nela registrados.

► § 3º com a redação dada pela Lei nº 11.941, de 27-5-2009.

§ 4º As demonstrações financeiras serão assinadas pelos administradores e por contabilistas legalmente habilitados.

§ 5º As normas expedidas pela Comissão de Valores Mobiliários a que se refere o § 3º deste artigo deverão ser elaboradas em consonância com os padrões internacionais de contabilidade adotados nos principais mercados de valores mobiliários.

§ 6º As companhias fechadas poderão optar por observar as normas sobre demonstrações financeiras expedidas pela Comissão de Valores Mobiliários para as companhias abertas.

► §§ 5º e 6º acrescidos pela Lei nº 11.638, de 28-12-2007.

§ 7º *Revogado.* Lei nº 11.941, de 27-5-2009.

Seção III
BALANÇO PATRIMONIAL

Grupo de Contas

Art. 178. No balanço, as contas serão classificadas segundo os elementos do patrimônio que registrem, e agrupadas de modo a facilitar o conhecimento e a análise da situação financeira da companhia.

§ 1º No ativo, as contas serão dispostas em ordem decrescente de grau de liquidez dos elementos nelas registrados, nos seguintes grupos:

I – ativo circulante; e

II – ativo não circulante, composto por ativo realizável a longo prazo, investimentos, imobilizado e intangível.

► Incisos I e II com a redação dada pela Lei nº 11.941, de 27-5-2009.

§ 2º No passivo, as contas serão classificadas nos seguintes grupos:

I – passivo circulante;

II – passivo não circulante; e

III – patrimônio líquido, dividido em capital social, reservas de capital, ajustes de avaliação patrimonial, reservas de lucros, ações em tesouraria e prejuízos acumulados.

► Incisos I a III com a redação dada pela Lei nº 11.941, de 27-5-2009.

§ 3º Os saldos devedores e credores que a companhia não tiver direito de compensar serão classificados separadamente.

Ativo

Art. 179. As contas serão classificadas do seguinte modo:

I – no ativo circulante: as disponibilidades, os direitos realizáveis no curso do exercício social subsequente e as aplicações de recursos em despesas do exercício seguinte;

II – no ativo realizável a longo prazo: os direitos realizáveis após o término do exercício seguinte, assim como os derivados de vendas, adiantamentos ou empréstimos a sociedades coligadas ou controladas (artigo 243), diretores, acionistas ou participantes no lucro da companhia, que não constituírem negócios usuais na exploração do objeto da companhia;

III – em investimentos: as participações permanentes em outras sociedades e os direitos de qualquer natureza, não classificáveis no ativo circulante, e que não se destinem à manutenção da atividade da companhia ou da empresa;

IV – no ativo imobilizado: os direitos que tenham por objeto bens corpóreos destinados à manutenção das atividades da companhia ou da empresa ou exercidos com essa finalidade, inclusive os decorrentes de operações que transfiram à companhia os benefícios, riscos e controle desses bens;

► Inciso IV com a redação dada pela Lei nº 11.638, de 28-12-2007.

V – *Revogado.* Lei nº 11.941, de 27-5-2009;

VI – no intangível: os direitos que tenham por objeto bens incorpóreos destinados à manutenção da companhia ou exercidos com essa finalidade, inclusive o fundo de comércio adquirido.

► Inciso VI acrescido pela Lei nº 11.638, de 28-12-2007.

Parágrafo único. Na companhia em que o ciclo operacional da empresa tiver duração maior que o exercício social, a classificação no circulante ou longo prazo terá por base o prazo desse ciclo.

Passivo Exigível

Art. 180. As obrigações da companhia, inclusive financiamentos para aquisição de direitos do ativo não circulante, serão classificadas no passivo circulante, quando se vencerem no exercício seguinte, e no passivo não circulante, se tiverem vencimento em prazo maior, observado o disposto no parágrafo único do art. 179 desta Lei.

► Artigo com a redação dada pela Lei nº 11.941, de 27-5-2009.

Resultados de Exercícios Futuros

Art. 181. *Revogado.* Lei nº 11.941, de 27-5-2009.

Patrimônio Líquido

Art. 182. A conta do capital social discriminará o montante subscrito e, por dedução, a parcela ainda não realizada.

§ 1º Serão classificadas como reservas de capital as contas que registrarem:

► Arts. 193, § 1º, e 204, § 1º, da Lei nº 6.404, de 15-12-1976 (Lei das Sociedades por Ações).

a) a contribuição do subscritor de ações que ultrapassar o valor nominal e a parte do preço de emissão das ações, sem valor nominal, que ultrapassar a importância destinada à formação do capital social, inclusive nos casos de conversão em ações de debêntures ou partes beneficiárias;

b) o produto da alienação de partes beneficiárias e bônus de subscrição;

c e *d)* *Revogadas.* Lei nº 11.638, de 28-12-2007.

§ 2º Será ainda registrado como reserva de capital o resultado da correção monetária do capital realizado, enquanto não capitalizado.

§ 3º Serão classificadas como ajustes de avaliação patrimonial, enquanto não computadas no resultado do exercício em obediência ao regime de competência, as contrapartidas de aumentos ou diminuições de valor atribuídos a elementos do ativo e do passivo, em decorrência da sua avaliação a valor justo, nos casos previstos nesta Lei ou, em normas expedidas pela Comissão de Valores Mobiliários, com base na competência conferida pelo § 3º do art. 177 desta Lei.

► § 3º com a redação dada pela Lei nº 11.941, de 27-5-2009.

§ 4º Serão classificadas como reservas de lucros as contas constituídas pela apropriação de lucros da companhia.

§ 5º As ações em tesouraria deverão ser destacadas no balanço como dedução da conta do patrimônio líquido que registrar a origem dos recursos aplicados na sua aquisição.

Critérios de Avaliação do Ativo

► Art. 1.187 do CC.

Art. 183. No balanço, os elementos do ativo serão avaliados segundo os seguintes critérios:

I – as aplicações em instrumentos financeiros, inclusive derivativos, e em direitos e títulos de créditos, classificados no ativo circulante ou no realizável a longo prazo:

► *Caput* do inciso I com a redação dada pela Lei nº 11.638, de 28-12-2007.

a) pelo seu valor justo, quando se tratar de aplicações destinadas à negociação ou disponíveis para venda; e

► Alínea *a* com a redação dada pela Lei nº 11.941, de 27-5-2009.

b) pelo valor de custo de aquisição ou valor de emissão, atualizado conforme disposições legais ou contratuais, ajustado ao valor provável de realização, quando este for inferior, no caso das demais aplicações e os direitos e títulos de crédito;

► Alínea *b* acrescida pela Lei nº 11.638, de 28-12-2007.

II – os direitos que tiverem por objeto mercadorias e produtos do comércio da companhia, assim como matérias-primas, produtos em fabricação e bens em almoxarifado, pelo custo de aquisição ou produção, deduzido de provisão para ajustá-lo ao valor de mercado, quando este for inferior;

III – os investimentos em participação no capital social de outras sociedades, ressalvado o disposto nos artigos 248 a 250, pelo custo de aquisição, deduzido de provisão para perdas prováveis na realização do seu valor, quando essa perda estiver comprovada como permanente, e que não será modificado em razão do recebimento, sem custo para a companhia, de ações ou quotas bonificadas;

IV – os demais investimentos, pelo custo de aquisição, deduzido de provisão para atender às perdas prováveis na realização do seu valor, ou para redução do custo de aquisição ao valor de mercado, quando este for inferior;

V – os direitos classificados no imobilizado, pelo custo de aquisição, deduzido do saldo da respectiva conta de depreciação, amortização ou exaustão;

VI – *Revogado.* Lei nº 11.941, de 27-5-2009;

VII – os direitos classificados no intangível, pelo custo incorrido na aquisição deduzido do saldo da respectiva conta de amortização;

VIII – os elementos do ativo decorrentes de operações de longo prazo serão ajustados a valor presente, sendo os demais ajustados quando houver efeito relevante.

► Incisos VII e VIII acrescidos pela Lei nº 11.638, de 28-12-2007.

§ 1º Para efeitos do disposto neste artigo, considera-se valor justo:

► *Caput* do § 1º com a redação dada pela Lei nº 11.941, de 27-5-2009.

► Art. 256, II, *b*, da Lei nº 6.404, de 15-12-1976 (Lei das Sociedades por Ações).

a) das matérias-primas e dos bens em almoxarifado, o preço pelo qual possam ser repostos, mediante compra no mercado;

b) dos bens ou direitos destinados à venda, o preço líquido de realização mediante venda no mercado, deduzidos os impostos e demais despesas necessárias para a venda, e a margem de lucro;

c) dos investimentos, o valor líquido pelo qual possam ser alienados a terceiros;

d) dos instrumentos financeiros, o valor que pode se obter em um mercado ativo, decorrente de transação não compulsória realizada entre partes independentes; e, na ausência de um mercado ativo para um determinado instrumento financeiro:

► Enunciado nº 15 da I Jornada de Direito Comercial.

1) o valor que se pode obter em um mercado ativo com a negociação de outro instrumento financeiro de natureza, prazo e risco similares;
2) o valor presente líquido dos fluxos de caixa futuros para instrumentos financeiros de natureza, prazo e risco similares; ou
3) o valor obtido por meio de modelos matemático-estatísticos de precificação de instrumentos financeiros.

► Alínea *d* acrescida pela Lei nº 11.638, de 28-12-2007.

§ 2º A diminuição do valor dos elementos dos ativos imobilizado e intangível será registrada periodicamente nas contas de:

► *Caput* do § 2º com a redação dada pela Lei nº 11.941, de 27-5-2009.

a) depreciação, quando corresponder à perda do valor dos direitos que têm por objeto bens físicos sujeitos a desgaste ou perda de utilidade por uso, ação da natureza ou obsolescência;

b) amortização, quando corresponder à perda do valor do capital aplicado na aquisição de direitos da propriedade industrial ou comercial e quaisquer outros com existência ou exercício de duração limitada, ou cujo objeto sejam bens de utilização por prazo legal ou contratualmente limitado;

c) exaustão, quando corresponder à perda do valor, decorrente da sua exploração, de direitos cujo objeto sejam recursos minerais ou florestais, ou bens aplicados nessa exploração.

§ 3º A companhia deverá efetuar, periodicamente, análise sobre a recuperação dos valores registrados no imobilizado e no intangível, a fim de que sejam:

► *Caput* do § 3º com a redação dada pela Lei nº 11.941, de 27-5-2009.

I – registradas as perdas de valor do capital aplicado quando houver decisão de interromper os empreendimentos ou atividades a que se destinavam ou quando comprovado que não poderão produzir resultados suficientes para recuperação desse valor; ou

II – revisados e ajustados os critérios utilizados para determinação da vida útil econômica estimada e para cálculo da depreciação, exaustão e amortização.

► Incisos I e II acrescidos pela Lei nº 11.638, de 28-12-2007.

§ 4º Os estoques de mercadorias fungíveis destinadas à venda poderão ser avaliados pelo valor de mercado, quando esse for o costume mercantil aceito pela técnica contábil.

Critérios de Avaliação do Passivo

Art. 184. No balanço, os elementos do passivo serão avaliados de acordo com os seguintes critérios:

I – as obrigações, encargos e riscos, conhecidos ou calculáveis, inclusive Imposto de Renda a pagar com base no resultado do exercício, serão computados pelo valor atualizado até a data do balanço;

II – as obrigações em moeda estrangeira, com cláusula de paridade cambial, serão convertidas em moeda nacional à taxa de câmbio em vigor na data do balanço;

III – as obrigações, os encargos e os riscos classificados no passivo não circulante serão ajustados ao seu valor presente, sendo os demais ajustados quando houver efeito relevante.

► Inciso III com a redação dada pela Lei nº 11.941, de 27-5-2009.

Critérios de Avaliação em Operações Societárias

► Denominação com a redação dada pela Lei nº 11.941, de 27-5-2009.

Art. 184-A. A Comissão de Valores Mobiliários estabelecerá, com base na competência conferida pelo § 3º do art. 177 desta Lei, normas especiais de avaliação e contabilização aplicáveis à aquisição de controle, participações societárias ou negócios.

► Art. 184-A acrescido pela Lei nº 11.941, de 27-5-2009.

Correção Monetária

Art. 185. *Revogado.* Lei nº 7.730, de 31-1-1989.

Seção IV
DEMONSTRAÇÃO DE LUCROS OU PREJUÍZOS ACUMULADOS

Art. 186. A demonstração dos lucros ou prejuízos acumulados discriminará:

I – o saldo do início do período, os ajustes de exercícios anteriores e a correção monetária do saldo inicial;

II – as reversões de reservas e o lucro líquido do exercício;

III – as transferências para reservas, os dividendos, a parcela dos lucros incorporada ao capital e o saldo ao fim do período.

§ 1º Como ajustes de exercícios anteriores serão considerados apenas os decorrentes de efeitos da mudança de critério contábil, ou da retificação de erro imputável a determinado exercício anterior, e que não possam ser atribuídos a fatos subsequentes.

§ 2º A demonstração de lucros ou prejuízos acumulados deverá indicar o montante do dividendo por ação do capital social e poderá ser incluída na demonstração das mutações do patrimônio líquido, se elaborada e publicada pela companhia.

Seção V
DEMONSTRAÇÃO DO RESULTADO DO EXERCÍCIO

Art. 187. A demonstração do resultado do exercício discriminará:

I – a receita bruta das vendas e serviços, as deduções das vendas, os abatimentos e os impostos;

II – a receita líquida das vendas e serviços, o custo das mercadorias e serviços vendidos e o lucro bruto;

III – as despesas com as vendas, as despesas financeiras, deduzidas das receitas, as despesas gerais e administrativas, e outras despesas operacionais;

IV – o lucro ou prejuízo operacional, as outras receitas e as outras despesas;

► Inciso IV com a redação dada pela Lei nº 11.941, de 27-5-2009.

V – o resultado do exercício antes do Imposto de Renda e a provisão para o imposto;

VI – as participações de debêntures, empregados, administradores e partes beneficiárias, mesmo na forma de instrumentos financeiros, e de instituições ou fundos de assistência ou previdência de empregados, que não se caracterizem como despesa;

► Inciso VI com a redação dada pela Lei nº 11.941, de 27-5-2009.

VII – o lucro ou prejuízo líquido do exercício e o seu montante por ação do capital social.

§ 1º Na determinação do resultado do exercício serão computados:

a) as receitas e os rendimentos ganhos no período, independentemente da sua realização em moeda; e

b) os custos, despesas, encargos e perdas, pagos ou incorridos, correspondentes a essas receitas e rendimentos.

§ 2º *Revogado.* Lei nº 11.638, de 28-12-2007.

Seção VI
DEMONSTRAÇÃO DAS ORIGENS E APLICAÇÕES DE RECURSOS

► Denominação da Seção VI com a redação dada pela Lei nº 11.638, de 28-12-2007.

Demonstrações dos Fluxos de Caixa e do Valor Adicionado

Art. 188. As demonstrações referidas nos incisos IV e V do *caput* do art. 176 desta Lei indicarão, no mínimo:

► *Caput* com a redação dada pela Lei nº 11.638, de 28-12-2007.

I – demonstração dos fluxos de caixa – as alterações ocorridas, durante o exercício, no saldo de caixa e equivalentes de caixa, segregando-se essas alterações em, no mínimo, 3 (três) fluxos:

a) das operações;

b) dos financiamentos; e

c) dos investimentos;

II – demonstração do valor adicionado – o valor da riqueza gerada pela companhia, a sua distribuição entre os elementos que contribuíram para a geração dessa riqueza, tais como empregados, financiadores, acionistas, governo e outros, bem como a parcela da riqueza não distribuída.

► Incisos I e II com a redação dada pela Lei nº 11.638, de 28-12-2007.

III e IV – *Revogados.* Lei nº 11.941, de 27-5-2009.

CAPÍTULO XVI
LUCROS, RESERVAS E DIVIDENDOS

Seção I
LUCRO

Dedução de Prejuízos e Imposto sobre a Renda

Art. 189. Do resultado do exercício serão deduzidos, antes de qualquer participação, os prejuízos acumulados e a provisão para o Imposto sobre a Renda.

Parágrafo único. O prejuízo do exercício será obrigatoriamente absorvido pelos lucros acumulados, pelas reservas de lucros e pela reserva legal, nessa ordem.

Participações

Art. 190. As participações estatutárias de empregados, administradores e partes beneficiárias serão determinadas, sucessivamente e nessa ordem, com base nos lucros que remanescerem depois de deduzida a participação anteriormente calculada.

Parágrafo único. Aplica-se ao pagamento das participações dos administradores e das partes beneficiárias o disposto nos parágrafos do artigo 201.

Lucro Líquido

Art. 191. Lucro líquido do exercício é o resultado do exercício que remanescer depois de deduzidas as participações de que trata o artigo 190.

Proposta de Destinação do Lucro

Art. 192. Juntamente com as demonstrações financeiras do exercício, os órgãos da administração da companhia apresentarão à assembleia-geral ordinária, observado o disposto nos artigos 193 a 203 e no estatuto, proposta sobre a destinação a ser dada ao lucro líquido do exercício.

Seção II
RESERVAS E RETENÇÃO DE LUCROS

Reserva Legal

Art. 193. Do lucro líquido do exercício, cinco por cento serão aplicados, antes de qualquer outra destinação, na constituição da reserva legal, que não excederá de vinte por cento do capital social.

§ 1º A companhia poderá deixar de constituir a reserva legal no exercício em que o saldo dessa reserva, acrescido do montante das reservas de capital de que trata o § 1º do artigo 182, exceder de trinta por cento do capital social.

§ 2º A reserva legal tem por fim assegurar a integridade do capital social e somente poderá ser utilizada para compensar prejuízos ou aumentar o capital.

Reservas Estatutárias

Art. 194. O estatuto poderá criar reservas desde que, para cada uma:

I – indique, de modo preciso e completo, a sua finalidade;

II – fixe os critérios para determinar a parcela anual dos lucros líquidos que serão destinados à sua constituição; e

III – estabeleça o limite máximo da reserva.

Reservas para Contingências

Art. 195. A assembleia-geral poderá, por proposta dos órgãos da administração, destinar parte do lucro líquido à formação de reserva com a finalidade de compensar, em exercício futuro, a diminuição do lucro decorrente de perda julgada provável, cujo valor possa ser estimado.

► Art. 202, I, *b*, da Lei nº 6.404, de 15-12-1976 (Lei das Sociedades por Ações).

§ 1º A proposta dos órgãos da administração deverá indicar a causa da perda prevista e justificar, com as razões de prudência que a recomendem, a constituição da reserva.

§ 2º A reserva será revertida no exercício em que deixarem de existir as razões que justificarem a sua constituição ou em que ocorrer a perda.

Art. 195-A. A assembleia-geral poderá, por proposta dos órgãos de administração, destinar para a reserva de incentivos fiscais a parcela do lucro líquido decorrente de doações ou subvenções governamentais para investimentos, que poderá ser excluída da base de cálculo do dividendo obrigatório (inciso I do *caput* do art. 202 desta Lei).

► Artigo acrescido pela Lei nº 11.638, de 28-12-2007.

Retenção de Lucros

Art. 196. A assembleia-geral poderá, por proposta dos órgãos da administração, deliberar reter parcela do lucro líquido do exercício prevista em orçamento de capital por ela previamente aprovado.

§ 1º O orçamento, submetido pelos órgãos da administração com a justificativa da retenção de lucros proposta, deverá compreender todas as fontes de recursos e aplicações de capital, fixo ou circulante, e poderá ter a duração de até cinco exercícios, salvo no caso de execução, por prazo maior, de projeto de investimento.

§ 2º O orçamento poderá ser aprovado pela assembleia-geral ordinária que deliberar sobre o balanço do exercício e revisado anualmente, quando tiver duração superior a um exercício social.

► § 2º com a redação dada pela Lei nº 10.303, de 31-10-2001.

Reservas de Lucros a Realizar

Art. 197. No exercício em que o montante do dividendo obrigatório, calculado nos termos do estatuto ou do artigo 202, ultrapassar a parcela realizada do lucro líquido do exercício, a assembleia-geral poderá, por proposta dos órgãos de administração, destinar o excesso à constituição de reserva de lucros a realizar.

► *Caput* com a redação dada pela Lei nº 10.303, de 31-10-2001.

§ 1º Para os efeitos deste artigo, considera-se realizada a parcela do lucro líquido do exercício que exceder da soma dos seguintes valores:

► *Caput* do § 1º acrescido pela Lei nº 10.303, de 31-10-2001.

I – o resultado líquido positivo da equivalência patrimonial (artigo 248); e

► Inciso I acrescido pela Lei nº 10.303, de 31-10-2001.

II – o lucro, rendimento ou ganho líquidos em operações ou contabilização de ativo e passivo pelo valor de mercado, cujo prazo de realização financeira ocorra após o término do exercício social seguinte.

► Inciso II com a redação dada pela Lei nº 11.638, de 28-12-2007.

§ 2º A reserva de lucros a realizar somente poderá ser utilizada para pagamento do dividendo obrigatório e, para efeito do inciso III do artigo 202, serão considerados como integrantes da reserva os lucros a realizar de cada exercício que forem os primeiros a serem realizados em dinheiro.

► § 2º acrescido pela Lei nº 10.303, de 31-10-2001.

Limite da Constituição de Reservas e Retenção de Lucros

Art. 198. A destinação dos lucros para constituição das reservas de que trata o artigo 194 e a retenção nos termos do artigo 196 não poderão ser aprovadas, em cada exercício, em prejuízo da distribuição do dividendo obrigatório (artigo 202).

Limite do Saldo das Reservas de Lucros

Art. 199. O saldo das reservas de lucros, exceto as para contingências, de incentivos fiscais e de lucros a realizar, não poderá ultrapassar o capital social. Atingindo esse limite, a assembleia deliberará sobre aplicação do excesso na integralização ou no aumento do capital social ou na distribuição de dividendos.

▸ Artigo com a redação dada pela Lei nº 11.638, de 28-12-2007.

Reservas de Capital

Art. 200. As reservas de capital somente poderão ser utilizadas para:

I – absorção de prejuízos que ultrapassarem os lucros acumulados e as reservas de lucros (artigo 189, parágrafo único);

II – resgate, reembolso ou compra de ações;

III – resgate de partes beneficiárias;

IV – incorporação ao capital social;

V – pagamento de dividendo a ações preferenciais, quando essa vantagem lhes for assegurada (artigo 17, § 5º).

Parágrafo único. A reserva constituída com o produto da venda de partes beneficiárias poderá ser destinada ao resgate desses títulos.

Seção III
DIVIDENDOS

Origem

Art. 201. A companhia somente pode pagar dividendos à conta de lucro líquido do exercício, de lucros acumulados e de reserva de lucros; e à conta de reserva de capital, no caso das ações preferenciais de que trata o § 5º do artigo 17.

§ 1º A distribuição de dividendos com inobservância do disposto neste artigo implica responsabilidade solidária dos administradores e fiscais, que deverão repor à caixa social a importância distribuída, sem prejuízo da ação penal que no caso couber.

§ 2º Os acionistas não são obrigados a restituir os dividendos que em boa-fé tenham recebido. Presume-se a má-fé quando os dividendos forem distribuídos sem o levantamento do balanço ou em desacordo com os resultados deste.

Dividendo Obrigatório

Art. 202. Os acionistas têm direito de receber como dividendo obrigatório, em cada exercício, a parcela dos lucros estabelecida no estatuto ou, se este for omisso, a importância determinada de acordo com as seguintes normas:

▸ *Caput* com a redação dada pela Lei nº 10.303, de 31-10-2001.

I – metade do lucro líquido do exercício diminuído ou acrescido dos seguintes valores:

a) importância destinada à constituição da reserva legal (artigo 193); e

b) importância destinada à formação da reserva para contingências (artigo 195) e reversão da mesma reserva formada em exercícios anteriores;

II – o pagamento do dividendo determinado nos termos do inciso I poderá ser limitado ao montante do lucro líquido do exercício que tiver sido realizado, desde que a diferença seja registrada como reserva de lucros a realizar (artigo 197);

III – os lucros registrados na reserva de lucros a realizar, quando realizados e se não tiverem sido absorvidos por prejuízos em exercícios subsequentes, deverão ser acrescidos ao primeiro dividendo declarado após a realização.

▸ Incisos I a III com a redação dada pela Lei nº 10.303, de 31-10-2001.

§ 1º O estatuto poderá estabelecer o dividendo como porcentagem do lucro ou do capital social, ou fixar outros critérios para determiná-lo, desde que sejam regulados com precisão e minúcia e não sujeitem os acionistas minoritários ao arbítrio dos órgãos de administração ou da maioria.

§ 2º Quando o estatuto for omisso e a assembleia-geral deliberar alterá-lo para introduzir norma sobre a matéria, o dividendo obrigatório não poderá ser inferior a vinte e cinco por cento do lucro líquido ajustado nos termos do inciso I deste artigo.

§ 3º A assembleia-geral pode, desde que não haja oposição de qualquer acionista presente, deliberar a distribuição de dividendo inferior ao obrigatório, nos termos deste artigo, ou a retenção de todo o lucro líquido, nas seguintes sociedades:

I – companhias abertas exclusivamente para a captação de recursos por debêntures não conversíveis em ações;

II – companhias fechadas, exceto nas controladas por companhias abertas que não se enquadrem na condição prevista no inciso I.

▸ §§ 2º e 3º com a redação dada pela Lei nº 10.303, de 31-10-2001.

§ 4º O dividendo previsto neste artigo não será obrigatório no exercício social em que os órgãos da administração informarem à assembleia-geral ordinária ser ele incompatível com a situação financeira da companhia. O Conselho Fiscal, se em funcionamento, deverá dar parecer sobre essa informação e, na companhia aberta, seus administradores encaminharão à Comissão de Valores Mobiliários, dentro de cinco dias da realização da assembleia-geral, exposição justificativa da informação transmitida à assembleia.

§ 5º Os lucros que deixarem de ser distribuídos nos termos do § 4º serão registrados como reserva especial e, se não absorvidos por prejuízos em exercícios subsequentes, deverão ser pagos como dividendo assim que o permitir a situação financeira da companhia.

§ 6º Os lucros não destinados nos termos dos artigos 193 a 197 deverão ser distribuídos como dividendos.

▸ § 6º acrescido pela Lei nº 10.303, de 31-10-2001.

Dividendos de Ações Preferenciais

Art. 203. O disposto nos artigos 194 a 197, e 202, não prejudicará o direito dos acionistas preferenciais de receber os dividendos fixos ou mínimos a que tenham prioridade, inclusive os atrasados, se cumulativos.

Dividendos Intermediários

Art. 204. A companhia que, por força de lei ou de disposição estatutária, levantar balanço semestral, poderá declarar, por deliberação dos órgãos de administração, se autorizados pelo estatuto, dividendo à conta do lucro apurado nesse balanço.

§ 1º A companhia poderá, nos termos de disposição estatutária, levantar balanço e distribuir dividendos em períodos menores, desde que o total dos dividendos pagos em cada semestre do exercício social não exceda o montante das reservas de capital de que trata o § 1º do artigo 182.

§ 2º O estatuto poderá autorizar os órgãos de administração a declarar dividendos intermediários, à conta de lucros acumulados ou de reservas de lucros existentes no último balanço anual ou semestral.

Pagamento de Dividendos

Art. 205. A companhia pagará o dividendo de ações nominativas à pessoa que, na data do ato de declaração do dividendo, estiver inscrita como proprietária ou usufrutuária da ação.

§ 1º Os dividendos poderão ser pagos por cheque nominativo remetido por via postal para o endereço comunicado pelo acionista à companhia, ou mediante crédito em conta-corrente bancária aberta em nome do acionista.

§ 2º Os dividendos das ações em custódia bancária ou em depósito nos termos dos artigos 41 e 43 serão pagos pela companhia à instituição financeira depositária, que será responsável pela sua entrega aos titulares das ações depositadas.

§ 3º O dividendo deverá ser pago, salvo deliberação em contrário da assembleia-geral, no prazo de sessenta dias da data em que for declarado e, em qualquer caso, dentro do exercício social.

CAPÍTULO XVII

DISSOLUÇÃO, LIQUIDAÇÃO E EXTINÇÃO

Seção I

DISSOLUÇÃO

► Arts. 1.033 a 1.038 do CC.

Art. 206. Dissolve-se a companhia:

► Súm. nº 435 do STJ.

I – de pleno direito:

a) pelo término do prazo de duração;

b) nos casos previstos no estatuto;

c) por deliberação da assembleia-geral (artigo 136, X);

► Alínea *c* com a redação dada pela Lei nº 9.457, de 5-5-1997.

d) pela existência de um único acionista, verificada em assembleia-geral ordinária, se o mínimo de dois não for reconstituído até à do ano seguinte, ressalvado o disposto no artigo 251;

e) pela extinção, na forma da lei, da autorização para funcionar;

II – por decisão judicial:

a) quando anulada a sua constituição, em ação proposta por qualquer acionista;

b) quando provado que não pode preencher o seu fim, em ação proposta por acionistas que representem cinco por cento ou mais do capital social;

c) em caso de falência, na forma prevista na respectiva lei;

III – por decisão de autoridade administrativa competente, nos casos e na forma previstos em lei especial.

Efeitos

Art. 207. A companhia dissolvida conserva a personalidade jurídica, até a extinção, com o fim de proceder à liquidação.

Seção II

LIQUIDAÇÃO

► Arts. 1.102 a 1.112 do CC.

Liquidação pelos Órgãos da Companhia

Art. 208. Silenciando o estatuto, compete à assembleia-geral, nos casos do nº I do artigo 206, determinar o modo de liquidação e nomear o liquidante e o Conselho Fiscal que devam funcionar durante o período de liquidação.

§ 1º A companhia que tiver Conselho de Administração poderá mantê-lo, competindo-lhe nomear o liquidante; o funcionamento do Conselho Fiscal será permanente ou a pedido de acionistas, conforme dispuser o estatuto.

§ 2º O liquidante poderá ser destituído, a qualquer tempo, pelo órgão que o tiver nomeado.

Liquidação Judicial

Art. 209. Além dos casos previstos no nº II do artigo 206, a liquidação será processada judicialmente:

I – a pedido de qualquer acionista, se os administradores ou a maioria de acionistas deixarem de promover a liquidação, ou a ela se opuserem, nos casos do nº I do artigo 206;

II – a requerimento do Ministério Público, à vista de comunicação da autoridade competente, se a companhia, nos trinta dias subsequentes à dissolução, não iniciar a liquidação ou se, após iniciá-la, interrompê-la por mais de quinze dias, no caso da alínea *e* do nº I do artigo 206.

Parágrafo único. Na liquidação judicial será observado o disposto na lei processual, devendo o liquidante ser nomeado pelo juiz.

Deveres do Liquidante

Art. 210. São deveres do liquidante:

I – arquivar e publicar a ata da assembleia-geral, ou certidão de sentença, que tiver deliberado ou decidido a liquidação;

II – arrecadar os bens, livros e documentos da companhia, onde quer que estejam;

III – fazer levantar, de imediato, em prazo não superior ao fixado pela assembleia-geral ou pelo juiz, o balanço patrimonial da companhia;

IV – ultimar os negócios da companhia, realizar o ativo, pagar o passivo, e partilhar o remanescente entre os acionistas;

V – exigir dos acionistas, quando o ativo não bastar para a solução do passivo, a integralização de suas ações;

VI – convocar a assembleia-geral, nos casos previstos em lei ou quando julgar necessário;

VII – confessar a falência da companhia e pedir concordata, nos casos previstos em lei;

► **A concordata foi substituída pela recuperação judicial, conforme Lei nº 11.101, de 9-2-2005 (Lei de Recuperação de Empresas e Falências).**

VIII – finda a liquidação, submeter à assembleia-geral relatório dos atos e operações da liquidação e suas contas finais;

IX – arquivar e publicar a ata da assembleia-geral que houver encerrado a liquidação.

Poderes do Liquidante

Art. 211. Compete ao liquidante representar a companhia e praticar todos os atos necessários à liquidação, inclusive alienar bens móveis ou imóveis, transigir, receber e dar quitação.

Parágrafo único. Sem expressa autorização da assembleia-geral o liquidante não poderá gravar bens e contrair empréstimos, salvo quando indispensáveis ao pagamento de obrigações inadiáveis, nem prosseguir, ainda que para facilitar a liquidação, na atividade social.

Denominação da Companhia

Art. 212. Em todos os atos ou operações, o liquidante deverá usar a denominação social seguida das palavras "em liquidação".

Assembleia-Geral

Art. 213. O liquidante convocará a assembleia-geral cada seis meses, para prestar-lhe contas dos atos e operações praticados no semestre e apresentar-lhe o relatório e o balanço do estado da liquidação; a assembleia-geral pode fixar, para essas prestações de contas, períodos menores ou maiores que, em qualquer caso, não serão inferiores a três nem superiores a doze meses.

§ 1º Nas assembleias-gerais da companhia em liquidação todas as ações gozam de igual direito de voto, tornando-se ineficazes as restrições ou limitações porventura existentes em relação às ações ordinárias ou preferenciais; cessando o estado de liquidação, restaura-se a eficácia das restrições ou limitações relativas ao direito de voto.

§ 2º No curso da liquidação judicial, as assembleias-gerais necessárias para deliberar sobre os interesses da liquidação serão convocadas por ordem do juiz, a quem compete presidi-las e resolver, sumariamente, as dúvidas e litígios que forem suscitados. As atas das assembleias-gerais serão, por cópias autênticas, apensadas ao processo judicial.

Pagamento do Passivo

Art. 214. Respeitados os direitos dos credores preferenciais, o liquidante pagará as dívidas sociais proporcionalmente e sem distinção entre vencidas e vincendas, mas, em relação a estas, com desconto às taxas bancárias.

Parágrafo único. Se o ativo for superior ao passivo, o liquidante poderá, sob sua responsabilidade pessoal, pagar integralmente as dívidas vencidas.

Partilha do Ativo

Art. 215. A assembleia-geral pode deliberar que antes de ultimada a liquidação, e depois de pagos todos os credores, se façam rateios entre os acionistas, à proporção que se forem apurando os haveres sociais.

§ 1º É facultado à assembleia-geral aprovar, pelo voto de acionistas que representem noventa por cento, no mínimo, das ações depois de pagos ou garantidos os credores, condições especiais para a partilha do ativo remanescente, com a atribuição de bens aos sócios, pelo valor contábil ou outro por ela fixado.

§ 2º Provado pelo acionista dissidente (artigo 216, § 2º) que as condições especiais de partilha visaram a favorecer a maioria, em detrimento da parcela que lhe tocaria, se inexistissem tais condições, será a partilha suspensa, se não consumada, ou, se já consumada, os acionistas majoritários indenizarão os minoritários pelos prejuízos apurados.

Prestação de Contas

Art. 216. Pago o passivo e rateado o ativo remanescente, o liquidante convocará a assembleia-geral para a prestação final das contas.

§ 1º Aprovadas as contas, encerra-se a liquidação e a companhia se extingue.

§ 2º O acionista dissidente terá o prazo de trinta dias, a contar da publicação da ata, para promover a ação que lhe couber.

Responsabilidade na Liquidação

Art. 217. O liquidante terá as mesmas responsabilidades do administrador, e os deveres e responsabilidades dos administradores, fiscais e acionistas subsistirão até a extinção da companhia.

Direito do Credor não Satisfeito

Art. 218. Encerrada a liquidação, o credor não satisfeito só terá direito de exigir dos acionistas, individualmente, o pagamento de seu crédito, até o limite da soma, por eles recebida, e de propor contra o liquidante, se for o caso, ação de perdas e danos. O acionista executado terá direito de haver dos demais a parcela que lhes couber no crédito pago.

► Art. 287, I, *b*, da Lei nº 6.404, de 15-12-1976 (Lei das Sociedades por Ações).

Seção III

EXTINÇÃO

Art. 219. Extingue-se a companhia:

I – pelo encerramento da liquidação;

II – pela incorporação ou fusão, e pela cisão com versão de todo o patrimônio em outras sociedades.

CAPÍTULO XVIII

TRANSFORMAÇÃO, INCORPORAÇÃO, FUSÃO E CISÃO

► Arts. 1.113 a 1.122 do CC.

Seção I

TRANSFORMAÇÃO

Conceito e Forma

Art. 220. A transformação é a operação pela qual a sociedade passa, independentemente de dissolução e liquidação, de um tipo para outro.

Parágrafo único. A transformação obedecerá aos preceitos que regulam a constituição e o registro do tipo a ser adotado pela sociedade.

► Art. 1.113 do CC.

Deliberação

Art. 221. A transformação exige o consentimento unânime dos sócios ou acionistas, salvo se prevista no estatuto ou no contrato social, caso em que o sócio dissidente terá o direito de retirar-se da sociedade.

Parágrafo único. Os sócios podem renunciar, no contrato social, ao direito da retirada no caso de transformação em companhia.

► Art. 1.114 do CC.

Direito dos Credores

Art. 222. A transformação não prejudicará, em caso algum, os direitos dos credores, que continuarão, até o pagamento integral dos seus créditos, com as mesmas garantias que o tipo anterior de sociedade lhes oferecia.

Parágrafo único. A falência da sociedade transformada somente produzirá efeitos em relação aos sócios que, no tipo anterior, a eles estariam sujeitos, se o pedirem os titulares de créditos anteriores à transformação, e somente a estes beneficiará.

► Art. 1.115 do CC.

Seção II

INCORPORAÇÃO, FUSÃO E CISÃO

Competência e Processo

Art. 223. A incorporação, fusão e cisão podem ser operadas entre sociedades de tipos iguais ou diferentes e deverão ser deliberadas na forma prevista para a alteração dos respectivos estatutos ou contratos sociais.

► Art. 229, § 1º, da Lei nº 6.404, de 15-12-1976 (Lei das Sociedades por Ações).

§ 1º Nas operações em que houver criação de sociedade serão observadas as normas reguladoras da constituição das sociedades do seu tipo.

§ 2º Os sócios ou acionistas das sociedades incorporadas, fundidas ou cindidas receberão, diretamente da companhia emissora, as ações que lhes couberem.

§ 3º Se a incorporação, fusão ou cisão envolverem companhia aberta, as sociedades que a sucederem serão também abertas, devendo obter o respectivo registro e, se for o caso, promover a admissão de negociação das novas ações no mercado secundário, no prazo máximo de cento e vinte dias, contados da data da assembleia-geral que aprovou a operação, observando as normas pertinentes baixadas pela Comissão de Valores Mobiliários.

§ 4º O descumprimento do previsto no parágrafo anterior dará ao acionista direito de retirar-se da companhia, mediante reembolso do valor das suas ações (artigo 45), nos trinta dias seguintes ao término do prazo nele referido, observado o disposto nos §§ 1º e 4º do artigo 137.

► §§ 3º e 4º acrescidos pela Lei nº 9.457, de 5-5-1997.

Protocolo

Art. 224. As condições da incorporação, fusão ou cisão com incorporação em sociedade existente constarão de protocolo firmado pelos órgãos de administração ou sócios das sociedades interessadas, que incluirá:

► Arts. 229, § 2º, 252 e 264 da Lei nº 6.404, de 15-12-1976 (Lei das Sociedades por Ações).

I – o número, espécie e classe das ações que serão atribuídas em substituição dos direitos de sócios que se extinguirão e os critérios utilizados para determinar as relações de substituição;

II – os elementos ativos e passivos que formarão cada parcela do patrimônio, no caso de cisão;

III – os critérios de avaliação do patrimônio líquido, a data a que será referida a avaliação, e o tratamento das variações patrimoniais posteriores;

IV – a solução a ser adotada quanto às ações ou quotas do capital de uma das sociedades possuídas por outra;

V – o valor do capital das sociedades a serem criadas ou do aumento ou redução do capital das sociedades que forem parte na operação;

VI – o projeto ou projetos de estatuto, ou de alterações estatutárias, que deverão ser aprovados para efetivar a operação;

VII – todas as demais condições a que estiver sujeita a operação.

Parágrafo único. Os valores sujeitos a determinação serão indicados por estimativa.

Justificação

Art. 225. As operações de incorporação, fusão e cisão serão submetidas à deliberação da assembleia-geral das companhias interessadas mediante justificação, na qual serão expostos:

► Arts. 252 e 264 da Lei nº 6.404, de 15-12-1976 (Lei das Sociedades por Ações).

I – os motivos ou fins da operação, e o interesse da companhia na sua realização;

II – as ações que os acionistas preferenciais receberão e as razões para a modificação dos seus direitos, se prevista;

III – a composição, após a operação, segundo espécies e classes das ações, do capital das companhias que deverão emitir ações em substituição às que se deverão extinguir;

IV – o valor de reembolso das ações a que terão direito os acionistas dissidentes.

Transformação, Incorporação, Fusão e Cisão

► Denominação do artigo com a redação dada pela Lei nº 11.638, de 28-12-2007.

► Arts. 1.113 a 1.122 do CC.

Art. 226. As operações de incorporação, fusão e cisão somente poderão ser efetivadas nas condições aprovadas se os peritos nomeados determinarem que o valor do patrimônio ou patrimônios líquidos a serem vertidos para a formação de capital social é, ao menos, igual ao montante do capital a realizar.

§ 1º As ações ou quotas do capital da sociedade a ser incorporada que forem de propriedade da companhia incorporadora poderão, conforme dispuser o protocolo de incorporação, ser extintas, ou substituídas por ações em tesouraria da incorporadora, até o limite dos lucros acumulados e reservas, exceto a legal.

§ 2º O disposto no § 1º aplicar-se-á aos casos de fusão, quando uma das sociedades fundidas for proprietária de ações ou quotas de outra, e de cisão com incorporação, quando a companhia que incorporar parcela do patrimônio da cindida for proprietária de ações ou quotas do capital desta.

§ 3º A Comissão de Valores Mobiliários estabelecerá normas especiais de avaliação e contabilização aplicáveis às operações de fusão, incorporação e cisão que envolvam companhia aberta.

► § 3º com a redação dada pela Lei nº 11.941, de 27-5-2009.

Incorporação

► Arts. 1.116 a 1.118 e 1.122 do CC.

Art. 227. A incorporação é a operação pela qual uma ou mais sociedades são absorvidas por outra, que lhes sucede em todos os direitos e obrigações.

► Art. 229, § 3º, da Lei nº 6.404, de 15-12-1976 (Lei das Sociedades por Ações).

§ 1º A assembleia-geral da companhia incorporadora, se aprovar o protocolo da operação, deverá autorizar o aumento de capital a ser subscrito e realizado pela incorporada mediante versão do seu patrimônio líquido, e nomear os peritos que o avaliarão.

§ 2º A sociedade que houver de ser incorporada, se aprovar o protocolo da operação, autorizará seus administradores a praticarem os atos necessários à incorporação, inclusive a subscrição do aumento de capital da incorporadora.

§ 3º Aprovados pela assembleia-geral da incorporadora o laudo de avaliação e a incorporação, extingue-se a incorporada, competindo à primeira promover o arquivamento e a publicação dos atos da incorporação.

Fusão

► Arts. 1.119 e 1.120 do CC.

Art. 228. A fusão é a operação pela qual se unem duas ou mais sociedades para formar sociedade nova, que lhes sucederá em todos os direitos e obrigações.

§ 1º A assembleia-geral de cada companhia, se aprovar o protocolo de fusão, deverá nomear os peritos que avaliarão os patrimônios líquidos das demais sociedades.

§ 2º Apresentados os laudos, os administradores convocarão os sócios ou acionistas das sociedades para uma assembleia-geral, que deles tomará conhecimento e resolverá sobre a constituição definitiva da nova sociedade, vedado aos sócios ou acionistas votar o laudo de avaliação do patrimônio líquido da sociedade de que fazem parte.

§ 3º Constituída a nova companhia, incumbirá aos primeiros administradores promover o arquivamento e a publicação da fusão.

Cisão

Art. 229. A cisão é a operação pela qual a companhia transfere parcelas do seu patrimônio para uma ou mais sociedades, constituídas para esse fim ou já existentes, extinguindo-se a companhia cindida, se houver versão de todo o seu patrimônio, ou dividindo-se o seu capital, se parcial a versão.

§ 1º Sem prejuízo do disposto no artigo 233, a sociedade que absorver parcela do patrimônio da companhia cindida sucede a esta nos direitos e obrigações relacionados no ato da cisão; no caso de cisão com extinção, as sociedades que absorverem parcelas do patrimônio da companhia cindida sucederão a esta, na proporção dos patrimônios líquidos transferidos, nos direitos e obrigações não relacionados.

§ 2º Na cisão com versão de parcela do patrimônio em sociedade nova, a operação será deliberada pela assembleia-geral da companhia à vista de justificação que incluirá as informações de que tratam os números do artigo 224; a assembleia, se a aprovar, nomeará os peritos que avaliarão a parcela do patrimônio a ser transferida, e funcionará como assembleia de constituição da nova companhia.

§ 3º A cisão com versão de parcela de patrimônio em sociedade já existente obedecerá às disposições sobre incorporação (artigo 227).

§ 4º Efetivada a cisão com extinção da companhia cindida, caberá aos administradores das sociedades que tiverem absorvido parcelas do seu patrimônio promover o arquivamento e publicação dos atos da operação; na cisão com versão parcial do patrimônio, esse dever caberá aos administradores da companhia cindida e da que absorver parcela do seu patrimônio.

§ 5º As ações integralizadas com parcelas de patrimônio da companhia cindida serão atribuídas a seus titulares, em substituição às extintas, na proporção das que possuíam; a atribuição em proporção diferente requer aprovação de todos os titulares, inclusive das ações sem direito a voto.

► § 5º com a redação dada pela Lei nº 9.457, de 5-5-1997.

Direito da Retirada

Art. 230. Nos casos de incorporação ou fusão, o prazo para exercício do direito de retirada, previsto no artigo 137, inciso II, será contado a partir da publicação da ata que aprovar o protocolo ou justificação, mas o pagamento do preço de reembolso somente será devido se a operação vier a efetivar-se.

► Artigo com a redação dada pela Lei nº 9.457, de 5-5-1997.

Direitos dos Debenturistas

Art. 231. A incorporação, fusão ou cisão da companhia emissora de debêntures em circulação dependerá da prévia aprovação dos debenturistas, reunidos em assembleia especialmente convocada com esse fim.

§ 1º Será dispensada a aprovação pela assembleia se for assegurado aos debenturistas que o desejarem, durante o prazo mínimo de seis meses a contar da data da publicação das atas das assembleias relativas à operação, o resgate das debêntures de que forem titulares.

§ 2º No caso do § 1º, a sociedade cindida e as sociedades que absorverem parcelas do seu patrimônio responderão solidariamente pelo resgate das debêntures.

► Arts. 252, §§ 1º e 2º, e 264, § 3º, da Lei nº 6.404, de 15-12-1976 (Lei das Sociedades por Ações).

Direitos dos Credores na Incorporação ou Fusão

Art. 232. Até sessenta dias depois de publicados os atos relativos à incorporação ou à fusão, o credor anterior por ela prejudicado poderá pleitear judicialmente a anulação da operação; findo o prazo, decairá do direito o credor que não o tiver exercido.

§ 1º A consignação da importância em pagamento prejudicará a anulação pleiteada.

§ 2º Sendo ilíquida a dívida, a sociedade poderá garantir-lhe a execução, suspendendo-se o processo de anulação.

§ 3º Ocorrendo, no prazo deste artigo, a falência da sociedade incorporadora ou da sociedade nova, qualquer credor anterior terá o direito de pedir a separação dos patrimônios, para o fim de serem os créditos pagos pelos bens das respectivas massas.

Direitos dos Credores na Cisão

Art. 233. Na cisão com extinção da companhia cindida, as sociedades que absorverem parcelas do seu patrimônio responderão solidariamente pelas obrigações da companhia extinta. A companhia cindida que subsistir e as que absorverem parcelas do seu patrimônio responderão solidariamente pelas obrigações da primeira anteriores à cisão.

Parágrafo único. O ato de cisão parcial poderá estipular que as sociedades que absorverem parcelas do patrimônio da companhia cindida serão responsáveis apenas pelas obrigações que lhes forem transferidas, sem solidariedade entre si ou com a companhia cindida, mas, nesse caso, qualquer credor anterior poderá se opor à estipulação, em relação ao seu crédito, desde que notifique a sociedade no prazo de noventa dias a contar da data da publicação dos atos da cisão.

Averbação da Sucessão

Art. 234. A certidão, passada pelo Registro do Comércio, da incorporação, fusão ou cisão, é documento hábil para averbação, nos registros públicos competentes, da sucessão, decorrente da operação, em bens, direitos e obrigações.

► Arts. 1.118 a 1.121 do CC.

CAPÍTULO XIX

SOCIEDADES DE ECONOMIA MISTA

► Arts. 22, XXVII, 37, XIX, § 9º, 169, II, 173, §§ 1º e 2º, e 202, §§ 3º e 4º, da CF.

Legislação Aplicável

Art. 235. As sociedades anônimas de economia mista estão sujeitas a esta Lei, sem prejuízo das disposições especiais de lei federal.

§ 1º As companhias abertas de economia mista estão também sujeitas às normas expedidas pela Comissão de Valores Mobiliários.

► Art. 296, § 6º, da Lei nº 6.404, de 15-12-1976 (Lei das Sociedades por Ações).

§ 2º As companhias de que participarem, majoritária ou minoritariamente, as sociedades de economia mista, estão sujeitas ao disposto nesta Lei, sem as exceções previstas neste Capítulo.

► Art. 296, § 6º, da Lei nº 6.404, de 15-12-1976 (Lei das Sociedades por Ações).

Constituição e Aquisição de Controle

Art. 236. A constituição de companhia de economia mista depende de prévia autorização legislativa.

Parágrafo único. Sempre que pessoa jurídica de direito público adquirir, por desapropriação, o controle de companhia em funcionamento, os acionistas terão direito de pedir, dentro de sessenta dias da publicação da primeira ata da assembleia-geral, realizada após a aquisição do controle, o reembolso das suas ações, salvo se a companhia já se achava sob o controle, direto ou indireto, de outra pessoa jurídica de direito público, ou no caso de concessionária de serviço público.

Objeto

Art. 237. A companhia de economia mista somente poderá explorar os empreendimentos ou exercer as atividades previstas na lei que autorizou a sua constituição.

§ 1º A companhia de economia mista somente poderá participar de outras sociedades quando autorizada por lei ou no exercício de opção legal para aplicar Imposto de Renda em investimentos para o desenvolvimento regional ou setorial.

§ 2º As instituições financeiras de economia mista poderão participar de outras sociedades, observadas as normas estabelecidas pelo Banco Central do Brasil.

Acionista Controlador

Art. 238. A pessoa jurídica que controla a companhia de economia mista tem os deveres e responsabilidades do acionista controlador (artigos 116 e 117), mas poderá orientar as atividades da companhia de modo a atender ao interesse público que justificou a sua criação.

Administração

Art. 239. As companhias de economia mista terão obrigatoriamente Conselho de Administração, assegurado à minoria o direito de eleger um dos conselheiros, se maior número não lhes couber pelo processo de voto múltiplo.

Parágrafo único. Os deveres e responsabilidades dos administradores das companhias de economia mista são os mesmos dos administradores das companhias abertas.

Conselho Fiscal

Art. 240. O funcionamento do Conselho Fiscal será permanente nas companhias de economia mista; um dos seus membros, e respectivo suplente, será eleito pelas ações ordinárias minoritárias e outro pelas ações preferenciais, se houver.

Correção Monetária

Art. 241. *Revogado.* Dec.-lei nº 2.287, de 23-7-1986.

Falência e Responsabilidade Subsidiária

Art. 242. *Revogado.* Lei nº 10.303, de 31-10-2001.

CAPÍTULO XX

SOCIEDADES COLIGADAS, CONTROLADORAS E CONTROLADAS

Seção I

INFORMAÇÕES NO RELATÓRIO DA ADMINISTRAÇÃO

Art. 243. O relatório anual da administração deve relacionar os investimentos da companhia em sociedades coligadas e controladas e mencionar as modificações ocorridas durante o exercício.

§ 1º São coligadas as sociedades nas quais a investidora tenha influência significativa.

► § 1º com a redação dada pela Lei nº 11.941, de 27-5-2009.

§ 2º Considera-se controlada a sociedade na qual a controladora, diretamente ou através de outras controladas, é titular de direitos de sócio que lhe assegurem, de modo permanente, preponderância nas deliberações sociais e o poder de eleger a maioria dos administradores.

► Art. 1.098, II, do CC.

§ 3º A companhia aberta divulgará as informações adicionais, sobre coligadas e controladas, que forem exigidas pela Comissão de Valores Mobiliários.

§ 4º Considera-se que há influência significativa quando a investidora detém ou exerce o poder de participar nas decisões das políticas financeira ou operacional da investida, sem controlá-la.

§ 5º É presumida influência significativa quando a investidora for titular de 20% (vinte por cento) ou mais do capital votante da investida, sem controlá-la.

► §§ 4º e 5º com a redação dada pela Lei nº 11.941, de 27-5-2009.

Seção II

PARTICIPAÇÃO RECÍPROCA

► Art. 1.101 do CC.

Art. 244. É vedada a participação recíproca entre a companhia e suas coligadas ou controladas.

► Art. 265, § 2º, da Lei nº 6.404, de 15-12-1976 (Lei das Sociedades por Ações).

§ 1º O disposto neste artigo não se aplica ao caso em que ao menos uma das sociedades participa de outra com observância das condições em que a lei autoriza a aquisição das próprias ações (artigo 30, § 1º, *b*).

§ 2º As ações do capital da controladora, de propriedade da controlada, terão suspenso o direito de voto.

§ 3º O disposto no § 2º do artigo 30 aplica-se à aquisição de ações da companhia aberta por suas coligadas e controladas.

§ 4º No caso do § 1º, a sociedade deverá alienar, dentro de seis meses, as ações ou quotas que excederem do valor dos lucros ou reservas, sempre que esses sofrerem redução.

§ 5º A participação recíproca, quando ocorrer em virtude de incorporação, fusão ou cisão, ou da aquisição, pela companhia, do controle de sociedade, deverá ser mencionada nos relatórios e demonstrações financeiras de ambas as sociedades e será eliminada no prazo máximo de um ano; no caso de coligada, salvo acordo em contrário, deverão ser alienadas as ações ou quotas de aquisição mais recente ou, se da mesma data, que representem menor porcentagem do capital social.

§ 6º A aquisição de ações ou quotas de que resulte participação recíproca com violação ao disposto neste artigo importa responsabilidade civil solidária dos administradores da sociedade, equiparando-se, para efeitos penais, à compra ilegal das próprias ações.

Seção III

RESPONSABILIDADE DOS ADMINISTRADORES E DAS SOCIEDADES CONTROLADORAS

Administradores

Art. 245. Os administradores não podem, em prejuízo da companhia, favorecer sociedade coligada, controladora ou controlada, cumprindo-lhes zelar para que as operações entre as sociedades, se houver, observem condições estritamente comutativas, ou com pagamento compensatório adequado; e respondem perante a companhia pelas perdas e danos resultantes de atos praticados com infração disposto neste artigo.

Sociedade Controladora

Art. 246. A sociedade controladora será obrigada a reparar os danos que causar à companhia por atos praticados com infração ao disposto nos artigos 116 e 117.

► Art. 276, § 3º, da Lei nº 6.404, de 15-12-1976 (Lei das Sociedades por Ações).

► Art. 15, § 1º, da Lei nº 13.303, de 30-6-2016, dispõe sobre o estatuto jurídico da empresa pública, da sociedade de economia mista e de suas subsidiárias, no âmbito da União, dos Estados, do Distrito Federal e dos Municípios.

§ 1º A ação para haver reparação cabe:

a) a acionistas que representem cinco por cento ou mais do capital social;

► Art. 291 da Lei nº 6.404, de 15-12-1976 (Lei das Sociedades por Ações).

b) a qualquer acionista, desde que preste caução pelas custas e honorários de advogado devidos no caso de vir a ação ser julgada improcedente.

§ 2º A sociedade controladora, se condenada, além de reparar o dano e arcar com as custas, pagará honorários de advogado de vinte por cento e prêmio de cinco por cento ao autor da ação, calculados sobre o valor da indenização.

Seção IV
DEMONSTRAÇÕES FINANCEIRAS

► Arts. 1.179 a 1.195 do CC.

Notas Explicativas

Art. 247. As notas explicativas dos investimentos a que se refere o art. 248 desta Lei devem conter informações precisas sobre as sociedades coligadas e controladas e suas relações com a companhia, indicando:

► *Caput* com a redação dada pela Lei nº 11.941, de 27-5-2009.

I – a denominação da sociedade, seu capital social e patrimônio líquido;

II – o número, espécies e classes das ações ou quotas de propriedade da companhia, e o preço de mercado das ações, se houver;

III – o lucro líquido do exercício;

IV – os créditos e obrigações entre a companhia e as sociedades coligadas e controladas;

V – o montante das receitas e despesas em operações entre a companhia e as sociedades coligadas e controladas.

Parágrafo único. Considera-se relevante o investimento:

a) em cada sociedade coligada ou controlada, se o valor contábil é igual ou superior a dez por cento do valor do patrimônio líquido da companhia;

b) no conjunto das sociedades coligadas e controladas, se o valor contábil é igual ou superior a quinze por cento do valor do patrimônio líquido da companhia.

Avaliação do Investimento em Coligadas e Controladas

Art. 248. No balanço patrimonial da companhia, os investimentos em coligadas ou em controladas e em outras sociedades que façam parte de um mesmo grupo ou estejam sob controle comum serão avaliados pelo método da equivalência patrimonial, de acordo com as seguintes normas:

► *Caput* com a redação dada pela Lei nº 11.941, de 27-5-2009.

I – o valor do patrimônio líquido da coligada ou da controlada será determinado com base em balanço patrimonial ou balancete de verificação levantado, com observância das normas desta Lei, na mesma data, ou até sessenta dias, no máximo, antes da data do balanço da companhia; no valor de patrimônio líquido não serão computados os resultados não realizados decorrentes de negócios com a companhia, ou com outras sociedades coligadas à companhia, ou por ela controladas;

II – o valor do investimento será determinado mediante a aplicação, sobre o valor de patrimônio líquido referido no número anterior, da porcentagem de participação no capital da coligada ou controlada;

III – a diferença entre o valor do investimento, de acordo com o nº II, e o custo de aquisição corrigido monetariamente, somente será registrada como resultado do exercício:

a) se decorrer de lucro ou prejuízo apurado na coligada ou controlada;

b) se corresponder, comprovadamente, a ganhos ou perdas efetivos;

c) no caso de companhia aberta, com observância das normas expedidas pela Comissão de Valores Mobiliários.

§ 1º Para efeito de determinar a relevância do investimento, nos casos deste artigo, serão computados como parte do custo de aquisição os saldos de créditos da companhia contra as coligadas e controladas.

§ 2º A sociedade coligada, sempre que solicitada pela companhia, deverá elaborar e fornecer o balanço ou balancete de verificação previsto no nº I.

Demonstrações Consolidadas

Art. 249. A companhia aberta que tiver mais de trinta por cento do valor do seu patrimônio líquido representado por investimentos em sociedades controladas deverá elaborar e divulgar, juntamente com suas demonstrações financeiras, demonstrações consolidadas nos termos do artigo 250.

► Art. 291, parágrafo único, da Lei nº 6.404, de 15-12-1976 (Lei das Sociedades por Ações).

Parágrafo único. A Comissão de Valores Mobiliários poderá expedir normas sobre as sociedades cujas demonstrações devam ser abrangidas na consolidação, e:

a) determinar a inclusão de sociedades que, embora não controladas, sejam financeira ou administrativamente dependentes da companhia;

b) autorizar, em casos especiais, a exclusão de uma ou mais sociedades controladas.

Normas sobre Consolidação

Art. 250. Das demonstrações financeiras consolidadas serão excluídas:

► Art. 275 da Lei nº 6.404, de 15-12-1976 (Lei das Sociedades por Ações).

I – as participações de uma sociedade em outra;

II – os saldos de quaisquer contas entre as sociedades;

III – as parcelas dos resultados do exercício, dos lucros ou prejuízos acumulados e do custo de estoques ou do ativo não circulante que corresponderem a resultados, ainda não realizados, de negócios entre as sociedades.

► Inciso III com a redação dada pela Lei nº 11.941, de 27-5-2009.

§ 1º A participação dos acionistas não controladores no patrimônio líquido e no lucro do exercício será destacada, respectivamente, no balanço patrimonial e na demonstração do resultado do exercício.

► § 1º com a redação dada pela Lei nº 9.457, de 5-5-1997.

§ 2º A parcela do custo de aquisição do investimento em controlada, que não for absorvida na consolidação, deverá ser mantida no ativo não circulante, com dedução da provisão adequada para perdas já comprovadas, e será objeto de nota explicativa.

► § 2º com a redação dada pela Lei nº 11.941, de 27-5-2009.

§ 3º O valor da participação que exceder do custo de aquisição constituirá parcela destacada dos resultados de exercícios futuros até que fique comprovada a existência de ganho efetivo.

§ 4º Para fins deste artigo, as sociedades controladas, cujo exercício social termine mais de sessenta dias antes da data do encerramento do exercício da companhia, elaborarão, com observância das normas desta Lei, demonstrações financeiras extraordinárias em data compreendida nesse prazo.

Seção V
SUBSIDIÁRIA INTEGRAL

► Lei nº 10.738, de 17-9-2003, dispõe sobre a criação de subsidiárias integrais do Banco do Brasil S.A. para atuação no segmento de microfinanças e consórcios.

Subsidiária Integral

Art. 251. A companhia pode ser constituída, mediante escritura pública, tendo como único acionista sociedade brasileira.

§ 1º A sociedade que subscrever em bens o capital de subsidiária integral deverá aprovar o laudo de avaliação de que trata o artigo 8º, respondendo nos termos do § 6º do artigo 8º e do artigo 10 e seu parágrafo único.

§ 2º A companhia pode ser convertida em subsidiária integral mediante aquisição, por sociedade brasileira, de todas as suas ações, ou nos termos do artigo 252.

Incorporação de Ações

Art. 252. A incorporação de todas as ações do capital social ao patrimônio de outra companhia brasileira, para convertê-la em subsidiária integral, será submetida à deliberação da assembleia-geral das duas companhias mediante protocolo e justificação, nos termos dos artigos 224 e 225.

§ 1º A assembleia-geral da companhia incorporadora, se aprovar a operação, deverá autorizar o aumento de capital, a ser realizado com as ações a serem incorporadas e nomear peritos que as avaliarão; os acionistas não terão direito de preferência para subscrever o aumento de capital, mas os dissidentes poderão retirar-se da companhia, observado o disposto no artigo 137, II, mediante o reembolso do valor de suas ações, nos termos do artigo 230.

§ 2º A assembleia-geral da companhia cujas ações houverem de ser incorporadas somente poderá aprovar a operação pelo voto da metade, no mínimo, das ações com direito a voto, e se a aprovar, autorizará a diretoria a subscrever o aumento do capital da incorporadora, por conta dos seus acionistas; os dissidentes da deliberação terão direito de retirar-se da companhia, observado o disposto no artigo 137, II, mediante o reembolso do valor de suas ações, nos termos do artigo 230.

► §§ 1º e 2º com a redação dada pela Lei nº 9.457, de 5-5-1997.

§ 3º Aprovado o laudo de avaliação pela assembleia-geral da incorporadora, efetivar-se-á a incorporação e os titulares das ações incorporadas receberão diretamente da incorporadora as ações que lhes couberem.

§ 4º A Comissão de Valores Mobiliários estabelecerá normas especiais de avaliação e contabilização aplicáveis às operações de incorporação de ações que envolvam companhia aberta.

► § 4º com a redação dada pela Lei nº 11.941, de 27-5-2009.

Admissão de Acionistas em Subsidiária Integral

Art. 253. Na proporção das ações que possuírem no capital da companhia, os acionistas terão direito de preferência para:

I – adquirir ações do capital da subsidiária integral, se a companhia decidir aliená-las no todo ou em parte; e

II – subscrever aumento de capital da subsidiária integral, se a companhia decidir admitir outros acionistas.

Parágrafo único. As ações ou o aumento de capital de subsidiária integral serão oferecidos aos acionistas da companhia em assembleia-geral convocada para esse fim, aplicando-se à hipótese, no que couber, o disposto no artigo 171.

Seção VI
ALIENAÇÃO DE CONTROLE

Divulgação

Art. 254. *Revogado.* Lei nº 9.457, de 5-5-1997.

Art. 254-A. A alienação, direta ou indireta, do controle de companhia aberta somente poderá ser contratada sob a condição, suspensiva ou resolutiva, de que o adquirente se obrigue a fazer oferta pública de aquisição das ações com direito a voto de propriedade dos demais acionistas da companhia, de modo a lhes assegurar o preço no mínimo igual a oitenta por cento do valor pago por ação com direito a voto, integrante do bloco de controle.

§ 1º Entende-se como alienação de controle a transferência, de forma direta ou indireta, de ações integrantes do bloco de controle, de ações vinculadas a acordos de acionistas e de valores mobiliários conversíveis em ações com direito a voto, cessão de direitos de subscrição de ações e de outros títulos ou direitos relativos a valores mobiliários conversíveis em ações que venham a resultar na alienação de controle acionário da sociedade.

§ 2º A Comissão de Valores Mobiliários autorizará a alienação de controle de que trata o *caput*, desde que verificado que as condições da oferta pública atendem aos requisitos legais.

§ 3º Compete à Comissão de Valores Mobiliários estabelecer normas a serem observadas na oferta pública de que trata o *caput*.

§ 4º O adquirente do controle acionário de companhia aberta poderá oferecer aos acionistas minoritários a opção de permanecer na companhia, mediante o pagamento de um prêmio equivalente à diferença entre o valor de mercado das ações e o valor pago por ação integrante do bloco de controle.

§ 5º VETADO.

► Art. 254-A acrescido pela Lei nº 10.303, de 31-10-2001.

Companhia Aberta Sujeita à Autorização

► Arts. 1.123 a 1.141 do CC.

Art. 255. A alienação do controle de companhia aberta que dependa de autorização do governo para funcionar está sujeita à prévia autorização do órgão competente para aprovar a alteração do seu Estatuto.

► *Caput* com a redação dada pela Lei nº 9.457, de 5-5-1997.

§§ 1º e 2º *Revogados.* Lei nº 9.457, de 5-5-1997.

Aprovação pela Assembleia-Geral da Compradora

Art. 256. A compra, por companhia aberta, do controle de qualquer sociedade mercantil, dependerá de deliberação da assembleia-geral da compradora, especialmente convocada para conhecer da operação, sempre que:

I – o preço de compra constituir, para a compradora, investimento relevante (artigo 247, parágrafo único); ou

II – o preço médio de cada ação ou quota ultrapassar uma vez e meia o maior dos três valores a seguir indicados:

a) cotação média das ações em bolsa ou no mercado de balcão organizado, durante os noventa dias anteriores à data da contratação;

► Alínea *a* com a redação dada pela Lei nº 9.457, de 5-5-1997.

b) valor de patrimônio líquido (artigo 248) da ação ou quota, avaliado o patrimônio a preços de mercado (artigo 183, § 1º);

c) valor do lucro líquido da ação ou quota, que não poderá ser superior a quinze vezes o lucro líquido anual por ação (artigo 187, VII) nos dois últimos exercícios sociais, atualizado monetariamente.

§ 1º A proposta ou o contrato de compra, acompanhado de laudo de avaliação, observado o disposto no artigo 8º, §§ 1º e 6º, será submetido à prévia autorização da assembleia-geral, ou à sua ratificação, sob pena de responsabilidade dos administradores, instruído com todos os elementos necessários à deliberação.

§ 2º Se o preço da aquisição ultrapassar uma vez e meia o maior dos três valores de que trata o inciso II do *caput*, o acionista dissidente da deliberação da assembleia que a aprovar terá o direito de retirar-se da companhia mediante reembolso do valor de suas ações, nos termos do artigo 137, observado o disposto em seu inciso II.

► §§ 1º e 2º com a redação dada pela Lei nº 9.457, de 5-5-1997.

Seção VII
AQUISIÇÃO DE CONTROLE MEDIANTE OFERTA PÚBLICA

► Art. 264, § 5º, da Lei nº 6.404, de 15-12-1976 (Lei das Sociedades por Ações).

Requisitos

Art. 257. A oferta pública para aquisição de controle de companhia aberta somente poderá ser feita com a participação de instituição financeira que garanta o cumprimento das obrigações assumidas pelo ofertante.

§ 1º Se a oferta contiver permuta, total ou parcial, dos valores mobiliários, somente poderá ser efetuada após prévio registro na Comissão de Valores Mobiliários.

§ 2º A oferta deverá ter por objeto ações com direito a voto em número suficiente para assegurar o controle da companhia e será irrevogável.

§ 3º Se o ofertante já for titular de ações votantes do capital da companhia, a oferta poderá ter por objeto o número de ações necessário para completar o controle, mas o ofertante deverá fazer prova, perante a Comissão de Valores Mobiliários, das ações de sua propriedade.

§ 4º A Comissão de Valores Mobiliários poderá expedir normas sobre oferta pública de aquisição de controle.

Instrumento da Oferta de Compra

Art. 258. O instrumento de oferta de compra, firmado pelo ofertante e pela instituição financeira que garante o pagamento, será publicado na imprensa e deverá indicar:

I – o número mínimo de ações que o ofertante se propõe a adquirir e, se for o caso, o número máximo;

II – o preço e as condições de pagamento;

III – a subordinação da oferta ao número mínimo de aceitantes e a forma de rateio entre os aceitantes, se o número deles ultrapassar o máximo fixado;

IV – o procedimento que deverá ser adotado pelos acionistas aceitantes para manifestar a sua aceitação e efetivar a transferência das ações;

V – o prazo de validade da oferta, que não poderá ser inferior a vinte dias;

VI – informações sobre o ofertante.

Parágrafo único. A oferta será comunicada à Comissão de Valores Mobiliários dentro de vinte e quatro horas da primeira publicação.

Instrumento de Oferta de Permuta

Art. 259. O projeto de instrumento de oferta de permuta será submetido à Comissão de Valores Mobiliários com o pedido de registro prévio da oferta e deverá conter, além das referidas no artigo 258, informações sobre os valores mobiliários oferecidos em permuta e as companhias emissoras desses valores.

Parágrafo único. A Comissão de Valores Mobiliários poderá fixar normas sobre o instrumento de oferta de permuta e o seu registro prévio.

Sigilo

Art. 260. Até a publicação da oferta, o ofertante, a instituição financeira intermediária e a Comissão de Valores Mobiliários devem manter sigilo sobre a oferta projetada, respondendo o infrator pelos danos que causar.

► Art. 287, II, *f*, da Lei nº 6.404, de 15-12-1976 (Lei das Sociedades por Ações).

Processamento da Oferta

Art. 261. A aceitação da oferta deverá ser feita nas instituições financeiras ou no mercado de valores mobiliários indicadas no instrumento de oferta e os aceitantes deverão firmar ordens irrevogáveis de venda ou permuta, nas condições ofertadas, ressalvado o disposto no § 1º do artigo 262.

§ 1º É facultado ao ofertante melhorar, uma vez, as condições de preço ou forma de pagamento, desde que em porcentagem igual ou superior a cinco por cento e até dez dias antes do término do prazo da oferta; as novas condições se estenderão aos acionistas que já tiverem aceito a oferta.

§ 2º Findo o prazo da oferta, a instituição financeira intermediária comunicará o resultado à Comissão de Valores Mobiliários e, mediante publicação pela imprensa, aos aceitantes.

§ 3º Se o número de aceitantes ultrapassar o máximo, será obrigatório o rateio, na forma prevista no instrumento da oferta.

Oferta Concorrente

Art. 262. A existência de oferta pública em curso não impede oferta concorrente, desde que observadas as normas desta Seção.

§ 1º A publicação de oferta concorrente torna nulas as ordens de venda que já tenham sido firmadas em aceitação de oferta anterior.

§ 2º É facultado ao primeiro ofertante prorrogar o prazo de sua oferta até fazê-lo coincidir com o da oferta concorrente.

Negociação Durante a Oferta

Art. 263. A Comissão de Valores Mobiliários poderá expedir normas que disciplinem a negociação das ações objeto da oferta durante o seu prazo.

Seção VIII
INCORPORAÇÃO DE COMPANHIA CONTROLADA

Art. 264. Na incorporação, pela controladora, de companhia controlada, a justificação, apresentada à assembleia-geral da controlada, deverá conter, além das informações previstas nos artigos 224 e 225, o cálculo das relações de substituição das ações dos acionistas não controladores da controlada com base no valor do patrimônio líquido das ações da controladora e da controlada, avaliados os dois patrimônios segundo os mesmos critérios e na mesma data, a preços de mercado, ou com base em outro critério aceito pela Comissão de Valores Mobiliários, no caso de companhias abertas.

► *Caput* com a redação dada pela Lei nº 10.303, de 31-10-2001.

§ 1º A avaliação dos dois patrimônios será feita por três peritos ou empresa especializada e, no caso de companhias abertas, por empresa especializada.

§ 2º Para efeito da comparação referida neste artigo, as ações do capital da controlada de propriedade da controladora serão avaliadas, no patrimônio desta, em conformidade com o disposto no *caput*.

§ 3º Se as relações de substituição das ações dos acionistas não controladores, previstas no protocolo da incorporação, forem menos vantajosas que as resultantes da comparação prevista neste artigo, os acionistas dissidentes da deliberação da assembleia-geral da controlada que aprovar a operação, poderão optar, no prazo previsto no artigo 230, entre o valor de reembolso fixado nos termos do artigo 45 e o valor apurado em conformidade com o disposto no *caput*, observado o disposto no artigo 137, inciso II.

§ 4º Aplicam-se as normas previstas neste artigo à incorporação de controladora por sua controlada, à fusão de companhia controladora com a controlada, à incorporação de ações de companhia controlada ou controladora, à incorporação, fusão e incorporação de ações de sociedades sob controle comum.

► §§ 1º a 4º com a redação dada pela Lei nº 10.303, de 31-10-2001.

§ 5º O disposto neste artigo não se aplica no caso de as ações do capital da controlada terem sido adquiridas no pregão da Bolsa de Valores ou mediante oferta pública nos termos dos artigos 257 e 263.

CAPÍTULO XXI
GRUPO DE SOCIEDADES

► Arts. 32, II, *b*, e 41, I, *c*, da Lei nº 8.934, de 18-11-1994 (Lei do Registro Público de Empresas Mercantis).

Seção I
CARACTERÍSTICAS E NATUREZA

Características

Art. 265. A sociedade controladora e suas controladas podem constituir, nos termos deste Capítulo, grupo de sociedades, mediante convenção pela qual se obriguem a combinar recursos ou esforços para a realização dos respectivos objetos, ou a participar de atividades ou empreendimentos comuns.

§ 1º A sociedade controladora, ou de comando do grupo, deve ser brasileira e exercer, direta ou indiretamente, e de modo permanente, o controle das sociedades filiadas, como titular de direitos de sócio ou acionista, ou mediante acordo com outros sócios ou acionistas.

§ 2º A participação recíproca das sociedades do grupo obedecerá ao disposto no artigo 244.

Natureza

Art. 266. As relações entre as sociedades, a estrutura administrativa do grupo e a coordenação ou subordinação dos administradores das sociedades filiadas serão estabelecidas na convenção do grupo, mas cada sociedade conservará personalidade e patrimônios distintos.

Designação

Art. 267. O grupo de sociedades terá designação de que constarão as palavras "grupo de sociedades" ou "grupo".

Parágrafo único. Somente os grupos organizados de acordo com este Capítulo poderão usar designação com as palavras "grupo" ou "grupo de sociedades".

► Arts. 1.123 a 1.141 do CC.

Companhia Sujeita a Autorização para Funcionar

Art. 268. A companhia que, por seu objeto, depende de autorização para funcionar, somente poderá participar de grupo de sociedades após a aprovação da convenção do grupo pela autoridade competente para aprovar suas alterações estatutárias.

Seção II
CONSTITUIÇÃO, REGISTRO E PUBLICIDADE

Art. 269. O grupo de sociedades será constituído por convenção aprovada pelas sociedades que o componham, a qual deverá conter:

I – a designação do grupo;

II – a indicação da sociedade de comando e das filiadas;

III – as condições de participação das diversas sociedades;

IV – o prazo de duração, se houver, e as condições de extinção;

V – as condições para admissão de outras sociedades e para a retirada das que o componham;

VI – os órgãos e cargos da administração do grupo, suas atribuições e as relações entre a estrutura administrativa do grupo e as das sociedades que o componham;

VII – a declaração da nacionalidade do controle do grupo;

VIII – as condições para alteração da convenção.

Parágrafo único. Para os efeitos do nº VII, o grupo de sociedades considera-se sob controle brasileiro se a sua sociedade de comando está sob o controle de:

a) pessoas naturais residentes ou domiciliadas no Brasil;

b) pessoas jurídicas de direito público interno; ou

c) sociedade ou sociedades brasileiras que, direta ou indiretamente, estejam sob controle das pessoas referidas nas alíneas *a* e *b*.

Aprovação pelos Sócios das Sociedades

Art. 270. A convenção de grupo deve ser aprovada com observância das normas para alteração do contrato social ou do estatuto (artigo 136, V).

► *Caput* com a redação dada pela Lei nº 9.457, de 5-5-1997.

Parágrafo único. Os sócios ou acionistas dissidentes da deliberação de se associar a grupo têm direito, nos termos do artigo 137, ao reembolso de suas ações ou quotas.

Registro e Publicidade

Art. 271. Considera-se constituído o grupo a partir da data do arquivamento, no Registro do Comércio da sede da sociedade de comando, dos seguintes documentos:

I – convenção de constituição do grupo;

II – atas das assembleias-gerais, ou instrumentos de alteração contratual, de todas as sociedades que tiverem aprovado a constituição do grupo;

III – declaração autenticada do número das ações ou quotas de que a sociedade de comando e as demais sociedades integrantes do grupo são titulares em cada sociedade filiada, ou exemplar de acordo de acionistas que assegura o controle da sociedade filiada.

§ 1º Quando as sociedades filiadas tiverem sede em locais diferentes, deverão ser arquivadas no Registro do Comércio das respectivas sedes as atas de assembleia ou alterações contratuais que tiverem aprovado a convenção, sem prejuízo do registro na sede da sociedade de comando.

§ 2º As certidões de arquivamento no Registro do Comércio serão publicadas.

§ 3º A partir da data do arquivamento, a sociedade de comando e as filiadas passarão a usar as respectivas denominações acrescidas da designação do grupo.

§ 4º As alterações da convenção do grupo serão arquivadas e publicadas nos termos deste artigo, observando-se o disposto no § 1º do artigo 135.

Seção III

ADMINISTRAÇÃO

Administradores do Grupo

Art. 272. A convenção deve definir a estrutura administrativa do grupo de sociedades, podendo criar órgãos de deliberação colegiada e cargos de direção-geral.

Parágrafo único. A representação das sociedades perante terceiros, salvo disposição expressa na convenção do grupo, arquivada no Registro do Comércio e publicada, caberá exclusivamente aos administradores de cada sociedade, de acordo com os respectivos estatutos ou contratos sociais.

Administradores das Sociedades Filiadas

Art. 273. Aos administradores das sociedades filiadas, sem prejuízo de suas atribuições, poderes e responsabilidades, de acordo com os respectivos estatutos ou contratos sociais, compete observar a orientação geral estabelecida e as instruções expedidas pelos administradores do grupo que não importem violação da lei ou da convenção do grupo.

Remuneração

Art. 274. Os administradores do grupo e os investidos em cargos de mais de uma sociedade poderão ter a sua remuneração rateada entre as diversas sociedades, e a gratificação dos administradores, se houver, poderá ser fixada, dentro dos limites do § 1º do artigo 152 com base nos resultados apurados nas demonstrações financeiras consolidadas do grupo.

Seção IV

DEMONSTRAÇÕES FINANCEIRAS

Art. 275. O grupo de sociedades publicará, além das demonstrações financeiras referentes a cada uma das companhias que o compõem, demonstrações consolidadas, compreendendo todas as sociedades do grupo, elaboradas com observância do disposto no artigo 250.

§ 1º As demonstrações consolidadas do grupo serão publicadas juntamente com as da sociedade de comando.

§ 2º A sociedade de comando deverá publicar demonstrações financeiras nos termos desta Lei, ainda que não tenha a forma de companhia.

§ 3º As companhias filiadas indicarão, em nota às suas demonstrações financeiras publicadas, o órgão que publicou a última demonstração consolidada do grupo a que pertencer.

§ 4º As demonstrações consolidadas de grupo de sociedades que inclua companhia aberta serão obrigatoriamente auditadas por auditores independentes registrados na Comissão de Valores Mobiliários, e observarão as normas expedidas por essa Comissão.

Seção V

PREJUÍZOS RESULTANTES DE ATOS CONTRÁRIOS À CONVENÇÃO

Art. 276. A combinação de recursos e esforços, a subordinação dos interesses de uma sociedade aos de outra, ou do grupo, e a participação em custos, receitas ou resultados de atividades ou empreendimentos, somente poderão ser opostos aos sócios minoritários das sociedades filiadas nos termos da convenção do grupo.

§ 1º Consideram-se minoritários, para os efeitos deste artigo, todos os sócios da filiada, com exceção da sociedade de comando e das demais filiadas do grupo.

§ 2º A distribuição de custos, receitas e resultados e as compensações entre sociedades, previstas na convenção do grupo, deverão ser determinadas e registradas no balanço de cada exercício social das sociedades interessadas.

§ 3º Os sócios minoritários da filiada terão ação contra os seus administradores e contra a sociedade de comando do grupo para haver reparação de prejuízos resultantes de atos praticados com infração das normas deste artigo, observado o disposto nos parágrafos do artigo 246.

Conselho Fiscal das Filiadas

Art. 277. O funcionamento do Conselho Fiscal da companhia filiada a grupo, quando não for permanente, poderá ser pedido por acionistas não controladores que representem, no mínimo, cinco por cento das ações ordinárias, ou das ações preferenciais sem direito de voto.

► Art. 291 da Lei nº 8.934, de 18-11-1994 (Lei do Registro Público de Empresas Mercantis).

§ 1º Na constituição do Conselho Fiscal da filiada serão observadas as seguintes normas:

a) os acionistas não controladores votarão em separado, cabendo às ações com direito a voto o direito de eleger um membro e respectivo suplente e às ações sem direito a voto, ou com voto restrito, o de eleger outro;

b) a sociedade de comando e as filiadas poderão eleger número de membros, e respectivos suplentes, igual ao dos eleitos nos termos da alínea *a*, mais um.

§ 2º O Conselho Fiscal da sociedade filiada poderá solicitar aos órgãos de administração da sociedade de comando, ou de outras filiadas, os esclarecimentos ou informações que julgar necessários para fiscalizar a observância da convenção do grupo.

CAPÍTULO XXII

CONSÓRCIO

► Arts. 32, II, *b*, e 41, I, *c*, da Lei nº 8.934, de 18-11-1994 (Lei do Registro Público de Empresas Mercantis).

► Lei nº 12.402, de 2-5-2011, regula o cumprimento de obrigações tributárias por consórcios que realizarem contratações de pessoas jurídicas e físicas; acresce dispositivos à Lei nº 10.168, de 29 de dezembro de 2000, que institui contribuição de intervenção de domínio econômico destinada a financiar o Programa de Estímulo à Interação Universidade-Empresa para o Apoio à Inovação.

Art. 278. As companhias e quaisquer outras sociedades, sob o mesmo controle ou não, podem constituir consórcio para executar determinado empreendimento, observado o disposto neste Capítulo.

§ 1º O consórcio não tem personalidade jurídica e as consorciadas somente se obrigam nas condições previstas no respectivo contrato, respondendo cada uma por suas obrigações, sem presunção de solidariedade.

§ 2º A falência de uma consorciada não se estende às demais, subsistindo o consórcio com as outras contratantes; os créditos que porventura tiver a falida serão apurados e pagos na forma prevista no contrato de consórcio.

Art. 279. O consórcio será constituído mediante contrato aprovado pelo órgão da sociedade competente para autorizar a alienação de bens do ativo não circulante, do qual constarão:

► *Caput* com a redação dada pela Lei nº 11.941, de 27-5-2009.

► Art. 1º, § 1º, da Lei nº 13.303, de 30-6-2016, dispõe sobre o estatuto jurídico da empresa pública, da sociedade de economia mista e de suas subsidiárias, no âmbito da União, dos Estados, do Distrito Federal e dos Municípios.

I – a designação do consórcio, se houver;

II – o empreendimento que constitua o objeto do consórcio;

III – a duração, endereço e foro;

IV – a definição das obrigações e responsabilidade de cada sociedade consorciada, e das prestações específicas;

V – normas sobre recebimento de receitas e partilha de resultados;

VI – normas sobre administração do consórcio, contabilização, representação das sociedades consorciadas e taxa de administração, se houver;

VII – forma de deliberação sobre assuntos de interesse comum, com o número de votos que cabe a cada consorciado;

VIII – contribuição de cada consorciado para as despesas comuns, se houver.

Parágrafo único. O contrato de consórcio e suas alterações serão arquivados no Registro do Comércio do lugar da sua sede, devendo a certidão do arquivamento ser publicada.

CAPÍTULO XXIII

SOCIEDADES EM COMANDITA POR AÇÕES

► Arts. 1.090 a 1.092 do CC.

Art. 280. A sociedade em comandita por ações terá o capital dividido em ações e reger-se-á pelas normas relativas às companhias ou sociedades anônimas, sem prejuízo das modificações constantes deste Capítulo.

Art. 281. A sociedade poderá comerciar sob firma ou razão social, da qual só farão parte os nomes dos sócios diretores ou gerentes. Ficam ilimitada e solidariamente responsáveis, nos termos desta Lei, pelas obrigações sociais, os que, por seus nomes, figurarem na firma ou razão social.

Parágrafo único. A denominação ou a firma deve ser seguida das palavras "Comandita por Ações", por extenso ou abreviadamente.

► Art. 1.161 do CC.

Art. 282. Apenas o sócio ou acionista tem qualidade para administrar ou gerir a sociedade e, como diretor ou gerente, responder subsidiária, mas ilimitada e solidariamente, pelas obrigações da sociedade.

► Art. 1.091 do CC.

§ 1º Os diretores ou gerentes serão nomeados, sem limitação de tempo, no estatuto da sociedade, e somente poderão ser destituídos por deliberação de acionistas que representem dois terços, no mínimo, do capital social.

§ 2º O diretor ou gerente que for destituído ou se exonerar continuará responsável pelas obrigações sociais contraídas sob sua administração.

Art. 283. A assembleia-geral não pode, sem o consentimento dos diretores ou gerentes, mudar o objeto essencial da sociedade, prorrogar-lhe o prazo de duração, aumentar ou diminuir o capital social, emitir debêntures ou criar partes beneficiárias nem aprovar a participação em grupo de sociedade.

► Artigo com a redação dada pela Lei nº 9.457, de 5-5-1997.

► Art. 1.092 do CC.

► Lei nº 8.021, de 12-4-1990, dispõe sobre a identificação dos contribuintes para fins fiscais.

Art. 284. Não se aplica à sociedade em comandita por ações o disposto nesta Lei sobre Conselho de Administração, autorização estatutária de aumento de capital e emissão de bônus de subscrição.

► Art. 1.090 do CC.

CAPÍTULO XXIV

PRAZOS DE PRESCRIÇÃO

► Arts. 189 e segs. do CC.

Art. 285. A ação para anular a constituição da companhia, por vício ou defeito, prescreve em um ano, contado da publicação dos atos constitutivos.

Parágrafo único. Ainda depois de proposta a ação, é lícito à companhia, por deliberação da assembleia-geral, providenciar para que seja sanado o vício ou defeito.

Art. 286. A ação para anular as deliberações tomadas em assembleia-geral ou especial, irregularmente convocada ou instalada, violadoras da lei ou do estatuto, ou eivadas de erro, dolo, fraude ou simulação prescreve em dois anos, contados da deliberação.

Art. 287. Prescreve:

I – em um ano:

a) a ação contra peritos e subscritores do capital, para deles haver reparação civil pela avaliação de bens, contado o prazo da publicação da ata da assembleia-geral que aprovar o laudo;

b) a ação dos credores não pagos contra os acionistas e os liquidantes, contado o prazo da publicação da ata de encerramento da liquidação da companhia;

II – em três anos:

a) a ação para haver dividendos, contado o prazo da data em que tenham sido postos à disposição do acionista;

b) a ação contra os fundadores, acionistas, administradores, liquidantes, fiscais ou sociedade de comando, para deles haver reparação civil por atos culposos ou dolosos, no caso de violação da lei, do estatuto ou da convenção do grupo, contado o prazo:

1) para os fundadores, da data da publicação dos atos constitutivos da companhia;

2) para os acionistas, administradores, fiscais e sociedades de comando, da data da publicação da ata que aprovar o balanço referente ao exercício em que a violação tenha ocorrido;

3) para os liquidantes, da data da publicação da ata da primeira assembleia-geral posterior à violação;

c) a ação contra acionistas para restituição de dividendos recebidos de má-fé, contado o prazo da data da publicação da ata de assembleia-geral ordinária do exercício em que os dividendos tenham sido declarados;

d) a ação contra os administradores ou titulares de partes beneficiárias para restituição das participações no lucro recebidas de má-fé, contado o prazo da data da publicação da ata da assembleia-geral ordinária do exercício em que as participações tenham sido pagas;

e) a ação contra o agente fiduciário de debenturistas ou titulares de partes beneficiárias para dele haver reparação civil por atos culposos ou dolosos, no caso de violação da lei ou da escritura de emissão, a contar da publicação da ata da assembleia-geral em que tiver tomado conhecimento da violação;

f) a ação contra o violador do dever de sigilo de que trata o artigo 260 para dele haver reparação civil, a contar da data da publicação da oferta;

g) a ação movida pelo acionista contra a companhia, qualquer que seja o seu fundamento.

► Alínea *g* acrescida pela Lei nº 10.303, de 31-10-2001.

Art. 288. Quando a ação se originar de fato que deva ser apurado no juízo criminal, não ocorrerá a prescrição antes da respectiva sentença definitiva, ou da prescrição da ação penal.

CAPÍTULO XXV

DISPOSIÇÕES GERAIS

Art. 289. As publicações ordenadas pelas presente Lei serão feitas no órgão oficial da União ou do Estado ou do Distrito Federal, conforme o lugar em que esteja situada a sede da companhia, e em outro jornal de grande circulação editado na localidade em que está situada a sede da companhia.

► *Caput* com a redação dada pela Lei nº 9.457, de 5-5-1997.

► A alteração que seria introduzida no *caput* pela Lei nº 12.431, de 24-6-2011, foi vetada, razão pela qual mantivemos a sua redação.

★ **Nova redação do dispositivo alterado:** "Art. 289. As publicações ordenadas por esta Lei obedecerão às seguintes condições:"

► *Caput* com a redação dada pela Lei nº 13.818, de 24-4-2019, para vigorar a partir de 1º-1-2022.

I – deverão ser efetuadas em jornal de grande circulação editado na localidade em que esteja situada a sede da companhia, de forma resumida e com divulgação simultânea da íntegra dos documentos na página do mesmo jornal na internet, que deverá providenciar certificação digital da autenticidade dos documentos mantidos na página própria emitida por autoridade certificadora credenciada no âmbito da Infraestrutura de Chaves Públicas Brasileiras (ICP-Brasil);

II – no caso de demonstrações financeiras, a publicação de forma resumida deverá conter, no mínimo, em comparação com os dados do exercício social anterior, informações ou valores globais relativos a cada grupo e a respectiva classificação de contas ou registros, assim como extratos das informações relevantes contempladas nas notas explicativas e nos pareceres dos auditores independentes e do conselho fiscal, se houver.

► Incisos I e II acrescidos pela Lei nº 13.818, de 24-4-2019, para vigorar a partir de 1º-1-2022.

§ 1º A Comissão de Valores Mobiliários poderá determinar que as publicações ordenadas por esta Lei sejam feitas, também, em jornal de grande circulação nas localidades em que os valores mobiliários da companhia sejam negociados em bolsa ou em mercado de balcão, ou disseminadas por algum outro meio que assegure sua ampla divulgação e imediato acesso às informações.

► § 1º com a redação dada pela Lei nº 9.457, de 5-5-1997.

§ 2º Se no lugar em que estiver situada a sede da companhia não for editado jornal, a publicação se fará em órgão de grande circulação local.

§ 3º A companhia deve fazer as publicações previstas nesta Lei sempre no mesmo jornal, e qualquer mudança deverá ser precedida de aviso aos acionistas no extrato da ata da assembleia-geral ordinária.

§ 4º O disposto no final do § 3º não se aplica à eventual publicação de atas ou balanços em outros jornais.

§ 5º Todas as publicações ordenadas nesta Lei deverão ser arquivadas no Registro do Comércio.

§ 6º As publicações do balanço e da demonstração de lucros e perdas poderão ser feitas adotando-se como expressão monetária o milhar de reais.

► § 6º com a redação dada pela Lei nº 9.457, de 5-5-1997.

§ 7º Sem prejuízo do disposto no *caput* deste artigo, as companhias abertas poderão, ainda, disponibilizar as referidas publicações pela rede mundial de computadores.

► § 7º acrescido pela Lei nº 10.303, de 31-10-2001.

Art. 290. A indenização por perdas e danos em ações com fundamento nesta Lei será corrigida monetariamente até o trimestre civil em que for efetivamente liquidada.

► Lei nº 6.899, de 8-4-1981, determina a aplicação da correção monetária nos débitos oriundos de decisão judicial.

Art. 291. A Comissão de Valores Mobiliários poderá reduzir, mediante fixação de escala em função do valor do capital social, a porcentagem mínima aplicável às companhias abertas, estabelecida no artigo 105; na alínea *c* do parágrafo único do artigo 123; no *caput* do artigo 141; no § 1º do artigo 157; no § 4º do artigo 159; no § 2º do artigo 161; no § 6º do artigo 163; na alínea *a* do § 1º do artigo 246; e no artigo 277.

► *Caput* com a redação dada pela Lei nº 10.303, de 31-10-2001.

► Art. 123, parágrafo único, *c*, da Lei nº 6.404, de 15-12-1976 (Lei das Sociedades por Ações).

Parágrafo único. A Comissão de Valores Mobiliários poderá reduzir a porcentagem de que trata o artigo 249.

Art. 292. As sociedades de que trata o artigo 62 da Lei nº 4.728, de 14 de julho de 1965, podem ter suas ações ao portador.

► Arts. 904 a 909 do CC.

► Lei nº 4.728, de 14-7-1965 (Lei do Mercado de Capitais).

► Lei nº 8.021, de 12-4-1990, dispõe sobre a identificação dos contribuintes para fins fiscais.

Art. 293. A Comissão de Valores Mobiliários autorizará as Bolsas de Valores a prestar os serviços previstos nos artigos 27; 34, § 2º; 39, § 1º; 40; 41; 42; 43; 44; 72; 102 e 103.

Parágrafo único. *Revogado.* Lei nº 12.810, de 15-5-2013.

Art. 294. A companhia fechada que tiver menos de 20 (vinte) acionistas, com patrimônio líquido de até R$ 10.000.000,00 (dez milhões de reais), poderá:

► *Caput* com a redação dada pela Lei nº 13.818, de 24-4-2019.

★ **Nova redação do dispositivo alterado:** "Art. 294. A companhia fechada que tiver receita bruta anual de até R$ 78.000.000,00 (setenta e oito milhões de reais) poderá:"

► *Caput* com a redação dada pela LC nº 182, de 1º-6-2021, para vigorar após 90 dias de sua publicação.

I – convocar assembleia-geral por anúncio entregue a todos os acionistas, contra recibo, com a antecedência prevista no artigo 124; e

► Este inciso estará revogado pela LC nº 182, de 1º-6-2021, para vigorar após 90 dias de sua publicação.

II – deixar de publicar os documentos de que trata o artigo 133, desde que sejam, por cópias autenticadas, arquivados no Registro do Comércio juntamente com a ata da assembleia que sobre eles deliberar.

► Este inciso estará revogado pela LC nº 182, de 1º-6-2021, para vigorar após 90 dias de sua publicação.

III – realizar as publicações ordenadas por esta Lei de forma eletrônica, em exceção ao disposto no art. 289 desta Lei; e

IV – substituir os livros de que trata o art. 100 desta Lei por registros mecanizados ou eletrônicos.

► Incisos III e IV acrescidos pela LC nº 182, de 1º-6-2021, para vigorar após 90 dias de sua publicação.

§ 1º A companhia deverá guardar os recibos de entrega dos anúncios de convocação e arquivar no Registro do Comércio, juntamente com a ata da assembleia, cópia autenticada dos mesmos.

§ 2º Nas companhias de que trata este artigo, o pagamento da participação dos administradores poderá ser feito sem observância do disposto no § 2º do artigo 152, desde que aprovada pela unanimidade dos acionistas.

§ 3º O disposto neste artigo não se aplica à companhia controladora de grupo de sociedades, ou a ela filiadas.

§ 4º Na hipótese de omissão do estatuto quanto à distribuição de dividendos, estes serão estabelecidos livremente pela assembleia-geral, hipótese em que não se aplicará o disposto no art. 202 desta Lei, desde que não seja prejudicado o direito dos acionistas preferenciais de receber os dividendos fixos ou mínimos a que tenham prioridade.

§ 5º Ato do Ministro de Estado da Economia disciplinará o disposto neste artigo.

► §§ 4º e 5º acrescidos pela LC nº 182, de 1º-6-2021, para vigorar após 90 dias de sua publicação.

Art. 294-A.** **A Comissão de Valores Mobiliários regulamentará as condições facilitadas para o acesso de companhias de menor porte ao mercado de capitais, e será permitido dispensar ou modular a observância ao disposto:

I – no art. 161 desta Lei, quanto à obrigatoriedade de instalação do conselho fiscal a pedido de acionistas;

II – no § 5º do art. 170 desta Lei, quanto à obrigatoriedade de intermediação de instituição financeira em distribuições públicas de valores mobiliários, sem prejuízo da competência prevista no inciso III do § 3º do art. 2º da Lei nº 6.385, de 7 de dezembro de 1976;

III – no inciso I do** caput **do art. 109, nos §§ 1º e 2º do art. 111 e no art. 202 desta Lei, quanto ao recebimento de dividendo obrigatório;

IV – no art. 289 desta Lei, quanto à forma de realização das publicações ordenadas por esta Lei; e

V – VETADO.

Art. 294-B.** **Para fins do disposto nesta Lei, considera-se companhia de menor porte aquela que aufira receita bruta anual inferior a R$ 500.000.000,00 (quinhentos milhões de reais).

§ 1º A regulamentação editada não prejudica o estabelecimento de procedimentos simplificados aplicáveis às companhias de menor porte, pela Comissão de Valores Mobiliários, com base nas competências previstas na Lei nº 6.385, de 7 de dezembro de 1976, especialmente quanto:

I – à obtenção de registro de emissor;

II – às distribuições públicas de valores mobiliários de sua emissão; e

III – à elaboração e à prestação de informações periódicas e eventuais.

§ 2º A Comissão de Valores Mobiliários poderá:

I – estabelecer a forma de atualização do valor previsto no** caput **deste artigo e os critérios adicionais para a manutenção da condição de companhia de menor porte após seu acesso ao mercado de capitais; e

II – disciplinar o tratamento a ser empregado às companhias abertas que se caracterizem como de menor porte nos termos do** caput **deste artigo.

► Arts. 294-A e 294-B acrescidos pela LC nº 182, de 1º-6-2021, para vigorar após 90 dias de sua publicação.

CAPÍTULO XXVI

DISPOSIÇÕES TRANSITÓRIAS

Art. 295. A presente Lei entrará em vigor sessenta dias após a sua publicação, aplicando-se, todavia, a partir da data da publicação, às companhias que se constituírem.

§ 1º O disposto neste artigo não se aplica às disposições sobre:

a) elaboração das demonstrações financeiras, que serão observadas pelas companhias existentes a partir do exercício social que se iniciar após 1º de janeiro de 1978;

b) a apresentação, nas demonstrações financeiras, de valores do exercício anterior (artigo 176, § 1º), que será obrigatória a partir do balanço do exercício social subsequente ao referido na alínea anterior;

c) elaboração e publicação de demonstrações financeiras consolidadas, que somente serão obrigatórias para os exercícios iniciados a partir de 1º de janeiro de 1978.

§ 2º A participação dos administradores nos lucros sociais continuará a regular-se pelas disposições legais e estatutárias, em vigor, aplicando-se o disposto nos §§ 1º e 2º do artigo 152 a partir do exercício social que se iniciar no curso do ano de 1977.

§ 3º A restrição ao direito de voto das ações ao portador (artigo 112) só vigorará a partir de um ano a contar da data em que esta Lei entrar em vigor.

► Arts. 904 a 909 do CC.

► Lei nº 8.021, de 12-4-1990, dispõe sobre a identificação dos contribuintes para fins fiscais.

Art. 296. As companhias existentes deverão proceder à adaptação do seu estatuto aos preceitos desta Lei no prazo de um ano a contar da data em que ela entrar em vigor, devendo para esse fim ser convocada assembleia-geral dos acionistas.

§ 1º Os administradores e membros do Conselho Fiscal respondem pelos prejuízos que causarem pela inobservância do disposto neste artigo.

§ 2º O disposto neste artigo não prejudicará os direitos pecuniários conferidos por partes beneficiárias e debêntures em circulação na data da publicação desta Lei, que somente poderão ser modificados ou reduzidos com observância do disposto no artigo 51 e no § 5º do artigo 71.

§ 3º As companhias existentes deverão eliminar, no prazo de cinco anos, a contar da data da entrada em vigor desta Lei, as participações recíprocas vedadas pelo artigo 244 e seus parágrafos.

§ 4º As companhias existentes, cujo estatuto for omisso quanto à fixação do dividendo, ou que o estabelecer em condições que não satisfaçam aos requisitos do § 1º do artigo 202 poderão, dentro do prazo previsto neste artigo, fixá-lo em porcentagem inferior à prevista no § 2º do artigo 202, mas os acionistas dissidentes dessa deliberação terão direito de retirar-se da companhia, mediante reembolso do valor de suas ações, com observância do disposto nos artigos 45 e 137.

§ 5º O disposto no artigo 199 não se aplica às reservas constituídas e aos lucros acumulados em balanços levantados antes de 1º de janeiro de 1977.

§ 6º O disposto nos §§ 1º e 2º do artigo 237 não se aplica às participações existentes na data da publicação desta Lei.

Art. 297. As companhias existentes que tiverem ações preferenciais com prioridade na distribuição de dividendo fixo ou mínimo ficarão dispensadas do disposto no artigo 167 e seu § 1º, desde que no prazo de que trata o artigo 296 regulem no estatuto a participação das ações preferenciais na correção anual do capital social, com observância das seguintes normas:

I – o aumento de capital poderá ficar na dependência de deliberação da assembleia-geral, mas será obrigatório quando o saldo da conta de que trata o § 3º do artigo 182 ultrapassar cinquenta por cento do capital social;

II – a capitalização da reserva poderá ser procedida mediante aumento do valor nominal das ações ou emissões de novas ações bonificadas, cabendo à assembleia-geral escolher, em cada aumento de capital, o modo a ser adotado;

III – em qualquer caso, será observado o disposto no § 4º do artigo 17;

IV – as condições estatutárias de participação serão transcritas nos certificados das ações da companhia.

Art. 298. As companhias existentes, com capital inferior a cinco milhões de cruzeiros, poderão, no prazo de que trata o artigo 296, deliberar, pelo voto de acionistas que representem dois terços do capital social, a sua transformação em sociedade por quotas, de responsabilidade limitada, observadas as seguintes normas:

I – na deliberação da assembleia a cada ação caberá um voto, independentemente de espécie ou classe;

II – a sociedade por quotas resultante da transformação deverá ter o seu capital integralizado e o seu contrato social assegurará aos sócios a livre transferência das quotas, entre si ou para terceiros;

III – o acionista dissidente da deliberação da assembleia poderá pedir o reembolso das ações pelo valor de patrimônio líquido a preços de mercado, observado o disposto nos artigos 45 e 137;

IV – o prazo para o pedido de reembolso será de noventa dias a partir da data da publicação da ata da assembleia, salvo para os titulares de ações nominativas, que será contado da data do recebimento de aviso por escrito da companhia.

Art. 299. Ficam mantidas as disposições sobre sociedades por ações, constantes de legislação especial sobre a aplicação de incentivos fiscais nas áreas da SUDENE, SUDAM, SUDEPE, EMBRATUR, e REFLORESTAMENTO, bem como todos os dispositivos das Leis nºs 4.131, de 3 de setembro de 1962, e 4.390, de 29 de agosto de 1964.

Art. 299-A. O saldo existente em 31 de dezembro de 2008 no ativo diferido que, pela sua natureza, não puder ser alocado a outro grupo de contas, poderá permanecer no ativo sob essa classificação até sua completa amortização, sujeito à análise sobre a recuperação de que trata o § 3º do art. 183 desta Lei.

Art. 299-B. O saldo existente no resultado de exercício futuro em 31 de dezembro de 2008 deverá ser reclassificado para o passivo não circulante em conta representativa de receita diferida.

Parágrafo único. O registro do saldo de que trata o *caput* deste artigo deverá evidenciar a receita diferida e o respectivo custo diferido.

▸ Arts. 299-A e 299-B com a redação dada pela Lei nº 11.941, de 27-5-2009.

Art. 300. Ficam revogados o Decreto-Lei nº 2.627, de 26 de setembro de 1940, com exceção dos artigos 59 a 73, e demais disposições em contrário.

▸ Dec.-lei nº 2.627, de 26-9-1940, parcialmente revogado por esta Lei.

Brasília, 15 de dezembro de 1976;
155º da Independência e
88º da República.

Ernesto Geisel

LEI Nº 6.453, DE 17 DE OUTUBRO DE 1977

Dispõe sobre a responsabilidade civil por danos nucleares e a responsabilidade criminal por atos relacionados com atividades nucleares e dá outras providências.

▸ Publicada no *DOU* de 18-10-1977.

CAPÍTULO I
DAS DEFINIÇÕES

Art. 1º Para os efeitos desta Lei considera-se:

I – "operador", a pessoa jurídica devidamente autorizada para operar instalação nuclear;

II – "combustível nuclear", o material capaz de produzir energia, mediante processo autossustentado de fissão nuclear;

III – "produtos ou rejeitos radioativos", os materiais radioativos obtidos durante o processo de produção ou de utilização de combustíveis nucleares, ou cuja radioatividade se tenha originado da exposição às irradiações inerentes a tal processo, salvo os radioisótopos que tenham alcançado o estágio final de elaboração e já se possam utilizar para fins científicos, médicos, agrícolas, comerciais ou industriais;

IV – "material nuclear", o combustível nuclear e os produtos ou rejeitos radioativos;

V – "reator nuclear", qualquer estrutura que contenha combustível nuclear, disposto de tal maneira que, dentro dela, possa ocorrer processo autossustentado de fissão nuclear, sem necessidade de fonte adicional de nêutrons;

VI – "instalação nuclear":

a) o reator nuclear, salvo o utilizado como fonte de energia em meio de transporte, tanto para sua propulsão como para outros fins;

b) a fábrica que utilize combustível nuclear para a produção de materiais nucleares ou na qual se proceda a tratamento de materiais nucleares, incluídas as instalações de reprocessamento de combustível nuclear irradiado;

c) o local de armazenamento de materiais nucleares, exceto aquele ocasionalmente usado durante seu transporte;

VII – "dano nuclear", o dano pessoal ou material produzido como resultado direto ou indireto das propriedades radioativas, da sua combinação com as propriedades tóxicas ou com outras características dos materiais nucleares, que se encontrem em instalação nuclear, ou dela procedentes ou a ela enviados;

VIII – "acidente nuclear", o fato ou sucessão de fatos da mesma origem, que cause dano nuclear;

IX – "radiação ionizante", a emissão de partículas alfa, beta, nêutrons, íons acelerados ou raios X ou gama, capazes de provocar a formação de íons no tecido humano.

Art. 2º Várias instalações nucleares situadas no mesmo local e que tenham um único operador poderão ser consideradas, pela Autoridade Nacional de Segurança Nuclear – ANSN, como uma só instalação nuclear.

▸ Artigo com a redação dada pela MP nº 1.049, de 14-5-2021, que até o encerramento desta edição não havia sido convertida em lei.

Art. 3º Será também considerado dano nuclear o resultante de acidente nuclear combinado com outras causas, quando não se puderem distinguir os danos não nucleares.

CAPÍTULO II
DA RESPONSABILIDADE CIVIL POR DANOS NUCLEARES

Art. 4º Será exclusiva do operador da instalação nuclear, nos termos desta Lei, independentemente da existência de culpa, a responsabilidade civil pela reparação de dano nuclear causado por acidente nuclear:

I – ocorrido na instalação nuclear;

II – provocado por material nuclear procedente de instalação nuclear, quando o acidente ocorrer:

a) antes que o operador da instalação nuclear a que se destina tenha assumido, por contrato escrito, a responsabilidade por acidentes nucleares causados pelo material;

b) na falta de contrato, antes que o operador da outra instalação nuclear haja assumido efetivamente o encargo do material;

III – provocado por material nuclear enviado à instalação nuclear, quando o acidente ocorrer:

a) depois que a responsabilidade por acidente provocado pelo material lhe houver sido transferida, por contrato escrito, pelo operador da outra instalação nuclear;

b) na falta de contrato, depois que o operador da instalação nuclear houver assumido efetivamente o encargo do material a ele enviado.

Art. 5º Quando responsáveis mais de um operador, respondem eles solidariamente, se impossível apurar-se a parte dos danos atribuível a cada um, observado o disposto nos artigos 9º a 13.

Art. 6º Uma vez provado haver o dano resultado exclusivamente de culpa da vítima, o operador será exonerado, apenas em relação a ela, da obrigação de indenizar.

Art. 7º O operador somente tem direito de regresso contra quem admitiu, por contrato escrito, o exercício desse direito, ou contra a pessoa física que, dolosamente, deu causa ao acidente.

Art. 8º O operador não responde pela reparação do dano resultante de acidente nuclear causado diretamente por conflito armado, hostilidades, guerra civil, insurreição ou excepcional fato da natureza.

Art. 9º A responsabilidade do operador pela reparação do dano nuclear é limitada, em cada acidente, ao valor correspondente a um milhão e quinhentas mil Obrigações do Tesouro Nacional.

Parágrafo único. O limite fixado neste artigo não compreende os juros de mora, os honorários de advogado e as custas judiciais.

Art. 10. Se a indenização relativa a danos causados por determinado acidente nuclear exceder ao limite fixado no artigo anterior, proceder-se-á ao rateio entre os credores, na proporção de seus direitos.

§ 1º No rateio, os débitos referentes a danos pessoais serão executados separada e preferentemente aos relativos a danos materiais. Após seu pagamento, ratear-se-á o saldo existente entre os credores por danos materiais.

§ 2º Aplica-se o disposto neste artigo quando a União, organização internacional ou qualquer entidade fornecer recursos financeiros para ajudar a reparação dos danos nucleares e a soma desses recursos com a importância fixada no artigo anterior for insuficiente ao pagamento total da indenização devida.

Art. 11. As ações em que se pleiteiem indenizações por danos causados por determinado acidente nuclear deverão ser processadas e julgadas pelo mesmo Juízo Federal, fixando-se a prevenção jurisdicional segundo as disposições do Código de Processo Civil. Também competirá ao Juízo prevento a instauração, *ex officio*, do procedimento do rateio previsto no artigo anterior.

Art. 12. O direito de pleitear indenização com o fundamento nesta Lei prescreve em 10 (dez) anos, contados da data do acidente nuclear.

Parágrafo único. Se o acidente for causado por material subtraído, perdido ou abandonado, o prazo prescricional contar-se-á do acidente, mas não excederá a 20 (vinte) anos contados da data da subtração, perda ou abandono.

Art. 13. O operador da instalação nuclear é obrigado a manter seguro ou outra garantia financeira que cubra a sua responsabilidade pelas indenizações por danos nucleares.

§ 1º A natureza da garantia e a fixação de seu valor serão determinadas, em cada caso, pela ANSN, no ato da licença de construção ou da autorização para a operação.

► § 1º com a redação dada pela MP nº 1.049, de 14-5-2021, que até o encerramento desta edição não havia sido convertida em lei.

§ 2º Ocorrendo alteração na instalação, poderão ser modificados a natureza e o valor da garantia.

§ 3º Para a determinação da natureza e do valor da garantia, levar-se-ão em conta o tipo, a capacidade, a finalidade, a localização de cada instalação, bem como os demais fatores previsíveis.

§ 4º O não cumprimento, por parte do operador, da obrigação prevista neste artigo acarretará a cassação da autorização.

§ 5º A ANSN poderá dispensar o operador da obrigação a que se refere o caput, em razão dos reduzidos riscos decorrentes de determinados materiais ou instalações nucleares.

► § 5º com a redação dada pela MP nº 1.049, de 14-5-2021, que até o encerramento desta edição não havia sido convertida em lei.

Art. 14. A União garantirá, até o limite fixado no artigo 9º, o pagamento das indenizações por danos nucleares de responsabilidade do operador, fornecendo os recursos complementares necessários, quando insuficientes os provenientes do seguro ou de outra garantia.

Art. 15. No caso de acidente provocado por material nuclear ilicitamente possuído ou utilizado e não relacionado a qualquer operador, os danos serão suportados pela União, até o limite fixado no artigo 9º, ressalvado o direito de regresso contra a pessoa que lhes deu causa.

Art. 16. Não se aplica a presente Lei às hipóteses de dano causado por emissão de radiação ionizante quando o fato não constituir acidente nuclear.

Art. 17. As indenizações pelos danos causados aos que trabalham com material nuclear ou em instalação nuclear serão reguladas pela legislação especial sobre acidentes do trabalho.

Art. 18. O disposto nesta Lei não se aplica às indenizações relativas a danos nucleares sofridos:

I – pela própria instalação nuclear;

II – pelos bens que se encontrem na área da instalação, destinados ao seu uso;

III – pelo meio de transporte no qual, ao produzir-se o acidente nuclear, estava o material que o ocasionou.

CAPÍTULO III
DA RESPONSABILIDADE CRIMINAL

Art. 19. Constituem crimes na exploração e utilização de energia nuclear os descritos neste Capítulo, além dos tipificados na legislação sobre segurança nacional e nas demais leis.

Art. 20. Produzir, processar, fornecer ou usar material nuclear sem a necessária autorização ou para fim diverso do permitido em lei:

Pena: reclusão, de quatro a dez anos.

Art. 21. Permitir o responsável pela instalação nuclear sua operação sem a necessária autorização:

Pena: reclusão, de dois a seis anos.

Art. 22. Possuir, adquirir, transferir, transportar, guardar ou trazer consigo material nuclear, sem a necessária autorização:

Pena: reclusão, de dois a seis anos.

Art. 23. Transmitir ilicitamente informações sigilosas, concernentes à energia nuclear:

Pena: reclusão, de quatro a oito anos.

Art. 24. Extrair, beneficiar ou comerciar ilegalmente minério nuclear:

Pena: reclusão, de dois a seis anos.

Art. 25. Exportar ou importar, sem a necessária licença, material nuclear, minérios nucleares e seus concentrados, minérios de interesse para a energia nuclear e minérios e concentrados que contenham elementos nucleares:

Pena: reclusão, de dois a oito anos.

Art. 26. Deixar de observar as normas de segurança ou de proteção relativas à instalação nuclear ou ao uso, transporte, posse e guarda de material nuclear, expondo a perigo a vida, a integridade física ou o patrimônio de outrem:

Pena: reclusão, de dois a oito anos.

Art. 27. Impedir ou dificultar o funcionamento de instalação nuclear ou o transporte de material nuclear:

Pena: reclusão, de quatro a dez anos.

Art. 28. Esta Lei entrará em vigor na data de sua publicação.

Art. 29. Revogam-se as disposições em contrário.

Brasília, em 17 de outubro de 1977;
156º da Independência e
89º da República.

Ernesto Geisel

LEI Nº 6.515, DE 26 DE DEZEMBRO DE 1977

Regula os casos de dissolução da sociedade conjugal e do casamento, seus efeitos e respectivos processos, e dá outras providências.

► Publicada no *DOU* de 27-12-1977.

Art. 1º A separação judicial, a dissolução do casamento, ou a cessação de seus efeitos civis, de que trata a Emenda Constitucional nº 9, de 28 de junho de 1977, ocorrerão nos casos e segundo a forma que esta Lei regula.

CAPÍTULO I

DA DISSOLUÇÃO DA SOCIEDADE CONJUGAL

Art. 2º A sociedade conjugal termina:

I – pela morte de um dos cônjuges;

II – pela nulidade ou anulação do casamento;

III – pela separação judicial;

IV – pelo divórcio.

Parágrafo único. O casamento válido somente se dissolve pela morte de um dos cônjuges ou pelo divórcio.

Seção I

DOS CASOS E EFEITOS DA SEPARAÇÃO JUDICIAL

Art. 3º A separação judicial põe termo aos deveres de coabitação, fidelidade recíproca e ao regime matrimonial de bens, como se o casamento fosse dissolvido.

§ 1º O procedimento judicial da separação caberá somente aos cônjuges, e, no caso de incapacidade, serão representados por curador, ascendente ou irmão.

§ 2º O juiz deverá promover todos os meios para que as partes se reconciliem ou transijam, ouvindo pessoal e separadamente cada uma delas e, a seguir reunindo-as em sua presença, se assim considerar necessário.

§ 3º Após a fase prevista no parágrafo anterior, se os cônjuges pedirem, os advogados deverão ser chamados a assistir aos entendimentos e deles participar.

Art. 4º Dar-se-á a separação judicial por mútuo consentimento dos cônjuges, se forem casados há mais de dois anos, manifestado perante o juiz e devidamente homologado.

Art. 5º A separação judicial pode ser pedida por um só dos cônjuges quando imputar ao outro conduta desonrosa ou qualquer ato que importe em grave violação dos deveres do casamento e torne insuportável a vida em comum.

§ 1º A separação judicial pode, também, ser pedida se um dos cônjuges provar a ruptura da vida em comum há mais de um ano consecutivo, e a impossibilidade de sua reconstituição.

► § 1º com a redação dada pela Lei nº 8.408, de 13-2-1992.

§ 2º O cônjuge pode ainda pedir a separação judicial quando o outro estiver acometido de grave doença mental, manifestada após o casamento, que torne impossível a continuação da vida em comum, desde que, após uma duração de cinco anos, a enfermidade tenha sido reconhecida de cura improvável.

§ 3º Nos casos dos parágrafos anteriores, reverterão, ao cônjuge que não houver pedido a separação judicial, os remanescentes dos bens que levou para o casamento, e, se o regime de bens adotado o permitir, também a meação nos adquiridos na constância da sociedade conjugal.

Art. 6º Nos casos dos §§ 1º e 2º do artigo anterior, a separação judicial poderá ser negada, se constituir, respectivamente, causa de agravamento das condições pessoais ou da doença do outro cônjuge, ou determinar, em qualquer caso, consequências morais de excepcional gravidade para os filhos menores.

Art. 7º A separação judicial importará na separação de corpos e na partilha de bens.

§ 1º A separação de corpos poderá ser determinada como medida cautelar (artigo 796 do Código de Processo Civil).

► Refere-se ao CPC/1973. Art. 294, parágrafo único, do CPC/2015.

§ 2º A partilha de bens poderá ser feita mediante proposta dos cônjuges e homologada pelo juiz ou por este decidida.

Art. 8º A sentença que julgar a separação judicial produz seus efeitos à data de seu trânsito em julgado, ou à da decisão que tiver concedido separação cautelar.

Seção II

DA PROTEÇÃO DA PESSOA DOS FILHOS

Art. 9º No caso de dissolução da sociedade conjugal pela separação judicial consensual (artigo 4º), observar-se-á o que os cônjuges acordarem sobre a guarda dos filhos.

Art. 10. Na separação judicial fundada no *caput* do artigo 5º, os filhos menores ficarão com o cônjuge que a ela não houver dado causa.

§ 1º Se pela separação judicial forem responsáveis ambos os cônjuges, os filhos menores ficarão em poder da mãe, salvo se o juiz verificar que de tal solução possa advir prejuízo de ordem moral para eles.

§ 2º Verificado que não devem os filhos permanecer em poder da mãe nem do pai, deferirá o juiz a sua guarda a pessoa notoriamente idônea da família de qualquer dos cônjuges.

Art. 11. Quando a separação judicial ocorrer com fundamento no § 1º do artigo 5º, os filhos ficarão em poder do cônjuge em cuja companhia estavam durante o tempo de ruptura da vida em comum.

► Art. 40, *caput*, desta Lei.

Art. 12. Na separação judicial fundada no § 2º do artigo 5º, o juiz deferirá a entrega dos filhos ao cônjuge que estiver em condição de assumir, normalmente, a responsabilidade de sua guarda e educação.

Art. 13. Se houver motivos graves, poderá o juiz, em qualquer caso, a bem dos filhos, regular por maneira diferente da estabelecida nos artigos anteriores a situação deles com os pais.

Art. 14. No caso de anulação do casamento, havendo filhos comuns, observar-se-á o disposto nos artigos 10 e 13.

Parágrafo único. Ainda que nenhum dos cônjuges esteja de boa-fé ao contrair o casamento, seus efeitos civis aproveitarão aos filhos comuns.

Art. 15. Os pais, em cuja guarda não estejam os filhos, poderão visitá-los e tê-los em sua companhia, segundo fixar o juiz, bem como fiscalizar sua manutenção e educação.

Art. 16. As disposições relativas à guarda e à prestação de alimentos aos filhos menores estendem-se aos filhos maiores inválidos.

Seção III

DO USO DO NOME

Art. 17. Vencida na ação de separação judicial (artigo 5º, *caput*), voltará a mulher a usar o nome de solteira.

§ 1º Aplica-se ainda, o disposto neste artigo, quando é da mulher a iniciativa da separação judicial com fundamento nos §§ 1º e 2º do artigo 5º.

§ 2º Nos demais casos, caberá à mulher a opção pela conservação do nome de casada.

Art. 18. Vencedora na ação de separação judicial (artigo 5º, *caput*), poderá a mulher renunciar, a qualquer momento, ao direito de usar o nome do marido.

Seção IV

DOS ALIMENTOS

Art. 19. O cônjuge responsável pela separação judicial prestará ao outro, se dela necessitar, a pensão que o juiz fixar.

Art. 20. Para manutenção dos filhos, os cônjuges, separados judicialmente, contribuirão na proporção de seus recursos.

Art. 21. Para assegurar o pagamento da pensão alimentícia, o juiz poderá determinar a constituição de garantia real ou fidejussória.

§ 1º Se o cônjuge credor preferir, o juiz poderá determinar que a pensão consista no usufruto de determinados bens do cônjuge devedor.

§ 2º Aplica-se, também, o disposto no parágrafo anterior, se o cônjuge credor justificar a possibilidade do não recebimento regular da pensão.

Art. 22. Salvo decisão judicial, as prestações alimentícias, de qualquer natureza, serão corrigidas monetariamente na forma dos índices de atualização das Obrigações do Tesouro Nacional – OTN.

Parágrafo único. No caso do não pagamento das referidas prestações no vencimento, o devedor responderá, ainda, por custas e honorários de advogado apurados simultaneamente.

Art. 23. A obrigação de prestar alimentos transmite-se aos herdeiros do devedor, na forma do artigo 1.796 do Código Civil.

CAPÍTULO II

DO DIVÓRCIO

Art. 24. O divórcio põe termo ao casamento e aos efeitos civis do matrimônio religioso.

Parágrafo único. O pedido somente competirá aos cônjuges, podendo, contudo, ser exercido, em caso de incapacidade, por curador, ascendente ou irmão.

Art. 25. A conversão em divórcio da separação judicial dos cônjuges existente há mais de um ano, contada da data da decisão ou da que concedeu a medida cautelar correspondente (artigo 8º), será decretada por sentença, da qual não constará referência à causa que a determinou.

► *Caput* com a redação dada pela Lei nº 8.408, de 13-2-1992.

Parágrafo único. A sentença de conversão determinará que a mulher volte a usar o nome que tinha antes de contrair matrimônio, só conservando o nome de família do ex-marido se a alteração prevista neste artigo acarretar:

I – evidente prejuízo para sua identificação;

II – manifesta distinção entre o seu nome de família e o dos filhos havidos da união dissolvida;

III – dano grave reconhecido em decisão judicial.

Art. 26. No caso de divórcio resultante da separação prevista nos §§ 1º e 2º, do artigo 5º, o cônjuge que teve a iniciativa da separação continuará com o dever de assistência ao outro (Código Civil, artigo 231, III).

► Refere-se ao CC/1916. Art. 1.566, III, do CC.

Art. 27. O divórcio não modificará os direitos e deveres dos pais em relação aos filhos.

Parágrafo único. O novo casamento de qualquer dos pais ou de ambos também não importará restrição a esses direitos e deveres.

Art. 28. Os alimentos devidos pelos pais e fixados na sentença de separação poderão ser alterados a qualquer tempo.

Art. 29. O novo casamento do cônjuge credor da pensão extinguirá a obrigação do cônjuge devedor.

Art. 30. Se o cônjuge devedor da pensão vier a casar-se, o novo casamento não alterará sua obrigação.

Art. 31. Não se decretará o divórcio se ainda não houver sentença definitiva de separação judicial, ou se esta não tiver decidido sobre a partilha dos bens.

Art. 32. A sentença definitiva do divórcio produzirá efeitos depois de registrada no registro público competente.

Art. 33. Se os cônjuges divorciados quiserem restabelecer a união conjugal só poderão fazê-lo mediante novo casamento.

CAPÍTULO III

DO PROCESSO

Art. 34. A separação judicial consensual se fará pelo procedimento previsto nos artigos 1.120 e 1.124 do Código de Processo Civil, e as demais pelo procedimento ordinário.

► Refere-se ao CPC/1973. Art. 733 do CPC/2015.

§ 1º A petição será também assinada pelos advogados das partes ou pelo advogado escolhido de comum acordo.

§ 2º O juiz pode recusar a homologação e não decretar a separação judicial, se comprovar que a convenção não preserva suficientemente os interesses dos filhos ou de um dos cônjuges.

§ 3º Se os cônjuges não puderem ou não souberem assinar, é lícito que outrem o faça a rogo deles.

§ 4º As assinaturas, quando não lançadas na presença do juiz, serão, obrigatoriamente, reconhecidas por tabelião.

Art. 35. A conversão da separação judicial em divórcio será feita mediante pedido de qualquer dos cônjuges.

► Refere-se ao CPC/1973. Art. 733 do CPC/2015.

Parágrafo único. O pedido será apensado aos autos da separação judicial (artigo 48).

Art. 36. Do pedido referido no artigo anterior, será citado o outro cônjuge, em cuja resposta não caberá reconvenção.

Parágrafo único. A contestação só pode fundar-se em:

I – falta do decurso de um ano da separação judicial;

► **Inciso I com a redação dada pela Lei nº 7.841, de 17-10-1989.**

II – descumprimento das obrigações assumidas pelo requerente na separação.

Art. 37. O juiz conhecerá diretamente do pedido, quando não houver contestação ou necessidade de produzir prova em audiência, e proferirá sentença dentro em dez dias.

§ 1º A sentença limitar-se-á à conversão da separação em divórcio, que não poderá ser negada, salvo se provada qualquer das hipóteses previstas no parágrafo único do artigo anterior.

§ 2º A improcedência do pedido de conversão não impede que o mesmo cônjuge o renove, desde que satisfeita a condição anteriormente descumprida.

Art. 38. *Revogado.* Lei nº 7.841, de 17-10-1989.

Art. 39. No Capítulo III do Título II do Livro IV do Código de Processo Civil, as expressões "desquite por mútuo consentimento", "desquite" e "desquite litigioso" são substituídas por "separação consensual" e "separação judicial".

► Refere-se ao CPC/1973.

CAPÍTULO IV

DAS DISPOSIÇÕES FINAIS E TRANSITÓRIAS

Art. 40. No caso de separação de fato, e desde que completados dois anos consecutivos, poderá ser promovida ação de divórcio, na qual deverá ser comprovado decurso do tempo da separação.

§ 1º *Revogado.* Lei nº 7.841, de 17-10-1989.

§ 2º No divórcio consensual, o procedimento adotado será o previsto nos artigos 1.120 a 1.124 do Código de Processo Civil, observadas, ainda, as seguintes normas:

► Refere-se ao CPC/1973. Arts. 731 a 734 do CPC/2015.

I – a petição conterá a indicação dos meios probatórios da separação de fato, e será instruída com a prova documental já existente;

II – a petição fixará o valor da pensão do cônjuge que dela necessitar para sua manutenção, e indicará as garantias para o cumprimento da obrigação assumida;

III – se houver prova testemunhal, ela será produzida na audiência de ratificação do pedido de divórcio, a qual será obrigatoriamente realizada;

IV – a partilha dos bens deverá ser homologada pela sentença do divórcio.

§ 3º Nos demais casos, adotar-se-á o procedimento ordinário.

Art. 41. As causas de desquite em curso na data da vigência desta Lei, tanto as que se processam pelo procedimento especial quanto as de procedimento ordinário, passam automaticamente a visar à separação judicial.

Art. 42. As sentenças já proferidas em causas de desquite são equiparadas, para os efeitos desta Lei, às de separação judicial.

Art. 43. Se, na sentença do desquite, não tiver sido homologada ou decidida a partilha dos bens, ou quando esta não tenha sido feita posteriormente, a decisão de conversão disporá sobre ela.

Art. 44. Contar-se-á o prazo de separação judicial a partir da data em que, por decisão judicial proferida em qualquer processo, mesmo nos de jurisdição voluntária, for determinada ou presumida a separação dos cônjuges.

Art. 45. Quando o casamento se seguir a uma comunhão de vida entre os nubentes, existentes antes de 28 de junho de 1977, que haja perdurado por dez anos consecutivos ou da qual tenha resultado filhos, o regime matrimonial de bens será estabelecido livremente, não se lhe aplicando o disposto no artigo 258, parágrafo único, II, do Código Civil.

► Refere-se ao CC/1916. Art. 1.641, II, do CC.

Art. 46. Seja qual for a causa da separação judicial, e o modo como esta se faça, é permitido aos cônjuges restabelecer a todo o tempo a sociedade conjugal, nos termos em que fora constituída, contanto que o façam mediante requerimento nos autos da ação de separação.

Parágrafo único. A reconciliação em nada prejudicará os direitos de terceiros, adquiridos antes e durante a separação, seja qual for o regime de bens.

Art. 47. Se os autos do desquite ou os da separação judicial tiverem sido extraviados, ou se encontrarem em outra circunscrição judiciária, o pedido de conversão em divórcio será instruído com a certidão da sentença, ou da sua averbação no assento de casamento.

Art. 48. Aplica-se o disposto no artigo anterior, quando a mulher desquitada tiver domicílio diverso daquele em que se julgou o desquite.

Art. 49. Os §§ 5º e 6º do artigo 7º da Lei de Introdução ao Código Civil passam a vigorar com a seguinte redação:

► Alterações inseridas no texto do Decreto-Lei nº 4.657, de 4-9-1942, cuja ementa foi alterada para Lei de Introdução às normas do Direito Brasileiro pela Lei nº 12.376, de 30-12-2010.

Art. 50. São introduzidas no Código Civil as alterações seguintes:

► Refere-se ao CC/1916.

Art. 51. A Lei nº 883, de 21 de outubro de 1949, passa a vigorar com as seguintes alterações:

► A Lei nº 883, de 21-10-1949, foi revogada pela Lei nº 12.004, de 29-7-2009.

Art. 52. O nº I do artigo 100, o nº II do artigo 155 e o § 2º do artigo 733 do Código de Processo Civil passam a vigorar com a seguinte redação:

► Refere-se ao CPC/1973.

Art. 53. A presente Lei entra em vigor na data de sua publicação.

Art. 54. Revogam-se os artigos 315 a 328 e o § 1º do artigo 1.605 do Código Civil e as demais disposições em contrário.

► Refere-se ao CC/1916.

Brasília, 26 de dezembro de 1977;
156º da Independência e
89º da República.

Ernesto Geisel

LEI Nº 6.530, DE 12 DE MAIO DE 1978

Dá nova regulamentação à profissão de Corretor de Imóveis, disciplina o funcionamento de seus órgãos de fiscalização e dá outras providências.

► Publicada no *DOU* de 15-5-1978 e retificada no *DOU* de 25-1-1979.

Art. 1º O exercício da profissão de Corretor de Imóveis, no território nacional, é regido pelo disposto na presente lei.

Art. 2º O exercício da profissão de Corretor de Imóveis será permitido ao possuidor de título de Técnico em Transações Imobiliárias.

Art. 3º Compete ao Corretor de Imóveis exercer a intermediação na compra, venda, permuta e locação de imóveis, podendo, ainda, opinar quanto à comercialização imobiliária.

Parágrafo único. As atribuições constantes deste artigo poderão ser exercidas, também, por pessoa jurídica inscrita nos termos desta lei.

Art. 4º A inscrição do Corretor de Imóveis e da pessoa jurídica será objeto de Resolução do Conselho Federal de Corretores de Imóveis.

Art. 5º O Conselho Federal e os Conselhos Regionais são órgãos de disciplina e fiscalização do exercício da profissão de Corretor de Imóveis, constituídos em autarquia, dotada de personalidade jurídica de direito público, vinculada ao Ministério do Trabalho, com autonomia administrativa, operacional e financeira.

Art. 6º As pessoas jurídicas inscritas no Conselho Regional de Corretores de Imóveis sujeitam-se aos mesmos deveres e têm os mesmos direitos das pessoas físicas nele inscritas.

§ 1º As pessoas jurídicas a que se refere este artigo deverão ter como sócio gerente ou diretor um Corretor de Imóveis individualmente inscrito.

► Parágrafo único renumerado para § 1º pela Lei nº 13.097, de 19-1-2015.

§ 2º O corretor de imóveis pode associar-se a uma ou mais imobiliárias, mantendo sua autonomia profissional, sem qualquer outro vínculo, inclusive empregatício e previdenciário, mediante contrato de associação específico, registrado no Sindicato dos Corretores de Imóveis ou, onde não houver sindicato instalado, registrado nas delegacias da Federação Nacional de Corretores de Imóveis.

§ 3º Pelo contrato de que trata o § 2º deste artigo, o corretor de imóveis associado e a imobiliária coordenam, entre si, o desempenho de funções correlatas à intermediação imobiliária e ajustam critérios para a partilha dos resultados da atividade de corretagem, mediante obrigatória assistência da entidade sindical.

§ 4º O contrato de associação não implica troca de serviços, pagamentos ou remunerações entre a imobiliária e o corretor de imóveis associado, desde que não configurados os elementos caracterizadores do vínculo empregatício previstos no art. 3º da Consolidação das Leis do Trabalho – CLT, aprovada pelo Decreto-Lei nº 5.452, de 1º de maio de 1943.

► §§ 2º a 4º acrescidos pela Lei nº 13.097, de 19-1-2015

Art. 7º Compete ao Conselho Federal e aos Conselhos Regionais representar, em juízo ou fora dele, os legítimos interesses da categoria profissional, respeitadas as respectivas áreas de competência.

Art. 8º O Conselho Federal terá sede e foro na Capital da República e jurisdição em todo o território nacional.

Art. 9º Cada Conselho Regional terá sede e foro na Capital do Estado, ou de um dos Estados ou Territórios da jurisdição, a critério do Conselho Federal.

Art. 10. O Conselho Federal será composto por dois representantes, efetivos e suplentes, de cada Conselho Regional, eleitos dentre os seus membros.

Art. 11. Os Conselhos Regionais serão compostos por vinte e sete membros efetivos e igual número de suplentes, eleitos em chapa pelo sistema de voto pessoal indelegável, secreto e obrigatório, dos profissionais inscritos, sendo aplicável ao profissional que deixar de votar, sem causa justificada, multa em valor máximo equivalente ao da anuidade.

► *Caput* com a redação dada pela Lei nº 10.795, de 5-12-2003.

Parágrafo único. *Revogado.* Lei nº 10.795, de 5-12-2003.

Art. 12. Somente poderão ser membros do Conselho Regional os Corretores de Imóveis com inscrição principal na jurisdição há mais de dois anos e que não tenham sido condenados por infração disciplinar.

Art. 13. Os Conselhos Federal e Regionais serão administrados por uma diretoria, eleita dentre os seus membros.

§ 1º A diretoria será composta de um presidente, dois vice-presidentes, dois secretários e dois tesoureiros.

§ 2º Junto aos Conselhos Federal e Regionais funcionará um Conselho Fiscal, composto de três membros, efetivos e suplentes, eleitos dentre os seus membros.

Art. 14. Os membros do Conselho Federal e dos Conselhos Regionais terão mandato de três anos.

Art. 15. A extinção ou perda de mandato de membro do Conselho Federal e dos Conselhos Regionais ocorrerá:

I – por renúncia;

II – por superveniência de causa de que resulte o cancelamento da inscrição;

III – por condenação a pena superior a dois anos, em virtude de sentença transitada em julgado;

IV – por destituição de cargo, função ou emprego, mencionada à prática de ato de improbidade na administração pública ou privada, em virtude de sentença transitada em julgado;

V – por ausência, sem motivo justificado, a três sessões consecutivas ou seis intercaladas em cada ano.

Art. 16. Compete ao Conselho Federal:

I – eleger sua diretoria;

II – elaborar e alterar seu regimento;

III – aprovar o relatório anual, o balanço e as contas de sua diretoria, bem como a previsão orçamentária para o exercício seguinte;

IV – criar e extinguir Conselhos Regionais e Sub-regiões, fixando-lhes a sede e jurisdição;

V – baixar normas de ética profissional;

VI – elaborar contrato padrão para os serviços de corretagem de imóveis, de observância obrigatória pelos inscritos;

VII – fixar as multas, anuidades e emolumentos devidos aos Conselhos Regionais;

VIII – decidir as dúvidas suscitadas pelos Conselhos Regionais;

IX – julgar os recursos das decisões dos Conselhos Regionais;

X – elaborar o regimento padrão dos Conselhos Regionais;

XI – homologar o regimento dos Conselhos Regionais;

XII – aprovar o relatório anual, o balanço e as contas dos Conselhos Regionais;

XIII – credenciar representante junto aos Conselhos Regionais, para verificação de irregularidades e pendências acaso existentes;

XIV – intervir temporariamente nos Conselhos Regionais, nomeando diretoria provisória, até que seja regularizada a situação ou, se isso não ocorrer, até o término do mandato:

a) se comprovada irregularidade na administração;

b) se tiver havido atraso injustificado no recolhimento da contribuição;

XV – destituir diretor de Conselho Regional, por ato de improbidade no exercício de suas funções;

XVI – promover diligências, inquéritos ou verificações sobre o funcionamento dos Conselhos Regionais e adotar medidas para sua eficiência e regularidade;

XVII – baixar resoluções e deliberar sobre os casos omissos.

§ 1º Na fixação do valor das anuidades referidas no inciso VII deste artigo, serão observados os seguintes limites máximos:

I – pessoa física ou firma individual: R$ 285,00 (duzentos e oitenta e cinco reais);

II – pessoa jurídica, segundo o capital social: (Incluído pela Lei nº 10.795, de 5.12.2003)

a) até R$ 25.000,00 (vinte e cinco mil reais): R$ 570,00 (quinhentos e setenta reais);

b) de R$ 25.001,00 (vinte e cinco mil e um reais) até R$ 50.000,00 (cinquenta mil reais): R$ 712,50 (setecentos e doze reais e cinquenta centavos);

c) de R$ 50.001,00 (cinquenta mil e um reais) até R$ 75.000,00 (setenta e cinco mil reais): R$ 855,00 (oitocentos e cinquenta e cinco reais);

d) de R$ 75.001,00 (setenta e cinco mil e um reais) até R$ 100.000,00 (cem mil reais): R$ 997,50 (novecentos e noventa e sete reais e cinquenta centavos);

e) acima de R$ 100.000,00 (cem mil reais): R$ 1.140,00 (mil, cento e quarenta reais).

§ 2º Os valores correspondentes aos limites máximos estabelecidos no § 1º deste artigo serão corrigidos anualmente pelo índice oficial de preços ao consumidor.

► §§ 1º e 2º acrescidos pela Lei nº 10.795, de 5-12-2003.

Art. 17. Compete aos Conselhos Regionais:

I – eleger sua diretoria;

II – aprovar o relatório anual, o balanço e as contas de sua diretoria, bem como a previsão orçamentária para o exercício seguinte, submetendo essa matéria à consideração do Conselho Federal;

III – propor a criação de sub-regiões, em divisões territoriais que tenham um número mínimo de Corretores de Imóveis inscritos, fixado pelo Conselho Federal;

IV – homologar, obedecidas as peculiaridades locais, tabelas de preços de serviços de corretagem para uso dos inscritos, elaboradas e aprovadas pelos sindicatos respectivos;

V – decidir sobre os pedidos de inscrição de Corretor de Imóveis e de pessoas jurídicas;

VI – organizar e manter o registro profissional das pessoas físicas e jurídicas inscritas;

VII – expedir carteiras profissionais e certificados de inscrição;

VIII – impor as sanções previstas nesta lei;

IX – baixar resoluções, no âmbito de sua competência.

Art. 18. Constituem receitas do Conselho Federal:

I – a percentagem de vinte por cento sobre as anuidades e emolumentos arrecadados pelos Conselhos Regionais;

II – a renda patrimonial;

III – as contribuições voluntárias;

IV – as subvenções e dotações orçamentárias.

Art. 19. Constituem receitas de cada Conselho Regional:

I – as anuidades, emolumentos e multas;

II – a renda patrimonial;

III – as contribuições voluntárias;

IV – as subvenções e dotações orçamentárias.

Art. 20. Ao Corretor de Imóveis e à pessoa jurídica inscritos nos órgãos de que trata a presente lei é vedado:

I – prejudicar, por dolo ou culpa, os interesses que lhe forem confiados;

II – auxiliar, ou por qualquer meio facilitar, o exercício da profissão aos não inscritos;

III – anunciar publicamente proposta de transação a que não esteja autorizado através de documento escrito;

IV – fazer anúncio ou impresso relativo à atividade de profissional sem mencionar o número de inscritos;

V – anunciar imóvel loteado ou em condomínio sem mencionar o número de registro do loteamento ou da incorporação no Registro de Imóveis;

VI – violar o sigilo profissional;

VII – negar aos interessados prestação de contas ou recibo de quantias ou documentos que lhe tenham sido entregues a qualquer título;

VIII – violar obrigação legal concernente ao exercício da profissão;

IX – praticar, no exercício da atividade profissional, ato que a lei defina como crime ou contravenção;

X – deixar de pagar contribuição ao Conselho Regional.

Art. 21. Compete ao Conselho Regional aplicar aos Corretores de Imóveis e pessoas jurídicas as seguintes sanções disciplinares;

I – advertência verbal;

II – censura;

III – multa;

IV – suspensão da inscrição, até noventa dias;

V – cancelamento da inscrição, com apreensão da carteira profissional.

§ 1º Na determinação da sanção aplicável, orientar-se-á o Conselho pelas circunstâncias de cada caso, de modo a considerar leve ou grave a falta.

§ 2º A reincidência na mesma falta determinará a agravação da penalidade.

§ 3º A multa poderá ser acumulada com outra penalidade e, na hipótese de reincidência na mesma falta, aplicar-se-á em dobro.

§ 4º A pena de suspensão será anotada na carteira profissional do Corretor de Imóveis ou responsável pela pessoa jurídica e se este não a apresentar para que seja consignada a penalidade, o Conselho Nacional poderá convertê-la em cancelamento da inscrição.

Art. 22. Aos servidores dos Conselhos Federal e Regionais de Corretores de Imóveis aplica-se o regime jurídico das Leis do Trabalho.

Art. 23. Fica assegurado aos Corretores de Imóveis, inscritos nos termos da Lei nº 4.116, de 27 de agosto de 1962, o exercício da profissão, desde que o requeiram conforme o que for estabelecido na regulamentação desta lei.

Art. 24. Esta lei será regulamentada no prazo de trinta dias a partir da sua vigência.

Art. 25. Esta lei entrará em vigor na data da sua publicação.

Art. 26. Revogam-se as disposições em contrário, especialmente a Lei número 4.116, de 27 de agosto de 1962.

Brasília, 12 de maio de 1978;
157º da Independência e
90º da República.
Ernesto Geisel

LEI Nº 6.533, DE 24 DE MAIO DE 1978

Dispõe sobre a regulamentação das profissões de Artista e de Técnico em Espetáculos de Diversões, e dá outras providências.

▶ Publicada no *DOU* de 26-5-1978.

Art. 1º O exercício das profissões de Artista e de Técnico em Espetáculos de Diversões é regulado pela presente Lei.

Art. 2º Para os efeitos desta Lei, é considerado:

I – Artista, o profissional que cria, interpreta ou executa obra de caráter cultural de qualquer natureza, para efeito de exibição ou divulgação pública, através de meios de comunicação de massa ou em locais onde se realizam espetáculos de diversão pública;

II – Técnico em Espetáculos de Diversões, o profissional que, mesmo em caráter auxiliar, participa, individualmente ou em grupo, de atividade profissional ligada diretamente à elaboração, registro, apresentação ou conservação de programas, espetáculos e produções.

Parágrafo único. As denominações e descrições das funções em que se desdobram as atividades de Artista e de Técnico em Espetáculos de Diversões constarão do regulamento desta Lei.

Art. 3º Aplicam-se as disposições desta Lei às pessoas físicas ou jurídicas que tiverem a seu serviço os profissionais definidos no artigo anterior, para realização de espetáculos, programas, produções ou mensagens publicitárias.

Parágrafo único. Aplicam-se, igualmente, as disposições desta Lei às pessoas físicas ou jurídicas que agenciem colocação de mão-de-obra de profissionais definidos no artigo anterior.

Art. 4º As pessoas físicas ou jurídicas de que trata o artigo anterior deverão ser previamente inscritas no Ministério do Trabalho.

Art. 5º Não se incluem no disposto nesta Lei os Técnicos em Espetáculos de Diversões que prestam serviços a empresa de radiodifusão.

Art. 6º O exercício das profissões de Artista e de Técnico em Espetáculos de Diversões requer prévio registro na Delegacia Regional do Trabalho do Ministério do Trabalho, o qual terá validade em todo o território nacional.

Art. 7º Para registro do Artista ou do Técnico em Espetáculos de Diversões, é necessário a apresentação de:

I – diploma de curso superior de Diretor de Teatro, Coreógrafo, Professor de Arte Dramática, ou outros cursos semelhantes, reconhecidos na forma da Lei; ou

II – diploma ou certificado correspondentes às habilitações profissionais de 2º Grau de Ator, Contra-regra, Cenotécnico, Sonoplasta, ou outras semelhantes, reconhecidas na forma da Lei; ou

III – atestado de capacitação profissional fornecido pelo Sindicato representativo das categorias profissionais e, subsidiariamente, pela Federação respectiva.

§ 1º A entidade sindical deverá conceder ou negar o atestado mencionado no item III, no prazo de 3 (três) dias úteis, podendo ser concedido o registro, ainda que provisório, se faltar manifestação da entidade sindical, nesse prazo.

§ 2º Da decisão da entidade sindical que negar a concessão do atestado mencionado no item III deste artigo, caberá recurso para o Ministério do Trabalho, até 30 (trinta) dias, a contar da ciência.

Art. 8º O registro de que trata o artigo anterior poderá ser concedido a título provisório, pelo prazo máximo de 1 (um) ano, com dispensa do atestado a que se refere o item III do mesmo artigo, mediante indicação conjunta dos Sindicatos de empregadores e de empregados.

Art. 9º O exercício das profissões de que trata esta Lei exige contrato de trabalho padronizado, nos termos de instruções a serem expedidas pelo Ministério do Trabalho.

§ 1º O contrato de trabalho será visado pelo Sindicato representativo da categoria profissional e, subsidiariamente, pela Federação respectiva, como condição para registro no Ministério do Trabalho, até a véspera da sua vigência.

§ 2º A entidade sindical deverá visar ou não o contrato, no prazo máximo de 2 (dois) dias úteis, findos os quais ele poderá ser registrado no Ministério do Trabalho, se faltar a manifestação sindical.

§ 3º Da decisão da entidade sindical que negar o visto, caberá recurso para o Ministério do Trabalho.

Art. 10. O contrato de trabalho conterá, obrigatoriamente:

I – qualificação das partes contratantes;

II – prazo de vigência;

III – natureza da função profissional, com definição das obrigações respectivas;

IV – título do programa, espetáculo ou produção, ainda que provisório, com indicação do personagem nos casos de contrato por tempo determinado;

V – locais onde atuará o contratado, inclusive os opcionais;

VI – jornada de trabalho, com especificação do horário e intervalo de repouso;

VII – remuneração e sua forma de pagamento;

VIII – disposição sobre eventual inclusão do nome do contratado no crédito de apresentação, cartazes, impressos e programas;

IX – dia de folga semanal;

X – ajuste sobre viagens e deslocamentos;

XI – período de realização de trabalhos complementares, inclusive dublagem, quando posteriores à execução do trabalho de interpretação objeto do contrato;

XII – número da Carteira de Trabalho e Previdência Social.

Parágrafo único. Nos contratos de trabalho por tempo indeterminado deverá constar, ainda, cláusula relativa ao pagamento de adicional, devido em caso de deslocamento para prestação de serviço fora da cidade ajustada no contrato de trabalho.

Art. 11. A cláusula de exclusividade não impedirá o Artista ou Técnico em Espetáculos de Diversões de prestar serviços a outro empregador em atividade diversa da ajustada no contrato de trabalho, desde que em outro meio de comunicação, e sem que se caracterize prejuízo para o contratante com o qual foi assinada a cláusula de exclusividade.

Art. 12. O empregador poderá utilizar trabalho de profissional, mediante nota contratual, para substituição de Artista ou de Técnico em Espetáculos de Diversões, ou para prestação de serviço caracteristicamente eventual, por prazo não superior a 7 (sete) dias consecutivos, vedada a utilização desse mesmo profissional, nos 60 (sessenta) dias subseqüentes, por essa forma, pelo mesmo empregador.

Parágrafo único. O Ministério do Trabalho expedirá instruções sobre a utilização da nota contratual e aprovará seu modelo.

Art. 13. Não será permitida a cessão ou promessa de cessão de direitos autorais e conexos decorrentes da prestação de serviços profissionais.

Parágrafo único. Os direitos autorais e conexos dos profissionais serão devidos em decorrência de cada exibição da obra.

Art. 14. Nas mensagens publicitárias, feitas para cinema, televisão ou para serem divulgadas por outros veículos, constará do contrato de trabalho, obrigatoriamente:

I – o nome do produtor, do anunciante e, se houver, da agência de publicidade para quem a mensagem é produzida;

II – o tempo de exploração comercial da mensagem;

III – o produto a ser promovido;

IV – os veículos através dos quais a mensagem será exibida;

V – as praças onde a mensagem será veiculada;

VI – o tempo de duração da mensagem e suas características.

Art. 15. O contrato de trabalho e a nota contratual serão emitidos com numeração sucessiva e em ordem cronológica.

Parágrafo único. Os documentos de que trata este artigo serão firmados pelo menos em duas vias pelo contratado, ficando uma delas em seu poder.

Art. 16. O profissional não poderá recusar-se à auto dublagem, quando couber.

Parágrafo único. Se o empregador ou tomador de serviços preferir a dublagem por terceiros, ela só poderá ser feita com autorização, por escrito, do profissional, salvo se for realizada em língua estrangeira.

Art. 17. A utilização de profissional contratado por agência de locação de mão-de-obra, obrigará o tomador de serviço solidariamente pelo cumprimento das obrigações legais e contratuais, se se caracterizar a tentativa, pelo tomador de serviço, de utilizar a agência para fugir às responsabilidades e obrigações decorrentes desta Lei ou de contrato.

Art. 18. O comparecimento do profissional na hora e no lugar da convocação implica a percepção integral do salário, mesmo que o trabalho não se realize por motivo independente de sua vontade.

Art. 19. O profissional contratado por prazo determinado não poderá rescindir o contrato de trabalho sem justa causa, sob pena de ser obrigado a indenizar o em pregador dos prejuízos que desse fato lhe resultarem.

Parágrafo único. A indenização de que trata este artigo não poderá exceder àquela a que teria direito o empregado em idênticas condições.

Art. 20. Na rescisão sem justa causa, no distrato e na cessação do contrato de trabalho, o empregado poderá ser assistido pelo Sindicato representativo da categoria e, subsidiariamente, pela Federação respectiva, respeitado o disposto no artigo 477 da Consolidação das Leis do Trabalho.

Art. 21. A jornada normal de trabalho dos profissionais de que trata esta Lei, terá nos setores e atividades respectivos, as seguintes durações:

I – Radiodifusão, fotografia e gravação: 6 (seis) horas diárias, com limitação de 30 (trinta) horas semanais;

II – Cinema, inclusive publicitário, quando em estúdio: 6 (seis) horas diárias;

III – Teatro: a partir de estréia do espetáculo terá a duração das sessões, com 8 (oito) sessões semanais;

IV – Circo e variedades: 6 (seis) horas diárias, com limitação de 36 (trinta e seis) horas semanais;

V – Dublagem: 6 (seis) horas diárias, com limitação de 40 (quarenta) horas semanais.

§ 1º O trabalho prestado além das limitações diárias ou das sessões semanais previstas neste artigo será considerado extraordinário, aplicando-se lhe o disposto nos artigos 59 a 61 da Consolidação das Leis do Trabalho.

§ 2º A jornada normal será dividida em 2 (dois) turnos, nenhum dos quais poderá exceder de 4 (quatro) horas, respeitado o intervalo previsto na Consolidação das Leis do Trabalho.

§ 3º Nos espetáculos teatrais e circenses, desde que sua natureza ou tradição o exijam, o intervalo poderá, em benefício do rendimento artístico, ser superior a 2 (duas) horas.

§ 4º Será computado como trabalho efetivo o tempo em que o empregado estiver à disposição do empregador, a contar de sua apresentação no local de trabalho, inclusive o período destinado a ensaios, gravações, dublagem, fotografias, caracterização, e todo àquele que exija a presença do Artista, assim como o destinado à preparação do ambiente, em termos de cenografia, iluminação e montagem de equipamento.

§ 5º Para o Artista, integrante de elenco teatral, a jornada de trabalho poderá ser de 8 (oito) horas, durante o período de ensaio, respeitado o intervalo previsto na Consolidação das Leis do Trabalho.

Art. 22. Na hipótese de exercício concomitante de funções dentro de uma mesma atividade, será assegurado ao profissional um adicional mínimo de 40% (quarenta por cento), pela função acumulada, tomando-se por base a função melhor remunerada.

Parágrafo único. É vedada a acumulação de mais de duas funções em decorrência do mesmo contrato de trabalho.

Art. 23. Na hipótese de trabalho executado fora do local constante do contrato de trabalho, correrão à conta do empregador, além do salário, as despesas de transporte e de alimentação e hospedagem, até o respectivo retorno.

Art. 24. É livre a criação interpretativa do Artista e do Técnico em Espetáculos de Diversões, respeitado o texto da obra.

Art. 25. Para contratação de estrangeiro domiciliado no exterior, exigir-se-á prévio recolhimento de importância equivalente a 10% (dez por cento) do valor total do ajuste à Caixa Econômica Federal em nome da entidade sindical da categoria profissional.

Art. 26. O fornecimento de guarda-roupa e demais recursos indispensáveis ao cumprimento das tarefas contratuais será de responsabilidade do empregador.

Art. 27. Nenhum Artista ou Técnico em Espetáculos de Diversões será obrigado a interpretar ou participar de trabalho passível de pôr em risco sua integridade física ou moral.

Art. 28. A contratação de figurante não qualificado profissionalmente, para atuação esporádica, determinada pela necessidade de características artísticas da obra, poderá ser feita pela forma da indicação prevista no artigo 8º.

Art. 29. Os filhos dos profissionais de que trata esta Lei, cuja atividade seja itinerante, terão assegurada a transferência da matrícula e conseqüente vaga nas escolas públicas locais de 1º e 2º Graus, e autorizada nas escolas particulares desses níveis, mediante apresentação de certificado da escola de origem.

Art. 30. Os textos destinados à memorização, juntamente com o roteiro de gravação ou plano de trabalho, deverão ser entregues ao profissional com antecedência mínima de 72 (setenta e duas) horas, em relação ao início dos trabalhos.

Art. 31. Os profissionais de que trata esta Lei têm penhor legal sobre o equipamento e todo o material de propriedade do empregador, utilizado na realização de programa, espetáculo ou produção, pelo valor das obrigações não cumpridas pelo empregador.

Art. 32. É assegurado o direito ao atestado de que trata o item III do artigo 7º ao Artista ou Técnico em Espetáculos de Diversões que, até a data da publicação desta Lei tenha exercido, comprovadamente, a respectiva profissão.

Art. 33. As infrações ao disposto nesta Lei serão punidas com multa de 2 (duas) a 20 (vinte) vezes o maior valor de referência previsto no artigo 2º, par. ún., da Lei nº 6.205, de 29 de abril de 1975, calculada à razão de um valor de referência por empregado em situação irregular.

Parágrafo único. Em caso de reincidência, embaraço ou resistência à fiscalização, emprego de artifício ou simulação com o objetivo de fraudar a Lei, a multa será aplicada em seu valor máximo.

Art. 34. O empregador punido na forma do artigo anterior, enquanto não regularizar a situação que deu causa à autuação, e não recolher a multa aplicada, após esgotados os recursos cabíveis, não poderá:

I – receber qualquer benefício, incentivo ou subvenção concedidos por órgãos públicos;

II – obter liberação para exibição de programa, espetáculo, ou produção, pelo órgão ou autoridade competente.

Art. 35. Aplicam-se aos Artistas e Técnicos em Espetáculos de Diversões as normas da legislação do trabalho, exceto naquilo que for regulado de forma diferente nesta Lei.

Art. 36. O Poder Executivo regulamentará esta Lei no prazo de 60 (sessenta) dias a contar da data de sua publicação.

Art. 37. Esta Lei entrará em vigor no dia 19 de agosto de 1978, revogadas as disposições em contrário, especialmente o art. 35, o § 2º do art. 480, o parágrafo único do art. 507 e o art. 509 da Consolidação das Leis do Trabalho, aprovada pelo Decreto-lei nº 5.452, de 1943, a Lei nº 101, de 1947, e a Lei nº 301, de 1948.

Brasília, em 24 de maio de 1978;
157º da Independência e
90º da República.
Ernesto Geisel

DECRETO Nº 81.871, DE 29 DE JUNHO DE 1978

Regulamenta a Lei nº 6.530, de 12 de maio de 1978, que dá nova regulamentação à profissão de Corretor de Imóveis, disciplina o funcionamento de seus órgãos de fiscalização e dá outras providências.

► Publicado no *DOU* de 30-6-1978.

Art. 1º O exercício da profissão de Corretor de Imóveis, em todo o território nacional somente será permitido:

I – ao possuidor do título de Técnico em Transações Imobiliárias, inscrito no Conselho Regional de Corretores de Imóveis da jurisdição; ou

II – ao Corretor de Imóveis inscrito nos termos da Lei nº 4.116, de 27 de agosto de 1962, desde que requeira a revalidação da sua inscrição.

Art. 2º Compete ao Corretor de Imóveis exercer a intermediação na compra, venda, permuta e locação de imóveis e opinar quanto à comercialização imobiliária.

Art. 3º As atribuições constantes do artigo anterior poderão, também, ser exercidas por pessoa jurídica, devidamente inscrita no Conselho Regional de Corretores de Imóveis da Jurisdição.

Parágrafo único. O atendimento ao público interessado na compra, venda, permuta ou locação de imóvel, cuja transação esteja sendo patrocinada por pessoa jurídica, somente poderá ser feito por Corretor de Imóveis inscrito no Conselho Regional da jurisdição.

Art. 4º O número da inscrição do Corretor de Imóveis ou da pessoa jurídica constará obrigatoriamente de toda propaganda, bem como de qualquer impresso relativo à atividade profissional.

Art. 5º Somente poderá anunciar publicamente o Corretor de Imóveis, pessoa física ou jurídica, que tiver contrato escrito de mediação ou autorização escrita para alienação do imóvel anunciado.

Art. 6º O Conselho Federal e os Conselhos Regionais são órgãos de disciplina e fiscalização do exercício da profissão de Corretor de Imóveis, constituídos em autarquias, dotada de personalidade jurídica de direito público, vinculada ao Ministério do Trabalho, com autonomia administrativa, operacional e financeira.

Art. 7º O Conselho Federal de Corretores de Imóveis tem por finalidade orientar, supervisionar e disciplinar o exercício da profissão de Corretor de Imóveis em todo o território nacional.

Art. 8º O Conselho Federal terá sede e foro na Capital da República e jurisdição em todo o território nacional.

Art. 9º O Conselho Federal será composto por 2 (dois) representantes, efetivos e suplentes, de cada Conselho Regional, eleitos dentre os seus membros.

Parágrafo único. O mandato dos membros a que se refere este artigo será de 3 (três) anos.

Art. 10. Compete ao Conselho Federal:

I – eleger sua Diretoria;

II – elaborar e alterar seu Regimento;

III – exercer função normativa, baixar Resoluções e adotar providências indispensáveis à realização dos objetivos institucionais;

IV – instituir o modelo das Carteiras de Identidade Profissional e dos Certificados de Inscrição;

V – autorizar a sua Diretoria a adquirir e onerar bens imóveis;

VI – aprovar o relatório anual, o balanço e as contas de sua Diretoria, bem como elaborar a previsão orçamentária para o exercício seguinte;

VII – criar e extinguir Conselhos Regionais e Sub-regiões, fixando-lhes a sede e jurisdição;

VIII – baixar normas de ética profissional;

IX – elaborar contrato padrão para os serviços de corretagem de imóveis, de observância obrigatória pelos inscritos;

X – fixar as multas, anuidades e emolumentos devidos aos Conselhos Regionais;

XI – decidir as dúvidas suscitadas pelos Conselhos Regionais;

XII – julgar os recursos das decisões dos Conselhos Regionais;

XIII – elaborar o Regimento padrão dos Conselhos Regionais;

XIV – homologar o Regimento dos Conselhos Regionais;

XV – aprovar o relatório anual, o balanço e as contas dos Conselhos Regionais;

XVI – credenciar representante junto aos Conselhos Regionais, para verificação de irregularidades e pendências acaso existentes;

XVII – intervir, temporariamente nos Conselhos Regionais, nomeando Diretoria provisória, até que seja regularizada a situação ou, se isso não acorrer, até o término do mandato:

a) se comprovada irregularidade na administração;

b) se tiver havido atraso injustificado no recolhimento das contribuições;

XVIII – destituir Diretor do Conselho Regional, por ato de improbidade no exercício de suas funções;

XIX – promover diligências, inquéritos ou verificações sobre o funcionamento dos Conselhos Regionais e adotar medidas para sua eficiência e regularidade;

XX – deliberar sobre os casos omissos;

XXI – representar em juízo ou fora dele, em todo território nacional, os legítimos interessados da categoria profissional.

Art. 11. O Conselho Federal se reunirá com a presença mínima de metade mais de um de seus membros.

Art. 12. Constituem receitas do Conselho Federal:

I – a percentagem de 20% (vinte por cento) sobre as anuidades e emolumentos arrecadados pelos Conselhos Regionais;

II – a renda patrimonial;

III – as contribuições voluntárias;

IV – as subvenções e dotações orçamentárias.

Art. 13. Os Conselhos Regionais de Corretor de Imóveis têm por finalidade fiscalizar o exercício profissional na área de sua jurisdição, sob supervisão do Conselho Federal.

Art. 14. Os Conselhos Regionais terão sede e foro na Capital do Estado, ou de um dos Estados ou Territórios, a critério do Conselho Federal.

Art. 15. Os Conselhos Regionais serão compostos por 27 (vinte e sete) membros, efetivos e suplentes, eleitos 2/3 (dois terços) por votação secreta em Assembleia Geral especialmente convocada para esse fim, e 1/3 (um terço) integrado por representantes dos Sindicatos de Corretores de Imóveis que funcionarem regularmente na jurisdição do Conselho Regional.

Parágrafo único. O mandato dos membros a que se refere ente artigo será de 3 (três) anos.

Art. 16. Compete ao Conselho Regional:

I – eleger sua Diretoria;

II – aprovar seu Regimento, de acordo com o Regimento padrão elaborado pelo Conselho Federal;

III – fiscalizar o exercício profissional na área de sua jurisdição;

IV – cumprir e fazer cumprir as Resoluções do Conselho Federal;

V – arrecadar anuidades, multas e emolumentos e adotar todas as medidas destinadas à efetivação da sua receita e a do Conselho Federal;

VI – aprovar o relatório anual, o balanço e as contas de sua Diretoria, bem como a previsão orçamentária para o exercício seguinte, submetendo essa matéria à consideração do Conselho Federal;

VII – propor a criação de Sub-regiões, em divisões territoriais que tenham um número mínimo de Corretores de Imóveis, fixado pela Conselho Federal;

VIII – homologar, obedecidas as peculiaridades locais, tabelas de preços de serviços de corretagem para uso dos inscritos, elaboradas e aprovadas pelo sindicatos respectivos;

IX – decidir sobre os pedidos de inscrição de Corretores de Imóveis e de pessoas jurídicas;

X – organizar e manter o registro profissional das pessoas físicas e jurídicas inscritas;

XI – expedir Carteiras de Identidade Profissional e Certificados de Inscrição;

XII – impor as sanções previstas neste regulamento;

XIII – baixar Resoluções, no âmbito de sua competência;

XIV – representar em juízo ou fora dele, na área de sua jurisdição, os legítimos interesses da categoria profissional;

XV – eleger, dentre seus membros, representantes, efetivos e suplentes, que comporão o Conselho Federal;

XVI – promover, perante o juízo competente, a cobrança das importâncias correspondentes a anuidade, multas e emolumentos, esgotados os meios de cobrança amigável.

Art. 17. O Conselho Regional se reunirá com a presença mínima de metade mais um de seus membros.

Art. 18. Constituem receitas de cada Conselho Regional:

I – 80% (oitenta por cento) das anuidades e emolumentos;

II – as multas;

III – a renda patrimonial;

IV – as contribuições voluntárias;

V – as subvenções e dotações orçamentárias.

Art. 19. 2/3 (dois terços) dos membros dos Conselhos Regionais, efetivos e respectivos suplentes, serão eleitos pelo sistema de voto pessoal, secreto e obrigatório dos profissionais inscritos, nos termos em que dispuser o Regimento dos Conselhos Regionais, considerando-se eleitos efetivos os 18 (dezoitos) mais votados e suplentes os seguintes.

Parágrafo único. Aplicar-se-á ao profissional inscrito que deixar de votar sem causa justificada, multa em importância correspondente ao valor da anuidade.

Art. 20. 1/3 (um terço) dos membros dos Conselhos Regionais efetivos e respectivos suplentes, serão indicados pelos Sindicatos de Corretores de Imóveis, dentre seus associados, diretores ou não.

§ 1º Caso haja mais de um Sindicato com base territorial na jurisdição de cada Conselho Regional, o número de representantes de cada Sindicato será fixado pelo Conselho Federal.

§ 2º Caso não haja Sindicato com base territorial na jurisdição do Conselho Regional, 1/3 (um terço) dos membros que seria destinado a indicação pelo Sindicato, será eleito na forma do artigo anterior.

§ 3º Caso o Sindicato ou os Sindicatos da Categoria, com base territorial na jurisdição de cada Conselho Regional, não indiquem seus representantes, no prazo estabelecido em Resolução do Conselho Federal, o terço destinado à indicação pelo Sindicato, será eleito, na forma do artigo anterior.

Art. 21. O exercício do mandato de membro do Conselho Federal e dos Conselhos Regionais de Corretor de Imóveis, assim como a respectiva eleição, mesmo na condição de suplente, ficarão subordinados ao preenchimento dos seguintes requisitos mínimos:

I – inscrição na jurisdição do Conselho Regional respectivo ha mais de 2 (dois) anos;

II – pleno gozo dos direitos profissionais, civis e políticos;

III – inexistência de condenação a pena superior a 2 (dois) anos, em virtude de sentença transitada em julgado.

Art. 22. A extinção ou perda de mandato de membro do Conselho Federal e dos Conselhos Regionais ocorrerá:

I – por renúncia;

II – por superveniência de causa de que resulte o cancelamento da inscrição;

III – por condenação a pena superior a 2 (dois) anos, em virtude de sentença transitada em julgado.

IV – por destituição de cargo, função ou emprego, relacionada à prática de ato de improbidade na administração pública ou privada, em virtude de sentença transitada em julgado;

V – por ausência, sem motivo justificado, a 3 (três) sessões consecutivas ou 6 (seis) intercaladas em cada ano.

Art. 23. Os membros dos Conselhos Federal e Regionais poderão ser licenciados, por deliberação do plenário.

Parágrafo único. Concedida a licença de que trata este artigo caberá ao Presidente do Conselho convocar o respectivo suplente.

Art. 24. Os Conselhos Federal e Regionais terão cada um, como órgão deliberativo o Plenário, constituído pelos seus membros, e como órgão administrativo a Diretoria e os que forem criados para a execução dos serviços técnicos ou especializados indispensáveis ao cumprimento de suas atribuições.

Art. 25. As Diretorias dos Conselhos Federal e Regionais serão compostas de um Presidente, dois Vice-Presidentes, dois Secretários e dois Tesoureiros, eleitos pelo Plenário, dentre seus membros, na primeira reunião ordinária.

Art. 26. A estrutura dos Conselhos Federal e Regionais e as atribuições da Diretoria e dos demais órgãos, serão fixados no Regimento de cada Conselho.

Art. 27. Junto aos Conselhos Federal e Regionais funcionará um Conselho Fiscal composto de três membros, efetivos e suplentes, eleitos dentre os seus membros.

Art. 28. A inscrição do Corretor de Imóveis e da pessoa jurídica será efetuada no Conselho Regional da jurisdição, de acordo com a Resolução do Conselho Federal de Corretores de Imóveis.

Art. 29. As pessoas jurídicas inscritas no Conselho Regional de Corretores de Imóveis sujeitam-se aos mesmos deveres e têm os mesmos direitos das pessoas físicas nele inscritas.

Parágrafo único. As pessoas jurídicas a que se refere este artigo deverão ter como sócio-gerente ou diretor um Corretor de Imóveis individualmente inscrito.

Art. 30. O exercício simultâneo, temporário ou definitivo da profissão em área de jurisdição diversa da do Conselho Regional onde foi efetuada a inscrição originária do Corretor de Imóveis ou da pessoa jurídica, fica condicionado à inscrição e averbação profissional nos Conselhos Regionais que jurisdicionam as áreas em que exercerem as atividades.

Art. 31. Ao Corretor de Imóveis inscrito será fornecida Carteira de Identidade Profissional, numerada em cada Conselho Regional, contendo, no mínimo, os seguintes elementos:

I – nome por extenso do profissional;

II – filiação;

III – nacionalidade e naturalidade;

IV – data do nascimento;

V – número e data da inscrição;

VII – natureza da habilitação;

VI – natureza da inscrição;

VIII – denominação do Conselho Regional que efetuou a inscrição;

IX – fotografia e impressão datiloscópica;

X – assinatura do profissional inscrito, do Presidente e do Secretário do Conselho Regional.

Art. 32. A pessoa jurídica inscrita será fornecido Certificado de Inscrição, numerado em cada Conselho Regional, contendo no mínimo, os seguintes elementos:

I – denominação da pessoa jurídica;

II – número e data da inscrição;

III – natureza da inscrição;

IV – nome do sócio-gerente ou diretor, inscrito no Conselho Regional.

V – número e data da inscrição do sócio-gerente ou diretor, no Conselho Regional;

VI – denominação do Conselho Regional que efetuou a inscrição;

VII – assinatura do sócio-gerente ou diretor, do Presidente e do Secretário do Conselho Regional.

Art. 33. As inscrições do Corretor de Imóveis e da pessoa jurídica, o fornecimento de Carteira de Identidade Profissional e de Certificado de Inscrição e certidões, bem como o recebimento de petições, estão sujeitos ao pagamento de anuidade e emolumentos fixados pelo Conselho Federal.

Art. 34. O pagamento da anuidade ao Conselho Regional constitui condição para o exercício da profissão de Corretor de Imóveis e da pessoa jurídica.

Art. 35. A anuidade será paga até o último dia útil do primeiro trimestre de cada ano, salvo a primeira, que será devida no ato da inscrição do Corretor de Imóveis ou da pessoa jurídica.

Art. 36. O pagamento da anuidade fora do prazo sujeitará o devedor a multa fixada pelo Conselho Federal.

Art. 37. A multa aplicada ao Corretor de Imóveis ou pessoa jurídica, como sanção disciplinar, será, igualmente fixada pelo Conselho Federal.

Art. 38. Constitui infração disciplinar da parte do Corretor de Imóveis:

I – transgredir normas de ética profissional;

II – prejudicar, por dolo ou culpa, os interesses que lhe forem confiados;

III – exercer a profissão quando impedido de fazê-lo ou facilitar, por qualquer meio, o seu exercício aos não inscritos ou impedidos;

IV – anunciar publicamente proposta de transação a que não esteja autorizado através de documento escrito;

V – fazer anúncio ou impresso relativo a atividade profissional sem mencionar o número de inscrição;

VI – anunciar imóvel loteado ou em condomínio sem mencionar o número do registro do loteamento ou da incorporação no Registro de Imóveis;

VII – violar o sigilo profissional;

VIII – negar aos interessados prestação de contas ou recibo de quantia ou documento que lhe tenham sido entregues a qualquer título;

IX – violar obrigação legal concernente ao exercício da profissão;

X – praticar, no exercício da atividade profissional, ato que a lei defina como crime de contravenção;

XI – deixar de pagar contribuição ao Conselho Regional;

XII – promover ou facilitar a terceiros transações ilícitas ou que por qualquer forma prejudiquem interesses de terceiros;

XIII – recusar a apresentação de Carteira de Identidade Profissional, quando couber.

Art. 39. As sanções disciplinares consistem em:

I – advertência verbal;

II – censura;

III – multa;

IV – suspensão da inscrição, até 90 (noventa) dias;

V – cancelamento da inscrição, com apreensão da carteira profissional;

§ 1º Na determinação da sanção aplicável, orientar-se-á o Conselho pelas circunstâncias de cada caso, de modo a considerar leve ou grave a falta.

§ 2º A reincidência na mesma falta determinará a agravação da penalidade.

§ 3º A multa poderá ser acumulada com outra penalidade e, na hipótese de reincidência, aplicar-se-á em dobro.

§ 4º A pena de suspensão será anotada na Carteira de Identidade Profissional do Corretor de Imóveis ou responsável pela pessoa jurídica e se este não a apresentar para que seja consignada a penalidade, o Conselho Regional poderá convertê-la em cancelamento da inscrição.

§ 5º As penas de advertência, censura e multa serão comunicadas pelo Conselho Regional em ofício reservado, não se fazendo constar dos assentamentos do profissional punido, senão em caso de reincidência.

Art. 40. Da imposição de qualquer penalidade caberá recurso, com efeito suspensivo, ao Conselho Federal:

I – voluntário, no prazo de 30 (trinta) dias a contar da ciência da decisão;

II – *ex-officio*, nas hipóteses dos itens IV e V do artigo anterior.

Art. 41. As denúncias somente serão recebidas quando assinadas, declinada a qualificação do denunciante e acompanhada da indicação dos elementos comprobatórios do alegado.

Art. 42. A suspensão por falta de pagamento de anuidades, emolumentos ou multas só cessará com a satisfação da dívida, podendo ser cancelada a inscrição, de acordo com critérios a serem fixados pelo Conselho Federal.

Art. 43. As instâncias recorridas poderão reconsiderar suas próprias decisões.

Art. 44. O Conselho Federal será última e definitiva instância nos assuntos relacionados com a profissão e seu exercício.

Art. 45. Aos servidores dos Conselhos Federal e Regionais de Corretores de Imóveis aplica-se o regime jurídico da Consolidação das Leis do Trabalho.

Art. 46. Em caso de intervenção em Conselho Regional, cabe ao Conselho Federal baixar instruções sobre cessação da intervenção ou realização de eleições, na hipótese de término de mandato.

Art. 47. O disposto no artigo 15 somente será observado nas eleições para constituição dos Conselhos Regionais após o término dos mandatos vigentes em 15 de maio de 1978.

Art. 48. Este Decreto entrará em vigor na data da sua publicação, revogadas as disposições em contrário.

Brasília, DF, em 29 de junho de 1978;
157º da Independência e
90º da República.

Ernesto Geisel

LEI Nº 6.729, DE 28 DE NOVEMBRO DE 1979

Dispõe sobre a concessão comercial entre produtores e distribuidores de veículos automotores de via terrestre.

► Publicada no *DOU* de 29-11-1990.

Art. 1º A distribuição de veículos automotores, de via terrestre, efetivar-se-á através de concessão comercial entre produtores e distribuidores disciplinada por esta Lei e, no que não a contrariem, pelas convenções nela previstas e disposições contratuais.

► Arts. 710 a 721 do CC.

Art. 2º Consideram-se:

I – produtor, a empresa industrial que realiza a fabricação ou montagem de veículos automotores;

II – distribuidor, a empresa comercial pertencente à respectiva categoria econômica, que realiza a comercialização de veículos automotores, implementos e componentes novos, presta assistência técnica a esses produtos e exerce outras funções pertinentes à atividade;

III – veículo automotor, de via terrestre, o automóvel, caminhão, ônibus, trator, motocicleta e similares;

IV – implemento, a máquina ou petrecho que se acopla o veículo automotor, na interação de suas finalidades;

V – componente, a peça ou conjunto integrante do veículo automotor ou implemento de série;

VI – máquina agrícola, a colheitadeira, a debulhadora, a trilhadeira e demais aparelhos similares destinados à agricultura, automotrizes ou acionados por trator ou outra fonte externa;

VII – implemento agrícola, o arado, a grade, a roçadeira e demais petrechos destinados à agricultura;

VIII – serviço autorizado, a empresa comercial que presta serviços de assistência a proprietários de veículos automotores, assim como a empresa que comercializa peças e componentes.

§ 1º Para os fins desta lei:

a) intitula-se também o produtor de concedente e o distribuidor de concessionário;

b) entende-se por trator aquele destinado a uso agrícola, capaz também de servir a outros fins, excluídos os tratores de esteira, as motoniveladoras e as máquinas rodoviárias para outras destinações;

c) caracterizar-se-ão as diversas classes de veículos automotores pelas categorias econômicas de produtores e distribuidores, e os produtos, diferenciados em cada marca, pelo produtor e sua rede de distribuição, em conjunto.

§ 2º Excetuam-se da presente lei os implementos e máquinas agrícolas caracterizados neste artigo, incisos VI e VII, que não sejam fabricados por produtor definido no inciso I.

► Art. 2º com a redação dada pela Lei nº 8.132, de 26-12-1990.

Art. 3º Constitui objeto de concessão:

I – a comercialização de veículos automotores, implementos e componentes fabricados ou fornecidos pelo produtor;

II – a prestação de assistência técnica a esses produtos, inclusive quanto ao seu atendimento ou revisão;

III – o uso gratuito de marca do concedente, como identificação.

§ 1º A concessão poderá, em cada caso:

a) ser estabelecida para uma ou mais classes de veículos automotores;

b) vedar a comercialização de veículos automotores novos fabricados ou fornecidos por outro produtor.

§ 2º Quanto aos produtos lançados pelo concedente:

a) se forem da mesma classe daqueles compreendidos na concessão, ficarão nesta incluídos automaticamente;

b) se forem de classe diversa, o concessionário terá preferência em comercializá-los, se atender às condições prescritas pelo concedente para esse fim.

§ 3º É facultado ao concessionário participar das modalidades auxiliares de venda que o concedente promover ou adotar, tais como consórcios, sorteios, arrendamentos mercantis e planos de financiamento.

Art. 4º Constitui direito do concessionário também a comercialização de:

I – implementos e componentes novos produzidos ou fornecidos por terceiros, respeitada, quanto aos componentes, a disposição do art. 8º;

II – mercadorias de qualquer natureza que se destinem a veículo automotor, implemento ou à atividade da concessão;

III – veículos automotores e implementos usados de qualquer marca.

Parágrafo único. Poderá o concessionário ainda comercializar outros bens e prestar outros serviços, compatíveis com a concessão.

Art. 5º São inerentes à concessão:

I – área operacional de responsabilidade do concessionário para o exercício de suas atividades;

II – distâncias mínimas entre estabelecimentos de concessionários da mesma rede, fixadas segundo critérios de potencial de mercado.

§ 1º A área poderá conter mais de um concessionário da mesma rede.

► Art. 711 do CC.

§ 2º O concessionário obriga-se à comercialização de veículos automotores, implementos, componentes e máquinas agrícolas, de via terrestre, e à prestação de serviços inerentes aos mesmos, nas condições estabelecidas no contrato de concessão comercial, sendo-lhe defesa a prática dessas atividades, diretamente ou por intermédio de prepostos, fora de sua área demarcada.

§ 3º O consumidor, à sua livre escolha, poderá proceder à aquisição dos bens e serviços a que se refere esta lei em qualquer concessionário.

§ 4º Em convenção de marca serão fixados os critérios e as condições para ressarcimento da concessionária ou serviço autorizado que prestar os serviços de manutenção obrigatórios pela garantia do fabricante, vedada qualquer disposição de limite à faculdade prevista no parágrafo anterior.

Art. 6º É assegurada ao concedente a contratação de nova concessão:

I – se o mercado de veículos automotores novos da marca, na área delimitada, apresentar as condições justificadoras da contratação que tenham sido ajustadas entre o produtor e sua rede de distribuição;

II – pela necessidade de prover vaga de concessão extinta.

§ 1º Na hipótese do inciso I deste artigo, o concessionário instalado na área concorrerá com os demais interessados, em igualdade de condições.

§ 2º A nova contratação não se poderá estabelecer em condições que de algum modo prejudiquem os concessionários da marca.

► Arts. 5º e 6º com a redação dada pela Lei nº 8.132, de 26-12-1990.

Art. 7º Compreende-se na concessão a quota de veículos automotores assim estabelecida:

I – o concedente estimará sua produção destinada ao mercado interno para o período anual subsequentes, por produto diferenciado e consoante a expectativa de mercado da marca;

II – a quota corresponderá a uma parte da produção estimada, compondo-se de produtos diferenciados, e independentes entre si, inclusive quanto às respectivas quantidades;

III – o concedente e o concessionário ajustarão a quota que a este caberá, consoante a respectiva capacidade empresarial e desempenho de comercialização e conforme a capacidade do mercado de sua área demarcada.

§ 1º O ajuste da quota independe dos estoques mantidos pelo concessionário, nos termos da presente Lei.

§ 2º A quota será revista anualmente, podendo reajustar-se conforme os elementos constantes dos incisos deste artigo e a rotatividade dos estoques do concessionário.

§ 3º Em seu atendimento, a quota de veículos automotores comportará ajustamentos decorrentes de eventual diferença entre a produção efetiva e a produção estimada.

§ 4º É facultado incluir na quota os veículos automotores comercializados através das modalidades auxiliares de venda a que se refere o art. 3º, § 3º.

Art. 8º Integra a concessão o índice de fidelidade de compra de componentes dos veículos automotores que dela faz parte, podendo a convenção de marca estabelecer percentuais de aquisição obrigatória pelos concessionários.

Parágrafo único. Não estão sujeitas ao índice de fidelidade de compra ao concedente as aquisições que o concessionário fizer:

a) de acessórios para veículos automotores;

b) de implementos de qualquer natureza e máquinas agrícolas.

► Art. 8º com a redação dada pela Lei nº 8.132, de 26-12-1990.

Art. 9º Os pedidos do concessionário e os fornecimentos do concedente deverão corresponder à quota de veículos automotores e enquadrar-se no índice de fidelidade de componentes.

§ 1º Os fornecimentos do concedente se circunscreverão a pedidos formulados por escrito e respeitarão os limites mencionados no art. 10, §§ 1º e 2º.

§ 2º O concedente deverá atender ao pedido no prazo fixado e, se não o fizer, poderá o concessionário cancelá-lo.

§ 3º Se o concedente não atender os pedidos de componentes, o concessionário ficará desobrigado do índice de fidelidade a que se refere o art. 8º, na proporção do desatendimento verificado.

Art. 10. O concedente poderá exigir do concessionário a manutenção de estoque proporcional à rotatividade dos produtos novos, objeto da concessão, e adequado à natureza dos clientes do estabelecimento, respeitados os limites prescritos nos §§ 1º e 2º seguintes.

§ 1º É facultado ao concessionário limitar seu estoque:

a) de veículos automotores em geral a sessenta e cinco por cento e de caminhões em particular a trinta por cento da atribuição mensal das respectivas quotas anuais por produto diferenciado, ressalvado o disposto na alínea *b* seguinte;

b) de tratores, a quatro por cento da quota anual de cada produto diferenciado;

c) de implementos, a cinco por cento do valor das respectivas vendas que houver efetuado nos últimos doze meses;

d) de componentes, o valor que não ultrapasse o preço pelo qual adquiriu aqueles que vendeu a varejo nos últimos três meses.

§ 2º Para efeito dos limites previstos no parágrafo anterior, em suas alíneas *a* e *b*, a cada seis meses será comparada a quota com a realidade do mercado do concessionário, segundo a comercialização por este efetuada, reduzindo-se os referidos limites na proporção de eventual diferença a menor das vendas em relação às atribuições mensais, consoante os critérios estipulados entre produtor e sua rede de distribuição.

§ 3º O concedente reparará o concessionário do valor do estoque de componentes que alterar ou deixar de fornecer, mediante sua recompra por preço atualizado à rede de distribuição ou substituição pelo sucedâneo ou por outros indicados pelo concessionário, devendo a reparação dar-se em um ano da ocorrência do fato.

Art. 11. O pagamento do preço das mercadorias fornecidas pelo concedente não poderá ser exigido, no todo ou em parte, antes do faturamento, salvo ajuste diverso entre o concedente e sua rede de distribuição.

Parágrafo único. Se o pagamento da mercadoria preceder a sua saída, esta se dará até o sexto dia subsequente àquele ato.

Art. 12. O concessionário só poderá realizar a venda de veículos automotores novos diretamente a consumidor, vedada a comercialização para fins de revenda.

Parágrafo único. Ficam excluídas da disposição deste artigo:

a) operações entre concessionários da mesma rede de distribuição que, em relação à respectiva quota, não ultrapassem quinze por cento quanto a caminhões e dez por cento quanto aos demais veículos automotores;

b) vendas que o concessionário destinar ao mercado externo.

Art. 13. É livre o preço de venda do concessionário ao consumidor, relativamente aos bens e serviços objeto da concessão dela decorrentes.

1º Os valores do frete, seguro e outros encargos variáveis de remessa da mercadoria ao concessionário e deste ao respectivo adquirente deverão ser discriminados, individualmente, nos documentos fiscais pertinentes.

2º Cabe ao concedente fixar o preço de venda aos concessionários, preservando sua uniformidade e condições de pagamento para toda a rede de distribuição.

► Art. 13 com a redação dada pela Lei nº 8.132, de 26-12-1990.

Art. 14. *Revogado.* Lei nº 8.132, de 26-12-1990.

Art. 15. O concedente poderá efetuar vendas diretas de veículos automotores.

I – independentemente da atuação ou pedido de concessionário:

a) à Administração Pública, direta ou indireta, ou ao Corpo Diplomático;

b) a outros compradores especiais, nos limites que forem previamente ajustados com sua rede de distribuição;

II – através da rede de distribuição:

a) às pessoas indicadas no inciso I, alínea *a*, incumbindo o encaminhamento do pedido a concessionário que tenha esta atribuição;

b) a frotistas de veículos automotores, expressamente caracterizados, cabendo unicamente aos concessionários objetivar vendas desta natureza;

c) a outros compradores especiais, facultada a qualquer concessionário a apresentação do pedido.

§ 1º Nas vendas diretas, o concessionário fará jus ao valor da contraprestação relativa aos serviços de revisão que prestar, na hipótese do inciso I, ou ao valor da margem de comercialização correspondente à mercadoria vendida, na hipótese do inciso II deste artigo.

§ 2º A incidência das vendas diretas através de concessionário, sobre a respectiva quota de veículos automotores, será estipulada entre o concedente e sua rede de distribuição.

Art. 16. A concessão compreende ainda o resguardo de integridade da marca e dos interesses coletivos do concedente e da rede de distribuição, ficando vedadas:

I – prática de atos pelos quais o concedente vincule o concessionário a condições de subordinação econômica, jurídica ou administrativa ou estabeleça interferência na gestão de seus negócios;

II – exigência entre concedente e concessionário de obrigação que não tenha sido constituída por escrito ou de garantias acima do valor e duração das obrigações contraídas;

III – diferenciação de tratamento entre concedente e concessionário quanto a encargos financeiros e quanto a prazo de obrigações que se possam equiparar.

Art. 17. As relações objeto desta Lei serão também reguladas por convenção que, mediante solicitação do produtor ou de qualquer uma das entidades adiante indicadas, deverão ser celebradas com força de lei, entre:

I – as categorias econômicas de produtores e distribuidores de veículos automotores, cada uma representada pela respectiva entidade civil ou, na falta desta, por outra entidade competente, qualquer delas sempre de âmbito nacional, designadas convenções das categorias econômicas;

II – cada produtor e a respectiva rede de distribuição, esta através da entidade civil de âmbito nacional que a represente, designadas convenções da marca.

§ 1º Qualquer dos signatários dos atos referidos neste artigo poderá proceder ao seu registro no Cartório competente do Distrito Federal e à sua publicação no Diário Oficial da União, a fim de valerem contra terceiros em todo território nacional.

§ 2º Independentemente de convenções, a entidade representativa da categoria econômica ou da rede de distribuição da respectiva marca poderá diligenciar a solução de dúvidas e controvérsias, no que tange às relações entre concedente e concessionário.

Art. 18. Celebrar-se-ão convenções das categorias econômicas para:

I – explicitar princípios e normas de interesse dos produtores e distribuidores de veículos automotores;

II – declarar a entidade civil representativa de rede de distribuição;

III – resolver, por decisão arbitral, as questões que lhe forem submetidas pelo produtor e a entidade representativa da respectiva rede de distribuição;

IV – disciplinar, por juízo declaratório, assuntos pertinentes às convenções da marca, por solicitação de produtor ou entidade representativa da respectiva rede de distribuição.

Art. 19. Celebrar-se-ão convenções da marca para estabelecer normas e procedimentos relativos a:

I – atendimento de veículos automotores em garantia ou revisão (art. 3º, inciso II);

II – uso gratuito da marca do concedente (art. 3º, inciso III);

III – inclusão na concessão de produtos lançados na sua vigência e modalidades auxiliares de venda (art. 3º § 2º, alínea *a*; § 3º);

IV – Comercialização de outros bens e prestação de outros serviços (art. 4º, parágrafo único);

V – fixação de área demarcada e distâncias mínimas, abertura de filiais e outros estabelecimentos (art. 5º, incisos I e II; § 4º);

VI – venda de componentes em área demarcada diversa (art. 5º, § 3º);

VII – novas concessões e condições de mercado para sua contratação ou extinção de concessão existente (art. 6º, incisos I e II);

VIII – quota de veículos automotores, reajustes anuais, ajustamentos cabíveis, abrangência quanto a modalidades auxiliares de venda (art. 7º, §§ 1º, 2º, 3º e 4º) e incidência de vendas diretas (art. 15, § 2º);

IX – pedidos e fornecimentos de mercadoria (art. 9º);

X – estoques do concessionário (art. 10 e §§ 1º e 2º);

XI – alteração de época de pagamento (art. 11);

XII – cobrança de encargos sobre o preço da mercadoria (art. 13, parágrafo único);

XIII – margem de comercialização, inclusive quanto a sua alteração em casos excepcionais (art. 14 e parágrafo único), seu percentual atribuído a concessionário de domicílio do comprador (art. 5º § 2º);
XIV – vendas diretas, com especificação de compradores especiais, limites das vendas pelo concedente sem mediação de concessionário, atribuição de faculdade a concessionários para venda à Administração Pública e ao Corpo Diplomático, caracterização de frotistas de veículos automotores, valor de margem de comercialização e de contraprestação de revisões, demais regras de procedimento (art. 15, § 1º);
XV – regime de penalidades gradativas (art. 22, § 1º);
XVI – especificação de outras reparações (art. 24, inciso IV);
XVII – contratações para prestação de assistência técnica e comercialização de componentes (art. 28);
XVIII – outras matérias previstas nesta Lei e as que as partes julgarem de interesse comum.

Art. 20. A concessão comercial entre produtores e distribuidores de veículos automotores será ajustada em contrato que obedecerá forma escrita padronizada para cada marca e especificará produtos, área demarcada, distância mínima e quota de veículos automotores, bem como as condições relativas a requisitos financeiros, organização administrativa e contábil, capacidade técnica, instalações, equipamentos e mão-de-obra especializada do concessionário.

Art. 21. A concessão comercial entre produtor e distribuidor de veículos automotores será de prazo indeterminando e somente cessará nos termos desta Lei.

▸ Art. 720 do CC.

Parágrafo único. O contrato poderá ser inicialmente ajustado por prazo determinado, não inferior a cinco anos, e se tornará automaticamente de prazo indeterminado se nenhuma das partes manifestar à outra a intenção de não prorrogá-lo, antes de cento e oitenta dias do seu termo final e mediante notificação por escrito devidamente comprovada.

Art. 22. Dar-se-á a resolução do contrato:
I – por acordo das partes ou força maior;
II – pela expiração do prazo determinado, estabelecido no início da concessão, salvo se prorrogado nos termos do artigo 21, parágrafo único;
III – por iniciativa da parte inocente, em virtude de infração a dispositivo desta Lei, das convenções ou do próprio contrato, considerada infração também a cessação das atividades do contraente.

§ 1º A resolução prevista neste artigo, inciso III, deverá ser precedida da aplicação de penalidades gradativas.

§ 2º Em qualquer caso de resolução contratual, as partes disporão do prazo necessário à extinção das suas relações e das operações do concessionário, nunca inferior a cento e vinte dias, contados da data da resolução.

Art. 23. O concedente que não prorrogar o contrato ajustado nos termos do art. 21, parágrafo único, ficará obrigado perante o concessionário a:
I – readquirir-lhe o estoque de veículos automotores e componentes novos, estes em sua embalagem original, pelo preço de venda à rede de distribuição, vigente na data de reaquisição;
II – comprar-lhe os equipamentos, máquinas, ferramental e instalações à concessão, pelo preço de mercado correspondente ao estado em que se encontrarem e cuja aquisição o concedente determinara ou dela tivera ciência por escrito sem lhe fazer oposição imediata e documentada, excluídos desta obrigação os imóveis do concessionário.

Parágrafo único. Cabendo ao concessionário a iniciativa de não prorrogar o contrato, ficará desobrigado de qualquer indenização ao concedente.

Art. 24. Se o concedente der causa à rescisão do contrato de prazo indeterminado, deverá reparar o concessionário:
I – readquirindo-lhe o estoque de veículos automotores, implementos e componentes novos, pelo preço de venda ao consumidor, vigente na data da rescisão contratual;
II – efetuando-lhe a compra prevista no art. 23, inciso II;
III – pagando-lhe perdas e danos, à razão de quatro por cento do faturamento projetado para um período correspondente à soma de uma parte fixa de dezoito meses e uma variável de três meses por quinquênio de vigência da concessão, devendo a projeção tomar por base o valor corrigido monetariamente do faturamento de bens e serviços concernentes a concessão, que o concessionário tiver realizado nos dois anos anteriores à rescisão;
IV – satisfazendo-lhe outras reparações que forem eventualmente ajustadas entre o produtor e sua rede de distribuição.

Art. 25. Se a infração do concedente motivar a rescisão do contrato de prazo determinado, previsto no art. 21, parágrafo único, o concessionário fará jus às mesmas reparações estabelecidas no artigo anterior, sendo que:
I – quanto ao inciso III, será a indenização calculada sobre o faturamento projetado até o término do contrato e, se a concessão não tiver alcançado dois anos de vigência, a projeção tomará por base o faturamento até então realizado;
II – quanto ao inciso IV, serão satisfeitas as obrigações vincendas até o termo final do contrato rescindido.

Art. 26. Se o concessionário der causa à rescisão do contrato, pagará ao concedente a indenização correspondente a cinco por cento do valor total das mercadorias que dele tiver adquirido nos últimos quatro meses de contrato.

Art. 27. Os valores devidos nas hipóteses dos artigos 23, 24, 25 e 26 deverão ser pagos dentro de sessenta dias da data da extinção da concessão e, no caso de mora, ficarão sujeitos a correção monetária e juros legais, a partir do vencimento do débito.

Art. 28. O concedente poderá contratar, com empresa reparadora de veículos ou vendedora de componentes, a prestação de serviços de assistência ou a comercialização daqueles, exceto a distribuição de veículos novos, dando-lhe a denominação de serviço autorizado.

Parágrafo único. Às contratações a que se refere este artigo serão aplicados, no que couber, os dispositivos desta lei"

▸ Art. 28 com a redação dada pela Lei nº 8.132, de 26-12-1990.

Art. 29. As disposições do art. 66 da Lei nº 4.728, de 14 de julho de 1965, com a redação dada pelo Decreto Lei nº 911, de 1º de outubro de 1969, não se aplicam às operações de compra de mercadorias pelo concessionário, para fins de comercialização.

Art. 30. A presente Lei aplica-se às situações existentes entre concedentes e concessionários, sendo consideradas nulas as cláusulas dos contratos em vigor que a contrariem.

§ 1º As redes de distribuição e os concessionários individualmente continuarão a manter os direitos e garantias que lhes estejam assegurados perante os respectivos produtores por ajustes de qualquer natureza, especialmente no que se refere a áreas demarcadas e quotas de veículos automotores, ressalvada a competência da convenção da marca para modificação de tais ajustes.

§ 2º As entidades civis a que se refere o art. 17, inciso II, existentes à data em que esta Lei entrar em vigor, representarão a respectiva rede de distribuição.

Art. 31. Tornar-se-ão de prazo indeterminado, nos termos do art. 21, as relações contratuais entre produtores e distribuidores de veículos automotores que já tiverem somado três anos de vigência à data em que a presente Lei entrar em vigor.

Art. 32. Se não estiver completo o lapso de três anos a que se refere o artigo anterior, o distribuidor poderá optar:

I – pela prorrogação do prazo do contrato vigente por mais cinco anos, contados na data em que esta Lei entrar em vigor;

II – pela conservação do prazo contratual vigente.

§ 1º A opção a que se refere este artigo deverá ser feita em noventa dias, contados da data em que esta Lei entrar em vigor, ou até o término do contrato, se menor prazo lhe restar.

§ 2º Se a opção não se realizar, prevalecerá o prazo contratual vigente.

§ 3º Tornar-se-á de prazo indeterminado, nos termos do art. 21, o contrato que for prorrogado até cento e oitenta dias antes do vencimento dos cinco anos, na hipótese do inciso I, ou até a data do seu vencimento, na hipótese do inciso II ou do § 2º, deste artigo.

§ 4º Aplicar-se-á o disposto no art. 23, se o contrato não for prorrogado nos prazos mencionados no parágrafo anterior.

Art. 33. Esta Lei entrará em vigor na data de sua publicação, revogadas as disposições em contrário.

Brasília, em 28 de novembro de 1979;
158º da Independência e
91º da República.

João Figueiredo

LEI Nº 6.766, DE 19 DE DEZEMBRO DE 1979

Dispõe sobre o parcelamento do solo urbano e dá outras providências.

► Publicada no *DOU* de 20-12-1979.

Art. 1º O parcelamento do solo para fins urbanos será regido por esta Lei.

Parágrafo único. Os Estados, o Distrito Federal e os Municípios poderão estabelecer normas complementares relativas ao parcelamento do solo municipal para adequar o previsto nesta Lei às peculiaridades regionais e locais.

CAPÍTULO I

DISPOSIÇÕES PRELIMINARES

Art. 2º O parcelamento do solo urbano poderá ser feito mediante loteamento ou desmembramento, observadas as disposições desta Lei e as das legislações estaduais e municipais pertinentes.

§ 1º Considera-se loteamento a subdivisão de gleba em lotes destinados a edificação, com abertura de novas vias de circulação, de logradouros públicos ou prolongamento, modificação ou ampliação das vias existentes.

§ 2º Considera-se desmembramento a subdivisão de gleba em lotes destinados a edificação, com aproveitamento do sistema viário existente, desde que não implique na abertura de novas vias e logradouros públicos, nem prolongamento, modificação ou aplicação dos já existentes.

§ 3º VETADO. Lei nº 9.785, de 29-1-1999.

§ 4º Considera-se lote o terreno servido de infraestrutura básica cujas dimensões atendam aos índices urbanísticos definidos pelo plano diretor ou lei municipal para a zona em que se situe.

► § 4º acrescido pela Lei nº 9.785, de 29-1-1999.

§ 5º A infraestrutura básica dos parcelamentos é constituída pelos equipamentos urbanos de escoamento das águas pluviais, iluminação pública, esgotamento sanitário, abastecimento de água potável, energia elétrica pública e domiciliar e vias de circulação.

► § 5º com a redação dada pela Lei nº 11.445, de 5-1-2007.

§ 6º A infraestrutura básica dos parcelamentos situados nas Zonas Habitacionais declaradas por lei como de Interesse Social (ZHIS) consistirá, no mínimo, de:

I – vias de circulação;

II – escoamento das águas pluviais;

III – rede para o abastecimento de água potável; e

IV – soluções para o esgotamento sanitário e para a energia elétrica domiciliar.

► § 6º acrescido pela Lei nº 9.785, de 29-1-1999.

§ 7º O lote poderá ser constituído sob a forma de imóvel autônomo ou de unidade imobiliária integrante de condomínio de lotes.

§ 8º Constitui loteamento de acesso controlado a modalidade de loteamento, definida nos termos do § 1º deste artigo, cujo controle de acesso será regulamentado por ato do poder público Municipal, sendo vedado o impedimento de acesso a pedestres ou a condutores de veículos, não residentes, devidamente identificados ou cadastrados.

► §§ 7º e 8º acrescidos pela Lei nº 13.465, de 11-7-2017.

Art. 2º-A. Considera-se empreendedor, para fins de parcelamento do solo urbano, o responsável pela implantação do parcelamento, o qual, além daqueles indicados em regulamento, poderá ser:

a) ***o proprietário do imóvel a ser parcelado;***

b) ***o compromissário comprador, cessionário ou promitente cessionário, ou o foreiro, desde que o proprietário expresse sua anuência em relação ao empreendimento e sub-rogue-se nas obrigações do compromissário comprador, cessionário ou promitente cessionário, ou do foreiro, em caso de extinção do contrato;***

c) ***o ente da administração pública direta ou indireta habilitado a promover a desapropriação com a finalidade de implantação de parcelamento habitacional ou de realização de regularização fundiária de interesse social, desde que tenha ocorrido a regular imissão na posse;***

d) ***a pessoa física ou jurídica contratada pelo proprietário do imóvel a ser parcelado ou pelo poder público para executar o parcelamento ou a regularização fundiária, em forma de parceria, sob regime de obrigação solidária, devendo o contrato ser averbado na matrícula do imóvel no competente registro de imóveis;***

e) ***a cooperativa habitacional ou associação de moradores, quando autorizada pelo titular do domínio, ou associação de proprietários ou compradores que assuma a responsabilidade pela implantação do parcelamento.***

► Art. 2º-A acrescido pela Lei nº 14.118, de 12-1-2021.

Art. 3º Somente será admitido o parcelamento do solo para fins urbanos em zonas urbanas, de expansão urbana ou de urbanização específica, assim definidas pelo plano diretor ou aprovadas por lei municipal.

► *Caput* com a redação dada pela Lei nº 9.785, de 29-1-1999.

Parágrafo único. Não será permitido o parcelamento do solo:

I – em terrenos alagadiços e sujeitos a inundações, antes de tomadas as providências para assegurar o escoamento das águas;
II – em terrenos que tenham sido aterrados com material nocivo à saúde pública, sem que sejam previamente saneados;
III – em terrenos com declividade igual ou superior a trinta por cento, salvo se atendidas exigências específicas das autoridades competentes;
IV – em terrenos onde as condições geológicas não aconselham a edificação;
V – em áreas de preservação ecológica ou naquelas onde a poluição impeça condições sanitárias suportáveis, até a sua correção.

CAPÍTULO II
DOS REQUISITOS URBANÍSTICOS PARA LOTEAMENTO

Art. 4º Os loteamentos deverão atender, pelo menos, aos seguintes requisitos:

I – as áreas destinadas a sistema de circulação, a implantação de equipamento urbano e comunitário, bem como a espaços livres de uso público, serão proporcionais à densidade de ocupação prevista pelo plano diretor ou aprovada por lei municipal para a zona em que se situem.

► Inciso I com a redação dada pela Lei nº 9.785, de 29-1-1999.

II – os lotes terão área mínima de cento e vinte e cinco metros quadrados e frente mínima de cinco metros, salvo quando a legislação estadual ou municipal determinar maiores exigências, ou quando o loteamento se destinar a urbanização específica ou edificação de conjuntos habitacionais de interesse social, previamente aprovados pelos órgãos públicos competentes;
III – ao longo das faixas de domínio público das rodovias, a reserva de faixa não edificável de, no mínimo, 15 (quinze) metros de cada lado poderá ser reduzida por lei municipal ou distrital que aprovar o instrumento do planejamento territorial, até o limite mínimo de 5 (cinco) metros de cada lado.

► Inciso III com a redação dada pela Lei nº 13.913, de 25-11-2019.

III-A – ao longo das águas correntes e dormentes e da faixa de domínio das ferrovias, será obrigatória a reserva de uma faixa não edificável de, no mínimo, 15 (quinze) metros de cada lado;

► Inciso III-A acrescido pela Lei nº 13.913, de 25-11-2019.

IV – as vias de loteamento deverão articular-se com as vias adjacentes oficiais, existentes ou projetadas, e harmonizar-se com a topografia local.

§ 1º A legislação municipal definirá, para cada zona em que se divida o território do Município, os usos permitidos e os índices urbanísticos de parcelamento e ocupação do solo, que incluirão, obrigatoriamente, as áreas mínimas e máximas de lotes e os coeficientes máximos de aproveitamento.

► § 1º com a redação dada pela Lei nº 9.785, de 29-1-1999.

§ 2º Consideram-se comunitários os equipamentos públicos de educação, cultura, saúde, lazer e similares.

§ 3º Se necessária, a reserva de faixa não edificável vinculada a dutovias será exigida no âmbito do respectivo licenciamento ambiental, observados critérios e parâmetros que garantam a segurança da população e a proteção do meio ambiente, conforme estabelecido nas normas técnicas pertinentes.

► § 3º acrescido pela Lei nº 10.932, de 3-8-2004.

§ 4º No caso de lotes integrantes de condomínio de lotes, poderão ser instituídas limitações administrativas e direitos reais sobre coisa alheia em benefício do poder público, da população em geral e da proteção da paisagem urbana, tais como servidões de passagem, usufrutos e restrições à construção de muros.

► § 4º acrescido pela Lei nº 13.465, de 11-7-2017.

§ 5º As edificações localizadas nas áreas contíguas às faixas de domínio público dos trechos de rodovia que atravessem perímetros urbanos ou áreas urbanizadas passíveis de serem incluídas em perímetro urbano, desde que construídas até a data de promulgação deste parágrafo, ficam dispensadas da observância da exigência prevista no inciso III do *caput* deste artigo, salvo por ato devidamente fundamentado do poder público municipal ou distrital.

► § 5º acrescido pela Lei nº 13.913, de 25-11-2019.

Art. 5º O Poder Público competente poderá complementarmente exigir, em cada loteamento, a reserva de faixa *non aedificandi* destinada a equipamentos urbanos.

Parágrafo único. Consideram-se urbanos os equipamentos públicos de abastecimento de água, serviços de esgotos, energia elétrica, coletas de águas pluviais, rede telefônica e gás canalizado.

CAPÍTULO III
DO PROJETO DE LOTEAMENTO

Art. 6º Antes da elaboração do projeto de loteamento, o interessado deverá solicitar à Prefeitura Municipal, ou ao Distrito Federal quando for o caso, que defina as diretrizes para o uso do solo, traçado dos lotes, do sistema viário, dos espaços livres e das áreas reservadas para equipamento urbano e comunitário, apresentando, para este fim, requerimento e planta do imóvel contendo, pelo menos:

I – as divisas da gleba a ser loteada;
II – as curvas de nível à distância adequada, quando exigidas por lei estadual ou municipal;
III – a localização dos cursos d'água, bosques e construções existentes;
IV – a indicação dos arruamentos contíguos a todo o perímetro, a localização das vias de comunicação, das áreas livres, dos equipamentos urbanos e comunitários existentes no local ou em suas adjacências, com as respectivas distâncias da área a ser loteada;
V – o tipo de uso predominante a que o loteamento se destina;
VI – as características, dimensões e localização das zonas de uso contíguas.

Art. 7º A Prefeitura Municipal, ou o Distrito Federal quando for o caso, indicará, nas plantas apresentadas junto com o requerimento, de acordo com as diretrizes de planejamento estadual e municipal:

I – as ruas ou estradas existentes ou projetadas, que compõem o sistema viário da cidade e do Município relacionadas com o loteamento pretendido e a serem respeitadas;
II – o traçado básico do sistema viário principal;
III – a localização aproximada dos terrenos destinados a equipamento urbano e comunitário e das áreas livres de uso público;
IV – as faixas sanitárias do terreno necessárias ao escoamento das águas pluviais e as faixas não edificáveis;
V – a zona ou zonas de uso predominante da área, com indicação dos usos compatíveis.

Parágrafo único. As diretrizes expedidas vigorarão pelo prazo máximo de quatro anos.

► Parágrafo único com a redação dada pela Lei nº 9.785, de 29-1-1999.

Art. 8º Os Municípios com menos de cinquenta mil habitantes e aqueles cujo plano diretor contiver diretrizes de urbanização para a zona em que se situe o parcelamento poderão dispensar, por lei, a fase de fixação de diretrizes previstas nos arts. 6º e 7º desta Lei.

► Artigo com a redação dada pela Lei nº 9.785, de 29-1-1999.

Art. 9º Orientado pelo traçado e diretrizes oficiais, quando houver, o projeto, contendo desenhos, memorial descritivo e cronograma de execução das obras com duração máxima de quatro anos, será apresentado à Prefeitura Municipal, ou ao Distrito Federal quando for o caso, acompanhado de certidão atualizada da matrícula da gleba, expedida pelo Cartório de Registro de Imóveis competente, da certidão negativa de tributos municipais e do competente instrumento de garantia, ressalvado o disposto no § 4º do art. 18.

► *Caput* com a redação dada pela Lei nº 9.785, de 29-1-1999.

§ 1º Os desenhos conterão pelo menos:

I – a subdivisão das quadras em lotes, com as respectivas dimensões e numeração;

II – o sistema de vias com a respectiva hierarquia;

III – as dimensões lineares e angulares do projeto, com raios, cordas, arcos, ponto de tangência e ângulos centrais das vias;

IV – os perfis longitudinais e transversais de todas as vias de circulação e praças;

V – a indicação dos marcos de alinhamento e nivelamento localizados nos ângulos de curvas e vias projetadas;

VI – a indicação em planta e perfis de todas as linhas de escoamento das águas pluviais.

§ 2º O memorial descritivo deverá conter, obrigatoriamente, pelo menos:

I – a descrição sucinta do loteamento, com as suas características e a fixação da zona ou zonas de uso predominante;

II – as condições urbanísticas do loteamento e as limitações que incidem sobre os lotes e suas construções, além daquelas constantes das diretrizes fixadas;

III – a indicação das áreas públicas que passarão ao domínio do Município no ato de registro do loteamento;

IV – a enumeração dos equipamentos urbanos, comunitários e dos serviços públicos ou de utilidade pública, já existentes no loteamento e adjacências.

§ 3º Caso se constate, a qualquer tempo, que a certidão da matrícula apresentada como atual não tem mais correspondência com os registros e averbações cartorárias do tempo da sua apresentação, além das consequências penais cabíveis, serão consideradas insubsistentes tanto as diretrizes expedidas anteriormente, quanto as aprovações consequentes.

► § 3º acrescido pela Lei nº 9.785, de 29-1-1999.

CAPÍTULO IV

DO PROJETO DE DESMEMBRAMENTO

Art. 10. Para a aprovação de projeto de desmembramento, o interessado apresentará requerimento à Prefeitura Municipal, ou ao Distrito Federal quando for o caso, acompanhado de certidão atualizada da matrícula da gleba, expedida pelo Cartório de Registro de Imóveis competente, ressalvado o disposto no § 4º do art. 18, e de planta do imóvel a ser desmembrado contendo:

► *Caput* com a redação dada pela Lei nº 9.785, de 29-1-1999.

I – a indicação das vias existentes e dos loteamentos próximos;

II – a indicação do tipo de uso predominante no local;

III – a indicação da divisão de lotes pretendida na área.

Art. 11. Aplicam-se ao desmembramento, no que couber, as disposições urbanísticas vigentes para as regiões em que se situem ou, na ausência destas, as disposições urbanísticas para os loteamentos.

► *Caput* com a redação dada pela Lei nº 9.785, de 29-1-1999.

Parágrafo único. O Município, ou o Distrito Federal quando for o caso, fixará os requisitos exigíveis para a aprovação de desmembramento de lotes decorrentes de loteamento cuja destinação da área pública tenha sido inferior à mínima prevista no § 1º do artigo 4º desta Lei.

CAPÍTULO V

DA APROVAÇÃO DO PROJETO DE LOTEAMENTO E DESMEMBRAMENTO

Art. 12. O projeto de loteamento e desmembramento deverá ser aprovado pela Prefeitura Municipal, ou pelo Distrito Federal quando for o caso, a quem compete também a fixação das diretrizes a que aludem os artigos 6º e 7º desta Lei, salvo a exceção prevista no artigo seguinte.

§ 1º O projeto aprovado deverá ser executado no prazo constante do cronograma de execução, sob pena de caducidade da aprovação.

► § 1º com a redação dada pela Lei nº 12.608, de 10-4-2012.

§ 2º Nos Municípios inseridos no cadastro nacional de municípios com áreas suscetíveis à ocorrência de deslizamentos de grande impacto, inundações bruscas ou processos geológicos ou hidrológicos correlatos, a aprovação do projeto de que trata o *caput* ficará vinculada ao atendimento dos requisitos constantes da carta geotécnica de aptidão à urbanização.

► § 2º com a redação dada pela Lei nº 12.608, de 10-4-2012.

§ 3º É vedada a aprovação de projeto de loteamento e desmembramento em áreas de risco definidas como não edificáveis, no plano diretor ou em legislação dele derivada.

► § 3º acrescido pela Lei nº 12.608, de 10-4-2012.

Art. 13. Aos Estados caberá disciplinar a aprovação pelos Municípios de lotamentos e desmembramentos nas seguintes condições:

► *Caput* com a redação dada pela Lei nº 9.785, de 29-1-1999.

I – quando localizados em áreas de interesse especial, tais como as de proteção aos mananciais ou ao patrimônio cultural, histórico, paisagístico e arqueológico, assim definidas por legislação estadual ou federal;

II – quando o loteamento ou desmembramento localizar-se em área limítrofe do Município, ou que pertença a mais de um Município, nas regiões metropolitanas ou em aglomerações urbanas, definidas em lei estadual ou federal;

III – quando o loteamento abranger área superior a um milhão de metros quadrados.

Parágrafo único. No caso de loteamento ou desmembramento localizado em área de Município integrante de região metropolitana, o exame e a anuência prévia à aprovação do projeto caberão à autoridade metropolitana.

Art. 14. Os Estados definirão, por decreto, as áreas de proteção especial, previstas no inciso I do artigo anterior.

Art. 15. Os Estados estabelecerão, por decreto, as normas a que deverão submeter-se os projetos de loteamento e desmembramento nas áreas previstas no artigo 13, observadas as disposições desta Lei.

Parágrafo único. Na regulamentação das normas previstas neste artigo, o Estado procurará atender às exigências urbanísticas do planejamento municipal.

Art. 16. A lei municipal definirá os prazos para que um projeto de parcelamento apresentado seja aprovado ou rejeitado e para que as obras executadas sejam aceitas ou recusadas.

► *Caput* com a redação dada pela Lei nº 9.785, de 29-1-1999.

§ 1º Transcorridos os prazos sem a manifestação do Poder Público, o projeto será considerado rejeitado ou as obras recusadas, assegurada a indenização por eventuais danos derivados da omissão.

§ 2º Nos Municípios cuja legislação for omissa, os prazos serão de noventa dias para a aprovação ou rejeição e de sessenta dias para a aceitação ou recusa fundamentada das obras de urbanização.

► §§ 1º e 2º acrescidos pela Lei nº 9.785, de 29-1-1999.

Art. 17. Os espaços livres de uso comum, as vias e praças, as áreas destinadas a edifícios públicos e outros equipamentos urbanos, constantes do projeto e do memorial descritivo, não poderão ter sua destinação alterada pelo loteador, desde a aprovação do loteamento, salvo as hipóteses de caducidade da licença ou desistência do loteador, sendo, neste caso, observadas as exigências do artigo 23 desta Lei.

CAPÍTULO VI

DO REGISTRO DO LOTEAMENTO E DESMEMBRAMENTO

Art. 18. Aprovado o projeto de loteamento ou de desmembramento, o loteador deverá submetê-lo ao registro imobiliário dentro de cento e oitenta dias, sob pena de caducidade da aprovação, acompanhado dos seguintes documentos:

I – título de propriedade do imóvel ou certidão da matrícula, ressalvado o disposto nos §§ 4º e 5º;

► Inciso I com a redação dada pela Lei nº 9.785, de 29-1-1999.

II – histórico dos títulos de propriedade do imóvel, abrangendo os últimos vinte anos, acompanhado dos respectivos comprovantes;

III – certidões negativas:

a) de tributos federais, estaduais e municipais incidentes sobre o imóvel;

b) de ações reais referentes ao imóvel, pelo período de dez anos;

c) de ações penais com respeito ao crime contra o patrimônio e contra a Administração Pública;

IV – certidões:

a) dos Cartórios de Protestos de Títulos, em nome do loteador, pelo período de dez anos;

b) de ações pessoais relativas ao loteador, pelo período de dez anos;

c) de ônus reais relativos ao imóvel;

d) de ações penais contra o loteador, pelo período de dez anos;

V – cópia do ato de aprovação do loteamento e comprovante do termo de verificação, pelo Município ou pelo Distrito Federal, da execução das obras exigidas pela legislação municipal, que incluirão, no mínimo, a execução das vias de circulação do loteamento, demarcação dos lotes, quadras e logradouros e das obras de escoamento das águas pluviais ou da aprovação de um cronograma, com a duração máxima de 4 (quatro) anos, prorrogáveis por mais 4 (quatro) anos, acompanhado de competente instrumento de garantia para a execução das obras;

► Inciso V com a redação dada pela Lei nº 14.118, de 12-1-2021.

VI – exemplar do contrato padrão de promessa de venda, ou de cessão ou de promessa de cessão, do qual constarão obrigatoriamente as indicações previstas no artigo 26 desta Lei;

VII – declaração do cônjuge do requerente de que consente no registro do loteamento.

§ 1º Os períodos referidos nos incisos III, *b*, e IV, *a*, *b* e *d*, tomarão por base a data do pedido de registro do loteamento, devendo todas elas ser extraídas em nome daqueles que, nos mencionados períodos, tenham sido titulares de direitos reais sobre o imóvel.

§ 2º A existência de protestos, de ações pessoais ou de ações penais, exceto as referentes a crime contra o patrimônio e contra a administração, não impedirá o registro do loteamento se o requerente comprovar que esses protestos ou ações não poderão prejudicar os adquirentes dos lotes. Se o oficial do registro de imóveis julgar insuficiente a comprovação feita, suscitará a dúvida perante o juiz competente.

§ 3º A declaração a que se refere o inciso VII deste artigo não dispensará o consentimento do declarante para os atos de alienação ou promessa de alienação de lotes, ou de direitos a eles relativos, que venham a ser praticados pelo seu cônjuge.

§ 4º O título de propriedade será dispensado quando se tratar de parcelamento popular, destinado as classes de menor renda, em imóvel declaração de utilidade pública, com processo de desapropriação judicial em curso e imissão provisória na posse, desde que promovido pela União, Estados, Distrito Federal, Municípios ou suas entidades delegadas, autorizadas por lei a implantar projetos de habitação.

§ 5º No caso de que trata o § 4º, o pedido de registro do parcelamento, além dos documentos mencionados nos incisos V e VI deste artigo, será instruído com cópias autênticas da decisão que tenha concedido a imissão provisória na posse, do decreto de desapropriação, do comprovante de sua publicação na imprensa oficial e, quando formulado por entidades delegadas, da lei de criação e de seus atos constitutivos.

► §§ 4º e 5º acrescidos pela Lei nº 9.785, de 29-1-1999.

Art. 19. Examinada a documentação e encontrada em ordem, o oficial do registro de imóveis encaminhará comunicação à Prefeitura e fará publicar, em resumo e com pequeno desenho de localização da área, edital do pedido de registro em três dias consecutivos, podendo este ser impugnado no prazo de quinze dias contados da data da última publicação.

§ 1º Findo o prazo sem impugnação, será feito imediatamente o registro. Se houver impugnação de terceiros, o oficial do registro de imóveis intimará o requerente e a Prefeitura Municipal, ou o Distrito Federal quando for o caso, para que sobre ela se manifestem no prazo de cinco dias, sob pena de arquivamento do processo. Com tais manifestações o processo será enviado ao juiz competente para decisão.

§ 2º Ouvido o Ministério Público no prazo de cinco dias, o juiz decidirá de plano ou após instrução sumária, devendo remeter ao interessado as vias ordinárias caso a matéria exija maior indagação.

§ 3º Nas capitais, a publicação do edital se fará no *Diário Oficial* do Estado e num dos jornais de circulação diária. Nos demais Municípios, a publicação se fará apenas num dos jornais locais, se houver, ou, não havendo, em jornal da região.

§ 4º O oficial do registro de imóveis que efetuar o registro em desacordo com as exigências desta Lei ficará sujeito a multa equivalente a dez vezes os emolumentos regimentais fixados para o registro, na época em que for aplicada a penalidade pelo juiz corregedor do cartório, sem prejuízo das sanções penais e administrativas cabíveis.

§ 5º Registrado o loteamento, o oficial de registro comunicará, por certidão, o seu registro à Prefeitura.

Art. 20. O registro do loteamento será feito, por extrato, no livro próprio.

Parágrafo único. No registro de imóveis far-se-ão o registro do loteamento, com uma indicação para cada lote, a averbação das alterações, a abertura de ruas e praças e as áreas destinadas a espaços livres ou a equipamentos urbanos.

Art. 21. Quando a área loteada estiver situada em mais de uma circunscrição imobiliária, o registro será requerido primeiramente perante aquela em que estiver localizada a maior parte da área loteada. Procedido o registro nessa circunscrição, o interessado requererá, sucessivamente, o registro do loteamento em cada uma das demais, comprovando perante cada qual o registro efetuado na anterior, até que o loteamento seja registrado em todas. Denegado o registro em qualquer das circunscrições, essa decisão será comunicada, pelo oficial do registro de imóveis, às demais para efeito de cancelamento dos registros feitos, salvo se ocorrer a hipótese prevista no § 4º deste artigo.

§ 1º Nenhum lote poderá situar-se em mais de uma circunscrição.

§ 2º É defeso ao interessado processar simultaneamente, perante diferentes circunscrições, pedidos de registro do mesmo loteamento, sendo nulos os atos praticados com infração a esta norma.

§ 3º Enquanto não procedidos todos os registros de que trata este artigo, considerar-se-á o loteamento como não registrado para os efeitos desta Lei.

§ 4º O indeferimento do registro do loteamento em uma circunscrição não determinará o cancelamento do registro procedido em outra, se o motivo do indeferimento naquela não se estender à área situada sob a competência desta, e desde que o interessado requeira a manutenção do registro obtido, submetido o remanescente do loteamento a uma aprovação prévia perante a Prefeitura Municipal, ou o Distrito Federal quando for o caso.

Art. 22. Desde a data do registro do loteamento, passam a integrar o domínio do Município as vias e praças, os espaços livres e as áreas destinadas a edifícios públicos e outros equipamentos urbanos, constantes do projeto e do memorial descritivo.

Parágrafo único. Na hipótese de parcelamento do solo implantado e não registrado, o Município poderá requerer, por meio da apresentação de planta de parcelamento elaborada pelo loteador ou aprovada pelo Município e de declaração de que o parcelamento se encontra implantado, o registro das áreas destinadas a uso público, que passarão dessa forma a integrar o seu domínio.

- ► Parágrafo único com a redação dada pela Lei nº 12.424, de 16-6-2011 (*DOU* de 17-6-2011 e republicada no *DOU* de 20-6-2011).

Art. 23. O registro do loteamento só poderá ser cancelado:

I – por decisão judicial;

II – a requerimento do loteador, com anuência da Prefeitura, ou do Distrito Federal quando for o caso, enquanto nenhum lote houver sido objeto de contrato;

III – a requerimento conjunto do loteador e de todos os adquirentes de lotes, com anuência da Prefeitura, ou do Distrito Federal quando for o caso, e do Estado.

§ 1º A Prefeitura e o Estado só poderão se opor ao cancelamento se disto resultar inconveniente comprovado para o desenvolvimento urbano ou se já se tiver realizado qualquer melhoramento na área loteada ou adjacências.

§ 2º Nas hipóteses dos incisos II e III, o oficial do registro de imóveis fará publicar, em resumo, edital do pedido de cancelamento, podendo este ser impugnado no prazo de trinta dias contados da data da última publicação. Findo esse prazo, com ou sem impugnação, o processo será remetido ao juiz competente para homologação do pedido de cancelamento, ouvido o Ministério Público.

§ 3º A homologação de que trata o parágrafo anterior será precedida de vistoria destinada a comprovar a inexistência de adquirentes instalados na área loteada.

Art. 24. O processo do loteamento e os contratos depositados em cartório poderão ser examinados por qualquer pessoa, a qualquer tempo, independentemente do pagamento de custas ou emolumentos, ainda que a título de busca.

CAPÍTULO VII
DOS CONTRATOS

Art. 25. São irretratáveis os compromissos de compra e venda, cessões e promessas de cessão, os que atribuam direito a adjudicação compulsória e, estando registrados, confiram direito real oponível a terceiros.

Art. 26. Os compromissos de compra e venda, as cessões ou promessas de cessão poderão ser feitos por escritura pública ou por instrumento particular, de acordo com o modelo depositado na forma do inciso VI do artigo 18 e conterão, pelo menos, as seguintes indicações:

I – nome, registro civil, cadastro fiscal no Ministério da Fazenda, nacionalidade, estado civil e residência dos contratantes;

II – denominação e situação do loteamento, número e data da inscrição;

III – descrição do lote ou dos lotes que forem objeto de compromissos, confrontações, área e outras características;

IV – preço, prazo, forma e local de pagamento bem como a importância do sinal;

V – taxa de juros incidentes sobre o débito em aberto e sobre as prestações vencidas e não pagas, bem como a cláusula penal, nunca excedente a dez por cento do débito e só exigível nos casos de intervenção judicial ou de mora superior a três meses;

VI – indicação sobre a quem incumbe o pagamento dos impostos e taxas incidentes sobre o lote compromissado;

VII – declaração das restrições urbanísticas convencionais do loteamento, supletivas da legislação pertinente.

§ 1º O contrato deverá ser firmado em três vias ou extraído em três traslados, sendo um para cada parte e o terceiro para arquivo no registro imobiliário, após o registro e anotações devidas.

§ 2º Quando o contrato houver sido firmado por procurador de qualquer das partes, será obrigatório o arquivamento da procuração no registro imobiliário.

§ 3º Admite-se, nos parcelamentos populares, a cessão da posse em que estiverem provisoriamente imitidas a União, Estados, Distrito Federal, Municípios e suas entidades delegadas, o que poderá ocorrer por instrumento particular, ao qual se atribui, para todos os fins de direito, caráter de escritura pública, não se aplicando a disposição do inciso II do art. 134 do Código Civil.

§ 4º A cessão da posse referida no § 3º, cumpridas as obrigações do cessionário, constitui crédito contra o expropriante, de aceitação obrigatória em garantia de contratos de financiamentos habitacionais.

§ 5º Com o registro da sentença que, em processo de desapropriação, fixar o valor da indenização, a posse referida no § 3º converter-se-á em propriedade e a sua cessão, em compromisso de compra e venda ou venda e compra, conforme haja obrigações a cumprir ou estejam elas cumpridas, circunstância que, demonstradas ao Registro de Imóveis, serão averbadas na matrícula relativa ao lote.

§ 6º Os compromissos de compra e venda, as cessões e as promessas de cessão valerão como título para o registro da propriedade do lote adquirido, quando acompanhados da respectiva prova de quitação.

► §§ 1º a 6º acrescidos pela Lei nº 9.785, de 29-1-1999.

Art. 26-A. Os contratos de compra e venda, cessão ou promessa de cessão de loteamento devem ser iniciados por quadro-resumo, que deverá conter, além das indicações constantes do art. 26 desta Lei:

I – o preço total a ser pago pelo imóvel;

II – o valor referente à corretagem, suas condições de pagamento e a identificação precisa de seu beneficiário;

III – a forma de pagamento do preço, com indicação clara dos valores e vencimentos das parcelas;

IV – os índices de correção monetária aplicáveis ao contrato e, quando houver pluralidade de índices, o período de aplicação de cada um;

V – as consequências do desfazimento do contrato, seja mediante distrato, seja por meio de resolução contratual motivada por inadimplemento de obrigação do adquirente ou do loteador, com destaque negritado para as penalidades aplicáveis e para os prazos para devolução de valores ao adquirente;

VI – as taxas de juros eventualmente aplicadas, se mensais ou anuais, se nominais ou efetivas, o seu período de incidência e o sistema de amortização;

VII – as informações acerca da possibilidade do exercício, por parte do adquirente do imóvel, do direito de arrependimento previsto no art. 49 da Lei nº 8.078, de 11 de setembro de 1990 (Código de Defesa do Consumidor), em todos os contratos firmados em estandes de vendas e fora da sede do loteador ou do estabelecimento comercial;

VIII – o prazo para quitação das obrigações pelo adquirente após a obtenção do termo de vistoria de obras;

IX – informações acerca dos ônus que recaiam sobre o imóvel;

X – o número do registro do loteamento ou do desmembramento, a matrícula do imóvel e a identificação do cartório de registro de imóveis competente;

XI – o termo final para a execução do projeto referido no § 1º do art. 12 desta Lei e a data do protocolo do pedido de emissão do termo de vistoria de obras.

§ 1º Identificada a ausência de quaisquer das informações previstas no *caput* deste artigo, será concedido prazo de 30 (trinta) dias para aditamento do contrato e saneamento da omissão, findo o qual, essa omissão, se não sanada, caracterizará justa causa para rescisão contratual por parte do adquirente.

§ 2º A efetivação das consequências do desfazimento do contrato, mencionadas no inciso V do *caput* deste artigo, dependerá de anuência prévia e específica do adquirente a seu respeito, mediante assinatura junto a essas cláusulas, que deverão ser redigidas conforme o disposto no § 4º do art. 54 da Lei nº 8.078, de 11 de setembro de 1990 (Código de Defesa do Consumidor).

► Art. 26-A acrescido pela Lei nº 13.786, de 27-12-2018.

Art. 27. Se aquele que se obrigou a concluir contrato de promessa de venda ou de cessão não cumprir a obrigação, o credor poderá notificar o devedor para outorga do contrato ou oferecimento de impugnação no prazo de quinze dias, sob pena de proceder-se ao registro do pré-contrato, passando as relações entre as partes a serem regidas pelo contrato padrão.

§ 1º Para fins deste artigo, terão o mesmo valor de pré-contrato a promessa de cessão, a proposta de compra, a reserva de lote ou qualquer outro instrumento, do qual conste a manifestação da vontade das partes, a indicação do lote, o preço e modo de pagamento, e a promessa de contratar.

§ 2º O registro de que trata este artigo não será procedido se a parte que o requereu não comprovar haver cumprido a sua prestação, nem a oferecer na forma devida, salvo se ainda não exigível.

§ 3º Havendo impugnação daquele que se comprometeu a concluir o contrato, observar-se-á o disposto nos artigos 639 e 640 do Código de Processo Civil.

Art. 28. Qualquer alteração ou cancelamento parcial do loteamento registrado dependerá de acordo entre o loteador e os adquirentes de lotes atingidos pela alteração, bem como da aprovação pela Prefeitura Municipal, ou do Distrito Federal quando for o caso, devendo ser depositada no Registro de Imóveis, em complemento ao projeto original, com a devida averbação.

Art. 29. Aquele que adquirir a propriedade loteada mediante ato *inter vivos*, ou por sucessão *causa mortis*, sucederá o transmitente em todos os seus direitos e obrigações, ficando obrigado a respeitar os compromissos de compra e venda ou as promessas de cessão, em todas as suas cláusulas, sendo nula qualquer disposição em contrário, ressalvado o direito do herdeiro ou legatário de renunciar à herança ou ao legado.

Art. 30. A sentença declaratória de falência ou da insolvência de qualquer das partes não rescindirá os contratos de compromisso de compra e venda ou de promessa de cessão que tenham por objeto a área loteada ou lotes da mesma. Se a falência ou insolvência for do proprietário da área loteada ou do titular de direito sobre ela, incumbirá ao síndico ou ao administrador dar cumprimento aos referidos contratos; se do adquirente do lote, seus direitos serão levados à praça.

Art. 31. O contrato particular pode ser transferido por simples trespasse, lançado no verso das vias em poder das partes, ou por instrumento em separado, declarando-se o número do registro do loteamento, o valor da cessão e a qualificação do cessionário para o devido registro.

§ 1º A cessão independe da anuência do loteador, mas, em relação a este, seus efeitos só se produzem depois de cientificado, por escrito, pelas partes ou quando registrada a cessão.

§ 2º Uma vez registrada a cessão, feita sem anuência do loteador, o oficial do registro dar-lhe-á ciência, por escrito, dentro de dez dias.

Art. 32. Vencida e não paga a prestação, o contrato será considerado rescindido trinta dias depois de constituído em mora o devedor.

§ 1º Para os fins deste artigo o devedor adquirente será intimado, a requerimento do credor, pelo oficial do registro de imóveis, a satisfazer as prestações vencidas e as que se vencerem até a data do pagamento, os juros convencionados e as custas de intimação.

§ 2º Purgada a mora, convalescerá o contrato.

§ 3º Com a certidão de não haver sido feito o pagamento em cartório, o vendedor requererá ao oficial do registro o cancelamento da averbação.

Art. 32-A. Em caso de resolução contratual por fato imputado ao adquirente, respeitado o disposto no § 2º deste artigo, deverão ser restituídos os valores pagos por ele, atualizados com base no índice contratualmente estabelecido para a correção monetária das parcelas do preço do imóvel, podendo ser descontados dos valores pagos os seguintes itens:

I – os valores correspondentes à eventual fruição do imóvel, até o equivalente a 0,75% (setenta e cinco centésimos por cento) sobre o valor atualizado do contrato, cujo prazo será contado a partir da data da transmissão da posse do imóvel ao adquirente até sua restituição ao loteador;

II – o montante devido por cláusula penal e despesas administrativas, inclusive arras ou sinal, limitado a um desconto de 10% (dez por cento) do valor atualizado do contrato;

III – os encargos moratórios relativos às prestações pagas em atraso pelo adquirente;

IV – os débitos de impostos sobre a propriedade predial e territorial urbana, contribuições condominiais, associativas ou outras de igual natureza que sejam a estas equiparadas e tarifas vinculadas ao lote, bem como tributos, custas e emolumentos incidentes sobre a restituição e/ou rescisão;

V – a comissão de corretagem, desde que integrada ao preço do lote.

§ 1º O pagamento da restituição ocorrerá em até 12 (doze) parcelas mensais, com início após o seguinte prazo de carência:

I – em loteamentos com obras em andamento: no prazo máximo de 180 (cento e oitenta) dias após o prazo previsto em contrato para conclusão das obras;

II – em loteamentos com obras concluídas: no prazo máximo de 12 (doze) meses após a formalização da rescisão contratual.

§ 2º Somente será efetuado registro do contrato de nova venda se for comprovado o início da restituição do valor pago pelo vendedor ao titular do registro cancelado na forma e condições pactuadas no distrato, dispensada essa comprovação nos casos em que o adquirente não for localizado ou não tiver se manifestado, nos termos do art. 32 desta Lei.

§ 3º O procedimento previsto neste artigo não se aplica aos contratos e escrituras de compra e venda de lote sob a modalidade de alienação fiduciária nos termos da Lei nº 9.514, de 20 de novembro de 1997.

► Art. 32-A acrescido pela Lei nº 13.786, de 27-12-2018.

Art. 33. Se o credor das prestações se recusar a recebê-las ou furtar-se ao seu recebimento, será constituído em mora mediante notificação do oficial do registro de imóveis para vir receber as importâncias depositadas pelo devedor no próprio Registro de Imóveis. Decorridos quinze dias após o recebimento da intimação, considerar-se-á efetuado o pagamento, a menos que o credor impugne o depósito e, alegando inadimplemento do devedor, requeira a intimação deste para os fins do disposto no artigo 32 desta Lei.

Art. 34. Em qualquer caso de rescisão por inadimplemento do adquirente, as benfeitorias necessárias ou úteis por ele levadas a efeito no imóvel deverão ser indenizadas, sendo de nenhum efeito qualquer disposição contratual em contrário.

§ 1º Não serão indenizadas as benfeitorias feitas em desconformidade com o contrato ou com a lei.

► Parágrafo único transformado em § 1º pela Lei nº 13.786, de 27-12-2018.

§ 2º No prazo de 60 (sessenta) dias, contado da constituição em mora, fica o loteador, na hipótese do *caput* deste artigo, obrigado a alienar o imóvel mediante leilão judicial ou extrajudicial, nos termos da Lei nº 9.514, de 20 de novembro de 1997.

► § 2º acrescido pela Lei nº 13.786, de 27-12-2018.

Art. 35. Se ocorrer o cancelamento do registro por inadimplemento do contrato, e tiver sido realizado o pagamento de mais de 1/3 (um terço) do preço ajustado, o oficial do registro de imóveis mencionará esse fato e a quantia paga no ato do cancelamento, e somente será efetuado novo registro relativo ao mesmo lote, mediante apresentação do distrato assinado pelas partes e a comprovação do pagamento da parcela única ou da primeira parcela do montante a ser restituído ao adquirente, na forma do art. 32-A desta Lei, ao titular do registro cancelado, ou mediante depósito em dinheiro à sua disposição no registro de imóveis.

► *Caput* com a redação dada pela Lei nº 13.786, de 27-12-2018.

§ 1º Ocorrendo o depósito a que se refere este artigo, o oficial do registro de imóveis intimará o interessado para vir recebê-lo no prazo de dez dias, sob pena de ser devolvido ao depositante.

§ 2º No caso de não ser encontrado o interessado, o oficial do registro de imóveis depositará a quantia em estabelecimento de crédito, segundo a ordem prevista no inciso I do artigo 666 do Código de Processo Civil, em conta com incidência de juros e correção monetária.

► Refere-se ao CPC/1973. Art. 840 do CPC/2015.

§ 3º A obrigação de comprovação prévia de pagamento da parcela única ou da primeira parcela como condição para efetivação de novo registro, prevista no *caput* deste artigo, poderá ser dispensada se as partes convencionarem de modo diverso e de forma expressa no documento de distrato por elas assinado.

► § 3º acrescido pela Lei nº 13.786, de 27-12-2018.

Art. 36. O registro do compromisso, cessão ou promessa de cessão só poderá ser cancelado:

I – por decisão judicial;

II – a requerimento conjunto das partes contratantes;

III – quando houver rescisão comprovada do contrato.

Art. 36-A. As atividades desenvolvidas pelas associações de proprietários de imóveis, titulares de direitos ou moradores em loteamentos ou empreendimentos assemelhados, desde que não tenham fins lucrativos, bem como pelas entidades civis organizadas em função da solidariedade de interesses coletivos desse público com o objetivo de administração, conservação, manutenção, disciplina de utilização e convivência, visando à valorização dos imóveis que compõem o empreendimento, tendo em vista a sua natureza jurídica, vinculam-se, por critérios de afinidade, similitude e conexão, à atividade de administração de imóveis.

Parágrafo único. A administração de imóveis na forma do *caput* deste artigo sujeita seus titulares à normatização e à disciplina constantes de seus atos constitutivos, cotizando-se na forma desses atos para suportar a consecução dos seus objetivos.

► Art. 36-A acrescido pela Lei nº 13.465, de 11-7-2017.

CAPÍTULO VIII

DISPOSIÇÕES GERAIS

Art. 37. É vedado vender ou prometer vender parcela de loteamento ou desmembramento não registrado.

Art. 38. Verificado que o loteamento ou desmembramento não se acha registrado ou regularmente executado ou notificado pela Prefeitura Municipal, ou pelo Distrito Federal quando for o caso, deverá o adquirente do lote suspender o pagamento das prestações restantes e notificar o loteador para suprir a falta.

§ 1º Ocorrendo a suspensão do pagamento das prestações restantes, na forma do *caput* deste artigo, o adquirente efetuará o depósito das prestações devidas junto ao Registro de Imóveis competente, que as depositará em estabelecimento de crédito, segundo a ordem prevista no inciso I do artigo 666 do Código de Processo Civil, em conta com incidência de juros e correção monetária, cuja movimentação dependerá de prévia autorização judicial.

▸ Refere-se ao CPC/1973. Art. 840 do CPC/2015.

§ 2º A Prefeitura Municipal, ou Distrito Federal quando for o caso, ou o Ministério Público, poderá promover a notificação ao loteador prevista no *caput* deste artigo.

§ 3º Regularizado o loteamento pelo loteador, este promoverá judicialmente a autorização para levantar as prestações depositadas, com os acréscimos de correção monetária e juros, sendo necessária a citação da Prefeitura, ou do Distrito Federal quando for o caso, para integrar o processo judicial aqui previsto, bem como audiência do Ministério Público.

§ 4º Após o reconhecimento judicial de regularidade do loteamento, o loteador notificará os adquirentes dos lotes, por intermédio do Registro de Imóveis competente, para que passem a pagar diretamente as prestações restantes, a contar da data da notificação.

§ 5º No caso de o loteador deixar de atender à notificação até o vencimento do prazo contratual, ou quando o loteamento ou desmembramento for regularizado pela Prefeitura Municipal, ou pelo Distrito Federal quando for o caso, nos termos do artigo 40 desta Lei, o loteador não poderá, a qualquer título, exigir o recebimento das prestações depositadas.

Art. 39. Será nula de pleno direito a cláusula de rescisão de contrato por inadimplemento do adquirente, quando o loteamento não estiver regularmente inscrito.

Art. 40. A Prefeitura Municipal, ou o Distrito Federal quando for o caso, se desatendida pelo loteador a notificação, poderá regularizar loteamento ou desmembramento não autorizado ou executado sem observância das determinações do ato administrativo de licença, para evitar lesão aos seus padrões de desenvolvimento urbano e na defesa dos direitos dos adquirentes de lotes.

§ 1º A Prefeitura Municipal, ou o Distrito Federal quando for o caso, que promover a regularização, na forma deste artigo, obterá judicialmente o levantamento das prestações depositadas, com os respectivos acréscimos de correção monetária e juros, nos termos do § 1º do artigo 38 desta Lei, a título de ressarcimento das importâncias despendidas com equipamentos urbanos ou expropriações necessárias para regularizar o loteamento ou desmembramento.

§ 2º As importâncias despendidas pela Prefeitura Municipal, ou pelo Distrito Federal quando for o caso, para regularizar o loteamento ou desmembramento, caso não sejam integralmente ressarcidas conforme o disposto no parágrafo anterior, serão exigidas na parte faltante do loteador, aplicando-se o disposto no artigo 47 desta Lei.

§ 3º No caso de o loteador não cumprir o estabelecido no parágrafo anterior, a Prefeitura Municipal, ou o Distrito Federal quando for o caso, poderá receber as prestações dos adquirentes, até o valor devido.

§ 4º A Prefeitura Municipal, ou o Distrito Federal quando for o caso, para assegurar a regularização do loteamento ou desmembramento, bem como o ressarcimento integral de importâncias despendidas, ou a despender, poderá promover judicialmente os procedimentos cautelares necessários aos fins colimados.

§ 5º A regularização de um parcelamento pela Prefeitura Municipal, ou Distrito Federal, quando for o caso, não poderá contrariar o disposto nos arts. 3º e 4º desta Lei, ressalvado o disposto no § 1º desse último.

▸ § 5º acrescido pela Lei nº 9.785, de 29-1-1999.

Art. 41. Regularizado o loteamento ou desmembramento pela Prefeitura Municipal, ou pelo Distrito Federal quando for o caso, o adquirente do lote, comprovando o depósito de todas as prestações do preço avençado, poderá obter o registro de propriedade do lote adquirido, valendo para tanto o compromisso de venda e compra devidamente firmado.

Art. 42. Nas desapropriações não serão considerados como loteados ou loteáveis, para fins de indenização, os terrenos ainda não vendidos ou compromissados, objeto de loteamento ou desmembramento não registrado.

Art. 43. Ocorrendo a execução de loteamento não aprovado, a destinação de áreas públicas exigidas no inciso I do artigo 4º desta Lei não se poderá alterar, sem prejuízo da aplicação das sanções administrativas, civis e criminais previstas.

Parágrafo único. Neste caso, o loteador ressarcirá a Prefeitura Municipal ou o Distrito Federal quando for o caso, em pecúnia ou em área equivalente, no dobro da diferença entre o total das áreas públicas exigidas e as efetivamente destinadas.

▸ Parágrafo único acrescido pela Lei nº 9.785, de 29-1-1999.

Art. 44. O Município, o Distrito Federal e o Estado poderão expropriar áreas urbanas ou de expansão urbana para reloteamento, demolição, reconstrução e incorporação, ressalvada a preferência dos expropriados para a aquisição de novas unidades.

Art. 45. O loteador, ainda que já tenha vendido todos os lotes, ou os vizinhos, são partes legítimas para promover ação destinada a impedir construção em desacordo com restrições legais ou contratuais.

Art. 46. O loteador não poderá fundamentar qualquer ação ou defesa na presente Lei sem apresentação dos registros e contratos a que ela se refere.

Art. 47. Se o loteador integrar grupo econômico ou financeiro, qualquer pessoa física ou jurídica desse grupo, beneficiária de qualquer forma do loteamento ou desmembramento irregular, será solidariamente responsável pelos prejuízos por ele causados aos compradores de lotes e ao Poder Público.

Art. 48. O foro competente para os procedimentos judiciais previstos nesta Lei será sempre o da comarca da situação do lote.

Art. 49. As intimações e notificações previstas nesta Lei deverão ser feitas pessoalmente ao intimado ou notificado, que assinará o comprovante do recebimento, e poderão igualmente ser promovidas por meio dos Cartórios de Registro de Títulos e Documentos da comarca da situação do imóvel ou do domicílio de quem deva recebê-las.

§ 1º Se o destinatário se recusar a dar recibo ou se furtar ao recebimento, ou se for desconhecido o seu paradeiro, o funcionário incumbido da diligência informará esta circunstância ao oficial competente que a certificará, sob sua responsabilidade.

§ 2º Certificada a ocorrência dos fatos mencionados no parágrafo anterior, a intimação ou notificação será feita por edital na forma desta Lei, começando o prazo a correr dez dias após a última publicação.

CAPÍTULO IX

DISPOSIÇÕES PENAIS

Art. 50. Constitui crime contra a Administração Pública:

I – dar início, de qualquer modo, ou efetuar loteamento ou desmembramento do solo para fins urbanos sem autorização do órgão público competente, ou em desacordo com as disposições desta Lei ou das normas pertinentes do Distrito Federal, Estados e Municípios;

II – dar início, de qualquer modo, ou efetuar loteamento ou desmembramento do solo para fins urbanos sem observância das determinações constantes do ato administrativo de licença;

III – fazer, ou veicular em proposta, contrato, prospecto ou comunicação ao público ou a interessados, afirmação falsa sobre a legalidade de loteamento ou desmembramento do solo para fins urbanos, ou ocultar fraudulentamente fato a ele relativo.

Pena: Reclusão, de um a quatro anos, e multa de cinco a cinquenta vezes o maior salário mínimo vigente no País.

Parágrafo único. O crime definido neste artigo é qualificado, se cometido:

I – por meio de venda, promessa de venda, reserva de lote ou quaisquer outros instrumentos que manifestem a intenção de vender lote em loteamento ou desmembramento não registrado no registro de imóveis competente;

II – com inexistência de título legítimo de propriedade do imóvel loteado ou desmembrado, ressalvado o disposto no art. 18, §§ 4º e 5º, desta Lei, ou com omissão fraudulenta de fato a ele relativo, se o fato não constituir crime mais grave.

▸ Inciso II com a redação dada pela Lei nº 9.785, de 29-1-1999.

Pena: Reclusão, de um a cinco anos, e multa de dez a cem vezes o maior salário mínimo vigente no País.

Art. 51. Quem, de qualquer modo, concorra para a prática dos crimes previstos no artigo anterior desta Lei incide nas penas a estes cominadas, considerados em especial os atos praticados na qualidade de mandatário de loteador, diretor ou gerente de sociedade.

Parágrafo único. VETADO. Lei nº 9.785, de 29-1-1999.

Art. 52. Registrar loteamento ou desmembramento não aprovado pelos órgãos competentes, registrar o compromisso de compra e venda, a cessão ou promessa de cessão de direitos, ou efetuar registro de contrato de venda de loteamento ou desmembramento não registrado.

Pena: Detenção, de um a dois anos, e multa de cinco a cinquenta vezes o maior salário mínimo vigente no País, sem prejuízo das sanções administrativas cabíveis.

CAPÍTULO X

DISPOSIÇÕES FINAIS

Art. 53. Todas as alterações de uso do solo rural para fins urbanos dependerão de prévia audiência do Instituto Nacional de Colonização e Reforma Agrária – INCRA, do órgão metropolitano, se houver, onde se localiza o Município, e da aprovação da Prefeitura Municipal, ou do Distrito Federal quando for o caso, segundo as exigências da legislação pertinente.

Art. 53-A. São considerados de interesse público os parcelamentos vinculados a planos ou programas habitacionais de iniciativa das Prefeituras Municipais e do Distrito Federal, ou entidades autorizadas por lei, em especial as regularizações de parcelamentos e de assentamentos.

Parágrafo único. Às ações e intervenções de que trata este artigo não será exigível documentação que não seja a mínima necessária e indispensável aos registros no cartório competente, inclusive sob a forma de certidões, vedadas as exigências e as sanções pertinentes aos particulares, especialmente aquelas que visem garantir a realização de obras e serviços, ou que visem prevenir questões de domínio de glebas, que se presumirão asseguradas pelo Poder Público respectivo.

▸ Art. 53-A acrescido pela Lei nº 9.785, de 29-1-1999.

Art. 54. Esta Lei entrará em vigor na data de sua publicação.

Art. 55. Revogam-se as disposições em contrário.

Brasília, em 19 de dezembro de 1979;
158º da Independência e
91º da República.

João Figueiredo

LEI Nº 6.830, DE 22 DE SETEMBRO DE 1980

Dispõe sobre a cobrança judicial da Dívida Ativa da Fazenda Pública e dá outras providências.

▸ Publicada no *DOU* de 24-9-1980.

Art. 1º A execução judicial para cobrança da Dívida Ativa da União, dos Estados, do Distrito Federal, dos Municípios e respectivas autarquias será regida por esta Lei e, subsidiariamente, pelo Código de Processo Civil.

Art. 2º Constitui Dívida Ativa da Fazenda Pública aquela definida como tributária ou não tributária na Lei nº 4.320, de 17 de março de 1964, com as alterações posteriores, que estatui normas gerais de direito financeiro para elaboração e controle dos orçamentos e balanços da União, dos Estados, dos Municípios e do Distrito Federal.

§ 1º Qualquer valor, cuja cobrança seja atribuída por lei às entidades de que trata o artigo 1º, será considerado Dívida Ativa da Fazenda Pública.

§ 2º A Dívida Ativa da Fazenda Pública, compreendendo a tributária e a não tributária, abrange atualização monetária, juros e multa de mora e demais encargos previstos em lei ou contrato.

§ 3º A inscrição, que se constitui no ato de controle administrativo da legalidade, será feita pelo órgão competente para apurar a liquidez e certeza do crédito e suspenderá a prescrição, para todos os efeitos de direito, por cento e oitenta dias ou até a distribuição da execução fiscal, se esta ocorrer antes de findo aquele prazo.

§ 4º A Dívida Ativa da União será apurada e inscrita na Procuradoria da Fazenda Nacional.

§ 5º O Termo de Inscrição de Dívida Ativa deverá conter:

I – o nome do devedor, dos corresponsáveis e, sempre que conhecido, o domicílio ou residência de um e de outros;

II – o valor originário da dívida, bem como o termo inicial e a forma de calcular os juros de mora e demais encargos previstos em lei ou contrato;

III – a origem, a natureza e o fundamento legal ou contratual da dívida;

IV – a indicação, se for o caso, de estar a dívida sujeita à atualização monetária, bem como o respectivo fundamento legal e o termo inicial para o cálculo;

V – a data e o número da inscrição, no Registro de Dívida Ativa; e

VI – o número do processo administrativo ou do auto de infração, se neles estiver apurado o valor da dívida.

§ 6º A Certidão de Dívida Ativa conterá os mesmos elementos do Termo de Inscrição e será autenticada pela autoridade competente.

§ 7º O Termo de Inscrição e a Certidão de Dívida Ativa poderão ser preparados e numerados por processo manual, mecânico ou eletrônico.

§ 8º Até a decisão de primeira instância, a Certidão de Dívida Ativa poderá ser emendada ou substituída, assegurada ao executado a devolução do prazo para embargos.

§ 9º O prazo para a cobrança das contribuições previdenciárias continua a ser o estabelecido no artigo 144 da Lei nº 3.807, de 26 de agosto de 1960.

Art. 3º A Dívida Ativa regularmente inscrita goza da presunção de certeza e liquidez.

Parágrafo único. A presunção a que se refere este artigo é relativa e pode ser ilidida por prova inequívoca, a cargo do executado ou de terceiro, a quem aproveite.

Art. 4º A execução fiscal poderá ser promovida contra:

I – o devedor;

II – o fiador;

III – o espólio;

IV – a massa;

V – o responsável, nos termos da lei, por dívidas, tributárias ou não, de pessoas físicas ou pessoas jurídicas de direito privado; e

VI – os sucessores a qualquer título.

§ 1º Ressalvado o disposto no artigo 31, o síndico, o comissário, o liquidante, o inventariante e o administrador, nos casos de falência, concordata, liquidação, inventário, insolvência ou concurso de credores, se, antes de garantidos os créditos da Fazenda Pública, alienarem ou derem em garantia quaisquer dos bens administrados, respondem, solidariamente, pelo valor desses bens.

§ 2º À Dívida Ativa da Fazenda Pública, de qualquer natureza, aplicam-se as normas relativas à responsabilidade prevista na legislação tributária, civil e comercial.

§ 3º Os responsáveis, inclusive as pessoas indicadas no § 1º deste artigo, poderão nomear bens livres e desembaraçados do devedor, tantos quantos bastem para pagar a dívida. Os bens dos responsáveis ficarão, porém, sujeitos à execução, se os do devedor forem insuficientes à satisfação da dívida.

§ 4º Aplica-se à Dívida Ativa da Fazenda Pública de natureza não tributária o disposto nos artigos 186 e 188 a 192 do Código Tributário Nacional.

Art. 5º A competência para processar e julgar a execução da Dívida Ativa da Fazenda Pública exclui a de qualquer outro juízo, inclusive o da falência, da concordata, da liquidação, da insolvência ou do inventário.

Art. 6º A petição inicial indicará apenas:

I – o juiz a quem é dirigida;

II – o pedido; e

III – o requerimento para a citação.

§ 1º A petição inicial será instruída com a Certidão da Dívida Ativa, que dela fará parte integrante, como se estivesse transcrita.

§ 2º A petição inicial e a Certidão de Dívida Ativa poderão constituir um único documento, preparado inclusive por processo eletrônico.

§ 3º A produção de provas pela Fazenda Pública independe de requerimento na petição inicial.

§ 4º O valor da causa será o da dívida constante da certidão, com os encargos legais.

Art. 7º O despacho do juiz que deferir a inicial importa em ordem para:

I – citação, pelas sucessivas modalidades previstas no artigo 8º;

II – penhora, se não for paga a dívida, nem garantida a execução, por meio de depósito, fiança ou seguro garantia;

► Inciso II com a redação dada pela Lei nº 13.043, de 13-11-2014.

III – arresto, se o executado não tiver domicílio ou dele se ocultar;

IV – registro da penhora ou do arresto, independentemente do pagamento de custas ou outras despesas, observado o disposto no artigo 14; e

V – avaliação dos bens penhorados ou arrestados.

Art. 8º O executado será citado para, no prazo de cinco dias, pagar a dívida com os juros e multa de mora e encargos indicados na Certidão de Dívida Ativa, ou garantir a execução, observadas as seguintes normas:

I – a citação será feita pelo correio, com aviso de recepção, se a Fazenda Pública não a requerer por outra forma;

II – a citação pelo correio considera-se feita na data da entrega da carta no endereço do executado; ou, se a data for omitida, no aviso de recepção, dez dias após a entrega da carta à agência postal;

III – se o aviso de recepção não retornar no prazo de quinze dias da entrega da carta à agência postal, a citação será feita por oficial de justiça ou por edital;

IV – o edital de citação será afixado na sede do juízo, publicado uma só vez no órgão oficial, gratuitamente, como expediente judiciário, com o prazo de trinta dias, e conterá, apenas, a indicação da exequente, o nome do devedor e dos corresponsáveis, a quantia devida, a natureza da dívida, a data e o número da inscrição no Registro da Dívida Ativa, o prazo e o endereço da sede do juízo.

§ 1º O executado ausente do País será citado por edital, com o prazo de sessenta dias.

§ 2º O despacho do juiz, que ordenar a citação, interrompe a prescrição.

Art. 9º Em garantia da execução, pelo valor da dívida, juros e multa de mora e encargos indicados na Certidão da Dívida Ativa, o executado poderá:

I – efetuar depósito em dinheiro, à ordem do juízo em estabelecimento oficial de crédito, que assegure atualização monetária;

II – oferecer fiança bancária ou seguro garantia;

► Inciso II com a redação dada pela Lei nº 13.043, de 13-11-2014.

III – nomear bens à penhora, observada a ordem do artigo 11; ou

IV – indicar à penhora bens oferecidos por terceiros e aceitos pela Fazenda Pública.

§ 1º O executado só poderá indicar e o terceiro oferecer bem imóvel à penhora com o consentimento expresso do respectivo cônjuge.

§ 2º Juntar-se-á aos autos a prova do depósito, da fiança bancária, do seguro garantia ou da penhora dos bens do executado ou de terceiros.

§ 3º A garantia da execução, por meio de depósito em dinheiro, fiança bancária ou seguro garantia, produz os mesmos efeitos da penhora.

► §§ 2º e 3º com a redação dada pela Lei nº 13.043, de 13-11-2014.

§ 4º Somente o depósito em dinheiro, na forma do artigo 32, faz cessar a responsabilidade pela atualização monetária e juros de mora.

§ 5º A fiança bancária prevista no inciso II obedecerá às condições preestabelecidas pelo Conselho Monetário Nacional.

§ 6º O executado poderá pagar parcela da dívida, que julgar incontroversa, e garantir a execução do saldo devedor.

Art. 10. Não ocorrendo o pagamento, nem a garantia da execução de que trata o artigo 9º, a penhora poderá recair em qualquer bem do executado, exceto os que a lei declare absolutamente impenhoráveis.

Art. 11. A penhora ou arresto de bens obedecerá à seguinte ordem:

I – dinheiro;

II – título da dívida pública, bem como título de crédito, que tenham cotação em Bolsa;

III – pedras e metais preciosos;

IV – imóveis;

V – navios e aeronaves;

VI – veículos;

VII – móveis ou semoventes; e

VIII – direito e ações.

§ 1º Excepcionalmente, a penhora poderá recair sobre estabelecimento comercial, industrial ou agrícola, bem como em plantações ou edifícios em construção.

§ 2º A penhora efetuada em dinheiro será convertida no depósito de que trata o inciso I do artigo 9º.

§ 3º O juiz ordenará a remoção do bem penhorado para depósito judicial, particular ou da Fazenda Pública exequente, sempre que esta o requerer, em qualquer fase do processo.

Art. 12. Na execução fiscal, far-se-á a intimação da penhora ao executado, mediante publicação, no órgão oficial, do ato de juntada do termo ou do auto de penhora.

§ 1º Nas comarcas do interior dos Estados, a intimação poderá ser feita pela remessa de cópia do termo ou do auto de penhora, pelo correio, na forma estabelecida no artigo 8º, I e II, para a citação.

§ 2º Se a penhora recair sobre o imóvel, far-se-á a intimação ao cônjuge, observadas as normas previstas para a citação.

§ 3º Far-se-á a intimação da penhora pessoalmente ao executado se, na citação feita pelo correio, o aviso de recepção não contiver a assinatura do próprio executado, ou de seu representante legal.

Art. 13. O termo ou auto de penhora conterá, também, a avaliação dos bens penhorados, efetuada por quem o lavrar.

§ 1º Impugnada a avaliação, pelo executado, ou pela Fazenda Pública, antes de publicado o edital de leilão, o juiz, ouvida a outra parte, nomeará avaliador oficial para proceder a nova avaliação dos bens penhorados.

§ 2º Se não houver, na comarca, avaliador oficial ou este não puder apresentar o laudo de avaliação no prazo de quinze dias, será nomeada pessoa ou entidade habilitada, a critério do juiz.

§ 3º Apresentado o laudo, o juiz decidirá de plano sobre a avaliação.

Art. 14. O oficial de justiça entregará contrafé e cópia do termo ou do auto de penhora ou arresto, com a ordem de registro de que trata o artigo 7º, IV:

I – no ofício próprio, se o bem for imóvel ou a ele equiparado;

II – na repartição competente para emissão de certificado de registro, se for veículo;

III – na Junta Comercial, na Bolsa de Valores, e na sociedade comercial, se forem ações, debênture, parte beneficiária, quota ou qualquer outro título, crédito ou direito societário nominativo.

Art. 15. Em qualquer fase do processo, será deferida pelo juiz:

I – ao executado, a substituição da penhora por depósito em dinheiro, fiança bancária ou seguro garantia; e

► Inciso I com a redação dada pela Lei nº 13.043, de 13-11-2014.

II – à Fazenda Pública, a substituição dos bens penhorados por outros, independentemente da ordem enumerada no artigo 11, bem como o reforço da penhora insuficiente.

Art. 16. O executado oferecerá embargos, no prazo de trinta dias, contados:

I – do depósito;

II – da juntada da prova da fiança bancária ou do seguro garantia;

► Inciso II com a redação dada pela Lei nº 13.043, de 13-11-2014.

III – da intimação da penhora.

§ 1º Não são admissíveis embargos do executado antes de garantida a execução.

§ 2º No prazo dos embargos, o executado deverá alegar toda matéria útil à defesa, requerer provas e juntar aos autos os documentos e rol de testemunhas, até três, ou, a critério do juiz, até o dobro desse limite.

§ 3º Não será admitida reconvenção, nem compensação, e as exceções, salvo as de suspeição, incompetência e impedimento, serão arguidas como matéria preliminar e serão processadas e julgadas com os embargos.

Art. 17. Recebidos os embargos, o juiz mandará intimar a Fazenda, para impugná-los no prazo de trinta dias, designando, em seguida, audiência de instrução e julgamento.

Parágrafo único. Não se realizará audiência, se os embargos versarem sobre matéria de direito ou, sendo de direito e de fato, a prova for exclusivamente documental, caso em que o juiz proferirá a sentença no prazo de trinta dias.

Art. 18. Caso não sejam oferecidos os embargos, a Fazenda Pública manifestar-se-á sobre a garantia da execução.

Art. 19. Não sendo embargada a execução ou sendo rejeitados os embargos, no caso de garantia prestada por terceiro, será este intimado, sob pena de contra ele prosseguir a execução nos próprios autos, para, no prazo de quinze dias:

I – remir o bem, se a garantia for real; ou

II – pagar o valor da dívida, juros e multa de mora e demais encargos, indicados na Certidão de Dívida Ativa, pelos quais se obrigou, se a garantia for fidejussória.

Art. 20. Na execução por carta, os embargos do executado serão oferecidos no juízo deprecado, que os remeterá ao juízo deprecante, para instrução e julgamento.

Parágrafo único. Quando os embargos tiverem por objeto vícios ou irregularidades de atos do próprio juízo deprecado, caber-lhe-á unicamente o julgamento dessa matéria.

Art. 21. Na hipótese de alienação antecipada dos bens penhorados, o produto será depositado em garantia da execução, nos termos previstos no artigo 9º, I.

Art. 22. A arrematação será precedida de edital, afixado no local do costume, na sede do juízo, e publicado em resumo, uma só vez, gratuitamente, como expediente judiciário, no órgão oficial.

§ 1º O prazo entre as datas de publicação do edital e do leilão não poderá ser superior a trinta, nem inferior a dez dias.

§ 2º O representante judicial da Fazenda Pública será intimado, pessoalmente, da realização do leilão, com a antecedência prevista no parágrafo anterior.

Art. 23. A alienação de quaisquer bens penhorados será feita em leilão público, no lugar designado pelo juiz.

§ 1º A Fazenda Pública e o executado poderão requerer que os bens sejam leiloados englobadamente ou em lotes que indicarem.

§ 2º Cabe ao arrematante o pagamento da comissão do leiloeiro e demais despesas indicadas no edital.

Art. 24. A Fazenda Pública poderá adjudicar os bens penhorados:

I – antes do leilão, pelo preço da avaliação, se a execução não for embargada ou se rejeitados os embargos;

II – findo o leilão:

a) se não houver licitante, pelo preço da avaliação;

b) havendo licitantes, com preferência, em igualdade de condições com a melhor oferta, no prazo de trinta dias.

Parágrafo único. Se o preço da avaliação ou o valor da melhor oferta for superior ao dos créditos da Fazenda Pública, a adjudicação somente será deferida pelo juiz se a diferença for depositada, pela exequente, à ordem do juízo, no prazo de trinta dias.

Art. 25. Na execução fiscal, qualquer intimação ao representante judicial da Fazenda Pública será feita pessoalmente.

Parágrafo único. A intimação de que trata este artigo poderá ser feita mediante vista dos autos, com imediata remessa ao representante judicial da Fazenda Pública, pelo cartório ou secretaria.

Art. 26. Se, antes da decisão de primeira instância, a inscrição de Dívida Ativa for, a qualquer título, cancelada, a execução fiscal será extinta, sem qualquer ônus para as partes.

Art. 27. As publicações de atos processuais poderão ser feitas resumidamente ou reunir num só texto os de diferentes processos.

Parágrafo único. As publicações farão sempre referência ao número do processo no respectivo juízo e ao número da correspondente inscrição de Dívida Ativa, bem como ao nome das partes e de seus advogados, suficientes para a sua identificação.

Art. 28. O juiz, a requerimento das partes, poderá, por conveniência da unidade da garantia da execução, ordenar a reunião de processos contra o mesmo devedor.

Parágrafo único. Na hipótese deste artigo, os processos serão redistribuídos ao juízo da primeira distribuição.

Art. 29. A cobrança judicial da Dívida Ativa da Fazenda Pública não é sujeita a concurso de credores ou habilitação em falência, concordata, liquidação, inventário ou arrolamento.

Parágrafo único. O concurso de preferência somente se verifica entre pessoas jurídicas de direito público, na seguinte ordem:

► O STF, por maioria dos votos, julgou procedente o pedido formulado da ADPF nº 357, para declarar a não recepção pela Constituição Federal da norma prevista neste parágrafo único (*DOU* de 6-7-2021).

I – União e suas autarquias;

II – Estados, Distrito Federal e Territórios e suas autarquias, conjuntamente e *pro rata*;

III – Municípios e suas autarquias, conjuntamente e *pro rata*.

Art. 30. Sem prejuízo dos privilégios especiais sobre determinados bens, que sejam previstos em lei, responde pelo pagamento da Dívida Ativa da Fazenda Pública a totalidade dos bens e das rendas, de qualquer origem ou natureza, do sujeito passivo, seu espólio ou sua massa, inclusive os gravados por ônus real ou cláusula de inalienabilidade ou impenhorabilidade, seja qual for a data da constituição do ônus ou da cláusula, excetuados unicamente os bens e rendas que a lei declara absolutamente impenhoráveis.

Art. 31. Nos processos de falência, concordata, liquidação, inventário, arrolamento ou concurso de credores, nenhuma alienação será judicialmente autorizada sem a prova de quitação da Dívida Ativa ou a concordância da Fazenda Pública.

Art. 32. Os depósitos judiciais em dinheiro serão obrigatoriamente feitos:

I – na Caixa Econômica Federal, de acordo com o Decreto-Lei nº 1.737, de 20 de dezembro de 1979, quando relacionados com a execução fiscal proposta pela União ou suas autarquias;

II – na Caixa Econômica ou no banco oficial da unidade federativa ou, à sua falta, na Caixa Econômica Federal, quando relacionados com execução fiscal proposta pelo Estado, Distrito Federal, Municípios e suas autarquias.

§ 1º Os depósitos de que trata este artigo estão sujeitos à atualização monetária, segundo os índices estabelecidos para os débitos tributários federais.

§ 2º Após o trânsito em julgado da decisão, o depósito, monetariamente atualizado, será devolvido ao depositante ou entregue à Fazenda Pública, mediante ordem do juízo competente.

Art. 33. O juízo, de ofício, comunicará à repartição competente da Fazenda Pública, para fins de averbação no Registro da Dívida Ativa, a decisão final, transitada em julgado, que der por improcedente a execução, total ou parcialmente.

Art. 34. Das sentenças de primeira instância proferidas em execuções de valor igual ou inferior a cinquenta Obrigações do Tesouro Nacional – OTN, só se admitirão embargos infringentes e de declaração.

§ 1º Para os efeitos deste artigo, considerar-se-á o valor da dívida monetariamente atualizado e acrescido de multa e juros de mora e demais encargos legais, na data da distribuição.

§ 2º Os embargos infringentes, instruídos, ou não, com documentos novos, serão deduzidos, no prazo de dez dias perante o mesmo juízo, em petição fundamentada.

§ 3º Ouvido o embargado, no prazo de dez dias, serão os autos conclusos ao juiz, que, dentro de vinte dias, os rejeitará ou reformará a sentença.

Art. 35. Nos processos regulados por esta Lei, poderá ser dispensada a audiência de revisor, no julgamento das apelações.

Art. 36. Compete à Fazenda Pública baixar normas sobre o recolhimento da Dívida Ativa respectiva, em juízo ou fora dele, e aprovar, inclusive, os modelos de documentos de arrecadação.

Art. 37. O auxiliar de justiça que, por ação ou omissão, culposa ou dolosa, prejudicar a execução, será responsabilizado, civil, penal e administrativamente.

Parágrafo único. O oficial de justiça deverá efetuar, em dez dias, as diligências que lhe forem ordenadas, salvo motivo de força maior devidamente justificado perante o juízo.

Art. 38. A discussão judicial da Dívida Ativa da Fazenda Pública só é admissível em execução, na forma desta Lei, salvo as hipóteses de mandado de segurança, ação de repetição do indébito ou ação anulatória do ato declarativo da dívida, esta precedida do depósito preparatório do valor do débito, monetariamente corrigido e acrescido dos juros e multa de mora e demais encargos.

Parágrafo único. A propositura, pelo contribuinte, da ação prevista neste artigo importa em renúncia ao poder de recorrer na esfera administrativa e desistência do recurso acaso interposto.

Art. 39. A Fazenda Pública não está sujeita ao pagamento de custas e emolumentos. A prática dos atos judiciais de seu interesse independerá de preparo ou de prévio depósito.

Parágrafo único. Se vencida, a Fazenda Pública ressarcirá o valor das despesas feitas pela parte contrária.

Art. 40. O juiz suspenderá o curso da execução, enquanto não for localizado o devedor ou encontrados bens sobre os quais possa recair a penhora, e, nesses casos, não correrá o prazo de prescrição.

§ 1º Suspenso o curso da execução, será aberta vista dos autos ao representante judicial da Fazenda Pública.

§ 2º Decorrido o prazo máximo de um ano, sem que seja localizado o devedor ou encontrados bens penhoráveis, o juiz ordenará o arquivamento dos autos.

§ 3º Encontrados que sejam, a qualquer tempo, o devedor ou os bens, serão desarquivados os autos para prosseguimento da execução.

§ 4º Se da decisão que ordenar o arquivamento tiver ocorrido o prazo prescricional, o juiz, depois de ouvida a Fazenda Pública, poderá, de ofício, reconhecer a prescrição intercorrente e decretá-la de imediato.

§ 5º A manifestação prévia da Fazenda Pública prevista no § 4º deste artigo será dispensada no caso de cobranças judiciais cujo valor seja inferior ao mínimo fixado por ato do Ministro de Estado da Fazenda.

Art. 41. O processo administrativo correspondente à inscrição de Dívida Ativa, à execução fiscal ou à ação proposta contra a Fazenda Pública será mantido na repartição competente, dele se extraindo as cópias autenticadas ou certidões, que forem requeridas pelas partes ou requisitadas pelo juiz ou pelo Ministério Público.

Parágrafo único. Mediante requisição do juiz à repartição competente, com dia e hora previamente marcados, poderá o processo administrativo ser exibido, na sede do juízo, pelo funcionário para esse fim designado, lavrando o serventuário termo da ocorrência, com indicação, se for o caso, das peças a serem trasladadas.

Art. 42. Revogadas as disposições em contrário, esta Lei entrará em vigor noventa dias após a data de sua publicação.

Brasília, 22 de setembro de 1980;
159º da Independência e
92º da República.

João Figueiredo

LEI Nº 6.840, DE 3 NOVEMBRO DE 1980

Dispõe sobre títulos de crédito comercial e dá outras providências.

▸ Publicada no *DOU* de 4-11-1980.

Art. 1º As operações de empréstimo concedidas por instituições financeiras a pessoa física ou jurídica que se dedique a atividade comercial ou de prestação de serviços poderão ser representadas por Cédula de Crédito Comercial e por nota de Crédito Comercial.

Art. 2º A aplicação de crédito decorrente da operação de que trata o artigo anterior poderá ser ajustada em orçamento assinado pelo financiado e autenticado pela instituição financeira, dele devendo constar expressamente qualquer alteração que convencionarem.

Parágrafo único. Na hipótese deste artigo, far-se-á, na cédula, menção do orçamento, que a ela ficará vinculado.

Art. 3º Para os efeitos desta Lei, será dispensada a descrição a que se refere o inciso V do artigo 14 do Decreto-lei nº 413, de 9 de janeiro de 1969, quando a garantia se constituir através de penhor de títulos de crédito, hipótese em que se estabelecerá apenas o valor global.

Art. 4º A não identificação dos bens objeto da alienação fiduciária cedular não retira a eficácia da garantia, que incidirá sobre outros de mesmo gênero, quantidade e qualidade.

Art. 5º Aplicam-se à Cédula de Crédito Comercial e à Nota de Crédito Comercial as normas do Decreto-lei nº 413, de 9 de janeiro 1969, inclusive quanto aos modelos anexos àquele diploma, respeitadas, em cada caso, a respectiva denominação e as disposições desta Lei.

Art. 6º Esta Lei entrará em vigor na data de sua publicação, revogadas as disposições em contrário.

Brasília, em 3 de novembro de 1980;
159º da Independência e
92º da República.

João Figueiredo

LEI Nº 6.858, DE 24 DE NOVEMBRO DE 1980

Dispõe sobre o pagamento, aos dependentes ou sucessores, de valores não recebidos em vida pelos respectivos titulares.

▸ Publicada no *DOU* de 25-11-1980.

Art. 1º Os valores devidos pelos empregadores aos empregados e os montantes das contas individuais do Fundo de Garantia do Tempo de Serviço e do Fundo de Participação PIS-PASEP, não recebidos em vida pelos respectivos titulares, serão pagos, em quotas iguais, aos dependentes habilitados perante a Previdência Social ou na forma da legislação específica dos servidores civis e militares, e, na sua falta, aos sucessores previstos na lei civil, indicados em alvará judicial, independentemente de inventário ou arrolamento.

§ 1º As quotas atribuídas a menores ficarão depositadas em caderneta de poupança, rendendo juros e correção monetária, e só serão disponíveis após o menor completar dezoito anos, salvo autorização do Juiz para aquisição de imóvel destinado à residência do menor e de sua família ou para dispêndio necessário à subsistência e educação do menor.

§ 2º Inexistindo dependentes ou sucessores, os valores de que trata este artigo reverterão em favor, respectivamente, do Fundo de Previdência e Assistência Social, do Fundo de Garantia do Tempo de Serviço ou do Fundo de Participação PIS-PASEP, conforme se tratar de quantias devidas pelo empregador ou de contas de FGTS e do Fundo PIS-PASEP.

Art. 2º O disposto nesta Lei se aplica às restituições relativas ao Imposto de Renda e outros tributos, recolhidos por pessoa física, e, não existindo outros bens sujeitos a inventário, aos saldos bancários e de contas de cadernetas de poupança e fundos de investimento de valor até quinhentas Obrigações do Tesouro Nacional.

Parágrafo único. Na hipótese de inexistirem dependentes ou sucessores do titular, os valores referidos neste artigo reverterão em favor do Fundo de Previdência e Assistência Social.

Art. 3º Esta Lei entrará em vigor na data de sua publicação.

Art. 4º Revogam-se as disposições em contrário.

Brasília, 24 de novembro de 1980;
159º da Independência e
92º da República.
João Figueiredo

LEI Nº 6.938, DE 31 DE AGOSTO DE 1981

Dispõe sobre a Política Nacional do Meio Ambiente, seus fins e mecanismos de formulação e aplicação, e dá outras providências.

► Publicada no *DOU* de 2-9-1981.

Art. 1º Esta lei, com fundamento nos incisos VI e VII do art. 23 e no art. 235 da Constituição, estabelece a Política Nacional do Meio Ambiente, seus fins e mecanismos de formulação e aplicação, constitui o Sistema Nacional do Meio Ambiente – SISNAMA e institui o Cadastro de Defesa Ambiental.

► Artigo com a redação dada pela Lei nº 8.028, de 12-4-1990.

► Mantivemos art. 235, conforme publicação oficial.

DA POLÍTICA NACIONAL DO MEIO AMBIENTE

Art. 2º A Política Nacional do Meio Ambiente tem por objetivo a preservação, melhoria e recuperação da qualidade ambiental propícia à vida, visando assegurar, no País, condições ao desenvolvimento socioeconômico, aos interesses da segurança nacional e à proteção da dignidade da vida humana, atendidos os seguintes princípios:

I – ação governamental na manutenção do equilíbrio ecológico, considerando o meio ambiente como um patrimônio público a ser necessariamente assegurado e protegido, tendo em vista o uso coletivo;

II – racionalização do uso do solo, do subsolo, da água e do ar;

III – planejamento e fiscalização do uso dos recursos ambientais;

IV – proteção dos ecossistemas, com a preservação de áreas representativas;

V – controle e zoneamento das atividades potencial ou efetivamente poluidoras;

VI – incentivos ao estudo e à pesquisa de tecnologias orientadas para o uso racional e a proteção dos recursos ambientais;

VII – acompanhamento do estado da qualidade ambiental;

VIII – recuperação de áreas degradadas;

IX – proteção de áreas ameaçadas de degradação;

X – educação ambiental a todos os níveis do ensino, inclusive a educação da comunidade, objetivando capacitá-la para participação ativa na defesa do meio ambiente.

Art. 3º Para os fins previstos nesta Lei, entende-se por:

I – meio ambiente, o conjunto de condições, leis, influências e interações de ordem física, química e biológica, que permite, abriga e rege a vida em todas as suas formas;

II – degradação da qualidade ambiental, a alteração adversa das características do meio ambiente;

III – poluição, a degradação da qualidade ambiental resultante de atividades que direta ou indiretamente:

a) prejudiquem a saúde, a segurança e o bem-estar da população;

b) criem condições adversas às atividades sociais e econômicas;

c) afetem desfavoravelmente a biota;

d) afetem as condições estéticas ou sanitárias do meio ambiente;

e) lancem matérias ou energia em desacordo com os padrões ambientais estabelecidos;

IV – poluidor, a pessoa física ou jurídica, de direito público ou privado, responsável, direta ou indiretamente, por atividade causadora de degradação ambiental;

V – recursos ambientais: a atmosfera, as águas interiores, superficiais e subterrâneas, os estuários, o mar territorial, o solo, o subsolo, os elementos da biosfera, a fauna e a flora.

► Inciso V com a redação dada pela Lei nº 7.804, de 18-7-1989.

DOS OBJETIVOS DA POLÍTICA NACIONAL DO MEIO AMBIENTE

Art. 4º A Política Nacional do Meio Ambiente visará:

I – à compatibilização do desenvolvimento econômico social com a preservação da qualidade do meio ambiente e do equilíbrio ecológico;

II – à definição de áreas prioritárias de ação governamental relativa à qualidade e ao equilíbrio ecológico, atendendo aos interesses da União, dos Estados, do Distrito Federal, dos Territórios e dos Municípios;

III – ao estabelecimento de critérios e padrões da qualidade ambiental e de normas relativas ao uso e manejo de recursos ambientais;

IV – ao desenvolvimento de pesquisas e de tecnologias nacionais orientadas para o uso racional de recursos ambientais;

V – à difusão de tecnologias de manejo do meio ambiente, à divulgação de dados e informações ambientais e à formação de uma consciência pública sobre a necessidade de preservação da qualidade ambiental e do equilíbrio ecológico;

VI – à preservação e restauração dos recursos ambientais com vistas à sua utilização racional e disponibilidade permanente, concorrendo para a manutenção do equilíbrio ecológico propício à vida;

VII – à imposição, ao poluidor e ao predador, da obrigação de recuperar e/ou indenizar os danos causados, e ao usuário, da contribuição pela utilização de recursos ambientais com fins econômicos.

Art. 5º As diretrizes da Política Nacional do Meio Ambiente serão formuladas em normas e planos, destinados a orientar a ação dos Governos da União, dos Estados, do Distrito Federal, dos Territórios e dos Municípios no que se relaciona com a preservação da qualidade ambiental e manutenção do equilíbrio ecológico, observados os princípios estabelecidos no art. 2º desta Lei.

Parágrafo único. As atividades empresariais públicas ou privadas serão exercidas em consonância com as diretrizes da Política Nacional do Meio Ambiente.

DO SISTEMA NACIONAL DO MEIO AMBIENTE

Art. 6º Os órgãos e entidades da União, dos Estados, do Distrito Federal, dos Territórios e dos Municípios, bem como as fundações instituídas pelo Poder Público, responsáveis pela proteção e melhoria da qualidade ambiental, constituirão o Sistema Nacional do Meio Ambiente – SISNAMA, assim estruturado:

I – órgão superior: o Conselho de Governo, com a função de assessorar o Presidente da República na formulação da política nacional e nas diretrizes governamentais para o meio ambiente e os recursos ambientais;

II – órgão consultivo e deliberativo: o Conselho Nacional do Meio Ambiente – CONAMA, com a finalidade de assessorar, estudar e propor ao Conselho de Governo, diretrizes de políticas governamentais para o meio ambiente e os recursos naturais e deliberar, no âmbito de sua competência, sobre normas e padrões compatíveis com o meio ambiente ecologicamente equilibrado e essencial à sadia qualidade de vida;

III – órgão central: a Secretaria do Meio Ambiente da Presidência da República, com a finalidade de planejar, coordenar, supervisionar e controlar, como órgão federal, a política nacional e as diretrizes governamentais fixadas para o meio ambiente;

► Incisos I a III com a redação dada pela Lei nº 8.028, de 12-4-1990.

IV – órgãos executores: o Instituto Brasileiro do Meio Ambiente e dos Recursos Naturais Renováveis – IBAMA e o Instituto Chico Mendes de Conservação da Biodiversidade – Instituto Chico Mendes, com a finalidade de executar e fazer executar a política e as diretrizes governamentais fixadas para o meio ambiente, de acordo com as respectivas competências;

► Inciso IV com a redação dada pela Lei nº 12.856, de 2-9-2013.

V – órgãos seccionais: os órgãos ou entidades estaduais responsáveis pela execução de programas, projetos e pelo controle e fiscalização de atividades capazes de provocar a degradação ambiental;

► Inciso V com a redação dada pela Lei nº 7.804, de 18-7-1989.

VI – órgãos locais: os órgãos ou entidades municipais, responsáveis pelo controle e fiscalização dessas atividades, nas suas respectivas jurisdições.

► Inciso VI acrescido pela Lei nº 7.804, de 18-7-1989.

§ 1º Os Estados, na esfera de suas competências e nas áreas de sua jurisdição, elaborarão normas supletivas e complementares e padrões relacionados com o meio ambiente, observados os que forem estabelecidos pelo CONAMA.

§ 2º Os Municípios, observadas as normas e os padrões federais e estaduais, também poderão elaborar as normas mencionadas no parágrafo anterior.

§ 3º Os órgãos central, setoriais, seccionais e locais mencionados neste artigo deverão fornecer os resultados das análises efetuadas e sua fundamentação, quando solicitados por pessoa legitimamente interessada.

§ 4º De acordo com a legislação em vigor, é o Poder Executivo autorizado a criar uma Fundação de apoio técnico científico às atividades do IBAMA.

► A expressão Secretaria Especial do Meio Ambiente – SEMA foi substituída por Instituto Brasileiro do Meio Ambiente e Recursos Naturais Renováveis – IBAMA, pelo art. 3º da Lei nº 7.804, de 18-7-1989.

CONSELHO NACIONAL DO MEIO AMBIENTE

Art. 7º *Revogado.* Lei nº 8.028, de 12-4-1990.

Art. 8º Compete ao CONAMA:

► *Caput* com a redação dada pela Lei nº 8.028, de 12-4-1990.

I – estabelecer, mediante proposta do IBAMA, normas e critérios para o licenciamento de atividades efetiva ou potencialmente poluidoras, a ser concedido pelos Estados e supervisionado pelo IBAMA;

► A expressão Secretaria Especial do Meio Ambiente – SEMA foi substituída por Instituto Brasileiro do Meio Ambiente e Recursos Naturais Renováveis – IBAMA, pelo art. 3º da Lei nº 7.804, de 18-7-1989.

II – determinar, quando julgar necessário, a realização de estudos das alternativas e das possíveis consequências ambientais de projetos públicos ou privados, requisitando aos órgãos federais, estaduais e municipais, bem assim a entidades privadas, as informações indispensáveis para apreciação dos estudos de impacto ambiental, e respectivos relatórios, no caso de obras ou atividades de significativa degradação ambiental, especialmente nas áreas consideradas patrimônio nacional;

► Inciso II com a redação dada pela Lei nº 8.028, de 12-4-1990.

III – *Revogado* a partir da instalação do Conselho Administrativo de Recursos Fiscais. Lei nº 11.941, de 27-5-2009;

IV – homologar acordos visando à transformação de penalidades pecuniárias na obrigação de executar medidas de interesse para a proteção ambiental (VETADO);

V – determinar, mediante representação do IBAMA, a perda ou restrição de benefícios fiscais concedidos pelo Poder Público, em caráter geral ou condicional, e a perda ou suspensão de participação em linhas de financiamento em estabelecimentos oficiais de crédito;

► A expressão Secretaria Especial do Meio Ambiente – SEMA foi substituída por Instituto Brasileiro do Meio Ambiente e Recursos Naturais Renováveis – IBAMA, pelo art. 3º da Lei nº 7.804, de 18-7-1989.

VI – estabelecer, privativamente, normas e padrões nacionais de controle da poluição por veículos automotores, aeronaves e embarcações, mediante audiência dos Ministérios competentes;

VII – estabelecer normas, critérios e padrões relativos ao controle e à manutenção da qualidade do meio ambiente com vistas ao uso racional dos recursos ambientais, principalmente os hídricos.

Parágrafo único. O Secretário do Meio Ambiente é, sem prejuízo de suas funções, o Presidente do CONAMA.

► Parágrafo único acrescido pela Lei nº 8.028, de 12-4-1990.

DOS INSTRUMENTOS DA POLÍTICA NACIONAL DO MEIO AMBIENTE

Art. 9º São instrumentos da Política Nacional do Meio Ambiente:

I – o estabelecimento de padrões de qualidade ambiental;

II – o zoneamento ambiental;

III – a avaliação de impactos ambientais;

IV – o licenciamento e a revisão de atividades efetiva ou potencialmente poluidoras;

V – os incentivos à produção e instalação de equipamentos e a criação ou absorção de tecnologia, voltados para a melhoria da qualidade ambiental;

VI – a criação de espaços territoriais especialmente protegidos pelo Poder Público federal, estadual e municipal, tais como áreas de proteção ambiental, de relevante interesse ecológico e reservas extrativistas;

► Inciso VI com a redação dada pela Lei nº 7.804, de 18-7-1989.

VII – o sistema nacional de informações sobre o meio ambiente;

VIII – o Cadastro Técnico Federal de Atividades e Instrumentos de Defesa Ambiental;

IX – as penalidades disciplinares ou compensatórias ao não cumprimento das medidas necessárias à preservação ou correção da degradação ambiental;

X – a instituição do Relatório de Qualidade do Meio Ambiente, a ser divulgado anualmente pelo Instituto Brasileiro do Meio Ambiente e Recursos Naturais Renováveis – IBAMA;

XI – a garantia da prestação de informações relativas ao Meio Ambiente, obrigando-se o Poder Público a produzi-las, quando inexistentes;

XII – o Cadastro Técnico Federal de atividades potencialmente poluidoras e/ou utilizadoras dos recursos ambientais;

► Incisos X a XII acrescidos pela Lei nº 7.804, de 18-7-1989.

XIII – instrumentos econômicos, como concessão florestal, servidão ambiental, seguro ambiental e outros.

► Inciso XIII acrescido pela Lei nº 11.284, de 2-3-2006.

Art. 9º-A. O proprietário ou possuidor de imóvel, pessoa natural ou jurídica, pode, por instrumento público ou particular ou por termo administrativo firmado perante órgão integrante do SISNAMA, limitar o uso de toda a sua propriedade ou de parte dela para preservar, conservar ou recuperar os recursos ambientais existentes, instituindo servidão ambiental.

► *Caput* com a redação dada pela Lei nº 12.651, de 25-5-2012.

§ 1º O instrumento ou termo de instituição da servidão ambiental deve incluir, no mínimo, os seguintes itens:

► *Caput* do § 1º com a redação dada pela Lei nº 12.651, de 25-5-2012.

I – memorial descritivo da área da servidão ambiental, contendo pelo menos um ponto de amarração georreferenciado;

II – objeto da servidão ambiental;

III – direitos e deveres do proprietário ou possuidor instituidor;

IV – prazo durante o qual a área permanecerá como servidão ambiental.

► Incisos I a IV acrescidos pela Lei nº 12.651, de 25-5-2012.

§ 2º A servidão ambiental não se aplica às Áreas de Preservação Permanente e à Reserva Legal mínima exigida.

§ 3º A restrição ao uso ou à exploração da vegetação da área sob servidão ambiental deve ser, no mínimo, a mesma estabelecida para a Reserva Legal.

► §§ 2º e 3º com a redação dada pela Lei nº 12.651, de 25-5-2012.

§ 4º Devem ser objeto de averbação na matrícula do imóvel no registro de imóveis competente:

► *Caput* do § 4º com a redação dada pela Lei nº 12.651, de 25-5-2012.

I – o instrumento ou termo de instituição da servidão ambiental;

II – o contrato de alienação, cessão ou transferência da servidão ambiental.

► Incisos I e II acrescidos pela Lei nº 12.651, de 25-5-2012.

§ 5º Na hipótese de compensação de Reserva Legal, a servidão ambiental deve ser averbada na matrícula de todos os imóveis envolvidos.

► § 5º com a redação dada pela Lei nº 12.651, de 25-5-2012.

§ 6º É vedada, durante o prazo de vigência da servidão ambiental, a alteração da destinação da área, nos casos de transmissão do imóvel a qualquer título, de desmembramento ou de retificação dos limites do imóvel.

§ 7º As áreas que tenham sido instituídas na forma de servidão florestal, nos termos do art. 44-A da Lei nº 4.771, de 15 de setembro de 1965, passam a ser consideradas, pelo efeito desta Lei, como de servidão ambiental.

► §§ 6º e 7º acrescidos pela Lei nº 12.651, de 25-5-2012.

Art. 9º-B. A servidão ambiental poderá ser onerosa ou gratuita, temporária ou perpétua.

§ 1º O prazo mínimo da servidão ambiental temporária é de 15 (quinze) anos.

§ 2º A servidão ambiental perpétua equivale, para fins creditícios, tributários e de acesso aos recursos de fundos públicos, à Reserva Particular do Patrimônio Natural – RPPN, definida no art. 21 da Lei nº 9.985, de 18 de julho de 2000.

§ 3º O detentor da servidão ambiental poderá aliená-la, cedê-la ou transferi-la, total ou parcialmente, por prazo determinado ou em caráter definitivo, em favor de outro proprietário ou de entidade pública ou privada que tenha a conservação ambiental como fim social.

Art. 9º-C. O contrato de alienação, cessão ou transferência da servidão ambiental deve ser averbado na matrícula do imóvel.

§ 1º O contrato referido no *caput* deve conter, no mínimo, os seguintes itens:

I – a delimitação da área submetida à preservação, conservação ou recuperação ambiental;

II – o objeto da servidão ambiental;

III – os direitos e deveres do proprietário instituidor e dos futuros adquirentes ou sucessores;

IV – os direitos e deveres do detentor da servidão ambiental;

V – os benefícios de ordem econômica do instituidor e do detentor da servidão ambiental;

VI – a previsão legal para garantir o seu cumprimento, inclusive medidas judiciais necessárias, em caso de ser descumprido.

§ 2º São deveres do proprietário do imóvel serviente, entre outras obrigações estipuladas no contrato:

I – manter a área sob servidão ambiental;

II – prestar contas ao detentor da servidão ambiental sobre as condições dos recursos naturais ou artificiais;

III – permitir a inspeção e a fiscalização da área pelo detentor da servidão ambiental;

IV – defender a posse da área serviente, por todos os meios em direito admitidos.

§ 3º São deveres do detentor da servidão ambiental, entre outras obrigações estipuladas no contrato:

I – documentar as características ambientais da propriedade;

II – monitorar periodicamente a propriedade para verificar se a servidão ambiental está sendo mantida;

III – prestar informações necessárias a quaisquer interessados na aquisição ou aos sucessores da propriedade;

IV – manter relatórios e arquivos atualizados com as atividades da área objeto da servidão;

V – defender judicialmente a servidão ambiental.

► Arts. 9º-B e 9º-C acrescidos pela Lei nº 12.651, de 25-5-2012.

Art. 10. A construção, instalação, ampliação e funcionamento de estabelecimentos e atividades utilizadores de recursos ambientais, efetiva ou potencialmente poluidores ou capazes, sob qualquer forma, de causar degradação ambiental dependerão de prévio licenciamento ambiental.

► *Caput* com a redação dada pela LC nº 140, de 8-12-2011.

§ 1º Os pedidos de licenciamento, sua renovação e a respectiva concessão serão publicados no jornal oficial, bem como em periódico regional ou local de grande circulação, ou em meio eletrônico de comunicação mantido pelo órgão ambiental competente.

► § 1º com a redação dada pela LC nº 140, de 8-12-2011.

§§ 2º a 4º *Revogados*. LC nº 140, de 8-12-2011.

Art. 11. Compete ao IBAMA propor ao CONAMA normas e padrões para implantação, acompanhamento e fiscalização do licenciamento previsto no artigo anterior, além das que forem oriundas do próprio CONAMA.

► *Caput* com a redação dada pela Lei nº 7.804, de 18-7-1989.

§ 1º *Revogado*. LC nº 140, de 8-12-2011.

§ 2º Inclui-se na competência da fiscalização e controle a análise de projetos de entidades, públicas ou privadas, objetivando a preservação ou a recuperação de recursos ambientais, afetados por processos de exploração predatórios ou poluidores.

Art. 12. As entidades e órgãos de financiamento e incentivos governamentais condicionarão a aprovação de projetos habilitados a esses benefícios ao licenciamento, na forma desta Lei, e ao cumprimento das normas, dos critérios e dos padrões expedidos pelo CONAMA.

Parágrafo único. As entidades e órgãos referidos no *caput* deste artigo deverão fazer constar dos projetos a realização de obras e aquisição de equipamentos destinados ao controle de degradação ambiental e a melhoria da qualidade do meio ambiente.

Art. 13. O Poder Executivo incentivará as atividades voltadas ao meio ambiente, visando:

I – ao desenvolvimento, no País, de pesquisas e processos tecnológicos destinados a reduzir a degradação da qualidade ambiental;

II – à fabricação de equipamentos antipoluidores;

III – a outras iniciativas que propiciem a racionalização do uso de recursos ambientais.

Parágrafo único. Os órgãos, entidades e programas do Poder Público, destinados ao incentivo das pesquisas científicas e tecnológicas, considerarão, entre as suas metas prioritárias, o apoio aos projetos que visem a adquirir e desenvolver conhecimentos básicos e aplicáveis na área ambiental e ecológica.

Art. 14. Sem prejuízo das penalidades definidas pela legislação federal, estadual e municipal, o não cumprimento das medidas necessárias à preservação ou correção dos inconvenientes e danos causados pela degradação da qualidade ambiental sujeitará os transgressores:

I – à multa simples ou diária, nos valores correspondentes, no mínimo, a 10 (dez) e, no máximo, a 1.000 (mil) Obrigações do Tesouro Nacional – OTNs, agravada em casos de reincidência específica, conforme dispuser o regulamento, vedada a sua cobrança pela União se já tiver sido aplicada pelo Estado, Distrito Federal, Territórios ou pelos Municípios;

II – à perda ou restrição de incentivos e benefícios fiscais concedidos pelo Poder Público;

III – à perda ou suspensão de participação em linhas de financiamento em estabelecimentos oficiais de crédito;

IV – à suspensão de sua atividade.

§ 1º Sem obstar a aplicação das penalidades previstas neste artigo, é o poluidor obrigado, independentemente da existência de culpa, a indenizar ou reparar os danos causados ao meio ambiente e a terceiros, afetados por sua atividade. O Ministério Público da União e dos Estados terá legitimidade para propor ação de responsabilidade civil e criminal, por danos causados ao meio ambiente.

§ 2º No caso de omissão da autoridade estadual ou municipal, caberá ao Secretário do Meio Ambiente a aplicação das penalidades pecuniárias previstas neste artigo.

§ 3º Nos casos previstos nos incisos II e III deste artigo, o ato declaratório da perda, restrição ou suspensão será atribuição da autoridade administrativa ou financeira que concedeu os benefícios, incentivos ou financiamento, cumprimento resolução do CONAMA.

§ 4º *Revogado.* Lei nº 9.966, de 28 4 2000.

§ 5º A execução das garantias exigidas do poluidor não impede a aplicação das obrigações de indenização e reparação de danos previstas no § 1º deste artigo.

► § 5º acrescido pela Lei nº 11.284, de 2-3-2006.

Art. 15. O poluidor que expuser a perigo a incolumidade humana, animal ou vegetal, ou estiver tornando mais grave situação de perigo existente, fica sujeito à pena de reclusão de 1 (um) a 3 (três) anos e multa de 100 (cem) a 1.000 (mil) MVR.

§ 1º A pena é aumentada até o dobro se:

I – resultar:

a) dano irreversível à fauna, à flora e ao meio ambiente;

b) lesão corporal grave;

II – a poluição é decorrente de atividade industrial ou de transporte;

III – o crime é praticado durante a noite, em domingo ou em feriado.

§ 2º Incorre no mesmo crime a autoridade competente que deixar de promover as medidas tendentes a impedir a prática das condutas acima descritas.

► Art. 15 com a redação dada pela Lei nº 7.804, de 18-7-1989.

Art. 16. *Revogado.* Lei nº 7.804, de 18-7-1989.

Art. 17. Fica instituído, sob a administração do Instituto Brasileiro do Meio Ambiente e Recursos Naturais Renováveis – IBAMA:

I – Cadastro Técnico Federal de Atividades e Instrumentos de Defesa Ambiental, para registro obrigatório de pessoas físicas ou jurídicas que se dedicam à consultoria técnica sobre problemas ecológicos e ambientais e à indústria e comércio de equipamentos, aparelhos e instrumentos destinados ao controle de atividades efetiva ou potencialmente poluidoras;

II – Cadastro Técnico Federal de Atividades Potencialmente Poluidoras ou Utilizadoras de Recursos Ambientais, para registro obrigatório de pessoas físicas ou jurídicas que se dedicam a atividades potencialmente poluidoras e/ou à extração, produção, transporte e comercialização de produtos potencialmente perigosos ao meio ambiente, assim como de produtos e subprodutos da fauna e flora.

► Art. 17 com a redação dada pela Lei nº 7.804, de 18-7-1989.

Art. 17-A. São estabelecidos os preços dos serviços e produtos do Instituto Brasileiro do Meio Ambiente e dos Recursos Naturais Renováveis – IBAMA, a serem aplicados em âmbito nacional, conforme Anexo a esta Lei.

► Art. 17-A acrescido pela Lei nº 9.960, de 28-1-2000.

Art. 17-B. Fica instituída a Taxa de Controle e Fiscalização Ambiental – TCFA, cujo fato gerador é o exercício regular do poder de polícia conferido ao Instituto Brasileiro do Meio Ambiente e dos Recursos Naturais Renováveis – IBAMA para controle e fiscalização das atividades potencialmente poluidoras e utilizadoras de recursos naturais.

► *Caput* com a redação dada pela Lei nº 10.165, de 27-12-2000.

§§ 1º e 2º *Revogados*. Lei nº 10.165, de 27-12-2000.

Art. 17-C. É sujeito passivo da TCFA todo aquele que exerça as atividades constantes do Anexo VIII desta Lei.

► *Caput* com a redação dada pela Lei nº 10.165, de 27-12-2000.

§ 1º O sujeito passivo da TCFA é obrigado a entregar até o dia 31 de março de cada ano relatório das atividades exercidas no ano anterior, cujo modelo será definido pelo IBAMA, para o fim de colaborar com os procedimentos de controle e fiscalização.

§ 2º O descumprimento da providência determinada no § 1º sujeita o infrator a multa equivalente a vinte por cento da TCFA devida, sem prejuízo da exigência desta.

► §§ 1º e 2º com a redação dada pela Lei nº 10.165, de 27-12-2000.

§ 3º *Revogado.* Lei nº 10.165, de 27-12-2000.

Art. 17-D. A TCFA é devida por estabelecimento e os seus valores são os fixados no Anexo IX desta Lei.

§ 1º Para os fins desta Lei, consideram-se:

I – microempresa e empresa de pequeno porte, as pessoas jurídicas que se enquadrem, respectivamente, nas descrições dos incisos I e II do *caput* do art. 2º da Lei nº 9.841, de 5 de outubro de 1999;

► A Lei nº 9.841, de 5-10-1999, foi revogada pela LC nº 123, de 14-12-2006.

II – empresa de médio porte, a pessoa jurídica que tiver receita bruta anual superior a R$ 1.200.000,00 (um milhão e duzentos mil reais) e igual ou inferior a R$ 12.000.000,00 (doze milhões de reais);

III – empresa de grande porte, a pessoa jurídica que tiver receita bruta anual superior a R$ 12.000.000,00 (doze milhões de reais).

§ 2º O potencial de poluição (PP) e o grau de utilização (GU) de recursos naturais de cada uma das atividades sujeitas à fiscalização encontram-se definidos no Anexo VIII desta Lei.

§ 3º Caso o estabelecimento exerça mais de uma atividade sujeita à fiscalização, pagará a taxa relativamente a apenas uma delas, pelo valor mais elevado.

► Art. 17-D com a redação dada pela Lei nº 10.165, de 27-12-2000.

Art. 17-E. É o IBAMA autorizado a cancelar débitos de valores inferiores a R$ 40,00 (quarenta reais), existentes até 31 de dezembro de 1999.

► Art. 17-E acrescido pela Lei nº 9.960, de 28-1-2000.

Art. 17-F. São isentas do pagamento da TCFA as entidades públicas federais, distritais, estaduais e municipais, as entidades filantrópicas, aqueles que praticam agricultura de subsistência e as populações tradicionais.

► Artigo com a redação dada pela Lei nº 10.165, de 27-12-2000.

Art. 17-G. A TCFA será devida no último dia útil de cada trimestre do ano civil, nos valores fixados no Anexo IX desta Lei, e o recolhimento será efetuado em conta bancária vinculada ao IBAMA, por intermédio de documento próprio de arrecadação, até o quinto dia útil do mês subsequente.

► *Caput* com a redação dada pela Lei nº 10.165, de 27-12-2000.

Parágrafo único. *Revogado.* Lei nº 10.165, de 27-12-2000.

§ 2º Os recursos arrecadados com a TCFA terão utilização restrita em atividades de controle e fiscalização ambiental.

► § 2º acrescido pela Lei nº 11.284, de 2-3-2006.

Art. 17-H. A TCFA não recolhida nos prazos e nas condições estabelecidas no artigo anterior será cobrada com os seguintes acréscimos:

I – juros de mora, na via administrativa ou judicial, contados do mês seguinte ao do vencimento, à razão de um por cento;

II – multa de mora de vinte por cento, reduzida a dez por cento se o pagamento for efetuado até o último dia útil do mês subsequente ao do vencimento;

III – encargo de vinte por cento, substitutivo da condenação do devedor em honorários de advogado, calculado sobre o total do débito inscrito como Dívida Ativa, reduzido para dez por cento se o pagamento for efetuado antes do ajuizamento da execução.

§ 1º-A. Os juros de mora não incidem sobre o valor da multa de mora.

§ 1º Os débitos relativos à TCFA poderão ser parcelados de acordo com os critérios fixados na legislação tributária, conforme dispuser o regulamento desta Lei.

► Art. 17-H com a redação dada pela Lei nº 10.165, de 27-12-2000.

Art. 17-I. As pessoas físicas e jurídicas que exerçam as atividades mencionadas nos incisos I e II do art. 17 e que não estiverem inscritas nos respectivos cadastros até o último dia útil do terceiro mês que se seguir ao da publicação desta Lei incorrerão em infração punível com multa de:

► *Caput* com a redação dada pela Lei nº 10.165, de 27-12-2000.

I – R$ 50,00 (cinquenta reais), se pessoa física;

II – R$ 150,00 (cento e cinquenta reais), se microempresa;

III – R$ 900,00 (novecentos reais), se empresa de pequeno porte;

IV – R$ 1.800,00 (mil e oitocentos reais), se empresa de médio porte;

V – R$ 9.000,00 (nove mil reais), se empresa de grande porte.

► Incisos I a V com a redação dada pela Lei nº 10.165, de 27-12-2000.

Parágrafo único. *Revogado.* Lei nº 10.165, de 27-12-2000.

Art. 17-J. *Revogado.* Lei nº 10.165, de 27-12-2000.

Art. 17-L. As ações de licenciamento, registro, autorizações, concessões e permissões relacionadas à fauna, à flora, e ao controle ambiental são de competência exclusiva dos órgãos integrantes do Sistema Nacional do Meio Ambiente.

► Art. 17-L acrescido pela Lei nº 9.960, de 28-1-2000.

Art. 17-M. Os preços dos serviços administrativos prestados pelo IBAMA, inclusive os referentes à venda de impressos e publicações, assim como os de entrada, permanência e utilização de áreas ou instalações nas unidades de conservação, serão definidos em portaria do Ministro de Estado do Meio Ambiente, mediante proposta do Presidente daquele Instituto.

► Art. 17-M acrescido pela Lei nº 9.960, de 28-1-2000.

Art. 17-N. Os preços dos serviços técnicos do Laboratório de Produtos Florestais do IBAMA, assim como os para venda de produtos da flora, serão, também, definidos em portaria do Ministro de Estado do Meio Ambiente, mediante proposta do Presidente daquele Instituto.

► Art. 17-N acrescido pela Lei nº 9.960, de 28-1-2000.

Art. 17-O. Os proprietários rurais que se beneficiarem com redução do valor do Imposto sobre a Propriedade Territorial Rural – ITR, com base em Ato Declaratório Ambiental – ADA, deverão recolher ao IBAMA a importância prevista no item 3.11 do Anexo VII da Lei nº 9.960, de 29 de janeiro de 2000, a título de Taxa de Vistoria.

§ 1º-A. A Taxa de Vistoria a que se refere o *caput* deste artigo não poderá exceder a dez por cento do valor da redução do imposto proporcionada pelo ADA.

§ 1º A utilização do ADA para efeito de redução do valor a pagar do ITR é obrigatória.

§ 2º O pagamento de que trata o *caput* deste artigo poderá ser efetivado em cota única ou em parcelas, nos mesmos moldes escolhidos pelo contribuinte para o pagamento do ITR, em documento próprio de arrecadação do IBAMA.

§ 3º Para efeito de pagamento parcelado, nenhuma parcela poderá ser inferior a R$ 50,00 (cinquenta reais).

§ 4º O inadimplemento de qualquer parcela ensejará a cobrança de juros e multa nos termos dos incisos I e II do *caput* e §§ 1º-A e 1º, todos do art. 17-H desta Lei.

§ 5º Após a vistoria, realizada por amostragem, caso os dados constantes do ADA não coincidam com os efetivamente levantados pelos técnicos do IBAMA, estes lavrarão, de ofício, novo ADA, contendo os dados reais, o qual será encaminhado à Secretaria da Receita Federal, para as providências cabíveis.

► Art. 17-O com a redação dada pela Lei nº 10.165, de 27-12-2000.

► A Secretaria da Receita Federal passou a ser denominada Secretaria da Receita Federal do Brasil pelo art. 1º da Lei nº 11.457, de 16-3-2007 (Lei da Super-Receita).

Art. 17-P. Constitui crédito para compensação com o valor devido a título de TCFA, até o limite de sessenta por cento e relativamente ao mesmo ano, o montante efetivamente pago pelo estabelecimento ao Estado, ao Município e ao Distrito Federal em razão de taxa de fiscalização ambiental.

§ 1º Valores recolhidos ao Estado, ao Município e ao Distrital Federal a qualquer outro título, tais como taxas ou preços públicos de licenciamento e venda de produtos, não constituem crédito para compensação com a TCFA.

§ 2º A restituição, administrativa ou judicial, qualquer que seja a causa que a determine, da taxa de fiscalização ambiental estadual ou distrital compensada com a TCFA restaura o direito de crédito do IBAMA contra o estabelecimento, relativamente ao valor compensado.

► Art. 17-P acrescido pela Lei nº 10.165, de 27-12-2000.

Art. 17-Q. É o IBAMA autorizado a celebrar convênios com os Estados, os Municípios e o Distrito Federal para desempenharem atividades de fiscalização ambiental, podendo repassar-lhes parcela da receita obtida com a TCFA.

► Art. 17-Q acrescido pela Lei nº 10.165, de 27-12-2000.

Art. 18. *Revogado.* Lei nº 9.985, de 18-7-2000.

Art. 19. Ressalvado o disposto nas Leis nºs 5.357, de 17 de novembro de 1967, e 7.661, de 16 de maio de 1988, a receita proveniente da aplicação desta Lei será recolhida de acordo com o disposto no art. 4º da Lei nº 7.735, de 22 de fevereiro de 1989.

► Art. 19 acrescido pela Lei nº 7.804, de 18-7-1989.

Art. 20. Esta Lei entrará em vigor na data de sua publicação.

Art. 21. Revogam-se as disposições em contrário.

Brasília, 31 de agosto de 1981;
160º da Independência e
93º da República.

João Figueiredo

► Optamos por não publicar os Anexos desta Lei nesta edição.

LEI Nº 6.969, DE 10 DE DEZEMBRO DE 1981

Dispõe sobre a aquisição, por usucapião especial, de imóveis rurais, altera a redação do § 2º do art. 589 do Código Civil e dá outras providências.

► Publicada no *DOU* de 11-12-1981 e retificada no *DOU* de 14-12-1981.

► Refere-se ao CC/1916. Art. 1.276 do CC/2002.

Art. 1º Todo aquele que, não sendo proprietário rural nem urbano, possuir como sua, por cinco anos ininterruptos, sem oposição, área rural contínua, não excedente de vinte e cinco hectares, e a houver tornado produtiva com seu trabalho e nela tiver sua morada, adquirir-lhe-á o domínio, independentemente de justo título e boa-fé, podendo requerer ao juiz que assim o declare por sentença, a qual servirá de título para transcrição no Registro de Imóveis.

Parágrafo único. Prevalecerá a área do módulo rural aplicável à espécie, na forma da legislação específica, se aquele for superior a vinte e cinco hectares.

Art. 2º A usucapião especial, a que se refere esta Lei, abrange as terras particulares e as terras devolutas, em geral, sem prejuízo de outros direitos conferidos ao posseiro, pelo Estatuto da Terra ou pelas leis que dispõem sobre processo discriminatório de terras devolutas.

Art. 3º A usucapião especial não ocorrerá nas áreas indispensáveis à segurança nacional, nas terras habitadas por silvícolas, nem nas áreas de interesse ecológico, consideradas como tais as reservas biológicas ou florestais e os parques nacionais, estaduais ou municipais, assim declarados pelo Poder Executivo, assegurada aos atuais ocupantes a preferência para assentamento em outras regiões, pelo órgão competente.

Parágrafo único. O Poder Executivo, ouvido o Conselho de Segurança Nacional, especificará, mediante decreto, no prazo de noventa dias, contados da publicação desta Lei, as áreas indispensáveis à segurança nacional, insuscetíveis de usucapião.

Art. 4º A ação de usucapião especial será processada e julgada na comarca da situação do imóvel.

§ 1º Observado o disposto no art. 126 da Constituição Federal, no caso de usucapião especial em terras devolutas federais, a ação será promovida na comarca da situação do imóvel, perante a Justiça do Estado, com recurso para o Tribunal Federal de Recursos, cabendo ao Ministério Público local, na primeira instância, a representação judicial da União.

► Refere-se à CF/1967. Art. 109 da CF vigente.

§ 2º No caso de terras devolutas, em geral, a usucapião especial poderá ser reconhecida administrativamente, com a consequente expedição do título definitivo de domínio, para transcrição no Registro de Imóveis.

§ 3º O Poder Executivo, dentro de noventa dias, contados da publicação desta Lei, estabelecerá, por decreto, a forma do procedimento administrativo a que se refere o parágrafo anterior.

§ 4º Se, decorridos noventa dias do pedido ao órgão administrativo, não houver a expedição do título de domínio, o interessado poderá ingressar com a ação de usucapião especial, na forma prevista nesta Lei, vedada a concomitância dos pedidos administrativo e judicial.

Art. 5º Adotar-se-á, na ação de usucapião especial, o procedimento sumaríssimo, assegurada a preferência à sua instrução e julgamento.

§ 1º O autor, expondo o fundamento do pedido e individualizando o imóvel, com dispensa da juntada da respectiva planta, poderá requerer, na petição inicial, designação de audiência preliminar, a fim de justificar a posse, e, se comprovada esta, será nela mantido, liminarmente, até a decisão final da causa.

§ 2º O autor requererá também a citação pessoal daquele em cujo nome esteja transcrito o imóvel usucapiendo, bem como dos confinantes e, por edital, dos réus ausentes, incertos e desconhecidos, na forma do art. 232 do Código de Processo Civil, valendo a citação para todos os atos do processo.

► Refere-se ao CPC/1973.

► Art. 257 do CPC/2015.

§ 3º Serão cientificados por carta, para que manifestem interesse na causa, os representantes da Fazenda Pública da União, dos Estados, do Distrito Federal, dos Territórios e dos Municípios, no prazo de quarenta e cinco dias.

§ 4º O prazo para contestar a ação correrá da intimação da decisão que declarar justificada a posse.

§ 5º Intervirá, obrigatoriamente, em todos os atos do processo, o Ministério Público.

Art. 6º O autor da ação de usucapião especial terá, se o pedir, o benefício da assistência judiciária gratuita, inclusive para o Registro de Imóveis.

Parágrafo único. Provado que o autor tinha situação econômica bastante para pagar as custas do processo e os honorários de advogado, sem prejuízo do sustento próprio e da família, o juiz lhe ordenará que pague, com correção monetária, o valor das isenções concedidas, ficando suspensa a transcrição da sentença até o pagamento devido.

Art. 7º A usucapião especial poderá ser invocada como matéria de defesa, valendo a sentença que a reconhecer como título para transcrição no Registro de Imóveis.

Art. 8º Observar-se-á, quanto ao imóvel usucapido, a imunidade específica, estabelecida no § 6º do art. 21 da Constituição Federal.

► Refere-se à CF/1967. Art. 153, § 4º, II, da CF vigente.

Parágrafo único. Quando prevalecer a área do módulo rural, de acordo com o previsto no parágrafo único do art. 1º desta Lei, o Imposto Territorial Rural não incidirá sobre o imóvel usucapido.

Art. 9º O juiz de causa, a requerimento do autor da ação de usucapião especial, determinará que a autoridade policial garanta a permanência no imóvel e a integridade física de seus ocupantes, sempre que necessário.

Art. 10. O § 2º do art. 589 do Código Civil passa a vigorar com a seguinte redação:

► Refere-se ao CC/1916. Art. 1.276 do CC/2002.

Art. 11. Esta Lei entrará em vigor quarenta e cinco dias após sua publicação.

Art. 12. Revogam-se as disposições em contrário.

Brasília, 10 de dezembro de 1981;
160º da Independência e
93º da República.
João Figueiredo

LEI Nº 7.089, DE 23 DE MARÇO DE 1983

Veda a cobrança de juros de mora sobre título cujo vencimento se dê em feriado, sábado ou domingo.

► Publicada no *DOU* de 24-3-1982.

Art. 1º Fica proibida a cobrança de juros de mora, por estabelecimentos bancários e instituições financeiras, sobre o título de qualquer natureza, cujo vencimento se dê em sábado, domingo ou feriado, desde que seja quitado no primeiro dia útil subsequente.

Art. 2º VETADO.

Art. 3º A inobservância do disposto nos artigos anteriores sujeitará os infratores à aplicação das penalidades previstas no artigo 44 da Lei nº 4.595, de 31 de dezembro de 1964.

Art. 4º Esta Lei entra em vigor na data de sua publicação.

Art. 5º Revogam-se as disposições em contrário.

Brasília, 23 de março de 1983;
162º da Independência e
95º da República.
João Figueiredo

LEI Nº 7.115, DE 29 DE AGOSTO DE 1983

Dispõe sobre prova documental nos casos que indica, e dá outras providências.

► Publicada no *DOU* de 30-8-1983.

Art. 1º A declaração destinada a fazer prova de vida, residência, pobreza, dependência econômica, homonímia ou bons antecedentes, quando firmada pelo próprio interessado ou por procurador bastante, e sob as penas da lei, presume-se verdadeira.

Parágrafo único. O disposto neste artigo não se aplica para fins de prova em processo penal.

Art. 2º Se comprovadamente falsa a declaração, sujeitar-se-á o declarante às sanções civis, administrativas e criminais previstas na legislação aplicável.

Art. 3º A declaração mencionará expressamente a responsabilidade do declarante.

Art. 4º Esta Lei entra em vigor na data de sua publicação.

Art. 5º Revogam-se as disposições em contrário.

Brasília, 29 de agosto de 1983;
162º da Independência e
95º da República.
João Figueiredo

LEI Nº 7.347, DE 24 DE JULHO DE 1985

Disciplina a ação civil pública de responsabilidade por danos causados ao meio ambiente, ao consumidor, a bens e direitos de valor artístico, estético, histórico, turístico e paisagístico (VETADO), e dá outras providências.

► Publicada no *DOU* de 25-7-1985.

Art. 1º Regem-se pelas disposições desta Lei, sem prejuízo da ação popular, as ações de responsabilidade por danos morais e patrimoniais causados:

► *Caput* com a redação dada pela Lei nº 12.529, de 30-11-2011.

I – ao meio ambiente;

II – ao consumidor;

III – a bens e direitos de valor artístico, estético, histórico, turístico e paisagístico;

IV – a qualquer outro interesse difuso ou coletivo;

► Inciso IV acrescido pela Lei nº 8.078, de 11-9-1990.

V – por infração da ordem econômica;

► Inciso V com a redação dada pela Lei nº 12.529, de 30-11-2011.

VI – à ordem urbanística;

► Incisos V e VI com a redação dada pela MP nº 2.180-35, de 24-8-2001, que até o encerramento desta edição não havia sido convertida em Lei.

VII – à honra e à dignidade de grupos raciais, étnicos ou religiosos;

► Inciso VII acrescido pela Lei nº 12.966, de 24-4-2014.

VIII – ao patrimônio público e social.

► Inciso VIII acrescido pela Lei nº 13.004, de 24-6-2014.

Parágrafo único. Não será cabível ação civil pública para veicular pretensões que envolvam tributos, contribuições previdenciárias, o Fundo de Garantia do Tempo de Serviço – FGTS ou outros fundos de natureza institucional cujos beneficiários podem ser individualmente determinados.

► Parágrafo único acrescido pela MP nº 2.180-35, de 24-8-2001, que até o encerramento desta edição não havia sido convertida em Lei.

Art. 2º As ações previstas nesta Lei serão propostas no foro do local onde ocorrer o dano, cujo juízo terá competência funcional para processar e julgar a causa.

Parágrafo único. A propositura da ação prevenirá a jurisdição do juízo para todas as ações posteriormente intentadas que possuam a mesma causa de pedir ou o mesmo objeto.

► Parágrafo único acrescido pela MP nº 2.180-35, de 24-8-2001, que até o encerramento desta edição não havia sido convertida em Lei.

Art. 3º A ação civil poderá ter por objeto a condenação em dinheiro ou o cumprimento de obrigação de fazer ou não fazer.

Art. 4º Poderá ser ajuizada ação cautelar para os fins desta Lei, objetivando, inclusive, evitar dano ao patrimônio público e social, ao meio ambiente, ao consumidor, à honra e à dignidade de grupos raciais, étnicos ou religiosos, à ordem urbanística ou aos bens e direitos de valor artístico, estético, histórico, turístico e paisagístico.

► Artigo com a redação dada pela Lei nº 13.004, de 24-6-2014.

Art. 5º Têm legitimidade para propor a ação principal e a ação cautelar:

► *Caput* com a redação dada pela Lei nº 11.448, de 15-1-2007.

I – o Ministério Público;

II – a Defensoria Pública;

► Incisos I e II com a redação dada pela Lei nº 11.448, de 15-1-2007.

III – a União, os Estados, o Distrito Federal e os Municípios;

IV – a autarquia, empresa pública, fundação ou sociedade de economia mista;

► Incisos III e IV acrescidos pela Lei nº 11.488, de 15-1-2007.

V – a associação que, concomitantemente:

► *Caput* do inciso V acrescido pela Lei nº 11.488, de 15-1-2007.

a) esteja constituída há pelo menos 1 (um) ano nos termos da lei civil;

► Alínea *a* acrescida pela Lei nº 11.488, de 15-1-2007.

b) inclua, entre suas finalidades institucionais, a proteção ao patrimônio público e social, ao meio ambiente, ao consumidor, à ordem econômica, à livre concorrência, aos direitos de grupos raciais, étnicos ou religiosos ou ao patrimônio artístico, estético, histórico, turístico e paisagístico.

► Alínea *b* com a redação dada pela Lei nº 13.004, de 24-6-2014.

§ 1º O Ministério Público, se não intervier no processo como parte, atuará obrigatoriamente como fiscal da lei.

§ 2º Fica facultado ao Poder Público e a outras associações legitimadas nos termos deste artigo habilitar-se como litisconsortes de qualquer das partes.

§ 3º Em caso de desistência infundada ou abandono da ação por associação legitimada, o Ministério Público ou outro legitimado assumirá a titularidade ativa.

► § 3º com a redação dada pela Lei nº 8.078, de 11-9-1990.

§ 4º O requisito da pré-constituição poderá ser dispensado pelo juiz, quando haja manifesto interesse social evidenciado pela dimensão ou característica do dano, ou pela relevância do bem jurídico a ser protegido.

§ 5º Admitir-se-á o litisconsórcio facultativo entre os Ministérios Públicos da União, do Distrito Federal e dos Estados na defesa dos interesses e direitos de que cuida esta Lei.

§ 6º Os órgãos públicos legitimados poderão tomar dos interessados compromisso de ajustamento de sua conduta às exigências legais, mediante cominações, que terá eficácia de título executivo extrajudicial.

► §§ 4º a 6º acrescidos pela Lei nº 8.078, de 11-9-1990.

Art. 6º Qualquer pessoa poderá e o servidor público deverá provocar a iniciativa do Ministério Público, ministrando-lhe informações sobre fatos que constituam objeto da ação civil e indicando-lhe os elementos de convicção.

Art. 7º Se, no exercício de suas funções, os juízes e tribunais tiverem conhecimento de fatos que possam ensejar a propositura da ação civil, remeterão peças ao Ministério Público para as providências cabíveis.

Art. 8º Para instruir a inicial, o interessado poderá requerer às autoridades competentes as certidões e informações que julgar necessárias, a serem fornecidas no prazo de quinze dias.

§ 1º O Ministério Público poderá instaurar, sob sua presidência, inquérito civil, ou requisitar, de qualquer organismo público ou particular, certidões, informações, exames ou perícias, no prazo que assinalar, o qual não poderá ser inferior a dez dias úteis.

§ 2º Somente nos casos em que a lei impuser sigilo, poderá ser negada certidão ou informação, hipótese em que a ação poderá ser proposta desacompanhada daqueles documentos, cabendo ao juiz requisitá-los.

Art. 9º Se o órgão do Ministério Público, esgotadas todas as diligências, se convencer da inexistência de fundamento para a propositura da ação civil, promoverá o arquivamento dos autos do inquérito civil ou das peças informativas, fazendo-o fundamentadamente.

§ 1º Os autos do inquérito civil ou das peças de informação arquivadas serão remetidos, sob pena de se incorrer em falta grave, no prazo de três dias, ao Conselho Superior do Ministério Público.

§ 2º Até que, em sessão do Conselho Superior do Ministério Público, seja homologada ou rejeitada a promoção de arquivamento, poderão as associações legitimadas apresentar razões escritas ou documentos, que serão juntados aos autos do inquérito ou anexados às peças de informação.

§ 3º A promoção de arquivamento será submetida a exame e deliberação do Conselho Superior do Ministério Público, conforme dispuser o seu regimento.

§ 4º Deixando o Conselho Superior de homologar a promoção de arquivamento, designará, desde logo, outro órgão do Ministério Público para o ajuizamento da ação.

Art. 10. Constitui crime, punido com pena de reclusão de um a três anos, mais multa de dez a mil Obrigações do Tesouro Nacional – OTN, a recusa, o retardamento ou a omissão de dados técnicos indispensáveis à propositura da ação civil, quando requisitados pelo Ministério Público.

Art. 11. Na ação que tenha por objeto o cumprimento de obrigação de fazer ou não fazer, o juiz determinará o cumprimento da prestação da atividade devida ou a cessação da atividade nociva, sob pena de execução específica, ou de cominação de multa diária, se esta for suficiente ou compatível, independentemente de requerimento do autor.

Art. 12. Poderá o juiz conceder mandado liminar, com ou sem justificação prévia, em decisão sujeita a agravo.

§ 1º A requerimento de pessoa jurídica de direito público interessada, e para evitar grave lesão à ordem, à saúde, à segurança e à economia pública, poderá o Presidente do Tribunal a que competir o conhecimento do respectivo recurso suspender a execução da liminar, em decisão fundamentada, da qual caberá agravo para uma das turmas julgadoras, no prazo de cinco dias a partir da publicação do ato.

§ 2º A multa cominada liminarmente só será exigível do réu após o trânsito em julgado da decisão favorável ao autor, mas será devida desde o dia em que se houver configurado o descumprimento.

Art. 13. Havendo condenação em dinheiro, a indenização pelo dano causado reverterá a um fundo gerido por um Conselho Federal ou por Conselhos Estaduais de que participarão necessariamente o Ministério Público e representantes da comunidade, sendo seus recursos destinados à reconstituição dos bens lesados.

§ 1º Enquanto o fundo não for regulamentado, o dinheiro ficará depositado em estabelecimento oficial de crédito, em conta com correção monetária.

► Antigo parágrafo único renumerado para § 1º pela Lei nº 12.288, de 20-7-2010.

§ 2º Havendo acordo ou condenação com fundamento em dano causado por ato de discriminação étnica nos termos do disposto no art. 1º desta Lei, a prestação em dinheiro reverterá diretamente ao fundo de que trata o *caput* e será utilizada para ações de promoção da igualdade étnica, conforme definição do Conselho Nacional de Promoção da Igualdade Racial, na hipótese de extensão nacional, ou dos Conselhos de Promoção de Igualdade Racial estaduais ou locais, nas hipóteses de danos com extensão regional ou local, respectivamente.

► § 2º acrescido pela Lei nº 12.288, de 20-7-2010.

Art. 14. O juiz poderá conferir efeito suspensivo aos recursos, para evitar dano irreparável à parte.

Art. 15. Decorridos sessenta dias do trânsito em julgado da sentença condenatória, sem que a associação autora lhe promova a execução, deverá fazê-lo o Ministério Público, facultada igual iniciativa aos demais legitimados.

► Artigo com a redação dada pela Lei nº 8.078, de 11-9-1990.

Art. 16. A sentença civil fará coisa julgada *erga omnes*, nos limites da competência territorial do órgão prolator, exceto se o pedido for julgado improcedente por insuficiência de provas, hipótese em que qualquer legitimado poderá intentar outra ação com idêntico fundamento, valendo-se de nova prova.

► Artigo com a redação dada pela Lei nº 9.494, de 19-9-1997.

Art. 17. Em caso de litigância de má-fé, a associação autora e os diretores responsáveis pela propositura da ação serão solidariamente condenados em honorários advocatícios e ao décuplo das custas, sem prejuízo da responsabilidade por perdas e danos.

► Artigo com a redação dada pela Lei nº 8.078, de 11-9-1990, retificada no *DOU* de 10-1-2007.

Art. 18. Nas ações de que trata esta Lei, não haverá adiantamento de custas, emolumentos, honorários periciais e quaisquer outras despesas, nem condenação da associação autora, salvo comprovada má-fé, em honorários de advogado, custas e despesas processuais.

► Artigo com a redação dada pela Lei nº 8.078, de 11-9-1990.

Art. 19. Aplica-se à ação civil pública, prevista nesta Lei, o Código de Processo Civil, aprovado pela Lei nº 5.869, de 11 de janeiro de 1973, naquilo em que não contrarie suas disposições.

► A Lei nº 13.105, de 16-3-2015 (CPC/2015) revogou a Lei nº 5.869, de 11-1-1973 (CPC/1973) a partir de 1 (um) ano da data de sua publicação, *DOU* 17-3-2015.

Art. 20. O fundo de que trata o artigo 13 desta Lei será regulamentado pelo Poder Executivo no prazo de noventa dias.

Art. 21. Aplicam-se à defesa dos direitos e interesses difusos, coletivos e individuais, no que for cabível, os dispositivos do Título III da Lei que instituiu o Código de Defesa do Consumidor.

► Artigo acrescido pela Lei nº 8.078, de 11-9-1990.

Art. 22. Esta Lei entra em vigor na data de sua publicação.

Art. 23. Revogam-se as disposições em contrário.

Brasília, 24 de julho de 1985;
164º da Independência e
97º da República.

José Sarney

LEI Nº 7.357, DE 2 DE SETEMBRO DE 1985

Dispõe sobre o cheque e dá outras providências.

► Publicada no *DOU* de 3-9-1985.

CAPÍTULO I

DA EMISSÃO E DA FORMA DO CHEQUE

Art. 1º O cheque contém:

I – a denominação "cheque" inscrita no contexto do título e expressa na língua em que este é redigido;

II – a ordem incondicional de pagar quantia determinada;

III – o nome do banco ou da instituição financeira que deve pagar (sacado);

IV – a indicação do lugar de pagamento;

V – a indicação da data e do lugar de emissão;

VI – a assinatura do emitente (sacador), ou de seu mandatário com poderes especiais.

Parágrafo único. A assinatura do emitente ou a de seu mandatário com poderes especiais pode ser constituída, na forma de legislação específica, por chancela mecânica ou processo equivalente.

Art. 2º O título a que falte qualquer dos requisitos enumerados no artigo precedente não vale como cheque, salvo nos casos determinados a seguir:

I – na falta de indicação especial, é considerado lugar de pagamento o lugar designado junto ao nome do sacado; se designados vários lugares, o cheque é pagável no primeiro deles; não existindo qualquer indicação, o cheque é pagável no lugar de sua emissão;

II – não indicado o lugar de emissão, considera-se emitido o cheque no lugar indicado junto ao nome do emitente.

Art. 3º O cheque é emitido contra banco, ou instituição financeira que lhe seja equiparada, sob pena de não valer como cheque.

Art. 4º O emitente deve ter fundos disponíveis em poder do sacado e estar autorizado a sobre eles emitir cheque, em virtude de contrato expresso ou tácito. A infração desses preceitos não prejudica a validade do título como cheque.

§ 1º A existência de fundos disponíveis é verificada no momento da apresentação do cheque para pagamento.

§ 2º Consideram-se fundos disponíveis:

a) os créditos constantes de conta-corrente bancária não subordinados a termo;

b) o saldo exigível de conta-corrente contratual;

c) a soma proveniente de abertura de crédito.

Art. 5º VETADO.

Art. 6º O cheque não admite aceite, considerando-se não escrita qualquer declaração com esse sentido.

Art. 7º Pode o sacado, a pedido do emitente ou do portador legitimado, lançar e assinar, no verso do cheque não ao portador e ainda não endossado, visto, certificação ou outra declaração equivalente, datada e por quantia igual à indicada no título.

§ 1º A aposição de visto, certificação ou outra declaração equivalente obriga o sacado a debitar à conta do emitente a quantia indicada no cheque e a reservá-la em benefício do portador legitimado, durante o prazo de apresentação, sem que fiquem exonerados o emitente, endossantes e demais coobrigados.

§ 2º O sacado creditará à conta do emitente a quantia reservada, uma vez vencido o prazo de apresentação; e, antes disso, se o cheque lhe for entregue para inutilização.

Art. 8º Pode-se estipular no cheque que seu pagamento seja feito:

I – a pessoa nomeada, com ou sem cláusula expressa "à ordem";

II – a pessoa nomeada, com a cláusula "não à ordem", ou outra equivalente;

III – ao portador.

Parágrafo único. Vale como cheque ao portador o que não contém indicação do beneficiário e o emitido em favor de pessoa nomeada com a cláusula "ou ao portador", ou expressão equivalente.

► Arts. 904 a 909 do CC.

► Lei nº 8.021, de 12-4-1990, dispõe sobre a identificação dos contribuintes para fins fiscais.

Art. 9º O cheque pode ser emitido:

I – à ordem do próprio sacador;

II – por conta de terceiro;

III – contra o próprio banco sacador, desde que não ao portador.

Art. 10. Considera-se não escrita a estipulação de juros inserida no cheque.

Art. 11. O cheque pode ser pagável no domicílio de terceiro, quer na localidade em que o sacado tenha domicílio, quer em outra, desde que o terceiro seja banco.

Art. 12. Feita a indicação da quantia em algarismos e por extenso, prevalece esta no caso de divergência. Indicada a quantia mais de uma vez, quer por extenso, quer por algarismos, prevalece, no caso de divergência, a indicação da menor quantia.

Art. 13. As obrigações contraídas no cheque são autônomas e independentes.

Parágrafo único. A assinatura de pessoa capaz cria obrigações para o signatário, mesmo que o cheque contenha assinatura de pessoas incapazes de se obrigar por cheque, ou assinaturas falsas, ou assinaturas de pessoas fictícias, ou assinaturas que, por qualquer outra razão, não poderiam obrigar as pessoas que assinaram o cheque, ou em nome das quais ele foi assinado.

Art. 14. Obriga-se pessoalmente quem assina cheque como mandatário ou representante, sem ter poderes para tal, ou excedendo os que foram conferidos. Pagando o cheque, tem os mesmos direitos daquele em cujo nome assinou.

Art. 15. O emitente garante o pagamento, considerando-se não escrita a declaração pela qual se exima dessa garantia.

Art. 16. Se o cheque, incompleto no ato da emissão, for completado com inobservância do convencionado com o emitente, tal fato não pode ser oposto ao portador, a não ser que este tenha adquirido o cheque de má-fé.

CAPÍTULO II
DA TRANSMISSÃO

Art. 17. O cheque pagável a pessoa nomeada, com ou sem cláusula expressa "à ordem", é transmissível por via de endosso.

§ 1º O cheque pagável a pessoa nomeada, com a cláusula "não à ordem", ou outra equivalente, só é transmissível pela forma e com os efeitos de cessão.

§ 2º O endosso pode ser feito ao emitente, ou a outro obrigado, que podem novamente endossar o cheque.

Art. 18. O endosso deve ser puro e simples, reputando-se não escrita qualquer condição a que seja subordinado.

§ 1º São nulos o endosso parcial e o do sacado.

§ 2º Vale como em branco o endosso ao portador. O endosso ao sacado vale apenas como quitação, salvo no caso de o sacado ter vários estabelecimentos e o endosso ser feito em favor de estabelecimento diverso daquele contra o qual o cheque foi emitido.

Art. 19. O endosso deve ser lançado no cheque ou na folha de alongamento e assinado pelo endossante, ou seu mandatário com poderes especiais.

§ 1º O endosso pode não designar o endossatário. Consistindo apenas na assinatura do endossante (endosso em branco), só é válido quando lançado no verso do cheque ou na folha de alongamento.

§ 2º A assinatura do endossante, ou a de seu mandatário com poderes especiais, pode ser constituída, na forma de legislação específica, por chancela mecânica, ou processo equivalente.

Art. 20. O endosso transmite todos os direitos resultantes do cheque. Se o endosso é em branco, pode o portador:

I – completá-lo com o seu nome ou com o de outra pessoa;

II – endossar novamente o cheque, em branco ou a outra pessoa;

III – transferir o cheque a um terceiro, sem completar o endosso e sem endossar.

Art. 21. Salvo estipulação em contrário, o endossante garante o pagamento.

Parágrafo único. Pode o endossante proibir novo endosso; neste caso, não garante o pagamento a quem seja o cheque posteriormente endossado.

Art. 22. O detentor de cheque "à ordem" é considerado portador legitimado, se provar seu direito por uma série ininterrupta de endossos, mesmo que o último seja em branco. Para esse efeito, os endossos cancelados são considerados não escritos.

Parágrafo único. Quando um endosso em branco for seguido de outro, entende-se que o signatário deste adquiriu o cheque pelo endosso em branco.

Art. 23. O endosso num cheque passado ao portador torna o endossante responsável, nos termos das disposições que regulam o direito de ação, mas nem por isso converte o título num cheque "à ordem".

Art. 24. Desapossado alguém de um cheque, em virtude de qualquer evento, novo portador legitimado não está obrigado a restituí-lo, se não o adquiriu de má-fé.

Parágrafo único. Sem prejuízo do disposto neste artigo, serão observadas, nos casos de perda, extravio, furto, roubo ou apropriação indébita do cheque, as disposições legais relativas à anulação e substituição de títulos ao portador, no que for aplicável.

► Art. 909 do CC.

Art. 25. Quem for demandado por obrigação resultante de cheque não pode opor ao portador exceções fundadas em relações pessoais com o emitente, ou com os portadores anteriores, salvo se o portador o adquiriu conscientemente em detrimento do devedor.

Art. 26. Quando o endosso contiver a cláusula "valor em cobrança", "para cobrança", "por procuração", ou qualquer outra que implique apenas mandato, o portador pode exercer todos os direitos resultantes do cheque, mas só pode lançar no cheque endosso-mandato. Neste caso, os obrigados somente podem invocar contra o portador as exceções oponíveis ao endossante.

► Súm. nº 476 do STJ.

Parágrafo único. O mandato contido no endosso não se extingue por morte do endossante ou por superveniência de sua incapacidade.

Art. 27. O endosso posterior ao protesto, ou declaração equivalente, ou à expiração do prazo de apresentação produz apenas os efeitos de cessão. Salvo prova em contrário, o endosso sem data presume-se anterior ao protesto, ou declaração equivalente, ou à expiração do prazo de apresentação.

Art. 28. O endosso no cheque nominativo, pago pelo banco contra o qual foi sacado, prova o recebimento da respectiva importância pela pessoa a favor da qual foi emitido, e pelos endossantes subsequentes.

Parágrafo único. Se o cheque indica a nota, fatura, conta cambial, imposto lançado ou declarado a cujo pagamento se destina, ou outra causa da sua emissão, o endosso pela pessoa a favor da qual foi emitido e a sua liquidação pelo banco sacado provam a extinção da obrigação indicada.

CAPÍTULO III
DO AVAL

► Arts. 897 a 900 do CC.

Art. 29. O pagamento do cheque pode ser garantido, no todo ou em parte, por aval prestado por terceiro, exceto o sacado, ou mesmo por signatário do título.

Art. 30. O aval é lançado no cheque ou na folha de alongamento. Exprime-se pelas palavras "*por aval*", ou fórmula equivalente, com a assinatura do avalista. Considera-se como resultante da simples assinatura do avalista, aposta no anverso do cheque, salvo quando se tratar da assinatura do emitente.

Parágrafo único. O aval deve indicar o avalizado. Na falta de indicação, considera-se avalizado o emitente.

Art. 31. O avalista se obriga da mesma maneira que o avalizado. Subsiste sua obrigação, ainda que nula a por ele garantida, salvo se a nulidade resultar de vício de forma.

Parágrafo único. O avalista que paga o cheque adquire todos os direitos dele resultantes contra o avalizado e contra os obrigados para com este em virtude do cheque.

CAPÍTULO IV
DA APRESENTAÇÃO E DO PAGAMENTO

Art. 32. O cheque é pagável à vista. Considera-se não escrita qualquer menção em contrário.

Parágrafo único. O cheque apresentado para pagamento antes do dia indicado como data de emissão é pagável no dia da apresentação.

► Súmulas nºs 370 a 388 do STJ.

Art. 33. O cheque deve ser apresentado para pagamento, a contar do dia da emissão, no prazo de trinta dias, quando emitido no lugar onde houver de ser pago; e de sessenta dias, quando emitido em outro lugar do País ou no exterior.

Parágrafo único. Quando o cheque é emitido entre lugares com calendários diferentes, considera-se como de emissão o dia correspondente do calendário do lugar de pagamento.

Art. 34. A apresentação do cheque à câmara de compensação equivale à apresentação a pagamento.

Art. 35. O emitente do cheque pagável no Brasil pode revogá-lo, mercê de contraordem dada por aviso epistolar, ou por via judicial ou extrajudicial, com as razões motivadoras do ato.

Parágrafo único. A revogação ou contraordem só produz efeito depois de expirado o prazo de apresentação e, não sendo promovida, pode o sacado pagar o cheque até que decorra o prazo de prescrição, nos termos do artigo 59 desta Lei.

Art. 36. Mesmo durante o prazo de apresentação, o emitente e o portador legitimado podem fazer sustar o pagamento, manifestando ao sacado, por escrito, oposição fundada em relevante razão de direito.

§ 1º A oposição do emitente e a revogação ou contraordem se excluem reciprocamente.

§ 2º Não cabe ao sacado julgar da relevância da razão invocada pelo oponente.

Art. 37. A morte do emitente ou sua incapacidade superveniente à emissão não invalidam os efeitos do cheque.

Art. 38. O sacado pode exigir, ao pagar o cheque, que este lhe seja entregue quitado pelo portador.

Parágrafo único. O portador não pode recusar pagamento parcial, e, nesse caso, o sacado pode exigir que esse pagamento conste do cheque e que o portador lhe dê a respectiva quitação.

Art. 39. O sacado que paga cheque "à ordem" é obrigado a verificar a regularidade da série de endossos, mas não a autenticidade das assinaturas dos endossantes. A mesma obrigação incumbe ao banco apresentante do cheque a câmara de compensação.

Parágrafo único. Ressalvada a responsabilidade do apresentante, no caso da parte final deste artigo, o banco sacado responde pelo pagamento do cheque falso, falsificado ou alterado, salvo dolo ou culpa do correntista, do endossante ou do beneficiário, dos quais poderá o sacado, no todo ou em parte, reaver o que pagou.

Art. 40. O pagamento se fará à medida em que forem apresentados os cheques e se dois ou mais forem apresentados simultaneamente, sem que os fundos disponíveis bastem para o pagamento de todos, terão preferência os de emissão mais antiga e, se da mesma data, os de número inferior.

Art. 41. O sacado pode pedir explicações ou garantia para pagar cheque mutilado, rasgado ou partido, ou que contenha borrões, emendas e dizeres que não pareçam formalmente normais.

Art. 42. O cheque em moeda estrangeira é pago, no prazo de apresentação, em moeda nacional ao câmbio do dia do pagamento, obedecida a legislação especial.

Parágrafo único. Se o cheque não for pago no ato da apresentação, pode o portador optar entre o câmbio do dia da apresentação e o do dia do pagamento para efeito de conversão em moeda nacional.

Art. 43. VETADO.

CAPÍTULO V
DO CHEQUE CRUZADO

Art. 44. O emitente ou o portador podem cruzar o cheque, mediante a aposição de dois traços paralelos no anverso do título.

§ 1º O cruzamento é geral se entre os dois traços não houver nenhuma indicação ou existir apenas a indicação "banco", ou outra equivalente. O cruzamento é especial se entre os dois traços existir a indicação do nome do banco.

§ 2º O cruzamento geral pode ser convertido em especial, mas este não pode converter-se naquele.

§ 3º A inutilização do cruzamento ou a do nome do banco é reputada como não existente.

Art. 45. O cheque com cruzamento geral só pode ser pago pelo sacado a banco ou a cliente do sacado, mediante crédito em conta. O cheque com cruzamento especial só pode ser pago pelo sacado ao banco indicado, ou, se este for o sacado, a cliente seu, mediante crédito em conta. Pode, entretanto, o banco designado incumbir outro da cobrança.

§ 1º O banco só pode adquirir cheque cruzado de cliente seu ou de outro banco. Só pode cobrá-lo por conta de tais pessoas.

§ 2º O cheque com vários cruzamentos especiais só pode ser pago pelo sacado no caso de dois cruzamentos, um dos quais para cobrança por câmara de compensação.

§ 3º Responde pelo dano, até a concorrência do montante do cheque, o sacado ou o banco portador que não observar as disposições precedentes.

CAPÍTULO VI

DO CHEQUE PARA SER CREDITADO EM CONTA

Art. 46. O emitente ou o portador podem proibir que o cheque seja pago em dinheiro mediante a inscrição transversal, no anverso do título, da cláusula "*para ser creditado em conta*", ou outra equivalente. Nesse caso, o sacado só pode proceder a lançamento contábil (crédito em conta, transferência ou compensação), que vale como pagamento. O depósito do cheque em conta de seu beneficiário dispensa o respectivo endosso.

§ 1º A inutilização da cláusula é considerada como não existente.

§ 2º Responde pelo dano, até a concorrência do montante do cheque, o sacado que não observar as disposições precedentes.

► Súm. nº 600 do STF.

► Enunciado nº 40 da I Jornada de Direito Comercial.

CAPÍTULO VII

DA AÇÃO POR FALTA DE PAGAMENTO

Art. 47. Pode o portador promover a execução do cheque:

I – contra o emitente e seu avalista;

II – contra os endossantes e seus avalistas, se o cheque apresentado em tempo hábil e a recusa de pagamento é comprovada pelo protesto ou por declaração do sacado, escrita e datada sobre o cheque, com indicação do dia de apresentação, ou, ainda, por declaração escrita e datada por câmara de compensação.

► Arts. 700 a 702 do CPC.

► Súmulas nºs 503 e 531 do STJ.

§ 1º Qualquer das declarações previstas neste artigo dispensa o protesto e produz os efeitos deste.

§ 2º Os signatários respondem pelos danos causados por declarações inexatas.

§ 3º O portador que não apresentar o cheque em tempo hábil, ou não comprovar a recusa de pagamento pela forma indicada neste artigo, perde o direito de execução contra o emitente, se este tinha fundos disponíveis durante o prazo de apresentação e os deixou de ter, em razão de fato que não lhe seja imputável.

§ 4º A execução independe do protesto e das declarações previstas neste artigo, se a apresentação ou o pagamento do cheque são obstados pelo fato de o sacado ter sido submetido a intervenção, liquidação extrajudicial ou falência.

Art. 48. O protesto ou as declarações do artigo anterior devem fazer-se no lugar de pagamento ou do domicílio do emitente, antes da expiração do prazo de apresentação. Se esta ocorrer no último dia do prazo, o protesto ou as declarações podem fazer-se no primeiro dia útil seguinte.

► Lei nº 9.492, de 10-9-1997 (Lei do Protesto de Títulos).

§ 1º A entrega do cheque para protesto deve ser prenotada em livro especial e o protesto tirado no prazo de três dias úteis a contar do recebimento do título.

§ 2º O instrumento do protesto, datado e assinado pelo oficial público competente, contém:

a) a transcrição literal do cheque, com todas as declarações nele inseridas, na ordem em que se acham lançadas;

b) a certidão da intimação do emitente, de seu mandatário especial ou representante legal, e as demais pessoas obrigadas no cheque;

c) a resposta dada pelos intimados ou a declaração da falta de resposta;

d) a certidão de não haverem sido encontrados ou de serem desconhecidos o emitente ou os demais obrigados, realizada a intimação, nesse caso, pela imprensa.

§ 3º O instrumento de protesto, depois de registrado em livro próprio, será entregue ao portador legitimado ou àquele que houver efetuado o pagamento.

§ 4º Pago o cheque depois do protesto, pode este ser cancelado, a pedido de qualquer interessado, mediante arquivamento de cópia autenticada da quitação que contenha perfeita identificação do título.

Art. 49. O portador deve dar aviso da falta de pagamento a seu endossante e ao emitente, nos quatro dias úteis seguintes ao do protesto ou das declarações previstas no artigo 47 desta Lei ou, havendo cláusula "sem despesa", ao da apresentação.

§ 1º Cada endossante deve, nos dois dias úteis seguintes ao do recebimento do aviso, comunicar seu teor ao endossante precedente, indicando os nomes e endereços dos que deram os avisos anteriores, e assim por diante, até o emitente, contando-se os prazos do recebimento do aviso precedente.

§ 2º O aviso dado a um obrigado deve estender-se, no mesmo prazo, a seu avalista.

§ 3º Se o endossante não houver indicado seu endereço, ou o tiver feito de forma ilegível, basta o aviso ao endossante que o preceder.

► Súm. nº 600 do STF.

§ 4º O aviso pode ser dado por qualquer forma, até pela simples devolução do cheque.

§ 5º Aquele que estiver obrigado a aviso deverá provar que o deu no prazo estipulado. Considera-se observado o prazo se, dentro dele, houver sido posta no correio a carta de aviso.

§ 6º Não decai do direito de regresso o que deixa de dar o aviso no prazo estabelecido. Responde, porém, pelo dano causado por sua negligência, sem que a indenização exceda o valor do cheque.

Art. 50. O emitente, o endossante e o avalista podem, pela cláusula "sem despesa", "sem protesto", ou outra equivalente, lançada no título e assinada, dispensar o portador, para promover a execução do título, do protesto ou da declaração equivalente.

§ 1º A cláusula não dispensa o portador da apresentação do cheque no prazo estabelecido, nem dos avisos. Incumbe a quem alega a inobservância de prazo a prova respectiva.

§ 2º A cláusula lançada pelo emitente produz efeito em relação a todos os obrigados; a lançada por endossante ou por avalista produz efeito somente em relação ao que lançar.

§ 3º Se, apesar da cláusula lançada pelo emitente, o portador promove o protesto, as despesas correm por sua conta. Por elas respondem todos os obrigados, se a cláusula é lançada por endossante ou avalista.

Art. 51. Todos os obrigados respondem solidariamente para com o portador do cheque.

§ 1º O portador tem o direito de demandar todos os obrigados, individual ou coletivamente, sem estar sujeito a observar a ordem em que se obrigaram. O mesmo direito cabe ao obrigado que pagar o cheque.

§ 2º A ação contra um dos obrigados não impede sejam os outros demandados, mesmo que se tenham obrigado posteriormente àquele.

§ 3º Regem-se pelas normas das obrigações solidárias as relações entre obrigados do mesmo grau.

Art. 52. O portador pode exigir do demandado:

I – a importância do cheque não pago;

II – os juros legais desde o dia da apresentação;

III – as despesas que fez;

IV – a compensação pela perda do valor aquisitivo da moeda, até o embolso das importâncias mencionadas nos itens antecedentes.

Art. 53. Quem paga o cheque pode exigir de seus garantes:

I – a importância integral que pagou;

II – os juros legais, a contar do dia do pagamento;

III – as despesas que fez;

IV – a compensação pela perda do valor aquisitivo da moeda, até o embolso das importâncias mencionadas nos itens antecedentes.

Art. 54. O obrigado contra o qual se promova execução, ou que a esta esteja sujeito, pode exigir, contra pagamento, a entrega do cheque, com o instrumento de protesto ou da declaração equivalente e a conta de juros e despesas quitada.

Parágrafo único. O endossante que pagou o cheque pode cancelar seu endosso e os dos endossantes posteriores.

Art. 55. Quando disposição legal ou caso de força maior impedir a apresentação do cheque, o protesto ou a declaração equivalente nos prazos estabelecidos, consideram-se estes prorrogados.

§ 1º O portador é obrigado a dar aviso imediato da ocorrência de força maior a seu endossante e a fazer menção do aviso dado mediante declaração datada e assinada por ele no cheque ou folha de alongamento. São aplicáveis, quanto ao mais, as disposições do artigo 49 e seus parágrafos desta Lei.

§ 2º Cessado o impedimento, deve o portador, imediatamente, apresentar o cheque para pagamento e, se couber, promover o protesto ou a declaração equivalente.

§ 3º Se o impedimento durar por mais de quinze dias, contados do dia em que o portador, mesmo antes de findo o prazo de apresentação, comunicou a ocorrência de força maior a seu endossante, poderá ser promovida a execução, sem necessidade da apresentação do protesto ou declaração equivalente.

§ 4º Não constituem casos de força maior os fatos puramente pessoais relativos ao portador ou à pessoa por ele incumbida da apresentação do cheque, do protesto ou da obtenção da declaração equivalente.

CAPÍTULO VIII

DA PLURALIDADE DE EXEMPLARES

Art. 56. Excetuado o cheque ao portador, qualquer cheque emitido em um país e pagável em outro pode ser feito em vários exemplares idênticos, que devem ser numerados no próprio texto do título, sob pena de cada exemplar ser considerado cheque distinto.

Art. 57. O pagamento feito contra a apresentação de um exemplar é liberatório, ainda que não estipulado que o pagamento torna sem efeito os outros exemplares.

Parágrafo único. O endossante que transferir os exemplares a diferentes pessoas e os endossantes posteriores respondem por todos os exemplares que assinarem e que não forem restituídos.

CAPÍTULO IX

DAS ALTERAÇÕES

Art. 58. No caso de alteração do texto do cheque, os signatários posteriores à alteração respondem nos termos do texto alterado e os signatários anteriores, nos do texto original.

Parágrafo único. Não sendo possível determinar se a firma foi aposta no título antes ou depois de sua alteração, presume-se que o tenha sido antes.

CAPÍTULO X

DA PRESCRIÇÃO

► Súmulas nºs 299, 503, 531 e 572 do STJ.

► Enunciado nº 40 da I Jornada do Direito Comercial.

Art. 59. Prescreve em seis meses, contados da expiração do prazo de apresentação, a ação que o artigo 47 desta Lei assegura ao portador.

Parágrafo único. A ação de regresso de um obrigado ao pagamento do cheque contra outro prescreve em seis meses, contados do dia em que o obrigado pagou o cheque ou do dia em que foi demandado.

Art. 60. A interrupção da prescrição produz efeito somente contra o obrigado em relação ao qual foi promovido o ato interruptivo.

Art. 61. A ação de enriquecimento contra o emitente ou outros obrigados, que se locupletaram injustamente com o não pagamento do cheque, prescreve em dois anos, contados do dia em que se consumar a prescrição prevista no artigo 59 e seu parágrafo desta Lei.

► Art. 886 do CC.

► Enunciado nº 69 da II da Jornada de Direito Comercial.

Art. 62. Salvo prova de novação, a emissão ou a transferência do cheque não exclui a ação fundada na relação causal, feita a prova do não pagamento.

CAPÍTULO XI

DOS CONFLITOS DE LEIS EM MATÉRIA DE CHEQUES

Art. 63. Os conflitos de leis em matéria de cheques serão resolvidos de acordo com as normas constantes das Convenções aprovadas, promulgadas e mandadas aplicar no Brasil, na forma prevista pela Constituição Federal.

CAPÍTULO XII

DAS DISPOSIÇÕES GERAIS

Art. 64. A apresentação do cheque, o protesto ou a declaração equivalente só podem ser feitos ou exigidos em dia útil, durante o expediente dos estabelecimentos de crédito, câmaras de compensação e cartórios de protestos.

Parágrafo único. O cômputo dos prazos estabelecidos nesta Lei obedece às disposições do direito comum.

Art. 65. Os efeitos penais da emissão do cheque sem suficiente provisão de fundos, da frustração do pagamento do cheque, da falsidade, da falsificação e da alteração do cheque continuam regidos pela legislação criminal.

Art. 66. Os vales ou cheques postais, os cheques de poupança ou assemelhados, e os cheques de viagem regem-se pelas disposições especiais a eles referentes.

Art. 67. A palavra "banco", para os fins desta Lei, designa também a instituição financeira contra a qual a lei admita a emissão de cheque.

Art. 68. Os bancos e casas bancárias poderão fazer prova aos seus depositantes dos cheques por estes sacados, mediante apresentação de cópia fotográfica ou microfotográfica.

Art. 69. Fica ressalvada a competência do Conselho Monetário Nacional, nos termos e nos limites da legislação específica, para expedir normas relativas à matéria bancária relacionada com o cheque.

Parágrafo único. É da competência do Conselho Monetário Nacional:

a) a determinação das normas a que devem obedecer as contas de depósito para que possam ser fornecidos os talões de cheques aos depositantes;

b) a determinação das consequências do uso indevido do cheque, relativamente à conta do depositante;

c) a disciplina das relações entre o sacado e o opoente, na hipótese do artigo 36 desta Lei.

Art. 70. Esta Lei entra em vigor na data de sua publicação.

Art. 71. Revogam-se as disposições em contrário.

Brasília, 2 de setembro de 1985;
164º da Independência e
97º da República.

José Sarney

LEI Nº 7.433, DE 18 DE DEZEMBRO DE 1985

Dispõe sobre os requisitos para a lavratura de escrituras públicas, e dá outras providências.

► Publicada no *DOU* de 19-12-1985.

Art. 1º Na lavratura de atos notariais, inclusive os relativos a imóveis, além dos documentos de identificação das partes, somente serão apresentados os documentos expressamente determinados nesta Lei.

§ 1º O disposto nesta Lei se estende, onde couber, ao instrumento particular a que se refere o artigo 61, da Lei nº 4.380, de 21 de agosto de 1964, modificada pela Lei nº 5.049, de 29 de junho de 1966.

§ 2º O Tabelião consignará no ato notarial a apresentação do documento comprobatório do pagamento do Imposto de Transmissão *Inter Vivos*, as certidões fiscais e as certidões de propriedade e de ônus reais, ficando dispensada sua transcrição.

► § 2º com a redação dada pela Lei nº 13.097, de 19-1-2015.

§ 3º Obriga-se o tabelião a manter, em cartório, os documentos e certidões de que trata o parágrafo anterior, no original ou em cópias autenticadas.

Art. 2º Ficam dispensadas, na escritura pública de imóveis urbanos, sua descrição e caracterização, desde que constem, estes elementos, da certidão do cartório do registro de imóveis.

§ 1º Na hipótese prevista neste artigo, o instrumento consignará exclusivamente o número do registro ou matrícula no registro de imóveis, sua completa localização, logradouro, núm ero, bairro, cidade, Estado e os documentos e certidões constantes do § 2º do artigo 1º desta mesma Lei.

§ 2º Para os fins do disposto no parágrafo único do artigo 4º da Lei nº 4.591, de 16 de dezembro de 1964, modificada pela Lei nº 7.182, de 27 de março de 1984, considerar-se-á prova de quitação a declaração feita pelo alienante ou seu procurador, sob as penas da lei, a ser expressamente consignada nos instrumentos de alienação ou de transferência de direitos.

Art. 3º Esta Lei será aplicada, no que couber, aos casos em que o instrumento público recair sobre coisas ou bens cuja aquisição haja sido feita através de documento não sujeito a matrícula no registro de imóveis.

Art. 4º Esta Lei entra em vigor na data de sua publicação.

Art. 5º Revogam-se as disposições em contrário.

Brasília, 18 de dezembro de 1985;
164º da Independência e
97º da República.

José Sarney

LEI Nº 7.542, DE 26 DE SETEMBRO DE 1986

Dispõe sobre a pesquisa, exploração, remoção e demolição de coisas ou bens afundados, submersos, encalhados e perdidos em águas sob jurisdição nacional, em terreno de marinha e seus acrescidos e em terrenos marginais, em decorrência de sinistro, alijamento ou fortuna do mar, e dá outras providências.

► Publicada no *DOU* de 29-9-1986 e retificada no *DOU* de 25-3-1987.

Art. 1º As coisas ou bens afundados, submersos, encalhados e perdidos em águas sob jurisdição nacional, em terrenos de marinha e seus acrescidos e em terrenos marginais, em decorrência de sinistro, alijamento ou fortuna do mar, ficam submetidos às disposições desta lei.

Art. 2º Compete ao Ministério da Marinha a coordenação, o controle e a fiscalização das operações e atividades de pesquisa, exploração, remoção e demolição de coisas ou bens afundados, submersos, encalhados e perdidos em águas sob jurisdição nacional, em terrenos de marinha e seus acrescidos e em terrenos marginais, em decorrência de sinistro, alijamento ou fortuna do mar.

Parágrafo único. O Ministro da Marinha poderá delegar a execução de tais serviços a outros órgãos federais, estaduais, municipais e, por concessão, a particulares, em áreas definidas de jurisdição.

Art. 3º As coisas ou bens referidos no art. 1º desta lei serão considerados como perdidos quando o seu responsável:

I – declarar à Autoridade Naval que o considera perdido;

II – não for conhecido, estiver ausente ou não manifestar sua disposição de providenciar, de imediato, a flutuação ou recuperação da coisa ou bem, mediante operação de assistência e salvamento.

Art. 4º O responsável por coisas ou bens referidos no art. 1º desta lei poderá solicitar à Autoridade Naval licença para pesquisá-los, explorá-los, removê-los ou demoli-los, no todo ou em parte.

Art. 5º A Autoridade Naval, a seu exclusivo critério, poderá determinar ao responsável por coisas ou bens, referidos no art. 1º desta lei, sua remoção ou demolição, no todo ou em parte, quando constituírem ou vierem a constituir perigo, obstáculo à navegação ou ameaça de danos a terceiros ou ao meio ambiente.

Parágrafo único. A Autoridade Naval fixará prazos para início e término da remoção ou demolição, que poderão ser alterados, a seu critério.

Art. 6º O direito estabelecido no art. 4º desta lei prescreverá em 5 (cinco) anos, a contar da data do sinistro, alijamento ou fortuna do mar.

Parágrafo único. O prazo previsto neste artigo ficará suspenso quando:

I – o responsável iniciar a remoção ou demolição;

II – a Autoridade Naval determinar a remoção ou demolição;

III – a remoção ou demolição for interrompida mediante protesto judicial.

Art. 7º Decorrido o prazo de 5 (cinco) anos, a contar da data do sinistro, alijamento ou fortuna do mar, sem que o responsável pelas coisas ou bens referidos no art. 1º desta lei tenha solicitado licença para sua remoção ou demolição, será considerado como presunção legal de renúncia à propriedade, passando as coisas ou os bens ao domínio da União.

Art. 8º O responsável pelas coisas ou pelos bens referidos no art. 1º desta lei poderá ceder a terceiros seus direitos de disposição sobre os mesmos.

§ 1º O cedente e o cessionário são solidariamente responsáveis pelos riscos ou danos à segurança da navegação, a terceiros e ao meio ambiente, decorrentes da existência das coisas ou dos bens referidos no art. 1º ou consequentes das operações de sua remoção ou demolição.

§ 2º A cessão deverá ser comunicada à Autoridade Naval, sob pena de ser anulado o ato.

Art. 9º A determinação de remoção ou demolição de que trata o art. 5º desta lei será feita:

I – por intimação pessoal, quando o responsável tiver paradeiro conhecido no País;

II – por edital, quando o responsável tiver paradeiro ignorado, incerto ou desconhecido, quando não estiver no País, quando se furtar à intimação pessoal ou quando for desconhecido.

§ 1º A intimação de responsável estrangeiro deverá ser feita através de edital, enviando-se cópia à Embaixada ou ao Consulado de seu país de origem, ou, caso seu paradeiro seja conhecido, à Embaixada ou Consulado do país em que residir.

§ 2º O edital, com prazo de 15 (quinze) dias, será publicado, uma vez, no Diário Oficial da União, em jornal de grande circulação da capital da Unidade da Federação onde se encontrem as coisas ou os bens, em jornal da cidade portuária mais próxima ou de maior importância do Estado e em jornal do Rio de Janeiro, caso as coisas ou os bens se encontrem afastados da costa ou nas proximidades de ilhas oceânicas.

Art. 10. A Autoridade Naval poderá assumir as operações de pesquisa, exploração, remoção ou demolição das coisas ou bens referidos no art. 1º desta lei, por conta e risco de seu responsável, caso este não tenha providenciado ou conseguido realizar estas operações dentro dos prazos legais estabelecidos.

Art. 11. A Autoridade Naval determinará que o responsável, antes de dar início à pesquisa, exploração, remoção ou demolição solicitadas ou determinadas, das coisas ou dos bens referidos no art. 1º desta lei adote providências imediatas e preliminares para prevenir, reduzir ou controlar os riscos ou danos à segurança da navegação, a terceiros e ao meio ambiente.

§ 1º A providência determinada deverá consistir:

I – na manutenção, se possível, a bordo, ou em local próximo à embarcação, de seu Comandante ou de um Oficial ou um Tripulante; e

II – na demarcação ou sinalização das coisas ou dos bens.

§ 2º Na falta de atendimento imediato de tais providências, ou quando for impraticável ou não houver tempo para intimar o responsável, a Autoridade Naval poderá adotar providências por conta e risco do responsável.

Art. 12. A Autoridade Naval poderá empregar seus próprios meios ou autorizar terceiros para executarem as operações de pesquisa, exploração, remoção ou demolição de coisas ou bens referidos no art. 1º desta lei, no exercício do direito a que se referem o art. 10 e o § 2º do art. 11.

§ 1º No contrato com terceiro ou na autorização a estes dada poderá constar cláusula determinando o pagamento no todo ou em parte, com as coisas ou os bens recuperados, ou removidos, ressalvado o direito do responsável de reaver a posse até 30 (trinta) dias após a recuperação, mediante pagamento do valor da fatura, do seguro ou de mercado, o que for maior, da mesma coisa ou bem, além do pagamento do que faltar para reembolso integral das despesas havidas ou contratadas para a operação executada.

§ 2º Na falta de disposição em contrário no contrato ou autorização ou sendo a recuperação feita pela Autoridade Naval, as coisas ou os bens resgatados, nacionais ou nacionalizados, serão imediatamente vendidos em licitação ou hasta pública, dando-se preferência na arrematação àquele que efetuou a remoção ou recuperação, ressalvado o direito do responsável de reaver sua posse, na forma e no prazo estabelecidos no parágrafo anterior.

Art. 13. O responsável pelas coisas ou bens referidos no art. 1º desta lei, seu cessionário e o segurador, que tenham coberto especificamente os riscos de pesquisa, exploração, remoção ou demolição das coisas ou bens, permanecerão solidariamente responsáveis:

I – pelos danos que venham provocar, direta ou indiretamente, à segurança da navegação, a terceiros ou ao meio ambiente, até que as coisas ou os bens sejam removidos ou demolidos, ou até que sejam incorporados ao domínio da União pelo decurso do prazo de 5 (cinco) anos a contar do sinistro; e

II – pelo que faltar para reembolsar ou indenizar a União, quando a Autoridade Naval tiver atuado conforme disposto no art. 10 e no § 2º do art. 11.

§ 1º No caso de uma embarcação, o seu responsável responderá, solidariamente, com o responsável pela carga, pelos danos que esta carga possa provocar à segurança da navegação, a terceiros e ao meio ambiente.

§ 2º No caso de haver saldo a favor do responsável pelas coisas ou pelos bens, após a disposição das coisas e dos bens recuperados, e depois de atendido o disposto no inciso II deste artigo, o saldo será mantido pela Autoridade Naval, à disposição do interessado, até 5 (cinco) anos a contar da data do sinistro, depois do que será considerado como receita da União.

§ 3º As responsabilidades de que tratam o inciso I e o § 1º deste artigo permanecerão, mesmo nos casos em que os danos sejam decorrentes de operações realizadas pela Autoridade Naval, nos termos do art. 10 e do § 2º do art. 11.

Art. 14. No caso de embarcação que contiver carga e que em decorrência de sinistro ou fortuna do mar se encontrar em uma das situações previstas no art. 1º desta lei, será adotado o seguinte procedimento:

I – não havendo manifestação de interesse por parte do responsável pela carga, o responsável pela embarcação poderá solicitar autorização para remoção ou recuperação da carga ou ser intimado pela Autoridade Naval a remover a carga, juntamente com a embarcação ou separadamente dela;

II – o responsável pela carga poderá solicitar à Autoridade Naval autorização para sua remoção ou recuperação, independente de pedido por parte do responsável pela embarcação.

§ 1º A Autoridade Naval poderá, a seu critério, exigir a remoção da carga intimando o seu responsável e o responsável pela embarcação, junta ou separadamente.

§ 2º A Autoridade Naval poderá negar autorização ao responsável pela carga, para sua remoção ou recuperação, quando, a seu critério, concluir haver sério risco de resultar em modificação de situação em relação à embarcação, que venha a tornar mais difícil ou onerosa a sua remoção.

§ 3º A Autoridade Naval, ao assumir a operação de remoção da embarcação, poderá aceitar, a seu critério, a colaboração ou participação do responsável interessado pela recuperação da carga.

Art. 15. Ao solicitar autorização para a pesquisa, exploração, remoção ou demolição das coisas ou bens referidos no art. 1º desta lei, o responsável deverá indicar:

I – os meios de que dispõe, ou que pretende obter, para a realização das operações;

II – a data em que pretende dar início às operações e a data prevista para o seu término;

III – o processo a ser empregado; e

IV – se a recuperação será total ou parcial.

§ 1º A Autoridade Naval poderá vetar o uso de meios ou processos que, a seu critério, representem riscos inaceitáveis para a segurança da navegação, para terceiros ou para o meio ambiente.

§ 2º A Autoridade Naval poderá condicionar a autorização à remoção, pelo responsável, de todas as coisas ou bens, e não parte deles, bem como de seus acessórios e remanescentes ou, quando se tratar de embarcação, também de sua carga.

§ 3º A Autoridade Naval fiscalizará as operações e, na hipótese de que o responsável venha a abandoná-las sem completar a remoção do todo determinado, poderá substituí-lo nos termos do art. 10.

Art. 16. A Autoridade Naval poderá conceder autorização para a remoção ou exploração, no todo ou em parte, de coisas ou bens referidos no art. 1º desta lei, que tenham passado ao domínio da União.

§ 1º O pedido de autorização para exploração ou remoção deverá ser antecedido por pedido de autorização para pesquisa de coisas ou bens.

§ 2º Havendo mais de um pedido de exploração ou remoção, em relação à mesma coisa ou bem, apresentados no prazo de intimação ou do edital a que se refere o § 3º deste artigo, terão preferência, independente de prazos para início e fim das operações, mas desde que ofereçam as mesmas condições econômicas para a União:

I – em primeiro lugar, aquele que, devidamente autorizado a pesquisar, tenha localizado a coisa ou o bem;

II – em segundo lugar, o antigo responsável pela coisa ou pelo bem.

§ 3º Para que possam manifestar sua preferência, se assim o desejarem, deverão aqueles mencionados nos incisos I e II do § 2º deste artigo ser intimados, pessoalmente ou por edital, obedecendo-se no que couber, as regras estabelecias no art. 9º e seus parágrafos. O custo das intimações ou da publicação de editais correrá por conta dos interessados.

§ 4º Nas intimações ou editais será estabelecido o prazo de 15 (quinze) dias para que aqueles mencionados nos incisos I e II do § 2º deste artigo manifestem seu desejo de preferência. Manifestada a preferência, a Autoridade Naval decidirá de acordo com o que dispõe § 2º deste artigo.

§ 5º Poderá ser concedida autorização para realizar operações e atividades de pesquisa, exploração, remoção ou demolição, no todo ou em parte, de coisas e bens referidos nesta Lei, que tenham passado ao domínio da União, a pessoa física ou jurídica nacional ou estrangeira com comprovada experiência em atividades de pesquisa, localização ou exploração de coisas e bens submersos, a quem caberá responsabilizar-se por seus atos perante a Autoridade Naval.

► § 5º com a redação dada pela Lei nº 10.166, de 27-12-2000.

Art. 17. A Autoridade Naval, quando for de seu interesse, poderá pesquisar, explorar, remover e demolir quaisquer coisas ou bens referidos no art. 1º desta lei, já incorporados ao domínio da União.

Art. 18. A Autoridade Naval, no exame de solicitação de autorização para pesquisa, exploração ou remoção de coisas ou bens referidos no art. 1º desta lei, levará em conta os interesses da preservação do local, das coisas ou dos bens de valor artístico, de interesse histórico ou arqueológico, a segurança da navegação e o perigo de danos a terceiros e ao meio ambiente.

Parágrafo único. A autorização de pesquisa não dá ao interessado o direito de alterar o local em que foi encontrada a coisa ou bem, suas condições, ou de remover qualquer parte.

Art. 19. A Autoridade Naval, ao conceder autorização para pesquisa, fixará, a seu critério, prazos para seu início e término.

§ 1º A Autoridade Naval, a seu critério, poderá autorizar que mais de um interessado efetue pesquisas e tente a localização de coisas ou bens.

§ 2º O autorizado a realizar operações de pesquisa manterá a Autoridade Naval informada do desenvolvimento das operações e, em especial, de seus resultados e achados.

Art. 20. As coisas e os bens resgatados de valor artístico, de interesse histórico ou arqueológico permanecerão no domínio da União, não sendo passíveis de apropriação, doação, alienação direta ou por meio de licitação pública, o que deverá constar do contrato ou do ato de autorização elaborado previamente à remoção.

§ 1º O contrato ou o ato de autorização previsto no *caput* deste artigo deverá ser assinado pela Autoridade Naval, pelo concessionário e por um representante do Ministério da Cultura.

§ 2º O contrato ou o ato de autorização poderá estipular o pagamento de recompensa ao concessionário pela remoção dos bens de valor artístico, de interesse histórico ou arqueológico, a qual poderá se constituir na adjudicação de até quarenta por cento do valor total atribuído às coisas e bens como tais classificados.

§ 3º As coisas e bens resgatados serão avaliados por uma comissão de peritos, convocada pela Autoridade Naval e ouvido o Ministério da Cultura, que decidirá se eles são de valor artístico, de interesse cultural ou arqueológico e atribuirá os seus valores, devendo levar em consideração os preços praticados no mercado internacional.

§ 4º Em qualquer hipótese, é assegurada à União a escolha das coisas e bens resgatados de valor artístico, de interesse histórico ou arqueológico, que serão adjudicados.

▸ Art. 20 com a redação dada pela Lei nº 10.166, de 27-12-2000.

Art. 21. O contrato ou ato de autorização de remoção ou exploração poderá prever como pagamento ao concessionário, ressalvado o disposto no art. 20 desta lei, in fine:

I – soma em dinheiro;

II – soma em dinheiro proporcional ao valor de mercado das coisas e bens que vierem a ser recuperados, até o limite de setenta por cento, aplicando-se, para definição da parcela em cada caso, o disposto no § 1º deste artigo;

III – adjudicação de parte das coisas e bens que vierem a ser resgatados, até o limite de setenta por cento, aplicando-se, também, para a definição da parcela em cada caso, o disposto no § 1º deste artigo;

▸ Incisos II e III com a redação dada pela Lei nº 10.166, de 27-12-2000.

IV – pagamento a ser fixado diante do resultado de remoção ou exploração, conforme as regras estabelecidas para fixação de pagamento por assistência e salvamento, no que couber.

§ 1º A atribuição da parcela que caberá ao concessionário dependerá do grau de dificuldade e da complexidade técnica requeridas para realizar as atividades de localização, exploração, remoção, preservação e restauração, a serem aferidas pela Autoridade Naval.

§ 2º As coisas e os bens resgatados, dependendo de sua natureza e conteúdo, deverão ser avaliados com base em critérios predominantes nos mercados nacional e internacional, podendo os valores atribuídos, a critério da Autoridade Naval, ser aferidos por organizações renomadas por sua atuação no segmento específico.

▸ §§ 1º e 2º redação dada pela Lei nº 10.166, de 27-12-2000.

§ 3º O valor das coisas ou dos bens que vierem a ser removidos poderá ser fixado no contrato ou no ato de concessão antes do início ou depois do término das operações de remoção.

Art. 22. A Autoridade Naval poderá cancelar a autorização se:

I – o autorizado não tiver dado início às operações dentro do prazo estabelecido no ato de autorização, ou, no curso das operações, não apresentar condições para lhes dar continuidade;

II – verificar, durante as operações, o surgimento de riscos inaceitáveis para a segurança da navegação, de danos a terceiros, inclusive aos que estiverem trabalhando nas operações, e ao meio ambiente;

III – verificar, durante as operações, que o processo ou os meio empregados estão causando ou poderão causar prejuízo às coisas ou aos bens de valor artístico, de interesse histórico arqueológico, ou danificar local que deva ser preservado pelos mesmos motivos.

Parágrafo único. Nenhum pagamento será devido ao autorizado pelo cancelamento da autorização, salvo quando já tenha havido coisas ou bens, desprovidos de valor artístico e de interesse histórico ou arqueológico, recuperados, situação em que tais coisas ou bens poderão ser adjudicados ou entregue o produto de sua venda, mesmo que em proporção inferior ao previsto no contrato ou ato de autorização, para pagamento e compensação do autorizado.

Art. 23. Independente da forma de pagamento contratada, toda e qualquer coisa ou bem recuperados mesmos os destituídos de valor artístico e de interesse histórico ou arqueológico, deverão ser entregues, tão logo recuperados, à Autoridade Naval. O autorizado, como depositário, será o responsável pela guarda e conservação dos bens recuperados, até efetuar a sua entrega.

Art. 24. O autorizado para uma remoção, quando na autorização constar que a coisa ou o bem deve ser totalmente removido, permanecerá responsável pela operação até sua completa remoção. A Autoridade Naval poderá intimá-lo a completar a remoção, nos prazos estabelecidos na autorização, bem como poderá substituí-lo, por sua conta e risco, para terminar a remoção, se necessário.

Art. 25. O autorizado ou contratado estará sujeito às mesmas regras de responsabilidade que se aplicam, na forma do art. 13 desta lei, ao responsável, ao seu cessionário e ao segurador autorizados ou compelidos a efetuar remoção ou demolição de coisas ou de bens, referidos no art. 1º.

Art. 26. A Autoridade Naval poderá exigir, do interessado e requerente de autorização para pesquisa, uma caução, em valor por ela arbitrado, como garantia das responsabilidades do autorizado.

Art. 27. Nos casos em que exista interesse público na remoção ou demolição de embarcações ou quaisquer outras coisas ou bens referidos no art. 1º desta lei, e já incorporados ao domínio da União, a Autoridade Naval poderá vendê-los, em licitação ou hasta pública, a quem se obrigue a removê-los ou demoli-los no prazo por ela determinado.

Art. 28. Aquele que achar quaisquer coisas ou bens referidos no art. 1º desta lei, em águas sob jurisdição nacional, em terrenos de marinha a seus acrescidos e em terrenos marginais, não estando presente o seu responsável, fica obrigado a:

I – não alterar a situação das referidas coisas ou bens, salvo se for necessário para colocá-los em segurança; e

II – comunicar imediatamente o achado à Autoridade Naval, fazendo a entrega das coisas e dos bens que tiver colocado em segurança e dos quais tiver a guarda ou posse.

Parágrafo único. A quem achar coisas ou bens nos locais estabelecidos no art. 1º, não caberá invocar em seu benefício as regras da Lei nº 3.071, de 1º de janeiro de 1916 – Código Civil Brasileiro – que tratam da invenção e do tesouro.

Art. 29. As coisas e os bens referidos no art. 1º desta lei, encontrados nas condições previstas no artigo anterior, serão arrecadados e ficarão sob a custódia da Autoridade Naval, que poderá entregá-los, quando nacionais ou nacionalizados, aos seus responsáveis.

§ 1º As coisas e os bens que ainda não tenham sido alienados pela Autoridade Naval, poderão ser reclamados e entregues aos seus responsáveis, pagando o interessado as custas e despesas de guarda e conservação.

§ 2º Não sendo as coisas e os bens reclamados por seus responsáveis, no prazo de 30 (trinta) dias da arrecadação, a Autoridade Naval poderá declará-los perdidos.

§ 3º As coisas e os bens de difícil guarda e conservação poderão ser alienados em licitação ou hasta pública pela Autoridade Naval. O produto da alienação será guardado por aquela Autoridade Naval pelo prazo de 6 (seis) meses, à disposição do responsável pela coisa ou bem. Decorrido o prazo, o produto da alienação será convertido em receita da União.

Art. 30. As coisas e os bens de que trata o art. 1º desta lei, quando identificados pela Autoridade Naval como de procedência estrangeira e não incorporados ao domínio da União por força do art. 32, serão encaminhados à Secretaria da Receita Federal para aplicação da legislação fiscal pertinente.

Art. 31. As autorizações concedidas, até a data da promulgação desta lei, para a pesquisa, exploração ou remoção de coisas ou bens referidos no art. 1º não ficarão prejudicadas, ficando os interessados, no entanto, sujeitos às normas desta lei.

Art. 32. As coisas ou bens afundados, submersos, encalhados e perdidos em águas sob jurisdição nacional, em terrenos de marinha e seus acrescidos e em terrenos marginais, em decorrência de sinistro, alijamento ou fortuna do mar ocorrido há mais de 20 (vinte) anos da data de publicação desta lei, cujos responsáveis não venham a requerer autorização para pesquisa com fins de remoção, demolição ou exploração, no prazo de 1 (um) ano a contar da data da publicação desta lei, serão considerados, automaticamente, incorporados ao domínio da União.

§ 1º Os destroços de navios de casco de madeira afundados nos séculos XVI, XVII e XVIII ter-se-ão como automaticamente incorporados ao domínio da União, independentemente, do decurso de prazo de 1 (um) ano fixado no *caput* deste artigo.

► Parágrafo único transformado em parágrafo primeiro pela Lei nº 10.166, 27-12-2000.

§ 2º É livre, dependendo apenas de comunicação à Autoridade Naval e desde que não represente riscos inaceitáveis para a segurança da navegação, para terceiros ou para o meio ambiente, a realização de excursões de turismo submarino, com turistas mergulhadores nacionais e estrangeiros, em sítios arqueológicos já incorporados ao domínio da União, quando promovidas por conta e responsabilidade de empresas devidamente cadastradas na Marinha do Brasil e no Instituto Brasileiro de Turismo, sendo vedada aos mergulhadores a remoção de qualquer bem ou parte deste.

► § 2º acrescido pela Lei nº 10.166, de 17-12-2000.

Art. 33. Das decisões proferidas, nos termos desta lei, caberá pedido de reconsideração à própria Autoridade Naval ou recurso à instância imediatamente superior àquela que proferiu a decisão, sem efeito suspensivo.

Parágrafo único. Para fins do disposto nesta lei, o Ministro da Marinha é considerado a instância final, na esfera da Administração Pública, para recursos às decisões da Autoridade Naval.

Art. 34. São consideradas Autoridades Navais, para fins desta lei, as do Ministério da Marinha, conforme as atribuições definidas nos respectivos regulamentos.

Art. 35. O Ministro da Marinha, sem prejuízo da aplicação imediata do estabelecido nesta lei, baixará e manterá atualizadas instruções necessárias à sua execução.

Art. 36. As infrações aos dispositivos desta lei sujeitam os infratores às sanções cabíveis ao Decreto-lei nº 72.848, de 7 de dezembro de 1940 – Código Penal, sem prejuízo da aplicação de outras previstas na legislação vigente.

Art. 37. Esta lei entra em vigor na data de sua publicação.

Art. 38. Ficam revogados os arts. 731 a 739 da Lei nº 556, de 25 de junho de 1850 – Código Comercial Brasileiro; o art. 5º do Decreto-lei nº 1.284, de 18 de maio de 1939; o Decreto-lei nº 235, de 2 de fevereiro de 1938; o Decreto-lei nº 8.256, de 30 de novembro de 1945, com as alterações introduzidas pela Lei nº 1.471, de 21 de novembro de 1951, a alínea *p* do art. 3º da Lei nº 4.213, de 14 de fevereiro de 1963; o Título XXI do Livro V do Decreto-lei nº 1.608, de 18 de setembro de 1939 (arts. 769 a 771) e o inciso XV do art. 1.218 da Lei nº 5.869, de 11 de janeiro de 1973 – Código de Processo Civil e demais disposições em contrário.

Brasília, 26 de setembro de 1986;
165º da Independência e
98º da República.

José Sarney

LEI Nº 7.565, DE 19 DE DEZEMBRO DE 1986

Dispõe sobre o Código Brasileiro de Aeronáutica.

► Publicada no *DOU* de 23-12-1986 e retificada no *DOU* de 30-12-1986.

TÍTULO I – INTRODUÇÃO

CAPÍTULO I
DISPOSIÇÕES GERAIS

Art. 1º O Direito Aeronáutico é regulado pelos Tratados, Convenções e Atos Internacionais de que o Brasil seja parte, por este Código e pela legislação complementar.

§ 1º Os Tratados, Convenções e Atos Internacionais, celebrados por delegação do Poder Executivo e aprovados pelo Congresso Nacional, vigoram a partir da data neles prevista para esse efeito, após o depósito ou troca das respectivas ratificações, podendo, mediante cláusula expressa, autorizar a aplicação provisória de suas disposições pelas autoridades aeronáuticas, nos limites de suas atribuições, a partir da assinatura (artigos 14, 204 a 214).

§ 2º Este Código se aplica a nacionais e estrangeiros, em todo o Território Nacional, assim como, no exterior, até onde for admitida a sua extraterritorialidade.

§ 3º A legislação complementar é formada pela regulamentação prevista neste Código, pelas leis especiais, decretos e normas sobre matéria aeronáutica (artigo 12).

Art. 2º Para os efeitos deste Código consideram-se autoridades aeronáuticas competentes as do Ministério da Aeronáutica, conforme as atribuições definidas nos respectivos regulamentos.

CAPÍTULO II
DISPOSIÇÕES DE DIREITO INTERNACIONAL PRIVADO

Art. 3º Consideram-se situadas no território do Estado de sua nacionalidade:

I – as aeronaves militares, bem como as civis de propriedade ou a serviço do Estado, por este diretamente utilizadas (artigo 107, §§ 1º e 3º);

II – as aeronaves de outra espécie, quando em alto mar ou região que não pertença a qualquer Estado.

Parágrafo único. Salvo na hipótese de estar a serviço do Estado, na forma indicada no item I deste artigo, não prevalece a extraterritorialidade em relação à aeronave privada, que se considera sujeita à lei do Estado onde se encontre.

Art. 4º Os atos que, originados de aeronave, produzirem efeito no Brasil, regem-se por suas leis, ainda que iniciados no território estrangeiro.

Art. 5º Os atos que, provenientes da aeronave, tiverem início no Território Nacional, regem-se pelas leis brasileiras, respeitadas as leis do Estado em que produzirem efeito.

Art. 6º Os direitos reais e os privilégios de ordem privada sobre aeronaves regem-se pela lei de sua nacionalidade.

Art. 7º As medidas assecuratórias de direito regulam-se pela lei do país onde se encontrar a aeronave.

Art. 8º As avarias regulam-se pela lei brasileira quando a carga se destinar ao Brasil ou for transportada sob o regime de trânsito aduaneiro (artigo 244, § 6º).

Art. 9º A assistência, o salvamento e o abalroamento regem-se pela lei do lugar em que ocorrerem (artigos 23, § 2º, 49 a 65).

Parágrafo único. Quando pelo menos uma das aeronaves envolvidas for brasileira, aplica-se a lei do Brasil à assistência, salvamento e abalroamento ocorridos em região não submetida a qualquer Estado.

Art. 10. Não terão eficácia no Brasil, em matéria de transporte aéreo, quaisquer disposições de direito estrangeiro, cláusulas constantes de contrato, bilhete de passagem, conhecimento e outros documentos que:

I – excluam a competência de foro do lugar de destino;

II – visem à exoneração de responsabilidade do transportador, quando este Código não a admite;

III – estabeleçam limites de responsabilidade inferiores aos estabelecidos neste Código (artigos 246, 257, 260, 262, 269 e 277).

TÍTULO II – DO ESPAÇO AÉREO E SEU USO PARA FINS AERONÁUTICOS

CAPÍTULO I
DO ESPAÇO AÉREO BRASILEIRO

Art. 11. O Brasil exerce completa e exclusiva soberania sobre o espaço aéreo acima de seu território e mar territorial.

Art. 12. Ressalvadas as atribuições específicas, fixadas em lei, submetem-se às normas (artigo 1º, § 3º), orientação, coordenação, controle e fiscalização do Ministério da Aeronáutica:

I – a navegação aérea;

II – o tráfego aéreo;

III – a infraestrutura aeronáutica;

IV – a aeronave;

V – a tripulação;

VI – os serviços, direta ou indiretamente relacionados ao vôo.

Art. 13. Poderá a autoridade aeronáutica deter a aeronave em vôo no espaço aéreo (artigo 18) ou em pouso no território brasileiro (artigos 303 a 311), quando, em caso de flagrante desrespeito às normas de direito aeronáutico (artigos 1º e 12), de tráfego aéreo (artigos 14, 16, § 3º, 17), ou às condições estabelecidas nas respectivas autorizações (artigos 14, §§ 1º, 3º e 4º, 15, §§ 1º e 2º, 19, parágrafo único, 21, 22), coloque em risco a segurança da navegação aérea ou de tráfego aéreo, a ordem pública, a paz interna ou externa.

CAPÍTULO II
DO TRÁFEGO AÉREO

Art. 14. No tráfego de aeronaves no espaço aéreo brasileiro, observam-se as disposições estabelecidas nos Tratados, Convenções e Atos Internacionais de que o Brasil seja parte (artigo 1º, § 1º), neste Código (artigo 1º, § 2º) e na legislação complementar (artigo 1º, § 3º).

§ 1º Nenhuma aeronave militar ou civil a serviço de Estado estrangeiro e por este diretamente utilizada (artigo 3º, I) poderá, sem autorização, voar no espaço aéreo brasileiro ou aterrissar no território subjacente.

§ 2º É livre o tráfego de aeronave dedicada a serviços aéreos privados (artigos 177 a 179), mediante informações prévias sobre o voo planejado (artigo 14, § 4º).

§ 3º A entrada e o tráfego, no espaço aéreo brasileiro, da aeronave dedicada a serviços aéreos públicos (artigo 175), dependem de autorização, ainda que previstos em acordo bilateral (artigos 203 a 213).

§ 4º A utilização do espaço aéreo brasileiro, por qualquer aeronave, fica sujeita às normas e condições estabelecidas, assim como às tarifas de uso das comunicações e dos auxílios à navegação aérea em rota (artigo 23).

§ 5º Estão isentas das tarifas previstas no parágrafo anterior as aeronaves pertencentes aos aeroclubes.

§ 6º A operação de aeronave militar ficará sujeita às disposições sobre a proteção ao voo e ao tráfego aéreo, salvo quando se encontrar em missão de guerra ou treinamento em área específica.

Art. 15. Por questão de segurança da navegação aérea ou por interesse público, é facultado fixar zonas em que se proíbe ou restringe o tráfego aéreo, estabelecer rotas de entrada ou saída, suspender total ou parcialmente o tráfego, assim como o uso de determinada aeronave, ou a realização de certos serviços aéreos.

§ 1º A prática de esportes aéreos tais como balonismo, volovelismo, asas voadoras e similares, assim como os voos de treinamento, far-se-ão em áreas delimitadas pela autoridade aeronáutica.

§ 2º A utilização de veículos aéreos desportivos para fins econômicos, tais como a publicidade, submete-se às normas dos serviços aéreos públicos especializados (artigo 201).

Art. 16. Ninguém poderá opor-se, em razão de direito de propriedade na superfície, ao sobrevoo de aeronave, sempre que este se realize de acordo com as normas vigentes.

§ 1º No caso de pouso de emergência ou forçado, o proprietário ou possuidor do solo não poderá opor-se à retirada ou partida da aeronave, desde que lhe seja dada garantia de reparação do dano.

§ 2º A falta de garantia autoriza o sequestro da aeronave e a sua retenção até que aquela se efetive.

§ 3º O lançamento de coisas, de bordo de aeronave, dependerá de permissão prévia de autoridade aeronáutica, salvo caso de emergência, devendo o Comandante proceder de acordo com o disposto no artigo 171 deste Código.

§ 4º O prejuízo decorrente do sobrevoo, do pouso de emergência, do lançamento de objetos ou alijamento poderá ensejar responsabilidade.

Art. 17. É proibido efetuar, com qualquer aeronave, voos de acrobacia ou evolução que possam constituir perigo para os ocupantes do aparelho, para o tráfego aéreo, para instalações ou pessoas na superfície.

Parágrafo único. Excetuam-se da proibição, os voos de prova, produção e demonstração quando realizados pelo fabricante ou por unidades especiais, com a observância das normas fixadas pela autoridade aeronáutica.

Art. 18. O Comandante de aeronave que receber de órgão controlador de voo ordem para pousar deverá dirigir-se, imediatamente, para o aeródromo que lhe for indicado e nele efetuar o pouso.

§ 1º Se razões técnicas, a critério do Comandante, impedirem de fazê-lo no aeródromo indicado, deverá ser solicitada ao órgão controlador a determinação de aeródromo alternativo que ofereça melhores condições de segurança.

§ 2º No caso de manifesta inobservância da ordem recebida, a autoridade aeronáutica poderá requisitar os meios necessários para interceptar ou deter a aeronave.

§ 3º Na hipótese do parágrafo anterior, efetuado o pouso, será autuada a tripulação e apreendida a aeronave (artigos 13 e 303 a 311).

§ 4º A autoridade aeronáutica que, excedendo suas atribuições e sem motivos relevantes, expedir a ordem de que trata o *caput* deste artigo, responderá pelo excesso cometido, sendo-lhe aplicada a pena de suspensão por prazo que variará de 30 (trinta) a 90 (noventa) dias, conversíveis em multa.

Art. 19. Salvo motivo de força maior, as aeronaves só poderão decolar ou pousar em aeródromo cujas características comportarem suas operações.

Parágrafo único. Os pousos e decolagens deverão ser executados, de acordo com procedimentos estabelecidos, visando à segurança do tráfego, das instalações aeroportuárias e vizinhas, bem como a segurança e bem-estar da população que, de alguma forma, possa ser atingida pelas operações.

Art. 20. Salvo permissão especial, nenhuma aeronave poderá voar no espaço aéreo brasileiro, aterrissar no território subjacente ou dele decolar, a não ser que tenha:

I – marcas de nacionalidade e matrícula, e esteja munida dos respectivos certificados de matrícula e aeronavegabilidade (artigos 109 a 114);

II – equipamentos de navegação, de comunicações e de salvamento, instrumentos, cartas e manuais necessários à segurança do voo, pouso e decolagem;

III – tripulação habilitada, licenciada e portadora dos respectivos certificados, do Diário de Bordo (artigo 84, parágrafo único) da lista de passageiros, manifesto de carga ou relação de mala postal que, eventualmente, transportar.

Parágrafo único. Pode a autoridade aeronáutica, mediante regulamento, estabelecer as condições para voos experimentais, realizados pelo fabricante de aeronave, assim como para os voos de translado.

Art. 21. Salvo com autorização especial de órgão competente, nenhuma aeronave poderá transportar explosivos, munições, arma de fogo, material bélico, equipamento destinado a levantamento aerofotogramétrico ou de prospecção, ou ainda quaisquer outros objetos ou substâncias consideradas perigosas para a segurança pública, da própria aeronave ou de seus ocupantes.

Parágrafo único. O porte de aparelhos fotográficos, cinematográficos, eletrônicos ou nucleares, a bordo de aeronave, poderá ser impedido quando a segurança da navegação aérea ou o interesse público assim o exigir.

CAPÍTULO III

ENTRADA E SAÍDA DO ESPAÇO AÉREO BRASILEIRO

Art. 22. Toda aeronave proveniente do exterior fará, respectivamente, o primeiro pouso ou a última decolagem em aeroporto internacional.

Parágrafo único. A lista de aeroportos internacionais será publicada pela autoridade aeronáutica, e suas denominações somente poderão ser modificadas mediante lei federal, quando houver necessidade técnica dessa alteração.

Art. 23. A entrada no espaço aéreo brasileiro ou o pouso, no território subjacente, de aeronave militar ou civil a serviço de Estado estrangeiro sujeitar-se-á às condições estabelecidas (artigo 14, § 1º).

§ 1º A aeronave estrangeira, autorizada a transitar no espaço aéreo brasileiro, sem pousar no território subjacente, deverá seguir a rota determinada (artigo 14, §§ 1º, 2º, 3º e 4º).

§ 2º A autoridade aeronáutica poderá estabelecer exceções ao regime de entrada de aeronave estrangeira, quando se tratar de operação de busca, assistência e salvamento ou de voos por motivos sanitários ou humanitários.

Art. 24. Os aeroportos situados na linha fronteiriça do território brasileiro poderão ser autorizados a atender ao tráfego regional, entre os países limítrofes, com serviços de infraestrutura aeronáutica, comuns ou compartilhados por eles.

Parágrafo único. As aeronaves brasileiras poderão ser autorizadas a utilizar aeroportos situados em países vizinhos, na linha fronteiriça ao Território Nacional, com serviços de infraestrutura aeronáutica comuns ou compartilhados.

TÍTULO III – DA INFRAESTRUTURA AERONÁUTICA

CAPÍTULO I

DISPOSIÇÕES GERAIS

Art. 25. Constitui infraestrutura aeronáutica o conjunto de órgãos, instalações ou estruturas terrestres de apoio à navegação aérea, para promover-lhe a segurança, regularidade e eficiência, compreendendo:

I – o sistema aeroportuário (artigos 26 a 46);

II – o sistema de proteção ao voo (artigos 47 a 65);

III – o sistema de segurança de voo (artigos 66 a 71);

IV – o sistema de Registro Aeronáutico Brasileiro (artigos 72 a 85);

V – o sistema de investigação e prevenção de acidentes aeronáuticos (artigos 86 a 93);

VI – o sistema de facilitação, segurança e coordenação do transporte aéreo (artigos 94 a 96);

VII – o sistema de formação e adestramento de pessoal destinado à navegação aérea e à infraestrutura aeronáutica (artigos 97 a 100);

VIII – o sistema de indústria aeronáutica (artigo 101);

IX – o sistema de serviços auxiliares (artigos 102 a 104);

X – o sistema de coordenação da infraestrutura aeronáutica (artigo 105).

§ 1º A instalação e o funcionamento de quaisquer serviços de infraestrutura aeronáutica, dentro ou fora do aeródromo civil, dependerão sempre de autorização prévia de autoridade aeronáutica, que os fiscalizará, respeitadas as disposições legais que regulam as atividades de outros Ministérios ou órgãos estatais envolvidos na área.

§ 2º Para os efeitos deste artigo, sistema é o conjunto de órgãos e elementos relacionados entre si por finalidade específica, ou por interesse de coordenação, orientação técnica e normativa, não implicando em subordinação hierárquica.

CAPÍTULO II

DO SISTEMA AEROPORTUÁRIO

SEÇÃO I

DOS AERÓDROMOS

Art. 26. O sistema aeroportuário é constituído pelo conjunto de aeródromos brasileiros, com todas as pistas de pouso, pistas de táxi, pátio de estacionamento de aeronave, terminal de carga aérea, terminal de passageiros e as respectivas facilidades.

Parágrafo único. São facilidades: o balisamento diurno e noturno; a iluminação do pátio; serviço contra incêndio especializado e o serviço de remoção de emergência médica; área de pré-embarque, climatização, ônibus, ponte de embarque, sistema de esteiras para despacho de bagagem, carrinhos para passageiros, pontes de desembarque, sistema de ascenso-descenso de passageiros por escadas rolantes, orientação por circuito fechado de televisão, sistema semiautomático anunciador de mensagem, sistema de som, sistema informativo de voo, climatização geral, locais destinados a serviços públicos, locais destinados a apoio comercial, serviço médico, serviço de salvamento aquático especializado e outras, cuja implantação seja autorizada ou determinada pela autoridade aeronáutica.

Art. 27. Aeródromo é toda área destinada a pouso, decolagem e movimentação de aeronaves.

Art. 28. Os aeródromos são classificados em civis e militares.

§ 1º Aeródromo civil é o destinado ao uso de aeronaves civis.

§ 2º Aeródromo militar é o destinado ao uso de aeronaves militares.

§ 3º Os aeródromos civis poderão ser utilizados por aeronaves militares, e os aeródromos militares, por aeronaves civis, obedecidas as prescrições estabelecidas pela autoridade aeronáutica.

Art. 29. Os aeródromos civis são classificados em públicos e privados.

Art. 30. Nenhum aeródromo civil poderá ser utilizado sem estar devidamente cadastrado.

§ 1º Os aeródromos públicos e privados serão abertos ao tráfego através de processo, respectivamente, de homologação e registro.

§ 2º Os aeródromos privados só poderão ser utilizados com permissão de seu proprietário, vedada a exploração comercial.

Art. 31. Consideram-se:

I – Aeroportos os aeródromos públicos, dotados de instalações e facilidades para apoio de operações de aeronaves e de embarque e desembarque de pessoas e cargas;

II – Helipontos os aeródromos destinados exclusivamente a helicópteros;

III – Heliportos os helipontos públicos, dotados de instalações e facilidades para apoio de operações de helicópteros e de embarque e desembarque de pessoas e cargas.

Art. 32. Os aeroportos e heliportos serão classificados por ato administrativo que fixará as características de cada classe.

Parágrafo único. Os aeroportos destinados às aeronaves nacionais ou estrangeiras na realização de serviços internacionais, regulares ou não regulares, serão classificados como aeroportos internacionais (artigo 22).

Art. 33. Nos aeródromos públicos que forem sede de Unidade Aérea Militar, as esferas de competência das autoridades civis e militares, quanto à respectiva administração, serão definidas em regulamentação especial.

Seção II
DA CONSTRUÇÃO E UTILIZAÇÃO DE AERÓDROMOS

Art. 34. Nenhum aeródromo poderá ser construído sem prévia autorização da autoridade aeronáutica.

Art. 35. Os aeródromos privados serão construídos, mantidos e operados por seus proprietários, obedecidas as instruções, normas e planos da autoridade aeronáutica (artigo 30).

Art. 36. Os aeródromos públicos serão construídos, mantidos e explorados:

I – diretamente, pela União;

II – por empresas especializadas da Administração Federal Indireta ou suas subsidiárias, vinculadas ao Ministério da Aeronáutica;

III – mediante convênio com os Estados ou Municípios;

IV – por concessão ou autorização.

§ 1º A fim de assegurar uniformidade de tratamento em todo o território nacional, a construção, administração e exploração, sujeitam-se às normas, instruções, coordenação e controle da autoridade aeronáutica, ressalvado o disposto no art. 36-A.

► § 1º com a redação dada pela Lei nº 13.097, de 19-1-2015.

§ 2º A operação e a exploração de aeroportos e heliportos, bem como dos seus serviços auxiliares, constituem atividade monopolizada da União, em todo o Território Nacional, ou das entidades da Administração Federal Indireta a que se refere este artigo, dentro das áreas delimitadas nos atos administrativos que lhes atribuírem bens, rendas, instalações e serviços.

§ 3º Compete à União ou às entidades da Administração Indireta a que se refere este artigo, estabelecer a organização administrativa dos aeroportos ou heliportos, por elas explorados, indicando o responsável por sua administração e operação, fixando-lhe as atribuições e determinando as áreas e serviços que a ele se subordinam.

§ 4º O responsável pela administração, a fim de alcançar e manter a boa qualidade operacional do aeroporto, coordenará as atividades dos órgãos públicos que, por disposição legal, nele devam funcionar.

§ 5 Os aeródromos públicos, enquanto mantida a sua destinação específicas pela União, constituem universidades e patrimônios autônomos, independentes do titular do domínio dos imóveis onde estão situados (artigo 38).

Art. 36-A. A autoridade de aviação civil poderá expedir regulamento específico para aeródromos públicos situados na área da Amazônia Legal, adequando suas operações às condições locais, com vistas a promover o fomento regional, a integração social, o atendimento de comunidades isoladas, o acesso à saúde e o apoio a operações de segurança.

► Art. 36-A com a redação dada pela Lei nº 13.097, de 19-1-2015.

Art. 37. Os aeródromos públicos poderão ser usados por quaisquer aeronaves, sem distinção de propriedade ou nacionalidade, mediante o ônus da utilização, salvo se, por motivo operacional ou de segurança, houver restrição de uso por determinados tipos de aeronaves ou serviços aéreos.

Parágrafo único. Os preços de utilização serão fixados em tabelas aprovadas pela autoridade aeronáutica, tendo em vista as facilidades colocadas à disposição das aeronaves, dos passageiros ou da carga, e o custo operacional do aeroporto.

Seção III
DO PATRIMÔNIO AEROPORTUÁRIO

Art. 38. Os aeroportos constituem universalidades, equiparadas a bens públicos federais, enquanto mantida a sua destinação específica, embora não tenha a União a propriedade de todos os imóveis em que se situam.

§ 1º Os Estados, Municípios, entidades da Administração Indireta ou particulares poderão contribuir com imóveis ou bens para a construção de aeroportos, mediante a constituição de patrimônio autônomo que será considerado como universalidade.

§ 2º Quando a União vier a desativar o aeroporto por se tornar desnecessário, o uso dos bens referidos no parágrafo anterior será restituído ao proprietário, com as respectivas acessões.

Art. 38-A. O operador aeroportuário poderá fazer a remoção de aeronaves, de equipamentos e de outros bens deixados nas áreas aeroportuárias sempre que restrinjam a operação, a ampliação da capacidade ou o regular funcionamento do aeroporto ou ocasionem riscos sanitários ou ambientais.

§ 1º O disposto no *caput* aplica-se tambem a aeronaves, equipamentos e outros bens integrantes de massa falida, mediante comunicação ao juizo competente.

§ 2º As despesas realizadas com as providências de que trata este artigo serão reembolsadas pelos proprietarios dos bens e, em caso de falência, constituirão creditos extraconcursais a serem pagos pela massa.

► Art. 38-A acrescido pela Lei nº 13.319, de 25-7-2016.

Seção IV
DA UTILIZAÇÃO DE ÁREAS AEROPORTUÁRIAS

Art. 39. Os aeroportos compreendem áreas destinadas:

I – à sua própria administração;

II – ao pouso, decolagem, manobra e estacionamento de aeronaves;

III – ao atendimento e movimentação de passageiros, bagagens e cargas;

IV – aos concessionários ou permissionários dos serviços aéreos;

V – ao terminal de carga aérea;

VI – aos órgãos públicos que, por disposição legal, devam funcionar nos aeroportos internacionais;

VII – ao público usuário e estacionamento de seus veículos;

VIII – aos serviços auxiliares do aeroporto ou do público usuário;

IX – ao comércio apropriado para aeroporto.

Art. 40. Dispensa-se do regime de concorrência pública a utilização de áreas aeroportuárias pelos concessionários ou permissionários dos serviços aéreos públicos, para suas instalações de despacho, escritório, oficina e depósito, ou para abrigo, reparação e abastecimento de aeronaves.

§ 1º O termo de utilização será lavrado e assinado pelas partes em livro próprio, que poderá ser escriturado, mecanicamente, em folhas soltas.

§ 2º O termo de utilização para a construção de benfeitorias permanentes deverá ter prazo que permita a amortização do capital empregado.

§ 3º Na hipótese do parágrafo anterior, se a administração do aeroporto necessitar da área antes de expirado o prazo, o usuário terá direito à indenização correspondente ao capital não amortizado.

§ 4º Em qualquer hipótese, as benfeitorias ficarão incorporadas ao imóvel e, findo o prazo, serão restituídas, juntamente com as áreas, sem qualquer indenização, ressalvado o disposto no parágrafo anterior.

§ 5º Aplica-se o disposto neste artigo e respectivos parágrafos aos permissionários de serviços auxiliares.

Art. 41. O funcionamento de estabelecimentos empresariais nas áreas aeroportuárias de que trata o artigo 39, IX, depende de autorização da autoridade aeronáutica, com exclusão de qualquer outra, e deverá ser ininterrupto durante as 24 (vinte e quatro) horas de todos os dias, salvo determinação em contrário da administração do aeroporto.

Parágrafo único. A utilização das áreas aeroportuárias no caso deste artigo sujeita-se à licitação prévia, na forma de regulamentação baixada pelo Poder Executivo.

Art. 42. À utilização de áreas aeroportuárias não se aplica a legislação sobre locações urbanas.

Seção V
DAS ZONAS DE PROTEÇÃO

Art. 43. As propriedades vizinhas dos aeródromos e das instalações de auxílio à navegação aérea estão sujeitas a restrições especiais.

Parágrafo único. As restrições a que se refere este artigo são relativas ao uso das propriedades quanto a edificações, instalações, culturas agrícolas e objetos de natureza permanente ou temporária, e tudo mais que possa embaraçar as operações de aeronaves ou causar interferência nos sinais dos auxílios à radio navegação ou dificultar a visibilidade de auxílios visuais.

Art. 44. As restrições de que trata o artigo anterior são as especificadas pela autoridade aeronáutica, mediante aprovação dos seguintes planos, válidos, respectivamente, para cada tipo de auxílio à navegação aérea:

I – Plano Básico de Zona de Proteção de Aeródromos;

II – Plano de Zoneamento de Ruído;

III – Plano Básico de Zona de Proteção de Helipontos;

IV – Planos de Zona de Proteção e Auxílios à Navegação Aérea.

§ 1º De conformidade com as conveniências e peculiaridades de proteção ao voo, a cada aeródromo poderão ser aplicados Planos Específicos, observadas as prescrições, que couberem, dos Planos Básicos.

§ 2º O Plano Básico de Zona de Proteção de Aeródromos, o Plano Básico de Zoneamento de Ruído, o Plano de Zona de Proteção de Helipontos e os Planos de Zona de Proteção e Auxílios à Navegação Aérea serão aprovados por ato do Presidente da República.

§ 3º Os Planos Específicos de Zonas de Proteção de Aeródromos e Planos Específicos de Zoneamento de Ruído serão aprovados por ato do Ministro da Aeronáutica e transmitidos às administrações que devam fazer observar as restrições.

§ 4º As Administrações Públicas deverão compatibilizar o zoneamento do uso do solo, nas áreas vizinhas aos aeródromos, às restrições especiais, constantes dos Planos Básicos e Específicos.

§ 5º As restrições especiais estabelecidas aplicam-se a quaisquer bens, quer sejam privados ou públicos.

§ 6º A responsabilidade pela instalação, operação e manutenção dos equipamentos de sinalização de obstáculos será do proprietário, titular do domínio útil ou possuidor das propriedades a que se refere o art. 43.

§ 7º O descumprimento do disposto no § 6º implicará a cominação de multa diária por infração aos preceitos deste Código, nos termos do art. 289, sem prejuízo da instalação, manutenção ou reparo do equipamento de sinalização pela autoridade competente, a expensas do infrator.

► §§ 6º e 7º acrescidos pela Lei nº 13.133, de 15-6-2015.

Art. 45. A autoridade aeronáutica poderá embargar a obra ou construção de qualquer natureza que contrarie os Planos Básicos ou os Específicos de cada aeroporto, ou exigir a eliminação dos obstáculos levantados em desacordo com os referidos planos, posteriormente à sua publicação, por conta e risco do infrator, que não poderá reclamar qualquer indenização.

Art. 46. Quando as restrições estabelecidas impuserem demolições de obstáculos levantados antes da publicação dos Planos Básicos ou Específicos, terá o proprietário direito à indenização.

CAPÍTULO III
DO SISTEMA DE PROTEÇÃO AO VOO

Seção I
DAS VÁRIAS ATIVIDADES DE PROTEÇÃO AO VOO

Art. 47. O Sistema de Proteção ao Voo visa à regularidade, segurança e eficiência do fluxo de tráfego no espaço aéreo, abrangendo as seguintes atividades:

I – de controle de tráfego aéreo;

II – de telecomunicações aeronáuticas e dos auxílios à navegação aérea;

III – de meteorologia aeronáutica;

IV – de cartografia e informações aeronáuticas;

V – de busca e salvamento;

VI – de inspeção em voo;

VII – de coordenação e fiscalização do ensino técnico específico;

VIII – de supervisão de fabricação, reparo, manutenção e distribuição de equipamentos terrestres de auxílio à navegação aérea.

Art. 48. O serviço de telecomunicações aeronáuticas classifica-se em:

I – fixo aeronáutico;

II – móvel aeronáutico;

III – de radio navegação aeronáutica;

IV – de radiodifusão aeronáutica;

V – móvel aeronáutico por satélite;

VI – de radio navegação aeronáutica por satélite.

Parágrafo único. O serviço de telecomunicações aeronáuticas poderá ser operado:

a) diretamente pelo Ministério da Aeronáutica;

b) mediante autorização, por entidade especializada da Administração Federal Indireta, vinculada àquele Ministério, ou por pessoas jurídicas ou físicas dedicadas às atividades aéreas, em relação às estações privadas de telecomunicações aeronáuticas.

Seção II
DA COORDENAÇÃO DE BUSCA, ASSISTÊNCIA E SALVAMENTO

Art. 49. As Atividades de Proteção ao Voo abrangem a coordenação de busca, assistência e salvamento.

Art. 50. O Comandante da aeronave é obrigado a prestar assistência a quem se encontrar em perigo de vida no mar, no ar ou em terra, desde que o possa fazer sem perigo para a aeronave, sua tripulação, seus passageiros ou outras pessoas.

Art. 51. Todo Comandante de navio, no mar, e qualquer pessoa, em terra, são obrigados, desde que o possam fazer sem risco para si ou outras pessoas, a prestar assistência a quem estiver em perigo de vida, em consequência de queda ou avaria de aeronave.

Art. 52. A assistência poderá consistir em simples informação.

Art. 53. A obrigação de prestar socorro, sempre que possível, recai sobre aeronave em voo ou pronta para partir.

Art. 54. Na falta de outros recursos, o órgão do Ministério da Aeronáutica, encarregado de coordenar operações de busca e salvamento, poderá, a seu critério, atribuir a qualquer aeronave, em voo ou pronta para decolar, missão específica nessas operações.

Art. 55. Cessa a obrigação de assistência desde que o obrigado tenha conhecimento de que foi prestada por outrem ou quando dispensado pelo órgão competente do Ministério da Aeronáutica a que se refere o artigo anterior.

Art. 56. A não prestação de assistência por parte do Comandante exonera de responsabilidade o proprietário ou explorador da aeronave, salvo se tenham determinado a não prestação do socorro.

Art. 57. Toda assistência ou salvamento prestado com resultado útil dará direito à remuneração correspondente ao trabalho e à eficiência do ato, nas seguintes bases:

I – considerar-se-ão, em primeiro lugar:

a) o êxito obtido, os esforços, os riscos e o mérito daqueles que prestaram socorro;

b) o perigo passado pela aeronave socorrida, seus passageiros, sua tripulação e sua carga;

c) o tempo empregado, as despesas e prejuízos suportados tendo em conta a situação especial do assistente.

II – em segundo lugar, o valor das coisas recuperadas.

§ 1º Não haverá remuneração:

a) se o socorro for recusado ou se carecer de resultado útil;

b) quando o socorro for prestado por aeronave pública.

§ 2º O proprietário ou armador do navio conserva o direito de se prevalecer do abandono, ou da limitação de responsabilidade fixada nas leis e convenções em vigor.

Art. 58. Todo aquele que, por imprudência, negligência ou transgressão, provocar a movimentação desnecessária de recursos de busca e salvamento ficará obrigado a indenizar a União pelas despesas decorrentes dessa movimentação, mesmo que não tenha havido perigo de vida ou solicitação de socorro.

Art. 59. Prestada assistência voluntária, aquele que a prestou somente terá direito à remuneração se obtiver resultado útil, salvando pessoas ou concorrendo para salvá-las.

Art. 60. Cabe ao proprietário ou explorador indenizar a quem prestar assistência a passageiro ou tripulante de sua aeronave.

Art. 61. Se o socorro for prestado por diversas aeronaves, embarcações, veículos ou pessoas envolvendo vários interessados, a remuneração será fixada em conjunto pelo Juiz, e distribuída segundo os critérios estabelecidos neste artigo.

§ 1º Os interessados devem fazer valer seus direitos à remuneração no prazo de 6 (seis) meses, contado do dia do socorro.

§ 2º Decorrido o prazo, proceder-se-á ao rateio.

§ 3º Os interessados que deixarem fluir o prazo estabelecido no § 1º sem fazer valer seus direitos ou notificar os obrigados, só poderão exercitá-los sobre as importâncias que não tiverem sido distribuídas.

Art. 62. A remuneração não excederá o valor que os bens recuperados tiverem no final das operações de salvamento.

Art. 63. O pagamento da remuneração será obrigatório para quem usar aeronave sem o consentimento do seu proprietário ou explorador.

Parágrafo único. Provada a negligência do proprietário ou explorador, estes responderão, solidariamente, pela remuneração.

Art. 64. A remuneração poderá ser reduzida ou suprimida se provado que:

I – os reclamantes concorreram voluntariamente ou por negligência para agravar a situação de pessoas ou bens a serem socorridos;

II – se, comprovadamente, furtaram ou tornaram-se cúmplices de furto, extravio ou atos fraudulentos.

Art. 65. O proprietário ou explorador da aeronave que prestou socorro pode reter a carga até ser paga a cota que lhe corresponde da remuneração da assistência ou salvamento, mediante entendimento com o proprietário da mesma ou com a seguradora.

CAPÍTULO IV
DO SISTEMA DE SEGURANÇA DE VOO

Seção I
DOS REGULAMENTOS E REQUISITOS DE SEGURANÇA DE VOO

Art. 66. Compete à autoridade aeronáutica promover a segurança de voo, devendo estabelecer os padrões mínimos de segurança:

I – relativos a projetos, materiais, mão-de-obra, construção e desempenho de aeronaves, motores, hélices e demais componentes aeronáuticos; e

II – relativos à inspeção, manutenção em todos os níveis, reparos e operação de aeronaves, motores, hélices e demais componentes aeronáuticos.

§ 1º Os padrões mínimos serão estabelecidos em Regulamentos Brasileiros de Homologação Aeronáutica, a vigorar a partir de sua publicação.

§ 2º Os padrões poderão variar em razão do tipo ou destinação do produto aeronáutico.

Art. 67. Somente poderão ser usadas aeronaves, motores, hélices e demais componentes aeronáuticos que observem os padrões e requisitos previstos nos Regulamentos de que trata o artigo anterior, ressalvada a operação de aeronave experimental.

§ 1º Poderá a autoridade aeronáutica, em caráter excepcional, permitir o uso de componentes ainda não homologados, desde que não seja comprometida a segurança de voo.

§ 2º Considera-se aeronave experimental a fabricada ou montada por construtor amador, permitindo-se na sua construção o emprego de materiais referidos no parágrafo anterior.

§ 3º Compete à autoridade aeronáutica regulamentar a construção, operação e emissão de Certificado de Marca Experimental e Certificado de Autorização de Voo Experimental para as aeronaves construídas por amadores.

Seção II
DOS CERTIFICADOS DE HOMOLOGAÇÃO

Art. 68. A autoridade aeronáutica emitirá certificado de homologação de tipo de aeronave, motores, hélices e outros produtos aeronáuticos que satisfizerem as exigências e requisitos dos Regulamentos.

§ 1º Qualquer pessoa interessada pode requerer o certificado de que trata este artigo, observados os procedimentos regulamentares.

§ 2º A emissão de certificado de homologação de tipo de aeronave é indispensável à obtenção do certificado de aeronavegabilidade.

§ 3º O disposto neste artigo e seus §§ 1º e 2º aplica-se aos produtos aeronáuticos importados, os quais deverão receber o certificado correspondente no Brasil.

Art. 69. A autoridade aeronáutica emitirá os certificados de homologação de empresa destinada à fabricação de produtos aeronáuticos, desde que o respectivo sistema de fabricação e controle assegure que toda unidade fabricada atenderá ao projeto aprovado.

Parágrafo único. Qualquer interessado em fabricar produto aeronáutico, de tipo já certificado, deverá requerer o certificado de homologação de empresa, na forma do respectivo Regulamento.

Art. 70. A autoridade aeronáutica emitirá certificados de homologação de empresa destinada à execução de serviços de revisão, reparo e manutenção de aeronave, motores, hélices e outros produtos aeronáuticos.

§ 1º Qualquer oficina de manutenção de produto aeronáutico deve possuir o certificado de que trata este artigo, obedecido o procedimento regulamentar.

§ 2º Todo explorador ou operador de aeronave deve executar ou fazer executar a manutenção de aeronaves, motores, hélices e demais componentes, a fim de preservar as condições de segurança do projeto aprovado.

§ 3º A autoridade aeronáutica cancelará o certificado de aeronavegabilidade se constatar a falta de manutenção.

§ 4º A manutenção, no limite de até 100 (cem) horas, das aeronaves pertencentes aos aeroclubes que não disponham de oficina homologada, bem como das aeronaves mencionadas no § 4º, do artigo 107, poderá ser executada por mecânico licenciado pelo Ministério da Aeronáutica.

Art. 71. Os certificados de homologação, previstos nesta Seção, poderão ser emendados, modificados, suspensos ou cassados sempre que a segurança de voo ou o interesse público o exigir.

Parágrafo único. Salvo caso de emergência, o interessado será notificado para, no prazo que lhe for assinado, sanar qualquer irregularidade verificada.

CAPÍTULO V
SISTEMA DE REGISTRO AERONÁUTICO BRASILEIRO

Seção I
DO REGISTRO AERONÁUTICO BRASILEIRO

Art. 72. O Registro Aeronáutico Brasileiro será público, único e centralizado, destinando-se a ter, em relação à aeronave, as funções de:

I – emitir certificados de matrícula, de aeronavegabilidade e de nacionalidade de aeronaves sujeitas à legislação brasileira;

II – reconhecer a aquisição do domínio na transferência por ato entre vivos e dos direitos reais de gozo e garantia, quando se tratar de matéria regulada por este Código;

III – assegurar a autenticidade, inalterabilidade e conservação de documentos inscritos e arquivados;

IV – promover o cadastramento geral.

§ 1º É obrigatório o fornecimento de certidão do que constar do Registro.

§ 2º O Registro Aeronáutico Brasileiro será regulamentado pelo Poder Executivo.

Art. 73. Somente são admitidos a registro:

I – escrituras públicas, inclusive as lavradas em consulados brasileiros;

II – documentos particulares, com fé pública, assinados pelas partes e testemunhas;

III – atos autênticos de países estrangeiros, feitos de acordo com as leis locais, legalizados e traduzidos, na forma da lei, assim como sentenças proferidas por tribunais estrangeiros após homologação pelo Supremo Tribunal Federal;

IV – cartas de sentença, formais de partilha, certidões e mandados extraídos de autos de processo judicial.

Art. 74. No Registro Aeronáutico Brasileiro serão feitas:

I – a matrícula de aeronave, em livro próprio, por ocasião de primeiro registro no País, mediante os elementos constantes do título apresentado e da matrícula anterior, se houver;

II – a inscrição:

a) de títulos, instrumentos ou documentos em que se institua, reconheça, transfira, modifique ou extinga o domínio ou os demais direitos reais sobre aeronave;

b) de documentos relativos a abandono, perda, extinção ou alteração essencial de aeronave;

c) de atos ou contratos de exploração ou utilização, assim como de arresto, sequestro, penhora e apreensão de aeronave.

III – a averbação na matrícula e respectivo certificado das alterações que vierem a ser inscritas, assim como dos contratos de exploração, utilização ou garantia;

IV – a autenticação do Diário de Bordo de aeronave brasileira;

V – a anotação de usos e práticas aeronáuticas que não contrariem a lei, a ordem pública e os bons costumes.

Art. 75. Poderá ser cancelado o registro, mediante pedido escrito do proprietário, sempre que não esteja a aeronave ou os motores gravados, e com o consentimento por escrito do respectivo credor fiduciário, hipotecário ou daquele em favor de quem constar ônus real.

Parágrafo único. Nenhuma aeronave brasileira poderá ser transferida para o exterior se for objeto de garantia, a não ser com a expressa concordância do credor.

Art. 76. Os emolumentos, relativos ao registro, serão pagos pelo interessado, de conformidade com normas aprovadas pelo Ministério da Aeronáutica.

Seção II
DO PROCEDIMENTO DE REGISTRO DE AERONAVES

Art. 77. Todos os títulos levados a registro receberão no Protocolo o número que lhes competir, observada a ordem de entrada.

Art. 78. O número de ordem determinará a prioridade do título, e esta a preferência dos direitos dependentes do registro.

Art. 79. O título de natureza particular apresentado em via única será arquivado no Registro Aeronáutico Brasileiro, que fornecerá certidão do mesmo, ao interessado.

Art. 80. Protocolizado o título, proceder-se-á aos registros, prevalecendo, para efeito de prioridade, os títulos prenotados no Protocolo sob número de ordem mais baixo.

Art. 81. No Protocolo será anotada, à margem da prenotação, a exigência feita pela autoridade aeronáutica.

Parágrafo único. Opondo-se o interessado, o processo será solucionado pelo órgão competente do Ministério da Aeronáutica, com recurso à autoridade aeronáutica superior.

Art. 82. Cessarão automaticamente os efeitos da prenotação se, decorridos 30 (trinta) dias do seu lançamento no Protocolo, não tiver o título sido registrado por omissão do interessado em atender às exigências legais.

Art. 83. Em caso de permuta, serão feitas as inscrições nas matrículas correspondentes, sob um único número de ordem no Protocolo.

Art. 84. O Diário de Bordo será apresentado ao Registro Aeronáutico Brasileiro para autenticação dos termos de abertura, encerramento e número de páginas.

Parágrafo único. O Diário de Bordo deverá ser encadernado e suas folhas numeradas, contendo na primeira e na última, respectivamente, o termo de abertura e encerramento com o número de suas páginas, devidamente autenticados pelo Registro Aeronáutico Brasileiro.

Art. 85. O Registro Aeronáutico Brasileiro assentará em livro próprio *ex officio* ou a pedido da associação de classe interessada os costumes e práticas aeronáuticas que não contrariem a lei ou os bons costumes, após a manifestação dos órgãos jurídicos do Ministério da Aeronáutica.

CAPÍTULO VI
SISTEMA DE INVESTIGAÇÃO E PREVENÇÃO DE ACIDENTES AERONÁUTICOS – SIPAER

► Capítulo com a denominação dada pela Lei nº 12.970, de 8-5-2014.

Seção I
DA INVESTIGAÇÃO SIPAER

Art. 86. Compete ao Sistema de Investigação e Prevenção de Acidentes Aeronáuticos planejar, orientar, coordenar, controlar e executar as atividades de investigação e de prevenção de acidentes Aeronáuticos.

§ 1º VETADO.

§ 2º A investigação de quaisquer outros acidentes relacionados com a infraestrutura aeronáutica, desde que não envolva aeronaves, não está abrangida nas atribuições próprias da Comissão de Investigação de Acidentes Aeronáuticos.

§§ 3º a 6º VETADOS.

Art. 86-A. A investigação de acidentes e incidentes aeronáuticos tem por objetivo único a prevenção de outros acidentes e incidentes por meio da identificação dos fatores que tenham contribuído, direta ou indiretamente, para a ocorrência e da emissão de recomendações de segurança operacional.

Parágrafo único. Em qualquer fase da investigação, poderão ser emitidas recomendações de segurança operacional.

► Art. 86-A acrescido pela Lei nº 12.970, de 8-5-2014.

Art. 87. A prevenção de acidentes aeronáuticos é da responsabilidade de todas as pessoas, naturais ou jurídicas, envolvidas com a fabricação, manutenção, operação e circulação de aeronaves, bem assim com as atividades de apoio da infraestrutura aeronáutica no território brasileiro.

Art. 88. Toda pessoa que tiver conhecimento de qualquer acidente de aviação ou da existência de restos ou despojos de aeronave tem o dever de comunicá-lo à autoridade pública mais próxima e pelo meio mais rápido.

Parágrafo único. A autoridade pública que tiver conhecimento do fato ou nele intervier, comunica-lo-á imediatamente, sob pena de responsabilidade por negligência, à autoridade aeronáutica mais próxima do acidente.

Art. 88-A. A investigação Sistema de Investigação e Prevenção de Acidentes Aeronáuticos – SIPAER englobará práticas, técnicas, processos, procedimentos e métodos empregados para a identificação de atos, condições ou circunstâncias que, isolada ou conjuntamente, representem risco à integridade de pessoas, aeronaves e outros bens, unicamente em proveito da prevenção de acidentes aeronáuticos, incidentes aeronáuticos e ocorrências de solo.

§ 1º A investigação SIPAER deverá considerar fatos, hipóteses e precedentes conhecidos na identificação dos possíveis fatores contribuintes para a ocorrência ou o agravamento das consequências de acidentes aeronáuticos, incidentes aeronáuticos e ocorrências de solo.

§ 2º A autoridade de investigação SIPAER poderá decidir por não proceder à investigação SIPAER ou interrompê-la, se já em andamento, nos casos em que for constatado ato ilícito doloso relacionado à causalidade do sinistro e em que a investigação não trouxer proveito à prevenção de novos acidentes ou incidentes aeronáuticos, sem prejuízo da comunicação à autoridade policial competente.

Art. 88-B. A investigação SIPAER de um determinado acidente, incidente aeronáutico ou ocorrência de solo deverá desenvolver-se de forma independente de quaisquer outras investigações sobre o mesmo evento, sendo vedada a participação nestas de qualquer pessoa que esteja participando ou tenha participado da primeira.

Art. 88-C. A investigação SIPAER não impedirá a instauração nem suprirá a necessidade de outras investigações, inclusive para fins de prevenção, e, em razão de objetivar a preservação de vidas humanas, por intermédio da segurança do transporte aéreo, terá precedência sobre os procedimentos concomitantes ou não das demais investigações no tocante ao acesso e à guarda de itens de interesse da investigação.

Art. 88-D. Se, no curso de investigação SIPAER, forem encontrados indícios de crime, relacionados ou não à cadeia de eventos do acidente, far-se-á a comunicação à autoridade policial competente.

Art. 88-E. Mediante pedido da autoridade policial ou judicial, a autoridade de investigação SIPAER colocará especialistas à disposição para os exames necessários às diligências sobre o acidente aeronáutico com aeronave civil, desde que:

I – não exista, no quadro de pessoal do órgão solicitante, técnico capacitado ou equipamento apropriado para os exames requeridos;

II – a autoridade solicitante discrimine os exames a serem feitos;

III – exista, no quadro de pessoal da autoridade de investigação SIPAER, técnico capacitado e equipamento apropriado para os exames requeridos; e

IV – a entidade solicitante custeie todas as despesas decorrentes da solicitação.

Parágrafo único. O pessoal colocado à disposição pela autoridade de investigação SIPAER não poderá ter participado da investigação SIPAER do mesmo acidente.

► Arts. 88-A a 88-E acrescidos pela Lei nº 12.970, de 8-5-2014.

Seção II
DA COMPETÊNCIA PARA A INVESTIGAÇÃO SIPAER

► Seção II acrescida pela Lei nº 12.970, de 8-5-2014.

Art. 88-F. A investigação de acidente com aeronave de Força Armada será conduzida pelo respectivo Comando Militar e, no caso de aeronave militar estrangeira, pelo Comando da Aeronáutica ou conforme os acordos vigentes.

Parágrafo único. VETADO.

Art. 88-G. A investigação SIPAER de acidente com aeronave civil será conduzida pela autoridade de investigação SIPAER, a qual decidirá sobre a composição da comissão de investigação SIPAER, cuja presidência caberá a profissional habilitado e com credencial SIPAER válida.

§ 1º A autoridade de investigação SIPAER requisitará dos órgãos e entidades competentes, com precedência sobre outras requisições, os laudos, autos de exames, inclusive autópsias, e cópias de outros documentos de interesse para a investigação SIPAER.

§ 2º À comissão de investigação SIPAER, nos limites estabelecidos pela autoridade de investigação SIPAER, ficará assegurado o acesso à aeronave acidentada, a seus destroços e a coisas que por ela eram transportadas, bem como a dependências, equipamentos, documentos e quaisquer outros elementos necessários à investigação, onde se encontrarem.

§ 3º A responsabilidade pela inobservância do disposto nos §§ 1º e 2º deste artigo será apurada mediante processo administrativo disciplinar, se do fato não resultar crime.

§ 4º Caberá, nos casos urgentes, a busca e apreensão, por meio do órgão de representação judicial da União, aplicando-se a Lei nº 5.869, de 11 de janeiro de 1973 – Código de Processo Civil.

§ 5º Em caso de acidente aeronáutico, incidente aeronáutico ou ocorrência de solo com aeronave civil, a autoridade de investigação SIPAER terá prioridade no embarque em aeronaves civis brasileiras empregadas no transporte aéreo público.

§ 6º No intuito de prover celeridade à investigação SIPAER, a prioridade prevista no § 5º deste artigo será exercida mediante a apresentação de credencial emitida pela autoridade de investigação SIPAER, no aeroporto de embarque, ao representante da empresa requisitada.

Art. 88-H. A investigação SIPAER de acidente aeronáutico será concluída com a emissão do relatório final, documento que representa o pronunciamento da autoridade de investigação SIPAER sobre os possíveis fatores contribuintes de determinado acidente aeronáutico e apresenta recomendações unicamente em proveito da segurança operacional da atividade aérea.

Parágrafo único. O relatório final de acidente com aeronave de Força Armada será aprovado pelo comandante do respectivo Comando Militar.

► Arts. 88-F a 88-H acrescidos pela Lei nº 12.970, de 8-5-2014.

Seção III
DO SIGILO PROFISSIONAL E DA PROTEÇÃO À INFORMAÇÃO

► Seção III acrescida pela Lei nº 12.970, de 8-5-2014.

Art. 88-I. São fontes SIPAER:

I – gravações das comunicações entre os órgãos de controle de tráfego aéreo e suas transcrições;

II – gravações das conversas na cabine de pilotagem e suas transcrições;

III – dados dos sistemas de notificação voluntária de ocorrências;

IV – gravações das comunicações entre a aeronave e os órgãos de controle de tráfego aéreo e suas transcrições;

V – gravações dos dados de voo e os gráficos e parâmetros deles extraídos ou transcritos ou extraídos e transcritos;

VI – dados dos sistemas automáticos e manuais de coleta de dados; e

VII – demais registros usados nas atividades SIPAER, incluindo os de investigação.

§ 1º Em proveito da investigação SIPAER, a autoridade de investigação SIPAER terá precedência no acesso e na custódia das fontes citadas no *caput*.

§ 2º A fonte de informações de que trata o inciso III do *caput* e as análises e conclusões da investigação SIPAER não serão utilizadas para fins probatórios nos processos judiciais e procedimentos administrativos e somente serão fornecidas mediante requisição judicial, observado o art. 88-K desta Lei.

§ 3º Toda informação prestada em proveito de investigação SIPAER e de outras atividades afetas ao SIPAER será espontânea e baseada na garantia legal de seu exclusivo uso para fins de prevenção.

§ 4º Salvo em proveito de investigação SIPAER e de outras atividades de prevenção, será vedado ao profissional do SIPAER revelar suas fontes e respectivos conteúdos, aplicando-se-lhe o disposto no art. 207 do Decreto-Lei nº 3.689, de 3 de outubro de 1941 – Código de Processo Penal, e no art. 406 da Lei nº 5.869, de 11 de janeiro de 1973 – Código de Processo Civil.

Art. 88-J. As fontes e informações SIPAER que tiverem seu uso permitido em inquérito ou em processo judicial ou procedimento administrativo estarão protegidas pelo sigilo processual.

Art. 88-K. Para o uso das fontes SIPAER como prova, nos casos permitidos por esta Lei, o juiz decidirá após oitiva do representante judicial da autoridade SIPAER, que deverá se pronunciar no prazo de 72 (setenta e duas) horas.

Art. 88-L. A autoridade SIPAER, ou a quem esta delegar, poderá decidir sobre a conveniência de divulgar, sem prejuízo à prevenção de acidentes e às previsões legais, informações relativas às investigações SIPAER em andamento e às respectivas fontes SIPAER.

▸ Arts. 88-I a 88-L acrescidos pela Lei nº 12.970, de 8-5-2014.

Seção IV
DO ACESSO AOS DESTROÇOS DE AERONAVE

▸ Seção IV acrescida pela Lei nº 12.970, de 8-5-2014.

Art. 88-M. A aeronave civil envolvida em acidente, incidente aeronáutico ou ocorrência de solo poderá ser interditada pela autoridade de investigação SIPAER, observando-se que:

I – o auto de interdição será assinado pela autoridade de investigação SIPAER e, se possível, pelo operador da aeronave ou seu representante;

II – mediante autorização da autoridade de investigação SIPAER, a aeronave interditada poderá funcionar para efeito de manutenção; e

III – o operador permanecerá responsável pelo adimplemento de quaisquer obrigações que incidam sobre a aeronave.

Art. 88-N. Exceto para efeito de salvar vidas, preservação da segurança das pessoas ou preservação de evidências, nenhuma aeronave acidentada, seus destroços ou coisas que por ela eram transportadas podem ser vasculhados ou removidos, a não ser com a autorização da autoridade de investigação SIPAER, que deterá a guarda dos itens de interesse para a investigação até a sua liberação nos termos desta Lei.

Art. 88-O. A autoridade policial competente deve isolar e preservar o local do acidente ou incidente aéreo, inclusive a aeronave acidentada e seus destroços, para a coleta de provas, até a liberação da aeronave ou dos destroços tanto pelas autoridades aeronáuticas quanto por eventuais agentes de perícia criminal responsáveis pelas respectivas investigações.

Art. 88-P. Em coordenação com a autoridade de investigação SIPAER, ficará assegurado a outros órgãos, inclusive da autoridade de aviação civil e da polícia judiciária, o acesso à aeronave acidentada, aos seus destroços ou a coisas que por ela eram transportadas, somente podendo haver manipulação ou retenção de quaisquer objetos do acidente com anuência da autoridade de investigação SIPAER.

Art. 88-Q. O dever de remoção de aeronave envolvida em acidente, de destroços e de bens transportados, em qualquer parte, será do explorador da aeronave, que arcará com as despesas decorrentes.

§ 1º Nos aeródromos públicos, caso o explorador não providencie tempestivamente a remoção da aeronave ou dos seus destroços, caberá à administração do aeródromo fazê-lo, imputando-se àquele a indenização das despesas.

§ 2º Visando à proteção do meio ambiente, à segurança, à saúde e à preservação de propriedade pública e privada, o explorador da aeronave acidentada deverá providenciar e custear a higienização do local, dos bens e dos destroços quando, pelo lugar ou estado em que se encontrarem, não puderem ser removidos.

§ 3º Será proibida a venda dos destroços, partes, peças, componentes e motores antes de eles terem sido liberados pela autoridade de investigação SIPAER e, se houver, pelo responsável pela investigação policial, depois de observadas as demais exigências legais e regulamentares.

Art. 88-R. Os interessados na custódia dos destroços deverão habilitar-se perante a autoridade de investigação SIPAER, do início da investigação SIPAER até 90 (noventa) dias após a sua conclusão, por meio de pedido ao juiz da causa, que julgará sobre seu cabimento e interesse.

§ 1º Caso mais de um interessado habilite-se na forma do *caput*, os destroços serão encaminhados àquele que primeiro se habilitou, sendo todos os juízos habilitados notificados da decisão de custódia, por meio de comunicação oficial da autoridade de investigação SIPAER.

§ 2º Os custos de transporte dos destroços ficarão a cargo do interessado, que deverá prover o transporte em até 90 (noventa) dias do deferimento de sua custódia, e, se esgotado tal prazo, o próximo interessado, na ordem de preferência, será chamado.

§ 3º Esgotados os interessados habilitados, sem realizarem a retirada dos destroços, no prazo previsto no § 2º, ou se não houver interessado habilitado, o proprietário da aeronave acidentada, consignado no Registro Aeronáutico Brasileiro, será notificado, por meio de carta com aviso de recebimento, para proceder, em 90 (noventa) dias da notificação, à retirada dos destroços.

§ 4º Não sendo encontrado o proprietário, havendo recusa da carta com aviso de recebimento ou retornando esta sem a assinatura do notificado ou de seu representante legal, a autoridade de investigação SIPAER publicará edital, na imprensa oficial e no sítio oficial do órgão na rede mundial de computadores, internet, estabelecendo o prazo de 90 (noventa) dias para o proprietário proceder à retirada dos destroços, sob seus ônus e responsabilidade.

§ 5º Esgotados os prazos de retirada dos destroços pelo proprietário, nos termos dos §§ 1º a 4º, os itens poderão ser utilizados para a instrução ou destruídos pela autoridade de investigação SIPAER, sendo que, no último caso, os resíduos poderão ser alienados como sucata.

§ 6º Para a aferição do cumprimento do prazo de manifestação de interesse e da ordem de preferência, será considerada a data de ingresso do pedido judicial no protocolo da autoridade de investigação SIPAER.

▸ Arts. 88-M a 88-R acrescidos pela Lei nº 12.970, de 8-5-2014.

Art. 89. *Revogado.* Lei nº 12.970, de 8-5-2014.

Art. 90. Sempre que forem acionados os serviços de emergência de aeroporto para a prestação de socorro, o custo das despesas decorrentes será indenizado pelo explorador da aeronave socorrida.

Arts. 91 e 92. *Revogados.* Lei nº 12.970, de 8-5-2014.

Art. 93. A correspondência transportada por aeronave acidentada deverá ser entregue, o mais rápido possível, à entidade responsável pelo serviço postal, que fará a devida comunicação à autoridade aduaneira mais próxima, no caso de remessas postais internacionais.

CAPÍTULO VII

SISTEMA DE FACILITAÇÃO, SEGURANÇA DA AVIAÇÃO CIVIL E COORDENAÇÃO DO TRANSPORTE AÉREO

Seção I

DA FACILITAÇÃO DO TRANSPORTE AÉREO

Art. 94. O sistema de facilitação do transporte aéreo, vinculado ao Ministério da Aeronáutica, tem por objetivo estudar as normas e recomendações pertinentes da Organização de Aviação Civil Internacional – OACI e propor aos órgãos interessados as medidas adequadas a implementá-las no País, avaliando os resultados e sugerindo as alterações necessárias ao aperfeiçoamento dos serviços aéreos.

Seção II

DA SEGURANÇA DA AVIAÇÃO CIVIL

Art. 95. O Poder Executivo deverá instituir e regular comissão que tenha os seguintes objetivos:

► *Caput* com a redação dada pela Lei nº 14.047, de 24-8-2020.

I – assessorar os órgãos governamentais, relativamente à política e aos critérios de segurança; e

II – promover a coordenação entre:

a) os serviços de controle de passageiros;

b) a administração aeroportuária;

c) o policiamento;

d) as empresas de transporte aéreo; e

e) as empresas de serviços auxiliares.

► Incisos I e II com a redação dada pela Lei nº 14.047, de 24-8-2020.

§ 1º *Revogado.* Lei nº 14.047, de 24-8-2020.

§ 2º Compete, ainda, à comissão de que trata o *caput* deste artigo propor diretrizes destinadas a prevenir e a enfrentar ameaças e atos contra a aviação civil e as instalações correlatas.

► § 2º com a redação dada pela Lei nº 14.047, de 24-8-2020.

Seção III

DA COORDENAÇÃO DO TRANSPORTE AÉREO CIVIL

Art. 96. O Poder Executivo regulamentará o órgão do sistema de coordenação do transporte aéreo civil, a fim de:

I – propor medidas visando a:

a) assegurar o desenvolvimento harmônico do transporte aéreo, no contexto de programas técnicos e econômico-financeiros específicos;

b) acompanhar e fiscalizar a execução desses programas.

II – apreciar, sob os aspectos técnico-aeronáuticos e econômico-financeiros, os pedidos de importação e exportação de aeronaves civis e propor instruções para o incentivo da indústria nacional de natureza aeroespacial.

CAPÍTULO VIII

SISTEMA DE FORMAÇÃO E ADESTRAMENTO DE PESSOAL

Seção I

DOS AEROCLUBES

Art. 97. Aeroclube é toda sociedade civil com patrimônio e administração próprios, com serviços locais e regionais, cujos objetivos principais são o ensino e a prática da aviação civil, de turismo e desportiva em todas as suas modalidades, podendo cumprir missões de emergência ou de notório interesse da coletividade.

§ 1º Os serviços aéreos prestados por aeroclubes abrangem as atividades de:

I – ensino e adestramento de pessoal de voo;

II – ensino e adestramento de pessoal da infraestrutura aeronáutica;

III – recreio e desportos.

§ 2º Os aeroclubes e as demais entidades afins, uma vez autorizadas a funcionar, são considerados como de utilidade pública.

Seção II

DA FORMAÇÃO E ADESTRAMENTO DE PESSOAL DE AVIAÇÃO CIVIL

Art. 98. Os aeroclubes, escolas ou cursos de aviação ou de atividade a ela vinculada (artigo 15, §§ 1º e 2º) somente poderão funcionar com autorização prévia de autoridade aeronáutica.

§ 1º As entidades de que trata este artigo, após serem autorizadas a funcionar, são consideradas de utilidade pública.

§ 2º A formação e o adestramento de pessoal das Forças Armadas serão estabelecidos em legislação especial.

Art. 99. As entidades referidas no artigo anterior só poderão funcionar com a prévia autorização do Ministério da Aeronáutica.

Parágrafo único. O Poder Executivo baixará regulamento fixando os requisitos e as condições para a autorização e o funcionamento dessas entidades, assim como para o registro dos respectivos professores, aprovação de cursos, expedição e validade dos certificados de conclusão dos cursos e questões afins.

Seção III

DA FORMAÇÃO E ADESTRAMENTO DE PESSOAL DESTINADO À INFRAESTRUTURA AERONÁUTICA

Art. 100. Os programas de desenvolvimento de ensino e adestramento de pessoal civil vinculado à infraestrutura aeronáutica compreendem a formação, aperfeiçoamento e especialização de técnicos para todos os elementos indispensáveis, imediata ou mediatamente, à navegação aérea, inclusive à fabricação, revisão e manutenção de produtos aeronáuticos ou relativos à proteção ao (omissão do *Diário Oficial*).

Parágrafo único. Cabe à autoridade aeronáutica expedir licença ou certificado de controladores de tráfego aéreo e de outros profissionais dos diversos setores de atividades vinculadas à navegação aérea e à infraestrutura aeronáutica.

CAPÍTULO IX

SISTEMA DE INDÚSTRIA AERONÁUTICA

Art. 101. A indústria aeronáutica, constituída de empresas de fabricação, revisão, reparo e manutenção de produto aeronáutico ou relativo à proteção ao voo depende de registro e de homologação (artigos 66 a 71).

CAPÍTULO X

DOS SERVIÇOS AUXILIARES

Art. 102. São serviços auxiliares:

I – as agências de carga aérea, os serviços de rampa ou de pista nos aeroportos e os relativos à hotelaria nos aeroportos;

II – os demais serviços conexos à navegação aérea ou à infraestrutura aeronáutica, fixados, em regulamento, pela autoridade aeronáutica.

§ 1º VETADO.

§ 2º Serão permitidos convênios entre empresas nacionais e estrangeiras, para que cada uma opere em seu respectivo país, observando-se suas legislações específicas.

Art. 103. Os serviços de controle aduaneiro nos aeroportos internacionais serão executados de conformidade com lei específica.

Art. 104. Todos os equipamentos e serviços de terra utilizados no atendimento de aeronaves, passageiros, bagagem e carga são de responsabilidade dos transportadores ou de prestadores autônomos de serviços auxiliares.

CAPÍTULO XI
SISTEMA DE COORDENAÇÃO DA INFRAESTRUTURA AERONÁUTICA

Art. 105. Poderá ser instalado órgão ou Comissão com o objetivo de:

I – promover o planejamento integrado da infraestrutura aeronáutica e sua harmonização com as possibilidades econômico-financeiras do País;

II – coordenar os diversos sistemas ou subsistemas;

III – estudar e propor as medidas adequadas ao funcionamento harmônico dos diversos sistemas ou subsistemas;

IV – coordenar os diversos registros e homologações exigidos por lei.

TÍTULO IV – DAS AERONAVES

CAPÍTULO I
DISPOSIÇÕES GERAIS

Art. 106. Considera-se aeronave todo aparelho manobrável em voo, que possa sustentar-se e circular no espaço aéreo, mediante reações aerodinâmicas, apto a transportar pessoas ou coisas.

Parágrafo único. A aeronave é bem móvel registrável para o efeito de nacionalidade, matrícula, aeronavegabilidade (artigos 72, I, 109 e 114), transferência por ato entre vivos (artigos 72, II e 115, IV), constituição de hipoteca (artigos 72, II e 138), publicidade (artigos 72, III e 117) e cadastramento geral (artigo 72, V).

Art. 107. As aeronaves classificam-se em civis e militares.

§ 1º Consideram-se militares as integrantes das Forças Armadas, inclusive as requisitadas na forma da lei, para missões militares (artigo 3º, I).

§ 2º As aeronaves civis compreendem as aeronaves públicas e as aeronaves privadas.

§ 3º As aeronaves públicas são as destinadas ao serviço do Poder Público, inclusive as requisitadas na forma da lei; todas as demais são aeronaves privadas.

§ 4º *Revogado.* Lei nº 12.887, de 26-11-2013.

§ 5º Salvo disposição em contrário, os preceitos deste Código não se aplicam às aeronaves militares, reguladas por legislação especial (artigo 14, § 6º).

CAPÍTULO II
DA NACIONALIDADE, MATRÍCULA E AERONAVEGABILIDADE

Seção I
DA NACIONALIDADE E MATRÍCULA

Art. 108. A aeronave é considerada da nacionalidade do Estado em que esteja matriculada.

Art. 109. O Registro Aeronáutico Brasileiro, no ato da inscrição, após a vistoria técnica, atribuirá as marcas de nacionalidade e matrícula, identificadoras da aeronave.

§ 1º A matrícula confere nacionalidade brasileira à aeronave e substitui a matrícula anterior, sem prejuízo dos atos jurídicos realizados anteriormente.

§ 2º Serão expedidos os respectivos certificados de matrícula e nacionalidade e de aeronavegabilidade.

Art. 110. A matrícula de aeronave já matriculada em outro Estado pode ser efetuada pelo novo adquirente, mediante a comprovação da transferência da propriedade; ou pelo explorador, mediante o expresso consentimento do titular do domínio.

Parágrafo único. O consentimento do proprietário pode ser manifestado, por meio de mandato especial, em cláusula do respectivo contrato de utilização de aeronave, ou em documento separado.

Art. 111. A matrícula será provisória quando:

I – feita pelo explorador, usuário, arrendatário, promitente-comprador ou por quem, sendo possuidor, não tenha a propriedade, mas tenha o expresso mandato ou consentimento do titular do domínio da aeronave;

II – o vendedor reserva, para si a propriedade da aeronave até o pagamento total do preço ou até o cumprimento de determinada condição, mas consente, expressamente, que o comprador faça a matrícula.

§ 1º A ocorrência da condição resolutiva, estabelecida no contrato, traz como consequência o cancelamento da matrícula, enquanto a quitação ou a ocorrência de condição suspensiva autoriza a matrícula definitiva.

§ 2º O contrato de compra e venda, a prazo, desde que o vendedor não reserve para si a propriedade, enseja a matrícula definitiva.

Art. 112. As marcas de nacionalidade e matrícula serão canceladas:

I – a pedido do proprietário ou explorador quando deva inscrevê-la em outro Estado, desde que não exista proibição legal (artigo 75 e Parágrafo único);

II – *ex officio* quando matriculada em outro país;

III – quando ocorrer o abandono ou perecimento da aeronave.

Art. 113. As inscrições constantes do Registro Aeronáutico Brasileiro serão averbadas no certificado de matrícula da aeronave.

Seção II
DO CERTIFICADO DE AERONAVEGABILIDADE

Art. 114. Nenhuma aeronave poderá ser autorizada para o voo sem a prévia expedição do correspondente certificado de aeronavegabilidade que só será válido durante o prazo estipulado e enquanto observadas as condições obrigatórias nele mencionadas (artigos 20 e 68, § 2º).

§ 1º São estabelecidos em regulamento os requisitos, condições e provas necessários à obtenção ou renovação do certificado, assim como o prazo de vigência e casos de suspensão ou cassação.

§ 2º Poderão ser convalidados os certificados estrangeiros de aeronavegabilidade que atendam aos requisitos previstos no regulamento de que trata o parágrafo anterior, e às condições aceitas internacionalmente.

CAPÍTULO III
DA PROPRIEDADE E EXPLORAÇÃO DA AERONAVE

Seção I
DA PROPRIEDADE DA AERONAVE

Art. 115. Adquire-se a propriedade da aeronave:

I – por construção;

II – por usucapião;

III – por direito hereditário;

IV – por inscrição do título de transferência no Registro Aeronáutico Brasileiro;

V – por transferência legal (artigos 145 e 190).

§ 1º Na transferência da aeronave estão sempre compreendidos, salvo cláusula expressa em contrário, os motores, equipamentos e instalações internas.

§ 2º Os títulos translativos da propriedade de aeronave, por ato entre vivos, não transferem o seu domínio, senão da data em que se inscreverem no Registro Aeronáutico Brasileiro.

Art. 116. Considera-se proprietário da aeronave a pessoa natural ou jurídica que a tiver:

I – construído, por sua conta;

II – mandado construir, mediante contrato;

III – adquirido por usucapião, por possuí-la como sua, baseada em justo título e boa-fé, sem interrupção nem oposição durante 5 (cinco) anos;

IV – adquirido por direito hereditário;

V – inscrito em seu nome no Registro Aeronáutico Brasileiro, consoante instrumento público ou particular, judicial ou extrajudicial (artigo 115, IV).

§ 1º Deverá constar da inscrição e da matrícula o nome daquele a quem, no título de aquisição, for transferida a propriedade da aeronave.

§ 2º Caso a inscrição e a matrícula sejam efetuadas por possuidor que não seja titular da propriedade da aeronave, deverá delas constar o nome do proprietário e a averbação do seu expresso mandato ou consentimento.

Art. 117. Para fins de publicidade e continuidade, serão também inscritos no Registro Aeronáutico Brasileiro:

I – as arrematações e adjudicações em hasta pública;

II – as sentenças de divórcio, de nulidade ou anulações de casamento quando nas respectivas partilhas existirem aeronaves;

III – as sentenças de extinção de condomínio;

IV – as sentenças de dissolução ou liquidação de sociedades, em que haja aeronaves a partilhar;

V – as sentenças que, nos inventários, arrolamentos e partilhas, adjudicarem aeronaves em pagamento de dívidas da herança;

VI – as sentenças ou atos de adjudicação, assim como os formais ou certidões de partilha na sucessão legítima ou testamentária;

VII – as sentenças declaratórias de usucapião.

Art. 118. Os projetos de construção, quando por conta do próprio fabricante, ou os contratos de construção quando por conta de quem a tenha contratado serão inscritos no Registro Aeronáutico Brasileiro.

§ 1º No caso de hipoteca de aeronave em construção mediante contrato, far-se-ão, ao mesmo tempo, a inscrição do respectivo contrato de construção e a da hipoteca.

§ 2º No caso de hipoteca de aeronave em construção por conta do fabricante faz-se, no mesmo ato, a inscrição do projeto de construção e da respectiva hipoteca.

§ 3º Quando não houver hipoteca de aeronave em construção, far-se-á a inscrição do projeto construído por ocasião do pedido de matrícula.

Art. 119. As aeronaves em processo de homologação, as destinadas à pesquisa e desenvolvimento para fins de homologação e as produzidas por amadores estão sujeitas à emissão de certificados de autorização de voo experimental e de marca experimental (artigos 17, Parágrafo único, e 67, § 1º).

Art. 120. Perde-se a propriedade da aeronave pela alienação, renúncia, abandono, perecimento, desapropriação e pelas causas de extinção previstas em lei.

§ 1º Ocorre o abandono da aeronave ou de parte dela quando não for possível determinar sua legítima origem ou quando manifestar-se o proprietário, de modo expresso, no sentido de abandoná-la.

§ 2º Considera-se perecida a aeronave quando verificada a impossibilidade de sua recuperação ou após o transcurso de mais de 180 (cento e oitenta) dias a contar da data em que dela se teve a última notícia oficial.

§ 3º Verificado, em inquérito administrativo, o abandono ou perecimento da aeronave, será cancelada *ex officio* a respectiva matrícula.

Art. 121. O contrato que objetive a transferência da propriedade de aeronave ou a constituição sobre ela de direito real poderá ser elaborado por instrumento público ou particular.

Parágrafo único. No caso de contrato realizado no exterior aplica-se o disposto no artigo 73, item III.

Seção II
DA EXPLORAÇÃO E DO EXPLORADOR DE AERONAVE

Art. 122. Dá-se a exploração da aeronave quando uma pessoa física ou jurídica, proprietária ou não, a utiliza, legitimamente, por conta própria, com ou sem fins lucrativos.

Art. 123. Considera-se operador ou explorador de aeronave:

I – a pessoa jurídica que tem a concessão dos serviços de transporte público regular ou a autorização dos serviços de transporte público não regular, de serviços especializados ou de táxi-aéreo;

II – o proprietário da aeronave ou quem a use diretamente ou através de seus prepostos, quando se tratar de serviços aéreos privados;

III – o fretador que reservou a condução técnica da aeronave, a direção e a autoridade sobre a tripulação;

IV – o arrendatário que adquiriu a condução técnica da aeronave arrendada e a autoridade sobre a tripulação.

Art. 124. Quando o nome do explorador estiver inscrito no Registro Aeronáutico Brasileiro, mediante qualquer contrato de utilização, exclui-se o proprietário da aeronave da responsabilidade inerente à exploração da mesma.

§ 1º O proprietário da aeronave será reputado explorador, até prova em contrário, se o nome deste não constar no Registro Aeronáutico Brasileiro.

§ 2º Provando-se, no caso do parágrafo anterior, que havia explorador, embora sem ter o seu nome inscrito no Registro Aeronáutico Brasileiro, haverá solidariedade do explorador e do proprietário por qualquer infração ou dano resultante da exploração da aeronave.

CAPÍTULO IV
DOS CONTRATOS SOBRE AERONAVE

Seção I
DO CONTRATO DE CONSTRUÇÃO DE AERONAVE

Art. 125. O contrato de construção de aeronave deverá ser inscrito no Registro Aeronáutico Brasileiro.

Parágrafo único. O contrato referido no *caput* deste artigo deverá ser submetido à fiscalização do Ministério da Aeronáutica, que estabelecerá as normas e condições de construção.

Art. 126. O contratante que encomendou a construção da aeronave, uma vez inscrito o seu contrato no Registro Aeronáutico Brasileiro, adquire, originariamente, a propriedade da aeronave, podendo dela dispor e reavê-la do poder de quem quer que injustamente a possua.

Seção II
DO ARRENDAMENTO

Art. 127. Dá-se o arrendamento quando uma das partes se obriga a ceder à outra, por tempo determinado, o uso e gozo de aeronave ou de seus motores, mediante certa retribuição.

Art. 128. O contrato deverá ser feito por instrumento público ou particular, com a assinatura de duas testemunhas, e inscrito no Registro Aeronáutico Brasileiro.

Art. 129. O arrendador é obrigado:

I – a entregar ao arrendatário a aeronave ou o motor, no tempo e lugar convencionados, com a documentação necessária para o voo, em condições de servir ao uso a que um ou outro se destina, e a mantê-los nesse estado, pelo tempo do contrato, salvo cláusula expressa em contrário;

II – a garantir, durante o tempo do contrato, o uso pacífico da aeronave ou do motor.

Parágrafo único. Pode o arrendador obrigar-se, também, a entregar a aeronave equipada e tripulada, desde que a direção e condução técnica fiquem a cargo do arrendatário.

Art. 130. O arrendatário é obrigado:

I – a fazer uso da coisa arrendada para o destino convencionado e dela cuidar como se sua fosse;

II – a pagar, pontualmente, o aluguel, nos prazos, lugar e condições acordadas;

III – a restituir ao arrendador a coisa arrendada, no estado em que a recebeu, ressalvado o desgaste natural decorrente do uso regular.

Art. 131. A cessão do arrendamento e o subarrendamento só poderão ser realizados por contrato escrito, com o consentimento expresso do arrendador e a inscrição no Registro Aeronáutico Brasileiro.

Art. 132. A não inscrição do contrato de arrendamento ou de subarrendamento determina que o arrendador, o arrendatário e o subarrendatário, se houver, sejam responsáveis pelos danos e prejuízos causados pela aeronave.

Seção III
DO FRETAMENTO

Art. 133. Dá-se o fretamento quando uma das partes, chamada fretador, obriga-se para com a outra, chamada afretador, mediante o pagamento por este, do frete, a realizar uma ou mais viagens preestabelecidas ou durante certo período de tempo, reservando-se ao fretador o controle sobre a tripulação e a condução técnica da aeronave.

Art. 134. O contrato será por instrumento público ou particular, sendo facultada a sua inscrição no Registro Aeronáutico Brasileiro (artigos 123 e 124).

Art. 135. O fretador é obrigado:

I – a colocar à disposição do afretador aeronave equipada e tripulada, com os documentos necessários e em estado de aeronavegabilidade;

II – a realizar as viagens acordadas ou a manter a aeronave à disposição do afretador, durante o tempo convencionado.

Art. 136. O afretador é obrigado:

I – a limitar o emprego da aeronave ao uso para o qual foi contratada e segundo as condições do contrato;

II – a pagar o frete no lugar, tempo e condições acordadas.

Seção IV
DO ARRENDAMENTO MERCANTIL DE AERONAVE

Art. 137. O arrendamento mercantil deve ser inscrito no Registro Aeronáutico Brasileiro, mediante instrumento público ou particular com os seguintes elementos:

I – descrição da aeronave com o respectivo valor;

II – prazo do contrato, valor de cada prestação periódica, ou o critério para a sua determinação, data e local dos pagamentos;

III – cláusula de opção de compra ou de renovação contratual, como faculdade do arrendatário;

IV – indicação do local, onde a aeronave deverá estar matriculada durante o prazo do contrato.

§ 1º Quando se tratar de aeronave proveniente do exterior, deve estar expresso o consentimento em que seja inscrita a aeronave no Registro Aeronáutico Brasileiro com o cancelamento da matrícula primitiva, se houver.

§ 2º Poderão ser aceitas, nos respectivos contratos, as cláusulas e condições usuais nas operações de leasing internacional, desde que não contenha qualquer cláusula contrária à Constituição Brasileira ou às disposições deste Código.

CAPÍTULO V
DA HIPOTECA E ALIENAÇÃO FIDUCIÁRIA DE AERONAVE

Seção I
DA HIPOTECA CONVENCIONAL

Art. 138. Poderão ser objeto de hipoteca as aeronaves, motores, partes e acessórios de aeronaves, inclusive aquelas em construção.

§ 1º Não pode ser objeto de hipoteca, enquanto não se proceder à matrícula definitiva, a aeronave inscrita e matriculada provisoriamente, salvo se for para garantir o contrato, com base no qual se fez a matrícula provisória.

§ 2º A referência à aeronave, sem ressalva, compreende todos os equipamentos, motores, instalações e acessórios, constantes dos respectivos certificados de matrícula e aeronavegabilidade.

§ 3º No caso de incidir sobre motores, deverão eles ser inscritos e individuados no Registro Aeronáutico Brasileiro, no ato da inscrição da hipoteca, produzindo esta os seus efeitos ainda que estejam equipando aeronave hipotecada a distinto credor, exceto no caso de haver nos respectivos contratos cláusula permitindo a rotatividade dos motores.

§ 4º Concluída a construção, a hipoteca estender-se-á à aeronave se recair sobre todos os componentes; mas continuará a gravar, apenas, os motores e equipamentos individuados, se somente sobre eles incidir a garantia.

§ 5º Durante o contrato, o credor poderá inspecionar o estado dos bens, objeto da hipoteca.

Art. 139. Só aquele que pode alienar a aeronave poderá hipotecá-la e só a aeronave que pode ser alienada poderá ser dada em hipoteca.

Art. 140. A aeronave comum a 2 (dois) ou mais proprietários só poderá ser dada em hipoteca com o consentimento expresso de todos os condôminos.

Art. 141. A hipoteca constituir-se-á pela inscrição do contrato no Registro Aeronáutico Brasileiro e com a averbação no respectivo certificado de matrícula.

Art. 142. Do contrato de hipoteca deverão constar:

I – o nome e domicílio das partes contratantes;

II – a importância da dívida garantida, os respectivos juros e demais consectários legais, o termo e lugar de pagamento;

III – as marcas de nacionalidade e matrícula da aeronave, assim como os números de série de suas partes componentes;

IV – os seguros que garantem o bem hipotecado.

§ 1º Quando a aeronave estiver em construção, do instrumento deverá constar a descrição de conformidade com o contrato, assim como a etapa da fabricação, se a hipoteca recair sobre todos os componentes; ou a individuação das partes e acessórios se sobre elas incidir a garantia.

§ 2º No caso de contrato de hipoteca realizado no exterior, devem ser observadas as indicações previstas no artigo 73, item III.

Art. 143. O crédito hipotecário aéreo prefere a qualquer outro, com exceção dos resultantes de:

I – despesas judiciais, crédito trabalhista, tributário e proveniente de tarifas aeroportuárias;

II – despesas por socorro prestado; gastos efetuados pelo comandante da aeronave, no exercício de suas funções, quando indispensáveis à continuação da viagem; e despesas efetuadas com a conservação da aeronave.

Parágrafo único. A preferência será exercida:

a) no caso de perda ou avaria da aeronave, sobre o valor do seguro;

b) no caso de destruição ou inutilização, sobre o valor dos materiais recuperados ou das indenizações recebidas de terceiros;

c) no caso de desapropriação, sobre o valor da indenização.

Seção II
DA HIPOTECA LEGAL

Art. 144. Será dada em favor da União a hipoteca legal das aeronaves, peças e equipamentos adquiridos no exterior com aval, fiança ou qualquer outra garantia do Tesouro Nacional ou de seus agentes financeiros.

Art. 145. Os bens mencionados no artigo anterior serão adjudicados à União, se esta o requerer no Juízo Federal, comprovando:

I – a falência, insolvência, liquidação judicial ou extrajudicial, antes de concluído o pagamento do débito garantido pelo Tesouro Nacional ou seus agentes financeiros;

II – a ocorrência dos fatos previstos no artigo 189, I e II deste Código.

Art. 146. O débito que tenha de ser pago pela União ou seus agentes financeiros, vencido ou vincendo, será cobrado do adquirente ou da massa falida pelos valores despendidos por ocasião do pagamento.

§ 1º A conversão da moeda estrangeira, se for o caso, será feita pelo câmbio do dia, observada a legislação complementar pertinente.

§ 2º O valor das aeronaves adjudicadas à União será o da data da referida adjudicação.

§ 3º Do valor do crédito previsto neste artigo será deduzido o valor das aeronaves adjudicadas à União, cobrando-se o saldo.

§ 4º Se o valor das aeronaves for maior do que as importâncias despendidas ou a despender, pela União ou seus agentes financeiros, poderá aquela vender em leilão as referidas aeronaves pelo valor da avaliação.

§ 5º Com o preço alcançado, pagar-se-ão as quantias despendidas ou a despender, e o saldo depositar-se-á, conforme o caso, em favor da massa falida ou liquidante.

§ 6º Se no primeiro leilão não alcançar lance superior ou igual à avaliação, far-se-á, no mesmo dia, novo leilão condicional pelo maior preço.

§ 7º Se o preço alcançado no leilão não for superior ao crédito da União, poderá esta optar pela adjudicação a seu favor.

Art. 147. Far-se-á *ex officio* a inscrição no Registro Aeronáutico Brasileiro:

I – da hipoteca legal;

II – da adjudicação de que tratam os artigos 145, 146, § 7º e 190 deste Código.

Parágrafo único. Os atos jurídicos, de que cuida o artigo, produzirão efeitos ainda que não levados a registro no tempo próprio.

Seção III
DA ALIENAÇÃO FIDUCIÁRIA

Art. 148. A alienação fiduciária em garantia transfere ao credor o domínio resolúvel e a posse indireta da aeronave ou de seus equipamentos, independentemente da respectiva tradição, tornando-se o devedor o possuidor direto e depositário com todas as responsabilidades e encargos que lhe incumbem de acordo com a lei civil e penal.

Art. 149. A alienação fiduciária em garantia de aeronave ou de seus motores deve ser feita por instrumento público ou particular, que conterá:

I – o valor da dívida, a taxa de juros, as comissões, cuja cobrança seja permitida, a cláusula penal e a estipulação da correção monetária, se houver, com a indicação exata dos índices aplicáveis;

II – a data do vencimento e o local do pagamento;

III – a descrição da aeronave ou de seus motores, com as indicações constantes do registro e dos respectivos certificados de matrícula e de aeronavegabilidade.

§ 1º No caso de alienação fiduciária de aeronave em construção ou de seus componentes, do instrumento constará a descrição conforme o respectivo contrato e a etapa em que se encontra.

§ 2º No caso do parágrafo anterior, o domínio fiduciário transferir-se-á, no ato do registro, sobre as partes componentes, e estender-se-á à aeronave construída, independente de formalidade posterior.

Art. 150. A alienação fiduciária só tem validade e eficácia após a inscrição no Registro Aeronáutico Brasileiro.

Art. 151. No caso de inadimplemento da obrigação garantida, o credor fiduciário poderá alienar o objeto da garantia a terceiros e aplicar o respectivo preço no pagamento do seu crédito e das despesas decorrentes da cobrança, entregando ao devedor o saldo, se houver.

§ 1º Se o preço não bastar para pagar o crédito e despesas, o devedor continuará obrigado pelo pagamento do saldo.

§ 2º Na falência, liquidação ou insolvência do devedor, fica assegurado ao credor o direito de pedir a restituição do bem alienado fiduciariamente.

§ 3º O proprietário fiduciário ou credor poderá proceder à busca e apreensão judicial do bem alienado fiduciariamente, diante da mora ou inadimplemento do credor.

Art. 152. No caso de falência, insolvência, liquidação judicial ou extrajudicial do adquirente ou importador, sem o pagamento do débito para com o vendedor, e de ter o Tesouro Nacional ou seus agentes financeiros de pagá-lo, a União terá o direito de receber a quantia despendida com as respectivas despesas e consectários legais, deduzido o valor das aeronaves, peças e equipamentos, objeto da garantia, procedendo-se de conformidade com o disposto em relação à hipoteca legal (artigos 144 e 145).

CAPÍTULO VI
DO SEQUESTRO, DA PENHORA E APREENSÃO DA AERONAVE

Seção I
DO SEQUESTRO DA AERONAVE

Art. 153. Nenhuma aeronave empregada em serviços aéreos públicos (artigo 175) poderá ser objeto de sequestro.

Parágrafo único. A proibição é extensiva à aeronave que opera serviço de transporte não regular, quando estiver pronta para partir e no curso de viagem da espécie.

Art. 154. Admite-se o sequestro:

I – em caso de desapossamento da aeronave por meio ilegal;

II – em caso de dano à propriedade privada provocado pela aeronave que nela fizer pouso forçado.

Parágrafo único. Na hipótese do inciso II, não será admitido o sequestro se houver prestação de caução suficiente a cobrir o prejuízo causado.

Seção II
DA PENHORA OU APREENSÃO DA AERONAVE

Art. 155. Toda vez que, sobre aeronave ou seus motores, recair penhora ou apreensão, esta deverá ser averbada no Registro Aeronáutico Brasileiro.

§ 1º Em caso de penhora ou apreensão judicial ou administrativa de aeronaves, ou seus motores, destinados ao serviço público de transporte aéreo regular, a autoridade judicial ou administrativa determinará a medida, sem que se interrompa o serviço.

§ 2º A guarda ou depósito de aeronave penhorada ou de qualquer modo apreendida judicialmente far-se-á de conformidade com o disposto nos artigos 312 a 315 deste Código.

TÍTULO V – DA TRIPULAÇÃO

CAPÍTULO I
DA COMPOSIÇÃO DA TRIPULAÇÃO

Art. 156. São tripulantes as pessoas devidamente habilitadas que exercem função a bordo de aeronaves.

§ 1º A função remunerada a bordo de aeronaves, nacionais ou estrangeiras, quando operadas por empresa brasileira no formato de intercâmbio, é privativa de titulares de licenças específicas emitidas pela autoridade de aviação civil brasileira e reservada a brasileiros natos ou naturalizados.

► § 1º com a redação dada pela Lei nº 13.319, de 25-7-2016.

§ 2º A função não remunerada, a bordo de aeronave de serviço aéreo privado (artigo 177) pode ser exercida por tripulantes habilitados, independente de sua nacionalidade.

§ 3º No serviço aéreo internacional poderão ser empregados comissários estrangeiros, contanto que o número não exceda 1/3 (um terço) dos comissários a bordo da mesma aeronave.

Art. 157. Desde que assegurada a admissão de tripulantes brasileiros em serviços aéreos públicos de determinado país, deve-se promover acordo bilateral de reciprocidade.

Art. 158. A juízo da autoridade aeronáutica poderão ser admitidos como tripulantes, em caráter provisório, instrutores estrangeiros, na falta de tripulantes brasileiros.

Parágrafo único. O prazo do contrato de instrutores estrangeiros, de que trata este artigo, não poderá exceder de 6 (seis) meses.

Art. 159. Na forma da regulamentação pertinente e de acordo com as exigências operacionais, a tripulação constituir-se-á de titulares de licença de voo e certificados de capacidade física e de habilitação técnica, que os credenciem ao exercício das respectivas funções.

CAPÍTULO II
DAS LICENÇAS E CERTIFICADOS

Art. 160. A licença de tripulantes e os certificados de habilitação técnica e de capacidade física serão concedidos pela autoridade aeronáutica, na forma de regulamentação específica.

Parágrafo único. A licença terá caráter permanente e os certificados vigorarão pelo período neles estabelecido, podendo ser revalidados.

Art. 161. Será regulada pela legislação brasileira a validade da licença e o certificado de habilitação técnica de estrangeiros, quando inexistir convenção ou ato internacional vigente no Brasil e no Estado que os houver expedido.

Parágrafo único. O disposto no *caput* do presente artigo aplica-se a brasileiro titular de licença ou certificado obtido em outro país.

Art. 162. Cessada a validade do certificado de habilitação técnica ou de capacidade física, o titular da licença ficará impedido do exercício da função nela especificada.

Art. 163. Sempre que o titular de licença apresentar indício comprometedor de sua aptidão técnica ou das condições físicas estabelecidas na regulamentação específica, poderá ser submetido a novos exames técnicos ou de capacidade física, ainda que válidos estejam os respectivos certificados.

Parágrafo único. Do resultado dos exames acima especificados caberá recurso dos interessados à Comissão técnica especializada ou à junta médica.

Art. 164. Qualquer dos certificados de que tratam os artigos anteriores poderá ser cassado pela autoridade aeronáutica se comprovado, em processo administrativo ou em exame de saúde, que o respectivo titular não possui idoneidade profissional ou não está capacitado para o exercício das funções especificadas em sua licença.

Parágrafo único. No caso do presente artigo, aplica-se o disposto no parágrafo único do artigo 163.

CAPÍTULO III
DO COMANDANTE DE AERONAVE

Art. 165. Toda aeronave terá a bordo um Comandante, membro da tripulação, designado pelo proprietário ou explorador e que será seu preposto durante a viagem.

Parágrafo único. O nome do Comandante e dos demais tripulantes constarão do Diário de Bordo.

Art. 166. O Comandante é responsável pela operação e segurança da aeronave.

§ 1º O Comandante será também responsável pela guarda de valores, mercadorias, bagagens despachadas e mala postal, desde que lhe sejam asseguradas pelo proprietário ou explorador condições de verificar a quantidade e estado das mesmas.

§ 2º Os demais membros da tripulação ficam subordinados, técnica e disciplinarmente, ao Comandante da aeronave.

§ 3º Durante a viagem, o Comandante é o responsável, no que se refere à tripulação, pelo cumprimento da regulamentação profissional no tocante a:

I – limite da jornada de trabalho;

II – limites de voo;

III – intervalos de repouso;

IV – fornecimento de alimentos.

Art. 167. O Comandante exerce autoridade inerente à função desde o momento em que se apresenta para o voo até o momento em que entrega a aeronave, concluída a viagem.

Parágrafo único. No caso de pouso forçado, a autoridade do Comandante persiste até que as autoridades competentes assumam a responsabilidade pela aeronave, pessoas e coisas transportadas.

Art. 168. Durante o período de tempo previsto no artigo 167, o Comandante exerce autoridade sobre as pessoas e coisas que se encontrem a bordo da aeronave e poderá:

I – desembarcar qualquer delas, desde que comprometa a boa ordem, a disciplina, ponha em risco a segurança da aeronave ou das pessoas e bens a bordo;

II – tomar as medidas necessárias à proteção da aeronave e das pessoas ou bens transportados;

III – alijar a carga ou parte dela, quando indispensável à segurança de voo (artigo 16, § 3º).

Parágrafo único. O Comandante e o explorador da aeronave não serão responsáveis por prejuízos ou consequências decorrentes de adoção das medidas disciplinares previstas neste artigo, sem excesso de poder.

Art. 169. Poderá o Comandante, sob sua responsabilidade, adiar ou suspender a partida da aeronave, quando julgar indispensável à segurança do voo.

Art. 170. O Comandante poderá delegar a outro membro da tripulação as atribuições que lhe competem, menos as que se relacionem com a segurança do voo.

Art. 171. As decisões tomadas pelo Comandante na forma dos artigos 167, 168, 169 e 215, parágrafo único, inclusive em caso de alijamento (artigo 16, § 3º), serão registradas no Diário de Bordo e, concluída a viagem, imediatamente comunicadas à autoridade aeronáutica.

Parágrafo único. No caso de estar a carga sujeita a controle aduaneiro, será o alijamento comunicado à autoridade fazendária mais próxima.

Art. 172. O Diário de Bordo, além de mencionar as marcas de nacionalidade e matrícula, os nomes do proprietário e do explorador, deverá indicar para cada voo a data, natureza do voo (privado aéreo, transporte aéreo regular ou não regular), os nomes dos tripulantes, lugar e hora da saída e da chegada, incidentes e observações, inclusive sobre infraestrutura de proteção ao voo que forem de interesse da segurança em geral.

Parágrafo único. O Diário de Bordo referido no *caput* deste artigo deverá estar assinado pelo piloto Comandante, que é o responsável pelas anotações, aí também incluídos os totais de tempos de voo e de jornada.

Art. 173. O Comandante procederá ao assento, no Diário de Bordo, dos nascimentos e óbitos que ocorrerem durante a viagem, e dele extrairá cópia para os fins de direito.

Parágrafo único. Ocorrendo mal súbito ou óbito de pessoas, o Comandante providenciará, na primeira escala, o comparecimento de médicos ou da autoridade policial local, para que sejam tomadas as medidas cabíveis.

TÍTULO VI – DOS SERVIÇOS AÉREOS

CAPÍTULO I

INTRODUÇÃO

Art. 174. Os serviços aéreos compreendem os serviços aéreos privados (artigos 177 a 179) e os serviços aéreos públicos (artigos 180 a 221).

Art. 175. Os serviços aéreos públicos abrangem os serviços aéreos especializados públicos e os serviços de transporte aéreo público de passageiro, carga ou mala postal, regular ou não regular, doméstico ou internacional.

§ 1º A relação jurídica entre a União e o empresário que explora os serviços aéreos públicos pauta-se pelas normas estabelecidas neste Código e legislação complementar e pelas condições da respectiva concessão ou autorização.

§ 2º A relação jurídica entre o empresário e o usuário ou beneficiário dos serviços é contratual, regendo-se pelas respectivas normas previstas neste Código e legislação complementar, e, em se tratando de transporte público internacional, pelo disposto nos Tratados e Convenções pertinentes (artigos 1º, § 1º; 203 a 213).

§ 3º No contrato de serviços aéreos públicos, o empresário, pessoa física ou jurídica, proprietário ou explorador da aeronave, obriga-se, em nome próprio, a executar determinados serviços aéreos, mediante remuneração, aplicando-se o disposto nos artigos 222 a 245 quando se tratar de transporte aéreo regular.

Art. 176. O transporte aéreo de mala postal poderá ser feito, com igualdade de tratamento, por todas as empresas de transporte aéreo regular, em suas linhas, atendendo às conveniências de horário, ou mediante fretamento especial.

§ 1º No transporte de remessas postais o transportador só é responsável perante a Administração Postal na conformidade das disposições aplicáveis às relações entre eles.

§ 2º Salvo o disposto no parágrafo anterior, as disposições deste Código não se aplicam ao transporte de remessas postais.

CAPÍTULO II

SERVIÇOS AÉREOS PRIVADOS

Art. 177. Os serviços aéreos privados são os realizados, sem remuneração, em benefício do próprio operador (artigo 123, II) compreendendo as atividades aéreas:

I – de recreio ou desportivas;

II – de transporte reservado ao proprietário ou operador da aeronave;

III – de serviços aéreos especializados, realizados em benefício exclusivo do proprietário ou operador da aeronave.

Art. 178. Os proprietários ou operadores de aeronaves destinadas a serviços aéreos privados, sem fins comerciais, não necessitam de autorização para suas atividades aéreas (artigo 14, § 2º).

§ 1º As aeronaves e os operadores deverão atender aos respectivos requisitos técnicos e a todas as disposições sobre navegação aérea e segurança de voo, assim como ter, regularmente, o seguro contra danos às pessoas ou bens na superfície e ao pessoal técnico a bordo.

§ 2º As aeronaves de que trata este artigo não poderão efetuar serviços aéreos de transporte público (artigo 267, § 2º).

Art. 179. As pessoas físicas ou jurídicas que, em seu único e exclusivo benefício, se dediquem à formação ou adestramento de seu pessoal técnico, poderão fazê-lo mediante a anuência da autoridade aeronáutica.

CAPÍTULO III

SERVIÇOS AÉREOS PÚBLICOS

SEÇÃO I

DA CONCESSÃO OU AUTORIZAÇÃO PARA OS SERVIÇOS AÉREOS PÚBLICOS

Art. 180. A exploração de serviços aéreos públicos dependerá sempre da prévia concessão, quando se tratar de transporte aéreo regular, ou de autorização no caso de transporte aéreo não regular ou de serviços especializados.

Art. 181. A concessão ou a autorização somente será concedida a pessoa jurídica constituída sob as leis brasileiras, com sede e administração no País. (Redação dada pela Lei nº 13.842, de 2019)

I a III – *Revogados.* Lei nº 13.842, de 17-6-2019;

§§ 1º a 4º *Revogados.* Lei nº 13.842, de 17-6-2019.

Art. 182. *Revogado.* Lei nº 13.842, de 17-6-2019.

Art. 183. As concessões ou autorizações serão regulamentadas pelo Poder Executivo e somente poderão ser cedidas ou transferidas mediante anuência da autoridade competente.

SEÇÃO II

DA APROVAÇÃO DOS ATOS CONSTITUTIVOS E SUAS ALTERAÇÕES

Arts. 184 a 186. *Revogados.* Lei nº 13.842, de 17-6-2019.

SEÇÃO III

DA INTERVENÇÃO, LIQUIDAÇÃO E FALÊNCIA DE EMPRESA CONCESSIONÁRIA DE SERVIÇOS AÉREOS PÚBLICOS

Art. 187. Não podem impetrar concordata as empresas que, por seus atos constitutivos, tenham por objeto a exploração de serviços aéreos de qualquer natureza ou de infraestrutura aeronáutica.

Art. 188. O Poder Executivo poderá intervir nas empresas concessionárias ou autorizadas, cuja situação operacional, financeira ou econômica ameace a continuidade dos serviços, a eficiência ou a segurança do transporte aéreo.

§ 1º A intervenção visará ao restabelecimento da normalidade dos serviços e durará enquanto necessária à consecução do objetivo.

§ 2º Na hipótese de ser apurada, por perícia técnica, antes ou depois da intervenção, a impossibilidade do restabelecimento da normalidade dos serviços:

I – será determinada a liquidação extrajudicial, quando, com a realização do ativo puder ser atendida pelo menos a metade dos créditos;

II – será requerida a falência, quando o ativo não for suficiente para atender pelo menos à metade dos créditos, ou quando houver fundados indícios de crimes falenciais.

Art. 189. Além dos previstos em lei, constituem créditos privilegiados da União nos processos de liquidação ou falência de empresa de transporte aéreo:

I – a quantia despendida pela União para financiamento ou pagamento de aeronaves e produtos aeronáuticos adquiridos pela empresa de transporte aéreo;

II – a quantia por que a União se haja obrigado, ainda que parceladamente, para pagamento de aeronaves e produtos aeronáuticos, importados pela empresa de transporte aéreo.

Art. 190. Na liquidação ou falência de empresa de transporte aéreo, serão liminarmente adjudicadas à União, por conta e até o limite do seu crédito, as aeronaves e produtos aeronáuticos adquiridos antes da instauração do processo:

I – com a contribuição financeira da União, aval, fiança ou qualquer outra garantia desta ou de seus agentes financeiros;

II – pagos no todo ou em parte pela União ou por cujo pagamento ela venha a ser responsabilizada após o início do processo.

§ 1º A adjudicação de que trata este artigo será determinada pelo Juízo Federal, mediante a comprovação, pela União, da ocorrência das hipóteses previstas nos itens I e II deste artigo.

§ 2º A quantia correspondente ao valor dos bens referidos neste artigo será deduzida do montante do crédito da União, no processo de cobrança executiva, proposto pela União contra a devedora, ou administrativamente, se não houver processo judicial.

Art. 191. Na expiração normal ou antecipada das atividades da empresa, a União terá o direito de adquirir, diretamente, em sua totalidade ou em partes, as aeronaves, peças e equipamentos, oficinas e instalações aeronáuticas, pelo valor de mercado.

SEÇÃO IV

DO CONTROLE E FISCALIZAÇÃO DOS SERVIÇOS AÉREOS PÚBLICOS

Art. 192. Os acordos entre exploradores de serviços aéreos de transporte regular, que impliquem em consórcio, pool, conexão, consolidação ou fusão de serviços ou interesses, dependerão de prévia aprovação da autoridade aeronáutica.

Art. 193. Os serviços aéreos de transporte regular ficarão sujeitos às normas que o Governo estabelecer para impedir a competição ruinosa e assegurar o seu melhor rendimento econômico podendo, para esse fim, a autoridade aeronáutica, a qualquer tempo, modificar frequências, rotas, horários e tarifas de serviços e outras quaisquer condições da concessão ou autorização.

Art. 194. As normas e condições para a exploração de serviços aéreos não regulares (artigos 217 a 221) serão fixadas pela autoridade aeronáutica, visando a evitar a competição desses serviços com os de transporte regular, e poderão ser alteradas quando necessário para assegurar, em conjunto, melhor rendimento econômico dos serviços aéreos.

Parágrafo único. Poderá a autoridade aeronáutica exigir a prévia aprovação dos contratos ou acordos firmados pelos empresários de serviços especializados (artigo 201), de serviço de transporte aéreo regular ou não regular, e operadores de serviços privados ou desportivos (artigos 15, § 2º e 178, § 2º), entre si, ou com terceiros.

Art. 195. Os serviços auxiliares serão regulados de conformidade com o disposto nos artigos 102 a 104.

Art. 196. Toda pessoa, natural ou jurídica, que explorar serviços aéreos, deverá dispor de adequadas estruturas técnicas de manutenção e de operação, próprias ou contratadas, devidamente homologadas pela autoridade aeronáutica.

Parágrafo único. O explorador da aeronave, através de sua estrutura de operações, deverá, a qualquer momento, fornecer aos órgãos do Sistema de Proteção ao Voo (artigos 47 a 65), os elementos relativos ao voo ou localização da aeronave.

Art. 197. A fiscalização será exercida pelo pessoal que a autoridade aeronáutica credenciar.

Parágrafo único. Constituem encargos de fiscalização as inspeções e vistorias em aeronaves, serviços aéreos, oficinas, entidades aerodesportivas e instalações aeroportuárias, bem como os exames de proficiência de aeronautas e aeroviários.

Art. 198. Além da escrituração exigida pela legislação em vigor, todas as empresas que explorarem serviços aéreos deverão manter escrituração específica, que obedecerá a um plano uniforme de contas, estabelecido pela autoridade aeronáutica.

Parágrafo único. A receita e a despesa de atividades afins ou subsidiárias não poderão ser escrituradas na contabilidade dos serviços aéreos.

Art. 199. A autoridade aeronáutica poderá, quando julgar necessário, mandar proceder a exame da contabilidade das empresas que explorarem serviços aéreos e dos respectivos livros, registros e documentos.

Art. 200. Toda empresa nacional ou estrangeira de serviço de transporte aéreo público regular obedecerá às tarifas aprovadas pela autoridade aeronáutica.

Parágrafo único. No transporte internacional não regular, a autoridade aeronáutica poderá exigir que o preço do transporte seja submetido à sua aprovação prévia.

CAPÍTULO IV

DOS SERVIÇOS AÉREOS ESPECIALIZADOS

Art. 201. Os serviços aéreos especializados abrangem as atividades aéreas de:

I - aerofotografia, aerofotogrametria, aerocinematografia, aerotopografia;

II - prospecção, exploração ou detectação de elementos do solo ou do subsolo, do mar, da plataforma submarina, da superfície das águas ou de suas profundezas;

III - publicidade aérea de qualquer natureza;

IV - fomento ou proteção da agricultura em geral;

V - saneamento, investigação ou experimentação técnica ou científica;

VI - ensino e adestramento de pessoal de vôo;

VII - provocação artificial de chuvas ou modificação de clima;

VIII - qualquer modalidade remunerada, distinta do transporte público.

Art. 202. Obedecerão a regulamento especial os serviços aéreos que tenham por fim proteger ou fomentar o desenvolvimento da agricultura em qualquer dos seus aspectos, mediante o uso de fertilizantes, semeadura, combate a pragas, aplicação de inseticidas, herbicidas, desfolhadores, povoamento de águas, combate a incêndios em campos e florestas e quaisquer outras aplicações técnicas e científicas aprovadas.

CAPÍTULO V

DO TRANSPORTE AÉREO REGULAR

SEÇÃO I

DO TRANSPORTE AÉREO REGULAR INTERNACIONAL

Art. 203. Os serviços de transporte aéreo público internacional podem ser realizados por empresas nacionais ou estrangeiras.

Parágrafo único. A exploração desses serviços sujeitar-se-á:

a) às disposições dos tratados ou acordos bilaterais vigentes com os respectivos Estados e o Brasil;

b) na falta desses, ao disposto neste Código.

Da Designação de Empresas Brasileiras

Art. 204. O Governo Brasileiro designará as empresas para os serviços de transporte aéreo internacional.

§ 1º Cabe à empresa ou empresas designadas providenciarem a autorização de funcionamento, junto aos países onde pretendem operar.

§ 2º A designação de que trata este artigo far-se-á com o objetivo de assegurar o melhor rendimento econômico no mercado internacional, estimular o turismo receptivo, contribuir para o maior intercâmbio político, econômico e cultural.

Da Designação e Autorização de Empresas Estrangeiras

Art. 205. Para operar no Brasil, a empresa estrangeira de transporte aéreo deverá:

I - ser designada pelo Governo do respectivo país;

II - obter autorização de funcionamento no Brasil (artigos 206 a 211);

III - obter autorização para operar os serviços aéreos (artigos 212 e 213).

Parágrafo único. A designação é ato de Governo a Governo, pela via diplomática, enquanto os pedidos de autorização, a que se referem os itens II e III deste artigo são atos da própria empresa designada.

Da Autorização para Funcionamento

Art. 206. O pedido de autorização para funcionamento no País será instruído com os seguintes documentos:

I - prova de achar-se a empresa constituída conforme a lei de seu país;

II - o inteiro teor de seu estatuto social ou instrumento constitutivo equivalente;

III - relação de acionistas ou detentores de seu capital, com a indicação, quando houver, do nome, profissão e domicílio de cada um e número de ações ou quotas de participação, conforme a natureza da sociedade;

IV - cópia da ata da assembleia ou do instrumento jurídico que deliberou sobre o funcionamento no Brasil e fixou o capital destinado às operações no território brasileiro;

V - último balanço mercantil legalmente publicado no país de origem;

VI - instrumento de nomeação do representante legal no Brasil, do qual devem constar poderes para aceitar as condições em que é dada a autorização (artigo 207).

Art. 207. As condições que o Governo Federal achar conveniente estabelecer em defesa dos interesses nacionais constarão de termo de aceitação assinado pela empresa requerente e integrarão o decreto de autorização.

Parágrafo único. Um exemplar do órgão oficial que tiver feito a publicação do decreto e de todos os documentos que o instruem será arquivado no Registro de Comércio da localidade onde vier a ser situado o estabelecimento principal da empresa, juntamente com a prova do depósito, em dinheiro, da parte do capital destinado às operações no Brasil.

Art. 208. As empresas estrangeiras autorizadas a funcionar no País são obrigadas a ter permanentemente representante no Brasil, com plenos poderes para tratar de quaisquer assuntos e resolvê-los definitivamente, inclusive para o efeito de ser demandado e receber citações iniciais pela empresa.

Parágrafo único. No caso de falência decretada fora do País, perdurarão os poderes do representante até que outro seja nomeado, e os bens e valores da empresa não serão liberados para transferência ao exterior, enquanto não forem pagos os credores domiciliados no Brasil.

Art. 209. Qualquer alteração que a empresa estrangeira fizer em seu estatuto ou atos constitutivos dependerá de aprovação do Governo Federal para produzir efeitos no Brasil.

Art. 210. A autorização à empresa estrangeira para funcionar no Brasil, de que trata o artigo 206, poderá ser cassada:

I – em caso de falência;

II – se os serviços forem suspensos, pela própria empresa, por período excedente a 6 (seis) meses;

III – nos casos previstos no decreto de autorização ou no respectivo Acordo Bilateral;

IV – nos casos previstos em lei (artigo 298).

Art. 211. A substituição da empresa estrangeira que deixar de funcionar no Brasil ficará na dependência de comprovação, perante a autoridade aeronáutica, do cumprimento das obrigações a que estava sujeita no País, salvo se forem assumidas pela nova empresa designada.

Da Autorização para Operar

Art. 212. A empresa estrangeira, designada pelo governo de seu país e autorizada a funcionar no Brasil, deverá obter a autorização para iniciar, em caráter definitivo, os serviços aéreos internacionais, apresentando à autoridade aeronáutica:

a) os planos operacional e técnico, na forma de regulamentação da espécie;

b) as tarifas que pretende aplicar entre pontos de escala no Brasil e as demais escalas de seu serviço no exterior;

c) o horário que pretende observar.

Art. 213. Toda modificação que envolva equipamento, horário, frequência e escalas no Território Nacional, bem assim a suspensão provisória ou definitiva dos serviços e o restabelecimento de escalas autorizadas, dependerá de autorização da autoridade aeronáutica, se não for estabelecido de modo diferente em Acordo Bilateral.

Parágrafo único. As modificações a que se refere este artigo serão submetidas à autoridade aeronáutica com a necessária antecedência.

Da Autorização de Agência de Empresa Estrangeira que Não Opere Serviços Aéreos no Brasil

Art. 214. As empresas estrangeiras de transporte aéreo que não operem no Brasil não poderão funcionar no Território Nacional ou nele manter agência, sucursal, filial, gerência, representação ou escritório, salvo se possuírem autorização para a venda de bilhete de passagem ou de carga, concedida por autoridade competente.

§ 1º A autorização de que trata este artigo estará sujeita às normas e condições que forem estabelecidas pelo Ministério da Aeronáutica.

§ 2º Não será outorgada autorização a empresa cujo país de origem não assegure reciprocidade de tratamento às congêneres brasileiras.

§ 3º O representante, agente, diretor, gerente ou procurador deverá ter os mesmos poderes de que trata o artigo 208 deste Código.

SEÇÃO II
DO TRANSPORTE DOMÉSTICO

Art. 215. Considera-se doméstico e é regido por este Código, todo transporte em que os pontos de partida, intermediários e de destino estejam situados em Território Nacional.

Parágrafo único. O transporte não perderá esse caráter se, por motivo de força maior, a aeronave fizer escala em território estrangeiro, estando, porém, em território brasileiro os seus pontos de partida e destino.

Art. 216. Os serviços aéreos de transporte público doméstico são reservados às pessoas jurídicas brasileiras.

CAPÍTULO VI
DOS SERVIÇOS DE TRANSPORTE AÉREO NÃO REGULAR

Art. 217. Para a prestação de serviços aéreos não regulares de transporte de passageiro, carga ou mala postal, é necessária autorização de funcionamento do Poder Executivo, a qual será intransferível, podendo estender-se por período de 5 (cinco) anos, renovável por igual prazo.

Art. 218. Além da nacionalidade brasileira, a pessoa interessada em obter a autorização de funcionamento, deverá indicar os aeródromos e instalações auxiliares que pretende utilizar, comprovando:

I – sua capacidade econômica e financeira;

II – a viabilidade econômica do serviço que pretende explorar;

III – que dispõe de aeronaves adequadas, pessoal técnico habilitado e estruturas técnicas de manutenção, próprias ou contratadas;

IV – que fez os seguros obrigatórios.

Art. 219. Além da autorização de funcionamento, de que tratam os artigos 217 e 218, os serviços de transporte aéreo não regular entre pontos situados no País, ou entre ponto no Território Nacional e outro em país estrangeiro, sujeitam-se à permissão correspondente.

Art. 220. Os serviços de táxi-aéreo constituem modalidade de transporte público aéreo não regular de passageiro ou carga, mediante remuneração convencionada entre o usuário e o transportador, sob a fiscalização do Ministério da Aeronáutica, e visando a proporcionar atendimento imediato, independente de horário, percurso ou escala.

Art. 221. As pessoas físicas ou jurídicas, autorizadas a exercer atividade de fomento da aviação civil ou desportiva, assim como de adestramento de tripulantes, não poderão realizar serviço público de transporte aéreo, com ou sem remuneração (artigos 267, § 2º; 178, § 2º e 179).

TÍTULO VII – DO CONTRATO DE TRANSPORTE AÉREO

CAPÍTULO I
DISPOSIÇÕES GERAIS

Art. 222. Pelo contrato de transporte aéreo, obriga-se o empresário a transportar passageiro, bagagem, carga, encomenda ou mala postal, por meio de aeronave, mediante pagamento.

Parágrafo único. O empresário, como transportador, pode ser pessoa física ou jurídica, proprietário ou explorador da aeronave.

Art. 223. Considera-se que existe um só contrato de transporte, quando ajustado num único ato jurídico, por meio de um ou mais bilhetes de passagem, ainda que executado, sucessivamente, por mais de um transportador.

Art. 224. Em caso de transporte combinado, aplica-se às aeronaves o disposto neste Código.

Art. 225. Considera-se transportador de fato o que realiza todo o transporte ou parte dele, presumidamente autorizado pelo transportador contratual e sem se confundir com ele ou com o transportador sucessivo.

Art. 226. A falta, irregularidade ou perda do bilhete de passagem, nota de bagagem ou conhecimento de carga não prejudica a existência e eficácia do respectivo contrato.

CAPÍTULO II

DO CONTRATO DE TRANSPORTE DE PASSAGEIRO

Seção I

DO BILHETE DE PASSAGEM

Art. 227. No transporte de pessoas, o transportador é obrigado a entregar o respectivo bilhete individual ou coletivo de passagem, que deverá indicar o lugar e a data da emissão, os pontos de partida e destino, assim como o nome dos transportadores.

Art. 228. O bilhete de passagem terá a validade de 1 (um) ano, a partir da data de sua emissão.

Art. 229. O passageiro tem direito ao reembolso do valor já pago do bilhete se o transportador vier a cancelar a viagem.

Art. 230. Em caso de atraso da partida por mais de 4 (quatro) horas, o transportador providenciará o embarque do passageiro, em vôo que ofereça serviço equivalente para o mesmo destino, se houver, ou restituirá, de imediato, se o passageiro o preferir, o valor do bilhete de passagem.

Art. 231. Quando o transporte sofrer interrupção ou atraso em aeroporto de escala por período superior a 4 (quatro) horas, qualquer que seja o motivo, o passageiro poderá optar pelo endosso do bilhete de passagem ou pela imediata devolução do preço.

Parágrafo único. Todas as despesas decorrentes da interrupção ou atraso da viagem, inclusive transporte de qualquer espécie, alimentação e hospedagem, correrão por conta do transportador contratual, sem prejuízo da responsabilidade civil.

Art. 232. A pessoa transportada deve sujeitar-se às normas legais constantes do bilhete ou afixadas à vista dos usuários, abstendo-se de ato que cause incômodo ou prejuízo aos passageiros, danifique a aeronave, impeça ou dificulte a execução normal do serviço.

Art. 233. A execução do contrato de transporte aéreo de passageiro compreende as operações de embarque e desembarque, além das efetuadas a bordo da aeronave.

§ 1º Considera-se operação de embarque a que se realiza desde quando o passageiro, já despachado no aeroporto, transpõe o limite da área destinada ao público em geral e entra na respectiva aeronave, abrangendo o percurso feito a pé, por meios mecânicos ou com a utilização de viaturas.

§ 2º A operação de desembarque inicia-se com a saída de bordo da aeronave e termina no ponto de intersecção da área interna do aeroporto e da área aberta ao público em geral.

Seção II

DA NOTA DE BAGAGEM

Art. 234. No contrato de transporte de bagagem, o transportador é obrigado a entregar ao passageiro a nota individual ou coletiva correspondente, em 2 (duas) vias, com a indicação do lugar e data de emissão, pontos de partida e destino, número do bilhete de passagem, quantidade, peso e valor declarado dos volumes.

§ 1º A execução do contrato inicia-se com a entrega ao passageiro da respectiva nota e termina com o recebimento da bagagem.

§ 2º Poderá o transportador verificar o conteúdo dos volumes sempre que haja valor declarado pelo passageiro.

§ 3º Além da bagagem registrada, é facultado ao passageiro conduzir objetos de uso pessoal, como bagagem de mão.

§ 4º O recebimento da bagagem, sem protesto, faz presumir o seu bom estado.

§ 5º Procede-se ao protesto, no caso de avaria ou atraso, na forma determinada na seção relativa ao contrato de carga.

CAPÍTULO III

DO CONTRATO DE TRANSPORTE AÉREO DE CARGA

Art. 235. No contrato de transporte aéreo de carga, será emitido o respectivo conhecimento, com as seguintes indicações:

I – o lugar e data de emissão;

II – os pontos de partida e destino;

III – o nome e endereço do expedidor;

IV – o nome e endereço do transportador;

V – o nome e endereço do destinatário;

VI – a natureza da carga;

VII – o número, acondicionamento, marcas e numeração dos volumes;

VIII – o peso, quantidade e o volume ou dimensão;

IX – o preço da mercadoria, quando a carga for expedida contra pagamento no ato da entrega, e, eventualmente, a importância das despesas;

X – o valor declarado, se houver;

XI – o número das vias do conhecimento;

XII – os documentos entregues ao transportador para acompanhar o conhecimento;

XIII – o prazo de transporte, dentro do qual deverá o transportador entregar a carga no lugar do destino, e o destinatário ou expedidor retirá-la.

Art. 236. O conhecimento aéreo será feito em 3 (três) vias originais e entregue pelo expedidor com a carga.

§ 1º A 1ª via, com a indicação "do transportador", será assinada pelo expedidor.

§ 2º A 2ª via, com a indicação "do destinatário", será assinada pelo expedidor e pelo transportador e acompanhará a carga.

§ 3º A 3ª via será assinada pelo transportador e por ele entregue ao expedidor, após aceita a carga.

Art. 237. Se o transportador, a pedido do expedidor, fizer o conhecimento, considerar-se-á como tendo feito por conta e em nome deste, salvo prova em contrário.

Art. 238. Quando houver mais de um volume, o transportador poderá exigir do expedidor conhecimentos aéreos distintos.

Art. 239. Sem prejuízo da responsabilidade penal, o expedidor responde pela exatidão das indicações e declarações constantes do conhecimento aéreo e pelo dano que, em consequência de suas declarações ou indicações irregulares, inexatas ou incompletas, vier a sofrer o transportador ou qualquer outra pessoa.

Art. 240. O conhecimento faz presumir, até prova em contrário, a conclusão do contrato, o recebimento da carga e as condições do transporte.

Art. 241. As declarações contidas no conhecimento aéreo, relativas a peso, dimensões, acondicionamento da carga e número de volumes, presumem-se verdadeiras até prova em contrário; as referentes à quantidade, volume, valor e estado da carga só farão prova contra o transportador, se este verificar sua exatidão, o que deverá constar do conhecimento.

Art. 242. O transportador recusará a carga desacompanhada dos documentos exigidos ou cujo transporte e comercialização não sejam permitidos.

Art. 243. Ao chegar a carga ao lugar do destino, deverá o transportador avisar ao destinatário para que a retire no prazo de 15 (quinze) dias a contar do aviso, salvo se estabelecido outro prazo no conhecimento.

§ 1º Se o destinatário não for encontrado ou não retirar a carga no prazo constante do aviso, o transportador avisará ao expedidor para retirá-la no prazo de 15 (quinze) dias, a partir do aviso, sob pena de ser considerada abandonada.

§ 2º Transcorrido o prazo estipulado no último aviso, sem que a carga tenha sido retirada, o transportador a entregará ao depósito público por conta e risco do expedidor, ou, a seu critério, ao leiloeiro, para proceder à venda em leilão público e depositar o produto líquido no Banco do Brasil S/A., à disposição do proprietário, deduzidas as despesas de frete, seguro e encargos da venda.

§ 3º No caso de a carga estar sujeita a controle aduaneiro, o alijamento a que se refere o § 1º deste artigo será comunicado imediatamente à autoridade fazendária que jurisdicione o aeroporto do destino da carga.

Art. 244. Presume-se entregue em bom estado e de conformidade com o documento de transporte a carga que o destinatário haja recebido sem protesto.

§ 1º O protesto far-se-á mediante ressalva lançada no documento de transporte ou mediante qualquer comunicação escrita, encaminhada ao transportador.

§ 2º O protesto por avaria será feito dentro do prazo de 7 (sete) dias a contar do recebimento.

§ 3º O protesto por atraso será feito dentro do prazo de 15 (quinze) dias a contar da data em que a carga haja sido posta à disposição do destinatário.

§ 4º Em falta de protesto, qualquer ação somente será admitida se fundada em dolo do transportador.

§ 5º Em caso de transportador sucessivo ou de transportador de fato o protesto será encaminhado aos responsáveis (artigos 259 e 266).

§ 6º O dano ou avaria e o extravio de carga importada ou em trânsito aduaneiro serão apurados de acordo com a legislação específica (artigo 8º).

Art. 245. A execução do contrato de transporte aéreo de carga inicia-se com o recebimento e persiste durante o período em que se encontra sob a responsabilidade do transportador, seja em aeródromo, a bordo da aeronave ou em qualquer lugar, no caso de aterrissagem forçada, até a entrega final.

Parágrafo único. O período de execução do transporte aéreo não compreende o transporte terrestre, marítimo ou fluvial, efetuado fora de aeródromo, a menos que hajam sido feitos para proceder ao carregamento, entrega, transbordo ou baldeação de carga (artigo 263).

TÍTULO VIII – DA RESPONSABILIDADE CIVIL

CAPÍTULO I
DA RESPONSABILIDADE CONTRATUAL

Seção I
DISPOSIÇÕES GERAIS

Art. 246. A responsabilidade do transportador (artigos 123, 124 e 222, Parágrafo único), por danos ocorridos durante a execução do contrato de transporte (artigos 233, 234, § 1º, 245), está sujeita aos limites estabelecidos neste Título (artigos 257, 260, 262, 269 e 277).

Art. 247. É nula qualquer cláusula tendente a exonerar de responsabilidade o transportador ou a estabelecer limite de indenização inferior ao previsto neste Capítulo, mas a nulidade da cláusula não acarreta a do contrato, que continuará regido por este Código (artigo 10).

Art. 248. Os limites de indenização, previstos neste Capítulo, não se aplicam se for provado que o dano resultou de dolo ou culpa grave do transportador ou de seus prepostos.

§ 1º Para os efeitos deste artigo, ocorre o dolo ou culpa grave quando o transportador ou seus prepostos quiseram o resultado ou assumiram o risco de produzi-lo.

§ 2º O demandante deverá provar, no caso de dolo ou culpa grave dos prepostos, que estes atuavam no exercício de suas funções.

§ 3º A sentença, no Juízo Criminal, com trânsito em julgado, que haja decidido sobre a existência do ato doloso ou culposo e sua autoria, será prova suficiente.

Art. 249. Não serão computados nos limites estabelecidos neste Capítulo, honorários e despesas judiciais.

Art. 250. O responsável que pagar a indenização desonera-se em relação a quem a receber (artigos 253 e 281, parágrafo único).

Parágrafo único. Fica ressalvada a discussão entre aquele que pagou e os demais responsáveis pelo pagamento.

Art. 251. Na fixação de responsabilidade do transportador por danos a pessoas, carga, equipamento ou instalações postos a bordo da aeronave aplicam-se os limites dos dispositivos deste Capítulo, caso não existam no contrato outras limitações.

Art. 251-A. A indenização por dano extrapatrimonial em decorrência de falha na execução do contrato de transporte fica condicionada à demonstração da efetiva ocorrência do prejuízo e de sua extensão pelo passageiro ou pelo expedidor ou destinatário de carga.

▸ Art. 251-A acrescido pela Lei nº 14.034, de 5-8-2020.

Seção II
DO PROCEDIMENTO EXTRAJUDICIAL

Art. 252. No prazo de 30 (trinta) dias, a partir das datas previstas no artigo 317, I, II, III e IV, deste Código, o interessado deverá habilitar-se ao recebimento da respectiva indenização.

Art. 253. Nos 30 (trinta) dias seguintes ao término do prazo previsto no artigo anterior, o responsável deverá efetuar aos habilitados os respectivos pagamentos com recursos próprios ou com os provenientes do seguro (artigo 250).

Art. 254. Para os que não se habilitarem tempestivamente ou cujo processo esteja na dependência de cumprimento, pelo interessado, de exigências legais, o pagamento a que se refere o artigo anterior deve ocorrer nos 30 (trinta) dias seguintes à satisfação daquelas.

Art. 255. Esgotado o prazo a que se referem os artigos 253 e 254, se não houver o responsável ou a seguradora efetuado o pagamento, poderá o interessado promover, judicialmente, pelo procedimento sumaríssimo (artigo 275, II, letra *e*, do CPC), a reparação do dano.

Seção III
DA RESPONSABILIDADE POR DANO A PASSAGEIRO

Art. 256. O transportador responde pelo dano decorrente:

I – de morte ou lesão de passageiro, causada por acidente ocorrido durante a execução do contrato de transporte aéreo, a bordo de aeronave ou no curso das operações de embarque e desembarque;

II – de atraso do transporte aéreo contratado.

§ 1º O transportador não será responsável:

a e *b*) *Revogadas*. Lei nº 14.034, de 5-8-2020.

I – no caso do inciso I do *caput* deste artigo, se a morte ou lesão resultar, exclusivamente, do estado de saúde do passageiro, ou se o acidente decorrer de sua culpa exclusiva;

II – no caso do inciso II do *caput* deste artigo, se comprovar que, por motivo de caso fortuito ou de força maior, foi impossível adotar medidas necessárias, suficientes e adequadas para evitar o dano.

► Incisos I e II acrescidos pela Lei nº 14.034, de 5-8-2020.

§ 2º A responsabilidade do transportador estende-se:

a) a seus tripulantes, diretores e empregados que viajarem na aeronave acidentada, sem prejuízo de eventual indenização por acidente de trabalho;

b) aos passageiros gratuitos, que viajarem por cortesia.

§ 3º Constitui caso fortuito ou força maior, para fins do inciso II do § 1º deste artigo, a ocorrência de 1 (um) ou mais dos seguintes eventos, desde que supervenientes, imprevisíveis e inevitáveis:

I – restrições ao pouso ou à decolagem decorrentes de condições meteorológicas adversas impostas por órgão do sistema de controle do espaço aéreo;

II – restrições ao pouso ou à decolagem decorrentes de indisponibilidade da infraestrutura aeroportuária;

III – restrições ao voo, ao pouso ou à decolagem decorrentes de determinações da autoridade de aviação civil ou de qualquer outra autoridade ou órgão da Administração Pública, que será responsabilizada;

IV – decretação de pandemia ou publicação de atos de Governo que dela decorram, com vistas a impedir ou a restringir o transporte aéreo ou as atividades aeroportuárias.

§ 4º A previsão constante do inciso II do § 1º deste artigo não desobriga o transportador de oferecer assistência material ao passageiro, bem como de oferecer as alternativas de reembolso do valor pago pela passagem e por eventuais serviços acessórios ao contrato de transporte, de reacomodação ou de reexecução do serviço por outra modalidade de transporte, inclusive nas hipóteses de atraso e de interrupção do voo por período superior a 4 (quatro) horas de que tratam os arts. 230 e 231 desta Lei.

► §§ 3º e 4º acrescidos pela Lei nº 14.034, de 5-8-2020.

Art. 257. A responsabilidade do transportador, em relação a cada passageiro e tripulante, limita-se, no caso de morte ou lesão, ao valor correspondente, na data do pagamento, a 3.500 (três mil e quinhentas) Obrigações do Tesouro Nacional – OTN, e, no caso de atraso do transporte, a 150 (cento e cinquenta) Obrigações do Tesouro Nacional – OTN.

§ 1º Poderá ser fixado limite maior mediante pacto acessório entre o transportador e o passageiro.

§ 2º Na indenização que for fixada em forma de renda, o capital par a sua constituição não poderá exceder o maior valor previsto neste artigo.

Art. 258. No caso de transportes sucessivos, o passageiro ou seu sucessor só terá ação contra o transportador que haja efetuado o transporte no curso do qual ocorrer o acidente ou o atraso.

Parágrafo único. Não se aplica o disposto neste artigo se, por estipulação expressa, o primeiro transportador assumir a responsabilidade por todo o percurso do transporte contratado.

Art. 259. Quando o transporte aéreo for contratado com um transportador e executado por outro, o passageiro ou sucessores poderão demandar tanto o transportador contratual como o transportador de fato, respondendo ambos solidariamente.

Seção IV
DA RESPONSABILIDADE POR DANOS À BAGAGEM

Art. 260. A responsabilidade do transportador por dano, consequente da destruição, perda ou avaria da bagagem despachada ou conservada em mãos do passageiro, ocorrida durante a execução do contrato de transporte aéreo, limita-se ao valor correspondente a 150 (cento e cinquenta) Obrigações do Tesouro Nacional – OTN, por ocasião do pagamento, em relação a cada passageiro.

Art. 261. Aplica-se, no que couber, o que está disposto na seção relativa à responsabilidade por danos à carga aérea (artigos 262 a 266).

Seção V
DA RESPONSABILIDADE POR DANOS À CARGA

Art. 262. No caso de atraso, perda, destruição ou avaria de carga, ocorrida durante a execução do contrato do transporte aéreo, a responsabilidade do transportador limita-se ao valor correspondente a 3 (três) Obrigações do Tesouro Nacional – OTN por quilo, salvo declaração especial de valor feita pelo expedidor e mediante o pagamento de taxa suplementar, se for o caso (artigos 239, 241 e 244).

Art. 263. Quando para a execução do contrato de transporte aéreo for usado outro meio de transporte, e houver dúvida sobre onde ocorreu o dano, a responsabilidade do transportador será regida por este Código (artigo 245 e Parágrafo único).

Art. 264. O transportador não será responsável se comprovar:

I – que o atraso na entrega da carga foi causado pela ocorrência de 1 (um) ou mais dos eventos previstos no § 3º do art. 256 desta Lei;

► Inciso I com a redação dada pela Lei nº 14.034, de 5-8-2020.

II – que a perda, destruição ou avaria resultou, exclusivamente, de um ou mais dos seguintes fatos:

a) natureza ou vício próprio da mercadoria;

b) embalagem defeituosa da carga, feita por pessoa ou seus prepostos;

c) ato de guerra ou conflito armado;

d) ato de autoridade pública referente à carga.

Art. 265. A não ser que o dano atinja o valor de todos os volumes, compreendidos pelo conhecimento de transporte aéreo, somente será considerado, para efeito de indenização, o peso dos volumes perdidos, destruídos, avariados ou entregues com atraso.

Art. 266. Poderá o expedidor propor ação contra o primeiro transportador e contra aquele que haja efetuado o transporte, durante o qual ocorreu o dano, e o destinatário contra este e contra o último transportador.

Parágrafo único. Ocorre a solidariedade entre os transportadores responsáveis perante, respectivamente, o expedidor e o destinatário.

CAPÍTULO II

DA RESPONSABILIDADE POR DANOS EM SERVIÇOS AÉREOS GRATUITOS

Art. 267. Quando não houver contrato de transporte (artigos 222 a 245), a responsabilidade civil por danos ocorridos durante a execução dos serviços aéreos obedecerá ao seguinte:

I – no serviço aéreo privado (artigos 177 a 179), o proprietário da aeronave responde por danos ao pessoal técnico a bordo e às pessoas e bens na superfície, nos limites previstos, respectivamente, nos artigos 257 e 269 deste Código, devendo contratar seguro correspondente (artigo 178, §§ 1º e 2º);

II – no transporte gratuito realizado por empresa de transporte aéreo público, observa-se o disposto no artigo 256, § 2º, deste Código;

III – no transporte gratuito realizado pelo Correio Aéreo Nacional, não haverá indenização por danos à pessoa ou bagagem a bordo, salvo se houver comprovação de culpa ou dolo dos operadores da aeronave.

§ 1º No caso do item III deste artigo, ocorrendo a comprovação de culpa, a indenização sujeita-se aos limites previstos no Capítulo anterior, e no caso de ser comprovado o dolo, não prevalecem os referidos limites.

§ 2º Em relação a passageiros transportados com infração do § 2º do artigo 178 e artigo 221, não prevalecem os limites deste Código.

CAPÍTULO III

DA RESPONSABILIDADE PARA COM TERCEIROS NA SUPERFÍCIE

Art. 268. O explorador responde pelos danos a terceiros na superfície, causados, diretamente, por aeronave em voo, ou manobra, assim como por pessoa ou coisa dela caída ou projetada.

§ 1º Prevalece a responsabilidade do explorador quando a aeronave é pilotada por seus prepostos, ainda que exorbitem de suas atribuições.

§ 2º Exime-se o explorador da responsabilidade se provar que:

I – não há relação direta de causa e efeito entre o dano e os fatos apontados;

II – resultou apenas da passagem da aeronave pelo espaço aéreo, observadas as regras de tráfego aéreo;

III – a aeronave era operada por terceiro, não preposto nem dependente, que iludiu a razoável vigilância exercida sobre o aparelho;

IV – houve culpa exclusiva do prejudicado.

§ 3º Considera-se a aeronave em vôo desde o momento em que a força motriz é aplicada para decolar até o momento em que termina a operação de pouso.

§ 4º Tratando-se de aeronave mais leve que o ar, planador ou asa voadora, considera-se em voo desde o momento em que se desprende da superfície até aquele em que a ela novamente retorne.

§ 5º Considera-se em manobra a aeronave que estiver sendo movimentada ou rebocada em áreas aeroportuárias.

Art. 269. A responsabilidade do explorador estará limitada:

I – para aeronaves com o peso máximo de 1.000kg (mil quilogramas), à importância correspondente a 3.500 (três mil e quinhentas) OTN – Obrigações do Tesouro Nacional;

II – para aeronaves com peso superior a 1.000kg (mil quilogramas), à quantia correspondente a 3.500 (três mil e quinhentas) OTN – Obrigações do Tesouro Nacional, acrescida de 1/10 (um décimo) do valor de cada OTN – Obrigação do Tesouro Nacional por quilograma que exceder a 1.000 (mil).

Parágrafo único. Entende-se por peso da aeronave o autorizado para decolagem pelo certificado de aeronavegabilidade ou documento equivalente.

Art. 270. O explorador da aeronave pagará aos prejudicados habilitados 30% (trinta por cento) da quantia máxima, a que estará obrigado, nos termos do artigo anterior, dentro de 60 (sessenta) dias a partir da ocorrência do fato (artigos 252 e 253).

§ 1º Exime-se do dever de efetuar o pagamento o explorador que houver proposto ação para isentar-se de responsabilidade sob a alegação de culpa predominante ou exclusiva do prejudicado.

§ 2º O saldo de 70% (setenta por cento) será rateado entre todos os prejudicados habilitados, quando após o decurso de 90 (noventa) dias do fato, não pender qualquer processo de habilitação ou ação de reparação do dano (artigos 254 e 255).

Art. 271. Quando a importância total das indenizações fixadas exceder ao limite de responsabilidade estabelecido neste Capítulo, serão aplicadas as regras seguintes:

I – havendo apenas danos pessoais ou apenas danos materiais, as indenizações serão reduzidas proporcionalmente aos respectivos montantes;

II – havendo danos pessoais e materiais, metade da importância correspondente ao limite máximo de indenização será destinada a cobrir cada espécie de dano; se houver saldo, será ele utilizado para complementar indenizações que não tenham podido ser pagas em seu montante integral.

Art. 272. Nenhum efeito terão os dispositivos deste Capítulo sobre o limite de responsabilidade quando:

I – o dano resultar de dolo ou culpa grave do explorador ou de seus prepostos;

II – seja o dano causado pela aeronave no solo e com seus motores parados;

III – o dano seja causado a terceiros na superfície, por quem esteja operando ilegal ou ilegitimamente a aeronave.

CAPÍTULO IV

DA RESPONSABILIDADE POR ABALROAMENTO

Art. 273. Consideram-se provenientes de abalroamento os danos produzidos pela colisão de 2 (duas) ou mais aeronaves, em voo ou em manobra na superfície, e os produzidos às pessoas ou coisas a bordo, por outra aeronave em voo.

Art. 274. A responsabilidade pela reparação dos danos resultantes do abalroamento cabe ao explorador ou proprietário da aeronave causadora, quer a utilize pessoalmente, quer por preposto.

Art. 275. No abalroamento em que haja culpa concorrente, a responsabilidade dos exploradores é solidária, mas proporcional à gravidade da falta.

Parágrafo único. Não se podendo determinar a proporcionalidade, responde cada um dos exploradores em partes iguais.

Art. 276. Constituem danos de abalroamento, sujeitos à indenização:

I – os causados a pessoas e coisas a bordo das aeronaves envolvidas;

II – os sofridos pela aeronave abalroada;

III – os prejuízos decorrentes da privação de uso da aeronave abalroada;

IV – os danos causados a terceiros, na superfície.

Parágrafo único. Incluem-se no ressarcimento dos danos as despesas, inclusive judiciais, assumidas pelo explorador da aeronave abalroada, em consequência do evento danoso.

Art. 277. A indenização pelos danos causados em consequência do abalroamento não excederá:

I – aos limites fixados nos artigos 257, 260 e 262, relativos a pessoas e coisas a bordo, elevados ao dobro;

II – aos limites fixados no artigo 269, referentes a terceiros na superfície, elevados ao dobro;

III – ao valor dos reparos e substituições de peças da aeronave abalroada, se recuperável, ou de seu valor real imediatamente anterior ao evento, se inconveniente ou impossível a recuperação;

IV – ao décimo do valor real da aeronave abalroada imediatamente anterior ao evento, em virtude da privação de seu uso normal.

Art. 278. Não prevalecerão os limites de indenização fixados no artigo anterior:

I – se o abalroamento resultar de dolo ou culpa grave específico do explorador ou de seus prepostos;

II – se o explorador da aeronave causadora do abalroamento tiver concorrido, por si ou por seus prepostos, para o evento, mediante ação ou omissão violadora das normas em vigor sobre tráfego aéreo;

III – se o abalroamento for consequência de apossamento ilícito ou uso indevido da aeronave, sem negligência do explorador ou de seus prepostos, os quais, neste caso, ficarão eximidos de responsabilidade.

Art. 279. O explorador de cada aeronave será responsável, nas condições e limites previstos neste Código, pelos danos causados:

I – pela colisão de 2 (duas) ou mais aeronaves;

II – por 2 (duas) ou mais aeronaves conjunta ou separadamente.

Parágrafo único. A pessoa que sofrer danos, ou os seus beneficiários, terão direito a ser indenizados, até a soma dos limites correspondentes a cada uma das aeronaves, mas nenhum explorador será responsável por soma que exceda os limites aplicáveis às suas aeronaves, salvo se sua responsabilidade for ilimitada, por ter sido provado que o dano foi causado por dolo ou culpa grave (§ 1º do artigo 248).

CAPÍTULO V

DA RESPONSABILIDADE DO CONSTRUTOR AERONÁUTICO E DAS ENTIDADES DE INFRAESTRUTURA AERONÁUTICA

Art. 280. Aplicam-se, conforme o caso, os limites estabelecidos nos artigos 257, 260, 262, 269 e 277, à eventual responsabilidade:

I – do construtor de produto aeronáutico brasileiro, em relação à culpa pelos danos decorrentes de defeitos de fabricação;

II – da administração de aeroportos ou da Administração Pública, em serviços de infraestrutura, por culpa de seus operadores, em acidentes que causem danos a passageiros ou coisas.

CAPÍTULO VI

DA GARANTIA DE RESPONSABILIDADE

Art. 281. Todo explorador é obrigado a contratar o seguro para garantir eventual indenização de riscos futuros em relação:

I – aos danos previstos neste Título, com os limites de responsabilidade civil nele estabelecidos (artigos 257, 260, 262, 269 e 277) ou contratados (§ 1º do artigo 257 e parágrafo único do artigo 262);

II – aos tripulantes e viajantes gratuitos equiparados, para este efeito, aos passageiros (artigo 256, § 2º);

III – ao pessoal técnico a bordo e às pessoas e bens na superfície, nos serviços aéreos privados (artigo 178, § 2º, e artigo 267, I);

IV – ao valor da aeronave.

Parágrafo único. O recebimento do seguro exime o transportador da responsabilidade (artigo 250).

Art. 282. Exigir-se-á do explorador de aeronave estrangeira, para a eventual reparação de danos a pessoas ou bens no espaço aéreo ou no território brasileiro:

a) apresentação de garantias iguais ou equivalentes às exigidas de aeronaves brasileiras;

b) o cumprimento das normas estabelecidas em Convenções ou Acordos Internacionais, quando aplicáveis.

Art. 283. A expedição ou revalidação do certificado de aeronavegabilidade só ocorrerá diante da comprovação do seguro, que será averbado no Registro Aeronáutico Brasileiro e respectivos certificados.

Parágrafo único. A validade do certificado poderá ser suspensa, a qualquer momento, se comprovado que a garantia deixou de existir.

Art. 284. Os seguros obrigatórios, cuja expiração ocorrer após o início do voo, consideram-se prorrogados até o seu término.

Art. 285. Sob pena de nulidade da cláusula, nas apólices de seguro de vida ou de seguro de acidente, não poderá haver exclusão de riscos resultantes do transporte aéreo.

Parágrafo único. Em se tratando de transporte aéreo, as apólices de seguro de vida ou de seguro de acidentes não poderão conter cláusulas que apresentem taxas ou sobretaxas maiores que as cobradas para os transportes terrestres.

Art. 286. Aquele que tiver direito à reparação do dano poderá exercer, nos limites da indenização que lhe couber, direito próprio sobre a garantia prestada pelo responsável (artigos 250 e 281, Parágrafo único).

CAPÍTULO VII

DA RESPONSABILIDADE CIVIL NO TRANSPORTE AÉREO INTERNACIONAL

Art. 287. Para efeito de limite de responsabilidade civil no transporte aéreo internacional, as quantias estabelecidas nas Convenções Internacionais de que o Brasil faça parte serão convertidas em moeda nacional, na forma de regulamento expedido pelo Poder Executivo.

TÍTULO IX – DAS INFRAÇÕES E PROVIDÊNCIAS ADMINISTRATIVAS

CAPÍTULO I

DOS ÓRGÃOS ADMINISTRATIVOS COMPETENTES

Art. 288. O Poder Executivo criará órgão com a finalidade de apuração e julgamento das infrações previstas neste Código e na legislação complementar, especialmente as relativas a tarifas e condições de transporte, bem como de conhecimento dos respectivos recursos.

§ 1º A competência, organização e funcionamento do órgão a ser criado, assim como o procedimento dos respectivos processos, serão fixados em regulamento.

§ 2º Não se compreendem na competência do órgão a que se refere este artigo as infrações sujeitas à legislação tributária.

CAPÍTULO II

DAS PROVIDÊNCIAS ADMINISTRATIVAS

Art. 289. Na infração aos preceitos deste Código ou da legislação complementar, a autoridade aeronáutica poderá tomar as seguintes providências administrativas:

I – multa;

II – suspensão de certificados, licenças, concessões ou autorizações;

III – cassação de certificados, licenças, concessões ou autorizações;

IV – detenção, interdição ou apreensão de aeronave, ou do material transportado;

V – intervenção nas empresas concessionárias ou autorizadas.

Art. 290. A autoridade aeronáutica poderá requisitar o auxílio da força policial para obter a detenção dos presumidos infratores ou da aeronave que ponha em perigo a segurança pública, pessoas ou coisas, nos limites do que dispõe este Código.

Art. 291. Toda vez que se verifique a ocorrência de infração prevista neste Código ou na legislação complementar, a autoridade aeronáutica lavrará o respectivo auto, remetendo-o à autoridade ou ao órgão competente para a apuração, julgamento ou providência administrativa cabível.

§ 1º Quando a infração constituir crime, a autoridade levará, imediatamente, o fato ao conhecimento da autoridade policial ou judicial competente.

§ 2º Tratando-se de crime, em que se deva deter membros de tripulação de aeronave que realize serviço público de transporte aéreo, a autoridade aeronáutica, concomitantemente à providência prevista no parágrafo anterior, deverá tomar as medidas que possibilitem a continuação do voo.

Art. 292. É assegurado o direito à ampla defesa e a recurso a quem responder a procedimentos instaurados para a apuração e julgamento das infrações às normas previstas neste Código e em normas regulamentares.

§ 1º O mesmo direito será assegurado no caso de providências administrativas necessárias à apuração de fatos irregulares ou delituosos.

§ 2º O procedimento será sumário, com efeito suspensivo.

Art. 293. A aplicação das providências ou penalidades administrativas, previstas neste Título, não prejudicará nem impedirá a imposição, por outras autoridades, de penalidades cabíveis.

Art. 294. Será solidária a responsabilidade de quem cumprir ordem exorbitante ou indevida do proprietário ou explorador de aeronave, que resulte em infração deste Código.

Art. 295. A multa será imposta de acordo com a gravidade da infração, podendo ser acrescida da suspensão de qualquer dos certificados ou da autorização ou permissão.

Art. 296. A suspensão será aplicada para período não superior a 180 (cento e oitenta) dias, podendo ser prorrogada uma vez por igual período.

Art. 297. A pessoa jurídica empregadora responderá solidariamente com seus prepostos, agentes, empregados ou intermediários, pelas infrações por eles cometidas no exercício das respectivas funções.

Art. 298. A empresa estrangeira de transporte aéreo que opere no País será sujeita à multa e, na hipótese de reincidência, à suspensão ou cassação da autorização de funcionamento no caso de não atender:

I – aos requisitos prescritos pelas leis e regulamentos normalmente aplicados, no que se refere ao funcionamento de empresas de transporte aéreo;

II – às leis e regulamentos relativos à:

a) entrada e saída de aeronaves;

b) sua exploração ou navegação durante a permanência no território ou espaço aéreo brasileiro;

c) entrada ou saída de passageiros;

d) tripulação ou carga;

e) despacho;

f) imigração;

g) alfândega;

h) higiene;

i) saúde.

III – às tarifas, itinerários, frequências e horários aprovados; às condições contidas nas respectivas autorizações; à conservação e manutenção de seus equipamentos de voo no que se relaciona com a segurança e eficiência do serviço; ou à proibição de embarcar ou desembarcar passageiro ou carga em voo de simples trânsito;

IV – à legislação interna, em seus atos e operações no Brasil, em igualdade com as congêneres nacionais.

CAPÍTULO III

DAS INFRAÇÕES

Art. 299. Será aplicada multa de (vetado) ate 1.000 (mil) valores de referência, ou de suspensão ou cassação de quaisquer certificados de matrícula, habilitação, concessão, autorização, permissão ou homologação expedidos segundo as regras deste Código, nos seguintes casos:

I – procedimento ou prática, no exercício das funções, que revelem falta de idoneidade profissional para o exercício das prerrogativas dos certificados de habilitação técnica;

II – execução de serviços aéreos de forma a comprometer a ordem ou a segurança pública, ou com violação das normas de segurança dos transportes;

III – cessão ou transferência da concessão, autorização ou permissão, sem licença da autoridade aeronáutica;

IV – transferência, direta ou indireta, da direção ou da execução dos serviços aéreos concedidos ou autorizados;

V – fornecimento de dados, informações ou estatísticas inexatas ou adulteradas;

VI – recusa de exibição de livros, documentos contábeis, informações ou estatísticas aos agentes da fiscalização;

VII – prática reiterada de infrações graves;

VIII – atraso no pagamento de tarifas aeroportuárias além do prazo estabelecido pela autoridade aeronáutica;

IX – atraso no pagamento de preços específicos pela utilização de áreas aeroportuárias, fora do prazo estabelecido no respectivo instrumento.

Art. 300. A cassação dependerá de inquérito administrativo no curso do qual será assegurada defesa ao infrator.

Art. 301. A suspensão poderá ser por prazo até 180 (cento e oitenta) dias, prorrogáveis por igual período.

Art. 302. A multa será aplicada pela prática das seguintes infrações:

I – infrações referentes ao uso das aeronaves:

a) utilizar ou empregar aeronave sem matrícula;

b) utilizar ou empregar aeronave com falsas marcas de nacionalidade ou de matrícula, ou sem que elas correspondam ao que consta do Registro Aeronáutico Brasileiro – RAB;

c) utilizar ou empregar aeronave em desacordo com as prescrições dos respectivos certificados ou com estes vencidos;

d) utilizar ou empregar aeronave sem os documentos exigidos ou sem que estes estejam em vigor;

e) utilizar ou empregar aeronave em serviço especializado, sem a necessária homologação do órgão competente;

f) utilizar ou empregar aeronave na execução de atividade diferente daquela para a qual se achar licenciado;

g) utilizar ou empregar aeronave com inobservância das normas de tráfego aéreo, emanadas da autoridade aeronáutica;

h) introduzir aeronave no País, ou utilizá-la sem autorização de sobrevoo;

i) manter aeronave estrangeira em Território Nacional sem autorização ou sem que esta haja sido revalidada;

j) alienar ou transferir, sem autorização, aeronave estrangeira que se encontre no País em caráter transitório, ressalvados os casos de execução judicial ou de medida cautelar;

k) transportar, ciente do conteúdo real, carga ou material perigoso ou proibido, ou em desacordo com as normas que regulam o trânsito de materiais sujeitos a restrições;

l) lançar objetos ou substâncias sem licença da autoridade aeronáutica, salvo caso de alijamento;

m) trasladar aeronave sem licença;

n) recuperar ou reconstruir aeronave acidentada, sem a liberação do órgão competente;

o) realizar voo com peso de decolagem ou número de passageiros acima dos máximos estabelecidos;

p) realizar voo com equipamento para levantamento aerofotogramétrico, sem autorização do órgão competente;

q) transportar passageiro em lugar inadequado da aeronave;

r) realizar voo sem o equipamento de sobrevivência exigido;

s) realizar voo por instrumentos com aeronave não homologada para esse tipo de operação;

t) realizar voo por instrumentos com tripulação inabilitada ou incompleta;

u) realizar voo solo para treinamento de navegação sendo aluno ainda não habilitado para tal;

v) operar aeronave com plano de voo visual, quando as condições meteorológicas estiverem abaixo dos mínimos previstos para esse tipo de operação;

w) explorar sistematicamente serviços de táxi-aéreo fora das áreas autorizadas;

x) operar radiofrequências não autorizadas, capazes de causar interferência prejudicial ao serviço de telecomunicações aeronáuticas.

II – infrações imputáveis a aeronautas e aeroviários ou operadores de aeronaves:

a) preencher com dados inexatos documentos exigidos pela fiscalização;

b) impedir ou dificultar a ação dos agentes públicos, devidamente credenciados, no exercício de missão oficial;

c) pilotar aeronave sem portar os documentos de habilitação, os documentos da aeronave ou os equipamentos de sobrevivência nas áreas exigidas;

d) tripular aeronave com certificado de habilitação técnica ou de capacidade física vencidos, ou exercer a bordo função para a qual não esteja devidamente licenciado ou cuja licença esteja expirada;

e) participar da composição de tripulação em desacordo com o que estabelece este Código e suas regulamentações;

f) utilizar aeronave com tripulante estrangeiro ou permitir a este o exercício de qualquer função a bordo, em desacordo com este Código ou com suas regulamentações;

g) desobedecer às determinações da autoridade do aeroporto ou prestar-lhe falsas informações;

h) infringir as Condições Gerais de Transporte ou as instruções sobre tarifas;

i) desobedecer aos regulamentos e normas de tráfego aéreo;

j) inobservar os preceitos da regulamentação sobre o exercício da profissão;

k) inobservar as normas sobre assistência e salvamento;

l) desobedecer às normas que regulam a entrada, a permanência e a saída de estrangeiro;

m) infringir regras, normas ou cláusulas de Convenções ou atos internacionais;

n) infringir as normas e regulamentos que afetem a disciplina a bordo de aeronave ou a segurança de voo;

o) permitir, por ação ou omissão, o embarque de mercadorias sem despacho, de materiais sem licença, ou efetuar o despacho em desacordo com a licença, quando necessária;

p) exceder, fora dos casos previstos em lei, os limites de horas de trabalho ou de voo;

q) operar a aeronave em estado de embriaguez;

r) taxiar aeronave para decolagem, ingressando na pista sem observar o tráfego;

s) retirar-se de aeronave com o motor ligado sem tripulante a bordo;

t) operar aeronave deixando de manter fraseologia-padrão nas comunicações radiotelefônicas;

u) ministrar instruções de voo sem estar habilitado.

III – infrações imputáveis à concessionária ou permissionária de serviços aéreos:

a) permitir a utilização de aeronave sem situação regular no Registro Aeronáutico Brasileiro – RAB, ou sem observância das restrições do certificado de navegabilidade;

b) permitir a composição de tripulação por aeronauta sem habilitação ou que, habilitado, não esteja com a documentação regular;

c) permitir o exercício, em aeronave ou em serviço de terra, de pessoal não devidamente licenciado ou com a licença vencida;

d) firmar acordo com outra concessionária ou permissionária, ou com terceiros, para estabelecimento de conexão, consórcio pool ou consolidação de serviços ou interesses, sem consentimento expresso da autoridade aeronáutica;

e) não observar as normas e regulamentos relativos à manutenção e operação das aeronaves;

f) explorar qualquer modalidade de serviço aéreo para a qual não esteja devidamente autorizada;

g) deixar de comprovar, quando exigida pela autoridade competente, a contratação dos seguros destinados a garantir sua responsabilidade pelos eventuais danos a passageiros, tripulantes, bagagens e cargas, bem assim, no solo a terceiros;

h) aceitar, para embarque, mercadorias sem licença das autoridades competentes ou em desacordo com a regulamentação que disciplina o trânsito dessas mercadorias;

i) ceder ou transferir ações ou partes de seu capital social, com direito a voto, sem consentimento expresso da autoridade aeronáutica, quando necessário (artigo 180);

j) deixar de dar publicidade aos atos sociais de publicação obrigatória;

k) deixar de recolher, na forma e nos prazos da regulamentação respectiva, as tarifas, taxas, preços públicos e contribuições a que estiver obrigada;

l) recusar a exibição de livro, documento, ficha ou informação sobre seus serviços, quando solicitados pelos agentes da fiscalização aeronáutica;

m) desrespeitar convenção ou ato internacional a que estiver obrigada;

n) não observar, sem justa causa, os horários aprovados;

o) infringir as normas que disciplinam o exercício da profissão de aeronauta ou de aeroviário;

p) deixar de transportar passageiro com bilhete marcado ou com reserva confirmada ou, de qualquer forma, descumprir o contrato de transporte;

q) infringir as tarifas aprovadas, prometer ou conceder, direta ou indiretamente, desconto, abatimento, bonificação, utilidade ou qualquer vantagem aos usuários, em função da utilização de seus serviços de transporte;

r) simular como feita, total ou parcialmente, no exterior, a compra de passagem vendida no País, a fim de burlar a aplicação da tarifa aprovada em moeda nacional;

s) promover qualquer forma de publicidade que ofereça vantagem indevida ao usuário ou que lhe forneça indicação falsa ou inexata acerca dos serviços, induzindo-o em erro quanto ao valor real da tarifa aprovada pela autoridade aeronáutica;

t) efetuar troca de transporte por serviços ou utilidades, fora dos casos permitidos;

u) infringir as Condições Gerais de Transporte, bem como as demais normas que dispõem sobre os serviços aéreos;

v) deixar de informar à autoridade aeronáutica a ocorrência de incidente ou acidente envolvendo aeronave sob sua responsabilidade;

► Alínea *v* com a redação dada pela Lei nº 12.970, de 8-5-2014.

w) deixar de apresentar nos prazos previstos o Resumo Geral dos resultados econômicos e estatísticos, o Balanço e a Demonstração de lucros e perdas;

x) deixar de requerer dentro do prazo previsto a inscrição de atos exigidos pelo Registro Aeronáutico Brasileiro;

y) deixar de apresentar, semestralmente, a relação de acionistas;

z) deixar de apresentar, semestralmente, a relação de transferências.

IV – infrações imputáveis a empresas de manutenção, reparação ou distribuição de aeronaves e seus componentes:

a) inobservar instruções, normas ou requisitos estabelecidos pela autoridade aeronáutica;

b) inobservar termos e condições constantes dos certificados de homologação e respectivos adendos;

c) modificar aeronave ou componente, procedendo à alteração não prevista por órgão homologador;

d) executar deficientemente serviço de manutenção ou de distribuição de componentes, de modo a comprometer a segurança do voo;

e) deixar de cumprir os contratos de manutenção ou inobservar os prazos assumidos para execução dos serviços de manutenção e distribuição de componentes;

f) executar serviços de manutenção ou de reparação em desacordo com os manuais da aeronave, ou em aeronave acidentada, sem liberação do órgão competente;

g) deixar de notificar ao órgão competente para homologação de produtos aeronáuticos, dentro do prazo regulamentar, qualquer defeito ou mau funcionamento que tenha afetado a segurança de algum voo em particular e que possa repetir-se em outras aeronaves.

V – infrações imputáveis a fabricantes de aeronaves e de outros produtos aeronáuticos:

a) inobservar prescrições e requisitos estabelecidos pela autoridade aeronáutica, destinados à homologação de produtos aeronáuticos;

b) inobservar os termos e condições constantes dos respectivos certificados de homologação;

c) alterar projeto de tipo aprovado, da aeronave ou de outro produto aeronáutico, sem que a modificação tenha sido homologada pela autoridade aeronáutica;

d) deixar de notificar ao órgão competente para homologação de produtos aeronáuticos, dentro do prazo regulamentar, qualquer defeito ou mau funcionamento, acidente ou incidente de que, de qualquer modo, tenha ciência, desde que esse defeito ou mau funcionamento venha a afetar a segurança de voo e possa repetir-se nas demais aeronaves ou produtos aeronáuticos cobertos pelo mesmo projeto de tipo aprovado;

e) descumprir ou deixar de adotar, após a notificação a que se refere o número anterior e dentro do prazo estabelecido pelo órgão competente, as medidas de natureza corretiva ou sanadora de defeitos e mau funcionamento.

VI – infrações imputáveis a pessoas naturais ou jurídicas não compreendidas nos grupos anteriores:

a) executar ou utilizar serviços técnicos de manutenção, modificação ou reparos de aeronaves e de seus componentes, em oficina não homologada;

b) executar serviços de recuperação ou reconstrução em aeronave acidentada, sem liberação do órgão competente;

c) executar serviços de manutenção ou de reparação de aeronave e de seus componentes, sem autorização do órgão competente;

d) utilizar-se de aeronave sem dispor de habilitação para sua pilotagem;

e) executar qualquer modalidade de serviço aéreo sem estar devidamente autorizado;

f) construir campo de pouso sem licença, utilizar campo de pouso sem condições regulamentares de uso, ou deixar de promover o registro de campo de pouso;

g) implantar ou explorar edificação ou qualquer empreendimento em área sujeita a restrições especiais, com inobservância destas;

h) prometer ou conceder, direta ou indiretamente, qualquer modalidade de desconto, prêmio, bonificação, utilidade ou vantagem aos adquirentes de bilhete de passagem ou frete aéreo;

i) promover publicidade de serviço aéreo em desacordo com os regulamentos aeronáuticos, ou com promessa ou artifício que induza o público em erro quanto às reais condições do transporte e de seu preço;

j) explorar serviços aéreos sem concessão ou autorização;

k) vender aeronave de sua propriedade, sem a devida comunicação ao Registro Aeronáutico Brasileiro – RAB, ou deixar de atualizar, no RAB, a propriedade de aeronave adquirida;

l) instalar ou manter em funcionamento escola ou curso de aviação sem autorização da autoridade aeronáutica;

m) deixar o proprietário ou operador de aeronave de recolher, na forma e nos prazos da respectiva regulamentação, as tarifas, taxas, preços públicos ou contribuições a que estiver obrigado.

CAPÍTULO IV
DA DETENÇÃO, INTERDIÇÃO E APREENSÃO DE AERONAVE

Art. 303. A aeronave poderá ser detida por autoridades aeronáuticas, fazendárias ou da Polícia Federal, nos seguintes casos:

I – se voar no espaço aéreo brasileiro com infração das convenções ou atos internacionais, ou das autorizações para tal fim;

II – se, entrando no espaço aéreo brasileiro, desrespeitar a obrigatoriedade de pouso em aeroporto internacional;

III – para exame dos certificados e outros documentos indispensáveis;

IV – para verificação de sua carga no caso de restrição legal (artigo 21) ou de porte proibido de equipamento (parágrafo único do artigo 21);

V – para averiguação de ilícito.

§ 1º A autoridade aeronáutica poderá empregar os meios que julgar necessários para compelir a aeronave a efetuar o pouso no aeródromo que lhe for indicado.

§ 2º Esgotados os meios coercitivos legalmente previstos, a aeronave será classificada como hostil, ficando sujeita à medida de destruição, nos casos dos incisos do *caput* deste artigo e após autorização do Presidente da República ou autoridade por ele delegada.

► § 2º acrescido pela Lei nº 9.614, de 5-3-1998.

§ 3º A autoridade mencionada no § 1º responderá por seus atos quando agir com excesso de poder ou com espírito emulatório.

► Antigo § 2º renumerado do § 3º com redação dada pela Lei nº 9.614, de 5-3-1998.

Art. 304. Quando, no caso do item IV, do artigo anterior, for constatada a existência de material proibido, explosivo ou apetrechos de guerra, sem autorização, ou contrariando os termos da que foi outorgada, pondo em risco a segurança pública ou a paz entre as Nações, a autoridade aeronáutica poderá reter o material de que trata este artigo e liberar a aeronave se, por força de lei, não houver necessidade de apreendê-la.

§ 1º Se a aeronave for estrangeira e a carga não puser em risco a segurança pública ou a paz entre as Nações, poderá a autoridade aeronáutica fazer a aeronave retornar ao país de origem pela rota e prazo determinados, sem a retenção da carga.

§ 2º Embora estrangeira a aeronave, se a carga puser em risco a segurança pública e a paz entre os povos, poderá a autoridade aeronáutica reter o material bélico e fazer retornar a aeronave na forma do disposto no parágrafo anterior.

Art. 305. A aeronave pode ser interditada:

I – nos casos do artigo 302, I, alíneas *a* até *n*; II, alíneas *c*, *d*, *g* e *j*; III, alíneas *a*, *e*, *f* e *g*; e V, alíneas *a* a *e*;

II – durante a investigação de acidente em que estiver envolvida.

§ 1º Efetuada a interdição, será lavrado o respectivo auto, assinado pela autoridade que a realizou e pelo responsável pela aeronave.

§ 2º Será entregue ao responsável pela aeronave cópia do auto a que se refere o parágrafo anterior.

Art. 306. A aeronave interditada não será impedida de funcionar, para efeito de manutenção.

Art. 307. A autoridade aeronáutica poderá interditar a aeronave, por prazo não superior a 15 (quinze) dias, mediante requisição da autoridade aduaneira, de Polícia ou de saúde.

Parágrafo único. A requisição deverá ser motivada, de modo a demonstrar justo receio de que haja lesão grave e de difícil reparação a direitos do Poder Público ou de terceiros; ou que haja perigo à ordem pública, à saúde ou às instituições.

Art. 308. A apreensão da aeronave dar-se-á para preservar a eficácia da detenção ou interdição, e consistirá em mantê-la estacionada, com ou sem remoção para hangar, área de estacionamento, oficina ou lugar seguro (artigos 155 e 309).

Art. 309. A apreensão de aeronave só se dará em cumprimento à ordem judicial, ressalvadas outras hipóteses de apreensão previstas nesta Lei.

Art. 310. Satisfeitas as exigências legais, a aeronave detida, interditada ou apreendida será imediatamente liberada.

Art. 311. Em qualquer dos casos previstos neste Capítulo, o proprietário ou explorador da aeronave não terá direito à indenização.

CAPÍTULO V
DA CUSTÓDIA E GUARDA DE AERONAVE

Art. 312. Em qualquer inquérito ou processo administrativo ou judicial, a custódia, guarda ou depósito de aeronave far-se-á de conformidade com o disposto neste Capítulo.

Art. 313. O explorador ou o proprietário de aeronaves entregues em depósito ou a guarda de autoridade aeronáutica responde pelas despesas correspondentes.

§ 1º Incluem-se no disposto neste artigo:

I – os depósitos decorrentes de apreensão;

II – os sequestros e demais medidas processuais acautelatórias;

III – a arrecadação em falência, qualquer que seja a autoridade administrativa ou judiciária que a determine;

IV – a apreensão decorrente de processos administrativos ou judiciários.

§ 2º No caso do § 2º do artigo 303, o proprietário ou o explorador da aeronave terá direito à restituição do que houver pago, acrescida de juros compensatórios e indenizações por perdas e danos.

§ 3º No caso do parágrafo anterior, caberá ação regressiva contra o Poder Público cuja autoridade houver agido com excesso de poder ou com espírito emulatório.

Art. 314. O depósito não excederá o prazo de 2 (dois) anos.

§ 1º Se, no prazo estabelecido neste artigo não for autorizada a entrega da aeronave, a autoridade aeronáutica poderá efetuar a venda pública pelo valor correspondente, para ocorrer às despesas com o depósito.

§ 2º Não havendo licitante ou na hipótese de ser o valor apurado com a venda inferior ao da dívida, a aeronave será adjudicada ao Ministério da Aeronáutica, procedendo-se ao respectivo assentamento no Registro Aeronáutico Brasileiro – RAB.

§ 3º O disposto neste artigo não se aplica ao depósito decorrente de processo administrativo de natureza fiscal.

Art. 315. Será obrigatório o seguro da aeronave entregue ao depósito, a cargo do explorador ou proprietário.

TÍTULO X – DOS PRAZOS EXTINTIVOS

Art. 316. Prescreve em 6 (seis) meses, contados da tradição da aeronave, a ação para haver abatimento do preço da aeronave adquirida com vício oculto, ou para rescindir o contrato e reaver o preço pago, acrescido de perdas e danos.

Art. 317. Prescreve em 2 (dois) anos a ação:

I – por danos causados a passageiros, bagagem ou carga transportada, a contar da data em que se verificou o dano, da data da chegada ou do dia em que devia chegar a aeronave ao ponto de destino, ou da interrupção do transporte;

II – por danos causados a terceiros na superfície, a partir do dia da ocorrência do fato;

III – por danos emergentes no caso de abalroamento a partir da data da ocorrência do fato;

IV – para obter remuneração ou indenização por assistência e salvamento, a contar da data da conclusão dos respectivos serviços, ressalvado o disposto nos parágrafos do artigo 61;

V – para cobrar créditos, resultantes de contratos sobre utilização de aeronave, se não houver prazo diverso neste Código, a partir da data em que se tornem exigíveis;

VI – de regresso, entre transportadores, pelas quantias pagas por motivo de danos provenientes de abalroamento, ou entre exploradores, pelas quantias que um deles haja sido obrigado a pagar, nos casos de solidariedade ou ocorrência de culpa, a partir da data do efetivo pagamento;

VII – para cobrar créditos de um empresário de serviços aéreos contra outro, decorrentes de compensação de passagens de transporte aéreo, a partir de quando se tornem exigíveis;

VIII – por danos causados por culpa da administração do aeroporto ou da Administração Pública (artigo 280), a partir do dia da ocorrência do fato;

IX – do segurado contra o segurador, contado o prazo do dia em que ocorreu o fato, cujo risco estava garantido pelo seguro (artigo 281);

X – contra o construtor de produto aeronáutico, contado da ocorrência do dano indenizável.

Parágrafo único. Os prazos de decadência e de prescrição, relativamente à matéria tributária, permanecem regidos pela legislação específica.

Art. 318. Se o interessado provar que não teve conhecimento do dano ou da identidade do responsável, o prazo começará a correr da data em que tiver conhecimento, mas não poderá ultrapassar de 3 (três) anos a partir do evento.

Art. 319. As providências administrativas previstas neste Código prescrevem em 2 (dois) anos, a partir da data da ocorrência do ato ou fato que as autorizar, e seus efeitos, ainda no caso de suspensão, não poderão exceder esse prazo.

Parágrafo único. O disposto no *caput* deste artigo não se aplica aos prazos definidos no Código Tributário Nacional.

Art. 320. A intervenção e liquidação extrajudicial deverão encerrar-se no prazo de 2 (dois) anos.

Parágrafo único. Ao término do prazo de 2 (dois) anos, a partir do primeiro ato, qualquer interessado ou membro do Ministério Público, poderá requerer a imediata venda dos bens em leilão público e o rateio do produto entre os credores, observadas as preferências e privilégios especiais.

Art. 321. O explorador de serviços aéreos públicos é obrigado a conservar, pelo prazo de 5 (cinco) anos, os documentos de transporte aéreo ou de outros serviços aéreos.

TÍTULO XI – DISPOSIÇÕES FINAIS E TRANSITÓRIAS

Art. 322. Fica autorizado o Ministério da Aeronáutica a instalar uma Junta de Julgamento da Aeronáutica com a competência de julgar, administrativamente, as infrações e demais questões dispostas neste Código, e mencionadas no seu artigo 1º, (vetado).

§§ 1º a 3º VETADOS.

§ 4º O Poder Executivo, através de decreto, regulamentará a organização e o funcionamento da Junta de Julgamento da Aeronáutica.

Art. 323. Este Código entra em vigor na data de sua publicação.

Art. 324. Ficam revogados o Decreto-Lei nº 32, de 18 de novembro de 1966, o Decreto-Lei nº 234, de 28 de fevereiro de 1967, a Lei nº 5.448, de 4 de junho de 1968, a Lei nº 5.710, de 7 de outubro de 1971, a Lei nº 6.298, de 15 de dezembro de 1975, a Lei nº 6.350, de 7 de julho de 1976, a Lei nº 6.833, de 30 de setembro de 1980, a Lei nº 6.997, de 7 de junho de 1982, e demais disposições em contrário.

Brasília, 19 de dezembro de 1986;
165º da Independência e
98º da República.

José Sarney

DECRETO-LEI Nº 2.321, DE 25 DE FEVEREIRO DE 1987

Institui, em defesa das finanças públicas, regime de administração especial temporária, nas instituições financeiras privadas e públicas não federais, e dá outras providências.

► Publicado no *DOU* de 26-2-1987 e republicado no *DOU* de 27-4-1987.

Art. 1º O Banco Central do Brasil poderá decretar regime de administração especial temporária, na forma regulada por este Decreto-Lei, nas instituições financeiras privadas e públicas não federais, autorizadas a funcionar nos termos da Lei nº 4.595, de 31 de dezembro de 1964, quando nelas verificar:

a) prática reiterada de operações contrárias às diretrizes de política econômica ou financeira traçadas em lei federal;

b) existência de passivo a descoberto;

c) descumprimento das normas referentes à conta de Reservas Bancárias mantida no Banco Central do Brasil;

d) gestão temerária ou fraudulenta de seus administradores;

e) ocorrência de qualquer das situações descritas no artigo 2º da Lei nº 6.024, de 13 de março de 1974.

Parágrafo único. A duração da administração especial será fixada no ato que a decretar, podendo ser prorrogada, se absolutamente necessário, por período não superior ao primeiro.

Art. 2º A decretação da administração especial temporária não afetará o curso regular dos negócios da entidade nem seu normal funcionamento e produzirá, de imediato, a perda do mandato dos administradores e membros do Conselho Fiscal da instituição.

Art. 3º A administração especial temporária será executada por um conselho diretor, nomeado pelo Banco Central do Brasil, com plenos poderes de gestão, constituído de tantos membros quantos julgados necessários para a condução dos negócios sociais.

§ 1º Ao conselho diretor competirá, com exclusividade, a convocação da assembleia-geral.

§ 2º Os membros do conselho diretor poderão ser destituídos a qualquer tempo pelo Banco Central do Brasil.

§ 3º Dependerão de prévia e expressa autorização do Banco Central do Brasil os atos que, não caracterizados como de gestão ordinária, impliquem disposição ou oneração do patrimônio da sociedade.

Art. 4º Os membros do conselho diretor assumirão, de imediato, as respectivas funções, independentemente da publicação do ato de nomeação, mediante termo lavrado no livro de atas da Diretoria, com a transcrição do ato que houver decretado o regime de administração especial temporária e do que os tenha nomeado.

Art. 5º Ao assumir suas funções, incumbirá ao conselho diretor:

a) eleger, dentre seus membros, o Presidente;

b) estabelecer as atribuições e poderes de cada um de seus membros, bem como as matérias que serão objeto de deliberação colegiada; e

c) adotar as providências constantes dos artigos 9º, 10 e 11 da Lei nº 6.024, de 13 de março de 1974.

Art. 6º Das decisões do conselho diretor caberá recurso, sem efeito suspensivo, dentro de 10 (dez) dias da respectiva ciência, para o Banco Central do Brasil, em única instância.

Parágrafo único. O recurso, entregue mediante protocolo, será dirigido ao conselho diretor, que o informará e o encaminhará dentro de 5 (cinco) dias ao Banco Central do Brasil.

Art. 7º O conselho diretor prestará contas ao Banco Central do Brasil, independentemente de qualquer exigência, no momento em que cessar o regime especial, ou, a qualquer tempo, quando solicitado.

Art. 8º Poderá o Banco Central do Brasil atribuir, a pessoas jurídicas com especialização na área, a administração especial temporária de que trata este Decreto-Lei.

Art. 9º Uma vez decretado o regime de que trata este Decreto-Lei, fica o Banco Central do Brasil autorizado a utilizar recursos da Reserva Monetária visando ao saneamento econômico-financeiro da instituição.

Parágrafo único. Não havendo recursos suficientes na conta da Reserva Monetária, o Banco Central do Brasil os adiantará, devendo o valor de tais adiantamentos constar obrigatoriamente da proposta da lei orçamentária do exercício subsequente.

Art. 10. Os valores sacados à conta da Reserva Monetária serão aplicados no pagamento de obrigações das instituições submetidas ao regime deste Decreto-Lei, mediante cessão e transferência dos correspondentes créditos, direitos e ações, a serem efetivadas pelos respectivos titulares ao Banco Central do Brasil, e serão garantidos, nos termos de contrato a ser firmado, com a instituição beneficiária:

a) pela caução de notas promissórias, letras de câmbio, duplicatas, ações, debêntures, créditos hipotecários e pignoratícios, contratos de contas-correntes devedoras com saldo devidamente reconhecido e títulos da dívida pública federal;

b) pela hipoteca legal, independentemente de especialização, que este Decreto-Lei concede ao Banco Central do Brasil, dos imóveis pertencentes às instituições beneficiárias e por elas destinados à instalação de suas sedes e filiais;

c) pela hipoteca convencional de outros imóveis pertencentes às instituições beneficiárias ou a terceiros.

§ 1º Os títulos, documentos e valores dados em caução considerar-se-ão transferidos, por tradição simbólica, à posse do Banco Central do Brasil, desde que estejam relacionados e descritos em termo de tradição lavrado em instrumento avulso assinado pelas partes e copiado em livro especial para esse fim aberto e rubricado pela autoridade competente do Banco Central do Brasil.

§ 2º O Banco Central do Brasil, quando entender necessário, poderá exigir a entrega dos títulos, documentos e valores caucionados e, quando recusada, mediante simples petição, acompanhada de certidão do termo de tradição, promover judicialmente a sua apreensão total ou parcial.

Art. 11. À vista de relatório ou de proposta do conselho diretor, o Banco Central do Brasil poderá:

a) autorizar a transformação, a incorporação, a fusão, a cisão ou a transferência do controle acionário da instituição, em face das condições de garantia apresentadas pelos interessados;

b) propor a desapropriação, por necessidade ou utilidade pública ou por interesse social, das ações do capital social da instituição;

c) decretar a liquidação extrajudicial da instituição.

► Alínea *c* acrescida pelo Dec.-lei nº 2.327, de 24-4-1987.

Art. 12. Na hipótese da letra *b* do artigo anterior, fica o Poder Executivo autorizado a promover a desapropriação ali referida.

§ 1º A União Federal será, desde logo, imitida na posse das ações desapropriadas, mediante depósito de seu valor patrimonial, apurado em balanço levantado pelo conselho diretor, que terá por data base o dia da decretação da administração especial temporária.

§ 2º Na instituição em que o patrimônio líquido for negativo, o valor do depósito previsto no parágrafo anterior será simbólico e fixado no decreto expropriatório.

Art. 13. A União Federal, uma vez imitida na posse das ações, exercerá todos os direitos inerentes à condição de acionista, inclusive o de preferência, que poderá ceder, para subscrição de aumento de capital e o de votar, em assembleia-geral, a redução ou elevação do capital social, o agrupamento ou o desdobramento de ações, a transformação, incorporação, fusão ou cisão da sociedade, e quaisquer outras medidas julgadas necessárias ao saneamento financeiro da sociedade e ao seu regular funcionamento.

Art. 14. O regime de que trata este Decreto-Lei cessará:

a) se a União Federal assumir o controle acionário da instituição, na forma do artigo 11, letra *b*;

b) nos casos de transformação, incorporação, fusão, cisão ou de transferência do controle acionário da instituição;

c) quando, a critério do Banco Central do Brasil, a situação da instituição se houver normalizado;

d) pela decretação da liquidação extrajudicial da instituição.

► Alínea *d* acrescida pelo Dec.-lei nº 2.327, de 24-4-1987.

§ 1º Para os fins previstos neste Decreto-Lei, a União Federal será representada, nos atos que lhe competir, pelo Banco Central do Brasil.

§ 2º O Banco Central do Brasil adotará as medidas necessárias à recuperação integral dos recursos aplicados na instituição, com base no artigo 9º deste Decreto-Lei, e estabelecerá, se for o caso, a forma, prazo e demais condições para o seu resgate.

§ 3º Decretada a liquidação extrajudicial da instituição, tomar-se-á como data base, para todos os efeitos, inclusive a apuração da responsabilidade dos ex-administradores, a data de decretação do regime de administração especial temporária.

► § 3º acrescido pelo Dec.-lei nº 2.327, de 24-4-1987.

Art. 15. Decretado o regime de administração especial temporária, respondem solidariamente com os ex-administradores da instituição pelas obrigações por esta assumidas, as pessoas naturais ou jurídicas que com ela mantenham vínculo de controle, independentemente da apuração de dolo ou culpa.

§ 1º Há vínculo de controle quando, alternativa ou cumulativamente, a instituição e as pessoas jurídicas mencionadas neste artigo estão sob controle comum; quando sejam, entre si, controladoras ou controladas, ou quando qualquer delas, diretamente ou através de sociedades por ela controladas, é titular de direitos de sócio que lhe assegurem, de modo permanente, preponderância nas deliberações sociais e o poder de eleger a maioria dos administradores da instituição.

§ 2º A responsabilidade solidária decorrente do vínculo de controle se circunscreve ao montante do passivo a descoberto da instituição, apurado em balanço que terá por data base o dia da decretação do regime de que trata este Decreto-Lei.

Art. 16. O inciso IX, do artigo 10, da Lei nº 4.595, de 31 de dezembro de 1964, fica acrescido da alínea *g*, com a seguinte redação:

► Alterações inseridas no texto da referida Lei.

Art. 17. O artigo 11 da Lei nº 4.595, de 31 de dezembro de 1964, fica acrescido de § 1º com a seguinte redação, renumerado para 2º o atual parágrafo único.

► Alterações inseridas no texto da referida Lei.

Art. 18. O Banco Central promoverá a responsabilidade, com pena de demissão, do funcionário ou Diretor que permitir o descumprimento das normas referentes à conta de Reservas Bancárias.

Art. 19. Aplicam-se à administração especial temporária regulada por este Decreto-Lei as disposições da Lei nº 6.024, de 13 de março de 1974, que com ele não colidirem e, em especial, as medidas acautelatórias e promotoras da responsabilidade dos ex-administradores.

Art. 20. Este Decreto-Lei entra em vigor na data de sua publicação.

Art. 21. Revogam-se as disposições em contrário.

Brasília, 25 de fevereiro de 1987;
166º da Independência e
99º da República.

José Sarney

LEI Nº 7.661, DE 16 DE MAIO DE 1988

Institui o Plano Nacional de Gerenciamento Costeiro e dá outras providências.

► Publicada no *DOU* de 18-5-1988.

Art. 1º Como parte integrante da Política Nacional para os Recursos do Mar – PNRM e Política Nacional do Meio Ambiente – PNMA, fica instituído o Plano Nacional de Gerenciamento Costeiro – PNGC.

Art. 2º Subordinando-se aos princípios e tendo em vista os objetivos genéricos da PNMA, fixados respectivamente nos arts. 2º e 4º da Lei nº 6.938, de 31 de agosto de 1981, o PNGC visará especificamente a orientar a utilização nacional dos recursos na Zona Costeira, de forma a contribuir para elevar a qualidade da vida de sua população, e a proteção do seu patrimônio natural, histórico, étnico e cultural.

Parágrafo único. Para os efeitos desta lei, considera-se Zona Costeira o espaço geográfico de interação do ar, do mar e da terra, incluindo seus recursos renováveis ou não, abrangendo uma faixa marítima e outra terrestre, que serão definida pelo Plano.

Art. 3º O PNGC deverá prever o zoneamento de usos e atividades na Zona Costeira e dar prioridade à conservação e proteção, entre outros, dos seguintes bens:

I – recursos naturais, renováveis e não renováveis; recifes, parcéis e bancos de algas; ilhas costeiras e oceânicas; sistemas fluviais, estuarinos e lagunares, baías e enseadas; praias; promontórios, costões e grutas marinhas; restingas e dunas; florestas litorâneas, manguezais e pradarias submersas;

II – sítios ecológicos de relevância cultural e demais unidades naturais de preservação permanente;

III – monumentos que integrem o patrimônio natural, histórico, paleontológico, espeleológico, arqueológico, étnico, cultural e paisagístico.

Art. 4º O PNGC será elaborado e, quando necessário, atualizado por um Grupo de Coordenação, dirigido pela Secretaria da Comissão Interministerial para os Recursos do Mar – SECIRM, cuja composição e forma de atuação serão definidas em decreto do Poder Executivo.

§ 1º O Plano será submetido pelo Grupo de Coordenação à Comissão Interministerial para os Recursos do Mar – CIRM, à qual caberá aprová-lo, com audiência do Conselho Nacional do Meio Ambiente – CONAMA.

§ 2º O Plano será aplicado com a participação da União, dos Estados, dos Territórios e dos Municípios, através de órgãos e entidades integradas ao Sistema Nacional do Meio Ambiente – SISNAMA.

Art. 5º O PNGC será elaborado e executado observando normas, critérios e padrões relativos ao controle e à manutenção da qualidade do meio ambiente, estabelecidos pelo CONAMA, que contemplem, entre outros, os seguintes aspectos: urbanização; ocupação e uso do solo, do subsolo e das águas; parcelamento e remembramento do solo; sistema viário e de transporte; sistema de produção, transmissão e distribuição de energia; habitação e saneamento básico; turismo, recreação e lazer; patrimônio natural, histórico, étnico, cultural e paisagístico.

§ 1º Os Estados e Municípios poderão instituir, através de lei, os respectivos Planos Estaduais ou Municipais de Gerenciamento Costeiro, observadas as normas e diretrizes do Plano Nacional e o disposto nesta lei, e designar os órgãos competentes para a execução desses Planos.

§ 2º Normas e diretrizes sobre o uso do solo, do subsolo e das águas, bem como limitações à utilização de imóveis, poderão ser estabelecidas nos Planos de Gerenciamento Costeiro, Nacional, Estadual e Municipal, prevalecendo sempre as disposições de natureza mais restritiva.

Art. 6º O licenciamento para parcelamento e remembramento do solo, construção, instalações das características naturais da Zona Costeira, deverá observar, além do disposto nesta lei, as demais normas específicas federais, estaduais e municipais, respeitando as diretrizes dos Planos de Gerenciamento Costeiro.

§ 1º A falta ou o descumprimento, mesmo parcial, das condições do licenciamento previsto neste artigo serão sancionados com interdição, embargo ou demolição, sem prejuízo da cominação de outras penalidades previstas em lei.

§ 2º Para o licenciamento, o órgão competente solicitará ao responsável pela atividade a elaboração do estudo de impacto ambiental e a apresentação do respectivo Relatório de Impacto Ambiental – RIMA, devidamente aprovado, na forma da lei.

Art. 7º A degradação dos ecossistemas, do patrimônio e dos recursos naturais da Zona Costeira implicará ao agente a obrigação de reparar o dano causado e a sujeição às penalidades previstas no art. 14 da Lei nº 6.938, de 31 de agosto de 1981, elevado o limite máximo da multa ao valor correspondente a 100.000(cem mil) Obrigações do Tesouro Nacional – OTN, sem prejuízo de outras sanções previstas em lei.

Parágrafo único. As sentenças condenatórias e os acordos judiciais (vetado), que dispuserem sobre a reparação dos danos ao meio ambiente pertinentes a esta lei, deverão ser comunicados pelo órgão do Ministério Público ao CONAMA.

Art. 8º Os dados e as informações resultantes do monitoramento exercido sob responsabilidade municipal, estadual ou federal na Zona Costeira comporão o Subsistema "Gerenciamento Costeiro", integrante do Sistema Nacional de Informações sobre o Meio Ambiente – SINIMA.

Parágrafo único. Os órgãos setoriais e locais do SISNAMA, bem como universidades e demais instituições culturais, científicas e tecnológicas encaminharão ao Subsistema os dados relativos ao patrimônio natural, histórico, étnico e cultural, à qualidade do meio ambiente e a estudos de impacto ambiente, da Zona Costeira.

Art. 9º Para evitar a degradação ou o uso indevido dos ecossistemas, do patrimônio e dos recursos naturais da Zona Costeira, o PNGC poderá prever a criação de unidades de conservação permanente, na forma da legislação em vigor.

Art. 10. As praias são bens públicos de uso comum do povo, sendo assegurado, sempre, livre e franco acesso a elas e ao mar, em qualquer direção e sentido, ressalvados os trechos considerados de interesse de segurança nacional ou incluídos em áreas protegidas por legislação específica.

§ 1º Não será permitida a urbanização ou qualquer forma de utilização do solo na Zona Costeira que impeça ou dificulte o acesso assegurado no *caput* deste artigo.

§ 2º A regulamentação desta lei determinará as características e as modalidades de acesso que garantam o uso público das praias e do mar.

§ 3º Entende-se por praia a área coberta e descoberta periodicamente pelas águas, acrescida da faixa subsequente de material detrítico, tal como areias, cascalhos, seixos e pedregulhos, até o limite onde se inicie a vegetação natural, ou, em sua ausência, onde comece um outro ecossistema.

Art. 11. O Poder Executivo regulamentará esta lei, no que couber, no prazo de 180 (cento e oitenta) dias.

Art. 12. Esta lei entra em vigor na data de sua publicação.

Art. 13. Revogam-se as disposições em contrário.

Brasília, 16 de maio de 1988;
167º da Independência e
100º da República.

José Sarney

LEI Nº 7.684, DE 2 DE DEZEMBRO DE 1988

Estabelece as condições para emissão de Letras Hipotecárias.

► Publicada no *DOU* de 5-12-1988.

Art. 1º As Instituições Financeiras, autorizadas a conceder créditos hipotecários, poderão sacar, independentemente de tradição efetiva, letras da mesma espécie, garantidas por créditos hipotecários, conferindo aos seus tomadores direito de crédito pelo valor nominal, atualização monetária e juros nelas estipulados.

§ 1º A letra hipotecária poderá ser emitida sob a forma nominativa, endossável ou ao portador.

§ 2º O certificado da letra conterá as seguintes declarações:

a) o nome da instituição financeira emitente e as assinaturas de seus representantes;

b) o número de ordem, o local e a data de emissão;

c) a denominação "Letra Hipotecária";

d) o valor nominal e a data de vencimentos;

e) a forma, a periodicidade e o local de pagamento do principal, da atualização monetária e dos juros;

f) os juros, que poderão ser fixos ou flutuantes;

g) a identificação dos créditos hipotecários caucionados e seu valor;

h) a denominação ao portador ou o nome do titular, se nominativa, e a declaração de que a letra é transferível por endosso, se endossável.

§ 3º A critério do credor poderá ser dispensada a emissão de certificado, ficando registrada sob a forma escritural da instituição emissora.

Art. 2º As letras hipotecárias poderão contar com garantia fidejussória adicional de instituição financeira.

Art. 3º A letra hipotecária poderá ser garantida por um ou mais créditos hipotecários, mas a soma do principal das letras hipotecárias emitidas pela instituição financeira não excederá, em hipótese algumas, o valor total dos créditos hipotecários em poder dessa instituição.

§ 1º A letra hipotecária não poderá ter prazo de vencimento superior ao prazo dos créditos hipotecários que lhe servem de garantia.

§ 2º O crédito hipotecário caucionado poderá ser substituído por outro crédito da mesma natureza, por iniciativa do emissor, no caso de liquidação ou vencimento antecipados, ou por solicitação do credor da letra.

Art. 4º O endossante da letra hipotecária responderá pela veracidade do título, mas contra ele não será admitido direito de cobrança regressiva.

Art. 5º O Banco Central do Brasil estabelecerá o prazo mínimo a ser observado pelas instituições financeiras para resgate de letras hipotecárias e poderá determinar que sua emissão seja exclusiva dos integrantes do Sistema Financeiro da Habitação, bem como estará autorizado a baixar normas necessárias ao cumprimento do disposto nesta Lei.

Art. 6º Consideram-se válidos, para os fins desta Lei, os atos praticados durante a vigência do Decreto-Lei nº 2.478, de 27 de setembro de 1988, mantidos os efeitos deles decorrentes.

Art. 7º Esta Lei entra em vigor na data de sua publicação.

Art. 8º Ficam revogados os artigos 25 a 30 do Decreto-Lei nº 2.287, de 23 de julho de 1986, e as disposições em contrário.

Senado Federal, 2 de dezembro de 1988;
167º da Independência e
100º da República.

Humberto Lucena

LEI Nº 7.713, DE 22 DE DEZEMBRO DE 1988

(EXCERTOS)

Altera a legislação do imposto de renda, e dá outras providências.

► Publicada no *DOU* de 23-12-1988.

....

Art. 6º Ficam isentos do imposto de renda os seguintes rendimentos percebidos por pessoas físicas:

I – a alimentação, o transporte e os uniformes ou vestimentas especiais de trabalho, fornecidos gratuitamente pelo empregador a seus empregados, ou a diferença entre o preço cobrado e o valor de mercado;

II – as diárias destinadas, exclusivamente, ao pagamento de despesas de alimentação e pousada, por serviço eventual realizado em município diferente do da sede de trabalho;

III – o valor locativo do prédio construído, quando ocupado por seu proprietário ou cedido gratuitamente para uso do cônjuge ou de parentes de primeiro grau;

IV – as indenizações por acidentes de trabalho;

V – a indenização e o aviso prévio pagos por despedida ou rescisão de contrato de trabalho, até o limite garantido por lei, bem como o montante recebido pelos empregados e diretores, ou respectivos beneficiários, referente aos depósitos, juros e correção monetária creditados em contas vinculadas, nos termos da legislação do Fundo de Garantia do Tempo de Serviço;

VI – o montante dos depósitos, juros, correção monetária e quotas-partes creditados em contas individuais pelo Programa de Integração Social e pelo Programa de Formação do Patrimônio do Servidor Público;

VII – os seguros recebidos de entidades de previdência privada decorrentes de morte ou invalidez permanente do participante;

► Inciso VII com a redação dada pela Lei nº 9.250, de 26-12-1995.

VIII – as contribuições pagas pelos empregadores relativas a programas de previdência privada em favor de seus empregados e dirigentes;

IX – os valores resgatados dos Planos de Poupança e Investimento – PAIT, de que trata o Decreto-Lei nº 2.292, de 21 de novembro de 1986, relativamente à parcela correspondente às contribuições efetuadas pelo participante;

X – as contribuições empresariais a Plano de Poupança e Investimento – PAIT, a que se refere o art. 5º, § 2º, do Decreto-Lei nº 2.292, de 21 de novembro de 1986;

XI – o pecúlio recebido pelos aposentados que voltam a trabalhar em atividade sujeita ao regime previdenciário, quando dela se afastarem, e pelos trabalhadores que ingressarem nesse regime após completarem sessenta anos de idade, pago pelo Instituto Nacional de Previdência Social ao segurado ou a seus dependentes, após sua morte, nos termos do art. 1º da Lei nº 6.243, de 24 de setembro de 1975;

XII – as pensões e os proventos concedidos de acordo com os Decretos-Leis, nºs 8.794 e 8.795, de 23 de janeiro de 1946, e Lei nº 2.579, de 23 de agosto de 1955, e art. 30 da Lei nº 4.242, de 17 de julho de 1963, em decorrência de reforma ou falecimento de ex-combatente da Força Expedicionária Brasileira;

XIII – capital das apólices de seguro ou pecúlio pago por morte do segurado, bem como os prêmios de seguro restituídos em qualquer caso, inclusive no de renúncia do contrato;

XIV – os proventos de aposentadoria ou reforma motivada por acidente em serviço e os percebidos pelos portadores de moléstia profissional, tuberculose ativa, alienação mental, esclerose múltipla, neoplasia maligna, cegueira, hanseníase, paralisia irreversível e incapacitante, cardiopatia grave, doença de Parkinson, espondiloartrose anquilosante, nefropatia grave, hepatopatia grave, estados avançados da doença de Paget (osteíte deformante), contaminação por radiação, síndrome da imunodeficiência adquirida, com base em conclusão da medicina especializada, mesmo que a doença tenha sido contraída depois da aposentadoria ou reforma;

► Inciso XIV com a redação dada pela Lei nº 11.052, de 29-12-2004.

XV – os rendimentos provenientes de aposentadoria e pensão, de transferência para a reserva remunerada ou de reforma pagos pela Previdência Social da União, dos Estados, do Distrito Federal e dos Municípios, por qualquer pessoa jurídica de direito público interno ou por entidade de previdência privada, a partir do mês em que o contribuinte completar 65 (sessenta e cinco) anos de idade, sem prejuízo da parcela isenta prevista na tabela de incidência mensal do imposto, até o valor de:

► Inciso XV com a redação dada pela Lei nº 11.482, de 31-5-2007.

a) R$ 1.313,69 (mil, trezentos e treze reais e sessenta e nove centavos), por mês, para o ano-calendário de 2007;

b) R$ 1.372,81 (mil, trezentos e setenta e dois reais e oitenta e um centavos), por mês, para o ano-calendário de 2008;

c) R$ 1.434,59 (mil, quatrocentos e trinta e quatro reais e cinquenta e nove centavos), por mês, para o ano-calendário de 2009;

► Alíneas *a* a *c* acrescidas pela Lei nº 11.482, de 31-5-2007.

d) R$ 1.499,15 (mil, quatrocentos e noventa e nove reais e quinze centavos), por mês, para o ano-calendário de 2010;

e) R$ 1.566,61 (mil, quinhentos e sessenta e seis reais e sessenta e um centavos), por mês, para o ano-calendário de 2011;

f) R$ 1.637,11 (mil, seiscentos e trinta e sete reais e onze centavos), por mês, para o ano-calendário de 2012;

g) R$ 1.710,78 (mil, setecentos e dez reais e setenta e oito centavos), por mês, para o ano-calendário de 2013;

► Alíneas *d* a *g* com a redação dada pela Lei nº 12.469, de 26-8-2011.

h) R$ 1.787,77 (mil, setecentos e oitenta e sete reais e setenta e sete centavos), por mês, para o ano-calendário de 2014 e nos meses de janeiro a março do ano-calendário de 2015; e

i) R$ 1.903,98 (mil, novecentos e três reais e noventa e oito centavos), por mês, a partir do mês de abril do ano-calendário de 2015;

► Alíneas *h* e *i* com a redação dada pela Lei nº 13.149, de 21-7-2015.

XVI – o valor dos bens adquiridos por doação ou herança;

XVII – os valores decorrentes de aumento de capital:

a) mediante a incorporação de reservas ou lucros que tenham sido tributados na forma do art. 36 desta Lei;

b) efetuado com observância do disposto no art. 63 do Decreto-Lei nº 1.598, de 26 de dezembro de 1977, relativamente aos lucros apurados em períodos-base encerrados anteriormente à vigência desta Lei;

XVIII – a correção monetária de investimentos, calculada aos mesmos índices aprovados para os Bônus do Tesouro Nacional – BTN, e desde que seu pagamento ou crédito ocorra em intervalos não inferiores a trinta dias;

► Inciso XVIII com a redação dada pela Lei nº 7.799, de 10-7-1989.

XIX – a diferença entre o valor de aplicação e o de resgate de quotas de fundos de aplicações de curto prazo;

XX – ajuda de custo destinada a atender às despesas com transporte, frete e locomoção do beneficiado e seus familiares, em caso de remoção de um município para outro, sujeita à comprovação posterior pelo contribuinte;

XXI – os valores recebidos a título de pensão quando o beneficiário desse rendimento for portador das doenças relacionadas no inciso XIV deste artigo, exceto as decorrentes de moléstia profissional, com base em conclusão da medicina especializada, mesmo que a doença tenha sido contraída após a concessão da pensão;

► Inciso XXI acrescido pela Lei nº 8.541, de 23-12-1992.

XXII – os valores pagos em espécie pelos Estados, Distrito Federal e Municípios, relativos ao Imposto sobre Operações relativas à Circulação de Mercadorias e sobre Prestações de

Serviços de Transporte Interestadual e Intermunicipal e de Comunicação – ICMS e ao Imposto sobre Serviços de Qualquer Natureza – ISS, no âmbito de programas de concessão de crédito voltados ao estímulo à solicitação de documento fiscal na aquisição de mercadorias e serviços;

► Inciso XXII com a redação dada pela Lei nº 11.945, de 4-6-2009.

XXIII – o valor recebido a título de vale-cultura.

► Inciso XXIII acrescido pela Lei nº 12.761, de 27-12-2012.

Parágrafo único. O disposto no inciso XXII do *caput* deste artigo não se aplica aos prêmios recebidos por meio de sorteios, em espécie, bens ou serviços, no âmbito dos referidos programas.

► Parágrafo único com a redação dada pela Lei nº 11.945, de 4-6-2009.

....

Brasília, 22 de dezembro de 1988;
167º da Independência e
100º da República.

José Sarney

LEI Nº 7.853, DE 24 DE OUTUBRO DE 1989

Dispõe sobre o apoio às pessoas portadoras de deficiência, sua integração social, sobre a Coordenadoria Nacional para Integração da Pessoa Portadora de Deficiência – CORDE, institui a tutela jurisdicional de interesses coletivos ou difusos dessas pessoas, disciplina a atuação do Ministério Público, define crimes, e dá outras providências.

► Publicada no *DOU* de 25-10-1989.

Art. 1º Ficam estabelecidas normas gerais que asseguram o pleno exercício dos direitos individuais e sociais das pessoas portadoras de deficiências, e sua efetiva integração social, nos termos desta Lei.

§ 1º Na aplicação e interpretação desta Lei, serão considerados os valores básicos da igualdade de tratamento e oportunidade, da justiça social, do respeito à dignidade da pessoa humana, do bem-estar, e outros, indicados na Constituição ou justificados pelos princípios gerais de direito.

§ 2º As normas desta Lei visam garantir às pessoas portadoras de deficiência as ações governamentais necessárias ao seu cumprimento e das demais disposições constitucionais e legais que lhes concernem, afastadas as discriminações e os preconceitos de qualquer espécie, e entendida a matéria como obrigação nacional a cargo do Poder Público e da sociedade.

Art. 2º Ao Poder Público e seus órgãos cabe assegurar às pessoas portadoras de deficiência o pleno exercício de seus direitos básicos, inclusive dos direitos à educação, à saúde, ao trabalho, ao lazer, à previdência social, ao amparo à infância e à maternidade, e de outros que, decorrentes da Constituição e das leis, propiciem seu bem-estar pessoal, social e econômico.

Parágrafo único. Para o fim estabelecido no *caput* deste artigo, os órgãos e entidades da administração direta e indireta devem dispensar, no âmbito de sua competência e finalidade, aos assuntos objetos esta Lei, tratamento prioritário e adequado, tendente a viabilizar, sem prejuízo de outras, as seguintes medidas:

I – na área da educação:

a) a inclusão, no sistema educacional, da Educação Especial como modalidade educativa que abranja a educação precoce, a pré-escolar, as de 1º e 2º graus, a supletiva, a habilitação e reabilitação profissionais, com currículos, etapas e exigências de diplomação próprios;

b) a inserção, no referido sistema educacional, das escolas especiais, privadas e públicas;

c) a oferta, obrigatória e gratuita, da Educação Especial em estabelecimento público de ensino;

d) o oferecimento obrigatório de programas de Educação Especial a nível pré-escolar, em unidades hospitalares e congêneres nas quais estejam internados, por prazo igual ou superior a um ano, educandos portadores de deficiência;

e) o acesso de alunos portadores de deficiência aos benefícios conferidos aos demais educandos, inclusive material escolar, merenda escolar e bolsas de estudo;

f) a matrícula compulsória em cursos regulares de estabelecimentos públicos e particulares de pessoas portadoras de deficiência capazes de se integrarem no sistema regular de ensino;

II – na área da saúde:

a) a promoção de ações preventivas, como as referentes ao planejamento familiar, ao aconselhamento genético, ao acompanhamento da gravidez, do parto e do puerpério, à nutrição da mulher e da criança, à identificação e ao controle da gestante e do feto de alto risco, à imunização, às doenças do metabolismo e seu diagnóstico e ao encaminhamento precoce de outras doenças causadoras de deficiência;

b) o desenvolvimento de programas especiais de prevenção de acidente do trabalho e de trânsito, e de tratamento adequado a suas vítimas;

c) a criação de uma rede de serviços especializados em reabilitação e habilitação;

d) a garantia de acesso das pessoas portadoras de deficiência aos estabelecimentos de saúde públicos e privados, e de seu adequado tratamento neles, sob normas técnicas e padrões de conduta apropriados;

e) a garantia de atendimento domiciliar de saúde ao deficiente grave não internado;

f) o desenvolvimento de programas de saúde voltados para as pessoas portadoras de deficiência, desenvolvidos com a participação da sociedade e que lhes ensejem a integração social;

III – na área da formação profissional e do trabalho:

a) o apoio governamental à formação profissional, e a garantia de acesso aos serviços concernentes, inclusive aos cursos regulares voltados à formação profissional;

b) o empenho do Poder Público quanto ao surgimento e à manutenção de empregos, inclusive de tempo parcial, destinados às pessoas portadoras de deficiência que não tenham acesso aos empregos comuns;

c) a promoção de ações eficazes que propiciem a inserção, nos setores públicos e privado, de pessoas portadoras de deficiência;

d) a adoção de legislação específica que discipline a reserva de mercado de trabalho, em favor das pessoas portadoras de deficiência, nas entidades da Administração Pública e do setor privado, e que regulamente a organização de oficinas e congêneres integradas ao mercado de trabalho, e a situação, nelas, das pessoas portadoras de deficiência;

IV – na área de recursos humanos:

a) a formação de professores de nível médio para a Educação Especial, de técnicos de nível médio especializados na habilitação e reabilitação, e de instrutores para formação profissional;

b) a formação e qualificação de recursos humanos que, nas diversas áreas de conhecimento, inclusive de nível superior, atendam à demanda e às necessidades reais das pessoas portadoras de deficiências;

c) o incentivo à pesquisa e ao desenvolvimento tecnológico em todas as áreas do conhecimento relacionadas com a pessoa portadora de deficiência;

V – na área das edificações:

a) a adoção e a efetiva execução de normas que garantam a funcionalidade das edificações e vias públicas, que evitem ou removam os óbices às pessoas portadoras de deficiência, permitam o acesso destas a edifícios, a logradouros e a meios de transporte.

Art. 3º As medidas judiciais destinadas à proteção de interesses coletivos, difusos, individuais homogêneos e individuais indisponíveis da pessoa com deficiência poderão ser propostas pelo Ministério Público, pela Defensoria Pública, pela União, pelos Estados, pelos Municípios, pelo Distrito Federal, por associação constituída há mais de 1 (um) ano, nos termos da lei civil, por autarquia, por empresa pública e por fundação ou sociedade de economia mista que inclua, entre suas finalidades institucionais, a proteção dos interesses e a promoção de direitos da pessoa com deficiência.

► *Caput* com a redação dada pela Lei nº 13.146, de 6-7-2015.

§ 1º Para instruir a inicial, o interessado poderá requerer às autoridades competentes as certidões e informações que julgar necessárias.

§ 2º As certidões e informações a que se refere o parágrafo anterior deverão ser fornecidas dentro de quinze dias da entrega, sob recibo, dos respectivos requerimentos, e só poderão se utilizadas para a instrução da ação civil.

§ 3º Somente nos casos em que o interesse público, devidamente justificado, impuser sigilo, poderá ser negada certidão ou informação.

§ 4º Ocorrendo a hipótese do parágrafo anterior, a ação poderá ser proposta desacompanhada das certidões ou informações negadas, cabendo ao juiz, após apreciar os motivos do indeferimento, e, salvo quando se tratar de razão de segurança nacional, requisitar umas e outras; feita a requisição, o processo correrá em segredo de justiça, que cessará com o trânsito em julgado da sentença.

§ 5º Fica facultado aos demais legitimados ativos habilitarem-se como litisconsortes nas ações propostas por qualquer deles.

§ 6º Em caso de desistência ou abandono da ação, qualquer dos colegitimados pode assumir a titularidade ativa.

Art. 4º A sentença terá eficácia de coisa julgada oponível *erga omnes*, exceto no caso de haver sido a ação julgada improcedente por deficiência de prova, hipótese em que qualquer legitimado poderá intentar outra ação com idêntico fundamento, valendo-se de nova prova.

§ 1º A sentença que concluir pela carência ou pela improcedência da ação fica sujeita ao duplo grau de jurisdição, não produzindo efeito senão depois de confirmada pelo tribunal.

§ 2º Das sentenças e decisões proferidas contra o autor da ação e suscetíveis de recurso, poderá recorrer qualquer legitimado ativo, inclusive o Ministério Público.

Art. 5º O Ministério Público intervirá obrigatoriamente nas ações públicas, coletivas ou individuais, em que se discutam interesses relacionados à deficiência das pessoas.

Art. 6º O Ministério Público poderá instaurar, sob sua presidência, inquérito civil, ou requisitar, de qualquer pessoa física ou jurídica, pública ou particular, certidões, informações, exame ou perícias, no prazo que assinalar, não inferior a dez dias úteis.

§ 1º Esgotadas as diligências, caso se convença o órgão do Ministério Público da inexistência de elementos para a propositura de ação civil, promoverá fundamentadamente o arquivamento do inquérito civil, ou das peças informativas. Neste caso, deverá remeter a reexame os autos ou as respectivas peças, em três dias, ao Conselho Superior do Ministério Público, que os examinará, deliberando a respeito, conforme dispuser seu Regimento.

§ 2º Se a promoção do arquivamento for reformada, o Conselho Superior do Ministério Público designará desde logo outro órgão do Ministério Público para o ajuizamento da ação.

Art. 7º Aplicam-se à ação civil pública prevista nesta Lei, no que couber, os dispositivos da Lei nº 7.347, de 24 de julho de 1985.

Art. 8º Constitui crime punível com reclusão de 2 (dois) a 5 (cinco) anos e multa:

I – recusar, cobrar valores adicionais, suspender, procrastinar, cancelar ou fazer cessar inscrição de aluno em estabelecimento de ensino de qualquer curso ou grau, público ou privado, em razão de sua deficiência;

II – obstar inscrição em concurso público ou acesso de alguém a qualquer cargo ou emprego público, em razão de sua deficiência;

III – negar ou obstar emprego, trabalho ou promoção à pessoa em razão de sua deficiência;

IV – recusar, retardar ou dificultar internação ou deixar de prestar assistência médico-hospitalar e ambulatorial à pessoa com deficiência;

V – deixar de cumprir, retardar ou frustrar execução de ordem judicial expedida na ação civil a que alude esta Lei;

VI – recusar, retardar ou omitir dados técnicos indispensáveis à propositura da ação civil pública objeto desta Lei, quando requisitados.

§ 1º Se o crime for praticado contra pessoa com deficiência menor de 18 (dezoito) anos, a pena é agravada em 1/3 (um terço).

§ 2º A pena pela adoção deliberada de critérios subjetivos para indeferimento de inscrição, de aprovação e de cumprimento de estágio probatório em concursos públicos não exclui a responsabilidade patrimonial pessoal do administrador público pelos danos causados.

§ 3º Incorre nas mesmas penas quem impede ou dificulta o ingresso de pessoa com deficiência em planos privados de assistência à saúde, inclusive com cobrança de valores diferenciados.

§ 4º Se o crime for praticado em atendimento de urgência e emergência, a pena é agravada em 1/3 (um terço).

► Art. 8º com a redação dada pela Lei nº 13.146, de 6-7-2015.

Art. 9º A Administração Pública Federal conferirá aos assuntos relativos às pessoas portadoras de deficiência tratamento prioritário e apropriado, para que lhes seja efetivamente ensejado o pleno exercício de seus direitos individuais e sociais, bem como sua completa integração social.

§ 1º Os assuntos a que alude este artigo serão objeto de ação, coordenada e integrada, dos órgãos da Administração Pública Federal, e incluir-se-ão em Política Nacional para Integração da Pessoa Portadora de Deficiência, na qual estejam compreendidos planos, programas e projetos sujeitos a prazos e objetivos determinados.

§ 2º Ter-se-ão como integrantes da Administração Pública Federal, para os fins desta Lei, além dos órgãos públicos, das autarquias, das empresas públicas e sociedades de economia mista, as respectivas subsidiárias e as fundações públicas.

Art. 10. A coordenação superior dos assuntos, ações governamentais e medidas referentes a pessoas portadoras de deficiência caberá à Secretaria Especial dos Direitos Humanos da Presidência da República.

▸ *Caput* com a redação dada pela Lei nº 11.958, de 26-6-2009.

Parágrafo único. Ao órgão a que se refere este artigo caberá formular a Política Nacional para a Integração da Pessoa Portadora de Deficiência, seus planos, programas e projetos e cumprir as instruções superiores que lhes digam respeito, com a cooperação dos demais órgãos públicos.

▸ Parágrafo único com a redação dada pela Lei nº 8.028, de 12-4-1990.

Art. 11. *Revogado.* Lei nº 8.028, de 12-4-1990.

Art. 12. Compete à Corde:

I – coordenar as ações governamentais e medidas que se refiram às pessoas portadoras de deficiência;

II – elaborar os planos, programas e projetos subsumidos na Política Nacional para a Integração de Pessoa Portadora de Deficiência, bem como propor as providências necessárias a sua completa implantação e seu adequado desenvolvimento, inclusive as pertinentes a recursos e as de caráter legislativo;

III – acompanhar e orientar a execução, pela Administração Pública Federal, dos planos, programas e projetos mencionados no inciso anterior;

IV – manifestar-se sobre a adequação à Política Nacional para a Integração da Pessoa Portadora de Deficiência dos projetos federais a ela conexos, antes da liberação dos recursos respectivos;

V – manter, com os Estados, Municípios, Territórios, o Distrito Federal, e o Ministério Público, estreito relacionamento, objetivando a concorrência de ações destinadas à integração social das pessoas portadoras de deficiência;

VI – provocar a iniciativa do Ministério Público, ministrando-lhe informações sobre fatos que constituam objeto da ação civil de que esta Lei, e indicando-lhe os elementos de convicção;

VII – emitir opinião sobre os acordos, contratos ou convênios firmados pelos demais órgãos da Administração Pública Federal, no âmbito da Política Nacional para a Integração da Pessoa Portadora de Deficiência;

VIII – promover e incentivar a divulgação e o debate das questões concernentes à pessoa portadora de deficiência, visando à conscientização da sociedade.

Parágrafo único. Na elaboração dos planos, programas e projetos a seu cargo, deverá a Corde recolher, sempre que possível, a opinião das pessoas e entidades interessadas, bem como considerar a necessidade de efetivo apoio aos entes particulares voltados para a integração social das pessoas portadoras de deficiência.

Art. 13. *Revogado.* MP nº 2.216-37, de 31-8-2001.

Art. 14. VETADO.

Art. 15. Para atendimento e fiel cumprimento do que dispõe esta Lei, será reestruturada a Secretaria de Educação Especial do Ministério da Educação, e serão instituídos, no Ministério do Trabalho, no Ministério da Saúde e no Ministério da Previdência e Assistência Social, órgão encarregados da coordenação setorial dos assuntos concernentes às pessoas portadoras de deficiência.

Art. 16. O Poder Executivo adotará, nos sessenta dias posteriores à vigência desta Lei, as providências necessárias à reestruturação e ao regular funcionamento da Corde, como aquelas decorrentes do artigo anterior.

Art. 17. Serão incluídas no censo demográfico de 1990, e nos subsequentes, questões concernentes à problemática da pessoa portadora de deficiência, objetivando o conhecimento atualizado do número de pessoas portadoras de deficiência no País.

Parágrafo único. Os censos demográficos realizados a partir de 2019 incluirão as especificidades inerentes ao transtorno do espectro autista, em consonância com o § 2º do art. 1º da Lei nº 12.764, de 27 de dezembro de 2012.

▸ Parágrafo único acrescido pela Lei nº 13.861, de 18-7-2019.

Art. 18. Os órgãos federais desenvolverão, no prazo de doze meses contado da publicação desta Lei, as ações necessárias à efetiva implantação das medidas indicadas no art. 2º desta Lei.

Art. 19. Esta Lei entra em vigor na data de sua publicação.

Art. 20. Revogam-se as disposições em contrário.

Brasília, 24 de outubro de 1989;
168º da Independência e
101º da República.

José Sarney

LEI Nº 7.913, DE 7 DE DEZEMBRO DE 1989

Dispõe sobre a ação civil pública de responsabilidade por danos causados aos investidores no mercado de valores mobiliários.

▸ Publicada no *DOU* de 11-12-1989 e republicada no *DOU* de 12-12-1989.

Art. 1º Sem prejuízo da ação de indenização do prejudicado, o Ministério Público, de ofício ou por solicitação da Comissão de Valores Mobiliários – CVM, adotará as medidas judiciais necessárias para evitar prejuízos ou obter ressarcimento de danos causados aos titulares de valores mobiliários e aos investidores do mercado, especialmente quando decorrerem de:

I – operação fraudulenta, prática não equitativa, manipulação de preços ou criação de condições artificiais de procura, oferta ou preço de valores mobiliários;

II – compra ou venda de valores mobiliários, por parte dos administradores e acionistas controladores de companhia aberta, utilizando-se de informação relevante, ainda não divulgada para conhecimento do mercado ou a mesma operação realizada por quem a detenha em razão de sua profissão ou função, ou por quem quer que a tenha obtido por intermédio dessas pessoas;

III – omissão de informação relevante por parte de quem estava obrigado a divulgá-la, bem como sua prestação de forma incompleta, falsa ou tendenciosa.

Art. 2º As importâncias decorrentes da condenação, na ação de que trata esta Lei, reverterão aos investidores lesados, na proporção de seu prejuízo.

§ 1º As importâncias a que se refere este artigo ficarão depositadas em conta remunerada, à disposição do juízo, até que o investidor, convocado mediante edital, habilite-se ao recebimento da parcela que lhe couber.

§ 2º Decairá do direito à habilitação o investidor que não o exercer no prazo de dois anos, contado da data da publicação do edital a que alude o parágrafo anterior, devendo a quantia correspondente ser recolhida ao Fundo a que se refere o art. 13 da Lei nº 7.347, de 24 de julho de 1985.

► § 2º com a redação dada pela Lei nº 9.008, de 21-3-1995.

Art. 3º A ação de que trata esta Lei aplica-se, no que couber, o disposto na Lei nº 7.347, de 24 de julho de 1985.

Art. 4º Esta Lei entra em vigor na data de sua publicação.

Art. 5º Revogam-se as disposições em contrário.

Brasília, 7 de dezembro de 1989;
168º a Independência e
101º da República.
José Sarney

LEI Nº 8.009, DE 29 DE MARÇO DE 1990

Dispõe sobre a impenhorabilidade do bem de família.

► Publicada no *DOU* de 30-3-1990.

Art. 1º O imóvel residencial próprio do casal, ou da entidade familiar, é impenhorável e não responderá por qualquer tipo de dívida civil, comercial, fiscal, previdenciária ou de outra natureza, contraída pelos cônjuges ou pelos pais ou filhos que sejam seus proprietários e nele residam, salvo nas hipóteses previstas nesta Lei.

► Súmulas nºs 364, 449 e 486 do STJ.

Parágrafo único. A impenhorabilidade compreende o imóvel sobre o qual se assentam a construção, as plantações, as benfeitorias de qualquer natureza e todos os equipamentos, inclusive os de uso profissional, ou móveis que guarnecem a casa, desde que quitados.

Art. 2º Excluem-se da impenhorabilidade os veículos de transporte, obras de arte e adornos suntuosos.

Parágrafo único. No caso de imóvel locado, a impenhorabilidade aplica-se aos bens móveis quitados que guarneçam a residência e que sejam de propriedade do locatário, observado o disposto neste artigo.

Art. 3º A impenhorabilidade é oponível em qualquer processo de execução civil, fiscal, previdenciária, trabalhista ou de outra natureza, salvo se movido:

I – *Revogado*; LC nº 150, de 1º-6-2015.

II – pelo titular do crédito decorrente do financiamento destinado à construção ou à aquisição do imóvel, no limite dos créditos e acréscimos constituídos em função do respectivo contrato;

III – pelo credor da pensão alimentícia, resguardados os direitos, sobre o bem, do seu coproprietário que, com o devedor, integre união estável ou conjugal, observadas as hipóteses em que ambos responderão pela dívida;

► Inciso III com a redação dada pela Lei nº 13.144, de 6-7-2015.

► Art. 843 do CPC.

IV – para cobrança de imposto, predial ou territorial, taxas e contribuições devidas em função do imóvel familiar;

V – para execução de hipoteca sobre o imóvel oferecido como garantia real pelo casal ou pela entidade familiar;

VI – por ter sido adquirido com produto de crime ou para execução de sentença penal condenatória a ressarcimento, indenização ou perdimento de bens;

VII – por obrigação decorrente de fiança concedida em contrato de locação.

► Inciso VII acrescido pela Lei nº 8.245, de 18-10-1991.

Art. 4º Não se beneficiará do disposto nesta Lei aquele que, sabendo-se insolvente, adquire de má-fé imóvel mais valioso para transferir a residência familiar, desfazendo-se ou não da moradia antiga.

§ 1º Neste caso poderá o juiz, na respectiva ação do credor, transferir a impenhorabilidade para a moradia familiar anterior, ou anular-lhe a venda, liberando a mais valiosa para execução ou concurso, conforme a hipótese.

§ 2º Quando a residência familiar constituir-se em imóvel rural, a impenhorabilidade restringir-se-á à sede de moradia, com os respectivos bens móveis, e, nos casos do artigo 5º, inciso XXVI, da Constituição, à área limitada como pequena propriedade rural.

Art. 5º Para os efeitos de impenhorabilidade, de que trata esta Lei, considera-se residência um único imóvel utilizado pelo casal ou pela entidade familiar para moradia permanente.

Parágrafo único. Na hipótese de o casal, ou entidade familiar, ser possuidor de vários imóveis utilizados como residência, a impenhorabilidade recairá sobre o de menor valor, salvo se outro tiver sido registrado, para esse fim, no Registro de Imóveis e na forma do artigo 70 do Código Civil.

► Refere-se ao CC/1916.

Art. 6º São canceladas as execuções suspensas pela Medida Provisória nº 143, de 8 de março de 1990, que deu origem a esta Lei.

Art. 7º Esta Lei entra em vigor na data de sua publicação.

Art. 8º Revogam-se as disposições em contrário.

Senado Federal, 29 de março de 1990;
169º da Independência e
102º da República.
Nelson Carneiro

LEI Nº 8.025, DE 12 DE ABRIL DE 1990

Dispõe sobre a alienação de bens imóveis residenciais de propriedade da União, e dos vinculados ou incorporados ao FRHB, situados no Distrito Federal, e dá outras providências.

► Publicada no *DOU* de 13-4-1990.

Art. 1º É o Poder Executivo autorizado a alienar, mediante concorrência pública e com observância do Decreto-Lei nº 2.300, de 21 de novembro de 1986, os imóveis residenciais de propriedade da União situados no Distrito Federal, inclusive os vinculados ou incorporados ao Fundo Rotativo Habitacional de Brasília (FRHB).

§ 1º Os licitantes estão dispensados da exigência do art. 16 do decreto-lei supracitado.

§ 2º Não se incluem na autorização a que se refere este artigo, os seguintes imóveis:

I – os residenciais administrados pelas Forças Armadas, destinados à ocupação por militares;

II – os destinados a funcionários do Serviço Exterior, de que trata a lei nº 7.501, de 27 de junho de 1986;

III – os ocupados por membros do Poder Legislativo;

IV – os ocupados por Ministros do Supremo Tribunal Federal, dos Tribunais Superiores e do Tribunal de Contas da União, pelo Procurador-Geral da República, pelos Subprocuradores-Gerais do Ministério Público Federal, do Trabalho e Militar e pelo Procurador-Geral do Tribunal de Contas da União, salvo sua expressa manifestação em contrário, no prazo de vinte dias a partir da data da publicação desta lei;

V – os destinados a servidores no exercício de cargo ou função de confiança que sejam considerados, pelo Poder Executivo, indispensáveis ao serviço público.

Parágrafo único. Os imóveis a serem destinados aos servidores a que se refere o inciso V deste artigo serão escolhidos dentre aqueles que estiverem vagos à data da vigência da Medida Provisória nº 149, de 15 de março de 1990, ou vierem a vagar por devolução espontânea ou desocupação judicial.

Art. 2º A Caixa Econômica Federal presidirá o processo de licitação na forma do art. 1º desta lei e observará os seguintes critérios:

I – o preço do imóvel a ser alienado será o de mercado, segundo os métodos de avaliação usualmente utilizados pela própria Caixa Econômica Federal;

II – somente poderá licitar pessoa física;

III – o licitante somente poderá apresentar proposta, em cada licitação, para uma unidade residencial;

IV – somente será vendida uma unidade residencial por pessoa;

V – o imóvel será alienado mediante contrato com força de escritura pública (art. 60, da Lei nº 4.380, de 21 de agosto de 1964);

VI – o contrato de compra e venda, ainda que o pagamento integral seja feito à vista, conterá cláusula impeditiva de o adquirente, no prazo de 5 (cinco) anos, vender, prometer vender ou ceder seus direitos sobre o imóvel alienado nos termos desta lei.

Art. 3º Serão nulos de pleno direito, não sendo devidas indenizações às partes envolvidas, quaisquer atos firmados em contrariedade à cláusula, de que trata o inciso VI do art. 2º.

Art. 4º O contrato de compra e venda será rescindido, de pleno direito, independentemente de interpelação judicial ou extrajudicial, se o comprador prestar declaração falsa no processo de habilitação à compra, hipótese em que fará jus à devolução da quantia paga, sem qualquer reajuste ou correção monetária.

Art. 5º A Caixa Econômica Federal procederá, perante os órgãos administrativos do Distrito Federal, nos Cartórios de Registro de Imóveis, à regularização dos títulos dominiais dos imóveis alienados.

Parágrafo único. Os Cartórios de Notas e os Cartórios de Registro de Imóveis darão prioridade de atendimento à Caixa Econômica Federal no procedimento de regularização acima previsto.

Art. 6º Ao legítimo ocupante de imóvel funcional dar-se-á conhecimento do preço de mercado do respectivo imóvel, calculado na forma do art. 2º, inciso I, previamente à publicação do edital de concorrência pública, podendo adquiri-lo por esse valor, caso se manifeste no prazo de 30 dias, mediante notificação, e desde que preencha os seguintes requisitos:

I – ser titular de regular termo de ocupação;

II – estar quite com as obrigações relativas à ocupação;

III – ser titular de cargo efetivo ou emprego permanente, lotado em órgão ou entidade da Administração Pública Federal ou do Distrito Federal.

§ 1º A legitimidade da ocupação será evidenciada em recadastramento dos atuais ocupantes, a ser promovido pela Secretaria da Administração Federal da Presidência da República com base na legislação vigente.

§ 2º O ocupante que não tiver condições financeiras para a aquisição do imóvel que ocupa poderá solicitar ao órgão competente a permuta deste por outro imóvel compatível com sua renda, ficando o atendimento a essa solicitação condicionado à existência de imóvel que lhe possa ser destinado e à conveniência administrativa para a formação da reserva de imóveis de que trata o inciso V do parágrafo 2º do art. 1º.

§ 3º O ocupante sujeitar-se-á ao previsto no inciso VI, do art. 2º e no art. 3º desta lei.

§ 4º O adquirente de imóvel funcional, nas condições previstas no *caput* deste artigo, poderá efetuar o pagamento, total ou parcial, em cruzados novos, mediante a transferência da titularidade de créditos em contas existentes no Banco Central.

§ 5º Considera-se legítimo ocupante, nos termos deste artigo, o servidor que no momento da aposentadoria ocupava regularmente o imóvel funcional ou, na mesma condição, o cônjuge ou companheira enviuvado e que permaneça nele residindo na data da publicação desta lei.

► § 5º acrescido pela Lei nº 8.068, de 13.7.1990.

Art. 7º A venda dos imóveis funcionais somente será efetuada para os atuais ocupantes não proprietários de outro imóvel residencial no Distrito Federal.

Art. 8º Os adquirentes dos imóveis poderão utilizar financiamentos de entidades integrantes do Sistema Financeiro da Habitação (SFH) e de outras instituições, inclusive entidades abertas ou fechadas de previdência privada.

Art. 9º A Caixa Econômica Federal representará a União na celebração e administração dos contratos de compra e venda de imóveis funcionais, promovendo, inclusive, as medidas judiciais e extrajudiciais que se tornarem necessárias à sua execução.

Art. 10. Com o ato da celebração do contrato de compra e venda estará automaticamente rescindido o termo de ocupação do respectivo imóvel a que se referem o Decreto nº 85.633, de 8 de janeiro de 1981 e o Decreto nº 96.633, de 1º de setembro de 1988.

Art. 11. É facultado à Ordem dos Advogados do Brasil – Seção do Distrito Federal, designar um representante que integrará a comissão de licitação a ser instituída para executar a licitação prevista nesta lei.

Art. 12. O valor apurado em decorrência da alienação de cada imóvel será convertido em renda da União, cujo produto será, obrigatoriamente, aplicado em programas habitacionais de caráter social.

Art. 13. As empresas públicas, sociedades de economia mista, respectivas subsidiárias e entidades controladas direta ou indiretamente pela União, ficam autorizadas a proceder aos atos legais e administrativos necessários à alienação de suas unidades residenciais não vinculadas às suas atividades operacionais, com base nos termos desta lei.

Art. 14. A ocupação dos imóveis residenciais não destinados à alienação, no que não contrarie esta lei, permanece regida pelas disposições do Decreto-Lei nº 1.390, de 29 de janeiro de 1975.

Art. 15. O permissionário, dentre outros compromissos se obriga a:

I – pagar:

a) taxa de uso;

b) despesas ordinárias de manutenção, resultantes do rateio das despesas realizadas em cada mês, tais como zeladoria, consumo de água e energia elétrica, seguro contra incêndio, bem assim outras relativas às áreas de uso comum;

c) quota de condomínio, exigível quando o imóvel funcional estiver localizado em edifício em condomínio com terceiros, hipótese em que não será devido o pagamento previsto na alínea anterior;

d) despesas relativas a consumo de gás, água e energia elétrica do próprio imóvel funcional;

e) multa equivalente a dez vezes o valor da taxa de uso, em cada período de trinta dias de retenção do imóvel, após a perda do direito à ocupação;

II – aderir à convenção de administração do edifício;

III – ao desocupar o imóvel, restituí-lo nas mesmas condições de habitabilidade em que o recebeu.

§ 1º O pagamento da taxa de uso e das despesas ordinárias de manutenção será efetuado mediante consignação em folha ou, se esta não for possível, por meio de documento próprio de arrecadação ao Tesouro Nacional, com cópia para o órgão responsável pela administração do imóvel.

§ 2º O atraso no pagamento da taxa de uso ou das despesas ordinárias de manutenção sujeitará o permissionário a juros de mora de um por cento ao mês e correção monetária.

§ 3º A quota de que trata a alínea *c* do inciso I deste artigo será paga diretamente ao condomínio ou ao órgão responsável pela administração destes imóveis.

Art. 16. A taxa de uso será de 0,001 (um milésimo) do valor do imóvel.

§ 1º Aos ocupantes de cargos em comissão, nível DAS-4 ou superiores, e de cargos de Ministro de Estado, ou equivalentes, é facultado optar pelo pagamento da taxa de uso no valor de 10% (dez por cento) da remuneração dos referidos cargos.

§ 2º O prazo para o exercício da opção referida no § 1º deste artigo, bem como a periodicidade e os critérios de atualização da taxa de uso serão definidos em regulamento.

► Art. 16 com a redação dada pela Lei nº 11.490, de 20-6-2007.

Art. 17. Os imóveis de que trata o art. 14, quando irregular sua ocupação, serão objeto de reintegração de posse liminar em favor da União, independentemente do tempo em que o imóvel estiver ocupado.

§ 1º O Ministério do Planejamento, Orçamento e Gestão, por intermédio do órgão responsável pela administração dos imóveis, será o depositário dos imóveis reintegrados.

§ 2º Julgada improcedente a ação de reintegração de posse em decisão transitada em julgado, o Ministério do Planejamento, Orçamento e Gestão colocará o imóvel à disposição do juízo dentro de cinco dias da intimação para fazê-lo.

► Art. 17 com a redação dada pela Lei nº 9.649, de 27-5-1998.

Art. 18. É o Poder Executivo autorizado a extinguir o Fundo Rotativo Habitacional de Brasília (FRHB), instituído pelo § 5º do art. 65 da Lei nº 4.380, de 21 de agosto de 1964, passando à propriedade da União os imóveis a ele incorporados ou vinculados.

Art. 19. É extinta a Superintendência da Construção e Administração Imobiliária (SUCAD), passando seu acervo e atribuições à Secretaria de Administração Federal da Presidência da República.

Art. 20. O Poder Executivo regulamentará esta lei no prazo de quarenta e cinco dias contados da data de sua publicação.

Art. 21. Revoga-se o Decreto-Lei nº 76, de 21 de novembro de 1966 e disposições em contrário.

Brasília, 12 de abril de 1990;
169º da Independência e
102º da República.

Fernando Collor

LEI Nº 8.038, DE 28 DE MAIO DE 1990

Institui normas procedimentais para os processos que especifica, perante o Superior Tribunal de Justiça e o Supremo Tribunal Federal.

► Publicada no *DOU* de 29-5-1990.

TÍTULO I – PROCESSOS DE COMPETÊNCIA ORIGINÁRIA

CAPÍTULO I

AÇÃO PENAL ORIGINÁRIA

Art. 1º Nos crimes de ação penal pública, o Ministério Público terá o prazo de quinze dias para oferecer denúncia ou pedir arquivamento do inquérito ou das peças informativas.

§ 1º Diligências complementares poderão ser deferidas pelo relator, com interrupção do prazo deste artigo.

§ 2º Se o indiciado estiver preso:

a) o prazo para oferecimento da denúncia será de cinco dias;

b) as diligências complementares não interromperão o prazo, salvo se o relator, ao deferi-las, determinar o relaxamento da prisão.

§ 3º Não sendo o caso de arquivamento e tendo o investigado confessado formal e circunstanciadamente a prática de infração penal sem violência ou grave ameaça e com pena mínima inferior a 4 (quatro) anos, o Ministério Público poderá propor acordo de não persecução penal, desde que necessário e suficiente para a reprovação e prevenção do crime, nos termos do art. 28-A do Decreto-Lei nº 3.689, de 3 de outubro de 1941 (Código de Processo Penal).

► § 3º acrescido pela Lei nº 13.964, de 24-12-2019.

Art. 2º O relator, escolhido na forma regimental, será o juiz da instrução, que se realizará segundo o disposto neste capítulo, no Código de Processo Penal, no que for aplicável, e no Regimento Interno do Tribunal.

Parágrafo único. O relator terá as atribuições que a legislação processual confere aos juízes singulares.

Art. 3º Compete ao relator:

I – determinar o arquivamento do inquérito ou de peças informativas, quando o requerer o Ministério Público, ou submeter o requerimento à decisão competente do Tribunal;

II – decretar a extinção da punibilidade, nos casos previstos em lei;

III – convocar desembargadores de Turmas Criminais dos Tribunais de Justiça ou dos Tribunais Regionais Federais, bem como juízes de varas criminais da Justiça dos Estados e da Justiça Federal, pelo prazo de 6 (seis) meses, prorrogável por igual período, até o máximo de 2 (dois) anos, para a realização do interrogatório e de outros atos da instrução, na sede do tribunal ou no local onde se deva produzir o ato.

► Inciso III acrescido pela Lei nº 12.019, de 21-8-2009.

Art. 4º Apresentada a denúncia ou a queixa ao Tribunal, far-se-á a notificação do acusado para oferecer resposta no prazo de quinze dias.

§ 1º Com a notificação, serão entregues ao acusado cópia da denúncia ou da queixa, do despacho do relator e dos documentos por este indicados.

§ 2º Se desconhecido o paradeiro do acusado, ou se este criar dificuldades para que o oficial cumpra a diligência, proceder-se-á a sua notificação por edital, contendo o teor resumido da acusação, para que compareça ao Tribunal, em cinco dias, onde terá vista dos autos pelo prazo de quinze dias, a fim de apresentar a resposta prevista neste artigo.

Art. 5º Se, com a resposta, forem apresentados novos documentos, será intimada a parte contrária para sobre eles se manifestar, no prazo de cinco dias.

Parágrafo único. Na ação de iniciativa privada, será ouvido, em igual prazo, o Ministério Público.

Art. 6º A seguir, o relator pedirá dia para que o Tribunal delibere sobre o recebimento, a rejeição da denúncia ou da queixa, ou a improcedência da acusação, se a decisão não depender de outras provas.

§ 1º No julgamento de que trata este artigo, será facultada sustentação oral pelo prazo de quinze minutos, primeiro à acusação, depois à defesa.

§ 2º Encerrados os debates, o Tribunal passará a deliberar, determinando o Presidente as pessoas que poderão permanecer no recinto, observado o disposto no inciso II do art. 12 desta lei.

Art. 7º Recebida a denúncia ou a queixa, o relator designará dia e hora para o interrogatório, mandando citar o acusado ou querelado e intimar o órgão do Ministério Público, bem como o querelante ou o assistente, se for o caso.

Art. 8º O prazo para defesa prévia será de cinco dias, contado do interrogatório ou da intimação do defensor dativo.

Art. 9º A instrução obedecerá, no que couber, ao procedimento comum do Código de Processo Penal.

§ 1º O relator poderá delegar a realização do interrogatório ou de outro ato da instrução ao juiz ou membro de tribunal com competência territorial no local de cumprimento da carta de ordem.

§ 2º Por expressa determinação do relator, as intimações poderão ser feitas por carta registrada com aviso de recebimento.

Art. 10. Concluída a inquirição de testemunhas, serão intimadas a acusação e a defesa, para requerimento de diligências no prazo de cinco dias.

Art. 11. Realizadas as diligências, ou não sendo estas requeridas nem determinadas pelo relator, serão intimadas a acusação e a defesa para, sucessivamente, apresentarem, no prazo de quinze dias, alegações escritas.

§ 1º Será comum o prazo do acusador e do assistente, bem como o dos corréus.

§ 2º Na ação penal de iniciativa privada, o Ministério Público terá vista, por igual prazo, após as alegações das partes.

§ 3º O relator poderá, após as alegações escritas, determinar de ofício a realização de provas reputadas imprescindíveis para o julgamento da causa.

Art. 12. Finda a instrução, o Tribunal procederá ao julgamento, na forma determinada pelo regimento interno, observando-se o seguinte:

I – a acusação e a defesa terão, sucessivamente, nessa ordem, prazo de uma hora para sustentação oral, assegurado ao assistente um quarto do tempo da acusação;

II – encerrados os debates, o Tribunal passará a proferir o julgamento, podendo o Presidente limitar a presença no recinto às partes e seus advogados, ou somente a estes, se o interesse público exigir.

CAPÍTULO II

RECLAMAÇÃO

Arts. 13 a 18. *Revogados.* Lei nº 13.105, de 16-3-2015.

CAPÍTULO III

INTERVENÇÃO FEDERAL

Art. 19. A requisição de intervenção federal prevista nos incisos II e IV do artigo 36 da Constituição Federal será promovida:

I – de ofício, ou mediante pedido de Presidente de Tribunal de Justiça do Estado, ou de Presidente de Tribunal Federal, quando se tratar de prover a execução de ordem ou decisão judicial, com ressalva, conforme a matéria, da competência do Supremo Tribunal Federal ou do Tribunal Superior Eleitoral;

II – de ofício, ou mediante pedido da parte interessada, quando se tratar de prover a execução de ordem ou decisão do Superior Tribunal de Justiça;

III – mediante representação do Procurador-Geral da República, quando se tratar de prover a execução de lei federal.

Art. 20. O Presidente, ao receber o pedido:

I – tomará as providências que lhe parecerem adequadas para remover, administrativamente, a causa do pedido.

II – mandará arquivá-lo, se for manifestamente infundado, cabendo do seu despacho agravo regimental.

Art. 21. Realizada a gestão prevista no inciso I do artigo anterior, solicitadas informações à autoridade estadual e ouvido o Procurador-Geral, o pedido será distribuído a um relator.

Parágrafo único. Tendo em vista o interesse público, poderá ser permitida a presença no recinto às partes e seus advogados, ou somente a estes.

Art. 22. Julgado procedente o pedido, o Presidente do Superior Tribunal de Justiça comunicará, imediatamente, a decisão aos órgãos do poder público interessados e requisitará a intervenção ao Presidente da República.

CAPÍTULO IV

HABEAS CORPUS

Art. 23. Aplicam-se ao *Habeas Corpus* perante o Superior Tribunal de Justiça as normas do Livro III, Título II, Capítulo X do Código de Processo Penal.

CAPÍTULO V

OUTROS PROCEDIMENTOS

Art. 24. Na ação rescisória, nos conflitos de competência, de jurisdição e de atribuições, na revisão criminal e no mandado de segurança, será aplicada a legislação processual em vigor.

Parágrafo único. No mandado de injunção e no *habeas data*, serão observadas, no que couber, as normas do mandado de segurança, enquanto não editada legislação específica.

Art. 25. Salvo quando a causa tiver por fundamento matéria constitucional, compete ao Presidente do Superior Tribunal de Justiça, a requerimento do Procurador-Geral da República ou da pessoa jurídica de direito público interessada, e para evitar grave lesão à ordem, à saúde, à segurança e à economia pública, suspender, em despacho fundamentado, a execução de liminar ou de decisão concessiva de mandado de segurança, proferida, em única ou última instância, pelos Tribunais Regionais Federais ou pelos Tribunais dos Estados e do Distrito Federal.

§ 1º O Presidente pode ouvir o impetrante, em cinco dias, e o Procurador-Geral quando não for o requerente, em igual prazo.

§ 2º Do despacho que conceder a suspensão caberá agravo regimental.

§ 3º A suspensão de segurança vigorará enquanto pender o recurso, ficando sem efeito, se a decisão concessiva for mantida pelo Superior Tribunal de Justiça ou transitar em julgado.

TÍTULO II – RECURSOS

CAPÍTULO I

RECURSO EXTRAORDINÁRIO E RECURSO ESPECIAL

Arts. 26 a 29. *Revogados.* Lei nº 13.105, de 16-3-2015.

CAPÍTULO II

RECURSO ORDINÁRIO EM *HABEAS CORPUS*

Art. 30. O recurso ordinário para o Superior Tribunal de Justiça, das decisões denegatórias de *Habeas Corpus*, proferidas pelos Tribunais Regionais Federais ou pelos Tribunais dos Estados e do Distrito Federal, será interposto no prazo de cinco dias, com as razões do pedido de reforma.

Art. 31. Distribuído o recurso, a Secretaria, imediatamente, fará os autos com vista ao Ministério Público, pelo prazo de dois dias.

Parágrafo único. Conclusos os autos ao relator, este submeterá o feito a julgamento independentemente de pauta.

Art. 32. Será aplicado, no que couber, ao processo e julgamento do recurso, o disposto com relação ao pedido originário de *Habeas Corpus*.

CAPÍTULO III

RECURSO ORDINÁRIO E MANDADO DE SEGURANÇA

Art. 33. O recurso ordinário para o Superior Tribunal de Justiça, das decisões denegatórias de mandado de segurança, proferidas em única instância pelos Tribunais Regionais Federais ou pelos Tribunais de Estados e do Distrito Federal, será interposto no prazo de quinze dias, com as razões do pedido de reforma.

Art. 34. Serão aplicadas, quanto aos requisitos de admissibilidade e ao procedimento no Tribunal recorrido, as regras do Código de Processo Civil relativas à apelação.

Art. 35. Distribuído o recurso, a Secretaria, imediatamente, fará os autos com vista ao Ministério Público, pelo prazo de cinco dias.

Parágrafo único. Conclusos os autos ao relator, este pedirá dia para julgamento.

CAPÍTULO IV

APELAÇÃO CÍVEL E AGRAVO DE INSTRUMENTO

Art. 36. Nas causas em que forem partes, de um lado, Estado estrangeiro ou organismo internacional e, de outro, município ou pessoa domiciliada ou residente no País, caberá:

I – apelação da sentença;

II – agravo de instrumento, das decisões interlocutórias.

Art. 37. Os recursos mencionados no artigo anterior serão interpostos para o Superior Tribunal de Justiça, aplicando-se-lhes, quanto aos requisitos de admissibilidade e ao procedimento, o disposto no Código de Processo Civil.

TÍTULO III – DISPOSIÇÕES GERAIS

Art. 38. *Revogado.* Lei nº 13.105, de 16-3-2015.

Art. 39. Da decisão do Presidente do Tribunal, de Seção, de Turma ou de Relator que causar gravame à parte, caberá agravo para o órgão especial, Seção ou Turma, conforme o caso, no prazo de cinco dias.

Art. 40. Haverá revisão, no Superior Tribunal de Justiça, nos seguintes processos:

I – ação rescisória;

II – ação penal originária;

III – revisão criminal.

Art. 41. Em caso de vaga ou afastamento de Ministro do Superior Tribunal de Justiça, por prazo superior a trinta dias, poderá ser convocado Juiz de Tribunal Regional Federal ou Desembargador, para substituição, pelo voto da maioria absoluta dos seus membros.

Art. 41-A. A decisão de Turma, no Superior Tribunal de Justiça, será tomada pelo voto da maioria absoluta de seus membros.

Parágrafo único. Em *habeas corpus* originário ou recursal, havendo empate, prevalecerá a decisão mais favorável ao paciente.

Art. 41-B. As despesas do porte de remessa e retorno dos autos serão recolhidas mediante documento de arrecadação, de conformidade com instruções e tabela expedidas pelo Supremo Tribunal Federal e pelo Superior Tribunal de Justiça.

Parágrafo único. A secretaria do tribunal local zelará pelo recolhimento das despesas postais.

► Arts. 41-A e 41-B acrescidos pela Lei nº 9.756, de 17-12-1998.

Art. 42. Os artigos 496, 497, 498, inciso II do artigo 500, e 508 da Lei nº 5.869, de 11 de janeiro de 1973 – Código de Processo Civil, passam a vigorar com a seguinte redação:

Art. 43. Esta Lei entra em vigor na data de sua publicação.

Art. 44. Revogam-se as disposições em contrário, especialmente os artigos 541 a 546 do Código de Processo Civil e a Lei nº 3.396, de 2 de junho de 1958.

Brasília, 28 de maio de 1990;
169º da Independência e
102º da República.

Fernando Collor

LEI Nº 8.069, DE 13 DE JULHO DE 1990

Dispõe sobre o Estatuto da Criança e do Adolescente, e dá outras providências.

► Publicada no *DOU* de 16-7-1990 e retificada no *DOU* de 27-9-1990.

LIVRO I

PARTE GERAL

TÍTULO I – DAS DISPOSIÇÕES PRELIMINARES

Art. 1º Esta Lei dispõe sobre a proteção integral à criança e ao adolescente.

Art. 2º Considera-se criança, para os efeitos desta Lei, a pessoa até doze anos de idade incompletos, e adolescente aquela entre doze e dezoito anos de idade.

Parágrafo único. Nos casos expressos em lei, aplica-se excepcionalmente este Estatuto às pessoas entre dezoito e vinte e um anos de idade.

Art. 3º A criança e o adolescente gozam de todos os direitos fundamentais inerentes à pessoa humana, sem prejuízo da proteção integral de que trata esta Lei, assegurando-se-lhes, por lei ou por outros meios, todas as oportunidades e facilidades, a fim de lhes facultar o desenvolvimento físico, mental, moral, espiritual e social, em condições de liberdade e de dignidade.

Parágrafo único. Os direitos enunciados nesta Lei aplicam-se a todas as crianças e adolescentes, sem discriminação de nascimento, situação familiar, idade, sexo, raça, etnia ou cor, religião ou crença, deficiência, condição pessoal de desenvolvimento e aprendizagem, condição econômica, ambiente social, região e local de moradia ou outra condição que diferencie as pessoas, as famílias ou a comunidade em que vivem.

► Parágrafo único acrescido pela Lei nº 13.257, de 8-3-2016.

Art. 4º É dever da família, da comunidade, da sociedade em geral e do Poder Público assegurar, com absoluta prioridade, a efetivação dos direitos referentes à vida, à saúde, à alimentação, à educação, ao esporte, ao lazer, à profissionalização, à cultura, à dignidade, ao respeito, à liberdade e à convivência familiar e comunitária.

Parágrafo único. A garantia de prioridade compreende:

a) primazia de receber proteção e socorro em quaisquer circunstâncias;

b) precedência de atendimento nos serviços públicos ou de relevância pública;

c) preferência na formulação e na execução das políticas sociais públicas;

d) destinação privilegiada de recursos públicos nas áreas relacionadas com a proteção à infância e à juventude.

Art. 5º Nenhuma criança ou adolescente será objeto de qualquer forma de negligência, discriminação, exploração, violência, crueldade e opressão, punido na forma da lei qualquer atentado, por ação ou omissão, aos seus direitos fundamentais.

Art. 6º Na interpretação desta Lei levar-se-ão em conta os fins sociais a que ela se dirige, as exigências do bem comum, os direitos e deveres individuais e coletivos, e a condição peculiar da criança e do adolescente como pessoas em desenvolvimento.

TÍTULO II – DOS DIREITOS FUNDAMENTAIS

CAPÍTULO I

DO DIREITO À VIDA E À SAÚDE

Art. 7º A criança e o adolescente têm direito a proteção à vida e à saúde, mediante a efetivação de políticas sociais públicas que permitam o nascimento e o desenvolvimento sadio e harmonioso, em condições dignas de existência.

Art. 8º É assegurado a todas as mulheres o acesso aos programas e às políticas de saúde da mulher e de planejamento reprodutivo e, às gestantes, nutrição adequada, atenção humanizada à gravidez, ao parto e ao puerpério e atendimento pré-natal, perinatal e pós-natal integral no âmbito do Sistema Único de Saúde.

► *Caput* com a redação dada pela Lei nº 13.257, de 8-3-2016.

§ 1º O atendimento pré-natal será realizado por profissionais da atenção primária.

§ 2º Os profissionais de saúde de referência da gestante garantirão sua vinculação, no último trimestre da gestação, ao estabelecimento em que será realizado o parto, garantido o direito de opção da mulher.

§ 3º Os serviços de saúde onde o parto for realizado assegurarão às mulheres e aos seus filhos recém-nascidos alta hospitalar responsável e contrarreferência na atenção primária, bem como o acesso a outros serviços e a grupos de apoio à amamentação.

► §§ 1º a 3º com a redação dada pela Lei nº 13.257, de 8-3-2016.

§ 4º Incumbe ao poder público proporcionar assistência psicológica à gestante e à mãe, no período pré e pós-natal, inclusive como forma de prevenir ou minorar as consequências do estado puerperal.

► § 4º acrescido pela Lei nº 12.010, de 3-8-2009.

§ 5º A assistência referida no § 4º deste artigo deverá ser prestada também a gestantes e mães que manifestem interesse em entregar seus filhos para adoção, bem como a gestantes e mães que se encontrem em situação de privação de liberdade.

► § 5º com a redação dada pela Lei nº 13.257, de 8-3-2016.

§ 6º A gestante e a parturiente têm direito a 1 (um) acompanhante de sua preferência durante o período do pré-natal, do trabalho de parto e do pós-parto imediato.

§ 7º A gestante deverá receber orientação sobre aleitamento materno, alimentação complementar saudável e crescimento e desenvolvimento infantil, bem como sobre formas de favorecer a criação de vínculos afetivos e de estimular o desenvolvimento integral da criança.

§ 8º A gestante tem direito a acompanhamento saudável durante toda a gestação e a parto natural cuidadoso, estabelecendo se a aplicação de cesariana e outras intervenções cirúrgicas por motivos médicos.

§ 9º A atenção primária à saúde fará a busca ativa da gestante que não iniciar ou que abandonar as consultas de pré-natal, bem como da puérpera que não comparecer às consultas pós-parto.

§ 10. Incumbe ao poder público garantir, à gestante e à mulher com filho na primeira infância que se encontrem sob custódia em unidade de privação de liberdade, ambiência que atenda às normas sanitárias e assistenciais do Sistema Único de Saúde para o acolhimento do filho, em articulação com o sistema de ensino competente, visando ao desenvolvimento integral da criança.

► §§ 6º a 10 acrescidos pela Lei nº 13.257, de 8-3-2016.

Art. 8º-A. Fica instituída a Semana Nacional de Prevenção da Gravidez na Adolescência, a ser realizada anualmente na semana que incluir o dia 1º de fevereiro, com o objetivo de disseminar informações sobre medidas preventivas e educativas que contribuam para a redução da incidência da gravidez na adolescência.

Parágrafo único. As ações destinadas a efetivar o disposto no *caput* deste artigo ficarão a cargo do poder público, em conjunto com organizações da sociedade civil, e serão dirigidas prioritariamente ao público adolescente.

► Art. 8º-A acrescido pela Lei nº 13.798, de 3-1-2019.

Art. 9º O Poder Público, as instituições e os empregadores propiciarão condições adequadas ao aleitamento materno, inclusive aos filhos de mães submetidas a medida privativa de liberdade.

§ 1º Os profissionais das unidades primárias de saúde desenvolverão ações sistemáticas, individuais ou coletivas, visando ao planejamento, à implementação e à avaliação de ações de promoção, proteção e apoio ao aleitamento materno e à alimentação complementar saudável, de forma contínua.

§ 2º Os serviços de unidades de terapia intensiva neonatal deverão dispor de banco de leite humano ou unidade de coleta de leite humano.

► §§ 1º e 2º acrescidos pela Lei nº 13.257, de 8-3-2016.

Art. 10. Os hospitais e demais estabelecimentos de atenção à saúde de gestantes, públicos e particulares, são obrigados a:

I – manter registro das atividades desenvolvidas, através de prontuários individuais, pelo prazo de dezoito anos;

II – identificar o recém-nascido mediante o registro de sua impressão plantar e digital e da impressão digital da mãe, sem prejuízo de outras formas normatizadas pela autoridade administrativa competente;

III – proceder a exames visando ao diagnóstico e terapêutica de anormalidades no metabolismo do recém-nascido, bem como prestar orientação aos pais;

IV – fornecer declaração de nascimento onde constem necessariamente as intercorrências do parto e do desenvolvimento do neonato;

V – manter alojamento conjunto, possibilitando ao neonato a permanência junto à mãe;

VI – acompanhar a prática do processo de amamentação, prestando orientações quanto à técnica adequada, enquanto a mãe permanecer na unidade hospitalar, utilizando o corpo técnico já existente.

► Inciso VI acrescido pela Lei nº 13.436, de 12-4-2017.

§ 1º Os testes para o rastreamento de doenças no recém-nascido serão disponibilizados pelo Sistema Único de Saúde, no âmbito do Programa Nacional de Triagem Neonatal (PNTN), na forma da regulamentação elaborada pelo Ministério da Saúde, com implementação de forma escalonada, de acordo com a seguinte ordem de progressão:

I – etapa 1:

a) fenilcetonúria e outras hiperfenilalaninemias;

b) hipotireoidismo congênito;

c) doença falciforme e outras hemoglobinopatias;

d) fibrose cística;

e) hiperplasia adrenal congênita;

f) deficiência de biotinidase;

g) toxoplasmose congênita;

II – etapa 2:

a) galactosemias;

b) aminoacidopatias;

c) distúrbios do ciclo da ureia;

d) distúrbios da betaoxidação dos ácidos graxos;

III – etapa 3: doenças lisossômicas;

IV – etapa 4: imunodeficiências primárias;

V – etapa 5: atrofia muscular espinhal.

§ 2º A delimitação de doenças a serem rastreadas pelo teste do pezinho, no âmbito do PNTN, será revisada periodicamente, com base em evidências científicas, considerados os benefícios do rastreamento, do diagnóstico e do tratamento precoce, priorizando as doenças com maior prevalência no País, com protocolo de tratamento aprovado e com tratamento incorporado no Sistema Único de Saúde.

§ 3º O rol de doenças constante do § 1º deste artigo poderá ser expandido pelo poder público com base nos critérios estabelecidos no § 2º deste artigo.

§ 4º Durante os atendimentos de pré-natal e de puerpério imediato, os profissionais de saúde devem informar a gestante e os acompanhantes sobre a importância do teste do pezinho e sobre as eventuais diferenças existentes entre as modalidades oferecidas no Sistema Único de Saúde e na rede privada de saúde.

► §§ 1º a 4º acrescidos pela Lei nº 14.154, de 26-5-2021, para vigorar após 365 dias de sua publicação.

Art. 11. É assegurado acesso integral às linhas de cuidado voltadas à saúde da criança e do adolescente, por intermédio do Sistema Único de Saúde, observado o princípio da equidade no acesso a ações e serviços para promoção, proteção e recuperação da saúde.

§ 1º A criança e o adolescente com deficiência serão atendidos, sem discriminação ou segregação, em suas necessidades gerais de saúde e específicas de habilitação e reabilitação.

§ 2º Incumbe ao poder público fornecer gratuitamente, àqueles que necessitar em, medicamentos, órteses, próteses e outras tecnologias assistivas relativas ao tratamento, habilitação ou reabilitação para crianças e adolescentes, de acordo com as linhas de cuidado voltadas às suas necessidades específicas.

§ 3º Os profissionais que atuam no cuidado diário ou frequente de crianças na primeira infância receberão formação específica e permanente para a detecção de sinais de risco para o desenvolvimento psíquico, bem como para o acompanhamento que se fizer necessário.

Art. 12. Os estabelecimentos de atendimento à saúde, inclusive as unidades neonatais, de terapia intensiva e de cuidados intermediários, deverão proporcionar condições para a permanência em tempo integral de um dos pais ou responsável, nos casos de internação de criança ou adolescente.

► Arts. 11 e 12 com a redação dada pela Lei nº 13.257, de 8-3-2016.

Art. 13. Os casos de suspeita ou confirmação de castigo físico, de tratamento cruel ou degradante e de maus-tratos contra criança ou adolescente serão obrigatoriamente comunicados ao Conselho Tutelar da respectiva localidade, sem prejuízo de outras providências legais.

► *Caput* com a redação dada pela Lei nº 13.010, de 26-6-2014.

§ 1º As gestantes ou mães que manifestem interesse em entregar seus filhos para adoção serão obrigatoriamente encaminhadas, sem constrangimento, à Justiça da Infância e da Juventude.

► Parágrafo único transformado em § 1º e com a redação dada pela Lei nº 13.257, de 8-3-2016.

§ 2º Os serviços de saúde em suas diferentes portas de entrada, os serviços de assistência social em seu componente especializado, o Centro de Referência Especializado de Assistência Social (CREAs) e os demais órgãos do Sistema de Garantia de Direitos da Criança e do Adolescente deverão conferir máxima prioridade ao atendimento das crianças na faixa etária da primeira infância com suspeita ou confirmação de violência de qualquer natureza, formulando projeto terapêutico singular que inclua intervenção em rede e, se necessário, acompanhamento domiciliar.

► § 2º acrescido pela Lei nº 13.257, de 8-3-2016.

Art. 14. O Sistema Único de Saúde promoverá programas de assistência médica e odontológica para a prevenção das enfermidades que ordinariamente afetam a população infantil, e campanhas de educação sanitária para pais, educadores e alunos.

§ 1º É obrigatória a vacinação das crianças nos casos recomendados pelas autoridades sanitárias.

► Parágrafo único transformado em § 1º pela Lei nº 13.257, de 8-3-2016.

§ 2º O Sistema Único de Saúde promoverá a atenção à saúde bucal das crianças e das gestantes, de forma transversal, integral e intersetorial com as demais linhas de cuidado direcionadas à mulher e à criança.

§ 3º A atenção odontológica à criança terá função educativa protetiva e será prestada, inicialmente, antes de o bebê nascer, por meio de aconselhamento pré-natal, e, posteriormente, no sexto e no décimo segundo anos de vida, com orientações sobre saúde bucal.

§ 4º A criança com necessidade de cuidados odontológicos especiais será atendida pelo Sistema Único de Saúde.

► §§ 2º a 4º acrescidos pela Lei nº 13.257, de 8-3-2016.

§ 5º É obrigatória a aplicação a todas as crianças, nos seus primeiros dezoito meses de vida, de protocolo ou outro instrumento construído com a finalidade de facilitar a detecção, em consulta pediátrica de acompanhamento da criança, de risco para o seu desenvolvimento psíquico.

► § 5º acrescido pela Lei nº 13.438, de 26-4-2017.

CAPÍTULO II
DO DIREITO À LIBERDADE, AO RESPEITO E À DIGNIDADE

Art. 15. A criança e o adolescente têm direito à liberdade, ao respeito e à dignidade como pessoas humanas em processo de desenvolvimento e como sujeitos de direitos civis, humanos e sociais garantidos na Constituição e nas leis.

Art. 16. O direito à liberdade compreende os seguintes aspectos:

I – ir, vir e estar nos logradouros públicos e espaços comunitários, ressalvadas as restrições legais;

II – opinião e expressão;

III – crença e culto religioso;

IV – brincar, praticar esportes e divertir-se;

V – participar da vida familiar e comunitária, sem discriminação;

VI – participar da vida política, na forma da lei;

VII – buscar refúgio, auxílio e orientação.

Art. 17. O direito ao respeito consiste na inviolabilidade da integridade física, psíquica e moral da criança e do adolescente, abrangendo a preservação da imagem, da identidade, da autonomia, dos valores, ideias e crenças, dos espaços e objetos pessoais.

Art. 18. É dever de todos velar pela dignidade da criança e do adolescente, pondo-os a salvo de qualquer tratamento desumano, violento, aterrorizante, vexatório ou constrangedor.

Art. 18-A. A criança e o adolescente têm o direito de ser educados e cuidados sem o uso de castigo físico ou de tratamento cruel ou degradante, como formas de correção, disciplina, educação ou qualquer outro pretexto, pelos pais, pelos integrantes da família ampliada, pelos responsáveis, pelos agentes públicos executores de medidas socioeducativas ou por qualquer pessoa encarregada de cuidar deles, tratá-los, educá-los ou protegê-los.

Parágrafo único. Para os fins desta Lei, considera-se:

I – castigo físico: ação de natureza disciplinar ou punitiva aplicada com o uso da força física sobre a criança ou o adolescente que resulte em:

a) sofrimento físico; ou

b) lesão;

II – tratamento cruel ou degradante: conduta ou forma cruel de tratamento em relação à criança ou ao adolescente que:

a) humilhe; ou

b) ameace gravemente; ou

c) ridicularize.

Art. 18-B. Os pais, os integrantes da família ampliada, os responsáveis, os agentes públicos executores de medidas socioeducativas ou qualquer pessoa encarregada de cuidar de crianças e de adolescentes, tratá-los, educá-los ou protegê-los que utilizarem castigo físico ou tratamento cruel ou degradante como formas de correção, disciplina, educação ou qualquer outro pretexto estarão sujeitos, sem prejuízo de outras sanções cabíveis, às seguintes medidas, que serão aplicadas de acordo com a gravidade do caso:

I – encaminhamento a programa oficial ou comunitário de proteção à família;

II – encaminhamento a tratamento psicológico ou psiquiátrico;

III – encaminhamento a cursos ou programas de orientação;

IV – obrigação de encaminhar a criança a tratamento especializado;

V – advertência.

Parágrafo único. As medidas previstas neste artigo serão aplicadas pelo Conselho Tutelar, sem prejuízo de outras providências legais.

► Arts. 18-A e 18-B acrescidos pela Lei nº 13.010, de 26-6-2014.

CAPÍTULO III
DO DIREITO À CONVIVÊNCIA FAMILIAR E COMUNITÁRIA

SEÇÃO I
DISPOSIÇÕES GERAIS

Art. 19. É direito da criança e do adolescente ser criado e educado no seio de sua família e, excepcionalmente, em família substituta, assegurada a convivência familiar e comunitária, em ambiente que garanta seu desenvolvimento integral.

► *Caput* com a redação dada pela Lei nº 13.257, de 8-3-2016.

§ 1º Toda criança ou adolescente que estiver inserido em programa de acolhimento familiar ou institucional terá sua situação reavaliada, no máximo, a cada 3 (três) meses, devendo a autoridade judiciária competente, com base em relatório elaborado por equipe interprofissional ou multidisciplinar, decidir de forma fundamentada pela possibilidade de reintegração familiar ou pela colocação em família substituta, em quaisquer das modalidades previstas no art. 28 desta Lei.

► § 1º com a redação dada pela Lei nº 13.509, de 22-11-2017, promulgado nos termos do art. 66, § 5º, da CF (*DOU* de 23-2-2018 – edição extra A).

§ 2º A permanência da criança e do adolescente em programa de acolhimento institucional não se prolongará por mais de 18 (dezoito meses), salvo comprovada necessidade que atenda ao seu superior interesse, devidamente fundamentada pela autoridade judiciária.

► § 2º com a redação dada pela Lei nº 13.509, de 22-11-2017.

§ 3º A manutenção ou a reintegração de criança ou adolescente à sua família terá preferência em relação a qualquer outra providência, caso em que será esta incluída em serviços e programas de proteção, apoio e promoção, nos termos do § 1º do art. 23, dos incisos I e IV do *caput* do art. 101 e dos incisos I a IV do *caput* do art. 129 desta Lei.

► § 3º com a redação dada pela Lei nº 13.257, de 8-3-2016.

§ 4º Será garantida a convivência da criança e do adolescente com a mãe ou o pai privado de liberdade, por meio de visitas periódicas promovidas pelo responsável ou, nas hipóteses de acolhimento institucional, pela entidade responsável, independentemente de autorização judicial.

► § 4º acrescido pela Lei nº 12.962, de 8-4-2014.

§ 5º Será garantida a convivência integral da criança com a mãe adolescente que estiver em acolhimento institucional.

§ 6º A mãe adolescente será assistida por equipe especializada multidisciplinar.

► §§ 5º e 6º com a redação dada pela Lei nº 13.509, de 22-11-2017.

Art. 19-A. A gestante ou mãe que manifeste interesse em entregar seu filho para adoção, antes ou logo após o nascimento, será encaminhada à Justiça da Infância e da Juventude.

§ 1º A gestante ou mãe será ouvida pela equipe interprofissional da Justiça da Infância e da Juventude, que apresentará relatório à autoridade judiciária, considerando inclusive os eventuais efeitos do estado gestacional e puerperal.

§ 2º De posse do relatório, a autoridade judiciária poderá determinar o encaminhamento da gestante ou mãe, mediante sua expressa concordância, à rede pública de saúde e assistência social para atendimento especializado.

§ 3º A busca à família extensa, conforme definida nos termos do parágrafo único do art. 25 desta Lei, respeitará o prazo máximo de 90 (noventa) dias, prorrogável por igual período.

§ 4º Na hipótese de não haver a indicação do genitor e de não existir outro representante da família extensa apto a receber a guarda, a autoridade judiciária competente deverá decretar a extinção do poder familiar e determinar a colocação da criança sob a guarda provisória de quem estiver habilitado a adotá-la ou de entidade que desenvolva programa de acolhimento familiar ou institucional.

§ 5º Após o nascimento da criança, a vontade da mãe ou de ambos os genitores, se houver pai registral ou pai indicado, deve ser manifestada na audiência a que se refere o § 1º do art. 166 desta Lei, garantido o sigilo sobre a entrega.

§ 6º Na hipótese de não comparecerem à audiência nem o genitor nem representante da família extensa para confirmar a intenção de exercer o poder familiar ou a guarda, a autoridade judiciária suspenderá o poder familiar da mãe, e a criança será colocada sob a guarda provisória de quem esteja habilitado a adotá-la.

► § 6º acrescido pela Lei nº 13.509, de 22-11-2017, promulgado nos termos do art. 66, § 5º, da CF (*DOU* de 23-2-2018 – edição extra A).

§ 7º Os detentores da guarda possuem o prazo de 15 (quinze) dias para propor a ação de adoção, contado do dia seguinte à data do término do estágio de convivência.

§ 8º Na hipótese de desistência pelos genitores – manifestada em audiência ou perante a equipe interprofissional – da entrega da criança após o nascimento, a criança será mantida com os genitores, e será determinado pela Justiça da Infância e da Juventude o acompanhamento familiar pelo prazo de 180 (cento e oitenta) dias.

§ 9º É garantido à mãe o direito ao sigilo sobre o nascimento, respeitado o disposto no art. 48 desta Lei.

§ 10. Serão cadastrados para adoção recém-nascidos e crianças acolhidas não procuradas por suas famílias no prazo de 30 (trinta) dias, contado a partir do dia do acolhimento.

► § 10 acrescido pela Lei nº 13.509, de 22-11-2017, promulgado nos termos do art. 66, § 5º, da CF (*DOU* de 23-2-2018 – edição extra A).

Art. 19-B. A criança e o adolescente em programa de acolhimento institucional ou familiar poderão participar de programa de apadrinhamento.

§ 1º O apadrinhamento consiste em estabelecer e proporcionar à criança e ao adolescente vínculos externos à instituição para fins de convivência familiar e comunitária e colaboração com o seu desenvolvimento nos aspectos social, moral, físico, cognitivo, educacional e financeiro.

§ 2º Podem ser padrinhos ou madrinhas pessoas maiores de 18 (dezoito) anos não inscritas nos cadastros de adoção, desde que cumpram os requisitos exigidos pelo programa de apadrinhamento de que fazem parte.

► § 2º acrescido pela Lei nº 13.509, de 22-11-2017, promulgado nos termos do art. 66, § 5º, da CF (*DOU* de 23-2-2018 – edição extra A).

§ 3º Pessoas jurídicas podem apadrinhar criança ou adolescente a fim de colaborar para o seu desenvolvimento.

§ 4º O perfil da criança ou do adolescente a ser apadrinhado será definido no âmbito de cada programa de apadrinhamento, com prioridade para crianças ou adolescentes com remota possibilidade de reinserção familiar ou colocação em família adotiva.

§ 5º Os programas ou serviços de apadrinhamento apoiados pela Justiça da Infância e da Juventude poderão ser executados por órgãos públicos ou por organizações da sociedade civil.

§ 6º Se ocorrer violação das regras de apadrinhamento, os responsáveis pelo programa e pelos serviços de acolhimento deverão imediatamente notificar a autoridade judiciária competente.

► Arts. 19-A e 19-B acrescidos pela Lei nº 13.509, de 22-11-2017.

Art. 20. Os filhos, havidos ou não da relação do casamento, ou por adoção, terão os mesmos direitos e qualificações, proibidas quaisquer designações discriminatórias relativas à filiação.

Art. 21. O poder familiar será exercido, em igualdade de condições, pelo pai e pela mãe, na forma do que dispuser a legislação civil, assegurado a qualquer deles o direito de, em caso de discordância, recorrer à autoridade judiciária competente para a solução da divergência.

Art. 22. Aos pais incumbe o dever de sustento, guarda e educação dos filhos menores, cabendo-lhes ainda, no interesse destes, a obrigação de cumprir e fazer cumprir as determinações judiciais.

Parágrafo único. A mãe e o pai, ou os responsáveis, têm direitos iguais e deveres e responsabilidades compartilhados no cuidado e na educação da criança, devendo ser resguardado o direito de transmissão familiar de suas crenças e culturas, assegurados os direitos da criança estabelecidos nesta Lei.

► Parágrafo único acrescido pela Lei nº 13.257, de 8-3-2016.

Art. 23. A falta ou a carência de recursos materiais não constitui motivo suficiente para a perda ou a suspensão do poder familiar.

§ 1º Não existindo outro motivo que por si só autorize a decretação da medida, a criança ou o adolescente será mantido em sua família de origem, a qual deverá obrigatoriamente ser incluída em serviços e programas oficiais de proteção, apoio e promoção.

► § 1º com a redação dada pela Lei nº 13.257, de 8-3-2016.

§ 2º A condenação criminal do pai ou da mãe não implicará a destituição do poder familiar, exceto na hipótese de condenação por crime doloso sujeito à pena de reclusão contra outrem igualmente titular do mesmo poder familiar ou contra filho, filha ou outro descendente.

► § 2º com a redação dada pela Lei nº 13.715, de 24-9-2018.

Art. 24. A perda e a suspensão do poder familiar serão decretadas judicialmente, em procedimento contraditório, nos casos previstos na legislação civil, bem como na hipótese de descumprimento injustificado dos deveres e obrigações a que alude o artigo 22.

Seção II
DA FAMÍLIA NATURAL

Art. 25. Entende-se por família natural a comunidade formada pelos pais ou qualquer deles e seus descendentes.

Parágrafo único. Entende-se por família extensa ou ampliada aquela que se estende para além da unidade pais e filhos ou da unidade do casal, formada por parentes próximos com os quais a criança ou adolescente convive e mantém vínculos de afinidade e afetividade.

► Parágrafo único acrescido pela Lei nº 12.010, de 3-8-2009.

Art. 26. Os filhos havidos fora do casamento poderão ser reconhecidos pelos pais, conjunta ou separadamente, no próprio termo de nascimento, por testamento, mediante escritura ou outro documento público, qualquer que seja a origem da filiação.

Parágrafo único. O reconhecimento pode preceder o nascimento do filho ou suceder-lhe ao falecimento, se deixar descendentes.

Art. 27. O reconhecimento do estado de filiação é direito personalíssimo, indisponível e imprescritível, podendo ser exercitado contra os pais ou seus herdeiros, sem qualquer restrição, observado o segredo de justiça.

Seção III
DA FAMÍLIA SUBSTITUTA

Subseção I
DISPOSIÇÕES GERAIS

Art. 28. A colocação em família substituta far-se-á mediante guarda, tutela ou adoção, independentemente da situação jurídica da criança ou adolescente, nos termos desta Lei.

§ 1º Sempre que possível, a criança ou o adolescente será previamente ouvido por equipe interprofissional, respeitado seu estágio de desenvolvimento e grau de compreensão sobre as implicações da medida, e terá sua opinião devidamente considerada.

§ 2º Tratando-se de maior de 12 (doze) anos de idade, será necessário seu consentimento, colhido em audiência.

► §§ 1º e 2º com a redação dada pela Lei nº 12.010, de 3-8-2009.

§ 3º Na apreciação do pedido levar-se-á em conta o grau de parentesco e a relação de afinidade ou de afetividade, a fim de evitar ou minorar as consequências decorrentes da medida.

§ 4º Os grupos de irmãos serão colocados sob adoção, tutela ou guarda da mesma família substituta, ressalvada a comprovada existência de risco de abuso ou outra situação que justifique plenamente a excepcionalidade de solução diversa, procurando-se, em qualquer caso, evitar o rompimento definitivo dos vínculos fraternais.

§ 5º A colocação da criança ou adolescente em família substituta será precedida de sua preparação gradativa e acompanhamento posterior, realizados pela equipe interprofissional a serviço da Justiça da Infância e da Juventude, preferencialmente com o apoio dos técnicos responsáveis pela execução da política municipal de garantia do direito à convivência familiar.

§ 6º Em se tratando de criança ou adolescente indígena ou proveniente de comunidade remanescente de quilombo, é ainda obrigatório:

I – que sejam consideradas e respeitadas sua identidade social e cultural, os seus costumes e tradições, bem como suas instituições, desde que não sejam incompatíveis com os direitos fundamentais reconhecidos por esta Lei e pela Constituição Federal;

II – que a colocação familiar ocorra prioritariamente no seio de sua comunidade ou junto a membros da mesma etnia;

III – a intervenção e oitiva de representantes do órgão federal responsável pela política indigenista, no caso de crianças e adolescentes indígenas, e de antropologos, perante a equipe interprofissional ou multidisciplinar que irá acompanhar o caso.

► §§ 3º a 6º acrescidos pela Lei nº 12.010, de 3-8-2009.

Art. 29. Não se deferirá colocação em família substituta a pessoa que revele, por qualquer modo, incompatibilidade com a natureza da medida ou não ofereça ambiente familiar adequado.

Art. 30. A colocação em família substituta não admitirá transferência da criança ou adolescente a terceiros ou a entidades governamentais ou não governamentais, sem autorização judicial.

Art. 31. A colocação em família substituta estrangeira constitui medida excepcional, somente admissível na modalidade de adoção.

Art. 32. Ao assumir a guarda ou a tutela, o responsável prestará compromisso de bem e fielmente desempenhar o encargo, mediante termo nos autos.

Subseção II
DA GUARDA

Art. 33. A guarda obriga à prestação de assistência material, moral e educacional à criança ou adolescente, conferindo a seu detentor o direito de opor-se a terceiros, inclusive aos pais.

§ 1º A guarda destina-se a regularizar a posse de fato, podendo ser deferida, liminar ou incidentalmente, nos procedimentos de tutela e adoção, exceto no de adoção por estrangeiros.

§ 2º Excepcionalmente, deferir-se-á a guarda, fora dos casos de tutela e adoção, para atender a situações peculiares ou suprir a falta eventual dos pais ou responsável, podendo ser deferido o direito de representação para a prática de atos determinados.

§ 3º A guarda confere à criança ou adolescente a condição de dependente, para todos os fins e efeitos de direito, inclusive previdenciários.

§ 4º Salvo expressa e fundamentada determinação em contrário, da autoridade judiciária competente, ou quando a medida for aplicada em preparação para adoção, o deferimento da guarda de criança ou adolescente a terceiros não impede o exercício do direito de visitas pelos pais, assim como o dever de prestar alimentos, que serão objeto de regulamentação específica, a pedido do interessado ou do Ministério Público.

► § 4º acrescido pela Lei nº 12.010, de 3-8-2009.

Art. 34. O poder público estimulará, por meio de assistência jurídica, incentivos fiscais e subsídios, o acolhimento, sob a forma de guarda, de criança ou adolescente afastado do convívio familiar.

► *Caput* com a redação dada pela Lei nº 12.010, de 3-8-2009.

§ 1º A inclusão da criança ou adolescente em programas de acolhimento familiar terá preferência a seu acolhimento institucional, observado, em qualquer caso, o caráter temporário e excepcional da medida, nos termos desta Lei.

§ 2º Na hipótese do § 1º deste artigo a pessoa ou casal cadastrado no programa de acolhimento familiar poderá receber a criança ou adolescente mediante guarda, observado o disposto nos arts. 28 a 33 desta Lei.

► §§ 1º e 2º acrescidos pela Lei nº 12.010, de 3-8-2009.

§ 3º A União apoiará a implementação de serviços de acolhimento em família acolhedora como política pública, os quais deverão dispor de equipe que organize o acolhimento temporário de crianças e de adolescentes em residências de famílias selecionadas, capacitadas e acompanhadas que não estejam no cadastro de adoção.

§ 4º Poderão ser utilizados recursos federais, estaduais, distritais e municipais para a manutenção dos serviços de acolhimento em família acolhedora, facultando-se o repasse de recursos para a própria família acolhedora.

► §§ 3º e 4º acrescidos pela Lei nº 13.257, de 8-3-2016.

Art. 35. A guarda poderá ser revogada a qualquer tempo, mediante ato judicial fundamentado, ouvido o Ministério Público.

Subseção III
DA TUTELA

Art. 36. A tutela será deferida, nos termos da lei civil, a pessoa de até 18 (dezoito) anos incompletos.

► *Caput* com a redação dada pela Lei nº 12.010, de 3-8-2009.

Parágrafo único. O deferimento da tutela pressupõe a prévia decretação da perda ou suspensão do poder familiar e implica necessariamente o dever de guarda.

Art. 37. O tutor nomeado por testamento ou qualquer documento autêntico, conforme previsto no parágrafo único do art. 1.729 da Lei nº 10.406, de 10 de janeiro de 2002 – Código Civil, deverá, no prazo de 30 (trinta) dias após a abertura da sucessão, ingressar com pedido destinado ao controle judicial do ato, observando o procedimento previsto nos arts. 165 a 170 desta Lei.

Parágrafo único. Na apreciação do pedido, serão observados os requisitos previstos nos arts. 28 e 29 desta Lei, somente sendo deferida a tutela à pessoa indicada na disposição de última vontade, se restar comprovado que a medida é vantajosa ao tutelando e que não existe outra pessoa em melhores condições de assumi-la.

► Art. 37 com a redação dada pela Lei nº 12.010, de 3-8-2009.

Art. 38. Aplica-se à destituição da tutela o disposto no artigo 24.

Subseção IV
DA ADOÇÃO

Art. 39. A adoção de criança e de adolescente reger-se-á segundo o disposto nesta Lei.

§ 1º A adoção é medida excepcional e irrevogável, à qual se deve recorrer apenas quando esgotados os recursos de manutenção da criança ou adolescente na família natural ou extensa, na forma do parágrafo único do art. 25 desta Lei.

► § 1º acrescido pela Lei nº 12.010, de 3-8-2009.

§ 2º É vedada a adoção por procuração.

► Parágrafo único transformado em § 2º com a redação dada pela Lei nº 12.010, de 3-8-2009.

§ 3º Em caso de conflito entre direitos e interesses do adotando e de outras pessoas, inclusive seus pais biológicos, devem prevalecer os direitos e os interesses do adotando.

► § 3º acrescido pela Lei nº 13.509, de 22-11-2017.

Art. 40. O adotando deve contar com, no máximo, dezoito anos à data do pedido, salvo se já estiver sob a guarda ou tutela dos adotantes.

Art. 41. A adoção atribui a condição de filho ao adotado, com os mesmos direitos e deveres, inclusive sucessórios, desligando-o de qualquer vínculo com pais e parentes, salvo os impedimentos matrimoniais.

§ 1º Se um dos cônjuges ou concubinos adota o filho do outro, mantêm-se os vínculos de filiação entre o adotado e o cônjuge ou concubino do adotante e os respectivos parentes.

§ 2º É recíproco o direito sucessório entre o adotado, seus descendentes, o adotante, seus ascendentes, descendentes e colaterais até o 4º grau, observada a ordem de vocação hereditária.

Art. 42. Podem adotar os maiores de 18 (dezoito) anos, independentemente do estado civil.

► *Caput* com a redação dada pela Lei nº 12.010, de 3-8-2009.

§ 1º Não podem adotar os ascendentes e os irmãos do adotando.

§ 2º Para adoção conjunta, é indispensável que os adotantes sejam casados civilmente ou mantenham união estável, comprovada a estabilidade da família.

► § 2º com a redação dada pela Lei nº 12.010, de 3-8-2009.

§ 3º O adotante há de ser, pelo menos, dezesseis anos mais velho do que o adotando.

§ 4º Os divorciados, os judicialmente separados e os ex-companheiros podem adotar conjuntamente, contanto que acordem sobre a guarda e o regime de visitas e desde que o estágio de convivência tenha sido iniciado na constância do período de convivência e que seja comprovada a existência de vínculos de afinidade e afetividade com aquele não detentor da guarda, que justifiquem a excepcionalidade da concessão.

§ 5º Nos casos do § 4º deste artigo, desde que demonstrado efetivo benefício ao adotando, será assegurada a guarda compartilhada, conforme previsto no art. 1.584 da Lei nº 10.406, de 10 de janeiro de 2002 – Código Civil.

► §§ 4º e 5º com a redação dada pela Lei nº 12.010, de 3-8-2009.

§ 6º A adoção poderá ser deferida ao adotante que, após inequívoca manifestação de vontade, vier a falecer no curso do procedimento, antes de prolatada a sentença.

► § 6º acrescido pela Lei nº 12.010, de 3-8-2009.

Art. 43. A adoção será deferida quando apresentar reais vantagens para o adotando e fundar-se em motivos legítimos.

Art. 44. Enquanto não der conta de sua administração e saldar o seu alcance, não pode o tutor ou curador adotar o pupilo ou o curatelado.

Art. 45. A adoção depende do consentimento dos pais ou representante legal do adotando.

§ 1º O consentimento será dispensado em relação à criança ou adolescente cujos pais sejam desconhecidos ou tenham sido destituídos do poder familiar.

§ 2º Em se tratando de adotando maior de doze anos de idade, será também necessário o seu consentimento.

Art. 46. A adoção será precedida de estágio de convivência com a criança ou adolescente, pelo prazo máximo de 90 (noventa) dias, observadas a idade da criança ou adolescente e as peculiaridades do caso.

► *Caput* com a redação dada pela Lei nº 13.509, de 22-11-2017.

§ 1º O estágio de convivência poderá ser dispensado se o adotando já estiver sob a tutela ou guarda legal do adotante durante tempo suficiente para que seja possível avaliar a conveniência da constituição do vínculo.

§ 2º A simples guarda de fato não autoriza, por si só, a dispensa da realização do estágio de convivência.

► §§ 1º e 2º com a redação dada pela Lei nº 12.010, de 3-8-2009.

§ 2º-A. O prazo máximo estabelecido no *caput* deste artigo pode ser prorrogado por até igual período, mediante decisão fundamentada da autoridade judiciária.

► § 2º-A acrescido pela Lei nº 13.509, de 22-11-2017.

§ 3º Em caso de adoção por pessoa ou casal residente ou domiciliado fora do País, o estágio de convivência será de, no mínimo, 30 (trinta) dias e, no máximo, 45 (quarenta e cinco) dias, prorrogável por até igual período, uma única vez, mediante decisão fundamentada da autoridade judiciária.

► § 3º com a redação dada pela Lei nº 13.509, de 22-11-2017.

§ 3º-A. Ao final do prazo previsto no § 3º deste artigo, deverá ser apresentado laudo fundamentado pela equipe mencionada no § 4º deste artigo, que recomendará ou não o deferimento da adoção à autoridade judiciária.

► § 3º-A acrescido pela Lei nº 13.509, de 22-11-2017.

§ 4º O estágio de convivência será acompanhado pela equipe interprofissional a serviço da Justiça da Infância e da Juventude, preferencialmente com apoio dos técnicos responsáveis pela execução da política de garantia do direito à convivência familiar, que apresentarão relatório minucioso acerca da conveniência do deferimento da medida.

► § 4º acrescido pela Lei nº 12.010, de 3-8-2009.

§ 5º O estágio de convivência será cumprido no território nacional, preferencialmente na comarca de residência da criança ou adolescente, ou, a critério do juiz, em cidade limítrofe, respeitada, em qualquer hipótese, a competência do juízo da comarca de residência da criança.

► § 5º acrescido pela Lei nº 13.509, de 22-11-2017.

Art. 47. O vínculo da adoção constitui-se por sentença judicial, que será inscrita no registro civil mediante mandado do qual não se fornecerá certidão.

§ 1º A inscrição consignará o nome dos adotantes como pais, bem como o nome de seus ascendentes.

§ 2º O mandado judicial, que será arquivado, cancelará o registro original do adotado.

§ 3º A pedido do adotante, o novo registro poderá ser lavrado no Cartório do Registro Civil do Município de sua residência.

§ 4º Nenhuma observação sobre a origem do ato poderá constar nas certidões do registro.

§ 5º A sentença conferirá ao adotado o nome do adotante e, a pedido de qualquer deles, poderá determinar a modificação do prenome.

§ 6º Caso a modificação de prenome seja requerida pelo adotante, é obrigatória a oitiva do adotando, observado o disposto nos §§ 1º e 2º do art. 28 desta Lei.

► §§ 3º a 6º com a redação dada pela Lei nº 12.010, de 3-8-2009.

§ 7º A adoção produz seus efeitos a partir do trânsito em julgado da sentença constitutiva, exceto na hipótese prevista no § 6º do art. 42 desta Lei, caso em que terá força retroativa à data do óbito.

§ 8º O processo relativo à adoção assim como outros a ele relacionados serão mantidos em arquivo, admitindo-se seu armazenamento em microfilme ou por outros meios, garantida a sua conservação para consulta a qualquer tempo.

► §§ 7º e 8º acrescidos pela Lei nº 12.010, de 3-8-2009.

§ 9º Terão prioridade de tramitação os processos de adoção em que o adotando for criança ou adolescente com deficiência ou com doença crônica.

► § 9º acrescido pela Lei nº 12.955, de 5-2-2014.

§ 10. O prazo máximo para conclusão da ação de adoção será de 120 (cento e vinte) dias, prorrogável uma única vez por igual período, mediante decisão fundamentada da autoridade judiciária.

► § 10 acrescido pela Lei nº 13.509, de 22-11-2017.

Art. 48. O adotado tem direito de conhecer sua origem biológica, bem como de obter acesso irrestrito ao processo no qual a medida foi aplicada e seus eventuais incidentes, após completar 18 (dezoito) anos.

► *Caput* com a redação dada pela Lei nº 12.010, de 3-8-2009.

Parágrafo único. O acesso ao processo de adoção poderá ser também deferido ao adotado menor de 18 (dezoito) anos, a seu pedido, assegurada orientação e assistência jurídica e psicológica.

► Parágrafo único acrescido pela Lei nº 12.010, de 3-8-2009.

Art. 49. A morte dos adotantes não restabelece o poder familiar dos pais naturais.

Art. 50. A autoridade judiciária manterá, em cada comarca ou foro regional, um registro de crianças e adolescentes em condições de serem adotados e outro de pessoas interessadas na adoção.

§ 1º O deferimento da inscrição dar-se-á após prévia consulta aos órgãos técnicos do Juizado, ouvido o Ministério Público.

§ 2º Não será deferida a inscrição se o interessado não satisfizer os requisitos legais, ou verificada qualquer das hipóteses previstas no artigo 29.

§ 3º A inscrição de postulantes à adoção será precedida de um período de preparação psicossocial e jurídica, orientado pela equipe técnica da Justiça da Infância e da Juventude, preferencialmente com apoio dos técnicos responsáveis pela execução da política municipal de garantia do direito à convivência familiar.

§ 4º Sempre que possível e recomendável, a preparação referida no § 3º deste artigo incluirá o contato com crianças e adolescentes em acolhimento familiar ou institucional em condições de serem adotados, a ser realizado sob a orientação, supervisão e avaliação da equipe técnica da Justiça da Infância e da Juventude, com apoio dos técnicos responsáveis pelo programa de acolhimento e pela execução da política municipal de garantia do direito à convivência familiar.

§ 5º Serão criados e implementados cadastros estaduais e nacional de crianças e adolescentes em condições de serem adotados e de pessoas ou casais habilitados à adoção.

§ 6º Haverá cadastros distintos para pessoas ou casais residentes fora do País, que somente serão consultados na inexistência de postulantes nacionais habilitados nos cadastros mencionados no § 5º deste artigo.

§ 7º As autoridades estaduais e federais em matéria de adoção terão acesso integral aos cadastros, incumbindo-lhes a troca de informações e a cooperação mútua, para melhoria do sistema.

§ 8º A autoridade judiciária providenciará, no prazo de 48 (quarenta e oito) horas, a inscrição das crianças e adolescentes em condições de serem adotados que não tiveram colocação familiar na comarca de origem, e das pessoas ou casais que tiveram deferida sua habilitação à adoção nos cadastros estadual e nacional referidos no § 5º deste artigo, sob pena de responsabilidade.

§ 9º Compete à Autoridade Central Estadual zelar pela manutenção e correta alimentação dos cadastros, com posterior comunicação à Autoridade Central Federal Brasileira.

► §§ 3º a 9º acrescidos pela Lei nº 12.010, de 3-8-2009.

§ 10. Consultados os cadastros e verificada a ausência de pretendentes habilitados residentes no País com perfil compatível e interesse manifesto pela adoção de criança ou adolescente inscrito nos cadastros existentes, será realizado o encaminhamento da criança ou adolescente à adoção internacional.

► § 10 com a redação dada pela Lei nº 13.509, de 22-11-2017.

§ 11. Enquanto não localizada pessoa ou casal interessado em sua adoção, a criança ou o adolescente, sempre que possível e recomendável, será colocado sob guarda de família cadastrada em programa de acolhimento familiar.

§ 12. A alimentação do cadastro e a convocação criteriosa dos postulantes à adoção serão fiscalizadas pelo Ministério Público.

§ 13. Somente poderá ser deferida adoção em favor de candidato domiciliado no Brasil não cadastrado previamente nos termos desta Lei quando:

I – se tratar de pedido de adoção unilateral;

II – for formulada por parente com o qual a criança ou adolescente mantenha vínculos de afinidade e afetividade;

III – oriundo o pedido de quem detém a tutela ou guarda legal de criança maior de 3 (três) anos ou adolescente, desde que o lapso de tempo de convivência comprove a fixação de laços de afinidade e afetividade, e não seja constatada a ocorrência de má-fé ou qualquer das situações previstas nos arts. 237 ou 238 desta Lei.

§ 14. Nas hipóteses previstas no § 13 deste artigo, o candidato deverá comprovar, no curso do procedimento, que preenche os requisitos necessários à adoção, conforme previsto nesta Lei.

► §§ 11 a 14 acrescidos pela Lei nº 12.010, de 3-8-2009.

§ 15. Será assegurada prioridade no cadastro a pessoas interessadas em adotar criança ou adolescente com deficiência, com doença crônica ou com necessidades específicas de saúde, além de grupo de irmãos.

► § 15 acrescido pela Lei nº 13.509, de 22-11-2017.

Art. 51. Considera-se adoção internacional aquela na qual o pretendente possui residência habitual em país-parte da Convenção de Haia, de 29 de maio de 1993, Relativa à Proteção das Crianças e à Cooperação em Matéria de Adoção Internacional, promulgada pelo Decreto nº 3.087, de 21 junho de 1999, e deseja adotar criança em outro país-parte da Convenção.

► *Caput* com a redação dada pela Lei nº 13.509, de 22-11-2017.

§ 1º A adoção internacional de criança ou adolescente brasileiro ou domiciliado no Brasil somente terá lugar quando restar comprovado:

► *Caput* do § 1º com a redação dada pela Lei nº 12.010, de 3-8-2009.

I – que a colocação em família adotiva é a solução adequada ao caso concreto;

II – que foram esgotadas todas as possibilidades de colocação da criança ou adolescente em família adotiva brasileira, com a comprovação, certificada nos autos, da inexistência de adotantes habilitados residentes no Brasil com perfil compatível com a criança ou adolescente, após consulta aos cadastros mencionados nesta Lei;

► Incisos I e II com a redação dada pela Lei nº 13.509, de 22-11-2017.

III – que, em se tratando de adoção de adolescente, este foi consultado, por meios adequados ao seu estágio de desenvolvimento, e que se encontra preparado para a medida, mediante parecer elaborado por equipe interprofissional, observado o disposto nos §§ 1º e 2º do art. 28 desta Lei.

► Inciso III acrescido pela Lei nº 12.010, de 3-8-2009.

§ 2º Os brasileiros residentes no exterior terão preferência aos estrangeiros, nos casos de adoção internacional de criança ou adolescente brasileiro.

§ 3º A adoção internacional pressupõe a intervenção das Autoridades Centrais Estaduais e Federal em matéria de adoção internacional.

► §§ 2º e 3º com a redação dada pela Lei nº 12.010, de 3-8-2009.

§ 4º *Revogado*. Lei nº 12.010, de 3-8-2009.

Art. 52. A adoção internacional observará o procedimento previsto nos arts. 165 a 170 desta Lei, com as seguintes adaptações:

► *Caput* com a redação dada pela Lei nº 12.010, de 3-8-2009.

I – a pessoa ou casal estrangeiro, interessado em adotar criança ou adolescente brasileiro, deverá formular pedido de habilitação à adoção perante a Autoridade Central em matéria de adoção internacional no país de acolhida, assim entendido aquele onde está situada sua residência habitual;

II – se a Autoridade Central do país de acolhida considerar que os solicitantes estão habilitados e aptos para adotar, emitirá um relatório que contenha informações sobre a identidade, a capacidade jurídica e adequação dos solicitantes para adotar, sua situação pessoal, familiar e médica, seu meio social, os motivos que os animam e sua aptidão para assumir uma adoção internacional;

III – a Autoridade Central do país de acolhida enviará o relatório à Autoridade Central Estadual, com cópia para a Autoridade Central Federal Brasileira;

IV – o relatório será instruído com toda a documentação necessária, incluindo estudo psicossocial elaborado por equipe interprofissional habilitada e cópia autenticada da legislação pertinente, acompanhada da respectiva prova de vigência;

V – os documentos em língua estrangeira serão devidamente autenticados pela autoridade consular, observados os tratados e convenções internacionais, e acompanhados da respectiva tradução, por tradutor público juramentado;

VI – a Autoridade Central Estadual poderá fazer exigências e solicitar complementação sobre o estudo psicossocial do postulante estrangeiro à adoção, já realizado no país de acolhida;

VII – verificada, após estudo realizado pela Autoridade Central Estadual, a compatibilidade da legislação estrangeira com a nacional, além do preenchimento por parte dos postulantes à medida dos requisitos objetivos e subjetivos necessários ao seu deferimento, tanto à luz do que dispõe esta Lei como da legislação do país de acolhida, será expedido laudo de habilitação à adoção internacional, que terá validade por, no máximo, 1 (um) ano;

VIII – de posse do laudo de habilitação, o interessado será autorizado a formalizar pedido de adoção perante o Juízo da Infância e da Juventude do local em que se encontra a criança ou adolescente, conforme indicação efetuada pela Autoridade Central Estadual.

► Incisos I a VIII acrescidos pela Lei nº 12.010, de 3-8-2009.

§ 1º Se a legislação do país de acolhida assim o autorizar, admite-se que os pedidos de habilitação à adoção internacional sejam intermediados por organismos credenciados.

§ 2º Incumbe à Autoridade Central Federal Brasileira o credenciamento de organismos nacionais e estrangeiros encarregados de intermediar pedidos de habilitação à adoção internacional, com posterior comunicação às Autoridades Centrais Estaduais e publicação nos órgãos oficiais de imprensa e em sítio próprio da internet.

§ 3º Somente será admissível o credenciamento de organismos que:

I – sejam oriundos de países que ratificaram a Convenção de Haia e estejam devidamente credenciados pela Autoridade Central do país onde estiverem sediados e no país de acolhida do adotando para atuar em adoção internacional no Brasil;

II – satisfizerem as condições de integridade moral, competência profissional, experiência e responsabilidade exigidas pelos países respectivos e pela Autoridade Central Federal Brasileira;

III – forem qualificados por seus padrões éticos e sua formação e experiência para atuar na área de adoção internacional;

IV – cumprirem os requisitos exigidos pelo ordenamento jurídico brasileiro e pelas normas estabelecidas pela Autoridade Central Federal Brasileira.

§ 4º Os organismos credenciados deverão ainda:

I – perseguir unicamente fins não lucrativos, nas condições e dentro dos limites fixados pelas autoridades competentes do país onde estiverem sediados, do país de acolhida e pela Autoridade Central Federal Brasileira;

II – ser dirigidos e administrados por pessoas qualificadas e de reconhecida idoneidade moral, com comprovada formação ou experiência para atuar na área de adoção internacional, cadastradas pelo Departamento de Polícia Federal e aprovadas pela Autoridade Central Federal Brasileira, mediante publicação de portaria do órgão federal competente;

III – estar submetidos à supervisão das autoridades competentes do país onde estiverem sediados e no país de acolhida, inclusive quanto à sua composição, funcionamento e situação financeira;

IV – apresentar à Autoridade Central Federal Brasileira, a cada ano, relatório geral das atividades desenvolvidas, bem como relatório de acompanhamento das adoções internacionais efetuadas no período, cuja cópia será encaminhada ao Departamento de Polícia Federal;

V – enviar relatório pós-adotivo semestral para a Autoridade Central Estadual, com cópia para a Autoridade Central Federal Brasileira, pelo período mínimo de 2 (dois) anos. O envio do relatório será mantido até a juntada de cópia autenticada do registro civil, estabelecendo a cidadania do país de acolhida para o adotado;

VI – tomar as medidas necessárias para garantir que os adotantes encaminhem à Autoridade Central Federal Brasileira cópia da certidão de registro de nascimento estrangeira e do certificado de nacionalidade tão logo lhes sejam concedidos.

§ 5º A não apresentação dos relatórios referidos no § 4º deste artigo pelo organismo credenciado poderá acarretar a suspensão de seu credenciamento.

§ 6º O credenciamento de organismo nacional ou estrangeiro encarregado de intermediar pedidos de adoção internacional terá validade de 2 (dois) anos.

§ 7º A renovação do credenciamento poderá ser concedida mediante requerimento protocolado na Autoridade Central Federal Brasileira nos 60 (sessenta) dias anteriores ao término do respectivo prazo de validade.

§ 8º Antes de transitada em julgado a decisão que concedeu a adoção internacional, não será permitida a saída do adotando do território nacional.

§ 9º Transitada em julgado a decisão, a autoridade judiciária determinará a expedição de alvará com autorização de viagem, bem como para obtenção de passaporte, constando, obrigatoriamente, as características da criança ou adolescente adotado, como idade, cor, sexo, eventuais sinais ou traços peculiares, assim como foto recente e a aposição da impressão digital do seu polegar direito, instruindo o documento com cópia autenticada da decisão e certidão de trânsito em julgado.

§ 10. A Autoridade Central Federal Brasileira poderá, a qualquer momento, solicitar informações sobre a situação das crianças e adolescentes adotados.

§ 11. A cobrança de valores por parte dos organismos credenciados, que sejam considerados abusivos pela Autoridade Central Federal Brasileira e que não estejam devidamente comprovados, é causa de seu descredenciamento.

§ 12. Uma mesma pessoa ou seu cônjuge não podem ser representados por mais de uma entidade credenciada para atuar na cooperação em adoção internacional.

§ 13. A habilitação de postulante estrangeiro ou domiciliado fora do Brasil terá validade máxima de 1 (um) ano, podendo ser renovada.

§ 14. É vedado o contato direto de representantes de organismos de adoção, nacionais ou estrangeiros, com dirigentes de programas de acolhimento institucional ou familiar, assim como com crianças e adolescentes em condições de serem adotados, sem a devida autorização judicial.

§ 15. A Autoridade Central Federal Brasileira poderá limitar ou suspender a concessão de novos credenciamentos sempre que julgar necessário, mediante ato administrativo fundamentado.

► §§ 1º a 15 acrescidos pela Lei nº 12.010, de 3-8-2009.

Art. 52-A. É vedado, sob pena de responsabilidade e descredenciamento, o repasse de recursos provenientes de organismos estrangeiros encarregados de intermediar pedidos de adoção internacional a organismos nacionais ou a pessoas físicas.

Parágrafo único. Eventuais repasses somente poderão ser efetuados via Fundo dos Direitos da Criança e do Adolescente e estarão sujeitos às deliberações do respectivo Conselho de Direitos da Criança e do Adolescente.

Art. 52-B. A adoção por brasileiro residente no exterior em país ratificante da Convenção de Haia, cujo processo de adoção tenha sido processado em conformidade com a legislação vigente no país de residência e atendido o disposto na alínea *c* do artigo 17 da referida Convenção, será automaticamente recepcionada com o reingresso no Brasil.

§ 1º Caso não tenha sido atendido o disposto na alínea *c* do artigo 17 da Convenção de Haia, deverá a sentença ser homologada pelo Superior Tribunal de Justiça.

§ 2º O pretendente brasileiro residente no exterior em país não ratificante da Convenção de Haia, uma vez reingressado no Brasil, deverá requerer a homologação da sentença estrangeira pelo Superior Tribunal de Justiça.

Art. 52-C. Nas adoções internacionais, quando o Brasil for o país de acolhida, a decisão da autoridade competente do país de origem da criança ou do adolescente será conhecida pela Autoridade Central Estadual que tiver processado o pedido de habilitação dos pais adotivos, que comunicará o fato à Autoridade Central Federal e determinará as providências necessárias à expedição do Certificado de Naturalização Provisório.

§ 1º A Autoridade Central Estadual, ouvido o Ministério Público, somente deixará de reconhecer os efeitos daquela decisão se restar demonstrado que a adoção é manifestamente contrária à ordem pública ou não atende ao interesse superior da criança ou do adolescente.

§ 2º Na hipótese de não reconhecimento da adoção, prevista no § 1º deste artigo, o Ministério Público deverá imediatamente requerer o que for de direito para resguardar os interesses da criança ou do adolescente, comunicando-se as providências à Autoridade Central Estadual, que fará a comunicação à Autoridade Central Federal Brasileira e à Autoridade Central do país de origem.

Art. 52-D. Nas adoções internacionais, quando o Brasil for o país de acolhida e a adoção não tenha sido deferida no país de origem porque a sua legislação a delega ao país de acolhida, ou, ainda, na hipótese de, mesmo com decisão, a criança ou o adolescente ser oriundo de país que não tenha aderido à Convenção referida, o processo de adoção seguirá as regras da adoção nacional.

► Arts. 52-A a 52-D acrescidos pela Lei nº 12.010, de 3-8-2009.

CAPÍTULO IV
DO DIREITO À EDUCAÇÃO, À CULTURA, AO ESPORTE E AO LAZER

Art. 53. A criança e o adolescente têm direito à educação, visando ao pleno desenvolvimento de sua pessoa, preparo para o exercício da cidadania e qualificação para o trabalho, assegurando-se-lhes:

I – igualdade de condições para o acesso e permanência na escola;

II – direito de ser respeitado por seus educadores;

III – direito de contestar critérios avaliativos, podendo recorrer às instâncias escolares superiores;

IV – direito de organização e participação em entidades estudantis;

V – acesso à escola pública e gratuita, próxima de sua residência, garantindo-se vagas no mesmo estabelecimento a irmãos que frequentem a mesma etapa ou ciclo de ensino da educação básica.

► Inciso V com a redação dada pela Lei nº 13.845, de 18-6-2019.

Parágrafo único. É direito dos pais ou responsáveis ter ciência do processo pedagógico, bem como participar da definição das propostas educacionais.

Art. 53-A. É dever da instituição de ensino, clubes e agremiações recreativas e de estabelecimentos congêneres assegurar medidas de conscientização, prevenção e enfrentamento ao uso ou dependência de drogas ilícitas.

► Art. 53-A acrescido pela Lei nº 13.840, de 5-6-2019.

Art. 54. É dever do Estado assegurar à criança e ao adolescente:

I – ensino fundamental, obrigatório e gratuito, inclusive para os que a ele não tiveram acesso na idade própria;

II – progressiva extensão da obrigatoriedade e gratuidade ao ensino médio;

III – atendimento educacional especializado aos portadores de deficiência, preferencialmente na rede regular de ensino;

IV – atendimento em creche e pré-escola às crianças de zero a cinco anos de idade;

► Inciso IV com a redação dada pela Lei nº 13.306, de 4-7-2016.

V – acesso aos níveis mais elevados do ensino, da pesquisa e da criação artística, segundo a capacidade de cada um;

VI – oferta de ensino noturno regular, adequado às condições do adolescente trabalhador;

VII – atendimento no ensino fundamental, através de programas suplementares de material didático-escolar, transporte, alimentação e assistência à saúde.

§ 1º O acesso ao ensino obrigatório e gratuito é direito público subjetivo.

§ 2º O não oferecimento do ensino obrigatório pelo Poder Público ou sua oferta irregular importa responsabilidade da autoridade competente.

§ 3º Compete ao Poder Público recensear os educandos no ensino fundamental, fazer-lhes a chamada e zelar, junto aos pais ou responsável, pela frequência à escola.

Art. 55. Os pais ou responsável têm a obrigação de matricular seus filhos ou pupilos na rede regular de ensino.

Art. 56. Os dirigentes de estabelecimentos de ensino fundamental comunicarão ao Conselho Tutelar os casos de:

I – maus-tratos envolvendo seus alunos;

II – reiteração de faltas injustificadas e de evasão escolar, esgotados os recursos escolares;

III – elevados níveis de repetência.

Art. 57. O Poder Público estimulará pesquisas, experiências e novas propostas relativas a calendário, seriação, currículo, metodologia, didática e avaliação, com vistas à inserção de crianças e adolescentes excluídos do ensino fundamental obrigatório.

Art. 58. No processo educacional respeitar-se-ão os valores culturais, artísticos e históricos próprios do contexto social da criança e do adolescente, garantindo-se a estes a liberdade de criação e o acesso às fontes de cultura.

Art. 59. Os Municípios, com apoio dos Estados e da União, estimularão e facilitarão a destinação de recursos e espaços para programações culturais, esportivas e de lazer voltadas para a infância e a juventude.

CAPÍTULO V
DO DIREITO À PROFISSIONALIZAÇÃO E À PROTEÇÃO NO TRABALHO

Art. 60. É proibido qualquer trabalho a menores de quatorze anos de idade, salvo na condição de aprendiz.

Art. 61. A proteção ao trabalho dos adolescentes é regulada por legislação especial, sem prejuízo do disposto nesta Lei.

Art. 62. Considera-se aprendizagem a formação técnico-profissional ministrada segundo as diretrizes e bases da legislação de educação em vigor.

Art. 63. A formação técnico-profissional obedecerá aos seguintes princípios:

I – garantia de acesso e frequência obrigatória ao ensino regular;

II – atividade compatível com o desenvolvimento do adolescente;

III – horário especial para o exercício das atividades.

Art. 64. Ao adolescente até quatorze anos de idade é assegurada bolsa de aprendizagem.

Art. 65. Ao adolescente aprendiz, maior de quatorze anos, são assegurados os direitos trabalhistas e previdenciários.

Art. 66. Ao adolescente portador de deficiência é assegurado trabalho protegido.

Art. 67. Ao adolescente empregado, aprendiz, em regime familiar de trabalho, aluno de escola técnica, assistido em entidade governamental ou não governamental, é vedado trabalho:

I – noturno, realizado entre as vinte e duas horas de um dia e as cinco horas do dia seguinte;

II – perigoso, insalubre ou penoso;

III – realizado em locais prejudiciais à sua formação e ao seu desenvolvimento físico, psíquico, moral e social;

IV – realizado em horários e locais que não permitam a frequência à escola.

Art. 68. O programa social que tenha por base o trabalho educativo, sob responsabilidade de entidade governamental ou não governamental sem fins lucrativos, deverá assegurar ao adolescente que dele participe condições de capacitação para o exercício de atividade regular remunerada.

§ 1º Entende-se por trabalho educativo a atividade laboral em que as exigências pedagógicas relativas ao desenvolvimento pessoal e social do educando prevalecem sobre o aspecto produtivo.

§ 2º A remuneração que o adolescente recebe pelo trabalho efetuado ou a participação na venda dos produtos de seu trabalho não desfigura o caráter educativo.

Art. 69. O adolescente tem direito à profissionalização e à proteção no trabalho, observados os seguintes aspectos, entre outros:

I – respeito à condição peculiar de pessoa em desenvolvimento;

II – capacitação profissional adequada ao mercado de trabalho.

TÍTULO III – DA PREVENÇÃO

CAPÍTULO I

DISPOSIÇÕES GERAIS

Art. 70. É dever de todos prevenir a ocorrência de ameaça ou violação dos direitos da criança e do adolescente.

Art. 70-A. A União, os Estados, o Distrito Federal e os Municípios deverão atuar de forma articulada na elaboração de políticas públicas e na execução de ações destinadas a coibir o uso de castigo físico ou de tratamento cruel ou degradante e difundir formas não violentas de educação de crianças e de adolescentes, tendo como principais ações:

I – a promoção de campanhas educativas permanentes para a divulgação do direito da criança e do adolescente de serem educados e cuidados sem o uso de castigo físico ou de tratamento cruel ou degradante e dos instrumentos de proteção aos direitos humanos;

II – a integração com os órgãos do Poder Judiciário, do Ministério Público e da Defensoria Pública, com o Conselho Tutelar, com os Conselhos de Direitos da Criança e do Adolescente e com as entidades não governamentais que atuam na promoção, proteção e defesa dos direitos da criança e do adolescente;

III – a formação continuada e a capacitação dos profissionais de saúde, educação e assistência social e dos demais agentes que atuam na promoção, proteção e defesa dos direitos da criança e do adolescente para o desenvolvimento das competências necessárias à prevenção, à identificação de evidências, ao diagnóstico e ao enfrentamento de todas as formas de violência contra a criança e o adolescente;

IV – o apoio e o incentivo às práticas de resolução pacífica de conflitos que envolvam violência contra a criança e o adolescente;

V – a inclusão, nas políticas públicas, de ações que visem a garantir os direitos da criança e do adolescente, desde a atenção pré-natal, e de atividades junto aos pais e responsáveis com o objetivo de promover a informação, a reflexão, o debate e a orientação sobre alternativas ao uso de castigo físico ou de tratamento cruel ou degradante no processo educativo;

VI – a promoção de espaços intersetoriais locais para a articulação de ações e a elaboração de planos de atuação conjunta focados nas famílias em situação de violência, com participação de profissionais de saúde, de assistência social e de educação e de órgãos de promoção, proteção e defesa dos direitos da criança e do adolescente.

Parágrafo único. As famílias com crianças e adolescentes com deficiência terão prioridade de atendimento nas ações e políticas públicas de prevenção e proteção.

► Art. 70-A acrescido pela Lei nº 13.010, de 26-6-2014.

Art. 70-B. As entidades, públicas e privadas, que atuem nas áreas a que se refere o art. 71, dentre outras, devem contar, em seus quadros, com pessoas capacitadas a reconhecer e comunicar ao Conselho Tutelar suspeitas ou casos de maus-tratos praticados contra crianças e adolescentes.

Parágrafo único. São igualmente responsáveis pela comunicação de que trata este artigo, as pessoas encarregadas, por razão de cargo, função, ofício, ministério, profissão ou ocupação, do cuidado, assistência ou guarda de crianças e adolescentes, punível, na forma deste Estatuto, o injustificado retardamento ou omissão, culposos ou dolosos.

► Art. 70-B acrescido pela Lei nº 13.046, de 1º-12-2014.

Art. 71. A criança e o adolescente têm direito a informação, cultura, lazer, esportes, diversões, espetáculos e produtos e serviços que respeitem sua condição peculiar de pessoa em desenvolvimento.

Art. 72. As obrigações previstas nesta lei não excluem da prevenção especial outras decorrentes dos princípios por ela adotados.

Art. 73. A inobservância das normas de prevenção importará em responsabilidade da pessoa física ou jurídica, nos termos desta Lei.

CAPÍTULO II

DA PREVENÇÃO ESPECIAL

Seção I

DA INFORMAÇÃO, CULTURA, LAZER, ESPORTES, DIVERSÕES E ESPETÁCULOS

Art. 74. O Poder Público, através do órgão competente, regulará as diversões e espetáculos públicos, informando sobre a natureza deles, as faixas etárias a que não se recomendem, locais e horários em que sua apresentação se mostre inadequada.

Parágrafo único. Os responsáveis pelas diversões e espetáculos públicos deverão afixar, em lugar visível e de fácil acesso, à entrada do local de exibição, informação destacada sobre a natureza do espetáculo e a faixa etária especificada no certificado de classificação.

Art. 75. Toda criança ou adolescente terá acesso às diversões e espetáculos públicos classificados como adequados à sua faixa etária.

Parágrafo único. As crianças menores de dez anos somente poderão ingressar e permanecer nos locais de apresentação ou exibição quando acompanhadas dos pais ou responsável.

Art. 76. As emissoras de rádio e televisão somente exibirão, no horário recomendado para o público infantojuvenil, programas com finalidades educativas, artísticas, culturais e informativas.

Parágrafo único. Nenhum espetáculo será apresentado ou anunciado sem aviso de sua classificação, antes de sua transmissão, apresentação ou exibição.

Art. 77. Os proprietários, diretores, gerentes e funcionários de empresas que explorem a venda ou aluguel de fitas de programação em vídeo cuidarão para que não haja venda ou locação em desacordo com a classificação atribuída pelo órgão competente.

Parágrafo único. As fitas a que alude este artigo deverão exibir, no invólucro, informação sobre a natureza da obra e a faixa etária a que se destinam.

Art. 78. As revistas e publicações contendo material impróprio ou inadequado a crianças e adolescentes deverão ser comercializadas em embalagem lacrada, com a advertência de seu conteúdo.

Parágrafo único. As editoras cuidarão para que as capas que contenham mensagens pornográficas ou obscenas sejam protegidas com embalagem opaca.

Art. 79. As revistas e publicações destinadas ao público infantojuvenil não poderão conter ilustrações, fotografias, legendas, crônicas ou anúncios de bebidas alcoólicas, tabaco, armas e munições, e deverão respeitar os valores éticos e sociais da pessoa e da família.

Art. 80. Os responsáveis por estabelecimentos que explorem comercialmente bilhar, sinuca ou congênere ou por casas de jogos, assim entendidas as que realizem apostas, ainda que eventualmente, cuidarão para que não seja permitida a entrada e a permanência de crianças e adolescentes no local, afixando aviso para orientação do público.

Seção II
DOS PRODUTOS E SERVIÇOS

Art. 81. É proibida a venda à criança ou ao adolescente de:

I – armas, munições e explosivos;

II – bebidas alcoólicas;

III – produtos cujos componentes possam causar dependência física ou psíquica ainda que por utilização indevida;

IV – fogos de estampido e de artifício, exceto aqueles que pelo seu reduzido potencial sejam incapazes de provocar qualquer dano físico em caso de utilização indevida;

V – revistas e publicações a que alude o artigo 78;

VI – bilhetes lotéricos e equivalentes.

Art. 82. É proibida a hospedagem de criança ou adolescente em hotel, motel, pensão ou estabelecimento congênere, salvo se autorizado ou acompanhado pelos pais ou responsável.

Seção III
DA AUTORIZAÇÃO PARA VIAJAR

Art. 83. Nenhuma criança ou adolescente menor de 16 (dezesseis) anos poderá viajar para fora da comarca onde reside desacompanhado dos pais ou dos responsáveis sem expressa autorização judicial.

► *Caput* com a redação dada pela Lei nº 13.812, de 16-3-2019.

§ 1º A autorização não será exigida quando:

a) tratar-se de comarca contígua à da residência da criança ou do adolescente menor de 16 (dezesseis) anos, se na mesma unidade da Federação, ou incluída na mesma região metropolitana;

b) a criança ou o adolescente menor de 16 (dezesseis) anos estiver acompanhado:

► Alíneas *a* e *b* com a redação dada pela Lei nº 13.812, de 16-3-2019.

1 – de ascendente ou colateral maior, até o terceiro grau, comprovado documentalmente o parentesco;

2 – de pessoa maior, expressamente autorizada pelo pai, mãe ou responsável.

§ 2º A autoridade judiciária poderá, a pedido dos pais ou responsável, conceder autorização válida por dois anos.

Art. 84. Quando se tratar de viagem ao exterior, a autorização é dispensável, se a criança ou adolescente:

I – estiver acompanhado de ambos os pais ou responsável;

II – viajar na companhia de um dos pais, autorizado expressamente pelo outro através de documento com firma reconhecida.

Art. 85. Sem prévia e expressa autorização judicial, nenhuma criança ou adolescente nascido em território nacional poderá sair do País em companhia de estrangeiro residente ou domiciliado no exterior.

Livro II

Parte Especial

TÍTULO I – DA POLÍTICA DE ATENDIMENTO

CAPÍTULO I
DISPOSIÇÕES GERAIS

Art. 86. A política de atendimento dos direitos da criança e do adolescente far-se-á através de um conjunto articulado de ações governamentais e não governamentais, da União, dos Estados, do Distrito Federal e dos Municípios.

Art. 87. São linhas de ação da política de atendimento:

I – políticas sociais básicas;

II – serviços, programas, projetos e benefícios de assistência social de garantia de proteção social e de prevenção e redução de violações de direitos, seus agravamentos ou reincidências;

► Inciso II com a redação dada pela Lei nº 13.257, de 8-3-2016.

III – serviços especiais de prevenção e atendimento médico e psicossocial às vítimas de negligência, maus-tratos, exploração, abuso, crueldade e opressão;

IV – serviço de identificação e localização de pais, responsável, crianças e adolescentes desaparecidos;

V – proteção jurídico-social por entidades de defesa dos direitos da criança e do adolescente;

VI – políticas e programas destinados a prevenir ou abreviar o período de afastamento do convívio familiar e a garantir o efetivo exercício do direito à convivência familiar de crianças e adolescentes;

VII – campanhas de estímulo ao acolhimento sob forma de guarda de crianças e adolescentes afastados do convívio familiar e à adoção, especificamente inter-racial, de crianças maiores ou de adolescentes, com necessidades específicas de saúde ou com deficiências e de grupos de irmãos.

► Incisos VI e VII acrescidos pela Lei nº 12.010, de 3-8-2009.

Art. 88. São diretrizes da política de atendimento:

I – municipalização do atendimento;

II – criação de conselhos municipais, estaduais e nacional dos direitos da criança e do adolescente, órgãos deliberativos e controladores das ações em todos os níveis, assegurada a participação popular paritária por meio de organizações representativas, segundo leis federal, estaduais e municipais;

III – criação e manutenção de programas específicos, observada a descentralização político-administrativa;

IV – manutenção de fundos nacional, estaduais e municipais vinculados aos respectivos conselhos dos direitos da criança e do adolescente;

V – integração operacional de órgãos do Judiciário, Ministério Público, Defensoria, Segurança Pública e Assistência Social, preferencialmente em um mesmo local, para efeito de agilização do atendimento inicial a adolescente a quem se atribua autoria de ato infracional;

VI – integração operacional de órgãos do Judiciário, Ministério Público, Defensoria, Conselho Tutelar e encarregados da execução das políticas sociais básicas e de assistência social, para efeito de agilização do atendimento de crianças e de adolescentes inseridos em programas de acolhimento familiar ou institucional, com vista na sua rápida reintegração à família de origem ou, se tal solução se mostrar comprovadamente inviável, sua colocação em família substituta, em quaisquer das modalidades previstas no art. 28 desta Lei;

► Inciso VI com a redação dada pela Lei nº 12.010, de 3-8-2009.

VII – mobilização da opinião pública para a indispensável participação dos diversos segmentos da sociedade;

► Inciso VII acrescido pela Lei nº 12.010, de 3-8-2009.

VIII – especialização e formação continuada dos profissionais que trabalham nas diferentes áreas da atenção à primeira infância, incluindo os conhecimentos sobre direitos da criança e sobre desenvolvimento infantil;

IX – formação profissional com abrangência dos diversos direitos da criança e do adolescente que favoreça a intersetorialidade no atendimento da criança e do adolescente e seu desenvolvimento integral;

X – realização e divulgação de pesquisas sobre desenvolvimento infantil e sobre prevenção da violência.

► Incisos VIII a X acrescidos pela Lei nº 13.257, de 8-3-2016.

Art. 89. A função de membro do Conselho Nacional e dos conselhos estaduais e municipais dos direitos da criança e do adolescente é considerada de interesse público relevante e não será remunerada.

CAPÍTULO II
DAS ENTIDADES DE ATENDIMENTO

Seção I
DISPOSIÇÕES GERAIS

Art. 90. As entidades de atendimento são responsáveis pela manutenção das próprias unidades, assim como pelo planejamento e execução de programas de proteção e socioeducativos destinados a crianças e adolescentes, em regime de:

I – orientação e apoio sociofamiliar;

II – apoio socioeducativo em meio aberto;

III – colocação familiar;

IV – acolhimento institucional;

► Inciso IV com a redação dada pela Lei nº 12.010, de 3-8-2009.

V – prestação de serviços à comunidade;

VI – liberdade assistida;

VII – semiliberdade; e

► Incisos V a VII com a redação dada pela Lei nº 12.594, de 18-1-2012.

VIII – internação.

► Inciso VIII acrescido pela Lei nº 12.594, de 18-1-2012.

§ 1º As entidades governamentais e não governamentais deverão proceder à inscrição de seus programas, especificando os regimes de atendimento, na forma definida neste artigo, no Conselho Municipal dos Direitos da Criança e do Adolescente, o qual manterá registro das inscrições e de suas alterações, do que fará comunicação ao Conselho Tutelar e à autoridade judiciária.

► Parágrafo único transformado em § 1º e com a redação dada pela Lei nº 12.010, de 3-8-2009.

§ 2º Os recursos destinados à implementação e manutenção dos programas relacionados neste artigo serão previstos nas dotações orçamentárias dos órgãos públicos encarregados das áreas de Educação, Saúde e Assistência Social, dentre outros, observando-se o princípio da prioridade absoluta à criança e ao adolescente preconizado pelo *caput* do art. 227 da Constituição Federal e pelo *caput* e parágrafo único do art. 4º desta Lei.

§ 3º Os programas em execução serão reavaliados pelo Conselho Municipal dos Direitos da Criança e do Adolescente, no máximo, a cada 2 (dois) anos, constituindo-se critérios para renovação da autorização de funcionamento:

I – o efetivo respeito às regras e princípios desta Lei, bem como às resoluções relativas à modalidade de atendimento prestado expedidas pelos Conselhos de Direitos da Criança e do Adolescente, em todos os níveis;

II – a qualidade e eficiência do trabalho desenvolvido, atestadas pelo Conselho Tutelar, pelo Ministério Público e pela Justiça da Infância e da Juventude;

III – em se tratando de programas de acolhimento institucional ou familiar, serão considerados os índices de sucesso na reintegração familiar ou de adaptação à família substituta, conforme o caso.

► §§ 2º e 3º acrescidos pela Lei nº 12.010, de 3-8-2009.

Art. 91. As entidades não governamentais somente poderão funcionar depois de registradas no Conselho Municipal dos Direitos da Criança e do Adolescente, o qual comunicará o registro ao Conselho Tutelar e à autoridade judiciária da respectiva localidade.

§ 1º Será negado o registro à entidade que:

► Parágrafo único transformado em § 1º pela Lei nº 12.010, de 3-8-2009.

a) não ofereça instalações físicas em condições adequadas de habitabilidade, higiene, salubridade e segurança;

b) não apresente plano de trabalho compatível com os princípios desta Lei;

c) esteja irregularmente constituída;

d) tenha em seus quadros pessoas inidôneas;

e) não se adequar ou deixar de cumprir as resoluções e deliberações relativas à modalidade de atendimento prestado expedidas pelos Conselhos de Direitos da Criança e do Adolescente, em todos os níveis.

► Alínea *e* acrescida pela Lei nº 12.010, de 3-8-2009.

§ 2º O registro terá validade máxima de 4 (quatro) anos, cabendo ao Conselho Municipal dos Direitos da Criança e do Adolescente, periodicamente, reavaliar o cabimento de sua renovação, observado o disposto no § 1º deste artigo.

► § 2º acrescido pela Lei nº 12.010, de 3-8-2009.

Art. 92. As entidades que desenvolvam programas de acolhimento familiar ou institucional deverão adotar os seguintes princípios:

► *Caput* com a redação dada pela Lei nº 12.010, de 3-8-2009.

I – preservação dos vínculos familiares e promoção da reintegração familiar;

II – integração em família substituta, quando esgotados os recursos de manutenção na família natural ou extensa;

► Incisos I e II com a redação dada pela Lei nº 12.010, de 3-8-2009.

III – atendimento personalizado e em pequenos grupos;
IV – desenvolvimento de atividades em regime de coeducação;
V – não desmembramento de grupos de irmãos;
VI – evitar, sempre que possível, a transferência para outras entidades de crianças e adolescentes abrigados;
VII – participação na vida da comunidade local;
VIII – preparação gradativa para o desligamento;
IX – participação de pessoas da comunidade no processo educativo.

§ 1º O dirigente de entidade que desenvolve programa de acolhimento institucional é equiparado ao guardião, para todos os efeitos de direito.

► Parágrafo único transformado em § 1º e com a redação dada pela Lei nº 12.010, de 3-8-2009.

§ 2º Os dirigentes de entidades que desenvolvem programas de acolhimento familiar ou institucional remeterão à autoridade judiciária, no máximo a cada 6 (seis) meses, relatório circunstanciado acerca da situação de cada criança ou adolescente acolhido e sua família, para fins da reavaliação prevista no § 1º do art. 19 desta Lei.

§ 3º Os entes federados, por intermédio dos Poderes Executivo e Judiciário, promoverão conjuntamente a permanente qualificação dos profissionais que atuam direta ou indiretamente em programas de acolhimento institucional e destinados à colocação familiar de crianças e adolescentes, incluindo membros do Poder Judiciário, Ministério Público e Conselho Tutelar.

§ 4º Salvo determinação em contrário da autoridade judiciária competente, as entidades que desenvolvem programas de acolhimento familiar ou institucional, se necessário com o auxílio do Conselho Tutelar e dos órgãos de assistência social, estimularão o contato da criança ou adolescente com seus pais e parentes, em cumprimento ao disposto nos incisos I e VIII do *caput* deste artigo.

§ 5º As entidades que desenvolvem programas de acolhimento familiar ou institucional somente poderão receber recursos públicos se comprovado o atendimento dos princípios, exigências e finalidades desta Lei.

§ 6º O descumprimento das disposições desta Lei pelo dirigente de entidade que desenvolva programas de acolhimento familiar ou institucional é causa de sua destituição, sem prejuízo da apuração de sua responsabilidade administrativa, civil e criminal.

► §§ 2º a 6º acrescidos pela Lei nº 12.010, de 3-8-2009.

§ 7º Quando se tratar de criança de 0 (zero) a 3 (três) anos em acolhimento institucional, dar-se-á especial atenção à atuação de educadores de referência estáveis e qualitativamente significativos, às rotinas específicas e ao atendimento das necessidades básicas, incluindo as de afeto como prioritárias.

► § 7º acrescido pela Lei nº 13.257, de 8-3-2016.

Art. 93. As entidades que mantenham programa de acolhimento institucional poderão, em caráter excepcional e de urgência, acolher crianças e adolescentes sem prévia determinação da autoridade competente, fazendo comunicação do fato em até 24 (vinte e quatro) horas ao Juiz da Infância e da Juventude, sob pena de responsabilidade.

► *Caput* com a redação dada pela Lei nº 12.010, de 3-8-2009.

Parágrafo único. Recebida a comunicação, a autoridade judiciária, ouvido o Ministério Público e se necessário com o apoio do Conselho Tutelar local, tomará as medidas necessárias para promover a imediata reintegração familiar da criança ou do adolescente ou, se por qualquer razão não for isso possível ou recomendável, para seu encaminhamento a programa de acolhimento familiar, institucional ou a família substituta, observado o disposto no § 2º do art. 101 desta Lei.

► Parágrafo único acrescido pela Lei nº 12.010, de 3-8-2009.

Art. 94. As entidades que desenvolvem programas de internação têm as seguintes obrigações, entre outras:
I – observar os direitos e garantias de que são titulares os adolescentes;
II – não restringir nenhum direito que não tenha sido objeto de restrição na decisão de internação;
III – oferecer atendimento personalizado, em pequenas unidades e grupos reduzidos;
IV – preservar a identidade e oferecer ambiente de respeito e dignidade ao adolescente;
V – diligenciar no sentido do restabelecimento e da preservação dos vínculos familiares;
VI – comunicar à autoridade judiciária, periodicamente, os casos em que se mostre inviável ou impossível o reatamento dos vínculos familiares;
VII – oferecer instalações físicas em condições adequadas de habitabilidade, higiene, salubridade e segurança e os objetos necessários à higiene pessoal;
VIII – oferecer vestuário e alimentação suficientes e adequados à faixa etária dos adolescentes atendidos;
IX – oferecer cuidados médicos, psicológicos, odontológicos e farmacêuticos;
X – propiciar escolarização e profissionalização;
XI – propiciar atividades culturais, esportivas e de lazer;
XII – propiciar assistência religiosa àqueles que desejarem, de acordo com suas crenças;
XIII – proceder a estudo social e pessoal de cada caso;
XIV – reavaliar periodicamente cada caso, com intervalo máximo de seis meses, dando ciência dos resultados à autoridade competente;
XV – informar, periodicamente, o adolescente internado sobre sua situação processual;
XVI – comunicar às autoridades competentes todos os casos de adolescentes portadores de moléstias infectocontagiosas;
XVII – fornecer comprovante de depósito dos pertences dos adolescentes;
XVIII – manter programas destinados ao apoio e acompanhamento de egressos;
XIX – providenciar os documentos necessários ao exercício da cidadania àqueles que não os tiverem;
XX – manter arquivos de anotações onde constem data e circunstâncias do atendimento, nome do adolescente, seus pais ou responsável, parentes, endereços, sexo, idade, acompanhamento da sua formação, relação de seus pertences e demais dados que possibilitem sua identificação e a individualização do atendimento.

§ 1º Aplicam-se, no que couber, as obrigações constantes deste artigo às entidades que mantêm programas de acolhimento institucional e familiar.

► § 1º com a redação dada pela Lei nº 12.010, de 3-8-2009.

§ 2º No cumprimento das obrigações a que alude este artigo as entidades utilizarão preferencialmente os recursos da comunidade.

Art. 94-A. As entidades, públicas ou privadas, que abriguem ou recepcionem crianças e adolescentes, ainda que em caráter temporário, devem ter, em seus quadros, profissionais capacitados a reconhecer e reportar ao Conselho Tutelar suspeitas ou ocorrências de maus-tratos.

► Artigo acrescido pela Lei nº 13.046, de 1º-12-2014.

Seção II

DA FISCALIZAÇÃO DAS ENTIDADES

Art. 95. As entidades governamentais e não governamentais, referidas no artigo 90, serão fiscalizadas pelo Judiciário, pelo Ministério Público e pelos Conselhos Tutelares.

Art. 96. Os planos de aplicação e as prestações de contas serão apresentados ao Estado ou ao Município, conforme a origem das dotações orçamentárias.

Art. 97. São medidas aplicáveis às entidades de atendimento que descumprirem obrigação constante do artigo 94, sem prejuízo da responsabilidade civil e criminal de seus dirigentes ou prepostos:

I – às entidades governamentais:

a) advertência;

b) afastamento provisório de seus dirigentes;

c) afastamento definitivo de seus dirigentes;

d) fechamento de unidade ou interdição de programa;

II – às entidades não governamentais:

a) advertência;

b) suspensão total ou parcial do repasse de verbas públicas;

c) interdição de unidades ou suspensão de programa;

d) cassação do registro.

§ 1º Em caso de reiteradas infrações cometidas por entidades de atendimento, que coloquem em risco os direitos assegurados nesta Lei, deverá ser o fato comunicado ao Ministério Público ou representado perante autoridade judiciária competente para as providências cabíveis, inclusive suspensão das atividades ou dissolução da entidade.

► Parágrafo único transformado em § 1º com a redação dada pela Lei nº 12.010, de 3-8-2009.

§ 2º As pessoas jurídicas de direito público e as organizações não governamentais responderão pelos danos que seus agentes causarem às crianças e aos adolescentes, caracterizado o descumprimento dos princípios norteadores das atividades de proteção específica.

► § 2º acrescido pela Lei nº 12.010, de 3-8-2009.

► A alteração que seria realizada neste artigo pela Lei nº 12.594, de 18-1-2012, foi vetada, razão pela qual mantivemos a sua redação.

TÍTULO II – DAS MEDIDAS DE PROTEÇÃO

CAPÍTULO I

DISPOSIÇÕES GERAIS

Art. 98. As medidas de proteção à criança e ao adolescente são aplicáveis sempre que os direitos reconhecidos nesta Lei forem ameaçados ou violados:

I – por ação ou omissão da sociedade ou do Estado;

II – por falta, omissão ou abuso dos pais ou responsável;

III – em razão de sua conduta.

CAPÍTULO II

DAS MEDIDAS ESPECÍFICAS DE PROTEÇÃO

Art. 99. As medidas previstas neste Capítulo poderão ser aplicadas isolada ou cumulativamente, bem como substituídas a qualquer tempo.

Art. 100. Na aplicação das medidas levar-se-ão em conta as necessidades pedagógicas, preferindo-se aquelas que visem ao fortalecimento dos vínculos familiares e comunitários.

Parágrafo único. São também princípios que regem a aplicação das medidas:

► *Caput* do parágrafo único acrescido pela Lei nº 12.010, de 3-8-2009.

I – condição da criança e do adolescente como sujeitos de direitos: crianças e adolescentes são os titulares dos direitos previstos nesta e em outras Leis, bem como na Constituição Federal;

II – proteção integral e prioritária: a interpretação e aplicação de toda e qualquer norma contida nesta Lei deve ser voltada à proteção integral e prioritária dos direitos de que crianças e adolescentes são titulares;

III – responsabilidade primária e solidária do poder público: a plena efetivação dos direitos assegurados a crianças e a adolescentes por esta Lei e pela Constituição Federal, salvo nos casos por esta expressamente ressalvados, é de responsabilidade primária e solidária das 3 (três) esferas de governo, sem prejuízo da municipalização do atendimento e da possibilidade da execução de programas por entidades não governamentais;

IV – interesse superior da criança e do adolescente: a intervenção deve atender prioritariamente aos interesses e direitos da criança e do adolescente, sem prejuízo da consideração que for devida a outros interesses legítimos no âmbito da pluralidade dos interesses presentes no caso concreto;

V – privacidade: a promoção dos direitos e proteção da criança e do adolescente deve ser efetuada no respeito pela intimidade, direito à imagem e reserva da sua vida privada;

VI – intervenção precoce: a intervenção das autoridades competentes deve ser efetuada logo que a situação de perigo seja conhecida;

VII – intervenção mínima: a intervenção deve ser exercida exclusivamente pelas autoridades e instituições cuja ação seja indispensável à efetiva promoção dos direitos e à proteção da criança e do adolescente;

VIII – proporcionalidade e atualidade: a intervenção deve ser a necessária e adequada à situação de perigo em que a criança ou o adolescente se encontram no momento em que a decisão é tomada;

IX – responsabilidade parental: a intervenção deve ser efetuada de modo que os pais assumam os seus deveres para com a criança e o adolescente;

► Incisos I a IX acrescidos pela Lei nº 12.010, de 3-8-2009.

X – prevalência da família: na promoção de direitos e na proteção da criança e do adolescente deve ser dada prevalência às medidas que os mantenham ou reintegrem na sua família natural ou extensa ou, se isso não for possível, que promovam a sua integração em família adotiva;

► Inciso X com a redação dada pela Lei nº 13.509, de 22-11-2017.

XI – obrigatoriedade da informação: a criança e o adolescente, respeitado seu estágio de desenvolvimento e capacidade de compreensão, seus pais ou responsável devem ser informados dos seus direitos, dos motivos que determinaram a intervenção e da forma como esta se processa;

XII – oitiva obrigatória e participação: a criança e o adolescente, em separado ou na companhia dos pais, de responsável ou de pessoa por si indicada, bem como os seus pais ou responsável, têm direito a ser ouvidos e a participar nos atos e na definição da medida de promoção dos direitos e de proteção, sendo sua opinião devidamente considerada pela autoridade judiciária competente, observado o disposto nos §§ 1º e 2º do art. 28 desta Lei.

► Incisos XI e XII acrescidos pela Lei nº 12.010, de 3-8-2009.

Art. 101. Verificada qualquer das hipóteses previstas no artigo 98, a autoridade competente poderá determinar, dentre outras, as seguintes medidas:

I – encaminhamento aos pais ou responsável, mediante termo de responsabilidade;

II – orientação, apoio e acompanhamento temporários;

III – matrícula e frequência obrigatórias em estabelecimento oficial de ensino fundamental;

IV – inclusão em serviços e programas oficiais ou comunitários de proteção, apoio e promoção da família, da criança e do adolescente;

► Inciso IV com a redação dada pela Lei nº 13.257, de 8-3-2016.

V – requisição de tratamento médico, psicológico ou psiquiátrico, em regime hospitalar ou ambulatorial;

VI – inclusão em programa oficial ou comunitário de auxílio, orientação e tratamento a alcoólatras e toxicômanos;

VII – acolhimento institucional;

VIII – inclusão em programa de acolhimento familiar;

► Incisos VII e VIII com a redação dada pela Lei nº 12.010, de 3-8-2009.

IX – colocação em família substituta.

► Inciso IX acrescido pela Lei nº 12.010, de 3-8-2009.

§ 1º O acolhimento institucional e o acolhimento familiar são medidas provisórias e excepcionais, utilizáveis como forma de transição para reintegração familiar ou, não sendo esta possível, para colocação em família substituta, não implicando privação de liberdade.

► Parágrafo único transformado em § 1º e com a redação dada pela Lei nº 12.010, de 3-8-2009.

§ 2º Sem prejuízo da tomada de medidas emergenciais para proteção de vítimas de violência ou abuso sexual e das providências a que alude o art. 130 desta Lei, o afastamento da criança ou adolescente do convívio familiar é de competência exclusiva da autoridade judiciária e importará na deflagração, a pedido do Ministério Público ou de quem tenha legítimo interesse, de procedimento judicial contencioso, no qual se garanta aos pais ou ao responsável legal o exercício do contraditório e da ampla defesa.

§ 3º Crianças e adolescentes somente poderão ser encaminhados às instituições que executam programas de acolhimento institucional, governamentais ou não, por meio de uma Guia de Acolhimento, expedida pela autoridade judiciária, na qual obrigatoriamente constará, dentre outros:

I – sua identificação e a qualificação completa de seus pais ou de seu responsável, se conhecidos;

II – o endereço de residência dos pais ou do responsável, com pontos de referência;

III – os nomes de parentes ou de terceiros interessados em tê-los sob sua guarda;

IV – os motivos da retirada ou da não reintegração ao convívio familiar.

§ 4º Imediatamente após o acolhimento da criança ou do adolescente, a entidade responsável pelo programa de acolhimento institucional ou familiar elaborará um plano individual de atendimento, visando à reintegração familiar, ressalvada a existência de ordem escrita e fundamentada em contrário de autoridade judiciária competente, caso em que também deverá contemplar sua colocação em família substituta, observadas as regras e princípios desta Lei.

§ 5º O plano individual será elaborado sob a responsabilidade da equipe técnica do respectivo programa de atendimento e levará em consideração a opinião da criança ou do adolescente e a oitiva dos pais ou do responsável.

§ 6º Constarão do plano individual, dentre outros:

I – os resultados da avaliação interdisciplinar;

II – os compromissos assumidos pelos pais ou responsável; e

III – a previsão das atividades a serem desenvolvidas com a criança ou com o adolescente acolhido e seus pais ou responsável, com vista na reintegração familiar ou, caso seja esta vedada por expressa e fundamentada determinação judicial, as providências a serem tomadas para sua colocação em família substituta, sob direta supervisão da autoridade judiciária.

§ 7º O acolhimento familiar ou institucional ocorrerá no local mais próximo à residência dos pais ou do responsável e, como parte do processo de reintegração familiar, sempre que identificada a necessidade, a família de origem será incluída em programas oficiais de orientação, de apoio e de promoção social, sendo facilitado e estimulado o contato com a criança ou com o adolescente acolhido.

§ 8º Verificada a possibilidade de reintegração familiar, o responsável pelo programa de acolhimento familiar ou institucional fará imediata comunicação à autoridade judiciária, que dará vista ao Ministério Público, pelo prazo de 5 (cinco) dias, decidindo em igual prazo.

§ 9º Em sendo constatada a impossibilidade de reintegração da criança ou do adolescente à família de origem, após seu encaminhamento a programas oficiais ou comunitários de orientação, apoio e promoção social, será enviado relatório fundamentado ao Ministério Público, no qual conste a descrição pormenorizada das providências tomadas e a expressa recomendação, subscrita pelos técnicos da entidade ou responsáveis pela execução da política municipal de garantia do direito à convivência familiar, para a destituição do poder familiar, ou destituição de tutela ou guarda.

► §§ 2º a 9º acrescidos pela Lei nº 12.010, de 3-8-2009.

§ 10. Recebido o relatório, o Ministério Público terá o prazo de 15 (quinze) dias para o ingresso com a ação de destituição do poder familiar, salvo se entender necessária a realização de estudos complementares ou de outras providências indispensáveis ao ajuizamento da demanda.

► § 10 com a redação dada pela Lei nº 13.509, de 22-11-2017.

§ 11. A autoridade judiciária manterá, em cada comarca ou foro regional, um cadastro contendo informações atualizadas sobre as crianças e adolescentes em regime de acolhimento familiar e institucional sob sua responsabilidade, com informações pormenorizadas sobre a situação jurídica de cada um, bem como as providências tomadas para sua reintegração familiar ou colocação em família substituta, em qualquer das modalidades previstas no art. 28 desta Lei.

§ 12. Terão acesso ao cadastro o Ministério Público, o Conselho Tutelar, o órgão gestor da Assistência Social e os Conselhos Municipais dos Direitos da Criança e do Adolescente e da Assistência Social, aos quais incumbe deliberar sobre a implementação de políticas públicas que permitam reduzir o número de crianças e adolescentes afastados do convívio familiar e abreviar o período de permanência em programa de acolhimento.

► §§ 11 e 12 acrescidos pela Lei nº 12.010, de 3-8-2009.

Art. 102. As medidas de proteção de que trata este Capítulo serão acompanhadas da regularização do registro civil.

§ 1º Verificada a inexistência de registro anterior, o assento de nascimento da criança ou adolescente será feito à vista dos elementos disponíveis, mediante requisição da autoridade judiciária.

§ 2º Os registros e certidões necessárias à regularização de que trata este artigo são isentos de multas, custas e emolumentos, gozando de absoluta prioridade.

§ 3º Caso ainda não definida a paternidade, será deflagrado procedimento específico destinado à sua averiguação, conforme previsto pela Lei nº 8.560, de 29 de dezembro de 1992.

§ 4º Nas hipóteses previstas no § 3º deste artigo, é dispensável o ajuizamento de ação de investigação de paternidade pelo Ministério Público se, após o não comparecimento ou a recusa do suposto pai em assumir a paternidade a ele atribuída, a criança for encaminhada para adoção.

► §§ 3º e 4º acrescidos pela Lei nº 12.010, de 3-8-2009.

§ 5º Os registros e certidões necessários à inclusão, a qualquer tempo, do nome do pai no assento de nascimento são isentos de multas, custas e emolumentos, gozando de absoluta prioridade.

§ 6º São gratuitas, a qualquer tempo, a averbação requerida do reconhecimento de paternidade no assento de nascimento e a certidão correspondente.

► §§ 5º e 6º acrescidos pela Lei nº 13.257, de 8-3-2016.

TÍTULO III – DA PRÁTICA DE ATO INFRACIONAL

CAPÍTULO I

DISPOSIÇÕES GERAIS

Art. 103. Considera-se ato infracional a conduta descrita como crime ou contravenção penal.

Art. 104. São penalmente inimputáveis os menores de dezoito anos sujeitos às medidas previstas nesta Lei.

Parágrafo único. Para os efeitos desta Lei, deve ser considerada a idade do adolescente à data do fato.

Art. 105. Ao ato infracional praticado por criança corresponderão as medidas previstas no artigo 101.

CAPÍTULO II

DOS DIREITOS INDIVIDUAIS

Art. 106. Nenhum adolescente será privado de sua liberdade senão em flagrante de ato infracional ou por ordem escrita e fundamentada da autoridade judiciária competente.

Parágrafo único. O adolescente tem direito à identificação dos responsáveis pela sua apreensão, devendo ser informado acerca de seus direitos.

Art. 107. A apreensão de qualquer adolescente e o local onde se encontra recolhido serão incontinenti comunicados à autoridade judiciária competente e à família do apreendido ou à pessoa por ele indicada.

Parágrafo único. Examinar-se-á, desde logo e sob pena de responsabilidade, a possibilidade de liberação imediata.

Art. 108. A internação, antes da sentença, pode ser determinada pelo prazo máximo de quarenta e cinco dias.

Parágrafo único. A decisão deverá ser fundamentada e basear-se em indícios suficientes de autoria e materialidade, demonstrada a necessidade imperiosa da medida.

Art. 109. O adolescente civilmente identificado não será submetido a identificação compulsória pelos órgãos policiais, de proteção e judiciais, salvo para efeito de confrontação, havendo dúvida fundada.

CAPÍTULO III

DAS GARANTIAS PROCESSUAIS

Art. 110. Nenhum adolescente será privado de sua liberdade sem o devido processo legal.

Art. 111. São asseguradas ao adolescente, entre outras, as seguintes garantias:

I – pleno e formal conhecimento da atribuição de ato infracional, mediante citação ou meio equivalente;

II – igualdade na relação processual, podendo confrontar-se com vítimas e testemunhas e produzir todas as provas necessárias à sua defesa;

III – defesa técnica por advogado;

IV – assistência judiciária gratuita e integral aos necessitados, na forma da lei;

V – direito de ser ouvido pessoalmente pela autoridade competente;

VI – direito de solicitar a presença de seus pais ou responsável em qualquer fase do procedimento.

CAPÍTULO IV

DAS MEDIDAS SOCIOEDUCATIVAS

Seção I

DISPOSIÇÕES GERAIS

Art. 112. Verificada a prática de ato infracional, a autoridade competente poderá aplicar ao adolescente as seguintes medidas:

I – advertência;

II – obrigação de reparar o dano;

III – prestação de serviços à comunidade;

IV – liberdade assistida;

V – inserção em regime de semiliberdade;

VI – internação em estabelecimento educacional;

VII – qualquer uma das previstas no artigo 101, I a VI.

§ 1º A medida aplicada ao adolescente levará em conta a sua capacidade de cumpri-la, as circunstâncias e a gravidade da infração.

§ 2º Em hipótese alguma e sob pretexto algum, será admitida a prestação de trabalho forçado.

§ 3º Os adolescentes portadores de doença ou deficiência mental receberão tratamento individual e especializado, em local adequado às suas condições.

Art. 113. Aplica-se a este Capítulo o disposto nos artigos 99 e 100.

Art. 114. A imposição das medidas previstas nos incisos II a VI do artigo 112 pressupõe a existência de provas suficientes da autoria e da materialidade da infração, ressalvada a hipótese de remissão, nos termos do artigo 127.

Parágrafo único. A advertência poderá ser aplicada sempre que houver prova da materialidade e indícios suficientes da autoria.

Seção II

DA ADVERTÊNCIA

Art. 115. A advertência consistirá em admoestação verbal, que será reduzida a termo e assinada.

Seção III

DA OBRIGAÇÃO DE REPARAR O DANO

Art. 116. Em se tratando de ato infracional com reflexos patrimoniais, a autoridade poderá determinar, se for o caso, que o adolescente restitua a coisa, promova o ressarcimento do dano, ou, por outra forma, compense o prejuízo da vítima.

Parágrafo único. Havendo manifesta impossibilidade, a medida poderá ser substituída por outra adequada.

Seção IV
DA PRESTAÇÃO DE SERVIÇOS À COMUNIDADE

Art. 117. A prestação de serviços comunitários consiste na realização de tarefas gratuitas de interesse geral, por período não excedente a seis meses, junto a entidades assistenciais, hospitais, escolas e outros estabelecimentos congêneres, bem como em programas comunitários ou governamentais.

Parágrafo único. As tarefas serão atribuídas conforme as aptidões do adolescente, devendo ser cumpridas durante jornada máxima de oito horas semanais, aos sábados, domingos e feriados ou em dias úteis, de modo a não prejudicar a frequência à escola ou à jornada normal de trabalho.

Seção V
DA LIBERDADE ASSISTIDA

Art. 118. A liberdade assistida será adotada sempre que se afigurar a medida mais adequada para o fim de acompanhar, auxiliar e orientar o adolescente.

§ 1º A autoridade designará pessoa capacitada para acompanhar o caso, a qual poderá ser recomendada por entidade ou programa de atendimento.

§ 2º A liberdade assistida será fixada pelo prazo mínimo de seis meses, podendo a qualquer tempo ser prorrogada, revogada ou substituída por outra medida, ouvido o orientador, o Ministério Público e o defensor.

Art. 119. Incumbe ao orientador, com o apoio e a supervisão da autoridade competente, a realização dos seguintes encargos, entre outros:

I – promover socialmente o adolescente e sua família, fornecendo-lhes orientação e inserindo-os, se necessário, em programa oficial ou comunitário de auxílio e assistência social;
II – supervisionar a frequência e o aproveitamento escolar do adolescente, promovendo, inclusive, sua matrícula;
III – diligenciar no sentido da profissionalização do adolescente e de sua inserção no mercado de trabalho;
IV – apresentar relatório do caso.

Seção VI
DO REGIME DE SEMILIBERDADE

Art. 120. O regime de semiliberdade pode ser determinado desde o início, ou como forma de transição para o meio aberto, possibilitada a realização de atividades externas, independentemente de autorização judicial.

§ 1º É obrigatória a escolarização e a profissionalização, devendo, sempre que possível, ser utilizados os recursos existentes na comunidade.

§ 2º A medida não comporta prazo determinado, aplicando-se, no que couber, as disposições relativas à internação.

Seção VII
DA INTERNAÇÃO

Art. 121. A internação constitui medida privativa da liberdade, sujeita aos princípios de brevidade, excepcionalidade e respeito à condição peculiar de pessoa em desenvolvimento.

§ 1º Será permitida a realização de atividades externas, a critério da equipe técnica da entidade, salvo expressa determinação judicial em contrário.

§ 2º A medida não comporta prazo determinado, devendo sua manutenção ser reavaliada, mediante decisão fundamentada, no máximo a cada seis meses.

§ 3º Em nenhuma hipótese o período máximo de internação excederá a três anos.

§ 4º Atingido o limite estabelecido no parágrafo anterior, o adolescente deverá ser liberado, colocado em regime de semiliberdade ou de liberdade assistida.

§ 5º A liberação será compulsória aos vinte e um anos de idade.

§ 6º Em qualquer hipótese a desinternação será precedida de autorização judicial, ouvido o Ministério Público.

§ 7º A determinação judicial mencionada no § 1º poderá ser revista a qualquer tempo pela autoridade judiciária.

► § 7º acrescido pela Lei nº 12.594, de 18-1-2012.

Art. 122. A medida de internação só poderá ser aplicada quando:

I – tratar-se de ato infracional cometido mediante grave ameaça ou violência a pessoa;
II – por reiteração no cometimento de outras infrações graves;
III – por descumprimento reiterado e injustificável da medida anteriormente imposta.

§ 1º O prazo de internação na hipótese do inciso III deste artigo não poderá ser superior a 3 (três) meses, devendo ser decretada judicialmente após o devido processo legal.

► § 1º com a redação dada pela Lei nº 12.594, de 18-1-2012.

§ 2º Em nenhuma hipótese será aplicada a internação, havendo outra medida adequada.

Art. 123. A internação deverá ser cumprida em entidade exclusiva para adolescentes, em local distinto daquele destinado ao abrigo, obedecida rigorosa separação por critérios de idade, compleição física e gravidade da infração.

Parágrafo único. Durante o período de internação, inclusive provisória, serão obrigatórias atividades pedagógicas.

Art. 124. São direitos do adolescente privado de liberdade, entre outros, os seguintes:

I – entrevistar-se pessoalmente com o representante do Ministério Público;
II – peticionar diretamente a qualquer autoridade;
III – avistar-se reservadamente com seu defensor;
IV – ser informado de sua situação processual, sempre que solicitada;
V – ser tratado com respeito e dignidade;
VI – permanecer internado na mesma localidade ou naquela mais próxima ao domicílio de seus pais ou responsável;
VII – receber visitas, ao menos semanalmente;
VIII – corresponder-se com seus familiares e amigos;
IX – ter acesso aos objetos necessários à higiene e asseio pessoal;
X – habitar alojamento em condições adequadas de higiene e salubridade;
XI – receber escolarização e profissionalização;
XII – realizar atividades culturais, esportivas e de lazer;
XIII – ter acesso aos meios de comunicação social;
XIV – receber assistência religiosa, segundo a sua crença, e desde que assim o deseje;
XV – manter a posse de seus objetos pessoais e dispor de local seguro para guardá-los, recebendo comprovante daqueles porventura depositados em poder da entidade;
XVI – receber, quando de sua desinternação, os documentos pessoais indispensáveis à vida em sociedade.

§ 1º Em nenhum caso haverá incomunicabilidade.

§ 2º A autoridade judiciária poderá suspender temporariamente a visita, inclusive de pais ou responsável, se existirem motivos sérios e fundados de sua prejudicialidade aos interesses do adolescente.

Art. 125. É dever do Estado zelar pela integridade física e mental dos internos, cabendo-lhe adotar as medidas adequadas de contenção e segurança.

CAPÍTULO V

DA REMISSÃO

Art. 126. Antes de iniciado o procedimento judicial para apuração de ato infracional, o representante do Ministério Público poderá conceder a remissão, como forma de exclusão do processo, atendendo às circunstâncias e consequências do fato, ao contexto social, bem como à personalidade do adolescente e sua maior ou menor participação no ato infracional.

Parágrafo único. Iniciando o procedimento, a concessão da remissão pela autoridade judiciária importará na suspensão ou extinção do processo.

Art. 127. A remissão não implica necessariamente o reconhecimento ou comprovação da responsabilidade, nem prevalece para efeito de antecedentes, podendo incluir eventualmente a aplicação de qualquer das medidas previstas em lei, exceto a colocação em regime de semiliberdade e a internação.

Art. 128. A medida aplicada por força da remissão poderá ser revista judicialmente, a qualquer tempo, mediante pedido expresso do adolescente ou de seu representante legal, ou do Ministério Público.

TÍTULO IV – DAS MEDIDAS PERTINENTES AOS PAIS OU RESPONSÁVEL

Art. 129. São medidas aplicáveis aos pais ou responsável:

I – encaminhamento a serviços e programas oficiais ou comunitários de proteção, apoio e promoção da família;

► Inciso I com a redação dada pela Lei nº 13.257, de 8-3-2016.

II – inclusão em programa oficial ou comunitário de auxílio, orientação e tratamento a alcoólatras e toxicômanos;

III – encaminhamento a tratamento psicológico ou psiquiátrico;

IV – encaminhamento a cursos ou programas de orientação;

V – obrigação de matricular o filho ou pupilo e acompanhar sua frequência e aproveitamento escolar;

VI – obrigação de encaminhar a criança ou adolescente a tratamento especializado;

VII – advertência;

VIII – perda da guarda;

IX – destituição da tutela;

X – suspensão ou destituição do poder familiar.

Parágrafo único. Na aplicação das medidas previstas nos incisos IX e X deste artigo, observar-se-á o disposto nos artigos 23 e 24.

Art. 130. Verificada a hipótese de maus-tratos, opressão ou abuso sexual impostos pelos pais ou responsável, a autoridade judiciária poderá determinar, como medida cautelar, o afastamento do agressor da moradia comum.

Parágrafo único. Da medida cautelar constará, ainda, a fixação provisória dos alimentos de que necessitem a criança ou o adolescente dependentes do agressor.

► Parágrafo único acrescido pela Lei nº 12.415, de 9-6-2011.

TÍTULO V – DO CONSELHO TUTELAR

CAPÍTULO I

DISPOSIÇÕES GERAIS

Art. 131. O Conselho Tutelar é órgão permanente e autônomo, não jurisdicional, encarregado pela sociedade de zelar pelo cumprimento dos direitos da criança e do adolescente, definidos nesta Lei.

Art. 132. Em cada Município e em cada Região Administrativa do Distrito Federal haverá, no mínimo, 1 (um) Conselho Tutelar como órgão integrante da administração pública local, composto de 5 (cinco) membros, escolhidos pela população local para mandato de 4 (quatro) anos, permitida recondução por novos processos de escolha.

► Artigo com a redação dada pela Lei nº 13.824, de 9-5-2019.

Art. 133. Para a candidatura a membro do Conselho Tutelar, serão exigidos os seguintes requisitos:

I – reconhecida idoneidade moral;

II – idade superior a vinte e um anos;

III – residir no município.

Art. 134. Lei municipal ou distrital disporá sobre o local, dia e horário de funcionamento do Conselho Tutelar, inclusive quanto à remuneração dos respectivos membros, aos quais é assegurado o direito a:

► *Caput* com a redação dada pela Lei nº 12.696, de 25-7-2012.

I – cobertura previdenciária;

II – gozo de férias anuais remuneradas, acrescidas de 1/3 (um terço) do valor da remuneração mensal;

III – licença-maternidade;

IV – licença-paternidade;

V – gratificação natalina.

► Incisos I a V acrescidos pela Lei nº 12.696, de 25-7-2012.

Parágrafo único. Constará da lei orçamentária municipal e da do Distrito Federal previsão dos recursos necessários ao funcionamento do Conselho Tutelar e à remuneração e formação continuada dos conselheiros tutelares.

► Parágrafo único acrescido pela Lei nº 12.696, de 25-7-2012.

Art. 135. O exercício efetivo da função de conselheiro constituirá serviço público relevante e estabelecerá presunção de idoneidade moral.

► Artigo com a redação dada pela Lei nº 12.696, de 25-7-2012.

CAPÍTULO II

DAS ATRIBUIÇÕES DO CONSELHO

Art. 136. São atribuições do Conselho Tutelar:

I – atender as crianças e adolescentes nas hipóteses previstas nos artigos 98 e 105, aplicando as medidas previstas no artigo 101, I a VII;

II – atender e aconselhar os pais ou responsável, aplicando as medidas previstas no artigo 129, I a VII;

III – promover a execução de suas decisões, podendo para tanto:

a) requisitar serviços públicos nas áreas de saúde, educação, serviço social, previdência, trabalho e segurança;

b) representar junto à autoridade judiciária nos casos de descumprimento injustificado de suas deliberações.

IV – encaminhar ao Ministério Público notícia de fato que constitua infração administrativa ou penal contra os direitos da criança ou adolescente;

V – encaminhar à autoridade judiciária os casos de sua competência;

VI – providenciar a medida estabelecida pela autoridade judiciária, dentre as previstas no artigo 101, de I a VI, para o adolescente autor de ato infracional;

VII – expedir notificações;

VIII – requisitar certidões de nascimento e de óbito de criança ou adolescente quando necessário;

IX – assessorar o Poder Executivo local na elaboração da proposta orçamentária para planos e programas de atendimento dos direitos da criança e do adolescente;

X – representar, em nome da pessoa e da família, contra a violação dos direitos previstos no artigo 220, § 3º, inciso II, da Constituição Federal;

XI – representar ao Ministério Público para efeito das ações de perda ou suspensão do poder familiar, após esgotadas as possibilidades de manutenção da criança ou do adolescente junto à família natural;

► Inciso XI com a redação dada pela Lei nº 12.010, de 3-8-2009.

XII – promover e incentivar, na comunidade e nos grupos profissionais, ações de divulgação e treinamento para o reconhecimento de sintomas de maus-tratos em crianças e adolescentes.

► Inciso XII acrescido pela Lei nº 13.046, de 1º-12-2014.

Parágrafo único. Se, no exercício de suas atribuições, o Conselho Tutelar entender necessário o afastamento do convívio familiar, comunicará incontinenti o fato ao Ministério Público, prestando-lhe informações sobre os motivos de tal entendimento e as providências tomadas para a orientação, o apoio e a promoção social da família.

► Parágrafo único acrescido pela Lei nº 12.010, de 3-8-2009.

Art. 137. As decisões do Conselho Tutelar somente poderão ser revistas pela autoridade judiciária a pedido de quem tenha legítimo interesse.

CAPÍTULO III
DA COMPETÊNCIA

Art. 138. Aplica-se ao Conselho Tutelar a regra de competência constante do artigo 147.

CAPÍTULO IV
DA ESCOLHA DOS CONSELHEIROS

Art. 139. O processo para a escolha dos membros do Conselho Tutelar será estabelecido em lei municipal e realizado sob a responsabilidade do Conselho Municipal dos Direitos da Criança e do Adolescente, e a fiscalização do Ministério Público.

► Artigo com a redação dada pela Lei nº 8.242, de 12-10-1991.

§ 1º O processo de escolha dos membros do Conselho Tutelar ocorrerá em data unificada em todo o território nacional a cada 4 (quatro) anos, no primeiro domingo do mês de outubro do ano subsequente ao da eleição presidencial.

§ 2º A posse dos conselheiros tutelares ocorrerá no dia 10 de janeiro do ano subsequente ao processo de escolha.

§ 3º No processo de escolha dos membros do Conselho Tutelar, é vedado ao candidato doar, oferecer, prometer ou entregar ao eleitor bem ou vantagem pessoal de qualquer natureza, inclusive brindes de pequeno valor.

► §§ 1º a 3º acrescidos pela Lei nº 12.696, de 25-7-2012.

CAPÍTULO V
DOS IMPEDIMENTOS

Art. 140. São impedidos de servir no mesmo Conselho marido e mulher, ascendentes e descendentes, sogro e genro ou nora, irmãos, cunhados, durante o cunhadio, tio e sobrinho, padrasto ou madrasta e enteado.

Parágrafo único. Estende-se o impedimento do conselheiro, na forma deste artigo, em relação à autoridade judiciária e ao representante do Ministério Público com atuação na Justiça da Infância e da Juventude, em exercício na Comarca, Foro Regional ou Distrital.

TÍTULO VI – DO ACESSO À JUSTIÇA

CAPÍTULO I
DISPOSIÇÕES GERAIS

Art. 141. É garantido o acesso de toda criança ou adolescente à Defensoria Pública, ao Ministério Público e ao Poder Judiciário, por qualquer de seus órgãos.

§ 1º A assistência judiciária gratuita será prestada aos que dela necessitarem, através de defensor público ou advogado nomeado.

§ 2º As ações judiciais da competência da Justiça da Infância e da Juventude são isentas de custas e emolumentos, ressalvada a hipótese de litigância de má-fé.

Art. 142. Os menores de dezesseis anos serão representados e os maiores de dezesseis e menores de vinte e um anos assistidos por seus pais, tutores ou curadores, na forma da legislação civil ou processual.

Parágrafo único. A autoridade judiciária dará curador especial à criança ou adolescente, sempre que os interesses destes colidirem com os de seus pais ou responsável, ou quando carecer de representação ou assistência legal ainda que eventual.

Art. 143. É vedada a divulgação de atos judiciais, policiais e administrativos que digam respeito a crianças e adolescentes a que se atribua autoria de ato infracional.

Parágrafo único. Qualquer notícia a respeito do fato não poderá identificar a criança ou adolescente, vedando-se fotografia, referência a nome, apelido, filiação, parentesco, residência e, inclusive, iniciais do nome e sobrenome.

► Parágrafo único com a redação dada pela Lei nº 10.764, de 12-11-2003.

Art. 144. A expedição de cópia ou certidão de atos a que se refere o artigo anterior somente será deferida pela autoridade judiciária competente, se demonstrado o interesse e justificada a finalidade.

CAPÍTULO II
DA JUSTIÇA DA INFÂNCIA E DA JUVENTUDE

Seção I
DISPOSIÇÕES GERAIS

Art. 145. Os Estados e o Distrito Federal poderão criar varas especializadas e exclusivas da infância e da juventude, cabendo ao Poder Judiciário estabelecer sua proporcionalidade por número de habitantes, dotá-las de infraestrutura e dispor sobre o atendimento, inclusive em plantões.

Seção II
DO JUIZ

Art. 146. A autoridade a que se refere esta Lei é o Juiz da Infância e da Juventude, ou o juiz que exerce essa função, na forma da Lei de Organização Judiciária local.

Art. 147. A competência será determinada:

I – pelo domicílio dos pais ou responsável;

II – pelo lugar onde se encontre a criança ou adolescente, à falta dos pais ou responsável.

§ 1º Nos casos de ato infracional, será competente a autoridade do lugar da ação ou omissão, observadas as regras de conexão, continência e prevenção.

§ 2º A execução das medidas poderá ser delegada à autoridade competente da residência dos pais ou responsável, ou do local onde sediar-se a entidade que abrigar a criança ou adolescente.

§ 3º Em caso de infração cometida através de transmissão simultânea de rádio ou televisão, que atinja mais de uma comarca, será competente, para aplicação da penalidade, a autoridade judiciária do local da sede estadual da emissora ou rede, tendo a sentença eficácia para todas as transmissoras ou retransmissoras do respectivo Estado.

Art. 148. A Justiça da Infância e da Juventude é competente para:

I – conhecer de representações promovidas pelo Ministério Público, para apuração de ato infracional atribuído a adolescente, aplicando as medidas cabíveis;

II – conceder a remissão, como forma de suspensão ou extinção do processo;

III – conhecer de pedidos de adoção e seus incidentes;

IV – conhecer de ações civis fundadas em interesses individuais, difusos ou coletivos afetos à criança e ao adolescente, observado o disposto no artigo 209;

V – conhecer de ações decorrentes de irregularidades em entidades de atendimento, aplicando as medidas cabíveis;

VI – aplicar penalidades administrativas nos casos de infrações contra norma de proteção a criança ou adolescentes;

VII – conhecer de casos encaminhados pelo Conselho Tutelar, aplicando as medidas cabíveis.

Parágrafo único. Quando se tratar de criança ou adolescente nas hipóteses do artigo 98, é também competente a Justiça da Infância e da Juventude para o fim de:

a) conhecer de pedidos de guarda e tutela;

b) conhecer de ações de destituição do poder familiar, perda ou modificação da tutela ou guarda;

c) suprir a capacidade ou o consentimento para o casamento;

d) conhecer de pedidos baseados em discordância paterna ou materna, em relação ao exercício do poder familiar;

e) conceder a emancipação, nos termos da lei civil, quando faltarem os pais;

f) designar curador especial em casos de apresentação de queixa ou representação, ou de outros procedimentos judiciais ou extrajudiciais em que haja interesses de criança ou adolescente;

g) conhecer de ações de alimentos;

h) determinar o cancelamento, a retificação e o suprimento dos registros de nascimento e óbito.

Art. 149. Compete à autoridade judiciária disciplinar, através de portaria, ou autorizar, mediante alvará:

I – a entrada e permanência de criança ou adolescente, desacompanhado dos pais ou responsável, em:

a) estádio, ginásio e campo desportivo;

b) bailes ou promoções dançantes;

c) boate ou congêneres;

d) casa que explore comercialmente diversões eletrônicas;

e) estúdios cinematográficos, de teatro, rádio e televisão;

II – a participação de criança e adolescente em:

a) espetáculos públicos e seus ensaios;

b) certames de beleza.

§ 1º Para os fins do disposto neste artigo, a autoridade judiciária levará em conta, dentre outros fatores:

a) os princípios desta Lei;

b) as peculiaridades locais;

c) a existência de instalações adequadas;

d) o tipo de frequência habitual ao local;

e) a adequação do ambiente a eventual participação ou frequência de crianças e adolescentes;

f) a natureza do espetáculo.

§ 2º As medidas adotadas na conformidade deste artigo deverão ser fundamentadas, caso a caso, vedadas as determinações de caráter geral.

Seção III
DOS SERVIÇOS AUXILIARES

Art. 150. Cabe ao Poder Judiciário, na elaboração de sua proposta orçamentária, prever recursos para manutenção de equipe interprofissional, destinada a assessorar a Justiça da Infância e da Juventude.

Art. 151. Compete à equipe interprofissional, dentre outras atribuições que lhe forem reservadas pela legislação local, fornecer subsídios por escrito, mediante laudos, ou verbalmente, na audiência, e bem assim desenvolver trabalhos de aconselhamento, orientação, encaminhamento, prevenção e outros, tudo sob a imediata subordinação à autoridade judiciária, assegurada a livre manifestação do ponto de vista técnico.

Parágrafo único. Na ausência ou insuficiência de servidores públicos integrantes do Poder Judiciário responsáveis pela realização dos estudos psicossociais ou de quaisquer outras espécies de avaliações técnicas exigidas por esta Lei ou por determinação judicial, a autoridade judiciária poderá proceder à nomeação de perito, nos termos do art. 156 da Lei nº 13.105, de 16 de março de 2015 (Código de Processo Civil).

► Parágrafo único acrescido pela Lei nº 13.509, de 22-11-2017.

CAPÍTULO III
DOS PROCEDIMENTOS

Seção I
DISPOSIÇÕES GERAIS

Art. 152. Aos procedimentos regulados nesta Lei aplicam-se subsidiariamente as normas gerais previstas na legislação processual pertinente.

§ 1º É assegurada, sob pena de responsabilidade, prioridade absoluta na tramitação dos processos e procedimentos previstos nesta Lei, assim como na execução dos atos e diligências judiciais a eles referentes.

► Parágrafo único transformado em § 1º pela Lei nº 13.509, de 22-11-2017.

§ 2º Os prazos estabelecidos nesta Lei e aplicáveis aos seus procedimentos são contados em dias corridos, excluído o dia do começo e incluído o dia do vencimento, vedado o prazo em dobro para a Fazenda Pública e o Ministério Público.

► § 2º acrescido pela Lei nº 13.509, de 22-11-2017.

Art. 153. Se a medida judicial a ser adotada não corresponder a procedimento previsto nesta ou em outra lei, a autoridade judiciária poderá investigar os fatos e ordenar de ofício as providências necessárias, ouvido o Ministério Público.

Parágrafo único. O disposto neste artigo não se aplica para o fim de afastamento da criança ou do adolescente de sua família de origem e em outros procedimentos necessariamente contenciosos.

► Parágrafo único acrescido pela Lei nº 12.010, de 3-8-2009.

Art. 154. Aplica-se às multas o disposto no artigo 214.

Seção II
DA PERDA E DA SUSPENSÃO DO PODER FAMILIAR

Art. 155. O procedimento para a perda ou a suspensão do poder familiar terá início por provocação do Ministério Público ou de quem tenha legítimo interesse.

Art. 156. A petição inicial indicará:

I – a autoridade judiciária a que for dirigida;

II – o nome, o estado civil, a profissão e a residência do requerente e do requerido, dispensada a qualificação em se tratando de pedido formulado por representante do Ministério Público;

III – a exposição sumária do fato e o pedido;

IV – as provas que serão produzidas, oferecendo, desde logo, o rol de testemunhas e documentos.

Art. 157. Havendo motivo grave, poderá a autoridade judiciária, ouvido o Ministério Público, decretar a suspensão do poder familiar, liminar ou incidentalmente, até o julgamento definitivo da causa, ficando a criança ou adolescente confiado a pessoa idônea, mediante termo de responsabilidade.

► Art. 3º da Lei nº 12.010, de 3-8-2009 (Lei da Adoção).

§ 1º Recebida a petição inicial, a autoridade judiciária determinará, concomitantemente ao despacho de citação e independentemente de requerimento do interessado, a realização de estudo social ou perícia por equipe interprofissional ou multidisciplinar para comprovar a presença de uma das causas de suspensão ou destituição do poder familiar, ressalvado o disposto no § 10 do art. 101 desta Lei, e observada a Lei nº 13.431, de 4 de abril de 2017.

§ 2º Em sendo os pais oriundos de comunidades indígenas, é ainda obrigatória a intervenção, junto à equipe interprofissional ou multidisciplinar referida no § 1º deste artigo, de representantes do órgão federal responsável pela política indigenista, observado o disposto no § 6º do art. 28 desta Lei.

► §§ 1º e 2º acrescidos pela Lei nº 13.509, de 22-11-2017.

Art. 158. O requerido será citado para, no prazo de dez dias, oferecer resposta escrita, indicando as provas a serem produzidas e oferecendo desde logo o rol de testemunhas e documentos.

§ 1º A citação será pessoal, salvo se esgotados todos os meios para sua realização.

§ 2º O requerido privado de liberdade deverá ser citado pessoalmente.

► §§ 1º e 2º acrescidos pela Lei nº 12.962, de 8-4-2014.

§ 3º Quando, por 2 (duas) vezes, o oficial de justiça houver procurado o citando em seu domicílio ou residência sem o encontrar, deverá, havendo suspeita de ocultação, informar qualquer pessoa da família ou, em sua falta, qualquer vizinho do dia útil em que voltará a fim de efetuar a citação, na hora que designar, nos termos do art. 252 e seguintes da Lei nº 13.105, de 16 de março de 2015 (Código de Processo Civil).

§ 4º Na hipótese de os genitores encontrarem-se em local incerto ou não sabido, serão citados por edital no prazo de 10 (dez) dias, em publicação única, dispensado o envio de ofícios para a localização.

► §§ 3º e 4º acrescidos pela Lei nº 13.509, de 22-11-2017.

Art. 159. Se o requerido não tiver possibilidade de constituir advogado, sem prejuízo do próprio sustento e de sua família, poderá requerer, em cartório, que lhe seja nomeado dativo, ao qual incumbirá a apresentação de resposta, contando-se o prazo a partir da intimação do despacho de nomeação.

Parágrafo único. Na hipótese de requerido privado de liberdade, o oficial de justiça deverá perguntar, no momento da citação pessoal, se deseja que lhe seja nomeado defensor.

► Parágrafo único acrescido pela Lei nº 12.962, de 8-4-2014.

Art. 160. Sendo necessário, a autoridade judiciária requisitará de qualquer repartição ou órgão público a apresentação de documento que interesse à causa, de ofício ou a requerimento das partes ou do Ministério Público.

Art. 161. Se não for contestado o pedido e tiver sido concluído o estudo social ou a perícia realizada por equipe interprofissional ou multidisciplinar, a autoridade judiciária dará vista dos autos ao Ministério Público, por 5 (cinco) dias, salvo quando este for o requerente, e decidirá em igual prazo.

► *Caput* com a redação dada pela Lei nº 13.509, de 22-11-2017.

§ 1º A autoridade judiciária, de ofício ou a requerimento das partes ou do Ministério Público, determinará a oitiva de testemunhas que comprovem a presença de uma das causas de suspensão ou destituição do poder familiar previstas nos arts. 1.637 e 1.638 da Lei nº 10.406, de 10 de janeiro de 2002 (Código Civil), ou no art. 24 desta Lei.

► § 1º com a redação dada pela Lei nº 13.509, de 22-11-2017.

§ 2º *Revogado*. Lei nº 13.509, de 22-11-2017.

§ 3º Se o pedido importar em modificação de guarda, será obrigatória, desde que possível e razoável, a oitiva da criança ou adolescente, respeitado seu estágio de desenvolvimento e grau de compreensão sobre as implicações da medida.

► § 3º acrescido pela Lei nº 12.010, de 3-8-2009.

§ 4º É obrigatória a oitiva dos pais sempre que eles forem identificados e estiverem em local conhecido, ressalvados os casos de não comparecimento perante a Justiça quando devidamente citados.

► § 4º com a redação dada pela Lei nº 13.509, de 22-11-2017.

§ 5º Se o pai ou a mãe estiverem privados de liberdade, a autoridade judicial requisitará sua apresentação para a oitiva.

► § 5º acrescido pela Lei nº 12.962, de 8-4-2014.

Art. 162. Apresentada a resposta, a autoridade judiciária dará vista dos autos ao Ministério Público, por cinco dias, salvo quando este for o requerente, designando, desde logo, audiência de instrução e julgamento.

§ 1º *Revogado*. Lei nº 13.509, de 22-11-2017.

§ 2º Na audiência, presentes as partes e o Ministério Público, serão ouvidas as testemunhas, colhendo-se oralmente o parecer técnico, salvo quando apresentado por escrito, manifestando-se sucessivamente o requerente, o requerido e o Ministério Público, pelo tempo de 20 (vinte) minutos cada um, prorrogável por mais 10 (dez) minutos.

► § 2º com a redação dada pela Lei nº 13.509, de 22-11-2017.

§ 3º A decisão será proferida na audiência, podendo a autoridade judiciária, excepcionalmente, designar data para sua leitura no prazo máximo de 5 (cinco) dias.

§ 4º Quando o procedimento de destituição de poder familiar for iniciado pelo Ministério Público, não haverá necessidade de nomeação de curador especial em favor da criança ou adolescente.

► §§ 3º e 4º acrescidos pela Lei nº 13.509, de 22-11-2017.

Art. 163. O prazo máximo para conclusão do procedimento será de 120 (cento e vinte) dias, e caberá ao juiz, no caso de notória inviabilidade de manutenção do poder familiar, dirigir esforços para preparar a criança ou o adolescente com vistas à colocação em família substituta.

► *Caput* com a redação dada pela Lei nº 13.509, de 22-11-2017.

Parágrafo único. A sentença que decretar a perda ou a suspensão do poder familiar será averbada à margem do registro de nascimento da criança ou do adolescente.

► Parágrafo único acrescido pela Lei nº 12.010, de 3-8-2009.

Seção III
DA DESTITUIÇÃO DA TUTELA

Art. 164. Na destituição da tutela, observar-se-á o procedimento para a remoção de tutor previsto na lei processual civil e, no que couber, o disposto na seção anterior.

Seção IV
DA COLOCAÇÃO EM FAMÍLIA SUBSTITUTA

Art. 165. São requisitos para a concessão de pedidos de colocação em família substituta:

I – qualificação completa do requerente e de seu eventual cônjuge, ou companheiro, com expressa anuência deste;

II – indicação de eventual parentesco do requerente e de seu cônjuge, ou companheiro, com a criança ou adolescente, especificando se tem ou não parente vivo;

III – qualificação completa da criança ou adolescente e de seus pais, se conhecidos;

IV – indicação do cartório onde foi inscrito nascimento, anexando, se possível, uma cópia da respectiva certidão;

V – declaração sobre a existência de bens, direitos ou rendimentos relativos à criança ou ao adolescente.

Parágrafo único. Em se tratando de adoção, observar-se-ão também os requisitos específicos.

Art. 166. Se os pais forem falecidos, tiverem sido destituídos ou suspensos do poder familiar, ou houverem aderido expressamente ao pedido de colocação em família substituta, este poderá ser formulado diretamente em cartório, em petição assinada pelos próprios requerentes, dispensada a assistência de advogado.

► *Caput* com a redação dada pela Lei nº 12.010, de 3-8-2009.

§ 1º Na hipótese de concordância dos pais, o juiz:

I – na presença do Ministério Público, ouvirá as partes, devidamente assistidas por advogado ou por defensor público, para verificar sua concordância com a adoção, no prazo máximo de 10 (dez) dias, contado da data do protocolo da petição ou da entrega da criança em juízo, tomando por termo as declarações; e

II – declarará a extinção do poder familiar.

► § 1º com a redação dada pela Lei nº 13.509, de 22-11-2017.

§ 2º O consentimento dos titulares do poder familiar será precedido de orientações e esclarecimentos prestados pela equipe interprofissional da Justiça da Infância e da Juventude, em especial, no caso de adoção, sobre a irrevogabilidade da medida.

► § 2º acrescido pela Lei nº 12.010, de 3-8-2009.

§ 3º São garantidos a livre manifestação de vontade dos detentores do poder familiar e o direito ao sigilo das informações.

§ 4º O consentimento prestado por escrito não terá validade se não for ratificado na audiência a que se refere o § 1º deste artigo.

§ 5º O consentimento é retratável até a data da realização da audiência especificada no § 1º deste artigo, e os pais podem exercer o arrependimento no prazo de 10 (dez) dias, contado da data de prolação da sentença de extinção do poder familiar.

► §§ 3º a 5º com a redação dada pela Lei nº 13.509, de 22-11-2017.

§ 6º O consentimento somente terá valor se for dado após o nascimento da criança.

► § 6º acrescido pela Lei nº 12.010, de 3-8-2009.

§ 7º A família natural e a família substituta receberão a devida orientação por intermédio de equipe técnica interprofissional a serviço da Justiça da Infância e da Juventude, preferencialmente com apoio dos técnicos responsáveis pela execução da política municipal de garantia do direito à convivência familiar.

► § 7º com a redação dada pela Lei nº 13.509, de 22-11-2017.

Art. 167. A autoridade judiciária, de ofício ou a requerimento das partes ou do Ministério Público, determinará a realização de estudo social ou, se possível, perícia por equipe interprofissional, decidindo sobre a concessão de guarda provisória, bem como, no caso de adoção, sobre o estágio de convivência.

Parágrafo único. Deferida a concessão da guarda provisória ou do estágio de convivência, a criança ou o adolescente será entregue ao interessado, mediante termo de responsabilidade.

► Parágrafo único acrescido pela Lei nº 12.010, de 3-8-2009.

Art. 168. Apresentado o relatório social ou o laudo pericial, e ouvida, sempre que possível, a criança ou o adolescente, dar-se-á vista dos autos ao Ministério Público, pelo prazo de cinco dias, decidindo a autoridade judiciária em igual prazo.

Art. 169. Nas hipóteses em que a destituição da tutela, a perda ou a suspensão do poder familiar constituir pressuposto lógico da medida principal de colocação em família substituta, será observado o procedimento contraditório previsto nas Seções II e III deste Capítulo.

Parágrafo único. A perda ou a modificação da guarda poderá ser decretada nos mesmos autos do procedimento, observado o disposto no artigo 35.

Art. 170. Concedida a guarda ou a tutela, observar-se-á o disposto no artigo 32, e, quanto à adoção, o contido no artigo 47.

Parágrafo único. A colocação de criança ou adolescente sob a guarda de pessoa inscrita em programa de acolhimento familiar será comunicada pela autoridade judiciária à entidade por este responsável no prazo máximo de 5 (cinco) dias.

► Parágrafo único acrescido pela Lei nº 12.010, de 3-8-2009.

Seção V
DA APURAÇÃO DE ATO INFRACIONAL ATRIBUÍDO A ADOLESCENTE

Art. 171. O adolescente apreendido por força de ordem judicial será, desde logo, encaminhado à autoridade judiciária.

Art. 172. O adolescente apreendido em flagrante de ato infracional será, desde logo, encaminhado à autoridade policial competente.

Parágrafo único. Havendo repartição policial especializada para atendimento de adolescente e em se tratando de ato infracional praticado em coautoria com maior, prevalecerá a atribuição da repartição especializada, que, após as providências necessárias e conforme o caso, encaminhará o adulto à repartição policial própria.

Art. 173. Em caso de flagrante de ato infracional cometido mediante violência ou grave ameaça a pessoa, a autoridade policial, sem prejuízo do disposto nos artigos 106, parágrafo único, e 107, deverá:

I – lavrar auto de apreensão, ouvidos as testemunhas e o adolescente;

II – apreender o produto e os instrumentos da infração;

III – requisitar os exames ou perícias necessários à comprovação da materialidade e autoria da infração.

Parágrafo único. Nas demais hipóteses de flagrante, a lavratura do auto poderá ser substituída por boletim de ocorrência circunstanciada.

Art. 174. Comparecendo qualquer dos pais ou responsável, o adolescente será prontamente liberado pela autoridade policial, sob termo de compromisso e responsabilidade de sua apresentação ao representante do Ministério Público, no mesmo dia ou, sendo impossível, no primeiro dia útil imediato, exceto quando, pela gravidade do ato infracional e sua repercussão social, deva o adolescente permanecer sob internação para garantia de sua segurança pessoal ou manutenção da ordem pública.

Art. 175. Em caso de não liberação, a autoridade policial encaminhará, desde logo, o adolescente ao representante do Ministério Público, juntamente com cópia do auto de apreensão ou boletim de ocorrência.

§ 1º Sendo impossível a apresentação imediata, a autoridade policial encaminhará o adolescente a entidade de atendimento, que fará a apresentação ao representante do Ministério Público no prazo de vinte e quatro horas.

§ 2º Nas localidades onde não houver entidade de atendimento, a apresentação far-se-á pela autoridade policial. À falta de repartição policial especializada, o adolescente aguardará a apresentação em dependência separada da destinada a maiores, não podendo, em qualquer hipótese, exceder o prazo referido no parágrafo anterior.

Art. 176. Sendo o adolescente liberado, a autoridade policial encaminhará imediatamente ao representante do Ministério Público cópia do auto de apreensão ou boletim de ocorrência.

Art. 177. Se, afastada a hipótese de flagrante, houver indícios de participação de adolescente na prática de ato infracional, a autoridade policial encaminhará ao representante do Ministério Público relatório das investigações e demais documentos.

Art. 178. O adolescente a quem se atribua autoria de ato infracional não poderá ser conduzido ou transportado em compartimento fechado de veículo policial, em condições atentatórias à sua dignidade, ou que impliquem risco à sua integridade física ou mental, sob pena de responsabilidade.

Art. 179. Apresentado o adolescente, o representante do Ministério Público, no mesmo dia e à vista do auto de apreensão, boletim de ocorrência ou relatório policial, devidamente autuados pelo cartório judicial e com informação sobre os antecedentes do adolescente, procederá imediata e informalmente à sua oitiva e, em sendo possível, de seus pais ou responsável, vítima e testemunhas.

Parágrafo único. Em caso de não apresentação, o representante do Ministério Público notificará os pais ou responsável para apresentação do adolescente, podendo requisitar o concurso das Polícias Civil e Militar.

Art. 180. Adotadas as providências a que alude o artigo anterior, o representante do Ministério Público poderá:

I – promover o arquivamento dos autos;

II – conceder a remissão;

III – representar à autoridade judiciária para aplicação de medida socioeducativa.

Art. 181. Promovido o arquivamento dos autos ou concedida a remissão pelo representante do Ministério Público, mediante termo fundamentado, que conterá o resumo dos fatos, os autos serão conclusos à autoridade judiciária para homologação.

§ 1º Homologado o arquivamento ou a remissão, a autoridade judiciária determinará, conforme o caso, o cumprimento da medida.

§ 2º Discordando, a autoridade judiciária fará remessa dos autos ao Procurador-Geral de Justiça, mediante despacho fundamentado, e este oferecerá representação, designará outro membro do Ministério Público para apresentá-la, ou ratificará o arquivamento ou a remissão, que só então estará a autoridade judiciária obrigada a homologar.

Art. 182. Se, por qualquer razão, o representante do Ministério Público não promover o arquivamento ou conceder a remissão, oferecerá representação à autoridade judiciária, propondo a instauração de procedimento para aplicação da medida socioeducativa que se afigurar a mais adequada.

§ 1º A representação será oferecida por petição, que conterá o breve resumo dos fatos e a classificação do ato infracional e, quando necessário, o rol de testemunhas, podendo ser deduzida oralmente, em sessão diária instalada pela autoridade judiciária.

§ 2º A representação independe de prova pré-constituída da autoria e materialidade.

Art. 183. O prazo máximo e improrrogável para a conclusão do procedimento, estando o adolescente internado provisoriamente, será de quarenta e cinco dias.

Art. 184. Oferecida a representação, a autoridade judiciária designará audiência de apresentação do adolescente, decidindo, desde logo, sobre a decretação ou manutenção da internação, observado o disposto no artigo 108 e parágrafo.

§ 1º O adolescente e seus pais ou responsável serão cientificados do teor da representação, e notificados a comparecer à audiência, acompanhados de advogado.

§ 2º Se os pais ou responsável não forem localizados, a autoridade judiciária dará curador especial ao adolescente.

§ 3º Não sendo localizado o adolescente, a autoridade judiciária expedirá mandado de busca e apreensão, determinando o sobrestamento do feito, até a efetiva apresentação.

§ 4º Estando o adolescente internado, será requisitada a sua apresentação, sem prejuízo da notificação dos pais ou responsável.

Art. 185. A internação, decretada ou mantida pela autoridade judiciária, não poderá ser cumprida em estabelecimento prisional.

§ 1º Inexistindo na comarca entidade com as características definidas no artigo 123, o adolescente deverá ser imediatamente transferido para a localidade mais próxima.

§ 2º Sendo impossível a pronta transferência, o adolescente aguardará sua remoção em repartição policial, desde que em seção isolada dos adultos e com instalações apropriadas, não podendo ultrapassar o prazo máximo de cinco dias, sob pena de responsabilidade.

Art. 186. Comparecendo o adolescente, seus pais ou responsável, a autoridade judiciária procederá à oitiva dos mesmos, podendo solicitar opinião de profissional qualificado.

§ 1º Se a autoridade judiciária entender adequada a remissão, ouvirá o representante do Ministério Público, proferindo decisão.

§ 2º Sendo o fato grave, passível de aplicação de medida de internação ou colocação em regime de semiliberdade, a autoridade judiciária, verificando que o adolescente não possui advogado constituído, nomeará defensor, designando, desde logo, audiência em continuação, podendo determinar a realização de diligências e estudo do caso.

§ 3º O advogado constituído ou o defensor nomeado, no prazo de três dias contados da audiência de apresentação, oferecerá defesa prévia e rol de testemunhas.

§ 4º Na audiência em continuação, ouvidas as testemunhas arroladas na representação e na defesa prévia, cumpridas as diligências e juntado o relatório da equipe interprofissional, será dada a palavra ao representante do Ministério Público e ao defensor, sucessivamente, pelo tempo de vinte minutos para cada um, prorrogável por mais dez, a critério da autoridade judiciária, que em seguida proferirá decisão.

Art. 187. Se o adolescente, devidamente notificado, não comparecer, injustificadamente, à audiência de apresentação, a autoridade judiciária designará nova data, determinando sua condução coercitiva.

Art. 188. A remissão, como forma de extinção ou suspensão do processo, poderá ser aplicada em qualquer fase do procedimento, antes da sentença.

Art. 189. A autoridade judiciária não aplicará qualquer medida, desde que reconheça na sentença:

I – estar provada a inexistência do fato;

II – não haver prova da existência do fato;

III – não constituir o fato ato infracional;

IV – não existir prova de ter o adolescente concorrido para o ato infracional.

Parágrafo único. Na hipótese deste artigo, estando o adolescente internado, será imediatamente colocado em liberdade.

Art. 190. A intimação da sentença que aplicar medida de internação ou regime de semiliberdade será feita:

I – ao adolescente e ao seu defensor;

II – quando não for encontrado o adolescente, a seus pais ou responsável, sem prejuízo do defensor.

§ 1º Sendo outra a medida aplicada, a intimação far-se-á unicamente na pessoa do defensor.

§ 2º Recaindo a intimação na pessoa do adolescente, deverá este manifestar se deseja ou não recorrer da sentença.

Seção V-A

DA INFILTRAÇÃO DE AGENTES DE POLÍCIA PARA A INVESTIGAÇÃO DE CRIMES CONTRA A DIGNIDADE SEXUAL DE CRIANÇA E DE ADOLESCENTE

► Seção V-A acrescida pela Lei nº 13.441, de 8-5-2017.

Art. 190-A. A infiltração de agentes de polícia na *internet* com o fim de investigar os crimes previstos nos arts. 240, 241, 241-A, 241-B, 241-C e 241-D desta Lei e nos arts. 154-A, 217-A, 218, 218-A e 218-B do Decreto-Lei nº 2.848, de 7 de dezembro de 1940 (Código Penal), obedecerá às seguintes regras:

I – será precedida de autorização judicial devidamente circunstanciada e fundamentada, que estabelecerá os limites da infiltração para obtenção de prova, ouvido o Ministério Público;

II – dar-se-á mediante requerimento do Ministério Público ou representação de delegado de polícia e conterá a demonstração de sua necessidade, o alcance das tarefas dos policiais, os nomes ou apelidos das pessoas investigadas e, quando possível, os dados de conexão ou cadastrais que permitam a identificação dessas pessoas;

III – não poderá exceder o prazo de 90 (noventa) dias, sem prejuízo de eventuais renovações, desde que o total não exceda a 720 (setecentos e vinte) dias e seja demonstrada sua efetiva necessidade, a critério da autoridade judicial.

§ 1º A autoridade judicial e o Ministério Público poderão requisitar relatórios parciais da operação de infiltração antes do término do prazo de que trata o inciso II do § 1º deste artigo.

§ 2º Para efeitos do disposto no inciso I do § 1º deste artigo, consideram-se:

I – dados de conexão: informações referentes a hora, data, início, término, duração, endereço de Protocolo de *Internet* (IP) utilizado e terminal de origem da conexão;

II – dados cadastrais: informações referentes a nome e endereço de assinante ou de usuário registrado ou autenticado para a conexão a quem endereço de IP, identificação de usuário ou código de acesso tenha sido atribuído no momento da conexão.

§ 3º A infiltração de agentes de polícia na *internet* não será admitida se a prova puder ser obtida por outros meios.

Art. 190-B. As informações da operação de infiltração serão encaminhadas diretamente ao juiz responsável pela autorização da medida, que zelará por seu sigilo.

Parágrafo único. Antes da conclusão da operação, o acesso aos autos será reservado ao juiz, ao Ministério Público e ao delegado de polícia responsável pela operação, com o objetivo de garantir o sigilo das investigações.

Art. 190-C. Não comete crime o policial que oculta a sua identidade para, por meio da *internet*, colher indícios de autoria e materialidade dos crimes previstos nos arts. 240, 241, 241-A, 241-B, 241-C e 241-D desta Lei e nos arts. 154-A, 217-A, 218, 218-A e 218-B do Decreto-Lei nº 2.848, de 7 de dezembro de 1940 (Código Penal).

Parágrafo único. O agente policial infiltrado que deixar de observar a estrita finalidade da investigação responderá pelos excessos praticados.

Art. 190-D. Os órgãos de registro e cadastro público poderão incluir nos bancos de dados próprios, mediante procedimento sigiloso e requisição da autoridade judicial, as informações necessárias à efetividade da identidade fictícia criada.

Parágrafo único. O procedimento sigiloso de que trata esta Seção será numerado e tombado em livro específico.

Art. 190-E. Concluída a investigação, todos os atos eletrônicos praticados durante a operação deverão ser registrados, gravados, armazenados e encaminhados ao juiz e ao Ministério Público, juntamente com relatório circunstanciado.

Parágrafo único. Os atos eletrônicos registrados citados no *caput* deste artigo serão reunidos em autos apartados e apensados ao processo criminal juntamente com o inquérito policial, assegurando-se a preservação da identidade do agente policial infiltrado e a intimidade das crianças e dos adolescentes envolvidos.

► Arts. 190-A a 190-E acrescidos pela Lei nº 13.441, de 8-5-2017.

Seção VI

DA APURAÇÃO DE IRREGULARIDADES EM ENTIDADE DE ATENDIMENTO

Art. 191. O procedimento de apuração de irregularidades em entidade governamental e não governamental terá início mediante portaria da autoridade judiciária ou representação do Ministério Público ou do Conselho Tutelar, onde conste, necessariamente, resumo dos fatos.

Parágrafo único. Havendo motivo grave, poderá a autoridade judiciária, ouvido o Ministério Público, decretar liminarmente o afastamento provisório do dirigente da entidade, mediante decisão fundamentada.

Art. 192. O dirigente da entidade será citado para, no prazo de dez dias, oferecer resposta escrita, podendo juntar documentos e indicar as provas a produzir.

Art. 193. Apresentada ou não a resposta, e sendo necessário, a autoridade judiciária designará audiência de instrução e julgamento, intimando as partes.

§ 1º Salvo manifestação em audiência, as partes e o Ministério Público terão cinco dias para oferecer alegações finais, decidindo a autoridade judiciária em igual prazo.

§ 2º Em se tratando de afastamento provisório ou definitivo de dirigente de entidade governamental, a autoridade judiciária oficiará à autoridade administrativa imediatamente superior ao afastado, marcando prazo para a substituição.

§ 3º Antes de aplicar qualquer das medidas, a autoridade judiciária poderá fixar prazo para a remoção das irregularidades verificadas. Satisfeitas as exigências, o processo será extinto, sem julgamento de mérito.

§ 4º A multa e a advertência serão impostas ao dirigente da entidade ou programa de atendimento.

Seção VII

DA APURAÇÃO DE INFRAÇÃO ADMINISTRATIVA ÀS NORMAS DE PROTEÇÃO À CRIANÇA E AO ADOLESCENTE

Art. 194. O procedimento para imposição de penalidade administrativa por infração às normas de proteção à criança e ao adolescente terá início por representação do Ministério Público, ou do Conselho Tutelar, ou auto de infração elaborado por servidor efetivo ou voluntário credenciado, e assinado por duas testemunhas, se possível.

§ 1º No procedimento iniciado com o auto de infração, poderão ser usadas fórmulas impressas, especificando-se a natureza e as circunstâncias da infração.

§ 2º Sempre que possível, à verificação da infração seguir-se-á a lavratura do auto, certificando-se, em caso contrário, dos motivos do retardamento.

Art. 195. O requerido terá prazo de dez dias para apresentação de defesa, contado da data da intimação, que será feita:

I – pelo autuante, no próprio auto, quando este for lavrado na presença do requerido;

II – por oficial de justiça ou funcionário legalmente habilitado, que entregará cópia do auto ou da representação ao requerido, ou a seu representante legal, lavrando certidão;

III – por via postal, com aviso de recebimento, se não for encontrado o requerido ou seu representante legal;

IV – por edital, com prazo de trinta dias, se incerto ou não sabido o paradeiro do requerido ou de seu representante legal.

Art. 196. Não sendo apresentada a defesa no prazo legal, a autoridade judiciária dará vista dos autos ao Ministério Público, por cinco dias, decidindo em igual prazo.

Art. 197. Apresentada a defesa, a autoridade judiciária procederá na conformidade do artigo anterior, ou, sendo necessário, designará audiência de instrução e julgamento.

Parágrafo único. Colhida a prova oral, manifestar-se-ão sucessivamente o Ministério Público e o procurador do requerido, pelo tempo de vinte minutos para cada um, prorrogável por mais dez, a critério da autoridade judiciária, que em seguida proferirá sentença.

Seção VIII

DA HABILITAÇÃO DE PRETENDENTES À ADOÇÃO

► Seção VIII acrescida pela Lei nº 12.010, de 3-8-2009.

Art. 197-A. Os postulantes à adoção, domiciliados no Brasil, apresentarão petição inicial na qual conste:

I – qualificação completa;

II – dados familiares;

III – cópias autenticadas de certidão de nascimento ou casamento, ou declaração relativa ao período de união estável;

IV – cópias da cédula de identidade e inscrição no Cadastro de Pessoas Físicas;

V – comprovante de renda e domicílio;

VI – atestados de sanidade física e mental;

VII – certidão de antecedentes criminais;

VIII – certidão negativa de distribuição cível.

Art. 197-B. A autoridade judiciária, no prazo de 48 (quarenta e oito) horas, dará vista dos autos ao Ministério Público, que no prazo de 5 (cinco) dias poderá:

I – apresentar quesitos a serem respondidos pela equipe interprofissional encarregada de elaborar o estudo técnico a que se refere o art. 197-C desta Lei;

II – requerer a designação de audiência para oitiva dos postulantes em juízo e testemunhas;

III – requerer a juntada de documentos complementares e a realização de outras diligências que entender necessárias.

► Arts. 197-A e 197-B acrescidos pela Lei nº 12.010, de 3-8-2009.

Art. 197-C. Intervirá no feito, obrigatoriamente, equipe interprofissional a serviço da Justiça da Infância e da Juventude, que deverá elaborar estudo psicossocial, que conterá subsídios que permitam aferir a capacidade e o preparo dos postulantes para o exercício de uma paternidade ou maternidade responsável, à luz dos requisitos e princípios desta Lei.

► *Caput* acrescido pela Lei nº 12.010, de 3-8-2009.

§ 1º É obrigatória a participação dos postulantes em programa oferecido pela Justiça da Infância e da Juventude, preferencialmente com apoio dos técnicos responsáveis pela execução da política municipal de garantia do direito à convivência familiar e dos grupos de apoio à adoção devidamente habilitados perante a Justiça da Infância e da Juventude, que inclua preparação psicológica, orientação e estímulo à adoção inter-racial, de crianças ou de adolescentes com deficiência, com doenças crônicas ou com necessidades específicas de saúde, e de grupos de irmãos.

§ 2º Sempre que possível e recomendável, a etapa obrigatória da preparação referida no § 1º deste artigo incluirá o contato com crianças e adolescentes em regime de acolhimento familiar ou institucional, a ser realizado sob orientação, supervisão e avaliação da equipe técnica da Justiça da Infância e da Juventude e dos grupos de apoio à adoção, com apoio dos técnicos responsáveis pelo programa de acolhimento familiar e institucional e pela execução da política municipal de garantia do direito à convivência familiar.

► §§ 1º e 2º com a redação dada pela Lei nº 13.509, de 22-11-2017.

§ 3º É recomendável que as crianças e os adolescentes acolhidos institucionalmente ou por família acolhedora sejam preparados por equipe interprofissional antes da inclusão em família adotiva.

► § 3º acrescido pela Lei nº 13.509, de 22-11-2017.

Art. 197-D. Certificada nos autos a conclusão da participação no programa referido no art. 197-C desta Lei, a autoridade judiciária, no prazo de 48 (quarenta e oito) horas, decidirá acerca das diligências requeridas pelo Ministério Público e determinará a juntada do estudo psicossocial, designando, conforme o caso, audiência de instrução e julgamento.

Parágrafo único. Caso não sejam requeridas diligências, ou sendo essas indeferidas, a autoridade judiciária determinará a juntada do estudo psicossocial, abrindo a seguir vista dos autos ao Ministério Público, por 5 (cinco) dias, decidindo em igual prazo.

► Art. 197-D acrescido pela Lei nº 12.010, de 3-8-2009.

Art. 197-E. Deferida a habilitação, o postulante será inscrito nos cadastros referidos no art. 50 desta Lei, sendo a sua convocação para a adoção feita de acordo com ordem cronológica de habilitação e conforme a disponibilidade de crianças ou adolescentes adotáveis.

► *Caput* acrescido pela Lei nº 12.010, de 3-8-2009.

§ 1º A ordem cronológica das habilitações somente poderá deixar de ser observada pela autoridade judiciária nas hipóteses previstas no § 13 do art. 50 desta Lei, quando comprovado ser essa a melhor solução no interesse do adotando.

► § 1º acrescido pela Lei nº 12.010, de 3-8-2009.

§ 2º A habilitação à adoção deverá ser renovada no mínimo trienalmente mediante avaliação por equipe interprofissional.

► § 2º com a redação dada pela Lei nº 13.509, de 22-11-2017.

§ 3º Quando o adotante candidatar-se a uma nova adoção, será dispensável a renovação da habilitação, bastando a avaliação por equipe interprofissional.

§ 4º Após 3 (três) recusas injustificadas, pelo habilitado, à adoção de crianças ou adolescentes indicados dentro do perfil escolhido, haverá reavaliação da habilitação concedida.

§ 5º A desistência do pretendente em relação à guarda para fins de adoção ou a devolução da criança ou do adolescente depois do trânsito em julgado da sentença de adoção importará na sua exclusão dos cadastros de adoção e na vedação de renovação da habilitação, salvo decisão judicial fundamentada, sem prejuízo das demais sanções previstas na legislação vigente.

► §§ 3º a 5º acrescidos pela Lei nº 13.509, de 22-11-2017.

Art. 197-F. O prazo máximo para conclusão da habilitação à adoção será de 120 (cento e vinte) dias, prorrogável por igual período, mediante decisão fundamentada da autoridade judiciária.

► Artigo acrescido pela Lei nº 13.509, de 22-11-2017.

CAPÍTULO IV

DOS RECURSOS

Art. 198. Nos procedimentos afetos à Justiça da Infância e da Juventude, inclusive os relativos à execução das medidas socioeducativas, adotar-se-á o sistema recursal da Lei nº 5.869, de 11 de janeiro de 1973 (Código de Processo Civil), com as seguintes adaptações:

► *Caput* com a redação dada pela Lei nº 12.594, de 18-1-2012.

I – os recursos serão interpostos independentemente de preparo;

II – em todos os recursos, salvo nos embargos de declaração, o prazo para o Ministério Público e para a defesa será sempre de 10 (dez) dias;

► Inciso II com a redação dada pela Lei nº 12.594, de 18-1-2012.

III – os recursos terão preferência de julgamento e dispensarão revisor;

IV a VI – *Revogados.* Lei nº 12.010, de 3-8-2009;

VII – antes de determinar a remessa dos autos à superior instância, no caso de apelação, ou do instrumento, no caso de agravo, a autoridade judiciária proferirá despacho fundamentado, mantendo ou reformando a decisão, no prazo de 5 (cinco) dias;

VIII – mantida a decisão apelada ou agravada, o escrivão remeterá os autos ou o instrumento à superior instância dentro de vinte e quatro horas, independentemente de novo pedido do recorrente; se a reformar, a remessa dos autos dependerá de pedido expresso da parte interessada ou do Ministério Público, no prazo de cinco dias, contados da intimação.

Art. 199. Contra as decisões proferidas com base no artigo 149 caberá recurso de apelação.

Art. 199-A. A sentença que deferir a adoção produz efeito desde logo, embora sujeita a apelação, que será recebida exclusivamente no efeito devolutivo, salvo se se tratar de adoção internacional ou se houver perigo de dano irreparável ou de difícil reparação ao adotando.

Art. 199-B. A sentença que destituir ambos ou qualquer dos genitores do poder familiar fica sujeita a apelação, que deverá ser recebida apenas no efeito devolutivo.

Art. 199-C. Os recursos nos procedimentos de adoção e de destituição de poder familiar, em face da relevância das questões, serão processados com prioridade absoluta, devendo ser imediatamente distribuídos, ficando vedado que aguardem, em qualquer situação, oportuna distribuição, e serão colocados em mesa para julgamento sem revisão e com parecer urgente do Ministério Público.

Art. 199-D. O relator deverá colocar o processo em mesa para julgamento no prazo máximo de 60 (sessenta) dias, contado da sua conclusão.

Parágrafo único. O Ministério Público será intimado da data do julgamento e poderá na sessão, se entender necessário, apresentar oralmente seu parecer.

Art. 199-E. O Ministério Público poderá requerer a instauração de procedimento para apuração de responsabilidades se constatar o descumprimento das providências e do prazo previstos nos artigos anteriores.

► Arts. 199-A a 199-E acrescidos pela Lei nº 12.010, de 3-8-2009.

CAPÍTULO V

DO MINISTÉRIO PÚBLICO

Art. 200. As funções do Ministério Público, previstas nesta Lei, serão exercidas nos termos da respectiva Lei Orgânica.

Art. 201. Compete ao Ministério Público:

I – conceder a remissão como forma de exclusão do processo;

II – promover e acompanhar os procedimentos relativos às infrações atribuídas a adolescentes;

III – promover e acompanhar as ações de alimentos e os procedimentos de suspensão e destituição do poder familiar, nomeação e remoção de tutores, curadores e guardiães, bem como oficiar em todos os demais procedimentos da competência da Justiça da Infância e da Juventude;

IV – promover, de ofício ou por solicitação dos interessados, a especialização e a inscrição de hipoteca legal e a prestação de contas dos tutores, curadores e quaisquer administradores de bens de crianças e adolescentes nas hipóteses do artigo 98;

V – promover o inquérito civil e a ação civil pública para a proteção dos interesses individuais, difusos ou coletivos relativos à infância e à adolescência, inclusive os definidos no artigo 220, § 3º, inciso II, da Constituição Federal;

VI – instaurar procedimentos administrativos e, para instruí-los:

a) expedir notificações para colher depoimentos ou esclarecimentos e, em caso de não comparecimento injustificado, requisitar condução coercitiva, inclusive pela polícia civil ou militar;

b) requisitar informações, exames, perícias e documentos de autoridades municipais, estaduais e federais, da administração direta ou indireta, bem como promover inspeções e diligências investigatórias;

c) requisitar informações e documentos a particulares e instituições privadas;

VII – instaurar sindicâncias, requisitar diligências investigatórias e determinar a instauração de inquérito policial, para apuração de ilícitos ou infrações às normas de proteção à infância e à juventude;

VIII – zelar pelo efetivo respeito aos direitos e garantias legais assegurados às crianças e adolescentes, promovendo as medidas judiciais e extrajudiciais cabíveis;

IX – impetrar mandado de segurança, de injunção e *habeas corpus*, em qualquer juízo, instância ou tribunal, na defesa dos interesses sociais e individuais indisponíveis afetos à criança e ao adolescente;

X – representar ao juízo visando à aplicação de penalidade por infrações cometidas contra as normas de proteção à infância e à juventude, sem prejuízo da promoção da responsabilidade civil e penal do infrator, quando cabível;

XI – inspecionar as entidades públicas e particulares de atendimento e os programas de que trata esta Lei, adotando de pronto as medidas administrativas ou judiciais necessárias à remoção de irregularidades porventura verificadas;

XII – requisitar força policial, bem como a colaboração dos serviços médicos, hospitalares, educacionais e de assistência social, públicos ou privados, para o desempenho de suas atribuições.

§ 1º A legitimação do Ministério Público para as ações cíveis previstas neste artigo não impede a de terceiros, nas mesmas hipóteses, segundo dispuserem a Constituição e esta Lei.

§ 2º As atribuições constantes deste artigo não excluem outras, desde que compatíveis com a finalidade do Ministério Público.

§ 3º O representante do Ministério Público, no exercício de suas funções, terá livre acesso a todo local onde se encontre criança ou adolescente.

§ 4º O representante do Ministério Público será responsável pelo uso indevido das informações e documentos que requisitar, nas hipóteses legais de sigilo.

§ 5º Para o exercício da atribuição de que trata o inciso VIII deste artigo, poderá o representante do Ministério Público:

a) reduzir a termo as declarações do reclamante, instaurando o competente procedimento, sob sua presidência;

b) entender-se diretamente com a pessoa ou autoridade reclamada, em dia, local e horário previamente notificados ou acertados;

c) efetuar recomendações visando à melhoria dos serviços públicos e de relevância pública afetos à criança e ao adolescente, fixando prazo razoável para sua perfeita adequação.

Art. 202. Nos processos e procedimentos em que não for parte, atuará obrigatoriamente o Ministério Público na defesa dos direitos e interesses de que cuida esta Lei, hipótese em que terá vista dos autos depois das partes, podendo juntar documentos e requerer diligências, usando os recursos cabíveis.

Art. 203. A intimação do Ministério Público, em qualquer caso, será feita pessoalmente.

Art. 204. A falta de intervenção do Ministério Público acarreta a nulidade do feito, que será declarada de ofício pelo juiz ou a requerimento de qualquer interessado.

Art. 205. As manifestações processuais do representante do Ministério Público deverão ser fundamentadas.

CAPÍTULO VI
DO ADVOGADO

Art. 206. A criança ou o adolescente, seus pais ou responsável, e qualquer pessoa que tenha legítimo interesse na solução da lide poderão intervir nos procedimentos de que trata esta Lei, através de advogado, o qual será intimado para todos os atos, pessoalmente ou por publicação oficial, respeitado o segredo de justiça.

Parágrafo único. Será prestada assistência judiciária integral e gratuita àqueles que dela necessitarem.

Art. 207. Nenhum adolescente a quem se atribua a prática de ato infracional, ainda que ausente ou foragido, será processado sem defensor.

§ 1º Se o adolescente não tiver defensor, ser-lhe-á nomeado pelo juiz, ressalvado o direito de, a todo tempo, constituir outro de sua preferência.

§ 2º A ausência do defensor não determinará o adiamento de nenhum ato do processo, devendo o juiz nomear substituto, ainda que provisoriamente, ou para o só efeito do ato.

§ 3º Será dispensada a outorga de mandato, quando se tratar de defensor nomeado ou, sendo constituído, tiver sido indicado por ocasião de ato formal com a presença da autoridade judiciária.

CAPÍTULO VII
DA PROTEÇÃO JUDICIAL DOS INTERESSES INDIVIDUAIS, DIFUSOS E COLETIVOS

Art. 208. Regem-se pelas disposições desta Lei as ações de responsabilidade por ofensa aos direitos assegurados à criança e ao adolescente, referentes ao não oferecimento ou oferta irregular:

I – do ensino obrigatório;

II – de atendimento educacional especializado aos portadores de deficiência;

III – de atendimento em creche e pré-escola às crianças de zero a cinco anos de idade;

► Inciso III com a redação dada pela Lei nº 13.306, de 4-7-2016.

IV – de ensino noturno regular, adequado às condições do educando;

V – de programas suplementares de oferta de material didático-escolar, transporte e assistência à saúde do educando do ensino fundamental;

VI – do serviço de assistência social visando à proteção à família, à maternidade, à infância e à adolescência, bem como ao amparo às crianças e adolescentes que dele necessitem;

VII – de acesso às ações e serviços de saúde;

VIII – de escolarização e profissionalização dos adolescentes privados de liberdade;

IX – de ações, serviços e programas de orientação, apoio e promoção social de famílias e destinados ao pleno exercício do direito à convivência familiar por crianças e adolescentes;

► Inciso IX acrescido pela Lei nº 12.010, de 3-8-2009.

X – de programas de atendimento para a execução das medidas socioeducativas e aplicação de medidas de proteção;

► Inciso X acrescido pela Lei nº 12.594, de 18-1-2012.

XI – de políticas e programas integrados de atendimento à criança e ao adolescente vítima ou testemunha de violência.

► Inciso XI acrescido pela Lei nº 13.431, de 4-4-2017.

§ 1º As hipóteses previstas neste artigo não excluem da proteção judicial outros interesses individuais, difusos ou coletivos, próprios da infância e da adolescência, protegidos pela Constituição e pela Lei.

► Antigo parágrafo único renumerado para § 1º pela Lei nº 11.259, de 30-12-2005.

§ 2º A investigação do desaparecimento de crianças ou adolescentes será realizada imediatamente após notificação aos órgãos competentes, que deverão comunicar o fato aos portos, aeroportos, Polícia Rodoviária e companhias de transporte interestaduais e internacionais, fornecendo-lhes todos os dados necessários à identificação do desaparecido.

► § 2º acrescido pela Lei nº 11.259, de 30-12-2005.

Art. 209. As ações previstas neste capítulo serão propostas no foro do local onde ocorreu ou deva ocorrer a ação ou omissão, cujo juízo terá competência absoluta para processar a causa, ressalvadas a competência da Justiça Federal e a competência originária dos Tribunais Superiores.

Art. 210. Para as ações cíveis fundadas em interesses coletivos ou difusos, consideram-se legitimados concorrentemente:

I – o Ministério Público;

II – a União, os Estados, os Municípios, o Distrito Federal e os Territórios;

III – as associações legalmente constituídas há pelo menos um ano e que incluam entre seus fins institucionais a defesa dos interesses e direitos protegidos por esta Lei, dispensada a autorização da assembleia, se houver prévia autorização estatutária.

§ 1º Admitir-se-á litisconsórcio facultativo entre os Ministérios Públicos da União e dos Estados na defesa dos interesses e direitos de que cuida esta Lei.

§ 2º Em caso de desistência ou abandono da ação por associação legitimada, o Ministério Público ou outro legitimado poderá assumir a titularidade ativa.

Art. 211. Os órgãos públicos legitimados poderão tomar dos interessados compromisso de ajustamento de sua conduta às exigências legais, o qual terá eficácia de título executivo extrajudicial.

Art. 212. Para defesa dos direitos e interesses protegidos por esta Lei, são admissíveis todas as espécies de ações pertinentes.

§ 1º Aplicam-se às ações previstas neste capítulo as normas do Código de Processo Civil.

§ 2º Contra atos ilegais ou abusivos de autoridade pública ou agente de pessoa jurídica no exercício de atribuições do Poder Público, que lesem direito líquido e certo previsto nesta Lei, caberá ação mandamental, que se regerá pelas normas da lei do mandado de segurança.

Art. 213. Na ação que tenha por objeto o cumprimento de obrigação de fazer ou não fazer, o juiz concederá a tutela específica da obrigação ou determinará providências que assegurem o resultado prático equivalente ao do adimplemento.

§ 1º Sendo relevante o fundamento da demanda e havendo justificado receio de ineficácia do provimento final, é lícito ao juiz conceder a tutela liminarmente ou após justificação prévia, citando o réu.

§ 2º O juiz poderá, na hipótese do parágrafo anterior ou na sentença, impor multa diária ao réu, independentemente de pedido do autor, se for suficiente ou compatível com a obrigação, fixando prazo razoável para o cumprimento do preceito.

§ 3º A multa só será exigível do réu após o trânsito em julgado da sentença favorável ao autor, mas será devida desde o dia em que se houver configurado o descumprimento.

Art. 214. Os valores das multas reverterão ao fundo gerido pelo Conselho dos Direitos da Criança e do Adolescente do respectivo município.

§ 1º As multas não recolhidas até trinta dias após o trânsito em julgado da decisão serão exigidas através de execução promovida pelo Ministério Público, nos mesmos autos, facultada igual iniciativa aos demais legitimados.

§ 2º Enquanto o fundo não for regulamentado, o dinheiro ficará depositado em estabelecimento oficial de crédito, em conta com correção monetária.

Art. 215. O juiz poderá conferir efeito suspensivo aos recursos, para evitar dano irreparável à parte.

Art. 216. Transitada em julgado a sentença que impuser condenação ao Poder Público, o juiz determinará a remessa de peças à autoridade competente, para apuração da responsabilidade civil e administrativa do agente a que se atribua a ação ou omissão.

Art. 217. Decorridos sessenta dias do trânsito em julgado da sentença condenatória sem que a associação autora lhe promova a execução, deverá fazê-lo o Ministério Público, facultada igual iniciativa aos demais legitimados.

Art. 218. O juiz condenará a associação autora a pagar ao réu os honorários advocatícios arbitrados na conformidade do § 4º do artigo 20 da Lei nº 5.869, de 11 de janeiro de 1973 – Código de Processo Civil, quando reconhecer que a pretensão é manifestamente infundada.

Parágrafo único. Em caso de litigância de má-fé, a associação autora e os diretores responsáveis pela propositura da ação serão solidariamente condenados ao décuplo das custas, sem prejuízo de responsabilidade por perdas e danos.

Art. 219. Nas ações de que trata este Capítulo, não haverá adiantamento de custas, emolumentos, honorários periciais e quaisquer outras despesas.

Art. 220. Qualquer pessoa poderá e o servidor público deverá provocar a iniciativa do Ministério Público, prestando-lhe informações sobre fatos que constituam objeto de ação civil, e indicando-lhe os elementos de convicção.

Art. 221. Se, no exercício de suas funções, os juízes e tribunais tiverem conhecimento de fatos que possam ensejar a propositura de ação civil, remeterão peças ao Ministério Público para as providências cabíveis.

Art. 222. Para instruir a petição inicial, o interessado poderá requerer às autoridades competentes as certidões e informações que julgar necessárias, que serão fornecidas no prazo de quinze dias.

Art. 223. O Ministério Público poderá instaurar, sob sua presidência, inquérito civil, ou requisitar, de qualquer pessoa, organismo público ou particular, certidões, informações, exames ou perícias, no prazo que assinalar, o qual não poderá ser inferior a dez dias úteis.

§ 1º Se o órgão do Ministério Público, esgotadas todas as diligências, se convencer da inexistência de fundamento para a propositura da ação cível, promoverá o arquivamento dos autos do inquérito civil ou das peças informativas, fazendo-o fundamentadamente.

§ 2º Os autos do inquérito civil ou as peças de informação arquivados serão remetidos, sob pena de se incorrer em falta grave, no prazo de três dias, ao Conselho Superior do Ministério Público.

§ 3º Até que seja homologada ou rejeitada a promoção de arquivamento, em sessão do Conselho Superior do Ministério Público, poderão as associações legitimadas apresentar razões escritas ou documentos, que serão juntados aos autos do inquérito ou anexados às peças de informação.

§ 4º A promoção de arquivamento será submetida a exame e deliberação do Conselho Superior do Ministério Público, conforme dispuser o seu Regimento.

§ 5º Deixando o Conselho Superior de homologar a promoção de arquivamento, designará, desde logo, outro órgão do Ministério Público para o ajuizamento da ação.

Art. 224. Aplicam-se subsidiariamente, no que couber, as disposições da Lei nº 7.347, de 24 de julho de 1985.

TÍTULO VII – DOS CRIMES E DAS INFRAÇÕES ADMINISTRATIVAS

CAPÍTULO I
DOS CRIMES

SEÇÃO I
DISPOSIÇÕES GERAIS

Art. 225. Este capítulo dispõe sobre crimes praticados contra a criança e o adolescente, por ação ou omissão, sem prejuízo do disposto na legislação penal.

Art. 226. Aplicam-se aos crimes definidos nesta Lei as normas da Parte Geral do Código Penal e, quanto ao processo, as pertinentes ao Código de Processo Penal.

Art. 227. Os crimes definidos nesta Lei são de ação pública incondicionada.

Art. 227-A. Os efeitos da condenação prevista no inciso I do *caput* do art. 92 do Decreto-Lei nº 2.848, de 7 de dezembro de 1940 (Código Penal), para os crimes previstos nesta Lei, praticados por servidores públicos com abuso de autoridade, são condicionados à ocorrência de reincidência.

Parágrafo único. A perda do cargo, do mandato ou da função, nesse caso, independerá da pena aplicada na reincidência.

► Art. 227-A acrescido pela Lei nº 13.869, de 5-9-2019.

SEÇÃO II
DOS CRIMES EM ESPÉCIE

Art. 228. Deixar o encarregado de serviço ou o dirigente de estabelecimento de atenção à saúde de gestante de manter registro das atividades desenvolvidas, na forma e prazo referidos no artigo 10 desta Lei, bem como de fornecer à parturiente ou a seu responsável, por ocasião da alta médica, declaração de nascimento, onde constem as intercorrências do parto e do desenvolvimento do neonato:

Pena – detenção de seis meses a dois anos.

Parágrafo único. Se o crime é culposo:

Pena – detenção de dois a seis meses, ou multa.

Art. 229. Deixar o médico, enfermeiro ou dirigente de estabelecimento de atenção à saúde de gestante de identificar corretamente o neonato e a parturiente, por ocasião do parto, bem como deixar de proceder aos exames referidos no artigo 10 desta Lei:

Pena – detenção de seis meses a dois anos.

Parágrafo único. Se o crime é culposo:

Pena – detenção de dois a seis meses, ou multa.

Art. 230. Privar a criança ou o adolescente de sua liberdade, procedendo à sua apreensão sem estar em flagrante de ato infracional ou inexistindo ordem escrita da autoridade judiciária competente:

Pena – detenção de seis meses a dois anos.

Parágrafo único. Incide na mesma pena aquele que procede à apreensão sem observância das formalidades legais.

Art. 231. Deixar a autoridade policial responsável pela apreensão de criança ou adolescente de fazer imediata comunicação à autoridade judiciária competente e à família do apreendido ou à pessoa por ele indicada:

Pena – detenção de seis meses a dois anos.

Art. 232. Submeter criança ou adolescente sob sua autoridade, guarda ou vigilância a vexame ou a constrangimento:

Pena – detenção de seis meses a dois anos.

Art. 233. *Revogado.* Lei nº 9.455, de 7-4-1997.

Art. 234. Deixar a autoridade competente, sem justa causa, de ordenar a imediata liberação de criança ou adolescente, tão logo tenha conhecimento da ilegalidade da apreensão:

Pena – detenção de seis meses a dois anos.

Art. 235. Descumprir, injustificadamente, prazo fixado nesta Lei em benefício de adolescente privado de liberdade:

Pena – detenção de seis meses a dois anos.

Art. 236. Impedir ou embaraçar a ação de autoridade judiciária, membro do Conselho Tutelar ou representante do Ministério Público no exercício de função prevista nesta Lei:

Pena – detenção de seis meses a dois anos.

► O parágrafo único que seria acrescido pela Lei nº 12.318, de 26-8-2010 (Lei da Alienação Parental), teve seu texto vetado.

Art. 237. Subtrair criança ou adolescente ao poder de quem o tem sob sua guarda em virtude de lei ou ordem judicial, com o fim de colocação em lar substituto:

Pena – reclusão de dois a seis anos, e multa.

Art. 238. Prometer ou efetivar a entrega de filho ou pupilo a terceiro, mediante paga ou recompensa:

Pena – reclusão de um a quatro anos, e multa.

Parágrafo único. Incide nas mesmas penas quem oferece ou efetiva a paga ou recompensa.

Art. 239. Promover ou auxiliar a efetivação de ato destinado ao envio de criança ou adolescente para o exterior com inobservância das formalidades legais ou com o fito de obter lucro:

Pena – reclusão de quatro a seis anos, e multa.

Parágrafo único. Se há emprego de violência, grave ameaça ou fraude:

Pena – reclusão, de seis a oito anos, além da pena correspondente à violência.

► Parágrafo único acrescido pela Lei nº 10.764, de 12-11-2003.

Art. 240. Produzir, reproduzir, dirigir, fotografar, filmar ou registrar, por qualquer meio, cena de sexo explícito ou pornográfica, envolvendo criança ou adolescente:

Pena – reclusão, de 4 (quatro) a 8 (oito) anos, e multa.

§ 1º Incorre nas mesmas penas quem agencia, facilita, recruta, coage, ou de qualquer modo intermedeia a participação de criança ou adolescente nas cenas referidas no *caput* deste artigo, ou ainda quem com *esses* contracena.

§ 2º Aumenta-se a pena de 1/3 (um terço) se o agente comete o crime:

I – no exercício de cargo ou função pública ou a pretexto de exercê-la;

II – prevalecendo-se de relações domésticas, de coabitação ou de hospitalidade; ou

III – prevalecendo-se de relações de parentesco consanguíneo ou afim até o terceiro grau, ou por adoção, de tutor, curador, preceptor, empregador da vítima ou de quem, a qualquer outro título, tenha autoridade sobre ela, ou com seu consentimento.

Art. 241. Vender ou expor à venda fotografia, vídeo ou outro registro que contenha cena de sexo explícito ou pornográfica envolvendo criança ou adolescente:

Pena – reclusão, de 4 (quatro) a 8 (oito) anos, e multa.

► Arts. 240 e 241 com a redação dada pela Lei nº 11.829, de 25-11-2008.

Art. 241-A. Oferecer, trocar, disponibilizar, transmitir, distribuir, publicar ou divulgar por qualquer meio, inclusive por meio de sistema de informática ou telemático, fotografia, vídeo ou outro registro que contenha cena de sexo explícito ou pornográfica envolvendo criança ou adolescente:

Pena – reclusão, de 3 (três) a 6 (seis) anos, e multa.

§ 1º Nas mesmas penas incorre quem:

I – assegura os meios ou serviços para o armazenamento das fotografias, cenas ou imagens de que trata o *caput* deste artigo;

II – assegura, por qualquer meio, o acesso por rede de computadores às fotografias, cenas ou imagens de que trata o *caput* deste artigo.

§ 2º As condutas tipificadas nos incisos I e II do § 1º deste artigo são puníveis quando o responsável legal pela prestação do serviço, oficialmente notificado, deixa de desabilitar o acesso ao conteúdo ilícito de que trata o *caput* deste artigo.

Art. 241-B. Adquirir, possuir ou armazenar, por qualquer meio, fotografia, vídeo ou outra forma de registro que contenha cena de sexo explícito ou pornográfica envolvendo criança ou adolescente:

Pena – reclusão, de 1 (um) a 4 (quatro) anos, e multa.

§ 1º A pena é diminuída de 1 (um) a 2/3 (dois terços) se de pequena quantidade o material a que se refere o *caput* deste artigo.

§ 2º Não há crime se a posse ou o armazenamento tem a finalidade de comunicar às autoridades competentes a ocorrência das condutas descritas nos arts. 240, 241, 241-A e 241-C desta Lei, quando a comunicação for feita por:

I – agente público no exercício de suas funções;

II – membro de entidade, legalmente constituída, que inclua, entre suas finalidades institucionais, o recebimento, o processamento e o encaminhamento de notícia dos crimes referidos neste parágrafo;

III – representante legal e funcionários responsáveis de provedor de acesso ou serviço prestado por meio de rede de computadores, até o recebimento do material relativo à notícia feita à autoridade policial, ao Ministério Público ou ao Poder Judiciário.

§ 3º As pessoas referidas no § 2º deste artigo deverão manter sob sigilo o material ilícito referido.

Art. 241-C. Simular a participação de criança ou adolescente em cena de sexo explícito ou pornográfica por meio de adulteração, montagem ou modificação de fotografia, vídeo ou qualquer outra forma de representação visual:

Pena – reclusão, de 1 (um) a 3 (três) anos, e multa.

Parágrafo único. Incorre nas mesmas penas quem vende, expõe à venda, disponibiliza, distribui, publica ou divulga por qualquer meio, adquire, possui ou armazena o material produzido na forma do *caput* deste artigo.

Art. 241-D. Aliciar, assediar, instigar ou constranger, por qualquer meio de comunicação, criança, com o fim de com ela praticar ato libidinoso:

Pena – reclusão, de 1 (um) a 3 (três) anos, e multa.

Parágrafo único. Nas mesmas penas incorre quem:

I – facilita ou induz o acesso à criança de material contendo cena de sexo explícito ou pornográfica com o fim de com ela praticar ato libidinoso;

II – pratica as condutas descritas no *caput* deste artigo com o fim de induzir criança a se exibir de forma pornográfica ou sexualmente explícita.

Art. 241-E. Para efeito dos crimes previstos nesta Lei, a expressão "cena de sexo explícito ou pornográfica" compreende qualquer situação que envolva criança ou adolescente em atividades sexuais explícitas, reais ou simuladas, ou exibição dos órgãos genitais de uma criança ou adolescente para fins primordialmente sexuais.

► Arts. 241-A a 241-E acrescidos pela Lei nº 11.829, de 25-11-2008.

Art. 242. Vender, fornecer ainda que gratuitamente ou entregar, de qualquer forma, a criança ou adolescente arma, munição ou explosivo:

Pena – reclusão, de três a seis anos.

► Pena com a redação dada pela Lei nº 10.764, de 12-11-2003.

Art. 243. Vender, fornecer, servir, ministrar ou entregar, ainda que gratuitamente, de qualquer forma, a criança ou a adolescente, bebida alcoólica ou, sem justa causa, outros produtos cujos componentes possam causar dependência física ou psíquica:

Pena – detenção, de 2 (dois) a 4 (quatro) anos, e multa, se o fato não constitui crime mais grave.

► Artigo com a redação dada pela Lei nº 13.106, de 17-3-2015.

Art. 244. Vender, fornecer ainda que gratuitamente ou entregar, de qualquer forma, a criança ou adolescente fogos de estampido ou de artifício, exceto aqueles que, pelo seu reduzido potencial, sejam incapazes de provocar qualquer dano físico em caso de utilização indevida:

Pena – detenção de seis meses a dois anos, e multa.

Art. 244-A. Submeter a criança ou adolescente, como tais definidos no *caput* do artigo 2º desta Lei, à prostituição ou à exploração sexual.

► *Caput* acrescido pela Lei nº 9.975, de 23-6-2000.

Pena – reclusão de quatro a dez anos e multa, além da perda de bens e valores utilizados na prática criminosa em favor do Fundo dos Direitos da Criança e do Adolescente da unidade da Federação (Estado ou Distrito Federal) em que foi cometido o crime, ressalvado o direito de terceiro de boa-fé.

► Pena com a redação dada pela Lei nº 13.440, de 8-5-2017.

§ 1º Incorrem nas mesmas penas o proprietário, o gerente ou o responsável pelo local em que se verifique a submissão de criança ou adolescente às práticas referidas no *caput* deste artigo.

§ 2º Constitui efeito obrigatório da condenação a cassação da licença de localização e de funcionamento do estabelecimento.

► §§ 1º e 2º acrescidos pela Lei nº 9.975, de 23-6-2000.

Art. 244-B. Corromper ou facilitar a corrupção de menor de 18 (dezoito) anos, com ele praticando infração penal ou induzindo-o a praticá-la:

Pena – reclusão, de 1 (um) a 4 (quatro) anos.

§ 1º Incorre nas penas previstas no *caput* deste artigo quem pratica as condutas ali tipificadas utilizando-se de quaisquer meios eletrônicos, inclusive salas de bate-papo da internet.

§ 2º As penas previstas no *caput* deste artigo são aumentadas de um terço no caso de a infração cometida ou induzida estar incluída no rol do art. 1º da Lei nº 8.072, de 25 de julho de 1990.

► Art. 244-B acrescido pela Lei nº 12.015, de 7-8-2009.

CAPÍTULO II

DAS INFRAÇÕES ADMINISTRATIVAS

Art. 245. Deixar o médico, professor ou responsável por estabelecimento de atenção à saúde e de ensino fundamental, pré-escola ou creche, de comunicar à autoridade competente os casos de que tenha conhecimento, envolvendo suspeita ou confirmação de maus-tratos contra criança ou adolescente:

Pena – multa de três a vinte salários de referência, aplicando-se o dobro em caso de reincidência.

Art. 246. Impedir o responsável ou funcionário de entidade de atendimento o exercício dos direitos constantes nos incisos II, III, VII, VIII e XI do artigo 124 desta Lei:

Pena – multa de três a vinte salários de referência, aplicando-se o dobro em caso de reincidência.

Art. 247. Divulgar, total ou parcialmente, sem autorização devida, por qualquer meio de comunicação, nome, ato ou documento de procedimento policial, administrativo ou judicial relativo a criança ou adolescente a que se atribui ato infracional:

Pena – multa de três a vinte salários de referência, aplicando-se o dobro em caso de reincidência.

§ 1º Incorre na mesma pena quem exibe, total ou parcialmente, fotografia de criança ou adolescente envolvido em ato infracional, ou qualquer ilustração que lhe diga respeito ou se refira a atos que lhe sejam atribuídos, de forma a permitir sua identificação, direta ou indiretamente.

§ 2º Se o fato for praticado por órgão de imprensa ou emissora de rádio ou televisão, além da pena prevista neste artigo, a autoridade judiciária poderá determinar a apreensão da publicação ou a suspensão da programação da emissora até por dois dias, bem como da publicação do periódico até por dois números.

► O STF, por unanimidade de votos, julgou procedente a ADIN nº 869-2, para declarar a inconstitucionalidade da expressão "ou a suspensão da programação da emissora até por dois dias, bem como da publicação do periódico até por dois números", contida neste parágrafo (*DJ* de 4-6-2004).

Art. 248. *Revogado.* Lei nº 13.431, de 4-4-2017.

Art. 249. Descumprir, dolosa ou culposamente, os deveres inerentes ao pátrio poder ou decorrente de tutela ou guarda, bem assim determinação da autoridade judiciária ou Conselho Tutelar:

Pena – multa de três a vinte salários de referência, aplicando-se o dobro em caso de reincidência.

Art. 250. Hospedar criança ou adolescente desacompanhado dos pais ou responsável, ou sem autorização escrita desses ou da autoridade judiciária, em hotel, pensão, motel ou congênere:

Pena – multa.

► *Caput* e pena com a redação dada pela Lei nº 12.038, de 1º-10-2009.

§ 1º Em caso de reincidência, sem prejuízo da pena de multa, a autoridade judiciária poderá determinar o fechamento do estabelecimento por até 15 (quinze) dias.

§ 2º Se comprovada a reincidência em período inferior a 30 (trinta) dias, o estabelecimento será definitivamente fechado e terá sua licença cassada.

► §§ 1º e 2º acrescidos pela Lei nº 12.038, de 1º-10-2009.

Art. 251. Transportar criança ou adolescente, por qualquer meio, com inobservância do disposto nos artigos 83, 84 e 85 desta Lei:

Pena – multa de três a vinte salários de referência, aplicando-se o dobro em caso de reincidência.

Art. 252. Deixar o responsável por diversão ou espetáculo público de afixar, em lugar visível e de fácil acesso, à entrada do local de exibição, informação destacada sobre a natureza da diversão ou espetáculo e a faixa etária especificada no certificado de classificação:

Pena – multa de três a vinte salários de referência, aplicando-se o dobro em caso de reincidência.

Art. 253. Anunciar peças teatrais, filmes, ou quaisquer representações ou espetáculos, sem indicar os limites de idade a que não se recomendem:

Pena – multa de três a vinte salários de referência, duplicada em caso de reincidência, aplicável, separadamente, à casa de espetáculo e aos órgãos de divulgação ou publicidade.

Art. 254. Transmitir, através de rádio ou televisão, espetáculo em horário diverso do autorizado ou sem aviso de sua classificação:

► O STF, por maioria dos votos, julgou procedente a ADIN nº 2.404, para declarar a inconstitucionalidade da expressão "em horário diverso do autorizado", contida neste artigo (*DOU* de 12-9-2016).

Pena – multa de vinte a cem salários de referência; duplicada em caso de reincidência a autoridade judiciária poderá determinar a suspensão da programação da emissora por até dois dias.

Art. 255. Exibir filme, *trailer*, peça, amostra ou congênere classificado pelo órgão competente como inadequado às crianças ou adolescentes admitidos ao espetáculo:

Pena – multa de vinte a cem salários de referência; na reincidência, a autoridade poderá determinar a suspensão do espetáculo ou o fechamento do estabelecimento por até quinze dias.

Art. 256. Vender ou locar a criança ou adolescente fita de programação em vídeo, em desacordo com a classificação atribuída pelo órgão competente:

Pena – multa de três a vinte salários de referência; em caso de reincidência, a autoridade judiciária poderá determinar o fechamento do estabelecimento por até quinze dias.

Art. 257. Descumprir obrigação constante dos artigos 78 e 79 desta Lei:

Pena – multa de três a vinte salários de referência, duplicando-se a pena em caso de reincidência, sem prejuízo de apreensão da revista ou publicação.

Art. 258. Deixar o responsável pelo estabelecimento ou o empresário de observar o que dispõe esta Lei sobre o acesso de criança ou adolescente aos locais de diversão, ou sobre sua participação no espetáculo.

Pena – multa de três a vinte salários de referência; em caso de reincidência, a autoridade judiciária poderá determinar o fechamento do estabelecimento por até quinze dias.

Art. 258-A. Deixar a autoridade competente de providenciar a instalação e operacionalização dos cadastros previstos no art. 50 e no § 11 do art. 101 desta Lei:

Pena – multa de R$ 1.000,00 (mil reais) a R$ 3.000,00 (três mil reais).

Parágrafo único. Incorre nas mesmas penas a autoridade que deixa de efetuar o cadastramento de crianças e de adolescentes em condições de serem adotadas, de pessoas ou casais habilitados à adoção e de crianças e adolescentes em regime de acolhimento institucional ou familiar.

Art. 258-B. Deixar o médico, enfermeiro ou dirigente de estabelecimento de atenção à saúde de gestante de efetuar imediato encaminhamento à autoridade judiciária de caso de que tenha conhecimento de mãe ou gestante interessada em entregar seu filho para adoção:

Pena – multa de R$ 1.000,00 (mil reais) a R$ 3.000,00 (três mil reais).

Parágrafo único. Incorre na mesma pena o funcionário de programa oficial ou comunitário destinado à garantia do direito à convivência familiar que deixa de efetuar a comunicação referida no *caput* deste artigo.

▸ Arts. 258-A e 258-B acrescidos pela Lei nº 12.010, de 3-8-2009.

Art. 258-C. Descumprir a proibição estabelecida no inciso II do art. 81:

Pena – multa de R$ 3.000,00 (três mil reais) a R$ 10.000,00 (dez mil reais);

Medida Administrativa – interdição do estabelecimento comercial até o recolhimento da multa aplicada.

▸ Art. 258-C acrescido pela Lei nº 13.106, de 17-3-2015.

DISPOSIÇÕES FINAIS E TRANSITÓRIAS

Art. 259. A União, no prazo de noventa dias contados da publicação deste Estatuto, elaborará projeto de lei dispondo sobre a criação ou adaptação de seus órgãos às diretrizes da política de atendimento fixadas no artigo 88 e ao que estabelece o Título V do Livro II.

Parágrafo único. Compete aos Estados e Municípios promoverem a adaptação de seus órgãos e programas às diretrizes e princípios estabelecidos nesta Lei.

Art. 260. Os contribuintes poderão efetuar doações aos Fundos dos Direitos da Criança e do Adolescente nacional, distrital, estaduais ou municipais, devidamente comprovadas, sendo essas integralmente deduzidas do imposto de renda, obedecidos os seguintes limites:

▸ *Caput* com a redação dada pela Lei nº 12.594, de 18-1-2012.

I – 1% (um por cento) do imposto sobre a renda devido apurado pelas pessoas jurídicas tributadas com base no lucro real; e

II – 6% (seis por cento) do imposto sobre a renda apurado pelas pessoas físicas na Declaração de Ajuste Anual, observado o disposto no art. 22 da Lei nº 9.532, de 10 de dezembro de 1997.

▸ Incisos I e II acrescidos pela Lei nº 12.594, de 18-1-2012.

§ 1º *Revogado*. Lei nº 9.532, de 10-12-1997.

§ 1º-A. Na definição das prioridades a serem atendidas com os recursos captados pelos fundos nacional, estaduais e municipais dos direitos da criança e do adolescente, serão consideradas as disposições do Plano Nacional de Promoção, Proteção e Defesa do Direito de Crianças e Adolescentes à Convivência Familiar e Comunitária e as do Plano Nacional pela Primeira Infância.

§ 2º Os conselhos nacional, estaduais e municipais dos direitos da criança e do adolescente fixarão critérios de utilização, por meio de planos de aplicação, das dotações subsidiadas e demais receitas, aplicando necessariamente percentual para incentivo ao acolhimento, sob a forma de guarda, de crianças e adolescentes e para programas de atenção integral à primeira infância em áreas de maior carência socioeconômica e em situações de calamidade.

▸ §§ 1º-A e 2º com a redação dada pela Lei nº 13.257, de 8-3-2016.

§ 3º O Departamento da Receita Federal, do Ministério da Economia, Fazenda e Planejamento, regulamentará a comprovação das doações feitas aos Fundos, nos termos deste artigo.

§ 4º O Ministério Público determinará em cada comarca a forma de fiscalização da aplicação, pelo Fundo Municipal dos Direitos da Criança e do Adolescente, dos incentivos fiscais referidos neste artigo.

§ 5º Observado o disposto no § 4º do art. 3º da Lei nº 9.249, de 26 de dezembro de 1995, a dedução de que trata o inciso I do *caput*:

▸ *Caput* do § 5º com a redação dada pela Lei nº 12.594, de 18-1-2012.

I – será considerada isoladamente, não se submetendo a limite em conjunto com outras deduções do imposto; e

II – não poderá ser computada como despesa operacional na apuração do lucro real.

▸ Incisos I e II acrescidos pela Lei nº 12.594, de 18-1-2012.

Art. 260-A. A partir do exercício de 2010, ano-calendário de 2009, a pessoa física poderá optar pela doação de que trata o inciso II do *caput* do art. 260 diretamente em sua Declaração de Ajuste Anual.

§ 1º A doação de que trata o *caput* poderá ser deduzida até os seguintes percentuais aplicados sobre o imposto apurado na declaração:

I e II – VETADOS; Lei nº 12.594, de 18-1-2012.

III – 3% (três por cento) a partir do exercício de 2012.

§ 2º A dedução de que trata o *caput*:

I – está sujeita ao limite de 6% (seis por cento) do imposto sobre a renda apurado na declaração de que trata o inciso II do *caput* do art. 260;

II – não se aplica à pessoa física que:

a) utilizar o desconto simplificado;

b) apresentar declaração em formulário; ou

c) entregar a declaração fora do prazo;

III – só se aplica às doações em espécie; e

IV – não exclui ou reduz outros benefícios ou deduções em vigor.

§ 3º O pagamento da doação deve ser efetuado até a data de vencimento da primeira quota ou quota única do imposto, observadas instruções específicas da Secretaria da Receita Federal do Brasil.

§ 4º O não pagamento da doação no prazo estabelecido no § 3º implica a glosa definitiva desta parcela de dedução, ficando a pessoa física obrigada ao recolhimento da diferença de imposto devido apurado na Declaração de Ajuste Anual com os acréscimos legais previstos na legislação.

§ 5º A pessoa física poderá deduzir do imposto apurado na Declaração de Ajuste Anual as doações feitas, no respectivo ano-calendário, aos fundos controlados pelos Conselhos dos Direitos da Criança e do Adolescente municipais, distrital, estaduais e nacional concomitantemente com a opção de que trata o *caput*, respeitado o limite previsto no inciso II do art. 260.

Art. 260-B. A doação de que trata o inciso I do art. 260 poderá ser deduzida:

I – do imposto devido no trimestre, para as pessoas jurídicas que apuram o imposto trimestralmente; e

II – do imposto devido mensalmente e no ajuste anual, para as pessoas jurídicas que apuram o imposto anualmente.

Parágrafo único. A doação deverá ser efetuada dentro do período a que se refere a apuração do imposto.

Art. 260-C. As doações de que trata o art. 260 desta Lei podem ser efetuadas em espécie ou em bens.

Parágrafo único. As doações efetuadas em espécie devem ser depositadas em conta específica, em instituição financeira pública, vinculadas aos respectivos fundos de que trata o art. 260.

Art. 260-D. Os órgãos responsáveis pela administração das contas dos Fundos dos Direitos da Criança e do Adolescente nacional, estaduais, distrital e municipais devem emitir recibo em favor do doador, assinado por pessoa competente e pelo presidente do Conselho correspondente, especificando:

I – número de ordem;

II – nome, Cadastro Nacional da Pessoa Jurídica (CNPJ) e endereço do emitente;

III – nome, CNPJ ou Cadastro de Pessoas Físicas (CPF) do doador;

IV – data da doação e valor efetivamente recebido; e

V – ano-calendário a que se refere a doação.

§ 1º O comprovante de que trata o *caput* deste artigo pode ser emitido anualmente, desde que discrimine os valores doados mês a mês.

§ 2º No caso de doação em bens, o comprovante deve conter a identificação dos bens, mediante descrição em campo próprio ou em relação anexa ao comprovante, informando também se houve avaliação, o nome, CPF ou CNPJ e endereço dos avaliadores.

Art. 260-E. Na hipótese da doação em bens, o doador deverá:

I – comprovar a propriedade dos bens, mediante documentação hábil;

II – baixar os bens doados na declaração de bens e direitos, quando se tratar de pessoa física, e na escrituração, no caso de pessoa jurídica; e

III – considerar como valor dos bens doados:

a) para as pessoas físicas, o valor constante da última declaração do imposto de renda, desde que não exceda o valor de mercado;

b) para as pessoas jurídicas, o valor contábil dos bens.

Parágrafo único. O preço obtido em caso de leilão não será considerado na determinação do valor dos bens doados, exceto se o leilão for determinado por autoridade judiciária.

Art. 260-F. Os documentos a que se referem os arts. 260-D e 260-E devem ser mantidos pelo contribuinte por um prazo de 5 (cinco) anos para fins de comprovação da dedução perante a Receita Federal do Brasil.

Art. 260-G. Os órgãos responsáveis pela administração das contas dos Fundos dos Direitos da Criança e do Adolescente nacional, estaduais, distrital e municipais devem:

I – manter conta bancária específica destinada exclusivamente a gerir os recursos do Fundo;

II – manter controle das doações recebidas; e

III – informar anualmente à Secretaria da Receita Federal do Brasil as doações recebidas mês a mês, identificando os seguintes dados por doador:

a) nome, CNPJ ou CPF;

b) valor doado, especificando se a doação foi em espécie ou em bens.

Art. 260-H. Em caso de descumprimento das obrigações previstas no art. 260-G, a Secretaria da Receita Federal do Brasil dará conhecimento do fato ao Ministério Público.

Art. 260-I. Os Conselhos dos Direitos da Criança e do Adolescente nacional, estaduais, distrital e municipais divulgarão amplamente à comunidade:

I – o calendário de suas reuniões;

II – as ações prioritárias para aplicação das políticas de atendimento à criança e ao adolescente;

III – os requisitos para a apresentação de projetos a serem beneficiados com recursos dos Fundos dos Direitos da Criança e do Adolescente nacional, estaduais, distrital ou municipais;

IV – a relação dos projetos aprovados em cada ano-calendário e o valor dos recursos previstos para implementação das ações, por projeto;

V – o total dos recursos recebidos e a respectiva destinação, por projeto atendido, inclusive com cadastramento na base de dados do Sistema de Informações sobre a Infância e a Adolescência; e

VI – a avaliação dos resultados dos projetos beneficiados com recursos dos Fundos dos Direitos da Criança e do Adolescente nacional, estaduais, distrital e municipais.

Art. 260-J. O Ministério Público determinará, em cada Comarca, a forma de fiscalização da aplicação dos incentivos fiscais referidos no art. 260 desta Lei.

Parágrafo único. O descumprimento do disposto nos arts. 260-G e 260-I sujeitará os infratores a responder por ação judicial proposta pelo Ministério Público, que poderá atuar de ofício, a requerimento ou representação de qualquer cidadão.

Art. 260-K. A Secretaria de Direitos Humanos da Presidência da República (SDH/PR) encaminhará à Secretaria da Receita Federal do Brasil, até 31 de outubro de cada ano, arquivo eletrônico contendo a relação atualizada dos Fundos dos Direitos da Criança e do Adolescente nacional, distrital, estaduais e municipais, com a indicação dos respectivos números de inscrição no CNPJ e das contas bancárias específicas mantidas em instituições financeiras públicas, destinadas exclusivamente a gerir os recursos dos Fundos.

Art. 260-L. A Secretaria da Receita Federal do Brasil expedirá as instruções necessárias à aplicação do disposto nos arts. 260 a 260-K.

▸ Arts. 260-A a 260-L acrescidos pela Lei nº 12.594, de 18-1-2012.

Art. 261. À falta dos Conselhos Municipais dos Direitos da Criança e do Adolescente, os registros, inscrições e alterações a que se referem os artigos 90, parágrafo único, e 91 desta Lei serão efetuados perante a autoridade judiciária da comarca a que pertencer a entidade.

Parágrafo único. A União fica autorizada a repassar aos Estados e Municípios, e os Estados aos Municípios, os recursos referentes aos programas e atividades previstos nesta Lei, tão logo estejam criados os Conselhos dos Direitos da Criança e do Adolescente nos seus respectivos níveis.

Art. 262. Enquanto não instalados os Conselhos Tutelares, as atribuições a eles conferidas serão exercidas pela autoridade judiciária.

Art. 263. O Decreto-Lei nº 2.848, de 7 de dezembro de 1940, Código Penal, passa a vigorar com as seguintes alterações:

1) Art. 121 ....

§ 4º No homicídio culposo, a pena é aumentada de um terço, se o crime resulta de inobservância de regra técnica de profissão, arte ou ofício, ou se o agente deixa de prestar imediato socorro à vítima, não procura diminuir as consequências do seu ato, ou foge para evitar prisão em flagrante. Sendo doloso o homicídio, a pena é aumentada de um terço, se o crime é praticado contra pessoa menor de catorze anos.

2) Art. 129 ....

§ 7º Aumenta-se a pena de um terço, se ocorrer qualquer das hipóteses do art. 121, § 4º.

§ 8º Aplica-se à lesão culposa o disposto no § 5º do art. 121.

3) Art. 136 ....

§ 3º Aumenta-se a pena de um terço, se o crime é praticado contra pessoa menor de catorze anos.

4) Art. 213 ....

Parágrafo único. Se a ofendida é menor de catorze anos:

Pena – reclusão de quatro a dez anos.

5) Art. 214 ....

Parágrafo único. Se o ofendido é menor de catorze anos:

Pena – reclusão de três a nove anos."

Art. 264. O artigo 102 da Lei nº 6.015, de 31 de dezembro de 1973, fica acrescido do seguinte item:

► Alterações inseridas no texto da referida Lei.

Art. 265. A Imprensa Nacional e demais gráficas da União, da administração direta ou indireta, inclusive fundações instituídas e mantidas pelo Poder Público Federal, promoverão edição popular do texto integral deste Estatuto, que será posto à disposição das escolas e das entidades de atendimento e de defesa dos direitos da criança e do adolescente.

Art. 265-A. O poder público fará periodicamente ampla divulgação dos direitos da criança e do adolescente nos meios de comunicação social.

Parágrafo único. A divulgação a que se refere o *caput* será veiculada em linguagem clara, compreensível e adequada a crianças e adolescentes, especialmente às crianças com idade inferior a 6 (seis) anos.

► Art. 265-A acrescido pela Lei nº 13.257, de 8-3-2016.

Art. 266. Esta Lei entra em vigor noventa dias após sua publicação.

Parágrafo único. Durante o período de vacância deverão ser promovidas atividades e campanhas de divulgação e esclarecimentos acerca do disposto nesta Lei.

Art. 267. Revogam-se as Leis nºs 4.513, de 1964, e 6.697, de 10 de outubro de 1979 (Código de Menores), e as demais disposições em contrário.

Brasília, 13 de julho de 1990;
169º da Independência e
102º da República.

Fernando Collor

LEI Nº 8.112, DE 11 DE DEZEMBRO DE 1990

Dispõe sobre o regime jurídico dos servidores públicos civis da União, das autarquias e das fundações públicas federais.

► Publicada no *DOU* de 12-12-1990.

TÍTULO I

CAPÍTULO ÚNICO

DAS DISPOSIÇÕES PRELIMINARES

Art. 1º Esta Lei institui o Regime Jurídico dos Servidores Públicos Civis da União, das autarquias, inclusive as em regime especial, e das fundações públicas federais.

Art. 2º Para os efeitos desta Lei, servidor é a pessoa legalmente investida em cargo público.

Art. 3º Cargo público é o conjunto de atribuições e responsabilidades previstas na estrutura organizacional que devem ser cometidas a um servidor.

Parágrafo único. Os cargos públicos, acessíveis a todos os brasileiros, são criados por lei, com denominação própria e vencimento pago pelos cofres públicos, para provimento em caráter efetivo ou em comissão.

Art. 4º É proibida a prestação de serviços gratuitos, salvo os casos previstos em lei.

TÍTULO II – DO PROVIMENTO, VACÂNCIA, REMOÇÃO, REDISTRIBUIÇÃO E SUBSTITUIÇÃO

CAPÍTULO I

DO PROVIMENTO

SEÇÃO I

DISPOSIÇÕES GERAIS

Art. 5º São requisitos básicos para investidura em cargo público:

I – a nacionalidade brasileira;

II – o gozo dos direitos políticos;

III – a quitação com as obrigações militares e eleitorais;

IV – o nível de escolaridade exigido para o exercício do cargo;

V – a idade mínima de dezoito anos;

VI – aptidão física e mental.

§ 1º As atribuições do cargo podem justificar a exigência de outros requisitos estabelecidos em lei.

§ 2º Às pessoas portadoras de deficiência é assegurado o direito de se inscreverem em concurso público para provimento de cargo cujas atribuições sejam compatíveis com a deficiência de que são portadoras; para tais pessoas serão reservadas até 20% (vinte por cento) das vagas oferecidas no concurso.

§ 3º As universidades e instituições de pesquisa científica e tecnológica federais poderão prover seus cargos com professores, técnicos e cientistas estrangeiros, de acordo com as normas e os procedimentos desta Lei.

► § 3º acrescido pela Lei nº 9.515, de 20-11-1997.

Art. 6º O provimento dos cargos públicos far-se-á mediante ato da autoridade competente de cada Poder.

Art. 7º A investidura em cargo público ocorrerá com a posse.

Art. 8º São formas de provimento de cargo público:

I – nomeação;

II – promoção;

III e IV – *Revogados*; Lei nº 9.527, de 10-12-1997.

V – readaptação;

VI – reversão;

VII – aproveitamento;

VIII – reintegração;

IX – recondução.

SEÇÃO II

DA NOMEAÇÃO

Art. 9º A nomeação far-se-á:

I – em caráter efetivo, quando se tratar de cargo isolado de provimento efetivo ou de carreira;

II – em comissão, inclusive na condição de interino, para cargos de confiança vagos.

► Inciso II com a redação dada pela Lei nº 9.527, de 10-12-1997.

Parágrafo único. O servidor ocupante de cargo em comissão ou de natureza especial poderá ser nomeado para ter exercício, interinamente, em outro cargo de confiança, sem prejuízo das atribuições do que atualmente ocupa, hipótese em que deverá optar pela remuneração de um deles durante o período da interinidade.

► Parágrafo único com a redação dada pela Lei nº 9.527, de 10-12-1997.

Art. 10. A nomeação para cargo de carreira ou cargo isolado de provimento efetivo depende de prévia habilitação em concurso público de provas ou de provas e títulos, obedecidos a ordem de classificação e o prazo de sua validade.

Parágrafo único. Os demais requisitos para o ingresso e o desenvolvimento do servidor na carreira, mediante promoção, serão estabelecidos pela lei que fixar as diretrizes do sistema de carreira na Administração Pública Federal e seus regulamentos.

► Parágrafo único com a redação dada pela Lei nº 9.527, de 10-12-1997.

Seção III
DO CONCURSO PÚBLICO

Art. 11. O concurso será de provas ou de provas e títulos, podendo ser realizado em duas etapas, conforme dispuserem a lei e o regulamento do respectivo plano de carreira, condicionada a inscrição do candidato ao pagamento do valor fixado no edital, quando indispensável ao seu custeio, e ressalvadas as hipóteses de isenção nele expressamente previstas.

► Artigo com a redação dada pela Lei nº 9.527, de 10-12-1997.

Art. 12. O concurso público terá validade de até 2 (dois) anos, podendo ser prorrogado uma única vez, por igual período.

§ 1º O prazo de validade do concurso e as condições de sua realização serão fixados em edital, que será publicado no *Diário Oficial da União* e em jornal diário de grande circulação.

§ 2º Não se abrirá novo concurso enquanto houver candidato aprovado em concurso anterior com prazo de validade não expirado.

Seção IV
DA POSSE E DO EXERCÍCIO

Art. 13. A posse dar-se-á pela assinatura do respectivo termo, no qual deverão constar as atribuições, os deveres, as responsabilidades e os direitos inerentes ao cargo ocupado, que não poderão ser alterados unilateralmente, por qualquer das partes, ressalvados os atos de ofício previstos em lei.

§ 1º A posse ocorrerá no prazo de trinta dias contados da publicação do ato de provimento.

§ 2º Em se tratando de servidor, que esteja na data de publicação do ato de provimento, em licença prevista nos incisos I, III e V do art. 81, ou afastado nas hipóteses dos incisos I, IV, VI, VIII, alíneas *a*, *b*, *d*, *e* e *f*, IX e X do art. 102, o prazo será contado do término do impedimento.

► §§ 1º e 2º com a redação dada pela Lei nº 9.527, de 10-12-1997.

§ 3º A posse poderá dar-se mediante procuração específica.

§ 4º Só haverá posse nos casos de provimento de cargo por nomeação.

► § 4º com a redação dada pela Lei nº 9.527, de 10-12-1997.

§ 5º No ato da posse, o servidor apresentará declaração de bens e valores que constituem seu patrimônio e declaração quanto ao exercício ou não de outro cargo, emprego ou função pública.

§ 6º Será tornado sem efeito o ato de provimento se a posse não ocorrer no prazo previsto no § 1º deste artigo.

Art. 14. A posse em cargo público dependerá de prévia inspeção médica oficial.

Parágrafo único. Só poderá ser empossado aquele que for julgado apto física e mentalmente para o exercício do cargo.

Art. 15. Exercício é o efetivo desempenho das atribuições do cargo público ou da função de confiança.

► *Caput* com a redação dada pela Lei nº 9.527, de 10-12-1997.

§ 1º É de quinze dias o prazo para o servidor empossado em cargo público entrar em exercício, contados da data da posse.

§ 2º O servidor será exonerado do cargo ou será tornado sem efeito o ato de sua designação para função de confiança, se não entrar em exercício nos prazos previstos neste artigo, observado o disposto no art. 18.

§ 3º À autoridade competente do órgão ou entidade para onde for nomeado ou designado o servidor compete dar-lhe exercício.

► § 3º com a redação dada pela Lei nº 9.527, de 10-12-1997.

§ 4º O início do exercício de função de confiança coincidirá com a data de publicação do ato de designação, salvo quando o servidor estiver em licença ou afastado por qualquer outro motivo legal, hipótese em que recairá no primeiro dia útil após o término do impedimento, que não poderá exceder a trinta dias da publicação.

► § 4º acrescido pela Lei nº 9.527, de 10-12-1997.

Art. 16. O início, a suspensão, a interrupção e o reinício do exercício serão registrados no assentamento individual do servidor.

Parágrafo único. Ao entrar em exercício, o servidor apresentará ao órgão competente os elementos necessários ao seu assentamento individual.

Art. 17. A promoção não interrompe o tempo de exercício, que é contado no novo posicionamento na carreira a partir da data de publicação do ato que promover o servidor.

► Artigo com a redação dada pela Lei nº 9.527, de 10-12-1997.

Art. 18. O servidor que deva ter exercício em outro município em razão de ter sido removido, redistribuído, requisitado, cedido ou posto em exercício provisório terá, no mínimo, 10 (dez) e, no máximo, 30 (trinta) dias de prazo, contados da publicação do ato, para a retomada do efetivo desempenho das atribuições do cargo, incluído nesse prazo o tempo necessário para o deslocamento para a nova sede.

§ 1º Na hipótese de o servidor encontrar-se em licença ou afastado legalmente, o prazo a que se refere este artigo será contado a partir do término do impedimento.

§ 2º É facultado ao servidor declinar dos prazos estabelecidos no *caput*.

Art. 19. Os servidores cumprirão jornada de trabalho fixada em razão das atribuições pertinentes aos respectivos cargos, respeitada a duração máxima do trabalho semanal de 40 (quarenta) horas e observados os limites mínimo e máximo de 6 (seis) horas e oito horas diárias, respectivamente.

► *Caput* com a redação dada pela Lei nº 8.270, de 17-12-1991.

§ 1º O ocupante de cargo em comissão ou função de confiança submete-se a regime de integral dedicação ao serviço, observado o disposto no art. 120, podendo ser convocado sempre que houver interesse da Administração.

► § 1º com a redação dada pela Lei nº 9.527, de 10-12-1997.

§ 2º O disposto neste artigo não se aplica à duração de trabalho estabelecida em leis especiais.

► § 2º acrescido pela Lei nº 8.270, de 17-12-1991.

Art. 20. Ao entrar em exercício, o servidor nomeado para cargo de provimento efetivo ficará sujeito a estágio probatório por período de 24 (vinte e quatro) meses, durante o qual a sua aptidão e capacidade serão objeto de avaliação para o desempenho do cargo, observados os seguintes fatores:

► O período de 2 anos foi alterado para 3 anos pela redação dada ao art. 41 da CF, pela EC nº 19, de 4-6-1998.

I – assiduidade;
II – disciplina;
III – capacidade de iniciativa;
IV – produtividade;
V – responsabilidade.

§ 1º 4 (quatro) meses antes de findo o período do estágio probatório, será submetida à homologação da autoridade competente a avaliação do desempenho do servidor, realizada por comissão constituída para essa finalidade, de acordo com o que dispuser a lei ou o regulamento da respectiva carreira ou cargo, sem prejuízo da continuidade de apuração dos fatores enumerados nos incisos I a V do *caput* deste artigo.

► § 1º com a redação dada pela Lei nº 11.784, de 22-9-2008.

§ 2º O servidor não aprovado no estágio probatório será exonerado ou, se estável, reconduzido ao cargo anteriormente ocupado, observado o disposto no parágrafo único do art. 29.

§ 3º O servidor em estágio probatório poderá exercer quaisquer cargos de provimento em comissão ou funções de direção, chefia ou assessoramento no órgão ou entidade de lotação, e somente poderá ser cedido a outro órgão ou entidade para ocupar cargos de Natureza Especial, cargos de provimento em comissão do Grupo Direção e Assessoramento Superiores – DAS, de níveis 6, 5 e 4, ou equivalentes.

§ 4º Ao servidor em estágio probatório somente poderão ser concedidas as licenças e os afastamentos previstos nos arts. 81, incisos I a IV, 94, 95 e 96, bem assim afastamento para participar de curso de formação decorrente de aprovação em concurso para outro cargo na Administração Pública Federal.

§ 5º O estágio probatório ficará suspenso durante as licenças e os afastamentos previstos nos arts. 83, 84, § 1º, 86 e 96, bem assim na hipótese de participação em curso de formação, e será retomado a partir do término do impedimento.

► §§ 3º a 5º acrescidos pela Lei nº 9.527, de 10-12-1997.

Seção V
DA ESTABILIDADE

Art. 21. O servidor habilitado em concurso público e empossado em cargo de provimento efetivo adquirirá estabilidade no serviço público ao completar 2 (dois) anos de efetivo exercício.

► O período de 2 anos foi alterado para 3 anos pela redação dada ao art. 41 da CF, pela EC nº 19, de 4-6-1998.

Art. 22. O servidor estável só perderá o cargo em virtude de sentença judicial transitada em julgado ou de processo administrativo disciplinar no qual lhe seja assegurada ampla defesa.

Seção VI
DA TRANSFERÊNCIA

Art. 23. *Revogado.* Lei nº 9.527, de 10-12-1997.

Seção VII
DA READAPTAÇÃO

Art. 24. Readaptação é a investidura do servidor em cargo de atribuições e responsabilidades compatíveis com a limitação que tenha sofrido em sua capacidade física ou mental verificada em inspeção médica.

§ 1º Se julgado incapaz para o serviço público, o readaptando será aposentado.

§ 2º A readaptação será efetivada em cargo de atribuições afins, respeitada a habilitação exigida, nível de escolaridade e equivalência de vencimentos e, na hipótese de inexistência de cargo vago, o servidor exercerá suas atribuições como excedente, até a ocorrência de vaga.

► § 2º com a redação dada pela Lei nº 9.527, de 10-12-1997.

Seção VIII
DA REVERSÃO

Art. 25. Reversão é o retorno à atividade de servidor aposentado:

I – por invalidez, quando junta médica oficial declarar insubsistentes os motivos da aposentadoria; ou

II – no interesse da administração, desde que:

a) tenha solicitado a reversão;
b) a aposentadoria tenha sido voluntária;
c) estável quando na atividade;
d) a aposentadoria tenha ocorrido nos 5 (cinco) anos anteriores à solicitação;
e) haja cargo vago.

§ 1º A reversão far-se-á no mesmo cargo ou no cargo resultante de sua transformação.

§ 2º O tempo em que o servidor estiver em exercício será considerado para concessão da aposentadoria.

§ 3º No caso do inciso I, encontrando-se provido o cargo, o servidor exercerá suas atribuições como excedente, até a ocorrência de vaga.

§ 4º O servidor que retornar à atividade por interesse da administração perceberá, em substituição aos proventos da aposentadoria, a remuneração do cargo que voltar a exercer, inclusive com as vantagens de natureza pessoal que percebia anteriormente à aposentadoria.

§ 5º O servidor de que trata o inciso II somente terá os proventos calculados com base nas regras atuais se permanecer pelo menos 5 (cinco) anos no cargo.

§ 6º O Poder Executivo regulamentará o disposto neste artigo.

Art. 26. *Revogado.* MP nº 2.225-45, de 4-9-2001.

Art. 27. Não poderá reverter o aposentado que já tiver completado 70 (setenta) anos de idade.

Seção IX
DA REINTEGRAÇÃO

Art. 28. A reintegração é a reinvestidura do servidor estável no cargo anteriormente ocupado, ou no cargo resultante de sua transformação, quando invalidada a sua demissão por decisão administrativa ou judicial, com ressarcimento de todas as vantagens.

§ 1º Na hipótese de o cargo ter sido extinto, o servidor ficará em disponibilidade, observado o disposto nos arts. 30 e 31.

§ 2º Encontrando-se provido o cargo, o seu eventual ocupante será reconduzido ao cargo de origem, sem direito à indenização ou aproveitado em outro cargo, ou, ainda, posto em disponibilidade.

Seção X
DA RECONDUÇÃO

Art. 29. Recondução é o retorno do servidor estável ao cargo anteriormente ocupado e decorrerá de:

I – inabilitação em estágio probatório relativo a outro cargo;
II – reintegração do anterior ocupante.

Parágrafo único. Encontrando-se provido o cargo de origem, o servidor será aproveitado em outro, observado o disposto no art. 30.

Seção XI
DA DISPONIBILIDADE E DO APROVEITAMENTO

Art. 30. O retorno à atividade de servidor em disponibilidade far-se-á mediante aproveitamento obrigatório em cargo de atribuições e vencimentos compatíveis com o anteriormente ocupado.

Art. 31. O órgão central do Sistema de Pessoal Civil determinará o imediato aproveitamento de servidor em disponibilidade em vaga que vier a ocorrer nos órgãos ou entidades da Administração Pública Federal.

Parágrafo único. Na hipótese prevista no § 3º do art. 37, o servidor posto em disponibilidade poderá ser mantido sob responsabilidade do órgão central do Sistema de Pessoal Civil da Administração Federal – SIPEC, até o seu adequado aproveitamento em outro órgão ou entidade.

► Parágrafo único acrescido pela Lei nº 9.527, de 10-12-1997.

Art. 32. Será tornado sem efeito o aproveitamento e cassada a disponibilidade se o servidor não entrar em exercício no prazo legal, salvo doença comprovada por junta médica oficial.

CAPÍTULO II
DA VACÂNCIA

Art. 33. A vacância do cargo público decorrerá de:

I – exoneração;
II – demissão;
III – promoção;
IV e V – *Revogados;* Lei nº 9.527, de 10-12-1997.
VI – readaptação;
VII – aposentadoria;
VIII – posse em outro cargo inacumulável;
IX – falecimento.

Art. 34. A exoneração de cargo efetivo dar-se-á a pedido do servidor, ou de ofício.

Parágrafo único. A exoneração de ofício dar-se-á:

I – quando não satisfeitas as condições do estágio probatório;
II – quando, tendo tomado posse, o servidor não entrar em exercício no prazo estabelecido.

Art. 35. A exoneração de cargo em comissão e a dispensa de função de confiança dar-se-á:

► *Caput* com a redação dada pela Lei nº 9.527, de 10-12-1997.

I – a juízo da autoridade competente;
II – a pedido do próprio servidor.

Parágrafo único. *Revogado.* Lei nº 9.527, de 10-12-1997.

CAPÍTULO III
DA REMOÇÃO E DA REDISTRIBUIÇÃO

Seção I
DA REMOÇÃO

Art. 36. Remoção é o deslocamento do servidor, a pedido ou de ofício, no âmbito do mesmo quadro, com ou sem mudança de sede.

Parágrafo único. Para fins do disposto neste artigo, entende-se por modalidades de remoção:

I – de ofício, no interesse da Administração;
II – a pedido, a critério da Administração;
III – a pedido, para outra localidade, independentemente do interesse da Administração:

a) para acompanhar cônjuge ou companheiro, também servidor público civil ou militar, de qualquer dos Poderes da União, dos Estados, do Distrito Federal e dos Municípios, que foi deslocado no interesse da Administração;

b) por motivo de saúde do servidor, cônjuge, companheiro ou dependente que viva às suas expensas e conste do seu assentamento funcional, condicionada à comprovação por junta médica oficial;

c) em virtude de processo seletivo promovido, na hipótese em que o número de interessados for superior ao número de vagas, de acordo com normas preestabelecidas pelo órgão ou entidade em que aqueles estejam lotados.

► Parágrafo único com a redação dada pela Lei nº 9.527, de 10-12-1997.

Seção II
DA REDISTRIBUIÇÃO

Art. 37. Redistribuição é o deslocamento de cargo de provimento efetivo, ocupado ou vago no âmbito do quadro geral de pessoal, para outro órgão ou entidade do mesmo Poder, com prévia apreciação do órgão central do SIPEC, observados os seguintes preceitos:

I – interesse da administração;
II – equivalência de vencimentos;
III – manutenção da essência das atribuições do cargo;
IV – vinculação entre os graus de responsabilidade e complexidade das atividades;
V – mesmo nível de escolaridade, especialidade ou habilitação profissional;
VI – compatibilidade entre as atribuições do cargo e as finalidades institucionais do órgão ou entidade.

§ 1º A redistribuição ocorrerá *ex officio* para ajustamento de lotação e da força de trabalho às necessidades dos serviços, inclusive nos casos de reorganização, extinção ou criação de órgão ou entidade.

§ 2º A redistribuição de cargos efetivos vagos se dará mediante ato conjunto entre o órgão central do SIPEC e os órgãos e entidades da Administração Pública Federal envolvidos.

§ 3º Nos casos de reorganização ou extinção de órgão ou entidade, extinto o cargo ou declarada sua desnecessidade no órgão ou entidade, o servidor estável que não for redistribuído será colocado em disponibilidade, até seu aproveitamento na forma dos arts. 30 e 31.

§ 4º O servidor que não for redistribuído ou colocado em disponibilidade poderá ser mantido sob responsabilidade do órgão central do SIPEC, e ter exercício provisório, em outro órgão ou entidade, até seu adequado aproveitamento.

CAPÍTULO IV
DA SUBSTITUIÇÃO

Art. 38. Os servidores investidos em cargo ou função de direção ou chefia e os ocupantes de cargo de Natureza Especial terão substitutos indicados no regimento interno ou, no caso de omissão, previamente designados pelo dirigente máximo do órgão ou entidade.

§ 1º O substituto assumirá automática e cumulativamente, sem prejuízo do cargo que ocupa, o exercício do cargo ou função de direção ou chefia e os de Natureza Especial, nos afastamentos, impedimentos legais ou regulamentares do titular e na vacância do cargo, hipóteses em que deverá optar pela remuneração de um deles durante o respectivo período.

§ 2º O substituto fará jus à retribuição pelo exercício do cargo ou função de direção ou chefia ou de cargo de Natureza

Especial, nos casos dos afastamentos ou impedimentos legais do titular, superiores a trinta dias consecutivos, paga na proporção dos dias de efetiva substituição, que excederem o referido período.

Art. 39. O disposto no artigo anterior aplica-se aos titulares de unidades administrativas organizadas em nível de assessoria.

TÍTULO III – DOS DIREITOS E VANTAGENS

CAPÍTULO I

DO VENCIMENTO E DA REMUNERAÇÃO

Art. 40. Vencimento é a retribuição pecuniária pelo exercício de cargo público, com valor fixado em lei.

Parágrafo único. *Revogado.* Lei nº 11.784, de 22-9-2008.

Art. 41. Remuneração é o vencimento do cargo efetivo, acrescido das vantagens pecuniárias permanentes estabelecidas em lei.

§ 1º A remuneração do servidor investido em função ou cargo em comissão será paga na forma prevista no art. 62.

§ 2º O servidor investido em cargo em comissão de órgão ou entidade diversa da de sua lotação receberá a remuneração de acordo com o estabelecido no § 1º do art. 93.

§ 3º O vencimento do cargo efetivo, acrescido das vantagens de caráter permanente, é irredutível.

§ 4º É assegurada a isonomia de vencimentos para cargos de atribuições iguais ou assemelhadas do mesmo Poder, ou entre servidores dos três Poderes, ressalvadas as vantagens de caráter individual e as relativas à natureza ou ao local de trabalho.

§ 5º Nenhum servidor receberá remuneração inferior ao salário mínimo.

► § 5º com a redação dada pela Lei nº 11.784, de 22-9-2008.

Art. 42. Nenhum servidor poderá perceber, mensalmente, a título de remuneração, importância superior à soma dos valores percebidos como remuneração, em espécie, a qualquer título, no âmbito dos respectivos Poderes, pelos Ministros de Estado, por membros do Congresso Nacional e Ministros do Supremo Tribunal Federal.

Parágrafo único. Excluem-se do teto de remuneração as vantagens previstas nos incisos II a VII do art. 61.

Art. 43. *Revogado.* Lei nº 9.624, de 2-4-1998.

Art. 44. O servidor perderá:

I – a remuneração do dia em que faltar ao serviço, sem motivo justificado;

II – a parcela de remuneração diária, proporcional aos atrasos, ausências justificadas, ressalvadas as concessões de que trata o art. 97, e saídas antecipadas, salvo na hipótese de compensação de horário, até o mês subsequente ao da ocorrência, a ser estabelecida pela chefia imediata.

► Incisos I e II com a redação dada pela Lei nº 9.527, de 10-12-1997.

Parágrafo único. As faltas justificadas decorrentes de caso fortuito ou de força maior poderão ser compensadas a critério da chefia imediata, sendo assim consideradas como efetivo exercício.

► Parágrafo único acrescido pela Lei nº 9.527, de 10-12-1997.

Art. 45. Salvo por imposição legal, ou mandado judicial, nenhum desconto incidirá sobre a remuneração ou provento.

§ 1º Mediante autorização do servidor, poderá haver consignação em folha de pagamento em favor de terceiros, a critério da administração e com reposição de custos, na forma definida em regulamento.

► Parágrafo único renumerado para § 1º pela Lei nº 13.172, de 21-10-2015.

§ 2º O total de consignações facultativas de que trata o § 1º não excederá a 35% (trinta e cinco por cento) da remuneração mensal, sendo 5% (cinco por cento) reservados exclusivamente para:

I – a amortização de despesas contraídas por meio de cartão de crédito; ou

II – a utilização com a finalidade de saque por meio do cartão de crédito.

► § 2º com a redação dada pela Lei nº 13.172, de 21-10-2015.

Art. 46. As reposições e indenizações ao erário, atualizadas até 30 de junho de 1994, serão previamente comunicadas ao servidor ativo, aposentado ou ao pensionista, para pagamento, no prazo máximo de trinta dias, podendo ser parceladas, a pedido do interessado.

§ 1º O valor de cada parcela não poderá ser inferior ao correspondente a dez por cento da remuneração, provento ou pensão.

§ 2º Quando o pagamento indevido houver ocorrido no mês anterior ao do processamento da folha, a reposição será feita imediatamente, em uma única parcela.

§ 3º Na hipótese de valores recebidos em decorrência de cumprimento a decisão liminar, a tutela antecipada ou a sentença que venha a ser revogada ou rescindida, serão eles atualizados até a data da reposição.

Art. 47. O servidor em débito com o erário, que for demitido, exonerado ou que tiver sua aposentadoria ou disponibilidade cassada, terá o prazo de sessenta dias para quitar o débito.

Parágrafo único. A não quitação do débito no prazo previsto implicará sua inscrição em dívida ativa.

► Arts. 46 e 47 com a redação dada pela MP nº 2.225-45, de 4-9-2001, que até o encerramento desta edição não havia sido convertida em Lei.

Art. 48. O vencimento, a remuneração e o provento não serão objeto de arresto, sequestro ou penhora, exceto nos casos de prestação de alimentos resultantes de decisão judicial.

CAPÍTULO II

DAS VANTAGENS

Art. 49. Além do vencimento, poderão ser pagas ao servidor as seguintes vantagens:

I – indenizações;

II – gratificações;

III – adicionais.

§ 1º As indenizações não se incorporam ao vencimento ou provento para qualquer efeito.

§ 2º As gratificações e os adicionais incorporam-se ao vencimento ou provento, nos casos e condições indicados em lei.

Art. 50. As vantagens pecuniárias não serão computadas, nem acumuladas, para efeito de concessão de quaisquer outros acréscimos pecuniários ulteriores, sob o mesmo título ou idêntico fundamento.

SEÇÃO I

DAS INDENIZAÇÕES

Art. 51. Constituem indenizações ao servidor:

I – ajuda de custo;

II – diárias;

III – transporte;

► Inciso III com a redação dada pela Lei nº 11.355, de 19-10-2006.

IV – auxílio-moradia.

► Inciso IV acrescido pela Lei nº 11.355, de 19-10-2006.

Art. 52. Os valores das indenizações estabelecidas nos incisos I a III do art. 51 desta Lei, assim como as condições para a sua concessão, serão estabelecidos em regulamento.

► Artigo com a redação dada pela Lei nº 11.355, de 19-10-2006.

Subseção I
DA AJUDA DE CUSTO

Art. 53. A ajuda de custo destina-se a compensar as despesas de instalação do servidor que, no interesse do serviço, passar a ter exercício em nova sede, com mudança de domicílio em caráter permanente, vedado o duplo pagamento de indenização, a qualquer tempo, no caso de o cônjuge ou companheiro que detenha também a condição de servidor, vier a ter exercício na mesma sede.

► *Caput* com a redação dada pela Lei nº 9.527, de 10-12-1997.

§ 1º Correm por conta de administração as despesas de transporte do servidor e de sua família, compreendendo passagem, bagagem e bens pessoais.

§ 2º À família do servidor que falecer na nova sede são assegurados ajuda de custo e transporte para a localidade de origem, dentro do prazo de 1 (um) ano, contado do óbito.

§ 3º Não será concedida ajuda de custo nas hipóteses de remoção previstas nos incisos II e III do parágrafo único do art. 36.

► § 3º com a redação dada pela Lei nº 12.998, de 18-6-2014.

Art. 54. A ajuda de custo é calculada sobre a remuneração do servidor, conforme se dispuser em regulamento, não podendo exceder a importância correspondente a 3 (três) meses.

Art. 55. Não será concedida ajuda de custo ao servidor que se afastar do cargo, ou reassumi-lo, em virtude de mandato eletivo.

Art. 56. Será concedida ajuda de custo àquele que, não sendo servidor da União, for nomeado para cargo em comissão, com mudança de domicílio.

Parágrafo único. No afastamento previsto no inciso I do art. 93, a ajuda de custo será paga pelo órgão cessionário, quando cabível.

Art. 57. O servidor ficará obrigado a restituir a ajuda de custo quando, injustificadamente, não se apresentar na nova sede no prazo de 30 (trinta) dias.

Subseção II
DAS DIÁRIAS

Art. 58. O servidor que, a serviço, afastar-se da sede em caráter eventual ou transitório para outro ponto do território nacional ou para o exterior, fará jus a passagens e diárias destinadas a indenizar as parcelas de despesas extraordinárias com pousada, alimentação e locomoção urbana, conforme dispuser em regulamento.

► *Caput* com a redação dada pela Lei nº 9.527, de 10-12-1997.

§ 1º A diária será concedida por dia de afastamento, sendo devida pela metade quando o deslocamento não exigir pernoite fora da sede, ou quando a União custear, por meio diverso, as despesas extraordinárias cobertas por diárias.

► § 1º com a redação dada pela Lei nº 9.527, de 10-12-1997.

§ 2º Nos casos em que o deslocamento da sede constituir exigência permanente do cargo, o servidor não fará jus a diárias.

§ 3º Também não fará jus a diárias o servidor que se deslocar dentro da mesma região metropolitana, aglomeração urbana ou microrregião, constituídas por municípios limítrofes e regularmente instituídas, ou em áreas de controle integrado mantidas com países limítrofes, cuja jurisdição e competência dos órgãos, entidades e servidores brasileiros considera-se estendida, salvo se houver pernoite fora da sede, hipóteses em que as diárias pagas serão sempre as fixadas para os afastamentos dentro do território nacional.

► § 3º acrescido pela Lei nº 9.527, de 10-12-1997.

Art. 59. O servidor que receber diárias e não se afastar da sede, por qualquer motivo, fica obrigado a restituí-las integralmente, no prazo de 5 (cinco) dias.

Parágrafo único. Na hipótese de o servidor retornar à sede em prazo menor do que o previsto para o seu afastamento, restituirá as diárias recebidas em excesso, no prazo previsto no *caput*.

Subseção III
DA INDENIZAÇÃO DE TRANSPORTE

Art. 60. Conceder-se-á indenização de transporte ao servidor que realizar despesas com a utilização de meio próprio de locomoção para a execução de serviços externos, por força das atribuições próprias do cargo, conforme se dispuser em regulamento.

Subseção IV
DO AUXÍLIO-MORADIA

► Subseção acrescida pela Lei nº 11.355, de 19-10-2006.

Art. 60-A. O auxílio-moradia consiste no ressarcimento das despesas comprovadamente realizadas pelo servidor com aluguel de moradia ou com meio de hospedagem administrado por empresa hoteleira, no prazo de um mês após a comprovação da despesa pelo servidor.

► Artigo acrescido pela Lei nº 11.355, de 19-10-2006.

Art. 60-B. Conceder-se-á auxílio-moradia ao servidor se atendidos os seguintes requisitos:

► *Caput* acrescido pela Lei nº 11.355, de 19-10-2006.

I – não exista imóvel funcional disponível para uso pelo servidor;

II – o cônjuge ou companheiro do servidor não ocupe imóvel funcional;

III – o servidor ou seu cônjuge ou companheiro não seja ou tenha sido proprietário, promitente comprador, cessionário ou promitente cessionário de imóvel no Município aonde for exercer o cargo, incluída a hipótese de lote edificado sem averbação de construção, nos 12 (doze) meses que antecederem a sua nomeação;

IV – nenhuma outra pessoa que resida com o servidor receba auxílio-moradia;

V – o servidor tenha se mudado do local de residência para ocupar cargo em comissão ou função de confiança do Grupo Direção e Assessoramento Superiores – DAS, níveis 4, 5 e 6, de Natureza Especial, de Ministro de Estado ou equivalentes;

VI – o Município no qual assuma o cargo em comissão ou função de confiança não se enquadre nas hipóteses previstas no § 3º do art. 58 desta Lei, em relação ao local de residência ou domicílio do servidor;

VII – o servidor não tenha sido domiciliado ou tenha residido no Município, nos últimos 12 (doze) meses, aonde for exercer o cargo em comissão ou função de confiança, desconsiderando-se prazo inferior a 60 (sessenta) dias dentro desse período; e

VIII – o deslocamento não tenha sido por força de alteração de lotação ou nomeação para cargo efetivo;

► Incisos I a VIII acrescidos pela Lei nº 11.355, de 19-10-2006.

IX – o deslocamento tenha ocorrido após 30 de junho de 2006.

► Inciso IX acrescido pela Lei nº 11.490, de 20-6-2007.

Parágrafo único. Para fins do disposto no inciso VII do *caput* deste artigo, não será considerado o prazo no qual o servidor estava ocupando outro cargo em comissão relacionado no inciso V do *caput* deste artigo.

► Parágrafo único acrescido pela Lei nº 11.355, de 19-10-2006.

Art. 60-C. *Revogado.* Lei nº 12.998, de 18-6-2014.

Art. 60-D. O valor mensal do auxílio-moradia é limitado a 25% (vinte e cinco por cento) do valor do cargo em comissão, função comissionada ou cargo de Ministro de Estado ocupado.

§ 1º O valor do auxílio-moradia não poderá superar 25% (vinte e cinco por cento) da remuneração de Ministro de Estado.

§ 2º Independentemente do valor do cargo em comissão ou função comissionada, fica garantido a todos os que preencherem os requisitos o ressarcimento até o valor de R$ 1.800,00 (mil e oitocentos reais).

Art. 60-E. No caso de falecimento, exoneração, colocação de imóvel funcional à disposição do servidor ou aquisição de imóvel, o auxílio-moradia continuará sendo pago por um mês.

► Artigo acrescido pela Lei nº 11.355, de 19-10-2006.

Seção II
DAS GRATIFICAÇÕES E ADICIONAIS

Art. 61. Além do vencimento e das vantagens previstas nesta Lei, serão deferidos aos servidores as seguintes retribuições, gratificações e adicionais:

► *Caput* com a redação dada pela Lei nº 9.527, de 10-12-1997.

I – retribuição pelo exercício de função de direção, chefia e assessoramento;

► Inciso I com a redação dada pela Lei nº 9.527, de 10-12-1997.

II – gratificação natalina;
III – *Revogado*; MP nº 2.225-45, de 4-9-2001.
IV – adicional pelo exercício de atividades insalubres, perigosas ou penosas;
V – adicional pela prestação de serviço extraordinário;
VI – adicional noturno;
VII – adicional de férias;
VIII – outros, relativos ao local ou à natureza do trabalho;
IX – gratificação por encargo de curso ou concurso.

► Inciso IX acrescido pela Lei nº 11.314, de 3-7-2006.

Subseção I
DA RETRIBUIÇÃO PELO EXERCÍCIO DE FUNÇÃO DE DIREÇÃO, CHEFIA E ASSESSORAMENTO

► Denominação da Subseção dada pela Lei nº 9.527, de 10-12-1997.

Art. 62. Ao servidor ocupante de cargo efetivo investido em função de direção, chefia ou assessoramento, cargo de provimento em comissão ou de Natureza Especial é devida retribuição pelo seu exercício.

Parágrafo único. Lei específica estabelecerá a remuneração dos cargos em comissão de que trata o inciso II do art. 9º.

Art. 62-A. Fica transformada em Vantagem Pessoal Nominalmente Identificada – VPNI a incorporação da retribuição pelo exercício de função de direção, chefia ou assessoramento, cargo de provimento em comissão ou de Natureza Especial a que se referem os arts. 3º e 10 da Lei nº 8.911, de 11 de julho de 1994, e o art. 3º da Lei nº 9.624, de 2 de abril de 1998.

Parágrafo único. A VPNI de que trata o *caput* deste artigo somente estará sujeita às revisões gerais de remuneração dos servidores públicos federais.

Subseção II
DA GRATIFICAÇÃO NATALINA

Art. 63. A gratificação natalina corresponde a 1/12 (um doze avos) da remuneração a que o servidor fizer jus no mês de dezembro, por mês de exercício no respectivo ano.

Parágrafo único. A fração igual ou superior a 15 (quinze) dias será considerada como mês integral.

Art. 64. A gratificação será paga até o dia 20 (vinte) do mês de dezembro de cada ano.

Parágrafo único. VETADO.

Art. 65. O servidor exonerado perceberá sua gratificação natalina, proporcionalmente aos meses de exercício, calculada sobre a remuneração do mês da exoneração.

Art. 66. A gratificação natalina não será considerada para cálculo de qualquer vantagem pecuniária.

Subseção III
DO ADICIONAL POR TEMPO DE SERVIÇO

Art. 67. *Revogado.* MP nº 2.225-45, de 4-9-2001.

Subseção IV
DOS ADICIONAIS DE INSALUBRIDADE, PERICULOSIDADE OU ATIVIDADES PENOSAS

Art. 68. Os servidores que trabalhem com habitualidade em locais insalubres ou em contato permanente com substâncias tóxicas, radioativas ou com risco de vida, fazem jus a um adicional sobre o vencimento do cargo efetivo.

► A MP nº 568, de 11-4-2012, havia acrescido os incisos I a IV a este artigo, porém a Lei nº 12.702, de 7-8-2012, não convalidou essa alteração.

§ 1º O servidor que fizer jus aos adicionais de insalubridade e de periculosidade deverá optar por um deles.

§ 2º O direito ao adicional de insalubridade ou periculosidade cessa com a eliminação das condições ou dos riscos que deram causa à sua concessão.

Art. 69. Haverá permanente controle da atividade de servidores em operações ou locais considerados penosos, insalubres ou perigosos.

Parágrafo único. A servidora gestante ou lactante será afastada, enquanto durar a gestação e a lactação, das operações e locais previstos neste artigo, exercendo suas atividades em local salubre e em serviço não penoso e não perigoso.

Art. 70. Na concessão dos adicionais de atividades penosas, de insalubridade e de periculosidade, serão observadas as situações estabelecidas em legislação específica.

Art. 71. O adicional de atividade penosa será devido aos servidores em exercício em zonas de fronteira ou em localidades cujas condições de vida o justifiquem, nos termos, condições e limites fixados em regulamento.

Art. 72. Os locais de trabalho e os servidores que operam com Raios X ou substâncias radioativas serão mantidos sob controle permanente, de modo que as doses de radiação ionizante não ultrapassem o nível máximo previsto na legislação própria.

Parágrafo único. Os servidores a que se refere este artigo serão submetidos a exames médicos a cada 6 (seis) meses.

SUBSEÇÃO V

DO ADICIONAL POR SERVIÇO EXTRAORDINÁRIO

Art. 73. O serviço extraordinário será remunerado com acréscimo de 50% (cinquenta por cento) em relação à hora normal de trabalho.

Art. 74. Somente será permitido serviço extraordinário para atender a situações excepcionais e temporárias, respeitado o limite máximo de 2 (duas) horas por jornada.

SUBSEÇÃO VI

DO ADICIONAL NOTURNO

Art. 75. O serviço noturno, prestado em horário compreendido entre 22 (vinte e duas) horas de um dia e 5 (cinco) horas do dia seguinte, terá o valor hora acrescido de 25% (vinte e cinco por cento), computando-se cada hora como cinquenta e dois minutos e trinta segundos.

Parágrafo único. Em se tratando de serviço extraordinário, o acréscimo de que trata este artigo incidirá sobre a remuneração prevista no art. 73.

SUBSEÇÃO VII

DO ADICIONAL DE FÉRIAS

Art. 76. Independentemente de solicitação, será pago ao servidor, por ocasião das férias, um adicional correspondente a 1/3 (um terço) da remuneração do período das férias.

Parágrafo único. No caso de o servidor exercer função de direção, chefia ou assessoramento, ou ocupar cargo em comissão, a respectiva vantagem será considerada no cálculo do adicional de que trata este artigo.

SUBSEÇÃO VIII

DA GRATIFICAÇÃO POR ENCARGO
DE CURSO OU CONCURSO

► Subseção acrescida pela Lei nº 11.314, de 3-7-2006.

Art. 76-A. A Gratificação por Encargo de Curso ou Concurso é devida ao servidor que, em caráter eventual:

I – atuar como instrutor em curso de formação, de desenvolvimento ou de treinamento regularmente instituído no âmbito da administração pública federal;

II – participar de banca examinadora ou de comissão para exames orais, para análise curricular, para correção de provas discursivas, para elaboração de questões de provas ou para julgamento de recursos intentados por candidatos;

III – participar da logística de preparação e de realização de concurso público envolvendo atividades de planejamento, coordenação, supervisão, execução e avaliação de resultado, quando tais atividades não estiverem incluídas entre as suas atribuições permanentes;

IV – participar da aplicação, fiscalizar ou avaliar provas de exame vestibular ou de concurso público ou supervisionar essas atividades.

§ 1º Os critérios de concessão e os limites da gratificação de que trata este artigo serão fixados em regulamento, observados os seguintes parâmetros:

I – o valor da gratificação será calculado em horas, observadas a natureza e a complexidade da atividade exercida;

II – a retribuição não poderá ser superior ao equivalente a 120 (cento e vinte) horas de trabalho anuais, ressalvada situação de excepcionalidade, devidamente justificada e previamente aprovada pela autoridade máxima do órgão ou entidade, que poderá autorizar o acréscimo de até 120 (cento e vinte) horas de trabalho anuais;

III – o valor máximo da hora trabalhada corresponderá aos seguintes percentuais, incidentes sobre o maior vencimento básico da administração pública federal:

a) 2,2% (dois inteiros e dois décimos por cento), em se tratando de atividades previstas nos incisos I e II do *caput* deste artigo;

b) 1,2% (um inteiro e dois décimos por cento), em se tratando de atividade prevista nos incisos III e IV do *caput* deste artigo.

► Alíneas *a* e *b* com a redação dada pela Lei nº 11.501, de 11-7-2007.

§ 2º A Gratificação por Encargo de Curso ou Concurso somente será paga se as atividades referidas nos incisos do *caput* deste artigo forem exercidas sem prejuízo das atribuições do cargo de que o servidor for titular, devendo ser objeto de compensação de carga horária quando desempenhadas durante a jornada de trabalho, na forma do § 4º do art. 98 desta Lei.

§ 3º A Gratificação por Encargo de Curso ou Concurso não se incorpora ao vencimento ou salário do servidor para qualquer efeito e não poderá ser utilizada como base de cálculo para quaisquer outras vantagens, inclusive para fins de cálculo dos proventos da aposentadoria e das pensões.

CAPÍTULO III

DAS FÉRIAS

Art. 77. O servidor fará jus a 30 (trinta) dias de férias, que podem ser acumuladas, até o máximo de 2 (dois) períodos, no caso de necessidade do serviço, ressalvadas as hipóteses em que haja legislação específica.

► *Caput* com a redação dada pela Lei nº 9.525, de 3-12-1997.

§ 1º Para o primeiro período aquisitivo de férias serão exigidos 12 (doze) meses de exercício.

§ 2º É vedado levar à conta de férias qualquer falta ao serviço.

§ 3º As férias poderão ser parceladas em até três etapas, desde que assim requeridas pelo servidor, e no interesse da administração pública.

► § 3º acrescido pela Lei nº 9.525, de 3-12-1997.

Art. 78. O pagamento da remuneração das férias será efetuado até 2 (dois) dias antes do início do respectivo período, observando-se o disposto no § 1º deste artigo.

§§ 1º e 2º *Revogados.* Lei nº 9.527, de 10-12-1997.

§ 3º O servidor exonerado do cargo efetivo, ou em comissão, perceberá indenização relativa ao período das férias a que tiver direito e ao incompleto, na proporção de 1/12 (um doze) avos por mês de efetivo exercício, ou fração superior a quatorze dias.

§ 4º A indenização será calculada com base na remuneração do mês em que for publicado o ato exoneratório.

► §§ 3º e 4º acrescidos pela Lei nº 8.216, de 13-8-1991.

§ 5º Em caso de parcelamento, o servidor receberá o valor adicional previsto no inciso XVII do art. 7º da Constituição Federal quando da utilização do primeiro período.

► § 5º acrescido pela Lei nº 9.525, de 3-12-1997.

Art. 79. O servidor que opera direta e permanentemente com Raios X ou substâncias radioativas gozará 20 (vinte) dias consecutivos de férias, por semestre de atividade profissional, proibida em qualquer hipótese a acumulação.

Parágrafo único. *Revogado.* Lei nº 9.527, de 10-12-1997.

Art. 80. As férias somente poderão ser interrompidas por motivo de calamidade pública, comoção interna, convocação para júri, serviço militar ou eleitoral, ou por necessidade do serviço declarada pela autoridade máxima do órgão ou entidade.

Parágrafo único. O restante do período interrompido será gozado de uma só vez, observado o disposto no art. 77.

CAPÍTULO IV
DAS LICENÇAS

Seção I
DISPOSIÇÕES GERAIS

Art. 81. Conceder-se-á ao servidor licença:

I – por motivo de doença em pessoa da família;

II – por motivo de afastamento do cônjuge ou companheiro;

III – para o serviço militar;

IV – para atividade política;

V – para capacitação;

► Inciso V com a redação dada pela Lei nº 9.527, de 10-12-1997.

VI – para tratar de interesses particulares;

VII – para desempenho de mandato classista.

§ 1º A licença prevista no inciso I do *caput* deste artigo bem como cada uma de suas prorrogações serão precedidas de exame por perícia médica oficial, observado o disposto no art. 204 desta Lei.

► § 1º com a redação dada pela Lei nº 11.907, de 2-2-2009.

§ 2º *Revogado*. Lei nº 9.527, de 10-12-1997.

§ 3º É vedado o exercício de atividade remunerada durante o período de licença prevista no inciso I deste artigo.

Art. 82. A licença concedida dentro de 60 (sessenta) dias do término de outra da mesma espécie será considerada como prorrogação.

Seção II
DA LICENÇA POR MOTIVO DE DOENÇA EM PESSOA DA FAMÍLIA

Art. 83. Poderá ser concedida licença ao servidor por motivo de doença do cônjuge ou companheiro, dos pais, dos filhos, do padrasto ou madrasta e enteado, ou dependente que viva a suas expensas e conste do seu assentamento funcional, mediante comprovação por perícia médica oficial.

► *Caput* com a redação dada pela Lei nº 11.907, de 2-2-2009.

§ 1º A licença somente será deferida se a assistência direta do servidor for indispensável e não puder ser prestada simultaneamente com o exercício do cargo ou mediante compensação de horário, na forma do disposto no inciso II do art. 44.

► § 1º com a redação dada pela Lei nº 9.527, de 10-12-1997.

§ 2º A licença de que trata o *caput*, incluídas as prorrogações, poderá ser concedida a cada período de doze meses nas seguintes condições:

I – por até 60 (sessenta) dias, consecutivos ou não, mantida a remuneração do servidor; e

II – por até 90 (noventa) dias, consecutivos ou não, sem remuneração.

§ 3º O início do interstício de 12 (doze) meses será contado a partir da data do deferimento da primeira licença concedida.

§ 4º A soma das licenças remuneradas e das licenças não remuneradas, incluídas as respectivas prorrogações, concedidas em um mesmo período de 12 (doze) meses, observado o disposto no § 3º, não poderá ultrapassar os limites estabelecidos nos incisos I e II do § 2º.

► §§ 2º a 4º com a redação dada pela Lei nº 12.269, de 21-6-2010.

Seção III
DA LICENÇA POR MOTIVO DE AFASTAMENTO DO CÔNJUGE

Art. 84. Poderá ser concedida licença ao servidor para acompanhar cônjuge ou companheiro que foi deslocado para outro ponto do território nacional, para o exterior ou para o exercício de mandato eletivo dos Poderes Executivo e Legislativo.

§ 1º A licença será por prazo indeterminado e sem remuneração.

§ 2º No deslocamento de servidor cujo cônjuge ou companheiro também seja servidor público, civil ou militar, de qualquer dos Poderes da União, dos Estados, do Distrito Federal e dos Municípios, poderá haver exercício provisório em órgão ou entidade da Administração Federal direta, autárquica ou fundacional, desde que para o exercício de atividade compatível com o seu cargo.

► § 2º com a redação dada pela Lei nº 9.527, de 10-12-1997.

Seção IV
DA LICENÇA PARA O SERVIÇO MILITAR

Art. 85. Ao servidor convocado para o serviço militar será concedida licença, na forma e condições previstas na legislação específica.

Parágrafo único. Concluído o serviço militar, o servidor terá até 30 (trinta) dias sem remuneração para reassumir o exercício do cargo.

Seção V
DA LICENÇA PARA ATIVIDADE POLÍTICA

Art. 86. O servidor terá direito a licença, sem remuneração, durante o período que mediar entre a sua escolha em convenção partidária, como candidato a cargo eletivo, e a véspera do registro de sua candidatura perante a Justiça Eleitoral.

§ 1º O servidor candidato a cargo eletivo na localidade onde desempenha suas funções e que exerça cargo de direção, chefia, assessoramento, arrecadação ou fiscalização, dele será afastado, a partir do dia imediato ao do registro de sua candidatura perante a Justiça Eleitoral, até o décimo dia seguinte ao do pleito.

§ 2º A partir do registro da candidatura e até o 10º (décimo) dia seguinte ao da eleição, o servidor fará jus à licença, assegurados os vencimentos do cargo efetivo, somente pelo período de 3 (três) meses.

► §§ 1º e 2º com a redação dada pela Lei nº 9.527, de 10-12-1997.

Seção VI
DA LICENÇA PARA CAPACITAÇÃO

► Denominação da Seção com a redação dada pela Lei nº 9.527, de 10-12-1997.

Art. 87. Após cada quinquênio de efetivo exercício, o servidor poderá, no interesse da Administração, afastar-se do exercício do cargo efetivo, com a respectiva remuneração, por até 3 (três) meses, para participar de curso de capacitação profissional.

Parágrafo único. Os períodos de licença de que trata o *caput* não são acumuláveis.

Arts. 88 e 89. *Revogados*. Lei nº 9.527, de 10-12-1997.

Art. 90. VETADO.

Seção VII

DA LICENÇA PARA TRATAR DE INTERESSES PARTICULARES

Art. 91. A critério da Administração, poderão ser concedidas ao servidor ocupante de cargo efetivo, desde que não esteja em estágio probatório, licenças para o trato de assuntos particulares pelo prazo de até 3 (três) anos consecutivos, sem remuneração.

Parágrafo único. A licença poderá ser interrompida, a qualquer tempo, a pedido do servidor ou no interesse do serviço.

Seção VIII

DA LICENÇA PARA O DESEMPENHO DE MANDATO CLASSISTA

Art. 92. É assegurado ao servidor o direito à licença sem remuneração para o desempenho de mandato em confederação, federação, associação de classe de âmbito nacional, sindicato representativo da categoria ou entidade fiscalizadora da profissão ou, ainda, para participar de gerência ou administração em sociedade cooperativa constituída por servidores públicos para prestar serviços a seus membros, observado o disposto na alínea *c* do inciso VIII do art. 102 desta Lei, conforme disposto em regulamento e observados os seguintes limites:

► *Caput* com a redação dada pela Lei nº 11.094, de 13-1-2005.

I – para entidades com até 5.000 (cinco mil) associados, 2 (dois) servidores;

II – para entidades com 5.001 (cinco mil e um) a 30.000 (trinta mil) associados, 4 (quatro) servidores;

III – para entidades com mais de 30.000 (trinta mil) associados, 8 (oito) servidores.

► Incisos I a III com a redação dada pela Lei nº 12.998, de 18-6-2014.

§ 1º Somente poderão ser licenciados os servidores eleitos para cargos de direção ou de representação nas referidas entidades, desde que cadastradas no órgão competente.

§ 2º A licença terá duração igual à do mandato, podendo ser renovada, no caso de reeleição.

► §§ 1º e 2º com a redação dada pela Lei nº 12.998, de 18-6-2014.

CAPÍTULO V

DOS AFASTAMENTOS

Seção I

DO AFASTAMENTO PARA SERVIR A OUTRO ÓRGÃO OU ENTIDADE

Art. 93. O servidor poderá ser cedido para ter exercício em outro órgão ou entidade dos Poderes da União, dos Estados, ou do Distrito Federal e dos Municípios, nas seguintes hipóteses

► *Caput* com a redação dada pela Lei nº 8.270, de 17-12-1991.

► A alteração que seria inserida no *caput* pela Lei nº 13.464, de 10-7-2017, foi vetada, razão pela qual mantivemos a redação.

I – para exercício de cargo em comissão ou função de confiança;

► A alteração que seria inserida neste inciso pela Lei nº 13.464, de 10-7-2017, foi vetada, razão pela qual mantivemos a redação.

II – em casos previstos em leis específicas.

► Incisos I e II com a redação dada pela Lei nº 8.270, de 17-12-1991.

§ 1º Na hipótese do inciso I, sendo a cessão para órgãos ou entidades dos Estados, do Distrito Federal ou dos Municípios, o ônus da remuneração será do órgão ou entidade cessionária, mantido o ônus para o cedente nos demais casos.

► § 1º com a redação dada pela Lei nº 8.270, de 17-12-1991.

► A alteração que seria inserida neste parágrafo pela Lei nº 13.464, de 10-7-2017, foi vetada, razão pela qual mantivemos a redação.

§ 2º Na hipótese de o servidor cedido a empresa pública ou sociedade de economia mista, nos termos das respectivas normas, optar pela remuneração do cargo efetivo ou pela remuneração do cargo efetivo acrescida de percentual da retribuição do cargo em comissão, a entidade cessionária efetuará o reembolso das despesas realizadas pelo órgão ou entidade de origem.

► § 2º com a redação dada pela Lei nº 11.355, de 19-10-2006.

► A alteração que seria inserida neste parágrafo pela Lei nº 13.464, de 10-7-2017, foi vetada, razão pela qual mantivemos a redação.

§ 3º A cessão far-se-á mediante Portaria publicada no *Diário Oficial da União*.

► § 3º com a redação dada pela Lei nº 8.270, de 17-12-1991.

§ 4º Mediante autorização expressa do Presidente da República, o servidor do Poder Executivo poderá ter exercício em outro órgão da Administração Federal direta que não tenha quadro próprio de pessoal, para fim determinado e a prazo certo.

► § 4º acrescido pela Lei nº 8.270, de 17-12-1991.

§ 5º Aplica-se à União, em se tratando de empregado ou servidor por ela requisitado, as disposições dos §§ 1º e 2º deste artigo.

► § 5º com a redação dada pela Lei nº 10.470, de 25-6-2002.

§ 6º As cessões de empregados de empresa pública ou de sociedade de economia mista, que receba recursos de Tesouro Nacional para o custeio total ou parcial da sua folha de pagamento de pessoal, independem das disposições contidas nos incisos I e II e §§ 1º e 2º deste artigo, ficando o exercício do empregado cedido condicionado a autorização específica do Ministério do Planejamento, Orçamento e Gestão, exceto nos casos de ocupação de cargo em comissão ou função gratificada.

§ 7º O Ministério do Planejamento, Orçamento e Gestão, com a finalidade de promover a composição da força de trabalho dos órgãos e entidades da Administração Pública Federal, poderá determinar a lotação ou o exercício de empregado ou servidor, independentemente da observância do constante no inciso I e nos §§ 1º e 2º deste artigo.

► §§ 6º e 7º acrescidos pela Lei nº 10.470, de 25-6-2002.

Seção II

DO AFASTAMENTO PARA EXERCÍCIO DE MANDATO ELETIVO

Art. 94. Ao servidor investido em mandato eletivo aplicam-se as seguintes disposições:

I – tratando-se de mandato federal, estadual ou distrital, ficará afastado do cargo;

II – investido no mandato de Prefeito, será afastado do cargo, sendo-lhe facultado optar pela sua remuneração;

III – investido no mandato de vereador:

a) havendo compatibilidade de horário, perceberá as vantagens de seu cargo, sem prejuízo da remuneração do cargo eletivo;

b) não havendo compatibilidade de horário, será afastado do cargo, sendo-lhe facultado optar pela sua remuneração.

§ 1º No caso de afastamento do cargo, o servidor contribuirá para a seguridade social como se em exercício estivesse.

§ 2º O servidor investido em mandato eletivo ou classista não poderá ser removido ou redistribuído de ofício para localidade diversa daquela onde exerce o mandato.

Seção III

DO AFASTAMENTO PARA ESTUDO OU MISSÃO NO EXTERIOR

Art. 95. O servidor não poderá ausentar-se do País para estudo ou missão oficial, sem autorização do Presidente da República, Presidente dos Órgãos do Poder Legislativo e Presidente do Supremo Tribunal Federal.

§ 1º A ausência não excederá a 4 (quatro) anos, e finda a missão ou estudo, somente decorrido igual período, será permitida nova ausência.

§ 2º Ao servidor beneficiado pelo disposto neste artigo não será concedida exoneração ou licença para tratar de interesse particular antes de decorrido período igual ao do afastamento, ressalvada a hipótese de ressarcimento da despesa havida com seu afastamento.

§ 3º O disposto neste artigo não se aplica aos servidores da carreira diplomática.

§ 4º As hipóteses, condições e formas para a autorização de que trata este artigo, inclusive no que se refere à remuneração do servidor, serão disciplinadas em regulamento.

► § 4º acrescido pela Lei nº 9.527, de 10-12-1997.

Art. 96. O afastamento de servidor para servir em organismo internacional de que o Brasil participe ou com o qual coopere dar-se-á com perda total da remuneração.

Seção IV

DO AFASTAMENTO PARA PARTICIPAÇÃO EM PROGRAMA DE PÓS-GRADUAÇÃO *STRICTO SENSU* NO PAÍS

► Seção IV com a redação dada pela Lei nº 11.907, de 2-2-2009.

Art. 96-A. O servidor poderá, no interesse da Administração, e desde que a participação não possa ocorrer simultaneamente com o exercício do cargo ou mediante compensação de horário, afastar-se do exercício do cargo efetivo, com a respectiva remuneração, para participar em programa de pós-graduação *stricto sensu* em instituição de ensino superior no País.

► *Caput* com a redação dada pela Lei nº 11.907, de 2-2-2009.

§ 1º Ato do dirigente máximo do órgão ou entidade definirá, em conformidade com a legislação vigente, os programas de capacitação e os critérios para participação em programas de pós-graduação no País, com ou sem afastamento do servidor, que serão avaliados por um comitê constituído para este fim.

§ 2º Os afastamentos para realização de programas de mestrado e doutorado somente serão concedidos aos servidores titulares de cargos efetivos no respectivo órgão ou entidade há pelo menos 3 (três) anos para mestrado e 4 (quatro) anos para doutorado, incluído o período de estágio probatório, que não tenham se afastado por licença para tratar de assuntos particulares para gozo de licença capacitação ou com fundamento neste artigo nos 2 (dois) anos anteriores à data da solicitação de afastamento.

► §§ 1º e 2º com a redação dada pela Lei nº 11.907, de 2-2-2009.

§ 3º Os afastamentos para realização de programas de pós-doutorado somente serão concedidos aos servidores titulares de cargos efetivo no respectivo órgão ou entidade há pelo menos quatro anos, incluído o período de estágio probatório, e que não tenham se afastado por licença para tratar de assuntos particulares ou com fundamento neste artigo, nos quatro anos anteriores à data da solicitação de afastamento.

► § 3º com a redação dada pela Lei nº 12.269, de 21-6-2010.

§ 4º Os servidores beneficiados pelos afastamentos previstos nos §§ 1º, 2º e 3º deste artigo terão que permanecer no exercício de suas funções após o seu retorno por um período igual ao do afastamento concedido.

§ 5º Caso o servidor venha a solicitar exoneração do cargo ou aposentadoria, antes de cumprido o período de permanência previsto no § 4º deste artigo, deverá ressarcir o órgão ou entidade, na forma do art. 47 da Lei nº 8.112, de 11 de dezembro de 1990, dos gastos com seu aperfeiçoamento.

§ 6º Caso o servidor não obtenha o título ou grau que justificou seu afastamento no período previsto, aplica-se o disposto no § 5º deste artigo, salvo na hipótese comprovada de força maior ou de caso fortuito, a critério do dirigente máximo do órgão ou entidade.

§ 7º Aplica-se à participação em programa de pós-graduação no Exterior, autorizado nos termos do art. 95 desta Lei, o disposto nos §§ 1º a 6º deste artigo.

► §§ 4º a 7º com a redação dada pela Lei nº 11.907, de 2-2-2009.

CAPÍTULO VI

DAS CONCESSÕES

Art. 97. Sem qualquer prejuízo, poderá o servidor ausentar-se do serviço:

I – por 1 (um) dia, para doação de sangue;

II – pelo período comprovadamente necessário para alistamento ou recadastramento eleitoral, limitado, em qualquer caso, a 2 (dois) dias; e

► Inciso II com a redação dada pela Lei nº 12.998, de 18-6-2014.

III – por 8 (oito) dias consecutivos em razão de:

a) casamento;

b) falecimento do cônjuge, companheiro, pais, madrasta ou padrasto, filhos, enteados, menor sob guarda ou tutela e irmãos.

Art. 98. Será concedido horário especial ao servidor estudante, quando comprovada a incompatibilidade entre o horário escolar e o da repartição, sem prejuízo do exercício do cargo.

§ 1º Para efeito do disposto neste artigo, será exigida a compensação de horário no órgão ou entidade que tiver exercício, respeitada a duração semanal do trabalho.

► § 1º renumerado e alterado pela Lei nº 9.527, de 10-12-1997.

§ 2º Também será concedido horário especial ao servidor portador de deficiência, quando comprovada a necessidade por junta médica oficial, independentemente de compensação de horário.

► § 2º acrescido pela Lei nº 9.527, de 10-12-1997.

§ 3º As disposições constantes do § 2º são extensivas ao servidor que tenha cônjuge, filho ou dependente com deficiência.

► § 3º com a redação dada pela Lei nº 13.370, de 12-12-2016.

§ 4º Será igualmente concedido horário especial, vinculado à compensação de horário a ser efetivada no prazo de até 1 (um) ano, ao servidor que desempenhe atividade prevista nos incisos I e II do *caput* do art. 76-A desta Lei.

► § 4º com a redação dada pela Lei nº 11.501, de 11-7-2007.

Art. 99. Ao servidor estudante que mudar de sede no interesse da administração é assegurada, na localidade da nova residência ou na mais próxima, matrícula em instituição de ensino congênere, em qualquer época, independentemente de vaga.

Parágrafo único. O disposto neste artigo estende-se ao cônjuge ou companheiro, aos filhos ou enteados do servidor que vivam na sua companhia, bem como aos menores sob sua guarda, com autorização judicial.

CAPÍTULO VII

DO TEMPO DE SERVIÇO

Art. 100. É contado para todos os efeitos o tempo de serviço público federal, inclusive o prestado às Forças Armadas.

Art. 101. A apuração do tempo de serviço será feita em dias, que serão convertidos em anos, considerado o ano como de trezentos e sessenta e cinco dias.

Parágrafo único. *Revogado.* Lei nº 9.527, de 10-12-1997.

Art. 102. Além das ausências ao serviço previstas no art. 97, são considerados como de efetivo exercício os afastamentos em virtude de:

I – férias;

II – exercício de cargo em comissão ou equivalente, em órgão ou entidade dos Poderes da União, dos Estados, Municípios e Distrito Federal;

III – exercício de cargo ou função de governo ou administração, em qualquer parte do território nacional, por nomeação do Presidente da República;

IV – participação em programa de treinamento regularmente instituído ou em programa de pós-graduação *stricto sensu* no País, conforme dispuser o regulamento;

► Inciso IV com a redação dada pela Lei nº 11.907, de 2-2-2009.

V – desempenho de mandato eletivo federal, estadual, municipal ou do Distrito Federal, exceto para promoção por merecimento;

VI – júri e outros serviços obrigatórios por lei;

VII – missão ou estudo no exterior, quando autorizado o afastamento, conforme dispuser o regulamento;

► Inciso VII com a redação dada pela Lei nº 9.527, de 10-12-1997.

VIII – licença:

a) à gestante, à adotante e à paternidade;

b) para tratamento da própria saúde, até o limite de vinte e quatro meses, cumulativo ao longo do tempo de serviço público prestado à União, em cargo de provimento efetivo;

► Alínea *b* com a redação dada pela Lei nº 9.527, de 10-12-1997.

c) para o desempenho de mandato classista ou participação de gerência ou administração em sociedade cooperativa constituída por servidores para prestar serviços a seus membros, exceto para efeito de promoção por merecimento;

► Alínea *c* com a redação dada pela Lei nº 11.094, de 13-1-2005.

d) por motivo de acidente em serviço ou doença profissional;

e) para capacitação, conforme dispuser o regulamento;

► Alínea *e* com a redação dada pela Lei nº 9.527, de 10-12-1997.

f) por convocação para o serviço militar;

IX – deslocamento para a nova sede de que trata o art. 18;

X – participação em competição desportiva nacional ou convocação para integrar representação desportiva nacional, no País ou no exterior, conforme disposto em lei específica;

XI – afastamento para servir em organismo internacional de que o Brasil participe ou com o qual coopere.

► Inciso XI acrescido pela Lei nº 9.527, de 10-12-1997.

Art. 103. Contar-se-á apenas para efeito de aposentadoria e disponibilidade:

I – o tempo de serviço público prestado aos Estados, Municípios e Distrito Federal;

II – a licença para tratamento de saúde de pessoal da família do servidor, com remuneração, que exceder a 30 (trinta) dias em período de 12 (doze) meses.

► Inciso II com a redação dada pela Lei nº 12.269, de 21-6-2010.

III – a licença para atividade política, no caso do art. 86, § 2º;

IV – o tempo correspondente ao desempenho de mandato eletivo federal, estadual, municipal ou distrital, anterior ao ingresso no serviço público federal;

V – o tempo de serviço em atividade privada, vinculada à Previdência Social;

VI – o tempo de serviço relativo a tiro de guerra;

VII – o tempo de licença para tratamento da própria saúde que exceder o prazo a que se refere a alínea *b* do inciso VIII do art. 102.

► Inciso VII acrescido pela Lei nº 9.527, de 10-12-1997.

§ 1º O tempo em que o servidor esteve aposentado será contado apenas para nova aposentadoria.

§ 2º Será contado em dobro o tempo de serviço prestado às Forças Armadas em operações de guerra.

§ 3º É vedada a contagem cumulativa de tempo de serviço prestado concomitantemente em mais de um cargo ou função de órgão ou entidades dos Poderes da União, Estado, Distrito Federal e Município, autarquia, fundação pública, sociedade de economia mista e empresa pública.

CAPÍTULO VIII

DO DIREITO DE PETIÇÃO

Art. 104. É assegurado ao servidor o direito de requerer aos Poderes Públicos, em defesa de direito ou interesse legítimo.

Art. 105. O requerimento será dirigido à autoridade competente para decidi-lo e encaminhado por intermédio daquela a que estiver imediatamente subordinado o requerente.

Art. 106. Cabe pedido de reconsideração à autoridade que houver expedido o ato ou proferido a primeira decisão, não podendo ser renovado.

Parágrafo único. O requerimento e o pedido de reconsideração de que tratam os artigos anteriores deverão ser despachados no prazo de 5 (cinco) dias e decididos dentro de 30 (trinta) dias.

Art. 107. Caberá recurso:

I – do indeferimento do pedido de reconsideração;

II – das decisões sobre os recursos sucessivamente interpostos.

§ 1º O recurso será dirigido à autoridade imediatamente superior à que tiver expedido o ato ou proferido a decisão, e, sucessivamente, em escala ascendente, às demais autoridades.

§ 2º O recurso será encaminhado por intermédio da autoridade a que estiver imediatamente subordinado o requerente.

Art. 108. O prazo para interposição de pedido de reconsideração ou de recurso é de 30 (trinta) dias, a contar da publicação ou da ciência, pelo interessado, da decisão recorrida.

Art. 109. O recurso poderá ser recebido com efeito suspensivo, a juízo da autoridade competente.

Parágrafo único. Em caso de provimento do pedido de reconsideração ou do recurso, os efeitos da decisão retroagirão à data do ato impugnado.

Art. 110. O direito de requerer prescreve:

I – em 5 (cinco) anos, quanto aos atos de demissão e de cassação de aposentadoria ou disponibilidade, ou que afetem interesse patrimonial e créditos resultantes das relações de trabalho;

II – em 120 (cento e vinte) dias, nos demais casos, salvo quando outro prazo for fixado em lei.

Parágrafo único. O prazo de prescrição será contado da data da publicação do ato impugnado ou da data da ciência pelo interessado, quando o ato não for publicado.

Art. 111. O pedido de reconsideração e o recurso, quando cabíveis, interrompem a prescrição.

Art. 112. A prescrição é de ordem pública, não podendo ser relevada pela administração.

Art. 113. Para o exercício do direito de petição, é assegurada vista do processo ou documento, na repartição, ao servidor ou a procurador por ele constituído.

Art. 114. A administração deverá rever seus atos, a qualquer tempo, quando eivados de ilegalidade.

Art. 115. São fatais e improrrogáveis os prazos estabelecidos neste Capítulo, salvo motivo de força maior.

TÍTULO IV – DO REGIME DISCIPLINAR

CAPÍTULO I

DOS DEVERES

Art. 116. São deveres do servidor:

I – exercer com zelo e dedicação as atribuições do cargo;

II – ser leal às instituições a que servir;

III – observar as normas legais e regulamentares;

IV – cumprir as ordens superiores, exceto quando manifestamente ilegais;

V – atender com presteza:

a) ao público em geral, prestando as informações requeridas, ressalvadas as protegidas por sigilo;

b) à expedição de certidões requeridas para defesa de direito ou esclarecimento de situações de interesse pessoal;

c) às requisições para a defesa da Fazenda Pública;

VI – levar as irregularidades de que tiver ciência em razão do cargo ao conhecimento da autoridade superior ou, quando houver suspeita de envolvimento desta, ao conhecimento de outra autoridade competente para apuração;

► Inciso VI com a redação dada pela Lei nº 12.527, de 18-11-2011.

VII – zelar pela economia do material e a conservação do patrimônio público;

VIII – guardar sigilo sobre assunto da repartição;

IX – manter conduta compatível com a moralidade administrativa;

X – ser assíduo e pontual ao serviço;

XI – tratar com urbanidade as pessoas;

XII – representar contra ilegalidade, omissão ou abuso de poder.

Parágrafo único. A representação de que trata o inciso XII será encaminhada pela via hierárquica e apreciada pela autoridade superior àquela contra a qual é formulada, assegurando-se ao representando ampla defesa.

CAPÍTULO II

DAS PROIBIÇÕES

Art. 117. Ao servidor é proibido:

I – ausentar-se do serviço durante o expediente, sem prévia autorização do chefe imediato;

II – retirar, sem prévia anuência da autoridade competente, qualquer documento ou objeto da repartição;

III – recusar fé a documentos públicos;

IV – opor resistência injustificada ao andamento de documento e processo ou execução de serviço;

V – promover manifestação de apreço ou desapreço no recinto da repartição;

VI – cometer a pessoa estranha à repartição, fora dos casos previstos em lei, o desempenho de atribuição que seja de sua responsabilidade ou de seu subordinado;

VII – coagir ou aliciar subordinados no sentido de filiarem-se à associação profissional ou sindical, ou a partido político;

VIII – manter sob sua chefia imediata, em cargo ou função de confiança, cônjuge, companheiro ou parente até o segundo grau civil;

IX – valer-se do cargo para lograr proveito pessoal ou de outrem, em detrimento da dignidade da função pública;

X – participar de gerência ou administração de sociedade privada, personificada ou não personificada, exercer o comércio, exceto na qualidade de acionista, cotista ou comanditário;

► Inciso X com a redação dada pela Lei nº 11.784, de 23-9-2008.

► Art. 972 do CC.

XI – atuar, como procurador ou intermediário, junto a repartições públicas, salvo quando se tratar de benefícios previdenciários ou assistenciais de parentes até o segundo grau, e de cônjuge ou companheiro;

XII – receber propina, comissão, presente ou vantagem de qualquer espécie, em razão de suas atribuições;

XIII – aceitar comissão, emprego ou pensão de estado estrangeiro;

XIV – praticar usura sob qualquer de suas formas;

XV – proceder de forma desidiosa;

XVI – utilizar pessoal ou recursos materiais da repartição em serviços ou atividades particulares;

XVII – cometer a outro servidor atribuições estranhas ao cargo que ocupa, exceto em situações de emergência e transitórias;

XVIII – exercer quaisquer atividades que sejam incompatíveis com o exercício do cargo ou função e com o horário de trabalho;

XIX – recusar-se a atualizar seus dados cadastrais quando solicitado.

► Inciso XIX acrescido pela Lei nº 9.527, de 10-12-1997.

Parágrafo único. A vedação de que trata o inciso X do *caput* deste artigo não se aplica nos seguintes casos:

I – participação nos conselhos de administração e fiscal de empresas ou entidades em que a União detenha, direta ou indiretamente, participação no capital social ou em sociedade cooperativa constituída para prestar serviços a seus membros; e

II – gozo de licença para o trato de interesses particulares, na forma do art. 91 desta Lei, observada a legislação sobre conflito de interesses.

► Parágrafo único acrescido pela Lei nº 11.784, de 23-9-2008.

CAPÍTULO III

DA ACUMULAÇÃO

Art. 118. Ressalvados os casos previstos na Constituição, é vedada a acumulação remunerada de cargos públicos.

§ 1º A proibição de acumular estende-se a cargos, empregos e funções em autarquias, fundações públicas, empresas públicas, sociedades de economia mista da União, do Distrito Federal, dos Estados, dos Territórios e dos Municípios.

§ 2º A acumulação de cargos, ainda que lícita, fica condicionada à comprovação da compatibilidade de horários.

§ 3º Considera-se acumulação proibida a percepção de vencimento de cargo ou emprego público efetivo com proventos da inatividade, salvo quando os cargos de que decorram essas remunerações forem acumuláveis na atividade.

► § 3º acrescido pela Lei nº 9.527, de 10-12-1997.

Art. 119. O servidor não poderá exercer mais de um cargo em comissão, exceto no caso previsto no parágrafo único do art. 9º, nem ser remunerado pela participação em órgão de deliberação coletiva.

► *Caput* com a redação dada pela Lei nº 9.527, de 10-12-1997.

Parágrafo único. O disposto neste artigo não se aplica à remuneração devida pela participação em conselhos de administração e fiscal das empresas públicas e sociedades de economia mista, suas subsidiárias e controladas, bem como quaisquer empresas ou entidades em que a União, direta ou indiretamente, detenha participação no capital social, observado o que, a respeito, dispuser legislação específica.

► Parágrafo único com a redação dada pela MP nº 2.225-45, de 4-9-2001, que até o encerramento desta edição não havia sido convertida em Lei.

Art. 120. O servidor vinculado ao regime desta Lei, que acumular licitamente dois cargos efetivos, quando investido em cargo de provimento em comissão, ficará afastado de ambos os cargos efetivos, salvo na hipótese em que houver compatibilidade de horário e local com o exercício de um deles, declarada pelas autoridades máximas dos órgãos ou entidades envolvidos.

► Artigo com a redação dada pela Lei nº 9.527, de 10-12-1997.

CAPÍTULO IV
DAS RESPONSABILIDADES

Art. 121. O servidor responde civil, penal e administrativamente pelo exercício irregular de suas atribuições.

Art. 122. A responsabilidade civil decorre de ato omissivo ou comissivo, doloso ou culposo, que resulte em prejuízo ao erário ou a terceiros.

§ 1º A indenização de prejuízo dolosamente causado ao erário somente será liquidada na forma prevista no art. 46, na falta de outros bens que assegurem a execução do débito pela via judicial.

§ 2º Tratando-se de dano causado a terceiros, responderá o servidor perante a Fazenda Pública, em ação regressiva.

§ 3º A obrigação de reparar o dano estende-se aos sucessores e contra eles será executada, até o limite do valor da herança recebida.

Art. 123. A responsabilidade penal abrange os crimes e contravenções imputadas ao servidor, nessa qualidade.

Art. 124. A responsabilidade civil administrativa resulta de ato omissivo ou comissivo praticado no desempenho do cargo ou função.

Art. 125. As sanções civis, penais e administrativas poderão cumular-se, sendo independentes entre si.

Art. 126. A responsabilidade administrativa do servidor será afastada no caso de absolvição criminal que negue a existência do fato ou sua autoria.

Art. 126-A. Nenhum servidor poderá ser responsabilizado civil, penal ou administrativamente por dar ciência à autoridade superior ou, quando houver suspeita de envolvimento desta, a outra autoridade competente para apuração de informação concernente à prática de crimes ou improbidade de que tenha conhecimento, ainda que em decorrência do exercício de cargo, emprego ou função pública.

► Artigo acrescido pela Lei nº 12.527, de 18-11-2011.

CAPÍTULO V
DAS PENALIDADES

Art. 127. São penalidades disciplinares:

I – advertência;

II – suspensão;

III – demissão;

IV – cassação de aposentadoria ou disponibilidade;

V – destituição de cargo em comissão;

VI – destituição de função comissionada.

Art. 128. Na aplicação das penalidades serão consideradas a natureza e a gravidade da infração cometida, os danos que dela provierem para o serviço público, as circunstâncias agravantes ou atenuantes e os antecedentes funcionais.

Parágrafo único. O ato de imposição da penalidade mencionará sempre o fundamento legal e a causa da sanção disciplinar.

► Parágrafo único acrescido pela Lei nº 9.527, de 10-12-1997.

Art. 129. A advertência será aplicada por escrito, nos casos de violação de proibição constante do art. 117, incisos I a VIII e XIX, e de inobservância de dever funcional previsto em lei, regulamentação ou norma interna, que não justifique imposição de penalidade mais grave.

► Artigo com a redação dada pela Lei nº 9.527, de 10-12-1997.

Art. 130. A suspensão será aplicada em caso de reincidência das faltas punidas com advertência e de violação das demais proibições que não tipifiquem infração sujeita à penalidade de demissão, não podendo exceder de 90 (noventa) dias.

§ 1º Será punido com suspensão de até 15 (quinze) dias o servidor que, injustificadamente, recusar-se a ser submetido à inspeção médica determinada pela autoridade competente, cessando os efeitos da penalidade uma vez cumprida a determinação.

§ 2º Quando houver conveniência para o serviço, a penalidade de suspensão poderá ser convertida em multa, na base de 50% (cinquenta por cento) por dia de vencimento ou remuneração, ficando o servidor obrigado a permanecer em serviço.

Art. 131. As penalidades de advertência e de suspensão terão seus registros cancelados, após o decurso de 3 (três) e 5 (cinco) anos de efetivo exercício, respectivamente, se o servidor não houver, nesse período, praticado nova infração disciplinar.

Parágrafo único. O cancelamento da penalidade não surtirá efeitos retroativos.

Art. 132. A demissão será aplicada nos seguintes casos:

I – crime contra a administração pública;

II – abandono de cargo;

III – inassiduidade habitual;

IV – improbidade administrativa;

V – incontinência pública e conduta escandalosa, na repartição;

VI – insubordinação grave em serviço;

VII – ofensa física, em serviço, a servidor ou a particular, salvo em legítima defesa própria ou de outrem;

VIII – aplicação irregular de dinheiros públicos;

IX – revelação de segredo do qual se apropriou em razão do cargo;

X – lesão aos cofres públicos e dilapidação do patrimônio nacional;

XI – corrupção;

XII – acumulação ilegal de cargos, empregos ou funções públicas;

XIII – transgressão dos incisos IX a XVI do art. 117.

Art. 133. Detectada a qualquer tempo a acumulação ilegal de cargos, empregos ou funções públicas, a autoridade a que se refere o art. 143 notificará o servidor, por intermédio de sua chefia imediata, para apresentar opção no prazo improrrogável de 10 (dez) dias, contados da data da ciência e, na hipótese de omissão, adotará procedimento sumário para a sua apuração e regularização imediata, cujo processo administrativo disciplinar se desenvolverá nas seguintes fases:

I – instauração, com a publicação do ato que constituir a comissão, a ser composta por dois servidores estáveis, e simultaneamente indicar a autoria e a materialidade da transgressão objeto da apuração;

II – instrução sumária, que compreende indiciação, defesa e relatório;

III – julgamento.

§ 1º A indicação da autoria de que trata o inciso I dar-se-á pelo nome e matrícula do servidor, e a materialidade pela descrição dos cargos, empregos ou funções públicas em situação de acumulação ilegal, dos órgãos ou entidades de vinculação, das datas de ingresso, do horário de trabalho e do correspondente regime jurídico.

§ 2º A comissão lavrará, até 3 (três) dias após a publicação do ato que a constituiu, termo de indiciação em que serão transcritas as informações de que trata o parágrafo anterior, bem como promoverá a citação pessoal do servidor indiciado, ou por intermédio de sua chefia imediata, para, no prazo de 5 (cinco) dias, apresentar defesa escrita, assegurando-se-lhe vista do processo na repartição, observado o disposto nos arts. 163 e 164.

§ 3º Apresentada a defesa, a comissão elaborará relatório conclusivo quanto à inocência ou à responsabilidade do servidor, em que resumirá as peças principais dos autos, opinará sobre a licitude da acumulação em exame, indicará o respectivo dispositivo legal e remeterá o processo à autoridade instauradora, para julgamento.

§ 4º No prazo de cinco dias, contados do recebimento do processo, a autoridade julgadora proferirá a sua decisão, aplicando-se, quando for o caso, o disposto no § 3º do art. 167.

§ 5º A opção pelo servidor até o último dia de prazo para defesa configurará sua boa-fé, hipótese em que se converterá automaticamente em pedido de exoneração do outro cargo.

§ 6º Caracterizada a acumulação ilegal e provada a má-fé, aplicar-se-á a pena de demissão, destituição ou cassação de aposentadoria ou disponibilidade em relação aos cargos, empregos ou funções públicas em regime de acumulação ilegal, hipótese em que os órgãos ou entidades de vinculação serão comunicados.

§ 7º O prazo para a conclusão do processo administrativo disciplinar submetido ao rito sumário não excederá 30 (trinta) dias, contados da data de publicação do ato que constituir a comissão, admitida a sua prorrogação por até 15 (quinze) dias, quando as circunstâncias o exigirem.

§ 8º O procedimento sumário rege-se pelas disposições deste artigo, observando-se, no que lhe for aplicável, subsidiariamente, as disposições dos Títulos IV e V desta Lei.

Art. 134. Será cassada a aposentadoria ou a disponibilidade do inativo que houver praticado, na atividade, falta punível com a demissão.

Art. 135. A destituição de cargo em comissão exercido por não ocupante de cargo efetivo será aplicada nos casos de infração sujeita às penalidades de suspensão e de demissão.

Parágrafo único. Constatada a hipótese de que trata este artigo, a exoneração efetuada nos termos do art. 35 será convertida em destituição de cargo em comissão.

Art. 136. A demissão ou a destituição de cargo em comissão, nos casos dos incisos IV, VIII, X e XI do art. 132, implica a indisponibilidade dos bens e o ressarcimento ao erário, sem prejuízo da ação penal cabível.

Art. 137. A demissão ou a destituição de cargo em comissão, por infringência do art. 117, incisos IX e XI, incompatibiliza o ex-servidor para nova investidura em cargo público federal, pelo prazo de 5 (cinco) anos.

Parágrafo único. Não poderá retornar ao serviço público federal o servidor que for demitido ou destituído do cargo em comissão por infringência do art. 132, incisos I, IV, VIII, X e XI.

► O STF, por maioria dos votos, julgou procedente o pedido formulado na ADIN nº 2.975/DF para declarar a inconstitucionalidade deste parágrafo único (*DOU* de 8-1-2021).

Art. 138. Configura abandono de cargo a ausência intencional do servidor ao serviço por mais de 30 (trinta) dias consecutivos.

Art. 139. Entende-se por inassiduidade habitual a falta ao serviço, sem causa justificada, por 60 (sessenta) dias, interpoladamente, durante o período de 12 (doze) meses.

Art. 140. Na apuração de abandono de cargo ou inassiduidade habitual, também será adotado o procedimento sumário a que se refere o art. 133, observando-se especialmente que:

I – a indicação da materialidade dar-se-á:

a) na hipótese de abandono de cargo, pela indicação precisa do período de ausência intencional do servidor ao serviço superior a trinta dias;

b) no caso de inassiduidade habitual, pela indicação dos dias de falta ao serviço sem causa justificada, por período igual ou superior a 60 (sessenta) dias interpoladamente, durante o período de doze meses;

II – após a apresentação da defesa a comissão elaborará relatório conclusivo quanto à inocência ou à responsabilidade do servidor, em que resumirá as peças principais dos autos, indicará o respectivo dispositivo legal, opinará, na hipótese de abandono de cargo, sobre a intencionalidade da ausência ao serviço superior a 30 (trinta) dias e remeterá o processo à autoridade instauradora para julgamento.

Art. 141. As penalidades disciplinares serão aplicadas:

I – pelo Presidente da República, pelos Presidentes das Casas do Poder Legislativo e dos Tribunais Federais e pelo Procurador-Geral da República, quando se tratar de demissão e cassação de aposentadoria ou disponibilidade de servidor vinculado ao respectivo Poder, órgão, ou entidade;

II – pelas autoridades administrativas de hierarquia imediatamente inferior àquelas mencionadas no inciso anterior quando se tratar de suspensão superior a 30 (trinta) dias;

III – pelo chefe da repartição e outras autoridades na forma dos respectivos regimentos ou regulamentos, nos casos de advertência ou de suspensão de até 30 (trinta) dias;

IV – pela autoridade que houver feito a nomeação, quando se tratar de destituição de cargo em comissão.

Art. 142. A ação disciplinar prescreverá:

I – em 5 (cinco) anos, quanto às infrações puníveis com demissão, cassação de aposentadoria ou disponibilidade e destituição de cargo em comissão;

II – em 2 (dois) anos, quanto à suspensão;

III – em 180 (cento e oitenta) dias, quanto à advertência.

§ 1º O prazo de prescrição começa a correr da data em que o fato se tornou conhecido.

§ 2º Os prazos de prescrição previstos na lei penal aplicam-se às infrações disciplinares capituladas também como crime.

§ 3º A abertura de sindicância ou a instauração de processo disciplinar interrompe a prescrição, até a decisão final proferida por autoridade competente.

§ 4º Interrompido o curso da prescrição, o prazo começará a correr a partir do dia em que cessar a interrupção.

TÍTULO V – DO PROCESSO ADMINISTRATIVO DISCIPLINAR

CAPÍTULO I

DISPOSIÇÕES GERAIS

Art. 143. A autoridade que tiver ciência de irregularidade no serviço público é obrigada a promover a sua apuração imediata, mediante sindicância ou processo administrativo disciplinar, assegurada ao acusado ampla defesa.

§§ 1º e 2º *Revogados*. Lei nº 11.204, de 5-12-2005.

§ 3º A apuração de que trata o *caput*, por solicitação da autoridade a que se refere, poderá ser promovida por autoridade de órgão ou entidade diverso daquele em que tenha ocorrido a irregularidade, mediante competência específica para tal finalidade, delegada em caráter permanente ou temporário pelo Presidente da República, pelos presidentes das Casas do Poder Legislativo e dos Tribunais Federais e pelo Procurador-Geral da República, no âmbito do respectivo Poder, órgão ou entidade, preservadas as competências para o julgamento que se seguir à apuração.

► § 3º acrescido pela Lei nº 9.527, de 10-12-1997.

Art. 144. As denúncias sobre irregularidades serão objeto de apuração, desde que contenham a identificação e o endereço do denunciante e sejam formuladas por escrito, confirmada a autenticidade.

Parágrafo único. Quando o fato narrado não configurar evidente infração disciplinar ou ilícito penal, a denúncia será arquivada, por falta de objeto.

Art. 145. Da sindicância poderá resultar:

I – arquivamento do processo;

II – aplicação de penalidade de advertência ou suspensão de até 30 (trinta) dias;

III – instauração de processo disciplinar.

Parágrafo único. O prazo para conclusão da sindicância não excederá 30 (trinta) dias, podendo ser prorrogado por igual período, a critério da autoridade superior.

Art. 146. Sempre que o ilícito praticado pelo servidor ensejar a imposição de penalidade de suspensão por mais de 30 (trinta) dias, de demissão, cassação de aposentadoria ou disponibilidade, ou destituição de cargo em comissão, será obrigatória a instauração de processo disciplinar.

CAPÍTULO II

DO AFASTAMENTO PREVENTIVO

Art. 147. Como medida cautelar e a fim de que o servidor não venha a influir na apuração da irregularidade, a autoridade instauradora do processo disciplinar poderá determinar o seu afastamento do exercício do cargo, pelo prazo de até 60 (sessenta) dias, sem prejuízo da remuneração.

Parágrafo único. O afastamento poderá ser prorrogado por igual prazo, findo o qual cessarão os seus efeitos, ainda que não concluído o processo.

CAPÍTULO III

DO PROCESSO DISCIPLINAR

Art. 148. O processo disciplinar é o instrumento destinado a apurar responsabilidade de servidor por infração praticada no exercício de suas atribuições, ou que tenha relação com as atribuições do cargo em que se encontre investido.

Art. 149. O processo disciplinar será conduzido por comissão composta de 3 (três) servidores estáveis designados pela autoridade competente, observado o disposto no § 3º do art. 143, que indicará, dentre eles, o seu presidente, que deverá ser ocupante de cargo efetivo superior ou de mesmo nível, ou ter nível de escolaridade igual ou superior ao do indiciado.

► *Caput* com a redação dada pela Lei nº 9.527, de 10-12-1997.

§ 1º A Comissão terá como secretário servidor designado pelo seu presidente, podendo a indicação recair em um de seus membros.

§ 2º Não poderá participar de comissão de sindicância ou de inquérito, cônjuge, companheiro ou parente do acusado, consanguíneo ou afim, em linha reta ou colateral, até o terceiro grau.

Art. 150. A Comissão exercerá suas atividades com independência e imparcialidade, assegurado o sigilo necessário à elucidação do fato ou exigido pelo interesse da administração.

Parágrafo único. As reuniões e as audiências das comissões terão caráter reservado.

Art. 151. O processo disciplinar se desenvolve nas seguintes fases:

I – instauração, com a publicação do ato que constituir a comissão;

II – inquérito administrativo, que compreende instrução, defesa e relatório;

III – julgamento.

Art. 152. O prazo para a conclusão do processo disciplinar não excederá 60 (sessenta) dias, contados da data de publicação do ato que constituir a comissão, admitida a sua prorrogação por igual prazo, quando as circunstâncias o exigirem.

§ 1º Sempre que necessário, a comissão dedicará tempo integral aos seus trabalhos, ficando seus membros dispensados do ponto, até a entrega do relatório final.

§ 2º As reuniões da comissão serão registradas em atas que deverão detalhar as deliberações adotadas.

SEÇÃO I

DO INQUÉRITO

Art. 153. O inquérito administrativo obedecerá ao princípio do contraditório, assegurada ao acusado ampla defesa, com a utilização dos meios e recursos admitidos em direito.

Art. 154. Os autos da sindicância integrarão o processo disciplinar, como peça informativa da instrução.

Parágrafo único. Na hipótese de o relatório da sindicância concluir que a infração está capitulada como ilícito penal, a autoridade competente encaminhará cópia dos autos ao Ministério Público, independentemente da imediata instauração do processo disciplinar.

Art. 155. Na fase do inquérito, a comissão promoverá a tomada de depoimentos, acareações, investigações e diligências cabíveis, objetivando a coleta de prova, recorrendo, quando necessário, a técnicos e peritos, de modo a permitir a completa elucidação dos fatos.

Art. 156. É assegurado ao servidor o direito de acompanhar o processo pessoalmente ou por intermédio de procurador, arrolar e reinquirir testemunhas, produzir provas e contraprovas e formular quesitos, quando se tratar de prova pericial.

§ 1º O presidente da comissão poderá denegar pedidos considerados impertinentes, meramente protelatórios, ou de nenhum interesse para o esclarecimento dos fatos.

§ 2º Será indeferido o pedido de prova pericial, quando a comprovação do fato independer de conhecimento especial de perito.

Art. 157. As testemunhas serão intimadas a depor mediante mandado expedido pelo presidente da comissão, devendo a segunda via, com o ciente do interessado, ser anexada aos autos.

Parágrafo único. Se a testemunha for servidor público, a expedição do mandado será imediatamente comunicada ao chefe da repartição onde serve, com a indicação do dia e hora marcados para inquirição.

Art. 158. O depoimento será prestado oralmente e reduzido a termo, não sendo lícito à testemunha trazê-lo por escrito.

§ 1º As testemunhas serão inquiridas separadamente.

§ 2º Na hipótese de depoimentos contraditórios ou que se infirmem, proceder-se-á à acareação entre os depoentes.

Art. 159. Concluída a inquirição das testemunhas, a comissão promoverá o interrogatório do acusado, observados os procedimentos previstos nos arts. 157 e 158.

§ 1º No caso de mais de um acusado, cada um deles será ouvido separadamente, e sempre que divergirem em suas declarações sobre fatos ou circunstâncias, será promovida a acareação entre eles.

§ 2º O procurador do acusado poderá assistir ao interrogatório, bem como à inquirição das testemunhas, sendo-lhe vedado interferir nas perguntas e respostas, facultando-se-lhe, porém, reinquiri-las, por intermédio do presidente da comissão.

Art. 160. Quando houver dúvida sobre a sanidade mental do acusado, a comissão proporá à autoridade competente que ele seja submetido a exame por junta médica oficial, da qual participe pelo menos um médico psiquiatra.

Parágrafo único. O incidente de sanidade mental será processado em auto apartado e apenso ao processo principal, após a expedição do laudo pericial.

Art. 161. Tipificada a infração disciplinar, será formulada a indiciação do servidor, com a especificação dos fatos a ele imputados e das respectivas provas.

§ 1º O indiciado será citado por mandado expedido pelo presidente da comissão para apresentar defesa escrita, no prazo de 10 (dez) dias, assegurando-se-lhe vista do processo na repartição.

§ 2º Havendo dois ou mais indiciados, o prazo será comum e de 20 (vinte) dias.

§ 3º O prazo de defesa poderá ser prorrogado pelo dobro, para diligências reputadas indispensáveis.

§ 4º No caso de recusa do indiciado em apor o ciente na cópia da citação, o prazo para defesa contar-se-á da data declarada, em termo próprio, pelo membro da comissão que fez a citação, com a assinatura de 2 (duas) testemunhas.

Art. 162. O indiciado que mudar de residência fica obrigado a comunicar à comissão o lugar onde poderá ser encontrado.

Art. 163. Achando-se o indiciado em lugar incerto e não sabido, será citado por edital, publicado no *Diário Oficial da União* e em jornal de grande circulação na localidade do último domicílio conhecido, para apresentar defesa.

Parágrafo único. Na hipótese deste artigo, o prazo para defesa será de 15 (quinze) dias a partir da última publicação do edital.

Art. 164. Considerar-se-á revel o indiciado que, regularmente citado, não apresentar defesa no prazo legal.

§ 1º A revelia será declarada, por termo, nos autos do processo e devolverá o prazo para a defesa.

§ 2º Para defender o indiciado revel, a autoridade instauradora do processo designará um servidor como defensor dativo, que deverá ser ocupante de cargo efetivo superior ou de mesmo nível, ou ter nível de escolaridade igual ou superior ao do indiciado.

► § 2º com a redação dada pela Lei nº 9.527, de 10-12-1997.

Art. 165. Apreciada a defesa, a comissão elaborará relatório minucioso, onde resumirá as peças principais dos autos e mencionará as provas em que se baseou para formar a sua convicção.

§ 1º O relatório será sempre conclusivo quanto à inocência ou à responsabilidade do servidor.

§ 2º Reconhecida a responsabilidade do servidor, a comissão indicará o dispositivo legal ou regulamentar transgredido, bem como as circunstâncias agravantes ou atenuantes.

Art. 166. O processo disciplinar, com o relatório da comissão, será remetido à autoridade que determinou a sua instauração, para julgamento.

Seção II
DO JULGAMENTO

Art. 167. No prazo de 20 (vinte) dias, contados do recebimento do processo, a autoridade julgadora proferirá a sua decisão.

§ 1º Se a penalidade a ser aplicada exceder a alçada da autoridade instauradora do processo, este será encaminhado à autoridade competente, que decidirá em igual prazo.

§ 2º Havendo mais de um indiciado e diversidade de sanções, o julgamento caberá à autoridade competente para a imposição da pena mais grave.

§ 3º Se a penalidade prevista for a demissão ou cassação de aposentadoria ou disponibilidade, o julgamento caberá às autoridades de que trata o inciso I do art. 141.

§ 4º Reconhecida pela comissão a inocência do servidor, a autoridade instauradora do processo determinará o seu arquivamento, salvo se flagrantemente contrária à prova dos autos.

► § 4º acrescido pela Lei nº 9.527, de 10-12-1997.

Art. 168. O julgamento acatará o relatório da comissão, salvo quando contrário às provas dos autos.

Parágrafo único. Quando o relatório da comissão contrariar as provas dos autos, a autoridade julgadora poderá, motivadamente, agravar a penalidade proposta, abrandá-la ou isentar o servidor de responsabilidade.

Art. 169. Verificada a ocorrência de vício insanável, a autoridade que determinou a instauração do processo ou outra de hierarquia superior declarará a sua nulidade, total ou parcial, e ordenará, no mesmo ato, a constituição de outra comissão para instauração de novo processo.

► *Caput* com a redação dada pela Lei nº 9.527, de 10-12-1997.

§ 1º O julgamento fora do prazo legal não implica nulidade do processo.

§ 2º A autoridade julgadora que der causa à prescrição de que trata o art. 142, § 2º, será responsabilizada na forma do Capítulo IV do Título IV.

Art. 170. Extinta a punibilidade pela prescrição, a autoridade julgadora determinará o registro do fato nos assentamentos individuais do servidor.

Art. 171. Quando a infração estiver capitulada como crime, o processo disciplinar será remetido ao Ministério Público para instauração da ação penal, ficando trasladado na repartição.

Art. 172. O servidor que responder a processo disciplinar só poderá ser exonerado a pedido, ou aposentado voluntariamente, após a conclusão do processo e o cumprimento da penalidade, acaso aplicada.

Parágrafo único. Ocorrida a exoneração de que trata o parágrafo único, inciso I do art. 34, o ato será convertido em demissão, se for o caso.

Art. 173. Serão assegurados transporte e diárias:

I – ao servidor convocado para prestar depoimento fora da sede de sua repartição, na condição de testemunha, denunciado ou indiciado;

II – aos membros da comissão e ao secretário, quando obrigados a se deslocarem da sede dos trabalhos para a realização de missão essencial ao esclarecimento dos fatos.

Seção III
DA REVISÃO DO PROCESSO

Art. 174. O processo disciplinar poderá ser revisto, a qualquer tempo, a pedido ou de ofício, quando se aduzirem fatos novos ou circunstâncias suscetíveis de justificar a inocência do punido ou a inadequação da penalidade aplicada.

§ 1º Em caso de falecimento, ausência ou desaparecimento do servidor, qualquer pessoa da família poderá requerer a revisão do processo.

§ 2º No caso de incapacidade mental do servidor, a revisão será requerida pelo respectivo curador.

Art. 175. No processo revisional, o ônus da prova cabe ao requerente.

Art. 176. A simples alegação de injustiça da penalidade não constitui fundamento para a revisão, que requer elementos novos, ainda não apreciados no processo originário.

Art. 177. O requerimento de revisão do processo será dirigido ao Ministro de Estado ou autoridade equivalente, que, se autorizar a revisão, encaminhará o pedido ao dirigente do órgão ou entidade onde se originou o processo disciplinar.

Parágrafo único. Deferida a petição, a autoridade competente providenciará a constituição de comissão, na forma do art. 149.

Art. 178. A revisão correrá em apenso ao processo originário.

Parágrafo único. Na petição inicial, o requerente pedirá dia e hora para a produção de provas e inquirição das testemunhas que arrolar.

Art. 179. A comissão revisora terá 60 (sessenta) dias para a conclusão dos trabalhos.

Art. 180. Aplicam-se aos trabalhos da comissão revisora, no que couber, as normas e procedimentos próprios da comissão do processo disciplinar.

Art. 181. O julgamento caberá à autoridade que aplicou a penalidade, nos termos do art. 141.

Parágrafo único. O prazo para julgamento será de 20 (vinte) dias, contados do recebimento do processo, no curso do qual a autoridade julgadora poderá determinar diligências.

Art. 182. Julgada procedente a revisão, será declarada sem efeito a penalidade aplicada, restabelecendo-se todos os direitos do servidor, exceto em relação à destituição de cargo em comissão, que será convertida em exoneração.

Parágrafo único. Da revisão do processo não poderá resultar agravamento de penalidade.

TÍTULO VI – DA SEGURIDADE SOCIAL DO SERVIDOR

CAPÍTULO I
DISPOSIÇÕES GERAIS

Art. 183. A União manterá Plano de Seguridade Social para o servidor e sua família.

§ 1º O servidor ocupante de cargo em comissão que não seja, simultaneamente, ocupante de cargo ou emprego efetivo na administração pública direta, autárquica e fundacional não terá direito aos benefícios do Plano de Seguridade Social, com exceção da assistência à saúde.

► Parágrafo único transformado em § 1º pela Lei nº 10.667, de 17-5-2003.

§ 2º O servidor afastado ou licenciado do cargo efetivo, sem direito à remuneração, inclusive para servir em organismo oficial internacional do qual o Brasil seja membro efetivo ou com o qual coopere, ainda que contribua para regime de previdência social no exterior, terá suspenso o seu vínculo com o regime do Plano de Seguridade Social do Servidor Público enquanto durar o afastamento ou a licença, não lhes assistindo, neste período, os benefícios do mencionado regime de previdência.

§ 3º Será assegurada ao servidor licenciado ou afastado sem remuneração a manutenção da vinculação ao regime do Plano de Seguridade Social do Servidor Público, mediante o recolhimento mensal da respectiva contribuição, no mesmo percentual devido pelos servidores em atividade, incidente sobre a remuneração total do cargo a que faz jus no exercício de suas atribuições, computando-se, para esse efeito, inclusive, as vantagens pessoais.

§ 4º O recolhimento de que trata o § 3º deve ser efetuado até o segundo dia útil após a data do pagamento das remunerações dos servidores públicos, aplicando-se os procedimentos de cobrança e execução dos tributos federais quando não recolhidas na data do vencimento.

► §§ 2º a 4º acrescidos pela Lei nº 10.667, de 14-5-2003.

Art. 184. O Plano de Seguridade Social visa a dar cobertura aos riscos a que estão sujeitos o servidor e sua família, e compreende um conjunto de benefícios e ações que atendam às seguintes finalidades:

I – garantir meios de subsistência nos eventos de doença, invalidez, velhice, acidente em serviço, inatividade, falecimento e reclusão;

II – proteção à maternidade, à adoção e à paternidade;

III – assistência à saúde.

Parágrafo único. Os benefícios serão concedidos nos termos e condições definidos em regulamento, observadas as disposições desta Lei.

Art. 185. Os benefícios do Plano de Seguridade Social do servidor compreendem:

I – quanto ao servidor:

a) aposentadoria;

b) auxílio-natalidade;

c) salário-família;

d) licença para tratamento de saúde;

e) licença à gestante, à adotante e licença-paternidade;

f) licença por acidente em serviço;

g) assistência à saúde;

h) garantia de condições individuais e ambientais de trabalho satisfatórias;

II – quanto ao dependente:

a) pensão vitalícia e temporária;

b) auxílio-funeral;

c) auxílio-reclusão;

d) assistência à saúde.

§ 1º As aposentadorias e pensões serão concedidas e mantidas pelos órgãos ou entidades aos quais se encontram vinculados os servidores, observado o disposto nos arts. 189 e 224.

§ 2º O recebimento indevido de benefícios havidos por fraude, dolo ou má-fé, implicará devolução ao erário do total auferido, sem prejuízo da ação penal cabível.

CAPÍTULO II

DOS BENEFÍCIOS

SEÇÃO I

DA APOSENTADORIA

Art. 186. O servidor será aposentado:

I – por invalidez permanente, sendo os proventos integrais quando decorrente de acidente em serviço, moléstia profissional ou doença grave, contagiosa ou incurável, especificada em lei, e proporcionais nos demais casos;

II – compulsoriamente, aos 70 (setenta) anos de idade, com proventos proporcionais ao tempo de serviço;

III – voluntariamente:

a) aos 35 (trinta e cinco) anos de serviço, se homem, e aos 30 (trinta) se mulher, com proventos integrais;

b) aos 30 (trinta) anos de efetivo exercício em funções de magistério se professor, e 25 (vinte e cinco) se professora, com proventos integrais;

c) aos 30 (trinta) anos de serviço, se homem, e aos 25 (vinte e cinco) se mulher, com proventos proporcionais a esse tempo;

d) aos 65 (sessenta e cinco) anos de idade, se homem, e aos 60 (sessenta) se mulher, com proventos proporcionais ao tempo de serviço.

§ 1º Consideram-se doenças graves, contagiosas ou incuráveis, a que se refere o inciso I deste artigo, tuberculose ativa, alienação mental, esclerose múltipla, neoplasia maligna, cegueira posterior ao ingresso no serviço público, hanseníase, cardiopatia grave, doença de Parkinson, paralisia irreversível e incapacitante, espondiloartrose anquilosante, nefropatia grave, estados avançados do mal de Paget (osteíte deformante), Síndrome de Imunodeficiência Adquirida – AIDS, e outras que a lei indicar, com base na medicina especializada.

§ 2º Nos casos de exercício de atividades consideradas insalubres ou perigosas, bem como nas hipóteses previstas no art. 71, a aposentadoria de que trata o inciso III, *a* e *c*, observará o disposto em lei específica.

§ 3º Na hipótese do inciso I o servidor será submetido à junta médica oficial, que atestará a invalidez quando caracterizada a incapacidade para o desempenho das atribuições do cargo ou a impossibilidade de se aplicar o disposto no art. 24.

► § 3º acrescido pela Lei nº 9.527, de 10-12-1997.

Art. 187. A aposentadoria compulsória será automática, e declarada por ato, com vigência a partir do dia imediato àquele em que o servidor atingir a idade limite de permanência no serviço ativo.

Art. 188. A aposentadoria voluntária ou por invalidez vigorará a partir da data da publicação do respectivo ato.

§ 1º A aposentadoria por invalidez será precedida de licença para tratamento de saúde, por período não excedente a 24 (vinte e quatro) meses.

§ 2º Expirado o período de licença e não estando em condições de reassumir o cargo ou de ser readaptado, o servidor será aposentado.

§ 3º O lapso de tempo compreendido entre o término da licença e a publicação do ato da aposentadoria será considerado como de prorrogação da licença.

§ 4º Para os fins do disposto no § 1º deste artigo, serão consideradas apenas as licenças motivadas pela enfermidade ensejadora da invalidez ou doenças correlacionadas.

§ 5º A critério da Administração, o servidor em licença para tratamento de saúde ou aposentado por invalidez poderá ser convocado a qualquer momento, para avaliação das condições que ensejaram o afastamento ou a aposentadoria.

► §§ 4º e 5º com a redação dada pela Lei nº 11.907, de 2-2-2009.

Art. 189. O provento da aposentadoria será calculado com observância do disposto no § 3º do art. 41, e revisto na mesma data e proporção, sempre que se modificar a remuneração dos servidores em atividade.

Parágrafo único. São estendidos aos inativos quaisquer benefícios ou vantagens posteriormente concedidas aos servidores em atividade, inclusive quando decorrentes de transformação ou reclassificação do cargo ou função em que se deu a aposentadoria.

Art. 190. O servidor aposentado com provento proporcional ao tempo de serviço se acometido de qualquer das moléstias especificadas no § 1º do art. 186 desta Lei e, por esse motivo, for considerado inválido por junta médica oficial passará a perceber provento integral, calculado com base no fundamento legal de concessão da aposentadoria.

► Artigo com a redação dada pela Lei nº 11.907, de 2-2-2009.

Art. 191. Quando proporcional ao tempo de serviço, o provento não será inferior a 1/3 (um terço) da remuneração da atividade.

Arts. 192 e 193. *Revogados.* Lei nº 9.527, de 10-12-1997.

Art. 194. Ao servidor aposentado será paga a gratificação natalina, até o dia 20 (vinte) do mês de dezembro, em valor equivalente ao respectivo provento, deduzido o adiantamento recebido.

Art. 195. Ao ex-combatente que tenha efetivamente participado de operações bélicas, durante a Segunda Guerra Mundial, nos termos da Lei nº 5.315, de 12 de setembro de 1967, será concedida aposentadoria com provento integral, aos 25 (vinte e cinco) anos de serviço efetivo.

SEÇÃO II

DO AUXÍLIO-NATALIDADE

Art. 196. O auxílio-natalidade é devido à servidora por motivo de nascimento de filho, em quantia equivalente ao menor vencimento do serviço público, inclusive no caso de natimorto.

§ 1º Na hipótese de parto múltiplo, o valor será acrescido de 50% (cinquenta por cento), por nascituro.

§ 2º O auxílio será pago ao cônjuge ou companheiro servidor público, quando a parturiente não for servidora.

SEÇÃO III

DO SALÁRIO-FAMÍLIA

Art. 197. O salário-família é devido ao servidor ativo ou ao inativo, por dependente econômico.

Parágrafo único. Consideram-se dependentes econômicos para efeito de percepção do salário-família:

I – o cônjuge ou companheiro e os filhos, inclusive os enteados até 21 (vinte e um) anos de idade ou, se estudante, até 24 (vinte e quatro) anos ou, se inválido, de qualquer idade;

II – o menor de 21 (vinte e um) anos que, mediante autorização judicial, viver na companhia e às expensas do servidor, ou do inativo;

III – a mãe e o pai sem economia própria.

Art. 198. Não se configura a dependência econômica quando o beneficiário do salário-família perceber rendimento do trabalho ou de qualquer outra fonte, inclusive pensão ou provento da aposentadoria, em valor igual ou superior ao salário mínimo.

Art. 199. Quando o pai e mãe forem servidores públicos e viverem em comum, o salário-família será pago a um deles; quando separados, será pago a um e outro, de acordo com a distribuição dos dependentes.

Parágrafo único. Ao pai e à mãe equiparam-se o padrasto, a madrasta e, na falta destes, os representantes legais dos incapazes.

Art. 200. O salário-família não está sujeito a qualquer tributo, nem servirá de base para qualquer contribuição, inclusive para a Previdência Social.

Art. 201. O afastamento do cargo efetivo, sem remuneração, não acarreta a suspensão do pagamento do salário-família.

Seção IV

DA LICENÇA PARA TRATAMENTO DE SAÚDE

Art. 202. Será concedida ao servidor licença para tratamento de saúde, a pedido ou de ofício, com base em perícia médica, sem prejuízo da remuneração a que fizer jus.

Art. 203. A licença de que trata o art. 202 desta Lei será concedida com base em perícia oficial.

► *Caput* com a redação dada pela Lei nº 11.907, de 2-2-2009.

§ 1º Sempre que necessário, a inspeção médica será realizada na residência do servidor ou no estabelecimento hospitalar onde se encontrar internado.

§ 2º Inexistindo médico no órgão ou entidade no local onde se encontra ou tenha exercício em caráter permanente o servidor, e não se configurando as hipóteses previstas nos parágrafos do art. 230, será aceito atestado passado por médico particular.

► § 2º com a redação dada pela Lei nº 9.527, de 10-12-1997.

§ 3º No caso do § 2º deste artigo, o atestado somente produzirá efeitos depois de recepcionado pela unidade de recursos humanos do órgão ou entidade.

§ 4º A licença que exceder o prazo de 120 (cento e vinte) dias no período de 12 (doze) meses a contar do primeiro dia de afastamento será concedida mediante avaliação por junta médica oficial.

§ 5º A perícia oficial para concessão da licença de que trata o *caput* deste artigo, bem como nos demais casos de perícia oficial previstos nesta Lei, será efetuada por cirurgiões-dentistas, nas hipóteses em que abranger o campo de atuação da odontologia.

► §§ 3º a 5º com a redação dada pela Lei nº 11.907, de 2-2-2009.

Art. 204. A licença para tratamento de saúde inferior a 15 (quinze) dias, dentro de 1 (um) ano, poderá ser dispensada de perícia oficial, na forma definida em regulamento.

► Artigo com a redação dada pela Lei nº 11.907, de 2-2-2009.

Art. 205. O atestado e o laudo da junta médica não se referirão ao nome ou natureza da doença, salvo quando se tratar de lesões produzidas por acidentes em serviço, doença profissional ou qualquer das doenças especificadas no art. 186, § 1º.

Art. 206. O servidor que apresentar indícios de lesões orgânicas ou funcionais será submetido a inspeção médica.

Art. 206-A. O servidor será submetido a exames médicos periódicos, nos termos e condições definidos em regulamento.

► *Caput* com a redação dada pela Lei nº 11.907, de 2-2-2009.

Parágrafo único. Para os fins do disposto no *caput*, a União e suas entidades autárquicas e fundacionais poderão:

I – prestar os exames médicos periódicos diretamente pelo órgão ou entidade à qual se encontra vinculado o servidor;

II – celebrar convênio ou instrumento de cooperação ou parceria com os órgãos e entidades da administração direta, suas autarquias e fundações;

III – celebrar convênios com operadoras de plano de assistência à saúde, organizadas na modalidade de autogestão, que possuam autorização de funcionamento do órgão regulador, na forma do art. 230; ou

IV – prestar os exames médicos periódicos mediante contrato administrativo, observado o disposto na Lei nº 8.666, de 21 de junho de 1993, e demais normas pertinentes.

► Parágrafo único com a redação dada pela Lei nº 12.998, de 18-6-2014.

Seção V

DA LICENÇA À GESTANTE, À ADOTANTE E DA LICENÇA-PATERNIDADE

Art. 207. Será concedida licença à servidora gestante por 120 (cento e vinte) dias consecutivos, sem prejuízo da remuneração.

§ 1º A licença poderá ter início no primeiro dia do nono mês de gestação, salvo antecipação por prescrição médica.

§ 2º No caso de nascimento prematuro, a licença terá início a partir do parto.

§ 3º No caso de natimorto, decorridos 30 (trinta) dias do evento, a servidora será submetida a exame médico, e se julgada apta, reassumirá o exercício.

§ 4º No caso de aborto atestado por médico oficial, a servidora terá direito a 30 (trinta) dias de repouso remunerado.

Art. 208. Pelo nascimento ou adoção de filhos, o servidor terá direito à licença-paternidade de 5 (cinco) dias consecutivos.

Art. 209. Para amamentar o próprio filho, até a idade de seis meses, a servidora lactante terá direito, durante a jornada de trabalho, a uma hora de descanso, que poderá ser parcelada em dois períodos de meia hora.

Art. 210. À servidora que adotar ou obtiver guarda judicial de criança até 1 (um) ano de idade, serão concedidos 90 (noventa) dias de licença remunerada.

Parágrafo único. No caso de adoção ou guarda judicial de criança com mais de 1 (um) ano de idade, o prazo de que trata este artigo será de 30 (trinta) dias.

Seção VI

DA LICENÇA POR ACIDENTE EM SERVIÇO

Art. 211. Será licenciado, com remuneração integral, o servidor acidentado em serviço.

Art. 212. Configura acidente em serviço o dano físico ou mental sofrido pelo servidor, que se relacione, mediata ou imediatamente, com as atribuições do cargo exercido.

Parágrafo único. Equipara-se ao acidente em serviço o dano:

I – decorrente de agressão sofrida e não provocada pelo servidor no exercício do cargo;

II – sofrido no percurso da residência para o trabalho e vice-versa.

Art. 213. O servidor acidentado em serviço que necessite de tratamento especializado poderá ser tratado em instituição privada, à conta de recursos públicos.

Parágrafo único. O tratamento recomendado por junta médica oficial constitui medida de exceção e somente será admissível quando inexistirem meios e recursos adequados em instituição pública.

Art. 214. A prova do acidente será feita no prazo de 10 (dez) dias, prorrogável quando as circunstâncias o exigirem.

Seção VII
DA PENSÃO

Art. 215. Por morte do servidor, os seus dependentes, nas hipóteses legais, fazem jus à pensão por morte, observados os limites estabelecidos no inciso XI do *caput* do art. 37 da Constituição Federal e no art. 2º da Lei nº 10.887, de 18 de junho de 2004.

► Artigo com a redação dada pela Lei nº 13.846, de 18-6-2019.

Art. 216. *Revogado.* Lei nº 13.135, de 17-6-2015.

Art. 217. São beneficiários das pensões:

I – o cônjuge;

► Inciso I com a redação dada pela Lei nº 13.135, de 17-6-2015.

a) a *e)* *Revogadas.* Lei nº 13.135, de 17-6-2015.

II – o cônjuge divorciado ou separado judicialmente ou de fato, com percepção de pensão alimentícia estabelecida judicialmente;

► Inciso II com a redação dada pela Lei nº 13.135, de 17-6-2015.

a) a *d)* *Revogadas.* Lei nº 13.135, de 17-6-2015.

III – o companheiro ou companheira que comprove união estável como entidade familiar;

► Inciso III com a redação dada pela Lei nº 13.135, de 17-6-2015.

IV – o filho de qualquer condição que atenda a um dos seguintes requisitos:

► *Caput* do inciso IV com a redação dada pela Lei nº 13.135, de 17-6-2015.

a) seja menor de 21 (vinte e um) anos;

b) seja inválido;

► Alíneas *a* e *b* acrescidas pela Lei nº 13.135, de 17-6-2015.

c) tenha deficiência grave; ou

► Alínea *c* acrescida pela Lei nº 13.135, de 17-6-2015.

d) tenha deficiência intelectual ou mental;

► Alínea *d* com a redação dada pela Lei nº 13.846, de 18-6-2019.

V – a mãe e o pai que comprovem dependência econômica do servidor; e

VI – o irmão de qualquer condição que comprove dependência econômica do servidor e atenda a um dos requisitos previstos no inciso IV.

► Incisos V e VI com a redação dada pela Lei nº 13.135, de 17-6-2015.

§ 1º A concessão de pensão aos beneficiários de que tratam os incisos I a IV do *caput* exclui os beneficiários referidos nos incisos V e VI.

§ 2º A concessão de pensão aos beneficiários de que trata o inciso V do *caput* exclui o beneficiário referido no inciso VI.

§ 3º O enteado e o menor tutelado equiparam-se a filho mediante declaração do servidor e desde que comprovada dependência econômica, na forma estabelecida em regulamento.

► §§ 1º a 3º com a redação dada pela Lei nº 13.135, de 17-6-2015.

§ 4º VETADO. Lei nº 13.846, de 18-6-2019.

Art. 218. Ocorrendo habilitação de vários titulares à pensão, o seu valor será distribuído em partes iguais entre os beneficiários habilitados.

► Artigo com a redação dada pela Lei nº 13.135, de 17-6-2015.

§§ 1º a 3º *Revogados.* Lei nº 13.135, de 17-6-2015.

Art. 219. A pensão por morte será devida ao conjunto dos dependentes do segurado que falecer, aposentado ou não, a contar da data:

I – do óbito, quando requerida em até 180 (cento e oitenta dias) após o óbito, para os filhos menores de 16 (dezesseis) anos, ou em até 90 (noventa) dias após o óbito, para os demais dependentes;

II – do requerimento, quando requerida após o prazo previsto no inciso I do *caput* deste artigo; ou

III – da decisão judicial, na hipótese de morte presumida.

§ 1º A concessão da pensão por morte não será protelada pela falta de habilitação de outro possível dependente e a habilitação posterior que importe em exclusão ou inclusão de dependente só produzirá efeito a partir da data da publicação da portaria de concessão da pensão ao dependente habilitado.

§ 2º Ajuizada a ação judicial para reconhecimento da condição de dependente, este poderá requerer a sua habilitação provisória ao benefício de pensão por morte, exclusivamente para fins de rateio dos valores com outros dependentes, vedado o pagamento da respectiva cota até o trânsito em julgado da respectiva ação, ressalvada a existência de decisão judicial em contrário.

§ 3º Nas ações em que for parte o ente público responsável pela concessão da pensão por morte, este poderá proceder de ofício à habilitação excepcional da referida pensão, apenas para efeitos de rateio, descontando-se os valores referentes a esta habilitação das demais cotas, vedado o pagamento da respectiva cota até o trânsito em julgado da respectiva ação, ressalvada a existência de decisão judicial em contrário.

§ 4º Julgada improcedente a ação prevista no § 2º ou § 3º deste artigo, o valor retido será corrigido pelos índices legais de reajustamento e será pago de forma proporcional aos demais dependentes, de acordo com as suas cotas e o tempo de duração de seus benefícios.

§ 5º Em qualquer hipótese, fica assegurada ao órgão concessor da pensão por morte a cobrança dos valores indevidamente pagos em função de nova habilitação.

► Art. 219 com a redação dada pela Lei nº 13.846, de 18-6-2019.

Art. 220. Perde o direito à pensão por morte:

I – após o trânsito em julgado, o beneficiário condenado pela prática de crime de que tenha dolosamente resultado a morte do servidor;

II – o cônjuge, o companheiro ou a companheira se comprovada, a qualquer tempo, simulação ou fraude no casamento ou na união estável, ou a formalização desses com o fim exclusivo de constituir benefício previdenciário, apuradas em processo judicial no qual será assegurado o direito ao contraditório e à ampla defesa.

Art. 221. Será concedida pensão provisória por morte presumida do servidor, nos seguintes casos:

I – declaração de ausência, pela autoridade judiciária competente;

II – desaparecimento em desabamento, inundação, incêndio ou acidente não caracterizado como em serviço;

III – desaparecimento no desempenho das atribuições do cargo ou em missão de segurança.

Parágrafo único. A pensão provisória será transformada em vitalícia ou temporária, conforme o caso, decorridos 5 (cinco) anos de sua vigência, ressalvado o eventual reaparecimento do servidor, hipótese em que o benefício será automaticamente cancelado.

Art. 222. Acarreta perda da qualidade de beneficiário:

I – o seu falecimento;

II – a anulação do casamento, quando a decisão ocorrer após a concessão da pensão ao cônjuge;

III – a cessação da invalidez, em se tratando de beneficiário inválido, ou o afastamento da deficiência, em se tratando de beneficiário com deficiência, respeitados os períodos mínimos decorrentes da aplicação das alíneas a e b do inciso VII do *caput* deste artigo;

► Inciso III com a redação dada pela Lei nº 13.846, de 18-6-2019.

IV – o implemento da idade de 21 (vinte e um) anos, pelo filho ou irmão;

► Inciso IV com a redação dada pela Lei nº 13.135, de 17-6-2015.

V – a acumulação de pensão na forma do art. 225;

VI – a renúncia expressa; e

VII – em relação aos beneficiários de que tratam os incisos I a III do *caput* do art. 217:

a) o decurso de 4 (quatro) meses, se o óbito ocorrer sem que o servidor tenha vertido 18 (dezoito) contribuições mensais ou se o casamento ou a união estável tiverem sido iniciados em menos de 2 (dois) anos antes do óbito do servidor;

b) o decurso dos seguintes períodos, estabelecidos de acordo com a idade do pensionista na data de óbito do servidor, depois de vertidas 18 (dezoito) contribuições mensais e pelo menos 2 (dois) anos após o início do casamento ou da união estável:

1) 3 (três) anos, com menos de 21 (vinte e um) anos de idade;
2) 6 (seis) anos, entre 21 (vinte e um) e 26 (vinte e seis) anos de idade;
3) 10 (dez) anos, entre 27 (vinte e sete) e 29 (vinte e nove) anos de idade;
4) 15 (quinze) anos, entre 30 (trinta) e 40 (quarenta) anos de idade;
5) 20 (vinte) anos, entre 41 (quarenta e um) e 43 (quarenta e três) anos de idade;
6) vitalícia, com 44 (quarenta e quatro) ou mais anos de idade.

► Incisos VI e VII com a redação dada pela Lei nº 13.135, de 17-6-2015.

§ 1º A critério da administração, o beneficiário de pensão cuja preservação seja motivada por invalidez, por incapacidade ou por deficiência poderá ser convocado a qualquer momento para avaliação das referidas condições.

► Parágrafo único renumerado para § 1º e com a redação dada pela Lei nº 13.135, de 17-6-2015.

§ 2º Serão aplicados, conforme o caso, a regra contida no inciso III ou os prazos previstos na alínea *b* do inciso VII, ambos do *caput*, se o óbito do servidor decorrer de acidente de qualquer natureza ou de doença profissional ou do trabalho, independentemente do recolhimento de 18 (dezoito) contribuições mensais ou da comprovação de 2 (dois) anos de casamento ou de união estável.

§ 3º Após o transcurso de pelo menos 3 (três) anos e desde que nesse período se verifique o incremento mínimo de um ano inteiro na média nacional única, para ambos os sexos, correspondente à expectativa de sobrevida da população brasileira ao nascer, poderão ser fixadas, em números inteiros, novas idades para os fins previstos na alínea *b* do inciso VII do *caput*, em ato do Ministro de Estado do Planejamento, Orçamento e Gestão, limitado o acréscimo na comparação com as idades anteriores ao referido incremento.

§ 4º O tempo de contribuição a Regime Próprio de Previdência Social (RPPS) ou ao Regime Geral de Previdência Social (RGPS) será considerado na contagem das 18 (dezoito) contribuições mensais referidas nas alíneas *a* e *b* do inciso VII do *caput*.

► §§ 2º a 4º acrescidos pela Lei nº 13.135, de 17-6-2015.

§ 5º Na hipótese de o servidor falecido estar, na data de seu falecimento, obrigado por determinação judicial a pagar alimentos temporários a ex-cônjuge, ex-companheiro ou ex-companheira, a pensão por morte será devida pelo prazo remanescente na data do óbito, caso não incida outra hipótese de cancelamento anterior do benefício.

§ 6º O beneficiário que não atender à convocação de que trata o § 1º deste artigo terá o benefício suspenso, observado o disposto nos incisos I e II do *caput* do art. 95 da Lei nº 13.146, de 6 de julho de 2015.

► §§ 5º e 6º com a redação dada pela Lei nº 13.846, de 18-6-2019.

§ 7º O exercício de atividade remunerada, inclusive na condição de microempreendedor individual, não impede a concessão ou manutenção da cota da pensão de dependente com deficiência intelectual ou mental ou com deficiência grave.

§ 8º No ato de requerimento de benefícios previdenciários, não será exigida apresentação de termo de curatela de titular ou de beneficiário com deficiência, observados os procedimentos a serem estabelecidos em regulamento.

► §§ 7º e 8º acrescidos pela Lei nº 13.846, de 18-6-2019.

Art. 223. Por morte ou perda da qualidade de beneficiário, a respectiva cota reverterá para os cobeneficiários.

► Artigo com a redação dada pela Lei nº 13.135, de 17-6-2015.

I e II – *Revogados.* Lei nº 13.135, de 17-6-2015.

Art. 224. As pensões serão automaticamente atualizadas na mesma data e na mesma proporção dos reajustes dos vencimentos dos servidores, aplicando-se o disposto no parágrafo único do art. 189.

Art. 225. Ressalvado o direito de opção, é vedada a percepção cumulativa de pensão deixada por mais de um cônjuge ou companheiro ou companheira e de mais de 2 (duas) pensões.

► Artigo com a redação dada pela Lei nº 13.135, de 17-6-2015.

Seção VIII
DO AUXÍLIO-FUNERAL

Art. 226. O auxílio-funeral é devido à família do servidor falecido na atividade ou aposentado, em valor equivalente a um mês da remuneração ou provento.

§ 1º No caso de acumulação legal de cargos, o auxílio será pago somente em razão do cargo de maior remuneração.

§ 2º VETADO.

§ 3º O auxílio será pago no prazo de 48 (quarenta e oito) horas, por meio de procedimento sumaríssimo, à pessoa da família que houver custeado o funeral.

Art. 227. Se o funeral for custeado por terceiro, este será indenizado, observado o disposto no artigo anterior.

Art. 228. Em caso de falecimento de servidor em serviço fora do local de trabalho, inclusive no exterior, as despesas de transporte do corpo correrão à conta de recursos da União, autarquia ou fundação pública.

SEÇÃO IX

DO AUXÍLIO-RECLUSÃO

Art. 229. À família do servidor ativo é devido o auxílio-reclusão, nos seguintes valores:

I – dois terços da remuneração, quando afastado por motivo de prisão, em flagrante ou preventiva, determinada pela autoridade competente, enquanto perdurar a prisão;

II – metade da remuneração, durante o afastamento, em virtude de condenação, por sentença definitiva, a pena que não determine a perda de cargo.

§ 1º Nos casos previstos no inciso I deste artigo, o servidor terá direito à integralização da remuneração, desde que absolvido.

§ 2º O pagamento do auxílio-reclusão cessará a partir do dia imediato àquele em que o servidor for posto em liberdade, ainda que condicional.

§ 3º Ressalvado o disposto neste artigo, o auxílio-reclusão será devido, nas mesmas condições da pensão por morte, aos dependentes do segurado recolhido à prisão.

► § 3º acrescido pela Lei nº 13.135, de 17-6-2015.

CAPÍTULO III

DA ASSISTÊNCIA À SAÚDE

Art. 230. A assistência à saúde do servidor, ativo ou inativo, e de sua família compreende assistência médica, hospitalar, odontológica, psicológica e farmacêutica, terá como diretriz básica o implemento de ações preventivas voltadas para a promoção da saúde e será prestada pelo Sistema Único de Saúde – SUS, diretamente pelo órgão ou entidade ao qual estiver vinculado o servidor, ou mediante convênio ou contrato, ou ainda na forma de auxílio, mediante ressarcimento parcial do valor despendido pelo servidor, ativo ou inativo, e seus dependentes ou pensionistas com planos ou seguros privados de assistência à saúde, na forma estabelecida em regulamento.

► *Caput* com a redação dada pela Lei nº 11.302, de 10-5-2006.

§ 1º Nas hipóteses previstas nesta Lei em que seja exigida perícia, avaliação ou inspeção médica, na ausência de médico ou junta médica oficial, para a sua realização o órgão ou entidade celebrará, preferencialmente, convênio com unidades de atendimento do sistema público de saúde, entidades sem fins lucrativos declaradas de utilidade pública, ou com o Instituto Nacional do Seguro Social – INSS.

§ 2º Na impossibilidade, devidamente justificada, da aplicação do disposto no parágrafo anterior, o órgão ou entidade promoverá a contratação da prestação de serviços por pessoa jurídica, que constituirá junta médica especificamente para esses fins, indicando os nomes e especialidades dos seus integrantes, com a comprovação de suas habilitações e de que não estejam respondendo a processo disciplinar junto à entidade fiscalizadora da profissão.

► §§ 1º e 2º com a redação dada pela Lei nº 9.527, de 10-12-1997.

§ 3º Para os fins do disposto no *caput* deste artigo, ficam a União e suas entidades autárquicas e fundacionais autorizadas a:

I – celebrar convênios exclusivamente para a prestação de serviços de assistência à saúde para os seus servidores ou empregados ativos, aposentados, pensionistas, bem como para seus respectivos grupos familiares definidos, com entidades de autogestão por elas patrocinadas por meio de instrumentos jurídicos efetivamente celebrados e publicados até 12 de fevereiro de 2006 e que possuam autorização de funcionamento do órgão regulador, sendo certo que os convênios celebrados depois dessa data somente poderão sê-lo na forma da regulamentação específica sobre patrocínio de autogestões, a ser publicada pelo mesmo órgão regulador, no prazo de 180 (cento e oitenta) dias da vigência desta Lei, normas essas também aplicáveis aos convênios existentes até 12 de fevereiro de 2006;

II – contratar, mediante licitação, na forma da Lei nº 8.666, de 21 de junho de 1993, operadoras de planos e seguros privados de assistência à saúde que possuam autorização de funcionamento do órgão regulador;

► § 3º acrescido pela Lei nº 11.302, de 10-5-2006.

III – VETADO. Lei nº 11.302, de 10-5-2006.

§ 4º VETADO. Lei nº 11.302, de 10-5-2006.

§ 5º O valor do ressarcimento fica limitado ao total despendido pelo servidor ou pensionista civil com plano ou seguro privado de assistência à saúde.

► § 5º acrescido pela Lei nº 11.302, de 10-5-2006.

CAPÍTULO IV

DO CUSTEIO

Art. 231. *Revogado.* Lei nº 9.783, de 28-1-1999.

TÍTULO VII

CAPÍTULO ÚNICO

DA CONTRATAÇÃO TEMPORÁRIA DE EXCEPCIONAL INTERESSE PÚBLICO

Arts. 232 a 235. *Revogados.* Lei nº 8.745, de 9-12-1993.

TÍTULO VIII

CAPÍTULO ÚNICO

DAS DISPOSIÇÕES GERAIS

Art. 236. O Dia do Servidor Público será comemorado a vinte e oito de outubro.

Art. 237. Poderão ser instituídos, no âmbito dos Poderes Executivo, Legislativo e Judiciário, os seguintes incentivos funcionais, além daqueles já previstos nos respectivos planos de carreira:

I – prêmios pela apresentação de ideias, inventos ou trabalhos que favoreçam o aumento de produtividade e a redução dos custos operacionais;

II – concessão de medalhas, diplomas de honra ao mérito, condecoração e elogio.

Art. 238. Os prazos previstos nesta Lei serão contados em dias corridos, excluindo-se o dia do começo e incluindo-se o do vencimento, ficando prorrogado, para o primeiro dia útil seguinte, o prazo vencido em dia em que não haja expediente.

Art. 239. Por motivo de crença religiosa ou de convicção filosófica ou política, o servidor não poderá ser privado de quaisquer dos seus direitos, sofrer discriminação em sua vida funcional, nem eximir-se do cumprimento de seus deveres.

Art. 240. Ao servidor público civil é assegurado, nos termos da Constituição Federal, o direito à livre associação sindical e os seguintes direitos, entre outros, dela decorrentes:

a) de ser representado pelo sindicato, inclusive como substituto processual;

b) de inamovibilidade do dirigente sindical, até um ano após o final do mandato, exceto se a pedido;

c) de descontar em folha, sem ônus para a entidade sindical a que for filiado, o valor das mensalidades e contribuições definidas em assembleia geral da categoria;

d e *e) Revogadas.* Lei nº 9.527, de 10-12-1997.

Art. 241. Consideram-se da família do servidor, além do cônjuge e filhos, quaisquer pessoas que vivam às suas expensas e constem do seu assentamento individual.

Parágrafo único. Equipara-se ao cônjuge a companheira ou companheiro, que comprove união estável como entidade familiar.

Art. 242. Para os fins desta Lei, considera-se sede o município onde a repartição estiver instalada e onde o servidor tiver exercício, em caráter permanente.

TÍTULO IX

CAPÍTULO ÚNICO

DAS DISPOSIÇÕES TRANSITÓRIAS E FINAIS

Art. 243. Ficam submetidos ao regime jurídico instituído por esta Lei, na qualidade de servidores públicos, os servidores dos Poderes da União, dos ex-Territórios, das autarquias, inclusive as em regime especial, e das fundações públicas, regidos pela Lei nº 1.711, de 28 de outubro de 1952 – Estatuto dos Funcionários Públicos Civis da União, ou pela Consolidação das Leis do Trabalho, aprovada pelo Decreto-Lei nº 5.452, de 1º de maio de 1943, exceto os contratados por prazo determinado, cujos contratos não poderão ser prorrogados após o vencimento do prazo de prorrogação.

§ 1º Os empregos ocupados pelos servidores incluídos no regime instituído por esta Lei ficam transformados em cargos, na data de sua publicação.

§ 2º As funções de confiança exercidas por pessoas não integrantes de tabela permanente do órgão ou entidade onde têm exercício ficam transformadas em cargos em comissão, e mantidas enquanto não for implantado o plano de cargos dos órgãos ou entidades na forma da lei.

§ 3º As Funções de Assessoramento Superior – FAS, exercidas por servidor integrante de quadro ou tabela de pessoal, ficam extintas na data da vigência desta Lei.

§ 4º VETADO.

§ 5º O regime jurídico desta Lei é extensivo aos serventuários da Justiça, remunerados com recursos da União, no que couber.

§ 6º Os empregos dos servidores estrangeiros com estabilidade no serviço público, enquanto não adquirirem a nacionalidade brasileira, passarão a integrar tabela em extinção, do respectivo órgão ou entidade, sem prejuízo dos direitos inerentes aos planos de carreira aos quais se encontrem vinculados os empregos.

§ 7º Os servidores públicos de que trata o *caput* deste artigo, não amparados pelo art. 19 do Ato das Disposições Constitucionais Transitórias, poderão, no interesse da Administração e conforme critérios estabelecidos em regulamento, ser exonerados mediante indenização de um mês de remuneração por ano de efetivo exercício no serviço público federal.

§ 8º Para fins de incidência do imposto de renda na fonte e na declaração de rendimentos, serão considerados como indenizações isentas os pagamentos efetuados a título de indenização prevista no parágrafo anterior.

§ 9º Os cargos vagos em decorrência da aplicação do disposto no § 7º poderão ser extintos pelo Poder Executivo quando considerados desnecessários.

▸ §§ 7º a 9º acrescidos pela Lei nº 9.527, de 10-12-1997.

Art. 244. Os adicionais por tempo de serviço, já concedidos aos servidores abrangidos por esta Lei, ficam transformados em anuênio.

Art. 245. A licença especial disciplinada pelo art. 116 da Lei nº 1.711, de 1952, ou por outro diploma legal, fica transformada em licença-prêmio por assiduidade, na forma prevista nos arts. 87 a 90.

Art. 246. VETADO.

Art. 247. Para efeito do disposto no Título VI desta Lei, haverá ajuste de contas com a Previdência Social, correspondente ao período de contribuição por parte dos servidores celetistas abrangidos pelo art. 243.

▸ Artigo com a redação dada pela Lei nº 8.162, de 8-1-1991.

Art. 248. As pensões estatutárias, concedidas até a vigência desta Lei, passam a ser mantidas pelo órgão ou entidade de origem do servidor.

Art. 249. Até a edição da lei prevista no § 1º do art. 231, os servidores abrangidos por esta Lei contribuirão na forma e nos percentuais atualmente estabelecidos para o servidor civil da União conforme regulamento próprio.

Art. 250. O servidor que já tiver satisfeito ou vier a satisfazer, dentro de 1 (um) ano, as condições necessárias para a aposentadoria nos termos do inciso II do art. 184 do antigo Estatuto dos Funcionários Públicos Civis da União, Lei nº 1.711, de 28 de outubro de 1952, aposentar-se-á com a vantagem prevista naquele dispositivo.

▸ Veto mantido pelo Congresso Nacional e promulgado no *DOU* de 19-4-1991.

Art. 251. *Revogado.* Lei nº 9.527, de 10-12-1997.

Art. 252. Esta Lei entra em vigor na data de sua publicação, com efeitos financeiros a partir do primeiro dia do mês subsequente.

Art. 253. Ficam revogadas a Lei nº 1.711, de 28 de outubro de 1952, e respectiva legislação complementar, bem como as demais disposições em contrário.

Brasília, 11 de dezembro de 1990;
169º da Independência e
102º da República.

Fernando Collor

LEI Nº 8.137, DE 27 DE DEZEMBRO DE 1990

Define crimes contra a ordem tributária, econômica e contra as relações de consumo, e dá outras providências.

▸ Publicada no *DOU* de 28-12-1990.

CAPÍTULO I

DOS CRIMES CONTRA A ORDEM TRIBUTÁRIA

SEÇÃO I

DOS CRIMES PRATICADOS POR PARTICULARES

Art. 1º Constitui crime contra a ordem tributária suprimir ou reduzir tributo, ou contribuição social e qualquer acessório, mediante as seguintes condutas:

I – omitir informação, ou prestar declaração falsa às autoridades fazendárias;

II – fraudar a fiscalização tributária, inserindo elementos inexatos, ou omitindo operação de qualquer natureza, em documento ou livro exigido pela lei fiscal;

III – falsificar ou alterar nota fiscal, fatura, duplicata, nota de venda, ou qualquer outro documento relativo à operação tributável;

IV – elaborar, distribuir, fornecer, emitir ou utilizar documento que saiba ou deva saber falso ou inexato;

V – negar ou deixar de fornecer, quando obrigatório, nota fiscal ou documento equivalente, relativa à venda de mercadoria ou prestação de serviço, efetivamente realizada, ou fornecê-la em desacordo com a legislação.

Pena – reclusão, de dois a cinco anos, e multa.

Parágrafo único. A falta de atendimento da exigência da autoridade, no prazo de dez dias, que poderá ser convertido em horas em razão da maior ou menor complexidade da matéria ou da dificuldade quanto ao atendimento da exigência, caracteriza a infração prevista no inciso V.

Art. 2º Constitui crime da mesma natureza:

I – fazer declaração falsa ou omitir declaração sobre rendas, bens ou fatos, ou empregar outra fraude, para eximir-se, total ou parcialmente, de pagamento de tributo;

II – deixar de recolher, no prazo legal, valor de tributo ou de contribuição social, descontado ou cobrado, na qualidade de sujeito passivo de obrigação e que deveria recolher aos cofres públicos;

III – exigir, pagar ou receber, para si ou para o contribuinte beneficiário, qualquer percentagem sobre a parcela dedutível ou deduzida de imposto ou de contribuição como incentivo fiscal;

IV – deixar de aplicar, ou aplicar em desacordo com o estatuído, incentivo fiscal ou parcelas de imposto liberadas por órgão ou entidade de desenvolvimento;

V – utilizar ou divulgar programa de processamento de dados que permita ao sujeito passivo da obrigação tributária possuir informação contábil diversa daquela que é, por lei, fornecida à Fazenda Pública.

Pena – detenção, de seis meses a dois anos, e multa.

Seção II
DOS CRIMES PRATICADOS POR FUNCIONÁRIOS PÚBLICOS

Art. 3º Constitui crime funcional contra a ordem tributária, além dos previstos no Decreto-Lei nº 2.848, de 7 de dezembro de 1940 – Código Penal (Título XI, Capítulo I):

I – extraviar livro oficial, processo fiscal ou qualquer documento, de que tenha a guarda em razão da função; sonegá-lo, ou inutilizá-lo, total ou parcialmente, acarretando pagamento indevido ou inexato de tributo ou contribuição social;

II – exigir, solicitar ou receber, para si ou para outrem, direta ou indiretamente, ainda que fora da função ou antes de iniciar seu exercício, mas em razão dela, vantagem indevida; ou aceitar promessa de tal vantagem, para deixar de lançar ou cobrar tributo ou contribuição social, ou cobrá-los parcialmente;

Pena – reclusão, de três a oito anos e multa.

III – patrocinar, direta ou indiretamente, interesse privado perante a administração fazendária, valendo-se da qualidade de funcionário público.

Pena – reclusão, de um a quatro anos, e multa.

CAPÍTULO II
DOS CRIMES CONTRA A ECONOMIA E AS RELAÇÕES DE CONSUMO

Art. 4º Constitui crime contra a ordem econômica:

I – abusar do poder econômico, dominando o mercado ou eliminando, total ou parcialmente, a concorrência mediante qualquer forma de ajuste ou acordo de empresas;

► *Caput* do inciso I com a redação dada pela Lei nº 12.529, de 30-11-2011.

a a *f*) *Revogadas*. Lei nº 12.529, de 30-11-2011.

II – formar acordo, convênio, ajuste ou aliança entre ofertantes, visando:

a) à fixação artificial de preços ou quantidades vendidas ou produzidas;

b) ao controle regionalizado do mercado por empresa ou grupo de empresas;

c) ao controle, em detrimento da concorrência, de rede de distribuição ou de fornecedores.

Pena – reclusão, de 2 (dois) a 5 (cinco) anos e multa.

► Inciso II com a redação dada pela Lei nº 12.529, de 30-11-2011.

III a VII – *Revogados*. Lei nº 12.529, de 30-11-2011.

Arts. 5º e 6º *Revogados*. Lei nº 12.529, de 30-11-2011.

Art. 7º Constitui crime contra as relações de consumo:

I – favorecer ou preferir, sem justa causa, comprador ou freguês, ressalvados os sistemas de entrega ao consumo por intermédio de distribuidores ou revendedores;

II – vender ou expor à venda mercadoria cuja embalagem, tipo, especificação, peso ou composição esteja em desacordo com as prescrições legais, ou que não corresponda à respectiva classificação oficial;

III – misturar gêneros e mercadorias de espécies diferentes, para vendê-los ou expô-los à venda como puros; misturar gêneros e mercadorias de qualidades desiguais para vendê-los ou expô-los à venda por preço estabelecido para os de mais alto custo;

IV – fraudar preços por meio de:

a) alteração, sem modificação essencial ou de qualidade, de elementos tais como denominação, sinal externo, marca, embalagem, especificação técnica, descrição, volume, peso, pintura ou acabamento de bem ou serviço;

b) divisão em partes de bem ou serviço, habitualmente oferecido à venda em conjunto;

c) junção de bens ou serviços, comumente oferecidos à venda em separado;

d) aviso de inclusão de insumo não empregado na produção do bem ou na prestação dos serviços;

V – elevar o valor cobrado nas vendas a prazo de bens ou serviços, mediante a exigência de comissão ou de taxa de juros ilegais;

VI – sonegar insumos ou bens, recusando-se a vendê-los a quem pretenda comprá-los nas condições publicamente ofertadas, ou retê-los para o fim de especulação;

VII – induzir o consumidor ou usuário a erro, por via de indicação ou afirmação falsa ou enganosa sobre a natureza, qualidade de bem ou serviço, utilizando-se de qualquer meio, inclusive a veiculação ou divulgação publicitária;

VIII – destruir, inutilizar ou danificar matéria-prima ou mercadoria, com o fim de provocar alta de preço, em proveito próprio ou de terceiros;

X – vender, ter em depósito para vender ou expor à venda ou, de qualquer forma, entregar matéria-prima ou mercadoria, em condições impróprias ao consumo.

Pena – detenção, de dois a cinco anos, ou multa.

Parágrafo único. Nas hipóteses dos incisos II, III e IX pune-se a modalidade culposa, reduzindo-se a pena e a detenção de um terço ou a de multa à quinta parte.

CAPÍTULO III

DAS MULTAS

Art. 8º Nos crimes definidos nos artigos 1º a 3º desta Lei, a pena de multa será fixada entre dez e trezentos e sessenta dias-multa, conforme seja necessário e suficiente para reprovação e prevenção do crime.

Parágrafo único. O dia-multa será fixado pelo juiz em valor não inferior a quatorze nem superior a duzentos Bônus do Tesouro Nacional – BTN.

Art. 9º A pena de detenção ou reclusão poderá ser convertida em multa de valor equivalente a:

I – duzentos mil até cinco milhões de BTN, nos crimes definidos no artigo 4º;

II – cinco mil até duzentos mil BTN, nos crimes definidos nos artigos 5º e 6º;

III – cinquenta mil até um milhão de BTN, nos crimes definidos no artigo 7º.

Art. 10. Caso o juiz, considerado o ganho ilícito e a situação econômica do réu, verifique a insuficiência ou excessiva onerosidade das penas pecuniárias previstas nesta Lei, poderá diminuí-las até a décima parte ou elevá-las ao décuplo.

CAPÍTULO IV

DAS DISPOSIÇÕES GERAIS

Art. 11. Quem, de qualquer modo, inclusive por meio de pessoa jurídica, concorre para os crimes definidos nesta Lei, incide nas penas a estes cominadas, na medida de sua culpabilidade.

Parágrafo único. Quando a venda ao consumidor for efetuada por sistema de entrega ao consumo ou por intermédio de distribuidor ou revendedor, seja em regime de concessão comercial ou outro em que o preço ao consumidor é estabelecido ou sugerido pelo fabricante ou concedente, o ato por este praticado não alcança o distribuidor ou revendedor.

Art. 12. São circunstâncias que podem agravar de um terço até a metade as penas previstas nos artigos 1º, 2º e 4º a 7º:

I – ocasionar grave dano à coletividade;

II – ser o crime cometido por servidor público no exercício de suas funções;

III – ser o crime praticado em relação à prestação de serviços ou ao comércio de bens essenciais à vida ou à saúde.

Art. 13. VETADO.

Art. 14. *Revogado.* Lei nº 8.383, de 30-12-1991.

Art. 15. Os crimes previstos nesta Lei são de ação penal pública, aplicando-se-lhes o disposto no artigo 100 do Decreto-Lei nº 2.848, de 7 de dezembro de 1940 – Código Penal.

Art. 16. Qualquer pessoa poderá provocar a iniciativa do Ministério Público nos crimes descritos nesta Lei, fornecendo-lhe por escrito informações sobre o fato e a autoria, bem como indicando o tempo, o lugar e os elementos de convicção.

Parágrafo único. Nos crimes previstos nesta Lei, cometidos em quadrilha ou coautoria, o coautor ou partícipe que através de confissão espontânea revelar à autoridade policial ou judicial toda a trama delituosa terá a sua pena reduzida de um a dois terços.

▶ Parágrafo único acrescido pela Lei nº 9.080, de 19-7-1995.

Art. 17. Compete ao Departamento Nacional de Abastecimento e Preços, quando e se necessário, providenciar a desapropriação de estoques, a fim de evitar crise no mercado ou colapso no abastecimento.

Art. 18. *Revogado.* Lei nº 8.176, de 8-2-1991.

Art. 19. O *caput* do artigo 172 do Decreto-Lei nº 2.848, de 7 de dezembro de 1940 – Código Penal, passa a ter a seguinte redação:

"Art. 172. Emitir fatura, duplicata ou nota de venda que não corresponda à mercadoria vendida, em quantidade ou qualidade, ou ao serviço prestado.

Pena – detenção, de 2 (dois) a 4 (quatro) anos, e multa".

Art. 20. O §1º do artigo 316 do Decreto-Lei nº 2.848, de 7 de dezembro de 1940 – Código Penal, passa a ter a seguinte redação:

"Art. 316. ....

§ 1º Se o funcionário exige tributo ou contribuição social que sabe ou deveria saber indevido, ou, quando devido, emprega na cobrança meio vexatório ou gravoso, que a lei não autoriza;

Pena – reclusão, de 3 (três) a 8 (oito) anos, e multa".

Art. 21. O artigo 318 do Decreto-Lei nº 2.848, de 7 de dezembro de 1940 – Código Penal, quanto à fixação da pena, passa a ter a seguinte redação:

"Art. 318. ....

Pena – reclusão, de 3 (três) a 8 (oito) anos, e multa".

Art. 22. Esta Lei entra em vigor na data de sua publicação.

Art. 23. Revogam-se as disposições em contrário e, em especial, o artigo 279 do Decreto-Lei nº 2.848, de 7 de dezembro de 1940 – Código Penal.

Brasília, 27 de dezembro de 1990;
169º da Independência e
102º da República.

Fernando Collor

LEI Nº 8.159, DE 8 DE JANEIRO DE 1991

Dispõe sobre a política nacional de arquivos públicos e privados e dá outras providências.

▶ Publicada no *DOU* de 9-1-1991.

CAPÍTULO I

DISPOSIÇÕES GERAIS

Art. 1º É dever do Poder Público a gestão documental e a proteção especial a documentos de arquivos, como instrumento de apoio à administração, à cultura, ao desenvolvimento científico e como elementos de prova e informação.

Art. 2º Consideram-se arquivos, para os fins desta Lei, os conjuntos de documentos produzidos e recebidos por órgãos públicos, instituições de caráter público e entidades privadas, em decorrência do exercício de atividades específicas, bem como por pessoa física, qualquer que seja o suporte da informação ou a natureza dos documentos.

Art. 3º Considera-se gestão de documentos o conjunto de procedimentos e operações técnicas à sua produção, tramitação, uso, avaliação e arquivamento em fase corrente e intermediária, visando a sua eliminação ou recolhimento para guarda permanente.

Art. 4º Todos têm direito a receber dos órgãos públicos informações de seu interesse particular ou de interesse coletivo ou geral, contidas em documentos de arquivos, que serão prestadas no prazo da lei, sob pena de responsabilidade, ressalvadas aquelas cujo sigilo seja imprescindível à segurança da sociedade e do Estado, bem como à inviolabilidade da intimidade, da vida privada, da honra e da imagem das pessoas.

Art. 5º A administração pública franqueará a consulta aos documentos públicos na forma desta Lei.

Art. 6º Fica resguardado o direito de indenização pelo dano material ou moral decorrente da violação do sigilo, sem prejuízo das ações penal, civil e administrativa.

CAPÍTULO II
DOS ARQUIVOS PÚBLICOS

Art. 7º Os arquivos públicos são os conjuntos de documentos produzidos e recebidos, no exercício de suas atividades, por órgãos públicos de âmbito federal, estadual, do Distrito Federal e municipal em decorrência de suas funções administrativas, legislativas e judiciárias.

§ 1º São também públicos os conjuntos de documentos produzidos e recebidos por instituições de caráter público, por entidades privadas encarregadas da gestão de serviços públicos no exercício de suas atividades.

§ 2º A cessação de atividades de instituições públicas e de caráter público implica o recolhimento de sua documentação à instituição arquivística pública ou a sua transferência à instituição sucessora.

Art. 8º Os documentos públicos são identificados como correntes, intermediários e permanentes.

§ 1º Consideram-se documentos correntes aqueles em curso ou que, mesmo sem movimentação, constituam objeto de consultas frequentes.

§ 2º Consideram-se documentos intermediários aqueles que, não sendo de uso corrente nos órgãos produtores, por razões de interesse administrativo, aguardam a sua eliminação ou recolhimento para guarda permanente.

§ 3º Consideram-se permanentes os conjuntos de documentos de valor histórico, probatório e informativo que devem ser definitivamente preservados.

Art. 9º A eliminação de documentos produzidos por instituições públicas e de caráter público será realizada mediante autorização da instituição arquivística pública, na sua específica esfera de competência.

Art. 10. Os documentos de valor permanente são inalienáveis e imprescritíveis.

CAPÍTULO III
DOS ARQUIVOS PRIVADOS

Art. 11. Consideram-se arquivos privados os conjuntos de documentos produzidos ou recebidos por pessoas físicas ou jurídicas, em decorrência de suas atividades.

Art. 12. Os arquivos privados podem ser identificados pelo Poder Público como de interesse público e social, desde que sejam considerados como conjuntos de fontes relevantes para a história e desenvolvimento científico nacional.

Art. 13. Os arquivos privados identificados como de interesse público e social não poderão ser alienados com dispersão ou perda da unidade documental, nem transferidos para o exterior.

Parágrafo único. Na alienação desses arquivos o Poder Público exercerá preferência na aquisição.

Art. 14. O acesso aos documentos de arquivos privados identificados como de interesse público e social poderá ser franqueado mediante autorização de seu proprietário ou possuidor.

Art. 15. Os arquivos privados identificados como de interesse público e social poderão ser depositados a título revogável, ou doados a instituições arquivísticas públicas.

Art. 16. Os registros civis de arquivos de entidades religiosas produzidos anteriormente à vigência do Código Civil ficam identificados como de interesse público e social.

CAPÍTULO IV
DA ORGANIZAÇÃO E ADMINISTRAÇÃO DE INSTITUIÇÕES ARQUIVÍSTICAS PÚBLICAS

Art. 17. A administração da documentação pública ou de caráter público compete às instituições arquivísticas federais, estaduais, do Distrito Federal e municipais.

§ 1º São Arquivos Federais o Arquivo Nacional do Poder Executivo, e os arquivos do Poder Legislativo e do Poder Judiciário. São considerados, também, do Poder Executivo os arquivos do Ministério da Marinha, do Ministério das Relações Exteriores, do Ministério do Exército e do Ministério da Aeronáutica.

§ 2º São Arquivos Estaduais o arquivo do Poder Executivo, o arquivo do Poder Legislativo e o arquivo do Poder Judiciário.

§ 3º São Arquivos do Distrito Federal o arquivo do Poder Executivo, o arquivo do Poder Legislativo e o arquivo do Poder Judiciário.

§ 4º São Arquivos Municipais o arquivo do Poder Executivo e o arquivo do Poder Legislativo.

§ 5º Os arquivos públicos dos Territórios são organizados de acordo com sua estrutura político-jurídica.

Art. 18. Compete ao Arquivo Nacional a gestão e o recolhimento dos documentos produzidos e recebidos pelo Poder Executivo Federal, bem como preservar e facultar o acesso aos documentos sob sua guarda, e acompanhar e implementar a política nacional de arquivos.

Parágrafo único. Para o pleno exercício de suas funções, o Arquivo Nacional poderá criar unidades regionais.

Art. 19. Competem aos arquivos do Poder Legislativo Federal a gestão e o recolhimento dos documentos produzidos e recebidos pelo Poder Legislativo Federal no exercício das suas funções, bem como preservar e facultar o acesso aos documentos sob sua guarda.

Art. 20. Competem aos arquivos do Poder Judiciário Federal a gestão e o recolhimento dos documentos produzidos e recebidos pelo Poder Judiciário Federal no exercício de suas funções, tramitados em juízo e oriundos de cartórios e secretarias, bem como preservar e facultar o acesso aos documentos sob sua guarda.

Art. 21. Legislação estadual, do Distrito Federal e municipal definirá os critérios de organização e vinculação dos arquivos estaduais e municipais, bem como a gestão e o acesso aos documentos, observado o disposto na Constituição Federal e nesta Lei.

CAPÍTULO V
DO ACESSO E DO SIGILO DOS DOCUMENTOS PÚBLICOS

Arts. 22 a 24. *Revogados.* Lei nº 12.527, de 18-11-2011.

DISPOSIÇÕES FINAIS

Art. 25. Ficará sujeito à responsabilidade penal, civil e administrativa, na forma da legislação em vigor, aquele que desfigurar ou destruir documentos de valor permanente ou considerado como de interesse público e social.

Art. 26. Fica criado o Conselho Nacional de Arquivos – CONARQ, órgão vinculado ao Arquivo Nacional, que definirá a política nacional de arquivos, como órgão central de um Sistema Nacional de Arquivos – SINAR.

§ 1º O Conselho Nacional de Arquivos será presidido pelo Diretor-Geral do Arquivo Nacional e integrado por representantes de instituições arquivísticas e acadêmicas, públicas e privadas.

§ 2º A estrutura e funcionamento do Conselho criado neste artigo serão estabelecidos em regulamento.

Art. 27. Esta Lei entra em vigor na data de sua publicação.

Art. 28. Revogam-se as disposições em contrário.

Brasília, 8 de janeiro de 1991;
170º da Independência e
103º da República.
Fernando Collor

LEI Nº 8.245, DE 18 DE OUTUBRO DE 1991

Dispõe sobre as locações dos imóveis urbanos e os procedimentos a elas pertinentes.

► Publicada no *DOU* de 21-10-1991.

TÍTULO I – DA LOCAÇÃO

CAPÍTULO I

DISPOSIÇÕES GERAIS

Seção I

DA LOCAÇÃO EM GERAL

Art. 1º A locação de imóvel urbano regula-se pelo disposto nesta Lei.

► Súmulas nºs 486 e 614 do STJ.

Parágrafo único. Continuam regulados pelo Código Civil e pelas leis especiais:

► Arts. 565 a 578 e 2.036 do CC.

a) as locações:

1. de imóveis de propriedade da União, dos Estados e dos Municípios, de suas autarquias e fundações públicas;
2. de vagas autônomas de garagem ou de espaços para estacionamento de veículos;
3. de espaços destinados à publicidade;
4. em apart-hotéis, hotéis residência ou equiparados, assim considerados aqueles que prestam serviços regulares a seus usuários e como tais sejam autorizados a funcionar;

b) o arrendamento mercantil, em qualquer de suas modalidades.

Art. 2º Havendo mais de um locador ou mais de um locatário, entende-se que são solidários se o contrário não se estipulou.

Parágrafo único. Os ocupantes de habitações coletivas multifamiliares presumem-se locatários ou sublocatários.

Art. 3º O contrato de locação pode ser ajustado por qualquer prazo, dependendo de vênia conjugal, se igual ou superior a dez anos.

Parágrafo único. Ausente a vênia conjugal, o cônjuge não estará obrigado a observar o prazo excedente.

Art. 4º Durante o prazo estipulado para a duração do contrato, não poderá o locador reaver o imóvel alugado. Com exceção ao que estipula o § 2º do art. 54-A, o locatário, todavia, poderá devolvê-lo, pagando a multa pactuada, proporcional ao período de cumprimento do contrato, ou, na sua falta, a que for judicialmente estipulada.

► *Caput* com a redação dada pela Lei nº 12.744, de 19-12-2012.

Parágrafo único. O locatário ficará dispensado da multa se a devolução do imóvel decorrer de transferência, pelo seu empregador, privado ou público, para prestar serviços em localidades diversas daquela do início do contrato, e se notificar, por escrito, o locador com prazo de, no mínimo, trinta dias de antecedência.

Art. 5º Seja qual for o fundamento do término da locação, a ação do locador para reaver o imóvel é a de despejo.

Parágrafo único. O disposto neste artigo não se aplica se a locação termina em decorrência de desapropriação, com a imissão do expropriante na posse do imóvel.

Art. 6º O locatário poderá denunciar a locação por prazo indeterminado mediante aviso por escrito ao locador, com antecedência mínima de trinta dias.

Parágrafo único. Na ausência do aviso, o locador poderá exigir quantia correspondente a um mês de aluguel e encargos, vigentes quando da resilição.

Art. 7º Nos casos de extinção de usufruto ou de fideicomisso, a locação celebrada pelo usufrutuário ou fiduciário poderá ser denunciada, com o prazo de trinta dias para a desocupação, salvo se tiver havido aquiescência escrita do nu-proprietário ou do fideicomissário, ou se a propriedade estiver consolidada em mãos do usufrutuário ou do fiduciário.

Parágrafo único. A denúncia deverá ser exercitada no prazo de noventa dias contados da extinção do fideicomisso ou da averbação da extinção do usufruto, presumindo-se, após esse prazo, a concordância na manutenção da locação.

Art. 8º Se o imóvel for alienado durante a locação, o adquirente poderá denunciar o contrato, com o prazo de noventa dias para a desocupação, salvo se a locação for por tempo determinado e o contrato contiver cláusula de vigência em caso de alienação e estiver averbado junto à matrícula do imóvel.

§ 1º Idêntico direito terá o promissário comprador e o promissário cessionário, em caráter irrevogável, com imissão na posse do imóvel e título registrado junto à matrícula do mesmo.

§ 2º A denúncia deverá ser exercitada no prazo de noventa dias contados do registro da venda ou do compromisso, presumindo-se, após esse prazo, a concordância na manutenção da locação.

Art. 9º A locação também poderá ser desfeita:

I – por mútuo acordo;

II – em decorrência da prática de infração legal ou contratual;

III – em decorrência da falta de pagamento do aluguel e demais encargos;

IV – para a realização de reparações urgentes determinadas pelo Poder Público, que não possam ser normalmente executadas com a permanência do locatário no imóvel ou, podendo, ele se recuse a consenti-las.

Art. 10. Morrendo o locador, a locação transmite-se aos herdeiros.

Art. 11. Morrendo o locatário, ficarão sub-rogados nos seus direitos e obrigações:

I – nas locações com finalidade residencial, o cônjuge sobrevivente ou o companheiro e, sucessivamente, os herdeiros necessários e as pessoas que viviam na dependência econômica do *de cujus*, desde que residentes no imóvel;

II – nas locações com finalidade não residencial, o espólio e, se for o caso, seu sucessor no negócio.

Art. 12. Em casos de separação de fato, separação judicial, divórcio ou dissolução da união estável, a locação residencial prosseguirá automaticamente com o cônjuge ou companheiro que permanecer no imóvel.

► *Caput* com a redação dada pela Lei nº 12.112, de 9-12-2009.

§ 1º Nas hipóteses previstas neste artigo e no art. 11, a sub-rogação será comunicada por escrito ao locador e ao fiador, se esta for a modalidade de garantia locatícia.

► Antigo parágrafo único transformado em § 1º e com a redação dada pela Lei nº 12.112, de 9-12-2009.

§ 2º O fiador poderá exonerar-se das suas responsabilidades no prazo de 30 (trinta) dias contado do recebimento da comunicação oferecida pelo sub-rogado, ficando responsável pelos efeitos da fiança durante 120 (cento e vinte) dias após a notificação ao locador.

► § 2º acrescido pela Lei nº 12.112, de 9-12-2009.

Art. 13. A cessão da locação, a sublocação e o empréstimo do imóvel, total ou parcialmente, dependem do consentimento prévio e escrito do locador.

§ 1º Não se presume o consentimento pela simples demora do locador em manifestar formalmente a sua oposição.

§ 2º Desde que notificado por escrito pelo locatário, de ocorrência de uma das hipóteses deste artigo, o locador terá o prazo de trinta dias para manifestar formalmente a sua oposição.

§ 3º VETADO. Lei nº 12.112, de 9-12-2009.

Seção II
DAS SUBLOCAÇÕES

Art. 14. Aplicam-se às sublocações, no que couber, as disposições relativas às locações.

Art. 15. Rescindida ou finda a locação, qualquer que seja sua causa, resolvem-se as sublocações, assegurado o direito de indenização do sublocatário contra o sublocador.

Art. 16. O sublocatário responde subsidiariamente ao locador pela importância que dever ao sublocador, quando este for demandado e, ainda, pelos aluguéis que se vencerem durante a lide.

Seção III
DO ALUGUEL

Art. 17. É livre a convenção do aluguel, vedada a sua estipulação em moeda estrangeira e a sua vinculação à variação cambial ou ao salário mínimo.

Parágrafo único. Nas locações residenciais serão observados os critérios de reajustes previstos na legislação específica.

Art. 18. É lícito às partes fixar, de comum acordo, novo valor para o aluguel, bem como inserir ou modificar cláusula de reajuste.

Art. 19. Não havendo acordo, o locador ou o locatário, após três anos de vigência do contrato ou do acordo anteriormente realizado, poderão pedir revisão judicial do aluguel, a fim de ajustá-lo ao preço de mercado.

Art. 20. Salvo as hipóteses do artigo 42 e da locação para temporada, o locador não poderá exigir o pagamento antecipado do aluguel.

Art. 21. O aluguel da sublocação não poderá exceder o da locação; nas habitações coletivas multifamiliares, a soma dos aluguéis não poderá ser superior ao dobro do valor da locação.

Parágrafo único. O descumprimento deste artigo autoriza o sublocatário a reduzir o aluguel até os limites nele estabelecidos.

Seção IV
DOS DEVERES DO LOCADOR E DO LOCATÁRIO

Art. 22. O locador é obrigado a:

I – entregar ao locatário o imóvel alugado em estado de servir ao uso a que se destina;

II – garantir, durante o tempo da locação, o uso pacífico do imóvel locado;

III – manter, durante a locação, a forma e o destino do imóvel;

IV – responder pelos vícios ou defeitos anteriores à locação;

V – fornecer ao locatário, caso este solicite, descrição minuciosa do estado do imóvel, quando de sua entrega, com expressa referência aos eventuais defeitos existentes;

VI – fornecer ao locatário recibo discriminado das importâncias por este pagas, vedada a quitação genérica;

VII – pagar as taxas de administração imobiliária, se houver, e de intermediações, nestas compreendidas as despesas necessárias à aferição da idoneidade do pretendente ou de seu fiador;

VIII – pagar os impostos e taxas, e ainda o prêmio de seguro complementar contra fogo, que incidam ou venham a incidir sobre o imóvel, salvo disposição expressa em contrário no contrato;

IX – exibir ao locatário, quando solicitado, os comprovantes relativos às parcelas que estejam sendo exigidas;

X – pagar as despesas extraordinárias de condomínio.

Parágrafo único. Por despesas extraordinárias de condomínio se entendem aquelas que não se refiram aos gastos rotineiros de manutenção do edifício, especialmente:

a) obras de reformas ou acréscimos que interessem à estrutura integral do imóvel;

b) pintura das fachadas, empenas, poços de aeração e iluminação, bem como das esquadrias externas;

c) obras destinadas a repor as condições de habitabilidade do edifício;

d) indenizações trabalhistas e previdenciárias pela dispensa de empregados, ocorridas em data anterior ao início da locação;

e) instalação de equipamentos de segurança e de incêndio, de telefonia, de intercomunicação, de esporte e de lazer;

f) despesas de decoração e paisagismo nas partes de uso comum;

g) constituição de fundo de reserva.

► Súm. nº 614 STJ.

Art. 23. O locatário é obrigado a:

I – pagar pontualmente o aluguel e os encargos da locação, legal ou contratualmente exigíveis, no prazo estipulado ou, em sua falta, até o sexto dia útil do mês seguinte ao vencido, no imóvel locado, quando outro local não tiver sido indicado no contrato;

II – servir-se do imóvel para o uso convencionado ou presumido, compatível com a natureza deste e com o fim a que se destina, devendo tratá-lo com o mesmo cuidado como se fosse seu;

III – restituir o imóvel, finda a locação, no estado em que o recebeu, salvo as deteriorações decorrentes do seu uso normal;

IV – levar imediatamente ao conhecimento do locador o surgimento de qualquer dano ou defeito cuja reparação a este incumba, bem como as eventuais turbações de terceiros;

V – realizar a imediata reparação dos danos verificados no imóvel, ou nas suas instalações, provocados por si, seus dependentes, familiares, visitantes ou prepostos;

VI – não modificar a forma interna ou externa do imóvel sem o consentimento prévio e por escrito do locador;

VII – entregar imediatamente ao locador os documentos de cobrança de tributos e encargos condominiais, bem como qualquer intimação, multa ou exigência de autoridade pública, ainda que dirigida a ele, locatário;

VIII – pagar as despesas de telefone e de consumo de força, luz e gás, água e esgoto;

IX – permitir a vistoria do imóvel pelo locador ou por seu mandatário, mediante combinação prévia de dia e hora, bem como admitir que seja o mesmo visitado e examinado por terceiros, na hipótese prevista no artigo 27;

X – cumprir integralmente a convenção de condomínio e os regulamentos internos;

XI – pagar o prêmio do seguro de fiança;

XII – pagar as despesas ordinárias de condomínio.

§ 1º Por despesas ordinárias de condomínio se entendem as necessárias à administração respectiva, especialmente:

a) salários, encargos trabalhistas, contribuições previdenciárias e sociais dos empregados do condomínio;

b) consumo de água e esgoto, gás, luz e força das áreas de uso comum;

c) limpeza, conservação e pintura das instalações e dependências de uso comum;

d) manutenção e conservação das instalações e equipamentos hidráulicos, elétricos, mecânicos e de segurança, de uso comum;

e) manutenção e conservação das instalações e equipamentos de uso comum destinados à prática de esportes e lazer;

f) manutenção e conservação de elevadores, porteiro eletrônico e antenas coletivas;

g) pequenos reparos nas dependências e instalações elétricas e hidráulicas de uso comum;

h) rateios de saldo devedor, salvo se referentes a período anterior ao início da locação;

i) reposição do fundo de reserva, total ou parcialmente utilizado no custeio ou complementação das despesas referidas nas alíneas anteriores, salvo se referentes a período anterior ao início da locação.

§ 2º O locatário fica obrigado ao pagamento das despesas referidas no parágrafo anterior, desde que comprovadas a previsão orçamentária e o rateio mensal, podendo exigir a qualquer tempo a comprovação das mesmas.

§ 3º No edifício constituído por unidades imobiliárias autônomas, de propriedade da mesma pessoa, os locatários ficam obrigados ao pagamento das despesas referidas no § 1º deste artigo, desde que comprovadas.

Art. 24. Nos imóveis utilizados como habitação coletiva multifamiliar, os locatários ou sublocatários poderão depositar judicialmente o aluguel e encargos se a construção for considerada em condições precárias pelo Poder Público.

§ 1º O levantamento dos depósitos somente será deferido com a comunicação, pela autoridade pública, da regularização do imóvel.

§ 2º Os locatários ou sublocatários que deixarem o imóvel estarão desobrigados do aluguel durante a execução das obras necessárias à regularização.

§ 3º Os depósitos efetuados em juízo pelos locatários e sublocatários poderão ser levantados, mediante ordem judicial, para realização das obras ou serviços necessários à regularização do imóvel.

Art. 25. Atribuída ao locatário a responsabilidade pelo pagamento dos tributos, encargos e despesas ordinárias de condomínio, o locador poderá cobrar tais verbas juntamente com o aluguel do mês a que se refiram.

Parágrafo único. Se o locador antecipar os pagamentos, a ele pertencerão as vantagens daí advindas, salvo se o locatário reembolsá-lo integralmente.

Art. 26. Necessitando o imóvel de reparos urgentes, cuja realização incumba ao locador, o locatário é obrigado a consenti-los.

Parágrafo único. Se os reparos durarem mais de dez dias, o locatário terá direito ao abatimento do aluguel, proporcional ao período excedente; se mais de trinta dias, poderá resilir o contrato.

SEÇÃO V
DO DIREITO DE PREFERÊNCIA

Art. 27. No caso de venda, promessa de venda, cessão ou promessa de cessão de direitos ou dação em pagamento, o locatário tem preferência para adquirir o imóvel locado, em igualdade de condições com terceiros, devendo o locador dar-lhe conhecimento do negócio mediante notificação judicial, extrajudicial ou outro meio de ciência inequívoca.

Parágrafo único. A comunicação deverá conter todas as condições do negócio e, em especial, o preço, a forma de pagamento, a existência de ônus reais, bem como o local e horário em que pode ser examinada a documentação pertinente.

Art. 28. O direito de preferência do locatário caducará se não manifestada, de maneira inequívoca, sua aceitação integral à proposta, no prazo de trinta dias.

Art. 29. Ocorrendo aceitação da proposta, pelo locatário, a posterior desistência do negócio pelo locador acarreta, a este, responsabilidade pelos prejuízos ocasionados, inclusive lucros cessantes.

Art. 30. Estando o imóvel sublocado em sua totalidade, caberá a preferência ao sublocatário e, em seguida, ao locatário. Se forem vários os sublocatários, a preferência caberá a todos, em comum, ou a qualquer deles, se um só for o interessado.

Parágrafo único. Havendo pluralidade de pretendentes, caberá a preferência ao locatário mais antigo, e, se da mesma data, ao mais idoso.

Art. 31. Em se tratando de alienação de mais de uma unidade imobiliária, o direito de preferência incidirá sobre a totalidade dos bens objeto da alienação.

Art. 32. O direito de preferência não alcança os casos de perda da propriedade ou venda por decisão judicial, permuta, doação, integralização de capital, cisão, fusão e incorporação.

Parágrafo único. Nos contratos firmados a partir de 1º de outubro de 2001, o direito de preferência de que trata este artigo não alcançará também os casos de constituição da propriedade fiduciária e de perda da propriedade ou venda por quaisquer formas de realização de garantia, inclusive mediante leilão extrajudicial, devendo essa condição constar expressamente em cláusula contratual específica, destacando-se das demais por sua apresentação gráfica.

► Parágrafo único com a redação dada pela Lei nº 10.931, de 2-8-2004.

Art. 33. O locatário preterido no seu direito de preferência poderá reclamar do alienante as perdas e danos ou, depositando o preço e demais despesas do ato de transferência, haver para si o imóvel locado, se o requerer no prazo de seis meses, a contar do registro do ato no cartório de imóveis, desde que o contrato de locação esteja averbado, pelo menos trinta dias antes da alienação junto à matrícula do imóvel.

Parágrafo único. A averbação far-se-á à vista de qualquer das vias do contrato de locação, desde que subscrito também por duas testemunhas.

Art. 34. Havendo condomínio no imóvel, a preferência do condômino terá prioridade sobre a do locatário.

Seção VI
DAS BENFEITORIAS

Art. 35. Salvo expressa disposição contratual em contrário, as benfeitorias necessárias introduzidas pelo locatário, ainda que não autorizadas pelo locador, bem como as úteis, desde que autorizadas, serão indenizáveis e permitem o exercício do direito de retenção.

► Súm. nº 335 do STJ.

Art. 36. As benfeitorias voluptuárias não serão indenizáveis, podendo ser levantadas pelo locatário, finda a locação, desde que sua retirada não afete a estrutura e a substância do imóvel.

► Art. 571, par. ún., do CC.

Seção VII
DAS GARANTIAS LOCATÍCIAS

Art. 37. No contrato de locação, pode o locador exigir do locatário as seguintes modalidades de garantia:

► Súmulas nºs 214, 268 e 549 do STJ.

I – caução;
II – fiança;
III – seguro de fiança locatícia;
IV – cessão fiduciária de quotas de fundo de investimento.

► Inciso IV acrescido pela Lei nº 11.196, de 21-11-2005.

Parágrafo único. É vedada, sob pena de nulidade, mais de uma das modalidades de garantia num mesmo contrato de locação.

Art. 38. A caução poderá ser em bens móveis ou imóveis.

§ 1º A caução em bens móveis deverá ser registrada em cartório de títulos e documentos; a em bens imóveis deverá ser averbada à margem da respectiva matrícula.

§ 2º A caução em dinheiro, que não poderá exceder o equivalente a três meses de aluguel, será depositada em caderneta de poupança, autorizada pelo Poder Público e por ele regulamentada, revertendo em benefício do locatário todas as vantagens dela decorrentes por ocasião do levantamento da soma respectiva.

§ 3º A caução em títulos e ações deverá ser substituída, no prazo de trinta dias, em caso de concordata, falência ou liquidação das sociedades emissoras.

► A concordata foi substituída pela recuperação judicial, conforme Lei nº 11.101, de 9-2-2005 (Lei de Recuperação de Empresas e Falências).

Art. 39. Salvo disposição contratual em contrário, qualquer das garantias da locação se estende até a efetiva devolução do imóvel, ainda que prorrogada a locação por prazo indeterminado, por força desta Lei.

► Artigo com a redação dada pela Lei nº 12.112, de 9-12-2009.

Art. 40. O locador poderá exigir novo fiador ou a substituição da modalidade de garantia, nos seguintes casos:

► Súm. nº 268 STJ.

I – morte do fiador;
II – ausência, interdição, recuperação judicial, falência ou insolvência do fiador, declaradas judicialmente;

► Inciso II com a redação dada pela Lei nº 12.112, de 9-12-2009.

III – alienação ou gravação de todos os bens imóveis do fiador ou sua mudança de residência sem comunicação ao locador;
IV – exoneração do fiador;
V – prorrogação da locação por prazo indeterminado, sendo a fiança ajustada por prazo certo;
VI – desaparecimento dos bens móveis;
VII – desapropriação ou alienação do imóvel;
VIII – exoneração de garantia constituída por quotas de fundo de investimento;
IX – liquidação ou encerramento do fundo de investimento de que trata o inciso IV do art. 37 desta Lei;

► Incisos VIII e IX acrescidos pela Lei nº 11.196, de 21-11-2005.

X – prorrogação da locação por prazo indeterminado uma vez notificado o locador pelo fiador de sua intenção de desoneração, ficando obrigado por todos os efeitos da fiança, durante 120 (cento e vinte) dias após a notificação ao locador.

► Inciso X acrescido pela Lei nº 12.112, de 9-12-2009.

Parágrafo único. O locador poderá notificar o locatário para apresentar nova garantia locatícia no prazo de 30 (trinta) dias, sob pena de desfazimento da locação.

► Parágrafo único acrescido pela Lei nº 12.112, de 9-12-2009.

Art. 41. O seguro de fiança locatícia abrangerá a totalidade das obrigações do locatário.

Art. 42. Não estando a locação garantida por qualquer das modalidades, o locador poderá exigir do locatário o pagamento do aluguel e encargos até o sexto dia útil do mês vincendo.

Seção VIII
DAS PENALIDADES CRIMINAIS E CIVIS

Art. 43. Constitui contravenção penal, punível com prisão simples de cinco dias a seis meses ou multa de três a doze meses do valor do último aluguel atualizado, revertida em favor do locatário:

I – exigir, por motivo de locação ou sublocação, quantia ou valor além do aluguel e encargos permitidos;
II – exigir, por motivo de locação ou sublocação, mais de uma modalidade de garantia num mesmo contrato de locação;
III – cobrar antecipadamente o aluguel, salvo a hipótese do artigo 42 e da locação para temporada.

Art. 44. Constitui crime de ação pública, punível com detenção de três meses a um ano, que poderá ser substituída pela prestação de serviços à comunidade:

I – recusar-se o locador ou sublocador, nas habitações coletivas multifamiliares, a fornecer recibo discriminado do aluguel e encargos;
II – deixar o retomante, dentro de cento e oitenta dias após a entrega do imóvel, no caso do inciso III do artigo 47, de usá-lo para o fim declarado ou, usando-o, não o fizer pelo prazo mínimo de um ano;
III – não iniciar o proprietário, promissário comprador ou promissário cessionário, nos casos do inciso IV do artigo 9º, inciso IV do artigo 47, inciso I do artigo 52 e inciso II do artigo 53, a demolição ou a reparação do imóvel, dentro de sessenta dias contados de sua entrega;
IV – executar o despejo com inobservância do disposto no § 2º do artigo 65.

Parágrafo único. Ocorrendo qualquer das hipóteses previstas neste artigo, poderá o prejudicado reclamar, em processo próprio, multa equivalente a um mínimo de doze e um máximo de vinte e quatro meses do valor do último aluguel atualizado ou do que esteja sendo cobrado do novo locatário, se realugado o imóvel.

Seção IX
DAS NULIDADES

Art. 45. São nulas de pleno direito as cláusulas do contrato de locação que visem a elidir os objetivos da presente Lei, notadamente as que proíbam a prorrogação prevista no artigo 47, ou que afastem o direito à renovação, na hipótese do artigo 51, ou que imponham obrigações pecuniárias para tanto.

CAPÍTULO II

DAS DISPOSIÇÕES ESPECIAIS

Seção I

DA LOCAÇÃO RESIDENCIAL

Art. 46. Nas locações ajustadas por escrito e por prazo igual ou superior a trinta meses, a resolução do contrato ocorrerá findo o prazo estipulado, independentemente de notificação ou aviso.

§ 1º Findo o prazo ajustado, se o locatário continuar na posse do imóvel alugado por mais de trinta dias sem oposição do locador, presumir-se-á prorrogada a locação por prazo indeterminado, mantidas as demais cláusulas e condições do contrato.

§ 2º Ocorrendo a prorrogação, o locador poderá denunciar o contrato a qualquer tempo, concedido o prazo de trinta dias para desocupação.

Art. 47. Quando ajustada verbalmente ou por escrito e com prazo inferior a trinta meses, findo o prazo estabelecido, a locação prorroga-se automaticamente, por prazo indeterminado, somente podendo ser retomado o imóvel:

I – nos casos do artigo 9º;

II – em decorrência de extinção do contrato de trabalho, se a ocupação do imóvel pelo locatário estiver relacionada com o seu emprego;

III – se for pedido para uso próprio, de seu cônjuge ou companheiro, ou para uso residencial de ascendente ou descendente que não disponha, assim como seu cônjuge ou companheiro, de imóvel residencial próprio;

IV – se for pedido para demolição e edificação licenciada ou para a realização de obras aprovadas pelo Poder Público, que aumentem a área construída em, no mínimo, vinte por cento ou, se o imóvel for destinado a exploração de hotel ou pensão, em cinquenta por cento;

V – se a vigência ininterrupta da locação ultrapassar cinco anos.

§ 1º Na hipótese do inciso III, a necessidade deverá ser judicialmente demonstrada, se:

a) o retomante, alegando necessidade de usar o imóvel, estiver ocupando, com a mesma finalidade, outro de sua propriedade situado na mesma localidade ou, residindo ou utilizando imóvel alheio, já tiver retomado o imóvel anteriormente;

b) o ascendente ou descendente, beneficiário da retomada, residir em imóvel próprio.

§ 2º Nas hipóteses dos incisos III e IV, o retomante deverá comprovar ser proprietário, promissário comprador ou promissário cessionário, em caráter irrevogável, com imissão na posse do imóvel e título registrado junto à matrícula do mesmo.

Seção II

DA LOCAÇÃO PARA TEMPORADA

Art. 48. Considera-se locação para temporada aquela destinada à residência temporária do locatário, para prática de lazer, realização de cursos, tratamento de saúde, feitura de obras em seu imóvel, e outros fatos que decorram tão somente de determinado tempo, e contratada por prazo não superior a noventa dias, esteja ou não mobiliado o imóvel.

Parágrafo único. No caso de a locação envolver imóvel mobiliado, constará do contrato, obrigatoriamente, a descrição dos móveis e utensílios que o guarnecem, bem como o estado em que se encontram.

Art. 49. O locador poderá receber de uma só vez e antecipadamente os aluguéis e encargos, bem como exigir qualquer das modalidades de garantia previstas no artigo 37 para atender as demais obrigações do contrato.

Art. 50. Findo o prazo ajustado, se o locatário permanecer no imóvel sem oposição do locador por mais de trinta dias, presumir-se-á prorrogada a locação por tempo indeterminado, não sendo mais exigível o pagamento antecipado do aluguel e dos encargos.

Parágrafo único. Ocorrendo a prorrogação, o locador somente poderá denunciar o contrato após trinta meses de seu início ou nas hipóteses do artigo 47.

Seção III

DA LOCAÇÃO NÃO RESIDENCIAL

Art. 51. Nas locações de imóveis destinados ao comércio, o locatário terá direito a renovação do contrato, por igual prazo, desde que, cumulativamente:

▸ Arts. 55 e 71 desta Lei.

I – o contrato a renovar tenha sido celebrado por escrito e com prazo determinado;

II – o prazo mínimo do contrato a renovar ou a soma dos prazos ininterruptos dos contratos escritos seja de cinco anos;

III – o locatário esteja explorando seu comércio, no mesmo ramo, pelo prazo mínimo e ininterrupto de três anos.

§ 1º O direito assegurado neste artigo poderá ser exercido pelos cessionários ou sucessores da locação; no caso de sublocação total do imóvel, o direito a renovação somente poderá ser exercido pelo sublocatário.

§ 2º Quando o contrato autorizar que o locatário utilize o imóvel para as atividades de sociedade de que faça parte e que a esta passe a pertencer o fundo de comércio, o direito a renovação poderá ser exercido pelo locatário ou pela sociedade.

§ 3º Dissolvida a sociedade comercial por morte de um dos sócios, o sócio sobrevivente fica sub-rogado no direito a renovação, desde que continue no mesmo ramo.

§ 4º O direito a renovação do contrato estende-se às locações celebradas por indústrias e sociedades civis com fim lucrativo, regularmente constituídas, desde que ocorrentes os pressupostos previstos neste artigo.

§ 5º Do direito a renovação decai aquele que não propuser a ação no interregno de um ano, no máximo, até seis meses, no mínimo, anteriores à data da finalização do prazo do contrato em vigor.

Art. 52. O locador não estará obrigado a renovar o contrato se:

▸ Art. 72 desta Lei.

I – por determinação do Poder Público, tiver que realizar no imóvel obras que importarem na sua radical transformação; ou para fazer modificação de tal natureza que aumente o valor do negócio ou da propriedade;

II – o imóvel vier a ser utilizado por ele próprio ou para transferência de fundo de comércio existente há mais de um ano, sendo detentor da maioria do capital o locador, seu cônjuge, ascendente ou descendente.

§ 1º Na hipótese do inciso II, o imóvel não poderá ser destinado ao uso do mesmo ramo do locatário, salvo se a locação também envolvia o fundo de comércio, com as instalações e pertences.

§ 2º Nas locações de espaço em *shopping centers*, o locador não poderá recusar a renovação do contrato com fundamento no inciso II deste artigo.

§ 3º O locatário terá direito a indenização para ressarcimento dos prejuízos e dos lucros cessantes que tiver que arcar com a mudança, perda do lugar e desvalorização do fundo de comércio, se a renovação não ocorrer em razão de proposta de terceiro, em melhores condições, ou se o locador, no prazo de três meses da entrega do imóvel, não der o destino alegado ou não iniciar as obras determinadas pelo Poder Público ou que declarou pretender realizar.

► A alteração que seria introduzida neste § 3º pela Lei nº 12.112, de 9-12-2009, foi vetada, razão pela qual mantivemos a sua redação.

Art. 53. Nas locações de imóveis utilizados por hospitais, unidades sanitárias oficiais, asilos, estabelecimentos de saúde e de ensino autorizados e fiscalizados pelo Poder Público, bem como entidades religiosas devidamente registradas, o contrato somente poderá ser rescindido:

► *Caput* com a redação dada pela Lei nº 9.256, de 9-1-1996.

I – nas hipóteses do artigo 9º;

II – se o proprietário, promissário comprador ou promissário cessionário, em caráter irrevogável e imitido na posse, com título registrado, que haja quitado o preço da promessa ou que, não o tendo feito, seja autorizado pelo proprietário, pedir o imóvel para demolição, edificação licenciada ou reforma que venha a resultar em aumento mínimo de cinquenta por cento da área útil.

Art. 54. Nas relações entre lojistas e empreendedores de *shopping center*, prevalecerão as condições livremente pactuadas nos contratos de locação respectivos e as disposições procedimentais previstas nesta Lei.

► En. nº 30 da I Jornada de Direito Comercial.

§ 1º O empreendedor não poderá cobrar do locatário em *shopping center*:

a) as despesas referidas nas alíneas *a*, *b* e *d* do parágrafo único do artigo 22; e

b) as despesas com obras ou substituições de equipamentos, que impliquem modificar o projeto ou o memorial descritivo da data do "habite-se" e obras de paisagismo nas partes de uso comum.

§ 2º As despesas cobradas do locatário devem ser previstas em orçamento, salvo casos de urgência ou força maior, devidamente demonstradas, podendo o locatário, a cada sessenta dias, por si ou entidade de classe exigir a comprovação das mesmas.

Art. 54-A. Na locação não residencial de imóvel urbano na qual o locador procede à prévia aquisição, construção ou substancial reforma, por si mesmo ou por terceiros, do imóvel então especificado pelo pretendente à locação, a fim de que seja a este locado por prazo determinado, prevalecerão as condições livremente pactuadas no contrato respectivo e as disposições procedimentais previstas nesta Lei.

► En. nº 67 da II Jornada de Direito Comercial.

§ 1º Poderá ser convencionada a renúncia ao direito de revisão do valor dos aluguéis durante o prazo de vigência do contrato de locação.

§ 2º Em caso de denúncia antecipada do vínculo locatício pelo locatário, compromete-se este a cumprir a multa convencionada, que não excederá, porém, a soma dos valores dos aluguéis a receber até o termo final da locação.

§ 3º VETADO. Lei nº 12.744, de 19-12-2012.

► Art. 54-A acrescido pela Lei nº 12.744, de 19-12-2012.

Art. 55. Considera-se locação não residencial quando o locatário for pessoa jurídica e o imóvel destinar-se ao uso de seus titulares, diretores, sócios, gerentes, executivos ou empregados.

Art. 56. Nos demais casos de locação não residencial, o contrato por prazo determinado cessa, de pleno direito, findo o prazo estipulado, independentemente de notificação ou aviso.

Parágrafo único. Findo o prazo estipulado, se o locatário permanecer no imóvel por mais de trinta dias sem oposição do locador, presumir-se-á prorrogada a locação nas condições ajustadas, mas sem prazo determinado.

Art. 57. O contrato de locação por prazo indeterminado pode ser denunciado por escrito, pelo locador, concedidos ao locatário trinta dias para a desocupação.

TÍTULO II – DOS PROCEDIMENTOS

CAPÍTULO I

DAS DISPOSIÇÕES GERAIS

Art. 58. Ressalvados os casos previstos no parágrafo único do artigo 1º, nas ações de despejo, consignação em pagamento de aluguel e acessório da locação, revisionais de aluguel e renovatórias de locação, observar-se-á o seguinte:

I – os processos tramitam durante as férias forenses e não se suspendem pela superveniência delas;

II – é competente para conhecer e julgar tais ações o foro do lugar da situação do imóvel, salvo se outro houver sido eleito no contrato;

III – o valor da causa corresponderá a doze meses de aluguel, ou, na hipótese do inciso II do artigo 47, a três salários vigentes por ocasião do ajuizamento;

► Súm. nº 449 do STF.

IV – desde que autorizado no contrato, a citação, intimação ou notificação far-se-à mediante correspondência com aviso de recebimento, ou, tratando-se de pessoa jurídica ou firma individual, também mediante telex ou fac-símile, ou, ainda, sendo necessário, pelas demais formas previstas no Código de Processo Civil;

V – os recursos interpostos contra as sentenças terão efeito somente devolutivo.

CAPÍTULO II

DAS AÇÕES DE DESPEJO

Art. 59. Com as modificações constantes deste Capítulo, as ações de despejo terão o rito ordinário.

§ 1º Conceder-se-á liminar para desocupação em quinze dias, independentemente da audiência da parte contrária e desde que prestada a caução no valor equivalente a três meses de aluguel, nas ações que tiverem por fundamento exclusivo:

I – o descumprimento do mútuo acordo (artigo 9º, inciso I), celebrado por escrito e assinado pelas partes e por duas testemunhas, no qual tenha sido ajustado o prazo mínimo de seis meses para a desocupação, contado da assinatura do instrumento;

II – o disposto no inciso II do artigo 47, havendo prova escrita da rescisão do contrato de trabalho ou sendo ela demonstrada em audiência prévia;

III – o término do prazo da locação para temporada, tendo sido proposta a ação de despejo em até trinta dias após o vencimento do contrato;

IV – a morte do locatário sem deixar sucessor legitímo na locação, de acordo com o referido no inciso I do artigo 11, permanecendo no imóvel pessoas não autorizadas por lei;

V – a permanência do sublocatário no imóvel, extinta a locação, celebrada com o locatário;

VI – o disposto no inciso IV do art. 9º, havendo a necessidade de se produzir reparações urgentes no imóvel, determinadas pelo poder público, que não possam ser normalmente executadas com a permanência do locatário, ou, podendo, ele se recuse a consenti-las;

VII – o término do prazo notificatório previsto no parágrafo único do art. 40, sem apresentação de nova garantia apta a manter a segurança inaugural do contrato;

VIII – o término do prazo da locação não residencial, tendo sido proposta a ação em até 30 (trinta) dias do termo ou do cumprimento de notificação comunicando o intento de retomada;

IX – a falta de pagamento de aluguel e acessórios da locação no vencimento, estando o contrato desprovido de qualquer das garantias previstas no art. 37, por não ter sido contratada ou em caso de extinção ou pedido de exoneração dela, independentemente de motivo.

▸ Incisos VI a IX acrescidos pela Lei nº 12.112, de 9-12-2009.

§ 2º Qualquer que seja o fundamento da ação dar-se-á ciência do pedido aos sublocatários, que poderão intervir no processo como assistentes.

§ 3º No caso do inciso IX do § 1º deste artigo, poderá o locatário evitar a rescisão da locação e elidir a liminar de desocupação se, dentro dos 15 (quinze) dias concedidos para a desocupação do imóvel e independentemente de cálculo, efetuar depósito judicial que contemple a totalidade dos valores devidos, na forma prevista no inciso II do art. 62.

▸ § 3º acrescido pela Lei nº 12.112, de 9-12-2009.

Art. 60. Nas ações de despejo fundadas no inciso IV do artigo 9º, inciso IV do artigo 47 e inciso II do artigo 53, a petição inicial deverá ser instruída com prova da propriedade do imóvel ou do compromisso registrado.

Art. 61. Nas ações fundadas no § 2º do artigo 46 e nos incisos III e IV do artigo 47, se o locatário, no prazo da contestação, manifestar sua concordância com a desocupação do imóvel, o juiz acolherá o pedido fixando prazo de seis meses para a desocupação, contados da citação, impondo ao vencido a responsabilidade pelas custas e honorários advocatícios de vinte por cento sobre o valor dado à causa. Se a desocupação ocorrer dentro do prazo fixado, o réu ficará isento dessa responsabilidade; caso contrário, será expedido mandado de despejo.

Art. 62. Nas ações de despejo fundadas na falta de pagamento de aluguel e acessórios da locação, de aluguel provisório, de diferenças de aluguéis, ou somente de quaisquer dos acessórios da locação, observar-se-á o seguinte:

▸ *Caput* com a redação dada pela Lei nº 12.112, de 9-12-2009.

I – o pedido de rescisão da locação poderá ser cumulado com o pedido de cobrança dos aluguéis e acessórios da locação; nesta hipótese, citar-se-á o locatário para responder ao pedido de rescisão e o locatário e os fiadores para responderem ao pedido de cobrança, devendo ser apresentado, com a inicial, cálculo discriminado do valor do débito;

▸ Inciso I com a redação dada pela Lei nº 12.112, de 9-12-2009.

II – o locatário e o fiador poderão evitar a rescisão da locação efetuando, no prazo de 15 (quinze) dias, contado da citação, o pagamento do débito atualizado, independentemente de cálculo e mediante depósito judicial, incluídos:

▸ *Caput* do inciso II com a redação dada pela Lei nº 12.112, de 9-12-2009.

a) os aluguéis e acessórios da locação que vencerem até a sua efetivação;

b) as multas ou penalidades contratuais, quando exigíveis;

c) os juros de mora;

d) as custas e os honorários do advogado do locador fixados em dez por cento sobre o montante devido, se do contrato não constar disposição diversa;

III – efetuada a purga da mora, se o locador alegar que a oferta não é integral, justificando a diferença, o locatário poderá complementar o depósito no prazo de 10 (dez) dias, contado da intimação, que poderá ser dirigida ao locatário ou diretamente ao patrono deste, por carta ou publicação no órgão oficial, a requerimento do locador;

IV – não sendo integralmente complementado o depósito, o pedido de rescisão prosseguirá pela diferença, podendo o locador levantar a quantia depositada;

▸ Incisos III e IV com a redação dada pela Lei nº 12.112, de 9-12-2009.

V – os aluguéis que forem vencendo até a sentença deverão ser depositados à disposição do juízo, nos respectivos vencimentos, podendo o locador levantá-los desde que incontroversos;

VI – havendo cumulação dos pedidos de rescisão da locação e cobrança dos aluguéis, a execução desta pode ter início antes da desocupação do imóvel, caso ambos tenham sido acolhidos.

Parágrafo único. Não se admitirá a emenda da mora se o locatário já houver utilizado essa faculdade nos 24 (vinte e quatro) meses imediatamente anteriores à propositura da ação.

▸ Parágrafo único com a redação dada pela Lei nº 12.112, de 9-12-2009.

Art. 63. Julgada procedente a ação de despejo, o juiz determinará a expedição de mandado de despejo, que conterá o prazo de 30 (trinta) dias para a desocupação voluntária, ressalvado o disposto nos parágrafos seguintes.

▸ *Caput* com a redação dada pela Lei nº 12.112, de 9-12-2009.

§ 1º O prazo será de quinze dias se:

a) entre a citação e a sentença de primeira instância houverem decorrido mais de quatro meses; ou

b) o despejo houver sido decretado com fundamento no art. 9º ou no § 2º do art. 46.

▸ Alínea *b* com a redação dada pela Lei nº 12.112, de 9-12-2009.

§ 2º Tratando-se de estabelecimento de ensino autorizado e fiscalizado pelo Poder Público, respeitado o prazo mínimo de seis meses e o máximo de um ano, o juiz disporá de modo que a desocupação coincida com o período de férias escolares.

§ 3º Tratando-se de hospitais, repartições públicas, unidades sanitárias oficiais, asilos, estabelecimentos de saúde e de ensino autorizados e fiscalizados pelo Poder Público, bem como por entidades religiosas devidamente registradas, e o despejo for decretado com fundamento no inciso IV do artigo 9º ou no inciso II do artigo 53, o prazo será de um ano, exceto no caso em que entre a citação e a sentença de primeira instância houver decorrido mais de um ano, hipótese em que o prazo será de seis meses.

▸ § 3º com a redação dada pela Lei nº 9.256, de 9-1-1996.

§ 4º A sentença que decretar o despejo fixará o valor da caução para o caso de ser executada provisoriamente.

Art. 64. Salvo nas hipóteses das ações fundadas no art. 9º, a execução provisória do despejo dependerá de caução não inferior a 6 (seis) meses nem superior a 12 (doze) meses do aluguel, atualizado até a data da prestação da caução.

► *Caput* com a redação dada pela Lei nº 12.112, de 9-12-2009.

§ 1º A caução poderá ser real ou fidejussória e será prestada nos autos da execução provisória.

§ 2º Ocorrendo a reforma da sentença ou da decisão que concedeu liminarmente o despejo, o valor da caução reverterá em favor do réu, como indenização mínima das perdas e danos, podendo este reclamar, em ação própria, a diferença pelo que a exceder.

Art. 65. Findo o prazo assinado para a desocupação, contado da data da notificação, será efetuado o despejo, se necessário com emprego de força, inclusive arrombamento.

§ 1º Os móveis e utensílios serão entregues à guarda de depositário, se não os quiser retirar o despejado.

§ 2º O despejo não poderá ser executado até o trigésimo dia seguinte ao do falecimento do cônjuge, ascendente, descendente ou irmão de qualquer das pessoas que habitem o imóvel.

Art. 66. Quando o imóvel for abandonado após ajuizada a ação, o locador poderá imitir-se na posse do imóvel.

CAPÍTULO III

DA AÇÃO DE CONSIGNAÇÃO DE ALUGUEL E ACESSÓRIOS DA LOCAÇÃO

Art. 67. Na ação que objetivar o pagamento dos aluguéis e acessórios da locação mediante consignação será observado o seguinte:

► Art. 334 e ss. do CC.

► Art. 539 e ss. CPC.

I – a petição inicial, além dos requisitos exigidos pelo artigo 282 do Código de Processo Civil, deverá especificar os aluguéis e acessórios da locação com indicação dos respectivos valores;

► Refere-se ao CPC/1973.

► Art. 319 do CPC/2015.

► Súm. nº 449 do STF.

II – determinada a citação do réu, o autor será intimado a, no prazo de vinte e quatro horas, efetuar o depósito judicial da importância indicada na petição inicial, sob pena de ser extinto o processo;

III – o pedido envolverá a quitação das obrigações que vencerem durante a tramitação do feito e até ser prolatada a sentença de primeira instância, devendo o autor promover os depósitos nos respectivos vencimentos;

IV – não sendo oferecida a contestação, ou se o locador receber os valores depositados, o juiz acolherá o pedido, declarando quitadas as obrigações, condenando o réu ao pagamento das custas e honorários de vinte por cento do valor dos depósitos;

V – a contestação do locador, além da defesa de direito que possa caber, ficará adstrita, quanto à matéria de fato, a:

a) não ter havido recusa ou mora em receber a quantia devida;

b) ter sido justa a recusa;

c) não ter sido efetuado o depósito no prazo ou no lugar do pagamento;

d) não ter sido o depósito integral;

VI – além de contestar, o réu poderá, em reconvenção, pedir o despejo e a cobrança dos valores objeto da consignatória ou da diferença do depósito inicial, na hipótese de ter sido alegado não ser o mesmo integral;

VII – o autor poderá complementar o depósito inicial, no prazo de cinco dias contados da ciência do oferecimento da resposta, com acréscimo de dez por cento sobre o valor da diferença. Se tal ocorrer, o juiz declarará quitadas as obrigações, elidindo a rescisão da locação, mas imporá ao autor reconvindo a responsabilidade pelas custas e honorários advocatícios de vinte por cento sobre o valor dos depósitos;

VIII – havendo, na reconvenção, cumulação dos pedidos de rescisão da locação e cobrança dos valores objeto da consignatória, a execução desta somente poderá ter início após obtida a desocupação do imóvel, caso ambos tenham sido acolhidos.

Parágrafo único. O réu poderá levantar a qualquer momento as importâncias depositadas sobre as quais não pende controvérsia.

CAPÍTULO IV

DA AÇÃO REVISIONAL DE ALUGUEL

Art. 68. Na ação revisional de aluguel, que terá o rito sumário, observar-se-á o seguinte:

► *Caput* com a redação dada pela Lei nº 12.112, de 9-12-2009.

► Súm. nº 106 do STJ.

I – além dos requisitos exigidos pelos artigos 276 e 282 do Código de Processo Civil, a petição inicial deverá indicar o valor do aluguel cuja fixação é pretendida;

► Refere-se ao CPC/1973.

► Art. 319 do CPC/2015.

II – ao designar a audiência de conciliação, o juiz, se houver pedido e com base nos elementos fornecidos tanto pelo locador como pelo locatário, ou nos que indicar, fixará aluguel provisório, que será devido desde a citação, nos seguintes moldes:

► *Caput* do inciso II com a redação dada pela Lei nº 12.112, de 9-12-2009.

a) em ação proposta pelo locador, o aluguel provisório não poderá ser excedente a 80% (oitenta por cento) do pedido;

b) em ação proposta pelo locatário, o aluguel provisório não poderá ser inferior a 80% (oitenta por cento) do aluguel vigente;

► Alíneas *a* e *b* acrescidas pela Lei nº 12.112, de 9-12-2009.

III – sem prejuízo da contestação e até a audiência, o réu poderá pedir seja revisto o aluguel provisório, fornecendo os elementos para tanto;

IV – na audiência de conciliação, apresentada a contestação, que deverá conter contraproposta se houver discordância quanto ao valor pretendido, o juiz tentará a conciliação e, não sendo esta possível, determinará a realização de perícia, se necessária, designando, desde logo, audiência de instrução e julgamento;

► Inciso IV com a redação dada pela Lei nº 12.112, de 9-12-2009.

V – o pedido de revisão previsto no inciso III deste artigo interrompe o prazo para interposição de recurso contra a decisão que fixar o aluguel provisório.

► Inciso V acrescido pela Lei nº 12.112, de 9-12-2009.

§ 1º Não caberá ação revisional na pendência de prazo para desocupação do imóvel (artigos 46, § 2º, e 57), ou quando tenha sido este estipulado amigável ou judicialmente.

§ 2º No curso da ação de revisão, o aluguel provisório será reajustado na periodicidade pactuada ou na fixada em lei.

Art. 69. O aluguel fixado na sentença retroage à citação, e as diferenças devidas durante a ação de revisão, descontados os alugueres provisórios satisfeitos, serão pagas corrigidas, exigíveis a partir do trânsito em julgado da decisão que fixar o novo aluguel.

§ 1º Se pedido pelo locador, ou sublocador, a sentença poderá estabelecer periodicidade de reajustamento do aluguel diversa daquela prevista no contrato revisando, bem como adotar outro indexador para reajustamento do aluguel.

§ 2º A execução das diferenças será feita nos autos da ação de revisão.

Art. 70. Na ação de revisão do aluguel, o juiz poderá homologar acordo de desocupação, que será executado mediante expedição de mandado de despejo.

CAPÍTULO V

DA AÇÃO RENOVATÓRIA

▸ Arts. 48 a 57 desta Lei.

Art. 71. Além dos demais requisitos exigidos no artigo 282 do Código de Processo Civil, a petição inicial da ação renovatória deverá ser instruída com:

▸ Refere-se ao CPC/1973.

▸ Art. 319 do CPC/2015.

I – prova do preenchimento dos requisitos dos incisos I, II e III do artigo 51;

II – prova do exato cumprimento do contrato em curso;

III – prova da quitação dos impostos e taxas que incidiram sobre o imóvel e cujo pagamento lhe incumbia;

IV – indicação clara e precisa das condições oferecidas para a renovação da locação;

V – indicação do fiador quando houver no contrato a renovar e, quando não for o mesmo, com indicação do nome ou denominação completa, número de sua inscrição no Ministério da Fazenda, endereço e, tratando-se de pessoa natural, a nacionalidade, o estado civil, a profissão e o número da carteira de identidade, comprovando, desde logo, mesmo que não haja alteração do fiador, a atual idoneidade financeira;

▸ Inciso V com a redação dada pela Lei nº 12.112, de 9-12-2009.

VI – prova de que o fiador do contrato ou o que o substituir na renovação aceita os encargos da fiança, autorizado por seu cônjuge, se casado for;

VII – prova, quando for o caso, de ser cessionário ou sucessor, em virtude de título oponível ao proprietário.

Parágrafo único. Proposta a ação pelo sublocatário do imóvel ou de parte dele, serão citados o sublocador e o locador, como litisconsortes, salvo se, em virtude de locação originária ou renovada, o sublocador dispuser de prazo que admita renovar a sublocação; na primeira hipótese, procedente a ação, o proprietário ficará diretamente obrigado à renovação.

Art. 72. A contestação do locador, além da defesa de direito que possa caber, ficará adstrita, quanto à matéria de fato, ao seguinte:

I – não preencher o autor os requisitos estabelecidos nesta Lei;

II – não atender, a proposta do locatário, o valor locativo real do imóvel na época da renovação, excluída a valorização trazida por aquele ao ponto ou lugar;

III – ter proposta de terceiro para a locação, em condições melhores;

IV – não estar obrigado a renovar a locação (incisos I e II do artigo 52).

§ 1º No caso do inciso II, o locador deverá apresentar, em contraproposta, as condições de locação que repute compatíveis com o valor locativo real e atual do imóvel.

§ 2º No caso do inciso III, o locador deverá juntar prova documental da proposta do terceiro, subscrita por este e por duas testemunhas, com clara indicação do ramo a ser explorado, que não poderá ser o mesmo do locatário. Nessa hipótese, o locatário poderá, em réplica, aceitar tais condições para obter a renovação pretendida.

§ 3º No caso do inciso I do artigo 52, a contestação deverá trazer prova da determinação do Poder Público ou relatório pormenorizado das obras a serem realizadas e da estimativa de valorização que sofrerá o imóvel, assinado por engenheiro devidamente habilitado.

§ 4º Na contestação, o locador, ou sublocador, poderá pedir, ainda, a fixação de aluguel provisório, para vigorar a partir do primeiro mês do prazo do contrato a ser renovado, não excedente a oitenta por cento do pedido, desde que apresentados elementos hábeis para aferição do justo valor do aluguel.

§ 5º Se pedido pelo locador, ou sublocador, a sentença poderá estabelecer periodicidade de reajustamento do aluguel diversa daquela prevista no contrato renovando, bem como adotar outro indexador para reajustamento do aluguel.

Art. 73. Renovada a locação, as diferenças dos aluguéis vencidos serão executadas nos próprios autos da ação e pagas de uma só vez.

Art. 74. Não sendo renovada a locação, o juiz determinará a expedição de mandado de despejo, que conterá o prazo de 30 (trinta) dias para a desocupação voluntária, se houver pedido na contestação.

▸ *Caput* com a redação dada pela Lei nº 12.112, de 9-12-2009.

§§ 1º a 3º VETADOS. Lei nº 12.112, de 9-12-2009.

Art. 75. Na hipótese do inciso III do artigo 72, a sentença fixará desde logo a indenização devida ao locatário em consequência da não prorrogação da locação, solidariamente devida pelo locador e o proponente.

▸ A alteração que seria introduzida no art. 75 pela Lei nº 12.112, de 9-12-2009, foi vetada, razão pela qual mantivemos a sua redação.

TÍTULO III – DAS DISPOSIÇÕES FINAIS E TRANSITÓRIAS

Art. 76. Não se aplicam as disposições desta Lei aos processos em curso.

Art. 77. Todas as locações residenciais que tenham sido celebradas anteriormente à vigência desta Lei serão automaticamente prorrogadas por tempo indeterminado, ao término do prazo ajustado no contrato.

Art. 78. As locações residenciais que tenham sido celebradas anteriormente à vigência desta Lei e que já vigorem ou venham a vigorar por prazo indeterminado, poderão ser denunciadas pelo locador, concedido o prazo de doze meses para a desocupação.

Parágrafo único. Na hipótese de ter havido revisão judicial ou amigável do aluguel, atingindo o preço do mercado, a denúncia somente poderá ser exercitada após vinte e quatro meses da data da revisão, se esta ocorreu nos doze meses anteriores à data da vigência desta Lei.

Art. 79. No que for omissa esta Lei aplicam-se as normas do Código Civil e do Código de Processo Civil.

Art. 80. Para os fins do inciso I do artigo 98 da Constituição Federal, as ações de despejo poderão ser consideradas como causas cíveis de menor complexidade.

Art. 81. O inciso II do artigo 167 e o artigo 169 da Lei nº 6.015, de 31 de dezembro de 1973, passam a vigorar com as seguintes alterações:

► Alterações inseridas no texto da referida Lei.

Art. 82. O artigo 3º da Lei nº 8.009, de 29 de março de 1990, passa a vigorar acrescido do seguinte inciso VII:

► Alterações inseridas no texto da referida Lei.

Art. 83. Ao artigo 24 da Lei nº 4.591, de 16 de dezembro de 1964, fica acrescido o seguinte § 4º:

► Alterações inseridas no texto da referida Lei.

Art. 84. Reputam-se válidos os registros dos contratos de locação de imóveis, realizados até a data da vigência desta Lei.

Art. 85. Nas locações residenciais, é livre a convenção do aluguel quanto a preço, periodicidade e indexador de reajustamento, vedada a vinculação à variação do salário mínimo, variação cambial e moeda estrangeira:

I – dos imóveis novos, com "habite-se" concedido a partir da entrada em vigor desta Lei;

II – dos demais imóveis não enquadrados no inciso anterior, em relação aos contratos celebrados, após cinco anos de entrada em vigor desta Lei.

Art. 86. O artigo 8º da Lei nº 4.380, de 21 de agosto de 1964, passa a vigorar com a seguinte redação:

► Alteração inserida no texto da referida Lei.

Arts. 87 e 88. VETADOS.

Art. 89. Esta Lei entrará em vigor sessenta dias após a sua publicação.

Art. 90. Revogam-se as disposições em contrário, especialmente:

I – o Decreto nº 24.150, de 20 de abril de 1934;
II – a Lei nº 6.239, de 19 de setembro de 1975;
III – a Lei nº 6.649, de 16 de maio de 1979;
IV – a Lei nº 6.698, de 15 de outubro de 1979;
V – a Lei nº 7.355, de 31 de agosto de 1985;
VI – a Lei nº 7.538, de 24 de setembro de 1986;
VII – a Lei nº 7.612, de 9 de julho de 1987; e
VIII – a Lei nº 8.157, de 3 de janeiro de 1991.

Brasília, 18 de outubro de 1991;
170º da Independência e
103º da República.

Fernando Collor

LEI Nº 8.397, DE 6 DE JANEIRO DE 1992

Institui medida cautelar fiscal e dá outras providências.

► Publicada no *DOU* de 7-1-1992 e retificada no *DOU* de 16-1-1992.

Art. 1º O procedimento cautelar fiscal poderá ser instaurado após a constituição do crédito, inclusive no curso da execução judicial da Dívida Ativa da União, dos Estados, do Distrito Federal, dos Municípios e respectivas autarquias.

► *Caput* com a redação dada pela Lei nº 9.532, de 10-12-1997.

Parágrafo único. O requerimento da medida cautelar, na hipótese dos incisos V, alínea *b*, e VII do artigo 2º, independe da prévia constituição do crédito tributário.

► Parágrafo único acrescido pela Lei nº 9.532, de 10-12-1997.

Art. 2º A medida cautelar fiscal poderá ser requerida contra o sujeito passivo de crédito tributário ou não tributário, quando o devedor:

► *Caput* com a redação dada pela Lei nº 9.532, de 10-12-1997.

I – sem domicílio certo, intenta ausentar-se ou alienar bens que possui ou deixa de pagar a obrigação no prazo fixado;

II – tendo domicílio certo, ausenta-se ou tenta se ausentar, visando a elidir o adimplemento da obrigação;

III – caindo em insolvência, aliena ou tenta alienar bens;

IV – contrai ou tenta contrair dívidas que comprometam a liquidez do seu patrimônio;

V – notificado pela Fazenda Pública para que proceda ao recolhimento do crédito fiscal:

a) deixa de pagá-lo no prazo legal, salvo se suspensa sua exigibilidade;

b) põe ou tenta pôr seus bens em nome de terceiros;

► Incisos III a V com a redação dada pela Lei nº 9.532, de 10-12-1997.

VI – possui débitos, inscritos ou não em Dívida Ativa, que somados ultrapassem trinta por cento do seu patrimônio conhecido;

VII – aliena bens ou direitos sem proceder à devida comunicação ao órgão da Fazenda Pública competente, quando exigível em virtude de Lei;

VIII – tem sua inscrição no cadastro de contribuintes declarada inapta, pelo órgão fazendário;

IX – pratica outros atos que dificultem ou impeçam a satisfação do crédito.

► Incisos VI a IX acrescidos pela Lei nº 9.532, de 10-12-1997.

Art. 3º Para a concessão da medida cautelar fiscal é essencial:

I – prova literal da constituição do crédito fiscal;

II – prova documental de algum dos casos mencionados no artigo antecedente.

Art. 4º A decretação da medida cautelar fiscal produzirá, de imediato, a indisponibilidade dos bens do requerido, até o limite da satisfação da obrigação.

§ 1º Na hipótese de pessoa jurídica, a indisponibilidade recairá somente sobre os bens do ativo permanente, podendo, ainda, ser estendida aos bens do acionista controlador e aos dos que em razão do contrato social ou estatuto tenham poderes para fazer a empresa cumprir suas obrigações fiscais, ao tempo:

a) do fato gerador, nos casos de lançamento de ofício;

b) do inadimplemento da obrigação fiscal, nos demais casos.

§ 2º A indisponibilidade patrimonial poderá ser estendida em relação aos bens adquiridos a qualquer título do requerido ou daqueles que estejam ou tenham estado na função de administrador (§ 1º), desde que seja capaz de frustrar a pretensão da Fazenda Pública.

§ 3º Decretada a medida cautelar fiscal, será comunicada imediatamente ao registro público de imóveis, ao Banco Central do Brasil, à Comissão de Valores Mobiliários e às demais repartições que processem registros de transferência de bens, a fim de que, no âmbito de suas atribuições, façam cumprir a constrição judicial.

Art. 5º A medida cautelar fiscal será requerida ao juiz competente para a execução judicial da Dívida Ativa da Fazenda Pública.

Parágrafo único. Se a execução judicial estiver em Tribunal, será competente o relator do recurso.

Art. 6º A Fazenda Pública pleiteará a medida cautelar fiscal em petição devidamente fundamentada, que indicará:

I – o juiz a quem é dirigida;
II – a qualificação e o endereço, se conhecido, do requerido;
III – as provas que serão produzidas;
IV – o requerimento para citação.

Art. 7º O juiz concederá liminarmente a medida cautelar fiscal, dispensada a Fazenda Pública de justificação prévia e de prestação de caução.

Parágrafo único. Do despacho que conceder liminarmente a medida cautelar caberá agravo de instrumento.

Art. 8º O requerido será citado para, no prazo de quinze dias, contestar o pedido, indicando as provas que pretenda produzir.

Parágrafo único. Conta-se o prazo da juntada aos autos do mandado:

a) de citação, devidamente cumprido;

b) da execução da medida cautelar fiscal, quando concedida liminarmente.

Art. 9º Não sendo contestado o pedido, presumir-se-ão aceitos pelo requerido, como verdadeiros, os fatos alegados pela Fazenda Pública, caso em que o juiz decidirá em dez dias.

Parágrafo único. Se o requerido contestar no prazo legal, o juiz designará audiência de instrução e julgamento, havendo prova a ser nela produzida.

Art. 10. A medida cautelar fiscal decretada poderá ser substituída, a qualquer tempo, pela prestação de garantia correspondente ao valor da pretensão da Fazenda Pública, na forma do artigo 9º da Lei nº 6.830, de 22 de setembro de 1980.

Parágrafo único. A Fazenda Pública será ouvida necessariamente sobre o pedido de substituição, no prazo de cinco dias, presumindo-se da omissão a sua aquiescência.

Art. 11. Quando a medida cautelar fiscal for concedida em procedimento preparatório, deverá a Fazenda Pública propor a execução judicial da Dívida Ativa no prazo de sessenta dias, contados da data em que a exigência se tornar irrecorrível na esfera administrativa.

Art. 12. A medida cautelar fiscal conserva a sua eficácia no prazo do artigo antecedente e na pendência do processo de execução judicial da Dívida Ativa, mas pode, a qualquer tempo, ser revogada ou modificada.

Parágrafo único. Salvo decisão em contrário, a medida cautelar fiscal conservará sua eficácia durante o período de suspensão do crédito tributário ou não tributário.

Art. 13. Cessa a eficácia da medida cautelar fiscal:
I – se a Fazenda Pública não propuser a execução judicial da Dívida Ativa no prazo fixado no artigo 11 desta Lei;
II – se não for executada dentro de trinta dias;
III – se for julgada extinta a execução judicial da Dívida Ativa da Fazenda Pública;
IV – se o requerido promover a quitação do débito que está sendo executado.

Parágrafo único. Se, por qualquer motivo, cessar a eficácia da medida, é defeso à Fazenda Pública repetir o pedido pelo mesmo fundamento.

Art. 14. Os autos do procedimento cautelar fiscal serão apensados aos do processo de execução judicial da Dívida Ativa da Fazenda Pública.

Art. 15. O indeferimento da medida cautelar fiscal não obsta a que a Fazenda Pública intente a execução judicial da Dívida Ativa, nem influi no julgamento desta, salvo se o juiz, no procedimento cautelar fiscal, acolher alegação de pagamento, de compensação, de transação, de remissão, de prescrição ou decadência, de conversão do depósito em renda, ou qualquer outra modalidade de extinção da pretensão deduzida.

Art. 16. Ressalvado o disposto no artigo 15, a sentença proferida na medida cautelar fiscal não faz coisa julgada, relativamente à execução judicial da Dívida Ativa da Fazenda Pública.

Art. 17. Da sentença que decretar a medida cautelar fiscal caberá apelação, sem efeito suspensivo, salvo se o requerido oferecer garantia na forma do artigo 10 desta Lei.

Art. 18. As disposições desta Lei aplicam-se, também, ao crédito proveniente das contribuições sociais previstas no artigo 195 da Constituição Federal.

Art. 19. Esta lei entra em vigor na data de sua publicação.

Art. 20. Revogam-se as disposições em contrário.

Brasília, 6 de janeiro de 1992;
171º da Independência e
104º da República.
Fernando Collor

LEI Nº 8.429, DE 2 DE JUNHO DE 1992

Dispõe sobre as sanções aplicáveis aos agentes públicos nos casos de enriquecimento ilícito no exercício de mandato, cargo, emprego ou função na administração pública direta, indireta ou fundacional e dá outras providências.

► Publicada no *DOU* de 3-6-1992.

CAPÍTULO I
DAS DISPOSIÇÕES GERAIS

Art. 1º Os atos de improbidade praticados por qualquer agente público, servidor ou não, contra a administração direta, indireta ou fundacional de qualquer dos Poderes da União, dos Estados, do Distrito Federal, dos Municípios, de Territórios, de empresa incorporada ao patrimônio público ou de entidade para cuja criação ou custeio o erário haja concorrido ou concorra com mais de cinquenta por cento do patrimônio ou da receita anual, serão punidos na forma desta Lei.

Parágrafo único. Estão também sujeitos às penalidades desta Lei os atos de improbidade praticados contra o patrimônio de entidade que receba subvenção, benefício ou incentivo, fiscal ou creditício, de órgão público bem como daquelas para cuja criação ou custeio o erário haja concorrido ou concorra com menos de cinquenta por cento do patrimônio ou da receita anual, limitando-se, nestes casos, a sanção patrimonial à repercussão do ilícito sobre a contribuição dos cofres públicos.

Art. 2º Reputa-se agente público, para os efeitos desta Lei, todo aquele que exerce, ainda que transitoriamente ou sem remuneração, por eleição, nomeação, designação, contratação ou qualquer outra forma de investidura ou vínculo, mandato, cargo, emprego ou função nas entidades mencionadas no artigo anterior.

Art. 3º As disposições desta Lei são aplicáveis, no que couber, àquele que, mesmo não sendo agente público, induza ou concorra para a prática do ato de improbidade ou dele se beneficie sob qualquer forma direta ou indireta.

Art. 4º Os agentes públicos de qualquer nível ou hierarquia são obrigados a velar pela estrita observância dos princípios de legalidade, impessoalidade, moralidade e publicidade no trato dos assuntos que lhes são afetos.

Art. 5º Ocorrendo lesão ao patrimônio público por ação ou omissão, dolosa ou culposa, do agente ou de terceiro, dar-se-á o integral ressarcimento do dano.

Art. 6º No caso de enriquecimento ilícito, perderá o agente público ou terceiro beneficiário os bens ou valores acrescidos ao seu patrimônio.

Art. 7º Quando o ato de improbidade causar lesão ao patrimônio público ou ensejar enriquecimento ilícito, caberá à autoridade administrativa responsável pelo inquérito representar ao Ministério Público, para a indisponibilidade dos bens do indiciado.

Parágrafo único. A indisponibilidade a que se refere o *caput* deste artigo recairá sobre bens que assegurem o integral ressarcimento do dano, ou sobre o acréscimo patrimonial resultante do enriquecimento ilícito.

Art. 8º O sucessor daquele que causar lesão ao patrimônio público ou se enriquecer ilicitamente está sujeito às cominações desta Lei até o limite do valor da herança.

CAPÍTULO II

DOS ATOS DE IMPROBIDADE ADMINISTRATIVA

Seção I

DOS ATOS DE IMPROBIDADE ADMINISTRATIVA QUE IMPORTAM ENRIQUECIMENTO ILÍCITO

Art. 9º Constitui ato de improbidade administrativa importando enriquecimento ilícito auferir qualquer tipo de vantagem patrimonial indevida em razão do exercício de cargo, mandato, função, emprego ou atividade nas entidades mencionadas no artigo 1º desta Lei, e notadamente:

I – receber, para si ou para outrem, dinheiro, bem móvel ou imóvel, ou qualquer outra vantagem econômica, direta ou indireta, a título de comissão, percentagem, gratificação ou presente de quem tenha interesse, direto ou indireto, que possa ser atingido ou amparado por ação ou omissão decorrente das atribuições do agente público;

II – perceber vantagem econômica, direta ou indireta, para facilitar a aquisição, permuta ou locação de bem móvel ou imóvel, ou a contratação de serviços pelas entidades referidas no artigo 1º por preço superior ao valor de mercado;

III – perceber vantagem econômica, direta ou indireta, para facilitar a alienação, permuta ou locação de bem público ou o fornecimento de serviço por ente estatal por preço inferior ao valor de mercado;

IV – utilizar, em obra ou serviço particular, veículos, máquinas, equipamentos ou material de qualquer natureza, de propriedade ou à disposição de qualquer das entidades mencionadas no artigo 1º desta Lei, bem como o trabalho de servidores públicos, empregados ou terceiros contratados por essas entidades;

V – receber vantagem econômica de qualquer natureza, direta ou indireta, para tolerar a exploração ou a prática de jogos de azar, de lenocínio, de narcotráfico, de contrabando, de usura ou de qualquer outra atividade ilícita, ou aceitar promessa de tal vantagem;

VI – receber vantagem econômica de qualquer natureza, direta ou indireta, para fazer declaração falsa sobre medição ou avaliação em obras públicas ou qualquer outro serviço, ou sobre quantidade, peso, medida, qualidade ou característica de mercadorias ou bens fornecidos a qualquer das entidades mencionadas no artigo 1º desta Lei;

VII – adquirir, para si ou para outrem, no exercício de mandato, cargo, emprego ou função pública, bens de qualquer natureza cujo valor seja desproporcional à evolução do patrimônio ou à renda do agente público;

VIII – aceitar emprego, comissão ou exercer atividade de consultoria ou assessoramento para pessoa física ou jurídica que tenha interesse suscetível de ser atingido ou amparado por ação ou omissão decorrente das atribuições do agente público, durante a atividade;

IX – perceber vantagem econômica para intermediar a liberação ou aplicação de verba pública de qualquer natureza;

X – receber vantagem econômica de qualquer natureza, direta ou indiretamente, para omitir ato de ofício, providência ou declaração a que esteja obrigado;

XI – incorporar, por qualquer forma, ao seu patrimônio bens, rendas, verbas ou valores integrantes do acervo patrimonial das entidades mencionadas no artigo 1º desta Lei;

XII – usar, em proveito próprio, bens, rendas, verbas ou valores integrantes do acervo patrimonial das entidades mencionadas no artigo 1º desta Lei.

Seção II

DOS ATOS DE IMPROBIDADE ADMINISTRATIVA QUE CAUSAM PREJUÍZO AO ERÁRIO

Art. 10. Constitui ato de improbidade administrativa que causa lesão ao erário qualquer ação ou omissão, dolosa ou culposa, que enseje perda patrimonial, desvio, apropriação, malbaratamento ou dilapidação dos bens ou haveres das entidades referidas no artigo 1º desta Lei, e notadamente:

I – facilitar ou concorrer por qualquer forma para a incorporação ao patrimônio particular, de pessoa física ou jurídica, de bens, rendas, verbas ou valores integrantes do acervo patrimonial das entidades mencionadas no artigo 1º desta Lei;

II – permitir ou concorrer para que pessoa física ou jurídica privada utilize bens, rendas, verbas ou valores integrantes do acervo patrimonial das entidades mencionadas no artigo 1º desta Lei, sem a observância das formalidades legais ou regulamentares aplicáveis à espécie;

III – doar à pessoa física ou jurídica bem como ao ente despersonalizado, ainda que de fins educativos ou assistenciais, bens, rendas, verbas ou valores do patrimônio de qualquer das entidades mencionadas no artigo 1º desta Lei, sem observância das formalidades legais e regulamentares aplicáveis à espécie;

IV – permitir ou facilitar a alienação, permuta ou locação de bem integrante do patrimônio de qualquer das entidades referidas no artigo 1º desta Lei, ou ainda a prestação de serviço por parte delas, por preço inferior ao de mercado;

V – permitir ou facilitar a aquisição, permuta ou locação de bem ou serviço por preço superior ao de mercado;

VI – realizar operação financeira sem observância das normas legais e regulamentares ou aceitar garantia insuficiente ou inidônea;

VII – conceder benefício administrativo ou fiscal sem a observância das formalidades legais ou regulamentares aplicáveis à espécie;

VIII – frustrar a licitude de processo licitatório ou de processo seletivo para celebração de parcerias com entidades sem fins lucrativos, ou dispensá-los indevidamente;

► **Inciso VIII com a redação dada pela Lei nº 13.019, de 31-7-2014.**

IX – ordenar ou permitir a realização de despesas não autorizadas em lei ou regulamento;

X – agir negligentemente na arrecadação de tributo ou renda, bem como no que diz respeito à conservação do patrimônio público;

XI – liberar verba pública sem a estrita observância das normas pertinentes ou influir de qualquer forma para a sua aplicação irregular;

XII – permitir, facilitar ou concorrer para que terceiro se enriqueça ilicitamente;

XIII – permitir que se utilize, em obra ou serviço particular, veículos, máquinas, equipamentos ou material de qualquer natureza, de propriedade ou à disposição de qualquer das entidades mencionadas no artigo 1º desta Lei, bem como o trabalho de servidor público, empregados ou terceiros contratados por essas entidades;

XIV – celebrar contrato ou outro instrumento que tenha por objeto a prestação de serviços públicos por meio da gestão associada sem observar as formalidades previstas na lei;

XV – celebrar contrato de rateio de consórcio público sem suficiente e prévia dotação orçamentária, ou sem observar as formalidades previstas na lei;

► Incisos XIV e XV acrescidos pela Lei nº 11.107, de 6-4-2005.

XVI – facilitar ou concorrer, por qualquer forma, para a incorporação, ao patrimônio particular de pessoa física ou jurídica, de bens, rendas, verbas ou valores públicos transferidos pela administração pública a entidades privadas mediante celebração de parcerias, sem a observância das formalidades legais ou regulamentares aplicáveis à espécie;

XVII – permitir ou concorrer para que pessoa física ou jurídica privada utilize bens, rendas, verbas ou valores públicos transferidos pela administração pública a entidade privada mediante celebração de parcerias, sem a observância das formalidades legais ou regulamentares aplicáveis à espécie;

XVIII – celebrar parcerias da administração pública com entidades privadas sem a observância das formalidades legais ou regulamentares aplicáveis à espécie;

► Incisos XVI a XVIII acrescidos pela Lei nº 13.019, de 31-7-2014, com a redação dada pela Lei nº 13.204, de 14-12-2015.

XIX – agir negligentemente na celebração, fiscalização e análise das prestações de contas de parcerias firmadas pela administração pública com entidades privadas;

XX – liberar recursos de parcerias firmadas pela administração pública com entidades privadas sem a estrita observância das normas pertinentes ou influir de qualquer forma para a sua aplicação irregular.

► Incisos XIX e XX acrescidos pela Lei nº 13.019, de 31-7-2014, com a redação dada pela Lei nº 13.204, de 14-12-2015.

XXI – liberar recursos de parcerias firmadas pela administração pública com entidades privadas sem a estrita observância das normas pertinentes ou influir de qualquer forma para a sua aplicação irregular.

► Inciso XXI acrescido pela Lei nº 13.019, de 31-7-2014.

► Mantivemos a redação deste inciso conforme publicação oficial, no entanto, seu conteúdo é idêntico ao do inciso XX.

Seção II-A
DOS ATOS DE IMPROBIDADE ADMINISTRATIVA DECORRENTES DE CONCESSÃO OU APLICAÇÃO INDEVIDA DE BENEFÍCIO FINANCEIRO OU TRIBUTÁRIO

► Seção II-A acrescida pela LC nº 157, de 29-12-2016, produzindo efeitos somente após o decurso do prazo referido no art. 6º desta Lei Complementar.

Art. 10-A. Constitui ato de improbidade administrativa qualquer ação ou omissão para conceder, aplicar ou manter benefício financeiro ou tributário contrário ao que dispõem o *caput* e o § 1º do art. 8º-A da Lei Complementar nº 116, de 31 de julho de 2003.

► Artigo acrescido pela LC nº 157, de 29-12-2016, produzindo efeitos somente após o decurso do prazo referido no art. 6º desta Lei Complementar.

Seção III
DOS ATOS DE IMPROBIDADE ADMINISTRATIVA QUE ATENTAM CONTRA OS PRINCÍPIOS DA ADMINISTRAÇÃO PÚBLICA

Art. 11. Constitui ato de improbidade administrativa que atenta contra os princípios da administração pública qualquer ação ou omissão que viole os deveres de honestidade, imparcialidade, legalidade, e lealdade às instituições, e notadamente:

I – praticar ato visando fim proibido em lei ou regulamento ou diverso daquele previsto na regra de competência;

II – retardar ou deixar de praticar, indevidamente, ato de ofício;

III – revelar fato ou circunstância de que tem ciência em razão das atribuições e que deva permanecer em segredo;

IV – negar publicidade aos atos oficiais;

V – frustrar a licitude de concurso público;

VI – deixar de prestar contas quando esteja obrigado a fazê-lo;

VII – revelar ou permitir que chegue ao conhecimento de terceiro, antes da respectiva divulgação oficial, teor de medida política ou econômica capaz de afetar o preço de mercadoria, bem ou serviço;

VIII – descumprir as normas relativas à celebração, fiscalização e aprovação de contas de parcerias firmadas pela administração pública com entidades privadas.

► Inciso VIII acrescido pela Lei nº 13.019, de 31-7-2014, com a redação dada pela Lei nº 13.204, de 14-12-2015.

IX – deixar de cumprir a exigência de requisitos de acessibilidade previstos na legislação;

► Inciso IX acrescido pela Lei nº 13.146, de 6-7-2015.

X – transferir recurso a entidade privada, em razão da prestação de serviços na área de saúde sem a prévia celebração de contrato, convênio ou instrumento congênere, nos termos do parágrafo único do art. 24 da Lei nº 8.080, de 19 de setembro de 1990.

► Inciso X acrescido pela Lei nº 13.650, de 11-4-2018.

CAPÍTULO III
DAS PENAS

Art. 12. Independentemente das sanções penais, civis e administrativas previstas na legislação específica, está o responsável pelo ato de improbidade sujeito às seguintes cominações, que podem ser aplicadas isolada ou cumulativamente, de acordo com a gravidade do fato:

► *Caput* com a redação dada pela Lei nº 12.120, de 15-12-2009.

I – na hipótese do artigo 9º, perda dos bens ou valores acrescidos ilicitamente ao patrimônio, ressarcimento integral do dano, quando houver, perda da função pública, suspensão dos direitos políticos de oito a dez anos, pagamento de multa civil de até três vezes o valor do acréscimo patrimonial e proibição de contratar com o Poder Público ou receber benefícios ou incentivos fiscais ou creditícios, direta ou indiretamente, ainda que por intermédio de pessoa jurídica da qual seja sócio majoritário, pelo prazo de dez anos;

II – na hipótese do artigo 10, ressarcimento integral do dano, perda dos bens ou valores acrescidos ilicitamente ao patrimônio, se concorrer esta circunstância, perda da função pública, suspensão dos direitos políticos de cinco a oito anos, pagamento de multa civil de até duas vezes o valor do dano e proibição de contratar com o Poder Público ou receber benefícios ou incentivos fiscais ou creditícios, direta ou indiretamente, ainda que por intermédio de pessoa jurídica da qual seja sócio majoritário, pelo prazo de cinco anos;

III – na hipótese do artigo 11, ressarcimento integral do dano, se houver, perda da função pública, suspensão dos direitos políticos de três a cinco anos, pagamento de multa civil de até cem vezes o valor da remuneração percebida pelo agente e proibição de contratar com o Poder Público ou receber benefícios ou incentivos fiscais ou creditícios, direta ou indiretamente, ainda que por intermédio de pessoa jurídica da qual seja sócio majoritário, pelo prazo de três anos;

IV – na hipótese prevista no art. 10-A, perda da função pública, suspensão dos direitos políticos de 5 (cinco) a 8 (oito) anos e multa civil de até 3 (três) vezes o valor do benefício financeiro ou tributário concedido.

► Inciso IV acrescido pela LC nº 157, de 29-12-2016, produzindo efeitos somente após o decurso do prazo referido no art. 6º desta Lei Complementar.

Parágrafo único. Na fixação das penas previstas nesta Lei o juiz levará em conta a extensão do dano causado, assim como o proveito patrimonial obtido pelo agente.

CAPÍTULO IV
DA DECLARAÇÃO DE BENS

Art. 13. A posse e o exercício de agente público ficam condicionados à apresentação de declaração dos bens e valores que compõem o seu patrimônio privado, a fim de ser arquivada no Serviço de Pessoal competente.

§ 1º A declaração compreenderá imóveis, móveis, semoventes, dinheiro, títulos, ações, e qualquer outra espécie de bens e valores patrimoniais, localizados no País ou no exterior, e, quando for o caso, abrangerá os bens e valores patrimoniais do cônjuge ou companheiro, dos filhos e de outras pessoas que vivam sob a dependência econômica do declarante, excluídos apenas os objetos e utensílios de uso doméstico.

§ 2º A declaração de bens será anualmente atualizada e na data em que o agente público deixar o exercício do mandato, cargo, emprego ou função.

§ 3º Será punido com a pena de demissão, a bem do serviço público, sem prejuízo de outras sanções cabíveis, o agente público que se recusar a prestar declaração dos bens, dentro do prazo determinado, ou que a prestar falsa.

§ 4º O declarante, a seu critério, poderá entregar cópia da declaração anual de bens apresentada à Delegacia da Receita Federal na conformidade da legislação do Imposto sobre a Renda e proventos de qualquer natureza, com as necessárias atualizações, para suprir a exigência contida no *caput* e no § 2º deste artigo.

CAPÍTULO V
DO PROCEDIMENTO ADMINISTRATIVO E DO PROCESSO JUDICIAL

Art. 14. Qualquer pessoa poderá representar à autoridade administrativa competente para que seja instaurada investigação destinada a apurar a prática de ato de improbidade.

§ 1º A representação, que será escrita ou reduzida a termo e assinada, conterá a qualificação do representante, as informações sobre o fato e sua autoria e a indicação das provas de que tenha conhecimento.

§ 2º A autoridade administrativa rejeitará a representação, em despacho fundamentado, se esta não contiver as formalidades estabelecidas no § 1º deste artigo. A rejeição não impede a representação ao Ministério Público, nos termos do artigo 22 desta Lei.

§ 3º Atendidos os requisitos da representação, a autoridade determinará a imediata apuração dos fatos que, em se tratando de servidores federais, será processada na forma prevista nos artigos 148 a 182 da Lei nº 8.112, de 11 de dezembro de 1990, e, em se tratando de servidor militar, de acordo com os respectivos regulamentos disciplinares.

Art. 15. A comissão processante dará conhecimento ao Ministério Público e ao Tribunal ou Conselho de Contas da existência de procedimento administrativo para apurar a prática de ato de improbidade.

Parágrafo único. O Ministério Público ou Tribunal ou Conselho de Contas poderá, a requerimento, designar representante para acompanhar o procedimento administrativo.

Art. 16. Havendo fundados indícios de responsabilidade, a comissão representará ao Ministério Público ou à procuradoria do órgão para que requeira ao juízo competente a decretação do sequestro dos bens do agente ou terceiro que tenha enriquecido ilicitamente ou causado dano ao patrimônio público.

§ 1º O pedido de sequestro será processado de acordo com o disposto nos artigos 822 e 825 do Código de Processo Civil.

► Refere-se ao CPC/1973.

§ 2º Quando for o caso, o pedido incluirá a investigação, o exame e o bloqueio de bens, contas bancárias e aplicações financeiras mantidas pelo indiciado no exterior, nos termos da lei e dos tratados internacionais.

Art. 17. A ação principal, que terá o rito ordinário, será proposta pelo Ministério Público ou pela pessoa jurídica interessada, dentro de trinta dias da efetivação da medida cautelar.

§ 1º As ações de que trata este artigo admitem a celebração de acordo de não persecução cível, nos termos desta Lei.

► § 1º com a redação dada pela Lei nº 13.964, de 24-12-2019.

§ 2º A Fazenda Pública, quando for o caso, promoverá as ações necessárias à complementação do ressarcimento do patrimônio público.

§ 3º No caso de a ação principal ter sido proposta pelo Ministério Público aplica-se, no que couber, o disposto no § 3º do art. 6º da Lei nº 4.717, de 29 de junho de 1965.

► § 3º com a redação dada pela Lei nº 9.366, de 16-12-1996.

§ 4º O Ministério Público, se não intervier no processo como parte, atuará, obrigatoriamente, como fiscal da lei, sob pena de nulidade.

§ 5º A propositura da ação prevenirá a jurisdição do juízo para todas as ações posteriormente intentadas que possuam a mesma causa de pedir ou o mesmo objeto.

► § 5º acrescido pela MP nº 2.180-35, de 24-8-2001, que até o encerramento desta edição não havia sido convertida em Lei.

§ 6º A ação será instruída com documentos ou justificação que contenham indícios suficientes da existência do ato de improbidade ou com razões fundamentadas da impossibilidade de apresentação de qualquer dessas provas, observada a legislação vigente, inclusive as disposições inscritas nos artigos 16 a 18 do Código de Processo Civil.

► Refere-se ao CPC/1973.

§ 7º Estando a inicial em devida forma, o juiz mandará autuá-la e ordenará a notificação do requerido, para oferecer manifestação por escrito, que poderá ser instruída com documentos e justificações, dentro do prazo de quinze dias.

§ 8º Recebida a manifestação, o juiz, no prazo de trinta dias, em decisão fundamentada, rejeitará a ação, se convencido da inexistência do ato de improbidade, da improcedência da ação ou da inadequação da via eleita.

§ 9º Recebida a petição inicial, será o réu citado para apresentar contestação.

§ 10. Da decisão que receber a petição inicial, caberá agravo de instrumento.

§ 10-A. Havendo a possibilidade de solução consensual, poderão as partes requerer ao juiz a interrupção do prazo para a contestação, por prazo não superior a 90 (noventa) dias.

► § 10-A acrescido pela Lei nº 13.964, de 24-12-2019.

§ 11. Em qualquer fase do processo, reconhecida a inadequação da ação de improbidade, o juiz extinguirá o processo sem julgamento do mérito.

§ 12. Aplica-se aos depoimentos ou inquirições realizadas nos processos regidos por esta Lei o disposto no artigo 221, *caput* e § 1º, do Código de Processo Penal.

► §§ 6º a 12 acrescidos pela MP nº 2.225-45, de 4-9-2001, que até o encerramento desta edição não havia sido convertida em Lei.

§ 13. Para os efeitos deste artigo, também se considera pessoa jurídica interessada o ente tributante que figurar no polo ativo da obrigação tributária de que tratam o § 4º do art. 3º e o art. 8º-A da Lei Complementar nº 116, de 31 de julho de 2003.

► § 13 acrescido pela LC nº 157, de 29-12-2016, produzindo efeitos somente após o decurso do prazo referido no art. 6º desta Lei Complementar.

Art. 17-A. VETADO. Lei nº 13.964, de 24-12-2019.

Art. 18. A sentença que julgar procedente ação civil de reparação de dano ou decretar a perda dos bens havidos ilicitamente determinará o pagamento ou a reversão dos bens, conforme o caso, em favor da pessoa jurídica prejudicada pelo ilícito.

CAPÍTULO VI
DAS DISPOSIÇÕES PENAIS

Art. 19. Constitui crime a representação por ato de improbidade contra agente público ou terceiro beneficiário quando o autor da denúncia o sabe inocente.

Pena – detenção de seis a dez meses e multa.

Parágrafo único. Além da sanção penal, o denunciante está sujeito a indenizar o denunciado pelos danos materiais, morais ou à imagem que houver provocado.

Art. 20. A perda da função pública e a suspensão dos direitos políticos só se efetivam com o trânsito em julgado da sentença condenatória.

Parágrafo único. A autoridade judicial ou administrativa competente poderá determinar o afastamento do agente público do exercício do cargo, emprego ou função, sem prejuízo da remuneração, quando a medida se fizer necessária à instrução processual.

Art. 21. A aplicação das sanções previstas nesta Lei independe:

I – da efetiva ocorrência de dano ao patrimônio público, salvo quanto à pena de ressarcimento;

► Inciso I com a redação dada pela Lei nº 12.120, de 15-12-2009.

II – da aprovação ou rejeição das contas pelo órgão de controle interno ou pelo Tribunal ou Conselho de Contas.

Art. 22. Para apurar qualquer ilícito previsto nesta Lei, o Ministério Público, de ofício, a requerimento de autoridade administrativa ou mediante representação formulada de acordo com o disposto no artigo 14, poderá requisitar a instauração de inquérito policial ou procedimento administrativo.

CAPÍTULO VII
DA PRESCRIÇÃO

Art. 23. As ações destinadas a levar a efeito as sanções previstas nesta Lei podem ser propostas:

I – até cinco anos após o término do exercício de mandato, de cargo em comissão ou de função de confiança;

II – dentro do prazo prescricional previsto em lei específica para faltas disciplinares puníveis com demissão a bem do serviço público, nos casos de exercício de cargo efetivo ou emprego;

III – até cinco anos da data da apresentação à administração pública da prestação de contas final pelas entidades referidas no parágrafo único do art. 1º desta Lei.

► Inciso III acrescido pela Lei nº 13.019, de 31-7-2014, com a redação dada pela Lei nº 13.204, de 14-12-2015.

CAPÍTULO VIII
DAS DISPOSIÇÕES FINAIS

Art. 24. Esta Lei entra em vigor na data de sua publicação.

Art. 25. Ficam revogadas as Leis nºs 3.164, de 1º de junho de 1957, e 3.502, de 21 de dezembro de 1958, e demais disposições em contrário.

Rio de Janeiro, 2 de junho de 1992;
171º da Independência e
104º da República.

Fernando Collor

LEI Nº 8.437, DE 30 DE JUNHO DE 1992

Dispõe sobre a concessão de medidas cautelares contra atos do Poder Público e dá outras providências.

► Publicada no *DOU* de 1º-7-1992.

Art. 1º Não será cabível medida liminar contra atos do Poder Público, no procedimento cautelar ou em quaisquer outras ações de natureza cautelar ou preventiva, toda vez que providência semelhante não puder ser concedida em ações de mandado de segurança, em virtude de vedação legal.

§ 1º Não será cabível, no juízo de primeiro grau, medida cautelar inominada ou a sua liminar, quando impugnado ato de autoridade sujeita, na via de mandado de segurança, à competência originária de tribunal.

§ 2º O disposto no parágrafo anterior não se aplica aos processos de ação popular e de ação civil pública.

§ 3º Não será cabível medida liminar que esgote, no todo ou em parte, o objeto da ação.

§ 4º Nos casos em que cabível medida liminar, sem prejuízo da comunicação ao dirigente do órgão ou entidade, o respectivo representante judicial dela será imediatamente intimado.

§ 5º Não será cabível medida liminar que defira compensação de créditos tributários ou previdenciários.

► §§ 4º e 5º acrescidos pela MP nº 2.180-35, de 24-8-2001, que até o encerramento desta edição não havia sido convertida em Lei.

Art. 2º No mandado de segurança coletivo e na ação civil pública, a liminar será concedida, quando cabível, após a audiência do representante judicial da pessoa jurídica de direito público, que deverá se pronunciar no prazo de setenta e duas horas.

Art. 3º O recurso voluntário ou *ex officio*, interposto contra sentença em processo cautelar, proferida contra pessoa jurídica de direito público ou seus agentes, que importe em outorga ou adição de vencimentos ou de reclassificação funcional, terá efeito suspensivo.

Art. 4º Compete ao presidente do tribunal, ao qual couber o conhecimento do respectivo recurso, suspender, em despacho fundamentado, a execução da liminar nas ações movidas contra o Poder Público ou seus agentes, a requerimento do Ministério Público ou da pessoa jurídica de direito público interessada, em caso de manifesto interesse público ou de flagrante ilegitimidade, e para evitar grave lesão à ordem, à saúde, à segurança e à economia públicas.

§ 1º Aplica-se o disposto neste artigo à sentença proferida em processo de ação cautelar inominada, no processo de ação popular e na ação civil pública, enquanto não transitada em julgado.

§ 2º O Presidente do Tribunal poderá ouvir o autor e o Ministério Público, em setenta e duas horas.

§ 3º Do despacho que conceder ou negar a suspensão, caberá agravo, no prazo de cinco dias, que será levado a julgamento na sessão seguinte a sua interposição.

▸ §§ 2º e 3º com a redação dada pela MP nº 2.180-35, de 24-8-2001, que até o encerramento desta edição não havia sido convertida em Lei.

§ 4º Se do julgamento do agravo de que trata o § 3º resultar a manutenção ou o restabelecimento da decisão que se pretende suspender, caberá novo pedido de suspensão ao Presidente do Tribunal competente para conhecer de eventual recurso especial ou extraordinário.

§ 5º É cabível também o pedido de suspensão a que se refere o § 4º, quando negado provimento a agravo de instrumento interposto contra a liminar a que se refere este artigo.

§ 6º A interposição do agravo de instrumento contra liminar concedida nas ações movidas contra o Poder Público e seus agentes não prejudica nem condiciona o julgamento do pedido de suspensão a que se refere este artigo.

§ 7º O Presidente do Tribunal poderá conferir ao pedido efeito suspensivo liminar, se constatar, em juízo prévio, a plausibilidade do direito invocado e a urgência na concessão da medida.

§ 8º As liminares cujo objeto seja idêntico poderão ser suspensas em uma única decisão, podendo o Presidente do Tribunal estender os efeitos da suspensão a liminares supervenientes, mediante simples aditamento do pedido original.

§ 9º A suspensão deferida pelo Presidente do Tribunal vigorará até o trânsito em julgado da decisão de mérito na ação principal.

▸ §§ 4º a 9º acrescidos pela MP nº 2.180-35, de 24-8-2001, que até o encerramento desta edição não havia sido convertida em Lei.

Art. 5º Esta Lei entra em vigor na data de sua publicação.

Art. 6º Revogam-se as disposições em contrário.

Brasília, 30 de junho de 1992;
171º da Independência e
104º da República.

Fernando Collor

DECRETO Nº 678, DE 6 DE NOVEMBRO DE 1992

Promulga a Convenção Americana sobre Direitos Humanos (Pacto de São José da Costa Rica), de 22 de novembro de 1969.

▸ Publicado no *DOU* de 9-11-1992.

Art. 1º A Convenção Americana sobre Direitos Humanos (Pacto de São José da Costa Rica), celebrada em São José da Costa Rica, em 22 de novembro de 1969, apensa por cópia ao presente decreto, deverá ser cumprida tão inteiramente como nela se contém.

Art. 2º Ao depositar a carta de adesão a esse ato internacional, em 25 de setembro de 1992, o Governo brasileiro fez a seguinte declaração interpretativa: "O Governo do Brasil entende que os arts. 43 e 48, alínea *d*, não incluem o direito automático de visitas e inspeções *in loco* da Comissão Interamericana de Direitos Humanos, as quais dependerão da anuência expressa do Estado".

Art. 3º O presente decreto entra em vigor na data de sua publicação.

Brasília, 6 de novembro de 1992;
171º da Independência e
104º da República.

Itamar Franco

CONVENÇÃO AMERICANA SOBRE DIREITOS HUMANOS (PACTO DE SÃO JOSÉ DA COSTA RICA)

PREÂMBULO

Os Estados americanos signatários da presente Convenção,

Reafirmando seu propósito de consolidar neste Continente, dentro do quadro das instituições democráticas, um regime de liberdade pessoal e de justiça social, fundado no respeito dos direitos essenciais do homem;

Reconhecendo que os direitos essenciais do homem não derivam do fato de ser ele nacional de determinado Estado, mas sim do fato de ter como fundamento os atributos da pessoa humana, razão por que justificam uma proteção internacional, de natureza convencional, coadjuvante ou complementar da que oferece o direito interno dos Estados americanos;

Considerando que esses princípios foram consagrados na Carta da Organização dos Estados Americanos, na Declaração Americana dos Direitos e Deveres do Homem e na Declaração Universal dos Direitos do Homem e que foram reafirmados e desenvolvidos em outros instrumentos internacionais, tanto de âmbito mundial como regional;

Reiterando que, de acordo com a Declaração Universal dos Direitos do Homem, só pode ser realizado o ideal do ser humano livre, isento do temor e da miséria, se forem criadas condições que permitam a cada pessoa gozar dos seus direitos econômicos, sociais e culturais, bem como dos seus direitos civis e políticos; e

Considerando que a Terceira Conferência Interamericana Extraordinária (Buenos Aires, 1967) aprovou a incorporação à própria Carta da Organização de normas mais amplas sobre direitos econômicos, sociais e educacionais e resolveu que uma Convenção Interamericana sobre Direitos Humanos determinasse a estrutura, competência e processo dos órgãos encarregados dessa matéria,

Convieram no seguinte:

PARTE I – DEVERES DOS ESTADOS E DIREITOS PROTEGIDOS

CAPÍTULO I

ENUMERAÇÃO DE DEVERES

ARTIGO 1º

Obrigação de Respeitar os Direitos

1. Os Estados-Partes nesta Convenção comprometem-se a respeitar os direitos e liberdades nela reconhecidos e a garantir

seu livre e pleno exercício a toda pessoa que esteja sujeita à sua jurisdição, sem discriminação alguma, por motivo de raça, cor, sexo, idioma, religião, opiniões políticas ou de qualquer outra natureza, origem nacional ou social, posição econômica, nascimento ou qualquer outra condição social.

2. Para os efeitos desta Convenção, pessoa é todo ser humano.

Artigo 2º

Dever de Adotar Disposições de Direito Interno

Se o exercício dos direitos e liberdades mencionados no artigo 1º ainda não estiver garantido por disposições legislativas ou de outra natureza, os Estados-Partes comprometem-se a adotar, de acordo com as suas normas constitucionais e com as disposições desta Convenção, as medidas legislativas ou de outra natureza que forem necessárias para tornar efetivos tais direitos e liberdades.

CAPÍTULO II

DIREITOS CIVIS E POLÍTICOS

Artigo 3º

Direito ao Reconhecimento da Personalidade Jurídica

Toda pessoa tem direito ao reconhecimento de sua personalidade jurídica.

Artigo 4º

Direito à Vida

1. Toda pessoa tem o direito de que se respeite sua vida. Esse direito deve ser protegido pela lei e, em geral, desde o momento da concepção. Ninguém pode ser privado da vida arbitrariamente.

2. Nos países que não houverem abolido a pena de morte, esta só poderá ser imposta pelos delitos mais graves, em cumprimento de sentença final de tribunal competente e em conformidade com lei que estabeleça tal pena, promulgada antes de haver o delito sido cometido. Tampouco se estenderá sua aplicação a delitos aos quais não se aplique atualmente.

3. Não se pode restabelecer a pena de morte nos Estados que a hajam abolido.

4. Em nenhum caso pode a pena de morte ser aplicada por delitos políticos, nem por delitos comuns conexos com delitos políticos.

5. Não se deve impor a pena de morte a pessoa que, no momento da perpetração do delito, for menor de dezoito anos, ou maior de setenta, nem aplicá-la a mulher em estado de gravidez.

6. Toda pessoa condenada à morte tem direito a solicitar anistia, indulto ou comutação da pena, os quais podem ser concedidos em todos os casos. Não se pode executar a pena de morte enquanto o pedido estiver pendente de decisão ante a autoridade competente.

Artigo 5º

Direito à Integridade Pessoal

1. Toda pessoa tem o direito de que se respeite sua integridade física, psíquica e moral.

2. Ninguém deve ser submetido a torturas, nem a penas ou tratos cruéis, desumanos ou degradantes. Toda pessoa privada da liberdade deve ser tratada com o respeito devido à dignidade inerente ao ser humano.

3. A pena não pode passar da pessoa do delinquente.

4. Os processados devem ficar separados dos condenados, salvo em circunstâncias excepcionais, e devem ser submetidos a tratamento adequado à sua condição de pessoas não condenadas.

5. Os menores, quando puderem ser processados, devem ser separados dos adultos e conduzidos a tribunal especializado, com a maior rapidez possível, para seu tratamento.

6. As penas privativas da liberdade devem ter por finalidade essencial a reforma e a readaptação social dos condenados.

Artigo 6º

Proibição da Escravidão e da Servidão

1. Ninguém pode ser submetido a escravidão ou a servidão, e tanto estas como o tráfico de escravos e o tráfico de mulheres são proibidos em todas as formas.

► A Lei nº 11.106, de 28-3-2005, alterou o tipo penal "tráfico de mulheres" para "tráfico internacional de pessoas".

2. Ninguém deve ser constrangido a executar trabalho forçado ou obrigatório. Nos países em que se prescreve, para certos delitos, pena privativa da liberdade acompanhada de trabalhos forçados, esta disposição não pode ser interpretada no sentido de proibir o cumprimento da dita pena, imposta por juiz ou tribunal competente. O trabalho forçado não deve afetar a dignidade nem a capacidade física e intelectual do recluso.

3. Não constituem trabalhos forçados ou obrigatórios para os efeitos deste artigo:

a) os trabalhos ou serviços normalmente exigidos de pessoa reclusa em cumprimento de sentença ou resolução formal expedida pela autoridade judiciária competente. Tais trabalhos ou serviços devem ser executados sob a vigilância e controle das autoridades públicas, e os indivíduos que os executarem não devem ser postos à disposição de particulares, companhias ou pessoas jurídicas de caráter privado;

b) o serviço militar e, nos países onde se admite a isenção por motivo de consciência, o serviço nacional que a lei estabelecer em lugar daquele;

c) o serviço imposto em casos de perigo ou calamidade que ameacem a existência ou o bem-estar da comunidade; e

d) o trabalho ou serviço que faça parte das obrigações cívicas normais.

Artigo 7º

Direito à Liberdade Pessoal

1. Toda pessoa tem direito à liberdade e à segurança pessoais.

2. Ninguém pode ser privado de sua liberdade física, salvo pelas causas e nas condições previamente fixadas pelas constituições políticas dos Estados-Partes ou pelas leis de acordo com elas promulgadas.

3. Ninguém pode ser submetido a detenção ou encarceramento arbitrários.

4. Toda pessoa detida ou retida deve ser informada das razões da sua detenção e notificada, sem demora, da acusação ou acusações formuladas contra ela.

5. Toda pessoa detida ou retida deve ser conduzida, sem demora, à presença de um juiz ou outra autoridade autorizada pela lei a exercer funções judiciais e tem direito a ser julgada dentro de um prazo razoável ou a ser posta em liberdade, sem prejuízo de que prossiga o processo. Sua liberdade pode ser condicionada a garantias que assegurem o seu comparecimento em juízo.

6. Toda pessoa privada da liberdade tem direito a recorrer a um juiz ou tribunal competente, a fim de que este decida, sem demora, sobre a legalidade de sua prisão ou detenção e ordene sua soltura se a prisão ou a detenção forem ilegais. Nos Estados-Partes cujas leis preveem que toda pessoa que

se vir ameaçada de ser privada de sua liberdade tem direito a recorrer a um juiz ou tribunal competente a fim de que este decida sobre a legalidade de tal ameaça, tal recurso não pode ser restringido nem abolido. O recurso pode ser interposto pela própria pessoa ou por outra pessoa.

7. Ninguém deve ser detido por dívidas. Este princípio não limita os mandados de autoridade judiciária competente expedidos em virtude de inadimplemento de obrigação alimentar.

Artigo 8º
Garantias Judiciais

1. Toda pessoa tem direito a ser ouvida, com as devidas garantias e dentro de um prazo razoável, por um juiz ou tribunal competente, independente e imparcial, estabelecido anteriormente por lei, na apuração de qualquer acusação penal formulada contra ela, ou para que se determinem seus direitos ou obrigações de natureza civil, trabalhista, fiscal ou de qualquer outra natureza.

2. Toda pessoa acusada de delito tem direito a que se presuma sua inocência enquanto não se comprove legalmente sua culpa. Durante o processo, toda pessoa tem direito, em plena igualdade, às seguintes garantias mínimas:

a) direito do acusado de ser assistido gratuitamente por tradutor ou intérprete, se não compreender ou não falar o idioma do juízo ou tribunal;

b) comunicação prévia e pormenorizada ao acusado da acusação formulada;

c) concessão ao acusado do tempo e dos meios adequados para a preparação de sua defesa;

d) direito do acusado de defender-se pessoalmente ou de ser assistido por um defensor de sua escolha e de comunicar-se, livremente e em particular, com seu defensor;

e) direito irrenunciável de ser assistido por um defensor proporcionado pelo Estado, remunerado ou não, segundo a legislação interna, se o acusado não se defender ele próprio, nem nomear defensor dentro do prazo estabelecido pela lei;

f) direito da defesa de inquirir as testemunhas presentes no Tribunal e de obter o comparecimento, como testemunhas ou peritos, de outras pessoas que possam lançar luz sobre os fatos;

g) direito de não ser obrigado a depor contra si mesma, nem a declarar-se culpada; e

h) direito de recorrer da sentença para juiz ou tribunal superior.

3. A confissão do acusado só é válida se feita sem coação de nenhuma natureza.

4. O acusado absolvido por sentença passada em julgado não poderá ser submetido a novo processo pelos mesmos fatos.

5. O processo penal deve ser público, salvo no que for necessário para preservar os interesses da justiça.

Artigo 9º
Princípio da Legalidade e da Retroatividade

Ninguém pode ser condenado por ações ou omissões que, no momento em que forem cometidas, não sejam delituosas, de acordo com o direito aplicável. Tampouco se pode impor pena mais grave que a aplicável no momento da perpetração do delito. Se, depois da perpetração do delito, a lei dispuser a imposição de pena mais leve, o delinquente será por isso beneficiado.

Artigo 10
Direito a Indenização

Toda pessoa tem direito de ser indenizada conforme a lei, no caso de haver sido condenada em sentença passada em julgado, por erro judiciário.

Artigo 11
Proteção da Honra e da Dignidade

1. Toda pessoa tem direito ao respeito de sua honra e ao reconhecimento de sua dignidade.

2. Ninguém pode ser objeto de ingerências arbitrárias ou abusivas em sua vida privada, na de sua família, em seu domicílio ou em sua correspondência, nem de ofensas ilegais à sua honra ou reputação.

3. Toda pessoa tem direito à proteção da lei contra tais ingerências ou tais ofensas.

Artigo 12
Liberdade de Consciência e de Religião

1. Toda pessoa tem direito à liberdade de consciência e de religião. Esse direito implica a liberdade de conservar sua religião ou suas crenças, ou de mudar de religião ou de crenças, bem como a liberdade de professar e divulgar sua religião ou suas crenças, individual ou coletivamente, tanto em público como em privado.

2. Ninguém pode ser objeto de medidas restritivas que possam limitar sua liberdade de conservar sua religião ou suas crenças, ou de mudar de religião ou de crenças.

3. A liberdade de manifestar a própria religião e as próprias crenças está sujeita unicamente às limitações prescritas pela lei e que sejam necessárias para proteger a segurança, a ordem, a saúde ou a moral públicas ou os direitos e as liberdades das demais pessoas.

4. Os pais e, quando for o caso, os tutores têm direito a que seus filhos ou pupilos recebam a educação religiosa e moral que esteja acorde com suas próprias convicções.

Artigo 13
Liberdade de Pensamento e de Expressão

1. Toda pessoa tem direito à liberdade de pensamento e de expressão. Esse direito compreende a liberdade de buscar, receber e difundir informações e ideias de toda natureza, sem consideração de fronteiras, verbalmente ou por escrito, ou em forma impressa ou artística, ou por qualquer outro processo de sua escolha.

2. O exercício do direito previsto no inciso precedente não pode estar sujeito a censura prévia, mas a responsabilidades ulteriores, que devem ser expressamente fixadas pela lei e que se façam necessárias para assegurar:

a) o respeito aos direitos ou à reputação das demais pessoas; ou

b) a proteção da segurança nacional, da ordem pública, ou da saúde ou da moral públicas.

3. Não se pode restringir o direito de expressão por vias ou meios indiretos, tais como o abuso de controles oficiais ou particulares de papel de imprensa, de frequências radioelétricas ou de equipamentos e aparelhos usados na difusão de informação, nem por quaisquer outros meios destinados a obstar a comunicação e a circulação de ideias e opiniões.

4. A lei pode submeter os espetáculos públicos a censura prévia, com o objetivo exclusivo de regular o acesso a eles, para proteção moral da infância e da adolescência, sem prejuízo do disposto no inciso 2.

5. A lei deve proibir toda propaganda a favor da guerra, bem como toda apologia ao ódio nacional, racial ou religioso que constitua incitação à discriminação, à hostilidade, ao crime ou à violência.

Artigo 14

Direito de Retificação ou Resposta

1. Toda pessoa, atingida por informações inexatas ou ofensivas emitidas em seu prejuízo por meios de difusão legalmente regulamentados e que se dirijam ao público em geral tem direito a fazer, pelo mesmo órgão de difusão, sua retificação ou resposta, nas condições que estabeleça a lei.

2. Em nenhum caso a retificação ou a resposta eximirão das outras responsabilidades legais em que se houver incorrido.

3. Para a efetiva proteção da honra e da reputação, toda publicação ou empresa jornalística, cinematográfica, de rádio ou televisão, deve ter uma pessoa responsável, que não seja protegida por imunidades, nem goze de foro especial.

Artigo 15

Direito de Reunião

É reconhecido o direito de reunião pacífica e sem armas. O exercício de tal direito só pode estar sujeito às restrições previstas pela lei e que sejam necessárias, numa sociedade democrática, no interesse da segurança nacional, da segurança ou da ordem públicas, ou para proteger a saúde ou a moral públicas ou os direitos e liberdades das demais pessoas.

Artigo 16

Liberdade de Associação

1. Todas as pessoas têm o direito de associar-se livremente com fins ideológicos, religiosos, políticos, econômicos, trabalhistas, sociais, culturais, desportivos ou de qualquer outra natureza.

2. O exercício de tal direito só pode estar sujeito às restrições previstas pela lei que sejam necessárias, numa sociedade democrática, no interesse da segurança nacional, da segurança ou da ordem públicas, ou para proteger a saúde ou a moral públicas ou os direitos e liberdades das demais pessoas.

3. O disposto neste artigo não impede a imposição de restrições legais, e mesmo a privação do exercício do direito de associação, aos membros das forças armadas e da polícia.

Artigo 17

Proteção da Família

1. A família é o elemento natural e fundamental da sociedade e deve ser protegida pela sociedade e pelo Estado.

2. É reconhecido o direito do homem e da mulher de contraírem casamento e de fundarem uma família, se tiverem a idade e as condições para isso exigidas pelas leis internas, na medida em que não afetem estas o princípio da não discriminação estabelecido nesta Convenção.

3. O casamento não pode ser celebrado sem o livre e pleno consentimento dos contraentes.

4. Os Estados-Partes devem tomar medidas apropriadas no sentido de assegurar a igualdade de direitos e a adequada equivalência de responsabilidades dos cônjuges quanto ao casamento, durante o casamento e em caso de dissolução do mesmo. Em caso de dissolução, serão adotadas disposições que assegurem a proteção necessária aos filhos, com base unicamente no interesse e conveniência dos mesmos.

5. A lei deve reconhecer iguais direitos tanto aos filhos nascidos fora do casamento como aos nascidos dentro do casamento.

Artigo 18

Direito ao Nome

Toda pessoa tem direito a um prenome e aos nomes de seus pais ou ao de um destes. A lei deve regular a forma de assegurar a todos esse direito, mediante nomes fictícios, se for necessário.

Artigo 19

Direitos da Criança

Toda criança tem direito às medidas de proteção que a sua condição de menor requer por parte da sua família, da sociedade e do Estado.

Artigo 20

Direito à Nacionalidade

1. Toda pessoa tem direito a uma nacionalidade.

2. Toda pessoa tem direito à nacionalidade do Estado em cujo território houver nascido, se não tiver direito a outra.

3. A ninguém se deve privar arbitrariamente de sua nacionalidade nem do direito de mudá-la.

Artigo 21

Direito à Propriedade Privada

1. Toda pessoa tem direito ao uso e gozo dos seus bens. A lei pode subordinar esse uso e gozo ao interesse social.

2. Nenhuma pessoa pode ser privada de seus bens, salvo mediante o pagamento de indenização justa, por motivo de utilidade pública ou de interesse social e nos casos e na forma estabelecidos pela lei.

3. Tanto a usura como qualquer outra forma de exploração do homem pelo homem devem ser reprimidas pela lei.

Artigo 22

Direito de Circulação e de Residência

1. Toda pessoa que se ache legalmente no território de um Estado tem direito de circular nele e de nele residir em conformidade com as disposições legais.

2. Toda pessoa tem o direito de sair livremente de qualquer país, inclusive do próprio.

3. O exercício dos direitos acima mencionados não pode ser restringido senão em virtude de lei, na medida indispensável, numa sociedade democrática, para prevenir infrações penais ou para proteger a segurança nacional, a segurança ou a ordem públicas, a moral ou a saúde públicas, ou os direitos e liberdades das demais pessoas.

4. O exercício dos direitos reconhecidos no inciso 1 pode também ser restringido pela lei, em zonas determinadas, por motivo de interesse público.

5. Ninguém pode ser expulso do território do Estado do qual for nacional, nem ser privado do direito de nele entrar.

6. O estrangeiro que se ache legalmente no território de um Estado-Parte nesta Convenção só poderá dele ser expulso em cumprimento de decisão adotada de acordo com a lei.

7. Toda pessoa tem o direito de buscar e receber asilo em território estrangeiro, em caso de perseguição por delitos políticos ou comuns conexos com delitos políticos e de acordo com a legislação de cada Estado e com os convênios internacionais.

8. Em nenhum caso o estrangeiro pode ser expulso ou entregue a outro país, seja ou não de origem, onde seu direito à vida ou à liberdade pessoal esteja em risco de violação por causa da sua raça, nacionalidade, religião, condição social ou de suas opiniões políticas.

9. É proibida a expulsão coletiva de estrangeiros.

Artigo 23

Direitos Políticos

1. Todos os cidadãos devem gozar dos seguintes direitos e oportunidades:

a) de participar da direção dos assuntos públicos, diretamente ou por meio de representantes livremente eleitos;

b) de votar e ser eleito em eleições periódicas, autênticas, realizadas por sufrágio universal e igual e por voto secreto que garanta a livre expressão da vontade dos eleitores; e

c) de ter acesso, em condições gerais de igualdade, às funções públicas de seu país.

2. A lei pode regular o exercício dos direitos e oportunidades e a que se refere o inciso anterior, exclusivamente por motivos de idade, nacionalidade, residência, idioma, instrução, capacidade civil ou mental, ou condenação, por juiz competente, em processo penal.

Artigo 24

Igualdade Perante a Lei

Todas as pessoas são iguais perante a lei. Por conseguinte, têm direito, sem discriminação, a igual proteção da lei.

Artigo 25

Proteção Judicial

1. Toda pessoa tem direito a um recurso simples e rápido ou a qualquer outro recurso efetivo, perante os juízes ou tribunais competentes, que a proteja contra atos que violem seus direitos fundamentais reconhecidos pela Constituição, pela lei ou pela presente Convenção, mesmo quando tal violação seja cometida por pessoas que estejam atuando no exercício de suas funções oficiais.

2. Os Estados-Partes comprometem-se:

a) a assegurar que a autoridade competente prevista pelo sistema legal do Estado decida sobre os direitos de toda pessoa que interpuser tal recurso;

b) a desenvolver as possibilidades de recurso judicial; e

c) a assegurar o cumprimento, pelas autoridades competentes, de toda decisão em que se tenha considerado procedente o recurso.

CAPÍTULO III

DIREITOS ECONÔMICOS, SOCIAIS E CULTURAIS

Artigo 26

Desenvolvimento Progressivo

Os Estados-Partes comprometem-se a adotar providências, tanto no âmbito interno como mediante cooperação internacional, especialmente econômica e técnica, a fim de conseguir progressivamente a plena efetividade dos direitos que decorrem das normas econômicas, sociais e sobre educação, ciência e cultura, constantes da Carta da Organização dos Estados Americanos, reformada pelo Protocolo de Buenos Aires, na medida dos recursos disponíveis, por via legislativa ou por outros meios apropriados.

CAPÍTULO IV

SUSPENSÃO DE GARANTIAS, INTERPRETAÇÃO E APLICAÇÃO

Artigo 27

Suspensão de Garantias

1. Em caso de guerra, de perigo público, ou de outra emergência que ameace a independência ou segurança do Estado-Parte, este poderá adotar disposições que, na medida e pelo tempo estritamente limitados às exigências da situação, suspendam as obrigações contraídas em virtude desta Convenção, desde que tais disposições não sejam incompatíveis com as demais obrigações que lhe impõe o Direito Internacional e não encerrem discriminação alguma fundada em motivos de raça, cor, sexo, idioma, religião ou origem social.

2. A disposição precedente não autoriza a suspensão dos direitos determinados nos seguintes artigos: 3 (Direito ao Reconhecimento da Personalidade Jurídica), 4 (Direito à Vida), 5 (Direito à Integridade Pessoal), 6 (Proibição da Escravidão e Servidão), 9 (Princípio da Legalidade e da Retroatividade), 12 (Liberdade de Consciência e de Religião), 17 (Proteção da Família), 18 (Direito ao Nome), 19 (Direitos da Criança), 20 (Direito à Nacionalidade), e 23 (Direitos Políticos), nem das garantias indispensáveis para a proteção de tais direitos.

3. Todo Estado-Parte que fizer uso do direito de suspensão deverá informar imediatamente os outros Estados-Partes na presente Convenção, por intermédio do Secretário-Geral da Organização dos Estados Americanos, das disposições cuja aplicação haja suspendido, dos motivos determinantes da suspensão e da data em que haja dado por terminada tal suspensão.

Artigo 28

Cláusula Federal

1. Quando se tratar de um Estado-Parte constituído como Estado federal, o governo nacional do aludido Estado-Parte cumprirá todas as disposições da presente Convenção, relacionadas com as matérias sobre as quais exerce competência legislativa e judicial.

2. No tocante às disposições relativas às matérias que correspondem à competência das entidades componentes da federação, o governo nacional deve tomar imediatamente as medidas pertinentes, em conformidade com sua constituição e suas leis, a fim de que as autoridades competentes das referidas entidades possam adotar as disposições cabíveis para o cumprimento desta Convenção.

3. Quando dois ou mais Estados-Partes decidirem constituir entre eles uma federação ou outro tipo de associação, diligenciarão no sentido de que o pacto comunitário respectivo contenha as disposições necessárias para que continuem sendo efetivas no novo Estado, assim organizado, as normas da presente Convenção.

Artigo 29

Normas de Interpretação

Nenhuma disposição desta Convenção pode ser interpretada no sentido de:

a) permitir a qualquer dos Estados-Partes, grupo ou pessoa, suprimir o gozo e exercício dos direitos e liberdades reconhecidos na Convenção ou limitá-los em maior medida do que a nela prevista;

b) limitar o gozo e exercício de qualquer direito ou liberdade que possam ser reconhecidos de acordo com as leis de qualquer dos Estados-Partes ou de acordo com outra convenção em que seja parte um dos referidos Estados;

c) excluir outros direitos e garantias que são inerentes ao ser humano ou que decorrem da forma democrática representativa de governo; e

d) excluir ou limitar o efeito que possam produzir a Declaração Americana dos Direitos e Deveres do Homem e outros atos internacionais da mesma natureza.

Artigo 30

Alcance das Restrições

As restrições permitidas, de acordo com esta Convenção, ao gozo e exercício dos direitos e liberdades nela reconhecidos, não podem ser aplicadas senão de acordo com leis que forem promulgadas por motivo de interesse geral e com o propósito para o qual houverem sido estabelecidas.

Artigo 31

Reconhecimento de Outros Direitos

Poderão ser incluídos no regime de proteção desta Convenção outros direitos e liberdades que forem reconhecidos de acordo com os processos estabelecidos nos artigos 69 e 70.

CAPÍTULO V

DEVERES DAS PESSOAS

Artigo 32

Correlação entre Deveres e Direitos

1. Toda pessoa tem deveres para com a família, a comunidade e a humanidade.
2. Os direitos de cada pessoa são limitados pelos direitos dos demais, pela segurança de todos e pelas justas exigências do bem comum, numa sociedade democrática.

Parte II – Meios da Proteção

CAPÍTULO VI

ÓRGÃOS COMPETENTES

Artigo 33

São competentes para conhecer dos assuntos relacionados com o cumprimento dos compromissos assumidos pelos Estados-Partes nesta Convenção:

a) a Comissão Interamericana de Direitos Humanos, doravante denominada a Comissão; e

b) a Corte Interamericana de Direitos Humanos, doravante denominada a Corte.

CAPÍTULO VII

COMISSÃO INTERAMERICANA DE DIREITOS HUMANOS

Seção 1

ORGANIZAÇÃO

Artigo 34

A Comissão Interamericana de Direitos Humanos compor-se-á de sete membros, que deverão ser pessoas de alta autoridade moral e de reconhecido saber em matéria de direitos humanos.

Artigo 35

A Comissão representa todos os Membros da Organização dos Estados Americanos.

Artigo 36

1. Os membros da Comissão serão eleitos a título pessoal, pela Assembleia-Geral da Organização, de uma lista de candidatos propostos pelos governos dos Estados-Membros.
2. Cada um dos referidos governos pode propor até três candidatos, nacionais do Estado que os propuser ou de qualquer outro Estado-Membro da Organização dos Estados Americanos. Quando for proposta uma lista de três candidatos, pelo menos um deles deverá ser nacional de Estado diferente do proponente.

Artigo 37

1. Os membros da Comissão serão eleitos por quatro anos e só poderão ser reeleitos uma vez, porém o mandato de três dos membros designados na primeira eleição expirará ao cabo de dois anos. Logo depois da referida eleição, serão determinados por sorteio, na Assembleia-Geral, os nomes desses três membros.
2. Não pode fazer parte da Comissão mais de um nacional de um mesmo País.

Artigo 38

As vagas que ocorrerem na Comissão, que não se devam à expiração normal do mandato, serão preenchidas pelo Conselho Permanente da Organização, de acordo com o que dispuser o Estatuto da Comissão.

Artigo 39

A Comissão elaborará seu estatuto e submetê-lo-á à aprovação da Assembleia-Geral e expedirá seu próprio regulamento.

Artigo 40

Os serviços de secretaria da Comissão devem ser desempenhados pela unidade funcional especializada que faz parte da Secretaria-Geral da Organização e deve dispor dos recursos necessários para cumprir as tarefas que lhe forem confiadas pela Comissão.

Seção 2

FUNÇÕES

Artigo 41

A Comissão tem a função principal de promover a observância e a defesa dos direitos humanos e, no exercício do seu mandato, tem as seguintes funções e atribuições:

a) estimular a consciência dos direitos humanos nos povos da América;

b) formular recomendações aos governos dos Estados-Membros, quando o considerar conveniente, no sentido de que adotem medidas progressivas em prol dos direitos humanos no âmbito de suas leis internas e seus preceitos constitucionais, bem como disposições apropriadas para promover o devido respeito a esses direitos;

c) preparar os estudos ou relatórios que considerar convenientes para o desempenho de suas funções;

d) solicitar aos governos dos Estados-Membros que lhe proporcionem informações sobre as medidas que adotarem em matéria de direitos humanos;

e) atender às consultas que, por meio da Secretaria-Geral da Organização dos Estados Americanos, lhe formularem os Estados-Membros sobre questões relacionadas com os direitos humanos e, dentro de suas possibilidades, prestar-lhes o assessoramento que lhe solicitarem;

f) atuar com respeito às petições e outras comunicações, no exercício de sua autoridade, de conformidade com o disposto nos artigos 44 a 51 desta Convenção; e

g) apresentar um relatório anual à Assembleia-Geral da Organização dos Estados Americanos.

Artigo 42

Os Estados-Partes devem remeter à Comissão cópia dos relatórios e estudos que, em seus respectivos campos, submetem anualmente às Comissões Executivas do Conselho Interamericano Econômico e Social e do Conselho Interamericano de Educação, Ciência e Cultura, a fim de que aquela zele por que se promovam os direitos decorrentes das normas econômicas, sociais e sobre educação, ciência e cultura, constantes da

Carta da Organização dos Estados Americanos, reformada pelo Protocolo de Buenos Aires.

Artigo 43

Os Estados-Partes obrigam-se a proporcionar à Comissão as informações que esta lhes solicitar sobre a maneira pela qual o seu direito interno assegura a aplicação efetiva de quaisquer disposições desta Convenção.

Seção 3
COMPETÊNCIA

Artigo 44

Qualquer pessoa ou grupo de pessoas, ou entidade não governamental legalmente reconhecida em um ou mais Estados-Membros da Organização, pode apresentar à Comissão petições que contenham denúncias ou queixas de violação desta Convenção por um Estado-Parte.

Artigo 45

1. Todo Estado-Parte pode, no momento do depósito do seu instrumento de ratificação desta Convenção, ou de adesão a ela, ou em qualquer momento posterior, declarar que reconhece a competência da Comissão para receber e examinar as comunicações em que um Estado-Parte alegue haver outro Estado-Parte incorrido em violações dos direitos humanos estabelecidos nesta Convenção.

2. As comunicações feitas em virtude deste artigo só podem ser admitidas e examinadas se forem apresentadas por um Estado-Parte que haja feito uma declaração pela qual reconheça a referida competência da Comissão. A Comissão não admitirá nenhuma comunicação contra um Estado-Parte que não haja feito tal declaração.

3. As declarações sobre reconhecimento de competência podem ser feitas para que esta vigore por tempo indefinido, por período determinado ou para casos específicos.

4. As declarações serão depositadas na Secretaria-Geral da Organização dos Estados Americanos, a qual encaminhará cópia das mesmas aos Estados-Membros da referida Organização.

Artigo 46

1. Para que uma petição ou comunicação apresentada de acordo com os artigos 44 ou 45 seja admitida pela Comissão, será necessário:

a) que hajam sido interpostos e esgotados os recursos da jurisdição interna, de acordo com os princípios de direito internacional geralmente reconhecidos;

b) que seja apresentada dentro do prazo de seis meses, a partir da data em que o presumido prejudicado em seus direitos tenha sido notificado da decisão definitiva;

c) que a matéria da petição ou comunicação não esteja pendente de outro processo de solução internacional; e

d) que, no caso do artigo 44, a petição contenha o nome, a nacionalidade, a profissão, o domicílio e a assinatura da pessoa ou pessoas ou do representante legal da entidade que submeter a petição.

2. As disposições das alíneas *a* e *b* do inciso 1 deste artigo não se aplicarão quando:

a) não existir, na legislação interna do Estado de que se tratar, o devido processo legal para a proteção do direito ou direitos que se alegue tenham sido violados;

b) não se houver permitido ao presumido prejudicado em seus direitos o acesso aos recursos da jurisdição interna, ou houver sido ele impedido de esgotá-los; e

c) houver demora injustificada na decisão sobre os mencionados recursos.

Artigo 47

A Comissão declarará inadmissível toda petição ou comunicação apresentada de acordo com os arts. 44 ou 45 quando:

a) não preencher algum dos requisitos estabelecidos no artigo 46;

b) não expuser fatos que caracterizem violação dos direitos garantidos por esta Convenção;

c) pela exposição do próprio peticionário ou do Estado, for manifestamente infundada a petição ou comunicação ou for evidente sua total improcedência; ou

d) for substancialmente reprodução de petição ou comunicação anterior, já examinada pela Comissão ou por outro organismo internacional.

Seção 4
PROCESSO

Artigo 48

1. A Comissão, ao receber uma petição ou comunicação na qual se alegue violação de qualquer dos direitos consagrados nesta Convenção, procederá da seguinte maneira:

a) se reconhecer a admissibilidade da petição ou comunicação, solicitará informações ao Governo do Estado ao qual pertença a autoridade apontada como responsável pela violação alegada e transcreverá as partes pertinentes da petição ou comunicação. As referidas informações devem ser enviadas dentro de um prazo razoável, fixado pela Comissão ao considerar as circunstâncias de cada caso;

b) recebidas as informações, ou transcorrido o prazo fixado sem que sejam elas recebidas, verificará se existem ou subsistem os motivos da petição ou comunicação. No caso de não existirem ou não subsistirem, mandará arquivar o expediente;

c) poderá também declarar a inadmissibilidade ou a improcedência da petição ou comunicação, com base em informação ou prova supervenientes;

d) se o expediente não houver sido arquivado, e com o fim de comprovar os fatos, a Comissão procederá, com conhecimento das partes, a um exame do assunto exposto na petição ou comunicação. Se for necessário e conveniente, a Comissão procederá a uma investigação para cuja eficaz realização solicitará, e os Estados interessados lhe proporcionarão, todas as facilidades necessárias;

e) poderá pedir aos Estados interessados qualquer informação pertinente e receberá, se isso lhe for solicitado, as exposições verbais ou escritas que apresentarem os interessados; e

f) pôr-se-á à disposição das partes interessadas, a fim de chegar a uma solução amistosa do assunto, fundada no respeito aos direitos humanos reconhecidos nesta Convenção.

2. Entretanto, em casos graves e urgentes, pode ser realizada uma investigação, mediante prévio consentimento do Estado em cujo território se alegue haver sido cometida a violação, tão somente com a apresentação de uma petição ou comunicação que reúna todos os requisitos formais de admissibilidade.

Artigo 49

Se se houver chegado a uma solução amistosa de acordo com as disposições do inciso 1, *f*, do artigo 48, a Comissão redigirá um relatório que será encaminhado ao peticionário e aos Estados-Partes nesta Convenção e, posteriormente transmitido, para sua publicação, ao Secretário-Geral da Organização dos

Estados Americanos. O referido relatório conterá uma breve exposição dos fatos e da solução alcançada. Se qualquer das partes no caso o solicitar, ser-lhe-á proporcionada a mais ampla informação possível.

Artigo 50

1. Se não se chegar a uma solução, e dentro do prazo que for fixado pelo Estatuto da Comissão, esta redigirá um relatório no qual exporá os fatos e suas conclusões. Se o relatório não representar, no todo ou em parte, o acordo unânime dos membros da Comissão, qualquer deles poderá agregar ao referido relatório seu voto em separado. Também se agregarão ao relatório as exposições verbais ou escritas que houverem sido feitas pelos interessados em virtude do inciso 1, *e*, do artigo 48.

2. O relatório será encaminhado aos Estados interessados, aos quais não será facultado publicá-lo.

3. Ao encaminhar o relatório, a Comissão pode formular as proposições e recomendações que julgar adequadas.

Artigo 51

1. Se no prazo de três meses, a partir da remessa aos Estados interessados do relatório da Comissão, o assunto não houver sido solucionado ou submetido à decisão da Corte pela Comissão ou pelo Estado interessado, aceitando sua competência, a Comissão poderá emitir, pelo voto da maioria absoluta dos seus membros, sua opinião e conclusões sobre a questão submetida à sua consideração.

2. A Comissão fará as recomendações pertinentes e fixará um prazo dentro do qual o Estado deve tomar as medidas que lhe competirem para remediar a situação examinada.

3. Transcorrido o prazo fixado, a Comissão decidirá, pelo voto da maioria absoluta dos seus membros, se o Estado tomou ou não medidas adequadas e se publica ou não seu relatório.

CAPÍTULO VIII

CORTE INTERAMERICANA DE DIREITOS HUMANOS

Seção 1

ORGANIZAÇÃO

Artigo 52

1. A Corte compor-se-á de sete juízes, nacionais dos Estados-Membros da Organização, eleitos a título pessoal dentre juristas da mais alta autoridade moral, de reconhecida competência em matéria de direitos humanos, que reúnam as condições requeridas para o exercício das mais elevadas funções judiciais, de acordo com a lei do Estado do qual sejam nacionais, ou do Estado que os propuser como candidatos.

2. Não deve haver dois juízes da mesma nacionalidade.

Artigo 53

1. Os juízes da Corte serão eleitos, em votação secreta e pelo voto da maioria absoluta dos Estados-Partes na Convenção, na Assembleia-Geral da Organização, de uma lista de candidatos propostos pelos mesmos Estados.

2. Cada um dos Estados-Partes pode propor até três candidatos, nacionais do Estado que os propuser ou de qualquer outro Estado-Membro da Organização dos Estados Americanos. Quando se propuser uma lista de três candidatos, pelo menos um deles deverá ser nacional de Estado diferente do proponente.

Artigo 54

1. Os juízes da Corte serão eleitos por um período de seis anos e só poderão ser reeleitos uma vez. O mandato de três dos juízes designados na primeira eleição expirará ao cabo de três anos. Imediatamente depois da referida eleição, determinar-se-ão por sorteio, na Assembleia-Geral, os nomes desses três juízes.

2. O juiz eleito para substituir outro, cujo mandato não haja expirado, completará o período deste.

3. Os juízes permanecerão em suas funções até o término dos seus mandatos. Entretanto, continuarão funcionando nos casos de que já houverem tomado conhecimento e que se encontrem em fase de sentença e, para tais efeitos, não serão substituídos pelos novos juízes eleitos.

Artigo 55

1. O juiz, que for nacional de algum dos Estados-Partes no caso submetido à Corte, conservará o seu direito de conhecer do mesmo.

2. Se um dos juízes chamados a conhecer do caso for de nacionalidade de um dos Estados-Partes, outro Estado-Parte no caso poderá designar uma pessoa de sua escolha para integrar a Corte na qualidade de juiz *ad hoc*.

3. Se, dentre os juízes chamados a conhecer do caso, nenhum for da nacionalidade dos Estados-Partes, cada um destes poderá designar um juiz *ad hoc*.

4. O juiz *ad hoc* deve reunir os requisitos indicados no artigo 52.

5. Se vários Estados-Partes na Convenção tiverem o mesmo interesse no caso, serão considerados como uma só parte, para os fins das disposições anteriores. Em caso de dúvida, a Corte decidirá.

Artigo 56

O *quorum* para as deliberações da Corte é constituído por cinco juízes.

Artigo 57

A Comissão comparecerá em todos os casos perante a Corte.

Artigo 58

1. A Corte terá sua sede no lugar que for determinado, na Assembleia-Geral da Organização, pelos Estados-Partes na Convenção, mas poderá realizar reuniões no território de qualquer Estado-Membro da Organização dos Estados Americanos em que considerar conveniente pela maioria dos seus membros e mediante prévia aquiescência do Estado respectivo. Os Estados-Partes na Convenção podem, na Assembleia-Geral, por dois terços dos seus votos, mudar a sede da Corte.

2. A Corte designará seu Secretário.

3. O Secretário residirá na sede da Corte e deverá assistir às reuniões que ela realizar fora da mesma.

Artigo 59

A Secretaria da Corte será por esta estabelecida e funcionará sob a direção do Secretário-Geral da Organização em tudo o que não for incompatível com a independência da Corte. Seus funcionários serão nomeados pelo Secretário-Geral da Organização, em consulta com o Secretário da Corte.

Artigo 60

A Corte elaborará seu Estatuto e submetê-lo-á à aprovação da Assembleia-Geral e expedirá seu regimento.

Seção 2
COMPETÊNCIA E FUNÇÕES

Artigo 61

1. Somente os Estados-Partes e a Comissão têm direito de submeter um caso à decisão da Corte.

2. Para que a Corte possa conhecer de qualquer caso, é necessário que sejam esgotados os processos previstos nos artigos 48 a 50.

Artigo 62

1. Todo Estado-Parte pode, no momento do depósito do seu instrumento de ratificação desta Convenção ou de adesão a ela, ou em qualquer momento posterior, declarar que reconhece como obrigatória, de pleno direito e sem convenção especial, a competência da Corte em todos os casos relativos à interpretação ou aplicação desta Convenção.

2. A declaração pode ser feita incondicionalmente, ou sob condição de reciprocidade, por prazo determinado ou para casos específicos. Deverá ser apresentada ao Secretário-Geral da Organização, que encaminhará cópias da mesma aos outros Estados-Membros da Organização e ao Secretário da Corte.

3. A Corte tem competência para conhecer de qualquer caso, relativo à interpretação e aplicação das disposições desta Convenção, que lhe seja submetido, desde que os Estados-Partes no caso tenham reconhecido ou reconheçam a referida competência, seja por declaração especial, como preveem os incisos anteriores, seja por convenção especial.

Artigo 63

1. Quando decidir que houve violação de um direito ou liberdade protegidos nesta Convenção, a Corte determinará que se assegure ao prejudicado o gozo do seu direito ou liberdade violados. Determinará também, se isso for procedente, que sejam reparadas as consequências da medida ou situação que haja configurado a violação desses direitos, bem como o pagamento de indenização justa à parte lesada.

2. Em casos de extrema gravidade e urgência, e quando se fizer necessário evitar danos irreparáveis às pessoas, a Corte, nos assuntos de que estiver conhecendo, poderá tomar as medidas provisórias que considerar pertinentes. Se se tratar de assuntos que ainda não estiverem submetidos ao seu conhecimento, poderá atuar a pedido da Comissão.

Artigo 64

1. Os Estados-Membros da Organização poderão consultar a Corte sobre a interpretação desta Convenção ou de outros tratados concernentes à proteção dos direitos humanos nos Estados americanos. Também poderão consultá-la, no que lhes compete, os órgãos enumerados no capítulo X da Carta da Organização dos Estados Americanos, reformada pelo Protocolo de Buenos Aires.

2. A Corte, a pedido de um Estado-Membro da Organização, poderá emitir pareceres sobre a compatibilidade entre qualquer de suas leis internas e os mencionados instrumentos internacionais.

Artigo 65

A Corte submeterá à consideração da Assembleia-Geral da Organização, em cada período ordinário de sessões, um relatório sobre as suas atividades no ano anterior. De maneira especial, e com as recomendações pertinentes, indicará os casos em que um Estado não tenha dado cumprimento a suas sentenças.

Seção 3
PROCESSO

Artigo 66

1. A sentença da Corte deve ser fundamentada.

2. Se a sentença não expressar no todo ou em parte a opinião unânime dos juízes, qualquer deles terá direito a que se agregue à sentença o seu voto dissidente ou individual.

Artigo 67

A sentença da Corte será definitiva e inapelável. Em caso de divergência sobre o sentido ou alcance da sentença, a Corte interpretá-la-á, a pedido de qualquer das partes, desde que o pedido seja apresentado dentro de noventa dias a partir da data da notificação da sentença.

Artigo 68

1. Os Estados-Partes na Convenção comprometem-se a cumprir a decisão da Corte em todo caso em que forem partes.

2. A parte da sentença que determinar indenização compensatória poderá ser executada no país respectivo pelo processo interno vigente para a execução de sentenças contra o Estado.

Artigo 69

A sentença da Corte deve ser notificada às partes no caso e transmitida aos Estados-Partes na Convenção.

CAPÍTULO IX
DISPOSIÇÕES COMUNS

Artigo 70

1. Os juízes da Corte e os membros da Comissão gozam, desde o momento de sua eleição e enquanto durar o seu mandato, das imunidades reconhecidas aos agentes diplomáticos pelo Direito Internacional. Durante o exercício dos seus cargos gozam, além disso, dos privilégios diplomáticos necessários para o desempenho de suas funções.

2. Não se poderá exigir responsabilidade em tempo algum dos juízes da Corte, nem dos membros da Comissão, por votos e opiniões emitidos no exercício de suas funções.

Artigo 71

Os cargos de juiz da Corte ou de membro da Comissão são incompatíveis com outras atividades que possam afetar sua independência ou imparcialidade, conforme o que for determinado nos respectivos estatutos.

Artigo 72

Os juízes da Corte e os membros da Comissão perceberão honorários e despesas de viagem na forma e nas condições que determinarem os seus Estatutos, levando em conta a importância e independência de suas funções. Tais honorários e despesas de viagem serão fixados no orçamento-programa da Organização dos Estados Americanos, no qual devem ser incluídas, além disso, as despesas da Corte e da sua Secretaria. Para tais efeitos, a Corte elaborará o seu próprio projeto de orçamento e submetê-lo-á à aprovação da Assembleia-Geral, por intermédio da Secretaria-Geral. Esta última não poderá nele introduzir modificações.

Artigo 73

Somente por solicitação da Comissão ou da Corte, conforme o caso, cabe à Assembleia-Geral da Organização resolver sobre as sanções aplicáveis aos membros da Comissão ou aos juízes da Corte que incorrerem nos casos previstos nos respectivos estatutos. Para expedir uma resolução, será necessária maioria de dois terços dos votos dos Estados-Membros da Organização, no caso dos membros da Comissão; e, além disso, de dois terços dos votos dos Estados-Partes na Convenção, se se tratar dos juízes da Corte.

Parte III – Disposições Gerais e Transitórias

CAPÍTULO X
ASSINATURA, RATIFICAÇÃO, RESERVA, EMENDA, PROTOCOLO E DENÚNCIA

Artigo 74

1. Esta Convenção fica aberta à assinatura e à ratificação ou adesão de todos os Estados-Membros da Organização dos Estados Americanos.
2. A ratificação desta Convenção ou a adesão a ela efetuar-se-á mediante depósito de um instrumento de ratificação ou de adesão na Secretaria-Geral da Organização dos Estados Americanos. Esta Convenção entrará em vigor logo que onze Estados houverem depositado os seus respectivos instrumentos de ratificação ou de adesão. Com referência a qualquer outro Estado que a ratificar ou que a ela aderir ulteriormente, a Convenção entrará em vigor na data do depósito do seu instrumento de ratificação ou de adesão.
3. O Secretário-Geral informará todos os Estados-Membros da Organização sobre a entrada em vigor da Convenção.

Artigo 75

Esta Convenção só pode ser objeto de reservas em conformidade com as disposições da Convenção de Viena sobre Direito dos Tratados, assinada em 23 de maio de 1969.

Artigo 76

1. Qualquer Estado-Parte, diretamente, e a Comissão ou a Corte, por intermédio do Secretário-Geral, podem submeter à Assembleia-Geral, para o que julgarem conveniente, proposta de emenda a esta Convenção.
2. As emendas entrarão em vigor para os Estados que ratificarem as mesmas na data em que houver sido depositado o respectivo instrumento de ratificação que corresponda ao número de dois terços dos Estados-Partes nesta Convenção. Quanto aos outros Estados-Partes, entrarão em vigor na data em que depositarem eles os seus respectivos instrumentos de ratificação.

Artigo 77

1. De acordo com a faculdade estabelecida no artigo 31, qualquer Estado-Parte e a Comissão podem submeter à consideração dos Estados-Partes reunidos por ocasião da Assembleia-Geral, projetos de protocolos adicionais a esta Convenção, com a finalidade de incluir progressivamente no regime de proteção da mesma outros direitos e liberdades.
2. Cada protocolo deve estabelecer as modalidades de sua entrada em vigor e será aplicado somente entre os Estados-Partes no mesmo.

Artigo 78

1. Os Estados-Partes poderão denunciar esta Convenção depois de expirado um prazo de cinco anos, a partir da data de entrada em vigor da mesma e mediante aviso prévio de um ano, notificando o Secretário-Geral da Organização, o qual deve informar as outras Partes.
2. Tal denúncia não terá o efeito de desligar o Estado-Parte interessado das obrigações contidas nesta Convenção, no que diz respeito a qualquer ato que, podendo constituir violação dessas obrigações, houver sido cometido por ele anteriormente à data na qual a denúncia produzir efeito.

CAPÍTULO XI
DISPOSIÇÕES TRANSITÓRIAS

Seção 1
COMISSÃO INTERAMERICANA DE DIREITOS HUMANOS

Artigo 79

Ao entrar em vigor esta Convenção, o Secretário-Geral pedirá por escrito a cada Estado-Membro da Organização que apresente, dentro de um prazo de noventa dias, seus candidatos a membro da Comissão Interamericana de Direitos Humanos. O Secretário-Geral preparará uma lista por ordem alfabética dos candidatos apresentados e a encaminhará aos Estados-Membros da Organização pelo menos trinta dias antes da Assembleia-Geral seguinte.

Artigo 80

A eleição dos membros da Comissão far-se-á dentre os candidatos que figurem na lista a que se refere o artigo 79, por votação secreta da Assembleia-Geral, e serão declarados eleitos os candidatos que obtiverem maior número de votos e a maioria absoluta dos votos dos representantes dos Estados-Membros. Se, para eleger todos os membros da Comissão, for necessário realizar várias votações, serão eliminados sucessivamente, na forma que for determinada pela Assembleia-Geral, os candidatos que receberem menor número de votos.

Seção 2
CORTE INTERAMERICANA DE DIREITOS HUMANOS

Artigo 81

Ao entrar em vigor esta Convenção, o Secretário-Geral solicitará por escrito a cada Estado-Parte que apresente, dentro de um prazo de noventa dias, seus candidatos a juiz da Corte Interamericana de Direitos Humanos. O Secretário-Geral preparará uma lista por ordem alfabética dos candidatos apresentados e a encaminhará aos Estados-Partes pelo menos trinta dias antes da Assembleia-Geral seguinte.

Artigo 82

A eleição dos juízes da Corte far-se-á dentre os candidatos que figurem na lista a que se refere o artigo 81, por votação secreta dos Estados-Partes, na Assembleia-Geral, e serão declarados eleitos os candidatos que obtiverem maior número de votos e a maioria absoluta dos votos dos representantes dos Estados-Partes. Se, para eleger todos os juízes da Corte, for necessário realizar várias votações, serão eliminados sucessivamente, na forma que for determinada pelos Estados-Partes, os candidatos que receberem menor número de votos.

DECLARAÇÕES E RESERVAS

Declaração do Chile

A Delegação do Chile apõe sua assinatura a esta Convenção, sujeita à sua posterior aprovação parlamentar e ratificação, em conformidade com as normas constitucionais vigentes.

Declaração do Equador

A Delegação do Equador tem a honra de assinar a Convenção Americana sobre Direitos Humanos. Não crê necessário especificar reserva alguma, deixando a salvo tão somente a faculdade geral constante da mesma Convenção, que deixa aos governos a liberdade de ratificá-la.

Reserva do Uruguai

O artigo 80, parágrafo 2º, da Constituição da República Oriental do Uruguai, estabelece que se suspende a cidadania "pela condição de legalmente processado em causa criminal de que possa resultar pena de penitenciária". Essa limitação ao exercício dos direitos reconhecidos no artigo 23 da Convenção não está prevista entre as circunstâncias que a tal respeito prevê o parágrafo 2 do referido artigo 23, motivo por que a Delegação do Uruguai formula a reserva pertinente.

Em fé do que, os plenipotenciários abaixo-assinados, cujos plenos poderes foram encontrados em boa e devida forma, assinam esta Convenção, que se denominará "Pacto de São José da Costa Rica", na cidade de São José, Costa Rica, em vinte e dois de novembro de mil novecentos e sessenta e nove.

DECLARAÇÃO INTERPRETATIVA DO BRASIL

Ao depositar a Carta de Adesão à Convenção Americana sobre Direitos Humanos (Pacto de São José da Costa Rica), em 25 de setembro de 1992, o Governo brasileiro fez a seguinte declaração interpretativa sobre os artigos 43 e 48, alínea *d*:

"O Governo do Brasil entende que os artigos 43 e 48, alínea *d*, não incluem o direito automático de visitas e inspeções *in loco* da Comissão Interamericana de Direitos Humanos, as quais dependerão da anuência expressa do Estado."

LEI Nº 8.560, DE 29 DE DEZEMBRO DE 1992

Regula a investigação de paternidade dos filhos havidos fora do casamento e dá outras providências.

► Publicada no *DOU* de 30-12-1992.

Art. 1º O reconhecimento dos filhos havidos fora do casamento é irrevogável e será feito:

I – no registro de nascimento;

II – por escritura pública ou escrito particular, a ser arquivado em cartório;

III – por testamento, ainda que incidentalmente manifestado;

IV – por manifestação expressa e direta perante o juiz, ainda que o reconhecimento não haja sido o objeto único e principal do ato que o contém.

Art. 2º Em registro de nascimento de menor apenas com a maternidade estabelecida, o oficial remeterá ao juiz certidão integral do registro e o nome e prenome, profissão, identidade e residência do suposto pai, a fim de ser averiguada oficiosamente a procedência da alegação.

§ 1º O juiz, sempre que possível, ouvirá a mãe sobre a paternidade alegada e mandará, em qualquer caso, notificar o suposto pai, independente de seu estado civil, para que se manifeste sobre a paternidade que lhe é atribuída.

§ 2º O juiz, quando entender necessário, determinará que a diligência seja realizada em segredo de justiça.

§ 3º No caso do suposto pai confirmar expressamente a paternidade, será lavrado termo de reconhecimento e remetida certidão ao oficial do registro, para a devida averbação.

§ 4º Se o suposto pai não atender no prazo de trinta dias, a notificação judicial, ou negar a alegada paternidade, o juiz remeterá os autos ao representante do Ministério Público para que intente, havendo elementos suficientes, a ação de investigação de paternidade.

§ 5º Nas hipóteses previstas no § 4º deste artigo, é dispensável o ajuizamento de ação de investigação de paternidade pelo Ministério Público se, após o não comparecimento ou a recusa do suposto pai em assumir a paternidade a ele atribuída, a criança for encaminhada para adoção.

► § 5º acrescido pela Lei nº 12.010, de 3-8-2009.

§ 6º A iniciativa conferida ao Ministério Público não impede a quem tenha legítimo interesse de intentar investigação, visando a obter o pretendido reconhecimento da paternidade.

► Antigo § 5º renumerado para § 6º pela Lei nº 12.010, de 3-8-2009.

Art. 2º-A. Na ação de investigação de paternidade, todos os meios legais, bem como os moralmente legítimos, serão hábeis para provar a verdade dos fatos.

► *Caput* acrescido pela Lei nº 12.004, de 29-7-2009.

§ 1º A recusa do réu em se submeter ao exame de código genético – DNA gerará a presunção da paternidade, a ser apreciada em conjunto com o contexto probatório.

► Parágrafo único transformado em § 1º pela Lei nº 14.138, de 16-4-2021.

§ 2º Se o suposto pai houver falecido ou não existir notícia de seu paradeiro, o juiz determinará, a expensas do autor da ação, a realização do exame de pareamento do código genético (DNA) em parentes consanguíneos, preferindo-se os de grau mais próximo aos mais distantes, importando a recusa em presunção da paternidade, a ser apreciada em conjunto com o contexto probatório.

► § 2º acrescido pela Lei nº 14.138, de 16-4-2021.

Art. 3º É vedado legitimar e reconhecer filho na ata do casamento.

Parágrafo único. É ressalvado o direito de averbar alteração do patronímico materno, em decorrência do casamento, no termo de nascimento do filho.

Art. 4º O filho maior não pode ser reconhecido sem o seu consentimento.

Art. 5º No registro de nascimento não se fará qualquer referência à natureza da filiação, à sua ordem em relação a outros irmãos do mesmo prenome, exceto gêmeos, ao lugar e cartório do casamento dos pais e ao estado civil destes.

Art. 6º Das certidões de nascimento não constarão indícios de a concepção haver sido decorrente de relação extraconjugal.

§ 1º Não deverá constar, em qualquer caso, o estado civil dos pais e a natureza da filiação, bem como o lugar e cartório do casamento, proibida referência à presente Lei.

§ 2º São ressalvadas autorizações ou requisições judiciais de certidões de inteiro teor, mediante decisão fundamentada, assegurados os direitos, as garantias e interesses relevantes do registrado.

Art. 7º Sempre que na sentença de primeiro grau se reconhecer a paternidade, nela se fixarão os alimentos provisionais ou definitivos do reconhecido que deles necessite.

Art. 8º Os registros de nascimento, anteriores à data da presente Lei, poderão ser retificados por decisão judicial, ouvido o Ministério Público.

Art. 9º Esta Lei entra em vigor na data de sua publicação.

Art. 10. São revogados os artigos 332, 337 e 347 do Código Civil e demais disposições em contrário.

Brasília, 29 de dezembro de 1992;
171º da Independência e
104º da República.

Itamar Franco

LEI Nº 8.625, DE 12 DE FEVEREIRO DE 1993

Institui a Lei Orgânica Nacional do Ministério Público, dispõe sobre normas gerais para a organização do Ministério Público dos Estados e dá outras providências.

▸ Publicada no *DOU* de 15-2-1993.

CAPÍTULO I
DAS DISPOSIÇÕES GERAIS

Art. 1º O Ministério Público é instituição permanente, essencial à função jurisdicional do Estado, incumbindo-lhe a defesa da ordem jurídica, do regime democrático e dos interesses sociais e individuais indisponíveis.

Parágrafo único. São princípios institucionais do Ministério Público a unidade, a indivisibilidade e a independência funcional.

Art. 2º Lei complementar, denominada Lei Orgânica do Ministério Público, cuja iniciativa é facultada aos Procuradores-Gerais de Justiça dos Estados, estabelecerá, no âmbito de cada uma dessas unidades federativas, normas específicas de organização, atribuições e estatuto do respectivo Ministério Público.

Parágrafo único. A organização, atribuições e estatuto do Ministério Público do Distrito Federal e Territórios serão objeto da Lei Orgânica do Ministério Público da União.

Art. 3º Ao Ministério Público é assegurada autonomia funcional, administrativa e financeira, cabendo-lhe, especialmente:

I – praticar atos próprios de gestão;

II – praticar atos e decidir sobre a situação funcional e administrativa do pessoal, ativo e inativo, da carreira e dos serviços auxiliares, organizados em quadros próprios;

III – elaborar suas folhas de pagamento e expedir os competentes demonstrativos;

IV – adquirir bens e contratar serviços, efetuando a respectiva contabilização;

V – propor ao Poder Legislativo a criação e a extinção de seus cargos, bem como a fixação e o reajuste dos vencimentos de seus membros;

VI – propor ao Poder Legislativo a criação e a extinção dos cargos de seus serviços auxiliares, bem como a fixação e o reajuste dos vencimentos de seus servidores;

VII – prover os cargos iniciais da carreira e dos serviços auxiliares, bem como nos casos de remoção, promoção e demais formas de provimento derivado;

VIII – editar atos de aposentadoria, exoneração e outros que importem em vacância de cargos de carreira e dos serviços auxiliares, bem como os de disponibilidade de membros do Ministério Público e de seus servidores;

IX – organizar suas secretarias e os serviços auxiliares das Procuradorias e Promotorias de Justiça;

X – compor os seus órgãos de administração;

XI – elaborar seus regimentos internos;

XII – exercer outras competências dela decorrentes.

Parágrafo único. As decisões do Ministério Público fundadas em sua autonomia funcional, administrativa e financeira, obedecidas as formalidades legais, têm eficácia plena e executoriedade imediata, ressalvada a competência constitucional do Poder Judiciário e do Tribunal de Contas.

Art. 4º O Ministério Público elaborará sua proposta orçamentária dentro dos limites estabelecidos na Lei de Diretrizes Orçamentárias, encaminhando-a diretamente ao Governador do Estado, que a submeterá ao Poder Legislativo.

§ 1º Os recursos correspondentes às suas dotações orçamentárias próprias e globais, compreendidos os créditos suplementares e especiais, ser-lhe-ão entregues até o dia vinte de cada mês, sem vinculação a qualquer tipo de despesa.

§ 2º A fiscalização contábil, financeira, orçamentária, operacional e patrimonial do Ministério Público, quanto à legalidade, legitimidade, economicidade, aplicação de dotações e recursos próprios e renúncia de receitas, será exercida pelo Poder Legislativo, mediante controle externo e pelo sistema de controle interno estabelecido na Lei Orgânica.

CAPÍTULO II
DA ORGANIZAÇÃO DO MINISTÉRIO PÚBLICO

SEÇÃO I
DOS ÓRGÃOS DE ADMINISTRAÇÃO

Art. 5º São órgãos da Administração Superior do Ministério Público:

I – a Procuradoria-Geral de Justiça;

II – o Colégio de Procuradores de Justiça;

III – o Conselho Superior do Ministério Público;

IV – a Corregedoria-Geral do Ministério Público.

Art. 6º São também órgãos de Administração do Ministério Público:

I – as Procuradorias de Justiça;

II – as Promotorias de Justiça.

SEÇÃO II
DOS ÓRGÃOS DE EXECUÇÃO

Art. 7º São órgãos de execução do Ministério Público:

I – o Procurador-Geral de Justiça;

II – o Conselho Superior do Ministério Público;

III – os Procuradores de Justiça;

IV – os Promotores de Justiça.

SEÇÃO III
DOS ÓRGÃOS AUXILIARES

Art. 8º São órgãos auxiliares do Ministério Público, além de outros criados pela Lei Orgânica:

I – os Centros de Apoio Operacional;

II – a Comissão de Concurso;

III – o Centro de Estudos e Aperfeiçoamento Funcional;

IV – os órgãos de apoio administrativo;

V – os estagiários.

CAPÍTULO III
DOS ÓRGÃOS DE ADMINISTRAÇÃO

SEÇÃO I
DA PROCURADORIA-GERAL DE JUSTIÇA

Art. 9º Os Ministérios Públicos dos Estados formarão lista tríplice, dentre integrantes da carreira, na forma da lei respectiva, para escolha de seu Procurador-Geral, que será nomeado pelo Chefe do Poder Executivo, para mandato de dois anos, permitida uma recondução, observado o mesmo procedimento.

§ 1º A eleição da lista tríplice far-se-á mediante voto plurinominal de todos os integrantes da carreira.

§ 2º A destituição do Procurador-Geral de Justiça, por iniciativa do Colégio de Procuradores, deverá ser precedida de autorização de um terço dos membros da Assembleia Legislativa.

§ 3º Nos seus afastamentos e impedimentos o Procurador-Geral de Justiça será substituído na forma da Lei Orgânica.

§ 4º Caso o Chefe do Poder Executivo não efetive a nomeação do Procurador-Geral de Justiça, nos quinze dias que se seguirem ao recebimento da lista tríplice, será investido automaticamente no cargo o membro do Ministério Público mais votado, para exercício do mandato.

Art. 10. Compete ao Procurador-Geral de Justiça:

I – exercer a chefia do Ministério Público, representando-o judicial e extrajudicialmente;

II – integrar, como membro nato, e presidir o Colégio de Procuradores de Justiça e o Conselho Superior do Ministério Público;

III – submeter ao Colégio de Procuradores de Justiça as propostas de criação e extinção de cargos e serviços auxiliares e de orçamento anual;

IV – encaminhar ao Poder Legislativo os projetos de lei de iniciativa do Ministério Público;

V – praticar atos e decidir questões relativas à administração geral e execução orçamentária do Ministério Público;

VI – prover os cargos iniciais da carreira e dos serviços auxiliares, bem como nos casos de remoção, promoção, convocação e demais formas de provimento derivado;

VII – editar atos de aposentadoria, exoneração e outros que importem em vacância de cargos da carreira ou dos serviços auxiliares e atos de disponibilidade de membros do Ministério Público e de seus servidores;

VIII – delegar suas funções administrativas;

IX – designar membros do Ministério Público para:

a) exercer as atribuições de dirigente dos Centros de Apoio Operacional;

b) ocupar cargo de confiança junto aos órgãos da Administração Superior;

c) integrar organismos estatais afetos a sua área de atuação;

d) oferecer denúncia ou propor ação civil pública nas hipóteses de não confirmação de arquivamento de inquérito policial ou civil, bem como de quaisquer peças de informação;

e) acompanhar inquérito policial ou diligência investigatória, devendo recair a escolha sobre o membro do Ministério Público com atribuição para, em tese, oficiar no feito, segundo as regras ordinárias de distribuição de serviços;

f) assegurar a continuidade dos serviços, em caso de vacância, afastamento temporário, ausência, impedimento ou suspeição de titular de cargo, ou com consentimento deste;

g) por ato excepcional e fundamentado, exercer as funções processuais afetas a outro membro da instituição, submetendo sua decisão previamente ao Conselho Superior do Ministério Público;

h) oficiar perante a Justiça Eleitoral de primeira instância, ou junto ao Procurador-Regional Eleitoral, quando por este solicitado;

X – dirimir conflitos de atribuições entre membros do Ministério Público, designando quem deva oficiar no feito;

XI – decidir processo disciplinar contra membro do Ministério Público, aplicando as sanções cabíveis;

XII – expedir recomendações, sem caráter normativo aos órgãos do Ministério Público, para o desempenho de suas funções;

XIII – encaminhar aos Presidentes dos Tribunais as listas sêxtuplas a que se referem os artigos 94, *caput*, e 104, parágrafo único, II, da Constituição Federal;

XIV – exercer outras atribuições previstas em lei.

Art. 11. O Procurador-Geral de Justiça poderá ter em seu Gabinete, no exercício de cargo de confiança, Procuradores ou Promotores de Justiça da mais elevada entrância ou categoria, por ele designados.

Seção II
DO COLÉGIO DE PROCURADORES DE JUSTIÇA

Art. 12. O Colégio de Procuradores de Justiça é composto por todos os Procuradores de Justiça, competindo-lhe:

I – opinar, por solicitação do Procurador-Geral de Justiça ou de um quarto de seus integrantes, sobre matéria relativa à autonomia do Ministério Público, bem como sobre outras de interesse institucional;

II – propor ao Procurador-Geral de Justiça a criação de cargos e serviços auxiliares, modificações na Lei Orgânica e providências relacionadas ao desempenho das funções institucionais;

III – aprovar a proposta orçamentária anual do Ministério Público, elaborada pela Procuradoria-Geral de Justiça, bem como os projetos de criação de cargos e serviços auxiliares;

IV – propor ao Poder Legislativo a destituição do Procurador-Geral de Justiça, pelo voto de dois terços de seus membros e por iniciativa da maioria absoluta de seus integrantes em caso de abuso de poder, conduta incompatível ou grave omissão nos deveres do cargo, assegurada ampla defesa;

V – eleger o Corregedor Geral do Ministério Público;

VI – destituir o Corregedor Geral do Ministério Público, pelo voto de dois terços de seus membros, em caso de abuso de poder, conduta incompatível ou grave omissão nos deveres do cargo, por representação do Procurador-Geral de Justiça ou da maioria de seus integrantes, assegurada ampla defesa;

VII – recomendar ao Corregedor Geral do Ministério Público a instauração de procedimento administrativo disciplinar contra membro do Ministério Público;

VIII – julgar recurso contra decisão:

a) de vitaliciamento, ou não, de membro do Ministério Público;

b) condenatória em procedimento administrativo disciplinar;

c) proferida em reclamação sobre o quadro geral de antiguidade;

d) de disponibilidade e remoção de membro do Ministério Público, por motivo de interesse público;

e) de recusa prevista no § 3º do artigo 15 desta Lei;

IX – decidir sobre pedido de revisão de procedimento administrativo disciplinar;

X – deliberar por iniciativa de um quarto de seus integrantes ou do Procurador-Geral de Justiça, que este ajuíze ação cível de decretação de perda do cargo de membro vitalício do Ministério Público nos casos previstos nesta Lei;

XI – rever, mediante requerimento de legítimo interessado, nos termos da Lei Orgânica, decisão de arquivamento de inquérito policial ou peças de informação determinada pelo Procurador-Geral de Justiça, nos casos de sua atribuição originária;

XII – elaborar seu regimento interno;

XIII – desempenhar outras atribuições que lhe forem conferidas por lei.

Parágrafo único. As decisões do Colégio de Procuradores de Justiça serão motivadas e publicadas, por extrato, salvo nas hipóteses legais de sigilo ou por deliberação da maioria de seus integrantes.

Art. 13. Para exercer as atribuições do Colégio de Procuradores de Justiça com número superior a quarenta Procuradores de Justiça, poderá ser constituído Órgão Especial, cuja composição e número de integrantes a Lei Orgânica fixará.

Parágrafo único. O disposto neste artigo não se aplica às hipóteses previstas nos incisos I, IV, V e VI do artigo anterior, bem como a outras atribuições a serem deferidas à totalidade do Colégio de Procuradores de Justiça pela Lei Orgânica.

Seção III
DO CONSELHO SUPERIOR DO MINISTÉRIO PÚBLICO

Art. 14. Lei Orgânica de cada Ministério Público disporá sobre a composição, inelegibilidade e prazos de sua cessação, posse e duração do mandato dos integrantes do Conselho Superior do Ministério Público, respeitadas as seguintes disposições:

I – o Conselho Superior terá como membros natos apenas o Procurador-Geral de Justiça e o Corregedor Geral do Ministério Público;

II – são elegíveis somente Procuradores de Justiça que não estejam afastados da carreira;

III – o eleitor poderá votar em cada um dos elegíveis até o número de cargos postos em eleição, na forma da lei complementar estadual.

Art. 15. Ao Conselho Superior do Ministério Público compete:

I – elaborar as listas sêxtuplas a que se referem os artigos 94, *caput*, e 104, parágrafo único, II, da Constituição Federal;

II – indicar ao Procurador-Geral de Justiça, em lista tríplice, os candidatos a remoção ou promoção por merecimento;

III – eleger, na forma da Lei Orgânica, os membros do Ministério Público que integrarão a Comissão de Concurso de ingresso na carreira;

IV – indicar o nome do mais antigo membro do Ministério Público para remoção ou promoção por antiguidade;

V – indicar ao Procurador-Geral de Justiça Promotores de Justiça para substituição por convocação;

VI – aprovar os pedidos de remoção por permuta entre membros do Ministério Público;

VII – decidir sobre vitaliciamento de membros do Ministério Público;

VIII – determinar por voto de dois terços de seus integrantes a disponibilidade ou remoção de membros do Ministério Público, por interesse público, assegurada ampla defesa;

IX – aprovar o quadro geral de antiguidade do Ministério Público e decidir sobre reclamações formuladas a esse respeito;

X – sugerir ao Procurador-Geral a edição de recomendações, sem caráter vinculativo, aos órgãos do Ministério Público para o desempenho de suas funções e a adoção de medidas convenientes ao aprimoramento dos serviços;

XI – autorizar o afastamento de membro do Ministério Público para frequentar curso ou seminário de aperfeiçoamento e estudo, no País ou no exterior;

XII – elaborar seu regimento interno;

XIII – exercer outras atribuições previstas em lei.

§ 1º As decisões do Conselho Superior do Ministério Público serão motivadas e publicadas, por extrato, salvo nas hipóteses legais de sigilo ou por deliberação da maioria de seus integrantes.

§ 2º A remoção e a promoção voluntária por antiguidade e por merecimento, bem como a convocação, dependerão de prévia manifestação escrita do interessado.

§ 3º Na indicação por antiguidade, o Conselho Superior do Ministério Público somente poderá recusar o membro do Ministério Público mais antigo pelo voto de dois terços de seus integrantes, conforme procedimento próprio, repetindo-se a votação até fixar-se a indicação, após o julgamento de eventual recurso interposto com apoio na alínea *e* do inciso VIII do artigo 12 desta Lei.

Seção IV
DA CORREGEDORIA-GERAL DO MINISTÉRIO PÚBLICO

Art. 16. O Corregedor Geral do Ministério Público será eleito pelo Colégio de Procuradores, dentre os Procuradores de Justiça, para mandato de dois anos, permitida uma recondução, observado o mesmo procedimento.

Parágrafo único. O Corregedor Geral do Ministério Público é membro nato do Colégio de Procuradores de Justiça e do Conselho Superior do Ministério Público.

Art. 17. A Corregedoria-Geral do Ministério Público é o órgão orientador e fiscalizador das atividades funcionais e da conduta dos membros do Ministério Público, incumbindo-lhe, dentre outras atribuições:

I – realizar correições e inspeções;

II – realizar inspeções nas Procuradorias de Justiça, remetendo relatório reservado ao Colégio de Procuradores de Justiça;

III – propor ao Conselho Superior do Ministério Público, na forma da Lei Orgânica, o não vitaliciamento de membro do Ministério Público;

IV – fazer recomendações, sem caráter vinculativo, a órgão de execução;

V – instaurar, de ofício ou por provocação dos demais órgãos da Administração Superior do Ministério Público, processo disciplinar contra membro da instituição, presidindo-o e aplicando as sanções administrativas cabíveis, na forma da Lei Orgânica;

VI – encaminhar ao Procurador-Geral de Justiça os processos administrativos disciplinares que, na forma da Lei Orgânica, incumba a este decidir;

VII – remeter aos demais órgãos da Administração Superior do Ministério Público informações necessárias ao desempenho de suas atribuições;

VIII – apresentar ao Procurador-Geral de Justiça, na primeira quinzena de fevereiro, relatório com dados estatísticos sobre as atividades das Procuradorias e Promotorias de Justiça, relativas ao ano anterior.

Art. 18. O Corregedor Geral do Ministério Público será assessorado por Promotores de Justiça da mais elevada entrância ou categoria, por ele indicados e designados pelo Procurador-Geral de Justiça.

Parágrafo único. Recusando-se o Procurador-Geral de Justiça a designar os Promotores de Justiça que lhe foram indicados, o Corregedor Geral do Ministério Público poderá submeter a indicação à deliberação do Colégio de Procuradores.

Seção V
DAS PROCURADORIAS DE JUSTIÇA

Art. 19. As Procuradorias de Justiça são órgãos de Administração do Ministério Público, com cargos de Procurador de Justiça e serviços auxiliares necessários ao desempenho das funções que lhe forem cometidas pela Lei Orgânica.

§ 1º É obrigatória a presença de Procurador de Justiça nas sessões de julgamento dos processos da respectiva Procuradoria de Justiça.

§ 2º Os Procuradores de Justiça exercerão inspeção permanente dos serviços dos Promotores de Justiça nos autos em que oficiem, remetendo seus relatórios à Corregedoria-Geral do Ministério Público.

Art. 20. Os Procuradores de Justiça das Procuradorias de Justiça civis e criminais, que oficiem junto ao mesmo Tribunal, reunir-se-ão para fixar orientações jurídicas, sem caráter vinculativo, encaminhando-as ao Procurador-Geral de Justiça.

Art. 21. A divisão interna dos serviços das Procuradorias de Justiça sujeitar-se-á a critérios objetivos definidos pelo Colégio de Procuradores, que visem à distribuição equitativa dos processos por sorteio, observadas, para esse efeito, as regras de proporcionalidade, especialmente a alternância fixada em função da natureza, volume e espécie dos feitos.

Parágrafo único. A norma deste artigo só não incidirá nas hipóteses em que os Procuradores de Justiça definam, consensualmente, conforme critérios próprios, a divisão interna dos serviços.

Art. 22. À Procuradoria de Justiça compete, na forma da Lei Orgânica, dentre outras atribuições:

I – escolher o Procurador de Justiça responsável pelos serviços administrativos da Procuradoria;

II – propor ao Procurador-Geral de Justiça a escala de férias de seus integrantes;

III – solicitar ao Procurador-Geral de Justiça, em caso de licença de Procurador de Justiça ou afastamento de suas funções junto à Procuradoria de Justiça, que convoque Promotor de Justiça da mais elevada entrância ou categoria para substituí-lo.

Seção VI
DAS PROMOTORIAS DE JUSTIÇA

Art. 23. As Promotorias de Justiça são órgãos de administração do Ministério Público com pelo menos um cargo de Promotor de Justiça e serviços auxiliares necessários ao desempenho das funções que lhe forem cometidas pela Lei Orgânica.

§ 1º As Promotorias de Justiça poderão ser judiciais ou extrajudiciais, especializadas, gerais ou cumulativas.

§ 2º As atribuições das Promotorias de Justiça e dos cargos dos Promotores de Justiça que a integram serão fixadas mediante proposta do Procurador-Geral de Justiça, aprovada pelo Colégio de Procuradores de Justiça.

§ 3º A exclusão, inclusão ou outra modificação nas atribuições das Promotorias de Justiça ou dos cargos dos Promotores de Justiça que a integram serão efetuadas mediante proposta do Procurador-Geral de Justiça, aprovada por maioria absoluta do Colégio de Procuradores.

Art. 24. O Procurador-Geral de Justiça poderá, com a concordância do Promotor de Justiça titular, designar outro Promotor para funcionar em feito determinado, de atribuição daquele.

CAPÍTULO IV
DAS FUNÇÕES DOS ÓRGÃOS DE EXECUÇÃO

Seção I
DAS FUNÇÕES GERAIS

Art. 25. Além das funções previstas nas Constituições Federal e Estadual, na Lei Orgânica e em outras leis, incumbe, ainda, ao Ministério Público:

I – propor ação de inconstitucionalidade de leis ou atos normativos estaduais ou municipais, face à Constituição Estadual;

II – promover a representação de inconstitucionalidade para efeito de intervenção do Estado nos Municípios;

III – promover, privativamente, a ação penal pública, na forma da lei;

IV – promover o inquérito civil e a ação civil pública, na forma da lei:

a) para a proteção, prevenção e reparação dos danos causados ao meio ambiente, ao consumidor, aos bens e direitos de valor artístico, estético, histórico, turístico e paisagístico, e a outros interesses difusos, coletivos e individuais indisponíveis e homogêneos;

b) para a anulação ou declaração de nulidade de atos lesivos ao patrimônio público ou à moralidade administrativa do Estado ou de Município, de suas administrações indiretas ou fundacionais ou de entidades privadas de que participem;

V – manifestar-se nos processos em que sua presença seja obrigatória por lei e, ainda, sempre que cabível a intervenção, para assegurar o exercício de suas funções institucionais, não importando a fase ou grau de jurisdição em que se encontrem os processos;

VI – exercer a fiscalização dos estabelecimentos prisionais e dos que abriguem idosos, menores, incapazes ou pessoas portadoras de deficiência;

VII – deliberar sobre a participação em organismos estatais de defesa do meio ambiente, neste compreendido o do trabalho, do consumidor, de política penal e penitenciária e outros afetos à sua área de atuação;

VIII – ingressar em juízo, de ofício, para responsabilizar os gestores do dinheiro público condenados por tribunais e conselhos de contas;

IX – interpor recursos ao Supremo Tribunal Federal e ao Superior Tribunal de Justiça;

X e XI – VETADOS.

Parágrafo único. É vedado o exercício das funções do Ministério Público a pessoas a ele estranhas, sob pena de nulidade do ato praticado.

Art. 26. No exercício de suas funções, o Ministério Público poderá:

I – instaurar inquéritos civis e outras medidas e procedimentos administrativos pertinentes e, para instruí-los:

a) expedir notificações para colher depoimento ou esclarecimentos e, em caso de não comparecimento injustificado, requisitar condução coercitiva, inclusive pela Polícia Civil ou Militar, ressalvadas as prerrogativas previstas em lei;

b) requisitar informações, exames periciais e documentos de autoridades federais, estaduais e municipais, bem como dos órgãos e entidades da administração direta, indireta ou fundacional, de qualquer dos Poderes da União, dos Estados, do Distrito Federal e dos Municípios;

c) promover inspeções e diligências investigatórias junto às autoridades, órgãos e entidades a que se refere a alínea anterior;

II – requisitar informações e documentos a entidades privadas, para instruir procedimentos ou processo em que oficie;

III – requisitar à autoridade competente a instauração de sindicância ou procedimento administrativo cabível;

IV – requisitar diligências investigatórias e a instauração de inquérito policial e de inquérito policial militar, observado o disposto no artigo 129, VIII, da Constituição Federal, podendo acompanhá-los;

V – praticar atos administrativos executórios, de caráter preparatório;

VI – dar publicidade dos procedimentos administrativos não disciplinares que instaurar e das medidas adotadas;

VII – sugerir ao Poder competente a edição de normas e a alteração da legislação em vigor, bem como a adoção de medidas propostas, destinadas à prevenção e controle da criminalidade;

VIII – manifestar-se em qualquer fase dos processos, acolhendo solicitação do juiz, da parte ou por sua iniciativa, quando entender existente interesse em causa que justifique a intervenção.

§ 1º As notificações e requisições previstas neste artigo, quando tiverem como destinatários o Governador do Estado, os membros do Poder Legislativo e os desembargadores, serão encaminhadas pelo Procurador-Geral de Justiça.

§ 2º O membro do Ministério Público será responsável pelo uso indevido das informações e documentos que requisitar, inclusive nas hipóteses legais de sigilo.

§ 3º Serão cumpridas gratuitamente as requisições feitas pelo Ministério Público às autoridades, órgãos e entidades da Administração Pública direta, indireta ou fundacional, de qualquer dos Poderes da União, dos Estados, do Distrito Federal e dos Municípios.

§ 4º A falta ao trabalho, em virtude de atendimento a notificação ou requisição, na forma do inciso I deste artigo, não autoriza desconto de vencimentos ou salário, considerando-se de efetivo exercício, para todos os efeitos, mediante comprovação escrita do membro do Ministério Público.

§ 5º Toda representação ou petição formulada ao Ministério Público será distribuída entre os membros da instituição que tenham atribuições para apreciá-la, observados os critérios fixados pelo Colégio de Procuradores.

Art. 27. Cabe ao Ministério Público exercer a defesa dos direitos assegurados nas Constituições Federal e Estadual, sempre que se cuidar de garantir-lhe o respeito:

I – pelos poderes estaduais ou municipais;

II – pelos órgãos da Administração Pública Estadual ou Municipal, direta ou indireta;

III – pelos concessionários e permissionários de serviço público estadual ou municipal;

IV – por entidades que exerçam outra função delegada do Estado ou do Município ou executem serviço de relevância pública.

Parágrafo único. No exercício das atribuições a que se refere este artigo, cabe ao Ministério Público, entre outras providências:

I – receber notícias de irregularidades, petições ou reclamações de qualquer natureza, promover as apurações cabíveis que lhes sejam próprias e dar-lhes as soluções adequadas;

II – zelar pela celeridade e racionalização dos procedimentos administrativos;

III – dar andamento, no prazo de trinta dias, às notícias de irregularidades, petições ou reclamações referidas no inciso I;

IV – promover audiências públicas e emitir relatórios, anual ou especiais, e recomendações dirigidas aos órgãos e entidades mencionadas no *caput* deste artigo, requisitando ao destinatário sua divulgação adequada e imediata, assim como resposta por escrito.

Art. 28. VETADO.

Seção II

DO PROCURADOR-GERAL DE JUSTIÇA

Art. 29. Além das atribuições previstas nas Constituições Federal e Estadual, na Lei Orgânica e em outras leis, compete ao Procurador-Geral de Justiça:

I – representar aos Tribunais locais por inconstitucionalidade de leis ou atos normativos estaduais ou municipais, face à Constituição Estadual;

II – representar para fins de intervenção do Estado no Município, com o objetivo de assegurar a observância de princípios indicados na Constituição Estadual ou prover a execução de lei, de ordem ou de decisão judicial;

III – representar o Ministério Público nas sessões plenárias dos Tribunais;

IV – VETADO;

V – ajuizar ação penal de competência originária dos Tribunais, nela oficiando;

VI – oficiar nos processos de competência originária dos Tribunais, nos limites estabelecidos na Lei Orgânica;

VII – determinar o arquivamento de representação, notícia de crime, peças de informação, conclusão de comissões parlamentares de inquérito ou inquérito policial, nas hipóteses de suas atribuições legais;

VIII – exercer as atribuições do artigo 129, II e III, da Constituição Federal, quando a autoridade reclamada for o Governador do Estado, o Presidente da Assembleia Legislativa ou os Presidentes de Tribunais, bem como quando contra estes, por ato praticado em razão de suas funções, deva ser ajuizada a competente ação;

IX – delegar a membro do Ministério Público suas funções de órgão de execução.

Seção III

DO CONSELHO SUPERIOR DO MINISTÉRIO PÚBLICO

Art. 30. Cabe ao Conselho Superior do Ministério Público rever o arquivamento de inquérito civil, na forma da lei.

Seção IV

DOS PROCURADORES DE JUSTIÇA

Art. 31. Cabe aos Procuradores de Justiça exercer as atribuições junto aos Tribunais, desde que não cometidas ao Procurador-Geral de Justiça, e inclusive por delegação deste.

Seção V

DOS PROMOTORES DE JUSTIÇA

Art. 32. Além de outras funções cometidas nas Constituições Federal e Estadual, na Lei Orgânica e demais leis, compete aos Promotores de Justiça, dentro de suas esferas de atribuições:

I – impetrar *habeas corpus* e mandado de segurança e requerer correição parcial, inclusive perante os Tribunais locais competentes;

II – atender a qualquer do povo, tomando as providências cabíveis;

III – oficiar perante a Justiça Eleitoral de primeira instância, com as atribuições do Ministério Público Eleitoral previstas na Lei Orgânica do Ministério Público da União que forem pertinentes, além de outras estabelecidas na legislação eleitoral e partidária.

CAPÍTULO V

DOS ÓRGÃOS AUXILIARES

Seção I

DOS CENTROS DE APOIO OPERACIONAL

Art. 33. Os Centros de Apoio Operacional são órgãos auxiliares da atividade funcional do Ministério Público, competindo-lhes, na forma da Lei Orgânica:

I – estimular a integração e o intercâmbio entre órgãos de execução que atuem na mesma área de atividade e que tenham atribuições comuns;

II – remeter informações técnico-jurídicas, sem caráter vinculativo, aos órgãos ligados à sua atividade;

III – estabelecer intercâmbio permanente com entidades ou órgãos públicos ou privados que atuem em áreas afins, para obtenção de elementos técnicos especializados necessários ao desempenho de suas funções;

IV – remeter, anualmente, ao Procurador-Geral de Justiça relatório das atividades do Ministério Público relativas às suas áreas de atribuições;

V – exercer outras funções compatíveis com suas finalidades, vedado o exercício de qualquer atividade de órgão de execução, bem como a expedição de atos normativos a estes dirigidos.

Seção II
DA COMISSÃO DE CONCURSO

Art. 34. À Comissão de Concurso, órgão auxiliar de natureza transitória, incumbe realizar a seleção de candidatos ao ingresso na carreira do Ministério Público, na forma da Lei Orgânica e observado o artigo 129, § 3º, da Constituição Federal.

Parágrafo único. A Lei Orgânica definirá o critério de escolha do Presidente da Comissão de Concurso de ingresso na carreira, cujos demais integrantes serão eleitos na forma do artigo 15, III, desta Lei.

Seção III
DO CENTRO DE ESTUDOS E APERFEIÇOAMENTO FUNCIONAL

Art. 35. O Centro de Estudos e Aperfeiçoamento Funcional é órgão auxiliar do Ministério Público destinado a realizar cursos, seminários, congressos, simpósios, pesquisas, atividades, estudos e publicações visando ao aprimoramento profissional e cultural dos membros da instituição, de seus auxiliares e funcionários, bem como a melhor execução de seus serviços e racionalização de seus recursos materiais.

Parágrafo único. A Lei Orgânica estabelecerá a organização, funcionamento e demais atribuições do Centro de Estudos e Aperfeiçoamento Funcional.

Seção IV
DOS ÓRGÃOS DE APOIO ADMINISTRATIVO

Art. 36. Lei de iniciativa do Procurador-Geral de Justiça disciplinará os órgãos e serviços auxiliares de apoio administrativo, organizados em quadro próprio de carreiras, com os cargos que atendam às suas peculiaridades e às necessidades da administração e das atividades funcionais.

Seção V
DOS ESTAGIÁRIOS

Art. 37. Os estagiários do Ministério Público, auxiliares das Promotorias de Justiça, serão nomeados pelo Procurador-Geral de Justiça, para período não superior a três anos.

Parágrafo único. A Lei Orgânica disciplinará a seleção, investidura, vedações e dispensa dos estagiários, que serão alunos dos três últimos anos do curso de bacharelado de Direito, de escolas oficiais ou reconhecidas.

CAPÍTULO VI
DAS GARANTIAS E PRERROGATIVAS DOS MEMBROS DO MINISTÉRIO PÚBLICO

Art. 38. Os membros do Ministério Público sujeitam-se a regime jurídico especial e têm as seguintes garantias:

I – vitaliciedade, após dois anos de exercício, não podendo perder o cargo senão por sentença judicial transitada em julgado;

II – inamovibilidade, salvo por motivo de interesse público;

III – irredutibilidade de vencimentos, observado, quanto à remuneração, o disposto na Constituição Federal.

§ 1º O membro vitalício do Ministério Público somente perderá o cargo por sentença judicial transitada em julgado, proferida em ação civil própria, nos seguintes casos:

I – prática de crime incompatível com o exercício do cargo, após decisão judicial transitada em julgado;

II – exercício da advocacia;

III – abandono do cargo por prazo superior a trinta dias ocorridos.

§ 2º A ação civil para a decretação da perda do cargo será proposta pelo Procurador-Geral de Justiça perante o Tribunal de Justiça local, após autorização do Colégio de Procuradores, na forma da Lei Orgânica.

Art. 39. Em caso de extinção do órgão de execução, da Comarca ou mudança da sede da Promotoria de Justiça, será facultado ao Promotor de Justiça remover-se para outra Promotoria de igual entrância ou categoria, ou obter a disponibilidade com vencimentos integrais e a contagem do tempo de serviço como se em exercício estivesse.

§ 1º O membro do Ministério Público em disponibilidade remunerada, continuará sujeito às vedações constitucionais e será classificado em quadro especial, provendo-se a vaga que ocorrer.

§ 2º A disponibilidade, nos casos previstos no *caput* deste artigo, outorga ao membro do Ministério Público o direito à percepção de vencimentos e vantagens integrais e à contagem do tempo de serviço como se em exercício estivesse.

Art. 40. Constituem prerrogativas dos membros do Ministério Público, além de outras previstas na Lei Orgânica:

I – ser ouvido, como testemunha ou ofendido, em qualquer processo ou inquérito, em dia, hora e local previamente ajustados com o juiz ou a autoridade competente;

II – estar sujeito a intimação ou convocação para comparecimento, somente se expedida pela autoridade judiciária ou por órgão da Administração Superior do Ministério Público competente, ressalvadas as hipóteses constitucionais;

III – ser preso somente por ordem judicial escrita, salvo em flagrante de crime inafiançável, caso em que a autoridade fará, no prazo máximo de vinte e quatro horas, a comunicação e a apresentação do membro do Ministério Público ao Procurador-Geral de Justiça;

IV – ser processado e julgado originariamente pelo Tribunal de Justiça de seu Estado, nos crimes comuns e de responsabilidade, ressalvada exceção de ordem constitucional;

V – ser custodiado ou recolhido à prisão domiciliar ou à sala especial de Estado Maior, por ordem e à disposição do Tribunal competente, quando sujeito a prisão antes do julgamento final;

VI – ter assegurado o direito de acesso, retificação e complementação dos dados e informações relativos à sua pessoa, existentes nos órgãos da instituição, na forma da Lei Orgânica.

Art. 41. Constituem prerrogativas dos membros do Ministério Público, no exercício de sua função, além de outras previstas na Lei Orgânica:

I – receber o mesmo tratamento jurídico e protocolar dispensado aos membros do Poder Judiciário junto aos quais oficiem;

II – não ser indiciado em inquérito policial, observado o disposto no parágrafo único deste artigo;

III – ter vista dos autos após distribuição às Turmas ou Câmaras e intervir nas sessões de julgamento, para sustentação oral ou esclarecimento de matéria de fato;

IV – receber intimação pessoal em qualquer processo e grau de jurisdição, através da entrega dos autos com vista;

V – gozar de inviolabilidade pelas opiniões que externar ou pelo teor de suas manifestações processuais ou procedimentos, nos limites de sua independência funcional;

VI – ingressar e transitar livremente:

a) nas salas de sessões de Tribunais, mesmo além dos limites que separam a parte reservada aos Magistrados;

b) nas salas e dependências de audiências, secretarias, cartórios, tabelionatos, ofícios da justiça, inclusive dos registros públicos, delegacias de polícia e estabelecimento de internação coletiva;

c) em qualquer recinto público ou privado, ressalvada a garantia constitucional de inviolabilidade de domicílio;

VII – examinar, em qualquer Juízo ou Tribunal, autos de processos findos ou em andamento, ainda que conclusos à autoridade, podendo copiar peças e tomar apontamentos;

VIII – examinar, em qualquer repartição policial, autos de flagrante ou inquérito, findos ou em andamento, ainda que conclusos à autoridade, podendo copiar peças e tomar apontamentos;

IX – ter acesso ao indiciado preso, a qualquer momento, mesmo quando decretada a sua incomunicabilidade;

X – usar as vestes talares e as insígnias privativas do Ministério Público;

XI – tomar assento à direita dos Juízes de primeira instância ou do Presidente do Tribunal, Câmara ou Turma.

Parágrafo único. Quando, no curso de investigação, houver indício da prática de infração penal por parte de membro do Ministério Público, a autoridade policial, civil ou militar, remeterá, imediatamente, sob pena de responsabilidade, os respectivos autos ao Procurador-Geral de Justiça, a quem competirá dar prosseguimento à apuração.

Art. 42. Os membros do Ministério Público terão carteira funcional, expedida na forma da Lei Orgânica, valendo em todo o Território Nacional como cédula de identidade, e porte de arma, independentemente, neste caso, de qualquer ato formal de licença ou autorização.

CAPÍTULO VII

DOS DEVERES E VEDAÇÕES DOS MEMBROS DO MINISTÉRIO PÚBLICO

Art. 43. São deveres dos membros do Ministério Público, além de outros previstos em lei:

I – manter ilibada conduta pública e particular;

II – zelar pelo prestígio da Justiça, por suas prerrogativas e pela dignidade de suas funções;

III – indicar os fundamentos jurídicos de seus pronunciamentos processuais, elaborando relatório em sua manifestação final ou recursal;

IV – obedecer aos prazos processuais;

V – assistir aos atos judiciais, quando obrigatória ou conveniente a sua presença;

VI – desempenhar, com zelo e presteza, as suas funções;

VII – declarar-se suspeito ou impedido, nos termos da lei;

VIII – adotar, nos limites de suas atribuições, as providências cabíveis face à irregularidade de que tenha conhecimento ou que ocorra nos serviços a seu cargo;

IX – tratar com urbanidade as partes, testemunhas, funcionários e auxiliares da Justiça;

X – residir, se titular, na respectiva Comarca;

XI – prestar informações solicitadas pelos órgãos da instituição;

XII – identificar-se em suas manifestações funcionais;

XIII – atender aos interessados, a qualquer momento, nos casos urgentes;

XIV – acatar, no plano administrativo, as decisões dos órgãos da Administração Superior do Ministério Público.

Art. 44. Aos membros do Ministério Público se aplicam as seguintes vedações:

I – receber, a qualquer título e sob qualquer pretexto, honorários, percentagens ou custas processuais;

II – exercer advocacia;

III – exercer o comércio ou participar de sociedade comercial, exceto como cotista ou acionista;

IV – exercer, ainda que em disponibilidade, qualquer outra função pública, salvo uma de Magistério;

V – exercer atividade político-partidária, ressalvada a filiação e as exceções previstas em lei.

► O STF, por maioria de votos, julgou parcialmente procedente a ADIN nº 1.377-1, para, sem redução de texto, conferir a este inciso interpretação conforme à CF, definindo como única exegese constitucionalmente possível aquela que apenas admite a filiação partidária de representante do Ministério Público dos Estados-membros, se realizada nas hipóteses de afastamento do integrante do *Parquet* de suas funções institucionais, mediante licença, nos termos da lei (*DOU* de 16-2-2006).

Parágrafo único. Não constituem acumulação, para os efeitos do inciso IV deste artigo, as atividades exercidas em organismos estatais afetos à área de atuação do Ministério Público, em Centro de Estudo e Aperfeiçoamento de Ministério Público, em entidades de representação de classe e o exercício de cargos de confiança na sua administração e nos órgãos auxiliares.

CAPÍTULO VIII

DOS VENCIMENTOS, VANTAGENS E DIREITOS

Art. 45. O membro do Ministério Público, convocado ou designado para substituição, terá direito à diferença de vencimento entre o seu cargo e o que ocupar.

Art. 46. A revisão da remuneração dos membros do Ministério Público far-se-á na forma da lei estadual.

Art. 47. Os vencimentos dos membros do Ministério Público serão fixados com diferença não excedente a dez por cento de uma para outra entrância ou categoria, ou da entrância mais elevada para o cargo de Procurador-Geral de Justiça, garantindo-se aos Procuradores de Justiça não menos de noventa e cinco por cento dos vencimentos atribuídos ao Procurador-Geral.

Art. 48. A remuneração dos membros dos Ministérios Públicos dos Estados observará, como limite máximo, os valores percebidos como remuneração, em espécie, a qualquer título, pelos membros do Poder Judiciário local.

Art. 49. Os vencimentos do Procurador-Geral de Justiça, em cada Estado, para efeito do disposto no § 1º do artigo 39 da Constituição Federal, guardarão equivalência com os vencimentos dos Desembargadores dos Tribunais de Justiça.

► O STF, por unanimidade de votos, julgou procedente a ADIN nº 1.274-6, para declarar a inconstitucionalidade deste artigo (*DOU* de 26-2-2003).

Art. 50. Além dos vencimentos, poderão ser outorgadas, a membro do Ministério Público, nos termos da lei, as seguintes vantagens:

I – ajuda de custo, para despesas de transporte e mudança;

II – auxílio-moradia, nas Comarcas em que não haja residência oficial condigna para o membro do Ministério Público;

III – salário-família;

IV – diárias;

V – verba de representação de Ministério Público;

VI – gratificação pela prestação de serviço à Justiça Eleitoral, equivalente àquela devida ao Magistrado ante o qual oficiar;

VII – gratificação pela prestação de serviço à Justiça do Trabalho, nas Comarcas em que não haja Junta de Conciliação e Julgamento;

VIII – gratificação adicional por ano de serviço, incidente sobre o vencimento básico e a verba de representação, observado o disposto no § 3º deste artigo e no inciso XIV do artigo 37 da Constituição Federal;

IX – gratificação pelo efetivo exercício em Comarca de difícil provimento, assim definida e indicada em lei ou em ato do Procurador-Geral de Justiça;

X – gratificação pelo exercício cumulativo de cargos ou funções;

XI – verba de representação pelo exercício de cargos de direção ou de confiança junto aos órgãos da Administração Superior;

XII – outras vantagens previstas em lei, inclusive as concedidas aos servidores públicos em geral.

§ 1º Aplicam-se aos membros do Ministério Público os direitos sociais previstos no artigo 7º, VIII, XII, XVII, XVIII e XIX, da Constituição Federal.

§ 2º Computar-se-á, para efeito de aposentadoria, disponibilidade e adicionais por tempo de serviço, o tempo de exercício da advocacia, até o máximo de quinze anos.

§ 3º Constitui parcela dos vencimentos, para todos os efeitos, a gratificação de representação de Ministério Público.

Art. 51. O direito a férias anuais, coletivas e individuais, do membro do Ministério Público, será igual ao dos Magistrados, regulando a Lei Orgânica a sua concessão e aplicando-se o disposto no artigo 7º, XVII, da Constituição Federal.

Art. 52. Conceder-se-á licença:

I – para tratamento de saúde;

II – por motivo de doença de pessoa da família;

III – à gestante;

IV – paternidade;

V – em caráter especial;

VI – para casamento, até oito dias;

VII – por luto, em virtude de falecimento do cônjuge, ascendente, descendente, irmãos, sogros, noras e genros, até oito dias;

VIII – em outros casos previstos em lei.

Parágrafo único. A Lei Orgânica disciplinará as licenças referidas neste artigo, não podendo o membro do Ministério Público, nessas situações, exercer qualquer de suas funções.

Art. 53. São considerados como de efetivo exercício, para todos os efeitos legais, exceto para vitaliciamento, os dias em que o membro do Ministério Público estiver afastado de suas funções em razão:

I – de licença prevista no artigo anterior;

II – de férias;

III – de cursos ou seminários de aperfeiçoamento e estudos, no País ou no exterior, de duração máxima de dois anos e mediante prévia autorização do Conselho Superior do Ministério Público;

IV – de período de trânsito;

V – de disponibilidade remunerada, exceto para promoção, em caso de afastamento decorrente de punição;

VI – de designação do Procurador-Geral de Justiça para:

a) realização de atividade de relevância para a instituição;

b) direção de Centro de Estudos e Aperfeiçoamento Funcional do Ministério Público;

VII – de exercício de cargos ou de funções de direção de associação representativa de classe, na forma da Lei Orgânica;

VIII – de exercício das atividades previstas no parágrafo único do artigo 44 desta Lei;

IX – de outras hipóteses definidas em lei.

Art. 54. O membro do Ministério Público será aposentado, com proventos integrais, compulsoriamente, por invalidez ou aos setenta anos de idade, e, facultativamente, aos trinta anos de serviço, após cinco anos de efetivo exercício na carreira.

Art. 55. Os proventos da aposentadoria, que corresponderão à totalidade dos vencimentos percebidos no serviço ativo, a qualquer título, serão revistos na mesma proporção e na mesma data, sempre que se modificar a remuneração dos membros do Ministério Público em atividade, sendo também estendidos aos inativos quaisquer benefícios ou vantagens posteriormente concedidos àqueles, inclusive quando decorrentes de transformação ou reclassificação do cargo ou função em que se deu a aposentadoria.

Parágrafo único. Os proventos dos membros do Ministério Público aposentados serão pagos na mesma ocasião em que o forem os vencimentos dos membros do Ministério Público em atividade, figurando em folha de pagamento expedida pelo Ministério Público.

Art. 56. A pensão por morte, igual à totalidade dos vencimentos ou proventos percebidos pelos membros em atividade ou inatividade do Ministério Público, será reajustada na mesma data e proporção daqueles.

Parágrafo único. A pensão obrigatória não impedirá a percepção de benefícios decorrentes de contribuição voluntária para qualquer entidade de previdência.

Art. 57. Ao cônjuge sobrevivente e, em sua falta, aos herdeiros ou dependentes de membro do Ministério Público, ainda que aposentado ou em disponibilidade, será pago o auxílio-funeral, em importância igual a um mês de vencimentos ou proventos percebidos pelo falecido.

Art. 58. Para os fins deste Capítulo, equipara-se à esposa a companheira, nos termos da lei.

CAPÍTULO IX
DA CARREIRA

Art. 59. O ingresso nos cargos iniciais da carreira dependerá da aprovação prévia em concurso público de provas e títulos, organizado e realizado pela Procuradoria-Geral de Justiça, com participação da Ordem dos Advogados do Brasil.

§ 1º É obrigatória a abertura do concurso de ingresso quando o número de vagas atingir a um quinto dos cargos iniciais da carreira.

§ 2º Assegurar-se-ão ao candidato aprovado a nomeação e a escolha do cargo, de acordo com a ordem de classificação no concurso.

§ 3º São requisitos para o ingresso na carreira, dentre outros estabelecidos pela Lei Orgânica:

I – ser brasileiro;

II – ter concluído o curso de bacharelado em Direito, em escola oficial ou reconhecida;

III – estar quite com o serviço militar;

IV – estar em gozo dos direitos políticos.

§ 4º O candidato nomeado deverá apresentar, no ato de sua posse, declaração de seus bens e prestar compromisso de desempenhar, com retidão, as funções do cargo e de cumprir a Constituição e as leis.

Art. 60. Suspende-se, até definitivo julgamento, o exercício funcional de membro do Ministério Público quando, antes do decurso do prazo de dois anos, houver impugnação de seu vitaliciamento.

§ 1º A Lei Orgânica disciplinará o procedimento de impugnação, cabendo ao Conselho Superior do Ministério Público decidir, no prazo máximo de sessenta dias, sobre o não vitaliciamento e ao Colégio de Procuradores, em trinta dias, eventual recurso.

§ 2º Durante a tramitação do procedimento de impugnação, o membro do Ministério Público perceberá vencimentos integrais, contando-se para todos os efeitos o tempo de suspensão do exercício funcional, no caso de vitaliciamento.

Art. 61. A Lei Orgânica regulamentará o regime de remoção e promoção dos membros do Ministério Público, observados os seguintes princípios:

I – promoção voluntária, por antiguidade e merecimento, alternadamente, de uma para outra entrância ou categoria e da entrância ou categoria mais elevada para o cargo de Procurador de Justiça, aplicando-se, por assemelhação, o disposto no artigo 93, III e VI, da Constituição Federal;

II – apurar-se-á a antiguidade na entrância e o merecimento pela atuação do membro do Ministério Público em toda a carreira, com prevalência de critérios de ordem objetiva, levando-se inclusive em conta sua conduta, operosidade e dedicação no exercício do cargo, presteza e segurança nas suas manifestações processuais, o número de vezes que já tenha participado de listas, bem como a frequência e o aproveitamento em cursos oficiais, ou reconhecidos, de aperfeiçoamento;

III – obrigatoriedade de promoção do Promotor de Justiça que figure por três vezes consecutivas ou cinco alternadas em lista de merecimento;

IV – a promoção por merecimento pressupõe dois anos de exercício na respectiva entrância ou categoria e integrar o Promotor de Justiça a primeira quinta parte da lista de antiguidade, salvo se não houver com tais requisitos quem aceite o lugar vago, ou quando o número limitado de membros do Ministério Público inviabilizar a formação de lista tríplice;

V – a lista de merecimento resultará dos três nomes mais votados, desde que obtida maioria de votos, procedendo-se, para alcançá-la, a tantas votações quantas necessárias, examinados em primeiro lugar os nomes dos remanescentes de lista anterior;

VI – não sendo caso de promoção obrigatória, a escolha recairá no membro do Ministério Público mais votado, observada a ordem dos escrutínios, prevalecendo, em caso de empate, a antiguidade na entrância ou categoria, salvo se preferir o Conselho Superior delegar a competência ao Procurador-Geral de Justiça.

Art. 62. Verificada a vaga para remoção ou promoção, o Conselho Superior do Ministério Público expedirá, no prazo máximo de sessenta dias, edital para preenchimento do cargo, salvo se ainda não instalado.

Art. 63. Para cada vaga destinada ao preenchimento por remoção ou promoção, expedir-se-á edital distinto, sucessivamente, com a indicação do cargo correspondente à vaga a ser preenchida.

Art. 64. Será permitida a remoção por permuta entre membros do Ministério Público da mesma entrância ou categoria, observado, além do disposto na Lei Orgânica:

I – pedido escrito e conjunto, formulado por ambos os pretendentes;

II – a renovação de remoção por permuta somente permitida após o decurso de dois anos;

III – que a remoção por permuta não confere direito a ajuda de custo.

Art. 65. A Lei Orgânica poderá prever a substituição por convocação, em caso de licença do titular de cargo da carreira ou de afastamento de suas funções junto à Procuradoria ou Promotoria de Justiça, somente podendo ser convocados membros do Ministério Público.

Art. 66. A reintegração, que decorrerá de sentença transitada em julgado, é o retorno do membro do Ministério Público ao cargo, com ressarcimento dos vencimentos e vantagens deixados de perceber em razão do afastamento, inclusive a contagem do tempo de serviço.

§ 1º Achando-se provido o cargo no qual será reintegrado o membro do Ministério Público, o seu ocupante passará à disponibilidade, até posterior aproveitamento.

§ 2º O membro do Ministério Público reintegrado será submetido a inspeção médica e, se considerado incapaz, será aposentado compulsoriamente, com as vantagens a que teria direito se efetivada a reintegração.

Art. 67. A reversão dar-se-á na entrância em que se aposentou o membro do Ministério Público, em vaga a ser provida pelo critério de merecimento, observados os requisitos legais.

Art. 68. O aproveitamento é o retorno do membro do Ministério Público em disponibilidade ao exercício funcional.

§ 1º O membro do Ministério Público será aproveitado no órgão de execução que ocupava quando posto em disponibilidade, salvo se aceitar outro de igual entrância ou categoria, ou se for promovido.

§ 2º Ao retornar à atividade, será o membro do Ministério Público submetido a inspeção médica e, se julgado incapaz, será aposentado compulsoriamente, com as vantagens a que teria direito se efetivado o seu retorno.

CAPÍTULO X

DAS DISPOSIÇÕES FINAIS E TRANSITÓRIAS

Art. 69. Os Ministérios Públicos dos Estados adequarão suas tabelas de vencimentos ao disposto nesta Lei, visando à revisão da remuneração dos seus membros e servidores.

Art. 70. Fica instituída a gratificação pela prestação de serviço à Justiça Eleitoral, de que trata o artigo 50, VI, desta Lei.

Art. 71. VETADO.

Art. 72. Ao membro ou servidor do Ministério Público é vedado manter, sob sua chefia imediata, em cargo ou função de confiança, cônjuge, companheiro, ou parente até o segundo grau civil.

Art. 73. Para exercer as funções junto à Justiça Eleitoral, por solicitação do Procurador-Geral da República, os membros do Ministério Público do Estado serão designados, se for o caso, pelo respectivo Procurador-Geral de Justiça.

§ 1º Não ocorrendo designação, exclusivamente para os serviços eleitorais, na forma do *caput* deste artigo, o Promotor Eleitoral será o membro do Ministério Público local que oficie perante o Juízo incumbido daqueles serviços.

§ 2º Havendo impedimento ou recusa justificável, o Procurador-Geral de Justiça designará o substituto.

Art. 74. Para fins do disposto no artigo 104, parágrafo único, II, da Constituição Federal e observado o que dispõe o artigo 15, I, desta Lei, a lista sêxtupla de membros do Ministério Público será organizada pelo Conselho Superior de cada Ministério Público dos Estados.

Art. 75. Compete ao Procurador-Geral de Justiça, ouvido o Conselho Superior do Ministério Público, autorizar o afastamento da carreira de membro do Ministério Público que tenha exercido a opção de que trata o artigo 29, § 3º, do Ato das Disposições Constitucionais Transitórias, para exercer o cargo, emprego ou função de nível equivalente ou maior na administração direta ou indireta.

Parágrafo único. O período de afastamento da carreira estabelecido neste artigo será considerado de efetivo exercício, para todos os efeitos legais, exceto para remoção ou promoção por merecimento.

Art. 76. A Procuradoria-Geral de Justiça deverá propor, no prazo de um ano da promulgação desta Lei, a criação ou transformação de cargos correspondentes às funções não atribuídas aos cargos já existentes.

Parágrafo único. Aos Promotores de Justiça que executem as funções previstas neste artigo assegurar-se-á preferência no concurso de remoção.

Art. 77. No âmbito do Ministério Público, para os fins do disposto no artigo 37, XI, da Constituição Federal, ficam estabelecidos como limite de remuneração os valores percebidos em espécie, a qualquer título, pelo Procurador-Geral de Justiça.

Art. 78. O Ministério Público poderá firmar convênios com as associações de membros de instituição com vistas à manutenção de serviços assistenciais e culturais a seus associados.

Art. 79. O disposto nos artigos 57 e 58 desta Lei aplica-se, a partir de sua publicação, aos proventos e pensões anteriormente concedidos, não gerando efeitos financeiros anteriormente à sua vigência.

Art. 80. Aplicam-se aos Ministérios Públicos dos Estados, subsidiariamente, as normas da Lei Orgânica do Ministério Público da União.

Art. 81. Os Estados adaptarão a organização de seu Ministério Público aos preceitos desta Lei, no prazo de cento e vinte dias a contar de sua publicação.

Art. 82. O dia 14 de dezembro será considerado "Dia Nacional do Ministério Público".

Art. 83. Esta Lei entra em vigor na data de sua publicação.

Art. 84. Revogam-se as disposições em contrário.

Brasília, 12 de fevereiro de 1993;
172º da Independência e
105º da República.

Itamar Franco

LEI COMPLEMENTAR Nº 75, DE 20 DE MAIO DE 1993

Dispõe sobre a organização, as atribuições e o estatuto do Ministério Público da União.

► Publicada no *DOU* de 21-5-1993.

TÍTULO I – DAS DISPOSIÇÕES GERAIS

CAPÍTULO I

DA DEFINIÇÃO, DOS PRINCÍPIOS E DAS FUNÇÕES INSTITUCIONAIS

Art. 1º O Ministério Público da União, organizado por esta lei Complementar, é instituição permanente, essencial à função jurisdicional do Estado, incumbindo-lhe a defesa da ordem jurídica, do regime democrático, dos interesses sociais e dos interesses individuais indisponíveis.

Art. 2º Incumbem ao Ministério Público as medidas necessárias para garantir o respeito dos Poderes Públicos e dos serviços de relevância pública aos direitos assegurados pela Constituição Federal.

Art. 3º O Ministério Público da União exercerá o controle externo da atividade policial tendo em vista:

a) o respeito aos fundamentos do Estado Democrático de Direito, aos objetivos fundamentais da República Federativa do Brasil, aos princípios informadores das relações internacionais, bem como aos direitos assegurados na Constituição Federal e na lei;

b) a preservação da ordem pública, da incolumidade das pessoas e do patrimônio público;

c) a prevenção e a correção de ilegalidade ou de abuso de poder;

d) a indisponibilidade da persecução penal;

e) a competência dos órgãos incumbidos da segurança pública.

Art. 4º São princípios institucionais do Ministério Público da União a unidade, a indivisibilidade e a independência funcional.

Art. 5º São funções institucionais do Ministério Público da União:

I – a defesa da ordem jurídica, do regime democrático, dos interesses sociais e dos interesses individuais indisponíveis, considerados, dentre outros, os seguintes fundamentos e princípios:

a) a soberania e a representatividade popular;

b) os direitos políticos;

c) os objetivos fundamentais da República Federativa do Brasil;

d) a indissolubilidade da União;

e) a independência e a harmonia dos Poderes da União;

f) a autonomia dos Estados, do Distrito Federal e dos Municípios;

g) as vedações impostas à União, aos Estados, ao Distrito Federal e aos Municípios;

h) a legalidade, a impessoalidade, a moralidade e a publicidade, relativas à administração pública direta, indireta ou fundacional, de qualquer dos Poderes da União;

II – zelar pela observância dos princípios constitucionais relativos:

a) ao sistema tributário, às limitações do poder de tributar, à repartição do poder impositivo e das receitas tributárias e aos direitos do contribuinte;

b) às finanças públicas;

c) à atividade econômica, à política urbana, agrícola, fundiária e de reforma agrária e ao sistema financeiro nacional;

d) à seguridade social, à educação, à cultura e ao desporto, à ciência e à tecnologia, à comunicação social e ao meio ambiente;

e) à segurança pública;

III – a defesa dos seguintes bens e interesses:

a) o patrimônio nacional;

b) o patrimônio público e social;

c) o patrimônio cultural brasileiro;

d) o meio ambiente;

e) os direitos e interesses coletivos, especialmente das comunidades indígenas, da família, da criança, do adolescente e do idoso;

IV – zelar pelo efetivo respeito dos Poderes Públicos da União, dos serviços de relevância pública e dos meios de comunicação social aos princípios, garantias, condições, direitos, deveres e vedações previstos na Constituição Federal e na lei, relativos à comunicação social;

V – zelar pelo efetivo respeito dos Poderes Públicos da União e dos serviços de relevância pública quanto:

a) aos direitos assegurados na Constituição Federal relativos às ações e aos serviços de saúde e à educação;

b) aos princípios da legalidade, da impessoalidade, da moralidade e da publicidade;

VI – exercer outras funções previstas na Constituição Federal e na lei.

§ 1º Os órgãos do Ministério Público da União devem zelar pela observância dos princípios e competências da Instituição, bem como pelo livre exercício de suas funções.

§ 2º Somente a lei poderá especificar as funções atribuídas pela Constituição Federal e por esta Lei Complementar ao Ministério Público da União, observados os princípios e normas nelas estabelecidos.

CAPÍTULO II

DOS INSTRUMENTOS DE ATUAÇÃO

Art. 6º Compete ao Ministério Público da União:

I – promover a ação direta de inconstitucionalidade e o respectivo pedido de medida cautelar;

II – promover a ação direta de inconstitucionalidade por omissão;

III – promover a arguição de descumprimento de preceito fundamental decorrente da Constituição Federal;

IV – promover a representação para intervenção federal nos Estados e no Distrito Federal;

V – promover, privativamente, a ação penal pública, na forma da lei;

VI – impetrar *Habeas Corpus* e mandado de segurança;

VII – promover o inquérito civil e a ação civil pública para:

a) a proteção dos direitos constitucionais;

b) a proteção do patrimônio público e social, do meio ambiente, dos bens e direitos de valor artístico, estético, histórico, turístico e paisagístico;

c) a proteção dos interesses individuais indisponíveis, difusos e coletivos, relativos às comunidades indígenas, à família, à criança, ao adolescente, ao idoso, às minorias étnicas e ao consumidor;

d) outros interesses individuais indisponíveis, homogêneos, sociais, difusos e coletivos;

VIII – promover outras ações, nelas incluído o mandado de injunção sempre que a falta de norma regulamentadora torne inviável o exercício dos direitos e liberdades constitucionais e das prerrogativas inerentes à nacionalidade, à soberania e à cidadania, quando difusos os interesses a serem protegidos;

IX – promover ação visando ao cancelamento de naturalização, em virtude de atividade nociva ao interesse nacional;

X – promover a responsabilidade dos executores ou agentes do estado de defesa ou do estado de sítio, pelos ilícitos cometidos no período de sua duração;

XI – defender judicialmente os direitos e interesses das populações indígenas, incluídos os relativos às terras por elas tradicionalmente habitadas, propondo as ações cabíveis;

XII – propor ação civil coletiva para defesa de interesses individuais homogêneos;

XIII – propor ações de responsabilidade do fornecedor de produtos e serviços;

XIV – promover outras ações necessárias ao exercício de suas funções institucionais, em defesa da ordem jurídica, do regime democrático e dos interesses sociais e individuais indisponíveis, especialmente quanto:

a) ao Estado de Direito e às instituições democráticas;

b) à ordem econômica e financeira;

c) à ordem social;

d) ao patrimônio cultural brasileiro;

e) à manifestação de pensamento, de criação, de expressão ou de informação;

f) à probidade administrativa;

g) ao meio ambiente;

XV – manifestar-se em qualquer fase dos processos, acolhendo solicitação do juiz ou por sua iniciativa, quando entender existente interesse em causa que justifique a intervenção;

XVI – VETADO;

XVII – propor as ações cabíveis para:

a) perda ou suspensão de direitos políticos, nos casos previstos na Constituição Federal;

b) declaração de nulidade de atos ou contratos geradores do endividamento externo da União, de suas autarquias, fundações e demais entidades controladas pelo Poder Público Federal, ou com repercussão direta ou indireta em suas finanças;

c) dissolução compulsória de associações, inclusive de partidos políticos, nos casos previstos na Constituição Federal;

d) cancelamento de concessão ou de permissão, nos casos previstos na Constituição Federal;

e) declaração de nulidade de cláusula contratual que contrarie direito do consumidor;

XVIII – representar;

a) ao órgão judicial competente para quebra de sigilo da correspondência e das comunicações telegráficas, de dados e das comunicações telefônicas, para fins de investigação criminal ou instrução processual penal, bem como manifestar-se sobre representação a ele dirigida para os mesmos fins;

b) ao Congresso Nacional, visando ao exercício das competências deste ou de qualquer de suas Casas ou comissões;

c) ao Tribunal de Contas da União, visando ao exercício das competências deste;

d) ao órgão judicial competente, visando à aplicação de penalidade por infrações cometidas contra as normas de proteção à infância e à juventude, sem prejuízo da promoção da responsabilidade civil e penal do infrator, quando cabível;

XIX – promover a responsabilidade:

a) da autoridade competente, pelo não exercício das incumbências, constitucional e legalmente impostas ao Poder Público da União, em defesa do meio ambiente, de sua preservação e de sua recuperação;

b) de pessoas físicas ou jurídicas, em razão da prática de atividade lesiva ao meio ambiente, tendo em vista a aplicação de sanções penais e a reparação dos danos causados;

XX – expedir recomendações, visando à melhoria dos serviços públicos e de relevância pública, bem como ao respeito, aos interesses, direitos e bens cuja defesa lhe cabe promover, fixando prazo razoável para a adoção das providências cabíveis.

§ 1º Será assegurada a participação do Ministério Público da União, como instituição observadora, na forma e nas condições estabelecidas em ato do Procurador-Geral da República, em qualquer órgão da administração pública direta, indireta ou fundacional da União, que tenha atribuições correlatas às funções da Instituição.

§ 2º A lei assegurará a participação do Ministério Público da União nos órgãos colegiados estatais, federais ou do Distrito Federal, constituídos para defesa de direitos e interesses relacionados com as funções da Instituição.

Art. 7º Incumbe ao Ministério Público da União, sempre que necessário ao exercício de suas funções institucionais:

I – instaurar inquérito civil e outros procedimentos administrativos correlatos;

II – requisitar diligências investigatórias e a instauração de inquérito policial e de inquérito policial militar, podendo acompanhá-los e apresentar provas;

III – requisitar à autoridade competente a instauração de procedimentos administrativos, ressalvados os de natureza disciplinar, podendo acompanhá-los e produzir provas.

Art. 8º Para o exercício de suas atribuições, o Ministério Público da União poderá, nos procedimentos de sua competência:

I – notificar testemunhas e requisitar sua condução coercitiva, no caso de ausência injustificada;

II – requisitar informações, exames, perícias e documentos de autoridades da Administração Pública direta ou indireta;

III – requisitar da Administração Pública serviços temporários de seus servidores e meios materiais necessários para a realização de atividades específicas;

IV – requisitar informações e documentos a entidades privadas;

V – realizar inspeções e diligências investigatórias;

VI – ter livre acesso a qualquer local público ou privado, respeitadas as normas constitucionais pertinentes à inviolabilidade do domicílio;

VII – expedir notificações e intimações necessárias aos procedimentos e inquéritos que instaurar;

VIII – ter acesso incondicional a qualquer banco de dados de caráter público ou relativo a serviço de relevância pública;

IX – requisitar o auxílio de força policial.

§ 1º O membro do Ministério Público será civil e criminalmente responsável pelo uso indevido das informações e documentos que requisitar; a ação penal, na hipótese, poderá ser proposta também pelo ofendido, subsidiariamente, na forma da lei processual penal.

§ 2º Nenhuma autoridade poderá opor ao Ministério Público, sob qualquer pretexto, a exceção de sigilo, sem prejuízo da subsistência do caráter sigiloso da informação, do registro, do dado ou do documento que lhe seja fornecido.

§ 3º A falta injustificada e o retardamento indevido do cumprimento das requisições do Ministério Público implicarão a responsabilidade de quem lhe der causa.

§ 4º As correspondências, notificações, requisições e intimações do Ministério Público quando tiverem como destinatário o Presidente da República, o Vice-Presidente da República, membro do Congresso Nacional, Ministro do Supremo Tribunal Federal, Ministro de Estado, Ministro de Tribunal Superior, Ministro do Tribunal de Contas da União ou chefe de missão diplomática de caráter permanente serão encaminhadas e levadas a efeito pelo Procurador-Geral da República ou outro órgão do Ministério Público a quem essa atribuição seja delegada, cabendo às autoridades mencionadas fixar data, hora e local em que puderem ser ouvidas, se for o caso.

§ 5º As requisições do Ministério Público serão feitas fixando-se prazo razoável de até dez dias úteis para atendimento, prorrogável mediante solicitação justificada.

CAPÍTULO III

DO CONTROLE EXTERNO DA ATIVIDADE POLICIAL

Art. 9º O Ministério Público da União exercerá o controle externo da atividade policial por meio de medidas judiciais e extrajudiciais, podendo:

I – ter livre ingresso em estabelecimentos policiais ou prisionais;

II – ter acesso a quaisquer documentos relativos à atividade-fim policial;

III – representar à autoridade competente pela adoção de providências para sanar a omissão indevida, ou para prevenir ou corrigir ilegalidade ou abuso de poder;

IV – requisitar à autoridade competente a instauração de inquérito policial sobre a omissão ou fato ilícito ocorrido no exercício da atividade policial;

V – promover a ação penal por abuso de poder.

Art. 10. A prisão de qualquer pessoa, por parte de autoridade federal ou do Distrito Federal e Territórios, deverá ser comunicada imediatamente ao Ministério Público competente, com indicação do lugar onde se encontra o preso e cópia dos documentos comprobatórios da legalidade da prisão.

CAPÍTULO IV

DA DEFESA DOS DIREITOS CONSTITUCIONAIS

Art. 11. A defesa dos direitos constitucionais do cidadão visa à garantia do seu efetivo respeito pelos Poderes Públicos e pelos prestadores de serviços de relevância pública.

Art. 12. O Procurador dos Direitos do Cidadão agirá de ofício ou mediante representação, notificando a autoridade questionada para que preste informação, no prazo que assinar.

Art. 13. Recebidas ou não as informações e instruído o caso, se o Procurador dos Direitos do Cidadão concluir que direitos constitucionais foram ou estão sendo desrespeitados, deverá notificar o responsável para que tome as providências necessárias a prevenir a repetição ou que determine a cessação do desrespeito verificado.

Art. 14. Não atendida, no prazo devido, a notificação prevista no artigo anterior, a Procuradoria dos Direitos do Cidadão representará ao poder ou autoridade competente para promover a responsabilidade pela ação ou omissão inconstitucionais.

Art. 15. É vedado aos órgãos de defesa dos direitos constitucionais do cidadão promover em juízo a defesa de direitos individuais lesados.

§ 1º Quando a legitimidade para a ação decorrente da inobservância da Constituição Federal, verificada pela Procuradoria, couber a outro órgão do Ministério Público, os elementos de informação ser-lhe-ão remetidos.

§ 2º Sempre que o titular do direito lesado não puder constituir advogado e a ação cabível não incumbir ao Ministério Público, o caso, com os elementos colhidos, será encaminhado à Defensoria Pública competente.

Art. 16. A lei regulará os procedimentos da atuação do Ministério Público na defesa dos direitos constitucionais do cidadão.

CAPÍTULO V

DAS GARANTIAS E DAS PRERROGATIVAS

Art. 17. Os membros do Ministério Público da União gozam das seguintes garantias:

I – vitaliciedade, após dois anos de efetivo exercício, não podendo perder o cargo senão por sentença judicial transitada em julgado;

II – inamovibilidade, salvo por motivo de interesse público, mediante decisão do Conselho Superior, por voto de dois terços de seus membros, assegurada ampla defesa;

III – VETADO.

Art. 18. São prerrogativas dos membros do Ministério Público da União:

I – institucionais:

a) sentar-se no mesmo plano e imediatamente à direita dos juízes singulares ou presidentes dos órgãos judiciários perante os quais oficiem;

b) usar vestes talares;

c) ter ingresso e trânsito livres, em razão de serviço, em qualquer recinto público ou privado, respeitada a garantia constitucional da inviolabilidade do domicílio;

d) a prioridade em qualquer serviço de transporte ou comunicação, público ou privado, no território nacional, quando em serviço de caráter urgente;

e) o porte de arma, independentemente de autorização;

f) carteira de identidade especial, de acordo com modelo aprovado pelo Procurador-Geral da República e por ele expedida, nela se consignando as prerrogativas constantes do inciso I, alíneas *c*, *d* e *e* do inciso II, alíneas *d*, *e* e *f* deste artigo;

II – processuais:

a) do Procurador-Geral da República, ser processado e julgado, nos crimes comuns, pelo Supremo Tribunal Federal e pelo Senado Federal, nos crimes de responsabilidade;

b) do membro do Ministério Público da União que oficie perante tribunais, ser processado e julgado, nos crimes comuns e de responsabilidade, pelo Superior Tribunal de Justiça;

c) do membro do Ministério Público da União que oficie perante juízos de primeira instância, ser processado e julgado, nos crimes comuns e de responsabilidade, pelos Tribunais Regionais Federais, ressalvada a competência da Justiça Eleitoral;

d) ser preso ou detido somente por ordem escrita do tribunal competente ou em razão de flagrante de crime inafiançável, caso em que a autoridade fará imediata comunicação àquele tribunal e ao Procurador-Geral da República, sob pena de responsabilidade;

e) ser recolhido à prisão especial ou à sala especial de Estado-Maior, com direito a privacidade e à disposição do tribunal competente para o julgamento, quando sujeito a prisão antes da decisão final; e a dependência separada no estabelecimento em que tiver de ser cumprida a pena;

f) não ser indiciado em inquérito policial, observado o disposto no parágrafo único deste artigo;

g) ser ouvido, como testemunhas em dia, hora e local previamente ajustados com o magistrado ou a autoridade competente;

h) receber intimação pessoalmente nos autos em qualquer processo e grau de jurisdição nos feitos em que tiver que oficiar.

Parágrafo único. Quando, no curso de investigação, houver indício da prática de infração penal por membro do Ministério Público da União, a autoridade policial, civil ou militar, remeterá imediatamente os autos ao Procurador-Geral da República, que designará membro do Ministério Público para prosseguimento da apuração do fato.

Art. 19. O Procurador-Geral da República terá as mesmas honras e tratamento dos Ministros do Supremo Tribunal Federal; e os demais membros da instituição, as que forem reservadas aos magistrados perante os quais oficiem.

Art. 20. Os órgãos do Ministério Público da União terão presença e palavra asseguradas em todas as sessões dos colegiados em que oficiem.

Art. 21. As garantias e prerrogativas dos membros do Ministério Público da União são inerentes ao exercício de suas funções e irrenunciáveis.

Parágrafo único. As garantias e prerrogativas previstas nesta Lei Complementar não excluem as que sejam estabelecidas em outras leis.

CAPÍTULO VI

DA AUTONOMIA DO MINISTÉRIO PÚBLICO

Art. 22. Ao Ministério Público da União é assegurada autonomia funcional, administrativa e financeira, cabendo-lhe:

I – propor ao Poder Legislativo a criação e extinção de seus cargos e serviços auxiliares, bem como a fixação dos vencimentos de seus membros e servidores;

II – prover os cargos de suas carreiras e dos serviços auxiliares;

III – organizar os serviços auxiliares;

IV – praticar atos próprios de gestão.

Art. 23. O Ministério Público da União elaborará sua proposta orçamentária dentro dos limites da lei de diretrizes orçamentárias.

§ 1º Os recursos correspondentes às suas dotações orçamentárias, compreendidos os créditos suplementares e especiais, ser-lhe-ão entregues até o dia vinte de cada mês.

§ 2º A fiscalização contábil, financeira, orçamentária, operacional e patrimonial do Ministério Público da União será exercida pelo Congresso Nacional, mediante controle externo, com o auxílio do Tribunal de Contas da União, segundo o disposto no Título IV, Capítulo I, Seção IX, da Constituição Federal, e por sistema próprio de controle interno.

§ 3º As contas referentes ao exercício anterior serão prestadas, anualmente, dentro de sessenta dias da abertura da sessão legislativa do Congresso Nacional.

CAPÍTULO VII

DA ESTRUTURA

Art. 24. O Ministério Público da União compreende:

I – o Ministério Público Federal;

II – o Ministério Público do Trabalho;

III – o Ministério Público Militar;

IV – o Ministério Público do Distrito Federal e Territórios.

Parágrafo único. A estrutura básica do Ministério Público da União será organizada por regulamento, nos termos da lei.

CAPÍTULO VIII

DO PROCURADOR-GERAL DA REPÚBLICA

Art. 25. O Procurador-Geral da República é o chefe do Ministério Público da União, nomeado pelo Presidente da República dentre integrantes da carreira, maiores de trinta e cinco anos, após a aprovação de seu nome pela maioria absoluta do Senado Federal, para mandato de dois anos, permitida a recondução, precedida de nova decisão do Senado Federal.

Parágrafo único. A exoneração, de ofício, do Procurador-Geral da República, por iniciativa do Presidente da República, deverá ser precedida de autorização da maioria absoluta do Senado Federal, em votação secreta.

Art. 26. São atribuições do Procurador-Geral da República, como Chefe do Ministério Público da União:

I – representar a instituição;

II – propor ao Poder Legislativo os projetos de lei sobre o Ministério Público da União;

III – apresentar a proposta de orçamento do Ministério Público da União, compatibilizando os anteprojetos dos diferentes ramos da Instituição, na forma da lei de diretrizes orçamentárias;

IV – nomear e dar posse ao Vice-Procurador-Geral da República, ao Procurador-Geral do Trabalho, ao Procurador-Geral da Justiça Militar, bem como dar posse ao Procurador-Geral de Justiça do Distrito Federal e Territórios;

V – encaminhar ao Presidente da República a lista tríplice para nomeação do Procurador-Geral de Justiça do Distrito Federal e Territórios;

VI – encaminhar aos respectivos Presidentes as listas sêxtuplas para composição dos Tribunais Regionais Federais, do Tribunal de Justiça do Distrito Federal e Territórios, do Superior Tribunal de Justiça, do Tribunal Superior do Trabalho e dos Tribunais Regionais do Trabalho;

VII – dirimir conflitos de atribuição entre integrantes de ramos diferentes do Ministério Público da União;

VIII – praticar atos de gestão administrativa, financeira e de pessoal;

IX – prover e desprover os cargos das carreiras do Ministério Público da União e de seus serviços auxiliares;

X – arbitrar o valor das vantagens devidas aos membros do Ministério Público da União, nos casos previstos nesta Lei Complementar;

XI – fixar o valor das bolsas devidas aos estagiários;

XII – exercer outras atribuições previstas em lei;

XIII – exercer o poder regulamentar, no âmbito do Ministério Público da União, ressalvadas as competências estabelecidas nesta Lei Complementar para outros órgãos nela instituídos.

§ 1º O Procurador-Geral da República poderá delegar aos Procuradores-Gerais as atribuições previstas nos incisos VII e VIII deste artigo.

§ 2º A delegação também poderá ser feita ao Diretor-Geral da Secretaria do Ministério Público da União para a prática de atos de gestão administrativa, financeira e de pessoal, estes apenas em relação aos servidores e serviços auxiliares.

Art. 27. O Procurador-Geral da República designará, dentre os integrantes da carreira, maiores de trinta e cinco anos, o Vice-Procurador-Geral da República, que o substituirá em seus impedimentos. No caso de vacância, exercerá o cargo o Vice-Presidente do Conselho Superior do Ministério Público Federal, até o provimento definitivo do cargo.

CAPÍTULO IX

DO CONSELHO DE ASSESSORAMENTO SUPERIOR DO MINISTÉRIO PÚBLICO DA UNIÃO

Art. 28. O Conselho de Assessoramento Superior do Ministério Público da União, sob a presidência do Procurador-Geral da República, será integrado pelo Vice-Procurador-Geral da República, pelo Procurador-Geral do Trabalho, pelo Procurador-Geral da Justiça Militar e pelo Procurador-Geral de Justiça do Distrito Federal e Territórios.

Art. 29. As reuniões do Conselho de Assessoramento Superior do Ministério Público da União serão convocadas pelo Procurador-Geral da República, podendo solicitá-las qualquer de seus membros.

Art. 30. O Conselho de Assessoramento Superior do Ministério Público da União deverá opinar sobre as matérias de interesse geral da Instituição, e em especial sobre:

I – projetos de lei de interesse comum do Ministério Público da União, neles incluídos:

a) os que visem a alterar normas gerais da Lei Orgânica do Ministério Público da União;

b) a proposta de orçamento do Ministério Público da União;

c) os que proponham a fixação dos vencimentos nas carreiras e nos serviços auxiliares;

II – a organização e o funcionamento da Diretoria-Geral e dos Serviços da Secretaria do Ministério Público da União.

Art. 31. O Conselho de Assessoramento Superior poderá propor aos Conselhos Superiores dos diferentes ramos do Ministério Público da União medidas para uniformizar os atos decorrentes de seu poder normativo.

CAPÍTULO X

DAS CARREIRAS

Art. 32. As carreiras dos diferentes ramos do Ministério Público da União são independentes entre si, tendo cada uma delas organização própria, na forma desta lei complementar.

Art. 33. As funções do Ministério Público da União só podem ser exercidas por integrantes da respectiva carreira, que deverão residir onde estiverem lotados.

Art. 34. A lei estabelecerá o número de cargos das carreiras do Ministério Público da União e os ofícios em que serão exercidas suas funções.

CAPÍTULO XI

DOS SERVIÇOS AUXILIARES

Art. 35. A Secretaria do Ministério Público da União é dirigida pelo seu Diretor-Geral de livre escolha do Procurador-Geral da República e demissível *ad nutum*, incumbindo-lhe os serviços auxiliares de apoio técnico e administrativo à Instituição.

Art. 36. O pessoal dos serviços auxiliares será organizado em quadro próprio de carreira, sob regime estatutário, para apoio técnico-administrativo adequado às atividades específicas da Instituição.

TÍTULO II – DOS RAMOS DO MINISTÉRIO PÚBLICO DA UNIÃO

CAPÍTULO I

DO MINISTÉRIO PÚBLICO FEDERAL

Seção I

DA COMPETÊNCIA, DOS ÓRGÃOS E DA CARREIRA

Art. 37. O Ministério Público Federal exercerá as suas funções:

I – nas causas de competência do Supremo Tribunal Federal, do Superior Tribunal de Justiça, dos Tribunais Regionais Federais e dos Juízes Federais, e dos Tribunais e Juízes Eleitorais;

II – nas causas de competência de quaisquer juízes e tribunais, para defesa de direitos e interesses dos índios e das populações indígenas, do meio ambiente, de bens e direitos de valor artístico, estético, histórico, turístico e paisagístico, integrantes do patrimônio nacional;

III – VETADO.

Parágrafo único. O Ministério Público Federal será parte legítima para interpor recurso extraordinário das decisões da Justiça dos Estados nas representações de inconstitucionalidade.

Art. 38. São funções institucionais do Ministério Público Federal as previstas nos Capítulos I, II, III e IV do Título I, incumbindo-lhe, especialmente:

I – instaurar inquérito civil e outros procedimentos administrativos correlatos;

II – requisitar diligências investigatórias e instauração de inquérito policial, podendo acompanhá-los e apresentar provas;

III – requisitar à autoridade competente a instauração de procedimentos administrativos, ressalvados os de natureza disciplinar, podendo acompanhá-los e produzir provas;

IV – exercer o controle externo da atividade das polícias federais, na forma do art. 9º;

V – participar dos Conselhos Penitenciários;

VI – integrar os órgãos colegiados previstos no § 2º do art. 6º, quando componentes da estrutura administrativa da União;

VII – fiscalizar a execução da pena, nos processos de competência da Justiça Federal e da Justiça Eleitoral.

Art. 39. Cabe ao Ministério Público Federal exercer a defesa dos direitos constitucionais do cidadão, sempre que se cuidar de garantir-lhes o respeito:

I – pelos Poderes Públicos Federais;

II – pelos órgãos da administração pública federal direta ou indireta;

III – pelos concessionários e permissionários de serviço público federal;

IV – por entidades que exerçam outra função delegada da União.

Art. 40. O Procurador-Geral da República designará, dentre os Subprocuradores-Gerais da República e mediante prévia aprovação do nome pelo Conselho Superior, o Procurador Federal dos Direitos do Cidadão, para exercer as funções do ofício pelo prazo de dois anos, permitida uma recondução, precedida de nova decisão do Conselho Superior.

§ 1º Sempre que possível, o Procurador não acumulará o exercício de suas funções com outras do Ministério Público Federal.

§ 2º O Procurador somente será dispensado, antes do termo de sua investidura, por iniciativa do Procurador-Geral da República, anuindo a maioria absoluta do Conselho Superior.

Art. 41. Em cada Estado e no Distrito Federal será designado, na forma do art. 49, III, órgão do Ministério Público Federal para exercer as funções do ofício de Procurador Regional dos Direitos do Cidadão.

Parágrafo único. O Procurador Federal dos Direitos do Cidadão expedirá instruções para o exercício das funções dos ofícios de Procurador dos Direitos do Cidadão, respeitado o princípio da independência funcional.

Art. 42. A execução da medida prevista no art. 14 incumbe ao Procurador Federal dos Direitos do Cidadão.

Art. 43. São órgãos do Ministério Público Federal:

I – o Procurador-Geral da República;

II – o Colégio de Procuradores da República;

III – o Conselho Superior do Ministério Público Federal;

IV – as Câmaras de Coordenação e Revisão do Ministério Público Federal;

V – a Corregedoria do Ministério Público Federal;

VI – os Subprocuradores-Gerais da República;

VII – os Procuradores Regionais da República;

VIII – os Procuradores da República.

Parágrafo único. As Câmaras de Coordenação e Revisão poderão funcionar isoladas ou reunidas, integrando Conselho Institucional, conforme dispuser o seu regimento.

Art. 44. A carreira do Ministério Público Federal é constituída pelos cargos de Subprocurador-Geral da República, Procurador Regional da República e Procurador da República.

Parágrafo único. O cargo inicial da carreira é o de Procurador da República e o do último nível o de Subprocurador-Geral da República.

Seção II

DA CHEFIA DO MINISTÉRIO PÚBLICO FEDERAL

Art. 45. O Procurador-Geral da República é o Chefe do Ministério Público Federal.

Art. 46. Incumbe ao Procurador-Geral da República exercer as funções do Ministério Público junto ao Supremo Tribunal Federal, manifestando-se previamente em todos os processos de sua competência.

Parágrafo único. O Procurador-Geral da República proporá perante o Supremo Tribunal Federal:

I – a ação direta de inconstitucionalidade de lei ou ato normativo federal ou estadual e o respectivo pedido de medida cautelar;

II – a representação para intervenção federal nos Estados e no Distrito Federal, nas hipóteses do art. 34, VII, da Constituição Federal;

III – as ações cíveis e penais cabíveis.

Art. 47. O Procurador-Geral da República designará os Subprocuradores-Gerais da República que exercerão, por delegação, suas funções junto aos diferentes órgãos jurisdicionais do Supremo Tribunal Federal.

§ 1º As funções do Ministério Público Federal junto aos Tribunais Superiores da União, perante os quais lhe compete atuar, somente poderão ser exercidas por titular do cargo de Subprocurador-Geral da República.

§ 2º Em caso de vaga ou afastamento de Subprocurador-Geral da República, por prazo superior a trinta dias, poderá ser convocado Procurador Regional da República para substituição, pelo voto da maioria do Conselho Superior.

§ 3º O Procurador Regional da República convocado receberá a diferença de vencimento correspondente ao cargo de Subprocurador-Geral da República, inclusive diárias e transporte, se for o caso.

Art. 48. Incumbe ao Procurador-Geral da República propor perante o Superior Tribunal de Justiça:

I – a representação para intervenção federal nos Estados e no Distrito Federal, no caso de recusa à execução de lei federal;

II – a ação penal, nos casos previstos no art. 105, I, *a*, da Constituição Federal.

Parágrafo único. A competência prevista neste artigo poderá ser delegada a Subprocurador-Geral da República.

Art. 49. São atribuições do Procurador-Geral da República, como Chefe do Ministério Público Federal:

I – representar o Ministério Público Federal;

II – integrar, como membro nato, e presidir o Colégio de Procuradores da República, o Conselho Superior do Ministério Federal e a Comissão de Concurso;

III – designar o Procurador Federal dos Direitos do Cidadão e os titulares da Procuradoria nos Estados e no Distrito Federal;

IV – designar um dos membros e o Coordenador de cada uma das Câmaras de Coordenação e Revisão do Ministério Público Federal;

V – nomear o Corregedor Geral do Ministério Público Federal, segundo lista formada pelo Conselho Superior;

VI – designar, observados os critérios da lei e os estabelecidos pelo Conselho Superior, os ofícios em que exercerão suas funções os membros do Ministério Público Federal;

VII – designar:

a) o Chefe da Procuradoria Regional da República, dentre os Procuradores Regionais da República lotados na respectiva Procuradoria Regional;

b) o Chefe da Procuradoria da República nos Estados e no Distrito Federal, dentre os Procuradores da República lotados na respectiva unidade;

VIII – decidir, em grau de recurso, os conflitos de atribuições entre órgãos do Ministério Público Federal;

IX – determinar a abertura de correção, sindicância ou inquérito administrativo;

X – determinar instauração de inquérito ou processo administrativo contra servidores dos serviços auxiliares;

XI – decidir processo disciplinar contra membro da carreira ou servidor dos serviços auxiliares, aplicando as sanções cabíveis;

XII – decidir, atendendo à necessidade do serviço, sobre:

a) remoção a pedido ou por permuta;

b) alteração parcial da lista bienal de designações;

XIII – autorizar o afastamento de membros do Ministério Público Federal, depois de ouvido o Conselho Superior, nas hipóteses previstas em lei;

XIV – dar posse aos membros do Ministério Público Federal;

XV – designar membro do Ministério Público Federal para:

a) funcionar nos órgãos em que a participação da Instituição seja legalmente prevista, ouvido o Conselho Superior;

b) integrar comissões técnicas ou científicas, relacionadas às funções da Instituição, ouvido o Conselho Superior;

c) assegurar a continuidade dos serviços, em caso de vacância, afastamento temporário, ausência, impedimento ou suspensão do titular, na inexistência ou falta do substituto designado;

d) funcionar perante juízos que não os previstos no inciso I, do art. 37, desta lei complementar;

e) acompanhar procedimentos administrativos e inquéritos policiais instaurados em áreas estranhas à sua competência específica, desde que relacionados a fatos de interesse da Instituição.

XVI – homologar, ouvido o Conselho Superior, o resultado do concurso para ingresso na carreira;

XVII – fazer publicar aviso de existência de vaga na lotação e na relação bienal de designações;

XVIII – elaborar a proposta orçamentária do Ministério Público Federal, submetendo-a, para aprovação, ao Conselho Superior;

XIX – organizar a prestação de contas do exercício anterior;

XX – praticar atos de gestão administrativa, financeira e de pessoal;

XXI – elaborar o relatório das atividades do Ministério Público Federal;

XXII – coordenar as atividades do Ministério Público Federal;

XXIII – exercer outras atividades previstas em lei.

Art. 50. As atribuições do Procurador-Geral da República, previstas no artigo anterior, poderão ser delegadas:

I – a Coordenador de Câmara de Coordenação e Revisão, as dos incisos XV, alínea *c* e XXII;

II – aos Chefes das Procuradorias Regionais da República e aos Chefes das Procuradorias da República nos Estados e no Distrito Federal, as dos incisos I, XV, alínea *c*, XX e XXII.

Art. 51. A ação penal pública contra o Procurador-Geral da República, quando no exercício do cargo, caberá ao Subprocurador-Geral da República que for designado pelo Conselho Superior do Ministério Público Federal.

Seção III

DO COLÉGIO DE PROCURADORES DA REPÚBLICA

Art. 52. O Colégio de Procuradores da República, presidido pelo Procurador-Geral da República, é integrado por todos os membros da carreira em atividade no Ministério Público Federal.

Art. 53. Compete ao Colégio de Procuradores da República:

I – elaborar, mediante voto plurinominal, facultativo e secreto, a lista sêxtupla para a composição do Superior Tribunal de Justiça, sendo elegíveis os membros do Ministério Público Federal, com mais de dez anos na carreira, tendo mais de trinta e cinco e menos de sessenta e cinco anos de idade;

II – elaborar, mediante voto plurinominal, facultativo e secreto, a lista sêxtupla para a composição dos Tribunais Regionais Federais, sendo elegíveis os membros do Ministério Público Federal, com mais de dez anos de carreira, que contém mais de trinta e menos de sessenta e cinco anos de idade, sempre que possível lotados na respectiva região;

III – eleger, dentre os Subprocuradores-Gerais da República e mediante voto plurinominal, facultativo e secreto, quatro membros do Conselho Superior do Ministério Público Federal;

IV – opinar sobre assuntos gerais de interesse da instituição.

§ 1º Para os fins previstos nos incisos I, II e III, deste artigo, prescindir-se-á de reunião do Colégio de Procuradores, procedendo-se segundo dispuser o seu regimento interno e exigindo-se o voto da maioria absoluta dos eleitores.

§ 2º Excepcionalmente, em caso de interesse relevante da Instituição, o Colégio de Procuradores reunir-se-á em local designado pelo Procurador-Geral da República, desde que convocado por ele ou pela maioria de seus membros.

§ 3º O Regimento Interno do Colégio de Procuradores da República disporá sobre seu funcionamento.

Seção IV

DO CONSELHO SUPERIOR DO MINISTÉRIO PÚBLICO FEDERAL

Art. 54. O Conselho Superior do Ministério Público Federal, presidido pelo Procurador-Geral da República, tem a seguinte composição:

I – o Procurador-Geral da República e o Vice-Procurador-Geral da República, que o integram como membros natos;

II – quatro Subprocuradores-Gerais da República eleitos, para mandato de dois anos, na forma do art. 53, III, permitida uma reeleição;

III – quatro Subprocuradores-Gerais da República eleitos, para mandato de dois anos, por seus pares, mediante voto plurinominal, facultativo e secreto, permitida uma reeleição.

§ 1º Serão suplentes dos membros de que tratam os incisos II e III, os demais votados, em ordem decrescente, observados os critérios gerais de desempate.

§ 2º O Conselho Superior elegerá o seu Vice-Presidente, que substituirá o Presidente em seus impedimentos e em caso de vacância.

Art. 55. O Conselho Superior do Ministério Público Federal reunir-se-á, ordinariamente, uma vez por mês, em dia previamente fixado, e, extraordinariamente, quando convocado pelo Procurador-Geral da República, ou por proposta da maioria de seus membros.

Art. 56. Salvo disposição em contrário, as deliberações do Conselho Superior serão tomadas por maioria de votos, presente a maioria absoluta dos seus membros.

§ 1º Em caso de empate, prevalecerá o voto do Presidente, exceto em matéria de sanções, caso em que prevalecerá a solução mais favorável ao acusado.

§ 2º As deliberações do Conselho Superior serão publicadas no Diário da Justiça, exceto quando o Regimento Interno determinar sigilo.

Art. 57. Compete ao Conselho Superior do Ministério Público Federal:

I – exercer o poder normativo no âmbito do Ministério Público Federal, observados os princípios desta Lei Complementar, especialmente para elaborar e aprovar:

a) o seu regimento interno, o do Colégio de Procuradores da República e os das Câmaras de Coordenação e Revisão do Ministério Público Federal;
b) as normas e as instruções para o concurso de ingresso na carreira;
c) as normas sobre as designações para os diferentes ofícios do Ministério Público Federal;
d) os critérios para distribuição de inquéritos, procedimentos administrativos e quaisquer outros feitos, no Ministério Público Federal;
e) os critérios de promoção por merecimento, na carreira;
f) o procedimento para avaliar o cumprimento das condições do estágio probatório;

II – aprovar o nome do Procurador Federal dos Direitos do Cidadão;
III – indicar integrantes das Câmaras de Coordenação e Revisão;
IV – aprovar a destituição do Procurador Regional Eleitoral;
V – destituir, por iniciativa do Procurador-Geral da República e pelo voto de dois terços de seus membros, antes do término do mandato, o Corregedor Geral;
VI – elaborar a lista tríplice para Corregedor Geral do Ministério Público Federal;
VII – elaborar a lista tríplice destinada à promoção por merecimento;
VIII – aprovar a lista de antiguidade dos membros do Ministério Público Federal e decidir sobre as reclamações a ela concernentes;
IX – indicar o membro do Ministério Público Federal para promoção por antiguidade, observado o disposto no art. 93, II, alínea *d*, da Constituição Federal;
X – designar o Subprocurador-Geral da República para conhecer de inquérito, peças de informação ou representação sobre crime comum atribuível ao Procurador-Geral da República e, sendo o caso, promover a ação penal;
XI – opinar sobre a designação de membro do Ministério Público Federal para:
a) funcionar nos órgãos em que a participação da instituição seja legalmente prevista;
b) integrar comissões técnicas ou científicas relacionadas às funções da instituição;

XII – opinar sobre o afastamento temporário de membro do Ministério Público Federal;
XIII – autorizar a designação, em caráter excepcional, de membros do Ministério Público Federal, para exercício de atribuições processuais perante juízos, tribunais ou ofícios diferentes dos estabelecidos para cada categoria;
XIV – determinar a realização de correições e sindicâncias e apreciar os relatórios correspondentes;
XV – determinar a instauração de processos administrativos em que o acusado seja membro do Ministério Público Federal, apreciar seus relatórios e propor as medidas cabíveis;
XVI – determinar o afastamento preventivo do exercício de suas funções, do membro do Ministério Público Federal, indiciado ou acusado em processo disciplinar, e o seu retorno;
XVII – designar a comissão de processo administrativo em que o acusado seja membro do Ministério Público Federal;
XVIII – decidir sobre o cumprimento do estágio probatório por membro do Ministério Público Federal, encaminhando cópia da decisão ao Procurador-Geral da República, quando for o caso, para ser efetivada sua exoneração;
XIX – decidir sobre remoção e disponibilidade de membro do Ministério Público Federal, por motivo de interesse público;
XX – autorizar, pela maioria absoluta de seus membros, que o Procurador-Geral da República ajuíze a ação de perda de cargo contra membro vitalício do Ministério Público Federal, nos casos previstos nesta lei;
XXI – opinar sobre os pedidos de reversão de membro da carreira;
XXII – opinar sobre o encaminhamento de proposta de lei de aumento do número de cargos da carreira;
XXIII – deliberar sobre a realização de concurso para o ingresso na carreira, designar os membros da Comissão de Concurso e opinar sobre a homologação dos resultados;
XXIV – aprovar a proposta orçamentária que integrará o projeto de orçamento do Ministério Público da União;
XXV – exercer outras funções estabelecidas em lei.

§ 1º O Procurador-Geral e qualquer membro do Conselho Superior estão impedidos de participar das decisões deste nos casos previstos nas leis processuais para o impedimento e a suspeição de membro do Ministério Público.

§ 2º As deliberações relativas aos incisos I, alíneas *a* e *e*, IV, XIII, XV, XVI, XVII, XIX e XXI somente poderão ser tomadas com o voto favorável de dois terços dos membros do Conselho Superior.

Seção V

DAS CÂMARAS DE COORDENAÇÃO E REVISÃO DO MINISTÉRIO PÚBLICO FEDERAL

Art. 58. As Câmaras de Coordenação e Revisão do Ministério Público Federal são os órgãos setoriais de coordenação, de integração e de revisão do exercício funcional na instituição.

Art. 59. As Câmaras de Coordenação e Revisão serão organizadas por função ou por matéria, através de ato normativo.

Parágrafo único. O Regimento Interno, que disporá sobre o funcionamento das Câmaras de Coordenação e Revisão, será elaborado pelo Conselho Superior.

Art. 60. As Câmaras de Coordenação e Revisão serão compostas por três membros do Ministério Público Federal, sendo um indicado pelo Procurador-Geral da República e dois pelo Conselho Superior, juntamente com seus suplentes, para um mandato de dois anos, dentre integrantes do último grau da carreira, sempre que possível.

Art. 61. Dentre os integrantes da Câmara de Coordenação e Revisão, um deles será designado pelo Procurador-Geral para a função executiva de Coordenador.

Art. 62. Compete às Câmaras de Coordenação e Revisão:
I – promover a integração e a coordenação dos órgãos institucionais que atuem em ofícios ligados ao setor de sua competência, observado o princípio da independência funcional;
II – manter intercâmbio com órgãos ou entidades que atuem em áreas afins;
III – encaminhar informações técnico-jurídicas aos órgãos institucionais que atuem em seu setor;
IV – manifestar-se sobre o arquivamento de inquérito policial, inquérito parlamentar ou peças de informação, exceto nos casos de competência originária do Procurador-Geral;
V – resolver sobre a distribuição especial de feitos que, por sua contínua reiteração, devam receber tratamento uniforme;
VI – resolver sobre a distribuição especial de inquéritos, feitos e procedimentos, quando a matéria, por sua natureza ou relevância, assim o exigir;
VII – decidir os conflitos de atribuições entre os órgãos do Ministério Público Federal.

Parágrafo único. A competência fixada nos incisos V e VI será exercida segundo critérios objetivos previamente estabelecidos pelo Conselho Superior.

Seção VI
DA CORREGEDORIA DO MINISTÉRIO PÚBLICO FEDERAL

Art. 63. A Corregedoria do Ministério Público Federal, dirigida pelo Corregedor Geral, é o órgão fiscalizador das atividades funcionais e da conduta dos membros do Ministério Público.

Art. 64. O Corregedor Geral será nomeado pelo Procurador-Geral da República dentre os Subprocuradores-Gerais da República, integrantes de lista tríplice elaborada pelo Conselho Superior, para mandato de dois anos, renovável uma vez.

§ 1º Não poderão integrar a lista tríplice os membros do Conselho Superior.

§ 2º Serão suplentes do Corregedor Geral os demais integrantes da lista tríplice, na ordem em que os designar o Procurador-Geral.

§ 3º O Corregedor Geral poderá ser destituído por iniciativa do Procurador-Geral, antes do término do mandato, pelo Conselho Superior, observado o disposto no inciso V do art. 57.

Art. 65. Compete ao Corregedor Geral do Ministério Público Federal:

I – participar, sem direito a voto, das reuniões do Conselho Superior;

II – realizar, de ofício, ou por determinação do Procurador-Geral ou do Conselho Superior, correições e sindicâncias, apresentando os respectivos relatórios;

III – instaurar inquérito contra integrante da carreira e propor ao Conselho Superior a instauração do processo administrativo consequente;

IV – acompanhar o estágio probatório dos membros do Ministério Público Federal;

V – propor ao Conselho Superior a exoneração de membro do Ministério Público Federal que não cumprir as condições do estágio probatório.

Seção VII
DOS SUBPROCURADORES-GERAIS DA REPÚBLICA

Art. 66. Os Subprocuradores-Gerais da República serão designados para oficiar junto ao Supremo Tribunal Federal, ao Superior Tribunal de Justiça, ao Tribunal Superior Eleitoral e nas Câmaras de Coordenação e Revisão.

§ 1º No Supremo Tribunal Federal e no Tribunal Superior Eleitoral, os Subprocuradores-Gerais da República atuarão por delegação do Procurador-Geral da República.

§ 2º A designação de Subprocurador-Geral da República para oficiar em órgãos jurisdicionais diferentes dos previstos para a categoria dependerá de autorização do Conselho Superior.

Art. 67. Cabe aos Subprocuradores-Gerais da República, privativamente, o exercício das funções de:

I – Vice-Procurador-Geral da República;

II – Vice-Procurador-Geral Eleitoral;

III – Corregedor Geral do Ministério Público Federal;

IV – Procurador Federal dos Direitos do Cidadão;

V – Coordenador de Câmara de Coordenação e Revisão.

Seção VIII
DOS PROCURADORES REGIONAIS DA REPÚBLICA

Art. 68. Os Procuradores Regionais da República serão designados para oficiar junto aos Tribunais Regionais Federais.

Parágrafo único. A designação de Procurador Regional da República para oficiar em órgãos jurisdicionais diferentes dos previstos para a categoria dependerá de autorização do Conselho Superior.

Art. 69. Os Procuradores Regionais da República serão lotados nos ofícios nas Procuradorias Regionais da República.

Seção IX
DOS PROCURADORES DA REPÚBLICA

Art. 70. Os Procuradores da República serão designados para oficiar junto aos Juízes Federais e junto aos Tribunais Regionais Eleitorais, onde não tiver sede a Procuradoria Regional da República.

Parágrafo único. A designação de Procurador da República para oficiar em órgãos jurisdicionais diferentes dos previstos para a categoria dependerá de autorização do Conselho Superior.

Art. 71. Os Procuradores da República serão lotados nos ofícios nas Procuradorias da República nos Estados e no Distrito Federal.

Seção X
DAS FUNÇÕES ELEITORAIS DO MINISTÉRIO PÚBLICO FEDERAL

Art. 72. Compete ao Ministério Público Federal exercer, no que couber, junto à Justiça Eleitoral, as funções do Ministério Público, atuando em todas as fases e instâncias do processo eleitoral.

Parágrafo único. O Ministério Público Federal tem legitimação para propor, perante o juízo competente, as ações para declarar ou decretar a nulidade de negócios jurídicos ou atos da administração pública, infringentes de vedações legais destinadas a proteger a normalidade e a legitimidade das eleições, contra a influência do poder econômico ou o abuso do poder político ou administrativo.

Art. 73. O Procurador-Geral Eleitoral é o Procurador-Geral da República.

Parágrafo único. O Procurador-Geral Eleitoral designará, dentre os Subprocuradores-Gerais da República, o Vice-Procurador-Geral Eleitoral, que o substituirá em seus impedimentos e exercerá o cargo em caso de vacância, até o provimento definitivo.

Art. 74. Compete ao Procurador-Geral Eleitoral exercer as funções do Ministério Público nas causas de competência do Tribunal Superior Eleitoral.

Parágrafo único. Além do Vice-Procurador-Geral Eleitoral, o Procurador-Geral poderá designar, por necessidade de serviço, membros do Ministério Público Federal para oficiarem, com sua aprovação, perante o Tribunal Superior Eleitoral.

Art. 75. Incumbe ao Procurador-Geral Eleitoral:

I – designar o Procurador Regional Eleitoral em cada Estado e no Distrito Federal;

II – acompanhar os procedimentos do Corregedor Geral Eleitoral;

III – dirimir conflitos de atribuições;

IV – requisitar servidores da União e de suas autarquias, quando o exigir a necessidade do serviço, sem prejuízo dos direitos e vantagens inerentes ao exercício de seus cargos ou empregos.

Art. 76. O Procurador Regional Eleitoral, juntamente com o seu substituto, será designado pelo Procurador-Geral Eleitoral, dentre os Procuradores Regionais da República no Estado e no Distrito Federal, ou, onde não houver, dentre os Procuradores da República vitalícios, para um mandato de dois anos.

§ 1º O Procurador Regional Eleitoral poderá ser reconduzido uma vez.

§ 2º O Procurador Regional Eleitoral poderá ser destituído, antes do término do mandato, por iniciativa do Procurador-Geral Eleitoral, anuindo a maioria absoluta do Conselho Superior do Ministério Público Federal.

Art. 77. Compete ao Procurador Regional Eleitoral exercer as funções do Ministério Público nas causas de competência do Tribunal Regional Eleitoral respectivo, além de dirigir, no Estado, as atividades do setor.

Parágrafo único. O Procurador-Geral Eleitoral poderá designar, por necessidade de serviço, outros membros do Ministério Público Federal para oficiar, sob a coordenação do Procurador Regional, perante os Tribunais Regionais Eleitorais.

Art. 78. As funções eleitorais do Ministério Público Federal perante os Juízes e Juntas Eleitorais serão exercidas pelo Promotor Eleitoral.

Art. 79. O Promotor Eleitoral será o membro do Ministério Público local que oficie junto ao Juízo incumbido do serviço eleitoral de cada Zona.

Parágrafo único. Na inexistência de Promotor que oficie perante a Zona Eleitoral, ou havendo impedimento ou recusa justificada, o Chefe do Ministério Público local indicará ao Procurador Regional Eleitoral o substituto a ser designado.

Art. 80. A filiação a partido político impede o exercício de funções eleitorais por membro do Ministério Público até dois anos do seu cancelamento.

- ▸ O STF, por maioria de votos, julgou parcialmente procedente a ADIN nº 1.371-8, para dar a este artigo interpretação conforme a CF, fixando como única exegese constitucionalmente possível aquela que apenas admite a filiação partidária, se o membro do Ministério Público estiver afastado de suas funções institucionais, devendo cancelar sua filiação partidária antes de reassumir suas funções, quaisquer que sejam, não podendo, ainda, desempenhar funções pertinentes ao Ministério Público Eleitoral senão dois anos após o cancelamento dessa mesma filiação político-partidária (*DOU* de 22-10-2003).

Seção XI
DAS UNIDADES DE LOTAÇÃO E DE ADMINISTRAÇÃO

Art. 81. Os ofícios na Procuradoria-Geral da República, nas Procuradorias Regionais da República e nas Procuradorias da República nos Estados e no Distrito Federal são unidades de lotação e de administração do Ministério Público Federal.

Parágrafo único. Nos municípios do interior onde tiverem sede juízos federais, a lei criará unidades da Procuradoria da República no respectivo Estado.

Art. 82. A estrutura básica das unidades de lotação e de administração será organizada por regulamento, nos termos da lei.

CAPÍTULO II
DO MINISTÉRIO PÚBLICO DO TRABALHO

Seção I
DA COMPETÊNCIA, DOS ÓRGÃOS E DA CARREIRA

Art. 83. Compete ao Ministério Público do Trabalho o exercício das seguintes atribuições junto aos órgãos da Justiça do Trabalho:

I – promover as ações que lhe sejam atribuídas pela Constituição Federal e pelas leis trabalhistas;

II – manifestar-se em qualquer fase do processo trabalhista, acolhendo solicitação do juiz ou por sua iniciativa, quando entender existente interesse público que justifique a intervenção;

III – promover a ação civil pública no âmbito da Justiça do Trabalho, para defesa de interesses coletivos, quando desrespeitados os direitos sociais constitucionalmente garantidos;

IV – propor as ações cabíveis para declaração de nulidade de cláusula de contrato, acordo coletivo ou convenção coletiva que viole as liberdades individuais ou coletivas ou os direitos individuais indisponíveis dos trabalhadores;

V – propor as ações necessárias à defesa dos direitos e interesses dos menores, incapazes e índios, decorrentes das relações de trabalho;

VI – recorrer das decisões da Justiça do Trabalho, quando entender necessário, tanto nos processos em que for parte, como naqueles em que oficiar como fiscal da lei, bem como pedir revisão dos Enunciados da Súmula de Jurisprudência do Tribunal Superior do Trabalho;

VII – funcionar nas sessões dos Tribunais Trabalhistas, manifestando-se verbalmente sobre a matéria em debate, sempre que entender necessário, sendo-lhe assegurado o direito de vista dos processos em julgamento, podendo solicitar as requisições e diligências que julgar convenientes;

VIII – instaurar instância em caso de greve, quando a defesa da ordem jurídica ou o interesse público assim o exigir;

IX – promover ou participar da instrução e conciliação em dissídios decorrentes da paralisação de serviços de qualquer natureza, oficiando obrigatoriamente nos processos, manifestando sua concordância ou discordância, em eventuais acordos firmados antes da homologação, resguardado o direito de recorrer em caso de violação à lei e à Constituição Federal;

X – promover mandado de injunção, quando a competência for da Justiça do Trabalho;

XI – atuar como árbitro, se assim for solicitado pelas partes, nos dissídios de competência da Justiça do Trabalho;

XII – requerer as diligências que julgar convenientes para o correto andamento dos processos e para a melhor solução das lides trabalhistas;

XIII – intervir obrigatoriamente em todos os feitos nos segundo e terceiro graus de jurisdição da Justiça do Trabalho, quando a parte for pessoa jurídica de Direito Público, Estado estrangeiro ou organismo internacional.

Art. 84. Incumbe ao Ministério Público do Trabalho, no âmbito das suas atribuições, exercer as funções institucionais previstas nos Capítulos I, II, III e IV do Título I, especialmente:

I – integrar os órgãos colegiados previstos no § 1º do art. 6º, que lhes sejam pertinentes;

II – instaurar inquérito civil e outros procedimentos administrativos, sempre que cabíveis, para assegurar a observância dos direitos sociais dos trabalhadores;

III – requisitar à autoridade administrativa federal competente, dos órgãos de proteção ao trabalho, a instauração de procedimentos administrativos, podendo acompanhá-los e produzir provas;

IV – ser cientificado pessoalmente das decisões proferidas pela Justiça do Trabalho, nas causas em que o órgão tenha intervido ou emitido parecer escrito;

V – exercer outras atribuições que lhe forem conferidas por lei, desde que compatíveis com sua finalidade.

Art. 85. São órgãos do Ministério Público do Trabalho:

I – o Procurador-Geral do Trabalho;

II – o Colégio de Procuradores do Trabalho;

III – o Conselho Superior do Ministério Público do Trabalho;

IV – a Câmara de Coordenação e Revisão do Ministério Público do Trabalho;
V – a Corregedoria do Ministério Público do Trabalho;
VI – os Subprocuradores-Gerais do Trabalho;
VII – os Procuradores Regionais do Trabalho;
VIII – os Procuradores do Trabalho.

Art. 86. A carreira do Ministério Público do Trabalho será constituída pelos cargos de Subprocurador-Geral do Trabalho, Procurador Regional do Trabalho e Procurador do Trabalho.

Parágrafo único. O cargo inicial da carreira é o de Procurador do Trabalho e o do último nível o de Subprocurador-Geral do Trabalho.

Seção II
DO PROCURADOR-GERAL DO TRABALHO

Art. 87. O Procurador-Geral do Trabalho é o Chefe do Ministério Público do Trabalho.

Art. 88. O Procurador-Geral do Trabalho será nomeado pelo Procurador-Geral da República, dentre integrantes da instituição, com mais de trinta e cinco anos de idade e de cinco anos na carreira, integrante de lista tríplice escolhida mediante voto plurinominal, facultativo e secreto, pelo Colégio de Procuradores para um mandato de dois anos, permitida uma recondução, observado o mesmo processo. Caso não haja número suficiente de candidatos com mais de cinco anos na carreira, poderá concorrer à lista tríplice quem contar mais de dois anos na carreira.

Parágrafo único. A exoneração do Procurador-Geral do Trabalho, antes do término do mandato, será proposta ao Procurador-Geral da República pelo Conselho Superior, mediante deliberação obtida com base em voto secreto de dois terços de seus integrantes.

Art. 89. O Procurador-Geral do Trabalho designará, dentre os Subprocuradores-Gerais do Trabalho, o Vice-Procurador-Geral do Trabalho, que o substituirá em seus impedimentos. Em caso de vacância, exercerá o cargo o Vice-Presidente do Conselho Superior, até o seu provimento definitivo.

Art. 90. Compete ao Procurador-Geral do Trabalho exercer as funções atribuídas ao Ministério Público do Trabalho junto ao Plenário do Tribunal Superior do Trabalho, propondo as ações cabíveis e manifestando-se nos processos de sua competência.

Art. 91. São atribuições do Procurador-Geral do Trabalho:
I – representar o Ministério Público do Trabalho;
II – integrar, como membro nato, e presidir o Colégio de Procuradores do Trabalho, o Conselho Superior do Ministério Público do Trabalho e a Comissão de Concurso;
III – nomear o Corregedor Geral do Ministério Público do Trabalho, segundo lista tríplice formada pelo Conselho Superior;
IV – designar um dos membros e o Coordenador da Câmara de Coordenação e Revisão do Ministério Público do Trabalho;
V – designar, observados os critérios da lei e os estabelecidos pelo Conselho Superior, os ofícios em que exercerão suas funções os membros do Ministério Público do Trabalho;
VI – designar o Chefe da Procuradoria Regional do Trabalho dentre os Procuradores Regionais do Trabalho lotados na respectiva Procuradoria Regional;
VII – decidir, em grau de recurso, os conflitos de atribuição entre os órgãos do Ministério Público do Trabalho;
VIII – determinar a abertura de correição, sindicância ou inquérito administrativo;
IX – determinar a instauração de inquérito ou processo administrativo contra servidores dos serviços auxiliares;
X – decidir processo disciplinar contra membro da carreira ou servidor dos serviços auxiliares, aplicando as sanções que sejam de sua competência;
XI – decidir, atendendo a necessidade do serviço, sobre:
a) remoção a pedido ou por permuta;
b) alteração parcial da lista bienal de designações;
XII – autorizar o afastamento de membros do Ministério Público do Trabalho, ouvido o Conselho Superior, nos casos previstos em lei;
XIII – dar posse aos membros do Ministério Público do Trabalho;
XIV – designar membro do Ministério Público do Trabalho para:
a) funcionar nos órgãos em que a participação da Instituição seja legalmente prevista, ouvido o Conselho Superior;
b) integrar comissões técnicas ou científicas, relacionadas às funções da Instituição, ouvido o Conselho Superior;
c) assegurar a continuidade dos serviços, em caso de vacância, afastamento temporário, ausência, impedimento ou suspeição do titular, na inexistência ou falta do substituto designado;
XV – homologar, ouvido o Conselho Superior, o resultado do concurso para ingresso na carreira;
XVI – fazer publicar aviso de existência de vaga, na lotação e na relação bienal de designações;
XVII – propor ao Procurador-Geral da República, ouvido o Conselho Superior, a criação e extinção de cargos da carreira e dos ofícios em que devam ser exercidas suas funções;
XVIII – elaborar a proposta orçamentária do Ministério Público do Trabalho, submetendo-a, para aprovação, ao Conselho Superior;
XIX – encaminhar ao Procurador-Geral da República a proposta orçamentária do Ministério Público do Trabalho, após sua aprovação pelo Conselho Superior;
XX – organizar a prestação de contas do exercício anterior, encaminhando-a ao Procurador-Geral da República;
XXI – praticar atos de gestão administrativa, financeira e de pessoal;
XXII – elaborar o relatório de atividades do Ministério Público do Trabalho;
XXIII – coordenar as atividades do Ministério Público do Trabalho;
XXIV – exercer outras atribuições previstas em lei.

Art. 92. As atribuições do Procurador-Geral do Trabalho, previstas no artigo anterior, poderão ser delegadas:
I – ao Coordenador da Câmara de Coordenação e Revisão, as dos incisos XIV, alínea *c*, e XXIII;
II – aos Chefes das Procuradorias Regionais do Trabalho nos Estados e no Distrito Federal, as dos incisos I, XIV, alínea *c*, XXI e XXIII.

Seção III
DO COLÉGIO DE PROCURADORES DO TRABALHO

Art. 93. O Colégio de Procuradores do Trabalho, presidido pelo Procurador-Geral do Trabalho, é integrado por todos os membros da carreira em atividade no Ministério Público do Trabalho.

Art. 94. São atribuições do Colégio de Procuradores do Trabalho:
I – elaborar, mediante voto plurinominal, facultativo e secreto, a lista tríplice para a escolha do Procurador-Geral do Trabalho;
II – elaborar, mediante voto plurinominal, facultativo e secreto, a lista sêxtupla para a composição do Tribunal Superior do Trabalho, sendo elegíveis os membros do Ministério Público

do Trabalho com mais de dez anos na carreira, tendo mais de trinta e cinco e menos de sessenta e cinco anos de idade;

III – elaborar, mediante voto plurinominal, facultativo e secreto, a lista sêxtupla para os Tribunais Regionais do Trabalho, dentre os Procuradores com mais de dez anos de carreira;

IV – eleger, dentre os Subprocuradores-Gerais do Trabalho e mediante voto plurinominal, facultativo e secreto, quatro membros do Conselho Superior do Ministério Público do Trabalho.

§ 1º Para os fins previstos nos incisos deste artigo, prescindir-se-á de reunião do Colégio de Procuradores, procedendo-se segundo dispuser o seu Regimento Interno, exigido o voto da maioria absoluta dos eleitores.

§ 2º Excepcionalmente, em caso de interesse relevante da Instituição, o Colégio de Procuradores reunir-se-á em local designado pelo Procurador-Geral do Trabalho, desde que convocado por ele ou pela maioria de seus membros.

§ 3º O Regimento Interno do Colégio de Procuradores do Trabalho disporá sobre seu funcionamento.

Seção IV
DO CONSELHO SUPERIOR DO MINISTÉRIO PÚBLICO DO TRABALHO

Art. 95. O Conselho Superior do Ministério Público do Trabalho, presidido pelo Procurador-Geral do Trabalho, tem a seguinte composição:

I – o Procurador-Geral do Trabalho e o Vice-Procurador-Geral do Trabalho, que o integram como membros natos;

II – quatro Subprocuradores-Gerais do Trabalho, eleitos para um mandato de dois anos, pelo Colégio de Procuradores do Trabalho, mediante voto plurinominal, facultativo e secreto, permitida uma reeleição;

III – quatro Subprocuradores-Gerais do Trabalho, eleitos para um mandato de dois anos, por seus pares, mediante voto plurinominal, facultativo e secreto, permitida uma reeleição.

§ 1º Serão suplentes dos membros de que tratam os incisos II e III os demais votados, em ordem decrescente, observados os critérios gerais de desempate.

§ 2º O Conselho Superior elegerá o seu Vice-Presidente, que substituirá o Presidente em seus impedimentos e em caso de vacância.

Art. 96. O Conselho Superior do Ministério Público do Trabalho reunir-se-á ordinariamente, uma vez por mês, em dia previamente fixado, e, extraordinariamente, quando convocado pelo Procurador-Geral do Trabalho ou por proposta da maioria absoluta de seus membros.

Art. 97. Salvo disposição em contrário, as deliberações do Conselho Superior serão tomadas por maioria de votos, presente a maioria absoluta de seus membros.

§ 1º Em caso de empate, prevalecerá o voto do Presidente, exceto em matéria de sanções, caso em que prevalecerá a solução mais favorável ao acusado.

§ 2º As deliberações do Conselho Superior serão publicadas no Diário da Justiça, exceto quando o Regimento Interno determinar sigilo.

Art. 98. Compete ao Conselho Superior do Ministério Público do Trabalho:

I – exercer o poder normativo no âmbito do Ministério Público do Trabalho, observados os princípios desta lei complementar, especialmente para elaborar e aprovar:

a) o seu Regimento Interno, o do Colégio de Procuradores do Trabalho e o da Câmara de Coordenação e Revisão do Ministério Público do Trabalho;

b) as normas e as instruções para o concurso de ingresso na carreira;

c) as normas sobre as designações para os diferentes ofícios do Ministério Público do Trabalho;

d) os critérios para distribuição de procedimentos administrativos e quaisquer outros feitos, no Ministério Público do Trabalho;

e) os critérios de promoção por merecimento na carreira;

f) o procedimento para avaliar o cumprimento das condições do estágio probatório;

II – indicar os integrantes da Câmara de Coordenação e Revisão do Ministério Público do Trabalho;

III – propor a exoneração do Procurador-Geral do Trabalho;

IV – destituir, por iniciativa do Procurador-Geral do Trabalho e pelo voto de dois terços de seus membros, antes do término do mandato, o Corregedor Geral;

V – elaborar a lista tríplice destinada à promoção por merecimento;

VI – elaborar a lista tríplice para Corregedor Geral do Ministério Público do Trabalho;

VII – aprovar a lista de antiguidade do Ministério Público do Trabalho e decidir sobre as reclamações a ela concernentes;

VIII – indicar o membro do Ministério Público do Trabalho para promoção por antiguidade, observado o disposto no art. 93, II, alínea *d*, da Constituição Federal;

IX – opinar sobre a designação de membro do Ministério Público do Trabalho para:

a) funcionar nos órgãos em que a participação da Instituição seja legalmente prevista;

b) integrar comissões técnicas ou científicas relacionadas às funções da Instituição;

X – opinar sobre o afastamento temporário de membro do Ministério Público do Trabalho;

XI – autorizar a designação, em caráter excepcional, de membros do Ministério Público do Trabalho, para exercício de atribuições processuais perante juízos, tribunais ou ofícios diferentes dos estabelecidos para cada categoria;

XII – determinar a realização de correições e sindicâncias e apreciar os relatórios correspondentes;

XIII – determinar a instauração de processos administrativos em que o acusado seja membro do Ministério Público do Trabalho, apreciar seus relatórios e propor as medidas cabíveis;

XIV – determinar o afastamento do exercício de suas funções, de membro do Ministério Público do Trabalho, indiciado ou acusado em processo disciplinar, e o seu retorno;

XV – designar a comissão de processo administrativo em que o acusado seja membro do Ministério Público do Trabalho;

XVI – decidir sobre o cumprimento do estágio probatório por membro do Ministério Público do Trabalho, encaminhando cópia da decisão ao Procurador-Geral da República, quando for o caso, para ser efetivada sua exoneração;

XVII – decidir sobre remoção e disponibilidade de membro do Ministério Público do Trabalho, por motivo de interesse público;

XVIII – autorizar, pela maioria absoluta de seus membros, que o Procurador-Geral da República ajuíze a ação de perda de cargo contra membro vitalício do Ministério Público do Trabalho, nos casos previstos em lei;

XIX – opinar sobre os pedidos de reversão de membro da carreira;

XX – aprovar a proposta de lei para o aumento do número de cargos da carreira e dos ofícios;

XXI – deliberar sobre a realização de concurso para o ingresso na carreira, designar os membros da Comissão de Concurso e opinar sobre a homologação dos resultados;

XXII – aprovar a proposta orçamentária que integrará o projeto de orçamento do Ministério Público da União;

XXIII – exercer outras funções atribuídas em lei.

§ 1º Aplicam-se ao Procurador-Geral e aos demais membros do Conselho Superior as normas processuais em geral, pertinentes aos impedimentos e suspeição dos membros do Ministério Público.

§ 2º As deliberações relativas aos incisos I, alíneas *a* e *e*, XI, XIII, XIV, XV e XVII somente poderão ser tomadas com o voto favorável de dois terços dos membros do Conselho Superior.

Seção V
DA CÂMARA DE COORDENAÇÃO E REVISÃO DO MINISTÉRIO PÚBLICO DO TRABALHO

Art. 99. A Câmara de Coordenação e Revisão do Ministério Público do Trabalho é um órgão de coordenação, de integração e de revisão do exercício funcional na Instituição.

Art. 100. A Câmara de Coordenação e Revisão do Ministério Público do Trabalho será organizada por ato normativo, e o Regimento Interno, que disporá sobre seu funcionamento, será elaborado pelo Conselho Superior.

Art. 101. A Câmara de Coordenação e Revisão do Ministério Público do Trabalho será composta por três membros do Ministério Público do Trabalho, sendo um indicado pelo Procurador-Geral do Trabalho e dois pelo Conselho Superior do Ministério Público do Trabalho, juntamente com seus suplentes, para um mandato de dois anos, sempre que possível, dentre integrantes do último grau da carreira.

Art. 102. Dentre os integrantes da Câmara de Coordenação e Revisão, um deles será designado pelo Procurador-Geral para a função executiva de Coordenador.

Art. 103. Compete à Câmara de Coordenação e Revisão do Ministério Público do Trabalho:

I – promover a integração e a coordenação dos órgãos institucionais do Ministério Público do Trabalho, observado o princípio da independência funcional;

II – manter intercâmbio com órgãos ou entidades que atuem em áreas afins;

III – encaminhar informações técnico-jurídicas aos órgãos institucionais do Ministério Público do Trabalho;

IV – resolver sobre a distribuição especial de feitos e procedimentos, quando a matéria, por sua natureza ou relevância, assim o exigir;

V – resolver sobre a distribuição especial de feitos, que por sua contínua reiteração, devam receber tratamento uniforme;

VI – decidir os conflitos de atribuição entre os órgãos do Ministério Público do Trabalho.

Parágrafo único. A competência fixada nos incisos IV e V será exercida segundo critérios objetivos previamente estabelecidos pelo Conselho Superior.

Seção VI
DA CORREGEDORIA DO MINISTÉRIO PÚBLICO DO TRABALHO

Art. 104. A Corregedoria do Ministério Público do Trabalho, dirigida pelo Corregedor Geral, é o órgão fiscalizador das atividades funcionais e da conduta dos membros do Ministério Público.

Art. 105. O Corregedor Geral será nomeado pelo Procurador-Geral do Trabalho dentre os Subprocuradores-Gerais do Trabalho, integrantes de lista tríplice elaborada pelo Conselho Superior, para mandato de dois anos, renovável uma vez.

§ 1º Não poderão integrar a lista tríplice os membros do Conselho Superior.

§ 2º Serão suplentes do Corregedor Geral os demais integrantes da lista tríplice, na ordem em que os designar o Procurador-Geral.

§ 3º O Corregedor Geral poderá ser destituído, por iniciativa do Procurador-Geral, antes do término do mandato, pelo voto de dois terços dos membros do Conselho Superior.

Art. 106. Incumbe ao Corregedor Geral do Ministério Público:

I – participar, sem direito a voto, das reuniões do Conselho Superior;

II – realizar, de ofício ou por determinação do Procurador-Geral ou do Conselho Superior, correições e sindicâncias, apresentando os respectivos relatórios;

III – instaurar inquérito contra integrante da carreira e propor ao Conselho Superior a instauração do processo administrativo consequente;

IV – acompanhar o estágio probatório dos membros do Ministério Público do Trabalho;

V – propor ao Conselho Superior a exoneração de membro do Ministério Público do Trabalho que não cumprir as condições do estágio probatório.

Seção VII
DOS SUBPROCURADORES-GERAIS DO TRABALHO

Art. 107. Os Subprocuradores-Gerais do Trabalho serão designados para oficiar junto ao Tribunal Superior do Trabalho e nos ofícios na Câmara de Coordenação e Revisão.

Parágrafo único. A designação de Subprocurador-Geral do Trabalho para oficiar em órgãos jurisdicionais diferentes do previsto para a categoria dependerá de autorização do Conselho Superior.

Art. 108. Cabe aos Subprocuradores-Gerais do Trabalho, privativamente, o exercício das funções de:

I – Corregedor Geral do Ministério Público do Trabalho;

II – Coordenador da Câmara de Coordenação e Revisão do Ministério Público do Trabalho.

Art. 109. Os Subprocuradores-Gerais do Trabalho serão lotados nos ofícios na Procuradoria-Geral do Trabalho.

Seção VIII
DOS PROCURADORES REGIONAIS DO TRABALHO

Art. 110. Os Procuradores Regionais do Trabalho serão designados para oficiar junto aos Tribunais Regionais do Trabalho.

Parágrafo único. Em caso de vaga ou de afastamento de Subprocurador-Geral do Trabalho por prazo superior a trinta dias, poderá ser convocado pelo Procurador-Geral, mediante aprovação do Conselho Superior, Procurador Regional do Trabalho para substituição.

Art. 111. Os Procuradores Regionais do Trabalho serão lotados nos ofícios nas Procuradorias Regionais do Trabalho nos Estados e no Distrito Federal.

Seção IX
DOS PROCURADORES DO TRABALHO

Art. 112. Os Procuradores do Trabalho serão designados para funcionar junto aos Tribunais Regionais do Trabalho e, na forma das leis processuais, nos litígios trabalhistas que envolvam, especialmente, interesses de menores e incapazes.

Parágrafo único. A designação de Procurador do Trabalho para oficiar em órgãos jurisdicionais diferentes dos previstos para a categoria dependerá de autorização do Conselho Superior.

Art. 113. Os Procuradores do Trabalho serão lotados nos ofícios nas Procuradorias Regionais do Trabalho nos Estados e no Distrito Federal.

Seção X
DAS UNIDADES DE LOTAÇÃO E DE ADMINISTRAÇÃO

Art. 114. Os ofícios na Procuradoria-Geral do Trabalho e nas Procuradorias Regionais do Trabalho nos Estados e no Distrito Federal são unidades de lotação e de administração do Ministério Público do Trabalho.

Art. 115. A estrutura básica das unidades de lotação e de administração será organizada por regulamento, nos termos da lei.

CAPÍTULO III
DO MINISTÉRIO PÚBLICO MILITAR

Seção I
DA COMPETÊNCIA, DOS ÓRGÃOS E DA CARREIRA

Art. 116. Compete ao Ministério Público Militar o exercício das seguintes atribuições junto aos órgãos da Justiça Militar:

I – promover, privativamente, a ação penal pública;

II – promover a declaração de indignidade ou de incompatibilidade para o oficialato;

III – manifestar-se em qualquer fase do processo, acolhendo solicitação do juiz ou por sua iniciativa, quando entender existente interesse público que justifique a intervenção.

Art. 117. Incumbe ao Ministério Público Militar:

I – requisitar diligências investigatórias e a instauração de inquérito Policial Militar, podendo acompanhá-los e apresentar provas;

II – exercer o controle externo da atividade da polícia judiciária militar.

Art. 118. São órgãos do Ministério Público Militar:

I – o Procurador-Geral da Justiça Militar;

II – o Colégio de Procuradores da Justiça Militar;

III – o Conselho Superior do Ministério Público Militar;

IV – a Câmara de Coordenação e Revisão do Ministério Público Militar;

V – a Corregedoria do Ministério Público Militar;

VI – os Subprocuradores-Gerais da Justiça Militar;

VII – os Procuradores da Justiça Militar;

VIII – os Promotores da Justiça Militar.

Art. 119. A carreira do Ministério Público Militar é constituída pelos cargos de Subprocurador-Geral da Justiça Militar, Procurador da Justiça Militar e Promotor da Justiça Militar.

Parágrafo único. O cargo inicial da carreira é o de Promotor da Justiça Militar e o do último nível é o de Subprocurador-Geral da Justiça Militar.

Seção II
DO PROCURADOR-GERAL DA JUSTIÇA MILITAR

Art. 120. O Procurador-Geral da Justiça Militar é o Chefe do Ministério Público Militar.

Art. 121. O Procurador-Geral da Justiça Militar será nomeado pelo Procurador-Geral da República, dentre integrantes da Instituição, com mais de trinta e cinco anos de idade e de cinco anos na carreira, escolhidos em lista tríplice mediante voto plurinominal, facultativo e secreto, pelo Colégio de Procuradores, para um mandato de dois anos, permitida uma recondução, observado o mesmo processo. Caso não haja número suficiente de candidatos com mais de cinco anos na carreira, poderá concorrer à lista tríplice quem contar mais de dois anos na carreira.

Parágrafo único. A exoneração do Procurador-Geral da Justiça Militar, antes do término do mandato, será proposta pelo Conselho Superior ao Procurador-Geral da República, mediante deliberação obtida com base em voto secreto de dois terços de seus integrantes.

Art. 122. O Procurador-Geral da Justiça Militar designará dentre os Subprocuradores-Gerais, o Vice-Procurador-Geral da Justiça Militar, que o substituirá em seus impedimentos. Em caso de vacância, exercerá o cargo o Vice-Presidente do Conselho Superior, até o seu provimento definitivo.

Art. 123. Compete ao Procurador-Geral da Justiça Militar exercer as funções atribuídas ao Ministério Público Militar junto ao Superior Tribunal Militar, propondo as ações cabíveis e manifestando-se nos processos de sua competência.

Art. 124. São atribuições do Procurador-Geral da Justiça Militar:

I – representar o Ministério Público Militar;

II – integrar, como membro nato, e presidir o Colégio de Procuradores da Justiça Militar, o Conselho Superior do Ministério Público da Justiça Militar e a Comissão de Concurso;

III – nomear o Corregedor Geral do Ministério Público Militar, segundo lista tríplice elaborada pelo Conselho Superior;

IV – designar um dos membros e o Coordenador da Câmara de Coordenação e Revisão do Ministério Público Militar;

V – designar, observados os critérios da lei e os estabelecidos pelo Conselho Superior, os ofícios em que exercerão suas funções os membros do Ministério Público Militar;

VI – decidir, em grau de recurso, os conflitos de atribuições entre os órgãos do Ministério Público Militar;

VII – determinar a abertura de correição, sindicância ou inquérito administrativo;

VIII – determinar a instauração de inquérito ou processo administrativo contra servidores dos serviços auxiliares;

IX – decidir processo disciplinar contra membro da carreira ou servidor dos serviços auxiliares, aplicando as sanções que sejam de sua competência;

X – decidir, atendida a necessidade do serviço, sobre:

a) remoção a pedido ou por permuta;

b) alteração parcial da lista bienal de designações;

XI – autorizar o afastamento de membros do Ministério Público Militar, ouvido o Conselho Superior, nas hipóteses da lei;

XII – dar posse aos membros do Ministério Público Militar;

XIII – designar membro do Ministério Público Militar para:

a) funcionar nos órgãos em que a participação da instituição seja legalmente prevista, ouvido o Conselho Superior;

b) integrar comissões técnicas ou científicas, relacionadas às funções da Instituição, ouvido o Conselho Superior;

c) assegurar a continuidade dos serviços, em caso de vacância, afastamento temporário, ausência, impedimento ou suspeição do titular, na inexistência ou falta do substituto designado;

XIV – homologar, ouvido o Conselho Superior, o resultado do concurso para ingresso na carreira;

XV – fazer publicar o aviso de existência de vaga, na lotação e na relação bienal de designações;

XVI – propor ao Procurador-Geral da República, ouvido o Conselho Superior, a criação e extinção de cargos da carreira e dos ofícios em que devam ser exercidas suas funções;

XVII – elaborar a proposta orçamentária do Ministério Público Militar, submetendo-a ao Conselho Superior;

XVIII – encaminhar ao Procurador-Geral da República a proposta orçamentária do Ministério Público Militar, após sua aprovação pelo Conselho Superior;
XIX – organizar a prestação de contas do exercício anterior, encaminhando-a ao Procurador-Geral da República;
XX – praticar atos de gestão administrativa, financeira e de pessoal;
XXI – elaborar o relatório de atividades do Ministério Público Militar;
XXII – coordenar as atividades do Ministério Público Militar;
XXIII – exercer outras atribuições previstas em lei.

Art. 125. As atribuições do Procurador-Geral da Justiça Militar, previstas no artigo anterior, poderão ser delegadas:

I – ao Coordenador da Câmara de Coordenação e Revisão, as dos incisos XIII, alínea *c*, e XXII;

II – ao Procurador da Justiça Militar, as dos incisos I e XX.

Seção III
DO COLÉGIO DE PROCURADORES DA JUSTIÇA MILITAR

Art. 126. O Colégio de Procuradores da Justiça Militar, presidido pelo Procurador-Geral da Justiça Militar, é integrado por todos os membros da carreira em atividade no Ministério Público da Justiça Militar.

Art. 127. Compete ao Colégio de Procuradores da Justiça Militar:

I – elaborar, mediante voto plurinominal, facultativo e secreto, lista tríplice para a escolha do Procurador-Geral da Justiça Militar;

II – opinar sobre assuntos gerais de interesse da Instituição.

§ 1º Para os fins previstos no inciso I, prescindir-se-á de reunião do Colégio de Procuradores, procedendo-se segundo dispuser o seu regimento interno, exigido o voto da maioria absoluta dos eleitores.

§ 2º Excepcionalmente, em caso de interesse relevante da Instituição, o Colégio de Procuradores reunir-se-á em local designado pelo Procurador-Geral da Justiça Militar, desde que convocado por ele ou pela maioria de seus membros.

§ 3º O Regimento Interno do Colégio de Procuradores Militares disporá sobre seu funcionamento.

Seção IV
DO CONSELHO SUPERIOR DO MINISTÉRIO PÚBLICO MILITAR

Art. 128. O Conselho Superior do Ministério Público Militar, presidido pelo Procurador-Geral da Justiça Militar, tem a seguinte composição:

I – o Procurador-Geral da Justiça Militar e o Vice-Procurador-Geral da Justiça Militar;

II – os Subprocuradores-Gerais da Justiça Militar.

Parágrafo único. O Conselho Superior elegerá o seu Vice-Presidente, que substituirá o Presidente em seus impedimentos e em caso de vacância.

Art. 129. O Conselho Superior do Ministério Público Militar reunir-se-á, ordinariamente, uma vez por mês, em dia previamente fixado, e extraordinariamente, quando convocado pelo Procurador-Geral da Justiça Militar ou por proposta da maioria absoluta de seus membros.

Art. 130. Salvo disposição em contrário, as deliberações do Conselho Superior serão tomadas por maioria de votos, presente a maioria absoluta dos seus membros.

§ 1º Em caso de empate, prevalecerá o voto do Presidente, exceto em matéria de sanções, caso em que prevalecerá a solução mais favorável ao acusado.

§ 2º As deliberações do Conselho Superior serão publicadas no *Diário da Justiça*, exceto quando o regimento interno determine sigilo.

Art. 131. Compete ao Conselho Superior do Ministério Público Militar:

I – exercer o poder normativo no âmbito do Ministério Público Militar, observados os princípios desta lei complementar, especialmente para elaborar e aprovar:

a) o seu regimento interno, o do Colégio de Procuradores da Justiça Militar e o da Câmara de Coordenação e Revisão do Ministério Público Militar;

b) as normas e as instruções para o concurso de ingresso na carreira;

c) as normas sobre as designações para os diferentes ofícios do Ministério Público Militar;

d) os critérios para distribuição de inquéritos e quaisquer outros feitos, no Ministério Público Militar;

e) os critérios de promoção por merecimento na carreira;

f) o procedimento para avaliar o cumprimento das condições do estágio probatório;

II – indicar os integrantes da Câmara de Coordenação e Revisão do Ministério Público Militar;

III – propor a exoneração do Procurador-Geral da Justiça Militar;

IV – destituir, por iniciativa do Procurador-Geral do Ministério Público Militar e pelo voto de dois terços de seus membros, antes do término do mandato, o Corregedor Geral;

V – elaborar a lista tríplice destinada à promoção por merecimento;

VI – elaborar a lista tríplice para Corregedor Geral do Ministério Público Militar;

VII – aprovar a lista de antiguidade do Ministério Público Militar e decidir sobre as reclamações a ela concernentes;

VIII – indicar o membro do Ministério Público Militar para promoção por antiguidade, observado o disposto no art. 93, II, alínea *d*, da Constituição Federal;

IX – opinar sobre a designação de membro do Ministério Público Militar para:

a) funcionar nos órgãos em que a participação da Instituição seja legalmente prevista;

b) integrar comissões técnicas ou científicas relacionadas às funções da Instituição;

X – opinar sobre o afastamento temporário de membro do Ministério Público Militar;

XI – autorizar a designação, em caráter excepcional, de membro do Ministério Público Militar, para exercício de atribuições processuais perante juízos, tribunais ou ofícios diferentes dos estabelecidos para cada categoria;

XII – determinar a realização de correições e sindicâncias e apreciar os relatórios correspondentes;

XIII – determinar a instauração de processos administrativos em que o acusado seja membro do Ministério Público Militar, apreciar seus relatórios e propor as medidas cabíveis;

XIV – determinar o afastamento preventivo do exercício de suas funções, de membro do Ministério Público Militar, indiciado ou acusado em processo disciplinar, e seu retorno;

XV – designar a comissão de processo administrativo em que o acusado seja membro do Ministério Público Militar;

XVI – decidir sobre o cumprimento do estágio probatório por membro do Ministério Público Militar, encaminhando cópia da decisão ao Procurador-Geral da República, quando for o caso, para ser efetivada sua exoneração;

XVII – decidir sobre remoção e disponibilidade de membro do Ministério Público Militar, por motivo de interesse público;

XVIII – autorizar, pela maioria absoluta de seus membros, que o Procurador-Geral da República ajuíze ação de perda de cargo contra membro vitalício do Ministério Público Militar, nos casos previstos nesta lei complementar;

XIX – opinar sobre os pedidos de reversão de membro da carreira;

XX – aprovar a proposta de lei para o aumento do número de cargos da carreira e dos ofícios;

XXI – deliberar sobre a realização de concurso para ingresso na carreira, designar os membros da Comissão de Concurso e opinar sobre a homologação dos resultados;

XXII – exercer outras funções atribuídas em lei.

§ 1º Aplicam-se ao Procurador-Geral e aos demais membros do Conselho Superior as normas processuais em geral, pertinentes aos impedimentos e suspeição dos membros do Ministério Público.

§ 2º As deliberações relativas aos incisos I, alíneas *a* e *e*, XI, XIII, XIV, XV e XVII somente poderão ser tomadas com o voto favorável de dois terços dos membros do Conselho Superior.

Seção V

DA CÂMARA DE COORDENAÇÃO E REVISÃO DO MINISTÉRIO PÚBLICO MILITAR

Art. 132. A Câmara de Coordenação e Revisão do Ministério Público Militar é o órgão de coordenação, de integração e de revisão do exercício funcional na Instituição.

Art. 133. A Câmara de Coordenação e Revisão do Ministério Público Militar será organizada por ato normativo e o Regimento Interno, que disporá sobre seu funcionamento, será elaborado e aprovado pelo Conselho Superior.

Art. 134. A Câmara de Coordenação e Revisão do Ministério Público Militar será composta por três membros do Ministério Público Militar, sendo um indicado pelo Procurador-Geral da Justiça Militar e dois pelo Conselho Superior do Ministério Público Militar, juntamente com seus suplentes, para um mandato de dois anos, sempre que possível, dentre integrantes do último grau da carreira.

Art. 135. Dentre os integrantes da Câmara de Coordenação e Revisão, um deles será designado pelo Procurador-Geral para a função executiva de Coordenador.

Art. 136. Compete à Câmara de Coordenação e Revisão do Ministério Público Militar:

I – promover a integração e a coordenação dos órgãos institucionais do Ministério Público Militar, observado o princípio da independência funcional;

II – manter intercâmbio com órgãos ou entidades que atuem em áreas afins;

III – encaminhar informações técnico-jurídicas aos órgãos institucionais do Ministério Público Militar;

IV – manifestar-se sobre o arquivamento de inquérito policial militar, exceto nos casos de competência originária do Procurador-Geral;

V – resolver sobre a distribuição especial de inquéritos e quaisquer outros feitos, quando a matéria, por sua natureza ou relevância, assim o exigir;

VI – decidir os conflitos de atribuição entre os órgãos do Ministério Público Militar.

Parágrafo único. A competência fixada no inciso V será exercida segundo critérios objetivos previamente estabelecidos pelo Conselho Superior.

Seção VI

DA CORREGEDORIA DO MINISTÉRIO PÚBLICO MILITAR

Art. 137. A Corregedoria do Ministério Público Militar, dirigida pelo Corregedor Geral, é o órgão fiscalizador das atividades funcionais e da conduta dos membros do Ministério Público.

Art. 138. O Corregedor Geral do Ministério Público Militar será nomeado pelo Procurador-Geral da Justiça Militar dentre os Subprocuradores-Gerais da Justiça Militar integrantes de lista tríplice elaborada pelo Conselho Superior, para mandato de dois anos, renovável uma vez.

§ 1º Serão suplentes do Corregedor Geral os demais integrantes da lista tríplice, na ordem em que os designar o Procurador-Geral.

§ 2º O Corregedor Geral poderá ser destituído, por iniciativa do Procurador-Geral, antes do término do mandato, pelo voto de dois terços dos membros do Conselho Superior.

Art. 139. Incumbe ao Corregedor Geral do Ministério Público:

I – realizar, de ofício, ou por determinação do Procurador-Geral ou do Conselho Superior, correições e sindicâncias, apresentando os respectivos relatórios;

II – instaurar inquérito contra integrante da carreira e propor ao Conselho Superior a instauração do processo administrativo consequente;

III – acompanhar o estágio probatório dos membros do Ministério Público Militar;

IV – propor ao Conselho Superior a exoneração de membro do Ministério Público Militar que não cumprir as condições do estágio probatório.

Seção VII

DOS SUBPROCURADORES-GERAIS DA JUSTIÇA MILITAR

Art. 140. Os Subprocuradores-Gerais da Justiça Militar serão designados para oficiar junto ao Superior Tribunal Militar e à Câmara de Coordenação e Revisão.

Parágrafo único. A designação de Subprocurador-Geral Militar para oficiar em órgãos jurisdicionais diferentes do previsto para a categoria dependerá de autorização do Conselho Superior.

Art. 141. Cabe aos Subprocuradores-Gerais da Justiça Militar, privativamente, o exercício das funções de:

I – Corregedor Geral do Ministério Público Militar;

II – Coordenador da Câmara de Coordenação e Revisão do Ministério Público Militar.

Art. 142. Os Subprocuradores-Gerais da Justiça Militar serão lotados nos ofícios na Procuradoria-Geral da Justiça Militar.

Seção VIII

DOS PROCURADORES DA JUSTIÇA MILITAR

Art. 143. Os Procuradores da Justiça Militar serão designados para oficiar junto às Auditorias Militares.

§ 1º Em caso de vaga ou afastamento do Subprocurador-Geral da Justiça Militar por prazo superior a trinta dias, poderá ser convocado pelo Procurador-Geral, mediante aprovação pelo Conselho Superior, Procurador da Justiça Militar, e, nenhum desses aceitando, poderá ser convocado Promotor da Justiça Militar, para substituição.

§ 2º O Procurador da Justiça Militar convocado, ou o Promotor da Justiça Militar, receberá a diferença de vencimentos, correspondente ao cargo de Subprocurador-Geral da Justiça Militar, inclusive diárias e transporte se for o caso.

Art. 144. Os Procuradores da Justiça Militar serão lotados nos ofícios nas Procuradorias da Justiça Militar.

Seção IX
DOS PROMOTORES DA JUSTIÇA MILITAR

Art. 145. Os Promotores da Justiça Militar serão designados para oficiar junto às Auditorias Militares.

Parágrafo único. Em caso de vaga ou afastamento de Procurador da Justiça Militar por prazo superior a trinta dias, poderá ser convocado pelo Procurador-Geral, mediante aprovação do Conselho Superior, Promotor da Justiça Militar, para a substituição.

Art. 146. Os Promotores da Justiça Militar serão lotados nos ofícios nas Procuradorias da Justiça Militar.

Seção X
DAS UNIDADES DE LOTAÇÃO E DE ADMINISTRAÇÃO

Art. 147. Os ofícios na Procuradoria-Geral da Justiça Militar e nas Procuradorias da Justiça Militar são unidades de lotação e de administração do Ministério Público Militar.

Art. 148. A estrutura das unidades de lotação e de administração será organizada por regulamento, nos termos da lei.

CAPÍTULO IV
DO MINISTÉRIO PÚBLICO DO DISTRITO FEDERAL E TERRITÓRIOS

Seção I
DA COMPETÊNCIA, DOS ÓRGÃOS E DA CARREIRA

Art. 149. O Ministério Público do Distrito Federal e Territórios exercerá as suas funções nas causas de competência do Tribunal de Justiça e dos Juízes do Distrito Federal e Territórios.

Art. 150. Incumbe ao Ministério Público do Distrito Federal e Territórios:

I – instaurar inquérito civil e outros procedimentos administrativos correlatos;

II – requisitar diligências investigatórias e a instauração de inquérito policial, podendo acompanhá-los e apresentar provas;

III – requisitar à autoridade competente a instauração de procedimentos administrativos, ressalvados os de natureza disciplinar, podendo acompanhá-los e produzir provas;

IV – exercer o controle externo da atividade da polícia do Distrito Federal e da dos Territórios;

V – participar dos Conselhos Penitenciários;

VI – participar, como instituição observadora, na forma e nas condições estabelecidas em ato do Procurador-Geral da República, de qualquer órgão da administração pública direta, indireta ou fundacional do Distrito Federal, que tenha atribuições correlatas às funções da Instituição;

VII – fiscalizar a execução da pena, nos processos de competência da Justiça do Distrito Federal e Territórios.

Art. 151. Cabe ao Ministério Público do Distrito Federal e Territórios exercer a defesa dos direitos constitucionais do cidadão, sempre que se cuide de garantir-lhes o respeito:

I – pelos Poderes Públicos do Distrito Federal e dos Territórios;

II – pelos órgãos da administração pública, direta ou indireta, do Distrito Federal e dos Territórios;

III – pelos concessionários e permissionários do serviço público do Distrito Federal e dos Territórios;

IV – por entidades que exerçam outra função delegada do Distrito Federal e dos Territórios.

Art. 152. O Procurador-Geral de Justiça designará, dentre os Procuradores de Justiça e mediante prévia aprovação do nome pelo Conselho Superior, o Procurador Distrital dos Direitos do Cidadão, para servir pelo prazo de dois anos, permitida a recondução, precedida de nova decisão do Conselho Superior.

§ 1º Sempre que possível, o Procurador Distrital não acumulará o exercício de suas funções com outras do Ministério Público.

§ 2º O Procurador Distrital somente será dispensado, antes do termo de sua investidura, por iniciativa do Procurador-Geral de Justiça, anuindo a maioria absoluta do Conselho Superior.

Art. 153. São órgãos do Ministério Público do Distrito Federal e Territórios:

I – o Procurador-Geral de Justiça;

II – o Colégio de Procuradores e Promotores de Justiça;

III – o Conselho Superior do Ministério Público do Distrito Federal e Territórios;

IV – a Corregedoria do Ministério Público do Distrito Federal e Territórios;

V – as Câmaras de Coordenação e Revisão do Ministério Público do Distrito Federal e Territórios;

VI – os Procuradores de Justiça;

VII – os Promotores de Justiça;

VIII – os Promotores de Justiça Adjuntos.

Art. 154. A carreira do Ministério Público do Distrito Federal e Territórios é constituída pelos cargos de Procurador de Justiça, Promotor de Justiça e Promotor de Justiça Adjunto.

Parágrafo único. O cargo inicial da carreira é o de Promotor de Justiça Adjunto e o último o de Procurador de Justiça.

Seção II
DO PROCURADOR-GERAL DE JUSTIÇA

Art. 155. O Procurador-Geral de Justiça é o Chefe do Ministério Público do Distrito Federal e Territórios.

Art. 156. O Procurador-Geral de Justiça será nomeado pelo Presidente da República dentre integrantes de lista tríplice elaborada pelo Colégio de Procuradores e Promotores de Justiça, para mandato de dois anos, permitida uma recondução, precedida de nova lista tríplice.

§ 1º Concorrerão à lista tríplice os membros do Ministério Público do Distrito Federal com mais de cinco anos de exercício nas funções da carreira e que não tenham sofrido, nos últimos quatro anos, qualquer condenação definitiva ou não estejam respondendo a processo penal ou administrativo.

§ 2º O Procurador-Geral poderá ser destituído, antes do término do mandato, por deliberação da maioria absoluta do Senado Federal, mediante representação do Presidente da República.

Art. 157. O Procurador-Geral designará, dentre os Procuradores de Justiça, o Vice-Procurador-Geral de Justiça, que o substituirá em seus impedimentos. Em caso de vacância, exercerá o cargo o Vice-Presidente do Conselho Superior, até o seu provimento definitivo.

Art. 158. Compete ao Procurador-Geral de Justiça exercer as funções atribuídas ao Ministério Público no Plenário do Tribunal de Justiça do Distrito Federal e Territórios, propondo as ações cabíveis e manifestando-se nos processos de sua competência.

Art. 159. Incumbe ao Procurador-Geral de Justiça, como Chefe do Ministério Público:

I – representar o Ministério Público do Distrito Federal e Territórios;

II – integrar, como membro nato, o Colégio de Procuradores e Promotores de Justiça, o Conselho Superior e a Comissão de Concurso;

III – designar o Procurador Distrital dos Direitos do Cidadão;

IV – designar um dos membros e o Coordenador de cada uma das Câmaras de Coordenação e Revisão do Ministério Público do Distrito Federal e Territórios;

V – nomear o Corregedor Geral do Ministério Público do Distrito Federal e Territórios;

VI – decidir, em grau de recurso, os conflitos de atribuições entre órgãos do Ministério Público do Distrito Federal e Territórios;

VII – determinar a abertura de correição, sindicância ou inquérito administrativo;

VIII – determinar a instauração de inquérito ou processo administrativo contra servidores dos serviços auxiliares;

IX – decidir processo disciplinar contra membro da carreira ou servidor dos serviços auxiliares, aplicando as sanções que sejam de sua competência;

X – decidir, atendendo a necessidade do serviço, sobre:

a) remoção a pedido ou por permuta;

b) alteração parcial da lista bienal de designações;

XI – autorizar o afastamento de membros do Ministério Público do Distrito Federal e Territórios, ouvido o Conselho Superior, nos casos previstos em lei;

XII – dar posse aos membros do Ministério Público do Distrito Federal e Territórios;

XIII – designar membro do Ministério Público do Distrito Federal e Territórios para:

a) funcionar nos órgãos em que a participação da Instituição seja legalmente prevista, ouvido o Conselho Superior;

b) integrar comissões técnicas ou científicas, relacionadas às funções da Instituição, ouvido o Conselho Superior;

c) assegurar a continuidade dos serviços, em caso de vacância, afastamento temporário, ausência, impedimento ou suspeição do titular, na inexistência ou falta do substituto designado;

d) acompanhar procedimentos administrativos e inquéritos policiais, instaurados em áreas estranhas à sua competência específica, desde que relacionados a fatos de interesse da Instituição;

XIV – homologar, ouvido o Conselho Superior, o resultado de concurso para ingresso na carreira;

XV – fazer publicar o aviso de existência de vaga, na lotação e na relação bienal de designações;

XVI – propor ao Procurador-Geral da República, ouvido o Conselho Superior, a criação e a extinção de cargos da carreira e dos ofícios em que devam ser exercidas suas funções;

XVII – elaborar a proposta orçamentária do Ministério Público do Distrito Federal e Territórios, submetendo-a ao Conselho Superior;

XVIII – encaminhar ao Procurador-Geral da República a proposta orçamentária do Ministério Público do Distrito Federal e Territórios, após sua aprovação pelo Conselho Superior;

XIX – organizar a prestação de contas do exercício anterior, encaminhando-a ao Procurador-Geral da República;

XX – praticar atos de gestão administrativa, financeira e de pessoal;

XXI – elaborar o relatório de atividades do Ministério Público do Distrito Federal e Territórios;

XXII – coordenar as atividades do Ministério Público do Distrito Federal e Territórios;

XXIII – exercer outras atribuições previstas em lei.

Art. 160. As atribuições do Procurador-Geral de Justiça, previstas nos incisos XIII, alíneas *c*, *d*, XXII e XXIII, do artigo anterior, poderão ser delegadas a Coordenador de Câmara de Coordenação e Revisão.

Seção III
DO COLÉGIO DE PROCURADORES E PROMOTORES DE JUSTIÇA

Art. 161. O Colégio de Procuradores e Promotores de Justiça, presidido pelo Procurador-Geral de Justiça, é integrado por todos os membros da carreira em atividade no Ministério Público do Distrito Federal e Territórios.

Art. 162. Compete ao Colégio de Procuradores e Promotores de Justiça:

I – elaborar, mediante voto plurinominal, facultativo e secreto, a lista tríplice para o cargo de Procurador-Geral de Justiça;

II – opinar sobre assuntos gerais de interesse da Instituição;

III – elaborar, mediante voto plurinominal, facultativo e secreto, lista sêxtupla para a composição do Tribunal de Justiça do Distrito Federal e Territórios, sendo elegíveis os membros do Ministério Público do Distrito Federal e Territórios com mais de dez anos de carreira;

IV – eleger, dentre os Procuradores de Justiça e mediante voto plurinominal, facultativo e secreto, quatro membros do Conselho Superior do Ministério Público do Distrito Federal e Territórios;

V – elaborar, mediante voto plurinominal, facultativo e secreto, lista sêxtupla para a composição do Superior Tribunal de Justiça, sendo elegíveis os membros do Ministério Público do Distrito Federal e Territórios, com mais de trinta e cinco e menos de sessenta e cinco anos de idade.

§ 1º Para os fins previstos nos incisos I, II, III, IV e V, prescindir-se-á de reunião do Colégio de Procuradores e Promotores de Justiça, procedendo-se segundo dispuser o seu Regimento Interno, exigido o voto da maioria absoluta dos eleitores.

§ 2º Excepcionalmente, em caso de interesse relevante da Instituição, o Colégio de Procuradores e Promotores de Justiça reunir-se-á em local designado pelo Procurador-Geral de Justiça, desde que convocado por ele ou pela maioria de seus membros.

§ 3º O Regimento Interno do Colégio de Procuradores e Promotores de Justiça disporá sobre seu funcionamento.

Seção IV
DO CONSELHO SUPERIOR DO MINISTÉRIO PÚBLICO DO DISTRITO FEDERAL E TERRITÓRIOS

Art. 163. O Conselho Superior do Ministério Público do Distrito Federal e Territórios, presidido pelo Procurador-Geral de Justiça, tem a seguinte composição:

I – o Procurador-Geral de Justiça e o Vice-Procurador-Geral de Justiça, que o integram como membros natos;

II – quatro Procuradores de Justiça, eleitos, para mandato de dois anos, na forma do inciso IV do artigo anterior, permitida uma reeleição;

III – quatro Procuradores de Justiça, eleitos para um mandato de dois anos, por seus pares, mediante voto plurinominal, facultativo e secreto, permitida uma reeleição.

§ 1º Serão suplentes dos membros de que tratam os incisos II e III os demais votados, em ordem decrescente, observados os critérios gerais de desempate.

§ 2º O Conselho Superior elegerá o seu Vice-Presidente, que substituirá o Presidente em seus impedimentos e em caso de vacância.

Art. 164. O Conselho Superior do Ministério Público do Distrito Federal e Territórios reunir-se-á, ordinariamente, uma vez por mês, em dia previamente fixado, e, extraordinariamente, quando convocado pelo Procurador-Geral de Justiça ou por proposta da maioria absoluta de seus membros.

Art. 165. Salvo disposição em contrário, as deliberações do Conselho Superior serão tomadas por maioria de votos, presente a maioria absoluta de seus membros.

Art. 166. Compete ao Conselho Superior do Ministério Público do Distrito Federal e Territórios:

I – exercer o poder normativo no âmbito do Ministério Público do Distrito Federal e Territórios, observados os princípios desta lei complementar, especialmente para elaborar e aprovar:

a) o seu regimento interno, o do Colégio de Procuradores e Promotores de Justiça do Distrito Federal e Territórios e os das Câmaras de Coordenação e Revisão do Ministério Público do Distrito Federal e Territórios;

b) as normas e as instruções para o concurso de ingresso na carreira;

c) as normas sobre as designações para os diferentes ofícios do Ministério Público do Distrito Federal e Territórios;

d) os critérios para distribuição de inquéritos, procedimentos administrativos e quaisquer outros feitos no Ministério Público do Distrito Federal e Territórios;

e) os critérios de promoção por merecimento, na carreira;

f) o procedimento para avaliar o cumprimento das condições do estágio probatório;

II – aprovar o nome do Procurador Distrital dos Direitos do Cidadão;

III – indicar os integrantes das Câmaras de Coordenação e Revisão;

IV – destituir, por iniciativa do Procurador-Geral e pelo voto de dois terços de seus membros, o Corregedor Geral;

V – elaborar a lista tríplice destinada à promoção por merecimento;

VI – elaborar a lista tríplice para Corregedor Geral do Ministério Público do Distrito Federal e Territórios;

VII – aprovar a lista de antiguidade do Ministério Público do Distrito Federal e Territórios e decidir sobre as reclamações a ela concernentes;

VIII – indicar o membro do Ministério Público do Distrito Federal e Territórios para promoção por antiguidade, observado o disposto no art. 93, II, alínea *d*, da Constituição Federal;

IX – opinar sobre a designação de membro do Ministério Público do Distrito Federal e Territórios para:

a) funcionar nos órgãos em que a participação da Instituição seja legalmente prevista;

b) integrar comissões técnicas ou científicas relacionadas às funções da Instituição;

X – opinar sobre o afastamento temporário de membro do Ministério Público do Distrito Federal e Territórios;

XI – determinar a realização de correições e sindicâncias e apreciar os relatórios correspondentes;

XII – determinar a instauração de processos administrativos em que o acusado seja membro do Ministério Público do Distrito Federal e Territórios, apreciar seus relatórios e propor as medidas cabíveis;

XIII – determinar o afastamento preventivo do exercício de suas funções, de membro do Ministério Público do Distrito Federal e Territórios, indiciado ou acusado em processo disciplinar, e seu retorno;

XIV – autorizar a designação, em caráter excepcional, de membros do Ministério Público do Distrito Federal e Territórios, para exercício de atribuições processuais perante juízos, tribunais ou ofícios diferentes dos estabelecidos para cada categoria;

XV – designar a comissão de processo administrativo em que o acusado seja membro do Ministério Público do Distrito Federal e Territórios;

XVI – decidir sobre o cumprimento do estágio probatório por membro do Ministério Público do Distrito Federal e Territórios, propondo ao Procurador-Geral da República, quando for o caso, a sua exoneração;

XVII – decidir sobre remoção e disponibilidade de membro do Ministério Público do Distrito Federal e Territórios, por motivo de interesse público;

XVIII – autorizar, pela maioria absoluta de seus membros, que o Procurador-Geral da República ajuíze ação de perda de cargo contra membro vitalício do Ministério Público do Distrito Federal e Territórios, nos casos previstos em lei;

XIX – opinar sobre os pedidos de reversão de membro da carreira;

XX – aprovar proposta de lei para o aumento do número de cargos da carreira e dos ofícios;

XXI – deliberar sobre a realização de concurso para ingresso na carreira, designar os membros da Comissão de Concurso e opinar sobre a homologação dos resultados;

XXII – aprovar a proposta orçamentária que integrará o projeto de orçamento do Ministério Público da União;

XXIII – exercer outras funções atribuídas em lei.

Parágrafo único. O Procurador-Geral de Justiça e os membros do Conselho Superior estarão impedidos de participar das decisões deste nos casos previstos nas leis processuais para o impedimento e a suspeição de membros do Ministério Público.

Seção V

DAS CÂMARAS DE COORDENAÇÃO E REVISÃO DO MINISTÉRIO PÚBLICO DO DISTRITO FEDERAL E TERRITÓRIOS

Art. 167. As Câmaras de Coordenação e Revisão do Ministério Público do Distrito Federal e Territórios são órgãos setoriais de coordenação, de integração e de revisão do exercício funcional na instituição.

Art. 168. As Câmaras de Coordenação e Revisão serão organizadas por função ou por matéria, através de ato normativo.

Parágrafo único. O Regimento Interno, que disporá sobre o funcionamento das Câmaras de Coordenação e Revisão, será elaborado e aprovado pelo Conselho Superior.

Art. 169. As Câmaras de Coordenação e Revisão do Ministério Público do Distrito Federal e Territórios serão compostas por três membros do Ministério Público do Distrito Federal e Territórios, sendo um indicado pelo Procurador-Geral de Justiça e dois pelo Conselho Superior do Ministério Público do Distrito Federal e Territórios, juntamente com seus suplentes, para um mandato de dois anos, sempre que possível, dentre integrantes do último grau da carreira.

Art. 170. Dentre os integrantes da respectiva Câmara de Coordenação e Revisão, um será designado pelo Procurador-Geral para a função executiva de Coordenador.

Art. 171. Compete às Câmaras de Coordenação e Revisão:

I – promover a integração e a coordenação dos órgãos institucionais que atuem em ofícios ligados à sua atividade setorial, observado o princípio da independência funcional;

II – manter intercâmbio com órgãos ou entidades que atuem em áreas afins;

III – encaminhar informações técnico-jurídicas aos órgãos institucionais que atuem em seu setor;

IV – homologar a promoção de arquivamento de inquérito civil ou peças de informação ou designar outro órgão do Ministério Público para fazê-lo;

V – manifestar-se sobre o arquivamento de inquérito policial, inquérito parlamentar ou peças de informação, exceto nos casos de competência originária do Procurador-Geral;
VI – resolver sobre a distribuição especial de inquéritos, feitos e procedimentos, quando a matéria, por sua natureza ou relevância, assim o exigir;
VII – resolver sobre a distribuição especial de feitos, que, por sua contínua reiteração, devam receber tratamento uniforme;
VIII – decidir os conflitos de atribuição entre os órgãos do Ministério Público do Distrito Federal e Territórios.

Parágrafo único. A competência fixada nos incisos VI e VII será exercida segundo critérios objetivos previamente estabelecidos pelo Conselho Superior.

Seção VI

DA CORREGEDORIA DO MINISTÉRIO PÚBLICO DO DISTRITO FEDERAL E TERRITÓRIOS

Art. 172. A Corregedoria do Ministério Público do Distrito Federal e Territórios, dirigida pelo Corregedor Geral, é o órgão fiscalizador das atividades funcionais e da conduta dos membros do Ministério Público do Distrito Federal e Territórios.

Art. 173. O Corregedor Geral do Ministério Público do Distrito Federal e Territórios será nomeado pelo Procurador-Geral dentre os Procuradores de Justiça integrantes de lista tríplice elaborada pelo Conselho Superior, para mandato de dois anos, renovável uma vez.

§ 1º Não poderão integrar a lista tríplice os membros do Conselho Superior.

§ 2º Serão suplentes do Corregedor Geral os demais integrantes da lista tríplice, na ordem em que os designar o Procurador-Geral.

§ 3º O Corregedor Geral poderá ser destituído por iniciativa do Procurador-Geral, antes do término do mandato, pelo Conselho Superior, observado o disposto no inciso IV do art. 166.

Art. 174. Compete ao Corregedor Geral do Ministério Público do Distrito Federal e Territórios:
I – participar, sem direito a voto, das reuniões do Conselho Superior;
II – realizar, de ofício ou por determinação do Procurador-Geral ou do Conselho Superior, correições e sindicâncias, apresentando os respectivos relatórios;
III – instaurar inquérito contra integrante da carreira e propor ao Conselho Superior a instauração do processo administrativo consequente;
IV – acompanhar o estágio probatório dos membros do Ministério Público do Distrito Federal e Territórios;
V – propor ao Conselho Superior a exoneração de membro do Ministério Público do Distrito Federal e Territórios que não cumprir as condições do estágio probatório.

Seção VII

DOS PROCURADORES DE JUSTIÇA

Art. 175. Os Procuradores de Justiça serão designados para oficiar junto ao Tribunal de Justiça e nas Câmaras de Coordenação e Revisão.

Parágrafo único. A designação de Procurador de Justiça para oficiar em órgãos jurisdicionais diferentes do previsto para a categoria dependerá de autorização do Conselho Superior.

Art. 176. Cabe aos Procuradores de Justiça, privativamente, o exercício das funções de:
I – Corregedor Geral do Ministério Público do Distrito Federal e Territórios;
II – Procurador Distrital dos Direitos do Cidadão;
III – Coordenador de Câmara de Coordenação e Revisão.

Art. 177. Os Procuradores de Justiça serão lotados nos ofícios na Procuradoria-Geral da Justiça do Distrito Federal e Territórios.

Seção VIII

DOS PROMOTORES DE JUSTIÇA

Art. 178. Os Promotores de Justiça serão designados para oficiar junto às Varas da Justiça do Distrito Federal e Territórios.

Parágrafo único. Os Promotores de Justiça serão lotados nos ofícios previstos para as Promotorias de Justiça.

Seção IX

DOS PROMOTORES DE JUSTIÇA ADJUNTOS

Art. 179. Os Promotores de Justiça Adjuntos serão designados para oficiar junto às Varas da Justiça do Distrito Federal e Territórios.

Parágrafo único. Os Promotores de Justiça Adjuntos serão lotados nos ofícios previstos para as Promotorias de Justiça.

Seção X

DAS UNIDADES DE LOTAÇÃO E DE ADMINISTRAÇÃO

Art. 180. Os ofícios na Procuradoria-Geral da Justiça do Distrito Federal e Territórios e nas Promotorias de Justiça serão unidades de lotação e de administração do Ministério Público do Distrito Federal e Territórios.

Art. 181. A estrutura básica da Procuradoria-Geral de Justiça será organizada por regulamento, nos termos da lei.

TÍTULO III – DAS DISPOSIÇÕES ESTATUTÁRIAS ESPECIAIS

CAPÍTULO I

DA CARREIRA

Seção I

DO PROVIMENTO

Art. 182. Os cargos do Ministério Público da União, salvo os de Procurador-Geral da República, Procurador-Geral do Trabalho, Procurador-Geral da Justiça Militar e Procurador-Geral de Justiça do Distrito Federal e Territórios, são de provimento vitalício e constituem as carreiras independentes de cada ramo.

Art. 183. Os cargos das classes iniciais serão providos por nomeação, em caráter vitalício, mediante concurso público específico para cada ramo.

Art. 184. A vitaliciedade somente será alcançada após dois anos de efetivo exercício.

Art. 185. É vedada a transferência ou aproveitamento nos cargos do Ministério Público da União, mesmo de um para outro de seus ramos.

Seção II

DO CONCURSO

Art. 186. O concurso público de provas e títulos para ingresso em cada carreira do Ministério Público da União terá âmbito nacional, destinando-se ao preenchimento de todas as vagas existentes e das que ocorrerem no prazo de eficácia.

Parágrafo único. O concurso será realizado, obrigatoriamente, quando o número de vagas exceder a dez por cento do quadro respectivo e, facultativamente, a juízo do Conselho Superior competente.

Art. 187. Poderão inscrever-se no concurso bacharéis em Direito há pelo menos dois anos, de comprovada idoneidade moral.

Art. 188. O concurso obedecerá ao regulamento elaborado pelo Conselho Superior competente, observado o disposto no art. 31.

Art. 189. A Comissão de Concurso será integrada pelo Procurador-Geral, seu Presidente, por dois membros do respectivo ramo do Ministério Público e por um jurista de reputação ilibada, indicados pelo Conselho Superior e por um advogado indicado pelo Conselho Federal da Ordem dos Advogados do Brasil.

Art. 190. O edital de abertura do concurso conterá a relação dos cargos vagos, com a respectiva lotação, e fixará, para as inscrições, prazo não inferior a trinta dias, contado de sua publicação no Diário Oficial.

Art. 191. Não serão nomeados os candidatos aprovados no concurso, que tenham completado sessenta e cinco anos ou que venham a ser considerados inaptos para o exercício do cargo, em exame de higidez física e mental.

Art. 192. O Procurador-Geral competente, ouvido o Conselho Superior, decidirá sobre a homologação do concurso, dentro de trinta dias, contados da publicação do resultado final.

Art. 193. O prazo de eficácia do concurso, para efeito de nomeação, será de dois anos contados da publicação do ato homologatório, prorrogável uma vez pelo mesmo período.

Art. 194. A nomeação dos candidatos habilitados no concurso obedecerá à ordem de classificação.

§ 1º Os candidatos aprovados, na ordem de classificação, escolherão a lotação de sua preferência, na relação das vagas que, após o resultado do concurso, o Conselho Superior decidir que devam ser providas inicialmente.

§ 2º O candidato aprovado poderá renunciar à nomeação correspondente à sua classificação, antecipadamente ou até o termo final do prazo de posse, caso em que o renunciante será deslocado para o último lugar na lista dos classificados.

Seção III
DA POSSE E DO EXERCÍCIO

Art. 195. O prazo para a posse nos cargos do Ministério Público da União é de trinta dias, contado da publicação do ato de nomeação, prorrogável por mais sessenta dias, mediante comunicação do nomeado, antes de findo o primeiro prazo.

Parágrafo único. O empossado prestará compromisso de bem cumprir os deveres do cargo, em ato solene, presidido pelo Procurador-Geral.

Art. 196. Para entrar no exercício do cargo, o empossado terá o prazo de trinta dias, prorrogável por igual período, mediante comunicação, antes de findo o prazo inicial.

Seção IV
DO ESTÁGIO PROBATÓRIO

Art. 197. Estágio probatório é o período dos dois primeiros anos de efetivo exercício do cargo pelo membro do Ministério Público da União.

Art. 198. Os membros do Ministério Público da União, durante o estágio probatório, somente poderão perder o cargo mediante decisão da maioria absoluta do respectivo Conselho Superior.

Seção V
DAS PROMOÇÕES

Art. 199. As promoções far-se-ão, alternadamente, por antiguidade e merecimento.

§ 1º A promoção deverá ser realizada até trinta dias da ocorrência da vaga; não decretada no prazo legal, a promoção produzirá efeitos a partir do termo final dele.

§ 2º Para todos os efeitos, será considerado promovido o membro do Ministério Público da União que vier a falecer ou se aposentar sem que tenha sido efetivada, no prazo legal, a promoção que cabia por antiguidade, ou por força do§ 3º do artigo subsequente.

§ 3º É facultada a recusa de promoção, sem prejuízo do critério de preenchimento da vaga recusada.

§ 4º É facultada a renúncia à promoção, em qualquer tempo, desde que haja vaga na categoria imediatamente anterior.

Art. 200. O merecimento, para efeito de promoção, será apurado mediante critérios de ordem objetiva, fixados em regulamento elaborado pelo Conselho Superior do respectivo ramo, observado o disposto no art. 31 desta lei complementar.

§ 1º À promoção por merecimento só poderão concorrer os membros do Ministério Público da União com pelo menos dois anos de exercício na categoria e integrantes da primeira quinta parte da lista de antiguidade, salvo se não houver com tais requisitos quem aceite o lugar vago; em caso de recusa, completar-se-á a fração incluindo-se outros integrantes da categoria, na sequência da ordem de antiguidade.

§ 2º Não poderá concorrer à promoção por merecimento quem tenha sofrido penalidade de censura ou suspensão, no período de um ano imediatamente anterior à ocorrência da vaga, em caso de censura; ou de dois anos, em caso de suspensão.

§ 3º Será obrigatoriamente promovido quem houver figurado por três vezes consecutivas, ou cinco alternadas, na lista tríplice elaborada pelo Conselho Superior.

Art. 201. Não poderá concorrer à promoção por merecimento, até um dia após o regresso, o membro do Ministério Público da União afastado da carreira para:

I – exercer cargo eletivo ou a ele concorrer;

II – exercer outro cargo público permitido por lei.

Art. 202. VETADO.

§ 1º A lista de antiguidade será organizada no primeiro trimestre de cada ano, aprovada pelo Conselho Superior e publicada no *Diário Oficial* até o último dia do mês seguinte.

§ 2º O prazo para reclamação contra a lista de antiguidade será de trinta dias, contado da publicação.

§ 3º O desempate na classificação por antiguidade será determinado, sucessivamente, pelo tempo de serviço na respectiva carreira do Ministério Público da União, pelo tempo de serviço público federal, pelo tempo de serviço público em geral e pela idade dos candidatos, em favor do mais idoso; na classificação inicial, o primeiro desempate será determinado pela classificação no concurso.

§ 4º Na indicação à promoção por antiguidade, o Conselho Superior somente poderá recusar o mais antigo pelo voto de dois terços de seus integrantes, repetindo-se a votação até fixar-se a indicação.

Seção VI
DOS AFASTAMENTOS

Art. 203. Sem prejuízo dos vencimentos, vantagens, ou qualquer direito, o membro do Ministério Público da União poderá afastar-se de suas funções:

I – até oito dias consecutivos, por motivo de casamento;

II – até oito dias consecutivos, por motivo de falecimento de cônjuge ou companheiro, ascendente ou descendente, irmão ou pessoa que viva sob sua dependência econômica;

III – até cinco dias úteis, para comparecimento a encontros ou congressos, no âmbito da instituição ou promovidos pela entidade de classe a que pertença, atendida a necessidade do serviço.

Art. 204. O membro do Ministério Público da União poderá afastar-se do exercício de suas funções para:

I – frequentar cursos de aperfeiçoamento e estudos, no País ou no exterior, por prazo não superior a dois anos, prorrogável, no máximo, por igual período;

II – comparecer a seminários ou congressos, no País ou no exterior;

III – ministrar cursos e seminários destinados ao aperfeiçoamento dos membros da instituição;

IV – exercer cargo eletivo nos casos previstos em lei ou a ele concorrer, observadas as seguintes condições:

a) o afastamento será facultativo e sem remuneração, durante o período entre a escolha como candidato a cargo eletivo em convenção partidária e a véspera do registro da candidatura na Justiça Eleitoral;

b) o afastamento será obrigatório a partir do dia do registro da candidatura pela Justiça;

V – ausentar-se do País em missão oficial.

§ 1º O afastamento, salvo na hipótese do inciso IV, só se dará mediante autorização do Procurador-Geral, depois de ouvido o Conselho Superior e atendida a necessidade de serviço.

§ 2º Os casos de afastamento previstos neste artigo dar-se-ão sem prejuízo dos vencimentos, vantagens ou qualquer direito inerente ao cargo, assegurada, no caso do inciso IV, a escolha da remuneração preferida, sendo o tempo de afastamento considerado de efetivo exercício para todos os fins e efeitos de direito.

§ 3º Não se considera de efetivo exercício, para fins de estágio probatório, o período de afastamento do membro do Ministério Público da União.

§ 4º Ao membro do Ministério Público da União que haja se afastado de suas funções para o fim previsto no inciso I não será concedida exoneração ou licença para tratar de interesses particulares antes de decorrido período igual ao de afastamento, ressalvada a hipótese de ressarcimento do que houver recebido a título de vencimentos e vantagens em virtude do afastamento.

Seção VII
DA REINTEGRAÇÃO

Art. 205. A reintegração, que decorrerá de decisão judicial passada em julgado, é o reingresso do membro do Ministério Público da União na carreira, com ressarcimento dos vencimentos e vantagens deixados de perceber em razão da demissão, contando-se o tempo de serviço correspondente ao afastamento.

§ 1º O titular do cargo no qual se deva dar a reintegração será reconduzido àquele que anteriormente ocupava, o mesmo acontecendo com o titular do cargo para o qual deva ocorrer a recondução; sendo da classe inicial o cargo objeto da reintegração ou da recondução, seu titular ficará em disponibilidade, com proventos idênticos à remuneração que venceria, se em atividade estivesse.

§ 2º A disponibilidade prevista no parágrafo anterior cessará com o aproveitamento obrigatório na primeira vaga que venha a ocorrer na classe inicial.

§ 3º O reconduzido, caso tenha sido promovido por merecimento, fará jus à promoção na primeira vaga a ser provida por idêntico critério, atribuindo-se-lhe, quanto à antiguidade na classe, os efeitos de sua promoção anterior.

§ 4º O reintegrado será submetido ao exame médico exigido para o ingresso na carreira, e, verificando-se sua inaptidão para exercício do cargo, será aposentado, com as vantagens a que teria direito, se efetivada a reintegração.

Seção VIII
DA REVERSÃO E DA READMISSÃO

Arts. 206 e 207. VETADOS.

CAPÍTULO II
DOS DIREITOS

Seção I
DA VITALICIEDADE E DA INAMOVIBILIDADE

Art. 208. Os membros do Ministério Público da União, após dois anos de efetivo exercício, só poderão ser demitidos por decisão judicial transitada em julgado.

Parágrafo único. A propositura de ação para perda de cargo, quando decorrente de proposta do Conselho Superior depois de apreciado o processo administrativo, acarretará o afastamento do membro do Ministério Público da União do exercício de suas funções, com a perda dos vencimentos e das vantagens pecuniárias do respectivo cargo.

Art. 209. Os membros do Ministério Público da União são inamovíveis, salvo motivo de interesse público, na forma desta lei complementar.

Art. 210. A remoção, para efeito desta lei complementar, é qualquer alteração de lotação.

Parágrafo único. A remoção será feita de ofício, a pedido singular ou por permuta.

Art. 211. A remoção de ofício, por iniciativa do Procurador-Geral, ocorrerá somente por motivo de interesse público, mediante decisão do Conselho Superior, pelo voto de dois terços de seus membros, assegurada ampla defesa.

Art. 212. A remoção a pedido singular atenderá à conveniência do serviço, mediante requerimento apresentado nos quinze dias seguintes à publicação de aviso da existência de vaga; ou, decorrido este prazo, até quinze dias após a publicação da deliberação do Conselho Superior sobre a realização de concurso para ingresso na carreira.

§ 1º O aviso será publicado no Diário Oficial, dentro de quinze dias da vacância.

§ 2º Havendo mais de um candidato à remoção, ao fim do primeiro prazo previsto no *caput* deste artigo, será removido o de maior antiguidade; após o decurso deste prazo, prevalecerá a ordem cronológica de entrega dos pedidos.

Art. 213. A remoção por permuta será concedida mediante requerimento dos interessados.

Seção II
DAS DESIGNAÇÕES

Art. 214. A designação é o ato que discrimina as funções que sejam compatíveis com as previstas nesta lei complementar, para cada classe das diferentes carreiras.

Parágrafo único. A designação para o exercício de funções diferentes das previstas para cada classe, nas respectivas carreiras, somente será admitida por interesse do serviço, exigidas a anuência do designado e a autorização do Conselho Superior.

Art. 215. As designações serão feitas observados os critérios da lei e os estabelecidos pelo Conselho Superior:

I – para o exercício de função definida por esta lei complementar;

II – para o exercício de função nos ofícios definidos em lei.

Art. 216. As designações, salvo quando estabelecido outro critério por esta lei complementar, serão feitas por lista, no último mês do ano, para vigorar por um biênio, facultada a renovação.

Art. 217. A alteração da lista poderá ser feita, antes do termo do prazo, por interesse do serviço, havendo:

I – provimento de cargo;

II – desprovimento de cargo;

III – criação de ofício;

IV – extinção de ofício;

V – pedido do designado;

VI – pedido de permuta.

Art. 218. A alteração parcial da lista, antes do termo do prazo, quando modifique a função do designado, sem a sua anuência, somente será admitida nas seguintes hipóteses:

I – extinção, por lei, da função ou ofício para o qual estava designado;

II – nova lotação, em decorrência de:

a) promoção; e

b) remoção;

III – afastamento ou disponibilidade;

IV – aprovação pelo Conselho Superior, de proposta do Procurador-Geral, pelo voto secreto de dois terços de seus membros.

Parágrafo único. A garantia estabelecida neste artigo não impede a acumulação eventual de ofícios ou que sejam ampliadas as funções do designado.

Art. 219. VETADO.

Seção III
DAS FÉRIAS E LICENÇAS

Art. 220. Os membros do Ministério Público terão direito a férias de sessenta dias por ano, contínuos ou divididos em dois períodos iguais, salvo acúmulo por necessidade de serviço e pelo máximo de dois anos.

§ 1º Os períodos de gozo de férias dos membros do Ministério Público da União, que oficiem perante Tribunais, deverão ser simultâneos com os das férias coletivas destes, salvo motivo relevante ou o interesse do serviço.

§ 2º Independentemente de solicitação, será paga ao membro do Ministério Público da União, por ocasião das férias, importância correspondente a um terço da remuneração do período em que as mesmas devam ser gozadas.

§ 3º O pagamento da remuneração das férias será efetuado até dois dias antes do início de gozo do respectivo período, facultada a conversão de um terço das mesmas em abono pecuniário, requerido com pelo menos sessenta dias de antecedência, nele considerado o valor do acréscimo previsto no parágrafo anterior.

§ 4º Em caso de exoneração, será devida ao membro do Ministério Público da União indenização relativa ao período de férias a que tiver direito e ao incompleto, na proporção de um doze avos por mês de efetivo exercício, ou fração superior a quatorze dias, calculada com base na remuneração do mês em que for publicado o ato exoneratório.

Art. 221. O direito a férias será adquirido após o primeiro ano de exercício.

Art. 222. Conceder-se-á aos membros do Ministério Público da União licença:

I – por motivo de doença em pessoa da família;

II – por motivo de afastamento do cônjuge ou companheiro;

III – prêmio por tempo de serviço;

IV – para tratar de interesses particulares;

V – para desempenho de mandato classista.

§ 1º A licença prevista no inciso I será precedida de exame por médico ou junta médica oficial, considerando-se pessoas da família o cônjuge ou companheiro, o padrasto, a madrasta, o ascendente, o descendente, o enteado, o colateral consanguíneo ou afim até o segundo grau civil. A licença estará submetida, ainda, às seguintes condições:

a) somente será deferida se a assistência direta do membro do Ministério Público da União for indispensável e não puder ser dada simultaneamente com o exercício do cargo;

b) será concedida sem prejuízo dos vencimentos, vantagens ou qualquer direito inerente ao cargo, salvo para contagem de tempo de serviço em estágio probatório, até noventa dias, podendo ser prorrogada por igual prazo nas mesmas condições. Excedida a prorrogação, a licença será considerada como para tratar de interesses particulares.

§ 2º A licença prevista no inciso II poderá ser concedida quando o cônjuge ou companheiro for deslocado para outro ponto do território nacional, para o exterior ou para exercício de mandato eletivo dos Poderes Executivo e Legislativo; será por prazo indeterminado e sem remuneração, salvo se o membro do Ministério Público da União puder ser lotado, provisoriamente, em ofício vago no local para onde tenha se deslocado e compatível com o seu cargo, caso em que a licença será convertida em remoção provisória.

§ 3º A licença prevista no inciso III será devida após cada quinquênio ininterrupto de exercício, pelo prazo de três meses, observadas as seguintes condições:

a) será convertida em pecúnia em favor dos beneficiários do membro do Ministério Público da União falecido, que não a tiver gozado;

b) não será devida a quem houver sofrido penalidade de suspensão durante o período aquisitivo ou tiver gozado as licenças previstas nos incisos II e IV;

c) será concedida sem prejuízo dos vencimentos, vantagens ou qualquer direito inerente ao cargo;

d) para efeito de aposentadoria, será contado em dobro o período não gozado.

§ 4º A licença prevista no inciso IV poderá ser concedida ao membro do Ministério Público da União vitalício, pelo prazo de até dois anos consecutivos, sem remuneração, observadas as seguintes condições:

a) poderá ser interrompida, a qualquer tempo, a pedido do interessado ou no interesse do serviço;

b) não será concedida nova licença antes de decorrido dois anos do término da anterior.

§ 5º A licença prevista no inciso V será devida ao membro do Ministério Público da União investido em mandato em confederação, federação, associação de classe de âmbito nacional ou sindicato representativo da categoria, observadas as seguintes condições:

a) somente farão jus à licença os eleitos para cargos de direção ou representantes nas referidas entidades, até o máximo de três por entidade;

b) a licença terá duração igual à do mandato, podendo ser prorrogada no caso de reeleição, e por uma única vez;

c) será concedida sem prejuízo dos vencimentos, vantagens ou qualquer direito inerente ao cargo.

§ 6º É vedado o exercício de atividade remunerada durante o período da licença prevista no inciso I.

§ 7º A licença concedida dentro de sessenta dias do término de outra da mesma espécie será considerada como prorrogação.

Art. 223. Conceder-se-á aos membros do Ministério Público da União, além das previstas no artigo anterior, as seguintes licenças:

I – para tratamento de saúde, a pedido ou de ofício, com base em perícia médica, observadas as seguintes condições:

a) a licença será concedida sem prejuízo dos vencimentos e vantagens do cargo;

b) a perícia será feita por médico ou junta médica oficial, se necessário, na residência do examinado ou no estabelecimento hospitalar em que estiver internado;

c) inexistindo médico oficial, será aceito atestado passado por médico particular;

d) findo o prazo da licença, o licenciado será submetido a inspeção médica oficial, que concluirá pela volta ao serviço, pela prorrogação da licença ou pela aposentadoria;

e) a existência de indícios de lesões orgânicas ou funcionais é motivo de inspeção médica;

II – por acidente em serviço, observadas as seguintes condições:

a) configura acidente em serviço o dano físico ou mental que se relacione, mediata ou imediatamente, com as funções exercidas;

b) equipara-se ao acidente em serviço o dano decorrente de agressão não provocada e sofrida no exercício funcional, bem como o dano sofrido em trânsito a ele pertinente;

c) a licença será concedida sem prejuízo dos vencimentos e vantagens inerentes ao exercício do cargo;

d) o acidentado em serviço, que necessite de tratamento especializado, não disponível em instituição pública, poderá ser tratado em instituição privada, à conta de recursos públicos, desde que o tratamento seja recomendado por junta médica oficial;

e) a prova do acidente deverá ser feita no prazo de dez dias, contado de sua ocorrência, prorrogável quando as circunstâncias o exigirem;

III – à gestante, por cento e vinte dias, observadas as seguintes condições:

a) poderá ter início no primeiro dia no nono mês de gestação, salvo antecipação por prescrição médica;

b) no caso de nascimento prematuro, a licença terá início a partir do parto;

c) no caso de natimorto, decorridos trinta dias do evento a mãe será submetida a exame médico e, se julgada apta, reassumirá as suas funções;

d) em caso de aborto atestado por médico oficial, a licença dar-se-á por trinta dias, a partir da sua ocorrência;

IV – pelo nascimento ou a adoção de filho, o pai ou adotante, até cinco dias consecutivos;

V – pela adoção ou a obtenção de guarda judicial de criança até um ano de idade, o prazo da licença do adotante ou detentor da guarda será de trinta dias.

Seção IV
DOS VENCIMENTOS E VANTAGENS

Art. 224. Os membros do Ministério Público da União receberão o vencimento, a representação e as gratificações previstas em lei.

§ 1º Sobre os vencimentos incidirá a gratificação adicional por tempo de serviço, à razão de um por cento por ano de serviço público efetivo, sendo computado o tempo de advocacia, até o máximo de quinze anos, desde que não cumulativo com tempo de serviço público.

§ 2º VETADO.

§ 3º Os vencimentos serão fixados com diferença não superior a dez por cento de uma para outra das classes de cada carreira.

§ 4º Os Subprocuradores-Gerais do Ministério Público da União terão os mesmos vencimentos e vantagens.

Art. 225. Os vencimentos do Procurador-Geral da República são os de Subprocurador-Geral da República, acrescidos de vinte por cento, não podendo exceder os valores percebidos como remuneração, em espécie, a qualquer título, por Ministros do Supremo Tribunal Federal.

Parágrafo único. O acréscimo previsto neste artigo não se incorpora aos vencimentos do cargo de Procurador-Geral da República.

Art. 226. VETADO.

Art. 227. Os membros do Ministério Público da União farão jus, ainda, às seguintes vantagens:

I – ajuda de custo em caso de:

a) remoção de ofício, promoção ou nomeação que importe em alteração do domicílio legal, para atender às despesas de instalação na nova sede de exercício em valor correspondente a até três meses de vencimentos;

b) serviço fora da sede de exercício, por período superior a trinta dias, em valor correspondente a um trinta avos dos vencimentos, pelos dias em que perdurar o serviço, sem prejuízo da percepção de diárias;

II – diárias, por serviço eventual fora da sede, de valor mínimo equivalente a um trinta avos dos vencimentos para atender às despesas de locomoção, alimentação e pousada;

III – transporte:

a) pessoal e dos dependentes, bem como de mobiliário, em caso de remoção, promoção ou nomeação, previstas na alínea *a* do inciso I;

b) pessoal, no caso de qualquer outro deslocamento a serviço, fora da sede de exercício;

IV – auxílio-doença, no valor de um mês de vencimento, quando ocorrer licença para tratamento de saúde por mais de doze meses, ou invalidez declarada no curso deste prazo;

V – salário-família;

VI – *pro labore* pela atividade de magistério, por hora-aula proferida em cursos, seminários ou outros eventos destinados ao aperfeiçoamento dos membros da instituição;

VII – assistência médico-hospitalar, extensiva aos inativos, pensionistas e dependentes, assim entendida como o conjunto de atividades relacionadas com a prevenção, conservação ou recuperação da saúde, abrangendo serviços profissionais médicos, paramédicos, farmacêuticos e odontológicos, bem como o fornecimento e a aplicação dos meios e dos cuidados essenciais à saúde;

VIII – auxílio-moradia, em caso de lotação em local cujas condições de moradia sejam particularmente difíceis ou onerosas, assim definido em ato do Procurador-Geral da República;

IX – gratificação natalina, correspondente a um doze avos da remuneração a que fizer jus no mês de dezembro, por mês de exercício no respectivo ano, considerando-se como mês integral a fração igual ou superior a quinze dias.

§ 1º A gratificação natalina será paga até o dia vinte do mês de dezembro de cada ano.

§ 2º Em caso de exoneração antes do mês de dezembro, a gratificação natalina será proporcional aos meses de exercício e calculada com base na remuneração do mês em que ocorrer a exoneração.

§ 3º A gratificação natalina não será considerada para cálculo de qualquer vantagem pecuniária.

§ 4º Em caso de nomeação, as vantagens previstas nos incisos I, alínea *a*, e III, alínea *a*, são extensivas ao membro do Ministério Público da União sem vínculo estatutário imediatamente precedente, desde que seu último domicílio voluntário date de mais de doze meses.

§ 5º VETADO.

§ 6º A assistência médico-hospitalar de que trata o inciso VII será proporcionada pela União, de preferência através de seus serviços, de acordo com normas e condições reguladas por ato do Procurador-Geral da República, sem prejuízo da assistência devida pela previdência social.

§ 7º VETADO.

§ 8º À família do membro do Ministério Público da União que falecer no prazo de um ano a partir de remoção de ofício, promoção ou nomeação de que tenha resultado mudança de domicílio legal serão devidos a ajuda de custo e o transporte para a localidade de origem, no prazo de um ano, contado do óbito.

Art. 228. Salvo por imposição legal, ou ordem judicial, nenhum desconto incidirá sobre a remuneração ou provento e a pensão devida aos membros do Ministério Público da União ou a seus beneficiários.

§ 1º Mediante autorização do devedor, poderá haver consignação em folha de pagamento a favor de terceiro.

§ 2º As reposições e indenizações em favor do erário serão descontadas em parcelas mensais de valor não excedente à décima parte da remuneração ou provento, em valores atualizados.

Art. 229. O membro do Ministério Público da União que, estando em débito com o erário, for demitido, exonerado ou que tiver sua aposentadoria ou disponibilidade cassada, terá o prazo de sessenta dias para quitar o débito.

Parágrafo único. Não ocorrendo a quitação do débito no prazo estabelecido neste artigo, deverá ele ser inscrito em dívida ativa.

Art. 230. A remuneração, o provento e a pensão dos membros do Ministério Público da União e de seus beneficiários não serão objeto de arresto, sequestro ou penhora, salvo em caso de dívida de alimentos, resultante de decisão judicial.

Seção V
DA APOSENTADORIA E DA PENSÃO

Art. 231. O membro do Ministério Público da União será aposentado, compulsoriamente, por invalidez ou aos setenta anos de idade, e facultativamente aos trinta anos de serviço, após cinco anos de exercício efetivo na carreira.

§ 1º Será contado como tempo de serviço para aposentadoria, não cumulativamente, até o limite de quinze anos, o tempo de exercício da advocacia.

§ 2º O membro do Ministério Público da União poderá ainda ser aposentado, voluntariamente, aos sessenta e cinco anos de idade, se homem, e aos sessenta, se mulher, com proventos proporcionais ao tempo de serviço.

§ 3º Ao membro do Ministério Público da União, do sexo feminino, é facultada a aposentadoria, com proventos proporcionais, aos vinte e cinco anos de serviço.

► O STF, por maioria de votos, julgou procedente a ADIN nº 994-0, para declarar a inconstitucionalidade deste parágrafo (*DOU* de 13-10-2003).

§ 4º A aposentadoria por invalidez será precedida de licença para tratamento de saúde por período não excedente a vinte e quatro meses, salvo quando o laudo médico concluir pela incapacidade definitiva para o exercício de suas funções.

§ 5º Será aposentado o membro do Ministério Público que, após vinte e quatro meses contínuos de licença para tratamento de saúde, for considerado inválido para o exercício de suas funções, não terá efeito interruptivo desse prazo qualquer período de exercício das funções inferiores a trinta dias.

Art. 232. Os proventos da aposentadoria serão integrais.

Parágrafo único. Para o cálculo dos proventos da aposentadoria serão considerados os vencimentos do cargo imediatamente superior ao último exercício pelo aposentado; caso a aposentadoria se dê no último nível da carreira, os vencimentos deste serão acrescidos do percentual de vinte por cento.

Art. 233. Os proventos da aposentadoria serão revistos na mesma proporção e data em que se modificar a remuneração dos membros do Ministério Público em atividade, sendo também estendidos aos inativos quaisquer benefícios e vantagens novas asseguradas à carreira, ainda que por força de transformação ou reclassificação do cargo.

Art. 234. O aposentado conservará as prerrogativas previstas no art. 18, inciso I, alínea *e* e inciso II, alínea *e*, bem como carteira de identidade especial, de acordo com o modelo aprovado pelo Procurador-Geral da República e por ele expedida, contendo expressamente tais prerrogativas e o registro da situação de aposentado.

Art. 235. A pensão por morte, devida pelo órgão previdenciário aos dependentes de membros do Ministério Público da União, corresponderá à totalidade dos vencimentos ou proventos do falecido, assegurada a revisão do benefício, na forma do art. 233.

CAPÍTULO III
DA DISCIPLINA

Seção I
DOS DEVERES E VEDAÇÕES

Art. 236. O membro do Ministério Público da União, em respeito à dignidade de suas funções e à da Justiça, deve observar as normas que regem o seu exercício e especialmente:

I – cumprir os prazos processuais;

II – guardar segredo sobre assunto de caráter sigiloso que conheça em razão do cargo ou função;

III – velar por suas prerrogativas institucionais e processuais;

IV – prestar informações aos órgãos da administração superior do Ministério Público, quando requisitadas;

V – atender ao expediente forense e participar dos atos judiciais, quando for obrigatória a sua presença; ou assistir a outros, quando conveniente ao interesse do serviço;

VI – declarar-se suspeito ou impedido, nos termos da lei;

VII – adotar as providências cabíveis em face das irregularidades de que tiver conhecimento ou que ocorrerem nos serviços a seu cargo;

VIII – tratar com urbanidade as pessoas com as quais se relacione em razão do serviço;
IX – desempenhar com zelo e probidade as suas funções;
X – guardar decoro pessoal.

Art. 237. É vedado ao membro do Ministério Público da União:
I – receber, a qualquer título e sob qualquer pretexto; honorários, percentagens ou custas processuais;
II – exercer a advocacia;
III – exercer o comércio ou participar de sociedade comercial, exceto como cotista ou acionista;
IV – exercer, ainda que em disponibilidade, qualquer outra função pública, salvo uma de magistério;
V – exercer atividade político-partidária, ressalvada a filiação e o direito de afastar-se para exercer cargo eletivo ou a ele concorrer.

► O STF, por maioria de votos, julgou parcialmente procedente a ADIN nº 1.371-8, para, sem redução de texto, dar a este inciso interpretação conforme a CF, no sentido de que a filiação partidária de membro do Ministério Público da União somente pode efetivar-se nas hipóteses de afastamento de suas funções institucionais, mediante licença, nos termos da lei (*DOU* de 22-10-2003).

Seção II
DOS IMPEDIMENTOS E SUSPEIÇÕES

Art. 238. Os impedimentos e as suspeições dos membros do Ministério Público são os previstos em lei.

Seção III
DAS SANÇÕES

Art. 239. Os membros do Ministério Público são passíveis das seguintes sanções disciplinares:
I – advertência;
II – censura;
III – suspensão;
IV – demissão; e
V – cassação de aposentadoria ou de disponibilidade.

Art. 240. As sanções previstas no artigo anterior serão aplicadas:
I – a de advertência, reservadamente e por escrito, em caso de negligência no exercício das funções;
II – a de censura, reservadamente e por escrito, em caso de reincidência em falta anteriormente punida com advertência ou de descumprimento de dever legal;
III – a de suspensão, até quarenta e cinco dias, em caso de reincidência em falta anteriormente punida com censura;
IV – a de suspensão, de quarenta e cinco a noventa dias, em caso de inobservância das vedações impostas por esta lei complementar ou de reincidência em falta anteriormente punida com suspensão até quarenta e cinco dias;
V – as de demissão, nos casos de:
a) lesão aos cofres públicos, dilapidação do patrimônio nacional ou de bens confiados à sua guarda;
b) improbidade administrativa, nos termos do art. 37, § 4º, da Constituição Federal;
c) condenação por crime praticado com abuso de poder ou violação de dever para com a Administração Pública, quando a pena aplicada for igual ou superior a dois anos;
d) incontinência pública e escandalosa que comprometa gravemente, por sua habitualidade, a dignidade da Instituição;
e) abandono de cargo;
f) revelação de assunto de caráter sigiloso, que conheça em razão do cargo ou função, comprometendo a dignidade de suas funções ou da justiça;
g) aceitação ilegal de cargo ou função pública;
h) reincidência no descumprimento do dever legal, anteriormente punido com a suspensão prevista no inciso anterior;
VI – cassação de aposentadoria ou de disponibilidade, nos casos de falta punível com demissão, praticada quando no exercício do cargo ou função.

§ 1º A suspensão importa, enquanto durar, na perda dos vencimentos e das vantagens pecuniárias inerentes ao exercício do cargo, vedada a sua conversão em multa.

§ 2º Considera-se reincidência, para os efeitos desta lei complementar, a prática de nova infração, dentro de quatro anos após cientificado o infrator do ato que lhe tenha imposto sanção disciplinar.

§ 3º Considera-se abandono do cargo a ausência do membro do Ministério Público ao exercício de suas funções, sem causa justificada, por mais de trinta dias consecutivos.

§ 4º Equipara-se ao abandono de cargo a falta injustificada por mais de sessenta dias intercalados, no período de doze meses.

§ 5º A demissão poderá ser convertida, uma única vez, em suspensão, nas hipóteses previstas nas alíneas *a* e *h* do inciso V, quando de pequena gravidade o fato ou irrelevantes os danos causados, atendido o disposto no art. 244.

Art. 241. Na aplicação das penas disciplinares, considerar-se-ão os antecedentes do infrator, a natureza e a gravidade da infração, as circunstâncias em que foi praticada e os danos que dela resultaram ao serviço ou à dignidade da Instituição ou da Justiça.

Art. 242. As infrações disciplinares serão apuradas em processo administrativo; quando lhes forem cominadas penas de demissão, de cassação de aposentadoria ou de disponibilidade, a imposição destas dependerá, também, de decisão judicial com trânsito em julgado.

Art. 243. Compete ao Procurador-Geral de cada ramo do Ministério Público da União aplicar a seus membros as penas de advertência, censura e suspensão.

Seção IV
DA PRESCRIÇÃO

Art. 244. Prescreverá:
I – em um ano, a falta punível com advertência ou censura;
II – em dois anos, a falta punível com suspensão;
III – em quatro anos, a falta punível com demissão e cassação de aposentadoria ou de disponibilidade.

Parágrafo único. A falta, prevista na lei penal como crime, prescreverá juntamente com este.

Art. 245. A prescrição começa a correr:
I – do dia em que a falta for cometida; ou
II – do dia em que tenha cessado a continuação ou permanência, nas faltas continuadas ou permanentes.

Parágrafo único. Interrompem a prescrição a instauração de processo administrativo e a citação para a ação de perda do cargo.

Seção V
DA SINDICÂNCIA

Art. 246. A sindicância é o procedimento que tem por objeto a coleta sumária de dados para instauração, se necessário, de inquérito administrativo.

Seção VI

DO INQUÉRITO ADMINISTRATIVO

Art. 247. O inquérito administrativo, de caráter sigiloso, será instaurado pelo Corregedor Geral, mediante portaria, em que designará comissão de três membros para realizá-lo, sempre que tomar conhecimento de infração disciplinar.

§ 1º A comissão, que poderá ser presidida pelo Corregedor Geral, será composta de integrantes da carreira, vitalícios e de classe igual ou superior à do indicado.

§ 2º As publicações relativas a inquérito administrativo conterão o respectivo número, omitido o nome do indiciado, que será cientificado pessoalmente.

Art. 248. O prazo para a conclusão do inquérito e apresentação do relatório final é de trinta dias, prorrogável, no máximo, por igual período.

Art. 249. A comissão procederá à instrução do inquérito, podendo ouvir o indiciado e testemunhas, requisitar perícias e documentos e promover diligências, sendo-lhe facultado o exercício das prerrogativas outorgadas ao Ministério Público da União, por esta lei complementar, para instruir procedimentos administrativos.

Art. 250. Concluída a instrução do inquérito, abrir-se-á vista dos autos ao indiciado, para se manifestar, no prazo de quinze dias.

Art. 251. A comissão encaminhará o inquérito ao Conselho Superior, acompanhado de seu parecer conclusivo, pelo arquivamento ou pela instauração de processo administrativo.

§ 1º O parecer que concluir pela instauração do processo administrativo formulará a súmula de acusação, que conterá a exposição do fato imputado, com todas as suas circunstâncias e a capitulação legal da infração.

§ 2º O inquérito será submetido à deliberação do Conselho Superior, que poderá:

I – determinar novas diligências, se o considerar insuficientemente instruído;

II – determinar o seu arquivamento;

III – instaurar processo administrativo, caso acolha a súmula de acusação;

IV – encaminhá-lo ao Corregedor Geral, para formular a súmula da acusação, caso não acolha a proposta de arquivamento.

Seção VII

DO PROCESSO ADMINISTRATIVO

Art. 252. O processo administrativo, instaurado por decisão do Conselho Superior, será contraditório, assegurada ampla defesa ao acusado.

§ 1º A decisão que instaurar processo administrativo designará comissão composta de três membros escolhidos dentre os integrantes da carreira, vitalícios, e de classe igual ou superior à do acusado, indicará o presidente e mencionará os motivos de sua constituição.

§ 2º Da comissão de processo administrativo não poderá participar quem haja integrado a precedente comissão de inquérito.

§ 3º As publicações relativas a processo administrativo conterão o respectivo número, omitido o nome do acusado, que será cientificado pessoalmente.

Art. 253. O prazo para a conclusão do processo administrativo e apresentação do relatório final é de noventa dias, prorrogável, no máximo, por trinta dias, contados da publicação da decisão que o instaurar.

Art. 254. A citação será pessoal, com entrega de cópia da portaria, do relatório final do inquérito e da súmula da acusação, cientificado o acusado do dia, da hora e do local do interrogatório.

§ 1º Não sendo encontrado o acusado em seu domicílio, proceder-se-á à citação por edital, publicado no Diário Oficial, com o prazo de quinze dias.

§ 2º O acusado, por si ou através de defensor que nomear, poderá oferecer defesa prévia, no prazo de quinze dias, contado do interrogatório, assegurando-se-lhe vista dos autos no local em que funcione a comissão.

§ 3º Se o acusado não tiver apresentado defesa, a comissão nomeará defensor, dentre os integrantes da carreira e de classe igual ou superior à sua, reabrindo-se-lhe o prazo fixado no parágrafo anterior.

§ 4º Em defesa prévia, poderá o acusado requerer a produção de provas orais, documentais e periciais, inclusive pedir a repetição daquelas já produzidas no inquérito.

§ 5º A comissão poderá indeferir, fundamentadamente, as provas desnecessárias ou requeridas com intuito manifestamente protelatório.

Art. 255. Encerrada a produção de provas, a comissão abrirá vista dos autos ao acusado, para oferecer razões finais, no prazo de quinze dias.

Art. 256. Havendo mais de um acusado, os prazos para defesa serão comuns e em dobro.

Art. 257. Em qualquer fase do processo, será assegurada à defesa a extração de cópia das peças dos autos.

Art. 258. Decorrido o prazo para razões finais, a comissão remeterá o processo, dentro de quinze dias, ao Conselho Superior, instruído com relatório dos seus trabalhos.

Art. 259. O Conselho do Ministério Público, apreciando o processo administrativo, poderá:

I – determinar novas diligências, se o considerar insuficientemente instruído, caso em que, efetivadas estas, proceder-se-á de acordo com os arts. 264 e 265;

II – propor o seu arquivamento ao Procurador-Geral;

III – propor ao Procurador-Geral a aplicação de sanções que sejam de sua competência;

IV – propor ao Procurador-Geral da República o ajuizamento de ação civil para:

a) demissão de membro do Ministério Público da União com garantia de vitaliciedade;

b) cassação de aposentadoria ou disponibilidade.

Parágrafo único. Não poderá participar da deliberação do Conselho Superior quem haja oficiado na sindicância, ou integrado as comissões do inquérito ou do processo administrativo.

Art. 260. Havendo prova da infração e indícios suficientes de sua autoria, o Conselho Superior poderá determinar, fundamentadamente, o afastamento preventivo do indiciado, enquanto sua permanência for inconveniente ao serviço ou prejudicial à apuração dos fatos.

§ 1º O afastamento do indiciado não poderá ocorrer quando ao fato imputado corresponderem somente as penas de advertência ou de censura.

§ 2º O afastamento não ultrapassará o prazo de cento e vinte dias, salvo em caso de alcance.

§ 3º O período de afastamento será considerado como de serviço efetivo, para todos os efeitos.

Art. 261. Aplicam-se, subsidiariamente, ao processo disciplinar, as normas do Código de Processo Penal.

Seção VIII
DA REVISÃO DO PROCESSO ADMINISTRATIVO

Art. 262. Cabe, em qualquer tempo, a revisão do processo de que houver resultado a imposição de penalidade administrativa:

I – quando se aduzam fatos ou circunstâncias suscetíveis de provar inocência ou de justificar a imposição de sanção mais branda; ou

II – quando a sanção se tenha fundado em prova falsa.

Art. 263. A instauração do processo de revisão poderá ser determinada de ofício, a requerimento do próprio interessado, ou, se falecido, do seu cônjuge ou companheiro, ascendente, descendente ou irmão.

Art. 264. O processo de revisão terá o rito do processo administrativo.

Parágrafo único. Não poderá integrar a comissão revisora quem haja atuado em qualquer fase do processo revisando.

Art. 265. Julgada procedente a revisão, será tornada sem efeito a sanção aplicada, com o restabelecimento, em sua plenitude, dos direitos por ela atingidos, exceto se for o caso de aplicar-se penalidade menor.

TÍTULO IV – DAS DISPOSIÇÕES FINAIS E TRANSITÓRIAS

Arts. 266 e 267. VETADOS.

Art. 268. Ficam criados seis cargos de Subprocurador-Geral da República.

Art. 269. Ficam criados setenta e quatro cargos de Procurador Regional da República.

§ 1º O primeiro provimento de todos os cargos de Procurador Regional da República será considerado simultâneo, independentemente da data dos atos de promoção.

§ 2º Os vencimentos iniciais do cargo de Procurador Regional da República serão iguais aos do cargo de Procurador de Justiça do Distrito Federal.

Art. 270. Os atuais Procuradores da República de 1ª Categoria, que ingressaram na carreira até a data da promulgação da Constituição Federal, terão seus cargos transformados em cargos de Procurador Regional da República, mantidos seus titulares e lotações.

§ 1º Os cargos transformados na forma deste artigo, excedentes do limite previsto no artigo anterior, serão extintos à medida que vagarem.

§ 2º Os Procuradores da República ocupantes dos cargos transformados na forma deste artigo poderão ser designados para oficiar perante os Juízes Federais e os Tribunais Regionais Eleitorais.

Art. 271. Os cargos de Procurador da República de 1ª Categoria não alcançados pelo artigo anterior e os atuais cargos de Procurador da República de 2ª Categoria são transformados em cargos de Procurador da República.

§ 1º Na nova classe, para efeito de antiguidade, os atuais Procuradores da República de 1ª Categoria precederão os de 2ª Categoria; estes manterão na nova classe a atual ordem de antiguidade.

§ 2º Os vencimentos iniciais do cargo de Procurador da República serão iguais aos do atual cargo de Procurador da República de 1ª Categoria.

Art. 272. São transformados em cargos de Procurador do Trabalho de 1ª Categoria cem cargos de Procurador do Trabalho de 2ª Categoria.

Art. 273. Os cargos de Procurador do Trabalho de 1ª e de 2ª Categoria passam a denominar-se, respectivamente, Procurador Regional do Trabalho e Procurador do Trabalho.

§ 1º Até que sejam criados novos cargos de Subprocurador-Geral do Trabalho, os atuais Procuradores do Trabalho de 1ª Categoria, cujo cargo passa a denominar-se Procurador Regional do Trabalho e que estejam atuando junto ao Tribunal Superior do Trabalho, ali permanecerão exercendo suas atribuições.

§ 2º Os vencimentos iniciais dos cargos de Procurador Regional do Trabalho e de Procurador do Trabalho serão iguais aos dos cargos de Procurador Regional da República e de Procurador da República, respectivamente.

Art. 274. Os cargos de Procurador Militar de 1ª e 2ª Categoria passam a denominar-se, respectivamente, Procurador da Justiça Militar e Promotor da Justiça Militar.

Parágrafo único. Até que sejam criados novos cargos de Subprocurador-Geral da Justiça Militar, os atuais Procuradores Militares da 1ª Categoria, cujos cargos passam a denominar-se Procuradores da Justiça Militar e que estejam atuando junto ao Superior Tribunal Militar, ali permanecerão exercendo suas atribuições.

Art. 275. O cargo de Promotor de Justiça Substituto passa a denominar-se Promotor de Justiça Adjunto.

Art. 276. Na falta da lei prevista no Art. 16, a atuação do Ministério Público na defesa dos direitos constitucionais do cidadão observará, além das disposições desta lei complementar, as normas baixadas pelo Procurador-Geral da República.

Art. 277. As promoções nas carreiras do Ministério Público da União, na vigência desta lei complementar, serão precedidas da adequação das listas de antiguidade aos critérios de desempate nela estabelecidos.

Art. 278. Não se farão promoções nas carreiras do Ministério Público da União antes da instalação do Conselho Superior do ramo respectivo.

Art. 279. As primeiras eleições, para composição do Conselho Superior de cada ramo do Ministério Público da União e para elaboração das listas tríplices para Procurador-Geral do Trabalho, Procurador-Geral da Justiça Militar e Procurador-Geral de Justiça, serão convocadas pelo Procurador-Geral da República, para se realizarem no prazo de noventa dias da promulgação desta lei complementar.

§ 1º O Procurador-Geral da República disporá, em ato normativo, sobre as eleições previstas neste artigo, devendo a convocação anteceder de trinta dias à data de sua realização.

§ 2º Os Conselhos Superiores serão instalados no prazo de quinze dias, contado do encerramento da apuração.

Art. 280. Entre os eleitos para a primeira composição do Conselho Superior de cada ramo do Ministério Público da União, os dois mais votados, em cada eleição, terão mandato de dois anos; os menos votados, de um ano.

Art. 281. Os membros do Ministério Público da União, nomeados antes de 5 de outubro de 1988, poderão optar entre o novo regime jurídico e o anterior à promulgação da Constituição Federal, quanto às garantias, vantagens e vedações do cargo.

Parágrafo único. A opção poderá ser exercida dentro de dois anos, contados da promulgação desta lei complementar, podendo a retratação ser feita no prazo de dez anos.

Art. 282. Os Procuradores da República nomeados antes de 5 de outubro de 1988 deverão optar, de forma irretratável, entre as carreiras do Ministério Público Federal e da Advocacia-Geral da União.

§ 1º VETADO.

§ 2º Não manifestada a opção, no prazo estabelecido no parágrafo anterior, o silêncio valerá como opção tácita pela carreira do Ministério Público Federal.

Art. 283. Será criada por lei a Escola Superior do Ministério Público da União, como órgão auxiliar da Instituição.

Art. 284. Poderão ser admitidos como estagiários no Ministério Público da União estudantes de Direito inscritos na Ordem dos Advogados do Brasil.

Parágrafo único. As condições de admissão e o valor da bolsa serão fixados pelo Procurador-Geral da República, sendo a atividade dos estagiários regulada pelo Conselho Superior de cada ramo.

Art. 285. VETADO.

Art. 286. As despesas decorrentes desta lei complementar correrão à conta das dotações constantes do Orçamento da União.

Art. 287. Aplicam-se subsidiariamente aos membros do Ministério Público da União as disposições gerais referentes aos servidores públicos, respeitadas, quando for o caso, as normas especiais contidas nesta lei complementar.

§ 1º O regime de remuneração estabelecido nesta lei complementar não prejudica a percepção de vantagens concedidas, em caráter geral, aos servidores públicos civis da União.

§ 2º O disposto neste artigo não poderá importar em restrições ao regime jurídico instituído nesta lei complementar ou na imposição de condições com ele incompatíveis.

Art. 288. Os membros do Ministério Público Federal, cuja promoção para o cargo final de carreira tenha acarretado a sua remoção para o Distrito Federal, poderão, no prazo de trinta dias da promulgação desta lei complementar, renunciar à referida promoção e retornar ao Estado de origem, ocupando o cargo de Procurador Regional da República.

Art. 289. Sempre que ocorrer a criação simultânea de mais de um cargo de mesmo nível nas carreiras do Ministério Público da União, o provimento dos mesmos, mediante promoção, presumir-se-á simultâneo, independentemente da data dos atos de promoção.

Art. 290. Os membros do Ministério Público da União terão mantida em caráter provisório a sua lotação, enquanto não entrarem em vigor a lei e o ato a que se referem os arts. 34 e 214.

Parágrafo único. O disposto neste artigo não obsta as alterações de lotação decorrentes de remoção, promoção ou designação previstas nesta lei complementar.

Arts. 291 e 292. VETADOS.

Art. 293. Ao membro ou servidor do Ministério Público da União é vedado manter, sob sua chefia imediata, em cargo ou função de confiança, cônjuge, companheiro, ou parente até o segundo grau civil.

Art. 294. Esta lei complementar entra em vigor na data de sua publicação.

Art. 295. Revogam-se as disposições em contrário.

Brasília, 20 de maio de 1993;
172º da Independência e
105º da República.

Itamar Franco

LEI Nº 8.658, DE 26 DE MAIO DE 1993

Dispõe sobre a aplicação, nos Tribunais de Justiça e nos Tribunais Regionais Federais, das normas da Lei nº 8.038, de 28 de maio de 1990, sobre ações penais originárias.

► Publicada no *DOU* de 27-5-1993.

Art. 1º As normas dos arts. 1º a 12, inclusive, da Lei nº 8.038, de 28 de maio de 1990, aplicam-se às ações penais de competência originária dos Tribunais de Justiça dos Estados e do Distrito Federal, e dos Tribunais Regionais Federais.

Art. 2º Esta lei entra em vigor na data de sua publicação.

Art. 3º Revogam-se o Título III do Livro II do Decreto-Lei nº 3.689, de 3 de outubro de 1941, e demais disposições em contrário.

Brasília, 26 de maio de 1993;
172º da Independência e
105º da República.

Inocêncio Oliveira

LEI COMPLEMENTAR Nº 76, DE 6 DE JULHO DE 1993

Dispõe sobre o procedimento contraditório especial, de rito sumário, para o processo de desapropriação de imóvel rural, por interesse social, para fins de reforma agrária.

► Publicada no *DOU* de 7-7-1993.

Art. 1º O procedimento judicial da desapropriação de imóvel rural, por interesse social, para fins de reforma agrária, obedecerá ao contraditório especial, de rito sumário, previsto nesta Lei Complementar.

Art. 2º A desapropriação de que trata esta Lei Complementar é de competência privativa da União e será precedida de decreto declarando o imóvel de interesse social, para fins de reforma agrária.

§ 1º A ação de desapropriação, proposta pelo órgão federal executor da reforma agrária, será processada e julgada pelo juiz federal competente, inclusive durante as férias forenses.

§ 2º Declarado o interesse social, para fins de reforma agrária, fica o expropriante legitimado a promover a vistoria e a avaliação do imóvel, inclusive com o auxílio de força policial, mediante prévia autorização do juiz, responsabilizando-se por eventuais perdas e danos que seus agentes vierem a causar, sem prejuízo das sanções penais cabíveis.

Art. 3º A ação de desapropriação deverá ser proposta dentro do prazo de dois anos, contado da publicação do decreto declaratório.

Art. 4º Intentada a desapropriação parcial, o proprietário poderá requerer, na contestação, a desapropriação de todo o imóvel, quando a área remanescente ficar:

I – reduzida a superfície inferior à da pequena propriedade rural; ou

II – prejudicada substancialmente em suas condições de exploração econômica, caso seja o seu valor inferior ao da parte desapropriada.

Art. 5º A petição inicial, além dos requisitos previstos no Código de Processo Civil, conterá a oferta do preço e será instruída com os seguintes documentos:

I – texto do decreto declaratório de interesse social para fins de reforma agrária, publicado no *Diário Oficial da União*;

II – certidões atualizadas de domínio e de ônus real do imóvel;

III – documento cadastral do imóvel;

IV – laudo de vistoria e avaliação administrativa, que conterá, necessariamente:

a) descrição do imóvel, por meio de suas plantas geral e de situação, e memorial descritivo da área objeto da ação;

b) relação das benfeitorias úteis, necessárias e voluptuárias, das culturas e pastos naturais e artificiais, da cobertura florestal, seja natural ou decorrente de florestamento ou reflorestamento, e dos semoventes;

c) discriminadamente, os valores de avaliação da terra nua e das benfeitorias indenizáveis;

V – comprovante de lançamento dos Títulos da Dívida Agrária correspondente ao valor ofertado para pagamento de terra nua;

VI – comprovante de depósito em banco oficial, ou outro estabelecimento no caso de inexistência de agência na localidade, à disposição do juízo, correspondente ao valor ofertado para pagamento das benfeitorias úteis e necessárias.

► Incisos V e VI acrescidos pela LC nº 88, de 23-12-1996.

Art. 6º O juiz, ao despachar a petição inicial, de plano ou no prazo máximo de quarenta e oito horas:

I – mandará imitir o autor na posse do imóvel;

II – determinará a citação do expropriando para contestar o pedido e indicar assistente técnico, se quiser;

► Incisos I e II com a redação dada pela LC nº 88, de 23-12-1996.

III – expedirá mandado ordenando a averbação do ajuizamento da ação no registro do imóvel expropriando, para conhecimento de terceiros.

§ 1º Inexistindo dúvida acerca do domínio, ou de algum direito real sobre o bem, ou sobre os direitos dos titulares do domínio útil, e do domínio direto, em caso de enfiteuse ou aforamento, ou, ainda, inexistindo divisão, hipótese em que o valor da indenização ficará depositado à disposição do juízo enquanto os interessados não resolverem seus conflitos em ações próprias, poderá o expropriando requerer o levantamento de oitenta por cento da indenização depositada, quitado os tributos e publicados os editais, para conhecimento de terceiros, a expensas do expropriante, duas vezes na imprensa local e uma na oficial, decorrido o prazo de trinta dias.

► Antigo § 2º renumerado para § 1º pela LC nº 88, de 23-12-1996.

§ 2º O Juiz poderá, para a efetivação da imissão na posse, requisitar força policial.

► § 2º renumerado pela LC nº 88, de 23-12-1996.

§ 3º No curso da ação poderá o Juiz designar, com o objetivo de fixar a prévia e justa indenização, audiência de conciliação, que será realizada nos dez primeiros dias a contar da citação, e na qual deverão estar presentes o autor, o réu e o Ministério Público. As partes ou seus representantes legais serão intimadas via postal.

§ 4º Aberta a audiência, o Juiz ouvirá as partes e o Ministério Público, propondo a conciliação.

§ 5º Se houver acordo, lavrar-se-á o respectivo termo, que será assinado pelas partes e pelo Ministério Público ou seus representantes legais.

§ 6º Integralizado o valor acordado, nos dez dias úteis subsequentes ao pactuado, o Juiz expedirá mandado ao registro imobiliário, determinando a matrícula do bem expropriado em nome do expropriante.

§ 7º A audiência de conciliação não suspende o curso da ação.

► §§ 3º a 7º acrescidos pela LC nº 88, de 23-12-1996.

Art. 7º A citação do expropriando será feita na pessoa do proprietário do bem, ou de seu representante legal, obedecido o disposto no art. 12 do Código de Processo Civil.

► Refere-se ao CPC/1973.

§ 1º Em se tratando de enfiteuse ou aforamento, serão citados os titulares do domínio útil e do domínio direto, exceto quando for contratante a União.

§ 2º No caso de espólio, inexistindo inventariante, a citação será feita na pessoa do cônjuge sobrevivente ou na de qualquer herdeiro ou legatário que esteja na posse do imóvel.

§ 3º Serão intimados da ação os titulares de direitos reais sobre o imóvel desapropriando.

§ 4º Serão ainda citados os confrontantes que, na fase administrativa do procedimento expropriatório, tenham, fundamentadamente, contestado as divisas do imóvel expropriando.

Art. 8º O autor, além de outras formas previstas na legislação processual civil, poderá requerer que a citação do expropriando seja feita pelo correio, através de carta com aviso de recepção, firmado pelo destinatário ou por seu representante legal.

Art. 9º A contestação deve ser oferecida no prazo de quinze dias se versar matéria de interesse da defesa, excluída a apreciação quanto ao interesse social declarado.

§ 1º Recebida a contestação, o juiz, se for o caso, determinará a realização de prova pericial, adstrita a pontos impugnados do laudo de vistoria administrativa, a que se refere o art. 5º, inciso IV e, simultaneamente:

I – designará o perito do juízo;

II – formulará os quesitos que julgar necessários;

III – intimará o perito e os assistentes para prestar compromisso, no prazo de cinco dias;

IV – intimará as partes para apresentar quesitos, no prazo de dez dias.

§ 2º A prova pericial será concluída no prazo fixado pelo juiz, não excedente a sessenta dias, contado da data do compromisso do perito.

Art. 10. Havendo acordo sobre o preço, este será homologado por sentença.

Parágrafo único. Não havendo acordo, o valor que vier a ser acrescido ao depósito inicial por força de laudo pericial acolhido pelo Juiz será depositado em espécie para as benfeitorias, juntado aos autos o comprovante de lançamento de Títulos da Dívida Agrária para terra nua, como integralização dos valores ofertados.

► Parágrafo único acrescido pela LC nº 88, de 23-12-1996.

Art. 11. A audiência de instrução e julgamento será realizada em prazo não superior a quinze dias, a contar da conclusão da perícia.

Art. 12. O juiz proferirá sentença na audiência de instrução e julgamento ou nos trinta dias subsequentes, indicando os fatos que motivaram o seu convencimento.

§ 1º Ao fixar o valor da indenização, o juiz considerará, além dos laudos periciais, outros meios objetivos de convencimento, inclusive a pesquisa de mercado.

§ 2º O valor da indenização corresponderá ao valor apurado na data da perícia, ou ao consignado pelo juiz, corrigido monetariamente até a data de seu efetivo pagamento.

§ 3º Na sentença, o juiz individualizará o valor do imóvel, de suas benfeitorias e dos demais componentes do valor da indenização.

§ 4º Tratando-se de enfiteuse ou aforamento, o valor da indenização será depositado em nome dos titulares do domínio útil e do domínio direto e disputado por via de ação própria.

Art. 13. Da sentença que fixar o preço da indenização caberá apelação com efeito simplesmente devolutivo, quando interposta pelo expropriado e, em ambos os efeitos, quando interposta pelo expropriante.

§ 1º A sentença que condenar o expropriante, em quantia superior a cinquenta por cento sobre o valor oferecido na inicial, fica sujeita a duplo grau de jurisdição.

§ 2º No julgamento dos recursos decorrentes da ação desapropriatória não haverá revisor.

Arts. 14 e 15. *Revogados.* Lei nº 13.465, de 11-7-2017.

Art. 16. A pedido do expropriado, após o trânsito em julgado da sentença, será levantada a indenização ou o depósito judicial, deduzidos o valor de tributos e multas incidentes sobre o imóvel, exigíveis até a data da imissão na posse pelo expropriante.

Art. 17. Efetuado ou não o levantamento, ainda que parcial, da indenização ou do depósito judicial, será expedido em favor do expropriante, no prazo de quarenta e oito horas, mandado translativo do domínio para o Cartório do Registro de Imóveis competente, sob a forma e para os efeitos da Lei de Registros Públicos.

Parágrafo único. O registro da propriedade nos cartórios competentes far-se-á no prazo improrrogável de três dias, contado da data da apresentação do mandado.

Art. 18. As ações concernentes à desapropriação de imóvel rural, por interesse social, para fins de reforma agrária, têm caráter preferencial e prejudicial em relação a outras ações referentes ao imóvel expropriando, e independem do pagamento de preparo ou de emolumentos.

§ 1º Qualquer ação que tenha por objeto o bem expropriando será distribuída, por dependência, à Vara Federal onde tiver curso a ação de desapropriação, determinando-se a pronta intervenção da União.

§ 2º O Ministério Público Federal intervirá, obrigatoriamente, após a manifestação das partes, antes de cada decisão manifestada no processo, em qualquer instância.

Art. 19. As despesas judiciais e os honorários do advogado e do perito constituem encargos do sucumbente, assim entendido o expropriado, se o valor da indenização for igual ou inferior ao preço oferecido, ou o expropriante, na hipótese de valor superior ao preço oferecido.

§ 1º Os honorários do advogado do expropriado serão fixados em até vinte por cento sobre a diferença entre o preço oferecido e o valor da indenização.

§ 2º Os honorários periciais serão pagos em valor fixo, estabelecido pelo juiz, atendida a complexidade do trabalho desenvolvido.

Art. 20. Em qualquer fase processual, mesmo após proferida a sentença, compete ao juiz, a requerimento de qualquer das partes, arbitrar valor para desmonte e transporte de móveis e semoventes, a ser suportado, ao final, pelo expropriante, e cominar prazo para que o promova o expropriado.

Art. 21. Os imóveis rurais desapropriados, uma vez registrados em nome do expropriante, não poderão ser objeto de ação reivindicatória.

Art. 22. Aplica-se subsidiariamente ao procedimento de que trata esta Lei Complementar, no que for compatível, o Código de Processo Civil.

Art. 23. As disposições desta Lei Complementar aplicam-se aos processos em curso, convalidados os atos já realizados.

Art. 24. Esta Lei Complementar entra em vigor na data de sua publicação.

Art. 25. Revogam-se as disposições em contrário e, em especial, o Decreto-Lei nº 554, de 25 de abril de 1969.

Brasília, 6 de julho de 1993;
172º da Independência e
105º da República.

Itamar Franco

LEI Nº 8.880, DE 27 DE MAIO DE 1994

Dispõe sobre o Programa de Estabilização Econômica e o Sistema Monetário Nacional, institui a Unidade Real de Valor (URV) e dá outras providências.

► Publicada no *DOU* de 28-5-1994, e retificada no *DOU* de 1º-6-1994.

Art. 1º Fica instituída a Unidade Real de Valor – URV, dotada de curso legal para servir exclusivamente como padrão de valor monetário, de acordo com o disposto nesta Lei.

§ 1º A URV, juntamente com o Cruzeiro Real, integra o Sistema Monetário Nacional, continuando o Cruzeiro Real a ser utilizado como meio de pagamento dotado de poder liberatório, de conformidade com o disposto no art. 3º.

§ 2º A URV, no dia 1º de março de 1994, corresponde a CR$ 647,50 (seiscentos e quarenta e sete cruzeiros reais e cinquenta centavos).

Art. 2º A URV será dotada de poder liberatório, a partir de sua emissão pelo Banco Central do Brasil, quando passará a denominar-se Real.

§ 1º As importâncias em dinheiro, expressas em Real, serão grafadas precedidas do símbolo R$.

§ 2º A centésima parte do Real, denominada centavo, será escrita sob a forma decimal, precedida da vírgula que segue a unidade.

Art. 3º Por ocasião da primeira emissão do Real tratada no *caput* do art. 2º, o Cruzeiro Real não mais integrará o Sistema Monetário Nacional, deixando de ter curso legal e poder liberatório.

§ 1º A primeira emissão do Real ocorrerá no dia 1º de julho de 1994.

§ 2º As regras e condições de emissão do Real serão estabelecidas em lei.

§ 3º A partir da primeira emissão do Real, as atuais cédulas e moedas representativas do Cruzeiro Real continuarão em circulação como meios de pagamento, até que sejam substituídas pela nova moeda no meio circulante, observada a paridade entre o Cruzeiro Real e o Real fixado pelo Banco Central do Brasil naquela data.

§ 4º O Banco Central do Brasil disciplinará a forma, prazo e condições da substituição prevista no parágrafo anterior.

Art. 4º O Banco Central do Brasil, até a emissão do Real, fixará a paridade diária entre o Cruzeiro Real e a URV, tomando por base a perda do poder aquisitivo do Cruzeiro Real.

§ 1º O Banco Central do Brasil poderá contratar, independentemente de processo licitatório, institutos de pesquisas, de preços, de reconhecida reputação, para auxiliá-lo em cálculos pertinentes ao disposto no *caput* deste artigo.

§ 2º A perda de poder aquisitivo do Cruzeiro Real, em relação à URV, poderá ser usada como índice de correção monetária.

§ 3º O Poder Executivo publicará a metodologia adotada para o cálculo da paridade diária entre o Cruzeiro Real e a URV.

Art. 5º O valor da URV, em cruzeiros reais, será utilizado pelo Banco Central do Brasil como parâmetro básico para negociação com moeda estrangeira.

Parágrafo único. O Conselho Monetário Nacional disciplinará o disposto neste artigo.

Art. 6º É nula de pleno direito a contratação de reajuste vinculado à variação cambial, exceto quando expressamente autorizado por lei federal e nos contratos de arrendamento mercantil celebrados entre pessoas residentes e domiciliadas no País, com base em captação de recursos provenientes do exterior.

Art. 7º Os valores das obrigações pecuniárias de qualquer natureza, a partir de 1º de março de 1994, inclusive, e desde que haja prévio acordo entre as partes, poderão ser convertidos em URV, ressalvado o disposto no art. 16.

Parágrafo único. As obrigações que não forem convertidas na forma do *caput* deste artigo, a partir da data da emissão do Real prevista no art. 3º, serão, obrigatoriamente, convertidas em Real, de acordo com critérios estabelecidos em lei, preservado o equilíbrio econômico e financeiro e observada a data de aniversário de cada obrigação.

Art. 8º Até a emissão do Real, será obrigatória a expressão de valores em Cruzeiro Real, facultada a concomitante expressão em URV, ressalvado o disposto no art. 38:

I – nos preços públicos e tarifas dos serviços públicos;

II – nas etiquetas e tabelas de preços;

III – em qualquer outra referência a preços nas atividades econômicas em geral, exceto em contratos, nos termos dos arts. 7º e 10;

IV – nas notas e recibos de compra e venda e prestação de serviços;

V – nas notas fiscais, faturas e duplicatas.

§ 1º – Os cheques, notas promissórias, letras de câmbio e demais títulos de crédito e ordens de pagamento continuarão a ser expressos, exclusivamente, em cruzeiros reais, até a emissão do Real, ressalvado o disposto no art. 16 desta Lei.

§ 2º – O Ministro de Estado da Fazenda poderá dispensar a obrigatoriedade prevista no *caput* deste artigo.

Art. 9º Até a emissão do Real, é facultado o uso da URV nos orçamentos públicos.

Art. 10. Os valores das obrigações pecuniárias de qualquer natureza, contraídas a partir de 15 de março de 1994, inclusive, para serem cumpridas ou liquidadas com prazo superior a trinta dias, serão, obrigatoriamente, expressos em URV, observado o disposto nos arts. 8º, 16, 19 e 22.

Art. 11. *Revogado.* Lei nº 9.069, de 29-6-1995.

Art. 12. É nula de pleno direito e não surtirá nenhum efeito a estipulação de cláusula de revisão ou de reajuste de preços, nos contratos a que se refere o artigo anterior, que contrarie o disposto nesta Lei.

Art. 13. O disposto nos arts. 11 e 12 aplica-se igualmente à execução e aos efeitos dos contratos celebrados antes de 28 de fevereiro de 1994 e que venham a ser convertidos em URV.

Art. 14. Os contratos decorrentes de licitações ou de atos formais de suas dispensas ou inexigibilidades, promovidos pelos órgãos e entidades a que se refere o art. 15, instaurados após 15 de março de 1994, terão seus valores expressos em URV, observando-se as disposições constantes da Lei nº 8.666, de 21 de junho de 1993, e o disposto nos arts. 11 e 12 desta Lei.

Parágrafo único. Nos processos de contratação cujos atos convocatórios já tenham sido publicados ou expedidos e os contratos ainda não tenham sido firmados, o vencedor poderá optar por fazê-lo de conformidade com os referidos atos, desde que se comprometa, por escrito, a promover, em seguida, as alterações previstas no art. 15 desta Lei, podendo a Administração rescindi-lo, sem direito a indenização, caso esse termo aditivo não seja assinado.

Art. 15. Os contratos para aquisição ou produção de bens para entrega futura, execução de obras, prestação de serviços, locação, uso e arrendamento, vigentes em 1º de abril de 1994, em que forem contratantes órgãos e entidades da Administração Pública direta e indireta da União, dos Estados, do Distrito Federal e dos Municípios, seus fundos especiais, autarquias, inclusive as especiais, fundações públicas, empresas públicas, sociedades de economia mista e demais entidades por ela controladas direta ou indiretamente, serão repactuados e terão seus valores convertidos em URV, nos termos estabelecidos neste artigo, observado o disposto nos arts. 11, 12 e 16.

§ 1º Os contratos com reajustamento pré-fixado ou sem cláusula de reajuste terão seus preços mantidos em cruzeiros reais.

§ 2º Nos contratos que contenham cláusula de reajuste de preços por índices pós-fixados gerais, setoriais, regionais ou específicos, em que a periodicidade do reajuste seja igual à periodicidade do pagamento, serão feitas as seguintes alterações:

I – cláusula convertendo para URV de 1º de abril de 1994, os valores contratuais expressos em Cruzeiros Reais, reajustados pro rata até o dia 31 de março de 1994, segundo os critérios estabelecidos no contrato, aplicando-se aos valores referentes à mão de obra, quando discriminados, o disposto nos arts. 18 e 19 desta Lei.

II – cláusula estabelecendo que, a partir da conversão dos valores do contrato para URV, a variação de preços para efeito do reajuste será medida pelos índices previstos no contrato, calculados a partir de preços expressos em URV e em Real considerando-se como índices iniciais aqueles ajustados para o dia 31 de março de 1994, nos termos do inciso I.

§ 3º Nos contratos que contenham cláusula de reajuste de preços por índices pós-fixados, gerais, setoriais, regionais ou específicos, em que a periodicidade do reajuste seja diferente da periodicidade de pagamento, serão feitas as seguintes alterações:

I – cláusula convertendo para URV, a vigorar a partir de 1º de abril de 1994, os valores das parcelas expressos em cruzeiros reais, pelo seu valor médio, calculado com base nos preços unitários, nos termos das alíneas seguintes, aplicando-se aos valores referentes à mão de obra, quando discriminados, o disposto nos arts. 18 e 19 desta Lei:

a) dividindo-se os preços unitários, em cruzeiros reais, vigentes em cada um dos meses imediatamente anteriores, correspondentes ao período de reajuste, pelos valores em cruzeiros reais da URV dos dias dos respectivos pagamentos ou, quando estes não tenham ocorrido, dos dias das respectivas exigibilidades;

b) calculando-se a média aritmética dos valores em URV obtidos de acordo com a alínea *a*;

c) multiplicando-se os preços unitários médios, em URV, assim obtidos, pelos respectivos quantitativos, para obter o valor da parcela;

II – cláusula estabelecendo que, a partir da conversão dos valores do contrato para URV, a variação de preços para efeito do reajuste será medida pelos índices previstos no contrato, calculados a partir de preços expressos em URV e em Real.

III – cláusula estabelecendo que, se o contrato estiver em vigor por um número de meses inferior ao da periodicidade do reajuste, o mesmo será mantido em cruzeiros reais até completar o primeiro período do reajuste, sendo então convertido em URV segundo o disposto neste artigo, devendo, caso o período do reajuste não se complete até a data da primeira emissão do Real, ser o contrato convertido em Reais nos termos do parágrafo único do art. 7º e do art. 38 desta Lei.

§ 4º Nos contratos que contiverem cláusula de atualização financeira ou monetária, seja por atraso ou por prazo concedido para pagamento, será suspensa por um ano a aplicação desta cláusula, quando da conversão para URV, mantendo-se a cláusula penal ou de juro de mora real, caso a mesma conste do contrato original, observado o disposto no § 1º do art. 11.

§ 5º Na conversão para URV dos contratos que não contiverem cláusula de atualização monetária entre a data final do período de adimplemento da obrigação e a data da exigibilidade do pagamento, adicionalmente ao previsto no § 2º deste artigo, será expurgada a expectativa de inflação considerada explícita ou implicitamente no contrato relativamente a este prazo, devendo, quando o contrato não mencionar explicitamente a expectativa inflacionária, ser adotada para o expurgo a variação do Índice Geral de Preços – Disponibilidade Interna – IGP/DI, da Fundação Getúlio Vargas – FGV, no mês de apresentação da proposta ou do orçamento a que esta se referir, aplicado pro rata relativamente ao prazo previsto para o pagamento.

§ 6º Nos casos em que houver cláusula de atualização monetária decorrente de atraso de pagamento, corrigido também o período decorrido entre a data do adimplemento da obrigação e de exigibilidade do pagamento, aplica-se a este período o expurgo referido no parágrafo anterior, segundo os critérios nele estabelecidos.

§ 7º É facultada ao contratado a não repactuação prevista neste artigo, podendo nesta hipótese, a Administração Pública rescindir ou modificar unilateralmente o contrato nos termos dos arts. 58, inciso I e § 2º, 78, inciso XII, e 79, inciso I e § 2º, da Lei nº 8.666, de 21 de junho de 1993.

§ 8º As alterações contratuais decorrentes da aplicação desta Lei serão formalizadas por intermédio de termo aditivo ao contrato original, retroagindo seus efeitos financeiros a 1º de abril de 1994, inclusive às parcelas não quitadas até aquela data relativas a março de 1994 e meses anteriores se, neste último caso, os contratos originais previrem cláusula de atualização monetária.

Art. 16. Continuam expressos em cruzeiros reais, até a emissão do Real, e regidos pela legislação específica:

I – as operações ativas e passivas realizadas no mercado financeiro, por instituições financeiras e entidades autorizadas a funcionar pelo Banco Central do Brasil;

II – os depósitos de poupança;

III – as operações do Sistema Financeiro da Habitação e do Saneamento (SFH e SFS);

IV – as operações de crédito rural, destinadas a custeio, comercialização e investimento, qualquer que seja a sua fonte;

V – as operações de arrendamento mercantil;

VI – as operações praticadas pelo sistema de seguros, previdência privada e capitalização;

VII – as operações dos fundos, públicos e privados, qualquer que seja sua origem ou sua destinação;

VIII – os títulos e valores mobiliários e quotas de fundos mútuos;

IX – as operações nos mercados de liquidação futura;

X – os consórcios; e

XI – as operações de que trata a Lei nº 8.727, de 5 de novembro de 1993.

§ 1º Observadas as diretrizes estabelecidas pelo Presidente da República, o Ministro de Estado da Fazenda, o Conselho Monetário Nacional, o Conselho de Gestão da Previdência Complementar e o Conselho Nacional de Seguros Privados, dentro de suas respectivas competências, poderão regular o disposto neste artigo, inclusive em relação à utilização da URV antes da emissão do Real, nos casos que especificarem, exceto no que diz respeito às operações de que trata o inciso XI.

§ 2º Nas operações referidas no inciso IV, a atualização monetária aplicada àqueles contratos será equivalente à dos preços mínimos em vigor para os produtores agrícolas.

► § 2º promulgado nos termos do art. 66, § 5º, da CF.

Art. 17. A partir da primeira emissão do Real, o Instituto Brasileiro de Geografia e Estatística – IBGE calculará e divulgará, até o último dia útil de cada mês, o Índice de Preços ao Consumidor, série r-IPC-r, que refletirá a variação mensal do custo de vida em Real para uma população objeto composta por famílias com renda até oito salários mínimos.

§ 1º O Ministério da Fazenda e a Secretaria de Planejamento, Orçamento e Coordenação da Presidência da República regulamentarão o disposto neste artigo, observado que a abrangência geográfica do IPC-r não seja menor que a dos índices atualmente calculados pelo IBGE, e que o período de coleta seja compatível com a divulgação no prazo estabelecido no *caput*.

§ 2º Interrompida a apuração ou divulgação do IPC-r, caberá ao Ministro de Estado da Fazenda fixá-lo com base nos indicadores disponíveis, observada precedência em relação àqueles apurados por instituições oficiais de pesquisa.

§ 3º No caso do parágrafo anterior, o Ministro da Fazenda divulgará a metodologia adotada para a determinação do IPC-r.

► §§ 2º e 3º acrescidos pela Lei nº 9.069, de 29-6-1995.

§ 4º O IBGE calculará e divulgará o Índice de Reajuste do Salário Mínimo – IRSM, para os meses de março, abril, maio e junho de 1994, exclusivamente para os efeitos do disposto nos §§ 3º, 4º e 5º do art. 27.

§ 5º A partir de 1º de julho de 1994, o IBGE deixará de calcular e divulgar o IRSM.

► §§ 4º e 5º renumerado pela Lei nº 9.069, de 29-6-1995.

Art. 18. O salário mínimo é convertido em URV em 1º de março de 1994, observado o seguinte:

I – dividindo-se o valor nominal, vigente nos meses de novembro e dezembro de 1993 e janeiro e fevereiro de 1994, pelo valor em cruzeiros reais do equivalente em URV do último dia desses meses, respectivamente, de acordo com o Anexo I desta Lei; e

II – extraindo-se a média aritmética dos valores resultantes do inciso anterior.

Parágrafo único. Da aplicação do disposto neste artigo não poderá resultar pagamento de salário inferior ao efetivamente pago ou devido, relativamente ao mês de fevereiro de 1994, em cruzeiros reais, de acordo com o art. 7º, inciso VI, da Constituição.

Art. 19. Os salários dos trabalhadores em geral são convertidos em URV no dia 1º de março de 1994, observado o seguinte:

I – dividindo-se o valor nominal, vigente nos meses de novembro e dezembro de 1993 e janeiro e fevereiro de 1994, pelo valor em cruzeiros reais do equivalente em URV na data do efetivo pagamento, de acordo com o Anexo I desta Lei; e

II – extraindo-se a média aritmética dos valores resultantes do inciso anterior.

§ 1º Sem prejuízo do direito do trabalhador à respectiva percepção, não serão computados para fins do disposto nos incisos I e II do *caput* deste artigo:

a) o décimo-terceiro salário ou gratificação equivalente;

b) as parcelas de natureza não habitual;

c) o abono de férias;

d) as parcelas percentuais incidentes sobre o salário;

e) as parcelas remuneratórias decorrentes de comissão, cuja base de cálculo não esteja convertida em URV.

§ 2º As parcelas percentuais referidas na alínea *d* do parágrafo anterior serão aplicadas após a conversão do salário em URV.

§ 3º As parcelas referidas na alínea *e* do § 1º serão apuradas de acordo com as normas aplicáveis e convertidas, mensalmente, em URV pelo valor desta na data do pagamento.

§ 4º Para os trabalhadores que receberam antecipação de parte do salário, à exceção de férias e décimo-terceiro salário, cada parcela será computada na data do seu efetivo pagamento.

§ 5º Para os trabalhadores contratados há menos de quatro meses da data da conversão, a média de que trata este artigo será feita de modo a ser observado o salário atribuído ao cargo ou emprego ocupado pelo trabalhador na empresa, inclusive nos meses anteriores à contratação.

§ 6º Na impossibilidade da aplicação do disposto no § 5º, a média de que trata este artigo levará em conta apenas os salários referentes aos meses a partir da contratação.

§ 7º Nas empresas onde houver plano de cargos e salários, as regras de conversão constantes deste artigo, no que couber, serão aplicadas ao salário do cargo.

§ 8º Da aplicação do disposto deste artigo não poderá resultar pagamento de salário inferior ao efetivamente pago ou devido, relativamente ao mês de fevereiro de 1994, em cruzeiros reais, de acordo com o art. 7º, inciso VI, da Constituição.

§ 9º Convertido o salário em URV, na forma deste artigo, e observado o disposto nos arts. 26 e 27 desta Lei, a periodicidade de correção ou reajuste passa a ser anual.

§ 10. O Poder Executivo reduzirá a periodicidade prevista no parágrafo anterior quando houver redução dos prazos de suspensão de que trata o art. 11 desta Lei.

Art. 20. Os benefícios mantidos pela Previdência Social são convertidos em URV em 1º de março de 1994, observado o seguinte:

I – dividindo-se o valor nominal, vigente nos meses de novembro e dezembro de 1993 e janeiro e fevereiro de 1994, pelo valor em cruzeiros reais do equivalente em URV do último dia desses meses, respectivamente, de acordo com o Anexo I desta Lei; e

II – extraindo-se a média aritmética dos valores resultantes do inciso anterior.

§ 1º Os valores expressos em cruzeiros nas Leis nºs 8.212 e 8.213, ambas de 24 de julho de 1991, com os reajustes posteriores, são convertidos em URV, a partir de 1º de março de 1994, nos termos dos incisos I e II do *caput* deste artigo.

§ 2º Os benefícios de que trata o *caput* deste artigo, com data de início posterior a 30 de novembro de 1993, são convertidos em URV em 1º de março de 1994, mantendo-se constante a relação verificada entre o seu valor no mês de competência de fevereiro de 1994 e o teto do salário de contribuição, de que trata o art. 20 da Lei nº 8.212, de 1991, no mesmo mês.

§ 3º Da aplicação do disposto neste artigo não poderá resultar pagamento de benefício inferior ao efetivamente pago, em cruzeiros reais, na competência de fevereiro de 1994.

§ 4º As contribuições para a Seguridade Social, de que tratam os arts. 20, 21, 22 e 24 da Lei nº 8.212 de 1991, serão calculadas em URV e convertidas em Unidade Fiscal de Referência – UFIR, nos termos do art. 53 da Lei nº 8.383, de 30 de dezembro de 1991, ou em cruzeiros reais na data do recolhimento, caso este ocorra antes do primeiro dia útil do mês subsequente ao de competência.

§ 5º Os valores das parcelas referentes a benefícios pagos com atraso pela Previdência Social, por sua responsabilidade, serão corrigidos monetariamente pelos índices previstos no art. 41, § 7º da Lei nº 8.213, de 1991, com as alterações da Lei nº 8.542, de 23 de dezembro de 1992, até o mês de fevereiro de 1994, e convertidos em URV, pelo valor em cruzeiros reais do equivalente em URV no dia 28 de fevereiro de 1994.

§ 6º A partir da primeira emissão do Real, os valores mencionados no parágrafo anterior serão corrigidos monetariamente pela variação acumulada do IPC-r entre o mês da competência a que se refiram e o mês imediatamente anterior à competência em que for incluído o pagamento.

Art. 21. Nos benefícios concedidos com base na Lei nº 8.213, de 1991, com data de início a partir de 1º de março de 1994, o salário de benefício será calculado nos termos do art. 29 da referida Lei, tomando-se os salários de contribuição expressos em URV.

§ 1º Para os fins do disposto neste artigo, os salários-de- contribuição referentes às competências anteriores a março de 1994 serão corrigidos, monetariamente, até o mês de fevereiro de 1994, pelos índices previstos no art. 31 da Lei nº 8.213, de 1991, com as alterações da Lei nº 8.542, de 1992, e convertidos em URV, pelo valor em cruzeiros reais do equivalente em URV do dia 28 de fevereiro de 1994.

§ 2º A partir da primeira emissão do Real, os salários de contribuição computados no cálculo do salário de benefício, inclusive os convertidos nos termos do § 1º, serão corrigidos monetariamente mês a mês pela variação integral do IPC-r.

§ 3º Na hipótese da média apurada nos termos deste artigo resultar superior ao limite máximo do salário de contribuição vigente no mês de início do benefício, a diferença percentual entre esta média e o referido limite será incorporada ao valor do benefício juntamente com o primeiro reajuste do mesmo após a concessão, observado que nenhum benefício assim reajustado poderá superar o limite máximo do salário de contribuição vigente na competência em que ocorrer o reajuste.

Art. 22. Os valores das tabelas de vencimentos, soldos e salários e das tabelas de funções de confiança e gratificadas dos servidores públicos civis e militares, são convertidos em URV em 1º de março de 1994, considerando o que determinam os arts. 37, XII, e 39, § 1º, da Constituição, observado o seguinte:

I – dividindo-se o valor nominal, vigente nos meses de novembro e dezembro de 1993 e janeiro e fevereiro de 1994, pelo valor em cruzeiros reais do equivalente em URV do último dia desses meses, respectivamente, de acordo com o Anexo I desta Lei, independentemente da data do pagamento;

II – extraindo-se a média aritmética dos valores resultantes do inciso anterior.

§ 1º O abono especial a que se refere a Medida Provisória nº 433, de 26 de fevereiro de 1994, será pago em cruzeiros reais e integrará, em fevereiro de 1994, o cálculo da média de que trata este artigo.

§ 2º Da aplicação do disposto neste artigo não poderá resultar pagamento de vencimentos, soldos ou salários inferiores aos efetivamente pagos ou devidos, relativamente ao mês de fevereiro de 1994, em cruzeiros reais, em obediência ao disposto nos arts. 37, inciso XV, e 95, inciso III, da Constituição.

§ 3º O disposto nos incisos I e II aplica-se ao salário-família e às vantagens pessoais nominalmente identificadas, de valor certo e determinado, percebidas pelos servidores e que não são calculadas com base no vencimento, soldo ou salário.

§ 4º As vantagens remuneratórias que tenham por base estímulo à produtividade e ao desempenho, pagas conforme critérios específicos de apuração e cálculo estabelecidos em legislação específica, terão seus valores em cruzeiros reais convertidos em URV a cada mês com base no valor em URV do dia do pagamento.

§ 5º O disposto neste artigo aplica-se também aos servidores de todas as autarquias e fundações, qualquer que seja o regime jurídico de seu pessoal.

§ 6º Os servidores cuja remuneração não é fixada em tabela terão seus salários convertidos em URV, nos termos dos incisos I e II do *caput* deste artigo.

§ 7º Observados, estritamente, os critérios fixados neste artigo, as tabelas de vencimentos e soldos dos servidores públicos civis e militares expressas em URV serão publicadas:

a) pelos Ministros de Estado Chefes da Secretaria da Administração Federal e do Estado Maior das Forças Armadas, cada qual em conjunto com o Ministro de Estado da Fazenda, para os servidores do Poder Executivo;

b) pelos dirigentes máximos dos respectivos órgãos, para os servidores dos Poderes Legislativo e Judiciário e do Ministério Público da União.

Art. 23. O disposto no art. 22 aplica-se aos proventos da inatividade e às pensões decorrentes do falecimento de servidor público civil e militar.

Art. 24. Nas deduções de antecipação de férias ou de parcela do décimo-terceiro salário ou da gratificação natalina, será considerado o valor da antecipação, em URV ou equivalente em URV, na data do efetivo pagamento, ressalvado que o saldo a receber do décimo-terceiro salário ou da gratificação natalina não poderá ser inferior à metade em URV.

Art. 25. Serão, obrigatoriamente, expressos em URV os demonstrativos de pagamento de salários em geral, vencimentos, soldos, proventos, pensões decorrentes do falecimento de servidor público civil e militar e benefícios previdenciários, efetuando-se a conversão para cruzeiros reais na data do crédito ou da disponibilidade dos recursos em favor dos credores daquelas obrigações.

§ 1º Quando, em razão de dificuldades operacionais, não for possível realizar o pagamento em cruzeiros reais pelo valor da URV na data do crédito dos recursos, será adotado o seguinte procedimento:

I – a conversão para cruzeiros reais será feita pelo valor da URV do dia da emissão da ordem de pagamento, o qual não poderá ultrapassar os três dias úteis anteriores à data do crédito;

II – a diferença entre o valor, em cruzeiros reais, recebido na forma do inciso anterior e o valor, em cruzeiros reais, a ser pago nos termos deste artigo, será convertida em URV pelo valor desta na data do crédito ou da disponibilidade dos recursos, sendo paga na folha salarial subsequente.

§ 2º Os valores dos demonstrativos referidos neste artigo, relativamente ao mês de competência de fevereiro de 1994, serão expressos em cruzeiros reais.

Art. 26. Após a conversão dos salários para URV de conformidade com os arts. 19 e 27 desta Lei, continuam asseguradas a livre negociação e a negociação coletiva dos salários, observado o disposto nos §§ 1º e 2º do art. 1º da Lei nº 8.542, de 1992.

Art. 27. É assegurado aos trabalhadores, observado o disposto no art. 26, no mês da respectiva data-base, a revisão do salário resultante da aplicação do art. 19, observado o seguinte:

I – calculando-se o valor dos salários referentes a cada um dos doze meses imediatamente anteriores à data-base, em URV ou equivalente em URV, de acordo com a data da disponibilidade do crédito ou de efetivo pagamento; e

II – extraindo-se a média aritmética dos valores resultantes do inciso anterior.

§ 1º Na aplicação do disposto neste artigo, será observado o disposto nos §§ 1º e 2º do art. 19.

§ 2º Na hipótese de o valor decorrente da aplicação do disposto neste artigo resultar inferior ao salário vigente no mês anterior à data-base, será mantido o maior dos dois valores.

§ 3º Sem prejuízo do disposto neste artigo é assegurada aos trabalhadores, no mês da primeira data-base de cada categoria, após 1º de julho de 1994, inclusive, reposição das perdas decorrentes de conversão dos salários para URV, apuradas da seguinte forma:

I – calculando-se os valores hipotéticos dos salários em cruzeiros reais nos meses de março, abril, maio e junho de 1994, decorrentes da aplicação dos reajustes e antecipações previstos na Lei nº 8.700, de 27 de agosto de 1993; e

II – convertendo-se os valores hipotéticos dos salários, calculados nos termos do inciso anterior, em URV, consideradas as datas habitualmente previstas para o efetivo pagamento, desconsiderando-se eventuais alterações de data de pagamento introduzidas a partir de março de 1994.

§ 4º O índice da reposição salarial de que trata o parágrafo anterior corresponderá à diferença percentual, se positiva, entre a soma dos quatro valores hipotéticos dos salários apurados na forma dos incisos I e II do parágrafo anterior e a soma dos salários efetivamente pagos em URV referentes aos meses correspondentes.

§ 5º Para os trabalhadores amparados por contratos, acordos ou convenções coletivas de trabalho e sentenças normativas que prevejam reajustes superiores aos assegurados pela Lei nº 8.700, de 1993, os valores hipotéticos dos salários de que tratam os incisos I e II do § 3º serão apurados de acordo com as cláusulas dos instrumentos coletivos referidos neste parágrafo.

Art. 28. Os valores das tabelas de vencimentos, soldos e salários e das tabelas de funções de confiança e gratificadas dos servidores públicos civis e militares da União serão revistos em 1º de janeiro de 1995, observado o seguinte:

I – calculando-se o valor dos vencimentos, soldos e salários referentes a cada um dos doze meses de 1994, em URV ou equivalente em URV, dividindo-se os valores expressos em cruzeiros reais pelo equivalente em URV do último dia desses meses, respectivamente; e

II – extraindo-se a média aritmética dos valores resultantes do inciso anterior.

§ 1º Na aplicação do preceituado neste artigo, será observado o disposto nos §§ 2º a 7º do art. 22 e no art. 23 desta Lei.

§ 2º Na hipótese de o valor decorrente da aplicação do disposto neste artigo resultar inferior ao vencimento, soldo ou salário vigente no mês de dezembro de 1994, será mantido o maior dos dois valores.

§ 3º Fica o Poder Executivo autorizado a antecipar a data da revisão prevista no *caput* deste artigo, quando houver redução dos prazos de suspensão de que trata o art. 11 desta Lei.

Art. 29. *Revogado.* Lei nº 9.711, de 20-11-1998.

Art. 30. Nas contratações efetuadas a partir de 28 de fevereiro de 1994, o salário será, obrigatoriamente, expresso em URV.

Art. 31. Na hipótese de ocorrência de demissões sem justa causa, durante a vigência da URV prevista nesta Lei, as verbas rescisórias serão acrescidas de uma indenização adicional equivalente a cinquenta por cento da última remuneração recebida.

Art. 32. Até a primeira emissão do Real, de que trata o *caput* do art. 2º, os valores das contribuições do Fundo de Garantia do Tempo de Serviço (FGTS), referidos no art. 15 da Lei nº 8.036, de 11 de maio de 1990, a partir da competência março de 1994, serão apurados em URV no dia do pagamento do salário e convertidos em cruzeiros reais com base na URV do dia cinco do mês seguinte ao de competência.

Parágrafo único. As contribuições que não forem recolhidas na data prevista no art. 15 da Lei nº 8.036, de 1990, serão convertidas em cruzeiros reais com base na URV do dia sete do mês subsequente ao de competência e o valor resultante será acrescido de atualização monetária, pro rata die, calculada até o dia do efetivo recolhimento pelos critérios constantes da legislação pertinente e com base no mesmo índice de atualização monetária aplicável aos depósitos de poupança, sem prejuízo das demais cominações legais.

Art. 33. Para efeito de determinação da base de cálculo sujeita à incidência do Imposto de Renda, calculado com base na tabela progressiva mensal, o rendimento tributável deverá ser expresso em Ufir.

§ 1º Para os efeitos deste artigo deverão ser observadas as seguintes regras:

I – Rendimentos expressos em URV serão convertidos para cruzeiros reais com base no valor da URV no primeiro dia do mês do recebimento e expressos em Ufir com base no valor desta no mesmo mês;

II – rendimentos expressos em cruzeiros reais serão:

a) convertidos em URV com base no valor desta do dia do recebimento;

b) o valor apurado na forma da alínea anterior será convertido para cruzeiros reais com base com base no valor da URV no primeiro dia do mês do recebimento e expressos em UFIR com base em seu valor no mesmo mês.

§ 2º O disposto neste artigo aplica-se também às deduções admitidas na legislação do Imposto de Renda.

Art. 34. A UFIR continuará a ser utilizada na forma prevista na Lei nº 8.383, de 30 de dezembro de 1991, e legislação posterior.

Art. 35. Os preços públicos e as tarifas dos serviços públicos poderão ser convertidos em URV, por média calculada a partir dos últimos quatro meses anteriores à conversão e segundo critérios estabelecidos pelo Ministro de Estado da Fazenda.

§ 1º Os preços públicos e as tarifas dos serviços públicos, que não forem convertidas em URV, serão convertidos em Real, na data da primeira emissão deste, observada a média e os critérios fixados no *caput* deste artigo.

§ 2º Enquanto não emitido o Real, na forma prevista nesta Lei, os preços públicos e tarifas de serviços públicos serão revistos e reajustados conforme critérios fixados pelo Ministro de Estado da Fazenda.

Art. 36. O Poder Executivo, por intermédio do Ministério da Fazenda, poderá exigir que, em prazo máximo de cinco dias úteis, sejam justificadas as distorções apuradas quanto a aumentos abusivos de preços em setores de alta concentração econômica, de preços públicos e de tarifas de serviços públicos.

§ 1º Até a primeira emissão do Real, será considerado como abusivo, para os fins previstos no *caput* deste artigo, o aumento injustificado que resultar em preço equivalente em URV superior à média dos meses de setembro, outubro, novembro e dezembro de 1993.

§ 2º A justificação a que se refere o *caput* deste artigo far-se-á perante a Secretaria de Acompanhamento Econômico do Ministério da Fazenda, que dará conhecimento total dos fatos e medidas adotadas à Secretaria de Direito Econômico do Ministério da Justiça.

► § 2º com a redação dada pela Lei nº 9.069, de 29-6-1995.

Art. 37. A Taxa Referencial (TR), de que tratam o art. 1º da Lei nº 8.177, de 1º de março de 1991, e o art. 1º da Lei nº 8.660, de 28 de maio de 1993, poderá ser calculada a partir da remuneração média dos depósitos interfinanceiros, quando os depósitos a prazo fixo captados pelos bancos comerciais, bancos de investimento, caixas econômicas e bancos múltiplos com carteira comercial ou de investimento deixarem de ser representativos no mercado, a critério do Banco Central do Brasil.

Parágrafo único. Ocorrendo a hipótese prevista no *caput* deste artigo, a nova metodologia de cálculo da TR será fixada e divulgada pelo Conselho Monetário Nacional, não se aplicando o disposto na parte final do art. 1º da Lei nº 8.660, de 1993.

Art. 38. O cálculo dos índices de correção monetária, no mês em que se verificar a emissão do Real de que trata o art. 3º desta lei, bem como no mês subsequente, tomará por base preços em Real, o equivalente em URV dos preços em cruzeiros reais, e os preços nominados ou convertidos em URV dos meses imediatamente anteriores, segundo critérios estabelecidos em lei.

Parágrafo único. Observado o disposto no parágrafo único do art. 7º, é nula de pleno direito e não surtirá nenhum efeito a aplicação de índice, para fins de correção monetária, calculado de forma diferente da estabelecida no *caput* deste artigo.

Art. 39. O art. 2º da Lei nº 8.249, de 24 de outubro de 1991, fica acrescido do seguinte parágrafo:

> "§ 3º As NTN poderão ser expressos em Unidade Real de Valor (URV)".

Art. 40. Os valores da Contribuição Sindical, de que trata o Capítulo III do Título V da Consolidação das Leis do Trabalho (CLT), serão calculados em URV e convertidos em cruzeiros reais na data do recolhimento ao estabelecimento bancário integrante do Sistema de Arrecadação de Tributos Federais.

Art. 41. VETADO.

Art. 42. O § 1º do art. 1º da Lei Delegada nº 12, de 7 de agosto de 1992, passa a vigorar com a seguinte redação:

> "Art. 1º ....
>
> § 1º Excluem-se do disposto neste artigo as praças prestadoras de serviço militar inicial".

Art. 43. Observado o disposto nos §§ 3º e 4º do art. 17, no § 5º do art. 20, no § 1º do art. 21 e nos §§ 3º, 4º e 5º do art. 27 desta lei, ficam revogados o art. 31 e o § 7º do art. 41 da Lei nº 8.213, de 24 de julho de 1991, os arts. 2º, 3º, 4º, 5º, 7º e 9º da Lei nº 8.542, de 23 de dezembro de 1992, a Lei nº 8.700, de 27 de agosto de 1993, os arts. 1º e 2º da Lei nº 8.676, de 13 de julho de 1993, e demais disposições em contrário.

Art. 44. Esta lei entra em vigor na data de sua publicação.

Brasília, 27 de maio de 1994;
173º da Independência e
106º da República.
Itamar Franco

LEI Nº 8.906, DE 4 DE JULHO DE 1994

Dispõe sobre o Estatuto da Advocacia e a Ordem dos Advogados do Brasil – OAB.

► Publicada no *DOU* de 5-7-1994.

TÍTULO I – DA ADVOCACIA

CAPÍTULO I

DA ATIVIDADE DE ADVOCACIA

Art. 1º São atividades privativas de advocacia:

I – a postulação a qualquer órgão do Poder Judiciário e aos Juizados Especiais;

► O STF, por maioria de votos, julgou parcialmente procedente a ADIN nº 1.127-8, para declarar a inconstitucionalidade da expressão "qualquer" contida neste inciso (*DOU* de 26-5-2006).

II – as atividades de consultoria, assessoria e direção jurídicas.

§ 1º Não se inclui na atividade privativa de advocacia a impetração de *habeas corpus* em qualquer instância ou Tribunal.

§ 2º Os atos e contratos constitutivos de pessoas jurídicas, sob pena de nulidade, só podem ser admitidos a registro, nos órgãos competentes, quando visados por advogados.

► Art. 9º, § 2º, da LC nº 123, de 14-12-2006 (Estatuto Nacional da Microempresa e da Empresa de Pequeno Porte).

§ 3º É vedada a divulgação de advocacia em conjunto com outra atividade.

Art. 2º O advogado é indispensável à administração da Justiça.

§ 1º No seu ministério privado, o advogado presta serviço público e exerce função social.

§ 2º No processo judicial, o advogado contribui, na postulação de decisão favorável ao seu constituinte, ao convencimento do julgador, e seus atos constituem múnus público.

§ 3º No exercício da profissão, o advogado é inviolável por seus atos e manifestações, nos limites desta Lei.

Art. 3º O exercício da atividade de advocacia no território brasileiro e a denominação de advogado são privativos dos inscritos na Ordem dos Advogados do Brasil – OAB.

§ 1º Exercem atividade de advocacia, sujeitando-se ao regime desta Lei, além do regime próprio a que se subordinem, os integrantes da Advocacia-Geral da União, da Procuradoria da Fazenda Nacional, da Defensoria Pública e das Procuradorias e Consultorias Jurídicas dos Estados, do Distrito Federal, dos Municípios e das respectivas entidades de administração indireta e fundacional.

§ 2º O estagiário de advocacia, regularmente inscrito, pode praticar os atos previstos no artigo 1º, na forma do Regulamento Geral, em conjunto com o advogado e sob responsabilidade deste.

Art. 3º-A. Os serviços profissionais de advogado são, por sua natureza, técnicos e singulares, quando comprovada sua notória especialização, nos termos da lei.

Parágrafo único. Considera-se notória especialização o profissional ou a sociedade de advogados cujo conceito no campo de sua especialidade, decorrente de desempenho anterior, estudos, experiências, publicações, organização, aparelhamento, equipe técnica ou de outros requisitos relacionados com suas atividades, permita inferir que o seu trabalho é essencial e indiscutivelmente o mais adequado à plena satisfação do objeto do contrato.

► Art. 3º-A acrescido pela Lei nº 14.039, de 17-8-2020.

Art. 4º São nulos os atos privativos de advogado praticados por pessoa não inscrita na OAB, sem prejuízo das sanções civis, penais e administrativas.

Parágrafo único. São também nulos os atos praticados por advogado impedido, no âmbito do impedimento, suspenso, licenciado ou que passar a exercer atividade incompatível com a advocacia.

Art. 5º O advogado postula, em Juízo ou fora dele, fazendo prova do mandato.

§ 1º O advogado, afirmando urgência, pode atuar sem procuração, obrigando-se a apresentá-la no prazo de quinze dias, prorrogável por igual período.

§ 2º A procuração para o foro em geral habilita o advogado a praticar todos os atos judiciais, em qualquer Juízo ou Instância, salvo os que exijam poderes especiais.

§ 3º O advogado que renunciar ao mandato continuará, durante os dez dias seguintes à notificação da renúncia, a representar o mandante, salvo se for substituído antes do término desse prazo.

CAPÍTULO II

DOS DIREITOS DO ADVOGADO

Art. 6º Não há hierarquia nem subordinação entre advogados, magistrados e membros do Ministério Público, devendo todos tratar-se com consideração e respeito recíprocos.

Parágrafo único. As autoridades, os servidores públicos e os serventuários da justiça devem dispensar ao advogado, no exercício da profissão, tratamento compatível com a dignidade da advocacia e condições adequadas a seu desempenho.

Art. 7º São direitos do advogado:

I – exercer, com liberdade, a profissão em todo o Território Nacional;

II – a inviolabilidade de seu escritório ou local de trabalho, bem como de seus instrumentos de trabalho, de sua correspondência escrita, eletrônica, telefônica e telemática, desde que relativas ao exercício da advocacia;

► Inciso II com a redação dada pela Lei nº 11.767, de 7-8-2008.

III – comunicar-se com seus clientes, pessoal e reservadamente, mesmo sem procuração, quando estes se acharem presos, detidos ou recolhidos em estabelecimentos civis ou militares, ainda que considerados incomunicáveis;

IV – ter a presença de representante da OAB, quando preso em flagrante, por motivo ligado ao exercício da advocacia, para lavratura do auto respectivo, sob pena de nulidade e, nos demais casos, a comunicação expressa à seccional da OAB;

V – não ser recolhido preso, antes de sentença transitada em julgado, senão em sala de Estado-Maior, com instalações e comodidades condignas, assim reconhecidas pela OAB, e, na sua falta, em prisão domiciliar;

► O STF, por maioria de votos, julgou parcialmente procedente a ADIN nº 1.127-8, para declarar a inconstitucionalidade da expressão "assim reconhecidas pela OAB" contida neste inciso (*DOU* de 26-5-2006).

VI – ingressar livremente:

a) nas salas de sessões dos Tribunais, mesmo além dos cancelos que separam a parte reservada aos magistrados;
b) nas salas e dependências de audiências, secretarias, cartórios, ofícios de justiça, serviços notariais e de registro, e, no caso de delegacias e prisões, mesmo fora da hora de expediente e independentemente da presença de seus titulares;
c) em qualquer edifício ou recinto em que funcione repartição judicial ou outro serviço público onde o advogado deva praticar ato ou colher prova ou informação útil ao exercício da atividade profissional, dentro do expediente ou fora dele, e ser atendido, desde que se ache presente qualquer servidor ou empregado;
d) em qualquer assembleia ou reunião de que participe ou possa participar o seu cliente, ou perante a qual este deva comparecer, desde que munido de poderes especiais;
VII – permanecer sentado ou em pé e retirar-se de quaisquer locais indicados no inciso anterior, independentemente de licença;
VIII – dirigir-se diretamente aos magistrados nas salas e gabinetes de trabalho, independentemente de horário previamente marcado ou outra condição, observando-se a ordem de chegada;
IX – sustentar oralmente as razões de qualquer recurso ou processo, nas sessões de julgamento, após o voto do relator, em instância judicial ou administrativa, pelo prazo de quinze minutos, salvo se prazo maior for concedido;

► O STF, por maioria de votos, julgou procedente as ADINs nºs 1.105-7 e 1.127-8, para declarar a inconstitucionalidade deste inciso (*DOU* de 26-5-2006).

X – usar da palavra, pela ordem, em qualquer Juízo ou Tribunal, mediante intervenção sumária, para esclarecer equívoco ou dúvida surgida em relação a fatos, documentos ou afirmações que influam no julgamento, bem como para replicar acusação ou censura que lhe forem feitas;
XI – reclamar, verbalmente ou por escrito, perante qualquer Juízo, Tribunal ou autoridade, contra a inobservância de preceito de lei, regulamento ou regimento;
XII – falar, sentado ou em pé, em Juízo, Tribunal ou órgão de deliberação coletiva da Administração Pública ou do Poder Legislativo;
XIII – examinar, em qualquer órgão dos Poderes Judiciário e Legislativo, ou da Administração Pública em geral, autos de processos findos ou em andamento, mesmo sem procuração, quando não estiverem sujeitos a sigilo ou segredo de justiça, assegurada a obtenção de cópias, com possibilidade de tomar apontamentos;

► Inciso XIII com a redação dada pela Lei nº 13.793, de 3-1-2019.

XIV – examinar, em qualquer instituição responsável por conduzir investigação, mesmo sem procuração, autos de flagrante e de investigações de qualquer natureza, findos ou em andamento, ainda que conclusos à autoridade, podendo copiar peças e tomar apontamentos, em meio físico ou digital;

► Inciso XIV com a redação dada pela Lei nº 13.245, de 12-1-2016.

XV – ter vista dos processos judiciais ou administrativos de qualquer natureza, em cartório ou na repartição competente, ou retirá-los pelos prazos legais;
XVI – retirar autos de processos findos, mesmo sem procuração, pelo prazo de dez dias;
XVII – ser publicamente desagravado, quando ofendido no exercício da profissão ou em razão dela;
XVIII – usar os símbolos privativos da profissão de advogado;
XIX – recusar-se a depor como testemunha em processo no qual funcionou ou deva funcionar, ou sobre fato relacionado com pessoa de quem seja ou foi advogado, mesmo quando autorizado ou solicitado pelo constituinte, bem como sobre fato que constitua sigilo profissional;
XX – retirar-se do recinto onde se encontre aguardando pregão para ato judicial, após trinta minutos do horário designado e ao qual ainda não tenha comparecido a autoridade que deva presidir a ele, mediante comunicação protocolizada em Juízo;
XXI – assistir a seus clientes investigados durante a apuração de infrações, sob pena de nulidade absoluta do respectivo interrogatório ou depoimento e, subsequentemente, de todos os elementos investigatórios e probatórios dele decorrentes ou derivados, direta ou indiretamente, podendo, inclusive, no curso da respectiva apuração:

► *Caput* do inciso XXI acrescido pela Lei nº 13.245, de 12-1-2016.

a) apresentar razões e quesitos;

► Alínea *a* acrescida pela Lei nº 13.245, de 12-1-2016.

b) VETADO. Lei nº 13.245, de 12-1-2016.
§ 1º Não se aplica o disposto nos incisos XV e XVI:
1) aos processos sob regime de Segredo de Justiça;
2) quando existirem nos autos documentos originais de difícil restauração ou ocorrer circunstância relevante que justifique a permanência dos autos no cartório, secretaria ou repartição, reconhecida pela autoridade em despacho motivado, proferido de ofício, mediante representação ou a requerimento da parte interessada;
3) até o encerramento do processo, ao advogado que houver deixado de devolver os respectivos autos no prazo legal, e só o fizer depois de intimado.

§ 2º O advogado tem imunidade profissional, não constituindo injúria, difamação ou desacato puníveis qualquer manifestação de sua parte, no exercício de sua atividade, em Juízo ou fora dele, sem prejuízo das sanções disciplinares perante a OAB, pelos excessos que cometer.

► O STF, por maioria de votos, julgou parcialmente procedente a ADIN nº 1.127-8, para declarar a inconstitucionalidade da expressão "ou desacato" contida neste parágrafo (*DOU* de 26-5-2006).

§ 3º O advogado somente poderá ser preso em flagrante, por motivo de exercício da profissão, em caso de crime inafiançável, observado o disposto no inciso IV deste artigo.
§ 4º O Poder Judiciário e o Poder Executivo devem instalar, em todos os Juizados, fóruns, Tribunais, delegacias de polícia e presídios, salas especiais permanentes para os advogados, com uso e controle assegurados à OAB.

► O STF, por maioria de votos, julgou parcialmente procedente a ADIN nº 1.127-8, para declarar a inconstitucionalidade da expressão "e controle" contida neste parágrafo (*DOU* de 26-5-2006).

§ 5º No caso de ofensa a inscrito na OAB, no exercício da profissão ou de cargo ou função de órgão da OAB, o conselho competente deve promover o desagravo público do ofendido, sem prejuízo da responsabilidade criminal em que incorrer o infrator.

► A alteração que seria introduzida neste dispositivo pela Lei nº 11.767, de 7-8-2008 foi vetada, razão pela qual mantivemos a sua redação.

§ 6º Presentes indícios de autoria e materialidade da prática de crime por parte de advogado, a autoridade judiciária competente poderá decretar a quebra da inviolabilidade de que trata o inciso II do *caput* deste artigo, em decisão motivada, expedindo mandado de busca e apreensão, específico e pormenorizado, a ser cumprido na presença de representante da OAB, sendo, em qualquer hipótese, vedada a utilização dos documentos, das mídias e dos objetos pertencentes a clientes do advogado averiguado, bem como dos demais instrumentos de trabalho que contenham informações sobre clientes.

§ 7º A ressalva constante do § 6º deste artigo não se estende a clientes do advogado averiguado que estejam sendo formalmente investigados como seus partícipes ou coautores pela prática do mesmo crime que deu causa à quebra da inviolabilidade.

► §§ 6º e 7º acrescidos pela Lei nº 11.767, de 7-8-2008.

§§ 8º e 9º VETADOS. Lei nº 11.767, de 7-8-2008.

§ 10. Nos autos sujeitos a sigilo, deve o advogado apresentar procuração para o exercício dos direitos de que trata o inciso XIV.

§ 11. No caso previsto no inciso XIV, a autoridade competente poderá delimitar o acesso do advogado aos elementos de prova relacionados a diligências em andamento e ainda não documentados nos autos, quando houver risco de comprometimento da eficiência, da eficácia ou da finalidade das diligências.

§ 12. A inobservância aos direitos estabelecidos no inciso XIV, o fornecimento incompleto de autos ou o fornecimento de autos em que houve a retirada de peças já incluídas no caderno investigativo implicará responsabilização criminal e funcional por abuso de autoridade do responsável que impedir o acesso do advogado com o intuito de prejudicar o exercício da defesa, sem prejuízo do direito subjetivo do advogado de requerer acesso aos autos ao juiz competente.

► §§ 10 a 12 acrescidos pela Lei nº 13.245, de 12-1-2016.

§ 13. O disposto nos incisos XIII e XIV do *caput* deste artigo aplica-se integralmente a processos e a procedimentos eletrônicos, ressalvado o disposto nos §§ 10 e 11 deste artigo.

► § 13 acrescido pela Lei nº 13.793, de 3-1-2019.

Art. 7º-A. São direitos da advogada:

I – gestante:

a) entrada em tribunais sem ser submetida a detectores de metais e aparelhos de raios X;

b) reserva de vaga em garagens dos fóruns dos tribunais;

II – lactante, adotante ou que der à luz, acesso a creche, onde houver, ou a local adequado ao atendimento das necessidades do bebê;

III – gestante, lactante, adotante ou que der à luz, preferência na ordem das sustentações orais e das audiências a serem realizadas a cada dia, mediante comprovação de sua condição;

IV – adotante ou que der à luz, suspensão de prazos processuais quando for a única patrona da causa, desde que haja notificação por escrito ao cliente.

§ 1º Os direitos previstos à advogada gestante ou lactante aplicam-se enquanto perdurar, respectivamente, o estado gravídico ou o período de amamentação.

§ 2º Os direitos assegurados nos incisos II e III deste artigo à advogada adotante ou que der à luz serão concedidos pelo prazo previsto no art. 392 do Decreto-Lei nº 5.452, de 1º de maio de 1943 (Consolidação das Leis do Trabalho).

§ 3º O direito assegurado no inciso IV deste artigo à advogada adotante ou que der à luz será concedido pelo prazo previsto no § 6º do art. 313 da Lei nº 13.105, de 16 de março de 2015 (Código de Processo Civil).

Art. 7º-B. Constitui crime violar direito ou prerrogativa de advogado previstos nos incisos II, III, IV e V do *caput* do art. 7º desta Lei:

Pena – detenção, de 3 (três) meses a 1 (um) ano, e multa.

► Art. 7º-B acrescido Lei nº 13.869, de 5-9-2019, promulgado nos termos do art. 66, § 5º, da CF, (*DOU* de 5-9-2019 – edição extra – A).

CAPÍTULO III

DA INSCRIÇÃO

Art. 8º Para inscrição como advogado é necessário:

I – capacidade civil;

II – diploma ou certidão de graduação em direito, obtido em instituição de ensino oficialmente autorizada e credenciada;

III – título de eleitor e quitação do serviço militar, se brasileiro;

IV – aprovação em Exame de Ordem;

V – não exercer atividade incompatível com a advocacia;

VI – idoneidade moral;

VII – prestar compromisso perante o Conselho.

§ 1º O Exame de Ordem é regulamentado em provimento do Conselho Federal da OAB.

§ 2º O estrangeiro ou brasileiro, quando não graduado em direito no Brasil, deve fazer prova do título de graduação, obtido em instituição estrangeira, devidamente revalidado, além de atender aos demais requisitos previstos neste artigo.

§ 3º A inidoneidade moral, suscitada por qualquer pessoa, deve ser declarada mediante decisão que obtenha no mínimo dois terços dos votos de todos os membros do conselho competente, em procedimento que observe os termos do processo disciplinar.

§ 4º Não atende ao requisito de idoneidade moral aquele que tiver sido condenado por crime infamante, salvo reabilitação judicial.

Art. 9º Para inscrição como estagiário é necessário:

I – preencher os requisitos mencionados nos incisos I, III, V, VI e VII do artigo 8º;

II – ter sido admitido em estágio profissional de advocacia.

§ 1º O estágio profissional de advocacia, com duração de dois anos, realizado nos últimos anos do curso jurídico, pode ser mantido pelas respectivas instituições de ensino superior, pelos Conselhos da OAB, ou por setores, órgãos jurídicos e de advocacia credenciados pela OAB, sendo obrigatório o estudo deste Estatuto e do Código de Ética e Disciplina.

§ 2º A inscrição do estagiário é feita no Conselho Seccional em cujo território se localize seu curso jurídico.

§ 3º O aluno de curso jurídico que exerça atividade incompatível com a advocacia pode frequentar o estágio ministrado pela respectiva instituição de ensino superior, para fins de aprendizagem, vedada a inscrição na OAB.

§ 4º O estágio profissional poderá ser cumprido por bacharel em Direito que queira se inscrever na Ordem.

Art. 10. A inscrição principal do advogado deve ser feita no Conselho Seccional em cujo território pretende estabelecer o seu domicílio profissional, na forma do Regulamento Geral.

§ 1º Considera-se domicílio profissional a sede principal da atividade de advocacia, prevalecendo, na dúvida, o domicílio da pessoa física do advogado.

§ 2º Além da principal, o advogado deve promover a inscrição suplementar nos Conselhos Seccionais em cujos territórios passar a exercer habitualmente a profissão, considerando-se habitualidade a intervenção judicial que exceder de cinco causas por ano.

§ 3º No caso de mudança efetiva de domicílio profissional para outra unidade federativa, deve o advogado requerer a transferência de sua inscrição para o Conselho Seccional correspondente.

§ 4º O Conselho Seccional deve suspender o pedido de transferência ou de inscrição suplementar, ao verificar a existência de vício ou ilegalidade na inscrição principal, contra ela representando ao Conselho Federal.

Art. 11. Cancela-se a inscrição do profissional que:

I – assim o requerer;

II – sofrer penalidade de exclusão;

III – falecer;

IV – passar a exercer, em caráter definitivo, atividade incompatível com a advocacia;

V – perder qualquer um dos requisitos necessários para inscrição.

§ 1º Ocorrendo uma das hipóteses dos incisos II, III e IV, o cancelamento deve ser promovido, de ofício, pelo Conselho competente ou em virtude de comunicação por qualquer pessoa.

§ 2º Na hipótese de novo pedido de inscrição – que não restaura o número de inscrição anterior – deve o interessado fazer prova dos requisitos dos incisos I, V, VI e VII do artigo 8º.

§ 3º Na hipótese do inciso II deste artigo, o novo pedido de inscrição também deve ser acompanhado de provas de reabilitação.

Art. 12. Licencia-se o profissional que:

I – assim o requerer, por motivo justificado;

II – passar a exercer, em caráter temporário, atividade incompatível com o exercício da advocacia;

III – sofrer doença mental considerada curável.

Art. 13. O documento de identidade profissional, na forma prevista no Regulamento Geral, é de uso obrigatório no exercício da atividade de advogado ou de estagiário e constitui prova de identidade civil para todos os fins legais.

Art. 14. É obrigatória a indicação do nome e do número de inscrição em todos os documentos assinados pelo advogado, no exercício de sua atividade.

Parágrafo único. É vedado anunciar ou divulgar qualquer atividade relacionada com o exercício da advocacia ou o uso da expressão "escritório de advocacia", sem indicação expressa do nome e do número de inscrição dos advogados que o integrem ou o número de registro da sociedade de advogados na OAB.

CAPÍTULO IV

DA SOCIEDADE DE ADVOGADOS

Art. 15. Os advogados podem reunir-se em sociedade simples de prestação de serviços de advocacia ou constituir sociedade unipessoal de advocacia, na forma disciplinada nesta Lei e no regulamento geral.

► *Caput* com a redação dada pela Lei nº 13.247, de 12-1-2016.

► Art. 997 e ss. do CC.

§ 1º A sociedade de advogados e a sociedade unipessoal de advocacia adquirem personalidade jurídica com o registro aprovado dos seus atos constitutivos no Conselho Seccional da OAB em cuja base territorial tiver sede.

► Arts. 45 e 985 do CC.

§ 2º Aplica-se à sociedade de advogados e à sociedade unipessoal de advocacia o Código de Ética e Disciplina, no que couber.

► §§ 1º e 2º com a redação dada pela Lei nº 13.247, de 12-1-2016.

§ 3º As procurações devem ser outorgadas individualmente aos advogados e indicar a sociedade de que façam parte.

§ 4º Nenhum advogado pode integrar mais de uma sociedade de advogados, constituir mais de uma sociedade unipessoal de advocacia, ou integrar, simultaneamente, uma sociedade de advogados e uma sociedade unipessoal de advocacia, com sede ou filial na mesma área territorial do respectivo Conselho Seccional.

§ 5º O ato de constituição de filial deve ser averbado no registro da sociedade e arquivado no Conselho Seccional onde se instalar, ficando os sócios, inclusive o titular da sociedade unipessoal de advocacia, obrigados à inscrição suplementar.

► §§ 4º e 5º com a redação dada pela Lei nº 13.247, de 12-1-2016.

§ 6º Os advogados sócios de uma mesma sociedade profissional não podem representar em Juízo clientes de interesses opostos.

§ 7º A sociedade unipessoal de advocacia pode resultar da concentração por um advogado das quotas de uma sociedade de advogados, independentemente das razões que motivaram tal concentração.

► § 7º acrescido pela Lei nº 13.247, de 12-1-2016.

Art. 16. Não são admitidas a registro nem podem funcionar todas as espécies de sociedades de advogados que apresentem forma ou características de sociedade empresária, que adotem denominação de fantasia, que realizem atividades estranhas à advocacia, que incluam como sócio ou titular de sociedade unipessoal de advocacia pessoa não inscrita como advogado ou totalmente proibida de advogar.

► *Caput* com a redação dada pela Lei nº 13.247, de 12-1-2016.

§ 1º A razão social deve ter, obrigatoriamente, o nome de, pelo menos, um advogado responsável pela sociedade, podendo permanecer o de sócio falecido, desde que prevista tal possibilidade no ato constitutivo.

§ 2º O licenciamento do sócio para exercer atividade incompatível com a advocacia em caráter temporário deve ser averbado no registro da sociedade, não alterando sua constituição.

§ 3º É proibido o registro, nos cartórios de registro civil de pessoas jurídicas e nas juntas comerciais, de sociedade que inclua, entre outras finalidades, a atividade de advocacia.

§ 4º A denominação da sociedade unipessoal de advocacia deve ser obrigatoriamente formada pelo nome do seu titular, completo ou parcial, com a expressão "Sociedade Individual de Advocacia".

► § 4º acrescido pela Lei nº 13.247, de 12-1-2016.

Art. 17. Além da sociedade, o sócio e o titular da sociedade individual de advocacia respondem subsidiária e ilimitadamente pelos danos causados aos clientes por ação ou omissão no exercício da advocacia, sem prejuízo da responsabilidade disciplinar em que possam incorrer.

► Artigo com a redação dada pela Lei nº 13.247, de 12-1-2016.

CAPÍTULO V

DO ADVOGADO EMPREGADO

Art. 18. A relação de emprego, na qualidade de advogado, não retira a isenção técnica nem reduz a independência profissional inerentes à advocacia.

Parágrafo único. O advogado empregado não está obrigado à prestação de serviços profissionais de interesse pessoal dos empregadores, fora da relação de emprego.

Art. 19. O salário mínimo profissional do advogado será fixado em sentença normativa, salvo se ajustado em acordo ou convenção coletiva de trabalho.

Art. 20. A jornada de trabalho do advogado empregado, no exercício da profissão, não poderá exceder a duração diária de quatro horas contínuas e a de vinte horas semanais, salvo acordo ou convenção coletiva ou em caso de dedicação exclusiva.

§ 1º Para efeitos deste artigo, considera-se como período de trabalho o tempo em que o advogado estiver à disposição do empregador, aguardando ou executando ordens, no seu escritório ou em atividades externas, sendo-lhe reembolsadas as despesas feitas com transporte, hospedagem e alimentação.

§ 2º As horas trabalhadas que excederem a jornada normal são remuneradas por um adicional não inferior a cem por cento sobre o valor da hora normal, mesmo havendo contrato escrito.

§ 3º As horas trabalhadas no período das vinte horas de um dia até às cinco horas do dia seguinte são remuneradas como noturnas, acrescidas do adicional de vinte e cinco por cento.

Art. 21. Nas causas em que for parte o empregador, ou pessoa por este representada, os honorários de sucumbência são devidos aos advogados empregados.

Parágrafo único. Os honorários de sucumbência, percebidos por advogado empregado de sociedade de advogados são partilhados entre ele e a empregadora, na forma estabelecida em acordo.

► O STF, por maioria de votos, julgou parcialmente procedente a ADIN nº 1.194-4, para dar interpretação conforme a CF a este artigo e seu parágrafo único, no sentido da preservação da liberdade contratual quanto à destinação dos honorários de sucumbência fixados judicialmente (*DOU* de 28-5-2009).

CAPÍTULO VI
DOS HONORÁRIOS ADVOCATÍCIOS

Art. 22. A prestação de serviço profissional assegura aos inscritos na OAB o direito aos honorários convencionados, aos fixados por arbitramento judicial e aos de sucumbência.

§ 1º O advogado, quando indicado para patrocinar causa de juridicamente necessitado, no caso de impossibilidade da Defensoria Pública no local da prestação de serviço, tem direito aos honorários fixados pelo juiz, segundo tabela organizada pelo Conselho Seccional da OAB, e pagos pelo Estado.

§ 2º Na falta de estipulação ou de acordo, os honorários são fixados por arbitramento judicial, em remuneração compatível com o trabalho e o valor econômico da questão, não podendo ser inferiores aos estabelecidos na tabela organizada pelo Conselho Seccional da OAB.

§ 3º Salvo estipulação em contrário, um terço dos honorários é devido no início do serviço, outro terço até a decisão de primeira instância e o restante no final.

§ 4º Se o advogado fizer juntar aos autos o seu contrato de honorários antes de expedir-se o mandado de levantamento ou precatório, o juiz deve determinar que lhe sejam pagos diretamente, por dedução da quantia a ser recebida pelo constituinte, salvo se este provar que já os pagou.

§ 5º O disposto neste artigo não se aplica quando se tratar de mandato outorgado por advogado para defesa em processo oriundo de ato ou omissão praticada no exercício da profissão.

§ 6º O disposto neste artigo aplica-se aos honorários assistenciais, compreendidos como os fixados em ações coletivas propostas por entidades de classe em substituição processual, sem prejuízo aos honorários convencionais.

§ 7º Os honorários convencionados com entidades de classe para atuação em substituição processual poderão prever a faculdade de indicar os beneficiários que, ao optarem por adquirir os direitos, assumirão as obrigações decorrentes do contrato originário a partir do momento em que este foi celebrado, sem a necessidade de mais formalidades.

► §§ 6º e 7º acrescidos pela Lei nº 13.725, de 4-10-2018.

Art. 23. Os honorários incluídos na condenação, por arbitramento ou sucumbência, pertencem ao advogado, tendo este direito autônomo para executar a sentença nesta parte, podendo requerer que o precatório, quando necessário, seja expedido em seu favor.

► O STF, por maioria dos votos, julgou parcialmente procedente a ADIN nº 6.053, para, conferindo interpretação conforme a CF a este artigo, "estabelecer que a somatória dos subsídios e honorários de sucumbência percebidos mensalmente pelos advogados públicos não poderá exceder ao teto dos Ministros do Supremo Tribunal Federal, conforme o que dispõe o art. 37, XI, da CF" (*DOU* de 1º-7-2020).

Art. 24. A decisão judicial que fixar ou arbitrar honorários e o contrato escrito que os estipular são títulos executivos e constituem crédito privilegiado na falência, concordata, concurso de credores, insolvência civil e liquidação extrajudicial.

► A concordata foi substituída pela recuperação judicial, conforme Lei nº 11.101, de 9-2-2005 (Lei de Recuperação de Empresas e Falências).

§ 1º A execução dos honorários pode ser promovida nos mesmos autos da ação em que tenha atuado o advogado, se assim lhe convier.

§ 2º Na hipótese de falecimento ou incapacidade civil do advogado, os honorários de sucumbência, proporcionais ao trabalho realizado, são recebidos por seus sucessores ou representantes legais.

§ 3º É nula qualquer disposição, cláusula, regulamento ou convenção individual ou coletiva que retire do advogado o direito ao recebimento dos honorários de sucumbência.

► O STF, por unanimidade de votos, julgou parcialmente procedente a ADIN nº 1.194-4, para declarar a inconstitucionalidade deste parágrafo (*DOU* de 28-5-2009).

§ 4º O acordo feito pelo cliente do advogado e a parte contrária, salvo aquiescência do profissional, não lhe prejudica os honorários, quer os convencionados, quer os concedidos por sentença.

Art. 25. Prescreve em cinco anos a ação de cobrança de honorários de advogado, contado o prazo:

I – do vencimento do contrato, se houver;

II – do trânsito em julgado da decisão que os fixar;

III – da ultimação do serviço extrajudicial;

IV – da desistência ou transação;

V – da renúncia ou revogação do mandato.

Art. 25-A. Prescreve em cinco anos a ação de prestação de contas pelas quantias recebidas pelo advogado de seu cliente, ou de terceiros por conta dele (art. 34, XXI).

► Artigo acrescido pela Lei nº 11.902, de 12-1-2009.

Art. 26. O advogado substabelecido, com reserva de poderes, não pode cobrar honorários sem a intervenção daquele que lhe conferiu o substabelecimento.

CAPÍTULO VII
DAS INCOMPATIBILIDADES E IMPEDIMENTOS

Art. 27. A incompatibilidade determina a proibição total, e o impedimento, a proibição parcial do exercício da advocacia.

Art. 28. A advocacia é incompatível, mesmo em causa própria, com as seguintes atividades:

I – chefe do Poder Executivo e membros da Mesa do Poder Legislativo e seus substitutos legais;

II – membros de órgãos do Poder Judiciário, do Ministério Público, dos Tribunais e Conselhos de Contas, dos Juizados Especiais, da Justiça de Paz, Juízes Classistas, bem como de todos os que exerçam função de julgamento em órgãos de deliberação coletiva da Administração Pública direta ou indireta;

▸ O STF, por maioria de votos, julgou parcialmente procedente a ADIN nº 1.127-8, para excluir apenas os juízes eleitorais e seus suplentes (*DOU* de 26-5-2006).

III – ocupantes de cargos ou funções de direção em órgãos da Administração Pública direta ou indireta, em suas fundações e em suas empresas controladas ou concessionárias de serviço público;

IV – ocupantes de cargos ou funções vinculados direta ou indiretamente a qualquer órgão do Poder Judiciário e os que exercem serviços notariais e de registro;

V – ocupantes de cargos ou funções vinculados direta ou indiretamente a atividade policial de qualquer natureza;

VI – militares de qualquer natureza, na ativa;

VII – ocupantes de cargos ou funções que tenham competência de lançamento, arrecadação ou fiscalização de tributos e contribuições parafiscais;

VIII – ocupantes de funções de direção e gerência em instituições financeiras, inclusive privadas.

§ 1º A incompatibilidade permanece mesmo que o ocupante do cargo ou função deixe de exercê-lo temporariamente.

§ 2º Não se incluem nas hipóteses do inciso III os que não detenham poder de decisão relevante sobre interesses de terceiro, a Juízo do Conselho competente da OAB, bem como a administração acadêmica diretamente relacionada ao magistério jurídico.

Art. 29. Os Procuradores-Gerais, Advogados-Gerais, Defensores-Gerais e dirigentes de órgãos jurídicos da Administração Pública direta, indireta e fundacional são exclusivamente legitimados para o exercício da advocacia vinculada à função que exerçam, durante o período da investidura.

Art. 30. São impedidos de exercer a advocacia:

I – os servidores da Administração direta, indireta e fundacional, contra a Fazenda Pública que os remunere ou à qual seja vinculada a entidade empregadora;

II – os membros do Poder Legislativo, em seus diferentes níveis, contra ou a favor das pessoas jurídicas de direito público, empresas públicas, sociedades de economia mista, fundações públicas, entidades paraestatais ou empresas concessionárias ou permissionárias de serviço público.

Parágrafo único. Não se incluem nas hipóteses do inciso I os docentes dos cursos jurídicos.

CAPÍTULO VIII

DA ÉTICA DO ADVOGADO

Art. 31. O advogado deve proceder de forma que o torne merecedor de respeito e que contribua para o prestígio da classe e da advocacia.

§ 1º O advogado, no exercício da profissão, deve manter independência em qualquer circunstância.

§ 2º Nenhum receio de desagradar a magistrado ou a qualquer autoridade, nem de incorrer em impopularidade, deve deter o advogado no exercício da profissão.

Art. 32. O advogado é responsável pelos atos que, no exercício profissional, praticar com dolo ou culpa.

Parágrafo único. Em caso de lide temerária, o advogado será solidariamente responsável com seu cliente, desde que coligado com este para lesar a parte contrária, o que será apurado em ação própria.

Art. 33. O advogado obriga-se a cumprir rigorosamente os deveres consignados no Código de Ética e Disciplina.

Parágrafo único. O Código de Ética e Disciplina regula os deveres do advogado para com a comunidade, o cliente, o outro profissional e, ainda, a publicidade, a recusa do patrocínio, o dever de assistência jurídica, o dever geral de urbanidade e os respectivos procedimentos disciplinares.

CAPÍTULO IX

DAS INFRAÇÕES E SANÇÕES DISCIPLINARES

Art. 34. Constitui infração disciplinar:

I – exercer a profissão, quando impedido de fazê-lo, ou facilitar, por qualquer meio, o seu exercício aos não inscritos, proibidos ou impedidos;

II – manter sociedade profissional fora das normas e preceitos estabelecidos nesta Lei;

III – valer-se de agenciador de causas, mediante participação nos honorários a receber;

IV – angariar ou captar causas, com ou sem a intervenção de terceiros;

V – assinar qualquer escrito destinado a processo judicial ou para fim extrajudicial que não tenha feito, ou em que não tenha colaborado;

VI – advogar contra literal disposição de lei, presumindo-se a boa-fé quando fundamentado na inconstitucionalidade, na injustiça da lei ou em pronunciamento judicial anterior;

VII – violar, sem justa causa, sigilo profissional;

VIII – estabelecer entendimento com a parte adversa sem autorização do cliente ou ciência do advogado contrário;

IX – prejudicar, por culpa grave, interesse confiado ao seu patrocínio;

X – acarretar, conscientemente, por ato próprio, a anulação ou a nulidade do processo em que funcione;

XI – abandonar a causa sem justo motivo ou antes de decorridos dez dias da comunicação da renúncia;

XII – recusar-se a prestar, sem justo motivo, assistência jurídica, quando nomeado em virtude de impossibilidade da Defensoria Pública;

XIII – fazer publicar na imprensa, desnecessária e habitualmente, alegações forenses ou relativas a causas pendentes;

XIV – deturpar o teor de dispositivo de lei, de citação doutrinária ou de julgado, bem como de depoimentos, documentos e alegações da parte contrária, para confundir o adversário ou iludir o juiz da causa;

XV – fazer, em nome do constituinte, sem autorização escrita deste, imputação a terceiro de fato definido como crime;

XVI – deixar de cumprir, no prazo estabelecido, determinação emanada do órgão ou autoridade da Ordem, em matéria da competência desta, depois de regularmente notificado;

XVII – prestar concurso a clientes ou a terceiros para realização de ato contrário à lei ou destinado a fraudá-la;

XVIII – solicitar ou receber de constituinte qualquer importância para aplicação ilícita ou desonesta;

XIX – receber valores, da parte contrária ou de terceiro, relacionados com o objeto do mandato, sem expressa autorização do constituinte;

XX – locupletar-se, por qualquer forma, à custa do cliente ou da parte adversa, por si ou interposta pessoa;

XXI – recusar-se, injustificadamente, a prestar contas ao cliente de quantias recebidas dele ou de terceiros por conta dele;

XXII – reter, abusivamente, ou extraviar autos recebidos com vista ou em confiança;

XXIII – deixar de pagar as contribuições, multas e preços de serviços devidos à OAB, depois de regularmente notificado a fazê-lo;

XXIV – incidir em erros reiterados que evidenciem inépcia profissional;

XXV – manter conduta incompatível com a advocacia;

XXVI – fazer falsa prova de qualquer dos requisitos para inscrição na OAB;

XXVII – tornar-se moralmente inidôneo para o exercício da advocacia;

XXVIII – praticar crime infamante;

XXIX – praticar, o estagiário, ato excedente de sua habilitação.

Parágrafo único. Inclui-se na conduta incompatível:

a) prática reiterada de jogo de azar, não autorizado por lei;

b) incontinência pública e escandalosa;

c) embriaguez ou toxicomania habituais.

Art. 35. As sanções disciplinares consistem em:

I – censura;

II – suspensão;

III – exclusão;

IV – multa.

Parágrafo único. As sanções devem constar dos assentamentos do inscrito, após o trânsito em julgado da decisão, não podendo ser objeto de publicidade a de censura.

Art. 36. A censura é aplicável nos casos de:

I – infrações definidas nos incisos I a XVI e XXIX do artigo 34;

II – violação a preceito do Código de Ética e Disciplina;

III – violação a preceito desta Lei, quando para a infração não se tenha estabelecido sanção mais grave.

Parágrafo único. A censura pode ser convertida em advertência, em ofício reservado, sem registro nos assentamentos do inscrito, quando presente circunstância atenuante.

Art. 37. A suspensão é aplicável nos casos de:

I – infrações definidas nos incisos XVII a XXV do artigo 34;

II – reincidência em infração disciplinar.

§ 1º A suspensão acarreta ao infrator a interdição do exercício profissional, em todo o território nacional, pelo prazo de trinta dias a doze meses, de acordo com os critérios de individualização previstos neste Capítulo.

§ 2º Nas hipóteses dos incisos XXI e XXIII do artigo 34, a suspensão perdura até que satisfaça integralmente a dívida, inclusive com correção monetária.

§ 3º Na hipótese do inciso XXIV do artigo 34, a suspensão perdura até que preste novas provas de habilitação.

Art. 38. A exclusão é aplicável nos casos de:

I – aplicação, por três vezes, de suspensão;

II – infrações definidas nos incisos XXVI a XXVIII do artigo 34.

Parágrafo único. Para a aplicação da sanção disciplinar de exclusão é necessária a manifestação favorável de dois terços dos membros do Conselho Seccional competente.

Art. 39. A multa, variável entre o mínimo correspondente ao valor de uma anuidade e o máximo de seu décuplo, é aplicável cumulativamente com a censura ou suspensão, em havendo circunstâncias agravantes.

Art. 40. Na aplicação das sanções disciplinares são consideradas, para fins de atenuação, as seguintes circunstâncias, entre outras:

I – falta cometida na defesa de prerrogativa profissional;

II – ausência de punição disciplinar anterior;

III – exercício assíduo e proficiente de mandato ou cargo em qualquer órgão da OAB;

IV – prestação de relevantes serviços à advocacia ou à causa pública.

Parágrafo único. Os antecedentes profissionais do inscrito, as atenuantes, o grau de culpa por ele revelado, as circunstâncias e as consequências da infração são considerados para o fim de decidir:

a) sobre a conveniência da aplicação cumulativa da multa e de outra sanção disciplinar;

b) sobre o tempo de suspensão e o valor da multa aplicáveis.

Art. 41. É permitido ao que tenha sofrido qualquer sanção disciplinar requerer, um ano após seu cumprimento, a reabilitação, em face de provas efetivas de bom comportamento.

Parágrafo único. Quando a sanção disciplinar resultar da prática de crime, o pedido de reabilitação depende também da correspondente reabilitação criminal.

Art. 42. Fica impedido de exercer o mandato o profissional a quem forem aplicadas as sanções disciplinares de suspensão ou exclusão.

Art. 43. A pretensão à punibilidade das infrações disciplinares prescreve em cinco anos, contados da data da constatação oficial do fato.

§ 1º Aplica-se a prescrição a todo processo disciplinar paralisado por mais de três anos, pendente de despacho ou julgamento, devendo ser arquivado de ofício, ou a requerimento da parte interessada, sem prejuízo de serem apuradas as responsabilidades pela paralisação.

§ 2º A prescrição interrompe-se:

I – pela instauração de processo disciplinar ou pela notificação válida feita diretamente ao representado;

II – pela decisão condenatória recorrível de qualquer órgão julgador da OAB.

TÍTULO II – DA ORDEM DOS ADVOGADOS DO BRASIL

CAPÍTULO I

DOS FINS E DA ORGANIZAÇÃO

Art. 44. A Ordem dos Advogados do Brasil – OAB, serviço público, dotada de personalidade jurídica e forma federativa, tem por finalidade:

I – defender a Constituição, a ordem jurídica do Estado democrático de direito, os direitos humanos, a justiça social, e pugnar pela boa aplicação das leis, pela rápida administração da Justiça e pelo aperfeiçoamento da cultura e das instituições jurídicas;

II – promover, com exclusividade, a representação, a defesa, a seleção e a disciplina dos advogados em toda a República Federativa do Brasil.

§ 1º A OAB não mantém com órgãos da Administração Pública qualquer vínculo funcional ou hierárquico.

§ 2º O uso da sigla "OAB" é privativo da Ordem dos Advogados do Brasil.

Art. 45. São órgãos da OAB:

I – o Conselho Federal;

II – os Conselhos Seccionais;

III – as Subseções;

IV – as Caixas de Assistência dos Advogados.

§ 1º O Conselho Federal, dotado de personalidade jurídica própria, com sede na capital da República, é o órgão supremo da OAB.

§ 2º Os Conselhos Seccionais, dotados de personalidade jurídica própria, têm jurisdição sobre os respectivos territórios dos Estados-Membros, do Distrito Federal e dos Territórios.

§ 3º As Subseções são partes autônomas do Conselho Seccional, na forma desta Lei e de seu ato constitutivo.

§ 4º As Caixas de Assistência dos Advogados, dotadas de personalidade jurídica própria, são criadas pelos Conselhos Seccionais, quando estes contarem com mais de mil e quinhentos inscritos.

§ 5º A OAB, por constituir serviço público, goza de imunidade tributária total em relação a seus bens, rendas e serviços.

§ 6º Os atos, as notificações e as decisões dos órgãos da OAB, salvo quando reservados ou de administração interna, serão publicados no Diário Eletrônico da Ordem dos Advogados do Brasil, a ser disponibilizado na internet, podendo ser afixados no fórum local, na íntegra ou em resumo.

► § 6º com redação dada pela Lei nº 13.688, de 3-7-2018.

Art. 46. Compete à OAB fixar e cobrar, de seus inscritos, contribuições, preços de serviços e multas.

Parágrafo único. Constitui título executivo extrajudicial a certidão passada pela diretoria do Conselho competente, relativa a crédito previsto neste artigo.

Art. 47. O pagamento da contribuição anual à OAB isenta os inscritos nos seus quadros do pagamento obrigatório da contribuição sindical.

Art. 48. O cargo de conselheiro ou de membro de diretoria de órgão da OAB é de exercício gratuito e obrigatório, considerado serviço público relevante, inclusive para fins de disponibilidade e aposentadoria.

Art. 49. Os Presidentes dos Conselhos e das Subseções da OAB têm legitimidade para agir, judicial e extrajudicialmente, contra qualquer pessoa que infringir as disposições ou os fins desta Lei.

Parágrafo único. As autoridades mencionadas no *caput* deste artigo têm, ainda, legitimidade para intervir, inclusive como assistentes, nos inquéritos e processos em que sejam indiciados, acusados ou ofendidos os inscritos na OAB.

Art. 50. Para os fins desta Lei, os Presidentes dos Conselhos da OAB e das Subseções podem requisitar cópias de peças de autos e documentos a qualquer Tribunal, magistrado, cartório e órgão da Administração Pública direta, indireta e fundacional.

► O STF, por maioria de votos, julgou parcialmente procedente a ADIN nº 1.127-8, para, sem redução de texto, dar interpretação conforme ao dispositivo, de modo a fazer compreender a palavra "requisitar" como dependente de motivação, compatibilização com as finalidades da lei e atendimento de custos desta requisição, ressalvados os documentos cobertos por sigilo (*DOU* de 26-5-2006).

CAPÍTULO II

DO CONSELHO FEDERAL

Art. 51. O Conselho Federal compõe-se:

I – dos conselheiros federais, integrantes das delegações de cada unidade federativa;

II – dos seus ex-Presidentes, na qualidade de membros honorários vitalícios.

§ 1º Cada delegação é formada por três conselheiros federais.

§ 2º Os ex-Presidentes têm direito apenas a voz nas sessões.

Art. 52. Os Presidentes dos Conselhos Seccionais, nas sessões do Conselho Federal, têm lugar reservado junto à delegação respectiva e direito somente a voz.

Art. 53. O Conselho Federal tem sua estrutura e funcionamento definidos no Regulamento Geral da OAB.

§ 1º O Presidente, nas deliberações do Conselho, tem apenas o voto de qualidade.

§ 2º O voto é tomado por delegação, e não pode ser exercido nas matérias de interesse da unidade que represente.

§ 3º Na eleição para a escolha da Diretoria do Conselho Federal, cada membro da delegação terá direito a 1 (um) voto, vedado aos membros honorários vitalícios.

► § 3º acrescido pela Lei nº 11.179, de 22-9-2005.

Art. 54. Compete ao Conselho Federal:

I – dar cumprimento efetivo às finalidades da OAB;

II – representar, em Juízo ou fora dele, os interesses coletivos ou individuais dos advogados;

III – velar pela dignidade, independência, prerrogativas e valorização da advocacia;

IV – representar, com exclusividade, os advogados brasileiros nos órgãos e eventos internacionais da advocacia;

V – editar e alterar o Regulamento Geral, o Código de Ética e Disciplina, e os Provimentos que julgar necessários;

VI – adotar medidas para assegurar o regular funcionamento dos Conselhos Seccionais;

VII – intervir nos Conselhos Seccionais, onde e quando constatar grave violação desta Lei ou do Regulamento Geral;

VIII – cassar ou modificar, de ofício ou mediante representação, qualquer ato, de órgão ou autoridade da OAB, contrário a esta Lei, ao Regulamento Geral, ao Código de Ética e Disciplina, e aos provimentos, ouvida a autoridade ou o órgão em causa;

IX – julgar, em grau de recurso, as questões decididas pelos Conselhos Seccionais, nos casos previstos neste Estatuto e no Regulamento Geral;

X – dispor sobre a identificação dos inscritos na OAB e sobre os respectivos símbolos privativos;

XI – apreciar o relatório anual e deliberar sobre o balanço e as contas de sua diretoria;

XII – homologar ou mandar suprir relatório anual, o balanço e as contas dos Conselhos Seccionais;

XIII – elaborar as listas constitucionalmente previstas, para o preenchimento dos cargos nos Tribunais Judiciários de âmbito nacional ou interestadual, com advogados que estejam em pleno exercício da profissão, vedada a inclusão de nome de membro do próprio Conselho ou de outro órgão da OAB;

XIV – ajuizar Ação Direta de Inconstitucionalidade de normas legais e atos normativos, Ação Civil Pública, Mandado de Segurança Coletivo, Mandado de Injunção e demais ações cuja legitimação lhe seja outorgada por lei;

XV – colaborar com o aperfeiçoamento dos cursos jurídicos, e opinar, previamente, nos pedidos apresentados aos órgãos competentes para criação, reconhecimento ou credenciamento desses cursos;

XVI – autorizar, pela maioria absoluta das delegações, a oneração ou alienação de seus bens imóveis;

XVII – participar de concursos públicos, nos casos previstos na Constituição e na lei, em todas as suas fases, quando tiverem abrangência nacional ou interestadual;

XVIII – resolver os casos omissos neste Estatuto.

Parágrafo único. A intervenção referida no inciso VII deste artigo depende de prévia aprovação por dois terços das delegações, garantido o amplo direito de defesa do Conselho Seccional respectivo, nomeando-se diretoria provisória para o prazo que se fixar.

Art. 55. A diretoria do Conselho Federal é composta de um Presidente, de um Vice-Presidente, de um Secretário Geral, de um Secretário-Geral Adjunto e de um Tesoureiro.

§ 1º O Presidente exerce a representação nacional e internacional da OAB, competindo-lhe convocar o Conselho Federal, presidi-lo, representá-lo ativa e passivamente, em Juízo ou fora dele, promover-lhe a administração patrimonial e dar execução às suas decisões.

§ 2º O Regulamento Geral define as atribuições dos membros da diretoria e a ordem de substituição em caso de vacância, licença, falta ou impedimento.

§ 3º Nas deliberações do Conselho Federal, os membros da diretoria votam como membros de suas delegações, cabendo ao Presidente, apenas, o voto de qualidade e o direito de embargar a decisão, se esta não for unânime.

CAPÍTULO III

DO CONSELHO SECCIONAL

Art. 56. O Conselho Seccional compõe-se de conselheiros em número proporcional ao de seus inscritos, segundo critérios estabelecidos no Regulamento Geral.

§ 1º São membros honorários vitalícios os seus ex-Presidentes, somente com direito a voz em suas sessões.

§ 2º O Presidente do Instituto dos Advogados local é membro honorário, somente com direito a voz nas sessões do Conselho.

§ 3º Quando presentes às sessões do Conselho Seccional, o Presidente do Conselho Federal, os Conselheiros Federais integrantes da respectiva delegação, o Presidente da Caixa de Assistência dos Advogados e os Presidentes das Subseções têm direito a voz.

Art. 57. O Conselho Seccional exerce e observa, no respectivo território, as competências, vedações e funções atribuídas ao Conselho Federal, no que couber e no âmbito de sua competência material e territorial, e as normas gerais estabelecidas nesta Lei, no Regulamento Geral, no Código de Ética e Disciplina, e nos Provimentos.

Art. 58. Compete privativamente ao Conselho Seccional:

I – editar seu Regimento Interno e Resoluções;

II – criar as Subseções e a Caixa de Assistência dos Advogados;

III – julgar, em grau de recurso, as questões decididas por seu Presidente, por sua diretoria, pelo Tribunal de Ética e Disciplina, pelas diretorias das Subseções e da Caixa de Assistência dos Advogados;

IV – fiscalizar a aplicação da receita, apreciar o relatório anual e deliberar sobre o balanço e as contas de sua diretoria, das diretorias das Subseções e da Caixa de Assistência dos Advogados;

V – fixar a tabela de honorários, válida para todo o território estadual;

VI – realizar o Exame de Ordem;

VII – decidir os pedidos de inscrição nos quadros de advogados e estagiários;

VIII – manter cadastro de seus inscritos;

IX – fixar, alterar e receber contribuições obrigatórias, preços de serviços e multas;

X – participar da elaboração dos concursos públicos, em todas as suas fases, nos casos previstos na Constituição e nas leis, no âmbito do seu território;

XI – determinar, com exclusividade, critérios para o traje dos advogados, no exercício profissional;

XII – aprovar e modificar seu orçamento anual;

XIII – definir a composição e o funcionamento do Tribunal de Ética e Disciplina, e escolher seus membros;

XIV – eleger as listas, constitucionalmente previstas, para preenchimento dos cargos nos Tribunais Judiciários, no âmbito de sua competência e na forma do Provimento do Conselho Federal, vedada a inclusão de membros do próprio Conselho e de qualquer órgão da OAB;

XV – intervir nas Subseções e na Caixa de Assistência dos Advogados;

XVI – desempenhar outras atribuições previstas no Regulamento Geral.

Art. 59. A diretoria do Conselho Seccional tem composição idêntica e atribuições equivalentes às do Conselho Federal, na forma do Regimento Interno daquele.

CAPÍTULO IV

DA SUBSEÇÃO

Art. 60. A Subseção pode ser criada pelo Conselho Seccional, que fixa sua área territorial e seus limites de competência e autonomia.

§ 1º A área territorial da Subseção pode abranger um ou mais municípios, ou parte de município, inclusive da capital do Estado, contando com um mínimo de quinze advogados, nela profissionalmente domiciliados.

§ 2º A Subseção é administrada por uma diretoria, com atribuições e composição equivalentes às da diretoria do Conselho Seccional.

§ 3º Havendo mais de cem advogados, a Subseção pode ser integrada, também, por um Conselho em número de membros fixado pelo Conselho Seccional.

§ 4º Os quantitativos referidos nos §§ 1º e 3º deste artigo podem ser ampliados, na forma do Regimento Interno do Conselho Seccional.

§ 5º Cabe ao Conselho Seccional fixar, em seu orçamento, dotações específicas destinadas à manutenção das Subseções.

§ 6º O Conselho Seccional, mediante o voto de dois terços de seus membros, pode intervir nas Subseções, onde constatar grave violação desta Lei ou do Regimento Interno daquele.

Art. 61. Compete à Subseção, no âmbito de seu território:

I – dar cumprimento efetivo às finalidades da OAB;

II – velar pela dignidade, independência e valorização da advocacia, e fazer valer as prerrogativas do advogado;

III – representar a OAB perante os poderes constituídos;

IV – desempenhar as atribuições previstas no Regulamento Geral ou por delegação de competência do Conselho Seccional.

Parágrafo único. Ao Conselho da Subseção, quando houver, compete exercer as funções e atribuições do Conselho Seccional, na forma do Regimento Interno deste, e ainda:

a) editar seu Regimento Interno, a ser referendado pelo Conselho Seccional;

b) editar resoluções, no âmbito de sua competência;

c) instaurar e instruir processos disciplinares, para julgamento pelo Tribunal de Ética e Disciplina;

d) receber pedido de inscrição nos quadros de advogado e estagiário, instruindo e emitindo parecer prévio, para decisão do Conselho Seccional.

CAPÍTULO V

DA CAIXA DE ASSISTÊNCIA DOS ADVOGADOS

Art. 62. A Caixa de Assistência dos Advogados, com personalidade jurídica própria, destina-se a prestar assistência aos inscritos no Conselho Seccional a que se vincule.

§ 1º A Caixa é criada e adquire personalidade jurídica com a aprovação e registro de seu Estatuto pelo respectivo Conselho Seccional da OAB, na forma do Regulamento Geral.

§ 2º A Caixa pode, em benefício dos advogados, promover a seguridade complementar.

§ 3º Compete ao Conselho Seccional fixar contribuição obrigatória devida por seus inscritos, destinada à manutenção do disposto no parágrafo anterior, incidente sobre atos decorrentes do efetivo exercício da advocacia.

§ 4º A diretoria da Caixa é composta de cinco membros, com atribuições definidas no seu Regimento Interno.

§ 5º Cabe à Caixa a metade da receita das anuidades recebidas pelo Conselho Seccional, considerado o valor resultante após as deduções regulamentares obrigatórias.

§ 6º Em caso de extinção ou desativação da Caixa, seu patrimônio se incorpora ao do Conselho Seccional respectivo.

§ 7º O Conselho Seccional, mediante voto de dois terços de seus membros, pode intervir na Caixa de Assistência dos Advogados, no caso de descumprimento de suas finalidades, designando diretoria provisória, enquanto durar a intervenção.

CAPÍTULO VI

DAS ELEIÇÕES E DOS MANDATOS

Art. 63. A eleição dos membros de todos os órgãos da OAB será realizada na segunda quinzena do mês de novembro, do último ano do mandato, mediante cédula única e votação direta dos advogados regularmente inscritos.

§ 1º A eleição, na forma e segundo os critérios e procedimentos estabelecidos no Regulamento Geral, é de comparecimento obrigatório para todos os advogados inscritos na OAB.

§ 2º O candidato deve comprovar situação regular perante a OAB, não ocupar cargo exonerável *ad nutum*, não ter sido condenado por infração disciplinar, salvo reabilitação, e exercer efetivamente a profissão há mais de 3 (três) anos, nas eleições para os cargos de Conselheiro Seccional e das Subseções, quando houver, e há mais de 5 (cinco) anos, nas eleições para os demais cargos.

► § 2º com a redação dada pela Lei nº 13.875, de 20-9-2019.

Art. 64. Consideram-se eleitos os candidatos integrantes da chapa que obtiver a maioria dos votos válidos.

§ 1º A chapa para o Conselho Seccional deve ser composta dos candidatos ao Conselho e à sua diretoria e, ainda, à delegação ao Conselho Federal e à diretoria da Caixa de Assistência dos Advogados para eleição conjunta.

§ 2º A chapa para a Subseção deve ser composta com os candidatos à diretoria, e de seu Conselho quando houver.

Art. 65. O mandato em qualquer órgão da OAB é de três anos, iniciando-se em primeiro de janeiro do ano seguinte ao da eleição, salvo o Conselho Federal.

Parágrafo único. Os Conselheiros Federais eleitos iniciam seus mandatos em primeiro de fevereiro do ano seguinte ao da eleição.

Art. 66. Extingue-se o mandato automaticamente, antes do seu término, quando:

I – ocorrer qualquer hipótese de cancelamento de inscrição ou de licenciamento do profissional;

II – o titular sofrer condenação disciplinar;

III – o titular faltar, sem motivo justificado, a três reuniões ordinárias consecutivas de cada órgão deliberativo do Conselho ou da diretoria da Subseção ou da Caixa de Assistência dos Advogados, não podendo ser reconduzido no mesmo período de mandato.

Parágrafo único. Extinto qualquer mandato, nas hipóteses deste artigo, cabe ao Conselho Seccional escolher o substituto, caso não haja suplente.

Art. 67. A eleição da diretoria do Conselho Federal, que tomará posse no dia primeiro de fevereiro, obedecerá às seguintes regras:

I – será admitido registro, junto ao Conselho Federal, de candidatura à presidência, desde seis meses até um mês antes da eleição;

II – o requerimento de registro deverá vir acompanhado do apoiamento de, no mínimo, seis Conselhos Seccionais;

III – até um mês antes das eleições, deverá ser requerido o registro da chapa completa, sob pena de cancelamento da candidatura respectiva;

IV – no dia 31 de janeiro do ano seguinte ao da eleição, o Conselho Federal elegerá, em reunião presidida pelo conselheiro mais antigo, por voto secreto e para mandato de 3 (três) anos, sua diretoria, que tomará posse no dia seguinte;

V – será considerada eleita a chapa que obtiver maioria simples dos votos dos Conselheiros Federais, presente a metade mais 1 (um) de seus membros.

► Incisos IV e V com a redação dada pela Lei nº 11.179, de 22-9-2005.

Parágrafo único. Com exceção do candidato a Presidente, os demais integrantes da chapa deverão ser Conselheiros Federais eleitos.

TÍTULO III – DO PROCESSO NA OAB

CAPÍTULO I

DISPOSIÇÕES GERAIS

Art. 68. Salvo disposição em contrário, aplicam-se subsidiariamente ao processo disciplinar as regras da legislação processual penal comum e, aos demais processos, as regras gerais do procedimento administrativo comum e da legislação processual civil, nessa ordem.

Art. 69. Todos os prazos necessários à manifestação de advogados, estagiários e terceiros, nos processos em geral da OAB, são de quinze dias, inclusive para interposição de recursos.

§ 1º Nos casos de comunicação por ofício reservado, ou de notificação pessoal, o prazo se conta a partir do dia útil imediato ao da notificação do recebimento.

§ 2º No caso de atos, notificações e decisões divulgados por meio do Diário Eletrônico da Ordem dos Advogados do Brasil, o prazo terá início no primeiro dia útil seguinte à publicação, assim considerada o primeiro dia útil seguinte ao da disponibilização da informação no Diário.

► § 2º com redação dada pela Lei nº 13.688, de 3-7-2018.

CAPÍTULO II

DO PROCESSO DISCIPLINAR

Art. 70. O poder de punir disciplinarmente os inscritos na OAB compete exclusivamente ao Conselho Seccional em cuja base territorial tenha ocorrido a infração, salvo se a falta for cometida perante o Conselho Federal.

§ 1º Cabe ao Tribunal de Ética e Disciplina, do Conselho Seccional competente, julgar os processos disciplinares, instruídos pelas Subseções ou por relatores do próprio Conselho.

§ 2º A decisão condenatória irrecorrível deve ser imediatamente comunicada ao Conselho Seccional onde o representado tenha inscrição principal, para constar dos respectivos assentamentos.

§ 3º O Tribunal de Ética e Disciplina do Conselho onde o acusado tenha inscrição principal pode suspendê-lo preventivamente, em caso de repercussão prejudicial à dignidade da advocacia, depois de ouvi-lo em sessão especial para a qual deve ser notificado a comparecer, salvo se não atender à notificação. Neste caso, o processo disciplinar deve ser concluído no prazo máximo de noventa dias.

Art. 71. A jurisdição disciplinar não exclui a comum e, quando o fato constituir crime ou contravenção, deve ser comunicado às autoridades competentes.

Art. 72. O processo disciplinar instaura-se de ofício ou mediante representação de qualquer autoridade ou pessoa interessada.

§ 1º O Código de Ética e Disciplina estabelece os critérios de admissibilidade da representação e os procedimentos disciplinares.

§ 2º O processo disciplinar tramita em sigilo, até o seu término, só tendo acesso às suas informações as partes, seus defensores e a autoridade judiciária competente.

Art. 73. Recebida a representação, o Presidente deve designar relator, a quem compete a instrução do processo e o oferecimento de parecer preliminar a ser submetido ao Tribunal de Ética e Disciplina.

§ 1º Ao representado deve ser assegurado amplo direito de defesa, podendo acompanhar o processo em todos os termos, pessoalmente ou por intermédio de procurador, oferecendo defesa prévia após ser notificado, razões finais após a instrução e defesa oral perante o Tribunal de Ética e Disciplina, por ocasião do julgamento.

§ 2º Se, após a defesa prévia, o relator se manifestar pelo indeferimento liminar da representação, este deve ser decidido pelo Presidente do Conselho Seccional, para determinar seu arquivamento.

§ 3º O prazo para defesa prévia pode ser prorrogado por motivo relevante, a juízo do relator.

§ 4º Se o representado não for encontrado, ou for revel, o Presidente do Conselho ou da Subseção deve designar-lhe defensor dativo.

§ 5º É também permitida a revisão do processo disciplinar, por erro de julgamento ou por condenação baseada em falsa prova.

Art. 74. O Conselho Seccional pode adotar as medidas administrativas e judiciais pertinentes, objetivando a que o profissional suspenso ou excluído devolva os documentos de identificação.

CAPÍTULO III
DOS RECURSOS

Art. 75. Cabe recurso ao Conselho Federal de todas as decisões definitivas proferidas pelo Conselho Seccional, quando não tenham sido unânimes ou, sendo unânimes, contrariem esta Lei, decisão do Conselho Federal ou de outro Conselho Seccional e, ainda, o Regulamento Geral, o Código de Ética e Disciplina e os Provimentos.

Parágrafo único. Além dos interessados, o Presidente do Conselho Seccional é legitimado a interpor o recurso referido neste artigo.

Art. 76. Cabe recurso ao Conselho Seccional de todas as decisões proferidas por seu Presidente, pelo Tribunal de Ética e Disciplina, ou pela diretoria da Subseção ou da Caixa de Assistência dos Advogados.

Art. 77. Todos os recursos têm efeito suspensivo, exceto quando tratarem de eleições (artigos 63 e seguintes), de suspensão preventiva decidida pelo Tribunal de Ética e Disciplina, e de cancelamento da inscrição obtida com falsa prova.

Parágrafo único. O Regulamento Geral disciplina o cabimento de recursos específicos, no âmbito de cada órgão julgador.

TÍTULO IV – DAS DISPOSIÇÕES GERAIS E TRANSITÓRIAS

Art. 78. Cabe ao Conselho Federal da OAB, por deliberação de dois terços, pelo menos, das delegações, editar o Regulamento Geral deste Estatuto, no prazo de seis meses, contados da publicação desta Lei.

Art. 79. Aos servidores da OAB, aplica-se o regime trabalhista.

§ 1º Aos servidores da OAB, sujeitos ao regime da Lei nº 8.112, de 11 de dezembro de 1990, é concedido o direito de opção pelo regime trabalhista, no prazo de noventa dias a partir da vigência desta Lei, sendo assegurado aos optantes o pagamento de indenização, quando da aposentadoria, correspondente a cinco vezes o valor da última remuneração.

§ 2º Os servidores que não optarem pelo regime trabalhista serão posicionados no quadro em extinção, assegurado o direito adquirido ao regime legal anterior.

Art. 80. Os Conselhos Federal e Seccionais devem promover trienalmente as respectivas Conferências, em data não coincidente com o ano eleitoral, e, periodicamente, reunião do colégio de Presidentes a eles vinculados, com finalidade consultiva.

Art. 81. Não se aplicam aos que tenham assumido originariamente o cargo de Presidente do Conselho Federal ou dos Conselhos Seccionais, até a data da publicação desta Lei, as normas contidas no Título II, acerca da composição desses Conselhos, ficando assegurado o pleno direito de voz e voto em suas sessões.

Art. 82. Aplicam-se as alterações previstas nesta Lei, quanto a mandatos, eleições, composição e atribuições dos órgãos da OAB, a partir do término do mandato dos atuais membros, devendo os Conselhos Federal e Seccionais disciplinarem os respectivos procedimentos de adaptação.

Parágrafo único. Os mandatos dos membros dos órgãos da OAB, eleitos na primeira eleição sob a vigência desta Lei, e na forma do Capítulo VI do Título II, terão início no dia seguinte ao término dos atuais mandatos, encerrando-se em 31 de dezembro do terceiro ano do mandato e em 31 de janeiro do terceiro ano do mandato, neste caso com relação ao Conselho Federal.

Art. 83. Não se aplica o disposto no artigo 28, inciso II, desta Lei, aos membros do Ministério Público que, na data de promulgação da Constituição, se incluam na previsão do artigo 29, § 3º, do seu Ato das Disposições Constitucionais Transitórias.

Art. 84. O estagiário, inscrito no respectivo quadro, fica dispensado do Exame de Ordem, desde que comprove, em até dois anos da promulgação desta Lei, o exercício e resultado do estágio profissional ou a conclusão, com aproveitamento, do estágio de "Prática Forense e Organização Judiciária", realizado junto à respectiva faculdade, na forma da legislação em vigor.

Art. 85. O Instituto dos Advogados Brasileiros e as instituições a ele filiadas têm qualidade para promover perante a OAB o que julgarem do interesse dos advogados em geral ou de qualquer dos seus membros.

Art. 86. Esta Lei entra em vigor na data de sua publicação.

Art. 87. Revogam se as disposições em contrário, especialmente a Lei nº 4.215, de 27 de abril de 1963, a Lei nº 5.390, de 23 fevereiro de 1968, o Decreto-Lei nº 505, de 18 de março de 1969, a Lei nº 5.681, de 20 de julho de 1971, a Lei nº 5.842, de 6 de dezembro de 1972, a Lei nº 5.960, de 10 de dezembro de 1973, a Lei nº 6.743, de 5 de dezembro de 1979, a Lei nº 6.884, de 9 de dezembro de 1980, a Lei nº 6.994, de 26 de maio de 1982, mantidos os efeitos da Lei nº 7.346, de 22 de julho de 1985.

Brasília, 4 de julho de 1994;
173º da Independência e
106º da República.

Itamar Franco

LEI Nº 8.929, DE 22 DE AGOSTO DE 1994

Institui a Cédula de Produto Rural, e dá outras providências.

► Publicada no *DOU* de 23-8-1994.

Art. 1º Fica instituída a Cédula de Produto Rural (CPR), representativa de promessa de entrega de produtos rurais, com ou sem garantias cedularmente constituídas.

§ 1º Fica permitida a liquidação financeira da CPR, desde que observadas as condições estipuladas nesta Lei.

§ 2º Para os efeitos desta Lei, produtos rurais são aqueles obtidos nas atividades:

I – agrícola, pecuária, de floresta plantada e de pesca e aquicultura, seus derivados, subprodutos e resíduos de valor econômico, inclusive quando submetidos a beneficiamento ou a primeira industrialização;

II – relacionadas à conservação de florestas nativas e dos respectivos biomas e ao manejo de florestas nativas no âmbito do programa de concessão de florestas públicas, ou obtidos em outras atividades florestais que vierem a ser definidas pelo Poder Executivo como ambientalmente sustentáveis.

§ 3º O Poder Executivo poderá regulamentar o disposto neste artigo, inclusive relacionar os produtos passíveis de emissão de CPR.

Art. 2º Têm legitimação para emitir CPR o produtor rural, pessoa natural ou jurídica, inclusive aquela com objeto social que compreenda em caráter não exclusivo a produção rural, a cooperativa agropecuária e a associação de produtores rurais que tenha por objeto a produção, a comercialização e a industrialização dos produtos rurais de que trata o art. 1º desta Lei.

§ 1º É facultada a emissão de CPR pelas pessoas naturais ou jurídicas não elencadas no *caput* deste artigo que explorem floresta nativa ou plantada ou que beneficiem ou promovam a primeira industrialização dos produtos rurais referidos no art. 1º desta Lei.

§ 2º Sobre a CPR emitida pelas pessoas elencadas no § 1º deste artigo incidirá o imposto sobre operações de crédito, câmbio e seguro, ou relativas a títulos ou valores mobiliários, e não será aplicado o disposto no inciso V do *caput* do art. 3º da Lei nº 11.033, de 21 de dezembro 2004, nem quaisquer outras isenções.

§ 3º O Poder Executivo poderá regulamentar o disposto neste artigo, inclusive alterando o rol dos emissores de CPR para efeito desta Lei.

► Arts. 1º e 2º com a redação dada pela Lei nº 13.986, de 7-4-2020.

Art. 3º A CPR conterá os seguintes requisitos, lançados em seu contexto:

I – denominação "Cédula de Produto Rural" ou "Cédula de Produto Rural com Liquidação Financeira", conforme o caso;

II – data da entrega ou vencimento e, se for o caso, cronograma de liquidação;

III – nome e qualificação do credor e cláusula à ordem;

IV – promessa pura e simples de entrega do produto, sua indicação e as especificações de qualidade, de quantidade e do local onde será desenvolvido o produto rural;

► Incisos I a IV com a redação dada pela Lei nº 13.986, de 7-4-2020.

V – local e condições da entrega;

VI – descrição dos bens cedularmente vinculados em garantia, com nome e qualificação dos seus proprietários e nome e qualificação dos garantidores fidejussórios;

► Inciso VI com a redação dada pela Lei nº 13.986, de 7-4-2020.

VII – data e lugar da emissão;

VIII – nome, qualificação e assinatura do emitente e dos garantidores, que poderá ser feita de forma eletrônica;

► Inciso VIII com a redação dada pela Lei nº 13.986, de 7-4-2020.

IX – forma e condição de liquidação; e

X – critérios adotados para obtenção do valor de liquidação da cédula.

► Incisos IX e X acrescidos pela Lei nº 13.986, de 7-4-2020.

§ 1º Sem caráter de requisito essencial, a CPR, emitida sob a forma cartular ou escritural, poderá conter outras cláusulas lançadas em seu contexto.

► § 1º com a redação dada pela Lei nº 13.986, de 7-4-2020.

§ 2º A descrição dos bens vinculados em garantia pode ser feita em documento à parte, assinado pelo emitente, fazendo-se, na cédula, menção a essa circunstância.

§ 3º Os bens vinculados em garantia serão descritos de modo simplificado e, quando for o caso, serão identificados pela sua numeração própria e pelo número de registro ou matrícula no registro oficial competente, dispensada, no caso de imóveis, a indicação das respectivas confrontações.

► § 3º com a redação dada pela Lei nº 13.986, de 7-4-2020.

§ 4º No caso de emissão escritural, admite-se a utilização das formas previstas na legislação específica quanto à assinatura em documentos eletrônicos, como senha eletrônica, biometria e código de autenticação emitido por dispositivo pessoal e intransferível, inclusive para fins de validade, eficácia e executividade.

§ 5º A CPR poderá ser aditada, ratificada e retificada por termo aditivo que a integre, datado e assinado pelo emitente, pelo garantidor e pelo credor, com a formalização e o registro na forma do título original, conforme o art. 3º-A desta Lei, fazendo-se, na cédula, menção a essa circunstância.

§ 6º No caso da CPR com liquidação física, os procedimentos para definição da qualidade do produto obedecerão ao disposto em regulamento do Poder Executivo, quando houver.

§ 7º O Poder Executivo poderá regulamentar o disposto neste artigo.

► §§ 4º a 7º acrescidos dada pela Lei nº 13.986, de 7-4-2020.

Art. 3º-A. A CPR poderá ser emitida sob a forma cartular ou escritural.

§ 1º A emissão na forma escritural, que poderá valer-se de processos eletrônicos ou digitais, será objeto de lançamento em sistema eletrônico de escrituração gerido por entidade autorizada pelo Banco Central do Brasil a exercer a atividade de escrituração.

§ 2º A CPR emitida sob a forma cartular assumirá a forma escritural enquanto permanecer depositada em entidade autorizada pelo Banco Central do Brasil a exercer a atividade de depósito centralizado de ativos financeiros ou de valores mobiliários.

§ 3º Os negócios ocorridos durante o período em que a CPR emitida sob a forma cartular estiver depositada não serão transcritos no verso do título, cabendo ao sistema referido no § 1º deste artigo o controle da titularidade.

§ 4º A CPR será considerada ativo financeiro, para os fins de registro e de depósito em entidades autorizadas pelo Banco Central do Brasil a exercer tais atividades.

Art. 3º-B. Compete ao Banco Central do Brasil:

I – estabelecer as condições para o exercício da atividade de escrituração de que trata o § 1º do art. 3º-A desta Lei; e

II – autorizar e supervisionar o exercício da atividade prevista no inciso I do *caput* deste artigo.

§ 1º A autorização de que trata o inciso II do *caput* deste artigo poderá, a critério do Banco Central do Brasil, ser concedida por segmento, por espécie ou por grupos de entidades que atendam a critérios específicos, dispensada a autorização individualizada.

§ 2º A entidade de que trata o § 1º do art. 3º-A desta Lei deverá expedir, mediante solicitação:

I – certidão de inteiro teor do título, inclusive para fins de protesto, de procedimento extrajudicial ou de medida judicial, mesmo contra garantidores;

II – certidão de registro de cédulas escrituradas em nome do emitente e garantidor, quando aplicável.

§ 3º As certidões previstas no § 2º deste artigo podem ser emitidas de forma eletrônica, observados requisitos de segurança que garantam a autenticidade e a integridade do documento, que lhe conferem liquidez, certeza e exigibilidade.

Art. 3º-C. O sistema eletrônico de escrituração de que trata o § 1º do art. 3º-A desta Lei fará constar:

I – os requisitos essenciais do título;

II – as transferências de titularidade realizadas;

III – os aditamentos, as ratificações e as retificações;

IV – a inclusão de notificações, de cláusulas contratuais e de outras informações;

V – a forma de liquidação de entrega ajustada no título;

VI – a entrega ou pagamento em até 30 (trinta) dias após suas ocorrências; e

VII – as garantias do título.

Parágrafo único. As garantias dadas na CPR, ou, ainda, a constituição de ônus e gravames sobre o título, deverão ser informadas no sistema ao qual se refere o § 1º do art. 3º-A desta Lei.

Art. 3º-D. A CPR poderá ser negociada, desde que registrada ou depositada em entidade autorizada pelo Banco Central do Brasil a exercer a atividade de registro ou depósito centralizado de ativos financeiros.

Parágrafo único. A CPR será considerada ativo financeiro e a operação ficará isenta do imposto sobre operações de crédito, câmbio e seguro, ou relativas a títulos ou valores mobiliários, na hipótese de ocorrência da negociação de que trata o *caput* deste artigo.

Art. 3º-E. As infrações às normas legais regulamentares que regem a atividade de escrituração eletrônica sujeitam a entidade responsável pelo sistema eletrônico de escrituração, os seus administradores e os membros de seus órgãos estatutários ou contratuais ao disposto na Lei nº 13.506, de 13 de novembro de 2017.

► Arts. 3º-A a 3º-E acrescidos pela Lei nº 13.986, de 7-4-2020.

Art. 4º A CPR é título líquido e certo, exigível pela quantidade e qualidade de produto ou pelo valor nela previsto, no caso de liquidação financeira.

Parágrafo único. A CPR admite prestação única ou parcelada, hipótese em que as condições e o cronograma de cumprimento das obrigações deverão estar previstos no título.

► Art. 4º com a redação dada pela Lei nº 13.986, de 7-4-2020.

Art. 4º-A. A emissão de CPR com liquidação financeira deverá observar as seguintes condições:

► *Caput* do art. 4º-A com a redação dada pela Lei nº 13.986, de 7-4-2020.

I – que sejam explicitados, em seu corpo, os referenciais necessários à clara identificação do preço ou do índice de preços, da taxa de juros, fixa ou flutuante, da atualização monetária ou da variação cambial a serem utilizados no resgate do título, bem como a instituição responsável por sua apuração ou divulgação, a praça ou o mercado de formação do preço e o nome do índice;

► Inciso I com a redação dada pela Lei nº 13.986, de 7-4-2020.

II – que os indicadores de preço de que trata o inciso anterior sejam apurados por instituições idôneas e de credibilidade junto às partes contratantes, tenham divulgação periódica, preferencialmente diária, e ampla divulgação ou facilidade de acesso, de forma a estarem facilmente disponíveis para as partes contratantes;

III – que seja caracterizada por seu nome, seguido da expressão "financeira".

► Incisos II e III acrescidos pela Lei nº 10.200, de 14-2-2001.

§ 1º A CPR com liquidação financeira é título líquido e certo, exigível, na data de seu vencimento, pelo resultado da multiplicação do preço praticado para o produto, aplicados eventuais índices de preços ou de conversão de moedas apurados segundo os critérios previstos neste artigo, pela quantidade do produto especificado.

► § 1º com a redação dada pela Lei nº 13.986, de 7-4-2020.

§ 2º Para cobrança da CPR com liquidação financeira, cabe ação de execução por quantia certa.

► § 2º acrescido pela Lei nº 10.200, de 14-2-2001.

§ 3º A CPR com liquidação financeira poderá ser emitida com cláusula de correção pela variação cambial, podendo o Conselho Monetário Nacional regulamentar o assunto.

► § 3º acrescido pela Lei nº 13.986, de 7-4-2020.

Art. 4º-B. A liquidação do pagamento em favor do legítimo credor, por qualquer meio de pagamento existente no âmbito do Sistema de Pagamentos Brasileiro, constituirá prova de pagamento total ou parcial da CPR emitida sob a forma escritural.

Parágrafo único. A prova de pagamento de que trata o *caput* deste artigo será informada no sistema eletrônico de escrituração de que trata o § 1º do art. 3º-A desta Lei, com referência expressa à CPR amortizada ou liquidada.

► Art. 4º-B acrescido pela Lei nº 13.986, de 7-4-2020.

Art. 5º A CPR admite a constituição de quaisquer dos tipos de garantia previstos na legislação, devendo ser observado o disposto nas normas que as disciplinam, salvo na hipótese de conflito, quando prevalecerá esta Lei.

► *Caput* com a redação dada pela Lei nº 13.986, de 7-4-2020.

I a III – *Revogados*. Lei nº 13.986, de 7-4-2020.

Parágrafo único. A informação eventualmente prestada pelo emitente sobre a essencialidade dos bens móveis e imóveis dados em garantia fiduciária a sua atividade empresarial deverá constar na cédula a partir do momento de sua emissão.

▸ Parágrafo único acrescido pela Lei nº 13.986, de 7-4-2020.

Art. 6º Podem ser objeto de hipoteca cedular imóveis rurais e urbanos.

Parágrafo único. Aplicam-se à hipoteca cedular os preceitos da legislação sobre hipoteca, no que não colidirem com esta lei.

Art. 7º Podem ser objeto de penhor cedular, nas condições desta lei, os bens suscetíveis de penhor rural e de penhor mercantil, bem como os bens suscetíveis de penhor cedular.

§ 1º Salvo se tratar de títulos de crédito, os bens apenhados continuam na posse imediata do emitente ou do terceiro prestador da garantia, que responde por sua guarda e conservação como fiel depositário.

§ 2º Cuidando-se de penhor constituído por terceiro, o emitente da cédula responderá solidariamente com o empenhador pela guarda e conservação dos bens.

§ 3º Aplicam-se ao penhor constituído por CPR, conforme o caso, os preceitos da legislação sobre penhor, inclusive o mercantil, o rural e o constituído por meio de cédulas, no que não colidirem com os desta lei.

Art. 8º A não identificação dos bens objeto de alienação fiduciária não retira a eficácia da garantia, que poderá incidir sobre outros do mesmo gênero, qualidade e quantidade, de propriedade do garante.

§ 1º A alienação fiduciária de produtos agropecuários e de seus subprodutospoderá recair sobre bens presentes ou futuros, fungíveis ou infungíveis, consumíveis ou não, cuja titularidade pertença ao fiduciante, devedor ou terceiro garantidor, e sujeita-se às disposições previstas na Lei nº 10.406, de 10 de janeiro de 2002 (Código Civil), e na legislação especial a respeito do penhor, do penhor rural e do penhor agrícola e mercantil e às disposições sobre a alienação fiduciária de bens infungíveis, em tudo o que não for contrário ao disposto nesta Lei.

§ 2º O beneficiamento ou a transformação dos gêneros agrícolas dados em alienação fiduciária não extinguem o vínculo real que se transfere, automaticamente, para os produtos e subprodutos resultantes de beneficiamento ou transformação.

§ 3º Em caso de necessidade de busca e apreensão dos bens alienados fiduciariamente aplicar-se-á o disposto nos arts. 3º e seguintes do Decreto-Lei nº 911, de 1º de outubro de 1969.

▸ §§ 1º a 3º acrescidos pela Lei nº 13.986, de 7-4-2020.

Art. 9º A CPR poderá ser aditada, ratificada e retificada por aditivos, que a integram, datados e assinados pelo emitente e pelo credor, fazendo-se, na cédula, menção a essa circunstância.

Art. 10. Aplicam-se à CPR, no que forem cabíveis, as normas de direito cambial, com as seguintes modificações:

I – os endossos devem ser completos;

II – os endossantes não respondem pela entrega do produto, mas, tão-somente, pela existência da obrigação;

III – é dispensado o protesto cambial para assegurar o direito de regresso contra avalistas.

Parágrafo único. No caso de CPR emitida sob forma escritural, a transferência de titularidade da cédula produzirá os mesmos efeitos jurídicos do endosso.

▸ Parágrafo único acrescido pela Lei nº 13.986, de 7-4-2020.

Art. 11. Não se sujeitarão aos efeitos da recuperação judicial os créditos e as garantias cedulares vinculados à CPR com liquidação física, em caso de antecipação parcial ou integral do preço, ou, ainda, representativa de operação de troca por insumos (barter), subsistindo ao credor o direito à restituição de tais bens que se encontrarem em poder do emitente da cédula ou de qualquer terceiro, salvo motivo de caso fortuito ou força maior que comprovadamente impeça o cumprimento parcial ou total da entrega do produto.

▸ Artigo com a redação dada pela Lei nº 14.112, de 24-12-2020, promulgado nos termos do art. 66, § 5º, da CF (*DOU* de 26-3-2021 – edição extra D).

Art. 12. A CPR emitida a partir de 1º de janeiro de 2021, bem como seus aditamentos, para ter validade e eficácia, deverá ser registrada ou depositada, em até 10 (dez) dias úteis da data de emissão ou aditamento, em entidade autorizada pelo Banco Central do Brasil a exercer a atividade de registro ou de depósito centralizado de ativos financeiros ou de valores mobiliários.

§ 1º Sem prejuízo do disposto no *caput* deste artigo, a hipoteca, o penhor rural e a alienação fiduciária sobre bem imóvel garantidores da CPR serão levados a registro no cartório de registro de imóveis em que estiverem localizados os bens dados em garantia.

§ 2º A validade e eficácia da CPR não dependem de registro em cartório, que fica dispensado, mas as garantias reais a ela vinculadas ficam sujeitas, para valer contra terceiros, à averbação no cartório de registro de imóveis em que estiverem localizados os bens dados em garantia, devendo ser efetuada no prazo de 3 (três) dias úteis, contado da apresentação do título ou certidão de inteiro teor, sob pena de responsabilidade funcional do oficial encarregado de promover os atos necessários.

§ 3º A cobrança de emolumentos e custas cartorárias relacionada ao registro de garantias vinculadas à CPR será regida pelas normas aplicáveis ao registro de garantias vinculadas à Cédula de Crédito Rural, de que trata o Decreto-Lei nº 167, de 14 de fevereiro de 1967.

§ 4º A CPR, na hipótese de ser garantida por alienação fiduciária sobre bem móvel, será averbada no cartório de registro de títulos e documentos do domicílio do emitente.

§ 5º Fica o Conselho Monetário Nacional autorizado a:

I – estabelecer normas complementares para o cumprimento do disposto no *caput* deste artigo, inclusive acerca das informações requeridas para o registro ou o depósito;

II – dispensar o registro ou o depósito de que trata o *caput* deste artigo, com base em critérios de:

a) valor;

b) forma de liquidação; e

c) características do emissor.

§ 6º A dispensa de que trata o inciso II do § 5º deste artigo não se aplica à CPR emitida após 31 de dezembro de 2023.

▸ Art. 12 com a redação dada pela Lei nº 13.986, de 7-4-2020.

Art. 13. A entrega do produto antes da data prevista na cédula depende da anuência do credor.

Art. 14. A CPR poderá ser considerada vencida na hipótese de inadimplemento de qualquer das obrigações do emitente.

Art. 15. Para cobrança da CPR, cabe a ação de execução para entrega de coisa incerta.

Art. 16. A busca e apreensão ou o leilão do bem alienado fiduciariamente, promovidos pelo credor, não elidem posterior execução, inclusive da hipoteca e do penhor constituído na mesma cédula, para satisfação do crédito remanescente.

► *Caput* com a redação dada pela Lei nº 13.986, de 7-4-2020.

Parágrafo único. No caso a que se refere o presente artigo, o credor tem direito ao desentranhamento do título, após efetuada a busca e apreensão, para instruir a cobrança do saldo devedor em ação própria.

Art. 17. Pratica crime de estelionato aquele que fizer declarações falsas ou inexatas acerca de sua natureza jurídica ou qualificação, bem como dos bens oferecidos em garantia da CPR, inclusive omitir declaração de já estarem eles sujeitos a outros ônus ou responsabilidade de qualquer espécie, até mesmo de natureza fiscal.

► Artigo com a redação dada pela Lei nº 13.986, de 7-4-2020.

Art. 18. Os bens vinculados à CPR não serão penhorados ou seqüestrados por outras dívidas do emitente ou do terceiro prestador da garantia real, cumprindo a qualquer deles denunciar a existência da cédula às autoridades incumbidas da diligência, ou a quem a determinou, sob pena de responderem pelos prejuízos resultantes de sua omissão.

Art. 19. *Revogado.* Lei nº 13.986, de 7-4-2020.

Art. 20. Esta lei entra em vigor na data de sua publicação.

Brasília, 22 de agosto de 1994;
173º da Independência e
106º da República.

Itamar Franco

LEI Nº 8.934, DE 18 DE NOVEMBRO DE 1994

Dispõe sobre o Registro Público de Empresas Mercantis e Atividades Afins e dá outras providências.

► Publicada no *DOU* de 21-11-1994.

TÍTULO I – DO REGISTRO PÚBLICO DE EMPRESAS MERCANTIS E ATIVIDADES AFINS

CAPÍTULO I

DAS FINALIDADES E DA ORGANIZAÇÃO

Seção I

DAS FINALIDADES

Art. 1º O Registro Público de Empresas Mercantis e Atividades Afins, observado o disposto nesta Lei, será exercido em todo o território nacional, de forma sistêmica, por órgãos federais, estaduais e distrital, com as seguintes finalidades:

► *Caput* com a redação dada pela Lei nº 13.833, de 4-6-2019.

I – dar garantia, publicidade, autenticidade, segurança e eficácia aos atos jurídicos das empresas mercantis, submetidos a registro na forma desta Lei;

II – cadastrar as empresas nacionais e estrangeiras em funcionamento no País e manter atualizadas as informações pertinentes;

III – proceder à matrícula dos agentes auxiliares do comércio, bem como ao seu cancelamento.

Art. 2º Os atos das firmas mercantis individuais e das sociedades mercantis serão arquivados no Registro Público de Empresas Mercantis e Atividades Afins, independentemente de seu objeto, salvo as exceções previstas em lei.

Parágrafo único. *Revogado.* Lei nº 13.874, de 20-9-2019.

Seção II

DA ORGANIZAÇÃO

Art. 3º Os serviços do Registro Público de Empresas Mercantis e Atividades Afins serão exercidos, em todo o território nacional, de maneira uniforme, harmônica e interdependente, pelo Sistema Nacional de Registro de Empresas Mercantis – SINREM, composto pelos seguintes órgãos:

I – o Departamento Nacional de Registro Empresarial e Integração, órgão central do SINREM, com as seguintes funções:

a) supervisora, orientadora, coordenadora e normativa, na área técnica; e

b) supletiva, na área administrativa; e

► Inciso I com a redação dada pela Lei nº 13.833, de 4-6-2019.

II – as Juntas Comerciais, como órgãos locais, com funções executora e administradora dos serviços de registro.

Subseção I

DO DEPARTAMENTO NACIONAL DE REGISTRO EMPRESARIAL E INTEGRAÇÃO

► Subseção I com a denominação dada pela Lei nº 13.833, de 4-6-2019.

Art. 4º O Departamento Nacional de Registro Empresarial e Integração (DREI) da Secretaria de Governo Digital da Secretaria Especial de Desburocratização, Gestão e Governo Digital do Ministério da Economia tem por finalidade:

► *Caput* com a redação dada pela Lei nº 13.874, de 20-9-2019.

I – supervisionar e coordenar, no plano técnico, os órgãos incumbidos da execução dos serviços de Registro Público de Empresas Mercantis e Atividades Afins;

II – estabelecer e consolidar, com exclusividade, as normas e diretrizes gerais do Registro Público de Empresas Mercantis e Atividades Afins;

III – solucionar dúvidas ocorrentes na interpretação das leis, regulamentos e demais normas relacionadas com o registro de empresas mercantis, baixando instruções para esse fim;

IV – prestar orientação às Juntas Comerciais, com vistas à solução de consultas e à observância das normas legais e regulamentares do Registro Público de Empresas Mercantis e Atividades Afins;

V – exercer ampla fiscalização jurídica sobre os órgãos incumbidos do Registro Público de Empresas Mercantis e Atividades Afins, representando para os devidos fins às autoridades administrativas contra abusos e infrações das respectivas normas, e requerendo tudo o que se afigurar necessário ao cumprimento dessas normas;

VI – estabelecer normas procedimentais de arquivamento de atos de firmas mercantis individuais e sociedades mercantis de qualquer natureza;

VII – promover ou providenciar, supletivamente, as medidas tendentes a suprir ou corrigir as ausências, falhas ou deficiências dos serviços de Registro Público de Empresas Mercantis e Atividades Afins;

VIII – prestar colaboração técnica e financeira às Juntas Comerciais para a melhoria dos serviços pertinentes ao Registro Público de Empresas Mercantis e Atividades Afins;

IX – organizar e manter atualizado o cadastro nacional das empresas mercantis em funcionamento no País, com a cooperação das Juntas Comerciais;

X – instruir, examinar e encaminhar os pedidos de autorização para nacionalização ou instalação de filial, agência, sucursal ou

estabelecimento no País por sociedade estrangeira, ressalvada a competência de outros órgãos federais;

► Inciso X com a redação dada pela MP nº 1.040, de 29-3-2021, que até o encerramento desta edição não havia sido convertida em lei.

XI – promover e elaborar estudos e publicações e realizar reuniões sobre temas pertinentes ao Registro Público de Empresas Mercantis e Atividades Afins;

► Inciso XI com a redação dada pela Lei nº 13.833, de 4-6-2019.

Parágrafo único. O cadastro nacional a que se refere o inciso IX do *caput* deste artigo será mantido com as informações originárias do cadastro estadual de empresas, vedados a exigência de preenchimento de formulário pelo empresário ou o fornecimento de novos dados ou informações, bem como a cobrança de preço pela inclusão das informações no cadastro nacional.

► Parágrafo único acrescido pela Lei nº 13.874, de 20-9-2019.

Subseção II
DAS JUNTAS COMERCIAIS

Art. 5º Haverá uma Junta Comercial em cada unidade federativa, com sede na capital e jurisdição na área da circunscrição territorial respectiva.

Art. 6º As juntas comerciais subordinam-se, administrativamente, ao governo do respectivo ente federativo e, tecnicamente, ao Departamento Nacional de Registro Empresarial e Integração, nos termos desta Lei.

► *Caput* com a redação dada pela Lei nº 13.833, de 4-6-2019.

Parágrafo único. *Revogado.* Lei nº 13.833, de 4-6-2019.

Art. 7º As Juntas Comerciais poderão desconcentrar os seus serviços, mediante convênios com órgãos públicos e entidades privadas sem fins lucrativos, preservada a competência das atuais Delegacias.

Art. 8º Às Juntas Comerciais incumbe:

I – executar os serviços previstos no artigo 32 desta Lei;

II – elaborar a tabela de preços de seus serviços, observadas as normas legais pertinentes;

III – processar a habilitação e a nomeação dos tradutores públicos e intérpretes comerciais;

IV – elaborar os respectivos Regimentos Internos e suas alterações, bem como as resoluções de caráter administrativo necessárias ao fiel cumprimento das normas legais, regulamentares e regimentais;

V – expedir carteiras de exercício profissional de pessoas legalmente inscritas no Registro Público de Empresas Mercantis e Atividades Afins;

VI – o assentamento dos usos e práticas mercantis.

Art. 9º A estrutura básica das Juntas Comerciais será integrada pelos seguintes órgãos:

I – a Presidência, como órgão diretivo e representativo;

II – o Plenário, como órgão deliberativo superior;

III – as Turmas, como órgãos deliberativos inferiores;

IV – a Secretaria-Geral, como órgão administrativo;

V – a Procuradoria, como órgão de fiscalização e de consulta jurídica.

§ 1º As Juntas Comerciais poderão ter uma Assessoria Técnica, com a competência de preparar e relatar os documentos a serem submetidos à sua deliberação, cujos membros deverão ser bacharéis em Direito, Economistas, Contadores ou Administradores.

§ 2º As Juntas Comerciais, por seu Plenário, poderão resolver pela criação de Delegacias, órgãos locais do registro do comércio, nos termos da legislação estadual respectiva.

Art. 10. O Plenário, composto de Vogais e respectivos suplentes, será constituído pelo mínimo de onze e no máximo de vinte e três Vogais.

► Artigo com a redação dada pela Lei nº 10.194, de 14-2-2001.

Art. 11. Os vogais e os respectivos suplentes serão nomeados, salvo disposição em contrário, pelos governos dos Estados e do Distrito Federal, dentre brasileiros que atendam às seguintes condições:

► *Caput* com a redação dada pela Lei nº 13.833, de 4-6-2019.

I – estejam em pleno gozo dos direitos civis e políticos;

II – não estejam condenados por crime cuja pena vede o acesso a cargo, emprego e funções públicas, ou por crime de prevaricação, falência fraudulenta, peita ou suborno, concussão, peculato, contra a propriedade, a fé pública e a economia popular;

III – sejam, ou tenham sido, por mais de cinco anos, titulares de firma mercantil individual, sócios ou administradores de sociedade mercantil, valendo como prova, para esse fim, certidão expedida pela Junta Comercial;

IV – estejam quites com o serviço militar e o serviço eleitoral.

Parágrafo único. Qualquer pessoa poderá representar fundadamente à autoridade competente contra a nomeação de Vogal ou suplente, contrária aos preceitos desta Lei, no prazo de quinze dias, contados da data da posse.

Art. 12. Os Vogais e respectivos suplentes serão escolhidos da seguinte forma:

I – a metade do número de Vogais e suplentes será designada mediante indicação de nomes, em listas tríplices, pelas entidades patronais de grau superior e pelas Associações Comerciais, com sede na jurisdição da Junta;

II – um Vogal e respectivo suplente, representando a União, por nomeação do Ministro de Estado do Desenvolvimento, Indústria e Comércio Exterior;

► Inciso II com a redação dada pela Lei nº 10.194, de 14-2-2001.

III – quatro Vogais e respectivos suplentes, representando, respectivamente, a classe dos advogados, a dos economistas e a dos contadores, todos mediante indicação, em lista tríplice, do Conselho Seccional ou Regional do órgão corporativo destas categorias profissionais;

► Inciso III com a redação dada pela Lei nº 9.829, de 2-9-1999.

IV – os demais vogais e suplentes serão designados, nos Estados e no Distrito Federal, por livre escolha dos respectivos governadores.

► Inciso IV com a redação dada pela Lei nº 13.833, de 4-6-2019.

§ 1º Os Vogais e respectivos suplentes de que tratam os incisos II e III deste artigo ficam dispensados da prova do requisito previsto no inciso III do artigo 11, mas exigir-se-á a prova de mais de cinco anos de efetivo exercício da profissão em relação aos Vogais e suplentes de que trata o inciso III.

§ 2º As listas referidas neste artigo devem ser remetidas até sessenta dias antes do término do mandato, caso contrário será considerada, com relação a cada entidade que se omitir na remessa, a última lista que não inclua pessoa que exerça ou tenha exercido mandato de Vogal.

Art. 13. Os Vogais serão remunerados por presença, nos termos da legislação da unidade federativa a que pertencer a Junta Comercial.

Art. 14. O Vogal será substituído por seu suplente durante os impedimentos e, no caso de vaga, até o final do mandato.

Art. 15. São incompatíveis para a participação no Colégio de Vogais da mesma Junta Comercial os parentes consanguíneos e afins até o segundo grau e os sócios da mesma empresa.

Parágrafo único. Em caso de incompatibilidade, serão seguidos, para a escolha dos membros, sucessivamente, os critérios da precedência na nomeação, da precedência na posse, ou do membro mais idoso.

Art. 16. O mandato de Vogal e respectivo suplente será de quatro anos, permitida apenas uma recondução.

Art. 17. O Vogal ou seu suplente perderá o mandato nos seguintes casos:

I – mais de três faltas consecutivas às sessões, ou doze alternadas no mesmo ano, sem justo motivo;

II – por conduta incompatível com a dignidade do cargo.

Art. 18. Na sessão inaugural do Plenário das Juntas Comerciais, que iniciará cada período de mandato, serão distribuídos os Vogais por Turmas de três membros cada uma, com exclusão do Presidente e do Vice-Presidente.

Art. 19. Ao Plenário compete o julgamento dos processos em grau de recurso, nos termos previstos no Regulamento desta Lei.

Art. 20. As sessões ordinárias do Plenário e das Turmas efetuar-se-ão com a periodicidade e do modo determinado no Regimento da Junta Comercial; e as extraordinárias, sempre justificadas, por convocação do Presidente ou de dois terços dos seus membros.

Art. 21. Compete às Turmas julgar, originariamente, os pedidos relativos à execução dos atos de registro.

Art. 22. Compete aos respectivos governadores a nomeação para os cargos em comissão de presidente e vice-presidente das juntas comerciais dos Estados e do Distrito Federal, escolhidos dentre os vogais do Plenário.

► Artigo com a redação dada pela Lei nº 13.833, de 4-6-2019.

Art. 23. Compete ao Presidente:

I – a direção e representação geral da Junta;

II – dar posse aos Vogais, convocar e dirigir as sessões do Plenário, superintender todos os serviços e velar pelo fiel cumprimento das normas legais e regulamentares.

Art. 24. Ao Vice-Presidente incumbe substituir o Presidente em suas faltas ou impedimentos e efetuar a correição permanente dos serviços, na forma do regulamento desta Lei.

Art. 25. Compete aos respectivos governadores a nomeação para o cargo em comissão de secretário-geral das juntas comerciais dos Estados e do Distrito Federal, e a escolha deverá recair sobre brasileiros de notória idoneidade moral e com conhecimentos em direito empresarial.

► Artigo com a redação dada pela Lei nº 13.833, de 4-6-2019.

Art. 26. À Secretaria-Geral compete a execução dos serviços de registro e de administração da Junta.

Art. 27. As procuradorias serão compostas de 1 (um) ou mais procuradores e chefiadas pelo procurador que for designado pelo governador do Estado ou do Distrito Federal.

► Artigo com a redação dada pela Lei nº 13.833, de 4-6-2019.

Art. 28. A Procuradoria tem por atribuição fiscalizar e promover o fiel cumprimento das normas legais e executivas, oficiando, internamente, por sua iniciativa ou mediante solicitação da Presidência, do Plenário e das Turmas; e, externamente, em atos ou feitos de natureza jurídica, inclusive os judiciais, que envolvam matéria do interesse da Junta.

CAPÍTULO II
DA PUBLICIDADE DO REGISTRO PÚBLICO DE EMPRESAS MERCANTIS E ATIVIDADES AFINS

SEÇÃO I
DAS DISPOSIÇÕES GERAIS

Art. 29. Qualquer pessoa, sem necessidade de provar interesse, poderá consultar os assentamentos existentes nas Juntas Comerciais e obter certidões, mediante pagamento do preço devido.

Art. 30. A forma, prazo e procedimento de expedição de certidões serão definidos no Regulamento desta Lei.

SEÇÃO II
DA PUBLICAÇÃO DOS ATOS

Art. 31. Os atos decisórios serão publicados em sítio da rede mundial de computadores da junta comercial do respectivo ente federativo.

► Artigo com a redação dada pela Lei nº 13.874, de 20-9-2019.

CAPÍTULO III
DOS ATOS PERTINENTES AO REGISTRO PÚBLICO DE EMPRESAS MERCANTIS E ATIVIDADES AFINS

SEÇÃO I
DA COMPREENSÃO DOS ATOS

Art. 32. O Registro compreende:

I – a Matrícula e seu Cancelamento: dos leiloeiros, tradutores públicos e intérpretes comerciais, trapicheiros e administradores de armazéns gerais;

II – o Arquivamento:

a) dos documentos relativos à constituição, alteração, dissolução e extinção de firmas mercantis individuais, sociedades mercantis e cooperativas;

b) dos atos relativos a consórcio e grupo de sociedade de que trata a Lei nº 6.404, de 15 de dezembro de 1976;

c) dos atos concernentes a empresas mercantis estrangeiras autorizadas a funcionar no Brasil;

d) das declarações de microempresa;

e) de atos ou documentos que, por determinação legal, sejam atribuídos ao Registro Público de Empresas Mercantis e Atividades Afins ou daqueles que possam interessar ao empresário e às empresas mercantis;

III – a autenticação dos instrumentos de escrituração das empresas mercantis registradas e dos agentes auxiliares do comércio, na forma de lei própria.

► Arts. 967 a 971 do CC.

§ 1º Os atos, os documentos e as declarações que contenham informações meramente cadastrais serão levados automaticamente a registro se puderem ser obtidos de outras bases de dados disponíveis em órgãos públicos.

§ 2º Ato do Departamento Nacional de Registro Empresarial e Integração definirá os atos, os documentos e as declarações que contenham informações meramente cadastrais.

► §§ 1º e 2º acrescidos pela Lei nº 13.874, de 20-9-2019.

Art. 33. A proteção ao nome empresarial decorre automaticamente do arquivamento dos atos constitutivos de firma individual e de sociedades, ou de suas alterações.

► Arts. 1.155 a 1.168 do CC.

§§ 1º e 2º VETADOS.

Art. 34. O nome empresarial obedecerá aos princípios da veracidade e da novidade.

► Arts. 1.155 a 1.168 do CC.

SEÇÃO II
DAS PROIBIÇÕES DE ARQUIVAMENTO

Art. 35. Não podem ser arquivados:

I – os documentos que não obedecerem às prescrições legais ou regulamentares ou que contiverem matéria contrária aos bons costumes ou à ordem pública, bem como os que colidirem com o respectivo estatuto ou contrato não modificado anteriormente;

II – os documentos de constituição ou alteração de empresas mercantis de qualquer espécie ou modalidade em que figure como titular ou administrador pessoa que esteja condenada pela prática de crime cuja pena vede o acesso à atividade mercantil;

III – os atos constitutivos de empresas mercantis que, além das cláusulas exigidas em lei, não designarem o respectivo capital e a declaração de seu objeto, cuja indicação no nome empresarial é facultativa;

► Inciso III com a redação dada pela MP nº 1.040, de 29-3-2021, que até o encerramento desta edição não havia sido convertida em lei.

IV – Revogado. MP nº 1.040, de 29-3-2021, que até o encerramento desta edição não havia sido convertida em lei;

V – os atos de empresas mercantis com nome idêntico a outro já existente;

► Inciso V com a redação dada pela MP nº 1.040, de 29-3-2021, que até o encerramento desta edição não havia sido convertida em lei.

VI – a alteração contratual, por deliberação majoritária do capital social, quando houver cláusula restritiva;

VII – os contratos sociais ou suas alterações em que haja incorporação de imóveis à sociedade, por instrumento particular, quando do instrumento não constar:

a) a descrição e identificação do imóvel, sua área, dados relativos à sua titulação, bem como o número da matrícula no Registro Imobiliário;

b) a outorga uxória ou marital, quando necessária;

VIII – *Revogado.* Lei nº 13.874, de 20-9-2019.

§ 1º O registro dos atos constitutivos e de suas alterações e extinções ocorrerá independentemente de autorização governamental prévia e os órgãos públicos deverão ser informados pela Rede Nacional para a Simplificação do Registro e da Legalização de Empresas e Negócios – REDESIM a respeito dos registros sobre os quais manifestarem interesse.

► Parágrafo único transformado em § 1º pela MP nº 1.040, de 29-3-2021, que até o encerramento desta edição não havia sido convertida em lei.

§ 2º Eventuais casos de colidência entre nomes empresariais por semelhança poderão ser questionados pelos interessados, a qualquer tempo, por meio de recurso ao Departamento Nacional de Registro Empresarial e Integração da Secretaria de Governo Digital da Secretaria Especial de Desburocratização, Gestão e Governo Digital do Ministério da Economia.

► § 2º acrescido pela MP nº 1.040, de 29-3-2021, que até o encerramento desta edição não havia sido convertida em lei.

Art. 35-A. O empresário ou a pessoa jurídica poderá optar por utilizar o número de inscrição no Cadastro Nacional da Pessoa Jurídica como nome empresarial, seguido da partícula identificadora do tipo societário ou jurídico, quando exigida por lei.

► Art. 35-A acrescido pela MP nº 1.040, de 29-3-2021, que até o encerramento desta edição não havia sido convertida em lei.

SEÇÃO III
DA ORDEM DOS SERVIÇOS

SUBSEÇÃO I
DA APRESENTAÇÃO DOS ATOS E ARQUIVAMENTO

Art. 36. Os documentos referidos no inciso II do artigo 32 deverão ser apresentados a arquivamento na Junta, dentro de trinta dias contados de sua assinatura, a cuja data retroagirão os efeitos do arquivamento; fora desse prazo, o arquivamento só terá eficácia a partir do despacho que o conceder.

Art. 37. Instruirão obrigatoriamente os pedidos de arquivamento:

I – o instrumento original de constituição, modificação ou extinção de empresas mercantis, assinado pelo titular, pelos administradores, sócios ou seus procuradores;

II – declaração do titular ou administrador, firmada sob as penas da lei, de não estar impedido de exercer o comércio ou a administração de sociedade mercantil, em virtude de condenação criminal;

► Inciso II com a redação dada pela Lei nº 10.194, de 14-2-2001.

III – Revogado. MP nº 1.040, de 29-3-2021, que até o encerramento desta edição não havia sido convertida em lei;

IV – os comprovantes de pagamento dos preços dos serviços correspondentes;

V – a prova de identidade dos titulares e dos administradores da empresa mercantil.

Parágrafo único. Além dos referidos neste artigo, nenhum outro documento será exigido das firmas individuais e sociedades referidas nas alíneas *a*, *b* e *d* do inciso II do artigo 32.

Art. 38. Para cada empresa mercantil, a Junta Comercial organizará um prontuário com os respectivos documentos.

SUBSEÇÃO II
DAS AUTENTICAÇÕES

Art. 39. As Juntas Comerciais autenticarão:

I – os instrumentos de escrituração das empresas mercantis e dos agentes auxiliares do comércio;

II – as cópias dos documentos assentados.

Parágrafo único. Os instrumentos autenticados, não retirados no prazo de trinta dias, contados da sua apresentação, poderão ser eliminados.

Art. 39-A. A autenticação dos documentos de empresas de qualquer porte realizada por meio de sistemas públicos eletrônicos dispensa qualquer outra.

Art. 39-B. A comprovação da autenticação de documentos e da autoria de que trata esta Lei poderá ser realizada por meio eletrônico, na forma do regulamento.

► Arts. 39-A e 39-B acrescidos pela LC nº 147, de 7-8-2014.

SUBSEÇÃO III
DO EXAME DAS FORMALIDADES

Art. 40. Todo ato, documento ou instrumento apresentado a arquivamento será objeto de exame do cumprimento das formalidades legais pela Junta Comercial.

§ 1º Verificada a existência de vício insanável, o requerimento será indeferido; quando for sanável, o processo será colocado em exigência.

§ 2º As exigências formuladas pela Junta Comercial deverão ser cumpridas em até trinta dias, contados da data da ciência pelo interessado ou da publicação do despacho.

§ 3º O processo em exigência será entregue completo ao interessado; não devolvido no prazo previsto no parágrafo anterior, será considerado como novo pedido de arquivamento, sujeito ao pagamento dos preços dos serviços correspondentes.

SUBSEÇÃO IV
DO PROCESSO DECISÓRIO

Art. 41. Estão sujeitos ao regime de decisão colegiada pelas Juntas Comerciais, na forma desta Lei:

I – o arquivamento:

a) dos atos de constituição de sociedades anônimas;

► Alínea *a* com a redação dada pela Lei nº 13.874, de 20-9-2019.

b) dos atos referentes à transformação, incorporação, fusão e cisão de empresas mercantis;

c) dos atos de constituição e alterações de consórcio e de grupo de sociedades, conforme previsto na Lei nº 6.404, de 15 de dezembro de 1976;

II – o julgamento do recurso previsto nesta Lei.

Parágrafo único. Os pedidos de arquivamento de que trata o inciso I do *caput* deste artigo serão decididos no prazo de 5 (cinco) dias úteis, contado da data de seu recebimento, sob pena de os atos serem considerados arquivados, mediante provocação dos interessados, sem prejuízo do exame das formalidades legais pela procuradoria.

► Parágrafo único acrescido pela Lei nº 13.874, de 20-9-2019.

Art. 42. Os atos próprios do Registro Público de Empresas Mercantis e Atividades Afins, não previstos no artigo anterior, serão objeto de decisão singular proferida pelo Presidente da Junta Comercial, por Vogal ou servidor que possua comprovados conhecimentos de Direito Comercial e de Registro de Empresas Mercantis.

§ 1º Os vogais e servidores habilitados a proferir decisões singulares serão designados pelo presidente da junta comercial.

► Parágrafo único transformado em § 1º pela Lei nº 13.874, de 20-9-2019.

§ 2º Os pedidos de arquivamento não previstos no inciso I do *caput* do art. 41 desta Lei serão decididos no prazo de 2 (dois) dias úteis, contado da data de seu recebimento, sob pena de os atos serem considerados arquivados, mediante provocação dos interessados, sem prejuízo do exame das formalidades legais pela procuradoria.

§ 3º O arquivamento dos atos constitutivos e de alterações não previstos no inciso I do *caput* do art. 41 desta Lei terá o registro deferido automaticamente caso cumpridos os requisitos de:

I – aprovação da consulta prévia da viabilidade do nome empresarial e da viabilidade de localização, quando o ato exigir; e

II – utilização pelo requerente do instrumento padrão estabelecido pelo Departamento Nacional de Registro Empresarial e Integração (DREI) da Secretaria de Governo Digital da Secretaria Especial de Desburocratização, Gestão e Governo Digital do Ministério da Economia.

§ 4º O arquivamento dos atos de extinção não previstos no inciso I do *caput* do art. 41 desta Lei terá o registro deferido automaticamente no caso de utilização pelo requerente do instrumento padrão estabelecido pelo DREI.

§ 5º Nas hipóteses de que tratam os §§ 3º e 4º do *caput* deste artigo, a análise do cumprimento das formalidades legais será feita posteriormente, no prazo de 2 (dois) dias úteis, contado da data do deferimento automático do registro.

§ 6º Após a análise de que trata o § 5º deste artigo, a identificação da existência de vício acarretará:

I – o cancelamento do arquivamento, se o vício for insanável; ou

II – a observação do procedimento estabelecido pelo DREI, se o vício for sanável.

► §§ 2º a 6º acrescidos pela Lei nº 13.874, de 20-9-2019.

Art. 43. *Revogado.* Lei nº 13.874, de 20-9-2019.

SUBSEÇÃO V
DO PROCESSO REVISIONAL

Art. 44. O processo revisional pertinente ao Registro Público de Empresas Mercantis e Atividades Afins dar-se-á mediante:

I – Pedido de Reconsideração;

II – Recurso ao Plenário;

III – Recurso ao Departamento Nacional de Registro Empresarial e Integração.

► Inciso III com a redação dada pela Lei nº 13.874, de 20-9-2019.

Art. 45. O Pedido de Reconsideração terá por objeto obter a revisão de despachos singulares ou de Turmas que formulem exigências para o deferimento do arquivamento e será apresentado no prazo para cumprimento da exigência para apreciação pela autoridade recorrida em 3 (três) dias úteis ou 5 (cinco) dias úteis, respectivamente.

► Artigo com a redação dada pela Lei nº 11.598, de 3-12-2007.

Art. 46. Das decisões definitivas, singulares ou de Turmas, cabe recurso ao Plenário, que deverá ser decidido no prazo máximo de trinta dias, a contar da data do recebimento da peça recursal, ouvida a Procuradoria, no prazo de dez dias, quando a mesma não for a recorrente.

Art. 47. Das decisões do plenário cabe recurso ao Departamento Nacional de Registro Empresarial e Integração como última instância administrativa.

► *Caput* com a redação dada pela Lei nº 13.874, de 20-9-2019.

Parágrafo único. *Revogado.* Lei nº 13.874, de 20-9-2019.

Art. 48. Os recursos serão indeferidos liminarmente pelo Presidente da Junta quando assinados por procurador sem mandato ou, ainda, quando interpostos fora do prazo ou antes da decisão definitiva, devendo ser, em qualquer caso, anexados ao processo.

Art. 49. Os recursos de que trata esta Lei não têm efeito suspensivo.

Art. 50. Todos os recursos previstos nesta Lei deverão ser interpostos no prazo de dez dias úteis, cuja fluência começa na data da intimação da parte ou da publicação do ato no órgão oficial de publicidade da Junta Comercial.

Art. 51. A Procuradoria e as partes interessadas, quando for o caso, serão intimadas para, no mesmo prazo de dez dias, oferecerem contrarrazões.

TÍTULO II – DAS DISPOSIÇÕES FINAIS E TRANSITÓRIAS

CAPÍTULO I
DAS DISPOSIÇÕES FINAIS

Art. 52. VETADO.

Art. 53. As alterações contratuais ou estatutárias poderão ser efetivadas por escritura pública ou particular, independentemente da forma adotada no ato constitutivo.

Art. 54. A prova da publicidade de atos societários, quando exigida em lei, será feita mediante anotação nos registros da junta comercial à vista da apresentação da folha do *Diário Oficial*, em sua versão eletrônica, dispensada a juntada da mencionada folha.

► Artigo com a redação dada pela Lei nº 13.874, de 20-9-2019.

Art. 55. Compete ao Departamento Nacional de Registro Empresarial e Integração propor a elaboração da tabela de preços dos serviços pertinentes ao Registro Público de Empresas Mercantis, na parte relativa aos atos de natureza federal, bem como especificar os atos a serem observados pelas juntas comerciais na elaboração de suas tabelas locais.

► *Caput* com a redação dada pela Lei nº 13.874, de 20-9-2019.

§ 1º As isenções de preços de serviços restringem-se aos casos previstos em lei.

► Parágrafo único transformado em § 1º pela Lei nº 13.874, de 20-9-2019.

§ 2º É vedada a cobrança de preço pelo serviço de arquivamento dos documentos relativos à extinção do registro do empresário individual, da empresa individual de responsabilidade limitada (EIRELI) e da sociedade limitada.

► § 2º acrescido pela Lei nº 13.874, de 20-9-2019.

***Art. 56.** Os documentos arquivados pelas juntas comerciais não serão retirados, em qualquer hipótese, de suas dependências, ressalvado o disposto no art. 57.*

***Art. 57.** Quaisquer atos e documentos, após microfilmados ou preservada a sua imagem por meios tecnológicos mais avançados, poderão ser eliminados pelas juntas comerciais, conforme disposto em regulamento.*

***Parágrafo único.** Antes da eliminação, será concedido o prazo de trinta dias para os acionistas, diretores e procuradores das empresas ou outros interessados retirarem, facultativamente, a documentação original, sem qualquer custo.*

► Arts. 56 e 57 com a redação dada pela MP nº 1.040, de 29-3-2021, que até o encerramento desta edição não havia sido convertida em lei.

***Art. 58.** Revogado. MP nº 1.040, de 29-3-2021, que até o encerramento desta edição não havia sido convertida em lei.*

Art. 59. Expirado o prazo da sociedade celebrada por tempo determinado, esta perderá a proteção do seu nome empresarial.

***Art. 60.** Revogado. MP nº 1.040, de 29-3-2021, que até o encerramento desta edição não havia sido convertida em lei.*

Art. 61. O fornecimento de informações cadastrais aos órgãos executores do Registro Público de Empresas Mercantis e Atividades Afins desobriga as firmas individuais e sociedades de prestarem idênticas informações a outros órgãos ou entidades das Administrações Federal, Estadual ou Municipal.

Parágrafo único. O Departamento Nacional de Registro Empresarial e Integração manterá à disposição dos órgãos ou das entidades de que trata este artigo os seus serviços de cadastramento de empresas mercantis.

► Parágrafo único com a redação dada pela Lei nº 13.833, de 4-6-2019.

Art. 62. *Revogado.* Lei nº 13.833, de 4-6-2019.

***Art. 63.** Os atos levados a arquivamento nas juntas comerciais são dispensados de reconhecimento de firma.*

► *Caput* com a redação dada pela MP nº 1.040, de 29-3-2021, que até o encerramento desta edição não havia sido convertida em lei.

§ 1º A cópia de documento, autenticada na forma prevista em lei, dispensará nova conferência com o documento original.

► Parágrafo único transformado em § 1º e com a redação dada pela Lei nº 13.874, de 20-9-2019.

§ 2º A autenticação do documento poderá ser realizada por meio de comparação entre o documento original e a sua cópia pelo servidor a quem o documento seja apresentado.

§ 3º Fica dispensada a autenticação a que se refere o § 1º do *caput* deste artigo quando o advogado ou o contador da parte interessada declarar, sob sua responsabilidade pessoal, a autenticidade da cópia do documento.

► §§ 2º e 3º acrescidos pela Lei nº 13.874, de 20-9-2019.

***Art. 64.** A certidão dos atos de constituição e de alteração de empresários individuais, empresa individual de responsabilidade limitada e sociedades mercantis, fornecida pelas juntas comerciais em que foram arquivados, será o documento hábil para a transferência, por transcrição no registro público competente, dos bens com que o subscritor tiver contribuído para a formação ou o aumento do capital.*

► Artigo com a redação dada pela MP nº 1.040, de 29-3-2021, que até o encerramento desta edição não havia sido convertida em lei.

CAPÍTULO II

DAS DISPOSIÇÕES TRANSITÓRIAS

Art. 65. As Juntas Comerciais adaptarão os respectivos regimentos ou regulamentos às disposições desta Lei no prazo de cento e oitenta dias.

Art. 65-A. Os atos de constituição, alteração, transformação, incorporação, fusão, cisão, dissolução e extinção de registro de empresários e de pessoas jurídicas poderão ser realizados também por meio de sistema eletrônico criado e mantido pela administração pública federal.

► Art. 65-A acrescido pela Lei nº 13.874, de 20-9-2019.

Art. 66. VETADO.

Art. 67. Esta Lei será regulamentada pelo Poder Executivo no prazo de noventa dias e entrará em vigor na data da sua publicação, revogadas as Leis nºs 4.726, de 13 de julho de 1965, 6.939, de 9 de setembro de 1981, 6.054, de 12 de junho de 1974, o § 4º do artigo 71 da Lei nº 4.215, de 27 de abril de 1963, acrescentado pela Lei nº 6.884, de 9 de dezembro de 1980, e a Lei nº 8.209, de 18 de julho de 1991.

Brasília, 18 de novembro de 1994;
173º da Independência e
106º da República.

Itamar Franco

LEI Nº 8.935, DE 18 DE NOVEMBRO DE 1994

Regulamenta o artigo 236 da Constituição Federal, dispondo sobre serviços notariais e de registro.

► Publicada no *DOU* de 21-11-1994.

TÍTULO I – DOS SERVIÇOS NOTARIAIS E DE REGISTRO

CAPÍTULO I

NATUREZA E FINS

Art. 1º Serviços notariais e de registro são os de organização técnica e administrativa destinados a garantir a publicidade, autenticidade, segurança e eficácia dos atos jurídicos.

Art. 2º VETADO.

Art. 3º Notário, ou tabelião, e oficial de registro, ou registrador, são profissionais do direito, dotados de fé pública, a quem é delegado o exercício da atividade notarial e de registro.

Art. 4º Os serviços notariais e de registro serão prestados, de modo eficiente e adequado, em dias e horários estabelecidos pelo juízo competente, atendidas as peculiaridades locais, em local de fácil acesso ao público e que ofereça segurança para o arquivamento de livros e documentos.

§ 1º O serviço de registro civil das pessoas naturais será prestado, também, nos sábados, domingos e feriados pelo sistema de plantão.

§ 2º O atendimento ao público será, no mínimo, de seis horas diárias.

CAPÍTULO II
DOS NOTÁRIOS E REGISTRADORES

Seção I
DOS TITULARES

Art. 5º Os titulares de serviços notariais e de registro são os:

I – tabeliães de notas;

II – tabeliães e oficiais de registro de contratos marítimos;

III – tabeliães de protesto de títulos;

IV – oficiais de registro de imóveis;

V – oficiais de registro de títulos e documentos e civis das pessoas jurídicas;

VI – oficiais de registro civis das pessoas naturais e de interdições e tutelas;

VII – oficiais de registro de distribuição.

Seção II
DAS ATRIBUIÇÕES E COMPETÊNCIAS DOS NOTÁRIOS

Art. 6º Aos notários compete:

I – formalizar juridicamente a vontade das partes;

II – intervir nos atos e negócios jurídicos a que as partes devam ou queiram dar forma legal ou autenticidade, autorizando a redação ou redigindo os instrumentos adequados, conservando os originais e expedindo cópias fidedignas de seu conteúdo;

III – autenticar fatos.

Art. 7º Aos tabeliães de notas compete com exclusividade:

I – lavrar escrituras e procurações públicas;

II – lavrar testamentos públicos e aprovar os cerrados;

III – lavrar atas notariais;

IV – reconhecer firmas;

V – autenticar cópias.

Parágrafo único. É facultado aos tabeliães de notas realizar todas as gestões e diligências necessárias ou convenientes ao preparo dos atos notariais, requerendo o que couber, sem ônus maiores que os emolumentos devidos pelo ato.

Art. 8º É livre a escolha do tabelião de notas, qualquer que seja o domicílio das partes ou o lugar de situação dos bens objeto do ato ou negócio.

Art. 9º O tabelião de notas não poderá praticar atos de seu ofício fora do Município para o qual recebeu delegação.

Art. 10. Aos tabeliães e oficiais de registro de contratos marítimos compete:

I – lavrar os atos, contratos e instrumentos relativos a transações de embarcações a que as partes devam ou queiram dar forma legal de escritura pública;

II – registrar os documentos da mesma natureza;

III – reconhecer firmas em documentos destinados a fins de direito marítimo;

IV – expedir traslados e certidões.

Art. 11. Aos tabeliães de protesto de título compete privativamente:

I – protocolar de imediato os documentos de dívida, para prova do descumprimento da obrigação;

II – intimar os devedores dos títulos para aceitá-los, devolvê-los ou pagá-los, sob pena de protesto;

III – receber o pagamento dos títulos protocolizados, dando quitação;

IV – lavrar o protesto, registrando o ato em livro próprio, em microfilme ou sob outra forma de documentação;

V – acatar o pedido de desistência do protesto formulado pelo apresentante;

VI – averbar:

a) o cancelamento do protesto;

b) as alterações necessárias para atualização dos registros efetuados;

VII – expedir certidões de atos e documentos que constem de seus registros e papéis.

Parágrafo único. Havendo mais de um tabelião de protestos na mesma localidade, será obrigatória a prévia distribuição dos títulos.

Seção III
DAS ATRIBUIÇÕES E COMPETÊNCIAS DOS OFICIAIS DE REGISTROS

Art. 12. Aos oficiais de registro de imóveis, de títulos e documentos e civis das pessoas jurídicas, civis das pessoas naturais e de interdições e tutelas compete a prática dos atos relacionados na legislação pertinente aos registros públicos, de que são incumbidos, independentemente de prévia distribuição, mas sujeitos os oficiais de registro de imóveis e civis das pessoas naturais às normas que definirem as circunscrições geográficas.

Art. 13. Aos oficiais de registro de distribuição compete privativamente:

I – quando previamente exigida, proceder à distribuição equitativa pelos serviços da mesma natureza, registrando os atos praticados; em caso contrário, registrar as comunicações recebidas dos órgãos e serviços competentes;

II – efetuar as averbações e os cancelamentos de sua competência;

III – expedir certidões de atos e documentos que constem de seus registros e papéis.

TÍTULO II – DAS NORMAS COMUNS

CAPÍTULO I
DO INGRESSO NA ATIVIDADE NOTARIAL E DE REGISTRO

Art. 14. A delegação para o exercício da atividade notarial e de registro depende dos seguintes requisitos:

I – habilitação em concurso público de provas e títulos;

II – nacionalidade brasileira;

III – capacidade civil;

IV – quitação com as obrigações eleitorais e militares;

V – diploma de bacharel em Direito;

VI – verificação de conduta condigna para o exercício da profissão.

Art. 15. Os concursos serão realizados pelo Poder Judiciário, com a participação, em todas as suas fases, da Ordem dos Advogados do Brasil, do Ministério Público, de um notário e de um registrador.

§ 1º O concurso será aberto com a publicação de edital, dele constando os critérios de desempate.

§ 2º Ao concurso público poderão concorrer candidatos não bacharéis em Direito que tenham completado, até a data da primeira publicação do edital do concurso de provas e títulos, dez anos de exercício em serviço notarial ou de registro.

§ 3º VETADO.

Art. 16. As vagas serão preenchidas alternadamente, duas terças partes por concurso público de provas e títulos e uma terça parte por meio de remoção, mediante concurso de títulos, não se permitindo que qualquer serventia notarial ou de registro fique vaga, sem abertura de concurso de provimento inicial ou de remoção, por mais de seis meses.

► *Caput* com a redação dada pela Lei nº 10.506, de 9-7-2002.

Parágrafo único. Para estabelecer o critério do preenchimento, tomar-se-á por base a data de vacância da titularidade ou, quando vagas na mesma data, aquela da criação do serviço.

Art. 17. Ao concurso de remoção somente serão admitidos titulares que exerçam a atividade por mais de dois anos.

Art. 18. A legislação estadual disporá sobre as normas e os critérios para o concurso de remoção.

Parágrafo único. Aos que ingressaram por concurso, nos termos do art. 236 da Constituição Federal, ficam preservadas todas as remoções reguladas por lei estadual ou do Distrito Federal, homologadas pelo respectivo Tribunal de Justiça, que ocorreram no período anterior à publicação desta Lei.

► Parágrafo único acrescido pela Lei nº 13.489, de 6-10-2017.

Art. 19. Os candidatos serão declarados habilitados na rigorosa ordem de classificação no concurso.

CAPÍTULO II

DOS PREPOSTOS

Art. 20. Os notários e os oficiais de registro poderão, para o desempenho de suas funções, contratar escreventes, dentre eles escolhendo os substitutos, e auxiliares como empregados, com remuneração livremente ajustada e sob o regime da legislação do trabalho.

► O STF, por maioria dos votos, julgou parcialmente procedente o pedido formulado na ADIN nº 1.183, para declarar inconstitucional a interpretação que extraia deste artigo a possibilidade de que prepostos (não concursados), indicados pelo titular ou mesmo pelos tribunais, possam exercer substituições ininterruptas por períodos maiores do que 6 meses (*DOU* de 16-6-2021).

§ 1º Em cada serviço notarial ou de registro haverá tantos substitutos, escreventes e auxiliares quantos forem necessários, a critério de cada notário ou oficial de registro.

§ 2º Os notários e os oficiais de registro encaminharão ao juízo competente os nomes dos substitutos.

§ 3º Os escreventes poderão praticar somente os atos que o notário ou o oficial de registro autorizar.

§ 4º Os substitutos poderão, simultaneamente com o notário ou o oficial de registro, praticar todos os atos que lhe sejam próprios exceto, nos tabelionatos de notas, lavrar testamentos.

§ 5º Dentre os substitutos, um deles será designado pelo notário ou oficial de registro para responder pelo respectivo serviço nas ausências e nos impedimentos do titular.

Art. 21. O gerenciamento administrativo e financeiro dos serviços notariais e de registro é da responsabilidade exclusiva do respectivo titular, inclusive no que diz respeito às despesas de custeio, investimento e pessoal, cabendo-lhe estabelecer normas, condições e obrigações relativas à atribuição de funções e de remuneração de seus prepostos, de modo a obter a melhor qualidade na prestação dos serviços.

CAPÍTULO III

DA RESPONSABILIDADE CIVIL E CRIMINAL

Art. 22. Os notários e oficiais de registro são civilmente responsáveis por todos os prejuízos que causarem a terceiros, por culpa ou dolo, pessoalmente, pelos substitutos que designarem ou escreventes que autorizarem, assegurado o direito de regresso.

Parágrafo único. Prescreve em três anos a pretensão de reparação civil, contado o prazo da data de lavratura do ato registral ou notarial.

► Art. 22 com a redação dada pela Lei nº 13.286, de 10-5-2016.

Art. 23. A responsabilidade civil independe da criminal.

Art. 24. A responsabilidade criminal será individualizada, aplicando-se, no que couber, a legislação relativa aos crimes contra a administração pública.

Parágrafo único. A individualização prevista no *caput* não exime os notários e os oficiais de registro de sua responsabilidade civil.

CAPÍTULO IV

DAS INCOMPATIBILIDADES E DOS IMPEDIMENTOS

Art. 25. O exercício da atividade notarial e de registro é incompatível com a da advocacia, o da intermediação de seus serviços ou o de qualquer cargo, emprego ou função públicos, ainda que em comissão.

§ 1º VETADO.

§ 2º A diplomação, na hipótese de mandato eletivo, e a posse, nos demais casos, implicará no afastamento da atividade.

Art. 26. Não são acumuláveis os serviços enumerados no artigo 5º.

Parágrafo único. Poderão, contudo, ser acumulados nos Municípios que não comportarem, em razão do volume dos serviços ou da receita, a instalação de mais de um dos serviços.

Art. 27. No serviço de que é titular, o notário e o registrador não poderão praticar, pessoalmente, qualquer ato de seu interesse, ou de interesse de seu cônjuge ou de parentes, na linha reta, ou na colateral, consanguíneos ou afins, até o terceiro grau.

CAPÍTULO V

DOS DIREITOS E DEVERES

Art. 28. Os notários e oficiais de registro gozam de independência no exercício de suas atribuições, têm direito à percepção dos emolumentos integrais pelos atos praticados na serventia e só perderão a delegação nas hipóteses previstas em lei.

Art. 29. São direitos do notário e do registrador:

I – exercer opção, nos casos de desmembramento ou desdobramento de sua serventia;

II – organizar associações ou sindicatos de classe e deles participar.

Art. 30. São deveres dos notários e dos oficiais de registro:

I – manter em ordem os livros, papéis e documentos de sua serventia, guardando-os em locais seguros;

II – atender as partes com eficiência, urbanidade e presteza;

III – atender prioritariamente as requisições de papéis, documentos, informações ou providências que lhes forem solicitadas pelas autoridades judiciárias ou administrativas para a defesa das pessoas jurídicas de direito público em juízo;

IV – manter em arquivo as leis, regulamentos, resoluções, provimentos, regimentos, ordens de serviço e quaisquer outros atos que digam respeito à sua atividade;
V – proceder de forma a dignificar a função exercida, tanto nas atividades profissionais como na vida privada;
VI – guardar sigilo sobre a documentação e os assuntos de natureza reservada de que tenham conhecimento em razão do exercício de sua profissão;
VII – afixar em local visível, de fácil leitura e acesso ao público, as tabelas de emolumentos em vigor;
VIII – observar os emolumentos fixados para a prática dos atos do seu ofício;
IX – dar recibo dos emolumentos percebidos;
X – observar os prazos legais fixados para a prática dos atos do seu ofício;
XI – fiscalizar o recolhimento dos impostos incidentes sobre os atos que devem praticar;
XII – facilitar, por todos os meios, o acesso à documentação existente às pessoas legalmente habilitadas;
XIII – encaminhar ao juízo competente as dúvidas levantadas pelos interessados, obedecida a sistemática processual fixada pela legislação respectiva;
XIV – observar as normas técnicas estabelecidas pelo juízo competente.

CAPÍTULO VI

DAS INFRAÇÕES DISCIPLINARES E DAS PENALIDADES

Art. 31. São infrações disciplinares que sujeitam os notários e os oficiais de registro às penalidades previstas nesta Lei:
I – a inobservância das prescrições legais ou normativas;
II – a conduta atentatória às instituições notariais e de registro;
III – a cobrança indevida ou excessiva de emolumentos, ainda que sob a alegação de urgência;
IV – a violação do sigilo profissional;
V – o descumprimento de quaisquer dos deveres descritos no artigo 30.

Art. 32. Os notários e os oficiais de registro estão sujeitos, pelas infrações que praticarem, assegurado amplo direito de defesa, às seguintes penas:
I – repreensão;
II – multa;
III – suspensão por noventa dias, prorrogável por mais trinta;
IV – perda da delegação.

Art. 33. As penas serão aplicadas:
I – a de repreensão, no caso de falta leve;
II – a de multa, em caso de reincidência ou de infração que não configure falta mais grave;
III – a de suspensão, em caso de reiterado descumprimento dos deveres ou de falta grave.

Art. 34. As penas serão impostas pelo juízo competente, independentemente da ordem de gradação, conforme a gravidade do fato.

Art. 35. A perda da delegação dependerá:
I – de sentença judicial transitada em julgado; ou
II – de decisão decorrente de processo administrativo instaurado pelo juízo competente, assegurado amplo direito de defesa.

§ 1º Quando o caso configurar a perda da delegação, o juízo competente suspenderá o notário ou oficial de registro, até a decisão final, e designará interventor, observando-se o disposto no artigo 36.

§ 2º VETADO.

Art. 36. Quando, para a apuração de faltas imputadas a notários ou a oficiais de registro, for necessário o afastamento do titular do serviço, poderá ele ser suspenso, preventivamente, pelo prazo de noventa dias, prorrogável por mais trinta.

§ 1º Na hipótese do *caput*, o juízo competente designará interventor para responder pela serventia, quando o substituto também for acusado das faltas ou quando a medida se revelar conveniente para os serviços.

§ 2º Durante o período de afastamento, o titular perceberá metade da renda líquida da serventia; outra metade será depositada em conta bancária especial, com correção monetária.

§ 3º Absolvido o titular, receberá ele o montante dessa conta; condenado, caberá esse montante ao interventor.

CAPÍTULO VII

DA FISCALIZAÇÃO PELO PODER JUDICIÁRIO

Art. 37. A fiscalização judiciária dos atos notariais e de registro, mencionados nos artigos 6º a 13, será exercida pelo juízo competente, assim definido na órbita estadual e do Distrito Federal, sempre que necessário, ou mediante representação de qualquer interessado, quando da inobservância de obrigação legal por parte de notário ou de oficial de registro, ou de seus prepostos.

Parágrafo único. Quando, em autos ou papéis de que conhecer, o juiz verificar a existência de crime de ação pública, remeterá ao Ministério Público as cópias e os documentos necessários ao oferecimento da denúncia.

Art. 38. O juízo competente zelará para que os serviços notariais e de registro sejam prestados com rapidez, qualidade satisfatória e de modo eficiente, podendo sugerir à autoridade competente a elaboração de planos de adequada e melhor prestação desses serviços, observados, também, critérios populacionais e socioeconômicos, publicados regularmente pela Fundação Instituto Brasileiro de Geografia e Estatística.

CAPÍTULO VIII

DA EXTINÇÃO DA DELEGAÇÃO

Art. 39. Extinguir-se-á a delegação a notário ou a oficial de registro por:
I – morte;
II – aposentadoria facultativa;
III – invalidez;
IV – renúncia;
V – perda, nos termos do artigo 35;
VI – descumprimento, comprovado, da gratuidade estabelecida na Lei nº 9.534, de 10 de dezembro de 1997.

► Inciso VI acrescido pela Lei nº 9.812, de 10-8-1999.

§ 1º Dar-se-á aposentadoria facultativa ou por invalidez nos termos da legislação previdenciária federal.

§ 2º Extinta a delegação a notário ou a oficial de registro, a autoridade competente declarará vago o respectivo serviço, designará o substituto mais antigo para responder pelo expediente e abrirá concurso.

CAPÍTULO IX

DA SEGURIDADE SOCIAL

Art. 40. Os notários, oficiais de registro, escreventes e auxiliares são vinculados à previdência social, de âmbito federal, e têm assegurada a contagem recíproca de tempo de serviço em sistemas diversos.

Parágrafo único. Ficam assegurados, aos notários, oficiais de registro, escreventes e auxiliares os direitos e vantagens previdenciários adquiridos até a data da publicação desta Lei.

TÍTULO III – DAS DISPOSIÇÕES GERAIS

Art. 41. Incumbe aos notários e aos oficiais de registro praticar, independentemente de autorização, todos os atos previstos em lei necessários à organização e execução dos serviços, podendo, ainda, adotar sistemas de computação, microfilmagem, disco ótico e outros meios de reprodução.

Art. 42. Os papéis referentes aos serviços dos notários e dos oficiais de registro serão arquivados mediante utilização de processos que facilitem as buscas.

Art. 43. Cada serviço notarial ou de registro funcionará em um só local, vedada a instalação de sucursal.

Art. 44. Verificada a absoluta impossibilidade de se prover, através de concurso público, a titularidade de serviço notarial ou de registro, por desinteresse ou inexistência de candidatos, o juízo competente proporá à autoridade competente a extinção do serviço e a anexação de suas atribuições ao serviço da mesma natureza mais próxima ou àquele localizado na sede do respectivo Município ou de Município contíguo.

§ 1º VETADO.

§ 2º Em cada sede municipal haverá no mínimo um registrador civil das pessoas naturais.

§ 3º Nos municípios de significativa extensão territorial, a juízo do respectivo Estado, cada sede distrital disporá no mínimo de um registrador civil das pessoas naturais.

Art. 45. São gratuitos os assentos do registro civil de nascimento e o de óbito, bem como a primeira certidão respectiva.

► *Caput* com a redação dada pela Lei nº 9.534, de 10-12-1997.

§ 1º Para os reconhecidamente pobres não serão cobrados emolumentos pelas certidões a que se refere este artigo.

► Antigo parágrafo único transformado em § 1º pela Lei nº 11.789, de 2-10-2008.

§ 2º É proibida a inserção nas certidões de que trata o § 1º deste artigo de expressões que indiquem condição de pobreza ou semelhantes.

► § 2º acrescido pela Lei nº 11.789, de 2-10-2008.

Art. 46. Os livros, fichas, documentos, papéis, microfilmes e sistemas de computação deverão permanecer sempre sob a guarda e responsabilidade do titular de serviço notarial ou de registro, que zelará por sua ordem, segurança e conservação.

Parágrafo único. Se houver necessidade de serem periciados, o exame deverá ocorrer na própria sede do serviço, em dia e hora adrede designados, com ciência do titular e autorização do juízo competente.

TÍTULO IV – DAS DISPOSIÇÕES TRANSITÓRIAS

Art. 47. O notário e o oficial de registro, legalmente nomeados até 5 de outubro de 1988, detêm a delegação constitucional de que trata o artigo 2º.

Art. 48. Os notários e os oficiais de registro poderão contratar, segundo a legislação trabalhista, seus atuais escreventes e auxiliares de investidura estatutária ou em regime especial desde que estes aceitem a transformação de seu regime jurídico, em opção expressa, no prazo improrrogável de trinta dias, contados da publicação desta Lei.

§ 1º Ocorrendo opção, o tempo de serviço prestado será integralmente considerado, para todos os efeitos de direito.

§ 2º Não ocorrendo opção, os escreventes e auxiliares de investidura estatutária ou em regime especial continuarão regidos pelas normas aplicáveis aos funcionários públicos ou pelas editadas pelo Tribunal de Justiça respectivo, vedadas novas admissões por qualquer desses regimes, a partir da publicação desta Lei.

Art. 49. Quando da primeira vacância da titularidade de serviço notarial ou de registro, será procedida a desacumulação, nos termos do artigo 26.

Art. 50. Em caso de vacância, os serviços notariais e de registro estatizados passarão automaticamente ao regime desta Lei.

Art. 51. Aos atuais notários e oficiais de registro, quando da aposentadoria, fica assegurado o direito de percepção de proventos de acordo com a legislação que anteriormente os regia, desde que tenham mantido as contribuições nela estipuladas até a data do deferimento do pedido ou de sua concessão.

§ 1º O disposto neste artigo aplica-se aos escreventes e auxiliares de investidura estatutária ou em regime especial que vierem a ser contratados em virtude da opção de que trata o artigo 48.

§ 2º Os proventos de que trata este artigo serão os fixados pela legislação previdenciária aludida no *caput*.

§ 3º O disposto neste artigo aplica-se também às pensões deixadas, por morte, pelos notários, oficiais de registro, escreventes e auxiliares.

Art. 52. Nas Unidades Federativas onde já exista lei estadual específica, em vigor na data de publicação desta Lei, são competentes para a lavratura de instrumentos traslatícios de direitos reais, procurações, reconhecimento de firmas e autenticação de cópia reprográfica os serviços de registro civil das pessoas naturais.

Art. 53. Nos Estados cujas organizações judiciárias, vigentes à época da publicação desta Lei, assim previrem, continuam em vigor as determinações relativas à fixação da área territorial de atuação dos tabeliães de protesto de títulos, a quem serão distribuídos em obediência às respectivas zonas.

Parágrafo único. Quando da primeira vacância, aplicar-se-á à espécie o disposto no parágrafo único do artigo 11.

Art. 54. Esta Lei entra em vigor na data da sua publicação.

Art. 55. Revogam-se as disposições em contrário.

Brasília, 18 de novembro de 1994;
173º da Independência e
106º da República.

Itamar Franco

LEI Nº 8.971, DE 29 DE DEZEMBRO DE 1994

Regula o direito dos companheiros a alimentos e à sucessão.

► Publicada no *DOU* de 30-12-1994.

Art. 1º A companheira comprovada de um homem solteiro, separado judicialmente, divorciado ou viúvo, que com ele viva há mais de cinco anos, ou dele tenha prole, poderá valer-se do disposto na Lei nº 5.478, de 25 de julho de 1968, enquanto não constituir nova união e desde que prove a necessidade.

Parágrafo único. Igual direito e nas mesmas condições é reconhecido ao companheiro de mulher solteira, separada judicialmente, divorciada ou viúva.

Art. 2º As pessoas referidas no artigo anterior participarão da sucessão do (a) companheiro(a) nas seguintes condições:

I – o(a) companheiro(a) sobrevivente terá direito enquanto não constituir nova união, ao usufruto de quarta parte dos bens do *de cujus*, se houver filhos deste ou comuns;

II – o(a) companheiro(a) sobrevivente terá direito, enquanto não constituir nova união, ao usufruto da metade dos bens do *de cujus*, se não houver filhos, embora sobrevivam ascendentes;

III – na falta de descendentes e de ascendentes, o(a) companheiro(a) sobrevivente terá direito à totalidade da herança.

Art. 3º Quando os bens deixados pelo(a) autor(a) da herança resultarem de atividades em que haja colaboração do(a) companheiro(a), terá o sobrevivente direito à metade dos bens.

Art. 4º Esta Lei entra em vigor na data de sua publicação.

Art. 5º Revogam-se as disposições em contrário.

Brasília, 29 de dezembro de 1994;
173º da Independência e
106º da República.
Itamar Franco

LEI Nº 9.051, DE 18 DE MAIO DE 1995

Dispõe sobre a expedição de certidões para a defesa de direitos e esclarecimentos de situações.

► Publicada no *DOU* de 19-5-1995.

Art. 1º As certidões para a defesa de direitos e esclarecimentos de situações, requeridas aos órgãos da administração centralizada ou autárquica, às empresas públicas, às sociedades de economia mista e às fundações públicas da União, dos Estados, do Distrito Federal e dos Municípios, deverão ser expedidas no prazo improrrogável de quinze dias, contado do registro do pedido no órgão expedidor.

Art. 2º Nos requerimentos que objetivam a obtenção das certidões a que se refere esta Lei, deverão os interessados fazer constar esclarecimentos relativos aos fins e razões do pedido.

Art. 3º VETADO.

Art. 4º Esta Lei entra em vigor na data de sua publicação.

Art. 5º Revogam-se as disposições em contrário.

Brasília, 18 de maio de 1995;
174º da Independência e
107º da República.
Fernando Henrique Cardoso

LEI Nº 9.093, DE 12 DE SETEMBRO DE 1995

Dispõe sobre feriados.

► Publicada no *DOU* de 13-9-1995.

Art. 1º São feriados civis:

I – os declarados em lei federal;

II – a data magna do Estado fixada em lei estadual;

III – os dias do início e do término do ano do centenário de fundação do Município, fixados em lei municipal.

► Inciso III acrescido pela Lei nº 9.335, de 10-12-1996.

Art. 2º São feriados religiosos os dias de guarda, declarados em lei municipal, de acordo com a tradição local e em número não superior a quatro, neste incluída a Sexta-feira da Paixão.

Art. 3º Esta Lei entra em vigor na data de sua publicação.

Art. 4º Revogam-se as disposições em contrário, especialmente o art. 11 da Lei nº 605, de 5 de janeiro de 1949.

Brasília, 12 de setembro de 1995;
174º da Independência e
107º da República.
Fernando Henrique Cardoso

LEI Nº 9.099, DE 26 DE SETEMBRO DE 1995

Dispõe sobre os Juizados Especiais Cíveis e Criminais e dá outras providências.

► Publicada no *DOU* de 27-9-1995.

CAPÍTULO I
DISPOSIÇÕES GERAIS

Art. 1º Os Juizados Especiais Cíveis e Criminais, órgãos da Justiça Ordinária, serão criados pela União, no Distrito Federal e nos Territórios, e pelos Estados, para conciliação, processo, julgamento e execução, nas causas de sua competência.

Art. 2º O processo orientar-se-á pelos critérios da oralidade, simplicidade, informalidade, economia processual e celeridade, buscando, sempre que possível, a conciliação ou a transação.

CAPÍTULO II
DOS JUIZADOS ESPECIAIS CÍVEIS

Seção I
DA COMPETÊNCIA

Art. 3º O Juizado Especial Cível tem competência para conciliação, processo e julgamento das causas cíveis de menor complexidade, assim consideradas:

I – as causas cujo valor não exceda a quarenta vezes o salário mínimo;

II – as enumeradas no artigo 275, inciso II, do Código de Processo Civil;

► Refere-se ao CPC/1973.

III – a ação de despejo para uso próprio;

IV – as ações possessórias sobre bens imóveis de valor não excedente ao fixado no inciso I deste artigo.

§ 1º Compete ao Juizado Especial promover a execução:

I – dos seus julgados;

II – dos títulos executivos extrajudiciais, no valor de até quarenta vezes o salário mínimo, observado o disposto no § 1º do artigo 8º desta Lei.

§ 2º Ficam excluídas da competência do Juizado Especial as causas de natureza alimentar, falimentar, fiscal e de interesse da Fazenda Pública, e também as relativas a acidentes de trabalho, a resíduos e ao estado e capacidade das pessoas, ainda que de cunho patrimonial.

§ 3º A opção pelo procedimento previsto nesta Lei importará em renúncia ao crédito excedente ao limite estabelecido neste artigo, excetuada a hipótese de conciliação.

Art. 4º É competente, para as causas previstas nesta Lei, o Juizado do foro:

I – do domicílio do réu ou, a critério do autor, do local onde aquele exerça atividades profissionais ou econômicas ou mantenha estabelecimento, filial, agência, sucursal ou escritório;

II – do lugar onde a obrigação deva ser satisfeita;

III – do domicílio do autor ou do local do ato ou fato, nas ações para reparação de dano de qualquer natureza.

Parágrafo único. Em qualquer hipótese, poderá a ação ser proposta no foro previsto no inciso I deste artigo.

SEÇÃO II

DO JUIZ, DOS CONCILIADORES E DOS JUÍZES LEIGOS

Art. 5º O juiz dirigirá o processo com liberdade para determinar as provas a serem produzidas, para apreciá-las e para dar especial valor às regras de experiência comum ou técnica.

Art. 6º O juiz adotará em cada caso a decisão que reputar mais justa e equânime, atendendo aos fins sociais da lei e às exigências do bem comum.

Art. 7º Os conciliadores e juízes leigos são auxiliares da Justiça, recrutados, os primeiros, preferentemente, entre os bacharéis em Direito, e os segundos, entre advogados com mais de cinco anos de experiência.

Parágrafo único. Os juízes leigos ficarão impedidos de exercer a advocacia perante os Juizados Especiais, enquanto no desempenho de suas funções.

SEÇÃO III

DAS PARTES

Art. 8º Não poderão ser partes, no processo instituído por esta Lei, o incapaz, o preso, as pessoas jurídicas de direito público, as empresas públicas da União, a massa falida e o insolvente civil.

§ 1º Somente serão admitidas a propor ação perante o Juizado Especial:

► *Caput* do § 1º com a redação dada pela Lei nº 12.126, de 16-12-2009.

I – as pessoas físicas capazes, excluídos os cessionários de direito de pessoas jurídicas;

II – as pessoas enquadradas como microempreendedores individuais, microempresas e empresas de pequeno porte na forma da Lei Complementar nº 123, de 14 de dezembro de 2006;

► Inciso II com a redação dada pela LC nº 147, de 7-8-2014.

III – as pessoas jurídicas qualificadas como Organização da Sociedade Civil de Interesse Público, nos termos da Lei nº 9.790, de 23 de março de 1999;

IV – as sociedades de crédito ao microempreendedor, nos termos do art. 1º da Lei nº 10.194, de 14 de fevereiro de 2001.

► Incisos I a IV acrescidos pela Lei nº 12.126, de 16-12-2009.

§ 2º O maior de dezoito anos poderá ser autor, independentemente de assistência, inclusive para fins de conciliação.

Art. 9º Nas causas de valor até vinte salários mínimos, as partes comparecerão pessoalmente, podendo ser assistidas por advogados; nas de valor superior, a assistência é obrigatória.

§ 1º Sendo facultativa a assistência, se uma das partes comparecer assistida por advogado, ou se o réu for pessoa jurídica ou firma individual, terá a outra parte, se quiser, assistência judiciária prestada por órgão instituído junto ao Juizado Especial, na forma da lei local.

§ 2º O juiz alertará as partes da conveniência do patrocínio por advogado, quando a causa o recomendar.

§ 3º O mandato ao advogado poderá ser verbal, salvo quanto aos poderes especiais.

§ 4º O réu, sendo pessoa jurídica ou titular de firma individual, poderá ser representado por preposto credenciado, munido de carta de preposição com poderes para transigir, sem haver necessidade de vínculo empregatício.

► § 4º com a redação dada pela Lei nº 12.137, de 18-12-2009.

Art. 10. Não se admitirá, no processo, qualquer forma de intervenção de terceiro nem de assistência. Admitir-se-á o litisconsórcio.

Art. 11. O Ministério Público intervirá nos casos previstos em lei.

SEÇÃO IV

DOS ATOS PROCESSUAIS

Art. 12. Os atos processuais serão públicos e poderão realizar-se em horário noturno, conforme dispuserem as normas de organização judiciária.

Art. 12-A. Na contagem de prazo em dias, estabelecido por lei ou pelo juiz, para a prática de qualquer ato processual, inclusive para a interposição de recursos, computar-se-ão somente os dias úteis.

► Art. 12-A acrescido pela Lei nº 13.728, de 31-10-2018.

Art. 13. Os atos processuais serão válidos sempre que preencherem as finalidades para as quais forem realizados, atendidos os critérios indicados no artigo 2º desta Lei.

§ 1º Não se pronunciará qualquer nulidade sem que tenha havido prejuízo.

§ 2º A prática de atos processuais em outras comarcas poderá ser solicitada por qualquer meio idôneo de comunicação.

§ 3º Apenas os atos considerados essenciais serão registrados resumidamente, em notas manuscritas, datilografadas, taquigrafadas ou estenotipadas. Os demais atos poderão ser gravados em fita magnética ou equivalente, que será inutilizada após o trânsito em julgado da decisão.

§ 4º As normas locais disporão sobre a conservação das peças do processo e demais documentos que o instruem.

SEÇÃO V

DO PEDIDO

Art. 14. O processo instaurar-se-á com a apresentação do pedido, escrito ou oral, à Secretaria do Juizado.

§ 1º Do pedido constarão, de forma simples e em linguagem acessível:

I – o nome, a qualificação e o endereço das partes;

II – os fatos e os fundamentos, de forma sucinta;

III – o objeto e seu valor.

§ 2º É lícito formular pedido genérico quando não for possível determinar, desde logo, a extensão da obrigação.

§ 3º O pedido oral será reduzido a escrito pela Secretaria do Juizado, podendo ser utilizado o sistema de fichas ou formulários impressos.

Art. 15. Os pedidos mencionados no artigo 3º desta Lei poderão ser alternativos ou cumulados; nesta última hipótese, desde que conexos e a soma não ultrapasse o limite fixado naquele dispositivo.

Art. 16. Registrado o pedido, independentemente de distribuição e autuação, a Secretaria do Juizado designará a sessão de conciliação, a realizar-se no prazo de quinze dias.

Art. 17. Comparecendo inicialmente ambas as partes, instaurar-se-á, desde logo, a sessão de conciliação, dispensados o registro prévio de pedido e a citação.

Parágrafo único. Havendo pedidos contrapostos, poderá ser dispensada a contestação formal e ambos serão apreciados na mesma sentença.

SEÇÃO VI

DAS CITAÇÕES E INTIMAÇÕES

Art. 18. A citação far-se-á:

I – por correspondência, com aviso de recebimento em mão própria;

II – tratando-se de pessoa jurídica ou firma individual, mediante entrega ao encarregado da recepção, que será obrigatoriamente identificado;

III – sendo necessário, por oficial de justiça, independentemente de mandado ou carta precatória.

§ 1º A citação conterá cópia do pedido inicial, dia e hora para comparecimento do citando e advertência de que, não comparecendo este, considerar-se-ão verdadeiras as alegações iniciais, e será proferido julgamento, de plano.

§ 2º Não se fará citação por edital.

§ 3º O comparecimento espontâneo suprirá a falta ou nulidade da citação.

Art. 19. As intimações serão feitas na forma prevista para citação, ou por qualquer outro meio idôneo de comunicação.

§ 1º Dos atos praticados na audiência, considerar-se-ão desde logo cientes as partes.

§ 2º As partes comunicarão ao juízo as mudanças de endereço ocorridas no curso do processo, reputando-se eficazes as intimações enviadas ao local anteriormente indicado, na ausência da comunicação.

Seção VII
DA REVELIA

Art. 20. Não comparecendo o demandado à sessão de conciliação ou à audiência de instrução e julgamento, reputar-se-ão verdadeiros os fatos alegados no pedido inicial, salvo se o contrário resultar da convicção do juiz.

Seção VIII
DA CONCILIAÇÃO E DO JUÍZO ARBITRAL

Art. 21. Aberta a sessão, o juiz togado ou leigo esclarecerá as partes presentes sobre as vantagens da conciliação, mostrando-lhes os riscos e as consequências do litígio, especialmente quanto ao disposto no § 3º do artigo 3º desta Lei.

Art. 22. A conciliação será conduzida pelo juiz togado ou leigo ou por conciliador sob sua orientação.

§ 1º Obtida a conciliação, esta será reduzida a escrito e homologada pelo Juiz togado mediante sentença com eficácia de título executivo.

► Parágrafo único transformado em § 1º pela Lei nº 13.994, de 24-4-2020.

§ 2º É cabível a conciliação não presencial conduzida pelo Juizado mediante o emprego dos recursos tecnológicos disponíveis de transmissão de sons e imagens em tempo real, devendo o resultado da tentativa de conciliação ser reduzido a escrito com os anexos pertinentes.

► § 2º acrescido pela Lei nº 13.994, de 24-4-2020.

Art. 23. Se o demandado não comparecer ou recusar-se a participar da tentativa de conciliação não presencial, o Juiz togado proferirá sentença.

► Artigo com a redação dada pela Lei nº 13.994, de 24-4-2020.

Art. 24. Não obtida a conciliação, as partes poderão optar, de comum acordo, pelo juízo arbitral, na forma prevista nesta Lei.

§ 1º O juízo arbitral considerar-se-á instaurado, independentemente de termo de compromisso, com a escolha do árbitro pelas partes. Se este não estiver presente, o juiz convocá-lo-á e designará, de imediato, a data para a audiência de instrução.

§ 2º O árbitro será escolhido dentre os juízes leigos.

Art. 25. O árbitro conduzirá o processo com os mesmos critérios do juiz, na forma dos artigos 5º e 6º desta Lei, podendo decidir por equidade.

Art. 26. Ao término da instrução, ou nos cinco dias subsequentes, o árbitro apresentará o laudo ao juiz togado para homologação por sentença irrecorrível.

Seção IX
DA INSTRUÇÃO E JULGAMENTO

Art. 27. Não instituído o juízo arbitral, proceder-se-á imediatamente à audiência de instrução e julgamento, desde que não resulte prejuízo para a defesa.

Parágrafo único. Não sendo possível a sua realização imediata, será a audiência designada para um dos quinze dias subsequentes, cientes, desde logo, as partes e testemunhas eventualmente presentes.

Art. 28. Na audiência de instrução e julgamento serão ouvidas as partes, colhida a prova e, em seguida, proferida a sentença.

Art. 29. Serão decididos de plano todos os incidentes que possam interferir no regular prosseguimento da audiência. As demais questões serão decididas na sentença.

Parágrafo único. Sobre os documentos apresentados por uma das partes, manifestar-se-á imediatamente a parte contrária, sem interrupção da audiência.

Seção X
DA RESPOSTA DO RÉU

Art. 30. A contestação, que será oral ou escrita, conterá toda matéria de defesa, exceto arguição de suspeição ou impedimento do juiz, que se processará na forma da legislação em vigor.

Art. 31. Não se admitirá a reconvenção. É lícito ao réu, na contestação, formular pedido em seu favor, nos limites do artigo 3º desta Lei, desde que fundado nos mesmos fatos que constituem objeto da controvérsia.

Parágrafo único. O autor poderá responder ao pedido do réu na própria audiência ou requerer a designação da nova data, que será desde logo fixada, cientes todos os presentes.

Seção XI
DAS PROVAS

Art. 32. Todos os meios de prova moralmente legítimos, ainda que não especificados em lei, são hábeis para provar a veracidade dos fatos alegados pelas partes.

Art. 33. Todas as provas serão produzidas na audiência de instrução e julgamento, ainda que não requeridas previamente, podendo o juiz limitar ou excluir as que considerar excessivas, impertinentes ou protelatórias.

Art. 34. As testemunhas, até o máximo de três para cada parte, comparecerão à audiência de instrução e julgamento levadas pela parte que as tenha arrolado, independentemente de intimação, ou mediante esta, se assim for requerido.

§ 1º O requerimento para intimação das testemunhas será apresentado à Secretaria no mínimo cinco dias antes da audiência de instrução e julgamento.

§ 2º Não comparecendo a testemunha intimada, o juiz poderá determinar sua imediata condução, valendo-se, se necessário, do concurso da força pública.

Art. 35. Quando a prova do fato exigir, o juiz poderá inquirir técnicos de sua confiança, permitida às partes a apresentação de parecer técnico.

Parágrafo único. No curso da audiência, poderá o juiz, de ofício ou a requerimento das partes, realizar inspeção em pessoas ou coisas, ou determinar que o faça pessoa de sua confiança, que lhe relatará informalmente o verificado.

Art. 36. A prova oral não será reduzida a escrito, devendo a sentença referir, no essencial, os informes trazidos nos depoimentos.

Art. 37. A instrução poderá ser dirigida por juiz leigo, sob a supervisão de juiz togado.

Seção XII
DA SENTENÇA

Art. 38. A sentença mencionará os elementos de convicção do Juiz, com breve resumo dos fatos relevantes ocorridos em audiência, dispensado o relatório.

Parágrafo único. Não se admitirá sentença condenatória por quantia ilíquida, ainda que genérico o pedido.

Art. 39. É ineficaz a sentença condenatória na parte que exceder a alçada estabelecida nesta Lei.

Art. 40. O Juiz leigo que tiver dirigido a instrução proferirá sua decisão e imediatamente a submeterá ao juiz togado, que poderá homologá-la, proferir outra em substituição ou, antes de se manifestar, determinar a realização de atos probatórios indispensáveis.

Art. 41. Da sentença, excetuada a homologatória de conciliação ou laudo arbitral, caberá recurso para o próprio Juizado.

§ 1º O recurso será julgado por uma turma composta por três juízes togados, em exercício no primeiro grau de jurisdição, reunidos na sede do Juizado.

§ 2º No recurso, as partes serão obrigatoriamente representadas por advogado.

Art. 42. O recurso será interposto no prazo de dez dias, contados da ciência da sentença, por petição escrita, da qual constarão as razões e o pedido do recorrente.

§ 1º O preparo será feito, independentemente de intimação, nas quarenta e oito horas seguintes à interposição, sob pena de deserção.

§ 2º Após o preparo, a Secretaria intimará o recorrido para oferecer resposta escrita no prazo de dez dias.

Art. 43. O recurso terá somente efeito devolutivo, podendo o juiz dar-lhe efeito suspensivo, para evitar dano irreparável para a parte.

Art. 44. As partes poderão requerer a transcrição da gravação da fita magnética a que alude o § 3º do artigo 13 desta Lei, correndo por conta do requerente as despesas respectivas.

Art. 45. As partes serão intimadas da data da sessão de julgamento.

Art. 46. O julgamento em segunda instância constará apenas da ata, com a indicação suficiente do processo, fundamentação sucinta e parte dispositiva. Se a sentença for confirmada pelos próprios fundamentos, a súmula do julgamento servirá de acórdão.

Art. 47. VETADO.

Seção XIII
DOS EMBARGOS DE DECLARAÇÃO

Art. 48. Caberão embargos de declaração contra sentença ou acórdão nos casos previstos no Código de Processo Civil.

► *Caput* com a redação dada pela Lei nº 13.105, de 16-3-2015.

Parágrafo único. Os erros materiais podem ser corrigidos de ofício.

Art. 49. Os embargos de declaração serão interpostos por escrito ou oralmente, no prazo de cinco dias, contados da ciência da decisão.

Art. 50. Os embargos de declaração interrompem o prazo para a interposição de recurso.

► Artigo com a redação dada pela Lei nº 13.105, de 16-3-2015.

Seção XIV
DA EXTINÇÃO DO PROCESSO SEM JULGAMENTO DO MÉRITO

Art. 51. Extingue-se o processo, além dos casos previstos em lei:

I – quando o autor deixar de comparecer a qualquer das audiências do processo;

II – quando inadmissível o procedimento instituído por esta Lei ou seu prosseguimento, após a conciliação;

III – quando for reconhecida a incompetência territorial;

IV – quando sobrevier qualquer dos impedimentos previstos no artigo 8º desta Lei;

V – quando, falecido o autor, a habilitação depender de sentença ou não se der no prazo de trinta dias;

VI – quando, falecido o réu, o autor não promover a citação dos sucessores no prazo de trinta dias da ciência do fato.

§ 1º A extinção do processo independerá, em qualquer hipótese, de prévia intimação pessoal das partes.

§ 2º No caso do inciso I deste artigo, quando comprovar que a ausência decorre de força maior, a parte poderá ser isentada, pelo Juiz, do pagamento das custas.

Seção XV
DA EXECUÇÃO

Art. 52. A execução da sentença processar-se-á no próprio Juizado, aplicando-se, no que couber, o disposto no Código de Processo Civil, com as seguintes alterações:

I – as sentenças serão necessariamente líquidas, contendo a conversão em Bônus do Tesouro Nacional – BTN ou índice equivalente;

II – os cálculos de conversão de índices, de honorários, de juros e de outras parcelas serão efetuados por servidor judicial;

III – a intimação da sentença será feita, sempre que possível, na própria audiência em que for proferida. Nessa intimação, o vencido será instado a cumprir a sentença tão logo ocorra seu trânsito em julgado, e advertido dos efeitos do seu descumprimento (inciso V);

IV – não cumprida voluntariamente a sentença transitada em julgado, e tendo havido solicitação do interessado, que poderá ser verbal, proceder-se-á desde logo à execução, dispensada nova citação;

V – nos casos de obrigação de entregar, de fazer, ou de não fazer, o juiz, na sentença ou na fase de execução, cominará multa diária, arbitrada de acordo com as condições econômicas do devedor, para a hipótese de inadimplemento. Não cumprida a obrigação, o credor poderá requerer a elevação da multa ou a transformação da condenação em perdas e danos, que o juiz de imediato arbitrará, seguindo-se a execução por quantia certa, incluída a multa vencida de obrigação de dar, quando evidenciada a malícia do devedor na execução do julgado;

VI – na obrigação de fazer, o juiz pode determinar o cumprimento por outrem, fixado o valor que o devedor deve depositar para as despesas, sob pena de multa diária;

VII – na alienação forçada dos bens, o juiz poderá autorizar o devedor, o credor ou terceira pessoa idônea a tratar da alienação do bem penhorado, a qual se aperfeiçoará em juízo até a data fixada para a praça ou leilão. Sendo o preço inferior ao da avaliação, as partes serão ouvidas. Se o pagamento não for à vista, será oferecida caução idônea, nos casos de alienação de bem móvel, ou hipotecado o imóvel;

VIII – é dispensada a publicação de editais em jornais, quando se tratar de alienação de bens de pequeno valor;

IX – o devedor poderá oferecer embargos, nos autos da execução, versando sobre:

a) falta ou nulidade da citação no processo, se ele correu à revelia;

b) manifesto excesso de execução;

c) erro de cálculo;

d) causa impeditiva, modificativa ou extintiva da obrigação, superveniente à sentença.

Art. 53. A execução de título executivo extrajudicial, no valor de até quarenta salários mínimos, obedecerá ao disposto no Código de Processo Civil, com as modificações introduzidas por esta Lei.

§ 1º Efetuada a penhora, o devedor será intimado a comparecer à audiência de conciliação, quando poderá oferecer embargos (artigo 52, IX), por escrito ou verbalmente.

§ 2º Na audiência, será buscado o meio mais rápido e eficaz para a solução do litígio, se possível com dispensa da alienação judicial, devendo o conciliador propor, entre outras medidas cabíveis, o pagamento do débito a prazo ou a prestação, a dação em pagamento ou a imediata adjudicação do bem penhorado.

§ 3º Não apresentados os embargos em audiência, ou julgados improcedentes, qualquer das partes poderá requerer ao juiz a adoção de uma das alternativas do parágrafo anterior.

§ 4º Não encontrado o devedor ou inexistindo bens penhoráveis, o processo será imediatamente extinto, devolvendo-se os documentos ao autor.

Seção XVI
DAS DESPESAS

Art. 54. O acesso ao Juizado Especial independerá, em primeiro grau de jurisdição, do pagamento de custas, taxas ou despesas.

Parágrafo único. O preparo do recurso, na forma do § 1º do artigo 42 desta Lei, compreenderá todas as despesas processuais, inclusive aquelas dispensadas em primeiro grau de jurisdição, ressalvada a hipótese de assistência judiciária gratuita.

Art. 55. A sentença de primeiro grau não condenará o vencido em custas e honorários de advogado, ressalvados os casos de litigância de má-fé. Em segundo grau, o recorrente, vencido, pagará as custas e honorários de advogado, que serão fixados entre dez por cento e vinte por cento do valor de condenação ou, não havendo condenação, do valor corrigido da causa.

Parágrafo único. Na execução não serão contadas custas, salvo quando:

I – reconhecida a litigância de má-fé;

II – improcedentes os embargos do devedor;

III – tratar-se de execução de sentença que tenha sido objeto de recurso improvido do devedor.

Seção XVII
DISPOSIÇÕES FINAIS

Art. 56. Instituído o Juizado Especial, serão implantadas as curadorias necessárias e o serviço de assistência judiciária.

Art. 57. O acordo extrajudicial, de qualquer natureza ou valor, poderá ser homologado, no juízo competente, independentemente de termo, valendo a sentença como título executivo judicial.

Parágrafo único. Valerá como título extrajudicial o acordo celebrado pelas partes, por instrumento escrito, referendado pelo órgão competente do Ministério Público.

Art. 58. As normas de organização judiciária local poderão estender a conciliação prevista nos artigos 22 e 23 a causas não abrangidas por esta Lei.

Art. 59. Não se admitirá ação rescisória nas causas sujeitas ao procedimento instituído por esta Lei.

CAPÍTULO III
DOS JUIZADOS ESPECIAIS CRIMINAIS

Disposições gerais

Art. 60. O Juizado Especial Criminal, provido por juízes togados ou togados e leigos, tem competência para a conciliação, o julgamento e a execução das infrações penais de menor potencial ofensivo, respeitadas as regras de conexão e continência.

► *Caput* com a redação dada pela Lei nº 11.313, de 28-6-2006.

Parágrafo único. Na reunião de processos, perante o juízo comum ou o tribunal do júri, decorrentes da aplicação das regras de conexão e continência, observar-se-ão os institutos da transação penal e da composição dos danos civis.

► Parágrafo único acrescido pela Lei nº 11.313, de 28-6-2006.

Art. 61. Consideram-se infrações penais de menor potencial ofensivo, para os efeitos desta Lei, as contravenções penais e os crimes a que a lei comine pena máxima não superior a 2 (dois) anos, cumulada ou não com multa.

► Artigo com a redação dada pela Lei nº 11.313, de 28- 6-2006.

Art. 62. O processo perante o Juizado Especial orientar-se-á pelos critérios da oralidade, simplicidade, informalidade, economia processual e celeridade, objetivando, sempre que possível, a reparação dos danos sofridos pela vítima e a aplicação de pena não privativa de liberdade.

► Artigo com a redação dada pela Lei nº 13.603, de 9-1-2018.

Seção I
DA COMPETÊNCIA E DOS ATOS PROCESSUAIS

Art. 63. A competência do Juizado será determinada pelo lugar em que foi praticada a infração penal.

Art. 64. Os atos processuais serão públicos e poderão realizar-se em horário noturno e em qualquer dia da semana, conforme dispuserem as normas de organização judiciária.

Art. 65. Os atos processuais serão válidos sempre que preencherem as finalidades para as quais foram realizados, atendidos os critérios indicados no artigo 62 desta Lei.

§ 1º Não se pronunciará qualquer nulidade sem que tenha havido prejuízo.

§ 2º A prática de atos processuais em outras comarcas poderá ser solicitada por qualquer meio hábil de comunicação.

§ 3º Serão objeto de registro escrito exclusivamente os atos havidos por essenciais. Os atos realizados em audiência de instrução e julgamento poderão ser gravados em fita magnética ou equivalente.

Art. 66. A citação será pessoal e far-se-á no próprio Juizado, sempre que possível, ou por mandado.

Parágrafo único. Não encontrado o acusado para ser citado, o Juiz encaminhará as peças existentes ao juízo comum para adoção do procedimento previsto em lei.

Art. 67. A intimação far-se-á por correspondência, com aviso de recebimento pessoal ou, tratando-se de pessoa jurídica ou firma individual, mediante entrega ao encarregado da recepção, que será obrigatoriamente identificado, ou, sendo necessário, por oficial de justiça, independentemente de mandado ou carta precatória, ou ainda por qualquer meio idôneo de comunicação.

Parágrafo único. Dos atos praticados em audiência considerar-se-ão desde logo cientes as partes, os interessados e defensores.

Art. 68. Do ato de intimação do autor do fato e do mandado de citação do acusado, constará a necessidade de seu comparecimento acompanhado de advogado, com a advertência de que, na sua falta, ser-lhe-á designado defensor público.

Seção II
DA FASE PRELIMINAR

Art. 69. A autoridade policial que tomar conhecimento da ocorrência lavrará termo circunstanciado e o encaminhará imediatamente ao Juizado, com o autor do fato e a vítima, providenciando-se as requisições dos exames periciais necessários.

Parágrafo único. Ao autor do fato que, após a lavratura do termo, for imediatamente encaminhado ao juizado ou assumir o compromisso de a ele comparecer, não se imporá prisão em flagrante, nem se exigirá fiança. Em caso de violência doméstica, o juiz poderá determinar, como medida de cautela, seu afastamento do lar, domicílio ou local de convivência com a vítima.

▸ Parágrafo único com a redação dada pela Lei nº 10.455, de 13-5-2002.

Art. 70. Comparecendo o autor do fato e a vítima, e não sendo possível a realização imediata da audiência preliminar, será designada data próxima, da qual ambos sairão cientes.

Art. 71. Na falta do comparecimento de qualquer dos envolvidos, a Secretaria providenciará sua intimação e, se for o caso, a do responsável civil, na forma dos artigos 67 e 68 desta Lei.

Art. 72. Na audiência preliminar, presente o representante do Ministério Público, o autor do fato e a vítima e, se possível, o responsável civil, acompanhados por seus advogados, o Juiz esclarecerá sobre a possibilidade da composição dos danos e da aceitação da proposta de aplicação imediata de pena não privativa de liberdade.

Art. 73. A conciliação será conduzida pelo Juiz ou por conciliador sob sua orientação.

Parágrafo único. Os conciliadores são auxiliares da Justiça, recrutados, na forma da lei local, preferentemente entre bacharéis em Direito, excluídos os que exerçam funções na administração da Justiça Criminal.

Art. 74. A composição dos danos civis será reduzida a escrito e, homologada pelo Juiz mediante sentença irrecorrível, terá eficácia de título a ser executado no juízo civil competente.

Parágrafo único. Tratando-se de ação penal de iniciativa privada ou de ação penal pública condicionada à representação, o acordo homologado acarreta a renúncia ao direito de queixa ou representação.

Art. 75. Não obtida a composição dos danos civis, será dada imediatamente ao ofendido a oportunidade de exercer o direito de representação verbal, que será reduzida a termo.

Parágrafo único. O não oferecimento da representação na audiência preliminar não implica decadência do direito, que poderá ser exercido no prazo previsto em lei.

Art. 76. Havendo representação ou tratando-se de crime de ação penal pública incondicionada, não sendo caso de arquivamento, o Ministério Público poderá propor a aplicação imediata de pena restritiva de direitos ou multas, a ser especificada na proposta.

§ 1º Nas hipóteses de ser a pena de multa a única aplicável, o Juiz poderá reduzi-la até a metade.

§ 2º Não se admitirá a proposta se ficar comprovado:

I – ter sido o autor da infração condenado, pela prática de crime, à pena privativa de liberdade, por sentença definitiva;

II – ter sido o agente beneficiado anteriormente, no prazo de cinco anos, pela aplicação de pena restritiva ou multa, nos termos deste artigo;

III – não indicarem os antecedentes, a conduta social e a personalidade do agente, bem como os motivos e as circunstâncias, ser necessária e suficiente a adoção da medida.

§ 3º Aceita a proposta pelo autor da infração e seu defensor, será submetida à apreciação do Juiz.

§ 4º Acolhendo a proposta do Ministério Público aceita pelo autor da infração, o Juiz aplicará a pena restritiva de direitos ou multa, que não importará em reincidência, sendo registrada apenas para impedir novamente o mesmo benefício no prazo de cinco anos.

§ 5º Da sentença prevista no parágrafo anterior caberá a apelação referida no artigo 82 desta Lei.

§ 6º A imposição da sanção de que trata o § 4º deste artigo não constará de certidão de antecedentes criminais, salvo para os fins previstos no mesmo dispositivo, e não terá efeitos civis, cabendo aos interessados propor ação cabível no juízo cível.

Seção III
DO PROCEDIMENTO SUMARÍSSIMO

Art. 77. Na ação penal de iniciativa pública, quando não houver aplicação de pena, pela ausência do autor do fato, ou pela não ocorrência da hipótese prevista no artigo 76 desta Lei, o Ministério Público oferecerá ao Juiz, de imediato, denúncia oral, se não houver necessidade de diligências imprescindíveis.

§ 1º Para o oferecimento da denúncia, que será elaborada com base no termo de ocorrência referido no artigo 69 desta Lei, com dispensa do inquérito policial, prescindir-se-á do exame do corpo de delito quando a materialidade do crime estiver aferida por boletim médico ou prova equivalente.

§ 2º Se a complexidade ou circunstâncias do caso não permitirem a formulação da denúncia, o Ministério Público poderá requerer ao Juiz o encaminhamento das peças existentes, na forma do parágrafo único do artigo 66 desta Lei.

§ 3º Na ação penal de iniciativa do ofendido poderá ser oferecida queixa oral, cabendo ao Juiz verificar se a complexidade e as circunstâncias do caso determinam a adoção das providências previstas no parágrafo único do artigo 66 desta Lei.

Art. 78. Oferecida a denúncia ou queixa, será reduzida a termo, entregando-se cópia ao acusado, que com ela ficará citado e imediatamente cientificado da designação de dia e hora para a audiência de instrução e julgamento, da qual também tomarão ciência o Ministério Público, o ofendido, o responsável civil e seus advogados.

§ 1º Se o acusado não estiver presente, será citado na forma dos artigos 66 e 68 desta Lei e cientificado da data da audiência de instrução e julgamento, devendo a ela trazer suas testemunhas ou apresentar requerimento para intimação, no mínimo cinco dias antes de sua realização.

§ 2º Não estando presentes o ofendido e o responsável civil, serão intimados nos termos do artigo 67 desta Lei para comparecerem à audiência de instrução e julgamento.

§ 3º As testemunhas arroladas serão intimadas na forma prevista no artigo 67 desta Lei.

Art. 79. No dia e hora designados para a audiência de instrução e julgamento, se na fase preliminar não tiver havido possibilidade de tentativa de conciliação e de oferecimento de proposta pelo Ministério Público, proceder-se-á nos termos dos artigos 72, 73, 74 e 75 desta Lei.

Art. 80. Nenhum ato será adiado, determinando o Juiz, quando imprescindível, a condução coercitiva de quem deva comparecer.

Art. 81. Aberta a audiência, será dada a palavra ao defensor para responder à acusação, após o que o Juiz receberá, ou não, a denúncia ou queixa; havendo recebimento, serão ouvidas as vítimas e as testemunhas de acusação e defesa, interrogando-se a seguir o acusado, se presente, passando-se imediatamente aos debates orais e à prolação da sentença.

§ 1º Todas as provas serão produzidas na audiência de instrução e julgamento, podendo o Juiz limitar ou excluir as que considerar excessivas, impertinentes ou protelatórias.

§ 2º De todo o ocorrido na audiência será lavrado termo, assinado pelo Juiz e pelas partes, contendo breve resumo dos fatos relevantes ocorridos em audiência e a sentença.

§ 3º A sentença, dispensado o relatório, mencionará os elementos de convicção do Juiz.

Art. 82. Da decisão de rejeição da denúncia ou queixa e da sentença caberá apelação, que poderá ser julgada por turma composta de três Juízes em exercício no primeiro grau de jurisdição, reunidos na sede do Juizado.

§ 1º A apelação será interposta no prazo de dez dias, contados da ciência da sentença pelo Ministério Público, pelo réu e seu defensor, por petição escrita, da qual constarão as razões e o pedido do recorrente.

§ 2º O recorrido será intimado para oferecer resposta escrita no prazo de dez dias.

§ 3º As partes poderão requerer a transcrição da gravação da fita magnética a que alude o § 3º do artigo 65 desta Lei.

§ 4º As partes serão intimadas da data da sessão de julgamento pela imprensa.

§ 5º Se a sentença for confirmada pelos próprios fundamentos, a súmula do julgamento servirá de acórdão.

Art. 83. Cabem embargos de declaração quando, em sentença ou acórdão, houver obscuridade, contradição ou omissão.

► *Caput* com a redação dada pela Lei nº 13.105, de 16-3-2015.

§ 1º Os embargos de declaração serão opostos por escrito ou oralmente, no prazo de cinco dias, contados da ciência da decisão.

§ 2º Os embargos de declaração interrompem o prazo para a interposição de recurso.

► § 2º com a redação dada pela Lei nº 13.105, de 16-3-2015.

§ 3º Os erros materiais podem ser corrigidos de ofício.

Seção IV
DA EXECUÇÃO

Art. 84. Aplicada exclusivamente pena de multa, seu cumprimento far-se-á mediante pagamento na Secretaria do Juizado.

Parágrafo único. Efetuado o pagamento, o Juiz declarará extinta a punibilidade, determinando que a condenação não fique constando dos registros criminais, exceto para fins de requisição judicial.

Art. 85. Não efetuado o pagamento de multa, será feita a conversão em pena privativa da liberdade, ou restritiva de direitos, nos termos previstos em lei.

Art. 86. A execução das penas privativas de liberdade e restritivas de direitos, ou de multa cumulada com estas, será processada perante o órgão competente, nos termos da lei.

Seção V
DAS DESPESAS PROCESSUAIS

Art. 87. Nos casos de homologação de acordo civil e aplicação de pena restritiva de direitos ou multa (arts. 74 e 76, § 4º), as despesas processuais serão reduzidas, conforme dispuser lei estadual.

Seção VI
DISPOSIÇÕES FINAIS

Art. 88. Além das hipóteses do Código Penal e da legislação especial, dependerá de representação a ação penal relativa aos crimes de lesões corporais leves e lesões culposas.

Art. 89. Nos crimes em que a pena mínima cominada for igual ou inferior a um ano, abrangidas ou não por esta Lei, o Ministério Público, ao oferecer a denúncia, poderá propor a suspensão do processo, por dois a quatro anos, desde que o acusado não esteja sendo processado ou não tenha sido condenado por outro crime, presentes os demais requisitos que autorizariam a suspensão condicional da pena (artigo 77 do Código Penal).

§ 1º Aceita a proposta pelo acusado e seu defensor, na presença do Juiz, este, recebendo a denúncia, poderá suspender o processo, submetendo o acusado a período de prova, sob as seguintes condições:

I – reparação do dano, salvo impossibilidade de fazê-lo;

II – proibição de frequentar determinados lugares;

III – proibição de ausentar-se da comarca onde reside, sem autorização do Juiz;

IV – comparecimento pessoal e obrigatório a juízo, mensalmente, para informar e justificar suas atividades.

§ 2º O Juiz poderá especificar outras condições a que fica subordinada a suspensão, desde que adequadas ao fato e à situação pessoal do acusado.

§ 3º A suspensão será revogada se, no curso do prazo, o beneficiário vier a ser processado por outro crime ou não efetuar, sem motivo justificado, a reparação do dano.

§ 4º A suspensão poderá ser revogada se o acusado vier a ser processado, no curso do prazo, por contravenção, ou descumprir qualquer outra condição imposta.

§ 5º Expirado o prazo sem revogação, o Juiz declarará extinta a punibilidade.

§ 6º Não correrá a prescrição durante o prazo de suspensão do processo.

§ 7º Se o acusado não aceitar a proposta prevista neste artigo, o processo prosseguirá em seus ulteriores termos.

Art. 90. As disposições desta Lei não se aplicam aos processos penais cuja instrução já estiver iniciada.

► O STF, por unanimidade de votos, julgou parcialmente procedente a ADIN nº 1.719-9, dando a este artigo interpretação conforme a CF, para excluir de sua abrangência as normas de direito penal mais favoráveis aos réus contidas nesta Lei (*DJU* de 3-8-2007).

Art. 90-A. As disposições desta Lei não se aplicam no âmbito da Justiça Militar.

► Artigo acrescido pela Lei nº 9.839, de 27-9-1999.

Art. 91. Nos casos em que esta Lei passa a exigir representação para a propositura da ação penal pública, o ofendido ou seu representante legal será intimado para oferecê-la no prazo de trinta dias, sob pena de decadência.

Art. 92. Aplicam-se subsidiariamente as disposições dos Códigos Penal e de Processo Penal, no que não forem incompatíveis com esta Lei.

CAPÍTULO IV
DISPOSIÇÕES FINAIS COMUNS

Art. 93. Lei Estadual disporá sobre o Sistema de Juizados Especiais Cíveis e Criminais, sua organização, composição e competência.

Art. 94. Os serviços de cartório poderão ser prestados, e as audiências realizadas fora da sede da Comarca, em bairros ou cidades a ela pertencentes, ocupando instalações de prédios públicos, de acordo com audiências previamente anunciadas.

Art. 95. Os Estados, Distrito Federal e Territórios criarão e instalarão os Juizados Especiais no prazo de seis meses, a contar da vigência desta Lei.

Parágrafo único. No prazo de 6 (seis) meses, contado da publicação desta Lei, serão criados e instalados os Juizados Especiais Itinerantes, que deverão dirimir, prioritariamente, os conflitos existentes nas áreas rurais ou nos locais de menor concentração populacional.

► Parágrafo único acrescido pela Lei nº 12.726, de 16-10-2012.

Art. 96. Esta Lei entra em vigor no prazo de sessenta dias após a sua publicação.

Art. 97. Ficam revogadas a Lei nº 4.611, de 2 de abril de 1965 e a Lei nº 7.244, de 7 de novembro de 1984.

Brasília, 26 de setembro de 1995;
174º da Independência e
107º da República.

Fernando Henrique Cardoso

LEI Nº 9.138, DE 29 DE NOVEMBRO DE 1995

Dispõe sobre o crédito rural, e dá outras providências.

► Publicada no *DOU* de 30-11-1995.

Art. 1º É autorizada, para o crédito rural, a equalização de encargos financeiros, observado o disposto na Lei nº 8.427, de 27 de maio de 1992.

§ 1º Compreende-se na equalização de encargos financeiros de que trata o *caput* deste artigo o abatimento no valor das prestações com vencimento em 1995, de acordo com os limites e condições estabelecidos pelo Conselho Monetário Nacional.

§ 2º O Poder Executivo e o Poder Legislativo providenciarão a alocação de recursos e a suplementação orçamentária necessárias à subvenção econômica de que trata este artigo.

Art. 2º Para as operações de crédito rural contratadas a partir da publicação desta Lei e até 31 de julho de 2003, não se aplica o disposto no § 2º do art. 16 da Lei nº 8.880, de 27 de maio de 1994.

► Art. 2º com a redação dada pela MP nº 2.168-40, de 24-8-2001.

Art. 3º O disposto no art. 31 da Lei nº 8.931, de 22 de setembro de 1994, não se aplica aos empréstimos e financiamentos, destinados ao crédito rural, com recursos das Operações Oficiais de Crédito (OOC) sob supervisão do Ministério da Fazenda.

Art. 4º É facultado às instituições financeiras conceder financiamento rural sob a modalidade de crédito rotativo, com limite de crédito fixado com base em orçamento simplificado, considerando-se líquido e certo o saldo devedor apresentado no extrato ou demonstrativo da conta vinculada à operação.

Parágrafo único. Os financiamentos de que trata este artigo poderão ser formalizados através da emissão de cédula de crédito rural, disciplinada pelo Decreto-lei nº 167, de 14 de fevereiro de 1967.

Art. 5º São as instituições e os agentes financeiros do Sistema Nacional de Crédito Rural, instituído pela Lei nº 4.829, de 5 de novembro de 1965, autorizados a proceder ao alongamento de dívidas originárias de crédito rural, contraídas por produtores rurais, suas associações, cooperativas e condomínios, inclusive as já renegociadas, relativas às seguintes operações, realizadas até 20 de junho de 1995:

I – de crédito rural de custeio, investimento ou comercialização, excetuados os empréstimos do Governo Federal com opção de venda (EGF/COV);

II – realizadas ao amparo da Lei nº 7.827, de 27 de setembro de 1989 – Fundos Constitucionais de Financiamento do Norte, do Nordeste e do Centro-Oeste (FNO, FNE e FCO);

III – realizadas com recursos do Fundo de Amparo ao Trabalhador (FAT) e de outros recursos operadas pelo Banco Nacional de Desenvolvimento Econômico e Social (BNDES);

IV – realizadas ao amparo do Fundo de Defesa da Economia Cafeeira (FUNCAFÉ).

§ 1º O Conselho Monetário Nacional poderá autorizar a inclusão de operações de outras fontes.

§ 2º Nas operações de alongamento referidas no *caput*, o saldo devedor será apurado segundo as normas fixadas pelo Conselho Monetário Nacional.

§ 3º Serão objeto do alongamento a que se refere o *caput* as operações contratadas por produtores rurais, suas associações, condomínios e cooperativas de produtores rurais, inclusive as de crédito rural, comprovadamente destinadas à condução de atividades produtivas, lastreadas com recursos de qualquer fonte, observado como limite máximo, para cada emitente do instrumento de crédito identificado pelo respectivo Cadastro de Pessoa Física – CPF ou Cadastro Geral do Contribuinte – CGC, o valor de R$ 200.000,00 (duzentos mil reais), observado, no caso de associações, condomínios e cooperativas, o seguinte:

I – as operações que tenham "cédulas-filhas" serão enquadradas na regra geral;

II – as operações originárias de crédito rural sem identificação do tomador final serão enquadrados observando-se, para cada associação ou cooperativa, o valor obtido pela multiplicação do valor médio refinanciável de R$ 25.000,00 (vinte e cinco mil reais) pelo número de associados ativos da respectiva unidade;

III – nos condomínios e parcerias entre produtores rurais, adotar-se-á um limite máximo de R$ 200.000,00 (duzentos mil reais) para cada participante, excetuando-se cônjuges, identificado pelo respectivo CPF ou CGC.

§ 4º As operações desclassificadas do crédito rural serão incluídas nos procedimentos previstos neste artigo, desde que a desclassificação não tenha decorrido de desvio de crédito ou outra ação dolosa do devedor.

§ 5º Os saldos devedores apurados, que se enquadrem no limite de alongamento previsto no § 3º, terão seus vencimentos alongados pelo prazo mínimo de sete anos, observadas as seguintes condições:

I – prestações anuais, iguais e sucessivas, vencendo a primeira em 31 de outubro de 1997, admitidos ajustes no cronograma de retorno das operações alongadas e adoção de bônus de adimplência nas prestações, conforme o estabelecido nesta Lei e a devida regulamentação do Conselho Monetário Nacional;

► Inciso I com a redação dada pela Lei nº 9.866, de 9-11-1999.

II – taxa de juros de três por cento ao ano, com capitalização anual;

III – independentemente da atividade agropecuária desenvolvida pelo mutuário, os contratos terão cláusula de equivalência em produto, ficando a critério do mesmo a escolha de um dos produtos, a serem definidos pelo Conselho Monetário Nacional, cujos preços de referência constituirão a base de cálculo dessa equivalência;

IV – a critério do mutuário, o pagamento do débito poderá ser feito em moeda corrente ou em equivalentes unidades de produto agropecuário, consoante a opção referida no inciso anterior, mediante depósito da mercadoria em unidade de armazenamento credenciada pelo Governo Federal;

V – a critério das partes, caso o mutuário comprove dificuldade de pagamento de seu débito nas condições supra indicadas, o prazo de vencimento da operação poderá ser estendido até o máximo de dez anos, passando a primeira prestação a vencer em 31 de outubro de 1998, sujeitando-se, ainda, ao disposto na parte final do inciso I deste parágrafo, autorizados os seguintes critérios e condições de renegociação:

► *Caput* do inciso V com a redação dada pela Lei nº 9.866, de 9-11-999.

a) prorrogação das parcelas vincendas nos exercícios de 1999 e 2000, para as operações de responsabilidade de um mesmo mutuário, cujo montante dos saldos devedores seja, em 31 de julho de 1999, inferior a quinze mil reais;

b) nos casos em que as prestações de um mesmo mutuário totalizem saldo devedor superior a quinze mil reais, pagamento de dez por cento e quinze por cento, respectivamente, das prestações vencíveis nos exercícios de 1999 e 2000, e prorrogação do restante para o primeiro e segundo ano subsequente ao do vencimento da última parcela anteriormente ajustada;

c) o pagamento referente à prestação vencível em 31 de outubro de 1999 fica prorrogado para 31 de dezembro do mesmo ano, mantendo-se os encargos de normalidade;

d) o bônus de adimplência a que se refere o inciso I deste parágrafo, será aplicado sobre cada prestação paga até a data do respectivo vencimento e será equivalente ao desconto de:

1) trinta por cento, se a parcela da dívida for igual ou inferior a cinquenta mil reais;

2) trinta por cento até o valor de cinquenta mil reais e quinze por cento sobre o valor excedente a cinquenta mil reais, se a parcela da dívida for superior a esta mesma importância;

► Alíneas *a* a *d* acrescidas pela Lei nº 9.866, de 9-11-1999.

VI – caberá ao mutuário oferecer as garantias usuais das operações de crédito rural, sendo vedada a exigência, pelo agente financeiro, de apresentação de garantias adicionais, liberando-se aquelas que excederem os valores regulamentares do crédito rural;

VII – a data de enquadramento da operação nas condições estabelecidas neste parágrafo será aquela da publicação desta Lei.

§ 6º Os saldos devedores apurados, que não se enquadrem no limite de alongamento estabelecido no § 3º, terão alongada a parcela compreendida naquele limite segundo as condições estabelecidas no § 5º, enquanto a parcela excedente será objeto de renegociação entre as partes, segundo as normas fixadas pelo Conselho Monetário Nacional.

§ 6º-A. Na renegociação da parcela a que se refere o § 6º, o Tesouro Nacional efetuará, mediante declaração de responsabilidade dos valores atestados pelas instituições financeiras, o pagamento relativo ao rebate de até dois pontos percentuais ao ano sobre a taxa de juros, aplicado a partir de 24 de agosto de 1999, para que não incidam taxas de juros superiores aos novos patamares estabelecidos pelo Conselho Monetário Nacional para essa renegociação, não podendo da aplicação do rebate resultar taxa de juros inferior a seis por cento ao ano, inclusive nos casos já renegociados, cabendo a prática de taxas inferiores sem o citado rebate.

§ 6º-B. As dívidas originárias de crédito rural que tenham sido contratadas entre 20 de junho de 1995 e 31 de dezembro de 1997 e contenham índice de atualização monetária, bem como aquelas enquadráveis no Programa de Revitalização de Cooperativas de Produção Agropecuária – RECOOP, poderão ser renegociadas segundo o que estabelecem os §§ 6º-A e 6º-C deste artigo.

§ 6º-C. As instituições integrantes do Sistema Nacional de Crédito Rural – SNCR, na renegociação da parcela a que se referem os §§ 6º, 6º-A e 6º-B, a seu exclusivo critério, sem ônus para o Tesouro Nacional, não podendo os valores correspondentes integrar a declaração de responsabilidade a que alude o § 6º-A, ficam autorizadas:

I – a financiar a aquisição dos títulos do Tesouro Nacional, com valor de face equivalente ao da dívida a ser financiada, os quais devem ser entregues ao credor em garantia do principal;

II – a conceder rebate do qual resulte taxa de juros inferior a seis por cento ao ano.

§ 6º-D. Dentro dos seus procedimentos bancários, os agentes financeiros devem adotar as providências necessárias à continuidade da assistência creditícia a mutuários contemplados com o alongamento de que trata esta Lei, quando imprescindível ao desenvolvimento de suas explorações.

§ 6º-E. Ficam excluídos dos benefícios constantes dos parágrafos 5º, 6º-A, 6º-B, 6º-C e 6º-D os mutuários que tenham comprovadamente cometido desvio de finalidade de crédito.

► § 6º-A a 6º-E acrescidos pela Lei nº 9.866, de 9-11-1999.

§ 7º Não serão abrangidos nas operações de alongamento de que trata este artigo os valores deferidos em processos de cobertura pelo Programa de Garantia da Atividade Agropecuária – PROAGRO.

§ 8º A critério do mutuário, o saldo devedor a ser alongado poderá ser acrescido da parcela da dívida, escriturada em conta especial, referente ao diferencial de índices adotados pelo plano de estabilização econômica editado em março de 1990, independentemente do limite referido no § 3º, estendendo-se o prazo de pagamento referido no § 5º em um ano.

§ 9º O montante das dívidas mencionadas no *caput*, passíveis do alongamento previsto no § 5º, é de R$ 7.000.000.000,00 (sete bilhões de reais).

§ 10. As operações de alongamento de que trata este artigo poderão ser formalizadas através da emissão de cédula de crédito rural, disciplinada pelo Decreto-lei nº 167, de 14 de fevereiro de 1967.

§ 11. O agente financeiro apresentará ao mutuário extrato consolidado de sua conta gráfica, com a respectiva memória de cálculo, de forma a demonstrar discriminadamente os parâmetros utilizados para a apuração do saldo devedor.

Art. 6º É o Tesouro Nacional autorizado a emitir títulos até o montante de R$ 7.000.000.000,00, (sete bilhões de reais) para garantir as operações de alongamento dos saldos consolidados de dívidas de que trata o art. 5º.

§ 1º A critério do Poder Executivo, os títulos referidos no *caput* poderão ser emitidos para garantir o valor total das operações nele referidas ou, alternativamente, para garantir o valor da equalização decorrente do alongamento.

§ 2º O Poder Executivo, por iniciativa do Ministério da Fazenda, fundamentará solicitação ao Senado Federal de aumento dos limites referidos nos incisos VI, VII e VIII do art. 52 da Constituição Federal.

Art. 7º Os contratos de repasse de recursos do Fundo de Participação PIS/PASEP, do Fundo de Amparo ao Trabalhador – FAT, do Fundo de Defesa da Economia Cafeeira – FUNCAFÉ, dos Fundos Constitucionais de Financiamento do Norte, do Nordeste e do Centro-Oeste (FNO, FNE e FCO) e de outros fundos ou instituições oficiais federais, quando lastrearem dívidas de financiamentos rurais objeto do alongamento de que trata o art. 5º, terão seus prazos de retorno e encargos financeiros devidamente ajustados às respectivas operações de alongamento.

Parágrafo único. O custo da equalização nessas operações de alongamento correrá à conta do respectivo fundo, excetuados os casos lastreados com recursos do Fundo de Participação PIS/PASEP e do Fundo de Amparo ao Trabalhador – FAT, em observância ao disposto no art. 239, § 1º, da Constituição, para os quais o ônus da equalização será assumido pelo Tesouro Nacional.

► Art. 7º com a redação dada pela Lei nº 9.715, de 25-11-1998.

Art. 8º Na formalização de operações de crédito rural e nas operações de alongamento celebradas nos termos desta Lei, as partes poderão pactuar, na forma definida pelo Conselho Monetário Nacional, encargos financeiros substitutivos para incidirem a partir do vencimento ordinário ou extraordinário, e até a liquidação do empréstimo ou financiamento, inclusive no caso de dívidas ajuizadas, qualquer que seja o instrumento de crédito utilizado.

Parágrafo único. Em caso de prorrogação do vencimento da operação, ajustada de comum acordo pelas partes ou nas hipóteses previstas na legislação de crédito rural, inclusive aquelas mencionadas no Decreto-lei nº 167, de 14 de fevereiro de 1967, e no art. 4º, parágrafo único da Lei nº 7.843, de 18 de outubro de 1989, os encargos financeiros serão os mesmos pactuados para a situação de normalidade do financiamento.

Art. 8º-A. Fica o gestor do Fundo de Defesa da Economia Cafeeira – FUNCAFÉ, instituído pelo Decreto-Lei nº 2.295, de 21 de novembro de 1986, autorizado a promover ajuste contratual junto ao agente financeiro, com base nas informações dele recebidas, a fim de adequar os valores e prazos de reembolso, ao Fundo, das operações de consolidação e reescalonamento de dívidas de cafeicultores e suas cooperativas, realizadas no exercício de 1997, e ainda, das operações de custeio e colheita da safra 1997/1998, à luz de resolução do Conselho Monetário Nacional.

Parágrafo único. A adequação de valores e prazos de reembolso de que trata o *caput* será efetuada nas mesmas condições que forem estabelecidas segundo o que determina o inciso I do § 5º do art. 5º desta Lei.

► Art. 8º-A acrescido pela Lei nº 9.866, de 9-11-1999.

Art. 9º É a Companhia Nacional de Abastecimento – CONAB autorizada a contratar operação de crédito com o Banco do Brasil S.A. no valor correspondente aos Empréstimos do Governo Federal (EGF), vencidos até 31 de dezembro de 1994.

Art. 10. O Conselho Monetário Nacional deliberará a respeito das características financeiras dos títulos do Tesouro Nacional a serem emitidos na forma do art. 6º e disporá sobre as demais normas, condições e procedimentos a serem observados na formalização das operações de alongamento referidas nesta Lei.

Art. 11. São convalidados os atos praticados com base na Medida Provisória nº 1.131, de 26 de setembro de 1995.

Art. 12. Esta Lei entra em vigor na data de sua publicação.

Art. 13. Revogam-se as disposições em contrário.

Brasília, 29 de novembro de 1995;
174º da Independência e
107º da República.

Fernando Henrique Cardoso

LEI Nº 9.263, DE 12 DE JANEIRO DE 1996

Regula o § 7º do art. 226 da Constituição Federal, que trata do planejamento familiar, estabelece penalidades e dá outras providências.

► Publicada no *DOU* de 15-1-1996.

CAPÍTULO I
DO PLANEJAMENTO FAMILIAR

Art. 1º O planejamento familiar é direito de todo cidadão, observado o disposto nesta Lei.

Art. 2º Para fins desta Lei, entende-se planejamento familiar como o conjunto de ações de regulação da fecundidade que garanta direitos iguais de constituição, limitação ou aumento da prole pela mulher, pelo homem ou pelo casal.

Parágrafo único. É proibida a utilização das ações a que se refere o *caput* para qualquer tipo de controle demográfico.

Art. 3º O planejamento familiar é parte integrante do conjunto de ações de atenção à mulher, ao homem ou ao casal, dentro de uma visão de atendimento global e integral à saúde.

Parágrafo único. As instâncias gestoras do Sistema Único de Saúde, em todos os seus níveis, na prestação das ações previstas no *caput*, obrigam-se a garantir, em toda a sua rede de serviços, no que respeita a atenção à mulher, ao homem ou ao casal, programa de atenção integral à saúde, em todos os seus ciclos vitais, que inclua, como atividades básicas, entre outras:

I – a assistência à concepção e contracepção;

II – o atendimento pré-natal;

III – a assistência ao parto, ao puerpério e ao neonato;

IV – o controle das doenças sexualmente transmissíveis;

V – o controle e a prevenção dos cânceres cérvico-uterino, de mama, de próstata e de pênis.

► Inciso V com a redação dada pela Lei nº 13.045, de 25-11-2014.

Art. 4º O planejamento familiar orienta-se por ações preventivas e educativas e pela garantia de acesso igualitário a informações, meios, métodos e técnicas disponíveis para a regulação da fecundidade.

Parágrafo único. O Sistema Único de Saúde promoverá o treinamento de recursos humanos, com ênfase na capacitação do pessoal técnico, visando a promoção de ações de atendimento à saúde reprodutiva.

Art. 5º É dever do Estado, através do Sistema Único de Saúde, em associação, no que couber, às instâncias componentes do sistema educacional, promover condições e recursos informativos, educacionais, técnicos e científicos que assegurem o livre exercício do planejamento familiar.

Art. 6º As ações de planejamento familiar serão exercidas pelas instituições públicas e privadas, filantrópicas ou não, nos termos desta Lei e das normas de funcionamento e mecanismos de fiscalização estabelecidos pelas instâncias gestoras do Sistema Único de Saúde.

Parágrafo único. Compete à direção nacional do Sistema Único de Saúde definir as normas gerais de planejamento familiar.

Art. 7º É permitida a participação direta ou indireta de empresas ou capitais estrangeiros nas ações e pesquisas de planejamento familiar, desde que autorizada, fiscalizada e controlada pelo órgão de direção nacional do Sistema Único de Saúde.

Art. 8º A realização de experiências com seres humanos no campo da regulação da fecundidade somente será permitida se previamente autorizada, fiscalizada e controlada pela direção nacional do Sistema Único de Saúde e atendidos os critérios estabelecidos pela Organização Mundial de Saúde.

Art. 9º Para o exercício do direito ao planejamento familiar, serão oferecidos todos os métodos e técnicas de concepção e contracepção cientificamente aceitos e que não coloquem em risco a vida e a saúde das pessoas, garantida a liberdade de opção.

Parágrafo único. A prescrição a que se refere o *caput* só poderá ocorrer mediante avaliação e acompanhamento clínico e com informação sobre os seus riscos, vantagens, desvantagens e eficácia.

Art. 10. Somente é permitida a esterilização voluntária nas seguintes situações:

I – em homens e mulheres com capacidade civil plena e maiores de vinte e cinco anos de idade ou, pelo menos, com dois filhos vivos, desde que observado o prazo mínimo de sessenta dias entre a manifestação da vontade e o ato cirúrgico, período no qual será propiciado à pessoa interessada acesso a serviço de regulação da fecundidade, incluindo aconselhamento por equipe multidisciplinar, visando desencorajar a esterilização precoce;

II – risco à vida ou à saúde da mulher ou do futuro concepto, testemunhado em relatório escrito e assinado por dois médicos.

§ 1º É condição para que se realize a esterilização o registro de expressa manifestação da vontade em documento escrito e firmado, após a informação a respeito dos riscos da cirurgia, possíveis efeitos colaterais, dificuldades de sua reversão e opções de contracepção reversíveis existentes.

§ 2º É vedada a esterilização cirúrgica em mulher durante os períodos de parto ou aborto, exceto nos casos de comprovada necessidade, por cesarianas sucessivas anteriores.

§ 3º Não será considerada a manifestação de vontade, na forma do § 1º, expressa durante ocorrência de alterações na capacidade de discernimento por influência de álcool, drogas, estados emocionais alterados ou incapacidade mental temporária ou permanente.

§ 4º A esterilização cirúrgica como método contraceptivo somente será executada através da laqueadura tubária, vasectomia ou de outro método cientificamente aceito, sendo vedada através da histerectomia e ooforectomia.

§ 5º Na vigência de sociedade conjugal, a esterilização depende do consentimento expresso de ambos os cônjuges.

§ 6º A esterilização cirúrgica em pessoas absolutamente incapazes somente poderá ocorrer mediante autorização judicial, regulamentada na forma da Lei.

► Art. 10 vetado, mas mantido pelo Congresso Nacional.

Art. 11. Toda esterilização cirúrgica será objeto de notificação compulsória à direção do Sistema Único de Saúde.

► Artigo vetado, mas mantido pelo Congresso Nacional.

Art. 12. É vedada a indução ou instigamento individual ou coletivo à prática da esterilização cirúrgica.

Art. 13. É vedada a exigência de atestado de esterilização ou de teste de gravidez para quaisquer fins.

Art. 14. Cabe à instância gestora do Sistema Único de Saúde, guardado o seu nível de competência e atribuições, cadastrar, fiscalizar e controlar as instituições e serviços que realizam ações e pesquisas na área do planejamento familiar.

Parágrafo único. Só podem ser autorizadas a realizar esterilização cirúrgica as instituições que ofereçam todas as opções de meios e métodos de contracepção reversíveis.

► Parágrafo único vetado, mas mantido pelo Congresso Nacional.

CAPÍTULO II

DOS CRIMES E DAS PENALIDADES

Art. 15. Realizar esterilização cirúrgica em desacordo com o estabelecido no art. 10 desta Lei.

Pena – reclusão, de dois a oito anos, e multa, se a prática não constitui crime mais grave.

Parágrafo único. A pena é aumentada de um terço se a esterilização for praticada:

I – durante os períodos de parto ou aborto, salvo o disposto no inciso II do art. 10 desta Lei.

II – com manifestação da vontade do esterilizado expressa durante a ocorrência de alterações na capacidade de discernimento por influência de álcool, drogas, estados emocionais alterados ou incapacidade mental temporária ou permanente;

III – através de histerectomia e ooforectomia;

IV – em pessoa absolutamente incapaz, sem autorização judicial;

V – através de cesária indicada para fim exclusivo de esterilização.

► Art. 15 vetado, mas mantido pelo Congresso Nacional.

Art. 16. Deixar o médico de notificar à autoridade sanitária as esterilizações cirúrgicas que realizar.

Pena – detenção, de seis meses a dois anos, e multa.

Art. 17. Induzir ou instigar dolosamente a prática de esterilização cirúrgica.

Pena – reclusão, de um a dois anos.

Parágrafo único. Se o crime for cometido contra a coletividade, caracteriza-se como genocídio, aplicando-se o disposto na Lei nº 2.889, de 1º de outubro de 1956.

Art. 18. Exigir atestado de esterilização para qualquer fim.

Pena – reclusão, de um a dois anos, e multa.

Art. 19. Aplica-se aos gestores e responsáveis por instituições que permitam a prática de qualquer dos atos ilícitos previstos nesta Lei o disposto no *caput* e nos §§ 1º e 2º do art. 29 do Decreto-lei nº 2.848, de 7 de dezembro de 1940 – Código Penal.

Art. 20. As instituições a que se refere o artigo anterior sofrerão as seguintes sanções, sem prejuízo das aplicáveis aos agentes do ilícito, aos coautores ou aos partícipes:

I – se particular a instituição:

a) de duzentos a trezentos e sessenta dias-multa e, se reincidente, suspensão das atividades ou descredenciamento, sem direito a qualquer indenização ou cobertura de gastos ou investimentos efetuados;

b) proibição de estabelecer contratos ou convênios com entidades públicas e de se beneficiar de créditos oriundos de instituições governamentais ou daquelas em que o Estado é acionista;

II – se pública a instituição, afastamento temporário ou definitivo dos agentes do ilícito, dos gestores e responsáveis dos cargos ou funções ocupados, sem prejuízo de outras penalidades.

Art. 21. Os agentes do ilícito e, se for o caso, as instituições a que pertençam ficam obrigados a reparar os danos morais e materiais decorrentes de esterilização não autorizada na forma desta Lei, observados, nesse caso, o disposto nos arts. 159, 1.518 e 1.521 e seu parágrafo único do Código Civil, combinados com o art. 63 do Código de Processo Penal.

CAPÍTULO III

DAS DISPOSIÇÕES FINAIS

Art. 22. Aplica-se subsidiariamente a esta Lei o disposto no Decreto-lei nº 2.848, de 7 de dezembro de 1940 – Código Penal, e, em especial, nos seus arts. 29, *caput*, e §§ 1º e 2º; 43, *caput* e incisos I, II e III ; 44, *caput* e incisos I e II e III e parágrafo único; 45, *caput* e incisos I e II; 46, *caput* e parágrafo único; 47, *caput* e incisos I, II e III; 48, *caput* e parágrafo único; 49, *caput* e §§ 1º e 2º; 50, *caput*, § 1º e alíneas e § 2º; 51, *caput* e §§ 1º e 2º; 52; 56; 129, *caput* e § 1º, incisos I, II e III, § 2º, incisos I, III e IV e § 3º.

Art. 23. O Poder Executivo regulamentará esta Lei no prazo de noventa dias, a contar da data de sua publicação.

Art. 24. Esta Lei entra em vigor na data de sua publicação.

Art. 25. Revogam-se as disposições em contrário.

Brasília, 12 de janeiro de 1996;
175º da Independência e
108º da República.

Fernando Henrique Cardoso

DECRETO Nº 1.800, DE 30 DE JANEIRO DE 1996

Regulamenta a Lei nº 8.934, de 18 de novembro de 1994, que dispõe sobre o Registro Público de Empresas Mercantis e Atividades Afins e dá outras providências.

► Publicado no *DOU* de 31-1-1996 e retificado no *DOU* de 20-5-1996.

TÍTULO I – DAS FINALIDADES E DA ORGANIZAÇÃO DO REGISTRO PÚBLICO DE EMPRESAS MERCANTIS E ATIVIDADES AFINS

CAPÍTULO I

DAS FINALIDADES

► Arts. 1º e 2º da Lei nº 8.934, de 18-11-1994 (Lei do Registro Público de Empresas Mercantis).

Art. 1º O Registro Público de Empresas Mercantis e Atividades Afins será exercido no território nacional, de forma sistêmica, por órgãos federais, estaduais e distritais, com as seguintes finalidades:

► *Caput* com a redação dada pelo Dec. nº 10.173, de 13-12-2019.

I – dar garantia, publicidade, autenticidade, segurança e eficácia aos atos jurídicos das empresas, submetidos a registro na forma da lei;

II – cadastrar e manter atualizadas as informações relacionadas às empresas nacionais e estrangeiras em funcionamento no País; e

► Incisos I e II com a redação dada pelo Dec. nº 10.173, de 13-12-2019.

III – proceder à matrícula dos agentes auxiliares do comércio, bem como ao seu cancelamento.

Art. 2º Os atos das organizações destinadas à exploração de qualquer atividade econômica com fins lucrativos, compreendidos os empresários individuais e as sociedades empresárias, independentemente de seu objeto social, serão arquivados no Registro Público de Empresas Mercantis e Atividades Afins, respeitadas as exceções previstas em lei.

► Artigo com a redação dada pelo Dec. nº 10.173, de 13-12-2019.

CAPÍTULO II

DA ORGANIZAÇÃO

Seção I

DAS DISPOSIÇÕES GERAIS

► Art. 3º da Lei nº 8.934, de 18-11-1994 (Lei do Registro Público de Empresas Mercantis).

Art. 3º Os serviços do Registro Público de Empresas Mercantis e Atividades Afins serão exercidos, em todo o território nacional, de maneira uniforme, harmônica e interdependente, pelo Sistema Nacional de Registro de Empresas Mercantis – SINREM, composto pelos seguintes órgãos:

I – Departamento Nacional de Registro Empresarial e Integração da Secretaria de Governo Digital da Secretaria Especial de Desburocratização, Gestão e Governo Digital do Ministério da Economia, órgão central do SINREM, com as seguintes funções:

a) supervisão, orientação, coordenação e normativa, na área técnica; e

b) supletiva, na área administrativa; e

► Inciso I com a redação dada pelo Dec. nº 10.173, de 13-12-2019.

II – Juntas Comerciais, com funções executora e administradora dos serviços de Registro Público de Empresas Mercantis e Atividades Afins.

Seção II

DO DEPARTAMENTO NACIONAL DE REGISTRO EMPRESARIAL E INTEGRAÇÃO

► Seção II com a denominação dada pelo Dec. nº 10.173, de 13-12-2019.

► Art. 4º da Lei nº 8.934, de 18-11-1994 (Lei do Registro Público de Empresas Mercantis).

Art. 4º O Departamento Nacional de Registro Empresarial e Integração da Secretaria de Governo Digital da Secretaria Especial de Desburocratização, Gestão e Governo Digital do Ministério da Economia tem por finalidade:

► *Caput* com a redação dada pelo Dec. nº 10.173, de 13-12-2019.

I – supervisionar e coordenar, no plano técnico, os órgãos incumbidos da execução dos serviços do Registro Público de Empresas Mercantis e Atividades Afins;

II – estabelecer e consolidar, com exclusividade, as normas e diretrizes gerais do Registro Público de Empresas Mercantis e Atividades Afins;

III – solucionar dúvidas ocorrentes na interpretação das leis, regulamentos e demais normas relacionadas com os serviços do Registro Público de Empresas Mercantis e Atividades Afins, baixando instruções para esse fim;

IV – prestar orientações às Juntas Comerciais, com vistas à solução de consultas e à observância das normas legais e regulamentares do Registro Público de Empresas Mercantis e Atividades Afins;

V – exercer ampla fiscalização jurídica sobre os órgãos incumbidos do Registro Público de Empresas Mercantis e Atividades Afins, representando para os devidos fins às autoridades administrativas contra abusos e infrações das respectivas normas e requerendo o que for necessário ao seu cumprimento;

VI – estabelecer normas procedimentais de arquivamento de atos de empresários individuais e de sociedades empresárias de qualquer natureza;

► Inciso VI com a redação dada pelo Dec. nº 10.173, de 13-12-2019.

VII – promover ou providenciar, supletivamente, no plano administrativo, medidas tendentes a suprir ou corrigir ausências, falhas ou deficiências dos serviços de Registro Público de Empresas Mercantis e Atividades Afins;

VIII – prestar apoio técnico e financeiro às Juntas Comerciais para a melhoria dos serviços de Registro Público de Empresas Mercantis e Atividades Afins;

IX – organizar e manter atualizado o Cadastro Nacional de Empresas – CNE, mediante colaboração mútua com as Juntas Comerciais;

X – instruir, examinar e encaminhar os processos a serem decididos pelo Ministro de Estado da Economia, incluídos os pedidos de autorização para nacionalização ou instalação de filial, agência, sucursal ou estabelecimento no País, por sociedade empresária estrangeira, sem prejuízo da competência de outros órgãos públicos federais; e

XI – promover e elaborar estudos e publicações e realizar reuniões sobre temas pertinentes ao Registro Público de Empresas Mercantis e Atividades Afins.

► Incisos IX a XI com a redação dada pelo Dec. nº 10.173, de 13-12-2019.

§ 1º Para fins do disposto neste artigo, o Departamento Nacional de Registro Empresarial e Integração da Secretaria de Governo Digital da Secretaria Especial de Desburocratização, Gestão e Governo Digital do Ministério da Economia, observadas suas finalidades, poderá constituir comissões integradas por servidores dos órgãos que compõem o SINREM.

► Parágrafo único transformado em § 1º e com a redação dada pelo Dec. nº 10.173, de 13-12-2019.

§ 2º O cadastro nacional a que se refere o inciso IX do *caput* incluirá as informações originárias do cadastro estadual de empresas, vedados a exigência de preenchimento de formulário pelo empresário, o fornecimento de novos dados ou informações ou a cobrança de preço pela inclusão das informações no cadastro nacional.

► § 2º acrescido pelo Dec. nº 10.173, de 13-12-2019.

Seção III
DAS JUNTAS COMERCIAIS

► Arts. 5º e 28 da Lei nº 8.934, de 18-11-1994 (Lei do Registro Público de Empresas Mercantis).

Art. 5º A Junta Comercial de cada unidade federativa, com jurisdição na respectiva área da circunscrição territorial e sede na capital, subordina-se, administrativamente, ao Governo de sua unidade federativa e, tecnicamente, ao Departamento Nacional de Registro Empresarial e Integração da Secretaria de Governo Digital da Secretaria Especial de Desburocratização, Gestão e Governo Digital do Ministério da Economia.

► *Caput* com a redação dada pelo Dec. nº 10.173, de 13-12-2019.

Parágrafo único. *Revogado*. Dec. nº 10.173, de 13-12-2019.

Art. 6º As Juntas Comerciais poderão desconcentrar seus serviços mediante convênios com órgãos da Administração direta, autarquias e fundações públicas e entidades privadas sem fins lucrativos.

Parágrafo único. Ato do Departamento Nacional de Registro Empresarial e Integração da Secretaria de Governo Digital da Secretaria Especial de Desburocratização, Gestão e Governo Digital do Ministério da Economia estabelecerá as orientações necessárias à execução do disposto no *caput*.

► Parágrafo único com a redação dada pelo Dec. nº 10.173, de 13-12-2019.

Art. 7º Compete às Juntas Comerciais:

I – executar os serviços de registro de empresas, neles compreendidos:

► *Caput* do inciso I com a redação dada pelo Dec. nº 10.173, de 13-12-2019.

a) o arquivamento dos atos relativos à constituição, alteração, dissolução e extinção de empresas, de cooperativas, das declarações de microempresas e empresas de pequeno porte e dos atos relativos a consórcios e grupo de sociedades de que trata a Lei nº 6.404, de 15 de dezembro de 1976;

b) o arquivamento dos atos relacionados às sociedades empresárias estrangeiras autorizadas a funcionar no País;

c) o arquivamento de atos ou documentos que, por determinação legal, seja atribuído ao Registro Público de Empresas Mercantis e Atividades Afins e daqueles que possam interessar ao empresário ou às sociedades empresárias;

d) a autenticação dos instrumentos de escrituração das empresas registradas e dos agentes auxiliares do comércio, nos termos do disposto na legislação específica; e

► Alíneas *a* a *d* com a redação dada pelo Dec. nº 10.173, de 13-12-2019.

e) a emissão de certidões dos documentos arquivados;

II – elaborar a tabela de preços de seus serviços, observado o disposto em ato do Departamento Nacional de Registro Empresarial e Integração da Secretaria de Governo Digital da Secretaria Especial de Desburocratização, Gestão e Governo Digital do Ministério da Economia;

► Inciso II com a redação dada pelo Dec. nº 10.173, de 13-12-2019.

III – processar, em relação aos agentes auxiliares do comércio:

a) a habilitação, nomeação, matrícula e seu cancelamento dos tradutores públicos e intérpretes comerciais;

b) a matrícula e seu cancelamento de leiloeiros, trapicheiros e administradores de armazéns-gerais;

IV – elaborar os respectivos Regimentos Internos e suas alterações, bem como as resoluções de caráter administrativo necessárias ao fiel cumprimento das normas legais, regulamentares e regimentais;

V – expedir carteiras de exercício profissional para os agentes auxiliares do comércio matriculados no Registro Público de Empresas Mercantis e Atividades Afins, observado o disposto em ato do Departamento Nacional de Registro Empresarial e Integração da Secretaria de Governo Digital da Secretaria

Especial de Desburocratização, Gestão e Governo Digital do Ministério da Economia;

VI – proceder ao assentamento dos usos e práticas empresariais;

► Incisos V e VI com a redação dada pelo Dec. nº 10.173, de 13-12-2019.

VII – prestar ao Departamento Nacional de Registro Empresarial e Integração da Secretaria de Governo Digital da Secretaria Especial de Desburocratização, Gestão e Governo Digital do Ministério da Economia as informações necessárias:

► *Caput* do inciso VII com a redação dada pelo Dec. nº 10.173, de 13-12-2019.

a) à organização, formação e atualização do cadastro nacional das empresas em funcionamento no País;

► Alínea *a* com a redação dada pelo Dec. nº 10.173, de 13-12-2019.

b) à realização de estudos para o aperfeiçoamento dos serviços de Registro Público de Empresas Mercantis e Atividades Afins;

c) ao acompanhamento e à avaliação da execução dos serviços de Registro Público de Empresas Mercantis e Atividades Afins;

d) à catalogação dos assentamentos de usos e práticas empresariais procedidos; e

► Alínea *d* com a redação dada pelo Dec. nº 10.173, de 13-12-2019.

VIII – organizar, formar, atualizar e auditar, observado o disposto nos atos do Departamento Nacional de Registro Empresarial e Integração da Secretaria de Governo Digital da Secretaria Especial de Desburocratização, Gestão e Governo Digital do Ministério da Economia, o Cadastro Estadual de Empresas – CEE, integrante do Cadastro Nacional de Empresas – CNE.

► Inciso VIII com a redação dada pelo Dec. nº 10.173, de 13-12-2019.

Parágrafo único. As competências das Juntas Comerciais referentes aos agentes auxiliares do comércio, trapiches e armazéns-gerais serão exercidas nos termos do disposto neste Regulamento, na legislação específica e nos atos do Departamento Nacional de Registro Empresarial e Integração da Secretaria de Governo Digital da Secretaria Especial de Desburocratização, Gestão e Governo Digital do Ministério da Economia.

Art. 8º A estrutura básica das Juntas Comerciais será integrada pelos seguintes órgãos:

I – Presidência, como órgão diretivo e representativo;

II – Plenário, como órgão deliberativo superior;

III – Turmas, como órgãos deliberativos inferiores;

IV – Secretaria-Geral, como órgão administrativo;

V – Procuradoria, como órgão de fiscalização e de consulta jurídica.

§ 1º As Juntas Comerciais poderão ter uma Assessoria Técnica, com a competência de examinar e relatar os processos de Registro Público de Empresas Mercantis e Atividades Afins a serem submetidos à sua deliberação, cujos membros deverão ser bacharéis em Direito, Economistas, Contadores ou Administradores.

§ 2º As Juntas Comerciais, por seu Plenário, nos termos da legislação estadual respectiva, poderão criar delegacias, como órgãos subordinados, para exercerem, em suas jurisdições, as atribuições de autenticar instrumentos de escrituração das empresas e dos agentes auxiliares do comércio e de decidir sobre os atos submetidos ao regime de decisão singular, proferida por servidor público com comprovado conhecimento em Direito Empresarial e nos serviços de Registro Público de Empresas Mercantis e Atividades Afins.

► § 2º com a redação dada pelo Dec. nº 10.173, de 13-12-2019.

§ 3º Ficam preservadas as competências das atuais Delegacias.

Art. 9º O Plenário poderá ser constituído por onze, quatorze, dezessete, vinte ou vinte e três Vogais e igual número de suplentes, conforme determinar a legislação da unidade federativa a que pertencer a Junta Comercial.

► *Caput* com a redação dada pelo Dec. nº 3.395, de 29-3-2000.

Parágrafo único. A proposta de alteração do número de Vogais e respectivos suplentes será devidamente fundamentada, ouvida a Junta Comercial.

Art. 10. Os Vogais e respectivos suplentes serão nomeados dentre brasileiros que satisfaçam as seguintes condições:

I – estejam em pleno gozo dos direitos civis e políticos;

II – não estejam condenados por crime cuja pena vede o acesso a cargo, emprego e funções públicas, ou por crime de prevaricação, falência fraudulenta, peita ou suborno, concussão, peculato, contra a propriedade, a fé pública e a economia popular;

III – sejam, ou tenham sido, por mais de cinco anos, empresários individuais, sócios ou administradores de sociedade empresária, situação essa comprovada por meio de certidão expedida pela Junta Comercial, dispensada essa exigência para os representantes da União e os das classes dos advogados, dos economistas e dos contadores;

► Inciso III com a redação dada pelo Dec. nº 10.173, de 13-12-2019.

IV – tenham mais de cinco anos de efetivo exercício da profissão, quando se tratar de representantes das classes dos advogados, dos economistas, dos contadores ou dos administradores;

► Inciso IV com a redação dada pelo Dec. nº 3.395, de 29-3-2000.

V – estejam quites com o servico militar e o serviço eleitoral.

Art. 11. Os Vogais e respectivos suplentes serão escolhidos da seguinte forma:

I – a metade, quando par, ou o primeiro número inteiro superior à metade, quando ímpar, dos Vogais e respectivos suplentes, dentre os nomes indicados, em listas tríplices, pelas entidades patronais de grau superior e pelas Associações Comerciais com sede na jurisdição da Junta Comercial;

II – um Vogal e respectivo suplente, representando a União;

III – quatro Vogais e respectivos suplentes, representando, respectivamente, a classe dos advogados, a dos economistas, a dos contadores e a dos administradores, todos mediante indicação, em lista tríplice, do Conselho Seccional ou Regional do órgão corporativo destas categorias profissionais;

► Inciso III com a redação dada pelo Dec. nº 3.395, de 29-3-2000.

IV – os demais Vogais e suplentes, nas hipóteses em que o Plenário tenha sido constituído por número superior a onze, por livre escolha dos Governadores dos respectivos Estados e Distrito Federal.

► Inciso IV com a redação dada pelo Dec. nº 10.173, de 13-12-2019.

Parágrafo único. As listas referidas neste artigo, contendo, cada uma, proposta de três nomes para Vogal e de três para suplente, deverão ser remetidas até sessenta dias antes do término do mandato, sendo considerada, com relação a cada entidade omissa, a última lista que inclua pessoa que não exerça ou tenha exercido mandato de Vogal.

Art. 12. Serão nomeados:

I – pelo Governador do Estado ou do Distrito Federal, salvo disposição em contrário, os Vogais e respectivos suplentes de que tratam os incisos I, III e IV do *caput* do art. 11; e

II – pelo Ministro de Estado da Economia, os Vogais e respectivos suplentes de que trata o inciso II do *caput* do art. 11.

▸ Incisos I e II com a redação dada pelo Dec. nº 10.173, de 13-12-2019.

§ 1º Qualquer pessoa poderá representar fundamentadamente à autoridade competente contra a nomeação de Vogal ou de suplente contrária aos preceitos deste Regulamento, no prazo de quinze dias, contados da data da posse.

§ 2º Julgada procedente a representação:

a) fundamentada na falta de preenchimento de condições ou na incompatibilidade de Vogal ou suplente para a participação no Colégio de Vogais, ocorrerá a vaga da função respectiva;

b) fundamentada em ato contrário à forma de escolha da representatividade do Colégio de Vogais, será efetuada nova nomeação de Vogal e suplente, observadas as disposições deste Regulamento.

Art. 13. A posse dos Vogais e respectivos suplentes ocorrerá dentro de trinta dias, contados da publicação do ato de nomeação, prorrogável por mais trinta dias, a requerimento do interessado.

§ 1º A posse poderá se dar mediante procuração específica.

§ 2º Será tornado sem efeito o ato de nomeação se a posse não ocorrer nos prazos previstos no *caput* deste artigo.

Art. 14. Os Vogais serão remunerados por presença, nos termos da legislação da unidade federativa a que pertencer a Junta Comercial.

Art. 15. O Vogal será substituído por seu respectivo suplente durante os impedimentos e, no caso de vaga, até o final do mandato.

Parágrafo único. A vaga de suplente implica, necessariamente, nova nomeação, observadas as disposições deste Regulamento.

Art. 16. É incompatível a participação, no Colégio de Vogais da mesma Junta Comercial, de parentes consanguíneos ou afins nas linhas ascendente, descendente e colateral, até o segundo grau, e os sócios da mesma sociedade empresária.

▸ *Caput* com a redação dada pelo Dec. nº 10.173, de 13-12-2019.

Parágrafo único. Em caso de incompatibilidade, serão seguidos, para a escolha dos membros, sucessivamente os critérios de precedência na nomeação, da precedência na posse, ou do mais idoso.

Art. 17. O mandato dos Vogais e respectivos suplentes será de quatro anos, permitida apenas uma recondução.

Art. 18. O Vogal ou seu suplente perderá o exercício do mandato na forma deste artigo e do Regimento Interno da Junta Comercial, nos seguintes casos:

I – mais de três faltas consecutivas às sessões do Plenário ou das Turmas, ou doze alternadas no mesmo ano, sem justo motivo;

II – por conduta incompatível com a dignidade do cargo.

§ 1º A justificativa de falta deverá ser entregue à Junta Comercial até a primeira sessão plenária seguinte à sua ocorrência.

§ 2º Na hipótese do inciso I, à vista de representação fundamentada, ou de ofício pelo Presidente, o Plenário, se julgar insatisfatórias, por decisão tomada pelo primeiro número inteiro superior à metade dos membros presentes, as justificativas ou se estas não tiverem sido apresentadas, assegurados o contraditório e a ampla defesa, comunicará às autoridades ou entidades competentes a perda do mandato.

§ 3º Na hipótese do inciso II, à vista de representação fundamentada, ou de ofício pelo Presidente, o Plenário, assegurados o contraditório e a ampla defesa, se julgá-la procedente, por decisão tomada pelo primeiro número inteiro superior à metade dos membros do Colégio de Vogais, comunicará às autoridades ou entidades competentes a perda do mandato.

§ 4º A deliberação pela perda do mandato afasta imediatamente o Vogal ou o suplente do exercício de suas funções, com perda da remuneração correspondente, e a perda do mandato será definitiva após a publicação da declaração de vacância no *Diário Oficial da União*, do Estado ou do Distrito Federal, conforme o caso.

▸ § 4º com a redação dada pelo Dec. nº 10.173, de 13-12-2019.

Art. 19. O Vogal ou suplente no exercício do mandato poderá, a qualquer tempo, ser substituído mediante nomeação de novo titular para a respectiva função.

Parágrafo único. No caso de entidade ou órgão corporativo, a decisão de nova indicação de nomes em lista tríplice deverá ser fundamentada por seu dirigente ou colegiado, conforme dispuser o respectivo estatuto.

Art. 20. Na sessão inaugural do Plenário das Juntas Comerciais, que iniciará cada período de mandato, serão distribuídos os Vogais por Turmas de três membros cada uma, com exclusão do Presidente e do Vice-Presidente.

Art. 21. Compete ao Plenário:

I – julgar os recursos interpostos das decisões definitivas, singulares ou colegiadas;

II – deliberar sobre a tabela de preços dos serviços da Junta Comercial, submetendo-a, quando for o caso, à autoridade superior;

III – deliberar sobre o assentamento dos usos e práticas empresariais;

▸ Inciso III com a redação dada pelo Dec. nº 10.173, de 13-12-2019.

IV – aprovar o Regimento Interno e suas alterações, submetendo-o, quando for o caso, à autoridade superior;

V – decidir sobre matérias de relevância, conforme previsto no Regimento Interno;

VI – deliberar, por proposta do Presidente, sobre a criação de Delegacias;

VII – deliberar sobre as proposições de perda de mandato de Vogal ou suplente;

VIII – manifestar-se sobre proposta de alteração do número de Vogais e respectivos suplentes;

IX – exercer as demais atribuições e praticar os atos que estiverem implícitos em sua competência, ou que vierem a ser atribuídos em leis ou em outras normas federais ou estaduais.

Art. 22. As sessões ordinárias do Plenário e das Turmas efetuar-se-ão com a periodicidade e do modo determinado no Regimento Interno, e as extraordinárias, sempre justificadas, por convocação do Presidente ou de dois terços dos seus membros.

Parágrafo único. A presidência de sessão plenária, ausentes o Presidente e o Vice-Presidente, será exercida pelo Vogal mais idoso.

Art. 23. Compete às Turmas:

I – julgar, originariamente, os pedidos de arquivamento dos atos sujeitos ao regime de decisão colegiada;

II – julgar os pedidos de reconsideração de seus despachos;

III – exercer as demais atribuições que forem fixadas pelo Regimento Interno da Junta Comercial.

Art. 24. O Presidente e o Vice-Presidente serão nomeados, em comissão, pelos Governadores dos Estados e do Distrito Federal, dentre os membros do Colégio de Vogais.

► Artigo com a redação dada pelo Dec. nº 10.173, de 13-12-2019.

Art. 25. Ao Presidente incumbe:

I – dirigir e representar extrajudicialmente a Junta Comercial e, judicialmente, quando for o caso;

II – dar posse aos Vogais e suplentes, convocando-os nas hipóteses previstas neste Regulamento e no Regimento Interno;

III – convocar e presidir as sessões plenárias;

IV – encaminhar à deliberação do Plenário, os casos de que trata o artigo 18;

V – superintender os serviços da Junta Comercial;

VI – julgar, originariamente, os atos de Registro Público de Empresas Mercantis e Atividades Afins, sujeitos ao regime de decisão singular;

VII – determinar o arquivamento de atos, mediante provocação dos interessados, nos pedidos não decididos nos prazos previstos neste Regulamento;

VIII – assinar deliberações e resoluções aprovadas pelo Plenário;

IX – designar Vogal ou servidor habilitado para proferir decisões singulares;

X – velar pelo fiel cumprimento das normas legais e executivas;

XI – cumprir e fazer cumprir as deliberações do Plenário;

XII – orientar e coordenar os serviços da Junta Comercial através da Secretaria-Geral;

XIII – abrir vista à parte interessada e à Procuradoria e designar Vogal Relator nos processos de recurso ao Plenário;

XIV – propor ao Plenário a criação de Delegacias;

XV – submeter a tabela de preços dos serviços da Junta Comercial à deliberação do Plenário;

XVI – encaminhar à Procuradoria os processos e matérias que tiverem de ser submetidos ao seu exame e parecer;

XVII – baixar Portarias e exarar despachos, observada a legislação aplicável;

XVIII – apresentar, anualmente, relatório do exercício anterior à autoridade superior e enviar cópia ao Departamento Nacional de Registro Empresarial e Integração da Secretaria de Governo Digital da Secretaria Especial de Desburocratização, Gestão e Governo Digital do Ministério da Economia;

► Inciso XVIII com a redação dada pelo Dec. nº 10.173, de 13-12-2019.

XIX – despachar os recursos, indeferindo-os liminarmente nos casos previstos neste Regulamento;

XX – submeter o Regimento Interno e suas alterações à deliberação do Plenário;

XXI – submeter o assentamento de usos e práticas empresariais à deliberação do Plenário;

► Inciso XXI com a redação dada pelo Dec. nº 10.173, de 13-12-2019.

XXII – assinar carteiras de exercício profissional;

XXIII – praticar os atos que estiverem no âmbito de suas competências e de outras que vierem a ser atribuídas por leis ou normas federais, estaduais ou distritais.

► Inciso XXIII com a redação dada pelo Dec. nº 10.173, de 13-12-2019.

Art. 26. Ao Vice-Presidente da Junta Comercial incumbe:

I – auxiliar e substituir o Presidente em suas faltas ou impedimentos;

II – efetuar correição permanente dos serviços da Junta Comercial;

III – exercer as demais atribuições que forem fixadas pelo Regimento Interno.

Art. 27. Compete aos respectivos Governadores a nomeação para o cargo em comissão de Secretário-Geral das juntas comerciais dos Estados e do Distrito Federal, escolhido dentre brasileiros de notória idoneidade moral e conhecimentos em Direito Empresarial.

► Artigo com a redação dada pelo Dec. nº 10.173, de 13-12-2019.

Art. 28. Ao Secretário-Geral incumbe:

I – supervisionar, coordenar e fiscalizar a execução dos serviços de registro e de administração da Junta Comercial;

II – exercer o controle sobre os prazos recursais e fazer incluir na pauta das sessões os processos de recursos a serem apreciados pelo Plenário, solicitando ao Presidente a convocação de sessão extraordinária, quando necessário;

III – despachar com o Presidente e participar das sessões do Plenário;

IV – baixar ordens de serviço, instruções e recomendações bem como exarar despachos para execução e funcionamento dos serviços a cargo da Secretaria-Geral;

V – assinar as certidões expedidas ou designar servidor para esse fim;

VI – elaborar estudos de viabilidade de criação de Delegacias;

VII – elaborar estudos sobre a tabela de preços dos serviços da Junta Comercial;

VIII – visar e controlar os atos e documentos enviados para publicação no órgão de divulgação determinado em portaria do Presidente;

IX – colaborar na elaboração de trabalhos técnicos promovidos pelo Departamento Nacional de Registro Empresarial e Integração da Secretaria de Governo Digital da Secretaria Especial de Desburocratização, Gestão e Governo Digital do Ministério da Economia; e

X – praticar os atos que estiverem no âmbito de suas competências e de outras que vierem a ser atribuídas por lei ou normas federais, estaduais ou distritais.

► Incisos IX e X com a redação dada pelo Dec. nº 10.173, de 13-12-2019.

Art. 29. A Procuradoria será composta por um ou mais Procuradores e chefiada pelo Procurador que for designado pelo Governador, ou autoridade competente, do Estado ou do Distrito Federal.

► Artigo com a redação dada pelo Dec. nº 10.173, de 13-12-2019.

Art. 30. Ao Procurador incumbe:

I – internamente:

a) fiscalizar o fiel cumprimento das normas legais e executivas em matéria de Registro Público de Empresas Mercantis e Atividades Afins;

b) emitir parecer nos recursos dirigidos ao Plenário e nas demais matérias de sua competência;

c) promover estudos para assentamento de usos e práticas empresariais;

► Alínea *c* com a redação dada pelo Dec. nº 10.173, de 13-12-2019.

d) participar das sessões do Plenário e das Turmas, conforme disposto no Regimento Interno;

e) requerer diligências e promover responsabilidades perante os órgãos e poderes competentes;

f) recorrer ao Plenário de decisão singular ou de Turma, em matéria de Registro Público de Empresas Mercantis e Atividades Afins;

g) praticar os atos que estiverem no âmbito de suas competências e de outras que vierem a ser atribuídas por leis ou normas federais, estaduais ou distritais; e

► Alínea *g* com a redação dada pelo Dec. nº 10.173, de 13-12-2019.

II – externamente:

a) oficiar junto aos órgãos do Poder Judiciário, nas matérias e questões relacionadas com a prática dos atos de Registro Público de Empresas Mercantis e Atividades Afins;

b) recorrer ao Departamento Nacional de Registro Empresarial e Integração da Secretaria de Governo Digital da Secretaria Especial de Desburocratização, Gestão e Governo Digital do Ministério da Economia das decisões do Plenário, em matéria de Registro Público de Empresas Mercantis e Atividades Afins; e

c) colaborar na elaboração de trabalhos técnicos promovidos pelo Departamento Nacional de Registro Empresarial e Integração da Secretaria de Governo Digital da Secretaria Especial de Desburocratização, Gestão e Governo Digital do Ministério da Economia.

► Alíneas *b* e *c* com a redação dada pelo Dec. nº 10.173, de 13-12-2019.

c) colaborar na elaboração de trabalhos técnicos promovidos pelo Departamento Nacional de Registro do Comércio – DNRC.

Art. 31. *Revogado.* Dec. nº 10.173, de 13-12-2019.

TÍTULO II – DOS ATOS E DA ORDEM DOS SERVIÇOS DE REGISTRO PÚBLICO DE EMPRESAS MERCANTIS E ATIVIDADES AFINS

CAPÍTULO I

DA COMPREENSÃO DOS ATOS

► Arts. 32 e 34 da Lei nº 8.934, de 18-11-1994 (Lei do Registro Público de Empresas Mercantis).

Art. 32. O Registro Público de Empresas Mercantis e Atividades Afins compreende:

I – a matrícula e seu cancelamento, de:

a) leiloeiros oficiais;

b) tradutores públicos e intérpretes comerciais;

c) administradores de armazéns-gerais;

d) trapicheiros;

II – o arquivamento:

a) dos atos constitutivos, alterações e extinções de empresário individual;

► Alínea *a* com a redação dada pelo Dec. nº 10.173, de 13-12-2019.

b) das declarações de microempresas e de empresas de pequeno porte;

c) dos atos constitutivos e das atas das sociedades anônimas, bem como os de sua dissolução e extinção;

d) dos atos constitutivos e respectivas alterações das demais pessoas jurídicas organizadas sob a forma empresarial, e de sua dissolução e extinção;

► Alínea *d* com a redação dada pelo Dec. nº 10.173, de 13-12-2019.

e) dos documentos relativos à constituição, alteração, dissolução e extinção de cooperativas;

f) dos atos relativos a consórcios e grupos de sociedades;

g) dos atos relativos à incorporação, cisão, fusão e transformação de sociedades empresárias;

h) de comunicação, conforme modelos aprovados pelo Departamento Nacional de Registro Empresarial e Integração da Secretaria de Governo Digital da Secretaria Especial de Desburocratização, Gestão e Governo Digital do Ministério da Economia, de paralisação temporária das atividades e de empresa que pretenda manter-se em funcionamento, no caso de, nessa última hipótese, não ter procedido a qualquer arquivamento na Junta Comercial no período de dez anos consecutivos;

i) dos atos relativos a sociedades empresárias estrangeiras autorizadas a funcionar no País;

j) das decisões judiciais referentes a empresas registradas;

► Alíneas *g* a *j* com a redação dada pelo Dec. nº 10.173, de 13-12-2019.

l) dos atos de nomeação de trapicheiros, administradores e fiéis de armazéns-gerais;

m) dos demais documentos que, por determinação legal, sejam atribuídos ao Registro Público de Empresas Mercantis e Atividades Afins ou daqueles que possam interessar ao empresário ou à sociedade empresária; e

► Alínea *m* com a redação dada pelo Dec. nº 10.173, de 13-12-2019.

III – a autenticação dos instrumentos de escrituração das empresas registradas e dos agentes auxiliares do comércio, na forma da lei específica.

► Inciso III com a redação dada pelo Dec. nº 10.173, de 13-12-2019.

§ 1º Os atos, os documentos e as declarações que contenham informações meramente cadastrais serão levados automaticamente a registro se puderem ser obtidos por meio de bases de dados disponíveis em órgãos públicos.

§ 2º Ato do Departamento Nacional de Registro Empresarial e Integração da Secretaria de Governo Digital da Secretaria Especial de Desburocratização, Gestão e Governo Digital do Ministério da Economia estabelecerá os atos, os documentos e as declarações que contenham informações meramente cadastrais.

► §§ 1º e 2º acrescidos pelo Dec. nº 10.173, de 13-12-2019.

CAPÍTULO II

DA ORDEM DOS SERVIÇOS

Seção I

DA APRESENTAÇÃO DOS ATOS A ARQUIVAMENTO

► Arts. 36 e 38 da Lei nº 8.934, de 18-11-1994 (Lei do Registro Público de Empresas Mercantis).

Art. 33. Os documentos referidos no inciso II do artigo 32 deverão ser apresentados a arquivamento na Junta Comercial, mediante requerimento dirigido ao seu Presidente, dentro de trinta dias contados de sua assinatura, a cuja data retroagirão os efeitos do arquivamento.

Parágrafo único. Protocolados fora desse prazo, os efeitos a que se refere este artigo só se produzirão a partir da data do despacho que deferir o arquivamento.

Art. 34. Instruirão obrigatoriamente os pedidos de arquivamento:

I – instrumento original, particular, certidão ou publicação de autorização legal, de constituição, alteração, dissolução ou extinção de empresário individual, e de sociedade empresária, de cooperativa, de ato de consórcio e de grupo de sociedades, e de declaração de microempresa e de empresa de pequeno porte, datado e assinado, quando for o caso, pelo titular, sócios, administradores, consorciados ou seus procuradores e testemunhas;

II – declaração do titular ou administrador, firmada sob as penas da lei, de não estar impedido de exercer a atividade empresarial ou a administração de empresa, em virtude de condenação criminal;

III – ficha do Cadastro Nacional de Empresas – CNE, conforme modelo aprovado pelo Departamento Nacional de Registro Empresarial e Integração da Secretaria de Governo Digital da Secretaria Especial de Desburocratização, Gestão e Governo Digital do Ministério da Economia;

► Incisos I a III com a redação dada pelo Dec. nº 10.173, de 13-12-2019.

IV – comprovantes de pagamento dos preços dos serviços correspondentes;

V – prova de identidade do empresário individual e do administrador de sociedade empresária e de cooperativa:

► *Caput* do inciso V com a redação dada pelo Dec. nº 10.173, de 13-12-2019.

a) poderão servir como prova de identidade, mesmo por cópia regularmente autenticada, a cédula de identidade, o certificado de reservista, a carteira de identidade profissional, a carteira de identidade de estrangeiro e a carteira nacional de habilitação;

► Alínea *a* com a redação dada pelo Dec. nº 3.395, de 29-3-2000.

b) para o imigrante, empresário individual ou administrador de sociedade empresária ou cooperativa, a identidade conterá a comprovação da condição de residente no País;

► Alínea *b* com a redação dada pelo Dec. nº 10.173, de 13-12-2019.

c) o documento comprobatório de identidade, ou sua cópia autenticada, será devolvido ao interessado logo após exame, vedada a sua retenção;

d) fica dispensada nova apresentação de prova de identidade no caso de já constar anotada, em processo anteriormente arquivado, e desde que indicado o número do registro daquele processo.

Parágrafo único. Nenhum outro documento, além dos referidos neste Regulamento, será exigido dos empresários individuais e das sociedades empresárias, salvo expressa determinação legal, reputadas como verdadeiras, até prova em contrário, as declarações feitas perante os órgãos do Registro Público de Empresas Mercantis e Atividades Afins.

► Parágrafo único com a redação dada pelo Dec. nº 10.173, de 13-12-2019.

Art. 35. O instrumento particular ou a certidão apresentada à Junta Comercial não poderá conter emendas, rasuras e entrelinhas, admitida a ressalva expressa no próprio instrumento ou certidão, com a assinatura das partes ou do tabelião, conforme o caso.

Art. 36. O ato constitutivo de sociedade empresária e de cooperativa somente poderá ser arquivado se visado por advogado, com a indicação do nome e número de inscrição na respectiva Seccional da Ordem dos Advogados do Brasil.

Art. 37. O arquivamento de ato de empresa sujeita a controle de órgão de fiscalização de exercício profissional não dependerá de aprovação prévia desse órgão.

Art. 38. A cópia de documento, autenticada na forma prevista em lei, dispensará nova conferência com o documento original.

§ 1º A autenticação do documento poderá ser realizada por meio de comparação entre o documento original e a sua cópia pelo servidor a quem o documento seja apresentado.

§ 2º Fica dispensada a autenticação a que se refere o *caput* quando o advogado ou o contador da parte interessada declarar, sob sua responsabilidade pessoal, a autenticidade da cópia do documento.

► Arts. 36 a 38 com a redação dada pelo Dec. nº 10.173, de 13-12-2019.

Art. 39. Os atos levados a arquivamento são dispensados de reconhecimento de firma, exceto quando se tratar de procuração por instrumento particular ou de documentos oriundos do exterior, se, neste caso, tal formalidade não tiver sido cumprida no consulado brasileiro.

Art. 40. As assinaturas nos requerimentos, instrumentos ou documentos particulares serão lançadas com a indicação do nome do signatário, por extenso, datilografado ou em letra de forma e do número de identidade e órgão expedidor, quando se tratar de testemunha.

§ 1º Sempre que for devidamente comprovada a falsificação da assinatura constante de ato arquivado, o Presidente da Junta Comercial deverá, após intimação dos interessados, garantidos a ampla defesa e o contraditório aos envolvidos, desarquivar o ato viciado e comunicar o fato à Polícia Civil, ao Ministério Público e às autoridades fazendárias, para que sejam tomadas as medidas cabíveis.

§ 2º Quando houver indícios substanciais da falsificação, o Presidente da Junta Comercial deverá suspender os efeitos do ato até a comprovação da veracidade da assinatura.

► §§ 1º e 2º com a redação dada pelo Dec. nº 10.173, de 13-12-2019.

Art. 41. Ato do Departamento Nacional de Registro Empresarial e de Integração da Secretaria de Governo Digital da Secretaria Especial de Desburocratização, Gestão e Governo Digital do Ministério da Economia estabelecerá os modelos dos instrumentos para arquivamento dos atos dos empresários individuais.

Art. 42. Os atos constitutivos de sociedades empresárias poderão ser efetivados por instrumento particular ou por escritura pública e suas alterações poderão ser realizadas independentemente da forma adotada na constituição.

► Arts. 41 e 42 com a redação dada pelo Dec. nº 10.173, de 13-12-2019.

Art. 43. Qualquer modificação dos atos constitutivos arquivados na Junta Comercial dependerá de instrumento específico de:

► *Caput* com a redação dada pelo Dec. nº 10.173, de 13-12-2019.

I – alteração de instrumento de empresário individual;

► Inciso I com a redação dada pelo Dec. nº 10.173, de 13-12-2019.

II – ata de assembleia, para as sociedades por ações cooperativas;

III – alteração contratual, para as demais sociedades empresárias.

► Inciso III com a redação dada pelo Dec. nº 10.173, de 13-12-2019.

Art. 44. As alterações contratuais deverão, obrigatoriamente, conter a qualificação completa dos sócios e da sociedade empresária no preâmbulo do instrumento.

► Artigo com a redação dada pelo Dec. nº 10.173, de 13-12-2019.

Art. 45. Havendo alteração do objeto social, este deverá ser transcrito na sua totalidade.

Art. 46. Os documentos de interesse do empresário ou da sociedade empresária serão arquivados mediante requerimento do titular, sócio, administrador ou representante legal.

► Artigo com a redação dada pelo Dec. nº 10.173, de 13-12-2019.

Art. 47. Na hipótese de decisão judicial, a comunicação do juízo alusiva ao ato será arquivada pela Junta Comercial para conhecimento de terceiros e caberá aos interessados, quando a decisão judicial alterar dados da empresa, providenciar o arquivamento do instrumento próprio, acompanhado de certidão de inteiro teor da sentença transitada em julgado que o motivou.

► *Caput* com a redação dada pelo Dec. nº 10.173, de 13-12-2019.

§ 1º Na hipótese de sentença dissolutória extintiva de empresa, é suficiente o arquivamento do inteiro teor da sentença transitada em julgado.

► § 1º com a redação dada pelo Dec. nº 10.173, de 13-12-2019.

§ 2º Tratando-se de penhora, sequestro ou arresto de quotas ou de ações, à Junta Comercial competirá, tão somente, para conhecimento de terceiros, proceder à anotação correspondente, não lhe cabendo a condição de depositária fiel.

§ 3º Na hipótese de o juízo determinar o cumprimento da sentença de ofício pela Junta Comercial, a alteração dos dados cadastrais da sociedade empresária será realizada mediante anotação de que a alteração ocorreu por força de decisão judicial.

► § 3º acrescido pelo Dec. nº 10.173, de 13-12-2019.

Art. 48. A empresa que não proceder a qualquer arquivamento no período de dez anos consecutivos, contado da data do último arquivamento, comunicará à Junta Comercial que deseja manter-se em funcionamento, sob pena de ser considerada inativa, ter seu registro cancelado e perder, automaticamente, a proteção de seu nome empresarial.

► *Caput* com a redação dada pelo Dec. nº 10.173, de 13-12-2019.

§ 1º Para fins do disposto no *caput*, a empresa será notificada previamente pela Junta Comercial, por meio de comunicação direta ou por edital.

► § 1º com a redação dada pelo Dec. nº 10.173, de 13-12-2019.

§ 2º A comunicação de que trata o *caput* deste artigo, quando não tiver ocorrido modificação de dados no período, será efetuada em formulário próprio, assinada, conforme o caso, pelo titular, sócios ou representante legal; e, na hipótese de ter ocorrido modificação nos dados, a empresa deverá arquivar a competente alteração.

§ 3º A Junta Comercial fará comunicação do cancelamento às autoridades arrecadadoras no prazo de até dez dias.

§ 4º A reativação da empresa observará o procedimento requerido para sua constituição.

§ 5º Ato do Departamento Nacional de Registro Empresarial e Integração da Secretaria de Governo Digital da Secretaria Especial de Desburocratização, Gestão e Governo Digital do Ministério da Economia regulamentará o disposto neste artigo.

► §§ 4º e 5º com a redação dada pelo Dec. nº 10.173, de 13-12-2019.

Seção II
DO PROCESSO DECISÓRIO

► Arts. 41 e 43 da Lei nº 8.934, de 18-11-1994 (Lei do Registro Público de Empresas Mercantis).

Art. 49. Os atos submetidos ao Registro Público de Empresas Mercantis e Atividades Afins estão sujeitos a dois regimes de julgamento:

I – decisão colegiada;

II – decisão singular.

Art. 50. Subordinam-se ao regime de decisão colegiada:

I – do Plenário, o julgamento dos recursos interpostos das decisões definitivas, singulares ou de Turmas;

II – das Turmas, o arquivamento dos atos de:

a) constituição de sociedades anônimas;

b) transformação, incorporação, fusão e cisão de sociedades empresárias; e

► Alíneas *a* e *b* com a redação dada pelo Dec. nº 10.173, de 13-12-2019.

c) constituição e alterações de consórcio e de grupo de sociedades, conforme previsto na lei de sociedades por ações.

Art. 51. Os atos próprios do Registro Público de Empresas Mercantis e Atividades Afins não previstos no art. 50 serão objeto de decisão singular proferida pelo Presidente, Vogal ou servidor público com comprovado conhecimento em Direito Empresarial e nos serviços do Registro Público de Empresas Mercantis e Atividades Afins.

§ 1º Os vogais e os servidores públicos habilitados a proferir decisões singulares serão designados pelo Presidente da Junta Comercial.

► Parágrafo único transformado em § 1º e com a redação dada pelo Dec. nº 10.173, de 13-12-2019.

§ 2º O arquivamento dos atos constitutivos e de alterações não previstos no inciso II do *caput* do art. 50 terá o registro deferido automaticamente caso cumpridos os requisitos de:

I – aprovação da consulta prévia da viabilidade do nome empresarial e da viabilidade de localização, quando o ato exigir; e

II – utilização pelo requerente do instrumento padrão estabelecido pelo Departamento Nacional de Registro Empresarial e Integração da Secretaria de Governo Digital da Secretaria Especial de Desburocratização, Gestão e Governo Digital do Ministério da Economia.

§ 3º O arquivamento dos atos de extinção não previstos no inciso II do *caput* do art. 50 terá o registro deferido automaticamente no caso de utilização pelo requerente do instrumento padrão estabelecido pelo Departamento Nacional de Registro Empresarial e Integração da Secretaria de Governo Digital da Secretaria Especial de Desburocratização, Gestão e Governo Digital do Ministério da Economia.

§ 4º Na hipótese de que trata o § 2º e o § 3º, a análise do cumprimento das formalidades legais será feita posteriormente, no prazo de dois dias úteis, contado da data do deferimento automático do registro.

§ 5º Após a análise de que trata o § 4º, na hipótese de identificação da existência de vício:

I – insanável, o arquivamento será cancelado; ou

II – sanável, será observado o procedimento estabelecido em ato do Departamento Nacional de Registro Empresarial e Integração da Secretaria de Governo Digital da Secretaria Especial de Desburocratização, Gestão e Governo Digital do Ministério da Economia.

► §§ 2º a 5º com a redação dada pelo Dec. nº 10.173, de 13-12-2019.

Art. 52. Os pedidos de arquivamento sujeitos ao regime de decisão colegiada serão decididos no prazo de cinco dias úteis, contado da data do seu recebimento e, os submetidos à decisão singular, no prazo de dois dias úteis, contado da data do seu recebimento, sob pena de os atos serem automaticamente arquivados por meio de provocação dos interessados, sem prejuízo do exame das formalidades legais pela Procuradoria.

► *Caput* com a redação dada pelo Dec. nº 10.173, de 13-12-2019.

§ 1º Quando os pedidos forem apresentados em protocolo descentralizado, contar-se-á o prazo a partir do recebimento da documentação no local onde haja Vogal ou servidor habilitado para decisão do ato respectivo.

§ 2º Os pedidos não decididos nos prazos previstos no *caput* deste artigo e para os quais haja provocação pela parte interessada serão arquivados por determinação do Presidente da Junta Comercial, que dará ciência à Procuradoria para exame das formalidades legais, a qual, se for o caso, interporá o recurso ao Plenário.

Seção III
DAS PROIBIÇÕES DE ARQUIVAMENTO

▸ Art. 35 da Lei nº 8.934, de 18-11-1994 (Lei do Registro Público de Empresas Mercantis).

Art. 53. Não podem ser arquivados:

I – os documentos que não obedecerem às prescrições legais ou regulamentares ou que contiverem matéria contrária à lei, à ordem pública ou aos bons costumes, bem como os que colidirem com o respectivo estatuto ou contrato não modificado anteriormente;

II – os documentos de constituição ou de alteração de empresas em que figure como titular ou administrador pessoa que esteja condenada pela prática de crime cuja pena vede o acesso à atividade empresária;

▸ Inciso II com a redação dada pelo Dec. nº 10.173, de 13-12-2019.

III – os atos constitutivos e os de transformação de sociedades empresárias, se deles não constarem os seguintes requisitos, além de outros exigidos em lei:

▸ *Caput* do inciso III com a redação dada pelo Dec. nº 10.173, de 13-12-2019.

a) o tipo de sociedade empresária adotado;

▸ Alínea *a* com a redação dada pelo Dec. nº 10.173, de 13-12-2019.

b) a declaração precisa e detalhada do objeto social;

c) o capital da sociedade empresária, a forma e o prazo de sua integralização, a quota de cada sócio, e a responsabilidade dos sócios;

d) o nome por extenso e a qualificação dos sócios, procuradores, representantes e administradores, que incluirá para a pessoa física, a nacionalidade, o estado civil, a profissão, o domicílio e a residência, o documento de identidade, seu número e órgão expedidor e o número de inscrição no Cadastro de Pessoas Físicas, dispensada a indicação desse último no caso de brasileiro ou estrangeiro domiciliado no exterior, e para a pessoa jurídica, o nome empresarial, o endereço completo e, se sediada no País, o número do cartório competente e o número de inscrição no Cadastro Nacional de Pessoas Jurídicas;

▸ Alíneas *c* e *d* com a redação dada pelo Dec. nº 10.173, de 13-12-2019.

e) o nome empresarial, o município da sede, com endereço completo, e foro, bem como os endereços completos das filiais declaradas;

f) o prazo de duração da sociedade empresária e a data de encerramento de seu exercício social, quando não coincidente com o ano civil;

▸ Alínea *f* com a redação dada pelo Dec. nº 10.173, de 13-12-2019.

IV – os documentos de constituição de empresários individuais e os de constituição ou alteração de sociedades empresárias, para ingresso de administrador, se deles não constar, ou não for juntada a declaração, sob as penas da lei, datada e assinada pelo titular, pelo administrador, exceto de sociedade anônima, ou por procurador de qualquer desses, com poderes específicos, de que não está condenado pela prática de crime cuja pena vede o acesso à atividade empresária;

▸ Inciso IV com a redação dada pelo Dec. nº 10.173, de 13-12-2019.

V – a prorrogação do contrato social, depois de findo o prazo nele fixado;

VI – os atos de empresas com nome idêntico ou semelhante a outro já existente ou que inclua ou reproduza em sua composição siglas ou denominações de órgãos públicos, da administração pública direta ou indireta, e de organismos internacionais e aquelas consagradas em lei e atos regulamentares emanados do Poder Público;

▸ Inciso VI com a redação dada pelo Dec. nº 10.173, de 13-12-2019.

VII – a alteração contratual produzida e assinada por sócios titulares de maioria do capital social, quando houver, em ato anterior, cláusula restritiva;

VIII – o contrato social, ou sua alteração, em que haja, por instrumento particular, incorporação de imóveis à sociedade, quando dele não constar:

a) a descrição e identificação do imóvel, sua área, dados relativos à sua titulação e seu número de matrícula no Registro Imobiliário;

b) a outorga uxória ou marital, quando necessária;

IX – *Revogado*. Dec. nº 10.173, de 13-12-2019;

X – o distrato social sem a declaração da importância repartida entre os sócios, a referência à pessoa ou às pessoas que assumirem o ativo e o passivo da sociedade empresária, supervenientes ou não à liquidação, a guarda dos livros e os motivos da dissolução, se não for por mútuo consenso.

▸ Inciso X com a redação dada pelo Dec. nº 10.173, de 13-12-2019.

§ 1º *Revogado*. Dec. nº 10.173, de 13-12-2019.

§ 2º Entende-se como preciso e detalhadamente declarado o objeto da empresa quando indicado o seu gênero e espécie.

▸ § 2º com a redação dada pelo Dec. nº 10.173, de 13-12-2019.

§ 3º O registro dos atos constitutivos e de suas alterações e extinções ocorrerá independentemente de autorização governamental prévia, e os órgãos públicos deverão ser informados pela Rede Nacional para a Simplificação do Registro e da Legalização de Empresas e Negócios – REDESIM a respeito dos registros sobre os quais manifestarem interesse.

▸ § 3º acrescido pelo Dec. nº 10.173, de 13-12-2019.

Art. 54. A deliberação majoritária, não havendo cláusula restritiva, abrange também as hipóteses de destituição da gerência, exclusão de sócio, dissolução e extinção de sociedade.

Parágrafo único. Os instrumentos de exclusão de sócio deverão indicar, obrigatoriamente, o motivo da exclusão e a destinação da respectiva participação no capital social.

Art. 55. Ato do Departamento Nacional de Registro Empresarial e Integração da Secretaria de Governo Digital da Secretaria Especial de Desburocratização, Gestão e Governo Digital do Ministério da Economia consolidará:

I – as hipóteses de restrição legal da participação de estrangeiros em sociedades empresárias brasileiras;

II – as hipóteses em que é necessária a aprovação prévia de órgão governamental para o arquivamento de atos de empresas e as formas dessa aprovação; e

III – os procedimentos para a autorização de funcionamento ou nacionalização de sociedade empresária estrangeira no País.

Art. 56. Os órgãos e autoridades públicas federais deverão coordenar-se com o Departamento Nacional de Registro Empresarial e Integração da Secretaria de Governo Digital da Secretaria Especial de Desburocratização, Gestão e Governo Digital do Ministério da Economia, com a finalidade de harmonizar entendimentos e fixar normas destinadas a regular o arquivamento, no Registro Público de Empresas Mercantis e Atividades Afins, de atos, contratos e estatutos de empresas que dependam, por força de lei, de prévia aprovação do Poder Público.

▸ Arts. 55 e 56 com a redação dada pelo Dec. nº 10.173, de 13-12-2019.

Seção IV

DO EXAME DAS FORMALIDADES

▸ Art. 40 da Lei nº 8.934, de 18-11-1994 (Lei do Registro Público de Empresas Mercantis).

Art. 57. Todo ato, documento ou instrumento apresentado a arquivamento será objeto de exame, pela Junta Comercial, do cumprimento das formalidades legais.

§ 1º Verificada a existência de vício insanável, o requerimento será indeferido; quando for sanável, o processo será colocado em exigência.

§ 2º O indeferimento ou a formulação de exigência pela Junta Comercial deverá ser fundamentada com o respectivo dispositivo legal ou regulamentar.

§ 3º As exigências formuladas pela Junta Comercial deverão ser cumpridas em até trinta dias, contados do dia subsequente à data da ciência pelo interessado ou da publicação do despacho.

§ 4º O processo em exigência será entregue completo ao interessado; devolvido após o prazo previsto no parágrafo anterior, será considerado como novo pedido de arquivamento, sujeito ao pagamento dos preços dos serviços correspondentes, salvo devolução do prazo, no curso do mesmo, em razão de ato dependente de órgão da administração pública.

§ 5º O processo em exigência não retirado no prazo para seu cumprimento, que tenha sido posto à disposição dos interessados por edital e não tenha sido retirado no prazo de sessenta dias, contado da data da publicação do edital, poderá ser eliminado pela Junta Comercial, exceto os contratos, alterações, atos constitutivos de sociedades por ações e de cooperativas, que serão devolvidos aos interessados mediante recibo, conforme o disposto em ato do Departamento Nacional de Registro Empresarial e Integração da Secretaria de Governo Digital da Secretaria Especial de Desburocratização, Gestão e Governo Digital do Ministério da Economia.

▸ § 5º com a redação dada pelo Dec. nº 10.173, de 13-12-2019.

Art. 58. As assinaturas em despachos, decisões e outros atos relativos aos serviços de Registro Público de Empresas Mercantis e Atividades Afins deverão ser expressamente identificadas, com indicação dos nomes completos dos signatários, em letra de forma legível, ou com a aposição de carimbo.

Seção V

DO ARQUIVAMENTO

Subseção I

DAS DISPOSIÇÕES GERAIS

Art. 59. *Revogado.* Dec. nº 10.173, de 13-12-2019.

Art. 60. A Junta Comercial organizará um prontuário para cada empresa.

Parágrafo único. Ato do Departamento Nacional de Registro Empresarial e Integração da Secretaria de Governo Digital da Secretaria Especial de Desburocratização, Gestão e Governo Digital do Ministério da Economia estabelecerá as normas para a organização do prontuário e de seus procedimentos, inclusive na hipótese de transferência de sede de empresa para outra unidade federativa.

▸ Art. 60 com a redação dada pelo Dec. nº 10.173, de 13-12-2019.

Subseção II

DA PROTEÇÃO AO NOME EMPRESARIAL

▸ Arts. 1.155 a 1.168 do CC.

Art. 61. O arquivamento do instrumento de empresário individual, do ato constitutivo de sociedade empresária ou de alterações desses atos que impliquem mudança de nome automaticamente conferem proteção ao nome empresarial a cargo das Juntas Comerciais.

▸ *Caput* com a redação dada pelo Dec. nº 10.173, de 13-12-2019.

§ 1º A proteção ao nome empresarial circunscreve-se à unidade federativa de jurisdição da Junta Comercial que procedeu ao arquivamento de que trata o *caput* deste artigo.

§ 2º A proteção ao nome empresarial poderá ser estendida a outras unidades federativas, a requerimento da empresa interessada, observado o disposto em ato do Departamento Nacional de Registro Empresarial e Integração da Secretaria de Governo Digital da Secretaria Especial de Desburocratização, Gestão e Governo Digital do Ministério da Economia.

▸ § 2º com a redação dada pelo Dec. nº 10.173, de 13-12-2019.

§ 3º Expirado o prazo da sociedade celebrada por tempo determinado, esta perderá a proteção do seu nome empresarial.

Art. 62. O nome empresarial atenderá aos princípios da veracidade e da novidade e identificará, quando assim o exigir a lei, o tipo jurídico da sociedade.

§ 1º Na hipótese de o nome empresarial incluir a indicação de atividades econômicas, essas deverão estar previstas no objeto social do empresário individual ou da sociedade empresária.

▸ § 1º com a redação dada pelo Dec. nº 10.173, de 13-12-2019.

§ 2º Não poderá haver colidência por identidade ou semelhança do nome empresarial com outro já protegido.

§ 3º Ato do Departamento Nacional de Registro Empresarial e Integração da Secretaria de Governo Digital da Secretaria Especial de Desburocratização, Gestão e Governo Digital do Ministério da Economia estabelecerá a composição do nome empresarial e os critérios para verificação da existência de identidade ou semelhança entre nomes empresariais.

▸ § 3º com a redação dada pelo Dec. nº 10.173, de 13-12-2019.

Seção VI

DA MATRÍCULA E SEU CANCELAMENTO

Art. 63. Ato do Departamento Nacional de Registro Empresarial e Integração da Secretaria de Governo Digital da Secretaria Especial de Desburocratização, Gestão e Governo Digital do Ministério da Economia disporá sobre a matrícula de leiloeiros, de tradutores e intérpretes comerciais, de trapicheiros e de administradores de armazéns-gerais e o seu cancelamento.

▸ Artigo com a redação dada pelo Dec. nº 10.173, de 13-12-2019.

Seção VII

DO PROCESSO REVISIONAL

Subseção I

DAS DISPOSIÇÕES GERAIS

▸ Arts. 44 e 51 da Lei nº 8.934, de 18-11-1994 (Lei do Registro Público de Empresas Mercantis).

Art. 64. O processo revisional pertinente ao Registro Público de Empresas Mercantis e Atividades Afins dar-se-á mediante:

I – pedido de reconsideração;

II – recurso ao Plenário; e

III – recurso ao Departamento Nacional de Registro Empresarial e Integração da Secretaria de Governo Digital da Secretaria

Especial de Desburocratização, Gestão e Governo Digital do Ministério da Economia.

▶ Incisos II e III com a redação dada pelo Dec. nº 10.173, de 13-12-2019.

SUBSEÇÃO II
DO PROCEDIMENTO

Art. 65. O pedido de reconsideração terá por objeto obter a revisão de despachos singulares ou de Turmas que formulem exigências para o deferimento do arquivamento e o seu procedimento iniciar-se-á com a protocolização de petição dirigida ao Presidente da Junta Comercial dentro do prazo de trinta dias concedidos para cumprimento da exigência.

§ 1º O pedido de reconsideração será apreciado pela mesma autoridade que prolatou o despacho, no prazo de cinco dias úteis contados da data da sua protocolização, sendo indeferido de plano quando assinado por terceiro ou procurador sem instrumento de mandato ou interposto fora do prazo, devendo ser, em qualquer caso, anexado ao processo a que se referir.

§ 2º A protocolização do pedido de reconsideração suspende o prazo para cumprimento de exigências formuladas, recomeçando a contagem a partir do dia subsequente à data da ciência, pelo interessado ou da publicação, do despacho que mantiver a exigência no todo ou em parte.

Art. 66. Das decisões definitivas, singulares ou de Turmas, cabe recurso ao Plenário da Junta Comercial, cujo procedimento compreenderá as fases de instrução e julgamento.

Art. 67. A fase de instrução iniciar-se-á com a protocolização da petição do recurso dirigida ao Presidente da Junta Comercial, a qual será enviada à Secretaria-Geral que, no prazo de três dias úteis, expedirá notificação às partes interessadas, na forma que dispuser o Regimento Interno, para se manifestarem, no prazo de dez dias úteis, contados a partir do dia subsequente à data da ciência.

§ 1º Decorrido o prazo para contrarrazões, a Secretaria-Geral dará vista do processo à Procuradoria, quando a mesma não for a recorrente, para manifestar-se e restituí-lo, no prazo de dez dias úteis, àquela unidade, que o fará concluso ao Presidente.

§ 2º No prazo de três dias úteis, o Presidente deverá manifestar-se quanto ao recebimento do recurso e designar, quando for o caso, Vogal Relator, notificando-o.

Art. 68. Admitido o recurso, pelo Presidente, iniciar-se-á a fase de julgamento, que deverá ser concluída no prazo de trinta dias úteis.

§ 1º O decurso do prazo de que trata o *caput* deste artigo fica suspenso da data da sua admissão até a data da ciência pelo Vogal Relator, reiniciando-se no dia subsequente a esta ciência.

§ 2º O Vogal Relator, no prazo de dez dias úteis, elaborará o relatório e o depositará na Secretaria-Geral, para distribuição e conhecimento dos demais Vogais, nos cinco dias úteis subsequentes, os quais poderão requerer cópia de peças do processo a que se referir.

§ 3º Nos dez dias úteis que se seguirem ao encerramento do prazo a que alude o parágrafo anterior, a Secretaria-Geral fará incluí-lo em pauta de sessão do Plenário para julgamento, solicitando ao Presidente a convocação de sessão extraordinária, quando necessário, observado, em qualquer caso, o prazo fixado no *caput* deste artigo.

§ 4º Na sessão plenária é admitida vista do processo aos Vogais, que será concedida por período fixado pelo Presidente e compatível com a conclusão do julgamento, no prazo previsto no *caput* deste artigo.

§ 5º Na hipótese de inobservância do prazo de que trata o *caput*, a parte interessada poderá requerer ao Departamento Nacional de Registro Empresarial e Integração da Secretaria de Governo Digital da Secretaria Especial de Desburocratização, Gestão e Governo Digital do Ministério da Economia o que for necessário para a conclusão do julgamento do recurso.

▶ § 5º com a redação dada pelo Dec. nº 10.173, de 13-12-2019.

Art. 69. Das decisões do Plenário cabe recurso ao Departamento Nacional de Registro Empresarial e Integração da Secretaria de Governo Digital da Secretaria Especial de Desburocratização, Gestão e Governo Digital do Ministério da Economia, como última instância administrativa.

▶ *Caput* com a redação dada pelo Dec. nº 10.173, de 13-12-2019.

§ 1º A petição do recurso, dirigida ao Presidente da Junta Comercial, após protocolizada, será enviada à Secretaria-Geral que, no prazo de três dias úteis, expedirá notificação às partes interessadas, na forma que dispuser o Regimento Interno, para se manifestarem no prazo de dez dias úteis, contados a partir do dia subsequente à data da ciência.

§ 2º Decorrido o prazo para contrarrazões, a Secretaria-Geral fará o processo concluso ao Presidente.

§ 3º No prazo de três dias úteis, o Presidente da Junta Comercial se manifestará quanto ao recebimento do recurso e o encaminhará, quando necessário, ao Departamento Nacional de Registro Empresarial e Integração da Secretaria de Governo Digital da Secretaria Especial de Desburocratização, Gestão e Governo Digital do Ministério da Economia, que, no prazo de dez dias úteis, proferirá a decisão final.

▶ § 3º com a redação dada pelo Dec. nº 10.173, de 13-12-2019.

§ 4º Os pedidos de diligência, após o encaminhamento do processo ao DREI, suspenderão os prazos previstos no § 3º.

▶ 4º com a redação dada pelo Dec. nº 8.815, de 18-7-2016.

§ 5º *Revogado*. Dec. nº 10.173, de 13-12-2019.

Art. 70. Os recursos previstos neste Regulamento serão indeferidos de plano pelo Presidente da Junta Comercial, se assinados por terceiros ou procurador sem instrumento de mandato, ou interpostos fora do prazo ou antes da decisão definitiva, devendo ser, em qualquer caso, anexados aos processos a que se referirem.

Art. 71. No pedido de reconsideração ou nos recursos previstos neste Regulamento, subscritos por advogado sem o devido instrumento de mandato, deverá o mesmo exibi-lo no prazo de cinco dias úteis.

Art. 72. O empresário individual ou a sociedade empresária cujo ato tenha sido objeto de decisão de cancelamento do registro providenciará, no prazo de trinta dias, a sua retificação, se o vício for sanável, sob pena de desarquivamento do ato pela Junta Comercial no dia seguinte ao do vencimento do prazo.

▶ Artigo com a redação dada pelo Dec. nº 10.173, de 13-12-2019.

Art. 73. Os recursos previstos neste Regulamento não suspendem os efeitos da decisão a que se referem.

Art. 74. O prazo para a interposição dos recursos é de dez dias úteis, cuja fluência se inicia no primeiro dia útil subsequente ao da data da ciência pelo interessado ou da publicação do despacho.

Parágrafo único. A ciência poderá ser feita por via postal, com aviso de recebimento.

Seção VIII
DA PUBLICAÇÃO DOS ATOS

Art. 75. Os atos decisórios da Junta Comercial serão publicados no seu sítio eletrônico.

▸ Artigo com a redação dada pelo Dec. nº 10.173, de 13-12-2019.

Art. 76. As publicações ordenadas na lei de sociedades por ações serão feitas no órgão oficial da União, do Estado ou do Distrito Federal, conforme o lugar em que esteja situada a sede da companhia, e em outro jornal de grande circulação editado regularmente na mesma localidade.

Parágrafo único. Se no lugar em que estiver situada a sede da companhia não for editado jornal, a publicação se fará em órgão de grande circulação local.

Art. 77. A prova da publicidade de atos societários, quando exigida em lei, será feita por meio da anotação nos registros da Junta Comercial, à vista de apresentação da folha do Diário Oficial, em sua versão eletrônica, dispensada a juntada da mencionada folha.

▸ *Caput* com a redação dada pelo Dec. nº 10.173, de 13-12-2019.

Parágrafo único. É facultado, ainda, às sociedades por ações mencionar, na ata apresentada a arquivamento, a data, o número da folha ou da página do órgão oficial e do jornal particular onde foram feitas as publicações preliminares à realização da assembleia a que se referem, dispensada a sua apresentação.

Seção IX
DAS AUTENTICAÇÕES

▸ Arts. 39 e 39-B da Lei nº 8.934, de 18-11-1994 (Lei do Registro Público de Empresas Mercantis).

Art. 78. As Juntas Comerciais autenticarão, conforme o disposto em ato do Departamento Nacional de Registro Empresarial e Integração da Secretaria de Governo Digital da Secretaria Especial de Desburocratização, Gestão e Governo Digital do Ministério da Economia:

▸ *Caput* com a redação dada pelo Dec. nº 10.173, de 13-12-2019.

I – os instrumentos de escrituração das empresas e dos agentes auxiliares do comércio;

▸ Inciso I com a redação dada pelo Dec. nº 10.173, de 13-12-2019.

II – os documentos arquivados e suas cópias;

III – as certidões dos documentos arquivados.

Parágrafo único. Os instrumentos autenticados na forma deste artigo, referidos nos incisos I e III e as cópias dos documentos referidas no inciso II não retirados no prazo de trinta dias, contados do seu deferimento, poderão ser eliminados.

Art. 78-A. A autenticação de livros contábeis das empresas poderá ser feita por meio do Sistema Público de Escrituração Digital – Sped de que trata o Decreto nº 6.022, de 22 de janeiro de 2007, mediante a apresentação de escrituração contábil digital.

§ 1º A autenticação dos livros contábeis digitais será comprovada pelo recibo de entrega emitido pelo Sped.

§ 2º A autenticação prevista neste artigo dispensa a autenticação de que trata o art. 39 da Lei nº 8.934, de 18 de novembro de 1994, nos termos do art. 39-A da referida Lei.

▸ Art. 78-A acrescido pelo Dec. nº 8.683, de 25-2-2016.

Seção X
DAS CERTIDÕES

Art. 79. É público o registro de empresas e atividades afins a cargo das Juntas Comerciais.

▸ Artigo com a redação dada pelo Dec. nº 10.173, de 13-12-2019.

Art. 80. Qualquer pessoa, sem necessidade de provar interesse, poderá consultar os documentos arquivados nas Juntas Comerciais e obter certidões, mediante pagamento do preço devido.

Art. 81. O pedido de certidão, assinado pelo interessado e acompanhado do comprovante de pagamento do preço devido, indicará uma das seguintes modalidades:

I – simplificada;

II – específica, consoante quesitos formulados no pedido;

III – inteiro teor, mediante reprografia.

Art. 82. Sempre que houver qualquer alteração posterior ao ato cuja certidão for requerida, deverá ela, obrigatoriamente, ser mencionada, não obstante as especificações do pedido.

Art. 83. A certidão deverá ser entregue no prazo de até quatro dias úteis da protocolização do pedido na sede da Junta Comercial e, no prazo de até oito dias úteis, se em protocolo descentralizado.

Parágrafo único. Em caso de recusa ou demora na expedição da certidão, o requerente poderá reclamar à autoridade competente, que deverá providenciar, com presteza, sua expedição.

Art. 84. Ato do Departamento Nacional de Registro Empresarial e Integração da Secretaria de Governo Digital da Secretaria Especial de Desburocratização, Gestão e Governo Digital do Ministério da Economia disporá sobre os modelos e a expedição de certidões pelas Juntas Comerciais.

Art. 85. A certidão dos atos de constituição e de alteração de sociedades empresárias lavrada pela Junta Comercial em que os atos foram arquivados será o documento hábil para a transferência, no registro público competente, dos bens com que o subscritor tiver contribuído para a formação ou aumento do capital social.

▸ Arts. 84 e 85 com a redação dada pelo Dec. nº 10.173, de 13-12-2019.

Art. 86. Os documentos arquivados pelas Juntas Comerciais não serão, em qualquer hipótese, retirados de suas dependências, ressalvado o disposto no artigo 90.

Seção XI
DO ASSENTAMENTO DOS USOS OU PRÁTICAS EMPRESARIAIS

▸ Seção XI com a denominação dada pelo Dec. nº 10.173, de 13-12-2019.

Art. 87. O assentamento de usos ou práticas empresariais é efetuado pela Junta Comercial.

§ 1º Os usos ou as práticas empresariais serão reunidos e assentados em livro próprio, pela Junta Comercial, *ex officio* ou por solicitação da Procuradoria ou de entidade de classe interessada.

§ 2º Verificada, pela Procuradoria, a inexistência de disposição legal contrária ao uso ou prática empresarial a ser assentada, o Presidente da Junta Comercial solicitará o pronunciamento escrito das entidades diretamente interessadas, que se manifestarão no prazo de noventa dias, e publicará convite para que os interessados se manifestem no mesmo prazo.

§ 3º Executadas as diligências previstas no § 2º, a Junta Comercial decidirá se é verdadeiro e registrável o uso ou prática empresarial, em sessão a que compareçam, no mínimo, dois terços dos Vogais e a aprovação ocorrerá pelo voto de, no mínimo, metade mais um dos Vogais presentes.

§ 4º Proferida a decisão, o uso ou a prática empresarial será assentada em livro especial, com a sua justificação, efetuada a respectiva publicação no Diário Oficial da União ou da unidade federativa em que a Junta Comercial estiver localizada.

Art. 88. Quinquenalmente, as Juntas Comerciais revisarão a coleção dos usos ou práticas empresariais assentados e a publicarão, nos termos do disposto no art. 87.

► Arts. 87 e 88 com a redação dada pelo Dec. nº 10.173, de 13-12-2019.

Seção XII
DA RETRIBUIÇÃO DOS SERVIÇOS

Art. 89. Compete ao Departamento Nacional de Registro Empresarial e Integração da Secretaria de Governo Digital da Secretaria Especial de Desburocratização, Gestão e Governo Digital do Ministério da Economia propor a elaboração da tabela de preços dos serviços pertinentes ao Registro Público de Empresas Mercantis e Atividades Afins, na parte relativa aos atos de natureza federal, e especificar os atos a serem observados pelas Juntas Comerciais na elaboração de suas tabelas locais.

► *Caput* com a redação dada pelo Dec. nº 10.173, de 13-12-2019.

§ 1º As isenções de preços de serviços restringem-se às hipóteses previstas em lei.

► Parágrafo único transformado em § 1º e com a redação dada pelo Dec. nº 10.173, de 13-12-2019.

§ 2º É vedada a cobrança de preço pelo serviço de arquivamento dos documentos relativos à extinção do registro do empresário individual, da empresa individual de responsabilidade limitada – EIRELI e da sociedade limitada.

► § 2º acrescido pelo Dec. nº 10.173, de 13-12-2019.

TÍTULO III – DAS DISPOSIÇÕES FINAIS E TRANSITÓRIAS

CAPÍTULO I
DAS DISPOSIÇÕES FINAIS

► Arts. 53 e 64 da Lei nº 8.934, de 18-11-1994 (Lei do Registro Público de Empresas Mercantis).

Art. 90. Os atos de empresas, após ter sido preservada a sua imagem por meio de sua microfilmagem ou por outros meios tecnológicos, poderão ser devolvidos pelas Juntas Comerciais, observado o disposto em ato do Departamento Nacional de Registro Empresarial e Integração da Secretaria de Governo Digital da Secretaria Especial de Desburocratização, Gestão e Governo Digital do Ministério da Economia.

Art. 91. O fornecimento de informações cadastrais ao Departamento Nacional de Registro Empresarial e Integração da Secretaria de Governo Digital da Secretaria Especial de Desburocratização, Gestão e Governo Digital do Ministério da Economia, ou às Juntas Comerciais, conforme for o caso, desobriga os empresários individuais e as sociedades empresárias de prestarem idênticas informações a outros órgãos ou entidades da administração pública federal, estadual, distrital ou municipal.

Parágrafo único. Ato do Departamento Nacional de Registro Empresarial e Integração da Secretaria de Governo Digital da Secretaria Especial de Desburocratização, Gestão e Governo Digital do Ministério da Economia estabelecerá as normas para a utilização dos cadastros integrantes do Sistema Nacional de Registro de Empresas Mercantis – SINREM pelos órgãos ou entidades a que se refere o *caput*, por meio da celebração de acordos ou convênios de cooperação.

► Arts. 90 e 91 com a redação dada pelo Dec. nº 10.173, de 13-12-2019.

CAPÍTULO II
DAS DISPOSIÇÕES TRANSITÓRIAS

Art. 92. As Juntas Comerciais adaptarão seus regimentos internos ou regulamentos às disposições deste Regulamento no prazo de cento e oitenta dias, a contar da data da sua publicação.

Art. 92-A. Os atos de constituição, alteração, transformação, incorporação, fusão, cisão, dissolução e extinção de registro de empresário e de pessoas jurídicas poderão ser realizados também por meio de sistema eletrônico criado e mantido pelo Ministério da Economia.

► Art. 92-A acrescido pelo Dec. nº 10.173, de 13-12-2019.

Art. 93. Este Decreto entra em vigor na data de sua publicação.

Art. 94. Revogam-se os Decretos nº 57.651, de 19 de janeiro de 1966, 86.764, de 22 de dezembro de 1981, 93.410, de 14 de outubro de 1986 e o Decreto s/nº de 10 de maio de 1991, que dispõe sobre a autorização para microfilmagem de documentos levados a registro nas Juntas Comerciais.

Brasília, 30 de janeiro de 1996;
175º da Independência e
108º da República.

Fernando Henrique Cardoso

LEI Nº 9.265, DE 12 DE FEVEREIRO DE 1996

Regulamenta o inciso LXXVII do art. 5º da Constituição, dispondo sobre a gratuidade dos atos necessários ao exercício da cidadania.

► Publicada no *DOU* de 13-2-1996.

Art. 1º São gratuitos os atos necessários ao exercício da cidadania, assim considerados:

I – os que capacitam o cidadão ao exercício da soberania popular, a que se reporta o art. 14 da Constituição;

II – aqueles referentes ao alistamento militar;

III – os pedidos de informações ao poder público, em todos os seus âmbitos, objetivando a instrução de defesa ou a denúncia de irregularidades administrativas na órbita pública;

IV – as ações de impugnação de mandato eletivo por abuso do poder econômico, corrupção ou fraude;

V – quaisquer requerimentos ou petições que visem as garantias individuais e a defesa do interesse público;

VI – o registro civil de nascimento e o assento de óbito, bem como a primeira certidão respectiva;

► Inciso VI acrescido pela Lei nº 9.534, de 10-12-1997.

VII – o requerimento e a emissão de documento de identificação específico, ou segunda via, para pessoa com transtorno do espectro autista.

► Inciso VII acrescido pela Lei nº 13.977, de 8-1-2020.

Art. 2º Esta Lei entra em vigor na data de sua publicação.

Art. 3º Revogam-se as disposições em contrário.

Art. 4º VETADO. Lei nº 9.534, de 10-12-1997.

Brasília, 12 de fevereiro de 1996;
175º da Independência e
108º da República.

Fernando Henrique Cardoso

LEI Nº 9.278, DE 10 DE MAIO DE 1996

Regula o § 3º do artigo 226 da Constituição Federal.

▸ Publicada no *DOU* de 13-5-1996.

Art. 1º É reconhecida como entidade familiar a convivência duradoura, pública e contínua, de um homem e uma mulher, estabelecida com objetivo de constituição de família.

Art. 2º São direitos e deveres iguais dos conviventes:

I – respeito e consideração mútuos;

II – assistência moral e material recíproca;

III – guarda, sustento e educação dos filhos comuns.

Arts. 3º e 4º VETADOS.

Art. 5º Os bens móveis e imóveis adquiridos por um ou por ambos os conviventes, na constância da união estável e a título oneroso, são considerados fruto do trabalho e da colaboração comum, passando a pertencer a ambos, em condomínio e em partes iguais, salvo estipulação contrária em contrato escrito.

§ 1º Cessa a presunção do *caput* deste artigo se a aquisição patrimonial ocorrer com o produto de bens adquiridos anteriormente ao início da união.

§ 2º A administração do patrimônio comum dos conviventes compete a ambos, salvo estipulação contrária em contrato escrito.

Art. 6º VETADO.

Art. 7º Dissolvida a união estável por rescisão, a assistência material prevista nesta Lei será prestada por um dos conviventes ao que dela necessitar, a título de alimentos.

Parágrafo único. Dissolvida a união estável por morte de um dos conviventes, o sobrevivente terá direito real de habitação, enquanto viver ou não constituir nova união ou casamento, relativamente ao imóvel destinado à residência da família.

Art. 8º Os conviventes poderão, de comum acordo e a qualquer tempo, requerer a conversão da união estável em casamento, por requerimento ao Oficial do Registro Civil da Circunscrição do seu domicílio.

Art. 9º Toda a matéria relativa a união estável é de competência do juízo da Vara de Família, assegurado o segredo de justiça.

Art. 10. Esta Lei entra em vigor na data de sua publicação.

Art. 11. Revogam-se as disposições em contrário.

Brasília, 10 de maio de 1996;
175º da Independência e
108º da República.

Fernando Henrique Cardoso

LEI Nº 9.279, DE 14 DE MAIO DE 1996

Regula direitos e obrigações relativos à propriedade industrial.

▸ Publicada no *DOU* de 15-5-1996.

DISPOSIÇÕES PRELIMINARES

Art. 1º Esta Lei regula direitos e obrigações relativos à propriedade industrial.

Art. 2º A proteção dos direitos relativos à propriedade industrial, considerado o seu interesse social e o desenvolvimento tecnológico e econômico do País, efetua-se mediante:

I – concessão de patentes de invenção e de modelo de utilidade;

II – concessão de registro de desenho industrial;

III – concessão de registro de marca;

IV – repressão às falsas indicações geográficas; e

V – repressão à concorrência desleal.

Art. 3º Aplica-se também o disposto nesta Lei:

I – ao pedido de patente ou de registro proveniente do exterior e depositado no País por quem tenha proteção assegurada por tratado ou convenção em vigor no Brasil; e

II – aos nacionais ou pessoas domiciliadas em país que assegure aos brasileiros ou pessoas domiciliadas no Brasil a reciprocidade de direitos iguais ou equivalentes.

Art. 4º As disposições dos tratados em vigor no Brasil são aplicáveis, em igualdade de condições, às pessoas físicas e jurídicas nacionais ou domiciliadas no País.

Art. 5º Consideram-se bens móveis, para os efeitos legais, os direitos de propriedade industrial.

TÍTULO I – DAS PATENTES

CAPÍTULO I
DA TITULARIDADE

Art. 6º Ao autor de invenção ou modelo de utilidade será assegurado o direito de obter a patente que lhe garanta a propriedade, nas condições estabelecidas nesta Lei.

§ 1º Salvo prova em contrário, presume-se o requerente legitimado a obter a patente.

§ 2º A patente poderá ser requerida em nome próprio, pelos herdeiros ou sucessores do autor, pelo cessionário ou por aquele a quem a lei ou o contrato de trabalho ou de prestação de serviços determinar que pertença a titularidade.

§ 3º Quando se tratar de invenção ou de modelo de utilidade realizado conjuntamente por duas ou mais pessoas, a patente poderá ser requerida por todas ou qualquer delas, mediante nomeação e qualificação das demais, para ressalva dos respectivos direitos.

§ 4º O inventor será nomeado e qualificado, podendo requerer a não divulgação de sua nomeação.

Art. 7º Se dois ou mais autores tiverem realizado a mesma invenção ou modelo de utilidade, de forma independente, o direito de obter patente será assegurado àquele que provar o depósito mais antigo, independentemente das datas de invenção ou criação.

Parágrafo único. A retirada de depósito anterior sem produção de qualquer efeito dará prioridade ao depósito imediatamente posterior.

CAPÍTULO II
DA PATENTEABILIDADE

Seção I
DAS INVENÇÕES E DOS MODELOS DE UTILIDADE PATENTEÁVEIS

Art. 8º É patenteável a invenção que atenda aos requisitos de novidade, atividade inventiva e aplicação industrial.

Art. 9º É patenteável como modelo de utilidade o objeto de uso prático, ou parte deste, suscetível de aplicação industrial, que apresente nova forma ou disposição, envolvendo ato inventivo, que resulte em melhoria funcional no seu uso ou em sua fabricação.

Art. 10. Não se considera invenção nem modelo de utilidade:

I – descobertas, teorias científicas e métodos matemáticos;

II – concepções puramente abstratas;

III – esquemas, planos, princípios ou métodos comerciais, contábeis, financeiros, educativos, publicitários, de sorteio e de fiscalização;
IV – as obras literárias, arquitetônicas, artísticas e científicas ou qualquer criação estética;
V – programas de computador em si;
VI – apresentação de informações;
VII – regras de jogo;
VIII – técnicas e métodos operatórios ou cirúrgicos, bem como métodos terapêuticos ou de diagnóstico, para aplicação no corpo humano ou animal; e
IX – o todo ou parte de seres vivos naturais e materiais biológicos encontrados na natureza, ou ainda que dela isolados, inclusive o genoma ou germoplasma de qualquer ser vivo natural e os processos biológicos naturais.

Art. 11. A invenção e o modelo de utilidade são considerados novos quando não compreendidos no estado da técnica.

§ 1º O estado da técnica é constituído por tudo aquilo tornado acessível ao público antes da data de depósito do pedido de patente, por descrição escrita ou oral, por uso ou qualquer outro meio, no Brasil ou no exterior, ressalvado o disposto nos artigos 12, 16 e 17.

§ 2º Para fins de aferição da novidade, o conteúdo completo de pedido depositado no Brasil, e ainda não publicado, será considerado estado da técnica a partir da data de depósito, ou da prioridade reivindicada, desde que venha a ser publicado, mesmo que subsequentemente.

§ 3º O disposto no parágrafo anterior será aplicado ao pedido internacional de patente depositado segundo tratado ou convenção em vigor no Brasil, desde que haja processamento nacional.

Art. 12. Não será considerada como estado da técnica a divulgação de invenção ou modelo de utilidade, quando ocorrida durante os doze meses que precederem a data de depósito ou a da prioridade do pedido de patente, se promovida:

I – pelo inventor;
II – pelo Instituto Nacional da Propriedade Industrial – INPI, através de publicação oficial do pedido de patente depositado sem o consentimento do inventor, baseado em informações deste obtidas ou em decorrência de atos por ele realizados; ou
III – por terceiros, com base em informações obtidas direta ou indiretamente do inventor ou em decorrência de atos por este realizados.

Parágrafo único. O INPI poderá exigir do inventor declaração relativa à divulgação, acompanhada ou não de provas, nas condições estabelecidas em regulamento.

Art. 13. A invenção é dotada de atividade inventiva sempre que, para um técnico no assunto, não decorra de maneira evidente ou óbvia do estado da técnica.

Art. 14. O modelo de utilidade é dotado de ato inventivo sempre que, para um técnico no assunto, não decorra de maneira comum ou vulgar do estado da técnica.

Art. 15. A invenção e o modelo de utilidade são considerados suscetíveis de aplicação industrial quando possam ser utilizados ou produzidos em qualquer tipo de indústria.

Seção II
DA PRIORIDADE

Art. 16. Ao pedido de patente depositado em país que mantenha acordo com o Brasil, ou em organização internacional, que produza efeito de depósito nacional, será assegurado direito de prioridade, nos prazos estabelecidos no acordo, não sendo o depósito invalidado nem prejudicado por fatos ocorridos nesses prazos.

§ 1º A reivindicação de prioridade será feita no ato de depósito, podendo ser suplementada dentro de sessenta dias por outras prioridades anteriores à data do depósito no Brasil.

§ 2º A reivindicação de prioridade será comprovada por documento hábil da origem, contendo número, data, título, relatório descritivo e, se for o caso, reivindicações e desenhos, acompanhado de tradução simples da certidão de depósito ou documento equivalente, contendo dados identificadores do pedido, cujo teor será de inteira responsabilidade do depositante.

§ 3º Se não efetuada por ocasião do depósito, a comprovação deverá ocorrer em até cento e oitenta dias contados do depósito.

§ 4º Para os pedidos internacionais depositados em virtude de tratado em vigor no Brasil, a tradução prevista no § 2º deverá ser apresentada no prazo de sessenta dias contados da data da entrada no processamento nacional.

§ 5º No caso de o pedido depositado no Brasil estar fielmente contido no documento da origem, será suficiente uma declaração do depositante a este respeito para substituir a tradução simples.

§ 6º Tratando-se de prioridade obtida por cessão, o documento correspondente deverá ser apresentado dentro de cento e oitenta dias contados do depósito, ou, se for o caso, em até sessenta dias da data da entrada no processamento nacional, dispensada a legalização consular no país de origem.

§ 7º A falta de comprovação nos prazos estabelecidos neste artigo acarretará a perda da prioridade.

§ 8º Em caso de pedido depositado com reivindicação de prioridade, o requerimento para antecipação de publicação deverá ser instruído com a comprovação da prioridade.

Art. 17. O pedido de patente de invenção ou de modelo de utilidade depositado originalmente no Brasil, sem reivindicação de prioridade e não publicado, assegurará o direito de prioridade ao pedido posterior sobre a mesma matéria depositado no Brasil pelo mesmo requerente ou sucessores, dentro do prazo de um ano.

§ 1º A prioridade será admitida apenas para a matéria revelada no pedido anterior, não se estendendo a matéria nova introduzida.

§ 2º O pedido anterior ainda pendente será considerado definitivamente arquivado.

§ 3º O pedido de patente originário de divisão de pedido anterior não poderá servir de base a reivindicação de prioridade.

Seção III
DAS INVENÇÕES E DOS MODELOS DE UTILIDADE NÃO PATENTEÁVEIS

Art. 18. Não são patenteáveis:

I – o que for contrário à moral, aos bons costumes e à segurança, à ordem e à saúde públicas;
II – as substâncias, matérias, misturas, elementos ou produtos de qualquer espécie, bem como a modificação de suas propriedades físico-químicas e os respectivos processos de obtenção ou modificação, quando resultantes de transformação do núcleo atômico; e
III – o todo ou parte dos seres vivos, exceto os micro-organismos transgênicos que atendam aos três requisitos de patenteabilidade – novidade, atividade inventiva e aplicação industrial – previstos no artigo 8º e que não sejam mera descoberta.

Parágrafo único. Para os fins desta Lei, micro-organismos transgênicos são organismos, exceto o todo ou parte de plantas ou de animais, que expressem, mediante intervenção humana direta em sua composição genética, uma característica normalmente não alcançável pela espécie em condições naturais.

CAPÍTULO III
DO PEDIDO DE PATENTE

Seção I
DO DEPÓSITO DO PEDIDO

Art. 19. O pedido de patente, nas condições estabelecidas pelo INPI, conterá:

I – requerimento;

II – relatório descritivo;

III – reivindicações;

IV – desenhos, se for o caso;

V – resumo; e

VI – comprovante do pagamento da retribuição relativa ao depósito.

Art. 20. Apresentado o pedido, será ele submetido a exame formal preliminar e, se devidamente instruído, será protocolizado, considerada a data de depósito a da sua apresentação.

Art. 21. O pedido que não atender formalmente ao disposto no artigo 19, mas que contiver dados relativos ao objeto, ao depositante e ao inventor, poderá ser entregue, mediante recibo datado, ao INPI, que estabelecerá as exigências a serem cumpridas, no prazo de trinta dias, sob pena de devolução ou arquivamento da documentação.

Parágrafo único. Cumpridas as exigências, o depósito será considerado como efetuado na data do recibo.

Seção II
DAS CONDIÇÕES DO PEDIDO

Art. 22. O pedido de patente de invenção terá de se referir a uma única invenção ou a um grupo de invenções inter-relacionadas de maneira a compreenderem um único conceito inventivo.

Art. 23. O pedido de patente de modelo de utilidade terá de se referir a um único modelo principal, que poderá incluir uma pluralidade de elementos distintos, adicionais ou variantes construtivas ou configurativas, desde que mantida a unidade técnico-funcional e corporal do objeto.

Art. 24. O relatório deverá descrever clara e suficientemente o objeto, de modo a possibilitar sua realização por técnico no assunto e indicar, quando for o caso, a melhor forma de execução.

Parágrafo único. No caso de material biológico essencial à realização prática do objeto do pedido, que não possa ser descrito na forma deste artigo e que não estiver acessível ao público, o relatório será suplementado por depósito do material em instituição autorizada pelo INPI ou indicada em acordo internacional.

Art. 25. As reivindicações deverão ser fundamentadas no relatório descritivo, caracterizando as particularidades do pedido e definindo, de modo claro e preciso, a matéria objeto da proteção.

Art. 26. O pedido de patente poderá ser dividido em dois ou mais, de ofício ou a requerimento do depositante, até o final do exame, desde que o pedido dividido:

I – faça referência específica ao pedido original; e

II – não exceda à matéria revelada constante do pedido original.

Parágrafo único. O requerimento de divisão em desacordo com o disposto neste artigo será arquivado.

Art. 27. Os pedidos divididos terão a data de depósito do pedido original e o benefício de prioridade deste, se for o caso.

Art. 28. Cada pedido dividido estará sujeito a pagamento das retribuições correspondentes.

Art. 29. O pedido de patente retirado ou abandonado será obrigatoriamente publicado.

§ 1º O pedido de retirada deverá ser apresentado em até dezesseis meses, contados da data do depósito ou da prioridade mais antiga.

§ 2º A retirada de um depósito anterior sem produção de qualquer efeito dará prioridade ao depósito imediatamente posterior.

Seção III
DO PROCESSO E DO EXAME DO PEDIDO

Art. 30. O pedido de patente será mantido em sigilo durante dezoito meses contados da data de depósito ou da prioridade mais antiga, quando houver, após o que será publicado, à exceção do caso previsto no artigo 75.

§ 1º A publicação do pedido poderá ser antecipada a requerimento do depositante.

§ 2º Da publicação deverão constar dados identificadores do pedido de patente, ficando cópia do relatório descritivo, das reivindicações, do resumo e dos desenhos à disposição do público no INPI.

§ 3º No caso previsto no parágrafo único do artigo 24, o material biológico tornar-se-á acessível ao público com a publicação de que trata este artigo.

Art. 31. Publicado o pedido de patente e até o final do exame, será facultada a apresentação, pelos interessados, de documentos e informações para subsidiarem o exame.

Parágrafo único. O exame não será iniciado antes de decorridos sessenta dias da publicação do pedido.

Art. 32. Para melhor esclarecer ou definir o pedido de patente, o depositante poderá efetuar alterações até o requerimento do exame, desde que estas se limitem à matéria inicialmente revelada no pedido.

Art. 33. O exame do pedido de patente deverá ser requerido pelo depositante ou por qualquer interessado, no prazo de trinta e seis meses contados da data do depósito, sob pena do arquivamento do pedido.

Parágrafo único. O pedido de patente poderá ser desarquivado, se o depositante assim o requerer, dentro de sessenta dias contados do arquivamento, mediante pagamento de uma retribuição específica, sob pena de arquivamento definitivo.

Art. 34. Requerido o exame, deverão ser apresentados, no prazo de sessenta dias, sempre que solicitado, sob pena de arquivamento do pedido:

I – objeções, buscas de anterioridade e resultados de exame para concessão de pedido correspondente em outros países, quando houver reivindicação de prioridade;

II – documentos necessários à regularização do processo e exame do pedido; e

III – tradução simples do documento hábil referido no § 2º do artigo 16, caso esta tenha sido substituída pela declaração prevista no § 5º do mesmo artigo.

Art. 35. Por ocasião do exame técnico, será elaborado o relatório de busca e parecer relativo a:

I – patenteabilidade do pedido;
II – adaptação do pedido à natureza reivindicada;
III – reformulação do pedido ou divisão; ou
IV – exigências técnicas.

Art. 36. Quando o parecer for pela não patenteabilidade ou pelo não enquadramento do pedido na natureza reivindicada ou formular qualquer exigência, o depositante será intimado para manifestar-se no prazo de noventa dias.

§ 1º Não respondida a exigência, o pedido será definitivamente arquivado.

§ 2º Respondida a exigência, ainda que não cumprida, ou contestada sua formulação, e havendo ou não manifestação sobre a patenteabilidade ou o enquadramento, dar-se-á prosseguimento ao exame.

Art. 37. Concluído o exame, será proferida decisão, deferindo ou indeferindo o pedido de patente.

CAPÍTULO IV
DA CONCESSÃO E DA VIGÊNCIA DA PATENTE

Seção I
DA CONCESSÃO DA PATENTE

Art. 38. A patente será concedida depois de deferido o pedido, e comprovado o pagamento da retribuição correspondente, expedindo-se a respectiva carta patente.

§ 1º O pagamento da retribuição e respectiva comprovação deverão ser efetuados no prazo de sessenta dias contados do deferimento.

§ 2º A retribuição prevista neste artigo poderá ainda ser paga e comprovada dentro de trinta dias após o prazo previsto no parágrafo anterior, independentemente de notificação, mediante pagamento de retribuição específica, sob pena de arquivamento definitivo do pedido.

§ 3º Reputa-se concedida a patente na data de publicação do respectivo ato.

Art. 39. Da carta patente deverão constar o número, o título e a natureza respectivos, o nome do inventor, observado o disposto no § 4º do artigo 6º, a qualificação e o domicílio do titular, o prazo de vigência, o relatório descritivo, as reivindicações e os desenhos, bem como os dados relativos à prioridade.

Seção II
DA VIGÊNCIA DA PATENTE

Art. 40. A patente de invenção vigorará pelo prazo de vinte anos e a de modelo de utilidade pelo prazo quinze anos contados da data de depósito.

Parágrafo único. O prazo de vigência não será inferior a dez anos para a patente de invenção e a sete anos para a patente de modelo de utilidade, a contar da data de concessão, ressalvada a hipótese de o INPI estar impedido de proceder ao exame de mérito do pedido, por pendência judicial comprovada ou por motivo de força maior.

CAPÍTULO V
DA PROTEÇÃO CONFERIDA PELA PATENTE

Seção I
DOS DIREITOS

Art. 41. A extensão da proteção conferida pela patente será determinada pelo teor das reivindicações, interpretado com base no relatório descritivo e nos desenhos.

Art. 42. A patente confere ao seu titular o direito de impedir terceiro, sem o seu consentimento, de produzir, usar, colocar à venda, vender ou importar com estes propósitos:
I – produto objeto de patente;
II – processo ou produto obtido diretamente por processo patenteado.

§ 1º Ao titular da patente é assegurado ainda o direito de impedir que terceiros contribuam para que outros pratiquem os atos referidos neste artigo.

§ 2º Ocorrerá violação de direito da patente de processo, a que se refere o inciso II, quando o possuidor ou proprietário não comprovar, mediante determinação judicial específica, que o seu produto foi obtido por processo de fabricação diverso daquele protegido pela patente.

Art. 43. O disposto no artigo anterior não se aplica:
I – aos atos praticados por terceiros não autorizados, em caráter privado e sem finalidade comercial, desde que não acarretem prejuízo ao interesse econômico do titular da patente;
II – aos atos praticados por terceiros não autorizados, com finalidade experimental, relacionados a estudos ou pesquisas científicas ou tecnológicas;
III – à preparação de medicamento de acordo com prescrição médica para casos individuais, executada por profissional habilitado, bem como ao medicamento assim preparado;
IV – a produto fabricado de acordo com patente de processo ou de produto que tiver sido colocado no mercado interno diretamente pelo titular da patente ou com seu consentimento;
V – a terceiros que, no caso de patentes relacionadas com matéria viva, utilizem, sem finalidade econômica, o produto patenteado como fonte inicial de variação ou propagação para obter outros produtos;
VI – a terceiros que, no caso de patentes relacionadas com matéria viva, utilizem, ponham em circulação ou comercializem um produto patenteado que haja sido introduzido licitamente no comércio pelo detentor da patente ou por detentor de licença, desde que o produto patenteado não seja utilizado para multiplicação ou propagação comercial da matéria viva em causa;
VII – aos atos praticados por terceiros não autorizados, relacionados à invenção protegida por patente, destinados exclusivamente à produção de informações, dados e resultados de testes, visando à obtenção do registro de comercialização, no Brasil ou em outro país, para a exploração e comercialização do produto objeto da patente, após a expiração dos prazos estipulados no artigo 40.

► **Inciso VII acrescido pela Lei nº 10.196, de 14-2-2001.**

Art. 44. Ao titular da patente é assegurado o direito de obter indenização pela exploração indevida de seu objeto, inclusive em relação à exploração ocorrida entre a data da publicação do pedido e a da concessão da patente.

§ 1º Se o infrator obteve, por qualquer meio, conhecimento do conteúdo do pedido depositado, anteriormente à publicação, contar-se-á o período da exploração indevida para efeito da indenização a partir da data de início da exploração.

§ 2º Quando o objeto do pedido de patente se referir a material biológico, depositado na forma do parágrafo único do art. 24, o direito à indenização será somente conferido quando o material biológico se tiver tornado acessível ao público.

§ 3º O direito de obter indenização por exploração indevida, inclusive com relação ao período anterior à concessão da patente, está limitado ao conteúdo do seu objeto, na forma do artigo 41.

Seção II

DO USUÁRIO ANTERIOR

Art. 45. À pessoa de boa-fé que, antes da data de depósito ou de prioridade de pedido de patente, explorava seu objeto no País, será assegurado o direito de continuar a exploração, sem ônus, na forma e condição anteriores.

§ 1º O direito conferido na forma deste artigo só poderá ser cedido juntamente com o negócio ou empresa, ou parte desta que tenha direta relação com a exploração do objeto da patente, por alienação ou arrendamento.

§ 2º O direito de que trata este artigo não será assegurado a pessoa que tenha tido conhecimento do objeto da patente através de divulgação na forma do artigo 12, desde que o pedido tenha sido depositado no prazo de um ano, contado da divulgação.

CAPÍTULO VI

DA NULIDADE DA PATENTE

Seção I

DAS DISPOSIÇÕES GERAIS

Art. 46. É nula a patente concedida contrariando as disposições desta Lei.

Art. 47. A nulidade poderá não incidir sobre todas as reivindicações, sendo condição para a nulidade parcial o fato de as reivindicações subsistentes constituírem matéria patenteável por si mesmas.

Art. 48. A nulidade da patente produzirá efeitos a partir da data do depósito do pedido.

Art. 49. No caso de inobservância do disposto no artigo 6º, o inventor poderá, alternativamente, reivindicar, em ação judicial, a adjudicação da patente.

Seção II

DO PROCESSO ADMINISTRATIVO DE NULIDADE

Art. 50. A nulidade da patente será declarada administrativamente quando:

I – não tiver sido atendido qualquer dos requisitos legais;

II – o relatório e as reivindicações não atenderem ao disposto nos artigos 24 e 25, respectivamente;

III – o objeto da patente se estenda além do conteúdo do pedido originalmente depositado; ou

IV – no seu processamento, tiver sido omitida qualquer das formalidades essenciais, indispensáveis à concessão.

Art. 51. O processo de nulidade poderá ser instaurado de ofício ou mediante requerimento de qualquer pessoa com legítimo interesse, no prazo de seis meses contados da concessão da patente.

Parágrafo único. O processo de nulidade prosseguirá ainda que extinta a patente.

Art. 52. O titular será intimado para se manifestar no prazo de sessenta dias.

Art. 53. Havendo ou não manifestação, decorrido o prazo fixado no artigo anterior, o INPI emitirá parecer, intimando o titular e o requerente para se manifestarem no prazo comum de sessenta dias.

Art. 54. Decorrido o prazo fixado no artigo anterior, mesmo que não apresentadas as manifestações, o processo será decidido pelo Presidente do INPI, encerrando-se a instância administrativa.

Art. 55. Aplicam-se, no que couber, aos certificados de adição, as disposições desta Seção.

Seção III

DA AÇÃO DE NULIDADE

Art. 56. A ação de nulidade poderá ser proposta a qualquer tempo da vigência da patente, pelo INPI ou por qualquer pessoa com legítimo interesse.

► Art. 46 desta Lei.

§ 1º A nulidade da patente poderá ser arguida, a qualquer tempo, como matéria de defesa.

§ 2º O juiz poderá, preventiva ou incidentalmente, determinar a suspensão dos efeitos da patente, atendidos os requisitos processuais próprios.

Art. 57. A ação de nulidade de patente será ajuizada no foro da Justiça Federal e o INPI, quando não for autor, intervirá no feito.

§ 1º O prazo para resposta do réu titular da patente será de sessenta dias.

§ 2º Transitada em julgado a decisão da ação de nulidade, o INPI publicará anotação, para ciência de terceiros.

CAPÍTULO VII

DA CESSÃO E DAS ANOTAÇÕES

Art. 58. O pedido de patente ou a patente, ambos de conteúdo indivisível, poderão ser cedidos, total ou parcialmente.

Art. 59. O INPI fará as seguintes anotações:

I – da cessão, fazendo constar a qualificação completa do cessionário;

II – de qualquer limitação ou ônus que recaia sobre o pedido ou a patente; e

III – das alterações de nome, sede ou endereço do depositante ou titular.

Art. 60. As anotações produzirão efeito em relação a terceiros a partir da data de sua publicação.

CAPÍTULO VIII

DAS LICENÇAS

Seção I

DA LICENÇA VOLUNTÁRIA

Art. 61. O titular de patente ou o depositante poderá celebrar contrato de licença para exploração.

Parágrafo único. O licenciado poderá ser investido pelo titular de todos os poderes para agir em defesa da patente.

Art. 62. O contrato de licença deverá ser averbado no INPI para que produza efeitos em relação a terceiros.

§ 1º A averbação produzirá efeitos em relação a terceiros a partir da data de sua publicação.

§ 2º Para efeito de validade de prova de uso, o contrato de licença não precisará estar averbado no INPI.

Art. 63. O aperfeiçoamento introduzido em patente licenciada pertence a quem o fizer, sendo assegurado à outra parte contratante o direito de preferência para seu licenciamento.

Seção II

DA OFERTA DE LICENÇA

Art. 64. O titular da patente poderá solicitar ao INPI que a coloque em oferta para fins de exploração.

§ 1º O INPI promoverá a publicação da oferta.

§ 2º Nenhum contrato de licença voluntária de caráter exclusivo será averbado no INPI sem que o titular tenha desistido da oferta.

§ 3º A patente sob licença voluntária, com caráter de exclusividade, não poderá ser objeto de oferta.

§ 4º O titular poderá, a qualquer momento, antes da expressa aceitação de seus termos pelo interessado, desistir da oferta, não se aplicando o disposto no artigo 66.

Art. 65. Na falta de acordo entre o titular e o licenciado, as partes poderão requerer ao INPI o arbitramento da remuneração.

§ 1º Para efeito deste artigo, o INPI observará o disposto no § 4º do artigo 73.

§ 2º A remuneração poderá ser revista decorrido um ano de sua fixação.

Art. 66. A patente em oferta terá sua anuidade reduzida à metade no período compreendido entre o oferecimento e a concessão da primeira licença, a qualquer título.

Art. 67. O titular da patente poderá requerer o cancelamento da licença se o licenciado não der início à exploração efetiva dentro de um ano da concessão, interromper a exploração por prazo superior a um ano, ou, ainda, se não forem obedecidas as condições para a exploração.

Seção III

DA LICENÇA COMPULSÓRIA

Art. 68. O titular ficará sujeito a ter a patente licenciada compulsoriamente se exercer os direitos dela decorrentes de forma abusiva, ou por meio dela praticar abuso de poder econômico, comprovado nos termos da lei, por decisão administrativa ou judicial.

§ 1º Ensejam, igualmente, licença compulsória:

I – a não exploração do objeto da patente no território brasileiro por falta de fabricação ou fabricação incompleta do produto, ou, ainda, a falta de uso integral do processo patenteado, ressalvados os casos de inviabilidade econômica, quando será admitida a importação; ou

II – a comercialização que não satisfizer às necessidades do mercado.

§ 2º A licença só poderá ser requerida por pessoa com legítimo interesse e que tenha capacidade técnica e econômica para realizar a exploração eficiente do objeto da patente, que deverá destinar-se, predominantemente, ao mercado interno, extinguindo-se nesse caso a excepcionalidade prevista no inciso I do parágrafo anterior.

§ 3º No caso de a licença compulsória ser concedida em razão de abuso de poder econômico, ao licenciado, que propõe fabricação local, será garantido um prazo, limitado ao estabelecido no artigo 74, para proceder à importação do objeto da licença, desde que tenha sido colocado no mercado diretamente pelo titular ou com o seu consentimento.

§ 4º No caso de importação para exploração de patente e no caso da importação prevista no parágrafo anterior, será igualmente admitida a importação por terceiros de produto fabricado de acordo com patente de processo ou de produto, desde que tenha sido colocado no mercado diretamente pelo titular ou com o seu consentimento.

§ 5º A licença compulsória de que trata o § 1º somente será requerida após decorridos três anos da concessão da patente.

Art. 69. A licença compulsória não será concedida se, à data do requerimento, o titular:

I – justificar o desuso por razões legítimas;

II – comprovar a realização de sérios e efetivos preparativos para a exploração; ou

III – justificar a falta de fabricação ou comercialização por obstáculo de ordem legal.

Art. 70. A licença compulsória será ainda concedida quando, cumulativamente, se verificarem as seguintes hipóteses:

I – ficar caracterizada situação de dependência de uma patente em relação a outra;

II – o objeto da patente dependente constituir substancial progresso técnico em relação à patente anterior; e

III – o titular não realizar acordo com o titular da patente dependente para exploração da patente anterior.

§ 1º Para os fins deste artigo considera-se patente dependente aquela cuja exploração depende obrigatoriamente da utilização do objeto de patente anterior.

§ 2º Para efeito deste artigo, uma patente de processo poderá ser considerada dependente de patente do produto respectivo, bem como uma patente de produto poderá ser dependente de patente de processo.

§ 3º O titular da patente licenciada na forma deste artigo terá direito a licença compulsória cruzada da patente dependente.

Art. 71. Nos casos de emergência nacional ou interesse público, declarados em ato do Poder Executivo Federal, desde que o titular da patente ou seu licenciado não atenda a essa necessidade, poderá ser concedida, de ofício, licença compulsória, temporária e não exclusiva, para a exploração da patente, sem prejuízo dos direitos do respectivo titular.

Parágrafo único. O ato de concessão da licença estabelecerá seu prazo de vigência e a possibilidade de prorrogação.

Art. 72. As licenças compulsórias serão sempre concedidas sem exclusividade, não se admitindo o sublicenciamento.

Art. 73. O pedido de licença compulsória deverá ser formulado mediante indicação das condições oferecidas ao titular da patente.

§ 1º Apresentado o pedido de licença, o titular será intimado para manifestar-se no prazo de sessenta dias, findo o qual, sem manifestação do titular, será considerada aceita a proposta nas condições oferecidas.

§ 2º O requerente de licença que invocar abuso de direitos patentários ou abuso de poder econômico deverá juntar documentação que o comprove.

§ 3º No caso de a licença compulsória ser requerida com fundamento na falta de exploração, caberá ao titular da patente comprovar a exploração.

§ 4º Havendo contestação, o INPI poderá realizar as necessárias diligências, bem como designar comissão, que poderá incluir especialistas não integrantes dos quadros da autarquia, visando arbitrar a remuneração que será paga ao titular.

§ 5º Os órgãos e entidades da administração pública direta ou indireta, federal, estadual e municipal, prestarão ao INPI as informações solicitadas com o objetivo de subsidiar o arbitramento da remuneração.

§ 6º No arbitramento da remuneração, serão consideradas as circunstâncias de cada caso, levando-se em conta, obrigatoriamente, o valor econômico da licença concedida.

§ 7º Instruído o processo, o INPI decidirá sobre a concessão e condições da licença compulsória no prazo de sessenta dias.

§ 8º O recurso da decisão que conceder a licença compulsória não terá efeito suspensivo.

Art. 74. Salvo razões legítimas, o licenciado deverá iniciar a exploração do objeto da patente no prazo de um ano da concessão da licença, admitida a interrupção por igual prazo.

§ 1º O titular poderá requerer a cassação da licença quando não cumprido o disposto neste artigo.

§ 2º O licenciado ficará investido de todos os poderes para agir em defesa da patente.

§ 3º Após a concessão da licença compulsória, somente será admitida a sua cessão quando realizada conjuntamente com a cessão, alienação ou arrendamento da parte do empreendimento que a explore.

CAPÍTULO IX

DA PATENTE DE INTERESSE DA DEFESA NACIONAL

Art. 75. O pedido de patente originário do Brasil cujo objeto interesse à defesa nacional será processado em caráter sigiloso e não estará sujeito às publicações previstas nesta Lei.

§ 1º O INPI encaminhará o pedido, de imediato, ao órgão competente do Poder Executivo para, no prazo de sessenta dias, manifestar-se sobre o caráter sigiloso. Decorrido o prazo sem a manifestação do órgão competente, o pedido será processado normalmente.

§ 2º É vedado o depósito no exterior de pedido de patente cujo objeto tenha sido considerado de interesse da defesa nacional, bem como qualquer divulgação do mesmo, salvo expressa autorização do órgão competente.

§ 3º A exploração e a cessão do pedido ou da patente de interesse da defesa nacional estão condicionadas à prévia autorização do órgão competente, assegurada indenização sempre que houver restrição dos direitos do depositante ou do titular.

CAPÍTULO X

DO CERTIFICADO DE ADIÇÃO DE INVENÇÃO

Art. 76. O depositante do pedido ou titular de patente de invenção poderá requerer, mediante pagamento de retribuição específica, certificado de adição para proteger aperfeiçoamento ou desenvolvimento introduzido no objeto da invenção, mesmo que destituído de atividade inventiva, desde que a matéria se inclua no mesmo conceito inventivo.

§ 1º Quando tiver ocorrido a publicação do pedido principal, o pedido de certificado de adição será imediatamente publicado.

§ 2º O exame do pedido de certificado de adição obedecerá ao disposto nos artigos 30 a 37, ressalvado o disposto no parágrafo anterior.

§ 3º O pedido de certificado de adição será indeferido se o seu objeto não apresentar o mesmo conceito inventivo.

§ 4º O depositante poderá, no prazo do recurso, requerer a transformação do pedido de certificado de adição em pedido de patente, beneficiando-se da data de depósito do pedido de certificado, mediante pagamento das retribuições cabíveis.

Art. 77. O certificado de adição é acessório da patente, tem a data final de vigência desta e acompanha-a para todos os efeitos legais.

Parágrafo único. No processo de nulidade, o titular poderá requerer que a matéria contida no certificado de adição seja analisada para se verificar a possibilidade de sua subsistência, sem prejuízo do prazo de vigência da patente.

CAPÍTULO XI

DA EXTINÇÃO DA PATENTE

Art. 78. A patente extingue-se:

I – pela expiração do prazo de vigência;

II – pela renúncia de seu titular, ressalvado o direito de terceiros;

III – pela caducidade;

IV – pela falta de pagamento da retribuição anual, nos prazos previstos no § 2º do artigo 84 e no artigo 87; e

V – pela inobservância do disposto no artigo 217.

Parágrafo único. Extinta a patente, o seu objeto cai em domínio público.

Art. 79. A renúncia só será admitida se não prejudicar direitos de terceiros.

Art. 80. Caducará a patente, de ofício ou a requerimento de qualquer pessoa com legítimo interesse, se, decorridos dois anos da concessão da primeira licença compulsória, esse prazo não tiver sido suficiente para prevenir ou sanar o abuso ou desuso, salvo motivos justificáveis.

§ 1º A patente caducará quando, na data do requerimento da caducidade ou da instauração de ofício do respectivo processo, não tiver sido iniciada a exploração.

§ 2º No processo de caducidade instaurado a requerimento, o INPI poderá prosseguir se houver desistência do requerente.

Art. 81. O titular será intimado mediante publicação para se manifestar, no prazo de sessenta dias, cabendo-lhe o ônus da prova quanto à exploração.

Art. 82. A decisão será proferida dentro de sessenta dias, contados do término do prazo mencionado no artigo anterior.

Art. 83. A decisão da caducidade produzirá efeitos a partir da data do requerimento ou da publicação da instauração de ofício do processo.

CAPÍTULO XII

DA RETRIBUIÇÃO ANUAL

Art. 84. O depositante do pedido e o titular da patente estão sujeitos ao pagamento de retribuição anual, a partir do início do terceiro ano da data do depósito.

§ 1º O pagamento antecipado da retribuição anual será regulado pelo INPI.

§ 2º O pagamento deverá ser efetuado dentro dos primeiros três meses de cada período anual, podendo, ainda, ser feito, independente de notificação, dentro dos seis meses subsequentes, mediante pagamento de retribuição adicional.

Art. 85. O disposto no artigo anterior aplica-se aos pedidos internacionais depositados em virtude de tratado em vigor no Brasil, devendo o pagamento das retribuições anuais vencidas antes da data da entrada no processamento nacional ser efetuado no prazo de três meses dessa data.

Art. 86. A falta de pagamento da retribuição anual, nos termos dos artigos 84 e 85, acarretará o arquivamento do pedido ou a extinção da patente.

CAPÍTULO XIII

DA RESTAURAÇÃO

Art. 87. O pedido de patente e a patente poderão ser restaurados, se o depositante ou o titular assim o requerer, dentro de três meses, contados da notificação do arquivamento do pedido ou da extinção da patente, mediante pagamento de retribuição específica.

CAPÍTULO XIV

DA INVENÇÃO E DO MODELO DE UTILIDADE REALIZADO POR EMPREGADO OU PRESTADOR DE SERVIÇO

Art. 88. A invenção e o modelo de utilidade pertencem exclusivamente ao empregador quando decorrerem de contrato de trabalho cuja execução ocorra no Brasil e que tenha por objeto a pesquisa ou a atividade inventiva, ou resulte esta da natureza dos serviços para os quais foi o empregado contratado.

§ 1º Salvo expressa disposição contratual em contrário, a retribuição pelo trabalho a que se refere este artigo limita-se ao salário ajustado.

§ 2º Salvo prova em contrário, consideram-se desenvolvidos na vigência do contrato a invenção ou o modelo de utilidade, cuja patente seja requerida pelo empregado até um ano após a extinção do vínculo empregatício.

Art. 89. O empregador, titular da patente, poderá conceder ao empregado, autor de invento ou aperfeiçoamento, participação nos ganhos econômicos resultantes da exploração da patente, mediante negociação com o interessado ou conforme disposto em norma da empresa.

Parágrafo único. A participação referida neste artigo não se incorpora, a qualquer título, ao salário do empregado.

Art. 90. Pertencerá exclusivamente ao empregado a invenção ou o modelo de utilidade por ele desenvolvido, desde que desvinculado do contrato de trabalho e não decorrente da utilização de recursos, meios, dados, materiais, instalações ou equipamentos do empregador.

Art. 91. A propriedade de invenção ou de modelo de utilidade será comum, em partes iguais, quando resultar da contribuição pessoal do empregado e de recursos, dados, meios, materiais, instalações ou equipamentos do empregador, ressalvada expressa disposição contratual em contrário.

§ 1º Sendo mais de um empregado, a parte que lhes couber será dividida igualmente entre todos, salvo ajuste em contrário.

§ 2º É garantido ao empregador o direito exclusivo de licença de exploração e assegurada ao empregado a justa remuneração.

§ 3º A exploração do objeto da patente, na falta de acordo, deverá ser iniciada pelo empregador dentro do prazo de um ano, contado da data de sua concessão, sob pena de passar à exclusiva propriedade do empregado a titularidade da patente, ressalvadas as hipóteses de falta de exploração por razões legítimas.

§ 4º No caso de cessão, qualquer dos co-titulares, em igualdade de condições, poderá exercer o direito de preferência.

Art. 92. O disposto nos artigos anteriores aplica-se, no que couber, às relações entre o trabalhador autônomo ou o estagiário e a empresa contratante e entre empresas contratantes e contratadas.

Art. 93. Aplica-se o disposto neste Capítulo, no que couber, às entidades da Administração Pública, direta, indireta e fundacional, federal, estadual ou municipal.

Parágrafo único. Na hipótese do artigo 88, será assegurada ao inventor, na forma e condições previstas no estatuto ou regimento interno da entidade a que se refere este artigo, premiação de parcela no valor das vantagens auferidas com o pedido ou com a patente, a título de incentivo.

TÍTULO II – DOS DESENHOS INDUSTRIAIS

CAPÍTULO I

DA TITULARIDADE

Art. 94. Ao autor será assegurado o direito de obter registro de desenho industrial que lhe confira a propriedade, nas condições estabelecidas nesta Lei.

Parágrafo único. Aplicam-se ao registro de desenho industrial, no que couber, as disposições dos artigos 6º e 7º.

CAPÍTULO II

DA REGISTRABILIDADE

Seção I

DOS DESENHOS INDUSTRIAIS REGISTRÁVEIS

Art. 95. Considera-se desenho industrial a forma plástica ornamental de um objeto ou o conjunto ornamental de linhas e cores que possa ser aplicado a um produto, proporcionando resultado visual novo e original na sua configuração externa e que possa servir de tipo de fabricação industrial.

Art. 96. O desenho industrial é considerado novo quando não compreendido no estado da técnica.

§ 1º O estado da técnica é constituído por tudo aquilo tornado acessível ao público antes da data de depósito do pedido, no Brasil ou no exterior, por uso ou qualquer outro meio, ressalvado o disposto no § 3º deste artigo e no artigo 99.

§ 2º Para aferição unicamente da novidade, o conteúdo completo de pedido de patente ou de registro depositado no Brasil, e ainda não publicado, será considerado como incluído no estado da técnica a partir da data de depósito, ou da prioridade reivindicada, desde que venha a ser publicado, mesmo que subsequentemente.

§ 3º Não será considerado como incluído no estado da técnica o desenho industrial cuja divulgação tenha ocorrido durante os cento e oitenta dias que precederem a data do depósito ou a da prioridade reivindicada, se promovida nas situações previstas nos incisos I a III do artigo 12.

Art. 97. O desenho industrial é considerado original quando dele resulte uma configuração visual distintiva, em relação a outros objetos anteriores.

Parágrafo único. O resultado visual original poderá ser decorrente da combinação de elementos conhecidos.

Art. 98. Não se considera desenho industrial qualquer obra de caráter puramente artístico.

Seção II

DA PRIORIDADE

Art. 99. Aplicam-se ao pedido de registro, no que couber, as disposições do artigo 16, exceto o prazo previsto no seu § 3º, que será de noventa dias.

Seção III

DOS DESENHOS INDUSTRIAIS NÃO REGISTRÁVEIS

Art. 100. Não é registrável como desenho industrial:

I – o que for contrário à moral e aos bons costumes ou que ofenda a honra ou imagem de pessoas, ou atente contra liberdade de consciência, crença, culto religioso ou ideia e sentimentos dignos de respeito e veneração;

II – a forma necessária comum ou vulgar do objeto ou, ainda, aquela determinada essencialmente por considerações técnicas ou funcionais.

CAPÍTULO III

DO PEDIDO DE REGISTRO

Seção I

DO DEPÓSITO DO PEDIDO

Art. 101. O pedido de registro, nas condições estabelecidas pelo INPI, conterá:

I – requerimento;

II – relatório descritivo, se for o caso;

III – reivindicações, se for o caso;

IV – desenhos ou fotografias;

V – campo de aplicação do objeto; e

VI – comprovante do pagamento da retribuição relativa ao depósito.

Parágrafo único. Os documentos que integram o pedido de registro deverão ser apresentados em língua portuguesa.

Art. 102. Apresentado o pedido, será ele submetido a exame formal preliminar e, se devidamente instruído, será protocolizado, considerada a data do depósito a da sua apresentação.

Art. 103. O pedido que não atender formalmente ao disposto no artigo 101, mas que contiver dados suficientes relativos ao depositante, ao desenho industrial e ao autor, poderá ser entregue, mediante recibo datado, ao INPI, que estabelecerá as exigências a serem cumpridas, em cinco dias, sob pena de ser considerado inexistente.

Parágrafo único. Cumpridas as exigências, o depósito será considerado como efetuado na data da apresentação do pedido.

Seção II

DAS CONDIÇÕES DO PEDIDO

Art. 104. O pedido de registro de desenho industrial terá que se referir a um único objeto, permitida uma pluralidade de variações, desde que se destinem ao mesmo propósito e guardem entre si a mesma característica distintiva preponderante, limitado cada pedido ao máximo de vinte variações.

Parágrafo único. O desenho deverá representar clara e suficientemente o objeto e suas variações, se houver, de modo a possibilitar sua reprodução por técnico no assunto.

Art. 105. Se solicitado o sigilo na forma do § 1º do artigo 106, poderá o pedido ser retirado em até noventa dias contados da data do depósito.

Parágrafo único. A retirada de um depósito anterior sem produção de qualquer efeito dará prioridade ao depósito imediatamente posterior.

Seção III

DO PROCESSO E DO EXAME DO PEDIDO

Art. 106. Depositado o pedido de registro de desenho industrial e observado o disposto nos artigos 100, 101 e 104, será automaticamente publicado e simultaneamente concedido o registro, expedindo-se o respectivo certificado.

§ 1º A requerimento do depositante, por ocasião do depósito, poderá ser mantido em sigilo o pedido, pelo prazo de cento e oitenta dias contados da data do depósito, após o que será processado.

§ 2º Se o depositante se beneficiar do disposto no artigo 99, aguardar-se-á a apresentação do documento de prioridade para o processamento do pedido.

§ 3º Não atendido o disposto nos artigos 101 e 104, será formulada exigência, que deverá ser respondida em sessenta dias, sob pena de arquivamento definitivo.

§ 4º Não atendido o disposto no artigo 100, o pedido de registro será indeferido.

CAPÍTULO IV

DA CONCESSÃO E DA VIGÊNCIA DO REGISTRO

Art. 107. Do certificado deverão constar o número e o título, nome do autor – observado o disposto no § 4º do artigo 6º, o nome, a nacionalidade e o domicílio do titular, o prazo de vigência, os desenhos, os dados relativos à prioridade estrangeira, e, quando houver, relatório descritivo e reivindicações.

Art. 108. O registro vigorará pelo prazo de dez anos contados da data do depósito, prorrogável por três períodos sucessivos de cinco anos cada.

§ 1º O pedido de prorrogação deverá ser formulado durante o último ano de vigência do registro, instruído com o comprovante do pagamento da respectiva retribuição.

§ 2º Se o pedido de prorrogação não tiver sido formulado até o termo final da vigência do registro, o titular poderá fazê-lo nos cento e oitenta dias subsequentes, mediante o pagamento de retribuição adicional.

CAPÍTULO V

DA PROTEÇÃO CONFERIDA PELO REGISTRO

Art. 109. A propriedade do desenho industrial adquire-se pelo registro validamente concedido.

Parágrafo único. Aplicam-se ao registro do desenho industrial, no que couber, as disposições do artigo 42 e dos incisos I, II e IV do artigo 43.

Art. 110. À pessoa que, de boa fé, antes da data do depósito ou da prioridade do pedido de registro explorava seu objeto no País, será assegurado o direito de continuar a exploração, sem ônus, na forma e condição anteriores.

§ 1º O direito conferido na forma deste artigo só poderá ser cedido juntamente com o negócio ou empresa, ou parte deste, que tenha direta relação com a exploração do objeto do registro, por alienação ou arrendamento.

§ 2º O direito de que trata este artigo não será assegurado a pessoa que tenha tido conhecimento do objeto do registro através de divulgação nos termos do § 3º do artigo 96, desde que o pedido tenha sido depositado no prazo de seis meses contados da divulgação.

CAPÍTULO VI

DO EXAME DE MÉRITO

Art. 111. O titular do desenho industrial poderá requerer o exame do objeto do registro, a qualquer tempo da vigência, quanto aos aspectos de novidade e de originalidade.

Parágrafo único. O INPI emitirá parecer de mérito, que, se concluir pela ausência de pelo menos um dos requisitos definidos nos artigos 95 a 98, servirá de fundamento para instauração de ofício de processo de nulidade do registro.

CAPÍTULO VII

DA NULIDADE DO REGISTRO

Seção I

DAS DISPOSIÇÕES GERAIS

Art. 112. É nulo o registro concedido em desacordo com as disposições desta Lei.

§ 1º A nulidade do registro produzirá efeitos a partir da data do depósito do pedido.

§ 2º No caso de inobservância do disposto no artigo 94, o autor poderá, alternativamente, reivindicar a adjudicação do registro.

Seção II

DO PROCESSO ADMINISTRATIVO DE NULIDADE

Art. 113. A nulidade do registro será declarada administrativamente quando tiver sido concedido com infringência dos artigos 94 a 98.

§ 1º O processo de nulidade poderá ser instaurado de ofício ou mediante requerimento de qualquer pessoa com legítimo interesse, no prazo de cinco anos contados da concessão do registro, ressalvada a hipótese prevista no parágrafo único do artigo 111.

§ 2º O requerimento ou a instauração de ofício suspenderá os efeitos da concessão do registro se apresentada ou publicada no prazo de sessenta dias da concessão.

Art. 114. O titular será intimado para se manifestar no prazo de sessenta dias contados da data da publicação.

Art. 115. Havendo ou não manifestação, decorrido o prazo fixado no artigo anterior, o INPI emitirá parecer, intimando o titular e o requerente para se manifestarem no prazo comum de sessenta dias.

Art. 116. Decorrido o prazo fixado no artigo anterior, mesmo que não apresentadas as manifestações, o processo será decidido pelo Presidente do INPI, encerrando-se a instância administrativa.

Art. 117. O processo de nulidade prosseguirá, ainda que extinto o registro.

Seção III
DA AÇÃO DE NULIDADE

Art. 118. Aplicam-se à ação de nulidade de registro de desenho industrial, no que couber, as disposições dos artigos 56 e 57.

▸ Art. 112 desta Lei.

CAPÍTULO VIII
DA EXTINÇÃO DO REGISTRO

Art. 119. O registro extingue-se:

I – pela expiração do prazo de vigência;

II – pela renúncia de seu titular, ressalvado o direito de terceiros;

III – pela falta de pagamento da retribuição prevista nos artigos 108 e 120; ou

IV – pela inobservância do disposto no artigo 217.

CAPÍTULO IX
DA RETRIBUIÇÃO QUINQUENAL

Art. 120. O titular do registro está sujeito ao pagamento de retribuição quinquenal, a partir do segundo quinquênio da data do depósito.

§ 1º O pagamento do segundo quinquênio será feito durante o quinto ano da vigência do registro.

§ 2º O pagamento dos demais quinquênios será apresentado junto com o pedido de prorrogação a que se refere o artigo 108.

§ 3º O pagamento dos quinquênios poderá ainda ser efetuado dentro dos seis meses subsequentes ao prazo estabelecido no parágrafo anterior, mediante pagamento de retribuição adicional.

CAPÍTULO X
DAS DISPOSIÇÕES FINAIS

Art. 121. As disposições dos artigos 58 a 63 aplicam-se, no que couber, à matéria de que trata o presente Título, disciplinando-se o direito do empregado ou prestador de serviços pelas disposições dos artigos 88 a 93.

TÍTULO III – DAS MARCAS

CAPÍTULO I
DA REGISTRABILIDADE

Seção I
DOS SINAIS REGISTRÁVEIS COMO MARCA

Art. 122. São suscetíveis de registro como marca os sinais distintivos visualmente perceptíveis, não compreendidos nas proibições legais.

Art. 123. Para os efeitos desta Lei, considera-se:

I – marca de produto ou serviço: aquela usada para distinguir produto ou serviço de outro idêntico, semelhante ou afim, de origem diversa;

II – marca de certificação: aquela usada para atestar a conformidade de um produto ou serviço com determinadas normas ou especificações técnicas, notadamente quanto à qualidade, natureza, material utilizado e metodologia empregada; e

III – marca coletiva: aquela usada para identificar produtos ou serviços provindos de membros de uma determinada entidade.

Seção II
DOS SINAIS NÃO REGISTRÁVEIS COMO MARCA

Art. 124. Não são registráveis como marca:

▸ En. nº 60 da II Jornada de Direito Comercial.

I – brasão, armas, medalha, bandeira, emblema, distintivo e monumento oficiais, públicos, nacionais, estrangeiros ou internacionais, bem como a respectiva designação, figura ou imitação;

II – letra, algarismo e data, isoladamente, salvo quando revestidos de suficiente forma distintiva;

III – expressão, figura, desenho ou qualquer outro sinal contrário à moral e aos bons costumes ou que ofenda a honra ou imagem de pessoas ou atente contra liberdade de consciência, crença, culto religioso ou ideia e sentimento dignos de respeito e veneração;

IV – designação ou sigla de entidade ou órgão público, quando não requerido o registro pela própria entidade ou órgão público;

V – reprodução ou imitação de elemento característico ou diferenciador de título de estabelecimento ou nome de empresa de terceiros, suscetível de causar confusão ou associação com estes sinais distintivos;

▸ Arts. 1.155 a 1.168 do CC.

▸ En. nº 2 da I Jornada de Direito Comercial.

VI – sinal de caráter genérico, necessário, comum, vulgar ou simplesmente descritivo, quando tiver relação com o produto ou serviço a distinguir, ou aquele empregado comumente para designar uma característica do produto ou serviço, quanto à natureza, nacionalidade, peso, valor, qualidade e época de produção ou de prestação do serviço, salvo quando revestidos de suficiente forma distintiva;

VII – sinal ou expressão empregada apenas como meio de propaganda;

VIII – cores e suas denominações, salvo se dispostas ou combinadas de modo peculiar e distintivo;

IX – indicação geográfica, sua imitação suscetível de causar confusão ou sinal que possa falsamente induzir indicação geográfica;

X – sinal que induza a falsa indicação quanto à origem, procedência, natureza, qualidade ou utilidade do produto ou serviço a que a marca se destina;

XI – reprodução ou imitação de cunho oficial, regularmente adotada para garantia de padrão de qualquer gênero ou natureza;

XII – reprodução ou imitação de sinal que tenha sido registrado como marca coletiva ou de certificação por terceiro, observado o disposto no artigo 154;

XIII – nome, prêmio ou símbolo de evento esportivo, artístico, cultural, social, político, econômico ou técnico, oficial ou oficialmente reconhecido, bem como a imitação suscetível de criar confusão, salvo quando autorizados pela autoridade competente ou entidade promotora do evento;

XIV – reprodução ou imitação de título, apólice, moeda e cédula da União, dos Estados, do Distrito Federal, dos Territórios, dos Municípios, ou de país;

XV – nome civil ou sua assinatura, nome de família ou patronímico e imagem de terceiros, salvo com consentimento do titular, herdeiros ou sucessores;

XVI – pseudônimo ou apelido notoriamente conhecidos, nome artístico singular ou coletivo, salvo com consentimento do titular, herdeiros ou sucessores;

XVII – obra literária, artística ou científica, assim como os títulos que estejam protegidos pelo direito autoral e sejam suscetíveis de causar confusão ou associação, salvo com consentimento do autor ou titular;

XVIII – termo técnico usado na indústria, na ciência e na arte, que tenha relação com o produto ou serviço a distinguir;

XIX – reprodução ou imitação, no todo ou em parte, ainda que com acréscimo, de marca alheia registrada, para distinguir ou certificar produto ou serviço idêntico, semelhante ou afim, suscetível de causar confusão ou associação com marca alheia;

XX – dualidade de marcas de um só titular para o mesmo produto ou serviço, salvo quando, no caso de marcas de mesma natureza, se revestirem de suficiente forma distintiva;

XXI – a forma necessária, comum ou vulgar do produto ou de acondicionamento, ou, ainda, aquela que não possa ser dissociada de efeito técnico;

XXII – objeto que estiver protegido por registro de desenho industrial de terceiro; e

XXIII – sinal que imite ou reproduza, no todo ou em parte, marca que o requerente evidentemente não poderia desconhecer em razão de sua atividade, cujo titular seja sediado ou domiciliado em território nacional ou em país com o qual o Brasil mantenha acordo ou que assegure reciprocidade de tratamento, se a marca se destinar a distinguir produto ou serviço idêntico, semelhante ou afim, suscetível de causar confusão ou associação com aquela marca alheia.

Seção III

MARCA DE ALTO RENOME

Art. 125. À marca registrada no Brasil considerada de alto renome será assegurada proteção especial, em todos os ramos de atividade.

Seção IV

MARCA NOTORIAMENTE CONHECIDA

Art. 126. A marca notoriamente conhecida em seu ramo de atividade nos termos do artigo 6º *bis* (I), da Convenção da União de Paris para Proteção da Propriedade Industrial, goza de proteção especial, independentemente de estar previamente depositada ou registrada no Brasil.

§ 1º A proteção de que trata este artigo aplica-se também às marcas de serviço.

§ 2º O INPI poderá indeferir de ofício pedido de registro de marca que reproduza ou imite, no todo ou em parte, marca notoriamente conhecida.

CAPÍTULO II

PRIORIDADE

Art. 127. Ao pedido de registro de marca depositado em país que mantenha acordo com o Brasil ou em organização internacional, que produza efeito de depósito nacional, será assegurado direito de prioridade, nos prazos estabelecidos no acordo, não sendo o depósito invalidado nem prejudicado por fatos ocorridos nesses prazos.

§ 1º A reivindicação da prioridade será feita no ato de depósito, podendo ser suplementada dentro de sessenta dias, por outras prioridades anteriores à data do depósito no Brasil.

§ 2º A reivindicação da prioridade será comprovada por documento hábil da origem, contendo o número, a data e a reprodução do pedido ou do registro, acompanhado de tradução simples, cujo teor será de inteira responsabilidade do depositante.

§ 3º Se não efetuada por ocasião do depósito, a comprovação deverá ocorrer em até quatro meses, contados do depósito, sob pena de perda da prioridade.

§ 4º Tratando-se de prioridade obtida por cessão, o documento correspondente deverá ser apresentado junto com o próprio documento de prioridade.

CAPÍTULO III

DOS REQUERENTES DE REGISTRO

Art. 128. Podem requerer registro de marca as pessoas físicas ou jurídicas de direito público ou de direito privado.

§ 1º As pessoas de direito privado só podem requerer registro de marca relativo à atividade que exerçam efetiva e licitamente, de modo direto ou através de empresas que controlem direta ou indiretamente, declarando, no próprio requerimento, esta condição, sob as penas da lei.

§ 2º O registro de marca coletiva só poderá ser requerido por pessoa jurídica representativa de coletividade, a qual poderá exercer atividade distinta da de seus membros.

§ 3º O registro da marca de certificação só poderá ser requerido por pessoa sem interesse comercial ou industrial direto no produto ou serviço atestado.

§ 4º A reivindicação de prioridade não isenta o pedido da aplicação dos dispositivos constantes deste Título.

CAPÍTULO IV

DOS DIREITOS SOBRE A MARCA

Seção I

AQUISIÇÃO

Art. 129. A propriedade da marca adquire-se pelo registro validamente expedido, conforme as disposições desta Lei, sendo assegurado ao titular seu uso exclusivo em todo o território nacional, observado quanto às marcas coletivas e de certificação o disposto nos artigos 147 e 148.

§ 1º Toda pessoa que, de boa fé, na data da prioridade ou depósito, usava no País, há pelo menos seis meses, marca idêntica ou semelhante, para distinguir ou certificar produto ou serviço idêntico, semelhante ou afim, terá direito de precedência ao registro.

§ 2º O direito de precedência somente poderá ser cedido juntamente com o negócio da empresa, ou parte deste, que tenha direta relação com o uso da marca, por alienação ou arrendamento.

Seção II

DA PROTEÇÃO CONFERIDA PELO REGISTRO

Art. 130. Ao titular da marca ou ao depositante é ainda assegurado o direito de:

I – ceder seu registro ou pedido de registro;

II – licenciar seu uso;

III – zelar pela sua integridade material ou reputação.

Art. 131. A proteção de que trata esta Lei abrange o uso da marca em papéis, impressos, propaganda e documentos relativos à atividade do titular.

Art. 132. O titular da marca não poderá:

I – impedir que comerciantes ou distribuidores utilizem sinais distintivos que lhes são próprios, juntamente com a marca do produto, na sua promoção e comercialização;

II – impedir que fabricantes de acessórios utilizem a marca para indicar a destinação do produto, desde que obedecidas as práticas leais de concorrência;

III – impedir a livre circulação de produto colocado no mercado interno, por si ou por outrem com seu consentimento, ressalvado o disposto nos §§ 3º e 4º do artigo 68; e

IV – impedir a citação da marca em discurso, obra científica ou literária ou qualquer outra publicação, desde que sem conotação comercial e sem prejuízo para seu caráter distintivo.

CAPÍTULO V
DA VIGÊNCIA, DA CESSÃO E DAS ANOTAÇÕES

Seção I
DA VIGÊNCIA

Art. 133. O registro da marca vigorará pelo prazo de dez anos, contados da data da concessão do registro, prorrogável por períodos iguais e sucessivos.

§ 1º O pedido de prorrogação deverá ser formulado durante o último ano de vigência do registro, instruído com o comprovante do pagamento da respectiva retribuição.

§ 2º Se o pedido de prorrogação não tiver sido efetuado até o termo final da vigência do registro, o titular poderá fazê-lo nos seis meses subsequentes, mediante o pagamento de retribuição adicional.

§ 3º A prorrogação não será concedida se não atendido o disposto no artigo 128.

Seção II
DA CESSÃO

Art. 134. O pedido de registro e o registro poderão ser cedidos, desde que o cessionário atenda aos requisitos legais para requerer tal registro.

Art. 135. A cessão deverá compreender todos os registros ou pedidos, em nome do cedente, de marcas iguais ou semelhantes, relativas a produto ou serviço idêntico, semelhante ou afim, sob pena de cancelamento dos registros ou arquivamento dos pedidos não cedidos.

Seção III
DAS ANOTAÇÕES

Art. 136. O INPI fará as seguintes anotações:

I – da cessão, fazendo constar a qualificação completa do cessionário;

II – de qualquer limitação ou ônus que recaia sobre o pedido ou registro; e

III – das alterações de nome, sede ou endereço do depositante ou titular.

Art. 137. As anotações produzirão efeitos em relação a terceiros a partir da data de sua publicação.

Art. 138. Cabe recurso da decisão que:

I – indeferir anotação de cessão;

II – cancelar o registro ou arquivar o pedido, nos termos do artigo 135.

Seção IV
DA LICENÇA DE USO

Art. 139. O titular de registro ou o depositante de pedido de registro poderá celebrar contrato de licença para uso da marca, sem prejuízo de seu direito de exercer controle efetivo sobre as especificações, natureza e qualidade dos respectivos produtos ou serviços.

Parágrafo único. O licenciado poderá ser investido pelo titular de todos os poderes para agir em defesa da marca, sem prejuízo dos seus próprios direitos.

Art. 140. O contrato de licença deverá ser averbado no INPI para que produza efeitos em relação a terceiros.

§ 1º A averbação produzirá efeitos em relação a terceiros a partir da data de sua publicação.

§ 2º Para efeito de validade de prova de uso, o contrato de licença não precisará estar averbado no INPI.

Art. 141. Da decisão que indeferir a averbação do contrato de licença cabe recurso.

CAPÍTULO VI
DA PERDA DOS DIREITOS

Art. 142. O registro da marca extingue-se:

I – pela expiração do prazo de vigência;

II – pela renúncia, que poderá ser total ou parcial em relação aos produtos ou serviços assinalados pela marca;

III – pela caducidade; ou

IV – pela inobservância do disposto no artigo 217.

Art. 143. Caducará o registro, a requerimento de qualquer pessoa com legítimo interesse se, decorridos cinco anos da sua concessão, na data do requerimento:

I – o uso da marca não tiver sido iniciado no Brasil; ou

II – o uso da marca tiver sido interrompido por mais de cinco anos consecutivos, ou se, no mesmo prazo, a marca tiver sido usada com modificação que implique alteração de seu caráter distintivo original, tal como constante do certificado de registro.

§ 1º Não ocorrerá caducidade se o titular justificar o desuso da marca por razões legítimas.

§ 2º O titular será intimado para se manifestar no prazo de sessenta dias, cabendo-lhe o ônus de provar o uso da marca ou justificar seu desuso por razões legítimas.

Art. 144. O uso da marca deverá compreender produtos ou serviços constantes do certificado, sob pena de caducar parcialmente o registro em relação aos não semelhantes ou afins daqueles para os quais a marca foi comprovadamente usada.

Art. 145. Não se conhecerá do requerimento de caducidade se o uso da marca tiver sido comprovado ou justificado seu desuso em processo anterior, requerido há menos de cinco anos.

▸ Súm. nº 143 do STJ.

Art. 146. Da decisão que declarar ou denegar a caducidade caberá recurso.

CAPÍTULO VII
DAS MARCAS COLETIVAS E DE CERTIFICAÇÃO

Art. 147. O pedido de registro de marca coletiva conterá regulamento de utilização, dispondo sobre condições e proibições de uso da marca.

Parágrafo único. O regulamento de utilização, quando não acompanhar o pedido, deverá ser protocolizado no prazo de sessenta dias do depósito, sob pena de arquivamento definitivo do pedido.

Art. 148. O pedido de registro da marca de certificação conterá:

I – as características do produto ou serviço objeto de certificação; e

II – as medidas de controle que serão adotadas pelo titular.

Parágrafo único. A documentação prevista nos incisos I e II deste artigo, quando não acompanhar o pedido, deverá ser protocolizada no prazo de sessenta dias, sob pena de arquivamento definitivo do pedido.

Art. 149. Qualquer alteração no regulamento de utilização deverá ser comunicada ao INPI, mediante petição protocolizada, contendo todas as condições alteradas, sob pena de não ser considerada.

Art. 150. O uso da marca independe de licença, bastando sua autorização no regulamento de utilização.

Art. 151. Além das causas de extinção estabelecidas no artigo 142, o registro da marca coletiva e de certificação extingue-se quando:

I – a entidade deixar de existir; ou

II – a marca for utilizada em condições outras que não aquelas previstas no regulamento de utilização.

Art. 152. Só será admitida a renúncia ao registro de marca coletiva quando requerida nos termos do contrato social ou estatuto da própria entidade, ou, ainda, conforme o regulamento de utilização.

Art. 153. A caducidade do registro será declarada se a marca coletiva não for usada por mais de uma pessoa autorizada, observado o disposto nos artigos 143 a 146.

Art. 154. A marca coletiva e a de certificação que já tenham sido usadas e cujos registros tenham sido extintos não poderão ser registradas em nome de terceiro, antes de expirado o prazo de cinco anos, contados da extinção do registro.

CAPÍTULO VIII

DO DEPÓSITO

Art. 155. O pedido deverá referir-se a um único sinal distintivo e, nas condições estabelecidas pelo INPI, conterá:

I – requerimento;

II – etiquetas, quando for o caso; e

III – comprovante do pagamento da retribuição relativa ao depósito.

Parágrafo único. O requerimento e qualquer documento que o acompanhe deverão ser apresentados em língua portuguesa e, quando houver documento em língua estrangeira, sua tradução simples deverá ser apresentada no ato do depósito ou dentro dos sessenta dias subsequentes, sob pena de não ser considerado o documento.

Art. 156. Apresentado o pedido, será ele submetido a exame formal preliminar e, se devidamente instruído, será protocolizado, considerada a data de depósito a da sua apresentação.

Art. 157. O pedido que não atender formalmente ao disposto no artigo 155, mas que contiver dados suficientes relativos ao depositante, sinal marcário e classe, poderá ser entregue, mediante recibo datado, ao INPI, que estabelecerá as exigências a serem cumpridas pelo depositante, em cinco dias, sob pena de ser considerado inexistente.

Parágrafo único. Cumpridas as exigências, o depósito será considerado como efetuado na data da apresentação do pedido.

CAPÍTULO IX

DO EXAME

Art. 158. Protocolizado, o pedido será publicado para apresentação de oposição no prazo de sessenta dias.

§ 1º O depositante será intimado da oposição, podendo se manifestar no prazo de sessenta dias.

§ 2º Não se conhecerá da oposição, nulidade administrativa ou de ação de nulidade se, fundamentada no inciso XXIII do artigo 124 ou no artigo 126, não se comprovar, no prazo de sessenta dias após a interposição, o depósito do pedido de registro da marca na forma desta Lei.

Art. 159. Decorrido o prazo de oposição ou, se interposta esta, findo o prazo de manifestação, será feito o exame, durante o qual poderão ser formuladas exigências, que deverão ser respondidas no prazo de sessenta dias.

§ 1º Não respondida a exigência, o pedido será definitivamente arquivado.

§ 2º Respondida a exigência, ainda que não cumprida, ou contestada a sua formulação, dar-se-á prosseguimento ao exame.

Art. 160. Concluído o exame, será proferida decisão, deferindo ou indeferindo o pedido de registro.

CAPÍTULO X

DA EXPEDIÇÃO DO CERTIFICADO DE REGISTRO

Art. 161. O certificado de registro será concedido depois de deferido o pedido e comprovado o pagamento das retribuições correspondentes.

Art. 162. O pagamento das retribuições, e sua comprovação, relativas à expedição do certificado de registro e ao primeiro decênio de sua vigência, deverão ser efetuados no prazo de sessenta dias contados do deferimento.

Parágrafo único. A retribuição poderá ainda ser paga e comprovada dentro de trinta dias após o prazo previsto neste artigo, independentemente de notificação, mediante o pagamento de retribuição específica, sob pena de arquivamento definitivo do pedido.

Art. 163. Reputa-se concedido o certificado de registro na data da publicação do respectivo ato.

Art. 164. Do certificado deverão constar a marca, o número e data do registro, nome, nacionalidade e domicílio do titular, os produtos ou serviços, as características do registro e a prioridade estrangeira.

CAPÍTULO XI

DA NULIDADE DO REGISTRO

Seção I

DISPOSIÇÕES GERAIS

Art. 165. É nulo o registro que for concedido em desacordo com as disposições desta Lei.

Parágrafo único. A nulidade do registro poderá ser total ou parcial, sendo condição para a nulidade parcial o fato de a parte subsistente poder ser considerada registrável.

Art. 166. O titular de uma marca registrada em país signatário da Convenção da União de Paris para Proteção da Propriedade Industrial poderá, alternativamente, reivindicar, através de ação judicial, a adjudicação do registro, nos termos previstos no artigo 6º *septies* (1) daquela Convenção.

Art. 167. A declaração de nulidade produzirá efeito a partir da data do depósito do pedido.

Seção II

DO PROCESSO ADMINISTRATIVO DE NULIDADE

Art. 168. A nulidade do registro será declarada administrativamente quando tiver sido concedida com infringência do disposto nesta Lei.

Art. 169. O processo de nulidade poderá ser instaurado de ofício ou mediante requerimento de qualquer pessoa com legítimo interesse, no prazo de cento e oitenta dias contados da data da expedição do certificado de registro.

Art. 170. O titular será intimado para se manifestar no prazo de sessenta dias.

Art. 171. Decorrido o prazo fixado no artigo anterior, mesmo que não apresentada a manifestação, o processo será decidido pelo Presidente do INPI, encerrando-se a instância administrativa.

Art. 172. O processo de nulidade prosseguirá ainda que extinto o registro.

Seção III
DA AÇÃO DE NULIDADE

Art. 173. A ação de nulidade poderá ser proposta pelo INPI ou por qualquer pessoa com legítimo interesse.

► Art. 165 desta Lei.

Parágrafo único. O juiz poderá, nos autos da ação de nulidade, determinar liminarmente a suspensão dos efeitos do registro e do uso da marca, atendidos os requisitos processuais próprios.

Art. 174. Prescreve em cinco anos a ação para declarar a nulidade do registro, contados da data da sua concessão.

Art. 175. A ação de nulidade do registro será ajuizada no foro da justiça federal e o INPI, quando não for autor, intervirá no feito.

§ 1º O prazo para resposta do réu titular do registro será de sessenta dias.

§ 2º Transitada em julgado a decisão da ação de nulidade, o INPI publicará anotação, para ciência de terceiros.

TÍTULO IV – DAS INDICAÇÕES GEOGRÁFICAS

Art. 176. Constitui indicação geográfica a indicação de procedência ou a denominação de origem.

Art. 177. Considera-se indicação de procedência o nome geográfico de país, cidade, região ou localidade de seu território, que se tenha tornado conhecido como centro de extração, produção ou fabricação de determinado produto ou de prestação de determinado serviço.

Art. 178. Considera-se denominação de origem o nome geográfico de país, cidade, região ou localidade de seu território, que designe produto ou serviço cujas qualidades ou características se devam exclusiva ou essencialmente ao meio geográfico, incluídos fatores naturais e humanos.

Art. 179. A proteção estender-se-á à representação gráfica ou figurativa da indicação geográfica, bem como à representação geográfica de país, cidade, região ou localidade de seu território cujo nome seja indicação geográfica.

Art. 180. Quando o nome geográfico se houver tornado de uso comum, designando produto ou serviço, não será considerado indicação geográfica.

Art. 181. O nome geográfico que não constitua indicação de procedência ou denominação de origem poderá servir de elemento característico de marca para produto ou serviço, desde que não induza falsa procedência.

Art. 182. O uso da indicação geográfica é restrito aos produtores e prestadores de serviço estabelecidos no local, exigindo-se, ainda, em relação às denominações de origem, o atendimento de requisitos de qualidade.

Parágrafo único. O INPI estabelecerá as condições de registro das indicações geográficas.

TÍTULO V – DOS CRIMES CONTRA A PROPRIEDADE INDUSTRIAL

CAPÍTULO I
DOS CRIMES CONTRA AS PATENTES

Art. 183. Comete crime contra patente de invenção ou de modelo de utilidade quem:

I – fabrica produto que seja objeto de patente de invenção ou de modelo de utilidade, sem autorização do titular; ou

II – usa meio ou processo que seja objeto de patente de invenção, sem autorização do titular.

Pena – detenção, de três meses a um ano, ou multa.

Art. 184. Comete crime contra patente de invenção ou de modelo de utilidade quem:

I – exporta, vende, expõe ou oferece à venda, tem em estoque, oculta ou recebe, para utilização com fins econômicos, produto fabricado com violação de patente de invenção ou de modelo de utilidade, ou obtido por meio ou processo patenteado; ou

II – importa produto que seja objeto de patente de invenção ou de modelo de utilidade ou obtido por meio ou processo patenteado no País, para os fins previstos no inciso anterior, e que não tenha sido colocado no mercado externo diretamente pelo titular da patente ou com seu consentimento.

Pena – detenção, de um a três meses, ou multa.

Art. 185. Fornecer componente de um produto patenteado, ou material ou equipamento para realizar um processo patenteado, desde que a aplicação final do componente, material ou equipamento induza, necessariamente, à exploração do objeto da patente.

Pena – detenção, de um a três meses, ou multa.

Art. 186. Os crimes deste Capítulo caracterizam-se ainda que a violação não atinja todas as reivindicações da patente ou se restrinja à utilização de meios equivalentes ao objeto da patente.

CAPÍTULO II
DOS CRIMES CONTRA OS DESENHOS INDUSTRIAIS

Art. 187. Fabricar, sem autorização do titular, produto que incorpore desenho industrial registrado, ou imitação substancial que possa induzir em erro ou confusão.

Pena – detenção, de três meses a um ano, ou multa.

Art. 188. Comete crime contra registro de desenho industrial quem:

I – exporta, vende, expõe ou oferece à venda, tem em estoque, oculta ou recebe, para utilização com fins econômicos, objeto que incorpore ilicitamente desenho industrial registrado, ou imitação substancial que possa induzir em erro ou confusão; ou

II – importa produto que incorpore desenho industrial registrado no País, ou imitação substancial que possa induzir em erro ou confusão, para os fins previstos no inciso anterior, e que não tenha sido colocado no mercado externo diretamente pelo titular ou com seu consentimento.

Pena – detenção, de um a três meses, ou multa.

CAPÍTULO III
DOS CRIMES CONTRA AS MARCAS

Art. 189. Comete crime contra registro de marca quem:

I – reproduz, sem autorização do titular, no todo ou em parte, marca registrada, ou imita-a de modo que possa induzir confusão; ou

II – altera marca registrada de outrem já aposta em produto colocado no mercado.

Pena – detenção, de três meses a um ano, ou multa.

Art. 190. Comete crime contra registro de marca quem importa, exporta, vende, oferece ou expõe à venda, oculta ou tem em estoque:

I – produto assinalado com marca ilicitamente reproduzida ou imitada, de outrem, no todo ou em parte; ou

II – produto de sua indústria ou comércio, contido em vasilhame, recipiente ou embalagem que contenha marca legítima de outrem.

Pena – detenção, de um a três meses, ou multa.

CAPÍTULO IV

DOS CRIMES COMETIDOS POR MEIO DE MARCA, TÍTULO DE ESTABELECIMENTO E SINAL DE PROPAGANDA

Art. 191. Reproduzir ou imitar, de modo que possa induzir em erro ou confusão, armas, brasões ou distintivos oficiais nacionais, estrangeiros ou internacionais, sem a necessária autorização, no todo ou em parte, em marca, título de estabelecimento, nome comercial, insígnia ou sinal de propaganda, ou usar essas reproduções ou imitações com fins econômicos.

Pena – detenção, de um a três meses, ou multa.

Parágrafo único. Incorre na mesma pena quem vende ou expõe ou oferece à venda produtos assinalados com essas marcas.

CAPÍTULO V

DOS CRIMES CONTRA INDICAÇÕES GEOGRÁFICAS E DEMAIS INDICAÇÕES

Art. 192. Fabricar, importar, exportar, vender, expor ou oferecer à venda ou ter em estoque produto que apresente falsa indicação geográfica.

Pena – detenção, de um a três meses, ou multa.

Art. 193. Usar, em produto, recipiente, invólucro, cinta, rótulo, fatura, circular, cartaz ou em outro meio de divulgação ou propaganda, termos retificativos, tais como "tipo", "espécie", "gênero", "sistema", "semelhante", "sucedâneo", "idêntico", ou equivalente, não ressalvando a verdadeira procedência do produto.

Pena – detenção, de um a três meses, ou multa.

Art. 194. Usar marca, nome comercial, título de estabelecimento, insígnia, expressão ou sinal de propaganda ou qualquer outra forma que indique procedência que não a verdadeira, ou vender ou expor à venda produto com esses sinais.

Pena – detenção, de um a três meses, ou multa.

CAPÍTULO VI

DOS CRIMES DE CONCORRÊNCIA DESLEAL

Art. 195. Comete crime de concorrência desleal quem:

I – publica, por qualquer meio, falsa afirmação, em detrimento de concorrente, com o fim de obter vantagem;

II – presta ou divulga, acerca de concorrente, falsa informação, com o fim de obter vantagem;

III – emprega meio fraudulento, para desviar, em proveito próprio ou alheio, clientela de outrem;

IV – usa expressão ou sinal de propaganda alheios, ou os imita, de modo a criar confusão entre os produtos ou estabelecimentos;

V – usa, indevidamente, nome comercial, título de estabelecimento ou insígnia alheios ou vende, expõe ou oferece à venda ou tem em estoque produto com essas referências;

VI – substitui, pelo seu próprio nome ou razão social, em produto de outrem, o nome ou razão social deste, sem o seu consentimento;

VII – atribui-se, como meio de propaganda, recompensa ou distinção que não obteve;

VIII – vende ou expõe ou oferece à venda, em recipiente ou invólucro de outrem, produto adulterado ou falsificado, ou dele se utiliza para negociar com produto da mesma espécie, embora não adulterado ou falsificado, se o fato não constitui crime mais grave;

IX – dá ou promete dinheiro ou outra utilidade a empregado de concorrente, para que o empregado, faltando ao dever do emprego, lhe proporcione vantagem;

X – recebe dinheiro ou outra utilidade, ou aceita promessa de paga ou recompensa, para, faltando ao dever de empregado, proporcionar vantagem a concorrente do empregador;

XI – divulga, explora ou utiliza-se, sem autorização, de conhecimentos, informações ou dados confidenciais, utilizáveis na indústria, comércio ou prestação de serviços, excluídos aqueles que sejam de conhecimento público ou que sejam evidentes para um técnico no assunto, a que teve acesso mediante relação contratual ou empregatícia, mesmo após o término do contrato;

XII – divulga, explora ou utiliza-se, sem autorização, de conhecimentos ou informações a que se refere o inciso anterior, obtidos por meios ilícitos ou a que teve acesso mediante fraude; ou

XIII – vende, expõe ou oferece à venda produto, declarando ser objeto de patente depositada, ou concedida, ou de desenho industrial registrado, que não o seja, ou menciona-o, em anúncio ou papel comercial, como depositado ou patenteado, ou registrado, sem o ser;

XIV – divulga, explora ou utiliza-se, sem autorização, de resultados de testes ou outros dados não divulgados, cuja elaboração envolva esforço considerável e que tenham sido apresentados a entidades governamentais como condição para aprovar a comercialização de produtos.

Pena – detenção, de três meses a um ano, ou multa.

§ 1º Inclui-se nas hipóteses a que se referem os incisos XI e XII o empregador, sócio ou administrador da empresa, que incorrer nas tipificações estabelecidas nos mencionados dispositivos.

§ 2º O disposto no inciso XIV não se aplica quanto à divulgação por órgão governamental competente para autorizar a comercialização de produto, quando necessário para proteger o público.

CAPÍTULO VII

DAS DISPOSIÇÕES GERAIS

Art. 196. As penas de detenção previstas nos Capítulos I, II e III deste Título serão aumentadas de um terço à metade se:

I – o agente é ou foi representante, mandatário, preposto, sócio ou empregado do titular da patente ou do registro, ou, ainda, do seu licenciado; ou

II – a marca alterada, reproduzida ou imitada for de alto renome, notoriamente conhecida, de certificação ou coletiva.

Art. 197. As penas de multa previstas neste Título serão fixadas, no mínimo, em dez e, no máximo, em trezentos e sessenta dias-multa, de acordo com a sistemática do Código Penal.

Parágrafo único. A multa poderá ser aumentada ou reduzida, em até dez vezes, em face das condições pessoais do agente e da magnitude da vantagem auferida, independentemente da norma estabelecida no artigo anterior.

Art. 198. Poderão ser apreendidos, de ofício ou a requerimento do interessado, pelas autoridades alfandegárias, no ato de conferência, os produtos assinalados com marcas falsificadas, alteradas ou imitadas ou que apresentem falsa indicação de procedência.

Art. 199. Nos crimes previstos neste Título somente se procede mediante queixa, salvo quanto ao crime do artigo 191, em que a ação penal será pública.

Art. 200. A ação penal e as diligências preliminares de busca e apreensão, nos crimes contra a propriedade industrial, regulam-se pelo disposto no Código de Processo Penal, com as modificações constantes dos artigos deste Capítulo.

Art. 201. Na diligência de busca e apreensão, em crime contra patente que tenha por objeto a invenção de processo, o oficial do juízo será acompanhado por perito, que verificará, preliminarmente, a existência do ilícito, podendo o juiz ordenar a apreensão de produtos obtidos pelo contrafator com o emprego do processo patenteado.

Art. 202. Além das diligências preliminares de busca e apreensão, o interessado poderá requerer:

I – apreensão de marca falsificada, alterada ou imitada onde for preparada ou onde quer que seja encontrada, antes de utilizada para fins criminosos; ou

II – destruição de marca falsificada nos volumes ou produtos que a contiverem, antes de serem distribuídos, ainda que fiquem destruídos os envoltórios ou os próprios produtos.

Art. 203. Tratando-se de estabelecimentos industriais ou comerciais legalmente organizados e que estejam funcionando publicamente, as diligências preliminares limitar-se-ão à vistoria e apreensão dos produtos, quando ordenadas pelo juiz, não podendo ser paralisada a sua atividade licitamente exercida.

Art. 204. Realizada a diligência de busca e apreensão, responderá por perdas e danos a parte que a tiver requerido de má-fé, por espírito de emulação, mero capricho ou erro grosseiro.

Art. 205. Poderá constituir matéria de defesa na ação penal a alegação de nulidade da patente ou registro em que a ação se fundar. A absolvição do réu, entretanto, não importará a nulidade da patente ou do registro, que só poderá ser demandada pela ação competente.

Art. 206. Na hipótese de serem reveladas, em juízo, para a defesa dos interesses de qualquer das partes, informações que se caracterizem como confidenciais, sejam segredo de indústria ou de comércio, deverá o juiz determinar que o processo prossiga em segredo de justiça, vedado o uso de tais informações também à outra parte para outras finalidades.

Art. 207. Independentemente da ação criminal, o prejudicado poderá intentar as ações cíveis que considerar cabíveis na forma do Código de Processo Civil.

Art. 208. A indenização será determinada pelos benefícios que o prejudicado teria auferido se a violação não tivesse ocorrido.

Art. 209. Fica ressalvado ao prejudicado o direito de haver perdas e danos em ressarcimento de prejuízos causados por atos de violação de direitos de propriedade industrial e atos de concorrência desleal não previstos nesta Lei, tendentes a prejudicar a reputação ou os negócios alheios, a criar confusão entre estabelecimentos comerciais, industriais ou prestadores de serviço, ou entre os produtos e serviços postos no comércio.

§ 1º Poderá o juiz, nos autos da própria ação, para evitar dano irreparável ou de difícil reparação, determinar liminarmente a sustação da violação ou de ato que a enseje, antes da citação do réu, mediante, caso julgue necessário, caução em dinheiro ou garantia fidejussória.

§ 2º Nos casos de reprodução ou de imitação flagrante de marca registrada, o juiz poderá determinar a apreensão de todas as mercadorias, produtos, objetos, embalagens, etiquetas e outros que contenham a marca falsificada ou imitada.

Art. 210. Os lucros cessantes serão determinados pelo critério mais favorável ao prejudicado, dentre os seguintes:

I – os benefícios que o prejudicado teria auferido se a violação não tivesse ocorrido; ou

II – os benefícios que foram auferidos pelo autor da violação do direito; ou

III – a remuneração que o autor da violação teria pago ao titular do direito violado pela concessão de uma licença que lhe permitisse legalmente explorar o bem.

TÍTULO VI – DA TRANSFERÊNCIA DE TECNOLOGIA E DA FRANQUIA

Art. 211. O INPI fará o registro dos contratos que impliquem transferência de tecnologia, contratos de franquia e similares para produzirem efeitos em relação a terceiros.

► Art. 1º da Lei nº 13.966, de 26-12-2019, que dispõe sobre o sistema de franquia empresarial.

Parágrafo único. A decisão relativa aos pedidos de registro de contratos de que trata este artigo será proferida no prazo de trinta dias, contados da data do pedido de registro.

TÍTULO VII – DAS DISPOSIÇÕES GERAIS

CAPÍTULO I

DOS RECURSOS

Art. 212. Salvo expressa disposição em contrário, das decisões de que trata esta Lei cabe recurso, que será interposto no prazo de sessenta dias.

§ 1º Os recursos serão recebidos nos efeitos suspensivo e devolutivo pleno, aplicando-se todos os dispositivos pertinentes ao exame de primeira instância, no que couber.

§ 2º Não cabe recurso da decisão que determinar o arquivamento definitivo de pedido de patente ou de registro e da que deferir pedido de patente, de certificado de adição ou de registro de marca.

§ 3º Os recursos serão decididos pelo Presidente do INPI, encerrando-se a instância administrativa.

Art. 213. Os interessados serão intimados para, no prazo de sessenta dias, oferecerem contrarrazões ao recurso.

Art. 214. Para fins de complementação das razões oferecidas a título de recurso, o INPI poderá formular exigências, que deverão ser cumpridas no prazo de sessenta dias.

Parágrafo único. Decorrido o prazo do *caput*, será decidido o recurso.

Art. 215. A decisão do recurso é final e irrecorrível na esfera administrativa.

CAPÍTULO II

DOS ATOS DAS PARTES

Art. 216. Os atos previstos nesta Lei serão praticados pelas partes ou por seus procuradores, devidamente qualificados.

§ 1º O instrumento de procuração, no original, traslado ou fotocópia autenticada, deverá ser em língua portuguesa, dispensados a legalização consular e o reconhecimento de firma.

§ 2º A procuração deverá ser apresentada em até sessenta dias contados da prática do primeiro ato da parte no processo, independente de notificação ou exigência, sob pena de arquivamento, sendo definitivo o arquivamento do pedido de patente, do pedido de registro de desenho industrial e de registro de marca.

Art. 217. A pessoa domiciliada no exterior deverá constituir e manter procurador devidamente qualificado e domiciliado no País, com poderes para representá-la administrativa e judicialmente, inclusive para receber citações.

Art. 218. Não se conhecerá da petição:

I – se apresentada fora do prazo legal; ou

II – se desacompanhada do comprovante da respectiva retribuição no valor vigente à data de sua apresentação.

Art. 219. Não serão conhecidos a petição, a oposição e o recurso, quando:

I – apresentados fora do prazo previsto nesta Lei;

II – não contiverem fundamentação legal; ou

III – desacompanhados do comprovante do pagamento da retribuição correspondente.

Art. 220. O INPI aproveitará os atos das partes, sempre que possível, fazendo as exigências cabíveis.

CAPÍTULO III
DOS PRAZOS

Art. 221. Os prazos estabelecidos nesta Lei são contínuos, extinguindo-se automaticamente o direito de praticar o ato, após seu decurso, salvo se a parte provar que não o realizou por justa causa.

§ 1º Reputa-se justa causa o evento imprevisto, alheio à vontade da parte e que a impediu de praticar o ato.

§ 2º Reconhecida a justa causa, a parte praticará o ato no prazo que lhe for concedido pelo INPI.

Art. 222. No cômputo dos prazos, exclui-se o dia do começo e inclui-se o do vencimento.

Art. 223. Os prazos somente começam a correr a partir do primeiro dia útil após a intimação, que será feita mediante publicação no órgão oficial do INPI.

Art. 224. Não havendo expressa estipulação nesta Lei, o prazo para a prática do ato será de sessenta dias.

CAPÍTULO IV
DA PRESCRIÇÃO

Art. 225. Prescreve em cinco anos a ação para reparação de dano causado ao direito de propriedade industrial.

CAPÍTULO V
DOS ATOS DO INPI

Art. 226. Os atos do INPI nos processos administrativos referentes à propriedade industrial só produzem efeitos a partir da sua publicação no respectivo órgão oficial, ressalvados:

I – os que expressamente independerem de notificação ou publicação por força do disposto nesta Lei;

II – as decisões administrativas, quando feita notificação por via postal ou por ciência dada ao interessado no processo; e

III – os pareceres e despachos internos que não necessitem ser do conhecimento das partes.

CAPÍTULO VI
DAS CLASSIFICAÇÕES

Art. 227. As classificações relativas às matérias dos Títulos I, II e III desta Lei serão estabelecidas pelo INPI, quando não fixadas em tratado ou acordo internacional em vigor no Brasil.

CAPÍTULO VII
DA RETRIBUIÇÃO

Art. 228. Para os serviços previstos nesta Lei será cobrada retribuição, cujo valor e processo de recolhimento serão estabelecidos por ato do titular do órgão da administração pública federal a que estiver vinculado o INPI.

TÍTULO VIII – DAS DISPOSIÇÕES TRANSITÓRIAS E FINAIS

Art. 229. Aos pedidos em andamento serão aplicadas as disposições desta Lei, exceto quanto à patenteabilidade dos pedidos depositados até 31 de dezembro de 1994, cujo objeto de proteção sejam substâncias, matérias ou produtos obtidos por meios ou processos químicos ou substâncias, matérias, misturas ou produtos alimentícios, químico-farmacêuticos e medicamentos de qualquer espécie, bem como os respectivos processos de obtenção ou modificação e cujos depositantes não tenham exercido a faculdade prevista nos artigos 230 e 231 desta Lei, os quais serão considerados indeferidos, para todos os efeitos, devendo o INPI publicar a comunicação dos aludidos indeferimentos.

Parágrafo único. Aos pedidos relativos a produtos farmacêuticos e produtos químicos para a agricultura, que tenham sido depositados entre 1º de janeiro de 1995 e 14 de maio de 1997, aplicam-se os critérios de patenteabilidade desta Lei, na data efetiva do depósito do pedido no Brasil ou da prioridade, se houver, assegurando-se a proteção a partir da data da concessão da patente, pelo prazo remanescente a contar do dia do depósito no Brasil, limitado ao prazo previsto no *caput* do artigo 40.

► Art. 229 com a redação dada pela Lei nº 10.196, de 14-2-2001.

Art. 229-A. Consideram-se indeferidos os pedidos de patentes de processo apresentados entre 1º de janeiro de 1995 e 14 de maio de 1997, aos quais o artigo 9º, alínea *c*, da Lei nº 5.772, de 21 de dezembro de 1971, não conferia proteção, devendo o INPI publicar a comunicação dos aludidos indeferimentos.

Art. 229-B. Os pedidos de patentes de produto apresentados entre 1º de janeiro de 1995 e 14 de maio de 1997, aos quais o artigo 9º, alíneas *b* e *c*, da Lei nº 5.772, de 1971, não conferia proteção e cujos depositantes não tenham exercido a faculdade prevista nos artigos 230 e 231, serão decididos até 31 de dezembro de 2004, em conformidade com esta Lei.

Art. 229-C. A concessão de patentes para produtos e processos farmacêuticos dependerá da prévia anuência da Agência Nacional de Vigilância Sanitária – ANVISA.

► Arts. 229-A a 229-C acrescidos pela Lei nº 10.196, de 14-2-2001.

Art. 230. Poderá ser depositado pedido de patente relativo às substâncias, matérias ou produtos obtidos por meios ou processos químicos e as substâncias, matérias, misturas ou produtos alimentícios, químico-farmacêuticos e medicamentos de qualquer espécie, bem como os respectivos processos de obtenção ou modificação, por quem tenha proteção garantida em tratado ou convenção em vigor no Brasil, ficando assegurada a data do primeiro depósito no exterior, desde que seu objeto não tenha sido colocado em qualquer mercado, por iniciativa direta do titular ou por terceiro com seu consentimento, nem tenham sido realizados, por terceiros, no País, sérios e efetivos preparativos para a exploração do objeto do pedido ou da patente.

§ 1º O depósito deverá ser feito dentro do prazo de um ano contado da publicação desta Lei, e deverá indicar a data do primeiro depósito no exterior.

§ 2º O pedido de patente depositado com base neste artigo será automaticamente publicado, sendo facultado a qualquer interessado manifestar-se, no prazo de noventa dias, quanto ao atendimento do disposto no *caput* deste artigo.

§ 3º Respeitados os artigos 10 e 18 desta Lei, e uma vez atendidas as condições estabelecidas neste artigo e comprovada a concessão da patente no país onde foi depositado o primeiro pedido, será concedida a patente no Brasil, tal como concedida no país de origem.

§ 4º Fica assegurado à patente concedida com base neste artigo o prazo remanescente de proteção no país onde foi depositado o primeiro pedido, contado da data do depósito no Brasil e limitado ao prazo previsto no artigo 40, não se aplicando o disposto no seu parágrafo único.

§ 5º O depositante que tiver pedido de patente em andamento, relativo às substâncias, matérias ou produtos obtidos por meios ou processos químicos e as substâncias, matérias, misturas ou produtos alimentícios, químico-farmacêuticos e medicamentos de qualquer espécie, bem como os respectivos processos de obtenção ou modificação, poderá apresentar novo pedido, no prazo e condições estabelecidos neste artigo, juntando prova de desistência do pedido em andamento.

§ 6º Aplicam-se as disposições desta Lei, no que couber, ao pedido depositado e à patente concedida com base neste artigo.

Art. 231. Poderá ser depositado pedido de patente relativo às matérias de que trata o artigo anterior, por nacional ou pessoa domiciliada no País, ficando assegurada a data de divulgação do invento, desde que seu objeto não tenha sido colocado em qualquer mercado, por iniciativa direta do titular ou por terceiro com seu consentimento, nem tenham sido realizados, por terceiros, no País, sérios e efetivos preparativos para a exploração do objeto do pedido.

§ 1º O depósito deverá ser feito dentro do prazo de um ano contado da publicação desta Lei.

§ 2º O pedido de patente depositado com base neste artigo será processado nos termos desta Lei.

§ 3º Fica assegurado à patente concedida com base neste artigo o prazo remanescente de proteção de vinte anos contado da data da divulgação do invento, a partir do depósito no Brasil.

§ 4º O depositante que tiver pedido de patente em andamento, relativo às matérias de que trata o artigo anterior, poderá apresentar novo pedido, no prazo e condições estabelecidos neste artigo, juntando prova de desistência do pedido em andamento.

Art. 232. A produção ou utilização, nos termos da legislação anterior, de substâncias, matérias ou produtos obtidos por meios ou processos químicos e as substâncias, matérias, misturas ou produtos alimentícios, químico-farmacêuticos e medicamentos de qualquer espécie, bem como os respectivos processos de obtenção ou modificação, mesmo que protegidos por patente de produto ou processo em outro país, de conformidade com tratado ou convenção em vigor no Brasil, poderão continuar, nas mesmas condições anteriores à aprovação desta Lei.

§ 1º Não será admitida qualquer cobrança retroativa ou futura, de qualquer valor, a qualquer título, relativa a produtos produzidos ou processos utilizados no Brasil em conformidade com este artigo.

§ 2º Não será igualmente admitida cobrança nos termos do parágrafo anterior, caso, no período anterior à entrada em vigência desta Lei, tenham sido realizados investimentos significativos para a exploração de produto ou de processo referidos neste artigo, mesmo que protegidos por patente de produto ou de processo em outro país.

Art. 233. Os pedidos de registro de expressão e sinal de propaganda e de declaração de notoriedade serão definitivamente arquivados e os registros e declaração permanecerão em vigor pelo prazo de vigência restante, não podendo ser prorrogados.

Art. 234. Fica assegurada ao depositante a garantia de prioridade de que trata o artigo 7º da Lei nº 5.772, de 21 de dezembro de 1971, até o término do prazo em curso.

Art. 235. É assegurado o prazo em curso concedido na vigência da Lei nº 5.772, de 21 de dezembro de 1971.

Art. 236. O pedido de patente de modelo ou de desenho industrial depositado na vigência da Lei nº 5.772, de 21 de dezembro de 1971, será automaticamente denominado pedido de registro de desenho industrial, considerando-se, para todos os efeitos legais, a publicação já feita.

Parágrafo único. Nos pedidos adaptados serão considerados os pagamentos para efeito de cálculo de retribuição quinquenal devida.

Art. 237. Aos pedidos de patente de modelo ou de desenho industrial que tiverem sido objeto de exame na forma da Lei nº 5.772, de 21 de dezembro de 1971, não se aplicará o disposto no artigo 111.

Art. 238. Os recursos interpostos na vigência da Lei nº 5.772, de 21 de dezembro de 1971, serão decididos na forma nela prevista.

Art. 239. Fica o Poder Executivo autorizado a promover as necessárias transformações no INPI, para assegurar à Autarquia autonomia financeira e administrativa, podendo esta:

I – contratar pessoal técnico e administrativo mediante concurso público;

II – fixar tabela de salários para os seus funcionários, sujeita à aprovação do Ministério a que estiver vinculado o INPI; e

III – dispor sobre a estrutura básica e regimento interno, que serão aprovados pelo Ministério a que estiver vinculado o INPI.

Parágrafo único. As despesas resultantes da aplicação deste artigo correrão por conta de recursos próprios do INPI.

Art. 240. O artigo 2º da Lei nº 5.648, de 11 de dezembro de 1970, passa a ter a seguinte redação:

"Art. 2º O INPI tem por finalidade principal executar, no âmbito nacional, as normas que regulam a propriedade industrial, tendo em vista a sua função social, econômica, jurídica e técnica, bem como pronunciar-se quanto à conveniência de assinatura, ratificação e denúncia de convenções, tratados, convênios e acordos sobre propriedade industrial".

Art. 241. Fica o Poder Judiciário autorizado a criar juízos especiais para dirimir questões relativas à propriedade intelectual.

Art. 242. O Poder Executivo submeterá ao Congresso Nacional projeto de lei destinado a promover, sempre que necessário, a harmonização desta Lei com a política para propriedade industrial adotada pelos demais países integrantes do MERCOSUL.

Art. 243. Esta Lei entra em vigor na data de sua publicação quanto às matérias disciplinadas nos artigos 230, 231, 232 e 239, e um ano após sua publicação quanto aos demais artigos.

Art. 244. Revogam-se a Lei nº 5.772, de 21 de dezembro de 1971, a Lei nº 6.348, de 7 de julho de 1976, os artigos 187 a 196 do Decreto-lei nº 2.848, de 7 de dezembro de 1940, os artigos 169 a 189 do Decreto-lei nº 7.903, de 27 de agosto de 1945, e as demais disposições em contrário.

Brasília, 14 de maio de 1996;
175º da Independência e
108º da República.

Fernando Henrique Cardoso

LEI Nº 9.289, DE 4 DE JULHO DE 1996

Dispõe sobre as custas devidas à União, na Justiça Federal de primeiro e segundo graus e dá outras providências.

► Publicada no *DOU* de 5-7-1996 e republicada no *DOU* de 8-7-1996.

Art. 1º As custas devidas à União, na Justiça Federal de primeiro e segundo graus, são cobradas de acordo com as normas estabelecidas nesta Lei.

§ 1º Rege-se pela legislação estadual respectiva a cobrança de custas nas causas ajuizadas perante a Justiça Estadual, no exercício da jurisdição federal.

§ 2º As custas previstas nas tabelas anexas não excluem as despesas estabelecidas na legislação processual não disciplinadas por esta Lei.

Art. 2º O pagamento das custas é feito mediante documento de arrecadação das receitas federais, na Caixa Econômica Federal – CEF, ou, não existindo agência desta instituição no local, em outro banco oficial.

Art. 3º Incumbe ao Diretor de Secretaria fiscalizar o exato recolhimento das custas.

Art. 4º São isentos de pagamentos de custas:

I – a União, os Estados, os Municípios, os Territórios Federais, o Distrito Federal e as respectivas autarquias e fundações;

II – os que provarem insuficiência de recursos e os beneficiários da assistência judiciária gratuita;

III – o Ministério Público;

IV – os autores nas ações populares, nas ações civis públicas e nas ações coletivas de que trata o Código de Defesa do Consumidor, ressalvada a hipótese de litigância de má-fé.

Parágrafo único. A isenção prevista neste artigo não alcança as entidades fiscalizadoras do exercício profissional, nem exime as pessoas jurídicas referidas no inciso I da obrigação de reembolsar as despesas judiciais feitas pela parte vencedora.

Art. 5º Não são devidas custas nos processos de *habeas corpus* e *habeas data*.

Art. 6º Nas ações penais subdivididas, as custas são pagas a final pelo réu, se condenado.

Art. 7º A reconvenção e os embargos à execução não se sujeitam ao pagamento de custas.

Art. 8º Os recursos dependentes de instrumento sujeitam-se ao pagamento das despesas de traslado.

Parágrafo único. Se o recurso for unicamente de qualquer das pessoas jurídicas referidas no inciso I do artigo 4º, o pagamento das custas e dos traslados será efetuado a final pelo vencido, salvo se este também for isento.

Art. 9º Em caso de incompetência, redistribuído o feito a outro juiz federal, não haverá novo pagamento de custas, nem haverá restituição quando se declinar da competência para outros órgãos jurisdicionais.

Art. 10. A remuneração do perito, do intérprete e do tradutor será fixada pelo juiz em despacho fundamentado, ouvidas as partes e à vista da proposta de honorários apresentada, considerados o local da prestação de serviço, a natureza, a complexidade e o tempo estimado do trabalho a realizar, aplicando-se, no que couber, o disposto no artigo 33 do Código de Processo Civil.

► Refere-se ao CPC/1973.

Art. 11. Os depósitos de pedras e metais preciosos e de quantias em dinheiro e a amortização ou liquidação de dívida ativa serão recolhidos, sob responsabilidade da parte, diretamente na Caixa Econômica Federal, ou, na sua inexistência no local, em outro banco oficial, os quais manterão guias próprias para tal finalidade.

§ 1º Os depósitos efetuados em dinheiro observarão as mesmas regras das cadernetas de poupança, no que se refere à remuneração básica e ao prazo.

§ 2º O levantamento dos depósitos a que se refere este artigo dependerá de alvará ou de ofício do juiz.

Art. 12. A unidade utilizada para o cálculo das custas previstas nesta Lei é a mesma utilizada para os débitos de natureza fiscal, considerando-se o valor fixado no primeiro dia do mês.

Art. 13. Não se fará levantamento de caução ou de fiança sem o pagamento das custas.

Art. 14. O pagamento das custas e contribuições devidas nos feitos e nos recursos que se processam nos próprios autos efetua-se da forma seguinte:

I – o autor ou requerente pagará metade das custas e contribuições tabeladas, por ocasião da distribuição do feito, ou, não havendo distribuição, logo após o despacho da inicial;

II – aquele que recorrer da sentença adiantará a outra metade das custas, comprovando o adiantamento no ato de interposição do recurso, sob pena de deserção, observado o disposto nos §§ 1º a 7º do art. 1.007 do Código de Processo Civil;

► Inciso II com a redação dada pela Lei nº 13.105, de 16-3-2015.

III – não havendo recurso, e cumprindo o vencido desde logo a sentença, reembolsará ao vencedor as custas e contribuições por este adiantadas, ficando obrigado ao pagamento previsto no inciso II;

IV – se o vencido, embora não recorrendo da sentença, oferecer defesa à sua execução, ou embaraçar seu cumprimento, deverá pagar a outra metade, no prazo marcado pelo juiz, não excedente de três dias, sob pena de não ter apreciada sua defesa ou impugnação.

§ 1º O abandono ou desistência de feito, ou a existência de transação que lhe ponha termo, em qualquer fase do processo, não dispensa o pagamento das custas e contribuições já exigíveis, nem dá direito a restituição.

§ 2º Somente com o pagamento de importância igual à paga até o momento pelo autor serão admitidos o assistente, o litisconsorte ativo voluntário e o oponente.

§ 3º Nas ações em que o valor estimado for inferior ao da liquidação, a parte não pode prosseguir na execução sem efetuar o pagamento da diferença de custas e contribuições, recalculadas de acordo com a importância a final apurada ou resultante da condenação definitiva.

§ 4º As custas e contribuições serão reembolsadas a final pelo vencido, ainda que seja uma das entidades referidas no inciso

I do artigo 4º, nos termos da decisão que o condenar, ou pelas partes, na proporção de seus quinhões, nos processos divisórios e demarcatórios, ou suportadas por quem tiver dado causa ao procedimento judicial.

§ 5º Nos recursos a que se refere este artigo o pagamento efetuado por um recorrente não aproveita aos demais, salvo se representados pelo mesmo advogado.

Art. 15. A indenização de transporte, de que trata o artigo 60 da Lei nº 8.112, de 11 de dezembro de 1990, destinada ao ressarcimento de despesas realizadas com a utilização do meio próprio de locomoção para a execução de serviços externos, será paga aos Oficiais de Justiça Avaliadores da Justiça Federal de primeiro e segundo graus, de acordo com critérios estabelecidos pelo Conselho da Justiça Federal, que fixará também o percentual correspondente.

Parágrafo único. Para efeito do disposto neste artigo, consideram-se como serviço externo as atividades exercidas no cumprimento das diligências fora das dependências dos Tribunais Regionais Federais ou das Seções Judiciárias em que os Oficiais de Justiça estejam lotados.

Art. 16. Extinto o processo, se a parte responsável pelas custas, devidamente intimada, não as pagar dentro de quinze dias, o Diretor da Secretaria encaminhará os elementos necessários à Procuradoria da Fazenda Nacional, para sua inscrição como dívida ativa da União.

Art. 17. Esta Lei entra em vigor na data de sua publicação.

Art. 18. Revogam-se as disposições em contrário, em especial a Lei nº 6.032, de 30 de abril de 1974, alterada pelas Leis nºs 6.789, de 28 de maio de 1980, e 7.400, de 6 de novembro de 1985.

Brasília, 4 de julho de 1996;
175º da Independência e
108º da República.

Fernando Henrique Cardoso

TABELA DE CUSTAS

TABELA I
DAS AÇÕES CÍVEIS EM GERAL

a) Ações cíveis em geral:
um por cento sobre o valor da causa, com o mínimo de dez UFIR e o máximo de mil e oitocentos UFIR;

b) processo cautelar e procedimentos de jurisdição voluntária:
cinquenta por cento dos valores constantes da letra *a*;

c) causas de valor inestimável e cumprimento de carta rogatória:
dez UFIR.

TABELA II
DAS AÇÕES CRIMINAIS EM GERAL

a) Ações penais em geral, pelo vencido, a final:
duzentas e oitenta UFIR;

b) ações penais privadas:
cem UFIR;

c) notificações, interpelações e procedimentos cautelares:
cinquenta UFIR.

TABELA III
DA ARREMATAÇÃO, ADJUDICAÇÃO E REMIÇÃO

Arrematação, adjudicação e remição:
meio por cento do respectivo valor, com o mínimo de dez UFIR e o máximo de mil e oitocentas UFIR.

Observação:
As custas serão pagas pelo interessado antes da assinatura do auto correspondente.

TABELA IV
DAS CERTIDÕES E CARTAS DE SENTENÇAS

Certidões em geral, por folha expedida:

a) mediante processamento eletrônico de dados:
quarenta por cento do valor da UFIR;

b) por cópia reprográfica:
dez por cento do valor da UFIR.

► O STF, por unanimidade, julgou parcialmente procedente a ADIN nº 2.259, de modo que, "conferindo interpretação conforme a CF a esta tabela, fica afastada sua incidência quando as certidões forem voltadas para a defesa de direitos ou o esclarecimento de situação de interesse pessoal, consoante a garantia de gratuidade contida no art. 5º, XXXIV, *b*, da CF, finalidades essas que se fazem presumidas quando a certidão pleiteada for concernente ao próprio requerente, sendo desnecessária, nessa hipótese, expressa e fundamentada demonstração dos fins e das razões do pedido" (*DOU* de 27-2-2020).

LEI Nº 9.294, DE 15 DE JULHO DE 1996

Dispõe sobre as restrições ao uso e à propaganda de produtos fumígeros, bebidas alcoólicas, medicamentos, terapias e defensivos agrícolas, nos termos do § 4º do art. 220 da Constituição Federal.

► Publicada no *DOU* de 16-7-1996.

Art. 1º O uso e a propaganda de produtos fumígeros, derivados ou não do tabaco, de bebidas alcoólicas, de medicamentos e terapias e de defensivos agrícolas estão sujeitos às restrições e condições estabelecidas por esta Lei, nos termos do § 4º do art. 220 da Constituição Federal.

Parágrafo único. Consideram-se bebidas alcoólicas, para efeitos desta Lei, as bebidas potáveis com teor alcoólico superior a treze graus Gay Lussac.

Art. 2º É proibido o uso de cigarros, cigarrilhas, charutos, cachimbos ou qualquer outro produto fumígeno, derivado ou não do tabaco, em recinto coletivo fechado, privado ou público.

► *Caput* com a redação dada pela Lei nº 12.546, de 14-12-2011.

§ 1º Incluem-se nas disposições deste artigo as repartições públicas, os hospitais e postos de saúde, as salas de aula, as bibliotecas, os recintos de trabalho coletivo e as salas de teatro e cinema.

§ 2º É vedado o uso dos produtos mencionados no *caput* nas aeronaves e veículos de transporte coletivo.

► § 2º com a redação dada pela MP nº 2.190-34, de 23-8-2001, que até o encerramento desta edição não havia sido convertida em Lei.

§ 3º Considera-se recinto coletivo o local fechado, de acesso público, destinado a permanente utilização simultânea por várias pessoas.

► § 3º acrescido pela Lei nº 12.546, de 14-12-2011.

Art. 3º É vedada, em todo o território nacional, a propaganda comercial de cigarros, cigarrilhas, charutos, cachimbos ou qualquer outro produto fumígeno, derivado ou não do tabaco, com exceção apenas da exposição dos referidos produtos nos locais de vendas, desde que acompanhada das cláusulas de advertência a que se referem os §§ 2º, 3º e 4º deste artigo e da respectiva tabela de preços, que deve incluir o preço mínimo de venda no varejo de cigarros classificados no código 2402.20.00 da TIPI, vigente à época, conforme estabelecido pelo Poder Executivo.

► *Caput* com a redação dada pela Lei nº 12.546, de 14-12-2011.

§ 1º A propaganda comercial dos produtos referidos neste artigo deverá ajustar-se aos seguintes princípios:

I – não sugerir o consumo exagerado ou irresponsável, nem a indução ao bem-estar ou saúde, ou fazer associação a celebrações cívicas ou religiosas;

II – não induzir as pessoas ao consumo, atribuindo aos produtos propriedades calmantes ou estimulantes, que reduzam a fadiga ou a tensão, ou qualquer efeito similar;

III – não associar ideias ou imagens de maior êxito na sexualidade das pessoas, insinuando o aumento de virilidade ou feminilidade de pessoas fumantes;

IV – não associar o uso do produto à prática de atividades esportivas, olímpicas ou não, nem sugerir ou induzir seu consumo em locais ou situações perigosas, abusivas ou ilegais;

► Inciso IV com a redação dada pela Lei nº 10.167, de 27-12-2000.

V – não empregar imperativos que induzam diretamente ao consumo;

VI – não incluir a participação de crianças ou adolescentes.

► Inciso VI com a redação dada pela Lei nº 10.167, de 27-12-2000.

§ 2º A propaganda conterá, nos meios de comunicação e em função de suas características, advertência, sempre que possível falada e escrita, sobre os malefícios do fumo, bebidas alcoólicas, medicamentos, terapias e defensivos agrícolas, segundo frases estabelecidas pelo Ministério da Saúde, usadas sequencialmente, de forma simultânea ou rotativa.

§ 3º As embalagens e os maços de produtos fumígenos, com exceção dos destinados à exportação, e o material de propaganda referido no *caput* deste artigo conterão a advertência mencionada no § 2º acompanhada de imagens ou figuras que ilustrem o sentido da mensagem.

► §§ 2º e 3º com a redação dada pela MP nº 2.190-34, de 23-8-2001, que até o encerramento desta edição não havia sido convertida em Lei.

§ 4º Nas embalagens, as cláusulas de advertência a que se refere o § 2º deste artigo serão sequencialmente usadas, de forma simultânea ou rotativa, nesta última hipótese devendo variar no máximo a cada cinco meses, inseridas, de forma legível e ostensivamente destacada, em uma das laterais dos maços, carteiras ou pacotes que sejam habitualmente comercializados diretamente ao consumidor.

§ 5º Nas embalagens de produtos fumígenos vendidas diretamente ao consumidor, as cláusulas de advertência a que se refere o § 2º deste artigo serão sequencialmente usadas, de forma simultânea ou rotativa, nesta última hipótese devendo variar no máximo a cada 5 (cinco) meses, inseridas, de forma legível e ostensivamente destacada, em 100% (cem por cento) de sua face posterior e de uma de suas laterais.

► § 5º com a redação dada pela Lei nº 12.546, de 14-12-2011.

§ 6º A partir de 1º de janeiro de 2016, além das cláusulas de advertência mencionadas no § 5º deste artigo, nas embalagens de produtos fumígenos vendidas diretamente ao consumidor também deverá ser impresso um texto de advertência adicional ocupando 30% (trinta por cento) da parte inferior de sua face frontal.

► § 6º acrescido pela Lei nº 12.546, de 14-12-2011.

§ 7º VETADO. Lei nº 12.546, de 14-12-2011.

Art. 3º-A. Quanto aos produtos referidos no art. 2º desta Lei, são proibidos:

► *Caput* acrescido pela Lei nº 10.167, de 27-12-2000.

I – a venda por via postal;

II – a distribuição de qualquer tipo de amostra ou brinde;

III – a propaganda por meio eletrônico, inclusive internet;

IV – a realização de visita promocional ou distribuição gratuita em estabelecimento de ensino ou local público;

V – o patrocínio de atividade cultural ou esportiva;

VI – a propaganda fixa ou móvel em estádio, pista, palco ou local similar;

VII – a propaganda indireta contratada, também denominada *merchandising*, nos programas produzidos no País após a publicação desta Lei, em qualquer horário;

► Incisos I a VII acrescidos pela Lei nº 10.167, de 27-12-2000.

VIII – a comercialização em estabelecimento de ensino, em estabelecimento de saúde e em órgãos ou entidades da Administração Pública;

► Inciso VIII com a redação dada pela Lei nº 10.702, de 14-7-2003.

IX – a venda a menores de dezoito anos.

► Inciso IX acrescido pela Lei nº 10.702, de 14-7-2003.

§ 1º Até 30 de setembro de 2005, o disposto nos incisos V e VI não se aplica no caso de eventos esportivos internacionais que não tenham sede fixa em um único país e sejam organizados ou realizados por instituições estrangeiras.

► Parágrafo único transformado em § 1º e com a redação dada pela Lei nº 10.702, de 14-7-2003.

§ 2º É facultado ao Ministério da Saúde afixar, nos locais dos eventos esportivos a que se refere o § 1º, propaganda fixa com mensagem de advertência escrita que observará os conteúdos a que se refere o § 2º do art. 3º-C, cabendo aos responsáveis pela sua organização assegurar os locais para a referida afixação.

► § 2º acrescido pela Lei nº 10.702, de 14-7-2003.

Art. 3º-B. Somente será permitida a comercialização de produtos fumígenos que ostentem em sua embalagem a identificação junto à Agência Nacional de Vigilância Sanitária, na forma do regulamento.

► Artigo acrescido pela Lei nº 10.167, de 27-12-2000.

Art. 3º-C. A aplicação do disposto no § 1º do art. 3º-A, bem como a transmissão ou retransmissão, por televisão, em território brasileiro, de eventos culturais ou esportivos com imagens geradas no estrangeiro patrocinados por empresas ligadas a produtos fumígeros, exige a veiculação gratuita pelas emissoras de televisão, durante a transmissão do evento, de mensagem de advertência sobre os malefícios do fumo.

§ 1º Na abertura e no encerramento da transmissão do evento, será veiculada mensagem de advertência, cujo conteúdo será definido pelo Ministério da Saúde, com duração não inferior a trinta segundos em cada inserção.

§ 2º A cada intervalo de quinze minutos será veiculada, sobreposta à respectiva transmissão, mensagem de advertência escrita e falada sobre os malefícios do fumo com duração não inferior a quinze segundos em cada inserção, por intermédio das seguintes frases e de outras a serem definidas na regulamentação, usadas sequencialmente, todas precedidas da afirmação "O Ministério da Saúde adverte":

I – "fumar causa mau hálito, perda de dentes e câncer de boca";

II – "fumar causa câncer de pulmão";

III – "fumar causa infarto do coração";
IV – "fumar na gravidez prejudica o bebê";
V – "em gestantes, o cigarro provoca partos prematuros, o nascimento de crianças com peso abaixo do normal e facilidade de contrair asma";
VI – "crianças começam a fumar ao verem os adultos fumando";
VII – "a nicotina é droga e causa dependência"; e
VIII – "fumar causa impotência sexual".

§ 3º Considera-se, para os efeitos desse artigo, integrantes do evento os treinos livres ou oficiais, os ensaios, as reapresentações e os compactos.

► Art. 3º-C acrescido pela Lei nº 10.702, de 14-7-2003.

Art. 4º Somente será permitida a propaganda comercial de bebidas alcoólicas nas emissoras de rádio e televisão entre as vinte e uma e as seis horas.

§ 1º A propaganda de que trata este artigo não poderá associar o produto ao esporte olímpico ou de competição, ao desempenho saudável de qualquer atividade, à condução de veículos e a imagens ou ideias de maior êxito ou sexualidade das pessoas.

§ 2º Os rótulos das embalagens de bebidas alcoólicas conterão advertência nos seguintes termos: "Evite o Consumo Excessivo de Álcool".

Art. 4º-A. Na parte interna dos locais em que se vende bebida alcoólica, deverá ser afixado advertência escrita de forma legível e ostensiva de que é crime dirigir sob a influência de álcool, punível com detenção.

► Artigo acrescido pela Lei nº 11.705, de 19-6-2008.

Art. 5º As chamadas e caracterizações de patrocínio dos produtos indicados nos arts. 2º e 4º, para eventos alheios à programação normal ou rotineira das emissoras de rádio e televisão, poderão ser feitas em qualquer horário, desde que identificadas apenas com a marca ou *slogan* do produto, sem recomendação do seu consumo.

§ 1º As restrições deste artigo aplicam-se à propaganda estática existente em estádios, veículos de competição e locais similares.

§ 2º Nas condições do *caput*, as chamadas e caracterizações de patrocínio dos produtos estarão liberados da exigência do § 2º do art. 3º desta Lei.

Art. 6º É vedada a utilização de trajes esportivos, relativamente a esportes olímpicos, para veicular a propaganda dos produtos de que trata esta Lei.

Art. 7º A propaganda de medicamentos e terapias de qualquer tipo ou espécie poderá ser feita em publicações especializadas dirigidas direta e especificamente a profissionais e instituições de saúde.

§ 1º Os medicamentos anódinos e de venda livre, assim classificados pelo órgão competente do Ministério da Saúde, poderão ser anunciados nos órgãos de comunicação social com as advertências quanto ao seu abuso, conforme indicado pela autoridade classificatória.

§ 2º A propaganda dos medicamentos referidos neste artigo não poderá conter afirmações que não sejam passíveis de comprovação científica, nem poderá utilizar depoimentos de profissionais que não sejam legalmente qualificados para fazê-lo.

§ 3º Os produtos fitoterápicos da flora medicinal brasileira que se enquadram no disposto no § 1º deste artigo deverão apresentar comprovação científica dos seus efeitos terapêuticos no prazo de cinco anos da publicação desta Lei, sem o que sua propaganda será automaticamente vedada.

§ 4º É permitida a propaganda de medicamentos genéricos em campanhas publicitárias patrocinadas pelo Ministério da Saúde e nos recintos dos estabelecimentos autorizados a dispensá-los, com indicação do medicamento de referência.

► § 4º com a redação dada pela MP nº 2.190-34, de 23-8-2001, que até o encerramento desta edição não havia sido convertida em Lei.

§ 5º Toda a propaganda de medicamentos conterá obrigatoriamente advertência indicando que, a persistirem os sintomas, o médico deverá ser consultado.

► § 4º renumerado para o § 5º pela MP nº 2.190-34, de 23-8-2001, que até o encerramento desta edição não havia sido convertida em Lei.

Art. 8º A propaganda de defensivos agrícolas que contenham produtos de efeito tóxico, mediato ou imediato, para o ser humano, deverá restringir-se a programas e publicações dirigidas aos agricultores e pecuaristas, contendo completa explicação sobre a sua aplicação, precauções no emprego, consumo ou utilização, segundo o que dispuser o órgão competente do Ministério da Agricultura e do Abastecimento, sem prejuízo das normas estabelecidas pelo Ministério da Saúde ou outro órgão do Sistema Único de Saúde.

Art. 9º Aplicam-se ao infrator desta Lei, sem prejuízo de outras penalidades previstas na legislação em vigor, especialmente no Código de Defesa do Consumidor e na Legislação de Telecomunicações, as seguintes sanções:

► *Caput* com a redação dada pela Lei nº 10.167, de 27-12-2000.

I – advertência;
II – suspensão, no veículo de divulgação da publicidade, de qualquer outra propaganda do produto, por prazo de até trinta dias;
III – obrigatoriedade de veiculação de retificação ou esclarecimento para compensar propaganda distorcida ou de má-fé;
IV – apreensão do produto;
V – multa, de R$ 5.000,00 (cinco mil reais) a R$ 100.000,00 (cem mil reais), aplicada conforme a capacidade econômica do infrator;

► Inciso V com a redação dada pela Lei nº 10.167, de 27-12-2000.

VI – suspensão da programação da emissora de rádio e televisão, pelo tempo de dez minutos, por cada minuto ou fração de duração da propaganda transmitida em desacordo com esta Lei, observando-se o mesmo horário.

► Inciso VI acrescido pela Lei nº 10.167, de 27-12-2000.

VII – no caso de violação do disposto no inciso IX do artigo 3º-A, as sanções previstas na Lei nº 6.437, de 20 de agosto de 1977, sem prejuízo do disposto no art. 243 da Lei nº 8.069, de 13 de julho de 1990.

► Inciso VII acrescido pela Lei nº 10.702, de 14-7-2003.

§ 1º As sanções previstas neste artigo poderão ser aplicadas gradativamente e, na reincidência, cumulativamente, de acordo com as especificidade do infrator.

§ 2º Em qualquer caso, a peça publicitária fica definitivamente vetada.

§ 3º Considera-se infrator, para os efeitos desta Lei, toda e qualquer pessoa natural ou jurídica que, de forma direta ou indireta, seja responsável pela divulgação da peça publicitária ou pelo respectivo veículo de comunicação.

► § 3º com a redação dada pela Lei nº 10.167, de 27-12-2000.

§ 4º Compete à autoridade sanitária municipal aplicar as sanções previstas neste artigo, na forma do art. 12 da Lei nº 6.437, de 20 de agosto de 1977, ressalvada a competência exclusiva ou concorrente:

► § 4º acrescido pela Lei nº 10.167, de 27-12-2000.

I – do órgão de vigilância sanitária do Ministério da Saúde, inclusive quanto às sanções aplicáveis às agências de publicidade, responsáveis por propaganda de âmbito nacional;

II – do órgão de regulamentação da aviação civil do Ministério da Defesa, em relação a infrações verificadas no interior de aeronaves;

III – do órgão do Ministério das Comunicações responsável pela fiscalização das emissoras de rádio e televisão;

IV – do órgão de regulamentação de transportes do Ministério dos Transportes, em relação a infrações ocorridas no interior de transportes rodoviários, ferroviários e aquaviários de passageiros.

► Incisos I a IV acrescidos pela Lei nº 10.167, de 27-12-2000.

§ 5º O Poder Executivo definirá as competências dos órgãos e entidades da administração federal encarregados em aplicar as sanções deste artigo.

► § 5º acrescido pela Lei nº 10.702, de 14-7-2003.

Art. 10. O Poder Executivo regulamentará esta Lei no prazo máximo de sessenta dias de sua publicação.

Art. 11. Esta Lei entra em vigor na data de sua publicação.

Art. 12. Revogam-se as disposições em contrário.

Brasília, 15 de julho de 1996;
175º da Independência e
108º da República.

Fernando Henrique Cardoso

LEI Nº 9.307, DE 23 DE SETEMBRO DE 1996

Dispõe sobre a arbitragem.

► Publicada no *DOU* de 24-9-1996.

CAPÍTULO I
DISPOSIÇÕES GERAIS

► Súm. nº 185 do STJ.

► En. nº 75 da II Jornada de Direito Comercial.

Art. 1º As pessoas capazes de contratar poderão valer-se da arbitragem para dirimir litígios relativos a direitos patrimoniais disponíveis.

§ 1º A administração pública direta e indireta poderá utilizar-se da arbitragem para dirimir conflitos relativos a direitos patrimoniais disponíveis.

§ 2º A autoridade ou o órgão competente da administração pública direta para a celebração de convenção de arbitragem é a mesma para a realização de acordos ou transações.

► §§ 1º e 2º acrescidos pela Lei nº 13.129, de 26-5-2015.

Art. 2º A arbitragem poderá ser de direito ou de equidade, a critério das partes.

§ 1º Poderão as partes escolher, livremente, as regras de direito que serão aplicadas na arbitragem, desde que não haja violação aos bons costumes e à ordem pública.

§ 2º Poderão, também, as partes convencionar que a arbitragem se realize com base nos princípios gerais de direito, nos usos e costumes e nas regras internacionais de comércio.

§ 3º A arbitragem que envolva a administração pública será sempre de direito e respeitará o princípio da publicidade.

► § 3º acrescido pela Lei nº 13.129, de 26-5-2015.

► Art. 37, *caput*, e § 1º, da CF.

CAPÍTULO II
DA CONVENÇÃO DE ARBITRAGEM E SEUS EFEITOS

Art. 3º As partes interessadas podem submeter a solução de seus litígios ao juízo arbitral mediante convenção de arbitragem, assim entendida a cláusula compromissória e o compromisso arbitral.

Art. 4º A cláusula compromissória é a convenção através da qual as partes em um contrato comprometem-se a submeter à arbitragem os litígios que possam vir a surgir, relativamente a tal contrato.

§ 1º A cláusula compromissória deve ser estipulada por escrito, podendo estar inserta no próprio contrato ou em documento apartado que a ele se refira.

§ 2º Nos contratos de adesão, a cláusula compromissória só terá eficácia se o aderente tomar a iniciativa de instituir a arbitragem ou concordar, expressamente, com a sua instituição, desde que por escrito em documento anexo ou em negrito, com a assinatura ou visto especialmente para essa cláusula.

§§ 3º e 4º VETADOS. Lei nº 13.129, de 26-5-2015.

Art. 5º Reportando-se as partes, na cláusula compromissória, às regras de algum órgão arbitral institucional ou entidade especializada, a arbitragem será instituída e processada de acordo com tais regras, podendo, igualmente, as partes estabelecer na própria cláusula, ou em outro documento, a forma convencionada para a instituição da arbitragem.

Art. 6º Não havendo acordo prévio sobre a forma de instituir a arbitragem, a parte interessada manifestará à outra parte sua intenção de dar início à arbitragem, por via postal ou por outro meio qualquer de comunicação, mediante comprovação de recebimento, convocando-a para, em dia, hora e local certos, firmar o compromisso arbitral.

Parágrafo único. Não comparecendo a parte convocada ou, comparecendo, recusar-se a firmar o compromisso arbitral, poderá a outra parte propor a demanda de que trata o artigo 7º desta Lei, perante o órgão do Poder Judiciário a que, originariamente, tocaria o julgamento da causa.

Art. 7º Existindo cláusula compromissória e havendo resistência quanto à instituição da arbitragem, poderá a parte interessada requerer a citação da outra parte para comparecer em juízo a fim de lavrar-se o compromisso, designando o juiz audiência especial para tal fim.

§ 1º O autor indicará, com precisão, o objeto da arbitragem, instruindo o pedido com o documento que contiver a cláusula compromissória.

§ 2º Comparecendo as partes à audiência, o juiz tentará, previamente, a conciliação acerca do litígio. Não obtendo sucesso, tentará o juiz conduzir as partes à celebração, de comum acordo, do compromisso arbitral.

§ 3º Não concordando as partes sobre os termos do compromisso, decidirá o juiz, após ouvir o réu, sobre seu conteúdo, na própria audiência ou no prazo de dez dias, respeitadas as disposições da cláusula compromissória e atendendo ao disposto nos artigos 10 e 21, § 2º, desta Lei.

§ 4º Se a cláusula compromissória nada dispuser sobre a nomeação de árbitros, caberá ao juiz, ouvidas as partes, estatuir a respeito, podendo nomear árbitro único para a solução do litígio.

§ 5º A ausência do autor, sem justo motivo, à audiência designada para a lavratura do compromisso arbitral, importará a extinção do processo sem julgamento de mérito.

§ 6º Não comparecendo o réu à audiência, caberá ao juiz, ouvido o autor, estatuir a respeito do conteúdo do compromisso, nomeando árbitro único.

§ 7º A sentença que julgar procedente o pedido valerá como compromisso arbitral.

Art. 8º A cláusula compromissória é autônoma em relação ao contrato em que estiver inserta, de tal sorte que a nulidade deste não implica, necessariamente, a nulidade da cláusula compromissória.

Parágrafo único. Caberá ao árbitro decidir de ofício, ou por provocação das partes, as questões acerca da existência, validade e eficácia da convenção de arbitragem e do contrato que contenha a cláusula compromissória.

Art. 9º O compromisso arbitral é a convenção através da qual as partes submetem um litígio à arbitragem de uma ou mais pessoas, podendo ser judicial ou extrajudicial.

§ 1º O compromisso arbitral judicial celebrar-se-á por termo nos autos, perante o juízo ou tribunal, onde tem curso a demanda.

§ 2º O compromisso arbitral extrajudicial será celebrado por escrito particular, assinado por duas testemunhas, ou por instrumento público.

Art. 10. Constará, obrigatoriamente, do compromisso arbitral:

I – o nome, profissão, estado civil e domicílio das partes;

II – o nome, profissão e domicílio do árbitro, ou dos árbitros, ou, se for o caso, a identificação da entidade à qual as partes delegaram a indicação de árbitros;

III – a matéria que será objeto da arbitragem; e

IV – o lugar em que será proferida a sentença arbitral.

Art. 11. Poderá, ainda, o compromisso arbitral conter:

I – local, ou locais, onde se desenvolverá a arbitragem;

II – a autorização para que o árbitro ou os árbitros julguem por equidade, se assim for convencionado pelas partes;

III – o prazo para apresentação da sentença arbitral;

IV – a indicação da lei nacional ou das regras corporativas aplicáveis à arbitragem, quando assim convencionarem as partes;

V – a declaração da responsabilidade pelo pagamento dos honorários e das despesas com a arbitragem; e

VI – a fixação dos honorários do árbitro, ou dos árbitros.

Parágrafo único. Fixando as partes os honorários do árbitro, ou dos árbitros, no compromisso arbitral, este constituirá título executivo extrajudicial; não havendo tal estipulação, o árbitro requererá ao órgão do Poder Judiciário que seria competente para julgar, originariamente, a causa que os fixe por sentença.

Art. 12. Extingue-se o compromisso arbitral:

I – escusando-se qualquer dos árbitros, antes de aceitar a nomeação, desde que as partes tenham declarado, expressamente, não aceitar substituto;

II – falecendo ou ficando impossibilitado de dar seu voto algum dos árbitros, desde que as partes declarem, expressamente, não aceitar substituto; e

III – tendo expirado o prazo a que se refere o artigo 11, inciso III, desde que a parte interessada tenha notificado o árbitro, ou o presidente do tribunal arbitral, concedendo-lhe o prazo de dez dias para a prolação e apresentação da sentença arbitral.

CAPÍTULO III

DOS ÁRBITROS

Art. 13. Pode ser árbitro qualquer pessoa capaz e que tenha a confiança das partes.

§ 1º As partes nomearão um ou mais árbitros, sempre em número ímpar, podendo nomear, também, os respectivos suplentes.

§ 2º Quando as partes nomearem árbitros em número par, estes estão autorizados, desde logo, a nomear mais um árbitro. Não havendo acordo, requererão as partes ao órgão do Poder Judiciário a que tocaria, originariamente, o julgamento da causa a nomeação do árbitro, aplicável, no que couber, o procedimento previsto no artigo 7º desta Lei.

§ 3º As partes poderão, de comum acordo, estabelecer o processo de escolha dos árbitros ou adotar as regras de um órgão arbitral institucional ou entidade especializada.

§ 4º As partes, de comum acordo, poderão afastar a aplicação de dispositivo do regulamento do órgão arbitral institucional ou entidade especializada que limite a escolha do árbitro único, coárbitro ou presidente do tribunal à respectiva lista de árbitros, autorizado o controle da escolha pelos órgãos competentes da instituição, sendo que, nos casos de impasse e arbitragem multiparte, deverá ser observado o que dispuser o regulamento aplicável.

► **§ 4º com a redação dada pela Lei nº 13.129, de 26-5-2015.**

§ 5º O árbitro ou o presidente do tribunal designará, se julgar conveniente, um secretário, que poderá ser um dos árbitros.

§ 6º No desempenho de sua função, o árbitro deverá proceder com imparcialidade, independência, competência, diligência e discrição.

§ 7º Poderá o árbitro ou o tribunal arbitral determinar às partes o adiantamento de verbas para despesas e diligências que julgar necessárias.

Art. 14. Estão impedidos de funcionar como árbitros as pessoas que tenham, com as partes ou com o litígio que lhes for submetido, algumas das relações que caracterizam os casos de impedimento ou suspeição de juízes, aplicando-se-lhes, no que couber, os mesmos deveres e responsabilidades, conforme previsto no Código de Processo Civil.

§ 1º As pessoas indicadas para funcionar como árbitro têm o dever de revelar, antes da aceitação da função, qualquer fato que denote dúvida justificada quanto à sua imparcialidade e independência.

§ 2º O árbitro somente poderá ser recusado por motivo ocorrido após sua nomeação. Poderá, entretanto, ser recusado por motivo anterior à sua nomeação, quando:

a) não for nomeado, diretamente, pela parte; ou

b) o motivo para a recusa do árbitro for conhecido posteriormente à sua nomeação.

Art. 15. A parte interessada em arguir a recusa do árbitro apresentará, nos termos do artigo 20, a respectiva exceção, diretamente ao árbitro ou ao presidente do tribunal arbitral, deduzindo suas razões e apresentando as provas pertinentes.

Parágrafo único. Acolhida a exceção, será afastado o árbitro suspeito ou impedido, que será substituído, na forma do artigo 16 desta Lei.

Art. 16. Se o árbitro escusar-se antes da aceitação da nomeação, ou, após a aceitação, vier a falecer, tornar-se impossibilitado para o exercício da função, ou for recusado, assumirá seu lugar o substituto indicado no compromisso, se houver.

§ 1º Não havendo substituto indicado para o árbitro, aplicar-se-ão as regras do órgão arbitral institucional ou entidade especializada, se as partes as tiverem invocado na convenção de arbitragem.

§ 2º Nada dispondo a convenção de arbitragem e não chegando as partes a um acordo sobre a nomeação do árbitro a ser substituído, procederá a parte interessada da forma prevista no artigo 7º desta Lei, a menos que as partes tenham declarado, expressamente, na convenção de arbitragem, não aceitar substituto.

Art. 17. Os árbitros, quando no exercício de suas funções ou em razão delas, ficam equiparados aos funcionários públicos, para os efeitos da legislação penal.

Art. 18. O árbitro é juiz de fato e de direito, e a sentença que proferir não fica sujeita a recurso ou a homologação pelo Poder Judiciário.

CAPÍTULO IV

DO PROCEDIMENTO ARBITRAL

Art. 19. Considera-se instituída a arbitragem quando aceita a nomeação pelo árbitro, se for único, ou por todos, se forem vários.

§ 1º Instituída a arbitragem e entendendo o árbitro ou o tribunal arbitral que há necessidade de explicitar questão disposta na convenção de arbitragem, será elaborado, juntamente com as partes, adendo firmado por todos, que passará a fazer parte integrante da convenção de arbitragem.

► Antigo parágrafo único renumerado para § 1º e com a redação dada pela Lei nº 13.129, de 26-5-2015.

§ 2º A instituição da arbitragem interrompe a prescrição, retroagindo à data do requerimento de sua instauração, ainda que extinta a arbitragem por ausência de jurisdição.

► § 2º acrescido pela Lei nº 13.129, de 26-5-2015.

Art. 20. A parte que pretender arguir questões relativas à competência, suspeição ou impedimento do árbitro ou dos árbitros, bem como nulidade, invalidade ou ineficácia da convenção de arbitragem, deverá fazê-lo na primeira oportunidade que tiver de se manifestar, após a instituição da arbitragem.

§ 1º Acolhida a arguição de suspeição ou impedimento, será o árbitro substituído nos termos do artigo 16 desta Lei, reconhecida a incompetência do árbitro ou do tribunal arbitral, bem como a nulidade, invalidade ou ineficácia da convenção de arbitragem, serão as partes remetidas ao órgão do Poder Judiciário competente para julgar a causa.

§ 2º Não sendo acolhida a arguição, terá normal prosseguimento a arbitragem, sem prejuízo de vir a ser examinada a decisão pelo órgão do Poder Judiciário competente, quando da eventual propositura da demanda de que trata o artigo 33 desta Lei.

Art. 21. A arbitragem obedecerá ao procedimento estabelecido pelas partes na convenção de arbitragem, que poderá reportar-se às regras de um órgão arbitral institucional ou entidade especializada, facultando-se, ainda, às partes delegar ao próprio árbitro, ou ao tribunal arbitral, regular o procedimento.

§ 1º Não havendo estipulação acerca do procedimento, caberá ao árbitro ou ao tribunal arbitral discipliná-lo.

§ 2º Serão, sempre, respeitados no procedimento arbitral os princípios do contraditório, da igualdade das partes, da imparcialidade do árbitro e de seu livre convencimento.

§ 3º As partes poderão postular por intermédio de advogado, respeitada, sempre, a faculdade de designar quem as represente ou assista no procedimento arbitral.

§ 4º Competirá ao árbitro ou ao tribunal arbitral, no início do procedimento, tentar a conciliação das partes, aplicando-se, no que couber, o artigo 28 desta Lei.

Art. 22. Poderá o árbitro ou o tribunal arbitral tomar o depoimento das partes, ouvir testemunhas e determinar a realização de perícias ou outras provas que julgar necessárias, mediante requerimento das partes ou de ofício.

§ 1º O depoimento das partes e das testemunhas será tomado em local, dia e hora previamente comunicados, por escrito, e reduzido a termo, assinado pelo depoente, ou a seu rogo, e pelos árbitros.

§ 2º Em caso de desatendimento, sem justa causa, da convocação para prestar depoimento pessoal, o árbitro ou o tribunal arbitral levará em consideração o comportamento da parte faltosa, ao proferir sua sentença; se a ausência for de testemunha, nas mesmas circunstâncias, poderá o árbitro ou o presidente do tribunal arbitral requerer à autoridade judiciária que conduza a testemunha renitente, comprovando existência da convenção de arbitragem.

§ 3º A revelia da parte não impedirá que seja proferida a sentença arbitral.

§ 4º *Revogado.* Lei nº 13.129, de 26-5-2015 (*DOU* de 27-5-2015) em vigor 60 (sessenta) dias da publicação oficial.

§ 5º Se, durante o procedimento arbitral, um árbitro vier a ser substituído fica a critério do substituto repetir as provas já produzidas.

CAPÍTULO IV-A

DAS TUTELAS CAUTELARES E DE URGÊNCIA

► Capítulo IV-A acrescido pela Lei nº 13.129, de 26-5-2015.

► Art. 294 e ss. do CPC.

Art. 22-A. Antes de instituída a arbitragem, as partes poderão recorrer ao Poder Judiciário para a concessão de medida cautelar ou de urgência.

► Arts. 300 a 310 do CPC.

Parágrafo único. Cessa a eficácia da medida cautelar ou de urgência se a parte interessada não requerer a instituição da arbitragem no prazo de 30 (trinta) dias, contado da data de efetivação da respectiva decisão.

Art. 22-B. Instituída a arbitragem, caberá aos árbitros manter, modificar ou revogar a medida cautelar ou de urgência concedida pelo Poder Judiciário.

Parágrafo único. Estando já instituída a arbitragem, a medida cautelar ou de urgência será requerida diretamente aos árbitros.

► Arts. 22-A e 22-B acrescidos pela Lei nº 13.129, de 26-5-2015.

CAPÍTULO IV-B

DA CARTA ARBITRAL

► Capítulo IV-B acrescido pela Lei nº 13.129, de 26-5-2015.

Art. 22-C. O árbitro ou o tribunal arbitral poderá expedir carta arbitral para que o órgão jurisdicional nacional pratique ou determine o cumprimento, na área de sua competência territorial, de ato solicitado pelo árbitro.

Parágrafo único. No cumprimento da carta arbitral será observado o segredo de justiça, desde que comprovada a confidencialidade estipulada na arbitragem.

► Art. 189 do CPC.

CAPÍTULO V
DA SENTENÇA ARBITRAL

Art. 23. A sentença arbitral será proferida no prazo estipulado pelas partes. Nada tendo sido convencionado, o prazo para a apresentação da sentença é de seis meses, contado da instituição da arbitragem ou da substituição do árbitro.

§ 1º Os árbitros poderão proferir sentenças parciais.

► § 1º acrescido pela Lei nº 13.129, de 26-5-2015.

§ 2º As partes e os árbitros, de comum acordo, poderão prorrogar o prazo para proferir a sentença final.

► Antigo parágrafo único renumerado para § 2º e com a redação dada pela Lei nº 13.129, de 26-5-2015.

Art. 24. A decisão do árbitro ou dos árbitros será expressa em documento escrito.

§ 1º Quando forem vários os árbitros, a decisão será tomada por maioria. Se não houver acordo majoritário, prevalecerá o voto do presidente do tribunal arbitral.

§ 2º O árbitro que divergir da maioria poderá, querendo, declarar seu voto em separado.

Art. 25. *Revogado.* Lei nº 13.129, de 26-5-2015.

Art. 26. São requisitos obrigatórios da sentença arbitral:

I – o relatório, que conterá os nomes das partes e um resumo do litígio;

II – os fundamentos da decisão, onde serão analisadas as questões de fato e de direito, mencionando-se, expressamente, se os árbitros julgaram por equidade;

III – o dispositivo, em que os árbitros resolverão as questões que lhes forem submetidas e estabelecerão o prazo para o cumprimento da decisão, se for o caso; e

IV – a data e o lugar em que foi proferida.

Parágrafo único. A sentença arbitral será assinada pelo árbitro ou por todos os árbitros. Caberá ao presidente do tribunal arbitral, na hipótese de um ou alguns dos árbitros não poder ou não querer assinar a sentença, certificar tal fato.

Art. 27. A sentença arbitral decidirá sobre a responsabilidade das partes acerca das custas e despesas com a arbitragem, bem como sobre verba decorrente de litigância de má-fé, se for o caso, respeitadas as disposições da convenção de arbitragem, se houver.

Art. 28. Se, no decurso da arbitragem, as partes chegarem a acordo quanto ao litígio, o árbitro ou o tribunal arbitral poderá, a pedido das partes, declarar tal fato mediante sentença arbitral, que conterá os requisitos do artigo 26 desta Lei.

Art. 29. Proferida a sentença arbitral, dá-se por finda a arbitragem, devendo o árbitro, ou o presidente do tribunal arbitral, enviar cópia da decisão às partes, por via postal ou por outro meio qualquer de comunicação, mediante comprovação de recebimento, ou, ainda, entregando-a diretamente às partes, mediante recibo.

Art. 30. No prazo de 5 (cinco) dias, a contar do recebimento da notificação ou da ciência pessoal da sentença arbitral, salvo se outro prazo for acordado entre as partes, a parte interessada, mediante comunicação à outra parte, poderá solicitar ao árbitro ou ao tribunal arbitral que:

► *Caput* com a redação dada pela Lei nº 13.129, de 26-5-2015.

I – corrija qualquer erro material da sentença arbitral;

II – esclareça alguma obscuridade, dúvida ou contradição da sentença arbitral, ou se pronuncie sobre ponto omitido a respeito do qual devia manifestar-se a decisão.

Parágrafo único. O árbitro ou o tribunal arbitral decidirá no prazo de 10 (dez) dias ou em prazo acordado com as partes, aditará a sentença arbitral e notificará as partes na forma do art. 29.

► Parágrafo único com a redação dada pela Lei nº 13.129, de 26-5-2015.

Art. 31. A sentença arbitral produz, entre as partes, e seus sucessores, os mesmos efeitos da sentença proferida pelos órgãos do Poder Judiciário e, sendo condenatória, constitui título executivo.

► Art. 515, VII, do CPC.

Art. 32. É nula a sentença arbitral se:

I – for nula a convenção de arbitragem;

► Inciso I com a redação dada pela Lei nº 13.129, de 26-5-2015.

II – emanou de quem não podia ser árbitro;

III – não contiver os requisitos do artigo 26 desta Lei;

IV – for proferida fora dos limites da convenção de arbitragem;

V – *Revogado*; Lei nº 13.129, de 26-5-2015 (*DOU* de 27-5-2015) em vigor 60 (sessenta) dias da publicação oficial.

VI – comprovado que foi proferida por prevaricação, concussão ou corrupção passiva;

VII – proferida fora do prazo, respeitado o disposto no artigo 12, inciso III, desta Lei; e

VIII – forem desrespeitados os princípios de que trata o artigo 21, § 2º, desta Lei.

Art. 33. A parte interessada poderá pleitear ao órgão do Poder Judiciário competente a declaração de nulidade da sentença arbitral, nos casos previstos nesta Lei.

§ 1º A demanda para a declaração de nulidade da sentença arbitral, parcial ou final, seguirá as regras do procedimento comum, previstas na Lei nº 5.869, de 11 de janeiro de 1973 (Código de Processo Civil), e deverá ser proposta no prazo de até 90 (noventa) dias após o recebimento da notificação da respectiva sentença, parcial ou final, ou da decisão do pedido de esclarecimentos.

§ 2º A sentença que julgar procedente o pedido declarará a nulidade da sentença arbitral, nos casos do art. 32, e determinará, se for o caso, que o árbitro ou o tribunal profira nova sentença arbitral.

§ 3º A decretação da nulidade da sentença arbitral também poderá ser requerida na impugnação ao cumprimento da sentença, nos termos dos arts. 525 e ss. do Código de Processo Civil, se houver execução judicial.

► § 3º com a redação dada pela Lei nº 13.105, de 16-3-2015.

§ 4º A parte interessada poderá ingressar em juízo para requerer a prolação de sentença arbitral complementar, se o árbitro não decidir todos os pedidos submetidos à arbitragem.

CAPÍTULO VI
DO RECONHECIMENTO E EXECUÇÃO DE SENTENÇAS ARBITRAIS ESTRANGEIRAS

Art. 34. A sentença arbitral estrangeira será reconhecida ou executada no Brasil de conformidade com os tratados internacionais com eficácia no ordenamento interno e, na sua ausência, estritamente de acordo com os termos desta Lei.

Parágrafo único. Considera-se sentença arbitral estrangeira a que tenha sido proferida fora do Território Nacional.

Art. 35. Para ser reconhecida ou executada no Brasil, a sentença arbitral estrangeira está sujeita, unicamente, à homologação do Superior Tribunal de Justiça.

► Artigo com a redação dada pela Lei nº 13.129, de 26-5-2015.

► A homologação de sentença estrangeira passou a ser da competência do STJ, conforme art. 105, I, *i*, da Constituição Federal.

► Arts. 960 a 965 do CPC.

Art. 36. Aplica-se à homologação para reconhecimento ou execução de sentença arbitral estrangeira, no que couber, o disposto nos artigos 483 e 484 do Código de Processo Civil.

► Refere-se ao CPC/1973

► Arts. 960 a 965 do CPC/2015.

Art. 37. A homologação de sentença arbitral estrangeira será requerida pela parte interessada, devendo a petição inicial conter as indicações da lei processual, conforme o artigo 282 do Código de Processo Civil, e ser instruída, necessariamente, com:

► Refere-se ao CPC/1973.

► Art. 319 do CPC/2015.

I – o original da sentença arbitral ou uma cópia devidamente certificada, autenticada pelo consulado brasileiro e acompanhada de tradução oficial;

II – o original da convenção de arbitragem ou cópia devidamente certificada, acompanhada de tradução oficial.

Art. 38. Somente poderá ser negada a homologação para o reconhecimento ou execução de sentença arbitral estrangeira, quando o réu demonstrar que:

I – as partes na convenção de arbitragem eram incapazes;

II – a convenção de arbitragem não era válida segundo a lei à qual as partes a submeteram, ou, na falta de indicação, em virtude da lei do país onde a sentença arbitral foi proferida;

III – não foi notificado da designação do árbitro ou do procedimento de arbitragem, ou tenha sido violado o princípio do contraditório, impossibilitando a ampla defesa;

IV – a sentença arbitral foi proferida fora dos limites da convenção de arbitragem, e não foi possível separar a parte excedente daquela submetida à arbitragem;

V – a instituição da arbitragem não está de acordo com o compromisso arbitral ou cláusula compromissória;

VI – a sentença arbitral não se tenha, ainda, tornado obrigatória para as partes, tenha sido anulada, ou, ainda, tenha sido suspensa por órgão judicial do país onde a sentença arbitral for prolatada.

Art. 39. A homologação para o reconhecimento ou a execução da sentença arbitral estrangeira também será denegada se o Superior Tribunal de Justiça constatar que:

► *Caput* com a redação dada pela Lei nº 13.129, de 26-5-2015.

► A homologação de sentença estrangeira passou a ser da competência do STJ, conforme art. 105, I, *i*, da Constituição Federal.

I – segundo a lei brasileira, o objeto do litígio não é suscetível de ser resolvido por arbitragem;

II – a decisão ofende a ordem pública nacional.

Parágrafo único. Não será considerada ofensa à ordem pública nacional a efetivação da citação da parte residente ou domiciliada no Brasil, nos moldes da convenção de arbitragem ou da lei processual do país onde se realizou a arbitragem, admitindo-se, inclusive, a citação postal com prova inequívoca de recebimento, desde que assegure à parte brasileira tempo hábil para o exercício do direito de defesa.

Art. 40. A denegação da homologação para reconhecimento ou execução de sentença arbitral estrangeira por vícios formais, não obsta que a parte interessada renove o pedido, uma vez sanados os vícios apresentados.

CAPÍTULO VII
DISPOSIÇÕES FINAIS

Art. 41. Os artigos 267, inciso VII; 301, inciso IX; e 584, inciso III, do Código de Processo Civil passam a ter a seguinte redação:

► Alterações inseridas no texto do referido Código.

► O art. 584 foi revogado pela Lei nº 11.232, de 22-12-2005, que altera o CPC/1973, para estabelecer a fase de cumprimento das sentenças no processo de conhecimento e revogar dispositivos relativos à execução fundada em título judicial, e dá outras providências.

► Refere-se ao CPC/1973.

Art. 42. O artigo 520 do Código de Processo Civil passa a ter mais um inciso, com a seguinte redação:

► Alterações inseridas no texto do referido Código.

► Refere-se ao CPC/1973.

Art. 43. Esta Lei entrará em vigor sessenta dias após a data de sua publicação.

Art. 44. Ficam revogados os artigos 1.037 a 1.048 da Lei nº 3.071, de 1º de janeiro de 1916, Código Civil Brasileiro; os artigos 101 e 1.072 a 1.102 da Lei nº 5.869, de 11 de janeiro de 1973, Código de Processo Civil; e demais disposições em contrário.

► A Lei nº 3.071, de 1º-1-1916, foi revogada pela Lei nº 10.406, de 10-1-2002 (Código Civil).

Brasília, 23 de setembro de 1996;
175º da Independência e
108º da República.

Fernando Henrique Cardoso

LEI Nº 9.434, DE 4 DE FEVEREIRO DE 1997

Dispõe sobre a remoção de órgãos, tecidos e partes do corpo humano para fins de transplante e tratamento e dá outras providências.

► Publicada no *DOU* de 5-2-1997.

CAPÍTULO I
DAS DISPOSIÇÕES GERAIS

Art. 1º A disposição gratuita de tecidos, órgãos e partes do corpo humano, em vida ou *post mortem*, para fins de transplante e tratamento, é permitida na forma desta Lei.

Parágrafo único. Para os efeitos desta Lei, não estão compreendidos entre os tecidos a que se refere este artigo o sangue, o esperma e o óvulo.

Art. 2º A realização de transplantes ou enxertos de tecidos, órgãos ou partes do corpo humano só poderá ser realizada por estabelecimento de saúde, público ou privado, e por equipes médico-cirúrgicas de remoção e transplante previamente autorizados pelo órgão de gestão nacional do Sistema Único de Saúde.

Parágrafo único. A realização de transplantes ou enxertos de tecidos, órgãos ou partes do corpo humano só poderá ser autorizada após a realização, no doador, de todos os testes de triagem para diagnóstico de infecção e infestação exigidos em normas regulamentares expedidas pelo Ministério da Saúde.

► Parágrafo único com a redação dada pela Lei nº 10.211, de 23-3-2001.

CAPÍTULO II

DA DISPOSIÇÃO *POST MORTEM* DE TECIDOS, ÓRGÃOS E PARTES DO CORPO HUMANO PARA FINS DE TRANSPLANTE

Art. 3º A retirada *post mortem* de tecidos, órgãos ou partes do corpo humano destinados a transplante ou tratamento deverá ser precedida de diagnóstico de morte encefálica, constatada e registrada por dois médicos não participantes das equipes de remoção e transplante, mediante a utilização de critérios clínicos e tecnológicos definidos por resolução do Conselho Federal de Medicina.

§ 1º Os prontuários médicos, contendo os resultados ou os laudos dos exames referentes aos diagnósticos de morte encefálica e cópias dos documentos de que tratam os artigos 2º, parágrafo único; 4º e seus parágrafos; 5º, 7º, 9º, §§ 2º, 4º, 6º e 8º; e 10, quando couber, e detalhando os atos cirúrgicos relativos aos transplantes e enxertos, serão mantidos nos arquivos das instituições referidas no artigo 2º por um período mínimo de cinco anos.

§ 2º As instituições referidas no artigo 2º enviarão anualmente um relatório contendo os nomes dos pacientes receptores ao órgão gestor estadual do Sistema Único de Saúde.

§ 3º Será admitida a presença de médico de confiança da família do falecido no ato da comprovação e atestação da morte encefálica.

Art. 4º A retirada de tecidos, órgãos e partes do corpo de pessoas falecidas para transplante ou outra finalidade terapêutica, dependerá da autorização do cônjuge ou parente, maior de idade, obedecida a linha sucessória, reta ou colateral, até o segundo grau inclusive, firmada em documento subscrito por duas testemunhas presentes à verificação da morte.

► *Caput* com a redação dada pela Lei nº 10.211, de 23-3-2001.

Parágrafo único. VETADO. Lei nº 10.211, de 23-3-2001.

Art. 5º A remoção *post mortem* de tecidos, órgãos ou partes do corpo de pessoa juridicamente incapaz poderá ser feita desde que permitida expressamente por ambos os pais ou por seus responsáveis legais.

Art. 6º É vedada a remoção *post mortem* de tecidos, órgãos ou partes do corpo de pessoas não identificadas.

Art. 7º VETADO.

Parágrafo único. No caso de morte sem assistência médica, de óbito em decorrência de causa mal definida ou de outras situações nas quais houver indicação de verificação da causa médica da morte, a remoção de tecidos, órgãos ou partes de cadáver para fins de transplante ou terapêutica somente poderá ser realizada após a autorização do patologista do serviço de verificação de óbito responsável pela investigação e citada em relatório de necrópsia.

Art. 8º Após a retirada de tecidos, órgãos e partes, o cadáver será imediatamente necropsiado, se verificada a hipótese do parágrafo único do artigo 7º, e, em qualquer caso, condignamente recomposto para ser entregue, em seguida, aos parentes do morto ou seus responsáveis legais para sepultamento.

► Artigo com a redação dada pela Lei nº 10.211, de 23-3-2001.

CAPÍTULO III

DA DISPOSIÇÃO DE TECIDOS, ÓRGÃOS E PARTES DO CORPO HUMANO VIVO PARA FINS DE TRANSPLANTE OU TRATAMENTO

Art. 9º É permitida à pessoa juridicamente capaz dispor gratuitamente de tecidos, órgãos e partes do próprio corpo vivo, para fins terapêuticos ou para transplantes em cônjuge ou parentes consanguíneos até o quarto grau, inclusive, na forma do § 4º deste artigo, ou em qualquer pessoa, mediante autorização judicial, dispensada esta em relação à medula óssea.

► *Caput* com a redação dada pela Lei nº 10.211, de 23-3-2001.

§§ 1º e 2º VETADOS.

§ 3º Só é permitida a doação referida neste artigo quando se tratar de órgãos duplos, de partes de órgãos, tecidos ou partes do corpo cuja retirada não impeça o organismo do doador de continuar vivendo sem risco para a sua integridade e não represente grave comprometimento de suas aptidões vitais e saúde mental e não cause mutilação ou deformação inaceitável, e corresponda a uma necessidade terapêutica comprovadamente indispensável à pessoa receptora.

§ 4º O doador deverá autorizar, preferencialmente por escrito e diante de testemunhas, especificamente o tecido, órgão ou parte do corpo objeto da retirada.

§ 5º A doação poderá ser revogada pelo doador ou pelos responsáveis legais a qualquer momento antes de sua concretização.

§ 6º O indivíduo juridicamente incapaz, com compatibilidade imunológica comprovada, poderá fazer doação nos casos de transplante de medula óssea, desde que haja consentimento de ambos os pais ou seus responsáveis legais e autorização judicial e o ato não oferecer risco para a sua saúde.

§ 7º É vedado à gestante dispor de tecidos, órgãos ou partes de seu corpo vivo, exceto quando se tratar de doação de tecido para ser utilizado em transplante de medula óssea e o ato não oferecer risco à sua saúde ou ao feto.

§ 8º O autotransplante depende apenas do consentimento do próprio indivíduo, registrado em seu prontuário médico ou, se ele for juridicamente incapaz, de um de seus pais ou responsáveis legais.

Art. 9º-A. É garantido a toda mulher o acesso a informações sobre as possibilidades e os benefícios da doação voluntária de sangue do cordão umbilical e placentário durante o período de consultas pré-natais e no momento da realização do parto.

► Art. 9º-A acrescido pela Lei nº 11.633, de 27-12-2007.

CAPÍTULO IV

DAS DISPOSIÇÕES COMPLEMENTARES

Art. 10. O transplante ou enxerto só se fará com o consentimento expresso do receptor, assim inscrito em lista única de espera, após aconselhamento sobre a excepcionalidade e os riscos do procedimento.

§ 1º Nos casos em que o receptor seja juridicamente incapaz ou cujas condições de saúde impeçam ou comprometam a manifestação válida de sua vontade, o consentimento de que trata este artigo será dado por um de seus pais ou responsáveis legais.

§ 2º A inscrição em lista única de espera não confere ao pretenso receptor ou à sua família direito subjetivo a indenização, se o transplante não se realizar em decorrência de alteração do estado de órgãos, tecidos e partes, que lhe seriam destinados, provocado por acidente ou incidente em seu transporte.

► Art. 10 com a redação dada pela Lei nº 10.211, de 23-3-2001.

Art. 11. É proibida a veiculação, através de qualquer meio de comunicação social, de anúncio que configure:

a) publicidade de estabelecimentos autorizados a realizar transplantes e enxertos, relativa a estas atividades;

b) apelo público no sentido da doação de tecido, órgão ou parte do corpo humano para pessoa determinada, identificada ou não, ressalvado o disposto no parágrafo único;

c) apelo público para a arrecadação de fundos para o financiamento de transplante ou enxerto em benefício de particulares.

Parágrafo único. Os órgãos de gestão nacional, regional e local do Sistema Único de Saúde realizarão periodicamente, através dos meios adequados de comunicação social, campanhas de esclarecimento público dos benefícios esperados a partir da vigência desta Lei e de estímulo à doação de órgãos.

Art. 12. VETADO.

Art. 13. É obrigatório, para todos os estabelecimentos de saúde, notificar, às centrais de notificação, captação e distribuição de órgãos da unidade federada onde ocorrer, o diagnóstico de morte encefálica feito em pacientes por eles atendidos.

Parágrafo único. Após a notificação prevista no *caput* deste artigo, os estabelecimentos de saúde não autorizados a retirar tecidos, órgãos ou partes do corpo humano destinados a transplante ou tratamento deverão permitir a imediata remoção do paciente ou franquear suas instalações e fornecer o apoio operacional necessário às equipes médico-cirúrgicas de remoção e transplante, hipótese em que serão ressarcidos na forma da lei.

► Parágrafo único acrescido pela Lei nº 11.521, de 18-9-2007.

CAPÍTULO V
DAS SANÇÕES PENAIS E ADMINISTRATIVAS

Seção I
DOS CRIMES

Art. 14. Remover tecidos, órgãos ou partes do corpo de pessoa ou cadáver, em desacordo com as disposições desta Lei:

Pena – reclusão, de dois a seis anos, e multa, de 100 a 360 dias-multa.

§ 1º Se o crime é cometido mediante paga ou promessa de recompensa ou por outro motivo torpe:

Pena – reclusão, de três a oito anos, e multa, de 100 a 150 dias-multa.

§ 2º Se o crime é praticado em pessoa viva, e resulta para o ofendido:

I – incapacidade para as ocupações habituais, por mais de trinta dias;

II – perigo de vida;

III – debilidade permanente de membro, sentido ou função;

IV – aceleração de parto:

Pena – reclusão, de três a dez anos, e multa, de 100 a 200 dias-multa.

§ 3º Se o crime é praticado em pessoa viva, e resulta para o ofendido:

I – incapacidade permanente para o trabalho;

II – enfermidade incurável;

III – perda ou inutilização de membro, sentido ou função;

IV – deformidade permanente;

V – aborto:

Pena – reclusão, de quatro a doze anos, e multa, de 150 a 300 dias-multa.

§ 4º Se o crime é praticado em pessoa viva e resulta morte:

Pena – reclusão, de oito a vinte anos, e multa de 200 a 360 dias-multa.

Art. 15. Comprar ou vender tecidos, órgãos ou partes do corpo humano:

Pena – reclusão, de três a oito anos, e multa, de 200 a 360 dias-multa.

Parágrafo único. Incorre na mesma pena quem promove, intermedeia, facilita ou aufere qualquer vantagem com a transação.

Art. 16. Realizar transplante ou enxerto utilizando tecidos, órgãos ou partes do corpo humano de que se tem ciência terem sido obtidos em desacordo com os dispositivos desta Lei:

Pena – reclusão, de um a seis anos, e multa, de 150 a 300 dias-multa.

Art. 17. Recolher, transportar, guardar ou distribuir partes do corpo humano de que se tem ciência terem sido obtidos em desacordo com os dispositivos desta Lei:

Pena – reclusão, de seis meses a dois anos, e multa, de 100 a 250 dias-multa.

Art. 18. Realizar transplante ou enxerto em desacordo com o disposto no artigo 10 desta Lei e seu parágrafo único:

Pena – detenção, de seis meses a dois anos.

Art. 19. Deixar de recompor cadáver, devolvendo-lhe aspecto condigno, para sepultamento ou deixar de entregar ou retardar sua entrega aos familiares ou interessados:

Pena – detenção, de seis meses a dois anos.

Art. 20. Publicar anúncio ou apelo público em desacordo com o disposto no artigo 11:

Pena – multa, de 100 a 200 dias-multa.

Seção II
DAS SANÇÕES ADMINISTRATIVAS

Art. 21. No caso dos crimes previstos nos artigos 14, 15, 16 e 17, o estabelecimento de saúde e as equipes médico-cirúrgicas envolvidas poderão ser desautorizadas temporária ou permanentemente pelas autoridades competentes.

§ 1º Se a instituição é particular, a autoridade competente poderá multá-la em 200 a 360 dias-multa e, em caso de reincidência, poderá ter suas atividades suspensas temporária ou definitivamente, sem direito a qualquer indenização ou compensação por investimentos realizados.

§ 2º Se a instituição é particular, é proibida de estabelecer contratos ou convênios com entidades públicas, bem como se beneficiar de créditos oriundos de instituições governamentais ou daquelas em que o Estado é acionista, pelo prazo de cinco anos.

Art. 22. As instituições que deixarem de manter em arquivo relatórios dos transplantes realizados, conforme o disposto no artigo 3º, § 1º, ou que não enviarem os relatórios mencionados no artigo 3º, § 2º, ao órgão de gestão estadual do Sistema Único de Saúde, estão sujeitas a multa, de 100 a 200 dias-multa.

§ 1º Incorre na mesma pena o estabelecimento de saúde que deixar de fazer as notificações previstas no art. 13 desta Lei ou proibir, dificultar ou atrasar as hipóteses definidas em seu parágrafo único.

► § 1º com a redação dada pela Lei nº 11.521, de 18-9-2007.

§ 2º Em caso de reincidência, além de multa, o órgão de gestão estadual do Sistema Único de Saúde poderá determinar a desautorização temporária ou permanente da instituição.

Art. 23. Sujeita-se às penas do artigo 59 da Lei nº 4.117, de 27 de agosto de 1962, a empresa de comunicação social que veicular anúncio em desacordo com o disposto no artigo 11.

CAPÍTULO VI
DAS DISPOSIÇÕES FINAIS

Art. 24. VETADO.

Art. 25. Revogam-se as disposições em contrário, particularmente a Lei nº 8.489, de 18 de novembro de 1992, e o Decreto nº 879, de 22 de julho de 1993.

Brasília, 4 de fevereiro de 1997;
176º da Independência e
109º da República.

Fernando Henrique Cardoso

LEI Nº 9.447, DE 14 DE MARÇO DE 1997

Dispõe sobre a responsabilidade solidária de controladores de instituições submetidas aos regimes de que tratam a Lei nº 6.024, de 13 de março de 1974, e o Decreto-Lei nº 2.321, de 25 de fevereiro de 1987; sobre a indisponibilidade de seus bens; sobre a responsabilização das empresas de auditoria contábil ou dos auditores contábeis independentes; sobre privatização de instituições cujas ações sejam desapropriadas, na forma do Decreto-Lei nº 2.321, de 1987, e dá outras providências.

▸ Publicada no *DOU* de 15-3-1997.

Art. 1º A responsabilidade solidária dos controladores de instituições financeiras estabelecida no art. 15 do Decreto-Lei nº 2.321, de 25 de fevereiro de 1987, aplica-se, também, aos regimes de intervenção e liquidação extrajudicial de que trata a Lei nº 6.024, de 13 de março de 1974.

Art. 2º O disposto na Lei nº 6.024, de 1974, e no Decreto-Lei nº 2.321, de 1987, no que se refere à indisponibilidade de bens, aplica-se, também, aos bens das pessoas, naturais ou jurídicas, que detenham o controle, direto ou indireto das instituições submetidas aos regimes de intervenção, liquidação extrajudicial ou administração especial temporária.

§ 1º Objetivando assegurar a normalidade da atividade econômica e os interesses dos credores, o Banco Central do Brasil, por decisão de sua diretoria, poderá excluir da indisponibilidade os bens das pessoas jurídicas controladoras das instituições financeiras submetidas aos regimes especiais.

§ 2º Não estão sujeitos à indisponibilidade os bens considerados inalienáveis ou impenhoráveis, nos termos da legislação em vigor.

§ 3º A indisponibilidade não impede a alienação de controle, cisão, fusão ou incorporação da instituição submetida aos regimes de intervenção, liquidação extrajudicial ou administração especial temporária.

Art. 3º O inquérito de que trata o art. 41 da Lei nº 6.024, de 1974, compreende também a apuração dos atos praticados ou das omissões incorridas pelas pessoas naturais ou jurídicas prestadoras de serviços de auditoria independente às instituições submetidas aos regimes de intervenção, liquidação extrajudicial ou administração especial temporária.

Parágrafo único. Concluindo o inquérito que houve culpa ou dolo na atuação das pessoas de que trata o *caput*, aplicar-se-á o disposto na parte final do *caput* do art. 45 da Lei nº 6.024, de 1974.

Art. 4º O Banco Central do Brasil poderá, além das hipóteses previstas no art. 1º do Decreto-Lei nº 2.321, de 1987, decretar regime de administração especial temporária, quando caracterizada qualquer das situações previstas no art. 15 da Lei nº 6.024, de 1974.

Art. 5º Verificada a ocorrência de qualquer das hipóteses previstas nos arts. 2º e 15 da Lei nº 6.024, de 1974, e no art. 1º do Decreto-Lei nº 2.321, de 1987, é facultado ao Banco Central do Brasil, visando assegurar a normalidade da economia pública e resguardar os interesses dos depositantes, investidores e demais credores, sem prejuízo da posterior adoção dos regimes de intervenção, liquidação extrajudicial ou administração especial temporária, determinar as seguintes medidas:

I – capitalização da sociedade, com o aporte de recursos necessários ao seu soerguimento, em montante por ele fixado;

II – transferência do controle acionário;

III – reorganização societária, inclusive mediante incorporação, fusão ou cisão.

Parágrafo único. Não implementadas as medidas de que trata este artigo, no prazo estabelecido pelo Banco Central do Brasil, decretar-se-á o regime especial cabível.

Art. 6º No resguardo da economia pública e dos interesses dos depositantes e investidores, o interventor, o liquidante ou o conselho diretor da instituição submetida aos regimes de intervenção, liquidação extrajudicial ou administração especial temporária, quando prévia e expressamente autorizado pelo Banco Central do Brasil, poderá:

I – transferir para outra ou outras sociedades, isoladamente ou em conjunto, bens, direitos e obrigações da empresa ou de seus estabelecimentos;

II – alienar ou ceder bens e direitos a terceiros e acordar a assunção de obrigações por outra sociedade;

III – proceder à constituição ou reorganização de sociedade ou sociedades para as quais sejam transferidos, no todo ou em parte, bens, direitos e obrigações da instituição sob intervenção, liquidação extrajudicial ou administração especial temporária, objetivando a continuação geral ou parcial de seu negócio ou atividade.

Art. 7º A implementação das medidas previstas no artigo anterior e o encerramento, por qualquer forma, dos regimes de intervenção, liquidação extrajudicial ou administração especial temporária não prejudicarão:

I – o andamento do inquérito para apuração das responsabilidades dos controladores, administradores, membros dos conselhos da instituição e das pessoas naturais ou jurídicas prestadoras de serviços de auditoria independente às instituições submetidas aos regimes de que tratam a Lei nº 6.024, de 1974, e o Decreto-Lei nº 2.321, de 1987;

II – a legitimidade do Ministério Público para prosseguir ou propor as ações previstas nos arts. 45 e 46 da Lei nº 6.024, de 1974.

Art. 8º A intervenção e a liquidação extrajudicial de instituições financeiras poderão, também, a critério do Banco Central do Brasil, ser executadas por pessoa jurídica.

Art. 9º *Revogado.* Lei nº 13.506, de 13-11-2017.

Art. 10. A alienação do controle de instituições financeiras cujas ações sejam desapropriadas pela União, na forma do Decreto-Lei nº 2.321, de 1987, será feita mediante oferta pública, na forma de regulamento, assegurada igualdade de condições a todos os concorrentes.

§ 1º O decreto expropriatório fixará, em cada caso, o prazo para alienação do controle, o qual poderá ser prorrogado por igual período.

§ 2º Desapropriadas as ações, o regime de administração especial temporária prosseguirá, até que efetivada a transferência, pela União, do controle acionário da instituição.

Art. 11. As instituições financeiras cujas ações sejam desapropriadas pela União permanecerão, até a alienação de seu controle, para todos os fins, sob o regime jurídico próprio das empresas privadas.

Art. 12. Nos empréstimos realizados no âmbito do Programa de Estímulo à Reestruturação e ao Fortalecimento do Sistema Financeiro Nacional – PROER poderão ser aceitos, como garantia, títulos ou direitos relativos a operações de responsabilidade do Tesouro Nacional ou de entidades da Administração Pública Federal indireta.

Parágrafo único. Exceto nos casos em que as garantias sejam representadas por títulos da dívida pública mobiliária federal vendidos em leilões competitivos, o valor nominal das garantias deverá exceder em pelo menos vinte por cento o montante garantido.

Art. 13. Na hipótese de operações financeiras ao amparo do PROER, o Banco Central do Brasil informará, tempestivamente, à Comissão de Assuntos Econômicos do Senado Federal, em cada caso:

I – os motivos pelos quais a instituição financeira solicitou sua inclusão no Programa;

II – o valor da operação;

III – os dados comparativos entre os encargos financeiros cobrados no PROER e os encargos financeiros médios pagos pelo Banco Central do Brasil na colocação de seus títulos no mercado;

IV – as garantias aceitas e seu valor em comparação com o empréstimo concedido.

Art. 14. Os arts. 22 e 26 da Lei nº 6.385, de 7 de dezembro de 1976, passam a vigorar com as seguintes alterações:

► Alterações inseridas no texto da referida Lei.

Art. 15. Ficam convalidados os atos praticados com base na Medida Provisória nº 1.470-15, de 17 de janeiro de 1997.

Art. 16. Esta Lei entra em vigor na data de sua publicação.

Congresso Nacional, em 14 de março de 1997; 176º da Independência e 109º da República.

Antônio Carlos Magalhães

DECRETO Nº 2.181, DE 20 DE MARÇO DE 1997

Dispõe sobre a organização do Sistema Nacional de Defesa do Consumidor – SNDC, estabelece as normas gerais de aplicação das sanções administrativas previstas na Lei nº 8.078, de 11 de setembro de 1990, revoga o Decreto nº 861, de 9 de julho de 1993, e dá outras providências.

► Publicado no *DOU* de 21-3-1997.

Art. 1º Fica organizado o Sistema Nacional de Defesa do Consumidor – SNDC e estabelecidas as normas gerais de aplicação das sanções administrativas, nos termos da Lei nº 8.078, de 11 de setembro de 1990.

CAPÍTULO I

DO SISTEMA NACIONAL DE DEFESA DO CONSUMIDOR

Art. 2º Integram o SNDC a Secretaria Nacional do Consumidor do Ministério da Justiça e os demais órgãos federais, estaduais, do Distrito Federal, municipais e as entidades civis de defesa do consumidor.

► Artigo com a redação dada pelo Dec. nº 7.738, de 28-5-2012.

CAPÍTULO II

DA COMPETÊNCIA DOS ÓRGÃOS INTEGRANTES DO SNDC

Art. 3º Compete à Secretaria Nacional do Consumidor do Ministério da Justiça, a coordenação da política do Sistema Nacional de Defesa do Consumidor, cabendo-lhe:

► *Caput* com a redação dada pelo Dec. nº 7.738, de 28-5-2012.

I – planejar, elaborar, propor, coordenar e executar a política nacional de proteção e defesa do consumidor;

II – receber, analisar, avaliar e apurar consultas e denúncias apresentadas por entidades representativas ou pessoas jurídicas de direito público ou privado ou por consumidores individuais;

III – prestar aos consumidores orientação permanente sobre seus direitos e garantias;

IV – informar, conscientizar e motivar o consumidor, por intermédio dos diferentes meios de comunicação;

V – solicitar à polícia judiciária a instauração de inquérito para apuração de delito contra o consumidor, nos termos da legislação vigente;

VI – representar ao Ministério Público competente, para fins de adoção de medidas processuais, penais e civis, no âmbito de suas atribuições;

VII – levar ao conhecimento dos órgãos competentes as infrações de ordem administrativa que violarem os interesses difusos, coletivos ou individuais dos consumidores;

VIII – solicitar o concurso de órgãos e entidades da União, dos Estados, do Distrito Federal e dos Municípios, bem como auxiliar na fiscalização de preços, abastecimento, quantidade e segurança de produtos e serviços;

IX – incentivar, inclusive com recursos financeiros e outros programas especiais, a criação de órgãos públicos estaduais e municipais de defesa do consumidor e a formação, pelos cidadãos, de entidades com esse mesmo objetivo;

X – fiscalizar e aplicar as sanções administrativas previstas na Lei nº 8.078, de 1990, e em outras normas pertinentes à defesa do consumidor;

XI – solicitar o concurso de órgãos e entidades de notória especialização técnico-científica para a consecução de seus objetivos;

XII – celebrar convênios e termos de ajustamento de conduta, na forma do § 6º do art. 5º da Lei nº 7.347, de 24 de julho de 1985;

► Inciso XII com a redação dada pelo Dec. nº 7.738, de 28-5-2012.

XIII – elaborar e divulgar o cadastro nacional de reclamações fundamentadas contra fornecedores de produtos e serviços, a que se refere o artigo 44 da Lei nº 8.078, de 1990;

XIV – desenvolver outras atividades compatíveis com suas finalidades.

Art. 4º No âmbito de sua jurisdição e competência, caberá ao órgão estadual, do Distrito Federal e municipal de proteção e defesa do consumidor, criado, na forma da lei, especificamente para este fim, exercitar as atividades contidas nos incisos II a XII do artigo 3º deste Decreto e, ainda:

I – planejar, elaborar, propor, coordenar e executar a política estadual, do Distrito Federal e municipal de proteção e defesa do consumidor, nas suas respectivas áreas de atuação;

II – dar atendimento aos consumidores, processando, regularmente, as reclamações fundamentadas;

III – fiscalizar as relações de consumo;

IV – funcionar, no processo administrativo, como instância de instrução e julgamento, no âmbito de sua competência, dentro das regras fixadas pela Lei nº 8.078, de 1990, pela legislação complementar e por este Decreto;

V – elaborar e divulgar anualmente, no âmbito de sua competência, o cadastro de reclamações fundamentadas contra fornecedores de produtos e serviços, de que trata o art. 44 da Lei nº 8.078, de 1990 e remeter cópia à Secretaria Nacional do Consumidor do Ministério da Justiça;

► Inciso V com a redação dada pelo Dec. nº 7.738, de 28-5-2012.

VI – desenvolver outras atividades compatíveis com suas finalidades.

Art. 5º Qualquer entidade ou órgão da Administração Pública, federal, estadual e municipal, destinado à defesa dos interesses e direitos do consumidor, tem, no âmbito de suas respectivas competências, atribuição para apurar e punir infrações a este Decreto e à legislação das relações de consumo.

Parágrafo único. Se instaurado mais de um processo administrativo por pessoas jurídicas de direito público distintas, para apuração de infração decorrente de um mesmo fato imputado ao mesmo fornecedor, eventual conflito de competência será dirimido pela Secretaria Nacional do Consumidor do Ministério da Justiça e Segurança Pública, que poderá ouvir o Conselho Nacional de Defesa do Consumidor, considerada a competência federativa para legislar sobre a respectiva atividade econômica.

► Parágrafo único com a redação dada pelo Dec. nº 10.417, de 7-7-2020.

Art. 6º As entidades e órgãos da Administração Pública destinados à defesa dos interesses e direitos protegidos pelo Código de Defesa do Consumidor poderão celebrar compromissos de ajustamento de conduta às exigências legais, nos termos do § 6º do artigo 5º da Lei nº 7.347, de 1985, na órbita de suas respectivas competências.

§ 1º A celebração de termo de ajustamento de conduta não impede que outro, desde que mais vantajoso para o consumidor, seja lavrado por quaisquer das pessoas jurídicas de direito público integrantes do SNDC.

§ 2º A qualquer tempo, o órgão subscritor poderá, diante de novas informações ou se assim as circunstâncias o exigirem, retificar ou complementar o acordo firmado, determinando outras providências que se fizerem necessárias, sob pena de invalidade imediata do ato, dando-se seguimento ao procedimento administrativo eventualmente arquivado.

§ 3º O compromisso de ajustamento conterá, entre outras, cláusulas que estipulem condições sobre:

I – obrigação do fornecedor de adequar sua conduta às exigências legais, no prazo ajustado;

II – pena pecuniária, diária, pelo descumprimento do ajustado, levando-se em conta os seguintes critérios:

a) o valor global da operação investigada;

b) o valor do produto ou serviço em questão;

c) os antecedentes do infrator;

d) a situação econômica do infrator;

III – ressarcimento das despesas de investigação da infração e instrução do procedimento administrativo.

§ 4º A celebração do compromisso de ajustamento suspenderá o curso do processo administrativo, se instaurado, que somente será arquivado após atendidas todas as condições estabelecidas no respectivo termo.

Art. 7º Compete aos demais órgãos públicos federais, estaduais, do Distrito Federal e municipais que passarem a integrar o SNDC fiscalizar as relações de consumo, no âmbito de sua competência, e autuar, na forma da legislação, os responsáveis por práticas que violem os direitos do consumidor.

Art. 8º As entidades civis de proteção e defesa do consumidor, legalmente constituídas, poderão:

I – encaminhar denúncias aos órgãos públicos de proteção e defesa do consumidor, para as providências legais cabíveis;

II – representar o consumidor em juízo, observado o disposto no inciso IV do artigo 82 da Lei nº 8.078, de 1990;

III – exercer outras atividades correlatas.

CAPÍTULO III

DA FISCALIZAÇÃO, DAS PRÁTICAS INFRATIVAS E DAS PENALIDADES ADMINISTRATIVAS

Seção I

DA FISCALIZAÇÃO

Art. 9º A fiscalização das relações de consumo de que tratam a Lei nº 8.078, de 1990, este Decreto e as demais normas de defesa do consumidor será exercida em todo o território nacional pela Secretaria Nacional do Consumidor do Ministério da Justiça, pelos órgãos federais integrantes do Sistema Nacional de Defesa do Consumidor, pelos órgãos conveniados com a Secretaria e pelos órgãos de proteção e defesa do consumidor criados pelos Estados, Distrito Federal e Municípios, em suas respectivas áreas de atuação e competência.

► Artigo com a redação dada pelo Dec. nº 7.738, de 28-5-2012.

Art. 10. A fiscalização de que trata este Decreto será efetuada por agentes fiscais, oficialmente designados, vinculados aos respectivos órgãos de proteção e defesa do consumidor, no âmbito federal, estadual, do Distrito Federal e municipal, devidamente credenciados mediante Cédula de Identificação Fiscal, admitida a delegação mediante convênio.

Art. 11. Sem exclusão da responsabilidade dos órgãos que compõem o SNDC, os agentes de que trata o artigo anterior responderão pelos atos que praticarem quando investidos da ação fiscalizadora.

Seção II

DAS PRÁTICAS INFRATIVAS

Art. 12. São consideradas práticas infrativas:

I – condicionar o fornecimento de produto ou serviço ao fornecimento de outro produto ou serviço, bem como, sem justa causa, a limites quantitativos;

II – recusar atendimento às demandas dos consumidores na exata medida de sua disponibilidade de estoque e, ainda, de conformidade com os usos e costumes;

III – recusar, sem motivo justificado, atendimento à demanda dos consumidores de serviços;

IV – enviar ou entregar ao consumidor qualquer produto ou fornecer qualquer serviço, sem solicitação prévia;

V – prevalecer-se da fraqueza ou ignorância do consumidor, tendo em vista sua idade, saúde, conhecimento ou condição social, para impingir-lhe seus produtos ou serviços;

VI – exigir do consumidor vantagem manifestamente excessiva;

VII – executar serviços sem a prévia elaboração de orçamento e autorização expressa do consumidor, ressalvadas as decorrentes de práticas anteriores entre as partes;

VIII – repassar informação depreciativa referente a ato praticado pelo consumidor no exercício de seus direitos;

IX – colocar, no mercado de consumo, qualquer produto ou serviço:

a) em desacordo com as normas expedidas pelos órgãos oficiais competentes, ou, se normas específicas não existirem, pela Associação Brasileira de Normas Técnicas –

ABNT ou outra entidade credenciada pelo Conselho Nacional de Metrologia, Normalização e Qualidade Industrial - CONMETRO;

b) que acarrete risco à saúde ou à segurança dos consumidores e sem informações ostensivas e adequadas;

c) em desacordo com as indicações constantes do recipiente, da embalagem, da rotulagem ou mensagem publicitária, respeitadas as variações decorrentes de sua natureza;

d) impróprio ou inadequado ao consumo a que se destina ou que lhe diminua o valor;

X - deixar de reexecutar os serviços, quando cabível, sem custo adicional;

XI - deixar de estipular prazo para o cumprimento de sua obrigação ou deixar a fixação ou variação de seu termo inicial a seu exclusivo critério.

Art. 13. Serão consideradas, ainda, práticas infrativas, na forma dos dispositivos da Lei nº 8.078, de 1990:

I - ofertar produtos ou serviços sem as informações corretas, claras, precisas e ostensivas, em língua portuguesa, sobre suas características, qualidade, quantidade, composição, preço, condições de pagamento, juros, encargos, garantia, prazos de validade e origem, entre outros dados relevantes;

II - deixar de comunicar à autoridade competente a periculosidade do produto ou serviço, quando do lançamento dos mesmos no mercado de consumo, ou quando da verificação posterior da existência do risco;

III - deixar de comunicar aos consumidores, por meio de anúncios publicitários, a periculosidade do produto ou serviço, quando do lançamento dos mesmos no mercado de consumo, ou quando da verificação posterior da existência do risco;

IV - deixar de reparar os danos causados aos consumidores por defeitos decorrentes de projetos, fabricação, construção, montagem, manipulação, apresentação ou acondicionamento de seus produtos ou serviços, ou por informações insuficientes ou inadequadas sobre a sua utilização e risco;

V - deixar de empregar componentes de reposição originais, adequados e novos, ou que mantenham as especificações técnicas do fabricante, salvo se existir autorização em contrário do consumidor;

VI - deixar de cumprir a oferta, publicitária ou não, suficientemente precisa, ressalvada a incorreção retificada em tempo hábil ou exclusivamente atribuível ao veículo de comunicação, sem prejuízo, inclusive nessas duas hipóteses, do cumprimento forçado do anunciado ou do ressarcimento de perdas e danos sofridos pelo consumidor, assegurado o direito de regresso do anunciante contra seu segurador ou responsável direto;

VII - omitir, nas ofertas ou vendas eletrônicas, por telefone ou reembolso postal, o nome e endereço do fabricante ou do importador na embalagem, na publicidade e nos impressos utilizados na transação comercial;

VIII - deixar de cumprir, no caso de fornecimento de produtos e serviços, o regime de preços tabelados, congelados, administrados, fixados ou controlados pelo Poder Público;

IX - submeter o consumidor inadimplente a ridículo ou a qualquer tipo de constrangimento ou ameaça;

X - impedir ou dificultar o acesso gratuito do consumidor às informações existentes em cadastros, fichas, registros de dados pessoais e de consumo, arquivados sobre ele, bem como sobre as respectivas fontes;

XI - elaborar cadastros de consumo com dados irreais ou imprecisos;

XII - manter cadastros e dados de consumidores com informações negativas, divergentes da proteção legal;

XIII - deixar de comunicar, por escrito, ao consumidor a abertura de cadastro, ficha, registro de dados pessoais e de consumo, quando não solicitada por ele;

XIV - deixar de corrigir, imediata e gratuitamente, a inexatidão de dados e cadastros, quando solicitado pelo consumidor;

XV - deixar de comunicar ao consumidor, no prazo de cinco dias úteis, as correções cadastrais por ele solicitadas;

XVI - impedir, dificultar ou negar, sem justa causa, o cumprimento das declarações constantes de escritos particulares, recibos e pré-contratos concernentes às relações de consumo;

XVII - omitir em impressos, catálogos ou comunicações, impedir, dificultar ou negar a desistência contratual, no prazo de até sete dias a contar da assinatura do contrato ou do ato de recebimento do produto ou serviço, sempre que a contratação ocorrer fora do estabelecimento comercial, especialmente por telefone ou a domicílio;

XVIII - impedir, dificultar ou negar a devolução dos valores pagos, monetariamente atualizados, durante o prazo de reflexão, em caso de desistência do contrato pelo consumidor;

XIX - deixar de entregar o termo de garantia, devidamente preenchido com as informações previstas no parágrafo único do artigo 50 da Lei nº 8.078, de 1990;

XX - deixar, em contratos que envolvam vendas a prazo ou com cartão de crédito, de informar por escrito ao consumidor, prévia e adequadamente, inclusive nas comunicações publicitárias, o preço do produto ou do serviço em moeda corrente nacional, o montante dos juros de mora e da taxa efetiva anual de juros, os acréscimos legal e contratualmente previstos, o número e a periodicidade das prestações e, com igual destaque, a soma total a pagar, com ou sem financiamento;

XXI - deixar de assegurar a oferta de componentes e peças de reposição, enquanto não cessar a fabricação ou importação do produto, e, caso cessadas, de manter a oferta de componentes e peças de reposição por período razoável de tempo, nunca inferior à vida útil do produto ou serviço;

XXII - propor ou aplicar índices ou formas de reajuste alternativos, bem como fazê-lo em desacordo com aquele que seja legal ou contratualmente permitido;

XXIII - recusar a venda de produto ou a prestação de serviços, publicamente ofertados, diretamente a quem se dispõe a adquiri-los mediante pronto pagamento, ressalvados os casos regulados em leis especiais;

XXIV - deixar de trocar o produto impróprio, inadequado, ou de valor diminuído, por outro da mesma espécie, em perfeitas condições de uso, ou de restituir imediatamente a quantia paga, devidamente corrigida, ou fazer abatimento proporcional do preço, a critério do consumidor.

Art. 14. É enganosa qualquer modalidade de informação ou comunicação de caráter publicitário inteira ou parcialmente falsa, ou, por qualquer outro modo, mesmo por omissão, capaz de induzir a erro o consumidor a respeito da natureza, características, qualidade, quantidade, propriedade, origem, preço e de quaisquer outros dados sobre produtos ou serviços.

§ 1º É enganosa, por omissão, a publicidade que deixar de informar sobre dado essencial do produto ou serviço a ser colocado à disposição dos consumidores.

§ 2º É abusiva, entre outras, a publicidade discriminatória de qualquer natureza, que incite à violência, explore o medo ou a superstição, se aproveite da deficiência de julgamento e da inexperiência da criança, desrespeite valores ambientais, seja capaz de induzir o consumidor a se comportar de forma prejudicial ou perigosa à sua saúde ou segurança, ou que viole normas legais ou regulamentares de controle da publicidade.

§ 3º O ônus da prova da veracidade (não enganosidade) e da correção (não abusividade) da informação ou comunicação publicitária cabe a quem as patrocina.

Art. 15. Estando a mesma empresa sendo acionada em mais de um Estado federado pelo mesmo fato gerador de prática infrativa, a autoridade máxima do sistema estadual poderá remeter o processo ao órgão coordenador do SNDC, que apurará o fato e aplicará as sanções respectivas.

Art. 16. Nos casos de processos administrativos em trâmite em mais de um Estado, que envolvam interesses difusos ou coletivos, a Secretaria Nacional do Consumidor do Ministério da Justiça e Segurança Pública poderá avocá-los, ouvido o Conselho Nacional de Defesa do Consumidor, e as autoridades máximas dos sistemas estaduais.

▸ Artigo com a redação dada pelo Dec. nº 10.417, de 7-7-2020.

Art. 17. As práticas infrativas classificam-se em:

I – leves: aquelas em que forem verificadas somente circunstâncias atenuantes;

II – graves: aquelas em forem verificadas circunstâncias agravantes.

SEÇÃO III

DAS PENALIDADES ADMINISTRATIVAS

Art. 18. A inobservância das normas contidas na Lei nº 8.078, de 1990, e das demais normas de defesa do consumidor constituirá prática infrativa e sujeitará o fornecedor às seguintes penalidades, que poderão ser aplicadas isolada ou cumulativamente, inclusive de forma cautelar, antecedente ou incidente no processo administrativo, sem prejuízo das de natureza cível, penal e das definidas em normas específicas:

I – multa;

II – apreensão do produto;

III – inutilização do produto;

IV – cassação do registro do produto junto ao órgão competente;

V – proibição de fabricação do produto;

VI – suspensão de fornecimento de produtos ou serviços;

VII – suspensão temporária de atividade;

VIII – revogação de concessão ou permissão de uso;

IX – cassação de licença do estabelecimento ou de atividade;

X – interdição, total ou parcial, de estabelecimento, de obra ou de atividade;

XI – intervenção administrativa;

XII – imposição de contrapropaganda.

§ 1º Responderá pela prática infrativa, sujeitando-se às sanções administrativas previstas neste Decreto, quem por ação ou omissão lhe der causa, concorrer para sua prática ou dela se beneficiar.

§ 2º As penalidades previstas neste artigo serão aplicadas pelos órgãos oficiais integrantes do SNDC, sem prejuízo das atribuições do órgão normativo ou regulador da atividade, na forma da legislação vigente.

§ 3º As penalidades previstas nos incisos III a XI deste artigo sujeitam-se a posterior confirmação pelo órgão normativo ou regulador da atividade, nos limites de sua competência.

Art. 19. Toda pessoa física ou jurídica que fizer ou promover publicidade enganosa ou abusiva ficará sujeita à pena de multa, cumulada com aquelas previstas no artigo anterior, sem prejuízo da competência de outros órgãos administrativos.

Parágrafo único. Incide também nas penas deste artigo o fornecedor que:

a) deixar de organizar ou negar aos legítimos interessados os dados fáticos, técnicos e científicos que dão sustentação à mensagem publicitária;

b) veicular publicidade de forma que o consumidor não possa, fácil e imediatamente, identificá-la como tal.

Art. 20. Sujeitam-se à pena de multa os órgãos públicos que, por si ou suas empresas concessionárias, permissionárias ou sob qualquer outra forma de empreendimento, deixarem de fornecer serviços adequados, eficientes, seguros e, quanto aos essenciais, contínuos.

Art. 21. A aplicação da sanção prevista no inciso II do artigo 18 terá lugar quando os produtos forem comercializados em desacordo com as especificações técnicas estabelecidas em legislação própria, na Lei nº 8.078, de 1990, e neste Decreto.

§ 1º Os bens apreendidos, a critério da autoridade, poderão ficar sob a guarda do proprietário, responsável, preposto ou empregado que responda pelo gerenciamento do negócio, nomeado fiel depositário, mediante termo próprio, proibida a venda, utilização, substituição, subtração ou remoção, total ou parcial, dos referidos bens.

§ 2º A retirada de produto por parte da autoridade fiscalizadora não poderá incidir sobre quantidade superior àquela necessária à realização da análise pericial.

Art. 22. Será aplicada multa ao fornecedor de produtos ou serviços que, direta ou indiretamente, inserir, fizer circular ou utilizar-se de cláusula abusiva, qualquer que seja a modalidade do contrato de consumo, inclusive nas operações securitárias, bancárias, de crédito direto ao consumidor, depósito, poupança, mútuo ou financiamento, e especialmente quando:

I – impossibilitar, exonerar ou atenuar a responsabilidade do fornecedor por vícios de qualquer natureza dos produtos e serviços ou implicar renúncia ou disposição de direito do consumidor;

II – deixar de reembolsar ao consumidor a quantia já paga, nos casos previstos na Lei nº 8.078, de 1990;

III – transferir responsabilidades a terceiros;

IV – estabelecer obrigações consideradas iníquas ou abusivas, que coloquem o consumidor em desvantagem exagerada, incompatíveis com a boa-fé ou a equidade;

V – estabelecer inversão do ônus da prova em prejuízo do consumidor;

VI – determinar a utilização compulsória de arbitragem;

VII – impuser representante para concluir ou realizar outro negócio jurídico pelo consumidor;

VIII – deixar ao fornecedor a opção de concluir ou não o contrato, embora obrigando o consumidor;

IX – permitir ao fornecedor, direta ou indiretamente, variação unilateral do preço, juros, encargos, forma de pagamento ou atualização monetária;

X – autorizar o fornecedor a cancelar o contrato unilateralmente, sem que igual direito seja conferido ao consumidor, ou permitir, nos contratos de longa duração ou de trato sucessivo, o cancelamento sem justa causa e motivação, mesmo que dada ao consumidor a mesma opção;

XI – obrigar o consumidor a ressarcir os custos de cobrança de sua obrigação, sem que igual direito lhe seja conferido contra o fornecedor;

XII – autorizar o fornecedor a modificar unilateralmente o conteúdo ou a qualidade do contrato após sua celebração;

XIII – infringir normas ambientais ou possibilitar sua violação;

XIV – possibilitar a renúncia ao direito de indenização por benfeitorias necessárias;

XV – restringir direitos ou obrigações fundamentais à natureza do contrato, de tal modo a ameaçar o seu objeto ou o equilíbrio contratual;
XVI – onerar excessivamente o consumidor, considerando-se a natureza e o conteúdo do contrato, o interesse das partes e outras circunstâncias peculiares à espécie;
XVII – determinar, nos contratos de compra e venda mediante pagamento em prestações, ou nas alienações fiduciárias em garantia, a perda total das prestações pagas, em benefício do credor que, em razão do inadimplemento, pleitear a resilição do contrato e a retomada do produto alienado, ressalvada a cobrança judicial de perdas e danos comprovadamente sofridos;
XVIII – anunciar, oferecer ou estipular pagamento em moeda estrangeira, salvo nos casos previstos em lei;
XIX – cobrar multas de mora superiores a dois por cento, decorrentes de inadimplemento de obrigação no seu termo, conforme o disposto no § 1º do artigo 52 da Lei nº 8.078, de 1990, com a redação dada pela Lei nº 9.298, de 1º de agosto de 1996;
XX – impedir, dificultar ou negar ao consumidor a liquidação antecipada do débito, total ou parcialmente, mediante redução proporcional dos juros, encargos e demais acréscimos, inclusive seguro;
XXI – fizer constar do contrato alguma das cláusulas abusivas a que se refere o artigo 56 deste Decreto;
XXII – elaborar contrato, inclusive o de adesão, sem utilizar termos claros, caracteres ostensivos e legíveis, que permitam sua imediata e fácil compreensão, destacando-se as cláusulas que impliquem obrigação ou limitação dos direitos contratuais do consumidor, inclusive com a utilização de tipos de letra e cores diferenciados, entre outros recursos gráficos e visuais;
XXIII – que impeça a troca de produto impróprio, inadequado, ou de valor diminuído, por outro da mesma espécie, em perfeitas condições de uso, ou a restituição imediata da quantia paga, devidamente corrigida, ou fazer abatimento proporcional do preço, a critério do consumidor.

Parágrafo único. Dependendo da gravidade da infração prevista nos incisos dos artigos 12, 13 e deste artigo, a pena de multa poderá ser cumulada com as demais previstas no artigo 18, sem prejuízo da competência de outros órgãos administrativos.

Art. 23. Os serviços prestados e os produtos remetidos ou entregues ao consumidor, na hipótese prevista no inciso IV do artigo 12 deste Decreto, equiparam-se às amostras grátis, inexistindo obrigação de pagamento.

Art. 24. Para a imposição da pena e sua gradação, serão considerados:
I – as circunstâncias atenuantes e agravantes;
II – os antecedentes do infrator, nos termos do artigo 28 deste Decreto.

Art. 25. Consideram-se circunstâncias atenuantes:
I – a ação do infrator não ter sido fundamental para a consecução do fato;
II – ser o infrator primário;
III – ter o infrator adotado as providências pertinentes para minimizar ou de imediato reparar os efeitos do ato lesivo.

Art. 26. Consideram-se circunstâncias agravantes:
I – ser o infrator reincidente;
II – ter o infrator, comprovadamente, cometido a prática infrativa para obter vantagens indevidas;
III – trazer a prática infrativa consequências danosas à saúde ou à segurança do consumidor;
IV – deixar o infrator, tendo conhecimento do ato lesivo, de tomar as providências para evitar ou mitigar suas consequências;
V – ter o infrator agido com dolo;
VI – ocasionar a prática infrativa dano coletivo ou ter caráter repetitivo;
VII – ter a prática infrativa ocorrido em detrimento de menor de dezoito ou maior de sessenta anos ou de pessoas portadoras de deficiência física, mental ou sensorial, interditadas ou não;
VIII – dissimular-se a natureza ilícita do ato ou atividade;
IX – ser a conduta infrativa praticada aproveitando-se o infrator de grave crise econômica ou da condição cultural, social ou econômica da vítima, ou, ainda, por ocasião de calamidade.

Art. 27. Considera-se reincidência a repetição de prática infrativa, de qualquer natureza, às normas de defesa do consumidor, punida por decisão administrativa irrecorrível.

Parágrafo único. Para efeito de reincidência, não prevalece a sanção anterior, se entre a data da decisão administrativa definitiva e aquela da prática posterior houver decorrido período de tempo superior a cinco anos.

Art. 28. Observado o disposto no artigo 24 deste Decreto pela autoridade competente, a pena de multa será fixada considerando-se a gravidade da prática infrativa, a extensão do dano causado aos consumidores, a vantagem auferida com o ato infrativo e a condição econômica do infrator, respeitados os parâmetros estabelecidos no parágrafo único do artigo 57 da Lei nº 8.078, de 1990.

CAPÍTULO IV

DA DESTINAÇÃO DA MULTA E DA ADMINISTRAÇÃO DOS RECURSOS

Art. 29. A multa de que trata o inciso I do artigo 56 e *caput* do artigo 57 da Lei nº 8.078, de 1990, reverterá para o Fundo pertinente à pessoa jurídica de direito público que impuser a sanção, gerido pelo respectivo Conselho Gestor.

Parágrafo único. As multas arrecadadas pela União e órgãos federais reverterão para o Fundo de Direitos Difusos de que tratam a Lei nº 7.347, de 1985, e Lei nº 9.008, de 21 de março de 1995, gerido pelo Conselho Federal Gestor do Fundo de Defesa dos Direitos Difusos – CFDD.

Art. 30. As multas arrecadadas serão destinadas ao financiamento de projetos relacionados com os objetivos da Política Nacional de Relações de Consumo, com a defesa dos direitos básicos do consumidor e com a modernização administrativa dos órgãos públicos de defesa do consumidor, após aprovação pelo respectivo Conselho Gestor, em cada unidade federativa.

Art. 31. Na ausência de Fundos municipais, os recursos serão depositados no Fundo do respectivo Estado e, faltando este, no Fundo federal.

Parágrafo único. O Conselho Federal Gestor do Fundo de Defesa dos Direitos Difusos poderá apreciar e autorizar recursos para projetos especiais de órgãos e entidades federais, estaduais e municipais de defesa do consumidor.

Art. 32. Na hipótese de multa aplicada pelo órgão coordenador do SNDC nos casos previstos pelo artigo 15 deste Decreto, o Conselho Federal Gestor do FDD restituirá aos fundos dos Estados envolvidos o percentual de até oitenta por cento do valor arrecadado.

CAPÍTULO V
DO PROCESSO ADMINISTRATIVO

Seção I
DAS DISPOSIÇÕES GERAIS

Art. 33. As práticas infrativas às normas de proteção e defesa do consumidor serão apuradas em processo administrativo, que terá início mediante:

I – ato, por escrito, da autoridade competente;

II – lavratura de auto de infração;

III – reclamação.

§ 1º Antecedendo à instauração do processo administrativo, poderá a autoridade competente abrir investigação preliminar, cabendo, para tanto, requisitar dos fornecedores informações sobre as questões investigadas, resguardado o segredo industrial, na forma do disposto no § 4º do artigo 55 da Lei nº 8.078, de 1990.

§ 2º A recusa à prestação das informações ou o desrespeito às determinações e convocações dos órgãos do SNDC caracterizam desobediência, na forma do artigo 330 do Código Penal, ficando a autoridade administrativa com poderes para determinar a imediata cessação da prática, além da imposição das sanções administrativas e civis cabíveis.

Seção II
DA RECLAMAÇÃO

Art. 34. O consumidor poderá apresentar sua reclamação pessoalmente, ou por telegrama, carta, telex, fac-símile ou qualquer outro meio de comunicação, a quaisquer dos órgãos oficiais de proteção e defesa do consumidor.

Seção III
DOS AUTOS DE INFRAÇÃO, DE APREENSÃO E DO TERMO DE DEPÓSITO

Art. 35. Os Autos de Infração, de Apreensão e o Termo de Depósito deverão ser impressos, numerados em série e preenchidos de forma clara e precisa, sem entrelinhas, rasuras ou emendas, mencionando:

I – o Auto de Infração:

a) o local, a data e a hora da lavratura;

b) o nome, o endereço e a qualificação do autuado;

c) a descrição do fato ou do ato constitutivo da infração;

d) o dispositivo legal infringido;

e) a determinação da exigência e a intimação para cumpri-la ou impugná-la no prazo de dez dias;

f) a identificação do agente autuante, sua assinatura, a indicação do seu cargo ou função e o número de sua matrícula;

g) a designação do órgão julgador e o respectivo endereço;

h) a assinatura do autuado;

II – O Auto de Apreensão e o Termo de Depósito:

a) o local, a data e a hora da lavratura;

b) o nome, o endereço e a qualificação do depositário;

c) a descrição e a quantidade dos produtos apreendidos;

d) as razões e os fundamentos da apreensão;

e) o local onde o produto ficará armazenado;

f) a quantidade de amostra colhida para análise;

g) a identificação do agente autuante, sua assinatura, a indicação do seu cargo ou função e o número de sua matrícula;

h) a assinatura do depositário;

i) as proibições contidas no § 1º do artigo 21 deste Decreto.

Art. 36. Os Autos de Infração, de Apreensão e o Termo de Depósito serão lavrados pelo agente autuante que houver verificado a prática infrativa, preferencialmente no local onde foi comprovada a irregularidade.

Art. 37. Os Autos de Infração, de Apreensão e o Termo de Depósito serão lavrados em impresso próprio, composto de três vias, numeradas tipograficamente.

§ 1º Quando necessário, para comprovação de infração, os Autos serão acompanhados de laudo pericial.

§ 2º Quando a verificação do defeito ou vício relativo à qualidade, oferta e apresentação de produtos não depender de perícia, o agente competente consignará o fato no respectivo Auto.

Art. 38. A assinatura nos Autos de Infração, de Apreensão e no Termo de Depósito, por parte do autuado, ao receber cópias dos mesmos, constitui notificação, sem implicar confissão, para os fins do artigo 44 do presente Decreto.

Parágrafo único. Em caso de recusa do autuado em assinar os Autos de Infração, de Apreensão e o Termo de Depósito, o Agente competente consignará o fato nos Autos e no Termo, remetendo-os ao autuado por via postal, com Aviso de Recebimento (AR) ou outro procedimento equivalente, tendo os mesmos efeitos do *caput* deste artigo.

Seção IV
DA INSTAURAÇÃO DO PROCESSO ADMINISTRATIVO POR ATO DE AUTORIDADE COMPETENTE

Art. 39. O processo administrativo de que trata o artigo 33 deste Decreto poderá ser instaurado mediante reclamação do interessado ou por iniciativa da própria autoridade competente.

Parágrafo único. Na hipótese de a investigação preliminar não resultar em processo administrativo com base em reclamação apresentada por consumidor, deverá este ser informado sobre as razões do arquivamento pela autoridade competente.

Art. 40. O processo administrativo, na forma deste Decreto, deverá, obrigatoriamente, conter:

I – a identificação do infrator;

II – a descrição do fato ou ato constitutivo da infração;

III – os dispositivos legais infringidos;

IV – a assinatura da autoridade competente.

Art. 41. A autoridade administrativa poderá determinar, na forma de ato próprio, constatação preliminar da ocorrência de prática presumida.

Seção V
DA NOTIFICAÇÃO

Art. 42. A autoridade competente expedirá notificação ao infrator, fixando o prazo de dez dias, a contar da data de seu recebimento, para apresentar defesa, na forma do artigo 44 deste Decreto.

§ 1º A notificação, acompanhada de cópia da inicial do processo administrativo a que se refere o artigo 40, far-se-á:

I – pessoalmente ao infrator, seu mandatário ou preposto;

II – por carta registrada ao infrator, seu mandatário ou preposto, com Aviso de Recebimento (AR).

§ 2º Quando o infrator, seu mandatário ou preposto não puder ser notificado, pessoalmente ou por via postal, será feita a notificação por edital, a ser afixado nas dependências do órgão respectivo, em lugar público, pelo prazo de dez dias, ou divulgado, pelo menos uma vez, na imprensa oficial ou em jornal de circulação local.

Seção VI

DA IMPUGNAÇÃO E DO JULGAMENTO DO PROCESSO ADMINISTRATIVO

Art. 43. O processo administrativo decorrente de Auto de Infração, de ato de ofício de autoridade competente, ou de reclamação será instruído e julgado na esfera de atribuição do órgão que o tiver instaurado.

Art. 44. O infrator poderá impugnar o processo administrativo, no prazo de dez dias, contados processualmente de sua notificação, indicando em sua defesa:

I – a autoridade julgadora a quem é dirigida;

II – a qualificação do impugnante;

III – as razões de fato e de direito que fundamentam a impugnação;

IV – as provas que lhe dão suporte.

Art. 45. Decorrido o prazo da impugnação, o órgão julgador determinará as diligências cabíveis, podendo dispensar as meramente protelatórias ou irrelevantes, sendo-lhe facultado requisitar do infrator, de quaisquer pessoas físicas ou jurídicas, órgãos ou entidades públicas as necessárias informações, esclarecimentos ou documentos, a serem apresentados no prazo estabelecido.

Art. 46. A decisão administrativa conterá relatório dos fatos, o respectivo enquadramento legal e, se condenatória, a natureza e gradação da pena.

§ 1º A autoridade administrativa competente, antes de julgar o feito, apreciará a defesa e as provas produzidas pelas partes, não estando vinculada ao relatório de sua consultoria jurídica ou órgão similar, se houver.

§ 2º Julgado o processo e fixada a multa, será o infrator notificado para efetuar seu recolhimento no prazo de dez dias ou apresentar recurso.

§ 3º Em caso de provimento do recurso, os valores recolhidos serão devolvidos ao recorrente na forma estabelecida pelo Conselho Gestor do Fundo.

Art. 47. Quando a cominação prevista for a contrapropaganda, o processo poderá ser instruído com indicações técnico-publicitárias, das quais se intimará o autuado, obedecidas, na execução da respectiva decisão, as condições constantes do § 1º do artigo 60 da Lei nº 8.078, de 1990.

Seção VII

DAS NULIDADES

Art. 48. A inobservância de forma não acarretará a nulidade do ato, se não houver prejuízo para a defesa.

Parágrafo único. A nulidade prejudica somente os atos posteriores ao ato declarado nulo e dele diretamente dependentes ou de que sejam consequência, cabendo à autoridade que a declarar indicar tais atos e determinar o adequado procedimento saneador, se for o caso.

Seção VIII

DOS RECURSOS ADMINISTRATIVOS

Art. 49. Das decisões da autoridade competente do órgão público que aplicou a sanção caberá recurso, sem efeito suspensivo, no prazo de dez dias, contados da data da intimação da decisão, a seu superior hierárquico, que proferirá decisão definitiva.

Parágrafo único. No caso de aplicação de multas, o recurso será recebido, com efeito suspensivo, pela autoridade superior.

Art. 50. Quando o processo tramitar no âmbito do Departamento de Proteção e Defesa do Consumidor, o julgamento do feito será de responsabilidade do Diretor daquele órgão, cabendo recurso ao titular da Secretaria Nacional do Consumidor, no prazo de dez dias, contado da data da intimação da decisão, como segunda e última instância recursal.

► Artigo com a redação dada pelo Dec. nº 7.738, de 28-5-2012.

Art. 51. Não será conhecido o recurso interposto fora dos prazos e condições estabelecidos neste Decreto.

Art. 52. Sendo julgada insubsistente a infração, a autoridade julgadora recorrerá à autoridade imediatamente superior, nos termos fixados nesta Seção, mediante declaração na própria decisão.

Art. 53. A decisão é definitiva quando não mais couber recurso, seja de ordem formal ou material.

Art. 54. Todos os prazos referidos nesta Seção são preclusivos.

Seção IX

DA INSCRIÇÃO NA DÍVIDA ATIVA

Art. 55. Não sendo recolhido o valor da multa em trinta dias, será o débito inscrito em dívida ativa do órgão que houver aplicado a sanção, para subsequente cobrança executiva.

CAPÍTULO VI

DO ELENCO DE CLÁUSULAS ABUSIVAS E DO CADASTRO DE FORNECEDORES

Seção I

DO ELENCO DE CLÁUSULAS ABUSIVAS

Art. 56. Na forma do art. 51 da Lei nº 8.078, de 1990, e com o objetivo de orientar o Sistema Nacional de Defesa do Consumidor, a Secretaria Nacional do Consumidor divulgará, anualmente, elenco complementar de cláusulas contratuais consideradas abusivas, notadamente para o fim de aplicação do disposto no inciso IV do *caput* do art. 22.

► *Caput* com a redação dada pelo Dec. nº 7.738, de 28-5-2012.

§ 1º Na elaboração do elenco referido no *caput* e posteriores inclusões, a consideração sobre a abusividade de cláusulas contratuais se dará de forma genérica e abstrata.

§ 2º O elenco de cláusulas consideradas abusivas tem natureza meramente exemplificativa, não impedindo que outras, também, possam vir a ser assim consideradas pelos órgãos da Administração Pública incumbidos da defesa dos interesses e direitos protegidos pelo Código de Defesa do Consumidor e legislação correlata.

§ 3º A apreciação sobre a abusividade de cláusulas contratuais, para fins de sua inclusão no elenco a que se refere o *caput* deste artigo, se dará de ofício ou por provocação dos legitimados referidos no artigo 82 da Lei nº 8.078, de 1990.

Seção II

DO CADASTRO DE FORNECEDORES

Art. 57. Os cadastros de reclamações fundamentadas contra fornecedores constituem instrumento essencial de defesa e orientação dos consumidores, devendo os órgãos públicos competentes assegurar sua publicidade, confiabilidade e continuidade, nos termos do artigo 44 da Lei nº 8.078, de 1990.

Art. 58. Para os fins deste Decreto, considera-se:

I – cadastro: o resultado dos registros feitos pelos órgãos públicos de defesa do consumidor de todas as reclamações fundamentadas contra fornecedores;

II – reclamação fundamentada: a notícia de lesão ou ameaça a direito de consumidor analisada por órgão público de defesa do consumidor, a requerimento ou de ofício, considerada procedente, por decisão definitiva.

Art. 59. Os órgãos públicos de defesa do consumidor devem providenciar a divulgação periódica dos cadastros atualizados de reclamações fundamentadas contra fornecedores.

§ 1º O cadastro referido no *caput* deste artigo será publicado, obrigatoriamente, no órgão de imprensa oficial local, devendo a entidade responsável dar-lhe a maior publicidade possível por meio dos órgãos de comunicação, inclusive eletrônica.

§ 2º O cadastro será divulgado anualmente, podendo o órgão responsável fazê-lo em período menor, sempre que julgue necessário, e conterá informações objetivas, claras e verdadeiras sobre o objeto da reclamação, a identificação do fornecedor e o atendimento ou não da reclamação pelo fornecedor.

§ 3º Os cadastros deverão ser atualizados permanentemente, por meio das devidas anotações, não podendo conter informações negativas sobre fornecedores, referentes a período superior a cinco anos, contado da data da intimação da decisão definitiva.

Art. 60. Os cadastros de reclamações fundamentadas contra fornecedores são considerados arquivos públicos, sendo informações e fontes a todos acessíveis, gratuitamente, vedada a utilização abusiva ou, por qualquer outro modo, estranha à defesa e orientação dos consumidores, ressalvada a hipótese de publicidade comparativa.

Art. 61. O consumidor ou fornecedor poderá requerer, em cinco dias a contar da divulgação do cadastro e mediante petição fundamentada, a retificação de informação inexata que nele conste, bem como a inclusão de informação omitida, devendo a autoridade competente, no prazo de dez dias úteis, pronunciar-se, motivadamente, pela procedência ou improcedência do pedido.

Parágrafo único. No caso de acolhimento do pedido, a autoridade competente providenciará, no prazo deste artigo, a retificação ou inclusão de informação e sua divulgação, nos termos do § 1º do artigo 59 deste Decreto.

Art. 62. Os cadastros específicos de cada órgão público de defesa do consumidor serão consolidados em cadastros gerais, nos âmbitos federal e estadual, aos quais se aplica o disposto nos artigos desta Seção.

CAPÍTULO VII
DAS DISPOSIÇÕES GERAIS

Art. 63. Com base na Lei nº 8.078, de 1990, e legislação complementar, a Secretaria Nacional do Consumidor poderá expedir atos administrativos, visando à fiel observância das normas de proteção e defesa do consumidor.

► Artigo com a redação dada pelo Dec. nº 7.738, de 28-5-2012.

Art. 64. Poderão ser lavrados Autos de Comprovação ou Constatação, a fim de estabelecer a situação real de mercado, em determinado lugar e momento, obedecido o procedimento adequado.

Art. 65. Em caso de impedimento à aplicação do presente Decreto, ficam as autoridades competentes autorizadas a requisitar o emprego de força policial.

Art. 66. Este Decreto entra em vigor na data de sua publicação.

Art. 67. Fica revogado o Decreto nº 861, de 9 de julho de 1993.

Brasília, 20 de março de 1997;
176º da Independência e
109º da República.

Fernando Henrique Cardoso

LEI Nº 9.454, DE 7 DE ABRIL DE 1997

Institui o número único de Registro de Identidade Civil e dá outras providências.

► Publicada no *DOU* de 8-4-1997.

Art. 1º É instituído o número único de Registro de Identidade Civil, pelo qual cada cidadão brasileiro, nato ou naturalizado, será identificado em suas relações com a sociedade e com os organismos governamentais e privados.

► *Caput* com a redação dada pela Lei nº 12.058, de 13-10-2009.

Parágrafo único. VETADO.

I a III – VETADOS.

Art. 2º É instituído o Cadastro Nacional de Registro de Identificação Civil, destinado a conter o número único de Registro de Identidade Civil, acompanhado dos dados de identificação de cada cidadão.

► Artigo com a redação dada pela Lei nº 12.058, de 13-10-2009.

Art. 3º O Poder Executivo definirá a entidade que centralizará as atividades de implementação, coordenação e controle do Cadastro Nacional de Registro de Identificação Civil, que se constituirá em órgão central do Sistema Nacional de Registro de Identificação Civil.

§ 1º Fica a União autorizada a firmar convênio com os Estados e o Distrito Federal para a implementação do número único de registro de identificação civil.

§ 2º Os Estados e o Distrito Federal, signatários do convênio, participarão do Sistema Nacional de Registro de Identificação Civil e ficarão responsáveis pela operacionalização e atualização, nos respectivos territórios, do Cadastro Nacional de Registro de Identificação Civil, em regime de compartilhamento com o órgão central, a quem caberá disciplinar a forma de compartilhamento a que se refere este parágrafo.

► §§ 1º e 2º com a redação dada pela Lei nº 12.058, de 13-10-2009.

§ 3º *Revogado.* Lei nº 12.058, de 13-10-2009.

Art. 4º Será incluída, na proposta orçamentária do órgão central do sistema, a provisão de meios necessários, acompanhada do cronograma de implementação e manutenção do sistema.

Art. 5º O Poder Executivo providenciará, no prazo de cento e oitenta dias, a regulamentação desta Lei e, no prazo de trezentos e sessenta dias, o início de sua implementação.

Art. 6º *Revogado.* Lei nº 12.058, de 13-10-2009.

Art. 7º Esta Lei entra em vigor na data de sua publicação.

Art. 8º Revogam-se as disposições em contrário.

Brasília, 7 de abril de 1997;
176º da Independência e
109º da República.

Fernando Henrique Cardoso

LEI Nº 9.469, DE 10 DE JULHO DE 1997

Regulamenta o disposto no inciso VI do art. 4º da Lei Complementar nº 73, de 10 de fevereiro de 1993; dispõe sobre a intervenção da União nas causas em que figurarem, como autores ou réus, entes da administração indireta; regula os pagamentos devidos pela Fazenda Pública em virtude de sentença judiciária; revoga a Lei nº 8.197, de 27 de junho de 1991, e a Lei nº 9.081, de 19 de julho de 1995, e dá outras providências.

► Publicada no *DOU* de 11-7-1997.

Art. 1º O Advogado-Geral da União, diretamente ou mediante delegação, e os dirigentes máximos das empresas públicas federais, em conjunto com o dirigente estatutário da área afeta ao assunto, poderão autorizar a realização de acordos ou transações para prevenir ou terminar litígios, inclusive os judiciais.

§ 1º Poderão ser criadas câmaras especializadas, compostas por servidores públicos ou empregados públicos efetivos, com o objetivo de analisar e formular propostas de acordos ou transações.

§ 2º *Revogado.* Lei nº 12.348, de 15-12-2010.

§ 3º Regulamento disporá sobre a forma de composição das câmaras de que trata o § 1º, que deverão ter como integrante pelo menos um membro efetivo da Advocacia-Geral da União ou, no caso das empresas públicas, um assistente jurídico ou ocupante de função equivalente.

§ 4º Quando o litígio envolver valores superiores aos fixados em regulamento, o acordo ou a transação, sob pena de nulidade, dependerá de prévia e expressa autorização do Advogado-Geral da União e do Ministro de Estado a cuja área de competência estiver afeto o assunto, ou ainda do Presidente da Câmara dos Deputados, do Senado Federal, do Tribunal de Contas da União, de Tribunal ou Conselho, ou do Procurador-Geral da República, no caso de interesse dos órgãos dos Poderes Legislativo e Judiciário ou do Ministério Público da União, excluídas as empresas públicas federais não dependentes, que necessitarão apenas de prévia e expressa autorização dos dirigentes de que trata o *caput*.

§ 5º Na transação ou acordo celebrado diretamente pela parte ou por intermédio de procurador para extinguir ou encerrar processo judicial, inclusive os casos de extensão administrativa de pagamentos postulados em juízo, as partes poderão definir a responsabilidade de cada uma pelo pagamento dos honorários dos respectivos advogados.

Art. 1º-A. O Advogado-Geral da União poderá dispensar a inscrição de crédito, autorizar o não ajuizamento de ações e a não interposição de recursos, assim como o requerimento de extinção das ações em curso ou de desistência dos respectivos recursos judiciais, para cobrança de créditos da União e das autarquias e fundações públicas federais, observados os critérios de custos de administração e cobrança.

Parágrafo único. O disposto neste artigo não se aplica à Dívida Ativa da União e aos processos em que a União seja autora, ré, assistente ou opoente cuja representação judicial seja atribuída à Procuradoria-Geral da Fazenda Nacional.

Art. 1º-B. Os dirigentes máximos das empresas públicas federais poderão autorizar a não propositura de ações e a não interposição de recursos, assim como o requerimento de extinção das ações em curso ou de desistência dos respectivos recursos judiciais, para cobrança de créditos, atualizados, de valor igual ou inferior a R$ 10.000,00 (dez mil reais), em que interessadas essas entidades na qualidade de autoras, rés, assistentes ou opoentes, nas condições aqui estabelecidas.

► *Caput* com a redação dada pela Lei nº 11.941, de 27-5-2009.

Parágrafo único. Quando a causa envolver valores superiores ao limite fixado neste artigo, o disposto no *caput*, sob pena de nulidade, dependerá de prévia e expressa autorização do Ministro de Estado ou do titular da Secretaria da Presidência da República a cuja área de competência estiver afeto o assunto, excluído o caso das empresas públicas não dependentes que necessitarão apenas de prévia e expressa autorização de seu dirigente máximo.

► Parágrafo único acrescido pela Lei nº 11.941, de 27-5-2009.

Art. 1º-C. Verificada a prescrição do crédito, o representante judicial da União, das autarquias e fundações públicas federais não efetivará a inscrição em dívida ativa dos créditos, não procederá ao ajuizamento, não recorrerá e desistirá dos recursos já interpostos.

Art. 2º O Procurador-Geral da União, o Procurador-Geral Federal, o Procurador-Geral do Banco Central do Brasil e os dirigentes das empresas públicas federais mencionadas no *caput* do art. 1º poderão autorizar, diretamente ou mediante delegação, a realização de acordos para prevenir ou terminar, judicial ou extrajudicialmente, litígio que envolver valores inferiores aos fixados em regulamento.

§ 1º No caso das empresas públicas federais, a delegação é restrita a órgão colegiado formalmente constituído, composto por pelo menos um dirigente estatutário.

§ 2º O acordo de que trata o *caput* poderá consistir no pagamento do débito em parcelas mensais e sucessivas, até o limite máximo de sessenta.

§ 3º O valor de cada prestação mensal, por ocasião do pagamento, será acrescido de juros equivalentes à taxa referencial do Sistema Especial de Liquidação e de Custódia – SELIC para títulos federais, acumulada mensalmente, calculados a partir do mês subsequente ao da consolidação até o mês anterior ao do pagamento e de um por cento relativamente ao mês em que o pagamento estiver sendo efetuado.

§ 4º Inadimplida qualquer parcela, após trinta dias, instaurar-se-á o processo de execução ou nele prosseguir-se-á, pelo saldo.

Art. 3º As autoridades indicadas no *caput* do art. 1º poderão concorda com pedido de desistência da ação, nas causas de quaisquer valores desde que o autor renuncie expressamente ao direito sobre que se funda a ação (art. 269, inciso V, do Código de Processo Civil).

► Refere-se ao CPC/1973.

Parágrafo único. Quando a desistência de que trata este artigo decorrer de prévio requerimento do autor dirigido à administração pública federal para apreciação de pedido administrativo com o mesmo objeto da ação, esta não poderá negar o seu deferimento exclusivamente em razão da renúncia prevista no *caput* deste artigo.

► Parágrafo único acrescido pela Lei nº 11.941, de 27-5-2009.

Art. 4º Não havendo Súmula da Advocacia-Geral da União (arts. 4º, inciso XII, e 43, da Lei Complementar nº 73, de 1993), o Advogado-Geral da União poderá dispensar a propositura de ações ou a interposição de recursos judiciais quando a controvérsia jurídica estiver sendo iterativamente decidida pelo Supremo Tribunal Federal ou pelos Tribunais Superiores.

Art. 4º-A. O termo de ajustamento de conduta, para prevenir ou terminar litígios, nas hipóteses que envolvam interesse público da União, suas autarquias e fundações, firmado pela Advocacia- Geral da União, deverá conter:

I – a descrição das obrigações assumidas;

II – o prazo e o modo para o cumprimento das obrigações;

III – a forma de fiscalização da sua observância;

IV – os fundamentos de fato e de direito; e

V – a previsão de multa ou de sanção administrativa, no caso de seu descumprimento.

Parágrafo único. A Advocacia-Geral da União poderá solicitar aos órgãos e entidades públicas federais manifestação sobre a viabilidade técnica, operacional e financeira das obrigações a serem assumidas em termo de ajustamento de conduta, cabendo ao Advogado-Geral da União a decisão final quanto à sua celebração.

Art. 5º A União poderá intervir nas causas em que figurarem, como autoras ou rés, autarquias, fundações públicas, sociedades de economia mista e empresas públicas federais.

Parágrafo único. As pessoas jurídicas de direito público poderão, nas causas cuja decisão possa ter reflexos, ainda que indiretos, de natureza econômica, intervir, independentemente da demonstração de interesse jurídico, para esclarecer questões de fato e de direito, podendo juntar documentos e memoriais reputados úteis ao exame da matéria e, se for o caso, recorrer, hipótese em que, para fins de deslocamento de competência, serão consideradas partes.

Art. 6º Os pagamentos devidos pela Fazenda Pública federal, estadual ou municipal e pelas autarquias e fundações públicas, em virtude de sentença judiciária, far-se-ão, exclusivamente, na ordem cronológica da apresentação dos precatórios judiciários e à conta do respectivo crédito.

§ 1º É assegurado o direito de preferência aos credores de obrigação de natureza alimentícia, obedecida, entre eles, a ordem cronológica de apresentação dos respectivos precatórios judiciários.

► Antigo parágrafo único renumerado para § 1º pela Medida Provisória nº 2.226, de 4-9-2001, que até o encerramento desta edição não havia sido convertida em Lei.

§ 2º O acordo ou a transação celebrada diretamente pela parte ou por intermédio de procurador para extinguir ou encerrar processo judicial, inclusive nos casos de extensão administrativa de pagamentos postulados em juízo, implicará sempre a responsabilidade de cada uma das partes pelo pagamento dos honorários de seus respectivos advogados, mesmo que tenham sido objeto de condenação transitada em julgado.

► § 2º acrescido pela Medida Provisória nº 2.226, de 4-9-2001, que até o encerramento desta edição não havia sido convertida em Lei.

Art. 7º *Revogado.* Lei nº 11.941, de 27-5-2009.

Art. 7º-A. As competências previstas nesta Lei aplicam-se concorrentemente àquelas específicas existentes na legislação em vigor em relação às autarquias, às fundações e às empresas públicas federais não dependentes.

Art. 8º Aplicam-se as disposições desta Lei, no que couber, às ações propostas e aos recursos interpostos pelas entidades legalmente sucedidas pela União.

Art. 9º A representação judicial das autarquias e fundações públicas por seus procuradores ou advogados, ocupantes de cargos efetivos dos respectivos quadros, independe da apresentação do instrumento de mandato.

Art. 10. Aplica-se às autarquias e fundações públicas o disposto nos arts. 188 e 475, *caput*, e no seu inciso II, do Código de Processo Civil.

► Refere-se ao CPC/1973.

Art. 10-A. Ficam convalidados os acordos ou transações, em juízo, para terminar o litígio, realizados pela União ou pelas autarquias, fundações ou empresas públicas federais não dependentes durante o período de vigência da Medida Provisória nº 449, de 3 de dezembro de 2008, que estejam de acordo com o disposto nesta Lei.

Art. 11. Ficam convalidados os atos praticados com base na Medida Provisória nº 1.561-5, de 15 de maio de 1997.

Art. 12. Revogam-se a Lei nº 8.197, de 27 de junho de 1991, e a Lei nº 9.081, de 19 de julho de 1995.

Art. 13. Esta Lei entra em vigor na data de sua publicação.

Congresso Nacional, 10 de julho de 1997;
176º da Independência e
109º da República.

Senador Antonio Carlos Magalhães

LEI Nº 9.492, DE 10 DE SETEMBRO DE 1997

Define competência, regulamenta os serviços concernentes ao protesto de títulos e outros documentos de dívida e dá outras providências.

► Publicada no *DOU* de 11-9-1997.

CAPÍTULO I
DA COMPETÊNCIA E DAS ATRIBUIÇÕES

Art. 1º Protesto é o ato formal e solene pelo qual se prova a inadimplência e o descumprimento de obrigação originada em títulos e outros documentos de dívida.

► Art. 202, III, do CC.

Parágrafo único. Incluem-se entre os títulos sujeitos a protesto as certidões de dívida ativa da União, dos Estados, do Distrito Federal, dos Municípios e das respectivas autarquias e fundações públicas.

► Parágrafo único acrescido pela Lei nº 12.767, de 27-12-2012.

► Arts. 887 a 926 do CC.

Art. 2º Os serviços concernentes ao protesto, garantidores da autenticidade, publicidade, segurança e eficácia dos atos jurídicos, ficam sujeitos ao regime estabelecido nesta Lei.

Art. 3º Compete privativamente ao Tabelião de Protesto de Títulos, na tutela dos interesses públicos e privados, a protocolização, a intimação, o acolhimento da devolução ou do aceite, o recebimento do pagamento, do título e de outros documentos de dívida, bem como lavrar e registrar o protesto ou acatar a desistência do credor em relação ao mesmo, proceder às averbações, prestar informações e fornecer certidões relativas a todos os atos praticados, na forma desta Lei.

CAPÍTULO II
DA ORDEM DOS SERVIÇOS

Art. 4º O atendimento ao público será, no mínimo, de seis horas diárias.

Art. 5º Todos os documentos apresentados ou distribuídos no horário regulamentar serão protocolizados dentro de vinte e quatro horas, obedecendo à ordem cronológica de entrega.

Parágrafo único. Ao apresentante será entregue recibo com as características essenciais do título ou documento da dívida, sendo de sua responsabilidade os dados fornecidos.

Art. 6º Tratando-se de cheque, poderá o protesto ser lavrado no lugar do pagamento ou do domicílio do emitente, devendo do referido cheque constar a prova de apresentação ao Banco sacado, salvo se o protesto tenha por fim instruir medidas pleiteadas contra o estabelecimento de crédito.

CAPÍTULO III
DA DISTRIBUIÇÃO

Art. 7º Os títulos e documentos de dívida destinados a protesto somente estarão sujeitos a prévia distribuição obrigatória nas localidades onde houver mais de um Tabelionato de Protesto de Títulos.

Parágrafo único. Onde houver mais de um Tabelionato de Protesto de Títulos, a distribuição será feita por um serviço instalado e mantido pelos próprios tabelionatos, salvo se já existir ofício distribuidor organizado antes da promulgação desta Lei.

Art. 8º Os títulos e documentos de dívida serão recepcionados, distribuídos e entregues na mesma data aos Tabelionatos de Protesto, obedecidos os critérios de quantidade e qualidade.

§ 1º Poderão ser recepcionadas as indicações a protestos das Duplicatas Mercantis e de Prestação de Serviços, por meio magnético ou de gravação eletrônica de dados, sendo de inteira responsabilidade do apresentante os dados fornecidos, ficando a cargo dos Tabelionatos a mera instrumentalização das mesmas.

► Paragrafo único transformado em § 1º pela Lei nº 13.775, de 20-12-2018.

§ 2º Os títulos e documentos de dívida mantidos sob a forma escritural nos sistemas eletrônicos de escrituração ou nos depósitos centralizados de que trata a Lei nº 12.810, de 15 de maio de 2013, poderão ser recepcionados para protesto por extrato, desde que atestado por seu emitente, sob as penas da lei, que as informações conferem com o que consta na origem.

► § 2º acrescido pela Lei nº 13.775, de 20-12-2018.

CAPÍTULO IV
DA APRESENTAÇÃO E PROTOCOLIZAÇÃO

Art. 9º Todos os títulos e documentos de dívida protocolizados serão examinados em seus caracteres formais e terão curso se não apresentarem vícios, não cabendo ao tabelião de protesto investigar a ocorrência de prescrição ou caducidade.

Parágrafo único. Qualquer irregularidade formal observada pelo tabelião obstará o registro do protesto.

Art. 10. Poderão ser protestados títulos e outros documentos de dívida em moeda estrangeira, emitidos fora do Brasil, desde que acompanhados de tradução efetuada por tradutor público juramentado.

§ 1º Constarão obrigatoriamente do registro do protesto a descrição do documento e sua tradução.

§ 2º Em caso de pagamento, este será efetuado em moeda corrente nacional, cumprindo ao apresentante a conversão na data de apresentação do documento para protesto.

§ 3º Tratando-se de títulos ou documentos de dívidas emitidos no Brasil, em moeda estrangeira, cuidará o Tabelião de observar as disposições do Decreto-Lei nº 857, de 11 de setembro de 1969, e legislação complementar ou superveniente.

Art. 11. Tratando-se de títulos ou documentos de dívida sujeitos a qualquer tipo de correção, o pagamento será feito pela conversão vigorante no dia da apresentação, no valor indicado pelo apresentante.

CAPÍTULO V
DO PRAZO

Art. 12. O protesto será registrado dentro de três dias úteis contados da protocolização do título ou documento de dívida.

► Art. 305 do CPC.

§ 1º Na contagem do prazo a que se refere o *caput* exclui-se o dia da protocolização e inclui-se o do vencimento.

§ 2º Considera-se não útil o dia em que não houver expediente bancário para o público ou aquele em que este não obedecer ao horário normal.

Art. 13. Quando a intimação for efetivada excepcionalmente no último dia do prazo ou além dele, por motivo de força maior, o protesto será tirado no primeiro dia útil subsequente.

CAPÍTULO VI
DA INTIMAÇÃO

Art. 14. Protocolizado o título ou documento de dívida, o Tabelião de Protesto expedirá a intimação ao devedor, no endereço fornecido pelo apresentante do título ou documento, considerando-se cumprida quando comprovada a sua entrega no mesmo endereço.

§ 1º A remessa da intimação poderá ser feita por portador do próprio tabelião, ou por qualquer outro meio, desde que o recebimento fique assegurado e comprovado através de protocolo, aviso de recepção (AR) ou documento equivalente.

§ 2º A intimação deverá conter nome e endereço do devedor, elementos de identificação do título ou documento de dívida, e prazo limite para cumprimento da obrigação no Tabelionato, bem como número do protocolo e valor a ser pago.

Art. 15. A intimação será feita por edital se a pessoa indicada para aceitar ou pagar for desconhecida, sua localização incerta ou ignorada, for residente ou domiciliada fora da competência territorial do Tabelionato, ou, ainda, ninguém se dispuser a receber a intimação no endereço fornecido pelo apresentante.

§ 1º O edital será afixado no Tabelionato de Protesto e publicado pela imprensa local onde houver jornal de circulação diária.

§ 2º Aquele que fornecer endereço incorreto, agindo de má-fé, responderá por perdas e danos, sem prejuízo de outras sanções civis, administrativas ou penais.

CAPÍTULO VII
DA DESISTÊNCIA E SUSTAÇÃO DO PROTESTO

Art. 16. Antes da lavratura do protesto, poderá o apresentante retirar o título ou documento de dívida, pagos os emolumentos e demais despesas.

Art. 17. Permanecerão no Tabelionato, à disposição do Juízo respectivo, os títulos ou documentos de dívida cujo protesto for judicialmente sustado.

§ 1º O título do documento de dívida cujo protesto tiver sido sustado judicialmente só poderá ser pago, protestado ou retirado com autorização judicial.

§ 2º Revogada a ordem de sustação, não há necessidade de se proceder a nova intimação do devedor, sendo a lavratura e o registro do protesto efetivados até o primeiro dia útil subsequente ao do recebimento da revogação, salvo se a materialização do ato depender de consulta a ser formulada ao apresentante, caso em que o mesmo prazo será contado da data da resposta dada.

§ 3º Tornada definitiva a ordem de sustação, o título ou o documento de dívida será encaminhado ao Juízo respectivo, quando não constar determinação expressa a qual das partes o mesmo deverá ser entregue, ou se decorridos trinta dias sem que a parte autorizada tenha comparecido no Tabelionato para retirá-lo.

Art. 18. As dúvidas do Tabelião de Protesto serão resolvidas pelo Juízo competente.

CAPÍTULO VIII
DO PAGAMENTO

Art. 19. O pagamento do título ou do documento de dívida apresentado para protesto será feito diretamente no Tabelionato competente, no valor igual ao declarado pelo apresentante, acrescido dos emolumentos e demais despesas.

§ 1º Não poderá ser recusado pagamento oferecido dentro do prazo legal, desde que feito no Tabelionato de Protesto competente e no horário de funcionamento dos serviços.

§ 2º No ato do pagamento, o Tabelionato de Protesto dará a respectiva quitação, e o valor devido será colocado à disposição do apresentante no primeiro dia útil subsequente ao do recebimento.

§ 3º Quando for adotado sistema de recebimento do pagamento por meio de cheque, ainda que de emissão de estabelecimento bancário, a quitação dada pelo Tabelionato fica condicionada à efetiva liquidação.

§ 4º Quando do pagamento no Tabelionato ainda subsistirem parcelas vincendas, será dada quitação da parcela paga em apartado, devolvendo-se o original ao apresentante.

CAPÍTULO IX
DO REGISTRO DO PROTESTO

Art. 20. Esgotado o prazo previsto no artigo 12, sem que tenham ocorrido as hipóteses dos Capítulos VII e VIII, o Tabelião lavrará e registrará o protesto, sendo o respectivo instrumento entregue ao apresentante.

Art. 21. O protesto será tirado por falta de pagamento, de aceite ou de devolução.

§ 1º O protesto por falta de aceite somente poderá ser efetuado antes do vencimento da obrigação e após o decurso do prazo legal para o aceite ou a devolução.

► Arts. 6º e 7º da Lei nº 5.474, de 18-7-1968 (Lei das Duplicatas).

► Art. 47 da Lei nº 7.357, de 2-9-1985 (Lei do Cheque).

► Art. 28 do Dec. nº 2.044, de 31-12-1908 (Lei da Letra de Câmbio e da Nota Promissória).

► En. nº 70 da II Jornada de Direito Comercial.

§ 2º Após o vencimento, o protesto sempre será efetuado por falta de pagamento, vedada a recusa da lavratura e registro do protesto por motivo não previsto em lei cambial.

§ 3º Quando o sacado retiver a letra de câmbio ou a duplicata enviada para aceite e não proceder à devolução dentro do prazo legal, o protesto poderá ser baseado na segunda via da letra de câmbio ou nas indicações da duplicata, que se limitarão a conter os mesmos requisitos lançados pelo sacador ao tempo da emissão da duplicata, vedada a exigência de qualquer formalidade não prevista na lei que regula a emissão e circulação das duplicatas.

§ 4º Os devedores, assim compreendidos os emitentes de notas promissórias e cheques, os sacados nas letras de câmbio e duplicatas, bem como os indicados pelo apresentante ou credor como responsáveis pelo cumprimento da obrigação, não poderão deixar de figurar no termo de lavratura e registro do protesto.

§ 5º Não se poderá tirar protesto por falta de pagamento de letra de câmbio contra o sacado não aceitante.

► § 5º acrescido pela Lei nº 12.767, de 27-12-2012.

Art. 22. O registro do protesto e seu instrumento deverão conter:

I – data e número de protocolização;

II – nome do apresentante e endereço;

III – reprodução ou transcrição do documento ou das indicações feitas pelo apresentante e declarações nele inseridas;

IV – certidão das intimações feitas e das respostas eventualmente oferecidas;

V – indicação dos intervenientes voluntários e das firmas por eles honradas;

VI – a aquiescência do portador ao aceite por honra;

VII – nome, número do documento de identificação do devedor e endereço; e

VIII – data e assinatura do Tabelião de Protesto, de seus substitutos ou de Escrevente autorizado.

Parágrafo único. Quando o Tabelião de Protesto conservar em seus arquivos gravação eletrônica da imagem, cópia reprográfica ou micrográfica do título ou documento de dívida, dispensa-se, no registro e no instrumento, a sua transcrição literal, bem como das demais declarações nele inseridas.

Art. 23. Os termos dos protestos lavrados, inclusive para fins especiais, por falta de pagamento, de aceite ou de devolução serão registrados em um único livro e conterão as anotações do tipo e do motivo do protesto, além dos requisitos previstos no artigo anterior.

Parágrafo único. Somente poderão ser protestados, para fins falimentares, os títulos ou documentos de dívida de responsabilidade das pessoas sujeitas às consequências da legislação falimentar.

► Arts. 1º e 94, I, da Lei nº 11.101, de 9-2-2005 (Lei de Recuperação de Empresas e Falências).

Art. 24. O deferimento do processamento de concordata não impede o protesto.

► A concordata foi substituída pela recuperação judicial, conforme Lei nº 11.101, de 9-2-2005 (Lei de Recuperação de Empresas e Falências).

► Arts. 52 e 73, parágrafo único, da Lei nº 11.101, de 9-2-2005 (Lei de Recuperação de Empresas e Falências).

CAPÍTULO X
DAS AVERBAÇÕES E DO CANCELAMENTO

Art. 25. A averbação de retificação de erros materiais pelo serviço poderá ser efetuada de ofício ou a requerimento do interessado, sob responsabilidade do Tabelião de Protesto de Títulos.

§ 1º Para a averbação da retificação será indispensável a apresentação do instrumento eventualmente expedido e de documentos que comprovem o erro.

§ 2º Não são devidos emolumentos pela averbação prevista neste artigo.

Art. 26. O cancelamento do registro do protesto será solicitado diretamente no Tabelionato de Protesto de Títulos, por qualquer interessado, mediante apresentação do documento protestado, cuja cópia ficará arquivada.

§ 1º Na impossibilidade de apresentação do original do título ou documento de dívida protestado, será exigida a declaração de anuência, com identificação e firma reconhecida, daquele que figurou no registro de protesto como credor, originário ou por endosso translativo.

§ 2º Na hipótese de protesto em que tenha figurado apresentante por endosso-mandato, será suficiente a declaração de anuência passada pelo credor endossante.

§ 3º O cancelamento do registro do protesto, se fundado em outro motivo que não no pagamento do título ou documento de dívida, será efetivado por determinação judicial, pagos os emolumentos devidos ao Tabelião.

§ 4º Quando a extinção da obrigação decorrer de processo judicial, o cancelamento do registro do protesto poderá ser solicitado com a apresentação da certidão expedida pelo Juízo processante, com menção do trânsito em julgado, que substituirá o título ou o documento de dívida protestado.

§ 5º O cancelamento do registro do protesto será feito pelo Tabelião titular, por seus Substitutos ou por Escrevente autorizado.

§ 6º Quando o protesto lavrado for registrado sob forma de microfilme ou gravação eletrônica, o termo do cancelamento será lançado em documento apartado, que será arquivado juntamente com os documentos que instruíram o pedido, e anotado no índice respectivo.

CAPÍTULO XI

DAS CERTIDÕES E INFORMAÇÕES DO PROTESTO

Art. 27. O Tabelião de Protesto expedirá as certidões solicitadas dentro de cinco dias úteis, no máximo, que abrangerão o período mínimo de cinco anos anteriores, contados da data do pedido, salvo quando se referir a protesto específico.

§ 1º As certidões expedidas pelos serviços de protesto de títulos, inclusive as relativas à prévia distribuição, deverão obrigatoriamente indicar, além do nome do devedor, seu número no Registro Geral (RG), constante da Cédula de Identidade, ou seu número no Cadastro de Pessoas Físicas (CPF), se pessoa física, e o número de inscrição no Cadastro Geral de Contribuintes (CGC), se pessoa jurídica cabendo ao apresentante do título para protesto fornecer esses dados, sob pena de recusa.

§ 2º Das certidões não constarão os registros cujos cancelamentos tiverem sido averbados, salvo por requerimento escrito do próprio devedor ou por ordem judicial.

Art. 28. Sempre que a homonímia puder ser verificada simplesmente pelo confronto do número de documento de identificação, o Tabelião de Protesto dará certidão negativa.

Art. 29. Os cartórios fornecerão às entidades representativas da indústria e do comércio ou àquelas vinculadas à proteção do crédito, quando solicitada, certidão diária, em forma de relação, dos protestos tirados e dos cancelamentos efetuados, com a nota de se cuidar de informação reservada, da qual não se poderá dar publicidade pela imprensa, nem mesmo parcialmente.

► *Caput* com a redação dada pela Lei nº 9.841, de 5-10-1999.

§ 1º O fornecimento da certidão será suspenso caso se desatenda ao disposto no *caput* ou se forneçam informações de protestos cancelados.

§ 2º Dos cadastros ou bancos de dados das entidades referidas no *caput* somente serão prestadas informações restritivas de crédito oriundas de títulos ou documentos de dívidas regularmente protestados cujos registros não foram cancelados.

► §§ 1º e 2º com a redação dada pela Lei nº 9.841, de 5-10-1999.

§ 3º *Revogado.* Lei nº 9.481, de 5-10-1999.

Art. 30. As certidões, informações e relações serão elaboradas pelo nome dos devedores, conforme previsto no § 4º do artigo 21 desta Lei, devidamente identificados, e abrangerão os protestos lavrados e registrados por falta de pagamento, de aceite ou de devolução, vedada a exclusão ou omissão de nomes e de protestos, ainda que provisória ou parcial.

Art. 31. Poderão ser fornecidas certidões de protestos, não cancelados, a quaisquer interessados, desde que requeridas por escrito.

► Artigo com a redação dada pela Lei nº 9.841, de 5-10-1999.

CAPÍTULO XII

DOS LIVROS E ARQUIVOS

Art. 32. O livro de Protocolo poderá ser escriturado mediante processo manual, mecânico, eletrônico ou informatizado, em folhas soltas e com colunas destinadas às seguintes anotações: número de ordem, natureza do título ou documento de dívida, valor, apresentante, devedor e ocorrências.

Parágrafo único. A escrituração será diária, constando do termo de encerramento o número de documentos apresentados no dia, sendo a data da protocolização a mesma do termo diário do encerramento.

Art. 33. Os livros de Registros de Protesto serão abertos e encerrados pelo Tabelião de Protestos ou seus Substitutos, ou ainda por Escrevente autorizado, com suas folhas numeradas e rubricadas.

Art. 34. Os índices serão de localização dos protestos registrados e conterão os nomes dos devedores, na forma do § 4º do artigo 21, vedada a exclusão ou omissão de nomes e de protestos, ainda que em caráter provisório ou parcial, não decorrente do cancelamento definitivo do protesto.

§ 1º Os índices conterão referência ao livro e à folha, ao microfilme ou ao arquivo eletrônico onde estiver registrado o protesto, ou ao número do registro, e aos cancelamentos de protestos efetuados.

§ 2º Os índices poderão ser elaborados pelo sistema de fichas, microfichas ou banco eletrônico de dados.

Art. 35. O Tabelião de Protestos arquivará ainda:

I – intimações;

II – editais;

III – documentos apresentados para a averbação no registro de protestos e ordens de cancelamentos;

IV – mandados e ofícios judiciais;

V – solicitações de retirada de documentos pelo apresentante;

VI – comprovantes de entrega de pagamentos aos credores;

VII – comprovantes de devolução de documentos de dívida irregulares.

§ 1º Os arquivos deverão ser conservados, pelo menos, durante os seguintes prazos:

I – um ano, para as intimações e editais correspondentes a documentos protestados e ordens de cancelamento;

II – seis meses, para as intimações e editais correspondentes a documentos pagos ou retirados além do tríduo legal; e

III – trinta dias, para os comprovantes de entrega de pagamento aos credores, para as solicitações de retirada dos apresentantes e para os comprovantes de devolução, por irregularidade, aos mesmos, dos títulos e documentos de dívidas.

§ 2º Para os livros e documentos microfilmados ou gravados por processo eletrônico de imagens não subsiste a obrigatoriedade de sua conservação.

§ 3º Os mandados judiciais de sustação de protesto deverão ser conservados, juntamente com os respectivos documentos, até solução definitiva por parte do Juízo.

Art. 36. O prazo de arquivamento é de três anos para livros de protocolo e de dez anos para os livros de registros de protesto e respectivos títulos.

► Arts. 417 e 1.180 do CC.

CAPÍTULO XIII

DOS EMOLUMENTOS

Art. 37. Pelos atos que praticarem em decorrência desta Lei, os Tabeliães de Protesto perceberão, diretamente das partes, a título de remuneração, os emolumentos fixados na forma da lei estadual e de seus decretos regulamentadores, salvo quando o serviço for estatizado.

§ 1º Poderá ser exigido depósito prévio dos emolumentos e demais despesas devidas, caso em que, igual importância deverá ser reembolsada ao apresentante por ocasião da prestação de contas, quando ressarcidas pelo devedor no Tabelionato.

§ 2º Todo e qualquer ato praticado pelo Tabelião de Protesto será cotado, identificando-se as parcelas componentes do seu total.

§ 3º Pelo ato de digitalização e gravação eletrônica dos títulos e outros documentos, serão cobrados os mesmos valores previstos na tabela de emolumentos para o ato de microfilmagem.

CAPÍTULO XIV

DISPOSIÇÕES FINAIS

Art. 38. Os Tabeliães de Protesto de Títulos são civilmente responsáveis por todos os prejuízos que causarem, por culpa ou dolo, pessoalmente, pelos substitutos que designarem ou Escreventes que autorizarem, assegurado o direito de regresso.

Art. 39. A reprodução de microfilme ou do processamento eletrônico da imagem, do título ou de qualquer documento arquivado no Tabelionato, quando autenticado pelo Tabelião de Protesto, por seu Substituto ou Escrevente autorizado, guarda o mesmo valor do original, independentemente de restauração judicial.

Art. 40. Não havendo prazo assinado, a data do registro do protesto é o termo inicial da incidência de juros, taxas e atualizações monetárias sobre o valor da obrigação contida no título ou documento de dívida.

Art. 41. Para os serviços previstos nesta Lei os Tabeliães poderão adotar, independentemente de autorização, sistemas de computação, microfilmagem, gravação eletrônica de imagem e quaisquer outros meios de reprodução.

Art. 41-A. Os tabeliães de protesto manterão, em âmbito nacional, uma central nacional de serviços eletrônicos compartilhados que prestará, ao menos, os seguintes serviços:

I – escrituração e emissão de duplicata sob a forma escritural, observado o disposto na legislação específica, inclusive quanto ao requisito de autorização prévia para o exercício da atividade de escrituração pelo órgão supervisor e aos demais requisitos previstos na regulamentação por ele editada;

II – recepção e distribuição de títulos e documentos de dívida para protesto, desde que escriturais;

III – consulta gratuita quanto a devedores inadimplentes e aos protestos realizados, aos dados desses protestos e dos tabelionatos aos quais foram distribuídos, ainda que os respectivos títulos e documentos de dívida não sejam escriturais;

IV – confirmação da autenticidade dos instrumentos de protesto em meio eletrônico; e

V – anuência eletrônica para o cancelamento de protestos.

§ 1º A partir da implementação da central de que trata o *caput* deste artigo, os tabelionatos de protesto disponibilizarão ao poder público, por meio eletrônico e sem ônus, o acesso às informações constantes dos seus bancos de dados.

§ 2º É obrigatória a adesão imediata de todos os tabeliães de protesto do País ou responsáveis pelo expediente à central nacional de serviços eletrônicos compartilhados de que trata o *caput* deste artigo, sob pena de responsabilização disciplinar nos termos do inciso I do *caput* do art. 31 da Lei nº 8.935, de 18 de novembro de 1994.

► Artigo acrescido pela Lei nº 13.775, de 20-12-2018.

Art. 42. Esta Lei entra em vigor na data de sua publicação.

Art. 43. Revogam-se as disposições em contrário.

Brasília, 10 de setembro de 1997;
176º da Independência e
109º da República.

Fernando Henrique Cardoso

LEI Nº 9.494, DE 10 DE SETEMBRO DE 1997

Disciplina a aplicação da tutela antecipada contra a Fazenda Pública, altera a Lei nº 7.347, de 24 de julho de 1985, e dá outras providências.

► Publicada no *DOU* de 11-9-1997.

Art. 1º Aplica-se à tutela antecipada prevista nos artigos 273 e 461 do Código de Processo Civil o disposto nos artigos 5º e seu parágrafo único e 7º da Lei nº 4.348, de 26 de junho de 1964, no artigo 1º e seu § 4º da Lei nº 5.021, de 9 de junho de 1966, e nos artigos 1º, 3º e 4º da Lei nº 8.437, de 30 de junho de 1992.

► Refere-se ao CPC/1973.

► As Leis nºs 4.348, de 26-6-1964, e 5.021, de 9-6-1966, foram revogadas pela Lei nº 12.016, de 7-8-2009 (Lei do Mandado de Segurança Individual e Coletivo).

► O STF, na ADECON nº 4, declara a inteira validade jurídico-constitucional do art. 1º da Lei nº 9.494, de 10-9-1997 (*DOU* de 11-11-2014).

Art. 1º-A. Estão dispensadas de depósito prévio, para interposição de recurso, as pessoas jurídicas de direito público federais, estaduais, distritais e municipais.

Art. 1º-B. O prazo a que se refere o *caput* dos artigos 730 do Código de Processo Civil, e 884 da Consolidação das Leis do Trabalho, aprovada pelo Decreto-Lei nº 5.452, de 1º de maio de 1943, passa a ser de trinta dias.

► Refere-se ao CPC/1973.

Art. 1º-C. Prescreverá em cinco anos o direito de obter indenização dos danos causados por agentes de pessoas jurídicas de direito público e de pessoas jurídicas de direito privado prestadoras de serviços públicos.

Art. 1º-D. Não serão devidos honorários advocatícios pela Fazenda Pública nas execuções não embargadas.

Art. 1º-E. São passíveis de revisão, pelo Presidente do Tribunal, de ofício ou a requerimento das partes, as contas elaboradas para aferir o valor dos precatórios antes de seu pagamento ao credor.

► Arts. 1º-A a 1º-E acrescidos pela MP nº 2.180-35, de 24-8-2001, que até o encerramento deste edição não havia sido convertida em Lei.

Art. 1º-F. Nas condenações impostas à Fazenda Pública, independentemente de sua natureza e para fins de atualização monetária, remuneração do capital e compensação da mora, haverá a incidência uma única vez, até o efetivo pagamento, dos índices oficiais de remuneração básica e juros aplicados à caderneta de poupança.

► O STF, por maioria de votos, julgou procedente a ADIN nº 5.348, para declarar a inconstitucionalidade deste artigo na parte em que se estabelece a aplicação dos índices da caderneta de poupança como critério de atualização monetária nas condenações da Fazenda Pública (*DOU* de 21-11-2019).

► O STF, por maioria dos votos, julgou parcialmente procedente a ADIN nº 4.425, para declarar a inconstitucionalidade por arrastamento deste artigo quanto à atualização monetária e à fixação de juros moratórios de créditos inscritos em precatórios (*DOU* de 8-3-2021).

Art 2º O artigo 16 da Lei nº 7.347, de 24 de julho de 1985, passa a vigorar com a seguinte redação:

► Alterações inseridas no texto da referida Lei.

Art. 2º-A. A sentença civil prolatada em ação de caráter coletivo proposta por entidade associativa, na defesa dos interesses e direitos dos seus associados, abrangerá apenas os substituídos que tenham, na data da propositura da ação, domicílio no âmbito da competência territorial do órgão prolator.

Parágrafo único. Nas ações coletivas propostas contra a União, os Estados, o Distrito Federal, os Municípios e suas autarquias e fundações, a petição inicial deverá obrigatoriamente estar instruída com a ata da assembleia da entidade associativa que a autorizou, acompanhada da relação nominal dos seus associados e indicação dos respectivos endereços.

Art. 2º-B. A sentença que tenha por objeto a liberação de recurso, inclusão em folha de pagamento, reclassificação, equiparação, concessão de aumento ou extensão de vantagens a servidores da União, dos Estados, do Distrito Federal e dos Municípios, inclusive de suas autarquias e fundações, somente poderá ser executada após seu trânsito em julgado.

► Arts. 2º-A e 2º-B acrescidos pela MP nº 2.180-35, de 24-8-2001, que até o encerramento desta edição não havia sido convertida em Lei.

Art 3º Ficam convalidados os atos praticados com base na Medida Provisória nº 1.570-4, de 22 de julho de 1997.

Art 4º Esta Lei entra em vigor na data de sua publicação.

Congresso Nacional, 10 de setembro de 1997;
176º da Independência e
109º da República.

Senador Antonio Carlos Magalhães

LEI Nº 9.503, DE 23 DE SETEMBRO DE 1997

Institui o Código de Trânsito Brasileiro.

► Publicada no *DOU* de 24-9-1997 e retificada no *DOU* de 25-9-1997.

O Presidente da República:

Faço saber que o Congresso Nacional decreta e eu sanciono a seguinte Lei:

CAPÍTULO I

DISPOSIÇÕES PRELIMINARES

Art. 1º O trânsito de qualquer natureza nas vias terrestres do território nacional, abertas à circulação, rege-se por este Código.

§ 1º Considera-se trânsito a utilização das vias por pessoas, veículos e animais, isolados ou em grupos, conduzidos ou não, para fins de circulação, parada, estacionamento e operação de carga ou descarga.

§ 2º O trânsito, em condições seguras, é um direito de todos e dever dos órgãos e entidades componentes do Sistema Nacional de Trânsito, a estes cabendo, no âmbito das respectivas competências, adotar as medidas destinadas a assegurar esse direito.

§ 3º Os órgãos e entidades componentes do Sistema Nacional de Trânsito respondem, no âmbito das respectivas competências, objetivamente, por danos causados aos cidadãos em virtude de ação, omissão ou erro na execução e manutenção de programas, projetos e serviços que garantam o exercício do direito do trânsito seguro.

§ 4º VETADO.

§ 5º Os órgãos e entidades de trânsito pertencentes ao Sistema Nacional de Trânsito darão prioridade em suas ações à defesa da vida, nela incluída a preservação da saúde e do meio ambiente.

Art. 2º São vias terrestres urbanas e rurais as ruas, as avenidas, os logradouros, os caminhos, as passagens, as estradas e as rodovias, que terão seu uso regulamentado pelo órgão ou entidade com circunscrição sobre elas, de acordo com as peculiaridades locais e as circunstâncias especiais.

Parágrafo único. Para os efeitos deste Código, são consideradas vias terrestres as praias abertas à circulação pública, as vias internas pertencentes aos condomínios constituídos por unidades autônomas e as vias e áreas de estacionamento de estabelecimentos privados de uso coletivo.

► Parágrafo único com a redação dada pela Lei nº 13.146, de 6-7-2015.

Art. 3º As disposições deste Código são aplicáveis a qualquer veículo, bem como aos proprietários, condutores dos veículos nacionais ou estrangeiros e às pessoas nele expressamente mencionadas.

Art. 4º Os conceitos e definições estabelecidos para os efeitos deste Código são os constantes do Anexo I.

CAPÍTULO II

DO SISTEMA NACIONAL DE TRÂNSITO

SEÇÃO I

DISPOSIÇÕES GERAIS

Art. 5º O Sistema Nacional de Trânsito é o conjunto de órgãos e entidades da União, dos Estados, do Distrito Federal e dos Municípios que tem por finalidade o exercício das atividades de planejamento, administração, normatização, pesquisa, registro e licenciamento de veículos, formação, habilitação e reciclagem de condutores, educação, engenharia, operação do sistema viário, policiamento, fiscalização, julgamento de infrações e de recursos e aplicação de penalidades.

Art. 6º São objetivos básicos do Sistema Nacional de Trânsito:

I – estabelecer diretrizes da Política Nacional de Trânsito, com vistas à segurança, à fluidez, ao conforto, à defesa ambiental e à educação para o trânsito, e fiscalizar seu cumprimento;

II – fixar, mediante normas e procedimentos, a padronização de critérios técnicos, financeiros e administrativos para a execução das atividades de trânsito;

III – estabelecer a sistemática de fluxos permanentes de informações entre os seus diversos órgãos e entidades, a fim de facilitar o processo decisório e a integração do Sistema.

Seção II
DA COMPOSIÇÃO E DA COMPETÊNCIA DO SISTEMA NACIONAL DE TRÂNSITO

Art. 7º Compõem o Sistema Nacional de Trânsito os seguintes órgãos e entidades:

I – o Conselho Nacional de Trânsito – CONTRAN, coordenador do Sistema e órgão máximo normativo e consultivo;

II – os Conselhos Estaduais de Trânsito – CETRAN e o Conselho de Trânsito do Distrito Federal – CONTRANDIFE, órgãos normativos, consultivos e coordenadores;

III – os órgãos e entidades executivos de trânsito da União, dos Estados, do Distrito Federal e dos Municípios;

IV – os órgãos e entidades executivos rodoviários da União, dos Estados, do Distrito Federal e dos Municípios;

V – a Polícia Rodoviária Federal;

VI – as Polícias Militares dos Estados e do Distrito Federal; e

VII – as Juntas Administrativas de Recursos de Infrações – JARI.

Art. 7º-A. A autoridade portuária ou a entidade concessionária de porto organizado poderá celebrar convênios com os órgãos previstos no art. 7º, com a interveniência dos Municípios e Estados, juridicamente interessados, para o fim específico de facilitar a autuação por descumprimento da legislação de trânsito.

§ 1º O convênio valerá para toda a área física do porto organizado, inclusive, nas áreas dos terminais alfandegados, nas estações de transbordo, nas instalações portuárias públicas de pequeno porte e nos respectivos estacionamentos ou vias de trânsito internas.

§§ 2º e 3º VETADOS. Lei nº 12.058, de 13-10-2009.

Art. 8º Os Estados, o Distrito Federal e os Municípios organizarão os respectivos órgãos e entidades executivos de trânsito e executivos rodoviários, estabelecendo os limites circunscricionais de suas atuações.

Art. 9º O Presidente da República designará o ministério ou órgão da Presidência responsável pela coordenação máxima do Sistema Nacional de Trânsito, ao qual estará vinculado o CONTRAN e subordinado o órgão máximo executivo de trânsito da União.

Art. 10. O Conselho Nacional de Trânsito (CONTRAN), com sede no Distrito Federal, tem a seguinte composição:

► *Caput* com a redação dada pela Lei nº 14.071, de 13-10-2020.

I e II – VETADOS;

II-A – Ministro de Estado da Infraestrutura, que o presidirá;

III – Ministro de Estado da Ciência, Tecnologia e Inovações;

IV – Ministro de Estado da Educação;

V – Ministro de Estado da Defesa;

VI – Ministro de Estado do Meio Ambiente;

► Inciso II-A a VI com a redação dada pela Lei nº 14.071, de 13-10-2020.

VII – *Revogado.* Lei nº 14.071, de 13-10-2020;

VIII a XIX – VETADOS;

XX – *Revogado.* Lei nº 14.071, de 13-10-2020;

XXI – VETADO;

XXII – Ministro de Estado da Saúde;

XXIII – Ministro de Estado da Justiça e Segurança Pública;

XXIV – Ministro de Estado das Relações Exteriores;

► Incisos XXII a XXIV com a redação dada pela Lei nº 14.071, de 13-10-2020.

XXV – *Revogado.* Lei nº 14.071, de 13-10-2020;

XXVI – Ministro de Estado da Economia; e

XXVII – Ministro de Estado da Agricultura, Pecuária e Abastecimento.

► Incisos XXVI e XXVII acrescidos pela Lei nº 14.071, de 13-10-2020.

§§ 1º a 3º VETADOS.

§ 4º Os Ministros de Estado deverão indicar suplente, que será servidor de nível hierárquico igual ou superior ao nível 6 do Grupo-Direção e Assessoramento Superiores – DAS ou, no caso do Ministério da Defesa, alternativamente, Oficial-General.

§ 5º Compete ao dirigente do órgão máximo executivo de trânsito da União atuar como Secretário-Executivo do CONTRAN.

§ 6º O quórum de votação e de aprovação no CONTRAN é o de maioria absoluta.

► §§ 4º a 6º acrescidos pela Lei nº 14.071, de 13-10-2020.

Art. 10-A. Poderão ser convidados a participar de reuniões do CONTRAN, sem direito a voto, representantes de órgãos e entidades setoriais responsáveis ou impactados pelas propostas ou matérias em exame.

► Art. 10-A acrescido pela Lei nº 14.071, de 13-10-2020.

Art. 11. VETADO.

Art. 12. Compete ao CONTRAN:

I – estabelecer as normas regulamentares referidas neste Código e as diretrizes da Política Nacional de Trânsito;

II – coordenar os órgãos do Sistema Nacional de Trânsito, objetivando a integração de suas atividades;

III – VETADO;

IV – criar Câmaras Temáticas;

V – estabelecer seu regimento interno e as diretrizes para o funcionamento dos CETRAN e CONTRANDIFE;

VI – estabelecer as diretrizes do regimento das JARI;

VII – zelar pela uniformidade e cumprimento das normas contidas neste Código e nas resoluções complementares;

VIII – estabelecer e normatizar os procedimentos para o enquadramento das condutas expressamente referidas neste Código, para a fiscalização e a aplicação das medidas administrativas e das penalidades por infrações e para a arrecadação das multas aplicadas e o repasse dos valores arrecadados;

► Inciso VIII com a redação dada pela Lei nº 14.071, de 13-10-2020.

IX – responder às consultas que lhe forem formuladas, relativas à aplicação da legislação de trânsito;

X – normatizar os procedimentos sobre a aprendizagem, habilitação, expedição de documentos de condutores, e registro e licenciamento de veículos;

XI – aprovar, complementar ou alterar os dispositivos de sinalização e os dispositivos e equipamentos de trânsito;

XII – *Revogado.* Lei nº 14.071, de 13-10-2020;

XIII – avocar, para análise e soluções, processos sobre conflitos de competência ou circunscrição, ou, quando necessário, unificar as decisões administrativas; e

XIV – dirimir conflitos sobre circunscrição e competência de trânsito no âmbito da União, dos Estados e do Distrito Federal;

XV – normatizar o processo de formação do candidato à obtenção da Carteira Nacional de Habilitação, estabelecendo seu conteúdo didático-pedagógico, carga horária, avaliações, exames, execução e fiscalização.

► Inciso XV acrescido pela Lei nº 13.281, de 4-5-2016.

§ 1º As propostas de normas regulamentares de que trata o inciso I do *caput* deste artigo serão submetidas a prévia consulta pública, por meio da rede mundial de computadores, pelo período mínimo de 30 (trinta) dias, antes do exame da matéria pelo CONTRAN.

§ 2º As contribuições recebidas na consulta pública de que trata o § 1º deste artigo ficarão à disposição do público pelo prazo de 2 (dois) anos, contado da data de encerramento da consulta pública.

§ 3º Em caso de urgência e de relevante interesse público, o Presidente do CONTRAN poderá editar deliberação, *ad referendum* do Conselho e com prazo de validade máximo de 90 (noventa) dias, para estabelecer norma regulamentar prevista no inciso I do *caput*, dispensado o cumprimento do disposto nos §§ 1º e 2º deste artigo, vedada a reedição.

§ 4º Encerrado o prazo previsto no § 3º deste artigo sem o referendo do CONTRAN, a deliberação perderá a sua eficácia, e permanecerão válidos os efeitos dela decorrentes.

§ 5º Norma do CONTRAN poderá dispor sobre o uso de sinalização horizontal ou vertical que utilize técnicas de estímulos comportamentais para a redução de acidentes de trânsito.

► §§ 1º a 5º acrescidos pela Lei nº 14.071, de 13-10-2020.

Art. 13. As Câmaras Temáticas, órgãos técnicos vinculados ao CONTRAN, são integradas por especialistas e têm como objetivo estudar e oferecer sugestões e embasamento técnico sobre assuntos específicos para decisões daquele colegiado.

§ 1º Cada Câmara é constituída por especialistas representantes de órgãos e entidades executivos da União, dos Estados, ou do Distrito Federal e dos Municípios, em igual número, pertencentes ao Sistema Nacional de Trânsito, além de especialistas representantes dos diversos segmentos da sociedade relacionados com o trânsito, todos indicados segundo regimento específico definido pelo CONTRAN e designados pelo ministro ou dirigente coordenador máximo do Sistema Nacional de Trânsito.

§ 2º Os segmentos da sociedade, relacionados no parágrafo anterior, serão representados por pessoa jurídica e devem atender aos requisitos estabelecidos pelo CONTRAN.

§ 3º A coordenação das Câmaras Temáticas será exercida por representantes do órgão máximo executivo de trânsito da União ou dos Ministérios representados no CONTRAN, conforme definido no ato de criação de cada Câmara Temática.

► § 3º com a redação dada pela Lei nº 14.071, de 13-10-2020.

§ 4º VETADO.

I a IV – VETADOS.

Art. 14. Compete aos Conselhos Estaduais de Trânsito – CETRAN e ao Conselho de Trânsito do Distrito Federal – CONTRANDIFE:

I – cumprir e fazer cumprir a legislação e as normas de trânsito, no âmbito das respectivas atribuições;

II – elaborar normas no âmbito das respectivas competências;

III – responder a consultas relativas à aplicação da legislação e dos procedimentos normativos de trânsito;

IV – estimular e orientar a execução de campanhas educativas de trânsito;

V – julgar os recursos interpostos contra decisões:

a) das JARI;

b) dos órgãos e entidades executivos estaduais, nos casos de inaptidão permanente constatados nos exames de aptidão física, mental ou psicológica;

VI – indicar um representante para compor a comissão examinadora de candidatos portadores de deficiência física à habilitação para conduzir veículos automotores;

VII – VETADO;

VIII – acompanhar e coordenar as atividades de administração, educação, engenharia, fiscalização, policiamento ostensivo de trânsito, formação de condutores, registro e licenciamento de veículos, articulando os órgãos do Sistema no Estado, reportando-se ao CONTRAN;

IX – dirimir conflitos sobre circunscrição e competência de trânsito no âmbito dos Municípios;

X – informar o CONTRAN sobre o cumprimento das exigências definidas nos §§ 1º e 2º do artigo 333; e

XI – designar, em caso de recursos deferidos e na hipótese de reavaliação dos exames, junta especial de saúde para examinar os candidatos à habilitação para conduzir veículos automotores.

► Inciso XI acrescido pela Lei nº 9.602, de 21-1-1998.

Parágrafo único. Dos casos previstos no inciso V, julgados pelo órgão, não cabe recurso na esfera administrativa.

Art. 15. Os presidentes dos CETRAN e do CONTRANDIFE são nomeados pelos Governadores dos Estados e do Distrito Federal, respectivamente, e deverão ter reconhecida experiência em matéria de trânsito.

§ 1º Os membros dos CETRAN e do CONTRANDIFE são nomeados pelos Governadores dos Estados e do Distrito Federal, respectivamente.

§ 2º Os membros do CETRAN e do CONTRANDIFE deverão ser pessoas de reconhecida experiência em trânsito.

§ 3º O mandato dos membros do CETRAN e do CONTRANDIFE é de dois anos, admitida a recondução.

Art. 16. Junto a cada órgão ou entidade executivos de trânsito ou rodoviário funcionarão Juntas Administrativas de Recursos de Infrações – JARIs, órgãos colegiados responsáveis pelo julgamento dos recursos interpostos contra penalidades por eles impostas.

Parágrafo único. As JARIs têm regimento próprio, observado o disposto no inciso VI do artigo 12, e apoio administrativo e financeiro do órgão ou entidade junto ao qual funcionem.

Art. 17. Compete às JARIs:

I – julgar os recursos interpostos pelos infratores;

II – solicitar aos órgãos e entidades executivos de trânsito e executivos rodoviários informações complementares relativas aos recursos, objetivando uma melhor análise da situação recorrida;

III – encaminhar aos órgãos e entidades executivos de trânsito e executivos rodoviários informações sobre problemas observados nas autuações e apontados em recursos, e que se repitam sistematicamente.

Art. 18. VETADO.

Art. 19. Compete ao órgão máximo executivo de trânsito da União:

I – cumprir e fazer cumprir a legislação de trânsito e a execução das normas e diretrizes estabelecidas pelo CONTRAN, no âmbito de suas atribuições;

II – proceder à supervisão, à coordenação, à correição dos órgãos delegados, ao controle e à fiscalização da execução da Política Nacional de Trânsito e do Programa Nacional de Trânsito;

III – articular-se com os órgãos dos Sistemas Nacionais de Trânsito, de Transporte e de Segurança Pública, objetivando o combate à violência no trânsito, promovendo, coordenando e executando o controle de ações para a preservação do ordenamento e da segurança do trânsito;

IV – apurar, prevenir e reprimir a prática de atos de improbidade contra a fé pública, o patrimônio, ou a administração pública ou privada, referentes à segurança do trânsito;

V – supervisionar a implantação de projetos e programas relacionados com a engenharia, educação, administração, policiamento e fiscalização do trânsito e outros, visando à uniformidade de procedimento;

VI – estabelecer procedimentos sobre a aprendizagem e habilitação de condutores de veículos, a expedição de documentos de condutores, de registro e licenciamento de veículos;

VII – expedir a Permissão para Dirigir, a Carteira Nacional de Habilitação, os Certificados de Registro e o de Licenciamento Anual mediante delegação aos órgãos executivos dos Estados e do Distrito Federal;

VIII – organizar e manter o Registro Nacional de Carteiras de Habilitação – RENACH;

IX – organizar e manter o Registro Nacional de Veículos Automotores – RENAVAM;

X – organizar a estatística geral de trânsito no território nacional, definindo os dados a serem fornecidos pelos demais órgãos e promover sua divulgação;

XI – estabelecer modelo padrão de coleta de informações sobre as ocorrências de acidentes de trânsito e as estatísticas do trânsito;

XII – administrar fundo de âmbito nacional destinado à segurança e à educação de trânsito;

XIII – coordenar a administração do registro das infrações de trânsito, da pontuação e das penalidades aplicadas no prontuário do infrator, da arrecadação de multas e do repasse de que trata o § 1º do art. 320;

► Inciso XIII com a redação dada pela Lei nº 13.281, de 4-5-2016.

XIV – fornecer aos órgãos e entidades do Sistema Nacional de Trânsito informações sobre registros de veículos e de condutores, mantendo o fluxo permanente de informações com os demais órgãos do Sistema;

XV – promover, em conjunto com os órgãos competentes do Ministério da Educação e do Desporto, de acordo com as diretrizes do CONTRAN, a elaboração e a implementação de programas de educação de trânsito nos estabelecimentos de ensino;

XVI – elaborar e distribuir conteúdos programáticos para a educação de trânsito;

XVII – promover a divulgação de trabalhos técnicos sobre o trânsito;

XVIII – elaborar, juntamente com os demais órgãos e entidades do Sistema Nacional de Trânsito, e submeter à aprovação do CONTRAN, a complementação ou alteração da sinalização e dos dispositivos e equipamentos de trânsito;

XIX – organizar, elaborar, complementar e alterar os manuais e normas de projetos de implementação da sinalização, dos dispositivos e equipamentos de trânsito aprovados pelo CONTRAN;

XX – expedir a permissão internacional para conduzir veículo e o certificado de passagem nas alfândegas mediante delegação aos órgãos executivos dos Estados e do Distrito Federal ou a entidade habilitada para esse fim pelo poder público federal;

► Inciso XX com redação dada pela Lei nº 13.258, de 8-3-2016.

XXI – promover a realização periódica de reuniões regionais e congressos nacionais de trânsito, bem como propor a representação do Brasil em congressos ou reuniões internacionais;

XXII – propor acordos de cooperação com organismos internacionais, com vistas ao aperfeiçoamento das ações inerentes à segurança e educação de trânsito;

XXIII – elaborar projetos e programas de formação, treinamento e especialização do pessoal encarregado da execução das atividades de engenharia, educação, policiamento ostensivo, fiscalização, operação e administração de trânsito, propondo medidas que estimulem a pesquisa científica e o ensino técnico-profissional de interesse do trânsito, e promovendo a sua realização;

XXIV – opinar sobre assuntos relacionados ao trânsito interestadual e internacional;

XXV – elaborar e submeter à aprovação do CONTRAN as normas e requisitos de segurança veicular para fabricação e montagem de veículos, consoante sua destinação;

XXVI – estabelecer procedimentos para a concessão do código marca-modelo dos veículos para efeito de registro, emplacamento e licenciamento;

XXVII – instruir os recursos interpostos das decisões do CONTRAN, ao ministro ou dirigente coordenador máximo do Sistema Nacional de Trânsito;

XXVIII – estudar os casos omissos na legislação de trânsito e submetê-los, com proposta de solução, ao Ministério ou órgão coordenador máximo do Sistema Nacional de Trânsito;

XXIX – prestar suporte técnico, jurídico, administrativo e financeiro ao CONTRAN;

XXX – organizar e manter o Registro Nacional de Infrações de Trânsito (RENAINF);

► Inciso XXX acrescido pela Lei nº 13.281, de 4-5-2016.

XXXI – organizar, manter e atualizar o Registro Nacional Positivo de Condutores (RNPC).

► Inciso XXXI acrescido pela Lei nº 14.071, de 13-10-2020.

§ 1º Comprovada, por meio de sindicância, a deficiência técnica ou administrativa ou a prática constante de atos de improbidade contra a fé pública, contra o patrimônio ou contra a administração pública, o órgão executivo de trânsito da União, mediante aprovação do CONTRAN, assumirá diretamente ou por delegação, a execução total ou parcial das atividades do órgão executivo de trânsito estadual que tenha motivado a investigação, até que as irregularidades sejam sanadas.

§ 2º O regimento interno do órgão executivo de trânsito da União disporá sobre sua estrutura organizacional e seu funcionamento.

§ 3º Os órgãos e entidades executivos de trânsito e executivos rodoviários da União, dos Estados, do Distrito Federal e dos Municípios fornecerão, obrigatoriamente, mês a mês, os dados estatísticos para os fins previstos no inciso X.

§ 4º VETADO. Lei nº 13.281, de 4-5-2016.

Art. 20. Compete à Polícia Rodoviária Federal, no âmbito das rodovias e estradas federais:

I – cumprir e fazer cumprir a legislação e as normas de trânsito, no âmbito de suas atribuições;

II – realizar o patrulhamento ostensivo, executando operações relacionadas com a segurança pública, com o objetivo de preservar a ordem, incolumidade das pessoas, o patrimônio da União e o de terceiros;

III – executar a fiscalização de trânsito, aplicar as penalidades de advertência por escrito e multa e as medidas administrativas cabíveis, com a notificação dos infratores e a arrecadação das multas aplicadas e dos valores provenientes de estadia e remoção de veículos, objetos e animais e de escolta de veículos de cargas superdimensionadas ou perigosas;

► Inciso III com a redação dada pela Lei nº 14.071, de 13-10-2020.

IV – efetuar levantamento dos locais de acidentes de trânsito e dos serviços de atendimento, socorro e salvamento de vítimas;

V – credenciar os serviços de escolta, fiscalizar e adotar medidas de segurança relativas aos serviços de remoção de veículos, escolta e transporte de carga indivisível;

VI – assegurar a livre circulação nas rodovias federais, podendo solicitar ao órgão rodoviário a adoção de medidas emergenciais, e zelar pelo cumprimento das normas legais relativas ao direito de vizinhança, promovendo a interdição de construções e instalações não autorizadas;

VII – coletar dados estatísticos e elaborar estudos sobre acidentes de trânsito e suas causas, adotando ou indicando medidas operacionais preventivas e encaminhando-os ao órgão rodoviário federal;

VIII – implementar as medidas da Política Nacional de Segurança e Educação de Trânsito;

IX – promover e participar de projetos e programas de educação e segurança, de acordo com as diretrizes estabelecidas pelo CONTRAN;

X – integrar-se a outros órgãos e entidades do Sistema Nacional de Trânsito para fins de arrecadação e compensação de multas impostas na área de sua competência, com vistas à unificação do licenciamento, à simplificação e à celeridade das transferências de veículos e de prontuários de condutores de uma para outra unidade da Federação;

XI – fiscalizar o nível de emissão de poluentes e ruído produzidos pelos veículos automotores ou pela sua carga, de acordo com o estabelecido no artigo 66, além de dar apoio, quando solicitado, às ações específicas dos órgãos ambientais;

XII – aplicar a penalidade de suspensão do direito de dirigir, quando prevista de forma específica para a infração cometida, e comunicar a aplicação da penalidade ao órgão máximo executivo de trânsito da União.

► Inciso XII acrescido pela Lei nº 14.071, de 13-10-2020.

Art. 21. Compete aos órgãos e entidades executivos rodoviários da União, dos Estados, do Distrito Federal e dos Municípios, no âmbito de sua circunscrição:

I – cumprir e fazer cumprir a legislação e as normas de trânsito, no âmbito de suas atribuições;

II – planejar, projetar, regulamentar e operar o trânsito de veículos, de pedestres e de animais, e promover o desenvolvimento da circulação e da segurança de ciclistas;

III – implantar, manter e operar o sistema de sinalização, os dispositivos e os equipamentos de controle viário;

IV – coletar dados e elaborar estudos sobre os acidentes de trânsito e suas causas;

V – estabelecer, em conjunto com os órgãos de policiamento ostensivo de trânsito, as respectivas diretrizes para o policiamento ostensivo de trânsito;

VI – executar a fiscalização de trânsito, autuar, aplicar as penalidades de advertência, por escrito, e ainda as multas e medidas administrativas cabíveis, notificando os infratores e arrecadando as multas que aplicar;

VII – arrecadar valores provenientes de estada e remoção de veículos e objetos, e escolta de veículos de cargas superdimensionadas ou perigosas;

VIII – fiscalizar, autuar, aplicar as penalidades e medidas administrativas cabíveis, relativas a infrações por excesso de peso, dimensões e lotação dos veículos, bem como notificar e arrecadar as multas que aplicar;

IX – fiscalizar o cumprimento da norma contida no artigo 95, aplicando as penalidades e arrecadando as multas nele previstas;

X – implementar as medidas da Política Nacional de Trânsito e do Programa Nacional de Trânsito;

XI – promover e participar de projetos e programas de educação e segurança, de acordo com as diretrizes estabelecidas pelo CONTRAN;

XII – integrar-se a outros órgãos e entidades do Sistema Nacional de Trânsito para fins de arrecadação e compensação de multas impostas na área de sua competência, com vistas à unificação do licenciamento, à simplificação e à celeridade das transferências de veículos e de prontuários de condutores de uma para outra unidade da Federação;

XIII – fiscalizar o nível de emissão de poluentes e ruído produzidos pelos veículos automotores ou pela sua carga, de acordo com o estabelecido no artigo 66, além de dar apoio às ações específicas dos órgãos ambientais locais, quando solicitado;

XIV – vistoriar veículos que necessitem de autorização especial para transitar e estabelecer os requisitos técnicos a serem observados para a circulação desses veículos;

XV – aplicar a penalidade de suspensão do direito de dirigir, quando prevista de forma específica para a infração cometida, e comunicar a aplicação da penalidade ao órgão máximo executivo de trânsito da União.

► Inciso XV acrescido pela Lei nº 14.071, de 13-10-2020.

Parágrafo único. VETADO.

Art. 22. Compete aos órgãos ou entidades executivos de trânsito dos Estados e do Distrito Federal, no âmbito de sua circunscrição:

I – cumprir e fazer cumprir a legislação e as normas de trânsito, no âmbito das respectivas atribuições;

II – realizar, fiscalizar e controlar o processo de formação, de aperfeiçoamento, de reciclagem e de suspensão de condutores e expedir e cassar Licença de Aprendizagem, Permissão para Dirigir e Carteira Nacional de Habilitação, mediante delegação do órgão máximo executivo de trânsito da União;

III – vistoriar, inspecionar as condições de segurança veicular, registrar, emplacar e licenciar veículos, com a expedição dos Certificados de Registro de Veículo e de Licenciamento Anual, mediante delegação do órgão máximo executivo de trânsito da União;

► Incisos II e III com a redação dada pela Lei nº 14.071, de 13-10-2020.

IV – estabelecer, em conjunto com as Polícias Militares, as diretrizes para o policiamento ostensivo de trânsito;

V – executar a fiscalização de trânsito, autuar e aplicar as medidas administrativas cabíveis pelas infrações previstas neste Código, excetuadas aquelas relacionadas nos incisos VI e VII do artigo 24, no exercício regular do Poder de Polícia de Trânsito;

VI – aplicar as penalidades por infrações previstas neste Código, com exceção daquelas relacionadas nos incisos VII e VIII do artigo 24, notificando os infratores e arrecadando as multas que aplicar;

VII – arrecadar valores provenientes de estada e remoção de veículos e objetos;

VIII – comunicar ao órgão executivo de trânsito da União a suspensão e a cassação do direito de dirigir e o recolhimento da Carteira Nacional de Habilitação;

IX – coletar dados estatísticos e elaborar estudos sobre acidentes de trânsito e suas causas;

X – credenciar órgãos ou entidades para a execução de atividades previstas na legislação de trânsito, na forma estabelecida em norma do CONTRAN;

XI – implementar as medidas da Política Nacional de Trânsito e do Programa Nacional de Trânsito;

XII – promover e participar de projetos e programas de educação e segurança de trânsito de acordo com as diretrizes estabelecidas pelo CONTRAN;

XIII – integrar-se a outros órgãos e entidades do Sistema Nacional de Trânsito para fins de arrecadação e compensação de multas impostas na área de sua competência, com vistas à unificação do licenciamento, à simplificação e à celeridade

das transferências de veículos e de prontuários de condutores de uma para outra unidade da Federação;
XIV – fornecer, aos órgãos e entidades executivos de trânsito e executivos rodoviários municipais, os dados cadastrais dos veículos registrados e dos condutores habilitados, para fins de imposição e notificação de penalidades e de arrecadação de multas nas áreas de suas competências;
XV – fiscalizar o nível de emissão de poluentes e ruído produzidos pelos veículos automotores ou pela sua carga, de acordo com o estabelecido no artigo 66, além de dar apoio, quando solicitado, às ações específicas dos órgãos ambientais locais;
XVI – articular-se com os demais órgãos do Sistema Nacional de Trânsito no Estado, sob coordenação do respectivo CETRAN;
XVII – criar, implantar e manter escolas públicas de trânsito, destinadas à educação de crianças e adolescentes, por meio de aulas teóricas e práticas sobre legislação, sinalização e comportamento no trânsito.

► Inciso XVII acrescido pela Lei nº 14.071, de 13-10-2020.

Parágrafo único. As competências descritas no inciso II do *caput* deste artigo relativas ao processo de suspensão de condutores serão exercidas quando:
I – o condutor atingir o limite de pontos estabelecido no inciso I do art. 261 deste Código;
II – a infração previr a penalidade de suspensão do direito de dirigir de forma específica e a autuação tiver sido efetuada pelo próprio órgão executivo estadual de trânsito.

► Parágrafo único acrescido pela Lei nº 14.071, de 13-10-2020.

Art. 23. Compete às Polícias Militares dos Estados e do Distrito Federal:
I e II – VETADOS;
III – executar a fiscalização de trânsito, quando e conforme convênio firmado, como agente do órgão ou entidade executivos de trânsito ou executivos rodoviários, concomitantemente com os demais agentes credenciados;
IV a VII – VETADOS.

Parágrafo único. VETADO.

Art. 24. Compete aos órgãos e entidades executivos de trânsito dos Municípios, no âmbito de sua circunscrição:

► *Caput* com a redação dada pela Lei nº 13.154, de 30-7-2015.

I – cumprir e fazer cumprir a legislação e as normas de trânsito, no âmbito de suas atribuições;
II – planejar, projetar, regulamentar e operar o trânsito de veículos, de pedestres e de animais, e promover o desenvolvimento da circulação e da segurança de ciclistas;
II – planejar, projetar, regulamentar e operar o trânsito de veículos, de pedestres e de animais e promover o desenvolvimento, temporário ou definitivo, da circulação, da segurança e das áreas de proteção de ciclistas;

► Inciso II com a redação dada pela Lei nº 14.071, de 13-10-2020.

III – implantar, manter e operar o sistema de sinalização, os dispositivos e os equipamentos de controle viário;
IV – coletar dados estatísticos e elaborar estudos sobre os acidentes de trânsito e suas causas;
V – estabelecer, em conjunto com os órgãos de polícia ostensiva de trânsito, as diretrizes para o policiamento ostensivo de trânsito;
VI – executar a fiscalização de trânsito em vias terrestres, edificações de uso público e edificações privadas de uso coletivo, autuar e aplicar as medidas administrativas cabíveis e as penalidades de advertência por escrito e multa, por infrações de circulação, estacionamento e parada previstas neste Código, no exercício regular do poder de polícia de trânsito, notificando os infratores e arrecadando as multas que aplicar, exercendo iguais atribuições no âmbito de edificações privadas de uso coletivo, somente para infrações de uso de vagas reservadas em estacionamentos;

► Inciso VI com a redação dada pela Lei nº 13.281, de 4-5-2016.

VII – aplicar as penalidades de advertência por escrito e multa, por infrações de circulação, estacionamento e parada previstas neste Código, notificando os infratores e arrecadando as multas que aplicar;
VIII – fiscalizar, autuar e aplicar as penalidades e medidas administrativas cabíveis relativas a infrações por excesso de peso, dimensões e lotação dos veículos, bem como notificar e arrecadar as multas que aplicar;
IX – fiscalizar o cumprimento da norma contida no artigo 95, aplicando as penalidades e arrecadando as multas nele previstas;
X – implantar, manter e operar sistema de estacionamento rotativo pago nas vias;
XI – arrecadar valores provenientes de estada e remoção de veículos e objetos, e escolta de veículos de cargas superdimensionadas ou perigosas;
XII – credenciar os serviços de escolta, fiscalizar e adotar medidas de segurança relativas aos serviços de remoção de veículos, escolta e transporte de carga indivisível;
XIII – integrar-se a outros órgãos e entidades do Sistema Nacional de Trânsito para fins de arrecadação e compensação de multas impostas na área de sua competência, com vistas à unificação do licenciamento, à simplificação e à celeridade das transferências de veículos e de prontuários dos condutores de uma para outra unidade da Federação;
XIV – implantar as medidas da Política Nacional de Trânsito e do Programa Nacional de Trânsito;
XV – promover e participar de projetos e programas de educação e segurança de trânsito de acordo com as diretrizes estabelecidas pelo CONTRAN;
XVI – planejar e implantar medidas para redução da circulação de veículos e reorientação do tráfego, com o objetivo de diminuir a emissão global de poluentes;
XVII – registrar e licenciar, na forma da legislação, veículos de tração e propulsão humana e de tração animal, fiscalizando, autuando, aplicando penalidades e arrecadando multas decorrentes de infrações;

► Inciso XVII com a redação dada pela Lei nº 13.154, de 30-7-2015.

XVIII – conceder autorização para conduzir veículos de propulsão humana e de tração animal;
XIX – articular-se com os demais órgãos do Sistema Nacional de Trânsito no Estado, sob coordenação do respectivo CETRAN;
XX – fiscalizar o nível de emissão de poluentes e ruído produzidos pelos veículos automotores ou pela sua carga, de acordo com o estabelecido no artigo 66, além de dar apoio às ações específicas de órgão ambiental local, quando solicitado;
XXI – vistoriar veículos que necessitem de autorização especial para transitar e estabelecer os requisitos técnicos a serem observados para a circulação desses veículos;
XXII – aplicar a penalidade de suspensão do direito de dirigir, quando prevista de forma específica para a infração cometida, e comunicar a aplicação da penalidade ao órgão máximo executivo de trânsito da União;
XXIII – criar, implantar e manter escolas públicas de trânsito, destinadas à educação de crianças e adolescentes, por meio

de aulas teóricas e práticas sobre legislação, sinalização e comportamento no trânsito.

► Incisos XXII e XXIII acrescidos pela Lei nº 14.071, de 13-10-2020.

§ 1º As competências relativas a órgão ou entidade municipal serão exercidas no Distrito Federal por seu órgão ou entidade executivos de trânsito.

§ 2º Para exercer as competências estabelecidas neste artigo, os Municípios deverão integrar-se ao Sistema Nacional de Trânsito, por meio de órgão ou entidade executivos de trânsito ou diretamente por meio da prefeitura municipal, conforme previsto no art. 333 deste Código.

► § 2º com a redação dada pela Lei nº 14.071, de 13-10-2020.

Art. 25. Os órgãos e entidades executivos do Sistema Nacional de Trânsito poderão celebrar convênio delegando as atividades previstas neste Código, com vistas a maior eficiência e à segurança para os usuários da via.

§ 1º Os órgãos e entidades de trânsito poderão prestar serviços de capacitação técnica, assessoria e monitoramento das atividades relativas ao trânsito durante prazo a ser estabelecido entre as partes, com ressarcimento dos custos apropriados.

► Parágrafo único renumerado para § 1º pela Lei nº 14.071, de 13-10-2020.

§ 2º Quando não houver órgão ou entidade executivos de trânsito no respectivo Município, o convênio de que trata o *caput* deste artigo poderá ser celebrado diretamente pela prefeitura municipal com órgão ou entidade que integre o Sistema Nacional de Trânsito, permitido, inclusive, o consórcio com outro ente federativo.

► § 2º acrescido pela Lei nº 14.071, de 13-10-2020.

Art. 25-A. Os agentes dos órgãos policiais da Câmara dos Deputados e do Senado Federal, a que se referem o inciso IV do *caput* do art. 51 e o inciso XIII do *caput* do art. 52 da Constituição Federal, respectivamente, mediante convênio com o órgão ou entidade de trânsito com circunscrição sobre a via, poderão lavrar auto de infração de trânsito e remetê-lo ao órgão competente, nos casos em que a infração cometida nas adjacências do Congresso Nacional ou nos locais sob sua responsabilidade comprometer objetivamente os serviços ou colocar em risco a incolumidade das pessoas ou o patrimônio das respectivas Casas Legislativas.

Parágrafo único. Para atuarem na fiscalização de trânsito, os agentes mencionados no *caput* deste artigo deverão receber treinamento específico para o exercício das atividades, conforme regulamentação do CONTRAN.

► Art. 25-A acrescido pela Lei nº 14.071, de 13-10-2020.

CAPÍTULO III

DAS NORMAS GERAIS DE CIRCULAÇÃO E CONDUTA

Art. 26. Os usuários das vias terrestres devem:

I – abster-se de todo ato que possa constituir perigo ou obstáculo para o trânsito de veículos, de pessoas ou de animais, ou ainda causar danos a propriedades públicas ou privadas;

II – abster-se de obstruir o trânsito ou torná-lo perigoso, atirando, depositando ou abandonando na via objetos ou substâncias, ou nela criando qualquer outro obstáculo.

Art. 27. Antes de colocar o veículo em circulação nas vias públicas, o condutor deverá verificar a existência e as boas condições de funcionamento dos equipamentos de uso obrigatório, bem como assegurar-se da existência de combustível suficiente para chegar ao local de destino.

Art. 28. O condutor deverá, a todo momento, ter domínio de seu veículo, dirigindo-o com atenção e cuidados indispensáveis à segurança do trânsito.

Art. 29. O trânsito de veículos nas vias terrestres abertas à circulação obedecerá às seguintes normas:

I – a circulação far-se-á pelo lado direito da via, admitindo-se as exceções devidamente sinalizadas;

II – o condutor deverá guardar distância de segurança lateral e frontal entre o seu e os demais veículos, bem como em relação ao bordo da pista, considerando-se, no momento, a velocidade e as condições do local, da circulação, do veículo e as condições climáticas;

III – quando veículos, transitando por fluxos que se cruzem, se aproximarem de local não sinalizado, terá preferência de passagem:

a) no caso de apenas um fluxo ser proveniente de rodovia, aquele que estiver circulando por ela;

b) no caso de rotatória, aquele que estiver circulando por ela;

c) nos demais casos, o que vier pela direita do condutor;

IV – quando uma pista de rolamento comportar várias faixas de circulação no mesmo sentido, são as da direita destinadas ao deslocamento dos veículos mais lentos e de maior porte, quando não houver faixa especial a eles destinada, e as da esquerda, destinadas à ultrapassagem e ao deslocamento dos veículos de maior velocidade;

V – o trânsito de veículos sobre passeios, calçadas e nos acostamentos, só poderá ocorrer para que se adentre ou se saia dos imóveis ou áreas especiais de estacionamento;

VI – os veículos precedidos de batedores terão prioridade de passagem, respeitadas as demais normas de circulação;

VII – os veículos destinados a socorro de incêndio e salvamento, os de polícia, os de fiscalização e operação de trânsito e as ambulâncias, além de prioridade no trânsito, gozam de livre circulação, estacionamento e parada, quando em serviço de urgência, de policiamento ostensivo ou de preservação da ordem pública, observadas as seguintes disposições:

► *Caput* do inciso VII com a redação dada pela Lei nº 14.071, de 13-10-2020.

a) quando os dispositivos regulamentares de alarme sonoro e iluminação intermitente estiverem acionados, indicando a proximidade dos veículos, todos os condutores deverão deixar livre a passagem pela faixa da esquerda, indo para a direita da via e parando, se necessário;

b) os pedestres, ao ouvirem o alarme sonoro ou avistarem a luz intermitente, deverão aguardar no passeio e somente atravessar a via quando o veículo já tiver passado pelo local;

► Alíneas *a* e *b* com a redação dada pela Lei nº 14.071, de 13-10-2020.

c) o uso de dispositivos de alarme sonoro e de iluminação vermelha intermitente só poderá ocorrer quando da efetiva prestação de serviço de urgência;

d) a prioridade de passagem na via e no cruzamento deverá se dar com velocidade reduzida e com os devidos cuidados de segurança, obedecidas as demais normas deste Código;

e) as prerrogativas de livre circulação e de parada serão aplicadas somente quando os veículos estiverem identificados por dispositivos regulamentares de alarme sonoro e iluminação intermitente;

f) a prerrogativa de livre estacionamento será aplicada somente quando os veículos estiverem identificados por dispositivos regulamentares de iluminação intermitente;

► Alíneas *e* e *f* acrescidas pela Lei nº 14.071, de 13-10-2020.

VIII – os veículos prestadores de serviços de utilidade pública, quando em atendimento na via, gozam de livre parada e estacionamento no local da prestação de serviço, desde que devidamente sinalizados, devendo estar identificados na forma estabelecida pelo CONTRAN;

IX – a ultrapassagem de outro veículo em movimento deverá ser feita pela esquerda, obedecida a sinalização regulamentar e as demais normas estabelecidas neste Código, exceto quando o veículo a ser ultrapassado estiver sinalizando o propósito de entrar à esquerda;

X – todo condutor deverá, antes de efetuar uma ultrapassagem, certificar-se de que:

a) nenhum condutor que venha atrás haja começado uma manobra para ultrapassá-lo;

b) quem o precede na mesma faixa de trânsito não haja indicado o propósito de ultrapassar um terceiro;

c) a faixa de trânsito que vai tomar esteja livre numa extensão suficiente para que sua manobra não ponha em perigo ou obstrua o trânsito que venha em sentido contrário;

XI – todo condutor ao efetuar a ultrapassagem deverá:

a) indicar com antecedência a manobra pretendida, acionando a luz indicadora de direção do veículo ou por meio de gesto convencional de braço;

b) afastar-se do usuário ou usuários aos quais ultrapassa, de tal forma que deixe livre uma distância lateral de segurança;

c) retomar, após a efetivação da manobra, a faixa de trânsito de origem, acionando a luz indicadora de direção do veículo ou fazendo gesto convencional de braço, adotando os cuidados necessários para não pôr em perigo ou obstruir o trânsito dos veículos que ultrapassou;

XII – os veículos que se deslocam sobre trilhos terão preferência de passagem sobre os demais, respeitadas as normas de circulação;

XIII – VETADO. Lei nº 13.281, de 4-5-2016.

§ 1º As normas de ultrapassagem previstas nas alíneas *a* e *b* do inciso X e *a* e *b* do inciso XI aplicam-se à transposição de faixas, que pode ser realizada tanto pela faixa da esquerda como pela da direita.

§ 2º Respeitadas as normas de circulação e conduta estabelecidas neste artigo, em ordem decrescente, os veículos de maior porte serão sempre responsáveis pela segurança dos menores, os motorizados pelos não motorizados e, juntos, pela incolumidade dos pedestres.

§ 3º Compete ao CONTRAN regulamentar os dispositivos de alarme sonoro e iluminação intermitente previstos no inciso VII do *caput* deste artigo.

§ 4º Em situações especiais, ato da autoridade máxima federal de segurança pública poderá dispor sobre a aplicação das exceções tratadas no inciso VII do *caput* deste artigo aos veículos oficiais descaracterizados.

► §§ 3º e 4º acrescidos pela Lei nº 14.071, de 13-10-2020.

Art. 30. Todo condutor, ao perceber que outro que o segue tem o propósito de ultrapassá-lo, deverá:

I – se estiver circulando pela faixa da esquerda, deslocar-se para a faixa da direita, sem acelerar a marcha;

II – se estiver circulando pelas demais faixas, manter-se naquela na qual está circulando, sem acelerar a marcha.

Parágrafo único. Os veículos mais lentos, quando em fila, deverão manter distância suficiente entre si para permitir que veículos que os ultrapassem possam se intercalar na fila com segurança.

Art. 31. O condutor que tenha o propósito de ultrapassar um veículo de transporte coletivo que esteja parado, efetuando embarque ou desembarque de passageiros, deverá reduzir a velocidade, dirigindo com atenção redobrada ou parar o veículo com vistas à segurança dos pedestres.

Art. 32. O condutor não poderá ultrapassar veículos em vias com duplo sentido de direção e pista única, nos trechos em curvas e em aclives sem visibilidade suficiente, nas passagens de nível, nas pontes e viadutos e nas travessias de pedestres, exceto quando houver sinalização permitindo a ultrapassagem.

Art. 33. Nas interseções e suas proximidades, o condutor não poderá efetuar ultrapassagem.

Art. 34. O condutor que queira executar uma manobra deverá certificar-se de que pode executá-la sem perigo para os demais usuários da via que o seguem, precedem ou vão cruzar com ele, considerando sua posição, sua direção e sua velocidade.

Art. 35. Antes de iniciar qualquer manobra que implique um deslocamento lateral, o condutor deverá indicar seu propósito de forma clara e com a devida antecedência, por meio da luz indicadora de direção de seu veículo, ou fazendo gesto convencional de braço.

Parágrafo único. Entende-se por deslocamento lateral a transposição de faixas, movimentos de conversão à direita, à esquerda e retornos.

Art. 36. O condutor que for ingressar numa via, procedente de um lote lindeiro a essa via, deverá dar preferência aos veículos e pedestres que por ela estejam transitando.

Art. 37. Nas vias providas de acostamento, a conversão à esquerda e a operação de retorno deverão ser feitas nos locais apropriados e, onde estes não existirem, o condutor deverá aguardar no acostamento, à direita, para cruzar a pista com segurança.

Art. 38. Antes de entrar à direita ou à esquerda, em outra via ou em lotes lindeiros, o condutor deverá:

I – ao sair da via pelo lado direito, aproximar-se o máximo possível do bordo direito da pista e executar sua manobra no menor espaço possível;

II – ao sair da via pelo lado esquerdo, aproximar-se o máximo possível de seu eixo ou da linha divisória da pista, quando houver, caso se trate de uma pista com circulação nos dois sentidos, ou do bordo esquerdo, tratando-se de uma pista de um só sentido.

Parágrafo único. Durante a manobra de mudança de direção, o condutor deverá ceder passagem aos pedestres e ciclistas, aos veículos que transitem em sentido contrário pela pista da via da qual vai sair, respeitadas as normas de preferência de passagem.

Art. 39. Nas vias urbanas, a operação de retorno deverá ser feita nos locais para isto determinados, quer por meio de sinalização, quer pela existência de locais apropriados, ou, ainda, em outros locais que ofereçam condições de segurança e fluidez, observadas as características da via, do veículo, das condições meteorológicas e da movimentação de pedestres e ciclistas.

Art. 40. O uso de luzes em veículo obedecerá às seguintes determinações:

I – o condutor manterá acesos os faróis do veículo, por meio da utilização da luz baixa:

a) à noite;

b) mesmo durante o dia, em túneis e sob chuva, neblina ou cerração;

► Inciso I com a redação dada pela Lei nº 14.071, de 13-10-2020.

II – nas vias não iluminadas o condutor deve usar luz alta, exceto ao cruzar com outro veículo ou ao segui-lo;

III – a troca de luz baixa e alta, de forma intermitente e por curto período de tempo, com o objetivo de advertir outros motoristas, só poderá ser utilizada para indicar a intenção de ultrapassar o veículo que segue à frente ou para indicar a existência de risco à segurança para os veículos que circulam no sentido contrário;

IV – *Revogado.* Lei nº 14.071, de 13-10-2020;

V – o condutor utilizará o pisca-alerta nas seguintes situações:

a) em imobilizações ou situações de emergência;

b) quando a regulamentação da via assim o determinar;

VI – durante a noite, em circulação, o condutor manterá acesa a luz de placa;

VII – o condutor manterá acesas, à noite, as luzes de posição quando o veículo estiver parado para fins de embarque ou desembarque de passageiros e carga ou descarga de mercadorias.

§ 1º Os veículos de transporte coletivo de passageiros, quando circularem em faixas ou pistas a eles destinadas, e as motocicletas, motonetas e ciclomotores deverão utilizar-se de farol de luz baixa durante o dia e à noite.

► Parágrafo único renumerado para § 1º e com a redação dada pela Lei nº 14.071, de 13-10-2020.

§ 2º Os veículos que não dispuserem de luzes de rodagem diurna deverão manter acesos os faróis nas rodovias de pista simples situadas fora dos perímetros urbanos, mesmo durante o dia.

► § 2º acrescido pela Lei nº 14.071, de 13-10-2020.

Art. 41. O condutor de veículo só poderá fazer uso de buzina, desde que em toque breve, nas seguintes situações:

I – para fazer as advertências necessárias a fim de evitar acidentes;

II – fora das áreas urbanas, quando for conveniente advertir a um condutor que se tem o propósito de ultrapassá-lo.

Art. 42. Nenhum condutor deverá frear bruscamente seu veículo, salvo por razões de segurança.

Art. 43. Ao regular a velocidade, o condutor deverá observar constantemente as condições físicas da via, do veículo e da carga, as condições meteorológicas e a intensidade do trânsito, obedecendo aos limites máximos de velocidade estabelecidos para a via, além de:

I – não obstruir a marcha normal dos demais veículos em circulação sem causa justificada, transitando a uma velocidade anormalmente reduzida;

II – sempre que quiser diminuir a velocidade de seu veículo deverá antes certificar-se de que pode fazê-lo sem risco nem inconvenientes para os outros condutores, a não ser que haja perigo iminente;

III – indicar, de forma clara, com a antecedência necessária e a sinalização devida, a manobra de redução de velocidade.

Art. 44. Ao aproximar-se de qualquer tipo de cruzamento, o condutor do veículo deve demonstrar prudência especial, transitando em velocidade moderada, de forma que possa deter seu veículo com segurança para dar passagem a pedestre e a veículos que tenham o direito de preferência.

Art. 44-A. É livre o movimento de conversão à direita diante de sinal vermelho do semáforo onde houver sinalização indicativa que permita essa conversão, observados os arts. 44, 45 e 70 deste Código.

► Art. 44-A acrescido pela Lei nº 14.071, de 13-10-2020.

Art. 45. Mesmo que a indicação luminosa do semáforo lhe seja favorável, nenhum condutor pode entrar em uma interseção se houver possibilidade de ser obrigado a imobilizar o veículo na área do cruzamento, obstruindo ou impedindo a passagem do trânsito transversal.

Art. 46. Sempre que for necessária a imobilização temporária de um veículo no leito viário, em situação de emergência, deverá ser providenciada a imediata sinalização de advertência, na forma estabelecida pelo CONTRAN.

Art. 47. Quando proibido o estacionamento na via, a parada deverá restringir-se ao tempo indispensável para embarque ou desembarque de passageiros, desde que não interrompa ou perturbe o fluxo de veículos ou a locomoção de pedestres.

Parágrafo único. A operação de carga ou descarga será regulamentada pelo órgão ou entidade com circunscrição sobre a via e é considerada estacionamento.

Art. 48. Nas paradas, operações de carga ou descarga e nos estacionamentos, o veículo deverá ser posicionado no sentido do fluxo, paralelo ao bordo da pista de rolamento e junto à guia da calçada (meio-fio), admitidas as exceções devidamente sinalizadas.

§ 1º Nas vias providas de acostamento, os veículos parados, estacionados ou em operação de carga ou descarga deverão estar situados fora da pista de rolamento.

§ 2º O estacionamento dos veículos motorizados de duas rodas será feito em posição perpendicular à guia da calçada (meio-fio) e junto a ela, salvo quando houver sinalização que determine outra condição.

§ 3º O estacionamento dos veículos sem abandono do condutor poderá ser feito somente nos locais previstos neste Código ou naqueles regulamentados por sinalização específica.

Art. 49. O condutor e os passageiros não deverão abrir a porta do veículo, deixá-la aberta ou descer do veículo sem antes se certificarem de que isso não constitui perigo para eles e para outros usuários da via.

Parágrafo único. O embarque e o desembarque devem ocorrer sempre do lado da calçada, exceto para o condutor.

Art. 50. O uso de faixas laterais de domínio e das áreas adjacentes às estradas e rodovias obedecerá às condições de segurança do trânsito estabelecidas pelo órgão ou entidade com circunscrição sobre a via.

Art. 51. Nas vias internas pertencentes a condomínios constituídos por unidades autônomas, a sinalização de regulamentação da via será implantada e mantida às expensas do condomínio, após aprovação dos projetos pelo órgão ou entidade com circunscrição sobre a via.

Art. 52. Os veículos de tração animal serão conduzidos pela direita da pista, junto à guia da calçada (meio-fio) ou acostamento, sempre que não houver faixa especial a eles destinada, devendo seus condutores obedecer, no que couber, às normas de circulação previstas neste Código e às que vierem a ser fixadas pelo órgão ou entidade com circunscrição sobre a via.

Art. 53. Os animais isolados ou em grupos só podem circular nas vias quando conduzidos por um guia, observando o seguinte:

I – para facilitar os deslocamentos, os rebanhos deverão ser divididos em grupos de tamanho moderado e separados uns dos outros por espaços suficientes para não obstruir o trânsito;

II – os animais que circularem pela pista de rolamento deverão ser mantidos junto ao bordo da pista.

Art. 54. Os condutores de motocicletas, motonetas e ciclomotores só poderão circular nas vias:

I – utilizando capacete de segurança, com viseira ou óculos protetores;

II – segurando o guidom com as duas mãos;

III – usando vestuário de proteção, de acordo com as especificações do CONTRAN.

Art. 55. Os passageiros de motocicletas, motonetas e ciclomotores só poderão ser transportados:

I – utilizando capacete de segurança;

II – em carro lateral acoplado aos veículos ou em assento suplementar atrás do condutor;

III – usando vestuário de proteção, de acordo com as especificações do CONTRAN.

Art. 56. VETADO.

Art. 56-A. VETADO. Lei nº 14.071, de 13-10-2020.

Art. 57. Os ciclomotores devem ser conduzidos pela direita da pista de rolamento, preferencialmente no centro da faixa mais à direita ou no bordo direito da pista sempre que não houver acostamento ou faixa própria a eles destinada, proibida a sua circulação nas vias de trânsito rápido e sobre as calçadas das vias urbanas.

Parágrafo único. Quando uma via comportar duas ou mais faixas de trânsito e a da direita for destinada ao uso exclusivo de outro tipo de veículo, os ciclomotores deverão circular pela faixa adjacente à da direita.

Art. 58. Nas vias urbanas e nas rurais de pista dupla, a circulação de bicicletas deverá ocorrer, quando não houver ciclovia, ciclofaixa, ou acostamento, ou quando não for possível a utilização destes, nos bordos da pista de rolamento, no mesmo sentido de circulação regulamentado para a via, com preferência sobre os veículos automotores.

Parágrafo único. A autoridade de trânsito com circunscrição sobre a via poderá autorizar a circulação de bicicletas no sentido contrário ao fluxo dos veículos automotores, desde que dotado o trecho com ciclofaixa.

Art. 59. Desde que autorizado e devidamente sinalizado pelo órgão ou entidade com circunscrição sobre a via, será permitida a circulação de bicicletas nos passeios.

Art. 60. As vias abertas à circulação, de acordo com sua utilização, classificam-se em:

I – vias urbanas:

a) via de trânsito rápido;

b) via arterial;

c) via coletora;

d) via local;

II – vias rurais:

a) rodovias;

b) estradas.

Art. 61. A velocidade máxima permitida para a via será indicada por meio de sinalização, obedecidas suas características técnicas e as condições de trânsito.

§ 1º Onde não existir sinalização regulamentadora, a velocidade máxima será de:

I – nas vias urbanas:

a) oitenta quilômetros por hora, nas vias de trânsito rápido;

b) sessenta quilômetros por hora, nas vias arteriais;

c) quarenta quilômetros por hora, nas vias coletoras;

d) trinta quilômetros por hora, nas vias locais;

II – nas vias rurais:

a) nas rodovias de pista dupla:

► *Caput* da alínea *a* com a redação dada pela Lei nº 13.281, de 4-5-2016.

1. 110 km/h (cento e dez quilômetros por hora) para automóveis, camionetas e motocicletas;
2. 90 km/h (noventa quilômetros por hora) para os demais veículos;

► Itens 1 e 2 com a redação dada pela Lei nº 13.281, de 4-5-2016.

3. *Revogado.* Lei nº 13.281, de 4-5-2016.

b) nas rodovias de pista simples:

1. 100 km/h (cem quilômetros por hora) para automóveis, camionetas e motocicletas;
2. 90 km/h (noventa quilômetros por hora) para os demais veículos;

► Alínea *b* com a redação dada pela Lei nº 13.281, de 4-5-2016.

c) nas estradas: 60 km/h (sessenta quilômetros por hora).

► Alínea *c* acrescida pela Lei nº 13.281, de 4-5-2016.

§ 2º O órgão ou entidade de trânsito ou rodoviário com circunscrição sobre a via poderá regulamentar, por meio de sinalização, velocidades superiores ou inferiores àquelas estabelecidas no parágrafo anterior.

Art. 62. A velocidade mínima não poderá ser inferior à metade da velocidade máxima estabelecida, respeitadas as condições operacionais de trânsito e da via.

Art. 63. VETADO.

Art. 64. As crianças com idade inferior a 10 (dez) anos que não tenham atingido 1,45 m (um metro e quarenta e cinco centímetros) de altura devem ser transportadas nos bancos traseiros, em dispositivo de retenção adequado para cada idade, peso e altura, salvo exceções relacionadas a tipos específicos de veículos regulamentadas pelo CONTRAN.

► *Caput* com a redação dada pela Lei nº 14.071, de 13-10-2020.

Parágrafo único. O CONTRAN disciplinará o uso excepcional de dispositivos de retenção no banco dianteiro do veículo e as especificações técnicas dos dispositivos de retenção a que se refere o *caput* deste artigo.

► Parágrafo único acrescido pela Lei nº 14.071, de 13-10-2020.

Art. 65. É obrigatório o uso do cinto de segurança para condutor e passageiros em todas as vias do território nacional, salvo em situações regulamentadas pelo CONTRAN.

Art. 66. VETADO.

Art. 67. As provas ou competições desportivas, inclusive seus ensaios, em via aberta à circulação, só poderão ser realizadas mediante prévia permissão da autoridade de trânsito com circunscrição sobre a via e dependerão de:

I – autorização expressa da respectiva confederação desportiva ou de entidades estaduais a ela filiadas;

II – caução ou fiança para cobrir possíveis danos materiais à via;

III – contrato de seguro contra risco e acidentes em favor de terceiros;

IV – prévio recolhimento do valor correspondente aos custos operacionais em que o órgão ou entidade permissionária incorrerá.

Parágrafo único. A autoridade com circunscrição sobre a via arbitrará os valores mínimos da caução ou fiança e do contrato de seguro.

CAPÍTULO III-A

DA CONDUÇÃO DE VEÍCULOS POR MOTORISTAS PROFISSIONAIS

► Capítulo III-A acrescido pela Lei nº 12.619, de 30-4-2012.

Art. 67-A. O disposto neste Capítulo aplica-se aos motoristas profissionais:

► *Caput* com a redação dada pela Lei nº 13.103, de 2-3-2015.

I – de transporte rodoviário coletivo de passageiros;

II – de transporte rodoviário de cargas.

► Incisos I e II acrescidos pela Lei nº 13.103, de 2-3-2015.

§§ 1º a 7º *Revogados*. Lei nº 13.103, de 2-3-2015.

§ 8º VETADO. Lei nº 12.619, de 30-4-2012.

Art. 67-B. VETADO. Lei nº 12.619, de 30-4-2012.

Art. 67-C. É vedado ao motorista profissional dirigir por mais de 5 (cinco) horas e meia ininterruptas veículos de transporte rodoviário coletivo de passageiros ou de transporte rodoviário de cargas.

► *Caput* com a redação dada pela Lei nº 13.103, de 2-3-2015.

§ 1º Serão observados 30 (trinta) minutos para descanso dentro de cada 6 (seis) horas na condução de veículo de transporte de carga, sendo facultado o seu fracionamento e o do tempo de direção desde que não ultrapassadas 5 (cinco) horas e meia contínuas no exercício da condução.

§ 1º-A. Serão observados 30 (trinta) minutos para descanso a cada 4 (quatro) horas na condução de veículo rodoviário de passageiros, sendo facultado o seu fracionamento e o do tempo de direção.

§ 2º Em situações excepcionais de inobservância justificada do tempo de direção, devidamente registradas, o tempo de direção poderá ser elevado pelo período necessário para que o condutor, o veículo e a carga cheguem a um lugar que ofereça a segurança e o atendimento demandados, desde que não haja comprometimento da segurança rodoviária.

§ 3º O condutor é obrigado, dentro do período de 24 (vinte e quatro) horas, a observar o mínimo de 11 (onze) horas de descanso, que podem ser fracionadas, usufruídas no veículo e coincidir com os intervalos mencionados no § 1º, observadas no primeiro período 8 (oito) horas ininterruptas de descanso.

§ 4º Entende-se como tempo de direção ou de condução apenas o período em que o condutor estiver efetivamente ao volante, em curso entre a origem e o destino.

§ 5º Entende-se como início de viagem a partida do veículo na ida ou no retorno, com ou sem carga, considerando-se como sua continuação as partidas nos dias subsequentes até o destino.

§ 6º O condutor somente iniciará uma viagem após o cumprimento integral do intervalo de descanso previsto no § 3º deste artigo.

§ 7º Nenhum transportador de cargas ou coletivo de passageiros, embarcador, consignatário de cargas, operador de terminais de carga, operador de transporte multimodal de cargas ou agente de cargas ordenará a qualquer motorista a seu serviço, ainda que subcontratado, que conduza veículo referido no *caput* sem a observância do disposto no § 6º.

► §§ 1º a 7º acrescidos pela Lei nº 13.103, de 2-3-2015.

Art. 67-D. VETADO. Lei nº 12.619, de 30-4-2012.

Art. 67-E. O motorista profissional é responsável por controlar e registrar o tempo de condução estipulado no art. 67-C, com vistas à sua estrita observância.

§ 1º A não observância dos períodos de descanso estabelecidos no art. 67-C sujeitará o motorista profissional às penalidades daí decorrentes, previstas neste Código.

§ 2º O tempo de direção será controlado mediante registrador instantâneo inalterável de velocidade e tempo e, ou por meio de anotação em diário de bordo, ou papeleta ou ficha de trabalho externo, ou por meios eletrônicos instalados no veículo, conforme norma do CONTRAN.

§ 3º O equipamento eletrônico ou registrador deverá funcionar de forma independente de qualquer interferência do condutor, quanto aos dados registrados.

§ 4º A guarda, a preservação e a exatidão das informações contidas no equipamento registrador instantâneo inalterável de velocidade e de tempo são de responsabilidade do condutor.

CAPÍTULO IV

DOS PEDESTRES E CONDUTORES DE VEÍCULOS NÃO MOTORIZADOS

Art. 68. É assegurada ao pedestre a utilização dos passeios ou passagens apropriadas das vias urbanas e dos acostamentos das vias rurais para circulação, podendo a autoridade competente permitir a utilização de parte da calçada para outros fins, desde que não seja prejudicial ao fluxo de pedestres.

§ 1º O ciclista desmontado empurrando a bicicleta equipara-se ao pedestre em direitos e deveres.

§ 2º Nas áreas urbanas, quando não houver passeios ou quando não for possível a utilização destes, a circulação de pedestres na pista de rolamento será feita com prioridade sobre os veículos, pelos bordos da pista, em fila única, exceto em locais proibidos pela sinalização e nas situações em que a segurança ficar comprometida.

§ 3º Nas vias rurais, quando não houver acostamento ou quando não for possível a utilização dele, a circulação de pedestres, na pista de rolamento, será feita com prioridade sobre os veículos, pelos bordos da pista, em fila única, em sentido contrário ao deslocamento de veículos, exceto em locais proibidos pela sinalização e nas situações em que a segurança ficar comprometida.

§ 4º VETADO.

§ 5º Nos trechos urbanos de vias rurais e nas obras de arte a serem construídas, deverá ser previsto passeio destinado à circulação dos pedestres, que não deverão, nessas condições, usar o acostamento.

§ 6º Onde houver obstrução da calçada ou da passagem para pedestres, o órgão ou entidade com circunscrição sobre a via deverá assegurar a devida sinalização e proteção para circulação de pedestres.

Art. 69. Para cruzar a pista de rolamento o pedestre tomará precauções de segurança, levando em conta, principalmente, a visibilidade, a distância e a velocidade dos veículos, utilizando sempre as faixas ou passagens a ele destinadas sempre que estas existirem numa distância de até cinquenta metros dele, observadas as seguintes disposições:

I – onde não houver faixa ou passagem, o cruzamento da via deverá ser feito em sentido perpendicular ao de seu eixo;

II – para atravessar uma passagem sinalizada para pedestres ou delimitada por marcas sobre a pista:

a) onde houver foco de pedestres, obedecer às indicações das luzes;

b) onde não houver foco de pedestres, aguardar que o semáforo ou o agente de trânsito interrompa o fluxo de veículos;

III – nas interseções e em suas proximidades, onde não existam faixas de travessia, os pedestres devem atravessar a via na continuação da calçada, observadas as seguintes normas:

a) não deverão adentrar na pista sem antes se certificar de que podem fazê-lo sem obstruir o trânsito de veículos;

b) uma vez iniciada a travessia de uma pista, os pedestres não deverão aumentar o seu percurso, demorar-se ou parar sobre ela sem necessidade.

Art. 70. Os pedestres que estiverem atravessando a via sobre as faixas delimitadas para esse fim terão prioridade de passagem, exceto nos locais com sinalização semafórica, onde deverão ser respeitadas as disposições deste Código.

Parágrafo único. Nos locais em que houver sinalização semafórica de controle de passagem será dada preferência aos pedestres que não tenham concluído a travessia, mesmo em caso de mudança do semáforo liberando a passagem dos veículos.

Art. 71. O órgão ou entidade com circunscrição sobre a via manterá, obrigatoriamente, as faixas e passagens de pedestres em boas condições de visibilidade, higiene, segurança e sinalização.

CAPÍTULO V
DO CIDADÃO

Art. 72. Todo cidadão ou entidade civil tem o direito de solicitar, por escrito, aos órgãos ou entidades do Sistema Nacional de Trânsito, sinalização, fiscalização e implantação de equipamentos de segurança, bem como sugerir alterações em normas, legislação e outros assuntos pertinentes a este Código.

Art. 73. Os órgãos ou entidades pertencentes ao Sistema Nacional de Trânsito têm o dever de analisar as solicitações e responder, por escrito, dentro de prazos mínimos, sobre a possibilidade ou não de atendimento, esclarecendo ou justificando a análise efetuada, e, se pertinente, informando ao solicitante quando tal evento ocorrerá.

Parágrafo único. As campanhas de trânsito devem esclarecer quais as atribuições dos órgãos e entidades pertencentes ao Sistema Nacional de Trânsito e como proceder a tais solicitações.

CAPÍTULO VI
DA EDUCAÇÃO PARA O TRÂNSITO

Art. 74. A educação para o trânsito é direito de todos e constitui dever prioritário para os componentes do Sistema Nacional de Trânsito.

§ 1º É obrigatória a existência de coordenação educacional em cada órgão ou entidade componente do Sistema Nacional de Trânsito.

§ 2º Os órgãos ou entidades executivos de trânsito deverão promover, dentro de sua estrutura organizacional ou mediante convênio, o funcionamento de Escolas Públicas de Trânsito, nos moldes e padrões estabelecidos pelo CONTRAN.

Art. 75. O CONTRAN estabelecerá, anualmente, os temas e os cronogramas das campanhas de âmbito nacional que deverão ser promovidas por todos os órgãos ou entidades do Sistema Nacional de Trânsito, em especial nos períodos referentes às férias escolares, feriados prolongados e à Semana Nacional de Trânsito.

§ 1º Os órgãos ou entidades do Sistema Nacional de Trânsito deverão promover outras campanhas no âmbito de sua circunscrição e de acordo com as peculiaridades locais.

§ 2º As campanhas de que trata este artigo são de caráter permanente, e os serviços de rádio e difusão sonora de sons e imagens explorados pelo poder público são obrigados a difundi-las gratuitamente, com a frequência recomendada pelos órgãos competentes do Sistema Nacional de Trânsito.

Art. 76. A educação para o trânsito será promovida na pré-escola e nas escolas de 1º, 2º e 3º graus, por meio de planejamento e ações coordenadas entre os órgãos e entidades do Sistema Nacional de Trânsito e de Educação, da União, dos Estados, do Distrito Federal e dos Municípios, nas respectivas áreas de atuação.

Parágrafo único. Para a finalidade prevista neste artigo, o Ministério da Educação e do Desporto, mediante proposta do CONTRAN e do Conselho de Reitores das Universidades Brasileiras, diretamente ou mediante convênio, promoverá:

I – a adoção, em todos os níveis de ensino, de um currículo interdisciplinar com conteúdo programático sobre segurança de trânsito;

II – a adoção de conteúdos relativos à educação para o trânsito nas escolas de formação para o magistério e o treinamento de professores e multiplicadores;

III – a criação de corpos técnicos interprofissionais para levantamento e análise de dados estatísticos relativos ao trânsito;

IV – a elaboração de planos de redução de acidentes de trânsito junto aos núcleos interdisciplinares universitários de trânsito, com vistas à integração universidades-sociedade na área de trânsito.

Art. 77. No âmbito da educação para o trânsito caberá ao Ministério da Saúde, mediante proposta do CONTRAN, estabelecer campanha nacional esclarecendo condutas a serem seguidas nos primeiros socorros em caso de acidente de trânsito.

Parágrafo único. As campanhas terão caráter permanente por intermédio do Sistema Único de Saúde – SUS, sendo intensificadas nos períodos e na forma estabelecidos no artigo 76.

Art. 77-A. São assegurados aos órgãos ou entidades componentes do Sistema Nacional de Trânsito os mecanismos instituídos nos arts. 77-B a 77-E para a veiculação de mensagens educativas de trânsito em todo o território nacional, em caráter suplementar às campanhas previstas nos arts. 75 e 77.

Art. 77-B. Toda peça publicitária destinada à divulgação ou promoção, nos meios de comunicação social, de produto oriundo da indústria automobilística ou afim, incluirá, obrigatoriamente, mensagem educativa de trânsito a ser conjuntamente veiculada.

§ 1º Para os efeitos dos arts. 77-A a 77-E, consideram-se produtos oriundos da indústria automobilística ou afins:

I – os veículos rodoviários automotores de qualquer espécie, incluídos os de passageiros e os de carga;

II – os componentes, as peças e os acessórios utilizados nos veículos mencionados no inciso I.

§ 2º O disposto no *caput* deste artigo aplica-se à propaganda de natureza comercial, veiculada por iniciativa do fabricante do produto, em qualquer das seguintes modalidades:

I – rádio;
II – televisão;
III – jornal;
IV – revista;
V – *outdoor*.

§ 3º Para efeito do disposto no § 2º, equiparam-se ao fabricante o montador, o encarroçador, o importador e o revendedor autorizado dos veículos e demais produtos discriminados no § 1º deste artigo.

Art. 77-C. Quando se tratar de publicidade veiculada em *outdoor* instalado à margem de rodovia, dentro ou fora da respectiva faixa de domínio, a obrigação prevista no art. 77-B estende-se à propaganda de qualquer tipo de produto e anunciante, inclusive àquela de caráter institucional ou eleitoral.

Art. 77-D. O Conselho Nacional de Trânsito (CONTRAN) especificará o conteúdo e o padrão de apresentação das mensagens, bem como os procedimentos envolvidos na respectiva veiculação, em conformidade com as diretrizes fixadas para as campanhas educativas de trânsito a que se refere o art. 75.

► Arts. 77-A a 77-D acrescido pela Lei nº 12.006, de 29-7-2009.

Art. 77-E. A veiculação de publicidade feita em desacordo com as condições fixadas nos arts. 77-A a 77-D constitui infração punível com as seguintes sanções:

► *Caput* acrescido pela Lei nº 12.006, de 29-7-2009.

I – advertência por escrito;

II – suspensão, nos veículos de divulgação da publicidade, de qualquer outra propaganda do produto, pelo prazo de até 60 (sessenta) dias;

► Incisos I e II acrescidos pela Lei nº 12.006, de 29-7-2009.

III – multa de R$ 1.627,00 (mil, seiscentos e vinte e sete reais) a R$ 8.135,00 (oito mil, cento e trinta e cinco reais), cobrada do dobro até o quíntuplo em caso de reincidência.

► Inciso III com a redação dada pela Lei nº 13.281, de 4-5-2016.

§ 1º As sanções serão aplicadas isolada ou cumulativamente, conforme dispuser o regulamento.

§ 2º Sem prejuízo do disposto no *caput* deste artigo, qualquer infração acarretará a imediata suspensão da veiculação da peça publicitária até que sejam cumpridas as exigências fixadas nos arts. 77-A a 77-D.

► §§ 1º e 2º acrescidos pela Lei nº 12.006, de 29-7-2009.

Art. 78. Os Ministérios da Saúde, da Educação e do Desporto, do Trabalho, dos Transportes e da Justiça, por intermédio do CONTRAN, desenvolverão e implementarão programas destinados à prevenção de acidentes.

Parágrafo único. O percentual de dez por cento do total dos valores arrecadados destinados à Previdência Social, do Prêmio do Seguro Obrigatório de Danos Pessoais causados por Veículos Automotores de Via Terrestre – DPVAT, de que trata a Lei nº 6.194, de 19 de dezembro de 1974, serão repassados mensalmente ao Coordenador do Sistema Nacional de Trânsito para aplicação exclusiva em programas de que trata este artigo.

Art. 79. Os órgãos e entidades executivos de trânsito poderão firmar convênio com os órgãos de educação da União, dos Estados, do Distrito Federal e dos Municípios, objetivando o cumprimento das obrigações estabelecidas neste capítulo.

CAPÍTULO VII

DA SINALIZAÇÃO DE TRÂNSITO

Art. 80. Sempre que necessário, será colocada ao longo da via, sinalização prevista neste Código e em legislação complementar, destinada a condutores e pedestres, vedada a utilização de qualquer outra.

§ 1º A sinalização será colocada em posição e condições que a tornem perfeitamente visível e legível durante o dia e a noite, em distância compatível com a segurança do trânsito, conforme normas e especificações do CONTRAN.

§ 2º O CONTRAN poderá autorizar, em caráter experimental e por período prefixado, a utilização de sinalização não prevista neste Código.

§ 3º A responsabilidade pela instalação da sinalização nas vias internas pertencentes aos condomínios constituídos por unidades autônomas e nas vias e áreas de estacionamento de estabelecimentos privados de uso coletivo é de seu proprietário.

► § 3º acrescido pela Lei nº 13.281, de 4-5-2016.

Art. 81. Nas vias públicas e nos imóveis é proibido colocar luzes, publicidade, inscrições, vegetação e mobiliário que possam gerar confusão, interferir na visibilidade da sinalização e comprometer a segurança do trânsito.

Art. 82. É proibido afixar sobre a sinalização de trânsito e respectivos suportes, ou junto a ambos, qualquer tipo de publicidade, inscrições, legendas e símbolos que não se relacionem com a mensagem da sinalização.

Art. 83. A afixação de publicidade ou de quaisquer legendas ou símbolos ao longo das vias condiciona-se à prévia aprovação do órgão ou entidade com circunscrição sobre a via.

Art. 84. O órgão ou entidade de trânsito com circunscrição sobre a via poderá retirar ou determinar a imediata retirada de qualquer elemento que prejudique a visibilidade da sinalização viária e a segurança do trânsito, com ônus para quem o tenha colocado.

Art. 85. Os locais destinados pelo órgão ou entidade de trânsito com circunscrição sobre a via à travessia de pedestres deverão ser sinalizados com faixas pintadas ou demarcadas no leito da via.

Art. 86. Os locais destinados a postos de gasolina, oficinas, estacionamentos ou garagens de uso coletivo deverão ter suas entradas e saídas devidamente identificadas, na forma regulamentada pelo CONTRAN.

Art. 86-A. As vagas de estacionamento regulamentado de que trata o inciso XVII do art. 181 desta Lei deverão ser sinalizadas com as respectivas placas indicativas de destinação e com placas informando os dados sobre a infração por estacionamento indevido.

► Artigo acrescido pela Lei nº 13.146, de 6-7-2015.

Art. 87. Os sinais de trânsito classificam-se em:

I – verticais;

II – horizontais;

III – dispositivos de sinalização auxiliar;

IV – luminosos;

V – sonoros;

VI – gestos do agente de trânsito e do condutor.

Art. 88. Nenhuma via pavimentada poderá ser entregue após sua construção, ou reabertura ao trânsito após a realização de obras ou de manutenção, enquanto não estiver devidamente sinalizada, vertical e horizontalmente, de forma a garantir as condições adequadas de segurança na circulação.

Parágrafo único. Nas vias ou trechos de vias em obras deverá ser afixada sinalização específica e adequada.

Art. 89. A sinalização terá a seguinte ordem de prevalência:

I – as ordens do agente de trânsito sobre as normas de circulação e outros sinais;

II – as indicações do semáforo sobre os demais sinais;

III – as indicações dos sinais sobre as demais normas de trânsito.

Art. 90. Não serão aplicadas as sanções previstas neste Código por inobservância à sinalização quando esta for insuficiente ou incorreta.

§ 1º O órgão ou entidade de trânsito com circunscrição sobre a via é responsável pela implantação da sinalização, respondendo pela sua falta, insuficiência ou incorreta colocação.

§ 2º O CONTRAN editará normas complementares no que se refere à interpretação, colocação e uso da sinalização.

► Res. do CONTRAN nº 791, de 13-12-1994, acrescenta à sinalização de trânsito, placas de indicação de atrativos turísticos.

CAPÍTULO VIII

DA ENGENHARIA DE TRÁFEGO, DA OPERAÇÃO, DA FISCALIZAÇÃO E DO POLICIAMENTO OSTENSIVO DE TRÂNSITO

Art. 91. O CONTRAN estabelecerá as normas e regulamentos a serem adotados em todo o território nacional quando da implementação das soluções adotadas pela Engenharia de Tráfego, assim como padrões a serem praticados por todos os órgãos e entidades do Sistema Nacional de Trânsito.

Art. 92. VETADO.

Art. 93. Nenhum projeto de edificação que possa transformar-se em polo atrativo de trânsito poderá ser aprovado sem prévia anuência do órgão ou entidade com circunscrição sobre a via e sem que do projeto conste área para estacionamento e indicação das vias de acesso adequadas.

Art. 94. Qualquer obstáculo à livre circulação e à segurança de veículos e pedestres, tanto na via quanto na calçada, caso não possa ser retirado, deve ser devida e imediatamente sinalizado.

Parágrafo único. É proibida a utilização das ondulações transversais e de sonorizadores como redutores de velocidade, salvo em casos especiais definidos pelo órgão ou entidade competente, nos padrões e critérios estabelecidos pelo CONTRAN.

Art. 95. Nenhuma obra ou evento que possa perturbar ou interromper a livre circulação de veículos e pedestres, ou colocar em risco sua segurança, será iniciada sem permissão prévia do órgão ou entidade de trânsito com circunscrição sobre a via.

§ 1º A obrigação de sinalizar é do responsável pela execução ou manutenção da obra ou do evento.

§ 2º Salvo em casos de emergência, a autoridade de trânsito com circunscrição sobre a via avisará a comunidade, por intermédio dos meios de comunicação social, com quarenta e oito horas de antecedência, de qualquer interdição da via, indicando-se os caminhos alternativos a serem utilizados.

§ 3º O descumprimento do disposto neste artigo será punido com multa de R$ 81,35 (oitenta e um reais e trinta e cinco centavos) a R$ 488,10 (quatrocentos e oitenta e oito reais e dez centavos), independentemente das cominações cíveis e penais cabíveis, além de multa diária no mesmo valor até a regularização da situação, a partir do prazo final concedido pela autoridade de trânsito, levando-se em consideração a dimensão da obra ou do evento e o prejuízo causado ao trânsito.

► § 3º com a redação dada pela Lei nº 13.281, de 4-5-2016.

§ 4º Ao servidor público responsável pela inobservância de qualquer das normas previstas neste e nos arts. 93 e 94, a autoridade de trânsito aplicará multa diária na base de cinquenta por cento do dia de vencimento ou remuneração devida enquanto permanecer a irregularidade.

CAPÍTULO IX

DOS VEÍCULOS

Seção I

DISPOSIÇÕES GERAIS

Art. 96. Os veículos classificam-se em:

I – quanto à tração:

a) automotor;

b) elétrico;

c) de propulsão humana;

d) de tração animal;

e) reboque ou semirreboque;

II – quanto à espécie:

a) de passageiros:

1 – bicicleta;

2 – ciclomotor;

3 – motoneta;

4 – motocicleta;

5 – triciclo;

6 – quadriciclo;

7 – automóvel;

8 – micro-ônibus;

9 – ônibus;

10 – bonde;

11 – reboque ou semirreboque;

12 – charrete;

b) de carga:

1 – motoneta;

2 – motocicleta;

3 – triciclo;

4 – quadriciclo;

5 – caminhonete;

6 – caminhão;

7 – reboque ou semirreboque;

8 – carroça;

9 – carro de mão;

c) misto:

1 – camioneta;

2 – utilitário;

3 – outros;

d) de competição;

e) de tração:

1 – caminhão trator;

2 – trator de rodas;

3 – trator de esteiras;

4 – trator misto;

f) especial;

g) de coleção;

III – quanto à categoria:

a) oficial;

b) de representação diplomática, de repartições consulares de carreira ou organismos internacionais acreditados junto ao Governo brasileiro;

c) particular;

d) de aluguel;

e) de aprendizagem.

Art. 97. As características dos veículos, suas especificações básicas, configuração e condições essenciais para registro, licenciamento e circulação serão estabelecidas pelo CONTRAN, em função de suas aplicações.

Art. 98. Nenhum proprietário ou responsável poderá, sem prévia autorização da autoridade competente, fazer ou ordenar que sejam feitas no veículo modificações de suas características de fábrica.

§ 1º Os veículos e motores novos ou usados que sofrerem alterações ou conversões são obrigados a atender aos mesmos limites e exigências de emissão de poluentes e ruído previstos pelos órgãos ambientais competentes e pelo CONTRAN, cabendo à entidade executora das modificações e ao proprietário do veículo a responsabilidade pelo cumprimento das exigências.

► Parágrafo único renumerado para § 1º pela Lei nº 14.071, de 13-10-2020.

§ 2º Veículos classificados na espécie misto, tipo utilitário, carroçaria jipe poderão ter alterado o diâmetro externo do conjunto formado por roda e pneu, observadas restrições impostas pelo fabricante e exigências fixadas pelo CONTRAN.

► § 2º acrescido pela Lei nº 14.071, de 13-10-2020.

Art. 99. Somente poderá transitar pelas vias terrestres o veículo cujo peso e dimensões atenderem aos limites estabelecidos pelo CONTRAN.

§ 1º O excesso de peso será aferido por equipamento de pesagem ou pela verificação do documento fiscal, na forma estabelecida pelo CONTRAN.

§ 2º Será tolerado um percentual sobre os limites de peso bruto total e peso bruto transmitido por eixo de veículos à superfície das vias, quando aferido por equipamento, na forma estabelecida pelo CONTRAN.

§ 3º Os equipamentos fixos ou móveis utilizados na pesagem de veículos serão aferidos de acordo com a metodologia e na periodicidade estabelecidas pelo CONTRAN, ouvido o órgão ou entidade de metrologia legal.

Art. 100. Nenhum veículo ou combinação de veículos poderá transitar com lotação de passageiros, com peso bruto total, ou com peso bruto total combinado com peso por eixo, superior ao fixado pelo fabricante, nem ultrapassar a capacidade máxima de tração da unidade tratora.

§ 1º Os veículos de transporte coletivo de passageiros poderão ser dotados de pneus extralargos.

► Parágrafo único transformado em § 1º pela Lei nº 13.281, de 4-5-2016.

§ 2º O Contran regulamentará o uso de pneus extralargos para os demais veículos.

§ 3º É permitida a fabricação de veículos de transporte de passageiros de até 15 m (quinze metros) de comprimento na configuração de chassi 8x2.

► §§ 2º e 3º acrescidos pela Lei nº 13.281, de 4-5-2016.

Art. 101. Ao veículo ou à combinação de veículos utilizados no transporte de carga que não se enquadre nos limites de peso e dimensões estabelecidos pelo CONTRAN, poderá ser concedida, pela autoridade com circunscrição sobre a via, autorização especial de trânsito, com prazo certo, válida para cada viagem ou por período, atendidas as medidas de segurança consideradas necessárias, conforme regulamentação do CONTRAN.

► *Caput* com a redação dada pela Lei nº 14.071, de 13-10-2020.

§ 1º A autorização será concedida mediante requerimento que especificará as características do veículo ou combinação de veículos e de carga, o percurso, a data e o horário do deslocamento inicial.

► A alteração que seria inserida neste parágrafo pela Lei nº 14.071, de 13-10-2020, foi vetada, razão pela qual mantivemos a sua redação.

§ 2º A autorização não exime o beneficiário da responsabilidade por eventuais danos que o veículo ou a combinação de veículos causar à via ou a terceiros.

§ 3º Aos guindastes autopropelidos ou sobre caminhões poderá ser concedida, pela autoridade com circunscrição sobre a via, autorização especial de trânsito, com prazo de seis meses, atendidas as medidas de segurança consideradas necessárias.

Art. 102. O veículo de carga deverá estar devidamente equipado quando transitar, de modo a evitar o derramamento da carga sobre a via.

Parágrafo único. O CONTRAN fixará os requisitos mínimos e a forma de proteção de cargas de que trata este artigo, de acordo com a sua natureza.

Seção II
DA SEGURANÇA DOS VEÍCULOS

Art. 103. O veículo só poderá transitar pela via quando atendidos os requisitos e condições de segurança estabelecidos neste Código e em normas do CONTRAN.

§ 1º Os fabricantes, os importadores, os montadores e os encarroçadores de veículos deverão emitir certificado de segurança, indispensável ao cadastramento no RENAVAM, nas condições estabelecidas pelo CONTRAN.

§ 2º O CONTRAN deverá especificar os procedimentos e a periodicidade para que os fabricantes, os importadores, os montadores e os encarroçadores comprovem o atendimento aos requisitos de segurança veicular, devendo, para isso, manter disponíveis a qualquer tempo os resultados dos testes e ensaios dos sistemas e componentes abrangidos pela legislação de segurança veicular.

Art. 104. Os veículos em circulação terão suas condições de segurança, de controle de emissão de gases poluentes e de ruído avaliadas mediante inspeção, que será obrigatória, na forma e periodicidade estabelecidas pelo CONTRAN para os itens de segurança e pelo CONAMA para emissão de gases poluentes e ruído.

§§ 1º a 4º VETADOS.

§ 5º Será aplicada a medida administrativa de retenção aos veículos reprovados na inspeção de segurança e na de emissão de gases poluentes e ruído.

§ 6º Estarão isentos da inspeção de que trata o *caput*, durante 3 (três) anos a partir do primeiro licenciamento, os veículos novos classificados na categoria particular, com capacidade para até 7 (sete) passageiros, desde que mantenham suas características originais de fábrica e não se envolvam em acidente de trânsito com danos de média ou grande monta.

§ 7º Para os demais veículos novos, o período de que trata o § 6º será de 2 (dois) anos, desde que mantenham suas características originais de fábrica e não se envolvam em acidente de trânsito com danos de média ou grande monta.

► §§ 6º e 7º acrescidos pela Lei nº 13.281, de 4-5-2016.

Art. 105. São equipamentos obrigatórios dos veículos, entre outros a serem estabelecidos pelo CONTRAN:

I – cinto de segurança, conforme regulamentação específica do CONTRAN, com exceção dos veículos destinados ao transporte de passageiros em percursos em que seja permitido viajar em pé;

II – para os veículos de transporte e de condução escolar, os de transporte de passageiros com mais de dez lugares e os de carga com peso bruto total superior a quatro mil, quinhentos e trinta e seis quilogramas, equipamento registrador instantâneo inalterável de velocidade e tempo;

III – encosto de cabeça, para todos os tipos de veículos automotores, segundo normas estabelecidas pelo CONTRAN;

IV VETADO;

V – dispositivo destinado ao controle de emissão de gases poluentes e de ruído, segundo normas estabelecidas pelo CONTRAN;

VI – para as bicicletas, a campainha, sinalização noturna dianteira, traseira, lateral e nos pedais, e espelho retrovisor do lado esquerdo;

VII – equipamento suplementar de retenção – *air bag* frontal para o condutor e o passageiro do banco dianteiro;

► Inciso VII acrescido pela Lei nº 11.910, de 18-3-2009.

VIII – luzes de rodagem diurna.

► Inciso VIII acrescido pela Lei nº 14.071, de 13-10-2020.

§ 1º O CONTRAN disciplinará o uso dos equipamentos obrigatórios dos veículos e determinará suas especificações técnicas.

§ 2º Nenhum veículo poderá transitar com equipamento ou acessório proibido, sendo o infrator sujeito às penalidades e medidas administrativas previstas neste Código.

§ 3º Os fabricantes, os importadores, os montadores, os encarroçadores de veículos e os revendedores devem comercializar os seus veículos com os equipamentos obrigatórios definidos neste artigo, e com os demais estabelecidos pelo CONTRAN.

§ 4º O CONTRAN estabelecerá o prazo para o atendimento do disposto neste artigo.

§ 5º A exigência estabelecida no inciso VII do *caput* deste artigo será progressivamente incorporada aos novos projetos de automóveis e dos veículos deles derivados, fabricados, importados, montados ou encarroçados, a partir do 1º (primeiro) ano após a definição pelo CONTRAN das especificações técnicas pertinentes e do respectivo cronograma de implantação e a partir do 5º (quinto) ano, após esta definição, para os demais automóveis zero quilômetro de modelos ou projetos já existentes e veículos deles derivados.

§ 6º A exigência estabelecida no inciso VII do *caput* deste artigo não se aplica aos veículos destinados à exportação.

► §§ 5º e 6º acrescidos pela Lei nº 11.910, de 18-3-2009.

Art. 106. No caso de fabricação artesanal ou de modificação de veículo ou, ainda, quando ocorrer substituição de equipamento de segurança especificado pelo fabricante, será exigido, para licenciamento e registro, certificado de segurança expedido por instituição técnica credenciada por órgão ou entidade de metrologia legal, conforme norma elaborada pelo CONTRAN.

Parágrafo único. Quando se tratar de blindagem de veículo, não será exigido qualquer outro documento ou autorização para o registro ou o licenciamento.

► Parágrafo único acrescido pela Lei nº 14.071, de 13-10-2020.

Art. 107. Os veículos de aluguel, destinados ao transporte individual ou coletivo de passageiros, deverão satisfazer, além das exigências previstas neste Código, às condições técnicas e aos requisitos de segurança, higiene e conforto estabelecidos pelo poder competente para autorizar, permitir ou conceder a exploração dessa atividade.

Art. 108. Onde não houver linha regular de ônibus, a autoridade com circunscrição sobre a via poderá autorizar, a título precário, o transporte de passageiros em veículo de carga ou misto, desde que obedecidas as condições de segurança estabelecidas neste Código e pelo CONTRAN.

Parágrafo único. A autorização citada no *caput* não poderá exceder a 12 (doze) meses, prazo a partir do qual a autoridade pública responsável deverá implantar o serviço regular de transporte coletivo de passageiros, em conformidade com a legislação pertinente e com os dispositivos deste Código.

► Parágrafo único acrescido pela Lei nº 9.602, de 21-1-1998.

Art. 109. O transporte de carga em veículos destinados ao transporte de passageiros só pode ser realizado de acordo com as normas estabelecidas pelo CONTRAN.

Art. 110. O veículo que tiver alterada qualquer de suas características para competição ou finalidade análoga só poderá circular nas vias públicas com licença especial da autoridade de trânsito, em itinerário e horário fixados.

Art. 111. É vedado, nas áreas envidraçadas do veículo:

I – VETADO;

II – o uso de cortinas, persianas fechadas ou similares nos veículos em movimento, salvo nos que possuam espelhos retrovisores em ambos os lados;

III – aposição de inscrições, películas refletivas ou não, painéis decorativos ou pinturas, quando comprometer a segurança do veículo, na forma de regulamentação do CONTRAN.

► Inciso III acrescido pela Lei nº 9.602, de 21-1-1998.

Parágrafo único. É proibido o uso de inscrição de caráter publicitário ou qualquer outra que possa desviar a atenção dos condutores em toda a extensão do para-brisa e da traseira dos veículos, salvo se não colocar em risco a segurança do trânsito.

Art. 112. *Revogado.* Lei nº 9.792, de 14-4-1999.

Art. 113. Os importadores, as montadoras, as encarroçadoras e fabricantes de veículos e autopeças são responsáveis civil e criminalmente por danos causados aos usuários, a terceiros, e ao meio ambiente, decorrentes de falhas oriundas de projetos e da qualidade dos materiais e equipamentos utilizados na sua fabricação.

Seção III
DA IDENTIFICAÇÃO DO VEÍCULO

Art. 114. O veículo será identificado obrigatoriamente por caracteres gravados no chassi ou no monobloco, reproduzidos em outras partes, conforme dispuser o CONTRAN.

§ 1º A gravação será realizada pelo fabricante ou montador, de modo a identificar o veículo, seu fabricante e as suas características, além do ano de fabricação, que não poderá ser alterado.

§ 2º As regravações, quando necessárias, dependerão de prévia autorização da autoridade executiva de trânsito e somente serão processadas por estabelecimento por ela credenciado, mediante a comprovação de propriedade do veículo, mantida a mesma identificação anterior, inclusive o ano de fabricação.

§ 3º Nenhum proprietário poderá, sem prévia permissão da autoridade executiva de trânsito, fazer, ou ordenar que se faça, modificações da identificação de seu veículo.

Art. 115. O veículo será identificado externamente por meio de placas dianteira e traseira, sendo esta lacrada em sua estrutura, obedecidas as especificações e modelos estabelecidos pelo CONTRAN.

§ 1º Os caracteres das placas serão individualizados para cada veículo e o acompanharão até a baixa do registro, sendo vedado seu reaproveitamento.

§ 2º As placas com as cores verde e amarela da Bandeira Nacional serão usadas somente pelos veículos de representação pessoal do Presidente e do Vice-Presidente da República, dos Presidentes do Senado Federal e da Câmara dos Deputados, do Presidente e dos Ministros do Supremo Tribunal Federal, dos Ministros de Estado, do Advogado-Geral da União e do Procurador-Geral da República.

§ 3º Os veículos de representação dos Presidentes dos Tribunais Federais, dos Governadores, Prefeitos, Secretários Estaduais e Municipais, dos Presidentes das Assembleias Legislativas, das Câmaras Municipais, dos Presidentes dos Tribunais Estaduais e do Distrito Federal, e do respectivo chefe do Ministério Público e ainda dos Oficiais Generais das Forças Armadas terão placas especiais, de acordo com os modelos estabelecidos pelo CONTRAN.

§ 4º Os aparelhos automotores destinados a puxar ou a arrastar maquinaria de qualquer natureza ou a executar trabalhos de construção ou de pavimentação são sujeitos ao registro na repartição competente, se transitarem em via pública, dispensados o licenciamento e o emplacamento.

§ 4º-A. Os tratores e demais aparelhos automotores destinados a puxar ou a arrastar maquinaria agrícola ou a executar trabalhos agrícolas, desde que facultados a transitar em via pública, são sujeitos ao registro único, sem ônus, em cadastro específico do Ministério da Agricultura, Pecuária e Abastecimento, acessível aos componentes do Sistema Nacional de Trânsito.

► §§ 4º e 4º-A com a redação dada pela Lei nº 13.154, de 30-7-2015.

§ 5º O disposto neste artigo não se aplica aos veículos de uso bélico.

§ 6º Os veículos de duas ou três rodas são dispensados de placa dianteira.

§ 7º Excepcionalmente, mediante autorização específica e fundamentada das respectivas corregedorias e com a devida comunicação aos órgãos de trânsito competentes, os veículos utilizados por membros do Poder Judiciário e do Ministério Público que exerçam competência ou atribuição criminal poderão temporariamente ter placas especiais, de forma a impedir a identificação de seus usuários específicos, na forma de regulamento a ser emitido, conjuntamente, pelo Conselho Nacional de Justiça – CNJ, pelo Conselho Nacional do Ministério Público – CNMP e pelo Conselho Nacional de Trânsito – CONTRAN.

► § 7º acrescido pela Lei nº 12.694, de 24-7-2012.

§ 8º Os veículos artesanais utilizados para trabalho agrícola (jericos), para efeito do registro de que trata o § 4º-A, ficam dispensados da exigência prevista no art. 106.

► § 8º acrescido pela Lei nº 13.154, de 30-7-2015.

§ 9º As placas que possuírem tecnologia que permita a identificação do veículo ao qual estão atreladas são dispensadas da utilização do lacre previsto no *caput*, na forma a ser regulamentada pelo Contran.

► § 9º acrescido pela Lei nº 13.281, de 4-5-2016.

§ 10. O CONTRAN estabelecerá os meios técnicos, de uso obrigatório, para garantir a identificação dos veículos que transitarem por rodovias e vias urbanas com cobrança de uso pelo sistema de livre passagem.

► § 10 acrescido pela Lei nº 14.157, de 1º-6-2021.

Art. 116. Os veículos de propriedade da União, dos Estados e do Distrito Federal, devidamente registrados e licenciados, somente quando estritamente usados em serviço reservado de caráter policial, poderão usar placas particulares, obedecidos os critérios e limites estabelecidos pela legislação que regulamenta o uso de veículo oficial.

Art. 117. Os veículos de transporte de carga e os coletivos de passageiros deverão conter, em local facilmente visível, a inscrição indicativa de sua tara, do peso bruto total (PBT), do peso bruto total combinado (PBTC) ou capacidade máxima de tração (CMT) e de sua lotação, vedado o uso em desacordo com sua classificação.

CAPÍTULO X

DOS VEÍCULOS EM CIRCULAÇÃO INTERNACIONAL

Art. 118. A circulação de veículo no território nacional, independentemente de sua origem, em trânsito entre o Brasil e os países com os quais exista acordo ou tratado internacional, reger-se-á pelas disposições deste Código, pelas convenções e acordos internacionais ratificados.

Art. 119. As repartições aduaneiras e os órgãos de controle de fronteira comunicarão diretamente ao RENAVAM a entrada e saída temporária ou definitiva de veículos.

§ 1º Os veículos licenciados no exterior não poderão sair do território nacional sem o prévio pagamento ou o depósito, judicial ou administrativo, dos valores correspondentes às infrações de trânsito cometidas e ao ressarcimento de danos que tiverem causado ao patrimônio público ou de particulares, independentemente da fase do processo administrativo ou judicial envolvendo a questão.

► Parágrafo único transformado em § 1º pela Lei nº 13.281, de 4-5-2016.

§ 2º Os veículos que saírem do território nacional sem o cumprimento do disposto no § 1º e que posteriormente forem flagrados tentando ingressar ou já em circulação no território nacional serão retidos até a regularização da situação.

► § 2º acrescido pela Lei nº 13.281, de 4-5-2016.

CAPÍTULO XI

DO REGISTRO DE VEÍCULOS

Art. 120. Todo veículo automotor, elétrico, articulado, reboque ou semirreboque, deve ser registrado perante o órgão executivo de trânsito do estado ou do Distrito Federal, no Município de domicílio ou residência de seu proprietário, na forma da lei.

§ 1º Os órgãos executivos de trânsito dos Estados e do Distrito Federal somente registrarão veículos oficiais de propriedade da administração direta, da União, dos Estados, do Distrito Federal e dos Municípios, de qualquer um dos poderes, com indicação expressa, por pintura nas portas, do nome, sigla ou logotipo do órgão ou entidade em cujo nome o veículo será registrado, excetuando-se os veículos de representação e os previstos no artigo 116.

§ 2º O disposto neste artigo não se aplica ao veículo de uso bélico.

Art. 121. Registrado o veículo, expedir-se-á o Certificado de Registro de Veículo (CRV), em meio físico e/ou digital, à escolha do proprietário, de acordo com os modelos e com as especificações estabelecidos pelo CONTRAN, com as características e as condições de invulnerabilidade à falsificação e à adulteração.

► Artigo com a redação dada pela Lei nº 14.071, de 13-10-2020.

Art. 122. Para a expedição do Certificado de Registro de Veículo o órgão executivo de trânsito consultará o cadastro do RENAVAM e exigirá do proprietário os seguintes documentos:

I – nota fiscal fornecida pelo fabricante ou revendedor, ou documento equivalente expedido por autoridade competente;

II – documento fornecido pelo Ministério das Relações Exteriores, quando se tratar de veículo importado por membro de missões diplomáticas, de repartições consulares de carreira, de representações de organismos internacionais e de seus integrantes.

Art. 123. Será obrigatória a expedição de novo Certificado de Registro de Veículo quando:

I – for transferida a propriedade;

II – o proprietário mudar o Município de domicílio ou residência;

III – for alterada qualquer característica do veículo;

IV – houver mudança de categoria.

§ 1º No caso de transferência de propriedade, o prazo para o proprietário adotar as providências necessárias à efetivação da expedição do novo Certificado de Registro de Veículo é de trinta dias; sendo que nos demais casos as providências deverão ser imediatas.

§ 2º No caso de transferência de domicílio ou residência no mesmo Município, o proprietário comunicará o novo endereço num prazo de trinta dias e aguardará o novo licenciamento para alterar o Certificado de Licenciamento Anual.

§ 3º A expedição do novo certificado será comunicada ao órgão executivo de trânsito que expediu o anterior e ao RENAVAM.

Art. 124. Para a expedição do novo Certificado de Registro de Veículo serão exigidos os seguintes documentos:

I – Certificado de Registro de Veículo anterior;

II – Certificado de Licenciamento Anual;

III – comprovante de transferência de propriedade, quando for o caso, conforme modelo e normas estabelecidas pelo CONTRAN;

IV – Certificado de Segurança Veicular e de emissão de poluentes e ruído, quando houver adaptação ou alteração de características do veículo;

V – comprovante de procedência e justificativa da propriedade dos componentes e agregados adaptados ou montados no veículo, quando houver alteração das características originais de fábrica;

VI – autorização do Ministério das Relações Exteriores, no caso de veículo da categoria de missões diplomáticas, de repartições consulares de carreira, de representações de organismos internacionais e de seus integrantes;

VII – certidão negativa de roubo ou furto de veículo, expedida no Município do registro anterior, que poderá ser substituída por informação do RENAVAM;

VIII – comprovante de quitação de débitos relativos a tributos, encargos e multas de trânsito vinculados ao veículo, independentemente da responsabilidade pelas infrações cometidas;

IX – *Revogado.* Lei nº 9.602, de 21-1-1998;

X – comprovante relativo ao cumprimento do disposto no artigo 98, quando houver alteração nas características originais do veículo que afetem a emissão de poluentes e ruído;

XI – comprovante de aprovação de inspeção veicular e de poluentes e ruído, quando for o caso, conforme regulamentações do CONTRAN e do CONAMA.

Parágrafo único. O disposto no inciso VIII do *caput* deste artigo não se aplica à regularização de bens apreendidos ou confiscados na forma da Lei nº 11.343, de 23 de agosto de 2006.

▸ Parágrafo único acrescido pela Lei nº 13.886, de 17-10-2019.

Art. 125. As informações sobre o chassi, o monobloco, os agregados e as características originais do veículo deverão ser prestadas ao RENAVAM:

I – pelo fabricante ou montadora, antes da comercialização, no caso de veículo nacional;

II – pelo órgão alfandegário, no caso de veículo importado por pessoa física;

III – pelo importador, no caso de veículo importado por pessoa jurídica.

Parágrafo único. As informações recebidas pelo RENAVAM serão repassadas ao órgão executivo de trânsito responsável pelo registro, devendo este comunicar ao RENAVAM, tão logo seja o veículo registrado.

Art. 126. O proprietário de veículo irrecuperável, ou destinado à desmontagem, deverá requerer a baixa do registro, no prazo e forma estabelecidos pelo CONTRAN, vedada a remontagem do veículo sobre o mesmo chassi de forma a manter o registro anterior.

▸ *Caput* com a redação dada pela Lei nº 12.977, de 20-5-2014.

Parágrafo único. A obrigação de que trata este artigo é da companhia seguradora ou do adquirente do veículo destinado à desmontagem, quando estes sucederem ao proprietário.

Art. 127. O órgão executivo de trânsito competente só efetuará a baixa do registro após prévia consulta ao cadastro do RENAVAM.

Parágrafo único. Efetuada a baixa do registro, deverá ser esta comunicada, de imediato, ao RENAVAM.

Art. 128. Não será expedido novo Certificado de Registro de Veículo enquanto houver débitos fiscais e de multas de trânsito e ambientais, vinculadas ao veículo, independentemente da responsabilidade pelas infrações cometidas.

Art. 129. O registro e o licenciamento dos veículos de propulsão humana e dos veículos de tração animal obedecerão à regulamentação estabelecida em legislação municipal do domicílio ou residência de seus proprietários.

▸ Artigo com a redação dada pela Lei nº 13.154, de 30-7-2015.

Art. 129-A. O registro dos tratores e demais aparelhos automotores destinados a puxar ou a arrastar maquinaria agrícola ou a executar trabalhos agrícolas será efetuado, sem ônus, pelo Ministério da Agricultura, Pecuária e Abastecimento, diretamente ou mediante convênio.

▸ Artigo acrescido pela Lei nº 13.154, de 30-7-2015.

Art. 129-B. O registro de contratos de garantias de alienação fiduciária em operações financeiras, consórcio, arrendamento mercantil, reserva de domínio ou penhor será realizado nos órgãos ou entidades executivos de trânsito dos Estados e do Distrito Federal, em observância ao disposto no § 1º do art. 1.361 da Lei nº 10.406, de 10 de janeiro de 2002 (Código Civil), e na Lei nº 13.709, de 14 de agosto de 2018 (Lei Geral de Proteção de Dados Pessoais).

▸ Art. 129-B acrescido pela Lei nº 14.071, de 13-10-2020.

CAPÍTULO XII

DO LICENCIAMENTO

Art. 130. Todo veículo automotor, elétrico, articulado, reboque ou semirreboque, para transitar na via, deverá ser licenciado anualmente pelo órgão executivo de trânsito do Estado, ou do Distrito Federal, onde estiver registrado o veículo.

§ 1º O disposto neste artigo não se aplica a veículo de uso bélico.

§ 2º No caso de transferência de residência ou domicílio, é válido, durante o exercício, o licenciamento de origem.

Art. 131. O Certificado de Licenciamento Anual será expedido ao veículo licenciado, vinculado ao Certificado de Registro de Veículo, em meio físico e/ou digital, à escolha do proprietário, de acordo com o modelo e com as especificações estabelecidos pelo CONTRAN.

▸ *Caput* com a redação dada pela Lei nº 14.071, de 13-10-2020.

§ 1º O primeiro licenciamento será feito simultaneamente ao registro.

§ 2º O veículo somente será considerado licenciado estando quitados os débitos relativos a tributos, encargos e multas de trânsito e ambientais, vinculados ao veículo, independentemente da responsabilidade pelas infrações cometidas.

§ 3º Ao licenciar o veículo, o proprietário deverá comprovar sua aprovação nas inspeções de segurança veicular e de controle de emissões de gases poluentes e de ruído, conforme disposto no artigo 104.

§ 4º As informações referentes às campanhas de chamamento de consumidores para substituição ou reparo de veículos não atendidas no prazo de 1 (um) ano, contado da data de sua comunicação, deverão constar do Certificado de Licenciamento Anual.

§ 5º Após a inclusão das informações de que trata o § 4º deste artigo no Certificado de Licenciamento Anual, o veículo somente será licenciado mediante comprovação do atendimento às campanhas de chamamento de consumidores para substituição ou reparo de veículos.

► §§ 4º e 5º acrescidos pela Lei nº 14.071, de 13-10-2020.

Art. 132. Os veículos novos não estão sujeitos ao licenciamento e terão sua circulação regulada pelo CONTRAN durante o trajeto entre a fábrica e o Município de destino.

§ 1º O disposto neste artigo aplica-se, igualmente, aos veículos importados, durante o trajeto entre a alfândega ou entreposto alfandegário e o Município de destino.

► Parágrafo único renumerado para § 1º pela Lei nº 13.103, de 2-3-2015.

§ 2º *Revogado.* Lei nº 13.154, de 30-7-2015.

Art. 133. É obrigatório o porte do Certificado de Licenciamento Anual.

Parágrafo único. O porte será dispensado quando, no momento da fiscalização, for possível ter acesso ao devido sistema informatizado para verificar se o veículo está licenciado.

► Parágrafo único acrescido pela Lei nº 13.281, de 4-5-2016.

Art. 134. No caso de transferência de propriedade, expirado o prazo previsto no § 1º do art. 123 deste Código sem que o novo proprietário tenha tomado as providências necessárias à efetivação da expedição do novo Certificado de Registro de Veículo, o antigo proprietário deverá encaminhar ao órgão executivo de trânsito do Estado ou do Distrito Federal, no prazo de 60 (sessenta) dias, cópia autenticada do comprovante de transferência de propriedade, devidamente assinado e datado, sob pena de ter que se responsabilizar solidariamente pelas penalidades impostas e suas reincidências até a data da comunicação.

Parágrafo único. O comprovante de transferência de propriedade de que trata o *caput* deste artigo poderá ser substituído por documento eletrônico com assinatura eletrônica válida, na forma regulamentada pelo CONTRAN.

► Art. 134 com a redação dada pela Lei nº 14.071, de 13-10-2020.

Art. 134-A. O CONTRAN especificará as bicicletas motorizadas e equiparados não sujeitos ao registro, ao licenciamento e ao emplacamento para circulação nas vias.

► Art. 134-A acrescido pela Lei nº 14.071, de 13-10-2020.

Art. 135. Os veículos de aluguel, destinados ao transporte individual ou coletivo de passageiros de linhas regulares ou empregados em qualquer serviço remunerado, para registro, licenciamento e respectivo emplacamento de característica comercial, deverão estar devidamente autorizados pelo poder público concedente.

CAPÍTULO XIII

DA CONDUÇÃO DE ESCOLARES

Art. 136. Os veículos especialmente destinados à condução coletiva de escolares somente poderão circular nas vias com autorização emitida pelo órgão ou entidade executivos de trânsito dos Estados e do Distrito Federal, exigindo-se, para tanto:

I – registro como veículo de passageiros;

II – inspeção semestral para verificação dos equipamentos obrigatórios e de segurança;

III – pintura de faixa horizontal na cor amarela, com quarenta centímetros de largura, à meia altura, em toda a extensão das partes laterais e traseira da carroçaria, com o dístico ESCOLAR, em preto, sendo que, em caso de veículo de carroçaria pintada na cor amarela, as cores aqui indicadas devem ser invertidas;

IV – equipamento registrador instantâneo inalterável de velocidade e tempo;

V – lanternas de luz branca, fosca ou amarela dispostas nas extremidades da parte superior dianteira e lanternas de luz vermelha dispostas na extremidade superior da parte traseira;

VI – cintos de segurança em número igual à lotação;

VII – outros requisitos e equipamentos obrigatórios estabelecidos pelo CONTRAN.

Art. 137. A autorização a que se refere o artigo anterior deverá ser afixada na parte interna do veículo, em local visível, com inscrição da lotação permitida, sendo vedada a condução de escolares em número superior à capacidade estabelecida pelo fabricante.

Art. 138. O condutor de veículo destinado à condução de escolares deve satisfazer os seguintes requisitos:

I – ter idade superior a vinte e um anos;

II – ser habilitado na categoria D;

III – VETADO;

IV – não ter cometido mais de uma infração gravíssima nos 12 (doze) últimos meses;

► Inciso IV com a redação dada pela Lei nº 14.071, de 13-10-2020.

V – ser aprovado em curso especializado, nos termos da regulamentação do CONTRAN.

Art. 139. O disposto neste Capítulo não exclui a competência municipal de aplicar as exigências previstas em seus regulamentos, para o transporte de escolares.

CAPÍTULO XIII-A

DA CONDUÇÃO DE MOTOFRETE

► Capítulo XIII-A acrescido pela Lei nº 12.009, de 29-7-2009, regulamenta o exercício das atividades de mototaxista, motoboy e motofrete.

Art. 139-A. As motocicletas e motonetas destinadas ao transporte remunerado de mercadorias – motofrete – somente poderão circular nas vias com autorização emitida pelo órgão ou entidade executivo de trânsito dos Estados e do Distrito Federal, exigindo-se, para tanto:

I – registro como veículo da categoria de aluguel;

II – instalação de protetor de motor mata-cachorro, fixado no chassi do veículo, destinado a proteger o motor e a perna do condutor em caso de tombamento, nos termos de regulamentação do Conselho Nacional de Trânsito – CONTRAN;

III – instalação de aparador de linha antena corta-pipas, nos termos de regulamentação do CONTRAN;

IV – inspeção semestral para verificação dos equipamentos obrigatórios e de segurança.

§ 1º A instalação ou incorporação de dispositivos para transporte de cargas deve estar de acordo com a regulamentação do CONTRAN.

§ 2º É proibido o transporte de combustíveis, produtos inflamáveis ou tóxicos e de galões nos veículos de que trata este artigo, com exceção do gás de cozinha e de galões contendo água mineral, desde que com o auxílio de *side-car*, nos termos de regulamentação do CONTRAN.

Art. 139-B. O disposto neste Capítulo não exclui a competência municipal ou estadual de aplicar as exigências previstas em seus regulamentos para as atividades de motofrete no âmbito de suas circunscrições.

► Arts. 139-A e 139-B acrescidos pela Lei nº 12.009, de 29-7-2009.

CAPÍTULO XIV
DA HABILITAÇÃO

Art. 140. A habilitação para conduzir veículo automotor e elétrico será apurada por meio de exames que deverão ser realizados junto ao órgão ou entidade executivos do Estado ou do Distrito Federal, do domicílio ou residência do candidato, ou na sede estadual ou distrital do próprio órgão, devendo o condutor preencher os seguintes requisitos:

I – ser penalmente imputável;

II – saber ler e escrever;

III – possuir Carteira de Identidade ou equivalente.

Parágrafo único. As informações do candidato à habilitação serão cadastradas no RENACH.

Art. 141. O processo de habilitação, as normas relativas à aprendizagem para conduzir veículos automotores e elétricos e à autorização para conduzir ciclomotores serão regulamentados pelo CONTRAN.

§ 1º A autorização para conduzir veículos de propulsão humana e de tração animal ficará a cargo dos Municípios.

§ 2º VETADO.

Art. 142. O reconhecimento de habilitação obtida em outro país está subordinado às condições estabelecidas em convenções e acordos internacionais e às normas do CONTRAN.

Art. 143. Os candidatos poderão habilitar-se nas categorias de A a E, obedecida a seguinte graduação:

I – Categoria A – condutor de veículo motorizado de duas ou três rodas, com ou sem carro lateral;

II – Categoria B – condutor de veículo motorizado, não abrangido pela categoria A, cujo peso bruto total não exceda a três mil e quinhentos quilogramas e cuja lotação não exceda a oito lugares, excluído o do motorista;

III – Categoria C – condutor de veículo motorizado utilizado em transporte de carga, cujo peso bruto total exceda a três mil e quinhentos quilogramas;

IV – Categoria D – condutor de veículo motorizado utilizado no transporte de passageiros, cuja lotação exceda a oito lugares, excluído o do motorista;

V – Categoria E – condutor de combinação de veículos em que a unidade tratora se enquadre nas categorias B, C ou D e cuja unidade acoplada, reboque, semirreboque, trailer ou articulada tenha 6.000 kg (seis mil quilogramas) ou mais de peso bruto total, ou cuja lotação exceda a 8 (oito) lugares.

► Inciso V com a redação dada pela Lei nº 12.452, de 21-7-2011.

§ 1º Para habilitar-se na categoria C, o condutor deverá estar habilitado no mínimo há um ano na categoria B e não ter cometido nenhuma infração grave ou gravíssima, ou ser reincidente em infrações médias, durante os últimos doze meses.

§ 2º São os condutores da categoria B autorizados a conduzir veículo automotor da espécie motor-casa, definida nos termos do Anexo I deste Código, cujo peso não exceda a 6.000 kg (seis mil quilogramas), ou cuja lotação não exceda a 8 (oito) lugares, excluído o do motorista.

► § 2º acrescido pela Lei nº 12.452, de 21-7-2011.

§ 3º Aplica-se o disposto no inciso V ao condutor da combinação de veículos com mais de uma unidade tracionada, independentemente da capacidade de tração ou do peso bruto total.

► Antigo § 2º renumerado para § 3º pela Lei nº 12.452, de 21-7-2011.

Art. 144. O trator de roda, o trator de esteira, o trator misto ou o equipamento automotor destinado à movimentação de cargas ou execução de trabalho agrícola, de terraplenagem, de construção ou de pavimentação só podem ser conduzidos na via pública por condutor habilitado nas categorias C, D ou E.

Parágrafo único. O trator de roda e os equipamentos automotores destinados a executar trabalhos agrícolas poderão ser conduzidos em via pública também por condutor habilitado na categoria B.

► Parágrafo único acrescido pela Lei nº 13.097, de 19-1-2015.

Art. 145. Para habilitar-se nas categorias D e E ou para conduzir veículo de transporte coletivo de passageiros, de escolares, de emergência ou de produto perigoso, o candidato deverá preencher os seguintes requisitos:

I – ser maior de vinte e um anos;

II – estar habilitado:

a) no mínimo há dois anos na categoria B, ou no mínimo há um ano na categoria C, quando pretender habilitar-se na categoria D; e

b) no mínimo há um ano na categoria C, quando pretender habilitar-se na categoria E;

III – não ter cometido mais de uma infração gravíssima nos últimos 12 (doze) meses;

► Inciso III com a redação dada pela Lei nº 14.071, de 13-10-2020.

IV – ser aprovado em curso especializado e em curso de treinamento de prática veicular em situação de risco, nos termos da normatização do CONTRAN.

§ 1º A participação em curso especializado previsto no inciso IV independe da observância do disposto no inciso III.

► Parágrafo único renumerado para § 1º pela Lei nº 13.154, de 30-7-2015.

§ 2º VETADO. Lei nº 13.154, de 30-7-2015.

Art. 145-A. Além do disposto no art. 145, para conduzir ambulâncias, o candidato deverá comprovar treinamento especializado e reciclagem em cursos específicos a cada 5 (cinco) anos, nos termos da normatização do CONTRAN.

► Artigo acrescido pela Lei nº 12.998, de 18-6-2014.

Art. 146. Para conduzir veículos de outra categoria o condutor deverá realizar exames complementares exigidos para habilitação na categoria pretendida.

Art. 147. O candidato à habilitação deverá submeter-se a exames realizados pelo órgão executivo de trânsito, na ordem descrita a seguir, e os exames de aptidão física e mental e a avaliação psicológica deverão ser realizados por médicos e psicólogos peritos examinadores, respectivamente, com titulação de especialista em medicina do tráfego e em psicologia do trânsito, conferida pelo respectivo conselho profissional, conforme regulamentação do CONTRAN:

► *Caput* com a redação dada pela Lei nº 14.071, de 13-10-2020, promulgado nos termos do art. 66, § 5º, da CF (*DOU* de 26-3-2021 – edição extra D).

I – de aptidão física e mental;

II – VETADO;

III – escrito, sobre legislação de trânsito;

IV – de noções de primeiros socorros, conforme regulamentação do CONTRAN;

V – de direção veicular, realizado na via pública, em veículo da categoria para a qual estiver habilitando-se.

§ 1º Os resultados dos exames e a identificação dos respectivos examinadores serão registrados no RENACH.

► Parágrafo único transformado em § 1º pela Lei nº 9.602, de 21-1-1998.

§ 2º O exame de aptidão física e mental, a ser realizado no local de residência ou domicílio do examinado, será preliminar e renovável com a seguinte periodicidade:

I – a cada 10 (dez) anos, para condutores com idade inferior a 50 (cinquenta) anos;

II – a cada 5 (cinco) anos, para condutores com idade igual ou superior a 50 (cinquenta) anos e inferior a 70 (setenta) anos;

III – a cada 3 (três) anos, para condutores com idade igual ou superior a 70 (setenta) anos.

► § 2º com a redação dada pela Lei nº 14.071, de 13-10-2020.

§ 3º O exame previsto no § 2º incluirá a avaliação psicológica preliminar e complementar sempre que a ele se submeter o condutor que exerce atividade remunerada ao veículo, incluindo-se esta avaliação para os demais candidatos apenas no exame referente à primeira habilitação.

► § 3º com a redação dada pela Lei nº 10.350, de 21-12-2001.

§ 4º Quando houver indícios de deficiência física ou mental, ou de progressividade de doença que possa diminuir a capacidade para conduzir o veículo, os prazos previstos nos incisos I, II e III do § 2º deste artigo poderão ser diminuídos por proposta do perito examinador.

► § 4º com a redação dada pela Lei nº 14.071, de 13-10-2020.

§ 5º O condutor que exerce atividade remunerada ao veículo terá essa informação incluída na Carteira Nacional de Habilitação, conforme especificações do Conselho Nacional de Trânsito – CONTRAN.

► § 5º acrescido pela Lei nº 10.350, de 21-12-2001.

§ 6º Os exames de aptidão física e mental e a avaliação psicológica deverão ser analisados objetivamente pelos examinados, limitados aos aspectos técnicos dos procedimentos realizados, conforme regulamentação do CONTRAN, e subsidiarão a fiscalização prevista no § 7º deste artigo.

§ 7º Os órgãos ou entidades executivos de trânsito dos Estados e do Distrito Federal, com a colaboração dos conselhos profissionais de medicina e psicologia, deverão fiscalizar as entidades e os profissionais responsáveis pelos exames de aptidão física e mental e pela avaliação psicológica no mínimo 1 (uma) vez por ano.

► §§ 6º e 7º acrescidos pela Lei nº 14.071, de 13-10-2020.

Art. 147-A. Ao candidato com deficiência auditiva é assegurada acessibilidade de comunicação, mediante emprego de tecnologias assistivas ou de ajudas técnicas em todas as etapas do processo de habilitação.

§ 1º O material didático audiovisual utilizado em aulas teóricas dos cursos que precedem os exames previstos no art. 147 desta Lei deve ser acessível, por meio de subtitulação com legenda oculta associada à tradução simultânea em Libras.

§ 2º É assegurado também ao candidato com deficiência auditiva requerer, no ato de sua inscrição, os serviços de intérprete da Libras, para acompanhamento em aulas práticas e teóricas.

Art. 148. Os exames de habilitação, exceto os de direção veicular, poderão ser aplicados por entidades públicas ou privadas credenciadas pelo órgão executivo de trânsito dos Estados e do Distrito Federal, de acordo com as normas estabelecidas pelo CONTRAN.

§ 1º A formação de condutores deverá incluir, obrigatoriamente, curso de direção defensiva e de conceitos básicos de proteção ao meio ambiente relacionados com o trânsito.

§ 2º Ao candidato aprovado será conferida Permissão para Dirigir, com validade de um ano.

§ 3º A Carteira Nacional de Habilitação será conferida ao condutor no término de um ano, desde que o mesmo não tenha cometido nenhuma infração de natureza grave ou gravíssima, ou seja, reincidente em infração média.

§ 4º A não obtenção da Carteira Nacional de Habilitação, tendo em vista a incapacidade de atendimento do disposto no parágrafo anterior, obriga o candidato a reiniciar todo o processo de habilitação.

§ 5º O Conselho Nacional de Trânsito – CONTRAN poderá dispensar os tripulantes de aeronaves que apresentarem o cartão de saúde expedido pelas Forças Armadas ou pelo Departamento de Aeronáutica Civil, respectivamente, da prestação do exame de aptidão física e mental.

► § 5º acrescido pela Lei nº 9.602, de 21-1-1998.

Art. 148-A. Os condutores das categorias C, D e E deverão comprovar resultado negativo em exame toxicológico para a obtenção e a renovação da Carteira Nacional de Habilitação.

► *Caput* com a redação dada pela Lei nº 14.071, de 13-10-2020.

§ 1º O exame de que trata este artigo buscará aferir o consumo de substâncias psicoativas que, comprovadamente, comprometam a capacidade de direção e deverá ter janela de detecção mínima de 90 (noventa) dias, nos termos das normas do CONTRAN.

§ 2º Além da realização do exame previsto no *caput* deste artigo, os condutores das categorias C, D e E com idade inferior a 70 (setenta) anos serão submetidos a novo exame a cada período de 2 (dois) anos e 6 (seis) meses, a partir da obtenção ou renovação da Carteira Nacional de Habilitação, independentemente da validade dos demais exames de que trata o inciso I do *caput* do art. 147 deste Código.

► § 2º com a redação dada pela Lei nº 14.071, de 13-10-2020.

§ 3º *Revogado.* Lei nº 14.071, de 13-10-2020.

§ 4º É garantido o direito de contraprova e de recurso administrativo, sem efeito suspensivo, no caso de resultado positivo para os exames de que trata este artigo, nos termos das normas do CONTRAN.

§ 5º O resultado positivo no exame previsto no § 2º deste artigo acarretará a suspensão do direito de dirigir pelo período de 3 (três) meses, condicionado o levantamento da suspensão à inclusão, no RENACH, de resultado negativo em novo exame, e vedada a aplicação de outras penalidades, ainda que acessórias.

► §§ 4º e 5º com a redação dada pela Lei nº 14.071, de 13-10-2020.

§ 6º O resultado do exame somente será divulgado para o interessado e não poderá ser utilizado para fins estranhos ao disposto neste artigo ou no § 6º do art. 168 da Consolidação das Leis do Trabalho – CLT, aprovada pelo Decreto-Lei nº 5.452, de 1º de maio de 1943.

§ 7º O exame será realizado, em regime de livre concorrência, pelos laboratórios credenciados pelo Departamento Nacional de Trânsito – DENATRAN, nos termos das normas do CONTRAN, vedado aos entes públicos:

I – fixar preços para os exames;

II – limitar o número de empresas ou o número de locais em que a atividade pode ser exercida; e

III – estabelecer regras de exclusividade territorial.

Art. 149. VETADO.

Art. 150. Ao renovar os exames previstos no artigo anterior, o condutor que não tenha curso de direção defensiva e primeiros socorros deverá a eles ser submetido, conforme normatização do CONTRAN.

Parágrafo único. A empresa que utiliza condutores contratados para operar a sua frota de veículos é obrigada a fornecer curso de direção defensiva, primeiros socorros e outros conforme normatização do CONTRAN.

Art. 151. *Revogado.* Lei nº 14.071, de 13-10-2020.

Art. 152. O exame de direção veicular será realizado perante comissão integrada por 3 (três) membros designados pelo dirigente do órgão executivo local de trânsito.

► *Caput* com a redação dada pela Lei nº 13.281, de 4-5-2016.

§ 1º Na comissão de exame de direção veicular, pelo menos um membro deverá ser habilitado na categoria igual ou superior à pretendida pelo candidato.

§ 2º Os militares das Forças Armadas e os policiais e bombeiros dos órgãos de segurança pública da União, dos Estados e do Distrito Federal que possuírem curso de formação de condutor ministrado em suas corporações serão dispensados, para a concessão do documento de habilitação, dos exames aos quais se houverem submetido com aprovação naquele curso, desde que neles sejam observadas as normas estabelecidas pelo CONTRAN.

§ 3º O militar, o policial ou o bombeiro militar interessado na dispensa de que trata o § 2º instruirá seu requerimento com ofício do comandante, chefe ou diretor da unidade administrativa onde prestar serviço, do qual constarão o número do registro de identificação, naturalidade, nome, filiação, idade e categoria em que se habilitou a conduzir, acompanhado de cópia das atas dos exames prestados.

► §§ 2º e 3º com a redação dada pela Lei nº 13.281, de 4-5-2016.

§ 4º VETADO.

Art. 153. O candidato habilitado terá em seu prontuário a identificação de seus instrutores e examinadores, que serão passíveis de punição conforme regulamentação a ser estabelecida pelo CONTRAN.

Parágrafo único. As penalidades aplicadas aos instrutores e examinadores serão de advertência, suspensão e cancelamento da autorização para o exercício da atividade, conforme a falta cometida.

Art. 154. Os veículos destinados à formação de condutores serão identificados por uma faixa amarela, de vinte centímetros de largura, pintada ao longo da carroçaria, à meia altura, com a inscrição AUTOESCOLA na cor preta.

Parágrafo único. No veículo eventualmente utilizado para aprendizagem, quando autorizado para servir a esse fim, deverá ser afixada ao longo de sua carroçaria, à meia altura, faixa branca removível, de vinte centímetros de largura, com a inscrição AUTOESCOLA na cor preta.

Art. 155. A formação de condutor de veículo automotor e elétrico será realizada por instrutor autorizado pelo órgão executivo de trânsito dos estados ou do Distrito Federal, pertencente ou não à entidade credenciada.

Parágrafo único. Ao aprendiz será expedida autorização para aprendizagem, de acordo com a regulamentação do CONTRAN, após aprovação nos exames de aptidão física, mental, de primeiros socorros e sobre legislação de trânsito.

► Parágrafo único acrescido pela Lei nº 9.602, de 21-1-1998.

Art. 156. O CONTRAN regulamentará o credenciamento para prestação de serviço pelas autoescolas e outras entidades destinadas à formação de condutores e às exigências necessárias para o exercício das atividades de instrutor e examinador.

Art. 157. VETADO.

Art. 158. A aprendizagem só poderá realizar-se:

I – nos termos, horários e locais estabelecidos pelo órgão executivo de trânsito;

II – acompanhado o aprendiz por instrutor autorizado.

§ 1º Além do aprendiz e do instrutor, o veículo utilizado na aprendizagem poderá conduzir apenas mais um acompanhante.

► Parágrafo único renumerado para § 1º pela Lei nº 12.217, de 17-3-2010.

§ 2º *Revogado.* Lei nº 14.071, de 13-10-2020.

Art. 159. A Carteira Nacional de Habilitação, expedida em meio físico e/ou digital, à escolha do condutor, em modelo único e de acordo com as especificações do CONTRAN, atendidos os pré-requisitos estabelecidos neste Código, conterá fotografia, identificação e número de inscrição no Cadastro de Pessoas Físicas (CPF) do condutor, terá fé pública e equivalerá a documento de identidade em todo o território nacional.

► *Caput* com a redação dada pela Lei nº 14.071, de 13-10-2020.

§ 1º É obrigatório o porte da Permissão para Dirigir ou da Carteira Nacional de Habilitação quando o condutor estiver à direção do veículo.

§ 1º-A. O porte do documento de habilitação será dispensado quando, no momento da fiscalização, for possível ter acesso ao sistema informatizado para verificar se o condutor está habilitado.

► § 1º-A acrescido pela Lei nº 14.071, de 13-10-2020.

§ 2º VETADO.

§ 3º A emissão de nova via da Carteira Nacional de Habilitação será regulamentada pelo CONTRAN.

§ 4º VETADO.

§ 5º A Carteira Nacional de Habilitação e a Permissão para Dirigir somente terão validade para a condução de veículo quando apresentada em original.

§ 6º A identificação da Carteira Nacional de Habilitação expedida e a da autoridade expedidora serão registradas no RENACH.

§ 7º A cada condutor corresponderá um único registro no RENACH, agregando-se neste todas as informações.

§ 8º A renovação da validade da Carteira Nacional de Habilitação ou a emissão de uma nova via somente será realizada após quitação de débitos constantes do prontuário do condutor.

§ 9º VETADO.

§ 10. A validade da Carteira Nacional de Habilitação está condicionada ao prazo de vigência do exame de aptidão física e mental.

§ 11. *Revogado.* Lei nº 14.071, de 13-10-2020.

§ 12. Os órgãos ou entidades executivos de trânsito dos Estados e do Distrito Federal enviarão por meio eletrônico, com 30 (trinta) dias de antecedência, aviso de vencimento da validade da Carteira Nacional de Habilitação a todos os condutores cadastrados no RENACH com endereço na respectiva unidade da Federação.

► § 12 acrescido pela Lei nº 14.071, de 13-10-2020.

Art. 160. O condutor condenado por delito de trânsito deverá ser submetido a novos exames para que possa voltar a dirigir, de acordo com as normas estabelecidas pelo CONTRAN, independentemente do reconhecimento da prescrição, em face da pena concretizada na sentença.

§ 1º Em caso de acidente grave, o condutor nele envolvido poderá ser submetido aos exames exigidos neste artigo, a juízo da autoridade executiva estadual de trânsito, assegurada ampla defesa ao condutor.

§ 2º No caso do parágrafo anterior, a autoridade executiva estadual de trânsito poderá apreender o documento de habilitação do condutor até a sua aprovação nos exames realizados.

CAPÍTULO XV

DAS INFRAÇÕES

Art. 161. Constitui infração de trânsito a inobservância de qualquer preceito deste Código ou da legislação complementar, e o infrator sujeita-se às penalidades e às medidas administrativas indicadas em cada artigo deste Capítulo e às punições previstas no Capítulo XIX deste Código.

► *Caput* com a redação dada pela Lei nº 14.071, de 13-10-2020.

Parágrafo único. *Revogado.* Lei nº 14.071, de 13-10-2020.

Art. 162. Dirigir veículo:

I – sem possuir Carteira Nacional de Habilitação, Permissão para Dirigir ou Autorização para Conduzir Ciclomotor:

Infração – gravíssima;

Penalidade – multa (três vezes);

Medida administrativa – retenção do veículo até a apresentação de condutor habilitado;

II – com Carteira Nacional de Habilitação, Permissão para Dirigir ou Autorização para Conduzir Ciclomotor cassada ou com suspensão do direito de dirigir:

Infração – gravíssima;

Penalidade – multa (três vezes);

Medida administrativa – recolhimento do documento de habilitação e retenção do veículo até a apresentação de condutor habilitado;

III – com Carteira Nacional de Habilitação ou Permissão para Dirigir de categoria diferente da do veículo que esteja conduzindo:

Infração – gravíssima;

Penalidade – multa (duas vezes);

Medida administrativa – retenção do veículo até a apresentação de condutor habilitado;

► Incisos I a III com a redação dada pela Lei nº 13.281, de 4-5-2016.

IV – VETADO;

V – com validade da Carteira Nacional de Habilitação vencida há mais de trinta dias:

Infração – gravíssima;

Penalidade – multa;

Medida administrativa – recolhimento da Carteira Nacional de Habilitação e retenção do veículo até a apresentação do condutor habilitado;

VI – sem usar lentes corretoras de visão, aparelho auxiliar de audição, de prótese física ou as adaptações do veículo impostas por ocasião da concessão ou da renovação da licença para conduzir:

Infração – gravíssima;

Penalidade – multa;

Medida administrativa – retenção do veículo até o saneamento da irregularidade ou apresentação de condutor habilitado.

Art. 163. Entregar a direção do veículo a pessoa nas condições previstas no artigo anterior:

Infração – as mesmas previstas no artigo anterior;

Penalidade – as mesmas previstas no artigo anterior;

Medida administrativa – a mesma prevista no inciso III do artigo anterior.

Art. 164. Permitir que pessoa nas condições referidas nos incisos do artigo 162 tome posse do veículo automotor e passe a conduzi-lo na via:

Infração – as mesmas previstas nos incisos do artigo 162;

Penalidade – as mesmas previstas no artigo 162;

Medida administrativa – a mesma prevista no inciso III do artigo 162.

Art. 165. Dirigir sob a influência de álcool ou de qualquer outra substância psicoativa que determine dependência:

► *Caput* com a redação dada pela Lei nº 11.705, de 19-6-2008.

Infração – gravíssima;

Penalidade – multa (dez vezes) e suspensão do direito de dirigir por 12 (doze) meses.

Medida administrativa – recolhimento do documento de habilitação e retenção do veículo, observado o disposto no § 4º do art. 270 da Lei nº 9.503, de 23 de setembro de 1997 – do Código de Trânsito Brasileiro.

► Penalidade e medida administrativa com a redação dada pela Lei nº 12.760, de 20-12-2012.

Parágrafo único. Aplica-se em dobro a multa prevista no *caput* em caso de reincidência no período de até 12 (doze) meses.

► Parágrafo único com a redação dada pela Lei nº 12.760, de 20-12-2012.

Art. 165-A. Recusar-se a ser submetido a teste, exame clínico, perícia ou outro procedimento que permita certificar influência de álcool ou outra substância psicoativa, na forma estabelecida pelo art. 277:

Infração – gravíssima;

Penalidade – multa (dez vezes) e suspensão do direito de dirigir por 12 (doze) meses;

Medida administrativa – recolhimento do documento de habilitação e retenção do veículo, observado o disposto no § 4º do art. 270.

Parágrafo único. Aplica-se em dobro a multa prevista no *caput* em caso de reincidência no período de até 12 (doze) meses.

Art. 165-B. Conduzir veículo para o qual seja exigida habilitação nas categorias C, D ou E sem realizar o exame toxicológico previsto no § 2º do art. 148-A deste Código, após 30 (trinta) dias do vencimento do prazo estabelecido:

Infração – gravíssima;

Penalidade – multa (cinco vezes) e suspensão do direito de dirigir por 3 (três) meses, condicionado o levantamento da suspensão à inclusão no RENACH de resultado negativo em novo exame.

Parágrafo único. Incorre na mesma penalidade o condutor que exerce atividade remunerada ao veículo e não comprova a realização de exame toxicológico periódico exigido pelo § 2º do art. 148-A deste Código por ocasião da renovação do documento de habilitação nas categorias C, D ou E.

► Art. 165-B acrescido pela Lei nº 14.071, de 13-10-2020.

Art. 166. Confiar ou entregar a direção de veículo a pessoa que, mesmo habilitada, por seu estado físico ou psíquico, não estiver em condições de dirigi-lo com segurança:

Infração – gravíssima;

Penalidade – multa.

Art. 167. Deixar o condutor ou passageiro de usar cinto de segurança, conforme previsto no artigo 65:

Infração – grave;

Penalidade – multa;

Medida administrativa – retenção do veículo até colocação do cinto pelo infrator.

Art. 168. Transportar crianças em veículo automotor sem observância das normas de segurança especiais estabelecidas neste Código:

Infração – gravíssima;

Penalidade – multa;

Medida administrativa – retenção do veículo até que a irregularidade seja sanada.

Art. 169. Dirigir sem atenção ou sem os cuidados indispensáveis à segurança:

Infração – leve;

Penalidade – multa.

Art. 170. Dirigir ameaçando os pedestres que estejam atravessando a via pública, ou os demais veículos:

Infração – gravíssima;

Penalidade – multa e suspensão do direito de dirigir;

Medida administrativa – retenção do veículo e recolhimento do documento de habilitação.

Art. 171. Usar o veículo para arremessar, sobre os pedestres ou veículos, água ou detritos:

Infração – média;

Penalidade – multa.

Art. 172. Atirar do veículo ou abandonar na via objetos ou substâncias:

Infração – média;

Penalidade – multa.

Art. 173. Disputar corrida:

► *Caput* com a redação dada pela Lei nº 12.971, de 9-5-2014.

Infração – gravíssima;

Penalidade – multa (dez vezes), suspensão do direito de dirigir e apreensão do veículo;

► Penalidade com a redação dada pela Lei nº 12.971, de 9-5-2014.

Medida administrativa – recolhimento do documento de habilitação e remoção do veículo.

Parágrafo único. Aplica-se em dobro a multa prevista no *caput* em caso de reincidência no período de 12 (doze) meses da infração anterior.

► Parágrafo único acrescido pela Lei nº 12.971, de 9-5-2014.

Art. 174. Promover, na via, competição, eventos organizados, exibição e demonstração de perícia em manobra de veículo, ou deles participar, como condutor, sem permissão da autoridade de trânsito com circunscrição sobre a via:

► *Caput* com a redação dada pela Lei nº 12.971, de 9-5-2014.

Infração – gravíssima;

Penalidade – multa (dez vezes), suspensão do direito de dirigir e apreensão do veículo;

► Penalidade com a redação dada pela Lei nº 12.971, de 9-5-2014.

Medida administrativa – recolhimento do documento de habilitação e remoção do veículo.

§ 1º As penalidades são aplicáveis aos promotores e aos condutores participantes.

► Parágrafo único transformado em § 1º pela Lei nº 12.971, de 9-5-2014.

§ 2º Aplica-se em dobro a multa prevista no *caput* em caso de reincidência no período de 12 (doze) meses da infração anterior.

► § 2º acrescido pela Lei nº 12.971, de 9-5-2014.

Art. 175. Utilizar-se de veículo para demonstrar ou exibir manobra perigosa, mediante arrancada brusca, derrapagem ou frenagem com deslizamento ou arrastamento de pneus:

► *Caput* com a redação dada pela Lei nº 12.971, de 9-5-2014.

Infração – gravíssima;

Penalidade – multa (dez vezes), suspensão do direito de dirigir e apreensão do veículo;

► Penalidade com a redação dada pela Lei nº 12.971, de 9-5-2014.

Medida administrativa – recolhimento do documento de habilitação e remoção do veículo.

Parágrafo único. Aplica-se em dobro a multa prevista no *caput* em caso de reincidência no período de 12 (doze) meses da infração anterior.

► Parágrafo único acrescido pela Lei nº 12.971, de 9-5-2014.

Art. 176. Deixar o condutor envolvido em acidente com vítima:

I – de prestar ou providenciar socorro à vítima, podendo fazê-lo;

II – de adotar providências, podendo fazê-lo, no sentido de evitar perigo para o trânsito no local;

III – de preservar o local, de forma a facilitar os trabalhos da polícia e da perícia;

IV – de adotar providências para remover o veículo do local, quando determinadas por policial ou agente da autoridade de trânsito;

V – de identificar-se ao policial e de lhe prestar informações necessárias à confecção do boletim de ocorrência:

Infração – gravíssima;

Penalidade – multa (cinco vezes) e suspensão do direito de dirigir;

Medida administrativa – recolhimento do documento de habilitação.

Art. 177. Deixar o condutor de prestar socorro à vítima de acidente de trânsito quando solicitado pela autoridade e seus agentes:

Infração – grave;

Penalidade – multa.

Art. 178. Deixar o condutor, envolvido em acidente sem vítima, de adotar providências para remover o veículo do local, quando necessária tal medida para assegurar a segurança e a fluidez do trânsito:

Infração – média;

Penalidade – multa.

Art. 179. Fazer ou deixar que se faça reparo em veículo na via pública, salvo nos casos de impedimento absoluto de sua remoção e em que o veículo esteja devidamente sinalizado:

I – em pista de rolamento de rodovias e vias de trânsito rápido:

Infração – grave;

Penalidade – multa;

Medida administrativa – remoção do veículo;

II – nas demais vias:

Infração – leve;

Penalidade – multa.

Art. 180. Ter seu veículo imobilizado na via por falta de combustível:

Infração – média;

Penalidade – multa;

Medida administrativa – remoção do veículo.

Art. 181. Estacionar o veículo:

I – nas esquinas e a menos de cinco metros do bordo do alinhamento da via transversal:

Infração – média;

Penalidade – multa;

Medida administrativa – remoção do veículo;

II – afastado da guia da calçada (meio-fio) de cinquenta centímetros a um metro:

Infração – leve;

Penalidade – multa;

Medida administrativa – remoção do veículo;

III – afastado da guia da calçada (meio-fio) a mais de um metro:

Infração – grave;

Penalidade – multa;

Medida administrativa – remoção do veículo;

IV – em desacordo com as posições estabelecidas neste Código:

Infração – média;

Penalidade – multa;

Medida administrativa – remoção do veículo;

V – na pista de rolamento das estradas, das rodovias, das vias de trânsito rápido e das vias dotadas de acostamento:

Infração – gravíssima;

Penalidade – multa;

Medida administrativa – remoção do veículo;

VI – junto ou sobre hidrantes de incêndio, registro de água ou tampas de poços de visita de galerias subterrâneas, desde que devidamente identificados, conforme especificação do CONTRAN:

Infração – média;

Penalidade – multa;

Medida administrativa – remoção do veículo;

VII – nos acostamentos, salvo motivo de força maior:

Infração – leve;

Penalidade – multa;

Medida administrativa – remoção do veículo;

VIII – no passeio ou sobre faixa destinada a pedestre, sobre ciclovia ou ciclofaixa, bem como nas ilhas, refúgios, ao lado ou sobre canteiros centrais, divisores de pista de rolamento, marcas de canalização, gramados ou jardim público:

Infração – grave;

Penalidade – multa;

Medida administrativa – remoção do veículo;

IX – onde houver guia de calçada (meio fio) rebaixada destinada à entrada ou saída de veículos:

Infração – média;

Penalidade – multa;

Medida administrativa – remoção do veículo;

X – impedindo a movimentação de outro veículo:

Infração – média;

Penalidade – multa;

Medida administrativa – remoção do veículo;

XI – ao lado de outro veículo em fila dupla:

Infração – grave;

Penalidade – multa;

Medida administrativa – remoção do veículo;

XII – na área de cruzamento de vias, prejudicando a circulação de veículos e pedestres:

Infração – grave;

Penalidade – multa;

Medida administrativa – remoção do veículo;

XIII – onde houver sinalização horizontal delimitadora de ponto de embarque ou desembarque de passageiros de transporte coletivo ou, na inexistência desta sinalização, no intervalo compreendido entre dez metros antes e depois do marco do ponto:

Infração – média;

Penalidade – multa;

Medida administrativa – remoção do veículo;

XIV – nos viadutos, pontes e túneis:

Infração – grave;

Penalidade – multa;

Medida administrativa – remoção do veículo;

XV – na contramão de direção:

Infração – média;

Penalidade – multa;

XVI – em aclive ou declive, não estando devidamente freado e sem calço de segurança, quando se tratar de veículo com peso bruto total superior a três mil e quinhentos quilogramas:

Infração – grave;

Penalidade – multa;

Medida administrativa – remoção do veículo;

XVII – em desacordo com as condições regulamentadas especificamente pela sinalização (placa – Estacionamento Regulamentado):

Infração – grave;

► **Infração com a redação dada pela Lei nº 13.146, de 6-7-2015.**

Penalidade – multa;

Medida administrativa – remoção do veículo;

XVIII – em locais e horários proibidos especificamente pela sinalização (placa – Proibido Estacionar):

Infração – média;

Penalidade – multa;

Medida administrativa – remoção do veículo;

XIX – em locais e horários de estacionamento e parada proibidos pela sinalização (placa – Proibido Parar e Estacionar):

Infração – grave;

Penalidade – multa;

Medida administrativa – remoção do veículo;

XX – nas vagas reservadas às pessoas com deficiência ou idosos, sem credencial que comprove tal condição:

Infração – gravíssima;

Penalidade – multa;

Medida administrativa – remoção do veículo.

► **Inciso XX acrescido pela Lei nº 13.281, de 4-5-2016.**

§ 1º Nos casos previstos neste artigo, a autoridade de trânsito aplicará a penalidade preferencialmente após a remoção do veículo.

§ 2º No caso previsto no inciso XVI é proibido abandonar o calço de segurança na via.

Art. 182. Parar o veículo:

I – nas esquinas a menos de cinco metros do bordo do alinhamento da via transversal:
Infração – média;
Penalidade – multa;

II – afastado da guia da calçada (meio-fio) de cinquenta centímetros a um metro:
Infração – leve;
Penalidade – multa;

III – afastado da guia da calçada (meio-fio) a mais de um metro:
Infração – média;
Penalidade – multa;

IV – em desacordo com as posições estabelecidas neste Código:
Infração – leve;
Penalidade – multa;

V – na pista de rolamento das estradas, das rodovias, das vias de trânsito rápido e das demais vias dotadas de acostamento:
Infração – grave;
Penalidade – multa;

VI – no passeio ou sobre faixa destinada a pedestres, nas ilhas, refúgios, canteiros centrais e divisores de pista de rolamento e marcas de canalização:
Infração – leve;
Penalidade – multa;

VII – na área de cruzamento de vias, prejudicando a circulação de veículos e pedestres:
Infração – média;
Penalidade – multa;

VIII – nos viadutos, pontes e túneis:
Infração – média;
Penalidade – multa;

IX – na contramão de direção:
Infração – média;
Penalidade – multa;

X – em local e horário proibidos especificamente pela sinalização (placa – Proibido Parar):
Infração – média;
Penalidade – multa;

XI – sobre ciclovia ou ciclofaixa:
Infração – grave;
Penalidade – multa.

► Inciso XI acrescido pela Lei nº 14.071, de 13-10-2020.

Art. 183. Parar o veículo sobre a faixa de pedestres na mudança de sinal luminoso:
Infração – média;
Penalidade – multa.

Art. 184. Transitar com o veículo:

I – na faixa ou pista da direita, regulamentada como de circulação exclusiva para determinado tipo de veículo, exceto para acesso a imóveis lindeiros ou conversões à direita:
Infração – leve;
Penalidade – multa;

II – na faixa ou pista da esquerda regulamentada como de circulação exclusiva para determinado tipo de veículo:
Infração – grave;
Penalidade – multa.

III – na faixa ou via de trânsito exclusivo, regulamentada com circulação destinada aos veículos de transporte público coletivo de passageiros, salvo casos de força maior e com autorização do poder público competente:
Infração – gravíssima;
Penalidade – multa e apreensão do veículo;
Medida Administrativa – remoção do veículo.

► Inciso III acrescido pela Lei nº 13.154, de 30-7-2015.

Art. 185. Quando o veículo estiver em movimento, deixar de conservá-lo:

I – na faixa a ele destinada pela sinalização de regulamentação, exceto em situações de emergência;

II – nas faixas da direita, os veículos lentos e de maior porte:
Infração – média;
Penalidade – multa.

Art. 186. Transitar pela contramão de direção em:

I – vias com duplo sentido de circulação, exceto para ultrapassar outro veículo e apenas pelo tempo necessário, respeitada a preferência do veículo que transitar em sentido contrário:
Infração – grave;
Penalidade – multa;

II – vias com sinalização de regulamentação de sentido único de circulação:
Infração – gravíssima;
Penalidade – multa.

Art. 187. Transitar em locais e horários não permitidos pela regulamentação estabelecida pela autoridade competente:

I – para todos os tipos de veículos:
Infração – média;
Penalidade – multa;

II – *Revogado*. Lei nº 9.602, de 21-1-1998.

Art. 188. Transitar ao lado de outro veículo, interrompendo ou perturbando o trânsito:
Infração – média;
Penalidade – multa.

Art. 189. Deixar de dar passagem aos veículos precedidos de batedores, de socorro de incêndio e salvamento, de polícia, de operação e fiscalização de trânsito e às ambulâncias, quando em serviço de urgência e devidamente identificados por dispositivos regulamentados de alarme sonoro e iluminação vermelha intermitentes:
Infração – gravíssima;
Penalidade – multa.

Art. 190. Seguir veículo em serviço de urgência, estando este com prioridade de passagem devidamente identificada por dispositivos regulamentares de alarme sonoro e iluminação vermelha intermitentes:
Infração – grave;
Penalidade – multa.

Art. 191. Forçar passagem entre veículos que, transitando em sentido oposto, estejam na iminência de passar um pelo outro ao realizar operação de ultrapassagem:
Infração – gravíssima;

Penalidade – multa (dez vezes) e suspensão do direito de dirigir.

► Penalidade com a redação dada pela Lei nº 12.971, de 9-5-2014.

Parágrafo único. Aplica-se em dobro a multa prevista no *caput* em caso de reincidência no período de até 12 (doze) meses da infração anterior.

► Parágrafo único acrescido pela Lei nº 12.971, de 9-5-2014.

Art. 192. Deixar de guardar distância de segurança lateral e frontal entre o seu veículo e os demais, bem como em relação ao bordo da pista, considerando-se, no momento, a velocidade, as condições climáticas do local da circulação e do veículo:

Infração – grave;

Penalidade – multa.

Art. 193. Transitar com o veículo em calçadas, passeios, passarelas, ciclovias, ciclofaixas, ilhas, refúgios, ajardinamentos, canteiros centrais e divisores de pista de rolamento, acostamentos, marcas de canalização, gramados e jardins públicos:

Infração – gravíssima;

Penalidade – multa (três vezes).

Art. 194. Transitar em marcha à ré, salvo na distância necessária a pequenas manobras e de forma a não causar riscos à segurança:

Infração – grave;

Penalidade – multa.

Art. 195. Desobeceder às ordens emanadas da autoridade competente de trânsito ou de seus agentes:

Infração – grave;

Penalidade – multa.

Art. 196. Deixar de indicar com antecedência, mediante gesto regulamentar de braço ou luz indicadora de direção do veículo, o início da marcha, a realização da manobra de parar o veículo, a mudança de direção ou de faixa de circulação:

Infração – grave;

Penalidade – multa.

Art. 197. Deixar de deslocar, com antecedência, o veículo para a faixa mais à esquerda ou mais à direita, dentro da respectiva mão de direção, quando for manobrar para um desses lados:

Infração – média;

Penalidade – multa.

Art. 198. Deixar de dar passagem pela esquerda, quando solicitado:

Infração – média;

Penalidade – multa.

Art. 199. Ultrapassar pela direita, salvo quando o veículo da frente estiver colocado na faixa apropriada e der sinal de que vai entrar à esquerda:

Infração – média;

Penalidade – multa.

Art. 200. Ultrapassar pela direita veículo de transporte coletivo ou de escolares, parado para embarque ou desembarque de passageiros, salvo quando houver refúgio de segurança para o pedestre:

Infração – gravíssima;

Penalidade – multa.

Art. 201. Deixar de guardar a distância lateral de um metro e cinquenta centímetros ao passar ou ultrapassar bicicleta:

Infração – média;

Penalidade – multa.

Art. 202. Ultrapassar outro veículo:

I – pelo acostamento;

II – em interseções e passagens de nível:

Infração – gravíssima;

► Infração com a redação dada pela Lei nº 12.971, de 9-5-2014.

Penalidade – multa (cinco vezes).

► Penalidade com a redação dada pela Lei nº 12.971, de 9-5-2014.

Art. 203. Ultrapassar pela contramão outro veículo:

I – nas curvas, aclives e declives, sem visibilidade suficiente;

II – nas faixas de pedestre;

III – nas pontes, viadutos ou túneis;

IV – parado em fila junto a sinais luminosos, porteiras, cancelas, cruzamentos ou qualquer outro impedimento à livre circulação;

V – onde houver marcação viária longitudinal de divisão de fluxos opostos do tipo linha dupla contínua ou simples contínua amarela:

Infração – gravíssima;

Penalidade – multa (cinco vezes).

► Penalidade com a redação dada pela Lei nº 12.971, de 9-5-2014.

Parágrafo único. Aplica-se em dobro a multa prevista no *caput* em caso de reincidência no período de até 12 (doze) meses da infração anterior.

► Parágrafo único acrescido pela Lei nº 12.971, de 9-5-2014.

Art. 204. Deixar de parar o veículo no acostamento à direita, para aguardar a oportunidade de cruzar a pista ou entrar à esquerda, onde não houver local apropriado para operação de retorno:

Infração – grave;

Penalidade – multa.

Art. 205. Ultrapassar veículo em movimento que integre cortejo, préstito, desfile e formações militares, salvo com autorização da autoridade de trânsito ou de seus agentes:

Infração – leve;

Penalidade – multa.

Art. 206. Executar operação de retorno:

I – em locais proibidos pela sinalização;

II – nas curvas, aclives, declives, pontes, viadutos e túneis;

III – passando por cima de calçada, passeio, ilhas, ajardinamento ou canteiros de divisões de pista de rolamento, refúgios e faixas de pedestres e nas de veículos não motorizados;

IV – nas interseções, entrando na contramão de direção da via transversal;

V – com prejuízo da livre circulação ou da segurança, ainda que em locais permitidos:

Infração – gravíssima;

Penalidade – multa.

Art. 207. Executar operação de conversão à direita ou à esquerda em locais proibidos pela sinalização:

Infração – grave;

Penalidade – multa.

Art. 208. Avançar o sinal vermelho do semáforo ou o de parada obrigatória, exceto onde houver sinalização que permita a livre conversão à direita prevista no art. 44-A deste Código:

► *Caput* com a redação dada pela Lei nº 14.071, de 13-10-2020.

Infração – gravíssima;

Penalidade – multa.

Art. 209. ***Transpor, sem autorização, bloqueio viário com ou sem sinalização ou dispositivos auxiliares, ou deixar de adentrar as áreas destinadas à pesagem de veículos:***

► *Caput* com a redação dada pela Lei nº 14.157, de 1º-6-2021.

Infração – grave;

Penalidade – multa.

Art. 209-A. ***Evadir-se da cobrança pelo uso de rodovias e vias urbanas para não efetuar o seu pagamento, ou deixar de efetuá-lo na forma estabelecida:***

Infração – grave;

Penalidade – multa.

► Art. 209-A acrescido pela Lei nº 14.157, de 1º-6-2021.

Art. 210. Transpor, sem autorização, bloqueio viário policial:

Infração – gravíssima;

Penalidade – multa, apreensão do veículo e suspensão do direito de dirigir;

Medida administrativa – remoção do veículo e recolhimento do documento de habilitação.

Art. 211. Ultrapassar veículos em fila, parados em razão de sinal luminoso, cancela, bloqueio viário parcial ou qualquer outro obstáculo, com exceção dos veículos não motorizados:

Infração – grave;

Penalidade – multa.

Parágrafo único. VETADO. Lei nº 14.071, de 13-10-2020.

Art. 212. Deixar de parar o veículo antes de transpor linha férrea:

Infração – gravíssima;

Penalidade – multa.

Art. 213. Deixar de parar o veículo sempre que a respectiva marcha for interceptada:

I – por agrupamento de pessoas, como préstitos, passeatas, desfiles e outros:

Infração – gravíssima;

Penalidade – multa.

II – por grupamento de veículos, como cortejos, formações militares e outros:

Infração – grave;

Penalidade – multa.

Art. 214. Deixar de dar preferência de passagem a pedestre e a veículo não motorizado:

I – que se encontre na faixa a ele destinada;

II – que não haja concluído a travessia mesmo que ocorra sinal verde para o veículo;

III – portadores de deficiência física, crianças, idosos e gestantes:

Infração – gravíssima;

Penalidade – multa.

IV – quando houver iniciado a travessia mesmo que não haja sinalização a ele destinada;

V – que esteja atravessando a via transversal para onde se dirige o veículo:

Infração – grave;

Penalidade – multa.

Art. 215. Deixar de dar preferência de passagem:

I – em interseção não sinalizada:

a) a veículo que estiver circulando por rodovia ou rotatória;

b) a veículo que vier da direita;

II – nas interseções com sinalização de regulamentação de *Dê a Preferência*:

Infração – grave;

Penalidade – multa.

Art. 216. Entrar ou sair de áreas lindeiras sem estar adequadamente posicionado para ingresso na via e sem as precauções com a segurança de pedestres e de outros veículos:

Infração – média;

Penalidade – multa.

Art. 217. Entrar ou sair de fila de veículos estacionados sem dar preferência de passagem a pedestres e a outros veículos:

Infração – média;

Penalidade – multa.

Art. 218. Transitar em velocidade superior à máxima permitida para o local, medida por instrumento ou equipamento hábil, em rodovias, vias de trânsito rápido, vias arteriais e demais vias:

► *Caput* com a redação dada pela Lei nº 11.334, de 25-7-2006.

I – quando a velocidade for superior à máxima em até 20% (vinte por cento):

Infração – média;

Penalidade – multa;

II – quando a velocidade for superior à máxima em mais de 20% (vinte por cento) até 50% (cinquenta por cento):

Infração – grave;

Penalidade – multa;

► Incisos I e II com a redação dada pela Lei nº 11.334, de 25-7-2006.

III – quando a velocidade for superior à máxima em mais de 50% (cinquenta por cento):

Infração – gravíssima;

Penalidade – multa [3 (três) vezes], suspensão imediata do direito de dirigir e apreensão do documento de habilitação.

► *Caput* do inciso III com a redação dada pela Lei nº 11.334, de 25-7-2006.

Infração – gravíssima;

Penalidade – multa (três vezes) e suspensão do direito de dirigir.

► Infração e penalidade com a redação dada pela Lei nº 14.071, de 13-10-2020.

Art. 219. Transitar com o veículo em velocidade inferior à metade da velocidade máxima estabelecida para a via, retardando ou obstruindo o trânsito, a menos que as condições de tráfego e meteorológicas não o permitam, salvo se estiver na faixa da direita:

Infração – média;

Penalidade – multa.

Art. 220. Deixar de reduzir a velocidade do veículo de forma compatível com a segurança do trânsito:

I – quando se aproximar de passeatas, aglomerações, cortejos, préstitos e desfiles:

Infração – gravíssima;

Penalidade – multa;

II – nos locais onde o trânsito esteja sendo controlado pelo agente da autoridade de trânsito, mediante sinais sonoros ou gestos;

III – ao aproximar-se da guia da calçada (meio-fio) ou acostamento;

IV – ao aproximar-se de ou passar por interseção não sinalizada;

V – nas vias rurais cuja faixa de domínio não esteja cercada;

VI – nos trechos em curva de pequeno raio;

VII – ao aproximar-se de locais sinalizados com advertência de obras ou trabalhadores na pista;

VIII – sob chuva, neblina, cerração ou ventos fortes;

IX – quando houver má visibilidade;

X – quando o pavimento se apresentar escorregadio, defeituoso ou avariado;

XI – à aproximação de animais na pista;

XII – em declive;

Infração – grave;

Penalidade – multa;

► Infração e penalidade acrescidas pela Lei nº 14.071, de 13-10-2020.

XIII – ao ultrapassar ciclista:

Infração – gravíssima;

Penalidade – multa;

► Infração e penalidade com a redação dada pela Lei nº 14.071, de 13-10-2020.

XIV – nas proximidades de escolas, hospitais, estações de embarque e desembarque de passageiros ou onde haja intensa movimentação de pedestres:

Infração – gravíssima;

Penalidade – multa.

Art. 221. Portar no veículo placas de identificação em desacordo com as especificações e modelos estabelecidos pelo CONTRAN:

Infração – média;

Penalidade – multa;

Medida administrativa – retenção do veículo para regularização e apreensão das placas irregulares.

Parágrafo único. Incide na mesma penalidade aquele que confecciona, distribui ou coloca, em veículo próprio ou de terceiros, placas de identificação não autorizadas pela regulamentação.

Art. 222. Deixar de manter ligado, nas situações de atendimento de emergência, o sistema de iluminação vermelha intermitente dos veículos de polícia, de socorro de incêndio e salvamento, de fiscalização de trânsito e das ambulâncias, ainda que parados:

Infração – média;

Penalidade – multa.

Art. 223. Transitar com o farol desregulado ou com o facho de luz alta de forma a perturbar a visão de outro condutor:

Infração – grave;

Penalidade – multa;

Medida administrativa – retenção do veículo para regularização.

Art. 224. Fazer uso do facho de luz alta dos faróis em vias providas de iluminação pública:

Infração – leve;

Penalidade – multa.

Art. 225. Deixar de sinalizar a via, de forma a prevenir os demais condutores e, à noite, não manter acesas as luzes externas ou omitir-se quanto a providências necessárias para tornar visível o local, quando:

I – tiver de remover o veículo da pista de rolamento ou permanecer no acostamento;

II – a carga for derramada sobre a via e não puder ser retirada imediatamente:

Infração – grave;

Penalidade – multa.

Art. 226. Deixar de retirar todo e qualquer objeto que tenha sido utilizado para sinalização temporária da via:

Infração – média;

Penalidade – multa.

Art. 227. Usar buzina:

I – em situação que não a de simples toque breve como advertência ao pedestre ou a condutores de outros veículos;

II – prolongada e sucessivamente a qualquer pretexto;

III – entre as vinte e duas e as seis horas;

IV – em locais e horários proibidos pela sinalização;

V – em desacordo com os padrões e frequências estabelecidas pelo CONTRAN:

Infração – leve;

Penalidade – multa.

Art. 228. Usar no veículo equipamento com som em volume ou frequência que não sejam autorizados pelo CONTRAN:

Infração – grave;

Penalidade – multa;

Medida administrativa – retenção do veículo para regularização.

Art. 229. Usar indevidamente no veículo aparelho de alarme ou que produza sons e ruído que perturbem o sossego público, em desacordo com normas fixadas pelo CONTRAN:

Infração – média;

Penalidade – multa e apreensão do veículo;

Medida administrativa – remoção do veículo.

Art. 230. Conduzir o veículo:

I – com o lacre, a inscrição do chassi, o selo, a placa ou qualquer outro elemento de identificação do veículo violado ou falsificado;

II – transportando passageiros em compartimento de carga, salvo por motivo de força maior, com permissão da autoridade competente e na forma estabelecida pelo CONTRAN;

III – com dispositivo antirradar;

IV – sem qualquer uma das placas de identificação;

V – que não esteja registrado e devidamente licenciado;

VI – com qualquer uma das placas de identificação sem condições de legibilidade e visibilidade:

Infração – gravíssima;

Penalidade – multa e apreensão do veículo;

Medida administrativa – remoção do veículo;

VII – com a cor ou característica alterada;

VIII – sem ter sido submetido à inspeção de segurança veicular, quando obrigatória;

IX – sem equipamento obrigatório ou estando este ineficiente ou inoperante;

X – com equipamento obrigatório em desacordo com o estabelecido pelo CONTRAN;

XI – com descarga livre ou silenciador de motor de explosão defeituoso, deficiente ou inoperante;

XII – com equipamento ou acessório proibido;

XIII – com o equipamento do sistema de iluminação e de sinalização alterados;

XIV – com registrador instantâneo inalterável de velocidade e tempo viciado ou defeituoso, quando houver exigência desse aparelho;

XV – com inscrições, adesivos, legendas e símbolos de caráter publicitário afixados ou pintados no para-brisa e em toda a extensão da parte traseira do veículo, excetuadas as hipóteses previstas neste Código;

XVI – com vidros total ou parcialmente cobertos por películas refletivas ou não, painéis decorativos ou pinturas;
XVII – com cortinas ou persianas fechadas, não autorizadas pela legislação;
XVIII – em mau estado de conservação, comprometendo a segurança, ou reprovado na avaliação de inspeção de segurança e de emissão de poluentes e ruído, prevista no artigo 104;
XIX – sem acionar o limpador de para-brisa sob chuva:
Infração – grave;
Penalidade – multa;
Medida administrativa – retenção do veículo para regularização;
XX – sem portar a autorização para condução de escolares, na forma estabelecida no artigo 136:
Infração – gravíssima;
Penalidade – multa (cinco vezes);
Medida administrativa – remoção do veículo;

► Infração, penalidade e medida administrativa com a redação dada pela Lei nº 13.855, de 8-7-2019.

XXI – de carga, com falta de inscrição da tara e demais inscrições previstas neste Código;
XXII – com defeito no sistema de iluminação, de sinalização ou com lâmpadas queimadas:
Infração – média;
Penalidade – multa.
XXIII – em desacordo com as condições estabelecidas no art. 67-C, relativamente ao tempo de permanência do condutor ao volante e aos intervalos para descanso, quando se tratar de veículo de transporte de carga ou coletivo de passageiros:
Infração – média;
Penalidade – multa;
Medida administrativa – retenção do veículo para cumprimento do tempo de descanso aplicável.

► Inciso XXIII com a redação dada pela Lei nº 13.103, de 2-3-2015.

XXIV – VETADO. Lei nº 12.619, de 30-4-2012.
§ 1º Se o condutor cometeu infração igual nos últimos 12 (doze) meses, será convertida, automaticamente, a penalidade disposta no inciso XXIII em infração grave.
§ 2º Em se tratando de condutor estrangeiro, a liberação do veículo fica condicionada ao pagamento ou ao depósito, judicial ou administrativo, da multa.

► §§ 1º e 2º acrescidos pela Lei nº 13.103, de 2-3-2015.

Art. 231. Transitar com o veículo:
I – danificando a via, suas instalações e equipamentos;
II – derramando, lançando ou arrastando sobre a via:
a) carga que esteja transportando;
b) combustível ou lubrificante que esteja utilizando;
c) qualquer objeto que possa acarretar risco de acidente:
Infração – gravíssima;
Penalidade – multa;
Medida administrativa – retenção do veículo para regularização;
III – produzindo fumaça, gases ou partículas em níveis superiores aos fixados pelo CONTRAN;
IV – com suas dimensões ou de sua carga superiores aos limites estabelecidos legalmente ou pela sinalização, sem autorização:
Infração – grave;
Penalidade – multa;
Medida administrativa – retenção do veículo para regularização;
V – com excesso de peso, admitido percentual de tolerância quando aferido por equipamento, na forma a ser estabelecida pelo CONTRAN:
Infração – média;
Penalidade – multa acrescida a cada duzentos quilogramas ou fração de excesso de peso apurado, constante na seguinte tabela:
a) até 600 kg (seiscentos quilogramas) – R$ 5,32 (cinco reais e trinta e dois centavos);
b) de 601 (seiscentos e um) a 800 kg (oitocentos quilogramas) – R$ 10,64 (dez reais e sessenta e quatro centavos);
c) de 801 (oitocentos e um) a 1.000 kg (mil quilogramas) – R$ 21,28 (vinte e um reais e vinte e oito centavos);
d) de 1.001 (mil e um) a 3.000 kg (três mil quilogramas) – R$ 31,92 (trinta e um reais e noventa e dois centavos);
e) de 3.001 (três mil e um) a 5.000 kg (cinco mil quilogramas) – R$ 42,56 (quarenta e dois reais e cinquenta e seis centavos);
f) acima de 5.001 kg (cinco mil e um quilogramas) – R$ 53,20 (cinquenta e três reais e vinte centavos);

► Alíneas *a* a *f* com a redação dada pela Lei nº 13.281, de 4-5-2016.

Medida administrativa – retenção do veículo e transbordo da carga excedente;
VI – em desacordo com a autorização especial, expedida pela autoridade competente para transitar com dimensões excedentes, ou quando a mesma estiver vencida:
Infração – grave;
Penalidade – multa e apreensão do veículo;
Medida administrativa – remoção do veículo;
VII – com lotação excedente;
VIII – efetuando transporte remunerado de pessoas ou bens, quando não for licenciado para esse fim, salvo casos de força maior ou com permissão da autoridade competente:
Infração – gravíssima;
Penalidade – multa;
Medida administrativa – remoção do veículo;

► Infração, penalidade e medida administrativa com a redação dada pela Lei nº 13.855, de 8-7-2019.

IX – desligado ou desengrenado, em declive:
Infração – média;
Penalidade – multa;
Medida administrativa – retenção do veículo;
X – excedendo a capacidade máxima de tração:
Infração – de média a gravíssima, a depender da relação entre o excesso de peso apurado e a capacidade máxima de tração, a ser regulamentada pelo CONTRAN;
Penalidade – multa;
Medida administrativa – retenção do veículo e transbordo de carga excedente.
Parágrafo único. Sem prejuízo das multas previstas nos incisos V e X, o veículo que transitar com excesso de peso ou excedendo à capacidade máxima de tração, não computado o percentual tolerado na forma do disposto na legislação, somente poderá continuar viagem após descarregar o que exceder, segundo critérios estabelecidos na referida legislação complementar.
Art. 232. Conduzir veículo sem os documentos de porte obrigatório referidos neste Código:

Infração – leve;

Penalidade – multa;

Medida administrativa – retenção do veículo até a apresentação do documento.

Art. 233. Deixar de efetuar o registro de veículo no prazo de trinta dias, junto ao órgão executivo de trânsito, ocorridas as hipóteses previstas no artigo 123:

Infração – média;

Penalidade – multa;

Medida administrativa – remoção do veículo.

► Infração, penalidade e medida administrativa com a redação dada pela Lei nº 14.071, de 13-10-2020.

Art. 233-A. VETADO. Lei nº 14.071, de 13-10-2020.

Art. 234. Falsificar ou adulterar documento de habilitação e de identificação do veículo:

Infração – gravíssima;

Penalidade – multa e apreensão do veículo;

Medida administrativa – remoção do veículo.

Art. 235. Conduzir pessoas, animais ou carga nas partes externas do veículo, salvo nos casos devidamente autorizados:

Infração – grave;

Penalidade – multa;

Medida administrativa – retenção do veículo para transbordo.

Art. 236. Rebocar outro veículo com cabo flexível ou corda, salvo em casos de emergência:

Infração – média;

Penalidade – multa.

Art. 237. Transitar com o veículo em desacordo com as especificações, e com falta de inscrição e simbologia necessárias à sua identificação, quando exigidas pela legislação:

Infração – grave;

Penalidade – multa;

Medida administrativa – retenção do veículo para regularização.

Art. 238. Recusar-se a entregar à autoridade de trânsito ou a seus agentes, mediante recibo, os documentos de habilitação, de registro, de licenciamento de veículo e outros exigidos por lei, para averiguação de sua autenticidade:

Infração – gravíssima;

Penalidade – multa e apreensão do veículo;

Medida administrativa – remoção do veículo.

Art. 239. Retirar do local veículo legalmente retido para regularização, sem permissão da autoridade competente ou de seus agentes:

Infração – gravíssima;

Penalidade – multa e apreensão do veículo;

Medida administrativa – remoção do veículo.

Art. 240. Deixar o responsável de promover a baixa do registro de veículo irrecuperável ou definitivamente desmontado:

Infração – grave;

Penalidade – multa;

Medida administrativa – recolhimento do Certificado de Registro e do Certificado de Licenciamento Anual.

Art. 241. Deixar de atualizar o cadastro de registro do veículo ou de habilitação do condutor:

Infração – leve;

Penalidade – multa.

Art. 242. Fazer falsa declaração de domicílio para fins de registro, licenciamento ou habilitação:

Infração – gravíssima;

Penalidade – multa.

Art. 243. Deixar a empresa seguradora de comunicar ao órgão executivo de trânsito competente a ocorrência de perda total do veículo e de lhe devolver as respectivas placas e documentos:

Infração – grave;

Penalidade – multa;

Medida administrativa – recolhimento das placas e dos documentos.

Art. 244. Conduzir motocicleta, motoneta ou ciclomotor:

► *Caput* com a redação dada pela Lei nº 14.071, de 13-10-2020.

I – sem usar capacete de segurança ou vestuário de acordo com as normas e as especificações aprovadas pelo CONTRAN;

► Inciso I com a redação dada pela Lei nº 14.071, de 13-10-2020.

II – transportando passageiro sem o capacete de segurança, na forma estabelecida no inciso anterior, ou fora do assento suplementar colocado atrás do condutor ou em carro lateral;

III – fazendo malabarismo ou equilibrando-se apenas em uma roda;

IV – *Revogado*. Lei nº 14.071, de 13-10-2020;

V – transportando criança menor de 10 (dez) anos de idade ou que não tenha, nas circunstâncias, condições de cuidar da própria segurança:

Infração – gravíssima;

Penalidade – multa e suspensão do direito de dirigir;

Medida administrativa – retenção do veículo até regularização e recolhimento do documento de habilitação;

► Inciso V com a redação dada pela Lei nº 14.071, de 13-10-2020.

VI – rebocando outro veículo;

VII – sem segurar o guidom com ambas as mãos, salvo eventualmente para indicação de manobras;

VIII – transportando carga incompatível com suas especificações ou em desacordo com o previsto no § 2º do art. 139-A desta Lei;

► Inciso VIII com a redação dada pela Lei nº 12.009, de 29-7-2009.

IX – efetuando transporte remunerado de mercadorias em desacordo com o previsto no art. 139-A desta Lei ou com as normas que regem a atividade profissional dos mototaxistas:

Infração – grave;

Penalidade – multa;

Medida administrativa – apreensão do veículo para regularização.

► Inciso IX acrescido pela Lei nº 12.009, de 29-7-2009.

X – com a utilização de capacete de segurança sem viseira ou óculos de proteção ou com viseira ou óculos de proteção em desacordo com a regulamentação do CONTRAN;

XI – transportando passageiro com o capacete de segurança utilizado na forma prevista no inciso X do *caput* deste artigo:

Infração – média;

Penalidade – multa;

Medida administrativa – retenção do veículo até regularização;

► Incisos X e XI acrescidos pela Lei nº 14.071, de 13-10-2020.

XII – VETADO. Lei nº 14.071, de 13-10-2020.

§ 1º Para ciclos aplica-se o disposto nos incisos III, VII e VIII, além de:

a) conduzir passageiro fora da garupa ou do assento especial a ele destinado;

b) transitar em vias de trânsito rápido ou rodovias, salvo onde houver acostamento ou faixas de rolamento próprias;

c) transportar crianças que não tenham, nas circunstâncias, condições de cuidar de sua própria segurança.

§ 2º Aplica-se aos ciclomotores o disposto na alínea *b* do parágrafo anterior:

Infração – média;

Penalidade – multa.

§ 3º A restrição imposta pelo inciso VI do *caput* deste artigo não se aplica às motocicletas e motonetas que tracionem semirreboques especialmente projetados para esse fim e devidamente homologados pelo órgão competente.

► § 3º acrescido pela Lei nº 10.517, de 11-7-2002.

Art. 245. Utilizar a via para depósito de mercadorias, materiais ou equipamentos, sem autorização do órgão ou entidade de trânsito com circunscrição sobre a via:

Infração – grave;

Penalidade – multa;

Medida administrativa – remoção da mercadoria ou do material.

Parágrafo único. A penalidade e a medida administrativa incidirão sobre a pessoa física ou jurídica responsável.

Art. 246. Deixar de sinalizar qualquer obstáculo à livre circulação, à segurança de veículo e pedestres, tanto no leito da via terrestre como na calçada, ou obstaculizar a via indevidamente:

Infração – gravíssima;

Penalidade – multa, agravada em até cinco vezes, a critério da autoridade de trânsito, conforme o risco à segurança.

Parágrafo único. A penalidade será aplicada à pessoa física ou jurídica responsável pela obstrução, devendo a autoridade com circunscrição sobre a via providenciar a sinalização de emergência, às expensas do responsável, ou, se possível, promover a desobstrução.

Art. 247. Deixar de conduzir pelo bordo da pista de rolamento, em fila única, os veículos de tração ou propulsão humana e os de tração animal, sempre que não houver acostamento ou faixa a eles destinados:

Infração – média;

Penalidade – multa.

Art. 248. Transportar em veículo destinado ao transporte de passageiros carga excedente em desacordo com o estabelecido no artigo 109:

Infração – grave;

Penalidade – multa;

Medida administrativa – retenção para o transbordo.

Art. 249. Deixar de manter acesas, à noite, as luzes de posição, quando o veículo estiver parado, para fins de embarque ou desembarque de passageiros e carga ou descarga de mercadorias:

Infração – média;

Penalidade – multa.

Art. 250. Quando o veículo estiver em movimento:

I – deixar de manter acesa a luz baixa:

a) durante a noite;

b) de dia, em túneis e sob chuva, neblina ou cerração;

c) de dia, no caso de veículos de transporte coletivo de passageiros em circulação em faixas ou pistas a eles destinadas;

d) de dia, no caso de motocicletas, motonetas e ciclomotores;

► Alíneas *b* a *d* com a redação dada pela Lei nº 14.071, de 13-10-2020.

e) de dia, em rodovias de pista simples situadas fora dos perímetros urbanos, no caso de veículos desprovidos de luzes de rodagem diurna;

e) de dia, em rodovias de pista simples situadas fora dos perímetros urbanos, no caso de veículos desprovidos de luzes de rodagem diurna;

► Alínea *e* acrescida pela Lei nº 14.071, de 13-10-2020.

II – *Revogado*. Lei nº 14.071, de 13-10-2020;

III – deixar de manter a placa traseira iluminada, à noite:

Infração – média;

Penalidade – multa.

Art. 251. Utilizar as luzes do veículo:

I – o pisca-alerta, exceto em imobilizações ou situações de emergência;

II – baixa e alta de forma intermitente, exceto nas seguintes situações:

a) a curtos intervalos, quando for conveniente advertir a outro condutor que se tem o propósito de ultrapassá-lo;

b) em imobilizações ou situação de emergência, como advertência, utilizando pisca-alerta;

c) quando a sinalização de regulamentação da via determinar o uso do pisca-alerta:

Infração – média;

Penalidade – multa.

Art. 252. Dirigir o veículo:

I – com o braço do lado de fora;

II – transportando pessoas, animais ou volume à sua esquerda ou entre os braços e pernas;

III – com incapacidade física ou mental temporária que comprometa a segurança do trânsito;

IV – usando calçado que não se firme nos pés ou que comprometa a utilização dos pedais;

V – com apenas uma das mãos, exceto quando deva fazer sinais regulamentares de braço, mudar a marcha do veículo, ou acionar equipamentos e acessórios do veículo;

VI – utilizando-se de fones nos ouvidos conectados a aparelhagem sonora ou de telefone celular:

Infração – média;

Penalidade – multa.

VII – realizando a cobrança de tarifa com o veículo em movimento:

Infração – média;

Penalidade – multa.

► Inciso VII acrescido pela Lei nº 13.154, de 30-7-2015.

Parágrafo único. A hipótese prevista no inciso V caracterizar-se-á como infração gravíssima no caso de o condutor estar segurando ou manuseando telefone celular.

► Parágrafo único acrescido pela Lei nº 13.281, de 4-5-2016.

Art. 253. Bloquear a via com veículo:

Infração – gravíssima;

Penalidade – multa e apreensão do veículo;

Medida administrativa – remoção do veículo.

Art. 253-A. Usar qualquer veículo para, deliberadamente, interromper, restringir ou perturbar a circulação na via sem autorização do órgão ou entidade de trânsito com circunscrição sobre ela:

Infração – gravíssima;

Penalidade – multa (vinte vezes) e suspensão do direito de dirigir por 12 (doze) meses;

Medida administrativa – remoção do veículo.

§ 1º Aplica-se a multa agravada em 60 (sessenta) vezes aos organizadores da conduta prevista no *caput*.

§ 2º Aplica-se em dobro a multa em caso de reincidência no período de 12 (doze) meses.

§ 3º As penalidades são aplicáveis a pessoas físicas ou jurídicas que incorram na infração, devendo a autoridade com circunscrição sobre a via restabelecer de imediato, se possível, as condições de normalidade para a circulação na via.

Art. 254. É proibido ao pedestre:

I – permanecer ou andar nas pistas de rolamento, exceto para cruzá-las onde for permitido;

II – cruzar pistas de rolamento nos viadutos, pontes, ou túneis, salvo onde exista permissão;

III – atravessar a via dentro das áreas de cruzamento, salvo quando houver sinalização para esse fim;

IV – utilizar-se da via em agrupamentos capazes de perturbar o trânsito, ou para a prática de qualquer folguedo, esporte, desfiles e similares, salvo em casos especiais e com a devida licença da autoridade competente;

V – andar fora da faixa própria, passarela, passagem aérea ou subterrânea;

VI – desobedecer à sinalização de trânsito específica:

Infração – leve;

Penalidade – multa, em 50% (cinquenta por cento) do valor da infração de natureza leve;

VII – VETADO. Lei nº 13.281, de 4-5-2016.

§§ 1º a 3º VETADOS. Lei nº 13.281, de 4-5-2016.

Art. 255. Conduzir bicicleta em passeios onde não seja permitida a circulação desta, ou de forma agressiva, em desacordo com o disposto no parágrafo único do artigo 59:

Infração – média;

Penalidade – multa;

Medida administrativa – remoção da bicicleta, mediante recibo para o pagamento da multa.

CAPÍTULO XVI
DAS PENALIDADES

Art. 256. A autoridade de trânsito, na esfera das competências estabelecidas neste Código e dentro de sua circunscrição, deverá aplicar, às infrações nele previstas, as seguintes penalidades:

I – advertência por escrito;

II – multa;

III – suspensão do direito de dirigir;

IV – *Revogado*. Lei nº 13.281, de 4-5-2016.

V – cassação da Carteira Nacional de Habilitação;

VI – cassação da Permissão para Dirigir;

VII – frequência obrigatória em curso de reciclagem.

§ 1º A aplicação das penalidades previstas neste Código não elide as punições originárias de ilícitos penais decorrentes de crimes de trânsito, conforme disposições de lei.

§ 2º VETADO.

§ 3º A imposição da penalidade será comunicada aos órgãos ou entidades executivos de trânsito responsáveis pelo licenciamento do veículo e habilitação do condutor.

Art. 257. As penalidades serão impostas ao condutor, ao proprietário do veículo, ao embarcador e ao transportador, salvo os casos de descumprimento de obrigações e deveres impostos a pessoas físicas ou jurídicas expressamente mencionados neste Código.

§ 1º Aos proprietários e condutores de veículos serão impostas concomitantemente as penalidades de que trata este Código toda vez que houver responsabilidade solidária em infração dos preceitos que lhes couber observar, respondendo cada um de per si pela falta em comum que lhes for atribuída.

§ 2º Ao proprietário caberá sempre a responsabilidade pela infração referente à prévia regularização e preenchimento das formalidades e condições exigidas para o trânsito do veículo na via terrestre, conservação e inalterabilidade de suas características, componentes, agregados, habilitação legal e compatível de seus condutores, quando esta for exigida, e outras disposições que deva observar.

§ 3º Ao condutor caberá a responsabilidade pelas infrações decorrentes de atos praticados na direção do veículo.

§ 4º O embarcador é responsável pela infração relativa ao transporte de carga com excesso de peso nos eixos ou no peso bruto total, quando simultaneamente for o único remetente da carga e o peso declarado na nota fiscal, fatura ou manifesto for inferior àquele aferido.

§ 5º O transportador é o responsável pela infração relativa ao transporte de carga com excesso de peso nos eixos ou quando a carga proveniente de mais de um embarcador ultrapassar o peso bruto total.

§ 6º O transportador e o embarcador são solidariamente responsáveis pela infração relativa ao excesso de peso bruto total, se o peso declarado na nota fiscal, fatura ou manifesto for superior ao limite legal.

§ 7º Quando não for imediata a identificação do infrator, o principal condutor ou o proprietário do veículo terá o prazo de 30 (trinta) dias, contado da notificação da autuação, para apresentá-lo, na forma em que dispuser o CONTRAN, e, transcorrido o prazo, se não o fizer, será considerado responsável pela infração o principal condutor ou, em sua ausência, o proprietário do veículo.

► § 7º com a redação dada pela Lei nº 14.071, de 13-10-2020.

§ 8º Após o prazo previsto no parágrafo anterior, não havendo identificação do infrator e sendo o veículo de propriedade de pessoa jurídica, será lavrada nova multa ao proprietário do veículo, mantida a originada pela infração, cujo valor é o da multa multiplicada pelo número de infrações iguais cometidas no período de doze meses.

§ 9º O fato de o infrator ser pessoa jurídica não o exime do disposto no § 3º do artigo 258 e no artigo 259.

§ 10. O proprietário poderá indicar ao órgão executivo de trânsito o principal condutor do veículo, o qual, após aceitar a indicação, terá seu nome inscrito em campo próprio do cadastro do veículo no RENAVAM.

§ 11. O principal condutor será excluído do RENAVAM:

I – quando houver transferência de propriedade do veículo;

II – mediante requerimento próprio ou do proprietário do veículo;

III – a partir da indicação de outro principal condutor.

► §§ 10 e 11 acrescidos pela Lei nº 13.495, de 24-10-2017.

Art. 258. As infrações punidas com multa classificam-se, de acordo com sua gravidade, em quatro categorias:

I – infração de natureza gravíssima, punida com multa no valor de R$ 293,47 (duzentos e noventa e três reais e quarenta e sete centavos);

II – infração de natureza grave, punida com multa no valor de R$ 195,23 (cento e noventa e cinco reais e vinte e três centavos);

III – infração de natureza média, punida com multa no valor de R$ 130,16 (cento e trinta reais e dezesseis centavos);

IV – infração de natureza leve, punida com multa no valor de R$ 88,38 (oitenta e oito reais e trinta e oito centavos).

► Incisos I a IV com a redação dada pela Lei nº 13.281, de 4-5-2016.

§ 1º *Revogado*. Lei nº 13.281, de 4-5-2016.

§ 2º Quando se tratar de multa agravada, o fator multiplicador ou índice adicional específico é o previsto neste Código.

§§ 3º e 4º VETADOS.

Art. 259. A cada infração cometida são computados os seguintes números de pontos:

I – gravíssima – sete pontos;

II – grave – cinco pontos;

III – média – quatro pontos;

IV – leve – três pontos.

§§ 1º e 2º VETADOS.

§ 3º VETADO. Lei nº 12.619, de 30-4-2012.

§ 4º Ao condutor identificado será atribuída pontuação pelas infrações de sua responsabilidade, nos termos previstos no § 3º do art. 257 deste Código, exceto aquelas:

I – praticadas por passageiros usuários do serviço de transporte rodoviário de passageiros em viagens de longa distância transitando em rodovias com a utilização de ônibus, em linhas regulares intermunicipal, interestadual, internacional e aquelas em viagem de longa distância por fretamento e turismo ou de qualquer modalidade, excluídas as situações regulamentadas pelo CONTRAN conforme disposto no art. 65 deste Código;

II – previstas no art. 221, nos incisos VII e XXI do art. 230 e nos arts. 232, 233, 233-A, 240 e 241 deste Código, sem prejuízo da aplicação das penalidades e medidas administrativas cabíveis;

III – puníveis de forma específica com suspensão do direito de dirigir.

► § 4º com a redação dada pela Lei nº 14.071, de 13-10-2020.

Art. 260. As multas serão impostas e arrecadadas pelo órgão ou entidade de trânsito com circunscrição sobre a via onde haja ocorrido a infração, de acordo com a competência estabelecida neste Código.

§ 1º As multas decorrentes de infração cometida em unidade da Federação diversa da do licenciamento do veículo serão arrecadadas e compensadas na forma estabelecida pelo CONTRAN.

§ 2º As multas decorrentes de infração cometida em unidade da Federação diversa daquela do licenciamento do veículo poderão ser comunicadas ao órgão ou entidade responsável pelo seu licenciamento, que providenciará a notificação.

§ 3º *Revogado*. Lei nº 9.602, de 21-1-1998.

§ 4º Quando a infração for cometida com veículo licenciado no exterior, em trânsito no território nacional, a multa respectiva deverá ser paga antes de sua saída do País, respeitado o princípio de reciprocidade.

Art. 261. A penalidade de suspensão do direito de dirigir será imposta nos seguintes casos:

► *Caput* com a redação dada pela Lei nº 13.281, de 4-5-2016.

I – sempre que o infrator atingir a contagem de 20 (vinte) pontos, no período de 12 (doze) meses, conforme a pontuação prevista no art. 259;

II – por transgressão às normas estabelecidas neste Código, cujas infrações preveem, de forma específica, a penalidade de suspensão do direito de dirigir.

► Incisos I e II acrescidos pela Lei nº 13.281, de 4-5-2016.

§ 1º Os prazos para aplicação da penalidade de suspensão do direito de dirigir são os seguintes:

► § 1º com a redação dada pela Lei nº 13.281, de 4-5-2016.

I – sempre que, conforme a pontuação prevista no art. 259 deste Código, o infrator atingir, no período de 12 (doze) meses, a seguinte contagem de pontos:

a) 20 (vinte) pontos, caso constem 2 (duas) ou mais infrações gravíssimas na pontuação;

b) 30 (trinta) pontos, caso conste 1 (uma) infração gravíssima na pontuação;

c) 40 (quarenta) pontos, caso não conste nenhuma infração gravíssima na pontuação;

► Inciso I com a redação dada pela Lei nº 14.071, de 13-10-2020.

II – no caso do inciso II do *caput*: de 2 (dois) a 8 (oito) meses, exceto para as infrações com prazo descrito no dispositivo infracional, e, no caso de reincidência no período de 12 (doze) meses, de 8 (oito) a 18 (dezoito) meses, respeitado o disposto no inciso II do art. 263.

► Inciso II acrescido pela Lei nº 13.281, de 4-5-2016.

§ 2º Quando ocorrer a suspensão do direito de dirigir, a Carteira Nacional de Habilitação será devolvida a seu titular imediatamente após cumprida a penalidade e o curso de reciclagem.

§ 3º A imposição da penalidade de suspensão do direito de dirigir elimina a quantidade de pontos computados, prevista no inciso I do *caput* ou no § 5º deste artigo, para fins de contagem subsequente.

► § 3º com a redação dada pela Lei nº 14.071, de 13-10-2020.

§ 4º VETADO. Lei nº 12.619, de 30-4-2012.

§ 5º No caso do condutor que exerce atividade remunerada ao veículo, a penalidade de suspensão do direito de dirigir de que trata o *caput* deste artigo será imposta quando o infrator atingir o limite de pontos previsto na alínea *c* do inciso I do *caput* deste artigo, independentemente da natureza das infrações cometidas, facultado a ele participar de curso preventivo de reciclagem sempre que, no período de 12 (doze) meses, atingir 30 (trinta) pontos, conforme regulamentação do CONTRAN.

► § 5º com a redação dada pela Lei nº 14.071, de 13-10-2020.

§ 6º Concluído o curso de reciclagem previsto no § 5º, o condutor terá eliminados os pontos que lhe tiverem sido atribuídos, para fins de contagem subsequente.

§ 7º O motorista que optar pelo curso previsto no § 5º não poderá fazer nova opção no período de 12 (doze) meses.

► § 7º com a redação dada pela Lei nº 13.281, de 4-5-2016.

§ 8º A pessoa jurídica concessionária ou permissionária de serviço público tem o direito de ser informada dos pontos atribuídos, na forma do art. 259, aos motoristas que integrem seu quadro funcional, exercendo atividade remunerada ao volante, na forma que dispuser o CONTRAN.

► § 8º acrescido pela Lei nº 13.154, de 30-7-2015.

§ 9º Incorrerá na infração prevista no inciso II do art. 162 o condutor que, notificado da penalidade de que trata este artigo, dirigir veículo automotor em via pública.

► § 9º acrescido pela Lei nº 13.281, de 4-5-2016.

§ 10. O processo de suspensão do direito de dirigir a que se refere o inciso II do *caput* deste artigo deverá ser instaurado concomitantemente ao processo de aplicação da penalidade de multa, e ambos serão de competência do órgão ou entidade responsável pela aplicação da multa, na forma definida pelo CONTRAN.

► § 10 com a redação dada pela Lei nº 14.071, de 13-10-2020.

§ 11. O CONTRAN regulamentará as disposições deste artigo.

► § 11 acrescido pela Lei nº 13.281, de 4-5-2016.

Art. 262. *Revogado.* Lei nº 13.281, de 4-5-2016.

Art. 263. A cassação do documento de habilitação dar-se-á:

I – quando, suspenso o direito de dirigir, o infrator conduzir qualquer veículo;

II – no caso de reincidência, no prazo de doze meses, das infrações previstas no inciso III do artigo 162 e nos artigos 163, 164, 165, 173, 174 e 175;

III – quando condenado judicialmente por delito de trânsito, observado o disposto no artigo 160.

§ 1º Constatada, em processo administrativo, a irregularidade na expedição do documento de habilitação, a autoridade expedidora promoverá o seu cancelamento.

§ 2º Decorridos dois anos da cassação da Carteira Nacional de Habilitação, o infrator poderá requerer sua reabilitação, submetendo-se a todos os exames necessários à habilitação, na forma estabelecida pelo CONTRAN.

Art. 264. VETADO.

Art. 265. As penalidades de suspensão do direito de dirigir e de cassação do documento de habilitação serão aplicadas por decisão fundamentada da autoridade de trânsito competente, em processo administrativo, assegurado ao infrator amplo direito de defesa.

Art. 266. Quando o infrator cometer, simultaneamente, duas ou mais infrações, ser-lhe-ão aplicadas, cumulativamente, as respectivas penalidades.

Art. 267. Deverá ser imposta a penalidade de advertência por escrito à infração de natureza leve ou média, passível de ser punida com multa, caso o infrator não tenha cometido nenhuma outra infração nos últimos 12 (doze) meses.

► *Caput* com a redação dada pela Lei nº 14.071, de 13-10-2020.

§§ 1º e 2º *Revogados.* Lei nº 14.071, de 13-10-2020.

Art. 268. O infrator será submetido a curso de reciclagem, na forma estabelecida pelo CONTRAN:

I – *Revogado.* Lei nº 14.071, de 13-10-2020.

II – quando suspenso do direito de dirigir;

III – quando se envolver em acidente grave para o qual haja contribuído, independentemente de processo judicial;

IV – quando condenado judicialmente por delito de trânsito;

V – a qualquer tempo, se for constatado que o condutor está colocando em risco a segurança do trânsito;

VI – *Revogado.* Lei nº 14.071, de 13-10-2020.

Parágrafo único. Além do curso de reciclagem previsto no caput deste artigo, o infrator será submetido à avaliação psicológica nos casos dos incisos III, IV e V do* caput *deste artigo.

► Parágrafo único acrescido pela Lei nº 14.071, de 13-10-2020, promulgado nos termos do art. 66, § 5º, da CF (*DOU* de 26-3-2021 – edição extra D).

Art. 268-A. Fica criado o Registro Nacional Positivo de Condutores (RNPC), administrado pelo órgão máximo executivo de trânsito da União, com a finalidade de cadastrar os condutores que não cometeram infração de trânsito sujeita à pontuação prevista no art. 259 deste Código, nos últimos 12 (doze) meses, conforme regulamentação do CONTRAN.

§ 1º O RNPC deverá ser atualizado mensalmente.

§ 2º A abertura de cadastro requer autorização prévia e expressa do potencial cadastrado.

§ 3º Após a abertura do cadastro, a anotação de informação no RNPC independe de autorização e de comunicação ao cadastrado.

§ 4º A exclusão do RNPC dar-se-á:

I – por solicitação do cadastrado;

II – quando for atribuída ao cadastrado pontuação por infração;

III – quando o cadastrado tiver o direito de dirigir suspenso;

IV – quando a Carteira Nacional de Habilitação do cadastrado estiver cassada ou com validade vencida há mais de 30 (trinta) dias;

V – quando o cadastrado estiver cumprindo pena privativa de liberdade.

§ 5º A consulta ao RNPC é garantida a todos os cidadãos, nos termos da regulamentação do CONTRAN.

§ 6º A União, os Estados, o Distrito Federal e os Municípios poderão utilizar o RNPC para conceder benefícios fiscais ou tarifários aos condutores cadastrados, na forma da legislação específica de cada ente da Federação.

► Art. 268-A acrescido pela Lei nº 14.071, de 13-10-2020.

CAPÍTULO XVII

DAS MEDIDAS ADMINISTRATIVAS

Art. 269. A autoridade de trânsito ou seus agentes, na esfera das competências estabelecidas neste Código e dentro de sua circunscrição, deverá adotar as seguintes medidas administrativas:

I – retenção do veículo;

II – remoção do veículo;

III – recolhimento da Carteira Nacional de Habilitação;

IV – recolhimento da Permissão para Dirigir;

V – recolhimento do Certificado de Registro;

VI – recolhimento do Certificado de Licenciamento Anual;

VII – VETADO;

VIII – transbordo do excesso de carga;

IX – realização de teste de dosagem de alcoolemia ou perícia de substância entorpecente ou que determine dependência física ou psíquica;

X – recolhimento de animais que se encontrem soltos nas vias e na faixa de domínio das vias de circulação, restituindo-os aos seus proprietários, após o pagamento de multas e encargos devidos;

XI – realização de exames de aptidão física, mental, de legislação, de prática de primeiros socorros e de direção veicular.

► Inciso XI acrescido pela Lei nº 9.602, de 21-1-1998.

§ 1º A ordem, o consentimento, a fiscalização, as medidas administrativas e coercitivas adotadas pelas autoridades de trânsito e seus agentes terão por objetivo prioritário a proteção à vida e à incolumidade física da pessoa.

§ 2º As medidas administrativas previstas neste artigo não elidem a aplicação das penalidades impostas por infrações estabelecidas neste Código, possuindo caráter complementar a estas.

§ 3º São documentos de habilitação a Carteira Nacional de Habilitação e a Permissão para Dirigir.

§ 4º Aplica-se aos animais recolhidos na forma do inciso X o disposto nos artigos 271 e 328, no que couber.

§ 5º No caso de documentos em meio digital, as medidas administrativas previstas nos incisos III, IV, V e VI do *caput* deste artigo serão realizadas por meio de registro no RENACH ou RENAVAM, conforme o caso, na forma estabelecida pelo CONTRAN.

► § 5º acrescido pela Lei nº 14.071, de 13-10-2020.

Art. 270. O veículo poderá ser retido nos casos expressos neste Código.

§ 1º Quando a irregularidade puder ser sanada no local da infração, o veículo será liberado tão logo seja regularizada a situação.

§ 2º Quando não for possível sanar a falha no local da infração, o veículo, desde que ofereça condições de segurança para circulação, deverá ser liberado e entregue a condutor regularmente habilitado, mediante recolhimento do Certificado de Licenciamento Anual, contra apresentação de recibo, assinalando-se ao condutor prazo razoável, não superior a 30 (trinta) dias, para regularizar a situação, e será considerado notificado para essa finalidade na mesma ocasião.

► § 2º com a redação dada pela Lei nº 14.071, de 13-10-2020.

§ 3º O Certificado de Licenciamento Anual será devolvido ao condutor no órgão ou entidade aplicadores das medidas administrativas, tão logo o veículo seja apresentado à autoridade devidamente regularizado.

§ 4º Não se apresentando condutor habilitado no local da infração, o veículo será removido a depósito, aplicando-se neste caso o disposto no art. 271.

► § 4º com a redação dada pela Lei nº 13.281, de 4-5-2016.

§ 5º A critério do agente, não se dará a retenção imediata, quando se tratar de veículo de transporte coletivo transportando passageiros ou veículo transportando produto perigoso ou perecível, desde que ofereça condições de segurança para circulação em via pública.

§ 6º Não efetuada a regularização no prazo a que se refere o § 2º, será feito registro de restrição administrativa no RENAVAM por órgão ou entidade executivo de trânsito dos Estados e do Distrito Federal, que será retirada após comprovada a regularização.

§ 7º O descumprimento das obrigações estabelecidas no § 2º resultará em recolhimento do veículo ao depósito, aplicando-se, nesse caso, o disposto no art. 271.

► §§ 6º e 7º acrescidos pela Lei nº 13.160, de 25-8-2015.

Art. 271. O veículo será removido, nos casos previstos neste Código, para o depósito fixado pelo órgão ou entidade competente, com circunscrição sobre a via.

§ 1º A restituição do veículo removido só ocorrerá mediante prévio pagamento de multas, taxas e despesas com remoção e estada, além de outros encargos previstos na legislação específica.

► Parágrafo único renumerado para § 1º e com redação dada pela Lei nº 13.160, de 25-8-2015.

§ 2º A liberação do veículo removido é condicionada ao reparo de qualquer componente ou equipamento obrigatório que não esteja em perfeito estado de funcionamento.

► § 2º acrescido pela Lei nº 13.160, de 25-8-2015.

§ 3º Se o reparo referido no § 2º demandar providência que não possa ser tomada no depósito, a autoridade responsável pela remoção liberará o veículo para reparo, na forma transportada, mediante autorização, assinalando prazo para reapresentação.

§ 4º Os serviços de remoção, depósito e guarda de veículo poderão ser realizados por órgão público, diretamente, ou por particular contratado por licitação pública, sendo o proprietário do veículo o responsável pelo pagamento dos custos desses serviços.

► §§ 3º e 4º com a redação dada pela Lei nº 13.281, de 4-5-2016.

§ 5º O proprietário ou o condutor deverá ser notificado, no ato de remoção do veículo, sobre as providências necessárias à sua restituição e sobre o disposto no art. 328, conforme regulamentação do CONTRAN.

► § 5º acrescido pela Lei nº 13.160, de 25-8-2015.

§ 6º Caso o proprietário ou o condutor não esteja presente no momento da remoção do veículo, a autoridade de trânsito, no prazo de 10 (dez) dias contado da data da remoção, deverá expedir ao proprietário a notificação prevista no § 5º, por remessa postal ou por outro meio tecnológico hábil que assegure a sua ciência, e, caso reste frustrada, a notificação poderá ser feita por edital.

► § 6º com a redação dada pela Lei nº 13.281, de 4-5-2016.

§ 7º A notificação devolvida por desatualização do endereço do proprietário do veículo ou por recusa desse de recebê-la será considerada recebida para todos os efeitos.

§ 8º Em caso de veículo licenciado no exterior, a notificação será feita por edital.

► §§ 7º e 8º acrescidos pela Lei nº 13.160, de 25-8-2015.

§ 9º Não caberá remoção nos casos em que a irregularidade for sanada no local da infração.

► § 9º com a redação dada pela Lei nº 14.071, de 13-10-2020.

§ 9º-A. Quando não for possível sanar a irregularidade no local da infração, o veículo, desde que ofereça condições de segurança para circulação, será liberado e entregue a condutor regularmente habilitado, mediante recolhimento do Certificado de Licenciamento Anual, contra apresentação de recibo, assinalando-se ao condutor prazo razoável, não superior a quinze dias, para regularizar a situação, e será considerado notificado para essa finalidade na mesma ocasião.

§ 9º-B. O disposto no § 9º-A não se aplica à infração prevista no inciso V do caput do art. 230.

§ 9º-C. Não efetuada a regularização no prazo a que se refere o § 9º-A, será feito registro de restrição administrativa no RENAVAM por órgão ou entidade executivo de trânsito dos Estados e do Distrito Federal, que será retirada após comprovada a regularização.

§ 9º-D. O descumprimento das obrigações estabelecidas no § 9º-A resultará em recolhimento do veículo ao depósito, aplicando-se, nesse caso, o disposto neste artigo.

► §§ 9º-A a 9º-D acrescidos pela MP nº 1.050, de 18-5-2021, que até o encerramento desta edição não havia sido convertida em lei.

§ 10. O pagamento das despesas de remoção e estada será correspondente ao período integral, contado em dias, em que efetivamente o veículo permanecer em depósito, limitado ao prazo de 6 (seis) meses.

§ 11. Os custos dos serviços de remoção e estada prestados por particulares poderão ser pagos pelo proprietário diretamente ao contratado.

§ 12. O disposto no § 11 não afasta a possibilidade de o respectivo ente da Federação estabelecer a cobrança por meio de taxa instituída em lei.

§ 13. No caso de o proprietário do veículo objeto do recolhimento comprovar, administrativa ou judicialmente, que o recolhimento foi indevido ou que houve abuso no período de retenção em depósito, é da responsabilidade do ente público a devolução das quantias pagas por força deste artigo, segundo os mesmos critérios da devolução de multas indevidas.

► §§ 10 a 13 acrescidos pela Lei nº 13.281, de 4-5-2016.

Art. 272. O recolhimento da Carteira Nacional de Habilitação e da Permissão para Dirigir dar-se-á mediante recibo, além dos casos previstos neste Código, quando houver suspeita de sua inautenticidade ou adulteração.

Art. 273. O recolhimento do Certificado de Registro dar-se-á mediante recibo, além dos casos previstos neste Código, quando:

I – houver suspeita de inautenticidade ou adulteração;

II – se, alienado o veículo, não for transferida sua propriedade no prazo de trinta dias.

Art. 274. O recolhimento do Certificado de Licenciamento Anual dar-se-á mediante recibo, além dos casos previstos neste Código, quando:

I – houver suspeita de inautenticidade ou adulteração;

II – se o prazo de licenciamento estiver vencido;

III – no caso de retenção do veículo, se a irregularidade não puder ser sanada no local.

Art. 275. O transbordo da carga com peso excedente é condição para que o veículo possa prosseguir viagem e será efetuado às expensas do proprietário do veículo, sem prejuízo da multa aplicável.

Parágrafo único. Não sendo possível desde logo atender ao disposto neste artigo, o veículo será recolhido ao depósito, sendo liberado após sanada a irregularidade e pagas as despesas de remoção e estada.

Art. 276. Qualquer concentração de álcool por litro de sangue ou por litro de ar alveolar sujeita o condutor às penalidades previstas no art. 165.

Parágrafo único. O CONTRAN disciplinará as margens de tolerância quando a infração for apurada por meio de aparelho de medição, observada a legislação metrológica.

Art. 277. O condutor de veículo automotor envolvido em acidente de trânsito ou que for alvo de fiscalização de trânsito poderá ser submetido a teste, exame clínico, perícia ou outro procedimento que, por meios técnicos ou científicos, na forma disciplinada pelo CONTRAN, permita certificar influência de álcool ou outra substância psicoativa que determine dependência.

► *Caput* com a redação dada pela Lei nº 12.760, de 20-12-2012.

§ 1º *Revogado.* Lei nº 12.760, de 20-12-2012.

§ 2º A infração prevista no art. 165 também poderá ser caracterizada mediante imagem, vídeo, constatação de sinais que indiquem, na forma disciplinada pelo CONTRAN, alteração da capacidade psicomotora ou produção de quaisquer outras provas em direito admitidas.

► § 2º com a redação dada pela Lei nº 12.760, de 20-12-2012.

§ 3º Serão aplicadas as penalidades e medidas administrativas estabelecidas no art. 165-A deste Código ao condutor que se recusar a se submeter a qualquer dos procedimentos previstos no *caput* deste artigo.

► § 3º com a redação dada pela Lei nº 13.281, de 4-5-2016.

Art. 278. Ao condutor que se evadir da fiscalização, não submetendo veículo à pesagem obrigatória nos pontos de pesagem, fixos ou móveis, será aplicada a penalidade prevista no artigo 209, além da obrigação de retornar ao ponto de evasão para fim de pesagem obrigatória.

Parágrafo único. No caso de fuga do condutor à ação policial, a apreensão do veículo dar-se-á tão logo seja localizado, aplicando-se, além das penalidades em que incorre, as estabelecidas no artigo 210.

Art. 278-A. O condutor que se utilize de veículo para a prática do crime de receptação, descaminho, contrabando, previstos nos arts. 180, 334 e 334-A do Decreto-Lei nº 2.848, de 7 de dezembro de 1940 (Código Penal), condenado por um desses crimes em decisão judicial transitada em julgado, terá cassado seu documento de habilitação ou será proibido de obter a habilitação para dirigir veículo automotor pelo prazo de 5 (cinco) anos.

§ 1º O condutor condenado poderá requerer sua reabilitação, submetendo-se a todos os exames necessários à habilitação, na forma deste Código.

§ 2º No caso do condutor preso em flagrante na prática dos crimes de que trata o *caput* deste artigo, poderá o juiz, em qualquer fase da investigação ou da ação penal, se houver necessidade para a garantia da ordem pública, como medida cautelar, de ofício, ou a requerimento do Ministério Público ou ainda mediante representação da autoridade policial, decretar, em decisão motivada, a suspensão da permissão ou da habilitação para dirigir veículo automotor, ou a proibição de sua obtenção.

► Art. 278-A acrescido pela Lei nº 13.804, de 10-01-2019.

Art. 279. Em caso de acidente com vítima, envolvendo veículo equipado com registrador instantâneo de velocidade e tempo, somente o perito oficial encarregado do levantamento pericial poderá retirar o disco ou unidade armazenadora do registro.

CAPÍTULO XVIII

DO PROCESSO ADMINISTRATIVO

Seção I

DA AUTUAÇÃO

Art. 280. Ocorrendo infração prevista na legislação de trânsito, lavrar-se-á auto de infração, do qual constará:

I – tipificação da infração;

II – local, data e hora do cometimento da infração;

III – caracteres da placa de identificação do veículo, sua marca e espécie, e outros elementos julgados necessários à sua identificação;

IV – o prontuário do condutor, sempre que possível;

V – identificação do órgão ou entidade e da autoridade ou agente autuador ou equipamento que comprovar a infração;

VI – assinatura do infrator, sempre que possível, valendo esta como notificação do cometimento da infração.

§ 1º VETADO.

§ 2º A infração deverá ser comprovada por declaração da autoridade ou do agente da autoridade de trânsito, por aparelho eletrônico ou por equipamento audiovisual, reações químicas ou qualquer outro meio tecnologicamente disponível, previamente regulamentado pelo CONTRAN.

§ 3º Não sendo possível a autuação em flagrante, o agente de trânsito relatará o fato à autoridade no próprio auto de infração, informando os dados a respeito do veículo, além dos constantes nos incisos I, II e III, para o procedimento previsto no artigo seguinte.

§ 4º O agente da autoridade de trânsito competente para lavrar o auto de infração poderá ser servidor civil, estatutário ou celetista ou, ainda, policial militar designado pela autoridade de trânsito com jurisdição sobre a via no âmbito de sua competência.

Seção II
DO JULGAMENTO DAS AUTUAÇÕES E PENALIDADES

Art. 281. A autoridade de trânsito, na esfera da competência estabelecida neste Código e dentro de sua circunscrição, julgará a consistência do auto de infração e aplicará a penalidade cabível.

Parágrafo único. O auto de infração será arquivado e seu registro julgado insubsistente:

I – se considerado inconsistente ou irregular;

II – se, no prazo máximo de 30 (trinta) dias, não for expedida a notificação da autuação.

► Inciso II com a redação dada pela Lei nº 9.602, de 21-1-1998.

Art. 281-A. Na notificação de autuação e no auto de infração, quando valer como notificação de autuação, deverá constar o prazo para apresentação de defesa prévia, que não será inferior a 30 (trinta) dias, contado da data de expedição da notificação.

► Art. 281-A acrescido pela Lei nº 14.071, de 13-10-2020.

Art. 282. Caso a defesa prévia seja indeferida ou não seja apresentada no prazo estabelecido, será aplicada a penalidade e expedida notificação ao proprietário do veículo ou ao infrator, no prazo máximo de 180 (cento e oitenta) dias, contado da data do cometimento da infração, por remessa postal ou por qualquer outro meio tecnológico hábil que assegure a ciência da imposição da penalidade.

► *Caput* com a redação dada pela Lei nº 14.071, de 13-10-2020.

§ 1º A notificação devolvida por desatualização do endereço do proprietário do veículo será considerada válida para todos os efeitos.

§ 2º A notificação a pessoal de missões diplomáticas, de repartições consulares de carreira e de representações de organismos internacionais e de seus integrantes será remetida ao Ministério das Relações Exteriores para as providências cabíveis e cobrança dos valores, no caso de multa.

§ 3º Sempre que a penalidade de multa for imposta a condutor, à exceção daquela de que trata o § 1º do artigo 259, a notificação será encaminhada ao proprietário do veículo, responsável pelo seu pagamento.

§ 4º Da notificação deverá constar a data do término do prazo para apresentação de recurso pelo responsável pela infração, que não será inferior a 30 (trinta) dias contados da data da notificação da penalidade.

§ 5º No caso de penalidade de multa, a data estabelecida no parágrafo anterior será a data para o recolhimento de seu valor.

► §§ 4º e 5º acrescidos pela Lei nº 9.602, de 21-1-1998.

§ 6º Em caso de apresentação da defesa prévia em tempo hábil, o prazo previsto no *caput* deste artigo será de 360 (trezentos e sessenta) dias.

§ 7º O descumprimento dos prazos previstos no *caput* ou no § 6º deste artigo implicará a decadência do direito de aplicar a penalidade.

► §§ 6º e 7º acrescidos pela Lei nº 14.071, de 13-10-2020.

Art. 282-A. O órgão do Sistema Nacional de Trânsito responsável pela autuação deverá oferecer ao proprietário do veículo ou ao condutor autuado a opção de notificação por meio eletrônico, na forma definida pelo CONTRAN.

► *Caput* com a redação dada pela Lei nº 14.071, de 13-10-2020.

§ 1º O proprietário e o condutor autuado deverão manter seu cadastro atualizado no órgão executivo de trânsito do Estado ou do Distrito Federal.

§ 2º Na hipótese de notificação prevista no *caput* deste artigo, o proprietário ou o condutor autuado será considerado notificado 30 (trinta) dias após a inclusão da informação no sistema eletrônico e do envio da respectiva mensagem.

► §§ 1º e 2º com a redação dada pela Lei nº 14.071, de 13-10-2020.

§ 3º O sistema previsto no *caput* será certificado digitalmente, atendidos os requisitos de autenticidade, integridade, validade jurídica e interoperabilidade da Infraestrutura de Chaves Públicas Brasileira (ICP-Brasil).

► § 3º acrescido pela Lei nº 13.281, de 4-5-2016.

Art. 283. VETADO.

Art. 284. O pagamento da multa poderá ser efetuado até a data do vencimento expressa na notificação, por oitenta por cento do seu valor.

§ 1º Caso o infrator opte pelo sistema de notificação eletrônica, conforme regulamentação do CONTRAN, e opte por não apresentar defesa prévia nem recurso, reconhecendo o cometimento da infração, poderá efetuar o pagamento da multa por 60% (sessenta por cento) do seu valor, em qualquer fase do processo, até o vencimento da multa.

► § 1º com a redação dada pela Lei nº 14.071, de 13-10-2020.

§ 2º O recolhimento do valor da multa não implica renúncia ao questionamento administrativo, que pode ser realizado a qualquer momento, respeitado o disposto no § 1º.

§ 3º Não incidirá cobrança moratória e não poderá ser aplicada qualquer restrição, inclusive para fins de licenciamento e transferência, enquanto não for encerrada a instância administrativa de julgamento de infrações e penalidades.

§ 4º Encerrada a instância administrativa de julgamento de infrações e penalidades, a multa não paga até o vencimento será acrescida de juros de mora equivalentes à taxa referencial do Sistema Especial de Liquidação e de Custódia (SELIC) para títulos federais acumulada mensalmente, calculados a partir do mês subsequente ao da consolidação até o mês anterior ao do pagamento, e de 1% (um por cento) relativamente ao mês em que o pagamento estiver sendo efetuado.

► §§ 2º a 4º acrescidos pela Lei nº 13.281, de 4-5-2016.

§ 5º O sistema de notificação eletrônica, referido no § 1º deste artigo, deve disponibilizar, na mesma plataforma, campo destinado à apresentação de defesa prévia e de recurso, quando o condutor não reconhecer o cometimento da infração, na forma regulamentada pelo CONTRAN.

► § 5º acrescido pela Lei nº 14.071, de 13-10-2020.

Art. 285. O recurso previsto no artigo 283 será interposto perante a autoridade que impôs a penalidade, a qual remetê-lo-á à JARI, que deverá julgá-lo em até trinta dias.

§ 1º O recurso não terá efeito suspensivo.

§ 2º A autoridade que impôs a penalidade remeterá o recurso ao órgão julgador, dentro dos dez dias úteis subsequentes à sua apresentação, e, se o entender intempestivo, assinalará o fato no despacho de encaminhamento.

§ 3º Se, por motivo de força maior, o recurso não for julgado dentro do prazo previsto neste artigo, a autoridade que impôs a penalidade, de ofício, ou por solicitação do recorrente, poderá conceder-lhe efeito suspensivo.

§ 4º Na apresentação de defesa ou recurso, em qualquer fase do processo, para efeitos de admissibilidade, não serão exigidos documentos ou cópia de documentos emitidos pelo órgão responsável pela autuação.

► § 4º acrescido pela Lei nº 14.071, de 13-10-2020.

Art. 286. O recurso contra a imposição de multa poderá ser interposto no prazo legal, sem o recolhimento do seu valor.

§ 1º No caso de não provimento do recurso, aplicar-se-á o estabelecido no parágrafo único do artigo 284.

§ 2º Se o infrator recolher o valor da multa e apresentar recurso, se julgada improcedente a penalidade, ser-lhe-á devolvida a importância paga, atualizada em UFIR ou por índice legal de correção dos débitos fiscais.

Art. 287. Se a infração for cometida em localidade diversa daquela do licenciamento do veículo, o recurso poderá ser apresentado junto ao órgão ou entidade de trânsito da residência ou domicílio do infrator.

Parágrafo único. A autoridade de trânsito que receber o recurso deverá remetê-lo, de pronto, à autoridade que impôs a penalidade acompanhado das cópias dos prontuários necessários ao julgamento.

Art. 288. Das decisões da JARI cabe recurso a ser interposto, na forma do artigo seguinte, no prazo de trinta dias contado da publicação ou da notificação da decisão.

§ 1º O recurso será interposto, da decisão do não provimento, pelo responsável pela infração, e da decisão de provimento, pela autoridade que impôs a penalidade.

§ 2º *Revogado.* Lei nº 12.249, de 11-6-2010.

Art. 289. O recurso de que trata o artigo anterior será apreciado no prazo de trinta dias:

I – tratando-se de penalidade imposta por órgão ou entidade da União, por colegiado especial integrado pelo Coordenador-Geral da JARI, pelo Presidente da Junta que apreciou o recurso e por mais um Presidente de Junta;

► *Caput* do inciso I com a redação dada pela Lei nº 14.071, de 13-10-2020.

a e *b) Revogadas.* Lei nº 14.071, de 13-10-2020.

II – tratando-se de penalidade imposta por órgão ou entidade de trânsito estadual, municipal ou do Distrito Federal, pelos CETRAN e CONTRANDIFE, respectivamente.

Parágrafo único. No caso do inciso I do *caput* deste artigo, quando houver apenas uma JARI, o recurso será julgado por seus membros.

► Parágrafo único com a redação dada pela Lei nº 14.071, de 13-10-2020.

Art. 290. Implicam encerramento da instância administrativa de julgamento de infrações e penalidades:

► *Caput* com a redação dada pela Lei nº 13.281, de 4-5-2016.

I – o julgamento do recurso de que tratam os arts. 288 e 289;

II – a não interposição do recurso no prazo legal; e

III – o pagamento da multa, com reconhecimento da infração e requerimento de encerramento do processo na fase em que se encontra, sem apresentação de defesa ou recurso.

► Incisos I a III acrescidos pela Lei nº 13.281, de 4-5-2016.

Parágrafo único. Esgotados os recursos, as penalidades aplicadas nos termos deste Código serão cadastradas no RENACH.

CAPÍTULO XIX

DOS CRIMES DE TRÂNSITO

Seção I

DISPOSIÇÕES GERAIS

Art. 291. Aos crimes cometidos na direção de veículos automotores, previstos neste Código, aplicam-se as normas gerais do Código Penal e do Código de Processo Penal, se este Capítulo não dispuser de modo diverso, bem como a Lei nº 9.099, de 26 de setembro de 1995, no que couber.

§ 1º Aplica-se aos crimes de trânsito de lesão corporal culposa o disposto nos arts. 74, 76 e 88 da Lei nº 9.099, de 26 de setembro de 1995, exceto se o agente estiver:

I – sob a influência de álcool ou qualquer outra substância psicoativa que determine dependência;

II – participando, em via pública, de corrida, disputa ou competição automobilística, de exibição ou demonstração de perícia em manobra de veículo automotor, não autorizada pela autoridade competente;

III – transitando em velocidade superior à máxima permitida para a via em 50 km/h (cinquenta quilômetros por hora).

§ 2º Nas hipóteses previstas no § 1º deste artigo, deverá ser instaurado inquérito policial para a investigação da infração penal.

► §§ 1º e 2º acrescidos pela Lei nº 11.705, de 19-6-2008.

§ 3º VETADO. Lei nº 13.546, de 19-12-2017.

§ 4º O juiz fixará a pena-base segundo as diretrizes previstas no art. 59 do Decreto-Lei nº 2.848, de 7 de dezembro de 1940 (Código Penal), dando especial atenção à culpabilidade do agente e às circunstâncias e consequências do crime.

► § 4º acrescido pela Lei nº 13.546, de 19-12-2017.

Art. 292. A suspensão ou a proibição de se obter a permissão ou a habilitação para dirigir veículo automotor pode ser imposta isolada ou cumulativamente com outras penalidades.

► Artigo com a redação dada pela Lei nº 12.971, de 9-5-2014.

Art. 293. A penalidade de suspensão ou de proibição de se obter a permissão ou a habilitação, para dirigir veículo automotor, tem a duração de dois meses a cinco anos.

§ 1º Transitada em julgado a sentença condenatória, o réu será intimado a entregar à autoridade judiciária, em quarenta e oito horas, a Permissão para Dirigir ou a Carteira de Habilitação.

§ 2º A penalidade de suspensão ou de proibição de se obter a permissão ou a habilitação para dirigir veículo automotor não se inicia enquanto o sentenciado, por efeito de condenação penal, estiver recolhido a estabelecimento prisional.

Art. 294. Em qualquer fase da investigação ou da ação penal, havendo necessidade para a garantia da ordem pública, poderá o juiz, como medida cautelar, de ofício, ou a requerimento do Ministério Público ou ainda mediante representação da autoridade policial, decretar, em decisão motivada, a suspensão da permissão ou da habilitação para dirigir veículo automotor, ou a proibição de sua obtenção.

Parágrafo único. Da decisão que decretar a suspensão ou a medida cautelar, ou da que indeferir o requerimento do Ministério Público, caberá recurso em sentido estrito, sem efeito suspensivo.

Art. 295. A suspensão para dirigir veículo automotor ou a proibição de se obter a permissão ou a habilitação será sempre comunicada pela autoridade judiciária ao Conselho Nacional de Trânsito – CONTRAN, e ao órgão de trânsito do Estado em que o indiciado ou réu for domiciliado ou residente.

Art. 296. Se o réu for reincidente na prática de crime previsto neste Código, o juiz aplicará a penalidade de suspensão da permissão ou habilitação para dirigir veículo automotor, sem prejuízo das demais sanções penais cabíveis.

► Artigo com a redação dada pela Lei nº 11.705, de 19-6-2008.

Art. 297. A penalidade de multa reparatória consiste no pagamento, mediante depósito judicial em favor da vítima, ou seus sucessores, de quantia calculada com base no disposto no

§ 1º do artigo 49 do Código Penal, sempre que houver prejuízo material resultante do crime.

§ 1º A multa reparatória não poderá ser superior ao valor do prejuízo demonstrado no processo.

§ 2º Aplica-se à multa reparatória o disposto nos artigos 50 a 52 do Código Penal.

§ 3º Na indenização civil do dano, o valor da multa reparatória será descontado.

Art. 298. São circunstâncias que sempre agravam as penalidades dos crimes de trânsito ter o condutor do veículo cometido a infração:

I – com dano potencial para duas ou mais pessoas ou com grande risco de grave dano patrimonial a terceiros;

II – utilizando o veículo sem placas, com placas falsas ou adulteradas;

III – sem possuir Permissão para Dirigir ou Carteira de Habilitação;

IV – com Permissão para Dirigir ou Carteira de Habilitação de categoria diferente da do veículo;

V – quando a sua profissão ou atividade exigir cuidados especiais com o transporte de passageiros ou de carga;

VI – utilizando veículo em que tenham sido adulterados equipamentos ou características que afetem a sua segurança ou o seu funcionamento de acordo com os limites de velocidade prescritos nas especificações do fabricante;

VII – sobre faixa de trânsito temporária ou permanentemente destinada a pedestres.

Arts. 299 e 300. VETADOS.

Art. 301. Ao condutor de veículo, nos casos de acidentes de trânsito de que resulte vítima, não se imporá a prisão em flagrante, nem se exigirá fiança, se prestar pronto e integral socorro àquela.

Seção II
DOS CRIMES EM ESPÉCIE

Art. 302. Praticar homicídio culposo na direção do veículo automotor:

Penas – detenção, de dois a quatro anos, e suspensão ou proibição de se obter a permissão ou a habilitação para dirigir veículo automotor.

§ 1º No homicídio culposo cometido na direção de veículo automotor, a pena é aumentada de 1/3 (um terço) à metade, se o agente:

I – não possuir Permissão para Dirigir ou Carteira de Habilitação;

II – praticá-lo em faixa de pedestres ou na calçada;

III – deixar de prestar socorro, quando possível fazê-lo sem risco pessoal, à vítima do acidente;

IV – no exercício de sua profissão ou atividade, estiver conduzindo veículo de transporte de passageiros;

V – *Revogado.* Lei nº 11.705, de 19-6-2008.

► Parágrafo único transformado em § 1º pela Lei nº 12.971, de 9-5-2014.

§ 2º *Revogado.* Lei nº 13.281, de 4-5-2016.

§ 3º Se o agente conduz veículo automotor sob a influência de álcool ou de qualquer outra substância psicoativa que determine dependência:

Penas – reclusão, de cinco a oito anos, e suspensão ou proibição do direito de se obter a permissão ou a habilitação para dirigir veículo automotor.

► § 3º acrescido pela Lei nº 13.546, de 19-12-2017.

Art. 303. Praticar lesão corporal culposa na direção de veículo automotor:

Penas – detenção, de seis meses a dois anos e suspensão ou proibição de se obter a permissão ou a habilitação para dirigir veículo automotor.

§ 1º Aumenta-se a pena de 1/3 (um terço) à metade, se ocorrer qualquer das hipóteses do § 1º do art. 302.

► Parágrafo único transformado em § 1º pela Lei nº 13.546, de 19-12-2017.

§ 2º A pena privativa de liberdade é de reclusão de dois a cinco anos, sem prejuízo das outras penas previstas neste artigo, se o agente conduz o veículo com capacidade psicomotora alterada em razão da influência de álcool ou de outra substância psicoativa que determine dependência, e se do crime resultar lesão corporal de natureza grave ou gravíssima.

► § 2º acrescido pela Lei nº 13.546, de 19-12-2017.

Art. 304. Deixar o condutor do veículo, na ocasião do acidente, de prestar imediato socorro à vítima, ou, não podendo fazê-lo diretamente, por justa causa, deixar de solicitar auxílio da autoridade pública:

Penas – detenção, de seis meses a um ano, ou multa, se o fato não constituir elemento de crime mais grave.

Parágrafo único. Incide nas penas previstas neste artigo o condutor do veículo, ainda que a sua omissão seja suprida por terceiros ou que se trate de vítima com morte instantânea ou com ferimentos leves.

Art. 305. Afastar-se o condutor do veículo do local do acidente, para fugir à responsabilidade penal ou civil que lhe possa ser atribuída:

Penas – detenção, de seis meses a um ano, ou multa.

Art. 306. Conduzir veículo automotor com capacidade psicomotora alterada em razão da influência de álcool ou de outra substância psicoativa que determine dependência:

► *Caput* com a redação dada pela Lei nº 12.760, de 20-12-2012.

Penas – detenção, de seis meses a três anos, multa e suspensão ou proibição de se obter a permissão ou a habilitação para dirigir veículo automotor.

§ 1º As condutas previstas no *caput* serão constatadas por:

I – concentração igual ou superior a 6 decigramas de álcool por litro de sangue ou igual ou superior a 0,3 miligrama de álcool por litro de ar alveolar; ou

II – sinais que indiquem, na forma disciplinada pelo CONTRAN, alteração da capacidade psicomotora.

► § 1º acrescido pela Lei nº 12.760, de 20-12-2012.

§ 2º A verificação do disposto neste artigo poderá ser obtida mediante teste de alcoolemia ou toxicológico, exame clínico, perícia, vídeo, prova testemunhal ou outros meios de prova em direito admitidos, observado o direito à contraprova.

► § 2º com a redação dada pela Lei nº 12.971, de 9-5-2014.

§ 3º O CONTRAN disporá sobre a equivalência entre os distintos testes de alcoolemia ou toxicológicos para efeito de caracterização do crime tipificado neste artigo.

► § 3º com a redação dada pela Lei nº 12.971, de 9-5-2014.

§ 4º Poderá ser empregado qualquer aparelho homologado pelo Instituto Nacional de Metrologia, Qualidade e Tecnologia – INMETRO – para se determinar o previsto no *caput*.

► § 4º acrescido pela Lei nº 13.840, de 5-6-2019.

Art. 307. Violar a suspensão ou a proibição de se obter a permissão ou a habilitação para dirigir veículo automotor imposta com fundamento neste Código:

Penas – detenção, de seis meses a um ano e multa, com nova imposição adicional de idêntico prazo de suspensão ou de proibição.

Parágrafo único. Nas mesmas penas incorre o condenado que deixa de entregar, no prazo estabelecido no § 1º do artigo 293, a Permissão para Dirigir ou a Carteira de Habilitação.

Art. 308. Participar, na direção de veículo automotor, em via pública, de corrida, disputa ou competição automobilística ou ainda de exibição ou demonstração de perícia em manobra de veículo automotor, não autorizada pela autoridade competente, gerando situação de risco à incolumidade pública ou privada:

► *Caput* com a redação dada pela Lei nº 13.546, de 19-12-2017.

Penas – detenção, de 6 (seis) meses a 3 (três) anos, multa e suspensão ou proibição de se obter a permissão ou a habilitação para dirigir veículo automotor.

§ 1º Se da prática do crime previsto no *caput* resultar lesão corporal de natureza grave, e as circunstâncias demonstrarem que o agente não quis o resultado nem assumiu o risco de produzi-lo, a pena privativa de liberdade é de reclusão, de 3 (três) a 6 (seis) anos, sem prejuízo das outras penas previstas neste artigo.

§ 2º Se da prática do crime previsto no *caput* resultar morte, e as circunstâncias demonstrarem que o agente não quis o resultado nem assumiu o risco de produzi-lo, a pena privativa de liberdade é de reclusão de 5 (cinco) a 10 (dez) anos, sem prejuízo das outras penas previstas neste artigo.

Art. 309. Dirigir veículo automotor, em via pública, sem a devida Permissão para Dirigir ou Habilitação ou, ainda, se cassado o direito de dirigir, gerando perigo de dano:

Penas – detenção, de seis meses a um ano, ou multa.

Art. 310. Permitir, confiar ou entregar a direção de veículo automotor a pessoa não habilitada, com habilitação cassada ou com o direito de dirigir suspenso, ou, ainda, a quem, por seu estado de saúde, física ou mental, ou por embriaguez, não esteja em condições de conduzi-lo com segurança:

Penas – detenção, de seis meses a um ano, ou multa.

Art. 310-A. VETADO. Lei nº 12.619, de 30-4-2012.

Art. 311. Trafegar em velocidade incompatível com a segurança nas proximidades de escolas, hospitais, estações de embarque e desembarque de passageiros, logradouros estreitos, ou onde haja grande movimentação ou concentração de pessoas, gerando perigo de dano:

Penas – detenção, de seis meses a um ano, ou multa.

Art. 312. Inovar artificiosamente, em caso de acidente automobilístico com vítima, na pendência do respectivo procedimento policial preparatório, inquérito policial ou processo penal, o estado de lugar, de coisa ou de pessoa, a fim de induzir a erro o agente policial, o perito, ou juiz:

Penas – detenção, de seis meses a um ano, ou multa.

Parágrafo único. Aplica-se o disposto neste artigo, ainda que não iniciados, quando da inovação, o procedimento preparatório, o inquérito ou o processo aos quais se refere.

Art. 312-A. Para os crimes relacionados nos arts. 302 a 312 deste Código, nas situações em que o juiz aplicar a substituição de pena privativa de liberdade por pena restritiva de direitos, esta deverá ser de prestação de serviço à comunidade ou a entidades públicas, em uma das seguintes atividades:

I – trabalho, aos fins de semana, em equipes de resgate dos corpos de bombeiros e em outras unidades móveis especializadas no atendimento a vítimas de trânsito;

II – trabalho em unidades de pronto-socorro de hospitais da rede pública que recebem vítimas de acidente de trânsito e politraumatizados;

III – trabalho em clínicas ou instituições especializadas na recuperação de acidentados de trânsito;

IV – outras atividades relacionadas ao resgate, atendimento e recuperação de vítimas de acidentes de trânsito.

Art. 312-B. Aos crimes previstos no § 3º do art. 302 e no § 2º do art. 303 deste Código não se aplica o disposto no inciso I do *caput* do art. 44 do Decreto-Lei nº 2.848, de 7 de dezembro de 1940 (Código Penal).

► Art. 312-B acrescido pela Lei nº 14.071, de 13-10-2020.

CAPÍTULO XX

DISPOSIÇÕES FINAIS E TRANSITÓRIAS

Art. 313. O Poder Executivo promoverá a nomeação dos membros do CONTRAN no prazo de sessenta dias da publicação deste Código.

Art. 314. O CONTRAN tem o prazo de duzentos e quarenta dias a partir da publicação deste Código para expedir as resoluções necessárias à sua melhor execução, bem como revisar todas as resoluções anteriores à sua publicação, dando prioridade àquelas que visam a diminuir o número de acidentes e a assegurar a proteção de pedestres.

Parágrafo único. As resoluções do CONTRAN, existentes até a data de publicação deste Código, continuam em vigor naquilo em que não conflitem com ele.

Art. 315. O Ministério da Educação e do Desporto, mediante proposta do CONTRAN, deverá, no prazo de duzentos e quarenta dias contado da publicação, estabelecer o currículo com conteúdo programático relativo à segurança e à educação de trânsito, a fim de atender o disposto neste Código.

Art. 316. O prazo de notificação previsto no inciso II do parágrafo único do artigo 281 só entrará em vigor após duzentos e quarenta dias contados da publicação desta Lei.

Art. 317. Os órgãos e entidades de trânsito concederão prazo de até um ano para a adaptação dos veículos de condução de escolares e de aprendizagem às normas do inciso III do artigo 136 e artigo 154, respectivamente.

Art. 318. VETADO.

Art. 319. Enquanto não forem baixadas novas normas pelo CONTRAN, continua em vigor o disposto no artigo 92 do Regulamento do Código Nacional de Trânsito – Decreto nº 62.127, de 16 de janeiro de 1968.

► O referido Dec. nº 62.127, de 16-1-1968, foi revogado pelo Dec. nº 10.086, de 5-11-2019.

Art. 319-A. Os valores de multas constantes deste Código poderão ser corrigidos monetariamente pelo CONTRAN, respeitado o limite da variação do Índice Nacional de Preços ao Consumidor Amplo (IPCA) no exercício anterior.

Parágrafo único. Os novos valores decorrentes do disposto no *caput* serão divulgados pelo CONTRAN com, no mínimo, 90 (noventa) dias de antecedência de sua aplicação.

Art. 320. A receita arrecadada com a cobrança das multas de trânsito será aplicada, exclusivamente, em sinalização, engenharia de tráfego, de campo, policiamento, fiscalização e educação de trânsito.

§ 1º O percentual de cinco por cento do valor das multas de trânsito arrecadadas será depositado, mensalmente, na conta de fundo de âmbito nacional destinado à segurança e educação de trânsito.

► Parágrafo único renumerado para § 1º pela Lei nº 13.281, de 4-5-2016.

§ 2º O órgão responsável deverá publicar, anualmente, na rede mundial de computadores (internet), dados sobre a receita arrecadada com a cobrança de multas de trânsito e sua destinação.

► § 2º acrescido pela Lei nº 13.281, de 4-5-2016.

§ 3º O valor total destinado à recomposição das perdas de receita das concessionárias de rodovias e vias urbanas, em decorrência do não pagamento de pedágio por usuários da via, não poderá ultrapassar o montante total arrecadado por meio das multas aplicadas com fundamento no art. 209-A deste Código, ressalvado o previsto em regulamento do Poder Executivo.

► § 3º acrescido pela Lei nº 14.157, de 1º-6-2021.

Art. 320-A. Os órgãos e as entidades do Sistema Nacional de Trânsito poderão integrar-se para a ampliação e o aprimoramento da fiscalização de trânsito, inclusive por meio do compartilhamento da receita arrecadada com a cobrança das multas de trânsito.

Arts. 321 e 322. VETADOS.

Art. 323. O CONTRAN, em cento e oitenta dias, fixará a metodologia de aferição de peso de veículos, estabelecendo percentuais de tolerância, sendo durante este período suspensa a vigência das penalidades previstas no inciso V do artigo 231, aplicando-se a penalidade de vinte UFIR por duzentos quilogramas ou fração de excesso.

Parágrafo único. Os limites de tolerância a que se refere este artigo, até a sua fixação pelo CONTRAN, são aqueles estabelecidos pela Lei nº 7.408, de 25 de novembro de 1985.

Art. 324. VETADO.

Art. 325. As repartições de trânsito conservarão por, no mínimo, 5 (cinco) anos os documentos relativos à habilitação de condutores, ao registro e ao licenciamento de veículos e aos autos de infração de trânsito.

► *Caput* com a redação dada pela Lei nº 13.281, de 4-5-2016.

§ 1º Os documentos previstos no *caput* poderão ser gerados e tramitados eletronicamente, bem como arquivados e armazenados em meio digital, desde que assegurada a autenticidade, a fidedignidade, a confiabilidade e a segurança das informações, e serão válidos para todos os efeitos legais, sendo dispensada, nesse caso, a sua guarda física.

§ 2º O CONTRAN regulamentará a geração, a tramitação, o arquivamento, o armazenamento e a eliminação de documentos eletrônicos e físicos gerados em decorrência da aplicação das disposições deste Código.

§ 3º Na hipótese prevista nos §§ 1º e 2º, o sistema deverá ser certificado digitalmente, atendidos os requisitos de autenticidade, integridade, validade jurídica e interoperabilidade da Infraestrutura de Chaves Públicas Brasileira (ICP-Brasil).

► §§ 1º a 3º acrescidos pela Lei nº 13.281, de 4-5-2016.

Art. 326. A Semana Nacional de Trânsito será comemorada anualmente no período compreendido entre 18 e 25 de setembro.

Art. 326-A. A atuação dos integrantes do Sistema Nacional de Trânsito, no que se refere à política de segurança no trânsito, deverá voltar-se prioritariamente para o cumprimento de metas anuais de redução de índice de mortos por grupo de veículos e de índice de mortos por grupo de habitantes, ambos apurados por Estado e por ano, detalhando-se os dados levantados e as ações realizadas por vias federais, estaduais e municipais.

§ 1º O objetivo geral do estabelecimento de metas é, ao final do prazo de dez anos, reduzir à metade, no mínimo, o índice nacional de mortos por grupo de veículos e o índice nacional de mortos por grupo de habitantes, relativamente aos índices apurados no ano da entrada em vigor da lei que cria o Plano Nacional de Redução de Mortes e Lesões no Trânsito (PNATRANS).

§ 2º As metas expressam a diferença a menor, em base percentual, entre os índices mais recentes, oficialmente apurados, e os índices que se pretende alcançar.

§ 3º A decisão que fixar as metas anuais estabelecerá as respectivas margens de tolerância.

§ 4º As metas serão fixadas pelo CONTRAN para cada um dos Estados da Federação e para o Distrito Federal, mediante propostas fundamentadas dos CETRAN, do CONTRANDIFE e do Departamento de Polícia Rodoviária Federal, no âmbito das respectivas circunscrições.

§ 5º Antes de submeterem as propostas ao Contran, os CETRAN, o CONTRANDIFE e o Departamento de Polícia Rodoviária Federal realizarão consulta ou audiência pública para manifestação da sociedade sobre as metas a serem propostas.

§ 6º As propostas dos CETRAN, do CONTRANDIFE e do Departamento de Polícia Rodoviária Federal serão encaminhadas ao Contran até o dia 1º de agosto de cada ano, acompanhadas de relatório analítico a respeito do cumprimento das metas fixadas para o ano anterior e de exposição de ações, projetos ou programas, com os respectivos orçamentos, por meio dos quais se pretende cumprir as metas propostas para o ano seguinte.

§ 7º As metas fixadas serão divulgadas em setembro, durante a Semana Nacional de Trânsito, assim como o desempenho, absoluto e relativo, de cada Estado e do Distrito Federal no cumprimento das metas vigentes no ano anterior, detalhados os dados levantados e as ações realizadas por vias federais, estaduais e municipais, devendo tais informações permanecer à disposição do público na rede mundial de computadores, em sítio eletrônico do órgão máximo executivo de trânsito da União.

§ 8º O CONTRAN, ouvidos o Departamento de Polícia Rodoviária Federal e demais órgãos do Sistema Nacional de Trânsito, definirá as fórmulas para apuração dos índices de que trata este artigo, assim como a metodologia para a coleta e o tratamento dos dados estatísticos necessários para a composição dos termos das fórmulas.

§ 9º Os dados estatísticos coletados em cada Estado e no Distrito Federal serão tratados e consolidados pelo respectivo órgão ou entidade executivos de trânsito, que os repassará ao órgão máximo executivo de trânsito da União até o dia 1º de março, por meio do sistema de registro nacional de acidentes e estatísticas de trânsito.

§ 10. Os dados estatísticos sujeitos à consolidação pelo órgão ou entidade executivos de trânsito do Estado ou do Distrito Federal compreendem os coletados naquela circunscrição:

I – pela Polícia Rodoviária Federal e pelo órgão executivo rodoviário da União;

II – pela Polícia Militar e pelo órgão ou entidade executivos rodoviários do Estado ou do Distrito Federal;

III – pelos órgãos ou entidades executivos rodoviários e pelos órgãos ou entidades executivos de trânsito dos Municípios.

§ 11. O cálculo dos índices, para cada Estado e para o Distrito Federal, será feito pelo órgão máximo executivo de trânsito da

União, ouvidos o Departamento de Polícia Rodoviária Federal e demais órgãos do Sistema Nacional de Trânsito.

§ 12. Os índices serão divulgados oficialmente até o dia 31 de março de cada ano.

§ 13. Com base em índices parciais, apurados no decorrer do ano, o CONTRAN, os CETRAN e o CONTRANDIFE poderão recomendar aos integrantes do Sistema Nacional de Trânsito alterações nas ações, projetos e programas em desenvolvimento ou previstos, com o fim de atingir as metas fixadas para cada um dos Estados e para o Distrito Federal.

§ 14. A partir da análise de desempenho a que se refere o § 7º deste artigo, o CONTRAN elaborará e divulgará, também durante a Semana Nacional de Trânsito:

I – duas classificações ordenadas dos Estados e do Distrito Federal, uma referente ao ano analisado e outra que considere a evolução do desempenho dos Estados e do Distrito Federal desde o início das análises;

II – relatório a respeito do cumprimento do objetivo geral do estabelecimento de metas previsto no § 1º deste artigo.

► Art. 326-A acrescido pela Lei nº 13.614, de 11-1-2018.

Art. 327. A partir da publicação deste Código, somente poderão ser fabricados e licenciados veículos que obedeçam aos limites de peso e dimensões fixados na forma desta Lei, ressalvados os que vierem a ser regulamentados pelo CONTRAN.

Parágrafo único. VETADO.

Art. 328. O veículo apreendido ou removido a qualquer título e não reclamado por seu proprietário dentro do prazo de sessenta dias, contado da data de recolhimento, será avaliado e levado a leilão, a ser realizado preferencialmente por meio eletrônico.

► *Caput* com a redação dada pela Lei nº 13.160, de 25-8-2015.

§ 1º Publicado o edital do leilão, a preparação poderá ser iniciada após trinta dias, contados da data de recolhimento do veículo, o qual será classificado em duas categorias:

I – conservado, quando apresenta condições de segurança para trafegar; e

II – sucata, quando não está apto a trafegar.

§ 2º Se não houver oferta igual ou superior ao valor da avaliação, o lote será incluído no leilão seguinte, quando será arrematado pelo maior lance, desde que por valor não inferior a cinquenta por cento do avaliado.

§ 3º Mesmo classificado como conservado, o veículo que for levado a leilão por duas vezes e não for arrematado será leiloado como sucata.

§ 4º É vedado o retorno do veículo leiloado como sucata à circulação.

§ 5º A cobrança das despesas com estada no depósito será limitada ao prazo de seis meses.

§ 6º Os valores arrecadados em leilão deverão ser utilizados para custeio da realização do leilão, dividindo-se os custos entre os veículos arrematados, proporcionalmente ao valor da arrematação, e destinando-se os valores remanescentes, na seguinte ordem, para:

I – as despesas com remoção e estada;

II – os tributos vinculados ao veículo, na forma do § 10;

III – os credores trabalhistas, tributários e titulares de crédito com garantia real, segundo a ordem de preferência estabelecida no art. 186 da Lei nº 5.172, de 25 de outubro de 1966 (Código Tributário Nacional);

IV – as multas devidas ao órgão ou à entidade responsável pelo leilão;

V – as demais multas devidas aos órgãos integrantes do Sistema Nacional de Trânsito, segundo a ordem cronológica; e

VI – os demais créditos, segundo a ordem de preferência legal.

§ 7º Sendo insuficiente o valor arrecadado para quitar os débitos incidentes sobre o veículo, a situação será comunicada aos credores.

§ 8º Os órgãos públicos responsáveis serão comunicados do leilão previamente para que formalizem a desvinculação dos ônus incidentes sobre o veículo no prazo máximo de dez dias.

§ 9º Os débitos incidentes sobre o veículo antes da alienação administrativa ficam dele automaticamente desvinculados, sem prejuízo da cobrança contra o proprietário anterior.

§ 10. Aplica-se o disposto no § 9º inclusive ao débito relativo a tributo cujo fato gerador seja a propriedade, o domínio útil, a posse, a circulação ou o licenciamento de veículo.

§ 11. Na hipótese de o antigo proprietário reaver o veículo, por qualquer meio, os débitos serão novamente vinculados ao bem, aplicando-se, nesse caso, o disposto nos §§ 1º, 2º e 3º do art. 271.

§ 12. Quitados os débitos, o saldo remanescente será depositado em conta específica do órgão responsável pela realização do leilão e ficará à disposição do antigo proprietário, devendo ser expedida notificação a ele, no máximo em trinta dias após a realização do leilão, para o levantamento do valor no prazo de cinco anos, após os quais o valor será transferido, definitivamente, para o fundo a que se refere o parágrafo único do art. 320.

§ 13. Aplica-se o disposto neste artigo, no que couber, ao animal recolhido, a qualquer título, e não reclamado por seu proprietário no prazo de sessenta dias, a contar da data de recolhimento, conforme regulamentação do CONTRAN.

► §§ 1º a 13 com a redação dada pela Lei nº 13.160, de 25-8-2015.

§ 14. Se identificada a existência de restrição policial ou judicial sobre o prontuário do veículo, a autoridade responsável pela restrição será notificada para a retirada do bem do depósito, mediante a quitação das despesas com remoção e estada, ou para a autorização do leilão nos termos deste artigo.

► § 14 com a redação dada pela Lei nº 13.281, de 4-5-2016.

§ 15. Se no prazo de 60 (sessenta) dias, a contar da notificação de que trata o § 14, não houver manifestação da autoridade responsável pela restrição judicial ou policial, estará o órgão de trânsito autorizado a promover o leilão do veículo nos termos deste artigo.

§ 16. Os veículos, sucatas e materiais inservíveis de bens automotores que se encontrarem nos depósitos há mais de 1 (um) ano poderão ser destinados à reciclagem, independentemente da existência de restrições sobre o veículo.

§ 17. O procedimento de hasta pública na hipótese do § 16 será realizado por lote de tonelagem de material ferroso, observando-se, no que couber, o disposto neste artigo, condicionando-se a entrega do material arrematado aos procedimentos necessários à descaracterização total do bem e à destinação exclusiva, ambientalmente adequada, à reciclagem siderúrgica, vedado qualquer aproveitamento de peças e partes.

§ 18. Os veículos sinistrados irrecuperáveis queimados, adulterados ou estrangeiros, bem como aqueles sem possibilidade de regularização perante o órgão de trânsito, serão destinados à reciclagem, independentemente do período em que estejam em depósito, respeitado o prazo previsto no *caput* deste artigo, sempre que a autoridade responsável pelo leilão julgar ser essa a medida apropriada.

► §§ 15 a 18 acrescidos pela Lei nº 13.281, de 4-5-2016.

Art. 329. Os condutores dos veículos de que tratam os artigos 135 e 136, para exercerem suas atividades, deverão apresentar, previamente, certidão negativa do registro de distribuição criminal relativamente aos crimes de homicídio, roubo, estupro e corrupção de menores, renovável a cada cinco anos, junto ao órgão responsável pela respectiva concessão ou autorização.

Art. 330. Os estabelecimentos onde se executem reformas ou recuperação de veículos e os que comprem, vendam ou desmontem veículos, usados ou não, são obrigados a possuir livros de registro de seu movimento de entrada e saída e de uso de placas de experiência, conforme modelos aprovados e rubricados pelos órgãos de trânsito.

§ 1º Os livros indicarão:

I – data de entrada do veículo no estabelecimento;

II – nome, endereço e identidade do proprietário ou vendedor;

III – data da saída ou baixa, nos casos de desmontagem;

IV – nome, endereço e identidade do comprador;

V – características do veículo constantes do seu certificado de registro;

VI – número da placa de experiência.

§ 2º Os livros terão suas páginas numeradas tipograficamente e serão encadernados ou em folhas soltas, sendo que, no primeiro caso, conterão termo de abertura e encerramento lavrados pelo proprietário e rubricados pela repartição de trânsito, enquanto, no segundo, todas as folhas serão autenticadas pela repartição de trânsito.

§ 3º A entrada e a saída de veículos nos estabelecimentos referidos neste artigo registrar-se-ão no mesmo dia em que se verificarem assinaladas, inclusive, as horas a elas correspondentes, podendo os veículos irregulares lá encontrados ou suas sucatas ser apreendidos ou retidos para sua completa regularização.

§ 4º As autoridades de trânsito e as autoridades policiais terão acesso aos livros sempre que o solicitarem, não podendo, entretanto, retirá-los do estabelecimento.

§ 5º A falta de escrituração dos livros, o atraso, a fraude ao realizá-lo e a recusa de sua exibição serão punidas com a multa prevista para as infrações gravíssimas, independente das demais cominações legais cabíveis.

§ 6º Os livros previstos neste artigo poderão ser substituídos por sistema eletrônico, na forma regulamentada pelo CONTRAN.

► § 6º acrescido pela Lei nº 13.154, de 30-7-2015.

Art. 331. Até a nomeação e posse dos membros que passarão a integrar os colegiados destinados ao julgamento dos recursos administrativos previstos na Seção II do Capítulo XVIII deste Código, o julgamento dos recursos ficará a cargo dos órgãos ora existentes.

Art. 332. Os órgãos e entidades integrantes do Sistema Nacional de Trânsito proporcionarão aos membros do CONTRAN, CETRAN e CONTRANDIFE, em serviço, todas as facilidades para o cumprimento de sua missão, fornecendo-lhes as informações que solicitarem, permitindo-lhes inspecionar a execução de quaisquer serviços e deverão atender prontamente suas requisições.

Art. 333. O CONTRAN estabelecerá, em até cento e vinte dias após a nomeação de seus membros, as disposições previstas nos artigos 91 e 92, que terão de ser atendidas pelos órgãos e entidades executivos de trânsito e executivos rodoviários para exercerem suas competências.

§ 1º Os órgãos e entidades de trânsito já existentes terão prazo de um ano, após a edição das normas, para se adequarem às novas disposições estabelecidas pelo CONTRAN, conforme disposto neste artigo.

§ 2º Os órgãos e entidades de trânsito a serem criados exercerão as competências previstas neste Código em cumprimento às exigências estabelecidas pelo CONTRAN, conforme disposto neste artigo, acompanhados pelo respectivo CETRAN, se órgão ou entidade municipal, ou CONTRAN, se órgão ou entidade estadual, do Distrito Federal ou da União, passando a integrar o Sistema Nacional de Trânsito.

Art. 334. As ondulações transversais existentes deverão ser homologadas pelo órgão ou entidade competente no prazo de um ano, a partir da publicação deste Código, devendo ser retiradas em caso contrário.

Art. 335. VETADO.

Art. 336. Aplicam-se os sinais de trânsito previstos no Anexo II até a aprovação pelo CONTRAN, no prazo de trezentos e sessenta dias da publicação desta Lei, após a manifestação da Câmara Temática de Engenharia, de Vias e Veículos e obedecidos os padrões internacionais.

Art. 337. Os CETRAN terão suporte técnico e financeiro dos Estados e Municípios que os compõem e, o CONTRANDIFE, do Distrito Federal.

Art. 338. As montadoras, encarroçadoras, os importadores e fabricantes, ao comerciarem veículos automotores de qualquer categoria e ciclos, são obrigados a fornecer, no ato da comercialização do respectivo veículo, manual contendo normas de circulação, infrações, penalidades, direção defensiva, primeiros socorros e Anexos do Código de Trânsito Brasileiro.

Art. 339. Fica o Poder Executivo autorizado a abrir crédito especial no valor de R$ 264.954,00 (duzentos e sessenta e quatro mil, novecentos e cinquenta e quatro reais), em favor do ministério ou órgão a que couber a coordenação máxima do Sistema Nacional de Trânsito, para atender as despesas decorrentes da implantação deste Código.

Art. 340. Este Código entra em vigor cento e vinte dias após a data de sua publicação.

Art. 341. Ficam revogadas as Leis nºs 5.108, de 21 de setembro de 1966, 5.693, de 16 de agosto de 1971, 5.820, de 10 de novembro de 1972, 6.124, de 25 de outubro de 1974, 6.308, de 15 de dezembro de 1975, 6.369, de 27 de outubro de 1976, 6.731, de 4 de dezembro de 1979, 7.031, de 20 de setembro de 1982, 7.052, de 2 de dezembro de 1982, 8.102, de 10 de dezembro de 1990, os artigos 1º a 6º e 11 do Decreto-lei nº 237, de 28 de fevereiro de 1967, e os Decretos-leis nºs 584, de 16 de maio de 1969, 912, de 2 de outubro de 1969, e 2.448, de 21 de julho de 1988.

Brasília, 23 de setembro de 1997;
176º da Independência e
109º da República.

Fernando Henrique Cardoso

► Optamos por não publicas os anexos nesta edição.

LEI Nº 9.507, DE 12 DE NOVEMBRO DE 1997

Regula o direito de acesso a informações e disciplina o rito processual do habeas data.

► Publicada no *DOU* de 13-11-1997.

Art. 1º VETADO.

Parágrafo único. Considera-se de caráter público todo registro ou banco de dados contendo informações que sejam ou que possam ser transmitidas a terceiros ou que não sejam de uso privativo do órgão ou entidade produtora ou depositária das informações.

Art. 2º O requerimento será apresentado ao órgão ou entidade depositária do registro ou banco de dados e será deferido ou indeferido no prazo de quarenta e oito horas.

Parágrafo único. A decisão será comunicada ao requerente em vinte e quatro horas.

Art. 3º Ao deferir o pedido, o depositário do registro ou do banco de dados marcará dia e hora para que o requerente tome conhecimento das informações.

Parágrafo único. VETADO.

Art. 4º Constatada a inexatidão de qualquer dado a seu respeito, o interessado, em petição acompanhada de documentos comprobatórios, poderá requerer sua retificação.

§ 1º Feita a retificação em, no máximo, dez dias após a entrada do requerimento, a entidade ou órgão depositário do registro ou da informação dará ciência ao interessado.

§ 2º Ainda que não se constate a inexatidão do dado, se o interessado apresentar explicação ou contestação sobre o mesmo, justificando possível pendência sobre o fato objeto do dado, tal explicação será anotada no cadastro do interessado.

Arts. 5º e 6º VETADOS.

Art. 7º Conceder-se-á *habeas data*:

I – para assegurar o conhecimento de informações relativas à pessoa do impetrante, constantes de registro ou banco de dados de entidades governamentais ou de caráter público;

II – para a retificação de dados, quando não se prefira fazê-lo por processo sigiloso, judicial ou administrativo;

III – para a anotação nos assentamentos do interessado, de contestação ou explicação sobre dado verdadeiro mas justificável e que esteja sob pendência judicial ou amigável.

Art. 8º A petição inicial, que deverá preencher os requisitos dos artigos 282 a 285 do Código de Processo Civil, será apresentada em duas vias, e os documentos que instruírem a primeira serão reproduzidos por cópia na segunda.

► Refere-se ao CPC/1973.

Parágrafo único. A petição inicial deverá ser instruída com prova:

I – da recusa ao acesso às informações ou do decurso de mais de dez dias sem decisão;

II – da recusa em fazer-se a retificação ou do decurso de mais de quinze dias, sem decisão; ou

III – da recusa em fazer-se a anotação a que se refere o § 2º do artigo 4º ou do decurso de mais de quinze dias sem decisão.

Art. 9º Ao despachar a inicial, o juiz ordenará que se notifique o coator do conteúdo da petição, entregando-lhe a segunda via apresentada pelo impetrante, com as cópias dos documentos, a fim de que, no prazo de dez dias, preste as informações que julgar necessárias.

Art. 10. A inicial será desde logo indeferida, quando não for o caso de *habeas data*, ou se lhe faltar algum dos requisitos previstos nesta Lei.

Parágrafo único. Do despacho de indeferimento caberá recurso previsto no artigo 15.

Art. 11. Feita a notificação, o serventuário em cujo cartório corra o feito, juntará aos autos cópia autêntica do ofício endereçado ao coator, bem como a prova da sua entrega a este ou da recusa, seja de recebê-lo, seja de dar recibo.

Art. 12. Findo o prazo a que se refere o artigo 9º, e ouvido o representante do Ministério Público dentro de cinco dias, os autos serão conclusos ao juiz para decisão a ser proferida em cinco dias.

Art. 13. Na decisão, se julgar procedente o pedido, o juiz marcará data e horário para que o coator:

I – apresente ao impetrante as informações a seu respeito, constantes de registros ou bancos de dados; ou

II – apresente em juízo a prova de retificação ou da anotação feita nos assentamentos do impetrante.

Art. 14. A decisão será comunicada ao coator, por correio, com aviso de recebimento, ou por telegrama, radiograma ou telefonema, conforme o requerer o impetrante.

Parágrafo único. Os originais, no caso de transmissão telegráfica, radiofônica ou telefônica, deverão ser apresentados à agência expedidora, com a firma do juiz devidamente reconhecida.

Art. 15. Da sentença que conceder ou negar o *habeas data* cabe apelação.

Parágrafo único. Quando a sentença conceder o *habeas data*, o recurso terá efeito meramente devolutivo.

Art. 16. Quando o *habeas data* for concedido e o Presidente do Tribunal ao qual competir o conhecimento do recurso ordenar ao juiz a suspensão da execução da sentença, desse seu ato caberá agravo para o Tribunal a que presida.

Art. 17. Nos casos de competência do Supremo Tribunal Federal e dos demais Tribunais caberá ao relator a instrução do processo.

Art. 18. O pedido de *habeas data* poderá ser renovado se a decisão denegatória não lhe houver apreciado o mérito.

Art. 19. Os processos de *habeas data* terão prioridade sobre todos os atos judiciais, exceto *habeas corpus* e mandado de segurança. Na instância superior, deverão ser levados a julgamento na primeira sessão que se seguir à data em que, feita a distribuição, forem conclusos ao relator.

Parágrafo único. O prazo para a conclusão não poderá exceder de vinte e quatro horas, a contar da distribuição.

Art. 20. O julgamento do *habeas data* compete:

I – originariamente:

a) ao Supremo Tribunal Federal, contra atos do Presidente da República, das Mesas da Câmara dos Deputados e do Senado Federal, do Tribunal de Contas da União, do Procurador-Geral da República e do próprio Supremo Tribunal Federal;

b) ao Superior Tribunal de Justiça, contra atos de Ministro de Estado ou do próprio Tribunal;

c) aos Tribunais Regionais Federais contra atos do próprio Tribunal ou de juiz federal;

d) a juiz federal, contra ato de autoridade federal, excetuados os casos de competência dos tribunais federais;

e) a tribunais estaduais, segundo o disposto na Constituição do Estado;

f) a juiz estadual, nos demais casos;

II – em grau de recurso:

a) ao Supremo Tribunal Federal, quando a decisão denegatória for proferida em única instância pelos Tribunais Superiores;

b) ao Superior Tribunal de Justiça, quando a decisão for proferida em única instância pelos Tribunais Regionais Federais;

c) aos Tribunais Regionais Federais, quando a decisão for proferida por juiz federal;

d) aos Tribunais Estaduais e ao do Distrito Federal e Territórios, conforme dispuserem a respectiva Constituição e a lei que organizar a Justiça do Distrito Federal;

III – mediante recurso extraordinário ao Supremo Tribunal Federal, nos casos previstos na Constituição.

Art. 21. São gratuitos o procedimento administrativo para acesso a informações e retificação de dados e para anotação de justificação, bem como a ação de *habeas data*.

Art. 22. Esta Lei entra em vigor na data de sua publicação.

Art. 23. Revogam-se as disposições em contrário.

Brasília, 12 de novembro de 1997;
176º da Independência e
109º da República.
Fernando Henrique Cardoso

LEI Nº 9.514, DE 20 DE NOVEMBRO DE 1997

Dispõe sobre o Sistema de Financiamento Imobiliário, institui a alienação fiduciária de coisa imóvel e dá outras providências.

► Publicada no *DOU* de 21-11-1997 e retificada no *DOU* de 24-11-1997.

CAPÍTULO I
DO SISTEMA DE FINANCIAMENTO IMOBILIÁRIO

Seção I
DA FINALIDADE

Art. 1º O Sistema de Financiamento Imobiliário – SFI tem por finalidade promover o financiamento imobiliário em geral, segundo condições compatíveis com as da formação dos fundos respectivos.

Seção II
DAS ENTIDADES

Art. 2º Poderão operar no SFI as caixas econômicas, os bancos comerciais, os bancos de investimento, os bancos com carteira de crédito imobiliário, as sociedades de crédito imobiliário, as associações de poupança e empréstimo, as companhias hipotecárias e, a critério do Conselho Monetário Nacional – CMN, outras entidades.

Art. 3º As companhias securitizadoras de créditos imobiliários, instituições não financeiras constituídas sob a forma de sociedade por ações, terão por finalidade a aquisição e securitização desses créditos e a emissão e colocação, no mercado financeiro, de Certificados de Recebíveis Imobiliários, podendo emitir outros títulos de crédito, realizar negócios e prestar serviços compatíveis com as suas atividades.

Parágrafo único. *Revogado.* Lei nº 13.097, de 19-1-2015.

Seção III
DO FINANCIAMENTO IMOBILIÁRIO

Art. 4º As operações de financiamento imobiliário em geral serão livremente efetuadas pelas entidades autorizadas a operar no SFI, segundo condições de mercado e observadas as prescrições legais.

Parágrafo único. Nas operações de que trata este artigo, poderão ser empregados recursos provenientes da captação nos mercados financeiros e de valores mobiliários, de acordo com a legislação pertinente.

Art. 5º As operações de financiamento imobiliário em geral, no âmbito do SFI, serão livremente pactuadas pelas partes, observadas as seguintes condições essenciais:

I – reposição integral do valor emprestado e respectivo reajuste;

II – remuneração do capital emprestado às taxas convencionadas no contrato;

III – capitalização dos juros;

IV – contratação, pelos tomadores de financiamento, de seguros contra os riscos de morte e invalidez permanente.

§ 1º As partes poderão estabelecer os critérios do reajuste de que trata o inciso I, observada a legislação vigente.

§ 2º As operações de comercialização de imóveis, com pagamento parcelado, de arrendamento mercantil de imóveis e de financiamento imobiliário em geral poderão ser pactuadas nas mesmas condições permitidas para as entidades autorizadas a operar no SFI.

► § 2º com a redação dada pela Lei nº 10.931, de 2-8-2004.

§ 3º Na alienação de unidades em edificação sob o regime da Lei nº 4.591, de 16 de dezembro de 1964, a critério do adquirente e mediante informação obrigatória do incorporador, poderá ser contratado seguro que garanta o ressarcimento ao adquirente das quantias por este pagas, na hipótese de inadimplemento do incorporador ou construtor quanto à entrega da obra.

Seção IV
DO CERTIFICADO DE RECEBÍVEIS IMOBILIÁRIOS

Art. 6º O Certificado de Recebíveis Imobiliários – CRI é título de crédito nominativo, de livre negociação, lastreado em créditos imobiliários e constitui promessa de pagamento em dinheiro.

Parágrafo único. O CRI é de emissão exclusiva das companhias securitizadoras.

Art. 7º O CRI terá as seguintes características:

I – nome da companhia emitente;

II – número de ordem, local e data da emissão;

III – denominação "Certificado de Recebíveis Imobiliários";

IV – forma escritural;

V – nome do titular;

VI – valor nominal;

VII – data de pagamento ou, se emitido para pagamento parcelado, discriminação dos valores e das datas de pagamento das diversas parcelas;

VIII – taxa de juros, fixa ou flutuante, e datas de sua exigibilidade, admitida a capitalização;

IX – cláusula de reajuste, observada a legislação pertinente;

X – lugar de pagamento;

XI – identificação do Termo de Securitização de Créditos que lhe tenha dado origem.

§ 1º O registro e a negociação do CRI far-se-ão por meio de sistemas centralizados de custódia e liquidação financeira de títulos privados.

§ 2º O CRI poderá ter, conforme dispuser o Termo de Securitização de Créditos, garantia flutuante, que lhe assegurará privilégio geral sobre o ativo da companhia securitizadora, mas não impedirá a negociação dos bens que compõem esse ativo.

Seção V
DA SECURITIZAÇÃO DE CRÉDITOS IMOBILIÁRIOS

Art. 8º A securitização de créditos imobiliários é a operação pela qual tais créditos são expressamente vinculados à emissão de uma série de títulos de crédito, mediante Termo de Securitização de Créditos, lavrado por uma companhia securitizadora, do qual constarão os seguintes elementos:

I – a identificação do devedor e o valor nominal de cada crédito que lastreie a emissão, com a individuação do imóvel a que esteja vinculado e a indicação do Cartório de Registro de Imóveis em que esteja registrado e respectiva matrícula, bem como a indicação do ato pelo qual o crédito foi cedido;

► Inciso I com a redação dada pela Lei nº 10.931, de 2-8-2004.

II – a identificação dos títulos emitidos;

III – a constituição de outras garantias de resgate dos títulos da série emitida, se for o caso.

Parágrafo único. Será permitida a securitização de créditos oriundos da alienação de unidades em edificação sob regime de incorporação nos moldes da Lei nº 4.591, de 16 de dezembro de 1964.

Seção VI
DO REGIME FIDUCIÁRIO

Art. 9º A companhia securitizadora poderá instituir regime fiduciário sobre créditos imobiliários, a fim de lastrear a emissão de Certificados de Recebíveis Imobiliários, sendo agente fiduciário uma instituição financeira ou companhia autorizada para esse fim pelo BACEN e beneficiários os adquirentes dos títulos lastreados nos recebíveis objeto desse regime.

Art. 10. O regime fiduciário será instituído mediante declaração unilateral da companhia securitizadora no contexto do Termo de Securitização de Créditos, que, além de conter os elementos de que trata o artigo 8º, submeter-se-á às seguintes condições:

I – a constituição do regime fiduciário sobre os créditos que lastreiem a emissão;

II – a constituição de patrimônio separado, integrado pela totalidade dos créditos submetidos ao regime fiduciário que lastreiem a emissão;

III – a afetação dos créditos como lastro da emissão da respectiva série de títulos;

IV – a nomeação do agente fiduciário, com a definição de seus deveres, responsabilidades e remuneração, bem como as hipóteses, condições e forma de sua destituição ou substituição e as demais condições de sua atuação;

V – a forma de liquidação do patrimônio separado.

Parágrafo único. O Termo de Securitização de Créditos, em que seja instituído o regime fiduciário, será averbado nos Registros de Imóveis em que estejam matriculados os respectivos imóveis.

Art. 11. Os créditos objeto do regime fiduciário:

I – constituem patrimônio separado, que não se confunde com o da companhia securitizadora;

II – manter-se-ão apartados do patrimônio da companhia securitizadora até que se complete o resgate de todos os títulos da série a que estejam afetados;

III – destinam-se exclusivamente à liquidação dos títulos a que estiverem afetados, bem como ao pagamento dos respectivos custos de administração e de obrigações fiscais;

IV – estão isentos de qualquer ação ou execução pelos credores da companhia securitizadora;

V – não são passíveis de constituição de garantias ou de excussão por quaisquer dos credores da companhia securitizadora, por mais privilegiados que sejam;

VI – só responderão pelas obrigações inerentes aos títulos a ele afetados.

§ 1º No Termo de Securitização de Créditos, poderá ser conferido aos beneficiários e demais credores do patrimônio separado, se este se tornar insuficiente, o direito de haverem seus créditos contra o patrimônio da companhia securitizadora.

§ 2º Uma vez assegurado o direito de que trata o parágrafo anterior, a companhia securitizadora, sempre que se verificar insuficiência do patrimônio separado, promoverá a respectiva recomposição, mediante aditivo ao Termo de Securitização de Créditos, nele incluindo outros créditos imobiliários, com observância dos requisitos previstos nesta seção.

§ 3º A realização dos direitos dos beneficiários limitar-se-á aos créditos imobiliários integrantes do patrimônio separado, salvo se tiverem sido constituídas garantias adicionais por terceiros.

Art. 12. Instituído o regime fiduciário, incumbirá à companhia securitizadora administrar cada patrimônio separado, manter registros contábeis independentes em relação a cada um deles e elaborar e publicar as respectivas demonstrações financeiras.

Parágrafo único. A totalidade do patrimônio da companhia securitizadora responderá pelos prejuízos que esta causar por descumprimento de disposição legal ou regulamentar, por negligência ou administração temerária ou, ainda, por desvio da finalidade do patrimônio separado.

Art. 13. Ao agente fiduciário são conferidos poderes gerais de representação da comunhão dos beneficiários, inclusive os de receber e dar quitação, incumbindo-lhe:

I – zelar pela proteção dos direitos e interesses dos beneficiários, acompanhando a atuação da companhia securitizadora na administração do patrimônio separado;

II – adotar as medidas judiciais ou extrajudiciais necessárias à defesa dos interesses dos beneficiários, bem como à realização dos créditos afetados ao patrimônio separado, caso a companhia securitizadora não o faça;

III – exercer, na hipótese de insolvência da companhia securitizadora, a administração do patrimônio separado;

IV – promover, na forma em que dispuser o Termo de Securitização de Créditos, a liquidação do patrimônio separado;

V – executar os demais encargos que lhe forem atribuídos no Termo de Securitização de Créditos.

§ 1º O agente fiduciário responderá pelos prejuízos que causar por descumprimento de disposição legal ou regulamentar, por negligência ou administração temerária.

§ 2º Aplicam-se ao agente fiduciário os mesmos requisitos e incompatibilidades impostos pelo artigo 66 da Lei nº 6.404, de 15 de dezembro de 1976.

Art. 14. A insuficiência dos bens do patrimônio separado não dará causa à declaração de sua quebra, cabendo, nessa hipótese, ao agente fiduciário convocar assembleia-geral dos beneficiários para deliberar sobre as normas de administração ou liquidação do patrimônio separado.

§ 1º Na hipótese de que trata este artigo, a assembleia-geral estará legitimada a adotar qualquer medida pertinente à administração ou liquidação do patrimônio separado, inclusive a transferência dos bens e direitos dele integrantes para outra entidade que opere no SFI, a forma de liquidação do patrimônio e a nomeação do liquidante.

§ 2º A assembleia-geral, convocada mediante edital publicado por três vezes, com antecedência de vinte dias, em jornal de grande circulação na praça em que tiver sido feita a emissão dos títulos, instalar-se-á, em primeira convocação, com a presença de beneficiários que representem, pelo menos, dois terços do valor global dos títulos e, em segunda convocação, com qualquer número, sendo válidas as deliberações tomadas pela maioria absoluta desse capital.

Art. 15. No caso de insolvência da companhia securitizadora, o agente fiduciário assumirá imediatamente a custódia e administração dos créditos imobiliários integrantes do patrimônio separado e convocará a assembleia-geral dos beneficiários para deliberar sobre a forma de administração, observados os requisitos estabelecidos no § 2º do artigo 14.

Parágrafo único. A insolvência da companhia securitizadora não afetará os patrimônios separados que tenha constituído.

Art. 16. Extinguir-se-á o regime fiduciário de que trata esta seção pelo implemento das condições a que esteja submetido, na conformidade do Termo de Securitização de Créditos que o tenha instituído.

§ 1º Uma vez satisfeitos os créditos dos beneficiários e extinto o regime fiduciário, o Agente Fiduciário fornecerá, no prazo de três dias úteis, à companhia securitizadora, termo de quitação, que servirá para baixa, nos competentes Registros de Imóveis, da averbação que tenha instituído o regime fiduciário.

§ 2º A baixa de que trata o parágrafo anterior importará na reintegração ao patrimônio comum da companhia securitizadora dos recebíveis imobiliários que sobejarem.

§ 3º Os emolumentos devidos aos Cartórios de Registros de Imóveis para cancelamento do regime fiduciário e das garantias reais existentes serão cobrados como ato único.

► § 3º com a redação dada pela Lei nº 10.931, de 2-8-2004.

Seção VII
DAS GARANTIAS

Art. 17. As operações de financiamento imobiliário em geral poderão ser garantidas por:

I – hipoteca;

II – cessão fiduciária de direitos creditórios decorrentes de contratos de alienação de imóveis;

III – caução de direitos creditórios ou aquisitivos decorrentes de contratos de venda ou promessa de venda de imóveis;

IV – alienação fiduciária de coisa imóvel.

§ 1º As garantias a que se referem os incisos II, III e IV deste artigo constituem direito real sobre os respectivos objetos.

§ 2º Aplicam-se à caução dos direitos creditórios a que se refere o inciso III deste artigo as disposições dos artigos 789 a 795 do Código Civil.

§ 3º As operações do SFI que envolvam locação poderão ser garantidas suplementarmente por anticrese.

Art. 18. O contrato de cessão fiduciária em garantia opera a transferência ao credor da titularidade dos créditos cedidos, até a liquidação da dívida garantida, e conterá, além de outros elementos, os seguintes:

I – o total da dívida ou sua estimativa;

II – o local, a data e a forma de pagamento;

III – a taxa de juros;

IV – a identificação dos direitos creditórios objeto da cessão fiduciária.

Art. 19. Ao credor fiduciário compete o direito de:

I – conservar e recuperar a posse dos títulos representativos dos créditos cedidos, contra qualquer detentor, inclusive o próprio cedente;

II – promover a intimação dos devedores que não paguem ao cedente, enquanto durar a cessão fiduciária;

III – usar das ações, recursos e execuções, judiciais e extrajudiciais, para receber os créditos cedidos e exercer os demais direitos conferidos ao cedente no contrato de alienação do imóvel;

IV – receber diretamente dos devedores os créditos cedidos fiduciariamente.

§ 1º As importâncias recebidas na forma do inciso IV deste artigo, depois de deduzidas as despesas de cobrança e de administração, serão creditadas ao devedor cedente, na operação objeto da cessão fiduciária, até final liquidação da dívida e encargos, responsabilizando-se o credor fiduciário perante o cedente, como depositário, pelo que receber além do que este lhe devia.

§ 2º Se as importâncias recebidas, a que se refere o parágrafo anterior, não bastarem para o pagamento integral da dívida e seus encargos, bem como das despesas de cobrança e de administração daqueles créditos, o devedor continuará obrigado a resgatar o saldo remanescente nas condições convencionadas no contrato.

Art. 20. Na hipótese de falência do devedor cedente e se não tiver havido a tradição dos títulos representativos dos créditos cedidos fiduciariamente, ficará assegurada ao cessionário fiduciário a restituição na forma da legislação pertinente.

Parágrafo único. Efetivada a restituição, prosseguirá o cessionário fiduciário no exercício de seus direitos na forma do disposto nesta seção.

Art. 21. São suscetíveis de caução, desde que transmissíveis, os direitos aquisitivos sobre imóvel, ainda que em construção.

§ 1º O instrumento da caução, a que se refere este artigo, indicará o valor do débito e dos encargos e identificará o imóvel cujos direitos aquisitivos são caucionados.

§ 2º Referindo-se a caução a direitos aquisitivos de promessa de compra e venda cujo preço ainda não tenha sido integralizado, poderá o credor caucionário, sobrevindo a mora do promissário comprador, promover a execução do seu crédito ou efetivar, sob protesto, o pagamento do saldo da promessa.

§ 3º Se, nos termos do disposto no parágrafo anterior, o credor efetuar o pagamento, o valor pago, com todos os seus acessórios e eventuais penalidades, será adicionado à dívida garantida pela caução, ressalvado ao credor o direito de executar desde logo o devedor, inclusive pela parcela da dívida assim acrescida.

CAPÍTULO II
DA ALIENAÇÃO FIDUCIÁRIA DE COISA IMÓVEL

Art. 22. A alienação fiduciária regulada por esta Lei é o negócio jurídico pelo qual o devedor, ou fiduciante, com o escopo de garantia, contrata a transferência ao credor, ou fiduciário, da propriedade resolúvel de coisa imóvel.

§ 1º A alienação fiduciária poderá ser contratada por pessoa física ou jurídica, não sendo privativa das entidades que operam no SFI, podendo ter como objeto, além da propriedade plena:

► *Caput* do § 1º acrescido pela Lei nº 11.481, de 31-5-2007.

I – bens enfitêuticos, hipótese em que será exigível o pagamento do laudêmio, se houver a consolidação do domínio útil no fiduciário;

II – o direito de uso especial para fins de moradia;

III – o direito real de uso, desde que suscetível de alienação;

IV – a propriedade superficiária.

► § 1º com a redação dada pela Lei nº 11.481, de 31-5-2007.

§ 2º Os direitos de garantia instituídos nas hipóteses dos incisos III e IV do § 1º deste artigo ficam limitados à duração da concessão ou direito de superfície, caso tenham sido transferidos por período determinado.

► § 2º acrescido pela Lei nº 11.481, de 31-5-2007.

Art. 23. Constitui-se a propriedade fiduciária de coisa imóvel mediante registro, no competente Registro de Imóveis, do contrato que lhe serve de título.

Parágrafo único. Com a constituição da propriedade fiduciária, dá-se o desdobramento da posse, tornando-se o fiduciante possuidor direto e o fiduciário possuidor indireto da coisa imóvel.

Art. 24. O contrato que serve de título ao negócio fiduciário conterá:

I – o valor do principal da dívida;

II – o prazo e as condições de reposição do empréstimo ou do crédito do fiduciário;

III – a taxa de juros e os encargos incidentes;

IV – a cláusula de constituição da propriedade fiduciária, com a descrição do imóvel objeto da alienação fiduciária e a indicação do título e modo de aquisição;

V – a cláusula assegurando ao fiduciante, enquanto adimplente, a livre utilização, por sua conta e risco, do imóvel objeto da alienação fiduciária;

VI – a indicação, para efeito de venda em público leilão, do valor do imóvel e dos critérios para a respectiva revisão;

VII – a cláusula dispondo sobre os procedimentos de que trata o artigo 27.

Parágrafo único. Caso o valor do imóvel convencionado pelas partes nos termos do inciso VI do *caput* deste artigo seja inferior ao utilizado pelo órgão competente como base de cálculo para a apuração do imposto sobre transmissão *inter vivos*, exigível por força da consolidação da propriedade em nome do credor fiduciário, este último será o valor mínimo para efeito de venda do imóvel no primeiro leilão.

► Parágrafo único acrescido pela Lei nº 13.465, de 11-7-2017.

Art. 25. Com o pagamento da dívida e seus encargos, resolve-se, nos termos deste artigo, a propriedade fiduciária do imóvel.

§ 1º No prazo de trinta dias, a contar da data de liquidação da dívida, o fiduciário fornecerá o respectivo termo de quitação ao fiduciante, sob pena de multa em favor deste, equivalente a meio por cento ao mês, ou fração, sobre o valor do contrato.

§ 2º À vista do termo de quitação de que trata o parágrafo anterior, o oficial do competente Registro de Imóveis efetuará o cancelamento do registro da propriedade fiduciária.

§ 3º *Revogado.* Lei nº 12.810, de 15-5-2013.

Art. 26. Vencida e não paga, no todo ou em parte, a dívida e constituído em mora o fiduciante, consolidar-se-á, nos termos deste artigo, a propriedade do imóvel em nome do fiduciário.

§ 1º Para os fins do disposto neste artigo, o fiduciante, ou seu representante legal ou procurador regularmente constituído, será intimado, a requerimento do fiduciário, pelo oficial do competente Registro de Imóveis, a satisfazer, no prazo de quinze dias, a prestação vencida e as que se vencerem até a data do pagamento, os juros convencionais, as penalidades e os demais encargos contratuais, os encargos legais, inclusive tributos, as contribuições condominiais imputáveis ao imóvel, além das despesas de cobrança e de intimação.

§ 2º O contrato definirá o prazo de carência após o qual será expedida a intimação.

§ 3º A intimação far-se-á pessoalmente ao fiduciante, ou ao seu representante legal ou ao procurador regularmente constituído, podendo ser promovida, por solicitação do oficial do Registro de Imóveis, por oficial do Registro de Títulos e Documentos da comarca da situação do imóvel ou do domicílio de quem deva recebê-la, ou pelo correio, com aviso de recebimento.

§ 3º-A. Quando, por duas vezes, o oficial de registro de imóveis ou de registro de títulos e documentos ou o serventuário por eles credenciado houver procurado o intimando em seu domicílio ou residência sem o encontrar, deverá, havendo suspeita motivada de ocultação, intimar qualquer pessoa da família ou, em sua falta, qualquer vizinho de que, no dia útil imediato, retornará ao imóvel, a fim de efetuar a intimação, na hora que designar, aplicando-se subsidiariamente o disposto nos arts. 252, 253 e 254 da Lei nº 13.105, de 16 de março de 2015 (Código de Processo Civil).

§ 3º-B. Nos condomínios edilícios ou outras espécies de conjuntos imobiliários com controle de acesso, a intimação de que trata o § 3º-A poderá ser feita ao funcionário da portaria responsável pelo recebimento de correspondência.

► §§ 3º-A e 3º-B acrescidos pela Lei nº 13.465, de 11-7-2017.

§ 4º Quando o fiduciante, ou seu cessionário, ou seu representante legal ou procurador encontrar-se em local ignorado, incerto ou inacessível, o fato será certificado pelo serventuário encarregado da diligência e informado ao oficial de Registro de Imóveis, que, à vista da certidão, promoverá a intimação por edital publicado durante 3 (três) dias, pelo menos, em um dos jornais de maior circulação local ou noutro de comarca de fácil acesso, se no local não houver imprensa diária, contado o prazo para purgação da mora da data da última publicação do edital.

► § 4º com a redação dada pela Lei nº 13.043, de 13-11-2014.

§ 5º Purgada a mora no Registro de Imóveis, convalescerá o contrato de alienação fiduciária.

§ 6º O oficial do Registro de Imóveis, nos três dias seguintes à purgação da mora, entregará ao fiduciário as importâncias recebidas, deduzidas as despesas de cobrança e de intimação.

§ 7º Decorrido o prazo de que trata o § 1º sem a purgação da mora, o oficial do competente Registro de Imóveis, certificando esse fato, promoverá a averbação, na matrícula do imóvel, da consolidação da propriedade em nome do fiduciário, à vista da prova do pagamento por este, do imposto de transmissão inter vivos e, se for o caso, do laudêmio.

► § 7º com a redação dada pela Lei nº 10.931, de 2-8-2004.

§ 8º O fiduciante pode, com a anuência do fiduciário, dar seu direito eventual ao imóvel em pagamento da dívida, dispensados os procedimentos previstos no art. 27.

► § 8º acrescido pela Lei nº 10.931, de 2-8-2004.

Art. 26-A. Os procedimentos de cobrança, purgação de mora e consolidação da propriedade fiduciária relativos às operações de financiamento habitacional, inclusive as operações do Programa Minha Casa, Minha Vida, instituído pela Lei nº 11.977, de 7 de julho de 2009, com recursos advindos da integralização de cotas no Fundo de Arrendamento Residencial (FAR), sujeitam-se às normas especiais estabelecidas neste artigo.

§ 1º A consolidação da propriedade em nome do credor fiduciário será averbada no registro de imóveis trinta dias após a expiração do prazo para purgação da mora de que trata o § 1º do art. 26 desta Lei.

§ 2º Até a data da averbação da consolidação da propriedade fiduciária, é assegurado ao devedor fiduciante pagar as parcelas da dívida vencidas e as despesas de que trata o inciso II do § 3º do art. 27, hipótese em que convalescerá o contrato de alienação fiduciária.

► Art. 26-A acrescido pela Lei nº 13.465, de 11-7-2017.

Art. 27. Uma vez consolidada a propriedade em seu nome, o fiduciário, no prazo de trinta dias, contados da data do registro de que trata o § 7º do artigo anterior, promoverá público leilão para a alienação do imóvel.

§ 1º Se no primeiro leilão público o maior lance oferecido for inferior ao valor do imóvel, estipulado na forma do inciso VI e do parágrafo único do art. 24 desta Lei, será realizado o segundo leilão nos quinze dias seguintes.

► § 1º com a redação dada pela Lei nº 13.465, de 11-7-2017.

§ 2º No segundo leilão, será aceito o maior lance oferecido, desde que igual ou superior ao valor da dívida, das despesas, dos prêmios de seguro, dos encargos legais, inclusive tributos, e das contribuições condominiais.

§ 2º-A. Para os fins do disposto nos §§ 1º e 2º deste artigo, as datas, horários e locais dos leilões serão comunicados ao devedor mediante correspondência dirigida aos endereços constantes do contrato, inclusive ao endereço eletrônico.

§ 2º-B. Após a averbação da consolidação da propriedade fiduciária no patrimônio do credor fiduciário e até a data da realização do segundo leilão, é assegurado ao devedor fiduciante o direito de preferência para adquirir o imóvel por preço correspondente ao valor da dívida, somado aos encargos e despesas de que trata o § 2º deste artigo, aos valores correspondentes ao imposto sobre transmissão *inter vivos* e ao laudêmio, se for o caso, pagos para efeito de consolidação da propriedade fiduciária no patrimônio do credor fiduciário, e às despesas inerentes ao procedimento de cobrança e leilão, incumbindo, também, ao devedor fiduciante o pagamento dos encargos tributários e despesas exigíveis para a nova aquisição do imóvel, de que trata este parágrafo, inclusive custas e emolumentos.

► §§ 2º-A e 2º-B acrescidos pela Lei nº 13.465, de 11-7-2017.

§ 3º Para os fins do disposto neste artigo, entende-se por:

I – dívida: o saldo devedor da operação de alienação fiduciária, na data do leilão, nele incluídos os juros convencionais, as penalidades e os demais encargos contratuais;

II – despesas: a soma das importâncias correspondentes aos encargos e custas de intimação e as necessárias à realização do público leilão, nestas compreendidas as relativas aos anúncios e à comissão do leiloeiro.

§ 4º Nos cinco dias que se seguirem à venda do imóvel no leilão, o credor entregará ao devedor a importância que sobejar, considerando-se nela compreendido o valor da indenização de benfeitorias, depois de deduzidos os valores da dívida e das despesas e encargos de que tratam os §§ 2º e 3º, fato esse que importará em recíproca quitação, não se aplicando o disposto na parte final do artigo 516 do Código Civil.

§ 5º Se, no segundo leilão, o maior lance oferecido não for igual ou superior ao valor referido no § 2º, considerar-se-á extinta a dívida e exonerado o credor da obrigação de que trata o § 4º.

§ 6º Na hipótese de que trata o parágrafo anterior, o credor, no prazo de cinco dias a contar da data do segundo leilão, dará ao devedor quitação da dívida, mediante termo próprio.

§ 7º Se o imóvel estiver locado, a locação poderá ser denunciada com o prazo de trinta dias para desocupação, salvo se tiver havido aquiescência por escrito do fiduciário, devendo a denúncia ser realizada no prazo de noventa dias a contar da data da consolidação da propriedade no fiduciário, devendo essa condição constar expressamente em cláusula contratual específica, destacando-se das demais por sua apresentação gráfica.

§ 8º Responde o fiduciante pelo pagamento dos impostos, taxas, contribuições condominiais e quaisquer outros encargos que recaiam ou venham a recair sobre o imóvel, cuja posse tenha sido transferida para o fiduciário, nos termos deste artigo, até a data em que o fiduciário vier a ser imitido na posse.

► §§ 7º e 8º com a redação dada pela Lei nº 10.931, de 2-8-2004.

§ 9º O disposto no § 2º-B deste artigo aplica-se à consolidação da propriedade fiduciária de imóveis do FAR, na forma prevista na Lei nº 11.977, de 7 de julho de 2009.

► § 9º acrescido pela Lei nº 13.465, de 11-7-2017.

Art. 28. A cessão do crédito objeto da alienação fiduciária implicará a transferência, ao cessionário, de todos os direitos e obrigações inerentes à propriedade fiduciária em garantia.

Art. 29. O fiduciante, com anuência expressa do fiduciário, poderá transmitir os direitos de que seja titular sobre o imóvel objeto da alienação fiduciária em garantia, assumindo o adquirente as respectivas obrigações.

Art. 30. É assegurada ao fiduciário, seu cessionário ou sucessores, inclusive o adquirente do imóvel por força do público leilão de que tratam os §§ 1º e 2º do artigo 27, a reintegração na posse do imóvel, que será concedida liminarmente, para desocupação em sessenta dias, desde que comprovada, na forma do disposto no artigo 26, a consolidação da propriedade em seu nome.

Parágrafo único. Nas operações de financiamento imobiliário, inclusive nas operações do Programa Minha Casa, Minha Vida, instituído pela Lei nº 11.977, de 7 de julho de 2009, com recursos advindos da integralização de cotas no Fundo de Arrendamento Residencial (FAR), uma vez averbada a consolidação da propriedade fiduciária, as ações judiciais que tenham por objeto controvérsias sobre as estipulações contratuais ou os requisitos procedimentais de cobrança e leilão, excetuada a exigência de notificação do devedor fiduciante, serão resolvidas em perdas e danos e não obstarão a reintegração de posse de que trata este artigo.

► Parágrafo único acrescido pela Lei nº 13.465, de 11-7-2017.

Art. 31. O fiador ou terceiro interessado que pagar a dívida ficará sub-rogado, de pleno direito, no crédito e na propriedade fiduciária.

Parágrafo único. Nos casos de transferência de financiamento para outra instituição financeira, o pagamento da dívida à instituição credora original poderá ser feito, a favor do mutuário, pela nova instituição credora.

► Parágrafo único acrescido pela Lei nº 12.810, de 15-5-2013.

Art. 32. Na hipótese de insolvência do fiduciante, fica assegurada ao fiduciário a restituição do imóvel alienado fiduciariamente, na forma da legislação pertinente.

Art. 33. Aplicam-se à propriedade fiduciária, no que couber, as disposições dos artigos 647 e 648 do Código Civil.

► Refere-se ao CC/1916. Arts. 1.359 a 1.360 do CC/2002.

CAPÍTULO II-A

DO REFINANCIAMENTO COM TRANSFERÊNCIA DE CREDOR

► Capítulo II-A acrescido pela Lei nº 12.810, de 15-5-2013.

Art. 33-A. A transferência de dívida de financiamento imobiliário com garantia real, de um credor para outro, inclusive sob a forma de sub-rogação, obriga o credor original a emitir documento que ateste, para todos os fins de direito, inclusive para efeito de averbação, a validade da transferência.

Parágrafo único. A emissão do documento será feita no prazo máximo de 2 (dois) dias úteis após a quitação da dívida original.

Art. 33-B. Para fins de efetivação do disposto no art. 33-A, a nova instituição credora deverá informar à instituição credora original, por documento escrito ou, quando solicitado, eletrônico, as condições de financiamento oferecidas ao mutuário, inclusive as seguintes:

I – a taxa de juros do financiamento;

II – o custo efetivo total;

III – o prazo da operação;

IV – o sistema de pagamento utilizado; e

V – o valor das prestações.

§ 1º A instituição credora original terá prazo máximo de 5 (cinco) dias úteis, contados do recebimento das informações de que trata o *caput*, para solicitar à instituição proponente da transferência o envio dos recursos necessários para efetivar a transferência.

§ 2º O mutuário da instituição credora original poderá, a qualquer tempo, enquanto não encaminhada a solicitação de envio dos recursos necessários para efetivar a transferência de que trata o § 1º, decidir pela não efetivação da transferência, sendo vedada a cobrança de qualquer tipo de ônus ou custa por parte das instituições envolvidas.

§ 3º A eventual desistência do mutuário deverá ser informada à instituição credora original, que terá até 2 (dois) dias úteis para transmiti-la à instituição proponente da transferência.

Art. 33-C. O credor original deverá fornecer a terceiros, sempre que formalmente solicitado pelo mutuário, as informações sobre o crédito que se fizerem necessárias para viabilizar a transferência referida no art. 33-A.

Parágrafo único. O credor original não poderá realizar ações que impeçam, limitem ou dificultem o fornecimento das informações requeridas na forma do *caput*.

Art. 33-D. A instituição credora original poderá exigir ressarcimento financeiro pelo custo de originação da operação de crédito, o qual não poderá ser repassado ao mutuário.

§ 1º O ressarcimento disposto no *caput* deverá ser proporcional ao valor do saldo devedor apurado à época da transferência e decrescente com o decurso de prazo desde a assinatura do contrato, cabendo sua liquidação à instituição proponente da transferência.

§ 2º O Conselho Monetário Nacional disciplinará o disposto neste artigo, podendo inclusive limitar o ressarcimento considerando o tipo de operação de crédito ou o prazo decorrido desde a assinatura do contrato de crédito com a instituição credora original até o momento da transferência.

Art. 33-E. O Conselho Monetário Nacional e o Conselho Curador do Fundo de Garantia do Tempo de Serviço, no âmbito de suas respectivas competências, expedirão as instruções que se fizerem necessárias à execução do disposto no parágrafo único do art. 31 e nos arts. 33-A a 33-D desta Lei.

Art. 33-F. O disposto nos arts. 33-A a 33-E desta Lei não se aplica às operações de transferência de dívida decorrentes de cessão de crédito entre entidades que compõem o Sistema Financeiro da Habitação, desde que a citada transferência independa de manifestação do mutuário.

► Arts. 33-A a 33-F acrescidos pela Lei nº 12.810, de 15-5-2013.

CAPÍTULO III

DISPOSIÇÕES GERAIS E FINAIS

Art. 34. Os contratos relativos ao financiamento imobiliário em geral poderão estipular que litígios ou controvérsias entre as partes sejam dirimidos mediante arbitragem, nos termos do disposto na Lei nº 9.307, de 24 de setembro de 1996.

Art. 35. Nas cessões de crédito a que aludem os artigos 3º, 18 e 28, é dispensada a notificação do devedor.

Art. 36. Nos contratos de venda de imóveis a prazo, inclusive alienação fiduciária, de arrendamento mercantil de imóveis, de financiamento imobiliário em geral e nos títulos de que tratam os arts. 6º, 7º e 8º, admitir-se-á, respeitada a legislação pertinente, a estipulação de cláusula de reajuste e das condições e critérios de sua aplicação.

Art. 37. Às operações de arrendamento mercantil de imóveis não se aplica a legislação pertinente à locação de imóveis residenciais, não residenciais ou comerciais.

► Mantivemos a redação anterior à MP nº 2.223, de 4-9-2001, pois esta foi revogada pela Lei nº 10.931, de 2-8-2004.

Art. 37-A. O devedor fiduciante pagará ao credor fiduciário, ou a quem vier a sucedê-lo, a título de taxa de ocupação do imóvel, por mês ou fração, valor correspondente a 1% (um por cento) do valor a que se refere o inciso VI ou o parágrafo único do art. 24 desta Lei, computado e exigível desde a data da consolidação da propriedade fiduciária no patrimônio do credor fiduciante até a data em que este, ou seus sucessores, vier a ser imitido na posse do imóvel.

Parágrafo único. O disposto no *caput* deste artigo aplica-se às operações do Programa Minha Casa, Minha Vida, instituído pela Lei nº 11.977, de 7 de julho de 2009, com recursos advindos da integralização de cotas no Fundo de Arrendamento Residencial (FAR).

► Art. 37-A com a redação dada pela Lei nº 13.465, de 11-7-2017.

Art. 37-B. Será considerada ineficaz, e sem qualquer efeito perante o fiduciário ou seus sucessores, a contratação ou a prorrogação de locação de imóvel alienado fiduciariamente por prazo superior a um ano sem concordância por escrito do fiduciário.

► Art. 37-B com a redação dada pela Lei nº 10.931, de 2-8-2004.

Art. 38. Os atos e contratos referidos nesta Lei ou resultantes da sua aplicação, mesmo aqueles que visem à constituição, transferência, modificação ou renúncia de direitos reais sobre imóveis, poderão ser celebrados por escritura pública ou por instrumento particular com efeitos de escritura pública.

► Art. 38 com a redação dada pela Lei nº 11.076, de 30-12-2004.

Art. 39. Às operações de crédito compreendidas no sistema de financiamento imobiliário, a que se refere esta Lei:

► *Caput* com a redação dada pela Lei nº 13.465, de 11-7-2017.

I – não se aplicam as disposições da Lei nº 4.380, de 21 de agosto de 1964, e as demais disposições legais referentes ao Sistema Financeiro da Habitação – SFH;

II – aplicam-se as disposições dos arts. 29 a 41 do Decreto-Lei nº 70, de 21 de novembro de 1966, exclusivamente aos procedimentos de execução de créditos garantidos por hipoteca.

► Inciso II com a redação dada pela Lei nº 13.465, de 11-7-2017.

Art. 40. Os incisos I e II do artigo 167 da Lei nº 6.015, de 31 de dezembro de 1973, passam a vigorar acrescidos, respectivamente, dos seguintes itens:

► Alterações inseridas no texto da referida Lei.

Art. 41. O Conselho Monetário Nacional poderá regulamentar o disposto nesta Lei, inclusive estabelecer prazos mínimos e outras condições para emissão e resgate de CRI e diferenciar tais condições de acordo com o tipo de crédito imobiliário vinculado à emissão e com o indexador adotado contratualmente.

► Artigo com a redação dada pela Lei nº 13.097, de 19-1-2015.

Art. 42. Esta Lei entra em vigor na data de sua publicação.

Brasília, 20 de novembro de 1997;
176º da Independência e
109º da República.

Fernando Henrique Cardoso

LEI Nº 9.609, DE 19 DE FEVEREIRO DE 1998

Dispõe sobre a proteção da propriedade intelectual de programa de computador, sua comercialização no País, e dá outras providências.

► Publicada no *DOU* de 20-2-1998 e retificada no *DOU* de 25-2-1998.

CAPÍTULO I

DISPOSIÇÕES PRELIMINARES

Art. 1º Programa de computador é a expressão de um conjunto organizado de instruções em linguagem natural ou codificada, contida em suporte físico de qualquer natureza, de emprego necessário em máquinas automáticas de tratamento da informação, dispositivos, instrumentos ou equipamentos periféricos, baseados em técnica digital ou análoga, para fazê-los funcionar de modo e para fins determinados.

CAPÍTULO II

DA PROTEÇÃO AOS DIREITOS DE AUTOR E DO REGISTRO

Art. 2º O regime de proteção à propriedade intelectual de programa de computador é o conferido às obras literárias pela legislação de direitos autorais e conexos vigentes no País, observado o disposto nesta Lei.

§ 1º Não se aplicam ao programa de computador as disposições relativas aos direitos morais, ressalvado, a qualquer tempo, o direito do autor de reivindicar a paternidade do programa de computador e o direito do autor de opor-se a alterações não autorizadas, quando estas impliquem deformação, mutilação ou outra modificação do programa de computador, que prejudiquem a sua honra ou a sua reputação.

§ 2º Fica assegurada a tutela dos direitos relativos a programa de computador pelo prazo de cinquenta anos, contados a partir de 1º de janeiro do ano subsequente ao da sua publicação ou, na ausência desta, da sua criação.

§ 3º A proteção aos direitos de que trata esta Lei independe de registro.

§ 4º Os direitos atribuídos por esta Lei ficam assegurados aos estrangeiros domiciliados no exterior, desde que o país de origem do programa conceda, aos brasileiros e estrangeiros domiciliados no Brasil, direitos equivalentes.

§ 5º Inclui-se dentre os direitos assegurados por esta Lei e pela legislação de direitos autorais e conexos vigentes no País aquele direito exclusivo de autorizar ou proibir o aluguel comercial, não sendo esse direito exaurível pela venda, licença ou outra forma de transferência da cópia do programa.

§ 6º O disposto no parágrafo anterior não se aplica aos casos em que o programa em si não seja objeto essencial do aluguel.

Art. 3º Os programas de computador poderão, a critério do titular, ser registrados em órgão ou entidade a ser designado por ato do Poder Executivo, por iniciativa do Ministério responsável pela política de ciência e tecnologia.

§ 1º O pedido de registro estabelecido neste artigo deverá conter, pelo menos, as seguintes informações:

I – os dados referentes ao autor do programa de computador e ao titular, se distinto do autor, sejam pessoas físicas ou jurídicas;

II – a identificação e descrição funcional do programa de computador; e

III – os trechos do programa e outros dados que se considerar suficientes para identificá-lo e caracterizar sua originalidade, ressalvando-se os direitos de terceiros e a responsabilidade do Governo.

§ 2º As informações referidas no inciso III do parágrafo anterior são de caráter sigiloso, não podendo ser reveladas, salvo por ordem judicial ou a requerimento do próprio titular.

Art. 4º Salvo estipulação em contrário, pertencerão exclusivamente ao empregador, contratante de serviços ou órgão público, os direitos relativos ao programa de computador, desenvolvido e elaborado durante a vigência de contrato ou de vínculo estatutário, expressamente destinado à pesquisa e desenvolvimento, ou em que a atividade do empregado, contratado de serviço ou servidor seja prevista, ou ainda, que decorra da própria natureza dos encargos concernentes a esses vínculos.

§ 1º Ressalvado ajuste em contrário, a compensação do trabalho ou serviço prestado limitar-se-á à remuneração ou ao salário convencionado.

§ 2º Pertencerão, com exclusividade, ao empregado, contratado de serviço ou servidor os direitos concernentes a programa de computador gerado sem relação com o contrato de trabalho, prestação de serviços ou vínculo estatutário, e sem a utilização de recursos, informações tecnológicas, segredos industriais e de negócios, materiais, instalações ou equipamentos do empregador, da empresa ou entidade com a qual o empregador mantenha contrato de prestação de serviços ou assemelhados, do contratante de serviços ou órgão público.

§ 3º O tratamento previsto neste artigo será aplicado nos casos em que o programa de computador for desenvolvido por bolsistas, estagiários e assemelhados.

Art. 5º Os direitos sobre as derivações autorizadas pelo titular dos direitos de programa de computador, inclusive sua exploração econômica, pertencerão à pessoa autorizada que as fizer, salvo estipulação contratual em contrário.

Art. 6º Não constituem ofensa aos direitos do titular de programa de computador:

I – a reprodução, em um só exemplar, de cópia legitimamente adquirida, desde que se destine à cópia da salvaguarda ou armazenamento eletrônico, hipótese em que o exemplar original servirá de salvaguarda;

II – a citação parcial do programa, para fins didáticos, desde que identificados o programa e o titular dos direitos respectivos;

III – a ocorrência de semelhança de programa a outro, preexistente, quando se der por força das características funcionais de sua aplicação, da observância de preceitos normativos e técnicos, ou de limitação de forma alternativa para a sua expressão;

IV – a integração de um programa, mantendo-se suas características essenciais, a um sistema aplicativo ou operacional, tecnicamente indispensável às necessidades do usuário, desde que para o uso exclusivo de quem a promoveu.

CAPÍTULO III

DAS GARANTIAS AOS USUÁRIOS DE PROGRAMA DE COMPUTADOR

Art. 7º O contrato de licença de uso de programa de computador, o documento fiscal correspondente, os suportes físicos do programa ou as respectivas embalagens deverão consignar, de forma facilmente legível pelo usuário, o prazo de validade técnica da versão comercializada.

Art. 8º Aquele que comercializar programa de computador, quer seja titular dos direitos do programa, quer seja titular do direitos de comercialização, fica obrigado, no território nacional, durante o prazo de validade técnica da respectiva versão, a assegurar aos respectivos usuários a prestação de serviços técnicos complementares relativos ao adequado funcionamento do programa, consideradas as suas especificações.

Parágrafo único. A obrigação persistirá no caso de retirada de circulação comercial do programa de computador durante o prazo de validade, salvo justa indenização de eventuais prejuízos causados a terceiros.

CAPÍTULO IV

DOS CONTRATOS DE LICENÇA DE USO, DE COMERCIALIZAÇÃO E DE TRANSFERÊNCIA DE TECNOLOGIA

Art. 9º O uso de programa de computador no País será objeto de contrato de licença.

Parágrafo único. Na hipótese de eventual inexistência do contrato referido no *caput* deste artigo, o documento fiscal relativo à aquisição ou licenciamento de cópia servirá para comprovação da regularidade do seu uso.

Art. 10. Os atos e contratos de licença de direitos de comercialização referentes a programas de computador de origem externa deverão fixar, quanto aos tributos e encargos exigíveis, a responsabilidade pelos respectivos pagamentos e estabelecerão a remuneração do titular dos direitos de programa de computador residente ou domiciliado no exterior.

§ 1º Serão nulas as cláusulas que:

I – limitem a produção, a distribuição ou a comercialização, em violação às disposições normativas em vigor;

II – eximam qualquer dos contratantes das responsabilidades por eventuais ações de terceiros, decorrentes de vícios, defeitos ou violação de direitos de autor.

§ 2º O remetente do correspondente valor em moeda estrangeira, em pagamento da remuneração de que se trata, conservará em seu poder, pelo prazo de cinco anos, todos os documentos necessários à comprovação da licitude das remessas e da sua conformidade ao *caput* deste artigo.

Art. 11. Nos casos de transferência de tecnologia de programa de computador, o Instituto Nacional da Propriedade Industrial fará o registro dos respectivos contratos, para que produzam efeitos em relação a terceiros.

Parágrafo único. Para o registro de que trata este artigo, é obrigatória a entrega, por parte do fornecedor ao receptor de tecnologia, da documentação completa, em especial do código-fonte comentado, memorial descritivo, especificações funcionais internas, diagramas, fluxogramas e outros dados técnicos necessários à absorção da tecnologia.

CAPÍTULO V

DAS INFRAÇÕES E DAS PENALIDADES

Art. 12. Violar direitos de autor de programa de computador:

Pena – Detenção de seis meses a dois anos ou multa.

§ 1º Se a violação consistir na reprodução, por qualquer meio, de programa de computador, no todo ou em parte, para fins de comércio, sem autorização expressa do autor ou de quem o represente:

Pena – Reclusão de um a quatro anos e multa.

§ 2º Na mesma pena do parágrafo anterior incorre quem vende, expõe à venda, introduz no País, adquire, oculta ou tem em depósito, para fins de comércio, original ou cópia de programa de computador, produzido com violação de direito autoral.

§ 3º Nos crimes previstos neste artigo, somente se procede mediante queixa, salvo:

I – quando praticados em prejuízo de entidade de direito público, autarquia, empresa pública, sociedade de economia mista ou fundação instituída pelo poder público;

II – quando, em decorrência de ato delituoso, resultar sonegação fiscal, perda de arrecadação tributária ou prática de quaisquer dos crimes contra a ordem tributária ou contra as relações de consumo.

§ 4º No caso do inciso II do parágrafo anterior, a exigibilidade do tributo, ou contribuição social e qualquer acessório, processar-se-á independentemente de representação.

Art. 13. A ação penal e as diligências preliminares de busca e apreensão, nos casos de violação de direito de autor de programa de computador, serão precedidas de vistoria, podendo o juiz ordenar a apreensão das cópias produzidas ou comercializadas com violação de direito de autor, suas versões e derivações, em poder do infrator ou de quem as esteja expondo, mantendo em depósito, reproduzindo ou comercializando.

Art. 14. Independentemente da ação penal, o prejudicado poderá intentar ação para proibir ao infrator a prática do ato incriminado, com cominação de pena pecuniária para o caso de transgressão do preceito.

§ 1º A ação de abstenção de prática de ato poderá ser cumulada com a de perdas e danos pelos prejuízos decorrentes da infração.

§ 2º Independentemente de ação cautelar preparatória, o juiz poderá conceder medida liminar proibindo ao infrator a prática do ato incriminado, nos termos deste artigo.

§ 3º Nos procedimentos cíveis, as medidas cautelares de busca e apreensão observarão o disposto no artigo anterior.

§ 4º Na hipótese de serem apresentadas, em juízo, para a defesa dos interesses de qualquer das partes, informações que se caracterizem como confidenciais, deverá o juiz determinar que o processo prossiga em segredo de justiça, vedado o uso de tais informações também à outra parte para outras finalidades.

§ 5º Será responsabilizado por perdas e danos aquele que requerer e promover as medidas previstas neste e nos artigos 12 e 13, agindo de má-fé ou por espírito de emulação, capricho ou erro grosseiro, nos termos dos artigos 16, 17 e 18 do Código de Processo Civil.

- ▸ Refere-se ao CPC/1973.
- ▸ Arts. 79 a 81 do CPC/2015.

CAPÍTULO VI

DISPOSIÇÕES FINAIS

Art. 15. Esta Lei entra em vigor na data de sua publicação.

Art. 16. Fica revogada a Lei nº 7.646, de 18 de dezembro de 1987.

Brasília, 19 de fevereiro de 1998;
177º da Independência e
110º da República.

Fernando Henrique Cardoso

LEI Nº 9.610, DE 19 DE FEVEREIRO DE 1998

Altera, atualiza e consolida a legislação sobre direitos autorais e dá outras providências.

► Publicada no *DOU* de 20-2-1998.

TÍTULO I – DISPOSIÇÕES PRELIMINARES

Art. 1º Esta Lei regula os direitos autorais, entendendo-se sob esta denominação os direitos de autor e os que lhes são conexos.

Art. 2º Os estrangeiros domiciliados no exterior gozarão da proteção assegurada nos acordos, convenções e tratados em vigor no Brasil.

Parágrafo único. Aplica-se o disposto nesta Lei aos nacionais ou pessoas domiciliadas em país que assegure aos brasileiros ou pessoas domiciliadas no Brasil a reciprocidade na proteção aos direitos autorais ou equivalentes.

Art. 3º Os direitos autorais reputam-se, para os efeitos legais, bens móveis.

Art. 4º Interpretam-se restritivamente os negócios jurídicos sobre os direitos autorais.

Art. 5º Para os efeitos desta Lei, considera-se:

I – publicação – o oferecimento de obra literária, artística ou científica ao conhecimento do público, com o consentimento do autor, ou de qualquer outro titular de direito de autor, por qualquer forma ou processo;

II – transmissão ou emissão – a difusão de sons ou de sons e imagens, por meio de ondas radioelétricas; sinais de satélite; fio, cabo ou outro condutor, meios óticos ou qualquer outro processo eletromagnético;

III – retransmissão – a emissão simultânea da transmissão de uma empresa por outra;

IV – distribuição – a colocação à disposição do público do original ou cópia de obras literárias, artísticas ou científicas, interpretações ou execuções fixadas e fonogramas, mediante a venda, locação ou qualquer outra forma de transferência de propriedade ou posse;

V – comunicação ao público – ato mediante o qual a obra é colocada ao alcance do público, por qualquer meio ou procedimento e que não consista na distribuição de exemplares;

VI – reprodução – a cópia de um ou vários exemplares de uma obra literária, artística ou científica ou de um fonograma, de qualquer forma tangível, incluindo qualquer armazenamento permanente ou temporário por meios eletrônicos ou qualquer outro meio de fixação que venha a ser desenvolvido;

VII – contrafação – a reprodução não autorizada;

VIII – obra:

a) em coautoria – quando é criada em comum, por dois ou mais autores;

b) anônima – quando não se indica o nome do autor, por sua vontade ou por ser desconhecido;

c) pseudônima – quando o autor se oculta sob nome suposto;

d) inédita – a que não haja sido objeto de publicação;

e) póstuma – a que se publique após a morte do autor;

f) originária – a criação primígena;

g) derivada – a que, constituindo criação intelectual nova, resulta da transformação de obra originária;

h) coletiva – a criada por iniciativa, organização e responsabilidade de uma pessoa física ou jurídica, que a publica sob seu nome ou marca e que é constituída pela participação de diferentes autores, cujas contribuições se fundem numa criação autônoma;

i) audiovisual – a que resulta da fixação de imagens com ou sem som, que tenha a finalidade de criar, por meio de sua reprodução, a impressão de movimento, independentemente dos processos de sua captação, do suporte usado inicial ou posteriormente para fixá-lo, bem como dos meios utilizados para sua veiculação;

IX – fonograma – toda fixação de sons de uma execução ou interpretação ou de outros sons, ou de uma representação de sons que não seja uma fixação incluída em uma obra audiovisual;

X – editor – a pessoa física ou jurídica à qual se atribui o direito exclusivo de reprodução da obra e o dever de divulgá-la, nos limites previstos no contrato de edição;

XI – produtor – a pessoa física ou jurídica que toma a iniciativa e tem a responsabilidade econômica da primeira fixação do fonograma ou da obra audiovisual, qualquer que seja a natureza do suporte utilizado;

XII – radiodifusão – a transmissão sem fio, inclusive por satélites, de sons ou imagens e sons ou das representações desses, para recepção ao público e a transmissão de sinais codificados, quando os meios de decodificação sejam oferecidos ao público pelo organismo de radiodifusão ou com seu consentimento;

XIII – artistas intérpretes ou executantes – todos os atores, cantores, músicos, bailarinos ou outras pessoas que representem um papel, cantem, recitem, declamem, interpretem ou executem em qualquer forma obras literárias ou artísticas ou expressões do folclore;

XIV – titular originário – o autor de obra intelectual, o intérprete, o executante, o produtor fonográfico e as empresas de radiodifusão.

► Inciso XIV acrescido pela Lei nº 12.853, de 14-8-2013.

Art. 6º Não serão de domínio da União, dos Estados, do Distrito Federal ou dos Municípios as obras por eles simplesmente subvencionadas.

TÍTULO II – DAS OBRAS INTELECTUAIS

CAPÍTULO I

DAS OBRAS PROTEGIDAS

Art. 7º São obras intelectuais protegidas as criações do espírito, expressas por qualquer meio ou fixadas em qualquer suporte, tangível ou intangível, conhecido ou que se invente no futuro, tais como:

I – os textos de obras literárias, artísticas ou científicas;

II – as conferências, alocuções, sermões e outras obras da mesma natureza;

III – as obras dramáticas e dramático-musicais;

IV – as obras coreográficas e pantomímicas, cuja execução cênica se fixe por escrito ou por outra qualquer forma;

V – as composições musicais, tenham ou não letra;

VI – as obras audiovisuais, sonorizadas ou não, inclusive as cinematográficas;

VII – as obras fotográficas e as produzidas por qualquer processo análogo ao da fotografia;

VIII – as obras de desenho, pintura, gravura, escultura, litografia e arte cinética;

IX – as ilustrações, cartas geográficas e outras obras da mesma natureza;

X – os projetos, esboços e obras plásticas concernentes à geografia, engenharia, topografia, arquitetura, paisagismo, cenografia e ciência;

XI – as adaptações, traduções e outras transformações de obras originais, apresentadas como criação intelectual nova;

XII – os programas de computador;

XIII – as coletâneas ou compilações, antologias, enciclopédias, dicionários, bases de dados e outras obras, que, por sua seleção, organização ou disposição de seu conteúdo, constituam uma criação intelectual.

§ 1º Os programas de computador são objeto de legislação específica, observadas as disposições desta Lei que lhes sejam aplicáveis.

§ 2º A proteção concedida no inciso XIII não abarca os dados ou materiais em si mesmos e se entende sem prejuízo de quaisquer direitos autorais que subsistam a respeito dos dados ou materiais contidos nas obras.

§ 3º No domínio das ciências, a proteção recairá sobre a forma literária ou artística, não abrangendo o seu conteúdo científico ou técnico, sem prejuízo dos direitos que protegem os demais campos da propriedade imaterial.

Art. 8º Não são objeto de proteção como direitos autorais de que trata esta Lei:

I – as ideias, procedimentos normativos, sistemas, métodos, projetos ou conceitos matemáticos como tais;

II – os esquemas, planos ou regras para realizar atos mentais, jogos ou negócios;

III – os formulários em branco para serem preenchidos por qualquer tipo de informação, científica ou não, e suas instruções;

IV – os textos de tratados ou convenções, leis, decretos, regulamentos, decisões judiciais e demais atos oficiais;

V – as informações de uso comum tais como calendários, agendas, cadastros ou legendas;

VI – os nomes e títulos isolados;

VII – o aproveitamento industrial ou comercial das ideias contidas nas obras.

Art. 9º À cópia de obra de arte plástica feita pelo próprio autor é assegurada a mesma proteção de que goza o original.

Art. 10. A proteção à obra intelectual abrange o seu título, se original e inconfundível com o de obra do mesmo gênero, divulgada anteriormente por outro autor.

Parágrafo único. O título de publicações periódicas, inclusive jornais, é protegido até um ano após a saída do seu último número, salvo se forem anuais, caso em que esse prazo se elevará a dois anos.

CAPÍTULO II

DA AUTORIA DAS OBRAS INTELECTUAIS

Art. 11. Autor é a pessoa física criadora de obra literária, artística ou científica.

Parágrafo único. A proteção concedida ao autor poderá aplicar-se às pessoas jurídicas nos casos previstos nesta Lei.

Art. 12. Para se identificar como autor, poderá o criador da obra literária, artística ou científica usar de seu nome civil, completo ou abreviado até por suas iniciais, de pseudônimo ou qualquer outro sinal convencional.

Art. 13. Considera-se autor da obra intelectual, não havendo prova em contrário, aquele que, por uma das modalidades de identificação referidas no artigo anterior, tiver, em conformidade com o uso, indicada ou anunciada essa qualidade na sua utilização.

Art. 14. É titular de direitos de autor quem adapta, traduz, arranja ou orquestra obra caída no domínio público, não podendo opor-se a outra adaptação, arranjo, orquestração ou tradução, salvo se for cópia da sua.

Art. 15. A coautoria da obra é atribuída àqueles em cujo nome, pseudônimo ou sinal convencional for utilizada.

§ 1º Não se considera coautor quem simplesmente auxiliou o autor na produção da obra literária, artística ou científica, revendo-a, atualizando-a, bem como fiscalizando ou dirigindo sua edição ou apresentação por qualquer meio.

§ 2º Ao coautor, cuja contribuição possa ser utilizada separadamente, são asseguradas todas as faculdades inerentes à sua criação como obra individual, vedada, porém, a utilização que possa acarretar prejuízo à exploração da obra comum.

Art. 16. São coautores da obra audiovisual o autor do assunto ou argumento literário, musical ou lítero-musical e o diretor.

Parágrafo único. Consideram-se coautores de desenhos animados os que criam os desenhos utilizados na obra audiovisual.

Art. 17. É assegurada a proteção às participações individuais em obras coletivas.

§ 1º Qualquer dos participantes, no exercício de seus direitos morais, poderá proibir que se indique ou anuncie seu nome na obra coletiva, sem prejuízo do direito de haver a remuneração contratada.

§ 2º Cabe ao organizador a titularidade dos direitos patrimoniais sobre o conjunto da obra coletiva.

§ 3º O contrato com o organizador especificará a contribuição do participante, o prazo para entrega ou realização, a remuneração e demais condições para sua execução.

CAPÍTULO III

DO REGISTRO DAS OBRAS INTELECTUAIS

Art. 18. A proteção aos direitos de que trata esta Lei independe de registro.

Art. 19. É facultado ao autor registrar a sua obra no órgão público definido no *caput* e no § 1º do artigo 17 da Lei nº 5.988, de 14 de dezembro de 1973.

Art. 20. Para os serviços de registro previstos nesta Lei será cobrada retribuição, cujo valor e processo de recolhimento serão estabelecidos por ato do titular do órgão da administração pública federal a que estiver vinculado o registro das obras intelectuais.

Art. 21. Os serviços de registro de que trata esta Lei serão organizados conforme preceitua o § 2º do artigo 17 da Lei nº 5.988, de 14 de dezembro de 1973.

TÍTULO III – DOS DIREITOS DO AUTOR

CAPÍTULO I

DISPOSIÇÕES PRELIMINARES

Art. 22. Pertencem ao autor os direitos morais e patrimoniais sobre a obra que criou.

Art. 23. Os coautores da obra intelectual exercerão, de comum acordo, os seus direitos, salvo convenção em contrário.

CAPÍTULO II

DOS DIREITOS MORAIS DO AUTOR

Art. 24. São direitos morais do autor:

I – o de reivindicar, a qualquer tempo, a autoria da obra;

II – o de ter seu nome, pseudônimo ou sinal convencional indicado ou anunciado, como sendo o do autor, na utilização de sua obra;

III – o de conservar a obra inédita;

IV – o de assegurar a integridade da obra, opondo-se a quaisquer modificações ou à prática de atos que, de qualquer forma, possam prejudicá-la ou atingi-lo, como autor, em sua reputação ou honra;

V – o de modificar a obra, antes ou depois de utilizada;

VI – o de retirar de circulação a obra ou de suspender qualquer forma de utilização já autorizada, quando a circulação ou utilização implicarem afronta à sua reputação e imagem;

VII – o de ter acesso a exemplar único e raro da obra, quando se encontre legitimamente em poder de outrem, para o fim de, por meio de processo fotográfico ou assemelhado, ou audiovisual, preservar sua memória, de forma que cause o menor inconveniente possível a seu detentor, que, em todo caso, será indenizado de qualquer dano ou prejuízo que lhe seja causado.

§ 1º Por morte do autor, transmitem-se a seus sucessores os direitos a que se referem os incisos I a IV.

§ 2º Compete ao Estado a defesa da integridade e autoria da obra caída em domínio público.

§ 3º Nos casos dos incisos V e VI, ressalvam-se as prévias indenizações a terceiros, quando couberem.

Art. 25. Cabe exclusivamente ao diretor o exercício dos direitos morais sobre a obra audiovisual.

Art. 26. O autor poderá repudiar a autoria de projeto arquitetônico alterado sem o seu consentimento durante a execução ou após a conclusão da construção.

Parágrafo único. O proprietário da construção responde pelos danos que causar ao autor sempre que, após o repúdio, der como sendo daquele a autoria do projeto repudiado.

Art. 27. Os direitos morais do autor são inalienáveis e irrenunciáveis.

CAPÍTULO III

DOS DIREITOS PATRIMONIAIS DO AUTOR E DE SUA DURAÇÃO

Art. 28. Cabe ao autor o direito exclusivo de utilizar, fruir e dispor da obra literária, artística ou científica.

Art. 29. Depende de autorização prévia e expressa do autor a utilização da obra, por quaisquer modalidades, tais como:

I – a reprodução parcial ou integral;

II – a edição;

III – a adaptação, o arranjo musical e quaisquer outras transformações;

IV – a tradução para qualquer idioma;

V – a inclusão em fonograma ou produção audiovisual;

VI – a distribuição, quando não intrínseca ao contrato firmado pelo autor com terceiros para uso ou exploração da obra;

VII – a distribuição para oferta de obras ou produções mediante cabo, fibra ótica, satélite, ondas ou qualquer outro sistema que permita ao usuário realizar a seleção da obra ou produção para percebê-la em um tempo e lugar previamente determinados por quem formula a demanda, e nos casos em que o acesso às obras ou produções se faça por qualquer sistema que importe em pagamento pelo usuário;

VIII – a utilização, direta ou indireta, da obra literária, artística ou científica, mediante:

a) representação, recitação ou declamação;

b) execução musical;

c) emprego de alto-falante ou de sistemas análogos;

d) radiodifusão sonora ou televisiva;

e) captação de transmissão de radiodifusão em locais de frequência coletiva;

f) sonorização ambiental;

g) a exibição audiovisual, cinematográfica ou por processo assemelhado;

h) emprego de satélites artificiais;

i) emprego de sistemas óticos, fios telefônicos ou não, cabos de qualquer tipo e meios de comunicação similares que venham a ser adotados;

j) exposição de obras de artes plásticas e figurativas;

IX – a inclusão em base de dados, o armazenamento em computador, a microfilmagem e as demais formas de arquivamento do gênero;

X – quaisquer outras modalidades de utilização existentes ou que venham a ser inventadas.

Art. 30. No exercício do direito de reprodução, o titular dos direitos autorais poderá colocar à disposição do público a obra, na forma, local e pelo tempo que desejar, a título oneroso ou gratuito.

§ 1º O direito de exclusividade de reprodução não será aplicável quando ela for temporária e apenas tiver o propósito de tornar a obra, fonograma ou interpretação perceptível em meio eletrônico ou quando for de natureza transitória e incidental, desde que ocorra no curso do uso devidamente autorizado da obra, pelo titular.

§ 2º Em qualquer modalidade de reprodução, a quantidade de exemplares será informada e controlada, cabendo a quem reproduzir a obra a responsabilidade de manter os registros que permitam, ao autor, a fiscalização do aproveitamento econômico da exploração.

Art. 31. As diversas modalidades de utilização de obras literárias, artísticas ou científicas ou de fonogramas são independentes entre si, e a autorização concedida pelo autor, ou pelo produtor, respectivamente, não se estende a quaisquer das demais.

Art. 32. Quando uma obra feita em regime de coautoria não for divisível, nenhum dos coautores, sob pena de responder por perdas e danos, poderá, sem consentimento dos demais, publicá-la ou autorizar-lhe a publicação, salvo na coleção de suas obras completas.

§ 1º Havendo divergência, os coautores decidirão por maioria.

§ 2º Ao coautor dissidente é assegurado o direito de não contribuir para as despesas de publicação, renunciando a sua parte nos lucros, e o de vedar que se inscreva seu nome na obra.

§ 3º Cada coautor pode, individualmente, sem aquiescência dos outros, registrar a obra e defender os próprios direitos contra terceiros.

Art. 33. Ninguém pode reproduzir obra que não pertença ao domínio público, a pretexto de anotá-la, comentá-la ou melhorá-la, sem permissão do autor.

Parágrafo único. Os comentários ou anotações poderão ser publicados separadamente.

Art. 34. As cartas missivas, cuja publicação está condicionada à permissão do autor, poderão ser juntadas como documento de prova em processos administrativos e judiciais.

Art. 35. Quando o autor, em virtude de revisão, tiver dado à obra versão definitiva, não poderão seus sucessores reproduzir versões anteriores.

Art. 36. O direito de utilização econômica dos escritos publicados pela imprensa, diária ou periódica, com exceção dos assinados ou que apresentem sinal de reserva, pertence ao editor, salvo convenção em contrário.

Parágrafo único. A autorização para utilização econômica de artigos assinados, para publicação em diários e periódicos, não produz efeito além do prazo da periodicidade acrescido de vinte dias, a contar de sua publicação, findo o qual recobra o autor o seu direito.

Art. 37. A aquisição do original de uma obra, ou de exemplar, não confere ao adquirente qualquer dos direitos patrimoniais do autor, salvo convenção em contrário, entre as partes e os casos previstos nesta Lei.

Art. 38. O autor tem o direito, irrenunciável e inalienável, de perceber, no mínimo, cinco por cento sobre o aumento do preço eventualmente verificável em cada revenda de obra de arte ou manuscrito, sendo originais, que houver alienado.

Parágrafo único. Caso o autor não perceba o seu direito de sequência no ato da revenda, o vendedor é considerado depositário da quantia a ele devida, salvo se a operação for realizada por leiloeiro, quando será este o depositário.

Art. 39. Os direitos patrimoniais do autor, excetuados os rendimentos resultantes de sua exploração, não se comunicam, salvo pacto antenupcial em contrário.

Art. 40. Tratando-se de obra anônima ou pseudônima, caberá a quem publicá-la o exercício dos direitos patrimoniais do autor.

Parágrafo único. O autor que se der a conhecer assumirá o exercício dos direitos patrimoniais, ressalvados os direitos adquiridos por terceiros.

Art. 41. Os direitos patrimoniais do autor perduram por setenta anos contados de 1º de janeiro do ano subsequente ao de seu falecimento, obedecida a ordem sucessória da lei civil.

Parágrafo único. Aplica-se às obras póstumas o prazo de proteção a que alude o *caput* deste artigo.

Art. 42. Quando a obra literária, artística ou científica realizada em coautoria for indivisível, o prazo previsto no artigo anterior será contado da morte do último dos coautores sobreviventes.

Parágrafo único. Acrescer-se-ão aos dos sobreviventes os direitos do coautor que falecer sem sucessores.

Art. 43. Será de setenta anos o prazo de proteção aos direitos patrimoniais sobre as obras anônimas ou pseudônimas, contado de 1º de janeiro do ano imediatamente posterior ao da primeira publicação.

Parágrafo único. Aplicar-se-á o disposto no artigo 41 e seu parágrafo único, sempre que o autor se der a conhecer antes do termo do prazo previsto no *caput* deste artigo.

Art. 44. O prazo de proteção aos direitos patrimoniais sobre obras audiovisuais e fotográficas será de setenta anos, a contar de 1º de janeiro do ano subsequente ao de sua divulgação.

Art. 45. Além das obras em relação às quais decorreu o prazo de proteção aos direitos patrimoniais, pertencem ao domínio público:

I – as de autores falecidos que não tenham deixado sucessores;

II – as de autor desconhecido, ressalvada a proteção legal aos conhecimentos étnicos e tradicionais.

CAPÍTULO IV

DAS LIMITAÇÕES AOS DIREITOS AUTORAIS

Art. 46. Não constitui ofensa aos direitos autorais:

I – a reprodução;

a) na imprensa diária ou periódica, de notícia ou de artigo informativo, publicado em diários ou periódicos, com a menção do nome do autor, se assinados, e da publicação de onde foram transcritos;

b) em diários ou periódicos, de discursos pronunciados em reuniões públicas de qualquer natureza;

c) de retratos, ou de outra forma de representação da imagem, feitos sob encomenda, quando realizada pelo proprietário do objeto encomendado, não havendo a oposição da pessoa neles representada ou de seus herdeiros;

d) de obras literárias, artísticas ou científicas, para uso exclusivo de deficientes visuais, sempre que a reprodução, sem fins comerciais, seja feita mediante o sistema Braille ou outro procedimento em qualquer suporte para esses destinatários;

II – a reprodução, em um só exemplar, de pequenos trechos, para uso privado do copista, desde que feita por este, sem intuito de lucro;

III – a citação em livros, jornais, revistas ou qualquer outro meio de comunicação, de passagens de qualquer obra, para fins de estudo, crítica ou polêmica, na medida justificada para o fim a atingir, indicando-se o nome do autor e a origem da obra;

IV – o apanhado de lições em estabelecimentos de ensino por aqueles a quem elas se dirigem, vedada sua publicação, integral ou parcial, sem autorização prévia e expressa de quem as ministrou;

V – a utilização de obras literárias, artísticas ou científicas, fonogramas e transmissão de rádio e televisão em estabelecimentos comerciais, exclusivamente para demonstração à clientela, desde que esses estabelecimentos comercializem os suportes ou equipamentos que permitam a sua utilização;

VI – a representação teatral e a execução musical, quando realizadas no recesso familiar ou, para fins exclusivamente didáticos, nos estabelecimentos de ensino, não havendo em qualquer caso intuito de lucro;

VII – a utilização de obras literárias, artísticas ou científicas para produzir prova judiciária ou administrativa;

VIII – a reprodução, em quaisquer obras, de pequenos trechos de obras preexistentes, de qualquer natureza, ou de obra integral, quando de artes plásticas, sempre que a reprodução em si não seja o objetivo principal da obra nova e que não prejudique a exploração normal da obra reproduzida nem cause um prejuízo injustificado aos legítimos interesses dos autores.

Art. 47. São livres as paráfrases e paródias que não forem verdadeiras reproduções da obra originária nem lhe implicarem descrédito.

Art. 48. As obras situadas permanentemente em logradouros públicos podem ser representadas livremente, por meio de pinturas, desenhos, fotografias e procedimentos audiovisuais.

CAPÍTULO V

DA TRANSFERÊNCIA DOS DIREITOS DE AUTOR

Art. 49. Os direitos de autor poderão ser total ou parcialmente transferidos a terceiros, por ele ou por seus sucessores, a título universal ou singular, pessoalmente ou por meio de representantes com poderes especiais, por meio de licenciamento, concessão, cessão ou por outros meios admitidos em Direito, obedecidas as seguintes limitações:

I – a transmissão total compreende todos os direitos de autor, salvo os de natureza moral e os expressamente excluídos por lei;

II – somente se admitirá transmissão total e definitiva dos direitos mediante estipulação contratual escrita;

III – na hipótese de não haver estipulação contratual escrita, o prazo máximo será de cinco anos;

IV – a cessão será válida unicamente para o país em que se firmou o contrato, salvo estipulação em contrário;

V – a cessão só se operará por modalidades de utilização já existentes à data do contrato;

VI – não havendo especificações quanto à modalidade de utilização, o contrato será interpretado restritivamente, entendendo-se como limitada apenas a uma que seja aquela indispensável ao cumprimento da finalidade do contrato.

Art. 50. A cessão total ou parcial dos direitos de autor, que se fará sempre por escrito, presume-se onerosa.

§ 1º Poderá a cessão ser averbada à margem do registro a que se refere o artigo 19 desta Lei, ou, não estando a obra registrada, poderá o instrumento ser registrado em Cartório de Títulos e Documentos.

§ 2º Constarão do instrumento de cessão como elementos essenciais seu objeto e as condições de exercício do direito quanto a tempo, lugar e preço.

Art. 51. A cessão dos direitos de autor sobre obras futuras abrangerá, no máximo, o período de cinco anos.

Parágrafo único. O prazo será reduzido a cinco anos sempre que indeterminado ou superior, diminuindo-se, na devida proporção, o preço estipulado.

Art. 52. A omissão do nome do autor, ou de coautor, na divulgação da obra não presume o anonimato ou a cessão de seus direitos.

TÍTULO IV – DA UTILIZAÇÃO DE OBRAS INTELECTUAIS E DOS FONOGRAMAS

CAPÍTULO I

DA EDIÇÃO

Art. 53. Mediante contrato de edição, o editor, obrigando-se a reproduzir e a divulgar a obra literária, artística ou científica, fica autorizado, em caráter de exclusividade, a publicá-la e a explorá-la pelo prazo e nas condições pactuadas com o autor.

Parágrafo único. Em cada exemplar da obra o editor mencionará:

I – o título da obra e seu autor;

II – no caso de tradução, o título original e o nome do tradutor;

III – o ano de publicação;

IV – o seu nome ou marca que o identifique.

Art. 54. Pelo mesmo contrato pode o autor obrigar-se à feitura de obra literária, artística ou científica em cuja publicação e divulgação se empenha o editor.

Art. 55. Em caso de falecimento ou de impedimento do autor para concluir a obra, o editor poderá:

I – considerar resolvido o contrato, mesmo que tenha sido entregue parte considerável da obra;

II – editar a obra, sendo autônoma, mediante pagamento proporcional do preço;

III – mandar que outro a termine, desde que consintam os sucessores e seja o fato indicado na edição.

Parágrafo único. É vedada a publicação parcial, se o autor manifestou a vontade de só publicá-la por inteiro ou se assim o decidirem seus sucessores.

Art. 56. Entende-se que o contrato versa apenas sobre uma edição, se não houver cláusula expressa em contrário.

Parágrafo único. No silêncio do contrato, considera-se que cada edição se constitui de três mil exemplares.

Art. 57. O preço da retribuição será arbitrado, com base nos usos e costumes, sempre que no contrato não a tiver estipulado expressamente o autor.

Art. 58. Se os originais forem entregues em desacordo com o ajustado e o editor não os recusar nos trinta dias seguintes ao do recebimento, ter-se-ão por aceitas as alterações introduzidas pelo autor.

Art. 59. Quaisquer que sejam as condições do contrato, o editor é obrigado a facultar ao autor o exame da escrituração na parte que lhe corresponde, bem como a informá-lo sobre o estado da edição.

Art. 60. Ao editor compete fixar o preço da venda, sem, todavia, poder elevá-lo a ponto de embaraçar a circulação da obra.

Art. 61. O editor será obrigado a prestar contas mensais ao autor sempre que a retribuição deste estiver condicionada à venda da obra, salvo se prazo diferente houver sido convencionado.

Art. 62. A obra deverá ser editada em dois anos de celebração do contrato, salvo prazo diverso estipulado em convenção.

Parágrafo único. Não havendo edição da obra no prazo legal ou contratual, poderá ser rescindido o contrato, respondendo o editor por danos causados.

Art. 63. Enquanto não se esgotarem as edições a que tiver direito o editor, não poderá o autor dispor de sua obra, cabendo ao editor o ônus da prova.

§ 1º Na vigência do contrato de edição, assiste ao editor o direito de exigir que se retire de circulação edição da mesma obra feita por outrem.

§ 2º Considera-se esgotada a edição quando restarem em estoque, em poder do editor, exemplares em número inferior a dez por cento do total da edição.

Art. 64. Somente decorrido um ano de lançamento da edição, o editor poderá vender, como saldo, os exemplares restantes, desde que o autor seja notificado de que, no prazo de trinta dias, terá prioridade na aquisição dos referidos exemplares pelo preço de saldo.

Art. 65. Esgotada a edição, e o editor, com direito a outra, não a publica, poderá o autor notificá-lo a que o faça em certo prazo, sob pena de perder aquele direito, além de responder por danos.

Art. 66. O autor tem o direito de fazer, nas edições sucessivas de suas obras, as emendas e alterações que bem lhe aprouver.

Parágrafo único. O editor poderá opor-se às alterações que lhe prejudiquem os interesses, ofendam sua reputação ou aumentem sua responsabilidade.

Art. 67. Se, em virtude de sua natureza, for imprescindível a atualização da obra em novas edições, o editor, negando-se o autor a fazê-la, dela poderá encarregar outrem, mencionando o fato na edição.

CAPÍTULO II

DA COMUNICAÇÃO AO PÚBLICO

Art. 68. Sem prévia e expressa autorização do autor ou titular, não poderão ser utilizadas obras teatrais, composições musicais ou líteromusicais e fonogramas, em representações e execuções públicas.

§ 1º Considera-se representação pública a utilização de obras teatrais no gênero drama, tragédia, comédia, ópera, opereta, balé, pantomimas e assemelhadas, musicadas ou não, mediante a participação de artistas, remunerados ou não, em locais de frequência coletiva ou pela radiodifusão, transmissão e exibição cinematográfica.

§ 2º Considera-se execução pública a utilização de composições musicais ou lítero-musicais, mediante a participação de artistas, remunerados ou não, ou a utilização de fonogramas e obras audiovisuais, em locais de frequência coletiva, por quaisquer processos, inclusive a radiodifusão ou transmissão por qualquer modalidade, e a exibição cinematográfica.

§ 3º Consideram-se locais de frequência coletiva os teatros, cinemas, salões de baile ou concertos, boates, bares, clubes ou associações de qualquer natureza, lojas, estabelecimentos comerciais e industriais, estádios, circos, feiras, restaurantes, hotéis, motéis, clínicas, hospitais, órgãos públicos da administração direta ou indireta, fundacionais e estatais, meios de transporte de passageiros terrestre, marítimo, fluvial ou aéreo, ou onde quer que se representem, executem ou transmitam obras literárias, artísticas ou científicas.

§ 4º Previamente à realização da execução pública, o empresário deverá apresentar ao escritório central, previsto no artigo 99, a comprovação dos recolhimentos relativos aos direitos autorais.

§ 5º Quando a remuneração depender da frequência do público, poderá o empresário, por convênio com o escritório central, pagar o preço após a realização da execução pública.

§ 6º O usuário entregará à entidade responsável pela arrecadação dos direitos relativos à execução ou exibição pública, imediatamente após o ato de comunicação ao público, relação completa das obras e fonogramas utilizados, e a tornará pública e de livre acesso, juntamente com os valores pagos, em seu sítio eletrônico ou, em não havendo este, no local da comunicação e em sua sede.

► § 6º com a redação dada pela Lei nº 12.853, de 14-8-2013.

§ 7º As empresas cinematográficas e de radiodifusão manterão à imediata disposição dos interessados, cópia autêntica dos contratos, ajustes ou acordos, individuais ou coletivos, autorizando e disciplinando a remuneração por execução pública das obras musicais e fonogramas contidas em seus programas ou obras audiovisuais.

§ 8º Para as empresas mencionadas no § 7º, o prazo para cumprimento do disposto no § 6º será até o décimo dia útil de cada mês, relativamente à relação completa das obras e fonogramas utilizados no mês anterior.

► § 8º acrescido pela Lei nº 12.853, de 14-8-2013.

Art. 69. O autor, observados os usos locais, notificará o empresário do prazo para a representação ou execução, salvo prévia estipulação convencional.

Art. 70. Ao autor assiste o direito de opor-se à representação ou execução que não seja suficientemente ensaiada, bem como fiscalizá-la, tendo, para isso, livre acesso durante as representações ou execuções, no local onde se realizam.

Art. 71. O autor da obra não pode alterar-lhe a substância, sem acordo com o empresário que a fez representar.

Art. 72. O empresário, sem licença do autor, não pode entregar a obra a pessoa estranha à representação ou à execução.

Art. 73. Os principais intérpretes e os diretores de orquestras ou coro, escolhidos de comum acordo pelo autor e pelo produtor, não podem ser substituídos por ordem deste, sem que aquele consinta.

Art. 74. O autor da obra teatral, ao autorizar a sua tradução ou adaptação, poderá fixar prazo para utilização dela em representações públicas.

Parágrafo único. Após o decurso do prazo a que se refere este artigo, não poderá opor-se o tradutor ou adaptador à utilização de outra tradução ou adaptação autorizada, salvo se for cópia da sua.

Art. 75. Autorizada a representação de obra teatral feita em coautoria, não poderá qualquer dos coautores revogar a autorização dada, provocando a suspensão da temporada contratualmente ajustada.

Art. 76. É impenhorável a parte do produto dos espetáculos reservada ao autor e aos artistas.

CAPÍTULO III

DA UTILIZAÇÃO DA OBRA DE ARTE PLÁSTICA

Art. 77. Salvo convenção em contrário, o autor de obra de arte plástica, ao alienar o objeto em que ela se materializa, transmite o direito de expô-la, mas não transmite ao adquirente o direito de reproduzi-la.

Art. 78. A autorização para reproduzir obra de arte plástica, por qualquer processo, deve se fazer por escrito e se presume onerosa.

CAPÍTULO IV

DA UTILIZAÇÃO DA OBRA FOTOGRÁFICA

Art. 79. O autor de obra fotográfica tem direito a reproduzi-la e colocá-la à venda, observadas as restrições à exposição, reprodução e venda de retratos, e sem prejuízo dos direitos de autor sobre a obra fotografada, se de artes plásticas protegidas.

§ 1º A fotografia, quando utilizada por terceiros, indicará de forma legível o nome do seu autor.

§ 2º É vedada a reprodução de obra fotográfica que não esteja em absoluta consonância com o original, salvo prévia autorização do autor.

CAPÍTULO V

DA UTILIZAÇÃO DE FONOGRAMA

Art. 80. Ao publicar o fonograma, o produtor mencionará em cada exemplar:

I – o título da obra incluída e seu autor;

II – o nome ou pseudônimo do intérprete;

III – o ano de publicação;

IV – o seu nome ou marca que o identifique.

CAPÍTULO VI

DA UTILIZAÇÃO DA OBRA AUDIOVISUAL

Art. 81. A autorização do autor e do intérprete de obra literária, artística ou científica para produção audiovisual implica, salvo disposição em contrário, consentimento para sua utilização econômica.

§ 1º A exclusividade da autorização depende de cláusula expressa e cessa dez anos após a celebração do contrato.

§ 2º Em cada cópia da obra audiovisual, mencionará o produtor:

I – o título da obra audiovisual;

II – os nomes ou pseudônimos do diretor e dos demais coautores;

III – o título da obra adaptada e seu autor, se for o caso;

IV – os artistas intérpretes;

V – o ano de publicação;

VI – o seu nome ou marca que o identifique;

VII – o nome dos dubladores.

► Inciso VII acrescido pela Lei nº 12.091, de 11-11-2009.

Art. 82. O contrato de produção audiovisual deve estabelecer:

I – a remuneração devida pelo produtor aos coautores da obra e aos artistas intérpretes e executantes, bem como o tempo, lugar e forma de pagamento;

II – o prazo de conclusão da obra;

III – a responsabilidade do produtor para com os coautores, artistas intérpretes ou executantes, no caso de coprodução.

Art. 83. O participante da produção da obra audiovisual que interromper, temporária ou definitivamente, sua atuação, não poderá opor-se a que esta seja utilizada na obra nem a que terceiro o substitua, resguardados os direitos que adquiriu quanto à parte já executada.

Art. 84. Caso a remuneração dos coautores da obra audiovisual dependa dos rendimentos de sua utilização econômica, o produtor lhes prestará contas semestralmente, se outro prazo não houver sido pactuado.

Art. 85. Não havendo disposição em contrário, poderão os coautores da obra audiovisual utilizar-se, em gênero diverso, da parte que constitua sua contribuição pessoal.

Parágrafo único. Se o produtor não concluir a obra audiovisual no prazo ajustado ou não iniciar sua exploração dentro de dois anos, a contar de sua conclusão, a utilização a que se refere este artigo será livre.

Art. 86. Os direitos autorais de execução musical relativos a obras musicais, lítero-musicais e fonogramas incluídos em obras audiovisuais serão devidos aos seus titulares pelos responsáveis dos locais ou estabelecimentos a que alude o § 3º do artigo 68 desta Lei, que as exibirem, ou pelas emissoras de televisão que as transmitirem.

CAPÍTULO VII

DA UTILIZAÇÃO DE BASES DE DADOS

Art. 87. O titular do direito patrimonial sobre uma base de dados terá o direito exclusivo, a respeito da forma de expressão da estrutura da referida base, de autorizar ou proibir:

I – sua reprodução total ou parcial, por qualquer meio ou processo;

II – sua tradução, adaptação, reordenação ou qualquer outra modificação;

III – a distribuição do original ou cópias da base de dados ou a sua comunicação ao público;

IV – a reprodução, distribuição ou comunicação ao público dos resultados das operações mencionadas no inciso II deste artigo.

CAPÍTULO VIII

DA UTILIZAÇÃO DA OBRA COLETIVA

Art. 88. Ao publicar a obra coletiva, o organizador mencionará em cada exemplar:

I – o título da obra;

II – a relação de todos os participantes, em ordem alfabética, se outra não houver sido convencionada;

III – o ano de publicação;

IV – o seu nome ou marca que o identifique.

Parágrafo único. Para valer-se do disposto no § 1º do artigo 17, deverá o participante notificar o organizador, por escrito, até a entrega de sua participação.

TÍTULO V – DOS DIREITOS CONEXOS

CAPÍTULO I

DISPOSIÇÕES PRELIMINARES

Art. 89. As normas relativas aos direitos de autor aplicam-se, no que couber, aos direitos dos artistas intérpretes ou executantes, dos produtores fonográficos e das empresas de radiodifusão.

Parágrafo único. A proteção desta Lei aos direitos previstos neste artigo deixa intactas e não afeta as garantias asseguradas aos autores das obras literárias, artísticas ou científicas.

CAPÍTULO II

DOS DIREITOS DOS ARTISTAS INTÉRPRETES OU EXECUTANTES

Art. 90. Tem o artista intérprete ou executante o direito exclusivo de, a título oneroso ou gratuito, autorizar ou proibir:

I – a fixação de suas interpretações ou execuções;

II – a reprodução, a execução pública e a locação das suas interpretações ou execuções fixadas;

III – a radiodifusão das suas interpretações ou execuções, fixadas ou não;

IV – a colocação à disposição do público de suas interpretações ou execuções, de maneira que qualquer pessoa a elas possa ter acesso, no tempo e no lugar que individualmente escolherem;

V – qualquer outra modalidade de utilização de suas interpretações ou execuções.

§ 1º Quando na interpretação ou na execução participarem vários artistas, seus direitos serão exercidos pelo diretor do conjunto.

§ 2º A proteção aos artistas intérpretes ou executantes estende-se à reprodução da voz e imagem, quando associadas às suas atuações.

Art. 91. As empresas de radiodifusão poderão realizar fixações de interpretação ou execução de artistas que as tenham permitido para utilização em determinado número de emissões, facultada sua conservação em arquivo público.

Parágrafo único. A reutilização subsequente da fixação, no País ou no exterior, somente será lícita mediante autorização escrita dos titulares de bens intelectuais incluídos no programa, devida uma remuneração adicional aos titulares para cada nova utilização.

Art. 92. Aos intérpretes cabem os direitos morais de integridade e paternidade de suas interpretações, inclusive depois da cessão dos direitos patrimoniais, sem prejuízo da redução, compactação, edição ou dublagem da obra de que tenham participado, sob a responsabilidade do produtor, que não poderá desfigurar a interpretação do artista.

Parágrafo único. O falecimento de qualquer participante de obra audiovisual, concluída ou não, não obsta sua exibição e aproveitamento econômico, nem exige autorização adicional, sendo a remuneração prevista para o falecido, nos termos do contrato e da lei, efetuada a favor do espólio ou dos sucessores.

CAPÍTULO III

DOS DIREITOS DOS PRODUTORES FONOGRÁFICOS

Art. 93. O produtor de fonogramas tem o direito exclusivo de, a título oneroso ou gratuito, autorizar-lhes ou proibir-lhes:

I – a reprodução direta ou indireta, total ou parcial;

II – a distribuição por meio da venda ou locação de exemplares da reprodução;

III – a comunicação ao público por meio da execução pública, inclusive pela radiodifusão;

IV – VETADO;

V – quaisquer outras modalidades de utilização, existentes ou que venham a ser inventadas.

Art. 94. *Revogado.* Lei nº 12.853, de 14-8-2013.

CAPÍTULO IV

DOS DIREITOS DAS EMPRESAS DE RADIODIFUSÃO

Art. 95. Cabe às empresas de radiodifusão o direito exclusivo de autorizar ou proibir a retransmissão, fixação e reprodução de suas emissões, bem como a comunicação ao público, pela televisão, em locais de frequência coletiva, sem prejuízo dos direitos dos titulares de bens intelectuais incluídos na programação.

CAPÍTULO V

DA DURAÇÃO DOS DIREITOS CONEXOS

Art. 96. É de setenta anos o prazo de proteção aos direitos conexos, contados a partir de 1º de janeiro do ano subsequente à fixação, para os fonogramas; à transmissão, para as emissões das empresas de radiodifusão; e à execução e representação pública, para os demais casos.

TÍTULO VI – DAS ASSOCIAÇÕES DE TITULARES DE DIREITOS DE AUTOR E DOS QUE LHES SÃO CONEXOS

Art. 97. Para o exercício e defesa de seus direitos, podem os autores e os titulares de direitos conexos associar-se sem intuito de lucro.

§ 1º As associações reguladas por este artigo exercem atividade de interesse público, por determinação desta Lei, devendo atender a sua função social.

§ 2º É vedado pertencer, simultaneamente, a mais de uma associação para a gestão coletiva de direitos da mesma natureza.

§ 3º Pode o titular transferir-se, a qualquer momento, para outra associação, devendo comunicar o fato, por escrito, à associação de origem.

► §§ 1º a 3º com a redação dada pela Lei nº 12.853, de 14-8-2013.

§ 4º As associações com sede no exterior far-se-ão representar, no País, por associações nacionais constituídas na forma prevista nesta Lei.

§ 5º Apenas os titulares originários de direitos de autor ou de direitos conexos filiados diretamente às associações nacionais poderão votar ou ser votados nas associações reguladas por este artigo.

§ 6º Apenas os titulares originários de direitos de autor ou de direitos conexos, nacionais ou estrangeiros domiciliados no Brasil, filiados diretamente às associações nacionais poderão assumir cargos de direção nas associações reguladas por este artigo.

► §§ 4º a 6º acrescidos pela Lei nº 12.853, de 14-8-2013.

Art. 98. Com o ato de filiação, as associações de que trata o art. 97 tornam-se mandatárias de seus associados para a prática de todos os atos necessários à defesa judicial ou extrajudicial de seus direitos autorais, bem como para o exercício da atividade de cobrança desses direitos.

► *Caput* com a redação dada pela Lei nº 12.853, de 14-8-2013.

§ 1º O exercício da atividade de cobrança citada no *caput* somente será lícito para as associações que obtiverem habilitação em órgão da Administração Pública Federal, nos termos do art. 98-A.

§ 2º As associações deverão adotar os princípios da isonomia, eficiência e transparência na cobrança pela utilização de qualquer obra ou fonograma.

§ 3º Caberá às associações, no interesse dos seus associados, estabelecer os preços pela utilização de seus repertórios, considerando a razoabilidade, a boa-fé e os usos do local de utilização das obras.

§ 4º A cobrança será sempre proporcional ao grau de utilização das obras e fonogramas pelos usuários, considerando a importância da execução pública no exercício de suas atividades, e as particularidades de cada segmento, conforme disposto no regulamento desta Lei.

§ 5º As associações deverão tratar seus associados de forma equitativa, sendo vedado o tratamento desigual.

§ 6º As associações deverão manter um cadastro centralizado de todos os contratos, declarações ou documentos de qualquer natureza que comprovem a autoria e a titularidade das obras e dos fonogramas, bem como as participações individuais em cada obra e em cada fonograma, prevenindo o falseamento de dados e fraudes e promovendo a desambiguação de títulos similares de obras.

§ 7º As informações mencionadas no § 6º são de interesse público e o acesso a elas deverá ser disponibilizado por meio eletrônico a qualquer interessado, de forma gratuita, permitindo-se ainda ao Ministério da Cultura o acesso contínuo e integral a tais informações.

§ 8º Mediante comunicação do interessado e preservada a ampla defesa e o direito ao contraditório, o Ministério da Cultura poderá, no caso de inconsistência nas informações mencionadas no § 6º deste artigo, determinar sua retificação e demais medidas necessárias à sua regularização, conforme disposto em regulamento.

§ 9º As associações deverão disponibilizar sistema de informação para comunicação periódica, pelo usuário, da totalidade das obras e fonogramas utilizados, bem como para acompanhamento, pelos titulares de direitos, dos valores arrecadados e distribuídos.

§ 10. Os créditos e valores não identificados deverão permanecer retidos e à disposição dos titulares pelo período de 5 (cinco) anos, devendo ser distribuídos à medida da sua identificação.

§ 11. Findo o período de 5 (cinco) anos previsto no § 10 sem que tenha ocorrido a identificação dos créditos e valores retidos, estes serão distribuídos aos titulares de direitos de autor e de direitos conexos dentro da mesma rubrica em que foram arrecadados e na proporção de suas respectivas arrecadações durante o período da retenção daqueles créditos e valores, sendo vedada a sua destinação para outro fim.

§ 12. A taxa de administração praticada pelas associações no exercício da cobrança e distribuição de direitos autorais deverá ser proporcional ao custo efetivo de suas operações, considerando as peculiaridades de cada uma delas.

§ 13. Os dirigentes das associações serão eleitos para mandato de 3 (três) anos, permitida uma única recondução precedida de nova eleição.

§ 14. Os dirigentes das associações atuarão diretamente em sua gestão, por meio de voto pessoal, sendo vedado que atuem representados por terceiros.

► §§ 1º a 14 acrescidos pela Lei nº 12.853, de 14-8-2013.

§ 15. Os titulares de direitos autorais poderão praticar pessoalmente os atos referidos no *caput* e no § 3º deste artigo, mediante comunicação à associação a que estiverem filiados, com até 48 (quarenta e oito) horas de antecedência da sua prática.

► Antigo parágrafo único transformado em § 15 e com a redação dada pela Lei nº 12.853, de 14-8-2013.

§ 16. As associações, por decisão do seu órgão máximo de deliberação e conforme previsto em seus estatutos, poderão destinar até 20% (vinte por cento) da totalidade ou de parte dos recursos oriundos de suas atividades para ações de natureza cultural e social que beneficiem seus associados de forma coletiva.

► § 16 acrescido pela Lei nº 12.853, de 14-8-2013.

Art. 98-A. O exercício da atividade de cobrança de que trata o art. 98 dependerá de habilitação prévia em órgão da Administração Pública Federal, conforme disposto em regulamento, cujo processo administrativo observará:

I – o cumprimento, pelos estatutos da entidade solicitante, dos requisitos estabelecidos na legislação para sua constituição;

II – a demonstração de que a entidade solicitante reúne as condições necessárias para assegurar uma administração eficaz e transparente dos direitos a ela confiados e significativa representatividade de obras e titulares cadastrados, mediante comprovação dos seguintes documentos e informações:

a) cadastros das obras e titulares que representam;

b) contratos e convênios mantidos com usuários de obras de seus repertórios, quando aplicável;

c) estatutos e respectivas alterações;

d) atas das assembleias ordinárias ou extraordinárias;

e) acordos de representação recíproca com entidades congêneres estrangeiras, quando existentes;

f) relatório anual de suas atividades, quando aplicável;

g) demonstrações contábeis anuais, quando aplicável;

h) demonstração de que as taxas de administração são proporcionais aos custos de cobrança e distribuição para cada tipo de utilização, quando aplicável;

i) relatório anual de auditoria externa de suas contas, desde que a entidade funcione há mais de 1 (um) ano e que a auditoria seja demandada pela maioria de seus associados ou por sindicato ou associação profissional, nos termos do art. 100;

j) detalhamento do modelo de governança da associação, incluindo estrutura de representação isonômica dos associados;

k) plano de cargos e salários, incluindo valor das remunerações dos dirigentes, gratificações, bonificações e outras modalidades de remuneração e premiação, com valores atualizados;

III – outras informações estipuladas em regulamento por órgão da Administração Pública Federal, como as que demonstrem o cumprimento das obrigações internacionais contratuais da entidade solicitante que possam ensejar questionamento ao Estado Brasileiro no âmbito dos acordos internacionais dos quais é parte.

§ 1º Os documentos e informações a que se referem os incisos II e III do *caput* deste artigo deverão ser apresentados anualmente ao Ministério da Cultura.

§ 2º A habilitação de que trata o § 1º do art. 98 é um ato de qualificação vinculado ao cumprimento dos requisitos instituídos por esta Lei e por seu regulamento e não precisará ser renovada periodicamente, mas poderá ser anulada mediante decisão proferida em processo administrativo ou judicial, quando verificado que a associação não atende ao disposto nesta Lei, assegurados sempre o contraditório e ampla defesa, bem como a comunicação do fato ao Ministério Público.

§ 3º A anulação da habilitação a que se refere o § 1º do art. 98 levará em consideração a gravidade e a relevância das irregularidades identificadas, a boa-fé do infrator e a reincidência nas irregularidades, conforme disposto em regulamento, e somente se efetivará após a aplicação de advertência, quando se concederá prazo razoável para atendimento das exigências apontadas pela autoridade competente.

§ 4º A ausência de uma associação que seja mandatária de determinada categoria de titulares em função da aplicação do § 2º deste artigo não isenta os usuários das obrigações previstas no art. 68, que deverão ser quitadas em relação ao período compreendido entre o indeferimento do pedido de habilitação, a anulação ou o cancelamento da habilitação e a obtenção de nova habilitação ou constituição de entidade sucessora nos termos deste artigo, ficando a entidade sucessora responsável pela fixação dos valores dos direitos autorais ou conexos em relação ao período compreendido entre o indeferimento do pedido de habilitação ou sua anulação e a obtenção de nova habilitação pela entidade sucessora.

§ 5º A associação cuja habilitação, nos termos deste artigo, seja anulada, inexistente ou pendente de apreciação pela autoridade competente, ou apresente qualquer outra forma de irregularidade, não poderá utilizar tais fatos como impedimento para distribuição de eventuais valores já arrecadados, sob pena de responsabilização direta de seus dirigentes nos termos do art.100-A, sem prejuízo das sanções penais cabíveis.

§ 6º As associações de gestão coletiva de direitos autorais deverão manter atualizados e disponíveis aos associados os documentos e as informações previstos nos incisos II e III deste artigo.

Art. 98-B. As associações de gestão coletiva de direitos autorais, no desempenho de suas funções, deverão:

I – dar publicidade e transparência, por meio de sítios eletrônicos próprios, às formas de cálculo e critérios de cobrança, discriminando, dentre outras informações, o tipo de usuário, tempo e lugar de utilização, bem como os critérios de distribuição dos valores dos direitos autorais arrecadados, incluídas as planilhas e demais registros de utilização das obras e fonogramas fornecidas pelos usuários, excetuando os valores distribuídos aos titulares individualmente;

II – dar publicidade e transparência, por meio de sítios eletrônicos próprios, aos estatutos, aos regulamentos de arrecadação e distribuição, às atas de suas reuniões deliberativas e aos cadastros das obras e titulares que representam, bem como ao montante arrecadado e distribuído e aos créditos eventualmente arrecadados e não distribuídos, sua origem e o motivo da sua retenção;

III – buscar eficiência operacional, dentre outros meios, pela redução de seus custos administrativos e dos prazos de distribuição dos valores aos titulares de direitos;

IV – oferecer aos titulares de direitos os meios técnicos para que possam acessar o balanço dos seus créditos da forma mais eficiente dentro do estado da técnica;

V – aperfeiçoar seus sistemas para apuração cada vez mais acurada das execuções públicas realizadas e publicar anualmente seus métodos de verificação, amostragem e aferição;

VI – garantir aos associados o acesso às informações referentes às obras sobre as quais sejam titulares de direitos e às execuções aferidas para cada uma delas, abstendo-se de firmar contratos, convênios ou pactos com cláusula de confidencialidade;

VII – garantir ao usuário o acesso às informações referentes às utilizações por ele realizadas.

Parágrafo único. As informações contidas nos incisos I e II devem ser atualizadas periodicamente, em intervalo nunca superior a 6 (seis) meses.

Art. 98-C. As associações de gestão coletiva de direitos autorais deverão prestar contas dos valores devidos, em caráter regular e de modo direto, aos seus associados.

§ 1º O direito à prestação de contas poderá ser exercido diretamente pelo associado.

§ 2º Se as contas não forem prestadas na forma do § 1º, o pedido do associado poderá ser encaminhado ao Ministério da Cultura que, após sua apreciação, poderá determinar a prestação de contas pela associação, na forma do regulamento.

▸ Arts. 98-A a 98-C acrescidos pela Lei nº 12.853, de 14-8-2013.

Art. 99. A arrecadação e distribuição dos direitos relativos à execução pública de obras musicais e literomusicais e de fonogramas será feita por meio das associações de gestão coletiva criadas para este fim por seus titulares, as quais deverão unificar a cobrança em um único escritório central para arrecadação e distribuição, que funcionará como ente arrecadador com personalidade jurídica própria e observará os §§ 1º a 12 do art. 98 e os arts. 98-A, 98-B, 98-C, 99-B, 100, 100-A e 100-B.

▸ *Caput* com a redação dada pela Lei nº 12.853, de 14-8-2013.

§ 1º O ente arrecadador organizado na forma prevista no *caput* não terá finalidade de lucro e será dirigido e administrado por meio do voto unitário de cada associação que o integra.

§ 2º O ente arrecadador e as associações a que se refere este Título atuarão em juízo e fora dele em seus próprios nomes como substitutos processuais dos titulares a eles vinculados.

§ 3º O recolhimento de quaisquer valores pelo ente arrecadador somente se fará por depósito bancário.

§ 4º A parcela destinada à distribuição aos autores e demais titulares de direitos não poderá, em um ano da data de publicação desta Lei, ser inferior a 77,5% (setenta e sete inteiros e cinco décimos por cento) dos valores arrecadados, aumentando-se tal parcela à razão de 2,5% a.a. (dois inteiros e cinco décimos por cento ao ano), até que, em 4 (quatro) anos da data de publicação desta Lei, ela não seja inferior a 85% (oitenta e cinco por cento) dos valores arrecadados.

§ 5º O ente arrecadador poderá manter fiscais, aos quais é vedado receber do usuário numerário a qualquer título.

▸ §§ 1º a 5º com a redação dada pela Lei nº 12.853, de 14-8-2013.

§ 6º A inobservância da norma do § 5º tornará o faltoso inabilitado à função de fiscal, sem prejuízo da comunicação do fato ao Ministério Público e da aplicação das sanções civis e penais cabíveis.

§ 7º Cabe ao ente arrecadador e às associações de gestão coletiva zelar pela continuidade da arrecadação e, no caso de perda da habilitação por alguma associação, cabe a ela cooperar para que a transição entre associações seja realizada sem qualquer prejuízo aos titulares, transferindo-se todas as informações necessárias ao processo de arrecadação e distribuição de direitos.

§ 8º Sem prejuízo do disposto no § 3º do art. 98, as associações devem estabelecer e unificar o preço de seus repertórios junto ao ente arrecadador para a sua cobrança, atuando este como mandatário das associações que o integram.

§ 9º O ente arrecadador cobrará do usuário de forma unificada, e se encarregará da devida distribuição da arrecadação às associações, observado o disposto nesta Lei, especialmente os critérios estabelecidos nos §§ 3º e 4º do art. 98.

▸ §§ 6º a 9º acrescidos pela Lei nº 12.853, de 14-8-2013.

Art. 99-A. O ente arrecadador de que trata o *caput* do art. 99 deverá admitir em seus quadros, além das associações que o constituíram, as associações de titulares de direitos autorais que tenham pertinência com sua área de atuação e estejam habilitadas em órgão da Administração Pública Federal na forma do art. 98-A.

Parágrafo único. As deliberações quanto aos critérios de distribuição dos recursos arrecadados serão tomadas por meio do voto unitário de cada associação que integre o ente arrecadador.

Art. 99-B. As associações referidas neste Título estão sujeitas às regras concorrenciais definidas em legislação específica que trate da prevenção e repressão às infrações contra a ordem econômica.

▸ Arts. 99-A e 99-B acrescidos pela Lei nº 12.853, de 14-8-2013.

Art. 100. O sindicato ou associação profissional que congregue filiados de uma associação de gestão coletiva de direitos autorais poderá, 1 (uma) vez por ano, às suas expensas, após notificação, com 8 (oito) dias de antecedência, fiscalizar, por intermédio de auditor independente, a exatidão das contas prestadas por essa associação autoral a seus representados.

▸ Artigo com a redação dada pela Lei nº 12.853, de 14-8-2013.

Art. 100-A. Os dirigentes das associações de gestão coletiva de direitos autorais respondem solidariamente, com seus bens particulares, por desvio de finalidade ou quanto ao inadimplemento das obrigações para com os associados, por dolo ou culpa.

Art. 100-B. Os litígios entre usuários e titulares de direitos autorais ou seus mandatários, em relação à falta de pagamento, aos critérios de cobrança, às formas de oferecimento de repertório e aos valores de arrecadação, e entre titulares e suas associações, em relação aos valores e critérios de distribuição, poderão ser objeto da atuação de órgão da Administração Pública Federal para a resolução de conflitos por meio de mediação ou arbitragem, na forma do regulamento, sem prejuízo da apreciação pelo Poder Judiciário e pelos órgãos do Sistema Brasileiro de Defesa da Concorrência, quando cabível.

▸ Arts. 100-A e 100-B acrescidos pela Lei nº 12.853, de 14-8-2013.

TÍTULO VII – DAS SANÇÕES ÀS VIOLAÇÕES DOS DIREITOS AUTORAIS

CAPÍTULO I
DISPOSIÇÃO PRELIMINAR

Art. 101. As sanções civis de que trata este Capítulo aplicam-se sem prejuízo das penas cabíveis.

CAPÍTULO II
DAS SANÇÕES CIVIS

Art. 102. O titular cuja obra seja fraudulentamente reproduzida, divulgada ou de qualquer forma utilizada, poderá requerer a apreensão dos exemplares reproduzidos ou a suspensão da divulgação, sem prejuízo da indenização cabível.

Art. 103. Quem editar obra literária, artística ou científica, sem autorização do titular, perderá para este os exemplares que se apreenderem e pagar-lhe-á o preço dos que tiver vendido.

Parágrafo único. Não se conhecendo o número de exemplares que constituem a edição fraudulenta, pagará o transgressor o valor de três mil exemplares, além dos apreendidos.

Art. 104. Quem vender, expuser a venda, ocultar, adquirir, distribuir, tiver em depósito ou utilizar obra ou fonograma reproduzidos com fraude, com a finalidade de vender, obter ganho, vantagem, proveito, lucro direto ou indireto, para si ou para outrem, será solidariamente responsável com o contrafator, nos termos dos artigos precedentes, respondendo como contrafatores o importador e o distribuidor em caso de reprodução no exterior.

Art. 105. A transmissão e a retransmissão, por qualquer meio ou processo, e a comunicação ao público de obras artísticas, literárias e científicas, de interpretações e de fonogramas, realizadas mediante violação aos direitos de seus titulares, deverão ser imediatamente suspensas ou interrompidas pela autoridade judicial competente, sem prejuízo da multa diária pelo descumprimento e das demais indenizações cabíveis, independentemente das sanções penais aplicáveis; caso se comprove que o infrator é reincidente na violação aos direitos dos titulares de direitos de autor e conexos, o valor da multa poderá ser aumentado até o dobro.

Art. 106. A sentença condenatória poderá determinar a destruição de todos os exemplares ilícitos, bem como as matrizes, moldes, negativos e demais elementos utilizados para praticar o ilícito civil, assim como a perda de máquinas, equipamentos e insumos destinados a tal fim ou, servindo eles unicamente para o fim ilícito, sua destruição.

Art. 107. Independentemente da perda dos equipamentos utilizados, responderá por perdas e danos, nunca inferiores ao valor que resultaria da aplicação do disposto no artigo 103 e seu parágrafo único, quem:

I – alterar, suprimir, modificar ou inutilizar, de qualquer maneira, dispositivos técnicos introduzidos nos exemplares das obras e produções protegidas para evitar ou restringir sua cópia;

II – alterar, suprimir ou inutilizar, de qualquer maneira, os sinais codificados destinados a restringir a comunicação ao público de obras, produções ou emissões protegidas ou a evitar a sua cópia;

III – suprimir ou alterar, sem autorização, qualquer informação sobre a gestão de direitos;

IV – distribuir, importar para distribuição, emitir, comunicar ou puser à disposição do público, sem autorização, obras, interpretações ou execuções, exemplares de interpretações fixadas em fonogramas e emissões, sabendo que a informação sobre a gestão de direitos, sinais codificados e dispositivos técnicos foram suprimidos ou alterados sem autorização.

Art. 108. Quem, na utilização, por qualquer modalidade, de obra intelectual, deixar de indicar ou de anunciar, como tal, o nome, pseudônimo ou sinal convencional do autor e do intérprete, além de responder por danos morais, está obrigado a divulgar-lhes a identidade da seguinte forma:

I – tratando-se de empresa de radiodifusão, no mesmo horário em que tiver ocorrido a infração, por três dias consecutivos;

II – tratando-se de publicação gráfica ou fonográfica, mediante inclusão de errata nos exemplares ainda não distribuídos, sem prejuízo de comunicação, com destaque, por três vezes consecutivas em jornal de grande circulação, dos domicílios do autor, do intérprete e do editor ou produtor;

III – tratando-se de outra forma de utilização, por intermédio da imprensa, na forma a que se refere o inciso anterior.

Art. 109. A execução pública feita em desacordo com os artigos 68, 97, 98 e 99 desta Lei sujeitará os responsáveis a multa de vinte vezes o valor que deveria ser originariamente pago.

Art. 109-A. A falta de prestação ou a prestação de informações falsas no cumprimento do disposto no § 6º do art. 68 e no § 9º do art. 98 sujeitará os responsáveis, por determinação da autoridade competente e nos termos do regulamento desta Lei, a multa de 10 (dez) a 30% (trinta por cento) do valor que deveria ser originariamente pago, sem prejuízo das perdas e danos.

Parágrafo único. Aplicam-se as regras da legislação civil quanto ao inadimplemento das obrigações no caso de descumprimento, pelos usuários, dos seus deveres legais e contratuais junto às associações referidas neste Título.

► Art. 109-A acrescido pela Lei nº 12.853, de 14-8-2013.

Art. 110. Pela violação de direitos autorais nos espetáculos e audições públicas, realizados nos locais ou estabelecimentos a que alude o artigo 68, seus proprietários, diretores, gerentes, empresários e arrendatários respondem solidariamente com os organizadores dos espetáculos.

CAPÍTULO III
DA PRESCRIÇÃO DA AÇÃO

Art. 111. VETADO.

TÍTULO VIII – DISPOSIÇÕES FINAIS E TRANSITÓRIAS

Art. 112. Se uma obra, em consequência de ter expirado o prazo de proteção que lhe era anteriormente reconhecido pelo § 2º do artigo 42 da Lei nº 5.988, de 14 de dezembro de 1973, caiu no domínio público, não terá o prazo de proteção dos direitos patrimoniais ampliado por força do artigo 41 desta Lei.

Art. 113. Os fonogramas, os livros e as obras audiovisuais sujeitar-se-ão a selos ou sinais de identificação sob a responsabilidade do produtor, distribuidor ou importador, sem ônus para o consumidor, com o fim de atestar o cumprimento das normas legais vigentes, conforme dispuser o regulamento.

Art. 114. Esta Lei entra em vigor cento e vinte dias após sua publicação.

Art. 115. Ficam revogados os artigos 649 a 673 e 1.346 a 1.362 do Código Civil e as Leis nºs 4.944, de 6 de abril de 1966; 5.988, de 14 de dezembro de 1973, excetuando-se o artigo 17 e seus §§ 1º e 2º; 6.800, de 25 de junho de 1980; 7.123, de 12 de setembro de 1983; 9.045, de 18 de maio de 1995, e demais disposições em contrário, mantidos em vigor as Leis nºs 6.533, de 24 de maio de 1978, e 6.615, de 16 de dezembro de 1978.

Brasília, 19 de fevereiro de 1998;
177º da Independência e
110º da República.

Fernando Henrique Cardoso

LEI Nº 9.611, DE 19 DE FEVEREIRO DE 1998

Dispõe sobre o Transporte Multimodal de Cargas e dá outras providências.

► Publicada no *DOU* de 20-2-1998.

CAPÍTULO I
DO TRANSPORTE MULTIMODAL DE CARGAS

Art. 1º O Transporte Multimodal de Cargas reger-se-á pelo disposto nesta Lei.

Art. 2º Transporte Multimodal de Cargas é aquele que, regido por um único contrato, utiliza duas ou mais modalidades de transporte, desde a origem até o destino, e é executado sob a responsabilidade única de um Operador de Transporte Multimodal.

Parágrafo único. O Transporte Multimodal de Cargas é:

I – nacional, quando os pontos de embarque e de destino estiverem situados no território nacional;

II – internacional, quando o ponto de embarque ou de destino estiver situado fora do território nacional.

Art. 3º O Transporte Multimodal de Cargas compreende, além do transporte em si, os serviços de coleta, unitização desunitização, movimentação, armazenagem e entrega de carga ao destinatário, bem como a realização dos serviços correlatos que forem contratados entre a origem e o destino, inclusive os de consolidação e desconsolidação documental de cargas.

Art. 4º O Ministério dos Transportes é o órgão responsável pela política de Transporte Multimodal de Cargas nos segmentos nacional e internacional, ressalvada a legislação vigente e os acordos, tratados e convenções internacionais.

CAPÍTULO II

DO OPERADOR DE TRANSPORTE MULTIMODAL

Art. 5º O Operador de Transporte Multimodal é a pessoa jurídica contratada como principal para a realização do Transporte Multimodal de Cargas da origem até o destino, por meios próprios ou por intermédio de terceiros.

Parágrafo único. O Operador de Transporte Multimodal poderá ser transportador ou não transportador

Art. 6º O exercício da atividade de Operador de Transporte Multimodal depende de prévia habilitação e registro no órgão federal designado na regulamentação desta Lei, que também exercerá funções de controle.

Parágrafo único. Quando por tratado, acordo ou convenção internacional firmado pelo Brasil, o Operador de Transporte Multimodal puder, nessa qualidade, habilitar-se para operar em outros países, deverá atender aos requisitos que forem exigidos em tais tratados, acordos ou convenções.

Art. 7º Cabe ao Operador de Transporte Multimodal emitir o Conhecimento de Transporte Multimodal de Carga.

CAPÍTULO III

DO CONTRATO DE TRANSPORTE

Art. 8º O Conhecimento de Transporte Multimodal de Cargas evidencia o contrato de transporte multimodal e rege toda a operação de transporte desde o recebimento da carga até a sua entrega no destino, podendo ser negociável ou não negociável, a critério do expedidor.

Art. 9º A emissão do Conhecimento de Transporte Multimodal de Cargas e o recebimento da carga pelo Operador de Transporte Multimodal dão eficácia ao contrato de transporte multimodal.

§ 1º O Operador de Transporte Multimodal, no ato do recebimento da carga, deverá lançar ressalvas no Conhecimento se:

I – julgar inexata a descrição da carga feita pelo expedidor;

II – a carga ou sua embalagem não estiverem em perfeitas condições físicas, de acordo com as necessidades peculiares ao transporte a ser realizado.

§ 2º Qualquer subcontratado, no ato do recebimento da carga do Operador de Transporte Multimodal ou de outro subcontratado deste, deverá lançar ressalva no Conhecimento de Transporte Multimodal se verificada qualquer das condições descritas no parágrafo anterior, ainda que respaldada por outro documento.

§ 3º Os documentos emitidos pelos subcontratados do Operador de Transporte Multimodal serão sempre em favor deste.

Art. 10. O Conhecimento de Transporte Multimodal de Cargas apresentará as características e dados próprios deste documento, devendo explicitar o valor dos serviços prestados no Brasil e no exterior, e conter:

I – a indicação "negociável" ou "não-negociável" na via original, podendo ser emitidas outras vias, não negociáveis;

II – o nome, a razão ou denominação social e o endereço do emitente, do expedidor, bem como do destinatário da carga ou daquele que deva ser notificado, quando não nominal;

III – a data e o local da emissão;

IV – os locais de origem e destino;

V – a descrição da natureza da carga, seu acondicionamento, marcas particulares e números de identificação da embalagem ou da própria carga, quando não embalada;

VI – a quantidade de volumes ou de peças e o seu peso bruto;

VII – o valor do frete, com a indicação "pago na origem" ou "a pagar no destino";

VIII – outras cláusulas que as partes acordarem.

CAPÍTULO IV

DA RESPONSABILIDADE

Art. 11. Com a emissão do Conhecimento, o Operador de Transporte Multimodal assume perante o contratante a responsabilidade:

I – pela execução dos serviços de transporte multimodal de cargas, por conta própria ou de terceiros, do local em que as receber até a sua entrega no destino;

II – pelos prejuízos resultantes de perda, danos ou avaria às cargas sob sua custódia, assim como pelos decorrentes de atraso em sua entrega, quando houver prazo acordado.

Parágrafo único. No caso de dano ou avaria, será lavrado o "Termo de Avaria", assegurando-se às partes interessadas o direito de vistoria, de acordo com a legislação aplicável, sem prejuízo da observância das cláusulas do contrato de seguro, quando houver.

Art. 12. O Operador de Transporte Multimodal é responsável pelas ações ou omissões de seus empregados, agentes, prepostos ou terceiros contratados ou subcontratados para a execução dos serviços de transporte multimodal, como se essas ações ou omissões fossem próprias.

Parágrafo único. O Operador de Transporte Multimodal tem direito a ação regressiva contra os terceiros contratados ou subcontratados, para se ressarcir do valor da indenização que houver pago.

Art. 13. A responsabilidade do Operador de Transporte Multimodal cobre o período compreendido entre o instante do recebimento da carga e a ocasião da sua entrega ao destinatário.

Parágrafo único. A responsabilidade do Operador de Transporte Multimodal cessa quando do recebimento da carga pelo destinatário, sem protestos ou ressalvas.

Art. 14. O atraso na entrega ocorre quando as mercadorias não forem entregues dentro do prazo expressamente acordado entre as partes ou, na ausência de tal acordo, dentro de um prazo que possa, razoavelmente, ser exigido do operador de transporte multimodal, tomando em consideração as circunstâncias do caso.

Parágrafo único. Se as mercadorias não forem entregues dentro de noventa dias corridos depois da data da entrega estabelecida, de conformidade com o disposto no *caput*, o consignatário ou qualquer outra pessoa com direito de reclamar as mercadorias poderá considerá-las perdidas.

Art. 15. O Operador de Transporte Multimodal informará ao expedidor, quando solicitado, o prazo previsto para a entrega da mercadoria ao destinatário e comunicará, em tempo hábil, sua chegada ao destino.

§ 1º A carga ficará à disposição do interessado, após a conferência de descarga, pelo prazo de noventa dias, se outra condição não for pactuada.

§ 2º Findo o prazo previsto no parágrafo anterior, a carga poderá ser considerada abandonada.

§ 3º No caso de bem perecível ou produto perigoso, o prazo de que trata o § 1º deste artigo poderá ser reduzido, conforme a natureza da mercadoria, devendo o Operador de Transporte Multimodal informar o fato ao expedidor e ao destinatário.

§ 4º No caso de a carga estar sujeita a controle aduaneiro, aplicam-se os procedimentos previstos na legislação específica.

Art. 16. O Operador de Transporte Multimodal e seus subcontratados somente serão liberados de sua responsabilidade em razão de:

I – ato ou fato imputável ao expedidor ou ao destinatário da carga;

II – inadequação da embalagem, quando imputável ao expedidor da carga;

III – vício próprio ou oculto da carga;

IV – manuseio, embarque, estiva ou descarga executados diretamente pelo expedidor, destinatário ou consignatário da carga, ou, ainda, pelos seus agentes ou propostos;

V – força maior ou caso fortuito.

Parágrafo único. Inobstante as excludentes de responsabilidade previstas neste artigo, o Operador de Transporte Multimodal e seus subcontratados serão responsáveis pela agravação das perdas ou danos a que derem causa.

Art. 17. A responsabilidade do Operador de Transporte Multimodal por prejuízos resultantes de perdas ou danos causados às mercadorias é limitada ao valor declarado pelo expedidor e consignado no Conhecimento de Transporte Multimodal, acrescido dos valores do frete e do seguro correspondentes.

§ 1º O valor das mercadorias será o indicado na documentação fiscal oferecida.

§ 2º A responsabilidade por prejuízos resultantes de atraso na entrega ou de qualquer perda ou dano indireto, distinto da perda ou dano das mercadorias, é limitada a um valor que não excederá o equivalente ao frete que se deva pagar pelo transporte multimodal.

§ 3º Na hipótese de o expedidor não declarar o valor das mercadorias, a responsabilidade do Operador de Transporte Multimodal ficará limitada ao valor que for estabelecido pelo Poder Executivo.

§ 4º Quando a perda ou dano à carga for produzida em fase determinada o transporte multimodal para a qual exista lei imperativa ou convenção internacional aplicável que fixe limite de responsabilidade específico, a responsabilidade do Operador de Transporte Multimodal por perdas ou danos será determinada de acordo com o que dispuser a referida lei ou convenção.

§ 5º Quando a perda, dano ou atraso na entrega da mercadoria ocorrer em um segmento de transporte claramente identificado, o operador do referido segmento será solidariamente responsável com o Operador de Transporte Multimodal, sem prejuízo do direito de regresso deste último pelo valor que haja pago em razão da responsabilidade solidária.

Art. 18. Os operadores de terminais, armazéns e quaisquer outros que realizem operações de transbordo são responsáveis, perante o Operador de Transporte Multimodal de Cargas que emitiu o Conhecimento de Transporte Multimodal, pela perda e danos provocados às mercadorias quando da realização das referidas operações, inclusive de depósito.

Art. 19. A responsabilidade acumulada do Operador de Transporte Multimodal não excederá os limites de responsabilidade pela perda total das mercadorias.

Art. 20. O Operador de Transporte Multimodal não poderá valer-se de qualquer limitação de responsabilidade se for provado que a perda, dano ou atraso na entrega decorreram de ação ou omissão dolosa ou culposa a ele imputável.

Art. 21. O expedidor, sem prejuízo de outras sanções previstas em lei, indenizará o Operador de Transporte Multimodal pelas perdas, danos ou avarias resultantes de inveracidade na declaração da carga ou de inadequação dos elementos que lhe compete fornecer para a emissão do Conhecimento, sem que tal dever de indenizar exima ou atenue a responsabilidade do Operador, nos termos previstos nesta Lei.

Art. 22. As ações judiciais oriundas do não cumprimento das responsabilidades decorrentes do transporte multimodal deverão ser intentadas no prazo máximo de um ano, contado da data da entrega da mercadoria no ponto de destino ou, caso isso não ocorra, do nonagésimo dia após o prazo previsto para a referida entrega, sob pena de prescrição.

Art. 23. É facultado ao proprietário da mercadoria e ao Operador de Transporte Multimodal dirimir seus conflitos recorrendo à arbitragem.

CAPÍTULO V

DA UNIDADE DE CARGA

Art. 24. Para os efeitos desta Lei, considera-se unidade de carga qualquer equipamento adequado à unitização de mercadorias a serem transportadas, sujeitas a movimentação de forma indivisível em todas as modalidades de transporte utilizadas no percurso.

Parágrafo único. A unidade de carga, seus acessórios e equipamentos não constituem embalagem e são partes integrantes do todo.

Art. 25. A unidade de carga deve satisfazer aos requisitos técnicos e de segurança exigidos pelas convenções internacionais reconhecidas pelo Brasil e pelas normas legais e regulamentares nacionais.

Art. 26. É livre a entrada e saída, no País, de unidade de carga e seus acessórios e equipamentos, de qualquer nacionalidade, bem como a sua utilização no transporte doméstico.

CAPÍTULO VI

DO CONTROLE ADUANEIRO E DA RESPONSABILIDADE TRIBUTÁRIA

Art. 27. No caso de transporte multimodal de carga internacional, na importação ou na exportação, quando o desembaraço não for realizado nos pontos de entrada ou saída do País, a concessão do regime especial de trânsito aduaneiro será considerada válida para todos os percursos no território nacional, independentemente de novas concessões.

§ 1º O beneficiário do regime será o Operador de Transporte Multimodal.

§ 2º O regime especial de transito aduaneiro será concedido:

I – na importação, pela unidade aduaneira com jurisdição sobre o ponto de entrada das mercadorias no território nacional;

II – na exportação, pela unidade aduaneira em cuja jurisdição se proceder o desembaraço para exportação.

Art. 28. O expedidor, o operador de transporte multimodal a qualquer subcontratado para a realização do transporte multimodal são responsáveis solidários, perante a Fazenda Nacional, pelo crédito tributário exigível.

Parágrafo único. O Operador de Transporte Multimodal será responsável solidário preferencial, cabendo-lhe direito de regresso.

Art. 29. Nos casos de dano ao erário, se ficar provada a responsabilidade do Operador de Transporte Multimodal, sem prejuízo da responsabilidade que possa ser imputável ao transportador, as penas de perdimento, previstas no Decreto-lei nº 37, de 18 de novembro de 1966, e no Decreto-lei nº 1.455, de 7 de abril de 1976, serão convertidas em multas, aplicáveis ao Operador de Transporte Multimodal, de valor equivalente ao do bem passível de aplicação da pena de perdimento.

Parágrafo único. No caso de pena de perdimento de veículo, a conversão em multa não poderá ultrapassar três vezes o valor da mercadoria transportada, à qual se vincule a infração.

Art. 30. Para efeitos fiscais, no contrato de transporte multimodal, é nula a inclusão de cláusula excedente ou restritiva de responsabilidade tributária.

CAPÍTULO VII

DISPOSIÇÕES GERAIS E TRANSITÓRIAS

Art. 31. A documentação fiscal e os procedimentos atualmente exigidos dos transportadores deverão adequar-se ao Conhecimento de Transporte Multimodal de Cargas instituído por esta Lei.

Parágrafo único. Para atender ao disposto neste a artigo, a União, os Estados e o Distrito Federal celebrarão convênio, no prazo de cento e oitenta dias da data de publicação desta Lei.

Art. 32. O Poder Executivo regulamentará a cobertura securitária do transporte multimodal e expedirá os atos necessários a execução desta Lei no prazo de cento e oitenta dias, contados da data de sua publicação.

§ 1º Enquanto não for regulamentado o disposto no § 3º do art. 17, será observado o limite de 666,67 DES (seiscentos e sessenta e seis Direitos Especiais de Saque e sessenta e sete centésimos) por volume ou unidade, ou de 2,00 DES (dois Direitos Especiais de Saque) por quilograma de peso bruto das mercadorias danificadas, avariadas ou extraviadas, prevalecendo a quantia que for maior.

§ 2º Para fins de aplicação dos limites estabelecidos no parágrafo anterior, levar-se-á em conta cada volume ou unidade de mercadoria declarada como conteúdo da unidade de carga.

§ 3º Se no Conhecimento de Transporte Multimodal for declarado que a unidade de carga foi carregada com mais de um volume ou unidade de mercadoria, os limites estabelecidos no parágrafo anterior serão aplicados a cada volume ou unidade declarada.

§ 4º Se for omitida essa menção, todas as mercadorias contidas na unidade de carga serão consideradas como uma só unidade de carga transportada.

Art. 33. A designação do representante do importador e exportador pode recair no Operador de Transporte Multimodal, relativamente ao despacho aduaneiro de mercadorias importadas e exportadas, em qualquer operação de comércio exterior, inclusive no despacho de bagagem de viajantes, no tocante às cargas sob sua responsabilidade.

Art. 34. Esta Lei entra em vigor na data de sua publicação.

Art. 35. São revogadas as Leis nºs 6.288, de 11 de dezembro de 1975; 7.092, de 19 de abril de 1983; e demais disposições em contrário.

Brasília, 19 de fevereiro de 1998;
177º da Independência e
110º da República.

Fernando Henrique Cardoso

LEI Nº 9.656, DE 3 DE JUNHO DE 1998

Dispõe sobre os planos e seguros privados de assistência à saúde.

▸ Publicada no *DOU* de 4-6-1998.

Art. 1º Submetem-se às disposições desta Lei as pessoas jurídicas de direito privado que operam planos de assistência à saúde, sem prejuízo do cumprimento da legislação específica que rege a sua atividade, adotando-se, para fins de aplicação das normas aqui estabelecidas, as seguintes definições:

I – Plano Privado de Assistência à Saúde: prestação continuada de serviços ou cobertura de custos assistenciais a preço pré ou pós estabelecido, por prazo indeterminado, com a finalidade de garantir, sem limite financeiro, a assistência à saúde, pela faculdade de acesso e atendimento por profissionais ou serviços de saúde, livremente escolhidos, integrantes ou não de rede credenciada, contratada ou referenciada, visando a assistência médica, hospitalar e odontológica, a ser paga integral ou parcialmente às expensas da operadora contratada, mediante reembolso ou pagamento direto ao prestador, por conta e ordem do consumidor;

II – Operadora de Plano de Assistência à Saúde: pessoa jurídica constituída sob a modalidade de sociedade civil ou comercial, cooperativa, ou entidade de autogestão, que opere produto, serviço ou contrato de que trata o inciso I deste artigo;

III – Carteira: o conjunto de contratos de cobertura de custos assistenciais ou de serviços de assistência à saúde em qualquer das modalidades de que tratam o inciso I e o § 1º deste artigo, com todos os direitos e obrigações nele contidos.

▸ *Caput* e incisos I a III com a redação dada pela MP nº 2.177-44, de 24-8-2001, que até o encerramento desta edição não havia sido convertida em Lei.

§ 1º Está subordinada às normas e à fiscalização da Agência Nacional de Saúde Suplementar – ANS qualquer modalidade de produto, serviço e contrato que apresente, além da garantia de cobertura financeira de riscos de assistência médica, hospitalar e odontológica, outras características que o diferencie de atividade exclusivamente financeira, tais como:

a) custeio de despesas;
b) oferecimento de rede credenciada ou referenciada;
c) reembolso de despesas;
d) mecanismos de regulação;
e) qualquer restrição contratual, técnica ou operacional para a cobertura de procedimentos solicitados por prestador escolhido pelo consumidor; e
f) vinculação de cobertura financeira à aplicação de conceitos ou critérios médico-assistenciais.

§ 2º Incluem-se na abrangência desta Lei as cooperativas que operem os produtos de que tratam o inciso I e o § 1º deste artigo, bem assim as entidades ou empresas que mantêm sistemas de assistência à saúde, pela modalidade de autogestão ou de administração.

§ 3º As pessoas físicas ou jurídicas residentes ou domiciliadas no exterior podem constituir ou participar do capital, ou do aumento do capital, de pessoas jurídicas de direito privado constituídas sob as leis brasileiras para operar planos privados de assistência à saúde.

§ 4º É vedada às pessoas físicas a operação dos produtos de que tratam o inciso I e o § 1º deste artigo.

► §§ 1º a 4º com a redação dada pela MP nº 2.177-44, de 24-8-2001, que até o encerramento desta edição não havia sido convertida em Lei.

Arts. 2º a 7º *Revogados.* MP nº 2.177-44, de 24-8-2001, que até o encerramento desta edição não havia sido convertida em lei.

Art. 8º Para obter a autorização de funcionamento, as operadoras de planos privados de assistência à saúde devem satisfazer os seguintes requisitos, independentemente de outros que venham a ser determinados pela ANS:

► *Caput* com a redação dada pela MP nº 2.177-44, de 24-8-2001, que até o encerramento desta edição não havia sido convertida em lei.

I – registro nos Conselhos Regionais de Medicina e Odontologia, conforme o caso, em cumprimento ao disposto no art. 1º da Lei nº 6.839, de 30 de outubro de 1980;

II – descrição pormenorizada dos serviços de saúde próprios oferecidos e daqueles a serem prestados por terceiros;

III – descrição de suas instalações e equipamentos destinados a prestação de serviços;

IV – especificação dos recursos humanos qualificados e habilitados, com responsabilidade técnica de acordo com as leis que regem a matéria;

V – demonstração da capacidade de atendimento em razão dos serviços a serem prestados;

VI – demonstração da viabilidade econômico-financeira dos planos privados de assistência à saúde oferecidos, respeitadas as peculiaridades operacionais de cada uma das respectivas operadoras;

VII – especificação da área geográfica coberta pelo plano privado de assistência à saúde.

§ 1º São dispensadas do cumprimento das condições estabelecidas nos incisos VI e VII deste artigo as entidades ou empresas que mantêm sistemas de assistência privada à saúde na modalidade de autogestão, citadas no § 2º do art. 1º.

§ 2º A autorização de funcionamento será cancelada caso a operadora não comercialize os produtos de que tratam o inciso I e o § 1º do art. 1º desta Lei, no prazo máximo de cento e oitenta dias a contar do seu registro na ANS.

§ 3º As operadoras privadas de assistência à saúde poderão voluntariamente requerer autorização para encerramento de suas atividades, observando os seguintes requisitos, independentemente de outros que venham a ser determinados pela ANS:

a) comprovação da transferência da carteira sem prejuízo para o consumidor, ou a inexistência de beneficiários sob sua responsabilidade;

b) garantia da continuidade da prestação de serviços dos beneficiários internados ou em tratamento;

c) comprovação da quitação de suas obrigações com os prestadores de serviço no âmbito da operação de planos privados de assistência à saúde;

d) informação prévia à ANS, aos beneficiários e aos prestadores de serviço contratados, credenciados ou referenciados, na forma e nos prazos a serem definidos pela ANS.

► §§ 1º a 3º com a redação dada pela MP nº 2.177-44, de 24-8-2001, que até o encerramento desta edição não havia sido convertida em lei.

Art. 9º Após decorridos cento e vinte dias de vigência desta Lei, para as operadoras, e duzentos e quarenta dias, para as administradoras de planos de assistência à saúde, e até que sejam definidas pela ANS, as normas gerais de registro, as pessoas jurídicas que operam os produtos de que tratam o inciso I e o § 1º do artigo 1º desta Lei, e observado o que dispõe o artigo 19, só poderão comercializar estes produtos se:

I – as operadoras e administradoras estiverem provisoriamente cadastradas na ANS; e

II – os produtos a serem comercializados estiverem registrados na ANS.

► *Caput* e incisos I e II com a redação dada pela MP nº 2.177-44, de 24-8-2001, que até o encerramento desta edição não havia sido convertida em Lei.

§ 1º O descumprimento das formalidades previstas neste artigo, além de configurar infração, constitui agravante na aplicação de penalidades por infração das demais normas previstas nesta Lei.

§ 2º A ANS poderá solicitar informações, determinar alterações e promover a suspensão do todo ou de parte das condições dos planos apresentados.

► §§ 1º e 2º com a redação dada pela MP nº 2.177-44, de 24-8-2001, que até o encerramento desta edição não havia sido convertida em Lei.

§ 3º A autorização de comercialização será cancelada caso a operadora não comercialize os planos ou os produtos de que tratam o inciso I e o § 1º do artigo 1º desta Lei, no prazo máximo de cento e oitenta dias a contar do seu registro na ANS.

§ 4º A ANS poderá determinar a suspensão temporária da comercialização de plano ou produto caso identifique qualquer irregularidade contratual, econômico-financeira ou assistencial.

► §§ 3º e 4º acrescidos pela MP nº 2.177-44, de 24-8-2001, que até o encerramento desta edição não havia sido convertida em Lei.

Art. 10. É instituído o plano-referência de assistência à saúde, com cobertura assistencial médico-ambulatorial e hospitalar, compreendendo partos e tratamentos, realizados exclusivamente no Brasil, com padrão de enfermaria, centro de terapia intensiva, ou similar, quando necessária a internação hospitalar, das doenças listadas na Classificação Estatística Internacional de Doenças e Problemas Relacionados com a Saúde, da Organização Mundial de Saúde, respeitadas as exigências mínimas estabelecidas no artigo 12 desta Lei, exceto:

► *Caput* com a redação dada pela MP nº 2.177-44, de 24-8-2001, que até o encerramento desta edição não havia sido convertida em Lei.

I – tratamento clínico ou cirúrgico experimental;

► Inciso I com a redação dada pela MP nº 2.177-44, de 24-8-2001, que até o encerramento desta edição não havia sido convertida em Lei.

II – procedimentos clínicos ou cirúrgicos para fins estéticos, bem como órteses e próteses para o mesmo fim;

III – inseminação artificial;

IV – tratamento de rejuvenescimento ou de emagrecimento com finalidade estética;

V – fornecimento de medicamentos importados não nacionalizados;

VI – fornecimento de medicamentos para tratamento domiciliar, ressalvado o disposto nas alíneas *c* do inciso I e *g* do inciso II do art. 12;

► Inciso VI com a redação dada pela Lei nº 12.880, de 12-11-2013.

VII – fornecimento de próteses, órteses e seus acessórios não ligados ao ato cirúrgico;

► Inciso VII com a redação dada pela MP nº 2.177-44, de 24-8-2001, que até o encerramento desta edição não havia sido convertida em Lei.

VIII – *Revogado.* MP nº 2.177-44, de 24-8-2001;

IX – tratamentos ilícitos ou antiéticos, assim definidos sob o aspecto médico, ou não reconhecidos pelas autoridades competentes;

X – casos de cataclismos, guerras e comoções internas, quando declarados pela autoridade competente.

§ 1º As exceções constantes dos incisos deste artigo serão objeto de regulamentação pela ANS.

§ 2º As pessoas jurídicas que comercializam produtos de que tratam o inciso I e o § 1º do artigo 1º desta Lei oferecerão, obrigatoriamente, a partir de 3 de dezembro de 1999, o plano-referência de que trata este artigo a todos os seus atuais e futuros consumidores.

► O STF, por unanimidade, julgou parcialmente procedente a ADIN nº 1.931, para declarar a inconstitucionalidade deste parágrafo (*DOU* de 14-2-2018).

§ 3º Excluem-se da obrigatoriedade a que se refere o § 2º deste artigo as pessoas jurídicas que mantêm sistemas de assistência à saúde pela modalidade de autogestão e as pessoas jurídicas que operem exclusivamente planos odontológicos.

§ 4º A amplitude das coberturas, inclusive de transplantes e de procedimentos de alta complexidade, será definida por normas editadas pela ANS.

► §§ 1º a 4º com a redação dada pela MP nº 2.177-44, de 24-8-2001, que até o encerramento desta edição não havia sido convertida em Lei.

Art. 10-A. Cabe às operadoras definidas nos incisos I e II do § 1º do artigo 1º desta Lei, por meio de sua rede de unidades conveniadas, prestar serviço de cirurgia plástica reconstrutiva de mama, utilizando-se de todos os meios e técnicas necessárias, para o tratamento de mutilação decorrente de utilização de técnica de tratamento de câncer.

► *Caput* acrescido pela Lei nº 10.223, de 15-5-2001.

§ 1º Quando existirem condições técnicas, a reconstrução da mama será efetuada no tempo cirúrgico da mutilação referida no *caput* deste artigo.

§ 2º No caso de impossibilidade de reconstrução imediata, a paciente será encaminhada para acompanhamento e terá garantida a realização da cirurgia imediatamente após alcançar as condições clínicas requeridas.

§ 3º Os procedimentos de simetrização da mama contralateral e de reconstrução do complexo aréolo-mamilar integram a cirurgia plástica reconstrutiva prevista no *caput* e no § 1º deste artigo.

► §§ 1º a 3º acrescidos pela Lei nº 13.770, de 19-12-2018.

Art. 10-B. Cabe às operadoras dos produtos de que tratam o inciso I e o § 1º do art. 1º, por meio de rede própria, credenciada, contratada ou referenciada, ou mediante reembolso, fornecer bolsas de colostomia, ileostomia e urostomia, sonda vesical de demora e coletor de urina com conector, para uso hospitalar, ambulatorial ou domiciliar, vedada a limitação de prazo, valor máximo e quantidade.

► Art. 10-B acrescido pela Lei nº 12.738, de 30-11-2012.

Art. 10-C. Os produtos de que tratam o inciso I do *caput* e o § 1º do art. 1º desta Lei deverão incluir cobertura de atendimento à violência autoprovocada e às tentativas de suicídio.

► Art. 10-C acrescido pela Lei 13.819, de 26-4-2019.

Art. 11. É vedada a exclusão de cobertura às doenças e lesões preexistentes à data de contratação dos produtos de que tratam o inciso I e o § 1º do artigo 1º desta Lei após vinte e quatro meses de vigência do aludido instrumento contratual, cabendo à respectiva operadora o ônus da prova e da demonstração do conhecimento prévio do consumidor ou beneficiário.

Parágrafo único. É vedada a suspensão da assistência à saúde do consumidor ou beneficiário, titular ou dependente, até a prova de que trata o *caput*, na forma da regulamentação a ser editada pela ANS.

► *Caput* e parágrafo único com a redação dada pela MP nº 2.177-44, de 24-8-2001, que até o encerramento desta edição não havia sido convertida em Lei.

Art. 12. São facultadas a oferta, a contratação e a vigência dos produtos de que tratam o inciso I e o § 1º do artigo 1º desta Lei, nas segmentações previstas nos incisos I a IV deste artigo, respeitadas as respectivas amplitudes de cobertura definidas no plano-referência de que trata o artigo 10, segundo as seguintes exigências mínimas:

► *Caput* com a redação dada pela MP nº 2.177-44, de 24-8-2001, que até o encerramento desta edição não havia sido convertida em Lei.

I – quando incluir atendimento ambulatorial:

a) cobertura de consultas médicas, em número ilimitado, em clínicas básicas e especializadas, reconhecidas pelo Conselho Federal de Medicina;

b) cobertura de serviços de apoio diagnóstico, tratamentos e demais procedimentos ambulatoriais, solicitados pelo médico assistente;

► Alínea *b* com a redação dada pela MP nº 2.177-44, de 24-8-2001, que até o encerramento desta edição não havia sido convertida em Lei.

c) cobertura de tratamentos antineoplásicos domiciliares de uso oral, incluindo medicamentos para o controle de efeitos adversos relacionados ao tratamento e adjuvantes;

► Alínea *c* acrescida pela Lei nº 12.880, de 12-11-2013.

II – quando incluir internação hospitalar:

a) cobertura de internações hospitalares, vedada a limitação de prazo, valor máximo e quantidade, em clínicas básicas e especializadas, reconhecidas pelo Conselho Federal de Medicina, admitindo-se a exclusão dos procedimentos obstétricos;

b) cobertura de internações hospitalares em centro de terapia intensiva, ou similar, vedada a limitação de prazo, valor máximo e quantidade, a critério do médico assistente;

► Alíneas *a* e *b* com a redação dada pela MP nº 2.177-44, de 24-8-2001, que até o encerramento desta edição não havia sido convertida em Lei.

c) cobertura de despesas referentes a honorários médicos, serviços gerais de enfermagem e alimentação;

d) cobertura de exames complementares indispensáveis para o controle da evolução da doença e elucidação diagnóstica, fornecimento de medicamentos, anestésicos, gases medicinais, transfusões e sessões de quimioterapia e radioterapia, conforme prescrição do médico assistente, realizados ou ministrados durante o período de internação hospitalar;

e) cobertura de toda e qualquer taxa, incluindo materiais utilizados, assim como da remoção do paciente, comprovadamente necessária, para outro estabelecimento hospitalar, dentro dos limites de abrangência geográfica previstos no contrato, em território brasileiro; e

▸ Alíneas *d* e *e* com a redação dada pela MP nº 2.177-44, de 24-8-2001, que até o encerramento desta edição não havia sido convertida em Lei.

f) cobertura de despesas de acompanhante, no caso de pacientes menores de dezoito anos;

g) cobertura para tratamentos antineoplásicos ambulatoriais e domiciliares de uso oral, procedimentos radioterápicos para tratamento de câncer e hemoterapia, na qualidade de procedimentos cuja necessidade esteja relacionada à continuidade da assistência prestada em âmbito de internação hospitalar;

▸ Alínea *g* acrescida pela Lei nº 12.880, de 12-11-2013.

III – quando incluir atendimento obstétrico:

a) cobertura assistencial ao recém-nascido, filho natural ou adotivo do consumidor, ou de seu dependente, durante os primeiros trinta dias após o parto;

b) inscrição assegurada ao recém-nascido, filho natural ou adotivo do consumidor, como dependente, isento do cumprimento dos períodos de carência, desde que a inscrição ocorra no prazo máximo de trinta dias do nascimento ou da adoção;

▸ Alínea *b* com a redação dada pela MP nº 2.177-44, de 24-8-2001, que até o encerramento desta edição não havia sido convertida em Lei.

IV – quando incluir atendimento odontológico:

a) cobertura de consultas e exames auxiliares ou complementares, solicitados pelo odontólogo assistente;

b) cobertura de procedimentos preventivos, de dentística e endodontia;

c) cobertura de cirurgias orais menores, assim consideradas as realizadas em ambiente ambulatorial e sem anestesia geral;

V – quando fixar períodos de carência:

a) prazo máximo de trezentos dias para partos a termo;

b) prazo máximo de cento e oitenta dias para os demais casos;

c) prazo máximo de vinte e quatro horas para a cobertura dos casos de urgência e emergência;

▸ Alínea *c* com a redação dada pela MP nº 2.177-44, de 24-8-2001, que até o encerramento desta edição não havia sido convertida em Lei.

VI – reembolso, em todos os tipos de produtos de que tratam o inciso I e o § 1º do artigo 1º desta Lei, nos limites das obrigações contratuais, das despesas efetuadas pelo beneficiário com assistência à saúde, em casos de urgência ou emergência, quando não for possível a utilização dos serviços próprios, contratados, credenciados ou referenciados pelas operadoras, de acordo com a relação de preços de serviços médicos e hospitalares praticados pelo respectivo produto, pagáveis no prazo máximo de trinta dias após a entrega da documentação adequada;

▸ Inciso VI com a redação dada pela MP nº 2.177-44, de 24-8-2001, que até o encerramento desta edição não havia sido convertida em Lei.

VII – inscrição de filho adotivo, menor de doze anos de idade, aproveitando os períodos de carência já cumpridos pelo consumidor adotante.

§ 1º Após cento e vinte dias da vigência desta Lei, fica proibido o oferecimento de produtos de que tratam o inciso I e o § 1º do artigo 1º desta Lei fora das segmentações de que trata este artigo, observadas suas respectivas condições de abrangência e contratação.

§ 2º A partir de 3 de dezembro de 1999, da documentação relativa à contratação de produtos de que tratam o inciso I e o § 1º do artigo 1º desta Lei, nas segmentações de que trata este artigo, deverá constar declaração em separado do consumidor, de que tem conhecimento da existência e disponibilidade do plano referência, e de que este lhe foi oferecido.

▸ §§ 1º e 2º com a redação dada pela MP nº 2.177-44, de 24-8-2001, que até o encerramento desta edição não havia sido convertida em Lei.

§ 3º *Revogado.* MP nº 2.177-44, de 24-8-2001.

§ 4º As coberturas a que se referem as alíneas *c* do inciso I e *g* do inciso II deste artigo serão objeto de protocolos clínicos e diretrizes terapêuticas, revisados periodicamente, ouvidas as sociedades médicas de especialistas da área, publicados pela ANS.

§ 5º O fornecimento previsto nas alíneas *c* do inciso I e *g* do inciso II deste artigo dar-se-á, por meio de rede própria, credenciada, contratada ou referenciada, diretamente ao paciente ou ao seu representante legal, podendo ser realizado de maneira fracionada por ciclo, observadas as normas estabelecidas pelos órgãos reguladores e de acordo com prescrição médica.

▸ §§ 4º e 5º acrescidos pela Lei nº 12.880, de 12-11-2013.

Art. 13. Os contratos de produtos de que tratam o inciso I e o § 1º do artigo 1º desta Lei têm renovação automática a partir do vencimento do prazo inicial de vigência, não cabendo a cobrança de taxas ou qualquer outro valor no ato da renovação.

Parágrafo único. Os produtos de que trata o *caput*, contratados individualmente, terão vigência mínima de um ano, sendo vedadas:

I – a recontagem de carências;

II – a suspensão ou a rescisão unilateral do contrato, salvo por fraude ou não pagamento da mensalidade por período superior a sessenta dias, consecutivos ou não, nos últimos doze meses de vigência do contrato, desde que o consumidor seja comprovadamente notificado até o quinquagésimo dia de inadimplência; e

III – a suspensão ou a rescisão unilateral do contrato, em qualquer hipótese, durante a ocorrência de internação do titular.

▸ *Caput* e parágrafo único com a redação dada pela MP nº 2.177-44, de 24-8-2001, que até o encerramento desta edição não havia sido convertida em Lei.

Art. 14. Em razão da idade do consumidor, ou da condição de pessoa portadora de deficiência, ninguém pode ser impedido de participar de planos privados de assistência à saúde.

▸ Artigo com a redação dada pela MP nº 2.177-44, de 24-8-2001, que até o encerramento desta edição não havia sido convertida em Lei.

Art. 15. A variação das contraprestações pecuniárias estabelecidas nos contratos de produtos de que tratam o inciso I e o § 1º do artigo 1º desta Lei, em razão da idade do consumidor, somente poderá ocorrer caso estejam previstas no contrato inicial as faixas etárias e os percentuais de reajustes incidentes em cada uma delas, conforme normas expedidas pela ANS, ressalvado o disposto no art. 35-E.

Parágrafo único. É vedada a variação a que alude o *caput* para consumidores com mais de sessenta anos de idade, que participarem dos produtos de que tratam o inciso I e o § 1º do artigo 1º, ou sucessores, há mais de dez anos.

► *Caput* e parágrafo único com a redação dada pela MP nº 2.177-44, de 24-8-2001, que até o encerramento desta edição não havia sido convertida em Lei.

Art. 16. Dos contratos, regulamentos ou condições gerais dos produtos de que tratam o inciso I e o § 1º do artigo 1º desta Lei devem constar dispositivos que indiquem com clareza:

► *Caput* com a redação dada pela MP nº 2.177-44, de 24-8-2001, que até o encerramento desta edição não havia sido convertida em Lei.

I – as condições de admissão;

II – o início da vigência;

III – os períodos de carência para consultas, internações, procedimentos e exames;

IV – as faixas etárias e os percentuais a que alude o *caput* do art. 15;

V – as condições de perda da qualidade de beneficiário;

► Inciso V com a redação dada pela MP nº 2.177-44, de 24-8-2001, que até o encerramento desta edição não havia sido convertida em Lei.

VI – os eventos cobertos e excluídos;

VII – o regime, ou tipo de contratação:

a) individual ou familiar;

b) coletivo empresarial; ou

c) coletivo por adesão;

VIII – a franquia, os limites financeiros ou o percentual de coparticipação do consumidor ou beneficiário, contratualmente previstos nas despesas com assistência médica, hospitalar e odontológica;

► Incisos VII e VIII com a redação dada pela MP nº 2.177-44, de 24-8-2001, que até o encerramento desta edição não havia sido convertida em Lei.

IX – os bônus, os descontos ou os agravamentos da contraprestação pecuniária;

X – a área geográfica de abrangência;

► Inciso X com a redação dada pela MP nº 2.177-44, de 24-8-2001, que até o encerramento desta edição não havia sido convertida em Lei.

XI – os critérios de reajuste e revisão das contraprestações pecuniárias;

XII – número de registro na ANS.

► Inciso XII com a redação dada pela MP nº 2.177-44, de 24-8-2001, que até o encerramento desta edição não havia sido convertida em Lei.

Parágrafo único. A todo consumidor titular de plano individual ou familiar será obrigatoriamente entregue, quando de sua inscrição, cópia do contrato, do regulamento ou das condições gerais dos produtos de que tratam o inciso I e o § 1º do artigo 1º, além de material explicativo que descreva, em linguagem simples e precisa, todas as suas características, direitos e obrigações.

► Parágrafo único com a redação dada pela MP nº 2.177-44, de 24-8-2001, que até o encerramento desta edição não havia sido convertida em Lei.

Art. 17. A inclusão de qualquer prestador de serviço de saúde como contratado, referenciado ou credenciado dos produtos de que tratam o inciso I e o § 1º do art. 1º desta Lei implica compromisso com os consumidores quanto à sua manutenção ao longo da vigência dos contratos, permitindo-se sua substituição, desde que seja por outro prestador equivalente e mediante comunicação aos consumidores com 30 (trinta) dias de antecedência.

► *Caput* com a redação dada pela Lei nº 13.003, de 24-6-2014.

§ 1º É facultada a substituição de entidade hospitalar, a que se refere o *caput* deste artigo, desde que por outro equivalente e mediante comunicação aos consumidores e à ANS com trinta dias de antecedência, ressalvados desse prazo mínimo os casos decorrentes de rescisão por fraude ou infração das normas sanitárias e fiscais em vigor.

§ 2º Na hipótese de a substituição do estabelecimento hospitalar a que se refere o § 1º ocorrer por vontade da operadora durante período de internação do consumidor, o estabelecimento obriga-se a manter a internação e a operadora, a pagar as despesas até a alta hospitalar, a critério médico, na forma do contrato.

► §§ 1º e 2º com a redação dada pela MP nº 2.177-44, de 24-8-2001, que até o encerramento desta edição não havia sido convertida em Lei.

§ 3º Excetuam-se do previsto no § 2º os casos de substituição do estabelecimento hospitalar por infração às normas sanitárias em vigor, durante período de internação, quando a operadora arcará com a responsabilidade pela transferência imediata para outro estabelecimento equivalente, garantindo a continuação da assistência, sem ônus adicional para o consumidor.

§ 4º Em caso de redimensionamento da rede hospitalar por redução, as empresas deverão solicitar à ANS autorização expressa para tanto, informando:

I – nome da entidade a ser excluída;

II – capacidade operacional a ser reduzida com a exclusão;

III – impacto sobre a massa assistida, a partir de parâmetros definidos pela ANS, correlacionando a necessidade de leitos e a capacidade operacional restante; e

IV – justificativa para a decisão, observando a obrigatoriedade de manter cobertura com padrões de qualidade equivalente e sem ônus adicional para o consumidor.

► §§ 3º e 4º acrescidos pela MP nº 2.177-44, de 24-8-2001, que até o encerramento desta edição não havia sido convertida em Lei.

Art. 17-A. As condições de prestação de serviços de atenção à saúde no âmbito dos planos privados de assistência à saúde por pessoas físicas ou jurídicas, independentemente de sua qualificação como contratadas, referenciadas ou credenciadas, serão reguladas por contrato escrito, estipulado entre a operadora do plano e o prestador de serviço.

§ 1º São alcançados pelas disposições do *caput* os profissionais de saúde em prática liberal privada, na qualidade de pessoa física, e os estabelecimentos de saúde, na qualidade de pessoa jurídica, que prestem ou venham a prestar os serviços de assistência à saúde a que aludem os arts. 1º e 35-F desta Lei, no âmbito de planos privados de assistência à saúde.

§ 2º O contrato de que trata o *caput* deve estabelecer com clareza as condições para a sua execução, expressas em cláusulas que definam direitos, obrigações e responsabilidades das partes, incluídas, obrigatoriamente, as que determinem:

I – o objeto e a natureza do contrato, com descrição de todos os serviços contratados;

II – a definição dos valores dos serviços contratados, dos critérios, da forma e da periodicidade do seu reajuste e dos prazos e procedimentos para faturamento e pagamento dos serviços prestados;

III – a identificação dos atos, eventos e procedimentos médico-assistenciais que necessitem de autorização administrativa da operadora;

IV – a vigência do contrato e os critérios e procedimentos para prorrogação, renovação e rescisão;

V – as penalidades pelo não cumprimento das obrigações estabelecidas.

§ 3º A periodicidade do reajuste de que trata o inciso II do § 2º deste artigo será anual e realizada no prazo improrrogável de 90 (noventa) dias, contado do início de cada ano-calendário.

§ 4º Na hipótese de vencido o prazo previsto no § 3º deste artigo, a Agência Nacional de Saúde Suplementar – ANS, quando for o caso, definirá o índice de reajuste.

§ 5º A ANS poderá constituir, na forma da legislação vigente, câmara técnica com representação proporcional das partes envolvidas para o adequado cumprimento desta Lei.

§ 6º A ANS publicará normas regulamentares sobre o disposto neste artigo.

► Art. 17-A acrescido pela Lei nº 13.003, de 24-6-2014.

Art. 18. A aceitação, por parte de qualquer prestador de serviço ou profissional de saúde, da condição de contratado, referenciado, credenciado ou cooperado de uma operadora de produtos de que tratam o inciso I e o § 1º do art. 1º desta Lei implica as seguintes obrigações e direitos:

► *Caput* com a redação dada pela Lei nº 13.003, de 24-6-2014.

I – o consumidor de determinada operadora, em nenhuma hipótese e sob nenhum pretexto ou alegação, pode ser discriminado ou atendido de forma distinta daquela dispensada aos clientes vinculados a outra operadora ou plano;

II – a marcação de consultas, exames e quaisquer outros procedimentos deve ser feita de forma a atender às necessidades dos consumidores, privilegiando os casos de emergência ou urgência, assim como as pessoas com mais de sessenta e cinco anos de idade, as gestantes, lactantes, lactentes e crianças até cinco anos;

III – a manutenção de relacionamento de contratação, credenciamento ou referenciamento com número ilimitado de operadoras, sendo expressamente vedado às operadoras, independente de sua natureza jurídica constitutiva, impor contratos de exclusividade ou de restrição à atividade profissional.

► Inciso III acrescido pela MP nº 2.177-44, de 24-8-2001, que até o encerramento desta edição não havia sido convertida em Lei.

Parágrafo único. A partir de 3 de dezembro de 1999, os prestadores de serviço ou profissionais de saúde não poderão manter contrato, credenciamento ou referenciamento com operadoras que não tiverem registros para funcionamento e comercialização conforme previsto nesta Lei, sob pena de responsabilidade por atividade irregular.

► Parágrafo único acrescido pela MP nº 2.177-44, de 24-8-2001, que até o encerramento desta edição não havia sido convertida em Lei.

Art. 19. Para requerer a autorização definitiva de funcionamento, as pessoas jurídicas que já atuavam como operadoras ou administradoras dos produtos de que tratam o inciso I e o § 1º do artigo 1º desta Lei, terão prazo de cento e oitenta dias, a partir da publicação da regulamentação específica pela ANS.

► *Caput* com a redação dada pela MP nº 2.177-44, de 24-8-2001, que até o encerramento desta edição não havia sido convertida em Lei.

§ 1º Até que sejam expedidas as normas de registro, serão mantidos registros provisórios das pessoas jurídicas e dos produtos na ANS, com a finalidade de autorizar a comercialização ou operação dos produtos a que alude o *caput*, a partir de 2 de janeiro de 1999.

§ 2º Para o registro provisório, as operadoras ou administradoras dos produtos a que alude o *caput* deverão apresentar à ANS as informações requeridas e os seguintes documentos, independentemente de outros que venham a ser exigidos:

I – registro do instrumento de constituição da pessoa jurídica;

II – nome fantasia;

III – CNPJ;

IV – endereço;

V – telefone, fax e *e-mail*; e

VI – principais dirigentes da pessoa jurídica e nome dos cargos que ocupam.

§ 3º Para registro provisório dos produtos a serem comercializados, deverão ser apresentados à ANS os seguintes dados:

I – razão social da operadora ou da administradora;

II – CNPJ da operadora ou da administradora;

III – nome do produto;

IV – segmentação da assistência (ambulatorial, hospitalar com obstetrícia, hospitalar sem obstetrícia, odontológica e referência);

V – tipo de contratação (individual/familiar, coletivo empresarial e coletivo por adesão);

VI – âmbito geográfico de cobertura;

VII – faixas etárias e respectivos preços;

VIII – rede hospitalar própria por Município (para segmentações hospitalar e referência);

IX – rede hospitalar contratada ou referenciada por Município (para segmentações hospitalar e referência);

X – outros documentos e informações que venham a ser solicitados pela ANS.

§ 4º Os procedimentos administrativos para registro provisório dos produtos serão tratados em norma específica da ANS.

§ 5º Independentemente do cumprimento, por parte da operadora, das formalidades do registro provisório, ou da conformidade dos textos das condições gerais ou dos instrumentos contratuais, ficam garantidos, a todos os usuários de produtos a que alude o *caput*, contratados a partir de 2 de janeiro de 1999, todos os benefícios de acesso e cobertura previstos nesta Lei e em seus regulamentos, para cada segmentação definida no artigo 12.

§ 6º O não cumprimento do disposto neste artigo implica o pagamento de multa diária no valor de R$ 10.000,00 (dez mil reais) aplicada às operadoras dos produtos de que tratam o inciso I e o § 1º do artigo 1º.

§ 7º As pessoas jurídicas que forem iniciar operação de comercialização de planos privados de assistência à saúde, a partir de 8 de dezembro de 1998, estão sujeitas aos registros de que trata o § 1º deste artigo.

► §§ 1º a 7º acrescidos pela MP nº 2.177-44, de 24-8-2001, que até o encerramento desta edição não havia sido convertida em Lei.

Art. 20. As operadoras de produtos de que tratam o inciso I e o § 1º do artigo 1º desta Lei são obrigadas a fornecer, periodicamente, à ANS todas as informações e estatísticas relativas as suas atividades, incluídas as de natureza cadastral, especialmente aquelas que permitam a identificação dos consumidores e de seus dependentes, incluindo seus nomes, inscrições no Cadastro de Pessoas Físicas dos titulares e Municípios onde residem, para fins do disposto no artigo 32.

► *Caput* com a redação dada pela MP nº 2.177-44, de 24-8-2001, que até o encerramento desta edição não havia sido convertida em Lei.

§ 1º Os agentes, especialmente designados pela ANS, para o exercício das atividades de fiscalização e nos limites por ela estabelecidos, têm livre acesso às operadoras, podendo requisitar e apreender processos, contratos, manuais de rotina operacional e demais documentos, relativos aos produtos de que tratam o inciso I e o § 1º do artigo 1º desta Lei.

§ 2º Caracteriza-se como embaraço à fiscalização, sujeito às penas previstas na lei, a imposição de qualquer dificuldade à consecução dos objetivos da fiscalização, de que trata o § 1º deste artigo.

► §§ 1º e 2º acrescidos pela MP nº 2.177-44, de 24-8-2001, que até o encerramento desta edição não havia sido convertida em Lei.

Art. 21. É vedado às operadoras de planos privados de assistência à saúde realizar quaisquer operações financeiras:

I – com seus diretores e membros dos conselhos administrativos, consultivos, fiscais ou assemelhados, bem como com os respectivos cônjuges e parentes até o segundo grau, inclusive;

II – com empresa de que participem as pessoas a que se refere o inciso I, desde que estas sejam, em conjunto ou isoladamente, consideradas como controladoras da empresa.

► Inciso II com a redação dada pela MP nº 2.177-44, de 24-8-2001, que até o encerramento desta edição não havia sido convertida em Lei.

Art. 22. As operadoras de planos privados de assistência à saúde submeterão suas contas a auditores independentes, registrados no respectivo Conselho Regional de Contabilidade e na Comissão de Valores Mobiliários – CVM, publicando, anualmente, o parecer respectivo, juntamente com as demonstrações financeiras determinadas pela Lei nº 6.404, de 15 de dezembro de 1976.

§ 1º A auditoria independente também poderá ser exigida quanto aos cálculos atuariais, elaborados segundo diretrizes gerais definidas pelo CONSU.

§ 2º As operadoras com número de beneficiários inferior a vinte mil usuários ficam dispensadas da publicação do parecer do auditor e das demonstrações financeiras, devendo, a ANS, dar-lhes publicidade.

► §§ 1º e 2º acrescidos pela MP nº 2.177-44, de 24-8-2001, que até o encerramento desta edição não havia sido convertida em Lei.

Art. 23. As operadoras de planos privados de assistência à saúde não podem requerer concordata e não estão sujeitas a falência ou insolvência civil, mas tão somente ao regime de liquidação extrajudicial.

► *Caput* com a redação dada pela MP nº 2.177-44, de 24-8-2001, que até o encerramento desta edição não havia sido convertida em Lei.

§ 1º As operadoras sujeitar-se-ão ao regime de falência ou insolvência civil quando, no curso da liquidação extrajudicial, forem verificadas uma das seguintes hipóteses:

I – o ativo da massa liquidanda não for suficiente para o pagamento de pelo menos a metade dos créditos quirografários;

II – o ativo realizável da massa liquidanda não for suficiente, sequer, para o pagamento das despesas administrativas e operacionais inerentes ao regular processamento da liquidação extrajudicial; ou

III – nas hipóteses de fundados indícios de condutas previstas nos artigos 186 a 189 do Decreto-Lei nº 7.661, de 21 de junho de 1945.

§ 2º Para efeito desta Lei, define-se ativo realizável como sendo todo ativo que possa ser convertido em moeda corrente em prazo compatível para o pagamento das despesas administrativas e operacionais da massa liquidanda.

§ 3º À vista do relatório do liquidante extrajudicial, e em se verificando qualquer uma das hipóteses previstas nos incisos I, II ou III do § 1º deste artigo, a ANS poderá autorizá-lo a requerer a falência ou insolvência civil da operadora.

§ 4º A distribuição do requerimento produzirá imediatamente os seguintes efeitos:

I – a manutenção da suspensão dos prazos judiciais em relação à massa liquidanda;

II – a suspensão dos procedimentos administrativos de liquidação extrajudicial, salvo os relativos à guarda e à proteção dos bens e imóveis da massa;

III – a manutenção da indisponibilidade dos bens dos administradores, gerentes, conselheiros e assemelhados, até posterior determinação judicial; e

IV – prevenção do juízo que emitir o primeiro despacho em relação ao pedido de conversão do regime.

§ 5º A ANS, no caso previsto no inciso II do § 1º deste artigo, poderá, no período compreendido entre a distribuição do requerimento e a decretação da falência ou insolvência civil, apoiar a proteção dos bens móveis e imóveis da massa liquidanda.

§ 6º O liquidante enviará ao juízo prevento o rol das ações judiciais em curso cujo andamento ficará suspenso até que o juiz competente nomeie o síndico da massa falida ou o liquidante da massa insolvente.

► §§ 1º a 6º acrescidos pela MP nº 2.177-44, de 24-8-2001, que até o encerramento desta edição não havia sido convertida em Lei.

Art. 24. Sempre que detectadas nas operadoras sujeitas à disciplina desta Lei insuficiência das garantias do equilíbrio financeiro, anormalidades econômico-financeiras ou administrativas graves que coloquem em risco a continuidade ou a qualidade do atendimento à saúde, a ANS poderá determinar a alienação da carteira, o regime de direção fiscal ou técnica, por prazo não superior a trezentos e sessenta e cinco dias, ou a liquidação extrajudicial, conforme a gravidade do caso.

► *Caput* com a redação dada pela MP nº 2.177-44, de 24-8-2001, que até o encerramento desta edição não havia sido convertida em Lei.

§ 1º O descumprimento das determinações do diretor-fiscal ou técnico, e do liquidante, por dirigentes, administradores, conselheiros ou empregados da operadora de planos privados de assistência à saúde acarretará o imediato afastamento do infrator, por decisão da ANS, sem prejuízo das sanções penais cabíveis, assegurado o direito ao contraditório, sem que isto implique efeito suspensivo da decisão administrativa que determinou o afastamento.

§ 2º A ANS, *ex officio* ou por recomendação do diretor técnico ou fiscal ou do liquidante, poderá, em ato administrativo devidamente motivado, determinar o afastamento dos diretores, administradores, gerentes e membros do conselho fiscal da operadora sob regime de direção ou em liquidação.

§ 3º No prazo que lhe for designado, o diretor-fiscal ou técnico procederá à análise da organização administrativa e da situação econômico-financeira da operadora, bem assim da qualidade do atendimento aos consumidores, e proporá à ANS as medidas cabíveis.

§ 4º O diretor-fiscal ou técnico poderá propor a transformação do regime de direção em liquidação extrajudicial.

§ 5º A ANS promoverá, no prazo máximo de noventa dias, a alienação da carteira das operadoras de planos privados de assistência à saúde, no caso de não surtirem efeito as medidas por ela determinadas para sanar as irregularidades ou nas situações que impliquem risco para os consumidores participantes da carteira.

► §§ 1º a 5º com a redação dada pela MP nº 2.177-44, de 24-8-2001, que até o encerramento desta edição não havia sido convertida em Lei.

Art. 24-A. Os administradores das operadoras de planos privados de assistência à saúde em regime de direção fiscal ou liquidação extrajudicial, independentemente da natureza jurídica da operadora, ficarão com todos os seus bens indisponíveis, não podendo, por qualquer forma, direta ou indireta, aliená-los ou onerá-los, até apuração e liquidação final de suas responsabilidades.

§ 1º A indisponibilidade prevista neste artigo decorre do ato que decretar a direção fiscal ou a liquidação extrajudicial e atinge a todos aqueles que tenham estado no exercício das funções nos doze meses anteriores ao mesmo ato.

§ 2º Na hipótese de regime de direção fiscal, a indisponibilidade de bens a que se refere o *caput* deste artigo poderá não alcançar os bens dos administradores, por deliberação expressa da Diretoria Colegiada da ANS.

§ 3º A ANS, *ex officio* ou por recomendação do diretor fiscal ou do liquidante, poderá estender a indisponibilidade prevista neste artigo:

I – aos bens de gerentes, conselheiros e aos de todos aqueles que tenham concorrido, no período previsto no § 1º, para a decretação da direção fiscal ou da liquidação extrajudicial;

II – aos bens adquiridos, a qualquer título, por terceiros, no período previsto no § 1º, das pessoas referidas no inciso I, desde que configurada fraude na transferência.

§ 4º Não se incluem nas disposições deste artigo os bens considerados inalienáveis ou impenhoráveis pela legislação em vigor.

§ 5º A indisponibilidade também não alcança os bens objeto de contrato de alienação, de promessa de compra e venda, de cessão ou promessa de cessão de direitos, desde que os respectivos instrumentos tenham sido levados ao competente registro público, anteriormente à data da decretação da direção fiscal ou da liquidação extrajudicial.

§ 6º Os administradores das operadoras de planos privados de assistência à saúde respondem solidariamente pelas obrigações por eles assumidas durante sua gestão até o montante dos prejuízos causados, independentemente do nexo de causalidade.

► Art. 24-A acrescido pela MP nº 2.177-44, de 24-8-2001, que até o encerramento desta edição não havia sido convertida em Lei.

Art. 24-B. A Diretoria Colegiada definirá as atribuições e competências do diretor técnico, diretor fiscal e do responsável pela alienação de carteira, podendo ampliá-las, se necessário.

► Art. 24-B acrescido pela MP nº 2.177-44, de 24-8-2001, que até o encerramento desta edição não havia sido convertida em Lei.

Art. 24-C. Os créditos decorrentes da prestação de serviços de assistência privada à saúde preferem a todos os demais, exceto os de natureza trabalhista e tributários.

► Art. 24-C acrescido pela MP nº 2.177-44, de 24-8-2001, que até o encerramento desta edição não havia sido convertida em Lei.

Art. 24-D. Aplica-se à liquidação extrajudicial das operadoras de planos privados de assistência à saúde e ao disposto nos artigos 24-A e 35-I, no que couber com os preceitos desta Lei, o disposto na Lei nº 6.024, de 13 de março de 1974, no Decreto-Lei nº 7.661, de 21 de junho de 1945, no Decreto-Lei nº 41, de 18 de novembro de 1966, e no Decreto-Lei nº 73, de 21 de novembro de 1966, conforme o que dispuser a ANS.

► Art. 24-D acrescido pela MP nº 2.177-44, de 24-8-2001, que até o encerramento desta edição não havia sido convertida em Lei.

Art. 25. As infrações dos dispositivos desta Lei e de seus regulamentos, bem como aos dispositivos dos contratos firmados, a qualquer tempo, entre operadoras e usuários de planos privados de assistência à saúde, sujeitam a operadora dos produtos de que tratam o inciso I e o § 1º do artigo 1º desta Lei, seus administradores, membros de conselhos administrativos, deliberativos, consultivos, fiscais e assemelhados às seguintes penalidades, sem prejuízo de outras estabelecidas na legislação vigente:

► *Caput* com a redação dada pela MP nº 2.177-44, de 24-8-2001, que até o encerramento desta edição não havia sido convertida em Lei.

I – advertência;

II – multa pecuniária;

III – suspensão do exercício do cargo;

IV – inabilitação temporária para exercício de cargos em operadoras de planos de assistência à saúde;

► Inciso IV com a redação dada pela MP nº 2.177-44, de 24-8-2001, que até o encerramento desta edição não havia sido convertida em Lei.

V – inabilitação permanente para exercício de cargos de direção ou em conselhos das operadoras a que se refere esta Lei, bem como em entidades de previdência privada, sociedades seguradoras, corretoras de seguros e instituições financeiras;

VI – cancelamento da autorização de funcionamento e alienação da carteira da operadora.

► Inciso VI acrescido pela MP nº 2.177-44, de 24-8-2001, que até o encerramento desta edição não havia sido convertida em Lei.

Art. 26. Os administradores e membros dos conselhos administrativos, deliberativos, consultivos, fiscais e assemelhados das operadoras de que trata esta Lei respondem solidariamente pelos prejuízos causados a terceiros, inclusive aos acionistas, cotistas, cooperados e consumidores de planos privados de assistência à saúde, conforme o caso, em consequência do descumprimento de leis, normas e instruções referentes às operações previstas na legislação e, em especial, pela falta de constituição e cobertura das garantias obrigatórias.

► Artigo com a redação dada pela MP nº 2.177-44, de 24-8-2001, que até o encerramento desta edição não havia sido convertida em Lei.

Art. 27. A multa de que trata o artigo 25 será fixada e aplicada pela ANS no âmbito de suas atribuições, com valor não inferior a R$ 5.000,00 (cinco mil reais) e não superior a R$ 1.000.000,00 (um milhão de reais) de acordo com o porte econômico da operadora ou prestadora de serviço e a gravidade da infração, ressalvado o disposto no § 6º do artigo 19.

► *Caput* com a redação dada pela MP nº 2.177-44, de 24-8-2001, que até o encerramento desta edição não havia sido convertida em Lei.

Parágrafo único. *Revogado.* MP nº 2.177-44, de 24-8-2001.

Art. 28. *Revogado.* MP nº 2.177-44, de 24-8-2001.

Art. 29. As infrações serão apuradas mediante processo administrativo que tenha por base o auto de infração, a representação ou a denúncia positiva dos fatos irregulares, cabendo à

ANS dispor sobre normas para instauração, recursos e seus efeitos, instâncias e prazos.

► *Caput* com a redação dada pela MP nº 2.177-44, de 24-8-2001, que até o encerramento desta edição não havia sido convertida em Lei.

§ 1º O processo administrativo, antes de aplicada a penalidade, poderá, a título excepcional, ser suspenso, pela ANS, se a operadora ou prestadora de serviço assinar termo de compromisso de ajuste de conduta, perante a diretoria colegiada, que terá eficácia de título executivo extrajudicial, obrigando-se a:

I – cessar a prática de atividades ou atos objetos da apuração; e

II – corrigir as irregularidades, inclusive indenizando os prejuízos delas decorrentes.

§ 2º O termo de compromisso de ajuste de conduta conterá, necessariamente, as seguintes cláusulas:

I – obrigações do compromissário de fazer cessar a prática objeto da apuração, no prazo estabelecido;

II – valor da multa a ser imposta no caso de descumprimento, não inferior a R$ 5.000,00 (cinco mil reais) e não superior a R$ 1.000.000,00 (um milhão de reais) de acordo com o porte econômico da operadora ou da prestadora de serviço.

§ 3º A assinatura do termo de compromisso de ajuste de conduta não importa confissão do compromissário quanto à matéria de fato, nem reconhecimento de ilicitude da conduta em apuração.

§ 4º O descumprimento do termo de compromisso de ajuste de conduta, sem prejuízo da aplicação da multa a que se refere o inciso II do § 2º, acarreta a revogação da suspensão do processo.

§ 5º Cumpridas as obrigações assumidas no termo de compromisso de ajuste de conduta, será extinto o processo.

§ 6º Suspende-se a prescrição durante a vigência do termo de compromisso de ajuste de conduta.

§ 7º Não poderá ser firmado termo de compromisso de ajuste de conduta quando tiver havido descumprimento de outro termo de compromisso de ajuste de conduta nos termos desta Lei, dentro do prazo de dois anos.

§ 8º O termo de compromisso de ajuste de conduta deverá ser publicado no *Diário Oficial da União*.

§ 9º A ANS regulamentará a aplicação do disposto nos §§ 1º a 7º deste artigo.

► §§ 1º a 9º acrescidos pela MP nº 2.177-44, de 24-8-2001, que até o encerramento desta edição não havia sido convertida em Lei.

Art. 29-A. A ANS poderá celebrar com as operadoras termo de compromisso, quando houver interesse na implementação de práticas que consistam em vantagens para os consumidores, com vistas a assegurar a manutenção da qualidade dos serviços de assistência à saúde.

§ 1º O termo de compromisso referido no *caput* não poderá implicar restrição de direitos do usuário.

§ 2º Na definição do termo de que trata este artigo serão considerados os critérios de aferição e controle da qualidade dos serviços a serem oferecidos pelas operadoras.

§ 3º O descumprimento injustificado do termo de compromisso poderá importar na aplicação da penalidade de multa a que se refere o inciso II, § 2º, do artigo 29 desta Lei.

► Art. 29-A acrescido pela MP nº 2.177-44, de 24-8-2001, que até o encerramento desta edição não havia sido convertida em Lei.

Art. 30. Ao consumidor que contribuir para produtos de que tratam o inciso I e o § 1º do artigo 1º desta Lei, em decorrência de vínculo empregatício, no caso de rescisão ou exoneração do contrato de trabalho sem justa causa, é assegurado o direito de manter sua condição de beneficiário, nas mesmas condições de cobertura assistencial de que gozava quando da vigência do contrato de trabalho, desde que assuma o seu pagamento integral.

► *Caput* com a redação dada pela MP nº 2.177-44, de 24-8-2001, que até o encerramento desta edição não havia sido convertida em Lei.

§ 1º O período de manutenção da condição de beneficiário a que se refere o *caput* será de um terço do tempo de permanência nos produtos de que tratam o inciso I e o § 1º do artigo 1º, ou sucessores, com um mínimo assegurado de seis meses e um máximo de vinte e quatro meses.

► § 1º com a redação dada pela MP nº 2.177-44, de 24-8-2001, que até o encerramento desta edição não havia sido convertida em Lei.

§ 2º A manutenção de que trata este artigo é extensiva, obrigatoriamente, a todo o grupo familiar inscrito quando da vigência do contrato de trabalho.

§ 3º Em caso de morte do titular, o direito de permanência é assegurado aos dependentes cobertos pelo plano ou seguro privado coletivo de assistência à saúde, nos termos do disposto neste artigo.

§ 4º O direito assegurado neste artigo não exclui vantagens obtidas pelos empregados decorrentes de negociações coletivas de trabalho.

§ 5º A condição prevista no *caput* deste artigo deixará de existir quando da admissão do consumidor titular em novo emprego.

§ 6º Nos planos coletivos custeados integralmente pela empresa, não é considerada contribuição a coparticipação do consumidor, única e exclusivamente, em procedimentos, como fator de moderação, na utilização dos serviços de assistência médica ou hospitalar.

► §§ 5º e 6º acrescidos pela MP nº 2.177-44, de 24-8-2001, que até o encerramento desta edição não havia sido convertida em Lei.

Art. 31. Ao aposentado que contribuir para produtos de que tratam o inciso I e o § 1º do artigo 1º desta Lei, em decorrência de vínculo empregatício, pelo prazo mínimo de dez anos, é assegurado o direito de manutenção como beneficiário, nas mesmas condições de cobertura assistencial de que gozava quando da vigência do contrato de trabalho, desde que assuma o seu pagamento integral.

► *Caput* com a redação dada pela MP nº 2.177-44, de 24-8-2001, que até o encerramento desta edição não havia sido convertida em Lei.

§ 1º Ao aposentado que contribuir para planos coletivos de assistência à saúde por período inferior ao estabelecido no *caput* é assegurado o direito de manutenção como beneficiário, à razão de um ano para cada ano de contribuição, desde que assuma o pagamento integral do mesmo.

§ 2º Para gozo do direito assegurado neste artigo, observar-se-ão as mesmas condições estabelecidas nos §§ 2º, 3º, 4º, 5º e 6º do artigo 30.

► §§ 1º e 2º com a redação dada pela MP nº 2.177-44, de 24-8-2001, que até o encerramento desta edição não havia sido convertida em Lei.

Art. 32. Serão ressarcidos pelas operadoras dos produtos de que tratam o inciso I e o § 1º do artigo 1º desta Lei, de acordo com normas a serem definidas pela ANS, os serviços de atendimento à saúde previstos nos respectivos contratos, prestados a seus consumidores e respectivos dependentes, em instituições públicas ou privadas, conveniadas ou contratadas, integrantes do Sistema Único de Saúde – SUS.

► *Caput* com a redação dada pela MP nº 2.177-44, de 24-8-2001, que até o encerramento desta edição não havia sido convertida em Lei.

§ 1º O ressarcimento será efetuado pelas operadoras ao SUS com base em regra de valoração aprovada e divulgada pela ANS, mediante crédito ao Fundo Nacional de Saúde – FNS.

► § 1º com a redação dada pela Lei nº 12.469, de 26-8-2011.

§ 2º Para a efetivação do ressarcimento, a ANS disponibilizará às operadoras a discriminação dos procedimentos realizados para cada consumidor.

► § 2º com a redação dada pela MP nº 2.177-44, de 24-8-2001, que até o encerramento desta edição não havia sido convertida em Lei.

§ 3º A operadora efetuará o ressarcimento até o 15º (décimo quinto) dia da data de recebimento da notificação de cobrança feita pela ANS.

► § 3º com a redação dada pela Lei nº 12.469, de 26-8-2011.

§ 4º O ressarcimento não efetuado no prazo previsto no § 3º será cobrado com os seguintes acréscimos:

I – juros de mora contados do mês seguinte ao do vencimento, à razão de um por cento ao mês ou fração;

II – multa de mora de dez por cento.

► § 4º com a redação dada pela MP nº 2.177-44, de 24-8-2001, que até o encerramento desta edição não havia sido convertida em Lei.

§ 5º Os valores não recolhidos no prazo previsto no § 3º serão inscritos em dívida ativa da ANS, a qual compete a cobrança judicial dos respectivos créditos.

§ 6º O produto da arrecadação dos juros e da multa de mora serão revertidos ao Fundo Nacional de Saúde.

► §§ 5º e 6º acrescidos pela MP nº 2.177-44, de 24-8-2001, que até o encerramento desta edição não havia sido convertida em Lei.

§ 7º A ANS disciplinará o processo de glosa ou impugnação dos procedimentos encaminhados, conforme previsto no § 2º deste artigo, cabendo-lhe, inclusive, estabelecer procedimentos para cobrança dos valores a serem ressarcidos.

► § 7º com a redação dada pela Lei nº 12.469, de 26-8-2011.

§ 8º Os valores a serem ressarcidos não serão inferiores aos praticados pelo SUS e nem superiores aos praticados pelas operadoras de produtos de que tratam o inciso I e o § 1º do artigo 1º desta Lei.

► § 8º com a redação dada pela MP nº 2.177-44, de 24-8-2001, que até o encerramento desta edição não havia sido convertida em Lei.

§ 9º Os valores a que se referem os §§ 3º e 6º deste artigo não serão computados para fins de aplicação dos recursos mínimos nas ações e serviços públicos de saúde nos termos da Constituição Federal.

► § 9º acrescido pela Lei nº 12.469, de 26-8-2011.

Art. 33. Havendo indisponibilidade de leito hospitalar nos estabelecimentos próprios ou credenciados pelo plano, é garantido ao consumidor o acesso à acomodação, em nível superior, sem ônus adicional.

Art. 34. As pessoas jurídicas que executam outras atividades além das abrangidas por esta Lei deverão, na forma e no prazo definidos pela ANS, constituir pessoas jurídicas independentes, com ou sem fins lucrativos, especificamente para operar planos privados de assistência à saúde, na forma da legislação em vigor e em especial desta Lei e de seus regulamentos.

► *Caput* com a redação dada pela MP nº 2.177-44, de 24-8-2001.

§ 1º O disposto no *caput* não se aplica às entidades de autogestão constituídas sob a forma de fundação, de sindicato ou de associação que, na data da publicação desta Lei, já exerciam outras atividades em conjunto com as relacionadas à assistência à saúde, nos termos dos pertinentes estatutos sociais.

§ 2º As entidades de que trata o § 1º poderão, desde que a hipótese de segregação da finalidade estatutária esteja prevista ou seja assegurada pelo órgão interno competente, constituir filial ou departamento com número do Cadastro Nacional da Pessoa Jurídica sequencial ao da pessoa jurídica principal.

§ 3º As entidades de que trata o § 1º que optarem por proceder de acordo com o previsto no § 2º assegurarão condições para sua adequada segregação patrimonial, administrativa, financeira e contábil.

► §§ 1º a 3º acrescidos pela Lei nº 13.127, de 26-5-2015.

Art. 35. Aplicam-se as disposições desta Lei a todos os contratos celebrados a partir de sua vigência, assegurada aos consumidores com contratos anteriores, bem como àqueles com contratos celebrados entre 2 de setembro de 1998 e 1º de janeiro de 1999, a possibilidade de optar pela adaptação ao sistema previsto nesta Lei.

► *Caput* com a redação dada pela MP nº 2.177-44, de 24-8-2001, que até o encerramento desta edição não havia sido convertida em Lei.

§ 1º Sem prejuízo do disposto no artigo 35-E, a adaptação dos contratos de que trata este artigo deverá ser formalizada em termo próprio, assinado pelos contratantes, de acordo com as normas a serem definidas pela ANS.

§ 2º Quando a adaptação dos contratos incluir aumento de contraprestação pecuniária, a composição da base de cálculo deverá ficar restrita aos itens correspondentes ao aumento de cobertura, e ficará disponível para verificação pela ANS, que poderá determinar sua alteração quando o novo valor não estiver devidamente justificado.

► §§ 1º e 2º com a redação dada pela MP nº 2.177-44, de 24-8-2001, que até o encerramento desta edição não havia sido convertida em Lei.

§ 3º A adaptação dos contratos não implica nova contagem dos períodos de carência e dos prazos de aquisição dos benefícios previstos nos artigos 30 e 31 desta Lei, observados, quanto aos últimos, os limites de cobertura previstos no contrato original.

§ 4º Nenhum contrato poderá ser adaptado por decisão unilateral da empresa operadora.

§ 5º A manutenção dos contratos originais pelos consumidores não optantes tem caráter personalíssimo, devendo ser garantida somente ao titular e a seus dependentes já inscritos, permitida inclusão apenas de novo cônjuge e filhos, e vedada a transferência da sua titularidade, sob qualquer pretexto, a terceiros.

§ 6º Os produtos de que tratam o inciso I e o § 1º do artigo 1º desta Lei, contratados até 1º de janeiro de 1999, deverão permanecer em operação, por tempo indeterminado, apenas para os consumidores que não optarem pela adaptação às novas regras, sendo considerados extintos para fim de comercialização.

§ 7º Às pessoas jurídicas contratantes de planos coletivos, não optantes pela adaptação prevista neste artigo, fica assegurada a manutenção dos contratos originais, nas coberturas assistenciais neles pactuadas.

§ 8º A ANS definirá em norma própria os procedimentos formais que deverão ser adotados pelas empresas para a adatação dos contratos de que trata este artigo.

► §§ 3º a 8º acrescidos pela MP nº 2.177-44, de 24-8-2001, que até o encerramento desta edição não havia sido convertida em Lei.

Art. 35-A. Fica criado o Conselho de Saúde Suplementar – CONSU, órgão colegiado integrante da estrutura regimental do Ministério da Saúde, com competência para:

I – estabelecer e supervisionar a execução de políticas e diretrizes gerais do setor de saúde suplementar;

II – aprovar o contrato de gestão da ANS;

III – supervisionar e acompanhar as ações e o funcionamento da ANS;

IV – fixar diretrizes gerais para implementação no setor de saúde suplementar sobre:

a) aspectos econômico-financeiros;

b) normas de contabilidade, atuariais e estatísticas;

c) parâmetros quanto ao capital e ao patrimônio líquido mínimos, bem assim quanto às formas de sua subscrição e realização quando se tratar de sociedade anônima;

d) critérios de constituição de garantias de manutenção do equilíbrio econômico-financeiro, consistentes em bens, móveis ou imóveis, ou fundos especiais ou seguros garantidores;

e) criação de fundo, contratação de seguro garantidor ou outros instrumentos que julgar adequados, com o objetivo de proteger o consumidor de planos privados de assistência à saúde em caso de insolvência de empresas operadoras;

V – deliberar sobre a criação de câmaras técnicas, de caráter consultivo, de forma a subsidiar suas decisões.

Parágrafo único. A ANS fixará as normas sobre as matérias previstas no inciso IV deste artigo, devendo adequá-las, se necessário, quando houver diretrizes gerais estabelecidas pelo CONSU.

► Art. 35-A acrescido pela MP nº 2.177-44, de 24-8-2001, que até o encerramento desta edição não havia sido convertida em Lei.

Art. 35-B. O CONSU será integrado pelos seguintes Ministros de Estado:

I – Chefe da Casa Civil da Presidência da República, na qualidade de Presidente;

II – da Saúde;

III – da Fazenda;

IV – da Justiça; e

V – do Planejamento, Orçamento e Gestão.

§ 1º O Conselho deliberará mediante resoluções, por maioria de votos, cabendo ao Presidente a prerrogativa de deliberar nos casos de urgência e relevante interesse, *ad referendum* dos demais membros.

§ 2º Quando deliberar *ad referendum* do Conselho, o Presidente submeterá a decisão ao Colegiado na primeira reunião que se seguir àquela deliberação.

§ 3º O Presidente do Conselho poderá convidar Ministros de Estado, bem assim outros representantes de órgãos públicos, para participar das reuniões, não lhes sendo permitido o direito de voto.

§ 4º O Conselho reunir-se-á sempre que for convocado por seu Presidente.

§ 5º O regimento interno do CONSU será aprovado por decreto do Presidente da República.

§ 6º As atividades de apoio administrativo ao CONSU serão prestadas pela ANS.

§ 7º O Presidente da ANS participará, na qualidade de Secretário, das reuniões do CONSU.

► Art. 35-B acrescido pela MP nº 2.177-44, de 24-8-2001, que até o encerramento desta edição não havia sido convertida em Lei.

Art. 35-C. É obrigatória a cobertura do atendimento nos casos:

► *Caput* com a redação dada pela Lei nº 11.935, de 11-5-2009.

I – de emergência, como tal definidos os que implicarem risco imediato de vida ou de lesões irreparáveis para o paciente, caracterizado em declaração do médico assistente;

II – de urgência, assim entendidos os resultantes de acidentes pessoais ou de complicações no processo gestacional;

► Incisos I e II com a redação dada pela Lei nº 11.935, de 11-5-2009.

III – de planejamento familiar.

► Inciso III acrescido pela Lei nº 11.935, de 11-5-2009.

Parágrafo único. A ANS fará publicar normas regulamentares para o disposto neste artigo, observados os termos de adaptação previstos no art. 35.

► Parágrafo único acrescido pela MP nº 2.177-44, de 24-8-2001, que até o encerramento desta edição não havia sido convertida em Lei.

Art. 35-D. As multas a serem aplicadas pela ANS em decorrência da competência fiscalizadora e normativa estabelecida nesta Lei e em seus regulamentos serão recolhidas à conta daquela Agência, até o limite de R$ 1.000.000,00 (um milhão de reais) por infração, ressalvado o disposto no § 6º do artigo 19 desta Lei.

► Art. 35-D acrescido pela MP nº 2.177-44, de 24-8-2001, que até o encerramento desta edição não havia sido convertida em Lei.

Art. 35-E. A partir de 5 de junho de 1998, fica estabelecido para os contratos celebrados anteriormente à data de vigência desta Lei que:

► O STF, por unanimidade, julgou parcialmente procedente a ADIN nº 1.931, para declarar a inconstitucionalidade deste artigo (*DOU* de 14-2-2018).

I – qualquer variação na contraprestação pecuniária para consumidores com mais de sessenta anos de idade estará sujeita à autorização prévia da ANS;

II – a alegação de doença ou lesão preexistente estará sujeita à prévia regulamentação da matéria pela ANS;

III – é vedada a suspensão ou a rescisão unilateral do contrato individual ou familiar de produtos de que tratam o inciso I e o § 1º do artigo 1º desta Lei por parte da operadora, salvo o disposto no inciso II do parágrafo único do artigo 13 desta Lei;

IV – é vedada a interrupção de internação hospitalar em leito clínico, cirúrgico ou em centro de terapia intensiva ou similar, salvo a critério do médico assistente.

§ 1º Os contratos anteriores à vigência desta Lei, que estabeleçam reajuste por mudança de faixa etária com idade inicial em sessenta anos ou mais, deverão ser adaptados, até 31 de outubro de 1999, para repactuação da cláusula de reajuste, observadas as seguintes disposições:

I – a repactuação será garantida aos consumidores de que trata o parágrafo único do artigo 15, para as mudanças de faixa etária ocorridas após a vigência desta Lei, e limitar-se-á à diluição da aplicação do reajuste anteriormente previsto, em reajustes parciais anuais, com adoção de percentual fixo que, aplicado a cada ano, permita atingir o reajuste integral no início do último ano da faixa etária considerada;

II – para aplicação da fórmula de diluição, consideram-se de dez anos as faixas etárias que tenham sido estipuladas sem limite superior;

III – a nova cláusula, contendo a fórmula de aplicação do reajuste, deverá ser encaminhada aos consumidores, juntamente com o boleto ou título de cobrança, com a demonstração do valor originalmente contratado, do valor repactuado e do percentual de reajuste anual fixo, esclarecendo, ainda, que o seu pagamento formalizará esta repactuação;

IV – a cláusula original de reajuste deverá ter sido previamente submetida à ANS;

V – na falta de aprovação prévia, a operadora, para que possa aplicar reajuste por faixa etária a consumidores com sessenta anos ou mais de idade e dez anos ou mais de contrato, deverá submeter à ANS as condições contratuais acompanhadas de nota técnica, para, uma vez aprovada a cláusula e o percentual de reajuste, adotar a diluição prevista neste parágrafo.

§ 2º Nos contratos individuais de produtos de que tratam o inciso I e o § 1º do artigo 1º desta Lei, independentemente da data de sua celebração, a aplicação de cláusula de reajuste das contraprestações pecuniárias dependerá de prévia aprovação da ANS.

§ 3º O disposto no artigo 35 desta Lei aplica-se sem prejuízo do estabelecido neste artigo.

▸ Art. 35-E acrescido pela MP nº 2.177-44, de 24-8-2001, que até o encerramento desta edição não havia sido convertida em Lei.

Art. 35-F. A assistência a que alude o artigo 1º desta Lei compreende todas as ações necessárias à prevenção da doença e à recuperação, manutenção e reabilitação da saúde, observados os termos desta Lei e do contrato firmado entre as partes.

▸ Art. 35-F acrescido pela MP nº 2.177-44, de 24-8-2001, que até o encerramento desta edição não havia sido convertida em Lei.

Art. 35-G. Aplicam-se subsidiariamente aos contratos entre usuários e operadoras de produtos de que tratam o inciso I e o § 1º do artigo 1º desta Lei as disposições da Lei nº 8.078, de 1990.

▸ Art. 35-G acrescido pela MP nº 2.177-44, de 24-8-2001, que até o encerramento desta edição não havia sido convertida em Lei.

Art. 35-H. Os expedientes que até esta data foram protocolizados na SUSEP pelas operadoras de produtos de que tratam o inciso I e o § 1º do artigo 1º desta Lei e que forem encaminhados à ANS em consequência desta Lei, deverão estar acompanhados de parecer conclusivo daquela Autarquia.

▸ Art. 35-H acrescido pela MP nº 2.177-44, de 24-8-2001, que até o encerramento desta edição não havia sido convertida em Lei.

Art. 35-I. Responderão subsidiariamente pelos direitos contratuais e legais dos consumidores, prestadores de serviço e fornecedores, além dos débitos fiscais e trabalhistas, os bens pessoais dos diretores, administradores, gerentes e membros de conselhos da operadora de plano privado de assistência à saúde, independentemente da sua natureza jurídica.

▸ Art. 35-I acrescido pela MP nº 2.177-44, de 24-8-2001, que até o encerramento desta edição não havia sido convertida em Lei.

Art. 35-J. O diretor técnico ou fiscal ou o liquidante são obrigados a manter sigilo relativo às informações da operadora às quais tiverem acesso em razão do exercício do encargo, sob pena de incorrer em improbidade administrativa, sem prejuízo das responsabilidades civis e penais.

▸ Art. 35-J acrescido pela MP nº 2.177-44, de 24-8-2001, que até o encerramento desta edição não havia sido convertida em Lei.

Art. 35-L. Os bens garantidores das provisões técnicas, fundos e provisões deverão ser registrados na ANS e não poderão ser alienados, prometidos a alienar ou, de qualquer forma, gravados sem prévia e expressa autorização, sendo nulas, de pleno direito, as alienações realizadas ou os gravames constituídos com violação deste artigo.

Parágrafo único. Quando a garantia recair em bem imóvel, será obrigatoriamente inscrita no competente Cartório do Registro Geral de Imóveis, mediante requerimento firmado pela operadora de plano de assistência à saúde e pela ANS.

▸ Art. 35-L acrescido pela MP nº 2.177-44, de 24-8-2001, que até o encerramento desta edição não havia sido convertida em Lei.

Art. 35-M. As operadoras de produtos de que tratam o inciso I e o § 1º do artigo 1º desta Lei poderão celebrar contratos de resseguro junto às empresas devidamente autorizadas a operar em tal atividade, conforme estabelecido na Lei nº 9.932, de 20 de dezembro de 1999, e regulamentações posteriores.

▸ Art. 35-M acrescido pela MP nº 2.177-44, de 24-8-2001, que até o encerramento desta edição não havia sido convertida em Lei.

▸ A Lei nº 9.932, de 20-12-1999, foi revogada pela LC nº 126, de 5-1-2007.

Art. 36. Esta Lei entra em vigor noventa dias após a data de sua publicação.

Brasília, 3 de junho de 1998;
177º da Independência e
110º da República.

Fernando Henrique Cardoso

DECRETO Nº 2.626, DE 15 DE JUNHO DE 1998

Promulga o Protocolo de Medidas Cautelares, concluído em Ouro Preto, em 16 de dezembro de 1994.

▸ Publicado no *DOU* de 16-6-1998.

O Presidente da República, no uso das atribuições que lhe confere o art. 84, inciso VIII, da Constituição Federal,

Considerando que o Protocolo de Medidas Cautelares foi concluído em Ouro Preto, em 16 de dezembro de 1994;

Considerando que o Congresso Nacional aprovou o ato multilateral em epígrafe por meio do Decreto Legislativo nº 192, de 15 de dezembro de 1995;

Considerando que o Governo brasileiro depositou o Instrumento de Ratificação do Protocolo em 18 de março de 1997, passando o mesmo a vigorar para o Brasil em 18 de abril de 1997;

Decreta:

Art. 1º O Protocolo de Medidas Cautelares, concluído em Ouro Preto, em 16 de dezembro de 1994, será executado e cumprido tão inteiramente como nele se contém.

Art. 2º Este Decreto entra em vigor na data de sua publicação.

Brasília, em 15 de junho de 1998;
177º da Independência e
110º da República.

Fernando Henrique Cardoso

ANEXO AO DECRETO QUE PROMULGA O PROTOCOLO DE MEDIDAS CAUTELARES

Os Governos da República Argentina, da República Federativa do Brasil, da República do Paraguai e da República Oriental do Uruguai, doravante denominados Estados Partes;

Considerando que o Tratado de Assunção, firmado em 26 de março de 1991, estabelece o compromisso dos Estados Partes de harmonizar suas legislações nas áreas pertinentes;

Reafirmando a vontade dos Estados Partes de acordar soluções jurídicas comuns para o fortalecimento do processo de integração;

Convencidos da importância e da necessidade de oferecer ao setor privado dos Estados Partes, um quadro de segurança jurídica que garanta soluções justas às controvérsias privadas e torne viável a cooperação cautelar entre os Estados Partes do Tratado de Assunção,

Acordam

OBJETO DO PROTOCOLO

Artigo 1º

O presente Protocolo tem objetivo regulamentar entre os Estados-Partes do Tratado de Assunção o cumprimento de medidas cautelares destinadas a impedir a irreparabilidade de um dano em relação às pessoas, bens e obrigações de dar, de fazer ou de não fazer.

Artigo 2º

A medida cautelar poderá ser solicitada em processos ordinários, de execução, especiais ou extraordinários, de natureza civil, comercial, trabalhista e em processos penais, quanto à reparação civil.

Artigo 3º

Admitir-se-ão medidas cautelares preparatórias, incidentais de uma ação principal e as que garantam a execução de uma sentença.

ÂMBITO DE APLICAÇÃO

Artigo 4º

As autoridades jurisdicionais dos Estados-Partes do Tratado de Assunção darão cumprimento às medidas cautelares decretadas por Juízes ou Tribunais de outros Estados-Partes, competentes na esfera internacional, adotando as providências necessárias, de acordo com a lei do lugar onde sejam situados os bens ou residam as pessoas objeto da medida.

LEI APLICÁVEL

Artigo 5º

A admissibilidade da medida cautelar será regulada pelas leis e julgada pelos Juízes ou Tribunais do Estado requerente.

Artigo 6º

A execução da medida cautelar e sua contracautela ou respectiva garantia serão processadas pelo Juízes ou Tribunais do Estado requerido, segundo suas leis.

Artigo 7º

Serão também regidas pelas leis e julgadas pelos Juízes ou Tribunais do Estado requerido:

a) as modificações que no curso do processo se justificarem para o seu correto cumprimento e, se, for o caso, sua redução ou sua substituição;

b) as sanções em decorrência de litigância de má-fé; e

c) as questões relativas a domínio e demais direitos reais.

Artigo 8º

O Juiz ou Tribunal do Estado requerido poderá recusar cumprimento ou, se for o caso, determinar o levantamento da medida, quando verificada sua absoluta improcedência, nos termos deste Protocolo.

OPOSIÇÃO

Artigo 9º

O presumido devedor da obrigação ou terceiros interessados que se considerarem prejudicados poderão opor-se à medida perante a autoridade judicial requerida. Sem prejuízo da manutenção da medida cautelar, dita autoridade restituirá o procedimento ao Juiz ou Tribunal de origem, para que decida sobre a oposição segundo suas leis, com exceção do disposto na alínea *c* do artigo 7º.

AUTONOMIA DA COOPERAÇÃO CAUTELAR

Artigo 10

O cumprimento de uma medida cautelar pela autoridade jurisdicional requerida não implica o compromisso de reconhecimento ou execução da sentença definitiva estrangeira proferida no processo principal.

COOPERAÇÃO CAUTELAR NA EXECUÇÃO DA SENTENÇA

Artigo 11

O Juiz ou Tribunal, a quem for solicitado o cumprimento de uma sentença estrangeira, poderá determinar as medidas cautelares garantidoras da execução, de conformidade com as suas leis.

MEDIDAS CAUTELARES EM MATÉRIA DE MENORES

Artigo 12

Quando a medida cautelar se referir à custódia de menores, o Juiz ou Tribunal do Estado requerido poderá limitar o alcance da medida exclusivamente ao seu território, à espera da decisão definitiva do Juiz ou Tribunal do processo principal.

INTERPOSIÇÃO DA DEMANDA NO PROCESSO PRINCIPAL

Artigo 13

A interposição da demanda no processo principal, fora do prazo previsto na legislação do Estado requerente, produzirá a plena ineficácia da medida preparatória concedida.

OBRIGAÇÃO DE INFORMAR

Artigo 14

O Juiz ou Tribunal do Estado requerente comunicará ao do Estado requerido:

a) ao transmitir a rogatória, o prazo – contado a partir da efetivação da medida cautelar – dentro do qual o pedido da ação principal deverá ser apresentado ou interposto;

b) o mais breve possível, a data da apresentação, ou a não apresentação da demanda no processo principal.

Artigo 15

O Juiz ou Tribunal do Estado requerido comunicará, imediatamente, ao Estado requerente, a data em que foi cumprimento à medida cautelar solicitada, ou as razões pelas quais deixou de ser cumprida.

COOPERAÇÃO INTERNA

Artigo 16

Se a autoridade jurisdicional requerida se julgar incompetente para proceder o trâmite da carta rogatória, transmitirá de ofício os documentos e antecedentes do caso à autoridade jurisdicional competente de seu Estado.

ORDEM PÚBLICA

Artigo 17

A autoridade jurisdicional do Estado requerido poderá recusar o cumprimento de uma carta rogatória referente a medidas cautelares, quando estas sejam manifestamente contrárias a sua ordem pública.

MEIO EMPREGADO PARA FORMULAÇÃO DO PEDIDO

Artigo 18

A solicitação de medidas cautelares será formulada através de *exhortos* ou cartas rogatórias, termos equivalentes para os fins do presente Protocolo.

TRANSMISSÃO E DILIGENCIAMENTO

Artigo 19

A carta rogatória relativa ao cumprimento de uma medida cautelar será transmitida pela via diplomática ou consular, por intermédio da respectiva Autoridade Central ou das partes interessadas.

Quando a transmissão for efetuada pela via diplomática ou consular, ou por intermédio das autoridades centrais, não se exigirá o requisito da legalização.

Quando a carta rogatória for encaminhada por intermédio da parte interessada, deverá ser legalizada perante os agentes diplomáticos ou consulares do Estado requerido, salvo se, entre os Estados requerente e requerido, haja sido suprimido o requisito da legalização ou substituído por outra formalidade.

Os Juízes ou Tribunais das zonas fronteiriças dos Estados-Partes poderão transmitir-se, de forma direta, os *exhortos* ou cartas rogatórias previstos neste Protocolo, sem necessidade de legalização.

Não será aplicado no cumprimento das medidas cautelares o procedimento homologatório das sentenças estrangeiras.

AUTORIDADE CENTRAL

Artigo 20

Cada Estado-Parte designará uma Autoridade Central encarregada de receber e transmitir as solicitações de cooperação cautelar.

DOCUMENTOS E INFORMAÇÕES

Artigo 21

As cartas rogatórias conterão:

a) a identificação e o domicílio do juiz ou tribunal que determinou a ordem;

b) cópia autenticada da petição da medida cautelar, e da demanda principal, se houver;

c) documentos que fundamentem a petição;

d) ordem fundamentada que determine a medida cautelar;

e) informação acerca das normas que estabeleçam algum procedimento especial que a autoridade jurisdicional requerida ou solicite que se observe; e

f) indicação da pessoa que no Estado requerido deverá arcar com os gastos e custas judiciais devidas, salvo as exceções previstas no artigo 25. Será facultativa à autoridade do Estado requerido dar tramitação à carta rogatória que careça de indicação acerca da pessoa que deva atender às despesas e custas, quando ocorrerem.

As cartas rogatórias e os documentos que as acompanham deverão estar revestidos das formalidades externas necessárias para serem considerados autênticos no Estado de onde procedem.

A medida cautelar será cumprida, a não ser que lhe faltem requisitos, documentos ou informações consideradas fundamentais, que tornem inadmissível sua procedência. Nesta hipótese, o Juiz ou Tribunal requerido comunicar-se-á imediatamente com o requerente, para que, com urgência, sejam sanados os referidos defeitos.

Artigo 22

Quando as circunstâncias do caso o justifiquem, de acordo com a apreciação do Juiz ou Tribunal requerente, a rogatória informará acerca da existência e do domicílio das defensórias de ofício competentes.

TRADUÇÃO

Artigo 23

As cartas rogatórias e os documentos que as acompanham deverão ser redigidos no idioma do Estado requerente e serão acompanhados de uma tradução no idioma do Estado requerido.

CUSTAS E DESPESAS

Artigo 24

As custas judiciais e demais despesas serão de responsabilidade da parte solicitante da medida cautelar.

Artigo 25

Ficam excetuadas das obrigações estabelecidas no artigo anterior as medidas cautelares requeridas em matéria de alimentos provisionais, localização e restituição de menores e aquelas que solicitem as pessoas que, no Estado requerente, tenham obtido o benefício da justiça gratuita.

DISPOSIÇÕES FINAIS

Artigo 26

Este Protocolo não restringirá a aplicação de disposições mais favoráveis para a cooperação contidas em outras Convenções sobre medidas cautelares que estejam em vigor com caráter bilateral ou multilateral entre os Estados-Partes.

Artigo 27

As Controvérsias que surgirem entre os Estados-Partes em decorrência da aplicação, interpretação ou descumprimento das disposições contidas no presente Protocolo serão resolvidas mediante negociações diplomáticas diretas.

Se, mediante tais negociações, não se alcançar acordo ou se a controvérsia só for solucionada parcialmente, aplicar-se-ão os procedimentos previstos no Sistema de Solução de Controvérsias vigente entre os Estados-Partes do Tratado de Assunção.

Artigo 28

Os Estados-Partes ao depositar o instrumento de ratificação ao presente Protocolo comunicarão a designação da Autoridade Central ao Governo depositário, o qual dará conhecimento aos demais Estados-Partes.

Artigo 29

O presente Protocolo, parte integrante do Tratado de Assunção, será submetido aos procedimentos constitucionais de aprovação de cada Estado-Parte e entrará em vigor 30 (trinta) dias após o depósito do segundo instrumento de ratificação, com relação aos dois primeiros Estados-Partes que o ratifiquem.

Para os demais signatários, entrará em vigor no trigésimo dia posterior ao depósito do respectivo instrumento de ratificação.

Artigo 30

A adesão por parte de um Estado ao Tratado de Assunção implicará de pleno direito a adesão ao presente Protocolo.

Artigo 31

O Governo da República do Paraguai será o depositário do presente Protocolo e dos instrumentos de ratificação e enviará cópias devidamente autenticadas dos mesmos aos Governos dos demais Estados-Partes.

Outrossim, o Governo da República notificará aos Governos dos demais Estados-Partes da data de entrada em vigor do presente Protocolo e a data do depósito dos instrumentos de ratificação.

Feito em Ouro Preto, aos 16 dias do mês de dezembro de 1994, em um original nos idiomas português e espanhol, sendo ambos os mesmos textos igualmente autênticos.

LEI Nº 9.784, DE 29 DE JANEIRO DE 1999

Regula o processo administrativo no âmbito da Administração Pública Federal.

► Publicada no *DOU* de 1º-2-1999 e retificada no *DOU* de 11-3-1999.

CAPÍTULO I
DAS DISPOSIÇÕES GERAIS

Art. 1º Esta Lei estabelece normas básicas sobre o processo administrativo no âmbito da Administração Federal direta e indireta, visando, em especial, à proteção dos direitos dos administrados e ao melhor cumprimento dos fins da Administração.

§ 1º Os preceitos desta Lei também se aplicam aos órgãos dos Poderes Legislativo e Judiciário da União, quando no desempenho de função administrativa.

§ 2º Para os fins desta Lei, consideram-se:

I – órgão – a unidade de atuação integrante da estrutura da Administração direta e da estrutura da Administração indireta;

II – entidade – a unidade de atuação dotada de personalidade jurídica;

III – autoridade – o servidor ou agente público dotado de poder de decisão.

Art. 2º A Administração Pública obedecerá, dentre outros, aos princípios da legalidade, finalidade, motivação, razoabilidade, proporcionalidade, moralidade, ampla defesa, contraditório, segurança jurídica, interesse público e eficiência.

Parágrafo único. Nos processos administrativos serão observados, entre outros, os critérios de:

I – atuação conforme a lei e o Direito;

II – atendimento a fins de interesse geral, vedada a renúncia total ou parcial de poderes ou competências, salvo autorização em lei;

III – objetividade no atendimento do interesse público, vedada a promoção pessoal de agentes ou autoridades;

IV – atuação segundo padrões éticos de probidade, decoro e boa-fé;

V – divulgação oficial dos atos administrativos, ressalvadas as hipóteses de sigilo previstas na Constituição;

VI – adequação entre meios e fins, vedada a imposição de obrigações, restrições e sanções em medida superior àquelas estritamente necessárias ao atendimento do interesse público;

VII – indicação dos pressupostos de fato e de direito que determinarem a decisão;

VIII – observância das formalidades essenciais à garantia dos direitos dos administrados;

IX – adoção de formas simples, suficientes para propiciar adequado grau de certeza, segurança e respeito aos direitos dos administrados;

X – garantia dos direitos à comunicação, à apresentação de alegações finais, à produção de provas e à interposição de recursos, nos processos de que possam resultar sanções e nas situações de litígio;

XI – proibição de cobrança de despesas processuais, ressalvadas as previstas em lei;

XII – impulsão, de ofício, do processo administrativo, sem prejuízo da atuação dos interessados;

XIII – interpretação da norma administrativa da forma que melhor garanta o atendimento do fim público a que se dirige, vedada aplicação retroativa de nova interpretação.

CAPÍTULO II
DOS DIREITOS DOS ADMINISTRADOS

Art. 3º O administrado tem os seguintes direitos perante a Administração, sem prejuízo de outros que lhe sejam assegurados:

I – ser tratado com respeito pelas autoridades e servidores, que deverão facilitar o exercício de seus direitos e o cumprimento de suas obrigações;

II – ter ciência da tramitação dos processos administrativos em que tenha a condição de interessado, ter vista dos autos, obter cópias de documentos neles contidos e conhecer as decisões proferidas;

III – formular alegações e apresentar documentos antes da decisão, os quais serão objeto de consideração pelo órgão competente;

IV – fazer-se assistir, facultativamente, por advogado, salvo quando obrigatória a representação, por força de lei.

CAPÍTULO III
DOS DEVERES DO ADMINISTRADO

Art. 4º São deveres do administrado perante a Administração, sem prejuízo de outros previstos em ato normativo:

I – expor os fatos conforme a verdade;

II – proceder com lealdade, urbanidade e boa-fé;

III – não agir de modo temerário;

IV – prestar as informações que lhe forem solicitadas e colaborar para o esclarecimento dos fatos.

CAPÍTULO IV
DO INÍCIO DO PROCESSO

Art. 5º O processo administrativo pode iniciar-se de ofício ou a pedido de interessado.

Art. 6º O requerimento inicial do interessado, salvo casos em que for admitida solicitação oral, deve ser formulado por escrito e conter os seguintes dados:

I – órgão ou autoridade administrativa a que se dirige;

II – identificação do interessado ou de quem o represente;

III – domicílio do requerente ou local para recebimento de comunicações;

IV – formulação do pedido, com exposição dos fatos e de seus fundamentos;

V – data e assinatura do requerente ou de seu representante.

Parágrafo único. É vedada à Administração a recusa imotivada de recebimento de documentos, devendo o servidor orientar o interessado quanto ao suprimento de eventuais falhas.

Art. 7º Os órgãos e entidades administrativas deverão elaborar modelos ou formulários padronizados para assuntos que importem pretensões equivalentes.

Art. 8º Quando os pedidos de uma pluralidade de interessados tiverem conteúdo e fundamentos idênticos, poderão ser formulados em um único requerimento, salvo preceito legal em contrário.

CAPÍTULO V

DOS INTERESSADOS

Art. 9º São legitimados como interessados no processo administrativo:

I – pessoas físicas ou jurídicas que o iniciem como titulares de direitos ou interesses individuais ou no exercício do direito de representação;

II – aqueles que, sem terem iniciado o processo, têm direitos ou interesses que possam ser afetados pela decisão a ser adotada;

III – as organizações e associações representativas, no tocante a direitos e interesses coletivos;

IV – as pessoas ou as associações legalmente constituídas quanto a direitos ou interesses difusos.

Art. 10. São capazes, para fins de processo administrativo, os maiores de dezoito anos, ressalvada previsão especial em ato normativo próprio.

CAPÍTULO VI

DA COMPETÊNCIA

Art. 11. A competência é irrenunciável e se exerce pelos órgãos administrativos a que foi atribuída como própria, salvo os casos de delegação e avocação legalmente admitidos.

Art. 12. Um órgão administrativo e seu titular poderão, se não houver impedimento legal, delegar parte da sua competência a outros órgãos ou titulares, ainda que estes não lhe sejam hierarquicamente subordinados, quando for conveniente, em razão de circunstâncias de índole técnica, social, econômica, jurídica ou territorial.

Parágrafo único. O disposto no *caput* deste artigo aplica-se à delegação de competência dos órgãos colegiados aos respectivos presidentes.

Art. 13. Não podem ser objeto de delegação:

I – a edição de atos de caráter normativo;

II – a decisão de recursos administrativos;

III – as matérias de competência exclusiva do órgão ou autoridade.

Art. 14. O ato de delegação e sua revogação deverão ser publicados no meio oficial.

§ 1º O ato de delegação especificará as matérias e poderes transferidos, os limites da atuação do delegado, a duração e os objetivos da delegação e o recurso cabível, podendo conter ressalva de exercício da atribuição delegada.

§ 2º O ato de delegação é revogável a qualquer tempo pela autoridade delegante.

§ 3º As decisões adotadas por delegação devem mencionar explicitamente esta qualidade e considerar-se-ão editadas pelo delegado.

Art. 15. Será permitida, em caráter excepcional e por motivos relevantes devidamente justificados, a avocação temporária de competência atribuída a órgão hierarquicamente inferior.

Art. 16. Os órgãos e entidades administrativas divulgarão publicamente os locais das respectivas sedes e, quando conveniente, a unidade fundacional competente em matéria de interesse especial.

Art. 17. Inexistindo competência legal específica, o processo administrativo deverá ser iniciado perante a autoridade de menor grau hierárquico para decidir.

CAPÍTULO VII

DOS IMPEDIMENTOS E DA SUSPEIÇÃO

Art. 18. É impedido de atuar em processo administrativo o servidor ou autoridade que:

I – tenha interesse direto ou indireto na matéria;

II – tenha participado ou venha a participar como perito, testemunha ou representante, ou se tais situações ocorrem quanto ao cônjuge, companheiro ou parente e afins até o terceiro grau;

III – esteja litigando judicial ou administrativamente com o interessado ou respectivo cônjuge ou companheiro.

Art. 19. A autoridade ou servidor que incorrer em impedimento deve comunicar o fato à autoridade competente, abstendo-se de atuar.

Parágrafo único. A omissão do dever de comunicar o impedimento constitui falta grave, para efeitos disciplinares.

Art. 20. Pode ser arguida a suspeição de autoridade ou servidor que tenha amizade íntima ou inimizade notória com algum dos interessados ou com os respectivos cônjuges, companheiros, parentes e afins até o terceiro grau.

Art. 21. O indeferimento de alegação de suspeição poderá ser objeto de recurso, sem efeito suspensivo.

CAPÍTULO VIII

DA FORMA, TEMPO E LUGAR DOS ATOS DO PROCESSO

Art. 22. Os atos do processo administrativo não dependem de forma determinada senão quando a lei expressamente a exigir.

§ 1º Os atos do processo devem ser produzidos por escrito, em vernáculo, com a data e o local de sua realização e a assinatura da autoridade responsável.

§ 2º Salvo imposição legal, o reconhecimento de firma somente será exigido quando houver dúvida de autenticidade.

§ 3º A autenticação de documentos exigidos em cópia poderá ser feita pelo órgão administrativo.

§ 4º O processo deverá ter suas páginas numeradas sequencialmente e rubricadas.

Art. 23. Os atos do processo devem realizar-se em dias úteis, no horário normal de funcionamento da repartição na qual tramitar o processo.

Parágrafo único. Serão concluídos depois do horário normal os atos já iniciados, cujo adiamento prejudique o curso regular do procedimento ou cause dano ao interessado ou à Administração.

Art. 24. Inexistindo disposição específica, os atos do órgão ou autoridade responsável pelo processo e dos administrados que dele participem devem ser praticados no prazo de cinco dias, salvo motivo de força maior.

Parágrafo único. O prazo previsto neste artigo pode ser dilatado até o dobro, mediante comprovada justificação.

Art. 25. Os atos do processo devem realizar-se preferencialmente na sede do órgão, cientificando-se o interessado se outro for o local de realização.

CAPÍTULO IX
DA COMUNICAÇÃO DOS ATOS

Art. 26. O órgão competente perante o qual tramita o processo administrativo determinará a intimação do interessado para ciência de decisão ou a efetivação de diligências.

§ 1º A intimação deverá conter:

I - identificação do intimado e nome do órgão ou entidade administrativa;

II - finalidade da intimação;

III - data, hora e local em que deve comparecer;

IV - se o intimado deve comparecer pessoalmente, ou fazer-se representar;

V - informação da continuidade do processo independentemente do seu comparecimento;

VI - indicação dos fatos e fundamentos legais pertinentes.

§ 2º A intimação observará a antecedência mínima de três dias úteis quanto à data de comparecimento.

§ 3º A intimação pode ser efetuada por ciência no processo, por via postal com aviso de recebimento, por telegrama ou outro meio que assegure a certeza da ciência do interessado.

§ 4º No caso de interessados indeterminados, desconhecidos ou com domicílio indefinido, a intimação deve ser efetuada por meio de publicação oficial.

§ 5º As intimações serão nulas quando feitas sem observância das prescrições legais, mas o comparecimento do administrado supre sua falta ou irregularidade.

Art. 27. O desatendimento da intimação não importa o reconhecimento da verdade dos fatos, nem a renúncia a direito pelo administrado.

Parágrafo único. No prosseguimento do processo, será garantido direito de ampla defesa ao interessado.

Art. 28. Devem ser objeto de intimação os atos do processo que resultem para o interessado em imposição de deveres, ônus, sanções ou restrição ao exercício de direitos e atividades e os atos de outra natureza, de seu interesse.

CAPÍTULO X
DA INSTRUÇÃO

Art. 29. As atividades de instrução destinadas a averiguar e comprovar os dados necessários à tomada de decisão realizam-se de ofício ou mediante impulsão do órgão responsável pelo processo, sem prejuízo do direito dos interessados de propor atuações probatórias.

§ 1º O órgão competente para a instrução fará constar dos autos os dados necessários à decisão do processo.

§ 2º Os atos de instrução que exijam a atuação dos interessados devem realizar-se do modo menos oneroso para estes.

Art. 30. São inadmissíveis no processo administrativo as provas obtidas por meios ilícitos.

Art. 31. Quando a matéria do processo envolver assunto de interesse geral, o órgão competente poderá, mediante despacho motivado, abrir período de consulta pública para manifestação de terceiros, antes da decisão do pedido, se não houver prejuízo para a parte interessada.

§ 1º A abertura da consulta pública será objeto de divulgação pelos meios oficiais, a fim de que pessoas físicas ou jurídicas possam examinar os autos, fixando-se prazo para oferecimento de alegações escritas.

§ 2º O comparecimento à consulta pública não confere, por si, a condição de interessado do processo, mas confere o direito de obter da Administração resposta fundamentada, que poderá ser comum a todas as alegações substancialmente iguais.

Art. 32. Antes da tomada de decisão, a juízo da autoridade, diante da relevância da questão, poderá ser realizada audiência pública para debates sobre a matéria do processo.

Art. 33. Os órgãos e entidades administrativas, em matéria relevante, poderão estabelecer outros meios de participação de administrados, diretamente ou por meio de organizações e associações legalmente reconhecidas.

Art. 34. Os resultados da consulta e audiência pública e de outros meios de participação de administrados deverão ser apresentados com a indicação do procedimento adotado.

Art. 35. Quando necessária à instrução do processo, a audiência de outros órgãos ou entidades administrativas poderá ser realizada em reunião conjunta, com a participação de titulares ou representantes dos órgãos competentes, lavrando-se a respectiva ata, a ser juntada aos autos.

Art. 36. Cabe ao interessado a prova dos fatos que tenha alegado, sem prejuízo do dever atribuído ao órgão competente para a instrução e do disposto no art. 37 desta Lei.

Art. 37. Quando o interessado declarar que fatos e dados estão registrados em documentos existentes na própria Administração responsável pelo processo ou em outro órgão administrativo, o órgão competente para a instrução proverá, de ofício, à obtenção dos documentos ou das respectivas cópias.

Art. 38. O interessado poderá, na fase instrutória e antes da tomada da decisão, juntar documentos e pareceres, requerer diligências e perícias, bem como aduzir alegações referentes à matéria objeto do processo.

§ 1º Os elementos probatórios deverão ser considerados na motivação do relatório e da decisão.

§ 2º Somente poderão ser recusadas, mediante decisão fundamentada, as provas propostas pelos interessados quando sejam ilícitas, impertinentes, desnecessárias ou protelatórias.

Art. 39. Quando for necessária a prestação de informações ou a apresentação de provas pelos interessados ou terceiros, serão expedidas intimações para esse fim, mencionando-se data, prazo, forma e condições de atendimento.

Parágrafo único. Não sendo atendida a intimação, poderá o órgão competente, se entender relevante a matéria, suprir de ofício a omissão, não se eximindo de proferir a decisão.

Art. 40. Quando dados, atuações ou documentos solicitados ao interessado forem necessários à apreciação de pedido formulado, o não atendimento no prazo fixado pela Administração para a respectiva apresentação implicará arquivamento do processo.

Art. 41. Os interessados serão intimados de prova ou diligência ordenada, com antecedência mínima de três dias úteis, mencionando-se data, hora e local de realização.

Art. 42. Quando deva ser obrigatoriamente ouvido um órgão consultivo, o parecer deverá ser emitido no prazo máximo de quinze dias, salvo norma especial ou comprovada necessidade de maior prazo.

§ 1º Se um parecer obrigatório e vinculante deixar de ser emitido no prazo fixado, o processo não terá seguimento até a respectiva apresentação, responsabilizando-se quem der causa ao atraso.

§ 2º Se um parecer obrigatório e não vinculante deixar de ser emitido no prazo fixado, o processo poderá ter prosseguimento e ser decidido com sua dispensa, sem prejuízo da responsabilidade de quem se omitiu no atendimento.

Art. 43. Quando por disposição de ato normativo devam ser previamente obtidos laudos técnicos de órgãos administrativos e estes não cumprirem o encargo no prazo assinalado, o órgão responsável pela instrução deverá solicitar laudo técnico de outro órgão dotado de qualificação e capacidade técnica equivalentes.

Art. 44. Encerrada a instrução, o interessado terá o direito de manifestar-se no prazo máximo de dez dias, salvo se outro prazo for legalmente fixado.

Art. 45. Em caso de risco iminente, a Administração Pública poderá motivadamente adotar providências acauteladoras sem a prévia manifestação do interessado.

Art. 46. Os interessados têm direito à vista do processo e a obter certidões ou cópias reprográficas dos dados e documentos que o integram, ressalvados os dados e documentos de terceiros protegidos por sigilo ou pelo direito à privacidade, à honra e à imagem.

Art. 47. O órgão de instrução que não for competente para emitir a decisão final elaborará relatório indicando o pedido inicial, o conteúdo das fases do procedimento e formulará proposta de decisão, objetivamente justificada, encaminhando o processo à autoridade competente.

CAPÍTULO XI
DO DEVER DE DECIDIR

Art. 48. A Administração tem o dever de explicitamente emitir decisão nos processos administrativos e sobre solicitações ou reclamações, em matéria de sua competência.

Art. 49. Concluída a instrução de processo administrativo, a Administração tem o prazo de até trinta dias para decidir, salvo prorrogação por igual período expressamente motivada.

CAPÍTULO XII
DA MOTIVAÇÃO

Art. 50. Os atos administrativos deverão ser motivados, com indicação dos fatos e dos fundamentos jurídicos, quando:

I – neguem, limitem ou afetem direitos ou interesses;

II – imponham ou agravem deveres, encargos ou sanções;

III – decidam processos administrativos de concurso ou seleção pública;

IV – dispensem ou declarem a inexigibilidade de processo licitatório;

V – decidam recursos administrativos;

VI – decorram de reexame de ofício;

VII – deixem de aplicar jurisprudência firmada sobre a questão ou discrepem de pareceres, laudos, propostas e relatórios oficiais;

VIII – importem anulação, revogação, suspensão ou convalidação de ato administrativo.

§ 1º A motivação deve ser explícita, clara e congruente, podendo consistir em declaração de concordância com fundamentos de anteriores pareceres, informações, decisões ou propostas, que, neste caso, serão parte integrante do ato.

§ 2º Na solução de vários assuntos da mesma natureza, pode ser utilizado meio mecânico que reproduza os fundamentos das decisões, desde que não prejudique direito ou garantia dos interessados.

§ 3º A motivação das decisões de órgãos colegiados e comissões ou de decisões orais constará da respectiva ata ou de termo escrito.

CAPÍTULO XIII
DA DESISTÊNCIA E OUTROS CASOS DE EXTINÇÃO DO PROCESSO

Art. 51. O interessado poderá, mediante manifestação escrita, desistir total ou parcialmente do pedido formulado ou, ainda, renunciar a direitos disponíveis.

§ 1º Havendo vários interessados, a desistência ou renúncia atinge somente quem a tenha formulado.

§ 2º A desistência ou renúncia do interessado, conforme o caso, não prejudica o prosseguimento do processo, se a Administração considerar que o interesse público assim o exige.

Art. 52. O órgão competente poderá declarar extinto o processo quando exaurida sua finalidade ou o objeto da decisão se tornar impossível, inútil ou prejudicado por fato superveniente.

CAPÍTULO XIV
DA ANULAÇÃO, REVOGAÇÃO E CONVALIDAÇÃO

Art. 53. A Administração deve anular seus próprios atos, quando eivados de vício de legalidade, e pode revogá-los por motivo de conveniência ou oportunidade, respeitados os direitos adquiridos.

Art. 54. O direito da Administração de anular os atos administrativos de que decorram efeitos favoráveis para os destinatários decai em cinco anos, contados da data em que foram praticados, salvo comprovada má-fé.

§ 1º No caso de efeitos patrimoniais contínuos, o prazo de decadência contar-se-á da percepção do primeiro pagamento.

§ 2º Considera-se exercício do direito de anular qualquer medida de autoridade administrativa que importe impugnação à validade do ato.

Art. 55. Em decisão na qual se evidencie não acarretarem lesão ao interesse público nem prejuízo a terceiros, os atos que apresentarem defeitos sanáveis poderão ser convalidados pela própria Administração.

CAPÍTULO XV
DO RECURSO ADMINISTRATIVO E DA REVISÃO

Art. 56. Das decisões administrativas cabe recurso, em face de razões de legalidade e de mérito.

§ 1º O recurso será dirigido à autoridade que proferiu a decisão, a qual, se não a reconsiderar no prazo de cinco dias, o encaminhará à autoridade superior.

§ 2º Salvo exigência legal, a interposição de recurso administrativo independe de caução.

§ 3º Se o recorrente alegar que a decisão administrativa contraria enunciado da súmula vinculante, caberá à autoridade prolatora da decisão impugnada, se não a reconsiderar, explicitar, antes de encaminhar o recurso à autoridade superior, as razões da aplicabilidade ou inaplicabilidade da súmula, conforme o caso.

► § 3º acrescido pela Lei nº 11.417, de 19-12-2006.

Art. 57. O recurso administrativo tramitará no máximo por três instâncias administrativas, salvo disposição legal diversa.

Art. 58. Têm legitimidade para interpor recurso administrativo:

I – os titulares de direitos e interesses que forem parte no processo;

II – aqueles cujos direitos ou interesses forem indiretamente afetados pela decisão recorrida;

III – as organizações e associações representativas, no tocante a direitos e interesses coletivos;

IV – os cidadãos ou associações, quanto a direitos ou interesses difusos.

Art. 59. Salvo disposição legal específica, é de dez dias o prazo para interposição de recurso administrativo, contado a partir da ciência ou divulgação oficial da decisão recorrida.

§ 1º Quando a lei não fixar prazo diferente, o recurso administrativo deverá ser decidido no prazo máximo de trinta dias, a partir do recebimento dos autos pelo órgão competente.

§ 2º O prazo mencionado no parágrafo anterior poderá ser prorrogado por igual período, ante justificativa explícita.

Art. 60. O recurso interpõe-se por meio de requerimento no qual o recorrente deverá expor os fundamentos do pedido de reexame, podendo juntar os documentos que julgar convenientes.

Art. 61. Salvo disposição legal em contrário, o recurso não tem efeito suspensivo.

Parágrafo único. Havendo justo receio de prejuízo de difícil ou incerta reparação decorrente da execução, a autoridade recorrida ou a imediatamente superior poderá, de ofício ou a pedido, dar efeito suspensivo ao recurso.

Art. 62. Interposto o recurso, o órgão competente para dele conhecer deverá intimar os demais interessados para que, no prazo de cinco dias úteis, apresentem alegações.

Art. 63. O recurso não será conhecido quando interposto:

I – fora do prazo;

II – perante órgão incompetente;

III – por quem não seja legitimado;

IV – após exaurida a esfera administrativa.

§ 1º Na hipótese do inciso II, será indicada ao recorrente a autoridade competente, sendo-lhe devolvido o prazo para recurso.

§ 2º O não conhecimento do recurso não impede a Administração de rever de ofício o ato ilegal, desde que não ocorrida preclusão administrativa.

Art. 64. O órgão competente para decidir o recurso poderá confirmar, modificar, anular ou revogar, total ou parcialmente, a decisão recorrida, se a matéria for de sua competência.

Parágrafo único. Se da aplicação do disposto neste artigo puder decorrer gravame à situação do recorrente, este deverá ser cientificado para que formule suas alegações antes da decisão.

Art. 64-A. Se o recorrente alegar violação de enunciado da súmula vinculante, o órgão competente para decidir o recurso explicitará as razões da aplicabilidade ou inaplicabilidade da súmula, conforme o caso.

Art. 64-B. Acolhida pelo Supremo Tribunal Federal a reclamação fundada em violação de enunciado da súmula vinculante, dar-se-á ciência à autoridade prolatora e ao órgão competente para o julgamento do recurso, que deverão adequar as futuras decisões administrativas em casos semelhantes, sob pena de responsabilização pessoal nas esferas cível, administrativa e penal.

► Arts. 64-A e 64-B acrescidos pela Lei nº 11.417, de 19-12-2006.

Art. 65. Os processos administrativos de que resultem sanções poderão ser revistos, a qualquer tempo, a pedido ou de ofício, quando surgirem fatos novos ou circunstâncias relevantes suscetíveis de justificar a inadequação da sanção aplicada.

Parágrafo único. Da revisão do processo não poderá resultar agravamento da sanção.

CAPÍTULO XVI

DOS PRAZOS

Art. 66. Os prazos começam a correr a partir da data da cientificação oficial, excluindo-se da contagem o dia do começo e incluindo-se o do vencimento.

§ 1º Considera-se prorrogado o prazo até o primeiro dia útil seguinte se o vencimento cair em dia em que não houver expediente ou este for encerrado antes da hora normal.

§ 2º Os prazos expressos em dias contam-se de modo contínuo.

§ 3º Os prazos fixados em meses ou anos contam-se de data a data. Se no mês do vencimento não houver o dia equivalente àquele do início do prazo, tem-se como termo o último dia do mês.

Art. 67. Salvo motivo de força maior devidamente comprovado, os prazos processuais não se suspendem.

CAPÍTULO XVII

DAS SANÇÕES

Art. 68. As sanções, a serem aplicadas por autoridade competente, terão natureza pecuniária ou consistirão em obrigação de fazer ou de não fazer, assegurado sempre o direito de defesa.

CAPÍTULO XVIII

DAS DISPOSIÇÕES FINAIS

Art. 69. Os processos administrativos específicos continuarão a reger-se por lei própria, aplicando-se-lhes apenas subsidiariamente os preceitos desta Lei.

Art. 69-A. Terão prioridade na tramitação, em qualquer órgão ou instância, os procedimentos administrativos em que figure como parte ou interessado:

I – pessoa com idade igual ou superior a 60 (sessenta) anos;

II – pessoa portadora de deficiência, física ou mental;

III – VETADO. Lei nº 12.008, de 29-7-2009;

IV – pessoa portadora de tuberculose ativa, esclerose múltipla, neoplasia maligna, hanseníase, paralisia irreversível e incapacitante, cardiopatia grave, doença de Parkinson, espondiloartrose anquilosante, nefropatia grave, hepatopatia grave, estados avançados da doença de Paget (osteíte deformante), contaminação por radiação, síndrome de imunodeficiência adquirida, ou outra doença grave, com base em conclusão da medicina especializada, mesmo que a doença tenha sido contraída após o início do processo.

§ 1º A pessoa interessada na obtenção do benefício, juntando prova de sua condição, deverá requerê-lo à autoridade administrativa competente, que determinará as providências a serem cumpridas.

§ 2º Deferida a prioridade, os autos receberão identificação própria que evidencie o regime de tramitação prioritária.

§§ 3º e 4º VETADOS. Lei nº 12.008, de 29-7-2009.

Art. 70. Esta Lei entra em vigor na data de sua publicação.

Brasília, 29 de janeiro de 1999;
178º da Independência e
111º da República.

Fernando Henrique Cardoso

LEI Nº 9.790, DE 23 DE MARÇO DE 1999

Dispõe sobre a qualificação de pessoas jurídicas de direito privado, sem fins lucrativos, como Organizações da Sociedade Civil de Interesse Público, institui e disciplina o Termo de Parceria, e dá outras providências.

► Publicada no *DOU* de 24-3-1999.

CAPÍTULO I

DA QUALIFICAÇÃO COMO ORGANIZAÇÃO DA SOCIEDADE CIVIL DE INTERESSE PÚBLICO

Art. 1º Podem qualificar-se como Organizações da Sociedade Civil de Interesse Público as pessoas jurídicas de direito privado sem fins lucrativos que tenham sido constituídas e se encontrem em funcionamento regular há, no mínimo, 3 (três) anos, desde que os respectivos objetivos sociais e normas estatutárias atendam aos requisitos instituídos por esta Lei.

► *Caput* com a redação dada pela Lei nº 13.019, de 31-7-2014.

§ 1º Para os efeitos desta Lei, considera-se sem fins lucrativos a pessoa jurídica de direito privado que não distribui, entre os seus sócios ou associados, conselheiros, diretores, empregados ou doadores, eventuais excedentes operacionais, brutos ou líquidos, dividendos, bonificações, participações ou parcelas do seu patrimônio, auferidos mediante o exercício de suas atividades, e que os aplica integralmente na consecução do respectivo objeto social.

§ 2º A outorga da qualificação prevista neste artigo é ato vinculado ao cumprimento dos requisitos instituídos por esta Lei.

Art. 2º Não são passíveis de qualificação como Organizações da Sociedade Civil de Interesse Público, ainda que se dediquem de qualquer forma às atividades descritas no art. 3º desta Lei:

I – as sociedades comerciais;

II – os sindicatos, as associações de classe ou de representação de categoria profissional;

III – as instituições religiosas ou voltadas para a disseminação de credos, cultos, práticas e visões devocionais e confessionais;

IV – as organizações partidárias e assemelhadas, inclusive suas fundações;

V – as entidades de benefício mútuo destinadas a proporcionar bens ou serviços a um círculo restrito de associados ou sócios;

VI – as entidades e empresas que comercializam planos de saúde e assemelhados;

VII – as instituições hospitalares privadas não gratuitas e suas mantenedoras;

VIII – as escolas privadas dedicadas ao ensino formal não gratuito e suas mantenedoras;

IX – as organizações sociais;

X – as cooperativas;

XI – as fundações públicas;

XII – as fundações, sociedades civis ou associações de direito privado criadas por órgão público ou por fundações públicas;

XIII – as organizações creditícias que tenham quaisquer tipo de vinculação com o sistema financeiro nacional a que se refere o art. 192 da Constituição Federal.

Parágrafo único. Não constituem impedimento à qualificação como Organização da Sociedade Civil de Interesse Público as operações destinadas a microcrédito realizadas com instituições financeiras na forma de recebimento de repasses, venda de operações realizadas ou atuação como mandatárias.

► Parágrafo único acrescido pela Lei nº 13.999, de 18-5-2020.

Art. 3º A qualificação instituída por esta Lei, observado em qualquer caso, o princípio da universalização dos serviços, no respectivo âmbito de atuação das Organizações, somente será conferida às pessoas jurídicas de direito privado, sem fins lucrativos, cujos objetivos sociais tenham pelo menos uma das seguintes finalidades:

I – promoção da assistência social;

II – promoção da cultura, defesa e conservação do patrimônio histórico e artístico;

III – promoção gratuita da educação, observando-se a forma complementar de participação das organizações de que trata esta Lei;

IV – promoção gratuita da saúde, observando-se a forma complementar de participação das organizações de que trata esta Lei;

V – promoção da segurança alimentar e nutricional;

VI – defesa, preservação e conservação do meio ambiente e promoção do desenvolvimento sustentável;

VII – promoção do voluntariado;

VIII – promoção do desenvolvimento econômico e social e combate à pobreza;

IX – experimentação, não lucrativa, de novos modelos socioprodutivos e de sistemas alternativos de produção, comércio, emprego e crédito;

X – promoção de direitos estabelecidos, construção de novos direitos e assessoria jurídica gratuita de interesse suplementar;

XI – promoção da ética, da paz, da cidadania, dos direitos humanos, da democracia e de outros valores universais;

XII – estudos e pesquisas, desenvolvimento de tecnologias alternativas, produção e divulgação de informações e conhecimentos técnicos e científicos que digam respeito às atividades mencionadas neste artigo;

XIII – estudos e pesquisas para o desenvolvimento, a disponibilização e a implementação de tecnologias voltadas à mobilidade de pessoas, por qualquer meio de transporte.

► Inciso XIII acrescido pela Lei nº 13.019, de 31-7-2014 (*DOU* de 1º-8-2014), com a redação dada pela Lei nº 13.204, de 14-12-2015.

Parágrafo único. Para os fins deste artigo, a dedicação às atividades nele previstas configura-se mediante a execução direta de projetos, programas, planos de ações correlatas, por meio da doação de recursos físicos, humanos e financeiros, ou ainda pela prestação de serviços intermediários de apoio a outras organizações sem fins lucrativos e a órgãos do setor público que atuem em áreas afins.

Art. 4º Atendido o disposto no artigo 3º, exige-se ainda, para qualificarem-se como Organizações da Sociedade Civil de Interesse Público, que as pessoas jurídicas interessadas sejam regidas por estatutos cujas normas expressamente disponham sobre:

I – a observância dos princípios da legalidade, impessoalidade, moralidade, publicidade, economicidade e da eficiência;

II – a adoção de práticas de gestão administrativa, necessárias e suficientes a coibir a obtenção, de forma individual ou coletiva, de benefícios ou vantagens pessoais, em decorrência da participação no respectivo processo decisório;

III – a constituição de conselho fiscal ou órgão equivalente, dotado de competência para opinar sobre os relatórios de desempenho financeiro e contábil, e sobre as operações patrimoniais realizadas, emitindo pareceres para os organismos superiores da entidade;

IV – a previsão de que, em caso de dissolução da entidade, o respectivo patrimônio líquido será transferido a outra pessoa jurídica qualificada nos termos desta Lei, preferencialmente que tenha o mesmo objeto social da extinta;

V – a previsão de que, na hipótese de a pessoa jurídica perder a qualificação instituída por esta Lei, o respectivo acervo patrimonial disponível, adquirido com recursos públicos durante o período em que perdurou aquela qualificação, será transferido a outra pessoa jurídica qualificada nos termos desta Lei, preferencialmente que tenha o mesmo objeto social;

VI – a possibilidade de se instituir remuneração para os dirigentes da entidade que atuem efetivamente na gestão executiva e para aqueles que a ela prestam serviços específicos, respeitados, em ambos os casos, os valores praticados pelo mercado, na região correspondente a sua área de atuação;

VII – as normas de prestação de contas a serem observadas pela entidade, que determinarão, no mínimo:

a) a observância dos princípios fundamentais de contabilidade e das Normas Brasileiras de Contabilidade;

b) que se dê publicidade por qualquer meio eficaz, no encerramento do exercício fiscal, ao relatório de atividades e das demonstrações financeiras da entidade, incluindo-se as certidões negativas de débitos junto ao INSS e ao FGTS, colocando-os à disposição para exame de qualquer cidadão;

c) a realização de auditoria, inclusive por auditores externos independentes se for o caso, da aplicação dos eventuais recursos objeto do termo de parceria conforme previsto em regulamento;

d) a prestação de contas de todos os recursos e bens de origem pública recebidos pelas Organizações da Sociedade Civil de Interesse Público será feita conforme determina o parágrafo único do artigo 70 da Constituição Federal.

Parágrafo único. É permitida a participação de servidores públicos na composição de conselho ou diretoria de Organização da Sociedade Civil de Interesse Público.

► Parágrafo único com a redação dada pela Lei nº 13.019, de 31-7-2014 (*DOU* de 1º-8-2014), com a redação dada pela Lei nº 13.204, de 14-12-2015.

Art. 5º Cumpridos os requisitos dos artigos 3º e 4º desta Lei, a pessoa jurídica de direito privado sem fins lucrativos, interessada em obter a qualificação instituída por esta Lei, deverá formular requerimento escrito ao Ministério da Justiça, instruído com cópias autenticadas dos seguintes documentos:

I – estatuto registrado em cartório;

II – ata de eleição de sua atual diretoria;

III – balanço patrimonial e demonstração do resultado do exercício;

IV – declaração de isenção do imposto de renda;

V – inscrição no Cadastro Geral de Contribuintes.

Art. 6º Recebido o requerimento previsto no artigo anterior, o Ministério da Justiça decidirá, no prazo de trinta dias, deferindo ou não o pedido.

§ 1º No caso de deferimento, o Ministério da Justiça emitirá, no prazo de quinze dias da decisão, certificado de qualificação da requerente como Organização da Sociedade Civil de Interesse Público.

§ 2º Indeferido o pedido, o Ministério da Justiça, no prazo do § 1º dará ciência da decisão, mediante publicação no *Diário Oficial*.

§ 3º O pedido de qualificação somente será indeferido quando:

I – a requerente enquadrar-se nas hipóteses previstas no artigo 2º desta Lei;

II – a requerente não atender aos requisitos descritos nos artigos 3º e 4º desta Lei;

III – a documentação apresentada estiver incompleta.

Art. 7º Perde-se a qualificação de Organização da Sociedade Civil de Interesse Público, a pedido ou mediante decisão proferida em processo administrativo ou judicial, de iniciativa popular ou do Ministério Público, no qual serão assegurados, ampla defesa e o devido contraditório.

Art. 8º Vedado o anonimato, e desde que amparado por fundadas evidências de erro ou fraude, qualquer cidadão, respeitadas as prerrogativas do Ministério Público, é parte legítima para requerer, judicial ou administrativamente, a perda da qualificação instituída por esta Lei.

CAPÍTULO II
DO TERMO DE PARCERIA

Art. 9º Fica instituído o Termo de Parceria, assim considerado o instrumento passível de ser firmado entre o Poder Público e as entidades qualificadas como Organizações da Sociedade Civil de Interesse Público destinado à formação de vínculo de cooperação entre as partes, para o fomento e a execução das atividades de interesse público previstas no artigo 3º desta Lei.

Art. 10. O Termo de Parceria firmado de comum acordo entre o Poder Público e as Organizações da Sociedade Civil de Interesse Público discriminará direitos, responsabilidades e obrigações das partes signatárias.

§ 1º A celebração do Termo de Parceria será precedida de consulta aos Conselhos de Políticas Públicas das áreas correspondentes de atuação existentes, nos respectivos níveis de governo.

§ 2º São cláusulas essenciais do Termo de Parceria:

I – a do objeto, que conterá a especificação do programa de trabalho proposto pela Organização da Sociedade Civil de Interesse Público;

II – a de estipulação das metas e dos resultados a serem atingidos e os respectivos prazos de execução ou cronograma;

III – a de previsão expressa dos critérios objetivos de avaliação de desempenho a serem utilizados, mediante indicadores de resultado;

IV – a de previsão de receitas e despesas a serem realizadas em seu cumprimento, estipulando item por item as categorias contábeis usadas pela organização e o detalhamento das remunerações e benefícios de pessoal a serem pagos, com recursos oriundos ou vinculados ao Termo de Parceria, a seus diretores, empregados e consultores;

V – a que estabelece as obrigações da Sociedade Civil de Interesse Público, entre as quais a de apresentar ao Poder Público, ao término de cada exercício, relatório sobre a execução do objeto do Termo de Parceria, contendo comparativo específico das metas propostas com os resultados alcançados, acompanhado de prestação de contas dos gastos e receitas efetivamente realizados, independente das previsões mencionadas no inciso IV;

VI – a de publicação, na imprensa oficial do Município, do Estado ou da União, conforme o alcance das atividades celebradas entre o órgão parceiro e a Organização da Sociedade Civil de Interesse Público, de extrato do Termo de Parceria e de demonstrativo da sua execução física e financeira, conforme modelo simplificado estabelecido no regulamento desta Lei, contendo os dados principais da documentação obrigatória do inciso V, sob pena de não liberação dos recursos previstos no Termo de Parceria.

Art. 11. A execução do objeto do Termo de Parceria será acompanhada e fiscalizada por órgão do Poder Público da área de atuação correspondente à atividade fomentada, e pelos Conselhos de Políticas Públicas das áreas correspondentes de atuação existentes, em cada nível de governo.

§ 1º Os resultados atingidos com a execução do Termo de Parceria devem ser analisados por comissão de avaliação, composta de comum acordo entre o órgão parceiro e a Organização da Sociedade Civil de Interesse Público.

§ 2º A comissão encaminhará à autoridade competente relatório conclusivo sobre a avaliação procedida.

§ 3º Os Termos de Parceria destinados ao fomento de atividades nas áreas de que trata esta Lei estarão sujeitos aos mecanismos de controle social previstos na legislação.

Art. 12. Os responsáveis pela fiscalização do Termo de Parceria, ao tomarem conhecimento de qualquer irregularidade ou ilegalidade na utilização de recursos ou bens de origem pública pela organização parceira, darão imediata ciência ao Tribunal de Contas respectivo e ao Ministério Público, sob pena de responsabilidade solidária.

Art. 13. Sem prejuízo da medida a que se refere o artigo 12 desta Lei, havendo indícios fundados de malversação de bens ou recursos de origem pública, os responsáveis pela fiscalização representarão ao Ministério Público, à Advocacia-Geral da União, para que requeiram ao juízo competente a decretação da indisponibilidade dos bens da entidade e o sequestro dos bens dos seus dirigentes, bem como de agente público ou terceiro, que possam ter enriquecido ilicitamente ou causado dano ao patrimônio público, além de outras medidas consubstanciadas na Lei nº 8.429, de 2 de junho de 1992, e na Lei Complementar nº 64, de 18 de maio de 1990.

§ 1º O pedido de sequestro será processado de acordo com o disposto nos artigos 822 e 825 do Código de Processo Civil.

► Refere-se ao CPC/1973.

§ 2º Quando for o caso, o pedido incluirá a investigação, o exame e o bloqueio de bens, contas bancárias e aplicações mantidas pelo demandado no País e no exterior, nos termos da lei e dos tratados internacionais.

§ 3º Até o término da ação, o Poder Público permanecerá como depositário e gestor dos bens e valores sequestrados ou indisponíveis e velará pela continuidade das atividades sociais da organização parceira.

Art. 14. A organização parceira fará publicar, no prazo máximo de trinta dias, contado da assinatura do Termo de Parceria, regulamento próprio contendo os procedimentos que adotará para a contratação de obras e serviços, bem como para compras com emprego de recursos provenientes do Poder Público, observados os princípios estabelecidos no inciso I do artigo 4º desta Lei.

Art. 15. Caso a organização adquira bem imóvel com recursos provenientes da celebração do Termo de Parceria, este será gravado com cláusula de inalienabilidade.

Art. 15-A. VETADO. Lei nº 13.019, de 31-7-2014.

Art. 15-B. A prestação de contas relativa à execução do Termo de Parceria perante o órgão da entidade estatal parceira refere-se à correta aplicação dos recursos públicos recebidos e ao adimplemento do objeto do Termo de Parceria, mediante a apresentação dos seguintes documentos:

I – relatório anual de execução de atividades, contendo especificamente relatório sobre a execução do objeto do Termo de Parceria, bem como comparativo entre as metas propostas e os resultados alcançados;

II – demonstrativo integral da receita e despesa realizadas na execução;

III – extrato da execução física e financeira;

IV – demonstração de resultados do exercício;

V – balanço patrimonial;

VI – demonstração das origens e das aplicações de recursos;

VII – demonstração das mutações do patrimônio social;

VIII – notas explicativas das demonstrações contábeis, caso necessário;

IX – parecer e relatório de auditoria, se for o caso.

► Arts. 15-A e 15-B acrescidos pela Lei nº 13.019, de 31-7-2014.

CAPÍTULO III

DAS DISPOSIÇÕES FINAIS E TRANSITÓRIAS

Art. 16. É vedada às entidades qualificadas como Organizações da Sociedade Civil de Interesse Público a participação em campanhas de interesse político-partidário ou eleitorais, sob quaisquer meios ou formas.

Art. 17. O Ministério da Justiça permitirá, mediante requerimento dos interessados, livre acesso público a todas as informações pertinentes às Organizações da Sociedade Civil de Interesse Público.

Art. 18. As pessoas jurídicas de direito privado sem fins lucrativos, qualificadas com base em outros diplomas legais, poderão qualificar-se como Organizações da Sociedade Civil de Interesse Público, desde que atendidos aos requisitos para tanto exigidos, sendo-lhes assegurada a manutenção simultânea dessas qualificações, até cinco anos contados da data de vigência desta Lei.

► *Caput* com a redação dada pela MP nº 2.216-37, de 31-8-2001, que até o encerramento desta edição não havia sido convertida em Lei.

§ 1º Findo o prazo de cinco anos, a pessoa jurídica interessada em manter a qualificação prevista nesta Lei deverá por ela optar, fato que implicará a renúncia automática de suas qualificações anteriores.

► § 1º com a redação dada pela MP nº 2.216-37, de 31-8-2001, que até o encerramento desta edição não havia sido convertida em Lei.

§ 2º Caso não seja feita a opção prevista no parágrafo anterior, a pessoa jurídica perderá automaticamente a qualificação obtida nos termos desta Lei.

Art. 19. O Poder Executivo regulamentará esta Lei no prazo de trinta dias.

Art. 20. Esta Lei entra em vigor na data de sua publicação.

Brasília, 23 de março de 1999;
178º da Independência e
111º da República.

Fernando Henrique Cardoso

LEI Nº 9.800, DE 26 DE MAIO DE 1999

Permite às partes a utilização de sistema de transmissão de dados para a prática de atos processuais.

► Publicada no *DOU* de 27-5-1999.

Art. 1º É permitida às partes a utilização de sistema de transmissão de dados e imagens tipo fac-símile ou outro similar, para a prática de atos processuais que dependam de petição escrita.

Art. 2º A utilização de sistema de transmissão de dados e imagens não prejudica o cumprimento dos prazos, devendo os originais ser entregues em juízo, necessariamente, até cinco dias da data de seu término.

Parágrafo único. Nos atos não sujeitos a prazo, os originais deverão ser entregues, necessariamente, até cinco dias da data da recepção do material.

Art. 3º Os juízes poderão praticar atos de sua competência à vista de transmissões efetuadas na forma desta Lei, sem prejuízo do disposto no artigo anterior.

Art. 4º Quem fizer uso do sistema de transmissão torna-se responsável pela qualidade e fidelidade do material transmitido, e por sua entrega ao órgão judiciário.

Parágrafo único. Sem prejuízo de outras sanções, o usuário do sistema será considerado litigante de má-fé se não houver perfeita concordância entre o original remetido pelo fac-símile e o original entregue em juízo.

Art. 5º O disposto nesta Lei não obriga a que os órgãos judiciários disponham de equipamentos, para recepção.

Art. 6º Esta Lei entra em vigor trinta dias após a data de sua publicação.

Brasília, 26 de maio de 1999;
178º da Independência e
111º da República.

Fernando Henrique Cardoso

DECRETO Nº 3.100, DE 30 DE JUNHO DE 1999

Regulamenta a Lei nº 9.790, de 23 de março de 1999, que dispõe sobre a qualificação de pessoas jurídicas de direito privado, sem fins lucrativos, como Organizações da Sociedade Civil de Interesse Público, institui e disciplina o Termo de Parceria, e dá outras providências

► Publicado no *DOU* de 13-7-1999.

Art. 1º O pedido de qualificação como Organização da Sociedade Civil de Interesse Público será dirigido, pela pessoa jurídica de direito privado sem fins lucrativos que preencha os requisitos dos arts. 1º, 2º, 3º e 4º da Lei nº 9.790, de 23 de março de 1999, ao Ministério da Justiça por meio do preenchimento de requerimento escrito e apresentação de cópia autenticada dos seguintes documentos:

I – estatuto registrado em Cartório;

II – ata de eleição de sua atual diretoria;

III – balanço patrimonial e demonstração do resultado do exercício;

IV – declaração de isenção do imposto de renda;

V – inscrição no Cadastro Geral de Contribuintes/Cadastro Nacional da Pessoa Jurídica – CGC/CNPJ; e

► Incisos IV e V com a redação dada pelo Dec. nº 8.726, de 27-4-2016.

VI – declaração de estar em regular funcionamento há, no mínimo, três anos, de acordo com as finalidades estatutárias.

► Inciso VI acrescido pelo Dec. nº 8.726, de 27-4-2016.

Art. 2º O responsável pela outorga da qualificação deverá verificar a adequação dos documentos citados no artigo anterior com o disposto nos arts. 2º, 3º e 4º da Lei nº 9.790, de 1999, devendo observar:

I – se a entidade tem finalidade pertencente à lista do art. 3º daquela Lei;

II – se a entidade está excluída da qualificação de acordo com o art. 2º daquela Lei;

III – se o estatuto obedece aos requisitos do art. 4º daquela Lei;

IV – na ata de eleição da diretoria, se é a autoridade competente que está solicitando a qualificação;

V – se foi apresentado o balanço patrimonial e a demonstração do resultado do exercício;

VI – se a entidade apresentou a declaração de isenção do imposto de renda à Secretaria da Receita Federal; e

VII – se foi apresentado o CGC/CNPJ.

Art. 3º O Ministério da Justiça, após o recebimento do requerimento, terá o prazo de trinta dias para deferir ou não o pedido de qualificação, ato que será publicado no Diário Oficial da União no prazo máximo de quinze dias da decisão.

§ 1º No caso de deferimento, o Ministério da Justiça emitirá, no prazo de quinze dias da decisão, o certificado da requerente como Organização da Sociedade Civil de Interesse Público.

§ 2º Deverão constar da publicação do indeferimento as razões pelas quais foi denegado o pedido.

§ 3º A pessoa jurídica sem fins lucrativos que tiver seu pedido de qualificação indeferido poderá reapresentá-lo a qualquer tempo.

Art. 4º Qualquer cidadão, vedado o anonimato e respeitadas as prerrogativas do Ministério Público, desde que amparado por evidências de erro ou fraude, é parte legítima para requerer, judicial ou administrativamente, a perda da qualificação como Organização da Sociedade Civil de Interesse Público.

Parágrafo único. A perda da qualificação dar-se-á mediante decisão proferida em processo administrativo, instaurado no Ministério da Justiça, de ofício ou a pedido do interessado, ou judicial, de iniciativa popular ou do Ministério Público, nos quais serão assegurados a ampla defesa e o contraditório.

Art. 5º Qualquer alteração da finalidade ou do regime de funcionamento da organização, que implique mudança das condições que instruíram sua qualificação, deverá ser comunicada ao Ministério da Justiça, acompanhada de justificativa, sob pena de cancelamento da qualificação.

Art. 6º Para fins do art. 3º da Lei nº 9.790, de 1999, entende-se:

I – como Assistência Social, o desenvolvimento das atividades previstas no art. 3º da Lei Orgânica da Assistência Social;

II – por promoção gratuita da saúde e educação, a prestação destes serviços realizada pela Organização da Sociedade Civil de Interesse Público mediante financiamento com seus próprios recursos.

§ 1º Não são considerados recursos próprios aqueles gerados pela cobrança de serviços de qualquer pessoa física ou jurídica, ou obtidos em virtude de repasse ou arrecadação compulsória.

§ 2º O condicionamento da prestação de serviço ao recebimento de doação, contrapartida ou equivalente não pode ser considerado como promoção gratuita do serviço.

Art. 7º Entende-se como benefícios ou vantagens pessoais, nos termos do inciso II do art. 4º da Lei nº 9.790, de 1999, os obtidos:

I – pelos dirigentes da entidade e seus cônjuges, companheiros e parentes colaterais ou afins até o terceiro grau;

II – pelas pessoas jurídicas das quais os mencionados acima sejam controladores ou detenham mais de dez por cento das participações societárias.

Art. 8º Será firmado entre o Poder Público e as entidades qualificadas como Organizações da Sociedade Civil de Interesse Público, Termo de Parceria destinado à formação de vínculo de cooperação entre as partes, para o fomento e a execução das atividades de interesse público previstas no art. 3º da Lei nº 9.790, de 1999.

Parágrafo único. O Órgão estatal firmará o Termo de Parceria mediante modelo padrão próprio, do qual constarão os direitos, as responsabilidades e as obrigações das partes e as cláusulas essenciais descritas no art. 10, § 2º, da Lei nº 9.790, de 1999.

Art. 9º O órgão estatal responsável pela celebração do Termo de Parceria verificará previamente:

► *Caput* com a redação dada pelo Dec. nº 7.568, de 16-9-2011.

I – a validade do certificado de qualificação expedida pelo Ministério da Justiça, na forma do regulamento;

► Inciso I com a redação dada pelo Dec. nº 8.726, de 27-4-2016.

II – o regular funcionamento da Organização da Sociedade Civil de Interesse Público; e

III – o exercício pela Organização da Sociedade Civil de Interesse Público de atividades referentes à matéria objeto do Termo de Parceria nos últimos três anos.

► Incisos II e III acrescidos pelo Dec. nº 7.568, de 16-9-2011.

Art. 9º-A. É vedada a celebração de Termo de Parceria com Organizações da Sociedade Civil de Interesse Público que tenham, em suas relações anteriores com a União, incorrido em pelo menos uma das seguintes condutas:

I – omissão no dever de prestar contas;

II – descumprimento injustificado do objeto de convênios, contratos de repasse ou termos de parceria;

III – desvio de finalidade na aplicação dos recursos transferidos;

IV – ocorrência de dano ao Erário; ou

V – prática de outros atos ilícitos na execução de convênios, contratos de repasse ou termos de parceria.

► Art. 9º-A acrescido pelo Dec. nº 7.568, de 16-9-2011.

Art. 10. Para efeitos da consulta mencionada no art. 10, § 1º, da Lei nº 9.790, de 1999, o modelo a que se refere o parágrafo único do art. 8º deverá ser preenchido e remetido ao Conselho de Política Pública competente.

§ 1º A manifestação do Conselho de Política Pública será considerada para a tomada de decisão final em relação ao Termo de Parceria.

§ 2º Caso não exista Conselho de Política Pública da área de atuação correspondente, o órgão estatal parceiro fica dispensado de realizar a consulta, não podendo haver substituição por outro Conselho.

§ 3º O Conselho de Política Pública terá o prazo de trinta dias, contado a partir da data de recebimento da consulta, para se manifestar sobre o Termo de Parceria, cabendo ao órgão estatal responsável, em última instância, a decisão final sobre a celebração do respectivo Termo de Parceria.

§ 4º O extrato do Termo de Parceria, conforme modelo constante do Anexo I deste Decreto, deverá ser publicado pelo órgão estatal parceiro no Diário Oficial, no prazo máximo de quinze dias após a sua assinatura.

Art. 11. Para efeito do disposto no art. 4º, inciso VII, alíneas *c* e *d*, da Lei nº 9.790, de 1999, entende-se por prestação de contas a comprovação da correta aplicação dos recursos repassados à Organização da Sociedade Civil de Interesse Público.

§ 1º As prestações de contas anuais serão realizadas sobre a totalidade das operações patrimoniais e resultados das Organizações da Sociedade Civil de Interesse Público.

§ 2º A prestação de contas será instruída com os seguintes documentos:

I – relatório anual de execução de atividades;

II – demonstração de resultados do exercício;

III – balanço patrimonial;

IV – demonstração das origens e aplicações de recursos;

V – demonstração das mutações do patrimônio social;

VI – notas explicativas das demonstrações contábeis, caso necessário; e

VII – parecer e relatório de auditoria nos termos do art. 19 deste Decreto, se for o caso.

Art. 12. Para efeito do disposto no § 2º, inciso V, do art. 10 da Lei nº 9.790, de 1999, entende-se por prestação de contas relativa à execução do Termo de Parceria a comprovação, perante o órgão estatal parceiro, da correta aplicação dos recursos públicos recebidos e do adimplemento do objeto do Termo de Parceria, mediante a apresentação dos seguintes documentos:

I – relatório anual de execução de atividades, contendo especificamente relatório sobre a execução do objeto do Termo de Parceria e comparativo entre as metas propostas e os resultados alcançados;

► Inciso I com a redação dada pelo Dec. nº 8.726, de 27-4-2016.

II – demonstrativo integral da receita e despesa realizadas na execução;

III – extrato da execução física e financeira;

IV – demonstração de resultados do exercício;

► Incisos III e IV com a redação dada pelo Dec. nº 8.726, de 27-4-2016.

V – balanço patrimonial;

VI – demonstração das origens e das aplicações de recursos;

VII – demonstração das mutações do patrimônio social;

VIII – notas explicativas das demonstrações contábeis, caso necessário; e

IX – parecer e relatório de auditoria, na hipótese do art. 19.

► Inciso V a IX acrescidos pelo Dec. nº 8.726, de 27-4-2016.

Art. 13. O Termo de Parceria poderá ser celebrado por período superior ao do exercício fiscal.

§ 1º Caso expire a vigência do Termo de Parceria sem o adimplemento total do seu objeto pelo órgão parceiro ou havendo excedentes financeiros disponíveis com a Organização da Sociedade Civil de Interesse Público, o referido Termo poderá ser prorrogado.

§ 2º As despesas previstas no Termo de Parceria e realizadas no período compreendido entre a data original de encerramento e a formalização de nova data de término serão consideradas como legítimas, desde que cobertas pelo respectivo empenho.

Art. 14. A liberação de recursos financeiros necessários à execução do Termo de Parceria far-se-á em conta bancária específica, a ser aberta em banco a ser indicado pelo órgão estatal parceiro.

Art. 15. A liberação de recursos para a implementação do Termo de Parceria obedecerá ao respectivo cronograma, salvo se autorizada sua liberação em parcela única.

Art. 16. É possível a vigência simultânea de um ou mais Termos de Parceria, ainda que com o mesmo órgão estatal, de acordo com a capacidade operacional da Organização da Sociedade Civil de Interesse Público.

Art. 17. O acompanhamento e a fiscalização por parte do Conselho de Política Pública de que trata o art. 11 da Lei nº 9.790, de 1999, não pode introduzir nem induzir modificação das obrigações estabelecidas pelo Termo de Parceria celebrado.

§ 1º Eventuais recomendações ou sugestões do Conselho sobre o acompanhamento dos Termos de Parceria deverão ser encaminhadas ao órgão estatal parceiro, para adoção de providências que entender cabíveis.

§ 2º O órgão estatal parceiro informará ao Conselho sobre suas atividades de acompanhamento.

Art. 18. O extrato da execução física e financeira, referido no art. 10, § 2º, inciso VI, da Lei nº 9.790, de 1999, deverá ser preenchido pela Organização da Sociedade Civil de Interesse Público e publicado na imprensa oficial da área de abrangência do projeto, no prazo máximo de sessenta dias após o término de cada exercício financeiro, de acordo com o modelo constante do Anexo II deste Decreto.

Art. 19. A Organização da Sociedade Civil de Interesse Público deverá realizar auditoria independente da aplicação dos recursos objeto do Termo de Parceria, de acordo com a alínea *c*, inciso VII, do art. 4º da Lei nº 9.790, de 1999, nos casos em que o montante de recursos for maior ou igual a R$ 600.000,00 (seiscentos mil reais).

§ 1º O disposto no *caput* aplica-se também aos casos onde a Organização da Sociedade Civil de Interesse Público celebre concomitantemente vários Termos de Parceria com um ou vários órgãos estatais e cuja soma ultrapasse aquele valor.

§ 2º A auditoria independente deverá ser realizada por pessoa física ou jurídica habilitada pelos Conselhos Regionais de Contabilidade.

§ 3º Os dispêndios decorrentes dos serviços de auditoria independente deverão ser incluídos no orçamento do projeto como item de despesa.

§ 4º Na hipótese do § 1º, poderão ser celebrados aditivos para efeito do disposto no parágrafo anterior.

Art. 20. A comissão de avaliação de que trata o art. 11, § 1º, da Lei nº 9.790, de 1999, deverá ser composta por dois membros do respectivo Poder Executivo, um da Organização da Sociedade Civil de Interesse Público e um membro indicado pelo Conselho de Política Pública da área de atuação correspondente, quando houver.

Parágrafo único. Competirá à comissão de avaliação monitorar a execução do Termo de Parceria.

Art. 21. A Organização da Sociedade Civil de Interesse Público fará publicar na imprensa oficial da União, do Estado ou do Município, no prazo máximo de trinta dias, contado a partir da assinatura do Termo de Parceria, o regulamento próprio a que se refere o art. 14 da Lei nº 9.790, de 1999, remetendo cópia para conhecimento do órgão estatal parceiro.

Art. 22. Para os fins dos arts. 12 e 13 da Lei nº 9.790, de 1999, a Organização da Sociedade Civil de Interesse Público indicará, para cada Termo de Parceria, pelo menos um dirigente, que será responsável pela boa administração dos recursos recebidos.

Parágrafo único. O nome do dirigente ou dos dirigentes indicados será publicado no extrato do Termo de Parceria.

Art. 23. A escolha da Organização da Sociedade Civil de Interesse Público, para a celebração do Termo de Parceria, deverá ser feita por meio de publicação de edital de concursos de projetos pelo órgão estatal parceiro para obtenção de bens e serviços e para a realização de atividades, eventos, consultoria, cooperação técnica e assessoria.

§ 1º Deverá ser dada publicidade ao concurso de projetos, especialmente por intermédio da divulgação na primeira página do sítio oficial do órgão estatal responsável pelo Termo de Parceria, bem como no Portal dos Convênios a que se refere o art. 13 do Decreto nº 6.170, de 25 de julho de 2007.

§ 2º O titular do órgão estatal responsável pelo Termo de Parceria poderá, mediante decisão fundamentada, excepcionar a exigência prevista no *caput* nas seguintes situações:

I – nos casos de emergência ou calamidade pública, quando caracterizada situação que demande a realização ou manutenção de Termo de Parceria pelo prazo máximo de cento e oitenta dias consecutivos e ininterruptos, contados da ocorrência da emergência ou calamidade, vedada a prorrogação da vigência do instrumento;

II – para a realização de programas de proteção a pessoas ameaçadas ou em situação que possa comprometer sua segurança; ou

III – nos casos em que o projeto, atividade ou serviço objeto do Termo de Parceria já seja realizado adequadamente com a mesma entidade há pelo menos cinco anos e cujas respectivas prestações de contas tenham sido devidamente aprovadas.

§ 3º Instaurado o processo de seleção por concurso, é vedado ao Poder Público celebrar Termo de Parceria para o mesmo objeto, fora do concurso iniciado.

► Art. 23 com a redação dada Dec. nº 7.568, de 16-9-2011.

Art. 24. Para a realização de concurso, o órgão estatal parceiro deverá preparar, com clareza, objetividade e detalhamento, a especificação técnica do bem, do projeto, da obra ou do serviço a ser obtido ou realizado por meio do Termo de Parceria.

Art. 25. Do edital do concurso deverá constar, no mínimo, informações sobre:

I – prazos, condições e forma de apresentação das propostas;

II – especificações técnicas do objeto do Termo de Parceria;

III – critérios de seleção e julgamento das propostas;

IV – datas para apresentação de propostas;

V – local de apresentação de propostas;

VI – datas do julgamento e data provável de celebração do Termo de Parceria; e

VII – valor máximo a ser desembolsado.

Art. 26. A Organização da Sociedade Civil de Interesse Público deverá apresentar seu projeto técnico e o detalhamento dos custos a serem realizados na sua implementação ao órgão estatal parceiro.

Art. 27. Na seleção e no julgamento dos projetos, levar-se-ão em conta:

I – o mérito intrínseco e adequação ao edital do projeto apresentado;

II – a capacidade técnica e operacional da candidata;

III – a adequação entre os meios sugeridos, seus custos, cronogramas e resultados;

IV – o ajustamento da proposta às especificações técnicas;

V – a regularidade jurídica e institucional da Organização da Sociedade Civil de Interesse Público; e

VI – a análise dos documentos referidos no art. 11, § 2º, deste Decreto.

Art. 28. Obedecidos aos princípios da administração pública, são inaceitáveis como critério de seleção, de desqualificação ou pontuação:

I – o local do domicílio da Organização da Sociedade Civil de Interesse Público ou a exigência de experiência de trabalho da organização no local de domicílio do órgão parceiro estatal;

II – a obrigatoriedade de consórcio ou associação com entidades sediadas na localidade onde deverá ser celebrado o Termo de Parceria;

III – o volume de contrapartida ou qualquer outro benefício oferecido pela Organização da Sociedade Civil de Interesse Público.

Art. 29. O julgamento será realizado sobre o conjunto das propostas das Organizações da Sociedade Civil de Interesse Público, não sendo aceitos como critérios de julgamento os aspectos jurídicos, administrativos, técnicos ou operacionais não estipulados no edital do concurso.

Art. 30. O órgão estatal parceiro designará a comissão julgadora do concurso, que será composta, no mínimo, por um membro do Poder Executivo, um especialista no tema do concurso e um membro do Conselho de Política Pública da área de competência, quando houver.

§ 1º O trabalho dessa comissão não será remunerado.

§ 2º O órgão estatal deverá instruir a comissão julgadora sobre a pontuação pertinente a cada item da proposta ou projeto e zelará para que a identificação da organização proponente seja omitida.

§ 3º A comissão pode solicitar ao órgão estatal parceiro informações adicionais sobre os projetos.

§ 4º A comissão classificará as propostas das Organizações da Sociedade Civil de Interesse Público obedecidos aos critérios estabelecidos neste Decreto e no edital.

Art. 31. Após o julgamento definitivo das propostas, a comissão apresentará, na presença dos concorrentes, os resultados de seu trabalho, indicando os aprovados.

§ 1º O órgão estatal parceiro:

I – não examinará recursos administrativos contra as decisões da comissão julgadora;

II – não poderá anular ou suspender administrativamente o resultado do concurso nem celebrar outros Termos de Parceria, com o mesmo objeto, sem antes finalizar o processo iniciado pelo concurso.

§ 2º Após o anúncio público do resultado do concurso, o órgão estatal parceiro o homologará, sendo imediata a celebração dos Termos de Parceria pela ordem de classificação dos aprovados.

Art. 31-A. O Termo de Parceria deverá ser assinado pelo titular do órgão estatal responsável por sua celebração, vedada a delegação de competência para esse fim.

Art. 31-B. As exigências previstas no inciso III do *caput* do art. 9º e no art. 23 não se aplicam aos termos de parceria firmados pelo Ministério da Saúde voltados ao fomento e à realização de serviços de saúde integrantes do Sistema Único de Saúde – SUS.

► Arts. 31-A e 31-B acrescidos pelo Dec. nº 7.568, de 16-9-2011.

Art. 32. O Ministro de Estado da Justiça baixará portaria no prazo de quinze dias, a partir da publicação deste Decreto, regulamentando os procedimentos para a qualificação.

Art. 33. Este Decreto entra em vigor na data de sua publicação.

Brasília, 30 de junho de 1999;
178º da Independência e
111º da República.

Fernando Henrique Cardoso

► Optamos por não publicar o anexo deste Decreto nesta edição.

LEI Nº 9.867, DE 10 DE NOVEMBRO DE 1999

Dispõe sobre a criação e o funcionamento de Cooperativas Sociais, visando à integração social dos cidadãos, conforme especifica.

► Publicada no *DOU* de 11-11-1999.

Art. 1º As Cooperativas Sociais, constituídas com a finalidade de inserir as pessoas em desvantagem no mercado econômico, por meio do trabalho, fundamentam-se no interesse geral da comunidade em promover a pessoa humana e a integração social dos cidadãos, e incluem entre suas atividades:

I – a organização e gestão de serviços sociossanitários e educativos; e

II – o desenvolvimento de atividades agrícolas, industriais, comerciais e de serviços.

Art. 2º Na denominação e razão social das entidades a que se refere o artigo anterior, é obrigatório o uso da expressão "Cooperativa Social", aplicando-se-lhes todas as normas relativas ao setor em que operarem, desde que compatíveis com os objetivos desta Lei.

Art. 3º Consideram-se pessoas em desvantagem, para os efeitos desta Lei:

I – os deficientes físicos e sensoriais;

II – os deficientes psíquicos e mentais, as pessoas dependentes de acompanhamento psiquiátrico permanente, e os egressos de hospitais psiquiátricos;

III – os dependentes químicos;

IV – os egressos de prisões;

V – VETADO;

VI – os condenados a penas alternativas à detenção;

VII – os adolescentes em idade adequada ao trabalho e situação familiar difícil do ponto de vista econômico, social ou afetivo.

§ 1º VETADO.

§ 2º As Cooperativas Sociais organizarão seu trabalho, especialmente no que diz respeito a instalações, horários e jornadas, de maneira a levar em conta e minimizar as dificuldades gerais e individuais das pessoas em desvantagem que nelas trabalharem, e desenvolverão e executarão programas especiais de treinamento com o objetivo de aumentar-lhes a produtividade e a independência econômica e social.

§ 3º A condição de pessoa em desvantagem deve ser atestada por documentação proveniente de órgãos da administração pública, ressalvando-se o direito à privacidade.

Art. 4º O estatuto da Cooperativa Social poderá prever uma ou mais categorias de sócios voluntários, que lhe prestem serviços gratuitamente, e não estejam incluídos na definição de pessoas em desvantagem.

Art. 5º VETADO.

Parágrafo único. VETADO.

Art. 6º Esta Lei entra em vigor na data de sua publicação.

Brasília, 10 de novembro de 1999;
178º da Independência e
111º da República.

Fernando Henrique Cardoso

LEI Nº 9.868, DE 10 DE NOVEMBRO DE 1999

Dispõe sobre o processo e julgamento da ação direta de inconstitucionalidade e da ação declaratória de constitucionalidade perante o Supremo Tribunal Federal.

► Publicada no *DOU* de 11-11-1999.

CAPÍTULO I

DA AÇÃO DIRETA DE INCONSTITUCIONALIDADE E DA AÇÃO DECLARATÓRIA DE CONSTITUCIONALIDADE

Art. 1º Esta Lei dispõe sobre o processo e julgamento da ação direta de inconstitucionalidade e da ação declaratória de constitucionalidade perante o Supremo Tribunal Federal.

CAPÍTULO II

DA AÇÃO DIRETA DE INCONSTITUCIONALIDADE

SEÇÃO I

DA ADMISSIBILIDADE E DO PROCEDIMENTO DA AÇÃO DIRETA DE INCONSTITUCIONALIDADE

Art. 2º Podem propor a ação direta de inconstitucionalidade:

I – o Presidente da República;
II – a Mesa do Senado Federal;
III – a Mesa da Câmara dos Deputados;
IV – a Mesa de Assembleia Legislativa ou a Mesa da Câmara Legislativa do Distrito Federal;
V – o Governador de Estado ou o Governador do Distrito Federal;
VI – o Procurador-Geral da República;
VII – o Conselho Federal da Ordem dos Advogados do Brasil;
VIII – partido político com representação no Congresso Nacional;
IX – confederação sindical ou entidade de classe de âmbito nacional.

Parágrafo único. VETADO.

Art. 3º A petição indicará:

I – o dispositivo da lei ou do ato normativo impugnado e os fundamentos jurídicos do pedido em relação a cada uma das impugnações;
II – o pedido, com suas especificações.

Parágrafo único. A petição inicial, acompanhada de instrumento de procuração, quando subscrita por advogado, será apresentada em duas vias, devendo conter cópias da lei ou do ato normativo impugnado e dos documentos necessários para comprovar a impugnação.

Art. 4º A petição inicial inepta, não fundamentada e a manifestamente improcedente serão liminarmente indeferidas pelo relator.

Parágrafo único. Cabe agravo da decisão que indeferir a petição inicial.

Art. 5º Proposta a ação direta, não se admitirá desistência.

Parágrafo único. VETADO.

Art. 6º O relator pedirá informações aos órgãos ou às autoridades das quais emanou a lei ou o ato normativo impugnado.

Parágrafo único. As informações serão prestadas no prazo de trinta dias contado do recebimento do pedido.

Art. 7º Não se admitirá intervenção de terceiros no processo de ação direta de inconstitucionalidade.

§ 1º VETADO.

§ 2º O relator, considerando a relevância da matéria e a representatividade dos postulantes, poderá, por despacho irrecorrível, admitir, observado o prazo fixado no parágrafo anterior, a manifestação de outros órgãos ou entidades.

Art. 8º Decorrido o prazo das informações, serão ouvidos, sucessivamente, o Advogado-Geral da União e o Procurador-Geral da República, que deverão manifestar-se, cada qual, no prazo de quinze dias.

Art. 9º Vencidos os prazos do artigo anterior, o relator lançará o relatório, com cópia a todos os Ministros, e pedirá dia para julgamento.

§ 1º Em caso de necessidade de esclarecimento de matéria ou circunstância de fato ou de notória insuficiência das informações existentes nos autos, poderá o relator requisitar informações adicionais, designar perito ou comissão de peritos para que emita parecer sobre a questão, ou fixar data para, em audiência pública, ouvir depoimentos de pessoas com experiência e autoridade na matéria.

§ 2º O relator poderá, ainda, solicitar informações aos Tribunais Superiores, aos Tribunais federais e aos Tribunais estaduais acerca da aplicação da norma impugnada no âmbito de sua jurisdição.

§ 3º As informações, perícias e audiências a que se referem os parágrafos anteriores serão realizadas no prazo de trinta dias, contado da solicitação do relator.

Seção II

DA MEDIDA CAUTELAR EM AÇÃO DIRETA DE INCONSTITUCIONALIDADE

Art. 10. Salvo no período de recesso, a medida cautelar na ação direta será concedida por decisão da maioria absoluta dos membros do Tribunal, observado o disposto no artigo 22, após a audiência dos órgãos ou autoridades dos quais emanou a lei ou ato normativo impugnado, que deverão pronunciar-se no prazo de cinco dias.

§ 1º O relator, julgando indispensável, ouvirá o Advogado-Geral da União e o Procurador-Geral da República, no prazo de três dias.

§ 2º No julgamento do pedido de medida cautelar, será facultada sustentação oral aos representantes judiciais do requerente e das autoridades ou órgãos responsáveis pela expedição do ato, na forma estabelecida no Regimento do Tribunal.

§ 3º Em caso de excepcional urgência, o Tribunal poderá deferir a medida cautelar sem a audiência dos órgãos ou das autoridades das quais emanou a lei ou o ato normativo impugnado.

Art. 11. Concedida a medida cautelar, o Supremo Tribunal Federal fará publicar em seção especial do Diário Oficial da União e do Diário da Justiça da União a parte dispositiva da decisão, no prazo de dez dias, devendo solicitar as informações à autoridade da qual tiver emanado o ato, observando-se, no que couber, o procedimento estabelecido na Seção I deste Capítulo.

§ 1º A medida cautelar, dotada de eficácia contra todos, será concedida com efeito *ex nunc*, salvo se o Tribunal entender que deva conceder-lhe eficácia retroativa.

§ 2º A concessão da medida cautelar torna aplicável a legislação anterior acaso existente, salvo expressa manifestação em sentido contrário.

Art. 12. Havendo pedido de medida cautelar, o relator, em face da relevância da matéria e de seu especial significado para a ordem social e a segurança jurídica, poderá, após a prestação das informações, no prazo de dez dias, e a manifestação do Advogado-Geral da União e do Procurador-Geral da República, sucessivamente, no prazo de cinco dias, submeter o processo diretamente ao Tribunal, que terá a faculdade de julgar definitivamente a ação.

CAPÍTULO II-A

DA AÇÃO DIRETA DE INCONSTITUCIONALIDADE POR OMISSÃO

► Capítulo II-A acrescido pela Lei nº 12.063, de 27-10-2009.

Seção I

DA ADMISSIBILIDADE E DO PROCEDIMENTO DA AÇÃO DIRETA DE INCONSTITUCIONALIDADE POR OMISSÃO

Art. 12-A. Podem propor a ação direta de inconstitucionalidade por omissão os legitimados à propositura da ação direta de inconstitucionalidade e da ação declaratória de constitucionalidade.

Art. 12-B. A petição indicará:

I – a omissão inconstitucional total ou parcial quanto ao cumprimento de dever constitucional de legislar ou quanto à adoção de providência de índole administrativa;
II – o pedido, com suas especificações.

Parágrafo único. A petição inicial, acompanhada de instrumento de procuração, se for o caso, será apresentada em 2 (duas) vias, devendo conter cópias dos documentos necessários para comprovar a alegação de omissão.

Art. 12-C. A petição inicial inepta, não fundamentada, e a manifestamente improcedente serão liminarmente indeferidas pelo relator.

Parágrafo único. Cabe agravo da decisão que indeferir a petição inicial.

Art. 12-D. Proposta a ação direta de inconstitucionalidade por omissão, não se admitirá desistência.

Art. 12-E. Aplicam-se ao procedimento da ação direta de inconstitucionalidade por omissão, no que couber, as disposições constantes da Seção I do Capítulo II desta Lei.

§ 1º Os demais titulares referidos no art. 2º desta Lei poderão manifestar-se, por escrito, sobre o objeto da ação e pedir a juntada de documentos reputados úteis para o exame da matéria, no prazo das informações, bem como apresentar memoriais.

§ 2º O relator poderá solicitar a manifestação do Advogado-Geral da União, que deverá ser encaminhada no prazo de 15 (quinze) dias.

§ 3º O Procurador-Geral da República, nas ações em que não for autor, terá vista do processo, por 15 (quinze) dias, após o decurso do prazo para informações.

► Arts. 12-A a 12-E acrescidos pela Lei nº 12.063, de 27-10-2009.

Seção II

DA MEDIDA CAUTELAR EM AÇÃO DIRETA DE INCONSTITUCIONALIDADE POR OMISSÃO

Art. 12-F. Em caso de excepcional urgência e relevância da matéria, o Tribunal, por decisão da maioria absoluta de seus membros, observado o disposto no art. 22, poderá conceder medida cautelar, após a audiência dos órgãos ou autoridades responsáveis pela omissão inconstitucional, que deverão pronunciar-se no prazo de 5 (cinco) dias.

§ 1º A medida cautelar poderá consistir na suspensão da aplicação da lei ou do ato normativo questionado, no caso de omissão parcial, bem como na suspensão de processos judiciais ou de procedimentos administrativos, ou ainda em outra providência a ser fixada pelo Tribunal.

§ 2º O relator, julgando indispensável, ouvirá o Procurador-Geral da República, no prazo de 3 (três) dias.

§ 3º No julgamento do pedido de medida cautelar, será facultada sustentação oral aos representantes judiciais do requerente e das autoridades ou órgãos responsáveis pela omissão inconstitucional, na forma estabelecida no Regimento do Tribunal.

Art. 12-G. Concedida a medida cautelar, o Supremo Tribunal Federal fará publicar, em seção especial do *Diário Oficial da União* e do *Diário da Justiça da União*, a parte dispositiva da decisão no prazo de 10 (dez) dias, devendo solicitar as informações à autoridade ou ao órgão responsável pela omissão inconstitucional, observando-se, no que couber, o procedimento estabelecido na Seção I do Capítulo II desta Lei.

► Arts. 12-F e 12-G acrescidos pela Lei nº 12.063, de 27-10-2009.

Seção III

DA DECISÃO NA AÇÃO DIRETA DE INCONSTITUCIONALIDADE POR OMISSÃO

Art. 12-H. Declarada a inconstitucionalidade por omissão, com observância do disposto no art. 22, será dada ciência ao Poder competente para a adoção das providências necessárias.

§ 1º Em caso de omissão imputável a órgão administrativo, as providências deverão ser adotadas no prazo de 30 (trinta) dias, ou em prazo razoável a ser estipulado excepcionalmente pelo Tribunal, tendo em vista as circunstâncias específicas do caso e o interesse público envolvido.

§ 2º Aplica-se à decisão da ação direta de inconstitucionalidade por omissão, no que couber, o disposto no Capítulo IV desta Lei.

CAPÍTULO III

DA AÇÃO DECLARATÓRIA DE CONSTITUCIONALIDADE

Seção I

DA ADMISSIBILIDADE E DO PROCEDIMENTO DA AÇÃO DECLARATÓRIA DE CONSTITUCIONALIDADE

Art. 13. Podem propor a ação declaratória de constitucionalidade de lei ou ato normativo federal:

I – o Presidente da República;

II – a Mesa da Câmara dos Deputados;

III – a Mesa do Senado Federal;

IV – o Procurador-Geral da República.

Art. 14. A petição inicial indicará:

I – o dispositivo da lei ou do ato normativo questionado e os fundamentos jurídicos do pedido;

II – o pedido, com suas especificações;

III – a existência de controvérsia judicial relevante sobre a aplicação da disposição objeto da ação declaratória.

Parágrafo único. A petição inicial, acompanhada de instrumento de procuração, quando subscrita por advogado, será apresentada em duas vias, devendo conter cópias do ato normativo questionado e dos documentos necessários para comprovar a procedência do pedido de declaração de constitucionalidade.

Art. 15. A petição inicial inepta, não fundamentada e a manifestamente improcedente serão liminarmente indeferidas pelo relator.

Parágrafo único. Cabe agravo da decisão que indeferir a petição inicial.

Art. 16. Proposta a ação declaratória, não se admitirá desistência.

Art. 17. VETADO.

Art. 18. Não se admitirá intervenção de terceiros no processo de ação declaratória de constitucionalidade.

§§ 1º e 2º VETADOS.

Art. 19. Decorrido o prazo do artigo anterior, será aberta vista ao Procurador-Geral da República, que deverá pronunciar-se no prazo de quinze dias.

Art. 20. Vencido o prazo do artigo anterior, o relator lançará o relatório, com cópia a todos os Ministros, e pedirá dia para julgamento.

§ 1º Em caso de necessidade de esclarecimento de matéria ou circunstância de fato ou de notória insuficiência das informações existentes nos autos, poderá o relator requisitar informações adicionais, designar perito ou comissão de peritos para que emita parecer sobre a questão ou fixar data para, em audiência pública, ouvir depoimentos de pessoas com experiência e autoridade na matéria.

§ 2º O relator poderá solicitar, ainda, informações aos Tribunais Superiores, aos Tribunais federais e aos Tribunais estaduais acerca da aplicação da norma questionada no âmbito da sua jurisdição.

§ 3º As informações, perícias e audiências a que se referem os parágrafos anteriores serão realizadas no prazo de trinta dias, contado da solicitação do relator.

SEÇÃO II

DA MEDIDA CAUTELAR EM AÇÃO DECLARATÓRIA DE CONSTITUCIONALIDADE

Art. 21. O Supremo Tribunal Federal, por decisão da maioria absoluta de seus membros, poderá deferir pedido de medida cautelar na ação declaratória de constitucionalidade, consistente na determinação de que os juízes e os Tribunais suspendam o julgamento dos processos que envolvam a aplicação da lei ou do ato normativo objeto da ação até seu julgamento definitivo.

Parágrafo único. Concedida a medida cautelar, o Supremo Tribunal Federal fará publicar em seção especial do Diário Oficial da União a parte dispositiva da decisão, no prazo de dez dias, devendo o Tribunal proceder ao julgamento da ação no prazo de cento e oitenta dias, sob pena de perda de sua eficácia.

CAPÍTULO IV

DA DECISÃO NA AÇÃO DIRETA DE INCONSTITUCIONALIDADE E NA AÇÃO DECLARATÓRIA DE CONSTITUCIONALIDADE

Art. 22. A decisão sobre a constitucionalidade ou a inconstitucionalidade da lei ou do ato normativo somente será tomada se presentes na sessão pelo menos oito Ministros.

Art. 23. Efetuado o julgamento, proclamar-se-á a constitucionalidade ou a inconstitucionalidade da disposição ou da norma impugnada se num ou noutro sentido se tiverem manifestado pelo menos seis Ministros, quer se trate de ação direta de inconstitucionalidade ou de ação declaratória de constitucionalidade.

Parágrafo único. Se não for alcançada a maioria necessária à declaração de constitucionalidade ou de inconstitucionalidade, estando ausentes Ministros em número que possa influir no julgamento, este será suspenso a fim de aguardar-se o comparecimento dos Ministros ausentes, até que se atinja o número necessário para prolação da decisão num ou noutro sentido.

Art. 24. Proclamada a constitucionalidade, julgar-se-á improcedente a ação direta ou procedente eventual ação declaratória; e, proclamada a inconstitucionalidade, julgar-se-á procedente a ação direta ou improcedente eventual ação declaratória.

Art. 25. Julgada a ação, far-se-á a comunicação à autoridade ou ao órgão responsável pela expedição do ato.

Art. 26. A decisão que declara a constitucionalidade ou a inconstitucionalidade da lei ou do ato normativo em ação direta ou em ação declaratória é irrecorrível, ressalvada a interposição de embargos declaratórios, não podendo, igualmente, ser objeto de ação rescisória.

Art. 27. Ao declarar a inconstitucionalidade de lei ou ato normativo, e tendo em vista razões de segurança jurídica ou de excepcional interesse social, poderá o Supremo Tribunal Federal, por maioria de dois terços de seus membros, restringir os efeitos daquela declaração ou decidir que ela só tenha eficácia a partir de seu trânsito em julgado ou de outro momento que venha a ser fixado.

Art. 28. Dentro do prazo de dez dias após o trânsito em julgado da decisão, o Supremo Tribunal Federal fará publicar em seção especial do *Diário da Justiça* e do *Diário Oficial da União* a parte dispositiva do acórdão.

Parágrafo único. A declaração de constitucionalidade ou de inconstitucionalidade, inclusive a interpretação conforme a Constituição e a declaração parcial de inconstitucionalidade sem redução de texto, têm eficácia contra todos e efeito vinculante em relação aos órgãos do Poder Judiciário e à Administração Pública federal, estadual e municipal.

CAPÍTULO V

DAS DISPOSIÇÕES GERAIS E FINAIS

Art. 29. O artigo 482 do Código de Processo Civil fica acrescido dos seguintes parágrafos:

► Alteração inserida no texto do referido Código.

Art. 30. O artigo 8º da Lei nº 8.185, de 14 de maio de 1991, passa a vigorar acrescido dos seguintes dispositivos:

► A Lei nº 8.185, de 14-5-1991, foi revogada pela Lei nº 11.697, de 13-6-2008.

Art. 31. Esta Lei entra em vigor na data de sua publicação.

Brasília, 10 de novembro de 1999;
178º da Independência e
111º da República.

Fernando Henrique Cardoso

LEI Nº 9.873, DE 23 DE NOVEMBRO DE 1999

Estabelece prazo de prescrição para o exercício de ação punitiva pela Administração Pública Federal, direta e indireta, e dá outras providências.

► Publicada no *DOU* de 24-11-1999, Edição Extra.

Art. 1º Prescreve em cinco anos a ação punitiva da Administração Pública Federal, direta e indireta, no exercício do poder de polícia, objetivando apurar infração à legislação em vigor, contados da data da prática do ato ou, no caso de infração permanente ou continuada, do dia em que tiver cessado.

§ 1º Incide a prescrição no procedimento administrativo paralisado por mais de três anos, pendente de julgamento ou despacho, cujos autos serão arquivados de ofício ou mediante requerimento da parte interessada, sem prejuízo da apuração da responsabilidade funcional decorrente da paralisação, se for o caso.

§ 2º Quando o fato objeto da ação punitiva da Administração também constituir crime, a prescrição reger-se-á pelo prazo previsto na lei penal.

Art. 1º-A. Constituído definitivamente o crédito não tributário, após o término regular do processo administrativo, prescreve em 5 (cinco) anos a ação de execução da administração pública federal relativa a crédito decorrente da aplicação de multa por infração à legislação em vigor.

► Artigo acrescido pela Lei nº 11.941, de 27-5-de 2009.

Art. 2º Interrompe-se a prescrição da ação punitiva:

► *Caput* com a redação dada pela Lei nº 11.941, de 2009.

I – pela notificação ou citação do indiciado ou acusado, inclusive por meio de edital;

► Inciso I com a redação dada pela Lei nº 11.941, de 2009.

II – por qualquer ato inequívoco, que importe apuração do fato;

III – pela decisão condenatória recorrível;

IV – por qualquer ato inequívoco que importe em manifestação expressa de tentativa de solução conciliatória no âmbito interno da administração pública federal.

► Inciso IV acrescido pela Lei nº 11.941, de 2009.

Art. 2º-A. Interrompe-se o prazo prescricional da ação executória:

I – pelo despacho do juiz que ordenar a citação em execução fiscal;

II – pelo protesto judicial;

III – por qualquer ato judicial que constitua em mora o devedor;

IV – por qualquer ato inequívoco, ainda que extrajudicial, que importe em reconhecimento do débito pelo devedor;

V – por qualquer ato inequívoco que importe em manifestação expressa de tentativa de solução conciliatória no âmbito interno da administração pública federal.

Art. 3º Suspende-se a prescrição durante a vigência:

I – dos compromissos de cessação ou de desempenho, respectivamente, previstos nos arts. 53 e 58 da Lei nº 8.884, de 11 de junho de 1994;

► A Lei nº 8.884, de 11-6-1994, foi revogada pela Lei nº 12.529, de 30-11-2011.

II – *Revogado.* Lei nº 13.506, de 13-11-2017.

Art. 4º Ressalvadas as hipóteses de interrupção previstas no art. 2º, para as infrações ocorridas há mais de três anos, contados do dia 1º de julho de 1998, a prescrição operará em dois anos, a partir dessa data.

Art. 5º O disposto nesta Lei não se aplica às infrações de natureza funcional e aos processos e procedimentos de natureza tributária.

Art. 6º Ficam convalidados os atos praticados com base na Medida Provisória nº 1.859-16, de 24 de setembro de 1999.

Art. 7º Esta Lei entra em vigor na data de sua publicação.

Art. 8º Ficam revogados o art. 33 da Lei nº 6.385, de 1976, com a redação dada pela Lei nº 9.457, de 1997, o art. 28 da Lei nº 8.884, de 1994, e demais disposições em contrário, ainda que constantes de lei especial.

► A Lei nº 8.884, de 11-6-1994, foi revogada pela Lei nº 12.529, de 30-11-2011.

Congresso Nacional, 23 de novembro de 1999;
178º da Independência e
111º da República.

Senador Antonio Carlos Magalhães

LEI Nº 10.150, DE 21 DE DEZEMBRO DE 2000

Dispõe sobre a novação de dívidas e responsabilidades do Fundo de Compensação de Variações Salariais – FCVS; altera o Decreto-Lei nº 2.406, de 5 de janeiro de 1988, e as Leis nºs 8.004, 8.100 e 8.692, de 14 de março de 1990, 5 de dezembro de 1990, e 28 de julho de 1993, respectivamente; e dá outras providências.

► Publicada no *DOU* de 22-12-2000.

O PRESIDENTE DA REPÚBLICA Faço saber que o Congresso Nacional decreta e eu sanciono a seguinte Lei:

Art. 1º As dívidas do Fundo de Compensação de Variações Salariais – FCVS, junto às instituições financiadoras, relativas a saldos devedores remanescentes da liquidação de contratos de financiamento habitacional, firmados com mutuários finais do Sistema Financeiro da Habitação – SFH, poderão ser objeto de novação, a ser celebrada entre cada credor e a União, nos termos desta Lei.

§ 1º Para os efeitos desta Lei consideram-se:

I – dívida caracterizada vencida, a originária de contratos encerrados, por decurso de prazo, transferências com desconto ou por liquidação antecipada, de financiamentos habitacionais com cobertura do FCVS, estando a responsabilidade do Fundo definida e expirado o prazo para quitação de parcelas mensais ou do saldo;

II – dívida caracterizada vincenda, a originária de contratos encerrados, por decurso de prazo, transferências com desconto ou por liquidação antecipada, de financiamentos habitacionais com cobertura do FCVS, nos quais a responsabilidade do Fundo está definida, mas o prazo para quitação das parcelas mensais ainda não chegou a seu termo;

III – dívida não caracterizada, a originária de contratos de financiamentos habitacionais com cobertura do FCVS, em relação aos quais ainda não foi definida a responsabilidade do Fundo.

§ 2º A novação objeto deste artigo obedecerá às seguintes condições:

I – prazo máximo de trinta anos, contados a partir de 1º de janeiro de 1997, com carência de oito anos para os juros e de doze anos para o principal;

II – remuneração:

a) pela Unidade Padrão de Capital (UPC) ou pelo índice que a suceder, até o encerramento do contrato de financiamento habitacional com cobertura do FCVS, para contratos com reajuste trimestral dos saldos devedores;

b) pela Taxa Referencial (TR) ou pelo índice que a suceder na atualização dos saldos dos depósitos de poupança, para contratos com reajuste mensal dos saldos devedores e para os casos previstos na alínea *a* deste inciso após o encerramento do contrato;

► Inciso II com a redação dada pela Lei nº 13.932, de 11-12-2020.

III – registro sob a forma escritural em sistema centralizado de liquidação e de custódia.

§ 2º-A. As remunerações previstas nas alíneas *a* e *b* do inciso II do § 2º deste artigo serão acrescidas, a partir de 1º de janeiro de 1997, de:

I – juros à taxa efetiva de 3,12% (três inteiros e doze centésimos por cento) ao ano para as operações realizadas com recursos oriundos do Fundo de Garantia do Tempo de Serviço (FGTS) ou cuja origem não possa ser evidenciada;

II – juros de 6,17% (seis inteiros e dezessete centésimos por cento) ao ano, correspondentes à taxa efetiva de juros aplicada aos depósitos de poupança, para as operações realizadas com recursos comprovadamente não oriundos do FGTS.

► § 2º-A acrescido pela Lei nº 13.932, de 11-12-2020.

§ 3º As dívidas do FCVS referidas neste artigo são as derivadas de contratos de financiamentos habitacionais que tenham cobertura do FCVS e em relação aos quais tenha havido, quando devida, contribuição ao Fundo.

§ 4º As dívidas referidas no parágrafo anterior poderão ser objeto de novação ainda que os respectivos créditos tenham sido transferidos a terceiros.

§ 5º Independentemente da data em que for realizada a novação, a partir de 1º de janeiro de 1997, a remuneração de todos os saldos residuais de responsabilidade do FCVS será realizada observando-se os critérios estabelecidos no inciso II do § 2º deste artigo.

§ 6º A novação das dívidas do FCVS de que trata esta Lei far-se-á, anual ou semestralmente, a partir de 1º de janeiro de 1997, de acordo com cronograma a ser estabelecido em portaria do Ministro de Estado da Fazenda.

§ 7º As instituições credoras do FCVS que optarem pela novação prevista nesta Lei deverão manifestar à Caixa Econômica Federal – CEF a sua adesão às condições de novação estabelecidas neste artigo.

► § 7º com a redação dada pela MP nº 2.181-45, de 24-8-2001, que até o encerramento desta edição não havia sido convertido em lei.

§ 8º A adesão a que se refere o § 7º deste artigo incluirá, obrigatoriamente, os créditos não caracterizados, que serão objeto de novação, à medida em que se tornarem caracterizados, nos termos desta Lei.

§ 9º A taxa de juros referida no inciso II do § 2º-A deste artigo é citada com arredondamento na segunda casa decimal, correspondendo à taxa de juros de 0,5% (cinco décimos por cento) ao mês, e tem a finalidade única de estabelecer o percentual, fixo e invariável, dos juros remuneratórios, a ser adotado nas novações celebradas a partir da data de vigência desta Lei, independentemente de eventual alteração na taxa de juros remuneratórios aplicável aos depósitos de poupança.

§ 10. A taxa de juros referida no inciso I do § 2º-A deste artigo é citada com arredondamento na segunda casa decimal, correspondendo à taxa de juros nominal de 3,08% (três inteiros e oito centésimos por cento) ao ano e de 0,256666% (duzentos e cinquenta e seis mil, seiscentos e sessenta e seis milionésimos por cento) ao mês, e tem a finalidade única de estabelecer o percentual, fixo e invariável, dos juros remuneratórios, a ser adotado nas novações de dívidas que envolvam recursos oriundos do FGTS ou cuja origem não possa ser evidenciada.

► §§ 9º e 10 acrescidos pela Lei nº 13.932, de 11-12-2019.

Art. 2º Os saldos residuais de responsabilidade do FCVS, decorrentes das liquidações antecipadas previstas nos §§ 1º, 2º e 3º, em contratos firmados com mutuários finais do SFH, poderão ser novados antecipadamente pela União, nos termos desta Lei, e equiparadas às dívidas caracterizadas vencidas, de que trata o inciso I do § 1º do artigo anterior, independentemente da restrição imposta pelo § 8º do art. 1º.

§ 1º As dívidas de que trata o *caput* deste artigo poderão ser novadas por montante correspondente a trinta por cento do valor do saldo devedor posicionado na data do reajustamento do contrato, extinguindo-se a responsabilidade do FCVS sobre o saldo devedor remanescente, que será renegociado mediante acordo entre o agente financeiro e o mutuário.

§ 2º As dívidas relativas aos contratos cuja prestação total, em 31 de março de 1998, era de até R$ 25,00 (vinte e cinco reais) poderão ser novadas por montante correspondente a setenta por cento do valor do saldo devedor, posicionado na data de reajustamento do contrato, extinguindo-se a responsabilidade do FCVS sobre o saldo devedor remanescente, que será renegociado mediante acordo entre o agente financeiro e o mutuário.

§ 3º As dívidas relativas aos contratos referidos no *caput*, assinados até 31 de dezembro de 1987, poderão ser novadas por montante correspondente a cem por cento do valor do saldo devedor, posicionado na data de reajustamento do contrato, extinguindo-se a responsabilidade do FCVS sob os citados contratos.

§ 4º O saldo que remanescer da aplicação do disposto nos §§ 1º e 2º deste artigo será objeto de novação entre a instituição financiadora e o mutuário, por meio de instrumento particular de aditamento contratual, com força de escritura pública, onde se estabelecerão novas condições financeiras relativas a prazo, taxa nominal de juros, sistema de amortização, plano de reajuste e apólice de seguro sem garantia de equilíbrio pelo FCVS, preservando-se, enquanto existir saldo devedor da operação, a prerrogativa de o mutuário utilizar os recursos de sua conta vinculada do FGTS nas modalidades previstas nos incisos V e VI do art. 20 da Lei nº 8.036, de 11 de maio de 1990.

§ 5º A formalização das disposições contidas no *caput* e nos §§ 1º, 2º, 3º e 4º deste artigo condiciona-se à prévia e expressa anuência do devedor.

§ 6º Na falta da anuência prévia e expressa do devedor, o FCVS poderá reconhecer a cobertura para os casos previstos nos §§ 1º, 2º e 3º deste artigo, condicionada à entrega à Administradora do FCVS de termo de compromisso, mediante o qual o agente financeiro assume quaisquer ônus decorrentes das relações jurídicas entre mutuário e instituição financiadora e entre mutuário e seguradora, inclusive o ônus de ações judiciais envolvendo o contrato de financiamento e seus acessórios e a Apólice do Seguro Habitacional, desonerando expressamente o FCVS.

► § 6º acrescido pela Lei nº 10.885, de 17-6-2004.

§ 7º VETADO.

§ 8º Fica dispensado de registro, averbação ou arquivamento no Registro de Imóveis e no Registro de Títulos e Documentos o aditivo contratual decorrente da novação da dívida de que trata o *caput* deste artigo, mantendo-se a garantia hipotecária em favor do agente financeiro.

► Antigo § 6º renumerado para § 8º pela Lei nº 10.885, de 17-6-2004.

Art. 3º A novação de que trata o art. 1º far-se-á mediante:

I – prévia compensação entre eventuais débitos e créditos das instituições financiadoras junto ao FCVS;

II – prévio pagamento das dívidas vencidas, abaixo definidas, apuradas com base nos saldos existentes nas datas previstas no § 5º do art. 1º desta Lei, ainda que a conciliação entre credor e devedor, do valor a ser liquidado, se efetue em data posterior:

a) das instituições financiadoras do SFH junto à CEF, na qualidade de Agente Operador do FGTS, decorrentes de operações vinculadas a financiamentos habitacionais, efetuadas no âmbito do SFH;

b) das instituições financiadoras do SFH junto ao Fundo de Assistência Habitacional – FUNDHAB, ao Fundo de Garantia de Depósitos e Letras Imobiliárias – FGDLI ou de seu sucessor e aos demais fundos geridos pelo extinto Banco Nacional de Habitação – BNH;

c) das instituições financiadoras do SFH relativas ao Seguro Habitacional;

III – requerimento da instituição credora, em caráter irrevogável e irretratável, dirigido ao Ministro de Estado da Fazenda, por intermédio da CEF, aceitando todas as condições da novação estabelecidas por esta Lei, instruído com a relação de seus créditos caracterizados, previamente homologados, bem assim com a comprovação da regularização dos débitos a que se refere o inciso II deste artigo;

IV – requerimento instruído com a relação dos contratos de responsabilidade do FCVS, não caracterizados, para os fins do disposto no § 8º do art. 1º desta Lei;

V – manifestação da CEF, na qualidade de Administradora do FCVS, reconhecendo a titularidade, o montante, a liquidez e a certeza da dívida caracterizada;

VI – declaração do credor, firmada por dois de seus representantes legais, quanto ao correto recolhimento das contribuições mensais e trimestrais ao FCVS, e das contribuições ao FUNDHAB, no montante e forma estipulados pela legislação pertinente, bem como sobre a informação, na habilitação de seus créditos ao FCVS, da origem de recursos, da data e tipo de evento dos financiamentos concedidos aos mutuários finais;

VII – parecer da Secretaria Federal de Controle, sobre o disposto no inciso V;

VIII – parecer da Secretaria do Tesouro Nacional;

IX – parecer da Procuradoria-Geral da Fazenda Nacional;

X – autorização do Ministro de Estado da Fazenda publicada no *Diário Oficial da União*.

§ 1º As condições estabelecidas nas alíneas *a* e *b* do inciso II deste artigo poderão ser atendidas mediante dação em pagamento de créditos das instituições financiadoras do SFH junto ao FCVS, desde que aceita pelo credor, mediante autorização dos órgãos gestores ou curadores.

§ 2º A CEF, como Administradora ou Gestora dos diversos Fundos do SFH, no âmbito de sua competência, apurará os valores dos débitos referidos nas alíneas *a* e *b* do inciso II deste artigo.

§ 3º O gestor do FGDLI, ou o seu sucessor, apurará os valores dos débitos das instituições financiadoras do SFH junto àquele Fundo.

§ 4º A Superintendência de Seguros Privados – SUSEP atestará o valor dos débitos a que se refere a alínea *c* do inciso II deste artigo.

§ 5º O Banco Central do Brasil aferirá a veracidade da declaração de que trata o inciso VI deste artigo e, quando verificar sua inexatidão, sem prejuízo das medidas legais cabíveis, promoverá a cobrança, por débito automático à conta de Reservas Bancárias, com a imediata transferência para o Tesouro Nacional das diferenças eventualmente apuradas em instituições financeiras bancárias, ou, nos demais casos, encaminhará os documentos pertinentes à Procuradoria-Geral da Fazenda Nacional, para fins de inscrição em Dívida Ativa da União.

§ 6º A novação será objeto de instrumentos contratuais, nos quais será declarada extinta a dívida anterior.

§ 7º As instituições que receberem valor indevido do FCVS em decorrência de informações inverídicas prestadas na constituição do Cadastro Nacional de Mutuários (CADMUT) serão cobradas, a qualquer época, na forma do § 5º deste artigo, sem prejuízo de outras sanções previstas em lei, ressalvado o disposto no § 11 deste artigo.

► § 7º com a redação dada pela Lei nº 12.693, de 24-7-2012.

§ 8º As Companhias de Habitação Popular – COHAB's, e assemelhadas, que exercerem a opção pela novação prevista nesta Lei, poderão, excepcionalmente, pagar seus débitos, existentes até 31 de dezembro de 2000, junto ao Seguro Habitacional do Sistema Financeiro da Habitação, mediante prévio encontro de contas com créditos do FCVS, no ato da primeira novação, observada a equivalência econômica da operação, sem prejuízo da incidência dos encargos previstos na legislação pertinente.

§ 9º O encontro de contas previstos no parágrafo anterior será operacionalizado pela CEF, na qualidade de Administradora do FCVS, por meio da subconta Fundo de Equalização de Sinistralidade da Apólice de Seguro Habitacional – FESA/FCVS, ouvida a Secretaria do Tesouro Nacional.

§ 10. As instituições operadoras do Seguro Habitacional do SFH não farão jus a qualquer remuneração sobre o montante dos valores envolvidos no encontro de contas, citado no § 8º deste artigo.

§ 11. As instituições que receberem títulos representativos da novação da dívida do FCVS, relativos a contrato que, posteriormente, for classificado como irregular no CADMUT, devido à existência de outro financiamento concedido ao mesmo mutuário por instituição diversa daquela que concedeu o financiamento classificado como irregular, deverão ressarcir a União, na forma a ser regulamentada pelo Conselho Curador do FCVS, mediante um dos seguintes critérios, na ordem que segue:

I – pagamento, perante o Tesouro Nacional, em títulos da mesma espécie, representativos da novação de dívida do FCVS;

II – pagamento em espécie, por meio de recolhimento à Conta Única do Tesouro Nacional, quando não realizado o pagamento na forma do inciso I;

III – na forma do § 5º deste artigo, sem prejuízo de outras sanções previstas em lei, no prazo definido pelo Conselho Curador do FCVS, quando não realizado na forma prevista nos incisos I e II.

§ 12. Ato do Poder Executivo regulamentará as situações em que poderão ser exigidas garantias adicionais nas novações de dívidas referidas neste artigo.

► §§ 11 e 12 acrescidos pela Lei nº 12.693, de 24-7-2012.

§ 13. Na forma definida pelo Conselho Curador do FCVS, a comprovação do pagamento das contribuições devidas ao FCVS de que trata o § 3º do art. 1º desta Lei pode ser efetuada de maneira consolidada por instituição financeira recolhedora da contribuição, sendo, nesse caso, obrigatória a apresentação de relatório de auditoria independente.

§ 14. Na instrução do processo de novação de créditos originados pela instituição financiadora, os débitos a que se refere o inciso I do *caput* deste artigo compreendem aqueles gerados:

I – pelos contratos de financiamento por ela originados; e

II – pelos contratos de financiamento adquiridos, a partir da data da aquisição.

§ 15. Na instrução do processo de novação de créditos adquiridos, adicionalmente ao previsto no § 14 deste artigo, incluem-se os débitos a que se refere o inciso I do *caput* deste artigo, devidos pelas instituições cedentes, relativamente ao período em que essas permaneceram como titular dos créditos que integram o processo de novação.

► §§ 13 a 15 acrescidos pela Lei nº 13.043, de 13-11-2014.

§ 16. Caso na instrução do processo de novação de créditos não seja demonstrado o pagamento dos débitos de que tratam o inciso I do *caput* e os §§ 14 e 15 deste artigo, o processo não será interrompido se as instituições financeiras cedentes em regular funcionamento firmem declaração de responsabilidade quanto a estes débitos, autorizando o débito automático dos valores estimados na reserva bancária da instituição financeira e a transferência imediata para o Tesouro Nacional, exceto se, no prazo de nove meses, conseguir comprovar o pagamento dos referidos débitos.

► § 16 acrescido pela Lei nº 13.169, de 6-10-2015.

§ 17. Entre os débitos de que trata o inciso I do *caput* deste artigo incluem-se as contribuições ao FCVS, os prêmios do extinto Seguro Habitacional do Sistema Financeiro de Habitação (SH/SFH) e as contraprestações pela cobertura oferecida pelo Fundo nos termos do art. 1º da Lei nº 12.409, de 25 de maio de 2011.

§ 18. Das obrigações para com contribuições ao FCVS, prêmios do extinto SH/SFH e contraprestações pela cobertura oferecida pelo Fundo, nos termos do art. 1º da Lei nº 12.409, de 25 de maio de 2011, será exigido o principal de cada obrigação, conforme valor registrado nos sistemas e controles da CEF, acrescido de encargos moratórios e penalidades aplicáveis em montante, limitado ao valor do principal das obrigações.

§ 19. Para fins de comprovação de regularidade de recolhimento das contribuições ao FCVS até 31 de dezembro de 2018, serão considerados os valores registrados nos sistemas e controles da CEF até a referida data, não aplicado, nesses casos, o disposto no § 13 do art. 3º desta Lei.

§ 20. Fica dispensada a comprovação pelos agentes financeiros de recolhimento de contribuição para aqueles contratos assinados do período de 16 de junho de 1967 a 31 de dezembro de 1977.

§ 21. A apuração do valor das obrigações de responsabilidade do FCVS considerará os contratos selecionados para dedução de valor por antecipação de pagamento aos credores praticada pelo Fundo, conforme registrado nos sistemas e controles da CEF na posição de 31 de dezembro de 2018.

§ 22. Nos processos de novação instruídos em conformidade com as disposições desta Lei deverá constar documento com a manifestação formal de concordância do credor quanto aos seus termos e condições.

§ 23. A CEF utilizará os seguintes parâmetros estatísticos para a certificação da homologação dos saldos de responsabilidade do FCVS:

I – margem de erro aceitável de até 5% (cinco por cento) para contratos com valores de até R$ 100.000,00 (cem mil reais), de até 3% (três por cento) para contratos com valores entre R$ 100.000,01 (cem mil reais e um centavo) e R$ 300.000,00 (trezentos mil reais), e de até 2% (dois por cento) para contratos com valores iguais ou superiores a R$ 300.000,01 (trezentos mil reais e um centavo); e

II – nível de confiança de até 90% (noventa por cento).

► §§ 17 a 23 acrescidos pela Lei nº 13.932, de 11-12-2019.

Art. 3º-A. Os créditos com valor já apurado e marcados como auditados nos sistemas e controles da CEF na posição de 31 de agosto de 2017 integrarão processos de novação, considerados a titularidade e o montante constantes nesses registros.

Parágrafo único. Não se aplica o disposto no § 23 do art. 3º desta Lei aos contratos referenciados no *caput* deste artigo.

► Art. 3º-A acrescido pela Lei nº 13.932, de 11-12-2019.

Art. 4º Ficam alterados o *caput* e o § 3º do art. 3º da Lei nº 8.100, de 5 de dezembro de 1990, e acrescentado o § 4º, os quais passam a vigorar com a seguinte redação:

> "Art. 3º O Fundo de Compensação de Variações Salariais – FCVS quitará somente um saldo devedor remanescente por mutuário ao final do contrato, exceto aqueles relativos aos contratos firmados até 5 de dezembro de 1990, ao amparo da legislação do SFH, independentemente da data de ocorrência do evento caracterizador da obrigação do FCVS.
>
> ...."
>
> § 3º Para assegurar o cumprimento do disposto neste artigo, fica a CEF, na qualidade de Administradora do FCVS, autorizada a desenvolver, implantar e operar cadastro nacional de mutuários do Sistema Financeiro da Habitação – SFH, constituído a partir dos cadastros de operações imobiliárias e de seguro habitacional, ficando sob responsabilidade do FCVS os custos decorrentes do desenvolvimento, implantação, produção e manutenção do referido cadastro.
>
> § 4º O Conselho Monetário Nacional – CMN editará os atos normativos necessários à administração e manutenção do cadastro a que se refere o § 3º deste artigo."

Art. 5º As instituições do SFH e as instituições credoras do FCVS, com créditos oriundos de contratos de financiamentos imobiliários ativos e inativos, independentemente da adesão a que se refere o § 7º do art. 1º desta Lei, deverão encaminhar, até 31 de dezembro de 1996, as informações necessárias para a constituição do CADMUT, conforme disposto no § 3º do art. 3º da Lei nº 8.100, de 1990, na redação dada por esta Lei.

§ 1º As informações correspondentes aos contratos de financiamentos imobiliários com recursos do SFH, firmados a partir do exercício de 1997, deverão ser encaminhadas mensalmente ao CADMUT.

§ 2º O não-cumprimento do disposto neste artigo importará, para as operações não cadastradas no CADMUT, a perda da prioridade quanto à responsabilização do FCVS.

Art. 6º Os créditos correspondentes às dívidas novadas, ressalvado o disposto no § 2º deste artigo e no art. 7º, são livremente negociáveis, na forma do disposto nesta Lei, e poderão ser utilizados para:

I – liquidação, desde que aceitas pelo credor, de dívidas vincendas da mesma espécie daquelas a que se referem as alíneas *a* e *b* do inciso II do art. 3º desta Lei;

II – VETADO;

III – pagamento do preço de alienação de bens e direitos efetuada no âmbito do Programa Nacional de Desestatização – PND, observados os limites estabelecidos em cada leilão para pagamento em moedas de privatização.

§ 1º A utilização dos créditos novados para os fins previstos nos incisos II e III deste artigo ficará limitada àqueles substituídos por dívida caracterizada e vencida na data da novação.

§ 2º As dívidas caracterizadas vincendas, objeto de novação, poderão ser utilizadas para os fins previstos nos incisos II e III deste artigo, desde que substituídas previamente em leilão público por títulos a serem emitidos para este fim, na forma de regulamentação a ser estabelecida pelo Ministro de Estado da Fazenda.

Art. 7º Os créditos novados, relativos a contratos de financiamentos com recursos originários do FGTS e dos demais fundos geridos ou administrados pelo extinto BNH, ficarão caucionados ao Agente Operador até a liquidação dos saldos devedores das correspondentes dívidas.

Parágrafo único. O Poder Executivo poderá dispensar a caução de que trata este artigo quando se tratar de créditos do FGTS.

Art. 8º O Conselho Curador do FGTS, por deliberação da maioria absoluta de seus membros, poderá autorizar a CEF, na qualidade de Agente Operador do FGTS, a:

I – receber créditos novados junto ao FCVS, mediante dação em pagamento das dívidas das instituições financiadoras do SFH junto à CEF, excluídas as dívidas decorrentes das contribuições previstas no art. 15 da Lei nº 8.036, de 1990;

II – ceder a terceiros, sem deságio, inclusive mediante financiamento concedido pelo próprio FGTS, os créditos mencionados no inciso anterior;

III – promover amortização extraordinária da dívida de responsabilidade das instituições financiadoras, relativamente às operações de financiamento a mutuários do SFH realizadas com repasses de recursos oriundos do FGTS, em montante correspondente a eventual diferença, se positiva, entre os valores:

a) do saldo devedor residual apurado na data do evento caracterizador da obrigação do FCVS; e *b*) do saldo devedor residual de responsabilidade do FCVS, apurado nas condições estabelecidas na alínea *a* do inciso II do § 2º e § 5º do art. 1º desta Lei.

§ 1º A amortização extraordinária prevista no inciso III deste artigo será integralmente assumida pelo FGTS, aplicando-se apenas às instituições financiadoras que exercerem a opção pela novação prevista nesta Lei.

§ 2º O dispositivo previsto no inciso III deste artigo alcança também as dívidas de responsabilidade do FCVS, relativas às operações de financiamento com recursos do FGTS, enquadradas nos conceitos definidos nos incisos I e II do § 1º do art. 1º desta Lei.

Art. 9º Não incidirão Imposto de Renda e Contribuição Social sobre o Lucro, instituída pela Lei nº 7.689, de 15 de dezembro de 1988, na utilização dos créditos de que trata o art. 6º, como contrapartida da aquisição de bens e direitos no âmbito do PND, observado o disposto nos §§ 3º e 4º do art. 65 da Lei nº 8.383, de 30 de dezembro de 1991.

Parágrafo único. O disposto neste artigo não se aplica ao ganho de capital auferido nas operações de alienação a terceiros dos créditos de que trata o art. 6º desta Lei ou dos bens e direitos adquiridos no âmbito do PND.

Art. 10. O valor correspondente aos créditos a que se refere o art. 6º desta Lei será considerado, para efeito de direcionamento obrigatório de recursos de depósitos de poupança, como aplicação em fins habitacionais, enquanto os créditos se encontrarem na titularidade de instituição financeira.

Parágrafo único. Competirá ao CMN baixar as normas necessárias ao ajustamento das posições de direcionamento obrigatório dos recursos de depósitos de poupança, quando houver redução dos saldos de aplicações habitacionais por decorrência da utilização dos créditos a que se refere o *caput* deste artigo.

Art. 11. A partir de 1º de março de 1998, somente as instituições financiadoras, que exercerem a opção pela novação prevista nesta Lei, poderão computar, como operações de financiamento habitacional no âmbito do SFH, os créditos junto ao FCVS, para efeito de atendimento da exigibilidade de direcionamento de recursos captados em depósitos de poupança.

Art. 12. O art. 6º do Decreto-Lei nº 2.406, de 1988, passa a vigorar com as seguintes alterações:

"Art.6º...

...."

II – a alíquota da contribuição trimestral dos agentes financeiros do SFH, incidente sobre o saldo dos financiamentos concedidos aos mutuários no âmbito desse Sistema, com cobertura do FCVS, existente no último dia do trimestre, será:

a) de 0,025% (vinte e cinco milésimos por cento), devida desde a criação dessa contribuição, nas operações lastreadas com recursos do FGTS, para os agentes que, até 31 de dezembro de 2000, não estejam captando depósitos de poupança;

b) 0,1% (um décimo por cento), para os demais agentes.

...."

§ 1º A partir de 1º de janeiro de 2001 os agentes a que se refere a alínea *a* do inciso II estarão isentos da contribuição trimestral ao FCVS.

§ 2º A contribuição trimestral ao FCVS no percentual fixado na alínea *b* do inciso II deste artigo é devida desde 26 de setembro de 1996, podendo ser paga, em até setenta e cinco por cento, com títulos recebidos da quitação da dívida do FCVS para com os agentes financeiros.

§ 3º Enquanto não for efetivada a primeira novação da dívida do FCVS, o valor que corresponder a até setenta e cinco por cento da contribuição trimestral referida na alínea *b* do inciso II deste artigo não será exigido.

§ 4º O valor da parcela de contribuição a que se refere o § 2º deste artigo será remunerado pelo mesmo índice de atualização dos saldos de caderneta de poupança com data de crédito de rendimento no dia 1º de cada mês, acrescido de juros correspondentes à taxa dos títulos recebidos na primeira novação, incidindo desde o último dia do trimestre de referência da contribuição até o dia do efetivo pagamento."

Art. 13. O saldo de recursos existente no FUNDHAB será transferido ao FCVS para liquidar as obrigações remanescentes do extinto Seguro de Crédito do SFH.

Art. 14. Ficam extintas as contribuições ao FUNDHAB.

Art. 15. Nos financiamentos concedidos a mutuário do SFH, vinculados a operações com recursos do FGTS caucionadas à CEF, na qualidade de Agente Operador do FGTS, fica o Tesouro Nacional autorizado a assumir e a emitir títulos em favor da CEF, com as características descritas nos incisos I a III do § 2º do art. 1º desta Lei, em ressarcimento às parcelas do pro rata correspondentes à diferença entre os valores do saldo devedor contábil da operação de financiamento habitacional e o saldo devedor residual de responsabilidade do FCVS, ambos apurados por esse Fundo, sem prejuízo do disposto no § 5º do art. 1º desta Lei.

§ 1º Os recursos de que trata o *caput* deste artigo serão integralizados na proporção em que forem apurados pela administradora do FCVS.

§ 2º A CEF promoverá o repasse, ao FGTS, dos créditos recebidos do Tesouro Nacional na mesma data de seu recebimento.

Art. 16. A partir de 15 de dezembro de 1998, mediante acordo entre as partes, as instituições financiadoras do SFH poderão conceder aos mutuários que tenham firmado contrato com previsão de cobertura de eventuais saldos devedores residuais pelo FCVS, no prazo de até 30 de dezembro de 2000, liquidação antecipada de sua dívida, mediante pagamento de montante correspondente a cinquenta por cento do saldo devedor contábil da operação, atualizado pro rata die da data do último reajuste até a data da liquidação, ou de montante correspondente ao valor atual das prestações vincendas.

§ 1º Na obtenção do valor atual das prestações vincendas, serão considerados o prazo remanescente do contrato na data do evento, a taxa nominal de juros contratual e a prestação de amortização e juros, corrigida pro rata die, com base no índice de remuneração básica aplicado às cadernetas de poupança, a contar da data do último reajustamento aplicado ao encargo mensal até a data da liquidação antecipada.

§ 2º As instituições financiadoras suportarão valores equivalentes a vinte por cento do saldo devedor contábil da operação atualizado na forma do *caput* deste artigo, sendo facultado a elas arcar com os valores remanescentes de responsabilidade do FCVS.

§ 3º Após deduzidas as parcelas assumidas pelos mutuários e pelas instituições financiadoras, na forma deste artigo, os saldos residuais de responsabilidade do FCVS, resultante das liquidações antecipadas previstas no *caput*, poderão ser novados antecipadamente pela União, nos termos desta Lei, independentemente da restrição imposta pelo § 8º do art. 1º.

§ 4º Aos créditos referidos no parágrafo anterior não se aplica a restrição imposta às dívidas caracterizadas vincendas, de que trata o § 2º do art. 6º desta Lei.

§ 5º A liquidação do saldo devedor de que trata o *caput* poderá, alternativamente, ser efetuada mediante novação da dívida nas condições estabelecidas no § 4º do art. 2º desta Lei, mantendo-se o mesmo registro hipotecário, extinguindo-se a responsabilidade do FCVS sobre o referido saldo.

Art. 17. A partir de 12 de junho de 1998, alternativamente ao disposto no art. 2º da Lei nº 8.004, de 14 de março de 1990, com a redação dada pelo art. 19 desta Lei, as transferências de contratos do SFH que tenham cobertura do FCVS poderão ser efetuadas, por acordo entre as partes, mediante a assunção pelo novo mutuário de montante equivalente a setenta por cento do saldo devedor contábil da operação, atualizado pro rata die da data do último reajuste até a data da transferência, observados os requisitos legais e regulamentares da casa própria, vigentes para novas contratações, inclusive quanto à demonstração da capacidade de pagamento do cessionário em relação ao valor do novo encargo mensal.

§ 1º O saldo remanescente da aplicação do disposto no *caput* deste artigo será assumido integralmente pelo FCVS na forma de participação antecipada e ressarcido às instituições financiadoras com créditos dotados das mesmas características constantes do § 2º do art. 1º, independentemente de a instituição ter optado pela novação prevista nesta Lei.

§ 2º Efetivada a transferência, cessa a responsabilidade do FCVS relativamente ao contrato transferido, devendo tal condição constar dos instrumentos respectivos.

Art. 18. Os valores suportados pelas instituições financiadoras do SFH em decorrência da implantação das novações antecipadas estabelecidas no art. 2º, das liquidações antecipadas na forma do art. 16 e das transferências de contratos previstas no art. 17 desta Lei poderão ser diferidos em vinte semestres.

Art. 19. O parágrafo único do art. 1º e os arts. 2º, 3º e 5º da Lei nº 8.004, de 1990, passam a vigorar com a seguinte redação:

"Art.1º.."

Parágrafo único. A formalização de venda, promessa de venda, cessão ou promessa de cessão relativas a imóvel financiado através do SFH dar-se-á em ato concomitante à transferência do financiamento respectivo, com a interveniência obrigatória da instituição financiadora."

"Art. 2º Nos contratos que tenham cláusula de cobertura de eventual saldo devedor residual pelo FCVS, a transferência dar-se-á mediante simples substituição do devedor, mantidas para o novo mutuário as mesmas condições e obrigações do contrato original, desde que se trate de financiamento destinado à casa própria, observando-se os requisitos legais e regulamentares, inclusive quanto à demonstração da capacidade de pagamento do cessionário em relação ao valor do novo encargo mensal.

§ 1º Além do disposto no *caput*, o valor do encargo mensal para o novo mutuário será atualizado pro rata die, a contar da data do último reajustamento desse encargo até a data da formalização da transferência, com base no índice de atualização das contas de poupança mantidas no Sistema Brasileiro de Poupança e Empréstimo – SBPE, e acrescido da quinta parte do valor atualizado do encargo, observando que:

a) o acréscimo da quinta parte do valor do encargo atualizado será integralmente direcionado à elevação da parcela correspondente à prestação de amortização e juros e, quando devida, da contribuição mensal ao FCVS;

b) nos contratos enquadrados no Plano de Equivalência Salarial, instituído pelo Decreto-Lei nº 2.164, de 19 de setembro de 1984, o enquadramento na categoria profissional do novo mutuário dar-se-á a partir da data da transferência;

c) na aplicação do primeiro reajuste do encargo mensal, após a transferência, nos contratos não enquadrados na alínea anterior, será compensada a atualização pro rata die de que trata o *caput* deste inciso.

§ 2º Nas transferências dos contratos de financiamento da casa própria que não tenham cobertura de eventual saldo devedor residual pelo FCVS, e daqueles não enquadrados na Lei nº 8.692, de 1993, aplicam-se as condições previstas no *caput* e no parágrafo anterior.

§ 3º Nas transferências de que trata o *caput* deste artigo, as instituições financiadoras ficam dispensadas da observância das seguintes exigências:

a) limite máximo de financiamento, desde que não haja desembolso adicional de recursos;

b) limite máximo de preço de venda ou de avaliação do imóvel objeto da transferência;

c) localização do imóvel no domicílio do comprador."

"Art. 3º A critério da instituição financiadora, as transferências poderão ser efetuadas mediante assunção, pelo novo mutuário, do saldo devedor contábil da operação, atualizado pro rata die da data do último reajuste até a data da transferência, observados os percentuais de pagamento previstos no *caput* e nos incisos I, II e III do art. 5º desta Lei e os requisitos legais e regulamentares da casa própria, vigentes para novas contratações, inclusive quanto à demonstração da capacidade de pagamento do cessionário em relação ao valor do novo encargo mensal."

"Art. 5º O mutuário do SFH que tenha firmado contrato até 31 de março de 1990 com cláusula de cobertura de eventuais saldos devedores residuais pelo FCVS poderá, no prazo máximo de um ano, liquidar antecipadamente sua dívida, mediante pagamento de valor correspondente a:

I – contratos firmados até 28 de fevereiro de 1986: cinquenta por cento do saldo devedor contábil da operação, atualizado pro rata die da data do último reajuste até a data da liquidação;

II – contratos firmados de 1º de março de 1986 até 31 de dezembro de 1988: sessenta por cento do saldo devedor contábil da operação, atualizado pro rata die da data do último reajuste até a data da liquidação;

III – contratos firmados de 1º de janeiro de 1989 até 31 de março de 1990: setenta por cento do saldo devedor contábil da operação, atualizado pro rata die da data do último reajuste até a data da liquidação.

§ 1º A critério do mutuário, a liquidação antecipada dos saldos devedores dos contratos firmados até 28 de fevereiro de 1986, que tenham cláusula de cobertura de eventuais saldos devedores residuais pelo FCVS, poderá ser efetivada, alternativamente, mediante o pagamento do montante equivalente ao valor total das mensalidades vincendas, que será integralmente utilizado para amortizar o saldo devedor, inexistindo qualquer repasse para a apólice do seguro do SFH, cuja cobertura se encerra no momento da liquidação do contrato.

...."

Art. 20. As transferências no âmbito do SFH, à exceção daquelas que envolvam contratos enquadrados nos planos de reajustamento definidos pela Lei nº 8.692, de 28 de julho de 1993, que tenham sido celebradas entre o mutuário e o adquirente até 25 de outubro de 1996, sem a interveniência da instituição financiadora, poderão ser regularizadas nos termos desta Lei.

Parágrafo único. A condição de cessionário poderá ser comprovada junto à instituição financiadora, por intermédio de documentos formalizados junto a Cartórios de Registro de Imóveis, Títulos e Documentos, ou de Notas, onde se caracterize que a transferência do imóvel foi realizada até 25 de outubro de 1996.

Art. 21. É assegurado aos promitentes compradores de unidades habitacionais, cujas propostas de transferência de financiamento tenham sido formalizadas junto aos agentes financeiros do SFH até 25 de outubro de 1996, o direito de optarem pela concretização da operação nas condições vigentes até a referida data.

Art. 22. Na liquidação antecipada de dívida de contratos do SFH, inclusive aquelas que forem efetuadas com base no saldo que remanescer da aplicação do disposto nos §§ 1º, 2º e 3º do art. 2º desta Lei, o comprador de imóvel, cuja transferência foi efetuada sem a interveniência da instituição financiadora, equipara-se ao mutuário final, para todos os efeitos inerentes aos atos necessários à liquidação e habilitação junto ao FCVS, inclusive quanto à possibilidade de utilização de recursos de sua conta vinculada do FGTS, em conformidade com o disposto no inciso VI do art. 20 da Lei nº 8.036, de 1990.

§ 1º A condição de cessionário poderá ser comprovada junto à instituição financiadora, por intermédio de documentos formalizados junto a Cartórios de Registro de Imóveis, Títulos e Documentos, ou de Notas, onde se caracterize que a transferência do imóvel foi realizada até 25 de outubro de 1996.

§ 2º Para os fins a que se refere o parágrafo anterior, poderá ser admitida a apresentação dos seguintes documentos:

I – contrato particular de cessão de direitos ou de promessa de compra e venda, com firma reconhecida em cartório em data anterior à liquidação do contrato, até 25 de outubro de 1996;

II – procuração por instrumento público outorgada até 25 de outubro de 1996, ou, se por instrumento particular, com firma reconhecida em cartório até 25 de outubro de 1996.

Art. 23. Os contratos firmados no SFH, sem cobertura do FCVS, poderão, a critério da instituição financiadora, ser novados entre as partes, estabelecendo-se novas condições financeiras relativas a prazo, taxa nominal de juros, apólice de seguro, sistema de amortização e plano de reajuste, preservando-se para a operação, enquanto existir saldo devedor, a prerrogativa de os mutuários utilizarem os recursos da conta vinculada do FGTS nas modalidades previstas nos incisos V e VI do art. 20 da Lei nº 8.036, de 1990.

Parágrafo único. O contrato objeto de renegociação será formalizado por meio de instrumento particular de aditamento contratual, com força de escritura pública, dispensando-se registro, averbação ou arquivamento no Registro de Imóveis e no Registro de Títulos e Documentos.

Art. 24. A Lei nº 8.692, de 1993, passa a vigorar com as seguintes alterações:

"Art.21. .... "

.... "

§ 2º Para efeito de registro e averbação de contratos de financiamentos para moradia, as taxas e emolumentos serão cobrados de acordo com os seguintes critérios:

a) até zero vírgula um por cento sobre o valor do financiamento, quando os contratos forem celebrados no âmbito de programas custeados com recursos do FGTS, compreendidos ou não no SFH;

b) até um por cento incidente sobre o valor do negócio jurídico, incluindo as parcelas financiadas e não financiadas, nos demais contratos pactuados no âmbito do SFH."

"Art. 31-A. Na aquisição de unidades residenciais destinadas ao público de baixa renda e de suas unidades comerciais complementares, a serem construídas em terrenos cujo valor esteja incluído no preço final de cada unidade, na forma das diretrizes fixadas pela entidade pública adquirente, as propostas serão julgadas, observadas a lei geral de licitações em função do preço global final, calculado por metro quadrado construído, considerando todos os insumos que o compõem."

Art. 25. Fica assegurada à CEF o recebimento mensal do FCVS de taxa de administração pelos serviços prestados ao Fundo, a ser definida pelo Conselho Curador do FCVS.

Art. 26. Fica assegurada à CEF o recebimento mensal do FCVS de taxa de administração pelos serviços prestados ao extinto FUNDHAB, correspondente ao período de agosto de 1992 a setembro de 1996, a ser definida pelo Conselho Curador do FCVS.

Art. 27. O FCVS será regido segundo normas e diretrizes estabelecidas por um Conselho Curador, a ser regulamentado em ato do Poder Executivo, que disporá sobre a estrutura, funcionamento e competência do colegiado.

§ 1º Além das atribuições definidas no ato regulamentador a que se refere o *caput*, competirá ao Conselho Curador do FCVS – CCFCVS, relativamente a contratos de financiamentos habitacionais cujo equilíbrio da apólice do Seguro Habitacional do Sistema Financeiro da Habitação esteja sob garantia do FCVS:

I – julgar, em instância administrativa única, os litígios decorrentes da aplicação das condições de cobertura, normas e rotinas desse seguro;

II – dirimir as questões relacionadas à operacionalização desse seguro, bem como decidir sobre o tratamento a ser dado aos casos omissos relativos à regulação de sinistros.

§ 2º O CCFCVS poderá delegar as competências referidas no § 1º deste artigo a um comitê de recursos integrante de sua estrutura.

§ 3º Fica a CEF autorizada a promover, nos parcelamentos de dívidas autorizados pelo CCFCVS, o encontro de contas entre débitos relativos a prêmios devidos pelos agentes do SFH e créditos correspondentes a indenizações retidas dos agentes financeiros perante o Seguro Habitacional do Sistema Financeiro da Habitação.

Art. 28. *Revogado.* Lei nº 13.137, de 19-6-2015.

Art. 29. O FCVS é autorizado a transferir ao Tesouro Nacional Letras Hipotecárias, de emissão da CEF, ficando credor da União em valor equivalente.

Parágrafo único. A União pagará a dívida decorrente da transferência dos ativos de que trata este artigo mediante a securitização das obrigações, pelo Tesouro Nacional, observadas as condições previstas no art. 1º desta Lei, mantendo a equivalência econômica entre os ativos.

Art. 29-A. Os processos de novação já concluídos, com a assinatura dos contratos pela União e a emissão de títulos em benefício do credor, são irrevogáveis e irretratáveis, vedado que, com base em mudança posterior do entendimento aplicado à época, sejam declaradas inválidas, nas esferas administrativa e controladora, situações plenamente constituídas, ressalvado o disposto nos §§ 5º, 7º, 11 e 16 do art. 3º desta Lei.

► Art. 29-A acrescido pela Lei nº 13.932, de 11-12-2019.

Art. 30. Fica a CEF autorizada a participar minoritariamente, observada a legislação pertinente, na composição do capital acionário de sociedade anônima que tenha por objeto social a securitização de créditos hipotecários e imobiliários.

Art. 31. O prazo de um ano a que se refere o art. 5º da Lei nº 8.004, de 1990, com a redação dada por esta Lei, contar-se-á a partir de 31 de março de 1997.

Art. 32. O Ministro de Estado da Fazenda e o CMN expedirão, no âmbito das respectivas competências, as instruções que se fizerem necessárias à execução das disposições desta Lei, inclusive com relação aos prazos.

Art. 33. Fica a União autorizada, a exclusivo critério do Ministério da Fazenda, a compensar os créditos decorrentes dos contratos de refinanciamento de que trata a Lei nº 9.496, de 11 de setembro de 1997, com créditos detidos pelas Unidades da Federação e que tenham sido objeto da novação a que se refere esta Lei.

Parágrafo único. Na compensação, observar-se-ão os seguintes critérios:

I – os créditos remunerados à Taxa Referencial – TR acrescida de juros à taxa efetiva de seis vírgula dezessete por cento ao ano serão aceitos pelo seu valor de face;

II – os créditos remunerados à Taxa Referencial – TR acrescida de juros à taxa efetiva de três vírgula doze por cento ao ano serão aceitos com deságio sobre seu valor de face a ser estabelecido pelo Ministério da Fazenda.

Art. 34. A prerrogativa prevista no inciso II do art. 6º do Decreto-Lei nº 2.406, de 1988, somente poderá ser exercida pelos agentes financiadores que se manifestarem pela novação e se encontrarem em dia com as contribuições ao FCVS, nos termos desta Lei.

Art. 35. Os emolumentos devidos em todos os atos de que trata a Lei nº 6.015, de 31 de dezembro de 1973, relacionados com o Programa instituído pela Medida Provisória nº 1.944-19, de 21 de setembro de 2000, serão reduzidos em cinquenta por cento.

Art. 36. Fica facultado aos entes públicos estaduais e municipais, desde que obtidas as autorizações legislativas pertinentes, alocarem recursos próprios em empreendimentos habitacionais específicos enquadrados no Programa de que trata a Medida Provisória nº 1.944-19, de 2000.

§ 1º Na hipótese do *caput* deste artigo, os recursos serão aplicados para subsidiar a produção ou recuperação de unidades habitacionais, com o propósito de adequar seu valor unitário às metas e parâmetros estabelecidos pelos órgãos e entidades competentes no âmbito federal e, no que couber, estadual ou municipal, para o Programa de que trata a Medida Provisória nº 1.944-19, de 2000, a fim de evitar operação suplementar do arrendatário.

§ 2º Os recursos aportados pelos entes públicos estaduais ou municipais serão aplicados em empreendimentos habitacionais enquadrados no Programa, localizados no Estado ou Município de que forem provenientes, vedada a sua transferência para outras localidades ou a sua retenção ou dispêndio a qualquer outro título.

Art. 37. As operações celebradas pelos Estados, Distrito Federal, Municípios e entidades a eles vinculadas, destinadas à contratação de mão de obra para construção ou reforma de imóveis enquadradas no Programa instituído pela Medida Provisória nº 1.944-19, de 2000, ficam dispensadas de adotar os procedimentos específicos da lei geral de licitações, desde que observadas a regulamentação e os princípios de legalidade, finalidade, razoabilidade, moralidade administrativa e interesse público.

Art. 38. Ficam as instituições financeiras captadoras de depósitos à vista e que operem crédito imobiliário autorizadas a promover Arrendamento Imobiliário Especial com Opção de Compra dos imóveis que tenham arrematado, adjudicado ou recebido em dação em pagamento por força de financiamentos habitacionais por elas concedidos.

§ 1º Entende-se por Arrendamento Imobiliário Especial com Opção de Compra a operação em que o arrendatário se compromete a pagar ao arrendador, mensalmente e por prazo determinado, contraprestações pela ocupação do imóvel com direito ao exercício de opção de compra no final do prazo contratado.

§ 2º O arrendamento de que trata este artigo poderá ser contratado com o ex-proprietário, com o ocupante a qualquer título ou com terceiros, com base no valor de mercado do bem, atestado em laudo de avaliação passado por profissional habilitado no Conselho Regional de Engenharia e Arquitetura – CREA, com atribuição para avaliação imobiliária.

Art. 39. Os contratos de Arrendamento Imobiliário Especial com Opção de Compra conterão, necessariamente, cláusulas dispondo sobre o seguinte:

I – descrição do imóvel arrendado com todas as características que permitam a sua perfeita identificação;

II – prazos do arrendamento especial e do exercício da opção de compra;

III – direito de opção de compra, o preço de compra ou o critério para a fixação desse valor;

IV – valor da prestação mensal do arrendamento, bem assim critérios e periodicidade para sua atualização;

V – valor das despesas e dos encargos adicionais incidentes;

VI – direito da arrendadora, por si ou por prepostos formalmente autorizados, de proceder vistorias periódicas no imóvel arrendado, bem como de exigir do arrendatário, no prazo que lhe for fixado, a adoção de providências destinadas à preservação da integridade do bem;

VII – obrigações e responsabilidades do arrendatário e as sanções decorrentes do descumprimento do contrato de arrendamento;

VIII – hipóteses de rescisão contratual;

IX – previsão de não devolução dos valores pagos nos casos de rescisão contratual ou de desistência do arrendatário.

Parágrafo único. Os contratos celebrados no âmbito do programa de arrendamento imobiliário especial com opção de compra, incluindo os de dação em pagamento de imóveis destinados ao arrendamento, serão formalizados por instrumento particular com força de escritura pública.

Art. 40. A falta de pagamento de três parcelas mensais constitui o arrendatário em mora de pleno direito, configurando o esbulho possessório que autoriza o arrendador a promover a reintegração de posse.

Art. 41. Aplicam-se ao Arrendamento Imobiliário Especial com Opção de Compra, no que couber, as disposições referentes ao arrendamento mercantil e ao Programa de Arrendamento Residencial.

Art. 42. O Conselho Monetário Nacional, o Banco Central do Brasil e a Secretaria da Receita Federal, no âmbito de suas respectivas competências, poderão baixar as normas necessárias à implementação do disposto nesta Lei a respeito das operações de Arrendamento Imobiliário Especial com Opção de Compra.

Art. 43. Ficam convalidados os atos praticados com base na Medida Provisória nº 1.981-54, de 23 de novembro de 2000.

Art. 44. Esta Lei entra em vigor na data de sua publicação.

Art. 45. Fica revogado o art. 6º da Lei nº 8.004, de 14 de março de 1990.

Brasília, 21 de dezembro de 2000;
179º da Independência e
112º da República.

Fernando Henrique Cardoso

LEI COMPLEMENTAR Nº 105, DE 10 DE JANEIRO DE 2001

Dispõe sobre o sigilo das operações de instituições financeiras e dá outras providências.

► Publicada no *DOU* de 11-1-2001.

Art. 1º As instituições financeiras conservarão sigilo em suas operações ativas e passivas e serviços prestados.

§ 1º São consideradas instituições financeiras, para os efeitos desta Lei Complementar:

► Lei nº 4.595, de 31-12-1964 (Lei do Sistema Financeiro Nacional).

► Lei nº 4.728, de 14-7-1965 (Lei do Mercado de Capitais).

► Lei nº 6.024, de 13-3-1974 (Lei das Intervenções e Liquidações Extrajudiciais de Instituições Financeiras).

► Lei nº 6.385, de 7-12-1976 (Lei do Mercado de Valores Mobiliários).

► Lei nº 6.404, de 15-12-1976 (Lei das Sociedades por Ações).

I – os bancos de qualquer espécie;

II – distribuidoras de valores mobiliários;

III – corretoras de câmbio e de valores mobiliários;

IV – sociedades de crédito, financiamento e investimentos;

V – sociedades de crédito imobiliário;

VI – administradoras de cartões de crédito;

VII – sociedades de arrendamento mercantil;

VIII – administradoras de mercado de balcão organizado;

IX – cooperativas de crédito;

X – associações de poupança e empréstimo;

XI – bolsas de valores e de mercadorias e futuros;

XII – entidades de liquidação e compensação;

XIII – outras sociedades que, em razão da natureza de suas operações, assim venham a ser consideradas pelo Conselho Monetário Nacional.

§ 2º As empresas de fomento comercial ou *factoring*, para os efeitos desta Lei Complementar, obedecerão às normas aplicáveis às instituições financeiras previstas no § 1º.

§ 3º Não constitui violação do dever de sigilo:

I – a troca de informações entre instituições financeiras, para fins cadastrais, inclusive por intermédio de centrais de risco, observadas as normas baixadas pelo Conselho Monetário Nacional e pelo Banco Central do Brasil;

II – o fornecimento de informações constantes de cadastro de emitentes de cheques sem provisão de fundos e de devedores inadimplentes, a entidades de proteção ao crédito, observadas as normas baixadas pelo Conselho Monetário Nacional e pelo Banco Central do Brasil;

III – o fornecimento das informações de que trata o § 2º do artigo 11 da Lei nº 9.311, de 24 de outubro de 1996;

► Lei nº 9.311, de 24-10-1996, institui a Contribuição Provisória sobre Movimentação ou Transmissão de Valores e de Créditos e Direitos de Natureza Financeira – CPMF.

IV – a comunicação, às autoridades competentes, da prática de ilícitos penais ou administrativos, abrangendo o fornecimento de informações sobre operações que envolvam recursos provenientes de qualquer prática criminosa;

V – a revelação de informações sigilosas com o consentimento expresso dos interessados;

VI – a prestação de informações nos termos e condições estabelecidos nos artigos 2º, 3º, 4º, 5º, 6º, 7º e 9º desta Lei Complementar;

VII – o fornecimento de dados financeiros e de pagamentos, relativos a operações de crédito e obrigações de pagamento adimplidas ou em andamento de pessoas naturais ou jurídicas, a gestores de bancos de dados, para formação de histórico de crédito, nos termos de lei específica.

► Inciso VII acrescido pela LC nº 166, de 8-4-2019.

§ 4º A quebra de sigilo poderá ser decretada, quando necessária para apuração de ocorrência de qualquer ilícito, em qualquer fase do inquérito ou do processo judicial, e especialmente nos seguintes crimes:

I – de terrorismo;

II – de tráfico ilícito de substâncias entorpecentes ou drogas afins;

III – de contrabando ou tráfico de armas, munições ou material destinado a sua produção;

IV – de extorsão mediante sequestro;

V – contra o sistema financeiro nacional;

VI – contra a Administração Pública;

VII – contra a ordem tributária e a previdência social;

VIII – lavagem de dinheiro ou ocultação de bens, direitos e valores;

IX – praticado por organização criminosa.

Art. 2º O dever de sigilo é extensivo ao Banco Central do Brasil, em relação às operações que realizar e às informações que obtiver no exercício de suas atribuições.

§ 1º O sigilo, inclusive quanto a contas de depósitos, aplicações e investimentos mantidos em instituições financeiras, não pode ser oposto ao Banco Central do Brasil:

I – no desempenho de suas funções de fiscalização, compreendendo a apuração, a qualquer tempo, de ilícitos praticados por controladores, administradores, membros de conselhos estatutários, gerentes, mandatários e prepostos de instituições financeiras;

II – ao proceder a inquérito em instituição financeira submetida a regime especial.

§ 2º As comissões encarregadas dos inquéritos a que se refere o inciso II do § 1º poderão examinar quaisquer documentos relativos a bens, direitos e obrigações das instituições financeiras, de seus controladores, administradores, membros de conselhos estatutários, gerentes, mandatários e prepostos, inclusive contas-correntes e operações com outras instituições financeiras.

§ 3º O disposto neste artigo aplica-se à Comissão de Valores Mobiliários, quando se tratar de fiscalização de operações e serviços no mercado de valores mobiliários, inclusive nas instituições financeiras que sejam companhias abertas.

§ 4º O Banco Central do Brasil e a Comissão de Valores Mobiliários, em suas áreas de competência, poderão firmar convênios:

I – com outros órgãos públicos fiscalizadores de instituições financeiras, objetivando a realização de fiscalizações conjuntas, observadas as respectivas competências;

II – com bancos centrais ou entidades fiscalizadoras de outros países, objetivando:

a) a fiscalização de filiais e subsidiárias de instituições financeiras estrangeiras, em funcionamento no Brasil e de filiais e subsidiárias, no exterior, de instituições financeiras brasileiras;

b) a cooperação mútua e o intercâmbio de informações para a investigação de atividades ou operações que impliquem aplicação, negociação, ocultação ou transferência de ativos financeiros e de valores mobiliários relacionados com a prática de condutas ilícitas.

§ 5º O dever de sigilo de que trata esta Lei Complementar estende-se aos órgãos fiscalizadores mencionados no § 4º e a seus agentes.

§ 6º O Banco Central do Brasil, a Comissão de Valores Mobiliários e os demais órgãos de fiscalização, nas áreas de suas atribuições, fornecerão ao Conselho de Controle de Atividades Financeiras – COAF, de que trata o artigo 14 da Lei nº 9.613, de 3 de março de 1998, as informações cadastrais e de movimento de valores relativos às operações previstas no inciso I do artigo 11 da referida Lei.

Art. 3º Serão prestadas pelo Banco Central do Brasil, pela Comissão de Valores Mobiliários e pelas instituições financeiras as informações ordenadas pelo Poder Judiciário, preservado o seu caráter sigiloso mediante acesso restrito às partes, que delas não poderão servir-se para fins estranhos à lide.

§ 1º Dependem de prévia autorização do Poder Judiciário a prestação de informações e o fornecimento de documentos sigilosos solicitados por comissão de inquérito administrativo destinada a apurar responsabilidade de servidor público por infração praticada no exercício de suas atribuições, ou que tenha relação com as atribuições do cargo em que se encontre investido.

§ 2º Nas hipóteses do § 1º, o requerimento de quebra de sigilo independe da existência de processo judicial em curso.

§ 3º Além dos casos previstos neste artigo o Banco Central do Brasil e a Comissão de Valores Mobiliários fornecerão à Advocacia-Geral da União as informações e os documentos necessários à defesa da União nas ações em que seja parte.

Art. 4º O Banco Central do Brasil e a Comissão de Valores Mobiliários, nas áreas de suas atribuições, e as instituições financeiras fornecerão ao Poder Legislativo Federal as informações e os documentos sigilosos que, fundamentadamente, se fizerem necessários ao exercício de suas respectivas competências constitucionais e legais.

§ 1º As comissões parlamentares de inquérito, no exercício de sua competência constitucional e legal de ampla investigação, obterão as informações e documentos sigilosos de que necessitarem, diretamente das instituições financeiras, ou por intermédio do Banco Central do Brasil ou da Comissão de Valores Mobiliários.

§ 2º As solicitações de que trata este artigo deverão ser previamente aprovadas pelo Plenário da Câmara dos Deputados, do Senado Federal, ou do plenário de suas respectivas comissões parlamentares de inquérito.

Art. 5º O Poder Executivo disciplinará, inclusive quanto à periodicidade e aos limites de valor, os critérios segundo os quais as instituições financeiras informarão à administração tributária da União, as operações financeiras efetuadas pelos usuários de seus serviços.

► Art. 30 da Lei nº 10.637, de 30-12-2002, que dispõe sobre a não cumulatividade na cobrança da contribuição para os Programas de Integração Social (PIS) e de Formação do Patrimônio do Servidor Público (PASEP), nos casos que especifica; sobre o pagamento e o parcelamento de débitos tributários federais, a compensação de créditos fiscais, a declaração de inaptidão de inscrição de pessoas jurídicas e a legislação aduaneira.

► IN da SRFB nº 802, de 27-12-2007, dispõe sobre a prestação de informações de que trata este artigo.

§ 1º Consideram-se operações financeiras, para os efeitos deste artigo:

I – depósitos à vista e a prazo, inclusive em conta de poupança;

II – pagamentos efetuados em moeda corrente ou em cheques;

III – emissão de ordens de crédito ou documentos assemelhados;

IV – resgates em contas de depósitos à vista ou a prazo, inclusive de poupança;

V – contratos de mútuo;

VI – descontos de duplicatas, notas promissórias e outros títulos de crédito;

VII – aquisições e vendas de títulos de renda fixa ou variável;

VIII – aplicações em fundos de investimentos;

IX – aquisições de moeda estrangeira;

X – conversões de moeda estrangeira em moeda nacional;

XI – transferências de moeda e outros valores para o exterior;

XII – operações com ouro, ativo financeiro;

XIII – operações com cartão de crédito;

XIV – operações de arrendamento mercantil; e

XV – quaisquer outras operações de natureza semelhante que venham a ser autorizadas pelo Banco Central do Brasil, Comissão de Valores Mobiliários ou outro órgão competente.

§ 2º As informações transferidas na forma do *caput* deste artigo restringir-se-ão a informes relacionados com a identificação dos titulares das operações e os montantes globais mensalmente movimentados, vedada a inserção de qualquer elemento que permita identificar a sua origem ou a natureza dos gastos a partir deles efetuados.

§ 3º Não se incluem entre as informações de que trata este artigo as operações financeiras efetuadas pelas administrações direta e indireta da União, dos Estados, do Distrito Federal e dos Municípios.

§ 4º Recebidas as informações de que trata este artigo, se detectados indícios de falhas, incorreções ou omissões, ou de cometimento de ilícito fiscal, a autoridade interessada poderá requisitar as informações e os documentos de que necessitar, bem como realizar fiscalização ou auditoria para a adequada apuração dos fatos.

§ 5º As informações a que refere este artigo serão conservadas sob sigilo fiscal, na forma da legislação em vigor.

Art. 6º As autoridades e os agentes fiscais tributários da União, dos Estados, do Distrito Federal e dos Municípios somente poderão examinar documentos, livros e registros de instituições financeiras, inclusive os referentes a contas de depósitos e aplicações financeiras, quando houver processo administrativo instaurado ou procedimento fiscal em curso e tais exames sejam considerados indispensáveis pela autoridade administrativa competente.

► Art. 31 da Lei nº 10.637, de 30-12-2002, dispõe sobre a não-cumulatividade na cobrança da contribuição para os Programas de Integração Social (PIS) e de Formação do Patrimônio do Servidor Público (PASEP), nos casos que especifica; sobre o pagamento e o parcelamento de débitos tributários federais, a compensação de créditos fiscais, a declaração de inaptidão de inscrição de pessoas jurídicas e a legislação aduaneira.

► Dec. nº 3.724, de 10-1-2001, regulamenta este artigo.

Parágrafo único. O resultado dos exames, as informações e os documentos a que se refere este artigo serão conservados em sigilo, observada a legislação tributária.

Art. 7º Sem prejuízo do disposto no § 3º do artigo 2º, a Comissão de Valores Mobiliários, instaurado inquérito administrativo, poderá solicitar à autoridade judiciária competente o levantamento do sigilo junto às instituições financeiras de informações e documentos relativos a bens, direitos e obrigações de pessoa física ou jurídica submetida ao seu poder disciplinar.

Parágrafo único. O Banco Central do Brasil e a Comissão de Valores Mobiliários, manterão permanente intercâmbio de informações acerca dos resultados das inspeções que realizarem, dos inquéritos que instaurarem e das penalidades que aplicarem, sempre que as informações forem necessárias ao desempenho de suas atividades.

Art. 8º O cumprimento das exigências e formalidades previstas nos artigos 4º, 6º e 7º, será expressamente declarado pelas autoridades competentes nas solicitações dirigidas ao Banco Central do Brasil, à Comissão de Valores Mobiliários ou às instituições financeiras.

Art. 9º Quando, no exercício de suas atribuições, o Banco Central do Brasil e a Comissão de Valores Mobiliários verificarem a ocorrência de crime definido em lei como de ação pública, ou indícios da prática de tais crimes, informarão ao Ministério Público, juntando à comunicação os documentos necessários à apuração ou comprovação dos fatos.

§ 1º A comunicação de que trata este artigo será efetuada pelos Presidentes do Banco Central do Brasil e da Comissão de Valores Mobiliários, admitida delegação de competência, no prazo máximo de quinze dias, a contar do recebimento do processo, com manifestação dos respectivos serviços jurídicos.

§ 2º Independentemente do disposto no *caput* deste artigo, o Banco Central do Brasil e a Comissão de Valores Mobiliários comunicarão aos órgãos públicos competentes as irregularidades e os ilícitos administrativos de que tenham conhecimento, ou indícios de sua prática, anexando os documentos pertinentes.

Art. 10. A quebra de sigilo, fora das hipóteses autorizadas nesta Lei Complementar, constitui crime e sujeita os responsáveis à pena de reclusão, de um a quatro anos, e multa, aplicando-se, no que couber, o Código Penal, sem prejuízo de outras sanções cabíveis.

Parágrafo único. Incorre nas mesmas penas quem omitir, retardar injustificadamente ou prestar falsamente as informações requeridas nos termos desta Lei Complementar.

Art. 11. O servidor público que utilizar ou viabilizar a utilização de qualquer informação obtida em decorrência da quebra de sigilo de que trata esta Lei Complementar responde pessoal e diretamente pelos danos decorrentes, sem prejuízo da responsabilidade objetiva da entidade pública, quando comprovado que o servidor agiu de acordo com orientação oficial.

Art. 12. Esta Lei Complementar entra em vigor na data de sua publicação.

Art. 13. Revoga-se o artigo 38 da Lei nº 4.595, de 31 de dezembro de 1964.

Brasília, 10 de janeiro de 2001;
180º da Independência e
113º da República.
Fernando Henrique Cardoso

LEI Nº 10.188, DE 12 DE FEVEREIRO DE 2001

Cria o Programa de Arrendamento Residencial, institui o arrendamento residencial com opção de compra e dá outras providências.

► Publicada no *DOU* de 14-2-2001.

CAPÍTULO I

DAS DISPOSIÇÕES GERAIS

Art. 1º Fica instituído o Programa de Arrendamento Residencial para atendimento da necessidade de moradia da população de baixa renda, sob a forma de arrendamento residencial com opção de compra.

► *Caput* com a redação dada pela Lei nº 11.474, de 15-5-2007.

§ 1º A gestão do Programa cabe ao Ministério das Cidades e sua operacionalização à Caixa Econômica Federal – CEF.

§ 2º Os Ministros de Estado das Cidades e da Fazenda fixarão, em ato conjunto, a remuneração da CEF pelas atividades exercidas no âmbito do Programa.

► §§ 1º e 2º com a redação dada pela Lei nº 10.859, de 14-4-2004.

§ 3º Fica facultada a alienação, sem prévio arrendamento, ou a cessão de direitos dos imóveis adquiridos no âmbito do Programa.

► § 3º com a redação dada pela Lei nº 12.424, de 16-6-2011 (*DOU* de 17-6-2011 e republicada no *DOU* de 20-6-2011).

Art. 2º Para a operacionalização do Programa instituído nesta Lei, é a CEF autorizada a criar um fundo financeiro privado com o fim exclusivo de segregação patrimonial e contábil dos haveres financeiros e imobiliários destinados ao Programa.

► *Caput* com a redação dada pela Lei nº 12.693, de 24-7-2012.

§ 1º O fundo a que se refere o *caput* será subordinado à fiscalização do Banco Central do Brasil, devendo sua contabilidade sujeitar-se às normas do Plano Contábil das Instituições do Sistema Financeiro Nacional (COSIF), aos princípios gerais de contabilidade e, no que couber, às demais normas de contabilidade vigentes no País.

§ 2º O patrimônio do fundo a que se refere o *caput* será constituído:

I – pelos bens e direitos adquiridos pela CEF no âmbito do Programa instituído nesta Lei; e

II – pelos recursos advindos da integralização de cotas.

► §§ 1º e 2º com a redação dada pela Lei nº 12.693, de 24-7-2012.

§ 3º Os bens e direitos integrantes do patrimônio do fundo a que se refere o *caput*, em especial os bens imóveis mantidos sob a propriedade fiduciária da CEF, bem como seus frutos e rendimentos, não se comunicam com o patrimônio desta, observadas, quanto a tais bens e direitos, as seguintes restrições:

I – não integram o ativo da CEF;

II – não respondem direta ou indiretamente por qualquer obrigação da CEF;

III – não compõem a lista de bens e direitos da CEF, para efeito de liquidação judicial ou extrajudicial;

IV – não podem ser dados em garantia de débito de operação da CEF;

V – não são passíveis de execução por quaisquer credores da CEF, por mais privilegiados que possam ser;

VI – não podem ser constituídos quaisquer ônus reais sobre os imóveis.

§ 4º No título aquisitivo, a CEF fará constar as restrições enumeradas nos incisos I a VI e destacará que o bem adquirido constitui patrimônio do fundo a que se refere o *caput*.

§ 5º No registro de imóveis, serão averbadas as restrições e o destaque referido no parágrafo anterior.

§ 6º A CEF fica dispensada da apresentação de certidão negativa de débitos, expedida pelo Instituto Nacional do Seguro Social – INSS, e da Certidão Negativa de Tributos e Contribuições administradas pela Secretaria da Receita Federal, quando alienar imóveis integrantes do patrimônio do fundo a que se refere o *caput*.

§ 7º A alienação dos imóveis pertencentes ao patrimônio do fundo a que se refere o *caput* deste artigo será efetivada diretamente pela CEF, constituindo o instrumento de alienação documento hábil para cancelamento, perante o Cartório de Registro de Imóveis, das averbações pertinentes às restrições e ao destaque de que tratam os §§ 3º e 4º deste artigo, observando-se:

I – o decurso do prazo contratual do Arrendamento Residencial; ou

II – a critério do gestor do Fundo, o processo de desimobilização do fundo financeiro de que trata o *caput* deste artigo.

► § 7º com a redação dada pela Lei nº 11.474, de 15-5-2007.

§ 8º Cabe à CEF a gestão do fundo a que se refere o *caput* e a proposição de seu regulamento para a aprovação da assembleia de cotistas.

► § 8º com a redação dada pela Lei nº 12.693, de 24-7-2012.

Art. 2º-A. A integralização de cotas pela União poderá ser realizada, a critério do Ministério da Fazenda:

I – em moeda corrente;

II – em títulos públicos;

III – por meio de suas participações minoritárias; ou

IV – por meio de ações de sociedades de economia mista federais excedentes ao necessário para manutenção de seu controle acionário.

§ 1º A representação da União na assembleia de cotistas ocorrerá na forma do inciso V do *caput* do art. 10 do Decreto-Lei nº 147, de 3 de fevereiro de 1967.

§ 2º O Fundo de Arrendamento Residencial (FAR), de que trata o inciso II do *caput* do art. 2º da Lei nº 11.977, de 7 de julho de 2009, terá direitos e obrigações próprias, pelas quais responderá com seu patrimônio, não respondendo os cotistas por qualquer obrigação do Fundo, salvo pela integralização das cotas que subscreverem.

► Art. 2º-A com a redação dada pela Lei nº 12.693, de 24-7-2012.

Art. 3º Para atendimento exclusivo às finalidades do Programa instituído nesta Lei, fica a CEF autorizada a:

I – utilizar os saldos disponíveis dos seguintes Fundos e Programa em extinção:

a) Fundo de Apoio ao Desenvolvimento Social – FAS, criado pela Lei nº 6.168, de 9 de dezembro de 1974;

b) Fundo de Investimento Social – FINSOCIAL, criado pelo Decreto-Lei nº 1.940, de 25 de maio de 1982;

c) Programa de Difusão Tecnológica para Construção de Habitação de Baixo Custo – PROTECH, criado por Decreto de 28 de julho de 1993; e

d) Fundo de Desenvolvimento Social – FDS, a que se refere o Decreto nº 103, de 22 de abril de 1991;

II – contratar operações de crédito com o Fundo de Garantia do Tempo de Serviço – FGTS, na forma e condições disciplinadas pelo Conselho Curador do FGTS, até limite a ser fixado pelo Poder Executivo; e

► Inciso II com a redação dada pela Lei nº 10.859, de 14-4-2004.

III – incorporar as receitas pertencentes ao fundo financeiro específico do Programa, provenientes do processo de desimobilização previsto no inciso II do § 7º do art. 2º desta Lei; e

► Inciso III com a redação dada pela Lei nº 11.474, de 15-5-2007.

IV – receber outros recursos a serem destinados ao Programa.

► Inciso IV acrescido pela Lei nº 11.474, de 15-5-2007.

§ 1º Do saldo relativo ao FDS será deduzido o valor necessário ao provisionamento, na CEF, das exigibilidades de responsabilidade do Fundo existentes na data de publicação desta Lei.

§ 2º A CEF promoverá o pagamento, nas épocas próprias, das obrigações de responsabilidade do FDS.

§ 3º As receitas provenientes das operações de arrendamento e das aplicações de recursos destinados ao Programa instituído nesta Lei serão, deduzidas as despesas de administração, utilizadas para amortização da operação de crédito a que se refere o inciso II.

§ 4º O saldo positivo existente ao final do Programa será integralmente revertido à União.

§ 5º A aquisição de imóveis para atendimento dos objetivos do Programa será limitada a valor a ser estabelecido pelo Poder Executivo.

► § 5º com a redação dada pela Lei nº 10.859, de 14-4-2004.

§ 6º No caso de imóveis tombados pelo Poder Público nos termos da legislação de preservação do patrimônio histórico e cultural ou daqueles inseridos em programas de revitalização ou reabilitação de centros urbanos, a CEF fica autorizada a adquirir os direitos de posse em que estiverem imitidos a União, Estados, Distrito Federal, Municípios e suas entidades, desde que devidamente registrados no Registro Geral de Imóveis – RGI, nos termos do art. 167, inciso I, item 36, da Lei nº 6.015, de 31 de dezembro de 1973.

► § 6º com a redação dada pela Lei nº 10.859, de 14-4-2004.

Art. 3º-A. O FAR não contará com qualquer tipo de garantia ou aval por parte do setor público e responderá por suas obrigações até o limite dos bens e direitos integrantes de seu patrimônio.

► Artigo com a redação dada pela Lei nº 12.693, de 24-7-2012.

Art. 4º Compete à CEF:

I – criar o fundo financeiro a que se refere o artigo 2º;

II – alocar os recursos previstos no art. 3º, inciso II, responsabilizando-se pelo retorno dos recursos ao FGTS, na forma do § 1º do artigo 9º da Lei nº 8.036, de 11 de maio de 1990;

III – expedir os atos necessários à operacionalização do Programa;

IV – definir os critérios técnicos a serem observados na aquisição, alienação e no arrendamento com opção de compra dos imóveis destinados ao Programa;

► Inciso IV com a redação dada pela Lei nº 11.474, de 15-5-2007.

V – assegurar que os resultados das aplicações sejam revertidos para o fundo e que as operações de aquisição de imóveis sujeitar-se-ão aos critérios técnicos definidos para o Programa;

VI – representar o arrendador ativa e passivamente, judicial e extrajudicialmente;

VII – promover, em nome do arrendador, o registro dos imóveis adquiridos;

VIII – observar as restrições a pessoas jurídicas e físicas, no que se refere a impedimentos à atuação em programas habitacionais, subsidiando a atualização dos cadastros existentes, inclusive os do Sistema Financeiro da Habitação – SFH.

► Inciso VIII acrescido pela Lei nº 11.474, de 15-5-2007.

Parágrafo único. As operações de aquisição, construção, recuperação, arrendamento e venda de imóveis obedecerão aos critérios estabelecidos pela CEF, respeitados os princípios da legalidade, finalidade, razoabilidade, moralidade administrativa, interesse público e eficiência, ficando dispensada da observância das disposições específicas da lei geral de licitação.

Art. 5º Compete ao Ministério das Cidades:

► *Caput* com a redação dada pela Lei nº 10.859, de 14-4-2004.

I – estabelecer diretrizes gerais para a aplicação dos recursos alocados;

► Inciso I com a redação dada pela Lei nº 10.859, de 14-4-2004.

II – fixar regras e condições para implementação do Programa, tais como áreas de atuação, público-alvo, valor máximo de aquisição da unidade habitacional, entre outras que julgar necessárias;

► Inciso II com a redação dada pela Lei nº 11.474, de 15-5-2007.

III – acompanhar e avaliar o desempenho do Programa em conformidade com os objetivos estabelecidos nesta Lei;

► Inciso III com a redação dada pela Lei nº 10.859, de 14-4-2004.

IV – estabelecer diretrizes para a alienação prevista no § 7º do art. 2º desta Lei;

V – encaminhar às 2 (duas) Casas do Congresso Nacional relatório semestral sobre as ações do Programa.

► Incisos IV e V acrescidos pela Lei nº 11.474, de 15-5-2007.

CAPÍTULO II
DO ARRENDAMENTO RESIDENCIAL

Art. 6º Considera-se arrendamento residencial a operação realizada no âmbito do Programa instituído nesta Lei, que tenha por objeto o arrendamento com opção de compra de bens imóveis adquiridos para esse fim específico.

Parágrafo único. Para os fins desta Lei, considera-se arrendatária a pessoa física que, atendidos os requisitos estabelecidos pelo Ministério das Cidades, seja habilitada pela CEF ao arrendamento.

► Parágrafo único com a redação dada pela Lei nº 10.859, de 14-4-2004.

Art. 7º *Revogado.* Lei nº 10.859, de 14-4-2004.

Art. 8º O contrato de aquisição de imóveis pelo arrendador, as cessões de posse e as promessas de cessão, bem como o contrato de transferência do direito de propriedade ou do domínio útil ao arrendatário, serão celebrados por instrumento particular com força de escritura pública e registrados em Cartório de Registro de Imóveis competente.

► *Caput* com a redação dada pela Lei nº 10.859, de 14-4-2004.

§ 1º O contrato de compra e venda referente ao imóvel objeto de arrendamento residencial que vier a ser alienado na forma do inciso II do § 7º do art. 2º desta Lei, ainda que o pagamento integral seja feito à vista, contemplará cláusula impeditiva de o adquirente, no prazo de 24 (vinte e quatro) meses, vender, prometer vender ou ceder seus direitos sobre o imóvel alienado.

§ 2º O prazo a que se refere o § 1º deste artigo poderá, excepcionalmente, ser reduzido conforme critério a ser definido pelo Ministério das Cidades, nos casos de arrendamento com período superior à metade do prazo final regulamentado.

§ 3º Nos imóveis alienados na forma do inciso II do § 7º do art. 2º desta Lei, será admitida a utilização dos recursos depositados em conta vinculada do FGTS, em condições a serem definidas pelo Conselho Curador do FGTS.

► §§ 1º a 3º acrescidos pela Lei nº 11.474, de 15-5-2007.

Art. 9º Na hipótese de inadimplemento no arrendamento, findo o prazo da notificação ou interpelação, sem pagamento dos encargos em atraso, fica configurado o esbulho possessório que autoriza o arrendador a propor a competente ação de reintegração de posse.

Art. 10. Aplica-se ao arrendamento residencial, no que couber, a legislação pertinente ao arrendamento mercantil.

Art. 10-A. Os valores apurados com a alienação dos imóveis serão utilizados para amortizar os saldos devedores dos empréstimos tomados perante o FGTS, na forma do inciso II do *caput* do art. 3º desta Lei, nas condições a serem estabelecidas pelo Conselho Curador do FGTS.

► Art. 10-A acrescido pela Lei nº 11.474, de 15-5-2007.

Art. 11. Ficam convalidados os atos praticados com base na Medida Provisória nº 2.135-23, de 28 de dezembro de 2000.

Art. 12. Esta Lei entra em vigor na data de sua publicação.

Congresso Nacional, 12 de fevereiro de 2001;
180º da Independência e
113º da República.

Senador Antonio Carlos Magalhães
Presidente

LEI Nº 10.192, DE 14 DE FEVEREIRO DE 2001

Dispõe sobre medidas complementares ao Plano Real e dá outras providências.

► Publicada no *DOU* de 16-2-2001.

Art. 1º As estipulações de pagamento de obrigações pecuniárias exequíveis no território nacional deverão ser feitas em Real, pelo seu valor nominal.

Parágrafo único. São vedadas, sob pena de nulidade, quaisquer estipulações de:

I – pagamento expressas em, ou vinculadas a ouro ou moeda estrangeira, ressalvado o disposto nos arts. 2º e 3º do Decreto-Lei nº 857, de 11 de setembro de 1969, e na parte final do art. 6º da Lei nº 8.880, de 27 de maio de 1994;

II – reajuste ou correção monetária expressas em, ou vinculadas a unidade monetária de conta de qualquer natureza;

III – correção monetária ou de reajuste por índices de preços gerais, setoriais ou que reflitam a variação dos custos de produção ou dos insumos utilizados, ressalvado o disposto no artigo seguinte.

Art. 2º É admitida estipulação de correção monetária ou de reajuste por índices de preços gerais, setoriais ou que reflitam a variação dos custos de produção ou dos insumos utilizados nos contratos de prazo de duração igual ou superior a um ano.

§ 1º É nula de pleno direito qualquer estipulação de reajuste ou correção monetária de periodicidade inferior a um ano.

§ 2º Em caso de revisão contratual, o termo inicial do período de correção monetária ou reajuste, ou de nova revisão, será a data em que a anterior revisão tiver ocorrido.

§ 3º Ressalvado o disposto no § 7º do art. 28 da Lei nº 9.069, de 29 de junho de 1995, e no parágrafo seguinte, são nulos de pleno direito quaisquer expedientes que, na apuração do índice de reajuste, produzam efeitos financeiros equivalentes aos de reajuste de periodicidade inferior à anual.

§ 4º Nos contratos de prazo de duração igual ou superior a três anos, cujo objeto seja a produção de bens para entrega futura ou a aquisição de bens ou direitos a eles relativos, as partes poderão pactuar a atualização das obrigações, a cada período de um ano, contado a partir da contratação, e no seu vencimento final, considerada a periodicidade de pagamento das prestações, e abatidos os pagamentos, atualizados da mesma forma, efetuados no período.

§ 5º O disposto no parágrafo anterior aplica-se aos contratos celebrados a partir de 28 de outubro de 1995 até 11 de outubro de 1997.

§ 6º O prazo a que alude o parágrafo anterior poderá ser prorrogado mediante ato do Poder Executivo.

► Mantivemos a redação anterior à MP nº 2.223, de 4-9-2001, pois esta foi revogada pela Lei nº 10.931, de 2-8-2004.

Art. 3º Os contratos em que seja parte órgão ou entidade da Administração Pública direta ou indireta da União, dos Estados, do Distrito Federal e dos Municípios, serão reajustados ou corrigidos monetariamente de acordo com as disposições desta Lei, e, no que com ela não conflitarem, da Lei nº 8.666, de 21 de junho de 1993.

§ 1º A periodicidade anual nos contratos de que trata o *caput* deste artigo será contada a partir da data limite para apresentação da proposta ou do orçamento a que essa se referir.

§ 2º O Poder Executivo regulamentará o disposto neste artigo.

Art. 4º Os contratos celebrados no âmbito dos mercados referidos no § 5º do art. 27 da Lei nº 9.069, de 1995, inclusive as condições de remuneração da poupança financeira, bem assim no da previdência privada fechada, permanecem regidos por legislação própria.

Art. 5º Fica instituída Taxa Básica Financeira – TBF, para ser utilizada exclusivamente como base de remuneração de operações realizadas no mercado financeiro, de prazo de duração igual ou superior a sessenta dias.

Parágrafo único. O Conselho Monetário Nacional expedirá as instruções necessárias ao cumprimento do disposto neste artigo, podendo, inclusive, ampliar o prazo mínimo previsto no *caput*.

Art. 6º A Unidade Fiscal de Referência – UFIR, criada pela Lei nº 8.383, de 30 de dezembro de 1991, será reajustada:

I – semestralmente, durante o ano-calendário de 1996;

II – anualmente, a partir de 1º de janeiro de 1997.

Parágrafo único. A reconversão, para Real, dos valores expressos em UFIR, extinta em 27 de outubro de 2000, será efetuada com base no valor dessa Unidade fixado para o exercício de 2000.

► O art. 29, § 3º, da Lei nº 10.522, de 19-7-2002, que dispõe sobre o Cadastro Informativo dos créditos não quitados de órgãos e entidades federais, extinguiu a UFIR.

Art. 7º Observado o disposto no artigo anterior, ficam extintas, a partir de 1º de julho de 1995, as unidades monetárias de conta criadas ou reguladas pelo Poder Público, exceto as unidades monetárias de conta fiscais estaduais, municipais e do Distrito Federal, que serão extintas a partir de 1º de janeiro de 1996.

§ 1º Em 1º de julho de 1995 e em 1º de janeiro de 1996, os valores expressos, respectivamente, nas unidades monetárias de conta extintas na forma do *caput* deste artigo serão convertidos em Real, com observância do disposto no art. 44 da Lei nº 9.069, de 1995, no que couber.

§ 2º Os Estados, o Distrito Federal e os Municípios poderão utilizar a UFIR nas mesmas condições e periodicidade adotadas pela União, em substituição às respectivas unidades monetárias de conta fiscais extintas.

► O art. 29, § 3º, da Lei nº 10.522, de 19-7-2002, que dispõe sobre o Cadastro Informativo dos créditos não quitados de órgãos e entidades federais, extinguiu a UFIR.

Art. 8º A partir de 1º de julho de 1995, a Fundação Instituto Brasileiro de Geografia e Estatística – IBGE deixará de calcular e divulgar o IPC-r.

§ 1º Nas obrigações e contratos em que haja estipulação de reajuste pelo IPC-r, este será substituído, a partir de 1º de julho de 1995, pelo índice previsto contratualmente para este fim.

§ 2º Na hipótese de não existir previsão de índice de preços substituto, e caso não haja acordo entre as partes, deverá ser utilizada média de índices de preços de abrangência nacional, na forma de regulamentação a ser baixada pelo Poder Executivo.

Art. 9º É assegurado aos trabalhadores, na primeira data base da respectiva categoria após julho de 1995, o pagamento de reajuste relativo à variação acumulada do IPC-r entre a última data base, anterior a julho de 1995, e junho de 1995, inclusive.

Art. 10. Os salários e as demais condições referentes ao trabalho continuam a ser fixados e revistos, na respectiva data base anual, por intermédio da livre negociação coletiva.

Art. 11. Frustrada a negociação entre as partes, promovida diretamente ou através de mediador, poderá ser ajuizada a ação de dissídio coletivo.

§ 1º O mediador será designado de comum acordo pelas partes ou, a pedido destas, pelo Ministério do Trabalho e Emprego, na forma da regulamentação de que trata o § 5º deste artigo.

§ 2º A parte que se considerar sem as condições adequadas para, em situação de equilíbrio, participar da negociação direta, poderá, desde logo, solicitar ao Ministério do Trabalho e Emprego a designação de mediador, que convocará a outra parte.

§ 3º O mediador designado terá prazo de até trinta dias para a conclusão do processo de negociação, salvo acordo expresso com as partes interessadas.

§ 4º Não alcançado o entendimento entre as partes, ou recusando-se qualquer delas à mediação, lavrar-se-á ata contendo as causas motivadoras do conflito e as reivindicações de natureza econômica, documento que instruirá a representação para o ajuizamento do dissídio coletivo.

§ 5º O Poder Executivo regulamentará o disposto neste artigo.

Art. 12. No ajuizamento do dissídio coletivo, as partes deverão apresentar, fundamentadamente, suas propostas finais, que serão objeto de conciliação ou deliberação do Tribunal, na sentença normativa.

§ 1º A decisão que puser fim ao dissídio será fundamentada, sob pena de nulidade, deverá traduzir, em seu conjunto, a justa composição do conflito de interesse das partes, e guardar adequação com o interesse da coletividade.

§ 2º A sentença normativa deverá ser publicada no prazo de quinze dias da decisão do Tribunal.

Art. 13. No acordo ou convenção e no dissídio, coletivos, é vedada a estipulação ou fixação de cláusula de reajuste ou correção salarial automática vinculada a índice de preços.

§ 1º Nas revisões salariais na data base anual, serão deduzidas as antecipações concedidas no período anterior à revisão.

§ 2º Qualquer concessão de aumento salarial a título de produtividade deverá estar amparada em indicadores objetivos.

Art. 14. O recurso interposto de decisão normativa da Justiça do Trabalho terá efeito suspensivo, na medida e extensão conferidas em despacho do Presidente do Tribunal Superior do Trabalho.

Art. 15. Permanecem em vigor as disposições legais relativas a correção monetária de débitos trabalhistas, de débitos resultantes de decisão judicial, de débitos relativos a ressarcimento em virtude de inadimplemento de obrigações contratuais e do passivo de empresas e instituições sob os regimes de concordata, falência, intervenção e liquidação extrajudicial.

Art. 16. Ficam convalidados os atos praticados com base na Medida Provisória nº 2.074-72, de 27 de dezembro de 2000.

Art. 17. Esta Lei entra em vigor na data de sua publicação.

Art. 18. Revogam-se os §§ 1º e 2º do art. 947 do Código Civil, os §§ 1º e 2º do art. 1º da Lei nº 8.542, de 23 de dezembro de 1992, e o art. 14 da Lei nº 8.177, de 1º de março de 1991.

Congresso Nacional, em 14 de fevereiro de 2001;
180º da Independência e
113º da República.

Senador Antonio Carlos Magalhães
Presidente

LEI Nº 10.216, DE 6 DE ABRIL DE 2001

Dispõe sobre a proteção e os direitos das pessoas portadoras de transtornos mentais e redireciona o modelo assistencial em saúde mental.

▸ Publicada no *DOU* de 9-4-2001.

Art. 1º Os direitos e a proteção das pessoas acometidas de transtorno mental, de que trata esta Lei, são assegurados sem qualquer forma de discriminação quanto à raça, cor, sexo, orientação sexual, religião, opção política, nacionalidade, idade, família, recursos econômicos e ao grau de gravidade ou tempo de evolução de seu transtorno, ou qualquer outra.

Art. 2º Nos atendimentos em saúde mental, de qualquer natureza, a pessoa e seus familiares ou responsáveis serão formalmente cientificados dos direitos enumerados no parágrafo único deste artigo.

Parágrafo único. São direitos da pessoa portadora de transtorno mental:

I – ter acesso ao melhor tratamento do sistema de saúde, consentâneo às suas necessidades;

II – ser tratada com humanidade e respeito e no interesse exclusivo de beneficiar sua saúde, visando alcançar sua recuperação pela inserção na família, no trabalho e na comunidade;

III – ser protegida contra qualquer forma de abuso e exploração;

IV – ter garantia de sigilo nas informações prestadas;

V – ter direito à presença médica, em qualquer tempo, para esclarecer a necessidade ou não de sua hospitalização involuntária;

VI – ter livre acesso aos meios de comunicação disponíveis;

VII – receber o maior número de informações a respeito de sua doença e de seu tratamento;

VIII – ser tratada em ambiente terapêutico pelos meios menos invasivos possíveis;

IX – ser tratada, preferencialmente, em serviços comunitários de saúde mental.

Art. 3º É responsabilidade do Estado o desenvolvimento da política de saúde mental, a assistência e a promoção de ações de saúde aos portadores de transtornos mentais, com a devida participação da sociedade e da família, a qual será prestada em estabelecimento de saúde mental, assim entendidas as instituições ou unidades que ofereçam assistência em saúde aos portadores de transtornos mentais.

Art. 4º A internação, em qualquer de suas modalidades, só será indicada quando os recursos extra-hospitalares se mostrarem insuficientes.

§ 1º O tratamento visará, como finalidade permanente, a reinserção social do paciente em seu meio.

§ 2º O tratamento em regime de internação será estruturado de forma a oferecer assistência integral à pessoa portadora de transtornos mentais, incluindo serviços médicos, de assistência social, psicológicos, ocupacionais, de lazer, e outros.

§ 3º É vedada a internação de pacientes portadores de transtornos mentais em instituições com características asilares, ou seja, aquelas desprovidas dos recursos mencionados no § 2º e que não assegurem aos pacientes os direitos enumerados no parágrafo único do artigo 2º.

Art. 5º O paciente há longo tempo hospitalizado ou para o qual se caracterize situação de grave dependência institucional, decorrente de seu quadro clínico ou de ausência de suporte social, será objeto de política específica de alta planejada e reabilitação psicossocial assistida, sob responsabilidade da autoridade sanitária competente e supervisão de instância a ser definida pelo Poder Executivo, assegurada a continuidade do tratamento, quando necessário.

Art. 6º A internação psiquiátrica somente será realizada mediante laudo médico circunstanciado que caracterize os seus motivos.

Parágrafo único. São considerados os seguintes tipos de internação psiquiátrica:

I – internação voluntária: aquela que se dá com o consentimento do usuário;

II – internação involuntária: aquela que se dá sem o consentimento do usuário e a pedido de terceiro; e

III – internação compulsória: aquela determinada pela Justiça.

Art. 7º A pessoa que solicita voluntariamente sua internação, ou que a consente, deve assinar, no momento da admissão, uma declaração de que optou por esse regime de tratamento.

Parágrafo único. O término da internação voluntária dar-se-á por solicitação escrita do paciente ou por determinação do médico assistente.

Art. 8º A internação voluntária ou involuntária somente será autorizada por médico devidamente registrado no Conselho Regional de Medicina – CRM do Estado onde se localize o estabelecimento.

§ 1º A internação psiquiátrica involuntária deverá, no prazo de setenta e duas horas, ser comunicada ao Ministério Público Estadual pelo responsável técnico do estabelecimento no qual tenha ocorrido, devendo esse mesmo procedimento ser adotado quando da respectiva alta.

§ 2º O término da internação involuntária dar-se-á por solicitação escrita do familiar, ou responsável legal, ou quando estabelecido pelo especialista responsável pelo tratamento.

Art. 9º A internação compulsória é determinada, de acordo com a legislação vigente, pelo juiz competente, que levará em conta as condições de segurança do estabelecimento, quanto à salvaguarda do paciente, dos demais internados e funcionários.

Art. 10. Evasão, transferência, acidente, intercorrência clínica grave e falecimento serão comunicados pela direção do estabelecimento de saúde mental aos familiares, ou ao representante legal do paciente, bem como à autoridade sanitária responsável, no prazo máximo de vinte e quatro horas da data da ocorrência.

Art. 11. Pesquisas científicas para fins diagnósticos ou terapêuticos não poderão ser realizadas sem o consentimento expresso do paciente, ou de seu representante legal, e sem a devida comunicação aos conselhos profissionais competentes e ao Conselho Nacional de Saúde.

Art. 12. O Conselho Nacional de Saúde, no âmbito de sua atuação, criará comissão nacional para acompanhar a implementação desta Lei.

Art. 13. Esta Lei entra em vigor na data de sua publicação.

Brasília, 6 de abril de 2001;
180º da Independência e
113º da República.
Fernando Henrique Cardoso

LEI Nº 10.257, DE 10 DE JULHO DE 2001

Regulamenta os arts. 182 e 183 da Constituição Federal, estabelece diretrizes gerais da política urbana e dá outras providências.

► Publicada no *DOU* de 11-7-2001 e retificada no *DOU* de 17-7-2001.

CAPÍTULO I
DIRETRIZES GERAIS

Art. 1º Na execução da política urbana, de que tratam os artigos 182 e 183 da Constituição Federal, será aplicado o previsto nesta Lei.

Parágrafo único. Para todos os efeitos, esta Lei, denominada Estatuto da Cidade, estabelece normas de ordem pública e interesse social que regulam o uso da propriedade urbana em prol do bem coletivo, da segurança e do bem-estar dos cidadãos, bem como do equilíbrio ambiental.

Art. 2º A política urbana tem por objetivo ordenar o pleno desenvolvimento das funções sociais da cidade e da propriedade urbana, mediante as seguintes diretrizes gerais:

I – garantia do direito a cidades sustentáveis, entendido como o direito à terra urbana, à moradia, ao saneamento ambiental, à infraestrutura urbana, ao transporte e aos serviços públicos, ao trabalho e ao lazer, para as presentes e futuras gerações;

II – gestão democrática por meio da participação da população e de associações representativas dos vários segmentos da comunidade na formulação, execução e acompanhamento de planos, programas e projetos de desenvolvimento urbano;

III – cooperação entre os governos, a iniciativa privada e os demais setores da sociedade no processo de urbanização, em atendimento ao interesse social;

IV – planejamento do desenvolvimento das cidades, da distribuição espacial da população e das atividades econômicas do Município e do território sob sua área de influência, de modo a evitar e corrigir as distorções do crescimento urbano e seus efeitos negativos sobre o meio ambiente;

V – oferta de equipamentos urbanos e comunitários, transporte e serviços públicos adequados aos interesses e necessidades da população e às características locais;

VI – ordenação e controle do uso do solo, de forma a evitar:

a) a utilização inadequada dos imóveis urbanos;

b) a proximidade de usos incompatíveis ou inconvenientes;

c) o parcelamento do solo, a edificação ou o uso excessivos ou inadequados em relação à infraestrutura urbana;

d) a instalação de empreendimentos ou atividades que possam funcionar como polos geradores de tráfego, sem a previsão da infraestrutura correspondente;

e) a retenção especulativa de imóvel urbano, que resulte na sua subutilização ou não utilização;

f) a deterioração das áreas urbanizadas;

g) a poluição e a degradação ambiental;

h) a exposição da população a riscos de desastres.

► Alínea *h* com a redação dada pela Lei nº 12.608, de 10-4-2012.

VII – integração e complementaridade entre as atividades urbanas e rurais, tendo em vista o desenvolvimento socioeconômico do Município e do território sob sua área de influência;

VIII – adoção de padrões de produção e consumo de bens e serviços e de expansão urbana compatíveis com os limites da sustentabilidade ambiental, social e econômica do Município e do território sob sua área de influência;

IX – justa distribuição dos benefícios e ônus decorrentes do processo de urbanização;

X – adequação dos instrumentos de política econômica, tributária e financeira e dos gastos públicos aos objetivos do desenvolvimento urbano, de modo a privilegiar os investimentos geradores de bem-estar geral e a fruição dos bens pelos diferentes segmentos sociais;

XI – recuperação dos investimentos do Poder Público de que tenha resultado a valorização de imóveis urbanos;

XII – proteção, preservação e recuperação do meio ambiente natural e construído, do patrimônio cultural, histórico, artístico, paisagístico e arqueológico;

XIII – audiência do Poder Público municipal e da população interessada nos processos de implantação de empreendimentos ou atividades com efeitos potencialmente negativos sobre o meio ambiente natural ou construído, o conforto ou a segurança da população;

XIV – regularização fundiária e urbanização de áreas ocupadas por população de baixa renda mediante o estabelecimento de normas especiais de urbanização, uso e ocupação do solo e edificação, consideradas a situação socioeconômica da população e as normas ambientais;

XV – simplificação da legislação de parcelamento, uso e ocupação do solo e das normas edilícias, com vistas a permitir a redução dos custos e o aumento da oferta dos lotes e unidades habitacionais;

XVI – isonomia de condições para os agentes públicos e privados na promoção de empreendimentos e atividades relativos ao processo de urbanização, atendido o interesse social;

XVII – estímulo à utilização, nos parcelamentos do solo e nas edificações urbanas, de sistemas operacionais, padrões construtivos e aportes tecnológicos que objetivem a redução de impactos ambientais e a economia de recursos naturais;

► Inciso XVII acrescido pela Lei nº 12.836, de 2-7-2013.

XVIII – tratamento prioritário às obras e edificações de infraestrutura de energia, telecomunicações, abastecimento de água e saneamento;

► Inciso XVIII acrescido pela Lei nº 13.116, de 20-4-2015.

XIX – garantia de condições condignas de acessibilidade, utilização e conforto nas dependências internas das edificações urbanas, inclusive nas destinadas à moradia e ao serviço dos trabalhadores domésticos, observados requisitos mínimos de dimensionamento, ventilação, iluminação, ergonomia, privacidade e qualidade dos materiais empregados.

► Inciso XIX acrescido pela Lei nº 13.699, de 2-8-2018.

Art. 3º Compete à União, entre outras atribuições de interesse da política urbana:

I – legislar sobre normas gerais de direito urbanístico;

II – legislar sobre normas para a cooperação entre a União, os Estados, o Distrito Federal e os Municípios em relação à política urbana, tendo em vista o equilíbrio do desenvolvimento e do bem-estar em âmbito nacional;

III – promover, por iniciativa própria e em conjunto com os Estados, o Distrito Federal e os Municípios, programas de construção de moradias e melhoria das condições habitacionais, de saneamento básico, das calçadas, dos passeios públicos, do mobiliário urbano e dos demais espaços de uso público;

IV – instituir diretrizes para desenvolvimento urbano, inclusive habitação, saneamento básico, transporte e mobilidade urbana, que incluam regras de acessibilidade aos locais de uso público;

► Incisos III e IV com a redação dada pela Lei nº 13.146, de 6-7-2015.

V – elaborar e executar planos nacionais e regionais de ordenação do território e de desenvolvimento econômico e social.

CAPÍTULO II
DOS INSTRUMENTOS DA POLÍTICA URBANA

Seção I
DOS INSTRUMENTOS EM GERAL

Art. 4º Para os fins desta Lei, serão utilizados, entre outros instrumentos:

I – planos nacionais, regionais e estaduais de ordenação do território e de desenvolvimento econômico e social;

II – planejamento das regiões metropolitanas, aglomerações urbanas e microrregiões;

III – planejamento municipal, em especial:

a) plano diretor;

b) disciplina do parcelamento, do uso e da ocupação do solo;

c) zoneamento ambiental;

d) plano plurianual;

e) diretrizes orçamentárias e orçamento anual;

f) gestão orçamentária participativa;

g) planos, programas e projetos setoriais;

h) planos de desenvolvimento econômico e social;

IV – institutos tributários e financeiros:

a) imposto sobre a propriedade predial e territorial urbana – IPTU;

b) contribuição de melhoria;

c) incentivos e benefícios fiscais e financeiros;

V – institutos jurídicos e políticos:

a) desapropriação;

b) servidão administrativa;

c) limitações administrativas;

d) tombamento de imóveis ou de mobiliário urbano;

e) instituição de unidades de conservação;

f) instituição de zonas especiais de interesse social;

g) concessão de direito real de uso;

h) concessão de uso especial para fins de moradia;

i) parcelamento, edificação ou utilização compulsórios;

j) usucapião especial de imóvel urbano;

l) direito de superfície;

m) direito de preempção;

n) outorga onerosa do direito de construir e de alteração de uso;

o) transferência do direito de construir;

p) operações urbanas consorciadas;

q) regularização fundiária;

r) assistência técnica e jurídica gratuita para as comunidades e grupos sociais menos favorecidos;

s) referendo popular e plebiscito;

t) demarcação urbanística para fins de regularização fundiária;

u) legitimação de posse.

► Alíneas *t* e *u* com a redação dada pela Lei nº 11.977, de 7-7-2009.

VI – estudo prévio de impacto ambiental (EIA) e estudo prévio de impacto de vizinhança (EIV).

§ 1º Os instrumentos mencionados neste artigo regem-se pela legislação que lhes é própria, observado o disposto nesta Lei.

§ 2º Nos casos de programas e projetos habitacionais de interesse social, desenvolvidos por órgãos ou entidades da Administração Pública com atuação específica nessa área, a concessão de direito real de uso de imóveis públicos poderá ser contratada coletivamente.

§ 3º Os instrumentos previstos neste artigo que demandam dispêndio de recursos por parte do Poder Público municipal devem ser objeto de controle social, garantida a participação de comunidades, movimentos e entidades da sociedade civil.

Seção II
DO PARCELAMENTO, EDIFICAÇÃO OU UTILIZAÇÃO COMPULSÓRIOS

Art. 5º Lei municipal específica para área incluída no plano diretor poderá determinar o parcelamento, a edificação ou a utilização compulsórios do solo urbano não edificado, subutilizado ou não utilizado, devendo fixar as condições e os prazos para implementação da referida obrigação.

§ 1º Considera-se subutilizado o imóvel:

I – cujo aproveitamento seja inferior ao mínimo definido no plano diretor ou em legislação dele decorrente;

II – VETADO.

§ 2º O proprietário será notificado pelo Poder Executivo municipal para o cumprimento da obrigação, devendo a notificação ser averbada no cartório de registro de imóveis.

§ 3º A notificação far-se-á:

I – por funcionário do órgão competente do Poder Público municipal, ao proprietário do imóvel ou, no caso de este ser pessoa jurídica, a quem tenha poderes de gerência geral ou administração;

II – por edital quando frustrada, por três vezes, a tentativa de notificação na forma prevista pelo inciso I.

§ 4º Os prazos a que se refere o *caput* não poderão ser inferiores a:

I – um ano, a partir da notificação, para que seja protocolado o projeto no órgão municipal competente;

II – dois anos, a partir da aprovação do projeto, para iniciar as obras do empreendimento.

§ 5º Em empreendimentos de grande porte, em caráter excepcional, a lei municipal específica a que se refere o *caput* poderá prever a conclusão em etapas, assegurando-se que o projeto aprovado compreenda o empreendimento como um todo.

Art. 6º A transmissão do imóvel, por ato *inter vivos* ou *causa mortis*, posterior à data da notificação, transfere as obrigações de parcelamento, edificação ou utilização previstas no artigo 5º desta Lei, sem interrupção de quaisquer prazos.

Seção III
DO IPTU PROGRESSIVO NO TEMPO

Art. 7º Em caso de descumprimento das condições e dos prazos previstos na forma do *caput* do artigo 5º desta Lei, ou não sendo cumpridas as etapas previstas no § 5º do artigo 5º desta Lei, o Município procederá à aplicação do imposto sobre a propriedade predial e territorial urbana (IPTU) progressivo no tempo, mediante a majoração da alíquota pelo prazo de cinco anos consecutivos.

§ 1º O valor da alíquota a ser aplicado a cada ano será fixado na lei específica a que se refere o *caput* do artigo 5º desta Lei e não excederá a duas vezes o valor referente ao ano anterior, respeitada a alíquota máxima de quinze por cento.

§ 2º Caso a obrigação de parcelar, edificar ou utilizar não esteja atendida em cinco anos, o Município manterá a cobrança pela alíquota máxima, até que se cumpra a referida obrigação, garantida a prerrogativa prevista no artigo 8º.

§ 3º É vedada a concessão de isenções ou de anistia relativas à tributação progressiva de que trata este artigo.

Seção IV
DA DESAPROPRIAÇÃO COM PAGAMENTO EM TÍTULOS

Art. 8º Decorridos cinco anos de cobrança do IPTU progressivo sem que o proprietário tenha cumprido a obrigação de parcelamento, edificação ou utilização, o Município poderá proceder à desapropriação do imóvel, com pagamento em títulos da dívida pública.

§ 1º Os títulos da dívida pública terão prévia aprovação pelo Senado Federal e serão resgatados no prazo de até dez anos, em prestações anuais, iguais e sucessivas, assegurados o valor real da indenização e os juros legais de seis por cento ao ano.

§ 2º O valor real da indenização:

I – refletirá o valor da base de cálculo do IPTU, descontado o montante incorporado em função de obras realizadas pelo Poder Público na área onde o mesmo se localiza após a notificação de que trata o § 2º do artigo 5º desta Lei;

II – não computará expectativas de ganhos, lucros cessantes e juros compensatórios.

§ 3º Os títulos de que trata este artigo não terão poder liberatório para pagamento de tributos.

§ 4º O Município procederá ao adequado aproveitamento do imóvel no prazo máximo de cinco anos, contado a partir da sua incorporação ao patrimônio público.

§ 5º O aproveitamento do imóvel poderá ser efetivado diretamente pelo Poder Público ou por meio de alienação ou concessão a terceiros, observando-se, nesses casos, o devido procedimento licitatório.

§ 6º Ficam mantidas para o adquirente de imóvel nos termos do § 5º as mesmas obrigações de parcelamento, edificação ou utilização previstas no artigo 5º desta Lei.

Seção V
DA USUCAPIÃO ESPECIAL DE IMÓVEL URBANO

Art. 9º Aquele que possuir como sua área ou edificação urbana de até duzentos e cinquenta metros quadrados, por cinco anos, ininterruptamente e sem oposição, utilizando-a para sua moradia ou de sua família, adquirir-lhe-á o domínio, desde que não seja proprietário de outro imóvel urbano ou rural.

§ 1º O título de domínio será conferido ao homem ou à mulher, ou a ambos, independentemente do estado civil.

§ 2º O direito de que trata este artigo não será reconhecido ao mesmo possuidor mais de uma vez.

§ 3º Para os efeitos deste artigo, o herdeiro legítimo continua, de pleno direito, a posse de seu antecessor, desde que já resida no imóvel por ocasião da abertura da sucessão.

Art. 10. Os núcleos urbanos informais existentes sem oposição há mais de cinco anos e cuja área total dividida pelo número de possuidores seja inferior a duzentos e cinquenta metros quadrados por possuidor são suscetíveis de serem usucapidos coletivamente, desde que os possuidores não sejam proprietários de outro imóvel urbano ou rural.

► *Caput* com a redação dada pela Lei nº 13.465, de 11-7-2017.

§ 1º O possuidor pode, para o fim de contar o prazo exigido por este artigo, acrescentar sua posse à de seu antecessor, contanto que ambas sejam contínuas.

§ 2º A usucapião especial coletiva de imóvel urbano será declarada pelo juiz, mediante sentença, a qual servirá de título para registro no cartório de registro de imóveis.

§ 3º Na sentença, o juiz atribuirá igual fração ideal de terreno a cada possuidor, independentemente da dimensão do terreno que cada um ocupe, salvo hipótese de acordo escrito entre os condôminos, estabelecendo frações ideais diferenciadas.

§ 4º O condomínio especial constituído é indivisível, não sendo passível de extinção, salvo deliberação favorável tomada por, no mínimo, dois terços dos condôminos, no caso de execução de urbanização posterior à constituição do condomínio.

§ 5º As deliberações relativas à administração do condomínio especial serão tomadas por maioria de votos dos condôminos presentes, obrigando também os demais, discordantes ou ausentes.

Art. 11. Na pendência da ação de usucapião especial urbana, ficarão sobrestadas quaisquer outras ações, petitórias ou possessórias, que venham a ser propostas relativamente ao imóvel usucapiendo.

Art. 12. São partes legítimas para a propositura da ação de usucapião especial urbana:

I – o possuidor, isoladamente ou em litisconsórcio originário ou superveniente;

II – os possuidores, em estado de composse;

III – como substituto processual, a associação de moradores da comunidade, regularmente constituída, com personalidade jurídica, desde que explicitamente autorizada pelos representados.

§ 1º Na ação de usucapião especial urbana é obrigatória a intervenção do Ministério Público.

§ 2º O autor terá os benefícios da justiça e da assistência judiciária gratuita, inclusive perante o cartório de registro de imóveis.

Art. 13. A usucapião especial de imóvel urbano poderá ser invocada como matéria de defesa, valendo a sentença que a reconhecer como título para registro no cartório de registro de imóveis.

Art. 14. Na ação judicial de usucapião especial de imóvel urbano, o rito processual a ser observado é o sumário.

Seção VI
DA CONCESSÃO DE USO ESPECIAL PARA FINS DE MORADIA

Arts. 15 a 20. VETADOS.

Seção VII
DO DIREITO DE SUPERFÍCIE

Art. 21. O proprietário urbano poderá conceder a outrem o direito de superfície do seu terreno, por tempo determinado ou indeterminado, mediante escritura pública registrada no cartório de registro de imóveis.

§ 1º O direito de superfície abrange o direito de utilizar o solo, o subsolo ou o espaço aéreo relativo ao terreno, na forma estabelecida no contrato respectivo, atendida a legislação urbanística.

§ 2º A concessão do direito de superfície poderá ser gratuita ou onerosa.

§ 3º O superficiário responderá integralmente pelos encargos e tributos que incidirem sobre a propriedade superficiária, arcando, ainda, proporcionalmente à sua parcela de ocupação efetiva, com os encargos e tributos sobre a área objeto da concessão do direito de superfície, salvo disposição em contrário do contrato respectivo.

§ 4º O direito de superfície pode ser transferido a terceiros, obedecidos os termos do contrato respectivo.

§ 5º Por morte do superficiário, os seus direitos transmitem-se a seus herdeiros.

Art. 22. Em caso de alienação do terreno, ou do direito de superfície, o superficiário e o proprietário, respectivamente, terão direito de preferência, em igualdade de condições à oferta de terceiros.

Art. 23. Extingue-se o direito de superfície:

I – pelo advento do termo;

II – pelo descumprimento das obrigações contratuais assumidas pelo superficiário.

Art. 24. Extinto o direito de superfície, o proprietário recuperará o pleno domínio do terreno, bem como das acessões e benfeitorias introduzidas no imóvel, independentemente de indenização, se as partes não houverem estipulado o contrário no respectivo contrato.

§ 1º Antes do termo final do contrato, extinguir-se-á o direito de superfície se o superficiário der ao terreno destinação diversa daquela para a qual for concedida.

§ 2º A extinção do direito de superfície será averbada no cartório de registro de imóveis.

Seção VIII

DO DIREITO DE PREEMPÇÃO

Art. 25. O direito de preempção confere ao Poder Público municipal preferência para aquisição de imóvel urbano objeto de alienação onerosa entre particulares.

§ 1º Lei municipal, baseada no plano diretor, delimitará as áreas em que incidirá o direito de preempção e fixará prazo de vigência, não superior a cinco anos, renovável a partir de um ano após o decurso do prazo inicial de vigência.

§ 2º O direito de preempção fica assegurado durante o prazo de vigência fixado na forma do § 1º, independentemente do número de alienações referentes ao mesmo imóvel.

Art. 26. O direito de preempção será exercido sempre que o Poder Público necessitar de áreas para:

I – regularização fundiária;

II – execução de programas e projetos habitacionais de interesse social;

III – constituição de reserva fundiária;

IV – ordenamento e direcionamento da expansão urbana;

V – implantação de equipamentos urbanos e comunitários;

VI – criação de espaços públicos de lazer e áreas verdes;

VII – criação de unidades de conservação ou proteção de outras áreas de interesse ambiental;

VIII – proteção de áreas de interesse histórico, cultural ou paisagístico;

IX – VETADO.

Parágrafo único. A lei municipal prevista no § 1º do artigo 25 desta Lei deverá enquadrar cada área em que incidirá o direito de preempção em uma ou mais das finalidades enumeradas por este artigo.

Art. 27. O proprietário deverá notificar sua intenção de alienar o imóvel, para que o Município, no prazo máximo de trinta dias, manifeste por escrito seu interesse em comprá-lo.

§ 1º À notificação mencionada no *caput* será anexada proposta de compra assinada por terceiro interessado na aquisição do imóvel, da qual constarão preço, condições de pagamento e prazo de validade.

§ 2º O Município fará publicar, em órgão oficial e em pelo menos um jornal local ou regional de grande circulação, edital de aviso da notificação recebida nos termos do *caput* e da intenção de aquisição do imóvel nas condições da proposta apresentada.

§ 3º Transcorrido o prazo mencionado no *caput* sem manifestação, fica o proprietário autorizado a realizar a alienação para terceiros, nas condições da proposta apresentada.

§ 4º Concretizada a venda a terceiro, o proprietário fica obrigado a apresentar ao Município, no prazo de trinta dias, cópia do instrumento público de alienação do imóvel.

§ 5º A alienação processada em condições diversas da proposta apresentada é nula de pleno direito.

§ 6º Ocorrida a hipótese prevista no § 5º o Município poderá adquirir o imóvel pelo valor da base de cálculo do IPTU ou pelo valor indicado na proposta apresentada, se este for inferior àquele.

Seção IX

DA OUTORGA ONEROSA DO DIREITO DE CONSTRUIR

Art. 28. O plano diretor poderá fixar áreas nas quais o direito de construir poderá ser exercido acima do coeficiente de aproveitamento básico adotado, mediante contrapartida a ser prestada pelo beneficiário.

§ 1º Para os efeitos desta Lei, coeficiente de aproveitamento é a relação entre a área edificável e a área do terreno.

§ 2º O plano diretor poderá fixar coeficiente de aproveitamento básico único para toda a zona urbana ou diferenciado para áreas específicas dentro da zona urbana.

§ 3º O plano diretor definirá os limites máximos a serem atingidos pelos coeficientes de aproveitamento, considerando a proporcionalidade entre a infraestrutura existente e o aumento de densidade esperado em cada área.

Art. 29. O plano diretor poderá fixar áreas nas quais poderá ser permitida alteração de uso do solo, mediante contrapartida a ser prestada pelo beneficiário.

Art. 30. Lei municipal específica estabelecerá as condições a serem observadas para a outorga onerosa do direito de construir e de alteração de uso, determinando:

I – a fórmula de cálculo para a cobrança;

II – os casos passíveis de isenção do pagamento da outorga;

III – a contrapartida do beneficiário.

Art. 31. Os recursos auferidos com a adoção da outorga onerosa do direito de construir e de alteração de uso serão aplicados com as finalidades previstas nos incisos I a IX do artigo 26 desta Lei.

Seção X

DAS OPERAÇÕES URBANAS CONSORCIADAS

Art. 32. Lei municipal específica, baseada no plano diretor, poderá delimitar área para aplicação de operações consorciadas.

§ 1º Considera-se operação urbana consorciada o conjunto de intervenções e medidas coordenadas pelo Poder Público municipal, com a participação dos proprietários, moradores, usuários permanentes e investidores privados, com o objetivo de alcançar em uma área transformações urbanísticas estruturais, melhorias sociais e a valorização ambiental.

§ 2º Poderão ser previstas nas operações urbanas consorciadas, entre outras medidas:

I – a modificação de índices e características de parcelamento, uso e ocupação do solo e subsolo, bem como alterações das normas edilícias, considerado o impacto ambiental delas decorrente;

II – a regularização de construções, reformas ou ampliações executadas em desacordo com a legislação vigente;

III – a concessão de incentivos a operações urbanas que utilizam tecnologias visando a redução de impactos ambientais, e que comprovem a utilização, nas construções e uso de edificações urbanas, de tecnologias que reduzam os impactos ambientais e economizem recursos naturais, especificadas as modalidades de *design* e de obras a serem contempladas.

► Inciso III acrescido pela Lei nº 12.836, de 2-7-2013.

Art. 33. Da lei específica que aprovar a operação urbana consorciada constará o plano de operação urbana consorciada, contendo, no mínimo:

I – definição da área a ser atingida;

II – programa básico de ocupação da área;

III – programa de atendimento econômico e social para a população diretamente afetada pela operação;

IV – finalidades da operação;

V – estudo prévio de impacto de vizinhança;

VI – contrapartida a ser exigida dos proprietários, usuários permanentes e investidores privados em função da utilização dos benefícios previstos nos incisos I, II e III do § 2º do art. 32 desta Lei;

► Inciso VI com a redação dada pela Lei nº 12.836, de 2-7-2013.

VII – forma de controle da operação, obrigatoriamente compartilhado com representação da sociedade civil;

VIII – natureza dos incentivos a serem concedidos aos proprietários, usuários permanentes e investidores privados, uma vez atendido o disposto no inciso III do § 2º do art. 32 desta Lei.

► Inciso VIII acrescido pela Lei nº 12.836, de 2-7-2013.

§ 1º Os recursos obtidos pelo Poder Público municipal na forma do inciso VI deste artigo serão aplicados exclusivamente na própria operação urbana consorciada.

§ 2º A partir da aprovação da lei específica de que trata o *caput*, são nulas as licenças e autorizações a cargo do Poder Público municipal expedidas em desacordo com o plano de operação urbana consorciada.

Art. 34. A lei específica que aprovar a operação urbana consorciada poderá prever a emissão pelo Município de quantidade determinada de certificados de potencial adicional de construção, que serão alienados em leilão ou utilizados diretamente no pagamento das obras necessárias à própria operação.

§ 1º Os certificados de potencial adicional de construção serão livremente negociados, mas conversíveis em direito de construir unicamente na área objeto da operação.

§ 2º Apresentado pedido de licença para construir, o certificado de potencial adicional será utilizado no pagamento da área de construção que supere os padrões estabelecidos pela legislação de uso e ocupação do solo, até o limite fixado pela lei específica que aprovar a operação urbana consorciada.

Art. 34-A. Nas regiões metropolitanas ou nas aglomerações urbanas instituídas por lei complementar estadual, poderão ser realizadas operações urbanas consorciadas interfederativas, aprovadas por leis estaduais específicas.

Parágrafo único. As disposições dos arts. 32 a 34 desta Lei aplicam-se às operações urbanas consorciadas interfederativas previstas no *caput* deste artigo, no que couber.

► Art. 34-A acrescido pela Lei nº 13.089, de 12-1-2015.

Seção XI
DA TRANSFERÊNCIA DO DIREITO DE CONSTRUIR

Art. 35. Lei municipal, baseada no plano diretor, poderá autorizar o proprietário de imóvel urbano, privado ou público, a exercer em outro local, ou alienar, mediante escritura pública, o direito de construir previsto no plano diretor ou em legislação urbanística dele decorrente, quando o referido imóvel for considerado necessário para fins de:

I – implantação de equipamentos urbanos e comunitários;

II – preservação, quando o imóvel for considerado de interesse histórico, ambiental, paisagístico, social ou cultural;

III – servir a programas de regularização fundiária, urbanização de áreas ocupadas por população de baixa renda e habitação de interesse social.

§ 1º A mesma faculdade poderá ser concedida ao proprietário que doar ao Poder Público seu imóvel, ou parte dele, para os fins previstos nos incisos I a III do *caput*.

§ 2º A lei municipal referida no *caput* estabelecerá as condições relativas à aplicação da transferência do direito de construir.

Seção XII
DO ESTUDO DE IMPACTO DE VIZINHANÇA

Art. 36. Lei municipal definirá os empreendimentos e atividades privados ou públicos em área urbana que dependerão de elaboração de estudo prévio de impacto de vizinhança (EIV) para obter as licenças ou autorizações de construção, ampliação ou funcionamento a cargo do Poder Público municipal.

Art. 37. O EIV será executado de forma a contemplar os efeitos positivos e negativos do empreendimento ou atividade quanto à qualidade de vida da população residente na área e suas proximidades, incluindo a análise, no mínimo, das seguintes questões:

I – adensamento populacional;

II – equipamentos urbanos e comunitários;

III – uso e ocupação do solo;

IV – valorização imobiliária;

V – geração de tráfego e demanda por transporte público;

VI – ventilação e iluminação;

VII – paisagem urbana e patrimônio natural e cultural.

Parágrafo único. Dar-se-á publicidade aos documentos integrantes do EIV, que ficarão disponíveis para consulta, no órgão competente do Poder Público municipal, por qualquer interessado.

Art. 38. A elaboração do EIV não substitui a elaboração e a aprovação de estudo prévio de impacto ambiental (EIA), requeridas nos termos da legislação ambiental.

CAPÍTULO III
DO PLANO DIRETOR

Art. 39. A propriedade urbana cumpre sua função social quando atende às exigências fundamentais de ordenação da cidade expressas no plano diretor, assegurando o atendimento das necessidades dos cidadãos quanto à qualidade de vida, à justiça social e ao desenvolvimento das atividades econômicas, respeitadas as diretrizes previstas no artigo 2º desta Lei.

Art. 40. O plano diretor, aprovado por lei municipal, é o instrumento básico da política de desenvolvimento e expansão urbana.

§ 1º O plano diretor é parte integrante do processo de planejamento municipal, devendo o plano plurianual, as diretrizes orçamentárias e o orçamento anual incorporar as diretrizes e as prioridades nele contidas.

§ 2º O plano diretor deverá englobar o território do Município como um todo.

§ 3º A lei que instituir o plano diretor deverá ser revista, pelo menos, a cada dez anos.

§ 4º No processo de elaboração do plano diretor e na fiscalização de sua implementação, os Poderes Legislativo e Executivo municipais garantirão:

I – a promoção de audiências públicas e debates com a participação da população e de associações representativas dos vários segmentos da comunidade;

II – a publicidade quanto aos documentos e informações produzidos;

III – o acesso de qualquer interessado aos documentos e informações produzidos.

§ 5º VETADO.

Art. 41. O plano diretor é obrigatório para cidades:

I – com mais de vinte mil habitantes;

II – integrantes de regiões metropolitanas e aglomerações urbanas;

III – onde o Poder Público municipal pretenda utilizar os instrumentos previstos no § 4º do artigo 182 da Constituição Federal;

IV – integrantes de áreas de especial interesse turístico;

V – inseridas na área de influência de empreendimentos ou atividades com significativo impacto ambiental de âmbito regional ou nacional;

VI – incluídas no cadastro nacional de Municípios com áreas suscetíveis à ocorrência de deslizamentos de grande impacto, inundações bruscas ou processos geológicos ou hidrológicos correlatos.

► Inciso VI acrescido pela Lei nº 12.608, de 10-4-2012.

§ 1º No caso da realização de empreendimentos ou atividades enquadrados no inciso V do *caput*, os recursos técnicos e financeiros para a elaboração do plano diretor estarão inseridos entre as medidas de compensação adotadas.

§ 2º No caso de cidades com mais de quinhentos mil habitantes, deverá ser elaborado um plano de transporte urbano integrado, compatível com o plano diretor ou nele inserido.

§ 3º As cidades de que trata o *caput* deste artigo devem elaborar plano de rotas acessíveis, compatível com o plano diretor no qual está inserido, que disponha sobre os passeios públicos a serem implantados ou reformados pelo poder público, com vistas a garantir acessibilidade da pessoa com deficiência ou com mobilidade reduzida a todas as rotas e vias existentes, inclusive as que concentrem os focos geradores de maior circulação de pedestres, como os órgãos públicos e os locais de prestação de serviços públicos e privados de saúde, educação, assistência social, esporte, cultura, correios e telégrafos, bancos, entre outros, sempre que possível de maneira integrada com os sistemas de transporte coletivo de passageiros.

► § 3º acrescido pela Lei nº 13.146, de 6-7-2015.

Art. 42. O plano diretor deverá conter no mínimo:

I – a delimitação das áreas urbanas onde poderá ser aplicado o parcelamento, edificação ou utilização compulsórios, considerando a existência de infraestrutura e de demanda para utilização, na forma do art. 5º desta Lei;

II – disposições requeridas pelos artigos 25, 28, 29, 32 e 35 desta Lei;

III – sistema de acompanhamento e controle.

Art. 42-A. Além do conteúdo previsto no art. 42, o plano diretor dos Municípios incluídos no cadastro nacional de municípios com áreas suscetíveis à ocorrência de deslizamentos de grande impacto, inundações bruscas ou processos geológicos ou hidrológicos correlatos deverá conter:

► *Caput* com a redação dada pela Lei nº 12.608, de 10-4-2012.

I – parâmetros de parcelamento, uso e ocupação do solo, de modo a promover a diversidade de usos e a contribuir para a geração de emprego e renda;

II – mapeamento contendo as áreas suscetíveis à ocorrência de deslizamentos de grande impacto, inundações bruscas ou processos geológicos ou hidrológicos correlatos;

III – planejamento de ações de intervenção preventiva e realocação de população de áreas de risco de desastre;

IV – medidas de drenagem urbana necessárias à prevenção e à mitigação de impactos de desastres; e

V – diretrizes para a regularização fundiária de assentamentos urbanos irregulares, se houver, observadas a Lei nº 11.977, de 7 de julho de 2009, e demais normas federais e estaduais pertinentes, e previsão de áreas para habitação de interesse social por meio da demarcação de zonas especiais de interesse social e de outros instrumentos de política urbana, onde o uso habitacional for permitido;

► Incisos I a V com redação dada pela Lei nº 12.608, de 10-4-2012.

VI – identificação e diretrizes para a preservação e ocupação das áreas verdes municipais, quando for o caso, com vistas à redução da impermeabilização das cidades.

► Inciso VI acrescido pela Lei nº 12.983, de 2-6-2014.

§ 1º A identificação e o mapeamento de áreas de risco levarão em conta as cartas geotécnicas.

§ 2º O conteúdo do plano diretor deverá ser compatível com as disposições insertas nos planos de recursos hídricos, formulados consoante a Lei nº 9.433, de 8 de janeiro de 1997.

§ 3º Os Municípios adequarão o plano diretor às disposições deste artigo, por ocasião de sua revisão, observados os prazos legais.

§ 4º Os Municípios enquadrados no inciso VI do art. 41 desta Lei e que não tenham plano diretor aprovado terão o prazo de 5 (cinco) anos para o seu encaminhamento para aprovação pela Câmara Municipal.

► §§ 1º a 4º com a redação dada pela Lei nº 12.608, de 10-4-2012.

Art. 42-B. Os Municípios que pretendam ampliar o seu perímetro urbano após a data de publicação desta Lei deverão elaborar projeto específico que contenha, no mínimo:

I – demarcação do novo perímetro urbano;

II – delimitação dos trechos com restrições à urbanização e dos trechos sujeitos a controle especial em função de ameaça de desastres naturais;

III – definição de diretrizes específicas e de áreas que serão utilizadas para infraestrutura, sistema viário, equipamentos e instalações públicas, urbanas e sociais;

IV – definição de parâmetros de parcelamento, uso e ocupação do solo, de modo a promover a diversidade de usos e contribuir para a geração de emprego e renda;

V – a previsão de áreas para habitação de interesse social por meio da demarcação de zonas especiais de interesse social e de outros instrumentos de política urbana, quando o uso habitacional for permitido;

VI – definição de diretrizes e instrumentos específicos para proteção ambiental e do patrimônio histórico e cultural; e

VII – definição de mecanismos para garantir a justa distribuição dos ônus e benefícios decorrentes do processo de urbanização do território de expansão urbana e a recuperação para a coletividade da valorização imobiliária resultante da ação do poder público.

§ 1º O projeto específico de que trata o *caput* deste artigo deverá ser instituído por lei municipal e atender às diretrizes do plano diretor, quando houver.

§ 2º Quando o plano diretor contemplar as exigências estabelecidas no *caput*, o Município ficará dispensado da elaboração do projeto específico de que trata o *caput* deste artigo.

§ 3º A aprovação de projetos de parcelamento do solo no novo perímetro urbano ficará condicionada à existência do projeto específico e deverá obedecer às suas disposições.

► Art. 42-B acrescido pela Lei nº 12.608, de 10-4-2012.

CAPÍTULO IV
DA GESTÃO DEMOCRÁTICA DA CIDADE

Art. 43. Para garantir a gestão democrática da cidade, deverão ser utilizados, entre outros, os seguintes instrumentos:

I – órgãos colegiados de política urbana, nos níveis nacional, estadual e municipal;

II – debates, audiências e consultas públicas;

III – conferências sobre assuntos de interesse urbano, nos níveis nacional, estadual e municipal;

IV – iniciativa popular de projeto de lei e de planos, programas e projetos de desenvolvimento urbano;

V – VETADO.

Art. 44. No âmbito municipal, a gestão orçamentária participativa de que trata a alínea *f* do inciso III do artigo 4º desta Lei incluirá a realização de debates, audiências e consultas públicas sobre as propostas do plano plurianual, da lei de diretrizes orçamentárias e do orçamento anual, como condição obrigatória para sua aprovação pela Câmara Municipal.

Art. 45. Os organismos gestores das regiões metropolitanas e aglomerações urbanas incluirão obrigatória e significativa participação da população e de associações representativas dos vários segmentos da comunidade, de modo a garantir o controle direto de suas atividades e o pleno exercício da cidadania.

CAPÍTULO V
DISPOSIÇÕES GERAIS

Art. 46. O poder público municipal poderá facultar ao proprietário da área atingida pela obrigação de que trata o *caput* do art. 5º desta Lei, ou objeto de regularização fundiária urbana para fins de regularização fundiária, o estabelecimento de consórcio imobiliário como forma de viabilização financeira do aproveitamento do imóvel.

§ 1º Considera-se consórcio imobiliário a forma de viabilização de planos de urbanização, de regularização fundiária ou de reforma, conservação ou construção de edificação por meio da qual o proprietário transfere ao poder público municipal seu imóvel e, após a realização das obras, recebe, como pagamento, unidades imobiliárias devidamente urbanizadas ou edificadas, ficando as demais unidades incorporadas ao patrimônio público.

§ 2º O valor das unidades imobiliárias a serem entregues ao proprietário será correspondente ao valor do imóvel antes da execução das obras.

§ 3º A instauração do consórcio imobiliário por proprietários que tenham dado causa à formação de núcleos urbanos informais, ou por seus sucessores, não os eximirá das responsabilidades administrativa, civil ou criminal.

► Art. 46 com a redação dada pela Lei nº 13.465, de 11-7-2017.

Art. 47. Os tributos sobre imóveis urbanos, assim como as tarifas relativas a serviços públicos urbanos, serão diferenciados em função do interesse social.

Art. 48. Nos casos de programas e projetos habitacionais de interesse social, desenvolvidos por órgãos ou entidades da Administração Pública com atuação específica nessa área, os contratos de concessão de direito real de uso de imóveis públicos:

I – terão, para todos os fins de direito, caráter de escritura pública, não se aplicando o disposto no inciso II do artigo 134 do Código Civil;

► Refere-se ao CC/1916. Art. 108 do CC.

II – constituirão título de aceitação obrigatória em garantia de contratos de financiamentos habitacionais.

Art. 49. Os Estados e Municípios terão o prazo de noventa dias, a partir da entrada em vigor desta Lei, para fixar prazos, por lei, para a expedição de diretrizes de empreendimentos urbanísticos, aprovação de projetos de parcelamento e de edificação, realização de vistorias e expedição de termo de verificação e conclusão de obras.

Parágrafo único. Não sendo cumprida a determinação do *caput*, fica estabelecido o prazo de sessenta dias para a realização de cada um dos referidos atos administrativos, que valerá até que os Estados e Municípios disponham em lei de forma diversa.

Art. 50. Os Municípios que estejam enquadrados na obrigação prevista nos incisos I e II do *caput* do art. 41 desta Lei e que não tenham plano diretor aprovado na data de entrada em vigor desta Lei deverão aprová-lo até 30 de junho de 2008.

► Artigo com a redação dada pela Lei nº 11.673, de 8-5-2008.

Art. 51. Para os efeitos desta Lei, aplicam-se ao Distrito Federal e ao Governador do Distrito Federal as disposições relativas, respectivamente, a Município e a Prefeito.

Art. 52. Sem prejuízo da punição de outros agentes públicos envolvidos e da aplicação de outras sanções cabíveis, o Prefeito incorre em improbidade administrativa, nos termos da Lei nº 8.429, de 2 de junho de 1992, quando:

I – VETADO;

II – deixar de proceder, no prazo de cinco anos, o adequado aproveitamento do imóvel incorporado ao patrimônio público, conforme o disposto no § 4º do artigo 8º desta Lei;

III – utilizar áreas obtidas por meio do direito de preempção em desacordo com o disposto no artigo 26 desta Lei;

IV – aplicar os recursos auferidos com a outorga onerosa do direito de construir e de alteração de uso em desacordo com o previsto no artigo 31 desta Lei;

V – aplicar os recursos auferidos com operações consorciadas em desacordo com o previsto no § 1º do artigo 33 desta Lei;

VI – impedir ou deixar de garantir os requisitos contidos nos incisos I a III do § 4º do artigo 40 desta Lei;

VII – deixar de tomar as providências necessárias para garantir a observância do disposto no § 3º do artigo 40 e no artigo 50 desta Lei;

VIII – adquirir imóvel objeto de direito de preempção, nos termos dos artigos 25 a 27 desta Lei, pelo valor da proposta apresentada, se este for, comprovadamente, superior ao de mercado.

Art. 53. *Revogado*. MP nº 2.180-35, de 24-8-2001.

Art. 54. O artigo 4º da Lei nº 7.347, de 1985, passa a vigorar com a seguinte redação:

► Alteração inserida no texto da referida Lei.

Art. 55. O artigo 167, inciso I, item 28, da Lei nº 6.015, de 31 de dezembro de 1973, alterado pela Lei nº 6.216, de 30 de junho de 1975, passa a vigorar com a seguinte redação:

► Alteração inserida no texto da referida Lei.

Art. 56. O artigo 167, inciso I, da Lei nº 6.015, de 1973, passa a vigorar acrescido dos seguintes itens 37, 38 e 39:

► Alterações inseridas no texto da referida Lei.

Art. 57. O artigo 167, inciso II, da Lei nº 6.015, de 1973, passa a vigorar acrescido dos seguintes itens 18, 19 e 20:

► Alterações inseridas no texto da referida Lei.

Art. 58. Esta Lei entra em vigor após decorridos noventa dias de sua publicação.

Brasília, 10 de julho de 2001;
180º da Independência e
113º da República.
Fernando Henrique Cardoso

LEI Nº 10.259, DE 12 DE JULHO DE 2001

Dispõe sobre a instituição dos Juizados Especiais Cíveis e Criminais no âmbito da Justiça Federal.

► Publicada no *DOU* de 13-7-2001.

Art. 1º São instituídos os Juizados Especiais Cíveis e Criminais da Justiça Federal, aos quais se aplica, no que não conflitar com esta Lei, o disposto na Lei nº 9.099, de 26 de setembro de 1995.

Art. 2º Compete ao Juizado Especial Federal Criminal processar e julgar os feitos de competência da Justiça Federal relativos às infrações de menor potencial ofensivo, respeitadas as regras de conexão e continência.

Parágrafo único. Na reunião de processos, perante o juízo comum ou tribunal do júri, decorrente da aplicação das regras de conexão e continência, observar-se-ão os institutos da transação penal e da composição dos danos civis.

Art. 3º Compete ao Juizado Especial Federal Cível processar, conciliar e julgar causas de competência da Justiça Federal até o valor de sessenta salários mínimos, bem como executar as suas sentenças.

§ 1º Não se incluem na competência do Juizado Especial Cível as causas:

I – referidas no artigo 109, incisos II, III e XI, da Constituição Federal, as ações de mandado de segurança, de desapropriação, de divisão e demarcação, populares, execuções fiscais e por improbidade administrativa e as demandas sobre direitos ou interesses difusos, coletivos ou individuais homogêneos;

II – sobre bens imóveis da União, autarquias e fundações públicas federais;

III – para a anulação ou cancelamento de ato administrativo federal, salvo o de natureza previdenciária e o de lançamento fiscal;

IV – que tenham como objeto a impugnação da pena de demissão imposta a servidores públicos civis ou de sanções disciplinares aplicadas a militares.

§ 2º Quando a pretensão versar sobre obrigações vincendas, para fins de competência do Juizado Especial, a soma de doze parcelas não poderá exceder o valor referido no artigo 3º, *caput*.

§ 3º No foro onde estiver instalada Vara do Juizado Especial, a sua competência é absoluta.

Art. 4º O Juiz poderá, de ofício ou a requerimento das partes, deferir medidas cautelares no curso do processo, para evitar dano de difícil reparação.

Art. 5º Exceto nos casos do artigo 4º, somente será admitido recurso de sentença definitiva.

Art. 6º Podem ser partes no Juizado Especial Federal Cível:

I – como autores, as pessoas físicas e as microempresas e empresas de pequeno porte, assim definidas na Lei nº 9.317, de 5 de dezembro de 1996;

II – como rés, a União, autarquias, fundações e empresas públicas federais.

Art. 7º As citações e intimações da União serão feitas na forma prevista nos artigos 35 a 38 da Lei Complementar nº 73, de 10 de fevereiro de 1993.

Parágrafo único. A citação das autarquias, fundações e empresas públicas será feita na pessoa do representante máximo da entidade, no local onde proposta a causa, quando ali instalado seu escritório ou representação; se não, na sede da entidade.

Art. 8º As partes serão intimadas da sentença, quando não proferida esta na audiência em que estiver presente seu representante, por ARMP (aviso de recebimento em mão própria).

§ 1º As demais intimações das partes serão feitas na pessoa dos advogados ou dos Procuradores que oficiem nos respectivos autos, pessoalmente ou por via postal.

§ 2º Os tribunais poderão organizar serviço de intimação das partes e de recepção de petições por meio eletrônico.

Art. 9º Não haverá prazo diferenciado para a prática de qualquer ato processual pelas pessoas jurídicas de direito público, inclusive a interposição de recursos, devendo a citação para audiência de conciliação ser efetuada com antecedência mínima de trinta dias.

Art. 10. As partes poderão designar, por escrito, representantes para a causa, advogado ou não.

► O STF, por maioria de votos, julgou parcialmente procedente a ADIN nº 3.168-6, para dar interpretação conforme a CF a este artigo, no sentido de excluir os feitos criminais, respeitado o teto estabelecido no art. 3º desta Lei, e sem prejuízo da aplicação subsidiária integral dos parágrafos do art. 9º da Lei nº 9.099, de 26-9-1995 – Lei dos Juizados Especiais (*DOU* de 17-8-2007).

Parágrafo único. Os representantes judiciais da União, autarquias, fundações e empresas públicas federais, bem como os indicados na forma do *caput*, ficam autorizados a conciliar, transigir ou desistir, nos processos da competência dos Juizados Especiais Federais.

Art. 11. A entidade pública ré deverá fornecer ao Juizado a documentação de que disponha para o esclarecimento da causa, apresentando-a até a instalação da audiência de conciliação.

Parágrafo único. Para a audiência de composição dos danos resultantes de ilícito criminal (artigos 71, 72 e 74 da Lei nº 9.099, de 26 de setembro de 1995), o representante da entidade que comparecer terá poderes para acordar, desistir ou transigir, na forma do artigo 10.

Art. 12. Para efetuar o exame técnico necessário à conciliação ou ao julgamento da causa, o Juiz nomeará pessoa habilitada, que apresentará o laudo até cinco dias antes da audiência, independentemente de intimação das partes.

§ 1º Os honorários do técnico serão antecipados à conta de verba orçamentária do respectivo Tribunal e, quando vencida na causa a entidade pública, seu valor será incluído na ordem de pagamento a ser feita em favor do Tribunal.

§ 2º Nas ações previdenciárias e relativas à assistência social, havendo designação de exame, serão as partes intimadas para, em dez dias, apresentar quesitos e indicar assistentes.

Art. 13. Nas causas de que trata esta Lei, não haverá reexame necessário.

Art. 14. Caberá pedido de uniformização de interpretação de lei federal quando houver divergência entre decisões sobre questões de direito material proferidas por Turmas Recursais na interpretação da lei.

§ 1º O pedido fundado em divergência entre Turmas da mesma Região será julgado em reunião conjunta das Turmas em conflito, sob a presidência do Juiz Coordenador.

§ 2º O pedido fundado em divergência entre decisões de turmas de diferentes regiões ou da proferida em contrariedade a súmula ou jurisprudência dominante do STJ será julgado por Turma de Uniformização, integrada por juízes de Turmas Recursais, sob a presidência do Coordenador da Justiça Federal.

§ 3º A reunião de juízes domiciliados em cidades diversas será feita pela via eletrônica.

§ 4º Quando a orientação acolhida pela Turma de Uniformização, em questões de direito material, contrariar súmula ou jurisprudência dominante no Superior Tribunal de Justiça – STJ, a parte interessada poderá provocar a manifestação deste, que dirimirá a divergência.

§ 5º No caso do § 4º, presente a plausibilidade do direito invocado e havendo fundado receio de dano de difícil reparação, poderá o relator conceder, de ofício ou a requerimento do interessado, medida liminar determinando a suspensão dos processos nos quais a controvérsia esteja estabelecida.

§ 6º Eventuais pedidos de uniformização idênticos, recebidos subsequentemente em quaisquer Turmas Recursais, ficarão retidos nos autos, aguardando-se pronunciamento do Superior Tribunal de Justiça.

§ 7º Se necessário, o relator pedirá informações ao Presidente da Turma Recursal ou Coordenador da Turma de Uniformização e ouvirá o Ministério Público, no prazo de cinco dias. Eventuais interessados, ainda que não sejam partes no processo, poderão se manifestar, no prazo de trinta dias.

§ 8º Decorridos os prazos referidos no § 7º, o relator incluirá o pedido em pauta na Seção, com preferência sobre todos os demais feitos, ressalvados os processos com réus presos, os *habeas corpus* e os mandados de segurança.

§ 9º Publicado o acórdão respectivo, os pedidos retidos referidos no § 6º serão apreciados pelas Turmas Recursais, que poderão exercer juízo de retratação ou declará-los prejudicados, se veicularem tese não acolhida pelo Superior Tribunal de Justiça.

§ 10. Os Tribunais Regionais, o Superior Tribunal de Justiça e o Supremo Tribunal Federal, no âmbito de suas competências, expedirão normas regulamentando a composição dos órgãos e os procedimentos a serem adotados para o processamento e o julgamento do pedido de uniformização e do recurso extraordinário.

Art. 15. O recurso extraordinário, para os efeitos desta Lei, será processado e julgado segundo o estabelecido nos §§ 4º a 9º do artigo 14, além da observância das normas do Regimento.

Art. 16. O cumprimento do acordo ou da sentença, com trânsito em julgado, que imponham obrigação de fazer, não fazer ou entrega de coisa certa, será efetuado mediante ofício do Juiz à autoridade citada para a causa, com cópia da sentença ou do acordo.

Art. 17. Tratando-se de obrigação de pagar quantia certa, após o trânsito em julgado da decisão, o pagamento será efetuado no prazo de sessenta dias, contados da entrega da requisição, por ordem do Juiz, à autoridade citada para a causa, na agência mais próxima da Caixa Econômica Federal ou do Banco do Brasil, independentemente de precatório.

§ 1º Para os efeitos do § 3º do artigo 100 da Constituição Federal, as obrigações ali definidas como de pequeno valor, a serem pagas independentemente de precatório, terão como limite o mesmo valor estabelecido nesta Lei para a competência do Juizado Especial Federal Cível (artigo 3º, *caput*).

§ 2º Desatendida a requisição judicial, o Juiz determinará o sequestro do numerário suficiente ao cumprimento da decisão.

§ 3º São vedados o fracionamento, repartição ou quebra do valor da execução, de modo que o pagamento se faça, em parte, na forma estabelecida no § 1º deste artigo, e, em parte, mediante expedição do precatório, e a expedição de precatório complementar ou suplementar do valor pago.

§ 4º Se o valor da execução ultrapassar o estabelecido no § 1º, o pagamento far-se-á, sempre, por meio do precatório, sendo facultado à parte exequente a renúncia ao crédito do valor excedente, para que possa optar pelo pagamento do saldo sem o precatório, da forma lá prevista.

Art. 18. Os Juizados Especiais serão instalados por decisão do Tribunal Regional Federal. O Juiz presidente do Juizado designará os conciliadores pelo período de dois anos, admitida a recondução. O exercício dessas funções será gratuito, assegurados os direitos e prerrogativas do jurado (artigo 437 do Código de Processo Penal).

Parágrafo único. Serão instalados Juizados Especiais Adjuntos nas localidades cujo movimento forense não justifique a existência de Juizado Especial, cabendo ao Tribunal designar a Vara onde funcionará.

Art. 19. No prazo de seis meses, a contar da publicação desta Lei, deverão ser instalados os Juizados Especiais nas capitais dos Estados e no Distrito Federal.

Parágrafo único. Na capital dos Estados, no Distrito Federal e em outras cidades onde for necessário, neste último caso, por decisão do Tribunal Regional Federal, serão instalados Juizados com competência exclusiva para ações previdenciárias.

Art. 20. Onde não houver Vara Federal, a causa poderá ser proposta no Juizado Especial Federal mais próximo do foro definido no artigo 4º da Lei nº 9.099, de 26 de setembro de 1995, vedada a aplicação desta Lei no juízo estadual.

Art. 21. As Turmas Recursais serão instituídas por decisão do Tribunal Regional Federal, que definirá sua composição e área de competência, podendo abranger mais de uma seção.

§§ 1º e 2º *Revogados.* Lei nº 12.665, de 13-6-2012.

Art. 22. Os Juizados Especiais serão coordenados por Juiz do respectivo Tribunal Regional, escolhido por seus pares, com mandato de dois anos.

Parágrafo único. O Juiz Federal, quando o exigirem as circunstâncias, poderá determinar o funcionamento do Juizado Especial em caráter itinerante, mediante autorização prévia do Tribunal Regional Federal, com antecedência de dez dias.

Art. 23. O Conselho da Justiça Federal poderá limitar, por até três anos, contados a partir da publicação desta Lei, a competência dos Juizados Especiais Cíveis, atendendo à necessidade da organização dos serviços judiciários ou administrativos.

Art. 24. O Centro de Estudos Judiciários do Conselho da Justiça Federal e as Escolas de Magistratura dos Tribunais Regionais Federais criarão programas de informática necessários para subsidiar a instrução das causas submetidas aos Juizados e promoverão cursos de aperfeiçoamento destinados aos seus magistrados e servidores.

Art. 25. Não serão remetidas aos Juizados Especiais as demandas ajuizadas até a data de sua instalação.

Art. 26. Competirá aos Tribunais Regionais Federais prestar o suporte administrativo necessário ao funcionamento dos Juizados Especiais.

Art. 27. Esta Lei entra em vigor seis meses após a data de sua publicação.

Brasília, 12 de julho de 2001;
180º da Independência e
113º da República.
Fernando Henrique Cardoso

MEDIDA PROVISÓRIA Nº 2.172-32, DE 23 DE AGOSTO DE 2001

Estabelece a nulidade das disposições contratuais que menciona e inverte, nas hipóteses que prevê, o ônus da prova nas ações intentadas para sua declaração.

► Publicada no *DOU* de 24-8-2001.

Art. 1º São nulas de pleno direito as estipulações usurárias, assim consideradas as que estabeleçam:

I – nos contratos civis de mútuo, taxas de juros superiores às legalmente permitidas, caso em que deverá o juiz, se requerido, ajustá-las à medida legal ou, na hipótese de já terem sido cumpridas, ordenar a restituição, em dobro, da quantia paga em excesso, com juros legais a contar da data do pagamento indevido;

II – nos negócios jurídicos não disciplinados pelas legislações comercial e de defesa do consumidor, lucros ou vantagens patrimoniais excessivos, estipulados em situação de vulnerabilidade da parte, caso em que deverá o juiz, se requerido, restabelecer o equilíbrio da relação contratual, ajustando-os ao valor corrente, ou, na hipótese de cumprimento da obrigação, ordenar a restituição, em dobro, da quantia recebida em excesso, com juros legais a contar da data do pagamento indevido.

Parágrafo único. Para a configuração do lucro ou vantagem excessivos, considerar-se-ão a vontade das partes, as circunstâncias da celebração do contrato, o seu conteúdo e natureza, a origem das correspondentes obrigações, as práticas de mercado e as taxas de juros legalmente permitidas.

Art. 2º São igualmente nulas de pleno direito as disposições contratuais que, com o pretexto de conferir ou transmitir direitos, são celebradas para garantir, direta ou indiretamente, contratos civis de mútuo com estipulações usurárias.

Art. 3º Nas ações que visem à declaração de nulidade de estipulações com amparo no disposto nesta Medida Provisória, incumbirá ao credor ou beneficiário do negócio o ônus de provar a regularidade jurídica das correspondentes obrigações, sempre que demonstrada pelo prejudicado, ou pelas circunstâncias do caso, a verossimilhança da alegação.

Art. 4º As disposições desta Medida Provisória não se aplicam:

I – às instituições financeiras e demais instituições autorizadas a funcionar pelo Banco Central do Brasil, bem como às operações realizadas nos mercados financeiro, de capitais e de valores mobiliários, que continuam regidas pelas normas legais e regulamentares que lhes são aplicáveis;

II – às sociedades de crédito que tenham por objeto social exclusivo a concessão de financiamentos ao microempreendedor;

III – às organizações da sociedade civil de interesse público de que trata a Lei nº 9.790, de 23 de março de 1999, devidamente registradas no Ministério da Justiça, que se dedicam a sistemas alternativos de crédito e não têm qualquer tipo de vinculação com o Sistema Financeiro Nacional.

Parágrafo único. Poderão também ser excluídas das disposições desta Medida Provisória, mediante deliberação do Conselho Monetário Nacional, outras modalidades de operações e negócios de natureza subsidiária, complementar ou acessória das atividades exercidas no âmbito dos mercados financeiro, de capitais e de valores mobiliários.

Art. 5º Ficam convalidados os atos praticados com base na Medida Provisória nº 2.172-31, de 26 de julho de 2001.

Art. 6º Esta Medida Provisória entra em vigor na data de sua publicação.

Art. 7º Fica revogado o § 3º do artigo 4º da Lei nº 1.521, de 26 de dezembro de 1951.

Brasília, 23 de agosto de 2001;
180º da Independência e
113º da República.
Fernando Henrique Cardoso

DECRETO Nº 4.250, DE 27 DE MAIO DE 2002

Regulamenta a representação judicial da União, autarquias, fundações e empresas públicas federais perante os Juizados Especiais Federais, instituídos pela Lei nº 10.259, de 12 de julho de 2001.

► Publicado no *DOU* de 28-5-2002.

Art. 1º Nas causas de competência dos Juizados Especiais Federais, a União será representada pelas Procuradorias da União e, nas causas previstas no inciso V e parágrafo único do art. 12 da Lei Complementar nº 73, de 10 de fevereiro de 1993, pelas Procuradorias da Fazenda Nacional, e as autarquias, fundações e empresas públicas federais, pelas respectivas procuradorias e departamentos jurídicos, ressalvada a representação extraordinária prevista nos arts. 11-A e 11-B da Lei nº 9.028, de 12 de abril de 1995.

§ 1º O Procurador-Geral da União, o Procurador-Geral da Fazenda Nacional, os Procuradores-Gerais, os Chefes de procuradorias ou de departamentos jurídicos de autarquias e fundações federais e os dirigentes das empresas públicas poderão designar servidores não integrantes de carreiras jurídicas, que tenham completo conhecimento do caso, como auxiliares da representação das respectivas entidades, na forma do art. 10 da Lei nº 10.259, de 12 de julho de 2001.

§ 2º O ato de designação deverá conter, quando pertinentes, poderes expressos para conciliar, transigir e desistir, inclusive de recurso, se interposto.

Art. 2º Compete ao Advogado-Geral da União expedir instruções referentes à atuação da Advocacia-Geral da União e dos órgãos jurídicos das autarquias e fundações nas causas de competência dos Juizados Especiais Federais, bem como fixar as diretrizes básicas para conciliação, transação, desistência do pedido e do recurso, se interposto.

§ 1º Respeitadas as instruções e diretrizes fixadas pelo Advogado-Geral da União, os Procuradores-Gerais da União, da Fazenda Nacional e do Instituto Nacional do Seguro Social poderão expedir instruções específicas para as respectivas procuradorias.

§ 2º As empresas públicas da União observarão as instruções e diretrizes fixadas pelo Advogado-Geral da União para atuação nos Juizados Especiais Federais, podendo propor a este normas específicas e adaptadas a seus estatutos e à sua natureza jurídica.

Art. 3º Os Ministérios, autarquias e fundações federais deverão prestar todo o suporte técnico e administrativo necessário à atuação da Advocacia-Geral da União, e de seus órgãos vinculados, na defesa judicial das ações de competência dos Juizados Especiais Federais.

Art. 4º O Advogado-Geral da União poderá requisitar servidores da Administração Pública Federal para examinar e emitir pareceres técnicos e participar das respectivas audiências nos processos em trâmite nos Juizados Especiais Federais.

Parágrafo único. O Procurador-Geral da União, o Procurador-Geral da Fazenda Nacional, no âmbito do Ministério da Fazenda, os Procuradores-Gerais, os Chefes de procuradorias ou de departamentos jurídicos, no âmbito das respectivas autarquias e fundações, e os dirigentes das empresas públicas poderão designar servidores para exercer as atividades previstas no *caput*, conforme dispuser ato editado pelo titular do Ministério ou entidade envolvida.

Art. 5º Aplica-se o disposto no art. 4º da Lei nº 9.028, de 1995, às solicitações das procuradorias e departamentos jurídicos das autarquias e fundações, inclusive às destinadas a fornecer informações técnicas nos processos em trâmite nos Juizados Especiais Federais.

Parágrafo único. O órgão da Administração Pública Federal que receber pedido de subsídios para a defesa da União, de suas autarquias ou fundações, nos termos do art. 4º da Lei nº 9.028, de 1995, além de atendê-lo no prazo assinalado:

I – verificando a plausibilidade da pretensão deduzida em juízo e a possibilidade de solução administrativa, converterá o pedido em processo administrativo, nos termos do art. 5º da Lei nº 9.784, de 29 de janeiro de 1999, para exame no prazo improrrogável de trinta dias;

II – comunicará ao órgão solicitante a providência adotada no inciso I; e

III – providenciará a verificação da existência de requerimentos administrativos semelhantes, com a finalidade de dar tratamento isonômico.

Art. 6º O Procurador-Geral da União, o Procurador-Geral da Fazenda Nacional, os Procuradores-Gerais, os Chefes de procuradorias ou de departamentos jurídicos de autarquias e fundações e os dirigentes das empresas públicas poderão delegar as competências previstas no § 1º do art. 1º e do parágrafo único do art. 4º, vedada a subdelegação.

Art. 7º O Ministério da Fazenda, o Ministério da Previdência e Assistência Social, o Ministério do Planejamento, Orçamento e Gestão e a Advocacia-Geral da União poderão manter núcleos de atendimento junto aos Juizados Especiais Federais para prestar informações aos órgãos do Poder Judiciário, quando solicitados por estes.

Art. 8º A Procuradoria-Geral da União, a Procuradoria-Geral da Fazenda Nacional e as procuradorias ou departamentos jurídicos de autarquias e fundações federais poderão organizar jornada de trabalho compensatória para atender aos processos em trâmite nos Juizados Especiais Federais.

Art. 9º A Advocacia-Geral da União promoverá cursos especiais destinados à capacitação e ao treinamento de servidores designados para atuar nos Juizados Especiais Federais.

Parágrafo único. Os órgãos da Administração Pública Federal fornecerão pessoal para ministrar os cursos previstos no *caput*, prestando o apoio necessário à sua realização.

Art. 10. Este Decreto entra em vigor na data de sua publicação.

Brasília, 27 de maio de 2002;
181º da Independência e
114º da República.

Fernando Henrique Cardoso

LEI Nº 10.741, DE 1º DE OUTUBRO DE 2003

Dispõe sobre o Estatuto do Idoso e dá outras providências.

► Publicada no *DOU* de 3-10-2003.

TÍTULO I – DISPOSIÇÕES PRELIMINARES

Art. 1º É instituído o Estatuto do Idoso, destinado a regular os direitos assegurados às pessoas com idade igual ou superior a 60 (sessenta) anos.

Art. 2º O idoso goza de todos os direitos fundamentais inerentes à pessoa humana, sem prejuízo da proteção integral de que trata esta Lei, assegurando-se-lhe, por lei ou por outros meios, todas as oportunidades e facilidades, para preservação de sua saúde física e mental e seu aperfeiçoamento moral, intelectual, espiritual e social, em condições de liberdade e dignidade.

Art. 3º É obrigação da família, da comunidade, da sociedade e do Poder Público assegurar ao idoso, com absoluta prioridade, a efetivação do direito à vida, à saúde, à alimentação, à educação, à cultura, ao esporte, ao lazer, ao trabalho, à cidadania, à liberdade, à dignidade, ao respeito e à convivência familiar e comunitária.

§ 1º A garantia de prioridade compreende:

► Parágrafo único renumerado para § 1º pela Lei nº 13.466, de 12-7-2017.

I – atendimento preferencial imediato e individualizado junto aos órgãos públicos e privados prestadores de serviços à população;

II – preferência na formulação e na execução de políticas sociais públicas específicas;

III – destinação privilegiada de recursos públicos nas áreas relacionadas com a proteção ao idoso;

IV – viabilização de formas alternativas de participação, ocupação e convívio do idoso com as demais gerações;

V – priorização do atendimento do idoso por sua própria família, em detrimento do atendimento asilar, exceto dos que não a possuam ou careçam de condições de manutenção da própria sobrevivência;

VI – capacitação e reciclagem dos recursos humanos nas áreas de geriatria e gerontologia e na prestação de serviços aos idosos;

VII – estabelecimento de mecanismos que favoreçam a divulgação de informações de caráter educativo sobre os aspectos biopsicossociais de envelhecimento;

VIII – garantia de acesso à rede de serviços de saúde e de assistência social locais;

IX – prioridade no recebimento da restituição do Imposto de Renda.

► Inciso IX acrescido pela Lei nº 11.765, de 5-8-2008.

§ 2º Dentre os idosos, é assegurada prioridade especial aos maiores de oitenta anos, atendendo-se suas necessidades sempre preferencialmente em relação aos demais idosos.

▸ § 2º acrescido pela Lei nº 13.466, de 12-7-2017.

Art. 4º Nenhum idoso será objeto de qualquer tipo de negligência, discriminação, violência, crueldade ou opressão, e todo atentado aos seus direitos, por ação ou omissão, será punido na forma da lei.

§ 1º É dever de todos prevenir a ameaça ou violação aos direitos do idoso.

§ 2º As obrigações previstas nesta Lei não excluem da prevenção outras decorrentes dos princípios por ela adotados.

Art. 5º A inobservância das normas de prevenção importará em responsabilidade à pessoa física ou jurídica nos termos da lei.

Art. 6º Todo cidadão tem o dever de comunicar à autoridade competente qualquer forma de violação a esta Lei que tenha testemunhado ou de que tenha conhecimento.

Art. 7º Os Conselhos Nacional, Estaduais, do Distrito Federal e Municipais do Idoso, previstos na Lei nº 8.842, de 4 de janeiro de 1994, zelarão pelo cumprimento dos direitos do idoso, definidos nesta Lei.

TÍTULO II – DOS DIREITOS FUNDAMENTAIS

CAPÍTULO I

DO DIREITO À VIDA

Art. 8º O envelhecimento é um direito personalíssimo e a sua proteção um direito social, nos termos desta Lei e da legislação vigente.

Art. 9º É obrigação do Estado, garantir à pessoa idosa a proteção à vida e à saúde, mediante efetivação de políticas sociais públicas que permitam um envelhecimento saudável e em condições de dignidade.

CAPÍTULO II

DO DIREITO À LIBERDADE, AO RESPEITO E À DIGNIDADE

Art. 10. É obrigação do Estado e da sociedade, assegurar à pessoa idosa a liberdade, o respeito e a dignidade, como pessoa humana e sujeito de direitos civis, políticos, individuais e sociais, garantidos na Constituição e nas leis.

§ 1º O direito à liberdade compreende, entre outros, os seguintes aspectos:

I – faculdade de ir, vir e estar nos logradouros públicos e espaços comunitários, ressalvadas as restrições legais;

II – opinião e expressão;

III – crença e culto religioso;

IV – prática de esportes e de diversões;

V – participação na vida familiar e comunitária;

VI – participação na vida política, na forma da lei;

VII – faculdade de buscar refúgio, auxílio e orientação.

§ 2º O direito ao respeito consiste na inviolabilidade da integridade física, psíquica e moral, abrangendo a preservação da imagem, da identidade, da autonomia, de valores, ideias e crenças, dos espaços e dos objetos pessoais.

§ 3º É dever de todos zelar pela dignidade do idoso, colocando-o a salvo de qualquer tratamento desumano, violento, aterrorizante, vexatório ou constrangedor.

CAPÍTULO III

DOS ALIMENTOS

Art. 11. Os alimentos serão prestados ao idoso na forma da lei civil.

Art. 12. A obrigação alimentar é solidária, podendo o idoso optar entre os prestadores.

Art. 13. As transações relativas a alimentos poderão ser celebradas perante o Promotor de Justiça ou Defensor Público, que as referendará, e passarão a ter efeito de título executivo extrajudicial nos termos da lei processual civil.

▸ Artigo com a redação dada pela Lei nº 11.737, de 14-7-2008.

Art. 14. Se o idoso ou seus familiares não possuírem condições econômicas de prover o seu sustento, impõe-se ao Poder Público esse provimento, no âmbito da assistência social.

CAPÍTULO IV

DO DIREITO À SAÚDE

Art. 15. É assegurada a atenção integral à saúde do idoso, por intermédio do Sistema Único de Saúde – SUS, garantindo-lhe o acesso universal e igualitário, em conjunto articulado e contínuo das ações e serviços, para a prevenção, promoção, proteção e recuperação da saúde, incluindo a atenção especial às doenças que afetam preferencialmente os idosos.

§ 1º A prevenção e a manutenção da saúde do idoso serão efetivadas por meio de:

I – cadastramento da população idosa em base territorial;

II – atendimento geriátrico e gerontológico em ambulatórios;

III – unidades geriátricas de referência, com pessoal especializado nas áreas de geriatria e gerontologia social;

IV – atendimento domiciliar, incluindo a internação, para a população que dele necessitar e esteja impossibilitada de se locomover, inclusive para idosos abrigados e acolhidos por instituições públicas, filantrópicas ou sem fins lucrativos e eventualmente conveniadas com o Poder Público, nos meios urbano e rural;

V – reabilitação orientada pela geriatria e gerontologia, para redução das sequelas decorrentes do agravo da saúde.

§ 2º Incumbe ao Poder Público fornecer aos idosos, gratuitamente, medicamentos, especialmente os de uso continuado, assim como próteses, órteses e outros recursos relativos ao tratamento, habilitação ou reabilitação.

§ 3º É vedada a discriminação do idoso nos planos de saúde pela cobrança de valores diferenciados em razão da idade.

§ 4º Os idosos portadores de deficiência ou com limitação incapacitante terão atendimento especializado, nos termos da lei.

§ 5º É vedado exigir o comparecimento do idoso enfermo perante os órgãos públicos, hipótese na qual será admitido o seguinte procedimento:

I – quando de interesse do poder público, o agente promoverá o contato necessário com o idoso em sua residência; ou

II – quando de interesse do próprio idoso, este se fará representar por procurador legalmente constituído.

§ 6º É assegurado ao idoso enfermo o atendimento domiciliar pela perícia médica do Instituto Nacional do Seguro Social – INSS, pelo serviço público de saúde ou pelo serviço privado de saúde, contratado ou conveniado, que integre o Sistema Único de Saúde – SUS, para expedição do laudo de saúde necessário ao exercício de seus direitos sociais e de isenção tributária.

▸ §§ 5º e 6º acrescidos pela Lei nº 12.896, de 18-12-2013.

§ 7º Em todo atendimento de saúde, os maiores de oitenta anos terão preferência especial sobre os demais idosos, exceto em caso de emergência.

► § 7º acrescido pela Lei nº 13.466, de 12-7-2017.

Art. 16. Ao idoso internado ou em observação é assegurado o direito a acompanhante, devendo o órgão de saúde proporcionar as condições adequadas para a sua permanência em tempo integral, segundo o critério médico.

Parágrafo único. Caberá ao profissional de saúde responsável pelo tratamento conceder autorização para o acompanhamento do idoso ou, no caso de impossibilidade, justificá-la por escrito.

Art. 17. Ao idoso que esteja no domínio de suas faculdades mentais é assegurado o direito de optar pelo tratamento de saúde que lhe for reputado mais favorável.

Parágrafo único. Não estando o idoso em condições de proceder à opção, esta será feita:

I – pelo curador, quando o idoso for interditado;

II – pelos familiares, quando o idoso não tiver curador ou este não puder ser contactado em tempo hábil;

III – pelo médico, quando ocorrer iminente risco de vida e não houver tempo hábil para consulta a curador ou familiar;

IV – pelo próprio médico, quando não houver curador ou familiar conhecido, caso em que deverá comunicar o fato ao Ministério Público.

Art. 18. As instituições de saúde devem atender aos critérios mínimos para o atendimento às necessidades do idoso, promovendo o treinamento e a capacitação dos profissionais, assim como orientação a cuidadores familiares e grupos de autoajuda.

Art. 19. Os casos de suspeita ou confirmação de violência praticada contra idosos serão objeto de notificação compulsória pelos serviços de saúde públicos e privados à autoridade sanitária, bem como serão obrigatoriamente comunicados por eles a quaisquer dos seguintes órgãos:

► *Caput* com a redação dada pela Lei nº 12.461, de 26-7-2011.

I – autoridade policial;

II – Ministério Público;

III – Conselho Municipal do Idoso;

IV – Conselho Estadual do Idoso;

V – Conselho Nacional do Idoso.

§ 1º Para os efeitos desta Lei, considera-se violência contra o idoso qualquer ação ou omissão praticada em local público ou privado que lhe cause morte, dano ou sofrimento físico ou psicológico.

§ 2º Aplica-se, no que couber, à notificação compulsória prevista no *caput* deste artigo, o disposto na Lei nº 6.259, de 30 de outubro de 1975.

► §§ 1º e 2º acrescidos pela Lei nº 12.461, de 26-7-2011.

CAPÍTULO V

DA EDUCAÇÃO, CULTURA, ESPORTE E LAZER

Art. 20. O idoso tem direito a educação, cultura, esporte, lazer, diversões, espetáculos, produtos e serviços que respeitem sua peculiar condição de idade.

Art. 21. O Poder Público criará oportunidades de acesso do idoso à educação, adequando currículos, metodologias e material didático aos programas educacionais a ele destinados.

§ 1º Os cursos especiais para idosos incluirão conteúdo relativo às técnicas de comunicação, computação e demais avanços tecnológicos, para sua integração à vida moderna.

§ 2º Os idosos participarão das comemorações de caráter cívico ou cultural, para transmissão de conhecimentos e vivências às demais gerações, no sentido da preservação da memória e da identidade culturais.

Art. 22. Nos currículos mínimos dos diversos níveis de ensino formal serão inseridos conteúdos voltados ao processo de envelhecimento, ao respeito e à valorização do idoso, de forma a eliminar o preconceito e a produzir conhecimentos sobre a matéria.

Art. 23. A participação dos idosos em atividades culturais e de lazer será proporcionada mediante descontos de pelo menos 50% (cinquenta por cento) nos ingressos para eventos artísticos, culturais, esportivos e de lazer, bem como o acesso preferencial aos respectivos locais.

Art. 24. Os meios de comunicação manterão espaços ou horários especiais voltados aos idosos, com finalidade informativa, educativa, artística e cultural, e ao público sobre o processo de envelhecimento.

Art. 25. As instituições de educação superior ofertarão às pessoas idosas, na perspectiva da educação ao longo da vida, cursos e programas de extensão, presenciais ou a distância, constituídos por atividades formais e não formais.

► *Caput* com a redação dada pela Lei nº 13.535, de 15-12-2017.

Parágrafo único. O poder público apoiará a criação de universidade aberta para as pessoas idosas e incentivará a publicação de livros e periódicos, de conteúdo e padrão editorial adequados ao idoso, que facilitem a leitura, considerada a natural redução da capacidade visual.

► Parágrafo único acrescido pela Lei nº 13.535, de 15-12-2017.

CAPÍTULO VI

DA PROFISSIONALIZAÇÃO E DO TRABALHO

Art. 26. O idoso tem direito ao exercício de atividade profissional, respeitadas suas condições físicas, intelectuais e psíquicas.

Art. 27. Na admissão do idoso em qualquer trabalho ou emprego, é vedada a discriminação e a fixação de limite máximo de idade, inclusive para concursos, ressalvados os casos em que a natureza do cargo o exigir.

Parágrafo único. O primeiro critério de desempate em concurso público será a idade, dando-se preferência ao de idade mais elevada.

Art. 28. O Poder Público criará e estimulará programas de:

I – profissionalização especializada para os idosos, aproveitando seus potenciais e habilidades para atividades regulares e remuneradas;

II – preparação dos trabalhadores para a aposentadoria, com antecedência mínima de 1 (um) ano, por meio de estímulo a novos projetos sociais, conforme seus interesses, e de esclarecimento sobre os direitos sociais e de cidadania;

III – estímulo às empresas privadas para admissão de idosos ao trabalho.

CAPÍTULO VII

DA PREVIDÊNCIA SOCIAL

Art. 29. Os benefícios de aposentadoria e pensão do Regime Geral da Previdência Social observarão, na sua concessão, critérios de cálculo que preservem o valor real dos salários sobre os quais incidiram contribuição, nos termos da legislação vigente.

Parágrafo único. Os valores dos benefícios em manutenção serão reajustados na mesma data de reajuste do salário mínimo, *pro rata*, de acordo com suas respectivas datas de início ou do seu último reajustamento, com base em percentual definido em regulamento, observados os critérios estabelecidos pela Lei nº 8.213, de 24 de julho de 1991.

Art. 30. A perda da condição de segurado não será considerada para a concessão da aposentadoria por idade, desde que a pessoa conte com, no mínimo, o tempo de contribuição correspondente ao exigido para efeito de carência na data de requerimento do benefício.

Parágrafo único. O cálculo do valor do benefício previsto no *caput* observará o disposto no *caput* e § 2º do art. 3º da Lei nº 9.876, de 26 de novembro de 1999, ou, não havendo salários de contribuição recolhidos a partir da competência de julho de 1994, o disposto no art. 35 da Lei nº 8.213, de 1991.

Art. 31. O pagamento de parcelas relativas a benefícios, efetuado com atraso por responsabilidade da Previdência Social, será atualizado pelo mesmo índice utilizado para os reajustamentos dos benefícios do Regime Geral de Previdência Social, verificado no período compreendido entre o mês que deveria ter sido pago e o mês do efetivo pagamento.

Art. 32. O Dia Mundial do Trabalho, 1º de Maio, é a data base dos aposentados e pensionistas.

CAPÍTULO VIII
DA ASSISTÊNCIA SOCIAL

Art. 33. A assistência social aos idosos será prestada, de forma articulada, conforme os princípios e diretrizes previstos na Lei Orgânica da Assistência Social, na Política Nacional do Idoso, no Sistema Único de Saúde e demais normas pertinentes.

Art. 34. Aos idosos, a partir de 65 (sessenta e cinco) anos, que não possuam meios para prover sua subsistência, nem de tê-la provida por sua família, é assegurado o benefício mensal de 1 (um) salário mínimo, nos termos da Lei Orgânica da Assistência Social – LOAS.

Parágrafo único. O benefício já concedido a qualquer membro da família nos termos do *caput* não será computado para os fins do cálculo da renda familiar *per capita* a que se refere a LOAS.

Art. 35. Todas as entidades de longa permanência, ou casa lar, são obrigadas a firmar contrato de prestação de serviços com a pessoa idosa abrigada.

§ 1º No caso de entidades filantrópicas, ou casa lar, é facultada a cobrança de participação do idoso no custeio da entidade.

§ 2º O Conselho Municipal do Idoso ou o Conselho Municipal da Assistência Social estabelecerá a forma de participação prevista no § 1º, que não poderá exceder a 70% (setenta por cento) de qualquer benefício previdenciário ou de assistência social percebido pelo idoso.

§ 3º Se a pessoa idosa for incapaz, caberá a seu representante legal firmar o contrato a que se refere o *caput* deste artigo.

Art. 36. O acolhimento de idosos em situação de risco social, por adulto ou núcleo familiar, caracteriza a dependência econômica, para os efeitos legais.

CAPÍTULO IX
DA HABITAÇÃO

Art. 37. O idoso tem direito a moradia digna, no seio da família natural ou substituta, ou desacompanhado de seus familiares, quando assim o desejar, ou, ainda, em instituição pública ou privada.

§ 1º A assistência integral na modalidade de entidade de longa permanência será prestada quando verificada inexistência de grupo familiar, casa lar, abandono ou carência de recursos financeiros próprios ou da família.

§ 2º Toda instituição dedicada ao atendimento ao idoso fica obrigada a manter identificação externa visível, sob pena de interdição, além de atender toda a legislação pertinente.

§ 3º As instituições que abrigarem idosos são obrigadas a manter padrões de habitação compatíveis com as necessidades deles, bem como provê-los com alimentação regular e higiene indispensáveis às normas sanitárias e com estas condizentes, sob as penas da lei.

Art. 38. Nos programas habitacionais, públicos ou subsidiados com recursos públicos, o idoso goza de prioridade na aquisição de imóvel para moradia própria, observado o seguinte:

I – reserva de pelo menos 3% (três por cento) das unidades habitacionais residenciais para atendimento aos idosos;

► Inciso I com a redação dada pela Lei nº 12.418, de 9-6-2011.

II – implantação de equipamentos urbanos comunitários voltados ao idoso;

III – eliminação de barreiras arquitetônicas e urbanísticas, para garantia de acessibilidade ao idoso;

IV – critérios de financiamento compatíveis com os rendimentos de aposentadoria e pensão.

Parágrafo único. As unidades residenciais reservadas para atendimento a idosos devem situar-se, preferencialmente, no pavimento térreo.

► Parágrafo único acrescido pela Lei nº 12.419, de 9-6-2011.

CAPÍTULO X
DO TRANSPORTE

Art. 39. Aos maiores de 65 (sessenta e cinco) anos fica assegurada a gratuidade dos transportes coletivos públicos urbanos e semiurbanos, exceto nos serviços seletivos e especiais, quando prestados paralelamente aos serviços regulares.

§ 1º Para ter acesso à gratuidade, basta que o idoso apresente qualquer documento pessoal que faça prova de sua idade.

§ 2º Nos veículos de transporte coletivo de que trata este artigo, serão reservados 10% (dez por cento) dos assentos para os idosos, devidamente identificados com a placa de reservado preferencialmente para idosos.

§ 3º No caso das pessoas compreendidas na faixa etária entre 60 (sessenta) e 65 (sessenta e cinco) anos, ficará a critério da legislação local dispor sobre as condições para exercício da gratuidade nos meios de transporte previstos no *caput* deste artigo.

Art. 40. No sistema de transporte coletivo interestadual observar-se-á, nos termos da legislação específica:

I – a reserva de 2 (duas) vagas gratuitas por veículo para idosos com renda igual ou inferior a 2 (dois) salários mínimos;

II – desconto de 50% (cinquenta por cento), no mínimo, no valor das passagens, para os idosos que excederem as vagas gratuitas, com renda igual ou inferior a 2 (dois) salários mínimos.

Parágrafo único. Caberá aos órgãos competentes definir os mecanismos e os critérios para o exercício dos direitos previstos nos incisos I e II.

Art. 41. É assegurada a reserva, para os idosos, nos termos da lei local, de 5% (cinco por cento) das vagas nos estacionamentos públicos e privados, as quais deverão ser posicionadas de forma a garantir a melhor comodidade ao idoso.

Art. 42. São asseguradas a prioridade e a segurança do idoso nos procedimentos de embarque e desembarque nos veículos do sistema de transporte coletivo.

► Artigo com a redação dada pela Lei nº 12.899, de 18-12-2013.

TÍTULO III – DAS MEDIDAS DE PROTEÇÃO

CAPÍTULO I

DAS DISPOSIÇÕES GERAIS

Art. 43. As medidas de proteção ao idoso são aplicáveis sempre que os direitos reconhecidos nesta Lei forem ameaçados ou violados:

I – por ação ou omissão da sociedade ou do Estado;

II – por falta, omissão ou abuso da família, curador ou entidade de atendimento;

III – em razão de sua condição pessoal.

CAPÍTULO II

DAS MEDIDAS ESPECÍFICAS DE PROTEÇÃO

Art. 44. As medidas de proteção ao idoso previstas nesta Lei poderão ser aplicadas, isolada ou cumulativamente, e levarão em conta os fins sociais a que se destinam e o fortalecimento dos vínculos familiares e comunitários.

Art. 45. Verificada qualquer das hipóteses previstas no art. 43, o Ministério Público ou o Poder Judiciário, a requerimento daquele, poderá determinar, dentre outras, as seguintes medidas:

I – encaminhamento à família ou curador, mediante termo de responsabilidade;

II – orientação, apoio e acompanhamento temporários;

III – requisição para tratamento de sua saúde, em regime ambulatorial, hospitalar ou domiciliar;

IV – inclusão em programa oficial ou comunitário de auxílio, orientação e tratamento a usuários dependentes de drogas lícitas ou ilícitas, ao próprio idoso ou à pessoa de sua convivência que lhe cause perturbação;

V – abrigo em entidade;

VI – abrigo temporário.

TÍTULO IV – DA POLÍTICA DE ATENDIMENTO AO IDOSO

CAPÍTULO I

DISPOSIÇÕES GERAIS

Art. 46. A política de atendimento ao idoso far-se-á por meio do conjunto articulado de ações governamentais e não governamentais da União, dos Estados, do Distrito Federal e dos Municípios.

Art. 47. São linhas de ação da política de atendimento:

I – políticas sociais básicas, previstas na Lei nº 8.842, de 4 de janeiro de 1994;

II – políticas e programas de assistência social, em caráter supletivo, para aqueles que necessitarem;

III – serviços especiais de prevenção e atendimento às vítimas de negligência, maus-tratos, exploração, abuso, crueldade e opressão;

IV – serviço de identificação e localização de parentes ou responsáveis por idosos abandonados em hospitais e instituições de longa permanência;

V – proteção jurídico-social por entidades de defesa dos direitos dos idosos;

VI – mobilização da opinião pública no sentido da participação dos diversos segmentos da sociedade no atendimento do idoso.

CAPÍTULO II

DAS ENTIDADES DE ATENDIMENTO AO IDOSO

Art. 48. As entidades de atendimento são responsáveis pela manutenção das próprias unidades, observadas as normas de planejamento e execução emanadas do órgão competente da Política Nacional do Idoso, conforme a Lei nº 8.842, de 1994.

Parágrafo único. As entidades governamentais e não governamentais de assistência ao idoso ficam sujeitas à inscrição de seus programas, junto ao órgão competente da Vigilância Sanitária e Conselho Municipal da Pessoa Idosa, e em sua falta, junto ao Conselho Estadual ou Nacional da Pessoa Idosa, especificando os regimes de atendimento, observados os seguintes requisitos:

I – oferecer instalações físicas em condições adequadas de habitabilidade, higiene, salubridade e segurança;

II – apresentar objetivos estatutários e plano de trabalho compatíveis com os princípios desta Lei;

III – estar regularmente constituída;

IV – demonstrar a idoneidade de seus dirigentes.

Art. 49. As entidades que desenvolvam programas de institucionalização de longa permanência adotarão os seguintes princípios:

I – preservação dos vínculos familiares;

II – atendimento personalizado e em pequenos grupos;

III – manutenção do idoso na mesma instituição, salvo em caso de força maior;

IV – participação do idoso nas atividades comunitárias, de caráter interno e externo;

V – observância dos direitos e garantias dos idosos;

VI – preservação da identidade do idoso e oferecimento de ambiente de respeito e dignidade.

Parágrafo único. O dirigente de instituição prestadora de atendimento ao idoso responderá civil e criminalmente pelos atos que praticar em detrimento do idoso, sem prejuízo das sanções administrativas.

Art. 50. Constituem obrigações das entidades de atendimento:

I – celebrar contrato escrito de prestação de serviço com o idoso, especificando o tipo de atendimento, as obrigações da entidade e prestações decorrentes do contrato, com os respectivos preços, se for o caso;

II – observar os direitos e as garantias de que são titulares os idosos;

III – fornecer vestuário adequado, se for pública, e alimentação suficiente;

IV – oferecer instalações físicas em condições adequadas de habitabilidade;

V – oferecer atendimento personalizado;

VI – diligenciar no sentido da preservação dos vínculos familiares;

VII – oferecer acomodações apropriadas para recebimento de visitas;

VIII – proporcionar cuidados à saúde, conforme a necessidade do idoso;

IX – promover atividades educacionais, esportivas, culturais e de lazer;

X – propiciar assistência religiosa àqueles que desejarem, de acordo com suas crenças;

XI – proceder a estudo social e pessoal de cada caso;

XII – comunicar à autoridade competente de saúde toda ocorrência de idoso portador de doenças infectocontagiosas;

XIII – providenciar ou solicitar que o Ministério Público requisite os documentos necessários ao exercício da cidadania àqueles que não os tiverem, na forma da lei;

XIV – fornecer comprovante de depósito dos bens móveis que receberem dos idosos;

XV – manter arquivo de anotações onde constem data e circunstâncias do atendimento, nome do idoso, responsável, parentes, endereços, cidade, relação de seus pertences, bem como o valor de contribuições, e suas alterações, se houver, e demais dados que possibilitem sua identificação e a individualização do atendimento;

XVI – comunicar ao Ministério Público, para as providências cabíveis, a situação de abandono moral ou material por parte dos familiares;

XVII – manter no quadro de pessoal profissionais com formação específica.

Art. 51. As instituições filantrópicas ou sem fins lucrativos prestadoras de serviço ao idoso terão direito à assistência judiciária gratuita.

CAPÍTULO III

DA FISCALIZAÇÃO DAS ENTIDADES DE ATENDIMENTO

Art. 52. As entidades governamentais e não governamentais de atendimento ao idoso serão fiscalizadas pelos Conselhos do Idoso, Ministério Público, Vigilância Sanitária e outros previstos em lei.

Art. 53. O art. 7º da Lei nº 8.842, de 1994, passa a vigorar com a seguinte redação:

> "Art. 7º Compete aos Conselhos de que trata o art. 6º desta Lei a supervisão, o acompanhamento, a fiscalização e a avaliação da política nacional do idoso, no âmbito das respectivas instâncias político-administrativas."

Art. 54. Será dada publicidade das prestações de contas dos recursos públicos e privados recebidos pelas entidades de atendimento.

Art. 55. As entidades de atendimento que descumprirem as determinações desta Lei ficarão sujeitas, sem prejuízo da responsabilidade civil e criminal de seus dirigentes ou prepostos, às seguintes penalidades, observado o devido processo legal:

I – as entidades governamentais:

a) advertência;

b) afastamento provisório de seus dirigentes;

c) afastamento definitivo de seus dirigentes;

d) fechamento de unidade ou interdição de programa;

II – as entidades não governamentais:

a) advertência;

b) multa;

c) suspensão parcial ou total do repasse de verbas públicas;

d) interdição de unidade ou suspensão de programa;

e) proibição de atendimento a idosos a bem do interesse público.

§ 1º Havendo danos aos idosos abrigados ou qualquer tipo de fraude em relação ao programa, caberá o afastamento provisório dos dirigentes ou a interdição da unidade e a suspensão do programa.

§ 2º A suspensão parcial ou total do repasse de verbas públicas ocorrerá quando verificada a má aplicação ou desvio de finalidade dos recursos.

§ 3º Na ocorrência de infração por entidade de atendimento, que coloque em risco os direitos assegurados nesta Lei, será o fato comunicado ao Ministério Público, para as providências cabíveis, inclusive para promover a suspensão das atividades ou dissolução da entidade, com a proibição de atendimento a idosos a bem do interesse público, sem prejuízo das providências a serem tomadas pela Vigilância Sanitária.

§ 4º Na aplicação das penalidades, serão consideradas a natureza e a gravidade da infração cometida, os danos que dela provierem para o idoso, as circunstâncias agravantes ou atenuantes e os antecedentes da entidade.

CAPÍTULO IV

DAS INFRAÇÕES ADMINISTRATIVAS

Art. 56. Deixar a entidade de atendimento de cumprir as determinações do art. 50 desta Lei:

Pena – multa de R$ 500,00 (quinhentos reais) a R$ 3.000,00 (três mil reais), se o fato não for caracterizado como crime, podendo haver a interdição do estabelecimento até que sejam cumpridas as exigências legais.

Parágrafo único. No caso de interdição do estabelecimento de longa permanência, os idosos abrigados serão transferidos para outra instituição, a expensas do estabelecimento interditado, enquanto durar a interdição.

Art. 57. Deixar o profissional de saúde ou o responsável por estabelecimento de saúde ou instituição de longa permanência de comunicar à autoridade competente os casos de crimes contra idoso de que tiver conhecimento:

Pena – multa de R$ 500,00 (quinhentos reais) a R$ 3.000,00 (três mil reais), aplicada em dobro no caso de reincidência.

Art. 58. Deixar de cumprir as determinações desta Lei sobre a prioridade no atendimento ao idoso:

Pena – multa de R$ 500,00 (quinhentos reais) a R$ 1.000,00 (um mil reais) e multa civil a ser estipulada pelo juiz, conforme o dano sofrido pelo idoso.

CAPÍTULO V

DA APURAÇÃO ADMINISTRATIVA DE INFRAÇÃO ÀS NORMAS DE PROTEÇÃO AO IDOSO

Art. 59. Os valores monetários expressos no Capítulo IV serão atualizados anualmente, na forma da lei.

Art. 60. O procedimento para a imposição de penalidade administrativa por infração às normas de proteção ao idoso terá início com requisição do Ministério Público ou auto de infração elaborado por servidor efetivo e assinado, se possível, por duas testemunhas.

§ 1º No procedimento iniciado com o auto de infração poderão ser usadas fórmulas impressas, especificando-se a natureza e as circunstâncias da infração.

§ 2º Sempre que possível, à verificação da infração seguir-se-á a lavratura do auto, ou este será lavrado dentro de 24 (vinte e quatro) horas, por motivo justificado.

Art. 61. O autuado terá prazo de 10 (dez) dias para a apresentação da defesa, contado da data da intimação, que será feita:

I – pelo autuante, no instrumento de autuação, quando for lavrado na presença do infrator;

II – por via postal, com aviso de recebimento.

Art. 62. Havendo risco para a vida ou à saúde do idoso, a autoridade competente aplicará à entidade de atendimento as sanções regulamentares, sem prejuízo da iniciativa e das providências que vierem a ser adotadas pelo Ministério Público ou pelas demais instituições legitimadas para a fiscalização.

Art. 63. Nos casos em que não houver risco para a vida ou a saúde da pessoa idosa abrigada, a autoridade competente aplicará à entidade de atendimento as sanções regulamentares, sem prejuízo da iniciativa e das providências que vierem a ser adotadas pelo Ministério Público ou pelas demais instituições legitimadas para a fiscalização.

CAPÍTULO VI

DA APURAÇÃO JUDICIAL DE IRREGULARIDADES EM ENTIDADE DE ATENDIMENTO

Art. 64. Aplicam-se, subsidiariamente, ao procedimento administrativo de que trata este Capítulo as disposições das Leis n°s 6.437, de 20 de agosto de 1977, e 9.784, de 29 de janeiro de 1999.

Art. 65. O procedimento de apuração de irregularidade em entidade governamental e não governamental de atendimento ao idoso terá início mediante petição fundamentada de pessoa interessada ou iniciativa do Ministério Público.

Art. 66. Havendo motivo grave, poderá a autoridade judiciária, ouvido o Ministério Público, decretar liminarmente o afastamento provisório do dirigente da entidade ou outras medidas que julgar adequadas, para evitar lesão aos direitos do idoso, mediante decisão fundamentada.

Art. 67. O dirigente da entidade será citado para, no prazo de 10 (dez) dias, oferecer resposta escrita, podendo juntar documentos e indicar as provas a produzir.

Art. 68. Apresentada a defesa, o juiz procederá na conformidade do art. 69 ou, se necessário, designará audiência de instrução e julgamento, deliberando sobre a necessidade de produção de outras provas.

§ 1º Salvo manifestação em audiência, as partes e o Ministério Público terão 5 (cinco) dias para oferecer alegações finais, decidindo a autoridade judiciária em igual prazo.

§ 2º Em se tratando de afastamento provisório ou definitivo de dirigente de entidade governamental, a autoridade judiciária oficiará a autoridade administrativa imediatamente superior ao afastado, fixando-lhe prazo de 24 (vinte e quatro) horas para proceder à substituição.

§ 3º Antes de aplicar qualquer das medidas, a autoridade judiciária poderá fixar prazo para a remoção das irregularidades verificadas. Satisfeitas as exigências, o processo será extinto, sem julgamento do mérito.

§ 4º A multa e a advertência serão impostas ao dirigente da entidade ou ao responsável pelo programa de atendimento.

TÍTULO V – DO ACESSO À JUSTIÇA

CAPÍTULO I

DISPOSIÇÕES GERAIS

Art. 69. Aplica-se, subsidiariamente, às disposições deste Capítulo, o procedimento sumário previsto no Código de Processo Civil, naquilo que não contrarie os prazos previstos nesta Lei.

Art. 70. O Poder Público poderá criar varas especializadas e exclusivas do idoso.

Art. 71. É assegurada prioridade na tramitação dos processos e procedimentos e na execução dos atos e diligências judiciais em que figure como parte ou interveniente pessoa com idade igual ou superior a 60 (sessenta) anos, em qualquer instância.

§ 1º O interessado na obtenção da prioridade a que alude este artigo, fazendo prova de sua idade, requererá o benefício à autoridade judiciária competente para decidir o feito, que determinará as providências a serem cumpridas, anotando-se essa circunstância em local visível nos autos do processo.

§ 2º A prioridade não cessará com a morte do beneficiado, estendendo-se em favor do cônjuge supérstite, companheiro ou companheira, com união estável, maior de 60 (sessenta) anos.

§ 3º A prioridade se estende aos processos e procedimentos na Administração Pública, empresas prestadoras de serviços públicos e instituições financeiras, ao atendimento preferencial junto à Defensoria Publica da União, dos Estados e do Distrito Federal em relação aos Serviços de Assistência Judiciária.

§ 4º Para o atendimento prioritário será garantido ao idoso o fácil acesso aos assentos e caixas, identificados com a destinação a idosos em local visível e caracteres legíveis.

§ 5º Dentre os processos de idosos, dar-se-á prioridade especial aos maiores de oitenta anos.

► § 5º acrescido pela Lei nº 13.466, de 12-7-2017.

CAPÍTULO II

DO MINISTÉRIO PÚBLICO

Art. 72. VETADO.

Art. 73. As funções do Ministério Público, previstas nesta Lei, serão exercidas nos termos da respectiva Lei Orgânica.

Art. 74. Compete ao Ministério Público:

I – instaurar o inquérito civil e a ação civil pública para a proteção dos direitos e interesses difusos ou coletivos, individuais indisponíveis e individuais homogêneos do idoso;

II – promover e acompanhar as ações de alimentos, de interdição total ou parcial, de designação de curador especial, em circunstâncias que justifiquem a medida e oficiar em todos os feitos em que se discutam os direitos de idosos em condições de risco;

III – atuar como substituto processual do idoso em situação de risco, conforme o disposto no art. 43 desta Lei;

IV – promover a revogação de instrumento procuratório do idoso, nas hipóteses previstas no art. 43 desta Lei, quando necessário ou o interesse público justificar;

V – instaurar procedimento administrativo e, para instruí-lo:

a) expedir notificações, colher depoimentos ou esclarecimentos e, em caso de não comparecimento injustificado da pessoa notificada, requisitar condução coercitiva, inclusive pela Polícia Civil ou Militar;

b) requisitar informações, exames, perícias e documentos de autoridades municipais, estaduais e federais, da administração direta e indireta, bem como promover inspeções e diligências investigatórias;

c) requisitar informações e documentos particulares de instituições privadas;

VI – instaurar sindicâncias, requisitar diligências investigatórias e a instauração de inquérito policial, para a apuração de ilícitos ou infrações às normas de proteção ao idoso;

VII – zelar pelo efetivo respeito aos direitos e garantias legais assegurados ao idoso, promovendo as medidas judiciais e extrajudiciais cabíveis;

VIII – inspecionar as entidades públicas e particulares de atendimento e os programas de que trata esta Lei, adotando de pronto as medidas administrativas ou judiciais necessárias à remoção de irregularidades porventura verificadas;

IX – requisitar força policial, bem como a colaboração dos serviços de saúde, educacionais e de assistência social, públicos, para o desempenho de suas atribuições;

X – referendar transações envolvendo interesses e direitos dos idosos previstos nesta Lei.

§ 1º A legitimação do Ministério Público para as ações cíveis previstas neste artigo não impede a de terceiros, nas mesmas hipóteses, segundo dispuser a lei.

§ 2º As atribuições constantes deste artigo não excluem outras, desde que compatíveis com a finalidade e atribuições do Ministério Público.

§ 3º O representante do Ministério Público, no exercício de suas funções, terá livre acesso a toda entidade de atendimento ao idoso.

Art. 75. Nos processos e procedimentos em que não for parte, atuará obrigatoriamente o Ministério Público na defesa dos direitos e interesses de que cuida esta Lei, hipóteses em que terá vista dos autos depois das partes, podendo juntar documentos, requerer diligências e produção de outras provas, usando os recursos cabíveis.

Art. 76. A intimação do Ministério Público, em qualquer caso, será feita pessoalmente.

Art. 77. A falta de intervenção do Ministério Público acarreta a nulidade do feito, que será declarada de ofício pelo juiz ou a requerimento de qualquer interessado.

CAPÍTULO III

DA PROTEÇÃO JUDICIAL DOS INTERESSES DIFUSOS, COLETIVOS E INDIVIDUAIS INDISPONÍVEIS OU HOMOGÊNEOS

Art. 78. As manifestações processuais do representante do Ministério Público deverão ser fundamentadas.

Art. 79. Regem-se pelas disposições desta Lei as ações de responsabilidade por ofensa aos direitos assegurados ao idoso, referentes à omissão ou ao oferecimento insatisfatório de:

I – acesso às ações e serviços de saúde;

II – atendimento especializado ao idoso portador de deficiência ou com limitação incapacitante;

III – atendimento especializado ao idoso portador de doença infectocontagiosa;

IV – serviço de assistência social visando ao amparo do idoso.

Parágrafo único. As hipóteses previstas neste artigo não excluem da proteção judicial outros interesses difusos, coletivos, individuais indisponíveis ou homogêneos, próprios do idoso, protegidos em lei.

Art. 80. As ações previstas neste Capítulo serão propostas no foro do domicílio do idoso, cujo juízo terá competência absoluta para processar a causa, ressalvadas as competências da Justiça Federal e a competência originária dos Tribunais Superiores.

Art. 81. Para as ações cíveis fundadas em interesses difusos, coletivos, individuais indisponíveis ou homogêneos, consideram-se legitimados, concorrentemente:

I – o Ministério Público;

II – a União, os Estados, o Distrito Federal e os Municípios;

III – a Ordem dos Advogados do Brasil;

IV – as associações legalmente constituídas há pelo menos 1 (um) ano e que incluam entre os fins institucionais a defesa dos interesses e direitos da pessoa idosa, dispensada a autorização da assembleia, se houver prévia autorização estatutária.

§ 1º Admitir-se-á litisconsórcio facultativo entre os Ministérios Públicos da União e dos Estados na defesa dos interesses e direitos de que cuida esta Lei.

§ 2º Em caso de desistência ou abandono da ação por associação legitimada, o Ministério Público ou outro legitimado deverá assumir a titularidade ativa.

Art. 82. Para defesa dos interesses e direitos protegidos por esta Lei, são admissíveis todas as espécies de ação pertinentes.

Parágrafo único. Contra atos ilegais ou abusivos de autoridade pública ou agente de pessoa jurídica no exercício de atribuições de Poder Público, que lesem direito líquido e certo previsto nesta Lei, caberá ação mandamental, que se regerá pelas normas da lei do mandado de segurança.

Art. 83. Na ação que tenha por objeto o cumprimento de obrigação de fazer ou não fazer, o juiz concederá a tutela específica da obrigação ou determinará providências que assegurem o resultado prático equivalente ao adimplemento.

§ 1º Sendo relevante o fundamento da demanda e havendo justificado receio de ineficácia do provimento final, é lícito ao juiz conceder a tutela liminarmente ou após justificação prévia, na forma do art. 273 do Código de Processo Civil.

▸ Refere-se ao CPC/1973.

▸ Art. 300 do CPC/2015.

§ 2º O juiz poderá, na hipótese do § 1º ou na sentença, impor multa diária ao réu, independentemente do pedido do autor, se for suficiente ou compatível com a obrigação, fixando prazo razoável para o cumprimento do preceito.

§ 3º A multa só será exigível do réu após o trânsito em julgado da sentença favorável ao autor, mas será devida desde o dia em que se houver configurado.

Art. 84. Os valores das multas previstas nesta Lei reverterão ao Fundo do Idoso, onde houver, ou na falta deste, ao Fundo Municipal de Assistência Social, ficando vinculados ao atendimento ao idoso.

Parágrafo único. As multas não recolhidas até 30 (trinta) dias após o trânsito em julgado da decisão serão exigidas por meio de execução promovida pelo Ministério Público, nos mesmos autos, facultada igual iniciativa aos demais legitimados em caso de inércia daquele.

Art. 85. O juiz poderá conferir efeito suspensivo aos recursos, para evitar dano irreparável à parte.

Art. 86. Transitada em julgado a sentença que impuser condenação ao Poder Público, o juiz determinará a remessa de peças à autoridade competente, para apuração da responsabilidade civil e administrativa do agente a que se atribua a ação ou omissão.

Art. 87. Decorridos 60 (sessenta) dias do trânsito em julgado da sentença condenatória favorável ao idoso sem que o autor lhe promova a execução, deverá fazê-lo o Ministério Público, facultada, igual iniciativa aos demais legitimados, como assistentes ou assumindo o polo ativo, em caso de inércia desse órgão.

Art. 88. Nas ações de que trata este Capítulo, não haverá adiantamento de custas, emolumentos, honorários periciais e quaisquer outras despesas.

Parágrafo único. Não se imporá sucumbência ao Ministério Público.

Art. 89. Qualquer pessoa poderá, e o servidor deverá, provocar a iniciativa do Ministério Público, prestando-lhe informações sobre os fatos que constituam objeto de ação civil e indicando-lhe os elementos de convicção.

Art. 90. Os agentes públicos em geral, os juízes e tribunais, no exercício de suas funções, quando tiverem conhecimento de fatos que possam configurar crime de ação pública contra idoso ou ensejar a propositura de ação para sua defesa, devem encaminhar as peças pertinentes ao Ministério Público, para as providências cabíveis.

Art. 91. Para instruir a petição inicial, o interessado poderá requerer às autoridades competentes as certidões e informações que julgar necessárias, que serão fornecidas no prazo de 10 (dez) dias.

Art. 92. O Ministério Público poderá instaurar sob sua presidência, inquérito civil, ou requisitar, de qualquer pessoa, organismo público ou particular, certidões, informações, exames ou perícias, no prazo que assinalar, o qual não poderá ser inferior a 10 (dez) dias.

§ 1º Se o órgão do Ministério Público, esgotadas todas as diligências, se convencer da inexistência de fundamento para a propositura da ação civil ou de peças informativas, determinará o seu arquivamento, fazendo-o fundamentadamente.

§ 2º Os autos do inquérito civil ou as peças de informação arquivados serão remetidos, sob pena de se incorrer em falta grave, no prazo de 3 (três) dias, ao Conselho Superior do Ministério Público ou à Câmara de Coordenação e Revisão do Ministério Público.

§ 3º Até que seja homologado ou rejeitado o arquivamento, pelo Conselho Superior do Ministério Público ou por Câmara de Coordenação e Revisão do Ministério Público, as associações legitimadas poderão apresentar razões escritas ou documentos, que serão juntados ou anexados às peças de informação.

§ 4º Deixando o Conselho Superior ou a Câmara de Coordenação e Revisão do Ministério Público de homologar a promoção de arquivamento, será designado outro membro do Ministério Público para o ajuizamento da ação.

TÍTULO VI – DOS CRIMES

CAPÍTULO I

DISPOSIÇÕES GERAIS

Art. 93. Aplicam-se subsidiariamente, no que couber, as disposições da Lei nº 7.347, de 24 de julho de 1985.

Art. 94. Aos crimes previstos nesta Lei, cuja pena máxima privativa de liberdade não ultrapasse 4 (quatro) anos, aplica-se o procedimento previsto na Lei nº 9.099, de 26 de setembro de 1995, e, subsidiariamente, no que couber, as disposições do Código Penal e do Código de Processo Penal.

► O STF, por maioria de votos, julgou parcialmente procedente a ADIN nº 3.096-5, para dar interpretação conforme a CF a este artigo, com redução de texto, para suprimir a expressão "Código Penal e", no sentido de aplicar-se apenas o procedimento sumaríssimo previsto na Lei nº 9.099/1995, e não outros benefícios ali previstos (*DJE* de 3-9-2010).

CAPÍTULO II

DOS CRIMES EM ESPÉCIE

Art. 95. Os crimes definidos nesta Lei são de ação penal pública incondicionada, não se lhes aplicando os arts. 181 e 182 do Código Penal.

Art. 96. Discriminar pessoa idosa, impedindo ou dificultando seu acesso a operações bancárias, aos meios de transporte, ao direito de contratar ou por qualquer outro meio ou instrumento necessário ao exercício da cidadania, por motivo de idade:

Pena – reclusão de 6 (seis) meses a 1 (um) ano e multa.

§ 1º Na mesma pena incorre quem desdenhar, humilhar, menosprezar ou discriminar pessoa idosa, por qualquer motivo.

§ 2º A pena será aumentada de 1/3 (um terço) se a vítima se encontrar sob os cuidados ou responsabilidade do agente.

§ 3º Não constitui crime a negativa de crédito motivada por superendividamento do idoso.

► § 3º acrescido pela Lei nº 14.181, de 1º-7-2021.

Art. 97. Deixar de prestar assistência ao idoso, quando possível fazê-lo sem risco pessoal, em situação de iminente perigo, ou recusar, retardar ou dificultar sua assistência à saúde, sem justa causa, ou não pedir, nesses casos, o socorro de autoridade pública:

Pena – detenção de 6 (seis) meses a 1 (um) ano e multa.

Parágrafo único. A pena é aumentada de metade, se da omissão resulta lesão corporal de natureza grave, e triplicada, se resulta a morte.

Art. 98. Abandonar o idoso em hospitais, casas de saúde, entidades de longa permanência, ou congêneres, ou não prover suas necessidades básicas, quando obrigado por lei ou mandado:

Pena – detenção de 6 (seis) meses a 3 (três) anos e multa.

Art. 99. Expor a perigo a integridade e a saúde, física ou psíquica, do idoso, submetendo-o a condições desumanas ou degradantes ou privando-o de alimentos e cuidados indispensáveis, quando obrigado a fazê-lo, ou sujeitando-o a trabalho excessivo ou inadequado:

Pena – detenção de 2 (dois) meses a 1 (um) ano e multa.

§ 1º Se do fato resulta lesão corporal de natureza grave:

Pena – reclusão de 1 (um) a 4 (quatro) anos.

§ 2º Se resulta a morte:

Pena – reclusão de 4 (quatro) a 12 (doze) anos.

Art. 100. Constitui crime punível com reclusão de 6 (seis) meses a 1 (um) ano e multa:

I – obstar o acesso de alguém a qualquer cargo público por motivo de idade;

II – negar a alguém, por motivo de idade, emprego ou trabalho;

III – recusar, retardar ou dificultar atendimento ou deixar de prestar assistência à saúde, sem justa causa, a pessoa idosa;

IV – deixar de cumprir, retardar ou frustrar, sem justo motivo, a execução de ordem judicial expedida na ação civil a que alude esta Lei;

V – recusar, retardar ou omitir dados técnicos indispensáveis à propositura da ação civil objeto desta Lei, quando requisitados pelo Ministério Público.

Art. 101. Deixar de cumprir, retardar ou frustrar, sem justo motivo, a execução de ordem judicial expedida nas ações em que for parte ou interveniente o idoso:

Pena – detenção de 6 (seis) meses a 1 (um) ano e multa.

Art. 102. Apropriar-se de ou desviar bens, proventos, pensão ou qualquer outro rendimento do idoso, dando-lhes aplicação diversa da de sua finalidade:

Pena – reclusão de 1 (um) a 4 (quatro) anos e multa.

Art. 103. Negar o acolhimento ou a permanência do idoso, como abrigado, por recusa deste em outorgar procuração à entidade de atendimento:

Pena – detenção de 6 (seis) meses a 1 (um) ano e multa.

Art. 104. Reter o cartão magnético de conta bancária relativa a benefícios, proventos ou pensão do idoso, bem como qualquer outro documento com objetivo de assegurar recebimento ou ressarcimento de dívida:

Pena – detenção de 6 (seis) meses a 2 (dois) anos e multa.

Art. 105. Exibir ou veicular, por qualquer meio de comunicação, informações ou imagens depreciativas ou injuriosas à pessoa do idoso:

Pena – detenção de 1 (um) a 3 (três) anos e multa.

Art. 106. Induzir pessoa idosa sem discernimento de seus atos a outorgar procuração para fins de administração de bens ou deles dispor livremente:

Pena – reclusão de 2 (dois) a 4 (quatro) anos.

Art. 107. Coagir, de qualquer modo, o idoso a doar, contratar, testar ou outorgar procuração:

Pena – reclusão de 2 (dois) a 5 (cinco) anos.

Art. 108. Lavrar ato notarial que envolva pessoa idosa sem discernimento de seus atos, sem a devida representação legal:

Pena – reclusão de 2 (dois) a 4 (quatro) anos.

TÍTULO VII – DISPOSIÇÕES FINAIS E TRANSITÓRIAS

Art. 109. Impedir ou embaraçar ato do representante do Ministério Público ou de qualquer outro agente fiscalizador:

Pena – reclusão de 6 (seis) meses a 1 (um) ano e multa.

Art. 110. O Decreto-Lei nº 2.848, de 7 de dezembro de 1940, Código Penal, passa a vigorar com as seguintes alterações:

"Art. 61. ....

....

II – ....

....

h) contra criança, maior de 60 (sessenta) anos, enfermo ou mulher grávida;

...."

"Art. 121. ....

....

§ 4º No homicídio culposo, a pena é aumentada de 1/3 (um terço), se o crime resulta de inobservância de regra técnica de profissão, arte ou ofício, ou se o agente deixa de prestar imediato socorro à vítima, não procura diminuir as consequências do seu ato, ou foge para evitar prisão em flagrante. Sendo doloso o homicídio, a pena é aumentada de 1/3 (um terço) se o crime é praticado contra pessoa menor de 14 (quatorze) ou maior de 60 (sessenta) anos.

...."

"Art. 133. ....

....

§ 3º..

....

III – se a vítima é maior de 60 (sessenta) anos."

"Art. 140. ....

....

§ 3º Se a injúria consiste na utilização de elementos referentes a raça, cor, etnia, religião, origem ou a condição de pessoa idosa ou portadora de deficiência:

....

"Art. 141. ....

....

IV – contra pessoa maior de 60 (sessenta) anos ou portadora de deficiência, exceto no caso de injúria.

...."

"Art. 148. ....

§ 1º..

I – se a vítima é ascendente, descendente, cônjuge do agente ou maior de 60 (sessenta) anos.

...."

"Art. 159 ....

....

§ 1º Se o sequestro dura mais de 24 (vinte e quatro) horas, se o sequestrado é menor de 18 (dezoito) ou maior de 60 (sessenta) anos, ou se o crime é cometido por bando ou quadrilha.

...."

"Art. 183 ....

....

III – se o crime é praticado contra pessoa com idade igual ou superior a 60 (sessenta) anos."

"Art. 244. Deixar, sem justa causa, de prover a subsistência do cônjuge, ou de filho menor de 18 (dezoito) anos ou inapto para o trabalho, ou de ascendente inválido ou maior de 60 (sessenta) anos, não lhes proporcionando os recursos necessários ou faltando ao pagamento de pensão alimentícia judicialmente acordada, fixada ou majorada; deixar, sem justa causa, de socorrer descendente ou ascendente, gravemente enfermo:

...."

Art. 111. O art. 21 do Decreto-Lei nº 3.688, de 3 de outubro de 1941, Lei das Contravenções Penais, passa a vigorar acrescido do seguinte parágrafo único:

"Art. 21 ....

....

Parágrafo único. Aumenta-se a pena de 1/3 (um terço) até a metade se a vítima é maior de 60 (sessenta) anos."

Art. 112. O inciso II do § 4º do art. 1º da Lei nº 9.455, de 7 de abril de 1997, passa a vigorar com a seguinte redação:

"Art. 1º..

....

§ 4º..

II – se o crime é cometido contra criança, gestante, portador de deficiência, adolescente ou maior de 60 (sessenta) anos;

...."

Art. 113. O inciso III do art. 18 da Lei nº 6.368, de 21 de outubro de 1976, passa a vigorar com a seguinte redação:

► A Lei nº 6.368, de 21-10-1976, foi revogada pela Lei nº 11.343, de 23-8-2006 (Lei Antidrogas).

Art. 114. O art. 1º da Lei nº 10.048, de 8 de novembro de 2000, passa a vigorar com a seguinte redação:

"Art. 1º As pessoas portadoras de deficiência, os idosos com idade igual ou superior a sessenta anos, as gestantes, as lactantes e as pessoas acompanhadas por crianças de colo terão atendimento prioritário, nos termos desta Lei."

Art. 115. O Orçamento da Seguridade Social destinará ao Fundo Nacional de Assistência Social, até que o Fundo Nacional do Idoso seja criado, os recursos necessários, em cada exercício financeiro, para aplicação em programas e ações relativos ao idoso.

Art. 116. Serão incluídos nos censos demográficos dados relativos à população idosa do País.

Art. 117. O Poder Executivo encaminhará ao Congresso Nacional projeto de lei revendo os critérios de concessão do Benefício de Prestação Continuada previsto na Lei Orgânica da Assistência Social, de forma a garantir que o acesso ao direito seja condizente com o estágio de desenvolvimento socioeconômico alcançado pelo País.

Art. 118. Esta Lei entra em vigor decorridos 90 (noventa) dias da sua publicação, ressalvado o disposto no *caput* do art. 36, que vigorará a partir de 1º de janeiro de 2004.

Brasília, 1º de outubro de 2003;
182º da Independência e
115º da República.

Luiz Inácio Lula da Silva

LEI Nº 10.744, DE 9 DE OUTUBRO DE 2003

Dispõe sobre a assunção, pela União, de responsabilidades civis perante terceiros no caso de atentados terroristas, atos de guerra ou eventos correlatos, contra aeronaves de matrícula brasileira operadas por empresas brasileiras de transporte aéreo público, excluídas as empresas de táxi aéreo.

► Publicada no *DOU* de 10-10-2003.

Art. 1º Fica a União autorizada, na forma e critérios estabelecidos pelo Poder Executivo, a assumir despesas de responsabilidades civis perante terceiros na hipótese da ocorrência de danos a bens e pessoas, passageiros ou não, provocados por atentados terroristas, atos de guerra ou eventos correlatos, ocorridos no Brasil ou no exterior, contra aeronaves de matrícula brasileira operadas por empresas brasileiras de transporte aéreo público, excluídas as empresas de táxi aéreo.

§ 1º O montante global das despesas de responsabilidades civis referidas no *caput* fica limitado ao equivalente em reais a US$ 1,000,000,000.00 (um bilhão de dólares dos Estados Unidos da América) para o total dos eventos contra aeronaves de matrícula brasileira operadas por empresas brasileiras de transporte aéreo público, excluídas as empresas de táxi aéreo.

§ 2º As despesas de responsabilidades civis perante terceiros, na hipótese da ocorrência de danos a pessoas de que trata o *caput* deste artigo, estão limitadas exclusivamente à reparação de danos corporais, doenças, morte ou invalidez sofridos em decorrência dos atos referidos no *caput* deste artigo, excetuados, dentre outros, os danos morais, ofensa à honra, ao afeto, à liberdade, à profissão, ao respeito aos mortos, à psique, à saúde, ao nome, ao crédito e ao bem-estar, sem necessidade da ocorrência de prejuízo econômico.

§ 3º Entende-se por atos de guerra qualquer guerra, invasão, atos inimigos estrangeiros, hostilidades com ou sem guerra declarada, guerra civil, rebelião, revolução, insurreição, lei marcial, poder militar ou usurpado ou tentativas para usurpação do poder.

§ 4º Entende-se por ato terrorista qualquer ato de uma ou mais pessoas, sendo ou não agentes de um poder soberano, com fins políticos ou terroristas, seja a perda ou dano dele resultante acidental ou intencional.

§ 5º Os eventos correlatos, a que se refere o *caput* deste artigo, incluem greves, tumultos, comoções civis, distúrbios trabalhistas, ato malicioso, ato de sabotagem, confisco, nacionalização, apreensão, sujeição, detenção, apropriação, sequestro ou qualquer apreensão ilegal ou exercício indevido de controle da aeronave ou da tripulação em voo por parte de qualquer pessoa ou pessoas a bordo da aeronave sem consentimento do explorador.

Art. 2º Caberá ao Ministro de Estado da Fazenda definir as normas para a operacionalização da assunção de que trata esta Lei, segundo disposições a serem estabelecidas pelo Poder Executivo.

Art. 3º Caberá ao Ministro de Estado da Defesa, ouvidos os órgãos competentes, atestar que a despesa a que se refere o art. 1º desta Lei ocorreu em virtude de atentados terroristas, atos de guerra ou eventos correlatos.

Art. 4º Fica o Poder Executivo autorizado a fixar critérios de suspensão e cancelamento da assunção a que se refere esta Lei.

Art. 5º Fica a União autorizada a emitir títulos de responsabilidade do Tesouro Nacional, cujas características serão definidas pelo Ministro de Estado da Fazenda, para atender eventuais despesas de responsabilidades civis perante terceiros na hipótese da ocorrência de danos a bens e pessoas, passageiros ou não, provocados por atentados terroristas, atos de guerra ou eventos correlatos, contra aeronaves de matrícula brasileira operadas por empresas brasileiras de transporte aéreo público, excluídas as empresas de táxi aéreo.

Art. 6º A União ficará sub-rogada, em todos os direitos decorrentes dos pagamentos efetuados, contra aqueles que, por ato, fato ou omissão tenham causado os prejuízos pagos pela União ou tenham para eles concorrido, obrigando-se a empresa aérea ou o beneficiário a fornecer os meios necessários ao exercício dessa sub-rogação.

Art. 7º Na hipótese de haver diferença positiva, em favor de empresa aérea, entre o valor pago a título de cobertura de seguros até 10 de setembro de 2001 e o valor pago a mesmo título após aquela data, deverá aquela diferença ser recolhida ao Tesouro Nacional como condição para a efetivação da assunção de despesas a que se refere o art. 1º desta Lei.

Art. 8º O art. 2º da Lei nº 9.825, de 23 de agosto de 1999, passa a ter a seguinte redação:

> "Art. 2º A receita a que se refere o art. 1º desta Lei destinar-se-á à amortização da dívida pública mobiliária federal.
>
> Parágrafo único. A receita a que se refere o *caput* deste artigo poderá ser destinada para atender eventuais despesas de responsabilidades civis perante terceiros na hipótese da ocorrência de danos a bens e pessoas, passageiros ou não, provocados por atentados terroristas, atos de guerra ou eventos correlatos, contra aeronaves de matrícula brasileira operadas por empresas brasileiras de transporte aéreo público, excluídas as empresas de táxi aéreo."

Art. 9º Esta Lei entra em vigor na data de sua publicação.

Art. 10. Fica revogada a Lei nº 10.605, de 18 de dezembro de 2002.

Congresso Nacional, em 9 de outubro de 2003;
182º da Independência e
115º da República.

José Sarney

LEI Nº 10.931, DE 2 DE AGOSTO DE 2004

Dispõe sobre o patrimônio de afetação de incorporações imobiliárias, Letra de Crédito Imobiliário, Cédula de Crédito Imobiliário, Cédula de Crédito Bancário, altera o Decreto-Lei nº 911, de 1º de outubro de 1969, as Leis nº 4.591, de 16 de dezembro de 1964, nº 4.728, de 14 de julho de 1965, e nº 10.406, de 10 de janeiro de 2002, e dá outras providências.

► Publicada no *DOU* de 3-8-2004.

CAPÍTULO I
DO REGIME ESPECIAL TRIBUTÁRIO DO PATRIMÔNIO DE AFETAÇÃO

Art. 1º Fica instituído o regime especial de tributação aplicável às incorporações imobiliárias, em caráter opcional e irretratável enquanto perdurarem direitos de crédito ou obrigações do incorporador junto aos adquirentes dos imóveis que compõem a incorporação.

Art. 2º A opção pelo regime especial de tributação de que trata o art. 1º será efetivada quando atendidos os seguintes requisitos:

I – entrega do termo de opção ao regime especial de tributação na unidade competente da Secretaria da Receita Federal, conforme regulamentação a ser estabelecida; e

II – afetação do terreno e das acessões objeto da incorporação imobiliária, conforme disposto nos arts. 31-A a 31-E da Lei nº 4.591, de 16 de dezembro de 1964.

Art. 3º O terreno e as acessões objeto da incorporação imobiliária sujeitos ao regime especial de tributação, bem como os demais bens e direitos a ela vinculados, não responderão por dívidas tributárias da incorporadora relativas ao Imposto de Renda das Pessoas Jurídicas – IRPJ, à Contribuição Social sobre o Lucro Líquido – CSLL, à Contribuição para o Financiamento da Seguridade Social – COFINS e à Contribuição para os Programas de Integração Social e de Formação do Patrimônio do Servidor Público – PIS/PASEP, exceto aquelas calculadas na forma do art. 4º sobre as receitas auferidas no âmbito da respectiva incorporação.

Parágrafo único. O patrimônio da incorporadora responderá pelas dívidas tributárias da incorporação afetada.

Art. 4º Para cada incorporação submetida ao regime especial de tributação, a incorporadora ficará sujeita ao pagamento equivalente a 4% (quatro por cento) da receita mensal recebida, o qual corresponderá ao pagamento mensal unificado do seguinte imposto e contribuições:

▸ *Caput* com a redação dada pela Lei nº 12.844, de 19-7-2013.

I – Imposto de Renda das Pessoas Jurídicas – IRPJ;

II – Contribuição para os Programas de Integração Social e de Formação do Patrimônio do Servidor Público – PIS/PASEP;

III – Contribuição Social sobre o Lucro Líquido – CSLL; e

IV – Contribuição para Financiamento da Seguridade Social – COFINS.

§ 1º Para fins do disposto no *caput*, considera-se receita mensal a totalidade das receitas auferidas pela incorporadora na venda das unidades imobiliárias que compõem a incorporação, bem como as receitas financeiras e variações monetárias decorrentes desta operação.

§ 2º O pagamento dos tributos e contribuições na forma do disposto no *caput* deste artigo será considerado definitivo, não gerando, em qualquer hipótese, direito à restituição ou à compensação com o que for apurado pela incorporadora.

▸ § 2º com a redação dada pela Lei nº 11.196, de 21-11-2005.

§ 3º As receitas, custos e despesas próprios da incorporação sujeita a tributação na forma deste artigo não deverão ser computados na apuração das bases de cálculo dos tributos e contribuições de que trata o *caput* deste artigo devidos pela incorporadora em virtude de suas outras atividades empresariais, inclusive incorporações não afetadas.

§ 4º Para fins do disposto no § 3º deste artigo, os custos e despesas indiretos pagos pela incorporadora no mês serão apropriados a cada incorporação na mesma proporção representada pelos custos diretos próprios da incorporação, em relação ao custo direto total da incorporadora, assim entendido como a soma de todos os custos diretos de todas as incorporações e o de outras atividades exercidas pela incorporadora.

§ 5º A opção pelo regime especial de tributação obriga o contribuinte a fazer o recolhimento dos tributos, na forma do *caput* deste artigo, a partir do mês da opção.

▸ §§ 3º a 5º acrescidos pela Lei nº 11.196, de 21-11-2005.

§ 6º Para os projetos de incorporação de imóveis residenciais de interesse social cuja construção tenha sido iniciada ou contratada a partir de 31 de março de 2009, o percentual correspondente ao pagamento unificado dos tributos de que trata o *caput* deste artigo será equivalente a 1% (um por cento) da receita mensal recebida, desde que, até 31 de dezembro de 2018, a incorporação tenha sido registrada no cartório de imóveis competente ou tenha sido assinado o contrato de construção.

▸ § 6º com a redação dada pela Lei nº 13.970, de 27-12-2019.

§ 7º Para efeito do disposto no § 6º, consideram-se projetos de incorporação de imóveis de interesse social os destinados à construção de unidades residenciais de valor de até R$ 100.000,00 (cem mil reais) no âmbito do Programa Minha Casa, Minha Vida, de que trata a Lei nº 11.977, de 7 de julho de 2009.

▸ § 7º com a redação dada pela Lei nº 12.767, de 27-12-2012.

§ 8º As condições para utilização do benefício de que trata o § 6º serão definidas em regulamento.

▸ § 8º com a redação dada pela Lei nº 12.024, de 27-8-2009.

Art. 5º O pagamento unificado de impostos e contribuições efetuado na forma do art. 4º deverá ser feito até o 20º (vigésimo) dia do mês subsequente àquele em que houver sido auferida a receita.

▸ *Caput* com a redação dada pela Lei nº 12.024, de 27-8-2009.

Parágrafo único. Para fins do disposto no *caput*, a incorporadora deverá utilizar, no Documento de Arrecadação de Receitas Federais – DARF, o número específico de inscrição da incorporação no Cadastro Nacional das Pessoas Jurídicas – CNPJ e código de arrecadação próprio.

Art. 6º Os créditos tributários devidos pela incorporadora na forma do disposto no art. 4º não poderão ser objeto de parcelamento.

Art. 7º O incorporador fica obrigado a manter escrituração contábil segregada para cada incorporação submetida ao regime especial de tributação.

Art. 8º Para fins de repartição de receita tributária e do disposto no § 2º do art. 4º, o percentual de 4% (quatro por cento) de que trata o *caput* do art. 4º será considerado:

▸ *Caput* com a redação dada pela Lei nº 12.844, de 19-7-2013.

I – 1,71% (um inteiro e setenta e um centésimos por cento) como COFINS;

II – 0,37% (trinta e sete centésimos por cento) como Contribuição para o PIS/PASEP;

III – 1,26% (um inteiro e vinte e seis centésimos por cento) como IRPJ; e

IV – 0,66% (sessenta e seis centésimos por cento) como CSLL.

▸ Incisos I a IV com a redação dada pela Lei nº 12.844, de 19-7-2013.

Parágrafo único. O percentual de 1% (um por cento) de que trata o § 6º do art. 4º será considerado para os fins do *caput*:

I – 0,44% (quarenta e quatro centésimos por cento) como COFINS;

II – 0,09% (nove centésimos por cento) como Contribuição para o PIS/PASEP;

III – 0,31% (trinta e um centésimos por cento) como IRPJ; e

IV – 0,16% (dezesseis centésimos por cento) como CSLL.

▸ Parágrafo único com a redação dada pela Lei nº 12.024, de 27-8-2009.

Art. 9º Perde eficácia a deliberação pela continuação da obra a que se refere o § 1º do art. 31-F da Lei nº 4.591, de 1964, bem como os efeitos do regime de afetação instituídos por esta Lei, caso não se verifique o pagamento das obrigações tributárias, previdenciárias e trabalhistas, vinculadas ao respectivo patrimônio de afetação, cujos fatos geradores tenham ocorrido até a data da decretação da falência, ou insolvência do incorporador, as quais deverão ser pagas pelos adquirentes em até um ano daquela deliberação, ou até a data da concessão do habite-se, se esta ocorrer em prazo inferior.

Art. 10. O disposto no art. 76 da Medida Provisória nº 2.158-35, de 24 de agosto de 2001, não se aplica ao patrimônio de afetação de incorporações imobiliárias definido pela Lei nº 4.591, de 1964.

Art. 11. *Revogado.* Lei nº 11.196, de 21-11-2005.

Art. 11-A. O regime especial de tributação previsto nesta Lei será aplicado até o recebimento integral do valor das vendas de todas as unidades que compõem o memorial de incorporação registrado no cartório de imóveis competente, independentemente da data de sua comercialização, e, no caso de contratos de construção, até o recebimento integral do valor do respectivo contrato.

► Art. 11-A acrescido pela Lei nº 13.970, de 27-12-2019.

CAPÍTULO II

DA LETRA DE CRÉDITO IMOBILIÁRIO

Art. 12. Os bancos comerciais, os bancos múltiplos com carteira de crédito imobiliário, a Caixa Econômica Federal, as sociedades de crédito imobiliário, as associações de poupança e empréstimo, as companhias hipotecárias e demais espécies de instituições que, para as operações a que se refere este artigo, venham a ser expressamente autorizadas pelo Banco Central do Brasil, poderão emitir, independentemente de tradição efetiva, Letra de Crédito Imobiliário – LCI, lastreada por créditos imobiliários garantidos por hipoteca ou por alienação fiduciária de coisa imóvel, conferindo aos seus tomadores direito de crédito pelo valor nominal, juros e, se for o caso, atualização monetária nelas estipulados.

§ 1º A LCI será emitida sob a forma nominativa, podendo ser transferível mediante endosso em preto, e conterá:

I – o nome da instituição emitente e as assinaturas de seus representantes;

II – o número de ordem, o local e a data de emissão;

III – a denominação "Letra de Crédito Imobiliário";

IV – o valor nominal e a data de vencimento;

V – a forma, a periodicidade e o local de pagamento do principal, dos juros e, se for o caso, da atualização monetária;

VI – os juros, fixos ou flutuantes, que poderão ser renegociáveis, a critério das partes;

VII – a identificação dos créditos caucionados e seu valor;

VIII – o nome do titular; e

IX – cláusula à ordem, se endossável.

§ 2º A LCI poderá ser emitida sob a forma escritural, por meio do lançamento em sistema eletrônico do emissor, e deverá ser registrada ou depositada em entidade autorizada pelo Banco Central do Brasil a exercer a atividade de registro ou de depósito centralizado de ativos financeiros.

► § 2º com a redação dada pela Lei nº 13.986, de 7-4-2020.

Art. 13. A LCI poderá ser atualizada mensalmente por índice de preços, desde que emitida com prazo mínimo de trinta e seis meses.

Parágrafo único. É vedado o pagamento dos valores relativos à atualização monetária apropriados desde a emissão, quando ocorrer o resgate antecipado, total ou parcial, em prazo inferior ao estabelecido neste artigo, da LCI emitida com previsão de atualização mensal por índice de preços.

Art. 14. A LCI poderá contar com garantia fidejussória adicional de instituição financeira.

Art. 15. A LCI poderá ser garantida por um ou mais créditos imobiliários, mas a soma do principal das LCI emitidas não poderá exceder o valor total dos créditos imobiliários em poder da instituição emitente.

§ 1º A LCI não poderá ter prazo de vencimento superior ao prazo de quaisquer dos créditos imobiliários que lhe servem de lastro.

§ 2º O crédito imobiliário caucionado poderá ser substituído por outro crédito da mesma natureza por iniciativa do emitente da LCI, nos casos de liquidação ou vencimento antecipados do crédito, ou por solicitação justificada do credor da letra.

Art. 16. O endossante da LCI responderá pela veracidade do título, mas contra ele não será admitido direito de cobrança regressiva.

Art. 17. O Conselho Monetário Nacional poderá estabelecer o prazo mínimo e outras condições para emissão e resgate de LCI, observado o disposto no art. 13 desta Lei, podendo inclusive diferenciar tais condições de acordo com o tipo de indexador adotado contratualmente.

► Artigo com a redação dada pela Lei nº 13.097, de 19-1-2015.

CAPÍTULO III

DA CÉDULA DE CRÉDITO IMOBILIÁRIO

Art. 18. É instituída a Cédula de Crédito Imobiliário – CCI para representar créditos imobiliários.

§ 1º A CCI será emitida pelo credor do crédito imobiliário e poderá ser integral, quando representar a totalidade do crédito, ou fracionária, quando representar parte dele, não podendo a soma das CCI fracionárias emitidas em relação a cada crédito exceder o valor total do crédito que elas representam.

§ 2º As CCI fracionárias poderão ser emitidas simultaneamente ou não, a qualquer momento antes do vencimento do crédito que elas representam.

§ 3º A CCI poderá ser emitida com ou sem garantia, real ou fidejussória, sob a forma escritural ou cartular.

§ 4º A emissão da CCI sob a forma escritural ocorrerá por meio de escritura pública ou instrumento particular, que permanecerá custodiado em instituição financeira.

► § 4º com a redação dada pela Lei nº 13.986, de 7-4-2020.

§ 4º-A. A negociação da CCI emitida sob forma escritural ou a substituição da instituição custodiante de que trata o § 4º deste artigo será precedida de registro ou depósito em entidade autorizada pelo Banco Central do Brasil a exercer a atividade de registro ou de depósito centralizado de ativos financeiros.

§ 4º-B. O Conselho Monetário Nacional poderá estabelecer as condições para o registro e o depósito centralizado de CCI e a obrigatoriedade de depósito da CCI em entidade autorizada pelo Banco Central do Brasil a exercer a atividade de depósito centralizado de ativos financeiros.

§ 4º-C. Na hipótese de a CCI ser liquidada antes de ser negociada, a instituição custodiante declarará a inexistência do registro ou do depósito de que trata o § 4º-A deste artigo, para fins do disposto no art. 24 desta Lei.

► §§ 4º-A a 4º-C acrescidos pela Lei nº 13.986, de 7-4-2020.

§ 5º Sendo o crédito imobiliário garantido por direito real, a emissão da CCI será averbada no Registro de Imóveis da situação do imóvel, na respectiva matrícula, devendo dela constar, exclusivamente, o número, a série e a instituição custodiante.

§ 6º A averbação da emissão da CCI e o registro da garantia do crédito respectivo, quando solicitados simultaneamente, serão considerados como ato único para efeito de cobrança de emolumentos.

§ 7º A constrição judicial que recaia sobre crédito representado por CCI será efetuada nos registros da instituição custodiante ou mediante apreensão da respectiva cártula.

§ 8º O credor da CCI deverá ser imediatamente intimado de constrição judicial que recaia sobre a garantia real do crédito imobiliário representado por aquele título.

§ 9º No caso de CCI emitida sob a forma escritural, caberá à instituição custodiante identificar o credor, para o fim da intimação prevista no § 8º.

Art. 19. A CCI deverá conter:

I – a denominação "Cédula de Crédito Imobiliário", quando emitida cartularmente;

II – o nome, a qualificação e o endereço do credor e do devedor e, no caso de emissão escritural, também o do custodiante;

III – a identificação do imóvel objeto do crédito imobiliário, com a indicação da respectiva matrícula no Registro de Imóveis competente e do registro da constituição da garantia, se for o caso;

IV – a modalidade da garantia, se for o caso;

V – o número e a série da cédula;

VI – o valor do crédito que representa;

VII – a condição de integral ou fracionária e, nessa última hipótese, também a indicação da fração que representa;

VIII – o prazo, a data de vencimento, o valor da prestação total, nela incluídas as parcelas de amortização e juros, as taxas, seguros e demais encargos contratuais de responsabilidade do devedor, a forma de reajuste e o valor das multas previstas contratualmente, com a indicação do local de pagamento;

IX – o local e a data da emissão;

X – a assinatura do credor, quando emitida cartularmente;

XI – a autenticação pelo Oficial do Registro de Imóveis competente, no caso de contar com garantia real; e

XII – cláusula à ordem, se endossável.

Art. 20. A CCI é título executivo extrajudicial, exigível pelo valor apurado de acordo com as cláusulas e condições pactuadas no contrato que lhe deu origem.

Parágrafo único. O crédito representado pela CCI será exigível mediante ação de execução, ressalvadas as hipóteses em que a lei determine procedimento especial, judicial ou extrajudicial para satisfação do crédito e realização da garantia.

Art. 21. A emissão e a negociação de CCI independe de autorização do devedor do crédito imobiliário que ela representa.

Art. 22. A cessão do crédito representado por CCI poderá ocorrer por meio de sistema de entidade autorizada pelo Banco Central do Brasil a exercer a atividade de depósito centralizado de ativos financeiros na qual a CCI tenha sido depositada.

► *Caput* com a redação dada pela Lei nº 13.986, de 7-4-2020.

§ 1º A cessão do crédito representado por CCI implica automática transmissão das respectivas garantias ao cessionário, sub-rogando-o em todos os direitos representados pela cédula, ficando o cessionário, no caso de contrato de alienação fiduciária, investido na propriedade fiduciária.

§ 2º A cessão de crédito garantido por direito real, quando representado por CCI emitida sob a forma escritural, está dispensada de averbação no Registro de Imóveis, aplicando-se, no que esta Lei não contrarie, o disposto nos arts. 286 e seguintes da Lei nº 10.406, de 10 de janeiro de 2002 – Código Civil Brasileiro.

Art. 23. A CCI, objeto de securitização nos termos da Lei nº 9.514, de 20 de novembro de 1997, será identificada no respectivo Termo de Securitização de Créditos, mediante indicação do seu valor, número, série e instituição custodiante, dispensada a enunciação das informações já constantes da Cédula, ou nos controles das entidades mencionadas no § 4º-A do art. 18 desta Lei.

► *Caput* com a redação dada pela Lei nº 13.986, de 7-4-2020.

Parágrafo único. O regime fiduciário de que trata a Seção VI do Capítulo I da Lei nº 9.514, de 1997, no caso de emissão de Certificados de Recebíveis Imobiliários lastreados em créditos representados por CCI, será registrado na instituição custodiante, mencionando o patrimônio separado a que estão afetados, não se aplicando o disposto no parágrafo único do art. 10 da mencionada Lei.

Art. 24. O resgate da dívida representada pela CCI prova-se com a declaração de quitação, emitida pelo credor, ou, na falta desta, por outros meios admitidos em direito.

Art. 25. É vedada a averbação da emissão de CCI com garantia real quando houver prenotação ou registro de qualquer outro ônus real sobre os direitos imobiliários respectivos, inclusive penhora ou averbação de qualquer mandado ou ação judicial.

CAPÍTULO IV
DA CÉDULA DE CRÉDITO BANCÁRIO

Art. 26. A Cédula de Crédito Bancário é título de crédito emitido, por pessoa física ou jurídica, em favor de instituição financeira ou de entidade a esta equiparada, representando promessa de pagamento em dinheiro, decorrente de operação de crédito, de qualquer modalidade.

§ 1º A instituição credora deve integrar o Sistema Financeiro Nacional, sendo admitida a emissão da Cédula de Crédito Bancário em favor de instituição domiciliada no exterior, desde que a obrigação esteja sujeita exclusivamente à lei e ao foro brasileiros.

§ 2º A Cédula de Crédito Bancário em favor de instituição domiciliada no exterior poderá ser emitida em moeda estrangeira.

Art. 27. A Cédula de Crédito Bancário poderá ser emitida, com ou sem garantia, real ou fidejussória, cedularmente constituída.

Parágrafo único. A garantia constituída será especificada na Cédula de Crédito Bancário, observadas as disposições deste Capítulo e, no que não forem com elas conflitantes, as da legislação comum ou especial aplicável.

Art. 27-A. A Cédula de Crédito Bancário poderá ser emitida sob a forma escritural, por meio do lançamento em sistema eletrônico de escrituração.

Parágrafo único. O sistema eletrônico de escrituração de que trata o *caput* deste artigo será mantido em instituição financeira ou em outra entidade autorizada pelo Banco Central do Brasil a exercer a atividade de escrituração eletrônica.

Art. 27-B. Compete ao Banco Central do Brasil:

I – estabelecer as condições para o exercício da atividade de escrituração eletrônica de que trata o parágrafo único do art. 27-A desta Lei; e

II – autorizar e supervisionar o exercício da atividade prevista no inciso I do *caput* deste artigo.

§ 1º A autorização de que trata o parágrafo único do art. 27-A desta Lei poderá, a critério do Banco Central do Brasil, ser concedida por segmento, por espécie ou por grupos de entidades que atendam a critérios específicos, dispensada a concessão de autorização individualizada.

§ 2º As infrações às normas legais e regulamentares que regem a atividade de escrituração eletrônica sujeitam a entidade responsável pelo sistema eletrônico de escrituração, os seus administradores e os membros de seus órgãos estatutários ou contratuais ao disposto na Lei nº 13.506, de 13 de novembro de 2017.

Art. 27-C. A entidade responsável pelo sistema eletrônico de escrituração de que trata o art. 27-A desta Lei expedirá, mediante solicitação de seu titular, certidão de inteiro teor do título, a qual corresponderá a título executivo extrajudicial.

Parágrafo único. A certidão de que trata o *caput* deste artigo poderá ser emitida na forma eletrônica, observados os requisitos de segurança que garantam a autenticidade e a integridade do documento.

Art. 27-D. O Banco Central do Brasil poderá regulamentar a emissão, a assinatura, a negociação e a liquidação da Cédula de Crédito Bancário emitida sob a forma escritural.

► Arts. 27-A a 27-D acrescidos pela Lei nº 13.986, de 7-4-2020.

Art. 28. A Cédula de Crédito Bancário é título executivo extrajudicial e representa dívida em dinheiro, certa, líquida e exigível, seja pela soma nela indicada, seja pelo saldo devedor demonstrado em planilha de cálculo, ou nos extratos da conta-corrente, elaborados conforme previsto no § 2º.

§ 1º Na Cédula de Crédito Bancário poderão ser pactuados:

I – os juros sobre a dívida, capitalizados ou não, os critérios de sua incidência e, se for o caso, a periodicidade de sua capitalização, bem como as despesas e os demais encargos decorrentes da obrigação;

II – os critérios de atualização monetária ou de variação cambial como permitido em lei;

III – os casos de ocorrência de mora e de incidência das multas e penalidades contratuais, bem como as hipóteses de vencimento antecipado da dívida;

IV – os critérios de apuração e de ressarcimento, pelo emitente ou por terceiro garantidor, das despesas de cobrança da dívida e dos honorários advocatícios, judiciais ou extrajudiciais, sendo que os honorários advocatícios extrajudiciais não poderão superar o limite de dez por cento do valor total devido;

V – quando for o caso, a modalidade de garantia da dívida, sua extensão e as hipóteses de substituição de tal garantia;

VI – as obrigações a serem cumpridas pelo credor;

VII – a obrigação do credor de emitir extratos da conta-corrente ou planilhas de cálculo da dívida, ou de seu saldo devedor, de acordo com os critérios estabelecidos na própria Cédula de Crédito Bancário, observado o disposto no § 2º; e

VIII – outras condições de concessão do crédito, suas garantias ou liquidação, obrigações adicionais do emitente ou do terceiro garantidor da obrigação, desde que não contrariem as disposições desta Lei.

§ 2º Sempre que necessário, a apuração do valor exato da obrigação, ou de seu saldo devedor, representado pela Cédula de Crédito Bancário, será feita pelo credor, por meio de planilha de cálculo e, quando for o caso, de extrato emitido pela instituição financeira, em favor da qual a Cédula de Crédito Bancário foi originalmente emitida, documentos esses que integrarão a Cédula, observado que:

I – os cálculos realizados deverão evidenciar de modo claro, preciso e de fácil entendimento e compreensão, o valor principal da dívida, seus encargos e despesas contratuais devidos, a parcela de juros e os critérios de sua incidência, a parcela de atualização monetária ou cambial, a parcela correspondente a multas e demais penalidades contratuais, as despesas de cobrança e de honorários advocatícios devidos até a data do cálculo e, por fim, o valor total da dívida; e

II – a Cédula de Crédito Bancário representativa de dívida oriunda de contrato de abertura de crédito bancário em conta-corrente será emitida pelo valor total do crédito posto à disposição do emitente, competindo ao credor, nos termos deste parágrafo, discriminar nos extratos da conta-corrente ou nas planilhas de cálculo, que serão anexados à Cédula, as parcelas utilizadas do crédito aberto, os aumentos do limite do crédito inicialmente concedido, as eventuais amortizações da dívida e a incidência dos encargos nos vários períodos de utilização do crédito aberto.

§ 3º O credor que, em ação judicial, cobrar o valor do crédito exequendo em desacordo com o expresso na Cédula de Crédito Bancário, fica obrigado a pagar ao devedor o dobro do cobrado a maior, que poderá ser compensado na própria ação, sem prejuízo da responsabilidade por perdas e danos.

Art. 29. A Cédula de Crédito Bancário deve conter os seguintes requisitos essenciais:

I – a denominação "Cédula de Crédito Bancário";

II – a promessa do emitente de pagar a dívida em dinheiro, certa, líquida e exigível no seu vencimento ou, no caso de dívida oriunda de contrato de abertura de crédito bancário, a promessa do emitente de pagar a dívida em dinheiro, certa, líquida e exigível, correspondente ao crédito utilizado;

III – a data e o lugar do pagamento da dívida e, no caso de pagamento parcelado, as datas e os valores de cada prestação, ou os critérios para essa determinação;

IV – o nome da instituição credora, podendo conter cláusula à ordem;

V – a data e o lugar de sua emissão; e

VI – a assinatura do emitente e, se for o caso, do terceiro garantidor da obrigação, ou de seus respectivos mandatários.

§ 1º A Cédula de Crédito Bancário será transferível mediante endosso em preto, ao qual se aplicarão, no que couberem, as normas do direito cambiário, caso em que o endossatário, mesmo não sendo instituição financeira ou entidade a ela equiparada, poderá exercer todos os direitos por ela conferidos, inclusive cobrar os juros e demais encargos na forma pactuada na Cédula.

§ 2º Na hipótese de emissão sob a forma cartular, a Cédula de Crédito Bancário será emitida em tantas vias quantas forem as partes que nela intervierem, assinadas pelo emitente e pelo terceiro garantidor, se houver, ou por seus respectivos mandatários, e cada parte receberá uma via.

► § 2º com a redação dada pela Lei nº 13.986, de 7-4-2020.

§ 3º Somente a via do credor será negociável, devendo constar nas demais vias a expressão "não negociável".

§ 4º A Cédula de Crédito Bancário pode ser aditada, retificada e ratificada mediante documento escrito, datado, com os requisitos previstos no *caput*, passando esse documento a integrar a Cédula para todos os fins.

§ 5º A assinatura de que trata o inciso VI do *caput* deste artigo poderá ocorrer sob a forma eletrônica, desde que garantida a identificação inequívoca de seu signatário.

► § 5º acrescido pela Lei nº 13.986, de 7-4-2020.

Art. 30. A constituição de garantia da obrigação representada pela Cédula de Crédito Bancário é disciplinada por esta Lei, sendo aplicáveis as disposições da legislação comum ou especial que não forem com ela conflitantes.

Art. 31. A garantia da Cédula de Crédito Bancário poderá ser fidejussória ou real, neste último caso constituída por bem patrimonial de qualquer espécie, disponível e alienável, móvel ou imóvel, material ou imaterial, presente ou futuro, fungível ou infungível, consumível ou não, cuja titularidade pertença ao próprio emitente ou a terceiro garantidor da obrigação principal.

Art. 32. A constituição da garantia poderá ser feita na própria Cédula de Crédito Bancário ou em documento separado, neste caso fazendo-se, na Cédula, menção a tal circunstância.

Art. 33. O bem constitutivo da garantia deverá ser descrito e individualizado de modo que permita sua fácil identificação.

Parágrafo único. A descrição e individualização do bem constitutivo da garantia poderá ser substituída pela remissão a documento ou certidão expedida por entidade competente, que integrará a Cédula de Crédito Bancário para todos os fins.

Art. 34. A garantia da obrigação abrangerá, além do bem principal constitutivo da garantia, todos os seus acessórios, benfeitorias de qualquer espécie, valorizações a qualquer título, frutos e qualquer bem vinculado ao bem principal por acessão física, intelectual, industrial ou natural.

§ 1º O credor poderá averbar, no órgão competente para o registro do bem constitutivo da garantia, a existência de qualquer outro bem por ela abrangido.

§ 2º Até a efetiva liquidação da obrigação garantida, os bens abrangidos pela garantia não poderão, sem prévia autorização escrita do credor, ser alterados, retirados, deslocados ou destruídos, nem poderão ter sua destinação modificada, exceto quando a garantia for constituída por semoventes ou por veículos, automotores ou não, e a remoção ou o deslocamento desses bens for inerente à atividade do emitente da Cédula de Crédito Bancário, ou do terceiro prestador da garantia.

Art. 35. Os bens constitutivos de garantia pignoratícia ou objeto de alienação fiduciária poderão, a critério do credor, permanecer sob a posse direta do emitente ou do terceiro prestador da garantia, nos termos da cláusula de constituto possessório, caso em que as partes deverão especificar o local em que o bem será guardado e conservado até a efetiva liquidação da obrigação garantida.

§ 1º O emitente e, se for o caso, o terceiro prestador da garantia responderão solidariamente pela guarda e conservação do bem constitutivo da garantia.

§ 2º Quando a garantia for prestada por pessoa jurídica, esta indicará representantes para responder nos termos do § 1º.

Art. 36. O credor poderá exigir que o bem constitutivo da garantia seja coberto por seguro até a efetiva liquidação da obrigação garantida, em que o credor será indicado como exclusivo beneficiário da apólice securitária e estará autorizado a receber a indenização para liquidar ou amortizar a obrigação garantida.

Art. 37. Se o bem constitutivo da garantia for desapropriado, ou se for danificado ou perecer por fato imputável a terceiro, o credor sub-rogar-se-á no direito à indenização devida pelo expropriante ou pelo terceiro causador do dano, até o montante necessário para liquidar ou amortizar a obrigação garantida.

Art. 38. Nos casos previstos nos arts. 36 e 37 desta Lei, facultar-se-á ao credor exigir a substituição da garantia, ou o seu reforço, renunciando ao direito à percepção do valor relativo à indenização.

Art. 39. O credor poderá exigir a substituição ou o reforço da garantia, em caso de perda, deterioração ou diminuição de seu valor.

Parágrafo único. O credor notificará por escrito o emitente e, se for o caso, o terceiro garantidor, para que substituam ou reforcem a garantia no prazo de quinze dias, sob pena de vencimento antecipado da dívida garantida.

Art. 40. Nas operações de crédito rotativo, o limite de crédito concedido será recomposto, automaticamente e durante o prazo de vigência da Cédula de Crédito Bancário, sempre que o devedor, não estando em mora ou inadimplente, amortizar ou liquidar a dívida.

Art. 41. A Cédula de Crédito Bancário poderá ser protestada por indicação, desde que o credor apresente declaração de posse da sua única via negociável, inclusive no caso de protesto parcial.

Art. 42. A validade e eficácia da Cédula de Crédito Bancário não dependem de registro, mas as garantias reais, por ela constituídas, ficam sujeitas, para valer contra terceiros, aos registros ou averbações previstos na legislação aplicável, com as alterações introduzidas por esta Lei.

Art. 42-A. Na hipótese de Cédula de Crédito Bancário emitida sob a forma escritural, o sistema eletrônico de escrituração de que trata o art. 27-A desta Lei fará constar:

I – a emissão do título, com seus requisitos essenciais;

II – a forma de pagamento ajustada no título;

III – o endosso em preto de que trata o § 1º do art. 29 desta Lei e a cadeia de endossos, se houver;

IV – os aditamentos, as retificações e as ratificações de que trata o § 4º do art. 29 desta Lei;

V – a inclusão de notificações, de cláusulas contratuais, de informações, inclusive sobre o fracionamento, quando houver, ou de outras declarações referentes à Cédula de Crédito Bancário ou ao certificado de que trata o art. 43 desta Lei; e

VI – as ocorrências de pagamento, se houver.

§ 1º Na hipótese de serem constituídos garantias e quaisquer outros gravames e ônus, tais ocorrências serão informadas no sistema eletrônico de escrituração de que trata o art. 27-A desta Lei.

§ 2º As garantias dadas na Cédula de Crédito Bancário ou, ainda, a constituição de gravames e ônus sobre o título deverão ser informadas no sistema ao qual se refere o art. 27-A desta Lei.

Art. 42-B. Para fins da cobrança de emolumentos e custas cartorárias relacionadas ao registro da garantia, fica a Cédula de Crédito Bancário, quando utilizada para a formalização de operações de crédito rural, equiparada à Cédula de Crédito Rural de que trata o Dec.-lei nº 167, de 14 de fevereiro de 1967.

► Arts. 42-A e 42-B acrescidos pela Lei nº 13.986, de 7-4-2020.

Art. 43. As instituições financeiras, nas condições estabelecidas pelo Conselho Monetário Nacional, poderão emitir título representativo das Cédulas de Crédito Bancário por elas mantidas em custódia, do qual constarão:

► *Caput* com a redação dada pela Lei nº 13.986, de 7-4-2020.

I – o local e a data da emissão;

II – o nome e a qualificação do custodiante das Cédulas de Crédito Bancário;

► Inciso II com a redação dada pela Lei nº 13.986, de 7-4-2020.

III – a denominação "Certificado de Cédulas de Crédito Bancário";

IV – a especificação das cédulas custodiadas, o nome dos seus emitentes e o valor, o lugar e a data do pagamento do crédito por elas incorporado;

► Inciso IV com a redação dada pela Lei nº 13.986, de 7-4-2020.

V – o nome da instituição emitente;

VI – a declaração de que a instituição financeira, na qualidade e com as responsabilidades de custodiante e mandatária do titular do certificado, promoverá a cobrança das Cédulas de Crédito Bancário, e a declaração de que as cédulas custodiadas, o produto da cobrança do seu principal e os seus encargos serão entregues ao titular do certificado somente com a apresentação deste;

VII – o lugar da entrega do objeto da custódia; e

VIII – a remuneração devida à instituição financeira pela custódia das cédulas objeto da emissão do certificado, se convencionada.

► Incisos VI a VIII com a redação dada pela Lei nº 13.986, de 7-4-2020.

§ 1º A instituição financeira responderá pela origem e pela autenticidade das Cédulas de Crédito Bancário nela custodiadas.

► § 1º com a redação dada pela Lei nº 13.986, de 7-4-2020.

§ 2º Emitido o certificado, as Cédulas de Crédito Bancário e as importâncias recebidas pela instituição financeira a título de pagamento do principal e de encargos não poderão ser objeto de penhora, arresto, sequestro, busca e apreensão, ou qualquer outro embaraço que impeça a sua entrega ao titular do certificado, mas este poderá ser objeto de penhora, ou de qualquer medida cautelar por obrigação do seu titular.

§ 3º O certificado poderá ser emitido sob forma escritural, por meio do lançamento no sistema eletrônico de escrituração, hipótese em que se aplica, no que couber, com as devidas adaptações, o disposto nos arts. 27-A, 27-B, 27-C, 27-D e 42-A desta Lei.

§ 4º O certificado será transferido somente por meio de endosso, ainda que por intermédio de sistema eletrônico de escrituração, hipótese em que a transferência deverá ser datada e assinada por seu titular ou mandatário com poderes especiais e, na hipótese de certificado cartular, averbada na instituição financeira emitente, no prazo de 2 (dois) dias, contado da data do endosso.

► §§ 3º e 4º com a redação dada pela Lei nº 13.986, de 7-4-2020.

§ 5º As despesas e os encargos decorrentes da transferência e averbação do certificado serão suportados pelo endossatário ou cessionário, salvo convenção em contrário.

§ 6º O endossatário do certificado, ainda que não seja instituição financeira ou entidade a ela equiparada, fará *jus* a todos os direitos nele previstos, incluídos a cobrança de juros e os demais encargos.

§ 7º O certificado poderá representar:

I – uma única cédula;

II – um agrupamento de cédulas; ou

III – frações de cédulas.

§ 8º Na hipótese de que trata o inciso III do § 7º deste artigo, o certificado somente poderá representar frações de Cédulas de Crédito Bancário emitidas sob forma escritural, e essa informação deverá constar do sistema de que trata o § 3º deste artigo.

► §§ 6º a 8º acrescidos pela Lei nº 13.986, de 7-4-2020.

Art. 44. Aplica-se às Cédulas de Crédito Bancário, no que não contrariar o disposto nesta Lei, a legislação cambial, dispensado o protesto para garantir o direito de cobrança contra endossantes, seus avalistas e terceiros garantidores.

Art. 45. Os títulos de crédito e direitos creditórios, representados sob a forma escritural ou física, que tenham sido objeto de desconto, poderão ser admitidos a redesconto junto ao Banco Central do Brasil, observando-se as normas e instruções baixadas pelo Conselho Monetário Nacional.

§ 1º Os títulos de crédito e os direitos creditórios de que trata o *caput* considerar-se-ão transferidos, para fins de redesconto, à propriedade do Banco Central do Brasil, desde que inscritos em termo de tradição eletrônico constante do Sistema de Informações do Banco Central – SISBACEN, ou, ainda, no termo de tradição previsto no § 1º do art. 5º do Decreto nº 21.499, de 9 de junho de 1932, com a redação dada pelo art. 1º do Decreto nº 21.928, de 10 de outubro de 1932.

§ 2º Entendem-se inscritos nos termos de tradição referidos no § 1º os títulos de crédito e direitos creditórios neles relacionados e descritos, observando-se os requisitos, os critérios e as formas estabelecidas pelo Conselho Monetário Nacional.

§ 3º A inscrição produzirá os mesmos efeitos jurídicos do endosso, somente se aperfeiçoando com o recebimento, pela instituição financeira proponente do redesconto, de mensagem de aceitação do Banco Central do Brasil, ou, não sendo eletrônico o termo de tradição, após a assinatura das partes.

§ 4º Os títulos de crédito e documentos representativos de direitos creditórios, inscritos nos termos de tradição, poderão, a critério do Banco Central do Brasil, permanecer na posse direta da instituição financeira beneficiária do redesconto, que os guardará e conservará em depósito, devendo proceder, como comissária *del credere*, à sua cobrança judicial ou extrajudicial.

Art. 45-A. Para fins do disposto no § 1º do art. 2º da Lei nº 6.385, de 7 de dezembro de 1976, a Cédula de Crédito Bancário, o Certificado de Cédulas de Crédito Bancário e a Cédula de Crédito Imobiliário são títulos cambiais de responsabilidade de instituição financeira ou de entidade autorizada a funcionar pelo Banco Central do Brasil, desde que a instituição financeira ou a entidade:

I – seja titular dos direitos de crédito por eles representados;

II – preste garantia às obrigações por eles representadas; ou

III – realize, até a liquidação final dos títulos, o serviço de monitoramento dos fluxos de recursos entre credores e devedores e de eventuais inadimplementos.

► Art. 45-A acrescido pela Lei nº 13.986, de 7-4-2020.

CAPÍTULO V
DOS CONTRATOS DE FINANCIAMENTO DE IMÓVEIS

Art. 46. Nos contratos de comercialização de imóveis, de financiamento imobiliário em geral e nos de arrendamento mercantil de imóveis, bem como nos títulos e valores mobiliários por eles originados, com prazo mínimo de trinta e seis meses, é admitida estipulação de cláusula de reajuste, com periodicidade mensal, por índices de preços setoriais ou gerais ou pelo índice de remuneração básica dos depósitos de poupança.

§ 1º É vedado o pagamento dos valores relativos à atualização monetária apropriados nos títulos e valores mobiliários, quando ocorrer o resgate antecipado, total ou parcial, em prazo inferior ao estabelecido no *caput*.

§ 2º Os títulos e valores mobiliários a que se refere o *caput* serão cancelados pelo emitente na hipótese de resgate antecipado em que o prazo a decorrer for inferior a trinta e seis meses.

§ 3º Não se aplica o disposto no § 1º, no caso de quitação ou vencimento antecipados dos créditos imobiliários que lastreiem ou tenham originado a emissão dos títulos e valores mobiliários a que se refere o *caput*.

Art. 47. São nulos de pleno direito quaisquer expedientes que, de forma direta ou indireta, resultem em efeitos equivalentes à redução do prazo mínimo de que trata o *caput* do art. 46.

Parágrafo único. O Conselho Monetário Nacional poderá disciplinar o disposto neste artigo.

Art. 48. Fica vedada a celebração de contratos com cláusula de equivalência salarial ou de comprometimento de renda, bem como a inclusão de cláusulas desta espécie em contratos já firmados, mantidas, para os contratos firmados até a data de entrada em vigor da Medida Provisória nº 2.223, de 4 de setembro de 2001, as disposições anteriormente vigentes.

Art. 49. No caso do não pagamento tempestivo, pelo devedor, dos tributos e das taxas condominiais incidentes sobre o imóvel objeto do crédito imobiliário respectivo, bem como das parcelas mensais incontroversas de encargos estabelecidos no respectivo contrato e de quaisquer outros encargos que a lei imponha ao proprietário ou ao ocupante de imóvel, poderá o juiz, a requerimento do credor, determinar a cassação de medida liminar, de medida cautelar ou de antecipação dos efeitos da tutela que tenha interferido na eficácia de cláusulas do contrato de crédito imobiliário correspondente ou suspendido encargos dele decorrentes.

Art. 50. Nas ações judiciais que tenham por objeto obrigação decorrente de empréstimo, financiamento ou alienação imobiliários, o autor deverá discriminar na petição inicial, dentre as obrigações contratuais, aquelas que pretende controverter, quantificando o valor incontroverso, sob pena de inépcia.

§ 1º O valor incontroverso deverá continuar sendo pago no tempo e modo contratados.

§ 2º A exigibilidade do valor controvertido poderá ser suspensa mediante depósito do montante correspondente, no tempo e modo contratados.

§ 3º Em havendo concordância do réu, o autor poderá efetuar o depósito de que trata o § 2º deste artigo, com remuneração e atualização nas mesmas condições aplicadas ao contrato:

I – na própria instituição financeira credora, oficial ou não; ou

II – em instituição financeira indicada pelo credor, oficial ou não, desde que estes tenham pactuado nesse sentido.

§ 4º O juiz poderá dispensar o depósito de que trata o § 2º em caso de relevante razão de direito e risco de dano irreparável ao autor, por decisão fundamentada na qual serão detalhadas as razões jurídicas e fáticas da ilegitimidade da cobrança no caso concreto.

§ 5º É vedada a suspensão liminar da exigibilidade da obrigação principal sob a alegação de compensação com valores pagos a maior, sem o depósito do valor integral desta.

Art. 51. Sem prejuízo das disposições do Código Civil, as obrigações em geral também poderão ser garantidas, inclusive por terceiros, por cessão fiduciária de direitos creditórios decorrentes de contratos de alienação de imóveis, por caução de direitos creditórios ou aquisitivos decorrentes de contratos de venda ou promessa de venda de imóveis e por alienação fiduciária de coisa imóvel.

Art. 52. Uma vez protocolizados todos os documentos necessários à averbação ou ao registro dos atos e dos títulos a que se referem esta Lei e a Lei nº 9.514, de 1997, o oficial de Registro de Imóveis procederá ao registro ou à averbação, dentro do prazo de quinze dias.

CAPÍTULO VI
DISPOSIÇÕES FINAIS

Alterações da Lei de Incorporações

Art. 53. O Título II da Lei nº 4.591, de 16 de dezembro de 1964, passa a vigorar acrescido dos seguintes Capítulo e artigos:

► Alterações inseridas no texto da referida Lei.

Art. 54. A Lei nº 4.591, de 1964, passa a vigorar com as seguintes alterações:

► Alterações inseridas no texto da referida Lei.

Alterações de Leis sobre Alienação Fiduciária

Art. 55. A Seção XIV da Lei nº 4.728, de 14 de julho de 1965, passa a vigorar com a seguinte redação:

► Alterações inseridas no texto da referida Lei.

Art. 56. O Decreto-Lei nº 911, de 1º de outubro de 1969, passa a vigorar com as seguintes alterações:

► Alterações inseridas no texto da referida Lei.

Art. 57. A Lei nº 9.514, de 1997, passa a vigorar com as seguintes alterações:

► Alterações inseridas no texto da referida Lei.

Alterações no Código Civil

Art. 58. A Lei nº 10.406, de 2002 – Código Civil passa a vigorar com as seguintes alterações:

► Alterações inseridas no texto da referida Lei.

Alterações na Lei de Registros Públicos

Art. 59. A Lei nº 6.015, de 31 de dezembro de 1973, passa a vigorar com as seguintes alterações:

► Alterações inseridas no texto da referida Lei.

Alteração na Lei do FGTS

Art. 60. O *caput* do art. 9º da Lei nº 8.036, de 11 de maio de 1990, passa a vigorar com a seguinte redação:

"Art. 9º As aplicações com recursos do FGTS poderão ser realizadas diretamente pela Caixa Econômica Federal e pelos demais órgãos integrantes do Sistema Financeiro da Habitação – SFH, exclusivamente segundo critérios fixados pelo Conselho Curador do FGTS, em operações que preencham os seguintes requisitos:"

Alterações na Lei de Locações

Art. 61. A Lei nº 8.245, de 18 de outubro de 1991, passa a vigorar com as seguintes alterações:

► Alterações inseridas no texto da referida Lei.

Alterações na Lei de Protesto de Títulos e Documentos de Dívida

Art. 62. VETADO.

Normas Complementares a esta Lei

Art. 63. Nas operações envolvendo recursos do Sistema Financeiro da Habitação e do Sistema Financeiro Imobiliário, relacionadas com a moradia, é vedado cobrar do mutuário a elaboração de instrumento contratual particular, ainda que com força de escritura pública.

Art. 63-A. *Revogado.* Lei nº 13.476, de 28-8-2017.

Art. 64. VETADO.

Art. 65. O Conselho Monetário Nacional e a Secretaria da Receita Federal, no âmbito das suas respectivas atribuições, expedirão as instruções que se fizerem necessárias à execução das disposições desta Lei.

Vigência

Art. 66. Esta Lei entra em vigor na data de sua publicação.

Revogações

Art. 67. Ficam revogadas as Medidas Provisórias n°s 2.160-25, de 23 de agosto de 2001, 2.221, de 4 de setembro de 2001, e 2.223, de 4 de setembro de 2001, e os arts. 66 e 66-A da Lei nº 4.728, de 14 de julho de 1965.

Brasília, 2 de agosto de 2004;
183º da Independência e
116º da República.

Luiz Inácio Lula da Silva

LEI Nº 10.962, DE 11 DE OUTUBRO DE 2004

Dispõe sobre a oferta e as formas de afixação de preços de produtos e serviços para o consumidor.

► Publicada no *DOU* de 13-10-2004.

Art. 1º Esta Lei regula as condições de oferta e afixação de preços de bens e serviços para o consumidor.

Art. 2º São admitidas as seguintes formas de afixação de preços em vendas a varejo para o consumidor:

I – no comércio em geral, por meio de etiquetas ou similares afixados diretamente nos bens expostos à venda, e em vitrines, mediante divulgação do preço à vista em caracteres legíveis;

II – em autosserviços, supermercados, hipermercados, mercearias ou estabelecimentos comerciais onde o consumidor tenha acesso direto ao produto, sem intervenção do comerciante, mediante a impressão ou afixação do preço do produto na embalagem, ou a afixação de código referencial, ou ainda, com a afixação de código de barras;

III – no comércio eletrônico, mediante divulgação ostensiva do preço à vista, junto à imagem do produto ou descrição do serviço, em caracteres facilmente legíveis com tamanho de fonte não inferior a doze.

► Inciso III acrescido pela Lei nº 13.543, de 19-12-2017.

Parágrafo único. Nos casos de utilização de código referencial ou de barras, o comerciante deverá expor, de forma clara e legível, junto aos itens expostos, informação relativa ao preço à vista do produto, suas características e código.

Art. 2º-A Na venda a varejo de produtos fracionados em pequenas quantidades, o comerciante deverá informar, na etiqueta contendo o preço ou junto aos itens expostos, além do preço do produto à vista, o preço correspondente a uma das seguintes unidades fundamentais de medida: capacidade, massa, volume, comprimento ou área, de acordo com a forma habitual de comercialização de cada tipo de produto.

Parágrafo único. O disposto neste artigo não se aplica à comercialização de medicamentos.

► Art. 2º-A acrescido pela Lei nº 13.175, de 21-10-2015.

Art. 3º Na impossibilidade de afixação de preços conforme disposto no art. 2º, é permitido o uso de relações de preços dos produtos expostos, bem como dos serviços oferecidos, de forma escrita, clara e acessível ao consumidor.

Art. 4º Nos estabelecimentos que utilizem código de barras para apreçamento, deverão ser oferecidos equipamentos de leitura ótica para consulta de preço pelo consumidor, localizados na área de vendas e em outras de fácil acesso.

§ 1º O regulamento desta Lei definirá, observados, dentre outros critérios ou fatores, o tipo e o tamanho do estabelecimento e a quantidade e a diversidade dos itens de bens e serviços, a área máxima que deverá ser atendida por cada leitora ótica.

§ 2º Para os fins desta Lei, considera-se área de vendas aquela na qual os consumidores têm acesso às mercadorias e serviços oferecidos para consumo no varejo, dentro do estabelecimento.

Art. 5º No caso de divergência de preços para o mesmo produto entre os sistemas de informação de preços utilizados pelo estabelecimento, o consumidor pagará o menor dentre eles.

Art. 5º-A. O fornecedor deve informar, em local e formato visíveis ao consumidor, eventuais descontos oferecidos em função do prazo ou do instrumento de pagamento utilizado.

Parágrafo único. Aplicam-se às infrações a este artigo as sanções previstas na Lei nº 8.078, de 11 de setembro de 1990.

► Art. 5º-A acrescido pela Lei nº 13.455, de 26-6-2017.

Art. 6º VETADO.

Art. 7º Esta Lei entra em vigor na data de sua publicação.

Brasília, 11 de outubro de 2004;
183º da Independência e
116º da República.

Luiz Inácio Lula da Silva

LEI Nº 11.076, DE 30 DE DEZEMBRO DE 2004

Dispõe sobre o Certificado de Depósito Agropecuário – CDA, o Warrant Agropecuário – WA, o Certificado de Direitos Creditórios do Agronegócio – CDCA, a Letra de Crédito do Agronegócio – LCA e o Certificado de Recebíveis do Agronegócio – CRA, dá nova redação a dispositivos das Leis n°s 9.973, de 29 de maio de 2000, que dispõe sobre o sistema de armazenagem dos produtos agropecuários, 8.427, de 27 de maio de 1992, que dispõe sobre a concessão de subvenção econômica nas operações de crédito rural, 8.929, de 22 de agosto de 1994, que institui a Cédula de Produto Rural – CPR, 9.514, de 20 de novembro de 1997, que dispõe sobre o Sistema de Financiamento Imobiliário e institui a alienação fiduciária de coisa imóvel, e altera a Taxa de Fiscalização de que trata a Lei nº 7.940, de 20 de dezembro de 1989, e dá outras providências.

► Publicada no *DOU* de 31-12-2004.

CAPÍTULO I
DO CDA E DO WA

Seção I
DISPOSIÇÕES INICIAIS

Art. 1º Ficam instituídos o Certificado de Depósito Agropecuário – CDA e o Warrant Agropecuário – WA.

§ 1º O CDA é título de crédito representativo de promessa de entrega de produtos agropecuários, seus derivados, subprodutos e resíduos de valor econômico, depositados em conformidade com a Lei nº 9.973, de 29 de maio de 2000.

§ 2º O WA é título de crédito representativo de promessa de pagamento em dinheiro que confere direito de penhor sobre o CDA correspondente, assim como sobre o produto nele descrito.

► § 2º com a redação dada pela Lei nº 11.524, de 24-9-2007.

§ 3º O CDA e o WA são títulos unidos, emitidos simultaneamente pelo depositário, a pedido do depositante, podendo ser transmitidos unidos ou separadamente, mediante endosso.

§ 4º O CDA e o WA são títulos executivos extrajudiciais.

Art. 2º Aplicam-se ao CDA e ao WA as normas de direito cambial no que forem cabíveis e o seguinte:

I – os endossos devem ser completos;

II – os endossantes não respondem pela entrega do produto, mas, tão somente, pela existência da obrigação;

III – é dispensado o protesto cambial para assegurar o direito de regresso contra endossantes e avalistas.

Art. 3º O CDA e o WA poderão ser emitidos sob a forma cartular ou escritural.

► *Caput* com a redação dada pela Lei nº 13.986, de 7-4-2020.

I e II – *Revogados*. Lei nº 13.986, de 7-4-2020.

§ 1º A emissão na forma escritural ocorrerá por meio do lançamento em sistema eletrônico de escrituração gerido por entidade autorizada pelo Banco Central do Brasil a exercer atividade de escrituração.

§ 2º O CDA e o WA emitidos sob a forma cartular assumirão a forma escritural enquanto permanecerem depositados em depositário central.

► §§ 1º e 2º acrescidos pela Lei nº 13.986, de 7-4-2020.

Art. 3º-A. Compete ao Banco Central do Brasil:

I – estabelecer as condições para o exercício da atividade de escrituração de que trata o § 1º do art. 3º desta Lei; e

II – autorizar e supervisionar o exercício da atividade prevista no inciso I do *caput* deste artigo.

§ 1º A autorização de que trata o inciso II do *caput* deste artigo poderá, a critério do Banco Central do Brasil, ser concedida por segmento, por espécie ou por grupos de entidades que atendam a critérios específicos, dispensada a autorização individualizada.

§ 2º A entidade responsável pela escrituração de que trata o inciso I do *caput* deste artigo expedirá, mediante solicitação, certidão de inteiro teor do título, inclusive para fins de protesto e de execução.

§ 3º A certidão de que trata o § 2º deste artigo poderá ser emitida na forma eletrônica, observados os requisitos de segurança que garantam a autenticidade e a integridade do documento.

Art. 3º-B. A liquidação do pagamento em favor do legítimo credor, por qualquer meio de pagamento existente no âmbito do Sistema de Pagamentos Brasileiro, constituirá prova de pagamento total ou parcial do WA emitido sob a forma escritural.

Parágrafo único. A prova de pagamento de que trata o *caput* deste artigo será informada no sistema eletrônico de escrituração de que trata o § 1º do art. 3º desta Lei, com referência expressa ao WA amortizado ou liquidado.

Art. 3º-C. O sistema eletrônico de escrituração a que se refere o § 1º do art. 3º desta Lei fará constar:

I – os requisitos essenciais do título;

II – o endosso e a cadeia de endossos, se houver;

III – os aditamentos, as ratificações e as retificações; e

IV – a inclusão de notificações, de cláusulas contratuais e de outras informações.

Parágrafo único. Na hipótese de serem constituídos gravames e ônus, tal ocorrência será informada no sistema eletrônico de escrituração de que trata o § 1º do art. 3º desta Lei.

► Arts. 3º-A a 3º-C acrescidos pela Lei nº 13.986, de 7-4-2020.

Art. 4º Para efeito desta Lei, entende-se como:

I – depositário: pessoa jurídica apta a exercer as atividades de guarda e conservação dos produtos especificados no § 1º do art. 1º desta Lei, de terceiros e, no caso de cooperativas, de terceiros e de associados, sem prejuízo do disposto nos arts. 82 e 83 da Lei nº 5.764, de 16 de dezembro de 1971;

II – depositante: pessoa física ou jurídica responsável legal pelos produtos especificados no § 1º do art. 1º desta Lei entregues a um depositário para guarda e conservação;

III – entidade registradora autorizada: entidade autorizada pelo Banco Central do Brasil ou pela Comissão de Valores Mobiliários, no âmbito de suas competências, a exercer a atividade de registro de ativos financeiros e de valores mobiliários de que trata a Lei nº 12.810, de 15 de maio de 2013;

► Inciso III com a redação dada pela Lei nº 13.986, de 7-4-2020.

IV – depositário central: entidade autorizada pelo Banco Central do Brasil ou pela Comissão de Valores Mobiliários, no âmbito de suas competências, a exercer a atividade de depósito centralizado de ativos financeiros e de valores mobiliários de que trata a Lei nº 12.810, de 15 de maio de 2013; e

V – produtos agropecuários: produtos agropecuários, seus derivados, subprodutos e resíduos de valor econômico de que trata a Lei nº 9.973, de 29 de maio de 2000.

► Incisos IV e V acrescidos pela Lei nº 13.986, de 7-4-2020.

Art. 5º O CDA e o WA devem conter as seguintes informações:

I – denominação do título;

II – número de controle, que deve ser idêntico para cada conjunto de CDA e WA;

III – menção de que o depósito do produto sujeita-se à Lei nº 9.973, de 29 de maio de 2000, a esta Lei e, no caso de cooperativas, à Lei nº 5.764, de 16 de dezembro de 1971;

IV – identificação, qualificação e endereços do depositante e do depositário;

V – identificação comercial do depositário;

VI – cláusula à ordem;

VII – endereço completo do local do armazenamento;

VIII – descrição e especificação do produto;

IX – peso bruto e líquido;

X – forma de acondicionamento;

XI – número de volumes, quando cabível;

XII – valor dos serviços de armazenagem, conservação e expedição, a periodicidade de sua cobrança e a indicação do responsável pelo seu pagamento;

XIII – identificação do segurador do produto e do valor do seguro;

XIV – qualificação da garantia oferecida pelo depositário, quando for o caso;

XV – data do recebimento do produto e prazo do depósito;

XVI – data de emissão do título;

XVII – identificação, qualificação e assinatura dos representantes legais do depositário;

XVIII – identificação precisa dos direitos que conferem.

Parágrafo único. O depositante e o depositário poderão acordar que a responsabilidade pelo pagamento do valor dos serviços a que se refere o inciso XII do *caput* deste artigo será do endossatário do CDA.

SEÇÃO II

DA EMISSÃO, DO DEPÓSITO CENTRALIZADO E DA CIRCULAÇÃO DOS TÍTULOS

► Seção II com a denominação dada pela Lei nº 13.986, de 7-4-2020.

SUBSEÇÃO I

DA EMISSÃO

Art. 6º A solicitação de emissão do CDA e do WA será feita pelo depositante ao depositário.

§ 1º Na solicitação, o depositante:

I – declarará, sob as penas da lei, que o produto é de sua propriedade e está livre e desembaraçado de quaisquer ônus;

II – outorgará, em caráter irrevogável, poderes ao depositário para transferir a propriedade do produto ao endossatário do CDA.

§ 2º Os documentos mencionados no § 1º deste artigo serão arquivados pelo depositário junto com as suas respectivas vias do CDA e do WA.

► § 2º com a redação dada pela Lei nº 13.986, de 7-4-2020.

§ 3º Emitidos o CDA e o WA, fica dispensada a entrega de recibo de depósito.

Art. 7º É facultada a formalização do contrato de depósito, nos termos do art. 3º da Lei nº 9.973, de 29 de maio de 2000, quando forem emitidos o CDA e o WA.

Art. 8º O CDA e o WA, quando emitidos sob a forma cartular, o serão em, no mínimo, 2 (duas) vias, com as seguintes destinações:

► *Caput* com a redação dada pela Lei nº 13.986, de 7-4-2020.

I – primeiras vias, ao depositante;

II – segundas vias, ao depositário, nas quais constarão os recibos de entrega dos originais ao depositante.

Parágrafo único. Os títulos terão numeração sequencial, idêntica em ambos os documentos, em série única, vedada a subsérie.

Art. 9º O depositário que emitir o CDA e o WA é responsável, civil e criminalmente, inclusive perante terceiros, pelas irregularidades e inexatidões neles lançadas.

§ 1º O emitente é responsável pela existência, liquidez, certeza e exigibilidade dos direitos indicados no CDA e no WA.

§ 2º Fica vedado ao emitente opor ao terceiro titular do CDA ou do WA as exceções pessoais oponíveis ao depositante.

► §§ 1º e 2º acrescidos pela Lei nº 13.986, de 7-4-2020.

Art. 10. O depositante tem o direito de pedir ao depositário a divisão do produto em tantos lotes quantos lhe convenha e solicitar a emissão do CDA e do WA correspondentes a cada um dos lotes.

Art. 11. O depositário assume a obrigação de guardar, conservar, manter a qualidade e a quantidade do produto recebido em depósito e de entregá-lo ao credor na quantidade e qualidade consignadas no CDA e no WA.

Art. 12. Emitidos o CDA e o WA, o produto a que se referem não poderá sofrer embargo, penhora, sequestro ou qualquer outro embaraço que prejudique a sua livre e plena disposição.

Parágrafo único. Na hipótese de o titular do CDA e do correspondente WA diferir do depositante, o produto objeto desses títulos não poderá ser confundido com bem de propriedade do depositante ou sujeitar-se aos efeitos de sua recuperação judicial ou falência, prevalecendo os direitos de propriedade sobre a coisa ao endossatário final que se apresentar ao depositário, nos termos do inciso II do § 1º do art. 6º e do § 5º do art. 21 desta Lei.

► Parágrafo único acrescido pela Lei nº 13.986, de 7-4-2020.

Art. 13. O prazo do depósito a ser consignado no CDA e no WA será de até 1 (um) ano, contado da data de sua emissão, podendo ser prorrogado pelo depositário a pedido do credor, os quais, na oportunidade, ajustarão, se for necessário, as condições de depósito do produto.

Parágrafo único. As prorrogações serão anotadas nas segundas vias em poder do depositário do produto agropecuário e eletronicamente nos registros do depositário central.

► Parágrafo único com a redação dada pela Lei nº 13.986, de 7-4-2020.

Art. 14. Incorre na pena prevista no art. 178 do Decreto-Lei nº 2.848, de 7 de dezembro de 1940 – Código Penal aquele que emitir o CDA e o WA em desacordo com as disposições desta Lei.

Subseção II
DO DEPÓSITO CENTRALIZADO

► Subseção II com a denominação dada pela Lei nº 13.986, de 7-4-2020.

Art. 15. É obrigatório o depósito do CDA e do WA em depositário central autorizado pelo Banco Central do Brasil, no prazo de 30 (trinta) dias, contado da data de emissão dos títulos, do qual constará o número de controle do título de que trata o inciso II do *caput* do art. 5º desta Lei.

► *Caput* com a redação dada pela Lei nº 13.986, de 7-4-2020.

§ 1º O depósito de CDA e de WA emitidos sob a forma cartular em depositário central será precedido da entrega dos títulos à custódia de instituição legalmente autorizada para esse fim, por meio de endosso-mandato.

§ 2º A instituição custodiante é responsável por efetuar o endosso do CDA e do WA ao credor por ocasião da baixa do depósito no depositário central.

► §§ 1º e 2º com a redação dada pela Lei nº 13.986, de 7-4-2020.

§ 3º Vencido o prazo de 30 (trinta) dias sem o cumprimento da providência a que se refere o *caput* deste artigo, deverá o depositante solicitar ao depositário o cancelamento dos títulos e sua substituição por novos ou por recibo de depósito, em seu nome.

► § 3º com a redação dada pela Lei nº 11.524, de 24-9-2007.

§ 4º O Conselho Monetário Nacional poderá estabelecer outras condições para o depósito do CDA e do WA de que trata este artigo.

► § 4º acrescido pela Lei nº 13.986, de 7-4-2020.

Subseção III
DA CIRCULAÇÃO

Art. 16. O CDA e o WA serão negociados nos mercados de bolsa e de balcão como ativos financeiros.

Art. 17. Por ocasião da primeira negociação do WA separado do CDA, o depositário central consignará em seus registros o valor da negociação do WA, a taxa de juros e a data de vencimento ou, ainda, o valor a ser pago no vencimento ou o indicador que será utilizado para o cálculo do valor da dívida.

► *Caput* com a redação dada pela Lei nº 13.986, de 7-4-2020.

§ 1º Os lançamentos dos negócios realizados com o CDA e com o WA unidos ou separados serão atualizados em meio eletrônico pelo depositário central.

► § 1º com a redação dada pela Lei nº 13.986, de 7-4-2020.

§ 2º Se, na data de vencimento do WA, o CDA e o WA não estiverem em nome do mesmo credor e o credor do CDA não houver consignado o valor da dívida, na forma do inciso II do § 1º do art. 21 desta Lei, o titular do WA poderá, a seu critério, promover a execução do penhor sobre:

I – o produto, mediante sua venda em leilão a ser realizado em bolsa de mercadorias; ou

II – o CDA correspondente, mediante a venda do título, em conjunto com o WA, em bolsa de mercadorias ou de futuros, ou em mercado de balcão organizado.

§ 3º Nas hipóteses referidas nos incisos I e II do § 2º deste artigo, o produto da venda da mercadoria ou dos títulos, conforme o caso, será utilizado para pagamento imediato do crédito representado pelo WA ao seu respectivo titular na data do vencimento, devendo o saldo remanescente ser entregue ao titular do CDA, após debitadas as despesas comprovadamente incorridas com a realização do leilão da mercadoria ou dos títulos.

§ 4º O adquirente dos títulos no leilão poderá colocá-los novamente em circulação, observando-se o disposto no *caput* deste artigo, no caso de negociação do WA separado do CDA.

► §§ 2º a 4º acrescidos pela Lei nº 11.524, de 24-9-2007.

Art. 18. As negociações do CDA e do WA são isentas do Imposto sobre Operações de Crédito, Câmbio e Seguro ou relativas a Títulos ou Valores Mobiliários.

Art. 19. Os negócios ocorridos durante período em que o CDA e o WA emitidos sob a forma cartular estiverem depositados em depositário central não serão transcritos no verso dos títulos.

► Artigo com a redação dada pela Lei nº 13.986, de 7-4-2020.

Art. 20. *Revogado.* Lei nº 13.986, de 7-4-2020.

Seção III

DA RETIRADA DO PRODUTO

Art. 21. Para a retirada do produto, o credor do CDA providenciará a baixa do registro eletrônico do CDA e requererá à instituição custodiante o endosso na cártula e a sua entrega.

§ 1º A baixa do registro eletrônico ocorrerá somente se:

I – o CDA e o WA estiverem em nome do mesmo credor; ou

II – o credor do CDA consignar, em dinheiro, na instituição custodiante, o valor do principal e dos juros devidos até a data do vencimento do WA.

§ 2º A consignação do valor da dívida do WA, na forma do inciso II do § 1º deste artigo, equivale ao real e efetivo pagamento da dívida, devendo a quantia consignada ser entregue ao credor do WA pela instituição custodiante.

§ 3º Na hipótese do inciso I do § 1º deste artigo, a instituição custodiante entregará ao credor, junto com a cártula do CDA, a cártula do WA.

§ 4º Na hipótese do inciso II do § 1º deste artigo, a instituição custodiante entregará, junto com a cártula do CDA, documento comprobatório do depósito consignado.

§ 5º Com a entrega do CDA ao depositário, juntamente com o respectivo WA ou com o documento a que se refere o § 4º deste artigo, o endossatário adquire a propriedade do produto nele descrito, extinguindo-se o mandato a que se refere o inciso II do § 1º do art. 6º desta Lei.

§ 6º São condições para a transferência da propriedade ou retirada do produto:

I – o pagamento dos serviços de armazenagem, conservação e expedição, na forma do inciso XII e do parágrafo único do art. 5º desta Lei;

II – o cumprimento das obrigações tributárias, principais e acessórias, relativas à operação.

Seção IV

DO SEGURO

Art. 22. Para emissão de CDA e WA, o seguro obrigatório de que trata o § 6º do art. 6º da Lei nº 9.973, de 29 de maio de 2000, deverá ter cobertura contra incêndio, raio, explosão de qualquer natureza, danos elétricos, vendaval, alagamento, inundação, furacão, ciclone, tornado, granizo, quedas de aeronaves, impacto de veículos terrestres e fumaça.

► *Caput* com a redação dada pela Lei nº 13.986, de 7-4-2020.

Parágrafo único. No caso de armazéns públicos, o seguro obrigatório de que trata o *caput* deste artigo também conterá cláusula contra roubo e furto.

CAPÍTULO II

DO CDCA, DA LCA E DO CRA

Seção I

DISPOSIÇÕES INICIAIS

Art. 23. Ficam instituídos os seguintes títulos de crédito:

I – Certificado de Direitos Creditórios do Agronegócio – CDCA;

II – Letra de Crédito do Agronegócio – LCA;

III – Certificado de Recebíveis do Agronegócio – CRA.

§ 1º Os títulos de crédito de que trata este artigo são vinculados a direitos creditórios originários de negócios realizados entre produtores rurais, ou suas cooperativas, e terceiros, inclusive financiamentos ou empréstimos, relacionados com a produção, a comercialização, o beneficiamento ou a industrialização de produtos ou insumos agropecuários ou de máquinas e implementos utilizados na atividade agropecuária.

► Parágrafo único transformado em § 1º pela Lei nº 13.331, de 1º-9-2016.

§ 2º Os bancos cooperativos, as confederações de cooperativas de crédito e as cooperativas centrais de crédito integrantes de sistemas cooperativos de crédito constituídos nos termos da Lei Complementar nº 130, de 17 de abril de 2009, podem utilizar, como lastro de LCA de sua emissão, título de crédito representativo de repasse interfinanceiro realizado em favor de cooperativa singular de crédito do sistema, quando a totalidade dos recursos se destinar a apenas uma operação de crédito rural, observado que:

► *Caput* do § 2º com a redação dada pela Lei nº 13.606, de 9-1-2018.

I – ambos os títulos devem observar idênticas datas de liquidação, indicar sua mútua vinculação e fazer referência ao cumprimento das condições estabelecidas neste artigo; e

II – o instrumento representativo da operação de crédito rural deve ser dado em garantia ao banco cooperativo repassador.

► Incisos I e II acrescidos pela Lei nº 13.331, de 1º-9-2016.

§ 3º Os títulos de crédito de que trata este artigo poderão ser emitidos com cláusula de correção pela variação cambial desde que integralmente vinculados a direitos creditórios com cláusula de correção na mesma moeda.

§ 4º O Conselho Monetário Nacional poderá dispor acerca da emissão dos títulos de crédito de que trata este artigo com cláusula de correção pela variação cambial.

► §§ 3º e 4º acrescidos pela Lei nº 13.986, de 7-4-2020.

Seção II

CERTIFICADO DE DIREITOS CREDITÓRIOS DO AGRONEGÓCIO

Art. 24. O Certificado de Direitos Creditórios do Agronegócio – CDCA é título de crédito nominativo, de livre negociação, representativo de promessa de pagamento em dinheiro e constitui título executivo extrajudicial.

§ 1º O CDCA é de emissão exclusiva de cooperativas agropecuárias e de outras pessoas jurídicas que exerçam a atividade de comercialização, beneficiamento ou industrialização de produtos, insumos, máquinas e implementos agrícolas, pecuários, florestais, aquícolas e extrativos.

► § 1º com a redação dada pela Lei nº 13.986, de 7-4-2020.

§§ 2º e 3º *Revogados*. Lei nº 13.986, de 7-4-2020.

Art. 25. O CDCA terá os seguintes requisitos, lançados em seu contexto:

I – o nome do emitente e a assinatura de seus representantes legais;

II – o número de ordem, local e data da emissão;

III – a denominação "Certificado de Direitos Creditórios do Agronegócio";

IV – o valor nominal;

V – a identificação dos direitos creditórios a ele vinculados e seus respectivos valores, ressalvado o disposto no art. 30 desta Lei;

VI – data de vencimento ou, se emitido para pagamento parcelado, discriminação dos valores e das datas de vencimento das diversas parcelas;

VII – taxa de juros, fixa ou flutuante, admitida a capitalização;

VIII – o nome da instituição responsável pela custódia dos direitos creditórios a ele vinculados;

IX – o nome do titular;

X – cláusula "à ordem", ressalvado o disposto no inciso II do art. 35 desta Lei.

§ 1º Os direitos creditórios vinculados ao CDCA:

I – serão registrados ou depositados em entidade autorizada pelo Banco Central do Brasil ou pela Comissão de Valores Mobiliários a exercer a atividade de registro ou de depósito centralizado de ativos financeiros e de valores mobiliários;

II – serão custodiados em instituições financeiras ou outras instituições autorizadas pela Comissão de Valores Mobiliários a prestar serviço de custódia de valores mobiliários; e

III – poderão ser formalizados em meio físico ou eletrônico e, quando correspondentes a títulos de crédito, sob a forma cartular ou escritural.

► § 1º com a redação dada pela Lei nº 13.986, de 7-4-2020.

§ 2º Caberá à instituição custodiante a que se refere o § 1º deste artigo:

I – manter sob sua guarda documentação que evidencie a regular constituição dos direitos creditórios vinculados ao CDCA;

II – realizar a liquidação física e financeira dos direitos creditórios custodiados, devendo, para tanto, estar munida de poderes suficientes para efetuar sua cobrança e recebimento, por conta e ordem do emitente do CDCA;

III – prestar quaisquer outros serviços contratados pelo emitente do CDCA.

§ 3º Será admitida a emissão de CDCA em série, em que os CDCA serão vinculados a um mesmo conjunto de direitos creditórios, devendo ter igual valor nominal e conferir a seus titulares os mesmos direitos.

§ 4º O CDCA pode ser emitido com cláusula de correção pela variação cambial desde que:

► *Caput* do § 4º acrescido pela Lei nº 13.331, de 1º-9-2016.

I – integralmente vinculado a direitos creditórios com cláusula de correção na mesma moeda; e

II – emitido em favor de:

a) investidor não residente, observado o disposto no § 5º deste artigo; ou

b) companhia securitizadora de direitos creditórios do agronegócio, para o fim exclusivo de vinculação a CRA com cláusula equivalente;

► Incisos I e II com a redação dada pela Lei nº 13.986, de 7-4-2020.

III – *Revogado*. Lei nº 13.986, de 7-4-2020.

§ 5º O Conselho Monetário Nacional poderá estabelecer outras condições para a emissão de CDCA com cláusula de correção pela variação cambial, inclusive sobre a emissão em favor de investidor residente e o rol de produtos admitidos nos direitos creditórios objeto de CDCA.

► § 5º acrescido pela Lei nº 13.986, de 7-4-2020.

Seção III

LETRA DE CRÉDITO DO AGRONEGÓCIO

Art. 26. A Letra de Crédito do Agronegócio – LCA é título de crédito nominativo, de livre negociação, representativo de promessa de pagamento em dinheiro e constitui título executivo extrajudicial.

Parágrafo único. A LCA é de emissão exclusiva de instituições financeiras públicas ou privadas.

Art. 27. A LCA terá os seguintes requisitos, lançados em seu contexto:

I – o nome da instituição emitente e a assinatura de seus representantes legais;

II – o número de ordem, o local e a data de emissão;

III – a denominação "Letra de Crédito do Agronegócio";

IV – o valor nominal;

V – a identificação dos direitos creditórios a ela vinculados e seus respectivos valores, ressalvado o disposto no art. 30 desta Lei;

VI – taxa de juros, fixa ou flutuante, admitida a capitalização;

VII – data de vencimento ou, se emitido para pagamento parcelado, discriminação dos valores e das datas de vencimento das diversas parcelas;

VIII – o nome do titular;

IX – cláusula "à ordem", ressalvado o disposto no inciso II do art. 35 desta Lei.

§ 1º Os direitos creditórios vinculados à LCA:

I – deverão ser registrados ou depositados em entidade autorizada pelo Banco Central do Brasil ou pela Comissão de Valores Mobiliários a exercer a atividade de registro ou de depósito centralizado de ativos financeiros e de valores mobiliários; e

II – poderão ser mantidos em custódia, hipótese em que se aplica o disposto no inciso II do § 1º e no § 2º do art. 25 desta Lei.

► Parágrafo único transformado em § 1º e com a redação dada pela Lei nº 13.986, de 7-4-2020.

§ 2º Observadas as condições estabelecidas pelo Conselho Monetário Nacional, poderão ser utilizados para o cumprimento do direcionamento de recursos da LCA para o crédito rural, de que trata o art. 21 da Lei nº 4.829, de 5 de novembro de 1965:

I – Cédula de Produto Rural (CPR) emitida por produtor rural, inclusive as adquiridas por instituições financeiras de terceiros;

II – quotas de fundos garantidores de operações de crédito com produtores rurais, pelo valor da integralização, desde que as operações de crédito garantidas sejam crédito rural;

III – CDCA e CRA, desde que os direitos creditórios vinculados sejam integralmente originados de negócios em que o produtor rural seja parte direta; e

IV – CDA e WA, desde que tenham sido emitidos em favor de produtor rural.

► § 2º acrescido pela Lei nº 13.986, de 7-4-2020.

Seção IV
DISPOSIÇÕES COMUNS AO CDCA E À LCA

Art. 28. O valor do CDCA e da LCA não poderá exceder o valor total dos direitos creditórios do agronegócio a eles vinculados.

Art. 29. Os emitentes de CDCA e de LCA respondem pela origem e autenticidade dos direitos creditórios a eles vinculados.

Art. 30. A identificação dos direitos creditórios vinculados ao CDCA e à LCA poderá ser feita em documento à parte, do qual conste a assinatura dos representantes legais do emitente, fazendo-se menção a essa circunstância no certificado ou nos registros da instituição responsável pela manutenção dos sistemas de escrituração.

Parágrafo único. A identificação dos direitos creditórios vinculados ao CDCA e à LCA poderá ser feita pelos correspondentes números de registro no sistema a que se refere o inciso I do § 1º do art. 25 desta Lei.

Art. 31. O CDCA e a LCA poderão conter outras cláusulas, que constarão de documento à parte, com a assinatura dos representantes legais do emitente, fazendo-se menção a essa circunstância em seu contexto.

Art. 32. O CDCA e a LCA conferem direito de penhor sobre os direitos creditórios a eles vinculados, independentemente de convenção, não se aplicando o disposto nos arts. 1.452, *caput*, e 1.453 da Lei nº 10.406, de 10 de janeiro de 2002 – Código Civil.

§ 1º A substituição dos direitos creditórios vinculados ao CDCA e à LCA, mediante acordo entre o emitente e o titular, importará na extinção do penhor sobre os direitos substituídos, constituindo-se automaticamente novo penhor sobre os direitos creditórios dados em substituição.

§ 2º Na hipótese de emissão de CDCA em série, o direito de penhor a que se refere o *caput* deste artigo incidirá sobre fração ideal do conjunto de direitos creditórios vinculados, proporcionalmente ao crédito do titular dos CDCA da mesma série.

Art. 33. Além do penhor constituído na forma do art. 32 desta Lei, o CDCA e a LCA poderão contar com quaisquer garantias adicionais previstas na legislação e livremente pactuadas entre as partes, podendo ser constituídas no próprio título ou em documento à parte.

Parágrafo único. Se a garantia for constituída no próprio título, a descrição dos bens poderá ser feita em documento à parte, assinado pelos representantes legais do emitente, com menção a essa circunstância no contexto dos títulos.

► Art. 33 com a redação dada pela Lei nº 13.986, de 7-4-2020.

Art. 34. Os direitos creditórios vinculados ao CDCA e à LCA não serão penhorados, sequestrados ou arrestados em decorrência de outras dívidas do emitente desses títulos, a quem caberá informar ao juízo, que tenha determinado tal medida, a respeito da vinculação de tais direitos aos respectivos títulos, sob pena de responder pelos prejuízos resultantes de sua omissão.

Art. 35. O CDCA e a LCA poderão ser emitidos sob a forma escritural, hipótese em que tais títulos deverão ser registrados ou depositados em entidade autorizada a exercer a atividade de registro ou de depósito centralizado de ativos financeiros e de valores mobiliários.

► *Caput* com a redação dada pela Lei nº 13.986, de 7-4-2020.

I e II – *Revogados*. Lei nº 13.986, de 7-4-2020.

Parágrafo único. *Revogado*. Lei nº 13.986, de 7-4-2020.

Art. 35-A. A emissão escritural do CDCA poderá, alternativamente, ocorrer por meio do lançamento em sistema eletrônico de escrituração gerido por entidade autorizada pelo Banco Central do Brasil a exercer a atividade de escrituração.

Art. 35-B. Compete ao Banco Central do Brasil:

I – estabelecer as condições para o exercício da atividade de escrituração de que trata o art. 35-A desta Lei; e

II – autorizar e supervisionar o exercício da atividade prevista no inciso I do *caput* deste artigo.

§ 1º A autorização de que trata o inciso II do *caput* deste artigo poderá, a critério do Banco Central do Brasil, ser concedida por segmento, por espécie ou por grupos de entidades que atendam a critérios específicos, sendo dispensável a autorização individualizada.

§ 2º A entidade responsável pela escrituração de que trata o art. 35-A desta Lei expedirá, mediante solicitação, certidão de inteiro teor do título, inclusive para fins de protesto e de execução.

§ 3º A certidão de que trata o § 2º deste artigo poderá ser emitida na forma eletrônica, observados os requisitos de segurança que garantam a autenticidade e a integridade do documento.

Art. 35-C. A liquidação do pagamento em favor do legítimo credor, por qualquer meio de pagamento existente no âmbito do Sistema de Pagamentos Brasileiro, constituirá prova de pagamento, total ou parcial, do CDCA emitido sob a forma escritural.

Parágrafo único. A prova de pagamento de que trata o *caput* deste artigo será informada no sistema eletrônico de escrituração de que trata o art. 35-A desta Lei, com referência expressa ao CDCA amortizado ou liquidado.

Art. 35-D. O sistema eletrônico de escrituração de que trata o art. 35-A desta Lei fará constar:

I – os requisitos essenciais do título;

II – o endosso e a cadeia de endossos, se houver;

III – os aditamentos, as ratificações e as retificações; e

IV – a inclusão de notificações, de cláusulas contratuais e de outras informações.

Parágrafo único. Na hipótese de serem constituídos gravames e ônus, tal ocorrência será informada no sistema de que trata o art. 35-A desta Lei.

► Arts. 35-A a 35-D acrescidos pela Lei nº 13.986, de 7-4-2020.

Seção V
SECURITIZAÇÃO DE DIREITOS CREDITÓRIOS DO AGRONEGÓCIO

Subseção I
DO CERTIFICADO DE RECEBÍVEIS DO AGRONEGÓCIO

Art. 36. O Certificado de Recebíveis do Agronegócio – CRA é título de crédito nominativo, de livre negociação, representativo de promessa de pagamento em dinheiro e constitui título executivo extrajudicial.

Parágrafo único. O CRA é de emissão exclusiva das companhias securitizadoras de direitos creditórios do agronegócio, nos termos do § 1º do art. 23 desta Lei.

► Parágrafo único com a redação dada pela Lei nº 13.986, de 7-4-2020.

Art. 37. O CRA terá os seguintes requisitos, lançados em seu contexto:

I – nome da companhia emitente;

II – número de ordem, local e data de emissão;

III – denominação "Certificado de Recebíveis do Agronegócio";

IV – nome do titular;

V – valor nominal;

VI – data de vencimento ou, se emitido para pagamento parcelado, discriminação dos valores e das datas de vencimento das diversas parcelas;

VII – taxa de juros, fixa ou flutuante, admitida a capitalização;

VIII – identificação do Termo de Securitização de Direitos Creditórios que lhe tenha dado origem.

§ 1º O CRA adotará a forma escritural, observado o disposto nos arts. 35, 35-A, 35-B, 35-C e 35-D desta Lei.

► § 1º com a redação dada pela Lei nº 13.986, de 7-4-2020.

§ 2º O CRA poderá ter, conforme dispuser o Termo de Securitização de Direitos Creditórios, garantia flutuante, que assegurará ao seu titular privilégio geral sobre o ativo da companhia securitizadora, mas não impedirá a negociação dos bens que compõem esse ativo.

§ 3º O CRA pode ser emitido com cláusula de correção pela variação cambial desde que:

► *Caput* do § 3º acrescido pela Lei nº 13.331, de 1º-9-2016.

I – integralmente vinculado a direitos creditórios com cláusula de correção na mesma moeda; e

II – emitido em favor de investidor não residente, observado o disposto no § 4º deste artigo;

► Incisos I e II com a redação dada pela Lei nº 13.986, de 7-4-2020.

III – *Revogado*. Lei nº 13.986, de 7-4-2020.

§ 4º O Conselho Monetário Nacional poderá estabelecer outras condições para a emissão de CRA com cláusula de correção pela variação cambial, inclusive sobre a emissão em favor de investidor residente.

§ 5º Nas distribuições realizadas no exterior, o CRA poderá ser registrado em entidade de registro e de liquidação financeira situada no país de distribuição, desde que a entidade seja:

I – autorizada em seu país de origem; e

II – supervisionada por autoridade estrangeira com a qual a Comissão de Valores Mobiliários tenha firmado acordo de cooperação mútua que permita intercâmbio de informações sobre operações realizadas nos mercados por ela supervisionados, ou que seja signatária de memorando multilateral de entendimentos da Organização Internacional das Comissões de Valores.

► §§ 4º e 5º acrescidos pela Lei nº 13.986, de 7-4-2020.

Subseção II

DAS COMPANHIAS SECURITIZADORAS DE DIREITOS CREDITÓRIOS DO AGRONEGÓCIO E DO REGIME FIDUCIÁRIO

Art. 38. As companhias securitizadoras de direitos creditórios do agronegócio são instituições não financeiras constituídas sob a forma de sociedade por ações e terão por finalidade a aquisição e securitização desses direitos e a emissão e colocação de Certificados de Recebíveis do Agronegócio no mercado financeiro e de capitais.

Art. 39. As companhias securitizadoras de direitos creditórios do agronegócio podem instituir regime fiduciário sobre direitos creditórios oriundos do agronegócio, o qual será regido, no que couber, pelas disposições expressas nos arts. 9º a 16 da Lei nº 9.514, de 20 de novembro de 1997.

Subseção III

DA SECURITIZAÇÃO DE DIREITOS CREDITÓRIOS DO AGRONEGÓCIO

Art. 40. A securitização de direitos creditórios do agronegócio é a operação pela qual tais direitos são expressamente vinculados à emissão de uma série de títulos de crédito, mediante Termo de Securitização de Direitos Creditórios, emitido por uma companhia securitizadora, do qual constarão os seguintes elementos:

I – identificação do devedor;

II – valor nominal e o vencimento de cada direito creditório a ele vinculado;

III – identificação dos títulos emitidos;

IV – indicação de outras garantias de resgate dos títulos da série emitida, quando constituídas.

Seção VI

DISPOSIÇÕES COMUNS AO CDCA, À LCA E AO CRA

Art. 41. É facultada a cessão fiduciária em garantia de direitos creditórios do agronegócio, em favor dos adquirentes do CDCA, da LCA e do CRA, nos termos do disposto nos arts. 18 a 20 da Lei nº 9.514, de 20 de novembro de 1997.

Art. 42. O CDCA, a LCA e o CRA poderão conter cláusula expressa de variação do seu valor nominal, desde que seja a mesma dos direitos creditórios a eles vinculados.

Art. 43. O CDCA, a LCA e o CRA poderão ser distribuídos publicamente e negociados em Bolsas de Valores e de Mercadorias e Futuros e em mercados de balcão organizados autorizados a funcionar pela Comissão de Valores Mobiliários.

Parágrafo único. Na hipótese do *caput* deste artigo, será observado o disposto na Lei nº 6.385, de 7 de dezembro de 1976.

Art. 44. Aplicam-se ao CDCA, à LCA e ao CRA, no que forem cabíveis, as normas de direito cambial, com as seguintes modificações:

I – os endossos devem ser completos;

II – é dispensado o protesto cambial para assegurar o direito de regresso contra endossantes e avalistas.

CAPÍTULO III

DISPOSIÇÕES TRANSITÓRIAS E FINAIS

Art. 45. Fica autorizada a emissão do CDA e do WA até 31 de dezembro de 2009 por armazéns que não detenham a certificação prevista no art. 2º da Lei nº 9.973, de 29 de maio de 2000, mas que atendam a requisitos mínimos a serem definidos pelo Ministério da Agricultura, Pecuária e Abastecimento.

► Artigo com a redação dada pela Lei nº 11.524, de 24-9-2007.

Art. 46. Para os produtos especificados no § 1º do art. 1º desta Lei, fica vedada a emissão do Conhecimento de Depósito e do *Warrant* previstos no Decreto nº 1.102, de 21 de novembro de 1903, observado o disposto no art. 55, II, desta Lei.

Art. 47. O *caput* do art. 82 da Lei nº 5.764, de 16 de dezembro de 1971, passa a vigorar com a seguinte redação:

► Alteração inserida no texto da referida Lei.

Art. 48. O art. 6º da Lei nº 9.973, de 29 de maio de 2000, passa a vigorar com a seguinte redação:

"Art. 6º ....

....

§ 3º O depositário e o depositante poderão definir, de comum acordo, a constituição de garantias, as quais deverão estar registradas no contrato de depósito ou no Certificado de Depósito Agropecuário – CDA.

....

§ 7º O disposto no § 3º deste artigo não se aplica à relação entre cooperativa e seus associados de que trata o art. 83 da Lei nº 5.764, de 16 de dezembro de 1971".

Art. 49. Cabe ao Conselho Monetário Nacional regulamentar as disposições desta Lei referentes ao CDA, ao WA, ao CDCA, à LCA e ao CRA, podendo inclusive estabelecer prazos mínimos e outras condições para emissão e resgate e diferenciar tais condições de acordo com o tipo de indexador adotado contratualmente.

► Artigo com a redação dada pela Lei nº 13.097, de 19-1-2015.

Art. 50. O art. 2º da Lei nº 8.427, de 27 de maio de 1992, passa a vigorar com as seguintes alterações:

"Art. 2º ....

§ 1º ....

....

II – no máximo, a diferença entre o preço de exercício em contratos de opções de venda de produtos agropecuários lançados pelo Poder Executivo ou pelo setor privado e o valor de mercado desses produtos.

....

§ 3º A subvenção a que se refere este artigo será concedida mediante a observância das condições, critérios, limites e normas estabelecidas no âmbito do Ministério da Agricultura, Pecuária e Abastecimento, de acordo com as disponibilidades orçamentárias e financeiras existentes para a finalidade."

Art. 51. O art. 19 da Lei nº 8.929, de 22 de agosto de 1994, passa a vigorar acrescido dos seguintes §§ 3º e 4º:

► Alterações inseridas no texto da referida Lei.

Art. 52. É devida pelos fundos de investimento regulados e fiscalizados pela Comissão de Valores Mobiliários – CVM, independentemente dos ativos que componham sua carteira, a Taxa de Fiscalização instituída pela Lei nº 7.940, de 20 de dezembro de 1989, segundo os valores constantes dos Anexos I e II desta Lei.

§ 1º Na hipótese do *caput* deste artigo:

I – a Taxa de Fiscalização será apurada e paga trimestralmente, com base na média diária do patrimônio líquido referente ao trimestre imediatamente anterior;

II – a Taxa de Fiscalização será recolhida até o último dia útil do 1º (primeiro) decêndio dos meses de janeiro, abril, julho e outubro de cada ano, observado o disposto no inciso I deste parágrafo.

§ 2º Os fundos de investimento que, com base na regulamentação aplicável vigente, não apurem o valor médio diário de seu patrimônio líquido, recolherão a taxa de que trata o *caput* deste artigo com base no patrimônio líquido apurado no último dia do trimestre imediatamente anterior ao do pagamento.

Art. 52-A. As infrações às normas legais e regulamentares que regem a atividade de escrituração eletrônica sujeitam a entidade responsável pelo sistema eletrônico de escrituração, os seus administradores e os membros de seus órgãos estatutários ou contratuais ao disposto na Lei nº 13.506, de 13 de novembro de 2017.

► Art. 52-A acrescido pela Lei nº 13.986, de 7-4-2020.

Art. 53. Os arts. 22, parágrafo único, e 38 da Lei nº 9.514, de 20 de novembro de 1997, passam a vigorar com a seguinte redação:

► Alterações inseridas no texto da referida Lei.

Art. 54. Revoga-se o art. 4º da Lei nº 9.973, de 29 de maio de 2000.

Art. 55. Esta Lei entra em vigor na data de sua publicação, produzindo efeitos:

I – quanto ao art. 52 e aos Anexos I e II, a partir de 3 de janeiro de 2005;

II – quanto ao art. 46, a partir de 365 (trezentos e sessenta e cinco) dias após a data de publicação desta Lei.

Brasília, 30 de dezembro de 2004;
183º da Independência e
116º da República.

Luiz Inácio Lula da Silva

ANEXO I

Valor da Taxa de Fiscalização devida pelos Fundos de Investimento Em Reais (Vide art. 55, I)

Classe de Patrimônio Líquido Médio	Valor da Taxa de Fiscalização
Até 2.500.000,00	600,00
De 2.500.000,01 a 5.000.000,00	900,00
De 5.000.000,01 a 10.000.000,00	1.350,00
De 10.000.000,01 a 20.000.000,00	1.800,00
De 20.000.000,01 a 40.000.000,00	2.400,00
De 40.000.000,01 a 80.000.000,00	3.840,00
De 80.000.000,01 a 160.000.000,00	5.760,00
De 160.000.000,01 a 320.000.000,00	7.680,00
De 320.000.000,01 a 640.000.000,00	9.600,00
Acima de 640.000.000,00	10.800,00

ANEXO II

Valor da Taxa de Fiscalização devida pelos Fundos de Investimento em Quotas de Fundos de Investimento Em Reais (Vide art. 55, I)

Classe de Patrimônio Líquido Médio	Valor da Taxa de Fiscalização
Até 2.500.000,00	300,00
De 2.500.000,01 a 5.000.000,00	450,00
De 5.000.000,01 a 10.000.000,00	675,00
De 10.000.000,01 a 20.000.000,00	900,00
De 20.000.000,01 a 40.000.000,00	1.200,00
De 40.000.000,01 a 80.000.000,00	1.920,00
De 80.000.000,01 a 160.000.000,00	2.880,00
De 160.000.000,01 a 320.000.000,00	3.840,00
De 320.000.000,01 a 640.000.000,00	4.800,00
Acima de 640.000.000,00	5.400,00

LEI Nº 11.101, DE 9 DE FEVEREIRO DE 2005

Regula a recuperação judicial, a extrajudicial e a falência do empresário e da sociedade empresária.

► Publicada no *DOU* de 9-2-2005, edição extra.

CAPÍTULO I

DISPOSIÇÕES PRELIMINARES

Art. 1º Esta Lei disciplina a recuperação judicial, a recuperação extrajudicial e a falência do empresário e da sociedade empresária, doravante referidos simplesmente como devedor.

► Arts. 966 e 981 do CC.

Art. 2º Esta Lei não se aplica a:

I – empresa pública e sociedade de economia mista;

II – instituição financeira pública ou privada, cooperativa de crédito, consórcio, entidade de previdência complementar, sociedade operadora de plano de assistência à saúde, sociedade seguradora, sociedade de capitalização e outras entidades legalmente equiparadas às anteriores.

Art. 3º É competente para homologar o plano de recuperação extrajudicial, deferir a recuperação judicial ou decretar a falência o juízo do local do principal estabelecimento do devedor ou da filial de empresa que tenha sede fora do Brasil.

► Súmulas nºs 25 e 480 do STJ.

Art. 4º VETADO.

CAPÍTULO II
DISPOSIÇÕES COMUNS À RECUPERAÇÃO JUDICIAL E À FALÊNCIA

SEÇÃO I
DISPOSIÇÕES GERAIS

Art. 5º Não são exigíveis do devedor, na recuperação judicial ou na falência:

I – as obrigações a título gratuito;

II – as despesas que os credores fizerem para tomar parte na recuperação judicial ou na falência, salvo as custas judiciais decorrentes de litígio com o devedor.

Art. 6º A decretação da falência ou o deferimento do processamento da recuperação judicial implica:

► *Caput* com a redação dada pela Lei nº 14.112, de 24-12-2020.

► Art. 1.030 do CC.

► Súm. nº 581 do STJ.

► En. nº 43 da I Jornada de Direito Comercial.

► En. nº 75 da II Jornada de Direito Comercial.

I – suspensão do curso da prescrição das obrigações do devedor sujeitas ao regime desta Lei;

II – suspensão das execuções ajuizadas contra o devedor, inclusive daquelas dos credores particulares do sócio solidário, relativas a créditos ou obrigações sujeitos à recuperação judicial ou à falência;

III – proibição de qualquer forma de retenção, arresto, penhora, sequestro, busca e apreensão e constrição judicial ou extrajudicial sobre os bens do devedor, oriunda de demandas judiciais ou extrajudiciais cujos créditos ou obrigações sujeitem-se à recuperação judicial ou à falência.

► Incisos I a III acrescidos pela Lei nº 14.112, de 24-12-2020.

§ 1º Terá prosseguimento no juízo no qual estiver se processando a ação que demandar quantia ilíquida.

► En. nº 73 da II Jornada de Direito Comercial.

§ 2º É permitido pleitear, perante o administrador judicial, habilitação, exclusão ou modificação de créditos derivados da relação de trabalho, mas as ações de natureza trabalhista, inclusive as impugnações a que se refere o art. 8º desta Lei, serão processadas perante a justiça especializada até a apuração do respectivo crédito, que será inscrito no quadro geral de credores pelo valor determinado em sentença.

► En. nº 73 da II Jornada de Direito Comercial.

§ 3º O juiz competente para as ações referidas nos §§ 1º e 2º deste artigo poderá determinar a reserva da importância que estimar devida na recuperação judicial ou na falência, e, uma vez reconhecido líquido o direito, será o crédito incluído na classe própria.

§ 4º Na recuperação judicial, as suspensões e a proibição de que tratam os incisos I, II e III do *caput* deste artigo perdurarão pelo prazo de 180 (cento e oitenta) dias, contado do deferimento do processamento da recuperação, prorrogável por igual período, uma única vez, em caráter excepcional, desde que o devedor não haja concorrido com a superação do lapso temporal.

► § 4º com a redação dada pela Lei nº 14.112, de 24-12-2020.

► En. nº 42 da I Jornada de Direito Comercial.

§ 4º-A. O decurso do prazo previsto no § 4º deste artigo sem a deliberação a respeito do plano de recuperação judicial proposto pelo devedor faculta aos credores a propositura de plano alternativo, na forma dos §§ 4º, 5º, 6º e 7º do art. 56 desta Lei, observado o seguinte:

I – as suspensões e a proibição de que tratam os incisos I, II e III do *caput* deste artigo não serão aplicáveis caso os credores não apresentem plano alternativo no prazo de 30 (trinta) dias, contado do final do prazo referido no § 4º deste artigo ou no § 4º do art. 56 desta Lei;

II – as suspensões e a proibição de que tratam os incisos I, II e III do *caput* deste artigo perdurarão por 180 (cento e oitenta) dias contados do final do prazo referido no § 4º deste artigo, ou da realização da assembleia-geral de credores referida no § 4º do art. 56 desta Lei, caso os credores apresentem plano alternativo no prazo referido no inciso I deste parágrafo ou no prazo referido no § 4º do art. 56 desta Lei.

► § 4º-A acrescido pela Lei nº 14.112, de 24-12-2020.

§ 5º O disposto no § 2º deste artigo aplica-se à recuperação judicial durante o período de suspensão de que trata o § 4º deste artigo.

► § 5º com a redação dada pela Lei nº 14.112, de 24-12-2020.

§ 6º Independentemente da verificação periódica perante os cartórios de distribuição, as ações que venham a ser propostas contra o devedor deverão ser comunicadas ao juízo da falência ou da recuperação judicial:

I – pelo juiz competente, quando do recebimento da petição inicial;

► Art. 319 e ss. do CPC.

II – pelo devedor, imediatamente após a citação.

§ 7º *Revogado.* Lei nº 14.112, de 24-12-2020.

§ 7º-A. O disposto nos incisos I, II e III do *caput* deste artigo não se aplica aos créditos referidos nos §§ 3º e 4º do art. 49 desta Lei, admitida, todavia, a competência do juízo da recuperação judicial para determinar a suspensão dos atos de constrição que recaiam sobre bens de capital essenciais à manutenção da atividade empresarial durante o prazo de suspensão a que se refere o § 4º deste artigo, a qual será implementada mediante a cooperação jurisdicional, na forma do art. 69 da Lei nº 13.105, de 16 de março de 2015 (Código de Processo Civil), observado o disposto no art. 805 do referido Código.

§ 7º-B. O disposto nos incisos I, II e III do *caput* deste artigo não se aplica às execuções fiscais, admitida, todavia, a competência do juízo da recuperação judicial para determinar a substituição dos atos de constrição que recaiam sobre bens de capital essenciais à manutenção da atividade empresarial até o encerramento da recuperação judicial, a qual será implementada mediante a cooperação jurisdicional, na forma do art. 69 da Lei nº 13.105, de 16 de março de 2015 (Código de Processo Civil), observado o disposto no art. 805 do referido Código.

► §§ 7º-A e 7º-B acrescidos pela Lei nº 14.112, de 24-12-2020.

§ 8º A distribuição do pedido de falência ou de recuperação judicial ou a homologação de recuperação extrajudicial previne a jurisdição para qualquer outro pedido de falência, de recuperação judicial ou de homologação de recuperação extrajudicial relativo ao mesmo devedor.

► § 8º com a redação dada pela Lei nº 14.112, de 24-12-2020.

§ 9º O processamento da recuperação judicial ou a decretação da falência não autoriza o administrador judicial a recusar a eficácia da convenção de arbitragem, não impedindo ou suspendendo a instauração de procedimento arbitral.

► § 9º acrescido pela Lei nº 14.112, de 24-12-2020.

§ 10. VETADO. Lei nº 14.112, de 24-12-2020.

§ 11. O disposto no § 7º-B deste artigo aplica-se, no que couber, às execuções fiscais e às execuções de ofício que se enquadrem respectivamente nos incisos VII e VIII do *caput* do art. 114 da Constituição Federal, vedados a expedição de certidão de crédito e o arquivamento das execuções para efeito de habilitação na recuperação judicial ou na falência.

§ 12. Observado o disposto no art. 300 da Lei nº 13.105, de 16 de março de 2015 (Código de Processo Civil), o juiz poderá antecipar total ou parcialmente os efeitos do deferimento do processamento da recuperação judicial.

► §§ 11 e 12 acrescidos pela Lei nº 14.112, de 24-12-2020.

§ 13. Não se sujeitam aos efeitos da recuperação judicial os contratos e obrigações decorrentes dos atos cooperativos praticados pelas sociedades cooperativas com seus cooperados, na forma do art. 79 da Lei nº 5.764, de 16 de dezembro de 1971, consequentemente, não se aplicando a vedação contida no inciso II do art. 2º quando a sociedade operadora de plano de assistência à saúde for cooperativa médica.

► § 13 acrescido pela Lei nº 14.112, de 24-12-2020, promulgado nos termos do art. 66, § 5º, da CF (*DOU* de 26-3-2021 – edição extra D).

Art. 6º-A. É vedado ao devedor, até a aprovação do plano de recuperação judicial, distribuir lucros ou dividendos a sócios e acionistas, sujeitando-se o infrator ao disposto no art. 168 desta Lei.

► Art. 6º-A acrescido pela Lei nº 14.112, de 24-12-2020.

Art. 6º-B. Não se aplica o limite percentual de que tratam os arts. 15 e 16 da Lei nº 9.065, de 20 de junho de 1995, à apuração do imposto sobre a renda e da Contribuição Social sobre o Lucro Líquido (CSLL) sobre a parcela do lucro líquido decorrente de ganho de capital resultante da alienação judicial de bens ou direitos, de que tratam os arts. 60, 66 e 141 desta Lei, pela pessoa jurídica em recuperação judicial ou com falência decretada.

Parágrafo único. O disposto no caput deste artigo não se aplica na hipótese em que o ganho de capital decorra de transação efetuada com:

I – pessoa jurídica que seja controladora, controlada, coligada ou interligada; ou

II – pessoa física que seja acionista controlador, sócio, titular ou administrador da pessoa jurídica devedora.

► Art. 6º-B acrescido pela Lei nº 14.112, de 24-12-2020, promulgado nos termos do art. 66, § 5º, da CF (*DOU* de 26-3-2021 – edição extra D).

Art. 6º-C. É vedada atribuição de responsabilidade a terceiros em decorrência do mero inadimplemento de obrigações do devedor falido ou em recuperação judicial, ressalvadas as garantias reais e fidejussórias, bem como as demais hipóteses reguladas por esta Lei.

► Art. 6º-C acrescido pela Lei nº 14.112, de 24-12-2020.

Seção II
DA VERIFICAÇÃO E DA HABILITAÇÃO DE CRÉDITOS

Art. 7º A verificação dos créditos será realizada pelo administrador judicial, com base nos livros contábeis e documentos comerciais e fiscais do devedor e nos documentos que lhe forem apresentados pelos credores, podendo contar com o auxílio de profissionais ou empresas especializadas.

§ 1º Publicado o edital previsto no art. 52, § 1º, ou no parágrafo único do art. 99 desta Lei, os credores terão o prazo de 15 (quinze) dias para apresentar ao administrador judicial suas habilitações ou suas divergências quanto aos créditos relacionados.

§ 2º O administrador judicial, com base nas informações e documentos colhidos na forma do *caput* e do § 1º deste artigo, fará publicar edital contendo a relação de credores no prazo de 45 (quarenta e cinco) dias, contado do fim do prazo do § 1º deste artigo, devendo indicar o local, o horário e o prazo comum em que as pessoas indicadas no art. 8º desta Lei terão acesso aos documentos que fundamentaram a elaboração dessa relação.

Art. 7º-A. Na falência, após realizadas as intimações e publicado o edital, conforme previsto, respectivamente, no inciso XIII do *caput* e no § 1º do art. 99 desta Lei, o juiz instaurará, de ofício, para cada Fazenda Pública credora, incidente de classificação de crédito público e determinará a sua intimação eletrônica para que, no prazo de 30 (trinta) dias, apresente diretamente ao administrador judicial ou em juízo, a depender do momento processual, a relação completa de seus créditos inscritos em dívida ativa, acompanhada dos cálculos, da classificação e das informações sobre a situação atual.

§ 1º Para efeito do disposto no *caput* deste artigo, considera-se Fazenda Pública credora aquela que conste da relação do edital previsto no § 1º do art. 99 desta Lei, ou que, após a intimação prevista no inciso XIII do *caput* do art. 99 desta Lei, alegue nos autos, no prazo de 15 (quinze) dias, possuir crédito contra o falido.

§ 2º Os créditos não definitivamente constituídos, não inscritos em dívida ativa ou com exigibilidade suspensa poderão ser informados em momento posterior.

§ 3º Encerrado o prazo de que trata o *caput* deste artigo:

I – o falido, os demais credores e o administrador judicial disporão do prazo de 15 (quinze) dias para manifestar objeções, limitadamente, sobre os cálculos e a classificação para os fins desta Lei;

II – a Fazenda Pública, ultrapassado o prazo de que trata o inciso I deste parágrafo, será intimada para prestar, no prazo de 10 (dez) dias, eventuais esclarecimentos a respeito das manifestações previstas no referido inciso;

III – os créditos serão objeto de reserva integral até o julgamento definitivo quando rejeitados os argumentos apresentados de acordo com o inciso II deste parágrafo;

IV – os créditos incontroversos, desde que exigíveis, serão imediatamente incluídos no quadro-geral de credores, observada a sua classificação;

V – o juiz, anteriormente à homologação do quadro-geral de credores, concederá prazo comum de 10 (dez) dias para que o administrador judicial e a Fazenda Pública titular de crédito objeto de reserva manifestem-se sobre a situação atual desses créditos e, ao final do referido prazo, decidirá acerca da necessidade de mantê-la.

§ 4º Com relação à aplicação do disposto neste artigo, serão observadas as seguintes disposições:

I – a decisão sobre os cálculos e a classificação dos créditos para os fins do disposto nesta Lei, bem como sobre a arrecadação dos bens, a realização do ativo e o pagamento aos credores, competirá ao juízo falimentar;

II – a decisão sobre a existência, a exigibilidade e o valor do crédito, observado o disposto no inciso II do *caput* do art. 9º desta Lei e as demais regras do processo de falência, bem como sobre o eventual prosseguimento da cobrança contra os corresponsáveis, competirá ao juízo da execução fiscal;

III – a ressalva prevista no art. 76 desta Lei, ainda que o crédito reconhecido não esteja em cobrança judicial mediante execução fiscal, aplicar-se-á, no que couber, ao disposto no inciso II deste parágrafo;

IV – o administrador judicial e o juízo falimentar deverão respeitar a presunção de certeza e liquidez de que trata o art. 3º da Lei nº 6.830, de 22 de setembro de 1980, sem prejuízo do disposto nos incisos II e III deste parágrafo;

V – as execuções fiscais permanecerão suspensas até o encerramento da falência, sem prejuízo da possibilidade de prosseguimento contra os corresponsáveis;

VI – a restituição em dinheiro e a compensação serão preservadas, nos termos dos arts. 86 e 122 desta Lei; e

VII – o disposto no art. 10 desta Lei será aplicado, no que couber, aos créditos retardatários.

§ 5º Na hipótese de não apresentação da relação referida no *caput* deste artigo no prazo nele estipulado, o incidente será arquivado e a Fazenda Pública credora poderá requerer o desarquivamento, observado, no que couber, o disposto no art. 10 desta Lei.

§ 6º As disposições deste artigo aplicam-se, no que couber, às execuções fiscais e às execuções de ofício que se enquadrem no disposto nos incisos VII e VIII do *caput* do art. 114 da Constituição Federal.

§ 7º O disposto neste artigo aplica-se, no que couber, aos créditos do Fundo de Garantia do Tempo de Serviço (FGTS).

§ 8º Não haverá condenação em honorários de sucumbência no incidente de que trata este artigo.

► Art. 7º-A acrescido pela Lei nº 14.112, de 24-12-2020.

Art. 8º No prazo de 10 (dez) dias, contado da publicação da relação referida no art. 7º, § 2º, desta Lei, o Comitê, qualquer credor, o devedor ou seus sócios ou o Ministério Público podem apresentar ao juiz impugnação contra a relação de credores, apontando a ausência de qualquer crédito ou manifestando-se contra a legitimidade, importância ou classificação de crédito relacionado.

Parágrafo único. Autuada em separado, a impugnação será processada nos termos dos arts. 13 a 15 desta Lei.

Art. 9º A habilitação de crédito realizada pelo credor nos termos do art. 7º, § 1º, desta Lei deverá conter:

I – o nome, o endereço do credor e o endereço em que receberá comunicação de qualquer ato do processo;

II – o valor do crédito, atualizado até a data da decretação da falência ou do pedido de recuperação judicial, sua origem e classificação;

► En. nº 73 da II Jornada de Direito Comercial.

III – os documentos comprobatórios do crédito e a indicação das demais provas a serem produzidas;

IV – a indicação da garantia prestada pelo devedor, se houver, e o respectivo instrumento;

V – a especificação do objeto da garantia que estiver na posse do credor.

Parágrafo único. Os títulos e documentos que legitimam os créditos deverão ser exibidos no original ou por cópias autenticadas se estiverem juntados em outro processo.

Art. 10. Não observado o prazo estipulado no art. 7º, § 1º, desta Lei, as habilitações de crédito serão recebidas como retardatárias.

§ 1º Na recuperação judicial, os titulares de créditos retardatários, excetuados os titulares de créditos derivados da relação de trabalho, não terão direito a voto nas deliberações da assembleia-geral de credores.

§ 2º Aplica-se o disposto no § 1º deste artigo ao processo de falência, salvo se, na data da realização da assembleia-geral, já houver sido homologado o quadro geral de credores contendo o crédito retardatário.

§ 3º Na falência, os créditos retardatários perderão o direito a rateios eventualmente realizados e ficarão sujeitos ao pagamento de custas, não se computando os acessórios compreendidos entre o término do prazo e a data do pedido de habilitação.

§ 4º Na hipótese prevista no § 3º deste artigo, o credor poderá requerer a reserva de valor para satisfação de seu crédito.

§ 5º As habilitações de crédito retardatárias, se apresentadas antes da homologação do quadro geral de credores, serão recebidas como impugnação e processadas na forma dos arts. 13 a 15 desta Lei.

§ 6º Após a homologação do quadro geral de credores, aqueles que não habilitaram seu crédito poderão, observado, no que couber, o procedimento ordinário previsto no Código de Processo Civil, requerer ao juízo da falência ou da recuperação judicial a retificação do quadro geral para inclusão do respectivo crédito.

§ 7º O quadro geral de credores será formado com o julgamento das impugnações tempestivas e com as habilitações e as impugnações retardatárias decididas até o momento da sua formação.

§ 8º As habilitações e as impugnações retardatárias acarretarão a reserva do valor para a satisfação do crédito discutido.

§ 9º A recuperação judicial poderá ser encerrada ainda que não tenha havido a consolidação definitiva do quadro geral de credores, hipótese em que as ações incidentais de habilitação e de impugnação retardatárias serão redistribuídas ao juízo da recuperação judicial como ações autônomas e observarão o rito comum.

§ 10. O credor deverá apresentar pedido de habilitação ou de reserva de crédito em, no máximo, 3 (três) anos, contados da data de publicação da sentença que decretar a falência, sob pena de decadência.

► §§ 7º a 10 acrescidos pela Lei nº 14.112, de 24-12-2020.

Art. 11. Os credores cujos créditos forem impugnados serão intimados para contestar a impugnação, no prazo de 5 (cinco) dias, juntando os documentos que tiverem e indicando outras provas que reputem necessárias.

Art. 12. Transcorrido o prazo do art. 11 desta Lei, o devedor e o Comitê, se houver, serão intimados pelo juiz para se manifestar sobre ela no prazo comum de 5 (cinco) dias.

Parágrafo único. Findo o prazo a que se refere o *caput* deste artigo, o administrador judicial será intimado pelo juiz para emitir parecer no prazo de 5 (cinco) dias, devendo juntar à sua manifestação o laudo elaborado pelo profissional ou empresa especializada, se for o caso, e todas as informações existentes nos livros fiscais e demais documentos do devedor acerca do crédito, constante ou não da relação de credores, objeto da impugnação.

Art. 13. A impugnação será dirigida ao juiz por meio de petição, instruída com os documentos que tiver o impugnante, o qual indicará as provas consideradas necessárias.

Parágrafo único. Cada impugnação será autuada em separado, com os documentos a ela relativos, mas terão uma só autuação as diversas impugnações versando sobre o mesmo crédito.

Art. 14. Caso não haja impugnações, o juiz homologará, como quadro geral de credores, a relação dos credores de que trata o § 2º do art. 7º, ressalvado o disposto no art. 7º-A desta Lei.

► Artigo com a redação dada pela Lei nº 14.112, de 24-12-2020.

Art. 15. Transcorridos os prazos previstos nos arts. 11 e 12 desta Lei, os autos de impugnação serão conclusos ao juiz, que:

I – determinará a inclusão no quadro geral de credores das habilitações de créditos não impugnadas, no valor constante da relação referida no § 2º do art. 7º desta Lei;

II – julgará as impugnações que entender suficientemente esclarecidas pelas alegações e provas apresentadas pelas partes, mencionando, de cada crédito, o valor e a classificação;

III – fixará, em cada uma das restantes impugnações, os aspectos controvertidos e decidirá as questões processuais pendentes;

IV – determinará as provas a serem produzidas, designando audiência de instrução e julgamento, se necessário.

Art. 16. Para fins de rateio na falência, deverá ser formado quadro geral de credores, composto pelos créditos não impugnados constantes do edital de que trata o § 2º do art. 7º desta Lei, pelo julgamento de todas as impugnações apresentadas no prazo previsto no art. 8º desta Lei e pelo julgamento realizado até então das habilitações de crédito recebidas como retardatárias.

§ 1º As habilitações retardatárias não julgadas acarretarão a reserva do valor controvertido, mas não impedirão o pagamento da parte incontroversa.

§ 2º Ainda que o quadro geral de credores não esteja formado, o rateio de pagamentos na falência poderá ser realizado desde que a classe de credores a ser satisfeita já tenha tido todas as impugnações judiciais apresentadas no prazo previsto no art. 8º desta Lei, ressalvada a reserva dos créditos controvertidos em função das habilitações retardatárias de créditos distribuídas até então e ainda não julgadas.

► Art. 16 com a redação dada pela Lei nº 14.112, de 24-12-2020.

Art. 17. Da decisão judicial sobre a impugnação caberá agravo.

► Art. 1.015, XIII, do CPC.

Parágrafo único. Recebido o agravo, o relator poderá conceder efeito suspensivo à decisão que reconhece o crédito ou determinar a inscrição ou modificação do seu valor ou classificação no quadro geral de credores, para fins de exercício de direito de voto em assembleia-geral.

Art. 18. O administrador judicial será responsável pela consolidação do quadro geral de credores, a ser homologado pelo juiz, com base na relação dos credores a que se refere o art. 7º, § 2º, desta Lei e nas decisões proferidas nas impugnações oferecidas.

Parágrafo único. O quadro geral, assinado pelo juiz e pelo administrador judicial, mencionará a importância e a classificação de cada crédito na data do requerimento da recuperação judicial ou da decretação da falência, será juntado aos autos e publicado no órgão oficial, no prazo de 5 (cinco) dias, contado da data da sentença que houver julgado as impugnações.

Art. 19. O administrador judicial, o Comitê, qualquer credor ou o representante do Ministério Público poderá, até o encerramento da recuperação judicial ou da falência, observado, no que couber, o procedimento ordinário previsto no Código de Processo Civil, pedir a exclusão, outra classificação ou a retificação de qualquer crédito, nos casos de descoberta de falsidade, dolo, simulação, fraude, erro essencial ou, ainda, documentos ignorados na época do julgamento do crédito ou da inclusão no quadro geral de credores.

§ 1º A ação prevista neste artigo será proposta exclusivamente perante o juízo da recuperação judicial ou da falência ou, nas hipóteses previstas no art. 6º, §§ 1º e 2º, desta Lei, perante o juízo que tenha originariamente reconhecido o crédito.

§ 2º Proposta a ação de que trata este artigo, o pagamento ao titular do crédito por ela atingido somente poderá ser realizado mediante a prestação de caução no mesmo valor do crédito questionado.

Art. 20. As habilitações dos credores particulares do sócio ilimitadamente responsável processar-se-ão de acordo com as disposições desta Seção.

Seção II-A
DAS CONCILIAÇÕES E DAS MEDIAÇÕES ANTECEDENTES OU INCIDENTAIS AOS PROCESSOS DE RECUPERAÇÃO JUDICIAL

► Seção II-A acrescida pela Lei nº 14.112, de 24-12-2020.

Art. 20-A. A conciliação e a mediação deverão ser incentivadas em qualquer grau de jurisdição, inclusive no âmbito de recursos em segundo grau de jurisdição e nos Tribunais Superiores, e não implicarão a suspensão dos prazos previstos nesta Lei, salvo se houver consenso entre as partes em sentido contrário ou determinação judicial.

Art. 20-B. Serão admitidas conciliações e mediações antecedentes ou incidentais aos processos de recuperação judicial, notadamente:

I – nas fases pré-processual e processual de disputas entre os sócios e acionistas de sociedade em dificuldade ou em recuperação judicial, bem como nos litígios que envolverem credores não sujeitos à recuperação judicial, nos termos dos §§ 3º e 4º do art. 49 desta Lei, ou credores extraconcursais;

II – em conflitos que envolverem concessionárias ou permissionárias de serviços públicos em recuperação judicial e órgãos reguladores ou entes públicos municipais, distritais, estaduais ou federais;

III – na hipótese de haver créditos extraconcursais contra empresas em recuperação judicial durante período de vigência de estado de calamidade pública, a fim de permitir a continuidade da prestação de serviços essenciais;

IV – na hipótese de negociação de dívidas e respectivas formas de pagamento entre a empresa em dificuldade e seus credores, em caráter antecedente ao ajuizamento de pedido de recuperação judicial.

§ 1º Na hipótese prevista no inciso IV do *caput* deste artigo, será facultado às empresas em dificuldade que preencham os requisitos legais para requerer recuperação judicial obter tutela de urgência cautelar, nos termos do art. 305 e seguintes da Lei nº 13.105, de 16 de março de 2015 (Código de Processo Civil), a fim de que sejam suspensas as execuções contra elas propostas pelo prazo de até 60 (sessenta) dias, para tentativa de composição com seus credores, em procedimento de mediação ou conciliação já instaurado perante o Centro

Judiciário de Solução de Conflitos e Cidadania (CEJUSC) do tribunal competente ou da câmara especializada, observados, no que couber, os arts. 16 e 17 da Lei nº 13.140, de 26 de junho de 2015.

§ 2º São vedadas a conciliação e a mediação sobre a natureza jurídica e a classificação de créditos, bem como sobre critérios de votação em assembleia-geral de credores.

§ 3º Se houver pedido de recuperação judicial ou extrajudicial, observados os critérios desta Lei, o período de suspensão previsto no § 1º deste artigo será deduzido do período de suspensão previsto no art. 6º desta Lei.

Art. 20-C. O acordo obtido por meio de conciliação ou de mediação com fundamento nesta Seção deverá ser homologado pelo juiz competente conforme o disposto no art. 3º desta Lei.

Parágrafo único. Requerida a recuperação judicial ou extrajudicial em até 360 (trezentos e sessenta) dias contados do acordo firmado durante o período da conciliação ou de mediação pré-processual, o credor terá reconstituídos seus direitos e garantias nas condições originalmente contratadas, deduzidos os valores eventualmente pagos e ressalvados os atos validamente praticados no âmbito dos procedimentos previstos nesta Seção.

Art. 20-D. As sessões de conciliação e de mediação de que trata esta Seção poderão ser realizadas por meio virtual, desde que o CEJUSC do tribunal competente ou a câmara especializada responsável disponham de meios para a sua realização.

► Arts. 20-A a 20-D acrescidos pela Lei nº 14.112, de 24-12-2020.

Seção III

DO ADMINISTRADOR JUDICIAL E DO COMITÊ DE CREDORES

Art. 21. O administrador judicial será profissional idôneo, preferencialmente advogado, economista, administrador de empresas ou contador, ou pessoa jurídica especializada.

Parágrafo único. Se o administrador judicial nomeado for pessoa jurídica, declarar-se-á, no termo de que trata o art. 33 desta Lei, o nome de profissional responsável pela condução do processo de falência ou de recuperação judicial, que não poderá ser substituído sem autorização do juiz.

Art. 22. Ao administrador judicial compete, sob a fiscalização do juiz e do Comitê, além de outros deveres que esta Lei lhe impõe:

I – na recuperação judicial e na falência:

a) enviar correspondência aos credores constantes na relação de que trata o inciso III do *caput* do art. 51, o inciso III do *caput* do art. 99 ou o inciso II do *caput* do art. 105 desta Lei, comunicando a data do pedido de recuperação judicial ou da decretação da falência, a natureza, o valor e a classificação dada ao crédito;

b) fornecer, com presteza, todas as informações pedidas pelos credores interessados;

c) dar extratos dos livros do devedor, que merecerão fé de ofício, a fim de servirem de fundamento nas habilitações e impugnações de créditos;

d) exigir dos credores, do devedor ou seus administradores quaisquer informações;

e) elaborar a relação de credores de que trata o § 2º do art. 7º desta Lei;

f) consolidar o quadro geral de credores nos termos do art. 18 desta Lei;

g) requerer ao juiz convocação da assembleia-geral de credores nos casos previstos nesta Lei ou quando entender necessária sua ouvida para a tomada de decisões;

h) contratar, mediante autorização judicial, profissionais ou empresas especializadas para, quando necessário, auxiliá-lo no exercício de suas funções;

i) manifestar-se nos casos previstos nesta Lei;

j) estimular, sempre que possível, a conciliação, a mediação e outros métodos alternativos de solução de conflitos relacionados à recuperação judicial e à falência, respeitados os direitos de terceiros, na forma do § 3º do art. 3º da Lei nº 13.105, de 16 de março de 2015 (Código de Processo Civil);

k) manter endereço eletrônico na internet, com informações atualizadas sobre os processos de falência e de recuperação judicial, com a opção de consulta às peças principais do processo, salvo decisão judicial em sentido contrário;

l) manter endereço eletrônico específico para o recebimento de pedidos de habilitação ou a apresentação de divergências, ambos em âmbito administrativo, com modelos que poderão ser utilizados pelos credores, salvo decisão judicial em sentido contrário;

m) providenciar, no prazo máximo de 15 (quinze) dias, as respostas aos ofícios e às solicitações enviadas por outros juízos e órgãos públicos, sem necessidade de prévia deliberação do juízo;

► Alíneas *j* a *m* acrescidas pela Lei nº 14.112, de 24-12-2020.

II – na recuperação judicial:

a) fiscalizar as atividades do devedor e o cumprimento do plano de recuperação judicial;

b) requerer a falência no caso de descumprimento de obrigação assumida no plano de recuperação;

c) apresentar ao juiz, para juntada aos autos, relatório mensal das atividades do devedor, fiscalizando a veracidade e a conformidade das informações prestadas pelo devedor;

► Alínea *c* com a redação dada pela Lei nº 14.112, de 24-12-2020.

d) apresentar o relatório sobre a execução do plano de recuperação, de que trata o inciso III do *caput* do art. 63 desta Lei;

e) fiscalizar o decurso das tratativas e a regularidade das negociações entre devedor e credores;

f) assegurar que devedor e credores não adotem expedientes dilatórios, inúteis ou, em geral, prejudiciais ao regular andamento das negociações;

g) assegurar que as negociações realizadas entre devedor e credores sejam regidas pelos termos convencionados entre os interessados ou, na falta de acordo, pelas regras propostas pelo administrador judicial e homologadas pelo juiz, observado o princípio da boa-fé para solução construtiva de consensos, que acarretem maior efetividade econômico-financeira e proveito social para os agentes econômicos envolvidos;

h) apresentar, para juntada aos autos, e publicar no endereço eletrônico específico relatório mensal das atividades do devedor e relatório sobre o plano de recuperação judicial, no prazo de até 15 (quinze) dias contado da apresentação do plano, fiscalizando a veracidade e a conformidade das informações prestadas pelo devedor, além de informar eventual ocorrência das condutas previstas no art. 64 desta Lei;

► Alíneas *e* a *h* acrescidas pela Lei nº 14.112, de 24-12-2020.

III – na falência:

a) avisar, pelo órgão oficial, o lugar e hora em que, diariamente, os credores terão à sua disposição os livros e documentos do falido;

b) examinar a escrituração do devedor;

c) relacionar os processos e assumir a representação judicial e extrajudicial, incluídos os processos arbitrais, da massa falida;

► Alínea *c* com a redação dada pela Lei nº 14.112, de 24-12-2020.

d) receber e abrir a correspondência dirigida ao devedor, entregando a ele o que não for assunto de interesse da massa;

e) apresentar, no prazo de 40 (quarenta) dias, contado da assinatura do termo de compromisso, prorrogável por igual período, relatório sobre as causas e circunstâncias que conduziram à situação de falência, no qual apontará a responsabilidade civil e penal dos envolvidos, observado o disposto no art. 186 desta Lei;

f) arrecadar os bens e documentos do devedor e elaborar o auto de arrecadação, nos termos dos arts. 108 e 110 desta Lei;

g) avaliar os bens arrecadados;

h) contratar avaliadores, de preferência oficiais, mediante autorização judicial, para a avaliação dos bens caso entenda não ter condições técnicas para a tarefa;

i) praticar os atos necessários à realização do ativo e ao pagamento dos credores;

j) proceder à venda de todos os bens da massa falida no prazo máximo de 180 (cento e oitenta) dias, contado da data da juntada do auto de arrecadação, sob pena de destituição, salvo por impossibilidade fundamentada, reconhecida por decisão judicial;

► Alínea *j* com a redação dada pela Lei nº 14.112, de 24-12-2020.

l) praticar todos os atos conservatórios de direitos e ações, diligenciar a cobrança de dívidas e dar a respectiva quitação;

m) remir, em benefício da massa e mediante autorização judicial, bens apenhados, penhorados ou legalmente retidos;

n) representar a massa falida em juízo, contratando, se necessário, advogado, cujos honorários serão previamente ajustados e aprovados pelo Comitê de Credores;

o) requerer todas as medidas e diligências que forem necessárias para o cumprimento desta Lei, a proteção da massa ou a eficiência da administração;

p) apresentar ao juiz para juntada aos autos, até o 10º (décimo) dia do mês seguinte ao vencido, conta demonstrativa da administração, que especifique com clareza a receita e a despesa;

q) entregar ao seu substituto todos os bens e documentos da massa em seu poder, sob pena de responsabilidade;

r) prestar contas ao final do processo, quando for substituído, destituído ou renunciar ao cargo;

s) arrecadar os valores dos depósitos realizados em processos administrativos ou judiciais nos quais o falido figure como parte, oriundos de penhoras, de bloqueios, de apreensões, de leilões, de alienação judicial e de outras hipóteses de constrição judicial, ressalvado o disposto nas Leis nºs 9.703, de 17 de novembro de 1998, e 12.099, de 27 de novembro de 2009, e na Lei Complementar nº 151, de 5 de agosto de 2015.

► Alínea *s* acrescida pela Lei nº 14.112, de 24-12-2020.

§ 1º As remunerações dos auxiliares do administrador judicial serão fixadas pelo juiz, que considerará a complexidade dos trabalhos a serem executados e os valores praticados no mercado para o desempenho de atividades semelhantes.

§ 2º Na hipótese da alínea *d* do inciso I do *caput* deste artigo, se houver recusa, o juiz, a requerimento do administrador judicial, intimará aquelas pessoas para que compareçam à sede do juízo, sob pena de desobediência, oportunidade em que as interrogará na presença do administrador judicial, tomando seus depoimentos por escrito.

§ 3º Na falência, o administrador judicial não poderá, sem autorização judicial, após ouvidos o Comitê e o devedor no prazo comum de 2 (dois) dias, transigir sobre obrigações e direitos da massa falida e conceder abatimento de dívidas, ainda que sejam consideradas de difícil recebimento.

§ 4º Se o relatório de que trata a alínea *e* do inciso III do *caput* deste artigo apontar responsabilidade penal de qualquer dos envolvidos, o Ministério Público será intimado para tomar conhecimento de seu teor.

Art. 23. O administrador judicial que não apresentar, no prazo estabelecido, suas contas ou qualquer dos relatórios previstos nesta Lei será intimado pessoalmente a fazê-lo no prazo de 5 (cinco) dias, sob pena de desobediência.

Parágrafo único. Decorrido o prazo do *caput* deste artigo, o juiz destituirá o administrador judicial e nomeará substituto para elaborar relatórios ou organizar as contas, explicitando as responsabilidades de seu antecessor.

Art. 24. O juiz fixará o valor e a forma de pagamento da remuneração do administrador judicial, observados a capacidade de pagamento do devedor, o grau de complexidade do trabalho e os valores praticados no mercado para o desempenho de atividades semelhantes.

§ 1º Em qualquer hipótese, o total pago ao administrador judicial não excederá 5% (cinco por cento) do valor devido aos credores submetidos à recuperação judicial ou do valor de venda dos bens na falência.

§ 2º Será reservado 40% (quarenta por cento) do montante devido ao administrador judicial para pagamento após atendimento do previsto nos arts. 154 e 155 desta Lei.

§ 3º O administrador judicial substituído será remunerado proporcionalmente ao trabalho realizado, salvo se renunciar sem relevante razão ou for destituído de suas funções por desídia, culpa, dolo ou descumprimento das obrigações fixadas nesta Lei, hipóteses em que não terá direito à remuneração.

§ 4º Também não terá direito a remuneração o administrador que tiver suas contas desaprovadas.

§ 5º A remuneração do administrador judicial fica reduzida ao limite de 2% (dois por cento), no caso de microempresas e de empresas de pequeno porte, bem como na hipótese de que trata o art. 70-A desta Lei.

► § 5º com a redação dada pela Lei nº 14.112, de 24-12-2020.

Art. 25. Caberá ao devedor ou à massa falida arcar com as despesas relativas à remuneração do administrador judicial e das pessoas eventualmente contratadas para auxiliá-lo.

Art. 26. O Comitê de Credores será constituído por deliberação de qualquer das classes de credores na assembleia-geral e terá a seguinte composição:

I – 1 (um) representante indicado pela classe de credores trabalhistas, com 2 (dois) suplentes;

II – 1 (um) representante indicado pela classe de credores com direitos reais de garantia ou privilégios especiais, com 2 (dois) suplentes;

III – 1 (um) representante indicado pela classe de credores quirografários e com privilégios gerais, com 2 (dois) suplentes;

IV – 1 (um) representante indicado pela classe de credores representantes de microempresas e empresas de pequeno porte, com 2 (dois) suplentes.

► Inciso IV acrescido pela LC nº 147, de 7-8-2014.

§ 1º A falta de indicação de representante por quaisquer das classes não prejudicará a constituição do Comitê, que poderá funcionar com número inferior ao previsto no *caput* deste artigo.

§ 2º O juiz determinará, mediante requerimento subscrito por credores que representem a maioria dos créditos de uma classe, independentemente da realização de assembleia:

I – a nomeação do representante e dos suplentes da respectiva classe ainda não representada no Comitê; ou

II – a substituição do representante ou dos suplentes da respectiva classe.

§ 3º Caberá aos próprios membros do Comitê indicar, entre eles, quem irá presidi-lo.

Art. 27. O Comitê de Credores terá as seguintes atribuições, além de outras previstas nesta Lei:

I – na recuperação judicial e na falência:

a) fiscalizar as atividades e examinar as contas do administrador judicial;

b) zelar pelo bom andamento do processo e pelo cumprimento da lei;

c) comunicar ao juiz, caso detecte violação dos direitos ou prejuízo aos interesses dos credores;

d) apurar e emitir parecer sobre quaisquer reclamações dos interessados;

e) requerer ao juiz a convocação da assembleia-geral de credores;

f) manifestar-se nas hipóteses previstas nesta Lei;

II – na recuperação judicial:

a) fiscalizar a administração das atividades do devedor, apresentando, a cada 30 (trinta) dias, relatório de sua situação;

b) fiscalizar a execução do plano de recuperação judicial;

c) submeter à autorização do juiz, quando ocorrer o afastamento do devedor nas hipóteses previstas nesta Lei, a alienação de bens do ativo permanente, a constituição de ônus reais e outras garantias, bem como atos de endividamento necessários à continuação da atividade empresarial durante o período que antecede a aprovação do plano de recuperação judicial.

§ 1º As decisões do Comitê, tomadas por maioria, serão consignadas em livro de atas, rubricado pelo juízo, que ficará à disposição do administrador judicial, dos credores e do devedor.

§ 2º Caso não seja possível a obtenção de maioria em deliberação do Comitê, o impasse será resolvido pelo administrador judicial ou, na incompatibilidade deste, pelo juiz.

Art. 28. Não havendo Comitê de Credores, caberá ao administrador judicial ou, na incompatibilidade deste, ao juiz exercer suas atribuições.

Art. 29. Os membros do Comitê não terão sua remuneração custeada pelo devedor ou pela massa falida, mas as despesas realizadas para a realização de ato previsto nesta Lei, se devidamente comprovadas e com a autorização do juiz, serão ressarcidas atendendo às disponibilidades de caixa.

Art. 30. Não poderá integrar o Comitê ou exercer as funções de administrador judicial quem, nos últimos 5 (cinco) anos, no exercício do cargo de administrador judicial ou de membro do Comitê em falência ou recuperação judicial anterior, foi destituído, deixou de prestar contas dentro dos prazos legais ou teve a prestação de contas desaprovada.

§ 1º Ficará também impedido de integrar o Comitê ou exercer a função de administrador judicial quem tiver relação de parentesco ou afinidade até o 3º (terceiro) grau com o devedor, seus administradores, controladores ou representantes legais ou deles for amigo, inimigo ou dependente.

§ 2º O devedor, qualquer credor ou o Ministério Público poderá requerer ao juiz a substituição do administrador judicial ou dos membros do Comitê nomeados em desobediência aos preceitos desta Lei.

§ 3º O juiz decidirá, no prazo de 24 (vinte e quatro) horas, sobre o requerimento do § 2º deste artigo.

Art. 31. O juiz, de ofício ou a requerimento fundamentado de qualquer interessado, poderá determinar a destituição do administrador judicial ou de quaisquer dos membros do Comitê de Credores quando verificar desobediência aos preceitos desta Lei, descumprimento de deveres, omissão, negligência ou prática de ato lesivo às atividades do devedor ou a terceiros.

§ 1º No ato de destituição, o juiz nomeará novo administrador judicial ou convocará os suplentes para recompor o Comitê.

§ 2º Na falência, o administrador judicial substituído prestará contas no prazo de 10 (dez) dias, nos termos dos §§ 1º a 6º do art. 154 desta Lei.

Art. 32. O administrador judicial e os membros do Comitê responderão pelos prejuízos causados à massa falida, ao devedor ou aos credores por dolo ou culpa, devendo o dissidente em deliberação do Comitê consignar sua discordância em ata para eximir-se da responsabilidade.

Art. 33. O administrador judicial e os membros do Comitê de Credores, logo que nomeados, serão intimados pessoalmente para, em 48 (quarenta e oito) horas, assinar, na sede do juízo, o termo de compromisso de bem e fielmente desempenhar o cargo e assumir todas as responsabilidades a ele inerentes.

Art. 34. Não assinado o termo de compromisso no prazo previsto no art. 33 desta Lei, o juiz nomeará outro administrador judicial.

Seção IV
DA ASSEMBLEIA-GERAL DE CREDORES

Art. 35. A assembleia-geral de credores terá por atribuições deliberar sobre:

► En. nº 77 da II Jornada de Direito Comercial.

I – na recuperação judicial:

a) aprovação, rejeição ou modificação do plano de recuperação judicial apresentado pelo devedor;

b) a constituição do Comitê de Credores, a escolha de seus membros e sua substituição;

c) VETADA;

d) o pedido de desistência do devedor, nos termos do § 4º do art. 52 desta Lei;

e) o nome do gestor judicial, quando do afastamento do devedor;

f) qualquer outra matéria que possa afetar os interesses dos credores;

g) alienação de bens ou direitos do ativo não circulante do devedor, não prevista no plano de recuperação judicial;

► Alínea *g* acrescida pela Lei nº 14.112, de 24-12-2020.

II – na falência:

a) VETADA;

b) a constituição do Comitê de Credores, a escolha de seus membros e sua substituição;

c) a adoção de outras modalidades de realização do ativo, na forma do art. 145 desta Lei;

d) qualquer outra matéria que possa afetar os interesses dos credores.

Art. 36. A assembleia-geral de credores será convocada pelo juiz por meio de edital publicado no diário oficial eletrônico e disponibilizado no sítio eletrônico do administrador judicial, com antecedência mínima de 15 (quinze) dias, o qual conterá:

► *Caput* com a redação dada pela Lei nº 14.112, de 24-12-2020.

I – local, data e hora da assembleia em 1ª (primeira) e em 2ª (segunda) convocação, não podendo esta ser realizada menos de 5 (cinco) dias depois da 1ª (primeira);

II – a ordem do dia;

III – local onde os credores poderão, se for o caso, obter cópia do plano de recuperação judicial a ser submetido à deliberação da assembleia.

§ 1º Cópia do aviso de convocação da assembleia deverá ser afixada de forma ostensiva na sede e filiais do devedor.

§ 2º Além dos casos expressamente previstos nesta Lei, credores que representem no mínimo 25% (vinte e cinco por cento) do valor total dos créditos de uma determinada classe poderão requerer ao juiz a convocação de assembleia-geral.

§ 3º As despesas com a convocação e a realização da assembleia-geral correm por conta do devedor ou da massa falida, salvo se convocada em virtude de requerimento do Comitê de Credores ou na hipótese do § 2º deste artigo.

Art. 37. A assembleia será presidida pelo administrador judicial, que designará 1 (um) secretário dentre os credores presentes.

§ 1º Nas deliberações sobre o afastamento do administrador judicial ou em outras em que haja incompatibilidade deste, a assembleia será presidida pelo credor presente que seja titular do maior crédito.

§ 2º A assembleia instalar-se-á, em 1ª (primeira) convocação, com a presença de credores titulares de mais da metade dos créditos de cada classe, computados pelo valor, e, em 2ª (segunda) convocação, com qualquer número.

§ 3º Para participar da assembleia, cada credor deverá assinar a lista de presença, que será encerrada no momento da instalação.

§ 4º O credor poderá ser representado na assembleia-geral por mandatário ou representante legal, desde que entregue ao administrador judicial, até 24 (vinte e quatro) horas antes da data prevista no aviso de convocação, documento hábil que comprove seus poderes ou a indicação das folhas dos autos do processo em que se encontre o documento.

§ 5º Os sindicatos de trabalhadores poderão representar seus associados titulares de créditos derivados da legislação do trabalho ou decorrentes de acidente de trabalho que não comparecerem, pessoalmente ou por procurador, à assembleia.

§ 6º Para exercer a prerrogativa prevista no § 5º deste artigo, o sindicato deverá:

I – apresentar ao administrador judicial, até 10 (dez) dias antes da assembleia, a relação dos associados que pretende representar, e o trabalhador que conste da relação de mais de um sindicato deverá esclarecer, até 24 (vinte e quatro) horas antes da assembleia, qual sindicato o representa, sob pena de não ser representado em assembleia por nenhum deles; e

II – VETADO.

§ 7º Do ocorrido na assembleia, lavrar-se-á ata que conterá o nome dos presentes e as assinaturas do presidente, do devedor e de 2 (dois) membros de cada uma das classes votantes, e que será entregue ao juiz, juntamente com a lista de presença, no prazo de 48 (quarenta e oito) horas.

Art. 38. O voto do credor será proporcional ao valor de seu crédito, ressalvado, nas deliberações sobre o plano de recuperação judicial, o disposto no § 2º do art. 45 desta Lei.

Parágrafo único. Na recuperação judicial, para fins exclusivos de votação em assembleia-geral, o crédito em moeda estrangeira será convertido para moeda nacional pelo câmbio da véspera da data de realização da assembleia.

Art. 39. Terão direito a voto na assembleia-geral as pessoas arroladas no quadro geral de credores ou, na sua falta, na relação de credores apresentada pelo administrador judicial na forma do art. 7º, § 2º, desta Lei, ou, ainda, na falta desta, na relação apresentada pelo próprio devedor nos termos dos arts. 51, incisos III e IV do *caput*, 99, inciso III do *caput*, ou 105, inciso II do *caput*, desta Lei, acrescidas, em qualquer caso, das que estejam habilitadas na data da realização da assembleia ou que tenham créditos admitidos ou alterados por decisão judicial, inclusive as que tenham obtido reserva de importâncias, observado o disposto nos §§ 1º e 2º do art. 10 desta Lei.

► En. nº 76 da II Jornada de Direito Comercial.

§ 1º Não terão direito a voto e não serão considerados para fins de verificação do *quorum* de instalação e de deliberação os titulares de créditos excetuados na forma dos §§ 3º e 4º do art. 49 desta Lei.

§ 2º As deliberações da assembleia-geral não serão invalidadas em razão de posterior decisão judicial acerca da existência, quantificação ou classificação de créditos.

§ 3º No caso de posterior invalidação de deliberação da assembleia, ficam resguardados os direitos de terceiros de boa-fé, respondendo os credores que aprovarem a deliberação pelos prejuízos comprovados causados por dolo ou culpa.

§ 4º Qualquer deliberação prevista nesta Lei a ser realizada por meio de assembleia-geral de credores poderá ser substituída, com idênticos efeitos, por:

I – termo de adesão firmado por tantos credores quantos satisfaçam o quórum de aprovação específico, nos termos estabelecidos no art. 45-A desta Lei;

II – votação realizada por meio de sistema eletrônico que reproduza as condições de tomada de voto da assembleia-geral de credores; ou

III – outro mecanismo reputado suficientemente seguro pelo juiz.

§ 5º As deliberações nos formatos previstos no § 4º deste artigo serão fiscalizadas pelo administrador judicial, que emitirá parecer sobre sua regularidade, previamente à sua homologação judicial, independentemente da concessão ou não da recuperação judicial.

§ 6º O voto será exercido pelo credor no seu interesse e de acordo com o seu juízo de conveniência e poderá ser declarado nulo por abusividade somente quando manifestamente exercido para obter vantagem ilícita para si ou para outrem.

§ 7º A cessão ou a promessa de cessão do crédito habilitado deverá ser imediatamente comunicada ao juízo da recuperação judicial.

► §§ 4º a 7º acrescidos pela Lei nº 14.112, de 24-12-2020.

Art. 40. Não será deferido provimento liminar, de caráter cautelar ou antecipatório dos efeitos da tutela, para a suspensão ou adiamento da assembleia-geral de credores em razão de pendência de discussão acerca da existência, da quantificação ou da classificação de créditos.

Art. 41. A assembleia-geral será composta pelas seguintes classes de credores:

I – titulares de créditos derivados da legislação do trabalho ou decorrentes de acidentes de trabalho;

II – titulares de créditos com garantia real;

III – titulares de créditos quirografários, com privilégio especial, com privilégio geral ou subordinados;

IV – titulares de créditos enquadrados como microempresa ou empresa de pequeno porte.

► Inciso IV acrescido pela LC nº 147, de 7-8-2014.

§ 1º Os titulares de créditos derivados da legislação do trabalho votam com a classe prevista no inciso I do *caput* deste artigo com o total de seu crédito, independentemente do valor.

§ 2º Os titulares de créditos com garantia real votam com a classe prevista no inciso II do *caput* deste artigo até o limite do valor do bem gravado e com a classe prevista no inciso III do *caput* deste artigo pelo restante do valor de seu crédito.

Art. 42. Considerar-se-á aprovada a proposta que obtiver votos favoráveis de credores que representem mais da metade do valor total dos créditos presentes à assembleia-geral, exceto nas deliberações sobre o plano de recuperação judicial nos termos da alínea *a* do inciso I do *caput* do art. 35 desta Lei, a composição do Comitê de Credores ou forma alternativa de realização do ativo nos termos do art. 145 desta Lei.

Art. 43. Os sócios do devedor, bem como as sociedades coligadas, controladoras, controladas ou as que tenham sócio ou acionista com participação superior a 10% (dez por cento) do capital social do devedor ou em que o devedor ou algum de seus sócios detenham participação superior a 10% (dez por cento) do capital social, poderão participar da assembleia-geral de credores, sem ter direito a voto e não serão considerados para fins de verificação do *quorum* de instalação e de deliberação.

Parágrafo único. O disposto neste artigo também se aplica ao cônjuge ou parente, consanguíneo ou afim, colateral até o 2º (segundo) grau, ascendente ou descendente do devedor, de administrador, do sócio controlador, de membro dos conselhos consultivo, fiscal ou semelhantes da sociedade devedora e à sociedade em que quaisquer dessas pessoas exerçam essas funções.

Art. 44. Na escolha dos representantes de cada classe no Comitê de Credores, somente os respectivos membros poderão votar.

Art. 45. Nas deliberações sobre o plano de recuperação judicial, todas as classes de credores referidas no art. 41 desta Lei deverão aprovar a proposta.

► En. nº 77 da II Jornada de Direito Comercial.

§ 1º Em cada uma das classes referidas nos incisos II e III do art. 41 desta Lei, a proposta deverá ser aprovada por credores que representem mais da metade do valor total dos créditos presentes à assembleia e, cumulativamente, pela maioria simples dos credores presentes.

§ 2º Nas classes previstas nos incisos I e IV do art. 41 desta Lei, a proposta deverá ser aprovada pela maioria simples dos credores presentes, independentemente do valor de seu crédito.

► § 2º com a redação dada pela LC nº 147, de 7-8-2014.

§ 3º O credor não terá direito a voto e não será considerado para fins de verificação de *quorum* de deliberação se o plano de recuperação judicial não alterar o valor ou as condições originais de pagamento de seu crédito.

Art. 45-A. As deliberações da assembleia-geral de credores previstas nesta Lei poderão ser substituídas pela comprovação da adesão de credores que representem mais da metade do valor dos créditos sujeitos à recuperação judicial, observadas as exceções previstas nesta Lei.

§ 1º Nos termos do art. 56-A desta Lei, as deliberações sobre o plano de recuperação judicial poderão ser substituídas por documento que comprove o cumprimento do disposto no art. 45 desta Lei.

§ 2º As deliberações sobre a constituição do Comitê de Credores poderão ser substituídas por documento que comprove a adesão da maioria dos créditos de cada conjunto de credores previsto no art. 26 desta Lei.

§ 3º As deliberações sobre forma alternativa de realização do ativo na falência, nos termos do art. 145 desta Lei, poderão ser substituídas por documento que comprove a adesão de credores que representem 2/3 (dois terços) dos créditos.

§ 4º As deliberações no formato previsto neste artigo serão fiscalizadas pelo administrador judicial, que emitirá parecer sobre sua regularidade, com oitiva do Ministério Público, previamente à sua homologação judicial, independentemente da concessão ou não da recuperação judicial.

► Art. 45-A acrescido pela Lei nº 14.112, de 24-12-2020.

Art. 46. A aprovação de forma alternativa de realização do ativo na falência, prevista no art. 145 desta Lei, dependerá do voto favorável de credores que representem 2/3 (dois terços) dos créditos presentes à assembleia.

CAPÍTULO III

DA RECUPERAÇÃO JUDICIAL

Seção I

DISPOSIÇÕES GERAIS

Art. 47. A recuperação judicial tem por objetivo viabilizar a superação da situação de crise econômico-financeira do devedor, a fim de permitir a manutenção da fonte produtora, do emprego dos trabalhadores e dos interesses dos credores, promovendo, assim, a preservação da empresa, sua função social e o estímulo à atividade econômica.

Art. 48. Poderá requerer recuperação judicial o devedor que, no momento do pedido, exerça regularmente suas atividades há mais de 2 (dois) anos e que atenda aos seguintes requisitos, cumulativamente:

I – não ser falido e, se o foi, estejam declaradas extintas, por sentença transitada em julgado, as responsabilidades daí decorrentes;

II – não ter, há menos de 5 (cinco) anos, obtido concessão de recuperação judicial;

III – não ter, há menos de 5 (cinco) anos, obtido concessão de recuperação judicial com base no plano especial de que trata a Seção V deste Capítulo;

► Inciso III com a redação dada pela LC nº 147, de 7-8-2014.

IV – não ter sido condenado ou não ter, como administrador ou sócio controlador, pessoa condenada por qualquer dos crimes previstos nesta Lei.

§ 1º A recuperação judicial também poderá ser requerida pelo cônjuge sobrevivente, herdeiros do devedor, inventariante ou sócio remanescente.

► Antigo parágrafo único transformado em § 1º pela Lei nº 12.873, de 24-10-2013.

§ 2º No caso de exercício de atividade rural por pessoa jurídica, admite-se a comprovação do prazo estabelecido no *caput* deste artigo por meio da Escrituração Contábil Fiscal (ECF), ou por meio de obrigação legal de registros contábeis que venha a substituir a ECF, entregue tempestivamente.

► § 2º com a redação dada pela Lei nº 14.112, de 24-12-2020.

§ 3º Para a comprovação do prazo estabelecido no *caput* deste artigo, o cálculo do período de exercício de atividade rural por pessoa física é feito com base no Livro Caixa Digital do Produtor Rural (LCDPR), ou por meio de obrigação legal de registros contábeis que venha a substituir o LCDPR, e pela Declaração do Imposto sobre a Renda da Pessoa Física (DIRPF) e balanço patrimonial, todos entregues tempestivamente.

§ 4º Para efeito do disposto no § 3º deste artigo, no que diz respeito ao período em que não for exigível a entrega do LCDPR, admitir-se-á a entrega do livro-caixa utilizado para a elaboração da DIRPF.

§ 5º Para os fins de atendimento ao disposto nos §§ 2º e 3º deste artigo, as informações contábeis relativas a receitas, a bens, a despesas, a custos e a dívidas deverão estar organizadas de acordo com a legislação e com o padrão contábil da legislação correlata vigente, bem como guardar obediência ao regime de competência e de elaboração de balanço patrimonial por contador habilitado.

► §§ 3º a 5º acrescidos pela Lei nº 14.112, de 24-12-2020.

Art. 48-A. Na recuperação judicial de companhia aberta, serão obrigatórios a formação e o funcionamento do conselho fiscal, nos termos da Lei nº 6.404, de 15 de dezembro de 1976, enquanto durar a fase da recuperação judicial, incluído o período de cumprimento das obrigações assumidas pelo plano de recuperação.

► Art. 48-A acrescido pela Lei nº 14.112, de 24-12-2020.

Art. 49. Estão sujeitos à recuperação judicial todos os créditos existentes na data do pedido, ainda que não vencidos.

► En. nº 73 da II Jornada de Direito Comercial.

§ 1º Os credores do devedor em recuperação judicial conservam seus direitos e privilégios contra os coobrigados, fiadores e obrigados de regresso.

► Súm. nº 581 do STJ.

§ 2º As obrigações anteriores à recuperação judicial observarão as condições originalmente contratadas ou definidas em lei, inclusive no que diz respeito aos encargos, salvo se de modo diverso ficar estabelecido no plano de recuperação judicial.

§ 3º Tratando-se de credor titular da posição de proprietário fiduciário de bens móveis ou imóveis, de arrendador mercantil, de proprietário ou promitente vendedor de imóvel cujos respectivos contratos contenham cláusula de irrevogabilidade ou irretratabilidade, inclusive em incorporações imobiliárias, ou de proprietário em contrato de venda com reserva de domínio, seu crédito não se submeterá aos efeitos da recuperação judicial e prevalecerão os direitos de propriedade sobre a coisa e as condições contratuais, observada a legislação respectiva, não se permitindo, contudo, durante o prazo de suspensão a que se refere o § 4º do art. 6º desta Lei, a venda ou a retirada do estabelecimento do devedor dos bens de capital essenciais a sua atividade empresarial.

► En. nº 51 da I Jornada de Direito Comercial.

§ 4º Não se sujeitará aos efeitos da recuperação judicial a importância a que se refere o inciso II do art. 86 desta Lei.

§ 5º Tratando-se de crédito garantido por penhor sobre títulos de crédito, direitos creditórios, aplicações financeiras ou valores mobiliários, poderão ser substituídas ou renovadas as garantias liquidadas ou vencidas durante a recuperação judicial e, enquanto não renovadas ou substituídas, o valor eventualmente recebido em pagamento das garantias permanecerá em conta vinculada durante o período de suspensão de que trata o § 4º do art. 6º desta Lei.

§ 6º Nas hipóteses de que tratam os §§ 2º e 3º do art. 48 desta Lei, somente estarão sujeitos à recuperação judicial os créditos que decorram exclusivamente da atividade rural e estejam discriminados nos documentos a que se referem os citados parágrafos, ainda que não vencidos.

§ 7º Não se sujeitarão aos efeitos da recuperação judicial os recursos controlados e abrangidos nos termos dos arts. 14 e 21 da Lei nº 4.829, de 5 de novembro de 1965.

§ 8º Estarão sujeitos à recuperação judicial os recursos de que trata o § 7º deste artigo que não tenham sido objeto de renegociação entre o devedor e a instituição financeira antes do pedido de recuperação judicial, na forma de ato do Poder Executivo.

§ 9º Não se enquadrará nos créditos referidos no *caput* deste artigo aquele relativo à dívida constituída nos 3 (três) últimos anos anteriores ao pedido de recuperação judicial, que tenha sido contraída com a finalidade de aquisição de propriedades rurais, bem como as respectivas garantias.

► §§ 6º a 9º acrescidos pela Lei nº 14.112, de 24-12-2020.

Art. 50. Constituem meios de recuperação judicial, observada a legislação pertinente a cada caso, dentre outros:

I – concessão de prazos e condições especiais para pagamento das obrigações vencidas ou vincendas;

II – cisão, incorporação, fusão ou transformação de sociedade, constituição de subsidiária integral, ou cessão de cotas ou ações, respeitados os direitos dos sócios, nos termos da legislação vigente;

► Arts. 1.113 a 1.122 do CC.

III – alteração do controle societário;

IV – substituição total ou parcial dos administradores do devedor ou modificação de seus órgãos administrativos;

V – concessão aos credores de direito de eleição em separado de administradores e de poder de veto em relação às matérias que o plano especificar;

VI – aumento de capital social;

VII – trespasse ou arrendamento de estabelecimento, inclusive à sociedade constituída pelos próprios empregados;

VIII – redução salarial, compensação de horários e redução da jornada, mediante acordo ou convenção coletiva;

IX – dação em pagamento ou novação de dívidas do passivo, com ou sem constituição de garantia própria ou de terceiro;

X – constituição de sociedade de credores;

XI – venda parcial dos bens;

XII – equalização de encargos financeiros relativos a débitos de qualquer natureza, tendo como termo inicial a data da distribuição do pedido de recuperação judicial, aplicando-se inclusive aos contratos de crédito rural, sem prejuízo do disposto em legislação específica;

XIII – usufruto da empresa;

XIV – administração compartilhada;

XV – emissão de valores mobiliários;

XVI – constituição de sociedade de propósito específico para adjudicar, em pagamento dos créditos, os ativos do devedor;

XVII – conversão de dívida em capital social;

XVIII – venda integral da devedora, desde que garantidas aos credores não submetidos ou não aderentes condições, no mínimo, equivalentes àquelas que teriam na falência, hipótese em que será, para todos os fins, considerada unidade produtiva isolada.

► Incisos XVII e XVIII acrescidos pela Lei nº 14.112, de 24-12-2020.

§ 1º Na alienação de bem objeto de garantia real, a supressão da garantia ou sua substituição somente serão admitidas mediante aprovação expressa do credor titular da respectiva garantia.

► En. nº 77 da II Jornada de Direito Comercial.

§ 2º Nos créditos em moeda estrangeira, a variação cambial será conservada como parâmetro de indexação da correspondente obrigação e só poderá ser afastada se o credor titular do respectivo crédito aprovar expressamente previsão diversa no plano de recuperação judicial.

§ 3º Não haverá sucessão ou responsabilidade por dívidas de qualquer natureza a terceiro credor, investidor ou novo administrador em decorrência, respectivamente, da mera conversão de dívida em capital, de aporte de novos recursos na devedora ou de substituição dos administradores desta.

§ 4º O imposto sobre a renda e a Contribuição Social sobre o Lucro Líquido (CSLL) incidentes sobre o ganho de capital resultante da alienação de bens ou direitos pela pessoa jurídica em recuperação judicial poderão ser parcelados, com atualização monetária das parcelas, observado o seguinte:

I – o disposto na Lei nº 10.522, de 19 de julho de 2002; e

II – a utilização, como limite, da mediana de alongamento no plano de recuperação judicial em relação aos créditos a ele sujeitos.

§ 5º O limite de alongamento de prazo a que se refere o inciso II do § 4º deste artigo será readequado na hipótese de alteração superveniente do plano de recuperação judicial.

► §§ 3º a 5º acrescidos pela Lei nº 14.112, de 24-12-2020.

Art. 50-A. ***Nas hipóteses de renegociação de dívidas de pessoa jurídica no âmbito de processo de recuperação judicial, estejam as dívidas sujeitas ou não a esta, e do reconhecimento de seus efeitos nas demonstrações financeiras das sociedades, deverão ser observadas as seguintes disposições:***

I – a receita obtida pelo devedor não será computada na apuração da base de cálculo da Contribuição para o Programa de Integração Social (PIS) e para o Programa de Formação do Patrimônio do Servidor Público (PASEP) e da Contribuição para o Financiamento da Seguridade Social (COFINS);

II – o ganho obtido pelo devedor com a redução da dívida não se sujeitará ao limite percentual de que tratam os arts. 42 e 58 da Lei nº 8.981, de 20 de janeiro de 1995, na apuração do imposto sobre a renda e da CSLL; e

III – as despesas correspondentes às obrigações assumidas no plano de recuperação judicial serão consideradas dedutíveis na determinação do lucro real e da base de cálculo da CSLL, desde que não tenham sido objeto de dedução anterior.

Parágrafo único. O disposto no caput deste artigo não se aplica à hipótese de dívida com:

I – pessoa jurídica que seja controladora, controlada, coligada ou interligada; ou

II – pessoa física que seja acionista controladora, sócia, titular ou administradora da pessoa jurídica devedora.

► Art. 50-A acrescido pela Lei nº 14.112, de 24-12-2020, promulgado nos termos do art. 66, § 5º, da CF (*DOU* de 26-3-2021 – edição extra D).

Seção II
DO PEDIDO E DO PROCESSAMENTO DA RECUPERAÇÃO JUDICIAL

Art. 51. A petição inicial de recuperação judicial será instruída com:

► Art. 319 e ss. do CPC.

I – a exposição das causas concretas da situação patrimonial do devedor e das razões da crise econômico-financeira;

II – as demonstrações contábeis relativas aos 3 (três) últimos exercícios sociais e as levantadas especialmente para instruir o pedido, confeccionadas com estrita observância da legislação societária aplicável e compostas obrigatoriamente de:

a) balanço patrimonial;

b) demonstração de resultados acumulados;

c) demonstração do resultado desde o último exercício social;

d) relatório gerencial de fluxo de caixa e de sua projeção;

e) descrição das sociedades de grupo societário, de fato ou de direito;

► Alínea *e* acrescida pela Lei nº 14.112, de 24-12-2020.

III – a relação nominal completa dos credores, sujeitos ou não à recuperação judicial, inclusive aqueles por obrigação de fazer ou de dar, com a indicação do endereço físico e eletrônico de cada um, a natureza, conforme estabelecido nos arts. 83 e 84 desta Lei, e o valor atualizado do crédito, com a discriminação de sua origem, e o regime dos vencimentos;

► Inciso III com a redação dada pela Lei nº 14.112, de 24-12-2020.

► En. nº 78 da II Jornada de Direito Comercial.

IV – a relação integral dos empregados, em que constem as respectivas funções, salários, indenizações e outras parcelas a que têm direito, com o correspondente mês de competência, e a discriminação dos valores pendentes de pagamento;

V – certidão de regularidade do devedor no Registro Público de Empresas, o ato constitutivo atualizado e as atas de nomeação dos atuais administradores;

VI – a relação dos bens particulares dos sócios controladores e dos administradores do devedor;

VII – os extratos atualizados das contas bancárias do devedor e de suas eventuais aplicações financeiras de qualquer modalidade, inclusive em fundos de investimento ou em bolsas de valores, emitidos pelas respectivas instituições financeiras;

VIII – certidões dos cartórios de protestos situados na comarca do domicílio ou sede do devedor e naquelas onde possui filial;

IX – a relação, subscrita pelo devedor, de todas as ações judiciais e procedimentos arbitrais em que este figure como parte, inclusive as de natureza trabalhista, com a estimativa dos respectivos valores demandados;

► Inciso IX com a redação dada pela Lei nº 14.112, de 24-12-2020.

X – o relatório detalhado do passivo fiscal; e

XI – a relação de bens e direitos integrantes do ativo não circulante, incluídos aqueles não sujeitos à recuperação judicial, acompanhada dos negócios jurídicos celebrados com os credores de que trata o § 3º do art. 49 desta Lei.

► Incisos X e XI acrescidos pela Lei nº 14.112, de 24-12-2020.

§ 1º Os documentos de escrituração contábil e demais relatórios auxiliares, na forma e no suporte previstos em lei, permanecerão à disposição do juízo, do administrador judicial e, mediante autorização judicial, de qualquer interessado.

§ 2º Com relação à exigência prevista no inciso II do *caput* deste artigo, as microempresas e empresas de pequeno porte poderão apresentar livros e escrituração contábil simplificados nos termos da legislação específica.

► Art. 27 da LC nº 123, de 14-12-2006 (Estatuto Nacional da Microempresa e da Empresa de Pequeno Porte).

§ 3º O juiz poderá determinar o depósito em cartório dos documentos a que se referem os §§ 1º e 2º deste artigo ou de cópia destes.

§ 4º Na hipótese de o ajuizamento da recuperação judicial ocorrer antes da data final de entrega do balanço correspondente ao exercício anterior, o devedor apresentará balanço prévio e juntará o balanço definitivo no prazo da lei societária aplicável.

§ 5º O valor da causa corresponderá ao montante total dos créditos sujeitos à recuperação judicial.

§ 6º Em relação ao período de que trata o § 3º do art. 48 desta Lei:

I – a exposição referida no inciso I do *caput* deste artigo deverá comprovar a crise de insolvência, caracterizada pela insuficiência de recursos financeiros ou patrimoniais com liquidez suficiente para saldar suas dívidas;

II – os requisitos do inciso II do *caput* deste artigo serão substituídos pelos documentos mencionados no § 3º do art. 48 desta Lei relativos aos últimos 2 (dois) anos.

► §§ 4º a 6º acrescidos pela Lei nº 14.112, de 24-12-2020.

Art. 51-A. Após a distribuição do pedido de recuperação judicial, poderá o juiz, quando reputar necessário, nomear profissional de sua confiança, com capacidade técnica e idoneidade, para promover a constatação exclusivamente das reais condições de funcionamento da requerente e da regularidade e da completude da documentação apresentada com a petição inicial.

§ 1º A remuneração do profissional de que trata o *caput* deste artigo deverá ser arbitrada posteriormente à apresentação do laudo e deverá considerar a complexidade do trabalho desenvolvido.

§ 2º O juiz deverá conceder o prazo máximo de 5 (cinco) dias para que o profissional nomeado apresente laudo de constatação das reais condições de funcionamento do devedor e da regularidade documental.

§ 3º A constatação prévia será determinada sem que seja ouvida a outra parte e sem apresentação de quesitos por qualquer das partes, com a possibilidade de o juiz determinar a realização da diligência sem a prévia ciência do devedor, quando entender que esta poderá frustrar os seus objetivos.

§ 4º O devedor será intimado do resultado da constatação prévia concomitantemente à sua intimação da decisão que deferir ou indeferir o processamento da recuperação judicial, ou que determinar a emenda da petição inicial, e poderá impugná-la mediante interposição do recurso cabível.

§ 5º A constatação prévia consistirá, objetivamente, na verificação das reais condições de funcionamento da empresa e da regularidade documental, vedado o indeferimento do processamento da recuperação judicial baseado na análise de viabilidade econômica do devedor.

§ 6º Caso a constatação prévia detecte indícios contundentes de utilização fraudulenta da ação de recuperação judicial, o juiz poderá indeferir a petição inicial, sem prejuízo de oficiar ao Ministério Público para tomada das providências criminais eventualmente cabíveis.

§ 7º Caso a constatação prévia demonstre que o principal estabelecimento do devedor não se situa na área de competência do juízo, o juiz deverá determinar a remessa dos autos, com urgência, ao juízo competente.

► Art. 51-A acrescido pela Lei nº 14.112, de 24-12-2020.

Art. 52. Estando em termos a documentação exigida no art. 51 desta Lei, o juiz deferirá o processamento da recuperação judicial e, no mesmo ato:

I – nomeará o administrador judicial, observado o disposto no art. 21 desta Lei;

II – determinará a dispensa da apresentação de certidões negativas para que o devedor exerça suas atividades, observado o disposto no § 3º do art. 195 da Constituição Federal e no art. 69 desta Lei;

► Inciso II com a redação dada pela Lei nº 14.112, de 24-12-2020.

III – ordenará a suspensão de todas as ações ou execuções contra o devedor, na forma do art. 6º desta Lei, permanecendo os respectivos autos no juízo onde se processam, ressalvadas as ações previstas nos §§ 1º, 2º e 7º do art. 6º desta Lei e as relativas a créditos excetuados na forma dos §§ 3º e 4º do art. 49 desta Lei;

► Súm. nº 581 do STJ.

IV – determinará ao devedor a apresentação de contas demonstrativas mensais enquanto perdurar a recuperação judicial, sob pena de destituição de seus administradores;

V – ordenará a intimação eletrônica do Ministério Público e das Fazendas Públicas federal e de todos os Estados, Distrito Federal e Municípios em que o devedor tiver estabelecimento, a fim de que tomem conhecimento da recuperação judicial e informem eventuais créditos perante o devedor, para divulgação aos demais interessados.

► Inciso V com a redação dada pela Lei nº 14.112, de 24-12-2020.

§ 1º O juiz ordenará a expedição de edital, para publicação no órgão oficial, que conterá:

► Art. 7º, § 1º, desta Lei.

I – o resumo do pedido do devedor e da decisão que defere o processamento da recuperação judicial;

II – a relação nominal de credores, em que se discrimine o valor atualizado e a classificação de cada crédito;

III – a advertência acerca dos prazos para habilitação dos créditos, na forma do art. 7º, § 1º, desta Lei, e para que os credores apresentem objeção ao plano de recuperação judicial apresentado pelo devedor nos termos do art. 55 desta Lei.

§ 2º Deferido o processamento da recuperação judicial, os credores poderão, a qualquer tempo, requerer a convocação de assembleia-geral para a constituição do Comitê de Credores ou substituição de seus membros, observado o disposto no § 2º do art. 36 desta Lei.

§ 3º No caso do inciso III do *caput* deste artigo, caberá ao devedor comunicar a suspensão aos juízos competentes.

§ 4º O devedor não poderá desistir do pedido de recuperação judicial após o deferimento de seu processamento, salvo se obtiver aprovação da desistência na assembleia-geral de credores.

Seção III
DO PLANO DE RECUPERAÇÃO JUDICIAL

► En. nº 44 da I Jornada de Direito Comercial.

Art. 53. O plano de recuperação será apresentado pelo devedor em juízo no prazo improrrogável de 60 (sessenta) dias da publicação da decisão que deferir o processamento da recuperação judicial, sob pena de convolação em falência, e deverá conter:

I – discriminação pormenorizada dos meios de recuperação a ser empregados, conforme o art. 50 desta Lei, e seu resumo;

II – demonstração de sua viabilidade econômica; e

III – laudo econômico-financeiro e de avaliação dos bens e ativos do devedor, subscrito por profissional legalmente habilitado ou empresa especializada.

Parágrafo único. O juiz ordenará a publicação de edital contendo aviso aos credores sobre o recebimento do plano de recuperação e fixando o prazo para a manifestação de eventuais objeções, observado o art. 55 desta Lei.

Art. 54. O plano de recuperação judicial não poderá prever prazo superior a 1 (um) ano para pagamento dos créditos derivados da legislação do trabalho ou decorrentes de acidentes de trabalho vencidos até a data do pedido de recuperação judicial.

§ 1º O plano não poderá, ainda, prever prazo superior a 30 (trinta) dias para o pagamento, até o limite de 5 (cinco) salários mínimos por trabalhador, dos créditos de natureza estritamente salarial vencidos nos 3 (três) meses anteriores ao pedido de recuperação judicial.

► Parágrafo único transformado em § 1º pela Lei nº 14.112, de 24-12-2020.

§ 2º O prazo estabelecido no *caput* deste artigo poderá ser estendido em até 2 (dois) anos, se o plano de recuperação judicial atender aos seguintes requisitos, cumulativamente:

I – apresentação de garantias julgadas suficientes pelo juiz;

II – aprovação pelos credores titulares de créditos derivados da legislação trabalhista ou decorrentes de acidentes de trabalho, na forma do § 2º do art. 45 desta Lei; e

III – garantia da integralidade do pagamento dos créditos trabalhistas.

► § 2º acrescido pela Lei nº 14.112, de 24-12-2020.

Seção IV
DO PROCEDIMENTO DE RECUPERAÇÃO JUDICIAL

Art. 55. Qualquer credor poderá manifestar ao juiz sua objeção ao plano de recuperação judicial no prazo de 30 (trinta) dias contado da publicação da relação de credores de que trata o § 2º do art. 7º desta Lei.

Parágrafo único. Caso, na data da publicação da relação de que trata o *caput* deste artigo, não tenha sido publicado o aviso previsto no art. 53, parágrafo único, desta Lei, contar-se-á da publicação deste o prazo para as objeções.

Art. 56. Havendo objeção de qualquer credor ao plano de recuperação judicial, o juiz convocará a assembleia-geral de credores para deliberar sobre o plano de recuperação.

► En. nº 77 da II Jornada de Direito Comercial.

§ 1º A data designada para a realização da assembleia-geral não excederá 150 (cento e cinquenta) dias contados do deferimento do processamento da recuperação judicial.

§ 2º A assembleia-geral que aprovar o plano de recuperação judicial poderá indicar os membros do Comitê de Credores, na forma do art. 26 desta Lei, se já não estiver constituído.

§ 3º O plano de recuperação judicial poderá sofrer alterações na assembleia-geral, desde que haja expressa concordância do devedor e em termos que não impliquem diminuição dos direitos exclusivamente dos credores ausentes.

§ 4º Rejeitado o plano de recuperação judicial, o administrador judicial submeterá, no ato, à votação da assembleia-geral de credores a concessão de prazo de 30 (trinta) dias para que seja apresentado plano de recuperação judicial pelos credores.

► § 4º com a redação pela Lei nº 14.112, de 24-12-2020.

§ 5º A concessão do prazo a que se refere o § 4º deste artigo deverá ser aprovada por credores que representem mais da metade dos créditos presentes à assembleia-geral de credores.

§ 6º O plano de recuperação judicial proposto pelos credores somente será posto em votação caso satisfeitas, cumulativamente, as seguintes condições:

I – não preenchimento dos requisitos previstos no § 1º do art. 58 desta Lei;

II – preenchimento dos requisitos previstos nos incisos I, II e III do *caput* do art. 53 desta Lei;

III – apoio por escrito de credores que representem, alternativamente:

a) mais de 25% (vinte e cinco por cento) dos créditos totais sujeitos à recuperação judicial; ou

b) mais de 35% (trinta e cinco por cento) dos créditos dos credores presentes à assembleia-geral a que se refere o § 4º deste artigo;

IV – não imputação de obrigações novas, não previstas em lei ou em contratos anteriormente celebrados, aos sócios do devedor;

V – previsão de isenção das garantias pessoais prestadas por pessoas naturais em relação aos créditos a serem novados e que sejam de titularidade dos credores mencionados no inciso III deste parágrafo ou daqueles que votarem favoravelmente ao plano de recuperação judicial apresentado pelos credores, não permitidas ressalvas de voto; e

VI – não imposição ao devedor ou aos seus sócios de sacrifício maior do que aquele que decorreria da liquidação na falência.

§ 7º O plano de recuperação judicial apresentado pelos credores poderá prever a capitalização dos créditos, inclusive com a consequente alteração do controle da sociedade devedora, permitido o exercício do direito de retirada pelo sócio do devedor.

§ 8º Não aplicado o disposto nos §§ 4º, 5º e 6º deste artigo, ou rejeitado o plano de recuperação judicial proposto pelos credores, o juiz convolará a recuperação judicial em falência.

§ 9º Na hipótese de suspensão da assembleia-geral de credores convocada para fins de votação do plano de recuperação judicial, a assembleia deverá ser encerrada no prazo de até 90 (noventa) dias, contado da data de sua instalação.

► §§ 5º a 9º acrescidos pela Lei nº 14.112, de 24-12-2020.

Art. 56-A. Até 5 (cinco) dias antes da data de realização da assembleia-geral de credores convocada para deliberar sobre o plano, o devedor poderá comprovar a aprovação dos credores por meio de termo de adesão, observado o quórum previsto no art. 45 desta Lei, e requerer a sua homologação judicial.

§ 1º No caso previsto no *caput* deste artigo, a assembleia-geral será imediatamente dispensada, e o juiz intimará os credores para apresentarem eventuais oposições, no prazo de 10 (dez) dias, o qual substituirá o prazo inicialmente estipulado nos termos do *caput* do art. 55 desta Lei.

§ 2º Oferecida oposição prevista no § 1º deste artigo, terá o devedor o prazo de 10 (dez) dias para manifestar-se a respeito, ouvido a seguir o administrador judicial, no prazo de 5 (cinco) dias.

§ 3º No caso de dispensa da assembleia-geral ou de aprovação do plano de recuperação judicial em assembleia-geral, as oposições apenas poderão versar sobre:

I – não preenchimento do quórum legal de aprovação;

II – descumprimento do procedimento disciplinado nesta Lei;

III – irregularidades do termo de adesão ao plano de recuperação; ou

IV – irregularidades e ilegalidades do plano de recuperação.

► Art. 56-A acrescido pela Lei nº 14.112, de 24-12-2020.

Art. 57. Após a juntada aos autos do plano aprovado pela assembleia-geral de credores ou decorrido o prazo previsto no art. 55 desta Lei sem objeção de credores, o devedor apresentará certidões negativas de débitos tributários nos termos dos arts. 151, 205, 206 da Lei nº 5.172, de 25 de outubro de 1966 – Código Tributário Nacional.

► En. nº 55 da I Jornada de Direito Comercial.

Art. 58. Cumpridas as exigências desta Lei, o juiz concederá a recuperação judicial do devedor cujo plano não tenha sofrido objeção de credor nos termos do art. 55 desta Lei ou tenha sido aprovado pela assembleia-geral de credores na forma dos arts. 45 ou 56-A desta Lei.

► *Caput* com a redação pela Lei nº 14.112, de 24-12-2020.

§ 1º O juiz poderá conceder a recuperação judicial com base em plano que não obteve aprovação na forma do art. 45 desta Lei, desde que, na mesma assembleia, tenha obtido, de forma cumulativa:

I – o voto favorável de credores que representem mais da metade do valor de todos os créditos presentes à assembleia, independentemente de classes;

II – a aprovação de 3 (três) das classes de credores ou, caso haja somente 3 (três) classes com credores votantes, a aprovação de pelo menos 2 (duas) das classes ou, caso haja somente 2 (duas) classes com credores votantes, a aprovação de pelo menos 1 (uma) delas, sempre nos termos do art. 45 desta Lei;

► Inciso II com a redação pela Lei nº 14.112, de 24-12-2020.

III – na classe que o houver rejeitado, o voto favorável de mais de 1/3 (um terço) dos credores, computados na forma dos §§ 1º e 2º do art. 45 desta Lei.

► En. nº 79 da II Jornada de Direito Comercial.

§ 2º A recuperação judicial somente poderá ser concedida com base no § 1º deste artigo se o plano não implicar tratamento diferenciado entre os credores da classe que o houver rejeitado.

§ 3º Da decisão que conceder a recuperação judicial serão intimados eletronicamente o Ministério Público e as Fazendas Públicas federal e de todos os Estados, Distrito Federal e Municípios em que o devedor tiver estabelecimento.

► § 3º acrescido pela Lei nº 14.112, de 24-12-2020.

Art. 58-A. Rejeitado o plano de recuperação proposto pelo devedor ou pelos credores e não preenchidos os requisitos estabelecidos no § 1º do art. 58 desta Lei, o juiz convolará a recuperação judicial em falência.

Parágrafo único. Da sentença prevista no *caput* deste artigo caberá agravo de instrumento.

► Art. 58-A acrescido pela Lei nº 14.112, de 24-12-2020.

Art. 59. O plano de recuperação judicial implica novação dos créditos anteriores ao pedido, e obriga o devedor e todos os credores a ele sujeitos, sem prejuízo das garantias, observado o disposto no § 1º do art. 50 desta Lei.

► Súm. nº 581 do STJ.

§ 1º A decisão judicial que conceder a recuperação judicial constituirá título executivo judicial, nos termos do art. 584, inciso III, do *caput* da Lei nº 5.869, de 11 de janeiro de 1973 – Código de Processo Civil.

► Refere-se ao CPC/1973.

► Art. 784, XII, do CPC/2015.

§ 2º Contra a decisão que conceder a recuperação judicial caberá agravo, que poderá ser interposto por qualquer credor e pelo Ministério Público.

► Art. 1.015, XIII, do CPC.

► En. nº 52 da I Jornada de Direito Comercial.

§ 3º Da decisão que conceder a recuperação judicial serão intimadas eletronicamente as Fazendas Públicas federal e de todos os Estados, Distrito Federal e Municípios em que o devedor tiver estabelecimento.

► § 3º acrescido pela Lei nº 14.112, de 24-12-2020.

Art. 60. Se o plano de recuperação judicial aprovado envolver alienação judicial de filiais ou de unidades produtivas isoladas do devedor, o juiz ordenará a sua realização, observado o disposto no art. 142 desta Lei.

► En. nº 47 da I Jornada de Direito Comercial.

Parágrafo único. O objeto da alienação estará livre de qualquer ônus e não haverá sucessão do arrematante nas obrigações do devedor de qualquer natureza, incluídas, mas não exclusivamente, as de natureza ambiental, regulatória, administrativa, penal, anticorrupção, tributária e trabalhista, observado o disposto no § 1º do art. 141 desta Lei.

► Parágrafo único com a redação dada pela Lei nº 14.112, de 24-12-2020, promulgado nos termos do art. 66, § 5º, da CF (*DOU* de 26-3-2021 – edição extra D).

Art. 60-A. A unidade produtiva isolada de que trata o art. 60 desta Lei poderá abranger bens, direitos ou ativos de qualquer natureza, tangíveis ou intangíveis, isolados ou em conjunto, incluídas participações dos sócios.

Parágrafo único. O disposto no *caput* deste artigo não afasta a incidência do inciso VI do *caput* e do § 2º do art. 73 desta Lei.

► Art. 60 A acrescido pela Lei nº 14.112, de 24-12-2020.

Art. 61. Proferida a decisão prevista no art. 58 desta Lei, o juiz poderá determinar a manutenção do devedor em recuperação judicial até que sejam cumpridas todas as obrigações previstas no plano que vencerem até, no máximo, 2 (dois) anos depois da concessão da recuperação judicial, independentemente do eventual período de carência.

► *Caput* com a redação pela Lei nº 14.112, de 24-12-2020.

§ 1º Durante o período estabelecido no *caput* deste artigo, o descumprimento de qualquer obrigação prevista no plano acarretará a convolação da recuperação em falência, nos termos do art. 73 desta Lei.

§ 2º Decretada a falência, os credores terão reconstituídos seus direitos e garantias nas condições originalmente contratadas, deduzidos os valores eventualmente pagos e ressalvados os atos validamente praticados no âmbito da recuperação judicial.

Art. 62. Após o período previsto no art. 61 desta Lei, no caso de descumprimento de qualquer obrigação prevista no plano de recuperação judicial, qualquer credor poderá requerer a execução específica ou a falência com base no art. 94 desta Lei.

Art. 63. Cumpridas as obrigações vencidas no prazo previsto no *caput* do art. 61 desta Lei, o juiz decretará por sentença o encerramento da recuperação judicial e determinará:

► En. nº 77 da II Jornada de Direito Comercial.

I – o pagamento do saldo de honorários ao administrador judicial, somente podendo efetuar a quitação dessas obrigações mediante prestação de contas, no prazo de 30 (trinta) dias, e aprovação do relatório previsto no inciso III do *caput* deste artigo;

II – a apuração do saldo das custas judiciais a serem recolhidas;

III – a apresentação de relatório circunstanciado do administrador judicial, no prazo máximo de 15 (quinze) dias, versando sobre a execução do plano de recuperação pelo devedor;

IV – a dissolução do Comitê de Credores e a exoneração do administrador judicial;

V – a comunicação ao Registro Público de Empresas e à Secretaria Especial da Receita Federal do Brasil do Ministério da Economia para as providências cabíveis.

► Inciso V com a redação dada pela Lei nº 14.112, de 24-12-2020.

Parágrafo único. O encerramento da recuperação judicial não dependerá da consolidação do quadro geral de credores.

► Parágrafo único acrescido pela Lei nº 14.112, de 24-12-2020.

Art. 64. Durante o procedimento de recuperação judicial, o devedor ou seus administradores serão mantidos na condução da atividade empresarial, sob fiscalização do Comitê, se houver, e do administrador judicial, salvo se qualquer deles:

I – houver sido condenado em sentença penal transitada em julgado por crime cometido em recuperação judicial ou falência anteriores ou por crime contra o patrimônio, a economia popular ou a ordem econômica previstos na legislação vigente;

II – houver indícios veementes de ter cometido crime previsto nesta Lei;

III – houver agido com dolo, simulação ou fraude contra os interesses de seus credores;

IV – houver praticado qualquer das seguintes condutas:

a) efetuar gastos pessoais manifestamente excessivos em relação a sua situação patrimonial;

b) efetuar despesas injustificáveis por sua natureza ou vulto, em relação ao capital ou gênero do negócio, ao movimento das operações e a outras circunstâncias análogas;

c) descapitalizar injustificadamente a empresa ou realizar operações prejudiciais ao seu funcionamento regular;

d) simular ou omitir créditos ao apresentar a relação de que trata o inciso III do *caput* do art. 51 desta Lei, sem relevante razão de direito ou amparo de decisão judicial;

V – negar-se a prestar informações solicitadas pelo administrador judicial ou pelos demais membros do Comitê;

VI – tiver seu afastamento previsto no plano de recuperação judicial.

Parágrafo único. Verificada qualquer das hipóteses do *caput* deste artigo, o juiz destituirá o administrador, que será substituído na forma prevista nos atos constitutivos do devedor ou do plano de recuperação judicial.

Art. 65. Quando do afastamento do devedor, nas hipóteses previstas no art. 64 desta Lei, o juiz convocará a assembleia-geral de credores para deliberar sobre o nome do gestor judicial que assumirá a administração das atividades do devedor, aplicando-se-lhe, no que couber, todas as normas sobre deveres, impedimentos e remuneração do administrador judicial.

§ 1º O administrador judicial exercerá as funções de gestor enquanto a assembleia-geral não deliberar sobre a escolha deste.

§ 2º Na hipótese de o gestor indicado pela assembleia-geral de credores recusar ou estar impedido de aceitar o encargo para gerir os negócios do devedor, o juiz convocará, no prazo de 72 (setenta e duas) horas, contado da recusa ou da declaração do impedimento nos autos, nova assembleia-geral, aplicado o disposto no § 1º deste artigo.

Art. 66. Após a distribuição do pedido de recuperação judicial, o devedor não poderá alienar ou onerar bens ou direitos de seu ativo não circulante, inclusive para os fins previstos no art. 67 desta Lei, salvo mediante autorização do juiz, depois de ouvido o Comitê de Credores, se houver, com exceção daqueles previamente autorizados no plano de recuperação judicial.

► *Caput* com a redação pela Lei nº 14.112, de 24-12-2020.

§ 1º Autorizada a alienação de que trata o *caput* deste artigo pelo juiz, observar-se-á o seguinte:

I – nos 5 (cinco) dias subsequentes à data da publicação da decisão, credores que corresponderem a mais de 15% (quinze por cento) do valor total de créditos sujeitos à recuperação judicial, comprovada a prestação da caução equivalente ao valor total da alienação, poderão manifestar ao administrador judicial, fundamentadamente, o interesse na realização da assembleia-geral de credores para deliberar sobre a realização da venda;

II – nas 48 (quarenta e oito) horas posteriores ao final do prazo previsto no inciso I deste parágrafo, o administrador judicial apresentará ao juiz relatório das manifestações recebidas e, somente na hipótese de cumpridos os requisitos estabelecidos, requererá a convocação de assembleia-geral de credores, que será realizada da forma mais célere, eficiente e menos onerosa, preferencialmente por intermédio dos instrumentos referidos no § 4º do art. 39 desta Lei.

§ 2º As despesas com a convocação e a realização da assembleia-geral correrão por conta dos credores referidos no inciso I do § 1º deste artigo, proporcionalmente ao valor total de seus créditos.

► §§ 1º e 2º acrescidos pela Lei nº 14.112, de 24-12-2020.

§ 3º Desde que a alienação seja realizada com observância do disposto no § 1º do art. 141 e no art. 142 desta Lei, o objeto da alienação estará livre de qualquer ônus e não haverá sucessão do adquirente nas obrigações do devedor, incluídas, mas não exclusivamente, as de natureza ambiental, regulatória, administrativa, penal, anticorrupção, tributária e trabalhista.

► § 3º acrescido pela Lei nº 14.112, de 24-12-2020, promulgado nos termos do art. 66, § 5º, da CF (*DOU* de 26-3-2021 – edição extra D).

§ 4º O disposto no *caput* deste artigo não afasta a incidência do inciso VI do *caput* e do § 2º do art. 73 desta Lei.

► § 4º acrescido pela Lei nº 14.112, de 24-12-2020.

Art. 66-A. A alienação de bens ou a garantia outorgada pelo devedor a adquirente ou a financiador de boa-fé, desde que realizada mediante autorização judicial expressa ou prevista em plano de recuperação judicial ou extrajudicial aprovado, não poderá ser anulada ou tornada ineficaz após a consumação do negócio jurídico com o recebimento dos recursos correspondentes pelo devedor.

► Art. 66-A acrescido pela Lei nº 14.112, de 24-12-2020.

Art. 67. Os créditos decorrentes de obrigações contraídas pelo devedor durante a recuperação judicial, inclusive aqueles relativos a despesas com fornecedores de bens ou serviços e contratos de mútuo, serão considerados extraconcursais, em caso de decretação de falência, respeitada, no que couber, a ordem estabelecida no art. 83 desta Lei.

Parágrafo único. O plano de recuperação judicial poderá prever tratamento diferenciado aos créditos sujeitos à recuperação judicial pertencentes a fornecedores de bens ou serviços que continuarem a provê-los normalmente após o pedido de recuperação judicial, desde que tais bens ou serviços sejam necessários para a manutenção das atividades e que o tratamento diferenciado seja adequado e razoável no que concerne à relação comercial futura.

► Parágrafo único com a redação dada pela Lei nº 14.112, de 24-12-2020.

Art. 68. As Fazendas Públicas e o Instituto Nacional do Seguro Social – INSS poderão deferir, nos termos da legislação específica, parcelamento de seus créditos, em sede de recuperação judicial, de acordo com os parâmetros estabelecidos na Lei nº 5.172, de 25 de outubro de 1966 – Código Tributário Nacional.

Parágrafo único. O juiz determinará ao Registro Público de Empresas e à Secretaria Especial da Receita Federal do Brasil a anotação da recuperação judicial nos registros correspondentes.

▸ Parágrafo único com a redação dada pela Lei nº 14.112, de 24-12-2020.

Art. 69. Em todos os atos, contratos e documentos firmados pelo devedor sujeito ao procedimento de recuperação judicial deverá ser acrescida, após o nome empresarial, a expressão "em Recuperação Judicial".

Parágrafo único. O juiz determinará ao Registro Público de Empresas a anotação da recuperação judicial no registro correspondente.

SEÇÃO IV-A
DO FINANCIAMENTO DO DEVEDOR E DO GRUPO DEVEDOR DURANTE A RECUPERAÇÃO JUDICIAL

▸ Seção IV-A acrescida pela Lei nº 14.112, de 24-12-2020.

Art. 69-A. Durante a recuperação judicial, nos termos dos arts. 66 e 67 desta Lei, o juiz poderá, depois de ouvido o Comitê de Credores, autorizar a celebração de contratos de financiamento com o devedor, garantidos pela oneração ou pela alienação fiduciária de bens e direitos, seus ou de terceiros, pertencentes ao ativo não circulante, para financiar as suas atividades e as despesas de reestruturação ou de preservação do valor de ativos.

Art. 69-B. A modificação em grau de recurso da decisão autorizativa da contratação do financiamento não pode alterar sua natureza extraconcursal, nos termos do art. 84 desta Lei, nem as garantias outorgadas pelo devedor em favor do financiador de boa-fé, caso o desembolso dos recursos já tenha sido efetivado.

Art. 69-C. O juiz poderá autorizar a constituição de garantia subordinada sobre um ou mais ativos do devedor em favor do financiador de devedor em recuperação judicial, dispensando a anuência do detentor da garantia original.

§ 1º A garantia subordinada, em qualquer hipótese, ficará limitada ao eventual excesso resultante da alienação do ativo objeto da garantia original.

§ 2º O disposto no *caput* deste artigo não se aplica a qualquer modalidade de alienação fiduciária ou de cessão fiduciária.

Art. 69-D. Caso a recuperação judicial seja convolada em falência antes da liberação integral dos valores de que trata esta Seção, o contrato de financiamento será considerado automaticamente rescindido.

Parágrafo único. As garantias constituídas e as preferências serão conservadas até o limite dos valores efetivamente entregues ao devedor antes da data da sentença que convolar a recuperação judicial em falência.

Art. 69-E. O financiamento de que trata esta Seção poderá ser realizado por qualquer pessoa, inclusive credores, sujeitos ou não à recuperação judicial, familiares, sócios e integrantes do grupo do devedor.

Art. 69-F. Qualquer pessoa ou entidade pode garantir o financiamento de que trata esta Seção mediante a oneração ou a alienação fiduciária de bens e direitos, inclusive o próprio devedor e os demais integrantes do seu grupo, estejam ou não em recuperação judicial.

▸ Arts. 69-A a 69-F acrescidos pela Lei nº 14.112, de 24-12-2020.

SEÇÃO IV-B
DA CONSOLIDAÇÃO PROCESSUAL E DA CONSOLIDAÇÃO SUBSTANCIAL

▸ Seção IV-B acrescida pela Lei nº 14.112, de 24-12-2020.

Art. 69-G. Os devedores que atendam aos requisitos previstos nesta Lei e que integrem grupo sob controle societário comum poderão requerer recuperação judicial sob consolidação processual.

§ 1º Cada devedor apresentará individualmente a documentação exigida no art. 51 desta Lei.

§ 2º O juízo do local do principal estabelecimento entre os dos devedores é competente para deferir a recuperação judicial sob consolidação processual, em observância ao disposto no art. 3º desta Lei.

§ 3º Exceto quando disciplinado de forma diversa, as demais disposições desta Lei aplicam-se aos casos de que trata esta Seção.

Art. 69-H. Na hipótese de a documentação de cada devedor ser considerada adequada, apenas um administrador judicial será nomeado, observado o disposto na Seção III do Capítulo II desta Lei.

Art. 69-I. A consolidação processual, prevista no art. 69-G desta Lei, acarreta a coordenação de atos processuais, garantida a independência dos devedores, dos seus ativos e dos seus passivos.

§ 1º Os devedores proporão meios de recuperação independentes e específicos para a composição de seus passivos, admitida a sua apresentação em plano único.

§ 2º Os credores de cada devedor deliberarão em assembleias-gerais de credores independentes.

§ 3º Os quóruns de instalação e de deliberação das assembleias-gerais de que trata o § 2º deste artigo serão verificados, exclusivamente, em referência aos credores de cada devedor, e serão elaboradas atas para cada um dos devedores.

§ 4º A consolidação processual não impede que alguns devedores obtenham a concessão da recuperação judicial e outros tenham a falência decretada.

§ 5º Na hipótese prevista no § 4º deste artigo, o processo será desmembrado em tantos processos quantos forem necessários.

Art. 69-J. O juiz poderá, de forma excepcional, independentemente da realização de assembleia-geral, autorizar a consolidação substancial de ativos e passivos dos devedores integrantes do mesmo grupo econômico que estejam em recuperação judicial sob consolidação processual, apenas quando constatar a interconexão e a confusão entre ativos ou passivos dos devedores, de modo que não seja possível identificar a sua titularidade sem excessivo dispêndio de tempo ou de recursos, cumulativamente com a ocorrência de, no mínimo, 2 (duas) das seguintes hipóteses:

I – existência de garantias cruzadas;

II – relação de controle ou de dependência;

III – identidade total ou parcial do quadro societário; e

IV – atuação conjunta no mercado entre os postulantes.

Art. 69-K. Em decorrência da consolidação substancial, ativos e passivos de devedores serão tratados como se pertencessem a um único devedor.

§ 1º A consolidação substancial acarretará a extinção imediata de garantias fidejussórias e de créditos detidos por um devedor em face de outro.

§ 2º A consolidação substancial não impactará a garantia real de nenhum credor, exceto mediante aprovação expressa do titular.

Art. 69-L. Admitida a consolidação substancial, os devedores apresentarão plano unitário, que discriminará os meios de recuperação a serem empregados e será submetido a uma assembleia-geral de credores para a qual serão convocados os credores dos devedores.

§ 1º As regras sobre deliberação e homologação previstas nesta Lei serão aplicadas à assembleia-geral de credores a que se refere o *caput* deste artigo.

§ 2º A rejeição do plano unitário de que trata o *caput* deste artigo implicará a convolação da recuperação judicial em falência dos devedores sob consolidação substancial.

► Arts. 69-G a 69-L acrescidos pela Lei nº 14.112, de 24-12-2020.

Seção V
DO PLANO DE RECUPERAÇÃO JUDICIAL PARA MICROEMPRESAS E EMPRESAS DE PEQUENO PORTE

► LC nº 123, de 14-12-2006 (Estatuto Nacional da Microempresa e da Empresa de Pequeno Porte).

Art. 70. As pessoas de que trata o art. 1º desta Lei e que se incluam nos conceitos de microempresa ou empresa de pequeno porte, nos termos da legislação vigente, sujeitam-se às normas deste Capítulo.

§ 1º As microempresas e as empresas de pequeno porte, conforme definidas em lei, poderão apresentar plano especial de recuperação judicial, desde que afirmem sua intenção de fazê-lo na petição inicial de que trata o art. 51 desta Lei.

§ 2º Os credores não atingidos pelo plano especial não terão seus créditos habilitados na recuperação judicial.

Art. 70-A. O produtor rural de que trata o § 3º do art. 48 desta Lei poderá apresentar plano especial de recuperação judicial, nos termos desta Seção, desde que o valor da causa não exceda a R$ 4.800.000,00 (quatro milhões e oitocentos mil reais).

► Art. 70-A acrescido pela Lei nº 14.112, de 24-12-2020.

Art. 71. O plano especial de recuperação judicial será apresentado no prazo previsto no art. 53 desta Lei e limitar-se-á às seguintes condições:

I – abrangerá todos os créditos existentes na data do pedido, ainda que não vencidos, excetuados os decorrentes de repasse de recursos oficiais, os fiscais e os previstos nos §§ 3º e 4º do art. 49;

II – preverá parcelamento em até 36 (trinta e seis) parcelas mensais, iguais e sucessivas, acrescidas de juros equivalentes à taxa Sistema Especial de Liquidação e de Custódia – SELIC, podendo conter ainda a proposta de abatimento do valor das dívidas;

► Incisos I e II com a redação dada pela LC nº 147, de 7-8-2014.

III – preverá o pagamento da 1ª (primeira) parcela no prazo máximo de 180 (cento e oitenta) dias, contado da distribuição do pedido de recuperação judicial;

IV – estabelecerá a necessidade de autorização do juiz, após ouvido o administrador judicial e o Comitê de Credores, para o devedor aumentar despesas ou contratar empregados.

Parágrafo único. O pedido de recuperação judicial com base em plano especial não acarreta a suspensão do curso da prescrição nem das ações e execuções por créditos não abrangidos pelo plano.

Art. 72. Caso o devedor de que trata o art. 70 desta Lei opte pelo pedido de recuperação judicial com base no plano especial disciplinado nesta Seção, não será convocada assembleia-geral de credores para deliberar sobre o plano, e o juiz concederá a recuperação judicial se atendidas as demais exigências desta Lei.

Parágrafo único. O juiz também julgará improcedente o pedido de recuperação judicial e decretará a falência do devedor se houver objeções, nos termos do art. 55, de credores titulares de mais da metade de qualquer uma das classes de créditos previstos no art. 83, computados na forma do art. 45, todos desta Lei.

► Parágrafo único com a redação dada pela LC nº 147, de 7-8-2014.

CAPÍTULO IV
DA CONVOLAÇÃO DA RECUPERAÇÃO JUDICIAL EM FALÊNCIA

Art. 73. O juiz decretará a falência durante o processo de recuperação judicial:

I – por deliberação da assembleia-geral de credores, na forma do art. 42 desta Lei;

II – pela não apresentação, pelo devedor, do plano de recuperação no prazo do art. 53 desta Lei;

III – quando não aplicado o disposto nos §§ 4º, 5º e 6º do art. 56 desta Lei, ou rejeitado o plano de recuperação judicial proposto pelos credores, nos termos do § 7º do art. 56 e do art. 58-A desta Lei;

► Inciso III com a redação dada pela Lei nº 14.112, de 24-12-2020.

IV – por descumprimento de qualquer obrigação assumida no plano de recuperação, na forma do § 1º do art. 61 desta Lei;

V – por descumprimento dos parcelamentos referidos no art. 68 desta Lei ou da transação prevista no art. 10-C da Lei nº 10.522, de 19 de julho de 2002; e

VI – quando identificado o esvaziamento patrimonial da devedora que implique liquidação substancial da empresa, em prejuízo de credores não sujeitos à recuperação judicial, inclusive as Fazendas Públicas.

► Incisos V e VI acrescidos pela Lei nº 14.112, de 24-12-2020.

§ 1º O disposto neste artigo não impede a decretação da falência por inadimplemento de obrigação não sujeita à recuperação judicial, nos termos dos incisos I ou II do *caput* do art. 94 desta Lei, ou por prática de ato previsto no inciso III do *caput* do art. 94 desta Lei.

► Parágrafo único transformado em § 1º pela Lei nº 14.112, de 24-12-2020.

§ 2º A hipótese prevista no inciso VI do *caput* deste artigo não implicará a invalidade ou a ineficácia dos atos, e o juiz determinará o bloqueio do produto de eventuais alienações e a devolução ao devedor dos valores já distribuídos, os quais ficarão à disposição do juízo.

§ 3º Considera-se substancial a liquidação quando não forem reservados bens, direitos ou projeção de fluxo de caixa futuro suficientes à manutenção da atividade econômica para fins de cumprimento de suas obrigações, facultada a realização de perícia específica para essa finalidade.

► §§ 2º e 3º com a redação dada pela Lei nº 14.112, de 24-12-2020.

Art. 74. Na convolação da recuperação em falência, os atos de administração, endividamento, oneração ou alienação praticados durante a recuperação judicial presumem-se válidos, desde que realizados na forma desta Lei.

CAPÍTULO V
DA FALÊNCIA

Seção I
DISPOSIÇÕES GERAIS

Art. 75. A falência, ao promover o afastamento do devedor de suas atividades, visa a:

► *Caput* com a redação dada pela Lei nº 14.112, de 24-12-2020.

I – preservar e a otimizar a utilização produtiva dos bens, dos ativos e dos recursos produtivos, inclusive os intangíveis, da empresa;

II – permitir a liquidação célere das empresas inviáveis, com vistas à realocação eficiente de recursos na economia; e

III – fomentar o empreendedorismo, inclusive por meio da viabilização do retorno célere do empreendedor falido à atividade econômica.

► Incisos I a III acrescidos pela Lei nº 14.112, de 24-12-2020.

§ 1º O processo de falência atenderá aos princípios da celeridade e da economia processual, sem prejuízo do contraditório, da ampla defesa e dos demais princípios previstos na Lei nº 13.105, de 16 de março de 2015 (Código de Processo Civil).

► Parágrafo único transformado em § 1º e com a redação dada pela Lei nº 14.112, de 24-12-2020.

§ 2º A falência é mecanismo de preservação de benefícios econômicos e sociais decorrentes da atividade empresarial, por meio da liquidação imediata do devedor e da rápida realocação útil de ativos na economia.

► § 2º acrescido pela Lei nº 14.112, de 24-12-2020.

Art. 76. O juízo da falência é indivisível e competente para conhecer todas as ações sobre bens, interesses e negócios do falido, ressalvadas as causas trabalhistas, fiscais e aquelas não reguladas nesta Lei em que o falido figurar como autor ou litisconsorte ativo.

Parágrafo único. Todas as ações, inclusive as excetuadas no *caput* deste artigo, terão prosseguimento com o administrador judicial, que deverá ser intimado para representar a massa falida, sob pena de nulidade do processo.

Art. 77. A decretação da falência determina o vencimento antecipado das dívidas do devedor e dos sócios ilimitada e solidariamente responsáveis, com o abatimento proporcional dos juros, e converte todos os créditos em moeda estrangeira para a moeda do País, pelo câmbio do dia da decisão judicial, para todos os efeitos desta Lei.

Art. 78. Os pedidos de falência estão sujeitos a distribuição obrigatória, respeitada a ordem de apresentação.

Parágrafo único. As ações que devam ser propostas no juízo da falência estão sujeitas a distribuição por dependência.

Art. 79. Os processos de falência e os seus incidentes preferem a todos os outros na ordem dos feitos, em qualquer instância.

Art. 80. Considerar-se-ão habilitados os créditos remanescentes da recuperação judicial, quando definitivamente incluídos no quadro geral de credores, tendo prosseguimento as habilitações que estejam em curso.

Art. 81. A decisão que decreta a falência da sociedade com sócios ilimitadamente responsáveis também acarreta a falência destes, que ficam sujeitos aos mesmos efeitos jurídicos produzidos em relação à sociedade falida e, por isso, deverão ser citados para apresentar contestação, se assim o desejarem.

► Lei nº 6.404, de 15-12-1976 (Lei das Sociedades por Ações).

§ 1º O disposto no *caput* deste artigo aplica-se ao sócio que tenha se retirado voluntariamente ou que tenha sido excluído da sociedade, há menos de 2 (dois) anos, quanto às dívidas existentes na data do arquivamento da alteração do contrato, no caso de não terem sido solvidas até a data da decretação da falência.

► Arts. 1.103 e 1.146 do CC.

§ 2º As sociedades falidas serão representadas na falência por seus administradores ou liquidantes, os quais terão os mesmos direitos e, sob as mesmas penas, ficarão sujeitos às obrigações que cabem ao falido.

Art. 82. A responsabilidade pessoal dos sócios de responsabilidade limitada, dos controladores e dos administradores da sociedade falida, estabelecida nas respectivas leis, será apurada no próprio juízo da falência, independentemente da realização do ativo e da prova da sua insuficiência para cobrir o passivo, observado o procedimento ordinário previsto no Código de Processo Civil.

► En. nº 48 da I Jornada de Direito Comercial.

§ 1º Prescreverá em 2 (dois) anos, contados do trânsito em julgado da sentença de encerramento da falência, a ação de responsabilização prevista no *caput* deste artigo.

§ 2º O juiz poderá, de ofício ou mediante requerimento das partes interessadas, ordenar a indisponibilidade de bens particulares dos réus, em quantidade compatível com o dano provocado, até o julgamento da ação de responsabilização.

Art. 82-A. É vedada a extensão da falência ou de seus efeitos, no todo ou em parte, aos sócios de responsabilidade limitada, aos controladores e aos administradores da sociedade falida, admitida, contudo, a desconsideração da personalidade jurídica.

Parágrafo único. A desconsideração da personalidade jurídica da sociedade falida, para fins de responsabilização de terceiros, grupo, sócio ou administrador por obrigação desta, somente pode ser decretada pelo juízo falimentar com a observância do art. 50 da Lei nº 10.406, de 10 de janeiro de 2002 (Código Civil) e dos arts. 133, 134, 135, 136 e 137 da Lei nº 13.105, de 16 de março de 2015 (Código de Processo Civil), não aplicada a suspensão de que trata o § 3º do art. 134 da Lei nº 13.105, de 16 de março de 2015 (Código de Processo Civil).

► Art. 82-A acrescido pela Lei nº 14.112, de 24-12-2020.

Seção II
DA CLASSIFICAÇÃO DOS CRÉDITOS

Art. 83. A classificação dos créditos na falência obedece à seguinte ordem:

► Súmulas nºs 192 e 565 do STF.

I – os créditos derivados da legislação trabalhista, limitados a 150 (cento e cinquenta) salários mínimos por credor, e aqueles decorrentes de acidentes de trabalho;

► Súm. nº 219 do STJ.

II – os créditos gravados com direito real de garantia até o limite do valor do bem gravado;

III – os créditos tributários, independentemente da sua natureza e do tempo de constituição, exceto os créditos extraconcursais e as multas tributárias;

► Incisos I a III com a redação dada pela Lei nº 14.112, de 24-12-2020.

► Art. 187 do CTN.

IV a V – *Revogados*. Lei nº 14.112, de 24-12-2020;

VI – os créditos quirografários, a saber:

► *Caput* do inciso VI com a redação dada pela Lei nº 14.112, de 24-12-2020.

a) os previstos no art. 965, da Lei nº 10.406, de 10 de janeiro de 2002;

b) os saldos dos créditos não cobertos pelo produto da alienação dos bens vinculados ao seu pagamento; e

c) os saldos dos créditos derivados da legislação trabalhista que excederem o limite estabelecido no inciso I do *caput* deste artigo;

► Alíneas *b* e *c* com a redação dada pela Lei nº 14.112, de 24-12-2020.

► Art. 707 do CC.

VI – créditos quirografários, a saber:

a) aqueles não previstos nos demais incisos deste artigo;

b) os saldos dos créditos não cobertos pelo produto da alienação dos bens vinculados ao seu pagamento;

c) os saldos dos créditos derivados da legislação do trabalho que excederem o limite estabelecido no inciso I do *caput* deste artigo;

VII – as multas contratuais e as penas pecuniárias por infração das leis penais ou administrativas, incluídas as multas tributárias;

VIII – os créditos subordinados, a saber:

a) os previstos em lei ou em contrato; e

b) os créditos dos sócios e dos administradores sem vínculo empregatício cuja contratação não tenha observado as condições estritamente comutativas e as práticas de mercado; e

► Incisos VII e VIII com a redação dada pela Lei nº 14.112, de 24-12-2020.

IX – os juros vencidos após a decretação da falência, conforme previsto no art. 124 desta Lei.

► Inciso IX acrescido pela Lei nº 14.112, de 24-12-2020.

§ 1º Para os fins do inciso II do *caput* deste artigo, será considerado como valor do bem objeto de garantia real a importância efetivamente arrecadada com sua venda, ou, no caso de alienação em bloco, o valor de avaliação do bem individualmente considerado.

§ 2º Não são oponíveis à massa os valores decorrentes de direito de sócio ao recebimento de sua parcela do capital social na liquidação da sociedade.

§ 3º As cláusulas penais dos contratos unilaterais não serão atendidas se as obrigações neles estipuladas se vencerem em virtude da falência.

§ 4º *Revogado*. Lei nº 14.112, de 24-12-2020.

§ 5º Para os fins do disposto nesta Lei, os créditos cedidos a qualquer título manterão sua natureza e classificação.

§ 6º Para os fins do disposto nesta Lei, os créditos que disponham de privilégio especial ou geral em outras normas integrarão a classe dos créditos quirografários.

► §§ 5º e 6º acrescidos pela Lei nº 14.112, de 24-12-2020.

Art. 84. Serão considerados créditos extraconcursais e serão pagos com precedência sobre os mencionados no art. 83 desta Lei, na ordem a seguir, aqueles relativos:

► *Caput* com a redação dada pela Lei nº 14.112, de 24-12-2020.

I – *Revogado*. Lei nº 14.112, de 24-12-2020;

I-A – às quantias referidas nos arts. 150 e 151 desta Lei;

I-B – ao valor efetivamente entregue ao devedor em recuperação judicial pelo financiador, em conformidade com o disposto na Seção IV-A do Capítulo III desta Lei;

I-C – aos créditos em dinheiro objeto de restituição, conforme previsto no art. 86 desta Lei;

I-D – às remunerações devidas ao administrador judicial e aos seus auxiliares, aos reembolsos devidos a membros do Comitê de Credores, e aos créditos derivados da legislação trabalhista ou decorrentes de acidentes de trabalho relativos a serviços prestados após a decretação da falência;

I-E – às obrigações resultantes de atos jurídicos válidos praticados durante a recuperação judicial, nos termos do art. 67 desta Lei, ou após a decretação da falência;

► Incisos I-A a I-E acrescidos pela Lei nº 14.112, de 24-12-2020.

II – às quantias fornecidas à massa falida pelos credores;

III – às despesas com arrecadação, administração, realização do ativo, distribuição do seu produto e custas do processo de falência;

IV – às custas judiciais relativas às ações e às execuções em que a massa falida tenha sido vencida;

V – aos tributos relativos a fatos geradores ocorridos após a decretação da falência, respeitada a ordem estabelecida no art. 83 desta Lei.

► Incisos II a V com a redação dada pela Lei nº 14.112, de 24-12-2020.

► Art. 188 do CTN.

§ 1º As despesas referidas no inciso I-A do *caput* deste artigo serão pagas pelo administrador judicial com os recursos disponíveis em caixa.

§ 2º O disposto neste artigo não afasta a hipótese prevista no art. 122 desta Lei.

► §§ 1º e 2º acrescidos pela Lei nº 14.112, de 24-12-2020.

Seção III
DO PEDIDO DE RESTITUIÇÃO

Art. 85. O proprietário de bem arrecadado no processo de falência ou que se encontre em poder do devedor na data da decretação da falência poderá pedir sua restituição.

► Súmulas nºs 417 e 495 do STF.

► Súm. nº 133 do STJ.

Parágrafo único. Também pode ser pedida a restituição de coisa vendida a crédito e entregue ao devedor nos 15 (quinze) dias anteriores ao requerimento de sua falência, se ainda não alienada.

Art. 86. Proceder-se-á à restituição em dinheiro:

I – se a coisa não mais existir ao tempo do pedido de restituição, hipótese em que o requerente receberá o valor da avaliação do bem, ou, no caso de ter ocorrido sua venda, o respectivo preço, em ambos os casos no valor atualizado;

II – da importância entregue ao devedor, em moeda corrente nacional, decorrente de adiantamento a contrato de câmbio para exportação, na forma do art. 75, §§ 3º e 4º, da Lei nº 4.728, de 14 de julho de 1965, desde que o prazo total da operação, inclusive eventuais prorrogações, não exceda o previsto nas normas específicas da autoridade competente;

► O STF, por maioria, julgou parcialmente procedente a ADIN nº 3.424, para: "declarar a inconstitucionalidade deste inciso somente quando sua aplicação preterir credores trabalhistas" (*DJe* de 20-2-2020).

III – dos valores entregues ao devedor pelo contratante de boa-fé na hipótese de revogação ou ineficácia do contrato, conforme disposto no art. 136 desta Lei;

► Súmulas nºs 36, 133 e 307 do STJ.

IV – às Fazendas Públicas, relativamente a tributos passíveis de retenção na fonte, de descontos de terceiros ou de sub-rogação e a valores recebidos pelos agentes arrecadadores e não recolhidos aos cofres públicos.

► Inciso IV acrescido pela Lei nº 14.112, de 24-12-2020.

Parágrafo único. *Revogado*. Lei nº 14.112, de 24-12-2020.

Art. 87. O pedido de restituição deverá ser fundamentado e descreverá a coisa reclamada.

► Súm. nº 417 do STF.

§ 1º O juiz mandará autuar em separado o requerimento com os documentos que o instruírem e determinará a intimação do falido, do Comitê, dos credores e do administrador judicial para que, no prazo sucessivo de 5 (cinco) dias, se manifestem, valendo como contestação a manifestação contrária à restituição.

§ 2º Contestado o pedido e deferidas as provas porventura requeridas, o juiz designará audiência de instrução e julgamento, se necessária.

§ 3º Não havendo provas a realizar, os autos serão conclusos para sentença.

Art. 88. A sentença que reconhecer o direito do requerente determinará a entrega da coisa no prazo de 48 (quarenta e oito) horas.

Parágrafo único. Caso não haja contestação, a massa não será condenada ao pagamento de honorários advocatícios.

Art. 89. A sentença que negar a restituição, quando for o caso, incluirá o requerente no quadro geral de credores, na classificação que lhe couber, na forma desta Lei.

Art. 90. Da sentença que julgar o pedido de restituição caberá apelação sem efeito suspensivo.

Parágrafo único. O autor do pedido de restituição que pretender receber o bem ou a quantia reclamada antes do trânsito em julgado da sentença prestará caução.

Art. 91. O pedido de restituição suspende a disponibilidade da coisa até o trânsito em julgado.

Parágrafo único. Quando diversos requerentes houverem de ser satisfeitos em dinheiro e não existir saldo suficiente para o pagamento integral, far-se-á rateio proporcional entre eles.

Art. 92. O requerente que tiver obtido êxito no seu pedido ressarcirá a massa falida ou a quem tiver suportado as despesas de conservação da coisa reclamada.

Art. 93. Nos casos em que não couber pedido de restituição, fica resguardado o direito dos credores de propor embargos de terceiros, observada a legislação processual civil.

Seção IV
DO PROCEDIMENTO PARA A DECRETAÇÃO DA FALÊNCIA

Art. 94. Será decretada a falência do devedor que:

I – sem relevante razão de direito, não paga, no vencimento, obrigação líquida materializada em título ou títulos executivos protestados cuja soma ultrapasse o equivalente a 40 (quarenta) salários mínimos na data do pedido de falência;

► Art. 94, §§ 1º e 3º, desta Lei.

► Súmulas nºs 248 e 361 do STJ.

II – executado por qualquer quantia líquida, não paga, não deposita e não nomeia à penhora bens suficientes dentro do prazo legal;

► Art. 94, § 4º, desta Lei.

III – pratica qualquer dos seguintes atos, exceto se fizer parte de plano de recuperação judicial:

► Art. 94, § 5º, desta Lei.

a) procede à liquidação precipitada de seus ativos ou lança mão de meio ruinoso ou fraudulento para realizar pagamentos;

b) realiza ou, por atos inequívocos, tenta realizar, com o objetivo de retardar pagamentos ou fraudar credores, negócio simulado ou alienação de parte ou da totalidade de seu ativo a terceiro, credor ou não;

c) transfere estabelecimento a terceiro, credor ou não, sem o consentimento de todos os credores e sem ficar com bens suficientes para solver seu passivo;

d) simula a transferência de seu principal estabelecimento com o objetivo de burlar a legislação ou a fiscalização ou para prejudicar credor;

e) dá ou reforça garantia a credor por dívida contraída anteriormente sem ficar com bens livres e desembaraçados suficientes para saldar seu passivo;

f) ausenta-se sem deixar representante habilitado e com recursos suficientes para pagar os credores, abandona estabelecimento ou tenta ocultar-se de seu domicílio, do local de sua sede ou de seu principal estabelecimento;

g) deixa de cumprir, no prazo estabelecido, obrigação assumida no plano de recuperação judicial.

§ 1º Credores podem reunir-se em litisconsórcio a fim de perfazer o limite mínimo para o pedido de falência com base no inciso I do *caput* deste artigo.

§ 2º Ainda que líquidos, não legitimam o pedido de falência os créditos que nela não se possam reclamar.

§ 3º Na hipótese do inciso I do *caput* deste artigo, o pedido de falência será instruído com os títulos executivos na forma do parágrafo único do art. 9º desta Lei, acompanhados, em qualquer caso, dos respectivos instrumentos de protesto para fim falimentar nos termos da legislação específica.

► Súm. nº 361 do STJ.

§ 4º Na hipótese do inciso II do *caput* deste artigo, o pedido de falência será instruído com certidão expedida pelo juízo em que se processa a execução.

§ 5º Na hipótese do inciso III do *caput* deste artigo, o pedido de falência descreverá os fatos que a caracterizam, juntando-se as provas que houver e especificando-se as que serão produzidas.

Art. 95. Dentro do prazo de contestação, o devedor poderá pleitear sua recuperação judicial.

Art. 96. A falência requerida com base no art. 94, inciso I do *caput*, desta Lei, não será decretada se o requerido provar:

I – falsidade de título;

II – prescrição;

III – nulidade de obrigação ou de título;

IV – pagamento da dívida;

V – qualquer outro fato que extinga ou suspenda obrigação ou não legitime a cobrança de título;

VI – vício em protesto ou em seu instrumento;

VII – apresentação de pedido de recuperação judicial no prazo da contestação, observados os requisitos do art. 51 desta Lei;

VIII – cessação das atividades empresariais mais de 2 (dois) anos antes do pedido de falência, comprovada por documento hábil do Registro Público de Empresas, o qual não prevalecerá contra prova de exercício posterior ao ato registrado.

§ 1º Não será decretada a falência de sociedade anônima após liquidado e partilhado seu ativo nem do espólio após 1 (um) ano da morte do devedor.

► Lei nº 6.404, de 15-12-1976 (Lei das Sociedades por Ações).

§ 2º As defesas previstas nos incisos I a VI do *caput* deste artigo não obstam a decretação de falência se, ao final, restarem obrigações não atingidas pelas defesas em montante que supere o limite previsto naquele dispositivo.

Art. 97. Podem requerer a falência do devedor:

► Art. 68, § 3º, *c*, da Lei nº 6.404, de 15-12-1976 (Lei das Sociedades por Ações).

► En. nº 56 da I Jornada de Direito Comercial.

I – o próprio devedor, na forma do disposto nos arts. 105 a 107 desta Lei;

II – o cônjuge sobrevivente, qualquer herdeiro do devedor ou o inventariante;

III – o cotista ou o acionista do devedor na forma da lei ou do ato constitutivo da sociedade;

IV – qualquer credor.

§ 1º O credor empresário apresentará certidão do Registro Público de Empresas que comprove a regularidade de suas atividades.

§ 2º O credor que não tiver domicílio no Brasil deverá prestar caução relativa às custas e ao pagamento da indenização de que trata o art. 101 desta Lei.

Art. 98. Citado, o devedor poderá apresentar contestação no prazo de 10 (dez) dias.

Parágrafo único. Nos pedidos baseados nos incisos I e II do *caput* do art. 94 desta Lei, o devedor poderá, no prazo da contestação, depositar o valor correspondente ao total do crédito, acrescido de correção monetária, juros e honorários advocatícios, hipótese em que a falência não será decretada e, caso julgado procedente o pedido de falência, o juiz ordenará o levantamento do valor pelo autor.

Art. 99. A sentença que decretar a falência do devedor, dentre outras determinações:

► Art. 7º, § 1º, desta Lei.

I – conterá a síntese do pedido, a identificação do falido e os nomes dos que forem a esse tempo seus administradores;

II – fixará o termo legal da falência, sem poder retrotraí-lo por mais de 90 (noventa) dias contados do pedido de falência, do pedido de recuperação judicial ou do 1º (primeiro) protesto por falta de pagamento, excluindo-se, para esta finalidade, os protestos que tenham sido cancelados;

III – ordenará ao falido que apresente, no prazo máximo de 5 (cinco) dias, relação nominal dos credores, indicando endereço, importância, natureza e classificação dos respectivos créditos, se esta já não se encontrar nos autos, sob pena de desobediência;

IV – explicitará o prazo para as habilitações de crédito, observado o disposto no § 1º do art. 7º desta Lei;

V – ordenará a suspensão de todas as ações ou execuções contra o falido, ressalvadas as hipóteses previstas nos §§ 1º e 2º do art. 6º desta Lei;

VI – proibirá a prática de qualquer ato de disposição ou oneração de bens do falido, submetendo-os preliminarmente à autorização judicial e do Comitê, se houver, ressalvados os bens cuja venda faça parte das atividades normais do devedor se autorizada a continuação provisória nos termos do inciso XI do *caput* deste artigo;

VII – determinará as diligências necessárias para salvaguardar os interesses das partes envolvidas, podendo ordenar a prisão preventiva do falido ou de seus administradores quando requerida com fundamento em provas da prática de crime definido nesta Lei;

VIII – ordenará ao Registro Público de Empresas e à Secretaria Especial da Receita Federal do Brasil que procedam à anotação da falência no registro do devedor, para que dele constem a expressão "falido", a data da decretação da falência e a inabilitação de que trata o art. 102 desta Lei;

► Inciso VIII com a redação dada pela Lei nº 14.112, de 24-12-2020.

IX – nomeará o administrador judicial, que desempenhará suas funções na forma do inciso III do *caput* do art. 22 desta Lei sem prejuízo do disposto na alínea *a* do inciso II do *caput* do art. 35 desta Lei;

X – determinará a expedição de ofícios aos órgãos e repartições públicas e outras entidades para que informem a existência de bens e direitos do falido;

XI – pronunciar-se-á a respeito da continuação provisória das atividades do falido com o administrador judicial ou da lacração dos estabelecimentos, observado o disposto no art. 109 desta Lei;

XII – determinará, quando entender conveniente, a convocação da assembleia-geral de credores para a constituição de Comitê de Credores, podendo ainda autorizar a manutenção do Comitê eventualmente em funcionamento na recuperação judicial quando da decretação da falência;

XIII – ordenará a intimação eletrônica, nos termos da legislação vigente e respeitadas as prerrogativas funcionais, respectivamente, do Ministério Público e das Fazendas Públicas federal e de todos os Estados, Distrito Federal e Municípios em que o devedor tiver estabelecimento, para que tomem conhecimento da falência.

► Inciso XIII com a redação dada pela Lei nº 14.112, de 24-12-2020.

§ 1º O juiz ordenará a publicação de edital eletrônico com a íntegra da decisão que decreta a falência e a relação de credores apresentada pelo falido.

► Parágrafo único transformado em § 1º e com a redação dada pela Lei nº 14.112, de 24-12-2020.

§ 2º A intimação eletrônica das pessoas jurídicas de direito público integrantes da administração pública indireta dos entes federativos referidos no inciso XIII do *caput* deste artigo será direcionada:

I – no âmbito federal, à Procuradoria-Geral Federal e à Procuradoria-Geral do Banco Central do Brasil;

II – no âmbito dos Estados e do Distrito Federal, à respectiva Procuradoria-Geral, à qual competirá dar ciência a eventual órgão de representação judicial específico das entidades interessadas; e

III – no âmbito dos Municípios, à respectiva Procuradoria-Geral ou, se inexistir, ao gabinete do Prefeito, à qual competirá dar ciência a eventual órgão de representação judicial específico das entidades interessadas.

§ 3º Após decretada a quebra ou convolada a recuperação judicial em falência, o administrador deverá, no prazo de até 60 (sessenta) dias, contado do termo de nomeação, apresentar, para apreciação do juiz, plano detalhado de realização dos ativos, inclusive com a estimativa de tempo não superior a 180 (cento e oitenta) dias a partir da juntada de cada auto de arrecadação, na forma do inciso III do *caput* do art. 22 desta Lei.

► §§ 2º e 3º acrescidos pela Lei nº 14.112, de 24-12-2020.

Art. 100. Da decisão que decreta a falência cabe agravo, e da sentença que julga a improcedência do pedido cabe apelação.

► Arts 1.009 e 1.015, XIII, do CPC.

Art. 101. Quem por dolo requerer a falência de outrem será condenado, na sentença que julgar improcedente o pedido, a indenizar o devedor, apurando-se as perdas e danos em liquidação de sentença.

§ 1º Havendo mais de 1 (um) autor do pedido de falência, serão solidariamente responsáveis aqueles que se conduziram na forma prevista no *caput* deste artigo.

§ 2º Por ação própria, o terceiro prejudicado também pode reclamar indenização dos responsáveis.

Seção V

DA INABILITAÇÃO EMPRESARIAL, DOS DIREITOS E DEVERES DO FALIDO

Art. 102. O falido fica inabilitado para exercer qualquer atividade empresarial a partir da decretação da falência e até a sentença que extingue suas obrigações, respeitado o disposto no § 1º do art. 181 desta Lei.

Parágrafo único. Findo o período de inabilitação, o falido poderá requerer ao juiz da falência que proceda à respectiva anotação em seu registro.

Art. 103. Desde a decretação da falência ou do sequestro, o devedor perde o direito de administrar os seus bens ou deles dispor.

Parágrafo único. O falido poderá, contudo, fiscalizar a administração da falência, requerer as providências necessárias para a conservação de seus direitos ou dos bens arrecadados e intervir nos processos em que a massa falida seja parte ou interessada, requerendo o que for de direito e interpondo os recursos cabíveis.

Art. 104. A decretação da falência impõe aos representantes legais do falido os seguintes deveres:

▸ *Caput* com a redação dada pela Lei nº 14.112, de 24-12-2020.

I – assinar nos autos, desde que intimado da decisão, termo de comparecimento, com a indicação do nome, da nacionalidade, do estado civil e do endereço completo do domicílio, e declarar, para constar do referido termo, diretamente ao administrador judicial, em dia, local e hora por ele designados, por prazo não superior a 15 (quinze) dias após a decretação da falência, o seguinte:

▸ *Caput* do inciso I com a redação dada pela Lei nº 14.112, de 24-12-2020.

a) as causas determinantes da sua falência, quando requerida pelos credores;

b) tratando-se de sociedade, os nomes e endereços de todos os sócios, acionistas controladores, diretores ou administradores, apresentando o contrato ou estatuto social e a prova do respectivo registro, bem como suas alterações;

c) o nome do contador encarregado da escrituração dos livros obrigatórios;

d) os mandatos que porventura tenha outorgado, indicando seu objeto, nome e endereço do mandatário;

e) seus bens imóveis e os móveis que não se encontram no estabelecimento;

f) se faz parte de outras sociedades, exibindo respectivo contrato;

g) suas contas bancárias, aplicações, títulos em cobrança e processos em andamento em que for autor ou réu;

II – entregar ao administrador judicial os seus livros obrigatórios e os demais instrumentos de escrituração pertinentes, que os encerrará por termo;

▸ Inciso II com a redação dada pela Lei nº 14.112, de 24-12-2020.

III – não se ausentar do lugar onde se processa a falência sem motivo justo e comunicação expressa ao juiz, e sem deixar procurador bastante, sob as penas cominadas na lei;

IV – comparecer a todos os atos da falência, podendo ser representado por procurador, quando não for indispensável sua presença;

V – entregar ao administrador judicial, para arrecadação, todos os bens, papéis, documentos e senhas de acesso a sistemas contábeis, financeiros e bancários, bem como indicar aqueles que porventura estejam em poder de terceiros;

▸ Inciso V com a redação dada pela Lei nº 14.112, de 24-12-2020.

VI – prestar as informações reclamadas pelo juiz, administrador judicial, credor ou Ministério Público sobre circunstâncias e fatos que interessem à falência;

VII – auxiliar o administrador judicial com zelo e presteza;

VIII – examinar as habilitações de crédito apresentadas;

IX – assistir ao levantamento, à verificação do balanço e ao exame dos livros;

X – manifestar-se sempre que for determinado pelo juiz;

XI – apresentar ao administrador judicial a relação de seus credores, em arquivo eletrônico, no dia em que prestar as declarações referidas no inciso I do *caput* deste artigo;

▸ Inciso XI com a redação dada pela Lei nº 14.112, de 24-12-2020.

XII – examinar e dar parecer sobre as contas do administrador judicial.

Parágrafo único. Faltando ao cumprimento de quaisquer dos deveres que esta Lei lhe impõe, após intimado pelo juiz a fazê-lo, responderá o falido por crime de desobediência.

Seção VI

DA FALÊNCIA REQUERIDA PELO PRÓPRIO DEVEDOR

Art. 105. O devedor em crise econômico-financeira que julgue não atender aos requisitos para pleitear sua recuperação judicial deverá requerer ao juízo sua falência, expondo as razões da impossibilidade de prosseguimento da atividade empresarial, acompanhadas dos seguintes documentos:

I – demonstrações contábeis referentes aos 3 (três) últimos exercícios sociais e as levantadas especialmente para instruir o pedido, confeccionadas com estrita observância da legislação societária aplicável e compostas obrigatoriamente de:

a) balanço patrimonial;

b) demonstração de resultados acumulados;

c) demonstração do resultado desde o último exercício social;

d) relatório do fluxo de caixa;

II – relação nominal dos credores, indicando endereço, importância, natureza e classificação dos respectivos créditos;

III – relação dos bens e direitos que compõem o ativo, com a respectiva estimativa de valor e documentos comprobatórios de propriedade;

IV – prova da condição de empresário, contrato social ou estatuto em vigor ou, se não houver, a indicação de todos os sócios, seus endereços e a relação de seus bens pessoais;

V – os livros obrigatórios e documentos contábeis que lhe forem exigidos por lei;

VI – relação de seus administradores nos últimos 5 (cinco) anos, com os respectivos endereços, suas funções e participação societária.

Art. 106. Não estando o pedido regularmente instruído, o juiz determinará que seja emendado.

Art. 107. A sentença que decretar a falência do devedor observará a forma do art. 99 desta Lei.

Parágrafo único. Decretada a falência, aplicam-se integralmente os dispositivos relativos à falência requerida pelas pessoas referidas nos incisos II a IV do *caput* do art. 97 desta Lei.

Seção VII

DA ARRECADAÇÃO E DA CUSTÓDIA DOS BENS

Art. 108. Ato contínuo à assinatura do termo de compromisso, o administrador judicial efetuará a arrecadação dos bens e documentos e a avaliação dos bens, separadamente ou em bloco, no local em que se encontrem, requerendo ao juiz, para esses fins, as medidas necessárias.

§ 1º Os bens arrecadados ficarão sob a guarda do administrador judicial ou de pessoa por ele escolhida, sob responsabilidade daquele, podendo o falido ou qualquer de seus representantes ser nomeado depositário dos bens.

§ 2º O falido poderá acompanhar a arrecadação e a avaliação.

§ 3º O produto dos bens penhorados ou por outra forma apreendidos entrará para a massa, cumprindo ao juiz deprecar, a requerimento do administrador judicial, às autoridades competentes, determinando sua entrega.

§ 4º Não serão arrecadados os bens absolutamente impenhoráveis.

§ 5º Ainda que haja avaliação em bloco, o bem objeto de garantia real será também avaliado separadamente, para os fins do § 1º do art. 83 desta Lei.

Art. 109. O estabelecimento será lacrado sempre que houver risco para a execução da etapa de arrecadação ou para a preservação dos bens da massa falida ou dos interesses dos credores.

Art. 110. O auto de arrecadação, composto pelo inventário e pelo respectivo laudo de avaliação dos bens, será assinado pelo administrador judicial, pelo falido ou seus representantes e por outras pessoas que auxiliarem ou presenciarem o ato.

§ 1º Não sendo possível a avaliação dos bens no ato da arrecadação, o administrador judicial requererá ao juiz a concessão de prazo para apresentação do laudo de avaliação, que não poderá exceder 30 (trinta) dias, contados da apresentação do auto de arrecadação.

§ 2º Serão referidos no inventário:

I – os livros obrigatórios e os auxiliares ou facultativos do devedor, designando-se o estado em que se acham, número e denominação de cada um, páginas escrituradas, data do início da escrituração e do último lançamento, e se os livros obrigatórios estão revestidos das formalidades legais;

II – dinheiro, papéis, títulos de crédito, documentos e outros bens da massa falida;

III – os bens da massa falida em poder de terceiro, a título de guarda, depósito, penhor ou retenção;

IV – os bens indicados como propriedade de terceiros ou reclamados por estes, mencionando-se essa circunstância.

§ 3º Quando possível, os bens referidos no § 2º deste artigo serão individualizados.

§ 4º Em relação aos bens imóveis, o administrador judicial, no prazo de 15 (quinze) dias após a sua arrecadação, exibirá as certidões de registro, extraídas posteriormente à decretação da falência, com todas as indicações que nele constarem.

Art. 111. O juiz poderá autorizar os credores, de forma individual ou coletiva, em razão dos custos e no interesse da massa falida, a adquirir ou adjudicar, de imediato, os bens arrecadados, pelo valor da avaliação, atendida a regra de classificação e preferência entre eles, ouvido o Comitê.

Art. 112. Os bens arrecadados poderão ser removidos, desde que haja necessidade de sua melhor guarda e conservação, hipótese em que permanecerão em depósito sob responsabilidade do administrador judicial, mediante compromisso.

Art. 113. Os bens perecíveis, deterioráveis, sujeitos à considerável desvalorização ou que sejam de conservação arriscada ou dispendiosa, poderão ser vendidos antecipadamente, após a arrecadação e a avaliação, mediante autorização judicial, ouvidos o Comitê e o falido no prazo de 48 (quarenta e oito) horas.

Art. 114. O administrador judicial poderá alugar ou celebrar outro contrato referente aos bens da massa falida, com o objetivo de produzir renda para a massa falida, mediante autorização do Comitê.

§ 1º O contrato disposto no *caput* deste artigo não gera direito de preferência na compra e não pode importar disposição total ou parcial dos bens.

§ 2º O bem objeto da contratação poderá ser alienado a qualquer tempo, independentemente do prazo contratado, rescindindo-se, sem direito a multa, o contrato realizado, salvo se houver anuência do adquirente.

Art. 114-A. Se não forem encontrados bens para serem arrecadados, ou se os arrecadados forem insuficientes para as despesas do processo, o administrador judicial informará imediatamente esse fato ao juiz, que, ouvido o representante do Ministério Público, fixará, por meio de edital, o prazo de 10 (dez) dias para os interessados se manifestarem.

§ 1º Um ou mais credores poderão requerer o prosseguimento da falência, desde que paguem a quantia necessária às despesas e aos honorários do administrador judicial, que serão considerados despesas essenciais nos termos estabelecidos no inciso I-A do *caput* do art. 84 desta Lei.

§ 2º Decorrido o prazo previsto no *caput* sem manifestação dos interessados, o administrador judicial promoverá a venda dos bens arrecadados no prazo máximo de 30 (trinta) dias, para bens móveis, e de 60 (sessenta) dias, para bens imóveis, e apresentará o seu relatório, nos termos e para os efeitos dispostos neste artigo.

§ 3º Proferida a decisão, a falência será encerrada pelo juiz nos autos.

► Art. 114-A acrescido pela Lei nº 14.112, de 24-12-2020.

Seção VIII

DOS EFEITOS DA DECRETAÇÃO DA FALÊNCIA SOBRE AS OBRIGAÇÕES DO DEVEDOR

Art. 115. A decretação da falência sujeita todos os credores, que somente poderão exercer os seus direitos sobre os bens do falido e do sócio ilimitadamente responsável na forma que esta Lei prescrever.

Art. 116. A decretação da falência suspende:

I – o exercício do direito de retenção sobre os bens sujeitos à arrecadação, os quais deverão ser entregues ao administrador judicial;

II – o exercício do direito de retirada ou de recebimento do valor de suas quotas ou ações, por parte dos sócios da sociedade falida.

Art. 117. Os contratos bilaterais não se resolvem pela falência e podem ser cumpridos pelo administrador judicial se o cumprimento reduzir ou evitar o aumento do passivo da massa falida ou for necessário à manutenção e preservação de seus ativos, mediante autorização do Comitê.

► En. nº 75 da II Jornada de Direito Comercial.

§ 1º O contratante pode interpelar o administrador judicial, no prazo de até 90 (noventa) dias, contado da assinatura do termo de sua nomeação, para que, dentro de 10 (dez) dias, declare se cumpre ou não o contrato.

§ 2º A declaração negativa ou o silêncio do administrador judicial confere ao contraente o direito à indenização, cujo valor, apurado em processo ordinário, constituirá crédito quirografário.

Art. 118. O administrador judicial, mediante autorização do Comitê, poderá dar cumprimento a contrato unilateral se esse fato reduzir ou evitar o aumento do passivo da massa falida ou for necessário à manutenção e preservação de seus ativos, realizando o pagamento da prestação pela qual está obrigada.

Art. 119. Nas relações contratuais a seguir mencionadas prevalecerão as seguintes regras:

I – o vendedor não pode obstar a entrega das coisas expedidas ao devedor e ainda em trânsito, se o comprador, antes do requerimento da falência, as tiver revendido, sem fraude, à vista das faturas e conhecimentos de transporte, entregues ou remetidos pelo vendedor;

II – se o devedor vendeu coisas compostas e o administrador judicial resolver não continuar a execução do contrato, poderá o comprador pôr à disposição da massa falida as coisas já recebidas, pedindo perdas e danos;

III – não tendo o devedor entregue coisa móvel ou prestado serviço que vendera ou contratara a prestações, e resolvendo o administrador judicial não executar o contrato, o crédito relativo ao valor pago será habilitado na classe própria;

IV – o administrador judicial, ouvido o Comitê, restituirá a coisa móvel comprada pelo devedor com reserva de domínio do vendedor se resolver não continuar a execução do contrato, exigindo a devolução, nos termos do contrato, dos valores pagos;

V – tratando-se de coisas vendidas a termo, que tenham cotação em bolsa ou mercado, e não se executando o contrato pela efetiva entrega daquelas e pagamento do preço, prestar-se-á a diferença entre a cotação do dia do contrato e a da época da liquidação em bolsa ou mercado;

VI – na promessa de compra e venda de imóveis, aplicar-se-á a legislação respectiva;

VII – a falência do locador não resolve o contrato de locação e, na falência do locatário, o administrador judicial pode, a qualquer tempo, denunciar o contrato;

VIII – caso haja acordo para compensação e liquidação de obrigações no âmbito do sistema financeiro nacional, nos termos da legislação vigente, a parte não falida poderá considerar o contrato vencido antecipadamente, hipótese em que será liquidado na forma estabelecida em regulamento, admitindo-se a compensação de eventual crédito que venha a ser apurado em favor do falido com créditos detidos pelo contratante;

IX – os patrimônios de afetação, constituídos para cumprimento de destinação específica, obedecerão ao disposto na legislação respectiva, permanecendo seus bens, direitos e obrigações separados dos do falido até o advento do respectivo termo ou até o cumprimento de sua finalidade, ocasião em que o administrador judicial arrecadará o saldo a favor da massa falida ou inscreverá na classe própria o crédito que contra ela remanescer.

Art. 120. O mandato conferido pelo devedor, antes da falência, para a realização de negócios, cessará seus efeitos com a decretação da falência, cabendo ao mandatário prestar contas de sua gestão.

§ 1º O mandato conferido para representação judicial do devedor continua em vigor até que seja expressamente revogado pelo administrador judicial.

§ 2º Para o falido, cessa o mandato ou comissão que houver recebido antes da falência, salvo os que versem sobre matéria estranha à atividade empresarial.

Art. 121. As contas-correntes com o devedor consideram-se encerradas no momento de decretação da falência, verificando-se o respectivo saldo.

Art. 122. Compensam-se, com preferência sobre todos os demais credores, as dívidas do devedor vencidas até o dia da decretação da falência, provenha o vencimento da sentença de falência ou não, obedecidos os requisitos da legislação civil.

Parágrafo único. Não se compensam:

I – os créditos transferidos após a decretação da falência, salvo em caso de sucessão por fusão, incorporação, cisão ou morte; ou

II – os créditos, ainda que vencidos anteriormente, transferidos quando já conhecido o estado de crise econômico-financeira do devedor ou cuja transferência se operou com fraude ou dolo.

Art. 123. Se o falido fizer parte de alguma sociedade como sócio comanditário ou cotista, para a massa falida entrarão somente os haveres que na sociedade ele possuir e forem apurados na forma estabelecida no contrato ou estatuto social.

§ 1º Se o contrato ou o estatuto social nada disciplinar a respeito, a apuração far-se-á judicialmente, salvo se, por lei, pelo contrato ou estatuto, a sociedade tiver de liquidar-se, caso em que os haveres do falido, somente após o pagamento de todo o passivo da sociedade, entrarão para a massa falida.

§ 2º Nos casos de condomínio indivisível de que participe o falido, o bem será vendido e deduzir-se-á do valor arrecadado o que for devido aos demais condôminos, facultada a estes a compra da quota-parte do falido nos termos da melhor proposta obtida.

Art. 124. Contra a massa falida não são exigíveis juros vencidos após a decretação da falência, previstos em lei ou em contrato, se o ativo apurado não bastar para o pagamento dos credores subordinados.

► En. nº 73 da II Jornada de Direito Comercial.

Parágrafo único. Excetuam-se desta disposição os juros das debêntures e dos créditos com garantia real, mas por eles responde, exclusivamente, o produto dos bens que constituem a garantia.

Art. 125. Na falência do espólio, ficará suspenso o processo de inventário, cabendo ao administrador judicial a realização de atos pendentes em relação aos direitos e obrigações da massa falida.

Art. 126. Nas relações patrimoniais não reguladas expressamente nesta Lei, o juiz decidirá o caso atendendo à unidade, à universalidade do concurso e à igualdade de tratamento dos credores, observado o disposto no art. 75 desta Lei.

► En. nº 81 da II Jornada de Direito Comercial.

Art. 127. O credor de coobrigados solidários cujas falências sejam decretadas tem o direito de concorrer, em cada uma delas, pela totalidade do seu crédito, até recebê-lo por inteiro, quando então comunicará ao juízo.

§ 1º O disposto no *caput* deste artigo não se aplica ao falido cujas obrigações tenham sido extintas por sentença, na forma do art. 159 desta Lei.

§ 2º Se o credor ficar integralmente pago por uma ou por diversas massas coobrigadas, as que pagaram terão direito regressivo contra as demais, em proporção à parte que pagaram e àquela que cada uma tinha a seu cargo.

§ 3º Se a soma dos valores pagos ao credor em todas as massas coobrigadas exceder o total do crédito, o valor será devolvido às massas na proporção estabelecida no § 2º deste artigo.

§ 4º Se os coobrigados eram garantes uns dos outros, o excesso de que trata o § 3º deste artigo pertencerá, conforme a ordem das obrigações, às massas dos coobrigados que tiverem o direito de ser garantidas.

Art. 128. Os coobrigados solventes e os garantes do devedor ou dos sócios ilimitadamente responsáveis podem habilitar o crédito correspondente às quantias pagas ou devidas, se o credor não se habilitar no prazo legal.

Seção IX
DA INEFICÁCIA E DA REVOGAÇÃO DE ATOS PRATICADOS ANTES DA FALÊNCIA

Art. 129. São ineficazes em relação à massa falida, tenha ou não o contratante conhecimento do estado de crise econômico-financeira do devedor, seja ou não intenção deste fraudar credores:

► Art. 54 da Lei nº 13.097, de 19-1-2015, que reduz a zero as alíquotas da Contribuição para o PIS/PASEP, da COFINS, da Contribuição para o PIS/PASEP-Importação e da COFINS-Importação incidentes sobre a receita de vendas e na importação de partes utilizadas em aerogeradores.

I – o pagamento de dívidas não vencidas realizado pelo devedor dentro do termo legal, por qualquer meio extintivo do direito de crédito, ainda que pelo desconto do próprio título;

► Art. 99, II, desta Lei.

II – o pagamento de dívidas vencidas e exigíveis realizado dentro do termo legal, por qualquer forma que não seja a prevista pelo contrato;

► Art. 99, II, desta Lei.

III – a constituição de direito real de garantia, inclusive a retenção, dentro do termo legal, tratando-se de dívida contraída anteriormente; se os bens dados em hipoteca forem objeto de outras posteriores, a massa falida receberá a parte que devia caber ao credor da hipoteca revogada;

► Art. 99, II, desta Lei.

IV – a prática de atos a título gratuito, desde 2 (dois) anos antes da decretação da falência;

V – a renúncia à herança ou a legado, até 2 (dois) anos antes da decretação da falência;

VI – a venda ou transferência de estabelecimento feita sem o consentimento expresso ou o pagamento de todos os credores, a esse tempo existentes, não tendo restado ao devedor bens suficientes para solver o seu passivo, salvo se, no prazo de 30 (trinta) dias, não houver oposição dos credores, após serem devidamente notificados, judicialmente ou pelo oficial do registro de títulos e documentos;

VII – os registros de direitos reais e de transferência de propriedade entre vivos, por título oneroso ou gratuito, ou a averbação relativa a imóveis realizados após a decretação da falência, salvo se tiver havido prenotação anterior.

Parágrafo único. A ineficácia poderá ser declarada de ofício pelo juiz, alegada em defesa ou pleiteada mediante ação própria ou incidentalmente no curso do processo.

Art. 130. São revogáveis os atos praticados com a intenção de prejudicar credores, provando-se o conluio fraudulento entre o devedor e o terceiro que com ele contratar e o efetivo prejuízo sofrido pela massa falida.

► Art. 45, § 8º, da Lei nº 6.404, de 15-12-1976 (Lei das Sociedades por Ações).

Art. 131. Nenhum dos atos referidos nos incisos I, II, III e VI do *caput* do art. 129 desta Lei que tenham sido previstos e realizados na forma definida no plano de recuperação judicial ou extrajudicial será declarado ineficaz ou revogado.

► Artigo com a redação dada pela Lei nº 14.112, de 24-12-2020.

Art. 132. A ação revocatória, de que trata o art. 130 desta Lei, deverá ser proposta pelo administrador judicial, por qualquer credor ou pelo Ministério Público no prazo de 3 (três) anos contado da decretação da falência.

Art. 133. A ação revocatória pode ser promovida:

I – contra todos os que figuraram no ato ou que por efeito dele foram pagos, garantidos ou beneficiados;

II – contra os terceiros adquirentes, se tiveram conhecimento, ao se criar o direito, da intenção do devedor de prejudicar os credores;

III – contra os herdeiros ou legatários das pessoas indicadas nos incisos I e II do *caput* deste artigo.

Art. 134. A ação revocatória correrá perante o juízo da falência e obedecerá ao procedimento ordinário previsto na Lei nº 5.869, de 11 de janeiro de 1973 – Código de Processo Civil.

► Art. 318 do CPC.

Art. 135. A sentença que julgar procedente a ação revocatória determinará o retorno dos bens à massa falida em espécie, com todos os acessórios, ou o valor de mercado, acrescidos das perdas e danos.

Parágrafo único. Da sentença cabe apelação.

► Art. 1.009 do CPC.

Art. 136. Reconhecida a ineficácia ou julgada procedente a ação revocatória, as partes retornarão ao estado anterior, e o contratante de boa-fé terá direito à restituição dos bens ou valores entregues ao devedor.

► Art. 86, III, desta Lei.

§ 1º Na hipótese de securitização de créditos do devedor, não será declarada a ineficácia ou revogado o ato de cessão em prejuízo dos direitos dos portadores de valores mobiliários emitidos pelo securitizador.

§ 2º É garantido ao terceiro de boa-fé, a qualquer tempo, propor ação por perdas e danos contra o devedor ou seus garantes.

Art. 137. O juiz poderá, a requerimento do autor da ação revocatória, ordenar, como medida preventiva, na forma da lei processual civil, o sequestro dos bens retirados do patrimônio do devedor que estejam em poder de terceiros.

Art. 138. O ato pode ser declarado ineficaz ou revogado, ainda que praticado com base em decisão judicial, observado o disposto no art. 131 desta Lei.

Parágrafo único. Revogado o ato ou declarada sua ineficácia, ficará rescindida a sentença que o motivou.

Seção X
DA REALIZAÇÃO DO ATIVO

Art. 139. Logo após a arrecadação dos bens, com a juntada do respectivo auto ao processo de falência, será iniciada a realização do ativo.

Art. 140. A alienação dos bens será realizada de uma das seguintes formas, observada a seguinte ordem de preferência:

I – alienação da empresa, com a venda de seus estabelecimentos em bloco;

II – alienação da empresa, com a venda de suas filiais ou unidades produtivas isoladamente;

III – alienação em bloco dos bens que integram cada um dos estabelecimentos do devedor;

IV – alienação dos bens individualmente considerados.

§ 1º Se convier à realização do ativo, ou em razão de oportunidade, podem ser adotadas mais de uma forma de alienação.

§ 2º A realização do ativo terá início independentemente da formação do quadro geral de credores.

§ 3º A alienação da empresa terá por objeto o conjunto de determinados bens necessários à operação rentável da unidade de produção, que poderá compreender a transferência de contratos específicos.

§ 4º Nas transmissões de bens alienados na forma deste artigo que dependam de registro público, a este servirá como título aquisitivo suficiente o mandado judicial respectivo.

Art. 141. Na alienação conjunta ou separada de ativos, inclusive da empresa ou de suas filiais, promovida sob qualquer das modalidades de que trata o art. 142:

► *Caput* com a redação dada pela Lei nº 14.112, de 24-12-2020.

I – todos os credores, observada a ordem de preferência definida no art. 83 desta Lei, sub-rogam-se no produto da realização do ativo;

II – o objeto da alienação estará livre de qualquer ônus e não haverá sucessão do arrematante nas obrigações do devedor, inclusive as de natureza tributária, as derivadas da legislação do trabalho e as decorrentes de acidentes de trabalho.

§ 1º O disposto no inciso II do *caput* deste artigo não se aplica quando o arrematante for:

I – sócio da sociedade falida, ou sociedade controlada pelo falido;

II – parente, em linha reta ou colateral até o 4º (quarto) grau, consanguíneo ou afim, do falido ou de sócio da sociedade falida; ou

III – identificado como agente do falido com o objetivo de fraudar a sucessão.

§ 2º Empregados do devedor contratados pelo arrematante serão admitidos mediante novos contratos de trabalho e o arrematante não responde por obrigações decorrentes do contrato anterior.

§ 3º A alienação nas modalidades de que trata o art. 142 desta Lei poderá ser realizada com compartilhamento de custos operacionais por 2 (duas) ou mais empresas em situação falimentar.

► § 3º acrescido pela Lei nº 14.112, de 24-12-2020.

Art. 142. A alienação de bens dar-se-á por uma das seguintes modalidades:

► *Caput* com a redação dada pela Lei nº 14.112, de 24-12-2020.

I – leilão eletrônico, presencial ou híbrido;

► Inciso I com a redação dada pela Lei nº 14.112, de 24-12-2020.

II e III – *Revogados.* Lei nº 14.112, de 24-12-2020;

IV – processo competitivo organizado promovido por agente especializado e de reputação ilibada, cujo procedimento deverá ser detalhado em relatório anexo ao plano de realização do ativo ou ao plano de recuperação judicial, conforme o caso;

V – qualquer outra modalidade, desde que aprovada nos termos desta Lei.

► Incisos IV e V acrescidos pela Lei nº 14.112, de 24-12-2020.

§§ 1º e 2º *Revogados.* Lei nº 14.112, de 24-12-2020.

§ 2º-A. A alienação de que trata o *caput* deste artigo:

I – dar-se-á independentemente de a conjuntura do mercado no momento da venda ser favorável ou desfavorável, dado o caráter forçado da venda;

II – independerá da consolidação do quadro-geral de credores;

III – poderá contar com serviços de terceiros como consultores, corretores e leiloeiros;

IV – deverá ocorrer no prazo máximo de 180 (cento e oitenta) dias, contado da data da lavratura do auto de arrecadação, no caso de falência;

V – não estará sujeita à aplicação do conceito de preço vil.

► § 2º acrescido pela Lei nº 14.112, de 24-12-2020.

§ 3º Ao leilão eletrônico, presencial ou híbrido aplicam-se, no que couber, as regras da Lei nº 13.105, de 16 de março de 2015 (Código de Processo Civil).

► § 3º com a redação dada pela Lei nº 14.112, de 24-12-2020.

§ 3º-A. A alienação por leilão eletrônico, presencial ou híbrido dar-se-á:

I – em primeira chamada, no mínimo pelo valor de avaliação do bem;

II – em segunda chamada, dentro de 15 (quinze) dias, contados da primeira chamada, por no mínimo 50% (cinquenta por cento) do valor de avaliação; e

III – em terceira chamada, dentro de 15 (quinze) dias, contados da segunda chamada, por qualquer preço.

§ 3º-B. A alienação prevista nos incisos IV e V do *caput* deste artigo, conforme disposições específicas desta Lei, observará o seguinte:

I – será aprovada pela assembleia-geral de credores;

II – decorrerá de disposição de plano de recuperação judicial aprovado; ou

III – deverá ser aprovada pelo juiz, considerada a manifestação do administrador judicial e do Comitê de Credores, se existente.

► §§ 3º-A e 3º-B acrescidos pela Lei nº 14.112, de 24-12-2020.

§§ 4º a 6º *Revogados.* Lei nº 14.112, de 24-12-2020.

§ 7º Em qualquer modalidade de alienação, o Ministério Público e as Fazendas Públicas serão intimados por meio eletrônico, nos termos da legislação vigente e respeitadas as respectivas prerrogativas funcionais, sob pena de nulidade.

► § 7º com a redação dada pela Lei nº 14.112, de 24-12-2020.

§ 8º Todas as formas de alienação de bens realizadas de acordo com esta Lei serão consideradas, para todos os fins e efeitos, alienações judiciais.

► § 8º acrescido dada pela Lei nº 14.112, de 24-12-2020.

Art. 143. Em qualquer das modalidades de alienação referidas no art. 142 desta Lei, poderão ser apresentadas impugnações por quaisquer credores, pelo devedor ou pelo Ministério Público, no prazo de 48 (quarenta e oito) horas da arrematação, hipótese em que os autos serão conclusos ao juiz, que, no prazo de 5 (cinco) dias, decidirá sobre as impugnações e, julgando-as improcedentes, ordenará a entrega dos bens ao arrematante, respeitadas as condições estabelecidas no edital.

§ 1º Impugnações baseadas no valor de venda do bem somente serão recebidas se acompanhadas de oferta firme do impugnante ou de terceiro para a aquisição do bem, respeitados os termos do edital, por valor presente superior ao valor de venda, e de depósito caucionário equivalente a 10% (dez por cento) do valor oferecido.

§ 2º A oferta de que trata o § 1º deste artigo vincula o impugnante e o terceiro ofertante como se arrematantes fossem.

§ 3º Se houver mais de uma impugnação baseada no valor de venda do bem, somente terá seguimento aquela que tiver o maior valor presente entre elas.

§ 4º A suscitação infundada de vício na alienação pelo impugnante será considerada ato atentatório à dignidade da justiça e sujeitará o suscitante à reparação dos prejuízos causados e às penas previstas na Lei nº 13.105, de 16 de março de 2015 (Código de Processo Civil), para comportamentos análogos.

► §§ 1º a 4º acrescidos pela Lei nº 14.112, de 24-12-2020.

Art. 144. Havendo motivos justificados, o juiz poderá autorizar, mediante requerimento fundamentado do administrador judicial ou do Comitê, modalidades de alienação judicial diversas das previstas no art. 142 desta Lei.

Art. 144-A. Frustrada a tentativa de venda dos bens da massa falida e não havendo proposta concreta dos credores para assumi-los, os bens poderão ser considerados sem valor de mercado e destinados à doação.

Parágrafo único. Se não houver interessados na doação referida no *caput* deste artigo, os bens serão devolvidos ao falido.

► Art. 144-A acrescido pela Lei nº 14.112, de 24-12-2020.

Art. 145. Por deliberação tomada nos termos do art. 42 desta Lei, os credores poderão adjudicar os bens alienados na falência ou adquiri-los por meio de constituição de sociedade, de fundo ou de outro veículo de investimento, com a participação, se necessária, dos atuais sócios do devedor ou de terceiros, ou mediante conversão de dívida em capital.

► *Caput* com a redação dada pela Lei nº 14.112, de 24-12-2020.

§ 1º Aplica-se irrestritamente o disposto no art. 141 desta Lei à transferência dos bens à sociedade, ao fundo ou ao veículo de investimento mencionados no *caput* deste artigo.

► § 1º com a redação dada pela Lei nº 14.112, de 24-12-2020.

§§ 2º e 3º *Revogados*. Lei nº 14.112, de 24-12-2020.

§ 4º Será considerada não escrita qualquer restrição convencional à venda ou à circulação das participações na sociedade, no fundo de investimento ou no veículo de investimento a que se refere o *caput* deste artigo.

► § 4º acrescido pela Lei nº 14.112, de 24-12-2020.

Art. 146. Em qualquer modalidade de realização do ativo adotada, fica a massa falida dispensada da apresentação de certidões negativas.

Art. 147. As quantias recebidas a qualquer título serão imediatamente depositadas em conta remunerada de instituição financeira, atendidos os requisitos da lei ou das normas de organização judiciária.

Art. 148. O administrador judicial fará constar do relatório de que trata a alínea *p* do inciso III do art. 22 os valores eventualmente recebidos no mês vencido, explicitando a forma de distribuição dos recursos entre os credores, observado o disposto no art. 149 desta Lei.

Seção XI
DO PAGAMENTO AOS CREDORES

Art. 149. Realizadas as restituições, pagos os créditos extraconcursais, na forma do art. 84 desta Lei, e consolidado o quadro geral de credores, as importâncias recebidas com a realização do ativo serão destinadas ao pagamento dos credores, atendendo à classificação prevista no art. 83 desta Lei, respeitados os demais dispositivos desta Lei e as decisões judiciais que determinam reserva de importâncias.

► Arts. 83 a 86, desta Lei.

§ 1º Havendo reserva de importâncias, os valores a ela relativos ficarão depositados até o julgamento definitivo do crédito e, no caso de não ser este finalmente reconhecido, no todo ou em parte, os recursos depositados serão objeto de rateio suplementar entre os credores remanescentes.

§ 2º Os credores que não procederem, no prazo fixado pelo juiz, ao levantamento dos valores que lhes couberam em rateio serão intimados a fazê-lo no prazo de 60 (sessenta) dias, após o qual os recursos serão objeto de rateio suplementar entre os credores remanescentes.

Art. 150. As despesas cujo pagamento antecipado seja indispensável à administração da falência, inclusive na hipótese de continuação provisória das atividades previstas no inciso XI do *caput* do art. 99 desta Lei, serão pagas pelo administrador judicial com os recursos disponíveis em caixa.

Art. 151. Os créditos trabalhistas de natureza estritamente salarial vencidos nos 3 (três) meses anteriores à decretação da falência, até o limite de 5 (cinco) salários mínimos por trabalhador, serão pagos tão logo haja disponibilidade em caixa.

Art. 152. Os credores restituirão em dobro as quantias recebidas, acrescidas dos juros legais, se ficar evidenciado dolo ou má-fé na constituição do crédito ou da garantia.

Art. 153. Pagos todos os credores, o saldo, se houver, será entregue ao falido.

Seção XII
DO ENCERRAMENTO DA FALÊNCIA E DA EXTINÇÃO DAS OBRIGAÇÕES DO FALIDO

Art. 154. Concluída a realização de todo o ativo, e distribuído o produto entre os credores, o administrador judicial apresentará suas contas ao juiz no prazo de 30 (trinta) dias.

§ 1º As contas, acompanhadas dos documentos comprobatórios, serão prestadas em autos apartados que, ao final, serão apensados aos autos da falência.

§ 2º O juiz ordenará a publicação de aviso de que as contas foram entregues e se encontram à disposição dos interessados, que poderão impugná-las no prazo de 10 (dez) dias.

§ 3º Decorrido o prazo do aviso e realizadas as diligências necessárias à apuração dos fatos, o juiz intimará o Ministério Público para manifestar-se no prazo de 5 (cinco) dias, findo o qual o administrador judicial será ouvido se houver impugnação ou parecer contrário do Ministério Público.

§ 4º Cumpridas as providências previstas nos §§ 2º e 3º deste artigo, o juiz julgará as contas por sentença.

§ 5º A sentença que rejeitar as contas do administrador judicial fixará suas responsabilidades, poderá determinar a indisponibilidade ou o sequestro de bens e servirá como título executivo para indenização da massa.

§ 6º Da sentença cabe apelação.

► Art. 1.009 do CPC.

Art. 155. Julgadas as contas do administrador judicial, ele apresentará o relatório final da falência no prazo de 10 (dez) dias, indicando o valor do ativo e o do produto de sua realização, o valor do passivo e o dos pagamentos feitos aos credores, e especificará justificadamente as responsabilidades com que continuará o falido.

Art. 156. Apresentado o relatório final, o juiz encerrará a falência por sentença e ordenará a intimação eletrônica às Fazendas Públicas federal e de todos os Estados, Distrito Federal e Municípios em que o devedor tiver estabelecimento e determinará a baixa da falida no Cadastro Nacional da Pessoa Jurídica (CNPJ), expedido pela Secretaria Especial da Receita Federal do Brasil.

► *Caput* com a redação dada pela Lei nº 14.112, de 24-12-2020.

► Súm. nº 147 do STF.

Parágrafo único. A sentença de encerramento será publicada por edital e dela caberá apelação.

► Art. 1.009 do CPC.

Art. 157. *Revogado*. Lei nº 14.112, de 24-12-2020.

Art. 158. Extingue as obrigações do falido:

I – o pagamento de todos os créditos;

II – o pagamento, após realizado todo o ativo, de mais de 25% (vinte e cinco por cento) dos créditos quirografários, facultado ao falido o depósito da quantia necessária para atingir a referida porcentagem se para isso não tiver sido suficiente a integral liquidação do ativo;

► Inciso II com a redação dada pela Lei nº 14.112, de 24-12-2020.

III e IV – *Revogados.* Lei nº 14.112, de 24-12-2020;

V – o decurso do prazo de 3 (três) anos, contado da decretação da falência, ressalvada a utilização dos bens arrecadados anteriormente, que serão destinados à liquidação para a satisfação dos credores habilitados ou com pedido de reserva realizado;

VI – o encerramento da falência nos termos dos arts. 114-A ou 156 desta Lei.

► Incisos V e VI acrescidos pela Lei nº 14.112, de 24-12-2020.

Art. 159. Configurada qualquer das hipóteses do art. 158 desta Lei, o falido poderá requerer ao juízo da falência que suas obrigações sejam declaradas extintas por sentença.

§ 1º A secretaria do juízo fará publicar imediatamente informação sobre a apresentação do requerimento a que se refere este artigo, e, no prazo comum de 5 (cinco) dias, qualquer credor, o administrador judicial e o Ministério Público poderão manifestar-se exclusivamente para apontar inconsistências formais e objetivas.

► § 1º com a redação dada pela Lei nº 14.112, de 24-12-2020.

§ 2º *Revogado.* Lei nº 14.112, de 24-12-2020.

§ 3º Findo o prazo, o juiz, em 15 (quinze) dias, proferirá sentença que declare extintas todas as obrigações do falido, inclusive as de natureza trabalhista.

► § 3º com a redação dada pela Lei nº 14.112, de 24-12-2020.

§ 4º A sentença que declarar extintas as obrigações será comunicada a todas as pessoas e entidades informadas da decretação da falência.

§ 5º Da sentença cabe apelação.

► Art. 1.009 do CPC.

§ 6º Após o trânsito em julgado, os autos serão apensados aos da falência.

Art. 159-A. A sentença que declarar extintas as obrigações do falido, nos termos do art. 159 desta Lei, somente poderá ser rescindida por ação rescisória, na forma prevista na Lei nº 13.105, de 16 de março de 2015 (Código de Processo Civil), a pedido de qualquer credor, caso se verifique que o falido tenha sonegado bens, direitos ou rendimentos de qualquer espécie anteriores à data do requerimento a que se refere o art. 159 desta Lei.

Parágrafo único. O direito à rescisão de que trata o *caput* deste artigo extinguir-se-á no prazo de 2 (dois) anos, contado da data do trânsito em julgado da sentença de que trata o art. 159 desta Lei.

► Art. 159-A acrescido pela Lei nº 14.112, de 24-12-2020.

Art. 160. Verificada a prescrição ou extintas as obrigações nos termos desta Lei, o sócio de responsabilidade ilimitada também poderá requerer que seja declarada por sentença a extinção de suas obrigações na falência.

CAPÍTULO VI

DA RECUPERAÇÃO EXTRAJUDICIAL

Art. 161. O devedor que preencher os requisitos do art. 48 desta Lei poderá propor e negociar com credores plano de recuperação extrajudicial.

§ 1º Estão sujeitos à recuperação extrajudicial todos os créditos existentes na data do pedido, exceto os créditos de natureza tributária e aqueles previstos no § 3º do art. 49 e no inciso II do *caput* do art. 86 desta Lei, e a sujeição dos créditos de natureza trabalhista e por acidentes de trabalho exige negociação coletiva com o sindicato da respectiva categoria profissional.

► § 1º com a redação dada pela Lei nº 14.112, de 24-12-2020.

§ 2º O plano não poderá contemplar o pagamento antecipado de dívidas nem tratamento desfavorável aos credores que a ele não estejam sujeitos.

§ 3º O devedor não poderá requerer a homologação de plano extrajudicial, se estiver pendente pedido de recuperação judicial ou se houver obtido recuperação judicial ou homologação de outro plano de recuperação extrajudicial há menos de 2 (dois) anos.

§ 4º O pedido de homologação do plano de recuperação extrajudicial não acarretará suspensão de direitos, ações ou execuções, nem a impossibilidade do pedido de decretação de falência pelos credores não sujeitos ao plano de recuperação extrajudicial.

§ 5º Após a distribuição do pedido de homologação, os credores não poderão desistir da adesão ao plano, salvo com a anuência expressa dos demais signatários.

§ 6º A sentença de homologação do plano de recuperação extrajudicial constituirá título executivo judicial, nos termos do art. 584, inciso III do *caput*, da Lei nº 5.869, de 11 de janeiro de 1973 – Código de Processo Civil.

► Art. 515 do CPC/2015.

Art. 162. O devedor poderá requerer a homologação em juízo do plano de recuperação extrajudicial, juntando sua justificativa e o documento que contenha seus termos e condições, com as assinaturas dos credores que a ele aderiram.

Art. 163. O devedor poderá também requerer a homologação de plano de recuperação extrajudicial que obriga todos os credores por ele abrangidos, desde que assinado por credores que representem mais da metade dos créditos de cada espécie abrangidos pelo plano de recuperação extrajudicial.

► *Caput* com a redação dada pela Lei nº 14.112, de 24-12-2020.

§ 1º O plano poderá abranger a totalidade de uma ou mais espécies de créditos previstos no art. 83, incisos II, IV, V, VI e VIII do *caput*, desta Lei, ou grupo de credores de mesma natureza e sujeito a semelhantes condições de pagamento, e, uma vez homologado, obriga a todos os credores das espécies por ele abrangidas, exclusivamente em relação aos créditos constituídos até a data do pedido de homologação.

§ 2º Não serão considerados para fins de apuração do percentual previsto no *caput* deste artigo os créditos não incluídos no plano de recuperação extrajudicial, os quais não poderão ter seu valor ou condições originais de pagamento alteradas.

§ 3º Para fins exclusivos de apuração do percentual previsto no *caput* deste artigo:

I – o crédito em moeda estrangeira será convertido para moeda nacional pelo câmbio da véspera da data de assinatura do plano; e

II – não serão computados os créditos detidos pelas pessoas relacionadas no art. 43 deste artigo.

§ 4º Na alienação de bem objeto de garantia real, a supressão da garantia ou sua substituição somente serão admitidas mediante a aprovação expressa do credor titular da respectiva garantia.

§ 5º Nos créditos em moeda estrangeira, a variação cambial só poderá ser afastada se o credor titular do respectivo crédito aprovar expressamente previsão diversa no plano de recuperação extrajudicial.

§ 6º Para a homologação do plano de que trata este artigo, além dos documentos previstos no *caput* do art. 162 desta Lei, o devedor deverá juntar:

I – exposição da situação patrimonial do devedor;

II – as demonstrações contábeis relativas ao último exercício social e as levantadas especialmente para instruir o pedido, na forma do inciso II do *caput* do art. 51 desta Lei; e

III – os documentos que comprovem os poderes dos subscritores para novar ou transigir, relação nominal completa dos credores, com a indicação do endereço de cada um, a natureza, a classificação e o valor atualizado do crédito, discriminando sua origem, o regime dos respectivos vencimentos e a indicação dos registros contábeis de cada transação pendente.

§ 7º O pedido previsto no *caput* deste artigo poderá ser apresentado com comprovação da anuência de credores que representem pelo menos 1/3 (um terço) de todos os créditos de cada espécie por ele abrangidos e com o compromisso de, no prazo improrrogável de 90 (noventa) dias, contado da data do pedido, atingir o quórum previsto no *caput* deste artigo, por meio de adesão expressa, facultada a conversão do procedimento em recuperação judicial a pedido do devedor.

§ 8º Aplica-se à recuperação extrajudicial, desde o respectivo pedido, a suspensão de que trata o art. 6º desta Lei, exclusivamente em relação às espécies de crédito por ele abrangidas, e somente deverá ser ratificada pelo juiz se comprovado o quórum inicial exigido pelo § 7º deste artigo.

► §§ 7º e 8º acrescidos pela Lei nº 14.112, de 24-12-2020.

Art. 164. Recebido o pedido de homologação do plano de recuperação extrajudicial previsto nos arts. 162 e 163 desta Lei, o juiz ordenará a publicação de edital eletrônico com vistas a convocar os credores do devedor para apresentação de suas impugnações ao plano de recuperação extrajudicial, observado o disposto no § 3º deste artigo.

► *Caput* com a redação dada pela Lei nº 14.112, de 24-12-2020.

§ 1º No prazo do edital, deverá o devedor comprovar o envio de carta a todos os credores sujeitos ao plano, domiciliados ou sediados no país, informando a distribuição do pedido, as condições do plano e prazo para impugnação.

§ 2º Os credores terão prazo de 30 (trinta) dias, contado da publicação do edital, para impugnarem o plano, juntando a prova de seu crédito.

§ 3º Para opor-se, em sua manifestação, à homologação do plano, os credores somente poderão alegar:

I – não preenchimento do percentual mínimo previsto no *caput* do art. 163 desta Lei;

II – prática de qualquer dos atos previstos no inciso III do art. 94 ou do art. 130 desta Lei, ou descumprimento de requisito previsto nesta Lei;

III – descumprimento de qualquer outra exigência legal.

§ 4º Sendo apresentada impugnação, será aberto prazo de 5 (cinco) dias para que o devedor sobre ela se manifeste.

§ 5º Decorrido o prazo do § 4º deste artigo, os autos serão conclusos imediatamente ao juiz para apreciação de eventuais impugnações e decidirá, no prazo de 5 (cinco) dias, acerca do plano de recuperação extrajudicial, homologando-o por sentença se entender que não implica prática de atos previstos no art. 130 desta Lei e que não há outras irregularidades que recomendem sua rejeição.

§ 6º Havendo prova de simulação de créditos ou vício de representação dos credores que subscreverem o plano, a sua homologação será indeferida.

§ 7º Da sentença cabe apelação sem efeito suspensivo.

§ 8º Na hipótese de não homologação do plano o devedor poderá, cumpridas as formalidades, apresentar novo pedido de homologação de plano de recuperação extrajudicial.

Art. 165. O plano de recuperação extrajudicial produz efeitos após sua homologação judicial.

§ 1º É lícito, contudo, que o plano estabeleça a produção de efeitos anteriores à homologação, desde que exclusivamente em relação à modificação do valor ou da forma de pagamento dos credores signatários.

§ 2º Na hipótese do § 1º deste artigo, caso o plano seja posteriormente rejeitado pelo juiz, devolve-se aos credores signatários o direito de exigir seus créditos nas condições originais, deduzidos os valores efetivamente pagos.

Art. 166. Se o plano de recuperação extrajudicial homologado envolver alienação judicial de filiais ou de unidades produtivas isoladas do devedor, o juiz ordenará a sua realização, observado, no que couber, o disposto no art. 142 desta Lei.

Art. 167. O disposto neste Capítulo não implica impossibilidade de realização de outras modalidades de acordo privado entre o devedor e seus credores.

CAPÍTULO VI-A

DA INSOLVÊNCIA TRANSNACIONAL

► Capítulo VI-A acrescido pela Lei nº 14.112, de 24-12-2020.

Seção I

DISPOSIÇÕES GERAIS

► Seção I acrescida pela Lei nº 14.112, de 24-12-2020.

Art. 167-A. Este Capítulo disciplina a insolvência transnacional, com o objetivo de proporcionar mecanismos efetivos para:

I – a cooperação entre juízes e outras autoridades competentes do Brasil e de outros países em casos de insolvência transnacional;

II – o aumento da segurança jurídica para a atividade econômica e para o investimento;

III – a administração justa e eficiente de processos de insolvência transnacional, de modo a proteger os interesses de todos os credores e dos demais interessados, inclusive do devedor;

IV – a proteção e a maximização do valor dos ativos do devedor;

V – a promoção da recuperação de empresas em crise econômico-financeira, com a proteção de investimentos e a preservação de empregos; e

VI – a promoção da liquidação dos ativos da empresa em crise econômico-financeira, com a preservação e a otimização da utilização produtiva dos bens, dos ativos e dos recursos produtivos da empresa, inclusive os intangíveis.

§ 1º Na interpretação das disposições deste Capítulo, deverão ser considerados o seu objetivo de cooperação internacional, a necessidade de uniformidade de sua aplicação e a observância da boa-fé.

§ 2º As medidas de assistência aos processos estrangeiros mencionadas neste Capítulo formam um rol meramente exemplificativo, de modo que outras medidas, ainda que previstas em leis distintas, solicitadas pelo representante estrangeiro, pela autoridade estrangeira ou pelo juízo brasileiro poderão ser deferidas pelo juiz competente ou promovidas diretamente pelo administrador judicial, com imediata comunicação nos autos.

§ 3º Em caso de conflito, as obrigações assumidas em tratados ou convenções internacionais em vigor no Brasil prevalecerão sobre as disposições deste Capítulo.

§ 4º O juiz somente poderá deixar de aplicar as disposições deste Capítulo se, no caso concreto, a sua aplicação configurar manifesta ofensa à ordem pública.

§ 5º O Ministério Público intervirá nos processos de que trata este Capítulo.

§ 6º Na aplicação das disposições deste Capítulo, será observada a competência do Superior Tribunal de Justiça prevista na alínea *i* do inciso I do *caput* do art. 105 da Constituição Federal, quando cabível.

Art. 167-B. Para os fins deste Capítulo, considera-se:

I – processo estrangeiro: qualquer processo judicial ou administrativo, de cunho coletivo, inclusive de natureza cautelar, aberto em outro país de acordo com disposições relativas à insolvência nele vigentes, em que os bens e as atividades de um devedor estejam sujeitos a uma autoridade estrangeira, para fins de reorganização ou liquidação;

II – processo estrangeiro principal: qualquer processo estrangeiro aberto no país em que o devedor tenha o centro de seus interesses principais;

III – processo estrangeiro não principal: qualquer processo estrangeiro que não seja um processo estrangeiro principal, aberto em um país em que o devedor tenha estabelecimento ou bens;

IV – representante estrangeiro: pessoa ou órgão, inclusive o nomeado em caráter transitório, que esteja autorizado, no processo estrangeiro, a administrar os bens ou as atividades do devedor, ou a atuar como representante do processo estrangeiro;

V – autoridade estrangeira: juiz ou autoridade administrativa que dirija ou supervisione um processo estrangeiro; e

VI – estabelecimento: qualquer local de operações em que o devedor desenvolva uma atividade econômica não transitória com o emprego de recursos humanos e de bens ou serviços.'

Art. 167-C. As disposições deste Capítulo aplicam-se aos casos em que:

I – autoridade estrangeira ou representante estrangeiro solicita assistência no Brasil para um processo estrangeiro;

II – assistência relacionada a um processo disciplinado por esta Lei é pleiteada em um país estrangeiro;

III – processo estrangeiro e processo disciplinado por esta Lei relativos ao mesmo devedor estão em curso simultaneamente; ou

IV – credores ou outras partes interessadas, de outro país, têm interesse em requerer a abertura de um processo disciplinado por esta Lei, ou dele participar.

Art. 167-D. O juízo do local do principal estabelecimento do devedor no Brasil é o competente para o reconhecimento de processo estrangeiro e para a cooperação com a autoridade estrangeira nos termos deste Capítulo.

§ 1º A distribuição do pedido de reconhecimento do processo estrangeiro previne a jurisdição para qualquer pedido de recuperação judicial, de recuperação extrajudicial ou de falência relativo ao devedor.

§ 2º A distribuição do pedido de recuperação judicial, de recuperação extrajudicial ou de falência previne a jurisdição para qualquer pedido de reconhecimento de processo estrangeiro relativo ao devedor.

Art. 167-E. São autorizados a atuar em outros países, independentemente de decisão judicial, na qualidade de representante do processo brasileiro, desde que essa providência seja permitida pela lei do país em que tramitem os processos estrangeiros:

I – o devedor, na recuperação judicial e na recuperação extrajudicial;

II – o administrador judicial, na falência.

§ 1º Na hipótese de que trata o inciso II do *caput* deste artigo, poderá o juiz, em caso de omissão do administrador judicial, autorizar terceiro para a atuação prevista no *caput* deste artigo.

§ 2º A pedido de qualquer dos autorizados, o juízo mandará certificar a condição de representante do processo brasileiro.

► Arts. 167-A a 167-E acrescidos pela Lei nº 14.112, de 24-12-2020.

Seção II
DO ACESSO À JURISDIÇÃO BRASILEIRA

► Seção II acrescida pela Lei nº 14.112, de 24-12-2020.

Art. 167-F. O representante estrangeiro está legitimado a postular diretamente ao juiz brasileiro, nos termos deste Capítulo.

§ 1º O pedido feito ao juiz brasileiro não sujeita o representante estrangeiro nem o devedor, seus bens e suas atividades à jurisdição brasileira, exceto no que diz respeito aos estritos limites do pedido.

§ 2º Reconhecido o processo estrangeiro, o representante estrangeiro está autorizado a:

I – ajuizar pedido de falência do devedor, desde que presentes os requisitos para isso, de acordo com esta Lei;

II – participar do processo de recuperação judicial, de recuperação extrajudicial ou de falência do mesmo devedor, em curso no Brasil;

III – intervir em qualquer processo em que o devedor seja parte, atendidas as exigências do direito brasileiro.

Art. 167-G. Os credores estrangeiros têm os mesmos direitos conferidos aos credores nacionais nos processos de recuperação judicial, de recuperação extrajudicial ou de falência.

§ 1º Os credores estrangeiros receberão o mesmo tratamento dos credores nacionais, respeitada a ordem de classificação dos créditos prevista nesta Lei, e não serão discriminados em razão de sua nacionalidade ou da localização de sua sede, estabelecimento, residência ou domicílio, respeitado o seguinte:

I – os créditos estrangeiros de natureza tributária e previdenciária, bem como as penas pecuniárias por infração de leis penais ou administrativas, inclusive as multas tributárias devidas a Estados estrangeiros, não serão considerados nos processos de recuperação judicial e serão classificados como créditos subordinados nos processos de falência, independentemente de sua classificação nos países em que foram constituídos;

II – o crédito do representante estrangeiro será equiparado ao do administrador judicial nos casos em que fizer jus a remuneração, exceto quando for o próprio devedor ou seu representante;

III – os créditos que não tiverem correspondência com a classificação prevista nesta Lei serão classificados como quirografários, independentemente da classificação atribuída pela lei do país em que foram constituídos.

§ 2º O juiz deve determinar as medidas apropriadas, no caso concreto, para que os credores que não tiverem domicílio ou estabelecimento no Brasil tenham acesso às notificações e às informações dos processos de recuperação judicial, de recuperação extrajudicial ou de falência.

§ 3º As notificações e as informações aos credores que não tiverem domicílio ou estabelecimento no Brasil serão realizadas por qualquer meio considerado adequado pelo juiz, dispensada a expedição de carta rogatória para essa finalidade.

§ 4º A comunicação do início de um processo de recuperação judicial ou de falência para credores estrangeiros deverá conter as informações sobre providências necessárias para que o credor possa fazer valer seu direito, inclusive quanto ao prazo para apresentação de habilitação ou de divergência e à necessidade de os credores garantidos habilitarem seus créditos.

§ 5º O juiz brasileiro deverá expedir os ofícios e os mandados necessários ao Banco Central do Brasil para permitir a remessa ao exterior dos valores recebidos por credores domiciliados no estrangeiro.

► Arts. 167-F e 167-G acrescidos pela Lei nº 14.112, de 24-12-2020.

Seção III

DO RECONHECIMENTO DE PROCESSOS ESTRANGEIROS

► Seção III acrescida pela Lei nº 14.112, de 24-12-2020.

Art. 167-H. O representante estrangeiro pode ajuizar, perante o juiz, pedido de reconhecimento do processo estrangeiro em que atua.

§ 1º O pedido de reconhecimento do processo estrangeiro deve ser acompanhado dos seguintes documentos:

I – cópia apostilada da decisão que determine a abertura do processo estrangeiro e nomeie o representante estrangeiro;

II – certidão apostilada expedida pela autoridade estrangeira que ateste a existência do processo estrangeiro e a nomeação do representante estrangeiro; ou

III – qualquer outro documento emitido por autoridade estrangeira que permita ao juiz atingir plena convicção da existência do processo estrangeiro e da identificação do representante estrangeiro.

§ 2º O pedido de reconhecimento do processo estrangeiro deve ser acompanhado por uma relação de todos os processos estrangeiros relativos ao devedor que sejam de conhecimento do representante estrangeiro.

§ 3º Os documentos redigidos em língua estrangeira devem estar acompanhados de tradução oficial para a língua portuguesa, salvo quando, sem prejuízo aos credores, for expressamente dispensada pelo juiz e substituída por tradução simples para a língua portuguesa, declarada fiel e autêntica pelo próprio advogado, sob sua responsabilidade pessoal.

Art. 167-I. Independentemente de outras medidas, o juiz poderá reconhecer:

I – a existência do processo estrangeiro e a identificação do representante estrangeiro, a partir da decisão ou da certidão referidas no § 1º do art. 167-H desta Lei que os indicarem como tal;

II – a autenticidade de todos ou de alguns documentos juntados com o pedido de reconhecimento do processo estrangeiro, mesmo que não tenham sido apostilados;

III – o país onde se localiza o domicílio do devedor, no caso dos empresários individuais, ou o país da sede estatutária do devedor, no caso das sociedades, como seu centro de interesses principais, salvo prova em contrário.

Art. 167-J. Ressalvado o disposto no § 4º do art. 167-A desta Lei, o juiz reconhecerá o processo estrangeiro quando:

I – o processo enquadrar-se na definição constante do inciso I do *caput* do art. 167-B desta Lei;

II – o representante que tiver requerido o reconhecimento do processo enquadrar-se na definição de representante estrangeiro constante do inciso IV do *caput* do art. 167-B desta Lei;

III – o pedido cumprir os requisitos estabelecidos no art. 167-H desta Lei; e

IV – o pedido tiver sido endereçado ao juiz, conforme o disposto no art. 167-D desta Lei.

§ 1º Satisfeitos os requisitos previstos no *caput* deste artigo, o processo estrangeiro deve ser reconhecido como:

I – processo estrangeiro principal, caso tenha sido aberto no local em que o devedor tenha o seu centro de interesses principais; ou

II – processo estrangeiro não principal, caso tenha sido aberto em local em que o devedor tenha bens ou estabelecimento, na forma definida no inciso VI do *caput* do art. 167-B desta Lei.

§ 2º Não obstante o previsto nos incisos I e II do § 1º deste artigo, o processo estrangeiro será reconhecido como processo estrangeiro não principal se o centro de interesses principais do devedor tiver sido transferido ou de outra forma manipulado com o objetivo de transferir para outro Estado a competência jurisdicional para abertura do processo.

§ 3º A decisão de reconhecimento do processo estrangeiro poderá ser modificada ou revogada, a qualquer momento, a pedido de qualquer parte interessada, se houver elementos que comprovem que os requisitos para o reconhecimento foram descumpridos, total ou parcialmente, ou deixaram de existir.

§ 4º Da decisão que acolher o pedido de reconhecimento caberá agravo, e da sentença que o julgar improcedente caberá apelação.

Art. 167-K. Após o pedido de reconhecimento do processo estrangeiro, o representante estrangeiro deverá imediatamente informar ao juiz:

I – qualquer modificação significativa no estado do processo estrangeiro reconhecido ou no estado de sua nomeação como representante estrangeiro;

II – qualquer outro processo estrangeiro relativo ao mesmo devedor de que venha a ter conhecimento.

Art. 167-L. Após o ajuizamento do pedido de reconhecimento do processo estrangeiro, e antes de sua decisão, o juiz poderá conceder liminarmente as medidas de tutela provisória, fundadas em urgência ou evidência, necessárias para o cumprimento desta Lei, para a proteção da massa falida ou para a eficiência da administração.

§ 1º Salvo no caso do disposto no inciso IV do *caput* do art. 167-N desta Lei, as medidas de natureza provisória encerram-se com a decisão sobre o pedido de reconhecimento.

§ 2º O juiz poderá recusar-se a conceder as medidas de assistência provisória que possam interferir na administração do processo estrangeiro principal.

Art. 167-M. Com o reconhecimento de processo estrangeiro principal, decorrem automaticamente:

I – a suspensão do curso de quaisquer processos de execução ou de quaisquer outras medidas individualmente tomadas por credores relativas ao patrimônio do devedor, respeitadas as demais disposições desta Lei;

II – a suspensão do curso da prescrição de quaisquer execuções judiciais contra o devedor, respeitadas as demais disposições desta Lei;

III – a ineficácia de transferência, de oneração ou de qualquer forma de disposição de bens do ativo não circulante do devedor realizadas sem prévia autorização judicial.

§ 1º A extensão, a modificação ou a cessação dos efeitos previstos nos incisos I, II e III do *caput* deste artigo subordinam-se ao disposto nesta Lei.

§ 2º Os credores conservam o direito de ajuizar quaisquer processos judiciais e arbitrais, e de neles prosseguir, que visem à condenação do devedor ou ao reconhecimento ou à liquidação de seus créditos, e, em qualquer caso, as medidas executórias deverão permanecer suspensas.

§ 3º As medidas previstas neste artigo não afetam os credores que não estejam sujeitos aos processos de recuperação judicial, de recuperação extrajudicial ou de falência, salvo nos limites permitidos por esta Lei.

Art. 167-N. Com a decisão de reconhecimento do processo estrangeiro, tanto principal como não principal, o juiz poderá determinar, a pedido do representante estrangeiro e desde que necessárias para a proteção dos bens do devedor e no interesse dos credores, entre outras, as seguintes medidas:

I – a ineficácia de transferência, de oneração ou de qualquer forma de disposição de bens do ativo não circulante do devedor realizadas sem prévia autorização judicial, caso não tenham decorrido automaticamente do reconhecimento previsto no art. 167-M desta Lei;

II – a oitiva de testemunhas, a colheita de provas ou o fornecimento de informações relativas a bens, a direitos, a obrigações, à responsabilidade e à atividade do devedor;

III – a autorização do representante estrangeiro ou de outra pessoa para administrar e/ou realizar o ativo do devedor, no todo ou em parte, localizado no Brasil;

IV – a conversão, em definitiva, de qualquer medida de assistência provisória concedida anteriormente;

V – a concessão de qualquer outra medida que seja necessária.

§ 1º Com o reconhecimento do processo estrangeiro, tanto principal como não principal, o juiz poderá, a requerimento do representante estrangeiro, autorizá-lo, ou outra pessoa nomeada por aquele, a promover a destinação do ativo do devedor, no todo ou em parte, localizado no Brasil, desde que os interesses dos credores domiciliados ou estabelecidos no Brasil estejam adequadamente protegidos.

§ 2º Ao conceder medida de assistência prevista neste artigo requerida pelo representante estrangeiro de um processo estrangeiro não principal, o juiz deverá certificar-se de que as medidas para efetivá-la se referem a bens que, de acordo com o direito brasileiro, devam ser submetidos à disciplina aplicável ao processo estrangeiro não principal, ou certificar-se de que elas digam respeito a informações nele exigidas.

Art. 167-O. Ao conceder ou denegar uma das medidas previstas nos arts. 167-L e 167-N desta Lei, bem como ao modificá-las ou revogá-las nos termos do § 2º deste artigo, o juiz deverá certificar-se de que o interesse dos credores, do devedor e de terceiros interessados será adequadamente protegido.

§ 1º O juiz poderá condicionar a concessão das medidas previstas nos arts. 167-L e 167-N desta Lei ao atendimento de condições que considerar apropriadas.

§ 2º A pedido de qualquer interessado, do representante estrangeiro ou de ofício, o juiz poderá modificar ou revogar, a qualquer momento, medidas concedidas com fundamento nos arts. 167-L e 167-N desta Lei.

§ 3º Com o reconhecimento do processo estrangeiro, tanto principal quanto não principal, o representante estrangeiro poderá ajuizar medidas com o objetivo de tornar ineficazes quaisquer atos realizados, nos termos dos arts. 129 e 130, observado ainda o disposto no art. 131, todos desta Lei.

§ 4º No caso de processo estrangeiro não principal, a ineficácia referida no § 3º deste artigo dependerá da verificação, pelo juiz, de que, de acordo com a lei brasileira, os bens devam ser submetidos à disciplina aplicável ao processo estrangeiro não principal.

▸ Arts. 167-H a 167-O acrescidos pela Lei nº 14.112, de 24-12-2020.

Seção IV
DA COOPERAÇÃO COM AUTORIDADES E REPRESENTANTES ESTRANGEIROS

▸ Seção IV acrescida pela Lei nº 14.112, de 24-12-2020.

Art. 167-P. O juiz deverá cooperar diretamente ou por meio do administrador judicial, na máxima extensão possível, com a autoridade estrangeira ou com representantes estrangeiros, na persecução dos objetivos estabelecidos no art. 167-A desta Lei.

§ 1º O juiz poderá comunicar-se diretamente com autoridades estrangeiras ou com representantes estrangeiros, ou deles solicitar informação e assistência, sem a necessidade de expedição de cartas rogatórias, de procedimento de auxílio direto ou de outras formalidades semelhantes.

§ 2º O administrador judicial, no exercício de suas funções e sob a supervisão do juiz, deverá cooperar, na máxima extensão possível, com a autoridade estrangeira ou com representantes estrangeiros, na persecução dos objetivos estabelecidos no art. 167-A desta Lei.

§ 3º O administrador judicial, no exercício de suas funções, poderá comunicar-se com as autoridades estrangeiras ou com os representantes estrangeiros.

Art. 167-Q. A cooperação a que se refere o art. 167-P desta Lei poderá ser implementada por quaisquer meios, inclusive pela:

I – nomeação de uma pessoa, natural ou jurídica, para agir sob a supervisão do juiz;

II – comunicação de informações por quaisquer meios considerados apropriados pelo juiz;

III – coordenação da administração e da supervisão dos bens e das atividades do devedor;

IV – aprovação ou implementação, pelo juiz, de acordos ou de protocolos de cooperação para a coordenação dos processos judiciais; e

V – coordenação de processos concorrentes relativos ao mesmo devedor.

▸ Arts. 167-P e 167-Q acrescidos pela Lei nº 14.112, de 24-12-2020.

Seção V
DOS PROCESSOS CONCORRENTES

▸ Seção V acrescida pela Lei nº 14.112, de 24-12-2020.

Art. 167-R. Após o reconhecimento de um processo estrangeiro principal, somente se iniciará no Brasil um processo de recuperação judicial, de recuperação extrajudicial ou de falência se o devedor possuir bens ou estabelecimento no País.

Parágrafo único. Os efeitos do processo ajuizado no Brasil devem restringir-se aos bens e ao estabelecimento do devedor localizados no Brasil e podem estender-se a outros, desde que esta medida seja necessária para a cooperação e a coordenação com o processo estrangeiro principal.

Art. 167-S. Sempre que um processo estrangeiro e um processo de recuperação judicial, de recuperação extrajudicial ou de falência relativos ao mesmo devedor estiverem em curso simultaneamente, o juiz deverá buscar a cooperação e a coordenação entre eles, respeitadas as seguintes disposições:

I – se o processo no Brasil já estiver em curso quando o pedido de reconhecimento do processo estrangeiro tiver sido ajuizado, qualquer medida de assistência determinada pelo juiz nos termos dos arts. 167-L ou 167-N desta Lei deve ser compatível com o processo brasileiro, e o previsto no art. 167-M desta Lei não será aplicável se o processo estrangeiro for reconhecido como principal;

II – se o processo no Brasil for ajuizado após o reconhecimento do processo estrangeiro ou após o ajuizamento do pedido de seu reconhecimento, todas as medidas de assistência concedidas nos termos dos arts. 167-L ou 167-N desta Lei deverão ser revistas pelo juiz e modificadas ou revogadas se forem incompatíveis com o processo no Brasil e, quando o processo estrangeiro for reconhecido como principal, os efeitos referidos nos incisos I, II e III do *caput* do art. 167-M serão modificados ou cessados, nos termos do § 1º do art. 167-M desta Lei, se incompatíveis com os demais dispositivos desta Lei;

III – qualquer medida de assistência a um processo estrangeiro não principal deverá restringir-se a bens e a estabelecimento que, de acordo com o ordenamento jurídico brasileiro, devam ser submetidos à disciplina aplicável ao processo estrangeiro não principal, ou a informações nele exigidas.

Art. 167-T. Na hipótese de haver mais de um processo estrangeiro relativo ao mesmo devedor, o juiz deverá buscar a cooperação e a coordenação de acordo com as disposições dos arts. 167-P e 167-Q desta Lei, bem como observar o seguinte:

I – qualquer medida concedida ao representante de um processo estrangeiro não principal após o reconhecimento de um processo estrangeiro principal deve ser compatível com este último;

II – se um processo estrangeiro principal for reconhecido após o reconhecimento ou o pedido de reconhecimento de um processo estrangeiro não principal, qualquer medida concedida nos termos dos arts. 167-L ou 167-N desta Lei deverá ser revista pelo juiz, que a modificará ou a revogará se for incompatível com o processo estrangeiro principal;

III – se, após o reconhecimento de um processo estrangeiro não principal, outro processo estrangeiro não principal for reconhecido, o juiz poderá, com a finalidade de facilitar a coordenação dos processos, conceder, modificar ou revogar qualquer medida antes concedida.

Art. 167-U. Na ausência de prova em contrário, presume-se a insolvência do devedor cujo processo estrangeiro principal tenha sido reconhecido no Brasil.

Parágrafo único. O representante estrangeiro, o devedor ou os credores podem requerer a falência do devedor cujo processo estrangeiro principal tenha sido reconhecido no Brasil, atendidos os pressupostos previstos nesta Lei.

Art. 167-V. O juízo falimentar responsável por processo estrangeiro não principal deve prestar ao juízo principal as seguintes informações, entre outras:

I – valor dos bens arrecadados e do passivo;

II – valor dos créditos admitidos e sua classificação;

III – classificação, segundo a lei nacional, dos credores não domiciliados ou sediados nos países titulares de créditos sujeitos à lei estrangeira;

IV – relação de ações judiciais em curso de que seja parte o falido, como autor, réu ou interessado;

V – ocorrência do término da liquidação e o saldo, credor ou devedor, bem como eventual ativo remanescente.

Art. 167-W. No processo falimentar transnacional, principal ou não principal, nenhum ativo, bem ou recurso remanescente da liquidação será entregue ao falido se ainda houver passivo não satisfeito em qualquer outro processo falimentar transnacional.

Art. 167-X. O processo de falência transnacional principal somente poderá ser finalizado após o encerramento dos processos não principais ou após a constatação de que, nesses últimos, não haja ativo líquido remanescente.

Art. 167-Y. Sem prejuízo dos direitos sobre bens ou decorrentes de garantias reais, o credor que tiver recebido pagamento parcial de seu crédito em processo de insolvência no exterior não poderá ser pago pelo mesmo crédito em processo no Brasil referente ao mesmo devedor enquanto os pagamentos aos credores da mesma classe forem proporcionalmente inferiores ao valor já recebido no exterior.

► Arts. 167-R a 167-Y acrescidos pela Lei nº 14.112, de 24-12-2020.

CAPÍTULO VII
DISPOSIÇÕES PENAIS

Seção I
DOS CRIMES EM ESPÉCIE

Fraude a Credores

Art. 168. Praticar, antes ou depois da sentença que decretar a falência, conceder a recuperação judicial ou homologar a recuperação extrajudicial, ato fraudulento de que resulte ou possa resultar prejuízo aos credores, com o fim de obter ou assegurar vantagem indevida para si ou para outrem.

Pena – reclusão, de 3 (três) a 6 (seis) anos, e multa.

Aumento da pena

§ 1º A pena aumenta-se de 1/6 (um sexto) a 1/3 (um terço), se o agente:

I – elabora escrituração contábil ou balanço com dados inexatos;

II – omite, na escrituração contábil ou no balanço, lançamento que deles deveria constar, ou altera escrituração ou balanço verdadeiros;

III – destrói, apaga ou corrompe dados contábeis ou negociais armazenados em computador ou sistema informatizado;

IV – simula a composição do capital social;

V – destrói, oculta ou inutiliza, total ou parcialmente, os documentos de escrituração contábil obrigatórios.

Contabilidade paralela e distribuição de lucros ou dividendos a sócios e acionistas até a aprovação do plano de recuperação judicial

► Título renomeado pela Lei nº 14.112, de 24-12-2020.

§ 2º A pena é aumentada de 1/3 (um terço) até metade se o devedor manteve ou movimentou recursos ou valores paralelamente à contabilidade exigida pela legislação, inclusive na hipótese de violação do disposto no art. 6º-A desta Lei."

► § 2º com a redação dada pela Lei nº 14.112, de 24-12-2020.

Concurso de pessoas

§ 3º Nas mesmas penas incidem os contadores, técnicos contábeis, auditores e outros profissionais que, de qualquer modo, concorrerem para as condutas criminosas descritas neste artigo, na medida de sua culpabilidade.

Redução ou substituição da pena

§ 4º Tratando-se de falência de microempresa ou de empresa de pequeno porte, e não se constatando prática habitual de condutas fraudulentas por parte do falido, poderá o juiz reduzir a pena de reclusão de 1/3 (um terço) a 2/3 (dois terços) ou substituí-la pelas penas restritivas de direitos, pelas de perda de bens e valores ou pelas de prestação de serviços à comunidade ou a entidades públicas.

Violação de sigilo empresarial

Art. 169. Violar, explorar ou divulgar, sem justa causa, sigilo empresarial ou dados confidenciais sobre operações ou serviços, contribuindo para a condução do devedor a estado de inviabilidade econômica ou financeira:

Pena – reclusão, de 2 (dois) a 4 (quatro) anos, e multa.

Divulgação de informações falsas

Art. 170. Divulgar ou propalar, por qualquer meio, informação falsa sobre devedor em recuperação judicial, com o fim de levá-lo à falência ou de obter vantagem:

Pena – reclusão, de 2 (dois) a 4 (quatro) anos, e multa.

Indução a erro

Art. 171. Sonegar ou omitir informações ou prestar informações falsas no processo de falência, de recuperação judicial ou de recuperação extrajudicial, com o fim de induzir a erro o juiz, o Ministério Público, os credores, a assembleia-geral de credores, o Comitê ou o administrador judicial:

Pena – reclusão, de 2 (dois) a 4 (quatro) anos, e multa.

Favorecimento de credores

Art. 172. Praticar, antes ou depois da sentença que decretar a falência, conceder a recuperação judicial ou homologar plano de recuperação extrajudicial, ato de disposição ou oneração patrimonial ou gerador de obrigação, destinado a favorecer um ou mais credores em prejuízo dos demais:

Pena – reclusão, de 2 (dois) a 5 (cinco) anos, e multa.

Parágrafo único. Nas mesmas penas incorre o credor que, em conluio, possa beneficiar-se de ato previsto no *caput* deste artigo.

Desvio, ocultação ou apropriação de bens

Art. 173. Apropriar-se, desviar ou ocultar bens pertencentes ao devedor sob recuperação judicial ou à massa falida, inclusive por meio da aquisição por interposta pessoa:

Pena – reclusão, de 2 (dois) a 4 (quatro) anos, e multa.

Aquisição, recebimento ou uso ilegal de bens

Art. 174. Adquirir, receber, usar, ilicitamente, bem que sabe pertencer à massa falida ou influir para que terceiro, de boa-fé, o adquira, receba ou use:

Pena – reclusão, de 2 (dois) a 4 (quatro) anos, e multa.

Habilitação ilegal de crédito

Art. 175. Apresentar, em falência, recuperação judicial ou recuperação extrajudicial, relação de créditos, habilitação de créditos ou reclamação falsas, ou juntar a elas título falso ou simulado:

Pena – reclusão, de 2 (dois) a 4 (quatro) anos, e multa.

Exercício ilegal de atividade

Art. 176. Exercer atividade para a qual foi inabilitado ou incapacitado por decisão judicial, nos termos desta Lei:

Pena – reclusão, de 1 (um) a 4 (quatro) anos, e multa.

Violação de impedimento

Art. 177. Adquirir o juiz, o representante do Ministério Público, o administrador judicial, o gestor judicial, o perito, o avaliador, o escrivão, o oficial de justiça ou o leiloeiro, por si ou por interposta pessoa, bens de massa falida ou de devedor em recuperação judicial, ou, em relação a estes, entrar em alguma especulação de lucro, quando tenham atuado nos respectivos processos:

Pena – reclusão, de 2 (dois) a 4 (quatro) anos, e multa.

Omissão dos documentos contábeis obrigatórios

Art. 178. Deixar de elaborar, escriturar ou autenticar, antes ou depois da sentença que decretar a falência, conceder a recuperação judicial ou homologar o plano de recuperação extrajudicial, os documentos de escrituração contábil obrigatórios:

Pena – detenção, de 1 (um) a 2 (dois) anos, e multa, se o fato não constitui crime mais grave.

SEÇÃO II
DISPOSIÇÕES COMUNS

Art. 179. Na falência, na recuperação judicial e na recuperação extrajudicial de sociedades, os seus sócios, diretores, gerentes, administradores e conselheiros, de fato ou de direito, bem como o administrador judicial, equiparam-se ao devedor ou falido para todos os efeitos penais decorrentes desta Lei, na medida de sua culpabilidade.

Art. 180. A sentença que decreta a falência, concede a recuperação judicial ou concede a recuperação extrajudicial de que trata o art. 163 desta Lei é condição objetiva de punibilidade das infrações penais descritas nesta Lei.

Art. 181. São efeitos da condenação por crime previsto nesta Lei:

I – a inabilitação para o exercício de atividade empresarial;

II – o impedimento para o exercício de cargo ou função em conselho de administração, diretoria ou gerência das sociedades sujeitas a esta Lei;

III – a impossibilidade de gerir empresa por mandato ou por gestão de negócio.

§ 1º Os efeitos de que trata este artigo não são automáticos, devendo ser motivadamente declarados na sentença, e perdurarão até 5 (cinco) anos após a extinção da punibilidade, podendo, contudo, cessar antes pela reabilitação penal.

§ 2º Transitada em julgado a sentença penal condenatória, será notificado o Registro Público de Empresas para que tome as medidas necessárias para impedir novo registro em nome dos inabilitados.

Art. 182. A prescrição dos crimes previstos nesta Lei reger-se-á pelas disposições do Decreto-Lei nº 2.848, de 7 de dezembro de 1940 – Código Penal, começando a correr do dia da decretação da falência, da concessão da recuperação judicial ou da homologação do plano de recuperação extrajudicial.

Parágrafo único. A decretação da falência do devedor interrompe a prescrição cuja contagem tenha iniciado com a concessão da recuperação judicial ou com a homologação do plano de recuperação extrajudicial.

SEÇÃO III
DO PROCEDIMENTO PENAL

Art. 183. Compete ao juiz criminal da jurisdição onde tenha sido decretada a falência, concedida a recuperação judicial ou homologado o plano de recuperação extrajudicial, conhecer da ação penal pelos crimes previstos nesta Lei.

Art. 184. Os crimes previstos nesta Lei são de ação penal pública incondicionada.

Parágrafo único. Decorrido o prazo a que se refere o art. 187, § 1º, sem que o representante do Ministério Público ofereça denúncia, qualquer credor habilitado ou o administrador judicial poderá oferecer ação penal privada subsidiária da pública, observado o prazo decadencial de 6 (seis) meses.

Art. 185. Recebida a denúncia ou a queixa, observar-se-á o rito previsto nos arts. 531 a 540 do Decreto-Lei nº 3.689, de 3 de outubro de 1941 – Código de Processo Penal.

Art. 186. No relatório previsto na alínea *e* do inciso III do *caput* do art. 22 desta Lei, o administrador judicial apresentará ao juiz da falência exposição circunstanciada, considerando as causas da falência, o procedimento do devedor, antes e depois da sentença, e outras informações detalhadas a respeito da conduta do devedor e de outros responsáveis, se houver, por atos que possam constituir crime relacionado com a recuperação judicial ou com a falência, ou outro delito conexo a estes.

Parágrafo único. A exposição circunstanciada será instruída com laudo do contador encarregado do exame da escrituração do devedor.

Art. 187. Intimado da sentença que decreta a falência ou concede a recuperação judicial, o Ministério Público, verificando a ocorrência de qualquer crime previsto nesta Lei, promoverá imediatamente a competente ação penal ou, se entender necessário, requisitará a abertura de inquérito policial.

§ 1º O prazo para oferecimento da denúncia regula-se pelo art. 46 do Decreto-Lei nº 3.689, de 3 de outubro de 1941 – Código de Processo Penal, salvo se o Ministério Público, estando o réu solto ou afiançado, decidir aguardar a apresentação da exposição circunstanciada de que trata o art. 186 desta Lei, devendo, em seguida, oferecer a denúncia em 15 (quinze) dias.

§ 2º Em qualquer fase processual, surgindo indícios da prática dos crimes previstos nesta Lei, o juiz da falência ou da recuperação judicial ou da recuperação extrajudicial cientificará o Ministério Público.

Art. 188. Aplicam-se subsidiariamente as disposições do Código de Processo Penal, no que não forem incompatíveis com esta Lei.

CAPÍTULO VIII

DISPOSIÇÕES FINAIS E TRANSITÓRIAS

Art. 189. Aplica-se, no que couber, aos procedimentos previstos nesta Lei, o disposto na Lei nº 13.105, de 16 de março de 2015 (Código de Processo Civil), desde que não seja incompatível com os princípios desta Lei.

► *Caput* com a redação dada pela Lei nº 14.112, de 24-12-2020.

§ 1º Para os fins do disposto nesta Lei:

I – todos os prazos nela previstos ou que dela decorram serão contados em dias corridos; e

II – as decisões proferidas nos processos a que se refere esta Lei serão passíveis de agravo de instrumento, exceto nas hipóteses em que esta Lei previr de forma diversa.

§ 2º Para os fins do disposto no art. 190 da Lei nº 13.105, de 16 de março de 2015 (Código de Processo Civil), a manifestação de vontade do devedor será expressa e a dos credores será obtida por maioria, na forma prevista no art. 42 desta Lei.

► §§ 1º e 2º acrescidos pela Lei nº 14.112, de 24-12-2020.

Art. 189-A. Os processos disciplinados nesta Lei e os respectivos recursos, bem como os processos, os procedimentos e a execução dos atos e das diligências judiciais em que figure como parte empresário individual ou sociedade empresária em regime de recuperação judicial ou extrajudicial ou de falência terão prioridade sobre todos os atos judiciais, salvo o *habeas corpus* e as prioridades estabelecidas em leis especiais.

► Art. 189-A acrescido pela Lei nº 14.112, de 24-12-2020.

Art. 190. Todas as vezes que esta Lei se referir a devedor ou falido, compreender-se-á que a disposição também se aplica aos sócios ilimitadamente responsáveis.

Art. 191. Ressalvadas as disposições específicas desta Lei, as publicações ordenadas serão feitas em sítio eletrônico próprio, na internet, dedicado à recuperação judicial e à falência, e as intimações serão realizadas por notificação direta por meio de dispositivos móveis previamente cadastrados e autorizados pelo interessado.

► *Caput* com a redação dada pela Lei nº 14.112, de 24-12-2020.

Parágrafo único. As publicações ordenadas nesta Lei conterão a epígrafe "recuperação judicial de", "recuperação extrajudicial de" ou "falência de".

Art. 192. Esta Lei não se aplica aos processos de falência ou de concordata ajuizados anteriormente ao início de sua vigência, que serão concluídos nos termos do Decreto-Lei nº 7.661, de 21 de junho de 1945.

§ 1º Fica vedada a concessão de concordata suspensiva nos processos de falência em curso, podendo ser promovida a alienação dos bens da massa falida assim que concluída sua arrecadação, independentemente da formação do quadro geral de credores e da conclusão do inquérito judicial.

§ 2º A existência de pedido de concordata anterior à vigência desta Lei não obsta o pedido de recuperação judicial pelo devedor que não houver descumprido obrigação no âmbito da concordata, vedado, contudo, o pedido baseado no plano especial de recuperação judicial para microempresas e empresas de pequeno porte a que se refere a Seção V do Capítulo III desta Lei.

§ 3º No caso do § 2º deste artigo, se deferido o processamento da recuperação judicial, o processo de concordata será extinto e os créditos submetidos à concordata serão inscritos por seu valor original na recuperação judicial, deduzidas as parcelas pagas pelo concordatário.

§ 4º Esta Lei aplica-se às falências decretadas em sua vigência resultantes de convolação de concordatas ou de pedidos de falência anteriores, às quais se aplica, até a decretação, o Decreto-Lei nº 7.661, de 21 de junho de 1945, observado, na decisão que decretar a falência, o disposto no art. 99 desta Lei.

§ 5º O juiz poderá autorizar a locação ou arrendamento de bens imóveis ou móveis a fim de evitar a sua deterioração, cujos resultados reverterão em favor da massa.

► § 5º acrescido pela Lei nº 11.127, de 28-6-2005.

Art. 193. O disposto nesta Lei não afeta as obrigações assumidas no âmbito das câmaras ou prestadoras de serviços de compensação e de liquidação financeira, que serão ultimadas e liquidadas pela câmara ou prestador de serviços, na forma de seus regulamentos.

Art. 193-A. O pedido de recuperação judicial, o deferimento de seu processamento ou a homologação do plano de recuperação judicial não afetarão ou suspenderão, nos termos da legislação aplicável, o exercício dos direitos de vencimento antecipado e de compensação no âmbito de operações compromissadas e de derivativos, de modo que essas operações poderão ser vencidas antecipadamente, desde que assim previsto nos contratos celebrados entre as partes ou em regulamento, proibidas, no entanto, medidas que impliquem a redução, sob qualquer forma, das garantias ou de sua condição de excussão, a restrição do exercício de direitos, inclusive de vencimento antecipado por inexecução, e a compensação previstas contratualmente ou em regulamento.

§ 1º Em decorrência do vencimento antecipado das operações compromissadas e de derivativos conforme previsto no *caput* deste artigo, os créditos e débitos delas decorrentes serão compensados e extinguirão as obrigações até onde se compensarem.

§ 2º Se houver saldo remanescente contra o devedor, será este considerado crédito sujeito à recuperação judicial, ressalvada a existência de garantia de alienação ou de cessão fiduciária.

▸ Art. 193-A acrescido pela Lei nº 14.112, de 24-12-2020.

Art. 194. O produto da realização das garantias prestadas pelo participante das câmaras ou prestadores de serviços de compensação e de liquidação financeira submetidos aos regimes de que trata esta Lei, assim como os títulos, valores mobiliários e quaisquer outros de seus ativos objetos de compensação ou liquidação serão destinados à liquidação das obrigações assumidas no âmbito das câmaras ou prestadoras de serviços.

Art. 195. A decretação da falência das concessionárias de serviços públicos implica extinção da concessão, na forma da lei.

Art. 196. Os Registros Públicos de Empresas, em cooperação com os Tribunais de Justiça, manterão banco de dados público e gratuito, disponível na internet, com a relação de todos os devedores falidos ou em recuperação judicial.

Parágrafo único. Os Registros Públicos de Empresas, em cooperação com o Conselho Nacional de Justiça, deverão promover a integração de seus bancos de dados em âmbito nacional.

▸ Art. 196 com a redação dada pela Lei nº 14.112, de 24-12-2020.

Art. 197. Enquanto não forem aprovadas as respectivas leis específicas, esta Lei aplica-se subsidiariamente, no que couber, aos regimes previstos no Decreto-Lei nº 73, de 21 de novembro de 1966, na Lei nº 6.024, de 13 de março de 1974, no Decreto-Lei nº 2.321, de 25 de fevereiro de 1987, e na Lei nº 9.514, de 20 de novembro de 1997.

Art. 198. Os devedores proibidos de requerer concordata nos termos da legislação específica em vigor na data da publicação desta Lei ficam proibidos de requerer recuperação judicial ou extrajudicial nos termos desta Lei.

Art. 199. Não se aplica o disposto no art. 198 desta Lei às sociedades a que se refere o art. 187 da Lei nº 7.565, de 19 de dezembro de 1986.

§ 1º Na recuperação judicial e na falência das sociedades de que trata o *caput* deste artigo, em nenhuma hipótese ficará suspenso o exercício de direitos derivados de contratos de locação, arrendamento mercantil ou de qualquer outra modalidade de arrendamento de aeronaves ou de suas partes.

§ 2º Os créditos decorrentes dos contratos mencionados no § 1º deste artigo não se submeterão aos efeitos da recuperação judicial ou extrajudicial, prevalecendo os direitos de propriedade sobre a coisa e as condições contratuais, não se lhes aplicando a ressalva contida na parte final do § 3º do art. 49 desta Lei.

§ 3º Na hipótese de falência das sociedades de que trata o *caput* deste artigo, prevalecerão os direitos de propriedade sobre a coisa relativos a contratos de locação, de arrendamento mercantil ou de qualquer outra modalidade de arrendamento de aeronaves ou de suas partes.

▸ §§ 1º a 3º acrescidos pela Lei nº 11.196, de 21-11-2005.

Art. 200. Ressalvado o disposto no art. 192 desta Lei, ficam revogados o Decreto-lei nº 7.661, de 21 de junho de 1945, e os arts. 503 a 512 do Decreto-Lei nº 3.689, de 3 de outubro de 1941 – Código de Processo Penal.

Art. 201. Esta Lei entra em vigor 120 (cento e vinte) dias após sua publicação.

Brasília, 9 de fevereiro de 2005;
184º da Independência e
117º da República.

Luiz Inácio Lula da Silva

LEI Nº 11.105, DE 24 DE MARÇO DE 2005

Regulamenta os incisos II, IV e V do § 1º do art. 225 da Constituição Federal, estabelece normas de segurança e mecanismos de fiscalização de atividades que envolvam organismos geneticamente modificados – OGM e seus derivados, cria o Conselho Nacional de Biossegurança – CNBS, reestrutura a Comissão Técnica Nacional de Biossegurança – CTNBio, dispõe sobre a Política Nacional de Biossegurança – PNB, revoga a Lei nº 8.974, de 5 de janeiro de 1995, e a Medida Provisória nº 2.191-9, de 23 de agosto de 2001, e os arts. 5º, 6º, 7º, 8º, 9º, 10 e 16 da Lei nº 10.814, de 15 de dezembro de 2003, e dá outras providências.

▸ Publicada no *DOU* de 28-3-2005.

CAPÍTULO I
DISPOSIÇÕES PRELIMINARES E GERAIS

Art. 1º Esta Lei estabelece normas de segurança e mecanismos de fiscalização sobre a construção, o cultivo, a produção, a manipulação, o transporte, a transferência, a importação, a exportação, o armazenamento, a pesquisa, a comercialização, o consumo, a liberação no meio ambiente e o descarte de organismos geneticamente modificados – OGM e seus derivados, tendo como diretrizes o estímulo ao avanço científico na área de biossegurança e biotecnologia, a proteção à vida e à saúde humana, animal e vegetal, e a observância do princípio da precaução para a proteção do meio ambiente.

§ 1º Para os fins desta Lei, considera-se atividade de pesquisa a realizada em laboratório, regime de contenção ou campo, como parte do processo de obtenção de OGM e seus derivados ou de avaliação da biossegurança de OGM e seus derivados, o que engloba, no âmbito experimental, a construção, o cultivo, a manipulação, o transporte, a transferência, a importação, a exportação, o armazenamento, a liberação no meio ambiente e o descarte de OGM e seus derivados.

§ 2º Para os fins desta Lei, considera-se atividade de uso comercial de OGM e seus derivados a que não se enquadra como atividade de pesquisa, e que trata do cultivo, da produção, da manipulação, do transporte, da transferência, da comercialização, da importação, da exportação, do armazenamento, do consumo, da liberação e do descarte de OGM e seus derivados para fins comerciais.

Art. 2º As atividades e projetos que envolvam OGM e seus derivados, relacionados ao ensino com manipulação de organismos vivos, à pesquisa científica, ao desenvolvimento tecnológico e à produção industrial ficam restritos ao âmbito de entidades de direito público ou privado, que serão responsáveis pela obediência aos preceitos desta Lei e de sua regulamentação, bem como pelas eventuais consequências ou efeitos advindos de seu descumprimento.

§ 1º Para os fins desta Lei, consideram-se atividades e projetos no âmbito de entidade os conduzidos em instalações próprias ou sob a responsabilidade administrativa, técnica ou científica da entidade.

§ 2º As atividades e projetos de que trata este artigo são vedados a pessoas físicas em atuação autônoma e independente, ainda que mantenham vínculo empregatício ou qualquer outro com pessoas jurídicas.

§ 3º Os interessados em realizar atividade prevista nesta Lei deverão requerer autorização à Comissão Técnica Nacional de Biossegurança – CTNBio, que se manifestará no prazo fixado em regulamento.

§ 4º As organizações públicas e privadas, nacionais, estrangeiras ou internacionais, financiadoras ou patrocinadoras de atividades ou de projetos referidos no *caput* deste artigo devem exigir a apresentação de Certificado de Qualidade em Biossegurança, emitido pela CTNBio, sob pena de se tornarem corresponsáveis pelos eventuais efeitos decorrentes do descumprimento desta Lei ou de sua regulamentação.

Art. 3º Para os efeitos desta Lei, considera-se:

I – organismo: toda entidade biológica capaz de reproduzir ou transferir material genético, inclusive vírus e outras classes que venham a ser conhecidas;

II – ácido desoxirribonucléico – ADN, ácido ribonucléico – ARN: material genético que contém informações determinantes dos caracteres hereditários transmissíveis à descendência;

III – moléculas de ADN/ARN recombinante: as moléculas manipuladas fora das células vivas mediante a modificação de segmentos de ADN/ARN natural ou sintético e que possam multiplicar-se em uma célula viva, ou ainda as moléculas de ADN/ARN resultantes dessa multiplicação; consideram-se também os segmentos de ADN/ARN sintéticos equivalentes aos de ADN/ARN natural;

IV – engenharia genética: atividade de produção e manipulação de moléculas de ADN/ARN recombinante;

V – organismo geneticamente modificado – OGM: organismo cujo material genético – ADN/ARN tenha sido modificado por qualquer técnica de engenharia genética;

VI – derivado de OGM: produto obtido de OGM e que não possua capacidade autônoma de replicação ou que não contenha forma viável de OGM;

VII – célula germinal humana: célula-mãe responsável pela formação de gametas presentes nas glândulas sexuais femininas e masculinas e suas descendentes diretas em qualquer grau de ploidia;

VIII – clonagem: processo de reprodução assexuada, produzida artificialmente, baseada em um único patrimônio genético, com ou sem utilização de técnicas de engenharia genética;

IX – clonagem para fins reprodutivos: clonagem com a finalidade de obtenção de um indivíduo;

X – clonagem terapêutica: clonagem com a finalidade de produção de células-tronco embrionárias para utilização terapêutica;

XI – células-tronco embrionárias: células de embrião que apresentam a capacidade de se transformar em células de qualquer tecido de um organismo.

§ 1º Não se inclui na categoria de OGM o resultante de técnicas que impliquem a introdução direta, num organismo, de material hereditário, desde que não envolvam a utilização de moléculas de ADN/ARN recombinante ou OGM, inclusive fecundação *in vitro*, conjugação, transdução, transformação, indução poliploide e qualquer outro processo natural.

§ 2º Não se inclui na categoria de derivado de OGM a substância pura, quimicamente definida, obtida por meio de processos biológicos e que não contenha OGM, proteína heteróloga ou ADN recombinante.

Art. 4º Esta Lei não se aplica quando a modificação genética for obtida por meio das seguintes técnicas, desde que não impliquem a utilização de OGM como receptor ou doador:

I – mutagênese;

II – formação e utilização de células somáticas de hibridoma animal;

III – fusão celular, inclusive a de protoplasma, de células vegetais, que possa ser produzida mediante métodos tradicionais de cultivo;

IV – autoclonagem de organismos não patogênicos que se processe de maneira natural.

Art. 5º É permitida, para fins de pesquisa e terapia, a utilização de células-tronco embrionárias obtidas de embriões humanos produzidos por fertilização *in vitro* e não utilizados no respectivo procedimento, atendidas as seguintes condições:

I – sejam embriões inviáveis; ou

II – sejam embriões congelados há 3 (três) anos ou mais, na data da publicação desta Lei, ou que, já congelados na data da publicação desta Lei, depois de completarem 3 (três) anos, contados a partir da data de congelamento.

§ 1º Em qualquer caso, é necessário o consentimento dos genitores.

§ 2º Instituições de pesquisa e serviços de saúde que realizem pesquisa ou terapia com células-tronco embrionárias humanas deverão submeter seus projetos à apreciação e aprovação dos respectivos comitês de ética em pesquisa.

§ 3º É vedada a comercialização do material biológico a que se refere este artigo e sua prática implica o crime tipificado no art. 15 da Lei nº 9.434, de 4 de fevereiro de 1997.

Art. 6º Fica proibido:

I – implementação de projeto relativo a OGM sem a manutenção de registro de seu acompanhamento individual;

II – engenharia genética em organismo vivo ou o manejo *in vitro* de ADN/ARN natural ou recombinante, realizado em desacordo com as normas previstas nesta Lei;

III – engenharia genética em célula germinal humana, zigoto humano e embrião humano;

IV – clonagem humana;

V – destruição ou descarte no meio ambiente de OGM e seus derivados em desacordo com as normas estabelecidas pela CTNBio, pelos órgãos e entidades de registro e fiscalização, referidos no art. 16 desta Lei, e as constantes desta Lei e de sua regulamentação;

VI – liberação no meio ambiente de OGM ou seus derivados, no âmbito de atividades de pesquisa, sem a decisão técnica favorável da CTNBio e, nos casos de liberação comercial, sem o parecer técnico favorável da CTNBio, ou sem o licenciamento do órgão ou entidade ambiental responsável, quando a CTNBio considerar a atividade como potencialmente causadora de degradação ambiental, ou sem a aprovação do Conselho Nacional de Biossegurança – CNBS, quando o processo tenha sido por ele avocado, na forma desta Lei e de sua regulamentação;

VII – a utilização, a comercialização, o registro, o patenteamento e o licenciamento de tecnologias genéticas de restrição do uso.

Parágrafo único. Para os efeitos desta Lei, entende-se por tecnologias genéticas de restrição do uso qualquer processo de intervenção humana para geração ou multiplicação de plantas geneticamente modificadas para produzir estruturas reprodutivas estéreis, bem como qualquer forma de manipulação genética que vise à ativação ou desativação de genes relacionados à fertilidade das plantas por indutores químicos externos.

Art. 7º São obrigatórias:

I – a investigação de acidentes ocorridos no curso de pesquisas e projetos na área de engenharia genética e o envio de relatório respectivo à autoridade competente no prazo máximo de 5 (cinco) dias a contar da data do evento;

II – a notificação imediata à CTNBio e às autoridades da saúde pública, da defesa agropecuária e do meio ambiente sobre acidente que possa provocar a disseminação de OGM e seus derivados;

III – a adoção de meios necessários para plenamente informar à CTNBio, às autoridades da saúde pública, do meio ambiente, da defesa agropecuária, à coletividade e aos demais empregados da instituição ou empresa sobre os riscos a que possam estar submetidos, bem como os procedimentos a serem tomados no caso de acidentes com OGM.

CAPÍTULO II

DO CONSELHO NACIONAL DE BIOSSEGURANÇA – CNBS

Art. 8º Fica criado o Conselho Nacional de Biossegurança – CNBS, vinculado à Presidência da República, órgão de assessoramento superior do Presidente da República para a formulação e implementação da Política Nacional de Biossegurança – PNB.

§ 1º Compete ao CNBS:

I – fixar princípios e diretrizes para a ação administrativa dos órgãos e entidades federais com competências sobre a matéria;

II – analisar, a pedido da CTNBio, quanto aos aspectos da conveniência e oportunidade socioeconômicas e do interesse nacional, os pedidos de liberação para uso comercial de OGM e seus derivados;

III – avocar e decidir, em última e definitiva instância, com base em manifestação da CTNBio e, quando julgar necessário, dos órgãos e entidades referidos no art. 16 desta Lei, no âmbito de suas competências, sobre os processos relativos a atividades que envolvam o uso comercial de OGM e seus derivados;

IV – VETADO.

§ 2º VETADO.

§ 3º Sempre que o CNBS deliberar favoravelmente à realização da atividade analisada, encaminhará sua manifestação aos órgãos e entidades de registro e fiscalização referidos no art. 16 desta Lei.

§ 4º Sempre que o CNBS deliberar contrariamente à atividade analisada, encaminhará sua manifestação à CTNBio para informação ao requerente.

Art. 9º O CNBS é composto pelos seguintes membros:

I – Ministro de Estado Chefe da Casa Civil da Presidência da República, que o presidirá;

II – Ministro de Estado da Ciência e Tecnologia;

III – Ministro de Estado do Desenvolvimento Agrário;

IV – Ministro de Estado da Agricultura, Pecuária e Abastecimento;

V – Ministro de Estado da Justiça;

VI – Ministro de Estado da Saúde;

VII – Ministro de Estado do Meio Ambiente;

VIII – Ministro de Estado do Desenvolvimento, Indústria e Comércio Exterior;

IX – Ministro de Estado das Relações Exteriores;

X – Ministro de Estado da Defesa;

XI – Secretário Especial de Aquicultura e Pesca da Presidência da República.

§ 1º O CNBS reunir-se-á sempre que convocado pelo Ministro de Estado Chefe da Casa Civil da Presidência da República, ou mediante provocação da maioria de seus membros.

§ 2º VETADO.

§ 3º Poderão ser convidados a participar das reuniões, em caráter excepcional, representantes do setor público e de entidades da sociedade civil.

§ 4º O CNBS contará com uma Secretaria Executiva, vinculada à Casa Civil da Presidência da República.

§ 5º A reunião do CNBS poderá ser instalada com a presença de 6 (seis) de seus membros e as decisões serão tomadas com votos favoráveis da maioria absoluta.

CAPÍTULO III

DA COMISSÃO TÉCNICA NACIONAL DE BIOSSEGURANÇA – CTNBIO

Art. 10. A CTNBio, integrante do Ministério da Ciência e Tecnologia, é instância colegiada multidisciplinar de caráter consultivo e deliberativo, para prestar apoio técnico e de assessoramento ao Governo Federal na formulação, atualização e implementação da PNB de OGM e seus derivados, bem como no estabelecimento de normas técnicas de segurança e de pareceres técnicos referentes à autorização para atividades que envolvam pesquisa e uso comercial de OGM e seus derivados, com base na avaliação de seu risco zoofitossanitário, à saúde humana e ao meio ambiente.

Parágrafo único. A CTNBio deverá acompanhar o desenvolvimento e o progresso técnico e científico nas áreas de biossegurança, biotecnologia, bioética e afins, com o objetivo de aumentar sua capacitação para a proteção da saúde humana, dos animais e das plantas e do meio ambiente.

Art. 11. A CTNBio, composta de membros titulares e suplentes, designados pelo Ministro de Estado da Ciência e Tecnologia, será constituída por 27 (vinte e sete) cidadãos brasileiros de reconhecida competência técnica, de notória atuação e saber científicos, com grau acadêmico de doutor e com destacada atividade profissional nas áreas de biossegurança, biotecnologia, biologia, saúde humana e animal ou meio ambiente, sendo:

I – 12 (doze) especialistas de notório saber científico e técnico, em efetivo exercício profissional, sendo:

a) 3 (três) da área de saúde humana;

b) 3 (três) da área animal;

c) 3 (três) da área vegetal;

d) 3 (três) da área de meio ambiente;

II – um representante de cada um dos seguintes órgãos, indicados pelos respectivos titulares:

a) Ministério da Ciência e Tecnologia;

b) Ministério da Agricultura, Pecuária e Abastecimento;

c) Ministério da Saúde;

d) Ministério do Meio Ambiente;

e) Ministério do Desenvolvimento Agrário;

f) Ministério do Desenvolvimento, Indústria e Comércio Exterior;

g) Ministério da Defesa;

h) Secretaria Especial de Aquicultura e Pesca da Presidência da República;

i) Ministério das Relações Exteriores;

III – um especialista em defesa do consumidor, indicado pelo Ministro da Justiça;

IV – um especialista na área de saúde, indicado pelo Ministro da Saúde;

V – um especialista em meio ambiente, indicado pelo Ministro do Meio Ambiente;

VI – um especialista em biotecnologia, indicado pelo Ministro da Agricultura, Pecuária e Abastecimento;

VII – um especialista em agricultura familiar, indicado pelo Ministro do Desenvolvimento Agrário;

VIII – um especialista em saúde do trabalhador, indicado pelo Ministro do Trabalho e Emprego.

§ 1º Os especialistas de que trata o inciso I do *caput* deste artigo serão escolhidos a partir de lista tríplice, elaborada com a participação das sociedades científicas, conforme disposto em regulamento.

§ 2º Os especialistas de que tratam os incisos III a VIII do *caput* deste artigo serão escolhidos a partir de lista tríplice, elaborada pelas organizações da sociedade civil, conforme disposto em regulamento.

§ 3º Cada membro efetivo terá um suplente, que participará dos trabalhos na ausência do titular.

§ 4º Os membros da CTNBio terão mandato de 2 (dois) anos, renovável por até mais 2 (dois) períodos consecutivos.

§ 5º O presidente da CTNBio será designado, entre seus membros, pelo Ministro da Ciência e Tecnologia para um mandato de 2 (dois) anos, renovável por igual período.

§ 6º Os membros da CTNBio devem pautar a sua atuação pela observância estrita dos conceitos ético-profissionais, sendo vedado participar do julgamento de questões com as quais tenham algum envolvimento de ordem profissional ou pessoal, sob pena de perda de mandato, na forma do regulamento.

§ 7º A reunião da CTNBio poderá ser instalada com a presença de 14 (catorze) de seus membros, incluído pelo menos um representante de cada uma das áreas referidas no inciso I do *caput* deste artigo.

§ 8º VETADO.

§ 8º-A. As decisões da CTNBio serão tomadas com votos favoráveis da maioria absoluta de seus membros.

► § 8º-A acrescido pela Lei nº 11.460, de 21-3-2007.

§ 9º Órgãos e entidades integrantes da administração pública federal poderão solicitar participação nas reuniões da CTNBio para tratar de assuntos de seu especial interesse, sem direito a voto.

§ 10. Poderão ser convidados a participar das reuniões, em caráter excepcional, representantes da comunidade científica e do setor público e entidades da sociedade civil, sem direito a voto.

Art. 12. O funcionamento da CTNBio será definido pelo regulamento desta Lei.

§ 1º A CTNBio contará com uma Secretaria Executiva e cabe ao Ministério da Ciência e Tecnologia prestar-lhe o apoio técnico e administrativo.

§ 2º VETADO.

Art. 13. A CTNBio constituirá subcomissões setoriais permanentes na área de saúde humana, na área animal, na área vegetal e na área ambiental, e poderá constituir subcomissões extraordinárias, para análise prévia dos temas a serem submetidos ao plenário da Comissão.

§ 1º Tanto os membros titulares quanto os suplentes participarão das subcomissões setoriais e caberá a todos a distribuição dos processos para análise.

§ 2º O funcionamento e a coordenação dos trabalhos nas subcomissões setoriais e extraordinárias serão definidos no regimento interno da CTNBio.

Art. 14. Compete à CTNBio:

I – estabelecer normas para as pesquisas com OGM e derivados de OGM;

II – estabelecer normas relativamente às atividades e aos projetos relacionados a OGM e seus derivados;

III – estabelecer, no âmbito de suas competências, critérios de avaliação e monitoramento de risco de OGM e seus derivados;

IV – proceder à análise da avaliação de risco, caso a caso, relativamente a atividades e projetos que envolvam OGM e seus derivados;

V – estabelecer os mecanismos de funcionamento das Comissões Internas de Biossegurança – CIBio, no âmbito de cada instituição que se dedique ao ensino, à pesquisa científica, ao desenvolvimento tecnológico e à produção industrial que envolvam OGM ou seus derivados;

VI – estabelecer requisitos relativos à biossegurança para autorização de funcionamento de laboratório, instituição ou empresa que desenvolverá atividades relacionadas a OGM e seus derivados;

VII – relacionar-se com instituições voltadas para a biossegurança de OGM e seus derivados, em âmbito nacional e internacional;

VIII – autorizar, cadastrar e acompanhar as atividades de pesquisa com OGM ou derivado de OGM, nos termos da legislação em vigor;

IX – autorizar a importação de OGM e seus derivados para atividade de pesquisa;

X – prestar apoio técnico consultivo e de assessoramento ao CNBS na formulação da PNB de OGM e seus derivados;

XI – emitir Certificado de Qualidade em Biossegurança – CQB para o desenvolvimento de atividades com OGM e seus derivados em laboratório, instituição ou empresa e enviar cópia do processo aos órgãos de registro e fiscalização referidos no art. 16 desta Lei;

XII – emitir decisão técnica, caso a caso, sobre a biossegurança de OGM e seus derivados no âmbito das atividades de pesquisa e de uso comercial de OGM e seus derivados, inclusive a classificação quanto ao grau de risco e nível de biossegurança exigido, bem como medidas de segurança exigidas e restrições ao uso;

XIII – definir o nível de biossegurança a ser aplicado ao OGM e seus usos, e os respectivos procedimentos e medidas de segurança quanto ao seu uso, conforme as normas estabelecidas na regulamentação desta Lei, bem como quanto aos seus derivados;

XIV – classificar os OGM segundo a classe de risco, observados os critérios estabelecidos no regulamento desta Lei;

XV – acompanhar o desenvolvimento e o progresso técnico-científico na biossegurança de OGM e seus derivados;

XVI – emitir resoluções, de natureza normativa, sobre as matérias de sua competência;

XVII – apoiar tecnicamente os órgãos competentes no processo de prevenção e investigação de acidentes e de enfermidades, verificados no curso dos projetos e das atividades com técnicas de ADN/ARN recombinante;

XVIII – apoiar tecnicamente os órgãos e entidades de registro e fiscalização, referidos no art. 16 desta Lei, no exercício de suas atividades relacionadas a OGM e seus derivados;

XIX – divulgar no *Diário Oficial da União*, previamente à análise, os extratos dos pleitos e, posteriormente, dos pareceres dos processos que lhe forem submetidos, bem como dar ampla publicidade no Sistema de Informações em Biossegurança – SIB a sua agenda, processos em trâmite, relatórios anuais, atas das reuniões e demais informações sobre suas atividades, excluídas as informações sigilosas, de interesse comercial, apontadas pelo proponente e assim consideradas pela CTNBio;

XX – identificar atividades e produtos decorrentes do uso de OGM e seus derivados potencialmente causadores de degradação do meio ambiente ou que possam causar riscos à saúde humana;

XXI – reavaliar suas decisões técnicas por solicitação de seus membros ou por recurso dos órgãos e entidades de registro e fiscalização, fundamentado em fatos ou conhecimentos científicos novos, que sejam relevantes quanto à biossegurança do OGM ou derivado, na forma desta Lei e seu regulamento;

XXII – propor a realização de pesquisas e estudos científicos no campo da biossegurança de OGM e seus derivados;

XXIII – apresentar proposta de regimento interno ao Ministro da Ciência e Tecnologia.

§ 1º Quanto aos aspectos de biossegurança do OGM e seus derivados, a decisão técnica da CTNBio vincula os demais órgãos e entidades da administração.

§ 2º Nos casos de uso comercial, dentre outros aspectos técnicos de sua análise, os órgãos de registro e fiscalização, no exercício de suas atribuições em caso de solicitação pela CTNBio, observarão, quanto aos aspectos de biossegurança do OGM e seus derivados, a decisão técnica da CTNBio.

§ 3º Em caso de decisão técnica favorável sobre a biossegurança no âmbito da atividade de pesquisa, a CTNBio remeterá o processo respectivo aos órgãos e entidades referidos no art. 16 desta Lei, para o exercício de suas atribuições.

§ 4º A decisão técnica da CTNBio deverá conter resumo de sua fundamentação técnica, explicitar as medidas de segurança e restrições ao uso do OGM e seus derivados e considerar as particularidades das diferentes regiões do País, com o objetivo de orientar e subsidiar os órgãos e entidades de registro e fiscalização, referidos no art. 16 desta Lei, no exercício de suas atribuições.

§ 5º Não se submeterá a análise e emissão de parecer técnico da CTNBio o derivado cujo OGM já tenha sido por ela aprovado.

§ 6º As pessoas físicas ou jurídicas envolvidas em qualquer das fases do processo de produção agrícola, comercialização ou transporte de produto geneticamente modificado que tenham obtido a liberação para uso comercial estão dispensadas de apresentação do CQB e constituição de CIBio, salvo decisão em contrário da CTNBio.

Art. 15. A CTNBio poderá realizar audiências públicas, garantida participação da sociedade civil, na forma do regulamento.

Parágrafo único. Em casos de liberação comercial, audiência pública poderá ser requerida por partes interessadas, incluindo-se entre estas organizações da sociedade civil que comprovem interesse relacionado à matéria, na forma do regulamento.

CAPÍTULO IV

DOS ÓRGÃOS E ENTIDADES DE REGISTRO E FISCALIZAÇÃO

Art. 16. Caberá aos órgãos e entidades de registro e fiscalização do Ministério da Saúde, do Ministério da Agricultura, Pecuária e Abastecimento e do Ministério do Meio Ambiente, e da Secretaria Especial de Aquicultura e Pesca da Presidência da República entre outras atribuições, no campo de suas competências, observadas a decisão técnica da CTNBio, as deliberações do CNBS e os mecanismos estabelecidos nesta Lei e na sua regulamentação:

I – fiscalizar as atividades de pesquisa de OGM e seus derivados;

II – registrar e fiscalizar a liberação comercial de OGM e seus derivados;

III – emitir autorização para a importação de OGM e seus derivados para uso comercial;

IV – manter atualizado no SIB o cadastro das instituições e responsáveis técnicos que realizam atividades e projetos relacionados a OGM e seus derivados;

V – tornar públicos, inclusive no SIB, os registros e autorizações concedidas;

VI – aplicar as penalidades de que trata esta Lei;

VII – subsidiar a CTNBio na definição de quesitos de avaliação de biossegurança de OGM e seus derivados.

§ 1º Após manifestação favorável da CTNBio, ou do CNBS, em caso de avocação ou recurso, caberá, em decorrência de análise específica e decisão pertinente:

I – ao Ministério da Agricultura, Pecuária e Abastecimento emitir as autorizações e registros e fiscalizar produtos e atividades que utilizem OGM e seus derivados destinados a uso animal, na agricultura, pecuária, agroindústria e áreas afins, de acordo com a legislação em vigor e segundo o regulamento desta Lei;

II – ao órgão competente do Ministério da Saúde emitir as autorizações e registros e fiscalizar produtos e atividades com OGM e seus derivados destinados a uso humano, farmacológico, domissanitário e áreas afins, de acordo com a legislação em vigor e segundo o regulamento desta Lei;

III – ao órgão competente do Ministério do Meio Ambiente emitir as autorizações e registros e fiscalizar produtos e atividades que envolvam OGM e seus derivados a serem liberados nos ecossistemas naturais, de acordo com a legislação em vigor e segundo o regulamento desta Lei, bem como o licenciamento, nos casos em que a CTNBio deliberar, na forma desta Lei, que o OGM é potencialmente causador de significativa degradação do meio ambiente;

IV – à Secretaria Especial de Aquicultura e Pesca da Presidência da República emitir as autorizações e registros de produtos e atividades com OGM e seus derivados destinados ao uso na pesca e aquicultura, de acordo com a legislação em vigor e segundo esta Lei e seu regulamento.

§ 2º Somente se aplicam as disposições dos incisos I e II do art. 8º e do *caput* do art. 10 da Lei nº 6.938, de 31 de agosto de 1981, nos casos em que a CTNBio deliberar que o OGM é potencialmente causador de significativa degradação do meio ambiente.

§ 3º A CTNBio delibera, em última e definitiva instância, sobre os casos em que a atividade é potencial ou efetivamente causadora de degradação ambiental, bem como sobre a necessidade do licenciamento ambiental.

§ 4º A emissão dos registros, das autorizações e do licenciamento ambiental referidos nesta Lei deverá ocorrer no prazo máximo de 120 (cento e vinte) dias.

§ 5º A contagem do prazo previsto no § 4º deste artigo será suspensa, por até 180 (cento e oitenta) dias, durante a elaboração, pelo requerente, dos estudos ou esclarecimentos necessários.

§ 6º As autorizações e registros de que trata este artigo estarão vinculados à decisão técnica da CTNBio correspondente, sendo vedadas exigências técnicas que extrapolem as condições estabelecidas naquela decisão, nos aspectos relacionados à biossegurança.

§ 7º Em caso de divergência quanto à decisão técnica da CTNBio sobre a liberação comercial de OGM e derivados, os órgãos e entidades de registro e fiscalização, no âmbito de suas competências, poderão apresentar recurso ao CNBS, no prazo de até 30 (trinta) dias, a contar da data de publicação da decisão técnica da CTNBio.

CAPÍTULO V

DA COMISSÃO INTERNA DE BIOSSEGURANÇA – CIBIO

Art. 17. Toda instituição que utilizar técnicas e métodos de engenharia genética ou realizar pesquisas com OGM e seus derivados deverá criar uma Comissão Interna de Biossegurança – CIBio, além de indicar um técnico principal responsável para cada projeto específico.

Art. 18. Compete à CIBio, no âmbito da instituição onde constituída:

I – manter informados os trabalhadores e demais membros da coletividade, quando suscetíveis de serem afetados pela atividade, sobre as questões relacionadas com a saúde e a segurança, bem como sobre os procedimentos em caso de acidentes;

II – estabelecer programas preventivos e de inspeção para garantir o funcionamento das instalações sob sua responsabilidade, dentro dos padrões e normas de biossegurança, definidos pela CTNBio na regulamentação desta Lei;

III – encaminhar à CTNBio os documentos cuja relação será estabelecida na regulamentação desta Lei, para efeito de análise, registro ou autorização do órgão competente, quando couber;

IV – manter registro do acompanhamento individual de cada atividade ou projeto em desenvolvimento que envolvam OGM ou seus derivados;

V – notificar à CTNBio, aos órgãos e entidades de registro e fiscalização, referidos no art. 16 desta Lei, e às entidades de trabalhadores o resultado de avaliações de risco a que estão submetidas as pessoas expostas, bem como qualquer acidente ou incidente que possa provocar a disseminação de agente biológico;

VI – investigar a ocorrência de acidentes e as enfermidades possivelmente relacionados a OGM e seus derivados e notificar suas conclusões e providências à CTNBio.

CAPÍTULO VI

DO SISTEMA DE INFORMAÇÕES EM BIOSSEGURANÇA – SIB

Art. 19. Fica criado, no âmbito do Ministério da Ciência e Tecnologia, o Sistema de Informações em Biossegurança – SIB, destinado à gestão das informações decorrentes das atividades de análise, autorização, registro, monitoramento e acompanhamento das atividades que envolvam OGM e seus derivados.

§ 1º As disposições dos atos legais, regulamentares e administrativos que alterem, complementem ou produzam efeitos sobre a legislação de biossegurança de OGM e seus derivados deverão ser divulgadas no SIB concomitantemente com a entrada em vigor desses atos.

§ 2º Os órgãos e entidades de registro e fiscalização, referidos no art. 16 desta Lei, deverão alimentar o SIB com as informações relativas às atividades de que trata esta Lei, processadas no âmbito de sua competência.

CAPÍTULO VII

DA RESPONSABILIDADE CIVIL E ADMINISTRATIVA

Art. 20. Sem prejuízo da aplicação das penas previstas nesta Lei, os responsáveis pelos danos ao meio ambiente e a terceiros responderão, solidariamente, por sua indenização ou reparação integral, independentemente da existência de culpa.

Art. 21. Considera-se infração administrativa toda ação ou omissão que viole as normas previstas nesta Lei e demais disposições legais pertinentes.

Parágrafo único. As infrações administrativas serão punidas na forma estabelecida no regulamento desta Lei, independentemente das medidas cautelares de apreensão de produtos, suspensão de venda de produto e embargos de atividades, com as seguintes sanções:

I – advertência;

II – multa;

III – apreensão de OGM e seus derivados;

IV – suspensão da venda de OGM e seus derivados;

V – embargo da atividade;

VI – interdição parcial ou total do estabelecimento, atividade ou empreendimento;

VII – suspensão de registro, licença ou autorização;

VIII – cancelamento de registro, licença ou autorização;

IX – perda ou restrição de incentivo e benefício fiscal concedidos pelo governo;

X – perda ou suspensão da participação em linha de financiamento em estabelecimento oficial de crédito;

XI – intervenção no estabelecimento;

XII – proibição de contratar com a administração pública, por período de até 5 (cinco) anos.

Art. 22. Compete aos órgãos e entidades de registro e fiscalização, referidos no art. 16 desta Lei, definir critérios, valores e aplicar multas de R$ 2.000,00 (dois mil reais) a R$ 1.500.000,00 (um milhão e quinhentos mil reais), proporcionalmente à gravidade da infração.

§ 1º As multas poderão ser aplicadas cumulativamente com as demais sanções previstas neste artigo.

§ 2º No caso de reincidência, a multa será aplicada em dobro.

§ 3º No caso de infração continuada, caracterizada pela permanência da ação ou omissão inicialmente punida, será a respectiva penalidade aplicada diariamente até cessar sua causa, sem prejuízo da paralisação imediata da atividade ou da interdição do laboratório ou da instituição ou empresa responsável.

Art. 23. As multas previstas nesta Lei serão aplicadas pelos órgãos e entidades de registro e fiscalização dos Ministérios da Agricultura, Pecuária e Abastecimento, da Saúde, do Meio Ambiente e da Secretaria Especial de Aquicultura e Pesca da Presidência da República, referidos no art. 16 desta Lei, de acordo com suas respectivas competências.

§ 1º Os recursos arrecadados com a aplicação de multas serão destinados aos órgãos e entidades de registro e fiscalização, referidos no art. 16 desta Lei, que aplicarem a multa.

§ 2º Os órgãos e entidades fiscalizadores da administração pública federal poderão celebrar convênios com os Estados, Distrito Federal e Municípios, para a execução de serviços relacionados à atividade de fiscalização prevista nesta Lei e poderão repassar-lhes parcela da receita obtida com a aplicação de multas.

§ 3º A autoridade fiscalizadora encaminhará cópia do auto de infração à CTNBio.

§ 4º Quando a infração constituir crime ou contravenção, ou lesão à Fazenda Pública ou ao consumidor, a autoridade fiscalizadora representará junto ao órgão competente para apuração das responsabilidades administrativa e penal.

CAPÍTULO VIII
DOS CRIMES E DAS PENAS

Art. 24. Utilizar embrião humano em desacordo com o que dispõe o art. 5º desta Lei:

Pena – detenção, de 1 (um) a 3 (três) anos, e multa.

Art. 25. Praticar engenharia genética em célula germinal humana, zigoto humano ou embrião humano:

Pena – reclusão, de 1 (um) a 4 (quatro) anos, e multa.

Art. 26. Realizar clonagem humana:

Pena – reclusão, de 2 (dois) a 5 (cinco) anos, e multa.

Art. 27. Liberar ou descartar OGM no meio ambiente, em desacordo com as normas estabelecidas pela CTNBio e pelos órgãos e entidades de registro e fiscalização:

Pena – reclusão, de 1 (um) a 4 (quatro) anos, e multa.

§ 1º VETADO.

§ 2º Agrava-se a pena:

I – de 1/6 (um sexto) a 1/3 (um terço), se resultar dano à propriedade alheia;

II – de 1/3 (um terço) até a metade, se resultar dano ao meio ambiente;

III – da metade até 2/3 (dois terços), se resultar lesão corporal de natureza grave em outrem;

IV – de 2/3 (dois terços) até o dobro, se resultar a morte de outrem.

Art. 28. Utilizar, comercializar, registrar, patentear e licenciar tecnologias genéticas de restrição do uso:

Pena – reclusão, de 2 (dois) a 5 (cinco) anos, e multa.

Art. 29. Produzir, armazenar, transportar, comercializar, importar ou exportar OGM ou seus derivados, sem autorização ou em desacordo com as normas estabelecidas pela CTNBio e pelos órgãos e entidades de registro e fiscalização:

Pena – reclusão, de 1 (um) a 2 (dois) anos, e multa.

CAPÍTULO IX
DISPOSIÇÕES FINAIS E TRANSITÓRIAS

Art. 30. Os OGM que tenham obtido decisão técnica da CTNBio favorável a sua liberação comercial até a entrada em vigor desta Lei poderão ser registrados e comercializados, salvo manifestação contrária do CNBS, no prazo de 60 (sessenta) dias, a contar da data da publicação desta Lei.

Art. 31. A CTNBio e os órgãos e entidades de registro e fiscalização, referidos no art. 16 desta Lei, deverão rever suas deliberações de caráter normativo, no prazo de 120 (cento e vinte) dias, a fim de promover sua adequação às disposições desta Lei.

Art. 32. Permanecem em vigor os Certificados de Qualidade em Biossegurança, comunicados e decisões técnicas já emitidos pela CTNBio, bem como, no que não contrariarem o disposto nesta Lei, os atos normativos emitidos ao amparo da Lei nº 8.974, de 5 de janeiro de 1995.

Art. 33. As instituições que desenvolverem atividades reguladas por esta Lei na data de sua publicação deverão adequar-se as suas disposições no prazo de 120 (cento e vinte) dias, contado da publicação do decreto que a regulamentar.

Art. 34. Ficam convalidados e tornam-se permanentes os registros provisórios concedidos sob a égide da Lei nº 10.814, de 15 de dezembro de 2003.

Art. 35. Ficam autorizadas a produção e a comercialização de sementes de cultivares de soja geneticamente modificadas tolerantes a glifosato registradas no Registro Nacional de Cultivares – RNC do Ministério da Agricultura, Pecuária e Abastecimento.

Art. 36. Fica autorizado o plantio de grãos de soja geneticamente modificada tolerante a glifosato, reservados pelos produtores rurais para uso próprio, na safra 2004/2005, sendo vedada a comercialização da produção como semente.

Parágrafo único. O Poder Executivo poderá prorrogar a autorização de que trata o *caput* deste artigo.

Art. 37. A descrição do Código 20 do Anexo VIII da Lei nº 6.938, de 31 de agosto de 1981, acrescido pela Lei nº 10.165, de 27 de dezembro de 2000, passa a vigorar com a seguinte redação:

"ANEXO VIII

Código	Categoria	Descrição	Pp/gu
....	....	....	....
20	Uso de Recursos Naturais	Silvicultura; exploração econômica da madeira ou lenha e subprodutos florestais; importação ou exportação da fauna e flora nativas brasileiras; atividade de criação e exploração econômica de fauna exótica e de fauna silvestre; utilização do patrimônio genético natural; exploração de recursos aquáticos vivos; introdução de espécies exóticas, exceto para melhoramento genético vegetal e uso na agricultura; introdução de espécies geneticamente modificadas previamente identificadas pela CTNBio como potencialmente causadoras de significativa degradação do meio ambiente; uso da diversidade biológica pela biotecnologia em atividades previamente identificadas pela CTNBio como potencialmente causadoras de significativa degradação do meio ambiente.	Médio
....	....	....	....

Art. 38. VETADO.

Art. 39. Não se aplica aos OGM e seus derivados o disposto na Lei nº 7.802, de 11 de julho de 1989, e suas alterações, exceto para os casos em que eles sejam desenvolvidos para servir de matéria-prima para a produção de agrotóxicos.

Art. 40. Os alimentos e ingredientes alimentares destinados ao consumo humano ou animal que contenham ou sejam produzidos a partir de OGM ou derivados deverão conter informação nesse sentido em seus rótulos, conforme regulamento.

Art. 41. Esta Lei entra em vigor na data de sua publicação.

Art. 42. Revogam-se a Lei nº 8.974, de 5 de janeiro de 1995, a Medida Provisória nº 2.191-9, de 23 de agosto de 2001, e os arts. 5º, 6º, 7º, 8º, 9º, 10 e 16 da Lei nº 10.814, de 15 de dezembro de 2003.

Brasília, 24 de março de 2005;
184º da Independência e
117º da República.

Luiz Inácio Lula da Silva

LEI Nº 11.107, DE 6 DE ABRIL DE 2005

Dispõe sobre normas gerais de contratação de consórcios públicos e dá outras providências.

► Publicada no *DOU* de 7-4-2005.

Art. 1º Esta Lei dispõe sobre normas gerais para a União, os Estados, o Distrito Federal e os Municípios contratarem consórcios públicos para a realização de objetivos de interesse comum e dá outras providências.

§ 1º O consórcio público constituirá associação pública ou pessoa jurídica de direito privado.

§ 2º A União somente participará de consórcios públicos em que também façam parte todos os Estados em cujos territórios estejam situados os Municípios consorciados.

§ 3º Os consórcios públicos, na área de saúde, deverão obedecer aos princípios, diretrizes e normas que regulam o Sistema Único de Saúde – SUS.

§ 4º Aplicam-se aos convênios de cooperação, no que couber, as disposições desta Lei relativas aos consórcios públicos.

► § 4º acrescido pela Lei nº 14.026, de 15-7-2020.

Art. 2º Os objetivos dos consórcios públicos serão determinados pelos entes da Federação que se consorciarem, observados os limites constitucionais.

§ 1º Para o cumprimento de seus objetivos, o consórcio público poderá:

I – firmar convênios, contratos, acordos de qualquer natureza, receber auxílios, contribuições e subvenções sociais ou econômicas de outras entidades e órgãos do governo;

II – nos termos do contrato de consórcio de direito público, promover desapropriações e instituir servidões nos termos de declaração de utilidade ou necessidade pública, ou interesse social, realizada pelo Poder Público; e

III – ser contratado pela administração direta ou indireta dos entes da Federação consorciados, dispensada a licitação.

§ 2º Os consórcios públicos poderão emitir documentos de cobrança e exercer atividades de arrecadação de tarifas e outros preços públicos pela prestação de serviços ou pelo uso ou outorga de uso de bens públicos por eles administrados ou, mediante autorização específica, pelo ente da Federação consorciado.

§ 3º Os consórcios públicos poderão outorgar concessão, permissão ou autorização de obras ou serviços públicos mediante autorização prevista no contrato de consórcio público, que deverá indicar de forma específica o objeto da concessão, permissão ou autorização e as condições a que deverá atender, observada a legislação de normas gerais em vigor.

Art. 3º O consórcio público será constituído por contrato cuja celebração dependerá da prévia subscrição de protocolo de intenções.

Art. 4º São cláusulas necessárias do protocolo de intenções as que estabeleçam:

I – a denominação, a finalidade, o prazo de duração e a sede do consórcio;

II – a identificação dos entes da Federação consorciados;

III – a indicação da área de atuação do consórcio;

IV – a previsão de que o consórcio público é associação pública ou pessoa jurídica de direito privado sem fins econômicos;

V – os critérios para, em assuntos de interesse comum, autorizar o consórcio público a representar os entes da Federação consorciados perante outras esferas de governo;

VI – as normas de convocação e funcionamento da assembleia-geral, inclusive para a elaboração, aprovação e modificação dos estatutos do consórcio público;

VII – a previsão de que a assembleia-geral é a instância máxima do consórcio público e o número de votos para as suas deliberações;

VIII – a forma de eleição e a duração do mandato do representante legal do consórcio público que, obrigatoriamente, deverá ser Chefe do Poder Executivo de ente da Federação consorciado;

IX – o número, as formas de provimento e a remuneração dos empregados públicos, bem como os casos de contratação por tempo determinado para atender a necessidade temporária de excepcional interesse público;

X – as condições para que o consórcio público celebre contrato de gestão ou termo de parceria;

XI – a autorização para a gestão associada de serviços públicos, explicitando:

a) as competências cujo exercício se transferiu ao consórcio público;

b) os serviços públicos objeto da gestão associada e a área em que serão prestados;

c) a autorização para licitar ou outorgar concessão, permissão ou autorização da prestação dos serviços;

d) as condições a que deve obedecer o contrato de programa, no caso de a gestão associada envolver também a prestação de serviços por órgão ou entidade de um dos entes da Federação consorciados;

e) os critérios técnicos para cálculo do valor das tarifas e de outros preços públicos, bem como para seu reajuste ou revisão; e

XII – o direito de qualquer dos contratantes, quando adimplente com suas obrigações, de exigir o pleno cumprimento das cláusulas do contrato de consórcio público.

§ 1º Para os fins do inciso III do *caput* deste artigo, considera-se como área de atuação do consórcio público, independentemente de figurar a União como consorciada, a que corresponde à soma dos territórios:

I – dos Municípios, quando o consórcio público for constituído somente por Municípios ou por um Estado e Municípios com territórios nele contidos;

II – dos Estados ou dos Estados e do Distrito Federal, quando o consórcio público for, respectivamente, constituído por mais de 1 (um) Estado ou por 1 (um) ou mais Estados e o Distrito Federal;

III – VETADO;

IV – dos Municípios e do Distrito Federal, quando o consórcio for constituído pelo Distrito Federal e os Municípios; e

V – VETADO.

§ 2º O protocolo de intenções deve definir o número de votos que cada ente da Federação consorciado possui na assembleia-geral, sendo assegurado 1 (um) voto a cada ente consorciado.

§ 3º É nula a cláusula do contrato de consórcio que preveja determinadas contribuições financeiras ou econômicas de ente da Federação ao consórcio público, salvo a doação, destinação ou cessão do uso de bens móveis ou imóveis e as transferências ou cessões de direitos operadas por força de gestão associada de serviços públicos.

§ 4º Os entes da Federação consorciados, ou os com eles conveniados, poderão ceder-lhe servidores, na forma e condições da legislação de cada um.

§ 5º O protocolo de intenções deverá ser publicado na imprensa oficial.

Art. 5º O contrato de consórcio público será celebrado com a ratificação, mediante lei, do protocolo de intenções.

§ 1º O contrato de consórcio público, caso assim preveja cláusula, pode ser celebrado por apenas 1 (uma) parcela dos entes da Federação que subscreveram o protocolo de intenções.

§ 2º A ratificação pode ser realizada com reserva que, aceita pelos demais entes subscritores, implicará consorciamento parcial ou condicional.

§ 3º A ratificação realizada após 2 (dois) anos da subscrição do protocolo de intenções dependerá de homologação da assembleia-geral do consórcio público.

§ 4º É dispensado da ratificação prevista no *caput* deste artigo o ente da Federação que, antes de subscrever o protocolo de intenções, disciplinar por lei a sua participação no consórcio público.

Art. 6º O consórcio público adquirirá personalidade jurídica:

I – de direito público, no caso de constituir associação pública, mediante a vigência das leis de ratificação do protocolo de intenções;

II – de direito privado, mediante o atendimento dos requisitos da legislação civil.

§ 1º O consórcio público com personalidade jurídica de direito público integra a administração indireta de todos os entes da Federação consorciados.

§ 2º O consórcio público, com personalidade jurídica de direito público ou privado, observará as normas de direito público no que concerne à realização de licitação, à celebração de contratos, à prestação de contas e à admissão de pessoal, que será regido pela Consolidação das Leis do Trabalho (CLT), aprovada pelo Decreto-Lei nº 5.452, de 1º de maio de 1943.

► § 2º com a redação dada pela Lei nº 13.822, de 3-5-2019.

Art. 7º Os estatutos disporão sobre a organização e o funcionamento de cada um dos órgãos constitutivos do consórcio público.

Art. 8º Os entes consorciados somente entregarão recursos ao consórcio público mediante contrato de rateio.

§ 1º O contrato de rateio será formalizado em cada exercício financeiro, e seu prazo de vigência não será superior ao das dotações que o suportam, com exceção dos contratos que tenham por objeto exclusivamente projetos consistentes em programas e ações contemplados em plano plurianual.

► § 1º com a redação dada pela Lei nº 14.026, de 15-7-2020.

§ 2º É vedada a aplicação dos recursos entregues por meio de contrato de rateio para o atendimento de despesas genéricas, inclusive transferências ou operações de crédito.

§ 3º Os entes consorciados, isolados ou em conjunto, bem como o consórcio público, são partes legítimas para exigir o cumprimento das obrigações previstas no contrato de rateio.

§ 4º Com o objetivo de permitir o atendimento dos dispositivos da Lei Complementar nº 101, de 4 de maio de 2000, o consórcio público deve fornecer as informações necessárias para que sejam consolidadas, nas contas dos entes consorciados, todas as despesas realizadas com os recursos entregues em virtude de contrato de rateio, de forma que possam ser contabilizadas nas contas de cada ente da Federação na conformidade dos elementos econômicos e das atividades ou projetos atendidos.

§ 5º Poderá ser excluído do consórcio público, após prévia suspensão, o ente consorciado que não consignar, em sua lei orçamentária ou em créditos adicionais, as dotações suficientes para suportar as despesas assumidas por meio de contrato de rateio.

Art. 9º A execução das receitas e despesas do consórcio público deverá obedecer às normas de direito financeiro aplicáveis às entidades públicas.

Parágrafo único. O consórcio público está sujeito à fiscalização contábil, operacional e patrimonial pelo Tribunal de Contas competente para apreciar as contas do Chefe do Poder Executivo representante legal do consórcio, inclusive quanto à legalidade, legitimidade e economicidade das despesas, atos, contratos e renúncia de receitas, sem prejuízo do controle externo a ser exercido em razão de cada um dos contratos de rateio.

Art. 10. VETADO.

Parágrafo único. Os agentes públicos incumbidos da gestão de consórcio não responderão pessoalmente pelas obrigações contraídas pelo consórcio público, mas responderão pelos atos praticados em desconformidade com a lei ou com as disposições dos respectivos estatutos.

Art. 11. A retirada do ente da Federação do consórcio público dependerá de ato formal de seu representante na assembleia-geral, na forma previamente disciplinada por lei.

§ 1º Os bens destinados ao consórcio público pelo consorciado que se retira somente serão revertidos ou retrocedidos no caso de expressa previsão no contrato de consórcio público ou no instrumento de transferência ou de alienação.

§ 2º A retirada ou a extinção de consórcio público ou convênio de cooperação não prejudicará as obrigações já constituídas, inclusive os contratos, cuja extinção dependerá do pagamento das indenizações eventualmente devidas.

► § 2º com a redação dada pela Lei nº 14.026, de 15-7-2020.

Art. 12. A alteração ou a extinção de contrato de consórcio público dependerá de instrumento aprovado pela assembleia-geral, ratificado mediante lei por todos os entes consorciados.

§ 1º *Revogado.* Lei nº 14.026, de 15-7-2020.

§ 2º Até que haja decisão que indique os responsáveis por cada obrigação, os entes consorciados responderão solidariamente pelas obrigações remanescentes, garantindo o direito de regresso em face dos entes beneficiados ou dos que deram causa à obrigação.

Art. 13. Deverão ser constituídas e reguladas por contrato de programa, como condição de sua validade, as obrigações que um ente da Federação constituir para com outro ente da Federação ou para com consórcio público no âmbito de gestão associada em que haja a prestação de serviços públicos ou a transferência total ou parcial de encargos, serviços, pessoal ou de bens necessários à continuidade dos serviços transferidos.

§ 1º O contrato de programa deverá:

I – atender à legislação de concessões e permissões de serviços públicos e, especialmente no que se refere ao cálculo de tarifas e de outros preços públicos, à de regulação dos serviços a serem prestados; e

II – prever procedimentos que garantam a transparência da gestão econômica e financeira de cada serviço em relação a cada um de seus titulares.

§ 2º No caso de a gestão associada originar a transferência total ou parcial de encargos, serviços, pessoal e bens essenciais à continuidade dos serviços transferidos, o contrato de programa, sob pena de nulidade, deverá conter cláusulas que estabeleçam:

I – os encargos transferidos e a responsabilidade subsidiária da entidade que os transferiu;

II – as penalidades no caso de inadimplência em relação aos encargos transferidos;
III – o momento de transferência dos serviços e os deveres relativos a sua continuidade;
IV – a indicação de quem arcará com o ônus e os passivos do pessoal transferido;
V – a identificação dos bens que terão apenas a sua gestão e administração transferidas e o preço dos que sejam efetivamente alienados ao contratado;
VI – o procedimento para o levantamento, cadastro e avaliação dos bens reversíveis que vierem a ser amortizados mediante receitas de tarifas ou outras emergentes da prestação dos serviços.

§ 3º É nula a cláusula de contrato de programa que atribuir ao contratado o exercício dos poderes de planejamento, regulação e fiscalização dos serviços por ele próprio prestados.

§ 4º O contrato de programa continuará vigente mesmo quando extinto o consórcio público ou o convênio de cooperação que autorizou a gestão associada de serviços públicos.

§ 5º Mediante previsão do contrato de consórcio público, ou de convênio de cooperação, o contrato de programa poderá ser celebrado por entidades de direito público ou privado que integrem a administração indireta de qualquer dos entes da Federação consorciados ou conveniados.

§ 6º *Revogado.* Lei nº 14.026, de 15-7-2020.

§ 7º Excluem-se do previsto no *caput* deste artigo as obrigações cujo descumprimento não acarrete qualquer ônus, inclusive financeiro, a ente da Federação ou a consórcio público.

§ 8º Os contratos de prestação de serviços públicos de saneamento básico deverão observar o art. 175 da Constituição Federal, vedada a formalização de novos contratos de programa para esse fim.

► § 8º acrescido pela Lei nº 14.026, de 15-7-2020.

Art. 14. A União poderá celebrar convênios com os consórcios públicos, com o objetivo de viabilizar a descentralização e a prestação de políticas públicas em escalas adequadas.

Parágrafo único. Para a celebração dos convênios de que trata o *caput* deste artigo, as exigências legais de regularidade aplicar-se-ão ao próprio consórcio público envolvido, e não aos entes federativos nele consorciados.

► Parágrafo único acrescido pela Lei nº 13.821, de 3-5-2019.

Art. 15. No que não contrariar esta Lei, a organização e funcionamento dos consórcios públicos serão disciplinados pela legislação que rege as associações civis.

Art. 16. O inciso IV do art. 41 da Lei nº 10.406, de 10 de janeiro de 2002 – Código Civil, passa a vigorar com a seguinte redação:

► Alteração inserida no texto do Código Civil.

Art. 17. Os arts. 23, 24, 26 e 112 da Lei nº 8.666, de 21 de junho de 1993, passam a vigorar com a seguinte redação:

► Alterações inseridas no texto da referida Lei.

Art. 18. O art. 10 da Lei nº 8.429, de 2 de junho de 1992, passa a vigorar acrescido dos seguintes incisos:

► Alterações inseridas no texto da referida Lei.

Art. 19. O disposto nesta Lei não se aplica aos convênios de cooperação, contratos de programa para gestão associada de serviços públicos ou instrumentos congêneres, que tenham sido celebrados anteriormente a sua vigência.

Art. 20. O Poder Executivo da União regulamentará o disposto nesta Lei, inclusive as normas gerais de contabilidade pública que serão observadas pelos consórcios públicos para que sua gestão financeira e orçamentária se realize na conformidade dos pressupostos da responsabilidade fiscal.

Art. 21. Esta Lei entra em vigor na data de sua publicação.

Brasília, 6 de abril de 2005;
184º da Independência e
117º da República.

Luiz Inácio Lula da Silva

LEI Nº 11.340, DE 7 DE AGOSTO DE 2006

Cria mecanismos para coibir a violência doméstica e familiar contra a mulher, nos termos do § 8º do art. 226 da Constituição Federal, da Convenção sobre a Eliminação de Todas as Formas de Discriminação contra as Mulheres e da Convenção Interamericana para Prevenir, Punir e Erradicar a Violência contra a Mulher; dispõe sobre a criação dos Juizados de Violência Doméstica e Familiar contra a Mulher; altera o Código de Processo Penal, o Código Penal e a Lei de Execução Penal; e dá outras providências.

► Publicada no *DOU* de 8-8-2006.

TÍTULO I – DISPOSIÇÕES PRELIMINARES

Art. 1º Esta Lei cria mecanismos para coibir e prevenir a violência doméstica e familiar contra a mulher, nos termos do § 8º do art. 226 da Constituição Federal, da Convenção sobre a Eliminação de Todas as Formas de Violência contra a Mulher, da Convenção Interamericana para Prevenir, Punir e Erradicar a Violência contra a Mulher e de outros tratados internacionais ratificados pela República Federativa do Brasil; dispõe sobre a criação dos Juizados de Violência Doméstica e Familiar contra a Mulher; e estabelece medidas de assistência e proteção às mulheres em situação de violência doméstica e familiar.

► O STF, por unanimidade de votos, julgou procedente a ADECON nº 19, para declarar a constitucionalidade deste artigo (*DOU* de 17-2-2012).

Art. 2º Toda mulher, independentemente de classe, raça, etnia, orientação sexual, renda, cultura, nível educacional, idade e religião, goza dos direitos fundamentais inerentes à pessoa humana, sendo-lhe asseguradas as oportunidades e facilidades para viver sem violência, preservar sua saúde física e mental e seu aperfeiçoamento moral, intelectual e social.

Art. 3º Serão asseguradas às mulheres as condições para o exercício efetivo dos direitos à vida, à segurança, à saúde, à alimentação, à educação, à cultura, à moradia, ao acesso à justiça, ao esporte, ao lazer, ao trabalho, à cidadania, à liberdade, à dignidade, ao respeito e à convivência familiar e comunitária.

§ 1º O poder público desenvolverá políticas que visem garantir os direitos humanos das mulheres no âmbito das relações domésticas e familiares no sentido de resguardá-las de toda forma de negligência, discriminação, exploração, violência, crueldade e opressão.

§ 2º Cabe à família, à sociedade e ao poder público criar as condições necessárias para o efetivo exercício dos direitos enunciados no *caput.*

Art. 4º Na interpretação desta Lei, serão considerados os fins sociais a que ela se destina e, especialmente, as condições peculiares das mulheres em situação de violência doméstica e familiar.

TÍTULO II – DA VIOLÊNCIA DOMÉSTICA E FAMILIAR CONTRA A MULHER

CAPÍTULO I

DISPOSIÇÕES GERAIS

Art. 5º Para os efeitos desta Lei, configura violência doméstica e familiar contra a mulher qualquer ação ou omissão baseada no gênero que lhe cause morte, lesão, sofrimento físico, sexual ou psicológico e dano moral ou patrimonial:

I – no âmbito da unidade doméstica, compreendida como o espaço de convívio permanente de pessoas, com ou sem vínculo familiar, inclusive as esporadicamente agregadas;

II – no âmbito da família, compreendida como a comunidade formada por indivíduos que são ou se consideram aparentados, unidos por laços naturais, por afinidade ou por vontade expressa;

III – em qualquer relação íntima de afeto, na qual o agressor conviva ou tenha convivido com a ofendida, independentemente de coabitação.

Parágrafo único. As relações pessoais enunciadas neste artigo independem de orientação sexual.

Art. 6º A violência doméstica e familiar contra a mulher constitui uma das formas de violação dos direitos humanos.

CAPÍTULO II

DAS FORMAS DE VIOLÊNCIA DOMÉSTICA E FAMILIAR CONTRA A MULHER

Art. 7º São formas de violência doméstica e familiar contra a mulher, entre outras:

I – a violência física, entendida como qualquer conduta que ofenda sua integridade ou saúde corporal;

II – a violência psicológica, entendida como qualquer conduta que lhe cause dano emocional e diminuição da autoestima ou que lhe prejudique e perturbe o pleno desenvolvimento ou que vise degradar ou controlar suas ações, comportamentos, crenças e decisões, mediante ameaça, constrangimento, humilhação, manipulação, isolamento, vigilância constante, perseguição contumaz, insulto, chantagem, violação de sua intimidade, ridicularização, exploração e limitação do direito de ir e vir ou qualquer outro meio que lhe cause prejuízo à saúde psicológica e à autodeterminação;

▸ Inciso II com a redação dada pela Lei nº 13.772, de 19-12-2018.

III – a violência sexual, entendida como qualquer conduta que a constranja a presenciar, a manter ou a participar de relação sexual não desejada, mediante intimidação, ameaça, coação ou uso da força; que a induza a comercializar ou a utilizar, de qualquer modo, a sua sexualidade, que a impeça de usar qualquer método contraceptivo ou que a force ao matrimônio, à gravidez, ao aborto ou à prostituição, mediante coação, chantagem, suborno ou manipulação; ou que limite ou anule o exercício de seus direitos sexuais e reprodutivos;

IV – a violência patrimonial, entendida como qualquer conduta que configure retenção, subtração, destruição parcial ou total de seus objetos, instrumentos de trabalho, documentos pessoais, bens, valores e direitos ou recursos econômicos, incluindo os destinados a satisfazer suas necessidades;

V – a violência moral, entendida como qualquer conduta que configure calúnia, difamação ou injúria.

TÍTULO III – DA ASSISTÊNCIA À MULHER EM SITUAÇÃO DE VIOLÊNCIA DOMÉSTICA E FAMILIAR

CAPÍTULO I

DAS MEDIDAS INTEGRADAS DE PREVENÇÃO

Art. 8º A política pública que visa coibir a violência doméstica e familiar contra a mulher far-se-á por meio de um conjunto articulado de ações da União, dos Estados, do Distrito Federal e dos Municípios e de ações não governamentais, tendo por diretrizes:

I – a integração operacional do Poder Judiciário, do Ministério Público e da Defensoria Pública com as áreas de segurança pública, assistência social, saúde, educação, trabalho e habitação;

II – a promoção de estudos e pesquisas, estatísticas e outras informações relevantes, com a perspectiva de gênero e de raça ou etnia, concernentes às causas, às consequências e à frequência da violência doméstica e familiar contra a mulher, para a sistematização de dados, a serem unificados nacionalmente, e a avaliação periódica dos resultados das medidas adotadas;

III – o respeito, nos meios de comunicação social, dos valores éticos e sociais da pessoa e da família, de forma a coibir os papéis estereotipados que legitimem ou exacerbem a violência doméstica e familiar, de acordo com o estabelecido no inciso III do art. 1º, no inciso IV do art. 3º e no inciso IV do art. 221 da Constituição Federal;

IV – a implementação de atendimento policial especializado para as mulheres, em particular nas Delegacias de Atendimento à Mulher;

V – a promoção e a realização de campanhas educativas de prevenção da violência doméstica e familiar contra a mulher, voltadas ao público escolar e à sociedade em geral, e a difusão desta Lei e dos instrumentos de proteção aos direitos humanos das mulheres;

VI – a celebração de convênios, protocolos, ajustes, termos ou outros instrumentos de promoção de parceria entre órgãos governamentais ou entre estes e entidades não governamentais, tendo por objetivo a implementação de programas de erradicação da violência doméstica e familiar contra a mulher;

VII – a capacitação permanente das Polícias Civil e Militar, da Guarda Municipal, do Corpo de Bombeiros e dos profissionais pertencentes aos órgãos e às áreas enunciados no inciso I quanto às questões de gênero e de raça ou etnia;

VIII – a promoção de programas educacionais que disseminem valores éticos de irrestrito respeito à dignidade da pessoa humana com a perspectiva de gênero e de raça ou etnia;

IX – o destaque, nos currículos escolares de todos os níveis de ensino, para os conteúdos relativos aos direitos humanos, à equidade de gênero e de raça ou etnia e ao problema da violência doméstica e familiar contra a mulher.

CAPÍTULO II

DA ASSISTÊNCIA À MULHER EM SITUAÇÃO DE VIOLÊNCIA DOMÉSTICA E FAMILIAR

Art. 9º A assistência à mulher em situação de violência doméstica e familiar será prestada de forma articulada e conforme os princípios e as diretrizes previstos na Lei Orgânica da Assistência Social, no Sistema Único de Saúde, no Sistema Único de Segurança Pública, entre outras normas e políticas públicas de proteção, e emergencialmente quando for o caso.

§ 1º O juiz determinará, por prazo certo, a inclusão da mulher em situação de violência doméstica e familiar no cadastro de programas assistenciais do governo federal, estadual e municipal.

§ 2º O juiz assegurará à mulher em situação de violência doméstica e familiar, para preservar sua integridade física e psicológica:

I – acesso prioritário à remoção quando servidora pública, integrante da administração direta ou indireta;

II – manutenção do vínculo trabalhista, quando necessário o afastamento do local de trabalho, por até seis meses;

III – encaminhamento à assistência judiciária, quando for o caso, inclusive para eventual ajuizamento da ação de separação judicial, de divórcio, de anulação de casamento ou de dissolução de união estável perante o juízo competente.

► Inciso III acrescido pela Lei nº 13.894, de 29-10-2019.

§ 3º A assistência à mulher em situação de violência doméstica e familiar compreenderá o acesso aos benefícios decorrentes do desenvolvimento científico e tecnológico, incluindo os serviços de contracepção de emergência, a profilaxia das Doenças Sexualmente Transmissíveis (DST) e da Síndrome da Imunodeficiência Adquirida (AIDS) e outros procedimentos médicos necessários e cabíveis nos casos de violência sexual.

§ 4º Aquele que, por ação ou omissão, causar lesão, violência física, sexual ou psicológica e dano moral ou patrimonial a mulher fica obrigado a ressarcir todos os danos causados, inclusive ressarcir ao Sistema Único de Saúde (SUS), de acordo com a tabela SUS, os custos relativos aos serviços de saúde prestados para o total tratamento das vítimas em situação de violência doméstica e familiar, recolhidos os recursos assim arrecadados ao Fundo de Saúde do ente federado responsável pelas unidades de saúde que prestarem os serviços.

§ 5º Os dispositivos de segurança destinados ao uso em caso de perigo iminente e disponibilizados para o monitoramento das vítimas de violência doméstica ou familiar amparadas por medidas protetivas terão seus custos ressarcidos pelo agressor.

§ 6º O ressarcimento de que tratam os §§ 4º e 5º deste artigo não poderá importar ônus de qualquer natureza ao patrimônio da mulher e dos seus dependentes, nem configurar atenuante ou ensejar possibilidade de substituição da pena aplicada.

► §§ 4º a 6º acrescidos pela Lei nº 13.871, de 17-9-2019.

§ 7º A mulher em situação de violência doméstica e familiar tem prioridade para matricular seus dependentes em instituição de educação básica mais próxima de seu domicílio, ou transferi-los para essa instituição, mediante a apresentação dos documentos comprobatórios do registro da ocorrência policial ou do processo de violência doméstica e familiar em curso.

§ 8º Serão sigilosos os dados da ofendida e de seus dependentes matriculados ou transferidos conforme o disposto no § 7º deste artigo, e o acesso às informações será reservado ao juiz, ao Ministério Público e aos órgãos competentes do poder público.

► §§ 7º e 8º acrescidos pela Lei nº 13.882, de 8-10-2019.

CAPÍTULO III

DO ATENDIMENTO PELA AUTORIDADE POLICIAL

Art. 10. Na hipótese da iminência ou da prática de violência doméstica e familiar contra a mulher, a autoridade policial que tomar conhecimento da ocorrência adotará, de imediato, as providências legais cabíveis.

Parágrafo único. Aplica-se o disposto no *caput* deste artigo ao descumprimento de medida protetiva de urgência deferida.

Art. 10-A. É direito da mulher em situação de violência doméstica e familiar o atendimento policial e pericial especializado, ininterrupto e prestado por servidores – preferencialmente do sexo feminino – previamente capacitados.

§ 1º A inquirição de mulher em situação de violência doméstica e familiar ou de testemunha de violência doméstica, quando se tratar de crime contra a mulher, obedecerá às seguintes diretrizes:

I – salvaguarda da integridade física, psíquica e emocional da depoente, considerada a sua condição peculiar de pessoa em situação de violência doméstica e familiar;

II – garantia de que, em nenhuma hipótese, a mulher em situação de violência doméstica e familiar, familiares e testemunhas terão contato direto com investigados ou suspeitos e pessoas a eles relacionadas;

III – não revitimização da depoente, evitando sucessivas inquirições sobre o mesmo fato nos âmbitos criminal, cível e administrativo, bem como questionamentos sobre a vida privada.

§ 2º Na inquirição de mulher em situação de violência doméstica e familiar ou de testemunha de delitos de que trata esta Lei, adotar-se-á, preferencialmente, o seguinte procedimento:

I – a inquirição será feita em recinto especialmente projetado para esse fim, o qual conterá os equipamentos próprios e adequados à idade da mulher em situação de violência doméstica e familiar ou testemunha e ao tipo e à gravidade da violência sofrida;

II – quando for o caso, a inquirição será intermediada por profissional especializado em violência doméstica e familiar designado pela autoridade judiciária ou policial;

III – o depoimento será registrado em meio eletrônico ou magnético, devendo a degravação e a mídia integrar o inquérito.

► Art. 10-A acrescido pela Lei nº 13.505, de 8-11-2017.

Art. 11. No atendimento à mulher em situação de violência doméstica e familiar, a autoridade policial deverá, entre outras providências:

I – garantir proteção policial, quando necessário, comunicando de imediato ao Ministério Público e ao Poder Judiciário;

II – encaminhar a ofendida ao hospital ou posto de saúde e ao Instituto Médico Legal;

III – fornecer transporte para a ofendida e seus dependentes para abrigo ou local seguro, quando houver risco de vida;

IV – se necessário, acompanhar a ofendida para assegurar a retirada de seus pertences do local da ocorrência ou do domicílio familiar;

V – informar à ofendida os direitos a ela conferidos nesta Lei e os serviços disponíveis, inclusive os de assistência judiciária para o eventual ajuizamento perante o juízo competente da ação de separação judicial, de divórcio, de anulação de casamento ou de dissolução de união estável.

► Inciso V com a redação dada pela Lei nº 13.894, de 29-10-2019.

Art. 12. Em todos os casos de violência doméstica e familiar contra a mulher, feito o registro da ocorrência, deverá a autoridade policial adotar, de imediato, os seguintes procedimentos, sem prejuízo daqueles previstos no Código de Processo Penal:

I – ouvir a ofendida, lavrar o boletim de ocorrência e tomar a representação a termo, se apresentada;

► O STF, por maioria de votos, julgou procedente a ADIN nº 4.424, para dar a este inciso interpretação conforme a CF, assentando a natureza incondicionada da ação penal em caso de crime de lesão, pouco importando a extensão desta, praticado contra a mulher no ambiente doméstico (*DOU* de 17-2-2012).

II – colher todas as provas que servirem para o esclarecimento do fato e de suas circunstâncias;

III – remeter, no prazo de 48 (quarenta e oito) horas, expediente apartado ao juiz com o pedido da ofendida, para a concessão de medidas protetivas de urgência;

IV – determinar que se proceda ao exame de corpo de delito da ofendida e requisitar outros exames periciais necessários;

V – ouvir o agressor e as testemunhas;

VI – ordenar a identificação do agressor e fazer juntar aos autos sua folha de antecedentes criminais, indicando a existência de mandado de prisão ou registro de outras ocorrências policiais contra ele;

VI-A – verificar se o agressor possui registro de porte ou posse de arma de fogo e, na hipótese de existência, juntar aos autos essa informação, bem como notificar a ocorrência à instituição responsável pela concessão do registro ou da emissão do porte, nos termos da Lei nº 10.826, de 22 de dezembro de 2003 (Estatuto do Desarmamento);

► Inciso VI-A acrescido pela Lei nº 13.880, de 8-10-2019.

VII – remeter, no prazo legal, os autos do inquérito policial ao juiz e ao Ministério Público.

§ 1º O pedido da ofendida será tomado a termo pela autoridade policial e deverá conter:

I – qualificação da ofendida e do agressor;

II – nome e idade dos dependentes;

III – descrição sucinta do fato e das medidas protetivas solicitadas pela ofendida;

IV – informação sobre a condição de a ofendida ser pessoa com deficiência e se da violência sofrida resultou deficiência ou agravamento de deficiência preexistente.

► Inciso IV acrescido pela Lei nº 13.836, de 4-6-2019.

§ 2º A autoridade policial deverá anexar ao documento referido no § 1º o boletim de ocorrência e cópia de todos os documentos disponíveis em posse da ofendida.

§ 3º Serão admitidos como meios de prova os laudos ou prontuários médicos fornecidos por hospitais e postos de saúde.

Art. 12-A. Os Estados e o Distrito Federal, na formulação de suas políticas e planos de atendimento à mulher em situação de violência doméstica e familiar, darão prioridade, no âmbito da Polícia Civil, à criação de Delegacias Especializadas de Atendimento à Mulher (Deams), de Núcleos Investigativos de Feminicídio e de equipes especializadas para o atendimento e a investigação das violências graves contra a mulher.

► Art. 12-A acrescido pela Lei nº 13.505, de 8-11-2017.

Art. 12-B. VETADO. Lei nº 13.505, de 8-11-2017.

§§ 1º e 2º VETADOS. Lei nº 13.505, de 8-11-2017.

§ 3º A autoridade policial poderá requisitar os serviços públicos necessários à defesa da mulher em situação de violência doméstica e familiar e de seus dependentes.

► § 3º acrescido pela Lei nº 13.505, de 8-11-2017.

Art. 12-C. Verificada a existência de risco atual ou iminente à vida ou à integridade física ou psicológica da mulher em situação de violência doméstica e familiar, ou de seus dependentes, o agressor será imediatamente afastado do lar, domicílio ou local de convivência com a ofendida:

► *Caput* com a redação dada pela Lei nº 14.188, de 28-7-2021.

I – pela autoridade judicial;

II – pelo delegado de polícia, quando o Município não for sede de comarca; ou

III – pelo policial, quando o Município não for sede de comarca e não houver delegado disponível no momento da denúncia.

► Incisos I a III acrescidos pela Lei nº 13.827, de 13-5-2019.

§ 1º Nas hipóteses dos incisos II e III do *caput* deste artigo, o juiz será comunicado no prazo máximo de 24 (vinte e quatro) horas e decidirá, em igual prazo, sobre a manutenção ou a revogação da medida aplicada, devendo dar ciência ao Ministério Público concomitantemente.

§ 2º Nos casos de risco à integridade física da ofendida ou à efetividade da medida protetiva de urgência, não será concedida liberdade provisória ao preso.

► §§ 1º e 2º acrescidos pela Lei nº 13.827, de 13-5-2019.

TÍTULO IV – DOS PROCEDIMENTOS

CAPÍTULO I

DISPOSIÇÕES GERAIS

Art. 13. Ao processo, ao julgamento e à execução das causas cíveis e criminais decorrentes da prática de violência doméstica e familiar contra a mulher aplicar-se-ão as normas dos Códigos de Processo Penal e Processo Civil e da legislação específica relativa à criança, ao adolescente e ao idoso que não conflitarem com o estabelecido nesta Lei.

Art. 14. Os Juizados de Violência Doméstica e Familiar contra a Mulher, órgãos da Justiça Ordinária com competência cível e criminal, poderão ser criados pela União, no Distrito Federal e nos Territórios, e pelos Estados, para o processo, o julgamento e a execução das causas decorrentes da prática de violência doméstica e familiar contra a mulher.

Parágrafo único. Os atos processuais poderão realizar-se em horário noturno, conforme dispuserem as normas de organização judiciária.

Art. 14-A. A ofendida tem a opção de propor ação de divórcio ou de dissolução de união estável no Juizado de Violência Doméstica e Familiar contra a Mulher.

§ 1º Exclui-se da competência dos Juizados de Violência Doméstica e Familiar contra a Mulher a pretensão relacionada à partilha de bens.

§ 2º Iniciada a situação de violência doméstica e familiar após o ajuizamento da ação de divórcio ou de dissolução de união estável, a ação terá preferência no juízo onde estiver.

► Art. 14-A acrescido pela Lei nº 13.894, de 29-10-2019, promulgado nos termos do art. 66, § 5º, da CF (*DOU* de 11-12-2019).

Art. 15. É competente, por opção da ofendida, para os processos cíveis regidos por esta Lei, o Juizado:

I – do seu domicílio ou de sua residência;

II – do lugar do fato em que se baseou a demanda;

III – do domicílio do agressor.

Art. 16. Nas ações penais públicas condicionadas à representação da ofendida de que trata esta Lei, só será admitida a renúncia à representação perante o juiz, em audiência especialmente designada com tal finalidade, antes do recebimento da denúncia e ouvido o Ministério Público.

► O STF, por maioria de votos, julgou procedente a ADIN nº 4.424, para dar a este artigo interpretação conforme a CF, assentando a natureza incondicionada da ação penal em caso de crime de lesão, pouco importando a extensão desta, praticado contra a mulher no ambiente doméstico (*DOU* de 17-2-2012).

Art. 17. É vedada a aplicação, nos casos de violência doméstica e familiar contra a mulher, de penas de cesta básica ou outras de prestação pecuniária, bem como a substituição de pena que implique o pagamento isolado de multa.

CAPÍTULO II
DAS MEDIDAS PROTETIVAS DE URGÊNCIA

Seção I
DISPOSIÇÕES GERAIS

Art. 18. Recebido o expediente com o pedido da ofendida, caberá ao juiz, no prazo de 48 (quarenta e oito) horas:

I – conhecer do expediente e do pedido e decidir sobre as medidas protetivas de urgência;

II – determinar o encaminhamento da ofendida ao órgão de assistência judiciária, quando for o caso, inclusive para o ajuizamento da ação de separação judicial, de divórcio, de anulação de casamento ou de dissolução de união estável perante o juízo competente;

► Inciso II com a redação dada pela Lei nº 13.894, de 29-10-2019.

III – comunicar ao Ministério Público para que adote as providências cabíveis;

IV – determinar a apreensão imediata de arma de fogo sob a posse do agressor.

► Inciso IV acrescido pela Lei nº 13.880, de 8-10-2019.

Art. 19. As medidas protetivas de urgência poderão ser concedidas pelo juiz, a requerimento do Ministério Público ou a pedido da ofendida.

§ 1º As medidas protetivas de urgência poderão ser concedidas de imediato, independentemente de audiência das partes e de manifestação do Ministério Público, devendo este ser prontamente comunicado.

§ 2º As medidas protetivas de urgência serão aplicadas isolada ou cumulativamente, e poderão ser substituídas a qualquer tempo por outras de maior eficácia, sempre que os direitos reconhecidos nesta Lei forem ameaçados ou violados.

§ 3º Poderá o juiz, a requerimento do Ministério Público ou a pedido da ofendida, conceder novas medidas protetivas de urgência ou rever aquelas já concedidas, se entender necessário à proteção da ofendida, de seus familiares e de seu patrimônio, ouvido o Ministério Público.

Art. 20. Em qualquer fase do inquérito policial ou da instrução criminal, caberá a prisão preventiva do agressor, decretada pelo juiz, de ofício, a requerimento do Ministério Público ou mediante representação da autoridade policial.

Parágrafo único. O juiz poderá revogar a prisão preventiva se, no curso do processo, verificar a falta de motivo para que subsista, bem como de novo decretá-la, se sobrevierem razões que a justifiquem.

Art. 21. A ofendida deverá ser notificada dos atos processuais relativos ao agressor, especialmente dos pertinentes ao ingresso e à saída da prisão, sem prejuízo da intimação do advogado constituído ou do defensor público.

Parágrafo único. A ofendida não poderá entregar intimação ou notificação ao agressor.

Seção II
DAS MEDIDAS PROTETIVAS DE URGÊNCIA QUE OBRIGAM O AGRESSOR

Art. 22. Constatada a prática de violência doméstica e familiar contra a mulher, nos termos desta Lei, o juiz poderá aplicar, de imediato, ao agressor, em conjunto ou separadamente, as seguintes medidas protetivas de urgência, entre outras:

I – suspensão da posse ou restrição do porte de armas, com comunicação ao órgão competente, nos termos da Lei nº 10.826, de 22 de dezembro de 2003;

II – afastamento do lar, domicílio ou local de convivência com a ofendida;

III – proibição de determinadas condutas, entre as quais:

a) aproximação da ofendida, de seus familiares e das testemunhas, fixando o limite mínimo de distância entre estes e o agressor;

b) contato com a ofendida, seus familiares e testemunhas por qualquer meio de comunicação;

c) frequentação de determinados lugares a fim de preservar a integridade física e psicológica da ofendida;

IV – restrição ou suspensão de visitas aos dependentes menores, ouvida a equipe de atendimento multidisciplinar ou serviço similar;

V – prestação de alimentos provisionais ou provisórios;

VI – comparecimento do agressor a programas de recuperação e reeducação; e

VII – acompanhamento psicossocial do agressor, por meio de atendimento individual e/ou em grupo de apoio.

► Incisos VI e VII acrescidos pela Lei nº 13.984, de 3-4-2020.

§ 1º As medidas referidas neste artigo não impedem a aplicação de outras previstas na legislação em vigor, sempre que a segurança da ofendida ou as circunstâncias o exigirem, devendo a providência ser comunicada ao Ministério Público.

§ 2º Na hipótese de aplicação do inciso I, encontrando-se o agressor nas condições mencionadas no *caput* e incisos do art. 6º da Lei nº 10.826, de 22 de dezembro de 2003, o juiz comunicará ao respectivo órgão, corporação ou instituição as medidas protetivas de urgência concedidas e determinará a restrição do porte de armas, ficando o superior imediato do agressor responsável pelo cumprimento da determinação judicial, sob pena de incorrer nos crimes de prevaricação ou de desobediência, conforme o caso.

§ 3º Para garantir a efetividade das medidas protetivas de urgência, poderá o juiz requisitar, a qualquer momento, auxílio da força policial.

§ 4º Aplica-se às hipóteses previstas neste artigo, no que couber, o disposto no *caput* e nos §§ 5º e 6º do art. 461 da Lei nº 5.869, de 11 de janeiro de 1973 (Código de Processo Civil).

► Arts. 139, IV, 536, § 1º, e 537, § 1º, I, do CPC/2015.

Seção III
DAS MEDIDAS PROTETIVAS DE URGÊNCIA À OFENDIDA

Art. 23. Poderá o juiz, quando necessário, sem prejuízo de outras medidas:

I – encaminhar a ofendida e seus dependentes a programa oficial ou comunitário de proteção ou de atendimento;

II – determinar a recondução da ofendida e a de seus dependentes ao respectivo domicílio, após afastamento do agressor;

III – determinar o afastamento da ofendida do lar, sem prejuízo dos direitos relativos a bens, guarda dos filhos e alimentos;

IV – determinar a separação de corpos;

V – determinar a matrícula dos dependentes da ofendida em instituição de educação básica mais próxima do seu domicílio, ou a transferência deles para essa instituição, independentemente da existência de vaga.

► Inciso V acrescido pela Lei nº 13.882, de 8-10-2019.

Art. 24. Para a proteção patrimonial dos bens da sociedade conjugal ou daqueles de propriedade particular da mulher, o juiz poderá determinar, liminarmente, as seguintes medidas, entre outras:

I – restituição de bens indevidamente subtraídos pelo agressor à ofendida;

II – proibição temporária para a celebração de atos e contratos de compra, venda e locação de propriedade em comum, salvo expressa autorização judicial;

III – suspensão das procurações conferidas pela ofendida ao agressor;

IV – prestação de caução provisória, mediante depósito judicial, por perdas e danos materiais decorrentes da prática de violência doméstica e familiar contra a ofendida.

Parágrafo único. Deverá o juiz oficiar ao cartório competente para os fins previstos nos incisos II e III deste artigo.

Seção IV
DO CRIME DE DESCUMPRIMENTO DE MEDIDAS PROTETIVAS DE URGÊNCIA

▸ Seção IV acrescida pela Lei nº 13.641, de 3-4-2018.

Art. 24-A. Descumprir decisão judicial que defere medidas protetivas de urgência previstas nesta Lei:

Pena – detenção, de 3 (três) meses a 2 (dois) anos.

§ 1º A configuração do crime independe da competência civil ou criminal do juiz que deferiu as medidas.

§ 2º Na hipótese de prisão em flagrante, apenas a autoridade judicial poderá conceder fiança.

§ 3º O disposto neste artigo não exclui a aplicação de outras sanções cabíveis.

▸ Art. 24-A acrescido pela Lei nº 13.641, de 3-4-2018.

CAPÍTULO III
DA ATUAÇÃO DO MINISTÉRIO PÚBLICO

Art. 25. O Ministério Público intervirá, quando não for parte, nas causas cíveis e criminais decorrentes da violência doméstica e familiar contra a mulher.

Art. 26. Caberá ao Ministério Público, sem prejuízo de outras atribuições, nos casos de violência doméstica e familiar contra a mulher, quando necessário:

I – requisitar força policial e serviços públicos de saúde, de educação, de assistência social e de segurança, entre outros;

II – fiscalizar os estabelecimentos públicos e particulares de atendimento à mulher em situação de violência doméstica e familiar, e adotar, de imediato, as medidas administrativas ou judiciais cabíveis no tocante a quaisquer irregularidades constatadas;

III – cadastrar os casos de violência doméstica e familiar contra a mulher.

CAPÍTULO IV
DA ASSISTÊNCIA JUDICIÁRIA

Art. 27. Em todos os atos processuais, cíveis e criminais, a mulher em situação de violência doméstica e familiar deverá estar acompanhada de advogado, ressalvado o previsto no art. 19 desta Lei.

Art. 28. É garantido a toda mulher em situação de violência doméstica e familiar o acesso aos serviços de Defensoria Pública ou de Assistência Judiciária Gratuita, nos termos da lei, em sede policial e judicial, mediante atendimento específico e humanizado.

TÍTULO V – DA EQUIPE DE ATENDIMENTO MULTIDISCIPLINAR

Art. 29. Os Juizados de Violência Doméstica e Familiar contra a Mulher que vierem a ser criados poderão contar com uma equipe de atendimento multidisciplinar, a ser integrada por profissionais especializados nas áreas psicossocial, jurídica e de saúde.

Art. 30. Compete à equipe de atendimento multidisciplinar, entre outras atribuições que lhe forem reservadas pela legislação local, fornecer subsídios por escrito ao juiz, ao Ministério Público e à Defensoria Pública, mediante laudos ou verbalmente em audiência, e desenvolver trabalhos de orientação, encaminhamento, prevenção e outras medidas, voltados para a ofendida, o agressor e os familiares, com especial atenção às crianças e aos adolescentes.

Art. 31. Quando a complexidade do caso exigir avaliação mais aprofundada, o juiz poderá determinar a manifestação de profissional especializado, mediante a indicação da equipe de atendimento multidisciplinar.

Art. 32. O Poder Judiciário, na elaboração de sua proposta orçamentária, poderá prever recursos para a criação e manutenção da equipe de atendimento multidisciplinar, nos termos da Lei de Diretrizes Orçamentárias.

TÍTULO VI – DISPOSIÇÕES TRANSITÓRIAS

Art. 33. Enquanto não estruturados os Juizados de Violência Doméstica e Familiar contra a Mulher, as varas criminais acumularão as competências cível e criminal para conhecer e julgar as causas decorrentes da prática de violência doméstica e familiar contra a mulher, observadas as previsões do Título IV desta Lei, subsidiada pela legislação processual pertinente.

Parágrafo único. Será garantido o direito de preferência, nas varas criminais, para o processo e o julgamento das causas referidas no *caput*.

▸ O STF, por unanimidade de votos, julgou procedente a ADECON nº 19, para declarar a constitucionalidade deste artigo (*DOU* de 17-2-2012).

TÍTULO VII – DISPOSIÇÕES FINAIS

Art. 34. A instituição dos Juizados de Violência Doméstica e Familiar contra a Mulher poderá ser acompanhada pela implantação das curadorias necessárias e do serviço de assistência judiciária.

Art. 35. A União, o Distrito Federal, os Estados e os Municípios poderão criar e promover, no limite das respectivas competências:

I – centros de atendimento integral e multidisciplinar para mulheres e respectivos dependentes em situação de violência doméstica e familiar;

II – casas abrigos para mulheres e respectivos dependentes menores em situação de violência doméstica e familiar;

III – delegacias, núcleos de defensoria pública, serviços de saúde e centros de perícia médico-legal especializados no atendimento à mulher em situação de violência doméstica e familiar;

IV – programas e campanhas de enfrentamento da violência doméstica e familiar;

V – centros de educação e de reabilitação para os agressores.

Art. 36. A União, os Estados, o Distrito Federal e os Municípios promoverão a adaptação de seus órgãos e de seus programas às diretrizes e aos princípios desta Lei.

Art. 37. A defesa dos interesses e direitos transindividuais previstos nesta Lei poderá ser exercida, concorrentemente, pelo Ministério Público e por associação de atuação na área, regularmente constituída há pelo menos um ano, nos termos da legislação civil.

Parágrafo único. O requisito da pré-constituição poderá ser dispensado pelo juiz quando entender que não há outra entidade com representatividade adequada para o ajuizamento da demanda coletiva.

Art. 38. As estatísticas sobre a violência doméstica e familiar contra a mulher serão incluídas nas bases de dados dos órgãos oficiais do Sistema de Justiça e Segurança a fim de subsidiar o sistema nacional de dados e informações relativo às mulheres.

Parágrafo único. As Secretarias de Segurança Pública dos Estados e do Distrito Federal poderão remeter suas informações criminais para a base de dados do Ministério da Justiça.

Art. 38-A. O juiz competente providenciará o registro da medida protetiva de urgência.

Parágrafo único. As medidas protetivas de urgência serão registradas em banco de dados mantido e regulamentado pelo Conselho Nacional de Justiça, garantido o acesso do Ministério Público, da Defensoria Pública e dos órgãos de segurança pública e de assistência social, com vistas à fiscalização e à efetividade das medidas protetivas.

► Art. 38-A acrescido pela Lei nº 13.827, de 13-5-2019.

Art. 39. A União, os Estados, o Distrito Federal e os Municípios, no limite de suas competências e nos termos das respectivas leis de diretrizes orçamentárias, poderão estabelecer dotações orçamentárias específicas, em cada exercício financeiro, para a implementação das medidas estabelecidas nesta Lei.

Art. 40. As obrigações previstas nesta Lei não excluem outras decorrentes dos princípios por ela adotados.

Art. 41. Aos crimes praticados com violência doméstica e familiar contra a mulher, independentemente da pena prevista, não se aplica a Lei nº 9.099, de 26 de setembro de 1995.

► O STF, por unanimidade de votos, julgou procedente a ADECON nº 19, para declarar a constitucionalidade deste artigo (*DOU* de 17-2-2012).

Art. 42. O art. 313 do Decreto-Lei nº 3.689, de 3 de outubro de 1941 (Código de Processo Penal), passa a vigorar acrescido do seguinte inciso IV:

► O inciso IV do art. 313 do CPP foi revogado pela Lei nº 12.403, de 4-5-2011.

Art. 43. A alínea *f* do inciso II do art. 61 do Decreto-Lei nº 2.848, de 7 de dezembro de 1940 (Código Penal), passa a vigorar com a seguinte redação:

"Art. 61. ....

....

II – ....

....

f) com abuso de autoridade ou prevalecendo-se de relações domésticas, de coabitação ou de hospitalidade, ou com violência contra a mulher na forma da lei específica;

...."

Art. 44. O art. 129 do Decreto-Lei nº 2.848, de 7 de dezembro de 1940 (Código Penal), passa a vigorar com as seguintes alterações:

"Art. 129. ....

....

§ 9º Se a lesão for praticada contra ascendente, descendente, irmão, cônjuge ou companheiro, ou com quem conviva ou tenha convivido, ou, ainda, prevalecendo-se o agente das relações domésticas, de coabitação ou de hospitalidade:

Pena – detenção, de 3 (três) meses a 3 (três) anos.

....

§ 11. Na hipótese do § 9º deste artigo, a pena será aumentada de um terço se o crime for cometido contra pessoa portadora de deficiência."

Art. 45. O art. 152 da Lei nº 7.210, de 11 de julho de 1984 (Lei de Execução Penal), passa a vigorar com a seguinte redação:

"Art. 152. ....

Parágrafo único. Nos casos de violência doméstica contra a mulher, o juiz poderá determinar o comparecimento obrigatório do agressor a programas de recuperação e reeducação."

Art. 46. Esta Lei entra em vigor 45 (quarenta e cinco) dias após sua publicação.

Brasília, 7 de agosto de 2006;
185º da Independência e
118º da República.

Luiz Inácio Lula da Silva

PROVIMENTO DO CFOAB Nº 112, DE 10 DE SETEMBRO DE 2006

Dispõe sobre as Sociedades de Advogados.

► Publicado no *DJ* de 11-10-2006.

O Conselho Federal da Ordem dos Advogados do Brasil, no uso das atribuições que lhe são conferidas pelo art. 54, V, da Lei nº 8.906, de 4 de julho de 1994 – Estatuto da Advocacia e da OAB, tendo em vista o que foi decidido na Sessão Extraordinária do Conselho Pleno, realizada no dia 10 de setembro de 2006, ao apreciar a Proposição nº 0024/2003/COP,

Resolve:

Art. 1º As Sociedades de Advogados são constituídas e reguladas segundo os arts. 15 a 17 do Estatuto da Advocacia e a Ordem dos Advogados do Brasil (OAB) – EAOAB, os arts. 37 a 43 do seu Regulamento Geral e as disposições deste Provimento.

Art. 2º O Contrato Social deve conter os elementos e atender aos requisitos e diretrizes indicados a seguir:

I – a razão social, constituída pelo nome completo, nome social ou sobrenome dos sócios ou, pelo menos, de um deles, assim como a previsão de sua alteração ou manutenção, por falecimento ou, em uma única sociedade, por afastamento permanente, nos termos do contrato social, de sócio que lhe tenha dado o nome, observado, ainda, o disposto nos §§ 1º, 3º e 4º deste artigo;

► Inciso I com a redação dada pelo Provimento do CFOAB nº 187, de 13-11-2018.

II – o objeto social, que consistirá, exclusivamente, no exercício da advocacia, podendo especificar o ramo do direito a que a sociedade se dedicará;

III – o prazo de duração, sendo que suas atividades terão início a partir da data de registro do ato constitutivo;

► Inciso III com a redação dada pelo Provimento do CFOAB nº 187, de 13-11-2018.

IV – o endereço em que irá atuar;

V – o valor do capital social, sua subscrição por todos os sócios, com a especificação da participação de cada qual, e a forma de sua integralização;

VI – o critério de distribuição dos resultados e dos prejuízos verificados nos períodos que indicar;

VII – a forma de cálculo e o modo de pagamento dos haveres e de eventuais honorários pendentes, devidos ao sócio falecido, assim como ao que se retirar da sociedade ou que dela for excluído;

VIII – a possibilidade, ou não, de o sócio exercer a advocacia autonomamente e de auferir, ou não, os respectivos honorários como receita pessoal;

IX – é permitido o uso do símbolo "&", como conjuntivo dos nomes de sócios que constarem da denominação social;

X – não são admitidas a registro, nem podem funcionar, Sociedades de Advogados que revistam a forma de sociedade empresária ou cooperativa, ou qualquer outra modalidade de cunho mercantil;

XI – é imprescindível a adoção de cláusula com a previsão expressa de que, além da sociedade, o sócio ou associado responderá subsidiária e ilimitadamente pelos danos causados aos clientes, por ação ou omissão, no exercício da advocacia;

► Inciso XI com a redação dada pelo Provimento do Conselho Federal da OAB nº 147, de 13-2-2012.

XII – é admitida e recomendável a adoção de cláusula de mediação, conciliação e arbitragem;

► Inciso XII com a redação dada pelo Provimento do CFOAB nº 187, de 13-11-2018.

XIII – não se admitirá o registro e arquivamento de Contrato Social, e de suas alterações, com cláusulas que suprimam o direito de voto de qualquer dos sócios, podendo, entretanto, estabelecer quotas de serviço ou quotas com direitos diferenciados, vedado o fracionamento de quotas;

XIV – *Revogado*. Provimento do CFOAB nº 169, de 2-12-2015.

XV – é permitida a constituição de Sociedades de Advogados entre cônjuges, qualquer que seja o regime de bens, desde que ambos sejam advogados regularmente inscritos no Conselho Seccional da OAB em que se deva promover o registro e arquivamento;

XVI – o Contrato Social pode determinar a apresentação de balanços mensais, com a efetiva distribuição dos resultados aos sócios a cada mês;

XVII – as alterações do Contrato Social podem ser decididas por maioria do capital social, salvo se o Contrato Social determinar a necessidade de quorum especial para deliberação;

XVIII – o Contrato Social pode prever a cessão total ou parcial de quotas, desde que se opere por intermédio de alteração aprovada pela maioria do capital social.

§ 1º Da razão social não poderá constar sigla ou expressão de fantasia ou das características mercantis, vedada a referência a "Sociedade Civil" ou "SC", "SS", "EPP", "ME" e similares, respeitando-se as razões sociais registradas anteriormente.

► § 1º com a redação dada pelo Provimento do CFOAB nº 187, de 13-11-2018.

§ 2º As obrigações não oriundas de danos causados aos clientes, por ação ou omissão, no exercício da advocacia, devem receber tratamento previsto no art. 1.023 do Código Civil.

► § 2º acrescido pelo Provimento do CFOAB nº 147, de 13-2-2012.

§ 3º Só será admitida a registro a Sociedade de Advogados que contenha em sua denominação social a expressão "Sociedade de Advogados", "Sociedades de Advogadas e Advogados" "Advogados", "Advocacia" ou "Advogados Associados", permitindo-se, em qualquer dos casos antecedentes, o emprego da palavra "Advogados" no gênero feminino. Na hipótese de sociedade unipessoal, obrigatoriamente deverá constar da denominação a expressão "Sociedade Individual de Advocacia".

§ 4º Em nenhuma hipótese pode compor a razão social da sociedade o patronímico de advogado dela excluído por decisão judicial ou arbitral, ou por deliberação dos demais sócios.

► §§ 3º e 4º acrescidos pelo Provimento do CFOAB nº 187, de 13-11-2018.

Art. 3º Somente os sócios respondem pela direção social, não podendo a responsabilidade profissional ser confiada a pessoas estranhas ao corpo social.

§ 1º O sócio administrador pode ser substituído no exercício de suas funções e os poderes a ele atribuídos podem ser revogados a qualquer tempo, conforme dispuser o Contrato Social, desde que assim decidido pela maioria do capital social.

§ 2º O sócio, ou sócios administradores, podem delegar funções próprias da administração operacional a profissionais contratados para esse fim.

Art. 4º A exclusão de sócio pode ser deliberada pela maioria do capital social, mediante alteração contratual, desde que observados os termos e condições expressamente previstos no Contrato Social.

Parágrafo único. O pedido de registro e arquivamento de alteração contratual, envolvendo a exclusão de sócio, deve estar instruído com a prova de comunicação feita pessoalmente ao interessado, ou, na sua impossibilidade, por declaração certificada por oficial de registro de títulos e documentos.

Art. 5º Nos casos em que houver redução do número de sócios à unipessoalidade, a pluralidade de sócios deverá ser reconstituída em até 180 (cento e oitenta) dias, sob pena de dissolução da sociedade.

Art. 6º As Sociedades de Advogados, no exercício de suas atividades, somente podem praticar os atos indispensáveis às suas finalidades, assim compreendidos, entre outros, os de sua administração regular, a celebração de contratos em geral para representação, consultoria, resolução extrajudicial de conflitos, assessoria e defesa de clientes por intermédio de seus sócios, associados e advogados empregados, ou serviços de advocacia por elas contratados.

► *Caput* com a redação dada pelo Provimento do CFOAB nº 187, de 13-11-2018.

Parágrafo único. Os atos privativos de advogado devem ser exercidos pelos sócios ou por advogados vinculados à sociedade, como associados ou como empregados, mesmo que os resultados revertam para o patrimônio social.

Art. 7º O registro de constituição das Sociedades de Advogados e o arquivamento de suas alterações contratuais devem ser feitos perante o Conselho Seccional da OAB em que for inscrita, mediante prévia deliberação do próprio Conselho ou de órgão a que delegar tais atribuições, na forma do respectivo Regimento Interno, devendo o Conselho Seccional, segundo o disposto no artigo 24-A do Regulamento Geral, evitar o registro de sociedades com razões sociais semelhantes ou idênticas, ou provocar a correção dos que tiverem sido efetuados em duplicidade, observado o critério da precedência.

► *Caput* com a redação dada pelo Provimento do CFOAB nº 187, de 13-11-2018.

§ 1º O Contrato Social que previr a criação de filial, bem assim o instrumento de alteração contratual para essa finalidade, deve ser registrado também no Conselho Seccional da OAB em cujo território deva funcionar, ficando os sócios obrigados a inscrição suplementar, dispensados os sócios de serviço que não venham a exercer a advocacia na respectiva base territorial.

► § 1º com a redação dada pelo Provimento do CFOAB nº 187, de 13-11-2018.

§ 2º O número do registro da Sociedade de Advogados deve ser indicado em todos os contratos que esta celebrar.

Art. 8º Serão averbados à margem do registro da sociedade e, a juízo de cada Conselho Seccional, em livro próprio ou ficha de controle mantidos para tal fim:

I – o falecimento do sócio;

II – a declaração unilateral de retirada ou de rescisão, respectivamente, feita por sócios ou associados que nela não queiram mais continuar;

III – os ajustes e distratos de sua associação com advogados, sem vínculo de emprego, para atuação profissional e participação nos resultados;

IV – os ajustes e distratos de associação ou de colaboração com outras Sociedades de Advogados;

► Incisos II a IV com a redação dada pelo Provimento do CFOAB nº 187, de 13-11-2018.

V – o requerimento de registro e autenticação de livros e documentos da sociedade;

VI – a abertura de filial em outra Unidade da Federação;

VII – os demais atos que a sociedade julgar convenientes ou que possam envolver interesses de terceiros.

§ 1º As averbações de que tratam os incisos I e II deste artigo não afetam os direitos de apuração de haveres dos herdeiros do falecido, do sócio ou associado retirantes.

► § 1º com a redação dada pelo Provimento do CFOAB nº 187, de 13-11-2018.

§ 2º Os Contratos de Associação com advogados sem vínculo empregatício devem ser apresentados para averbação em 3 (três) vias, mediante requerimento dirigido ao Presidente do Conselho Seccional, observado o seguinte:

I – uma via ficará arquivada no Conselho Seccional e as outras duas serão devolvidas para as partes, com a anotação da averbação realizada;

II – para cada advogado associado deverá ser apresentado um contrato em separado, contendo todas as cláusulas que irão reger as relações e condições da associação estabelecida pelas partes.

§ 3º As associações entre Sociedades de Advogados não podem conduzir a que uma passe a ser sócia de outra, cumprindo-lhes respeitar a regra de que somente advogados, pessoas naturais, podem constituir Sociedade de Advogados.

Art. 9º Os documentos e livros contábeis que venham a ser adotados pela Sociedade de Advogados, para conferir, em face de terceiros, eficácia ao respectivo conteúdo ou aos lançamentos neles realizados, podem ser registrados e autenticados no Conselho Seccional competente.

Parágrafo único. Os Conselhos Seccionais devem manter o controle dos registros de que trata este artigo mediante numeração sucessiva, conjugada ao número do registro de constituição da sociedade, anotando-os nos respectivos requerimentos de registro, averbados na forma do art. 8º, *caput*, inciso V.

Art. 10. O setor de registro das Sociedades de Advogados de cada Conselho Seccional da OAB deve manter um sistema de anotação de todos os atos relativos às Sociedades de Advogados que lhe incumba registrar, arquivar ou averbar, controlado por meio de livros, fichas ou outras modalidades análogas, que lhe permitam assegurar a veracidade dos lançamentos que efetuar, bem como a eficiência na prestação de informações e sua publicidade.

§ 1º O cancelamento de qualquer registro, averbação ou arquivamento dos atos de que trata este artigo deve ocorrer em virtude de decisão do Conselho Seccional ou do órgão respectivo a que sejam cometidas as atribuições de registro, de ofício ou por provocação de quem demonstre interesse.

§ 2º O Conselho Seccional é obrigado a fornecer, a qualquer pessoa, com presteza e independentemente de despacho ou autorização, certidões contendo as informações que lhe forem solicitadas, com a indicação dos nomes dos advogados que figurarem, por qualquer modo, nesses livros ou fichas de registro.

Art. 11. Os pedidos de registro de qualquer ato societário relacionado a este Provimento serão instruídos com as certidões de quitação das obrigações legais junto à OAB, ficando dispensados de comprovação da quitação de tributos e contribuições sociais federais.

► Artigo com a redação dada pelo Provimento do CFOAB nº 159, de 2-12-2013.

Parágrafo único. *Revogado.* Provimento do CFOAB nº 187, de 13-11-2018.

Art. 12. O Contrato de Associação firmado entre Sociedades de Advogados de Unidades da Federação diferentes tem a sua eficácia vinculada à respectiva averbação nos Conselhos Seccionais envolvidos, com a apresentação, em cada um deles, de certidões de breve relato, comprovando sua regularidade.

Art. 13. As Sociedades de Advogados constituídas na forma das regulamentações anteriores deverão adaptar-se às disposições deste Provimento até o dia 31 de julho de 2009.

► Artigo com a redação dada pelo Provimento do CFOAB nº 125, de 20-10-2008.

§ 1º As Sociedades de Advogados deverão informar ao Conselho Seccional onde estiverem registradas, até 60 (sessenta) dias após a entrada em vigor deste Provimento, o seu número de inscrição no CNPJ, devendo a obrigação ser cumprida pelas novas sociedades e constar, inclusive, nas Alterações Contratuais.

§ 2º Os Conselhos Seccionais da OAB deverão criar a Comissão de Sociedades de Advogados, se inexistente, até o dia 31-3-2019.

§ 3º As Comissões de Sociedades de Advogados poderão, mediante delegação do respectivo Conselho Seccional, exercer funções cartorárias, inclusive registros e averbações dos atos das Sociedades de Advogados.

► §§ 1º a 3º acrescidos pelo Provimento do CFOAB nº 187, de 13-11-2018.

Art. 14. Este Provimento entra em vigor na data da sua publicação, revogado o Provimento nº 92/2000.

Brasília, 10 de setembro de 2006.

Roberto Antonio Busato

Presidente

Sergio Ferraz

Relator

DECRETO Nº 5.910, DE 27 DE SETEMBRO DE 2006

Promulga a Convenção para a Unificação de Certas Regras Relativas ao Transporte Aéreo Internacional, celebrada em Montreal, em 28 de maio de 1999.

► Publicado no *DOU* de 28-9-2006.

O Presidente da República, no uso da atribuição que lhe confere o art. 84, inciso IV, da Constituição, e

Considerando que a Convenção para a Unificação de Certas Regras Relativas ao Transporte Aéreo Internacional foi celebrada em Montreal, em 28 de maio de 1999;

Considerando que o Congresso Nacional aprovou essa Convenção por meio do Decreto Legislativo nº 59, de 18 de abril de 2006;

Considerando que o Acordo entrou em vigor internacional em 4 de novembro de 2003, e para o Brasil, em 18 de julho de 2006, nos termos de seu Artigo 53; decreta:

Art. 1º A Convenção para a Unificação de Certas Regras Relativas ao Transporte Aéreo Internacional, celebrada em Montreal, em 28 de maio de 1999, apensa por cópia ao presente Decreto, será executada e cumprida tão inteiramente como nela se contém.

Art. 2º São sujeitos à aprovação do Congresso Nacional quaisquer atos que possam resultar em revisão da referida Convenção, assim como quaisquer ajustes complementares que, nos termos do art. 49, inciso I, da Constituição, acarretem encargos ou compromissos gravosos ao patrimônio nacional.

Art. 3º Este Decreto entra em vigor na data de sua publicação.

Brasília, 27 de setembro de 2006;
185º da Independência e
118º da República.

Luiz Inácio Lula da Silva

CONVENÇÃO PARA A UNIFICAÇÃO DE CERTAS REGRAS RELATIVAS AO TRANSPORTE AÉREO INTERNACIONAL OS ESTADOS-PARTES NA PRESENTE CONVENÇÃO:

RECONHECENDO a importante contribuição da Convenção Para a Unificação de Certas Regras Relativas ao Transporte Aéreo Internacional, assinada em Varsóvia, em 12 de outubro de 1929, doravante denominada "Convenção de Varsóvia", e de outros instrumentos conexos, para a harmonização do direito aeronáutico internacional privado;

RECONHECENDO a necessidade de modernizar e refundir a Convenção de Varsóvia e os instrumentos conexos;

RECONHECENDO a importância de assegurar a proteção dos interesses dos usuários do transporte aéreo internacional e a necessidade de uma indenização equitativa, fundada no princípio da restituição;

REAFIRMANDO a conveniência de um desenvolvimento ordenado das operações de transporte aéreo internacional e da circulação fluída de passageiros, bagagem e carga, conforme os princípios e objetivos da Convenção de Aviação Civil Internacional, feita em Chicago, em 07 de dezembro de 1944;

CONVENCIDOS de que a ação coletiva dos Estados para uma maior harmonização e codificação de certas regras que regulam o transporte aéreo internacional, mediante uma nova Convenção, é o meio mais apropriado para lograr um equilíbrio de interesses equitativo; CONVIERAM O SEGUINTE:

CAPÍTULO I

DISPOSIÇÕES GERAIS

Artigo 1

Âmbito de Aplicação

1. A presente Convenção se aplica a todo transporte internacional de pessoas, bagagem ou carga, efetuado em aeronaves, mediante remuneração. Aplica-se igualmente ao transporte gratuito efetuado em aeronaves, por uma empresa de transporte aéreo.

2. Para os fins da presente Convenção, a expressão transporte internacional significa todo transporte em que, conforme o estipulado pelas partes, o ponto de partida e o ponto de destino, haja ou não interrupção no transporte, ou transbordo, estão situados, seja no território de dois Estados-Partes, seja no território de um só Estado-Parte, havendo escala prevista no território de qualquer outro Estado, ainda que este não seja um Estado-Parte. O transporte entre dois pontos dentro do território de um só Estado-Parte, sem uma escala acordada no território de outro Estado, não se considerará transporte internacional, para os fins da presente Convenção.

3. O transporte que seja efetuado por vários transportadores sucessivamente constituirá, para os fins da presente Convenção, um só transporte, quando haja sido considerado pelas partes como uma única operação, tanto se haja sido objeto de um só contrato, como de uma série de contratos, e não perderá seu caráter internacional pelo fato de que um só contrato ou uma série de contratos devam ser executados integralmente no território do mesmo Estado.

4. A presente Convenção se aplica também ao transporte previsto no Capítulo V, sob as condições nele estabelecidas.

Artigo 2

Transporte Realizado pelo Estado e Transporte de Mala Postal

1. A presente Convenção se aplica ao transporte efetuado pelo Estado ou pelas demais pessoas jurídicas de direito público, nas condições estabelecidas no Artigo 1.

2. No transporte de mala postal, o transportador será responsável unicamente perante a administração postal correspondente, de acordo com as normas aplicáveis às relações entre os transportadores e as administrações postais.

3. Salvo o previsto no número 2 deste Artigo, as disposições da presente Convenção não se aplicarão ao transporte de mala postal.

CAPÍTULO II

DOCUMENTAÇÃO E OBRIGAÇÕES DAS PARTES, RELATIVAS AO TRANSPORTE DE PASSAGEIROS, BAGAGEM E CARGA

Artigo 3

Passageiros e Bagagem

1. No transporte de passageiros será expedido um documento de transporte, individual ou coletivo, que contenha:

a) a indicação dos pontos de partida e de destino;

b) se os pontos de partida e de destino estão situados no território de um só Estado-Parte e, caso haja sido prevista uma ou mais escalas no território de outro Estado, a indicação de pelo menos uma dessas escalas.

2. Qualquer outro meio em que conste a informação mencionada no número 1 poderá substituir a expedição do documento mencionado naquele número. Se um desses meios for utilizado, o transportador oferecerá ao passageiro expedir uma declaração escrita da informação conservada por esses meios.

3. O transportador entregará ao passageiro um talão de identificação de bagagem por cada volume de bagagem registrado.

4. O passageiro receberá um aviso escrito, indicando que, quando seja aplicável a presente Convenção, esta regulará a responsabilidade do transportador por morte ou lesões, por destruição, perda ou avaria de bagagem, e por atraso.

5. O descumprimento das disposições dos parágrafos precedentes não afetará a existência nem a validade do contrato de transporte, o qual, não obstante, ficará sujeito às regras da presente Convenção, incluindo as relativas aos limites de responsabilidade.

Artigo 4

Carga

1. No transporte de carga, será expedido um conhecimento aéreo.

2. Qualquer outro meio no qual constem as informações relativas ao transporte que deva ser executado poderá substituir a emissão do conhecimento aéreo. Se outros meios forem utilizados, o transportador entregará ao expedidor, se este último o solicitar, um recibo da carga, que permita a identificação da remessa e o acesso à informação registrada por esses outros meios.

Artigo 5

Conteúdo do Conhecimento Aéreo ou do Recibo de Carga

O conhecimento aéreo ou o recibo de carga deverão incluir:

a) a indicação dos pontos de partida e destino;

b) se os pontos de partida e destino estão situados no território de um só Estado-Parte, e havendo uma ou mais escalas previstas no território de outro Estado, a indicação de pelo menos uma dessas escalas; e

c) a indicação do peso da remessa.

Artigo 6

Documento Relativo à Natureza da Carga

Poderá ser exigido do expedidor que entregue um documento indicando a natureza da carga, se isso for necessário para o cumprimento das formalidades de aduana, polícia e outras autoridades públicas similares. Esta disposição não cria para o transportador qualquer dever, obrigação ou responsabilidade resultantes do anteriormente estabelecido.

Artigo 7

Descrição do Conhecimento Aéreo

1. O conhecimento aéreo será emitido pelo expedidor em três vias originais.

2. A primeira via conterá a indicação "para o transportador", e será assinada pelo expedidor. A segunda via conterá a indicação "para o destinatário", e será assinada pelo expedidor e pelo transportador. A terceira via será assinada pelo transportador e por este entregue ao expedidor, após a aceitação da carga.

3. A assinatura do transportador e a do expedidor poderão ser impressas ou substituídas por um carimbo.

4. Se, a pedido do expedidor, o transportador emite o conhecimento aéreo, considera-se, salvo prova em contrário, que o transportador agiu em nome do expedidor.

Artigo 8

Documentos para Vários Volumes

Quando houver mais de um volume:

a) o transportador da carga terá direito de solicitar ao expedidor a emissão de conhecimentos aéreos separados;

b) o expedidor terá direito de solicitar ao transportador a entrega de recibos de carga separados, quando se utilizem os outros meios previstos no número 2 do Artigo 4.

Artigo 9

Inobservância dos Requisitos para os Documentos

A inobservância das disposições dos Artigos 4 a 8 não afetará a existência nem a validade do contrato de transporte que, não obstante, estará sujeito às regras da presente Convenção, inclusive as relativas aos limites de responsabilidade.

Artigo 10

Responsabilidade pelas Indicações Inscritas nos Documentos

1. O expedidor é responsável pela exatidão das indicações e declarações concernentes à carga feitas por ele ou em seu nome no conhecimento aéreo, ou feitas por ele ou em seu nome ao transportador, para inscrição no recibo de carga ou para inclusão nos registros conservados por outros meios, previstos no número 2 do Artigo 4. A presente disposição aplica-se também quando a pessoa que atua em nome do expedidor é também preposto do transportador.

2. O expedidor indenizará o transportador por todo dano que este haja sofrido, ou qualquer outra pessoa em relação à qual o transportador seja responsável, em consequência das indicações e declarações irregulares, inexatas ou incompletas feitas por ele ou em seu nome.

3. Sujeito às disposições dos números 1 e 2 deste Artigo, o transportador deverá indenizar o expedidor por todo dano que este haja sofrido, ou qualquer outra pessoa em relação à qual o expedidor seja responsável, em consequência das indicações e declarações irregulares, inexatas ou incompletas feitas pelo transportador ou em seu nome no recibo de carga ou nos registros conservados por outros meios, mencionados no número 2 do Artigo 4.

Artigo 11

Valor Probatório dos Documentos

1. Tanto o conhecimento aéreo como o recibo de carga constituem presunção, salvo prova em contrário, da celebração do contrato, da aceitação da carga e das condições de transporte que contenham.

2. As declarações do conhecimento aéreo ou do recibo de carga relativas ao peso, dimensões e embalagem da carga, assim como ao número de volumes, constituem presunção, salvo prova em contrário, dos dados declarados; as indicações relativas à quantidade, volume e estado da carga não constituem prova contra o transportador, salvo quando este as haja comprovado na presença do expedidor e haja feito constar no conhecimento aéreo ou no recibo de carga, ou que se trate de indicações relativas ao estado aparente da carga.

Artigo 12

Direito de Disposição da Carga

1. O expedidor tem direito, sob a condição de cumprir com todas as obrigações resultantes do contrato de transporte, de dispor da carga, retirando-a do aeroporto de saída ou destino, ou detendo-a no curso da viagem em caso de aterrissagem, ou fazendo-a entregar no lugar de destino ou no curso da viagem a uma pessoa distinta do destinatário originalmente designado, ou pedindo que seja devolvida ao aeroporto de partida. O expedidor não exercerá este direito de disposição de forma que prejudique o transportador nem outros expedidores e deverá reembolsar todos os gastos ocasionados pelo exercício deste direito.

2. Caso seja impossível executar as instruções do expedidor, o transportador deverá avisar-lhe imediatamente.

3. Se o transportador cumprir as instruções do expedidor a respeito da disposição da carga, sem exigir a apresentação da via do conhecimento aéreo ou do recibo de carga entregue a este último, será responsável, sem prejuízo de seu direito de ressarcir-se do expedidor, do dano que possa ser causado por este fato a quem se encontre legalmente de posse desse exemplar do conhecimento aéreo ou do recibo de carga.

4. O direito do expedidor cessa no momento em que começa o do destinatário, conforme o Artigo 13. Não obstante, se o destinatário se recusa a aceitar a carga ou se não é encontrado, o expedidor recobrará seu direito de disposição.

Artigo 13

Entrega da Carga

1. Salvo quando o expedidor haja exercido seu direito de acordo com o Artigo 12, o destinatário terá direito, desde a chegada da carga ao lugar de destino, a pedir ao transportador que lhe entregue a carga, mediante o pagamento da importância devida, desde que cumpridas as condições de transporte.

2. Salvo estipulação em contrário, o transportador deve avisar ao destinatário da chegada da carga, tão logo esta chegue.

3. Se o transportador admite a perda da carga, ou caso a carga não tenha chegado após um prazo de sete dias a partir da data em que deveria haver chegado, o destinatário poderá fazer valer contra o transportador os direitos decorrentes do contrato de transporte.

Artigo 14

Execução dos Direitos do Expedidor e do Destinatário

O expedidor e o destinatário poderão fazer valer, respectivamente, todos os direitos que lhes concedem os Artigos 12 e 13, cada um em seu próprio nome, seja em seu próprio interesse, seja no interesse de um terceiro, desde que cumpram as obrigações impostas pelo contrato de transporte.

Artigo 15

Relações entre o Expedidor e o Destinatário e Relações entre Terceiros

1. Os artigos 12, 13 e 14 não afetam as relações do expedidor e do destinatário entre si, nem as relações entre terceiros cujos direitos proveem do expedidor ou do destinatário.

2. As disposições dos Artigos 12, 13 e 14 só poderão modificar-se mediante uma cláusula explícita consignada no conhecimento aéreo ou no recibo de carga.

Artigo 16

Formalidades de Aduana, Polícia ou Outras Autoridades Públicas

1. O expedidor deve proporcionar a informação e os documentos que sejam necessários para cumprir as formalidades aduaneiras, policiais e de qualquer outra autoridade pública, antes da entrega da carga ao destinatário. O expedidor é responsável perante o transportador por todos os danos que possam resultar da falta, insuficiência ou irregularidade da referida informação ou dos documentos, salvo se os mesmos se devam à culpa do transportador ou de seus prepostos.

2. O transportador não está obrigado a examinar se tal informação ou os documentos são exatos ou suficientes.

CAPÍTULO III

RESPONSABILIDADE DO TRANSPORTADOR E MEDIDA DA INDENIZAÇÃO DO DANO

Artigo 17

Morte e Lesões dos Passageiros – Dano à Bagagem

1. O transportador é responsável pelo dano causado em caso de morte ou de lesão corporal de um passageiro, desde que o acidente que causou a morte ou a lesão haja ocorrido a bordo da aeronave ou durante quaisquer operações de embarque ou desembarque.

2. O transportador é responsável pelo dano causado em caso de destruição, perda ou avaria da bagagem registrada, no caso em que a destruição, perda ou avaria haja ocorrido a bordo da aeronave ou durante qualquer período em que a bagagem registrada se encontre sob a custódia do transportador. Não obstante, o transportador não será responsável na medida em que o dano se deva à natureza, a um defeito ou a um vício próprio da bagagem. No caso da bagagem não registrada, incluindo os objetos pessoais, o transportador é responsável, se o dano se deve a sua culpa ou a de seus prepostos.

3. Se o transportador admite a perda da bagagem registrada, ou caso a bagagem registrada não tenha chegado após vinte e um dias seguintes à data em que deveria haver chegado, o passageiro poderá fazer valer contra o transportador os direitos decorrentes do contrato de transporte.

4. A menos que se indique de outro modo, na presente Convenção o termo "bagagem" significa tanto a bagagem registrada como a bagagem não registrada.

Artigo 18

Dano à Carga

1. O transportador é responsável pelo dano decorrente da destruição, perda ou avaria da carga, sob a única condição de que o fato que causou o dano haja ocorrido durante o transporte aéreo.

2. Não obstante, o transportador não será responsável na medida em que prove que a destruição ou perda ou avaria da carga se deve a um ou mais dos seguintes fatos:

a) natureza da carga, ou um defeito ou um vício próprio da mesma;

b) embalagem defeituosa da carga, realizada por uma pessoa que não seja o transportador ou algum de seus prepostos;

c) ato de guerra ou conflito armado;

d) ato de autoridade pública executado em relação com a entrada, a saída ou o trânsito da carga.

3. O transporte aéreo, no sentido do número 1 deste Artigo, compreende o período durante o qual a carga se acha sob a custódia do transportador.

4. O período do transporte aéreo não abrange qualquer transporte terrestre, marítimo ou por águas interiores, efetuado fora de um aeroporto. Todavia, quando dito transporte se efetue durante a execução de um contrato de transporte aéreo, para o carregamento, a entrega ou o transbordo, todo dano se presumirá, salvo prova em contrário, como resultante de um fato ocorrido durante o transporte aéreo. Quando um transportador, sem o consentimento do expedidor, substitui total ou parcialmente o transporte previsto no acordo entre as duas partes como transporte aéreo por outra modalidade de transporte, o transporte efetuado por outro modo se considerará compreendido no período de transporte aéreo.

Artigo 19

Atraso

O transportador é responsável pelo dano ocasionado por atrasos no transporte aéreo de passageiros, bagagem ou carga. Não obstante, o transportador não será responsável pelo dano ocasionado por atraso se prova que ele e seus prepostos adotaram todas as medidas que eram razoavelmente necessárias para evitar o dano ou que lhes foi impossível, a um e a outros, adotar tais medidas.

Artigo 20

Exoneração

Se o transportador prova que a pessoa que pede indenização, ou a pessoa da qual se origina seu direito, causou o dano ou contribuiu para ele por negligência, erro ou omissão, ficará isento, total ou parcialmente, de sua responsabilidade com respeito ao reclamante, na medida em que tal negligência, ou outra ação ou omissão indevida haja causado o dano ou contribuído para ele. Quando uma pessoa que não seja o passageiro, pedir indenização em razão da morte ou lesão deste último, o transportador ficará igualmente exonerado de sua responsabilidade, total ou parcialmente, na medida em que prove que a negligência ou outra ação ou omissão indevida do passageiro causou o dano ou contribuiu para ele. Este Artigo se aplica a todas as disposições sobre responsabilidade da presente Convenção, inclusive ao número 1 do Artigo 21.

Artigo 21

Indenização em Caso de Morte ou Lesões dos Passageiros

1. O transportador não poderá excluir nem limitar sua responsabilidade, com relação aos danos previstos no número 1 do Artigo 17, que não exceda de 100.000 Direitos Especiais de Saque por passageiro.

2. O transportador não será responsável pelos danos previstos no número 1 do Artigo17, na medida em que exceda de 100.000 Direitos Especiais de Saque por passageiro, se prova que:

a) o dano não se deveu a negligência ou a outra ação ou omissão do transportador ou de seus prepostos; ou

b) o dano se deveu unicamente a negligência ou a outra ação ou omissão indevida de um terceiro.

Artigo 22

Limites de Responsabilidade Relativos ao Atraso da Bagagem e da Carga

1. Em caso de dano causado por atraso no transporte de pessoas, como se especifica no Artigo 19, a responsabilidade do transportador se limita a 4.150 Direitos Especiais de Saque por passageiro.

2. No transporte de bagagem, a responsabilidade do transportador em caso de destruição, perda, avaria ou atraso se limita a 1.000 Direitos Especiais de Saque por passageiro, a menos que o passageiro haja feito ao transportador, ao entregar-lhe a bagagem registrada, uma declaração especial de valor da entrega desta no lugar de destino, e tenha pago uma quantia suplementar, se for cabível. Neste caso, o transportador estará obrigado a pagar uma soma que não excederá o valor declarado, a menos que prove que este valor é superior ao valor real da entrega no lugar de destino.

3. No transporte de carga, a responsabilidade do transportador em caso de destruição, perda, avaria ou atraso se limita a uma quantia de 17 Direitos Especiais de Saque por quilograma, a menos que o expedidor haja feito ao transportador, ao entregar-lhe o volume, uma declaração especial de valor de sua entrega no lugar de destino, e tenha pago uma quantia suplementar, se for cabível. Neste caso, o transportador estará obrigado a pagar uma quantia que não excederá o valor declarado, a menos que prove que este valor é superior ao valor real da entrega no lugar de destino.

4. Em caso de destruição, perda, avaria ou atraso de uma parte da carga ou de qualquer objeto que ela contenha, para determinar a quantia que constitui o limite de responsabilidade do transportador, somente se levará em conta o peso total do volume ou volumes afetados. Não obstante, quando a destruição, perda, avaria ou atraso de uma parte da carga ou de um objeto que ela contenha afete o valor de outros volumes compreendidos no mesmo conhecimento aéreo, ou no mesmo recibo ou, se não houver sido expedido nenhum desses documentos, nos registros conservados por outros meios, mencionados no número 2 do Artigo 4, para determinar o limite de responsabilidade também se levará em conta o peso total de tais volumes.

5. As disposições dos números 1 e 2 deste Artigo não se aplicarão se for provado que o dano é resultado de uma ação ou omissão do transportador ou de seus prepostos, com intenção de causar dano, ou de forma temerária e sabendo que provavelmente causaria dano, sempre que, no caso de uma ação ou omissão de um preposto, se prove também que este atuava no exercício de suas funções.

6. Os limites prescritos no Artigo 21 e neste Artigo não constituem obstáculo para que o tribunal conceda, de acordo com sua lei nacional, uma quantia que corresponda a todo ou parte dos custos e outros gastos que o processo haja acarretado ao autor, inclusive juros. A disposição anterior não vigorará, quando o valor da indenização acordada, excluídos os custos e outros gastos do processo, não exceder a quantia que o transportador haja oferecido por escrito ao autor, dentro de um período de seis meses contados a partir do fato que causou o dano, ou antes de iniciar a ação, se a segunda data é posterior.

Artigo 23

Conversão das Unidades Monetárias

1. As quantias indicadas em Direitos Especiais de Saque mencionadas na presente Convenção consideram-se referentes ao Direito Especial de Saque definido pelo Fundo Monetário Internacional. A conversão das somas nas moedas nacionais, no caso de ações judiciais, se fará conforme o valor de tais moedas em Direitos Especiais de Saque, na data da sentença. O valor em Direitos Especiais de Saque da moeda nacional de um Estado-Parte, que seja membro do Fundo Monetário Internacional, será calculado de acordo com o método de avaliação adotado pelo Fundo Monetário Internacional para suas operações e transações, vigente na data da sentença. O valor em Direitos Especiais de Saque da moeda nacional de um Estado-Parte que não seja membro do Fundo Monetário Internacional será calculado na forma estabelecida por esse Estado.

2. Entretanto, os Estados que não sejam membros do Fundo Monetário Internacional e cuja legislação não permita aplicar as disposições do número 1 deste Artigo poderão declarar, no momento da ratificação ou da adesão ou ulteriormente, que o limite de responsabilidade do transportador, estabelecido no Artigo 21, é fixado na quantia de 1.500.000 unidades monetárias por passageiro, nos procedimentos judiciais seguidos em seus territórios; 62.500 unidades monetárias por passageiro, com respeito ao número 1 do Artigo 22; 15.000 unidades monetárias por passageiro, com respeito ao número 2 do Artigo 22; e 250 unidades monetárias por quilograma, com respeito ao número 3 do Artigo 22. Esta unidade monetária corresponde a sessenta e cinco miligramas e meio de ouro de lei de novecentos milésimos. Estas somas poderão converter-se na moeda nacional de que se trate, em cifras redondas. A conversão destas quantias em moeda nacional será efetuada de acordo com a lei do Estado interessado.

3. O cálculo mencionado na última sentença do número 1 deste Artigo e o método de conversão mencionado no número 2 deste Artigo se farão de forma tal que expressem na moeda nacional do Estado-Parte, na medida do possível, o mesmo valor real para as quantias dos Artigos 21 e 22 que resultaria da aplicação das três primeiras orações do número 1 deste Artigo. Os Estados-Partes, ao depositar seu instrumento de ratificação, aceitação, aprovação ou adesão à presente Convenção comunicarão ao Depositário o método para fazer o cálculo, conforme estabelecido no número 1 deste Artigo, ou os resultados da conversão estabelecida no número 2 deste

Artigo, conforme o caso, e cada vez que haja uma mudança relativa a dito método ou a esses resultados.

Artigo 24
Revisão dos Limites

1. Sem que isto afete as disposições do Artigo 25 da presente Convenção, e sujeito ao estabelecido no número 2 seguinte, os limites de responsabilidade prescritos no Artigos 21, 22, e 23 serão revisados pelo Depositário, a cada cinco anos, devendo efetuar-se a primeira revisão ao final do quinto ano seguinte à data de entrada em vigor da presente Convenção ou, se a Convenção não entrar em vigor dentro dos cinco anos seguintes à data em que foi aberta à assinatura, dentro do primeiro ano de sua entrada em vigor, com relação a um índice de inflação que corresponda à taxa de inflação acumulada desde a revisão anterior ou, na primeira vez, desde a data da entrada em vigor da Convenção. A medida da taxa de inflação que deverá ser utilizada para determinar o índice de inflação será a média ponderada das taxas anuais de aumento ou de diminuição do índice de preços ao consumidor dos Estados cujas moedas formam o Direito Especial de Saque mencionado no número 1 do Artigo 23.

2. Se da revisão mencionada no parágrafo anterior resulta um índice de inflação superior a dez por cento, o Depositário notificará aos Estados-Partes a revisão dos limites de responsabilidade. Tais revisões serão efetivadas seis meses depois de sua notificação aos Estados-Partes. Se dentro dos três meses seguintes a sua notificação aos Estados-Partes a maioria desses Estados-Partes registrar sua desaprovação, a revisão não se efetivará e o Depositário remeterá a questão a uma reunião dos Estados-Partes. O Depositário notificará imediatamente a todos os Estados-Partes a entrada em vigor de toda revisão.

3. Não obstante o número 1 deste Artigo, o procedimento mencionado no número 2 deste Artigo se aplicará a qualquer momento, sempre que um terço dos Estados-Partes expressem o desejo de fazê-lo e com a condição de que o índice de inflação mencionado no número 1 haja sido superior a trinta por cento, desde a revisão anterior ou desde a data da entrada em vigor da presente Convenção, caso não tenha havido uma revisão anterior. As revisões subsequentes realizadas de acordo com o procedimento descrito no número 1 deste Artigo serão realizadas a cada cinco anos, contados a partir do final do quinto ano seguinte à data da revisão efetuada em virtude deste parágrafo.

Artigo 25
Estipulação Sobre os Limites

O transportador poderá estipular que o contrato de transporte estará sujeito a limites de responsabilidade mais elevados que os previstos na presente Convenção, ou que não estará sujeito a nenhum limite de responsabilidade.

Artigo 26
Nulidade das Cláusulas Contratuais

Toda cláusula que tenda a exonerar o transportador de sua responsabilidade ou a fixar um limite inferior ao estabelecido na presente Convenção será nula e de nenhum efeito, porém a nulidade de tal cláusula não implica a nulidade do contrato, que continuará sujeito às disposições da presente Convenção.

Artigo 27
Liberdade Contratual

Nenhuma das disposições da presente Convenção impedirá o transportador de negar-se a realizar um contrato de transporte, renunciar às defesas que possa invocar em virtude da presente Convenção, ou estabelecer condições que não estejam em contradição com as disposições da presente Convenção.

Artigo 28
Pagamentos Adiantados

No caso de acidentes de aviação que resultem na morte ou lesões dos passageiros, o transportador fará, se assim exigir sua lei nacional, pagamentos adiantados sem demora, à pessoa ou pessoas físicas que tenham direito a reclamar indenização, a fim de satisfazer suas necessidades econômicas imediatas. Tais pagamentos adiantados não constituirão reconhecimento de responsabilidade e poderão ser deduzidos de toda quantia paga posteriormente pelo transportador, como indenização.

Artigo 29
Fundamento das Reclamações

No transporte de passageiros, de bagagem e de carga, toda ação de indenização de danos, seja com fundamento na presente Convenção, em um contrato ou em um ato ilícito, seja em qualquer outra causa, somente poderá iniciar-se sujeita a condições e limites de responsabilidade como os previstos na presente Convenção, sem que isso afete a questão de que pessoas podem iniciar as ações e quais são seus respectivos direitos. Em nenhuma das referidas ações se outorgará uma indenização punitiva, exemplar ou de qualquer natureza que não seja compensatória.

Artigo 30
Prepostos – Total das Reclamações

1. Se for iniciada uma ação contra um preposto do transportador, por danos a que se refere a presente Convenção, este preposto, se provar que atuava no exercício de suas funções, poderá amparar-se nas condições e nos limites de responsabilidade que podem ser invocados pelo transportador, em virtude da presente Convenção.

2. O montante total das indenizações ressarcíveis pelo transportador e por seus prepostos, neste caso, não excederá de tais limites.

3. As disposições dos números 1 e 2 deste Artigo não se aplicarão se for provado que o dano é resultado de uma ação ou omissão do preposto, cometida com a intenção de causar dano, ou temerariamente e com a consciência de que provavelmente causaria o dano.

Artigo 31
Aviso Oportuno de Protesto

1. O recebimento da bagagem registrada ou da carga, sem protesto por parte do destinatário, constituirá presunção, salvo prova em contrário, de que os mesmos foram entregues em bom estado e de acordo com o documento de transporte ou com os registros conservados por outros meios, mencionados no número 2 do Artigo 3 e no número 2 do Artigo 4.

2. Em caso de avaria, o destinatário deverá apresentar ao transportador um protesto, imediatamente após haver sido notada tal avaria e, o mais tardar, dentro do prazo de sete dias para a bagagem registrada e de quatorze dias para a carga, a partir da data de seu recebimento. Em caso de atraso, o protesto deverá ser feito o mais tardar dentro de vinte e um dias a contar do dia em que a bagagem ou a carga haja sido posta à sua disposição.

3. Todo protesto deverá ser feito por escrito e apresentado ou expedido dentro dos prazos mencionados.

4. Não havendo protesto dentro dos prazos estabelecidos, não serão admitidas ações contra o transportador, salvo no caso de fraude por parte deste.

Artigo 32

Falecimento da Pessoa Responsável

Em caso de falecimento da pessoa responsável, a ação de indenização relativa aos danos será exercida contra os representantes legais de sua sucessão, dentro dos limites estabelecidos na presente Convenção.

Artigo 33

Jurisdição

1. A ação de indenização de danos deverá ser iniciada, à escolha do autor, no território de um dos Estados-Partes, seja ante o tribunal do domicílio do transportador, da sede da matriz da empresa, ou onde possua o estabelecimento por cujo intermédio se tenha realizado o contrato, seja perante o tribunal do lugar de destino.

2. Com relação ao dano resultante na morte ou lesões do passageiro, a ação poderá ser iniciada perante um dos tribunais mencionados no número 1 deste Artigo ou no território de um Estado-Parte em que o passageiro tenha sua residência principal e permanente no momento do acidente e para e desde o qual o transportador explore serviços de transporte aéreo de passageiros em suas próprias aeronaves ou nas de outro transportador, sob um acordo comercial, e em que o transportador realiza suas atividades de transporte aéreo de passageiros, desde locais arrendados ou que são de sua propriedade ou de outro transportador com o qual tenha um acordo comercial.

3. Para os fins do número 2,

a) "acordo comercial" significa um acordo, que não um contrato de agência, feito entre transportadores e relativo à provisão de seus serviços conjuntos de transporte aéreo de passageiros;

b) "residência principal e permanente" significa o domicílio do passageiro, no momento do acidente. A nacionalidade do passageiro não será o fator determinante a esse respeito.

4. As normas processuais serão reguladas pela lei nacional do tribunal que conhecer da questão.

Artigo 34

Arbitragem

1. Sujeito ao previsto neste Artigo, as partes no contrato de transporte de carga podem estipular que toda controvérsia relativa à responsabilidade do transportador, prevista na presente Convenção, será resolvida por arbitragem. Dito acordo será feito por escrito.

2. O procedimento de arbitragem será realizado, à escolha do autor, em uma das jurisdições mencionadas no Artigo 33.

3. O árbitro ou o tribunal arbitral aplicarão as disposições da presente Convenção.

4. As disposições dos números 2 e 3 deste Artigo serão consideradas parte de toda cláusula ou acordo de arbitragem, e toda condição de tal cláusula ou acordo, que seja incompatível com tais disposições, será nula e de nenhum efeito.

Artigo 35

Prazo Para as Ações

1. O direito à indenização se extinguirá se a ação não for iniciada dentro do prazo de dois anos, contados a partir da data de chegada ao destino, ou do dia em que a aeronave deveria haver chegado, ou do da interrupção do transporte.

2. A forma de computar esse prazo será determinada pela lei nacional do tribunal que conhecer da questão.

Artigo 36

Transporte Sucessivo

1. No caso do transporte que haja de ser executado sucessivamente por vários transportadores e que esteja compreendido na definição do número 3 do Artigo 1, cada transportador que aceite passageiros, bagagem ou carga se submeterá às regras estabelecidas na presente Convenção e será considerado como uma das partes do contrato de transporte, na medida em que o contrato se refira à parte do transporte efetuado sob sua supervisão.

2. No caso de um transporte dessa natureza, o passageiro ou qualquer pessoa que tenha direito a uma indenização por ele, só poderá proceder contra o transportador que haja efetuado o transporte durante o qual se produziu o acidente ou o atraso, salvo no caso em que, por estipulação expressa, o primeiro transportador haja assumido a responsabilidade por toda a viagem.

3. Em se tratando de bagagem ou carga, o passageiro ou expedidor terá direito de ação contra o primeiro transportador, e o passageiro ou o destinatário que tenha direito à entrega terá direito de ação contra o último transportador, e um e outro poderão, além disso, acionar o transportador que haja efetuado o transporte durante o qual se produziu a destruição, perda, avaria ou atraso. Esses transportadores serão solidariamente responsáveis para com o passageiro, o expedidor ou o destinatário.

Artigo 37

Direito de Ação Contra Terceiros

Nenhuma das disposições da presente Convenção afeta a existência ou não do direito de regresso da pessoa responsável pelo dano, contra qualquer outra pessoa.

CAPÍTULO IV

TRANSPORTE COMBINADO

Artigo 38

Transporte Combinado

1. No caso de transporte combinado, efetuado em parte por via aérea e em parte por qualquer outro meio de transporte, as disposições da presente Convenção se aplicarão unicamente ao transporte aéreo, sujeito ao estabelecido no número 4 do Artigo 18, sempre que o transporte aéreo responda às condições do Artigo 1.

2. Nenhuma das disposições da presente Convenção impedirá as partes, no caso de transporte combinado, de incluir no documento de transporte aéreo condições relativas a outros meios de transporte, sempre que as disposições da presente Convenção sejam respeitadas, no que concerne ao transporte aéreo.

CAPÍTULO V

TRANSPORTE AÉREO REALIZADO POR UMA PESSOA DISTINTA DO TRANSPORTADOR CONTRATUAL

Artigo 39

Transportador Contratual – Transportador de Fato

As disposições deste Capítulo se aplicam quando uma pessoa – (doravante denominada "transportador contratual"), como parte, celebra um contrato de transporte regido pela presente Convenção, com um passageiro ou com um expedidor ou com uma pessoa que atue em nome de um ou de outro, e outra pessoa – (doravante denominada "transportador de fato"), realiza, em virtude de autorização dada pelo transportador contratual, todo ou parte do transporte, mas sem ser com relação a dita parte um transportador sucessivo, no sentido da presente Convenção. Tal autorização se presumirá, salvo prova em contrário.

Artigo 40

Responsabilidades Respectivas do Transportador Contratual e do Transportador de Fato

Se um transportador de fato realiza todo ou parte de um transporte que, de acordo com o contrato a que se refere o Artigo 39, se rege pela presente Convenção, tanto o transportador contratual como o transportador de fato ficarão sujeitos, salvo disposição em contrário, prevista no presente Capítulo, às disposições da presente Convenção, o primeiro com respeito a todo o transporte previsto no contrato, e o segundo somente com respeito ao transporte que realize.

Artigo 41

Responsabilidade Solidária

1. As ações e omissões do transportador de fato e de seus prepostos, quando estes atuem no exercício de suas funções, se considerarão também, com relação ao transporte realizado pelo transportador de fato, como ações e omissões do transportador contratual.

2. As ações e omissões do transportador contratual e de seus prepostos, quando estes atuem no exercício de suas funções, se considerarão também, com relação ao transporte realizado pelo transportador de fato, como do transportador de fato. Não obstante, tais ações e omissões não submeterão o transportador de fato a uma responsabilidade que exceda as quantias previstas nos Artigos 21, 22, 23, e 24. Nenhum acordo especial pelo qual o transportador contratual assuma obrigações não impostas pela presente Convenção, nenhuma renúncia de direitos ou defesas estabelecidos pela Convenção e nenhuma declaração especial de valor prevista no Artigo 21 afetarão o transportador de fato, a menos que esse o aceite.

Artigo 42

Destinatário dos Protestos e Instruções

Os protestos e instruções que devam ser dirigidos ao transportador, em virtude da presente Convenção, terão o mesmo efeito, sejam dirigidos ao transportador contratual, sejam dirigidos ao transportador de fato. Não obstante, as instruções mencionadas no Artigo 12 só surtirão efeito se dirigidas ao transportador contratual.

Artigo 43

Prepostos

No que diz respeito ao transporte realizado pelo transportador de fato, todo preposto deste ou do transportador contratual terá direito, se prova que atuava no exercício de suas funções, a invocar as condições e os limites de responsabilidade aplicáveis em virtude da presente Convenção, ao transportador do qual é preposto, a menos que se prove que havia atuado de forma a não poder invocar os limites de responsabilidade, de acordo com a presente Convenção.

Artigo 44

Total da Indenização

No que diz respeito ao transporte realizado pelo transportador de fato, o total das quantias ressarcíveis desse transportador e do transportador contratual e dos prepostos de um e de outro, que hajam atuado no exercício de suas funções, não excederá a maior quantia que possa ser obtida de qualquer desses transportadores em virtude da presente Convenção, mas nenhuma das pessoas mencionadas será responsável por uma quantia mais elevada que os limites aplicáveis a essa pessoa.

Artigo 45

Destinatário das Reclamações

No que diz respeito ao transporte realizado pelo transportador de fato, a ação de indenização de danos poderá ser iniciada, à escolha do autor, contra dito transportador ou contra o transportador contratual ou contra ambos, conjunta ou separadamente. Se a ação for promovida unicamente contra um desses transportadores, este terá direito de trazer a juízo o outro transportador, regendo-se o processo e seus efeitos pela lei nacional do tribunal que conhecer da questão.

Artigo 46

Jurisdição Adicional

Toda ação de indenização de danos prevista no Artigo 45 deverá ser iniciada, à escolha do autor, no território de uns dos Estados-Partes, perante um dos tribunais em que possa processar-se uma ação contra o transportador contratual, conforme o previsto no Artigo 33, ou perante o tribunal em cuja jurisdição o transportador de fato tem seu domicílio ou a matriz de sua empresa.

Artigo 47

Nulidade das Cláusulas Contratuais

Toda cláusula que tenda a exonerar o transportador contratual ou o transportador de fato, da responsabilidade prevista nesse Capítulo, ou a fixar um limite inferior ao aplicável de conformidade com este Capítulo, será nula e de nenhum efeito, porém a nulidade de tal cláusula não implica na nulidade do contrato, que continuará sujeito às disposições deste Capítulo.

Artigo 48

Relações Entre o Transportador Contratual e o Transportador de Fato

Exceto o previsto no Artigo 45, nenhuma das disposições deste Capítulo afetará os direitos e obrigações entre os transportadores, incluído todo direito de ação regressiva ou de indenização.

CAPÍTULO VI

OUTRAS DISPOSIÇÕES

Artigo 49

Aplicação Obrigatória

Toda cláusula do contrato de transporte e todos os acordos particulares concertados antes que ocorra o dano, pelos quais as partes tratem de fugir à aplicação das regras estabelecidas na presente Convenção, seja decidindo a lei que deverá ser aplicada, seja modificando as regras relativas à jurisdição, serão nulos e de nenhum efeito.

Artigo 50

Seguro

Os Estados-Partes exigirão de seus transportadores que mantenham um seguro adequado, que cubra sua responsabilidade em virtude da presente Convenção. O Estado-Parte com destino ao qual o transportador explora serviços poderá exigir-lhe que apresente comprovação de que mantém um seguro adequado que cubra sua responsabilidade, de acordo com a presente Convenção.

Artigo 51

Transporte Efetuado em Circunstâncias Extraordinárias

As disposições dos Artigos 3 a 5, 7 e 8, relativas à documentação de transporte, não se aplicarão em caso de transporte efetuado em circunstâncias extraordinárias, que excedam o alcance normal das atividades do transportador.

Artigo 52

Definição de Dias

Quando na presente Convenção se emprega o termo "dias", trata-se de dias corridos e não dias úteis.

CAPÍTULO VII

DISPOSIÇÕES FINAIS

Artigo 53

Assinatura, Ratificação e Entrada em Vigor

1. A presente Convenção estará aberta em Montreal, em 28 de maio de 1999, à assinatura dos Estados participantes na Conferência Internacional de Direito Aeronáutico, celebrada em Montreal, de 10 a 28 de maio de 1999. Após 28 de maio de 1999, a Convenção estará aberta à assinatura de todos Estados na Sede da Organização de Aviação Civil Internacional, em Montreal, até sua entrada em vigor de acordo com o número 6 deste Artigo.

2. A presente Convenção estará igualmente aberta à assinatura de Organizações Regionais de Integração Econômica. Para os fins da presente Convenção, "Organização Regional de Integração Econômica" significa qualquer Organização constituída por Estados soberanos de uma região determinada, que tenha competência com relação a determinados assuntos regulados pela Convenção e haja sido devidamente autorizada a assinar e a ratificar, aceitar, aprovar ou aderir à presente Convenção. A referência a "Estado-Parte" ou "Estados-Partes" na presente Convenção, com exceção do número 2 do Artigo 1º e letra b) do número 1 do Artigo 3º, e letra b) do Artigo 5º, os Artigos 23, 33, 46 e a letra b) do Artigo 57, se aplicam igualmente a uma Organização Regional de Integração Econômica. Para os fins do Artigo 24, as referências a "uma maioria dos Estados-Partes" e "um terço dos Estados-Partes" não se aplicará a uma Organização Regional de Integração Econômica.

3. A presente Convenção estará sujeita a ratificação dos Estados e Organizações Regionais de Integração Econômica que a tenham assinado.

4. Todo Estado ou Organização Regional de Integração Econômica que não assine a presente Convenção poderá aceitá-la, aprová-la ou aderir a ela em qualquer momento.

5. Os instrumentos de ratificação, aceitação, aprovação ou adesão serão depositados junto à Organização de Aviação Civil Internacional, designada pela presente como Depositário.

6. A presente Convenção entrará em vigor no sexagésimo dia a contar da data do depósito do trigésimo instrumento de ratificação, aceitação, aprovação ou adesão junto ao Depositário, entre os Estados que hajam depositado esse instrumento. Um instrumento depositado por uma Organização Regional de Integração Econômica não será considerado para os fins deste parágrafo.

7. Para os demais Estados e outras Organizações Regionais de Integração Econômica, a presente Convenção vigorará sessenta dias depois da data do depósito de seus instrumentos de ratificação, aceitação, aprovação ou adesão.

8. O Depositário notificará imediatamente a todos os signatários e Estados-Partes:

a) cada assinatura da presente Convenção e a data correspondente;

b) o depósito de todo instrumento de ratificação, aceitação, aprovação ou adesão e a data correspondente;

c) a data de entrada em vigor da presente Convenção;

d) a data de entrada em vigor de toda revisão dos limites de responsabilidade estabelecidos em virtude da presente Convenção;

e) toda denúncia efetuada em virtude do Artigo 54.

Artigo 54

Denúncia

1. Todo Estado-Parte poderá denunciar a presente Convenção, mediante notificação por escrito dirigida ao Depositário.

2. A denúncia surtirá efeito cento e oitenta dias após a data em que o Depositário receba a notificação.

Artigo 55

Relação com Outros Instrumentos da Convenção de Varsóvia

A presente Convenção prevalecerá sobre toda regra que se aplique ao transporte aéreo internacional:

1. entre os Estados-Partes na presente Convenção devido a que esses Estados são comumente Partes:

a) da Convenção para a Unificação de Certa Regras Relativas ao Transporte Aéreo Internacional, assinada em Varsóvia, em 12 de outubro de 1929 – (doravante denominada Convenção de Varsóvia);

b) do Protocolo que modifica a Convenção para a Unificação de Certas Regras Relativas ao Transporte Aéreo Internacional assinada em Varsóvia, em 12 de outubro de 1929, feito na Haia, em 28 de setembro de 1955 – (doravante denominado Protocolo da Haia);

c) da Convenção complementar à Convenção de Varsóvia para a Unificação de Certa Regras Relativas ao Transporte Aéreo Internacional realizado por Quem não seja o Transportador Contratual, assinada em Guadalajara, em 18 de setembro de 1961 – (doravante denominada Convenção de Guadalajara);

d) do Protocolo que modifica a Convenção para a Unificação de Certas Regras Relativas ao Transporte Aéreo Internacional assinada em Varsóvia, em 12 de outubro de 1929 modificada pelo Protocolo feito na Haia, em 28 de setembro de 1955, assinado na cidade da Guatemala, em 8 de março de 1971 – (doravante denominado Protocolo da Cidade da Guatemala);

e) dos Protocolos Adicionais números 1 a 3 e o Protocolo de Montreal número 4, que modificam a Convenção de Varsóvia modificada pelo Protocolo da Haia ou a Convenção de Varsóvia modificada pelo Protocolo da Haia e o Protocolo da Cidade da Guatemala, assinados em Montreal, em 25 de setembro de 1975 – (doravante denominados Protocolos de Montreal); ou

2. dentro do território de qualquer Estado-Parte na presente Convenção devido a que esse Estado é Parte em um ou mais dos instrumentos mencionados nas letras a) a e) anteriores.

Artigo 56

Estados Com Mais de Um Sistema Jurídico

1. Se um Estado tem duas ou mais unidades territoriais nas quais são aplicáveis diferentes sistemas jurídicos com relação a questões tratadas na presente Convenção, tal Estado pode declarar, no momento da assinatura, ratificação, aceitação, aprovação ou adesão que a presente Convenção se estenderá a todas as suas unidades territoriais ou unicamente a uma ou mais delas e poderá modificar esta declaração, apresentando outra declaração, em qualquer outro momento.

2. Estas declarações serão notificadas ao Depositário e indicarão explicitamente as unidades territoriais às quais se aplica a Convenção.

3. Com respeito a um Estado-Parte que haja feito essa declaração:

a) as referências à "moeda nacional" no Artigo 23 serão interpretadas como referindo-se à moeda da unidade territorial pertinente desse Estado; e

b) a referência no Artigo 28 à "lei nacional" será interpretada como referindo-se à lei da unidade territorial pertinente desse Estado.

Artigo 57

Reservas

Não poderá ser formulada nenhuma reserva à presente Convenção, salvo que um Estado-Parte poderá declarar em qualquer momento, mediante notificação dirigida ao depositário, que a presente Convenção não se aplicará:

a) ao transporte aéreo internacional realizado diretamente por esse Estado-Parte, com fins não comerciais, relativo a suas funções e obrigações como Estado soberano; nem

b) ao transporte de pessoas, carga e bagagem realizado para suas autoridades militares, em aeronaves matriculadas nesse Estado-Parte, ou arrendadas por este, e cuja capacidade total haja sido reservada por essas autoridades ou em nome das mesmas.

EM TESTEMUNHO DO QUE os plenipotenciários que subscrevem, devidamente autorizados, assinam a presente Convenção.

FEITO em Montreal, no dia 28 de maio de 1999, em espanhol, árabe, chinês, francês, inglês e russo, sendo todos os textos igualmente autênticos. A presente Convenção ficará depositada nos arquivos da Organização de Aviação Civil Internacional e o Depositário enviará cópias certificadas da mesma a todos os Estados-Partes na presente Convenção, assim como também a todos os Estados-Partes na Convenção de Varsóvia, no Protocolo da Haia, na Convenção de Guadalajara, no Protocolo da Cidade da Guatemala e nos Protocolos de Montreal.

RESOLUÇÃO DO STJ Nº 4, DE 30 DE NOVEMBRO DE 2006

Dispõe sobre o não conhecimento do agravo de instrumento manifestamente inadmissível.

► Publicada no *DJU* de 4-12-2006.

Art. 1º Antes da distribuição poderá o Presidente do Tribunal não conhecer do agravo de instrumento, manifestamente inadmissível, interposto de decisão que não admitir o recurso especial.

Art. 2º Da decisão do presidente caberá, no prazo de 5 dias, agravo regimental a relator designado em distribuição.

Art. 3º Esta resolução entra em vigor na data de sua publicação.

Barros Monteiro

LEI COMPLEMENTAR Nº 123, DE 14 DE DEZEMBRO DE 2006

Institui o Estatuto Nacional da Microempresa e da Empresa de Pequeno Porte; altera dispositivos das Leis nºs 8.212 e 8.213, ambas de 24 de julho de 1991, da Consolidação das Leis do Trabalho – CLT, aprovada pelo Decreto-Lei nº 5.452, de 1º de maio de 1943, da Lei nº 10.189, de 14 de fevereiro de 2001, da Lei Complementar nº 63, de 11 de janeiro de 1990; e revoga as Leis nºs 9.317, de 5 de dezembro de 1996, e 9.841, de 5 de outubro de 1999.

► Publicada no *DOU* de 15-12-2006 e republicada no *DOU* de 31-1-2009, Edição Extra. Houve nova republicação no *DOU* de 6-3-2012, em atendimento ao disposto no art. 5º da LC nº 139, de 10-11-2011.

CAPÍTULO I

DISPOSIÇÕES PRELIMINARES

Art. 1º Esta Lei Complementar estabelece normas gerais relativas ao tratamento diferenciado e favorecido a ser dispensado às microempresas e empresas de pequeno porte no âmbito dos Poderes da União, dos Estados, do Distrito Federal e dos Municípios, especialmente no que se refere:

► Art. 179 da CF.

I – à apuração e recolhimento dos impostos e contribuições da União, dos Estados, do Distrito Federal e dos Municípios, mediante regime único de arrecadação, inclusive obrigações acessórias;

II – ao cumprimento de obrigações trabalhistas e previdenciárias, inclusive obrigações acessórias;

III – ao acesso a crédito e ao mercado, inclusive quanto à preferência nas aquisições de bens e serviços pelos Poderes Públicos, à tecnologia, ao associativismo e às regras de inclusão;

IV – ao cadastro nacional único de contribuintes a que se refere o inciso IV do parágrafo único do art. 146, *in fine*, da Constituição Federal.

► Inciso IV acrescido pela LC nº 147, de 7-8-2014.

§ 1º Cabe ao Comitê Gestor do SIMPLES Nacional (CGSN) apreciar a necessidade de revisão, a partir de 1º de janeiro de 2015, dos valores expressos em moeda nesta Lei Complementar.

► § 1º com a redação dada pela LC nº 139, de 10-11-2011.

§ 2º VETADO.

§ 3º Ressalvado o disposto no Capítulo IV, toda nova obrigação que atinja as microempresas e empresas de pequeno porte deverá apresentar, no instrumento que a instituiu, especificação do tratamento diferenciado, simplificado e favorecido para cumprimento.

§ 4º Na especificação do tratamento diferenciado, simplificado e favorecido de que trata o § 3º, deverá constar prazo máximo, quando forem necessários procedimentos adicionais, para que os órgãos fiscalizadores cumpram as medidas necessárias à emissão de documentos, realização de vistorias e atendimento das demandas realizadas pelas microempresas e empresas de pequeno porte com o objetivo de cumprir a nova obrigação.

§ 5º Caso o órgão fiscalizador descumpra os prazos estabelecidos na especificação do tratamento diferenciado e favorecido, conforme o disposto no § 4º, a nova obrigação será inexigível até que seja realizada visita para fiscalização orientadora e seja reiniciado o prazo para regularização.

§ 6º A ausência de especificação do tratamento diferenciado, simplificado e favorecido ou da determinação de prazos máximos, de acordo com os §§ 3º e 4º, tornará a nova obrigação inexigível para as microempresas e empresas de pequeno porte.

§ 7º A inobservância do disposto nos §§ 3º a 6º resultará em atentado aos direitos e garantias legais assegurados ao exercício profissional da atividade empresarial.

► §§ 3º a 7º acrescidos pela LC nº 147, de 7-8-2014.

Art. 2º O tratamento diferenciado e favorecido a ser dispensado às microempresas e empresas de pequeno porte de que trata o art. 1º desta Lei Complementar será gerido pelas instâncias a seguir especificadas:

I – Comitê Gestor do Simples Nacional, vinculado ao Ministério da Fazenda, composto por 4 (quatro) representantes da Secretaria da Receita Federal do Brasil, como representantes da União, 2 (dois) dos Estados e do Distrito Federal e 2 (dois) dos Municípios, para tratar dos aspectos tributários; e

► Dec. nº 6.038, de 7-2-2007, institui o Comitê Gestor do Simples Nacional – CGSN.

II – Fórum Permanente das Microempresas e Empresas de Pequeno Porte, com a participação dos órgãos federais competentes e das entidades vinculadas ao setor, para tratar dos demais aspectos, ressalvado o disposto no inciso III do *caput* deste artigo;

► Incisos I e II com a redação dada pela LC nº 128, de 19-12-2008.

III – Comitê para Gestão da Rede Nacional para Simplificação do Registro e da Legalização de Empresas e Negócios – CGSIM, vinculado à Secretaria da Micro e Pequena Empresa da Presidência da República, composto por representantes da União, dos Estados e do Distrito Federal, dos Municípios e demais órgãos de apoio e de registro empresarial, na forma definida pelo Poder Executivo, para tratar do processo de registro e de legalização de empresários e de pessoas jurídicas.

► Inciso III com a redação dada pela LC nº 147, de 7-8-2014.

§ 1º Os Comitês de que tratam os incisos I e III do *caput* deste artigo serão presididos e coordenados por representantes da União.

§ 2º Os representantes dos Estados e do Distrito Federal nos Comitês referidos nos incisos I e III do *caput* deste artigo serão indicados pelo Conselho Nacional de Política Fazendária – CONFAZ e os dos Municípios serão indicados, um pela entidade representativa das Secretarias de Finanças das Capitais e outro pelas entidades de representação nacional dos Municípios brasileiros.

§ 3º As entidades de representação referidas no inciso III do *caput* e no § 2º deste artigo serão aquelas regularmente constituídas há pelo menos 1 (um) ano antes da publicação desta Lei Complementar.

§ 4º Os Comitês de que tratam os incisos I e III do *caput* deste artigo elaborarão seus regimentos internos mediante resolução.

► §§ 1º a 4º com a redação dada pela LC nº 128, de 19-12-2008.

§ 5º O Fórum referido no inciso II do *caput* deste artigo tem por finalidade orientar e assessorar a formulação e coordenação da política nacional de desenvolvimento das microempresas e empresas de pequeno porte, bem como acompanhar e avaliar a sua implantação, sendo presidido e coordenado pela Secretaria da Micro e Pequena Empresa da Presidência da República.

► § 5º com a redação dada pela Lei nº 12.792, de 28-3-2013.

§ 6º Ao Comitê de que trata o inciso I do *caput* deste artigo compete regulamentar a opção, exclusão, tributação, fiscalização, arrecadação, cobrança, dívida ativa, recolhimento e demais itens relativos ao regime de que trata o art. 12 desta Lei Complementar, observadas as demais disposições desta Lei Complementar.

► Dec. nº 6.038, de 7-2-2007, institui o Comitê Gestor do Simples Nacional – CGSN.

§ 7º Ao Comitê de que trata o inciso III do *caput* deste artigo compete, na forma da lei, regulamentar a inscrição, cadastro, abertura, alvará, arquivamento, licenças, permissão, autorização, registros e demais itens relativos à abertura, legalização e funcionamento de empresários e de pessoas jurídicas de qualquer porte, atividade econômica ou composição societária.

§ 8º Os membros dos Comitês de que tratam os incisos I e III do *caput* deste artigo serão designados, respectivamente, pelos Ministros de Estado da Fazenda e da Secretaria da Micro e Pequena Empresa da Presidência da República, mediante indicação dos órgãos e entidades vinculados.

► § 8º com a redação dada pela LC nº 147, de 7-8-2014.

§ 9º O CGSN poderá determinar, com relação à microempresa e à empresa de pequeno porte optante pelo Simples Nacional, a forma, a periodicidade e o prazo:

I – de entrega à Secretaria da Receita Federal do Brasil – RFB de uma única declaração com dados relacionados a fatos geradores, base de cálculo e valores da contribuição para a Seguridade Social devida sobre a remuneração do trabalho, inclusive a descontada dos trabalhadores a serviço da empresa, do Fundo de Garantia do Tempo de Serviço – FGTS e outras informações de interesse do Ministério do Trabalho e Emprego – MTE, do Instituto Nacional do Seguro Social – INSS e do Conselho Curador do FGTS, observado o disposto no § 7º deste artigo; e

II – do recolhimento das contribuições descritas no inciso I e do FGTS.

§ 10. O recolhimento de que trata o inciso II do § 9º deste artigo poderá se dar de forma unificada relativamente aos tributos apurados na forma do Simples Nacional.

§ 11. A entrega da declaração de que trata o inciso I do § 9º substituirá, na forma regulamentada pelo CGSN, a obrigatoriedade de entrega de todas as informações, formulários e declarações a que estão sujeitas as demais empresas ou equiparados que contratam trabalhadores, inclusive relativamente ao recolhimento do FGTS, à Relação Anual de Informações Sociais e ao Cadastro Geral de Empregados e Desempregados.

§ 12. Na hipótese de recolhimento do FGTS na forma do inciso II do § 9º deste artigo, deve-se assegurar a transferência dos recursos e dos elementos identificadores do recolhimento ao gestor desse fundo para crédito na conta vinculada do trabalhador.

§ 13. O documento de que trata o inciso I do § 9º tem caráter declaratório, constituindo instrumento hábil e suficiente para a exigência dos tributos, contribuições e dos débitos fundiários que não tenham sido recolhidos resultantes das informações nele prestadas.

► §§ 9º a 13 acrescidos pela LC nº 147, de 7-8-2014.

CAPÍTULO II

DA DEFINIÇÃO DE MICROEMPRESA E DE EMPRESA DE PEQUENO PORTE

Art. 3º Para os efeitos desta Lei Complementar, consideram-se microempresas ou empresas de pequeno porte a sociedade empresária, a sociedade simples, a empresa individual de responsabilidade limitada e o empresário a que se refere o art. 966 da Lei nº 10.406, de 10 de janeiro de 2002 (Código Civil), devidamente registrados no Registro de Empresas Mercantis ou no Registro Civil de Pessoas Jurídicas, conforme o caso, desde que:

► *Caput* com a redação dada pela LC nº 139, de 10-11-2011.

► Arts. 967 e 998 do CC.

► Art. 16, § 1º, desta Lei Complementar.

I – no caso da microempresa, aufira, em cada ano-calendário, receita bruta igual ou inferior a R$ 360.000,00 (trezentos e sessenta mil reais); e

► Inciso I com a redação dada pela LC nº 139, de 10-11-2011.

II – no caso de empresa de pequeno porte, aufira, em cada ano-calendário, receita bruta superior a R$ 360.000,00 (trezentos e sessenta mil reais) e igual ou inferior a R$ 4.800.000,00 (quatro milhões e oitocentos mil reais).

► Inciso II com a redação dada pela LC nº 155, de 27-10-2016.

§ 1º Considera-se receita bruta, para fins do disposto no *caput* deste artigo, o produto da venda de bens e serviços nas operações de conta própria, o preço dos serviços prestados e o resultado nas operações em conta alheia, não incluídas as vendas canceladas e os descontos incondicionais concedidos.

§ 2º No caso de início de atividade no próprio ano-calendário, o limite a que se refere o *caput* deste artigo será proporcional ao número de meses em que a microempresa ou a empresa de pequeno porte houver exercido atividade, inclusive as frações de meses.

§ 3º O enquadramento do empresário ou da sociedade simples ou empresária como microempresa ou empresa de pequeno porte bem como o seu desenquadramento não implicarão alteração, denúncia ou qualquer restrição em relação a contratos por elas anteriormente firmados.

► IN DREI nº 38, de 2-3-2017, institui os Manuais de Registro de Empresário Individual, Sociedade Limitada, Empresa Individual de Responsabilidade Limitada – EIRELI, Cooperativa e Sociedade Anônima.

§ 4º Não poderá se beneficiar do tratamento jurídico diferenciado previsto nesta Lei Complementar, incluído o regime de que trata o art. 12 desta Lei Complementar, para nenhum efeito legal, a pessoa jurídica:

► *Caput* do § 4º com a redação dada pela LC nº 128, de 19-12-2008.

I – de cujo capital participe outra pessoa jurídica;

► Arts. 1.097 a 1.101 do CC.

II – que seja filial, sucursal, agência ou representação, no País, de pessoa jurídica com sede no exterior;

III – de cujo capital participe pessoa física que seja inscrita como empresário ou seja sócia de outra empresa que receba tratamento jurídico diferenciado nos termos desta Lei Complementar, desde que a receita bruta global ultrapasse o limite de que trata o inciso II do *caput* deste artigo;

► Arts. 1.097 a 1.101 do CC.

IV – cujo titular ou sócio participe com mais de 10% (dez por cento) do capital de outra empresa não beneficiada por esta Lei Complementar, desde que a receita bruta global ultrapasse o limite de que trata o inciso II do *caput* deste artigo;

► Arts. 1.097 a 1.101 do CC.

V – cujo sócio ou titular seja administrador ou equiparado de outra pessoa jurídica com fins lucrativos, desde que a receita bruta global ultrapasse o limite de que trata o inciso II do *caput* deste artigo;

VI – constituída sob a forma de cooperativas, salvo as de consumo;

► Arts. 174, § 2º, e 187, VI, da CF.

► Arts. 1.093 a 1.096 do CC.

► Lei nº 5.764, de 16-12-1971 (Lei das Cooperativas).

VII – que participe do capital de outra pessoa jurídica;

► Arts. 1.097 a 1.101 do CC.

VIII – que exerça atividade de banco comercial, de investimentos e de desenvolvimento, de caixa econômica, de sociedade de crédito, financiamento e investimento ou de crédito imobiliário, de corretora ou de distribuidora de títulos, valores mobiliários e câmbio, de empresa de arrendamento mercantil, de seguros privados e de capitalização ou de previdência complementar;

IX – resultante ou remanescente de cisão ou qualquer outra forma de desmembramento de pessoa jurídica que tenha ocorrido em um dos 5 (cinco) anos-calendário anteriores;

X – constituída sob a forma de sociedade por ações;

► Lei nº 6.404, de 15-12-1976 (Lei das Sociedades por Ações).

XI – cujos titulares ou sócios guardem, cumulativamente, com o contratante do serviço, relação de pessoalidade, subordinação e habitualidade.

► Inciso XI acrescido pela LC nº 147, de 7-8-2014.

§ 5º O disposto nos incisos IV e VII do § 4º deste artigo não se aplica à participação no capital de cooperativas de crédito, bem como em centrais de compras, bolsas de subcontratação, no consórcio referido no art. 50 desta Lei Complementar e na sociedade de propósito específico prevista no art. 56 desta Lei Complementar, e em associações assemelhadas, sociedades de interesse econômico, sociedades de garantia solidária e outros tipos de sociedade, que tenham como objetivo social a defesa exclusiva dos interesses econômicos das microempresas e empresas de pequeno porte.

► § 5º com a redação dada pela LC nº 128, de 19-12-2008.

§ 6º Na hipótese de a microempresa ou empresa de pequeno porte incorrer em alguma das situações previstas nos incisos do § 4º, será excluída do tratamento jurídico diferenciado previsto nesta Lei Complementar, bem como do regime de que trata o art. 12, com efeitos a partir do mês seguinte ao que incorrida a situação impeditiva.

► § 6º com a redação dada pela LC nº 139, de 10-11-2011.

§ 7º Observado o disposto no § 2º deste artigo, no caso de início de atividades, a microempresa que, no ano-calendário, exceder o limite de receita bruta anual previsto no inciso I do *caput* deste artigo passa, no ano-calendário seguinte, à condição de empresa de pequeno porte.

§ 8º Observado o disposto no § 2º deste artigo, no caso de início de atividades, a empresa de pequeno porte que, no ano-calendário, não ultrapassar o limite de receita bruta anual previsto no inciso I do *caput* deste artigo passa, no ano-calendário seguinte, à condição de microempresa.

§ 9º A empresa de pequeno porte que, no ano-calendário, exceder o limite de receita bruta anual previsto no inciso II do *caput* fica excluída, no mês subsequente à ocorrência do excesso, do tratamento jurídico diferenciado previsto nesta Lei Complementar, incluído o regime de que trata o art. 12, para todos os efeitos legais, ressalvado o disposto nos §§ 9º-A, 10 e 12.

► § 9º com a redação dada pela LC nº 139, de 10-11-2011.

§ 9º-A. Os efeitos da exclusão prevista no § 9º dar-se-ão no ano-calendário subsequente se o excesso verificado em relação à receita bruta não for superior a 20% (vinte por cento) do limite referido no inciso II do *caput*.

► § 9º-A acrescido pela LC nº 139, de 10-11-2011.

§ 10. A empresa de pequeno porte que no decurso do ano-calendário de início de atividade ultrapassar o limite proporcional de receita bruta de que trata o § 2º estará excluída do tratamento jurídico diferenciado previsto nesta Lei Complementar, bem como do regime de que trata o art. 12 desta Lei Complementar, com efeitos retroativos ao início de suas atividades.

► Art. 31, III, *b*, desta Lei Complementar.

§ 11. Na hipótese de o Distrito Federal, os Estados e os respectivos Municípios adotarem um dos limites previstos nos incisos I e II do *caput* do art. 19 e no art. 20, caso a receita bruta auferida pela empresa durante o ano-calendário de início de atividade ultrapasse 1/12 (um doze avos) do limite estabelecido multiplicado pelo número de meses de funcionamento nesse período, a empresa não poderá recolher o ICMS e o ISS na forma do SIMPLES Nacional, relativos ao estabelecimento localizado na unidade da federação que os houver adotado, com efeitos retroativos ao início de suas atividades.

§ 12. A exclusão de que trata o § 10 não retroagirá ao início das atividades se o excesso verificado em relação à receita bruta não for superior a 20% (vinte por cento) do respectivo limite referido naquele parágrafo, hipótese em que os efeitos da exclusão dar-se-ão no ano-calendário subsequente.

► §§ 10 a 12 com a redação dada pela LC nº 139, de 10-11-2011.

§ 13. O impedimento de que trata o § 11 não retroagirá ao início das atividades se o excesso verificado em relação à receita bruta não for superior a 20% (vinte por cento) dos respectivos limites referidos naquele parágrafo, hipótese em que os efeitos do impedimento ocorrerão no ano-calendário subsequente.

► § 13 acrescido pela LC nº 139, de 10-11-2011.

§ 14. Para fins de enquadramento como microempresa ou empresa de pequeno porte, poderão ser auferidas receitas no mercado interno até o limite previsto no inciso II do *caput* ou no § 2º, conforme o caso, e, adicionalmente, receitas decorrentes da exportação de mercadorias ou serviços, inclusive quando realizada por meio de comercial exportadora ou da sociedade de propósito específico prevista no art. 56 desta Lei Complementar, desde que as receitas de exportação também não excedam os referidos limites de receita bruta anual.

► § 14 com a redação dada pela LC nº 147, de 7-8-2014.

§ 15. Na hipótese do § 14, para fins de determinação da alíquota de que trata o § 1º do art. 18, da base de cálculo prevista em seu § 3º e das majorações de alíquotas previstas em seus §§ 16, 16-A, 17 e 17-A, serão consideradas separadamente as receitas brutas auferidas no mercado interno e aquelas decorrentes da exportação.

► § 15 com a redação dada pela LC nº 147, de 7-8-2014.

§ 16. O disposto neste artigo será regulamentado por resolução do CGSN.

► § 16 acrescido pela LC nº 147, de 7-8-2014.

§§ 17 e 18. VETADOS. LC nº 155, de 27-10-2016.

Art. 3º-A. Aplica-se ao produtor rural pessoa física e ao agricultor familiar conceituado na Lei nº 11.326, de 24 de julho de 2006, com situação regular na Previdência Social e no Município que tenham auferido receita bruta anual até o limite de que trata o inciso II do *caput* do art. 3º o disposto nos arts. 6º e 7º, nos Capítulos V a X, na Seção IV do Capítulo XI e no Capítulo XII desta Lei Complementar, ressalvadas as disposições da Lei nº 11.718, de 20 de junho de 2008.

Parágrafo único. A equiparação de que trata o *caput* não se aplica às disposições do Capítulo IV desta Lei Complementar.

Art. 3º-B. Os dispositivos desta Lei Complementar, com exceção dos dispostos no Capítulo IV, são aplicáveis a todas as microempresas e empresas de pequeno porte, assim definidas pelos incisos I e II do *caput* e § 4º do art. 3º, ainda que não enquadradas no regime tributário do Simples Nacional, por vedação ou por opção.

► Arts. 3º-A e 3º-B acrescidos pela LC nº 147, de 7-8-2014.

CAPÍTULO III

DA INSCRIÇÃO E DA BAIXA

► IN da SRFB nº 1.470, de 30-5-2014, dispõe sobre o Cadastro Nacional da Pessoa Jurídica (CNPJ).

Art. 4º Na elaboração de normas de sua competência, os órgãos e entidades envolvidos na abertura e fechamento de empresas, dos 3 (três) âmbitos de governo, deverão considerar a unicidade do processo de registro e de legalização de empresários e de pessoas jurídicas, para tanto devendo articular as competências próprias com aquelas dos demais membros, e buscar, em conjunto, compatibilizar e integrar procedimentos, de modo a evitar a duplicidade de exigências e garantir a linearidade do processo, da perspectiva do usuário.

► Res. da CGSIM nº 25, de 18-10-2011, dispõe sobre parâmetros e padrões para desenvolvimento do modelo de integração da Rede Nacional para a Simplificação do Registro e da Legalização de Empresas e Negócios – REDESIM.

§ 1º O processo de abertura, registro, alteração e baixa da microempresa e empresa de pequeno porte, bem como qualquer exigência para o início de seu funcionamento, deverão ter trâmite especial e simplificado, preferencialmente eletrônico, opcional para o empreendedor, observado o seguinte:

► *Caput* do § 1º com a redação dada pela LC nº 147, de 7-8-2014.

I – poderão ser dispensados o uso da firma, com a respectiva assinatura autógrafa, o capital, requerimentos, demais assinaturas, informações relativas ao estado civil e regime de bens, bem como remessa de documentos, na forma estabelecida pelo CGSIM; e

► Inciso I acrescido pela LC nº 139 de 10-11-2011.

II – *Revogado*. LC nº 147, de 7-8-2014.

§ 2º *Revogado*. LC nº 139, de 10-11-2011.

§ 3º Ressalvado o disposto nesta Lei Complementar, ficam reduzidos a 0 (zero) todos os custos, inclusive prévios, relativos à abertura, à inscrição, ao registro, ao funcionamento, ao alvará, à licença, ao cadastro, às alterações e procedimentos de baixa e encerramento e aos demais itens relativos ao Microempreendedor Individual, incluindo os valores referentes a taxas, a emolumentos e a demais contribuições relativas aos órgãos de registro, de licenciamento, sindicais, de regulamentação, de anotação de responsabilidade técnica, de vistoria e de fiscalização do exercício de profissões regulamentadas.

► § 3º com a redação dada pela LC nº 147, de 7-8-2014.

§ 3º-A. O agricultor familiar, definido conforme a Lei nº 11.326, de 24 de julho de 2006, e identificado pela Declaração de Aptidão ao Pronaf – DAP física ou jurídica, bem como o MEI e o empreendedor de economia solidária ficam isentos de taxas e outros valores relativos à fiscalização da vigilância sanitária.

§ 4º No caso do MEI, de que trata o art. 18-A desta Lei Complementar, a cobrança associativa ou oferta de serviços privados relativos aos atos de que trata o § 3º deste artigo somente poderá ser efetuada a partir de demanda prévia do próprio MEI, firmado por meio de contrato com assinatura autógrafa, observando-se que:

I – para a emissão de boletos de cobrança, os bancos públicos e privados deverão exigir das instituições sindicais e associativas autorização prévia específica a ser emitida pelo CGSIM;

II – o desrespeito ao disposto neste parágrafo configurará vantagem ilícita pelo induzimento ao erro em prejuízo do MEI, aplicando-se as sanções previstas em lei.

► §§ 3º-A a 4º acrescidos pela LC nº 147, de 7-8-2014.

§ 5º VETADO. LC nº 147, de 7-8-2014.

§ 6º Na ocorrência de fraude no registro do Microempreendedor Individual – MEI feito por terceiros, o pedido de baixa deve ser feito por meio exclusivamente eletrônico, com efeitos retroativos à data de registro, na forma a ser regulamentada pelo CGSIM, não sendo aplicáveis os efeitos do § 1º do art. 29 desta Lei Complementar.

► § 6º acrescido pela LC nº 155, de 27-10-2016.

Art. 5º Os órgãos e entidades envolvidos na abertura e fechamento de empresas, dos 3 (três) âmbitos de governo, no âmbito de suas atribuições, deverão manter à disposição dos usuários, de forma presencial e pela rede mundial de computadores, informações, orientações e instrumentos, de forma integrada e consolidada, que permitam pesquisas prévias às etapas de registro ou inscrição, alteração e baixa de empresários e pessoas jurídicas, de modo a prover ao usuário certeza quanto à documentação exigível e quanto à viabilidade do registro ou inscrição.

Parágrafo único. As pesquisas prévias à elaboração de ato constitutivo ou de sua alteração deverão bastar a que o usuário seja informado pelos órgãos e entidades competentes:

I – da descrição oficial do endereço de seu interesse e da possibilidade de exercício da atividade desejada no local escolhido;

II – de todos os requisitos a serem cumpridos para obtenção de licenças de autorização de funcionamento, segundo a atividade pretendida, o porte, o grau de risco e a localização; e

III – da possibilidade de uso do nome empresarial de seu interesse.

Art. 6º Os requisitos de segurança sanitária, metrologia, controle ambiental e prevenção contra incêndios, para os fins de registro e legalização de empresários e pessoas jurídicas, deverão ser simplificados, racionalizados e uniformizados pelos órgãos envolvidos na abertura e fechamento de empresas, no âmbito de suas competências.

§ 1º Os órgãos e entidades envolvidos na abertura e fechamento de empresas que sejam responsáveis pela emissão de licenças e autorizações de funcionamento somente realizarão vistorias após o início de operação do estabelecimento, quando a atividade, por sua natureza, comportar grau de risco compatível com esse procedimento.

§ 2º Os órgãos e entidades competentes definirão, em 6 (seis) meses, contados da publicação desta Lei Complementar, as atividades cujo grau de risco seja considerado alto e que exigirão vistoria prévia.

§ 3º Na falta de legislação estadual, distrital ou municipal específica relativa à definição do grau de risco da atividade aplicar-se-á resolução do CGSIM.

§ 4º A classificação de baixo grau de risco permite ao empresário ou à pessoa jurídica a obtenção do licenciamento de atividade mediante o simples fornecimento de dados e a substituição da comprovação prévia do cumprimento de exigências e restrições por declarações do titular ou responsável.

§ 5º O disposto neste artigo não é impeditivo da inscrição fiscal.

► §§ 3º a 5º acrescidos pela LC nº 147, de 7-8-2014.

Art. 7º Exceto nos casos em que o grau de risco da atividade seja considerado alto, os Municípios emitirão Alvará de Funcionamento Provisório, que permitirá o início de operação do estabelecimento imediatamente após o ato de registro.

Parágrafo único. Nos casos referidos no *caput* deste artigo, poderá o Município conceder Alvará de Funcionamento Provisório para o microempreendedor individual, para microempresas e para empresas de pequeno porte:

► *Caput* do parágrafo único acrescido pela LC nº 128, de 19-12-2008.

I – instaladas em área ou edificação desprovidas de regulação fundiária e imobiliária, inclusive habite-se; ou

► Inciso I com a redação dada pela LC nº 147, de 7-8-2014.

II – em residência do microempreendedor individual ou do titular ou sócio da microempresa ou empresa de pequeno porte, na hipótese em que a atividade não gere grande circulação de pessoas.

► Inciso II acrescido pela LC nº 128, de 19-12-2008.

Art. 8º Será assegurado aos empresários e pessoas jurídicas:

I – entrada única de dados e documentos;

II – processo de registro e legalização integrado entre os órgãos e entes envolvidos, por meio de sistema informatizado que garanta:

a) sequenciamento das seguintes etapas: consulta prévia de nome empresarial e de viabilidade de localização, registro empresarial, inscrições fiscais e licenciamento de atividade;

b) criação da base nacional cadastral única de empresas;

III – identificação nacional cadastral única que corresponderá ao número de inscrição no Cadastro Nacional de Pessoas Jurídicas – CNPJ.

§ 1º O sistema de que trata o inciso II do *caput* deve garantir aos órgãos e entidades integrados:

I – compartilhamento irrestrito dos dados da base nacional única de empresas;

II – autonomia na definição das regras para comprovação do cumprimento de exigências nas respectivas etapas do processo.

§ 2º A identificação nacional cadastral única substituirá para todos os efeitos as demais inscrições, sejam elas federais, estaduais ou municipais, após a implantação do sistema a que se refere o inciso II do *caput*, no prazo e na forma estabelecidos pelo CGSIM.

§ 3º É vedado aos órgãos e entidades integrados ao sistema informatizado de que trata o inciso II do *caput* o estabelecimento de exigências não previstas em lei.

§ 4º A coordenação do desenvolvimento e da implantação do sistema de que trata o inciso II do *caput* ficará a cargo do CGSIM.

Art. 9º O registro dos atos constitutivos, de suas alterações e extinções (baixas), referentes a empresários e pessoas jurídicas em qualquer órgão dos 3 (três) âmbitos de governo ocorrerá independentemente da regularidade de obrigações tributárias, previdenciárias ou trabalhistas, principais ou acessórias, do empresário, da sociedade, dos sócios, dos administradores ou de empresas de que participem, sem prejuízo das responsabilidades do empresário, dos titulares, dos sócios ou dos administradores por tais obrigações, apuradas antes ou após o ato de extinção.

► *Caput* com a redação dada pela LC nº 147, de 7-8-2014.

§ 1º O arquivamento, nos órgãos de registro, dos atos constitutivos de empresários, de sociedades empresárias e de demais equiparados que se enquadrarem como microempresa ou empresa de pequeno porte bem como o arquivamento de suas alterações são dispensados das seguintes exigências:

I – certidão de inexistência de condenação criminal, que será substituída por declaração do titular ou administrador, firmada sob as penas da lei, de não estar impedido de exercer atividade mercantil ou a administração de sociedade, em virtude de condenação criminal;

II – prova de quitação, regularidade ou inexistência de débito referente a tributo ou contribuição de qualquer natureza.

§ 2º Não se aplica às microempresas e às empresas de pequeno porte o disposto no § 2º do art. 1º da Lei nº 8.906, de 4 de julho de 1994.

§ 3º *Revogado.* LC nº 147, de 7-8-2014.

§ 4º A baixa do empresário ou da pessoa jurídica não impede que, posteriormente, sejam lançados ou cobrados tributos, contribuições e respectivas penalidades, decorrentes da falta do cumprimento de obrigações ou da prática comprovada e apurada em processo administrativo ou judicial de outras irregularidades praticadas pelos empresários, pelas pessoas jurídicas ou por seus titulares, sócios ou administradores.

§ 5º A solicitação de baixa do empresário ou da pessoa jurídica importa responsabilidade solidária dos empresários, dos titulares, dos sócios e dos administradores no período da ocorrência dos respectivos fatos geradores.

► §§ 4º e 5º com a redação dada pela LC nº 147, de 7-8-2014.

§ 6º Os órgãos referidos no *caput* deste artigo terão o prazo de 60 (sessenta) dias para efetivar a baixa nos respectivos cadastros.

§ 7º Ultrapassado o prazo previsto no § 6º deste artigo sem manifestação do órgão competente, presumir-se-á a baixa dos registros das microempresas e a das empresas de pequeno porte.

§§ 8º a 12. *Revogados.* LC nº 147, de 7-8-2014.

Art. 10. Não poderão ser exigidos pelos órgãos e entidades envolvidos na abertura e fechamento de empresas, dos 3 (três) âmbitos de governo:

I – excetuados os casos de autorização prévia, quaisquer documentos adicionais aos requeridos pelos órgãos executores do Registro Público de Empresas Mercantis e Atividades Afins e do Registro Civil de Pessoas Jurídicas;

► Lei nº 8.934, de 18-11-1994 (Lei do Registro Público de Empresas Mercantis).

II – documento de propriedade ou contrato de locação do imóvel onde será instalada a sede, filial ou outro estabelecimento, salvo para comprovação do endereço indicado;

III – comprovação de regularidade de prepostos dos empresários ou pessoas jurídicas com seus órgãos de classe, sob qualquer forma, como requisito para deferimento de ato de inscrição, alteração ou baixa de empresa, bem como para autenticação de instrumento de escrituração.

Art. 11. Fica vedada a instituição de qualquer tipo de exigência de natureza documental ou formal, restritiva ou condicionante, pelos órgãos envolvidos na abertura e fechamento de empresas, dos 3 (três) âmbitos de governo, que exceda o estrito limite dos requisitos pertinentes à essência do ato de registro, alteração ou baixa da empresa.

CAPÍTULO IV
DOS TRIBUTOS E CONTRIBUIÇÕES

Seção I
DA INSTITUIÇÃO E ABRANGÊNCIA

Art. 12. Fica instituído o Regime Especial Unificado de Arrecadação de Tributos e Contribuições devidos pelas Microempresas e Empresas de Pequeno Porte – SIMPLES Nacional.

► Art. 146, III, *d*, e par. ún., da CF.

► Lei nº 11.488, de 15-6-2007, cria o Regime Especial de Incentivos para o Desenvolvimento da Infraestrutura – REIDI; reduz para 24 (vinte e quatro) meses o prazo mínimo para utilização dos créditos da Contribuição para o PIS/PASEP e da Contribuição para o Financiamento da Seguridade Social – COFINS decorrentes da aquisição de edificações; amplia o prazo para pagamento de impostos e contribuições.

Parágrafo único. VETADO. LC nº 155, de 27-10-2016.

Art. 13. O SIMPLES Nacional implica o recolhimento mensal, mediante documento único de arrecadação, dos seguintes impostos e contribuições:

I – Imposto sobre a Renda da Pessoa Jurídica – IRPJ;

► Súm. nº 184 do STJ.

II – Imposto sobre Produtos Industrializados – IPI, observado o disposto no inciso XII do § 1º deste artigo;

III – Contribuição Social sobre o Lucro Líquido – CSLL;

IV – Contribuição para o Financiamento da Seguridade Social – COFINS, observado o disposto no inciso XII do § 1º deste artigo;

V – Contribuição para o PIS/PASEP, observado o disposto no inciso XII do § 1º deste artigo;

VI – Contribuição Patronal Previdenciária – CPP para a Seguridade Social, a cargo da pessoa jurídica, de que trata o art. 22 da Lei nº 8.212, de 24 de julho de 1991, exceto no caso da microempresa e da empresa de pequeno porte que se dedique às atividades de prestação de serviços referidas no § 5º-C do art. 18 desta Lei Complementar;

► Inciso VI com a redação dada pela LC nº 128, de 19-12-2008.

VII – Imposto sobre Operações Relativas à Circulação de Mercadorias e Sobre Prestações de Serviços de Transporte Interestadual e Intermunicipal e de Comunicação – ICMS;

VIII – Imposto sobre Serviços de Qualquer Natureza – ISS.

§ 1º O recolhimento na forma deste artigo não exclui a incidência dos seguintes impostos ou contribuições, devidos na qualidade de contribuinte ou responsável, em relação aos quais será observada a legislação aplicável às demais pessoas jurídicas:

I – Imposto sobre Operações de Crédito, Câmbio e Seguro, ou Relativas a Títulos ou Valores Mobiliários – IOF;

II – Imposto sobre a Importação de Produtos Estrangeiros – II;

III – Imposto sobre a Exportação, para o Exterior, de Produtos Nacionais ou Nacionalizados – IE;

IV – Imposto sobre a Propriedade Territorial Rural – ITR;

► Inciso IV com a redação dada pela LC nº 128, de 19-12-2008.

V – Imposto de Renda, relativo aos rendimentos ou ganhos líquidos auferidos em aplicações de renda fixa ou variável;

VI – Imposto de Renda relativo aos ganhos de capital auferidos na alienação de bens do ativo permanente;

VII – Contribuição Provisória sobre Movimentação ou Transmissão de Valores e de Créditos e Direitos de Natureza Financeira – CPMF;

VIII – Contribuição para o Fundo de Garantia do Tempo de Serviço – FGTS;

IX – Contribuição para manutenção da Seguridade Social, relativa ao trabalhador;

X – Contribuição para a Seguridade Social, relativa à pessoa do empresário, na qualidade de contribuinte individual;

XI – Imposto de Renda relativo aos pagamentos ou créditos efetuados pela pessoa jurídica a pessoas físicas;

XII – Contribuição para o PIS/PASEP, COFINS e IPI incidentes na importação de bens e serviços;

XIII – ICMS devido:

a) nas operações sujeitas ao regime de substituição tributária, tributação concentrada em uma única etapa (monofásica) e sujeitas ao regime de antecipação do recolhimento do imposto com encerramento de tributação, envolvendo combustíveis e lubrificantes; energia elétrica; cigarros e outros produtos derivados do fumo; bebidas; óleos e azeites vegetais comestíveis; farinha de trigo e misturas de farinha de trigo; massas alimentícias; açúcares; produtos lácteos; carnes e suas preparações; preparações à base de cereais; chocolates; produtos de padaria e da indústria de bolachas e biscoitos; sorvetes e preparados para fabricação de sorvetes em máquinas; cafés e mates, seus extratos, essências e concentrados; preparações para molhos e molhos preparados; preparações de produtos vegetais; rações para animais domésticos; veículos automotivos e automotores, suas peças, componentes e acessórios; pneumáticos; câmaras de ar e protetores de borracha; medicamentos e outros produtos farmacêuticos para uso humano ou veterinário; cosméticos; produtos de perfumaria e de higiene pessoal; papéis; plásticos; canetas e malas; cimentos; cal e argamassas; produtos cerâmicos; vidros; obras de metal e plástico para construção; telhas e caixas d'água; tintas e vernizes; produtos eletrônicos, eletroeletrônicos e eletrodomésticos; fios; cabos e outros condutores; transformadores elétricos e reatores; disjuntores; interruptores e tomadas; isoladores; para-raios e lâmpadas; máquinas e aparelhos de ar-condicionado; centrifugadores de uso doméstico; aparelhos e instrumentos de pesagem de uso doméstico; extintores; aparelhos ou máquinas de barbear; máquinas de cortar o cabelo ou de tosquiar; aparelhos de depilar, com motor elétrico incorporado; aquecedores elétricos de água para uso doméstico e termômetros; ferramentas; álcool etílico; sabões em pó e líquidos para roupas; detergentes; alvejantes; esponjas; palhas de aço e amaciantes de roupas; venda de mercadorias pelo sistema porta a porta; nas operações sujeitas ao regime de substituição tributária pelas operações anteriores; e nas prestações de serviços sujeitas aos regimes de substituição tributária e de antecipação de recolhimento do imposto com encerramento de tributação;

► Alínea *a* com a redação dada LC nº 147, de 7-8-2014.

b) por terceiro, a que o contribuinte se ache obrigado, por força da legislação estadual ou distrital vigente;

c) na entrada, no território do Estado ou do Distrito Federal, de petróleo, inclusive lubrificantes e combustíveis líquidos e gasosos dele derivados, bem como energia elétrica, quando não destinados à comercialização ou industrialização;

d) por ocasião do desembaraço aduaneiro;

e) na aquisição ou manutenção em estoque de mercadoria desacobertada de documento fiscal;

f) na operação ou prestação desacobertada de documento fiscal;

g) nas operações com bens ou mercadorias sujeitas ao regime de antecipação do recolhimento do imposto, nas aquisições em outros Estados e Distrito Federal:

► *Caput* da alínea *g* com a redação dada pela LC nº 128, de 19-12-2008.

1. com encerramento da tributação, observado o disposto no inciso IV do § 4º do art. 18 desta Lei Complementar;
2. sem encerramento da tributação, hipótese em que será cobrada a diferença entre a alíquota interna e a interestadual, sendo vedada a agregação de qualquer valor;

► Itens 1 e 2 acrescidos pela LC nº 128, de 19-12-2008.

h) nas aquisições em outros Estados e no Distrito Federal de bens ou mercadorias, não sujeitas ao regime de antecipação do recolhimento do imposto, relativo à diferença entre a alíquota interna e a interestadual;

► Alínea *h* acrescida pela LC nº 128, de 19-12-2008.

XIV – ISS devido:

a) em relação aos serviços sujeitos à substituição tributária ou retenção na fonte;

b) na importação de serviços;

XV – demais tributos de competência da União, dos Estados, do Distrito Federal ou dos Municípios, não relacionados nos incisos anteriores.

§ 1º-A Os valores repassados aos profissionais de que trata a Lei nº 12.592, de 18 de janeiro de 2012, contratados por meio de parceria, nos termos da legislação civil, não integrarão a receita bruta da empresa contratante para fins de tributação, cabendo ao contratante a retenção e o recolhimento dos tributos devidos pelo contratado.

► § 1º-A acrescido pela LC nº 155, de 27-10-2016.

§ 2º Observada a legislação aplicável, a incidência do imposto de renda na fonte, na hipótese do inciso V do § 1º deste artigo, será definitiva.

§ 3º As microempresas e empresas de pequeno porte optantes pelo SIMPLES Nacional ficam dispensadas do pagamento das demais contribuições instituídas pela União, inclusive as contribuições para as entidades privadas de serviço social e de formação profissional vinculadas ao sistema sindical, de que trata o art. 240 da Constituição Federal, e demais entidades de serviço social autônomo.

§ 4º VETADO.

§ 5º A diferença entre a alíquota interna e a interestadual de que tratam as alíneas *g* e *h* do inciso XIII do § 1º deste artigo será calculada tomando-se por base as alíquotas aplicáveis às pessoas jurídicas não optantes pelo SIMPLES Nacional.

§ 6º O Comitê Gestor do SIMPLES Nacional:

► Dec. nº 6.038, de 7-2-2007, institui o Comitê Gestor do Simples Nacional – CGSN.

I – disciplinará a forma e as condições em que será atribuída à microempresa ou empresa de pequeno porte optante pelo Simples Nacional a qualidade de substituta tributária; e

II – poderá disciplinar a forma e as condições em que será estabelecido o regime de antecipação do ICMS previsto na alínea *g* do inciso XIII do § 1º deste artigo.

► §§ 5º e 6º acrescidos pela LC nº 128, de 19-12-2008.

§ 7º O disposto na alínea *a* do inciso XIII do § 1º será disciplinado por convênio celebrado pelos Estados e pelo Distrito Federal, ouvidos o CGSN e os representantes dos segmentos econômicos envolvidos.

§ 8º Em relação às bebidas não alcóolicas, massas alimentícias, produtos lácteos, carnes e suas preparações, preparações à base de cereais, chocolates, produtos de padaria e da indústria de bolachas e biscoitos, preparações para molhos e molhos preparados, preparações de produtos vegetais, telhas e outros produtos cerâmicos para construção e detergentes, aplica-se o disposto na alínea *a* do inciso XIII do § 1º aos fabricados em escala industrial relevante em cada segmento, observado o disposto no § 7º.

► §§ 7º e 8º acrescidos pela LC nº 147, de 7-8-2014 (*DOU* de 8-8-2014), produzindo efeitos a partir de 1º de janeiro do segundo ano subsequente ao da publicação desta Lei.

Art. 13-A. Para efeito de recolhimento do ICMS e do ISS no Simples Nacional, o limite máximo de que trata o inciso II do *caput* do art. 3º será de R$ 3.600.000,00 (três milhões e seiscentos mil reais), observado o disposto nos §§ 11, 13, 14 e 15 do mesmo artigo, nos §§ 17 e 17-A do art. 18 e no § 4º do art. 19.

► Artigo acrescido pela LC nº 155, de 27-10-2016.

Art. 14. Consideram-se isentos do imposto de renda, na fonte e na declaração de ajuste do beneficiário, os valores efetivamente pagos ou distribuídos ao titular ou sócio da microempresa ou empresa de pequeno porte optante pelo SIMPLES Nacional, salvo os que corresponderem a pró-labore, aluguéis ou serviços prestados.

§ 1º A isenção de que trata o *caput* deste artigo fica limitada ao valor resultante da aplicação dos percentuais de que trata o art. 15 da Lei nº 9.249, de 26 de dezembro de 1995, sobre a receita bruta mensal, no caso de antecipação de fonte, ou da receita bruta total anual, tratando-se de declaração de ajuste, subtraído do valor devido na forma do SIMPLES Nacional no período.

§ 2º O disposto no § 1º deste artigo não se aplica na hipótese de a pessoa jurídica manter escrituração contábil e evidenciar lucro superior àquele limite.

Art. 15. VETADO.

Art. 16. A opção pelo SIMPLES Nacional da pessoa jurídica enquadrada na condição de microempresa e empresa de pequeno porte dar-se-á na forma a ser estabelecida em ato do Comitê Gestor, sendo irretratável para todo o ano-calendário.

§ 1º Para efeito de enquadramento no SIMPLES Nacional, considerar-se-á microempresa ou empresa de pequeno porte aquela cuja receita bruta no ano-calendário anterior ao da opção esteja compreendida dentro dos limites previstos no art. 3º desta Lei Complementar.

§ 1º-A. A opção pelo SIMPLES Nacional implica aceitação de sistema de comunicação eletrônica, destinado, dentre outras finalidades, a:

I – cientificar o sujeito passivo de quaisquer tipos de atos administrativos, incluídos os relativos ao indeferimento de opção, à exclusão do regime e a ações fiscais;

II – encaminhar notificações e intimações; e

III – expedir avisos em geral.

§ 1º-B. O sistema de comunicação eletrônica de que trata o § 1º-A será regulamentado pelo CGSN, observando-se o seguinte:

I – as comunicações serão feitas, por meio eletrônico, em portal próprio, dispensando-se a sua publicação no *Diário Oficial* e o envio por via postal;

II – a comunicação feita na forma prevista no *caput* será considerada pessoal para todos os efeitos legais;

III – a ciência por meio do sistema de que trata o § 1º-A com utilização de certificação digital ou de código de acesso possuirá os requisitos de validade;

IV – considerar-se-á realizada a comunicação no dia em que o sujeito passivo efetivar a consulta eletrônica ao teor da comunicação; e

V – na hipótese do inciso IV, nos casos em que a consulta se dê em dia não útil, a comunicação será considerada como realizada no primeiro dia útil seguinte.

§ 1º-C. A consulta referida nos incisos IV e V do § 1º-B deverá ser feita em até 45 (quarenta e cinco) dias contados da data da disponibilização da comunicação no portal a que se refere o inciso I do § 1º-B, ou em prazo superior estipulado pelo CGSN, sob pena de ser considerada automaticamente realizada na data do término desse prazo.

§ 1º-D. Enquanto não editada a regulamentação de que trata o § 1º-B, os entes federativos poderão utilizar sistemas de comunicação eletrônica, com regras próprias, para as finalidades previstas no § 1º-A, podendo a referida regulamentação prever a adoção desses sistemas como meios complementares de comunicação.

► §§ 1º-A a 1º-D acrescidos pela LC nº 139, de 10-11-2011.

§ 2º A opção de que trata o *caput* deste artigo deverá ser realizada no mês de janeiro, até o seu último dia útil, produzindo efeitos a partir do primeiro dia do ano-calendário da opção, ressalvado o disposto no § 3º deste artigo.

§ 3º A opção produzirá efeitos a partir da data do início de atividade, desde que exercida nos termos, prazo e condições a serem estabelecidos no ato do Comitê Gestor a que se refere o *caput* deste artigo.

§ 4º Serão consideradas inscritas no Simples Nacional, em 1º de julho de 2007, as microempresas e empresas de pequeno porte regularmente optantes pelo regime tributário de que trata a Lei nº 9.317, de 5 de dezembro de 1996, salvo as que estiverem impedidas de optar por alguma vedação imposta por esta Lei Complementar.

► § 4º com redação pela LC nº 127, de 14-8-2007.

► A Lei nº 9.317, de 5-12-1996, foi revogada pelo art. 89 desta Lei Complementar.

§ 5º O Comitê Gestor regulamentará a opção automática prevista no § 4º deste artigo.

§ 6º O indeferimento da opção pelo SIMPLES Nacional será formalizado mediante ato da Administração Tributária segundo regulamentação do Comitê Gestor.

Seção II

DAS VEDAÇÕES AO INGRESSO NO SIMPLES NACIONAL

Art. 17. Não poderão recolher os impostos e contribuições na forma do SIMPLES Nacional a microempresa ou empresa de pequeno porte:

► *Caput* com a redação dada pela LC nº 167, de 24-4-2019.

► Art. 31, § 2º, desta Lei Complementar.

I – que explore atividade de prestação cumulativa e contínua de serviços de assessoria creditícia, gestão de crédito, seleção e riscos, administração de contas a pagar e a receber, gerenciamento de ativos (*asset management*) ou compra de direitos creditórios resultantes de vendas mercantis a prazo ou de prestação de serviços (*factoring*) ou que execute operações de empréstimo, de financiamento e de desconto de títulos de crédito, exclusivamente com recursos próprios, tendo como contrapartes microempreendedores individuais, microempresas e empresas de pequeno porte, inclusive sob a forma de empresa simples de crédito;

► Inciso I com a redação dada pela LC nº 167, de 24-4-2019.

II – que tenha sócio domiciliado no exterior;

III – de cujo capital participe entidade da administração pública, direta ou indireta, federal, estadual ou municipal;

IV – *Revogado.* LC nº 128, de 19-12-2008;

V – que possua débito com o Instituto Nacional do Seguro Social – INSS, ou com as Fazendas Públicas Federal, Estadual ou Municipal, cuja exigibilidade não esteja suspensa;

VI – que preste serviço de transporte intermunicipal e interestadual de passageiros, exceto quando na modalidade fluvial ou quando possuir características de transporte urbano ou metropolitano ou realizar-se sob fretamento contínuo em área metropolitana para o transporte de estudantes ou trabalhadores;

► Inciso VI com a redação dada LC nº 147, de 7-8-2014.

VII – que seja geradora, transmissora, distribuidora ou comercializadora de energia elétrica;

VIII – que exerça atividade de importação ou fabricação de automóveis e motocicletas;

IX – que exerça atividade de importação de combustíveis;

X – que exerça atividade de produção ou venda no atacado de:

► *Caput* com a redação dada pela LC nº 128, de 19-12-2008.

a) cigarros, cigarrilhas, charutos, filtros para cigarros, armas de fogo, munições e pólvoras, explosivos e detonantes;

► Alínea *a* com a redação dada pela LC nº 128, de 19-12-2008.

b) bebidas não alcoólicas a seguir descritas:

► *Caput* da alínea *b* com a redação dada pela LC nº 155, de 27-10-2016.

1. *Revogado*; LC nº 155, de 27-10-2016.

2 e 3. *Revogados*; LC nº 147, de 7-8-2014.

4. cervejas sem álcool;

► Item 4 com a redação dada pela LC nº 128, de 19-12-2008.

c) bebidas alcoólicas, exceto aquelas produzidas ou vendidas no atacado por:

1. micro e pequenas cervejarias;
2. micro e pequenas vinícolas;
3. produtores de licores;
4. micro e pequenas destilarias;

► Alínea *c* acrescida pela LC nº 155, de 27-10-2016.

XI – *Revogado*; LC nº 147, de 7-8-2014.

XII – que realize cessão ou locação de mão de obra;

XIII – *Revogado*; LC nº 147, de 7-8-2014.

XIV – que se dedique ao loteamento e à incorporação de imóveis;

XV – que realize atividade de locação de imóveis próprios, exceto quando se referir a prestação de serviços tributados pelo ISS;

► Inciso XV com a redação dada pela LC nº 139, de 10-11-2011.

XVI – com ausência de inscrição ou com irregularidade em cadastro fiscal federal, municipal ou estadual, quando exigível.

► Inciso XVI acrescido pela LC nº 139, de 10-11-2011.

§ 1º As vedações relativas a exercício de atividades previstas no *caput* deste artigo não se aplicam às pessoas jurídicas que se dediquem exclusivamente às atividades referidas nos §§ 5º-B a 5º-E do art. 18 desta Lei Complementar, ou as exerçam em conjunto com outras atividades que não tenham sido objeto de vedação no *caput* deste artigo.

► *Caput* do § 1º com a redação dada pela LC nº 128, de 19-12-2008.

I a XXI – *Revogados.* LC nº 128, de 19-12-2008;

XXII – VETADO;

XXIII a XXVII – *Revogados.* LC nº 128, de 19-12-2008;

XXVIII – VETADO.

§ 2º Também poderá optar pelo SIMPLES Nacional a microempresa ou empresa de pequeno porte que se dedique à prestação de outros serviços que não tenham sido objeto de vedação expressa neste artigo, desde que não incorra em nenhuma das hipóteses de vedação previstas nesta Lei Complementar.

► § 2º com a redação dada pela LC nº 127, de 14-8-2007.

§ 3º VETADO.

§ 4º Na hipótese do inciso XVI do *caput*, deverá ser observado, para o MEI, o disposto no art. 4º desta Lei Complementar.

► § 4º acrescido pela LC nº 139, de 10-11-2011.

§ 5º As empresas que exerçam as atividades previstas nos itens da alínea *c* do inciso X do *caput* deste artigo deverão obrigatoriamente ser registradas no Ministério da Agricultura, Pecuária e Abastecimento e obedecerão também à regulamentação da Agência Nacional de Vigilância Sanitária e da Secretaria da Receita Federal do Brasil quanto à produção e à comercialização de bebidas alcoólicas.

► § 5º acrescido pela LC nº 155, de 27-10-2016.

Seção III
DAS ALÍQUOTAS E BASE DE CÁLCULO

Art. 18. O valor devido mensalmente pela microempresa ou empresa de pequeno porte optante pelo Simples Nacional será determinado mediante aplicação das alíquotas efetivas, calculadas a partir das alíquotas nominais constantes das tabelas dos Anexos I a V desta Lei Complementar, sobre a base de cálculo de que trata o § 3º deste artigo, observado o disposto no § 15 do art. 3º.

► *Caput* com a redação dada pela LC nº 155, de 27-10-2016.

§ 1º Para efeito de determinação da alíquota nominal, o sujeito passivo utilizará a receita bruta acumulada nos doze meses anteriores ao do período de apuração.

► § 1º com a redação dada pela LC nº 155, de 27-10-2016.

§ 1º-A. A alíquota efetiva é o resultado de:

$$\frac{RBT12 \times Aliq - PD}{RBT12}, \text{ em que:}$$

I – RBT12: receita bruta acumulada nos doze meses anteriores ao período de apuração;

II – Aliq: alíquota nominal constante dos Anexos I a V desta Lei Complementar;

III – PD: parcela a deduzir constante dos Anexos I a V desta Lei Complementar.

§ 1º-B. Os percentuais efetivos de cada tributo serão calculados a partir da alíquota efetiva, multiplicada pelo percentual de repartição constante dos Anexos I a V desta Lei Complementar, observando-se que:

I – o percentual efetivo máximo destinado ao ISS será de 5% (cinco por cento), transferindo-se eventual diferença, de forma proporcional, aos tributos federais da mesma faixa de receita bruta anual;

II – eventual diferença centesimal entre o total dos percentuais e a alíquota efetiva será transferida para o tributo com maior percentual de repartição na respectiva faixa de receita bruta.

§ 1º-C. Na hipótese de transformação, extinção, fusão ou sucessão dos tributos referidos nos incisos IV e V do art. 13, serão mantidas as alíquotas nominais e efetivas previstas neste artigo e nos Anexos I a V desta Lei Complementar, e lei ordinária disporá sobre a repartição dos valores arrecadados para os tributos federais, sem alteração no total dos percentuais de repartição a eles devidos, e mantidos os percentuais de repartição destinados ao ICMS e ao ISS.

► §§ 1º-A a 1º-C acrescidos pela LC nº 155, de 27-10-2016.

§ 2º Em caso de início de atividade, os valores de receita bruta acumulada constantes dos Anexos I a V desta Lei Complementar devem ser proporcionalizados ao número de meses de atividade no período.

§ 3º Sobre a receita bruta auferida no mês incidirá a alíquota efetiva determinada na forma do *caput* e dos §§ 1º, 1º-A e 2º deste artigo, podendo tal incidência se dar, à opção do contribuinte, na forma regulamentada pelo Comitê Gestor, sobre a receita recebida no mês, sendo essa opção irretratável para todo o ano-calendário.

► §§ 2º e 3º com a redação dada pela LC nº 155, de 27-10-2016.

§ 4º O contribuinte deverá considerar, destacadamente, para fim de pagamento, as receitas decorrentes da:

I – revenda de mercadorias, que serão tributadas na forma do Anexo I desta Lei Complementar;

II – venda de mercadorias industrializadas pelo contribuinte, que serão tributadas na forma do Anexo II desta Lei Complementar;

III – prestação de serviços de que trata o § 5º-B deste artigo e dos serviços vinculados à locação de bens imóveis e corretagem de imóveis desde que observado o disposto no inciso XV do art. 17, que serão tributados na forma do Anexo III desta Lei Complementar;

IV – prestação de serviços de que tratam os §§ 5º-C a 5º-F e 5º-I deste artigo, que serão tributadas na forma prevista naqueles parágrafos;

V – locação de bens móveis, que serão tributadas na forma do Anexo III desta Lei Complementar, deduzida a parcela correspondente ao ISS;

VI – atividade com incidência simultânea de IPI e de ISS, que serão tributadas na forma do Anexo II desta Lei Complementar, deduzida a parcela correspondente ao ICMS e acrescida a parcela correspondente ao ISS prevista no Anexo III desta Lei Complementar;

VII – comercialização de medicamentos e produtos magistrais produzidos por manipulação de fórmulas:

a) sob encomenda para entrega posterior ao adquirente, em caráter pessoal, mediante prescrições de profissionais habilitados ou indicação pelo farmacêutico, produzidos no próprio estabelecimento após o atendimento inicial, que serão tributadas na forma do Anexo III desta Lei Complementar;

b) nos demais casos, quando serão tributadas na forma do Anexo I desta Lei Complementar.

► § 4º com a redação dada pela LC nº 147, de 7-8-2014.

§ 4º-A. O contribuinte deverá segregar, também, as receitas:

I – decorrentes de operações ou prestações sujeitas à tributação concentrada em uma única etapa (monofásica), bem como, em relação ao ICMS, que o imposto já tenha sido recolhido por substituto tributário ou por antecipação tributária com encerramento de tributação;

II – sobre as quais houve retenção de ISS na forma do § 6º deste artigo e § 4º do art. 21 desta Lei Complementar, ou, na hipótese do § 22-A deste artigo, seja devido em valor fixo ao respectivo Município;

III – sujeitas à tributação em valor fixo ou que tenham sido objeto de isenção ou redução de ISS ou de ICMS na forma prevista nesta Lei Complementar;

IV – decorrentes da exportação para o exterior, inclusive as vendas realizadas por meio de comercial exportadora ou da sociedade de propósito específico prevista no art. 56 desta Lei Complementar;

V – sobre as quais o ISS seja devido a Município diverso do estabelecimento prestador, quando será recolhido no Simples Nacional.

► § 4º-A acrescido pela LC nº 147, de 7-8-2014.

§ 5º As atividades industriais serão tributadas na forma do Anexo II desta Lei Complementar.

► § 5º com a redação dada pela LC nº 128, de 19-12-2008.

I a VII – *Revogados*. LC nº 128, de 19-12-2008.

§ 5º-A. *Revogado*. LC nº 147, de 7-8-2014.

§ 5º-B. Sem prejuízo do disposto no § 1º do art. 17 desta Lei Complementar, serão tributadas na forma do Anexo III desta Lei Complementar as seguintes atividades de prestação de serviços:

► *Caput* do § 5º-B com a redação dada pela LC nº 128, de 19-12-2008.

I – creche, pré-escola e estabelecimento de ensino fundamental, escolas técnicas, profissionais e de ensino médio, de línguas estrangeiras, de artes, cursos técnicos de pilotagem, preparatórios para concursos, gerenciais e escolas livres, exceto as previstas nos incisos II e III do § 5º-D deste artigo;

► Inciso I com a redação dada pela LC nº 128, de 19-12-2008.

II – agência terceirizada de correios;

III – agência de viagem e turismo;

IV – centro de formação de condutores de veículos automotores de transporte terrestre de passageiros e de carga;

V – agência lotérica;

► Incisos II a V acrescidos pela LC nº 128, de 19-12-2008.

VI a VIII – *Revogados*; LC nº 128, de 19-12-2008.

IX – serviços de instalação, de reparos e de manutenção em geral, bem como de usinagem, solda, tratamento e revestimento em metais;

► Inciso IX com a redação dada pela LC nº 128, de 19-12-2008.

X a XII – *Revogados*; LC nº 128, de 19-12-2008.

XIII – transporte municipal de passageiros; e

► Inciso XIII com a redação dada pela LC nº 128, de 19-12-2008.

XIV – escritórios de serviços contábeis, observado o disposto nos §§ 22-B e 22-C deste artigo;

► Inciso XIV acrescido pela LC nº 128, de 19-12-2008.

XV – produções cinematográficas, audiovisuais, artísticas e culturais, sua exibição ou apresentação, inclusive no caso de música, literatura, artes cênicas, artes visuais, cinematográficas e audiovisuais;

► Inciso XV acrescido pela LC nº 133, de 28-12-2009.

XVI – fisioterapia;

XVII – corretagem de seguros;

► Incisos XVI e XVII acrescidos pela LC nº 147, de 7-8-2014.

XVIII – arquitetura e urbanismo;

XIX – medicina, inclusive laboratorial, e enfermagem;

XX – odontologia e prótese dentária;

XXI – psicologia, psicanálise, terapia ocupacional, acupuntura, podologia, fonoaudiologia, clínicas de nutrição e de vacinação e bancos de leite.

► Incisos XVIII a XXI acrescidos pela LC nº 155, de 27-10-2016.

§ 5º-C. Sem prejuízo do disposto no § 1º do art. 17 desta Lei Complementar, as atividades de prestação de serviços seguintes serão tributadas na forma do anexo IV desta Lei Complementar, hipótese em que não estará incluída no SIM-

PLES Nacional a contribuição prevista no inciso VI do *caput* do art. 13 desta Lei Complementar, devendo ela ser recolhida segundo a legislação prevista para os demais contribuintes ou responsáveis:

► *Caput* do § 5º-C com a redação dada pela LC nº 128, de 19-12-2008.

I – construção de imóveis e obras de engenharia em geral, inclusive sob a forma de subempreitada, execução de projetos e serviços de paisagismo, bem como decoração de interiores;

► Inciso I com a redação dada pela LC nº 128, de 19-12-2008.

II a V – *Revogados*; LC nº 128, de 19-12-2008.

VI – serviço de vigilância, limpeza ou conservação;

► Inciso VI com a redação dada pela LC nº 128, de 19-12-2008.

VII – serviços advocatícios.

► Inciso VII acrescido pela LC nº 147, de 7-8-2014.

§ 5º-D. Sem prejuízo do disposto no § 1º do art. 17 desta Lei Complementar, as seguintes atividades de prestação de serviços serão tributadas na forma do Anexo III desta Lei Complementar:

► *Caput* do § 5º-D com a redação dada pela LC nº 155, de 27-10-2016.

I – administração e locação de imóveis de terceiros;

► Inciso I com a redação dada LC nº 147, de 7-8-2014.

II – academias de dança, de capoeira, de ioga e de artes marciais;

III – academias de atividades físicas, desportivas, de natação e escolas de esportes;

IV – elaboração de programas de computadores, inclusive jogos eletrônicos, desde que desenvolvidos em estabelecimento do optante;

V – licenciamento ou cessão de direito de uso de programas de computação;

VI – planejamento, confecção, manutenção e atualização de páginas eletrônicas, desde que realizados em estabelecimento do optante;

► Incisos II a VI acrescidos pela LC nº 128, de 19-12-2008.

VII e VIII – *Revogados*; LC nº 128, de 19-12-2008.

IX – empresas montadoras de estandes para feiras;

► Inciso IX acrescido pela LC nº 128, de 19-12-2008.

X e XI – *Revogados*; LC nº 133, de 28-12-2009.

XII – laboratórios de análises clínicas ou de patologia clínica;

XIII – serviços de tomografia, diagnósticos médicos por imagem, registros gráficos e métodos óticos, bem como ressonância magnética;

XIV – serviços de prótese em geral.

► Incisos XII a XIV acrescidos pela LC nº 128, de 19-12-2008.

§ 5º-E. Sem prejuízo do disposto no § 1º do art. 17 desta Lei Complementar, as atividades de prestação de serviços de comunicação e de transportes interestadual e intermunicipal de cargas, e de transportes autorizados no inciso VI do *caput* do art. 17, inclusive na modalidade fluvial, serão tributadas na forma do Anexo III, deduzida a parcela correspondente ao ISS e acrescida a parcela correspondente ao ICMS prevista no Anexo I.

► § 5º-E com a redação dada pela LC nº 147, de 7-8-2014.

§ 5º-F. As atividades de prestação de serviços referidas no § 2º do art. 17 desta Lei Complementar serão tributadas na forma do Anexo III desta Lei Complementar, salvo se, para alguma dessas atividades, houver previsão expressa de tributação na forma dos Anexos IV ou V desta Lei Complementar.

► § 5º-F com a redação dada pela LC nº 155, de 27-10-2016.

§ 5º-G. *Revogado*. LC nº 147, de 7-8-2014.

§ 5º-H. A vedação de que trata o inciso XII do *caput* do art. 17 desta Lei Complementar não se aplica às atividades referidas no § 5º-C deste artigo.

► § 5º-H acrescido pela LC nº 128, de 19-12-2008.

§ 5º-I. Sem prejuízo do disposto no § 1º do art. 17 desta Lei Complementar, as seguintes atividades de prestação de serviços serão tributadas na forma do Anexo V desta Lei Complementar:

► *Caput* do § 5º-I com a redação dada pela LC nº 155, de 27-10-2016.

I – *Revogado*; LC nº 155, de 27-10-2016.

II – medicina veterinária;

► Inciso II acrescido pela LC nº 147, de 7-8-2014.

III e IV – *Revogados*; LC nº 155, de 27-10-2016.

V – serviços de comissaria, de despachantes, de tradução e de interpretação;

► Inciso V acrescido pela LC nº 147, de 7-8-2014.

VI – engenharia, medição, cartografia, topografia, geologia, geodésia, testes, suporte e análises técnicas e tecnológicas, pesquisa, *design*, desenho e agronomia;

► Inciso VI com a redação dada pela LC nº 155, de 27-10-2016.

VII – representação comercial e demais atividades de intermediação de negócios e serviços de terceiros;

VIII – perícia, leilão e avaliação;

IX – auditoria, economia, consultoria, gestão, organização, controle e administração;

X – jornalismo e publicidade;

XI – agenciamento, exceto de mão de obra;

► Incisos VII a XI acrescidos pela LC nº 147, de 7-8-2014.

XII – outras atividades do setor de serviços que tenham por finalidade a prestação de serviços decorrentes do exercício de atividade intelectual, de natureza técnica, científica, desportiva, artística ou cultural, que constitua profissão regulamentada ou não, desde que não sujeitas à tributação na forma dos Anexos III ou IV desta Lei Complementar.

► Inciso XII com a redação dada pela LC nº 155, de 27-10-2016.

§ 5º-J. As atividades de prestação de serviços a que se refere o § 5º-I serão tributadas na forma do Anexo III desta Lei Complementar caso a razão entre a folha de salários e a receita bruta da pessoa jurídica seja igual ou superior a 28% (vinte e oito por cento).

§ 5º-K. Para o cálculo da razão a que se referem os §§ 5º-J e 5º-M, serão considerados, respectivamente, os montantes pagos e auferidos nos doze meses anteriores ao período de apuração para fins de enquadramento no regime tributário do SIMPLES Nacional.

► §§ 5º-J e 5º-K acrescidos pela LC nº 155, de 27-10-2016.

§ 5º-L. VETADO. LC nº 155, de 27-10-2016.

§ 5º-M. Quando a relação entre a folha de salários e a receita bruta da microempresa ou da empresa de pequeno porte for inferior a 28% (vinte e oito por cento), serão tributadas na forma do Anexo V desta Lei Complementar as atividades previstas:

I – nos incisos XVI, XVIII, XIX, XX e XXI do § 5º-B deste artigo;

II – no § 5º-D deste artigo.

► § 5º-M acrescido pela LC nº 155, de 27-10-2016.

§ 6º No caso dos serviços previstos no § 2º do art. 6º da Lei Complementar nº 116, de 31 de julho de 2003, prestados pelas microempresas e pelas empresas de pequeno porte, o tomador do serviço deverá reter o montante correspondente na forma da legislação do município onde estiver localizado, observado o disposto no § 4º do art. 21 desta Lei Complementar.

► § 6º com a redação dada LC nº 128, de 19-12-2008.

§ 7º A sociedade de propósito específico de que trata o art. 56 desta Lei Complementar que houver adquirido mercadorias de microempresa ou empresa de pequeno porte que seja sua sócia, bem como a empresa comercial exportadora que houver adquirido mercadorias ou serviços de empresa optante pelo SIMPLES Nacional, com o fim específico de exportação para o exterior, que, no prazo de 180 (cento e oitenta) dias, contado da data da emissão da nota fiscal pela vendedora, não comprovar o seu embarque para o exterior ficará sujeita ao pagamento de todos os impostos e contribuições que deixaram de ser pagos pela empresa vendedora, acrescidos de juros de mora e multa, de mora ou de ofício, calculados na forma da legislação relativa à cobrança do tributo não pago, aplicável à sociedade de propósito específico ou à própria comercial exportadora.

► § 7º com a redação dada pela LC nº 147, de 7-8-2014.

§ 8º Para efeito do disposto no § 7º deste artigo, considera-se vencido o prazo para o pagamento na data em que a empresa vendedora deveria fazê-lo, caso a venda houvesse sido efetuada para o mercado interno.

§ 9º Relativamente à contribuição patronal previdenciária, devida pela vendedora, a sociedade de propósito específico de que trata o art. 56 desta Lei Complementar ou a comercial exportadora deverão recolher, no prazo previsto no § 8º deste artigo, o valor correspondente a 11% (onze por cento) do valor das mercadorias não exportadas nos termos do § 7º deste artigo.

§ 10. Na hipótese do § 7º deste artigo, a sociedade de propósito específico de que trata o art. 56 desta Lei Complementar ou a empresa comercial exportadora não poderão deduzir do montante devido qualquer valor a título de crédito de Imposto sobre Produtos Industrializados – IPI da Contribuição para o PIS/PASEP ou da COFINS, decorrente da aquisição das mercadorias e serviços objeto da incidência.

§ 11. Na hipótese do § 7º deste artigo, a sociedade de propósito específico ou a empresa comercial exportadora deverão pagar, também, os impostos e contribuições devidos nas vendas para o mercado interno, caso, por qualquer forma, tenham alienado ou utilizado as mercadorias.

► §§ 9º a 11 com a redação dada pela LC nº 128, de 19-12-2008.

§ 12. Na apuração do montante devido no mês relativo a cada tributo, para o contribuinte que apure receitas mencionadas nos incisos I a III e V do § 4º-A deste artigo, serão consideradas as reduções relativas aos tributos já recolhidos, ou sobre os quais tenha havido tributação monofásica, isenção, redução ou, no caso do ISS, que o valor tenha sido objeto de retenção ou seja devido diretamente ao Município.

► § 12 com a redação dada pela LC nº 147, de 7-8-2014.

§ 13. Para efeito de determinação da redução de que trata o § 12 deste artigo, as receitas serão discriminadas em comerciais, industriais ou de prestação de serviços, na forma dos Anexos I, II, III, IV e V desta Lei Complementar.

► § 13 com a redação dada pela LC nº 155, de 27-10-2016.

§ 14. A redução no montante a ser recolhido no Simples Nacional relativo aos valores das receitas decorrentes da exportação de que trata o inciso IV do § 4º-A deste artigo corresponderá tão somente às alíquotas efetivas relativas à Cofins, à Contribuição para o PIS/Pasep, ao IPI, ao ICMS e ao ISS, apuradas com base nos Anexos I a V desta Lei Complementar.

► § 14 com a redação dada pela LC nº 155, de 27-10-2016.

I e II – *Revogados*. LC nº 147, de 7-8-2014.

§ 15. Será disponibilizado sistema eletrônico para realização do cálculo simplificado do valor mensal devido referente ao SIMPLES Nacional.

§ 15-A. As informações prestadas no sistema eletrônico de cálculo de que trata o § 15:

I – têm caráter declaratório, constituindo confissão de dívida e instrumento hábil e suficiente para a exigência dos tributos e contribuições que não tenham sido recolhidos resultantes das informações nele prestadas; e

II – deverão ser fornecidas à Secretaria da Receita Federal do Brasil até o vencimento do prazo para pagamento dos tributos devidos no SIMPLES Nacional em cada mês, relativamente aos fatos geradores ocorridos no mês anterior.

► § 15-A acrescido pela LC nº 139, de 10-11-2011.

§ 16. Na hipótese do § 12 do art. 3º, a parcela de receita bruta que exceder o montante determinado no § 10 daquele artigo estará sujeita às alíquotas máximas previstas nos Anexos I a V desta Lei Complementar, proporcionalmente, conforme o caso.

► § 16 com a redação dada pela LC nº 155, de 27-10-2016.

§ 16-A. O disposto no § 16 aplica-se, ainda, às hipóteses de que trata o § 9º do art. 3º, a partir do mês em que ocorrer o excesso do limite da receita bruta anual e até o mês anterior aos efeitos da exclusão.

► § 16-A acrescido pela LC nº 139, de 10-11-2011.

§ 17. Na hipótese do § 13 do art. 3º, a parcela de receita bruta que exceder os montantes determinados no § 11 daquele artigo estará sujeita, em relação aos percentuais aplicáveis ao ICMS e ao ISS, às alíquotas máximas correspondentes a essas faixas previstas nos Anexos I a V desta Lei Complementar, proporcionalmente, conforme o caso.

► § 17 com a redação dada pela LC nº 155, de 27-10-2016.

§ 17-A. O disposto no § 17 aplica-se, ainda, à hipótese de que trata o § 1º do art. 20, a partir do mês em que ocorrer o excesso do limite da receita bruta anual e até o mês anterior aos efeitos do impedimento.

► § 17-A acrescido pela LC nº 139, de 10-11-2011.

§ 18. Os Estados, o Distrito Federal e os Municípios, no âmbito das respectivas competências, poderão estabelecer, na forma definida pelo Comitê Gestor, independentemente da receita bruta recebida no mês pelo contribuinte, valores fixos mensais para o recolhimento do ICMS e do ISS devido por microempresa que aufira receita bruta, no ano-calendário anterior, de até o limite máximo previsto na segunda faixa de receitas brutas anuais constantes dos Anexos I a VI, ficando a microempresa sujeita a esses valores durante todo o ano-calendário, ressalvado o disposto no § 18-A.

► § 18 com a redação dada pela LC nº 147, de 7-8-2014.

§ 18-A. A microempresa que, no ano-calendário, exceder o limite de receita bruta previsto no § 18 fica impedida de recolher o ICMS ou o ISS pela sistemática de valor fixo, a partir do mês subsequente à ocorrência do excesso, sujeitando-se à apuração desses tributos na forma das demais empresas optantes pelo Simples Nacional.

► § 18-A acrescido pela LC nº 147, de 7-8-2014.

§ 19. Os valores estabelecidos no § 18 deste artigo não poderão exceder a 50% (cinquenta por cento) do maior recolhimento possível do tributo para a faixa de enquadramento prevista na tabela do *caput* deste artigo, respeitados os acréscimos decorrentes do tipo de atividade da empresa estabelecidos no § 5º deste artigo.

§ 20. Na hipótese em que o Estado, o Município ou o Distrito Federal concedam isenção ou redução do ICMS ou do ISS devido por microempresa ou empresa de pequeno porte, ou ainda determine recolhimento de valor fixo para esses tributos, na forma do § 18 deste artigo, será realizada redução proporcional ou ajuste do valor a ser recolhido, na forma definida em resolução do Comitê Gestor.

§ 20-A. A concessão dos benefícios de que trata o § 20 deste artigo poderá ser realizada:

I – mediante deliberação exclusiva e unilateral do Estado, do Distrito Federal ou do Município concedente;

II – de modo diferenciado para cada ramo de atividade.

► § 20-A acrescido pela LC nº 128, de 19-12-2008.

§ 20-B. A União, os Estados e o Distrito Federal poderão, em lei específica destinada à ME ou EPP optante pelo SIMPLES Nacional, estabelecer isenção ou redução de COFINS, Contribuição para o PIS/PASEP e ICMS para produtos da cesta básica, discriminando a abrangência da sua concessão.

► § 20-B acrescido pela LC nº 147, de 7-8-2014.

§ 21. O valor a ser recolhido na forma do disposto no § 20 deste artigo, exclusivamente na hipótese de isenção, não integrará o montante a ser partilhado com o respectivo Município, Estado ou Distrito Federal.

§ 22. *Revogado*. LC nº 128, de 19-12-2008.

§ 22-A. A atividade constante do inciso XIV do § 5º-B deste artigo recolherá o ISS em valor fixo, na forma da legislação municipal.

§ 22-B. Os escritórios de serviços contábeis, individualmente ou por meio de suas entidades representativas de classe, deverão:

I – promover atendimento gratuito relativo à inscrição, à opção de que trata o art. 18-A desta Lei Complementar e à primeira declaração anual simplificada da microempresa individual, podendo, para tanto, por meio de suas entidades representativas de classe, firmar convênios e acordos com a União, os Estados, o Distrito Federal e os Municípios, por intermédio dos seus órgãos vinculados;

II – fornecer, na forma estabelecida pelo Comitê Gestor, resultados de pesquisas quantitativas e qualitativas relativas às microempresas e empresas de pequeno porte optantes pelo SIMPLES Nacional por eles atendidas;

III – promover eventos de orientação fiscal, contábil e tributária para as microempresas e empresas de pequeno porte optantes pelo SIMPLES Nacional por eles atendidas.

§ 22-C. Na hipótese de descumprimento das obrigações de que trata o § 22-B deste artigo, o escritório será excluído do SIMPLES Nacional, com efeitos a partir do mês subsequente ao do descumprimento, na forma regulamentada pelo Comitê Gestor.

► §§ 22-A a 22-C acrescidos pela LC nº 128, de 19-12-2008.

§ 23. Da base de cálculo do ISS será abatido o material fornecido pelo prestador dos serviços previstos nos itens 7.02 e 7.05 da lista de serviços anexa à Lei Complementar nº 116, de 31 de julho de 2003.

§ 24. Para efeito de aplicação do § 5º-K, considera-se folha de salários, incluídos encargos, o montante pago, nos doze meses anteriores ao período de apuração, a título de remunerações a pessoas físicas decorrentes do trabalho, acrescido do montante efetivamente recolhido a título de contribuição patronal previdenciária e FGTS, incluídas as retiradas de pró-labore.

► § 24 com a redação dada pela LC nº 155, de 27-10-2016.

§ 25. Para efeito do disposto no § 24 deste artigo, deverão ser consideradas tão somente as remunerações informadas na forma prevista no inciso IV do *caput* do art. 32 da Lei nº 8.212, de 24 de julho de 1991.

► § 25 com a redação dada pela LC nº 139, de 10-11-2011.

§ 26. Não são considerados, para efeito do disposto no § 24, valores pagos a título de aluguéis e de distribuição de lucros, observado o disposto no § 1º do art. 14.

► § 26 acrescido pela LC nº 139, de 10-11-2011.

§ 27. VETADO. LC nº 155, de 27-10-2016.

Art. 18-A. O Microempreendedor Individual – MEI poderá optar pelo recolhimento dos impostos e contribuições abrangidos pelo SIMPLES Nacional em valores fixos mensais, independentemente da receita bruta por ele auferida no mês, na forma prevista neste artigo.

► Artigo acrescido pela LC nº 128, de 19-12-2008.

► Art. 36-A desta Lei Complementar.

► Res. do CGSIM nº 48, de 11-10-2018, dispõe sobre o procedimento especial para o registro e legalização do Microempreendedor Individual – MEI, por meio do Portal do Empreendedor.

§ 1º Para os efeitos desta Lei Complementar, considera-se MEI o empresário individual que se enquadre na definição do art. 966 da Lei nº 10.406, de 10 de janeiro de 2002 – Código Civil, ou o empreendedor que exerça as atividades de industrialização, comercialização e prestação de serviços no âmbito rural, que tenha auferido receita bruta, no ano-calendário anterior, de até R$ 81.000,00 (oitenta e um mil reais), que seja optante pelo Simples Nacional e que não esteja impedido de optar pela sistemática prevista neste artigo.

§ 2º No caso de início de atividades, o limite de que trata o § 1º será de R$ 6.750,00 (seis mil, setecentos e cinquenta reais) multiplicados pelo número de meses compreendido entre o início da atividade e o final do respectivo ano-calendário, consideradas as frações de meses como um mês inteiro.

► §§ 1º e 2º com a redação dada pela LC nº 155, de 27-10-2016.

§ 3º Na vigência da opção pela sistemática de recolhimento prevista no *caput* deste artigo:

► § 3º acrescido pela LC nº 128, de 19-12-2008.

I – não se aplica o disposto no § 18 do art. 18 desta Lei Complementar;

II – não se aplica a redução prevista no § 20 do art. 18 desta Lei Complementar ou qualquer dedução na base de cálculo;

► Incisos I e II acrescidos pela LC nº 128, de 19-12-2008.

III – não se aplicam as isenções específicas para as microempresas e empresas de pequeno porte concedidas pelo Estado, Município ou Distrito Federal a partir de 1º de julho de 2007 que abranjam integralmente a faixa de receita bruta anual até o limite previsto no § 1º;

► Inciso III com a redação dada pela LC nº 139, de 10-11-2011.

IV – a opção pelo enquadramento como Microempreendedor Individual importa opção pelo recolhimento da contribuição referida no inciso X do § 1º do art. 13 desta Lei Complementar na forma prevista no § 2º do art. 21 da Lei nº 8.212, de 24 de julho de 1991;

V – o MEI, com receita bruta anual igual ou inferior a R$ 81.000,00 (oitenta e um mil reais), recolherá, na forma regulamentada pelo Comitê Gestor, valor fixo mensal correspondente à soma das seguintes parcelas:

► *Caput* do inciso V com a redação dada pela LC nº 155, de 27-10-2016.

a) R$ 45,65 (quarenta e cinco reais e sessenta e cinco centavos), a título da contribuição prevista no inciso IV deste parágrafo;

b) R$ 1,00 (um real), a título do imposto referido no inciso VII do *caput* do art. 13 desta Lei Complementar, caso seja contribuinte do ICMS; e

c) R$ 5,00 (cinco reais), a título do imposto referido no inciso VIII do *caput* do art. 13 desta Lei Complementar, caso seja contribuinte do ISS;

► Incisos IV e V acrescidos pela LC nº 128, de 19-12-2008.

VI – sem prejuízo do disposto nos §§ 1º a 3º do art. 13, o MEI terá isenção dos tributos referidos nos incisos I a VI do *caput* daquele artigo, ressalvado o disposto no art. 18-C.

► Inciso VI com a redação dada pela LC nº 139, de 10-11-2011.

§ 4º Não poderá optar pela sistemática de recolhimento prevista no *caput* deste artigo o MEI:

► *Caput* acrescido pela LC nº 128, de 19-12-2008.

I – cuja atividade seja tributada na forma dos Anexos V ou VI desta Lei Complementar, salvo autorização relativa a exercício de atividade isolada na forma regulamentada pelo CGSN;

► Inciso I com a redação dada pela LC nº 147, de 7-8-2014.

II – que possua mais de um estabelecimento;

III – que participe de outra empresa como titular, sócio ou administrador; ou

► Incisos II e III acrescidos pela LC nº 128, de 19-12-2008.

IV – *Revogado*. LC nº 155, de 27-10-2016;

V – constituído na forma de *startup*.

► Inciso V acrescido pela LC nº 167, de 24-4-2019.

§ 4º-A. Observadas as demais condições deste artigo, poderá optar pela sistemática de recolhimento prevista no *caput* o empresário individual que exerça atividade de comercialização e processamento de produtos de natureza extrativista.

§ 4º-B. O CGSN determinará as atividades autorizadas a optar pela sistemática de recolhimento de que trata este artigo, de forma a evitar a fragilização das relações de trabalho, bem como sobre a incidência do ICMS e do ISS.

► §§ 4º-A e 4º-B acrescidos pela LC nº 139, de 10-11-2011.

§ 5º A opção de que trata o *caput* deste artigo dar-se-á na forma a ser estabelecida em ato do Comitê Gestor, observando-se que:

I – será irretratável para todo o ano-calendário;

II – deverá ser realizada no início do ano-calendário, na forma disciplinada pelo Comitê Gestor, produzindo efeitos a partir do primeiro dia do ano-calendário da opção, ressalvado o disposto no inciso III;

III – produzirá efeitos a partir da data do início de atividade desde que exercida nos termos, prazo e condições a serem estabelecidos em ato do Comitê Gestor a que se refere o *caput* deste parágrafo.

§ 6º O desenquadramento da sistemática de que trata o *caput* deste artigo será realizado de ofício ou mediante comunicação do MEI.

§ 7º O desenquadramento mediante comunicação do MEI à Secretaria da Receita Federal do Brasil – RFB dar-se-á:

I – por opção, que deverá ser efetuada no início do ano-calendário, na forma disciplinada pelo Comitê Gestor, produzindo efeitos a partir de 1º de janeiro do ano-calendário da comunicação;

II – obrigatoriamente, quando o MEI incorrer em alguma das situações previstas no § 4º deste artigo, devendo a comunicação ser efetuada até o último dia útil do mês subsequente àquele em que ocorrida a situação de vedação, produzindo efeitos a partir do mês subsequente ao da ocorrência da situação impeditiva;

III – obrigatoriamente, quando o MEI exceder, no ano-calendário, o limite de receita bruta previsto no § 1º deste artigo, devendo a comunicação ser efetuada até o último dia útil do mês subsequente àquele em que ocorrido o excesso, produzindo efeitos:

a) a partir de 1º de janeiro do ano-calendário subsequente ao da ocorrência do excesso, na hipótese de não ter ultrapassado o referido limite em mais de 20% (vinte por cento);

b) retroativamente a 1º de janeiro do ano-calendário da ocorrência do excesso, na hipótese de ter ultrapassado o referido limite em mais de 20% (vinte por cento);

IV – obrigatoriamente, quando o MEI exceder o limite de receita bruta previsto no § 2º deste artigo, devendo a comunicação ser efetuada até o último dia útil do mês subsequente àquele em que ocorrido o excesso, produzindo efeitos:

a) a partir de 1º de janeiro do ano-calendário subsequente ao da ocorrência do excesso, na hipótese de não ter ultrapassado o referido limite em mais de 20% (vinte por cento);

b) retroativamente ao início de atividade, na hipótese de ter ultrapassado o referido limite em mais de 20% (vinte por cento).

§ 8º O desenquadramento de ofício dar-se-á quando verificada a falta de comunicação de que trata o § 7º deste artigo.

§ 9º O Empresário Individual desenquadrado da sistemática de recolhimento prevista no *caput* deste artigo passará a recolher os tributos devidos pela regra geral do SIMPLES Nacional a partir da data de início dos efeitos do desenquadramento, ressalvado o disposto no § 10 deste artigo.

§ 10. Nas hipóteses previstas nas alíneas *a* dos incisos III e IV do § 7º deste artigo, o MEI deverá recolher a diferença, sem acréscimos, em parcela única, juntamente com a da apuração do mês de janeiro do ano-calendário subsequente ao do excesso, na forma a ser estabelecida em ato do Comitê Gestor.

§ 11. O valor referido na alínea *a* do inciso V do § 3º deste artigo será reajustado, na forma prevista em lei ordinária, na mesma data de reajustamento dos benefícios de que trata a Lei nº 8.213, de 24 de julho de 1991, de forma a manter equivalência com a contribuição de que trata o § 2º do art. 21 da Lei nº 8.212, de 24 de julho de 1991.

§ 12. Aplica-se ao MEI que tenha optado pela contribuição na forma do § 1º deste artigo o disposto no § 4º do art. 55 e no § 2º do art. 94, ambos da Lei nº 8.213, de 24 de julho de 1991, exceto se optar pela complementação da contribuição previdenciária a que se refere o § 3º do art. 21 da Lei nº 8.212, de 24 de julho de 1991.

► §§ 5º a 12 acrescidos pela LC nº 128, de 19-12-2008.

§ 13. O MEI está dispensado, ressalvado o disposto no art. 18-C desta Lei Complementar, de:

► *Caput* do § 13 com a redação dada pela LC nº 139, de 10-11-2011.

I – atender o disposto no inciso IV do *caput* do art. 32 da Lei nº 8.212, de 24 de julho de 1991;

II – apresentar a Relação Anual de Informações Sociais (RAIS); e

III – declarar ausência de fato gerador para a Caixa Econômica Federal para emissão da Certidão de Regularidade Fiscal perante o FGTS.

► Incisos I a III acrescidos pela LC nº 139, de 10-11-2011.

§ 14. O Comitê Gestor disciplinará o disposto neste artigo.

► § 14 acrescido pela LC nº 128, de 19-12-2008.

§ 15. A inadimplência do recolhimento do valor previsto na alínea *a* do inciso V do § 3º tem como consequência a não contagem da competência em atraso para fins de carência para obtenção dos benefícios previdenciários respectivos.

► § 15 acrescido pela LC nº 139, de 10-11-2011.

§ 15-A. Ficam autorizados os Estados, o Distrito Federal e os Municípios a promover a remissão dos débitos decorrentes dos valores previstos nas alíneas *b* e *c* do inciso V do § 3º, inadimplidos isolada ou simultaneamente.

§ 15-B. O MEI poderá ter sua inscrição automaticamente cancelada após período de 12 (doze) meses consecutivos sem recolhimento ou declarações, independentemente de qualquer notificação, devendo a informação ser publicada no Portal do Empreendedor, na forma regulamentada pelo CGSIM.

► §§ 15-A e 15-B acrescidos pela LC nº 147, de 7-8-2014.

► IN do DREI nº 43, de 26-10-2017, regulamenta, no âmbito do Registro Público de Empresas Mercantis, os reflexos do cancelamento da inscrição do Microempreendedor Individual – MEI, de que trata o § 15-B do art. 18-A desta Lei Complementar.

§ 16. O CGSN estabelecerá, para o MEI, critérios, procedimentos, prazos e efeitos diferenciados para desenquadramento da sistemática de que trata este artigo, cobrança, inscrição em dívida ativa e exclusão do SIMPLES Nacional.

§ 16-A. A baixa do MEI via portal eletrônico dispensa a comunicação aos órgãos da administração pública.

► § 16-A acrescido pela LC nº 155, de 27-10-2016.

§ 17. A alteração de dados no CNPJ informada pelo empresário à Secretaria da Receita Federal do Brasil equivalerá à comunicação obrigatória de desenquadramento da sistemática de recolhimento de que trata este artigo, nas seguintes hipóteses:

I – alteração para natureza jurídica distinta de empresário individual a que se refere o art. 966 da Lei nº 10.406, de 10 de janeiro de 2002 (Código Civil);

II – inclusão de atividade econômica não autorizada pelo CGSN;

III – abertura de filial.

► §§ 16 e 17 acrescidos pela LC nº 139, de 10-11-2011.

§ 18. Os Municípios somente poderão realizar o cancelamento da inscrição do MEI caso tenham regulamentação própria de classificação de risco e o respectivo processo simplificado de inscrição e legalização, em conformidade com esta Lei Complementar e com as resoluções do CGSIM.

§ 19. Fica vedada aos conselhos representativos de categorias econômicas a exigência de obrigações diversas das estipuladas nesta Lei Complementar para inscrição do MEI em seus quadros, sob pena de responsabilidade.

§ 19-A. O MEI inscrito no conselho profissional de sua categoria na qualidade de pessoa física é dispensado de realizar nova inscrição no mesmo conselho na qualidade de empresário individual.

§ 19-B. São vedadas aos conselhos profissionais, sob pena de responsabilidade, a exigência de inscrição e a execução de qualquer tipo de ação fiscalizadora quando a ocupação do MEI não exigir registro profissional da pessoa física.

► §§ 19-A e 19-B acrescidos pela LC nº 155, de 27-10-2016.

§ 20. Os documentos fiscais das microempresas e empresas de pequeno porte poderão ser emitidos diretamente por sistema nacional informatizado e pela internet, sem custos para o empreendedor, na forma regulamentada pelo Comitê Gestor do SIMPLES Nacional.

§ 21. Assegurar-se-á o registro nos cadastros oficiais ao guia de turismo inscrito como MEI.

§ 22. Fica vedado às concessionárias de serviço público o aumento das tarifas pagas pelo MEI por conta da modificação da sua condição de pessoa física para pessoa jurídica.

► §§ 18 a 22 acrescidos pela LC nº 147, de 7-8-2014.

§ 23. VETADO. LC nº 147, de 7-8-2014.

§ 24. Aplica-se ao MEI o disposto no inciso XI do § 4º do art. 3º.

► § 24 acrescido pela LC nº 147, de 7-8-2014.

§ 25. O MEI poderá utilizar sua residência como sede do estabelecimento, quando não for indispensável a existência de local próprio para o exercício da atividade.

► § 25 acrescido pela LC nº 154, de 18-4-2016.

Art. 18-B. A empresa contratante de serviços executados por intermédio do MEI mantém, em relação a esta contratação, a obrigatoriedade de recolhimento da contribuição a que se refere o inciso III do *caput* e o § 1º do art. 22 da Lei nº 8.212, de 24 de julho de 1991, e o cumprimento das obrigações acessórias relativas à contratação de contribuinte individual.

► *Caput* acrescido pela LC nº 128, de 19-12-2008.

§ 1º Aplica-se o disposto neste artigo exclusivamente em relação ao MEI que for contratado para prestar serviços de hidráulica, eletricidade, pintura, alvenaria, carpintaria e de manutenção ou reparo de veículos.

► § 1º com a redação dada pela LC nº 147, de 7-8-2014.

§ 2º O disposto no *caput* e no § 1º não se aplica quando presentes os elementos da relação de emprego, ficando a contratante sujeita a todas as obrigações dela decorrentes, inclusive trabalhistas, tributárias e previdenciárias.

► § 2º acrescido pela LC nº 139, de 10-11-2011.

Art. 18-C. Observado o disposto no *caput* e nos §§ 1º a 25 do art. 18-A desta Lei Complementar, poderá enquadrar-se como MEI o empresário individual ou o empreendedor que exerça as atividades de industrialização, comercialização e prestação de serviços no âmbito rural que possua um único empregado que receba exclusivamente um salário mínimo ou o piso salarial da categoria profissional.

► *Caput* com a redação dada pela LC nº 155, de 27-10-2016.

§ 1º Na hipótese referida no *caput*, o MEI:

► Antigo parágrafo único transformado em § 1º e com a redação dada pela LC nº 139, de 10-11-2011.

I – deverá reter e recolher a contribuição previdenciária relativa ao segurado a seu serviço na forma da lei, observados prazo e condições estabelecidos pelo CGSN;

II – é obrigado a prestar informações relativas ao segurado a seu serviço, na forma estabelecida pelo CGSN; e

III – está sujeito ao recolhimento da contribuição de que trata o inciso VI do *caput* do art. 13, calculada à alíquota de 3% (três por cento) sobre o salário de contribuição previsto no *caput*, na forma e prazos estabelecidos pelo CGSN.

► Incisos I a III com a redação dada pela LC nº 139, de 10-11-2011.

§ 2º Para os casos de afastamento legal do único empregado do MEI, será permitida a contratação de outro empregado, inclusive por prazo determinado, até que cessem as condições do afastamento, na forma estabelecida pelo Ministério do Trabalho e Emprego.

§ 3º O CGSN poderá determinar, com relação ao MEI, a forma, a periodicidade e o prazo:

I – de entrega à Secretaria da Receita Federal do Brasil de uma única declaração com dados relacionados a fatos geradores, base de cálculo e valores dos tributos previstos nos arts. 18-A e 18-C, da contribuição para a Seguridade Social descontada do empregado e do Fundo de Garantia do Tempo de Serviço (FGTS), e outras informações de interesse do Ministério do Trabalho e Emprego, do Instituto Nacional do Seguro Social (INSS) e do Conselho Curador do FGTS, observado o disposto no § 7º do art. 26;

II – do recolhimento dos tributos previstos nos arts. 18-A e 18-C, bem como do FGTS e da contribuição para a Seguridade Social descontada do empregado.

§ 4º A entrega da declaração única de que trata o inciso I do § 3º substituirá, na forma regulamentada pelo CGSN, a obrigatoriedade de entrega de todas as informações, formulários e declarações a que estão sujeitas as demais empresas ou equiparados que contratam empregados, inclusive as relativas ao recolhimento do FGTS, à Relação Anual de Informações Sociais (RAIS) e ao Cadastro Geral de Empregados e Desempregados (CAGED).

§ 5º Na hipótese de recolhimento do FGTS na forma do inciso II do § 3º, deve-se assegurar a transferência dos recursos e dos elementos identificadores do recolhimento ao gestor desse fundo para crédito na conta vinculada do trabalhador.

► §§ 2º a 5º acrescidos pela LC nº 139, de 10-11-2011.

§ 6º O documento de que trata o inciso I do § 3º deste artigo tem caráter declaratório, constituindo instrumento hábil e suficiente para a exigência dos tributos e dos débitos fundiários que não tenham sido recolhidos resultantes das informações nele prestadas.

► § 6º acrescido pela LC nº 147, de 7-8-2014.

Art. 18-D. A tributação municipal do imposto sobre imóveis prediais urbanos deverá assegurar tratamento mais favorecido ao MEI para realização de sua atividade no mesmo local em que residir, mediante aplicação da menor alíquota vigente para aquela localidade, seja residencial ou comercial, nos termos da lei, sem prejuízo de eventual isenção ou imunidade existente.

Art. 18-E. O instituto do MEI é uma política pública que tem por objetivo a formalização de pequenos empreendimentos e a inclusão social e previdenciária.

► *Caput* do art. 18-E acrescido pela LC nº 147, de 7-8-2014.

§ 1º A formalização de MEI não tem caráter eminentemente econômico ou fiscal.

§ 2º Todo benefício previsto nesta Lei Complementar aplicável à microempresa estende-se ao MEI sempre que lhe for mais favorável.

§ 3º O MEI é modalidade de microempresa.

► §§ 1º a 3º acrescidos pela LC nº 147, de 7-8-2014.

§ 4º É vedado impor restrições ao MEI relativamente ao exercício de profissão ou participação em licitações, em função da sua natureza jurídica, inclusive por ocasião da contratação dos serviços previstos no § 1º do art. 18-B desta Lei Complementar.

► § 4º com a redação dada pela LC nº 155, de 27-10-2016.

§ 5º O empreendedor que exerça as atividades de industrialização, comercialização e prestação de serviços no âmbito rural que efetuar seu registro como MEI não perderá a condição de segurado especial da Previdência Social.

§ 6º O disposto no § 5º e o licenciamento simplificado de atividades para o empreendedor que exerça as atividades de industrialização, comercialização e prestação de serviços no âmbito rural serão regulamentados pelo CGSIM em até cento e oitenta dias.

§ 7º O empreendedor que exerça as atividades de industrialização, comercialização e prestação de serviços no âmbito rural manterá todas as suas obrigações relativas à condição de produtor rural ou de agricultor familiar.

► §§ 5º a 7º acrescidos pela LC nº 155, de 27-10-2016.

Art. 19. Sem prejuízo da possibilidade de adoção de todas as faixas de receita previstas nos Anexos I a V desta Lei Complementar, os Estados cuja participação no Produto Interno Bruto brasileiro seja de até 1% (um por cento) poderão optar pela aplicação de sublimite para efeito de recolhimento do ICMS na forma do Simples Nacional nos respectivos territórios, para empresas com receita bruta anual de até R$ 1.800.000,00 (um milhão e oitocentos mil reais).

► *Caput* com a redação dada pela LC nº 155, de 27-10-2016.

I a III – *Revogados*. pela LC nº 155, de 27-10-2016.

§ 1º A participação no Produto Interno Bruto brasileiro será apurada levando em conta o último resultado divulgado pelo Instituto Brasileiro de Geografia e Estatística ou outro órgão que o substitua.

§ 2º A opção prevista no *caput* produzirá efeitos somente para o ano-calendário subsequente, salvo deliberação do CGSN.

► § 2º com a redação dada pela LC nº 155, de 27-10-2016.

§ 3º O disposto neste artigo aplica-se ao Distrito Federal.

§ 4º Para os Estados que não tenham adotado sublimite na forma do *caput* e para aqueles cuja participação no Produto Interno Bruto brasileiro seja superior a 1% (um por cento), para efeito de recolhimento do ICMS e do ISS, observar-se-á obrigatoriamente o sublimite no valor de R$ 3.600.000,00 (três milhões e seiscentos mil reais).

► § 4º acrescido pela LC nº 155, de 27-10-2016.

Art. 20. A opção feita na forma do art. 19 desta Lei Complementar pelos Estados importará adoção do mesmo limite de receita bruta anual para efeito de recolhimento na forma do ISS dos Municípios nele localizados, bem como para o do ISS devido no Distrito Federal.

§ 1º A empresa de pequeno porte que ultrapassar os limites a que se referem o *caput* e o § 4º do art. 19 estará automaticamente impedida de recolher o ICMS e o ISS na forma do Simples Nacional, a partir do mês subsequente àquele em que tiver ocorrido o excesso, relativamente aos seus estabelecimentos localizados na unidade da Federação que os houver adotado, ressalvado o disposto nos §§ 11 e 13 do art. 3º.

► § 1º com a redação dada pela LC nº 155, de 27-10-2016.

§ 1º-A. Os efeitos do impedimento previsto no § 1º ocorrerão no ano-calendário subsequente se o excesso verificado não for superior a 20% (vinte por cento) dos limites referidos.

► § 1º-A acrescido pela LC nº 139, de 10-11-2011.

§ 2º O disposto no § 1º deste artigo não se aplica na hipótese de o Estado ou de o Distrito Federal adotarem, compulsoriamente ou por opção, a aplicação de faixa de receita bruta superior à que vinha sendo utilizada no ano-calendário em que ocorreu o excesso da receita bruta.

§ 3º Na hipótese em que o recolhimento do ICMS ou do ISS não esteja sendo efetuado por meio do Simples Nacional por força do disposto neste artigo e no art. 19 desta Lei Complementar, as faixas de receita do Simples Nacional superiores àquela que tenha sido objeto de opção pelos Estados ou pelo Distrito Federal sofrerão, para efeito de recolhimento do Simples Nacional, redução da alíquota efetiva desses impostos, apurada de acordo com os Anexos I a V desta Lei Complementar, conforme o caso.

► § 3º com a redação dada pela LC nº 155, de 27-10-2016.

§ 4º O Comitê Gestor regulamentará o disposto neste artigo e no art. 19 desta Lei Complementar.

Seção IV

DO RECOLHIMENTO DOS TRIBUTOS DEVIDOS

Art. 21. Os tributos devidos, apurados na forma dos arts. 18 a 20 desta Lei Complementar, deverão ser pagos:

I – por meio de documento único de arrecadação, instituído pelo Comitê Gestor;

II – *Revogado*. LC nº 127, de 14-8-2007;

III – enquanto não regulamentado pelo Comitê Gestor, até o último dia útil da primeira quinzena do mês subsequente àquele a que se referir;

IV – em banco integrante da rede arrecadadora do SIMPLES Nacional, na forma regulamentada pelo Comitê Gestor.

► Inciso IV com a redação dada pela LC nº 127, de 14-8-2007.

§ 1º Na hipótese de a microempresa ou a empresa de pequeno porte possuir filiais, o recolhimento dos tributos do SIMPLES Nacional dar-se-á por intermédio da matriz.

§ 2º Poderá ser adotado sistema simplificado de arrecadação do SIMPLES Nacional, inclusive sem utilização da rede bancária, mediante requerimento do Estado, Distrito Federal ou Município ao Comitê Gestor.

§ 3º O valor não pago até a data do vencimento sujeitar-se-á à incidência de encargos legais na forma prevista na legislação do imposto sobre a renda.

§ 4º A retenção na fonte de ISS das microempresas ou das empresas de pequeno porte optantes pelo SIMPLES Nacional somente será permitida se observado o disposto no art. 3º da Lei Complementar nº 116, de 31 de julho de 2003, e deverá observar as seguintes normas:

► *Caput* do § 4º com a redação dada pela LC nº 128, de 19-12-2008.

I – a alíquota aplicável na retenção na fonte deverá ser informada no documento fiscal e corresponderá à alíquota efetiva de ISS a que a microempresa ou a empresa de pequeno porte estiver sujeita no mês anterior ao da prestação;

II – na hipótese de o serviço sujeito à retenção ser prestado no mês de início de atividades da microempresa ou da empresa de pequeno porte, deverá ser aplicada pelo tomador a alíquota efetiva de 2% (dois por cento);

► Incisos I e II com a redação dada pela LC nº 155, de 27-10-2016.

III – na hipótese do inciso II deste parágrafo, constatando-se que houve diferença entre a alíquota utilizada e a efetivamente apurada, caberá à microempresa ou empresa de pequeno porte prestadora dos serviços efetuar o recolhimento dessa diferença no mês subsequente ao do início de atividade em guia própria do Município;

IV – na hipótese de a microempresa ou empresa de pequeno porte estar sujeita à tributação do ISS no SIMPLES Nacional por valores fixos mensais, não caberá a retenção a que se refere o *caput* deste parágrafo;

► Incisos III e IV acrescidos pela LC nº 128, de 19-12-2008.

V – na hipótese de a microempresa ou a empresa de pequeno porte não informar a alíquota de que tratam os incisos I e II deste parágrafo no documento fiscal, aplicar-se-á a alíquota efetiva de 5% (cinco por cento);

► Inciso V com a redação dada pela LC nº 155, de 27-10-2016.

VI – não será eximida a responsabilidade do prestador de serviços quando a alíquota do ISS informada no documento fiscal for inferior à devida, hipótese em que o recolhimento dessa diferença será realizado em guia própria do Município;

VII – o valor retido, devidamente recolhido, será definitivo, não sendo objeto de partilha com os municípios, e sobre a receita de prestação de serviços que sofreu a retenção não haverá incidência de ISS a ser recolhido no SIMPLES Nacional.

► Incisos VI e VII acrescidos pela LC nº 128, de 19-12-2008.

§ 4º-A. Na hipótese de que tratam os incisos I e II do § 4º, a falsidade na prestação dessas informações sujeitará o responsável, o titular, os sócios ou os administradores da microempresa e da empresa de pequeno porte, juntamente com as demais pessoas que para ela concorrerem, às penalidades previstas na legislação criminal e tributária.

► § 4º-A acrescido pela LC nº 128, de 19-12-2008.

§ 5º O CGSN regulará a compensação e a restituição dos valores do SIMPLES Nacional recolhidos indevidamente ou em montante superior ao devido.

► § 5º com a redação dada pela LC nº 139, de 10-11-2011.

§ 6º O valor a ser restituído ou compensado será acrescido de juros obtidos pela aplicação da taxa referencial do Sistema Especial de Liquidação e de Custódia (SELIC) para títulos federais, acumulada mensalmente, a partir do mês subsequente ao do pagamento indevido ou a maior que o devido até o mês anterior ao da compensação ou restituição, e de 1% (um por cento) relativamente ao mês em que estiver sendo efetuada.

§ 7º Os valores compensados indevidamente serão exigidos com os acréscimos moratórios de que trata o art. 35.

§ 8º Na hipótese de compensação indevida, quando se comprove falsidade de declaração apresentada pelo sujeito passivo, o contribuinte estará sujeito à multa isolada aplicada no percentual previsto no inciso I do *caput* do art. 44 da Lei nº 9.430, de 27 de dezembro de 1996, aplicado em dobro, e terá como base de cálculo o valor total do débito indevidamente compensado.

§ 9º É vedado o aproveitamento de créditos não apurados no SIMPLES Nacional, inclusive de natureza não tributária, para extinção de débitos do SIMPLES Nacional.

§ 10. Os créditos apurados no SIMPLES Nacional não poderão ser utilizados para extinção de outros débitos para com as Fazendas Públicas, salvo por ocasião da compensação de ofício oriunda de deferimento em processo de restituição ou após a exclusão da empresa do SIMPLES Nacional.

§ 11. No SIMPLES Nacional, é permitida a compensação tão somente de créditos para extinção de débitos para com o mesmo ente federado e relativos ao mesmo tributo.

§ 12. Na restituição e compensação no SIMPLES Nacional serão observados os prazos de decadência e prescrição previstos na Lei nº 5.172, de 25 de outubro de 1966 (Código Tributário Nacional).

§ 13. É vedada a cessão de créditos para extinção de débitos no SIMPLES Nacional.

§ 14. Aplica-se aos processos de restituição e de compensação o rito estabelecido pelo CGSN.

§ 15. Compete ao CGSN fixar critérios, condições para rescisão, prazos, valores mínimos de amortização e demais procedimentos para parcelamento dos recolhimentos em atraso dos débitos tributários apurados no SIMPLES Nacional, observado o disposto no § 3º deste artigo e no art. 35 e ressalvado o disposto no § 19 deste artigo.

§ 16. Os débitos de que trata o § 15 poderão ser parcelados em até 60 (sessenta) parcelas mensais, na forma e condições previstas pelo CGSN.

§ 17. O valor de cada prestação mensal, por ocasião do pagamento, será acrescido de juros equivalentes à taxa referencial do Sistema Especial de Liquidação e de Custódia (SELIC) para títulos federais, acumulada mensalmente, calculados a partir do mês subsequente ao da consolidação até o mês anterior ao do pagamento, e de 1% (um por cento) relativamente ao mês em que o pagamento estiver sendo efetuado, na forma regulamentada pelo CGSN.

§ 18. Será admitido reparcelamento de débitos constantes de parcelamento em curso ou que tenha sido rescindido, podendo ser incluídos novos débitos, na forma regulamentada pelo CGSN.

§ 19. Os débitos constituídos de forma isolada por parte de Estado, do Distrito Federal ou de Município, em face de ausência de aplicativo para lançamento unificado, relativo a tributo de sua competência, que não estiverem inscritos em Dívida Ativa da União, poderão ser parcelados pelo ente responsável pelo lançamento de acordo com a respectiva legislação, na forma regulamentada pelo CGSN.

§ 20. O pedido de parcelamento deferido importa confissão irretratável do débito e configura confissão extrajudicial.

§ 21. Serão aplicadas na consolidação as reduções das multas de lançamento de ofício previstas na legislação federal, conforme regulamentação do CGSN.

§ 22. O repasse para os entes federados dos valores pagos e da amortização dos débitos parcelados será efetuado proporcionalmente ao valor de cada tributo na composição da dívida consolidada.

§ 23. No caso de parcelamento de débito inscrito em dívida ativa, o devedor pagará custas, emolumentos e demais encargos legais.

§ 24. Implicará imediata rescisão do parcelamento e remessa do débito para inscrição em dívida ativa ou prosseguimento da execução, conforme o caso, até deliberação do CGSN, a falta de pagamento:

I – de 3 (três) parcelas, consecutivas ou não; ou

II – de 1 (uma) parcela, estando pagas todas as demais.

► §§ 6º a 24 acrescidos pela LC nº 139, de 10-11-2011.

§ 25. O documento previsto no inciso I do *caput* deste artigo deverá conter a partilha discriminada de cada um dos tributos abrangidos pelo Simples Nacional, bem como os valores destinados a cada ente federado.

► § 25 acrescido pela LC nº 155, de 27-10-2016.

Art. 21-A. A inscrição de microempresa ou empresa de pequeno porte no Cadastro Informativo dos créditos não quitados do setor público federal – CADIN, somente ocorrerá mediante notificação prévia com prazo para contestação.

► **Artigo acrescido pela LC nº 147, de 7-8-2014 (*DOU* de 8-8-2014), produzindo efeitos a partir de 1º de janeiro do segundo ano subsequente ao da publicação desta Lei.**

Art. 21-B. Os Estados e o Distrito Federal deverão observar, em relação ao ICMS, o prazo mínimo de 60 (sessenta) dias, contado a partir do primeiro dia do mês do fato gerador da obrigação tributária, para estabelecer a data de vencimento do imposto devido por substituição tributária, tributação concentrada em uma única etapa (monofásica) e por antecipação tributária com ou sem encerramento de tributação, nas hipóteses em que a responsabilidade recair sobre operações ou prestações subsequentes, na forma regulamentada pelo Comitê Gestor.

► Artigo acrescido pela LC nº 147, de 7-8-2014.

Seção V
DO REPASSE DO PRODUTO DA ARRECADAÇÃO

Art. 22. O Comitê Gestor definirá o sistema de repasses do total arrecadado, inclusive encargos legais, para o:

I – Município ou Distrito Federal, do valor correspondente ao ISS;

II – Estado ou Distrito Federal, do valor correspondente ao ICMS;

III – Instituto Nacional do Seguro Social, do valor correspondente à Contribuição para manutenção da Seguridade Social.

Parágrafo único. Enquanto o Comitê Gestor não regulamentar o prazo para o repasse previsto no inciso II do *caput* deste artigo, esse será efetuado nos prazos estabelecidos nos convênios celebrados no âmbito do colegiado a que se refere a alínea *g* do inciso XII do § 2º do art. 155 da Constituição Federal.

Seção VI
DOS CRÉDITOS

Art. 23. As microempresas e as empresas de pequeno porte optantes pelo SIMPLES Nacional não farão jus à apropriação nem transferirão créditos relativos a impostos ou contribuições abrangidos pelo SIMPLES Nacional.

§ 1º As pessoas jurídicas e aquelas a elas equiparadas pela legislação tributária não optantes pelo SIMPLES Nacional terão direito a crédito correspondente ao ICMS incidente sobre as suas aquisições de mercadorias de microempresa ou empresa de pequeno porte optante pelo SIMPLES Nacional, desde que destinadas à comercialização ou industrialização e observado, como limite, o ICMS efetivamente devido pelas optantes pelo SIMPLES Nacional em relação a essas aquisições.

§ 2º A alíquota aplicável ao cálculo do crédito de que trata o § 1º deste artigo deverá ser informada no documento fiscal e corresponderá ao percentual de ICMS previsto nos Anexos I ou II desta Lei Complementar para a faixa de receita bruta a que a microempresa ou a empresa de pequeno porte estiver sujeita no mês anterior ao da operação.

§ 3º Na hipótese de a operação ocorrer no mês de início de atividades da microempresa ou empresa de pequeno porte optante pelo SIMPLES Nacional, a alíquota aplicável ao cálculo do crédito de que trata o § 1º deste artigo corresponderá ao percentual de ICMS referente à menor alíquota prevista nos Anexos I ou II desta Lei Complementar.

§ 4º Não se aplica o disposto nos §§ 1º a 3º deste artigo quando:

I – a microempresa ou empresa de pequeno porte estiver sujeita à tributação do ICMS no SIMPLES Nacional por valores fixos mensais;

II – a microempresa ou a empresa de pequeno porte não informar a alíquota de que trata o § 2º deste artigo no documento fiscal;

III – houver isenção estabelecida pelo Estado ou Distrito Federal que abranja a faixa de receita bruta a que a microempresa ou a empresa de pequeno porte estiver sujeita no mês da operação;

IV – o remetente da operação ou prestação considerar, por opção, que a alíquota determinada na forma do *caput* e dos §§ 1º e 2º do art. 18 desta Lei Complementar deverá incidir sobre a receita recebida no mês.

§ 5º Mediante deliberação exclusiva e unilateral dos Estados e do Distrito Federal, poderá ser concedido às pessoas jurídicas e àquelas a elas equiparadas pela legislação tributária não optantes pelo SIMPLES Nacional crédito correspondente ao ICMS incidente sobre os insumos utilizados nas mercadorias adquiridas de indústria optante pelo SIMPLES Nacional, sendo vedado o estabelecimento de diferenciação no valor do crédito em razão da procedência dessas mercadorias.

§ 6º O Comitê Gestor do SIMPLES Nacional disciplinará o disposto neste artigo.

► §§ 1º a 6º acrescidos pela LC nº 128, de 19-12-2008.

Art. 24. As microempresas e as empresas de pequeno porte optantes pelo SIMPLES Nacional não poderão utilizar ou destinar qualquer valor a título de incentivo fiscal.

§ 1º Não serão consideradas quaisquer alterações em bases de cálculo, alíquotas e percentuais ou outros fatores que alterem o valor de imposto ou contribuição apurado na forma do SIMPLES Nacional, estabelecidas pela União, Estado, Distrito Federal ou Município, exceto as previstas ou autorizadas nesta Lei Complementar.

► Parágrafo único transformado em § 1º pela LC nº 155, de 27-10-2016.

§ 2º VETADO. LC nº 155, de 27-10-2016.

Seção VII
DAS OBRIGAÇÕES FISCAIS ACESSÓRIAS

Art. 25. A microempresa ou empresa de pequeno porte optante pelo SIMPLES Nacional deverá apresentar anualmente à Secretaria da Receita Federal do Brasil declaração única e simplificada de informações socioeconômicas e fiscais, que deverá ser disponibilizada aos órgãos de fiscalização tributária e previdenciária, observados prazo e modelo aprovados pelo CGSN e observado o disposto no § 15-A do art. 18.

► *Caput* com a redação dada pela LC nº 139, de 10-11-2011.

► Arts. 26, II, § 3º, 38, 41, § 4º, II, desta Lei Complementar.

§ 1º A declaração de que trata o *caput* deste artigo constitui confissão de dívida e instrumento hábil e suficiente para a exigência dos tributos e contribuições que não tenham sido recolhidos resultantes das informações nela prestadas.

► Antigo parágrafo único transformado em § 1º pela LC nº 128, de 19-12-2008.

§ 2º A situação de inatividade deverá ser informada na declaração de que trata o *caput* deste artigo, na forma regulamentada pelo Comitê Gestor.

§ 3º Para efeito do disposto no § 2º deste artigo, considera-se em situação de inatividade a microempresa ou a empresa de pequeno porte que não apresente mutação patrimonial e atividade operacional durante todo o ano-calendário.

► §§ 2º e 3º acrescidos pela LC nº 128, de 19-12-2008.

§ 4º A declaração de que trata o *caput* deste artigo, relativa ao MEI definido no art. 18-A desta Lei Complementar, conterá, para efeito do disposto no art. 3º da Lei Complementar nº 63, de 11 de janeiro de 1990, tão somente as informações relativas à receita bruta total sujeita ao ICMS, sendo vedada a instituição de declarações adicionais em decorrência da referida Lei Complementar.

► § 4º acrescido pela LC nº 128, de 19-12-2008.

§ 5º A declaração de que trata o *caput*, a partir das informações relativas ao ano-calendário de 2012, poderá ser prestada por meio da declaração de que trata o § 15-A do art. 18 desta Lei Complementar, na periodicidade e prazos definidos pelo CGSN.

► § 5º acrescido pela LC nº 147, de 7-8-2014.

Art. 26. As microempresas e empresas de pequeno porte optantes pelo SIMPLES Nacional ficam obrigadas a:

► Art. 29, XI, desta Lei Complementar.

I – emitir documento fiscal de venda ou prestação de serviço, de acordo com instruções expedidas pelo Comitê Gestor;

II – manter em boa ordem e guarda os documentos que fundamentaram a apuração dos impostos e contribuições devidos e o cumprimento das obrigações acessórias a que se refere o art. 25 desta Lei Complementar enquanto não decorrido o prazo decadencial e não prescritas eventuais ações que lhes sejam pertinentes.

§ 1º O MEI fará a comprovação da receita bruta mediante apresentação do registro de vendas ou de prestação de serviços na forma estabelecida pelo CGSN, ficando dispensado da emissão do documento fiscal previsto no inciso I do *caput*, ressalvadas as hipóteses de emissão obrigatória previstas pelo referido Comitê.

► *Caput* do § 1º com a redação dada pela LC nº 139, de 10-11-2011.

I a III – *Revogados*. LC nº 128, de 19-12-2008.

§ 2º As demais microempresas e as empresas de pequeno porte, além do disposto nos incisos I e II do *caput* deste artigo, deverão, ainda, manter o livro-caixa em que será escriturada sua movimentação financeira e bancária.

§ 3º A exigência de declaração única a que se refere o *caput* do art. 25 desta Lei Complementar não desobriga a prestação de informações relativas a terceiros.

§ 4º É vedada a exigência de obrigações tributárias acessórias relativas aos tributos apurados na forma do SIMPLES Nacional além daquelas estipuladas pelo CGSN e atendidas por meio do Portal do SIMPLES Nacional, bem como, o estabelecimento de exigências adicionais e unilaterais pelos entes federativos, exceto os programas de cidadania fiscal.

► § 4º com a redação dada pela LC nº 147, de 7-8-2014.

§ 4º-A. A escrituração fiscal digital ou obrigação equivalente não poderá ser exigida da microempresa ou empresa de pequeno porte optante pelo SIMPLES Nacional, salvo se, cumulativamente, houver:

I – autorização específica do CGSN, que estabelecerá as condições para a obrigatoriedade;

II – disponibilização por parte da administração tributária estipulante de aplicativo gratuito para uso da empresa optante.

§ 4º-B. A exigência de apresentação de livros fiscais em meio eletrônico aplicar-se-á somente na hipótese de substituição da entrega em meio convencional, cuja obrigatoriedade tenha sido prévia e especificamente estabelecida pelo CGSN.

§ 4º-C. Até a implantação de sistema nacional uniforme estabelecido pelo CGSN com compartilhamento de informações com os entes federados, permanece válida norma publicada por ente federado até o primeiro trimestre de 2014 que tenha veiculado exigência vigente de a microempresa ou empresa de pequeno porte apresentar escrituração fiscal digital ou obrigação equivalente.

► §§ 4º-A a 4º-C acrescidos pela LC nº 147, de 7-8-2014.

§ 5º As microempresas e empresas de pequeno porte ficam sujeitas à entrega de declaração eletrônica que deva conter os dados referentes aos serviços prestados ou tomados de terceiros, na conformidade do que dispuser o Comitê Gestor.

§ 6º Na hipótese do § 1º deste artigo:

► § 6º acrescido pela LC nº 128, de 19-12-2008.

I – deverão ser anexados ao registro de vendas ou de prestação de serviços, na forma regulamentada pelo Comitê Gestor, os documentos fiscais comprobatórios das entradas de mercadorias e serviços tomados referentes ao período, bem como os documentos fiscais relativos às operações ou prestações realizadas eventualmente emitidos;

► Inciso I acrescido pela LC nº 128, de 19-12-2008.

II – será obrigatória a emissão de documento fiscal nas vendas e nas prestações de serviços realizadas pelo MEI para destinatário cadastrado no Cadastro Nacional da Pessoa Jurídica (CNPJ), ficando dispensado desta emissão para o consumidor final.

► Inciso II com a redação dada pela LC nº 139, de 10-11-2011.

§ 7º Cabe ao CGSN dispor sobre a exigência da certificação digital para o cumprimento de obrigações principais e acessórias por parte da microempresa, inclusive o MEI, ou empresa de pequeno porte optante pelo SIMPLES Nacional, inclusive para o recolhimento do FGTS.

► § 7º acrescido pela LC nº 139, de 10-11-2011.

§ 8º O CGSN poderá disciplinar sobre a disponibilização, no portal do SIMPLES Nacional, de documento fiscal eletrônico de venda ou de prestação de serviço para o MEI, microempresa ou empresa de pequeno porte optante pelo SIMPLES Nacional.

§ 9º O desenvolvimento e a manutenção das soluções de tecnologia, capacitação e orientação aos usuários relativas ao disposto no § 8º, bem como as demais relativas ao SIMPLES Nacional, poderão ser apoiadas pelo Serviço Brasileiro de Apoio às Micro e Pequenas Empresas – SEBRAE.

§ 10. O ato de emissão ou de recepção de documento fiscal por meio eletrônico estabelecido pelas administrações tributárias, em qualquer modalidade, de entrada, de saída ou de prestação, na forma estabelecida pelo CGSN, representa sua própria escrituração fiscal e elemento suficiente para a fundamentação e a constituição do crédito tributário.

§ 11. Os dados dos documentos fiscais de qualquer espécie podem ser compartilhados entre as administrações tributárias da União, Estados, Distrito Federal e Municípios e, quando emitidos por meio eletrônico, na forma estabelecida pelo CGSN, a microempresa ou empresa de pequeno porte optante pelo SIMPLES Nacional fica desobrigada de transmitir seus dados às administrações tributárias.

► §§ 8º a 11 acrescidos pela LC nº 147, de 7-8-2014.

§ 12. As informações a serem prestadas relativas ao ICMS devido na forma prevista nas alíneas *a*, *g* e *h* do inciso XIII do § 1º do art. 13 serão fornecidas por meio de aplicativo único.

§ 13. Fica estabelecida a obrigatoriedade de utilização de documentos fiscais eletrônicos estabelecidos pelo Confaz nas operações e prestações relativas ao ICMS efetuadas por microempresas e empresas de pequeno porte nas hipóteses previstas nas alíneas *a*, *g* e *h* do inciso XIII do § 1º do art. 13.

§ 14. Os aplicativos necessários ao cumprimento do disposto nos §§ 12 e 13 deste artigo serão disponibilizados, de forma gratuita, no portal do SIMPLES Nacional.

► §§ 12 a 14 acrescidos pela LC nº 147, de 7-8-2014 (*DOU* de 8-8-2014), produzindo efeitos a partir de 1º de janeiro do segundo ano subsequente ao da publicação desta Lei.

§ 15. O CGSN regulamentará o disposto neste artigo.

► § 15 acrescido pela LC nº 147, de 7-8-2014.

Art. 27. As microempresas e empresas de pequeno porte optantes pelo SIMPLES Nacional poderão, opcionalmente, adotar contabilidade simplificada para os registros e controles das operações realizadas, conforme regulamentação do Comitê Gestor.

► Dec. nº 6.451, de 12-5-2008, regulamenta o art. 56 da LC nº 123, de 14-12-2006, que dispõe sobre a constituição do Consórcio Simples por microempresas e empresas de pequeno porte optantes pelo Simples Nacional.

Seção VIII
DA EXCLUSÃO DO SIMPLES NACIONAL

Art. 28. A exclusão do SIMPLES Nacional será feita de ofício ou mediante comunicação das empresas optantes.

Parágrafo único. As regras previstas nesta seção e o modo de sua implementação serão regulamentados pelo Comitê Gestor.

Art. 29. A exclusão de ofício das empresas optantes pelo SIMPLES Nacional dar-se-á quando:

► Art. 33 desta Lei Complementar.

I – verificada a falta de comunicação de exclusão obrigatória;

II – for oferecido embaraço à fiscalização, caracterizado pela negativa não justificada de exibição de livros e documentos a que estiverem obrigadas, bem como pelo não fornecimento de informações sobre bens, movimentação financeira, negócio ou atividade que estiverem intimadas a apresentar, e nas demais hipóteses que autorizam a requisição de auxílio da força pública;

III – for oferecida resistência à fiscalização, caracterizada pela negativa de acesso ao estabelecimento, ao domicílio fiscal ou a qualquer outro local onde desenvolvam suas atividades ou se encontrem bens de sua propriedade;

IV – a sua constituição ocorrer por interpostas pessoas;

V – tiver sido constatada prática reiterada de infração ao disposto nesta Lei Complementar;

VI – a empresa for declarada inapta, na forma dos arts. 81 e 82 da Lei nº 9.430, de 27 de dezembro de 1996, e alterações posteriores;

VII – comercializar mercadorias objeto de contrabando ou descaminho;

VIII – houver falta de escrituração do livro-caixa ou não permitir a identificação da movimentação financeira, inclusive bancária;

IX – for constatado que durante o ano-calendário o valor das despesas pagas supera em 20% (vinte por cento) o valor de ingressos de recursos no mesmo período, excluído o ano de início de atividade;

X – for constatado que durante o ano-calendário o valor das aquisições de mercadorias para comercialização ou industrialização, ressalvadas hipóteses justificadas de aumento de estoque, for superior a 80% (oitenta por cento) dos ingressos de recursos no mesmo período, excluído o ano de início de atividade;

XI – houver descumprimento reiterado da obrigação contida no inciso I do *caput* do art. 26;

XII – omitir de forma reiterada da folha de pagamento da empresa ou de documento de informações previsto pela legislação previdenciária, trabalhista ou tributária, segurado empregado, trabalhador avulso ou contribuinte individual que lhe preste serviço.

► Incisos XI e XII com a redação dada pela LC nº 139, de 10-11-2011.

§ 1º Nas hipóteses previstas nos incisos II a XII do *caput* deste artigo, a exclusão produzirá efeitos a partir do próprio mês em que incorridas, impedindo a opção pelo regime diferenciado e favorecido desta Lei Complementar pelos próximos 3 (três) anos-calendário seguintes.

► § 1º com a redação dada pela LC nº 127, de 14-8-2007.

§ 2º O prazo de que trata o § 1º deste artigo será elevado para 10 (dez) anos caso seja constatada a utilização de artifício, ardil ou qualquer outro meio fraudulento que induza ou mantenha a fiscalização em erro, com o fim de suprimir ou reduzir o pagamento de tributo apurável segundo o regime especial previsto nesta Lei Complementar.

§ 3º A exclusão de ofício será realizada na forma regulamentada pelo Comitê Gestor, cabendo o lançamento dos tributos e contribuições apurados aos respectivos entes tributantes.

§ 4º *Revogado*. LC nº 128, de 19-12-2008.

§ 5º A competência para exclusão de ofício do SIMPLES Nacional obedece ao disposto no art. 33, e o julgamento administrativo, ao disposto no art. 39, ambos desta Lei Complementar.

§ 6º Nas hipóteses de exclusão previstas no *caput*, a notificação:

► *Caput* do § 6º com a redação dada pela LC nº 139, de 10-11-2011.

I – será efetuada pelo ente federativo que promoveu a exclusão; e

II – poderá ser feita por meio eletrônico, observada a regulamentação do CGSN.

► Incisos I e II acrescidos pela LC nº 139, de 10-11-2011.

§ 7º *Revogado*. LC nº 139, de 10-10-2011.

§ 8º A notificação de que trata o § 6º aplica-se ao indeferimento da opção pelo SIMPLES Nacional.

► § 8º com a redação dada pela LC nº 139, de 10-11-2011.

§ 9º Considera-se prática reiterada, para fins do disposto nos incisos V, XI e XII do *caput*:

I – a ocorrência, em 2 (dois) ou mais períodos de apuração, consecutivos ou alternados, de idênticas infrações, inclusive de natureza acessória, verificada em relação aos últimos 5 (cinco) anos-calendário, formalizadas por intermédio de auto de infração ou notificação de lançamento; ou

II – a segunda ocorrência de idênticas infrações, caso seja constatada a utilização de artifício, ardil ou qualquer outro meio fraudulento que induza ou mantenha a fiscalização em erro, com o fim de suprimir ou reduzir o pagamento de tributo.

► § 9º acrescido pela LC nº 139, de 10-11-2011.

Art. 30. A exclusão do SIMPLES Nacional, mediante comunicação das microempresas ou das empresas de pequeno porte, dar-se-á:

► Art. 36 desta Lei Complementar.

I – por opção;

II – obrigatoriamente, quando elas incorrerem em qualquer das situações de vedação previstas nesta Lei Complementar; ou

III – obrigatoriamente, quando ultrapassado, no ano-calendário de início de atividade, o limite proporcional de receita bruta de que trata o § 2º do art. 3º;

► Inciso III com a redação dada pela LC nº 139, de 10-11-2011.

IV – obrigatoriamente, quando ultrapassado, no ano-calendário, o limite de receita bruta previsto no inciso II do *caput* do art. 3º, quando não estiver no ano-calendário de início de atividade.

► Inciso IV acrescido pela LC nº 139, de 10-11-2011.

§ 1º A exclusão deverá ser comunicada à Secretaria da Receita Federal:

► A Secretaria da Receita Federal passou a se chamar Secretaria da Receita Federal do Brasil, conforme a Lei nº 11.457, de 16-3-2007 (Lei da Super-Receita).

I – na hipótese do inciso I do *caput* deste artigo, até o último dia útil do mês de janeiro;

II – na hipótese do inciso II do *caput* deste artigo, até o último dia útil do mês subsequente àquele em que ocorrida a situação de vedação;

III – na hipótese do inciso III do *caput*:

► *Caput* do inciso III com a redação dada pela LC nº 139, de 10-11-2011.

a) até o último dia útil do mês seguinte àquele em que tiver ultrapassado em mais de 20% (vinte por cento) o limite proporcional de que trata o § 10 do art. 3º; ou

b) até o último dia útil do mês de janeiro do ano-calendário subsequente ao de início de atividades, caso o excesso seja inferior a 20% (vinte por cento) do respectivo limite;

► Alíneas *a* e *b* acrescidas pela LC nº 139, de 10-11-2011.

IV – na hipótese do inciso IV do *caput*:

a) até o último dia útil do mês subsequente à ultrapassagem em mais de 20% (vinte por cento) do limite de receita bruta previsto no inciso II do *caput* do art. 3º; ou

b) até o último dia útil do mês de janeiro do ano-calendário subsequente, na hipótese de não ter ultrapassado em mais de 20% (vinte por cento) o limite de receita bruta previsto no inciso II do *caput* do art. 3º.

► Inciso IV acrescido pela LC nº 139, de 10-11-2011.

§ 2º A comunicação de que trata o *caput* deste artigo dar-se-á na forma a ser estabelecida pelo Comitê Gestor.

§ 3º A alteração de dados no CNPJ, informada pela ME ou EPP à Secretaria da Receita Federal do Brasil, equivalerá à comunicação obrigatória de exclusão do SIMPLES Nacional nas seguintes hipóteses:

I – alteração de natureza jurídica para Sociedade Anônima, Sociedade Empresária em Comandita por Ações, Sociedade em Conta de Participação ou Estabelecimento, no Brasil, de Sociedade Estrangeira;

II – inclusão de atividade econômica vedada à opção pelo SIMPLES Nacional;

III – inclusão de sócio pessoa jurídica;

IV – inclusão de sócio domiciliado no exterior;

V – cisão parcial; ou

VI – extinção da empresa.

► § 3º acrescido pela LC nº 139, de 10-11-2011.

Art. 31. A exclusão das microempresas ou das empresas de pequeno porte do SIMPLES Nacional produzirá efeitos:

I – na hipótese do inciso I do *caput* do art. 30 desta Lei Complementar, a partir de 1º de janeiro do ano-calendário subsequente, ressalvado o disposto no § 4º deste artigo;

II – na hipótese do inciso II do *caput* do art. 30 desta Lei Complementar, a partir do mês seguinte da ocorrência da situação impeditiva;

III – na hipótese do inciso III do *caput* do art. 30 desta Lei Complementar:

a) desde o início das atividades;

b) a partir de 1º de janeiro do ano-calendário subsequente, na hipótese de não ter ultrapassado em mais de 20% (vinte por cento) o limite proporcional de que trata o § 10 do art. 3º;

► Alínea *b* com a redação dada pela LC nº 139, de 10-11-2011.

IV – na hipótese do inciso V do *caput* do art. 17 desta Lei Complementar, a partir do ano-calendário subsequente ao da ciência da comunicação da exclusão;

V – na hipótese do inciso IV do *caput* do art. 30:

a) a partir do mês subsequente à ultrapassagem em mais de 20% (vinte por cento) do limite de receita bruta previsto no inciso II do art. 3º;

b) a partir de 1º de janeiro do ano-calendário subsequente, na hipótese de não ter ultrapassado em mais de 20% (vinte por cento) o limite de receita bruta previsto no inciso II do art. 3º.

► Inciso V acrescido pela LC nº 139, de 10-11-2011.

§ 1º Na hipótese prevista no inciso III do *caput* do art. 30 desta Lei Complementar, a microempresa ou empresa de pequeno porte não poderá optar, no ano-calendário subsequente ao do início de atividades, pelo SIMPLES Nacional.

§ 2º Na hipótese dos incisos V e XVI do *caput* do art. 17, será permitida a permanência da pessoa jurídica como optante pelo SIMPLES Nacional mediante a comprovação da regularização do débito ou do cadastro fiscal no prazo de até 30 (trinta) dias contados a partir da ciência da comunicação da exclusão.

§ 3º O CGSN regulamentará os procedimentos relativos ao impedimento de recolher o ICMS e o ISS na forma do SIMPLES Nacional, em face da ultrapassagem dos limites estabelecidos na forma dos incisos I ou II do art. 19 e do art. 20.

► §§ 2º e 3º com a redação dada pela LC nº 139, de 10-11-2011.

§ 4º No caso de a microempresa ou a empresa de pequeno porte ser excluída do SIMPLES Nacional no mês de janeiro, na hipótese do inciso I do *caput* do art. 30 desta Lei Complementar, os efeitos da exclusão dar-se-ão nesse mesmo ano.

§ 5º Na hipótese do inciso II do *caput* deste artigo, uma vez que o motivo da exclusão deixe de existir, havendo a exclusão retroativa de ofício no caso do inciso I do *caput* do art. 29 desta Lei Complementar, o efeito desta dar-se-á a partir do mês seguinte ao da ocorrência da situação impeditiva, limitado, porém, ao último dia do ano-calendário em que a referida situação deixou de existir.

► § 5º acrescido pela LC nº 128, de 19-12-2008.

Art. 32. As microempresas ou as empresas de pequeno porte excluídas do SIMPLES Nacional sujeitar-se-ão, a partir do período em que se processarem os efeitos da exclusão, às normas de tributação aplicáveis às demais pessoas jurídicas.

§ 1º Para efeitos do disposto no *caput* deste artigo, na hipótese da alínea *a* do inciso III do *caput* do art. 31 desta Lei Complementar, a microempresa ou a empresa de pequeno porte desenquadrada ficará sujeita ao pagamento da totalidade ou diferença dos respectivos impostos e contribuições, devidos de conformidade com as normas gerais de incidência, acrescidos, tão somente, de juros de mora, quando efetuado antes do início de procedimento de ofício.

§ 2º Para efeito do disposto no *caput* deste artigo, o sujeito passivo poderá optar pelo recolhimento do imposto de renda e da Contribuição Social sobre o Lucro Líquido na forma do lucro presumido, lucro real trimestral ou anual.

§ 3º Aplica-se o disposto no *caput* e no § 1º em relação ao ICMS e ao ISS à empresa impedida de recolher esses impostos na forma do SIMPLES Nacional, em face da ultrapassagem dos limites a que se referem os incisos I e II do *caput* do art. 19, relativamente ao estabelecimento localizado na unidade da Federação que os houver adotado.

► § 3º acrescido pela LC nº 139, de 10-11-2011.

Seção IX

DA FISCALIZAÇÃO

Art. 33. A competência para fiscalizar o cumprimento das obrigações principais e acessórias relativas ao SIMPLES Nacional e para verificar a ocorrência das hipóteses previstas no art. 29 desta Lei Complementar é da Secretaria da Receita Federal e das Secretarias de Fazenda ou de Finanças do Estado ou do Distrito Federal, segundo a localização do estabelecimento, e, tratando-se de prestação de serviços incluídos na competência tributária municipal, a competência será também do respectivo Município.

► A Secretaria da Receita Federal passou a se chamar Secretaria da Receita Federal do Brasil, conforme a Lei nº 11.457, de 16-3-2007 (Lei da Super-Receita).

§ 1º As Secretarias de Fazenda ou Finanças dos Estados poderão celebrar convênio com os Municípios de sua jurisdição para atribuir a estes a fiscalização a que se refere o *caput* deste artigo.

§ 1º-A. Dispensa-se o convênio de que trata o § 1º na hipótese de ocorrência de prestação de serviços sujeita ao ISS por estabelecimento localizado no Município.

§ 1º-B. A fiscalização de que trata o *caput*, após iniciada, poderá abranger todos os demais estabelecimentos da microempresa ou da empresa de pequeno porte, independentemente da atividade por eles exercida ou de sua localização, na forma e condições estabelecidas pelo CGSN.

§ 1º-C. As autoridades fiscais de que trata o *caput* têm competência para efetuar o lançamento de todos os tributos previstos nos incisos I a VIII do art. 13, apurados na forma do SIMPLES Nacional, relativamente a todos os estabelecimentos da empresa, independentemente do ente federado instituidor.

§ 1º-D. A competência para autuação por descumprimento de obrigação acessória é privativa da administração tributária perante a qual a obrigação deveria ter sido cumprida.

► §§ 1º-A a 1º-D acrescidos pela LC nº 139, de 10-11-2011.

§ 2º Na hipótese de a microempresa ou empresa de pequeno porte exercer alguma das atividades de prestação de serviços previstas no § 5º-C do art. 18 desta Lei Complementar, caberá à Secretaria da Receita Federal do Brasil a fiscalização da Contribuição para a Seguridade Social, a cargo da empresa, de que trata o art. 22 da Lei nº 8.212, de 24 de julho de 1991.

► § 2º com a redação dada pela LC nº 128, de 19-12-2008.

§ 3º O valor não pago, apurado em procedimento de fiscalização, será exigido em lançamento de ofício pela autoridade competente que realizou a fiscalização.

§ 4º O Comitê Gestor disciplinará o disposto neste artigo.

Seção X

DA OMISSÃO DE RECEITA

Art. 34. Aplicam-se à microempresa e à empresa de pequeno porte optantes pelo SIMPLES Nacional todas as presunções de omissão de receita existentes nas legislações de regência dos impostos e contribuições incluídos no SIMPLES Nacional.

► A alteração que seria introduzida neste artigo pela LC nº 139, de 10-11-2011, foi vetada, razão pela qual mantivemos a sua redação.

§ 1º É permitida a prestação de assistência mútua e a permuta de informações entre a Fazenda Pública da União e as dos Estados, do Distrito Federal e dos Municípios, relativas às microempresas e às empresas de pequeno porte, para fins de planejamento ou de execução de procedimentos fiscais ou preparatórios.

► § 1º acrescido pela LC nº 155, de 27-10-2016.

§ 2º VETADO. LC nº 155, de 27-10-2016;

§ 3º Sem prejuízo de ação fiscal individual, as administrações tributárias poderão utilizar procedimento de notificação prévia visando à autorregularização, na forma e nos prazos a serem regulamentados pelo CGSN, que não constituirá início de procedimento fiscal.

► § 3º acrescido pela LC nº 155, de 27-10-2016.

§ 4º VETADO. LC nº 155, de 27-10-2016.

Seção XI
DOS ACRÉSCIMOS LEGAIS

Art. 35. Aplicam-se aos impostos e contribuições devidos pela microempresa e pela empresa de pequeno porte, inscritas no SIMPLES Nacional, as normas relativas aos juros e multa de mora e de ofício previstas para o imposto de renda, inclusive, quando for o caso, em relação ao ICMS e ao ISS.

Art. 36. A falta de comunicação, quando obrigatória, da exclusão da pessoa jurídica do SIMPLES Nacional, nos prazos determinados no § 1º do art. 30 desta Lei Complementar, sujeitará a pessoa jurídica a multa correspondente a 10% (dez por cento) do total dos impostos e contribuições devidos de conformidade com o SIMPLES Nacional no mês que anteceder o início dos efeitos da exclusão, não inferior a R$ 200,00 (duzentos reais), insusceptível de redução.

► Artigo com a redação dada pela LC nº 128, de 19-12-2008.

Art. 36-A. A falta de comunicação, quando obrigatória, do desenquadramento do microempreendedor individual da sistemática de recolhimento prevista no art. 18-A desta Lei Complementar nos prazos determinados em seu § 7º sujeitará o microempreendedor individual a multa no valor de R$ 50,00 (cinquenta reais), insusceptível de redução.

► Artigo acrescido pela LC nº 128, de 19-12-2008.

Art. 37. A imposição das multas de que trata esta Lei Complementar não exclui a aplicação das sanções previstas na legislação penal, inclusive em relação a declaração falsa, adulteração de documentos e emissão de nota fiscal em desacordo com a operação efetivamente praticada, a que estão sujeitos o titular ou sócio da pessoa jurídica.

Art. 38. O sujeito passivo que deixar de apresentar a Declaração Simplificada da Pessoa Jurídica a que se refere o art. 25 desta Lei Complementar, no prazo fixado, ou que a apresentar com incorreções ou omissões, será intimado a apresentar declaração original, no caso de não apresentação, ou a prestar esclarecimentos, nos demais casos, no prazo estipulado pela autoridade fiscal, na forma definida pelo Comitê Gestor, e sujeitar-se-á às seguintes multas:

I – de 2% (dois por cento) ao mês-calendário ou fração, incidentes sobre o montante dos tributos e contribuições informados na Declaração Simplificada da Pessoa Jurídica, ainda que integralmente pago, no caso de falta de entrega da declaração ou entrega após o prazo, limitada a 20% (vinte por cento), observado o disposto no § 3º deste artigo;

II – de R$ 100,00 (cem reais) para cada grupo de 10 (dez) informações incorretas ou omitidas.

§ 1º Para efeito de aplicação da multa prevista no inciso I do *caput* deste artigo, será considerado como termo inicial o dia seguinte ao término do prazo originalmente fixado para a entrega da declaração e como termo final a data da efetiva entrega ou, no caso de não apresentação, da lavratura do auto de infração.

§ 2º Observado o disposto no § 3º deste artigo, as multas serão reduzidas:

I – à metade, quando a declaração for apresentada após o prazo, mas antes de qualquer procedimento de ofício;

II – a 75% (setenta e cinco por cento), se houver a apresentação da declaração no prazo fixado em intimação.

§ 3º A multa mínima a ser aplicada será de R$ 200,00 (duzentos reais).

► § 3º com a redação dada pela LC nº 128, de 19-12-2008.

§ 4º Considerar-se-á não entregue a declaração que não atender às especificações técnicas estabelecidas pelo Comitê Gestor.

§ 5º Na hipótese do § 4º deste artigo, o sujeito passivo será intimado a apresentar nova declaração, no prazo de 10 (dez) dias, contados da ciência da intimação, e sujeitar-se-á à multa prevista no inciso I do *caput* deste artigo, observado o disposto nos §§ 1º a 3º deste artigo.

§ 6º A multa mínima de que trata o § 3º deste artigo a ser aplicada ao Microempreendedor Individual na vigência da opção de que trata o art. 18-A desta Lei Complementar será de R$ 50,00 (cinquenta reais).

► § 6º acrescido pela LC nº 128, de 19-12-2008.

Art. 38-A. O sujeito passivo que deixar de prestar as informações no sistema eletrônico de cálculo de que trata o § 15 do art. 18, no prazo previsto no § 15-A do mesmo artigo, ou que as prestar com incorreções ou omissões, será intimado a fazê-lo, no caso de não apresentação, ou a prestar esclarecimentos, nos demais casos, no prazo estipulado pela autoridade fiscal, na forma definida pelo CGSN, e sujeitar-se-á às seguintes multas, para cada mês de referência:

I – de 2% (dois por cento) ao mês-calendário ou fração, a partir do primeiro dia do quarto mês do ano subsequente à ocorrência dos fatos geradores, incidentes sobre o montante dos impostos e contribuições decorrentes das informações prestadas no sistema eletrônico de cálculo de que trata o § 15 do art. 18, ainda que integralmente pago, no caso de ausência de prestação de informações ou sua efetuação após o prazo, limitada a 20% (vinte por cento), observado o disposto no § 2º deste artigo; e

II – de R$ 20,00 (vinte reais) para cada grupo de 10 (dez) informações incorretas ou omitidas.

§ 1º Para efeito de aplicação da multa prevista no inciso I do *caput*, será considerado como termo inicial o primeiro dia do quarto mês do ano subsequente à ocorrência dos fatos geradores e como termo final a data da efetiva prestação ou, no caso de não prestação, da lavratura do auto de infração.

§ 2º A multa mínima a ser aplicada será de R$ 50,00 (cinquenta reais) para cada mês de referência.

§ 3º Aplica-se ao disposto neste artigo o disposto nos §§ 2º, 4º e 5º do art. 38.

§ 4º O CGSN poderá estabelecer data posterior à prevista no inciso I do *caput* e no § 1º.

Art. 38-B. As multas relativas à falta de prestação ou à incorreção no cumprimento de obrigações acessórias para com os órgãos e entidades federais, estaduais, distritais e municipais, quando em valor fixo ou mínimo, e na ausência de previsão legal de valores específicos e mais favoráveis para MEI, microempresa ou empresa de pequeno porte, terão redução de:

I – 90% (noventa por cento) para os MEI;

II – 50% (cinquenta por cento) para as microempresas ou empresas de pequeno porte optantes pelo Simples Nacional.

Parágrafo único. As reduções de que tratam os incisos I e II do *caput* não se aplicam na:

I – hipótese de fraude, resistência ou embaraço à fiscalização;

II – ausência de pagamento da multa no prazo de 30 (trinta) dias após a notificação.

SEÇÃO XII

DO PROCESSO ADMINISTRATIVO FISCAL

► Dec. nº 70.235, de 6-3-1972 (Lei do Processo Administrativo Fiscal).

Art. 39. O contencioso administrativo relativo ao SIMPLES Nacional será de competência do órgão julgador integrante da estrutura administrativa do ente federativo que efetuar o lançamento, o indeferimento da opção ou a exclusão de ofício, observados os dispositivos legais atinentes aos processos administrativos fiscais desse ente.

► *Caput* com a redação dada pela LC nº 139, de 10-11-2011.

► Art. 55, § 4º, desta Lei Complementar.

§ 1º O Município poderá, mediante convênio, transferir a atribuição de julgamento exclusivamente ao respectivo Estado em que se localiza.

§ 2º No caso em que o contribuinte do SIMPLES Nacional exerça atividades incluídas no campo de incidência do ICMS e do ISS e seja apurada omissão de receita de que não se consiga identificar a origem, a autuação será feita utilizando a maior alíquota prevista nesta Lei Complementar, e a parcela autuada que não seja correspondente aos tributos e contribuições federais será rateada entre Estados e Municípios ou Distrito Federal.

§ 3º Na hipótese referida no § 2º deste artigo, o julgamento caberá ao Estado ou ao Distrito Federal.

§ 4º A intimação eletrônica dos atos do contencioso administrativo observará o disposto nos §§ 1º-A a 1º-D do art. 16.

► § 4º com a redação dada pela LC nº 139, de 10-11-2011.

§ 5º A impugnação relativa ao indeferimento da opção ou à exclusão poderá ser decidida em órgão diverso do previsto no *caput*, na forma estabelecida pela respectiva administração tributária.

§ 6º Na hipótese prevista no § 5º, o CGSN poderá disciplinar procedimentos e prazos, bem como, no processo de exclusão, prever efeito suspensivo na hipótese de apresentação de impugnação, defesa ou recurso.

► §§ 5º e 6º acrescidos pela LC nº 139, de 10-11-2011.

Art. 40. As consultas relativas ao SIMPLES Nacional serão solucionadas pela Secretaria da Receita Federal, salvo quando se referirem a tributos e contribuições de competência estadual ou municipal, que serão solucionadas conforme a respectiva competência tributária, na forma disciplinada pelo Comitê Gestor.

► Art. 55, § 4º, desta Lei Complementar.

► A Secretaria da Receita Federal passou a se chamar Secretaria da Receita Federal do Brasil, conforme a Lei nº 11.457, de 16-3-2007 (Lei da Super-Receita).

SEÇÃO XIII

DO PROCESSO JUDICIAL

Art. 41. Os processos relativos a impostos e contribuições abrangidos pelo SIMPLES Nacional serão ajuizados em face da União, que será representada em juízo pela Procuradoria-Geral da Fazenda Nacional, observado o disposto no § 5º deste artigo.

► *Caput* com a redação dada pela LC nº 128, de 19-12-2008.

§ 1º Os Estados, Distrito Federal e Municípios prestarão auxílio à Procuradoria-Geral da Fazenda Nacional, em relação aos tributos de sua competência, na forma a ser disciplinada por ato do Comitê Gestor.

§ 2º Os créditos tributários oriundos da aplicação desta Lei Complementar serão apurados, inscritos em Dívida Ativa da União e cobrados judicialmente pela Procuradoria-Geral da Fazenda Nacional, observado o disposto no inciso V do § 5º deste artigo.

► § 2º com a redação dada pela LC nº 139, de 10-11-2011.

§ 3º Mediante convênio, a Procuradoria-Geral da Fazenda Nacional poderá delegar aos Estados e Municípios a inscrição em dívida ativa estadual e municipal e a cobrança judicial dos tributos estaduais e municipais a que se refere esta Lei Complementar.

§ 4º Aplica-se o disposto neste artigo aos impostos e contribuições que não tenham sido recolhidos resultantes das informações prestadas:

► *Caput* do § 4º com a redação dada pela LC nº 139, de 10-11-2011.

I – no sistema eletrônico de cálculo dos valores devidos no SIMPLES Nacional de que trata o § 15 do art. 18;

II – na declaração a que se refere o art. 25.

► Incisos I e II acrescidos pela LC nº 139, de 10-11-2011.

§ 5º Excetuam-se do disposto no *caput* deste artigo:

► § 5º acrescido pela LC nº 128, de 19-12-2008.

I – os mandados de segurança nos quais se impugnem atos de autoridade coatora pertencente a Estado, Distrito Federal ou Município;

II – as ações que tratem exclusivamente de tributos de competência dos Estados, do Distrito Federal ou dos Municípios, as quais serão propostas em face desses entes federativos, representados em juízo por suas respectivas procuradorias;

III – as ações promovidas na hipótese de celebração do convênio de que trata o § 3º deste artigo;

► Incisos I a III acrescidos pela LC nº 128, de 19-12-2008.

IV – o crédito tributário decorrente de auto de infração lavrado exclusivamente em face de descumprimento de obrigação acessória, observado o disposto no § 1º-D do art. 33;

► Inciso IV acrescido pela LC nº 139, de 10-11-2011.

V – o crédito tributário relativo ao ICMS e ao ISS de que tratam as alíneas *b* e *c* do inciso V do § 3º do art. 18-A desta Lei Complementar.

► Inciso V com a redação dada pela LC nº 147, de 7-8-2014.

CAPÍTULO V

DO ACESSO AOS MERCADOS

SEÇÃO I

DAS AQUISIÇÕES PÚBLICAS

► Seção Única renumerada para Seção I pela LC nº 147, de 7-8-2014.

► Dec. nº 8.538, de 6-10-2015 (Regulamenta a Lei Geral das MPE).

Art. 42. Nas licitações públicas, a comprovação de regularidade fiscal e trabalhista das microempresas e das empresas de pequeno porte somente será exigida para efeito de assinatura do contrato.

► Artigo com a redação dada pela LC nº 155, de 27-10-2016.

Art. 43. As microempresas e as empresas de pequeno porte, por ocasião da participação em certames licitatórios, deverão apresentar toda a documentação exigida para efeito de comprovação de regularidade fiscal e trabalhista, mesmo que esta apresente alguma restrição.

► *Caput* com a redação dada pela LC nº 155, de 27-10-2016.

§ 1º Havendo alguma restrição na comprovação da regularidade fiscal e trabalhista, será assegurado o prazo de cinco dias úteis, cujo termo inicial corresponderá ao momento em que o proponente for declarado vencedor do certame, prorrogável por igual período, a critério da administração pública, para regularização da documentação, para pagamento ou parcelamento do débito e para emissão de eventuais certidões negativas ou positivas com efeito de certidão negativa.

► § 1º com a redação dada pela LC nº 155, de 27-10-2016.

§ 2º A não regularização da documentação, no prazo previsto no § 1º deste artigo, implicará decadência do direito à contratação, sem prejuízo das sanções previstas no art. 81 da Lei nº 8.666, de 21 de junho de 1993, sendo facultado à Administração convocar os licitantes remanescentes, na ordem de classificação, para a assinatura do contrato, ou revogar a licitação.

► A Lei 8.666, de 21-6-1993 (Lei de Licitações e Contratos Administrativos).

Art. 44. Nas licitações será assegurada, como critério de desempate, preferência de contratação para as microempresas e empresas de pequeno porte.

► O art. 4º, § 5º, do Dec. n. 7.709, de 3-4-2012, estabelece a aplicação de margem de preferência nas licitações realizadas no âmbito da Administração Pública Federal para aquisição de retroescavadeiras e motoniveladoras descritas no Anexo I, para fins do disposto no art. 3º da Lei nº 8.666, de 21 de junho de 1993.

► O art. 4º, § 5º, do Dec. n. 7.713, de 3-4-2012, estabelece a aplicação de margem de preferência nas licitações realizadas no âmbito da Administração Pública Federal para aquisição de fármacos e medicamentos descritos no Anexo I, para fins do disposto no art. 3º da Lei nº 8.666, de 21 de junho de 1993.

§ 1º Entende-se por empate aquelas situações em que as propostas apresentadas pelas microempresas e empresas de pequeno porte sejam iguais ou até 10% (dez por cento) superiores à proposta mais bem classificada.

§ 2º Na modalidade de pregão, o intervalo percentual estabelecido no § 1º deste artigo será de até 5% (cinco por cento) superior ao melhor preço.

Art. 45. Para efeito do disposto no art. 44 desta Lei Complementar, ocorrendo o empate, proceder-se-á da seguinte forma:

► Art. 44 desta Lei Complementar.

I – a microempresa ou empresa de pequeno porte mais bem classificada poderá apresentar proposta de preço inferior àquela considerada vencedora do certame, situação em que será adjudicado em seu favor o objeto licitado;

II – não ocorrendo a contratação da microempresa ou empresa de pequeno porte, na forma do inciso I do *caput* deste artigo, serão convocadas as remanescentes que porventura se enquadrem na hipótese dos §§ 1º e 2º do art. 44 desta Lei Complementar, na ordem classificatória, para o exercício do mesmo direito;

III – no caso de equivalência dos valores apresentados pelas microempresas e empresas de pequeno porte que se encontrem nos intervalos estabelecidos nos §§ 1º e 2º do art. 44 desta Lei Complementar, será realizado sorteio entre elas para que se identifique aquela que primeiro poderá apresentar melhor oferta.

§ 1º Na hipótese da não contratação nos termos previstos no *caput* deste artigo, o objeto licitado será adjudicado em favor da proposta originalmente vencedora do certame.

§ 2º O disposto neste artigo somente se aplicará quando a melhor oferta inicial não tiver sido apresentada por microempresa ou empresa de pequeno porte.

§ 3º No caso de pregão, a microempresa ou empresa de pequeno porte mais bem classificada será convocada para apresentar nova proposta no prazo máximo de 5 (cinco) minutos após o encerramento dos lances, sob pena de preclusão.

Art. 46. A microempresa e a empresa de pequeno porte titular de direitos creditórios decorrentes de empenhos liquidados por órgãos e entidades da União, Estados, Distrito Federal e Município não pagos em até 30 (trinta) dias contados da data de liquidação poderão emitir cédula de crédito microempresarial.

► Lei nº 6.840, de 3-11-1980, dispõe sobre títulos de crédito comercial.

Parágrafo único. *Revogado.* LC nº 147, de 7-8-2014.

Art. 47. Nas contratações públicas da administração direta e indireta, autárquica e fundacional, federal, estadual e municipal, deverá ser concedido tratamento diferenciado e simplificado para as microempresas e empresas de pequeno porte objetivando a promoção do desenvolvimento econômico e social no âmbito municipal e regional, a ampliação da eficiência das políticas públicas e o incentivo à inovação tecnológica.

Parágrafo único. No que diz respeito às compras públicas, enquanto não sobrevier legislação estadual, municipal ou regulamento específico de cada órgão mais favorável à microempresa e empresa de pequeno porte, aplica-se a legislação federal.

Art. 48. Para o cumprimento do disposto no art. 47 desta Lei Complementar, a administração pública:

► *Caput* com a redação dada pela LC nº 147, de 7-8-2014.

I – deverá realizar processo licitatório destinado exclusivamente à participação de microempresas e empresas de pequeno porte nos itens de contratação cujo valor seja de até R$ 80.000,00 (oitenta mil reais);

II – poderá, em relação aos processos licitatórios destinados à aquisição de obras e serviços, exigir dos licitantes a subcontratação de microempresa ou empresa de pequeno porte;

III – deverá estabelecer, em certames para aquisição de bens de natureza divisível, cota de até 25% (vinte e cinco por cento) do objeto para a contratação de microempresas e empresas de pequeno porte.

► Incisos I a III com a redação dada pela LC nº 147, de 7-8-2014.

§ 1º *Revogado.* LC nº 147, de 7-8-2014.

§ 2º Na hipótese do inciso II do *caput* deste artigo, os empenhos e pagamentos do órgão ou entidade da administração pública poderão ser destinados diretamente às microempresas e empresas de pequeno porte subcontratadas.

§ 3º Os benefícios referidos no *caput* deste artigo poderão, justificadamente, estabelecer a prioridade de contratação para as microempresas e empresas de pequeno porte sediadas local ou regionalmente, até o limite de 10% (dez por cento) do melhor preço válido.

► § 3º acrescido pela LC nº 147, de 7-8-2014.

Art. 49. Não se aplica o disposto nos arts. 47 e 48 desta Lei Complementar quando:

I – *Revogado*; LC nº 147, de 7-8-2014.

II – não houver um mínimo de 3 (três) fornecedores competitivos enquadrados como microempresas ou empresas de pequeno porte sediados local ou regionalmente e capazes de cumprir as exigências estabelecidas no instrumento convocatório;

III – o tratamento diferenciado e simplificado para as microempresas e empresas de pequeno porte não for vantajoso para a administração pública ou representar prejuízo ao conjunto ou complexo do objeto a ser contratado;

IV – a licitação for dispensável ou inexigível, nos termos dos arts. 24 e 25 da Lei nº 8.666, de 21 de junho de 1993, excetuando-se as dispensas tratadas pelos incisos I e II do art. 24 da mesma Lei, nas quais a compra deverá ser feita preferencialmente de microempresas e empresas de pequeno porte, aplicando-se o disposto no inciso I do art. 48.

▸ Inciso IV com a redação dada pela LC nº 147, de 7-8-2014.

Seção II

ACESSO AO MERCADO EXTERNO

▸ Seção II acrescida pela LC nº 147, de 7-8-2014.

Art. 49-A. A microempresa e a empresa de pequeno porte beneficiárias do SIMPLES usufruirão de regime de exportação que contemplará procedimentos simplificados de habilitação, licenciamento, despacho aduaneiro e câmbio, na forma do regulamento.

▸ *Caput* acrescido pela LC nº 147, de 7-8-2014.

▸ O Dec. nº 8.870, de 5-10-2016, dispõe sobre a aplicação de procedimentos simplificados nas operações de exportação realizadas por microempresas e empresas de pequeno porte optantes pelo Simples Nacional

Parágrafo único. As pessoas jurídicas prestadoras de serviço de logística internacional, quando contratadas pelas empresas descritas nesta Lei Complementar, estão autorizadas a realizar atividades relativas a licenciamento administrativo, despacho aduaneiro, consolidação e desconsolidação de carga e a contratar seguro, câmbio, transporte e armazenagem de mercadorias, objeto da prestação do serviço, de forma simplificada e por meio eletrônico, na forma de regulamento.

▸ Parágrafo único com a redação dada pela LC nº 155, de 27-10-2016.

Art. 49-B. VETADO. LC nº 155, de 27-10-2016.

CAPÍTULO VI

DA SIMPLIFICAÇÃO DAS RELAÇÕES DE TRABALHO

Seção I

DA SEGURANÇA E DA MEDICINA DO TRABALHO

Art. 50. As microempresas e as empresas de pequeno porte serão estimuladas pelo poder público e pelos Serviços Sociais Autônomos a formar consórcios para acesso a serviços especializados em segurança e medicina do trabalho.

▸ Artigo com a redação dada pela LC nº 127, de 14-8-2007.

Seção II

DAS OBRIGAÇÕES TRABALHISTAS

Art. 51. As microempresas e as empresas de pequeno porte são dispensadas:

I – da afixação de Quadro de Trabalho em suas dependências;

II – da anotação das férias dos empregados nos respectivos livros ou fichas de registro;

III – de empregar e matricular seus aprendizes nos cursos dos Serviços Nacionais de Aprendizagem;

IV – da posse do livro intitulado "Inspeção do Trabalho"; e

V – de comunicar ao Ministério do Trabalho e Emprego a concessão de férias coletivas.

Art. 52. O disposto no art. 51 desta Lei Complementar não dispensa as microempresas e as empresas de pequeno porte dos seguintes procedimentos:

I – anotações na Carteira de Trabalho e Previdência Social – CTPS;

II – arquivamento dos documentos comprobatórios de cumprimento das obrigações trabalhistas e previdenciárias, enquanto não prescreverem essas obrigações;

III – apresentação da Guia de Recolhimento do Fundo de Garantia do Tempo de Serviço e Informações à Previdência Social – GFIP;

IV – apresentação das Relações Anuais de Empregados e da Relação Anual de Informações Sociais – RAIS e do Cadastro Geral de Empregados e Desempregados – CAGED.

Parágrafo único. (VETADO).

Art. 53. *Revogado.* LC nº 127, de 14-8-2007.

Seção III

DO ACESSO À JUSTIÇA DO TRABALHO

Art. 54. É facultado ao empregador de microempresa ou de empresa de pequeno porte fazer-se substituir ou representar perante a Justiça do Trabalho por terceiros que conheçam dos fatos, ainda que não possuam vínculo trabalhista ou societário.

▸ Súm. nº 377 do TST.

CAPÍTULO VII

DA FISCALIZAÇÃO ORIENTADORA

Art. 55. A fiscalização, no que se refere aos aspectos trabalhista, metrológico, sanitário, ambiental, de segurança, de relações de consumo e de uso e ocupação do solo das microempresas e das empresas de pequeno porte, deverá ser prioritariamente orientadora quando a atividade ou situação, por sua natureza, comportar grau de risco compatível com esse procedimento.

▸ *Caput* com a redação dada pela LC nº 155, de 27-10-2016.

§ 1º Será observado o critério de dupla visita para lavratura de autos de infração, salvo quando for constatada infração por falta de registro de empregado ou anotação da Carteira de Trabalho e Previdência Social – CTPS, ou, ainda, na ocorrência de reincidência, fraude, resistência ou embaraço à fiscalização.

§ 2º VETADO.

§ 3º Os órgãos e entidades competentes definirão, em 12 (doze) meses, as atividades e situações cujo grau de risco seja considerado alto, as quais não se sujeitarão ao disposto neste artigo.

§ 4º O disposto neste artigo não se aplica ao processo administrativo fiscal relativo a tributos, que se dará na forma dos arts. 39 e 40 desta Lei Complementar.

§ 5º O disposto no § 1º aplica-se à lavratura de multa pelo descumprimento de obrigações acessórias relativas às matérias do *caput*, inclusive quando previsto seu cumprimento de forma unificada com matéria de outra natureza, exceto a trabalhista.

§ 6º A inobservância do critério de dupla visita implica nulidade do auto de infração lavrado sem cumprimento ao disposto neste artigo, independentemente da natureza principal ou acessória da obrigação.

§ 7º Os órgãos e entidades da administração pública federal, estadual, distrital e municipal deverão observar o princípio do tratamento diferenciado, simplificado e favorecido por ocasião da fixação de valores decorrentes de multas e demais sanções administrativas.

§ 8º A inobservância do disposto no *caput* deste artigo implica atentado aos direitos e garantias legais assegurados ao exercício profissional da atividade empresarial.

§ 9º O disposto no *caput* deste artigo não se aplica a infrações relativas à ocupação irregular da reserva de faixa não edificável, de área destinada a equipamentos urbanos, de áreas de preservação permanente e nas faixas de domínio público das rodovias, ferrovias e dutovias ou de vias e logradouros públicos.

► §§ 5º a 9º acrescidos pela LC nº 147, de 7-8-2014.

CAPÍTULO VIII
DO ASSOCIATIVISMO

Seção Única
DA SOCIEDADE DE PROPÓSITO ESPECÍFICO FORMADA POR MICROEMPRESAS E EMPRESAS DE PEQUENO PORTE OPTANTES PELO SIMPLES NACIONAL

► Denominação da Seção dada pela LC nº 128, de 19-12-2008.

Art. 56. As microempresas ou as empresas de pequeno porte poderão realizar negócios de compra e venda de bens e serviços para os mercados nacional e internacional, por meio de sociedade de propósito específico, nos termos e condições estabelecidos pelo Poder Executivo federal.

► *Caput* com a redação dada pela LC nº 147, de 7-8-2014.

► Art. 9º da Lei nº 11.079, de 30-12-2004 (Lei de Parceria Público-Privada).

§ 1º Não poderão integrar a sociedade de que trata o *caput* deste artigo pessoas jurídicas não optantes pelo SIMPLES Nacional.

► § 1º com a redação dada pela LC nº 128, de 19-12-2008.

§ 2º A sociedade de propósito específico de que trata este artigo:

► *Caput* do § 2º com a redação dada pela LC nº 128, de 19-12-2008.

I – terá seus atos arquivados no Registro Público de Empresas Mercantis;

II – terá por finalidade realizar:

a) operações de compras para revenda às microempresas ou empresas de pequeno porte que sejam suas sócias;

b) operações de venda de bens adquiridos das microempresas e empresas de pequeno porte que sejam suas sócias para pessoas jurídicas que não sejam suas sócias;

III – poderá exercer atividades de promoção dos bens referidos na alínea *b* do inciso II deste parágrafo;

IV – apurará o imposto de renda das pessoas jurídicas com base no lucro real, devendo manter a escrituração dos livros Diário e Razão;

V – apurará a COFINS e a Contribuição para o PIS/PASEP de modo não cumulativo;

VI – exportará, exclusivamente, bens a ela destinados pelas microempresas e empresas de pequeno porte que dela façam parte;

VII – será constituída como sociedade limitada;

VIII – deverá, nas revendas às microempresas ou empresas de pequeno porte que sejam suas sócias, observar preço no mínimo igual ao das aquisições realizadas para revenda; e

IX – deverá, nas revendas de bens adquiridos de microempresas ou empresas de pequeno porte que sejam suas sócias, observar preço no mínimo igual ao das aquisições desses bens.

► Incisos I a IX acrescidos pela LC nº 128, de 19-12-2008.

§ 3º A aquisição de bens destinados à exportação pela sociedade de propósito específico não gera direito a créditos relativos a impostos ou contribuições abrangidos pelo SIMPLES Nacional.

§ 4º A microempresa ou a empresa de pequeno porte não poderá participar simultaneamente de mais de uma sociedade de propósito específico de que trata este artigo.

§ 5º A sociedade de propósito específico de que trata este artigo não poderá:

I – ser filial, sucursal, agência ou representação, no País, de pessoa jurídica com sede no exterior;

II – ser constituída sob a forma de cooperativas, inclusive de consumo;

III – participar do capital de outra pessoa jurídica;

IV – exercer atividade de banco comercial, de investimentos e de desenvolvimento, de caixa econômica, de sociedade de crédito, financiamento e investimento ou de crédito imobiliário, de corretora ou de distribuidora de títulos, valores mobiliários e câmbio, de empresa de arrendamento mercantil, de seguros privados e de capitalização ou de previdência complementar;

V – ser resultante ou remanescente de cisão ou qualquer outra forma de desmembramento de pessoa jurídica que tenha ocorrido em um dos 5 (cinco) anos-calendário anteriores;

VI – exercer a atividade vedada às microempresas e empresas de pequeno porte optantes pelo SIMPLES Nacional.

§ 6º A inobservância do disposto no § 4º deste artigo acarretará a responsabilidade solidária das microempresas ou empresas de pequeno porte sócias da sociedade de propósito específico de que trata este artigo na hipótese em que seus titulares, sócios ou administradores conhecessem ou devessem conhecer tal inobservância.

§ 7º O Poder Executivo regulamentará o disposto neste artigo até 31 de dezembro de 2008.

► §§ 3º a 7º acrescidos pela LC nº 128, de 19-12-2008.

§ 8º VETADO . LC nº 155, de 27-10-2016.

CAPÍTULO IX
DO ESTÍMULO AO CRÉDITO E À CAPITALIZAÇÃO

Seção I
DISPOSIÇÕES GERAIS

Art. 57. O Poder Executivo federal proporá, sempre que necessário, medidas no sentido de melhorar o acesso das microempresas e empresas de pequeno porte aos mercados de crédito e de capitais, objetivando a redução do custo de transação, a elevação da eficiência alocativa, o incentivo ao ambiente concorrencial e a qualidade do conjunto informacional, em especial o acesso e portabilidade das informações cadastrais relativas ao crédito.

Art. 58. Os bancos comerciais públicos e os bancos múltiplos públicos com carteira comercial, a Caixa Econômica Federal e o Banco Nacional do Desenvolvimento Econômico e Social – BNDES manterão linhas de crédito específicas para as microempresas e para as empresas de pequeno porte, vinculadas à reciprocidade social, devendo o montante disponível e suas condições de acesso ser expressos nos respectivos orçamentos e amplamente divulgados.

► *Caput* com a redação dada pela LC nº 155, de 27-10-2016.

§ 1º As instituições mencionadas no *caput* deste artigo deverão publicar, juntamente com os respectivos balanços, relatório circunstanciado dos recursos alocados às linhas de crédito referidas no *caput* e daqueles efetivamente utilizados, consignando, obrigatoriamente, as justificativas do desempenho alcançado.

► Parágrafo único transformado em § 1º e com a redação dada pela LC nº 155, de 27-10-2016.

§ 2º O acesso às linhas de crédito específicas previstas no *caput* deste artigo deverá ter tratamento simplificado e ágil, com divulgação ampla das respectivas condições e exigências.

► § 2º acrescido pela LC nº 147, de 7-8-2014.

§ 3º VETADO. LC nº 155, de 27-10-2016.

§ 4º O Conselho Monetário Nacional – CMN regulamentará o percentual mínimo de direcionamento dos recursos de que trata o *caput*, inclusive no tocante aos recursos de que trata a alínea *b* do inciso III do art. 10 da Lei nº 4.595, de 31 de dezembro de 1964.

► § 4º acrescido pela LC nº 155, de 27-10-2016.

Art. 58-A. Os bancos públicos e privados não poderão contabilizar, para cumprimento de metas, empréstimos realizados a pessoas físicas, ainda que sócios de empresas, como disponibilização de crédito para microempresas e empresas de pequeno porte.

► Artigo acrescido pela LC nº 147, de 7-8-2014.

Art. 59. As instituições referidas no *caput* do art. 58 desta Lei Complementar devem se articular com as respectivas entidades de apoio e representação das microempresas e empresas de pequeno porte, no sentido de proporcionar e desenvolver programas de treinamento, desenvolvimento gerencial e capacitação tecnológica.

Art. 60. VETADO.

Art. 60-A. Poderá ser instituído Sistema Nacional de Garantias de Crédito pelo Poder Executivo, com o objetivo de facilitar o acesso das microempresas e empresas de pequeno porte a crédito e demais serviços das instituições financeiras, o qual, na forma de regulamento, proporcionará a elas tratamento diferenciado, favorecido e simplificado, sem prejuízo de atendimento a outros públicos-alvo.

Parágrafo único. O Sistema Nacional de Garantias de Crédito integrará o Sistema Financeiro Nacional.

Art. 60-B. Os fundos garantidores de risco de crédito empresarial que possuam participação da União na composição do seu capital atenderão, sempre que possível, as operações de crédito que envolvam microempresas e empresas de pequeno porte, definidas na forma do art. 3º desta Lei.

► Artigo acrescido pela LC nº 147, de 7-8-2014.

Art. 60-C. VETADO. LC nº 147, de 7-8-2014.

Art. 61. Para fins de apoio creditício às operações de comércio exterior das microempresas e das empresas de pequeno porte, serão utilizados os parâmetros de enquadramento ou outros instrumentos de alta significância para as microempresas, empresas de pequeno porte exportadoras segundo o porte de empresas, aprovados pelo Mercado Comum do Sul – MERCOSUL.

Art. 61-A. Para incentivar as atividades de inovação e os investimentos produtivos, a sociedade enquadrada como microempresa ou empresa de pequeno porte, nos termos desta Lei Complementar, poderá admitir o aporte de capital, que não integrará o capital social da empresa.

§ 1º As finalidades de fomento a inovação e investimentos produtivos deverão constar do contrato de participação, com vigência não superior a sete anos.

§ 2º O aporte de capital poderá ser realizado por pessoa física ou por pessoa jurídica, denominadas investidor-anjo.

★ **Nova redação do dispositivo alterado:** "§ 2º O aporte de capital poderá ser realizado por pessoa física, por pessoa jurídica ou por fundos de investimento, conforme regulamento da Comissão de Valores Mobiliários, que serão denominados investidores-anjos."

► § 2º com a redação dada pela LC nº 182, de 1º-6-2021, para vigorar após 90 dias de sua publicação.

§ 3º A atividade constitutiva do objeto social é exercida unicamente por sócios regulares, em seu nome individual e sob sua exclusiva responsabilidade.

§ 4º O investidor-anjo:

I – não será considerado sócio nem terá qualquer direito a gerência ou voto na administração da empresa;

★ **Nova redação do dispositivo alterado:** "I – não será considerado sócio nem terá qualquer direito a gerência ou a voto na administração da empresa, resguardada a possibilidade de participação nas deliberações em caráter estritamente consultivo, conforme pactuação contratual;"

► Inciso I com a redação pela LC nº 182, de 1º-6-2021, para vigorar após 90 dias de sua publicação.

II – não responderá por qualquer dívida da empresa, inclusive em recuperação judicial, não se aplicando a ele o art. 50 da Lei nº 10.406, de 10 de janeiro de 2002 – Código Civil;

III – será remunerado por seus aportes, nos termos do contrato de participação, pelo prazo máximo de cinco anos.

★ **Nova redação do dispositivo alterado:** "III – será remunerado por seus aportes, nos termos do contrato de participação, pelo prazo máximo de 7 (sete) anos;"

► Inciso III com a redação pela LC nº 182, de 1º-6-2021, para vigorar após 90 dias de sua publicação.

IV – poderá exigir dos administradores as contas justificadas de sua administração e, anualmente, o inventário, o balanço patrimonial e o balanço de resultado econômico; e

V – poderá examinar, a qualquer momento, os livros, os documentos e o estado do caixa e da carteira da sociedade, exceto se houver pactuação contratual que determine época própria para isso.

► Inciso IV e V acrescidos pela LC nº 182, de 1º-6-2021, para vigorar após 90 dias de sua publicação.

§ 5º Para fins de enquadramento da sociedade como microempresa ou empresa de pequeno porte, os valores de capital aportado não são considerados receitas da sociedade.

§ 6º Ao final de cada período, o investidor-anjo fará jus à remuneração correspondente aos resultados distribuídos, conforme contrato de participação, não superior a 50% (cinquenta por cento) dos lucros da sociedade enquadrada como microempresa ou empresa de pequeno porte.

§ 7º O investidor-anjo somente poderá exercer o direito de resgate depois de decorridos, no mínimo, dois anos do aporte de capital, ou prazo superior estabelecido no contrato de participação, e seus haveres serão pagos na forma do art. 1.031 da Lei nº 10.406, de 10 de janeiro de 2002 – Código Civil, não podendo ultrapassar o valor investido devidamente corrigido.

★ **Nova redação dos dispositivos alterados:** "§ 6º As partes contratantes poderão: I – estipular remuneração periódica, ao final de cada período, ao investidor-anjo, conforme contrato de participação; ou II – prever a possibilidade de conversão do aporte de capital em participação societária.
§ 7º O investidor-anjo somente poderá exercer o direito de resgate depois de decorridos, no mínimo, 2 (dois) anos do aporte de capital, ou prazo superior estabelecido no con-

trato de participação, e seus haveres serão pagos na forma prevista no art. 1.031 da Lei nº 10.406, de 10 de janeiro de 2002 (Código Civil), não permitido ultrapassar o valor investido devidamente corrigido por índice previsto em contrato."

► §§ 6º e 7º com a redação dada pela LC nº 182, de 1º-6-2021, para vigorar após 90 dias de sua publicação.

§ 8º O disposto no § 7º deste artigo não impede a transferência da titularidade do aporte para terceiros.

§ 9º A transferência da titularidade do aporte para terceiro alheio à sociedade dependerá do consentimento dos sócios, salvo estipulação contratual expressa em contrário.

§ 10. O Ministério da Fazenda poderá regulamentar a tributação sobre retirada do capital investido.

Art. 61-B. A emissão e a titularidade de aportes especiais não impedem a fruição do Simples Nacional.

Art. 61-C. Caso os sócios decidam pela venda da empresa, o investidor-anjo terá direito de preferência na aquisição, bem como direito de venda conjunta da titularidade do aporte de capital, nos mesmos termos e condições que forem ofertados aos sócios regulares.

Art. 61-D. Os fundos de investimento poderão aportar capital como investidores-anjos em microempresas e empresas de pequeno porte.

► Arts. 61-A a 61-D acrescidos pela LC nº 155, de 27-10-2016.

★ **Nova redação do dispositivo alterado:** "Art. 61-D. Os fundos de investimento poderão aportar capital como investidores-anjos em microempresas e em empresas de pequeno porte, conforme regulamentação da Comissão de Valores Mobiliários."

► Art. 61-D com a redação dada pela LC nº 182, de 1º-6-2021, para vigorar após 90 dias de sua publicação.

Seção I-A
DA SOCIEDADE DE GARANTIA SOLIDÁRIA E DA SOCIEDADE DE CONTRAGARANTIA

► Seção I-A acrescida pela LC nº 169, de 2-12-2019.

Art. 61-E. É autorizada a constituição de sociedade de garantia solidária (SGS), sob a forma de sociedade por ações, para a concessão de garantia a seus sócios participantes.

§ 1º VETADO.

§ 2º VETADO.

§ 3º Os atos da sociedade de garantia solidária serão arquivados no Registro Público de Empresas Mercantis e Atividades Afins.

§ 4º É livre a negociação, entre sócios participantes, de suas ações na respectiva sociedade de garantia solidária, respeitada a participação máxima que cada sócio pode atingir.

§ 5º Podem ser admitidos como sócios participantes os pequenos empresários, microempresários e microempreendedores e as pessoas jurídicas constituídas por esses associados.

§ 6º VETADO.

§ 7º Sem prejuízo do disposto nesta Lei Complementar, aplicam-se à sociedade de garantia solidária as disposições da lei que rege as sociedades por ações.

Art. 61-F. O contrato de garantia solidária tem por finalidade regular a concessão da garantia pela sociedade ao sócio participante, mediante o recebimento de taxa de remuneração pelo serviço prestado, devendo fixar as cláusulas necessárias ao cumprimento das obrigações do sócio beneficiário perante a sociedade.

Parágrafo único. Para a concessão da garantia, a sociedade de garantia solidária poderá exigir contragarantia por parte do sócio participante beneficiário, respeitados os princípios que orientam a existência daquele tipo de sociedade.

Art. 61-G. A sociedade de garantia solidária pode conceder garantia sobre o montante de recebíveis de seus sócios participantes que sejam objeto de securitização.

Art. 61-H. É autorizada a constituição de sociedade de contragarantia, que tem como finalidade o oferecimento de contragarantias à sociedade de garantia solidária, nos termos a serem definidos por regulamento.

Art. 61-I. A sociedade de garantia solidária e a sociedade de contragarantia integrarão o Sistema Financeiro Nacional e terão sua constituição, organização e funcionamento disciplinados pelo Conselho Monetário Nacional, observado o disposto nesta Lei Complementar.

► Art. 61-E a 61-I acrescidos pela LC nº 169, de 2-12-2019.

Seção II
DAS RESPONSABILIDADES DO BANCO CENTRAL DO BRASIL

Art. 62. O Banco Central do Brasil disponibilizará dados e informações das instituições financeiras integrantes do Sistema Financeiro Nacional, inclusive por meio do Sistema de Informações de Crédito – SCR, de modo a ampliar o acesso ao crédito para microempresas e empresas de pequeno porte e fomentar a competição bancária.

► *Caput* com a redação dada pela LC nº 147, de 7-8-2014.

§ 1º O disposto no *caput* deste artigo alcança a disponibilização de dados e informações específicas relativas ao histórico de relacionamento bancário e creditício das microempresas e das empresas de pequeno porte, apenas aos próprios titulares.

§ 2º O Banco Central do Brasil poderá garantir o acesso simplificado, favorecido e diferenciado dos dados e informações constantes no § 1º deste artigo aos seus respectivos interessados, podendo a instituição optar por realizá-lo por meio das instituições financeiras, com as quais o próprio cliente tenha relacionamento.

Seção III
DAS CONDIÇÕES DE ACESSO AOS DEPÓSITOS ESPECIAIS DO FUNDO DE AMPARO AO TRABALHADOR – FAT

Art. 63. O CODEFAT poderá disponibilizar recursos financeiros por meio da criação de programa específico para as cooperativas de crédito de cujos quadros de cooperados participem microempreendedores, empreendedores de microempresa e empresa de pequeno porte bem como suas empresas.

Parágrafo único. Os recursos referidos no *caput* deste artigo deverão ser destinados exclusivamente às microempresas e empresas de pequeno porte.

Seção IV

VETADA. LC nº 155, de 27-10-2016.

CAPÍTULO X

CAPÍTULO X
DO ESTÍMULO À INOVAÇÃO

Seção I
DISPOSIÇÕES GERAIS

Art. 64. Para os efeitos desta Lei Complementar considera-se:

I – inovação: a concepção de um novo produto ou processo de fabricação, bem como a agregação de novas funcionalidades ou características ao produto ou processo que implique melhorias incrementais e efetivo ganho de qualidade ou produtividade, resultando em maior competitividade no mercado;

II – agência de fomento: órgão ou instituição de natureza pública ou privada que tenha entre os seus objetivos o financiamento de ações que visem a estimular e promover o desenvolvimento da ciência, da tecnologia e da inovação;

III – Instituição Científica e Tecnológica – ICT: órgão ou entidade da administração pública que tenha por missão institucional, dentre outras, executar atividades de pesquisa básica ou aplicada de caráter científico ou tecnológico;

IV – núcleo de inovação tecnológica: núcleo ou órgão constituído por uma ou mais ICT com a finalidade de gerir sua política de inovação;

V – instituição de apoio: instituições criadas sob o amparo da Lei nº 8.958, de 20 de dezembro de 1994, com a finalidade de dar apoio a projetos de pesquisa, ensino e extensão e de desenvolvimento institucional, científico e tecnológico;

VI – instrumentos de apoio tecnológico para a inovação: qualquer serviço disponibilizado presencialmente ou na internet que possibilite acesso a informações, orientações, bancos de dados de soluções de informações, respostas técnicas, pesquisas e atividades de apoio complementar desenvolvidas pelas instituições previstas nos incisos II a V deste artigo.

► Inciso VI acrescido pela LC nº 147, de 7-8-2014.

SEÇÃO II

DO APOIO À INOVAÇÃO E DO INOVA SIMPLES DA EMPRESA SIMPLES DE INOVAÇÃO

► Seção II com a denominação dada pela LC nº 167, de 24-4-2019.

Art. 65. A União, os Estados, o Distrito Federal e os Municípios, e as respectivas agências de fomento, as ICT, os núcleos de inovação tecnológica e as instituições de apoio manterão programas específicos para as microempresas e para as empresas de pequeno porte, inclusive quando estas revestirem a forma de incubadoras, observando-se o seguinte:

I – as condições de acesso serão diferenciadas, favorecidas e simplificadas;

II – o montante disponível e suas condições de acesso deverão ser expressos nos respectivos orçamentos e amplamente divulgados.

§ 1º As instituições deverão publicar, juntamente com as respectivas prestações de contas, relatório circunstanciado das estratégias para maximização da participação do segmento, assim como dos recursos alocados às ações referidas no *caput* deste artigo e aqueles efetivamente utilizados, consignando, obrigatoriamente, as justificativas do desempenho alcançado no período.

§ 2º As pessoas jurídicas referidas no *caput* deste artigo terão por meta a aplicação de, no mínimo, 20% (vinte por cento) dos recursos destinados à inovação para o desenvolvimento de tal atividade nas microempresas ou nas empresas de pequeno porte.

§ 3º Os órgãos e entidades integrantes da administração pública federal, estadual e municipal atuantes em pesquisa, desenvolvimento ou capacitação tecnológica terão por meta efetivar suas aplicações, no percentual mínimo fixado neste artigo, em programas e projetos de apoio às microempresas ou às empresas de pequeno porte, transmitindo ao Ministério da Ciência, Tecnologia e Inovação, no primeiro trimestre de cada ano, informação relativa aos valores alocados e a respectiva relação percentual em relação ao total dos recursos destinados para esse fim.

► § 3º com a redação dada pela LC nº 147, de 7-8-2014.

§ 4º Ficam autorizados a reduzir a 0 (zero) as alíquotas dos impostos e contribuições a seguir indicados, incidentes na aquisição, ou importação, de equipamentos, máquinas, aparelhos, instrumentos, acessórios, sobressalentes e ferramentas que os acompanhem, na forma definida em regulamento, quando adquiridos, ou importados, diretamente por microempresas ou empresas de pequeno porte para incorporação ao seu ativo imobilizado:

► *Caput* do § 4º com a redação dada pela LC nº 128, de 19-12-2008.

I – a União, em relação ao IPI, à COFINS, à Contribuição para o PIS/PASEP, à COFINS-Importação e à Contribuição para o PIS/PASEP-Importação; e

II – os Estados e o Distrito Federal, em relação ao ICMS.

► Incisos I e II acrescidos pela LC nº 128, de 19-12-2008.

§ 5º A microempresa ou empresa de pequeno porte, adquirente de bens com o benefício previsto no § 4º deste artigo, fica obrigada, nas hipóteses previstas em regulamento, a recolher os impostos e contribuições que deixaram de ser pagos, acrescidos de juros e multa, de mora ou de ofício, contados a partir da data da aquisição, no mercado interno, ou do registro da declaração de importação – DI, calculados na forma da legislação que rege a cobrança do tributo não pago.

► § 5º acrescido pela LC nº 128, de 19-12-2008.

§ 6º Para efeito da execução do orçamento previsto neste artigo, os órgãos e instituições poderão alocar os recursos destinados à criação e ao custeio de ambientes de inovação, incluindo incubadoras, parques e centros vocacionais tecnológicos, laboratórios metrológicos, de ensaio, de pesquisa ou apoio ao treinamento, bem como custeio de bolsas de extensão e remuneração de professores, pesquisadores e agentes envolvidos nas atividades de apoio tecnológico complementar.

► § 6º acrescido pela LC nº 147, de 7-8-2014.

Art. 65-A. É criado o Inova SIMPLES, regime especial simplificado que concede às iniciativas empresariais de caráter incremental ou disruptivo que se autodeclarem como *startups* ou empresas de inovação tratamento diferenciado com vistas a estimular sua criação, formalização, desenvolvimento e consolidação como agentes indutores de avanços tecnológicos e da geração de emprego e renda.

★ **Nova redação do dispositivo alterado:** "Art. 65-A. Fica criado o Inova Simples, regime especial simplificado que concede às iniciativas empresariais de caráter incremental ou disruptivo que se autodeclarem como empresas de inovação tratamento diferenciado com vistas a estimular sua criação, formalização, desenvolvimento e consolidação como agentes indutores de avanços tecnológicos e da geração de emprego e renda."

► *Caput* do art. 65-A com a redação dada pela LC nº 182, de 1º-6-2021, para vigorar após 90 dias de sua publicação.

§ 1º Para os fins desta Lei Complementar, considera-se *startup* a empresa de caráter inovador que visa a aperfeiçoar sistemas, métodos ou modelos de negócio, de produção, de serviços ou de produtos, os quais, quando já existentes, caracterizam *startups* de natureza incremental, ou, quando relacionados à criação de algo totalmente novo, caracterizam *startups* de natureza disruptiva.

► Este parágrafo estará revogado pela LC nº 182, de 1º-6-2021, para vigorar após 90 dias de sua publicação.

§ 2º As *startups* caracterizam-se por desenvolver suas inovações em condições de incerteza que requerem experimentos e validações constantes, inclusive mediante comercialização experimental provisória, antes de procederem à comercialização plena e à obtenção de receita.

► Este parágrafo estará revogado pela LC nº 182, de 1º-6-2021, para vigorar após 90 dias de sua publicação.

§ 3º O tratamento diferenciado a que se refere o *caput* deste artigo consiste na fixação de rito sumário para abertura e fechamento de empresas sob o regime do Inova SIMPLES, que se dará de forma simplificada e automática, no mesmo ambiente digital do portal da Rede Nacional para a Simplificação do Registro e da Legalização de Empresas e Negócios (REDESIM), em sítio eletrônico oficial do governo federal, por meio da utilização de formulário digital próprio, disponível em janela ou ícone intitulado Inova SIMPLES.

§ 4º Os titulares de empresa submetida ao regime do Inova SIMPLES preencherão cadastro básico com as seguintes informações:

I – qualificação civil, domicílio e CPF;

II – descrição do escopo da intenção empresarial inovadora e definição da razão social, que deverá conter obrigatoriamente a expressão "Inova SIMPLES (IS)";

★ **Nova redação do dispositivo alterado:** "II – descrição do escopo da intenção empresarial inovadora, que utilize modelos de negócios inovadores para a geração de produtos ou serviços, e definição do nome empresarial, que conterá a expressão 'Inova SIMPLES (I.S.)';"

► Inciso II com a redação dada pela LC nº 182, de 1º-6-2021, para vigorar após 90 dias de sua publicação.

III – autodeclaração, sob as penas da lei, de que o funcionamento da empresa submetida ao regime do Inova SIMPLES não produzirá poluição, barulho e aglomeração de tráfego de veículos, para fins de caracterizar baixo grau de risco, nos termos do § 4º do art. 6º desta Lei Complementar;

IV – definição do local da sede, que poderá ser comercial, residencial ou de uso misto, sempre que não proibido pela legislação municipal ou distrital, admitindo-se a possibilidade de sua instalação em locais onde funcionam parques tecnológicos, instituições de ensino, empresas juniores, incubadoras, aceleradoras e espaços compartilhados de trabalho na forma de *coworking*; e

V – em caráter facultativo, a existência de apoio ou validação de instituto técnico, científico ou acadêmico, público ou privado, bem como de incubadoras, aceleradoras e instituições de ensino, nos parques tecnológicos e afins.

§ 5º Realizado o correto preenchimento das informações, será gerado automaticamente número de CNPJ específico, em nome da denominação da empresa Inova SIMPLES, em código próprio Inova SIMPLES.

§ 6º A empresa submetida ao regime do Inova SIMPLES constituída na forma deste artigo deverá abrir, imediatamente, conta bancária de pessoa jurídica, para fins de captação e integralização de capital, proveniente de aporte próprio de seus titulares ou de investidor domiciliado no exterior, de linha de crédito público ou privado e de outras fontes previstas em lei.

§ 7º No portal da REDESIM, no espaço destinado ao preenchimento de dados do Inova SIMPLES, deverá ser criado campo ou ícone para comunicação automática ao Instituto Nacional da Propriedade Industrial (INPI) do conteúdo inventivo do escopo da iniciativa empresarial, se houver, para fins de registro de marcas e patentes, sem prejuízo de o titular providenciar os registros de propriedade intelectual e industrial diretamente, de *moto* próprio, no INPI.

§ 8º O INPI deverá criar mecanismo que concatene desde a recepção dos dados ao processamento sumário das solicitações de marcas e patentes de empresas Inova SIMPLES.

★ **Nova redação dos dispositivos alterados:** "§ 7º No portal da REDESIM, no espaço destinado ao preenchimento de dados do Inova Simples, será disponibilizado ícone que direcionará a ambiente virtual do Instituto Nacional da Propriedade Industrial (INPI), do qual constarão orientações para o depósito de pedido de patente ou de registro de marca. § 8º O exame dos pedidos de patente ou de registro de marca, nos termos deste artigo, que tenham sido depositados por empresas participantes do Inova Simples será realizado em caráter prioritário."

► §§ 7º e 8º com a redação dada pela LC nº 182, de 1º-6-2021, para vigorar após 90 dias de sua publicação.

§ 9º Os recursos capitalizados não constituirão renda e destinar-se-ão exclusivamente ao custeio do desenvolvimento de projetos de *startup* de que trata o § 1º deste artigo.

► Este parágrafo estará revogado pela LC nº 182, de 1º-6-2021, para vigorar após 90 dias de sua publicação.

§ 10. É permitida a comercialização experimental do serviço ou produto até o limite fixado para o MEI nesta Lei Complementar.

§ 11. Na eventualidade de não lograr êxito no desenvolvimento do escopo pretendido, a baixa do CNPJ será automática, mediante procedimento de autodeclaração no portal da REDESIM.

§ 12. VETADO. LC nº 167, de 24-4-2019.

§ 13. O disposto neste artigo será regulamentado pelo Comitê Gestor do SIMPLES Nacional.

► Art. 65-A acrescido pela LC nº 167, de 24-4-2019.

Art. 66. No primeiro trimestre do ano subsequente, os órgãos e entidades a que alude o art. 67 desta Lei Complementar transmitirão ao Ministério da Ciência e Tecnologia relatório circunstanciado dos projetos realizados, compreendendo a análise do desempenho alcançado.

Art. 67. Os órgãos congêneres ao Ministério da Ciência e Tecnologia estaduais e municipais deverão elaborar e divulgar relatório anual indicando o valor dos recursos recebidos, inclusive por transferência de terceiros, que foram aplicados diretamente ou por organizações vinculadas, por Fundos Setoriais e outros, no segmento das microempresas e empresas de pequeno porte, retratando e avaliando os resultados obtidos e indicando as previsões de ações e metas para ampliação de sua participação no exercício seguinte.

Seção III
DO APOIO À CERTIFICAÇÃO

► Seção III acrescida pela LC nº 155, de 27-10-2016.

Art. 67-A. O órgão competente do Poder Executivo disponibilizará na internet informações sobre certificação de qualidade de produtos e processos para microempresas e empresas de pequeno porte.

Parágrafo único. Os órgãos da administração direta e indireta e as entidades certificadoras privadas, responsáveis pela criação, regulação e gestão de processos de certificação de qualidade de produtos e processos, deverão, sempre que solicitados, disponibilizar ao órgão competente do Poder Executivo informações referentes a procedimentos e normas aplicáveis aos processos de certificação em seu escopo de atuação.

CAPÍTULO XI
DAS REGRAS CIVIS E EMPRESARIAIS

SEÇÃO I
DAS REGRAS CIVIS

SUBSEÇÃO I
DO PEQUENO EMPRESÁRIO

Art. 68. Considera-se pequeno empresário, para efeito de aplicação do disposto nos arts. 970 e 1.179 da Lei nº 10.406, de 10 de janeiro de 2002 (Código Civil), o empresário individual caracterizado como microempresa na forma desta Lei Complementar que aufira receita bruta anual até o limite previsto no § 1º do art. 18-A.

► Artigo com a redação dada pela LC nº 139, de 10-11-2011.

SUBSEÇÃO II
VETADO.

Art. 69. VETADO.

SEÇÃO II
DAS DELIBERAÇÕES SOCIAIS E DA ESTRUTURA ORGANIZACIONAL

Art. 70. As microempresas e as empresas de pequeno porte são desobrigadas da realização de reuniões e assembleias em qualquer das situações previstas na legislação civil, as quais serão substituídas por deliberação representativa do primeiro número inteiro superior à metade do capital social.

§ 1º O disposto no *caput* deste artigo não se aplica caso haja disposição contratual em contrário, caso ocorra hipótese de justa causa que enseje a exclusão de sócio ou caso um ou mais sócios ponham em risco a continuidade da empresa em virtude de atos de inegável gravidade.

§ 2º Nos casos referidos no § 1º deste artigo, realizar-se-á reunião ou assembleia de acordo com a legislação civil.

Art. 71. Os empresários e as sociedades de que trata esta Lei Complementar, nos termos da legislação civil, ficam dispensados da publicação de qualquer ato societário.

SEÇÃO III
DO NOME EMPRESARIAL

Art. 72. *Revogado.* LC nº 155, de 27-10-2016.

SEÇÃO IV
DO PROTESTO DE TÍTULOS

Art. 73. O protesto de título, quando o devedor for microempresário ou empresa de pequeno porte, é sujeito às seguintes condições:

► Lei nº 9.492, de 10-9-1997 (Lei do Protesto de Títulos).

I – sobre os emolumentos do tabelião não incidirão quaisquer acréscimos a título de taxas, custas e contribuições para o Estado ou Distrito Federal, carteira de previdência, fundo de custeio de atos gratuitos, fundos especiais do Tribunal de Justiça, bem como de associação de classe, criados ou que venham a ser criados sob qualquer título ou denominação, ressalvada a cobrança do devedor das despesas de correio, condução e publicação de edital para realização da intimação;

II – para o pagamento do título em cartório, não poderá ser exigido cheque de emissão de estabelecimento bancário, mas, feito o pagamento por meio de cheque, de emissão de estabelecimento bancário ou não, a quitação dada pelo tabelionato de protesto será condicionada à efetiva liquidação do cheque;

III – o cancelamento do registro de protesto, fundado no pagamento do título, será feito independentemente de declaração de anuência do credor, salvo no caso de impossibilidade de apresentação do original protestado;

IV – para os fins do disposto no *caput* e nos incisos I, II e III do *caput* deste artigo, o devedor deverá provar sua qualidade de microempresa ou de empresa de pequeno porte perante o tabelionato de protestos de títulos, mediante documento expedido pela Junta Comercial ou pelo Registro Civil das Pessoas Jurídicas, conforme o caso;

V – quando o pagamento do título ocorrer com cheque sem a devida provisão de fundos, serão automaticamente suspensos pelos cartórios de protesto, pelo prazo de 1 (um) ano, todos os benefícios previstos para o devedor neste artigo, independentemente da lavratura e registro do respectivo protesto.

Art. 73-A. São vedadas cláusulas contratuais relativas à limitação da emissão ou circulação de títulos de crédito ou direitos creditórios originados de operações de compra e venda de produtos e serviços por microempresas e empresas de pequeno porte.

► Artigo acrescido pela LC nº 147, de 7-8-2014.

CAPÍTULO XII
DO ACESSO À JUSTIÇA

SEÇÃO I
DO ACESSO AOS JUIZADOS ESPECIAIS

Art. 74. Aplica-se às microempresas e às empresas de pequeno porte de que trata esta Lei Complementar o disposto no § 1º do art. 8º da Lei nº 9.099, de 26 de setembro de 1995, e no inciso I do *caput* do art. 6º da Lei nº 10.259, de 12 de julho de 2001, as quais, assim como as pessoas físicas capazes, passam a ser admitidas como proponentes de ação perante o Juizado Especial, excluídos os cessionários de direito de pessoas jurídicas.

Art. 74-A. O Poder Judiciário, especialmente por meio do Conselho Nacional de Justiça – CNJ, e o Ministério da Justiça implementarão medidas para disseminar o tratamento diferenciado e favorecido às microempresas e empresas de pequeno porte em suas respectivas áreas de competência.

► Artigo acrescido pela LC nº 147, de 7-8-2014.

SEÇÃO II
DA CONCILIAÇÃO PRÉVIA, MEDIAÇÃO E ARBITRAGEM

Art. 75. As microempresas e empresas de pequeno porte deverão ser estimuladas a utilizar os institutos de conciliação prévia, mediação e arbitragem para solução dos seus conflitos.

§ 1º Serão reconhecidos de pleno direito os acordos celebrados no âmbito das comissões de conciliação prévia.

§ 2º O estímulo a que se refere o *caput* deste artigo compreenderá campanhas de divulgação, serviços de esclarecimento e tratamento diferenciado, simplificado e favorecido no tocante aos custos administrativos e honorários cobrados.

► Art. 334 do CPC.

► Lei nº 9.307, de 23-9-1996 (Lei da Arbitragem).

► Res. do CNJ nº 125, de 29-11-2010, dispõe sobre a Política Judiciária Nacional de tratamento adequado dos conflitos de interesses no âmbito do Poder Judiciário.

SEÇÃO III
DAS PARCERIAS

► Seção acrescida pela LC nº 128, de 19-12-2008.

Art. 75-A. Para fazer face às demandas originárias do estímulo previsto nos arts. 74 e 75 desta Lei Complementar, entidades privadas, públicas, inclusive o Poder Judiciário, poderão firmar parcerias entre si, objetivando a instalação ou utilização de ambientes propícios para a realização dos procedimentos inerentes a busca da solução de conflitos.

► Artigo acrescido pela LC nº 128, de 19-12-2008.

Art. 75-B. VETADO. LC nº 155, de 27-10-2016.

CAPÍTULO XIII

DO APOIO E DA REPRESENTAÇÃO

Art. 76. Para o cumprimento do disposto nesta Lei Complementar, bem como para desenvolver e acompanhar políticas públicas voltadas às microempresas e empresas de pequeno porte, o poder público, em consonância com o Fórum Permanente das Microempresas e Empresas de Pequeno Porte, sob a coordenação da Secretaria da Micro e Pequena Empresa da Presidência da República, deverá incentivar e apoiar a criação de fóruns com participação dos órgãos públicos competentes e das entidades vinculadas ao setor.

Parágrafo único. A Secretaria da Micro e Pequena Empresa da Presidência da República coordenará com as entidades representativas das microempresas e empresas de pequeno porte a implementação dos fóruns regionais nas unidades da federação.

Art. 76-A. As instituições de representação e apoio empresarial deverão promover programas de sensibilização, de informação, de orientação e apoio, de educação fiscal, de regularidade dos contratos de trabalho e de adoção de sistemas informatizados e eletrônicos, como forma de estímulo à formalização de empreendimentos, de negócios e empregos, à ampliação da competitividade e à disseminação do associativismo entre as microempresas, os microempreendedores individuais, as empresas de pequeno porte e equiparados.

► Artigo acrescido pela LC nº 147, de 7-8-2014.

CAPÍTULO XIV

DISPOSIÇÕES FINAIS E TRANSITÓRIAS

Art. 77. Promulgada esta Lei Complementar, o Comitê Gestor expedirá, em 30 (trinta) meses, as instruções que se fizerem necessárias à sua execução.

► *Caput* com a redação dada pela LC nº 128, de 19-12-2008.

§ 1º O Ministério do Trabalho e Emprego, a Secretaria da Receita Federal, a Secretaria da Receita Previdenciária, os Estados, o Distrito Federal e os Municípios deverão editar, em 1 (um) ano, as leis e demais atos necessários para assegurar o pronto e imediato tratamento jurídico diferenciado, simplificado e favorecido às microempresas e às empresas de pequeno porte.

► A Secretaria da Receita Federal passou a se chamar Secretaria da Receita Federal do Brasil, conforme a Lei nº 11.457, de 16-3-2007 (Lei da Super-Receita).

§ 2º A administração direta e indireta federal, estadual e municipal e as entidades paraestatais acordarão, no prazo previsto no § 1º deste artigo, as providências necessárias à adaptação dos respectivos atos normativos ao disposto nesta Lei Complementar.

► § 2º com a redação dada pela LC nº 128, de 19-12-2008.

§ 3º VETADO.

§ 4º O Comitê Gestor regulamentará o disposto no inciso I do § 6º do art. 13 desta Lei Complementar até 31 de dezembro de 2008.

§ 5º A partir de 1º de janeiro de 2009, perderão eficácia as substituições tributárias que não atenderem à disciplina estabelecida na forma do § 4º deste artigo.

§ 6º O Comitê de que trata o inciso III do *caput* do art. 2º desta Lei Complementar expedirá, até 31 de dezembro de 2009, as instruções que se fizerem necessárias relativas a sua competência.

► §§ 4º a 6º acrescidos pela LC nº 128, de 19-12-2008.

Art. 78. *Revogado.* LC nº 128, de 19-12-2008.

Art. 79. Será concedido, para ingresso no SIMPLES Nacional, parcelamento, em até 100 (cem) parcelas mensais e sucessivas, dos débitos com o Instituto Nacional do Seguro Social – INSS, ou com as Fazendas Públicas federal, estadual ou municipal, de responsabilidade da microempresa ou empresa de pequeno porte e de seu titular ou sócio, com vencimento até 30 de junho de 2008.

► *Caput* com a redação dada pela LC nº 128, de 19-12-2008.

§ 1º O valor mínimo da parcela mensal será de R$ 100,00 (cem reais), considerados isoladamente os débitos para com a Fazenda Nacional, para com a Seguridade Social, para com a Fazenda dos Estados, dos Municípios ou do Distrito Federal.

§ 2º Esse parcelamento alcança inclusive débitos inscritos em dívida ativa.

§ 3º O parcelamento será requerido à respectiva Fazenda para com a qual o sujeito passivo esteja em débito.

§ 3º-A. O parcelamento deverá ser requerido no prazo estabelecido em regulamentação do Comitê Gestor.

► § 3º-A acrescido pela LC nº 128, de 19-12-2008.

§ 4º Aplicam-se ao disposto neste artigo as demais regras vigentes para parcelamento de tributos e contribuições federais, na forma regulamentada pelo Comitê Gestor.

§§ 5º a 8º VETADOS. LC nº 127, de 14-8-2007.

§ 9º O parcelamento de que trata o *caput* deste artigo não se aplica na hipótese de reingresso de microempresa ou empresa de pequeno porte no SIMPLES Nacional.

► § 9º acrescido pela LC nº 128, de 19-12-2008.

Art. 79-A. VETADO. LC nº 127, de 14-8-2007.

Art. 79-B. Excepcionalmente para os fatos geradores ocorridos em julho de 2007, os tributos apurados na forma dos arts. 18 a 20 desta Lei Complementar deverão ser pagos até o último dia útil de agosto de 2007.

► Artigo acrescido pela LC nº 127, de 14-8-2007.

Art. 79-C. A microempresa e a empresa de pequeno porte que, em 30 de junho de 2007, se enquadravam no regime previsto na Lei nº 9.317, de 5 de dezembro de 1996, e que não ingressaram no regime previsto no art. 12 desta Lei Complementar sujeitar-se-ão, a partir de 1º de julho de 2007, às normas de tributação aplicáveis às demais pessoas jurídicas.

§ 1º Para efeito do disposto no *caput* deste artigo, o sujeito passivo poderá optar pelo recolhimento do Imposto sobre a Renda da Pessoa Jurídica – IRPJ e da Contribuição Social sobre o Lucro Líquido – CSLL na forma do lucro real, trimestral ou anual, ou do lucro presumido.

§ 2º A opção pela tributação com base no lucro presumido dar-se-á pelo pagamento, no vencimento, do IRPJ e da CSLL devidos, correspondente ao 3º (terceiro) trimestre de 2007 e, no caso do lucro real anual, com o pagamento do IRPJ e da CSLL relativos ao mês de julho de 2007 com base na estimativa mensal.

Art. 79-D. Excepcionalmente, para os fatos geradores ocorridos entre 1º de julho de 2007 e 31 de dezembro de 2008, as pessoas jurídicas que exerçam atividade sujeita simultaneamente à incidência do IPI e do ISS deverão recolher o ISS diretamente ao Município em que este imposto é devido até o último dia útil de fevereiro de 2009, aplicando-se, até esta data, o disposto no parágrafo único do art. 100 da Lei nº 5.172, de 25 de outubro de 1966 – Código Tributário Nacional – CTN.

► Artigo acrescido pela LC nº 128, de 19-12-2008.

Art. 79-E. A empresa de pequeno porte optante pelo Simples Nacional em 31 de dezembro de 2017 que durante o ano-calendário de 2017 auferir receita bruta total anual entre R$ 3.600.000,01 (três milhões, seiscentos mil reais e um centavo) e R$ 4.800.000,00 (quatro milhões e oitocentos mil reais) continuará automaticamente incluída no Simples Nacional com efeitos a partir de 1º de janeiro de 2018, ressalvado o direito de exclusão por comunicação da optante.

Art. 80. O art. 21 da Lei nº 8.212, de 24 de julho de 1991, fica acrescido dos seguintes §§ 2º e 3º, passando o parágrafo único a vigorar como § 1º:

"Art. 21. ....

....

§ 2º É de 11% (onze por cento) sobre o valor correspondente ao limite mínimo mensal do salário-de-contribuição a alíquota de contribuição do segurado contribuinte individual que trabalhe por conta própria, sem relação de trabalho com empresa ou equiparado, e do segurado facultativo que optarem pela exclusão do direito ao benefício de aposentadoria por tempo de contribuição.

§ 3º O segurado que tenha contribuído na forma do § 2º deste artigo e pretenda contar o tempo de contribuição correspondente para fins de obtenção da aposentadoria por tempo de contribuição ou da contagem recíproca do tempo de contribuição a que se refere o art. 94 da Lei nº 8.213, de 24 de julho de 1991, deverá complementar a contribuição mensal mediante o recolhimento de mais 9% (nove por cento), acrescido dos juros moratórios de que trata o disposto no art. 34 desta Lei".

Art. 81. O art. 45 da Lei nº 8.212, de 24 de julho de 1991, passa a vigorar com as seguintes alterações:

► O art. 45 foi revogado pela LC nº 128, de 19-12-2008.

Art. 82. A Lei nº 8.213, de 24 de julho de 1991, passa a vigorar com as seguintes alterações:

"Art. 9º ....

§ 1º O Regime Geral de Previdência Social – RGPS garante a cobertura de todas as situações expressas no art. 1º desta Lei, exceto as de desemprego involuntário, objeto de lei específica, e de aposentadoria por tempo de contribuição para o trabalhador de que trata o § 2º do art. 21 da Lei nº 8.212, de 24 de julho de 1991.

.... "

"Art. ....

I – ....

....

c) aposentadoria por tempo de contribuição;

....

§ 3º O segurado contribuinte individual, que trabalhe por conta própria, sem relação de trabalho com empresa ou equiparado, e o segurado facultativo que contribuam na forma do § 2º do art. 21 da Lei nº 8.212, de 24 de julho de 1991, não farão jus à aposentadoria por tempo de contribuição."

"Art. 55. ....

....

§ 4º Não será computado como tempo de contribuição, para efeito de concessão do benefício de que trata esta subseção, o período em que o segurado contribuinte individual ou facultativo tiver contribuído na forma do § 2º do art. 21 da Lei nº 8.212, de 24 de julho de 1991, salvo se tiver complementado as contribuições na forma do § 3º do mesmo artigo."

Art. 83. O art. 94 da Lei nº 8.213, de 24 de julho de 1991, fica acrescido do seguinte § 2º, passando o parágrafo único a vigorar como § 1º:

"Art. 94. ....

....

§ 2º Não será computado como tempo de contribuição, para efeito dos benefícios previstos em regimes próprios de previdência social, o período em que o segurado contribuinte individual ou facultativo tiver contribuído na forma do § 2º do art. 21 da Lei nº 8.212, de 24 de julho de 1991, salvo se complementadas as contribuições na forma do § 3º do mesmo artigo."

Art. 84. O art. 58 da Consolidação das Leis do Trabalho – CLT, aprovada pelo Decreto-Lei nº 5.452, de 1º de maio de 1943, passa a vigorar acrescido do seguinte § 3º:

"Art. 58. ....

....

§ 3º Poderão ser fixados, para as microempresas e empresas de pequeno porte, por meio de acordo ou convenção coletiva, em caso de transporte fornecido pelo empregador, em local de difícil acesso ou não servido por transporte público, o tempo médio despendido pelo empregado, bem como a forma e a natureza da remuneração."

Art. 85. VETADO.

Art. 85-A. Caberá ao Poder Público Municipal designar Agente de Desenvolvimento para a efetivação do disposto nesta Lei Complementar, observadas as especificidades locais.

► *Caput* acrescido pela LC nº 128, de 19-12-2008.

§ 1º A função de Agente de Desenvolvimento caracteriza-se pelo exercício de articulação das ações públicas para a promoção do desenvolvimento local e territorial, mediante ações locais ou comunitárias, individuais ou coletivas, que visem ao cumprimento das disposições e diretrizes contidas nesta Lei Complementar, sob supervisão do órgão gestor local responsável pelas políticas de desenvolvimento.

► § 1º acrescido pela LC nº 128, de 19-12-2008.

§ 2º O Agente de Desenvolvimento deverá preencher os seguintes requisitos:

► *Caput* do § 2º acrescido pela LC nº 128, de 19-12-2008.

I – residir na área da comunidade em que atuar;

II – haver concluído, com aproveitamento, curso de qualificação básica para a formação de Agente de Desenvolvimento; e

► Incisos I e II acrescidos pela LC nº 128, de 19-12-2008.

III – possuir formação ou experiência compatível com a função a ser exercida;

► Inciso III com a redação dada pela LC nº 147, de 7-8-2014.

IV – ser preferencialmente servidor efetivo do Município.

► Inciso IV acrescido pela LC nº 147, de 7-8-2014.

§ 3º A Secretaria da Micro e Pequena Empresa da Presidência da República juntamente com as entidades municipalistas e de apoio e representação empresarial prestarão suporte aos referidos agentes na forma de capacitação, estudos e pesquisas, publicações, promoção de intercâmbio de informações e experiências.

► § 3º com a redação dada pela Lei nº 12.792, de 28-3-2013.

Art. 86. As matérias tratadas nesta Lei Complementar que não sejam reservadas constitucionalmente a lei complementar poderão ser objeto de alteração por lei ordinária.

Art. 87. O § 1º do art. 3º da Lei Complementar nº 63, de 11 de janeiro de 1990, passa a vigorar com a seguinte redação:

"Art. 3º ....

§ 1º O valor adicionado corresponderá, para cada Município:

I – ao valor das mercadorias saídas, acrescido do valor das prestações de serviços, no seu território, deduzido o valor das mercadorias entradas, em cada ano civil;

II – nas hipóteses de tributação simplificada a que se refere o parágrafo único do art. 146 da Constituição Federal, e, em outras situações, em que se dispensem os controles de entrada, considerar-se-á como valor adicionado o percentual de 32% (trinta e dois por cento) da receita bruta.

.... ".

Art. 87-A. Os Poderes Executivos da União, Estados, Distrito Federal e Municípios expedirão, anualmente, até o dia 30 de novembro, cada um, em seus respectivos âmbitos de competência, decretos de consolidação da regulamentação aplicável relativamente às microempresas e empresas de pequeno porte.

► Artigo acrescido pela LC nº 147, de 7-8-2014.

Art. 88. Esta Lei Complementar entra em vigor na data de sua publicação, ressalvado o regime de tributação das microempresas e empresas de pequeno porte, que entra em vigor em 1º de julho de 2007.

Art. 89. Ficam revogadas, a partir de 1º de julho de 2007, a Lei nº 9.317, de 5 de dezembro de 1996, e a Lei nº 9.841, de 5 de outubro de 1999.

Brasília, 14 de dezembro de 2006;
185º da Independência e
118º da República.

Luiz Inácio Lula da Silva

ANEXO I
ALÍQUOTAS E PARTILHA DO SIMPLES NACIONAL – COMÉRCIO

► Anexo I com a redação dada pela LC nº 155, de 27-10-2016.

Receita Bruta em 12 Meses (em R$)		Alíquota	Valor a Deduzir (em R$)
1ª Faixa	Até 180.000,00	4,00%	–
2ª Faixa	De 180.000,01 a 360.000,00	7,30%	5.940,00
3ª Faixa	De 360.000,01 a 720.000,00	9,50%	13.860,00
4ª Faixa	De 720.000,01 a 1.800.000,00	10,70%	22.500,00
5ª Faixa	De 1.800.000,01 a 3.600.000,00	14,30%	87.300,00
6ª Faixa	De 3.600.000,01 a 4.800.000,00	19,00%	378.000,00

Faixas	Percentual de Repartição dos Tributos					
	IRPJ	CSLL	Cofins	PIS/Pasep	CPP	ICMS
1ª Faixa	5,50%	3,50%	12,74%	2,76%	41,50%	34,00%
2ª Faixa	5,50%	3,50%	12,74%	2,76%	41,50%	34,00%
3ª Faixa	5,50%	3,50%	12,74%	2,76%	42,00%	33,50%
4ª Faixa	5,50%	3,50%	12,74%	2,76%	42,00%	33,50%
5ª Faixa	5,50%	3,50%	12,74%	2,76%	42,00%	33,50%
6ª Faixa	13,50%	10,00%	28,27%	6,13%	42,10%	–

ANEXO II
ALÍQUOTAS E PARTILHA DO SIMPLES NACIONAL – INDÚSTRIA

► Anexo II com a redação dada pela LC nº 155, de 27-10-2016.

Receita Bruta em 12 Meses (em R$)		Alíquota	Valor a Deduzir (em R$)
1ª Faixa	Até 180.000,00	4,50%	–
2ª Faixa	De 180.000,01 a 360.000,00	7,80%	5.940,00
3ª Faixa	De 360.000,01 a 720.000,00	10,00%	13.860,00
4ª Faixa	De 720.000,01 a 1.800.000,00	11,20%	22.500,00
5ª Faixa	De 1.800.000,01 a 3.600.000,00	14,70%	85.500,00
6ª Faixa	De 3.600.000,01 a 4.800.000,00	30,00%	720.000,00

Faixas	Percentual de Repartição dos Tributos						
	IRPJ	CSLL	Cofins	PIS/Pasep	CPP	IPI	ICMS
1ª Faixa	5,50%	3,50%	11,51%	2,49%	37,50%	7,50%	32,00%
2ª Faixa	5,50%	3,50%	11,51%	2,49%	37,50%	7,50%	32,00%
3ª Faixa	5,50%	3,50%	11,51%	2,49%	37,50%	7,50%	32,00%
4ª Faixa	5,50%	3,50%	11,51%	2,49%	37,50%	7,50%	32,00%
5ª Faixa	5,50%	3,50%	11,51%	2,49%	37,50%	7,50%	32,00%
6ª Faixa	8,50%	7,50%	20,96%	4,54%	23,50%	35,00%	–

ANEXO III
ALÍQUOTAS E PARTILHA DO SIMPLES NACIONAL – RECEITAS DE LOCAÇÃO DE BENS MÓVEIS E DE PRESTAÇÃO DE SERVIÇOS NÃO RELACIONADOS NO § 5º-C DO ART. 18 DESTA LEI COMPLEMENTAR

► Anexo III com a redação dada pela LC nº 155, de 27-10-2016.

Receita Bruta em 12 Meses (em R$)		Alíquota	Valor a Deduzir (em R$)
1ª Faixa	Até 180.000,00	6,00%	–
2ª Faixa	De 180.000,01 a 360.000,00	11,20%	9.360,00
3ª Faixa	De 360.000,01 a 720.000,00	13,50%	17.640,00
4ª Faixa	De 720.000,01 a 1.800.000,00	16,00%	35.640,00
5ª Faixa	De 1.800.000,01 a 3.600.000,00	21,00%	125.640,00
6ª Faixa	De 3.600.000,01 a 4.800.000,00	33,00%	648.000,00

Faixas	Percentual de Repartição dos Tributos					
	IRPJ	CSLL	Cofins	PIS/Pasep	CPP	ISS (*)
1ª Faixa	4,00%	3,50%	12,82%	2,78%	43,40%	33,50%
2ª Faixa	4,00%	3,50%	14,05%	3,05%	43,40%	32,00%
3ª Faixa	4,00%	3,50%	13,64%	2,96%	43,40%	32,50%
4ª Faixa	4,00%	3,50%	13,64%	2,96%	43,40%	32,50%
5ª Faixa	4,00%	3,50%	12,82%	2,78%	43,40%	33,50% (*)
6ª Faixa	35,00%	15,00%	16,03%	3,47%	30,50%	–

(*) O percentual efetivo máximo devido ao ISS será de 5%, transferindo-se a diferença, de forma proporcional, aos tributos federais da mesma faixa de receita bruta anual. Sendo assim, na 5ª faixa, quando a alíquota efetiva for superior a 14,92537%, a repartição será:

	IRPJ	CSLL	Cofins	PIS/Pasep	CPP	ISS
5ª Faixa, com alíquota efetiva superior a 14,92537%	(Alíquota efetiva –5%) x 6,02%	(Alíquota efetiva –5%) x 5,26%	(Alíquota efetiva – 5%) x 19,28%	(Alíquota efetiva – 5%) x 4,18%	(Alíquota efetiva – 5%) x 65,26%	Percentual de ISS fixo em 5%

ANEXO IV
ALÍQUOTAS E PARTILHA DO SIMPLES NACIONAL – RECEITAS DECORRENTES DA PRESTAÇÃO DE SERVIÇOS RELACIONADOS NO § 5º-C DO ART. 18 DESTA LEI COMPLEMENTAR

► Anexo IV com a redação dada pela LC nº 155, de 27-10-2016.

Receita Bruta em 12 Meses (em R$)		Alíquota	Valor a Deduzir (em R$)
1ª Faixa	Até 180.000,00	4,50%	–
2ª Faixa	De 180.000,01 a 360.000,00	9,00%	8.100,00
3ª Faixa	De 360.000,01 a 720.000,00	10,20%	12.420,00
4ª Faixa	De 720.000,01 a 1.800.000,00	14,00%	39.780,00
5ª Faixa	De 1.800.000,01 a 3.600.000,00	22,00%	183.780,00
6ª Faixa	De 3.600.000,01 a 4.800.000,00	33,00%	828.000,00

Faixas	Percentual de Repartição dos Tributos				
	IRPJ	CSLL	Cofins	PIS/Pasep	ISS (*)
1ª Faixa	18,80%	15,20%	17,67%	3,83%	44,50%
2ª Faixa	19,80%	15,20%	20,55%	4,45%	40,00%
3ª Faixa	20,80%	15,20%	19,73%	4,27%	40,00%
4ª Faixa	17,80%	19,20%	18,90%	4,10%	40,00%
5ª Faixa	18,80%	19,20%	18,08%	3,92%	40,00% (*)
6ª Faixa	53,50%	21,50%	20,55%	4,45%	–

(*) O percentual efetivo máximo devido ao ISS será de 5%, transferindo-se a diferença, de forma proporcional, aos tributos federais da mesma faixa de receita bruta anual. Sendo assim, na 5ª faixa, quando a alíquota efetiva for superior a 12,5%, a repartição será:

Faixa	IRPJ	CSLL	Cofins	PIS/Pasep	ISS
5ª Faixa, com alíquota efetiva superior a 12,5%	Alíquota efetiva – 5%) x 31,33%	(Alíquota efetiva – 5%) x 32,00%	(Alíquota efetiva – 5%) x 30,13%	Alíquota efetiva – 5%) x 6,54%	Percentual de ISS fixo em 5%

ANEXO V

ALÍQUOTAS E PARTILHA DO SIMPLES NACIONAL – RECEITAS DECORRENTES DA PRESTAÇÃO DE SERVIÇOS RELACIONADOS NO § 5º-I DO ART. 18 DESTA LEI COMPLEMENTAR

► Anexo V com a redação dada pela LC nº 155, de 27-10-2016.

Receita Bruta em 12 Meses (em R$)		Alíquota	Valor a Deduzir (em R$)
1ª Faixa	Até 180.000,00	15,50%	–
2ª Faixa	De 180.000,01 a 360.000,00	18,00%	4.500,00
3ª Faixa	De 360.000,01 a 720.000,00	19,50%	9.900,00
4ª Faixa	De 720.000,01 a 1.800.000,00	20,50%	17.100,00
5ª Faixa	De 1.800.000,01 a 3.600.000,00	23,00%	62.100,00
6ª Faixa	De 3.600.000,01 a 4.800.000,00	30,50%	540.000,00

Faixas	Percentual de Repartição dos Tributos					
	IRPJ	CSLL	Cofins	PIS/Pasep	CPP	ISS
1ª Faixa	25,00%	15,00%	14,10%	3,05%	28,85%	14,00%
2ª Faixa	23,00%	15,00%	14,10%	3,05%	27,85%	17,00%
3ª Faixa	24,00%	15,00%	14,92%	3,23%	23,85%	19,00%
4ª Faixa	21,00%	15,00%	15,74%	3,41%	23,85%	21,00%
5ª Faixa	23,00%	12,50%	14,10%	3,05%	23,85%	23,50%
6ª Faixa	35,00%	15,50%	16,44%	3,56%	29,50%	–

ANEXO VI

Revogado. LC nº 155, de 27-10-2016.

LEI Nº 11.417, DE 19 DE DEZEMBRO DE 2006

Regulamenta o art. 103-A da Constituição Federal e altera a Lei nº 9.784, de 29 de janeiro de 1999, disciplinando a edição, a revisão e o cancelamento de enunciado de súmula vinculante pelo Supremo Tribunal Federal, e dá outras providências.

► Publicada no *DOU* de 20-12-2006.

Art. 1º Esta Lei disciplina a edição, a revisão e o cancelamento de enunciado de súmula vinculante pelo Supremo Tribunal Federal e dá outras providências.

Art. 2º O Supremo Tribunal Federal poderá, de ofício ou por provocação, após reiteradas decisões sobre matéria constitucional, editar enunciado de súmula que, a partir de sua publicação na imprensa oficial, terá efeito vinculante em relação aos demais órgãos do Poder Judiciário e à administração pública direta e indireta, nas esferas federal, estadual e municipal, bem como proceder à sua revisão ou cancelamento, na forma prevista nesta Lei.

§ 1º O enunciado da súmula terá por objeto a validade, a interpretação e a eficácia de normas determinadas, acerca das quais haja, entre órgãos judiciários ou entre esses e a administração pública, controvérsia atual que acarrete grave insegurança jurídica e relevante multiplicação de processos sobre idêntica questão.

§ 2º O Procurador-Geral da República, nas propostas que não houver formulado, manifestar-se-á previamente à edição, revisão ou cancelamento de enunciado de súmula vinculante.

§ 3º A edição, a revisão e o cancelamento de enunciado de súmula com efeito vinculante dependerão de decisão tomada por 2/3 (dois terços) dos membros do Supremo Tribunal Federal, em sessão plenária.

§ 4º No prazo de 10 (dez) dias após a sessão em que editar, rever ou cancelar enunciado de súmula com efeito vinculante, o Supremo Tribunal Federal fará publicar, em seção especial do *Diário da Justiça* e do *Diário Oficial da União*, o enunciado respectivo.

Art. 3º São legitimados a propor a edição, a revisão ou o cancelamento de enunciado de súmula vinculante:

I – o Presidente da República;

II – a Mesa do Senado Federal;

III – a Mesa da Câmara dos Deputados;

IV – o Procurador-Geral da República;

V – o Conselho Federal da Ordem dos Advogados do Brasil;

VI – o Defensor Público Geral da União;

VII – partido político com representação no Congresso Nacional;

VIII – confederação sindical ou entidade de classe de âmbito nacional;

IX – a Mesa de Assembleia Legislativa ou da Câmara Legislativa do Distrito Federal;

X – o Governador de Estado ou do Distrito Federal;

XI – os Tribunais Superiores, os Tribunais de Justiça de Estados ou do Distrito Federal e Territórios, os Tribunais Regionais Federais, os Tribunais Regionais do Trabalho, os Tribunais Regionais Eleitorais e os Tribunais Militares.

§ 1º O Município poderá propor, incidentalmente ao curso de processo em que seja parte, a edição, a revisão ou o cancelamento de enunciado de súmula vinculante, o que não autoriza a suspensão do processo.

§ 2º No procedimento de edição, revisão ou cancelamento de enunciado da súmula vinculante, o relator poderá admitir, por decisão irrecorrível, a manifestação de terceiros na questão, nos termos do Regimento Interno do Supremo Tribunal Federal.

Art. 4º A súmula com efeito vinculante tem eficácia imediata, mas o Supremo Tribunal Federal, por decisão de 2/3 (dois terços) dos seus membros, poderá restringir os efeitos vinculantes ou decidir que só tenha eficácia a partir de outro momento, tendo em vista razões de segurança jurídica ou de excepcional interesse público.

Art. 5º Revogada ou modificada a lei em que se Fundou a edição de enunciado de súmula vinculante, o Supremo Tribunal Federal, de ofício ou por provocação, procederá à sua revisão ou cancelamento, conforme o caso.

Art. 6º A proposta de edição, revisão ou cancelamento de enunciado de súmula vinculante não autoriza a suspensão dos processos em que se discuta a mesma questão.

Art. 7º Da decisão judicial ou do ato administrativo que contrariar enunciado de súmula vinculante, negar-lhe vigência ou aplicá-lo indevidamente caberá reclamação ao Supremo Tribunal Federal, sem prejuízo dos recursos ou outros meios admissíveis de impugnação.

§ 1º Contra omissão ou ato da administração pública, o uso da reclamação só será admitido após esgotamento das vias administrativas.

§ 2º Ao julgar procedente a reclamação, o Supremo Tribunal Federal anulará o ato administrativo ou cassará a decisão judicial impugnada, determinando que outra seja proferida com ou sem aplicação da súmula, conforme o caso.

Art. 8º O art. 56 da Lei nº 9.784, de 29 de janeiro de 1999, passa a vigorar acrescido do seguinte § 3º:

► **Alteração inserida no texto da referida Lei.**

Art. 9º A Lei nº 9.784, de 29 de janeiro de 1999, passa a vigorar acrescida dos seguintes arts. 64-A e 64-B:

► **Alterações inseridas no texto da referida Lei.**

Art. 10. O procedimento de edição, revisão ou cancelamento de enunciado de súmula com efeito vinculante obedecerá, subsidiariamente, ao disposto no Regimento Interno do Supremo Tribunal Federal.

Art. 11. Esta Lei entra em vigor 3 (três) meses após a sua publicação.

Brasília, 19 de dezembro de 2006;
185º da Independência e
118º da República.

Luiz Inácio Lula da Silva

LEI Nº 11.419, DE 19 DE DEZEMBRO DE 2006

Dispõe sobre a informatização o processo judicial; altera a Lei nº 5.869, de 11 de janeiro de 1973 – Código de Processo Civil; e dá outras providências.

► **Publicada no *DOU* de 20-12-2006.**

CAPÍTULO I

DA INFORMATIZAÇÃO DO PROCESSO JUDICIAL

Art. 1º O uso de meio eletrônico na tramitação de processos judiciais, comunicação de atos e transmissão de peças processuais será admitido nos termos desta Lei.

§ 1º Aplica-se o disposto nesta Lei, indistintamente, aos processos civil, penal e trabalhista, bem como aos juizados especiais, em qualquer grau de jurisdição.

§ 2º Para o disposto nesta Lei, considera-se:

I – meio eletrônico qualquer forma de armazenamento ou tráfego de documentos e arquivos digitais;

II – transmissão eletrônica toda forma de comunicação a distância com a utilização de redes de comunicação, preferencialmente a rede mundial de computadores;

III – assinatura eletrônica as seguintes formas de identificação inequívoca do signatário:

a) assinatura digital baseada em certificado digital emitido por Autoridade Certificadora credenciada, na forma de lei específica;

b) mediante cadastro de usuário no Poder Judiciário, conforme disciplinado pelos órgãos respectivos.

Art. 2º O envio de petições, de recursos e a prática de atos processuais em geral por meio eletrônico serão admitidos mediante uso de assinatura eletrônica, na forma do art. 1º desta Lei, sendo obrigatório o credenciamento prévio no Poder Judiciário, conforme disciplinado pelos órgãos respectivos.

§ 1º O credenciamento no Poder Judiciário será realizado mediante procedimento no qual esteja assegurada a adequada identificação presencial do interessado.

§ 2º Ao credenciado será atribuído registro e meio de acesso ao sistema, de modo a preservar o sigilo, a identificação e a autenticidade de suas comunicações.

§ 3º Os órgãos do Poder Judiciário poderão criar um cadastro único para o credenciamento previsto neste artigo.

Art. 3º Consideram-se realizados os atos processuais por meio eletrônico no dia e hora do seu envio ao sistema do Poder Judiciário, do que deverá ser fornecido protocolo eletrônico.

Parágrafo único. Quando a petição eletrônica for enviada para atender prazo processual, serão consideradas tempestivas as transmitidas até as 24 (vinte e quatro) horas do seu último dia.

CAPÍTULO II

DA COMUNICAÇÃO ELETRÔNICA DOS ATOS PROCESSUAIS

Art. 4º Os tribunais poderão criar Diário da Justiça eletrônico, disponibilizado em sítio da rede mundial de computadores, para publicação de atos judiciais e administrativos próprios e dos órgãos a eles subordinados, bem como comunicações em geral.

§ 1º O sítio e o conteúdo das publicações de que trata este artigo deverão ser assinados digitalmente com base em certificado emitido por Autoridade Certificadora credenciada na forma da lei específica.

§ 2º A publicação eletrônica na forma deste artigo substitui qualquer outro meio e publicação oficial, para quaisquer efeitos legais, à exceção dos casos que, por lei, exigem intimação ou vista pessoal.

§ 3º Considera-se como data da publicação o primeiro dia útil seguinte ao da disponibilização da informação no Diário da Justiça eletrônico.

§ 4º Os prazos processuais terão início no primeiro dia útil que seguir ao considerado como data da publicação.

§ 5º A criação do Diário da Justiça eletrônico deverá ser acompanhada de ampla divulgação, e o ato administrativo correspondente será publicado durante 30 (trinta) dias no diário oficial em uso.

Art. 5º As intimações serão feitas por meio eletrônico em portal próprio aos que se cadastrarem na forma do art. 2º desta Lei, dispensando-se a publicação no órgão oficial, inclusive eletrônico.

§ 1º Considerar-se-á realizada a intimação no dia em que o intimando efetivar a consulta eletrônica ao teor da intimação, certificando-se nos autos a sua realização.

§ 2º Na hipótese do § 1º deste artigo, nos casos em que a consulta se dê em dia não útil, a intimação será considerada como realizada no primeiro dia útil seguinte.

§ 3º A consulta referida nos §§ 1º e 2º deste artigo deverá ser feita em até 10 (dez) dias corridos contados da data do envio da intimação, sob pena de considerar-se a intimação automaticamente realizada na data do término desse prazo.

§ 4º Em caráter informativo, poderá ser efetivada remessa de correspondência eletrônica, comunicando o envio da intimação e a abertura automática do prazo processual nos termos do § 3º deste artigo, aos que manifestarem interesse por esse serviço.

§ 5º Nos casos urgentes em que a intimação feita na forma deste artigo possa causar prejuízo a quaisquer das partes ou nos casos em que for evidenciada qualquer tentativa de burla ao sistema, o ato processual deverá ser realizado por outro meio que atinja a sua finalidade, conforme determinado pelo juiz.

§ 6º As intimações feitas na forma deste artigo, inclusive da Fazenda Pública, serão consideradas pessoais para todos os efeitos legais.

Art. 6º Observadas as formas e as cautelas do art. 5º desta Lei, as citações, inclusive da Fazenda Pública, excetuadas as dos Direitos Processuais Criminal e Infracional, poderão ser feitas por meio eletrônico, desde que a íntegra dos autos seja acessível ao citando.

Art. 7º As cartas precatórias, rogatórias, de ordem e, de um modo geral, todas as comunicações oficiais que transitem entre órgãos do Poder Judiciário, bem como entre os deste e os dos demais Poderes, serão feitas preferentemente por meio eletrônico.

CAPÍTULO III
DO PROCESSO ELETRÔNICO

Art. 8º Os órgãos do Poder Judiciário poderão desenvolver sistemas eletrônicos de processamento de ações judiciais por meio de autos total ou parcialmente digitais, utilizando, preferencialmente, a rede mundial de computadores e acesso por meio de redes internas e externas.

Parágrafo único. Todos os atos processuais do processo eletrônico serão assinados eletronicamente na forma estabelecida nesta Lei.

Art. 9º No processo eletrônico, todas as citações, intimações e notificações, inclusive da Fazenda Pública, serão feitas por meio eletrônico, na forma desta Lei.

§ 1º As citações, intimações, notificações e remessas que viabilizem o acesso à íntegra do processo correspondente serão consideradas vista pessoal do interessado para todos os efeitos legais.

§ 2º Quando, por motivo técnico, for inviável o uso do meio eletrônico para a realização de citação, intimação ou notificação, esses atos processuais poderão ser praticados segundo as regras ordinárias, digitalizando-se o documento físico, que deverá ser posteriormente destruído.

Art. 10. A distribuição da petição inicial e a juntada da contestação, dos recursos e das petições em geral, todos em formato digital, nos autos de processo eletrônico, podem ser feitas diretamente pelos advogados públicos e privados, sem necessidade da intervenção do cartório ou secretaria judicial, situação em que a autuação deverá se dar de forma automática, fornecendo-se recibo eletrônico de protocolo.

§ 1º Quando o ato processual tiver que ser praticado em determinado prazo, por meio de petição eletrônica, serão considerados tempestivos os efetivados até as 24 (vinte e quatro) horas do último dia.

§ 2º No caso do § 1º deste artigo, se o Sistema do Poder Judiciário se tornar indisponível por motivo técnico, o prazo fica automaticamente prorrogado para o primeiro dia útil seguinte à resolução do problema.

§ 3º Os órgãos do Poder Judiciário deverão manter equipamentos de digitalização e de acesso à rede mundial de computadores à disposição dos interessados para distribuição de peças processuais.

Art. 11. Os documentos produzidos eletronicamente e juntados aos processos eletrônicos com garantia da origem e de seu signatário, na forma estabelecida nesta Lei, serão considerados originais para todos os efeitos legais.

§ 1º Os extratos digitais e os documentos digitalizados e juntados aos autos pelos órgãos da Justiça e seus auxiliares, pelo Ministério Público e seus auxiliares, pelas procuradorias, pelas autoridades policiais, pelas repartições públicas em geral e por advogados públicos e privados têm a mesma força probante dos originais, ressalvada a alegação motivada e fundamentada de adulteração antes ou durante o processo de digitalização.

§ 2º A arguição de falsidade do documento original será processada eletronicamente na forma da lei processual em vigor.

§ 3º Os originais dos documentos digitalizados, mencionados no § 2º deste artigo, deverão ser preservados pelo seu detentor até o trânsito em julgado da sentença ou, quando admitida, até o final do prazo para interposição de ação rescisória.

§ 4º VETADO.

§ 5º Os documentos cuja digitalização seja tecnicamente inviável devido ao grande volume ou por motivo de ilegibilidade deverão ser apresentados ao cartório ou secretaria no prazo de 10 (dez) dias contados do envio de petição eletrônica comunicando o fato, os quais serão devolvidos à parte após o trânsito em julgado.

§ 6º Os documentos digitalizados juntados em processo eletrônico estarão disponíveis para acesso por meio da rede externa pelas respectivas partes processuais, pelos advogados, independentemente de procuração nos autos, pelos membros do Ministério Público e pelos magistrados, sem prejuízo da possibilidade de visualização nas secretarias dos órgãos julgadores, exceção daqueles que tramitarem em segredo de justiça.

► § 6º com a redação dada pela Lei nº 13.793, de 3-1-2019.

§ 7º Os sistemas de informações pertinentes a processos eletrônicos devem possibilitar que advogados, procuradores e membros do Ministério Público cadastrados, mas não vinculados a processo previamente identificado, acessem automaticamente todos os atos e documentos processuais armazenados em meio eletrônico, desde que demonstrado interesse para fins apenas de registro, salvo nos casos de processos em segredo de justiça.

► § 7º acrescido pela Lei nº 13.793, de 3-1-2019.

Art. 12. A conservação dos autos do processo poderá ser efetuada total ou parcialmente por meio eletrônico.

§ 1º Os autos dos processos eletrônicos deverão ser protegidos por meio de sistemas de segurança de acesso e armazenados em meio que garanta a preservação e integridade dos dados, sendo dispensada a formação de autos suplementares.

§ 2º Os autos de processos eletrônicos que tiverem de ser remetidos a outro juízo ou instância superior que não disponham de sistema compatível deverão ser impressos em papel, autuados na forma dos arts. 166 a 168 da Lei nº 5.869, de 11 de janeiro de 1973 – Código de Processo Civil, ainda que de natureza criminal ou trabalhista, ou pertinentes a juizado especial.

► Arts. 206 a 208 do CPC/2015.

§ 3º No caso do § 2º deste artigo, o escrivão ou o chefe de secretaria certificará os autores ou a origem dos documentos produzidos nos autos, acrescentando, ressalvada a hipótese de existir segredo de justiça, a forma pela qual o banco de dados poderá ser acessado para aferir a autenticidade das peças e das respectivas assinaturas digitais.

§ 4º Feita a autuação na forma estabelecida no § 2º deste artigo, o processo seguirá a tramitação legalmente estabelecida para os processos físicos.

§ 5º A digitalização de autos em mídia não digital, em tramitação ou já arquivados, será precedida de publicação de editais de intimações ou da intimação pessoal das partes e de seus procuradores, para que, no prazo preclusivo de 30 (trinta) dias, se manifestem sobre o desejo de manterem pessoalmente a guarda de algum dos documentos originais.

Art. 13. O magistrado poderá determinar que sejam realizados por meio eletrônico a exibição e o envio de dados e de documentos necessários à instrução do processo.

§ 1º Consideram-se cadastros públicos, para os efeitos deste artigo, dentre outros existentes ou que venham a ser criados, ainda que mantidos por concessionárias de serviço público ou empresas privadas, os que contenham informações indispensáveis ao exercício da função judicante.

§ 2º O acesso de que trata este artigo dar-se-á por qualquer meio tecnológico disponível, preferentemente o de menor custo, considerada sua eficiência.

§ 3º VETADO.

CAPÍTULO IV
DISPOSIÇÕES GERAIS E FINAIS

Art. 14. Os sistemas a serem desenvolvidos pelos órgãos do Poder Judiciário deverão usar, preferencialmente, programas com código aberto, acessíveis ininterruptamente por meio da rede mundial de computadores, priorizando-se a sua padronização.

Parágrafo único. Os sistemas devem buscar identificar os casos de ocorrência de prevenção, litispendência e coisa julgada.

Art. 15. Salvo impossibilidade que comprometa o acesso à justiça, a parte deverá informar, ao distribuir a petição inicial de qualquer ação judicial, o número no cadastro de pessoas físicas ou jurídicas, conforme o caso, perante a Secretaria da Receita Federal.

Parágrafo único. Da mesma forma, as peças de acusação criminais deverão ser instruídas pelos membros do Ministério Público ou pelas autoridades policiais com os números de registros dos acusados no Instituto Nacional de Identificação do Ministério da Justiça, se houver.

Art. 16. Os livros cartorários e demais repositórios dos órgãos do Poder Judiciário poderão ser gerados e armazenados em meio totalmente eletrônico.

Art. 17. VETADO.

Art. 18. Os órgãos do Poder Judiciário regulamentarão esta Lei, no que couber, no âmbito de suas respectivas competências.

Art. 19. Ficam convalidados os atos processuais praticados por meio eletrônico até a data de publicação desta Lei, desde que tenham atingido sua finalidade e não tenha havido prejuízo para as partes.

Art. 20. A Lei nº 5.869, de 11 de janeiro de 1973 – Código de Processo Civil, passa a vigorar com as seguintes alterações:

► Refere-se ao CPC/1973.

Art. 21. VETADO.

Art. 22. Esta Lei entra em vigor 90 (noventa) dias depois de sua publicação.

Brasília, 19 de dezembro de 2006;
185º da Independência e
118º da República.

Luiz Inácio Lula da Silva

LEI COMPLEMENTAR Nº 126, DE 15 DE JANEIRO DE 2007

Dispõe sobre a política de resseguro, retrocessão e sua intermediação, as operações de cosseguro, as contratações de seguro no exterior e as operações em moeda estrangeira do setor securitário; altera o Decreto-Lei nº 73, de 21 de novembro de 1966, e a Lei nº 8.031, de 12 de abril de 1990; e dá outras providências.

► Publicada no *DOU* de 16-1-2007.

CAPÍTULO I
DO OBJETO

Art. 1º Esta Lei Complementar dispõe sobre a política de resseguro, retrocessão e sua intermediação, as operações de cosseguro, as contratações de seguro no exterior e as operações em moeda estrangeira do setor securitário.

CAPÍTULO II
DA REGULAÇÃO E DA FISCALIZAÇÃO

Art. 2º A regulação das operações de cosseguro, resseguro, retrocessão e sua intermediação será exercida pelo órgão regulador de seguros, conforme definido em lei, observadas as disposições desta Lei Complementar.

§ 1º Para fins desta Lei Complementar, considera-se:

I – cedente: a sociedade seguradora que contrata operação de resseguro ou o ressegurador que contrata operação de retrocessão;

II – cosseguro: operação de seguro em que 2 (duas) ou mais sociedades seguradoras, com anuência do segurado, distribuem entre si, percentualmente, os riscos de determinada apólice, sem solidariedade entre elas;

III – resseguro: operação de transferência de riscos de uma cedente para um ressegurador, ressalvado o disposto no inciso IV deste parágrafo;

IV – retrocessão: operação de transferência de riscos de resseguro de resseguradores para resseguradores ou de resseguradores para sociedades seguradoras locais.

§ 2º A regulação pelo órgão de que trata o *caput* deste artigo não prejudica a atuação dos órgãos reguladores das cedentes, no âmbito exclusivo de suas atribuições, em especial no que se refere ao controle das operações realizadas.

§ 3º Equipara-se à cedente a sociedade cooperativa autorizada a operar em seguros privados que contrata operação de resseguro, desde que a esta sejam aplicadas as condições impostas às seguradoras pelo órgão regulador de seguros.

Art. 3º A fiscalização das operações de cosseguro, resseguro, retrocessão e sua intermediação será exercida pelo órgão fiscalizador de seguros, conforme definido em lei, sem prejuízo das atribuições dos órgãos fiscalizadores das demais cedentes.

Parágrafo único. Ao órgão fiscalizador de seguros, no que se refere aos resseguradores, intermediários e suas respectivas atividades, caberão as mesmas atribuições que detém para as sociedades seguradoras, corretores de seguros e suas respectivas atividades.

CAPÍTULO III

DOS RESSEGURADORES

Seção I

DA QUALIFICAÇÃO

Art. 4º As operações de resseguro e retrocessão podem ser realizadas com os seguintes tipos de resseguradores:

I – ressegurador local: ressegurador sediado no País constituído sob a forma de sociedade anônima, tendo por objeto exclusivo a realização de operações de resseguro e retrocessão;

II – ressegurador admitido: ressegurador sediado no exterior, com escritório de representação no País, que, atendendo às exigências previstas nesta Lei Complementar e nas normas aplicáveis à atividade de resseguro e retrocessão, tenha sido cadastrado como tal no órgão fiscalizador de seguros para realizar operações de resseguro e retrocessão; e

III – ressegurador eventual: empresa resseguradora estrangeira sediada no exterior sem escritório de representação no País que, atendendo às exigências previstas nesta Lei Complementar e nas normas aplicáveis à atividade de resseguro e retrocessão, tenha sido cadastrada como tal no órgão fiscalizador de seguros para realizar operações de resseguro e retrocessão.

§ 1º É vedado o cadastro a que se refere o inciso III do *caput* deste artigo de empresas estrangeiras sediadas em paraísos fiscais, assim considerados países ou dependências que não tributam a renda ou que a tributam à alíquota inferior a 20% (vinte por cento) ou, ainda, cuja legislação interna oponha sigilo relativo à composição societária de pessoas jurídicas ou à sua titularidade.

► Antigo parágrafo único transformado em § 1º pela LC nº 137, de 26-8-2010.

§ 2º Equipara-se ao ressegurador local, para fins de contratação de operações de resseguro e de retrocessão, o fundo que tenha por único objetivo a cobertura suplementar dos riscos do seguro rural nas modalidades agrícola, pecuária, aquícola e florestal, observadas as disposições de lei própria.

► § 2º acrescido pela LC nº 137, de 26-8-2010.

Seção II

DAS REGRAS APLICÁVEIS

Art. 5º Aplicam-se aos resseguradores locais, observadas as peculiaridades técnicas, contratuais, operacionais e de risco da atividade e as disposições do órgão regulador de seguros:

I – o Decreto-Lei nº 73, de 21 de novembro de 1966, e as demais leis aplicáveis às sociedades seguradoras, inclusive as que se referem à intervenção e liquidação de empresas, mandato e responsabilidade de administradores; e

II – as regras estabelecidas para as sociedades seguradoras.

Art. 6º O ressegurador admitido ou eventual deverá atender aos seguintes requisitos mínimos:

I – estar constituído, segundo as leis de seu país de origem, para subscrever resseguros locais e internacionais nos ramos em que pretenda operar no Brasil e que tenha dado início a tais operações no país de origem, há mais de 5 (cinco) anos;

II – dispor de capacidade econômica e financeira não inferior à mínima estabelecida pelo órgão regulador de seguros brasileiro;

III – ser portador de avaliação de solvência por agência classificadora reconhecida pelo órgão fiscalizador de seguros brasileiro, com classificação igual ou superior ao mínimo estabelecido pelo órgão regulador de seguros brasileiro;

IV – designar procurador, domiciliado no Brasil, com poderes especiais para receber citações, intimações, notificações e outras comunicações; e

► Inciso IV com a redação dada pela LC nº 137, de 26-8-2010.

V – outros requisitos que venham a ser fixados pelo órgão regulador de seguros brasileiro.

Parágrafo único. Constituem-se ainda requisitos para os resseguradores admitidos:

I – manutenção de conta em moeda estrangeira vinculada ao órgão fiscalizador de seguros brasileiro, na forma e montante definido pelo órgão regulador de seguros brasileiro para garantia de suas operações no País;

II – apresentação periódica de demonstrações financeiras, na forma definida pelo órgão regulador de seguros brasileiro.

Art. 7º A taxa de fiscalização a ser paga pelos resseguradores locais e admitidos será estipulada na forma da lei.

CAPÍTULO IV

DOS CRITÉRIOS BÁSICOS DE CESSÃO

Art. 8º A contratação de resseguro e retrocessão no País ou no exterior será feita mediante negociação direta entre a cedente e o ressegurador ou por meio de intermediário legalmente autorizado.

§ 1º O limite máximo que poderá ser cedido anualmente a resseguradores eventuais será fixado pelo Poder Executivo.

§ 2º O intermediário de que trata o *caput* deste artigo é a corretora autorizada de resseguros, pessoa jurídica, que disponha de contrato de seguro de responsabilidade civil profissional, na forma definida pelo órgão regulador de seguros, e que tenha como responsável técnico o corretor de seguros especializado e devidamente habilitado.

Art. 9º A transferência de risco somente será realizada em operações:

I – de resseguro com resseguradores locais, admitidos ou eventuais; e

II – de retrocessão com resseguradores locais, admitidos ou eventuais, ou sociedades seguradoras locais.

§ 1º As operações de resseguro relativas a seguro de vida por sobrevivência e previdência complementar são exclusivas de resseguradores locais.

§ 2º O órgão regulador de seguros poderá estabelecer limites e condições para a retrocessão de riscos referentes às operações mencionadas no § 1º deste artigo.

§ 3º É o fundo que tenha por único objetivo a cobertura suplementar dos riscos do seguro rural nas modalidades agrícola, pecuária, aquícola e florestal autorizado a contratar resseguro, retrocessão e outras formas de transferência de risco, inclusive com pessoas não abrangidas pelos incisos I e II do *caput* deste artigo.

§ 4º É o órgão regulador de seguros autorizado a dispor sobre transferências de riscos, em operações de resseguro e de retrocessão, com pessoas não abrangidas pelos incisos I e II do *caput* deste artigo, quando ficar comprovada a insuficiência de oferta de capacidade por resseguradores locais, admitidos e eventuais.

► §§ 3º e 4º acrescidos pela LC nº 137, de 26-8-2010.

Art. 10. O órgão fiscalizador de seguros terá acesso a todos os contratos de resseguro e de retrocessão, inclusive os celebrados no exterior, sob pena de ser desconsiderada, para todos os efeitos, a existência do contrato de resseguro e de retrocessão.

Art. 11. Observadas as normas do órgão regulador de seguros, a cedente contratará ou ofertará preferencialmente a resseguradores locais para, pelo menos:

I – 60% (sessenta por cento) de sua cessão de resseguro, nos 3 (três) primeiros anos após a entrada em vigor desta Lei Complementar; e

II – 40% (quarenta por cento) de sua cessão de resseguro, após decorridos 3 (três) anos da entrada em vigor desta Lei Complementar.

§§ 1º a 6º VETADOS.

CAPÍTULO V
DAS OPERAÇÕES

Seção I
DISPOSIÇÕES GERAIS

Art. 12. O órgão regulador de seguros estabelecerá as diretrizes para as operações de resseguro, de retrocessão e de corretagem de resseguro e para a atuação dos escritórios de representação dos resseguradores admitidos, observadas as disposições desta Lei Complementar.

Parágrafo único. O órgão regulador de seguros poderá estabelecer:

I – cláusulas obrigatórias de instrumentos contratuais relativos às operações de resseguro e retrocessão;

II – prazos para formalização contratual;

III – restrições quanto à realização de determinadas operações de cessão de risco;

IV – requisitos para limites, acompanhamento e monitoramento de operações intragrupo; e

V – requisitos adicionais aos mencionados nos incisos I a IV deste parágrafo.

Art. 13. Os contratos de resseguro deverão incluir cláusula dispondo que, em caso de liquidação da cedente, subsistem as responsabilidades do ressegurador perante a massa liquidanda, independentemente de os pagamentos de indenizações ou benefícios aos segurados, participantes, beneficiários ou assistidos haverem ou não sido realizados pela cedente, ressalvados os casos enquadrados no art. 14 desta Lei Complementar.

Art. 14. Os resseguradores e os seus retrocessionários não responderão diretamente perante o segurado, participante, beneficiário ou assistido pelo montante assumido em resseguro e em retrocessão, ficando as cedentes que emitiram o contrato integralmente responsáveis por indenizá-los.

Parágrafo único. Na hipótese de insolvência, de decretação de liquidação ou de falência da cedente, é permitido o pagamento direto ao segurado, participante, beneficiário ou assistido, da parcela de indenização ou benefício correspondente ao resseguro, desde que o pagamento da respectiva parcela não tenha sido realizado ao segurado pela cedente nem pelo ressegurador à cedente, quando:

I – o contrato de resseguro for considerado facultativo na forma definida pelo órgão regulador de seguros;

II – nos demais casos, se houver cláusula contratual de pagamento direto.

Art. 15. Nos contratos com a intermediação de corretoras de resseguro, não poderão ser incluídas cláusulas que limitem ou restrinjam a relação direta entre as cedentes e os resseguradores nem se poderão conferir poderes ou faculdades a tais corretoras além daqueles necessários e próprios ao desempenho de suas atribuições como intermediários independentes na contratação do resseguro.

Art. 16. Nos contratos a que se refere o art. 15 desta Lei Complementar, é obrigatória a inclusão de cláusula de intermediação, definindo se a corretora está ou não autorizada a receber os prêmios de resseguro ou a coletar o valor correspondente às recuperações de indenizações ou benefícios.

Parágrafo único. Estando a corretora autorizada ao recebimento ou à coleta a que se refere o *caput* deste artigo, os seguintes procedimentos serão observados:

I – o pagamento do prêmio à corretora libera a cedente de qualquer responsabilidade pelo pagamento efetuado ao ressegurador; e,

II – o pagamento de indenização ou benefício à corretora só libera o ressegurador quando efetivamente recebido pela cedente.

Art. 17. A aplicação dos recursos das provisões técnicas e dos fundos dos resseguradores locais e dos recursos exigidos no País para garantia das obrigações dos resseguradores admitidos será efetuada de acordo com as diretrizes do Conselho Monetário Nacional – CMN.

Seção II
DAS OPERAÇÕES EM MOEDA ESTRANGEIRA

Art. 18. O seguro, o resseguro e a retrocessão poderão ser efetuados no País em moeda estrangeira, observadas a legislação que rege operações desta natureza, as regras fixadas pelo CMN e as regras fixadas pelo órgão regulador de seguros.

Parágrafo único. O CMN disciplinará a abertura e manutenção de contas em moeda estrangeira, tituladas por sociedades seguradoras, resseguradores locais, resseguradores admitidos e corretoras de resseguro.

Seção III
DO SEGURO NO PAÍS E NO EXTERIOR

Art. 19. Serão exclusivamente celebrados no País, ressalvado o disposto no art. 20 desta Lei Complementar:

I – os seguros obrigatórios; e

II – os seguros não obrigatórios contratados por pessoas naturais residentes no País ou por pessoas jurídicas domiciliadas no território nacional, independentemente da forma jurídica, para garantia de riscos no País.

Art. 20. A contratação de seguros no exterior por pessoas naturais residentes no País ou por pessoas jurídicas domiciliadas no território nacional é restrita às seguintes situações:

I – cobertura de riscos para os quais não exista oferta de seguro no País, desde que sua contratação não represente infração à legislação vigente;

II – cobertura de riscos no exterior em que o segurado seja pessoa natural residente no País, para o qual a vigência do seguro contratado se restrinja, exclusivamente, ao período em que o segurado se encontrar no exterior;

III – seguros que sejam objeto de acordos internacionais referendados pelo Congresso Nacional; e

IV – seguros que, pela legislação em vigor, na data de publicação desta Lei Complementar, tiverem sido contratados no exterior.

Parágrafo único. Pessoas jurídicas poderão contratar seguro no exterior para cobertura de riscos no exterior, informando essa contratação ao órgão fiscalizador de seguros brasileiro no prazo e nas condições determinadas pelo órgão regulador de seguros brasileiro.

CAPÍTULO VI
DO REGIME DISCIPLINAR

Art. 21. As cedentes, os resseguradores locais, os escritórios de representação de ressegurador admitido, os corretores e corretoras de seguro, resseguro e retrocessão e os prestadores de serviços de auditoria independente bem como quaisquer pessoas naturais ou jurídicas que descumprirem as normas relativas à atividade de resseguro, retrocessão e corretagem de resseguros estarão sujeitos às penalidades previstas nos arts. 108, 111, 112 e 128 do Decreto-Lei nº 73, de 21 de novembro de 1966, aplicadas pelo órgão fiscalizador de seguros, conforme normas do órgão regulador de seguros.

Parágrafo único. As infrações a que se refere o *caput* deste artigo serão apuradas mediante processo administrativo regido em consonância com o art. 118 do Decreto-Lei nº 73, de 21 de novembro de 1966.

CAPÍTULO VII
DISPOSIÇÕES FINAIS

Art. 22. O IRB-Brasil Resseguros S.A. fica autorizado a continuar exercendo suas atividades de resseguro e de retrocessão, sem qualquer solução de continuidade, independentemente de requerimento e autorização governamental, qualificando-se como ressegurador local.

Parágrafo único. O IRB-Brasil Resseguros S.A. fornecerá ao órgão fiscalizador da atividade de seguros informações técnicas e cópia de seu acervo de dados e de quaisquer outros documentos ou registros que esse órgão fiscalizador julgue necessários para o desempenho das funções de fiscalização das operações de seguro, cosseguro, resseguro e retrocessão.

Art. 23. Fica a União autorizada a oferecer aos acionistas preferenciais do IRB-Brasil Resseguros S.A., mediante competente deliberação societária, a opção de retirada do capital que mantêm investido na sociedade, com a finalidade exclusiva de destinar tais recursos integralmente à subscrição de ações de empresa de resseguro sediada no País.

Parágrafo único. VETADO.

Art. 24. O órgão fiscalizador de seguros fornecerá à Advocacia-Geral da União as informações e os documentos necessários à defesa da União nas ações em que seja parte.

Art. 25. O órgão fiscalizador de seguros, instaurado inquérito administrativo, poderá solicitar à autoridade judiciária competente o levantamento do sigilo nas instituições financeiras de informações e documentos relativos a bens, direitos e obrigações de pessoa física ou jurídica submetida ao seu poder fiscalizador.

§ 1º O órgão fiscalizador de seguros, o Banco Central do Brasil e a Comissão de Valores Mobiliários (CVM) manterão permanente intercâmbio de informações acerca dos resultados das inspeções que realizarem, dos inquéritos que instaurarem e das penalidades que aplicarem, sempre que as informações forem necessárias ao desempenho de suas atividades.

► Antigo parágrafo único transformado em § 1º e com a redação dada pela LC nº 137, de 26-8-2010.

§ 2º O órgão fiscalizador de seguros poderá firmar convênios:

I – com o Banco Central do Brasil, a CVM e outros órgãos fiscalizadores, objetivando a realização de fiscalizações conjuntas, observadas as respectivas competências;

II – com outros órgãos supervisores, reguladores, autorreguladores ou entidades fiscalizadoras de outros países, objetivando:

a) a fiscalização de escritórios de representação, filiais e subsidiárias de seguradoras e resseguradores estrangeiros, em funcionamento no Brasil, e de filiais e subsidiárias, no exterior, de seguradoras e resseguradores brasileiros, bem como a fiscalização de remessas ou ingressos de valores do exterior originários de operação de seguro, resseguro e retrocessão;

b) a cooperação mútua e o intercâmbio de informações para a investigação de atividades ou operações que impliquem aplicação, negociação, ocultação ou transferência de ativos financeiros e de valores mobiliários relacionados com a prática de condutas ilícitas ou que, sob qualquer outra forma, tenham relação com possível ilicitude.

§ 3º O intercâmbio de informações entre os órgãos e entidades mencionados nos incisos I e II do § 2º deste artigo não caracteriza violação de sigilo, devendo os referidos órgãos e entidades resguardar a segurança das informações a que vierem a ter acesso.

► §§ 2º e 3º acrescidos pela LC nº 137, de 26-8-2010.

Art. 26. As câmaras e os prestadores de serviços de compensação e de liquidação autorizados a funcionar pela legislação em vigor bem como as instituições autorizadas à prestação de serviços de custódia pela Comissão de Valores Mobiliários fornecerão ao órgão fiscalizador de seguros, desde que por ele declaradas necessárias ao exercício de suas atribuições, as informações que possuam sobre as operações:

I – dos fundos de investimento especialmente constituídos para a recepção de recursos das sociedades seguradoras, de capitalização e entidades abertas de previdência complementar; e

II – dos fundos de investimento, com patrimônio segregado, vinculados exclusivamente a planos de previdência complementar ou a seguros de vida com cláusula de cobertura por sobrevivência, estruturados na modalidade de contribuição variável, por eles comercializados e administrados.

Art. 27. Os arts. 8º, 16, 32, 86, 88, 96, 100, 108, 111 e 112 do Decreto-Lei nº 73, de 21 de novembro de 1966, passam a vigorar com a seguinte redação:

► Alterações inseridas no texto do referido Decreto-Lei.

Art. 28. VETADO.

Art. 29. A regulação de cosseguro, resseguro e retrocessão deverá assegurar prazo não inferior a 180 (cento e oitenta) dias para o Instituto de Resseguros do Brasil se adequar às novas regras de negócios, operações de resseguro, renovação dos contratos de retrocessão, plano de contas, regras de tributação, controle dos negócios de retrocessão no exterior e demais aspectos provenientes da alteração do marco regulatório decorrente desta Lei Complementar.

Art. 30. Esta Lei Complementar entra em vigor na data de sua publicação.

Art. 31. Ficam revogados os arts. 6º, 15 e 18, a alínea *i* do *caput* do art. 20, os arts. 23, 42, 44 e 45, o § 4º do art. 55, os arts. 56 a 71, a alínea *c* do *caput* e o § 1º do art. 79, os arts. 81 e 82, o § 2º do art. 89 e os arts. 114 e 116 do Decreto-Lei nº 73, de 21 de novembro de 1966, e a Lei nº 9.932, de 20 de dezembro de 1999.

Brasília, 15 de janeiro de 2007;
186º da Independência e
119º da República.

José Alencar Gomes da Silva

DECRETO Nº 6.038, DE 7 DE FEVEREIRO DE 2007

Institui o Comitê Gestor do Simples Nacional – CGSN, e dá outras providências.

► Ementa com a redação dada pelo Dec. nº 8.217, de 28-3-2014.

► Publicado no *DOU* de 8-2-2007 e retificado no *DOU* de 14-2-2007.

Art. 1º Fica instituído o Comitê Gestor do Simples Nacional – CGSN, nos termos do art. 2º da Lei Complementar nº 123, de 14 de dezembro de 2006.

► Artigo com a redação dada pelo Dec. nº 8.217, de 28-3-2014.

Art. 2º O CGSN tem a seguinte composição:

► Art. 2º, I, da LC nº 123, de 14-12-2006 (Estatuto Nacional da Microempresa e da Empresa de Pequeno Porte).

I – quatro representantes da Secretaria da Receita Federal do Brasil, como representantes da União;

► Inciso I com a redação dada pelo Dec. nº 8.217, de 28-3-2014.

II – *Revogado*; Dec. nº 8.217, de 28-3-2014.

III – dois representantes dos Estados; e

IV – dois representantes dos Municípios.

§ 1º Os representantes e respectivos suplentes, de que trata:

I – o inciso I do *caput*, serão indicados pelo Secretário da Receita Federal do Brasil;

II – o inciso III do *caput*, serão indicados pelo Conselho Nacional de Política Fazendária – CONFAZ; e

III – o inciso IV do *caput*, serão indicados:

► Incisos I a III com a redação dada pelo Dec. nº 8.217, de 20-3-2014.

a) um pela Associação Brasileira das Secretarias de Finanças das Capitais; e

b) um pela Confederação Nacional de Municípios.

§ 2º O Ministro de Estado da Fazenda designará os membros titulares e suplentes do CGSN, indicando, entre os representantes de que trata o inciso I do *caput*, o Presidente e o seu substituto.

► § 2º com a redação dada pelo Dec. nº 8.217, de 28-3-2014.

§ 3º Os membros do CGSN, bem como seus respectivos suplentes, deverão ser indicados no prazo de até quinze dias da publicação deste Decreto.

§ 4º A instalação do CGSN ocorrerá no prazo de até quinze dias após a indicação de seus membros.

§ 5º A Procuradoria-Geral da Fazenda Nacional participará do CGSN, sem direito a voto, prestando-lhe o apoio e assessoramento jurídico necessários.

Art. 3º Compete ao CGSN tratar dos aspectos tributários da Lei Complementar nº 123, de 2006, especialmente:

► Art. 2º, § 6º, da LC nº 123, de 14-12-2006 (Estatuto Nacional da Microempresa e da Empresa de Pequeno Porte).

I – apreciar e deliberar acerca da necessidade de revisão dos valores expressos em moeda na Lei Complementar nº 123, de 2006;

II – elaborar e aprovar seu regimento interno, no prazo máximo de trinta dias após sua instalação;

III – regulamentar a opção, exclusão, vedações, tributação, fiscalização, arrecadação e distribuição de recursos, cobrança, dívida ativa, recolhimento, rede arrecadadora, fatores modificadores da base de cálculo, tributação por valores fixos, isenções e reduções, abrangência, restituição, compensação, consultas de tributos de competência estadual e municipal, processos administrativos e judiciais, regimes de apuração de receita, cálculo, declarações e outras obrigações acessórias, parcelamento e demais matérias relativas ao Simples Nacional, incluído o Microempreendedor Individual; e

IV – expedir resoluções necessárias ao exercício de sua competência;

► Incisos III e IV com a redação dada pelo Dec. nº 8.217, de 28-3-2014.

V a XXIX – *Revogados*. Dec. nº 8.217, de 28-3-2014.

Art. 4º Compete ao Presidente do CGSN:

I – convocar e presidir as reuniões; e

II – coordenar e supervisionar a implementação do SIMPLES Nacional.

Art. 5º O CGSN poderá instituir comitês e grupos técnicos para execução de suas atividades.

§ 1º O ato de instituição do grupo ou comitê estabelecerá seus objetivos específicos, sua composição e prazo de duração.

§ 2º Poderão ser convidados a participar dos trabalhos dos grupos ou comitês técnicos representantes de órgãos e de entidades, públicas ou privadas, e dos Poderes Legislativo e Judiciário.

Art. 6º O CGSN deliberará mediante resoluções.

Art. 7º As deliberações do CGSN que aprovem o seu regimento interno e suas alterações deverão ocorrer por maioria absoluta de seus membros.

Art. 8º O CGSN contará com uma Secretaria-Executiva, para o fornecimento de apoio institucional e técnico-administrativo necessário ao desempenho de suas competências.

§ 1º A Secretaria da Receita Federal proverá a Secretaria-Executiva do CGSN.

§ 2º Compete à Secretaria-Executiva:

I – promover o apoio e os meios necessários à execução dos trabalhos;

II – prestar assistência direta ao Presidente;

III – preparar as reuniões;

IV – acompanhar a implementação das deliberações;

V – exercer outras atividades que lhe sejam atribuídas pelo CGSN.

Art. 9º As despesas de deslocamento e estada dos membros do CGSN, dos técnicos designados para a execução de atividades relacionadas ao CGSN e dos membros dos grupos e comitês técnicos poderão ser custeadas pela Secretaria da Receita Federal.

Art. 10. A função de membro do CGSN não será remunerada, sendo seu exercício considerado de relevante interesse público.

Art. 11. Os casos omissos serão dirimidos no âmbito das deliberações do CGSN.

Art. 12. Este Decreto entra em vigor na data de sua publicação.

Brasília, 7 de fevereiro de 2007;
186º da Independência e
119º da República.

Luiz Inácio Lula da Silva

LEI Nº 11.598, DE 3 DEZEMBRO DE 2007

Estabelece diretrizes e procedimentos para a simplificação e integração do processo de registro e legalização de empresários e de pessoas jurídicas, cria a Rede Nacional para a Simplificação do Registro e da Legalização de Empresas e Negócios – REDESIM; altera a Lei nº 8.934, de 18 de novembro de 1994; revoga dispositivos do Decreto-Lei nº 1.715, de 22 de novembro de 1979, e das Leis nºs 7.711, de 22 de dezembro de 1988, 8.036, de 11 de maio de 1990, 8.212, de 24 de julho de 1991, e 8.906, de 4 de julho de 1994; e dá outras providências.

► Publicada no *DOU* de 4-12-2007.

Art. 1º Esta Lei estabelece normas gerais de simplificação e integração do processo de registro e legalização de empresários e pessoas jurídicas no âmbito da União, dos Estados, do Distrito Federal e dos Municípios.

CAPÍTULO I
DA REDESIM E DAS DIRETRIZES PARA SUA ESTRUTURAÇÃO E FUNCIONAMENTO

Art. 2º Fica criada a Rede Nacional para a Simplificação do Registro e da Legalização de Empresas e Negócios – REDESIM, com a finalidade de propor ações e normas aos seus integrantes, cuja participação na sua composição será obrigatória para os órgãos federais e voluntária, por adesão mediante consórcio, para os órgãos, autoridades e entidades não federais com competências e atribuições vinculadas aos assuntos de interesse da REDESIM.

§ 1º A REDESIM será administrada por um Comitê Gestor presidido pelo Ministério da Economia, conforme regulamento.

► Parágrafo único transformado em § 1º e com a redação dada pela MP nº 1.040, de 29-3-2021, que até o encerramento desta edição não havia sido convertida em lei.

§ 2º A composição, a estrutura e o funcionamento do Comitê Gestor serão definidos em regulamento, que contemplará representação dos órgãos e das entidades envolvidos no processo de registro e legalização de empresários e pessoas jurídicas e no processo de licenciamento e autorizações de funcionamento.

► § 2º acrescido pela MP nº 1.040, de 29-3-2021, que até o encerramento desta edição não havia sido convertida em lei.

Art. 3º Na elaboração de normas de sua competência, os órgãos e entidades que componham a REDESIM deverão considerar a integração do processo de registro e de legalização de empresários e de pessoas jurídicas e articular as competências próprias com aquelas dos demais membros, buscando, em conjunto, compatibilizar e integrar procedimentos, de modo a evitar a duplicidade de exigências e garantir a linearidade do processo, da perspectiva do usuário.

Art. 4º Os órgãos e as entidades envolvidos no processo de registro e legalização de empresas, no âmbito de suas competências, deverão manter à disposição dos usuários, de forma gratuita, por meio presencial e da internet, informações, orientações e instrumentos que permitam pesquisas prévias sobre as etapas de registro ou inscrição, alteração e baixa de empresários e pessoas jurídicas e licenciamento e autorizações de funcionamento, de modo a fornecer ao usuário clareza quanto à documentação exigível e à viabilidade locacional, de nome empresarial, de registro, de licenciamento ou inscrição.

► *Caput* com a redação dada pela MP nº 1.040, de 29-3-2021, que até o encerramento desta edição não havia sido convertida em lei.

§§ 1º a 4º* Revogados. *MP nº 1.040, de 29-3-2021, que até o encerramento desta edição não havia sido convertida em lei.

§ 5º Ato do Poder Executivo federal disporá sobre a classificação mínima de atividades de baixo risco, válida para todos os integrantes da REDESIM, observada a Classificação Nacional de Atividades Econômicas, hipótese em que a autodeclaração de enquadramento será requerimento suficiente, até que seja apresentada prova em contrário.

► § 5º acrescido pela Lei nº 13.874, de 20-9-2019.

Art. 5º Para os fins de registro e legalização de empresários e pessoas jurídicas, os requisitos de segurança sanitária, controle ambiental e prevenção contra incêndios deverão ser simplificados, racionalizados e uniformizados pelos órgãos e entidades que componham a REDESIM, no âmbito das respectivas competências.

§ 1º As vistorias necessárias à emissão de licenças e de autorizações de funcionamento poderão ser realizadas após o início de operação do estabelecimento quando a atividade, por sua natureza, comportar grau de risco compatível com esse procedimento.

§ 2º As vistorias de interesse dos órgãos fazendários deverão ser realizadas a partir do início de operação do estabelecimento, exceto quando, em relação à atividade, lei federal dispuser sobre a impossibilidade da mencionada operação sem prévia anuência da administração tributária.

Art. 5º-A Ato do Poder Executivo federal disporá sobre a classificação de risco das atividades, válida para todos os integrantes da REDESIM, a ser observada na ausência de legislação estadual, distrital ou municipal específica, sem prejuízo do disposto no § 1º do art. 3º da Lei nº 13.874, de 20 de setembro de 2019, e observado o disposto no § 5º do art. 4º.

§ 1º Na hipótese de sobrevir legislação estadual, distrital ou municipal específica que disponha sobre a classificação de atividades, o ente federativo que editar a norma específica informará ao Comitê Gestor da REDESIM.

§ 2º Os atos públicos de liberação relativos à operação de estabelecimento empresarial terão vigência indeterminada, exceto quando houver risco, o que será fundamentado em ato da autoridade competente.

► Art. 5º-A acrescido pela MP nº 1.040, de 29-3-2021, que até o encerramento desta edição não havia sido convertida em lei.

Art. 6º Sem prejuízo do disposto no inciso I do caput do art. 3º da Lei nº 13.874, de 2019, nos casos em que o grau de risco da atividade seja considerado médio, na forma prevista no art. 5º-A, o alvará de funcionamento e as licenças serão emitidos automaticamente, sem análise humana, por intermédio de sistema responsável pela integração dos órgãos e das entidades de registro, nos termos estabelecidos em resolução do Comitê Gestor da REDESIM.

§ 1º O alvará de funcionamento será emitido com a assinatura de termo de ciência e responsabilidade do empresário, sócio ou responsável legal pela sociedade, que firmará compromisso, sob as penas da lei, de observar os requisitos exigidos para o funcionamento e o exercício das atividades econômicas constantes do objeto social, para efeito de cumprimento das normas de segurança sanitária, ambiental e de prevenção contra incêndio.

§ 2º No termo de ciência e responsabilidade constarão informações sobre as exigências que deverão ser cumpridas antes do início da atividade empresarial.

§ 3º O Comitê Gestor da REDESIM comunicará ao responsável pela integração nos Estados e no Distrito Federal sobre o recebimento de classificação própria prevista em legislação estadual, distrital ou municipal específica, hipótese na qual o sistema aplicará a classificação respectiva em vez da estabelecida pelo Comitê Gestor da REDESIM na forma prevista no caput do art. 5º-A.

§ 4º A emissão automática de que trata o caput não obsta a fiscalização dos órgãos ou das entidades estaduais, distritais ou municipais competentes.

► Art. 6º com a redação dada pela MP nº 1.040, de 29-3-2021, que até o encerramento desta edição não havia sido convertida em lei.

Art. 7º Para os atos de registro, inscrição, alteração e baixa de empresários ou pessoas jurídicas, fica vedada a instituição de qualquer tipo de exigência de natureza documental ou formal, restritiva ou condicionante, que exceda o estrito limite dos requisitos pertinentes à essência de tais atos, observado o disposto nos arts. 5º e 9º desta Lei, não podendo também ser exigidos, de forma especial:

I – quaisquer documentos adicionais aos requeridos pelos órgãos executores do Registro Público de Empresas Mercantis e Atividades Afins e do Registro Civil de Pessoas Jurídicas, excetuados os casos de autorização legal prévia;

II – documento de propriedade, contrato de locação ou comprovação de regularidade de obrigações tributárias referentes ao imóvel onde será instalada a sede, filial ou outro estabelecimento;

III – comprovação de regularidade de prepostos dos empresários ou pessoas jurídicas com seus órgãos de classe, sob qualquer forma, como requisito para deferimento de ato de inscrição, alteração ou baixa de empresários ou pessoas jurídicas, bem como para autenticação de instrumento de escrituração;

IV – certidão de inexistência de condenação criminal, que será substituída por declaração do titular ou administrador, firmada sob as penas da lei, de não estar impedido de exercer atividade mercantil ou a administração de sociedade, em virtude de condenação criminal;

V – VETADO.

§ 1º Eventuais exigências no curso de processo de registro e legalização de empresário ou de pessoa jurídica serão objeto de comunicação pelo órgão competente ao requerente, com indicação das disposições legais que as fundamentam.

§ 2º Os atos de inscrição fiscal e tributária, suas alterações e baixas efetuados diretamente por órgãos e entidades da administração direta que integrem a REDESIM não importarão em ônus, a qualquer título, para os empresários ou pessoas jurídicas.

Art. 7º-A. O registro dos atos constitutivos, de suas alterações e extinções (baixas), referentes a empresários e pessoas jurídicas em qualquer órgão dos 3 (três) âmbitos de governo, ocorrerá independentemente da regularidade de obrigações tributárias, previdenciárias ou trabalhistas, principais ou acessórias, do empresário, da sociedade, dos sócios, dos administradores ou de empresas de que participem, sem prejuízo das responsabilidades do empresário, dos titulares, dos sócios ou dos administradores por tais obrigações, apuradas antes ou após o ato de extinção.

§ 1º A baixa referida no *caput* deste artigo não impede que, posteriormente, sejam lançados ou cobrados impostos, contribuições e respectivas penalidades, decorrentes da simples falta de recolhimento ou da prática comprovada e apurada em processo administrativo ou judicial de outras irregularidades praticadas pelos empresários ou por seus titulares, sócios ou administradores.

§ 2º A solicitação de baixa na hipótese prevista no *caput* deste artigo importa responsabilidade solidária dos titulares, dos sócios e dos administradores do período de ocorrência dos respectivos fatos geradores.

► Art. 7-A acrescido pela LC nº 147, de 7-8-2014.

Art. 8º Verificada pela fiscalização de qualquer órgão componente da REDESIM divergência em dado cadastral do empresário ou da pessoa jurídica originário de instrumento de constituição, alteração ou baixa, deverá constar do auto a que seja reduzido o ato de fiscalização a obrigatoriedade de atualização ou correção daquele, no prazo de 30 (trinta) dias, mediante registro de instrumento próprio no órgão executor do Registro Público de Empresas Mercantis e Atividades Afins ou do Registro Civil de Pessoas Jurídicas, conforme o caso.

CAPÍTULO II
DOS SISTEMAS INFORMATIZADOS DE APOIO AO REGISTRO E À LEGALIZAÇÃO DE EMPRESAS

Art. 9º Será assegurada ao usuário da REDESIM entrada única de dados cadastrais e de documentos, resguardada a independência das bases de dados e observada a necessidade de informações por parte dos órgãos e entidades que a integrem.

§ 1º Os órgãos executores do Registro Público de Empresas Mercantis e Atividades Afins e do Registro Civil das Pessoas Jurídicas colocarão à disposição dos demais integrantes da REDESIM, por meio eletrônico:

I – os dados de registro de empresários ou pessoas jurídicas, imediatamente após o arquivamento dos atos;

II – as imagens digitalizadas dos atos arquivados, no prazo de 5 (cinco) dias úteis após o arquivamento.

§ 2º As imagens digitalizadas suprirão a eventual exigência de apresentação do respectivo documento a órgão ou entidade que integre a REDESIM.

§ 3º Deverão ser utilizadas, nos cadastros e registros administrativos no âmbito da REDESIM, as classificações aprovadas por órgão do Poder Executivo Federal designado em regulamento, devendo os órgãos e entidades integrantes zelar pela uniformidade e consistência das informações.

Art. 10. Para maior segurança no cumprimento de suas competências institucionais no processo de registro, com vistas na verificação de dados de identificação de empresários, sócios ou administradores, os órgãos executores do Registro Público de Empresas Mercantis e Atividades Afins e do Registro Civil de Pessoas Jurídicas realizarão consultas automatizadas e gratuitas:

I – ao Cadastro Nacional de Documentos Extraviados, Roubados ou Furtados;

II – a sistema nacional de informações sobre pessoas falecidas;

III – a outros cadastros de órgãos públicos.

Art. 11. O Poder Executivo Federal criará e manterá, na rede mundial de computadores – internet, sistema pelo qual:

I – será provida orientação e informação sobre etapas e requisitos para processamento de registro, inscrição, alteração e baixa de pessoas jurídicas ou empresários, bem como sobre a elaboração de instrumentos legais pertinentes;

II – sempre que o meio eletrônico permitir que sejam realizados com segurança, serão prestados os serviços prévios ou posteriores à protocolização dos documentos exigidos, inclusive o preenchimento da ficha cadastral única a que se refere o art. 9º desta Lei;

III – poderá o usuário acompanhar os processos de seu interesse.

Parágrafo único. O sistema mencionado no *caput* deste artigo deverá contemplar o conjunto de ações que devam ser realizadas envolvendo os órgãos e entidades da administração federal, estadual, do Distrito Federal e municipal, observado o disposto no art. 2º desta Lei, aos quais caberá a responsabilidade pela formação, atualização e incorporação de conteúdo ao sistema.

***Art. 11-A.** Não poderão ser exigidos, no processo de registro de empresários e pessoas jurídicas realizado pela REDESIM:*

I – dados ou informações que constem da base de dados do Governo federal; e

II – coletas adicionais à realizada no âmbito do sistema responsável pela integração, a qual deverá bastar para a realização do registro e das inscrições, inclusive no Cadastro Nacional da Pessoa Jurídica – CNPJ, e para a emissão das licenças e dos alvarás para o funcionamento do empresário ou da pessoa jurídica.

***Parágrafo único.** A inscrição fiscal federal no CNPJ dispensa a necessidade de coleta de dados adicionais pelos Estados, pelo Distrito Federal e pelos Municípios e a Fazenda Pública da União permutará as informações cadastrais fiscais com os entes federativos respectivos.*

► Art. 11-A acrescido pela MP nº 1.040, de 29-3-2021, que até o encerramento desta edição não havia sido convertida em lei.

CAPÍTULO III
DA CENTRAL DE ATENDIMENTO EMPRESARIAL – FÁCIL

Art. 12. As Centrais de Atendimento Empresarial – FÁCIL, unidades de atendimento presencial da REDESIM, serão instaladas preferencialmente nas capitais e funcionarão como centros integrados para a orientação, registro e a legalização de empresários e pessoas jurídicas, com o fim de promover a integração, em um mesmo espaço físico, dos serviços prestados pelos órgãos que integrem, localmente, a REDESIM.

§ 1º Deverá funcionar uma Central de Atendimento Empresarial – FÁCIL em toda capital cuja municipalidade, assim como os órgãos ou entidades dos respectivos Estados, adiram à REDESIM, inclusive no Distrito Federal, se for o caso.

§ 2º Poderão fazer parte das Centrais de Atendimento Empresarial – FÁCIL, na qualidade de parceiros, as entidades representativas do setor empresarial, em especial das microempresas e empresas de pequeno porte, e outras entidades da sociedade civil que tenham como foco principal de atuação o apoio e a orientação empresarial.

§ 3º Em cada unidade da Federação, os centros integrados de registro e legalização de empresários e pessoas jurídicas poderão ter seu nome próprio definido pelos parceiros locais, sem prejuízo de sua apresentação juntamente com a marca "FÁCIL".

Art. 13. As Centrais de Atendimento Empresarial – FÁCIL serão compostas por:

I – um Núcleo de Orientação e Informação, que fornecerá serviços de apoio empresarial, com a finalidade de auxiliar o usuário na decisão de abertura do negócio, prestar orientação e informações completas e prévias para realização do registro e da legalização de empresas, inclusive as consultas prévias necessárias, de modo que o processo não seja objeto de restrições após a sua protocolização no Núcleo Operacional;

II – um Núcleo Operacional, que receberá e dará tratamento, de forma conclusiva, ao processo único de cada requerente, contemplando as exigências documentais, formais e de informação referentes aos órgãos e entidades que integrem a REDESIM.

Parágrafo único. As Centrais de Atendimento Empresarial – FÁCIL que forem criadas fora das capitais e do Distrito Federal poderão ter suas atividades restritas ao Núcleo de Orientação e Informação.

CAPÍTULO IV
DISPOSIÇÕES TRANSITÓRIAS

Art. 14. No prazo de:

I – 180 (cento e oitenta) dias, serão definidas pelos órgãos e entidades integrantes da REDESIM competentes para emissão de licenças e autorizações de funcionamento as atividades cujo grau de risco seja considerado alto e que exigirão vistoria prévia;

II – 18 (dezoito) meses, serão implementados:

a) pelo Poder Executivo federal o cadastro a que se refere o inciso I do *caput* do art. 10 desta Lei, no âmbito do Ministério da Justiça, para ser disponibilizado na rede mundial de computadores – internet;

b) pelos Municípios com mais de 20.000 (vinte mil) habitantes que aderirem à REDESIM os procedimentos de consulta prévia a que se referem os incisos I e II do § 1º do art. 4º desta Lei;

III – 3 (três) anos, será implementado pelo Poder Executivo federal sistema informatizado de classificação das atividades que uniformize e simplifique as atuais codificações existentes em todo o território nacional, com apoio dos integrantes da REDESIM.

Parágrafo único. Até que seja implementado o sistema de que trata o inciso III do *caput* deste artigo, os órgãos integrantes da REDESIM deverão:

I – promover entre si a unificação da atribuição de códigos da Classificação Nacional de Atividades Econômicas-Fiscal – CNAE-Fiscal aos estabelecimentos empresariais de uma mesma jurisdição, com a utilização dos instrumentos de apoio à codificação disponibilizados pela Fundação Instituto Brasileiro de Geografia e Estatística – IBGE;

II – buscar condições para atualização permanente da codificação atribuída aos agentes econômicos registrados.

Art. 15. VETADO.

CAPÍTULO V
DISPOSIÇÕES FINAIS

Art. 16. O disposto no art. 7º desta Lei aplica-se a todos os órgãos e entidades da União, dos Estados, do Distrito Federal e dos Municípios competentes para o registro e a legalização de empresários e pessoas jurídicas, relativamente aos seus atos constitutivos, de inscrição, alteração e baixa.

Art. 17. Os arts. 43 e 45 da Lei nº 8.934, de 18 de novembro de 1994, passam a vigorar com as seguintes alterações:

► Alterações inseridas no texto da referida lei.

Art. 18. Esta Lei entra em vigor na data de sua publicação.

Art. 19. VETADO.

Brasília, 3 de dezembro de 2007;
186º da Independência e
119º da República.

Luiz Inácio Lula da Silva

LEI Nº 11.636, DE 28 DE DEZEMBRO DE 2007

Dispõe sobre as custas judiciais devidas no âmbito do Superior Tribunal de Justiça.

► Publicada no *DOU* de 28-12-2007, Edição Extra.

Art. 1º Esta Lei dispõe sobre a incidência e a cobrança das custas devidas à União que tenham como fato gerador a prestação de serviços públicos de natureza forense, no âmbito do

Superior Tribunal de Justiça, nos processos de competência originária ou recursal.

Art. 2º Os valores e as hipóteses de incidência das custas são os constantes do Anexo desta Lei.

Parágrafo único. Os valores das custas judiciais do Superior Tribunal de Justiça constantes das Tabelas do Anexo desta Lei serão corrigidos anualmente pela variação do Índice Nacional de Preços ao Consumidor Amplo – IPCA, do IBGE, observado o disposto no art. 15 desta Lei.

Art. 3º As custas previstas nesta Lei não excluem as despesas estabelecidas em legislação processual específica, inclusive o porte de remessa e retorno dos autos.

Art. 4º O pagamento das custas deverá ser feito em bancos oficiais, mediante preenchimento de guia de recolhimento de receita da União, de conformidade com as normas estabelecidas pela Secretaria da Receita Federal do Ministério da Fazenda e por resolução do presidente do Superior Tribunal de Justiça.

Art. 5º Exceto em caso de isenção legal, nenhum feito será distribuído sem o respectivo preparo, nem se praticarão nele atos processuais, salvo os que forem ordenados de ofício pelo relator.

Parágrafo único. O preparo compreende todos os atos do processo, inclusive a baixa dos autos.

Art. 6º Quando autor e réu recorrerem, cada recurso estará sujeito a preparo integral e distinto, composto de custas e porte de remessa e retorno.

§ 1º Se houver litisconsortes necessários, bastará que um dos recursos seja preparado para que todos sejam julgados, ainda que não coincidam suas pretensões.

§ 2º Para efeito do disposto no § 1º deste artigo, o assistente é equiparado ao litisconsorte.

§ 3º O terceiro prejudicado que recorrer fará o preparo do seu recurso, independentemente do preparo dos recursos que, porventura, tenham sido interpostos pelo autor ou pelo réu.

Art. 7º Não são devidas custas nos processos de *habeas data*, *habeas corpus* e recursos em *habeas corpus*, e nos demais processos criminais, salvo a ação penal privada.

Art. 8º Não haverá restituição das custas quando se declinar da competência do Superior Tribunal de Justiça para outros órgãos jurisdicionais.

Art. 9º Quando se tratar de feitos de competência originária, o comprovante do recolhimento das custas deverá ser apresentado na unidade competente do Superior Tribunal de Justiça, no ato de protocolo.

Art. 10. Quando se tratar de recurso, o recolhimento do preparo, composto de custas e porte de remessa e retorno, será feito no tribunal de origem, perante as suas secretarias e no prazo da sua interposição.

Parágrafo único. Nenhum recurso subirá ao Superior Tribunal de Justiça, salvo caso de isenção, sem a juntada aos autos do comprovante de recolhimento do preparo.

Art. 11. O abandono ou desistência do feito, ou a existência de transação que lhe ponha termo, em qualquer fase do processo, não dispensa a parte do pagamento das custas nem lhe dá o direito à restituição.

Art. 12. Extinto o processo, se a parte responsável pelo pagamento das custas ou porte de remessa e retorno, devidamente intimada, não o fizer dentro de 15 (quinze) dias, o responsável pela unidade administrativa competente do órgão julgador a que estiver afeto o processo encaminhará os elementos necessários ao relator e este à Procuradoria-Geral da Fazenda Nacional, para sua inscrição como dívida ativa da União.

Art. 13. A assistência judiciária, perante o Superior Tribunal de Justiça, será requerida ao presidente antes da distribuição, e, nos demais casos, ao relator.

Parágrafo único. Prevalecerá no Superior Tribunal de Justiça a assistência judiciária já concedida em outra instância.

Art. 14. O regimento interno do Superior Tribunal de Justiça disporá sobre os atos complementares necessários ao cumprimento desta Lei.

Art. 15. Esta Lei entra em vigor na data de sua publicação, produzindo efeitos respeitando-se o disposto nas alíneas *b* e *c* do inciso III do *caput* do art. 150 da Constituição Federal.

Brasília, 28 de dezembro de 2007;
186º da Independência e
119º da República.

Luiz Inácio Lula da Silva

ANEXO I

► Anexo I com a redação dada pela Res. do STJ nº 4, de 1º-2-2013.

TABELA DE CUSTAS JUDICIAIS DO SUPERIOR TRIBUNAL DE JUSTIÇA

TABELA "A"

FEITOS DE COMPETÊNCIA ORIGINÁRIA

FEITO	VALOR (em R$)
I – Ação Penal	131,87
II – Ação Rescisória	263,75
III – Comunicação	65,94
IV – Conflito de Competência	65,94
V – Conflito de Atribuições	65,94
VI – Exceção de Impedimento	65,94
VII – Exceção de Suspeição	65,94
VIII – Exceção da Verdade	65,94
IX – Inquérito	65,94
X – Interpelação Judicial	65,94
XI – Intervenção Federal	65,94

FEITO	VALOR (em R$)
XII – Mandado de Injunção	65,94
XIII – Mandado de Segurança: *a)* um impetrante	131,87
b) mais de um impetrante (cada excedente)	65,94
XIV – Medida Cautelar	263,75
XV – Petição	263,75
XVI – Reclamação	65,94
XVII – Representação	65,94
XVIII – Revisão Criminal	263,75
XIX – Suspensão de Liminar e de Sentença	263,75
XX – Suspensão de Segurança	131,87
XXI – Embargos de Divergência	65,94
XXII – Ação de Improbidade Administrativa	65,94
XXIII – Homologação de Sentença Estrangeira	131,87

TABELA "B"

RECURSOS INTERPOSTOS EM INSTÂNCIA INFERIOR

RECURSO	VALOR (em R$)
I – Recurso em Mandado de Segurança	131,87
II – Recurso Especial	131,87
III – Apelação Cível (art. 105, inciso II, alínea *c*, da Constituição Federal)	263,75

TABELA "C"

PORTE DE REMESSA E RETORNO DOS AUTOS

Sede do Tribunal Número de folhas (kg)	DF	GO/MG/TO	MT/MS/RJ/SP	BA/ES/PR/PI/SC/SE	AL/MA/PA/RS	AP/AM/CE/PB/PE/RN/RO	AC/RR
	R$	R$	R$	R$	R$	R$	R$
Até 180 (1 kg)	30,80	47,00	64,00	78,00	87,00	93,80	111,40
181 a 360 (2 kg)	33,60	55,60	73,40	93,40	104,00	113,20	139,00
361 a 540 (3 kg)	36,20	64,00	84,20	109,80	121,40	133,80	168,80
541 a 720 (4 kg)	39,20	72,40	93,00	125,80	139,00	154,60	198,60
721 a 900 (5 kg)	41,40	79,40	102,60	140,80	156,20	174,40	227,40
901 a 1.080 (6 kg)	44,00	86,40	112,60	153,00	171,20	194,40	252,20
1.081 a 1.260 (7 kg)	46,80	94,80	124,00	170,20	191,60	216,80	280,00
Acima de 1.260 fls. por lote adicional de 180 folhas	2,80	8,40	11,40	17,20	20,40	22,40	27,80

ANEXO II

► Anexo II com a redação dada pela Port. do STJ nº 4, de 5-2-2013.

TRIBUNAIS QUE ADERIRAM À DEVOLUÇÃO ELETRÔNICA DE AUTOS

Tribunal
Tribunal Regional Federal da 1ª Região
Tribunal Regional Federal da 3ª Região
Tribunal de Justiça do Distrito Federal e dos Territórios
Tribunal de Justiça do Estado de Alagoas
Tribunal de Justiça do Estado da Bahia
Tribunal de Justiça do Estado de Minas Gerais
Tribunal de Justiça do Estado da Paraíba
Tribunal de Justiça do Estado do Paraná
Tribunal de Justiça do Estado do Rio Grande do Norte
Tribunal de Justiça do Estado de Rondônia
Tribunal de Justiça do Estado de Santa Catarina
Tribunal de Justiça do Estado de São Paulo
Tribunal de Justiça do Estado de Sergipe
Tribunal de Justiça do Estado do Tocantins

LEI Nº 11.649, DE 4 DE ABRIL DE 2008

Dispõe sobre procedimento na operação de arrendamento mercantil de veículo automotivo (leasing), e dá outras providências.

► Publicada no *DOU* de 7-4-2008.

Art. 1º Nos contratos de arrendamento mercantil de veículos automotivos, após a quitação de todas as parcelas vencidas e vincendas, das obrigações pecuniárias previstas em contrato, e do envio ao arrendador de comprovante de pagamento dos IPVAs e dos DPVATs, bem como das multas pagas nas esferas Federal, Estaduais e Municipais, documentos esses acompanhados de carta na qual a arrendatária manifesta formalmente sua opção pela compra do bem, exigida pela Lei nº 6.099, de 12 de setembro de 1974, a sociedade de arrendamento mercantil, na qualidade de arrendadora, deverá, no prazo de até trinta dias úteis, após recebimento destes documentos, remeter ao arrendatário:

I – o documento único de transferência (DUT) do veículo devidamente assinado pela arrendadora, a fim de possibilitar que o arrendatário providencie a respectiva transferência de propriedade do veículo junto ao departamento de trânsito do Estado;

II – a nota promissória vinculada ao contrato e emitida pelo arrendatário, se houver, com o devido carimbo de "liquidada" ou "sem efeito", bem como o termo de quitação do respectivo contrato de arrendamento mercantil (*leasing*).

Parágrafo único. Considerar-se-á como nula de pleno direito qualquer cláusula contratual relativa à operação de arrendamento mercantil de veículo automotivo que disponha de modo contrário ao disposto neste artigo.

Art. 2º O descumprimento do disposto no art. 1º sujeitará a parte infratora, sociedade de arrendamento mercantil ou arrendatário, ao pagamento de multa equivalente a dois por cento do valor da venda do bem, podendo a parte credora cobrá-la por meio de processo de execução.

Art. 3º Esta Lei entra em vigor na data de sua publicação, produzindo efeitos após decorridos sessenta dias.

Brasília, 4 de abril de 2008;
187º da Independência e
120º da República.

Luiz Inácio Lula da Silva

DECRETO Nº 6.523, DE 31 DE JULHO DE 2008

Regulamenta a Lei nº 8.078, de 11 de setembro de 1990, para fixar normas gerais sobre o Serviço de Atendimento ao Consumidor – SAC.

► Publicada no *DOU* de 1º-8-2008.

Art. 1º Este Decreto regulamenta a Lei nº 8.078, de 11 de setembro de 1990, e fixa normas gerais sobre o Serviço de Atendimento ao Consumidor – SAC por telefone, no âmbito dos fornecedores de serviços regulados pelo Poder Público federal, com vistas à observância dos direitos básicos do consumidor de obter informação adequada e clara sobre os serviços que contratar e de manter-se protegido contra práticas abusivas ou ilegais impostas no fornecimento desses serviços.

CAPÍTULO I
DO ÂMBITO DA APLICAÇÃO

Art. 2º Para os fins deste Decreto, compreende-se por SAC o serviço de atendimento telefônico das prestadoras de serviços regulados que tenham como finalidade resolver as demandas dos consumidores sobre informação, dúvida, reclamação, suspensão ou cancelamento de contratos e de serviços.

Parágrafo único. Excluem-se do âmbito de aplicação deste Decreto a oferta e a contratação de produtos e serviços realizadas por telefone.

CAPÍTULO II
DA ACESSIBILIDADE DO SERVIÇO

Art. 3º As ligações para o SAC serão gratuitas e o atendimento das solicitações e demandas previsto neste Decreto não deverá resultar em qualquer ônus para o consumidor.

Art. 4º O SAC garantirá ao consumidor, no primeiro menu eletrônico, as opções de contato com o atendente, de reclamação e de cancelamento de contratos e serviços.

§ 1º A opção de contatar o atendimento pessoal constará de todas as subdivisões do menu eletrônico.

§ 2º O consumidor não terá a sua ligação finalizada pelo fornecedor antes da conclusão do atendimento.

§ 3º O acesso inicial ao atendente não será condicionado ao prévio fornecimento de dados pelo consumidor.

§ 4º Regulamentação específica tratará do tempo máximo necessário para o contato direto com o atendente, quando essa opção for selecionada.

Art. 5º O SAC estará disponível, ininterruptamente, durante vinte e quatro horas por dia e sete dias por semana, ressalvado o disposto em normas específicas.

Art. 6º O acesso das pessoas com deficiência auditiva ou de fala será garantido pelo SAC, em caráter preferencial, facultado à empresa atribuir número telefônico específico para este fim.

Art. 7º O número do SAC constará de forma clara e objetiva em todos os documentos e materiais impressos entregues ao consumidor no momento da contratação do serviço e durante o seu fornecimento, bem como na página eletrônica da empresa na INTERNET.

Parágrafo único. No caso de empresa ou grupo empresarial que oferte serviços conjuntamente, será garantido ao consumidor o acesso, ainda que por meio de diversos números de telefone, a canal único que possibilite o atendimento de demanda relativa a qualquer um dos serviços oferecidos.

CAPÍTULO III
DA QUALIDADE DO ATENDIMENTO

Art. 8º O SAC obedecerá aos princípios da dignidade, boa-fé, transparência, eficiência, eficácia, celeridade e cordialidade.

Art. 9º O atendente, para exercer suas funções no SAC, deve ser capacitado com as habilidades técnicas e procedimentais necessárias para realizar o adequado atendimento ao consumidor, em linguagem clara.

Art. 10. Ressalvados os casos de reclamação e de cancelamento de serviços, o SAC garantirá a transferência imediata ao setor competente para atendimento definitivo da demanda, caso o primeiro atendente não tenha essa atribuição.

§ 1º A transferência dessa ligação será efetivada em até sessenta segundos.

§ 2º Nos casos de reclamação e cancelamento de serviço, não será admitida a transferência da ligação, devendo todos os atendentes possuir atribuições para executar essas funções.

§ 3º O sistema informatizado garantirá ao atendente o acesso ao histórico de demandas do consumidor.

Art. 11. Os dados pessoais do consumidor serão preservados, mantidos em sigilo e utilizados exclusivamente para os fins do atendimento.

Art. 12. É vedado solicitar a repetição da demanda do consumidor após seu registro pelo primeiro atendente.

Art. 13. O sistema informatizado deve ser programado tecnicamente de modo a garantir a agilidade, a segurança das informações e o respeito ao consumidor.

Art. 14. É vedada a veiculação de mensagens publicitárias durante o tempo de espera para o atendimento, salvo se houver prévio consentimento do consumidor.

CAPÍTULO IV

DO ACOMPANHAMENTO DE DEMANDAS

Art. 15. Será permitido o acompanhamento pelo consumidor de todas as suas demandas por meio de registro numérico, que lhe será informado no início do atendimento.

§ 1º Para fins do disposto no *caput*, será utilizada sequência numérica única para identificar todos os atendimentos.

§ 2º O registro numérico, com data, hora e objeto da demanda, será informado ao consumidor e, se por este solicitado, enviado por correspondência ou por meio eletrônico, a critério do consumidor.

§ 3º É obrigatória a manutenção da gravação das chamadas efetuadas para o SAC, pelo prazo mínimo de noventa dias, durante o qual o consumidor poderá requerer acesso ao seu conteúdo.

§ 4º O registro eletrônico do atendimento será mantido à disposição do consumidor e do órgão ou entidade fiscalizadora por um período mínimo de dois anos após a solução da demanda.

Art. 16. O consumidor terá direito de acesso ao conteúdo do histórico de suas demandas, que lhe será enviado, quando solicitado, no prazo máximo de setenta e duas horas, por correspondência ou por meio eletrônico, a seu critério.

CAPÍTULO V

DO PROCEDIMENTO PARA A RESOLUÇÃO DE DEMANDAS

Art. 17. As informações solicitadas pelo consumidor serão prestadas imediatamente e suas reclamações, resolvidas no prazo máximo de cinco dias úteis a contar do registro.

§ 1º O consumidor será informado sobre a resolução de sua demanda e, sempre que solicitar, ser-lhe-á enviada a comprovação pertinente por correspondência ou por meio eletrônico, a seu critério.

§ 2º A resposta do fornecedor será clara e objetiva e deverá abordar todos os pontos da demanda do consumidor.

§ 3º Quando a demanda versar sobre serviço não solicitado ou cobrança indevida, a cobrança será suspensa imediatamente, salvo se o fornecedor indicar o instrumento por meio do qual o serviço foi contratado e comprovar que o valor é efetivamente devido.

CAPÍTULO VI

DO PEDIDO DE CANCELAMENTO DO SERVIÇO

Art. 18. O SAC receberá e processará imediatamente o pedido de cancelamento de serviço feito pelo consumidor.

§ 1º O pedido de cancelamento será permitido e assegurado ao consumidor por todos os meios disponíveis para a contratação do serviço.

§ 2º Os efeitos do cancelamento serão imediatos à solicitação do consumidor, ainda que o seu processamento técnico necessite de prazo, e independe de seu adimplemento contratual.

§ 3º O comprovante do pedido de cancelamento será expedido por correspondência ou por meio eletrônico, a critério do consumidor.

CAPÍTULO VII

DAS DISPOSIÇÕES FINAIS

Art. 19. A inobservância das condutas descritas neste Decreto ensejará aplicação das sanções previstas no art. 56 da Lei nº 8.078, de 1990, sem prejuízo das constantes dos regulamentos específicos dos órgãos e entidades reguladoras.

Art. 20. Os órgãos competentes, quando necessário, expedirão normas complementares e específicas para execução do disposto neste Decreto.

Art. 21. Os direitos previstos neste Decreto não excluem outros, decorrentes de regulamentações expedidas pelos órgãos e entidades reguladores, desde que mais benéficos para o consumidor.

Art. 22. Este Decreto entra em vigor em 1º de dezembro de 2008.

Brasília, 31 de julho de 2008;
187º da Independência e
120º da República.

Luiz Inácio Lula da Silva

LEI Nº 11.795, DE 8 DE OUTUBRO DE 2008

Dispõe sobre o Sistema de Consórcio.

► Publicada no *DOU* de 9-10-2008.

CAPÍTULO I

DO SISTEMA DE CONSÓRCIOS

SEÇÃO I

DOS CONCEITOS FUNDAMENTAIS

Art. 1º O Sistema de Consórcios, instrumento de progresso social que se destina a propiciar o acesso ao consumo de bens e serviços, constituído por administradoras de consórcio e grupos de consórcio, será regulado por esta Lei.

Art. 2º Consórcio é a reunião de pessoas naturais e jurídicas em grupo, com prazo de duração e número de cotas previamente determinados, promovida por administradora de consórcio, com a finalidade de propiciar a seus integrantes, de forma isonômica, a aquisição de bens ou serviços, por meio de autofinanciamento.

Art. 3º Grupo de consórcio é uma sociedade não personificada constituída por consorciados para os fins estabelecidos no art. 2º.

§ 1º O grupo de consórcio será representado por sua administradora, em caráter irrevogável e irretratável, ativa ou passivamente, em juízo ou fora dele, na defesa dos direitos e interesses coletivamente considerados e para a execução do contrato de participação em grupo de consórcio, por adesão.

§ 2º O interesse do grupo de consórcio prevalece sobre o interesse individual do consorciado.

§ 3º O grupo de consórcio é autônomo em relação aos demais e possui patrimônio próprio, que não se confunde com o de outro grupo, nem com o da própria administradora.

§ 4º Os recursos dos grupos geridos pela administradora de consórcio serão contabilizados separadamente.

Art. 4º Consorciado é a pessoa natural ou jurídica que integra o grupo e assume a obrigação de contribuir para o cumprimento integral de seus objetivos, observado o disposto no art. 2º.

Seção II
DA ADMINISTRAÇÃO DE CONSÓRCIOS

Art. 5º A administradora de consórcios é a pessoa jurídica prestadora de serviços com objeto social principal voltado à administração de grupos de consórcio, constituída sob a forma de sociedade limitada ou sociedade anônima, nos termos do art. 7º, inciso I.

§ 1º A administradora de consórcio deve figurar no contrato de participação em grupo de consórcio, por adesão, na qualidade de gestora dos negócios dos grupos e de mandatária de seus interesses e direitos.

§ 2º Os diretores, gerentes, prepostos e sócios com função de gestão na administradora de consórcio são depositários, para todos os efeitos, das quantias que a administradora receber dos consorciados na sua gestão, até o cumprimento da obrigação assumida no contrato de participação em grupo de consórcio, por adesão, respondendo pessoal e solidariamente, independentemente da verificação de culpa, pelas obrigações perante os consorciados.

§ 3º A administradora de consórcio tem direito à taxa de administração, a título de remuneração pela formação, organização e administração do grupo de consórcio até o encerramento deste, conforme o art. 32, bem como o recebimento de outros valores, expressamente previstos no contrato de participação em grupo de consórcio, por adesão, observados ainda os arts. 28 e 35.

§ 4º VETADO.

§ 5º Os bens e direitos adquiridos pela administradora em nome do grupo de consórcio, inclusive os decorrentes de garantia, bem como seus frutos e rendimentos, não se comunicam com o seu patrimônio, observado que:

I – não integram o ativo da administradora;

II – não respondem direta ou indiretamente por qualquer obrigação da administradora;

III – não compõem o elenco de bens e direitos da administradora, para efeito de liquidação judicial ou extrajudicial;

IV – não podem ser dados em garantia de débito da administradora.

§ 6º A administradora estará desobrigada de apresentar certidão negativa de débitos, expedida pelo Instituto Nacional da Seguridade Social, e Certidão Negativa de Tributos e Contribuições, expedida pela Secretaria da Receita Federal, relativamente à própria empresa, quando alienar imóvel integrante do patrimônio do grupo de consórcio.

§ 7º No caso de o bem recebido ser um imóvel, as restrições enumeradas nos incisos II a IV do § 5º deste artigo deverão ser averbadas no registro de imóveis competente.

Seção III
DO ÓRGÃO REGULADOR E FISCALIZADOR

Art. 6º A normatização, coordenação, supervisão, fiscalização e controle das atividades do sistema de consórcios serão realizados pelo Banco Central do Brasil.

Art. 7º Compete ao Banco Central do Brasil:

I – conceder autorização para funcionamento, transferência do controle societário e reorganização da sociedade e cancelar a autorização para funcionar das administradoras de consórcio, segundo abrangência e condições que fixar;

II – aprovar atos administrativos ou societários das administradoras de consórcio, segundo abrangência e condições que fixar;

III – baixar normas disciplinando as operações de consórcio, inclusive no que refere à supervisão prudencial, à contabilização, ao oferecimento de garantias, à aplicação financeira dos recursos dos grupos de consórcio, às condições mínimas que devem constar do contrato de participação em grupo de consórcio, por adesão, à prestação de contas e ao encerramento do grupo de consórcio;

IV – *Revogado*. Lei nº 13.506, de 13-11-2017.

V – fiscalizar as operações de consórcio, as administradoras de consórcio e os atos dos respectivos administradores e aplicar as sanções;

VI – estabelecer os procedimentos relativos ao processo administrativo e o julgamento das infrações a esta Lei, às normas infralegais e aos termos dos contratos de participação em grupo de consórcio, por adesão, formalizados;

VII – intervir nas administradoras de consórcio e decretar sua liquidação extrajudicial na forma e condições previstas na legislação especial aplicável às instituições financeiras.

Art. 8º No exercício da fiscalização prevista no art. 7º, o Banco Central do Brasil poderá exigir das administradoras de consórcio, bem como de seus administradores, a exibição a funcionários seus, expressamente credenciados, de documentos, papéis, livros de escrituração e acesso aos dados armazenados nos sistemas eletrônicos, considerando-se a negativa de atendimento como embaraço à fiscalização, sujeita às penalidades previstas nesta Lei, sem prejuízo de outras medidas e sanções cabíveis.

Art. 9º VETADO.

CAPÍTULO II
DO CONTRATO DE CONSÓRCIO

Art. 10. O contrato de participação em grupo de consórcio, por adesão, é o instrumento plurilateral de natureza associativa cujo escopo é a constituição de fundo pecuniário para as finalidades previstas no art. 2º.

§ 1º O contrato de participação em grupo de consórcio, por adesão, criará vínculos obrigacionais entre os consorciados, e destes com a administradora, para proporcionar a todos igual condição de acesso ao mercado de consumo de bens ou serviços.

§ 2º VETADO.

§ 3º A proposta de participação é o instrumento pelo qual o interessado formaliza seu pedido de participação no grupo de consórcio, que se converterá no contrato, observada a disposição constante do § 4º, se aprovada pela administradora.

§ 4º O contrato de participação em grupo de consórcio aperfeiçoar-se-á na data de constituição do grupo, observado o art. 16.

§ 5º É facultada a estipulação de multa pecuniária em virtude de descumprimento de obrigação contratual, que a parte que lhe der causa pagará à outra.

§ 6º O contrato de participação em grupo de consórcio, por adesão, de consorciado contemplado é título executivo extrajudicial.

Art. 11. O contrato de participação em grupo de consórcio, por adesão, implicará atribuição de uma cota de participação no grupo, numericamente identificada, nela caracterizada o bem ou serviço.

Art. 12. O contrato de participação em grupo de consórcio, por adesão, poderá ter como referência bem móvel, imóvel ou serviço de qualquer natureza.

Parágrafo único. O contrato de grupo para a aquisição de bem imóvel poderá estabelecer a aquisição de imóvel em empreendimento imobiliário.

Art. 13. Os direitos e obrigações decorrentes do contrato de participação em grupo de consórcio, por adesão, poderão ser transferidos a terceiros, mediante prévia anuência da administradora.

Art. 14. No contrato de participação em grupo de consórcio, por adesão, devem estar previstas, de forma clara, as garantias que serão exigidas do consorciado para utilizar o crédito.

§ 1º As garantias iniciais em favor do grupo devem recair sobre o bem adquirido por meio do consórcio.

§ 2º No caso de consórcio de bem imóvel, é facultado à administradora aceitar em garantia outro imóvel de valor suficiente para assegurar o cumprimento das obrigações pecuniárias do contemplado em face do grupo.

§ 3º Admitem-se garantias reais ou pessoais, sem vinculação ao bem referenciado, no caso de consórcio de serviço de qualquer natureza, ou quando, na data de utilização do crédito, o bem estiver sob produção, incorporação ou situação análoga definida pelo Banco Central do Brasil.

§ 4º A administradora pode exigir garantias complementares proporcionais ao valor das prestações vincendas.

§ 5º A administradora deve indenizar o grupo na ocorrência de eventuais prejuízos decorrentes:

I – de aprovação de garantias insuficientes, inclusive no caso de substituição de garantias dadas na forma dos §§ 1º, 2º e 3º;

II – de liberação de garantias enquanto o consorciado não tiver quitado sua participação no grupo.

§ 6º Para os fins do disposto neste artigo, o oferecedor de garantia por meio de alienação fiduciária de imóvel ficará responsável pelo pagamento integral das obrigações pecuniárias estabelecidas no contrato de participação em grupo de consórcio, por adesão, inclusive da parte que remanescer após a execução dessa garantia.

§ 7º A anotação da alienação fiduciária de veículo automotor ofertado em garantia ao grupo de consórcio no certificado de registro a que se refere o Código de Trânsito Brasileiro, Lei nº 9.503, de 23 de setembro de 1997, produz efeitos probatórios contra terceiros, dispensado qualquer outro registro público.

Art. 15. A participação de um mesmo consorciado em um grupo de consórcio, para os grupos constituídos a partir da edição desta Lei, fica limitada ao percentual de cotas, a ser fixado pelo Banco Central do Brasil.

§ 1º A administradora de consórcio pode adquirir cotas de grupo de consórcio, inclusive sob sua administração.

§ 2º A administradora de consórcio, em qualquer hipótese, somente poderá concorrer a sorteio ou lance após a contemplação de todos os demais consorciados.

§ 3º O disposto nos §§ 1º e 2º aplica-se, inclusive:

I – aos administradores e pessoas com função de gestão na administradora;

II – aos administradores e pessoas com função de gestão em empresas coligadas, controladas ou controladoras da administradora;

III – às empresas coligadas, controladas ou controladoras da administradora.

§ 4º O percentual referido no *caput* aplica-se cumulativamente às pessoas relacionadas nos §§ 1º a 3º.

CAPÍTULO III
DO FUNCIONAMENTO DO GRUPO

Seção I
DA CONSTITUIÇÃO

Art. 16. Considera-se constituído o grupo de consórcio com a realização da primeira assembleia, que será designada pela administradora de consórcio quando houver adesões em número e condições suficientes para assegurar a viabilidade econômico-financeira do empreendimento.

Art. 17. O grupo deve escolher, na primeira assembleia-geral ordinária, até 3 (três) consorciados, que o representarão perante a administradora com a finalidade de acompanhar a regularidade de sua gestão, com mandato igual à duração do grupo, facultada a substituição por decisão da maioria dos consorciados em assembleia-geral.

Parágrafo único. No exercício de sua função, os representantes terão, a qualquer tempo, acesso a todos os documentos e demonstrativos pertinentes às operações do grupo, podendo solicitar informações e representar contra a administradora na defesa dos interesses do grupo, perante o órgão regulador e fiscalizador.

Seção II
DAS ASSEMBLEIAS

Art. 18. A assembleia-geral ordinária será realizada na periodicidade prevista no contrato de participação em grupo de consórcio, por adesão, e destina-se a apreciação de contas prestadas pela administradora e a realização de contemplações.

Art. 19. A assembleia-geral extraordinária será convocada pela administradora, por iniciativa própria ou por solicitação de 30% (trinta por cento) dos consorciados ativos do grupo, para deliberar sobre quaisquer outros assuntos que não os afetos à assembleia-geral ordinária.

Art. 20. A cada cota de consorciado ativo corresponderá um voto nas deliberações das assembleias-gerais ordinárias e extraordinárias, que serão tomadas por maioria simples.

§ 1º A representação do ausente pela administradora na assembleia-geral ordinária dar-se-á com a outorga de poderes, desde que prevista no contrato de participação em grupo de consórcio, por adesão.

§ 2º A representação de ausentes nas assembleias-gerais extraordinárias dar-se-á com a outorga de poderes específicos, inclusive à administradora, constando obrigatoriamente informações relativas ao dia, hora e local e assuntos a serem deliberados.

§ 3º Somente o consorciado ativo não contemplado participará da tomada de decisões em assembleia-geral extraordinária convocada para deliberar sobre:

I – suspensão ou retirada de produção do bem ou extinção do serviço objeto do contrato;

II – extinção do índice de atualização do valor do crédito e das parcelas, indicado no contrato;

III – encerramento antecipado do grupo;

IV – assuntos de seus interesses exclusivos.

Art. 21. Para os fins do disposto nos arts. 19 e 20, é consorciado ativo aquele que mantém vínculo obrigacional com o grupo, excetuado o participante inadimplente não contemplado e o excluído, conforme definição do art. 29.

Seção III
DAS CONTEMPLAÇÕES

Art. 22. A contemplação é a atribuição ao consorciado do crédito para a aquisição de bem ou serviço, bem como para a restituição das parcelas pagas, no caso dos consorciados excluídos, nos termos do art. 30.

§ 1º A contemplação ocorre por meio de sorteio ou de lance, na forma prevista no contrato de participação em grupo de consórcio, por adesão.

§ 2º Somente concorrerá à contemplação o consorciado ativo, de que trata o art. 21, e os excluídos, para efeito de restituição dos valores pagos, na forma do art. 30.

§ 3º O contemplado poderá destinar o crédito para a quitação total de financiamento de sua titularidade, sujeita à prévia anuência da administradora e ao atendimento de condições estabelecidas no contrato de consórcio de participação em grupo.

Art. 23. A contemplação está condicionada à existência de recursos suficientes no grupo para a aquisição do bem, conjunto de bens ou serviços em que o grupo esteja referenciado e para a restituição aos excluídos.

Art. 24. O crédito a que faz jus o consorciado contemplado será o valor equivalente ao do bem ou serviço indicado no contrato, vigente na data da assembleia-geral ordinária de contemplação.

§ 1º O crédito de que trata este artigo será acrescido dos rendimentos líquidos financeiros proporcionais ao período que ficar aplicado, compreendido entre a data em que colocado à disposição até a sua utilização pelo consorciado contemplado.

§ 2º Nos casos em que o objeto do contrato não possa ser perfeitamente identificado, o valor do crédito e a sua atualização deverão estar previstos no contrato, sem prejuízo do acréscimo dos rendimentos líquidos de que trata o § 1º.

§ 3º A restituição ao consorciado excluído, calculada nos termos do art. 30, será considerada crédito parcial.

Seção IV
DOS RECURSOS DO GRUPO E DAS OBRIGAÇÕES FINANCEIRAS DO CONSORCIADO

Art. 25. Considera-se fundo comum, para os fins desta Lei, os recursos do grupo destinados à atribuição de crédito aos consorciados contemplados para aquisição do bem ou serviço e à restituição aos consorciados excluídos dos respectivos grupos, bem como para outros pagamentos previstos no contrato de participação em grupo de consórcio, por adesão.

Parágrafo único. O fundo comum é constituído pelo montante de recursos representados por prestações pagas pelos consorciados para esse fim e por valores correspondentes a multas e juros moratórios destinados ao grupo de consórcio, bem como pelos rendimentos provenientes de sua aplicação financeira.

Art. 26. Os recursos dos grupos de consórcio, coletados pela administradora, a qualquer tempo, serão depositados em instituição financeira e devem ser aplicados na forma estabelecida pelo Banco Central do Brasil, desde a sua disponibilidade e enquanto não utilizados para as finalidades previstas no contrato de participação em grupo de consórcio, por adesão.

Art. 27. O consorciado obriga-se a pagar prestação cujo valor corresponde à soma das importâncias referentes à parcela destinada ao fundo comum do grupo, à taxa de administração e às demais obrigações pecuniárias que forem estabelecidas expressamente no contrato de participação em grupo de consórcio, por adesão.

§ 1º As obrigações e os direitos do consorciado que tiverem expressão pecuniária são identificados em percentual do preço do bem ou serviço referenciado no contrato de participação em grupo de consórcio, por adesão.

§ 2º O fundo de reserva, se estabelecido no grupo de consórcio, somente poderá ser utilizado para as finalidades previstas no contrato de participação, inclusive para restituição a consorciado excluído.

§ 3º É facultado estipular no contrato de participação em grupo de consórcio, por adesão, a cobrança de valor a título de antecipação de taxa de administração, destinado ao pagamento de despesas imediatas vinculadas à venda de cotas de grupo de consórcio e remuneração de representantes e corretores, devendo ser:

I – destacado do valor da taxa de administração que compõe a prestação, sendo exigível apenas no ato da assinatura do contrato de participação em grupo de consórcio, por adesão;

II – deduzido do valor total da taxa de administração durante o prazo de duração do grupo.

Art. 28. O valor da multa e de juros moratórios a cargo do consorciado, se previstos no contrato de participação em grupo de consórcio, por adesão, será destinado ao grupo e à administradora, não podendo o contrato estipular para o grupo percentual inferior a 50% (cinquenta por cento).

Seção V
DA EXCLUSÃO DO GRUPO

Art. 29. VETADO.

Art. 30. O consorciado excluído não contemplado terá direito à restituição da importância paga ao fundo comum do grupo, cujo valor deve ser calculado com base no percentual amortizado do valor do bem ou serviço vigente na data da assembleia de contemplação, acrescido dos rendimentos da aplicação financeira a que estão sujeitos os recursos dos consorciados enquanto não utilizados pelo participante, na forma do art. 24, § 1º.

§§ 1º a 3º VETADOS.

CAPÍTULO IV
DO ENCERRAMENTO DO GRUPO

Art. 31. Dentro de 60 (sessenta) dias, contados da data da realização da última assembleia de contemplação do grupo de consórcio, a administradora deverá comunicar:

I – aos consorciados que não tenham utilizado os respectivos créditos, que os mesmos estão à disposição para recebimento em espécie;

II e III – VETADOS.

Art. 32. O encerramento do grupo deve ocorrer no prazo máximo de 120 (cento e vinte) dias, contado da data da realização da última assembleia de contemplação do grupo de consórcio e desde que decorridos, no mínimo, 30 (trinta) dias da comunicação de que trata o art. 31, ocasião em que se deve proceder à definitiva prestação de contas do grupo, discriminando-se:

I – as disponibilidades remanescentes dos respectivos consorciados e participantes excluídos;

II – os valores pendentes de recebimento, objeto de cobrança judicial.

§ 1º Os valores pendentes de recebimento, uma vez recuperados, devem ser rateados proporcionalmente entre os beneficiários, devendo a administradora, até 120 (cento e vinte) dias após o seu recebimento, comunicar-lhes que os respectivos saldos estão à disposição para devolução em espécie.

§ 2º Prescreverá em 5 (cinco) anos a pretensão do consorciado ou do excluído contra o grupo ou a administradora, e destes contra aqueles, a contar da data referida no *caput*.

CAPÍTULO V

DOS RECURSOS NÃO PROCURADOS

Art. 33. As disponibilidades financeiras remanescentes na data do encerramento do grupo são consideradas recursos não procurados pelos respectivos consorciados e participantes excluídos.

Art. 34. A administradora de consórcio assumirá a condição de gestora dos recursos não procurados, os quais devem ser aplicados e remunerados em conformidade com os recursos de grupos de consórcio em andamento, nos termos estabelecidos no art. 26.

Art. 35. É facultada a cobrança de taxa de permanência sobre o saldo de recursos não procurados pelos respectivos consorciados e participantes excluídos, apresentado ao final de cada mês, oriundos de contratos firmados a partir da vigência desta Lei, nos termos do contrato de participação em grupo de consórcio, por adesão.

Art. 36. As administradoras de consórcio deverão providenciar o pagamento no prazo máximo de 30 (trinta) dias corridos a contar do comparecimento do consorciado com direito a recursos não procurados.

Art. 37. VETADO.

Art. 38. Os recursos não procurados, independentemente de sua origem, devem ter tratamento contábil específico, de maneira independente dos registros contábeis da administradora de consórcio.

CAPÍTULO VI

DA ADMINISTRAÇÃO ESPECIAL E LIQUIDAÇÃO EXTRAJUDICIAL

Art. 39. A administração especial e a liquidação extrajudicial de administradora de consórcio são regidas pela Lei nº 6.024, de 13 de março de 1974, pelo Decreto-Lei nº 2.321, de 25 de fevereiro de 1987, pela Lei nº 9.447, de 14 de março de 1997, e por legislação superveniente aplicável às instituições financeiras, observado o disposto nesta Lei.

Art. 40. A decretação da administração especial temporária ou da liquidação extrajudicial da administradora de consórcio não prejudicará a continuidade das operações dos grupos por ela administrados, devendo o conselho diretor ou o liquidante dar prioridade ao funcionamento regular dos grupos.

§ 1º No caso de administração especial, o conselho diretor poderá convocar assembleia-geral extraordinária para propor ao grupo as medidas que atendam a seus interesses, inclusive a de transferir sua administração.

§ 2º No caso de liquidação extrajudicial, o liquidante, de posse do relatório da situação financeira de cada grupo, publicará edital, em que constarão os requisitos necessários à habilitação de administradoras de consórcio interessadas na administração dos grupos.

§ 3º Expirado o prazo para a habilitação, o liquidante convocará assembleia-geral extraordinária do grupo, a fim de deliberar sobre as propostas recebidas.

§ 4º Os recursos pertencentes aos grupos de consórcio, administrados por empresa submetida aos regimes especial temporário ou de liquidação extrajudicial, serão obrigatória e exclusivamente destinados ao atendimento dos objetivos dos contratos de participação em grupo de consórcio, por adesão.

CAPÍTULO VII

DAS PENALIDADES

Art. 41. VETADO.

Art. 42. Às infrações aos dispositivos desta Lei e às normas regulamentares aplica-se a ação punitiva do Banco Central do Brasil, nos termos definidos pela legislação em vigor.

► *Caput* com a redação dada pela Lei nº 13.506, de 13-11-2017.

I a VIII – *Revogados.* Lei nº 13.506, de 13-11-2017.

Parágrafo único. *Revogado.* Lei nº 13.506, de 13-11-2017.

Arts. 43 e 44. *Revogados.* Lei nº 13.506, de 13-11-2017.

CAPÍTULO VIII

DAS DISPOSIÇÕES FINAIS

Art. 45. O registro e a averbação referentes à aquisição de imóvel por meio do Sistema de Consórcios serão considerados, para efeito de cálculo de taxas, emolumentos e custas, como um único ato.

Parágrafo único. O contrato de compra e venda de imóvel por meio do Sistema de Consórcios poderá ser celebrado por instrumento particular.

Art. 46. Ficam convalidadas as autorizações para administrar grupos de consórcio concedidas até a data da publicação desta Lei às administradoras e às associações e entidades sem fins lucrativos.

Art. 47. VETADO.

Art. 48. Revogam-se os incisos I e V do art. 7º da Lei nº 5.768, de 20 de dezembro de 1971, os incisos I e V do art. 31 do Decreto nº 70.951, de 9 de agosto de 1972, o Decreto nº 97.384, de 22 de dezembro de 1988, o art. 10 da Lei nº 7.691, de 15 de dezembro de 1988, e o art. 33 da Lei nº 8.177, de 1º de março de 1991.

Art. 49. Esta Lei entra em vigor após decorridos 120 (cento e vinte) dias de sua publicação.

Brasília, 8 de outubro de 2008;
187º da Independência e
120º da República.

Luiz Inácio Lula da Silva

LEI Nº 11.804, DE 5 DE NOVEMBRO DE 2008

Disciplina o direito a alimentos gravídicos e a forma como ele será exercido e dá outras providências.

► Publicada no *DOU* de 6-11-2008.

Art. 1º Esta Lei disciplina o direito de alimentos da mulher gestante e a forma como será exercido.

Art. 2º Os alimentos de que trata esta Lei compreenderão os valores suficientes para cobrir as despesas adicionais do período de gravidez e que sejam dela decorrentes, da concepção ao parto, inclusive as referentes a alimentação especial, assistência médica e psicológica, exames complementares, internações, parto, medicamentos e demais prescrições preventivas e terapêuticas indispensáveis, a juízo do médico, além de outras que o juiz considere pertinentes.

Parágrafo único. Os alimentos de que trata este artigo referem-se à parte das despesas que deverá ser custeada pelo futuro pai, considerando-se a contribuição que também deverá ser dada pela mulher grávida, na proporção dos recursos de ambos.

Arts. 3º a 5º VETADOS.

Art. 6º Convencido da existência de indícios da paternidade, o juiz fixará alimentos gravídicos que perdurarão até o nascimento da criança, sopesando as necessidades da parte autora e as possibilidades da parte ré.

Parágrafo único. Após o nascimento com vida, os alimentos gravídicos ficam convertidos em pensão alimentícia em favor do menor até que uma das partes solicite a sua revisão.

Art. 7º O réu será citado para apresentar resposta em 5 (cinco) dias.

Arts. 8º a 10. VETADOS.

Art. 11. Aplicam-se supletivamente nos processos regulados por esta Lei as disposições das Leis nºs 5.478, de 25 de julho de 1968, e 5.869, de 11 de janeiro de 1973 – Código de Processo Civil.

Art. 12. Esta Lei entra em vigor na data de sua publicação.

Brasília, 5 de novembro de 2008;
187º da Independência e
120º da República.

Luiz Inácio Lula da Silva

LEI Nº 11.882, DE 23 DE DEZEMBRO DE 2008

Dispõe sobre as operações de redesconto pelo Banco Central do Brasil, autoriza a emissão da Letra de Arrendamento Mercantil – LAM, altera a Lei nº 6.099, de 12 de setembro de 1974, e dá outras providências.

▸ Publicada no *DOU* de 24-12-2008.

Art. 1º O Conselho Monetário Nacional, com o propósito de assegurar níveis adequados de liquidez no sistema financeiro, poderá:

I – estabelecer critérios e condições especiais de avaliação e de aceitação de ativos recebidos pelo Banco Central do Brasil em operações de redesconto em moeda nacional ou em garantia de operações de empréstimo em moeda estrangeira; e

II – afastar, em situações especiais e por prazo determinado, observado o disposto no § 3º do art. 195 da Constituição Federal, nas operações de redesconto e empréstimo realizadas pelo Banco Central do Brasil, as exigências de regularidade fiscal previstas no art. 62 do Decreto-Lei nº 147, de 3 de fevereiro de 1967, no § 1º do art. 1º do Decreto-Lei nº 1.715, de 22 de novembro de 1979, na alínea *c* do *caput* do art. 27 da Lei nº 8.036, de 11 de maio de 1990, e na Lei nº 10.522, de 19 de julho de 2002.

§ 1º Nas operações de empréstimo referidas no inciso I do *caput* deste artigo, fica o Banco Central do Brasil autorizado a:

I – liberar o valor da operação na mesma moeda estrangeira em que denominados ou referenciados os ativos recebidos em garantia; e

II – aceitar, em caráter complementar às garantias oferecidas nas operações, garantia real ou fidejussória outorgada pelo acionista controlador, por empresa coligada ou por instituição financeira.

§ 2º Na ocorrência de inadimplemento, o Banco Central do Brasil poderá, mediante oferta pública, alienar os ativos recebidos em operações de redesconto ou em garantia de operações de empréstimo.

§ 3º A alienação de que trata o § 2º deste artigo não será obstada pela intervenção, recuperação judicial, liquidação extrajudicial, falência ou insolvência civil a que sejam submetidos, conforme o caso, a instituição financeira ou o terceiro titular do ativo oferecido em garantia de empréstimo.

§ 4º O resultado, positivo ou negativo, da alienação de que trata o § 2º deste artigo será apropriado pelo Banco Central do Brasil e integrará seu balanço para os efeitos do art. 2º da Medida Provisória nº 2.179-36, de 24 de agosto de 2001.

§ 5º O Conselho Monetário Nacional regulamentará o disposto neste artigo, devendo observar, na fixação de critérios e condições especiais previstas no inciso I do *caput* deste artigo, regras transparentes e não discriminatórias para a aceitação de ativos em operações de redesconto.

§ 6º O Banco Central do Brasil deverá encaminhar ao Congresso Nacional, até o último dia útil do mês subsequente de cada trimestre, relatório sobre as operações realizadas com base no disposto no inciso I do *caput* deste artigo, indicando, entre outras informações, o valor total trimestral e o acumulado no ano das operações de redesconto ou empréstimo realizadas, as condições financeiras médias aplicadas nessas operações, o valor total trimestral e acumulado anual de créditos adimplidos e inadimplidos, além de um demonstrativo do impacto dessas operações nos resultados daquele órgão.

§ 7º Na mesma reunião conjunta com as comissões temáticas pertinentes do Congresso Nacional, conforme previsto no § 5º do art. 9º da Lei Complementar nº 101, de 4 de maio de 2000, o Ministro-Presidente do Banco Central do Brasil, com base no relatório previsto no § 6º deste artigo, informará e debaterá sobre os valores agregados e a taxa média praticada nas operações de redesconto em reais.

§ 8º VETADO.

§ 9º Os recursos provenientes de empréstimos em moeda estrangeira concedidos pelo Banco Central do Brasil, na forma deste artigo, poderão ser repassados, no País, com cláusula de reajuste vinculado à variação cambial.

▸ § 9º acrescido pela Lei nº 12.058, de 13-12-2009.

Art. 1º-A. Os créditos do Banco Central do Brasil decorrentes de operações de redesconto ou de empréstimo não serão alcançados pela decretação de intervenção, liquidação extrajudicial ou falência da instituição financeira.

Parágrafo único. Os ativos recebidos pelo Banco Central do Brasil em operações de redesconto ou em garantia de operações de empréstimo não integrarão a massa, nem terão seu pagamento obstado pela suspensão da fluência do prazo das obrigações da instituição sob intervenção.

▸ § 1º-A acrescido pela Lei nº 12.058, de 13-10-2009.

Art. 2º As sociedades de arrendamento mercantil poderão emitir título de crédito representativo de promessa de pagamento em dinheiro, denominado Letra de Arrendamento Mercantil – LAM.

§ 1º O título de crédito de que trata o *caput* deste artigo, nominativo, endossável e de livre negociação, deverá conter:

I – a denominação "Letra de Arrendamento Mercantil";

II – o nome do emitente;

III – o número de ordem, o local e a data de emissão;

IV – o valor nominal;

V – a taxa de juros, fixa ou flutuante, admitida a capitalização;

VI – a descrição da garantia, real ou fidejussória, quando houver;

VII – a data de vencimento ou, se emitido para pagamento parcelado, a data de vencimento de cada parcela e o respectivo valor;

VIII – o local de pagamento; e

IX – o nome da pessoa a quem deve ser pago.

§ 2º O endossante da LAM não responde pelo seu pagamento, salvo estipulação em contrário.

§ 3º A LAM não constitui operação de empréstimo ou adiantamento, por sua aquisição em mercado primário ou secundário, nem se considera valor mobiliário para os efeitos da Lei nº 6.385, de 7 de dezembro de 1976.

Art. 3º A LAM será emitida sob a forma escritural, mediante registro em sistema de registro e de liquidação financeira de ativos autorizada pelo Banco Central do Brasil.

Parágrafo único. A transferência de titularidade da LAM será operada no sistema referido no *caput* deste artigo, que será responsável pela manutenção do registro das negociações.

Art. 4º Aplica-se à LAM, no que não contrariar o disposto nesta Lei, a legislação cambiária.

Art. 5º O art. 8º da Lei nº 6.099, de 12 de setembro de 1974, passa a vigorar com a seguinte redação:

► Alterações inseridas no texto da referida Lei.

Art. 6º Em operação de arrendamento mercantil ou qualquer outra modalidade de crédito ou financiamento a anotação da alienação fiduciária de veículo automotor no certificado de registro a que se refere a Lei nº 9.503, de 23 de setembro de 1997, produz plenos efeitos probatórios contra terceiros, dispensado qualquer outro registro público.

§ 1º Consideram-se nulos quaisquer convênios celebrados entre entidades de títulos e registros públicos e as repartições de trânsito competentes para o licenciamento de veículos, bem como portarias e outros atos normativos por elas editados, que disponham de modo contrário ao disposto no *caput* deste artigo.

§ 2º O descumprimento do disposto neste artigo sujeita as entidades e as pessoas de que tratam, respectivamente, as Leis nºs 6.015, de 31 de dezembro de 1973, e 8.935, de 18 de novembro de 1994, ao disposto no art. 56 e seguintes da Lei nº 8.078, de 11 de setembro de 1990, e às penalidades previstas no art. 32 da Lei nº 8.935, de 18 de novembro de 1994.

Art. 7º Esta Lei entra em vigor na data de sua publicação.

Brasília, 23 de dezembro de 2008;
187º da Independência e
120º da República.

Luiz Inácio Lula da Silva

LEI Nº 11.908, DE 3 DE MARÇO DE 2009

Autoriza o Banco do Brasil S.A. e a Caixa Econômica Federal a constituírem subsidiárias e a adquirirem participação em instituições financeiras sediadas no Brasil; altera as Leis nºs 7.940, de 20 de dezembro de 1989, 10.637, de 30 de dezembro de 2002, 11.524, de 24 de setembro de 2007, e 11.774, de 17 de setembro de 2008; e dá outras providências.

► Publicada no *DOU* de 4-3-2009.

O PRESIDENTE DA REPÚBLICA Faço saber que o Congresso Nacional decreta e eu sanciono a seguinte Lei:

Art. 1º O Banco do Brasil S.A. e a Caixa Econômica Federal ficam autorizados a constituir subsidiárias integrais ou controladas, com vistas no cumprimento de atividades de seu objeto social.

Art. 2º O Banco do Brasil S.A. e a Caixa Econômica Federal, diretamente ou por intermédio de suas subsidiárias, poderão adquirir participação em instituições financeiras, públicas ou privadas, sediadas no Brasil, incluindo empresas dos ramos securitário, previdenciário, de capitalização e demais ramos descritos nos arts. 17 e 18 da Lei nº 4.595, de 31 de dezembro de 1964, além dos ramos de atividades complementares às do setor financeiro, com ou sem o controle do capital social, observado o disposto no inciso X do *caput* do art. 10 daquela Lei.

§ 1º Para a aquisição prevista no *caput* deste artigo, o Banco do Brasil S.A. e a Caixa Econômica Federal contratarão empresas avaliadoras especializadas, cujos dirigentes não possuam interesses nas empresas sujeitas à avaliação, observada a Lei nº 8.666, de 21 de junho de 1993, dispensado o procedimento licitatório em casos de justificada urgência.

§ 2º Na hipótese prevista no *caput* deste artigo, percentual do preço a ser desembolsado na operação de aquisição de participação societária poderá ser apartado para depósito em conta aberta na instituição financeira adquirente, para fazer frente a eventuais passivos contingentes não identificados, ficando o Banco do Brasil S.A. ou a Caixa Econômica Federal, conforme o caso, autorizado a debitar a referida conta sempre que identificado algum passivo dessa ordem, nos termos fixados no contrato de aquisição.

§ 3º É vedada a participação ou a aquisição de controle acionário das instituições referidas no art. 77 da Lei Complementar nº 109, de 29 de maio de 2001, assim como a aquisição exclusivamente de carteiras de planos de previdência privada na modalidade de benefício definido.

§ 4º A autorização prevista no *caput* deste artigo é válida até 30 de junho de 2011, podendo ser prorrogada por até 12 (doze) meses, mediante ato do Poder Executivo.

Art. 3º A realização dos negócios jurídicos mencionados nos arts. 1º e 2º desta Lei poderá ocorrer sob qualquer forma de aquisição de ações ou participações societárias previstas em lei.

Parágrafo único. Os negócios jurídicos referidos no *caput* deste artigo com sociedades do ramo da construção civil serão realizados com empresas constituídas sob a forma de Sociedades de Propósito Específico – SPE para a execução de empreendimentos imobiliários, inclusive mediante emissão de debêntures conversíveis em ações.

Art. 4º Fica autorizada a criação da empresa CAIXA – Banco de Investimentos S.A., sociedade por ações, subsidiária integral da Caixa Econômica Federal, com o objetivo de explorar atividades de banco de investimento, participações e demais operações previstas na legislação aplicável.

Art. 5º Fica dispensada de procedimento licitatório a venda para o Banco do Brasil S.A. e Caixa Econômica Federal de participação acionária em instituições financeiras públicas.

Art. 6º Fica o Banco Central do Brasil autorizado a realizar operações de swap de moedas com bancos centrais de outros países, nos limites e condições fixados pelo Conselho Monetário Nacional.

Art. 7º Fica a União autorizada a conceder crédito ao Banco Nacional de Desenvolvimento Econômico e Social – BNDES, no valor de até R$ 3.000.000.000,00 (três bilhões de reais), em condições financeiras e contratuais a serem definidas pelo Ministro de Estado da Fazenda, para ser utilizado na abertura de linhas de crédito para capital de giro das empresas contratadas pelos governos federal, estaduais ou municipais, para execução de obras de infraestrutura no âmbito do Programa de Aceleração do Crescimento – PAC.

§ 1º O crédito será concedido assegurada a equivalência econômica da operação em relação ao custo de captação de longo prazo do Tesouro Nacional, na data de sua efetivação.

§ 2º Para fazer frente aos recursos de que trata o *caput* deste artigo, a União poderá emitir, sob a forma de colocação direta em favor do BNDES, títulos da dívida pública mobiliária federal, cujas características serão definidas pelo Ministro da Fazenda.

Art. 8º VETADO.

Art. 9º O inciso I do § 1º do art. 29 da Lei nº 10.637, de 30 de dezembro de 2002, passa a vigorar acrescido da seguinte alínea *c*:

"Art. 29. ....

§ 1º..

I – ....

....

c) bens de que trata o § 1º-C do art. 4º da Lei nº 8.248, de 23 de outubro de 1991, que gozem do benefício referido no *caput* do mencionado artigo;

...."

Art. 10. O art. 1º da Lei nº 11.524, de 24 de setembro de 2007, passa a vigorar com a seguinte redação:

"Art. 1º..

....

§ 6º O prazo para contratação das operações encerra-se em 30 de junho de 2009.

...."

Art. 11. A Lei nº 11.774, de 17 de setembro de 2008, passa a vigorar acrescida do seguinte art. 13-A:

"Art. 13-A. As empresas dos setores de tecnologia da informação – TI e de tecnologia da informação e da comunicação – TIC poderão excluir do lucro líquido os custos e despesas com capacitação de pessoal que atua no desenvolvimento de programas de computador (software), para efeito de apuração do lucro real, sem prejuízo da dedução normal.

Parágrafo único. A exclusão de que trata o *caput* deste artigo fica limitada ao valor do lucro real antes da própria exclusão, vedado o aproveitamento de eventual excesso em período de apuração posterior."

Art. 12. Ficam incluídas na Tabela D a que se refere o inciso II do *caput* do art. 4º da Lei nº 7.940, de 20 de dezembro de 1989, sujeitas à alíquota de 0,05% (cinco centésimos por cento), as operações de registro de distribuição de Certificados de Recebíveis do Agronegócio e de Certificados de Recebíveis Imobiliários, da seguinte forma:

► Optamos por não publicar o Anexo desta Lei nesta edição.

Art. 13. Esta Lei entra em vigor na data de sua publicação.

Brasília, 3 de março de 2009;
188º da Independência e
121º da República.

Luiz Inácio Lula da Silva

LEI COMPLEMENTAR Nº 130, DE 17 DE ABRIL DE 2009

Dispõe sobre o Sistema Nacional de Crédito Cooperativo e revoga dispositivos das Leis nºs 4.595, de 31 de dezembro de 1964, e 5.764, de 16 de dezembro de 1971.

► Publicada no *DOU* de 17-4-2009, Edição Extra.

Art. 1º As instituições financeiras constituídas sob a forma de cooperativas de crédito submetem-se a esta Lei Complementar, bem como à legislação do Sistema Financeiro Nacional – SFN e das sociedades cooperativas.

§ 1º As competências legais do Conselho Monetário Nacional – CMN e do Banco Central do Brasil em relação às instituições financeiras aplicam-se às cooperativas de crédito.

§ 2º É vedada a constituição de cooperativa mista com seção de crédito.

Art. 2º As cooperativas de crédito destinam-se, precipuamente, a prover, por meio da mutualidade, a prestação de serviços financeiros a seus associados, sendo-lhes assegurado o acesso aos instrumentos do mercado financeiro.

§ 1º A captação de recursos e a concessão de créditos e garantias devem ser restritas aos associados, ressalvados a captação de recursos dos Municípios, de seus órgãos ou entidades e das empresas por eles controladas, as operações realizadas com outras instituições financeiras e os recursos obtidos de pessoas jurídicas, em caráter eventual, a taxas favorecidas ou isentos de remuneração.

► § 1º com a redação dada pela LC nº 161, de 4-1-2018.

§ 2º Ressalvado o disposto no § 1º deste artigo, é permitida a prestação de outros serviços de natureza financeira e afins a associados e a não associados.

§ 3º A concessão de créditos e garantias a integrantes de órgãos estatutários, assim como a pessoas físicas ou jurídicas que com eles mantenham relações de parentesco ou negócio, deve observar procedimentos de aprovação e controle idênticos aos dispensados às demais operações de crédito.

§ 4º A critério da assembleia geral, os procedimentos a que se refere o § 3º deste artigo podem ser mais rigorosos, cabendo-lhe, nesse caso, a definição dos tipos de relacionamento a serem considerados para aplicação dos referidos procedimentos.

§ 5º As cooperativas de crédito, nos termos da legislação específica, poderão ter acesso a recursos oficiais para o financiamento das atividades de seus associados.

§ 6º A captação de recursos dos Municípios, prevista no § 1º deste artigo, que supere o limite assegurado pelos fundos garantidores referidos no inciso IV do *caput* do art. 12 desta Lei, obedecerá aos requisitos prudenciais estabelecidos pelo Conselho Monetário Nacional.

§ 7º Caso a cooperativa não atenda ao disposto no § 6º deste artigo, incorrerá nas sanções previstas na Lei nº 7.492, de 16 de junho de 1986.

§ 8º Além das hipóteses ressalvadas no § 1º deste artigo, as instituições referidas nesta Lei e os bancos por elas controlados, direta ou indiretamente, ficam autorizados a realizar a gestão das disponibilidades financeiras do Serviço Nacional de Aprendizagem do Cooperativismo.

§ 9º As operações previstas no § 1º deste artigo, correspondentes aos depósitos de governos municipais, de seus órgãos ou entidades e das empresas por eles controladas, somente poderão ser realizadas em Município que esteja na área de atuação da referida cooperativa de crédito.

► §§ 6º a 9º acrescidos pela LC nº 161, de 4-1-2018.

Art. 3º As cooperativas de crédito podem atuar em nome e por conta de outras instituições, com vistas à prestação de serviços financeiros e afins a associados e a não associados.

Art. 4º O quadro social das cooperativas de crédito, composto de pessoas físicas e jurídicas, é definido pela assembleia geral, com previsão no estatuto social.

Parágrafo único. Não serão admitidas no quadro social da sociedade cooperativa de crédito pessoas jurídicas que possam exercer concorrência com a própria sociedade cooperativa, nem a União, os Estados, o Distrito Federal e os Municípios bem como suas respectivas autarquias, fundações e empresas estatais dependentes.

Art. 5º As cooperativas de crédito com conselho de administração podem criar diretoria executiva a ele subordinada, na qualidade de órgão estatutário composto por pessoas físicas associadas ou não, indicadas por aquele conselho.

Art. 6º O mandato dos membros do conselho fiscal das cooperativas de crédito terá duração de até 3 (três) anos, observada a renovação de, ao menos, 2 (dois) membros a cada eleição, sendo 1 (um) efetivo e 1 (um) suplente.

Art. 7º É vedado distribuir qualquer espécie de benefício às quotas-parte do capital, excetuando-se remuneração anual limitada ao valor da taxa referencial do Sistema Especial de Liquidação e de Custódia – SELIC para títulos federais.

Art. 8º Compete à assembleia geral das cooperativas de crédito estabelecer a fórmula de cálculo a ser aplicada na distribuição de sobras e no rateio de perdas, com base nas operações de cada associado realizadas ou mantidas durante o exercício, observado o disposto no art. 7º desta Lei Complementar.

Art. 9º É facultado às cooperativas de crédito, mediante decisão da assembleia geral, compensar, por meio de sobras dos exercícios seguintes, o saldo remanescente das perdas verificadas no exercício findo.

Parágrafo único. Para o exercício da faculdade de que trata o *caput* deste artigo, a cooperativa deve manter-se ajustada aos limites de patrimônio exigíveis na forma da regulamentação vigente, conservando o controle da parcela correspondente a cada associado no saldo das perdas retidas.

Art. 10. A restituição de quotas de capital depende, inclusive, da observância dos limites de patrimônio exigíveis na forma da regulamentação vigente, sendo a devolução parcial condicionada, ainda, à autorização específica do conselho de administração ou, na sua ausência, da diretoria.

Art. 11. As cooperativas centrais de crédito e suas confederações podem adotar, quanto ao poder de voto das filiadas, critério de proporcionalidade em relação ao número de associados indiretamente representados na assembleia geral, conforme regras estabelecidas no estatuto.

Art. 12. O CMN, no exercício das competências que lhe são atribuídas pela legislação que rege o SFN, poderá dispor, inclusive, sobre as seguintes matérias:

I – requisitos a serem atendidos previamente à constituição ou transformação das cooperativas de crédito, com vistas ao respectivo processo de autorização a cargo do Banco Central do Brasil;

II – condições a serem observadas na formação do quadro de associados e na celebração de contratos com outras instituições;

III – tipos de atividades a serem desenvolvidas e de instrumentos financeiros passíveis de utilização;

IV – fundos garantidores, inclusive a vinculação de cooperativas de crédito a tais fundos;

V – atividades realizadas por entidades de qualquer natureza, que tenham por objeto exercer, com relação a um grupo de cooperativas de crédito, supervisão, controle, auditoria, gestão ou execução em maior escala de suas funções operacionais;

VI – vinculação a entidades que exerçam, na forma da regulamentação, atividades de supervisão, controle e auditoria de cooperativas de crédito;

VII – condições de participação societária em outras entidades, inclusive de natureza não cooperativa, com vistas ao atendimento de propósitos complementares, no interesse do quadro social;

VIII – requisitos adicionais ao exercício da faculdade de que trata o art. 9º desta Lei Complementar.

§ 1º O exercício das atividades a que se refere o inciso V do *caput* deste artigo, regulamentadas pelo Conselho Monetário Nacional – CMN, está sujeito à fiscalização do Banco Central do Brasil, sendo aplicáveis às respectivas entidades e a seus administradores as mesmas sanções previstas na legislação em relação às instituições financeiras.

§ 2º O Banco Central do Brasil, no exercício de sua competência de fiscalização das cooperativas de crédito, assim como a entidade que realizar, nos termos da regulamentação do CMN, atividades de supervisão local podem convocar assembleia geral extraordinária de instituição supervisionada, à qual poderão enviar representantes com direito a voz.

Art. 13. Não constitui violação do dever de sigilo de que trata a legislação em vigor o acesso a informações pertencentes a cooperativas de crédito por parte de cooperativas centrais de crédito, confederações de centrais e demais entidades constituídas por esse segmento financeiro, desde que se dê exclusivamente no desempenho de atribuições de supervisão, auditoria, controle e de execução de funções operacionais das cooperativas de crédito.

Parágrafo único. As entidades mencionadas no *caput* deste artigo devem observar sigilo em relação às informações que obtiverem no exercício de suas atribuições, bem como comunicar às autoridades competentes indícios de prática de ilícitos penais ou administrativos ou de operações envolvendo recursos provenientes de qualquer prática criminosa.

Art. 14. As cooperativas singulares de crédito poderão constituir cooperativas centrais de crédito com o objetivo de organizar, em comum acordo e em maior escala, os serviços econômicos e assistenciais de interesse das filiadas, integrando e orientando suas atividades, bem como facilitando a utilização recíproca dos serviços.

Parágrafo único. As atividades de que trata o *caput* deste artigo, respeitada a competência do Conselho Monetário Nacional e preservadas as responsabilidades envolvidas, poderão ser delegadas às confederações constituídas pelas cooperativas centrais de crédito.

Art. 15. As confederações constituídas de cooperativas centrais de crédito têm por objetivo orientar, coordenar e executar atividades destas, nos casos em que o vulto dos empreendimentos e a natureza das atividades transcenderem o âmbito de capacidade ou a conveniência de atuação das associadas.

Art. 16. As cooperativas de crédito podem ser assistidas, em caráter temporário, mediante administração em regime de cogestão, pela respectiva cooperativa central ou confederação de centrais para sanar irregularidades ou em caso de risco para a solidez da própria sociedade, devendo ser observadas as seguintes condições:

I – existência de cláusula específica no estatuto da cooperativa assistida, contendo previsão da possibilidade de implantação desse regime e da celebração do convênio de que trata o inciso II do *caput* deste artigo;

II – celebração de convênio entre a cooperativa a ser assistida e a eventual cogestora, a ser referendado pela assembleia geral, estabelecendo, pelo menos, a caracterização das situações consideradas de risco que justifiquem a implantação do regime de cogestão, o rito dessa implantação por iniciativa da entidade cogestora e o regimento a ser observado durante a cogestão; e

III – realização, no prazo de até 1 (um) ano da implantação da cogestão, de assembleia geral extraordinária para deliberar sobre a manutenção desse regime e da adoção de outras medidas julgadas necessárias.

Art. 17. A assembleia geral ordinária das cooperativas de crédito realizar-se-á anualmente, nos 4 (quatro) primeiros meses do exercício social.

Art. 18. Ficam revogados os arts. 40 e 41 da Lei nº 4.595, de 31 de dezembro de 1964, e o § 3º do art. 10, o § 10 do art. 18, o parágrafo único do art. 86 e o art. 84 da Lei nº 5.764, de 16 de dezembro de 1971.

Art. 19. Esta Lei Complementar entra em vigor na data de sua publicação.

Brasília, 17 de abril de 2009;
188º da Independência e
121º da República.

Luiz Inácio Lula da Silva

LEI Nº 11.971, DE 6 DE JULHO DE 2009

Dispõe sobre as certidões expedidas pelos Ofícios do Registro de Distribuição e Distribuidores Judiciais.

► Publicada no *DOU* de 7-7-2009.

Art. 1º Esta Lei dispõe sobre os requisitos obrigatórios que devem constar das certidões expedidas pelos Ofícios do Registro de Distribuição, serviços extrajudiciais, e pelos Distribuidores Judiciais.

Art. 2º Os Ofícios do Registro de Distribuição, serviços extrajudiciais, e os Distribuidores Judiciais farão constar em suas certidões, obrigatoriamente, a distribuição dos feitos ajuizados ao Poder Judiciário e o resumo de suas respectivas sentenças criminais condenatórias e, na forma da Lei, as baixas e as sentenças absolutórias, quando requeridas.

Parágrafo único. Deverão constar das certidões referidas no *caput* deste artigo os seguintes dados de identificação, salvo aqueles que não forem disponibilizados pelo Poder Judiciário:

I – nome completo do réu, pessoa natural ou jurídica, proibido o uso de abreviações;

II – nacionalidade;

III – estado civil;

IV – número do documento de identidade e órgão expedidor;

V – número de inscrição do CPF ou CNPJ;

VI – filiação da pessoa natural;

VII – residência ou domicílio, se pessoa natural, e sede, se pessoa jurídica;

VIII – data da distribuição do feito;

IX – tipo da ação;

X – Ofício do Registro de Distribuição ou Distribuidor Judicial competente; e

XI – resumo da sentença criminal absolutória ou condenatória, ou o seu arquivamento.

Art. 3º É obrigatória a comunicação pelos Órgãos e Juízos competentes, em consonância com a legislação de cada Estado-membro, aos Ofícios do Registro de Distribuição ou Distribuidores Judiciais do teor das sentenças criminais absolutórias ou condenatórias, para o devido registro e as anotações de praxe.

Art. 4º Os Registradores de feitos ajuizados responderão civil e criminalmente, na forma do disposto no inciso I do *caput* do art. 31 e no art. 32 da Lei nº 8.935, de 18 de novembro de 1994, por danos causados a terceiros, decorrentes da omissão em sua certificação das exigências contidas nesta Lei.

Art. 5º Esta Lei entra em vigor na data de sua publicação.

Brasília, 6 de julho de 2009;
188º da Independência e
121º da República.

José Alencar Gomes da Silva

LEI Nº 11.977, DE 7 DE JULHO DE 2009

Dispõe sobre o Programa Minha Casa, Minha Vida – PMCMV e a regularização fundiária de assentamentos localizados em áreas urbanas; altera o Decreto-Lei nº 3.365, de 21 de junho de 1941, as Leis nºs 4.380, de 21 de agosto de 1964, 6.015, de 31 de dezembro de 1973, 8.036, de 11 de maio de 1990, e 10.257, de 10 de julho de 2001, e a Medida Provisória nº 2.197-43, de 24 de agosto de 2001; e dá outras providências.

► Publicada no *DOU* de 8-7-2009.

CAPÍTULO I
DO PROGRAMA MINHA CASA, MINHA VIDA – PMCMV

SEÇÃO I
DA ESTRUTURA E FINALIDADE DO PMCMV

Art. 1º O Programa Minha Casa, Minha Vida – PMCMV tem por finalidade criar mecanismos de incentivo à produção e aquisição de novas unidades habitacionais ou requalificação de imóveis urbanos e produção ou reforma de habitações rurais, para famílias com renda mensal de até R$ 4.650,00 (quatro mil, seiscentos e cinquenta reais) e compreende os seguintes subprogramas:

► *Caput* com a redação dada pela Lei nº 12.424, de 16-6-2011.

I – o Programa Nacional de Habitação Urbana (PNHU);

II – o Programa Nacional de Habitação Rural (PNHR); e

► Incisos I e II comm a redação dada pela Lei nº 13.173, de 21-10-2015.

III – VETADO. Lei nº 13.173, de 21-10-2015.

§ 1º Para os fins desta Lei, considera-se:

► Parágrafo único transformado em § 1º pela Lei nº 13.173, de 21-10-2015.

I – grupo familiar: unidade nuclear composta por um ou mais indivíduos que contribuem para o seu rendimento ou têm suas despesas por ela atendidas e abrange todas as espécies reconhecidas pelo ordenamento jurídico brasileiro, incluindo-se nestas a família unipessoal;

II – imóvel novo: unidade habitacional com até 180 (cento e oitenta) dias de "habite-se", ou documento equivalente, expedido pelo órgão público municipal competente ou, nos casos de prazo superior, que não tenha sido habitada ou alienada;

III – oferta pública de recursos: procedimento realizado pelo Poder Executivo federal destinado a prover recursos às instituições e agentes financeiros do Sistema Financeiro da Habitação – SFH para viabilizar as operações previstas no inciso III do art. 2º;

IV – requalificação de imóveis urbanos: aquisição de imóveis conjugada com a execução de obras e serviços voltados à recuperação e ocupação para fins habitacionais, admitida ainda a execução de obras e serviços necessários à modificação de uso;

V – agricultor familiar: aquele definido no *caput*, nos seus incisos e no § 2º do art. 3º da Lei nº 11.326, de 24 de julho de 2006; e

VI – trabalhador rural: pessoa física que, em propriedade rural, presta serviços de natureza não eventual a empregador rural, sob a dependência deste e mediante salário.

► Incisos I a VI acrescidos pela Lei nº 12.424, de 16-6-2011

§ 2º VETADO. Lei nº 13.173, Lei nº 13.173, de 21-10-2015.

Art. 2º Para a implementação do PMCMV, a União, observada a disponibilidade orçamentária e financeira:

► *Caput* com a redação dada pela Lei nº 12.424, de 16-6- 2011.

I – concederá subvenção econômica ao beneficiário pessoa física no ato da contratação de financiamento habitacional;

► Inciso I acrescido pela Lei nº 12.424, de 16-6-2011.

II – participará do Fundo de Arrendamento Residencial (FAR), mediante integralização de cotas e transferirá recursos ao Fundo de Desenvolvimento Social (FDS) de que tratam, respectivamente, a Lei nº 10.188, de 12 de fevereiro de 2001, e a Lei nº 8.677, de 13 de julho de 1993;

► Inciso II com a redação dada pela Lei nº 12.693, de 24-7-2012.

III – realizará oferta pública de recursos destinados à subvenção econômica ao beneficiário pessoa física de operações em Municípios com população de até 50.000 (cinquenta mil) habitantes;

IV – participará do Fundo Garantidor da Habitação Popular – FGHab; e

V – concederá subvenção econômica por meio do Banco Nacional de Desenvolvimento Econômico e Social – BNDES, sob a modalidade de equalização de taxas de juros e outros encargos financeiros, especificamente nas operações de financiamento de linha especial para infraestrutura em projetos de habitação popular.

► Incisos III a V acrescidos pela Lei nº 12.424, de 16-6-2011.

§ 1º A aplicação das condições previstas no inciso III do *caput* dar-se-á sem prejuízo da possibilidade de atendimento aos Municípios com população entre 20.000 (vinte mil) e 50.000 (cinquenta mil) habitantes por outras formas admissíveis no âmbito do PMCMV, nos termos do regulamento.

§ 2º O regulamento previsto no § 1º deverá prever, entre outras condições, atendimento aos Municípios com população urbana igual ou superior a 70% (setenta por cento) de sua população total e taxa de crescimento populacional, entre os anos 2000 e 2010, superior à taxa verificada no respectivo Estado.

► §§ 1º e 2º acrescidos pela Lei nº 12.424, Lei nº 12.424, de 16-6-2011.

§ 3º VETADO. Lei nº 13.274, de 26-4-2016.

Art. 3º Para a indicação dos beneficiários do PMCMV, deverão ser observados os seguintes requisitos:

► *Caput* com a redação dada pela Lei nº 12.424, de 16-6-2011.

I – comprovação de que o interessado integra família com renda mensal de até R$ 4.650,00 (quatro mil, seiscentos e cinquenta reais);

II – faixas de renda definidas pelo Poder Executivo federal para cada uma das modalidades de operações;

► Incisos I e II acrescidos pela Lei nº 12.424, de 16-6-2011.

III – prioridade de atendimento às famílias residentes em áreas de risco, insalubres, que tenham sido desabrigadas ou que perderam a moradia em razão de enchente, alagamento, transbordamento ou em decorrência de qualquer desastre natural do gênero;

► Inciso III com a redação dada pela Lei nº 13.274, de 26-4-2016.

IV – prioridade de atendimento às famílias com mulheres responsáveis pela unidade familiar; e

V – prioridade de atendimento às famílias de que façam parte pessoas com deficiência.

► Incisos IV e V acrescidos pela Lei nº 12.424, de 16-6-2011.

§ 1º Em áreas urbanas, os critérios de prioridade para atendimento devem contemplar também:

I – a doação pelos Estados, pelo Distrito Federal e pelos Municípios de terrenos localizados em área urbana consolidada para implantação de empreendimentos vinculados ao programa;

II – a implementação pelos Estados, pelo Distrito Federal e pelos Municípios de medidas de desoneração tributária, para as construções destinadas à habitação de interesse social;

III – a implementação pelos Municípios dos instrumentos da Lei nº 10.257, de 10 de julho de 2001, voltados ao controle da retenção das áreas urbanas em ociosidade.

§ 2 VETADO.

§ 3º O Poder Executivo federal definirá:

► *Caput* do § 3º com a redação dada pela Lei nº 12.424, de 16-6-2011.

I – os parâmetros de priorização e enquadramento dos beneficiários do PMCMV; e (Incluído pela Lei nº 12.424, de 2011)

II – a periodicidade de atualização dos limites de renda familiar estabelecidos nesta Lei.

► Incisos I e II acrescidos pela Lei nº 12.424, de 16-6-2011.

§ 4º Além dos critérios estabelecidos no *caput*, os Estados, Municípios e Distrito Federal poderão fixar outros critérios de seleção de beneficiários do PMCMV, previamente aprovados pelos respectivos conselhos locais de habitação, quando existentes, e em conformidade com as respectivas políticas habitacionais e as regras estabelecidas pelo Poder Executivo federal.

§ 5º Os Estados, os Municípios e o Distrito Federal que aderirem ao PMCMV, as entidades privadas sem fins lucrativos, na qualidade de entidades organizadoras, e as instituições financeiras oficiais federais serão responsáveis pela realização do trabalho social nos empreendimentos implantados, na forma estabelecida em termo de adesão a ser definido em regulamento.

► § 5º com a redação dada pela Lei nº 14.118, de 12-1-2021.

§ 6º Na atualização dos valores adotados como parâmetros de renda familiar estabelecidos nesta Lei deverão ser observados os seguintes critérios:

I – quando o teto previsto no dispositivo for de R$ 4.650,00 (quatro mil, seiscentos e cinquenta reais), o valor atualizado não poderá ultrapassar 10 (dez) salários mínimos;

II – quando o teto previsto no dispositivo for de R$ 2.790,00 (dois mil, setecentos e noventa reais), o valor atualizado não poderá ultrapassar 6 (seis) salários mínimos;

III – quando o teto previsto no dispositivo for de R$ 1.395,00 (mil, trezentos e noventa e cinco reais), o valor atualizado não poderá ultrapassar 3 (três) salários mínimos.

► §§ 4º a 6º acrescidos pela Lei nº 12.424, de 16-6-2011.

§ 7º Os requisitos dispostos no *caput* deste artigo, bem como aqueles definidos em regulamentos do Poder Executivo, relativos à situação econômica ou financeira dos beneficiários do PMCMV deverão ainda:

I – observar a exigência da qualificação pessoal completa do beneficiário para constar do respectivo contrato, incluindo seu

número de inscrição no Cadastro de Pessoa Física – CPF, mantido na Secretaria da Receita Federal do Brasil;
II – ter sua veracidade verificada por meio do cruzamento de dados fiscais e bancários do beneficiário, assegurado o sigilo constitucional dos dados informados.

§ 8º O agente financeiro responsável pelo financiamento responderá pelo cumprimento do disposto no § 7º deste artigo.

► §§ 7º e 8º acrescidos pela Lei nº 13.274, de 26-4-2016.

§ 9º VETADO. Lei nº 13.274, de 26-4-2016.

SEÇÃO II
DO PROGRAMA NACIONAL DE HABITAÇÃO URBANA – PNHU

Art. 4º O Programa Nacional de Habitação Urbana – PNHU tem por objetivo promover a produção ou aquisição de novas unidades habitacionais ou a requalificação de imóveis urbanos, desde 14 de abril de 2009. (Redação dada pela Lei nº 13.043, de 2014)

► *Caput* com a redação dada pela Lei nº 13.043, de 13-11-2014.

§ 1º Para a implementação do PNHU, a União disponibilizará recursos na forma prevista nos incisos I, II e III do art. 2º. (Redação dada pela Lei nº 12.424, de 2011)

► *Caput* do § 1º com a redação dada pela Lei nº 12.424, de 16-6-2011.

I – *Revogado.* Lei nº 12.424, de 16-6-2011;
II – VETADO;
III – *Revogado.* Lei nº 12.424, de 16-6-2011;

§ 2º A assistência técnica e os seguros de engenharia, de danos estruturais, de responsabilidade civil do construtor, de garantia de término de obra e outros que visem à mitigação de riscos inerentes aos empreendimentos habitacionais podem fazer parte da composição de custos do PNHU.

► § 2º com a redação dada pela Lei nº 14.118, de 12-1-2021.

Art. 5º *Revogado.* Lei nº 12.424, de 16-6-2011.

Art. 5º-A. Para a implantação de empreendimentos no âmbito do PNHU, deverão ser observados:
I – localização do terreno na malha urbana ou em área de expansão que atenda aos requisitos estabelecidos pelo Poder Executivo federal, observado o respectivo plano diretor, quando existente;
II – adequação ambiental do projeto;
III – infraestrutura básica que inclua vias de acesso, iluminação pública e solução de esgotamento sanitário e de drenagem de águas pluviais e permita ligações domiciliares de abastecimento de água e energia elétrica; e
IV – a existência ou compromisso do poder público local de instalação ou de ampliação dos equipamentos e serviços relacionados a educação, saúde, lazer e transporte público.

Art. 6º A subvenção econômica de que trata o inciso I do art. 2º será concedida no ato da contratação da operação de financiamento, com o objetivo de:

► *Caput* com a redação dada pela Lei nº 12.424, de 16-6-2011.

I – facilitar a aquisição, produção e requalificação do imóvel residencial; ou

► Inciso I com a redação dada pela Lei nº 12.249, 11-6-2010.

II – complementar o valor necessário a assegurar o equilíbrio econômico-financeiro das operações de financiamento realizadas pelas entidades integrantes do Sistema Financeiro da Habitação – SFH, compreendendo as despesas de contratação, de administração e cobrança e de custos de alocação, remuneração e perda de capital.

§ 1º A subvenção econômica de que trata o *caput* será concedida exclusivamente a mutuários com renda familiar mensal de até R$ 2.790,00 (dois mil, setecentos e noventa reais), uma única vez por imóvel e por beneficiário e será cumulativa, até o limite máximo a ser fixado em ato do Poder Executivo federal, com os descontos habitacionais concedidos nas operações de financiamento realizadas na forma do art. 9º da Lei nº 8.036, de 11 de maio de 1990, com recursos do Fundo de Garantia do Tempo de Serviço – FGTS.

► § 1º com a redação dada pela Lei nº 12.424, 16-6-2011.

§ 2º A subvenção poderá ser cumulativa com subsídios concedidos no âmbito de programas habitacionais dos Estados, do Distrito Federal ou dos Municípios.

§§ 3º a 5º *Revogados.* Lei nº 12.693, 24-7-2012.

Art. 6º-A. As operações realizadas com recursos advindos da integralização de cotas no FAR e recursos transferidos ao FDS, conforme previsto no inciso II do *caput* do art. 2º, são limitadas a famílias com renda mensal de até R$ 1.395,00 (mil trezentos e noventa e cinco reais), e condicionadas a:

► *Caput* com a redação dada pela Lei nº 12.693, 24-7-2012.

I – exigência de participação financeira dos beneficiários, sob a forma de prestações mensais;
II – quitação da operação, em casos de morte ou invalidez permanente do beneficiário, sem cobrança de contribuição do beneficiário; e
III – cobertura de danos físicos ao imóvel, sem cobrança de contribuição do beneficiário.

► Incisos I a III acrescidos pela Lei nº 12.424, 16-6-2011.

§ 1º Nos empreendimentos habitacionais em edificações multifamiliares produzidos com os recursos de que trata o *caput*, inclusive no caso de requalificação de imóveis urbanos, será admitida a produção de unidades destinadas à atividade comercial a eles vinculada, devendo o resultado de sua exploração ser destinado integralmente ao custeio do condomínio.

§ 2º É vedada a alienação das unidades destinadas à atividade comercial de que trata o § 1º pelo condomínio a que estiverem vinculadas.

► §§ 1º e 2º acrescidos pela Lei nº 12.424, 16-6-2011.

§ 3º Serão dispensadas, na forma do regulamento, a participação financeira dos beneficiários de que trata o inciso I do *caput* e a cobertura a que se refere o inciso III do *caput* nas operações com recursos advindos da integralização de cotas no FAR, quando essas operações:

► *Caput* do § 3º com a redação dada pela Lei nº 12.693, de 24-7-2012.

I – forem vinculadas às programações orçamentárias do Programa de Aceleração do Crescimento (PAC) e demandarem reassentamento, remanejamento ou substituição de unidades habitacionais; (Redação dada pela Lei nº 12.693, de 2012)

► Inciso I com a redação dada pela Lei nº 12.693, de 24-7-2012.

II – forem vinculadas a intervenções financiadas por operações de crédito ao setor público, conforme hipóteses definidas no regulamento, e demandarem reassentamento, remanejamento ou substituição de unidades habitacionais;
III – forem destinadas ao atendimento, nos casos de situação de emergência ou estado de calamidade pública reconhecidos pela União, a famílias desabrigadas que perderam seu único imóvel;

► Incisos II e II com a redação dada pela Lei nº 13.173, de 21-10-2015.

IV – forem vinculadas a reassentamentos de famílias, indicadas pelo poder público municipal ou estadual, decorrentes de obras vinculadas à realização dos Jogos Rio 2016, de que trata a Lei nº 12.035, de 1º de outubro de 2009.

► Inciso IV com a redação dada pela Lei nº 13.161, de 31-8-2015.

§ 4º Exclusivamente nas operações previstas no § 3º, será admitido atendimento a famílias com renda mensal de até R$ 2.790,00 (dois mil, setecentos e noventa reais).

► § 4º acrescido pela Lei nº 12.693, de 24-7-2012.

§ 5º Nas operações com recursos previstos no *caput*: (Incluído pela Lei nº 12.693, de 2012)

► *Caput* do § 5º acrescido pela Lei nº 12.693, de 24-7-2012.

I – a subvenção econômica será concedida nas prestações do financiamento, ao longo de 120 (cento e vinte) meses;

► Inciso I acrescido pela Lei nº 12.693, de 24-7-2012.

II – a quitação antecipada do financiamento implicará o pagamento do valor da dívida contratual do imóvel na forma regulamentada por ato do Ministro de Estado do Desenvolvimento Regional; e

► Inciso II com a redação dada pela Lei nº 14.118, de 12-1-2021.

III – não se admite transferência *inter vivos* de imóveis sem a respectiva quitação.

► Inciso III acrescido pela Lei nº 12.693, de 24-7-2012.

§ 6º As cessões de direitos, promessas de cessões de direitos ou procurações que tenham por objeto a compra e venda, promessa de compra e venda ou cessão de imóveis adquiridos sob as regras do PMCMV, quando em desacordo com o inciso III do § 5º, serão consideradas nulas.

§ 7º Nas operações previstas no § 3º, a subvenção econômica será concedida, no ato da contratação da unidade habitacional, exclusivamente para o beneficiário que comprovar a titularidade e regularidade fundiária do imóvel do qual será removido, do imóvel que foi destruído ou do imóvel cujo uso foi impedido definitivamente, quando nele esteja ou estivesse habitando, na forma do regulamento.

§ 8º É vedada a concessão de subvenções econômicas lastreadas nos recursos do FAR ou do FDS a beneficiário que tenha recebido benefício de natureza habitacional oriundo de recursos orçamentários da União, do FAR, do FDS ou de descontos habitacionais concedidos com recursos do FGTS, excetuadas as subvenções ou descontos destinados à aquisição de material de construção e aquelas previstas no atendimento a famílias nas operações estabelecidas no § 3º, na forma do regulamento.

► §§ 6º a 8º acrescidos pela Lei nº 12.693, de 24-7-2012.

§ 9º Após consolidada a propriedade em seu nome, em razão do não pagamento da dívida pelo beneficiário, o FAR e o FDS, na qualidade de credores fiduciários, ficam dispensados de levar o imóvel a leilão, hipótese em que deverão promover a reinclusão das unidades que reunirem condições de habitabilidade em programa habitacional, no mínimo uma vez, e destiná-las à aquisição por beneficiário a ser indicado conforme as políticas habitacionais e as normas vigentes.

► § 9º com a redação dada pela Lei nº 14.118, de 12-1-2021.

§ 10. Nos casos das operações previstas no inciso IV do § 3º deste artigo, é dispensado o atendimento aos dispositivos estabelecidos no art. 3º, e caberá ao poder público municipal ou estadual restituir integralmente os recursos aportados pelo FAR no ato da alienação do imóvel a beneficiário final cuja renda familiar mensal exceda o limite estabelecido no *caput* deste artigo.

§ 11. Serão disponibilizadas em sítio eletrônico informações relativas às operações previstas no inciso IV do § 3º deste artigo com a identificação do beneficiário final, os respectivos valores advindos da integralização de cotas do FAR e os valores restituídos ao FAR pelo poder público municipal ou estadual.

► §§ 10 e 11 acrescidos pela Lei nº 13.173, de 21-10-2015.

§ 12. O FAR poderá prestar garantia à instituição financeira em favor do beneficiário nos casos de operações de financiamento habitacional ao beneficiário com desconto concedido pelo FGTS para aquisição de imóveis construídos com recursos do FAR.

§ 13. No caso de execução da garantia de que trata o § 12, ficará o FAR sub-rogado nos direitos do credor.

§ 14. Para assegurar a expectativa trimestral de venda de imóveis estabelecida pelo FAR, as instituições financeiras executoras do PMCMV deverão repassar ao FAR o valor equivalente aos descontos do FGTS correspondente à referida expectativa trimestral.

§ 15. Caso os recursos de que trata o § 14 não sejam integralmente utilizados, o FAR devolverá o excedente às instituições financeiras ao final de cada trimestre, corrigido pela taxa do Sistema Especial de Liquidação e de Custódia – SELIC apurada no período.

► §§ 12 a 15 acrescidos pela Lei nº 13.274, de 26-4-2016.

§ 16. Na hipótese de não pagamento pelo beneficiário, as unidades habitacionais poderão ser doadas pelo FAR ou pelo FDS aos Estados, ao Distrito Federal, aos Municípios ou aos órgãos de suas administrações diretas e indiretas que pagarem os valores devidos pelas famílias inadimplentes, com vistas à sua permanência na unidade habitacional ou à sua disponibilização para outros programas de interesse social.

§ 17. As unidades sem condições de habitabilidade poderão ser alienadas pelo gestor operacional do FAR ou do FDS, conforme o caso, em condições a serem regulamentadas, com prioridade para:

I – utilização em programas de interesse social em âmbito municipal, distrital, estadual ou federal; e

II – aquisição por pessoas físicas que cumpram os requisitos para habilitar-se no PMCMV.

► §§ 16 e 17 acrescidos pela Lei nº 14.118, de 12-1-2021.

Art. 6º-B. Para a concessão de subvenção econômica nas operações de que trata o inciso III do art. 2º, fica estabelecido que a instituição ou agente financeiro participante só poderá receber recursos até o máximo de 15% (quinze por cento) do total ofertado em cada oferta pública, na forma do regulamento, considerado o limite de 100 (cem) unidades habitacionais por Município. (Incluído pela Lei nº 12.424, de 2011)

► *Caput* com a redação dada pela Lei nº 12.424, de 16-6-2011.

§ 1º O Poder Executivo federal disporá necessariamente sobre os seguintes aspectos:

I – valores e limites das subvenções individualizadas a serem destinadas a cada beneficiário;

II – remuneração das instituições e agentes financeiros pelas operações realizadas;

III – quantidade, condições e modalidades de ofertas públicas de cotas de subvenções; e

IV – tipologia e padrão das moradias e da infraestrutura urbana, com observância da legislação municipal pertinente.

§ 2º As operações de que trata o *caput* poderão ser realizadas pelos bancos múltiplos, pelos bancos comerciais, pelas sociedades de crédito imobiliário, pelas companhias hipotecárias, por órgãos federais, estaduais e municipais, inclusive sociedades de economia mista em que haja participação majoritária do poder público, que operem no financiamento de habitações e obras conexas, e pelas cooperativas de crédito que tenham entre seus objetivos o financiamento habitacional a seus cooperados, desde que tais instituições e agentes financeiros sejam especificamente autorizados a operar o programa pelo Banco Central do Brasil e pelo Ministério das Cidades, no âmbito de suas competências.

§ 3º Os Estados e os Municípios poderão complementar o valor das subvenções econômicas com créditos tributários, benefícios fiscais, bens ou serviços economicamente mensuráveis, assistência técnica ou recursos financeiros.

► §§ 1º a 3º acrescidos pela Lei nº 12.424, de 16-6-2011.

§ 4º É vedada a concessão de subvenções econômicas de que trata o inciso III do *caput* do art. 2º a beneficiário que tenha recebido benefício de natureza habitacional oriundo de recursos orçamentários da União, do FAR, do FDS ou de descontos habitacionais concedidos com recursos do FGTS, excetuadas as subvenções ou descontos destinados à aquisição de material de construção, na forma do regulamento. (Incluído pela Lei nº 12.693, de 2012)

► § 4º acrescido pela Lei nº 12.693, de 24-7-2012.

Art. 7º Em casos de utilização dos recursos de que tratam os incisos I, II e III do art. 2º em finalidade diversa da definida nesta Lei, ou em desconformidade ao disposto nos arts. 6º, 6º-A e 6º-B, será exigida a devolução ao erário do valor da subvenção concedida, acrescido de juros e atualização monetária, com base na remuneração dos recursos que serviram de lastro à sua concessão, sem prejuízo das penalidades previstas em lei.

► *Caput* com a redação dada pela Lei nº 12.424, 16-6-2011.

Parágrafo único. Para as operações com recursos de que trata o inciso III do art. 2º desta Lei, fica o Ministério das Cidades autorizado a fixar novas condições de pagamento e prazos para a conclusão das unidades habitacionais contratadas, obedecidos os seguintes parâmetros:

I – o prazo para conclusão das unidades habitacionais será de até doze meses, contados da entrada em vigor deste parágrafo;

II – as instituições e agentes financeiros habilitados deverão declarar a viabilidade de execução das unidades habitacionais contratadas, dentro dos prazos fixados pelo Ministério das Cidades, observado o limite previsto no inciso I deste parágrafo;

III – as instituições e agentes financeiros habilitados deverão declarar a viabilidade de execução das unidades habitacionais contratadas, dentro do valor originalmente previsto, sem custos adicionais para a União;

IV – a aceitação e a adesão pelas instituições e agentes financeiros habilitados às novas condições e prazos fixados serão formalizadas em instrumento próprio a ser regulamentado pelo Ministério das Cidades;

V – a liberação de recursos pela União às instituições e agentes financeiros habilitados dependerá da comprovação da correspondente parcela da obra executada, vedadas quaisquer formas de adiantamento;

VI – o não atendimento das condições e prazos finais fixados pelo Ministério das Cidades ensejará imediata devolução ao erário do valor dos recursos liberados, acrescido de juros e atualização monetária, com base na remuneração dos recursos que serviram de lastro à sua concessão, sem prejuízo das penalidades previstas em lei;

VII – nos casos de inadimplência pelas instituições e agentes financeiros habilitados das condições e prazos estabelecidos pelo Ministério das Cidades, fica autorizada a inscrição em dívida ativa da União dos valores previstos no inciso VI deste parágrafo; e

VIII – a definição dos procedimentos a serem adotados nos casos omissos caberá ao Ministério das Cidades.

► Parágrafo único acrescido pela Lei nº 13.465, de 11-7-2017.

Art. 7º-A. Os beneficiários de operações do PMCMV, com recursos advindos da integralização de cotas no FAR, obrigam-se a ocupar os imóveis adquiridos, em até trinta dias, a contar da assinatura do contrato de compra e venda com cláusula de alienação fiduciária em garantia, firmado com o FAR.

Parágrafo único. Descumprido o prazo de que trata o *caput* deste artigo, fica o FAR automaticamente autorizado a declarar o contrato resolvido e a alienar o imóvel a beneficiário diverso, a ser indicado conforme a Política Nacional de Habitação.

Art. 7º-B. Acarretam o vencimento antecipado da dívida decorrente de contrato de compra e venda com cláusula de alienação fiduciária em garantia firmado, no âmbito do PMCMV, com o FAR:

I – a alienação ou cessão, por qualquer meio, dos imóveis objeto de operações realizadas com recursos advindos da integralização de cotas no FAR antes da quitação de que trata o inciso III do § 5º do art. 6º-A desta Lei;

II – a utilização dos imóveis objeto de operações realizadas com recursos advindos da integralização de cotas no FAR em finalidade diversa da moradia dos beneficiários da subvenção de que trata o inciso I do art. 2º desta Lei e das respectivas famílias; e

III – o atraso superior a noventa dias no pagamento das obrigações objeto de contrato firmado, no âmbito do PMCMV, com o FAR, incluindo os encargos contratuais e os encargos legais, inclusive os tributos e as contribuições condominiais que recaírem sobre o imóvel.

Art. 7º-C. Vencida antecipadamente a dívida, o FAR, na condição de credor fiduciário, munido de certidão comprobatória de processo administrativo que ateste a ocorrência de uma das hipóteses previstas no art. 7º-B desta Lei, deverá requerer, ao oficial do registro de imóveis competente, que intime o beneficiário, ou seu representante legal ou procurador regularmente constituído, para satisfazer, no prazo previsto no § 1º do art. 26 da Lei nº 9.514, de 20 de novembro de 1997, a integralidade da dívida, compreendendo a devolução da subvenção devidamente corrigida nos termos do art. 7º desta Lei.

§ 1º Decorrido o prazo de que trata o *caput* deste artigo sem o pagamento da dívida antecipadamente vencida, o contrato será reputado automaticamente resolvido de pleno direito, e o oficial do registro de imóveis competente, certificando esse fato, promoverá a averbação, na matrícula do imóvel, da consolidação da propriedade fiduciária em nome do FAR, respeitada a Lei nº 9.514, de 20 de novembro de 1997.

§ 2º Uma vez consolidada a propriedade fiduciária em nome do FAR, proceder-se-á em conformidade com o disposto no § 9º do art. 6º-A desta Lei, e o imóvel deve ser-lhe imediatamente restituído, sob pena de esbulho possessório.

§ 3º O FAR, em regulamento próprio, disporá sobre o processo administrativo de que trata o *caput* deste artigo.

§ 4º A intimação de que trata o *caput* deste artigo poderá ser promovida, por solicitação do oficial do registro de imóveis, do oficial de registro de títulos e documentos da comarca da situação do imóvel ou do domicílio de quem deva recebê-la ou do serventuário por eles credenciado, ou pelo correio, com aviso de recebimento.

§ 5º Quando, por duas vezes, o oficial de registro de imóveis ou de registro de títulos e documentos ou o serventuário por eles credenciado houver procurado o intimando em seu domicílio ou residência sem o encontrar, deverá, havendo suspeita motivada de ocultação, intimar qualquer pessoa da família ou, em sua falta, qualquer vizinho de que, no dia útil imediato, retornará ao imóvel, a fim de efetuar a intimação, na hora que designar, aplicando-se subsidiariamente o disposto nos arts. 252, 253 e 254 da Lei nº 13.105, de 16 de março de 2015 (Código de Processo Civil).

§ 6º Nos condomínios edilícios ou outras espécies de conjuntos imobiliários com controle de acesso, a intimação de que trata este artigo poderá ser feita ao funcionário da portaria responsável pelo recebimento de correspondência.

§ 7º Caso não seja efetuada a intimação pessoal ou por hora certa, o oficial de registro de imóveis ou de registro de títulos e documentos ou o serventuário por eles credenciado promoverá a intimação do devedor fiduciante por edital, publicado por três dias, pelo menos, em um dos jornais de maior circulação ou em outro de comarca de fácil acesso, se no local não houver imprensa diária, contado o prazo para o pagamento antecipado da dívida da data da última publicação do edital.

► Arts. 7º-A a 7º-C acrescidos pela 13.465, de 11-7-2017.

Art. 7º-D. ***Para garantia da posse legítima dos empreendimentos produzidos pelo FAR ou pelo FDS ainda não alienados aos beneficiários finais que venham a sofrer turbação ou esbulho, poderão ser empregados atos de defesa ou de desforço diretos, inclusive por meio do auxílio de força policial.***

§ 1º O auxílio de força policial a que se refere o caput ***deste artigo poderá estar previsto no instrumento firmado ou em outro que venha a ser estabelecido entre a União e os Estados, o Distrito Federal e os Municípios.***

§ 2º Os atos de defesa ou de desforço a que se refere o caput ***deste artigo não poderão ir além do indispensável à manutenção ou à restituição da posse e deverão ocorrer no prazo máximo de 5 (cinco) dias, contado da data de ciência do ato de turbação ou de esbulho.***

Art. 7º-E. ***O disposto nos arts. 7º-A, 7º-B e 7º-C desta Lei aplica-se também aos empreendimentos executados com recursos provenientes do FDS.***

► Arts. 7º-D e 7º-E acrescidos pela Lei nº 14.118, de 12-1-2021.

Art. 8º Caberá ao Poder Executivo a regulamentação do PNHU, especialmente em relação:

I – à fixação das diretrizes e condições gerais;

II – à distribuição regional dos recursos e à fixação dos critérios complementares de distribuição desses recursos;

III – aos valores e limites máximos de subvenção;

IV – ao estabelecimento dos critérios adicionais de priorização da concessão da subvenção econômica; e

V – ao estabelecimento das condições operacionais para pagamento e controle da subvenção econômica.

Art. 8º-A. ***O Ministério do Desenvolvimento Regional, nas situações enquadradas nos incisos VI e VII do parágrafo único do art. 7º desta Lei, deverá notificar, no prazo de até 60 (sessenta) dias, as instituições ou agentes financeiros para:***

I – efetuar a imediata devolução ao erário do valor dos recursos liberados, acrescido de juros e atualização monetária, com base na remuneração dos recursos que serviram de lastro à sua concessão, sem prejuízo das penalidades previstas em lei; ou

II – manifestar interesse na conclusão e entrega das unidades habitacionais.

§ 1º No caso de não atendimento à notificação a que se refere o caput ***deste artigo, caberá ao Ministério do Desenvolvimento Regional a adoção dos procedimentos necessários para inscrição das instituições ou agentes financeiros inadimplentes na dívida ativa da União.***

§ 2º No caso previsto no inciso II do caput ***deste artigo, as instituições ou agentes financeiros poderão apresentar:***

I – manifestação de interesse na conclusão e entrega das unidades habitacionais, dentro do valor originalmente previsto, sem custos adicionais para a União; ou

II – manifestação de interesse do Estado ou do Município, a ser firmada em conjunto com a instituição ou agente financeiro, na conclusão e entrega das unidades habitacionais com recursos provenientes do Estado ou do Município, vedada a liberação de recursos da União.

§ 3º Para cumprimento do disposto no § 2º deste artigo, as instituições ou agentes financeiros deverão declarar ao Ministério do Desenvolvimento Regional as unidades habitacionais que tenham viabilidade de execução para conclusão e entrega.

§ 4º A manifestação de interesse a que se refere o § 2º deste artigo possibilitará a prorrogação dos compromissos assumidos pelas instituições ou agentes financeiros pelo prazo de até 30 (trinta) meses, contado a partir de 26 de agosto de 2020, para conclusão e entrega das unidades habitacionais.

§ 5º Nos casos enquadrados no inciso I do § 2º deste artigo, a liberação de recursos pela União às instituições ou agentes financeiros fica condicionada à comprovação da conclusão e entrega da unidade habitacional, vedadas quaisquer formas de adiantamento.

§ 6º Nos casos enquadrados no inciso II do § 2º deste artigo, no período de vigência dos compromissos, fica suspensa a exigibilidade do crédito das instituições ou agentes financeiros constituído em decorrência do disposto nos incisos VI e VII do parágrafo único do art. 7º desta Lei.

§ 7º O adimplemento do compromisso decorrente da manifestação a que se refere o inciso II do caput ***deste artigo pelas instituições ou agentes financeiros implica a extinção da obrigação.***

§ 8º O descumprimento do prazo-limite estabelecido no § 4º deste artigo implicará a aplicação do disposto nos incisos VI e VII do parágrafo único do art. 7º desta Lei.

► Art. 8º-A acrescido pela Lei nº 14.118, de 12-1-2021.

Art. 9º A gestão operacional dos recursos destinados à concessão da subvenção do PNHU de que trata o inciso I do art. 2º desta Lei será efetuada pela Caixa Econômica Federal – CEF.

► *Caput* com a redação dada pela Lei nº 12.424, de 16-6-2011.

Parágrafo único. Os Ministros de Estado das Cidades e da Fazenda fixarão, em ato conjunto, a remuneração da Caixa Econômica Federal pelas atividades exercidas no âmbito do PNHU.

Art. 10. Competem aos Ministérios da Fazenda e das Cidades a regulamentação e a gestão do PNHU no âmbito das suas respectivas competências.

SEÇÃO III
DO PROGRAMA NACIONAL DE HABITAÇÃO RURAL – PNHR

Art. 11. O PNHR tem como finalidade subsidiar a produção ou reforma de imóveis para agricultores familiares e trabalhadores rurais, por intermédio de operações de repasse de recursos do orçamento geral da União ou de financiamento habitacional com recursos do Fundo de Garantia do Tempo de Serviço – FGTS, desde 14 de abril de 2009.

► *Caput* com a redação dada pela Lei nº 13.043, 13-11-2014.

Parágrafo único. A assistência técnica pode fazer parte da composição de custos do PNHR.

► Parágrafo único com a redação dada pela Lei nº 12.424, 16-6-2011.

Art. 12. *Revogado.* Lei nº 12.424, 16-6-2011.

Parágrafo único. Enquanto não efetivado o aporte de recursos de que trata o *caput*, caso o agente operador do Fundo de Garantia do Tempo de Serviço - FGTS tenha suportado ou venha a suportar, com recursos das disponibilidades atuais do referido fundo, a parcela da subvenção econômica de que trata o *caput*, terá direito ao ressarcimento das quantias desembolsadas, devidamente atualizadas pela taxa Selic.

Art. 13. Nas operações de que trata o art. 11, poderá ser concedido subvenção econômica, no ato da contratação do financiamento, com o objetivo de:

► *Caput* com a redação dada pela Lei nº 12.424, de 16-6-2011.

I - facilitar a produção ou reforma do imóvel residencial;

► Inciso I com a redação dada pela Lei nº 12.424, de 16-6-2011.

II - complementar o valor necessário a assegurar o equilíbrio econômico-financeiro das operações de financiamento realizadas pelos agentes financeiros; ou

III - complementar a remuneração do agente financeiro, nos casos em que o subsídio não esteja vinculado a financiamento.

§ 1º A subvenção econômica do PNHR será concedida uma única vez por imóvel e por beneficiário e, excetuados os casos previstos no inciso III deste artigo, será cumulativa, até o limite máximo a ser fixado em ato do Poder Executivo federal, com os descontos habitacionais concedidos nas operações de financiamento realizadas na forma do art. 9º da Lei nº 8.036, de 11 de maio de 1990, com recursos do FGTS.

► § 1º com a redação dada pela Lei nº 12.424, de 16-6-2011.

§ 2º A subvenção poderá ser cumulativa com subsídios concedidos no âmbito de programas habitacionais dos Estados, Distrito Federal ou Municípios.

§ 3º Para definição dos beneficiários do PNHR, deverão ser respeitados, exclusivamente, o limite de renda definido para o PMCMV e as faixas de renda definidas pelo Poder Executivo federal.

► § 3º com a redação dada pela Lei nº 12.424, de 16-6-2011.

Art. 14. Em casos de utilização dos recursos de que trata o art. 11 em finalidade diversa da definida nesta Lei, ou em desconformidade ao disposto no art. 13, será exigida a devolução ao erário do valor da subvenção concedida, acrescido de juros e atualização monetária, com base na remuneração dos recursos que serviram de lastro à sua concessão, sem prejuízo das penalidades previstas em lei. (Redação dada pela Lei nº 12.424, de 2011)

► Artigo com a redação dada pela Lei nº 12.424, de 16-6-2011.

Art. 15. O Poder Executivo regulamentará o disposto nesta Seção, especialmente no que concerne à definição das diretrizes e condições gerais de operação, gestão, acompanhamento, controle e avaliação do PNHR.

Art. 16. A gestão operacional do PNHR será efetuada pela Caixa Econômica Federal.

Parágrafo único. Os Ministros de Estado das Cidades e da Fazenda fixarão, em ato conjunto, a remuneração da Caixa Econômica Federal pelas atividades exercidas no âmbito do PNHR.

Art. 17. Competem aos Ministérios da Fazenda e das Cidades a regulamentação e a gestão do PNHR no âmbito das suas respectivas competências.

Seção IV
DAS TRANSFERÊNCIAS DE RECURSOS POR PARTE DA UNIÃO E DA SUBVENÇÃO PARA MUNICÍPIOS DE PEQUENO PORTE

Art. 18. Fica a União autorizada a transferir recursos para o Fundo de Arrendamento Residencial - FAR, até o limite de R$ 16.500.000.000,00 (dezesseis bilhões e quinhentos milhões de reais), e para o Fundo de Desenvolvimento Social - FDS, até o limite de R$ 500.000.000,00 (quinhentos milhões de reais).

► *Caput* com a redação dada pela Lei nº 12.424, de 16-6-2011.

§§ 1º e 2º *Revogados.* Lei nº 12.424, de 16-6-2011.

Art. 19. *Revogado.* Lei nº 12.424, de 16-6-2011.

Seção V
DO FUNDO GARANTIDOR DA HABITAÇÃO POPULAR - FGHAB

Art. 20. Fica a União autorizada a participar, até o limite de R$ 2.000.000.000,00 (dois bilhões de reais), de Fundo Garantidor da Habitação Popular - FGHab, que terá por finalidades:

I - garantir o pagamento aos agentes financeiros de prestação mensal de financiamento habitacional, no âmbito do Sistema Financeiro da Habitação, devida por mutuário final, em caso de desemprego e redução temporária da capacidade de pagamento, para famílias com renda mensal de até R$ 4.650,00 (quatro mil, seiscentos e cinquenta reais); e

II - assumir o saldo devedor do financiamento imobiliário, em caso de morte e invalidez permanente, e as despesas de recuperação relativas a danos físicos ao imóvel para mutuários com renda familiar mensal de até R$ 4.650,00 (quatro mil, seiscentos e cinquenta reais).

► Incisos I e II com a redação dada pela Lei nº 12.424, de 16-6-2011.

§ 1º As condições e os limites das coberturas de que tratam os incisos I e II deste artigo serão definidos no estatuto do FGHab, que poderá estabelecer os casos em que será oferecida somente a cobertura de que trata o inciso II.

► § 1º com a redação dada pela Lei nº 12.249, de 11-6-2010.

§ 2º O FGHab terá natureza privada e patrimônio próprio dividido em cotas, separado do patrimônio dos cotistas.

§ 3º Constituem patrimônio do FGHab:

I - os recursos oriundos da integralização de cotas pela União e pelos agentes financeiros que optarem por aderir às coberturas previstas nos incisos I e II do *caput* deste artigo;

II - os rendimentos obtidos com a aplicação das disponibilidades financeiras em títulos públicos federais e em ativos com lastro em créditos de base imobiliária, cuja aplicação esteja prevista no estatuto social;

III - os recursos provenientes da recuperação de prestações honradas com recursos do FGHab;

IV - as comissões cobradas com fundamento nos incisos I e II do *caput* deste artigo; e

V - outras fontes de recursos definidas no estatuto do Fundo.

§ 4º Os agentes financeiros que optarem por aderir à cobertura do FGHab deverão integralizar cotas proporcionais ao valor do financiamento para o mutuário final, na forma definida pelo estatuto.

§ 5º A integralização de cotas pela União será autorizada por decreto e poderá ser realizada, a critério do Ministério da Fazenda:

I - em moeda corrente;

II - em títulos públicos;

III - por meio de suas participações minoritárias; ou

IV – por meio de ações de sociedades de economia mista federais excedentes ao necessário para manutenção de seu controle acionário.

§ 6º O FGHab terá direitos e obrigações próprias, pelas quais responderá com seu patrimônio, não respondendo os cotistas por qualquer obrigação do Fundo, salvo pela integralização das cotas que subscreverem.

Art. 21. É facultada a constituição de patrimônio de afetação para a cobertura de que trata o inciso II do *caput* do art. 20, que não se comunicará com o restante do patrimônio do FGHab, ficando vinculado exclusivamente à garantia da respectiva cobertura, não podendo ser objeto de penhora, arresto, sequestro, busca e apreensão ou qualquer ato de constrição judicial decorrente de outras obrigações do Fundo.

Parágrafo único. A constituição do patrimônio de afetação será feita por registro em cartório de registro de títulos e documentos.

Art. 22. O FGHab não pagará rendimentos a seus cotistas, assegurando-se a qualquer deles o direito de requerer o resgate total ou parcial de suas cotas, correspondente ao montante de recursos financeiros disponíveis ainda não vinculados às garantias já contratadas, fazendo-se a liquidação com base na situação patrimonial do Fundo.

Art. 23. Os rendimentos auferidos pela carteira do FGHab não se sujeitam à incidência de imposto de renda na fonte, devendo integrar a base de cálculo dos impostos e contribuições devidos pela pessoa jurídica, na forma da legislação vigente, quando houver o resgate de cotas, total ou parcial, ou na dissolução do Fundo.

Art. 24. O FGHab será criado, administrado, gerido e representado judicial e extrajudicialmente por instituição financeira controlada direta ou indiretamente pela União, com observância das normas a que se refere o inciso XXII do art. 4º da Lei nº 4.595, de 31 de dezembro de 1964.

§ 1º A representação da União na assembleia de cotistas dar-se-á na forma do inciso V do art. 10 do Decreto-Lei nº 147, de 3 de fevereiro de 1967.

§ 2º Caberá à instituição financeira de que trata o *caput* deste artigo, na forma estabelecida no estatuto do Fundo:

I – deliberar sobre a gestão e a alienação dos bens e direitos do FGHab, zelando pela manutenção de sua rentabilidade e liquidez, após autorização dos cotistas;

II – receber comissão pecuniária, em cada operação, do agente financeiro concedente do crédito, que poderá exigi-la do mutuário, desde que o valor cobrado do mutuário, somado a outras eventuais cobranças de caráter securitário, não ultrapasse 10% (dez por cento) da prestação mensal.

§ 3º A instituição financeira a que se refere o *caput* deste artigo fará jus à remuneração pela administração do FGHab, a ser estabelecida no estatuto do Fundo.

§ 4º O estatuto do FGHab será proposto pela instituição financeira e aprovado em assembleia de cotistas.

Art. 25. Fica criado o Comitê de Participação no Fundo Garantidor da Habitação Popular – CPFGHab, órgão colegiado com composição e competência estabelecidas em ato do Poder Executivo.

§ 1º O CPFGHab contará com representantes do Ministério da Fazenda, que o presidirá, do Ministério do Planejamento, Orçamento e Gestão e da Casa Civil da Presidência da República.

§ 2º O estatuto do FGHab deverá ser examinado previamente pelo CPFGHab antes de sua aprovação na assembleia de cotistas.

Art. 26. O FGHab não contará com qualquer tipo de garantia ou aval por parte do setor público e responderá por suas obrigações até o limite dos bens e direitos integrantes de seu patrimônio.

Art. 27. A garantia de que trata o inciso I do *caput* do art. 20 será prestada mediante as seguintes condições:

I – limite de cobertura, incluindo o número de prestações cobertas, a depender da renda familiar do mutuário, verificada no ato da contratação;

II – período de carência definido pelo estatuto;

III – retorno das prestações honradas pelo Fundo na forma contratada com o mutuário final, imediatamente após o término de cada período de utilização da garantia, dentro do prazo remanescente do financiamento habitacional ou com prorrogação do prazo inicial, atualizadas pelos mesmos índices previstos no contrato de financiamento; e

IV – risco de crédito compartilhado entre o Fundo e os agentes financeiros nos percentuais, respectivamente, de 95% (noventa e cinco por cento) e 5% (cinco por cento), a ser absorvido após esgotadas medidas de cobrança e execução dos valores honrados pelo FGHab.

Art. 28. Os financiamentos imobiliários garantidos pelo FGHab, na forma do inciso II do *caput* do art. 20, serão dispensados da contratação de seguro com cobertura de Morte, Invalidez Permanente – MIP e Danos Físicos ao Imóvel – DFI.

Art. 29. O FGHab concederá garantia para até 2.000.000 (dois milhões) de financiamentos imobiliários contratados exclusivamente no âmbito do PMCMV.

► Artigo com a redação dada pela Lei nº 13.043, de 13-11-2014.

Art. 30. As coberturas do FGHab descritas no art. 20 serão prestadas às operações de financiamento habitacional a partir de 14 de abril de 2009, nos casos de:

► *Caput* com a redação dada pela Lei nº 13.043, de 13-11-2014.

I – produção ou aquisição de imóveis novos em áreas urbanas;

II – requalificação de imóveis já existentes em áreas consolidadas no âmbito do Programa Nacional de Habitação Urbana – PNHU; ou

III – produção de moradia no âmbito do Programa Nacional de Habitação Rural – PNHR.

► Incisos I a III com a redação dada pela Lei nº 12.249, de 11-6-2010.

§ 1º A contratação das coberturas de que trata o *caput* está sujeita às seguintes condições:

I – os valores de financiamento devem obedecer aos limites definidos no estatuto do Fundo;

II – a cobertura do FGHab está limitada a um único imóvel financiado por mutuário no âmbito do SFH; e

III – a previsão da cobertura pelo FGHab deve estar expressa em cláusula específica dos contratos celebrados entre os agentes financeiros e os mutuários.

§ 2º O estatuto do FGHab definirá o prazo das coberturas oferecidas pelo Fundo.

► §§ 1º e 2º com a redação dada pela Lei nº 12.249, 11-6-2010.

Art. 31. A dissolução do FGHab ficará condicionada à prévia quitação da totalidade dos débitos garantidos.

Art. 32. Dissolvido o FGHab, o seu patrimônio será distribuído entre os cotistas, na proporção de suas cotas, com base na situação patrimonial à data da dissolução.

Seção VI

DA SUBVENÇÃO ECONÔMICA AO BANCO NACIONAL DE DESENVOLVIMENTO ECONÔMICO E SOCIAL – BNDES

Art. 33. Fica a União autorizada a conceder subvenção econômica ao BNDES, sob a modalidade de equalização de taxas de juros e outros encargos financeiros, especificamente nas operações de financiamento de linha especial para infraestrutura em projetos de habitação popular.

§ 1º O volume de recursos utilizado para a linha de que dispõe o *caput* deste artigo não pode superar R$ 5.000.000.000,00 (cinco bilhões de reais).

§ 2º A equalização de juros de que trata o *caput* deste artigo corresponderá ao diferencial entre o custo da fonte de captação do BNDES e o custo da linha para a instituição financeira oficial federal.

Art. 34. A concessão da subvenção de equalização de juros obedecerá aos limites e normas operacionais a serem estabelecidos pelo Conselho Monetário Nacional, especialmente no que diz respeito a custos de captação e de aplicação dos recursos.

Seção VII

DISPOSIÇÕES COMPLEMENTARES

Art. 35. Os contratos e registros efetivados no âmbito do PMCMV serão formalizados, preferencialmente, em nome da mulher.

Art. 35-A. Nas hipóteses de dissolução de união estável, separação ou divórcio, o título de propriedade do imóvel adquirido no âmbito do PMCMV, na constância do casamento ou da união estável, com subvenções oriundas de recursos do orçamento geral da União, do FAR e do FDS, será registrado em nome da mulher ou a ela transferido, independentemente do regime de bens aplicável, excetuados os casos que envolvam recursos do FGTS.

Parágrafo único. Nos casos em que haja filhos do casal e a guarda seja atribuída exclusivamente ao marido ou companheiro, o título da propriedade do imóvel será registrado em seu nome ou a ele transferido.

Art. 36. Os lotes destinados à construção de moradias no âmbito do PMCMV não poderão ser objeto de remembramento, devendo tal proibição constar expressamente dos contratos celebrados.

Parágrafo único. A vedação estabelecida no *caput* perdurará pelo prazo de 15 (quinze) anos, contados a partir da celebração do contrato.

CAPÍTULO II

DO REGISTRO ELETRÔNICO E DAS CUSTAS E EMOLUMENTOS

Art. 37. Os serviços de registros públicos de que trata a Lei nº 6.015, de 31 de dezembro de 1973, observados os prazos e condições previstas em regulamento, instituirão sistema de registro eletrônico.

Art. 38. Os documentos eletrônicos apresentados aos serviços de registros públicos ou por eles expedidos deverão atender aos requisitos da Infraestrutura de Chaves Públicas Brasileira – ICP e à arquitetura e-PING (Padrões de Interoperabilidade de Governo Eletrônico), conforme regulamento.

Parágrafo único. Os serviços de registros públicos disponibilizarão serviços de recepção de títulos e de fornecimento de informações e certidões em meio eletrônico.

Art. 39. Os atos registrais praticados a partir da vigência da Lei nº 6.015, de 31 de dezembro de 1973, serão inseridos no sistema de registro eletrônico, no prazo de até 5 (cinco) anos a contar da publicação desta Lei.

Parágrafo único. Os atos praticados e os documentos arquivados anteriormente à vigência da Lei nº 6.015, de 31 de dezembro de 1973, deverão ser inseridos no sistema eletrônico.

Art. 40. Serão definidos em regulamento os requisitos quanto a cópias de segurança de documentos e de livros escriturados de forma eletrônica.

Art. 41. A partir da implementação do sistema de registro eletrônico de que trata o art. 37, os serviços de registros públicos disponibilizarão ao Poder Judiciário e ao Poder Executivo federal, por meio eletrônico e sem ônus, o acesso às informações constantes de seus bancos de dados, conforme regulamento.

Parágrafo único. O descumprimento do disposto no *caput* ensejará a aplicação das penas previstas nos incisos II a IV do *caput* do art. 32 da Lei nº 8.935, de 18 de novembro de 1994.

Art. 42. Os emolumentos devidos pelos atos de abertura de matrícula, registro de incorporação, parcelamento do solo, averbação de construção, instituição de condomínio, averbação da carta de "habite-se" e demais atos referentes à construção de empreendimentos no âmbito do PMCMV serão reduzidos em:

► *Caput* com a redação dada pela Lei nº 12.424, de 16-6-2011.

I – 75% (setenta e cinco por cento) para os empreendimentos do FAR e do FDS;

II – 50% (cinquenta por cento) para os atos relacionados aos demais empreendimentos do PMCMV.

► Incisos I e II com a redação dada pela Lei nº 12.424, de 16-6-2011.

III – *Revogado*. Lei nº 12.424, de 16-6-2011.

§ 1º A redução prevista no inciso I será também aplicada aos emolumentos devidos pelo registro da transferência de propriedade do imóvel para o FAR e o FDS.

§ 2º No ato do registro de incorporação, o interessado deve declarar que o seu empreendimento está enquadrado no PMCMV para obter a redução dos emolumentos previstos no *caput*.

§ 3º O desenquadramento do PMCMV de uma ou mais unidades habitacionais de empreendimento que tenha obtido a redução das custas na forma do § 2º implica a complementação do pagamento dos emolumentos relativos a essas unidades.

► §§ 1º e 2º acrescidos pela Lei nº 12.424, de 16-6-2011.

Art. 43. Os emolumentos referentes a escritura pública, quando esta for exigida, ao registro da alienação de imóvel e de correspondentes garantias reais e aos demais atos relativos ao imóvel residencial adquirido ou financiado no âmbito do PMCMV serão reduzidos em:

► *Caput* com a redação dada pela Lei nº 12.424, de 16-6-2011.

I – 75% (setenta e cinco por cento) para os imóveis residenciais adquiridos do FAR e do FDS;

II – 50% (cinquenta por cento) para os imóveis residenciais dos demais empreendimentos do PMCMV.

► Incisos I e II acrescidos pela Lei nº 12.424, de 16-6-2011.

Parágrafo único. *Revogado*. Lei nº 12.424, de 16-6-2011.

I e II – *Revogados*. Lei nº 12.424, de 16-6-2011.

Art. 43-A. VETADO. Lei nº 12.424, de 16-6-2011.

Art. 44. Os cartórios que não cumprirem o disposto nos arts. 42 e 43 ficarão sujeitos à multa no valor de até R$ 100.000,00 (cem mil reais), bem como a outras sanções previstas na Lei nº 8.935, de 18 de novembro de 1994.

Art. 44-A. Nos atos registrais relativos ao PMCMV, o prazo para qualificação do título e respectivo registro, averbação ou devolução com indicação das pendências a serem satisfeitas para sua efetivação não poderá ultrapassar a 15 (quinze) dias, contados da data em que ingressar na serventia.

§ 1º Havendo exigências de qualquer ordem, elas deverão ser formuladas de uma só vez, por escrito, articuladamente, de forma clara e objetiva, em papel timbrado do cartório, com data, identificação e assinatura do servidor responsável, para que o interessado possa satisfazê-las, ou, não se conformando, requerer a suscitação de dúvida.

§ 2º Reingressando o título dentro da vigência da prenotação, e estando em ordem, o registro ou averbação será feito no prazo de 10 (dez) dias.

§ 3º Em caso de inobservância do disposto neste artigo, será aplicada multa, na forma do inciso II do *caput* do art. 32 da Lei nº 8.935, de 18 de novembro de 1994, com valor mínimo de 20% (vinte por cento) dos respectivos emolumentos, sem prejuízo de outras sanções cabíveis.

Art. 45. Regulamento disporá sobre as condições e as etapas mínimas, bem como sobre os prazos máximos, a serem cumpridos pelos serviços de registros públicos, com vistas na efetiva implementação do sistema de registro eletrônico de que trata o art. 37.

CAPÍTULO III

Revogado. Lei nº 13.465, de 11-7-2017.

CAPÍTULO IV

DISPOSIÇÕES FINAIS

Art. 72. Nas ações judiciais de cobrança ou execução de cotas de condomínio, de imposto sobre a propriedade predial e territorial urbana ou de outras obrigações vinculadas ou decorrentes da posse do imóvel urbano, nas quais o responsável pelo pagamento seja o possuidor investido nos respectivos direitos aquisitivos, assim como o usufrutuário ou outros titulares de direito real de uso, posse ou fruição, será notificado o titular do domínio pleno ou útil, inclusive o promitente vendedor ou fiduciário.

Art. 73. Serão assegurados no PMCMV:

I – condições de acessibilidade a todas as áreas públicas e de uso comum;

II – disponibilidade de unidades adaptáveis ao uso por pessoas com deficiência, com mobilidade reduzida e idosos, de acordo com a demanda;

III – condições de sustentabilidade das construções;

IV – uso de novas tecnologias construtivas.

Parágrafo único. Na ausência de legislação municipal ou estadual acerca de condições de acessibilidade que estabeleça regra específica, será assegurado que, do total de unidades habitacionais construídas no âmbito do PMCMV em cada Município, no mínimo, 3% (três por cento) sejam adaptadas ao uso por pessoas com deficiência.

► Parágrafo único acrescido pela Lei nº 12.424, de 16-6-2011.

Art. 73-A. Excetuados os casos que envolvam recursos do FGTS, os contratos em que o beneficiário final seja mulher chefe de família, no âmbito do PMCMV ou em programas de regularização fundiária de interesse social promovidos pela União, Estados, Distrito Federal ou Municípios, poderão ser firmados independentemente da outorga do cônjuge, afastada a aplicação do disposto nos arts. 1.647 a 1.649 da Lei nº 10.406, de 10 de janeiro de 2002 (Código Civil).

► *Caput* com a redação dada pela Lei nº 12.693, de 24-7-2012.

§ 1º O contrato firmado na forma do *caput* será registrado no registro de imóveis competente, sem a exigência de documentos relativos a eventual cônjuge. (Incluído pela Lei nº 12.424, de 2011)

§ 2º Prejuízos sofridos pelo cônjuge por decorrência do previsto neste artigo serão resolvidos em perdas e danos. (Incluído pela Lei nº 12.424, de 2011)

► §§ 1º e 2º acrescidos pela Lei nº 12.424, de 16-6-2011.

Art. 74. O Decreto-Lei nº 3.365, de 21 de junho de 1941, passa a vigorar com as seguintes alterações:

► Alterações inseridas no texto do referido Decreto-Lei.

Art. 75. A Lei nº 4.380, de 21 de agosto de 1964, passa a vigorar com as seguintes alterações:

► Alterações inseridas no texto da referida Lei.

Art. 76. A Lei nº 6.015, de 31 de dezembro de 1973, passa a vigorar com as seguintes alterações:

► Alterações inseridas no texto da referida Lei.

Art. 77. O inciso VII do art. 20 da Lei nº 8.036, de 11 de maio de 1990, passa a vigorar com a seguinte redação:

"Art. 20. ....

....

VII – pagamento total ou parcial do preço de aquisição de moradia própria, ou lote urbanizado de interesse social não construído, observadas as seguintes condições:

...."

Art. 78. O inciso V do art. 4º da Lei nº 10.257, de 10 de julho de 2001, passa a vigorar acrescido das seguintes alíneas *t* e *u*:

► Alteração inserida no texto da referida Lei.

Art. 79. Os agentes financeiros do SFH somente poderão conceder financiamentos habitacionais com cobertura securitária que preveja, no mínimo, cobertura aos riscos de morte e invalidez permanente do mutuário e de danos físicos ao imóvel.

► *Caput* com redação dada pela Lei nº 12.424, de 16-6-2011.

§ 1º Para o cumprimento do disposto no *caput*, os agentes financeiros, respeitada a livre escolha do mutuário, deverão:

I – disponibilizar, na qualidade de estipulante e beneficiário, quantidade mínima de apólices emitidas por entes seguradores diversos, que observem a exigência estabelecida no *caput*;

II – aceitar apólices individuais apresentadas pelos pretendentes ao financiamento, desde que a cobertura securitária prevista observe a exigência mínima estabelecida no *caput* e o ente segurador cumpra as condições estabelecidas pelo Conselho Nacional de Seguros Privados – CNSP, para apólices direcionadas a operações da espécie.

§ 2º Sem prejuízo da regulamentação do seguro habitacional pelo CNSP, o Conselho Monetário Nacional estabelecerá as condições necessárias à implementação do disposto no § 1º deste artigo, no que se refere às obrigações dos agentes financeiros.

§ 3º Nas operações em que sejam utilizados recursos advindos do Fundo de Arrendamento Residencial – FAR e do Fundo de Desenvolvimento Social – FDS, os agentes financeiros poderão dispensar a contratação de seguro de que trata o *caput*, nas hipóteses em que os riscos de morte e invalidez permanente do mutuário e de danos físicos ao imóvel estejam garantidos pelos respectivos fundos.

§ 4º Nas operações de financiamento na modalidade de aquisição de material de construção com recursos do FGTS, os agentes financeiros ficam autorizados a dispensar a contratação do seguro de danos físicos ao imóvel.

§ 5º Nas operações de financiamento de habitação rural, na modalidade de aquisição de material de construção, com recursos do FGTS, os agentes financeiros ficam autorizados a dispensar a contratação do seguro de morte e invalidez permanente do mutuário nos casos em que estes riscos contarem com outra garantia.

▸ §§ 1º a 5º acrescidos pela Lei nº 12.424, de 16-6-2011.

Art. 79-A. Para construção, reforma ou requalificação de imóveis no âmbito do PMCMV, a Caixa Econômica Federal fica autorizada a adquirir, em nome do FAR, e pelo prazo necessário à conclusão das obras e transferência da unidade construída aos beneficiários do programa:

I – os direitos de posse em que estiver imitido qualquer ente da Federação a partir de decisão proferida em processo judicial de desapropriação em curso, conforme comprovado mediante registro no cartório de registro de imóveis competente; e

II – os direitos reais de uso de imóvel público, de que trata o art. 7º do Decreto-Lei nº 271, de 28 de fevereiro de 1967.

§ 1º A aquisição prevista no inciso I do *caput* será condicionada ao compromisso do ente público de transferir o direito de propriedade do imóvel ao FAR, após o trânsito em julgado da sentença do processo judicial de desapropriação.

§ 2º A transferência ao beneficiário final será condicionada ao adimplemento das obrigações assumidas por ele com o FAR.

§ 3º A aquisição prevista no inciso II do *caput* somente será admitida quando o direito real de uso for concedido por prazo indeterminado.

§ 4º Os contratos de aquisição de imóveis ou de direitos a eles relativos pelo FAR serão celebrados por instrumento particular com força de escritura pública e registrados no registro de imóveis competente.

Art. 80. Até que a quantidade mínima a que se refere o inciso I do § 1º do art. 79 desta Lei seja regulamentada pelo Conselho Monetário Nacional, os agentes financeiros poderão oferecer apenas uma apólice ao mutuário.

▸ Artigo com a redação dada pela Lei nº 12.424, de 16-6-2011.

Art. 81. Ficam convalidados os atos do Conselho Monetário Nacional que relacionaram as instituições integrantes do Sistema Financeiro da Habitação.

Art. 81-A. Os limites de renda familiar expressos nesta Lei constituem valores máximos, admitindo-se a atualização nos termos do § 6º do art. 3º, bem como a definição, em regulamento, de subtetos de acordo com as modalidades operacionais praticadas.

▸ Artigo acrescido pela Lei nº 12.424, de 16-6-2011.

Art. 82. Fica autorizado o custeio, no âmbito do PMCMV, da aquisição e instalação de equipamentos de energia solar ou que contribuam para a redução do consumo de água em moradias.

▸ *Caput* com a redação dada pela Lei nº 12.424, de 16-6-2011.

Parágrafo único. *Revogado.* Lei nº 12.722, de 3-10-2012.

Art. 82-A. Enquanto não efetivado o aporte de recursos necessários às subvenções econômicas de que tratam os incisos I e II do art. 2º e o art. 11 desta Lei, observado o disposto na lei orçamentária anual, o agente operador do FGTS, do FAR e do FDS, que tenha utilizado as disponibilidades dos referidos fundos em contratações no âmbito do PMCMV, terá direito ao ressarcimento das quantias desembolsadas, devidamente atualizadas pela taxa Selic.

Art. 82-B. O PMCMV, nos termos do art. 1º desta Lei, tem como meta promover a produção, aquisição, requalificação e reforma de dois milhões de unidades habitacionais, a partir de 1º de dezembro de 2010 até 31 de dezembro de 2014, das quais, no mínimo, 220.000 (duzentas e vinte mil) unidades serão produzidas por meio de concessão de subvenção econômica na forma do inciso I do § 1º do art. 6º-B, nas operações de que trata o inciso III do *caput* do art. 2º, a beneficiários finais com renda de até R$ 1.395,00 (mil, trezentos e noventa e cinco reais), respeitados os valores consignados nas respectivas leis orçamentárias anuais.

Parágrafo único. As diretrizes para a continuidade do programa poderão ser complementadas no plano nacional de habitação a ser apresentado pelo Poder Executivo federal mediante projeto de lei.

Art. 82-C. Para o exercício de 2011, a União fica autorizada a utilizar os recursos previstos nos arts. 2º, 5º, 12, 18 e 19 desta Lei. (Incluído pela Lei nº 12.424, de 2011)

▸ Arts. 82-A a 82-C acrescidos pela Lei nº 12.424, de 16-6-2011.

Art. 82-D. No âmbito do PMCMV, no caso de empreendimentos construídos com recursos do FAR, poderá ser custeada a edificação de equipamentos de educação, saúde e outros complementares à habitação, inclusive em terrenos de propriedade pública, nos termos do regulamento.

§ 1º A edificação dos equipamentos de que trata o *caput* está condicionada à existência de compromisso prévio do Governo Estadual, Municipal ou Distrital em assumir a operação, a guarda e a manutenção do equipamento, imediatamente após a conclusão da obra, e colocá-lo em funcionamento em prazo compatível com o atendimento da demanda do empreendimento, nos termos do regulamento.

§ 2º Caso a operação não seja iniciada no prazo previsto no termo de compromisso, o ente responsável deverá ressarcir o FAR com os recursos gastos com a edificação, devidamente atualizados.

§ 3º Os equipamentos de que trata o *caput* serão incorporados ao patrimônio do ente público proprietário do terreno no qual foi realizada a edificação ou doados ao ente público responsável pela operação, guarda e manutenção, caso a edificação seja realizada em terreno de propriedade do FAR.

§ 4º Quando a edificação tiver que ser realizada em terreno cuja propriedade não seja do ente público responsável pela operação, guarda e manutenção dos equipamentos, o termo de compromisso deverá contar com a participação de todos os entes envolvidos como também prever a obrigação de transferência do uso ou da propriedade para o mencionado ente responsável pela operacionalização.

Art. 83. Esta Lei entra em vigor na data de sua publicação.

Brasília, 7 de julho de 2009;
188º da Independência e
121º da República.

José Alencar Gomes da Silva

LEI Nº 12.007, DE 29 DE JULHO DE 2009

Dispõe sobre a emissão de declaração de quitação anual de débitos pelas pessoas jurídicas prestadoras de serviços públicos ou privados.

▸ Publicada no *DOU* de 30-7-2009.

Art. 1º As pessoas jurídicas prestadoras de serviços públicos ou privados são obrigadas a emitir e a encaminhar ao consumidor declaração de quitação anual de débitos.

Art. 2º A declaração de quitação anual de débitos compreenderá os meses de janeiro a dezembro de cada ano, tendo como referência a data do vencimento da respectiva fatura.

§ 1º Somente terão direito à declaração de quitação anual de débitos os consumidores que quitarem todos os débitos relativos ao ano em referência.

§ 2º Caso o consumidor não tenha utilizado os serviços durante todos os meses do ano anterior, terá ele o direito à declaração de quitação dos meses em que houve faturamento dos débitos.

§ 3º Caso exista algum débito sendo questionado judicialmente, terá o consumidor o direito à declaração de quitação dos meses em que houve faturamento dos débitos.

Art. 3º A declaração de quitação anual deverá ser encaminhada ao consumidor por ocasião do encaminhamento da fatura a vencer no mês de maio do ano seguinte ou no mês subsequente à completa quitação dos débitos do ano anterior ou dos anos anteriores, podendo ser emitida em espaço da própria fatura.

Art. 4º Da declaração de quitação anual deverá constar a informação de que ela substitui, para a comprovação do cumprimento das obrigações do consumidor, as quitações dos faturamentos mensais dos débitos do ano a que se refere e dos anos anteriores.

Art. 5º O descumprimento do disposto nesta Lei sujeitará os infratores às sanções previstas na Lei nº 8.987, de 13 de fevereiro de 1995, sem prejuízo daquelas determinadas pela legislação de defesa do consumidor.

Art. 6º Esta Lei entra em vigor na data de sua publicação.

Brasília, 29 de julho de 2009;
188º da Independência e
121º da República.

Luiz Inácio Lula da Silva

LEI Nº 12.010, DE 3 DE AGOSTO DE 2009

Dispõe sobre adoção; altera as Leis nºs 8.069, de 13 de julho de 1990 – Estatuto da Criança e do Adolescente, 8.560, de 29 de dezembro de 1992; revoga dispositivos da Lei nº 10.406, de 10 de janeiro de 2002 – Código Civil, e da Consolidação das Leis do Trabalho – CLT, aprovada pelo Decreto-Lei nº 5.452, de 1o de maio de 1943; e dá outras providências.

► Publicada no *DOU* de 4-8-2009.

Art. 1º Esta Lei dispõe sobre o aperfeiçoamento da sistemática prevista para garantia do direito à convivência familiar a todas as crianças e adolescentes, na forma prevista pela Lei nº 8.069, de 13 de julho de 1990, Estatuto da Criança e do Adolescente.

§ 1º A intervenção estatal, em observância ao disposto no *caput* do art. 226 da Constituição Federal, será prioritariamente voltada à orientação, apoio e promoção social da família natural, junto à qual a criança e o adolescente devem permanecer, ressalvada absoluta impossibilidade, demonstrada por decisão judicial fundamentada.

§ 2º Na impossibilidade de permanência na família natural, a criança e o adolescente serão colocados sob adoção, tutela ou guarda, observadas as regras e princípios contidos na Lei nº 8.069, de 13 de julho de 1990, e na Constituição Federal.

Art. 2º A Lei nº 8.069, de 13 de julho de 1990, Estatuto da Criança e do Adolescente, passa a vigorar com as seguintes alterações:

► Alterações inseridas no texto da referida Lei.

Art. 3º A expressão "pátrio poder" contida nos arts. 21, 23, 24, no parágrafo único do art. 36, no § 1º do art. 45, no art. 49, no inciso X do *caput* do art. 129, nas alíneas *b* e *d* do parágrafo único do art. 148, nos arts. 155, 157, 163, 166, 169, no inciso III do *caput* do art. 201 e no art. 249, todos da Lei nº 8.069, de 13 de julho de 1990, bem como na Seção II do Capítulo III do Título VI da Parte Especial do mesmo Diploma Legal, fica substituída pela expressão "poder familiar".

Art. 4º Os arts. 1.618, 1.619 e 1.734 da Lei nº 10.406, de 10 de janeiro de 2002 – Código Civil, passam a vigorar com a seguinte redação:

► Alterações inseridas no texto do referido Código.

Art. 5º O art. 2º da Lei nº 8.560, de 29 de dezembro de 1992, fica acrescido do seguinte § 5º, renumerando-se o atual § 5º para § 6º, com a seguinte redação:

► Alterações inseridas no texto da referida Lei.

Art. 6º As pessoas e casais já inscritos nos cadastros de adoção ficam obrigados a frequentar, no prazo máximo de 1 (um) ano, contado da entrada em vigor desta Lei, a preparação psicossocial e jurídica a que se referem os §§ 3º e 4º do art. 50 da Lei nº 8.069, de 13 de julho de 1990, acrescidos pelo art. 2º desta Lei, sob pena de cassação de sua inscrição no cadastro.

Art. 7º Esta Lei entra em vigor 90 (noventa) dias após a sua publicação.

Art. 8º Revogam-se o § 4º do art. 51 e os incisos IV, V e VI do *caput* do art. 198 da Lei nº 8.069, de 13 de julho de 1990, bem como o parágrafo único do art. 1.618, o inciso III do *caput* do art. 10 e os arts. 1.620 a 1.629 da Lei nº 10.406, de 10 de janeiro de 2002 – Código Civil, e os §§ 1º a 3º do art. 392-A da Consolidação das Leis do Trabalho, aprovada pelo Decreto-Lei nº 5.452, de 1º de maio de 1943.

Brasília, 3 de agosto de 2009;
188º da Independência e
121º da República.

Luiz Inácio Lula da Silva

LEI Nº 12.016, DE 7 DE AGOSTO DE 2009

Disciplina o mandado de segurança individual e coletivo e dá outras providências.

► Publicada no *DOU* de 10-8-2009.

Art. 1º Conceder-se-á mandado de segurança para proteger direito líquido e certo, não amparado por *habeas corpus* ou *habeas data*, sempre que, ilegalmente ou com abuso de poder, qualquer pessoa física ou jurídica sofrer violação ou houver justo receio de sofrê-la por parte de autoridade, seja de que categoria for e sejam quais forem as funções que exerça.

► Arts. 5º, LXVIII, LXIX, LXX e LXXII, da CF.

► Súmulas nºs 2 e 213 do STJ.

§ 1º Equiparam-se às autoridades, para os efeitos desta Lei, os representantes ou órgãos de partidos políticos e os administradores de entidades autárquicas, bem como os dirigentes de pessoas jurídicas ou as pessoas naturais no exercício de atribuições do poder público, somente no que disser respeito a essas atribuições.

► Súm. nº 333 do STJ.

§ 2º Não cabe mandado de segurança contra os atos de gestão comercial praticados pelos administradores de empresas públicas, de sociedade de economia mista e de concessionárias de serviço público.

§ 3º Quando o direito ameaçado ou violado couber a várias pessoas, qualquer delas poderá requerer o mandado de segurança.

► Súm. nº 628 do STF.

Art. 2º Considerar-se-á federal a autoridade coatora se as consequências de ordem patrimonial do ato contra o qual se requer o mandado houverem de ser suportadas pela União ou entidade por ela controlada.

Art. 3º O titular de direito líquido e certo decorrente de direito, em condições idênticas, de terceiro poderá impetrar mandado de segurança a favor do direito originário, se o seu titular não o fizer, no prazo de 30 (trinta) dias, quando notificado judicialmente.

Parágrafo único. O exercício do direito previsto no *caput* deste artigo submete-se ao prazo fixado no art. 23 desta Lei, contado da notificação.

Art. 4º Em caso de urgência, é permitido, observados os requisitos legais, impetrar mandado de segurança por telegrama, radiograma, fax ou outro meio eletrônico de autenticidade comprovada.

§ 1º Poderá o juiz, em caso de urgência, notificar a autoridade por telegrama, radiograma ou outro meio que assegure a autenticidade do documento e a imediata ciência pela autoridade.

§ 2º O texto original da petição deverá ser apresentado nos 5 (cinco) dias úteis seguintes.

§ 3º Para os fins deste artigo, em se tratando de documento eletrônico, serão observadas as regras da Infraestrutura de Chaves Públicas Brasileira – ICP-Brasil.

Art. 5º Não se concederá mandado de segurança quando se tratar:

I – de ato do qual caiba recurso administrativo com efeito suspensivo, independentemente de caução;

► Súm. nº 429 do STF.

II – de decisão judicial da qual caiba recurso com efeito suspensivo;

► Súm. nº 267 do STF.

III – de decisão judicial transitada em julgado.

► Súm. nº 268 do STF.

Parágrafo único. VETADO.

Art. 6º A petição inicial, que deverá preencher os requisitos estabelecidos pela lei processual, será apresentada em 2 (duas) vias com os documentos que instruírem a primeira reproduzidos na segunda e indicará, além da autoridade coatora, a pessoa jurídica que esta integra, à qual se acha vinculada ou da qual exerce atribuições.

§ 1º No caso em que o documento necessário à prova do alegado se ache em repartição ou estabelecimento público ou em poder de autoridade que se recuse a fornecê-lo por certidão ou de terceiro, o juiz ordenará, preliminarmente, por ofício, a exibição desse documento em original ou em cópia autêntica e marcará, para o cumprimento da ordem, o prazo de 10 (dez) dias. O escrivão extrairá cópias do documento para juntá-las à segunda via da petição.

§ 2º Se a autoridade que tiver procedido dessa maneira for a própria coatora, a ordem far-se-á no próprio instrumento da notificação.

§ 3º Considera-se autoridade coatora aquela que tenha praticado o ato impugnado ou da qual emane a ordem para a sua prática.

§ 4º VETADO.

§ 5º Denega-se o mandado de segurança nos casos previstos pelo art. 267 da Lei nº 5.869, de 11 de janeiro de 1973 – Código de Processo Civil.

► Art. 485 do CPC.

► Súm. nº 304 do STF.

§ 6º O pedido de mandado de segurança poderá ser renovado dentro do prazo decadencial, se a decisão denegatória não lhe houver apreciado o mérito.

Art. 7º Ao despachar a inicial, o juiz ordenará:

I – que se notifique o coator do conteúdo da petição inicial, enviando-lhe a segunda via apresentada com as cópias dos documentos, a fim de que, no prazo de 10 (dez) dias, preste as informações;

II – que se dê ciência do feito ao órgão de representação judicial da pessoa jurídica interessada, enviando-lhe cópia da inicial sem documentos, para que, querendo, ingresse no feito;

III – que se suspenda o ato que deu motivo ao pedido, quando houver fundamento relevante e do ato impugnado puder resultar a ineficácia da medida, caso seja finalmente deferida, sendo facultado exigir do impetrante caução, fiança ou depósito, com o objetivo de assegurar o ressarcimento à pessoa jurídica.

§ 1º Da decisão do juiz de primeiro grau que conceder ou denegar a liminar caberá agravo de instrumento, observado o disposto na Lei nº 5.869, de 11 de janeiro de 1973 – Código de Processo Civil.

► Art. 1.015, XIII, do CPC.

§ 2º Não será concedida medida liminar que tenha por objeto a compensação de créditos tributários, a entrega de mercadorias e bens provenientes do exterior, a reclassificação ou equiparação de servidores públicos e a concessão de aumento ou a extensão de vantagens ou pagamento de qualquer natureza.

► O STF, por maioria dos votos, julgou parcialmente procedente o pedido formulado na ADIN nº 4.296, para declarar a inconstitucionalidade deste parágrafo (*DOU* de 28-6-2021).

§ 3º Os efeitos da medida liminar, salvo se revogada ou cassada, persistirão até a prolação da sentença.

§ 4º Deferida a medida liminar, o processo terá prioridade para julgamento.

§ 5º As vedações relacionadas com a concessão de liminares previstas neste artigo se estendem à tutela antecipada a que se referem os arts. 273 e 461 da Lei nº 5.869, de 11 de janeiro de 1973 – Código de Processo Civil.

Art. 8º Será decretada a perempção ou caducidade da medida liminar *ex officio* ou a requerimento do Ministério Público quando, concedida a medida, o impetrante criar obstáculo ao normal andamento do processo ou deixar de promover, por mais de 3 (três) dias úteis, os atos e as diligências que lhe cumprirem.

Art. 9º As autoridades administrativas, no prazo de 48 (quarenta e oito) horas da notificação da medida liminar, remeterão ao Ministério ou órgão a que se acham subordinadas e ao Advogado-Geral da União ou a quem tiver a representação judicial da União, do Estado, do Município ou da entidade apontada como coatora cópia autenticada do mandado notificatório, assim como indicações e elementos outros necessários às providências a serem tomadas para a eventual suspensão da medida e defesa do ato apontado como ilegal ou abusivo de poder.

Art. 10. A inicial será desde logo indeferida, por decisão motivada, quando não for o caso de mandado de segurança ou lhe faltar algum dos requisitos legais ou quando decorrido o prazo legal para a impetração.

§ 1º Do indeferimento da inicial pelo juiz de primeiro grau caberá apelação e, quando a competência para o julgamento do mandado de segurança couber originariamente a um dos tribunais, do ato do relator caberá agravo para o órgão competente do tribunal que integre.

§ 2º O ingresso de litisconsorte ativo não será admitido após o despacho da petição inicial.

Art. 11. Feitas as notificações, o serventuário em cujo cartório corra o feito juntará aos autos cópia autêntica dos ofícios endereçados ao coator e ao órgão de representação judicial da pessoa jurídica interessada, bem como a prova da entrega a estes ou da sua recusa em aceitá-los ou dar recibo e, no caso do art. 4º desta Lei, a comprovação da remessa.

Art. 12. Findo o prazo a que se refere o inciso I do *caput* do art. 7º desta Lei, o juiz ouvirá o representante do Ministério Público, que opinará, dentro do prazo improrrogável de 10 (dez) dias.

Parágrafo único. Com ou sem o parecer do Ministério Público, os autos serão conclusos ao juiz, para a decisão, a qual deverá ser necessariamente proferida em 30 (trinta) dias.

Art. 13. Concedido o mandado, o juiz transmitirá em ofício, por intermédio do oficial do juízo, ou pelo correio, mediante correspondência com aviso de recebimento, o inteiro teor da sentença à autoridade coatora e à pessoa jurídica interessada.

Parágrafo único. Em caso de urgência, poderá o juiz observar o disposto no art. 4º desta Lei.

Art. 14. Da sentença, denegando ou concedendo o mandado, cabe apelação.

§ 1º Concedida a segurança, a sentença estará sujeita obrigatoriamente ao duplo grau de jurisdição.

§ 2º Estende-se à autoridade coatora o direito de recorrer.

§ 3º A sentença que conceder o mandado de segurança pode ser executada provisoriamente, salvo nos casos em que for vedada a concessão da medida liminar.

§ 4º O pagamento de vencimentos e vantagens pecuniárias assegurados em sentença concessiva de mandado de segurança a servidor público da administração direta ou autárquica federal, estadual e municipal somente será efetuado relativamente às prestações que se vencerem a contar da data do ajuizamento da inicial.

Art. 15. Quando, a requerimento de pessoa jurídica de direito público interessada ou do Ministério Público e para evitar grave lesão à ordem, à saúde, à segurança e à economia públicas, o presidente do tribunal ao qual couber o conhecimento do respectivo recurso suspender, em decisão fundamentada, a execução da liminar e da sentença, dessa decisão caberá agravo, sem efeito suspensivo, no prazo de 5 (cinco) dias, que será levado a julgamento na sessão seguinte à sua interposição.

§ 1º Indeferido o pedido de suspensão ou provido o agravo a que se refere o *caput* deste artigo, caberá novo pedido de suspensão ao presidente do tribunal competente para conhecer de eventual recurso especial ou extraordinário.

§ 2º É cabível também o pedido de suspensão a que se refere o § 1º deste artigo, quando negado provimento a agravo de instrumento interposto contra a liminar a que se refere este artigo.

§ 3º A interposição de agravo de instrumento contra liminar concedida nas ações movidas contra o poder público e seus agentes não prejudica nem condiciona o julgamento do pedido de suspensão a que se refere este artigo.

§ 4º O presidente do tribunal poderá conferir ao pedido efeito suspensivo liminar se constatar, em juízo prévio, a plausibilidade do direito invocado e a urgência na concessão da medida.

§ 5º As liminares cujo objeto seja idêntico poderão ser suspensas em uma única decisão, podendo o presidente do tribunal estender os efeitos da suspensão a liminares supervenientes, mediante simples aditamento do pedido original.

Art. 16. Nos casos de competência originária dos tribunais, caberá ao relator a instrução do processo, sendo assegurada a defesa oral na sessão do julgamento do mérito ou do pedido liminar.

► *Caput* com a redação dada pela Lei nº 13.676, de 11-6-2018.

Parágrafo único. Da decisão do relator que conceder ou denegar a medida liminar caberá agravo ao órgão competente do tribunal que integre.

Art. 17. Nas decisões proferidas em mandado de segurança e nos respectivos recursos, quando não publicado, no prazo de 30 (trinta) dias, contado da data do julgamento, o acórdão será substituído pelas respectivas notas taquigráficas, independentemente de revisão.

Art. 18. Das decisões em mandado de segurança proferidas em única instância pelos tribunais cabe recurso especial e extraordinário, nos casos legalmente previstos, e recurso ordinário, quando a ordem for denegada.

Art. 19. A sentença ou o acórdão que denegar mandado de segurança, sem decidir o mérito, não impedirá que o requerente, por ação própria, pleiteie os seus direitos e os respectivos efeitos patrimoniais.

Art. 20. Os processos de mandado de segurança e os respectivos recursos terão prioridade sobre todos os atos judiciais, salvo *habeas corpus*.

§ 1º Na instância superior, deverão ser levados a julgamento na primeira sessão que se seguir à data em que forem conclusos ao relator.

§ 2º O prazo para a conclusão dos autos não poderá exceder de 5 (cinco) dias.

Art. 21. O mandado de segurança coletivo pode ser impetrado por partido político com representação no Congresso Nacional, na defesa de seus interesses legítimos relativos a seus integrantes ou à finalidade partidária, ou por organização sindical, entidade de classe ou associação legalmente constituída e em funcionamento há, pelo menos, 1 (um) ano, em defesa de direitos líquidos e certos da totalidade, ou de parte, dos seus membros ou associados, na forma dos seus estatutos e desde que pertinentes às suas finalidades, dispensada, para tanto, autorização especial.

Parágrafo único. Os direitos protegidos pelo mandado de segurança coletivo podem ser:

I – coletivos, assim entendidos, para efeito desta Lei, os transindividuais, de natureza indivisível, de que seja titular grupo ou categoria de pessoas ligadas entre si ou com a parte contrária por uma relação jurídica básica;

II – individuais homogêneos, assim entendidos, para efeito desta Lei, os decorrentes de origem comum e da atividade ou situação específica da totalidade ou de parte dos associados ou membros do impetrante.

Art. 22. No mandado de segurança coletivo, a sentença fará coisa julgada limitadamente aos membros do grupo ou categoria substituídos pelo impetrante.

§ 1º O mandado de segurança coletivo não induz litispendência para as ações individuais, mas os efeitos da coisa julgada não beneficiarão o impetrante a título individual se não requerer a desistência de seu mandado de segurança no prazo de 30 (trinta) dias a contar da ciência comprovada da impetração da segurança coletiva.

§ 2º No mandado de segurança coletivo, a liminar só poderá ser concedida após a audiência do representante judicial da pessoa jurídica de direito público, que deverá se pronunciar no prazo de 72 (setenta e duas) horas.

► O STF, por maioria dos votos, julgou parcialmente procedente o pedido formulado na ADIN nº 4.296, para declarar a inconstitucionalidade deste parágrafo (*DOU* de 28-6-2021).

Art. 23. O direito de requerer mandado de segurança extinguir-se-á decorridos 120 (cento e vinte) dias, contados da ciência, pelo interessado, do ato impugnado.

Art. 24. Aplicam-se ao mandado de segurança os arts. 46 a 49 da Lei nº 5.869, de 11 de janeiro de 1973 – Código de Processo Civil.

Art. 25. Não cabem, no processo de mandado de segurança, a interposição de embargos infringentes e a condenação ao pagamento dos honorários advocatícios, sem prejuízo da aplicação de sanções no caso de litigância de má-fé.

Art. 26. Constitui crime de desobediência, nos termos do art. 330 do Decreto-Lei nº 2.848, de 7 de dezembro de 1940, o não cumprimento das decisões proferidas em mandado de segurança, sem prejuízo das sanções administrativas e da aplicação da Lei nº 1.079, de 10 de abril de 1950, quando cabíveis.

Art. 27. Os regimentos dos tribunais e, no que couber, as leis de organização judiciária deverão ser adaptados às disposições desta Lei no prazo de 180 (cento e oitenta) dias, contado da sua publicação.

Art. 28. Esta Lei entra em vigor na data de sua publicação.

Art. 29. Revogam-se as Leis nºs 1.533, de 31 de dezembro de 1951, 4.166, de 4 de dezembro de 1962, 4.348, de 26 de junho de 1964, 5.021, de 9 de junho de 1966; o art. 3º da Lei nº 6.014, de 27 de dezembro de 1973, o art. 1º da Lei nº 6.071, de 3 de julho de 1974, o art. 12 da Lei nº 6.978, de 19 de janeiro de 1982, e o art. 2º da Lei nº 9.259, de 9 de janeiro de 1996.

Brasília, 7 de agosto de 2009;
188º da Independência e
121º da República.

Luiz Inácio Lula da Silva

DECRETO Nº 6.949, DE 25 DE AGOSTO DE 2009

Promulga a Convenção Internacional sobre os Direitos das Pessoas com Deficiência e seu Protocolo Facultativo, assinados em Nova York, em 30 de março de 2007.

► Publicado no *DOU* de 26-8-2009.

Art. 1º A Convenção sobre os Direitos das Pessoas com Deficiência e seu Protocolo Facultativo, apensos por cópia ao presente Decreto, serão executados e cumpridos tão inteiramente como neles se contém.

Art. 2º São sujeitos à aprovação do Congresso Nacional quaisquer atos que possam resultar em revisão dos referidos diplomas internacionais ou que acarretem encargos ou compromissos gravosos ao patrimônio nacional, nos termos do art. 49, inciso I, da Constituição.

Art. 3º Este Decreto entra em vigor na data de sua publicação.

Brasília, 25 de agosto de 2009;
188º da Independência e
121º da República.

Luiz Inácio Lula da Silva

CONVENÇÃO SOBRE OS DIREITOS DAS PESSOAS COM DEFICIÊNCIA

► No Brasil, foi aprovada pelo Dec. Legislativo nº 186, de 9-7-2008, e promulgada pelo Dec. nº 6.949, de 25-8-2009.

PREÂMBULO

Os Estados-Partes da presente Convenção,

a) Relembrando os princípios consagrados na Carta das Nações Unidas, que reconhecem a dignidade e o valor inerentes e os direitos iguais e inalienáveis de todos os membros da família humana como o fundamento da liberdade, da justiça e da paz no mundo,

b) Reconhecendo que as Nações Unidas, na Declaração Universal dos Direitos Humanos e nos Pactos Internacionais sobre Direitos Humanos, proclamaram e concordaram que toda pessoa faz jus a todos os direitos e liberdades ali estabelecidos, sem distinção de qualquer espécie,

c) Reafirmando a universalidade, a indivisibilidade, a interdependência e a inter-relação de todos os direitos humanos e liberdades fundamentais, bem como a necessidade de garantir que todas as pessoas com deficiência os exerçam plenamente, sem discriminação,

d) Relembrando o Pacto Internacional dos Direitos Econômicos, Sociais e Culturais, o Pacto Internacional dos Direitos Civis e Políticos, a Convenção Internacional sobre a Eliminação de Todas as Formas de Discriminação Racial, a Convenção sobre a Eliminação de todas as Formas de Discriminação contra a Mulher, a Convenção contra a Tortura e Outros Tratamentos ou Penas Cruéis, Desumanos ou Degradantes, a Convenção sobre os Direitos da Criança e a Convenção Internacional sobre a Proteção dos Direitos de Todos os Trabalhadores Migrantes e Membros de suas Famílias,

e) Reconhecendo que a deficiência é um conceito em evolução e que a deficiência resulta da interação entre pessoas com deficiência e as barreiras devidas às atitudes e ao ambiente que impedem a plena e efetiva participação dessas pessoas na sociedade em igualdade de oportunidades com as demais pessoas,

f) Reconhecendo a importância dos princípios e das diretrizes de política, contidos no Programa de Ação Mundial para as Pessoas Deficientes e nas Normas sobre a Equiparação de Oportunidades para Pessoas com Deficiência, para influenciar a promoção, a formulação e a avaliação de políticas, planos, programas e ações em níveis nacional, regional e internacional para possibilitar maior igualdade de oportunidades para pessoas com deficiência,

g) Ressaltando a importância de trazer questões relativas à deficiência ao centro das preocupações da sociedade como parte integrante das estratégias relevantes de desenvolvimento sustentável,

h) Reconhecendo também que a discriminação contra qualquer pessoa, por motivo de deficiência, configura violação da dignidade e do valor inerentes ao ser humano,

i) Reconhecendo ainda a diversidade das pessoas com deficiência, *j)* Reconhecendo a necessidade de promover e proteger os direitos humanos de todas as pessoas com deficiência, inclusive daquelas que requerem maior apoio,

k) Preocupados com o fato de que, não obstante esses diversos instrumentos e compromissos, as pessoas com deficiência continuam a enfrentar barreiras contra sua participação como membros iguais da sociedade e violações de seus direitos humanos em todas as partes do mundo,

l) Reconhecendo a importância da cooperação internacional para melhorar as condições de vida das pessoas com deficiência em todos os países, particularmente naqueles em desenvolvimento,

m) Reconhecendo as valiosas contribuições existentes e potenciais das pessoas com deficiência ao bem-estar comum e à diversidade de suas comunidades, e que a promoção do pleno exercício, pelas pessoas com deficiência, de seus direitos humanos e liberdades fundamentais e de sua plena participação na sociedade resultará no fortalecimento de seu senso de pertencimento à sociedade e no significativo avanço do desenvolvimento humano, social e econômico da sociedade, bem como na erradicação da pobreza,

n) Reconhecendo a importância, para as pessoas com deficiência, de sua autonomia e independência individuais, inclusive da liberdade para fazer as próprias escolhas,

o) Considerando que as pessoas com deficiência devem ter a oportunidade de participar ativamente das decisões relativas a programas e políticas, inclusive aos que lhes dizem respeito diretamente,

p) Preocupados com as difíceis situações enfrentadas por pessoas com deficiência que estão sujeitas a formas múltiplas ou agravadas de discriminação por causa de raça, cor, sexo, idioma, religião, opiniões políticas ou de outra natureza, origem nacional, étnica, nativa ou social, propriedade, nascimento, idade ou outra condição,

q) Reconhecendo que mulheres e meninas com deficiência estão frequentemente expostas a maiores riscos, tanto no lar como fora dele, de sofrer violência, lesões ou abuso, descaso ou tratamento negligente, maus-tratos ou exploração,

r) Reconhecendo que as crianças com deficiência devem gozar plenamente de todos os direitos humanos e liberdades fundamentais em igualdade de oportunidades com as outras crianças e relembrando as obrigações assumidas com esse fim pelos Estados-Partes na Convenção sobre os Direitos da Criança,

s) Ressaltando a necessidade de incorporar a perspectiva de gênero aos esforços para promover o pleno exercício dos direitos humanos e liberdades fundamentais por parte das pessoas com deficiência,

t) Salientando o fato de que a maioria das pessoas com deficiência vive em condições de pobreza e, nesse sentido, reconhecendo a necessidade crítica de lidar com o impacto negativo da pobreza sobre pessoas com deficiência,

u) Tendo em mente que as condições de paz e segurança baseadas no pleno respeito aos propósitos e princípios consagrados na Carta das Nações Unidas e a observância dos instrumentos de direitos humanos são indispensáveis para a total proteção das pessoas com deficiência, particularmente durante conflitos armados e ocupação estrangeira,

v) Reconhecendo a importância da acessibilidade aos meios físico, social, econômico e cultural, à saúde, à educação e à informação e comunicação, para possibilitar às pessoas com deficiência o pleno gozo de todos os direitos humanos e liberdades fundamentais,

w) Conscientes de que a pessoa tem deveres para com outras pessoas e para com a comunidade a que pertence e que, portanto, tem a responsabilidade de esforçar-se para a promoção e a observância dos direitos reconhecidos na Carta Internacional dos Direitos Humanos,

x) Convencidos de que a família é o núcleo natural e fundamental da sociedade e tem o direito de receber a proteção da sociedade e do Estado e de que as pessoas com deficiência e seus familiares devem receber a proteção e a assistência necessárias para tornar as famílias capazes de contribuir para o exercício pleno e equitativo dos direitos das pessoas com deficiência,

y) Convencidos de que uma convenção internacional geral e integral para promover e proteger os direitos e a dignidade das pessoas com deficiência prestará significativa contribuição para corrigir as profundas desvantagens sociais das pessoas com deficiência e para promover sua participação na vida econômica, social e cultural, em igualdade de oportunidades, tanto nos países em desenvolvimento como nos desenvolvidos,

Acordaram o seguinte:

Artigo 1º
Propósito

O propósito da presente Convenção é promover, proteger e assegurar o exercício pleno e equitativo de todos os direitos humanos e liberdades fundamentais por todas as pessoas com deficiência e promover o respeito pela sua dignidade inerente.

Pessoas com deficiência são aquelas que têm impedimentos de longo prazo de natureza física, mental, intelectual ou sensorial, os quais, em interação com diversas barreiras, podem obstruir sua participação plena e efetiva na sociedade em igualdades de condições com as demais pessoas.

Artigo 2º
Definições

Para os propósitos da presente Convenção:

"Comunicação" abrange as línguas, a visualização de textos, o *braille*, a comunicação tátil, os caracteres ampliados, os dispositivos de multimídia acessível, assim como a linguagem simples, escrita e oral, os sistemas auditivos e os meios de voz digitalizada e os modos, meios e formatos aumentativos e alternativos de comunicação, inclusive a tecnologia da informação e comunicação acessíveis;

"Língua" abrange as línguas faladas e de sinais e outras formas de comunicação não falada;

"Discriminação por motivo de deficiência" significa qualquer diferenciação, exclusão ou restrição baseada em deficiência, com o propósito ou efeito de impedir ou impossibilitar o reconhecimento, o desfrute ou o exercício, em igualdade de oportunidades com as demais pessoas, de todos os direitos humanos e liberdades fundamentais nos âmbitos político, econômico, social, cultural, civil ou qualquer outro. Abrange todas as formas de discriminação, inclusive a recusa de adaptação razoável;

"Adaptação razoável" significa as modificações e os ajustes necessários e adequados que não acarretem ônus desproporcional ou indevido, quando requeridos em cada caso, a fim de assegurar que as pessoas com deficiência possam gozar ou exercer, em igualdade de oportunidades com as demais pessoas, todos os direitos humanos e liberdades fundamentais;

"Desenho universal" significa a concepção de produtos, ambientes, programas e serviços a serem usados, na maior medida possível, por todas as pessoas, sem necessidade de adaptação ou projeto específico. O "desenho universal" não excluirá as ajudas técnicas para grupos específicos de pessoas com deficiência, quando necessárias.

Artigo 3º

Princípios gerais

Os princípios da presente Convenção são:

a) O respeito pela dignidade inerente, a autonomia individual, inclusive a liberdade de fazer as próprias escolhas, e a independência das pessoas;

b) A não discriminação;

c) A plena e efetiva participação e inclusão na sociedade;

d) O respeito pela diferença e pela aceitação das pessoas com deficiência como parte da diversidade humana e da humanidade;

e) A igualdade de oportunidades;

f) A acessibilidade;

g) A igualdade entre o homem e a mulher;

h) O respeito pelo desenvolvimento das capacidades das crianças com deficiência e pelo direito das crianças com deficiência de preservar sua identidade.

Artigo 4º

Obrigações gerais

1. Os Estados-Partes se comprometem a assegurar e promover o pleno exercício de todos os direitos humanos e liberdades fundamentais por todas as pessoas com deficiência, sem qualquer tipo de discriminação por causa de sua deficiência. Para tanto, os Estados-Partes se comprometem a:

a) Adotar todas as medidas legislativas, administrativas e de qualquer outra natureza, necessárias para a realização dos direitos reconhecidos na presente Convenção;

b) Adotar todas as medidas necessárias, inclusive legislativas, para modificar ou revogar leis, regulamentos, costumes e práticas vigentes, que constituírem discriminação contra pessoas com deficiência;

c) Levar em conta, em todos os programas e políticas, a proteção e a promoção dos direitos humanos das pessoas com deficiência;

d) Abster-se de participar em qualquer ato ou prática incompatível com a presente Convenção e assegurar que as autoridades públicas e instituições atuem em conformidade com a presente Convenção;

e) Tomar todas as medidas apropriadas para eliminar a discriminação baseada em deficiência, por parte de qualquer pessoa, organização ou empresa privada;

f) Realizar ou promover a pesquisa e o desenvolvimento de produtos, serviços, equipamentos e instalações com desenho universal, conforme definidos no Artigo 2 da presente Convenção, que exijam o mínimo possível de adaptação e cujo custo seja o mínimo possível, destinados a atender às necessidades específicas de pessoas com deficiência, a promover sua disponibilidade e seu uso e a promover o desenho universal quando da elaboração de normas e diretrizes;

g) Realizar ou promover a pesquisa e o desenvolvimento, bem como a disponibilidade e o emprego de novas tecnologias, inclusive as tecnologias da informação e comunicação, ajudas técnicas para locomoção, dispositivos e tecnologias assistivas, adequados a pessoas com deficiência, dando prioridade a tecnologias de custo acessível;

h) Propiciar informação acessível para as pessoas com deficiência a respeito de ajudas técnicas para locomoção, dispositivos e tecnologias assistivas, incluindo novas tecnologias bem como outras formas de assistência, serviços de apoio e instalações;

i) Promover a capacitação em relação aos direitos reconhecidos pela presente Convenção dos profissionais e equipes que trabalham com pessoas com deficiência, de forma a melhorar a prestação de assistência e serviços garantidos por esses direitos.

2. Em relação aos direitos econômicos, sociais e culturais, cada Estado-Parte se compromete a tomar medidas, tanto quanto permitirem os recursos disponíveis e, quando necessário, no âmbito da cooperação internacional, a fim de assegurar progressivamente o pleno exercício desses direitos, sem prejuízo das obrigações contidas na presente Convenção que forem imediatamente aplicáveis de acordo com o direito internacional.

3. Na elaboração e implementação de legislação e políticas para aplicar a presente Convenção e em outros processos de tomada de decisão relativos às pessoas com deficiência, os Estados-Partes realizarão consultas estreitas e envolverão ativamente pessoas com deficiência, inclusive crianças com deficiência, por intermédio de suas organizações representativas.

4. Nenhum dispositivo da presente Convenção afetará quaisquer disposições mais propícias à realização dos direitos das pessoas com deficiência, as quais possam estar contidas na legislação do Estado-Parte ou no direito internacional em vigor para esse Estado.

Não haverá nenhuma restrição ou derrogação de qualquer dos direitos humanos e liberdades fundamentais reconhecidos ou vigentes em qualquer Estado-Parte da presente Convenção, em conformidade com leis, convenções, regulamentos ou costumes, sob a alegação de que a presente Convenção não reconhece tais direitos e liberdades ou que os reconhece em menor grau.

5. As disposições da presente Convenção se aplicam, sem limitação ou exceção, a todas as unidades constitutivas dos Estados federativos.

Artigo 5º

Igualdade e não discriminação

1. Os Estados-Partes reconhecem que todas as pessoas são iguais perante e sob a lei e que fazem jus, sem qualquer discriminação, a igual proteção e igual benefício da lei.

2. Os Estados-Partes proibirão qualquer discriminação baseada na deficiência e garantirão às pessoas com deficiência igual e efetiva proteção legal contra a discriminação por qualquer motivo.

3. A fim de promover a igualdade e eliminar a discriminação, os Estados-Partes adotarão todas as medidas apropriadas para garantir que a adaptação razoável seja oferecida.

4. Nos termos da presente Convenção, as medidas específicas que forem necessárias para acelerar ou alcançar a efetiva igualdade das pessoas com deficiência não serão consideradas discriminatórias.

Artigo 6º

Mulheres com deficiência

1. Os Estados-Partes reconhecem que as mulheres e meninas com deficiência estão sujeitas a múltiplas formas de discriminação e, portanto, tomarão medidas para assegurar às mulheres e meninas com deficiência o pleno e igual exercício de todos os direitos humanos e liberdades fundamentais.

2. Os Estados-Partes tomarão todas as medidas apropriadas para assegurar o pleno desenvolvimento, o avanço e o empo-

deramento das mulheres, a fim de garantir-lhes o exercício e o gozo dos direitos humanos e liberdades fundamentais estabelecidos na presente Convenção.

Artigo 7º
Crianças com deficiência

1. Os Estados-Partes tomarão todas as medidas necessárias para assegurar às crianças com deficiência o pleno exercício de todos os direitos humanos e liberdades fundamentais, em igualdade de oportunidades com as demais crianças.

2. Em todas as ações relativas às crianças com deficiência, o superior interesse da criança receberá consideração primordial.

3. Os Estados-Partes assegurarão que as crianças com deficiência tenham o direito de expressar livremente sua opinião sobre todos os assuntos que lhes disserem respeito, tenham a sua opinião devidamente valorizada de acordo com sua idade e maturidade, em igualdade de oportunidades com as demais crianças, e recebam atendimento adequado à sua deficiência e idade, para que possam exercer tal direito.

Artigo 8º
Conscientização

1. Os Estados-Partes se comprometem a adotar medidas imediatas, efetivas e apropriadas para:

a) Conscientizar toda a sociedade, inclusive as famílias, sobre as condições das pessoas com deficiência e fomentar o respeito pelos direitos e pela dignidade das pessoas com deficiência;

b) Combater estereótipos, preconceitos e práticas nocivas em relação a pessoas com deficiência, inclusive aqueles relacionados a sexo e idade, em todas as áreas da vida;

c) Promover a conscientização sobre as capacidades e contribuições das pessoas com deficiência.

2. As medidas para esse fim incluem:

a) Lançar e dar continuidade a efetivas campanhas de conscientização públicas, destinadas a:

i) Favorecer atitude receptiva em relação aos direitos das pessoas com deficiência;

ii) Promover percepção positiva e maior consciência social em relação às pessoas com deficiência;

iii) Promover o reconhecimento das habilidades, dos méritos e das capacidades das pessoas com deficiência e de sua contribuição ao local de trabalho e ao mercado laboral;

b) Fomentar em todos os níveis do sistema educacional, incluindo neles todas as crianças desde tenra idade, uma atitude de respeito para com os direitos das pessoas com deficiência;

c) Incentivar todos os órgãos da mídia a retratar as pessoas com deficiência de maneira compatível com o propósito da presente Convenção;

d) Promover programas de formação sobre sensibilização a respeito das pessoas com deficiência e sobre os direitos das pessoas com deficiência.

Artigo 9º
Acessibilidade

1. A fim de possibilitar às pessoas com deficiência viver de forma independente e participar plenamente de todos os aspectos da vida, os Estados-Partes tomarão as medidas apropriadas para assegurar às pessoas com deficiência o acesso, em igualdade de oportunidades com as demais pessoas, ao meio físico, ao transporte, à informação e comunicação, inclusive aos sistemas e tecnologias da informação e comunicação, bem como a outros serviços e instalações abertos ao público ou de uso público, tanto na zona urbana como na rural. Essas medidas, que incluirão a identificação e a eliminação de obstáculos e barreiras à acessibilidade, serão aplicadas, entre outros, a:

a) Edifícios, rodovias, meios de transporte e outras instalações internas e externas, inclusive escolas, residências, instalações médicas e local de trabalho;

b) Informações, comunicações e outros serviços, inclusive serviços eletrônicos e serviços de emergência.

2. Os Estados-Partes também tomarão medidas apropriadas para:

a) Desenvolver, promulgar e monitorar a implementação de normas e diretrizes mínimas para a acessibilidade das instalações e dos serviços abertos ao público ou de uso público;

b) Assegurar que as entidades privadas que oferecem instalações e serviços abertos ao público ou de uso público levem em consideração todos os aspectos relativos à acessibilidade para pessoas com deficiência;

c) Proporcionar, a todos os atores envolvidos, formação em relação às questões de acessibilidade com as quais as pessoas com deficiência se confrontam;

d) Dotar os edifícios e outras instalações abertas ao público ou de uso público de sinalização em *braille* e em formatos de fácil leitura e compreensão;

e) Oferecer formas de assistência humana ou animal e serviços de mediadores, incluindo guias, ledores e intérpretes profissionais da língua de sinais, para facilitar o acesso aos edifícios e outras instalações abertas ao público ou de uso público;

f) Promover outras formas apropriadas de assistência e apoio a pessoas com deficiência, a fim de assegurar a essas pessoas o acesso a informações;

g) Promover o acesso de pessoas com deficiência a novos sistemas e tecnologias da informação e comunicação, inclusive à Internet;

h) Promover, desde a fase inicial, a concepção, o desenvolvimento, a produção e a disseminação de sistemas e tecnologias de informação e comunicação, a fim de que esses sistemas e tecnologias se tornem acessíveis a custo mínimo.

Artigo 10
Direito à vida

Os Estados-Partes reafirmam que todo ser humano tem o inerente direito à vida e tomarão todas as medidas necessárias para assegurar o efetivo exercício desse direito pelas pessoas com deficiência, em igualdade de oportunidades com as demais pessoas.

Artigo 11
Situações de risco e emergências humanitárias

Em conformidade com suas obrigações decorrentes do direito internacional, inclusive do direito humanitário internacional e do direito internacional dos direitos humanos, os Estados-Partes tomarão todas as medidas necessárias para assegurar a proteção e a segurança das pessoas com deficiência que se encontrarem em situações de risco, inclusive situações de conflito armado, emergências humanitárias e ocorrência de desastres naturais.

Artigo 12
Reconhecimento igual perante a lei

1. Os Estados-Partes reafirmam que as pessoas com deficiência têm o direito de ser reconhecidas em qualquer lugar como pessoas perante a lei.

2. Os Estados-Partes reconhecerão que as pessoas com deficiência gozam de capacidade legal em igualdade de condições com as demais pessoas em todos os aspectos da vida.

3. Os Estados-Partes tomarão medidas apropriadas para prover o acesso de pessoas com deficiência ao apoio que necessitarem no exercício de sua capacidade legal.

4. Os Estados-Partes assegurarão que todas as medidas relativas ao exercício da capacidade legal incluam salvaguardas apropriadas e efetivas para prevenir abusos, em conformidade com o direito internacional dos direitos humanos. Essas salvaguardas assegurarão que as medidas relativas ao exercício da capacidade legal respeitem os direitos, a vontade e as preferências da pessoa, sejam isentas de conflito de interesses e de influência indevida, sejam proporcionais e apropriadas às circunstâncias da pessoa, se apliquem pelo período mais curto possível e sejam submetidas à revisão regular por uma autoridade ou órgão judiciário competente, independente e imparcial. As salvaguardas serão proporcionais ao grau em que tais medidas afetarem os direitos e interesses da pessoa.

5. Os Estados-Partes, sujeitos ao disposto neste Artigo, tomarão todas as medidas apropriadas e efetivas para assegurar às pessoas com deficiência o igual direito de possuir ou herdar bens, de controlar as próprias finanças e de ter igual acesso a empréstimos bancários, hipotecas e outras formas de crédito financeiro, e assegurarão que as pessoas com deficiência não sejam arbitrariamente destituídas de seus bens.

Artigo 13

Acesso à justiça

1. Os Estados-Partes assegurarão o efetivo acesso das pessoas com deficiência à justiça, em igualdade de condições com as demais pessoas, inclusive mediante a provisão de adaptações processuais adequadas à idade, a fim de facilitar o efetivo papel das pessoas com deficiência como participantes diretos ou indiretos, inclusive como testemunhas, em todos os procedimentos jurídicos, tais como investigações e outras etapas preliminares.

2. A fim de assegurar às pessoas com deficiência o efetivo acesso à justiça, os Estados-Partes promoverão a capacitação apropriada daqueles que trabalham na área de administração da justiça, inclusive a polícia e os funcionários do sistema penitenciário.

Artigo 14

Liberdade e segurança da pessoa

1. Os Estados-Partes assegurarão que as pessoas com deficiência, em igualdade de oportunidades com as demais pessoas:

a) Gozem do direito à liberdade e à segurança da pessoa; e

b) Não sejam privadas ilegal ou arbitrariamente de sua liberdade e que toda privação de liberdade esteja em conformidade com a lei, e que a existência de deficiência não justifique a privação de liberdade.

2. Os Estados-Partes assegurarão que, se pessoas com deficiência forem privadas de liberdade mediante algum processo, elas, em igualdade de oportunidades com as demais pessoas, façam jus a garantias de acordo com o direito internacional dos direitos humanos e sejam tratadas em conformidade com os objetivos e princípios da presente Convenção, inclusive mediante a provisão de adaptação razoável.

Artigo 15

Prevenção contra tortura ou tratamentos ou penas cruéis, desumanos ou degradantes

1. Nenhuma pessoa será submetida à tortura ou a tratamentos ou penas cruéis, desumanos ou degradantes. Em especial, nenhuma pessoa deverá ser sujeita a experimentos médicos ou científicos sem seu livre consentimento.

2. Os Estados-Partes tomarão todas as medidas efetivas de natureza legislativa, administrativa, judicial ou outra para evitar que pessoas com deficiência, do mesmo modo que as demais pessoas, sejam submetidas à tortura ou a tratamentos ou penas cruéis, desumanos ou degradantes.

Artigo 16

Prevenção contra a exploração, a violência e o abuso

1. Os Estados-Partes tomarão todas as medidas apropriadas de natureza legislativa, administrativa, social, educacional e outras para proteger as pessoas com deficiência, tanto dentro como fora do lar, contra todas as formas de exploração, violência e abuso, incluindo aspectos relacionados a gênero.

2. Os Estados-Partes também tomarão todas as medidas apropriadas para prevenir todas as formas de exploração, violência e abuso, assegurando, entre outras coisas, formas apropriadas de atendimento e apoio que levem em conta o gênero e a idade das pessoas com deficiência e de seus familiares e atendentes, inclusive mediante a provisão de informação e educação sobre a maneira de evitar, reconhecer e denunciar casos de exploração, violência e abuso. Os Estados-Partes assegurarão que os serviços de proteção levem em conta a idade, o gênero e a deficiência das pessoas.

3. A fim de prevenir a ocorrência de quaisquer formas de exploração, violência e abuso, os Estados-Partes assegurarão que todos os programas e instalações destinados a atender pessoas com deficiência sejam efetivamente monitorados por autoridades independentes.

4. Os Estados-Partes tomarão todas as medidas apropriadas para promover a recuperação física, cognitiva e psicológica, inclusive mediante a provisão de serviços de proteção, a reabilitação e a reinserção social de pessoas com deficiência que forem vítimas de qualquer forma de exploração, violência ou abuso. Tais recuperação e reinserção ocorrerão em ambientes que promovam a saúde, o bem-estar, o autorrespeito, a dignidade e a autonomia da pessoa e levem em consideração as necessidades de gênero e idade.

5. Os Estados-Partes adotarão leis e políticas efetivas, inclusive legislação e políticas voltadas para mulheres e crianças, a fim de assegurar que os casos de exploração, violência e abuso contra pessoas com deficiência sejam identificados, investigados e, caso necessário, julgados.

Artigo 17

Proteção da integridade da pessoa

Toda pessoa com deficiência tem o direito a que sua integridade física e mental seja respeitada, em igualdade de condições com as demais pessoas.

Artigo 18

Liberdade de movimentação e nacionalidade

1. Os Estados-Partes reconhecerão os direitos das pessoas com deficiência à liberdade de movimentação, à liberdade de escolher sua residência e à nacionalidade, em igualdade de oportunidades com as demais pessoas, inclusive assegurando que as pessoas com deficiência:

a) Tenham o direito de adquirir nacionalidade e mudar de nacionalidade e não sejam privadas arbitrariamente de sua nacionalidade em razão de sua deficiência.

b) Não sejam privadas, por causa de sua deficiência, da competência de obter, possuir e utilizar documento comprovante de sua nacionalidade ou outro documento de identidade, ou de recorrer a processos relevantes, tais como procedimentos relativos à imigração, que forem necessários para facilitar o exercício de seu direito à liberdade de movimentação.

c) Tenham liberdade de sair de qualquer país, inclusive do seu; e

d) Não sejam privadas, arbitrariamente ou por causa de sua deficiência, do direito de entrar no próprio país.

2. As crianças com deficiência serão registradas imediatamente após o nascimento e terão, desde o nascimento, o direito a um nome, o direito de adquirir nacionalidade e, tanto quanto possível, o direito de conhecer seus pais e de ser cuidadas por eles.

Artigo 19

Vida independente e inclusão na comunidade

Os Estados-Partes desta Convenção reconhecem o igual direito de todas as pessoas com deficiência de viver na comunidade, com a mesma liberdade de escolha que as demais pessoas, e tomarão medidas efetivas e apropriadas para facilitar às pessoas com deficiência o pleno gozo desse direito e sua plena inclusão e participação na comunidade, inclusive assegurando que:

a) As pessoas com deficiência possam escolher seu local de residência e onde e com quem morar, em igualdade de oportunidades com as demais pessoas, e que não sejam obrigadas a viver em determinado tipo de moradia;

b) As pessoas com deficiência tenham acesso a uma variedade de serviços de apoio em domicílio ou em instituições residenciais ou a outros serviços comunitários de apoio, inclusive os serviços de atendentes pessoais que forem necessários como apoio para que as pessoas com deficiência vivam e sejam incluídas na comunidade e para evitar que fiquem isoladas ou segregadas da comunidade;

c) Os serviços e instalações da comunidade para a população em geral estejam disponíveis às pessoas com deficiência, em igualdade de oportunidades, e atendam às suas necessidades.

Artigo 20

Mobilidade pessoal

Os Estados-Partes tomarão medidas efetivas para assegurar às pessoas com deficiência sua mobilidade pessoal com a máxima independência possível:

a) Facilitando a mobilidade pessoal das pessoas com deficiência, na forma e no momento em que elas quiserem, e a custo acessível;

b) Facilitando às pessoas com deficiência o acesso a tecnologias assistivas, dispositivos e ajudas técnicas de qualidade, e formas de assistência humana ou animal e de mediadores, inclusive tornando-os disponíveis a custo acessível;

c) Propiciando às pessoas com deficiência e ao pessoal especializado uma capacitação em técnicas de mobilidade;

d) Incentivando entidades que produzem ajudas técnicas de mobilidade, dispositivos e tecnologias assistivas a levarem em conta todos os aspectos relativos à mobilidade de pessoas com deficiência.

Artigo 21

Liberdade de expressão e de opinião e acesso à informação

Os Estados-Partes tomarão todas as medidas apropriadas para assegurar que as pessoas com deficiência possam exercer seu direito à liberdade de expressão e opinião, inclusive à liberdade de buscar, receber e compartilhar informações e ideias, em igualdade de oportunidades com as demais pessoas e por intermédio de todas as formas de comunicação de sua escolha, conforme o disposto no Artigo 2º da presente Convenção, entre as quais:

a) Fornecer, prontamente e sem custo adicional, às pessoas com deficiência, todas as informações destinadas ao público em geral, em formatos acessíveis e tecnologias apropriadas aos diferentes tipos de deficiência;

b) Aceitar e facilitar, em trâmites oficiais, o uso de línguas de sinais, *braille*, comunicação aumentativa e alternativa, e de todos os demais meios, modos e formatos acessíveis de comunicação, à escolha das pessoas com deficiência;

c) Urgir as entidades privadas que oferecem serviços ao público em geral, inclusive por meio da Internet, a fornecer informações e serviços em formatos acessíveis, que possam ser usados por pessoas com deficiência;

d) Incentivar a mídia, inclusive os provedores de informação pela Internet, a tornar seus serviços acessíveis a pessoas com deficiência;

e) Reconhecer e promover o uso de línguas de sinais.

Artigo 22

Respeito à privacidade

1. Nenhuma pessoa com deficiência, qualquer que seja seu local de residência ou tipo de moradia, estará sujeita a interferência arbitrária ou ilegal em sua privacidade, família, lar, correspondência ou outros tipos de comunicação, nem a ataques ilícitos à sua honra e reputação. As pessoas com deficiência têm o direito à proteção da lei contra tais interferências ou ataques.

2. Os Estados-Partes protegerão a privacidade dos dados pessoais e dados relativos à saúde e à reabilitação de pessoas com deficiência, em igualdade de condições com as demais pessoas.

Artigo 23

Respeito pelo lar e pela família

1. Os Estados-Partes tomarão medidas efetivas e apropriadas para eliminar a discriminação contra pessoas com deficiência, em todos os aspectos relativos a casamento, família, paternidade e relacionamentos, em igualdade de condições com as demais pessoas, de modo a assegurar que:

a) Seja reconhecido o direito das pessoas com deficiência, em idade de contrair matrimônio, de casar-se e estabelecer família, com base no livre e pleno consentimento dos pretendentes;

b) Sejam reconhecidos os direitos das pessoas com deficiência de decidir livre e responsavelmente sobre o número de filhos e o espaçamento entre esses filhos e de ter acesso a informações adequadas à idade e à educação em matéria de reprodução e de planejamento familiar, bem como os meios necessários para exercer esses direitos.

c) As pessoas com deficiência, inclusive crianças, conservem sua fertilidade, em igualdade de condições com as demais pessoas.

2. Os Estados-Partes assegurarão os direitos e responsabilidades das pessoas com deficiência, relativos à guarda, custódia, curatela e adoção de crianças ou instituições semelhantes,

caso esses conceitos constem na legislação nacional. Em todos os casos, prevalecerá o superior interesse da criança. Os Estados-Partes prestarão a devida assistência às pessoas com deficiência para que essas pessoas possam exercer suas responsabilidades na criação dos filhos.

3. Os Estados-Partes assegurarão que as crianças com deficiência terão iguais direitos em relação à vida familiar. Para a realização desses direitos e para evitar ocultação, abandono, negligência e segregação de crianças com deficiência, os Estados-Partes fornecerão prontamente informações abrangentes sobre serviços e apoios a crianças com deficiência e suas famílias.

4. Os Estados-Partes assegurarão que uma criança não será separada de seus pais contra a vontade destes, exceto quando autoridades competentes, sujeitas a controle jurisdicional, determinarem, em conformidade com as leis e procedimentos aplicáveis, que a separação é necessária, no superior interesse da criança. Em nenhum caso, uma criança será separada dos pais sob alegação de deficiência da criança ou de um ou ambos os pais.

5. Os Estados-Partes, no caso em que a família imediata de uma criança com deficiência não tenha condições de cuidar da criança, farão todo esforço para que cuidados alternativos sejam oferecidos por outros parentes e, se isso não for possível, dentro de ambiente familiar, na comunidade.

Artigo 24
Educação

1. Os Estados-Partes reconhecem o direito das pessoas com deficiência à educação. Para efetivar esse direito sem discriminação e com base na igualdade de oportunidades, os Estados-Partes assegurarão sistema educacional inclusivo em todos os níveis, bem como o aprendizado ao longo de toda a vida, com os seguintes objetivos:

a) O pleno desenvolvimento do potencial humano e do senso de dignidade e autoestima, além do fortalecimento do respeito pelos direitos humanos, pelas liberdades fundamentais e pela diversidade humana;

b) O máximo desenvolvimento possível da personalidade e dos talentos e da criatividade das pessoas com deficiência, assim como de suas habilidades físicas e intelectuais;

c) A participação efetiva das pessoas com deficiência em uma sociedade livre.

2. Para a realização desse direito, os Estados-Partes assegurarão que:

a) As pessoas com deficiência não sejam excluídas do sistema educacional geral sob alegação de deficiência e que as crianças com deficiência não sejam excluídas do ensino primário gratuito e compulsório ou do ensino secundário, sob alegação de deficiência;

b) As pessoas com deficiência possam ter acesso ao ensino primário inclusivo, de qualidade e gratuito, e ao ensino secundário, em igualdade de condições com as demais pessoas na comunidade em que vivem;

c) Adaptações razoáveis de acordo com as necessidades individuais sejam providenciadas;

d) As pessoas com deficiência recebam o apoio necessário, no âmbito do sistema educacional geral, com vistas a facilitar sua efetiva educação;

e) Medidas de apoio individualizadas e efetivas sejam adotadas em ambientes que maximizem o desenvolvimento acadêmico e social, de acordo com a meta de inclusão plena.

3. Os Estados-Partes assegurarão às pessoas com deficiência a possibilidade de adquirir as competências práticas e sociais necessárias de modo a facilitar às pessoas com deficiência sua plena e igual participação no sistema de ensino e na vida em comunidade. Para tanto, os Estados-Partes tomarão medidas apropriadas, incluindo:

a) Facilitação do aprendizado do *braille*, escrita alternativa, modos, meios e formatos de comunicação aumentativa e alternativa, e habilidades de orientação e mobilidade, além de facilitação do apoio e aconselhamento de pares;

b) Facilitação do aprendizado da língua de sinais e promoção da identidade linguística da comunidade surda;

c) Garantia de que a educação de pessoas, em particular crianças cegas, surdo-cegas e surdas, seja ministrada nas línguas e nos modos e meios de comunicação mais adequados ao indivíduo e em ambientes que favoreçam ao máximo seu desenvolvimento acadêmico e social.

4. A fim de contribuir para o exercício desse direito, os Estados-Partes tomarão medidas apropriadas para empregar professores, inclusive professores com deficiência, habilitados para o ensino da língua de sinais e/ou do *braille*, e para capacitar profissionais e equipes atuantes em todos os níveis de ensino. Essa capacitação incorporará a conscientização da deficiência e a utilização de modos, meios e formatos apropriados de comunicação aumentativa e alternativa, e técnicas e materiais pedagógicos, como apoios para pessoas com deficiência.

5. Os Estados-Partes assegurarão que as pessoas com deficiência possam ter acesso ao ensino superior em geral, treinamento profissional de acordo com sua vocação, educação para adultos e formação continuada, sem discriminação e em igualdade de condições.

Para tanto, os Estados-Partes assegurarão a provisão de adaptações razoáveis para pessoas com deficiência.

Artigo 25
Saúde

Os Estados-Partes reconhecem que as pessoas com deficiência têm o direito de gozar do estado de saúde mais elevado possível, sem discriminação baseada na deficiência. Os Estados-Partes tomarão todas as medidas apropriadas para assegurar às pessoas com deficiência o acesso a serviços de saúde, incluindo os serviços de reabilitação, que levarão em conta as especificidades de gênero. Em especial, os Estados-Partes:

a) Oferecerão às pessoas com deficiência programas e atenção à saúde gratuitos ou a custos acessíveis da mesma variedade, qualidade e padrão que são oferecidos às demais pessoas, inclusive na área de saúde sexual e reprodutiva e de programas de saúde pública destinados à população em geral;

b) Propiciarão serviços de saúde que as pessoas com deficiência necessitam especificamente por causa de sua deficiência, inclusive diagnóstico e intervenção precoces, bem como serviços projetados para reduzir ao máximo e prevenir deficiências adicionais, inclusive entre crianças e idosos;

c) Propiciarão esses serviços de saúde às pessoas com deficiência, o mais próximo possível de suas comunidades, inclusive na zona rural;

d) Exigirão dos profissionais de saúde que dispensem às pessoas com deficiência a mesma qualidade de serviços dispensada às demais pessoas e, principalmente, que obtenham o consentimento livre e esclarecido das pessoas com deficiência concernentes. Para esse fim, os Estados-Partes realizarão atividades de formação e definirão regras éticas para os setores de saúde público e privado, de modo a conscientizar os profissionais de saúde acerca dos direitos humanos, da dignidade, autonomia e das necessidades das pessoas com deficiência;

e) Proibirão a discriminação contra pessoas com deficiência na provisão de seguro de saúde e seguro de vida, caso tais seguros sejam permitidos pela legislação nacional, os quais deverão ser providos de maneira razoável e justa;

f) Prevenirão que se neguem, de maneira discriminatória, os serviços de saúde ou de atenção à saúde ou a administração de alimentos sólidos ou líquidos por motivo de deficiência.

Artigo 26

Habilitação e reabilitação

1. Os Estados-Partes tomarão medidas efetivas e apropriadas, inclusive mediante apoio dos pares, para possibilitar que as pessoas com deficiência conquistem e conservem o máximo de autonomia e plena capacidade física, mental, social e profissional, bem como plena inclusão e participação em todos os aspectos da vida. Para tanto, os Estados-Partes organizarão, fortalecerão e ampliarão serviços e programas completos de habilitação e reabilitação, particularmente nas áreas de saúde, emprego, educação e serviços sociais, de modo que esses serviços e programas:

a) Comecem no estágio mais precoce possível e sejam baseados em avaliação multidisciplinar das necessidades e pontos fortes de cada pessoa;

b) Apoiem a participação e a inclusão na comunidade e em todos os aspectos da vida social, sejam oferecidos voluntariamente e estejam disponíveis às pessoas com deficiência o mais próximo possível de suas comunidades, inclusive na zona rural.

2. Os Estados-Partes promoverão o desenvolvimento da capacitação inicial e continuada de profissionais e de equipes que atuam nos serviços de habilitação e reabilitação.

3. Os Estados-Partes promoverão a disponibilidade, o conhecimento e o uso de dispositivos e tecnologias assistivas, projetados para pessoas com deficiência e relacionados com a habilitação e a reabilitação.

Artigo 27

Trabalho e emprego

1. Os Estados-Partes reconhecem o direito das pessoas com deficiência ao trabalho, em igualdade de oportunidades com as demais pessoas. Esse direito abrange o direito à oportunidade de se manter com um trabalho de sua livre escolha ou aceitação no mercado laboral, em ambiente de trabalho que seja aberto, inclusivo e acessível a pessoas com deficiência. Os Estados-Partes salvaguardarão e promoverão a realização do direito ao trabalho, inclusive daqueles que tiverem adquirido uma deficiência no emprego, adotando medidas apropriadas, incluídas na legislação, com o fim de, entre outros:

a) Proibir a discriminação baseada na deficiência com respeito a todas as questões relacionadas com as formas de emprego, inclusive condições de recrutamento, contratação e admissão, permanência no emprego, ascensão profissional e condições seguras e salubres de trabalho;

b) Proteger os direitos das pessoas com deficiência, em condições de igualdade com as demais pessoas, às condições justas e favoráveis de trabalho, incluindo iguais oportunidades e igual remuneração por trabalho de igual valor, condições seguras e salubres de trabalho, além de reparação de injustiças e proteção contra o assédio no trabalho;

c) Assegurar que as pessoas com deficiência possam exercer seus direitos trabalhistas e sindicais, em condições de igualdade com as demais pessoas;

d) Possibilitar às pessoas com deficiência o acesso efetivo a programas de orientação técnica e profissional e a serviços de colocação no trabalho e de treinamento profissional e continuado;

e) Promover oportunidades de emprego e ascensão profissional para pessoas com deficiência no mercado de trabalho, bem como assistência na procura, obtenção e manutenção do emprego e no retorno ao emprego;

f) Promover oportunidades de trabalho autônomo, empreendedorismo, desenvolvimento de cooperativas e estabelecimento de negócio próprio;

g) Empregar pessoas com deficiência no setor público;

h) Promover o emprego de pessoas com deficiência no setor privado, mediante políticas e medidas apropriadas, que poderão incluir programas de ação afirmativa, incentivos e outras medidas;

i) Assegurar que adaptações razoáveis sejam feitas para pessoas com deficiência no local de trabalho;

j) Promover a aquisição de experiência de trabalho por pessoas com deficiência no mercado aberto de trabalho;

k) Promover reabilitação profissional, manutenção do emprego e programas de retorno ao trabalho para pessoas com deficiência.

2. Os Estados-Partes assegurarão que as pessoas com deficiência não serão mantidas em escravidão ou servidão e que serão protegidas, em igualdade de condições com as demais pessoas, contra o trabalho forçado ou compulsório.

Artigo 28

Padrão de vida e proteção social adequados

1. Os Estados-Partes reconhecem o direito das pessoas com deficiência a um padrão adequado de vida para si e para suas famílias, inclusive alimentação, vestuário e moradia adequados, bem como à melhoria contínua de suas condições de vida, e tomarão as providências necessárias para salvaguardar e promover a realização desse direito sem discriminação baseada na deficiência.

2. Os Estados-Partes reconhecem o direito das pessoas com deficiência à proteção social e ao exercício desse direito sem discriminação baseada na deficiência, e tomarão as medidas apropriadas para salvaguardar e promover a realização desse direito, tais como:

a) Assegurar igual acesso de pessoas com deficiência a serviços de saneamento básico e assegurar o acesso aos serviços, dispositivos e outros atendimentos apropriados para as necessidades relacionadas com a deficiência;

b) Assegurar o acesso de pessoas com deficiência, particularmente mulheres, crianças e idosos com deficiência, a programas de proteção social e de redução da pobreza;

c) Assegurar o acesso de pessoas com deficiência e suas famílias em situação de pobreza à assistência do Estado em relação a seus gastos ocasionados pela deficiência, inclusive treinamento adequado, aconselhamento, ajuda financeira e cuidados de repouso;

d) Assegurar o acesso de pessoas com deficiência a programas habitacionais públicos;

e) Assegurar igual acesso de pessoas com deficiência a programas e benefícios de aposentadoria.

Artigo 29

Participação na vida política e pública

Os Estados-Partes garantirão às pessoas com deficiência direitos políticos e oportunidade de exercê-los em condições de igualdade com as demais pessoas, e deverão:

a) Assegurar que as pessoas com deficiência possam participar efetiva e plenamente na vida política e pública, em igualdade de oportunidades com as demais pessoas, diretamente ou por meio de representantes livremente escolhidos, incluindo o direito e a oportunidade de votarem e serem votadas, mediante, entre outros:

i) Garantia de que os procedimentos, instalações e materiais e equipamentos para votação serão apropriados, acessíveis e de fácil compreensão e uso;

ii) Proteção do direito das pessoas com deficiência ao voto secreto em eleições e plebiscitos, sem intimidação, e a candidatar-se nas eleições, efetivamente ocupar cargos eletivos e desempenhar quaisquer funções públicas em todos os níveis de governo, usando novas tecnologias assistivas, quando apropriado;

iii) Garantia da livre expressão de vontade das pessoas com deficiência como eleitores e, para tanto, sempre que necessário e a seu pedido, permissão para que elas sejam auxiliadas na votação por uma pessoa de sua escolha;

b) Promover ativamente um ambiente em que as pessoas com deficiência possam participar efetiva e plenamente na condução das questões públicas, sem discriminação e em igualdade de oportunidades com as demais pessoas, e encorajar sua participação nas questões públicas, mediante:

i) Participação em organizações não governamentais relacionadas com a vida pública e política do país, bem como em atividades e administração de partidos políticos;

ii) Formação de organizações para representar pessoas com deficiência em níveis internacional, regional, nacional e local, bem como a filiação de pessoas com deficiência a tais organizações.

Artigo 30

Participação na vida cultural e em recreação, lazer e esporte

1. Os Estados-Partes reconhecem o direito das pessoas com deficiência de participar na vida cultural, em igualdade de oportunidades com as demais pessoas, e tomarão todas as medidas apropriadas para que as pessoas com deficiência possam:

a) Ter acesso a bens culturais em formatos acessíveis;

b) Ter acesso a programas de televisão, cinema, teatro e outras atividades culturais, em formatos acessíveis; e

c) Ter acesso a locais que ofereçam serviços ou eventos culturais, tais como teatros, museus, cinemas, bibliotecas e serviços turísticos, bem como, tanto quanto possível, ter acesso a monumentos e locais de importância cultural nacional.

2. Os Estados-Partes tomarão medidas apropriadas para que as pessoas com deficiência tenham a oportunidade de desenvolver e utilizar seu potencial criativo, artístico e intelectual, não somente em benefício próprio, mas também para o enriquecimento da sociedade.

3. Os Estados-Partes deverão tomar todas as providências, em conformidade com o direito internacional, para assegurar que a legislação de proteção dos direitos de propriedade intelectual não constitua barreira excessiva ou discriminatória ao acesso de pessoas com deficiência a bens culturais.

4. As pessoas com deficiência farão jus, em igualdade de oportunidades com as demais pessoas, a que sua identidade cultural e linguística específica seja reconhecida e apoiada, incluindo as línguas de sinais e a cultura surda.

5. Para que as pessoas com deficiência participem, em igualdade de oportunidades com as demais pessoas, de atividades recreativas, esportivas e de lazer, os Estados-Partes tomarão medidas apropriadas para:

a) Incentivar e promover a maior participação possível das pessoas com deficiência nas atividades esportivas comuns em todos os níveis;

b) Assegurar que as pessoas com deficiência tenham a oportunidade de organizar, desenvolver e participar em atividades esportivas e recreativas específicas às deficiências e, para tanto, incentivar a provisão de instrução, treinamento e recursos adequados, em igualdade de oportunidades com as demais pessoas;

c) Assegurar que as pessoas com deficiência tenham acesso a locais de eventos esportivos, recreativos e turísticos;

d) Assegurar que as crianças com deficiência possam, em igualdade de condições com as demais crianças, participar de jogos e atividades recreativas, esportivas e de lazer, inclusive no sistema escolar;

e) Assegurar que as pessoas com deficiência tenham acesso aos serviços prestados por pessoas ou entidades envolvidas na organização de atividades recreativas, turísticas, esportivas e de lazer.

Artigo 31

Estatísticas e coleta de dados

1. Os Estados-Partes coletarão dados apropriados, inclusive estatísticos e de pesquisas, para que possam formular e implementar políticas destinadas a pôr em prática a presente Convenção. O processo de coleta e manutenção de tais dados deverá:

a) Observar as salvaguardas estabelecidas por lei, inclusive pelas leis relativas à proteção de dados, a fim de assegurar a confidencialidade e o respeito pela privacidade das pessoas com deficiência;

b) Observar as normas internacionalmente aceitas para proteger os direitos humanos, as liberdades fundamentais e os princípios éticos na coleta de dados e utilização de estatísticas.

2. As informações coletadas de acordo com o disposto neste Artigo serão desagregadas, de maneira apropriada, e utilizadas para avaliar o cumprimento, por parte dos Estados-Partes, de suas obrigações na presente Convenção e para identificar e enfrentar as barreiras com as quais as pessoas com deficiência se deparam no exercício de seus direitos.

3. Os Estados-Partes assumirão responsabilidade pela disseminação das referidas estatísticas e assegurarão que elas sejam acessíveis às pessoas com deficiência e a outros.

Artigo 32

Cooperação internacional

1. Os Estados-Partes reconhecem a importância da cooperação internacional e de sua promoção, em apoio aos esforços nacionais para a consecução do propósito e dos objetivos da presente Convenção e, sob este aspecto, adotarão medidas apropriadas e efetivas entre os Estados e, de maneira adequada, em parceria com organizações internacionais e regionais relevantes e com a sociedade civil e, em particular, com organizações de pessoas com deficiência. Estas medidas poderão incluir, entre outras:

a) Assegurar que a cooperação internacional, incluindo os programas internacionais de desenvolvimento, sejam inclusivos e acessíveis para pessoas com deficiência;
b) Facilitar e apoiar a capacitação, inclusive por meio do intercâmbio e compartilhamento de informações, experiências, programas de treinamento e melhores práticas;
c) Facilitar a cooperação em pesquisa e o acesso a conhecimentos científicos e técnicos;
d) Propiciar, de maneira apropriada, assistência técnica e financeira, inclusive mediante facilitação do acesso a tecnologias assistivas e acessíveis e seu compartilhamento, bem como por meio de transferência de tecnologias.

2. O disposto neste Artigo se aplica sem prejuízo das obrigações que cabem a cada Estado-Parte em decorrência da presente Convenção.

Artigo 33
Implementação e monitoramento nacionais

1. Os Estados-Partes, de acordo com seu sistema organizacional, designarão um ou mais de um ponto focal no âmbito do Governo para assuntos relacionados com a implementação da presente Convenção e darão a devida consideração ao estabelecimento ou designação de um mecanismo de coordenação no âmbito do Governo, a fim de facilitar ações correlatas nos diferentes setores e níveis.

2. Os Estados-Partes, em conformidade com seus sistemas jurídico e administrativo, manterão, fortalecerão, designarão ou estabelecerão estrutura, incluindo um ou mais de um mecanismo independente, de maneira apropriada, para promover, proteger e monitorar a implementação da presente Convenção. Ao designar ou estabelecer tal mecanismo, os Estados-Partes levarão em conta os princípios relativos ao *status* e funcionamento das instituições nacionais de proteção e promoção dos direitos humanos.

3. A sociedade civil e, particularmente, as pessoas com deficiência e suas organizações representativas serão envolvidas e participarão plenamente no processo de monitoramento.

Artigo 34
Comitê sobre os Direitos das Pessoas com Deficiência

1. Um Comitê sobre os Direitos das Pessoas com Deficiência (doravante denominado "Comitê") será estabelecido, para desempenhar as funções aqui definidas.

2. O Comitê será constituído, quando da entrada em vigor da presente Convenção, de doze peritos. Quando a presente Convenção alcançar sessenta ratificações ou adesões, o Comitê será acrescido em seis membros, perfazendo o total de 18 membros.

3. Os membros do Comitê atuarão a título pessoal e apresentarão elevada postura moral, competência e experiência reconhecidas no campo abrangido pela presente Convenção. Ao designar seus candidatos, os Estados-Partes são instados a dar a devida consideração ao disposto no Artigo 4.3 da presente Convenção.

4. Os membros do Comitê serão eleitos pelos Estados-Partes, observando-se uma distribuição geográfica equitativa, representação de diferentes formas de civilização e dos principais sistemas jurídicos, representação equilibrada de gênero e participação de peritos com deficiência.

5. Os membros do Comitê serão eleitos por votação secreta em sessões da Conferência dos Estados-Partes, a partir de uma lista de pessoas designadas pelos Estados-Partes entre seus nacionais. Nessas sessões, cujo *quorum* será de dois terços dos Estados-Partes, os candidatos eleitos para o Comitê serão aqueles que obtiverem o maior número de votos e a maioria absoluta dos votos dos representantes dos Estados-Partes presentes e votantes.

6. A primeira eleição será realizada, o mais tardar, até seis meses após a data de entrada em vigor da presente Convenção. Pelo menos quatro meses antes de cada eleição, o Secretário-Geral das Nações Unidas dirigirá carta aos Estados-Partes, convidando-os a submeter os nomes de seus candidatos no prazo de dois meses. O Secretário-Geral, subsequentemente, preparará lista em ordem alfabética de todos os candidatos apresentados, indicando que foram designados pelos Estados-Partes, e submeterá essa lista aos Estados-Partes da presente Convenção.

7. Os membros do Comitê serão eleitos para mandato de quatro anos, podendo ser candidatos à reeleição uma única vez. Contudo, o mandato de seis dos membros eleitos na primeira eleição expirará ao fim de dois anos; imediatamente após a primeira eleição, os nomes desses seis membros serão selecionados por sorteio pelo presidente da sessão a que se refere o parágrafo 5 deste artigo.

8. A eleição dos seis membros adicionais do Comitê será realizada por ocasião das eleições regulares, de acordo com as disposições pertinentes deste artigo.

9. Em caso de morte, demissão ou declaração de um membro de que, por algum motivo, não poderá continuar a exercer suas funções, o Estado-Parte que o tiver indicado designará um outro perito que tenha as qualificações e satisfaça aos requisitos estabelecidos pelos dispositivos pertinentes deste artigo, para concluir o mandato em questão.

10. O Comitê estabelecerá suas próprias normas de procedimento.

11. O Secretário-Geral das Nações Unidas proverá o pessoal e as instalações necessários para o efetivo desempenho das funções do Comitê segundo a presente Convenção e convocará sua primeira reunião.

12. Com a aprovação da Assembleia Geral, os membros do Comitê estabelecido sob a presente Convenção receberão emolumentos dos recursos das Nações Unidas, sob termos e condições que a Assembleia possa decidir, tendo em vista a importância das responsabilidades do Comitê.

13. Os membros do Comitê terão direito aos privilégios, facilidades e imunidades dos peritos em missões das Nações Unidas, em conformidade com as disposições pertinentes da Convenção sobre Privilégios e Imunidades das Nações Unidas.

Artigo 35
Relatórios dos Estados-Partes

1. Cada Estado-Parte, por intermédio do Secretário-Geral das Nações Unidas, submeterá relatório abrangente sobre as medidas adotadas em cumprimento de suas obrigações estabelecidas pela presente Convenção e sobre o progresso alcançado nesse aspecto, dentro do período de dois anos após a entrada em vigor da presente Convenção para o Estado-Parte concernente.

2. Depois disso, os Estados-Partes submeterão relatórios subsequentes, ao menos a cada quatro anos, ou quando o Comitê o solicitar.

3. O Comitê determinará as diretrizes aplicáveis ao teor dos relatórios.

4. Um Estado-Parte que tiver submetido ao Comitê um relatório inicial abrangente não precisará, em relatórios subsequentes, repetir informações já apresentadas. Ao elaborar os relatórios ao Comitê, os Estados-Partes são instados a fazê-lo

de maneira franca e transparente e a levar em consideração o disposto no artigo 4.3 da presente Convenção.

5. Os relatórios poderão apontar os fatores e as dificuldades que tiverem afetado o cumprimento das obrigações decorrentes da presente Convenção.

Artigo 36

Consideração dos relatórios

1. Os relatórios serão considerados pelo Comitê, que fará as sugestões e recomendações gerais que julgar pertinentes e as transmitirá aos respectivos Estados-Partes. O Estado-Parte poderá responder ao Comitê com as informações que julgar pertinentes. O Comitê poderá pedir informações adicionais ao Estados-Partes, referentes à implementação da presente Convenção.

2. Se um Estado-Parte atrasar consideravelmente a entrega de seu relatório, o Comitê poderá notificar esse Estado de que examinará a aplicação da presente Convenção com base em informações confiáveis de que disponha, a menos que o relatório devido seja apresentado pelo Estado dentro do período de três meses após a notificação.

O Comitê convidará o Estado-Parte interessado a participar desse exame. Se o Estado-Parte responder entregando seu relatório, aplicar-se-á o disposto no parágrafo 1 do presente artigo.

3. O Secretário-Geral das Nações Unidas colocará os relatórios à disposição de todos os Estados-Partes.

4. Os Estados-Partes tornarão seus relatórios amplamente disponíveis ao público em seus países e facilitarão o acesso à possibilidade de sugestões e de recomendações gerais a respeito desses relatórios.

5. O Comitê transmitirá às agências, fundos e programas especializados das Nações Unidas e a outras organizações competentes, da maneira que julgar apropriada, os relatórios dos Estados-Partes que contenham demandas ou indicações de necessidade de consultoria ou de assistência técnica, acompanhados de eventuais observações e sugestões do Comitê em relação às referidas demandas ou indicações, a fim de que possam ser consideradas.

Artigo 37

Cooperação entre os Estados-Partes e o Comitê

1. Cada Estado-Parte cooperará com o Comitê e auxiliará seus membros no desempenho de seu mandato.

2. Em suas relações com os Estados-Partes, o Comitê dará a devida consideração aos meios e modos de aprimorar a capacidade de cada Estado-Parte para a implementação da presente Convenção, inclusive mediante cooperação internacional.

Artigo 38

Relações do Comitê com outros órgãos

A fim de promover a efetiva implementação da presente Convenção e de incentivar a cooperação internacional na esfera abrangida pela presente Convenção:

a) As agências especializadas e outros órgãos das Nações Unidas terão o direito de se fazer representar quando da consideração da implementação de disposições da presente Convenção que disserem respeito aos seus respectivos mandatos. O Comitê poderá convidar as agências especializadas e outros órgãos competentes, segundo julgar apropriado, a oferecer consultoria de peritos sobre a implementação da Convenção em áreas pertinentes a seus respectivos mandatos. O Comitê poderá convidar agências especializadas e outros órgãos das Nações Unidas a apresentar relatórios sobre a implementação da Convenção em áreas pertinentes às suas respectivas atividades;

b) No desempenho de seu mandato, o Comitê consultará, de maneira apropriada, outros órgãos pertinentes instituídos ao amparo de tratados internacionais de direitos humanos, a fim de assegurar a consistência de suas respectivas diretrizes para a elaboração de relatórios, sugestões e recomendações gerais e de evitar duplicação e superposição no desempenho de suas funções.

Artigo 39

Relatório do Comitê

A cada dois anos, o Comitê submeterá à Assembleia-Geral e ao Conselho Econômico e Social um relatório de suas atividades e poderá fazer sugestões e recomendações gerais baseadas no exame dos relatórios e nas informações recebidas dos Estados-Partes. Estas sugestões e recomendações gerais serão incluídas no relatório do Comitê, acompanhadas, se houver, de comentários dos Estados-Partes.

Artigo 40

Conferência dos Estados-Partes

1. Os Estados-Partes reunir-se-ão regularmente em Conferência dos Estados-Partes a fim de considerar matérias relativas à implementação da presente Convenção.

2. O Secretário-Geral das Nações Unidas convocará, dentro do período de seis meses após a entrada em vigor da presente Convenção, a Conferência dos Estados-Partes. As reuniões subsequentes serão convocadas pelo Secretário-Geral das Nações Unidas a cada dois anos ou conforme a decisão da Conferência dos Estados-Partes.

Artigo 41

Depositário

O Secretário-Geral das Nações Unidas será o depositário da presente Convenção.

Artigo 42

Assinatura

A presente Convenção será aberta à assinatura de todos os Estados e organizações de integração regional na sede das Nações Unidas em Nova York, a partir de 30 de março de 2007.

Artigo 43

Consentimento em comprometer-se

A presente Convenção será submetida à ratificação pelos Estados signatários e à confirmação formal por organizações de integração regional signatárias. Ela estará aberta à adesão de qualquer Estado ou organização de integração regional que não a houver assinado.

Artigo 44

Organizações de integração regional

1. "Organização de integração regional" será entendida como organização constituída por Estados soberanos de determinada região, à qual seus Estados membros tenham delegado competência sobre matéria abrangida pela presente Convenção. Essas organizações declararão, em seus documentos de confirmação formal ou adesão, o alcance de sua competência em relação à matéria abrangida pela presente Convenção. Subsequentemente, as organizações informarão ao depositário qualquer alteração substancial no âmbito de sua competência.

2. As referências a "Estados-Partes" na presente Convenção serão aplicáveis a essas organizações, nos limites da competência destas.

3. Para os fins do parágrafo 1 do artigo 45 e dos parágrafos 2 e 3 do artigo 47, nenhum instrumento depositado por organização de integração regional será computado.

4. As organizações de integração regional, em matérias de sua competência, poderão exercer o direito de voto na Conferência dos Estados-Partes, tendo direito ao mesmo número de votos quanto for o número de seus Estados membros que forem Partes da presente Convenção.

Essas organizações não exercerão seu direito de voto, se qualquer de seus Estados membros exercer seu direito de voto, e vice-versa.

Artigo 45
Entrada em vigor

1. A presente Convenção entrará em vigor no trigésimo dia após o depósito do vigésimo instrumento de ratificação ou adesão.

2. Para cada Estado ou organização de integração regional que ratificar ou formalmente confirmar a presente Convenção ou a ela aderir após o depósito do referido vigésimo instrumento, a Convenção entrará em vigor no trigésimo dia a partir da data em que esse Estado ou organização tenha depositado seu instrumento de ratificação, confirmação formal ou adesão.

Artigo 46
Reservas

1. Não serão permitidas reservas incompatíveis com o objeto e o propósito da presente Convenção.

2. As reservas poderão ser retiradas a qualquer momento.

Artigo 47
Emendas

1. Qualquer Estado-Parte poderá propor emendas à presente Convenção e submetê-las ao Secretário-Geral das Nações Unidas. O Secretário-Geral comunicará aos Estados-Partes quaisquer emendas propostas, solicitando-lhes que o notifiquem se são favoráveis a uma Conferência dos Estados-Partes para considerar as propostas e tomar decisão a respeito delas. Se, até quatro meses após a data da referida comunicação, pelo menos um terço dos Estados-Partes se manifestar favorável a essa Conferência, o Secretário-Geral das Nações Unidas convocará a Conferência, sob os auspícios das Nações Unidas. Qualquer emenda adotada por maioria de dois terços dos Estados-Partes presentes e votantes será submetida pelo Secretário-Geral à aprovação da Assembleia-Geral das Nações Unidas e, posteriormente, à aceitação de todos os Estados-Partes.

2. Qualquer emenda adotada e aprovada conforme o disposto no parágrafo 1 do presente artigo entrará em vigor no trigésimo dia após a data na qual o número de instrumentos de aceitação tenha atingido dois terços do número de Estados-Partes na data de adoção da emenda. Posteriormente, a emenda entrará em vigor para todo Estado-Parte no trigésimo dia após o depósito por esse Estado do seu instrumento de aceitação. A emenda será vinculante somente para os Estados-Partes que a tiverem aceitado.

3. Se a Conferência dos Estados-Partes assim o decidir por consenso, qualquer emenda adotada e aprovada em conformidade com o disposto no parágrafo 1 deste Artigo, relacionada exclusivamente com os artigos 34, 38, 39 e 40, entrará em vigor para todos os Estados-Partes no trigésimo dia a partir da data em que o número de instrumentos de aceitação depositados tiver atingido dois terços do número de Estados-Partes na data de adoção da emenda.

Artigo 48
Denúncia

Qualquer Estado-Parte poderá denunciar a presente Convenção mediante notificação por escrito ao Secretário-Geral das Nações Unidas. A denúncia tornar-se-á efetiva um ano após a data de recebimento da notificação pelo Secretário-Geral.

Artigo 49
Formatos acessíveis

O texto da presente Convenção será colocado à disposição em formatos acessíveis.

Artigo 50
Textos autênticos

Os textos em árabe, chinês, espanhol, francês, inglês e russo da presente Convenção serão igualmente autênticos.

Em fé do que os plenipotenciários abaixo assinados, devidamente autorizados para tanto por seus respectivos Governos, firmaram a presente Convenção.

PROTOCOLO FACULTATIVO À CONVENÇÃO SOBRE OS DIREITOS DAS PESSOAS COM DEFICIÊNCIA

Os Estados-Partes do presente Protocolo acordaram o seguinte:

Artigo 1

1. Qualquer Estado-Parte do presente Protocolo ("Estado-Parte") reconhece a competência do Comitê sobre os Direitos das Pessoas com Deficiência ("Comitê") para receber e considerar comunicações submetidas por pessoas ou grupos de pessoas, ou em nome deles, sujeitos à sua jurisdição, alegando serem vítimas de violação das disposições da Convenção pelo referido Estado-Parte.

2. O Comitê não receberá comunicação referente a qualquer Estado-Parte que não seja signatário do presente Protocolo.

Artigo 2

O Comitê considerará inadmissível a comunicação quando:

a) A comunicação for anônima;

b) A comunicação constituir abuso do direito de submeter tais comunicações ou for incompatível com as disposições da Convenção;

c) A mesma matéria já tenha sido examinada pelo Comitê ou tenha sido ou estiver sendo examinada sob outro procedimento de investigação ou resolução internacional;

d) Não tenham sido esgotados todos os recursos internos disponíveis, salvo no caso em que a tramitação desses recursos se prolongue injustificadamente, ou seja improvável que se obtenha com eles solução efetiva;

e) A comunicação estiver precariamente fundamentada ou não for suficientemente substanciada; ou

f) Os fatos que motivaram a comunicação tenham ocorrido antes da entrada em vigor do presente Protocolo para o Estado-Parte em apreço, salvo se os fatos continuaram ocorrendo após aquela data.

Artigo 3

Sujeito ao disposto no artigo 2 do presente Protocolo, o Comitê levará confidencialmente ao conhecimento do Estado-Parte concernente qualquer comunicação submetida ao Comitê. Dentro do período de seis meses, o Estado concernente submeterá ao Comitê explicações ou declarações por escrito, esclarecendo a matéria e a eventual solução adotada pelo referido Estado.

Artigo 4

1. A qualquer momento após receber uma comunicação e antes de decidir o mérito dessa comunicação, o Comitê poderá transmitir ao Estado-Parte concernente, para sua urgente consideração, um pedido para que o Estado-Parte tome as medidas de natureza cautelar que forem necessárias para evitar possíveis danos irreparáveis à vítima ou às vítimas da violação alegada.

2. O exercício pelo Comitê de suas faculdades discricionárias em virtude do parágrafo 1 do presente Artigo não implicará prejuízo algum sobre a admissibilidade ou sobre o mérito da comunicação.

Artigo 5

O Comitê realizará sessões fechadas para examinar comunicações a ele submetidas em conformidade com o presente Protocolo.

Depois de examinar uma comunicação, o Comitê enviará suas sugestões e recomendações, se houver, ao Estado-Parte concernente e ao requerente.

Artigo 6

1. Se receber informação confiável indicando que um Estado-Parte está cometendo violação grave ou sistemática de direitos estabelecidos na Convenção, o Comitê convidará o referido Estado-Parte a colaborar com a verificação da informação e, para tanto, a submeter suas observações a respeito da informação em pauta.

2. Levando em conta quaisquer observações que tenham sido submetidas pelo Estado-Parte concernente, bem como quaisquer outras informações confiáveis em poder do Comitê, este poderá designar um ou mais de seus membros para realizar investigação e apresentar, em caráter de urgência, relatório ao Comitê. Caso se justifique e o Estado-Parte o consinta, a investigação poderá incluir uma visita ao território desse Estado.

3. Após examinar os resultados da investigação, o Comitê os comunicará ao Estado-Parte concernente, acompanhados de eventuais comentários e recomendações.

4. Dentro do período de seis meses após o recebimento dos resultados, comentários e recomendações transmitidos pelo Comitê, o Estado-Parte concernente submeterá suas observações ao Comitê.

5. A referida investigação será realizada confidencialmente e a cooperação do Estado-Parte será solicitada em todas as fases do processo.

Artigo 7

1. O Comitê poderá convidar o Estado-Parte concernente a incluir em seu relatório, submetido em conformidade com o disposto no artigo 35 da Convenção, pormenores a respeito das medidas tomadas em consequência da investigação realizada em conformidade com o artigo 6 do presente Protocolo.

2. Caso necessário, o Comitê poderá, encerrado o período de seis meses a que se refere o parágrafo 4 do artigo 6, convidar o Estado-Parte concernente a informar o Comitê a respeito das medidas tomadas em consequência da referida investigação.

Artigo 8

Qualquer Estado-Parte poderá, quando da assinatura ou ratificação do presente Protocolo ou de sua adesão a ele, declarar que não reconhece a competência do Comitê, a que se referem os artigos 6 e 7.

Artigo 9

O Secretário-Geral das Nações Unidas será o depositário do presente Protocolo.

Artigo 10

O presente Protocolo será aberto à assinatura dos Estados e organizações de integração regional signatários da Convenção, na sede das Nações Unidas em Nova York, a partir de 30 de março de 2007.

Artigo 11

O presente Protocolo estará sujeito à ratificação pelos Estados signatários do presente Protocolo que tiverem ratificado a Convenção ou aderido a ela. Ele estará sujeito à confirmação formal por organizações de integração regional signatárias do presente Protocolo que tiverem formalmente confirmado a Convenção ou a ela aderido.

O Protocolo ficará aberto à adesão de qualquer Estado ou organização de integração regional que tiver ratificado ou formalmente confirmado a Convenção ou a ela aderido e que não tiver assinado o Protocolo.

Artigo 12

1. "Organização de integração regional" será entendida como organização constituída por Estados soberanos de determinada região, à qual seus Estados membros tenham delegado competência sobre matéria abrangida pela Convenção e pelo presente Protocolo. Essas organizações declararão, em seus documentos de confirmação formal ou adesão, o alcance de sua competência em relação à matéria abrangida pela Convenção e pelo presente Protocolo. Subsequentemente, as organizações informarão ao depositário qualquer alteração substancial no alcance de sua competência.

2. As referências a "Estados-Partes" no presente Protocolo serão aplicáveis a essas organizações, nos limites da competência de tais organizações.

3. Para os fins do parágrafo 1 do Artigo 13 e do parágrafo 2 do Artigo 15, nenhum instrumento depositado por organização de integração regional será computado.

4. As organizações de integração regional, em matérias de sua competência, poderão exercer o direito de voto na Conferência dos Estados-Partes, tendo direito ao mesmo número de votos que seus Estados membros que forem Partes do presente Protocolo. Essas organizações não exercerão seu direito de voto se qualquer de seus Estados membros exercer seu direito de voto, e vice-versa.

Artigo 13

1. Sujeito à entrada em vigor da Convenção, o presente Protocolo entrará em vigor no trigésimo dia após o depósito do décimo instrumento de ratificação ou adesão.

2. Para cada Estado ou organização de integração regional que ratificar ou formalmente confirmar o presente Protocolo ou a ele aderir depois do depósito do décimo instrumento dessa natureza, o Protocolo entrará em vigor no trigésimo dia a partir da data em que esse Estado ou organização tenha depositado seu instrumento de ratificação, confirmação formal ou adesão.

Artigo 14

1. Não serão permitidas reservas incompatíveis com o objeto e o propósito do presente Protocolo.

2. As reservas poderão ser retiradas a qualquer momento.

Artigo 15

1. Qualquer Estado-Parte poderá propor emendas ao presente Protocolo e submetê-las ao Secretário-Geral das Nações Unidas. O Secretário-Geral comunicará aos Estados-Partes quaisquer emendas propostas, solicitando-lhes que o notifiquem se são favoráveis a uma Conferência dos Estados-Partes para considerar as propostas e tomar decisão a respeito delas. Se, até quatro meses após a data da referida comunicação, pelo menos um terço dos Estados-Partes se manifestar favorável a essa Conferência, o Secretário-Geral das Nações Unidas convocará a Conferência, sob os auspícios das Nações Unidas. Qualquer emenda adotada por maioria de dois terços dos Estados-Partes presentes e votantes será submetida pelo Secretário-Geral à aprovação da Assembleia-Geral das Nações Unidas e, posteriormente, à aceitação de todos os Estados-Partes.

2. Qualquer emenda adotada e aprovada conforme o disposto no parágrafo 1 do presente artigo entrará em vigor no trigésimo dia após a data na qual o número de instrumentos de aceitação tenha atingido dois terços do número de Estados-Partes na data de adoção da emenda. Posteriormente, a emenda entrará em vigor para todo Estado-Parte no trigésimo dia após o depósito por esse Estado do seu instrumento de aceitação. A emenda será vinculante somente para os Estados-Partes que a tiverem aceitado.

Artigo 16

Qualquer Estado-Parte poderá denunciar o presente Protocolo mediante notificação por escrito ao Secretário-Geral das Nações Unidas.

A denúncia tornar-se-á efetiva um ano após a data de recebimento da notificação pelo Secretário-Geral.

Artigo 17

O texto do presente Protocolo será colocado à disposição em formatos acessíveis.

Artigo 18

Os textos em árabe, chinês, espanhol, francês, inglês e russo e do presente Protocolo serão igualmente autênticos.

Em fé do que os plenipotenciários abaixo assinados, devidamente autorizados para tanto por seus respectivos governos, firmaram o presente Protocolo.

LEI Nº 12.153, DE 22 DE DEZEMBRO DE 2009

Dispõe sobre os Juizados Especiais da Fazenda Pública no âmbito dos Estados, do Distrito Federal, dos Territórios e dos Municípios.

▸ Publicada no *DOU* de 23-12-2009.

Art. 1º Os Juizados Especiais da Fazenda Pública, órgãos da justiça comum e integrantes do Sistema dos Juizados Especiais, serão criados pela União, no Distrito Federal e nos Territórios, e pelos Estados, para conciliação, processo, julgamento e execução, nas causas de sua competência.

Parágrafo único. O sistema dos Juizados Especiais dos Estados e do Distrito Federal é formado pelos Juizados Especiais Cíveis, Juizados Especiais Criminais e Juizados Especiais da Fazenda Pública.

Art. 2º É de competência dos Juizados Especiais da Fazenda Pública processar, conciliar e julgar causas cíveis de interesse dos Estados, do Distrito Federal, dos Territórios e dos Municípios, até o valor de 60 (sessenta) salários mínimos.

§ 1º Não se incluem na competência do Juizado Especial da Fazenda Pública:

I – as ações de mandado de segurança, de desapropriação, de divisão e demarcação, populares, por improbidade administrativa, execuções fiscais e as demandas sobre direitos ou interesses difusos e coletivos;

II – as causas sobre bens imóveis dos Estados, Distrito Federal, Territórios e Municípios, autarquias e fundações públicas a eles vinculadas;

III – as causas que tenham como objeto a impugnação da pena de demissão imposta a servidores públicos civis ou sanções disciplinares aplicadas a militares.

§ 2º Quando a pretensão versar sobre obrigações vincendas, para fins de competência do Juizado Especial, a soma de 12 (doze) parcelas vincendas e de eventuais parcelas vencidas não poderá exceder o valor referido no *caput* deste artigo.

§ 3º VETADO.

§ 4º No foro onde estiver instalado Juizado Especial da Fazenda Pública, a sua competência é absoluta.

Art. 3º O juiz poderá, de ofício ou a requerimento das partes, deferir quaisquer providências cautelares e antecipatórias no curso do processo, para evitar dano de difícil ou de incerta reparação.

Art. 4º Exceto nos casos do art. 3º, somente será admitido recurso contra a sentença.

Art. 5º Podem ser partes no Juizado Especial da Fazenda Pública:

I – como autores, as pessoas físicas e as microempresas e empresas de pequeno porte, assim definidas na Lei Complementar nº 123, de 14 de dezembro de 2006;

II – como réus, os Estados, o Distrito Federal, os Territórios e os Municípios, bem como autarquias, fundações e empresas públicas a eles vinculadas.

Art. 6º Quanto às citações e intimações, aplicam-se as disposições contidas na Lei nº 5.869, de 11 de janeiro de 1973 – Código de Processo Civil.

Art. 7º Não haverá prazo diferenciado para a prática de qualquer ato processual pelas pessoas jurídicas de direito público, inclusive a interposição de recursos, devendo a citação para a audiência de conciliação ser efetuada com antecedência mínima de 30 (trinta) dias.

Art. 8º Os representantes judiciais dos réus presentes à audiência poderão conciliar, transigir ou desistir nos processos da competência dos Juizados Especiais, nos termos e nas hipóteses previstas na lei do respectivo ente da Federação.

Art. 9º A entidade ré deverá fornecer ao Juizado a documentação de que disponha para o esclarecimento da causa, apresentando-a até a instalação da audiência de conciliação.

Art. 10. Para efetuar o exame técnico necessário à conciliação ou ao julgamento da causa, o juiz nomeará pessoa habilitada, que apresentará o laudo até 5 (cinco) dias antes da audiência.

Art. 11. Nas causas de que trata esta Lei, não haverá reexame necessário.

Art. 12. O cumprimento do acordo ou da sentença, com trânsito em julgado, que imponham obrigação de fazer, não fazer ou entrega de coisa certa, será efetuado mediante ofício do juiz à autoridade citada para a causa, com cópia da sentença ou do acordo.

Art. 13. Tratando-se de obrigação de pagar quantia certa, após o trânsito em julgado da decisão, o pagamento será efetuado:

I – no prazo máximo de 60 (sessenta) dias, contado da entrega da requisição do juiz à autoridade citada para a causa, independentemente de precatório, na hipótese do § 3º do art. 100 da Constituição Federal; ou

II – mediante precatório, caso o montante da condenação exceda o valor definido como obrigação de pequeno valor.

§ 1º Desatendida a requisição judicial, o juiz, imediatamente, determinará o sequestro do numerário suficiente ao cumprimento da decisão, dispensada a audiência da Fazenda Pública.

§ 2º As obrigações definidas como de pequeno valor a serem pagas independentemente de precatório terão como limite o que for estabelecido na lei do respectivo ente da Federação.

§ 3º Até que se dê a publicação das leis de que trata o § 2º, os valores serão:

I – 40 (quarenta) salários mínimos, quanto aos Estados e ao Distrito Federal;

II – 30 (trinta) salários mínimos, quanto aos Municípios.

§ 4º São vedados o fracionamento, a repartição ou a quebra do valor da execução, de modo que o pagamento se faça, em parte, na forma estabelecida no inciso I do *caput* e, em parte, mediante expedição de precatório, bem como a expedição de precatório complementar ou suplementar do valor pago.

§ 5º Se o valor da execução ultrapassar o estabelecido para pagamento independentemente do precatório, o pagamento far-se-á, sempre, por meio do precatório, sendo facultada à parte exequente a renúncia ao crédito do valor excedente, para que possa optar pelo pagamento do saldo sem o precatório.

§ 6º O saque do valor depositado poderá ser feito pela parte autora, pessoalmente, em qualquer agência do banco depositário, independentemente de alvará.

§ 7º O saque por meio de procurador somente poderá ser feito na agência destinatária do depósito, mediante procuração específica, com firma reconhecida, da qual constem o valor originalmente depositado e sua procedência.

Art. 14. Os Juizados Especiais da Fazenda Pública serão instalados pelos Tribunais de Justiça dos Estados e do Distrito Federal.

Parágrafo único. Poderão ser instalados Juizados Especiais Adjuntos, cabendo ao Tribunal designar a Vara onde funcionará.

Art. 15. Serão designados, na forma da legislação dos Estados e do Distrito Federal, conciliadores e juízes leigos dos Juizados Especiais da Fazenda Pública, observadas as atribuições previstas nos arts. 22, 37 e 40 da Lei nº 9.099, de 26 de setembro de 1995.

§ 1º Os conciliadores e juízes leigos são auxiliares da Justiça, recrutados, os primeiros, preferentemente, entre os bacharéis em Direito, e os segundos, entre advogados com mais de 2 (dois) anos de experiência.

§ 2º Os juízes leigos ficarão impedidos de exercer a advocacia perante todos os Juizados Especiais da Fazenda Pública instalados em território nacional, enquanto no desempenho de suas funções.

Art. 16. Cabe ao conciliador, sob a supervisão do juiz, conduzir a audiência de conciliação.

§ 1º Poderá o conciliador, para fins de encaminhamento da composição amigável, ouvir as partes e testemunhas sobre os contornos fáticos da controvérsia.

§ 2º Não obtida a conciliação, caberá ao juiz presidir a instrução do processo, podendo dispensar novos depoimentos, se entender suficientes para o julgamento da causa os esclarecimentos já constantes dos autos, e não houver impugnação das partes.

Art. 17. As Turmas Recursais do Sistema dos Juizados Especiais são compostas por juízes em exercício no primeiro grau de jurisdição, na forma da legislação dos Estados e do Distrito Federal, com mandato de 2 (dois) anos, e integradas, preferencialmente, por juízes do Sistema dos Juizados Especiais.

§ 1º A designação dos juízes das Turmas Recursais obedecerá aos critérios de antiguidade e merecimento.

§ 2º Não será permitida a recondução, salvo quando não houver outro juiz na sede da Turma Recursal.

Art. 18. Caberá pedido de uniformização de interpretação de lei quando houver divergência entre decisões proferidas por Turmas Recursais sobre questões de direito material.

§ 1º O pedido fundado em divergência entre Turmas do mesmo Estado será julgado em reunião conjunta das Turmas em conflito, sob a presidência de desembargador indicado pelo Tribunal de Justiça.

§ 2º No caso do § 1º, a reunião de juízes domiciliados em cidades diversas poderá ser feita por meio eletrônico.

§ 3º Quando as Turmas de diferentes Estados derem a lei federal interpretações divergentes, ou quando a decisão proferida estiver em contrariedade com súmula do Superior Tribunal de Justiça, o pedido será por este julgado.

Art. 19. Quando a orientação acolhida pelas Turmas de Uniformização de que trata o § 1º do art. 18 contrariar súmula do Superior Tribunal de Justiça, a parte interessada poderá provocar a manifestação deste, que dirimirá a divergência.

§ 1º Eventuais pedidos de uniformização fundados em questões idênticas e recebidos subsequentemente em quaisquer das Turmas Recursais ficarão retidos nos autos, aguardando pronunciamento do Superior Tribunal de Justiça.

§ 2º Nos casos do *caput* deste artigo e do § 3º do art. 18, presente a plausibilidade do direito invocado e havendo fundado receio de dano de difícil reparação, poderá o relator conceder, de ofício ou a requerimento do interessado, medida liminar determinando a suspensão dos processos nos quais a controvérsia esteja estabelecida.

§ 3º Se necessário, o relator pedirá informações ao Presidente da Turma Recursal ou Presidente da Turma de Uniformização e, nos casos previstos em lei, ouvirá o Ministério Público, no prazo de 5 (cinco) dias.

§ 4º VETADO.

§ 5º Decorridos os prazos referidos nos §§ 3º e 4º, o relator incluirá o pedido em pauta na sessão, com preferência sobre todos os demais feitos, ressalvados os processos com réus presos, os *habeas corpus* e os mandados de segurança.

§ 6º Publicado o acórdão respectivo, os pedidos retidos referidos no § 1º serão apreciados pelas Turmas Recursais, que poderão exercer juízo de retratação ou os declararão prejudicados, se veicularem tese não acolhida pelo Superior Tribunal de Justiça.

Art. 20. Os Tribunais de Justiça, o Superior Tribunal de Justiça e o Supremo Tribunal Federal, no âmbito de suas competências, expedirão normas regulamentando os procedimentos a serem adotados para o processamento e o julgamento do pedido de uniformização e do recurso extraordinário.

Art. 21. O recurso extraordinário, para os efeitos desta Lei, será processado e julgado segundo o estabelecido no art. 19, além da observância das normas do Regimento.

Art. 22. Os Juizados Especiais da Fazenda Pública serão instalados no prazo de até 2 (dois) anos da vigência desta Lei, podendo haver o aproveitamento total ou parcial das estruturas das atuais Varas da Fazenda Pública.

Art. 23. Os Tribunais de Justiça poderão limitar, por até 5 (cinco) anos, a partir da entrada em vigor desta Lei, a competência dos Juizados Especiais da Fazenda Pública, atendendo à necessidade da organização dos serviços judiciários e administrativos.

Art. 24. Não serão remetidas aos Juizados Especiais da Fazenda Pública as demandas ajuizadas até a data de sua instalação, assim como as ajuizadas fora do Juizado Especial por força do disposto no art. 23.

Art. 25. Competirá aos Tribunais de Justiça prestar o suporte administrativo necessário ao funcionamento dos Juizados Especiais.

Art. 26. O disposto no art. 16 aplica-se aos Juizados Especiais Federais instituídos pela Lei nº 10.259, de 12 de julho de 2001.

Art. 27. Aplica-se subsidiariamente o disposto nas Leis nºs 5.869, de 11 de janeiro de 1973 – Código de Processo Civil, 9.099, de 26 de setembro de 1995, e 10.259, de 12 de julho de 2001.

Art. 28. Esta Lei entra em vigor após decorridos 6 (seis) meses de sua publicação oficial.

Brasília, 22 de dezembro de 2009;
188º da Independência e
121º da República.

Luiz Inácio Lula da Silva

LEI Nº 12.270, DE 24 DE JUNHO DE 2010

Dispõe sobre medidas de suspensão de concessões ou outras obrigações do País relativas aos direitos de propriedade intelectual e outros, em casos de descumprimento de obrigações do Acordo Constitutivo da Organização Mundial do Comércio.

▶ Publicada no *DOU* de 24-6-2010.

Art. 1º Esta Lei dispõe sobre medidas de suspensão de concessões ou outras obrigações do País relativas aos direitos de propriedade intelectual e outros, em casos de descumprimento de obrigações multilaterais por Membro da Organização Mundial do Comércio – OMC, quando a República Federativa do Brasil tenha sido autorizada pelo Órgão de Solução de Controvérsias da OMC a suspender a aplicação para o referido Membro de concessões ou outras obrigações sob os Acordos da OMC.

Art. 2º Para os efeitos desta Lei, considera-se:

I – Acordo Constitutivo da Organização Mundial do Comércio de 1994: o tratado que institui a Organização Mundial do Comércio, concluído em Maraqueche, em 12 de abril de 1994, constante da Ata Final que Incorpora os Resultados da Rodada Uruguai de Negociações Comerciais Multilaterais do GATT, de 12 de abril de 1994, incorporado ao ordenamento jurídico brasileiro pelo Decreto nº 1.355, de 30 de dezembro de 1994;

II – Acordo sobre Aspectos dos Direitos de Propriedade Intelectual Relacionados ao Comércio: o Acordo integrante do Anexo 1C da Ata Final que Incorpora os Resultados da Rodada Uruguai de Negociações Comerciais Multilaterais do GATT, de 1994, incorporado ao ordenamento jurídico brasileiro pelo Decreto nº 1.355, de 30 de dezembro de 1994;

III – Entendimento sobre Soluções de Controvérsias: o Entendimento Relativo às Normas e Procedimentos sobre Soluções de Controvérsias da OMC, integrante do Anexo II da Ata Final que Incorpora os Resultados da Rodada Uruguai de Negociações Comerciais Multilaterais do GATT, de 1994, incorporado ao ordenamento jurídico brasileiro pelo Decreto nº 1.355, de 30 de dezembro de 1994; e

IV – direitos de propriedade intelectual: direitos relativos à propriedade intelectual de:

a) obras literárias, artísticas e científicas;

b) artistas intérpretes ou executantes, produtores de fonogramas e organismos de radiodifusão;

c) programas de computador;

d) marcas;

e) indicações geográficas;

f) desenhos industriais;

g) patentes de invenção e de modelos de utilidade;

h) cultivares ou variedades vegetais;

i) topografias de circuitos integrados;

j) informações confidenciais ou não divulgadas; e

k) demais direitos de propriedade intelectual estabelecidos pela legislação brasileira vigente.

Art. 3º Na aplicação desta Lei, poderão ser adotadas as seguintes medidas:

I – suspensão de direitos de propriedade intelectual;

II – limitação de direitos de propriedade intelectual;

III – alteração de medidas para a aplicação de normas de proteção de direitos de propriedade intelectual;

IV – alteração de medidas para obtenção e manutenção de direitos de propriedade intelectual;

V – bloqueio temporário de remessa de *royalties* ou remuneração relativa ao exercício de direitos de propriedade intelectual; e

VI – aplicação de direitos de natureza comercial sobre a remuneração do titular de direitos de propriedade intelectual.

Parágrafo único. Para efeitos de aplicação das medidas de que trata este artigo, serão consideradas as disposições relativas aos procedimentos registrais previstos na legislação pertinente, respeitadas as atribuições do Instituto Nacional da Propriedade Industrial – INPI e do Ministério da Agricultura, Pecuária e Abastecimento.

Art. 4º As medidas previstas nesta Lei podem ser aplicadas às seguintes Partes do Acordo sobre Aspectos dos Direitos de Propriedade Intelectual Relacionados ao Comércio:

I – Parte II – sobre padrões relativos à existência, abrangência e exercício de direitos de propriedade intelectual no que concerne a:

a) direito do autor e direitos conexos;

b) marcas;

c) indicações geográficas;

d) desenhos industriais;

e) patentes;

f) topografias de circuitos integrados; e

g) proteção de informação confidencial ou proteção de informação não divulgada;

II – Parte III – sobre aplicação de normas de proteção dos direitos de propriedade intelectual; e

III – Parte IV – sobre obtenção e manutenção de direitos de propriedade intelectual e procedimentos *inter partes* conexos.

§ 1º A proteção da propriedade intelectual de programas de computador, conforme obrigações internacionais, é considerada como parte integrante da alínea *a* do inciso I do *caput* deste artigo.

§ 2º A proteção da propriedade intelectual de cultivares ou variedades vegetais, conforme obrigações internacionais, é considerada como parte integrante das obrigações decorrentes da alínea *e* do inciso I do *caput* deste artigo, nos termos da alínea *b* do parágrafo 3 do artigo 27 do Acordo sobre Aspectos dos Direitos de Propriedade Intelectual Relacionados ao Comércio.

Art. 5º As medidas de que trata esta Lei somente poderão atingir requerentes, titulares ou licenciados de direitos de propriedade intelectual que sejam:

I – pessoas naturais nacionais do Membro da OMC, na situação descrita no art. 1º, ou nele domiciliadas; ou

II – pessoas jurídicas domiciliadas ou com estabelecimento no Membro da OMC, na situação descrita no art. 1º.

Art. 6º As medidas de que trata esta Lei poderão ser aplicadas isolada ou cumulativamente, na forma aprovada em resolução do Conselho de Ministros da Câmara de Comércio Exterior – CAMEX, nos seguintes modos:

I – postergação do início da proteção a partir de data a ser definida pelo Poder Executivo, com a consequente redução do prazo de proteção, para pedidos em andamento de proteção de propriedade intelectual;

II – subtração do prazo de proteção, por prazo determinado, em qualquer momento de sua duração;

III – licenciamento ou uso público não comercial, sem autorização do titular;

IV – suspensão do direito exclusivo do titular de impedir a importação e comercialização no mercado interno de bens que incorporem direitos de patente, ainda que o bem importado não tenha sido colocado no mercado externo diretamente pelo titular dos direitos de propriedade intelectual ou com seu consentimento;

V – majoração ou instituição de adicional sobre os valores devidos aos órgãos ou entidades da administração pública para efetivação de registros de direitos de propriedade intelectual, inclusive para sua obtenção e manutenção;

VI – bloqueio temporário de remessas de *royalties* ou remuneração relativa ao exercício de direitos de propriedade intelectual dos licenciados nacionais ou autorizados no território nacional;

VII – aplicação de direitos de natureza comercial a serem deduzidos da remuneração a que fizer jus o titular de direitos de propriedade intelectual; ou

VIII – criação de obrigatoriedade de registro para obtenção e manutenção de direitos de propriedade intelectual.

§ 1º No caso de cessação das medidas de que tratam os incisos I e II do *caput* deste artigo, a retomada ou restabelecimento da proteção não importa:

I – em restituição do prazo subtraído, ainda que o direito dependa de concessão de direitos ou ato registral efetivados posteriormente à cessação; ou

II – em prorrogação do prazo de proteção.

§ 2º No caso de que trata o inciso III do *caput* deste artigo, a medida poderá ser aplicada com ou sem remuneração.

§ 3º No caso da medida de que trata o inciso VIII deste artigo, o requerimento do registro será efetuado antes da distribuição, comercialização ou comunicação ao público das obras protegidas por direitos de autor e direitos conexos protegidos em território nacional.

§ 4º O requerimento de que trata o § 3º deste artigo será efetuado pelo titular dos direitos de autor e direitos conexos, respondendo solidariamente o seu representante legal e o responsável por efetuar a remuneração dos respectivos direitos de propriedade intelectual.

§ 5º O descumprimento do disposto no § 4º deste artigo implicará, alternativa ou cumulativamente, nos termos e gradação estabelecidos na regulamentação desta Lei:

I – apreensão de exemplares;

II – suspensão da comunicação ao público;

III – suspensão da comercialização; ou

IV – multa de até 100 (cem) vezes o valor do registro.

Art. 7º A aplicação de direitos de natureza comercial de que trata o inciso VII do art. 6º será aprovada por resolução do Conselho de Ministros da CAMEX, por prazo determinado, mediante aplicação de percentual compensatório sobre o montante da remuneração a que fazem jus as pessoas mencionadas no art. 5º.

§ 1º É responsável pelo recolhimento de direitos de natureza comercial a pessoa física ou jurídica que efetuar, com recursos mantidos no País ou no exterior, por qualquer meio, o pagamento, a remessa, o crédito ou a transferência de recursos financeiros que sejam, direta ou indiretamente, destinados a remunerar os direitos de propriedade intelectual abrangidos pela resolução do Conselho de Ministros da CAMEX de que trata o *caput* deste artigo.

§ 2º O recolhimento dos direitos de natureza comercial de que trata o *caput* deste artigo independe de quaisquer ações de natureza administrativa ou tributária e será devido em reais na data do pagamento, da remessa, do crédito ou da transferência de que trata o § 1º, adotando-se para a conversão, quando aplicável:

I – a taxa de câmbio utilizada no fechamento do contrato de câmbio após a dedução do direito a ser recolhido, quando for realizado contrato de câmbio por agentes autorizados a operar no mercado de câmbio do País; ou

II – nos demais casos:

a) taxa de câmbio, para venda, da moeda estrangeira utilizada, divulgada pelo Banco Central do Brasil, referente ao dia anterior ao pagamento, à remessa, ao crédito ou à transferência; ou

b) quando a moeda estrangeira utilizada não tiver cotação divulgada pelo Banco Central do Brasil, a taxa de câmbio dessa moeda em relação ao dólar dos Estados Unidos da América, subsequentemente convertida em relação ao real, mediante a utilização da taxa de câmbio do dólar em relação ao real, obtida nos termos da alínea *a* deste inciso.

§ 3º A falta de recolhimento dos direitos de natureza comercial de que trata o *caput* deste artigo acarretará:

I – no caso de pagamento espontâneo realizado após a remessa, o pagamento, o crédito ou a transferência de que trata o § 1º, a incidência de multa de mora e de juros de mora; e

II – no caso de exigência de ofício, multa de 75% (setenta e cinco por cento) e dos juros de mora previstos no inciso I.

§ 4º A multa de mora prevista no inciso I do § 3º será calculada à taxa de 0,33% (trinta e três centésimos por cento) por dia de atraso, a partir do primeiro dia subsequente à data da remessa, do pagamento, do crédito ou da transferência de que trata o § 1º até o dia em que ocorrer o seu pagamento, limitada a 20% (vinte por cento).

§ 5º Os juros de mora previstos no inciso I do § 3º serão calculados à taxa referencial do Sistema Especial de Liquidação e de Custódia – SELIC, para títulos federais, acumulada, mensalmente, a partir do primeiro dia do mês subsequente à remessa, ao pagamento, ao crédito ou à transferência de que trata o § 1º até o último dia do mês anterior ao do pagamento e de 1% (um por cento) no mês do pagamento.

§ 6º A multa de que trata o inciso II do § 3º será exigida isoladamente quando os direitos de natureza comercial de que trata este artigo houverem sido pagos após a remessa, o pagamento, o crédito ou a transferência de que trata o § 1º às pessoas mencionadas no art. 5º, mas sem acréscimos moratórios.

§ 7º A realização da operação de câmbio para fins de remessa ao exterior ou a realização da transferência internacional em reais, na forma da legislação vigente, fica condicionada à comprovação do recolhimento dos direitos de natureza comercial de que trata o *caput* deste artigo, sujeitando a instituição integrante do Sistema Financeiro Nacional que efetuar a referida operação, nos casos de descumprimento deste parágrafo, à multa de 50% (cinquenta por cento) sobre o valor dos direitos de natureza comercial, ainda que o pagamento desses direitos tenha sido efetuado posteriormente pelas pessoas mencionadas no § 1º deste artigo.

§ 8º A exigência de ofício de direitos de natureza comercial de que trata o *caput* deste artigo, bem como dos acréscimos moratórios e das penalidades, será formalizada em auto de infração lavrado por Auditor Fiscal da Receita Federal do Brasil, observado o disposto no Decreto nº 70.235, de 6 de março de 1972, e o prazo de 5 (cinco) anos contados da data da remessa, do pagamento, do crédito ou da transferência de que trata o § 1º.

§ 9º Verificado o inadimplemento da obrigação, a Secretaria da Receita Federal do Brasil encaminhará o débito à Procuradoria-Geral da Fazenda Nacional – PGFN para inscrição em Dívida Ativa da União e respectiva cobrança, observado o prazo de prescrição de 5 (cinco) anos.

§ 10 Somente serão passíveis de ressarcimento os valores recolhidos a título de cobrança de direitos de que trata o *caput* deste artigo nos casos de pagamento indevido ou em valor maior que o devido, observados os procedimentos estabelecidos pela Secretaria da Receita Federal do Brasil.

§ 11 Os valores recolhidos a título do direito de natureza comercial de que trata o *caput* deste artigo serão registrados como receitas originárias e classificados na categoria de "Receita Decorrente de Medidas de Suspensão de Concessões dos Direitos de Propriedade Intelectual" e serão destinados ao Ministério do Desenvolvimento, Indústria e Comércio Exterior, para aplicação em ações de comércio exterior, conforme diretrizes aprovadas e estabelecidas em resolução do Conselho de Ministros da CAMEX.

§ 12 Os valores recolhidos a título de multa de mora e de ofício, bem como os juros de mora, de que tratam os §§ 3º e 8º deste artigo, serão destinados ao Fundo Especial de Desenvolvimento e Aperfeiçoamento das Atividades de Fiscalização – FUNDAF, instituído pelo art. 6º do Decreto-Lei nº 1.437, de 17 de dezembro de 1975.

Art. 8º Durante a vigência e nos limites estabelecidos para a aplicação de quaisquer das medidas de que trata esta Lei, ficam suspensos, para as pessoas de que trata o art. 5º:

I – a aplicação do princípio do tratamento nacional e do princípio da nação mais favorecida, cabendo a aplicação de tratamento discriminatório nos termos do Entendimento Relativo a Normas e Procedimentos sobre Soluções de Controvérsias da OMC;

II – os direitos conferidos ao titular ou requerente de direitos de propriedade intelectual nos termos da legislação vigente de propriedade intelectual, de que trata o art. 4º;

III – os direitos conferidos para os beneficiários ou requerentes da proteção contra o uso comercial desleal de informações relativas aos resultados de testes ou outros dados não divulgados apresentados às autoridades competentes como condição para aprovar ou manter o registro para a comercialização de produtos; e

IV – a obtenção e manutenção de direitos de propriedade intelectual e procedimentos *inter partes* conexos.

Parágrafo único. A aplicação das medidas previstas nesta Lei não importa em qualquer tipo de remuneração ou compensação relativa ao exercício de direitos por terceiros, ressalvados os casos de licenciamento ou uso público não comercial remunerados sem autorização do titular.

Art. 9º A aplicação de medidas previstas nesta Lei será precedida de relatório preliminar da CAMEX, com minuta das medidas e respectiva fundamentação.

§ 1º As partes interessadas terão prazo de 20 (vinte) dias para apresentar manifestação, a partir da data da publicação do relatório preliminar no *Diário Oficial da União*.

§ 2º Decorrido o prazo previsto no § 1º, o Conselho de Ministros da CAMEX decidirá em caráter final, salvo se deliberar pela aplicação de medida não contida no relatório preliminar, ocasião em que deverá ser repetido o procedimento descrito neste artigo.

§ 3º Na aplicação das medidas de que trata esta Lei, poderão ser avaliadas propostas apresentadas pelos setores brasileiros que solicitaram o recurso ao mecanismo de solução de controvérsias da OMC que originou a autorização de que trata o art. 1º desta Lei.

Art. 10. As medidas de que trata esta Lei terão prazo determinado e somente poderão ser adotadas enquanto perdurar a autorização do Órgão de Solução de Controvérsias da OMC.

Parágrafo único. O restabelecimento, no âmbito da OMC, a qualquer tempo, de concessões ou de outras obrigações brasileiras suspensas:

I – não importa na restauração de direitos que tenham sido afetados pela aplicação das medidas; e

II – não prejudicará os interesses legítimos de terceiros decorrentes de contratos firmados ou de usos autorizados pelo Poder Executivo, durante a aplicação de medidas adotadas com fundamento nesta Lei.

Art. 11. O Poder Executivo estabelecerá mecanismos para monitorar a aplicação das medidas adotadas com fundamento nesta Lei.

Art. 12. Esta Lei entra em vigor na data de sua publicação.

Brasília, 24 de junho de 2010;
189º da Independência e
122º da República.

Luiz Inácio Lula da Silva

LEI Nº 12.288, DE 20 DE JULHO DE 2010

Institui o Estatuto da Igualdade Racial; altera as Leis nºs 7.716, de 5 de janeiro de 1989, 9.029, de 13 de abril de 1995, 7.347, de 24 de julho de 1985, e 10.778, de 24 de novembro de 2003.

► Publicada no *DOU* de 21-7-2010.

TÍTULO I – DISPOSIÇÕES PRELIMINARES

Art. 1º Esta Lei institui o Estatuto da Igualdade Racial, destinado a garantir à população negra a efetivação da igualdade de oportunidades, a defesa dos direitos étnicos individuais, coletivos e difusos e o combate à discriminação e às demais formas de intolerância étnica.

Parágrafo único. Para efeito deste Estatuto, considera-se:

I – discriminação racial ou étnico-racial: toda distinção, exclusão, restrição ou preferência baseada em raça, cor, descendência ou origem nacional ou étnica que tenha por objeto anular ou restringir o reconhecimento, gozo ou exercício, em igualdade de condições, de direitos humanos e liberdades fundamentais nos campos político, econômico, social, cultural ou em qualquer outro campo da vida pública ou privada;

II – desigualdade racial: toda situação injustificada de diferenciação de acesso e fruição de bens, serviços e oportunidades, nas esferas pública e privada, em virtude de raça, cor, descendência ou origem nacional ou étnica;

III – desigualdade de gênero e raça: assimetria existente no âmbito da sociedade que acentua a distância social entre mulheres negras e os demais segmentos sociais;

IV – população negra: o conjunto de pessoas que se autodeclaram pretas e pardas, conforme o quesito cor ou raça usado pela Fundação Instituto Brasileiro de Geografia e Estatística (IBGE), ou que adotam autodefinição análoga;

V – políticas públicas: as ações, iniciativas e programas adotados pelo Estado no cumprimento de suas atribuições institucionais;

VI – ações afirmativas: os programas e medidas especiais adotados pelo Estado e pela iniciativa privada para a correção das desigualdades raciais e para a promoção da igualdade de oportunidades.

Art. 2º É dever do Estado e da sociedade garantir a igualdade de oportunidades, reconhecendo a todo cidadão brasileiro, independentemente da etnia ou da cor da pele, o direito à participação na comunidade, especialmente nas atividades políticas, econômicas, empresariais, educacionais, culturais e esportivas, defendendo sua dignidade e seus valores religiosos e culturais.

Art. 3º Além das normas constitucionais relativas aos princípios fundamentais, aos direitos e garantias fundamentais e aos direitos sociais, econômicos e culturais, o Estatuto da Igualdade Racial adota como diretriz político-jurídica a inclusão das vítimas de desigualdade étnico-racial, a valorização da igualdade étnica e o fortalecimento da identidade nacional brasileira.

Art. 4º A participação da população negra, em condição de igualdade de oportunidade, na vida econômica, social, política e cultural do País será promovida, prioritariamente, por meio de:

I – inclusão nas políticas públicas de desenvolvimento econômico e social;

II – adoção de medidas, programas e políticas de ação afirmativa;

III – modificação das estruturas institucionais do Estado para o adequado enfrentamento e a superação das desigualdades étnicas decorrentes do preconceito e da discriminação étnica;

IV – promoção de ajustes normativos para aperfeiçoar o combate à discriminação étnica e às desigualdades étnicas em todas as suas manifestações individuais, institucionais e estruturais;

V – eliminação dos obstáculos históricos, socioculturais e institucionais que impedem a representação da diversidade étnica nas esferas pública e privada;

VI – estímulo, apoio e fortalecimento de iniciativas oriundas da sociedade civil direcionadas à promoção da igualdade de oportunidades e ao combate às desigualdades étnicas, inclusive mediante a implementação de incentivos e critérios de condicionamento e prioridade no acesso aos recursos públicos;

VII – implementação de programas de ação afirmativa destinados ao enfrentamento das desigualdades étnicas no tocante à educação, cultura, esporte e lazer, saúde, segurança, trabalho, moradia, meios de comunicação de massa, financiamentos públicos, acesso à terra, à Justiça, e outros.

Parágrafo único. Os programas de ação afirmativa constituir-se-ão em políticas públicas destinadas a reparar as distorções e desigualdades sociais e demais práticas discriminatórias adotadas, nas esferas pública e privada, durante o processo de formação social do País.

Art. 5º Para a consecução dos objetivos desta Lei, é instituído o Sistema Nacional de Promoção da Igualdade Racial (SINAPIR), conforme estabelecido no Título III.

TÍTULO II – DOS DIREITOS FUNDAMENTAIS

CAPÍTULO I

DO DIREITO À SAÚDE

Art. 6º O direito à saúde da população negra será garantido pelo poder público mediante políticas universais, sociais e econômicas destinadas à redução do risco de doenças e de outros agravos.

§ 1º O acesso universal e igualitário ao Sistema Único de Saúde (SUS) para promoção, proteção e recuperação da saúde da população negra será de responsabilidade dos órgãos e instituições públicas federais, estaduais, distritais e municipais, da administração direta e indireta.

§ 2º O poder público garantirá que o segmento da população negra vinculado aos seguros privados de saúde seja tratado sem discriminação.

Art. 7º O conjunto de ações de saúde voltadas à população negra constitui a Política Nacional de Saúde Integral da População Negra, organizada de acordo com as diretrizes abaixo especificadas:

I – ampliação e fortalecimento da participação de lideranças dos movimentos sociais em defesa da saúde da população negra nas instâncias de participação e controle social do SUS;

II – produção de conhecimento científico e tecnológico em saúde da população negra;

III – desenvolvimento de processos de informação, comunicação e educação para contribuir com a redução das vulnerabilidades da população negra.

Art. 8º Constituem objetivos da Política Nacional de Saúde Integral da População Negra:

I – a promoção da saúde integral da população negra, priorizando a redução das desigualdades étnicas e o combate à discriminação nas instituições e serviços do SUS;

II – a melhoria da qualidade dos sistemas de informação do SUS no que tange à coleta, ao processamento e à análise dos dados desagregados por cor, etnia e gênero;

III – o fomento à realização de estudos e pesquisas sobre racismo e saúde da população negra;

IV – a inclusão do conteúdo da saúde da população negra nos processos de formação e educação permanente dos trabalhadores da saúde;

V – a inclusão da temática saúde da população negra nos processos de formação política das lideranças de movimentos sociais para o exercício da participação e controle social no SUS.

Parágrafo único. Os moradores das comunidades de remanescentes de quilombos serão beneficiários de incentivos específicos para a garantia do direito à saúde, incluindo melhorias nas condições ambientais, no saneamento básico, na segurança alimentar e nutricional e na atenção integral à saúde.

CAPÍTULO II
DO DIREITO À EDUCAÇÃO, À CULTURA, AO ESPORTE E AO LAZER

Seção I
DISPOSIÇÕES GERAIS

Art. 9º A população negra tem direito a participar de atividades educacionais, culturais, esportivas e de lazer adequadas a seus interesses e condições, de modo a contribuir para o patrimônio cultural de sua comunidade e da sociedade brasileira.

Art. 10. Para o cumprimento do disposto no art. 9º, os governos federal, estaduais, distrital e municipais adotarão as seguintes providências:

I – promoção de ações para viabilizar e ampliar o acesso da população negra ao ensino gratuito e às atividades esportivas e de lazer;

II – apoio à iniciativa de entidades que mantenham espaço para promoção social e cultural da população negra;

III – desenvolvimento de campanhas educativas, inclusive nas escolas, para que a solidariedade aos membros da população negra faça parte da cultura de toda a sociedade;

IV – implementação de políticas públicas para o fortalecimento da juventude negra brasileira.

Seção II
DA EDUCAÇÃO

Art. 11. Nos estabelecimentos de ensino fundamental e de ensino médio, públicos e privados, é obrigatório o estudo da história geral da África e da história da população negra no Brasil, observado o disposto na Lei nº 9.394, de 20 de dezembro de 1996.

§ 1º Os conteúdos referentes à história da população negra no Brasil serão ministrados no âmbito de todo o currículo escolar, resgatando sua contribuição decisiva para o desenvolvimento social, econômico, político e cultural do País.

§ 2º O órgão competente do Poder Executivo fomentará a formação inicial e continuada de professores e a elaboração de material didático específico para o cumprimento do disposto no *caput* deste artigo.

§ 3º Nas datas comemorativas de caráter cívico, os órgãos responsáveis pela educação incentivarão a participação de intelectuais e representantes do movimento negro para debater com os estudantes suas vivências relativas ao tema em comemoração.

Art. 12. Os órgãos federais, distritais e estaduais de fomento à pesquisa e à pós-graduação poderão criar incentivos a pesquisas e a programas de estudo voltados para temas referentes às relações étnicas, aos quilombos e às questões pertinentes à população negra.

Art. 13. O Poder Executivo federal, por meio dos órgãos competentes, incentivará as instituições de ensino superior públicas e privadas, sem prejuízo da legislação em vigor, a:

I – resguardar os princípios da ética em pesquisa e apoiar grupos, núcleos e centros de pesquisa, nos diversos programas de pós-graduação que desenvolvam temáticas de interesse da população negra;

II – incorporar nas matrizes curriculares dos cursos de formação de professores temas que incluam valores concernentes à pluralidade étnica e cultural da sociedade brasileira;

III – desenvolver programas de extensão universitária destinados a aproximar jovens negros de tecnologias avançadas, assegurado o princípio da proporcionalidade de gênero entre os beneficiários;

IV – estabelecer programas de cooperação técnica, nos estabelecimentos de ensino públicos, privados e comunitários, com as escolas de educação infantil, ensino fundamental, ensino médio e ensino técnico, para a formação docente baseada em princípios de equidade, de tolerância e de respeito às diferenças étnicas.

Art. 14. O poder público estimulará e apoiará ações socioeducacionais realizadas por entidades do movimento negro que desenvolvam atividades voltadas para a inclusão social, mediante cooperação técnica, intercâmbios, convênios e incentivos, entre outros mecanismos.

Art. 15. O poder público adotará programas de ação afirmativa.

Art. 16. O Poder Executivo federal, por meio dos órgãos responsáveis pelas políticas de promoção da igualdade e de educação, acompanhará e avaliará os programas de que trata esta Seção.

Seção III
DA CULTURA

Art. 17. O poder público garantirá o reconhecimento das sociedades negras, clubes e outras formas de manifestação coletiva da população negra, com trajetória histórica comprovada, como patrimônio histórico e cultural, nos termos dos arts. 215 e 216 da Constituição Federal.

Art. 18. É assegurado aos remanescentes das comunidades dos quilombos o direito à preservação de seus usos, costumes, tradições e manifestos religiosos, sob a proteção do Estado.

Parágrafo único. A preservação dos documentos e dos sítios detentores de reminiscências históricas dos antigos quilombos, tombados nos termos do § 5º do art. 216 da Constituição Federal, receberá especial atenção do poder público.

Art. 19. O poder público incentivará a celebração das personalidades e das datas comemorativas relacionadas à trajetória do samba e de outras manifestações culturais de matriz africana, bem como sua comemoração nas instituições de ensino públicas e privadas.

Art. 20. O poder público garantirá o registro e a proteção da capoeira, em todas as suas modalidades, como bem de natureza imaterial e de formação da identidade cultural brasileira, nos termos do art. 216 da Constituição Federal.

Parágrafo único. O poder público buscará garantir, por meio dos atos normativos necessários, a preservação dos elementos formadores tradicionais da capoeira nas suas relações internacionais.

Seção IV
DO ESPORTE E LAZER

Art. 21. O poder público fomentará o pleno acesso da população negra às práticas desportivas, consolidando o esporte e o lazer como direitos sociais.

Art. 22. A capoeira é reconhecida como desporto de criação nacional, nos termos do art. 217 da Constituição Federal.

§ 1º A atividade de capoeirista será reconhecida em todas as modalidades em que a capoeira se manifesta, seja como esporte, luta, dança ou música, sendo livre o exercício em todo o território nacional.

§ 2º É facultado o ensino da capoeira nas instituições públicas e privadas pelos capoeiristas e mestres tradicionais, pública e formalmente reconhecidos.

CAPÍTULO III

DO DIREITO À LIBERDADE DE CONSCIÊNCIA E DE CRENÇA E AO LIVRE EXERCÍCIO DOS CULTOS RELIGIOSOS

Art. 23. É inviolável a liberdade de consciência e de crença, sendo assegurado o livre exercício dos cultos religiosos e garantida, na forma da lei, a proteção aos locais de culto e a suas liturgias.

Art. 24. O direito à liberdade de consciência e de crença e ao livre exercício dos cultos religiosos de matriz africana compreende:

I – a prática de cultos, a celebração de reuniões relacionadas à religiosidade e a fundação e manutenção, por iniciativa privada, de lugares reservados para tais fins;

II – a celebração de festividades e cerimônias de acordo com preceitos das respectivas religiões;

III – a fundação e a manutenção, por iniciativa privada, de instituições beneficentes ligadas às respectivas convicções religiosas;

IV – a produção, a comercialização, a aquisição e o uso de artigos e materiais religiosos adequados aos costumes e às práticas fundadas na respectiva religiosidade, ressalvadas as condutas vedadas por legislação específica;

V – a produção e a divulgação de publicações relacionadas ao exercício e à difusão das religiões de matriz africana;

VI – a coleta de contribuições financeiras de pessoas naturais e jurídicas de natureza privada para a manutenção das atividades religiosas e sociais das respectivas religiões;

VII – o acesso aos órgãos e aos meios de comunicação para divulgação das respectivas religiões;

VIII – a comunicação ao Ministério Público para abertura de ação penal em face de atitudes e práticas de intolerância religiosa nos meios de comunicação e em quaisquer outros locais.

Art. 25. É assegurada a assistência religiosa aos praticantes de religiões de matrizes africanas internados em hospitais ou em outras instituições de internação coletiva, inclusive àqueles submetidos à pena privativa de liberdade.

Art. 26. O poder público adotará as medidas necessárias para o combate à intolerância com as religiões de matrizes africanas e à discriminação de seus seguidores, especialmente com o objetivo de:

I – coibir a utilização dos meios de comunicação social para a difusão de proposições, imagens ou abordagens que exponham pessoa ou grupo ao ódio ou ao desprezo por motivos fundados na religiosidade de matrizes africanas;

II – inventariar, restaurar e proteger os documentos, obras e outros bens de valor artístico e cultural, os monumentos, mananciais, flora e sítios arqueológicos vinculados às religiões de matrizes africanas;

III – assegurar a participação proporcional de representantes das religiões de matrizes africanas, ao lado da representação das demais religiões, em comissões, conselhos, órgãos e outras instâncias de deliberação vinculadas ao poder público.

CAPÍTULO IV

DO ACESSO À TERRA E À MORADIA ADEQUADA

Seção I

DO ACESSO À TERRA

Art. 27. O poder público elaborará e implementará políticas públicas capazes de promover o acesso da população negra à terra e às atividades produtivas no campo.

Art. 28. Para incentivar o desenvolvimento das atividades produtivas da população negra no campo, o poder público promoverá ações para viabilizar e ampliar o seu acesso ao financiamento agrícola.

Art. 29. Serão assegurados à população negra a assistência técnica rural, a simplificação do acesso ao crédito agrícola e o fortalecimento da infraestrutura de logística para a comercialização da produção.

Art. 30. O poder público promoverá a educação e a orientação profissional agrícola para os trabalhadores negros e as comunidades negras rurais.

Art. 31. Aos remanescentes das comunidades dos quilombos que estejam ocupando suas terras é reconhecida a propriedade definitiva, devendo o Estado emitir-lhes os títulos respectivos.

Art. 32. O Poder Executivo federal elaborará e desenvolverá políticas públicas especiais voltadas para o desenvolvimento sustentável dos remanescentes das comunidades dos quilombos, respeitando as tradições de proteção ambiental das comunidades.

Art. 33. Para fins de política agrícola, os remanescentes das comunidades dos quilombos receberão dos órgãos competentes tratamento especial diferenciado, assistência técnica e linhas especiais de financiamento público, destinados à realização de suas atividades produtivas e de infraestrutura.

Art. 34. Os remanescentes das comunidades dos quilombos se beneficiarão de todas as iniciativas previstas nesta e em outras leis para a promoção da igualdade étnica.

Seção II

DA MORADIA

Art. 35. O poder público garantirá a implementação de políticas públicas para assegurar o direito à moradia adequada da população negra que vive em favelas, cortiços, áreas urbanas subutilizadas, degradadas ou em processo de degradação, a fim de reintegrá-las à dinâmica urbana e promover melhorias no ambiente e na qualidade de vida.

Parágrafo único. O direito à moradia adequada, para os efeitos desta Lei, inclui não apenas o provimento habitacional, mas também a garantia da infraestrutura urbana e dos equipamentos comunitários associados à função habitacional, bem como a assistência técnica e jurídica para a construção, a reforma ou a regularização fundiária da habitação em área urbana.

Art. 36. Os programas, projetos e outras ações governamentais realizadas no âmbito do Sistema Nacional de Habitação de Interesse Social (SNHIS), regulado pela Lei nº 11.124, de 16 de junho de 2005, devem considerar as peculiaridades sociais, econômicas e culturais da população negra.

Parágrafo único. Os Estados, o Distrito Federal e os Municípios estimularão e facilitarão a participação de organizações e movimentos representativos da população negra na composição dos conselhos constituídos para fins de aplicação do Fundo Nacional de Habitação de Interesse Social (FNHIS).

Art. 37. Os agentes financeiros, públicos ou privados, promoverão ações para viabilizar o acesso da população negra aos financiamentos habitacionais.

CAPÍTULO V

DO TRABALHO

Art. 38. A implementação de políticas voltadas para a inclusão da população negra no mercado de trabalho será de responsabilidade do poder público, observando-se:

I – o instituído neste Estatuto;

II – os compromissos assumidos pelo Brasil ao ratificar a Convenção Internacional sobre a Eliminação de Todas as Formas de Discriminação Racial, de 1965;

III – os compromissos assumidos pelo Brasil ao ratificar a Convenção nº 111, de 1958, da Organização Internacional do Trabalho (OIT), que trata da discriminação no emprego e na profissão;

IV – os demais compromissos formalmente assumidos pelo Brasil perante a comunidade internacional.

Art. 39. O poder público promoverá ações que assegurem a igualdade de oportunidades no mercado de trabalho para a população negra, inclusive mediante a implementação de medidas visando à promoção da igualdade nas contratações do setor público e o incentivo à adoção de medidas similares nas empresas e organizações privadas.

§ 1º A igualdade de oportunidades será lograda mediante a adoção de políticas e programas de formação profissional, de emprego e de geração de renda voltados para a população negra.

§ 2º As ações visando a promover a igualdade de oportunidades na esfera da administração pública far-se-ão por meio de normas estabelecidas ou a serem estabelecidas em legislação específica e em seus regulamentos.

§ 3º O poder público estimulará, por meio de incentivos, a adoção de iguais medidas pelo setor privado.

§ 4º As ações de que trata o *caput* deste artigo assegurarão o princípio da proporcionalidade de gênero entre os beneficiários.

§ 5º Será assegurado o acesso ao crédito para a pequena produção, nos meios rural e urbano, com ações afirmativas para mulheres negras.

§ 6º O poder público promoverá campanhas de sensibilização contra a marginalização da mulher negra no trabalho artístico e cultural.

§ 7º O poder público promoverá ações com o objetivo de elevar a escolaridade e a qualificação profissional nos setores da economia que contem com alto índice de ocupação por trabalhadores negros de baixa escolarização.

Art. 40. O Conselho Deliberativo do Fundo de Amparo ao Trabalhador (CODEFAT) formulará políticas, programas e projetos voltados para a inclusão da população negra no mercado de trabalho e orientará a destinação de recursos para seu financiamento.

Art. 41. As ações de emprego e renda, promovidas por meio de financiamento para constituição e ampliação de pequenas e médias empresas e de programas de geração de renda, contemplarão o estímulo à promoção de empresários negros.

Parágrafo único. O poder público estimulará as atividades voltadas ao turismo étnico com enfoque nos locais, monumentos e cidades que retratem a cultura, os usos e os costumes da população negra.

Art. 42. O Poder Executivo federal poderá implementar critérios para provimento de cargos em comissão e funções de confiança destinados a ampliar a participação de negros, buscando reproduzir a estrutura da distribuição étnica nacional ou, quando for o caso, estadual, observados os dados demográficos oficiais.

CAPÍTULO VI
DOS MEIOS DE COMUNICAÇÃO

Art. 43. A produção veiculada pelos órgãos de comunicação valorizará a herança cultural e a participação da população negra na história do País.

Art. 44. Na produção de filmes e programas destinados à veiculação pelas emissoras de televisão e em salas cinematográficas, deverá ser adotada a prática de conferir oportunidades de emprego para atores, figurantes e técnicos negros, sendo vedada toda e qualquer discriminação de natureza política, ideológica, étnica ou artística.

Parágrafo único. A exigência disposta no *caput* não se aplica aos filmes e programas que abordem especificidades de grupos étnicos determinados.

Art. 45. Aplica-se à produção de peças publicitárias destinadas à veiculação pelas emissoras de televisão e em salas cinematográficas o disposto no art. 44.

Art. 46. Os órgãos e entidades da administração pública federal direta, autárquica ou fundacional, as empresas públicas e as sociedades de economia mista federais deverão incluir cláusulas de participação de artistas negros nos contratos de realização de filmes, programas ou quaisquer outras peças de caráter publicitário.

§ 1º Os órgãos e entidades de que trata este artigo incluirão, nas especificações para contratação de serviços de consultoria, conceituação, produção e realização de filmes, programas ou peças publicitárias, a obrigatoriedade da prática de iguais oportunidades de emprego para as pessoas relacionadas com o projeto ou serviço contratado.

§ 2º Entende-se por prática de iguais oportunidades de emprego o conjunto de medidas sistemáticas executadas com a finalidade de garantir a diversidade étnica, de sexo e de idade na equipe vinculada ao projeto ou serviço contratado.

§ 3º A autoridade contratante poderá, se considerar necessário para garantir a prática de iguais oportunidades de emprego, requerer auditoria por órgão do poder público federal.

§ 4º A exigência disposta no *caput* não se aplica às produções publicitárias quando abordarem especificidades de grupos étnicos determinados.

TÍTULO III – DO SISTEMA NACIONAL DE PROMOÇÃO DA IGUALDADE RACIAL (SINAPIR)

CAPÍTULO I
DISPOSIÇÃO PRELIMINAR

Art. 47. É instituído o Sistema Nacional de Promoção da Igualdade Racial (SINAPIR) como forma de organização e de articulação voltadas à implementação do conjunto de políticas e serviços destinados a superar as desigualdades étnicas existentes no País, prestados pelo poder público federal.

§ 1º Os Estados, o Distrito Federal e os Municípios poderão participar do SINAPIR mediante adesão.

§ 2º O poder público federal incentivará a sociedade e a iniciativa privada a participar do SINAPIR.

CAPÍTULO II
DOS OBJETIVOS

Art. 48. São objetivos do SINAPIR:

I – promover a igualdade étnica e o combate às desigualdades sociais resultantes do racismo, inclusive mediante adoção de ações afirmativas;

II – formular políticas destinadas a combater os fatores de marginalização e a promover a integração social da população negra;
III – descentralizar a implementação de ações afirmativas pelos governos estaduais, distrital e municipais;
IV – articular planos, ações e mecanismos voltados à promoção da igualdade étnica;
V – garantir a eficácia dos meios e dos instrumentos criados para a implementação das ações afirmativas e o cumprimento das metas a serem estabelecidas.

CAPÍTULO III
DA ORGANIZAÇÃO E COMPETÊNCIA

Art. 49. O Poder Executivo federal elaborará plano nacional de promoção da igualdade racial contendo as metas, princípios e diretrizes para a implementação da Política Nacional de Promoção da Igualdade Racial (PNPIR).

§ 1º A elaboração, implementação, coordenação, avaliação e acompanhamento da PNPIR, bem como a organização, articulação e coordenação do SINAPIR, serão efetivados pelo órgão responsável pela política de promoção da igualdade étnica em âmbito nacional.

§ 2º É o Poder Executivo federal autorizado a instituir fórum intergovernamental de promoção da igualdade étnica, a ser coordenado pelo órgão responsável pelas políticas de promoção da igualdade étnica, com o objetivo de implementar estratégias que visem à incorporação da política nacional de promoção da igualdade étnica nas ações governamentais de Estados e Municípios.

§ 3º As diretrizes das políticas nacional e regional de promoção da igualdade étnica serão elaboradas por órgão colegiado que assegure a participação da sociedade civil.

Art. 50. Os Poderes Executivos estaduais, distrital e municipais, no âmbito das respectivas esferas de competência, poderão instituir conselhos de promoção da igualdade étnica, de caráter permanente e consultivo, compostos por igual número de representantes de órgãos e entidades públicas e de organizações da sociedade civil representativas da população negra.

Parágrafo único. O Poder Executivo priorizará o repasse dos recursos referentes aos programas e atividades previstos nesta Lei aos Estados, Distrito Federal e Municípios que tenham criado conselhos de promoção da igualdade étnica.

CAPÍTULO IV
DAS OUVIDORIAS PERMANENTES E DO ACESSO À JUSTIÇA E À SEGURANÇA

Art. 51. O poder público federal instituirá, na forma da lei e no âmbito dos Poderes Legislativo e Executivo, Ouvidorias Permanentes em Defesa da Igualdade Racial, para receber e encaminhar denúncias de preconceito e discriminação com base em etnia ou cor e acompanhar a implementação de medidas para a promoção da igualdade.

Art. 52. É assegurado às vítimas de discriminação étnica o acesso aos órgãos de Ouvidoria Permanente, à Defensoria Pública, ao Ministério Público e ao Poder Judiciário, em todas as suas instâncias, para a garantia do cumprimento de seus direitos.

Parágrafo único. O Estado assegurará atenção às mulheres negras em situação de violência, garantida a assistência física, psíquica, social e jurídica.

Art. 53. O Estado adotará medidas especiais para coibir a violência policial incidente sobre a população negra.

Parágrafo único. O Estado implementará ações de ressocialização e proteção da juventude negra em conflito com a lei e exposta a experiências de exclusão social.

Art. 54. O Estado adotará medidas para coibir atos de discriminação e preconceito praticados por servidores públicos em detrimento da população negra, observado, no que couber, o disposto na Lei nº 7.716, de 5 de janeiro de 1989.

Art. 55. Para a apreciação judicial das lesões e das ameaças de lesão aos interesses da população negra decorrentes de situações de desigualdade étnica, recorrer-se-á, entre outros instrumentos, à ação civil pública, disciplinada na Lei nº 7.347, de 24 de julho de 1985.

CAPÍTULO V
DO FINANCIAMENTO DAS INICIATIVAS DE PROMOÇÃO DA IGUALDADE RACIAL

Art. 56. Na implementação dos programas e das ações constantes dos planos plurianuais e dos orçamentos anuais da União, deverão ser observadas as políticas de ação afirmativa a que se refere o inciso VII do art. 4º desta Lei e outras políticas públicas que tenham como objetivo promover a igualdade de oportunidades e a inclusão social da população negra, especialmente no que tange a:
I – promoção da igualdade de oportunidades em educação, emprego e moradia;
II – financiamento de pesquisas, nas áreas de educação, saúde e emprego, voltadas para a melhoria da qualidade de vida da população negra;
III – incentivo à criação de programas e veículos de comunicação destinados à divulgação de matérias relacionadas aos interesses da população negra;
IV – incentivo à criação e à manutenção de microempresas administradas por pessoas autodeclaradas negras;
V – iniciativas que incrementem o acesso e a permanência das pessoas negras na educação fundamental, média, técnica e superior;
VI – apoio a programas e projetos dos governos estaduais, distrital e municipais e de entidades da sociedade civil voltados para a promoção da igualdade de oportunidades para a população negra;
VII – apoio a iniciativas em defesa da cultura, da memória e das tradições africanas e brasileiras.

§ 1º O Poder Executivo federal é autorizado a adotar medidas que garantam, em cada exercício, a transparência na alocação e na execução dos recursos necessários ao financiamento das ações previstas neste Estatuto, explicitando, entre outros, a proporção dos recursos orçamentários destinados aos programas de promoção da igualdade, especialmente nas áreas de educação, saúde, emprego e renda, desenvolvimento agrário, habitação popular, desenvolvimento regional, cultura, esporte e lazer.

§ 2º Durante os 5 (cinco) primeiros anos, a contar do exercício subsequente à publicação deste Estatuto, os órgãos do Poder Executivo federal que desenvolvem políticas e programas nas áreas referidas no § 1º deste artigo discriminarão em seus orçamentos anuais a participação nos programas de ação afirmativa referidos no inciso VII do art. 4º desta Lei.

§ 3º O Poder Executivo é autorizado a adotar as medidas necessárias para a adequada implementação do disposto neste artigo, podendo estabelecer patamares de participação crescente dos programas de ação afirmativa nos orçamentos anuais a que se refere o § 2º deste artigo.

§ 4º O órgão colegiado do Poder Executivo federal responsável pela promoção da igualdade racial acompanhará e avaliará a programação das ações referidas neste artigo nas propostas orçamentárias da União.

Art. 57. Sem prejuízo da destinação de recursos ordinários, poderão ser consignados nos orçamentos fiscal e da seguridade social para financiamento das ações de que trata o art. 56:

I – transferências voluntárias dos Estados, do Distrito Federal e dos Municípios;

II – doações voluntárias de particulares;

III – doações de empresas privadas e organizações não governamentais, nacionais ou internacionais;

IV – doações voluntárias de fundos nacionais ou internacionais;

V – doações de Estados estrangeiros, por meio de convênios, tratados e acordos internacionais.

TÍTULO IV – DISPOSIÇÕES FINAIS

Art. 58. As medidas instituídas nesta Lei não excluem outras em prol da população negra que tenham sido ou venham a ser adotadas no âmbito da União, dos Estados, do Distrito Federal ou dos Municípios.

Art. 59. O Poder Executivo federal criará instrumentos para aferir a eficácia social das medidas previstas nesta Lei e efetuará seu monitoramento constante, com a emissão e a divulgação de relatórios periódicos, inclusive pela rede mundial de computadores.

Art. 60. Os arts. 3º e 4º da Lei nº 7.716, de 1989, passam a vigorar com a seguinte redação:

"Art. 3º ....

Parágrafo único. Incorre na mesma pena quem, por motivo de discriminação de raça, cor, etnia, religião ou procedência nacional, obstar a promoção funcional."

"Art. 4º ....

§ 1º Incorre na mesma pena quem, por motivo de discriminação de raça ou de cor ou práticas resultantes do preconceito de descendência ou origem nacional ou étnica:

I – deixar de conceder os equipamentos necessários ao empregado em igualdade de condições com os demais trabalhadores;

II – impedir a ascensão funcional do empregado ou obstar outra forma de benefício profissional;

III – proporcionar ao empregado tratamento diferenciado no ambiente de trabalho, especialmente quanto ao salário.

§ 2º Ficará sujeito às penas de multa e de prestação de serviços à comunidade, incluindo atividades de promoção da igualdade racial, quem, em anúncios ou qualquer outra forma de recrutamento de trabalhadores, exigir aspectos de aparência próprios de raça ou etnia para emprego cujas atividades não justifiquem essas exigências."

Art. 61. Os arts. 3º e 4º da Lei nº 9.029, de 13 de abril de 1995, passam a vigorar com a seguinte redação:

"Art. 3º Sem prejuízo do prescrito no art. 2o e nos dispositivos legais que tipificam os crimes resultantes de preconceito de etnia, raça ou cor, as infrações do disposto nesta Lei são passíveis das seguintes cominações:

...."

"Art. 4º O rompimento da relação de trabalho por ato discriminatório, nos moldes desta Lei, além do direito à reparação pelo dano moral, faculta ao empregado optar entre:

...."

Art. 62. O art. 13 da Lei nº 7.347, de 1985, passa a vigorar acrescido do seguinte § 2º, renumerando-se o atual parágrafo único como § 1º:

► Alterações inseridas no texto da referida Lei.

Art. 63. O § 1º do art. 1º da Lei nº 10.778, de 24 de novembro de 2003, passa a vigorar com a seguinte redação:

"Art. 1º ....

§ 1º Para os efeitos desta Lei, entende-se por violência contra a mulher qualquer ação ou conduta, baseada no gênero, inclusive decorrente de discriminação ou desigualdade étnica, que cause morte, dano ou sofrimento físico, sexual ou psicológico à mulher, tanto no âmbito público quanto no privado.

...."

Art. 64. O § 3º do art. 20 da Lei nº 7.716, de 1989, passa a vigorar acrescido do seguinte inciso III:

"Art. 20. ....

....

§ 3º ....

....

III – a interdição das respectivas mensagens ou páginas de informação na rede mundial de computadores.

...."

Art. 65. Esta Lei entra em vigor 90 (noventa) dias após a data de sua publicação.

Brasília, 20 de julho de 2010;
189º da Independência e
122º da República.

Luiz Inácio Lula da Silva

LEI Nº 12.291, DE 20 DE JULHO DE 2010

Torna obrigatória a manutenção de exemplar do Código de Defesa do Consumidor nos estabelecimentos comerciais e de prestação de serviços.

► Publicada no *DOU* de 21-7-2010.

Art. 1º São os estabelecimentos comerciais e de prestação de serviços obrigados a manter, em local visível e de fácil acesso ao público, 1 (um) exemplar do Código de Defesa do Consumidor.

Art. 2º O não cumprimento do disposto nesta Lei implicará as seguintes penalidades, a serem aplicadas aos infratores pela autoridade administrativa no âmbito de sua atribuição:

I – multa no montante de até R$ 1.064,10 (mil e sessenta e quatro reais e dez centavos);

II e III – VETADOS.

Art. 3º Esta Lei entra em vigor na data de sua publicação.

Brasília, 20 de julho de 2010;
189º da Independência e
122º da República.

Luiz Inácio Lula da Silva

LEI Nº 12.318, DE 26 DE AGOSTO DE 2010

Dispõe sobre a alienação parental e altera o art. 236 da Lei nº 8.069, de 13 de julho de1990.

► Publicada no *DOU* de 27-8-2010.

Art. 1º Esta Lei dispõe sobre a alienação parental.

Art. 2º Considera-se ato de alienação parental a interferência na formação psicológica da criança ou do adolescente promovida ou induzida por um dos genitores, pelos avós ou pelos que tenham a criança ou adolescente sob a sua autoridade, guarda ou vigilância para que repudie genitor ou que cause prejuízo ao estabelecimento ou à manutenção de vínculos com este.

Parágrafo único. São formas exemplificativas de alienação parental, além dos atos assim declarados pelo juiz ou constatados por perícia, praticados diretamente ou com auxílio de terceiros:

I – realizar campanha de desqualificação da conduta do genitor no exercício da paternidade ou maternidade;

II – dificultar o exercício da autoridade parental;

III – dificultar contato de criança ou adolescente com genitor;

IV – dificultar o exercício do direito regulamentado de convivência familiar;

V – omitir deliberadamente a genitor informações pessoais relevantes sobre a criança ou adolescente, inclusive escolares, médicas e alterações de endereço;

VI – apresentar falsa denúncia contra genitor, contra familiares deste ou contra avós, para obstar ou dificultar a convivência deles com a criança ou adolescente;

VII – mudar o domicílio para local distante, sem justificativa, visando a dificultar a convivência da criança ou adolescente com o outro genitor, com familiares deste ou com avós.

Art. 3º A prática de ato de alienação parental fere direito fundamental da criança ou do adolescente de convivência familiar saudável, prejudica a realização de afeto nas relações com genitor e com o grupo familiar, constitui abuso moral contra a criança ou o adolescente e descumprimento dos deveres inerentes à autoridade parental ou decorrentes de tutela ou guarda.

Art. 4º Declarado indício de ato de alienação parental, a requerimento ou de ofício, em qualquer momento processual, em ação autônoma ou incidentalmente, o processo terá tramitação prioritária, e o juiz determinará, com urgência, ouvido o Ministério Público, as medidas provisórias necessárias para preservação da integridade psicológica da criança ou do adolescente, inclusive para assegurar sua convivência com genitor ou viabilizar a efetiva reaproximação entre ambos, se for o caso.

Parágrafo único. Assegurar-se-á à criança ou adolescente e ao genitor garantia mínima de visitação assistida, ressalvados os casos em que há iminente risco de prejuízo à integridade física ou psicológica da criança ou do adolescente, atestado por profissional eventualmente designado pelo juiz para acompanhamento das visitas.

Art. 5º Havendo indício da prática de ato de alienação parental, em ação autônoma ou incidental, o juiz, se necessário, determinará perícia psicológica ou biopsicossocial.

§ 1º O laudo pericial terá base em ampla avaliação psicológica ou biopsicossocial, conforme o caso, compreendendo, inclusive, entrevista pessoal com as partes, exame de documentos dos autos, histórico do relacionamento do casal e da separação, cronologia de incidentes, avaliação da personalidade dos envolvidos e exame da forma como a criança ou adolescente se manifesta acerca de eventual acusação contra genitor.

§ 2º A perícia será realizada por profissional ou equipe multidisciplinar habilitados, exigido, em qualquer caso, aptidão comprovada por histórico profissional ou acadêmico para diagnosticar atos de alienação parental.

§ 3º O perito ou equipe multidisciplinar designada para verificar a ocorrência de alienação parental terá prazo de 90 (noventa) dias para apresentação do laudo, prorrogável exclusivamente por autorização judicial baseada em justificativa circunstanciada.

Art. 6º Caracterizados atos típicos de alienação parental ou qualquer conduta que dificulte a convivência de criança ou adolescente com genitor, em ação autônoma ou incidental, o juiz poderá, cumulativamente ou não, sem prejuízo da decorrente responsabilidade civil ou criminal e da ampla utilização de instrumentos processuais aptos a inibir ou atenuar seus efeitos, segundo a gravidade do caso:

I – declarar a ocorrência de alienação parental e advertir o alienador;

II – ampliar o regime de convivência familiar em favor do genitor alienado;

III – estipular multa ao alienador;

IV – determinar acompanhamento psicológico e/ou biopsicossocial;

V – determinar a alteração da guarda para guarda compartilhada ou sua inversão;

VI – determinar a fixação cautelar do domicílio da criança ou adolescente;

VII – declarar a suspensão da autoridade parental.

Parágrafo único. Caracterizado mudança abusiva de endereço, inviabilização ou obstrução à convivência familiar, o juiz também poderá inverter a obrigação de levar para ou retirar a criança ou adolescente da residência do genitor, por ocasião das alternâncias dos períodos de convivência familiar.

Art. 7º A atribuição ou alteração da guarda dar-se-á por preferência ao genitor que viabiliza a efetiva convivência da criança ou adolescente com o outro genitor nas hipóteses em que seja inviável a guarda compartilhada.

Art. 8º A alteração de domicílio da criança ou adolescente é irrelevante para a determinação da competência relacionada às ações fundadas em direito de convivência familiar, salvo se decorrente de consenso entre os genitores ou de decisão judicial.

Arts. 9º e 10. VETADOS.

Art. 11. Esta Lei entra em vigor na data de sua publicação.

Brasília, 26 de agosto de 2010;
189º da Independência e
122º da República.

Luiz Inácio Lula da Silva

RESOLUÇÃO DO CNJ Nº 125, DE 29 DE NOVEMBRO DE 2010

Dispõe sobre a Política Judiciária Nacional de tratamento adequado dos conflitos de interesses no âmbito do Poder Judiciário e dá outras providências.

O PRESIDENTE DO CONSELHO NACIONAL DE JUSTIÇA, no uso de suas atribuições constitucionais e regimentais,

CONSIDERANDO que compete ao Conselho Nacional de Justiça o controle da atuação administrativa e financeira do Poder Judiciário, bem como zelar pela observância do art. 37 da Constituição da República;

CONSIDERANDO que a eficiência operacional, o acesso ao sistema de Justiça e a responsabilidade social são objetivos estratégicos do Poder Judiciário, nos termos da Resolução/CNJ nº 70, de 18 de março de 2009;

CONSIDERANDO que o direito de acesso à Justiça, previsto no art. 5º, XXXV, da Constituição Federal além da vertente formal perante os órgãos judiciários, implica acesso à ordem jurídica justa;

CONSIDERANDO que, por isso, cabe ao Judiciário estabelecer política pública de tratamento adequado dos problemas jurídicos e dos conflitos de interesses, que ocorrem em larga e crescente escala na sociedade, de forma a organizar, em âmbito nacional, não somente os serviços prestados nos processos judiciais, como também os que possam sê-lo mediante outros mecanismos de solução de conflitos, em especial dos consensuais, como a mediação e a conciliação;

CONSIDERANDO a necessidade de se consolidar uma política pública permanente de incentivo e aperfeiçoamento dos mecanismos consensuais de solução de litígios;

CONSIDERANDO que a conciliação e a mediação são instrumentos efetivos de pacificação social, solução e prevenção de litígios, e que a sua apropriada disciplina em programas já implementados no país tem reduzido a excessiva judicialização dos conflitos de interesses, a quantidade de recursos e de execução de sentenças;

CONSIDERANDO ser imprescindível estimular, apoiar e difundir a sistematização e o aprimoramento das práticas já adotadas pelos tribunais;

CONSIDERANDO a relevância e a necessidade de organizar e uniformizar os serviços de conciliação, mediação e outros métodos consensuais de solução de conflitos, para lhes evitar disparidades de orientação e práticas, bem como para assegurar a boa execução da política pública, respeitadas as especificidades de cada segmento da Justiça;

CONSIDERANDO que a organização dos serviços de conciliação, mediação e outros métodos consensuais de solução de conflitos deve servir de princípio e base para a criação de Juízos de resolução alternativa de conflitos, verdadeiros órgãos judiciais especializados na matéria;

CONSIDERANDO o deliberado pelo Plenário do Conselho Nacional de Justiça na sua 117ª Sessão Ordinária, realizada em de 23 de 2010, nos autos do procedimento do Ato 0006059-82.2010.2.00.0000;

RESOLVE:

CAPÍTULO I

DA POLÍTICA PÚBLICA DE TRATAMENTO ADEQUADO DOS CONFLITOS DE INTERESSES

Art. 1º Fica instituída a Política Judiciária Nacional de Tratamento Adequado dos Conflitos de Interesses, tendente a assegurar a todos o direito à solução dos conflitos por meios adequados à sua natureza e peculiaridade.

Parágrafo único. Aos órgãos judiciários incumbe, nos termos do art. 334 do Código de Processo Civil de 2015, combinado com o art. 27 da Lei nº 13.140, de 26 de junho de 2015 (Lei de Mediação), antes da solução adjudicada mediante sentença, oferecer outros mecanismos de soluções de controvérsias, em especial os chamados meios consensuais, como a mediação e a conciliação, bem assim prestar atendimento e orientação ao cidadão.

► Art. 1º com a redação dada pela Res. do CNJ nº 326, de 26-6-2020.

Art. 2º Na implementação da Política Judiciária Nacional de Tratamento Adequado dos Conflitos de Interesses, com vista à boa qualidade dos serviços e à disseminação da cultura de pacificação social, serão observados:

► *Caput* com a redação dada pela Res. do CNJ nº 326, de 26-6-2020.

I – centralização das estruturas judiciárias;

II – adequada formação e treinamento de servidores, conciliadores e mediadores;

III – acompanhamento estatístico específico.

Art. 3º O Conselho Nacional de Justiça auxiliará os tribunais na organização dos serviços mencionados no art. 1º, podendo ser firmadas parcerias com entidades públicas e privadas, em especial quanto à capacitação e credenciamento de mediadores e conciliadores e à realização de mediações e conciliações, nos termos dos arts. 167, § 3º, e 334 do Código de Processo Civil de 2015.

► Artigo com a redação dada pela Res. do CNJ nº 326, de 26-6-2020.

CAPÍTULO II

DAS ATRIBUIÇÕES DO CONSELHO NACIONAL DE JUSTIÇA

Art. 4º Compete ao Conselho Nacional de Justiça organizar programa com o objetivo de promover ações de incentivo à autocomposição de litígios e à pacificação social por meio da conciliação e da mediação.

Art. 5º O programa será implementado com a participação de rede constituída por todos os órgãos do Poder Judiciário e por entidades públicas e privadas parceiras, inclusive universidades e instituições de ensino.

Art. 6º Para o desenvolvimento da rede referida no art. 5º desta Resolução, caberá ao Conselho Nacional de Justiça:

► *Caput* com a redação dada pela Res. do CNJ nº 326, de 26-6-2020.

I – estabelecer diretrizes para implementação da política pública de tratamento adequado de conflitos a serem observadas pelos Tribunais;

II – desenvolver parâmetro curricular e ações voltadas à capacitação em métodos consensuais de solução de conflitos para servidores, mediadores, conciliadores e demais facilitadores da solução consensual de controvérsias, nos termos do art. 167, § 1º, do Código de Processo Civil de 2015;

► Inciso II com a redação dada pela Res. do CNJ nº 326, de 26-6-2020.

III – providenciar que as atividades relacionadas à conciliação, mediação e outros métodos consensuais de solução de conflitos sejam consideradas nas promoções e remoções de magistrados pelo critério do merecimento;

IV – regulamentar, em código de ética, a atuação dos conciliadores, mediadores e demais facilitadores da solução consensual de controvérsias;

V– buscar a cooperação dos órgãos públicos competentes e das instituições públicas e privadas da área de ensino, para a criação de disciplinas que propiciem o surgimento da cultura da solução pacífica dos conflitos, bem como que, nas Escolas de Magistratura, haja módulo voltado aos métodos consensuais de solução de conflitos, no curso de iniciação funcional e no curso de aperfeiçoamento;

VI – estabelecer interlocução com a Ordem dos Advogados do Brasil, Defensorias Públicas, Procuradorias e Ministério Público, estimulando sua participação nos Centros Judiciários de Solução de Conflitos e Cidadania e valorizando a atuação na prevenção dos litígios;

VII – realizar gestão junto às empresas, públicas e privadas, bem como junto às agências reguladoras de serviços públicos, a fim de implementar práticas autocompositivas e desenvolver acompanhamento estatístico, com a instituição de banco de dados para visualização de resultados, conferindo selo de qualidade;

VIII – atuar junto aos entes públicos de modo a estimular a conciliação, em especial nas demandas que envolvam matérias sedimentadas pela jurisprudência;

► Inciso VIII com a redação dada pela Emenda nº 2, de 8-3-2016.

IX – criar Cadastro Nacional de Mediadores Judiciais e Conciliadores, visando interligar os cadastros dos Tribunais de Justiça e dos Tribunais Regionais Federais, nos termos do art. 167 do Código de Processo Civil de 2015, combinado com o art. 12, § 1º, da Lei nº 13.140, de 26 de junho de 2015 (Lei de Mediação);

X – criar Sistema de Mediação e Conciliação Digital ou a distância para atuação pré-processual de conflitos e, havendo adesão formal de cada Tribunal de Justiça ou Tribunal Regional Federal, para atuação em demandas em curso, nos termos do art. 334, § 7º, do Código de Processo Civil de 2015 e do art. 46 da Lei nº 13.140, de 26 de junho de 2015 (Lei de Mediação);

XI – criar parâmetros de remuneração de mediadores, nos termos do art. 169 do Código de Processo Civil de 2015;

► Incisos IX a XI com a redação dada pela Res. do CNJ nº 326, de 26-6-2020.

XII – monitorar, inclusive por meio do Departamento de Pesquisas Judiciárias, a instalação dos Centros Judiciários de Solução de Conflitos e Cidadania, o seu adequado funcionamento, a avaliação da capacitação e treinamento dos mediadores/conciliadores, orientando e dando apoio às localidades que estiverem enfrentando dificuldades na efetivação da política judiciária nacional instituída por esta Resolução.

► Inciso XII acrescido pela Emenda nº 2, de 8-3-2016.

CAPÍTULO III

DAS ATRIBUIÇÕES DOS TRIBUNAIS

Seção I

DOS NÚCLEOS PERMANENTES DE MÉTODOS CONSENSUAIS DE SOLUÇÃO DE CONFLITOS

Art. 7º Os Tribunais deverão criar, no prazo de 30 dias a contar da publicação desta Resolução, Núcleos Permanentes de Métodos Consensuais de Solução de Conflitos (Núcleos), coordenados por magistrados e compostos por magistrados da ativa ou aposentados e servidores, preferencialmente atuantes na área, com as seguintes atribuições, entre outras:

► *Caput* com a redação dada pela Res. do CNJ nº 326, de 26-6-2020.

I – implementar, no âmbito de sua competência, a Política Judiciária Nacional de Tratamento Adequado dos Conflitos de Interesses, em conformidade com as diretrizes estabelecidas nesta Resolução;

► Inciso I com a redação dada pela Res. do CNJ nº 326, de 26-6-2020.

II – planejar, implementar, manter e aperfeiçoar as ações voltadas ao cumprimento da política e suas metas;

III – atuar na interlocução com outros Tribunais e com os órgãos integrantes da rede mencionada nos artigos 5º e 6º desta Resolução;

► Inciso III com a redação dada pela Res. do CNJ nº 326, de 26-6-2020.

IV – instalar Centros Judiciários de Solução de Conflitos e Cidadania que concentrarão a realização das sessões de conciliação e mediação que estejam a cargo de conciliadores e mediadores, dos órgãos por eles abrangidos;

V – incentivar ou promover capacitação, treinamento e atualização permanente de magistrados, servidores, conciliadores e mediadores nos métodos consensuais de solução de conflitos;

VI – propor ao Tribunal a realização de convênios e parcerias com entes públicos e privados para atender aos fins desta Resolução;

► Inciso VI com a redação dada pela Res. do CNJ nº 326, de 26-6-2020.

VII – criar e manter cadastro de mediadores e conciliadores, de forma a regulamentar o processo de inscrição e de desligamento;

► Inciso VII acrescido pela Emenda nº 2, de 8-3-2016.

VIII – regulamentar, se for o caso, a remuneração de conciliadores e mediadores, nos termos do art. 169 do Código de Processo Civil de 2015, combinado com o art. 13 da Lei nº 13.140, de 26 de junho de 2015 (Lei de Mediação).

► Inciso VIII com a redação dada pela Res. do CNJ nº 326, de 26-6-2020.

§ 1º A criação dos Núcleos e sua composição deverão ser informadas ao Conselho Nacional de Justiça.

§ 2º Os Núcleos poderão estimular programas de mediação comunitária, desde que esses centros comunitários não se confundam com os Centros Judiciários de Solução de Conflitos e Cidadania previstos nesta Resolução.

► § 2º com a redação dada pela Res. do CNJ nº 326, de 26-6-2020.

§ 3º Na hipótese de conciliadores, mediadores e Câmaras Privadas de Conciliação e Mediação credenciadas perante o Poder Judiciário, os tribunais deverão criar e manter cadastro ou aderir ao Cadastro Nacional de Mediadores Judiciais e Conciliadores, de forma a regulamentar o processo de inscrição e de desligamento desses facilitadores.

► § 3º com a redação dada pela Emenda nº 2, de 8-3-2016.

§ 4º Os Tribunais poderão, nos termos do art. 167, § 6º, do Código de Processo Civil de 2015, excepcionalmente e desde que inexistente quadro suficiente de conciliadores e mediadores judiciais atuando como auxiliares da justiça, optar por formar quadro de conciliadores e mediadores admitidos mediante concurso público de provas e títulos.

§ 5º Nos termos do art. 169, § 1º, do Código de Processo Civil de 2015, a mediação e a conciliação poderão ser realizadas como trabalho voluntário.

§ 6º Aos mediadores e conciliadores, inclusive membros das Câmaras Privadas de Conciliação, aplicam-se as regras de impedimento e suspeição, nos termos do art. 148, II, do Código de Processo Civil de 2015 e da Resolução CNJ nº 200, de 3 de março de 2015.

► §§ 4º a 6º com a redação dada pela Res. do CNJ nº 326, de 26-6-2020.

§ 7º Nos termos do art. 172 do Código de Processo Civil de 2015, o conciliador e o mediador ficam impedidos, pelo prazo de 1 (um) ano, contado do término da última audiência em que atuaram, de assessorar, representar ou patrocinar qualquer das partes.

► § 7º acrescido pela Emenda nº 2, de 8-3-2016.

Seção II

DOS CENTROS JUDICIÁRIOS DE SOLUÇÃO DE CONFLITOS E CIDADANIA

Art. 8º Os tribunais deverão criar os Centros Judiciários de Solução de Conflitos e Cidadania (Centros ou CEJUSCs), unidades do Poder Judiciário, preferencialmente, responsáveis pela realização ou gestão das sessões e audiências de conciliação e mediação que estejam a cargo de conciliadores e mediadores, bem como pelo atendimento e orientação ao cidadão.

► *Caput* com a redação dada pela Emenda nº 2, de 8-3-2016.

§ 1º As sessões de conciliação e mediação pré-processuais deverão ser realizadas nos Centros, podendo as sessões de conciliação e mediação judiciais, excepcionalmente, serem realizadas nos próprios juízos, juizados ou varas designadas, desde que o sejam por conciliadores e mediadores cadastrados pelo Tribunal (inciso VII do art. 7º) e supervisionados pelo juiz coordenador do Centro (art. 9º).

§ 2º Nos Tribunais de Justiça, os Centros deverão ser instalados nos locais onde existam dois juízos, juizados ou varas com competência para realizar audiência, nos termos do art. 334 do Código de Processo Civil de 2015.

§ 3º Os tribunais poderão, enquanto não instalados os Centros nas comarcas, regiões, subseções judiciárias e nos juízos do interior dos estados, implantar o procedimento de conciliação e mediação itinerante, utilizando-se de conciliadores e mediadores cadastrados.

§ 4º Nos Tribunais Regionais Federais e Tribunais de Justiça, é facultativa a implantação de Centros onde exista um juízo, juizado, vara ou subseção, desde que atendidos por centro regional ou itinerante, nos termos do § 3º deste artigo.

§ 5º Nas comarcas das capitais dos estados, bem como nas comarcas do interior, subseções e regiões judiciárias, o prazo para a instalação dos Centros será concomitante à entrada em vigor do Código de Processo Civil de 2015.

§ 6º Os tribunais poderão, excepcionalmente:

I – estender os serviços do Centro a unidades ou órgãos situados em outros prédios, desde que próximos daqueles referidos no § 2º deste artigo; e

II – instalar Centros Regionais, enquanto não instalados Centros nos termos referidos no § 2o deste artigo, observada a organização judiciária local.

§ 7º O coordenador do Centro poderá solicitar feitos de outras unidades judiciais com o intuito de organizar pautas concentradas ou mutirões, podendo, para tanto, fixar prazo.

§ 8º Para efeito de estatística de produtividade, as sentenças homologatórias prolatadas em processos encaminhados ao Centro, de ofício ou por solicitação, serão contabilizadas:

I – para o próprio Centro, no que se refere à serventia judicial;

II – para o magistrado que efetivamente homologar o acordo, esteja ele oficiando no juízo de origem do feito ou na condição de coordenador do Centro; e

III – para o juiz coordenador do Centro, no caso de reclamação pré-processual.

§ 9º Para o efeito de estatística referido no art. 167, § 4º, do Código de Processo Civil de 2015, os tribunais disponibilizarão às partes a opção de avaliar câmaras, conciliadores e mediadores, segundo parâmetros estabelecidos pelo Comitê Gestor da Conciliação.

§ 10. O Cadastro Nacional de Mediadores Judiciais e Conciliadores conterá informações referentes à avaliação prevista no § 9º deste artigo para facilitar a escolha de mediadores, nos termos do art. 168, *caput*, do Código de Processo Civil de 2015, combinado com o art. 25 da Lei nº 13.140, de 26 de junho de 2015 (Lei de Mediação).

► §§ 1º a 10 com a redação dada pela Res. do CNJ nº 326, de 26-6-2020.

Art. 9º Os Centros contarão com um juiz coordenador e, se necessário, com um adjunto, aos quais caberá:

I – administrar o Centro;

II – homologar os acordos entabulados;

III – supervisionar o serviço de conciliadores e mediadores.

§ 1º Salvo disposição diversa em regramento local, os magistrados da Justiça Estadual e da Justiça Federal serão designados pelo Presidente de cada tribunal entre aqueles que realizaram treinamento segundo o modelo estabelecido pelo Conselho Nacional de Justiça, conforme Anexo I desta Resolução.

§ 2º Caso o Centro atenda a grande número de juízos, juizados, varas ou região, o respectivo juiz coordenador poderá ficar designado exclusivamente para sua administração.

§ 3º Os Tribunais de Justiça e os Tribunais Regionais Federais deverão assegurar que nos Centros atue ao menos um servidor com dedicação exclusiva, capacitado em métodos consensuais de solução de conflitos, para triagem e encaminhamento adequado de casos.

§ 4º O treinamento dos servidores referidos no § 3o deste artigo deverá observar as diretrizes estabelecidas pelo Conselho Nacional de Justiça, conforme Anexo I desta Resolução.

Art. 10. Cada unidade dos Centros deverá obrigatoriamente abranger setor de solução de conflitos pré-processual, de solução de conflitos processual e de cidadania.

► Arts. 9º e 10 com a redação dada pela Res. do CNJ nº 326, de 26-6-2020.

Art. 11. Nos Centros poderão atuar membros do Ministério Público, defensores públicos, procuradores e/ou advogados.

SEÇÃO III
DOS CONCILIADORES E MEDIADORES

Art. 12. Nos Centros, bem como em todos os demais órgãos judiciários nos quais se realizem sessões de conciliação e mediação, somente serão admitidos mediadores e conciliadores capacitados na forma deste ato (Anexo I), cabendo aos Tribunais, antes de sua instalação, realizar o curso de capacitação, podendo fazê-lo por meio de parcerias.

► *Caput* com a redação dada pela Res. do CNJ nº 326, de 26-6-2020.

§ 1º Os tribunais que já realizaram a capacitação referida no *caput* poderão dispensar os atuais mediadores e conciliadores da exigência do certificado de conclusão do curso de capacitação, mas deverão disponibilizar cursos de treinamento e aperfeiçoamento, na forma do Anexo I, como condição prévia de atuação nos Centros.

§ 2º Todos os conciliadores, mediadores e outros especialistas em métodos consensuais de solução de conflitos deverão submeter-se a aperfeiçoamento permanente e a avaliação do usuário.

► §§ 1º e 2º com a redação dada pela Emenda nº 2, de 8-3-2016.

§ 3º Os cursos de capacitação, treinamento e aperfeiçoamento de mediadores e conciliadores deverão observar as diretrizes curriculares estabelecidas pelo Conselho Nacional de Justiça (Anexo I) e deverão ser compostos necessariamente de estágio supervisionado.

§ 4º Somente deverão ser certificados mediadores e conciliadores que tiverem concluído o respectivo estágio supervisionado.

§ 5º Os mediadores, conciliadores e demais facilitadores de diálogo entre as partes ficarão sujeitos ao código de ética estabelecido nesta Resolução (Anexo III).

► §§ 3º a 5º com a redação dada pela Res. do CNJ nº 326, de 26-6-2020.

§ 6º Ressalvada a hipótese do art. 167, § 6º, do Código de Processo Civil de 2015, o conciliador e o mediador receberão, pelo seu trabalho, remuneração prevista em tabela fixada pelo Tribunal, conforme parâmetros estabelecidos pela Comissão

Permanente de Solução Adequada de Conflitos *ad referendum* do plenário.

► § 6º acrescido pela Res. do CNJ nº 326, de 26-6-2020.

Seção III-A

DOS FÓRUNS DE COORDENADORES DE NÚCLEOS

► Seção III-A acrescida pela Emenda nº 2, de 8-3-2016.

Art. 12-A. Os Presidentes de Tribunais de Justiça e de Tribunais Regionais Federais deverão indicar um magistrado para coordenar o respectivo Núcleo e representar o tribunal no respectivo Fórum de Coordenadores de Núcleos.

► *Caput* do art. 12-A acrescido pela Emenda nº 2, de 8-3-2016.

§ 1º Os Fóruns de Coordenadores de Núcleos deverão se reunir de acordo com o segmento da justiça.

► § 1º acrescido pela Emenda nº 2, de 8-3-2016.

§ 2º Os enunciados dos Fóruns da Justiça Estadual e da Justiça Federal terão aplicabilidade restrita ao respectivo segmento da justiça e, uma vez aprovados pela Comissão Permanente de Solução Adequada de Conflitos *ad referendum* do Plenário, integrarão, para fins de vinculatividade, esta Resolução.

► § 2º com a redação dada pela Res. do CNJ nº 326, de 26-6-2020.

§ 3º O Fórum da Justiça Federal será organizado pelo Conselho da Justiça Federal, podendo contemplar em seus objetivos outras matérias.

► § 3º acrescido pela Emenda nº 2, de 8-3-2016.

Art. 12-B. Os Fóruns de Coordenadores de Núcleos poderão estabelecer diretrizes específicas aos seus segmentos, entre outras:

► *Caput* do art. 12-B acrescido pela Emenda nº 2, de 8-3-2016.

I – o âmbito de atuação de conciliadores face ao Código de Processo Civil de 2015;

II – a estrutura necessária dos Centros para cada segmento da justiça;

► Incisos I e II com a redação dada pela Res. do CNJ nº 326, de 26-6-2020.

III – o estabelecimento de conteúdos programáticos para cursos de conciliação e mediação próprios para a atuação em áreas específicas, como previdenciária, desapropriação, sistema financeiro de habitação entre outras, respeitadas as diretrizes curriculares estabelecidas no Anexo I.

► Inciso III acrescido pela Emenda nº 2, de 8-3-2016.

Seção III-B

DAS CÂMARAS PRIVADAS DE CONCILIAÇÃO E MEDIAÇÃO

► Seção III-B acrescida pela Emenda nº 2, de 8-3-2016.

Art. 12-C. As Câmaras Privadas de Conciliação e Mediação ou órgãos semelhantes, bem como seus mediadores e conciliadores, para que possam realizar sessões de mediação ou conciliação incidentes a processo judicial, devem ser cadastradas no Tribunal respectivo ou no Cadastro Nacional de Mediadores Judiciais e Conciliadores, nos termos do art. 167 do Código de Processo Civil de 2015, ficando sujeitas aos termos desta Resolução.

► *Caput* do art. 12-C com a redação dada pela Res. do CNJ nº 326, de 26-6-2020.

Parágrafo único. O cadastramento é facultativo para realização de sessões de mediação ou conciliação pré-processuais.

► Parágrafo único acrescido pela Emenda nº 2, de 8-3-2016.

Art. 12-D. Os Tribunais determinarão o percentual de audiências não remuneradas que deverão ser suportadas pelas Câmaras Privadas de Conciliação e Mediação, com o fim de atender aos processos em que foi deferida a gratuidade da justiça, como contrapartida de seu credenciamento, nos termos do art.169, § 2º, do Código de Processo Civil de 2015, respeitados os parâmetros definidos pela Comissão Permanente de Solução Adequada de Conflitos *ad referendum* do Plenário.

► Art. 12-D com a redação dada pela Res. do CNJ nº 326, de 26-6-2020.

Art. 12-E. As Câmaras Privadas de Mediação e Conciliação e os demais órgãos cadastrados ficam sujeitos à avaliação prevista no art. 8º, § 9º, desta Resolução.

► *Caput* do art. 12-E acrescido pela Emenda nº 2, de 8-3-2016.

Parágrafo único. A avaliação deverá refletir a média aritmética de todos os mediadores e conciliadores avaliados, inclusive daqueles que atuaram voluntariamente, nos termos do art. 169, § 2º, do Código de Processo Civil de 2015.

► Parágrafo único com a redação dada pela Res. do CNJ nº 326, de 26-6-2020.

Art. 12-F. Fica vedado o uso de brasão e demais signos da República Federativa do Brasil pelas Câmaras Privadas de Conciliação e Mediação ou órgãos semelhantes, bem como por seus mediadores e conciliadores, estendendo-se a vedação ao uso da denominação de "Tribunal" ou expressão semelhante para a entidade e a de "juiz" ou equivalente para seus membros.

► Art. 12-F com a redação dada pela Res. do CNJ nº 326, de 26-6-2020.

Seção IV

DOS DADOS ESTATÍSTICOS

Art. 13. Os Tribunais deverão criar e manter banco de dados sobre as atividades de cada Centro, nos termos de Resolução do Conselho Nacional de Justiça.

Art. 14. Caberá ao Conselho Nacional de Justiça compilar informações sobre os serviços públicos de solução consensual das controvérsias existentes no país e sobre o desempenho de cada um deles, por meio do Departamento de Pesquisas Judiciárias (DPJ), mantendo permanentemente atualizado o banco de dados.

► Arts. 13 e 14 com a redação dada pela Res. do CNJ nº 326, de 26-6-2020.

CAPÍTULO IV
DO PORTAL DA CONCILIAÇÃO

Art. 15. Fica criado o Portal da Conciliação, a ser disponibilizado no sítio do Conselho Nacional de Justiça na rede mundial de computadores, com as seguintes funcionalidades, entre outras:

► *Caput* com a redação dada pela Res. do CNJ nº 326, de 26-6-2020.

I – publicação das diretrizes da capacitação de conciliadores e mediadores e de seu código de ética;

II – relatório gerencial do programa, por tribunal, detalhado por unidade judicial e por Centro, com base nas informações referidas no art. 13.

► Inciso II com a redação dada pela Emenda nº 2, de 8-3-2016.

III – compartilhamento de boas práticas, projetos, ações, artigos, pesquisas e outros estudos;

IV – fórum permanente de discussão, facultada a participação da sociedade civil;

V – divulgação de notícias relacionadas ao tema;

VI – relatórios de atividades da "Semana da Conciliação".

Parágrafo único. A implementação do Portal será de responsabilidade do Conselho Nacional de Justiça e ocorrerá de forma gradativa, observadas as possibilidades técnicas.

▸ Parágrafo único com a redação dada pela Res. do CNJ nº 326, de 26-6-2020.

DISPOSIÇÕES FINAIS

Art. 16. O disposto na presente Resolução não prejudica a continuidade de programas similares já em funcionamento, cabendo aos Tribunais, se necessário, adaptá-los aos termos deste ato.

▸ *Caput* com a redação dada pela Emenda nº 1, de 31-1-2013.

Parágrafo único. Em relação aos Núcleos e Centros, os Tribunais poderão utilizar siglas e denominações distintas das referidas nesta Resolução, desde que mantidas as suas atribuições previstas no Capítulo III.

Art. 17. Compete à Presidência do Conselho Nacional de Justiça, com o apoio da Comissão Permanente de Solução Adequada de Conflitos, coordenar as atividades da Política Judiciária Nacional de tratamento adequado dos conflitos de interesses, cabendo-lhe instituir, regulamentar e presidir o Comitê Gestor da Conciliação, que será responsável pela implementação e acompanhamento das medidas previstas neste ato.

▸ Artigo com a redação dada pela Res. do CNJ nº 326, de 26-6-2020.

Art. 18. Os Anexos integram esta Resolução e possuem caráter vinculante.

▸ Artigo com a redação dada pela Emenda nº 1, de 31-1-2013.

Art. 18-A. O Sistema de Mediação Digital ou a distância e o Cadastro Nacional de Mediadores Judiciais e Conciliadores deverão estar disponíveis ao público no início de vigência da Lei nº 13.140, de 26 de junho de 2015 (Lei de Mediação).

Art. 18-B. O Conselho Nacional de Justiça editará Resolução específica dispondo sobre a Política Judiciária de tratamento adequado dos conflitos de interesses da Justiça do Trabalho.

Art. 18-C. Os Tribunais encaminharão ao Conselho Nacional de Justiça, no prazo de 30 dias, plano de implementação desta Resolução, inclusive quanto à implantação de centros.

▸ Arts. 18-A a 18-C com a redação dada pela Res. do CNJ nº 326, de 26-6-2020.

Art. 19. Esta Resolução entra em vigor na data de sua publicação, ressalvados os dispositivos regulamentados pelo Código de Processo Civil de 2015, que seguem sua vigência.

▸ Artigo com a redação dada pela Res. do CNJ nº 326, de 26-6-2020.

ANEXO I – DIRETRIZES CURRICULARES

▸ Anexo I com a redação dada pela Emenda nº 2, de 8-3-2016.

(Aprovadas pelo Grupo de Trabalho estabelecido nos termos do art. 167, § 1º, do Novo Código de Processo Civil por intermédio da Portaria CNJ 64/2015)

O curso de capacitação básica dos terceiros facilitadores (conciliadores e mediadores) tem por objetivo transmitir informações teóricas gerais sobre a conciliação e a mediação, bem como vivência prática para aquisição do mínimo de conhecimento que torne o corpo discente apto ao exercício da conciliação e da mediação judicial. Esse curso, dividido em 2 (duas) etapas (teórica e prática), tem como parte essencial os exercícios simulados e o estágio supervisionado de 60 (sessenta) e 100 (cem) horas.

I – DESENVOLVIMENTO DO CURSO

O curso é dividido em duas etapas: 1) Módulo Teórico e 2) Módulo Prático (Estágio Supervisionado).

1. MÓDULO TEÓRICO

No módulo teórico, serão desenvolvidos determinados temas (a seguir elencados) pelos professores e indicada a leitura obrigatória de obras de natureza introdutória (livros-texto) ligados às principais linhas técnico-metodológicas para a conciliação e mediação, com a realização de simulações pelos alunos.

1.1 Conteúdo Programático

No módulo teórico deverão ser desenvolvidos os seguintes temas:

a) Panorama histórico dos métodos consensuais de solução de conflitos. Legislação brasileira. Projetos de lei. Lei dos Juizados Especiais. Resolução CNJ 125/2010. Novo Código de Processo Civil, Lei de Mediação.

b) A Política Judiciária Nacional de tratamento adequado de conflitos Objetivos: acesso à justiça, mudança de mentalidade, qualidade do serviço de conciliadores e mediadores. Estruturação – CNJ, Núcleo Permanente de Métodos Consensuais de Solução de Conflitos e CEJUSC. A audiência de conciliação e mediação do novo Código de Processo Civil. Capacitação e remuneração de conciliadores e mediadores.

c) Cultura da Paz e Métodos de Solução de Conflitos

Panorama nacional e internacional. Autocomposição e Heterocomposição. Prisma (ou espectro) de processos de resolução de disputas: negociação, conciliação, mediação, arbitragem, processo judicial, processos híbridos.

d) Teoria da Comunicação/Teoria dos Jogos

Axiomas da comunicação. Comunicação verbal e não verbal. Escuta ativa. Comunicação nas pautas de interação e no estudo do inter-relacionamento humano: aspectos sociológicos e aspectos psicológicos. Premissas conceituais da autocomposição.

e) Moderna Teoria do Conflito

Conceito e estrutura. Aspectos objetivos e subjetivos.

f) Negociação

Conceito: Integração e distribuição do valor das negociações. Técnicas básicas de negociação (a barganha de posições; a separação de pessoas de problemas; concentração em interesses; desenvolvimento de opções de ganho mútuo; critérios objetivos; melhor alternativa para acordos negociados).

Técnicas intermediárias de negociação (estratégias de estabelecimento de *rapport*; transformação de adversários em parceiros; comunicação efetiva).

g) Conciliação

Conceito e filosofia. Conciliação judicial e extrajudicial. Técnicas (recontextualização, identificação das propostas implícitas, afago, escuta ativa, espelhamento, produção de opção, acondicionamento das questões e interesses das partes, teste de realidade). Finalização da conciliação. Formalização do acordo. Dados essenciais do termo de conciliação (qualificação das partes, número de identificação, natureza do conflito...). Redação do acordo: requisitos mínimos e exequibilidade. Encaminhamentos e estatística.

Etapas (planejamento da sessão, apresentação ou abertura, esclarecimentos ou investigação das propostas das partes, criação de opções, escolha da opção, lavratura do acordo).

h) Mediação

Definição e conceitualização. Conceito e filosofia. Mediação judicial e extrajudicial, prévia e incidental; Etapas – Pré-mediação e Mediação propriamente dita (acolhida, declaração inicial das partes, planejamento, esclarecimentos dos interesses ocultos e negociação do acordo). Técnicas ou ferramentas (comediação, recontextualização, identificação das propostas implícitas, formas de perguntas, escuta ativa, produção de opção, acondicionamento das questões e interesses das partes, teste de realidade ou reflexão).

i) Áreas de utilização da conciliação/mediação

Empresarial, familiar, civil (consumeirista, trabalhista, previdenciária, etc.), penal e justiça restaurativa; o envolvimento com outras áreas do conhecimento.

j) Interdisciplinaridade da mediação

Conceitos das diferentes áreas do conhecimento que sustentam a prática: sociologia, psicologia, antropologia e direito.

k) O papel do conciliador/mediador e sua relação com os envolvidos (ou agentes) na conciliação e na mediação

Os operadores do direito (o magistrado, o promotor, o advogado, o defensor público etc.) e a conciliação/mediação. Técnicas para estimular advogados a atuarem de forma eficiente na conciliação/mediação. Contornando as dificuldades: situações de desequilíbrio, descontrole emocional, embriaguez, desrespeito.

l) Ética de conciliadores e mediadores

O terceiro facilitador: funções, postura, atribuições, limites de atuação. Código de Ética – Resolução CNJ nº 125/2010 (anexo).

1.2 Material didático do Módulo Teórico

O material utilizado será composto por apostilas, obras de natureza introdutória (manuais, livros-textos etc.) e obras ligadas às abordagens de mediação adotadas.

1.3 Carga Horária do Módulo Teórico

A carga horária deve ser de, no mínimo, 40 (quarenta) horas/aula e, necessariamente, complementada pelo Módulo Prático (estágio supervisionado) de 60 (sessenta) a 100 (cem) horas.

1.4 Frequência e Certificação

A frequência mínima exigida para a aprovação no Módulo Teórico é de 100% (cem por cento) e, para a avaliação do aproveitamento, o aluno entregará relatório ao final do módulo. Assim, cumpridos os 2 (dois) requisitos – frequência mínima e apresentação de relatório – será emitida declaração de conclusão do Módulo Teórico, que habilitará o aluno a iniciar o Módulo Prático (estágio supervisionado).

2. MÓDULO PRÁTICO – ESTÁGIO SUPERVISIONADO

Nesse módulo, o aluno aplicará o aprendizado teórico em casos reais, acompanhado por 1 (um) membro da equipe docente (supervisor), desempenhando, necessariamente, 3 (três) funções: a) observador, b) coconciliador ou comediador, e c) conciliador ou mediador.

Ao final de cada sessão, apresentará relatório do trabalho realizado, nele lançando suas impressões e comentários relativos à utilização das técnicas aprendidas e aplicadas, de modo que esse relatório não deve limitar-se a descrever o caso atendido, como em um estágio de Faculdade de Direito, mas haverá de observar as técnicas utilizadas e a facilidade ou dificuldade de lidar com o caso real. Permite-se, a critério do NUPEMEC, estágio autossupervisionado quando não houver equipe docente suficiente para acompanhar todas as etapas do Módulo Prático.

Essa etapa é imprescindível para a obtenção do certificado de conclusão do curso, que habilita o mediador ou conciliador a atuar perante o Poder Judiciário.

2.1 Carga Horária

O mínimo exigido para esse módulo é de 60 (sessenta) horas de atendimento de casos reais, podendo a periodicidade ser definida pelos coordenadores dos cursos.

2. 2 Certificação

Após a entrega dos relatórios referentes a todas as sessões das quais o aluno participou e, cumprido o número mínimo de horas estabelecido no item 2.1 acima, será emitido certificado de conclusão do curso básico de capacitação, que é o necessário para o cadastramento como mediador junto ao tribunal no qual pretende atuar.

2.3 Flexibilidade dos treinamentos

Os treinamentos de quaisquer práticas consensuais serão conduzidos de modo a respeitar as linhas distintas de atuação em mediação e conciliação (e.g. transformativa, narrativa, facilitadora, entre outras). Dessa forma, o conteúdo programático apresentado acima poderá ser livremente flexibilizado para atender às especificidades da mediação adotada pelo instrutor, inclusive quanto à ordem dos temas. Quaisquer materiais pedagógicos disponibilizados pelo CNJ (vídeos, exercícios simulados, manuais) são meramente exemplificativos.

De acordo com as especificidades locais ou regionais, poderá ser dada ênfase a uma ou mais áreas de utilização de conciliação/mediação.

II – FACULTATIVO

1. Instrutores

Os conciliadores/mediadores capacitados nos termos dos parâmetros acima indicados poderão se inscrever no curso de capacitação de instrutores, desde que preencham, cumulativamente, os seguintes requisitos:

- Experiência de atendimento em conciliação ou mediação por 2 (dois) anos.
- Idade mínima de 21 anos e comprovação de conclusão de curso superior.

ANEXO II – SETORES DE SOLUÇÃO DE CONFLITOS E CIDADANIA

- *Revogado* pela Emenda nº 1, de 31-1-2013.

ANEXO III – CÓDIGO DE ÉTICA DE CONCILIADORES E MEDIADORES JUDICIAIS

- Anexo III com a redação dada pela Emenda nº 2, de 8-3-2016.

O Conselho Nacional de Justiça, a fim de assegurar o desenvolvimento da Política Pública de tratamento adequado dos conflitos e a qualidade dos serviços de conciliação e mediação enquanto instrumentos efetivos de pacificação social e de prevenção de litígios, institui o Código de Ética, norteado por princípios que formam a consciência dos terceiros facilitadores, como profissionais, e representam imperativos de sua conduta.

DOS PRINCÍPIOS E GARANTIAS DA CONCILIAÇÃO E MEDIAÇÃO JUDICIAIS

Art. 1º São princípios fundamentais que regem a atuação de conciliadores e mediadores judiciais: confidencialidade, decisão informada, competência, imparcialidade, independência e autonomia, respeito à ordem pública e às leis vigentes, empoderamento e validação.

I – Confidencialidade – dever de manter sigilo sobre todas as informações obtidas na sessão, salvo autorização expressa das partes, violação à ordem pública ou às leis vigentes, não podendo ser testemunha do caso, nem atuar como advogado dos envolvidos, em qualquer hipótese;

II – Decisão informada – dever de manter o jurisdicionado plenamente informado quanto aos seus direitos e ao contexto fático no qual está inserido;

III – Competência – dever de possuir qualificação que o habilite à atuação judicial, com capacitação na forma desta Resolução, observada a reciclagem periódica obrigatória para formação continuada;

IV – Imparcialidade – dever de agir com ausência de favoritismo, preferência ou preconceito, assegurando que valores e conceitos pessoais não interfiram no resultado do trabalho, compreendendo a realidade dos envolvidos no conflito e jamais aceitando qualquer espécie de favor ou presente;

V – Independência e autonomia – dever de atuar com liberdade, sem sofrer qualquer pressão interna ou externa, sendo permitido recusar, suspender ou interromper a sessão se ausentes as condições necessárias para seu bom desenvolvimento, tampouco havendo dever de redigir acordo ilegal ou inexequível;

VI – Respeito à ordem pública e às leis vigentes – dever de velar para que eventual acordo entre os envolvidos não viole a ordem pública, nem contrarie as leis vigentes;

VII – Empoderamento – dever de estimular os interessados a aprenderem a melhor resolverem seus conflitos futuros em função da experiência de justiça vivenciada na autocomposição;

VIII – Validação – dever de estimular os interessados perceberem-se reciprocamente como serem humanos merecedores de atenção e respeito.

► Art. 1º com a redação dada pela Emenda nº 2, de 8-3-2016.

DAS REGRAS QUE REGEM O PROCEDIMENTO DE CONCILIAÇÃO/MEDIAÇÃO

Art. 2º As regras que regem o procedimento da conciliação/mediação são normas de conduta a serem observadas pelos conciliadores/mediadores para o bom desenvolvimento daquele, permitindo que haja o engajamento dos envolvidos, com vistas à sua pacificação e ao comprometimento com eventual acordo obtido, sendo elas:

I – Informação – dever de esclarecer os envolvidos sobre o método de trabalho a ser empregado, apresentando-o de forma completa, clara e precisa, informando sobre os princípios deontológicos referidos no Capítulo I, as regras de conduta e as etapas do processo;

II – Autonomia da vontade – dever de respeitar os diferentes pontos de vista dos envolvidos, assegurando-lhes que cheguem a uma decisão voluntária e não coercitiva, com liberdade para tomar as próprias decisões durante ou ao final do processo e de interrompê-lo a qualquer momento;

III – Ausência de obrigação de resultado – dever de não forçar um acordo e de não tomar decisões pelos envolvidos, podendo, quando muito, no caso da conciliação, criar opções, que podem ou não ser acolhidas por eles;

IV – Desvinculação da profissão de origem – dever de esclarecer aos envolvidos que atuam desvinculados de sua profissão de origem, informando que, caso seja necessária orientação ou aconselhamento afetos a qualquer área do conhecimento poderá ser convocado para a sessão o profissional respectivo, desde que com o consentimento de todos;

V – Compreensão quanto à conciliação e à mediação – Dever de assegurar que os envolvidos, ao chegarem a um acordo, compreendam perfeitamente suas disposições, que devem ser exequíveis, gerando o comprometimento com seu cumprimento.

► Art. 2º com a redação dada pela Emenda nº 2, de 8-3-2016.

DAS RESPONSABILIDADES E SANÇÕES DO CONCILIADOR/MEDIADOR

Art. 3º Apenas poderão exercer suas funções perante o Poder Judiciário conciliadores e mediadores devidamente capacitados e cadastrados pelos Tribunais, aos quais competirá regulamentar o processo de inclusão e exclusão no cadastro.

► Artigo com a redação dada pela Emenda nº 2, de 8-3-2016.

Art. 4º O conciliador/mediador deve exercer sua função com lisura, respeitar os princípios e regras deste Código, assinar, para tanto, no início do exercício, termo de compromisso e submeter-se às orientações do Juiz Coordenador da unidade a que esteja vinculado.

► *Caput* com a redação dada pela Emenda nº 2, de 8-3-2016.

Parágrafo único. O mediador/conciliador deve, preferencialmente no início da sessão inicial de mediação/conciliação, proporcionar ambiente adequado para que advogados atendam ao disposto no art. 48, § 5º, do Código de Ética e Disciplina da Ordem dos Advogados do Brasil de 2015.

► Parágrafo único com a redação dada pela Res. do CNJ nº 326, de 26-6-2020.

Art. 5º Aplicam-se aos conciliadores/mediadores os motivos de impedimento e suspeição dos juízes, devendo, quando constatados, serem informados aos envolvidos, com a interrupção da sessão e a substituição daqueles.

Art. 6º No caso de impossibilidade temporária do exercício da função, o conciliador ou mediador deverá informar com antecedência ao responsável para que seja providenciada sua substituição.

Art. 7º O conciliador ou mediador fica absolutamente impedido de prestar serviços profissionais, de qualquer natureza, aos envolvidos em processo de conciliação/mediação sob sua condução.

Art. 8º O descumprimento dos princípios e regras estabelecidos neste Código, bem como a condenação definitiva em processo criminal, resultará na exclusão do conciliador/mediador do respectivo cadastro e no impedimento para atuar nesta função em qualquer outro órgão do Poder Judiciário nacional.

Parágrafo único. Qualquer pessoa que venha a ter conhecimento de conduta inadequada por parte do conciliador/mediador poderá representar ao Juiz Coordenador a fim de que sejam adotadas as providências cabíveis.

► Arts. 5º a 8º com a redação dada pela Emenda nº 2, de 8-3-2016.

ANEXO IV – DADOS ESTATÍSTICOS

► *Revogado* pela Emenda nº 1, de 31-1-2013.

LEI Nº 12.414, DE 9 DE JUNHO DE 2011

Disciplina a formação e consulta a bancos de dados com informações de adimplemento, de pessoas naturais ou de pessoas jurídicas, para formação de histórico de crédito.

► Publicada no *DOU* de 10-6-2011.

Art. 1º Esta Lei disciplina a formação e consulta a bancos de dados com informações de adimplemento, de pessoas naturais ou de pessoas jurídicas, para formação de histórico de crédito, sem prejuízo do disposto na Lei nº 8.078, de

11 de setembro de 1990 – Código de Proteção e Defesa do Consumidor.

Parágrafo único. Os bancos de dados instituídos ou mantidos por pessoas jurídicas de direito público interno serão regidos por legislação específica.

Art. 2º Para os efeitos desta Lei, considera-se:

I – banco de dados: conjunto de dados relativo a pessoa natural ou jurídica armazenados com a finalidade de subsidiar a concessão de crédito, a realização de venda a prazo ou de outras transações comerciais e empresariais que impliquem risco financeiro;

II – gestor: pessoa jurídica que atenda aos requisitos mínimos de funcionamento previstos nesta Lei e em regulamentação complementar, responsável pela administração de banco de dados, bem como pela coleta, pelo armazenamento, pela análise e pelo acesso de terceiros aos dados armazenados;

III – cadastrado: pessoa natural ou jurídica cujas informações tenham sido incluídas em banco de dados;

IV – fonte: pessoa natural ou jurídica que conceda crédito, administre operações de autofinanciamento ou realize venda a prazo ou outras transações comerciais e empresariais que lhe impliquem risco financeiro, inclusive as instituições autorizadas a funcionar pelo Banco Central do Brasil e os prestadores de serviços continuados de água, esgoto, eletricidade, gás, telecomunicações e assemelhados;

► Incisos II a IV com a redação dada pela LC nº 166, de 8-4-2019.

V – consulente: pessoa natural ou jurídica que acesse informações em bancos de dados para qualquer finalidade permitida por esta Lei;

VI – anotação: ação ou efeito de anotar, assinalar, averbar, incluir, inscrever ou registrar informação relativa ao histórico de crédito em banco de dados; e

VII – histórico de crédito: conjunto de dados financeiros e de pagamentos, relativos às operações de crédito e obrigações de pagamento adimplidas ou em andamento por pessoa natural ou jurídica.

► Inciso VII com a redação dada pela LC nº 166, de 8-4-2019.

Art. 3º Os bancos de dados poderão conter informações de adimplemento do cadastrado, para a formação do histórico de crédito, nas condições estabelecidas nesta Lei.

§ 1º Para a formação do banco de dados, somente poderão ser armazenadas informações objetivas, claras, verdadeiras e de fácil compreensão, que sejam necessárias para avaliar a situação econômica do cadastrado.

§ 2º Para os fins do disposto no § 1º, consideram-se informações:

I – objetivas: aquelas descritivas dos fatos e que não envolvam juízo de valor;

II – claras: aquelas que possibilitem o imediato entendimento do cadastrado independentemente de remissão a anexos, fórmulas, siglas, símbolos, termos técnicos ou nomenclatura específica;

III – verdadeiras: aquelas exatas, completas e sujeitas à comprovação nos termos desta Lei; e

IV – de fácil compreensão: aquelas em sentido comum que assegurem ao cadastrado o pleno conhecimento do conteúdo, do sentido e do alcance dos dados sobre ele anotados.

§ 3º Ficam proibidas as anotações de:

I – informações excessivas, assim consideradas aquelas que não estiverem vinculadas à análise de risco de crédito ao consumidor; e

II – informações sensíveis, assim consideradas aquelas pertinentes à origem social e étnica, à saúde, à informação genética, à orientação sexual e às convicções políticas, religiosas e filosóficas.

Art. 4º O gestor está autorizado, nas condições estabelecidas nesta Lei, a:

► *Caput* com a redação dada pela LC nº 166, de 8-4-2019.

I – abrir cadastro em banco de dados com informações de adimplemento de pessoas naturais e jurídicas;

II – fazer anotações no cadastro de que trata o inciso I do *caput* deste artigo;

III – compartilhar as informações cadastrais e de adimplemento armazenadas com outros bancos de dados; e

IV – disponibilizar a consulentes:

a) a nota ou pontuação de crédito elaborada com base nas informações de adimplemento armazenadas; e

b) o histórico de crédito, mediante prévia autorização específica do cadastrado.

► Incisos I a IV acrescidos pela LC nº 166, de 8-4-2019.

§§ 1º e 2º *Revogados*. LC nº 166, de 8-4-2019.

§ 3º VETADO.

§ 4º A comunicação ao cadastrado deve:

I – ocorrer em até 30 (trinta) dias após a abertura do cadastro no banco de dados, sem custo para o cadastrado;

II – ser realizada pelo gestor, diretamente ou por intermédio de fontes; e

III – informar de maneira clara e objetiva os canais disponíveis para o cancelamento do cadastro no banco de dados.

§ 5º Fica dispensada a comunicação de que trata o § 4º deste artigo caso o cadastrado já tenha cadastro aberto em outro banco de dados.

§ 6º Para o envio da comunicação de que trata o § 4º deste artigo, devem ser utilizados os dados pessoais, como endereço residencial, comercial, eletrônico, fornecidos pelo cadastrado à fonte.

§ 7º As informações do cadastrado somente poderão ser disponibilizadas a consulentes 60 (sessenta) dias após a abertura do cadastro, observado o disposto no § 8º deste artigo e no art. 15 desta Lei.

§ 8º É obrigação do gestor manter procedimentos adequados para comprovar a autenticidade e a validade da autorização de que trata a alínea *b* do inciso IV do *caput* deste artigo.

► §§ 4º a 8º acrescidos pela LC nº 166, de 8-4-2019.

Art. 5º São direitos do cadastrado:

I – obter o cancelamento ou a reabertura do cadastro, quando solicitado;

II – acessar gratuitamente, independentemente de justificativa, as informações sobre ele existentes no banco de dados, inclusive seu histórico e sua nota ou pontuação de crédito, cabendo ao gestor manter sistemas seguros, por telefone ou por meio eletrônico, de consulta às informações pelo cadastrado;

III – solicitar a impugnação de qualquer informação sobre ele erroneamente anotada em banco de dados e ter, em até 10 (dez) dias, sua correção ou seu cancelamento em todos os bancos de dados que compartilharam a informação;

► Incisos I a III com a redação dada pela LC nº 166, de 8-4-2019.

IV – conhecer os principais elementos e critérios considerados para a análise de risco, resguardado o segredo empresarial;

► Súm. nº 550 do STJ.

V – ser informado previamente sobre a identidade do gestor e sobre o armazenamento e o objetivo do tratamento dos dados pessoais;

► Inciso V com a redação dada pela LC nº 166, de 8-4-2019.

VI – solicitar ao consulente a revisão de decisão realizada exclusivamente por meios automatizados; e

VII – ter os seus dados pessoais utilizados somente de acordo com a finalidade para a qual eles foram coletados.

§§ 1º e 2º VETADOS.

§ 3º O prazo para disponibilização das informações de que tratam os incisos II e IV do *caput* deste artigo será de 10 (dez) dias.

§ 4º O cancelamento e a reabertura de cadastro somente serão processados mediante solicitação gratuita do cadastrado ao gestor.

§ 5º O cadastrado poderá realizar a solicitação de que trata o § 4º deste artigo a qualquer gestor de banco de dados, por meio telefônico, físico e eletrônico.

§ 6º O gestor que receber a solicitação de que trata o § 4º deste artigo é obrigado a, no prazo de até 2 (dois) dias úteis:

I – encerrar ou reabrir o cadastro, conforme solicitado; e

II – transmitir a solicitação aos demais gestores, que devem também atender, no mesmo prazo, à solicitação do cadastrado.

§ 7º O gestor deve proceder automaticamente ao cancelamento de pessoa natural ou jurídica que tenha manifestado previamente, por meio telefônico, físico ou eletrônico, a vontade de não ter aberto seu cadastro.

§ 8º O cancelamento de cadastro implica a impossibilidade de uso das informações do histórico de crédito pelos gestores, para os fins previstos nesta Lei, inclusive para a composição de nota ou pontuação de crédito de terceiros cadastrados, na forma do art. 7º-A desta Lei.

► §§ 3º a 8º acrescidos pela LC nº 166, de 8-4-2019.

Art. 6º Ficam os gestores de bancos de dados obrigados, quando solicitados, a fornecer ao cadastrado:

I – todas as informações sobre ele constantes de seus arquivos, no momento da solicitação;

II – indicação das fontes relativas às informações de que trata o inciso I, incluindo endereço e telefone para contato;

III – indicação dos gestores de bancos de dados com os quais as informações foram compartilhadas;

IV – indicação de todos os consulentes que tiveram acesso a qualquer informação sobre ele nos 6 (seis) meses anteriores à solicitação;

V – cópia de texto com o sumário dos seus direitos, definidos em lei ou em normas infralegais pertinentes à sua relação com gestores, bem como a lista dos órgãos governamentais aos quais poderá ele recorrer, caso considere que esses direitos foram infringidos; e

► Incisos IV e V com a redação dada pela LC nº 166, de 8-4-2019.

VI – confirmação de cancelamento do cadastro.

► Inciso VI acrescido pela LC nº 166, de 8-4-2019.

§ 1º É vedado aos gestores de bancos de dados estabelecerem políticas ou realizarem operações que impeçam, limitem ou dificultem o acesso do cadastrado previsto no inciso II do art. 5º.

§ 2º O prazo para atendimento das informações de que tratam os incisos II, III, IV e V do *caput* deste artigo será de 10 (dez) dias.

► § 2º com a redação dada pela LC nº 166, de 8-4-2019.

Art. 7º As informações disponibilizadas nos bancos de dados somente poderão ser utilizadas para:

I – realização de análise de risco de crédito do cadastrado; ou

II – subsidiar a concessão ou extensão de crédito e a realização de venda a prazo ou outras transações comerciais e empresariais que impliquem risco financeiro ao consulente.

Parágrafo único. Cabe ao gestor manter sistemas seguros, por telefone ou por meio eletrônico, de consulta para informar aos consulentes as informações de adimplemento do cadastrado.

Art. 7º-A. Nos elementos e critérios considerados para composição da nota ou pontuação de crédito de pessoa cadastrada em banco de dados de que trata esta Lei, não podem ser utilizadas informações:

I – que não estiverem vinculadas à análise de risco de crédito e aquelas relacionadas à origem social e étnica, à saúde, à informação genética, ao sexo e às convicções políticas, religiosas e filosóficas;

II – de pessoas que não tenham com o cadastrado relação de parentesco de primeiro grau ou de dependência econômica; e

III – relacionadas ao exercício regular de direito pelo cadastrado, previsto no inciso II do *caput* do art. 5º desta Lei.

§ 1º O gestor de banco de dados deve disponibilizar em seu sítio eletrônico, de forma clara, acessível e de fácil compreensão, a sua política de coleta e utilização de dados pessoais para fins de elaboração de análise de risco de crédito.

§ 2º A transparência da política de coleta e utilização de dados pessoais de que trata o § 1º deste artigo deve ser objeto de verificação, na forma de regulamentação a ser expedida pelo Poder Executivo.

► Art. 7º-A acrescido pela LC nº 166, de 8-4-2019.

Art. 8º São obrigações das fontes:

I e II – *Revogados*. LC nº 166, de 8-4-2019;

III – verificar e confirmar, ou corrigir, em prazo não superior a 2 (dois) dias úteis, informação impugnada, sempre que solicitado por gestor de banco de dados ou diretamente pelo cadastrado;

IV – atualizar e corrigir informações enviadas aos gestores, em prazo não superior a 10 (dez) dias;

► Inciso IV com a redação dada pela LC nº 166, de 8-4-2019.

V – manter os registros adequados para verificar informações enviadas aos gestores de bancos de dados; e

VI – fornecer informações sobre o cadastrado, em bases não discriminatórias, a todos os gestores de bancos de dados que as solicitarem, no mesmo formato e contendo as mesmas informações fornecidas a outros bancos de dados.

Parágrafo único. É vedado às fontes estabelecer políticas ou realizar operações que impeçam, limitem ou dificultem a transmissão a banco de dados de informações de cadastrados.

► Parágrafo único com a redação dada pela LC nº 166, de 8-4-2019.

Art. 9º O compartilhamento de informações de adimplemento entre gestores é permitido na forma do inciso III do *caput* do art. 4º desta Lei.

► *Caput* com a redação dada pela LC nº 166, de 8-4-2019.

1º O gestor que receber informação por meio de compartilhamento equipara-se, para todos os efeitos desta Lei, ao gestor que anotou originariamente a informação, inclusive quanto à responsabilidade por eventuais prejuízos a que der causa e ao dever de receber e processar impugnações ou cancelamentos e realizar retificações.

§ 2º O gestor originário é responsável por manter atualizadas as informações cadastrais nos demais bancos de dados com os quais compartilhou informações, sem nenhum ônus para o cadastrado.

► §§ 1º e 2º com a redação dada pela LC nº 166, de 8-4-2019.

§ 3º *Revogado.* LC nº 166, de 8-4-2019.

§ 4º O gestor deverá assegurar, sob pena de responsabilidade, a identificação da pessoa que promover qualquer inscrição ou atualização de dados relacionados com o cadastrado, registrando a data desta ocorrência, bem como a identificação exata da fonte, do nome do agente que a efetuou e do equipamento ou terminal a partir do qual foi processada tal ocorrência.

Art. 10. É proibido ao gestor exigir exclusividade das fontes de informações.

Art. 11. *Revogado.* LC nº 166, de 8-4-2019.

Art. 12. As instituições autorizadas a funcionar pelo Banco Central do Brasil fornecerão as informações relativas a suas operações de crédito, de arrendamento mercantil e de autofinanciamento realizadas por meio de grupos de consórcio e a outras operações com características de concessão de crédito somente aos gestores registrados no Banco Central do Brasil.

► *Caput* com a redação dada pela LC nº 166, de 8-4-2019.

§§ 1º e 2º *Revogados.* LC nº 166, de 8-4-2019.

§ 3º O Conselho Monetário Nacional adotará as medidas e normas complementares necessárias para a aplicação do disposto neste artigo.

§ 4º O compartilhamento de que trata o inciso III do *caput* do art. 4º desta Lei, quando referente a informações provenientes de instituições autorizadas a funcionar pelo Banco Central do Brasil, deverá ocorrer apenas entre gestores registrados na forma deste artigo.

§ 5º As infrações à regulamentação de que trata o § 3º deste artigo sujeitam o gestor ao cancelamento do seu registro no Banco Central do Brasil, assegurado o devido processo legal, na forma da Lei nº 9.784, de 29 de janeiro de 1999.

§ 6º O órgão administrativo competente poderá requerer aos gestores, na forma e no prazo que estabelecer, as informações necessárias para o desempenho das atribuições de que trata este artigo.

§ 7º Os gestores não se sujeitam à legislação aplicável às instituições financeiras e às demais instituições autorizadas a funcionar pelo Banco Central do Brasil, inclusive quanto às disposições sobre processo administrativo sancionador, regime de administração especial temporária, intervenção e liquidação extrajudicial.

§ 8º O disposto neste artigo não afasta a aplicação pelos órgãos integrantes do Sistema Nacional de Defesa do Consumidor (SNDC), na forma do art. 17 desta Lei, das penalidades cabíveis por violação das normas de proteção do consumidor.

► §§ 4º a 8º acrescidos pela LC nº 166, de 8-4-2019.

Art. 13. O Poder Executivo regulamentará o disposto nesta Lei, em especial quanto:

► *Caput* com a redação dada pela LC nº 166, de 8-4-2019.

I – ao uso, à guarda, ao escopo e ao compartilhamento das informações recebidas por bancos de dados;

II – aos procedimentos aplicáveis aos gestores de banco de dados na hipótese de vazamento de informações dos cadastrados, inclusive com relação à comunicação aos órgãos responsáveis pela sua fiscalização, nos termos do § 1º do art. 17 desta Lei; e

III – ao disposto nos arts. 5º e 7º-A desta Lei.

► Incisos I a III acrescidos pela LC nº 166, de 8-4-2019.

Art. 14. As informações de adimplemento não poderão constar de bancos de dados por período superior a 15 (quinze) anos.

Art. 15. As informações sobre o cadastrado constantes dos bancos de dados somente poderão ser acessadas por consulentes que com ele mantiverem ou pretenderem manter relação comercial ou creditícia.

Art. 16. O banco de dados, a fonte e o consulente são responsáveis, objetiva e solidariamente, pelos danos materiais e morais que causarem ao cadastrado, nos termos da Lei nº 8.078, de 11 de setembro de 1990 (Código de Proteção e Defesa do Consumidor).

► Artigo com a redação dada pela LC nº 166, de 8-4-2019.

Art. 17. Nas situações em que o cadastrado for consumidor, caracterizado conforme a Lei nº 8.078, de 11 de setembro de 1990 – Código de Proteção e Defesa do Consumidor, aplicam-se as sanções e penas nela previstas e o disposto no § 2º.

§ 1º Nos casos previstos no *caput*, a fiscalização e a aplicação das sanções serão exercidas concorrentemente pelos órgãos de proteção e defesa do consumidor da União, dos Estados, do Distrito Federal e dos Municípios, nas respectivas áreas de atuação administrativa.

§ 2º Sem prejuízo do disposto no *caput* e no § 1º deste artigo, os órgãos de proteção e defesa do consumidor poderão aplicar medidas corretivas e estabelecer aos bancos de dados que descumprirem o previsto nesta Lei a obrigação de excluir do cadastro informações incorretas, no prazo de 10 (dez) dias, bem como de cancelar os cadastros de pessoas que solicitaram o cancelamento, conforme disposto no inciso I do *caput* do art. 5º desta Lei.

► § 2º com a redação dada pela LC nº 166, de 8-4-2019.

Art. 17-A. A quebra do sigilo previsto na Lei Complementar nº 105, de 10 de janeiro de 2001, sujeita os responsáveis às penalidades previstas no art. 10 da referida Lei, sem prejuízo do disposto na Lei nº 8.078, de 11 de setembro de 1990 (Código de Proteção e Defesa do Consumidor).

► Artigo acrescido pela LC nº 166, de 8-4-2019.

Art. 18. Esta Lei entra em vigor na data de sua publicação.

Brasília, 9 de junho de 2011;
190º da Independência e
123º da República.

Dilma Rousseff

LEI Nº 12.415, DE 9 DE JUNHO DE 2011

Acrescenta parágrafo único ao art. 130 da Lei nº 8.069, de 13 de julho de 1990 (Estatuto da Criança e do Adolescente), para determinar que alimentos provisórios sejam fixados cautelarmente em favor da criança ou adolescente cujo agressor seja afastado da moradia comum por determinação judicial.

► Publicada no *DOU* de 10-6-2011.

Art. 1º Esta Lei visa a compelir aquele que for afastado cautelarmente da moradia comum, na hipótese de maus-tratos, opressão ou abuso sexual contra criança ou adolescente, a prestar os alimentos de que eles necessitem.

Art. 2º O art. 130 da Lei nº 8.069, de 13 de julho de 1990 (Estatuto da Criança e do Adolescente), passa a vigorar acrescido do seguinte parágrafo único:

► Alterações inseridas no texto do referido Estatuto.

Art. 3º Esta Lei entra em vigor na data de sua publicação.

Brasília, 9 de junho de 2011;
190º da Independência e
123º da República.

Dilma Rousseff

PROVIMENTO DO CFOAB Nº 144, DE 13 DE JUNHO DE 2011

Dispõe sobre o Exame de Ordem.

▸ Publicado no *DOU* de 15-6-2011.

CAPÍTULO I
DO EXAME DE ORDEM

Art. 1º O Exame de Ordem é preparado e realizado pelo Conselho Federal da Ordem dos Advogados do Brasil – CFOAB, mediante delegação dos Conselhos Seccionais.

§ 1º A preparação e a realização do Exame de Ordem poderão ser total ou parcialmente terceirizadas, ficando a cargo do CFOAB sua coordenação e fiscalização.

§ 2º Serão realizados 03 (três) Exames de Ordem por ano.

CAPÍTULO II
DA COORDENAÇÃO NACIONAL DE EXAME DE ORDEM

Art. 2º É criada a Coordenação Nacional de Exame de Ordem, competindo-lhe organizar o Exame de Ordem, elaborar-lhe o edital e zelar por sua boa aplicação, acompanhando e supervisionando todas as etapas de sua preparação e realização.

▸ Artigo com a redação dada pelo Provimento do Conselho Federal nº 156, de 1º-10-2013.

Parágrafo único. *Revogado.* Provimento do Conselho Federal nº 150, de 11-3-2013.

Art. 2º-A. A Coordenação Nacional de Exame de Ordem será designada pela Diretoria do Conselho Federal e será composta por:

I – 3 (três) Conselheiros Federais da OAB;

II – 3 (três) Presidentes de Conselhos Seccionais da OAB;

III – 1 (um) membro da Escola Nacional da Advocacia;

IV – 1 (um) membro da Comissão Nacional de Exame de Ordem;

V – 1 (um) membro da Comissão Nacional de Educação Jurídica;

VI – 2 (dois) Presidentes de Comissão de Estágio e Exame de Ordem de Conselhos Seccionais da OAB.

Parágrafo único. A Coordenação Nacional de Exame de Ordem contará com ao menos 2 (dois) membros por região do País e será presidida por um dos seus membros, por designação da Diretoria do Conselho Federal.

▸ Art. 2º-A acrescido pelo Provimento do Conselho Federal nº 150, de 11-3-2013.

CAPÍTULO III
DA COMISSÃO NACIONAL DE EXAME DE ORDEM, DA COMISSÃO NACIONAL DE EDUCAÇÃO JURÍDICA, DO COLÉGIO DE PRESIDENTES DE COMISSÕES DE ESTÁGIO E EXAME DE ORDEM E DAS COMISSÕES DE ESTÁGIO E EXAME DE ORDEM

Art. 3º À Comissão Nacional de Exame de Ordem e à Comissão Nacional de Educação Jurídica compete atuar como órgãos consultivos e de assessoramento da Diretoria do CFOAB.

Art. 4º Ao Colégio de Presidentes de Comissões de Estágio e Exame de Ordem compete atuar como órgão consultivo e de assessoramento da Coordenação Nacional de Exame de Ordem.

Art. 5º Às Comissões de Estágio e Exame de Ordem dos Conselhos Seccionais compete fiscalizar a aplicação da prova e verificar o preenchimento dos requisitos exigidos dos examinandos quando dos pedidos de inscrição, assim como difundir as diretrizes e defender a necessidade do Exame de Ordem.

CAPÍTULO IV
DOS EXAMINANDOS

Art. 6º A aprovação no Exame de Ordem é requisito necessário para a inscrição nos quadros da OAB como advogado, nos termos do art. 8º, IV, da Lei nº 8.906/1994.

§ 1º Ficam dispensados do Exame de Ordem os postulantes oriundos da Magistratura e do Ministério Público e os bacharéis alcançados pelo art. 7º da Resolução nº 2/1994, da Diretoria do CFOAB.

▸ Parágrafo único renumerado para § 1º pelo Provimento do CFOAB nº 167, de 9-11-2015.

§ 2º Ficam dispensados do Exame de Ordem, igualmente, os advogados públicos aprovados em concurso público de provas e títulos realizado com a efetiva participação da OAB até a data da publicação do Provimento n. 174/2016-CFOAB.

§ 3º Os advogados enquadrados no § 2º do presente artigo terão o prazo de 06 (seis) meses, contados a partir da data da publicação do Provimento n. 174/2016-CFOAB, para regularização de suas inscrições perante a Ordem dos Advogados do Brasil.

▸ §§ 2º e 3º com a redação dada pelo Provimento do CFOAB nº 174, de 30-8-2016.

Art. 7º O Exame de Ordem é prestado por bacharel em Direito, ainda que pendente sua colação de grau, formado em instituição regularmente credenciada.

§ 1º É facultado ao bacharel em Direito que detenha cargo ou exerça função incompatível com a advocacia prestar o Exame de Ordem, ainda que vedada a sua inscrição na OAB.

§ 2º Poderá prestar o Exame de Ordem o portador de diploma estrangeiro que tenha sido revalidado na forma prevista no art. 48, § 2º, da Lei nº 9.394, de 20 de dezembro de 1996.

§ 3º Poderão prestar o Exame de Ordem os estudantes de Direito dos últimos dois semestres ou do último ano do curso.

▸ § 3º com a redação dada pelo Provimento do Conselho Federal nº 156, de 1º-10-2013.

CAPÍTULO V
DA BANCA EXAMINADORA E DA BANCA RECURSAL

Art. 8º A Banca Examinadora da OAB será designada pelo Coordenador Nacional do Exame de Ordem.

Parágrafo único. Compete à Banca Examinadora elaborar o Exame de Ordem ou atuar em conjunto com a pessoa jurídica contratada para a preparação, realização e correção das provas, bem como homologar os respectivos gabaritos.

▸ Art. 8º com a redação dada pelo Provimento do Conselho Federal nº 156, de 1º-10-2013.

Art. 9º À Banca Recursal da OAB, designada pelo Coordenador Nacional do Exame de Ordem, compete decidir a respeito de recursos acerca de nulidade de questões, impugnação de gabaritos e pedidos de revisão de notas, em decisões de caráter irrecorrível, na forma do disposto em edital.

► *Caput* com a redação dada pelo Provimento do Conselho Federal nº 156, de 1º-10-2013.

§ 1º É vedada, no mesmo certame, a participação de membro da Banca Examinadora na Banca Recursal.

§ 2º Aos Conselhos Seccionais da OAB são vedadas a correção e a revisão das provas.

§ 3º Apenas o interessado inscrito no certame ou seu advogado regularmente constituído poderá apresentar impugnações e recursos sobre o Exame de Ordem.

► § 3º acrescido pelo Provimento do Conselho Federal nº 156, de 1º-10-2013.

Art. 10. Serão publicados os nomes daqueles que integram as Bancas Examinadora e Recursal designadas, bem como os dos coordenadores da pessoa jurídica contratada, mediante forma de divulgação definida pela Coordenação Nacional do Exame de Ordem.

§ 1º A publicação dos nomes referidos neste artigo ocorrerá até 5 (cinco) dias antes da efetiva aplicação das provas da primeira e da segunda fases.

§ 2º É vedada a participação de professores de cursos preparatórios para Exame de Ordem, bem como de parentes de examinandos, até o quarto grau, na Coordenação Nacional, na Banca Examinadora e na Banca Recursal.

► Art. 10 com a redação dada pelo Provimento do Conselho Federal nº 156, de 1º-10-2013.

CAPÍTULO VI

DAS PROVAS

Art. 11. O Exame de Ordem, conforme estabelecido no edital do certame, será composto de 02 (duas) provas:

I – prova objetiva, sem consulta, de caráter eliminatório;

II – prova prático-profissional, permitida, exclusivamente, a consulta a legislação, súmulas, enunciados, orientações jurisprudenciais e precedentes normativos sem qualquer anotação ou comentário, na área de opção do examinando, composta de duas partes distintas:

a) redação de peça profissional;

b) questões práticas, sob a forma de situações-problema.

§ 1º A prova objetiva conterá no máximo 80 (oitenta) questões de múltipla escolha, sendo exigido o mínimo de 50% (cinquenta por cento) de acertos para habilitação à prova prático-profissional, vedado o aproveitamento do resultado nos exames seguintes.

§ 2º Será considerado aprovado o examinando que obtiver, na prova prático-profissional, nota igual ou superior a 06 (seis) inteiros, vedado o arredondamento.

§ 3º Ao examinando que não lograr aprovação na prova prático-profissional será facultado computar o resultado obtido na prova objetiva apenas quando se submeter ao Exame de Ordem imediatamente subsequente. O valor da taxa devida, em tal hipótese, será definido em edital, atendendo a essa peculiaridade.

§ 4º O conteúdo das provas do Exame de Ordem contemplará as disciplinas do Eixo de Formação Profissional, de Direitos Humanos, do Estatuto da Advocacia e da OAB e seu Regulamento Geral e do Código de Ética e Disciplina, podendo contemplar disciplinas do Eixo de Formação Fundamental.

► §§ 3º e 4º com a redação dada pelo Provimento do Conselho Federal nº 156, de 1º-10-2013.

§ 5º A prova objetiva conterá, no mínimo, 15% (quinze por cento) de questões versando sobre Estatuto da Advocacia e seu Regulamento Geral, Código de Ética e Disciplina, Filosofia do Direito e Direitos Humanos.

► § 5º acrescido pelo Provimento do Conselho Federal nº 156, de 1º-10-2013.

CAPÍTULO VII

DAS DISPOSIÇÕES FINAIS

Art. 12. O examinando prestará o Exame de Ordem no Conselho Seccional da OAB da unidade federativa na qual concluiu o curso de graduação em Direito ou na sede do seu domicílio eleitoral.

Parágrafo único. Uma vez acolhido requerimento fundamentado, dirigido à Comissão de Estágio e Exame de Ordem do Conselho Seccional de origem, o examinando poderá realizar as provas em localidade distinta daquela estabelecida no *caput*.

Art. 13. A aprovação no Exame de Ordem será declarada pelo CFOAB, cabendo aos Conselhos Seccionais a expedição dos respectivos certificados.

Art. 14. Fica revogado o Provimento nº 136, de 19 de outubro de 2009, do Conselho Federal da Ordem dos Advogados do Brasil.

Art. 15. Este Provimento entra em vigor na data de sua publicação, revogadas as disposições em contrário.

Ophir Cavalcante Junior
Presidente

LEI Nº 12.436, DE 6 DE JULHO DE 2011

Veda o emprego de práticas que estimulem o aumento de velocidade por motociclistas profissionais.

► Publicada no *DOU* de 7-7-2011.

Art. 1º É vedado às empresas e pessoas físicas empregadoras ou tomadoras de serviços prestados por motociclistas estabelecer práticas que estimulem o aumento de velocidade, tais como:

I – oferecer prêmios por cumprimento de metas por números de entregas ou prestação de serviço;

II – prometer dispensa de pagamento ao consumidor, no caso de fornecimento de produto ou prestação de serviço fora do prazo ofertado para a sua entrega ou realização;

III – estabelecer competição entre motociclistas, com o objetivo de elevar o número de entregas ou de prestação de serviço.

Art. 2º Pela infração de qualquer dispositivo desta Lei, ao empregador ou ao tomador de serviço será imposta a multa de R$ 300,00 (trezentos reais) a R$ 3.000,00 (três mil reais).

Parágrafo único. A penalidade será sempre aplicada no grau máximo:

I – se ficar apurado o emprego de artifício ou simulação para fraudar a aplicação dos dispositivos desta Lei;

II – nos casos de reincidência.

Art. 3º Esta Lei entra em vigor na data de sua publicação.

Brasília, 6 de julho de 2011;
190º da Independência e
123º da República.
Dilma Rousseff

LEI Nº 12.527, DE 18 DE NOVEMBRO DE 2011

Regula o acesso a informações previsto no inciso XXXIII do art. 5º, no inciso II do § 3º do art. 37 e no § 2º do art. 216 da Constituição Federal; altera a Lei nº 8.112, de 11 de dezembro de 1990; revoga a Lei nº 11.111, de 5 de maio de 2005, e dispositivos da Lei nº 8.159, de 8 de janeiro de 1991; e dá outras providências.

► Publicada no *DOU* de 18-11-2011, edição extra.

CAPÍTULO I
DISPOSIÇÕES GERAIS

Art. 1º Esta Lei dispõe sobre os procedimentos a serem observados pela União, Estados, Distrito Federal e Municípios, com o fim de garantir o acesso a informações previsto no inciso XXXIII do art. 5º, no inciso II do § 3º do art. 37 e no § 2º do art. 216 da Constituição Federal.

Parágrafo único. Subordinam-se ao regime desta Lei:

I – os órgãos públicos integrantes da administração direta dos Poderes Executivo, Legislativo, incluindo as Cortes de Contas, e Judiciário e do Ministério Público;

II – as autarquias, as fundações públicas, as empresas públicas, as sociedades de economia mista e demais entidades controladas direta ou indiretamente pela União, Estados, Distrito Federal e Municípios.

Art. 2º Aplicam-se as disposições desta Lei, no que couber, às entidades privadas sem fins lucrativos que recebam, para realização de ações de interesse público, recursos públicos diretamente do orçamento ou mediante subvenções sociais, contrato de gestão, termo de parceria, convênios, acordo, ajustes ou outros instrumentos congêneres.

Parágrafo único. A publicidade a que estão submetidas as entidades citadas no *caput* refere-se à parcela dos recursos públicos recebidos e à sua destinação, sem prejuízo das prestações de contas a que estejam legalmente obrigadas.

Art. 3º Os procedimentos previstos nesta Lei destinam-se a assegurar o direito fundamental de acesso à informação e devem ser executados em conformidade com os princípios básicos da administração pública e com as seguintes diretrizes:

I – observância da publicidade como preceito geral e do sigilo como exceção;

II – divulgação de informações de interesse público, independentemente de solicitações;

III – utilização de meios de comunicação viabilizados pela tecnologia da informação;

IV – fomento ao desenvolvimento da cultura de transparência na administração pública;

V – desenvolvimento do controle social da administração pública.

Art. 4º Para os efeitos desta Lei, considera-se:

I – informação: dados, processados ou não, que podem ser utilizados para produção e transmissão de conhecimento, contidos em qualquer meio, suporte ou formato;

II – documento: unidade de registro de informações, qualquer que seja o suporte ou formato;

III – informação sigilosa: aquela submetida temporariamente à restrição de acesso público em razão de sua imprescindibilidade para a segurança da sociedade e do Estado;

IV – informação pessoal: aquela relacionada à pessoa natural identificada ou identificável;

V – tratamento da informação: conjunto de ações referentes à produção, recepção, classificação, utilização, acesso, reprodução, transporte, transmissão, distribuição, arquivamento, armazenamento, eliminação, avaliação, destinação ou controle da informação;

VI – disponibilidade: qualidade da informação que pode ser conhecida e utilizada por indivíduos, equipamentos ou sistemas autorizados;

VII – autenticidade: qualidade da informação que tenha sido produzida, expedida, recebida ou modificada por determinado indivíduo, equipamento ou sistema;

VIII – integridade: qualidade da informação não modificada, inclusive quanto à origem, trânsito e destino;

IX – primariedade: qualidade da informação coletada na fonte, com o máximo de detalhamento possível, sem modificações.

Art. 5º É dever do Estado garantir o direito de acesso à informação, que será franqueada, mediante procedimentos objetivos e ágeis, de forma transparente, clara e em linguagem de fácil compreensão.

CAPÍTULO II
DO ACESSO A INFORMAÇÕES E DA SUA DIVULGAÇÃO

Art. 6º Cabe aos órgãos e entidades do poder público, observadas as normas e procedimentos específicos aplicáveis, assegurar a:

I – gestão transparente da informação, propiciando amplo acesso a ela e sua divulgação;

II – proteção da informação, garantindo-se sua disponibilidade, autenticidade e integridade; e

III – proteção da informação sigilosa e da informação pessoal, observada a sua disponibilidade, autenticidade, integridade e eventual restrição de acesso.

Art. 7º O acesso à informação de que trata esta Lei compreende, entre outros, os direitos de obter:

I – orientação sobre os procedimentos para a consecução de acesso, bem como sobre o local onde poderá ser encontrada ou obtida a informação almejada;

II – informação contida em registros ou documentos, produzidos ou acumulados por seus órgãos ou entidades, recolhidos ou não a arquivos públicos;

III – informação produzida ou custodiada por pessoa física ou entidade privada decorrente de qualquer vínculo com seus órgãos ou entidades, mesmo que esse vínculo já tenha cessado;

IV – informação primária, íntegra, autêntica e atualizada;

V – informação sobre atividades exercidas pelos órgãos e entidades, inclusive as relativas à sua política, organização e serviços;

VI – informação pertinente à administração do patrimônio público, utilização de recursos públicos, licitação, contratos administrativos; e

VII – informação relativa:

a) à implementação, acompanhamento e resultados dos programas, projetos e ações dos órgãos e entidades públicas, bem como metas e indicadores propostos;

b) ao resultado de inspeções, auditorias, prestações e tomadas de contas realizadas pelos órgãos de controle interno e externo, incluindo prestações de contas relativas a exercícios anteriores.

§ 1º O acesso à informação previsto no *caput* não compreende as informações referentes a projetos de pesquisa e desenvolvimento científicos ou tecnológicos cujo sigilo seja imprescindível à segurança da sociedade e do Estado.

§ 2º Quando não for autorizado acesso integral à informação por ser ela parcialmente sigilosa, é assegurado o acesso à parte não sigilosa por meio de certidão, extrato ou cópia com ocultação da parte sob sigilo.

§ 3º O direito de acesso aos documentos ou às informações neles contidas utilizados como fundamento da tomada de decisão e do ato administrativo será assegurado com a edição do ato decisório respectivo.

§ 4º A negativa de acesso às informações objeto de pedido formulado aos órgãos e entidades referidas no art. 1º, quando não fundamentada, sujeitará o responsável a medidas disciplinares, nos termos do art. 32 desta Lei.

§ 5º Informado do extravio da informação solicitada, poderá o interessado requerer à autoridade competente a imediata abertura de sindicância para apurar o desaparecimento da respectiva documentação.

§ 6º Verificada a hipótese prevista no § 5º deste artigo, o responsável pela guarda da informação extraviada deverá, no prazo de 10 (dez) dias, justificar o fato e indicar testemunhas que comprovem sua alegação.

Art. 8º É dever dos órgãos e entidades públicas promover, independentemente de requerimentos, a divulgação em local de fácil acesso, no âmbito de suas competências, de informações de interesse coletivo ou geral por eles produzidas ou custodiadas.

§ 1º Na divulgação das informações a que se refere o *caput*, deverão constar, no mínimo:

I – registro das competências e estrutura organizacional, endereços e telefones das respectivas unidades e horários de atendimento ao público;

II – registros de quaisquer repasses ou transferências de recursos financeiros;

III – registros das despesas;

IV – informações concernentes a procedimentos licitatórios, inclusive os respectivos editais e resultados, bem como a todos os contratos celebrados;

V – dados gerais para o acompanhamento de programas, ações, projetos e obras de órgãos e entidades; e

VI – respostas a perguntas mais frequentes da sociedade.

§ 2º Para cumprimento do disposto no *caput*, os órgãos e entidades públicas deverão utilizar todos os meios e instrumentos legítimos de que dispuserem, sendo obrigatória a divulgação em sítios oficiais da rede mundial de computadores (internet).

§ 3º Os sítios de que trata o § 2º deverão, na forma de regulamento, atender, entre outros, aos seguintes requisitos:

I – conter ferramenta de pesquisa de conteúdo que permita o acesso à informação de forma objetiva, transparente, clara e em linguagem de fácil compreensão;

II – possibilitar a gravação de relatórios em diversos formatos eletrônicos, inclusive abertos e não proprietários, tais como planilhas e texto, de modo a facilitar a análise das informações;

III – possibilitar o acesso automatizado por sistemas externos em formatos abertos, estruturados e legíveis por máquina;

IV – divulgar em detalhes os formatos utilizados para estruturação da informação;

V – garantir a autenticidade e a integridade das informações disponíveis para acesso;

VI – manter atualizadas as informações disponíveis para acesso;

VII – indicar local e instruções que permitam ao interessado comunicar-se, por via eletrônica ou telefônica, com o órgão ou entidade detentora do sítio; e

VIII – adotar as medidas necessárias para garantir a acessibilidade de conteúdo para pessoas com deficiência, nos termos do art. 17 da Lei nº 10.098, de 19 de dezembro de 2000, e do art. 9º da Convenção sobre os Direitos das Pessoas com Deficiência, aprovada pelo Decreto Legislativo nº 186, de 9 de julho de 2008.

§ 4º Os Municípios com população de até 10.000 (dez mil) habitantes ficam dispensados da divulgação obrigatória na internet a que se refere o § 2º, mantida a obrigatoriedade de divulgação, em tempo real, de informações relativas à execução orçamentária e financeira, nos critérios e prazos previstos no art. 73-B da Lei Complementar nº 101, de 4 de maio de 2000 (Lei de Responsabilidade Fiscal).

Art. 9º O acesso a informações públicas será assegurado mediante:

I – criação de serviço de informações ao cidadão, nos órgãos e entidades do poder público, em local com condições apropriadas para:

a) atender e orientar o público quanto ao acesso a informações;

b) informar sobre a tramitação de documentos nas suas respectivas unidades;

c) protocolizar documentos e requerimentos de acesso a informações; e

II – realização de audiências ou consultas públicas, incentivo à participação popular ou a outras formas de divulgação.

CAPÍTULO III

DO PROCEDIMENTO DE ACESSO À INFORMAÇÃO

SEÇÃO I

DO PEDIDO DE ACESSO

Art. 10. Qualquer interessado poderá apresentar pedido de acesso a informações aos órgãos e entidades referidos no art. 1º desta Lei, por qualquer meio legítimo, devendo o pedido conter a identificação do requerente e a especificação da informação requerida.

§ 1º Para o acesso a informações de interesse público, a identificação do requerente não pode conter exigências que inviabilizem a solicitação.

§ 2º Os órgãos e entidades do poder público devem viabilizar alternativa de encaminhamento de pedidos de acesso por meio de seus sítios oficiais na internet.

§ 3º São vedadas quaisquer exigências relativas aos motivos determinantes da solicitação de informações de interesse público.

Art. 11. O órgão ou entidade pública deverá autorizar ou conceder o acesso imediato à informação disponível.

§ 1º Não sendo possível conceder o acesso imediato, na forma disposta no *caput*, o órgão ou entidade que receber o pedido deverá, em prazo não superior a 20 (vinte) dias:

I – comunicar a data, local e modo para se realizar a consulta, efetuar a reprodução ou obter a certidão;

II – indicar as razões de fato ou de direito da recusa, total ou parcial, do acesso pretendido; ou

III – comunicar que não possui a informação, indicar, se for do seu conhecimento, o órgão ou a entidade que a detém, ou, ainda, remeter o requerimento a esse órgão ou entidade, cientificando o interessado da remessa de seu pedido de informação.

§ 2º O prazo referido no § 1º poderá ser prorrogado por mais 10 (dez) dias, mediante justificativa expressa, da qual será cientificado o requerente.

§ 3º Sem prejuízo da segurança e da proteção das informações e do cumprimento da legislação aplicável, o órgão ou entidade poderá oferecer meios para que o próprio requerente possa pesquisar a informação de que necessitar.

§ 4º Quando não for autorizado o acesso por se tratar de informação total ou parcialmente sigilosa, o requerente deverá ser informado sobre a possibilidade de recurso, prazos e condições para sua interposição, devendo, ainda, ser-lhe indicada a autoridade competente para sua apreciação.

§ 5º A informação armazenada em formato digital será fornecida nesse formato, caso haja anuência do requerente.

§ 6º Caso a informação solicitada esteja disponível ao público em formato impresso, eletrônico ou em qualquer outro meio de acesso universal, serão informados ao requerente, por escrito, o lugar e a forma pela qual se poderá consultar, obter ou reproduzir a referida informação, procedimento esse que desonerará o órgão ou entidade pública da obrigação de seu fornecimento direto, salvo se o requerente declarar não dispor de meios para realizar por si mesmo tais procedimentos.

Art. 12. O serviço de busca e fornecimento da informação é gratuito, salvo nas hipóteses de reprodução de documentos pelo órgão ou entidade pública consultada, situação em que poderá ser cobrado exclusivamente o valor necessário ao ressarcimento do custo dos serviços e dos materiais utilizados.

★ **Nova redação do dispositivo alterado:** "Art. 12. O serviço de busca e de fornecimento de informação é gratuito. § 1º O órgão ou a entidade poderá cobrar exclusivamente o valor necessário ao ressarcimento dos custos dos serviços e dos materiais utilizados, quando o serviço de busca e de fornecimento da informação exigir reprodução de documentos pelo órgão ou pela entidade pública consultada. § 2º Estará isento de ressarcir os custos previstos no § 1º deste artigo aquele cuja situação econômica não lhe permita fazê-lo sem prejuízo do sustento próprio ou da família, declarada nos termos da Lei nº 7.115, de 29 de agosto de 1983."

► Art. 12 com a redação dada pela Lei nº 14.129, de 29-3-2021, para vigorar: 90 dias após a sua publicação, para a União; 120 dias após a sua publicação, para os Estados e o Distrito Federal; e, 180 dias após a sua publicação, para os Municípios (*DOU* de 30-3-2021).

Parágrafo único. Estará isento de ressarcir os custos previstos no *caput* todo aquele cuja situação econômica não lhe permita fazê-lo sem prejuízo do sustento próprio ou da família, declarada nos termos da Lei nº 7.115, de 29 de agosto de 1983.

Art. 13. Quando se tratar de acesso à informação contida em documento cuja manipulação possa prejudicar sua integridade, deverá ser oferecida a consulta de cópia, com certificação de que esta confere com o original.

Parágrafo único. Na impossibilidade de obtenção de cópias, o interessado poderá solicitar que, a suas expensas e sob supervisão de servidor público, a reprodução seja feita por outro meio que não ponha em risco a conservação do documento original.

Art. 14. É direito do requerente obter o inteiro teor de decisão de negativa de acesso, por certidão ou cópia.

Seção II
DOS RECURSOS

Art. 15. No caso de indeferimento de acesso a informações ou às razões da negativa do acesso, poderá o interessado interpor recurso contra a decisão no prazo de 10 (dez) dias a contar da sua ciência.

Parágrafo único. O recurso será dirigido à autoridade hierarquicamente superior à que exarou a decisão impugnada, que deverá se manifestar no prazo de 5 (cinco) dias.

Art. 16. Negado o acesso a informação pelos órgãos ou entidades do Poder Executivo Federal, o requerente poderá recorrer à Controladoria-Geral da União, que deliberará no prazo de 5 (cinco) dias se:

I – o acesso à informação não classificada como sigilosa for negado;

II – a decisão de negativa de acesso à informação total ou parcialmente classificada como sigilosa não indicar a autoridade classificadora ou a hierarquicamente superior a quem possa ser dirigido pedido de acesso ou desclassificação;

III – os procedimentos de classificação de informação sigilosa estabelecidos nesta Lei não tiverem sido observados; e

IV – estiverem sendo descumpridos prazos ou outros procedimentos previstos nesta Lei.

§ 1º O recurso previsto neste artigo somente poderá ser dirigido à Controladoria-Geral da União depois de submetido à apreciação de pelo menos uma autoridade hierarquicamente superior àquela que exarou a decisão impugnada, que deliberará no prazo de 5 (cinco) dias.

§ 2º Verificada a procedência das razões do recurso, a Controladoria-Geral da União determinará ao órgão ou entidade que adote as providências necessárias para dar cumprimento ao disposto nesta Lei.

§ 3º Negado o acesso à informação pela Controladoria-Geral da União, poderá ser interposto recurso à Comissão Mista de Reavaliação de Informações, a que se refere o art. 35.

Art. 17. No caso de indeferimento de pedido de desclassificação de informação protocolado em órgão da administração pública federal, poderá o requerente recorrer ao Ministro de Estado da área, sem prejuízo das competências da Comissão Mista de Reavaliação de Informações, previstas no art. 35, e do disposto no art. 16.

§ 1º O recurso previsto neste artigo somente poderá ser dirigido às autoridades mencionadas depois de submetido à apreciação de pelo menos uma autoridade hierarquicamente superior à autoridade que exarou a decisão impugnada e, no caso das Forças Armadas, ao respectivo Comando.

§ 2º Indeferido o recurso previsto no *caput* que tenha como objeto a desclassificação de informação secreta ou ultrassecreta, caberá recurso à Comissão Mista de Reavaliação de Informações prevista no art. 35.

Art. 18. Os procedimentos de revisão de decisões denegatórias proferidas no recurso previsto no art. 15 e de revisão de classificação de documentos sigilosos serão objeto de regulamentação própria dos Poderes Legislativo e Judiciário e do Ministério Público, em seus respectivos âmbitos, assegurado ao solicitante, em qualquer caso, o direito de ser informado sobre o andamento de seu pedido.

Art. 19. VETADO.

§ 1º VETADO.

§ 2º Os órgãos do Poder Judiciário e do Ministério Público informarão ao Conselho Nacional de Justiça e ao Conselho Nacional do Ministério Público, respectivamente, as decisões que, em grau de recurso, negarem acesso a informações de interesse público.

Art. 20. Aplica-se subsidiariamente, no que couber, a Lei nº 9.784, de 29 de janeiro de 1999, ao procedimento de que trata este Capítulo.

CAPÍTULO IV

DAS RESTRIÇÕES DE ACESSO À INFORMAÇÃO

Seção I

DISPOSIÇÕES GERAIS

Art. 21. Não poderá ser negado acesso à informação necessária à tutela judicial ou administrativa de direitos fundamentais.

Parágrafo único. As informações ou documentos que versem sobre condutas que impliquem violação dos direitos humanos praticada por agentes públicos ou a mando de autoridades públicas não poderão ser objeto de restrição de acesso.

Art. 22. O disposto nesta Lei não exclui as demais hipóteses legais de sigilo e de segredo de justiça nem as hipóteses de segredo industrial decorrentes da exploração direta de atividade econômica pelo Estado ou por pessoa física ou entidade privada que tenha qualquer vínculo com o poder público.

Seção II

DA CLASSIFICAÇÃO DA INFORMAÇÃO QUANTO AO GRAU E PRAZOS DE SIGILO

Art. 23. São consideradas imprescindíveis à segurança da sociedade ou do Estado e, portanto, passíveis de classificação as informações cuja divulgação ou acesso irrestrito possam:

I – pôr em risco a defesa e a soberania nacionais ou a integridade do território nacional;

II – prejudicar ou pôr em risco a condução de negociações ou as relações internacionais do País, ou as que tenham sido fornecidas em caráter sigiloso por outros Estados e organismos internacionais;

III – pôr em risco a vida, a segurança ou a saúde da população;

IV – oferecer elevado risco à estabilidade financeira, econômica ou monetária do País;

V – prejudicar ou causar risco a planos ou operações estratégicos das Forças Armadas;

VI – prejudicar ou causar risco a projetos de pesquisa e desenvolvimento científico ou tecnológico, assim como a sistemas, bens, instalações ou áreas de interesse estratégico nacional;

VII – pôr em risco a segurança de instituições ou de altas autoridades nacionais ou estrangeiras e seus familiares; ou

VIII – comprometer atividades de inteligência, bem como de investigação ou fiscalização em andamento, relacionadas com a prevenção ou repressão de infrações.

Art. 24. A informação em poder dos órgãos e entidades públicas, observado o seu teor e em razão de sua imprescindibilidade à segurança da sociedade ou do Estado, poderá ser classificada como ultrassecreta, secreta ou reservada.

§ 1º Os prazos máximos de restrição de acesso à informação, conforme a classificação prevista no *caput*, vigoram a partir da data de sua produção e são os seguintes:

I – ultrassecreta: 25 (vinte e cinco) anos;

II – secreta: 15 (quinze) anos; e

III – reservada: 5 (cinco) anos.

§ 2º As informações que puderem colocar em risco a segurança do Presidente e Vice-Presidente da República e respectivos cônjuges e filhos(as) serão classificadas como reservadas e ficarão sob sigilo até o término do mandato em exercício ou do último mandato, em caso de reeleição.

§ 3º Alternativamente aos prazos previstos no § 1º, poderá ser estabelecida como termo final de restrição de acesso a ocorrência de determinado evento, desde que este ocorra antes do transcurso do prazo máximo de classificação.

§ 4º Transcorrido o prazo de classificação ou consumado o evento que defina o seu termo final, a informação tornar-se-á, automaticamente, de acesso público.

§ 5º Para a classificação da informação em determinado grau de sigilo, deverá ser observado o interesse público da informação e utilizado o critério menos restritivo possível, considerados:

I – a gravidade do risco ou dano à segurança da sociedade e do Estado; e

II – o prazo máximo de restrição de acesso ou o evento que defina seu termo final.

Seção III

DA PROTEÇÃO E DO CONTROLE DE INFORMAÇÕES SIGILOSAS

Art. 25. É dever do Estado controlar o acesso e a divulgação de informações sigilosas produzidas por seus órgãos e entidades, assegurando a sua proteção.

§ 1º O acesso, a divulgação e o tratamento de informação classificada como sigilosa ficarão restritos a pessoas que tenham necessidade de conhecê-la e que sejam devidamente credenciadas na forma do regulamento, sem prejuízo das atribuições dos agentes públicos autorizados por lei.

§ 2º O acesso à informação classificada como sigilosa cria a obrigação para aquele que a obteve de resguardar o sigilo.

§ 3º Regulamento disporá sobre procedimentos e medidas a serem adotados para o tratamento de informação sigilosa, de modo a protegê-la contra perda, alteração indevida, acesso, transmissão e divulgação não autorizados.

Art. 26. As autoridades públicas adotarão as providências necessárias para que o pessoal a elas subordinado hierarquicamente conheça as normas e observe as medidas e procedimentos de segurança para tratamento de informações sigilosas.

Parágrafo único. A pessoa física ou entidade privada que, em razão de qualquer vínculo com o poder público, executar atividades de tratamento de informações sigilosas adotará as providências necessárias para que seus empregados, prepostos ou representantes observem as medidas e procedimentos de segurança das informações resultantes da aplicação desta Lei.

Seção IV

DOS PROCEDIMENTOS DE CLASSIFICAÇÃO, RECLASSIFICAÇÃO E DESCLASSIFICAÇÃO

Art. 27. A classificação do sigilo de informações no âmbito da administração pública federal é de competência:

I – no grau de ultrassecreto, das seguintes autoridades:

a) Presidente da República;

b) Vice-Presidente da República;

c) Ministros de Estado e autoridades com as mesmas prerrogativas;

d) Comandantes da Marinha, do Exército e da Aeronáutica; e

e) Chefes de Missões Diplomáticas e Consulares permanentes no exterior;

II – no grau de secreto, das autoridades referidas no inciso I, dos titulares de autarquias, fundações ou empresas públicas e sociedades de economia mista; e

III – no grau de reservado, das autoridades referidas nos incisos I e II e das que exerçam funções de direção, comando ou chefia, nível DAS 101.5, ou superior, do Grupo-Direção e Assessoramento Superiores, ou de hierarquia equivalente, de acordo com regulamentação específica de cada órgão ou entidade, observado o disposto nesta Lei.

§ 1º A competência prevista nos incisos I e II, no que se refere à classificação como ultrassecreta e secreta, poderá ser delegada pela autoridade responsável a agente público, inclusive em missão no exterior, vedada a subdelegação.

§ 2º A classificação de informação no grau de sigilo ultrassecreto pelas autoridades previstas nas alíneas *d* e *e* do inciso I deverá ser ratificada pelos respectivos Ministros de Estado, no prazo previsto em regulamento.

§ 3º A autoridade ou outro agente público que classificar informação como ultrassecreta deverá encaminhar a decisão de que trata o art. 28 à Comissão Mista de Reavaliação de Informações, a que se refere o art. 35, no prazo previsto em regulamento.

Art. 28. A classificação de informação em qualquer grau de sigilo deverá ser formalizada em decisão que conterá, no mínimo, os seguintes elementos:

I – assunto sobre o qual versa a informação;

II – fundamento da classificação, observados os critérios estabelecidos no art. 24;

III – indicação do prazo de sigilo, contado em anos, meses ou dias, ou do evento que defina o seu termo final, conforme limites previstos no art. 24; e

IV – identificação da autoridade que a classificou.

Parágrafo único. A decisão referida no *caput* será mantida no mesmo grau de sigilo da informação classificada.

Art. 29. A classificação das informações será reavaliada pela autoridade classificadora ou por autoridade hierarquicamente superior, mediante provocação ou de ofício, nos termos e prazos previstos em regulamento, com vistas à sua desclassificação ou à redução do prazo de sigilo, observado o disposto no art. 24.

§ 1º O regulamento a que se refere o *caput* deverá considerar as peculiaridades das informações produzidas no exterior por autoridades ou agentes públicos.

§ 2º Na reavaliação a que se refere o *caput*, deverão ser examinadas a permanência dos motivos do sigilo e a possibilidade de danos decorrentes do acesso ou da divulgação da informação.

§ 3º Na hipótese de redução do prazo de sigilo da informação, o novo prazo de restrição manterá como termo inicial a data da sua produção.

Art. 30. A autoridade máxima de cada órgão ou entidade publicará, anualmente, em sítio à disposição na internet e destinado à veiculação de dados e informações administrativas, nos termos de regulamento:

I – rol das informações que tenham sido desclassificadas nos últimos 12 (doze) meses;

II – rol de documentos classificados em cada grau de sigilo, com identificação para referência futura;

III – relatório estatístico contendo a quantidade de pedidos de informação recebidos, atendidos e indeferidos, bem como informações genéricas sobre os solicitantes.

§ 1º Os órgãos e entidades deverão manter exemplar da publicação prevista no *caput* para consulta pública em suas sedes.

§ 2º Os órgãos e entidades manterão extrato com a lista de informações classificadas, acompanhadas da data, do grau de sigilo e dos fundamentos da classificação.

SEÇÃO V

DAS INFORMAÇÕES PESSOAIS

Art. 31. O tratamento das informações pessoais deve ser feito de forma transparente e com respeito à intimidade, vida privada, honra e imagem das pessoas, bem como às liberdades e garantias individuais.

§ 1º As informações pessoais, a que se refere este artigo, relativas à intimidade, vida privada, honra e imagem:

I – terão seu acesso restrito, independentemente de classificação de sigilo e pelo prazo máximo de 100 (cem) anos a contar da sua data de produção, a agentes públicos legalmente autorizados e à pessoa a que elas se referirem; e

II – poderão ter autorizada sua divulgação ou acesso por terceiros diante de previsão legal ou consentimento expresso da pessoa a que elas se referirem.

§ 2º Aquele que obtiver acesso às informações de que trata este artigo será responsabilizado por seu uso indevido.

§ 3º O consentimento referido no inciso II do § 1º não será exigido quando as informações forem necessárias:

I – à prevenção e diagnóstico médico, quando a pessoa estiver física ou legalmente incapaz, e para utilização única e exclusivamente para o tratamento médico;

II – à realização de estatísticas e pesquisas científicas de evidente interesse público ou geral, previstos em lei, sendo vedada a identificação da pessoa a que as informações se referirem;

III – ao cumprimento de ordem judicial;

IV – à defesa de direitos humanos; ou

V – à proteção do interesse público e geral preponderante.

§ 4º A restrição de acesso à informação relativa à vida privada, honra e imagem de pessoa não poderá ser invocada com o intuito de prejudicar processo de apuração de irregularidades em que o titular das informações estiver envolvido, bem como em ações voltadas para a recuperação de fatos históricos de maior relevância.

§ 5º Regulamento disporá sobre os procedimentos para tratamento de informação pessoal.

CAPÍTULO V

DAS RESPONSABILIDADES

Art. 32. Constituem condutas ilícitas que ensejam responsabilidade do agente público ou militar:

I – recusar-se a fornecer informação requerida nos termos desta Lei, retardar deliberadamente o seu fornecimento ou fornecê-la intencionalmente de forma incorreta, incompleta ou imprecisa;

II – utilizar indevidamente, bem como subtrair, destruir, inutilizar, desfigurar, alterar ou ocultar, total ou parcialmente, informação que se encontre sob sua guarda ou a que tenha acesso ou conhecimento em razão do exercício das atribuições de cargo, emprego ou função pública;

III – agir com dolo ou má-fé na análise das solicitações de acesso à informação;

IV – divulgar ou permitir a divulgação ou acessar ou permitir acesso indevido à informação sigilosa ou informação pessoal;

V – impor sigilo à informação para obter proveito pessoal ou de terceiro, ou para fins de ocultação de ato ilegal cometido por si ou por outrem;

VI – ocultar da revisão de autoridade superior competente informação sigilosa para beneficiar a si ou a outrem, ou em prejuízo de terceiros; e

VII – destruir ou subtrair, por qualquer meio, documentos concernentes a possíveis violações de direitos humanos por parte de agentes do Estado.

§ 1º Atendido o princípio do contraditório, da ampla defesa e do devido processo legal, as condutas descritas no *caput* serão consideradas:

I – para fins dos regulamentos disciplinares das Forças Armadas, transgressões militares médias ou graves, segundo os critérios neles estabelecidos, desde que não tipificadas em lei como crime ou contravenção penal; ou

II – para fins do disposto na Lei nº 8.112, de 11 de dezembro de 1990, e suas alterações, infrações administrativas, que deverão ser apenadas, no mínimo, com suspensão, segundo os critérios nela estabelecidos.

§ 2º Pelas condutas descritas no *caput*, poderá o militar ou agente público responder, também, por improbidade administrativa, conforme o disposto nas Leis nºs 1.079, de 10 de abril de 1950, e 8.429, de 2 de junho de 1992.

Art. 33. A pessoa física ou entidade privada que detiver informações em virtude de vínculo de qualquer natureza com o poder público e deixar de observar o disposto nesta Lei estará sujeita às seguintes sanções:

I – advertência;

II – multa;

III – rescisão do vínculo com o poder público;

IV – suspensão temporária de participar em licitação e impedimento de contratar com a administração pública por prazo não superior a 2 (dois) anos; e

V – declaração de inidoneidade para licitar ou contratar com a administração pública, até que seja promovida a reabilitação perante a própria autoridade que aplicou a penalidade.

§ 1º As sanções previstas nos incisos I, III e IV poderão ser aplicadas juntamente com a do inciso II, assegurado o direito de defesa do interessado, no respectivo processo, no prazo de 10 (dez) dias.

§ 2º A reabilitação referida no inciso V será autorizada somente quando o interessado efetivar o ressarcimento ao órgão ou entidade dos prejuízos resultantes e após decorrido o prazo da sanção aplicada com base no inciso IV.

§ 3º A aplicação da sanção prevista no inciso V é de competência exclusiva da autoridade máxima do órgão ou entidade pública, facultada a defesa do interessado, no respectivo processo, no prazo de 10 (dez) dias da abertura de vista.

Art. 34. Os órgãos e entidades públicas respondem diretamente pelos danos causados em decorrência da divulgação não autorizada ou utilização indevida de informações sigilosas ou informações pessoais, cabendo a apuração de responsabilidade funcional nos casos de dolo ou culpa, assegurado o respectivo direito de regresso.

Parágrafo único. O disposto neste artigo aplica-se à pessoa física ou entidade privada que, em virtude de vínculo de qualquer natureza com órgãos ou entidades, tenha acesso a informação sigilosa ou pessoal e a submeta a tratamento indevido.

CAPÍTULO VI

DISPOSIÇÕES FINAIS E TRANSITÓRIAS

Art. 35. VETADO.

§ 1º É instituída a Comissão Mista de Reavaliação de Informações, que decidirá, no âmbito da administração pública federal, sobre o tratamento e a classificação de informações sigilosas e terá competência para:

I – requisitar da autoridade que classificar informação como ultrassecreta e secreta esclarecimento ou conteúdo, parcial ou integral da informação;

II – rever a classificação de informações ultrassecretas ou secretas, de ofício ou mediante provocação de pessoa interessada, observado o disposto no art. 7º e demais dispositivos desta Lei; e

III – prorrogar o prazo de sigilo de informação classificada como ultrassecreta, sempre por prazo determinado, enquanto o seu acesso ou divulgação puder ocasionar ameaça externa à soberania nacional ou à integridade do território nacional ou grave risco às relações internacionais do País, observado o prazo previsto no § 1º do art. 24.

§ 2º O prazo referido no inciso III é limitado a uma única renovação.

§ 3º A revisão de ofício a que se refere o inciso II do § 1º deverá ocorrer, no máximo, a cada 4 (quatro) anos, após a reavaliação prevista no art. 39, quando se tratar de documentos ultrassecretos ou secretos.

§ 4º A não deliberação sobre a revisão pela Comissão Mista de Reavaliação de Informações nos prazos previstos no § 3º implicará a desclassificação automática das informações.

§ 5º Regulamento disporá sobre a composição, organização e funcionamento da Comissão Mista de Reavaliação de Informações, observado o mandato de 2 (dois) anos para seus integrantes e demais disposições desta Lei.

Art. 36. O tratamento de informação sigilosa resultante de tratados, acordos ou atos internacionais atenderá às normas e recomendações constantes desses instrumentos.

Art. 37. É instituído, no âmbito do Gabinete de Segurança Institucional da Presidência da República, o Núcleo de Segurança e Credenciamento (NSC), que tem por objetivos:

I – promover e propor a regulamentação do credenciamento de segurança de pessoas físicas, empresas, órgãos e entidades para tratamento de informações sigilosas; e

II – garantir a segurança de informações sigilosas, inclusive aquelas provenientes de países ou organizações internacionais com os quais a República Federativa do Brasil tenha firmado tratado, acordo, contrato ou qualquer outro ato internacional, sem prejuízo das atribuições do Ministério das Relações Exteriores e dos demais órgãos competentes.

Parágrafo único. Regulamento disporá sobre a composição, organização e funcionamento do NSC.

Art. 38. Aplica-se, no que couber, a Lei nº 9.507, de 12 de novembro de 1997, em relação à informação de pessoa, física ou jurídica, constante de registro ou banco de dados de entidades governamentais ou de caráter público.

Art. 39. Os órgãos e entidades públicas deverão proceder à reavaliação das informações classificadas como ultrassecretas e secretas no prazo máximo de 2 (dois) anos, contado do termo inicial de vigência desta Lei.

§ 1º A restrição de acesso a informações, em razão da reavaliação prevista no *caput*, deverá observar os prazos e condições previstos nesta Lei.

§ 2º No âmbito da administração pública federal, a reavaliação prevista no *caput* poderá ser revista, a qualquer tempo, pela Comissão Mista de Reavaliação de Informações, observados os termos desta Lei.

§ 3º Enquanto não transcorrido o prazo de reavaliação previsto no *caput*, será mantida a classificação da informação nos termos da legislação precedente.

§ 4º As informações classificadas como secretas e ultrassecretas não reavaliadas no prazo previsto no *caput* serão consideradas, automaticamente, de acesso público.

Art. 40. No prazo de 60 (sessenta) dias, a contar da vigência desta Lei, o dirigente máximo de cada órgão ou entidade da administração pública federal direta e indireta designará autoridade que lhe seja diretamente subordinada para, no âmbito do respectivo órgão ou entidade, exercer as seguintes atribuições:

I – assegurar o cumprimento das normas relativas ao acesso a informação, de forma eficiente e adequada aos objetivos desta Lei;

II – monitorar a implementação do disposto nesta Lei e apresentar relatórios periódicos sobre o seu cumprimento;

III – recomendar as medidas indispensáveis à implementação e ao aperfeiçoamento das normas e procedimentos necessários ao correto cumprimento do disposto nesta Lei; e

IV – orientar as respectivas unidades no que se refere ao cumprimento do disposto nesta Lei e seus regulamentos.

Art. 41. O Poder Executivo Federal designará órgão da administração pública federal responsável:

I – pela promoção de campanha de abrangência nacional de fomento à cultura da transparência na administração pública e conscientização do direito fundamental de acesso à informação;

II – pelo treinamento de agentes públicos no que se refere ao desenvolvimento de práticas relacionadas à transparência na administração pública;

III – pelo monitoramento da aplicação da lei no âmbito da administração pública federal, concentrando e consolidando a publicação de informações estatísticas relacionadas no art. 30;

IV – pelo encaminhamento ao Congresso Nacional de relatório anual com informações atinentes à implementação desta Lei.

Art. 42. O Poder Executivo regulamentará o disposto nesta Lei no prazo de 180 (cento e oitenta) dias a contar da data de sua publicação.

Art. 43. O inciso VI do art. 116 da Lei nº 8.112, de 11 de dezembro de 1990, passa a vigorar com a seguinte redação:

► Alterações inseridas no texto da referida Lei.

Art. 44. O Capítulo IV do Título IV da Lei nº 8.112, de 1990, passa a vigorar acrescido do seguinte art. 126-A:

► Alterações inseridas no texto da referida Lei.

Art. 45. Cabe aos Estados, ao Distrito Federal e aos Municípios, em legislação própria, obedecidas as normas gerais estabelecidas nesta Lei, definir regras específicas, especialmente quanto ao disposto no art. 9º e na Seção II do Capítulo III.

Art. 46. Revogam-se:

I – a Lei nº 11.111, de 5 de maio de 2005; e

II – os arts. 22 a 24 da Lei nº 8.159, de 8 de janeiro de 1991.

Art. 47. Esta Lei entra em vigor 180 (cento e oitenta) dias após a data de sua publicação.

Brasília, 18 de novembro de 2011;
190º da Independência e
123º da República.

Dilma Rousseff

LEI Nº 12.529, DE 30 DE NOVEMBRO DE 2011

Estrutura o Sistema Brasileiro de Defesa da Concorrência; dispõe sobre a prevenção e repressão às infrações contra a ordem econômica; altera a Lei nº 8.137, de 27 de dezembro de 1990, o Decreto-Lei nº 3.689, de 3 de outubro de 1941 – Código de Processo Penal, e a Lei nº 7.347, de 24 de julho de 1985; revoga dispositivos da Lei nº 8.884, de 11 de junho de 1994, e a Lei nº 9.781, de 19 de janeiro de 1999; e dá outras providências.

(EXCERTOS)

► Publicada no *DOU* de 1º-12-2011.

TÍTULO I – DISPOSIÇÕES GERAIS

CAPÍTULO I
DA FINALIDADE

Art. 1º Esta Lei estrutura o Sistema Brasileiro de Defesa da Concorrência – SBDC e dispõe sobre a prevenção e a repressão às infrações contra a ordem econômica, orientada pelos ditames constitucionais de liberdade de iniciativa, livre concorrência, função social da propriedade, defesa dos consumidores e repressão ao abuso do poder econômico.

Parágrafo único. A coletividade é a titular dos bens jurídicos protegidos por esta Lei.

CAPÍTULO II
DA TERRITORIALIDADE

Art. 2º Aplica-se esta Lei, sem prejuízo de convenções e tratados de que seja signatário o Brasil, às práticas cometidas no todo ou em parte no território nacional ou que nele produzam ou possam produzir efeitos.

§ 1º Reputa-se domiciliada no território nacional a empresa estrangeira que opere ou tenha no Brasil filial, agência, sucursal, escritório, estabelecimento, agente ou representante.

§ 2º A empresa estrangeira será notificada e intimada de todos os atos processuais previstos nesta Lei, independentemente de procuração ou de disposição contratual ou estatutária, na pessoa do agente ou representante ou pessoa responsável por sua filial, agência, sucursal, estabelecimento ou escritório instalado no Brasil.

TÍTULO II – DO SISTEMA BRASILEIRO DE DEFESA DA CONCORRÊNCIA

CAPÍTULO I
DA COMPOSIÇÃO

Art. 3º O SBDC é formado pelo Conselho Administrativo de Defesa Econômica – CADE e pela Secretaria de Acompanhamento Econômico do Ministério da Fazenda, com as atribuições previstas nesta Lei.

CAPÍTULO II
DO CONSELHO ADMINISTRATIVO DE DEFESA ECONÔMICA – CADE

Art. 4º O CADE é entidade judicante com jurisdição em todo o território nacional, que se constitui em autarquia federal, vinculada ao Ministério da Justiça, com sede e foro no Distrito Federal, e competências previstas nesta Lei.

SEÇÃO I
DA ESTRUTURA ORGANIZACIONAL DO CADE

Art. 5º O CADE é constituído pelos seguintes órgãos:

I – Tribunal Administrativo de Defesa Econômica;

II – Superintendência-Geral; e

III – Departamento de Estudos Econômicos.

....

TÍTULO V – DAS INFRAÇÕES DA ORDEM ECONÔMICA

CAPÍTULO I

DISPOSIÇÕES GERAIS

Art. 31. Esta Lei aplica-se às pessoas físicas ou jurídicas de direito público ou privado, bem como a quaisquer associações de entidades ou pessoas, constituídas de fato ou de direito, ainda que temporariamente, com ou sem personalidade jurídica, mesmo que exerçam atividade sob regime de monopólio legal.

Art. 32. As diversas formas de infração da ordem econômica implicam a responsabilidade da empresa e a responsabilidade individual de seus dirigentes ou administradores, solidariamente.

Art. 33. Serão solidariamente responsáveis as empresas ou entidades integrantes de grupo econômico, de fato ou de direito, quando pelo menos uma delas praticar infração à ordem econômica.

Art. 34. A personalidade jurídica do responsável por infração da ordem econômica poderá ser desconsiderada quando houver da parte deste abuso de direito, excesso de poder, infração da lei, fato ou ato ilícito ou violação dos estatutos ou contrato social.

Parágrafo único. A desconsideração também será efetivada quando houver falência, estado de insolvência, encerramento ou inatividade da pessoa jurídica provocados por má administração.

Art. 35. A repressão das infrações da ordem econômica não exclui a punição de outros ilícitos previstos em lei.

CAPÍTULO II

DAS INFRAÇÕES

Art. 36. Constituem infração da ordem econômica, independentemente de culpa, os atos sob qualquer forma manifestados, que tenham por objeto ou possam produzir os seguintes efeitos, ainda que não sejam alcançados:

I – limitar, falsear ou de qualquer forma prejudicar a livre concorrência ou a livre-iniciativa;

II – dominar mercado relevante de bens ou serviços;

III – aumentar arbitrariamente os lucros; e

IV – exercer de forma abusiva posição dominante.

§ 1º A conquista de mercado resultante de processo natural fundado na maior eficiência de agente econômico em relação a seus competidores não caracteriza o ilícito previsto no inciso II do *caput* deste artigo.

§ 2º Presume-se posição dominante sempre que uma empresa ou grupo de empresas for capaz de alterar unilateral ou coordenadamente as condições de mercado ou quando controlar 20% (vinte por cento) ou mais do mercado relevante, podendo este percentual ser alterado pelo CADE para setores específicos da economia.

§ 3º As seguintes condutas, além de outras, na medida em que configurem hipótese prevista no *caput* deste artigo e seus incisos, caracterizam infração da ordem econômica:

I – acordar, combinar, manipular ou ajustar com concorrente, sob qualquer forma:

a) os preços de bens ou serviços ofertados individualmente;

b) a produção ou a comercialização de uma quantidade restrita ou limitada de bens ou a prestação de um número, volume ou frequência restrita ou limitada de serviços;

c) a divisão de partes ou segmentos de um mercado atual ou potencial de bens ou serviços, mediante, dentre outros, a distribuição de clientes, fornecedores, regiões ou períodos;

d) preços, condições, vantagens ou abstenção em licitação pública;

II – promover, obter ou influenciar a adoção de conduta comercial uniforme ou concertada entre concorrentes;

III – limitar ou impedir o acesso de novas empresas ao mercado;

IV – criar dificuldades à constituição, ao funcionamento ou ao desenvolvimento de empresa concorrente ou de fornecedor, adquirente ou financiador de bens ou serviços;

V – impedir o acesso de concorrente às fontes de insumo, matérias-primas, equipamentos ou tecnologia, bem como aos canais de distribuição;

VI – exigir ou conceder exclusividade para divulgação de publicidade nos meios de comunicação de massa;

VII – utilizar meios enganosos para provocar a oscilação de preços de terceiros;

VIII – regular mercados de bens ou serviços, estabelecendo acordos para limitar ou controlar a pesquisa e o desenvolvimento tecnológico, a produção de bens ou prestação de serviços, ou para dificultar investimentos destinados à produção de bens ou serviços ou à sua distribuição;

IX – impor, no comércio de bens ou serviços, a distribuidores, varejistas e representantes preços de revenda, descontos, condições de pagamento, quantidades mínimas ou máximas, margem de lucro ou quaisquer outras condições de comercialização relativos a negócios destes com terceiros;

X – discriminar adquirentes ou fornecedores de bens ou serviços por meio da fixação diferenciada de preços, ou de condições operacionais de venda ou prestação de serviços;

XI – recusar a venda de bens ou a prestação de serviços, dentro das condições de pagamento normais aos usos e costumes comerciais;

XII – dificultar ou romper a continuidade ou desenvolvimento de relações comerciais de prazo indeterminado em razão de recusa da outra parte em submeter-se a cláusulas e condições comerciais injustificáveis ou anticoncorrenciais;

XIII – destruir, inutilizar ou açambarcar matérias-primas, produtos intermediários ou acabados, assim como destruir, inutilizar ou dificultar a operação de equipamentos destinados a produzi-los, distribuí-los ou transportá-los;

XIV – açambarcar ou impedir a exploração de direitos de propriedade industrial ou intelectual ou de tecnologia;

XV – vender mercadoria ou prestar serviços injustificadamente abaixo do preço de custo;

XVI – reter bens de produção ou de consumo, exceto para garantir a cobertura dos custos de produção;

XVII – cessar parcial ou totalmente as atividades da empresa sem justa causa comprovada;

XVIII – subordinar a venda de um bem à aquisição de outro ou à utilização de um serviço, ou subordinar a prestação de um serviço à utilização de outro ou à aquisição de um bem; e

XIX – exercer ou explorar abusivamente direitos de propriedade industrial, intelectual, tecnologia ou marca.

CAPÍTULO III

DAS PENAS

Art. 37. A prática de infração da ordem econômica sujeita os responsáveis às seguintes penas:

I – no caso de empresa, multa de 0,1% (um décimo por cento) a 20% (vinte por cento) do valor do faturamento bruto da empresa, grupo ou conglomerado obtido, no último exercício anterior à instauração do processo administrativo, no ramo de atividade empresarial em que ocorreu a infração, a qual nunca será inferior à vantagem auferida, quando for possível sua estimação;

II – no caso das demais pessoas físicas ou jurídicas de direito público ou privado, bem como quaisquer associações de entidades ou pessoas constituídas de fato ou de direito, ainda que temporariamente, com ou sem personalidade jurídica, que não exerçam atividade empresarial, não sendo possível utilizar-se o critério do valor do faturamento bruto, a multa será entre R$ 50.000,00 (cinquenta mil reais) e R$ 2.000.000.000,00 (dois bilhões de reais);

III – no caso de administrador, direta ou indiretamente responsável pela infração cometida, quando comprovada a sua culpa ou dolo, multa de 1% (um por cento) a 20% (vinte por cento) daquela aplicada à empresa, no caso previsto no inciso I do *caput* deste artigo, ou às pessoas jurídicas ou entidades, nos casos previstos no inciso II do *caput* deste artigo.

§ 1º Em caso de reincidência, as multas cominadas serão aplicadas em dobro.

§ 2º No cálculo do valor da multa de que trata o inciso I do *caput* deste artigo, o CADE poderá considerar o faturamento total da empresa ou grupo de empresas, quando não dispuser do valor do faturamento no ramo de atividade empresarial em que ocorreu a infração, definido pelo CADE, ou quando este for apresentado de forma incompleta e/ou não demonstrado de forma inequívoca e idônea.

Art. 38. Sem prejuízo das penas cominadas no art. 37 desta Lei, quando assim exigir a gravidade dos fatos ou o interesse público geral, poderão ser impostas as seguintes penas, isolada ou cumulativamente:

I – a publicação, em meia página e a expensas do infrator, em jornal indicado na decisão, de extrato da decisão condenatória, por 2 (dois) dias seguidos, de 1 (uma) a 3 (três) semanas consecutivas;

II – a proibição de contratar com instituições financeiras oficiais e participar de licitação tendo por objeto aquisições, alienações, realização de obras e serviços, concessão de serviços públicos, na administração pública federal, estadual, municipal e do Distrito Federal, bem como em entidades da administração indireta, por prazo não inferior a 5 (cinco) anos;

III – a inscrição do infrator no Cadastro Nacional de Defesa do Consumidor;

IV – a recomendação aos órgãos públicos competentes para que:

a) seja concedida licença compulsória de direito de propriedade intelectual de titularidade do infrator, quando a infração estiver relacionada ao uso desse direito;

b) não seja concedido ao infrator parcelamento de tributos federais por ele devidos ou para que sejam cancelados, no todo ou em parte, incentivos fiscais ou subsídios públicos;

V – a cisão de sociedade, transferência de controle societário, venda de ativos ou cessação parcial de atividade;

VI – a proibição de exercer o comércio em nome próprio ou como representante de pessoa jurídica, pelo prazo de até 5 (cinco) anos; e

VII – qualquer outro ato ou providência necessários para a eliminação dos efeitos nocivos à ordem econômica.

Art. 39. Pela continuidade de atos ou situações que configurem infração da ordem econômica, após decisão do Tribunal determinando sua cessação, bem como pelo não cumprimento de obrigações de fazer ou não fazer impostas, ou pelo descumprimento de medida preventiva ou termo de compromisso de cessação previstos nesta Lei, o responsável fica sujeito a multa diária fixada em valor de R$ 5.000,00 (cinco mil reais), podendo ser aumentada em até 50 (cinquenta) vezes, se assim recomendar a situação econômica do infrator e a gravidade da infração.

Art. 40. A recusa, omissão ou retardamento injustificado de informação ou documentos solicitados pelo CADE ou pela Secretaria de Acompanhamento Econômico constitui infração punível com multa diária de R$ 5.000,00 (cinco mil reais), podendo ser aumentada em até 20 (vinte) vezes, se necessário para garantir sua eficácia, em razão da situação econômica do infrator.

§ 1º O montante fixado para a multa diária de que trata o *caput* deste artigo constará do documento que contiver a requisição da autoridade competente.

§ 2º Compete à autoridade requisitante a aplicação da multa prevista no *caput* deste artigo.

§ 3º Tratando-se de empresa estrangeira, responde solidariamente pelo pagamento da multa de que trata o *caput* sua filial, sucursal, escritório ou estabelecimento situado no País.

Art. 41. A falta injustificada do representado ou de terceiros, quando intimados para prestar esclarecimentos, no curso de inquérito ou processo administrativo, sujeitará o faltante à multa de R$ 500,00 (quinhentos reais) a R$ 15.000,00 (quinze mil reais) para cada falta, aplicada conforme sua situação econômica.

Parágrafo único. A multa a que se refere o *caput* deste artigo será aplicada mediante auto de infração pela autoridade competente.

Art. 42. Impedir, obstruir ou de qualquer outra forma dificultar a realização de inspeção autorizada pelo Plenário do Tribunal, pelo Conselheiro-Relator ou pela Superintendência-Geral no curso de procedimento preparatório, inquérito administrativo, processo administrativo ou qualquer outro procedimento sujeitará o inspecionado ao pagamento de multa de R$ 20.000,00 (vinte mil reais) a R$ 400.000,00 (quatrocentos mil reais), conforme a situação econômica do infrator, mediante a lavratura de auto de infração pelo órgão competente.

Art. 43. A enganosidade ou a falsidade de informações, de documentos ou de declarações prestadas por qualquer pessoa ao CADE ou à Secretaria de Acompanhamento Econômico será punível com multa pecuniária no valor de R$ 5.000,00 (cinco mil reais) a R$ 5.000.000,00 (cinco milhões de reais), de acordo com a gravidade dos fatos e a situação econômica do infrator, sem prejuízo das demais cominações legais cabíveis.

Art. 44. Aquele que prestar serviços ao CADE ou a SEAE, a qualquer título, e que der causa, mesmo que por mera culpa, à disseminação indevida de informação acerca de empresa, coberta por sigilo, será punível com multa pecuniária de R$ 1.000,00 (mil reais) a R$ 20.000,00 (vinte mil reais), sem prejuízo de abertura de outros procedimentos cabíveis.

§ 1º Se o autor da disseminação indevida estiver servindo o CADE em virtude de mandato, ou na qualidade de Procurador Federal ou Economista-Chefe, a multa será em dobro.

§ 2º O Regulamento definirá o procedimento para que uma informação seja tida como sigilosa, no âmbito do CADE e da SEAE.

Art. 45. Na aplicação das penas estabelecidas nesta Lei, levar-se-á em consideração:

I – a gravidade da infração;

II – a boa-fé do infrator;

III – a vantagem auferida ou pretendida pelo infrator;

IV – a consumação ou não da infração;

V – o grau de lesão, ou perigo de lesão, à livre concorrência, à economia nacional, aos consumidores, ou a terceiros;

VI – os efeitos econômicos negativos produzidos no mercado;

VII – a situação econômica do infrator; e

VIII – a reincidência.

CAPÍTULO IV

DA PRESCRIÇÃO

Art. 46. Prescrevem em 5 (cinco) anos as ações punitivas da administração pública federal, direta e indireta, objetivando apurar infrações da ordem econômica, contados da data da prática do ilícito ou, no caso de infração permanente ou continuada, do dia em que tiver cessada a prática do ilícito.

§ 1º Interrompe a prescrição qualquer ato administrativo ou judicial que tenha por objeto a apuração da infração contra a ordem econômica mencionada no *caput* deste artigo, bem como a notificação ou a intimação da investigada.

§ 2º Suspende-se a prescrição durante a vigência do compromisso de cessação ou do acordo em controle de concentrações.

§ 3º Incide a prescrição no procedimento administrativo paralisado por mais de 3 (três) anos, pendente de julgamento ou despacho, cujos autos serão arquivados de ofício ou mediante requerimento da parte interessada, sem prejuízo da apuração da responsabilidade funcional decorrente da paralisação, se for o caso.

§ 4º Quando o fato objeto da ação punitiva da administração também constituir crime, a prescrição reger-se-á pelo prazo previsto na lei penal.

CAPÍTULO V

DO DIREITO DE AÇÃO

Art. 47. Os prejudicados, por si ou pelos legitimados referidos no art. 82 da Lei nº 8.078, de 11 de setembro de 1990, poderão ingressar em juízo para, em defesa de seus interesses individuais ou individuais homogêneos, obter a cessação de práticas que constituam infração da ordem econômica, bem como o recebimento de indenização por perdas e danos sofridos, independentemente do inquérito ou processo administrativo, que não será suspenso em virtude do ajuizamento de ação.

TÍTULO VI – DAS DIVERSAS ESPÉCIES DE PROCESSO ADMINISTRATIVO

CAPÍTULO I

DISPOSIÇÕES GERAIS

Art. 48. Esta Lei regula os seguintes procedimentos administrativos instaurados para prevenção, apuração e repressão de infrações à ordem econômica:

I – procedimento preparatório de inquérito administrativo para apuração de infrações à ordem econômica;

II – inquérito administrativo para apuração de infrações à ordem econômica;

III – processo administrativo para imposição de sanções administrativas por infrações à ordem econômica;

IV – processo administrativo para análise de ato de concentração econômica;

V – procedimento administrativo para apuração de ato de concentração econômica; e

VI – processo administrativo para imposição de sanções processuais incidentais.

Art. 49. O Tribunal e a Superintendência-Geral assegurarão nos procedimentos previstos nos incisos II, III, IV e VI do *caput* do art. 48 desta Lei o tratamento sigiloso de documentos, informações e atos processuais necessários à elucidação dos fatos ou exigidos pelo interesse da sociedade.

Parágrafo único. As partes poderão requerer tratamento sigiloso de documentos ou informações, no tempo e modo definidos no regimento interno.

Art. 50. A Superintendência-Geral ou o Conselheiro-Relator poderá admitir a intervenção no processo administrativo de:

I – terceiros titulares de direitos ou interesses que possam ser afetados pela decisão a ser adotada; ou

II – legitimados à propositura de ação civil pública pelos incisos III e IV do art. 82 da Lei nº 8.078, de 11 de setembro de 1990.

Art. 51. Na tramitação dos processos no CADE, serão observadas as seguintes disposições, além daquelas previstas no regimento interno:

I – os atos de concentração terão prioridade sobre o julgamento de outras matérias;

II – a sessão de julgamento do Tribunal é pública, salvo nos casos em que for determinado tratamento sigiloso ao processo, ocasião em que as sessões serão reservadas;

III – nas sessões de julgamento do Tribunal, poderão o Superintendente-Geral, o Economista-Chefe, o Procurador-Chefe e as partes do processo requerer a palavra, que lhes será concedida, nessa ordem, nas condições e no prazo definido pelo regimento interno, a fim de sustentarem oralmente suas razões perante o Tribunal;

IV – a pauta das sessões de julgamento será definida pelo Presidente, que determinará sua publicação, com pelo menos 120 (cento e vinte) horas de antecedência; e

V – os atos e termos a serem praticados nos autos dos procedimentos enumerados no art. 48 desta Lei poderão ser encaminhados de forma eletrônica ou apresentados em meio magnético ou equivalente, nos termos das normas do CADE.

Art. 52. O cumprimento das decisões do Tribunal e de compromissos e acordos firmados nos termos desta Lei poderá, a critério do Tribunal, ser fiscalizado pela Superintendência-Geral, com o respectivo encaminhamento dos autos, após a decisão final do Tribunal.

§ 1º Na fase de fiscalização da execução das decisões do Tribunal, bem como do cumprimento de compromissos e acordos firmados nos termos desta Lei, poderá a Superintendência-Geral valer-se de todos os poderes instrutórios que lhe são assegurados nesta Lei.

§ 2º Cumprida integralmente a decisão do Tribunal ou os acordos em controle de concentrações e compromissos de cessação, a Superintendência-Geral, de ofício ou por provocação do interessado, manifestar-se-á sobre seu cumprimento.

CAPÍTULO II

DO PROCESSO ADMINISTRATIVO NO CONTROLE DE ATOS DE CONCENTRAÇÃO ECONÔMICA

Seção I

DO PROCESSO ADMINISTRATIVO NA SUPERINTENDÊNCIA-GERAL

Art. 53. O pedido de aprovação dos atos de concentração econômica a que se refere o art. 88 desta Lei deverá ser endereçado ao CADE e instruído com as informações e documentos indispensáveis à instauração do processo administrativo, definidos em resolução do CADE, além do comprovante de recolhimento da taxa respectiva.

§ 1º Ao verificar que a petição não preenche os requisitos exigidos no *caput* deste artigo ou apresenta defeitos e irregularidades capazes de dificultar o julgamento de mérito, a Superintendência-Geral determinará, uma única vez, que os requerentes a emendem, sob pena de arquivamento.

§ 2º Após o protocolo da apresentação do ato de concentração, ou de sua emenda, a Superintendência-Geral fará publicar edital, indicando o nome dos requerentes, a natureza da operação e os setores econômicos envolvidos.

Art. 54. Após cumpridas as providências indicadas no art. 53, a Superintendência-Geral:

I – conhecerá diretamente do pedido, proferindo decisão terminativa, quando o processo dispensar novas diligências ou nos casos de menor potencial ofensivo à concorrência, assim definidos em resolução do CADE; ou

II – determinará a realização da instrução complementar, especificando as diligências a serem produzidas.

Art. 55. Concluída a instrução complementar determinada na forma do inciso II do *caput* do art. 54 desta Lei, a Superintendência-Geral deverá manifestar-se sobre seu satisfatório cumprimento, recebendo-a como adequada ao exame de mérito ou determinando que seja refeita, por estar incompleta.

Art. 56. A Superintendência-Geral poderá, por meio de decisão fundamentada, declarar a operação como complexa e determinar a realização de nova instrução complementar, especificando as diligências a serem produzidas.

Parágrafo único. Declarada a operação como complexa, poderá a Superintendência-Geral requerer ao Tribunal a prorrogação do prazo de que trata o § 2º do art. 88 desta Lei.

Art. 57. Concluídas as instruções complementares de que tratam o inciso II do art. 54 e o art. 56 desta Lei, a Superintendência-Geral:

I – proferirá decisão aprovando o ato sem restrições;

II – oferecerá impugnação perante o Tribunal, caso entenda que o ato deva ser rejeitado, aprovado com restrições ou que não existam elementos conclusivos quanto aos seus efeitos no mercado.

Parágrafo único. Na impugnação do ato perante o Tribunal, deverão ser demonstrados, de forma circunstanciada, o potencial lesivo do ato à concorrência e as razões pelas quais não deve ser aprovado integralmente ou rejeitado.

Seção II
DO PROCESSO ADMINISTRATIVO NO TRIBUNAL

Art. 58. O requerente poderá oferecer, no prazo de 30 (trinta) dias da data de impugnação da Superintendência-Geral, em petição escrita, dirigida ao Presidente do Tribunal, manifestação expondo as razões de fato e de direito com que se opõe à impugnação do ato de concentração da Superintendência-Geral e juntando todas as provas, estudos e pareceres que corroboram seu pedido.

Parágrafo único. Em até 48 (quarenta e oito) horas da decisão de que trata a impugnação pela Superintendência-Geral, disposta no inciso II do *caput* do art. 57 desta Lei e na hipótese do inciso I do art. 65 desta Lei, o processo será distribuído, por sorteio, a um Conselheiro-Relator.

Art. 59. Após a manifestação do requerente, o Conselheiro-Relator:

I – proferirá decisão determinando a inclusão do processo em pauta para julgamento, caso entenda que se encontre suficientemente instruído;

II – determinará a realização de instrução complementar, se necessário, podendo, a seu critério, solicitar que a Superintendência-Geral a realize, declarando os pontos controversos e especificando as diligências a serem produzidas.

§ 1º O Conselheiro-Relator poderá autorizar, conforme o caso, precária e liminarmente, a realização do ato de concentração econômica, impondo as condições que visem à preservação da reversibilidade da operação, quando assim recomendarem as condições do caso concreto.

§ 2º O Conselheiro-Relator poderá acompanhar a realização das diligências referidas no inciso II do *caput* deste artigo.

Art. 60. Após a conclusão da instrução, o Conselheiro-Relator determinará a inclusão do processo em pauta para julgamento.

Art. 61. No julgamento do pedido de aprovação do ato de concentração econômica, o Tribunal poderá aprová-lo integralmente, rejeitá-lo ou aprová-lo parcialmente, caso em que determinará as restrições que deverão ser observadas como condição para a validade e eficácia do ato.

§ 1º O Tribunal determinará as restrições cabíveis no sentido de mitigar os eventuais efeitos nocivos do ato de concentração sobre os mercados relevantes afetados.

§ 2º As restrições mencionadas no § 1º deste artigo incluem:

I – a venda de ativos ou de um conjunto de ativos que constitua uma atividade empresarial;

II – a cisão de sociedade;

III – a alienação de controle societário;

IV – a separação contábil ou jurídica de atividades;

V – o licenciamento compulsório de direitos de propriedade intelectual; e

VI – qualquer outro ato ou providência necessários para a eliminação dos efeitos nocivos à ordem econômica.

§ 3º Julgado o processo no mérito, o ato não poderá ser novamente apresentado nem revisto no âmbito do Poder Executivo.

Art. 62. Em caso de recusa, omissão, enganosidade, falsidade ou retardamento injustificado, por parte dos requerentes, de informações ou documentos cuja apresentação for determinada pelo CADE, sem prejuízo das demais sanções cabíveis, poderá o pedido de aprovação do ato de concentração ser rejeitado por falta de provas, caso em que o requerente somente poderá realizar o ato mediante apresentação de novo pedido, nos termos do art. 53 desta Lei.

Art. 63. Os prazos previstos neste Capítulo não se suspendem ou interrompem por qualquer motivo, ressalvado o disposto no § 5º do art. 6º desta Lei, quando for o caso.

Art. 64. VETADO.

Seção III
DO RECURSO CONTRA DECISÃO DE APROVAÇÃO DO ATO PELA SUPERINTENDÊNCIA-GERAL

Art. 65. No prazo de 15 (quinze) dias contado a partir da publicação da decisão da Superintendência-Geral que aprovar o ato de concentração, na forma do inciso I do *caput* do art. 54 e do inciso I do *caput* do art. 57 desta Lei:

I – caberá recurso da decisão ao Tribunal, que poderá ser interposto por terceiros interessados ou, em se tratando de mercado regulado, pela respectiva agência reguladora;

II – o Tribunal poderá, mediante provocação de um de seus Conselheiros e em decisão fundamentada, avocar o processo para julgamento ficando prevento o Conselheiro que encaminhou a provocação.

§ 1º Em até 5 (cinco) dias úteis a partir do recebimento do recurso, o Conselheiro-Relator:

I – conhecerá do recurso e determinará a sua inclusão em pauta para julgamento;

II – conhecerá do recurso e determinará a realização de instrução complementar, podendo, a seu critério, solicitar que a Superintendência-Geral a realize, declarando os pontos controversos e especificando as diligências a serem produzidas; ou

III – não conhecerá do recurso, determinando o seu arquivamento.

§ 2º As requerentes poderão manifestar-se acerca do recurso interposto, em até 5 (cinco) dias úteis do conhecimento do recurso no Tribunal ou da data do recebimento do relatório com a conclusão da instrução complementar elaborada pela Superintendência-Geral, o que ocorrer por último.

§ 3º O litigante de má-fé arcará com multa, em favor do Fundo de Defesa de Direitos Difusos, a ser arbitrada pelo Tribunal entre R$ 5.000,00 (cinco mil reais) e R$ 5.000.000,00 (cinco milhões de reais), levando-se em consideração sua condição econômica, sua atuação no processo e o retardamento injustificado causado à aprovação do ato.

§ 4º A interposição do recurso a que se refere o *caput* deste artigo ou a decisão de avocar suspende a execução do ato de concentração econômica até decisão final do Tribunal.

§ 5º O Conselheiro-Relator poderá acompanhar a realização das diligências referidas no inciso II do § 1º deste artigo.

CAPÍTULO III

DO INQUÉRITO ADMINISTRATIVO PARA APURAÇÃO DE INFRAÇÕES À ORDEM ECONÔMICA E DO PROCEDIMENTO PREPARATÓRIO

Art. 66. O inquérito administrativo, procedimento investigatório de natureza inquisitorial, será instaurado pela Superintendência-Geral para apuração de infrações à ordem econômica.

§ 1º O inquérito administrativo será instaurado de ofício ou em face de representação fundamentada de qualquer interessado, ou em decorrência de peças de informação, quando os indícios de infração à ordem econômica não forem suficientes para a instauração de processo administrativo.

§ 2º A Superintendência-Geral poderá instaurar procedimento preparatório de inquérito administrativo para apuração de infrações à ordem econômica para apurar se a conduta sob análise trata de matéria de competência do Sistema Brasileiro de Defesa da Concorrência, nos termos desta Lei.

§ 3º As diligências tomadas no âmbito do procedimento preparatório de inquérito administrativo para apuração de infrações à ordem econômica deverão ser realizadas no prazo máximo de 30 (trinta) dias.

§ 4º Do despacho que ordenar o arquivamento de procedimento preparatório, indeferir o requerimento de abertura de inquérito administrativo, ou seu arquivamento, caberá recurso de qualquer interessado ao Superintendente-Geral, na forma determinada em regulamento, que decidirá em última instância.

§ 5º VETADO.

§ 6º A representação de Comissão do Congresso Nacional, ou de qualquer de suas Casas, bem como da Secretaria de Acompanhamento Econômico, das agências reguladoras e da Procuradoria Federal junto ao CADE, independe de procedimento preparatório, instaurando-se desde logo o inquérito administrativo ou processo administrativo.

§ 7º O representante e o indiciado poderão requerer qualquer diligência, que será realizada ou não, a juízo da Superintendência-Geral.

§ 8º A Superintendência-Geral poderá solicitar o concurso da autoridade policial ou do Ministério Público nas investigações.

§ 9º O inquérito administrativo deverá ser encerrado no prazo de 180 (cento e oitenta) dias, contado da data de sua instauração, prorrogáveis por até 60 (sessenta) dias, por meio de despacho fundamentado e quando o fato for de difícil elucidação e o justificarem as circunstâncias do caso concreto.

§ 10. Ao procedimento preparatório, assim como ao inquérito administrativo, poderá ser dado tratamento sigiloso, no interesse das investigações, a critério da Superintendência-Geral.

Art. 67. Até 10 (dez) dias úteis a partir da data de encerramento do inquérito administrativo, a Superintendência-Geral decidirá pela instauração do processo administrativo ou pelo seu arquivamento.

§ 1º O Tribunal poderá, mediante provocação de um Conselheiro e em decisão fundamentada, avocar o inquérito administrativo ou procedimento preparatório de inquérito administrativo arquivado pela Superintendência-Geral, ficando prevento o Conselheiro que encaminhou a provocação.

§ 2º Avocado o inquérito administrativo, o Conselheiro-Relator terá o prazo de 30 (trinta) dias úteis para:

I – confirmar a decisão de arquivamento da Superintendência-Geral, podendo, se entender necessário, fundamentar sua decisão;

II – transformar o inquérito administrativo em processo administrativo, determinando a realização de instrução complementar, podendo, a seu critério, solicitar que a Superintendência-Geral a realize, declarando os pontos controversos e especificando as diligências a serem produzidas.

§ 3º Ao inquérito administrativo poderá ser dado tratamento sigiloso, no interesse das investigações, a critério do Plenário do Tribunal.

Art. 68. O descumprimento dos prazos fixados neste Capítulo pela Superintendência-Geral, assim como por seus servidores, sem justificativa devidamente comprovada nos autos, poderá resultar na apuração da respectiva responsabilidade administrativa, civil e criminal.

CAPÍTULO IV

DO PROCESSO ADMINISTRATIVO PARA IMPOSIÇÃO DE SANÇÕES ADMINISTRATIVAS POR INFRAÇÕES À ORDEM ECONÔMICA

Art. 69. O processo administrativo, procedimento em contraditório, visa a garantir ao acusado a ampla defesa a respeito das conclusões do inquérito administrativo, cuja nota técnica final, aprovada nos termos das normas do CADE, constituirá peça inaugural.

Art. 70. Na decisão que instaurar o processo administrativo, será determinada a notificação do representado para, no prazo de 30 (trinta) dias, apresentar defesa e especificar as provas que pretende sejam produzidas, declinando a qualificação completa de até 3 (três) testemunhas.

§ 1º A notificação inicial conterá o inteiro teor da decisão de instauração do processo administrativo e da representação, se for o caso.

§ 2º A notificação inicial do representado será feita pelo correio, com aviso de recebimento em nome próprio, ou outro meio que assegure a certeza da ciência do interessado ou, não tendo êxito a notificação postal, por edital publicado no *Diário Oficial da União* e em jornal de grande circulação no Estado em que resida ou tenha sede, contando-se os prazos da juntada do aviso de recebimento, ou da publicação, conforme o caso.

§ 3º A intimação dos demais atos processuais será feita mediante publicação no *Diário Oficial da União*, da qual deverá constar o nome do representado e de seu procurador, se houver.

§ 4º O representado poderá acompanhar o processo administrativo por seu titular e seus diretores ou gerentes, ou por seu procurador, assegurando-se-lhes amplo acesso aos autos no Tribunal.

§ 5º O prazo de 30 (trinta) dias mencionado no *caput* deste artigo poderá ser dilatado por até 10 (dez) dias, improrrogáveis, mediante requisição do representado.

Art. 71. Considerar-se-á revel o representado que, notificado, não apresentar defesa no prazo legal, incorrendo em confissão quanto à matéria de fato, contra ele correndo os demais prazos, independentemente de notificação.

Parágrafo único. Qualquer que seja a fase do processo, nele poderá intervir o revel, sem direito à repetição de qualquer ato já praticado.

Art. 72. Em até 30 (trinta) dias úteis após o decurso do prazo previsto no art. 70 desta Lei, a Superintendência-Geral, em despacho fundamentado, determinará a produção de provas que julgar pertinentes, sendo-lhe facultado exercer os poderes de instrução previstos nesta Lei, mantendo-se o sigilo legal, quando for o caso.

Art. 73. Em até 5 (cinco) dias úteis da data de conclusão da instrução processual determinada na forma do art. 72 desta Lei, a Superintendência-Geral notificará o representado para apresentar novas alegações, no prazo de 5 (cinco) dias úteis.

Art. 74. Em até 15 (quinze) dias úteis contados do decurso do prazo previsto no art. 73 desta Lei, a Superintendência-Geral remeterá os autos do processo ao Presidente do Tribunal, opinando, em relatório circunstanciado, pelo seu arquivamento ou pela configuração da infração.

Art. 75. Recebido o processo, o Presidente do Tribunal o distribuirá, por sorteio, ao Conselheiro-Relator, que poderá, caso entenda necessário, solicitar à Procuradoria Federal junto ao CADE que se manifeste no prazo de 20 (vinte) dias.

Art. 76. O Conselheiro-Relator poderá determinar diligências, em despacho fundamentado, podendo, a seu critério, solicitar que a Superintendência-Geral as realize, no prazo assinado.

Parágrafo único. Após a conclusão das diligências determinadas na forma deste artigo, o Conselheiro-Relator notificará o representado para, no prazo de 15 (quinze) dias úteis, apresentar alegações finais.

Art. 77. No prazo de 15 (quinze) dias úteis contado da data de recebimento das alegações finais, o Conselheiro-Relator solicitará a inclusão do processo em pauta para julgamento.

Art. 78. A convite do Presidente, por indicação do Conselheiro-Relator, qualquer pessoa poderá apresentar esclarecimentos ao Tribunal, a propósito de assuntos que estejam em pauta.

Art. 79. A decisão do Tribunal, que em qualquer hipótese será fundamentada, quando for pela existência de infração da ordem econômica, conterá:

I – especificação dos fatos que constituam a infração apurada e a indicação das providências a serem tomadas pelos responsáveis para fazê-la cessar;

II – prazo dentro do qual devam ser iniciadas e concluídas as providências referidas no inciso I do *caput* deste artigo;

III – multa estipulada;

IV – multa diária em caso de continuidade da infração; e

V – multa em caso de descumprimento das providências estipuladas.

Parágrafo único. A decisão do Tribunal será publicada dentro de 5 (cinco) dias úteis no *Diário Oficial da União*.

Art. 80. Aplicam-se às decisões do Tribunal o disposto na Lei nº 8.437, de 30 de junho de 1992.

Art. 81. Descumprida a decisão, no todo ou em parte, será o fato comunicado ao Presidente do Tribunal, que determinará à Procuradoria Federal junto ao CADE que providencie sua execução judicial.

Art. 82. O descumprimento dos prazos fixados neste Capítulo pelos membros do CADE, assim como por seus servidores, sem justificativa devidamente comprovada nos autos, poderá resultar na apuração da respectiva responsabilidade administrativa, civil e criminal.

Art. 83. O CADE disporá de forma complementar sobre o inquérito e o processo administrativo.

CAPÍTULO V
DA MEDIDA PREVENTIVA

Art. 84. Em qualquer fase do inquérito administrativo para apuração de infrações ou do processo administrativo para imposição de sanções por infrações à ordem econômica, poderá o Conselheiro-Relator ou o Superintendente-Geral, por iniciativa própria ou mediante provocação do Procurador-Chefe do CADE, adotar medida preventiva, quando houver indício ou fundado receio de que o representado, direta ou indiretamente, cause ou possa causar ao mercado lesão irreparável ou de difícil reparação, ou torne ineficaz o resultado final do processo.

§ 1º Na medida preventiva, determinar-se-á a imediata cessação da prática e será ordenada, quando materialmente possível, a reversão à situação anterior, fixando multa diária nos termos do art. 39 desta Lei.

§ 2º Da decisão que adotar medida preventiva caberá recurso voluntário ao Plenário do Tribunal, em 5 (cinco) dias, sem efeito suspensivo.

CAPÍTULO VI
DO COMPROMISSO DE CESSAÇÃO

Art. 85. Nos procedimentos administrativos mencionados nos incisos I, II e III do art. 48 desta Lei, o CADE poderá tomar do representado compromisso de cessação da prática sob investigação ou dos seus efeitos lesivos, sempre que, em juízo de conveniência e oportunidade, devidamente fundamentado, entender que atende aos interesses protegidos por lei.

§ 1º Do termo de compromisso deverão constar os seguintes elementos:

I – a especificação das obrigações do representado no sentido de não praticar a conduta investigada ou seus efeitos lesivos, bem como obrigações que julgar cabíveis;

II – a fixação do valor da multa para o caso de descumprimento, total ou parcial, das obrigações compromissadas;

III – a fixação do valor da contribuição pecuniária ao Fundo de Defesa de Direitos Difusos quando cabível.

§ 2º Tratando-se da investigação da prática de infração relacionada ou decorrente das condutas previstas nos incisos I e II do § 3º do art. 36 desta Lei, entre as obrigações a que se refere o inciso I do § 1º deste artigo figurará, necessariamente, a obrigação de recolher ao Fundo de Defesa de Direitos Difusos um valor pecuniário que não poderá ser inferior ao mínimo previsto no art. 37 desta Lei.

§ 3º VETADO.

§ 4º A proposta de termo de compromisso de cessação de prática somente poderá ser apresentada uma única vez.

§ 5º A proposta de termo de compromisso de cessação de prática poderá ter caráter confidencial.

§ 6º A apresentação de proposta de termo de compromisso de cessação de prática não suspende o andamento do processo administrativo.

§ 7º O termo de compromisso de cessação de prática terá caráter público, devendo o acordo ser publicado no sítio do CADE em 5 (cinco) dias após a sua celebração.

§ 8º O termo de compromisso de cessação de prática constitui título executivo extrajudicial.

§ 9º O processo administrativo ficará suspenso enquanto estiver sendo cumprido o compromisso e será arquivado ao término do prazo fixado, se atendidas todas as condições estabelecidas no termo.

§ 10. A suspensão do processo administrativo a que se refere o § 9º deste artigo dar-se-á somente em relação ao representado que firmou o compromisso, seguindo o processo seu curso regular para os demais representados.

§ 11. Declarado o descumprimento do compromisso, o CADE aplicará as sanções nele previstas e determinará o prosseguimento do processo administrativo e as demais medidas administrativas e judiciais cabíveis para sua execução.

§ 12. As condições do termo de compromisso poderão ser alteradas pelo CADE se se comprovar sua excessiva onerosidade para o representado, desde que a alteração não acarrete prejuízo para terceiros ou para a coletividade.

§ 13. A proposta de celebração do compromisso de cessação de prática será indeferida quando a autoridade não chegar a um acordo com os representados quanto aos seus termos.

§ 14. O CADE definirá, em resolução, normas complementares sobre o termo de compromisso de cessação.

§ 15. Aplica-se o disposto no art. 50 desta Lei ao Compromisso de Cessação da Prática.

CAPÍTULO VII

DO PROGRAMA DE LENIÊNCIA

Art. 86. O CADE, por intermédio da Superintendência-Geral, poderá celebrar acordo de leniência, com a extinção da ação punitiva da administração pública ou a redução de 1 (um) a 2/3 (dois terços) da penalidade aplicável, nos termos deste artigo, com pessoas físicas e jurídicas que forem autoras de infração à ordem econômica, desde que colaborem efetivamente com as investigações e o processo administrativo e que dessa colaboração resulte:

I – a identificação dos demais envolvidos na infração; e

II – a obtenção de informações e documentos que comprovem a infração noticiada ou sob investigação.

§ 1º O acordo de que trata o *caput* deste artigo somente poderá ser celebrado se preenchidos, cumulativamente, os seguintes requisitos:

I – a empresa seja a primeira a se qualificar com respeito à infração noticiada ou sob investigação;

II – a empresa cesse completamente seu envolvimento na infração noticiada ou sob investigação a partir da data de propositura do acordo;

III – a Superintendência-Geral não disponha de provas suficientes para assegurar a condenação da empresa ou pessoa física por ocasião da propositura do acordo; e

IV – a empresa confesse sua participação no ilícito e coopere plena e permanentemente com as investigações e o processo administrativo, comparecendo, sob suas expensas, sempre que solicitada, a todos os atos processuais, até seu encerramento.

§ 2º Com relação às pessoas físicas, elas poderão celebrar acordos de leniência desde que cumpridos os requisitos II, III e IV do § 1º deste artigo.

§ 3º O acordo de leniência firmado com o CADE, por intermédio da Superintendência-Geral, estipulará as condições necessárias para assegurar a efetividade da colaboração e o resultado útil do processo.

§ 4º Compete ao Tribunal, por ocasião do julgamento do processo administrativo, verificado o cumprimento do acordo:

I – decretar a extinção da ação punitiva da administração pública em favor do infrator, nas hipóteses em que a proposta de acordo tiver sido apresentada à Superintendência-Geral sem que essa tivesse conhecimento prévio da infração noticiada; ou

II – nas demais hipóteses, reduzir de 1 (um) a 2/3 (dois terços) as penas aplicáveis, observado o disposto no art. 45 desta Lei, devendo ainda considerar na gradação da pena a efetividade da colaboração prestada e a boa-fé do infrator no cumprimento do acordo de leniência.

§ 5º Na hipótese do inciso II do § 4º deste artigo, a pena sobre a qual incidirá o fator redutor não será superior à menor das penas aplicadas aos demais coautores da infração, relativamente aos percentuais fixados para a aplicação das multas de que trata o inciso I do art. 37 desta Lei.

§ 6º Serão estendidos às empresas do mesmo grupo, de fato ou de direito, e aos seus dirigentes, administradores e empregados envolvidos na infração os efeitos do acordo de leniência, desde que o firmem em conjunto, respeitadas as condições impostas.

§ 7º A empresa ou pessoa física que não obtiver, no curso de inquérito ou processo administrativo, habilitação para a celebração do acordo de que trata este artigo, poderá celebrar com a Superintendência-Geral, até a remessa do processo para julgamento, acordo de leniência relacionado a uma outra infração, da qual o CADE não tenha qualquer conhecimento prévio.

§ 8º Na hipótese do § 7º deste artigo, o infrator se beneficiará da redução de 1/3 (um terço) da pena que lhe for aplicável naquele processo, sem prejuízo da obtenção dos benefícios de que trata o inciso I do § 4º deste artigo em relação à nova infração denunciada.

§ 9º Considera-se sigilosa a proposta de acordo de que trata este artigo, salvo no interesse das investigações e do processo administrativo.

§ 10. Não importará em confissão quanto à matéria de fato, nem reconhecimento de ilicitude da conduta analisada, a proposta de acordo de leniência rejeitada, da qual não se fará qualquer divulgação.

§ 11. A aplicação do disposto neste artigo observará as normas a serem editadas pelo Tribunal.

§ 12. Em caso de descumprimento do acordo de leniência, o beneficiário ficará impedido de celebrar novo acordo de leniência pelo prazo de 3 (três) anos, contado da data de seu julgamento.

Art. 87. Nos crimes contra a ordem econômica, tipificados na Lei nº 8.137, de 27 de dezembro de 1990, e nos demais crimes diretamente relacionados à prática de cartel, tais como os tipificados na Lei nº 8.666, de 21 de junho de 1993, e os tipificados no art. 288 do Decreto-Lei nº 2.848, de 7 de dezembro de 1940 – Código Penal, a celebração de acordo de leniência, nos termos desta Lei, determina a suspensão do curso do prazo prescricional e impede o oferecimento da denúncia com relação ao agente beneficiário da leniência.

Parágrafo único. Cumprido o acordo de leniência pelo agente, extingue-se automaticamente a punibilidade dos crimes a que se refere o *caput* deste artigo.

TÍTULO VII – DO CONTROLE DE CONCENTRAÇÕES

CAPÍTULO I

DOS ATOS DE CONCENTRAÇÃO

Art. 88. Serão submetidos ao CADE pelas partes envolvidas na operação os atos de concentração econômica em que, cumulativamente:

I – pelo menos um dos grupos envolvidos na operação tenha registrado, no último balanço, faturamento bruto anual ou volume de negócios total no País, no ano anterior à operação, equivalente ou superior a R$ 400.000.000,00 (quatrocentos milhões de reais); e

II – pelo menos um outro grupo envolvido na operação tenha registrado, no último balanço, faturamento bruto anual ou volume de negócios total no País, no ano anterior à operação, equivalente ou superior a R$ 30.000.000,00 (trinta milhões de reais).

§ 1º Os valores mencionados nos incisos I e II do *caput* deste artigo poderão ser adequados, simultânea ou independentemente, por indicação do Plenário do CADE, por portaria interministerial dos Ministros de Estado da Fazenda e da Justiça.

§ 2º O controle dos atos de concentração de que trata o *caput* deste artigo será prévio e realizado em, no máximo, 240 (duzentos e quarenta) dias, a contar do protocolo de petição ou de sua emenda.

§ 3º Os atos que se subsumirem ao disposto no *caput* deste artigo não podem ser consumados antes de apreciados, nos termos deste artigo e do procedimento previsto no Capítulo II do Título VI desta Lei, sob pena de nulidade, sendo ainda imposta multa pecuniária, de valor não inferior a R$ 60.000,00 (sessenta mil reais) nem superior a R$ 60.000.000,00 (sessenta milhões de reais), a ser aplicada nos termos da regulamentação, sem prejuízo da abertura de processo administrativo, nos termos do art. 69 desta Lei.

§ 4º Até a decisão final sobre a operação, deverão ser preservadas as condições de concorrência entre as empresas envolvidas, sob pena de aplicação das sanções previstas no § 3º deste artigo.

§ 5º Serão proibidos os atos de concentração que impliquem eliminação da concorrência em parte substancial de mercado relevante, que possam criar ou reforçar uma posição dominante ou que possam resultar na dominação de mercado relevante de bens ou serviços, ressalvado o disposto no § 6º deste artigo.

§ 6º Os atos a que se refere o § 5º deste artigo poderão ser autorizados, desde que sejam observados os limites estritamente necessários para atingir os seguintes objetivos:

I – cumulada ou alternativamente:

a) aumentar a produtividade ou a competitividade;

b) melhorar a qualidade de bens ou serviços; ou

c) propiciar a eficiência e o desenvolvimento tecnológico ou econômico; e

II – sejam repassados aos consumidores parte relevante dos benefícios decorrentes.

§ 7º É facultado ao CADE, no prazo de 1 (um) ano a contar da respectiva data de consumação, requerer a submissão dos atos de concentração que não se enquadrem no disposto neste artigo.

§ 8º As mudanças de controle acionário de companhias abertas e os registros de fusão, sem prejuízo da obrigação das partes envolvidas, devem ser comunicados ao CADE pela Comissão de Valores Mobiliários – CVM e pelo Departamento Nacional do Registro do Comércio do Ministério do Desenvolvimento, Indústria e Comércio Exterior, respectivamente, no prazo de 5 (cinco) dias úteis para, se for o caso, ser examinados.

§ 9º O prazo mencionado no § 2º deste artigo somente poderá ser dilatado:

I – por até 60 (sessenta) dias, improrrogáveis, mediante requisição das partes envolvidas na operação; ou

II – por até 90 (noventa) dias, mediante decisão fundamentada do Tribunal, em que sejam especificados as razões para a extensão, o prazo da prorrogação, que será não renovável, e as providências cuja realização seja necessária para o julgamento do processo.

Art. 89. Para fins de análise do ato de concentração apresentado, serão obedecidos os procedimentos estabelecidos no Capítulo II do Título VI desta Lei.

Parágrafo único. O CADE regulamentará, por meio de Resolução, a análise prévia de atos de concentração realizados com o propósito específico de participação em leilões, licitações e operações de aquisição de ações por meio de oferta pública.

Art. 90. Para os efeitos do art. 88 desta Lei, realiza-se um ato de concentração quando:

I – 2 (duas) ou mais empresas anteriormente independentes se fundem;

II – 1 (uma) ou mais empresas adquirem, direta ou indiretamente, por compra ou permuta de ações, quotas, títulos ou valores mobiliários conversíveis em ações, ou ativos, tangíveis ou intangíveis, por via contratual ou por qualquer outro meio ou forma, o controle ou partes de uma ou outras empresas;

III – 1 (uma) ou mais empresas incorporam outra ou outras empresas; ou

IV – 2 (duas) ou mais empresas celebram contrato associativo, consórcio ou *joint venture.*

Parágrafo único. Não serão considerados atos de concentração, para os efeitos do disposto no art. 88 desta Lei, os descritos no inciso IV do *caput*, quando destinados às licitações promovidas pela administração pública direta e indireta e aos contratos delas decorrentes.

Art. 91. A aprovação de que trata o art. 88 desta Lei poderá ser revista pelo Tribunal, de ofício ou mediante provocação da Superintendência-Geral, se a decisão for baseada em informações falsas ou enganosas prestadas pelo interessado, se ocorrer o descumprimento de quaisquer das obrigações assumidas ou não forem alcançados os benefícios visados.

Parágrafo único. Na hipótese referida no *caput* deste artigo, a falsidade ou enganosidade será punida com multa pecuniária, de valor não inferior a R$ 60.000,00 (sessenta mil reais) nem superior a R$ 6.000.000,00 (seis milhões de reais), a ser aplicada na forma das normas do CADE, sem prejuízo da abertura de processo administrativo, nos termos do art. 67 desta Lei, e da adoção das demais medidas cabíveis.

CAPÍTULO II

DO ACORDO EM CONTROLE DE CONCENTRAÇÕES

Art. 92. VETADO.

TÍTULO VIII – DA EXECUÇÃO JUDICIAL DAS DECISÕES DO CADE

CAPÍTULO I
DO PROCESSO

Art. 93. A decisão do Plenário do Tribunal, cominando multa ou impondo obrigação de fazer ou não fazer, constitui título executivo extrajudicial.

Art. 94. A execução que tenha por objeto exclusivamente a cobrança de multa pecuniária será feita de acordo com o disposto na Lei nº 6.830, de 22 de setembro de 1980.

Art. 95. Na execução que tenha por objeto, além da cobrança de multa, o cumprimento de obrigação de fazer ou não fazer, o Juiz concederá a tutela específica da obrigação, ou determinará providências que assegurem o resultado prático equivalente ao do adimplemento.

§ 1º A conversão da obrigação de fazer ou não fazer em perdas e danos somente será admissível se impossível a tutela específica ou a obtenção do resultado prático correspondente.

§ 2º A indenização por perdas e danos far-se-á sem prejuízo das multas.

Art. 96. A execução será feita por todos os meios, inclusive mediante intervenção na empresa, quando necessária.

Art. 97. A execução das decisões do CADE será promovida na Justiça Federal do Distrito Federal ou da sede ou domicílio do executado, à escolha do CADE.

Art. 98. O oferecimento de embargos ou o ajuizamento de qualquer outra ação que vise à desconstituição do título executivo não suspenderá a execução, se não for garantido o juízo no valor das multas aplicadas, para que se garanta o cumprimento da decisão final proferida nos autos, inclusive no que tange a multas diárias.

§ 1º Para garantir o cumprimento das obrigações de fazer, deverá o juiz fixar caução idônea.

§ 2º Revogada a liminar, o depósito do valor da multa converter-se-á em renda do Fundo de Defesa de Direitos Difusos.

§ 3º O depósito em dinheiro não suspenderá a incidência de juros de mora e atualização monetária, podendo o CADE, na hipótese do § 2º deste artigo, promover a execução para cobrança da diferença entre o valor revertido ao Fundo de Defesa de Direitos Difusos e o valor da multa atualizado, com os acréscimos legais, como se sua exigibilidade do crédito jamais tivesse sido suspensa.

§ 4º *Revogado.* Lei nº 13.105, de 16-3-2015.

Art. 99. Em razão da gravidade da infração da ordem econômica, e havendo fundado receio de dano irreparável ou de difícil reparação, ainda que tenha havido o depósito das multas e prestação de caução, poderá o Juiz determinar a adoção imediata, no todo ou em parte, das providências contidas no título executivo.

Art. 100. No cálculo do valor da multa diária pela continuidade da infração, tomar-se-á como termo inicial a data final fixada pelo CADE para a adoção voluntária das providências contidas em sua decisão, e como termo final o dia do seu efetivo cumprimento.

Art. 101. O processo de execução em juízo das decisões do CADE terá preferência sobre as demais espécies de ação, exceto *habeas corpus* e mandado de segurança.

CAPÍTULO II
DA INTERVENÇÃO JUDICIAL

Art. 102. O Juiz decretará a intervenção na empresa quando necessária para permitir a execução específica, nomeando o interventor.

Parágrafo único. A decisão que determinar a intervenção deverá ser fundamentada e indicará, clara e precisamente, as providências a serem tomadas pelo interventor nomeado.

Art. 103. Se, dentro de 48 (quarenta e oito) horas, o executado impugnar o interventor por motivo de inaptidão ou inidoneidade, feita a prova da alegação em 3 (três) dias, o juiz decidirá em igual prazo.

Art. 104. Sendo a impugnação julgada procedente, o juiz nomeará novo interventor no prazo de 5 (cinco) dias.

Art. 105. A intervenção poderá ser revogada antes do prazo estabelecido, desde que comprovado o cumprimento integral da obrigação que a determinou.

Art. 106. A intervenção judicial deverá restringir-se aos atos necessários ao cumprimento da decisão judicial que a determinar e terá duração máxima de 180 (cento e oitenta) dias, ficando o interventor responsável por suas ações e omissões, especialmente em caso de abuso de poder e desvio de finalidade.

§ 1º Aplica-se ao interventor, no que couber, o disposto nos arts. 153 a 159 da Lei nº 6.404, de 15 de dezembro de 1976.

§ 2º A remuneração do interventor será arbitrada pelo Juiz, que poderá substituí-lo a qualquer tempo, sendo obrigatória a substituição quando incorrer em insolvência civil, quando for sujeito passivo ou ativo de qualquer forma de corrupção ou prevaricação, ou infringir quaisquer de seus deveres.

Art. 107. O juiz poderá afastar de suas funções os responsáveis pela administração da empresa que, comprovadamente, obstarem o cumprimento de atos de competência do interventor, devendo eventual substituição dar-se na forma estabelecida no contrato social da empresa.

§ 1º Se, apesar das providências previstas no *caput* deste artigo, um ou mais responsáveis pela administração da empresa persistirem em obstar a ação do interventor, o juiz procederá na forma do disposto no § 2º deste artigo.

§ 2º Se a maioria dos responsáveis pela administração da empresa recusar colaboração ao interventor, o juiz determinará que este assuma a administração total da empresa.

Art. 108. Compete ao interventor:

I – praticar ou ordenar que sejam praticados os atos necessários à execução;

II – denunciar ao Juiz quaisquer irregularidades praticadas pelos responsáveis pela empresa e das quais venha a ter conhecimento; e

III – apresentar ao Juiz relatório mensal de suas atividades.

Art. 109. As despesas resultantes da intervenção correrão por conta do executado contra quem ela tiver sido decretada.

Art. 110. Decorrido o prazo da intervenção, o interventor apresentará ao juiz relatório circunstanciado de sua gestão, propondo a extinção e o arquivamento do processo ou pedindo a prorrogação do prazo na hipótese de não ter sido possível cumprir integralmente a decisão exequenda.

Art. 111. Todo aquele que se opuser ou obstaculizar a intervenção ou, cessada esta, praticar quaisquer atos que direta ou indiretamente anulem seus efeitos, no todo ou em parte, ou desobedecer a ordens legais do interventor será, conforme o caso, responsabilizado criminalmente por resistência, desobediência ou coação no curso do processo, na forma dos arts. 329, 330 e 344 do Decreto-Lei nº 2.848, de 7 de dezembro de 1940 – Código Penal.

TÍTULO IX – DISPOSIÇÕES FINAIS E TRANSITÓRIAS

Art. 112. VETADO.

Art. 113. Visando a implementar a transição para o sistema de mandatos não coincidentes, as nomeações dos Conselheiros observarão os seguintes critérios de duração dos mandatos, nessa ordem:

I – 2 (dois) anos para os primeiros 2 (dois) mandatos vagos; e

II – 3 (três) anos para o terceiro e o quarto mandatos vagos.

§ 1º Os mandatos dos membros do CADE e do Procurador-Chefe em vigor na data de promulgação desta Lei serão mantidos e exercidos até o seu término original, devendo as nomeações subsequentes à extinção desses mandatos observar o disposto neste artigo.

§ 2º Na hipótese do § 1º deste artigo, o Conselheiro que estiver exercendo o seu primeiro mandato no CADE, após o término de seu mandato original, poderá ser novamente nomeado no mesmo cargo, observado o disposto nos incisos I e II do *caput* deste artigo.

§ 3º O Conselheiro que estiver exercendo o seu segundo mandato no CADE, após o término de seu mandato original, não poderá ser novamente nomeado para o período subsequente.

§ 4º Não haverá recondução para o Procurador-Chefe que estiver exercendo mandato no CADE, após o término de seu mandato original, podendo ele ser indicado para permanecer no cargo na forma do art. 16 desta Lei.

Art. 114. VETADO.

Art. 115. Aplicam-se subsidiariamente aos processos administrativo e judicial previstos nesta Lei as disposições das Leis nºs 5.869, de 11 de janeiro de 1973 – Código de Processo Civil, 7.347, de 24 de julho de 1985, 8.078, de 11 de setembro de 1990, e 9.784, de 29 de janeiro de 1999.

► Lei nº 13.105, de 16-3-2015 (Novo Código de Processo Civil).

Art. 116. O art. 4º da Lei nº 8.137, de 27 de dezembro de 1990, passa a vigorar com a seguinte redação:

"Art. 4º ....

I – abusar do poder econômico, dominando o mercado ou eliminando, total ou parcialmente, a concorrência mediante qualquer forma de ajuste ou acordo de empresas;

a) (revogada);

b) (revogada);

c) (revogada);

d) (revogada);

e) (revogada);

f) (revogada);

II – formar acordo, convênio, ajuste ou aliança entre ofertantes, visando:

a) à fixação artificial de preços ou quantidades vendidas ou produzidas;

b) ao controle regionalizado do mercado por empresa ou grupo de empresas;

c) ao controle, em detrimento da concorrência, de rede de distribuição ou de fornecedores.

Pena – reclusão, de 2 (dois) a 5 (cinco) anos e multa.

III – (revogado);

IV – (revogado);

V – (revogado);

VI – (revogado);

VII – (revogado)."

Art. 117. O *caput* e o inciso V do art. 1º da Lei nº 7.347, de 24 de julho de 1985, passam a vigorar com a seguinte redação:

► Alterações inseridas no texto da referida Lei.

Art. 118. Nos processos judiciais em que se discuta a aplicação desta Lei, o CADE deverá ser intimado para, querendo, intervir no feito na qualidade de assistente.

Art. 119. O disposto nesta Lei não se aplica aos casos de *dumping* e subsídios de que tratam os Acordos Relativos à Implementação do Artigo VI do Acordo Geral sobre Tarifas Aduaneiras e Comércio, promulgados pelos Decretos nºs 93.941 e 93.962, de 16 e 22 de janeiro de 1987, respectivamente.

Art. 120. VETADO.

Art. 121. Ficam criados, para exercício na Secretaria de Acompanhamento Econômico e, prioritariamente, no CADE, observadas as diretrizes e quantitativos estabelecidos pelo Órgão Supervisor da Carreira, 200 (duzentos) cargos de Especialistas em Políticas Públicas e Gestão Governamental, integrantes da Carreira de Especialista em Políticas Públicas e Gestão Governamental, para o exercício das atribuições referidas no art. 1º da Lei nº 7.834, de 6 de outubro de 1989, a serem providos gradualmente, observados os limites e a autorização específica da lei de diretrizes orçamentárias, nos termos do inciso II do § 1º do art. 169 da Constituição Federal.

Parágrafo único. Ficam transferidos para o CADE os cargos pertencentes ao Ministério da Justiça atualmente alocados no Departamento de Proteção e Defesa Econômica da Secretaria de Direito Econômico, bem como o DAS-6 do Secretário de Direito Econômico.

Art. 122. Os órgãos do SBDC poderão requisitar servidores da administração pública federal direta, autárquica ou fundacional para neles ter exercício, independentemente do exercício de cargo em comissão ou função de confiança.

Parágrafo único. Ao servidor requisitado na forma deste artigo são assegurados todos os direitos e vantagens a que façam jus no órgão ou entidade de origem, considerando-se o período de requisição para todos os efeitos da vida funcional, como efetivo exercício no cargo que ocupe no órgão ou entidade de origem.

Art. 123. Ato do Ministro de Estado do Planejamento, Orçamento e Gestão fixará o quantitativo ideal de cargos efetivos, ocupados, a serem mantidos, mediante lotação, requisição ou exercício, no âmbito do CADE e da Secretaria de Acompanhamento Econômico, bem como fixará cronograma para que sejam atingidos os seus quantitativos, observadas as dotações consignadas nos Orçamentos da União.

Art. 124. Ficam criados, no âmbito do Poder Executivo Federal, para alocação ao CADE, os seguintes cargos em comissão do Grupo-Direção e Assessoramento Superiores – DAS: 2 (dois) cargos de natureza especial NES de Presidente do CADE e Superintendente-Geral do CADE, 7 (sete) DAS-6, 16 (dezesseis) DAS-4, 8 (oito) DAS-3, 11 (onze) DAS-2 e 21 (vinte e um) DAS-1.

Art. 125. O Poder Executivo disporá sobre a estrutura regimental do CADE, sobre as competências e atribuições, denominação das unidades e especificações dos cargos, promovendo a alocação, nas unidades internas da autarquia, dos cargos em comissão e das funções gratificadas.

Art. 126. Ficam extintos, no âmbito do Poder Executivo Federal, os seguintes cargos em comissão do Grupo-Direção e Assessoramento Superiores – DAS e Funções Gratificadas – FG: 3 (três) DAS-5, 2 (duas) FG-1 e 16 (dezesseis) FG-3.

Art. 127. Ficam revogados a Lei nº 9.781, de 19 de janeiro de 1999, os arts. 5º e 6º da Lei nº 8.137, de 27 de dezembro de 1990, e os arts. 1º a 85 e 88 a 93 da Lei nº 8.884, de 11 de junho de 1994.

Art. 128. Esta Lei entra em vigor após decorridos 180 (cento e oitenta) dias de sua publicação oficial.

Brasília, 30 de novembro de 2011;
190º da Independência e
123º da República.
Dilma Rousseff

LEI Nº 12.662, DE 5 DE JUNHO DE 2012

Assegura validade nacional à Declaração de Nascido Vivo – DNV, regula sua expedição, altera a Lei nº 6.015, de 31 de dezembro de 1973, e dá outras providências.

► Publicada no *DOU* de 6-6-2012.

Art. 1º Esta Lei regula a expedição e a validade nacional da Declaração de Nascido Vivo.

Art. 2º A Declaração de Nascido Vivo tem validade em todo o território nacional até que seja lavrado o assento do registro do nascimento.

Art. 3º A Declaração de Nascido Vivo será emitida para todos os nascimentos com vida ocorridos no País e será válida exclusivamente para fins de elaboração de políticas públicas e lavratura do assento de nascimento.

§ 1º A Declaração de Nascido Vivo deverá ser emitida por profissional de saúde responsável pelo acompanhamento da gestação, do parto ou do recém-nascido, inscrito no Cadastro Nacional de Estabelecimentos de Saúde – CNES ou no respectivo Conselho profissional.

§ 2º A Declaração de Nascido Vivo não substitui ou dispensa, em qualquer hipótese, o registro civil de nascimento, obrigatório e gratuito, nos termos da Lei.

Art. 4º A Declaração de Nascido Vivo deverá conter número de identificação nacionalmente unificado, a ser gerado exclusivamente pelo Ministério da Saúde, além dos seguintes dados:

I – nome e prenome do indivíduo;
II – dia, mês, ano, hora e Município de nascimento;
III – sexo do indivíduo;
IV – informação sobre gestação múltipla, quando for o caso;
V – nome e prenome, naturalidade, profissão, endereço de residência da mãe e sua idade na ocasião do parto;
VI – nome e prenome do pai; e
VII – outros dados a serem definidos em regulamento.

§ 1º O prenome previsto no inciso I não pode expor seu portador ao ridículo.

§ 2º Caso não seja possível determinar a hora do nascimento, prevista no inciso II, admite-se a declaração da hora aproximada.

§ 3º A declaração e o preenchimento dos dados do inciso VI são facultativos.

§ 4º A Declaração de Nascido Vivo deverá conter inscrição indicando que o registro civil de nascimento permanece obrigatório, não sendo substituído por esse documento.

§ 5º A Declaração de Nascido Vivo deverá conter campo para que sejam descritas, quando presentes, as anomalias ou malformações congênitas observadas.

► § 5º acrescido pela Lei nº 13.685, de 25-6-2018

Art. 5º Os dados colhidos nas Declarações de Nascido Vivo serão consolidados em sistema de informação do Ministério da Saúde.

§ 1º Os dados do sistema previsto no *caput* poderão ser compartilhados com outros órgãos públicos, para elaboração de estatísticas voltadas ao desenvolvimento, avaliação e monitoramento de políticas públicas, respeitadas as normas do Ministério da Saúde sobre acesso a informações que exigem confidencialidade.

§ 2º O sistema previsto no *caput* deverá assegurar a interoperabilidade com o sistema de registro eletrônico determinado pela Lei nº 11.977, de 7 de julho de 2009, de modo a permitir a troca de dados com os serviços de registro civil de pessoas naturais.

§ 3º O sistema previsto no *caput* deverá assegurar a interoperabilidade com o Sistema Nacional de Informações de Registro Civil (SIRC).

§ 4º Os estabelecimentos de saúde públicos e privados que realizam partos terão prazo de 1 (um) ano para se interligarem, mediante sistema informatizado, às serventias de registro civil existentes nas unidades federativas que aderirem ao sistema interligado previsto em regramento do Conselho Nacional de Justiça (CNJ).

► §§ 3º e 4º acrescidos pela Lei nº 13.257, de 8-3-2016.

Art. 6º Os arts. 49 e 54 da Lei nº 6.015, de 31 de dezembro de 1973, passam a vigorar com a seguinte redação:

► Alterações inseridas no texto da referida Lei.

Art. 7º Esta Lei entra em vigor na data de sua publicação.

Brasília, 5 de junho de 2012;
191º da Independência e
124º da República.
Dilma Rousseff

LEI Nº 12.682, DE 9 DE JULHO DE 2012

Dispõe sobre a elaboração e o arquivamento de documentos em meios eletromagnéticos.

► Publicada no *DOU* de 10-7-2012.

Art. 1º A digitalização, o armazenamento em meio eletrônico, óptico ou equivalente e a reprodução de documentos públicos e privados serão regulados pelo disposto nesta Lei.

Parágrafo único. Entende-se por digitalização a conversão da fiel imagem de um documento para código digital.

Art. 2º VETADO.

Art. 2º-A. Fica autorizado o armazenamento, em meio eletrônico, óptico ou equivalente, de documentos públicos ou privados, compostos por dados ou por imagens, observado o disposto nesta Lei, nas legislações específicas e no regulamento.

§ 1º Após a digitalização, constatada a integridade do documento digital nos termos estabelecidos no regulamento, o original poderá ser destruído, ressalvados os documentos de valor histórico, cuja preservação observará o disposto na legislação específica.

§ 2º O documento digital e a sua reprodução, em qualquer meio, realizada de acordo com o disposto nesta Lei e na legislação específica, terão o mesmo valor probatório do documento original, para todos os fins de direito, inclusive para atender ao poder fiscalizatório do Estado.

§ 3º Decorridos os respectivos prazos de decadência ou de prescrição, os documentos armazenados em meio eletrônico, óptico ou equivalente poderão ser eliminados.

§ 4º Os documentos digitalizados conforme o disposto neste artigo terão o mesmo efeito jurídico conferido aos documentos microfilmados, nos termos da Lei nº 5.433, de 8 de maio de 1968, e de regulamentação posterior.

§ 5º Ato do Secretário de Governo Digital da Secretaria Especial de Desburocratização, Gestão e Governo Digital do Ministério da Economia estabelecerá os documentos cuja reprodução conterá código de autenticação verificável.

§ 6º Ato do Conselho Monetário Nacional disporá sobre o cumprimento do disposto no § 1º deste artigo, relativamente aos documentos referentes a operações e transações realizadas no sistema financeiro nacional.

§ 7º É lícita a reprodução de documento digital, em papel ou em qualquer outro meio físico, que contiver mecanismo de verificação de integridade e autenticidade, na maneira e com a técnica definidas pelo mercado, e cabe ao particular o ônus de demonstrar integralmente a presença de tais requisitos.

§ 8º Para a garantia de preservação da integridade, da autenticidade e da confidencialidade de documentos públicos será usada certificação digital no padrão da Infraestrutura de Chaves Públicas Brasileira (ICP-Brasil).

► Art. 2º-A acrescido pela Lei nº 13.874, de 20-9-2019.

Art. 3º O processo de digitalização deverá ser realizado de forma a manter a integridade, a autenticidade e, se necessário, a confidencialidade do documento digital, com o emprego de certificado digital emitido no âmbito da Infraestrutura de Chaves Públicas Brasileira – ICP – Brasil.

★ **Nova redação do dispositivo alterado:** "Art. 3º O processo de digitalização deverá ser realizado de forma a manter a integridade, a autenticidade e, se necessário, a confidencialidade do documento digital, com o emprego de assinatura eletrônica."

► *Caput* com redação dada pela Lei nº 14.129, de 29-3-2021, para vigorar: 90 dias após a sua publicação, para a União; 120 dias após a sua publicação, para os Estados e o Distrito Federal; e, 180 dias após a sua publicação, para os Municípios (*DOU* de 30-3-2021).

Parágrafo único. Os meios de armazenamento dos documentos digitais deverão protegê-los de acesso, uso, alteração, reprodução e destruição não autorizados.

Art. 4º As empresas privadas ou os órgãos da Administração Pública direta ou indireta que utilizarem procedimentos de armazenamento de documentos em meio eletrônico, óptico ou equivalente deverão adotar sistema de indexação que possibilite a sua precisa localização, permitindo a posterior conferência da regularidade das etapas do processo adotado.

Art. 5º VETADO.

Art. 6º Os registros públicos originais, ainda que digitalizados, deverão ser preservados de acordo com o disposto na legislação pertinente.

Art. 7º VETADO.

Art. 8º Esta Lei entra em vigor na data de sua publicação.

Brasília, 9 de julho de 2012;
191º da Independência e
124º da República.

Dilma Rousseff

LEI Nº 12.694, DE 24 DE JULHO DE 2012

Dispõe sobre o processo e o julgamento colegiado em primeiro grau de jurisdição de crimes praticados por organizações criminosas; altera o Decreto-Lei nº 2.848, de 7 de dezembro de 1940 – Código Penal, o Decreto-Lei nº 3.689, de 3 de outubro de 1941 – Código de Processo Penal, e as Leis nºs 9.503, de 23 de setembro de 1997 – Código de Trânsito Brasileiro, e 10.826, de 22 de dezembro de 2003; e dá outras providências.

► Publicada no *DOU* de 25-7-2012.

Art. 1º Em processos ou procedimentos que tenham por objeto crimes praticados por organizações criminosas, o juiz poderá decidir pela formação de colegiado para a prática de qualquer ato processual, especialmente:

I – decretação de prisão ou de medidas assecuratórias;

II – concessão de liberdade provisória ou revogação de prisão;

III – sentença;

IV – progressão ou regressão de regime de cumprimento de pena;

V – concessão de liberdade condicional;

VI – transferência de preso para estabelecimento prisional de segurança máxima; e

VII – inclusão do preso no regime disciplinar diferenciado.

§ 1º O juiz poderá instaurar o colegiado, indicando os motivos e as circunstâncias que acarretam risco à sua integridade física em decisão fundamentada, da qual será dado conhecimento ao órgão correicional.

§ 2º O colegiado será formado pelo juiz do processo e por 2 (dois) outros juízes escolhidos por sorteio eletrônico dentre aqueles de competência criminal em exercício no primeiro grau de jurisdição.

§ 3º A competência do colegiado limita-se ao ato para o qual foi convocado.

§ 4º As reuniões poderão ser sigilosas sempre que houver risco de que a publicidade resulte em prejuízo à eficácia da decisão judicial.

§ 5º A reunião do colegiado composto por juízes domiciliados em cidades diversas poderá ser feita pela via eletrônica.

§ 6º As decisões do colegiado, devidamente fundamentadas e firmadas, sem exceção, por todos os seus integrantes, serão publicadas sem qualquer referência a voto divergente de qualquer membro.

§ 7º Os tribunais, no âmbito de suas competências, expedirão normas regulamentando a composição do colegiado e os procedimentos a serem adotados para o seu funcionamento.

Art. 1º-A. Os Tribunais de Justiça e os Tribunais Regionais Federais poderão instalar, nas comarcas sedes de Circunscrição ou Seção Judiciária, mediante resolução, Varas Criminais Colegiadas com competência para o processo e julgamento:

I – de crimes de pertinência a organizações criminosas armadas ou que tenham armas à disposição;

II – do crime do art. 288-A do Decreto-Lei nº 2.848, de 7 de dezembro de 1940 (Código Penal); e

III – das infrações penais conexas aos crimes a que se referem os incisos I e II do *caput* deste artigo.

§ 1º As Varas Criminais Colegiadas terão competência para todos os atos jurisdicionais no decorrer da investigação, da ação penal e da execução da pena, inclusive a transferência do preso para estabelecimento prisional de segurança máxima ou para regime disciplinar diferenciado.

§ 2º Ao receber, segundo as regras normais de distribuição, processos ou procedimentos que tenham por objeto os crimes mencionados no *caput* deste artigo, o juiz deverá declinar da competência e remeter os autos, em qualquer fase em que se encontrem, à Vara Criminal Colegiada de sua Circunscrição ou Seção Judiciária.

§ 3º Feita a remessa mencionada no § 2º deste artigo, a Vara Criminal Colegiada terá competência para todos os atos processuais posteriores, incluindo os da fase de execução.

► Art. 1º-A acrescido pela Lei nº 13.964, de 24-12-2019.

Art. 2º Para os efeitos desta Lei, considera-se organização criminosa a associação, de 3 (três) ou mais pessoas, estruturalmente ordenada e caracterizada pela divisão de tarefas, ainda que informalmente, com objetivo de obter, direta ou indiretamente, vantagem de qualquer natureza, mediante a prática de crimes cuja pena máxima seja igual ou superior a 4 (quatro) anos ou que sejam de caráter transnacional.

Art. 3º Os tribunais, no âmbito de suas competências, são autorizados a tomar medidas para reforçar a segurança dos prédios da Justiça, especialmente:

I – controle de acesso, com identificação, aos seus prédios, especialmente aqueles com varas criminais, ou às áreas dos prédios com varas criminais;

II – instalação de câmeras de vigilância nos seus prédios, especialmente nas varas criminais e áreas adjacentes;

III – instalação de aparelhos detectores de metais, aos quais se devem submeter todos que queiram ter acesso aos seus prédios, especialmente às varas criminais ou às respectivas salas de audiência, ainda que exerçam qualquer cargo ou função pública, ressalvados os integrantes de missão policial, a escolta de presos e os agentes ou inspetores de segurança próprios.

Art. 4º O art. 91 do Decreto-Lei nº 2.848, de 7 de dezembro de 1940 – Código Penal, passa a vigorar acrescido dos seguintes §§ 1º e 2º:

"Art. 91. ....

§ 1º Poderá ser decretada a perda de bens ou valores equivalentes ao produto ou proveito do crime quando estes não forem encontrados ou quando se localizarem no exterior.

§ 2º Na hipótese do § 1º, as medidas assecuratórias previstas na legislação processual poderão abranger bens ou valores equivalentes do investigado ou acusado para posterior decretação de perda."

Art. 5º O Decreto-Lei nº 3.689, de 3 de outubro de 1941 – Código de Processo Penal, passa a vigorar acrescido do seguinte art. 144-A:

"Art. 144-A. O juiz determinará a alienação antecipada para preservação do valor dos bens sempre que estiverem sujeitos a qualquer grau de deterioração ou depreciação, ou quando houver dificuldade para sua manutenção.

§ 1º O leilão far-se-á preferencialmente por meio eletrônico.

§ 2º Os bens deverão ser vendidos pelo valor fixado na avaliação judicial ou por valor maior. Não alcançado o valor estipulado pela administração judicial, será realizado novo leilão, em até 10 (dez) dias contados da realização do primeiro, podendo os bens ser alienados por valor não inferior a 80% (oitenta por cento) do estipulado na avaliação judicial.

§ 3º O produto da alienação ficará depositado em conta vinculada ao juízo até a decisão final do processo, procedendo-se à sua conversão em renda para a União, Estado ou Distrito Federal, no caso de condenação, ou, no caso de absolvição, à sua devolução ao acusado.

§ 4º Quando a indisponibilidade recair sobre dinheiro, inclusive moeda estrangeira, títulos, valores mobiliários ou cheques emitidos como ordem de pagamento, o juízo determinará a conversão do numerário apreendido em moeda nacional corrente e o depósito das correspondentes quantias em conta judicial.

§ 5º No caso da alienação de veículos, embarcações ou aeronaves, o juiz ordenará à autoridade de trânsito ou ao equivalente órgão de registro e controle a expedição de certificado de registro e licenciamento em favor do arrematante, ficando este livre do pagamento de multas, encargos e tributos anteriores, sem prejuízo de execução fiscal em relação ao antigo proprietário.

§ 6º O valor dos títulos da dívida pública, das ações das sociedades e dos títulos de crédito negociáveis em bolsa será o da cotação oficial do dia, provada por certidão ou publicação no órgão oficial.

§ 7º (VETADO)."

Art. 6º O art. 115 da Lei nº 9.503, de 23 de setembro de 1997 – Código de Trânsito Brasileiro, passa a vigorar acrescido do seguinte § 7º:

► Alterações inseridas no texto do referido Código.

Art. 7º O art. 6º da Lei nº 10.826, de 22 de dezembro de 2003, passa a vigorar acrescido do seguinte inciso XI:

"Art. 6º ....

....

XI – os tribunais do Poder Judiciário descritos no art. 92 da Constituição Federal e os Ministérios Públicos da União e dos Estados, para uso exclusivo de servidores de seus quadros pessoais que efetivamente estejam no exercício de funções de segurança, na forma de regulamento a ser emitido pelo Conselho Nacional de Justiça – CNJ e pelo Conselho Nacional do Ministério Público – CNMP.

.... "

Art. 8º A Lei nº 10.826, de 22 de dezembro de 2003, passa a vigorar acrescida do seguinte art. 7º-A:

"Art. 7º-A. As armas de fogo utilizadas pelos servidores das instituições descritas no inciso XI do art. 6º serão de propriedade, responsabilidade e guarda das respectivas instituições, somente podendo ser utilizadas quando em serviço, devendo estas observar as condições de uso e de armazenagem estabelecidas pelo órgão competente, sendo o certificado de registro e a autorização de porte expedidos pela Polícia Federal em nome da instituição.

§ 1º A autorização para o porte de arma de fogo de que trata este artigo independe do pagamento de taxa.

§ 2º O presidente do tribunal ou o chefe do Ministério Público designará os servidores de seus quadros pessoais no exercício de funções de segurança que poderão portar arma de fogo, respeitado o limite máximo de 50% (cinquenta por cento) do número de servidores que exerçam funções de segurança.

§ 3º O porte de arma pelos servidores das instituições de que trata este artigo fica condicionado à apresentação de documentação comprobatória do preenchimento dos requisitos constantes do art. 4º desta Lei, bem como à formação funcional em estabelecimentos de ensino de atividade policial e à existência de mecanismos de fiscalização e de controle interno, nas condições estabelecidas no regulamento desta Lei.

§ 4º A listagem dos servidores das instituições de que trata este artigo deverá ser atualizada semestralmente no SINARM.

§ 5º As instituições de que trata este artigo são obrigadas a registrar ocorrência policial e a comunicar à Polícia Federal eventual perda, furto, roubo ou outras formas de extravio de armas de fogo, acessórios e munições que estejam sob sua guarda, nas primeiras 24 (vinte e quatro) horas depois de ocorrido o fato."

Art. 9º Diante de situação de risco, decorrente do exercício da função, das autoridades judiciais ou membros do Ministério Público e de seus familiares, o fato será comunicado à polícia judiciária, que avaliará a necessidade, o alcance e os parâmetros da proteção pessoal.

§ 1º A proteção pessoal será prestada de acordo com a avaliação realizada pela polícia judiciária e após a comunicação à autoridade judicial ou ao membro do Ministério Público, conforme o caso:

I – pela própria polícia judiciária;

II – pelos órgãos de segurança institucional;

III – por outras forças policiais;

IV – de forma conjunta pelos citados nos incisos I, II e III.

§ 2º Será prestada proteção pessoal imediata nos casos urgentes, sem prejuízo da adequação da medida, segundo a avaliação a que se referem o *caput* e o § 1º deste artigo.

§ 3º A prestação de proteção pessoal será comunicada ao Conselho Nacional de Justiça ou ao Conselho Nacional do Ministério Público, conforme o caso.

§ 4º Verificado o descumprimento dos procedimentos de segurança definidos pela polícia judiciária, esta encaminhará relatório ao Conselho Nacional de Justiça – CNJ ou ao Conselho Nacional do Ministério Público – CNMP.

Art. 10. Esta Lei entra em vigor após decorridos 90 (noventa) dias de sua publicação oficial.

Brasília, 24 de julho de 2012;
191º da Independência e
124º da República.
Dilma Rousseff

LEI Nº 12.741, DE 8 DE DEZEMBRO DE 2012

Dispõe sobre as medidas de esclarecimento ao consumidor, de que trata o § 5º do artigo 150 da Constituição Federal; altera o inciso III do art. 6º e o inciso IV do art. 106 da Lei nº 8.078, de 11 de setembro de 1990 – Código de Defesa do Consumidor.

▸ Publicada no *DOU* de 10-12-2012.

Art. 1º Emitidos por ocasião da venda ao consumidor de mercadorias e serviços, em todo território nacional, deverá constar, dos documentos fiscais ou equivalentes, a informação do valor aproximado correspondente à totalidade dos tributos federais, estaduais e municipais, cuja incidência influi na formação dos respectivos preços de venda.

§ 1º A apuração do valor dos tributos incidentes deverá ser feita em relação a cada mercadoria ou serviço, separadamente, inclusive nas hipóteses de regimes jurídicos tributários diferenciados dos respectivos fabricantes, varejistas e prestadores de serviços, quando couber.

§ 2º A informação de que trata este artigo poderá constar de painel afixado em local visível do estabelecimento, ou por qualquer outro meio eletrônico ou impresso, de forma a demonstrar o valor ou percentual, ambos aproximados, dos tributos incidentes sobre todas as mercadorias ou serviços postos à venda.

§ 3º Na hipótese do § 2º, as informações a serem prestadas serão elaboradas em termos de percentuais sobre o preço a ser pago, quando se tratar de tributo com alíquota *ad valorem*, ou em valores monetários (no caso de alíquota específica); no caso de se utilizar meio eletrônico, este deverá estar disponível ao consumidor no âmbito do estabelecimento comercial.

§ 4º VETADO.

§ 5º Os tributos que deverão ser computados são os seguintes:

I – Imposto sobre Operações relativas a Circulação de Mercadorias e sobre Prestações de Serviços de Transporte Interestadual e Intermunicipal e de Comunicação (ICMS);

II – Imposto sobre Serviços de Qualquer Natureza (ISS);

III – Imposto sobre Produtos Industrializados (IPI);

IV – Imposto sobre Operações de Crédito, Câmbio e Seguro, ou Relativas a Títulos ou Valores Mobiliários (IOF);

V e VI – VETADOS;

VII – Contribuição Social para o Programa de Integração Social (PIS) e para o Programa de Formação do Patrimônio do Servidor Público (PASEP) – (PIS/PASEP);

VIII – Contribuição para o Financiamento da Seguridade Social (COFINS);

IX – Contribuição de Intervenção no Domínio Econômico, incidente sobre a importação e a comercialização de petróleo e seus derivados, gás natural e seus derivados, e álcool etílico combustível (CIDE).

§ 6º Serão informados ainda os valores referentes ao imposto de importação, PIS/PASEP/Importação e COFINS/Importação, na hipótese de produtos cujos insumos ou componentes sejam oriundos de operações de comércio exterior e representem percentual superior a 20% (vinte por cento) do preço de venda.

§ 7º Na hipótese de incidência do imposto sobre a importação, nos termos do § 6º, bem como da incidência do Imposto sobre Produtos Industrializados – IPI, todos os fornecedores constantes das diversas cadeias produtivas deverão fornecer aos adquirentes, em meio magnético, os valores dos 2 (dois) tributos individualizados por item comercializado.

§ 8º Em relação aos serviços de natureza financeira, quando não seja legalmente prevista a emissão de documento fiscal, as informações de que trata este artigo deverão ser feitas em tabelas afixadas nos respectivos estabelecimentos.

§ 9º VETADO.

§ 10. A indicação relativa ao IOF (prevista no inciso IV do § 5º) restringe-se aos produtos financeiros sobre os quais incida diretamente aquele tributo.

§ 11. A indicação relativa ao PIS e à COFINS (incisos VII e VIII do § 5º), limitar-se-á à tributação incidente sobre a operação de venda ao consumidor.

§ 12. Sempre que o pagamento de pessoal constituir item de custo direto do serviço ou produto fornecido ao consumidor, deve ser divulgada, ainda, a contribuição previdenciária dos empregados e dos empregadores incidente, alocada ao serviço ou produto.

Art. 2º Os valores aproximados de que trata o art. 1º serão apurados sobre cada operação, e poderão, a critério das empresas vendedoras, ser calculados e fornecidos, semestralmente, por instituição de âmbito nacional reconhecidamente idônea, voltada primordialmente à apuração e análise de dados econômicos.

Art. 3º O inciso III do art. 6º da Lei nº 8.078, de 11 de setembro de 1990, passa a vigorar com a seguinte redação:

▸ Alterações inseridas no texto do referido Código.

Art. 4º VETADO.

Art. 5º Decorrido o prazo de 12 (doze) meses, contado do início de vigência desta Lei, o descumprimento de suas disposições sujeitará o infrator às sanções previstas no Capítulo VII do Título I da Lei nº 8.078, de 11 de setembro de 1990.

▸ Artigo com a redação dada pela Lei nº 12.868, de 15-10-2013.

Art. 6º Esta Lei entra em vigor 6 (seis) meses após a data de sua publicação.

Brasília, 8 de dezembro de 2012;
191º da Independência e
124º da República.
Dilma Rousseff

DECRETO Nº 7.962, DE 15 DE MARÇO DE 2013

Regulamenta a Lei nº 8.078, de 11 de setembro de 1990, para dispor sobre a contratação no comércio eletrônico.

▸ Publicado no *DOU* de 15-3-2013, edição extra.

Art. 1º Este Decreto regulamenta a Lei nº 8.078, de 11 de setembro de 1990, para dispor sobre a contratação no comércio eletrônico, abrangendo os seguintes aspectos:

I – informações claras a respeito do produto, serviço e do fornecedor;

II – atendimento facilitado ao consumidor; e

III – respeito ao direito de arrependimento.

Art. 2º Os sítios eletrônicos ou demais meios eletrônicos utilizados para oferta ou conclusão de contrato de consumo devem disponibilizar, em local de destaque e de fácil visualização, as seguintes informações:

I – nome empresarial e número de inscrição do fornecedor, quando houver, no Cadastro Nacional de Pessoas Físicas ou no Cadastro Nacional de Pessoas Jurídicas do Ministério da Fazenda;

II – endereço físico e eletrônico, e demais informações necessárias para sua localização e contato;

III – características essenciais do produto ou do serviço, incluídos os riscos à saúde e à segurança dos consumidores;

IV – discriminação, no preço, de quaisquer despesas adicionais ou acessórias, tais como as de entrega ou seguros;

V – condições integrais da oferta, incluídas modalidades de pagamento, disponibilidade, forma e prazo da execução do serviço ou da entrega ou disponibilização do produto; e

VI – informações claras e ostensivas a respeito de quaisquer restrições à fruição da oferta.

Art. 3º Os sítios eletrônicos ou demais meios eletrônicos utilizados para ofertas de compras coletivas ou modalidades análogas de contratação deverão conter, além das informações previstas no art. 2º, as seguintes:

I – quantidade mínima de consumidores para a efetivação do contrato;

II – prazo para utilização da oferta pelo consumidor; e

III – identificação do fornecedor responsável pelo sítio eletrônico e do fornecedor do produto ou serviço ofertado, nos termos dos incisos I e II do art. 2º.

Art. 4º Para garantir o atendimento facilitado ao consumidor no comércio eletrônico, o fornecedor deverá:

I – apresentar sumário do contrato antes da contratação, com as informações necessárias ao pleno exercício do direito de escolha do consumidor, enfatizadas as cláusulas que limitem direitos;

II – fornecer ferramentas eficazes ao consumidor para identificação e correção imediata de erros ocorridos nas etapas anteriores à finalização da contratação;

III – confirmar imediatamente o recebimento da aceitação da oferta;

IV – disponibilizar o contrato ao consumidor em meio que permita sua conservação e reprodução, imediatamente após a contratação;

V – manter serviço adequado e eficaz de atendimento em meio eletrônico, que possibilite ao consumidor a resolução de demandas referentes a informação, dúvida, reclamação, suspensão ou cancelamento do contrato;

VI – confirmar imediatamente o recebimento das demandas do consumidor referidas no inciso, pelo mesmo meio empregado pelo consumidor; e

VII – utilizar mecanismos de segurança eficazes para pagamento e para tratamento de dados do consumidor.

Parágrafo único. A manifestação do fornecedor às demandas previstas no inciso V do *caput* será encaminhada em até cinco dias ao consumidor.

Art. 5º O fornecedor deve informar, de forma clara e ostensiva, os meios adequados e eficazes para o exercício do direito de arrependimento pelo consumidor.

§ 1º O consumidor poderá exercer seu direito de arrependimento pela mesma ferramenta utilizada para a contratação, sem prejuízo de outros meios disponibilizados.

§ 2º O exercício do direito de arrependimento implica a rescisão dos contratos acessórios, sem qualquer ônus para o consumidor.

§ 3º O exercício do direito de arrependimento será comunicado imediatamente pelo fornecedor à instituição financeira ou à administradora do cartão de crédito ou similar, para que:

I – a transação não seja lançada na fatura do consumidor; ou

II – seja efetivado o estorno do valor, caso o lançamento na fatura já tenha sido realizado.

§ 4º O fornecedor deve enviar ao consumidor confirmação imediata do recebimento da manifestação de arrependimento.

Art. 6º As contratações no comércio eletrônico deverão observar o cumprimento das condições da oferta, com a entrega dos produtos e serviços contratados, observados prazos, quantidade, qualidade e adequação.

Art. 7º A inobservância das condutas descritas neste Decreto ensejará aplicação das sanções previstas no art. 56 da Lei nº 8.078, de 1990.

Art. 8º O Decreto nº 5.903, de 20 de setembro de 2006, passa a vigorar com as seguintes alterações:

"Art. 10. ....

Parágrafo único. O disposto nos arts. 2º, 3º e 9º deste Decreto aplica-se às contratações no comércio eletrônico."

Art. 9º Este Decreto entra em vigor sessenta dias após a data de sua publicação.

Brasília, 15 de março de 2013;
192º da Independência e
125º da República.
Dilma Rousseff

RESOLUÇÃO DO CNJ Nº 175, DE 14 DE MAIO DE 2013

Dispõe sobre a habilitação, celebração de casamento civil, ou de conversão de união estável em casamento, entre pessoas de mesmo sexo.

▸ Publicada no *DJE* de 15-5-2013.

O Presidente do Conselho Nacional de Justiça, no uso de suas atribuições constitucionais e regimentais,

Considerando a decisão do plenário do Conselho Nacional de Justiça, tomada no julgamento do Ato Normativo nº 0002626-65.2013.2.00.0000, na 169ª Sessão Ordinária, realizada em 14 de maio de 2013;

Considerando que o Supremo Tribunal Federal, nos acórdãos prolatados em julgamento da ADPF nº 132/RJ e da ADIN nº 4277/DF, reconheceu a inconstitucionalidade de distinção de tratamento legal às uniões estáveis constituídas por pessoas de mesmo sexo;

Considerando que as referidas decisões foram proferidas com eficácia vinculante à administração pública e aos demais órgãos do Poder Judiciário;

Considerando que o Superior Tribunal de Justiça, em julgamento do RESP nº 1.183.378/RS, decidiu inexistir óbices legais à celebração de casamento entre pessoas de mesmo sexo;

Considerando a competência do Conselho Nacional de Justiça, prevista no art. 103-B, da Constituição Federal de 1988;

Resolve:

Art. 1º É vedada às autoridades competentes a recusa de habilitação, celebração de casamento civil ou de conversão de união estável em casamento entre pessoas de mesmo sexo.

Art. 2º A recusa prevista no artigo 1º implicará a imediata comunicação ao respectivo juiz corregedor para as providências cabíveis.

Art. 3º Esta resolução entra em vigor na data de sua publicação.

Brasília, 14 de maio de 2013

Ministro Joaquim Barbosa

LEI Nº 12.815, DE 5 DE JUNHO DE 2013

Dispõe sobre a exploração direta e indireta pela União de portos e instalações portuárias e sobre as atividades desempenhadas pelos operadores portuários; altera as Leis nºs 5.025, de 10 de junho de 1966, 10.233, de 5 de junho de 2001, 10.683, de 28 de maio de 2003, 9.719, de 27 de novembro de 1998, e 8.213, de 24 de julho de 1991; revoga as Leis nºs 8.630, de 25 de fevereiro de 1993, e 11.610, de 12 de dezembro de 2007, e dispositivos das Leis nºs 11.314, de 3 de julho de 2006, e 11.518, de 5 de setembro de 2007; e dá outras providências.

► Publicada no *DOU* de 5-6-2013, edição extra.

CAPÍTULO I

DEFINIÇÕES E OBJETIVOS

Art. 1º Esta Lei regula a exploração pela União, direta ou indiretamente, dos portos e instalações portuárias e as atividades desempenhadas pelos operadores portuários.

§ 1º A exploração indireta do porto organizado e das instalações portuárias nele localizadas ocorrerá mediante concessão e arrendamento de bem público.

§ 2º A exploração indireta das instalações portuárias localizadas fora da área do porto organizado ocorrerá mediante autorização, nos termos desta Lei.

§ 3º As concessões, os arrendamentos e as autorizações de que trata esta Lei serão outorgados a pessoa jurídica que demonstre capacidade para seu desempenho, por sua conta e risco.

Art. 2º Para os fins desta Lei, consideram-se:

I – porto organizado: bem público construído e aparelhado para atender a necessidades de navegação, de movimentação de passageiros ou de movimentação e armazenagem de mercadorias, e cujo tráfego e operações portuárias estejam sob jurisdição de autoridade portuária;

II – área do porto organizado: área delimitada por ato do Poder Executivo que compreende as instalações portuárias e a infraestrutura de proteção e de acesso ao porto organizado;

III – instalação portuária: instalação localizada dentro ou fora da área do porto organizado e utilizada em movimentação de passageiros, em movimentação ou armazenagem de mercadorias, destinadas ou provenientes de transporte aquaviário;

IV – terminal de uso privado: instalação portuária explorada mediante autorização e localizada fora da área do porto organizado;

V – estação de transbordo de cargas: instalação portuária explorada mediante autorização, localizada fora da área do porto organizado e utilizada exclusivamente para operação de transbordo de mercadorias em embarcações de navegação interior ou cabotagem;

VI – instalação portuária pública de pequeno porte: instalação portuária explorada mediante autorização, localizada fora do porto organizado e utilizada em movimentação de passageiros ou mercadorias em embarcações de navegação interior;

VII – instalação portuária de turismo: instalação portuária explorada mediante arrendamento ou autorização e utilizada em embarque, desembarque e trânsito de passageiros, tripulantes e bagagens, e de insumos para o provimento e abastecimento de embarcações de turismo;

VIII – VETADO:

a a c) VETADAS.

IX – concessão: cessão onerosa do porto organizado, com vistas à administração e à exploração de sua infraestrutura por prazo determinado;

X – delegação: transferência, mediante convênio, da administração e da exploração do porto organizado para Municípios ou Estados, ou a consórcio público, nos termos da Lei nº 9.277, de 10 de maio de 1996;

XI – arrendamento: cessão onerosa de área e infraestrutura públicas localizadas dentro do porto organizado, para exploração por prazo determinado;

XII – autorização: outorga de direito à exploração de instalação portuária localizada fora da área do porto organizado e formalizada mediante contrato de adesão; e

XIII – operador portuário: pessoa jurídica pré-qualificada para exercer as atividades de movimentação de passageiros ou movimentação e armazenagem de mercadorias, destinadas ou provenientes de transporte aquaviário, dentro da área do porto organizado.

Art. 3º A exploração dos portos organizados e instalações portuárias, com o objetivo de aumentar a competitividade e o desenvolvimento do País, deve seguir as seguintes diretrizes:

I – expansão, modernização e otimização da infraestrutura e da superestrutura que integram os portos organizados e instalações portuárias;

II – garantia da modicidade e da publicidade das tarifas e preços praticados no setor, da qualidade da atividade prestada e da efetividade dos direitos dos usuários;

► A alteração que seria inserida neste inciso pela Lei nº 14.047, de 24-8-2020, foi vetada, razão pela qual mantivemos a redação.

III – estímulo à modernização e ao aprimoramento da gestão dos portos organizados e instalações portuárias, à valorização e à qualificação da mão de obra portuária e à eficiência das atividades prestadas;

IV – promoção da segurança da navegação na entrada e na saída das embarcações dos portos;

V – estímulo à concorrência, por meio do incentivo à participação do setor privado e da garantia de amplo acesso aos portos organizados, às instalações e às atividades portuárias; e

► Incisos IV e V com a redação dada pela Lei nº 14.047, de 24-8-2020.

VI – liberdade de preços nas operações portuárias, reprimidos qualquer prática prejudicial à competição e o abuso do poder econômico.

► Inciso VI acrescido pela Lei nº 14.047, de 24-8-2020.

CAPÍTULO II

DA CONCESSÃO DE PORTO ORGANIZADO, DO ARRENDAMENTO E DO USO TEMPORÁRIO DE INSTALAÇÃO PORTUÁRIA

► Denominação do Capítulo com a redação dada pela Lei nº 14.047, de 24-8-2020.

Seção I

DA CONCESSÃO DE PORTO ORGANIZADO E DO ARRENDAMENTO DE INSTALAÇÃO PORTUÁRIA

Subseção I

DA CONCESSÃO DE PORTO ORGANIZADO

► Subseção I acrescida pela Lei nº 14.047, de 24-8-2020.

Art. 4º A concessão de bem público destinado à exploração do porto organizado será realizada mediante a celebração de contrato, sempre precedida de licitação, em conformidade com o disposto nesta Lei e no seu regulamento.

► Artigo com a redação dada pela Lei nº 14.047, de 24-8-2020.

Art. 5º São essenciais aos contratos de concessão as cláusulas relativas:

► *Caput* com a redação dada pela Lei nº 14.047, de 24-8-2020.

I – ao objeto, à área e ao prazo;

II – ao modo, forma e condições da exploração do porto organizado ou instalação portuária;

III – aos critérios, indicadores, fórmulas e parâmetros definidores da qualidade da atividade prestada, assim como às metas e prazos para o alcance de determinados níveis de serviço;

IV – ao valor do contrato, às tarifas praticadas e aos critérios e procedimentos de revisão e reajuste;

V – aos investimentos de responsabilidade do contratado;

VI – aos direitos e deveres dos usuários, com as obrigações correlatas do contratado e as sanções respectivas;

VII – às responsabilidades das partes;

VIII – à reversão de bens;

IX – aos direitos, garantias e obrigações do contratante e do contratado, inclusive os relacionados a necessidades futuras de suplementação, alteração e expansão da atividade e consequente modernização, aperfeiçoamento e ampliação das instalações;

X – à forma de fiscalização das instalações, dos equipamentos e dos métodos e práticas de execução das atividades, bem como à indicação dos órgãos ou entidades competentes para exercê-las;

XI – às garantias para adequada execução do contrato;

XII – à responsabilidade do titular da instalação portuária pela inexecução ou deficiente execução das atividades;

XIII – às hipóteses de extinção do contrato;

XIV – à obrigatoriedade da prestação de informações de interesse do poder concedente, da Agência Nacional de Transportes Aquaviários – ANTAQ e das demais autoridades que atuam no setor portuário, inclusive as de interesse específico da Defesa Nacional, para efeitos de mobilização;

XV – à adoção e ao cumprimento das medidas de fiscalização aduaneira de mercadorias, veículos e pessoas;

XVI – ao acesso ao porto organizado ou à instalação portuária pelo poder concedente, pela ANTAQ e pelas demais autoridades que atuam no setor portuário;

XVII – às penalidades e sua forma de aplicação; e

XVIII – ao foro.

§ 1º VETADO.

§ 2º Findo o prazo dos contratos, os bens vinculados à concessão ou ao arrendamento reverterão ao patrimônio da União, na forma prevista no contrato.

Art. 5º-A. Os contratos celebrados entre a concessionária e terceiros, inclusive os que tenham por objeto a exploração das instalações portuárias, serão regidos pelas normas de direito privado, não se estabelecendo qualquer relação jurídica entre os terceiros e o poder concedente, sem prejuízo das atividades regulatória e fiscalizatória da ANTAQ.

► Art. 5º-A acrescido pela Lei nº 14.047, de 24-8-2020.

Subseção II

DO ARRENDAMENTO DE INSTALAÇÃO PORTUÁRIA

► Subseção II acrescida pela Lei nº 14.047, de 24-8-2020.

Art. 5º-B. O arrendamento de bem público destinado à atividade portuária será realizado mediante a celebração de contrato, precedida de licitação, em conformidade com o disposto nesta Lei e no seu regulamento.

Parágrafo único. Poderá ser dispensada a realização da licitação de área no porto organizado, nos termos do regulamento, quando for comprovada a existência de um único interessado em sua exploração e estiverem presentes os seguintes requisitos:

I – realização de chamamento público pela autoridade portuária com vistas a identificar interessados na exploração econômica da área; e

II – conformidade com o plano de desenvolvimento e zoneamento do porto.

Art. 5º-C. São essenciais aos contratos de arrendamento as cláusulas relativas:

I – ao objeto, à área e ao prazo;

II – ao modo, à forma e às condições da exploração da instalação portuária;

III – ao valor do contrato e aos critérios e procedimentos de revisão e reajuste;

IV – aos investimentos de responsabilidade do contratado;

V – às responsabilidades das partes;

VI – aos direitos, às garantias e às obrigações do contratante e do contratado;

VII – à responsabilidade do titular da instalação portuária pela inexecução ou deficiente execução das atividades;

VIII – às hipóteses de extinção do contrato;

IX – à obrigatoriedade da prestação de informações de interesse do poder concedente, da ANTAQ e das demais autoridades que atuam no setor portuário, inclusive as de interesse específico da defesa nacional, para efeitos de mobilização;

X – ao acesso à instalação portuária pelo poder concedente, pela ANTAQ e pelas demais autoridades que atuam no setor portuário;

XI – às penalidades e sua forma de aplicação; e

XII – ao foro.

► Arts. 5º-B e 5º-C acrescidos pela Lei nº 14.047, de 24-8-2020.

Subseção III
DO USO TEMPORÁRIO E DAS LICITAÇÕES

▸ Subseção III acrescida pela Lei nº 14.047, de 24-8-2020.

Art. 5º-D. A administração do porto organizado poderá pactuar com o interessado na movimentação de cargas com mercado não consolidado o uso temporário de áreas e instalações portuárias localizadas na poligonal do porto organizado, dispensada a realização de licitação.

§ 1º O contrato de uso temporário terá o prazo improrrogável de até 48 (quarenta e oito) meses.

§ 2º Na hipótese de haver mais de um interessado na utilização de áreas e instalações portuárias e inexistir disponibilidade física para alocar todos os interessados concomitantemente, a administração do porto organizado promoverá processo seletivo simplificado para a escolha do projeto que melhor atenda ao interesse público e do porto, assegurados os princípios da isonomia e da impessoalidade na realização do certame.

§ 3º Os investimentos vinculados ao contrato de uso temporário ocorrerão exclusivamente a expensas do interessado, sem direito a indenização de qualquer natureza.

§ 4º Após 24 (vinte e quatro) meses de eficácia do uso temporário da área e da instalação portuária, ou, em prazo inferior, por solicitação do contratado, e verificada a viabilidade do uso da área e da instalação, a administração do porto organizado adotará as medidas necessárias ao encaminhamento de proposta de licitação da área e das instalações existentes.

§ 5º Decreto regulamentador disporá sobre os termos, os procedimentos e as condições para o uso temporário de áreas e instalações portuárias localizadas na poligonal do porto organizado.

▸ Art. 5º-D acrescido pela Lei nº 14.047, de 24-8-2020.

Art. 6º Nas licitações dos contratos de concessão e arrendamento, serão considerados como critérios para julgamento, de forma isolada ou combinada, a maior capacidade de movimentação, a menor tarifa ou o menor tempo de movimentação de carga, e outros estabelecidos no edital, na forma do regulamento.

§ 1º As licitações de que trata este artigo poderão ser realizadas na modalidade leilão, conforme regulamento.

§ 2º Compete à ANTAQ, com base nas diretrizes do poder concedente, realizar os procedimentos licitatórios de que trata este artigo.

§ 3º Os editais das licitações de que trata este artigo serão elaborados pela ANTAQ, observadas as diretrizes do poder concedente.

§ 4º VETADO.

§ 5º Sem prejuízo das diretrizes previstas no art. 3º, o poder concedente poderá determinar a transferência das competências de elaboração do edital e a realização dos procedimentos licitatórios de que trata este artigo à Administração do Porto, delegado ou não.

§ 6º O poder concedente poderá autorizar, mediante requerimento do arrendatário, na forma do regulamento, expansão da área arrendada para área contígua dentro da poligonal do porto organizado, sempre que a medida trouxer comprovadamente eficiência na operação portuária.

Art. 7º A ANTAQ poderá disciplinar a utilização em caráter excepcional, por qualquer interessado, de instalações portuárias arrendadas ou exploradas pela concessionária, assegurada a remuneração adequada ao titular do contrato.

Seção II
DA AUTORIZAÇÃO DE INSTALAÇÕES PORTUÁRIAS

Art. 8º Serão exploradas mediante autorização, precedida de chamada ou anúncio públicos e, quando for o caso, processo seletivo público, as instalações portuárias localizadas fora da área do porto organizado, compreendendo as seguintes modalidades:

I – terminal de uso privado;

II – estação de transbordo de carga;

III – instalação portuária pública de pequeno porte;

IV – instalação portuária de turismo;

V – VETADO.

§ 1º A autorização será formalizada por meio de contrato de adesão, que conterá as cláusulas essenciais previstas no *caput* do art. 5º-C desta Lei, com exceção da cláusula prevista em seu inciso III.

▸ § 1º com a redação dada pela Lei nº 14.047, de 24-8-2020.

§ 2º A autorização de instalação portuária terá prazo de até 25 (vinte e cinco) anos, prorrogável por períodos sucessivos, desde que:

I – a atividade portuária seja mantida; e

II – o autorizatário promova os investimentos necessários para a expansão e modernização das instalações portuárias, na forma do regulamento.

§ 3º A ANTAQ adotará as medidas para assegurar o cumprimento dos cronogramas de investimento previstos nas autorizações e poderá exigir garantias ou aplicar sanções, inclusive a cassação da autorização.

§ 4º VETADO.

Art. 9º Os interessados em obter a autorização de instalação portuária poderão requerê-la à ANTAQ a qualquer tempo, na forma do regulamento.

§ 1º Recebido o requerimento de autorização de instalação portuária, a ANTAQ deverá:

I – publicar o extrato do requerimento, inclusive na internet; e

II – promover a abertura de processo de anúncio público, com prazo de 30 (trinta) dias, para identificar a existência de outros interessados na obtenção de autorização de instalação portuária na mesma região e com características semelhantes.

§§ 2º e 3º VETADOS.

Art. 10. O poder concedente poderá determinar à ANTAQ, a qualquer momento e em consonância com as diretrizes do planejamento e das políticas do setor portuário, a abertura de processo de chamada pública para identificar a existência de interessados na obtenção de autorização de instalação portuária, na forma do regulamento e observado o prazo previsto no inciso II do § 1º do art. 9º.

Art. 11. O instrumento da abertura de chamada ou anúncio público indicará obrigatoriamente os seguintes parâmetros:

I – a região geográfica na qual será implantada a instalação portuária;

II – o perfil das cargas a serem movimentadas; e

III – a estimativa do volume de cargas ou de passageiros a ser movimentado nas instalações portuárias.

Parágrafo único. O interessado em autorização de instalação portuária deverá apresentar título de propriedade, inscrição de ocupação, certidão de aforamento, cessão de direito real ou outro instrumento jurídico que assegure o direito de uso e fruição do respectivo terreno, além de outros documentos previstos no instrumento de abertura.

Art. 12. Encerrado o processo de chamada ou anúncio público, o poder concedente deverá analisar a viabilidade locacional das propostas e sua adequação às diretrizes do planejamento e das políticas do setor portuário.

§ 1º Observado o disposto no regulamento, poderão ser expedidas diretamente as autorizações de instalação portuária quando:

I – o processo de chamada ou anúncio público seja concluído com a participação de um único interessado; ou

II – havendo mais de uma proposta, não haja impedimento locacional à implantação de todas elas de maneira concomitante.

§ 2º Havendo mais de uma proposta e impedimento locacional que inviabilize sua implantação de maneira concomitante, a ANTAQ deverá promover processo seletivo público, observados os princípios da legalidade, impessoalidade, moralidade, publicidade e eficiência.

§ 3º O processo seletivo público de que trata o § 2º atenderá ao disposto no regulamento e considerará como critério de julgamento, de forma isolada ou combinada, a maior capacidade de movimentação, a menor tarifa ou o menor tempo de movimentação de carga, e outros estabelecidos no edital.

§ 4º Em qualquer caso, somente poderão ser autorizadas as instalações portuárias compatíveis com as diretrizes do planejamento e das políticas do setor portuário, na forma do *caput*.

Art. 13. A ANTAQ poderá disciplinar as condições de acesso, por qualquer interessado, em caráter excepcional, às instalações portuárias autorizadas, assegurada remuneração adequada ao titular da autorização.

Seção III

DOS REQUISITOS PARA A INSTALAÇÃO DOS PORTOS E INSTALAÇÕES PORTUÁRIAS

Art. 14. A celebração do contrato de concessão ou arrendamento e a expedição de autorização serão precedidas de:

I – consulta à autoridade aduaneira;

II – consulta ao respectivo poder público municipal; e

III – emissão, pelo órgão licenciador, do termo de referência para os estudos ambientais com vistas ao licenciamento.

Seção IV

DA DEFINIÇÃO DA ÁREA DE PORTO ORGANIZADO

Art. 15. Ato do Presidente da República disporá sobre a definição da área dos portos organizados, a partir de proposta da Secretaria de Portos da Presidência da República.

Parágrafo único. A delimitação da área deverá considerar a adequação dos acessos marítimos e terrestres, os ganhos de eficiência e competitividade decorrente da escala das operações e as instalações portuárias já existentes.

CAPÍTULO III

DO PODER CONCEDENTE

Art. 16. Ao poder concedente compete:

I – elaborar o planejamento setorial em conformidade com as políticas e diretrizes de logística integrada;

II – definir as diretrizes para a realização dos procedimentos licitatórios, das chamadas públicas e dos processos seletivos de que trata esta Lei, inclusive para os respectivos editais e instrumentos convocatórios;

III – celebrar os contratos de concessão e arrendamento e expedir as autorizações de instalação portuária, devendo a ANTAQ fiscalizá-los em conformidade com o disposto na Lei nº 10.233, de 5 de junho de 2001; e

IV – estabelecer as normas, os critérios e os procedimentos para a pré-qualificação dos operadores portuários.

§ 1º Para os fins do disposto nesta Lei, o poder concedente poderá celebrar convênios ou instrumentos congêneres de cooperação técnica e administrativa com órgãos e entidades da administração pública federal, dos Estados, do Distrito Federal e dos Municípios, inclusive com repasse de recursos.

§ 2º No exercício da competência prevista no inciso II do *caput*, o poder concedente deverá ouvir previamente a Agência Nacional do Petróleo, Gás Natural e Biocombustíveis sempre que a licitação, a chamada pública ou o processo seletivo envolver instalações portuárias voltadas à movimentação de petróleo, gás natural, seus derivados e biocombustíveis.

CAPÍTULO IV

DA ADMINISTRAÇÃO DO PORTO ORGANIZADO

Seção I

DAS COMPETÊNCIAS

Art. 17. A administração do porto é exercida diretamente pela União, pela delegatária ou pela entidade concessionária do porto organizado.

§ 1º Compete à administração do porto organizado, denominada autoridade portuária:

I – cumprir e fazer cumprir as leis, os regulamentos e os contratos de concessão;

II – assegurar o gozo das vantagens decorrentes do melhoramento e aparelhamento do porto ao comércio e à navegação;

III – pré-qualificar os operadores portuários, de acordo com as normas estabelecidas pelo poder concedente;

IV – arrecadar os valores das tarifas relativas às suas atividades;

V – fiscalizar ou executar as obras de construção, reforma, ampliação, melhoramento e conservação das instalações portuárias;

VI – fiscalizar a operação portuária, zelando pela realização das atividades com regularidade, eficiência, segurança e respeito ao meio ambiente;

VII – promover a remoção de embarcações ou cascos de embarcações que possam prejudicar o acesso ao porto;

VIII – autorizar a entrada e saída, inclusive atracação e desatracação, o fundeio e o tráfego de embarcação na área do porto, ouvidas as demais autoridades do porto;

IX – autorizar a movimentação de carga das embarcações, ressalvada a competência da autoridade marítima em situações de assistência e salvamento de embarcação, ouvidas as demais autoridades do porto;

X – suspender operações portuárias que prejudiquem o funcionamento do porto, ressalvados os aspectos de interesse da autoridade marítima responsável pela segurança do tráfego aquaviário;

XI – reportar infrações e representar perante a ANTAQ, visando à instauração de processo administrativo e aplicação das penalidades previstas em lei, em regulamento e nos contratos;

XII – adotar as medidas solicitadas pelas demais autoridades no porto;

XIII – prestar apoio técnico e administrativo ao conselho de autoridade portuária e ao órgão de gestão de mão de obra;

XIV – estabelecer o horário de funcionamento do porto, observadas as diretrizes da Secretaria de Portos da Presidência da República, e as jornadas de trabalho no cais de uso público; e

XV – organizar a guarda portuária, em conformidade com a regulamentação expedida pelo poder concedente.

§ 2º A autoridade portuária elaborará e submeterá à aprovação da Secretaria de Portos da Presidência da República o respectivo Plano de Desenvolvimento e Zoneamento do Porto.

§ 3º O disposto nos incisos IX e X do § 1º não se aplica à embarcação militar que não esteja praticando comércio.

§ 4º A autoridade marítima responsável pela segurança do tráfego pode intervir para assegurar aos navios da Marinha do Brasil a prioridade para atracação no porto.

§ 5º VETADO.

Art. 18. Dentro dos limites da área do porto organizado, compete à administração do porto:

I – sob coordenação da autoridade marítima:

a) estabelecer, manter e operar o balizamento do canal de acesso e da bacia de evolução do porto;

b) delimitar as áreas de fundeadouro, de fundeio para carga e descarga, de inspeção sanitária e de polícia marítima;

c) delimitar as áreas destinadas a navios de guerra e submarinos, plataformas e demais embarcações especiais, navios em reparo ou aguardando atracação e navios com cargas inflamáveis ou explosivas;

d) estabelecer e divulgar o calado máximo de operação dos navios, em função dos levantamentos batimétricos efetuados sob sua responsabilidade; e

e) estabelecer e divulgar o porte bruto máximo e as dimensões máximas dos navios que trafegarão, em função das limitações e características físicas do cais do porto;

II – sob coordenação da autoridade aduaneira:

a) delimitar a área de alfandegamento; e

b) organizar e sinalizar os fluxos de mercadorias, veículos, unidades de cargas e de pessoas.

Art. 19. A administração do porto poderá, a critério do poder concedente, explorar direta ou indiretamente áreas não afetas às operações portuárias, observado o disposto no respectivo Plano de Desenvolvimento e Zoneamento do Porto.

Parágrafo único. O disposto no *caput* não afasta a aplicação das normas de licitação e contratação pública quando a administração do porto for exercida por órgão ou entidade sob controle estatal.

Art. 20. Será instituído em cada porto organizado um conselho de autoridade portuária, órgão consultivo da administração do porto.

§ 1º O regulamento disporá sobre as atribuições, o funcionamento e a composição dos conselhos de autoridade portuária, assegurada a participação de representantes da classe empresarial, dos trabalhadores portuários e do poder público.

§ 2º A representação da classe empresarial e dos trabalhadores no conselho a que alude o *caput* será paritária.

§ 3º A distribuição das vagas no conselho a que alude o *caput* observará a seguinte proporção:

I – 50% (cinquenta por cento) de representantes do poder público;

II – 25% (vinte e cinco por cento) de representantes da classe empresarial; e

III – 25% (vinte e cinco por cento) de representantes da classe trabalhadora.

Art. 21. Fica assegurada a participação de um representante da classe empresarial e outro da classe trabalhadora no conselho de administração ou órgão equivalente da administração do porto, quando se tratar de entidade sob controle estatal, na forma do regulamento.

Parágrafo único. A indicação dos representantes das classes empresarial e trabalhadora a que alude o *caput* será feita pelos respectivos representantes no conselho de autoridade portuária.

Art. 22. A Secretaria de Portos da Presidência da República coordenará a atuação integrada dos órgãos e entidades públicos nos portos organizados e instalações portuárias, com a finalidade de garantir a eficiência e a qualidade de suas atividades, nos termos do regulamento.

Seção II
DA ADMINISTRAÇÃO ADUANEIRA NOS PORTOS ORGANIZADOS E NAS INSTALAÇÕES PORTUÁRIAS ALFANDEGADAS

Art. 23. A entrada ou a saída de mercadorias procedentes do exterior ou a ele destinadas somente poderá efetuar-se em portos ou instalações portuárias alfandegados.

Parágrafo único. O alfandegamento de portos organizados e instalações portuárias destinados à movimentação e armazenagem de mercadorias importadas ou à exportação será efetuado após cumpridos os requisitos previstos na legislação específica.

Art. 24. Compete ao Ministério da Fazenda, por intermédio das repartições aduaneiras:

I – cumprir e fazer cumprir a legislação que regula a entrada, a permanência e a saída de quaisquer bens ou mercadorias do País;

II – fiscalizar a entrada, a permanência, a movimentação e a saída de pessoas, veículos, unidades de carga e mercadorias, sem prejuízo das atribuições das outras autoridades no porto;

III – exercer a vigilância aduaneira e reprimir o contrabando e o descaminho, sem prejuízo das atribuições de outros órgãos;

IV – arrecadar os tributos incidentes sobre o comércio exterior;

V – proceder ao despacho aduaneiro na importação e na exportação;

VI – proceder à apreensão de mercadoria em situação irregular, nos termos da legislação fiscal;

VII – autorizar a remoção de mercadorias da área portuária para outros locais, alfandegados ou não, nos casos e na forma prevista na legislação aduaneira;

VIII – administrar a aplicação de regimes suspensivos, exonerativos ou devolutivos de tributos às mercadorias importadas ou a exportar;

IX – assegurar o cumprimento de tratados, acordos ou convenções internacionais no plano aduaneiro; e

X – zelar pela observância da legislação aduaneira e pela defesa dos interesses fazendários nacionais.

§ 1º No exercício de suas atribuições, a autoridade aduaneira terá livre acesso a quaisquer dependências do porto ou instalação portuária, às embarcações atracadas ou não e aos locais onde se encontrem mercadorias procedentes do exterior ou a ele destinadas.

§ 2º No exercício de suas atribuições, a autoridade aduaneira poderá, sempre que julgar necessário, requisitar documentos e informações e o apoio de força pública federal, estadual ou municipal.

CAPÍTULO V
DA OPERAÇÃO PORTUÁRIA

Art. 25. A pré-qualificação do operador portuário será efetuada perante a administração do porto, conforme normas estabelecidas pelo poder concedente.

§ 1º As normas de pré-qualificação devem obedecer aos princípios da legalidade, impessoalidade, moralidade, publicidade e eficiência.

§ 2º A administração do porto terá prazo de 30 (trinta) dias, contado do pedido do interessado, para decidir sobre a pré-qualificação.

§ 3º Em caso de indeferimento do pedido mencionado no § 2º, caberá recurso, no prazo de 15 (quinze) dias, dirigido à Secretaria de Portos da Presidência da República, que deverá apreciá-lo no prazo de 30 (trinta) dias, nos termos do regulamento.

§ 4º Considera-se pré-qualificada como operador portuário a administração do porto.

Art. 26. O operador portuário responderá perante:

I – a administração do porto pelos danos culposamente causados à infraestrutura, às instalações e ao equipamento de que a administração do porto seja titular, que se encontre a seu serviço ou sob sua guarda;

II – o proprietário ou consignatário da mercadoria pelas perdas e danos que ocorrerem durante as operações que realizar ou em decorrência delas;

III – o armador pelas avarias ocorridas na embarcação ou na mercadoria dada a transporte;

IV – o trabalhador portuário pela remuneração dos serviços prestados e respectivos encargos;

V – o órgão local de gestão de mão de obra do trabalho avulso pelas contribuições não recolhidas;

VI – os órgãos competentes pelo recolhimento dos tributos incidentes sobre o trabalho portuário avulso; e

VII – a autoridade aduaneira pelas mercadorias sujeitas a controle aduaneiro, no período em que lhe estejam confiadas ou quando tenha controle ou uso exclusivo de área onde se encontrem depositadas ou devam transitar.

Parágrafo único. Compete à administração do porto responder pelas mercadorias a que se referem os incisos II e VII do *caput* quando estiverem em área por ela controlada e após o seu recebimento, conforme definido pelo regulamento de exploração do porto.

Art. 27. As atividades do operador portuário estão sujeitas às normas estabelecidas pela ANTAQ.

§ 1º O operador portuário é titular e responsável pela coordenação das operações portuárias que efetuar.

§ 2º A atividade de movimentação de carga a bordo da embarcação deve ser executada de acordo com a instrução de seu comandante ou de seus prepostos, responsáveis pela segurança da embarcação nas atividades de arrumação ou retirada da carga, quanto à segurança da embarcação.

Art. 28. É dispensável a intervenção de operadores portuários em operações:

I – que, por seus métodos de manipulação, suas características de automação ou mecanização, não requeiram a utilização de mão de obra ou possam ser executadas exclusivamente pela tripulação das embarcações;

II – de embarcações empregadas:

a) em obras de serviços públicos nas vias aquáticas do País, executadas direta ou indiretamente pelo poder público;

b) no transporte de gêneros de pequena lavoura e da pesca, para abastecer mercados de âmbito municipal;

c) na navegação interior e auxiliar;

d) no transporte de mercadorias líquidas a granel; e

e) no transporte de mercadorias sólidas a granel, quando a carga ou descarga for feita por aparelhos mecânicos automáticos, salvo quanto às atividades de rechego;

III – relativas à movimentação de:

a) cargas em área sob controle militar, quando realizadas por pessoal militar ou vinculado a organização militar;

b) materiais por estaleiros de construção e reparação naval; e

c) peças sobressalentes, material de bordo, mantimentos e abastecimento de embarcações; e

IV – relativas ao abastecimento de aguada, combustíveis e lubrificantes para a navegação.

Parágrafo único. VETADO.

Art. 29. As cooperativas formadas por trabalhadores portuários avulsos, registrados de acordo com esta Lei, poderão estabelecer-se como operadores portuários.

Art. 30. A operação portuária em instalações localizadas fora da área do porto organizado será disciplinada pelo titular da respectiva autorização, observadas as normas estabelecidas pelas autoridades marítima, aduaneira, sanitária, de saúde e de polícia marítima.

Art. 31. O disposto nesta Lei não prejudica a aplicação das demais normas referentes ao transporte marítimo, inclusive as decorrentes de convenções internacionais ratificadas, enquanto vincularem internacionalmente o País.

CAPÍTULO VI

DO TRABALHO PORTUÁRIO

Art. 32. Os operadores portuários devem constituir em cada porto organizado um órgão de gestão de mão de obra do trabalho portuário, destinado a:

I – administrar o fornecimento da mão de obra do trabalhador portuário e do trabalhador portuário avulso;

II – manter, com exclusividade, o cadastro do trabalhador portuário e o registro do trabalhador portuário avulso;

III – treinar e habilitar profissionalmente o trabalhador portuário, inscrevendo-o no cadastro;

IV – selecionar e registrar o trabalhador portuário avulso;

V – estabelecer o número de vagas, a forma e a periodicidade para acesso ao registro do trabalhador portuário avulso;

VI – expedir os documentos de identificação do trabalhador portuário; e

VII – arrecadar e repassar aos beneficiários os valores devidos pelos operadores portuários relativos à remuneração do trabalhador portuário avulso e aos correspondentes encargos fiscais, sociais e previdenciários.

Parágrafo único. Caso celebrado contrato, acordo ou convenção coletiva de trabalho entre trabalhadores e tomadores de serviços, o disposto no instrumento precederá o órgão gestor e dispensará sua intervenção nas relações entre capital e trabalho no porto.

Art. 33. Compete ao órgão de gestão de mão de obra do trabalho portuário avulso:

I – aplicar, quando couber, normas disciplinares previstas em lei, contrato, convenção ou acordo coletivo de trabalho, no caso de transgressão disciplinar, as seguintes penalidades:

a) repreensão verbal ou por escrito;

b) suspensão do registro pelo período de 10 (dez) a 30 (trinta) dias; ou

c) cancelamento do registro;

II – promover:

a) a formação profissional do trabalhador portuário e do trabalhador portuário avulso, adequando-a aos modernos processos de movimentação de carga e de operação de aparelhos e equipamentos portuários;

b) o treinamento multifuncional do trabalhador portuário e do trabalhador portuário avulso; e

c) a criação de programas de realocação e de cancelamento do registro, sem ônus para o trabalhador;

III – arrecadar e repassar aos beneficiários contribuições destinadas a incentivar o cancelamento do registro e a aposentadoria voluntária;

IV – arrecadar as contribuições destinadas ao custeio do órgão;

V – zelar pelas normas de saúde, higiene e segurança no trabalho portuário avulso; e

VI – submeter à administração do porto propostas para aprimoramento da operação portuária e valorização econômica do porto.

§ 1º O órgão não responde por prejuízos causados pelos trabalhadores portuários avulsos aos tomadores dos seus serviços ou a terceiros.

§ 2º O órgão responde, solidariamente com os operadores portuários, pela remuneração devida ao trabalhador portuário avulso e pelas indenizações decorrentes de acidente de trabalho.

§ 3º O órgão pode exigir dos operadores portuários garantia prévia dos respectivos pagamentos, para atender a requisição de trabalhadores portuários avulsos.

§ 4º As matérias constantes nas alíneas *a* e *b* do inciso II deste artigo serão discutidas em fórum permanente, composto, em caráter paritário, por representantes do governo e da sociedade civil.

§ 5º A representação da sociedade civil no fórum previsto no § 4º será paritária entre trabalhadores e empresários.

Art. 34. O exercício das atribuições previstas nos arts. 32 e 33 pelo órgão de gestão de mão de obra do trabalho portuário avulso não implica vínculo empregatício com trabalhador portuário avulso.

Art. 35. O órgão de gestão de mão de obra pode ceder trabalhador portuário avulso, em caráter permanente, ao operador portuário.

Art. 36. A gestão da mão de obra do trabalho portuário avulso deve observar as normas do contrato, convenção ou acordo coletivo de trabalho.

Art. 37. Deve ser constituída, no âmbito do órgão de gestão de mão de obra, comissão paritária para solucionar litígios decorrentes da aplicação do disposto nos arts. 32, 33 e 35.

§ 1º Em caso de impasse, as partes devem recorrer à arbitragem de ofertas finais.

§ 2º Firmado o compromisso arbitral, não será admitida a desistência de qualquer das partes.

§ 3º Os árbitros devem ser escolhidos de comum acordo entre as partes, e o laudo arbitral proferido para solução da pendência constitui título executivo extrajudicial.

§ 4º As ações relativas aos créditos decorrentes da relação de trabalho avulso prescrevem em 5 (cinco) anos até o limite de 2 (dois) anos após o cancelamento do registro ou do cadastro no órgão gestor de mão de obra.

Art. 38. O órgão de gestão de mão de obra terá obrigatoriamente 1 (um) conselho de supervisão e 1 (uma) diretoria executiva.

§ 1º O conselho de supervisão será composto por 3 (três) membros titulares e seus suplentes, indicados na forma do regulamento, e terá como competência:

I – deliberar sobre a matéria contida no inciso V do *caput* do art. 32;

II – editar as normas a que se refere o art. 42; e

III – fiscalizar a gestão dos diretores, examinar, a qualquer tempo, os livros e papéis do órgão e solicitar informações sobre quaisquer atos praticados pelos diretores ou seus prepostos.

§ 2º A diretoria executiva será composta por 1 (um) ou mais diretores, designados e destituíveis na forma do regulamento, cujo prazo de gestão será de 3 (três) anos, permitida a redesignação.

§ 3º Até 1/3 (um terço) dos membros do conselho de supervisão poderá ser designado para cargos de diretores.

§ 4º No silêncio do estatuto ou contrato social, competirá a qualquer diretor a representação do órgão e a prática dos atos necessários ao seu funcionamento regular.

Art. 39. O órgão de gestão de mão de obra é reputado de utilidade pública, sendo-lhe vedado ter fins lucrativos, prestar serviços a terceiros ou exercer qualquer atividade não vinculada à gestão de mão de obra.

Art. 40. O trabalho portuário de capatazia, estiva, conferência de carga, conserto de carga, bloco e vigilância de embarcações, nos portos organizados, será realizado por trabalhadores portuários com vínculo empregatício por prazo indeterminado e por trabalhadores portuários avulsos.

§ 1º Para os fins desta Lei, consideram-se:

I – capatazia: atividade de movimentação de mercadorias nas instalações dentro do porto, compreendendo o recebimento, conferência, transporte interno, abertura de volumes para a conferência aduaneira, manipulação, arrumação e entrega, bem como o carregamento e descarga de embarcações, quando efetuados por aparelhamento portuário;

II – estiva: atividade de movimentação de mercadorias nos conveses ou nos porões das embarcações principais ou auxiliares, incluindo o transbordo, arrumação, peação e despeação, bem como o carregamento e a descarga, quando realizados com equipamentos de bordo;

III – conferência de carga: contagem de volumes, anotação de suas características, procedência ou destino, verificação do estado das mercadorias, assistência à pesagem, conferência do manifesto e demais serviços correlatos, nas operações de carregamento e descarga de embarcações;

IV – conserto de carga: reparo e restauração das embalagens de mercadorias, nas operações de carregamento e descarga de embarcações, reembalagem, marcação, remarcação, carimbagem, etiquetagem, abertura de volumes para vistoria e posterior recomposição;

V – vigilância de embarcações: atividade de fiscalização da entrada e saída de pessoas a bordo das embarcações atracadas ou fundeadas ao largo, bem como da movimentação de mercadorias nos portalós, rampas, porões, conveses, plataformas e em outros locais da embarcação; e

VI – bloco: atividade de limpeza e conservação de embarcações mercantes e de seus tanques, incluindo batimento de ferrugem, pintura, reparos de pequena monta e serviços correlatos.

§ 2º A contratação de trabalhadores portuários de capatazia, bloco, estiva, conferência de carga, conserto de carga e vigilância de embarcações com vínculo empregatício por prazo indeterminado será feita exclusivamente dentre trabalhadores portuários avulsos registrados.

§ 3º O operador portuário, nas atividades a que alude o *caput*, não poderá locar ou tomar mão de obra sob o regime de trabalho temporário de que trata a Lei nº 6.019, de 3 de janeiro de 1974.

§ 4º As categorias previstas no *caput* constituem categorias profissionais diferenciadas.

§ 5º Desde que possuam a qualificação necessária, os trabalhadores portuários avulsos registrados e cadastrados poderão desempenhar quaisquer das atividades de que trata o § 1º deste artigo, vedada a exigência de novo registro ou cadastro específico, independentemente de acordo ou convenção coletiva.

► § 5º acrescido pela Lei nº 14.047, de 24-8-2020.

Art. 41. O órgão de gestão de mão de obra:

I – organizará e manterá cadastro de trabalhadores portuários habilitados ao desempenho das atividades referidas no § 1º do art. 40; e

II – organizará e manterá o registro dos trabalhadores portuários avulsos.

§ 1º A inscrição no cadastro do trabalhador portuário dependerá exclusivamente de prévia habilitação profissional do trabalhador interessado, mediante treinamento realizado em entidade indicada pelo órgão de gestão de mão de obra.

§ 2º O ingresso no registro do trabalhador portuário avulso depende de prévia seleção e inscrição no cadastro de que trata o inciso I do *caput*, obedecidas a disponibilidade de vagas e a ordem cronológica de inscrição no cadastro.

§ 3º A inscrição no cadastro e o registro do trabalhador portuário extinguem-se por morte ou cancelamento.

Art. 42. A seleção e o registro do trabalhador portuário avulso serão feitos pelo órgão de gestão de mão de obra avulsa, de acordo com as normas estabelecidas em contrato, convenção ou acordo coletivo de trabalho.

Art. 43. A remuneração, a definição das funções, a composição dos ternos, a multifuncionalidade e as demais condições do trabalho avulso serão objeto de negociação entre as entidades representativas dos trabalhadores portuários avulsos e dos operadores portuários.

Parágrafo único. A negociação prevista no *caput* contemplará a garantia de renda mínima inserida no item 2 do artigo 2 da Convenção nº 137 da Organização Internacional do Trabalho – OIT.

Art. 44. É facultada aos titulares de instalações portuárias sujeitas a regime de autorização a contratação de trabalhadores a prazo indeterminado, observado o disposto no contrato, convenção ou acordo coletivo de trabalho.

Art. 45. VETADO.

CAPÍTULO VII

DAS INFRAÇÕES E PENALIDADES

Art. 46. Constitui infração toda ação ou omissão, voluntária ou involuntária, que importe em:

I – realização de operações portuárias com infringência ao disposto nesta Lei ou com inobservância dos regulamentos do porto;

II – recusa injustificada, por parte do órgão de gestão de mão de obra, da distribuição de trabalhadores a qualquer operador portuário; ou

III – utilização de terrenos, área, equipamentos e instalações portuárias, dentro ou fora do porto organizado, com desvio de finalidade ou com desrespeito à lei ou aos regulamentos.

Parágrafo único. Responde pela infração, conjunta ou isoladamente, qualquer pessoa física ou jurídica que, intervindo na operação portuária, concorra para sua prática ou dela se beneficie.

Art. 47. As infrações estão sujeitas às seguintes penas, aplicáveis separada ou cumulativamente, de acordo com a gravidade da falta:

I – advertência;

II – multa;

III – proibição de ingresso na área do porto por período de 30 (trinta) a 180 (cento e oitenta) dias;

IV – suspensão da atividade de operador portuário, pelo período de 30 (trinta) a 180 (cento e oitenta) dias; ou

V – cancelamento do credenciamento do operador portuário.

Parágrafo único. Sem prejuízo do disposto nesta Lei, aplicam-se subsidiariamente às infrações previstas no art. 46 as penalidades estabelecidas na Lei nº 10.233, de 5 de junho de 2001, separada ou cumulativamente, de acordo com a gravidade da falta.

Art. 48. Apurada, no mesmo processo, a prática de 2 (duas) ou mais infrações pela mesma pessoa física ou jurídica, aplicam-se cumulativamente as penas a elas cominadas, se as infrações não forem idênticas.

§ 1º Serão reunidos em um único processo os diversos autos ou representações de infração continuada, para aplicação da pena.

§ 2º Serão consideradas continuadas as infrações quando se tratar de repetição de falta ainda não apurada ou objeto do processo, de cuja instauração o infrator não tenha conhecimento, por meio de intimação.

Art. 49. Na falta de pagamento de multa no prazo de 30 (trinta) dias, contado da ciência pelo infrator da decisão final que impuser a penalidade, será realizado processo de execução.

Art. 50. As importâncias pecuniárias resultantes da aplicação das multas previstas nesta Lei reverterão para a ANTAQ, na forma do inciso V do *caput* do art. 77 da Lei nº 10.233, de 5 de junho de 2001.

Art. 51. O descumprimento do disposto nos arts. 36, 39 e 42 desta Lei sujeitará o infrator à multa prevista no inciso I do art. 10 da Lei nº 9.719, de 27 de novembro de 1998, sem prejuízo das demais sanções cabíveis.

Art. 52. O descumprimento do disposto no *caput* e no § 3º do art. 40 desta Lei sujeitará o infrator à multa prevista no inciso III do art. 10 da Lei nº 9.719, de 27 de novembro de 1998, sem prejuízo das demais sanções cabíveis.

CAPÍTULO VIII

DO PROGRAMA NACIONAL DE DRAGAGEM PORTUÁRIA E HIDROVIÁRIA II

Art. 53. Fica instituído o Programa Nacional de Dragagem Portuária e Hidroviária II, a ser implantado pela Secretaria de Portos da Presidência da República e pelo Ministério dos Transportes, nas respectivas áreas de atuação.

§ 1º O Programa de que trata o *caput* abrange, dentre outras atividades:

I – as obras e serviços de engenharia de dragagem para manutenção ou ampliação de áreas portuárias e de hidrovias, inclusive canais de navegação, bacias de evolução e de fundeio, e berços de atracação, compreendendo a remoção do material submerso e a escavação ou derrocamento do leito;

II – o serviço de sinalização e balizamento, incluindo a aquisição, instalação, reposição, manutenção e modernização de sinais náuticos e equipamentos necessários às hidrovias e ao acesso aos portos e terminais portuários;

III – o monitoramento ambiental; e

IV – o gerenciamento da execução dos serviços e obras.

§ 2º Para fins do Programa de que trata o *caput*, consideram-se:

I – dragagem: obra ou serviço de engenharia que consiste na limpeza, desobstrução, remoção, derrocamento ou escavação de material do fundo de rios, lagos, mares, baías e canais;

II – draga: equipamento especializado acoplado à embarcação ou à plataforma fixa, móvel ou flutuante, utilizado para execução de obras ou serviços de dragagem;

III – material dragado: material retirado ou deslocado do leito dos corpos d'água decorrente da atividade de dragagem e transferido para local de despejo autorizado pelo órgão competente;

IV – empresa de dragagem: pessoa jurídica que tenha por objeto a realização de obra ou serviço de dragagem com a utilização ou não de embarcação; e

V – sinalização e balizamento: sinais náuticos para o auxílio à navegação e à transmissão de informações ao navegante, de forma a possibilitar posicionamento seguro de acesso e tráfego.

Art. 54. A dragagem por resultado compreende a contratação de obras de engenharia destinadas ao aprofundamento, alargamento ou expansão de áreas portuárias e de hidrovias, inclusive canais de navegação, bacias de evolução e de fundeio e berços de atracação, bem como os serviços de sinalização, balizamento, monitoramento ambiental e outros com o objetivo de manter as condições de profundidade e segurança estabelecidas no projeto implantado.

§ 1º As obras ou serviços de dragagem por resultado poderão contemplar mais de um porto, num mesmo contrato, quando essa medida for mais vantajosa para a administração pública.

§ 2º Na contratação de dragagem por resultado, é obrigatória a prestação de garantia pelo contratado.

§ 3º A duração dos contratos de que trata este artigo será de até 10 (dez) anos, improrrogável.

§ 4º As contratações das obras e serviços no âmbito do Programa Nacional de Dragagem Portuária e Hidroviária II poderão ser feitas por meio de licitações internacionais e utilizar o Regime Diferenciado de Contratações Públicas, de que trata a Lei nº 12.462, de 4 de agosto de 2011.

§ 5º A administração pública poderá contratar empresa para gerenciar e auditar os serviços e obras contratados na forma do *caput*.

Art. 55. As embarcações destinadas à dragagem sujeitam-se às normas específicas de segurança da navegação estabelecidas pela autoridade marítima e não se submetem ao disposto na Lei nº 9.432, de 8 de janeiro de 1997.

CAPÍTULO IX
DISPOSIÇÕES FINAIS E TRANSITÓRIAS

Art. 56. VETADO.

Parágrafo único. VETADO.

Art. 57. Os contratos de arrendamento em vigor firmados sob a Lei nº 8.630, de 25 de fevereiro de 1993, que possuam previsão expressa de prorrogação ainda não realizada, poderão ter sua prorrogação antecipada, a critério do poder concedente.

§ 1º A prorrogação antecipada de que trata o *caput* dependerá da aceitação expressa de obrigação de realizar investimentos, segundo plano elaborado pelo arrendatário e aprovado pelo poder concedente em até 60 (sessenta) dias.

§ 2º VETADO.

§ 3º Caso, a critério do poder concedente, a antecipação das prorrogações de que trata o *caput* não seja efetivada, tal decisão não implica obrigatoriamente na recusa da prorrogação contratual prevista originalmente.

§ 4º VETADO.

§ 5º O Poder Executivo deverá encaminhar ao Congresso Nacional, até o último dia útil do mês de março de cada ano, relatório detalhado sobre a implementação das iniciativas tomadas com base nesta Lei, incluindo, pelo menos, as seguintes informações:

I – relação dos contratos de arrendamento e concessão em vigor até 31 de dezembro do ano anterior, por porto organizado, indicando data dos contratos, empresa detentora, objeto detalhado, área, prazo de vigência e situação de adimplemento com relação às cláusulas contratuais;

II – relação das instalações portuárias exploradas mediante autorizações em vigor até 31 de dezembro do ano anterior, segundo a localização, se dentro ou fora do porto organizado, indicando data da autorização, empresa detentora, objeto detalhado, área, prazo de vigência e situação de adimplemento com relação às cláusulas dos termos de adesão e autorização;

III – relação dos contratos licitados no ano anterior com base no disposto no art. 56 desta Lei, por porto organizado, indicando data do contrato, modalidade da licitação, empresa detentora, objeto, área, prazo de vigência e valor dos investimentos realizados e previstos nos contratos de concessão ou arrendamento;

IV – relação dos termos de autorização e os contratos de adesão adaptados no ano anterior, com base no disposto nos arts. 58 e 59 desta Lei, indicando data do contrato de autorização, empresa detentora, objeto, área, prazo de vigência e valor dos investimentos realizados e previstos nos termos de adesão e autorização;

V – relação das instalações portuárias operadas no ano anterior com base no previsto no art. 7º desta Lei, indicando empresa concessionária, empresa que utiliza efetivamente a instalação portuária, motivo e justificativa da utilização por interessado não detentor do arrendamento ou concessão e prazo de utilização.

Art. 58. Os termos de autorização e os contratos de adesão em vigor deverão ser adaptados ao disposto nesta Lei, em especial ao previsto nos §§ 1º a 4º do art. 8º, independentemente de chamada pública ou processo seletivo.

Parágrafo único. A ANTAQ deverá promover a adaptação de que trata o *caput* no prazo de 1 (um) ano, contado da data de publicação desta Lei.

Art. 59. As instalações portuárias enumeradas nos incisos I a IV do *caput* do art. 8º, localizadas dentro da área do porto organizado, terão assegurada a continuidade das suas atividades, desde que realizada a adaptação nos termos do art. 58.

Parágrafo único. Os pedidos de autorização para exploração de instalações portuárias enumeradas nos incisos I a IV do art. 8º, localizadas dentro da área do porto organizado, protocolados na ANTAQ até dezembro de 2012, poderão ser deferidos pelo poder concedente, desde que tenha sido comprovado até a referida data o domínio útil da área.

Art. 60. Os procedimentos licitatórios para contratação de dragagem homologados e os contratos de dragagem em vigor na data da publicação desta Lei permanecem regidos pelo disposto na Lei nº 11.610, de 12 de dezembro de 2007.

Art. 61. Até a publicação do regulamento previsto nesta Lei, ficam mantidas as regras para composição dos conselhos da autoridade portuária e dos conselhos de supervisão e diretorias executivas dos órgãos de gestão de mão de obra.

Art. 62. O inadimplemento, pelas concessionárias, arrendatárias, autorizatárias e operadoras portuárias no recolhimento de tarifas portuárias e outras obrigações financeiras perante a administração do porto e a ANTAQ, assim declarado em decisão final, impossibilita a inadimplente de celebrar ou prorrogar contratos de concessão e arrendamento, bem como obter novas autorizações.

§ 1º Para dirimir litígios relativos aos débitos a que se refere o *caput*, poderá ser utilizada a arbitragem, nos termos da Lei nº 9.307, de 23 de setembro de 1996.

§ 2º O impedimento previsto no *caput* também se aplica às pessoas jurídicas, direta ou indiretamente, controladoras, controladas, coligadas, ou de controlador comum com a inadimplente.

Art. 63. As Companhias Docas observarão regulamento simplificado para contratação de serviços e aquisição de bens, observados os princípios constitucionais da publicidade, impessoalidade, moralidade, economicidade e eficiência.

Art. 64. As Companhias Docas firmarão com a Secretaria de Portos da Presidência da República compromissos de metas e desempenho empresarial que estabelecerão, nos termos do regulamento:

I – objetivos, metas e resultados a serem atingidos, e prazos para sua consecução;

II – indicadores e critérios de avaliação de desempenho;

III – retribuição adicional em virtude do seu cumprimento; e

IV – critérios para a profissionalização da gestão das Docas.

Art. 65. Ficam transferidas à Secretaria de Portos da Presidência da República as competências atribuídas ao Ministério dos Transportes e ao Departamento Nacional de Infraestrutura de Transportes – DNIT em leis gerais e específicas relativas a portos fluviais e lacustres, exceto as competências relativas a instalações portuárias públicas de pequeno porte.

Art. 66. Aplica-se subsidiariamente às licitações de concessão de porto organizado e de arrendamento de instalação portuária o disposto nas Leis nºs 12.462, de 4 de agosto de 2011, 8.987, de 13 de fevereiro de 1995, e 8.666, de 21 de junho de 1993.

Art. 67. Aplica-se subsidiariamente a esta Lei o disposto na Lei nº 10.233, de 5 de junho de 2001, em especial no que se refere às competências e atribuições da ANTAQ.

Art. 68. As poligonais de áreas de portos organizados que não atendam ao disposto no art. 15 deverão ser adaptadas no prazo de 1 (um) ano.

Art. 69. VETADO.

Art. 70. O art. 29 da Lei nº 5.025, de 10 de junho de 1966, passa a vigorar com a seguinte redação:

> "Art. 29. Os serviços públicos necessários à importação e exportação deverão ser centralizados pela administração pública em todos os portos organizados.
>
> § 1º Os serviços de que trata o *caput* serão prestados em horário corrido e coincidente com a operação de cada porto, em turnos, inclusive aos domingos e feriados.
>
> § 2º O horário previsto no § 1º poderá ser reduzido por ato do Poder Executivo, desde que não haja prejuízo à segurança nacional e à operação portuária.
>
> .... "

Art. 71. A Lei nº 10.233, de 5 de junho de 2001, passa a vigorar com as seguintes alterações:

> "Art. 13. Ressalvado o disposto em legislação específica, as outorgas a que se refere o inciso I do *caput* do art. 12 serão realizadas sob a forma de:
>
> .... "
>
> "Art. 14. Ressalvado o disposto em legislação específica, o disposto no art. 13 aplica-se conforme as seguintes diretrizes:
>
> ....
>
> III – depende de autorização:
>
> ....
>
> *c*) a construção e a exploração das instalações portuárias de que trata o art. 8º da Lei na qual foi convertida a Medida Provisória nº 595, de 6 de dezembro de 2012;
>
> ....
>
> *g*) (revogada);
>
> *h*) (revogada);
>
> .... "
>
> "Art. 20. ....
>
> I – implementar, nas respectivas esferas de atuação, as políticas formuladas pelo Conselho Nacional de Integração de Políticas de Transporte, pelo Ministério dos Transportes e pela Secretaria de Portos da Presidência da República, nas respectivas áreas de competência, segundo os princípios e diretrizes estabelecidos nesta Lei;
>
> .... "
>
> "Art. 21. Ficam instituídas a Agência Nacional de Transportes Terrestres – ANTT e a Agência Nacional de Transportes Aquaviários – ANTAQ, entidades integrantes da administração federal indireta, submetidas ao regime autárquico especial e vinculadas, respectivamente, ao Ministério dos Transportes e à Secretaria de Portos da Presidência da República, nos termos desta Lei.
>
> .... "
>
> "Art. 23. Constituem a esfera de atuação da ANTAQ:
>
> ....
>
> II – os portos organizados e as instalações portuárias neles localizadas;
>
> III – as instalações portuárias de que trata o art. 8º da Lei na qual foi convertida a Medida Provisória nº 595, de 6 de dezembro de 2012;
>
> ....
>
> § 1º A ANTAQ articular-se-á com órgãos e entidades da administração, para resolução das interfaces do transporte aquaviário com as outras modalidades de transporte, com a finalidade de promover a movimentação intermodal mais econômica e segura de pessoas e bens.
>
> .... "
>
> "Art. 27. ....
>
> I – promover estudos específicos de demanda de transporte aquaviário e de atividades portuárias;
>
> ....
>
> III – propor ao Ministério dos Transportes o plano geral de outorgas de exploração da infraestrutura aquaviária e de prestação de serviços de transporte aquaviário;
>
> *a*) (revogada);
>
> *b*) (revogada);
>
> ....
>
> VII – promover as revisões e os reajustes das tarifas portuárias, assegurada a comunicação prévia, com antecedência mínima de 15 (quinze) dias úteis, ao poder concedente e ao Ministério da Fazenda;
>
> ....
>
> XIV – estabelecer normas e padrões a serem observados pelas administrações portuárias, concessionários, arrendatários, autorizatários e operadores portuários, nos termos da Lei na qual foi convertida a Medida Provisória nº 595, de 6 de dezembro de 2012;
>
> XV – elaborar editais e instrumentos de convocação e promover os procedimentos de licitação e seleção para concessão, arrendamento ou autorização da exploração de portos organizados ou instalações portuárias, de acordo com as diretrizes do poder concedente, em obediência ao disposto na Lei na qual foi convertida a Medida Provisória nº 595, de 6 de dezembro de 2012;

XVI – cumprir e fazer cumprir as cláusulas e condições dos contratos de concessão de porto organizado ou dos contratos de arrendamento de instalações portuárias quanto à manutenção e reposição dos bens e equipamentos reversíveis à União de que trata o inciso VIII do *caput* do art. 5º da Lei na qual foi convertida a Medida Provisória nº 595, de 6 de dezembro de 2012;

....

XXII – fiscalizar a execução dos contratos de adesão das autorizações de instalação portuária de que trata o art. 8º da Lei na qual foi convertida a Medida Provisória nº 595, de 6 de dezembro de 2012 ;

....

XXV – celebrar atos de outorga de concessão para a exploração da infraestrutura aquaviária, gerindo e fiscalizando os respectivos contratos e demais instrumentos administrativos;

XXVI – fiscalizar a execução dos contratos de concessão de porto organizado e de arrendamento de instalação portuária, em conformidade com o disposto na Lei na qual foi convertida a Medida Provisória nº 595, de 6 de dezembro de 2012;

XXVII – (revogado).

§ 1º...

....

II – participar de foros internacionais, sob a coordenação do Poder Executivo; e

....

§ 3º (Revogado).

§ 4º (Revogado)."

"Art. 33. Ressalvado o disposto em legislação específica, os atos de outorga de autorização, concessão ou permissão editados e celebrados pela ANTT e pela ANTAQ obedecerão ao disposto na Lei nº 8.987, de 13 de fevereiro de 1995, nas Subseções II, III, IV e V desta Seção e nas regulamentações complementares editadas pelas Agências."

"Art. 34-A...

....

§ 2º O edital de licitação indicará obrigatoriamente, ressalvado o disposto em legislação específica:

...."

"Art. 35. O contrato de concessão deverá refletir fielmente as condições do edital e da proposta vencedora e terá como cláusulas essenciais, ressalvado o disposto em legislação específica, as relativas a:

...."

"Art. 43. A autorização, ressalvado o disposto em legislação específica, será outorgada segundo as diretrizes estabelecidas nos arts. 13 e 14 e apresenta as seguintes características:

...."

"Art. 44. A autorização, ressalvado o disposto em legislação específica, será disciplinada em regulamento próprio e será outorgada mediante termo que indicará:

...."

"Art. 51-A. Fica atribuída à ANTAQ a competência de fiscalização das atividades desenvolvidas pelas administrações de portos organizados, pelos operadores portuários e pelas arrendatárias ou autorizatárias de instalações portuárias, observado o disposto na Lei na qual foi convertida a Medida Provisória nº 595, de 6 de dezembro de 2012 .

§ 1º Na atribuição citada no *caput* incluem-se as administrações dos portos objeto de convênios de delegação celebrados nos termos da Lei nº 9.277, de 10 de maio de 1996.

§ 2º A ANTAQ prestará ao Ministério dos Transportes ou à Secretaria de Portos da Presidência da República todo apoio necessário à celebração dos convênios de delegação."

"Art. 56...

Parágrafo único. Cabe ao Ministro de Estado dos Transportes ou ao Ministro de Estado Chefe da Secretaria de Portos da Presidência da República, conforme o caso, instaurar o processo administrativo disciplinar, competindo ao Presidente da República determinar o afastamento preventivo, quando for o caso, e proferir o julgamento."

"Art. 67. As decisões das Diretorias serão tomadas pelo voto da maioria absoluta de seus membros, cabendo ao Diretor-Geral o voto de qualidade, e serão registradas em atas.

Parágrafo único. As datas, as pautas e as atas das reuniões de Diretoria, assim como os documentos que as instruam, deverão ser objeto de ampla publicidade, inclusive por meio da internet, na forma do regulamento."

"Art. 78. A ANTT e a Antaq submeterão ao Ministério dos Transportes e à Secretaria de Portos da Presidência da República, respectivamente, suas propostas orçamentárias anuais, nos termos da legislação em vigor.

...."

"Art. 78-A. ...

§ 1º Na aplicação das sanções referidas no *caput*, a Antaq observará o disposto na Lei na qual foi convertida a Medida Provisória nº 595, de 6 de dezembro de 2012.

§ 2º A aplicação da sanção prevista no inciso IV do *caput*, quando se tratar de concessão de porto organizado ou arrendamento e autorização de instalação portuária, caberá ao poder concedente, mediante proposta da ANTAQ."

"Art. 81...

....

III – instalações e vias de transbordo e de interface intermodal, exceto as portuárias;

IV – (revogado)".

"Art. 82...

....

§ 2º No exercício das atribuições previstas neste artigo e relativas a vias navegáveis, o DNIT observará as prerrogativas específicas da autoridade marítima.

...."

Art. 72. A Lei nº 10.683, de 28 de maio de 2003, passa a vigorar com as seguintes alterações:

"Art. 24-A. À Secretaria de Portos compete assessorar direta e imediatamente o Presidente da República na formulação de políticas e diretrizes para o desenvolvimento e o fomento do setor de portos e instalações portuárias marítimos, fluviais e lacustres e, especialmente, promover a execução e a avaliação de medidas, programas e projetos de apoio ao desenvolvimento da infraestrutura e da superestrutura dos portos e instalações portuárias marítimos, fluviais e lacustres.

....

§ 2º...

....

III – a elaboração dos planos gerais de outorgas;

....

V – o desenvolvimento da infraestrutura e da superestrutura aquaviária dos portos e instalações portuárias sob sua esfera de atuação, com a finalidade de promover a segurança e a eficiência do transporte aquaviário de cargas e de passageiros.

...."

"Art. 27. ....

....

XXII – ....

a) política nacional de transportes ferroviário, rodoviário e aquaviário;

b) marinha mercante e vias navegáveis; e

c) participação na coordenação dos transportes aeroviários;

.... "

Art. 73. A Lei nº 9.719, de 27 de novembro de 1998, passa a vigorar acrescida do seguinte art. 10-A:

"Art. 10-A. É assegurado, na forma do regulamento, benefício assistencial mensal, de até 1 (um) salário mínimo, aos trabalhadores portuários avulsos, com mais de 60 (sessenta) anos, que não cumprirem os requisitos para a aquisição das modalidades de aposentadoria previstas nos arts. 42, 48, 52 e 57 da Lei nº 8.213, de 24 de julho de 1991, e que não possuam meios para prover a sua subsistência.

Parágrafo único. O benefício de que trata este artigo não pode ser acumulado pelo beneficiário com qualquer outro no âmbito da seguridade social ou de outro regime, salvo os da assistência médica e da pensão especial de natureza indenizatória."

Art. 74. VETADO.

Art. 75. Esta Lei entra em vigor na data de sua publicação.

Art. 76. Ficam revogados:

I – a Lei nº 8.630, de 25 de fevereiro de 1993;

II – a Lei nº 11.610, de 12 de dezembro de 2007;

III – o art. 21 da Lei nº 11.314, de 3 de julho de 2006;

IV – o art. 14 da Lei nº 11.518, de 5 de setembro de 2007;

V – os seguintes dispositivos da Lei nº 10.233, de 5 de junho de 2001:

a) as alíneas *g* e *h* do inciso III do *caput* do art. 14;

b) as alíneas *a* e *b* do inciso III do *caput* do art. 27;

c) o inciso XXVII do *caput* do art. 27;

d) os §§ 3º e 4º do art. 27; e

e) o inciso IV do *caput* do art. 81; e

VI – o art. 11 da Lei nº 9.719, de 27 de novembro de 1998.

Brasília, 5 de junho de 2013;
192º da Independência e
125º da República.

Dilma Rousseff

LEI Nº 12.846, DE 1º DE AGOSTO DE 2013

Dispõe sobre a responsabilização administrativa e civil de pessoas jurídicas pela prática de atos contra a administração pública, nacional ou estrangeira, e dá outras providências.

▸ Publicada no *DOU* de 2-8-2013.

CAPÍTULO I
DISPOSIÇÕES GERAIS

Art. 1º Esta Lei dispõe sobre a responsabilização objetiva administrativa e civil de pessoas jurídicas pela prática de atos contra a administração pública, nacional ou estrangeira.

Parágrafo único. Aplica-se o disposto nesta Lei às sociedades empresárias e às sociedades simples, personificadas ou não, independentemente da forma de organização ou modelo societário adotado, bem como a quaisquer fundações, associações de entidades ou pessoas, ou sociedades estrangeiras, que tenham sede, filial ou representação no território brasileiro, constituídas de fato ou de direito, ainda que temporariamente.

Art. 2º As pessoas jurídicas serão responsabilizadas objetivamente, nos âmbitos administrativo e civil, pelos atos lesivos previstos nesta Lei praticados em seu interesse ou benefício, exclusivo ou não.

Art. 3º A responsabilização da pessoa jurídica não exclui a responsabilidade individual de seus dirigentes ou administradores ou de qualquer pessoa natural, autora, coautora ou partícipe do ato ilícito.

§ 1º A pessoa jurídica será responsabilizada independentemente da responsabilização individual das pessoas naturais referidas no *caput*.

§ 2º Os dirigentes ou administradores somente serão responsabilizados por atos ilícitos na medida da sua culpabilidade.

Art. 4º Subsiste a responsabilidade da pessoa jurídica na hipótese de alteração contratual, transformação, incorporação, fusão ou cisão societária.

§ 1º Nas hipóteses de fusão e incorporação, a responsabilidade da sucessora será restrita à obrigação de pagamento de multa e reparação integral do dano causado, até o limite do patrimônio transferido, não lhe sendo aplicáveis as demais sanções previstas nesta Lei decorrentes de atos e fatos ocorridos antes da data da fusão ou incorporação, exceto no caso de simulação ou evidente intuito de fraude, devidamente comprovados.

§ 2º As sociedades controladoras, controladas, coligadas ou, no âmbito do respectivo contrato, as consorciadas serão solidariamente responsáveis pela prática dos atos previstos nesta Lei, restringindo-se tal responsabilidade à obrigação de pagamento de multa e reparação integral do dano causado.

CAPÍTULO II
DOS ATOS LESIVOS À ADMINISTRAÇÃO PÚBLICA NACIONAL OU ESTRANGEIRA

Art. 5º Constituem atos lesivos à administração pública, nacional ou estrangeira, para os fins desta Lei, todos aqueles praticados pelas pessoas jurídicas mencionadas no parágrafo único do art. 1º, que atentem contra o patrimônio público nacional ou estrangeiro, contra princípios da administração pública ou contra os compromissos internacionais assumidos pelo Brasil, assim definidos:

I – prometer, oferecer ou dar, direta ou indiretamente, vantagem indevida a agente público, ou a terceira pessoa a ele relacionada;

II – comprovadamente, financiar, custear, patrocinar ou de qualquer modo subvencionar a prática dos atos ilícitos previstos nesta Lei;

III – comprovadamente, utilizar-se de interposta pessoa física ou jurídica para ocultar ou dissimular seus reais interesses ou a identidade dos beneficíos dos atos praticados;

IV – no tocante a licitações e contratos:

a) frustrar ou fraudar, mediante ajuste, combinação ou qualquer outro expediente, o caráter competitivo de procedimento licitatório público;

b) impedir, perturbar ou fraudar a realização de qualquer ato de procedimento licitatório público;

c) afastar ou procurar afastar licitante, por meio de fraude ou oferecimento de vantagem de qualquer tipo;

d) fraudar licitação pública ou contrato dela decorrente;

e) criar, de modo fraudulento ou irregular, pessoa jurídica para participar de licitação pública ou celebrar contrato administrativo;

f) obter vantagem ou benefício indevido, de modo fraudulento, de modificações ou prorrogações de contratos celebrados com a administração pública, sem autorização em lei, no ato convocatório da licitação pública ou nos respectivos instrumentos contratuais; ou

g) manipular ou fraudar o equilíbrio econômico-financeiro dos contratos celebrados com a administração pública;

V – dificultar atividade de investigação ou fiscalização de órgãos, entidades ou agentes públicos, ou intervir em sua atuação, inclusive no âmbito das agências reguladoras e dos órgãos de fiscalização do sistema financeiro nacional.

§ 1º Considera-se administração pública estrangeira os órgãos e entidades estatais ou representações diplomáticas de país estrangeiro, de qualquer nível ou esfera de governo, bem como as pessoas jurídicas controladas, direta ou indiretamente, pelo poder público de país estrangeiro.

§ 2º Para os efeitos desta Lei, equiparam-se à administração pública estrangeira as organizações públicas internacionais.

§ 3º Considera-se agente público estrangeiro, para os fins desta Lei, quem, ainda que transitoriamente ou sem remuneração, exerça cargo, emprego ou função pública em órgãos, entidades estatais ou em representações diplomáticas de país estrangeiro, assim como em pessoas jurídicas controladas, direta ou indiretamente, pelo poder público de país estrangeiro ou em organizações públicas internacionais.

CAPÍTULO III
DA RESPONSABILIZAÇÃO ADMINISTRATIVA

Art. 6º Na esfera administrativa, serão aplicadas às pessoas jurídicas consideradas responsáveis pelos atos lesivos previstos nesta Lei as seguintes sanções:

I – multa, no valor de 0,1% (um décimo por cento) a 20% (vinte por cento) do faturamento bruto do último exercício anterior ao da instauração do processo administrativo, excluídos os tributos, a qual nunca será inferior à vantagem auferida, quando for possível sua estimação; e

II – publicação extraordinária da decisão condenatória.

§ 1º As sanções serão aplicadas fundamentadamente, isolada ou cumulativamente, de acordo com as peculiaridades do caso concreto e com a gravidade e natureza das infrações.

§ 2º A aplicação das sanções previstas neste artigo será precedida da manifestação jurídica elaborada pela Advocacia Pública ou pelo órgão de assistência jurídica, ou equivalente, do ente público.

§ 3º A aplicação das sanções previstas neste artigo não exclui, em qualquer hipótese, a obrigação da reparação integral do dano causado.

§ 4º Na hipótese do inciso I do *caput*, caso não seja possível utilizar o critério do valor do faturamento bruto da pessoa jurídica, a multa será de R$ 6.000,00 (seis mil reais) a R$ 60.000.000,00 (sessenta milhões de reais).

§ 5º A publicação extraordinária da decisão condenatória ocorrerá na forma de extrato de sentença, a expensas da pessoa jurídica, em meios de comunicação de grande circulação na área da prática da infração e de atuação da pessoa jurídica ou, na sua falta, em publicação de circulação nacional, bem como por meio de afixação de edital, pelo prazo mínimo de 30 (trinta) dias, no próprio estabelecimento ou no local de exercício da atividade, de modo visível ao público, e no sítio eletrônico na rede mundial de computadores.

§ 6º VETADO.

Art. 7º Serão levados em consideração na aplicação das sanções:

I – a gravidade da infração;

II – a vantagem auferida ou pretendida pelo infrator;

III – a consumação ou não da infração;

IV – o grau de lesão ou perigo de lesão;

V – o efeito negativo produzido pela infração;

VI – a situação econômica do infrator;

VII – a cooperação da pessoa jurídica para a apuração das infrações;

VIII – a existência de mecanismos e procedimentos internos de integridade, auditoria e incentivo à denúncia de irregularidades e a aplicação efetiva de códigos de ética e de conduta no âmbito da pessoa jurídica;

IX – o valor dos contratos mantidos pela pessoa jurídica com o órgão ou entidade pública lesados; e

X – VETADO.

Parágrafo único. Os parâmetros de avaliação de mecanismos e procedimentos previstos no inciso VIII do *caput* serão estabelecidos em regulamento do Poder Executivo federal.

CAPÍTULO IV
DO PROCESSO ADMINISTRATIVO DE RESPONSABILIZAÇÃO

Art. 8º A instauração e o julgamento de processo administrativo para apuração da responsabilidade de pessoa jurídica cabem à autoridade máxima de cada órgão ou entidade dos Poderes Executivo, Legislativo e Judiciário, que agirá de ofício ou mediante provocação, observados o contraditório e a ampla defesa.

§ 1º A competência para a instauração e o julgamento do processo administrativo de apuração de responsabilidade da pessoa jurídica poderá ser delegada, vedada a subdelegação.

§ 2º No âmbito do Poder Executivo federal, a Controladoria-Geral da União – CGU terá competência concorrente para instaurar processos administrativos de responsabilização de pessoas jurídicas ou para avocar os processos instaurados com fundamento nesta Lei, para exame de sua regularidade ou para corrigir-lhes o andamento.

Art. 9º Competem à Controladoria-Geral da União – CGU a apuração, o processo e o julgamento dos atos ilícitos previstos nesta Lei, praticados contra a administração pública estrangeira, observado o disposto no artigo 4 da Convenção sobre o Combate da Corrupção de Funcionários Públicos Estrangeiros em Transações Comerciais Internacionais, promulgada pelo Decreto nº 3.678, de 30 de novembro de 2000.

Art. 10. O processo administrativo para apuração da responsabilidade de pessoa jurídica será conduzido por comissão designada pela autoridade instauradora e composta por 2 (dois) ou mais servidores estáveis.

§ 1º O ente público, por meio do seu órgão de representação judicial, ou equivalente, a pedido da comissão a que se refere o *caput*, poderá requerer as medidas judiciais necessárias para a investigação e o processamento das infrações, inclusive de busca e apreensão.

§ 2º A comissão poderá, cautelarmente, propor à autoridade instauradora que suspenda os efeitos do ato ou processo objeto da investigação.

§ 3º A comissão deverá concluir o processo no prazo de 180 (cento e oitenta) dias contados da data da publicação do ato que a instituir e, ao final, apresentar relatórios sobre os fatos apurados e eventual responsabilidade da pessoa jurídica, sugerindo de forma motivada as sanções a serem aplicadas.

§ 4º O prazo previsto no § 3º poderá ser prorrogado, mediante ato fundamentado da autoridade instauradora.

Art. 11. No processo administrativo para apuração de responsabilidade, será concedido à pessoa jurídica prazo de 30 (trinta) dias para defesa, contados a partir da intimação.

Art. 12. O processo administrativo, com o relatório da comissão, será remetido à autoridade instauradora, na forma do art. 10, para julgamento.

Art. 13. A instauração de processo administrativo específico de reparação integral do dano não prejudica a aplicação imediata das sanções estabelecidas nesta Lei.

Parágrafo único. Concluído o processo e não havendo pagamento, o crédito apurado será inscrito em dívida ativa da fazenda pública.

Art. 14. A personalidade jurídica poderá ser desconsiderada sempre que utilizada com abuso do direito para facilitar, encobrir ou dissimular a prática dos atos ilícitos previstos nesta Lei ou para provocar confusão patrimonial, sendo estendidos todos os efeitos das sanções aplicadas à pessoa jurídica aos seus administradores e sócios com poderes de administração, observados o contraditório e a ampla defesa.

Art. 15. A comissão designada para apuração da responsabilidade de pessoa jurídica, após a conclusão do procedimento administrativo, dará conhecimento ao Ministério Público de sua existência, para apuração de eventuais delitos.

CAPÍTULO V

DO ACORDO DE LENIÊNCIA

Art. 16. A autoridade máxima de cada órgão ou entidade pública poderá celebrar acordo de leniência com as pessoas jurídicas responsáveis pela prática dos atos previstos nesta Lei que colaborem efetivamente com as investigações e o processo administrativo, sendo que dessa colaboração resulte:

I – a identificação dos demais envolvidos na infração, quando couber; e

II – a obtenção célere de informações e documentos que comprovem o ilícito sob apuração.

§ 1º O acordo de que trata o *caput* somente poderá ser celebrado se preenchidos, cumulativamente, os seguintes requisitos:

I – a pessoa jurídica seja a primeira a se manifestar sobre seu interesse em cooperar para a apuração do ato ilícito;

II – a pessoa jurídica cesse completamente seu envolvimento na infração investigada a partir da data de propositura do acordo;

III – a pessoa jurídica admita sua participação no ilícito e coopere plena e permanentemente com as investigações e o processo administrativo, comparecendo, sob suas expensas, sempre que solicitada, a todos os atos processuais, até seu encerramento.

§ 2º A celebração do acordo de leniência isentará a pessoa jurídica das sanções previstas no inciso II do art. 6º e no inciso IV do art. 19 e reduzirá em até 2/3 (dois terços) o valor da multa aplicável.

§ 3º O acordo de leniência não exime a pessoa jurídica da obrigação de reparar integralmente o dano causado.

§ 4º O acordo de leniência estipulará as condições necessárias para assegurar a efetividade da colaboração e o resultado útil do processo.

§ 5º Os efeitos do acordo de leniência serão estendidos às pessoas jurídicas que integram o mesmo grupo econômico, de fato e de direito, desde que firmem o acordo em conjunto, respeitadas as condições nele estabelecidas.

§ 6º A proposta de acordo de leniência somente se tornará pública após a efetivação do respectivo acordo, salvo no interesse das investigações e do processo administrativo.

§ 7º Não importará em reconhecimento da prática do ato ilícito investigado a proposta de acordo de leniência rejeitada.

§ 8º Em caso de descumprimento do acordo de leniência, a pessoa jurídica ficará impedida de celebrar novo acordo pelo prazo de 3 (três) anos contados do conhecimento pela administração pública do referido descumprimento.

§ 9º A celebração do acordo de leniência interrompe o prazo prescricional dos atos ilícitos previstos nesta Lei.

§ 10. A Controladoria-Geral da União – CGU é o órgão competente para celebrar os acordos de leniência no âmbito do Poder Executivo federal, bem como no caso de atos lesivos praticados contra a administração pública estrangeira.

Art. 17. A administração pública poderá também celebrar acordo de leniência com a pessoa jurídica responsável pela prática de ilícitos previstos na Lei nº 8.666, de 21 de junho de 1993, com vistas à isenção ou atenuação das sanções administrativas estabelecidas em seus arts. 86 a 88.

CAPÍTULO VI

DA RESPONSABILIZAÇÃO JUDICIAL

Art. 18. Na esfera administrativa, a responsabilidade da pessoa jurídica não afasta a possibilidade de sua responsabilização na esfera judicial.

Art. 19. Em razão da prática de atos previstos no art. 5º desta Lei, a União, os Estados, o Distrito Federal e os Municípios, por meio das respectivas Advocacias Públicas ou órgãos de representação judicial, ou equivalentes, e o Ministério Público, poderão ajuizar ação com vistas à aplicação das seguintes sanções às pessoas jurídicas infratoras:

I – perdimento dos bens, direitos ou valores que representem vantagem ou proveito direta ou indiretamente obtidos da infração, ressalvado o direito do lesado ou de terceiro de boa-fé;

II – suspensão ou interdição parcial de suas atividades;

III – dissolução compulsória da pessoa jurídica;

IV – proibição de receber incentivos, subsídios, subvenções, doações ou empréstimos de órgãos ou entidades públicas e de instituições financeiras públicas ou controladas pelo poder público, pelo prazo mínimo de 1 (um) e máximo de 5 (cinco) anos.

§ 1º A dissolução compulsória da pessoa jurídica será determinada quando comprovado:

I – ter sido a personalidade jurídica utilizada de forma habitual para facilitar ou promover a prática de atos ilícitos; ou

II – ter sido constituída para ocultar ou dissimular interesses ilícitos ou a identidade dos beneficiários dos atos praticados.

§ 2º (VETADO).

§ 3º As sanções poderão ser aplicadas de forma isolada ou cumulativa.

§ 4º O Ministério Público ou a Advocacia Pública ou órgão de representação judicial, ou equivalente, do ente público poderá requerer a indisponibilidade de bens, direitos ou valores necessários à garantia do pagamento da multa ou da reparação integral do dano causado, conforme previsto no art. 7º, ressalvado o direito do terceiro de boa-fé.

Art. 20. Nas ações ajuizadas pelo Ministério Público, poderão ser aplicadas as sanções previstas no art. 6º, sem prejuízo daquelas previstas neste Capítulo, desde que constatada a omissão das autoridades competentes para promover a responsabilização administrativa.

Art. 21. Nas ações de responsabilização judicial, será adotado o rito previsto na Lei nº 7.347, de 24 de julho de 1985.

Parágrafo único. A condenação torna certa a obrigação de reparar, integralmente, o dano causado pelo ilícito, cujo valor será apurado em posterior liquidação, se não constar expressamente da sentença.

CAPÍTULO VII
DISPOSIÇÕES FINAIS

Art. 22. Fica criado no âmbito do Poder Executivo federal o Cadastro Nacional de Empresas Punidas – CNEP, que reunirá e dará publicidade às sanções aplicadas pelos órgãos ou entidades dos Poderes Executivo, Legislativo e Judiciário de todas as esferas de governo com base nesta Lei.

§ 1º Os órgãos e entidades referidos no *caput* deverão informar e manter atualizados, no CNEP, os dados relativos às sanções por eles aplicadas.

§ 2º O CNEP conterá, entre outras, as seguintes informações acerca das sanções aplicadas:

I – razão social e número de inscrição da pessoa jurídica ou entidade no Cadastro Nacional da Pessoa Jurídica – CNPJ;

II – tipo de sanção; e

III – data de aplicação e data final da vigência do efeito limitador ou impeditivo da sanção, quando for o caso.

§ 3º As autoridades competentes, para celebrarem acordos de leniência previstos nesta Lei, também deverão prestar e manter atualizadas no CNEP, após a efetivação do respectivo acordo, as informações acerca do acordo de leniência celebrado, salvo se esse procedimento vier a causar prejuízo às investigações e ao processo administrativo.

§ 4º Caso a pessoa jurídica não cumpra os termos do acordo de leniência, além das informações previstas no § 3º, deverá ser incluída no CNEP referência ao respectivo descumprimento.

§ 5º Os registros das sanções e acordos de leniência serão excluídos depois de decorrido o prazo previamente estabelecido no ato sancionador ou do cumprimento integral do acordo de leniência e da reparação do eventual dano causado, mediante solicitação do órgão ou entidade sancionadora.

Art. 23. Os órgãos ou entidades dos Poderes Executivo, Legislativo e Judiciário de todas as esferas de governo deverão informar e manter atualizados, para fins de publicidade, no Cadastro Nacional de Empresas Inidôneas e Suspensas – CEIS, de caráter público, instituído no âmbito do Poder Executivo federal, os dados relativos às sanções por eles aplicadas, nos termos do disposto nos arts. 87 e 88 da Lei nº 8.666, de 21 de junho de 1993.

Art. 24. A multa e o perdimento de bens, direitos ou valores aplicados com fundamento nesta Lei serão destinados preferencialmente aos órgãos ou entidades públicas lesadas.

Art. 25. Prescrevem em 5 (cinco) anos as infrações previstas nesta Lei, contados da data da ciência da infração ou, no caso de infração permanente ou continuada, do dia em que tiver cessado.

Parágrafo único. Na esfera administrativa ou judicial, a prescrição será interrompida com a instauração de processo que tenha por objeto a apuração da infração.

Art. 26. A pessoa jurídica será representada no processo administrativo na forma do seu estatuto ou contrato social.

§ 1º As sociedades sem personalidade jurídica serão representadas pela pessoa a quem couber a administração de seus bens.

§ 2º A pessoa jurídica estrangeira será representada pelo gerente, representante ou administrador de sua filial, agência ou sucursal aberta ou instalada no Brasil.

Art. 27. A autoridade competente que, tendo conhecimento das infrações previstas nesta Lei, não adotar providências para a apuração dos fatos será responsabilizada penal, civil e administrativamente nos termos da legislação específica aplicável.

Art. 28. Esta Lei aplica-se aos atos lesivos praticados por pessoa jurídica brasileira contra a administração pública estrangeira, ainda que cometidos no exterior.

Art. 29. O disposto nesta Lei não exclui as competências do Conselho Administrativo de Defesa Econômica, do Ministério da Justiça e do Ministério da Fazenda para processar e julgar fato que constitua infração à ordem econômica.

Art. 30. A aplicação das sanções previstas nesta Lei não afeta os processos de responsabilização e aplicação de penalidades decorrentes de:

I – ato de improbidade administrativa nos termos da Lei nº 8.429, de 2 de junho de 1992; e

II – atos ilícitos alcançados pela Lei nº 8.666, de 21 de junho de 1993, ou outras normas de licitações e contratos da administração pública, inclusive no tocante ao Regime Diferenciado de Contratações Públicas – RDC instituído pela Lei nº 12.462, de 4 de agosto de 2011.

Art. 31. Esta Lei entra em vigor 180 (cento e oitenta) dias após a data de sua publicação.

Brasília, 1º de agosto de 2013;
192º da Independência e
125º da República.

Dilma Rousseff

LEI Nº 12.852, DE 5 DE AGOSTO DE 2013

Institui o Estatuto da Juventude e dispõe sobre os direitos dos jovens, os princípios e diretrizes das políticas públicas de juventude e o Sistema Nacional de Juventude – SINAJUVE.

► Publicada no *DOU* de 6-8-2013.

TÍTULO I – DOS DIREITOS E DAS POLÍTICAS PÚBLICAS DE JUVENTUDE

CAPÍTULO I
DOS PRINCÍPIOS E DIRETRIZES DAS POLÍTICAS PÚBLICAS DE JUVENTUDE

Art. 1º Esta Lei institui o Estatuto da Juventude e dispõe sobre os direitos dos jovens, os princípios e diretrizes das políticas públicas de juventude e o Sistema Nacional de Juventude – SINAJUVE.

§ 1º Para os efeitos desta Lei, são consideradas jovens as pessoas com idade entre 15 (quinze) e 29 (vinte e nove) anos de idade.

§ 2º Aos adolescentes com idade entre 15 (quinze) e 18 (dezoito) anos aplica-se a Lei nº 8.069, de 13 de julho de 1990 – Estatuto da Criança e do Adolescente, e, excepcionalmente, este Estatuto, quando não conflitar com as normas de proteção integral do adolescente.

SEÇÃO I
DOS PRINCÍPIOS

Art. 2º O disposto nesta Lei e as políticas públicas de juventude são regidos pelos seguintes princípios:

I – promoção da autonomia e emancipação dos jovens;

II – valorização e promoção da participação social e política, de forma direta e por meio de suas representações;

III – promoção da criatividade e da participação no desenvolvimento do País;

IV – reconhecimento do jovem como sujeito de direitos universais, geracionais e singulares;

V – promoção do bem-estar, da experimentação e do desenvolvimento integral do jovem;

VI – respeito à identidade e à diversidade individual e coletiva da juventude;

VII – promoção da vida segura, da cultura da paz, da solidariedade e da não discriminação; e

VIII – valorização do diálogo e convívio do jovem com as demais gerações.

Parágrafo único. A emancipação dos jovens a que se refere o inciso I do *caput* refere-se à trajetória de inclusão, liberdade e participação do jovem na vida em sociedade, e não ao instituto da emancipação disciplinado pela Lei nº 10.406, de 10 de janeiro de 2002 – Código Civil.

Seção II
DIRETRIZES GERAIS

Art. 3º Os agentes públicos ou privados envolvidos com políticas públicas de juventude devem observar as seguintes diretrizes:

I – desenvolver a intersetorialidade das políticas estruturais, programas e ações;

II – incentivar a ampla participação juvenil em sua formulação, implementação e avaliação;

III – ampliar as alternativas de inserção social do jovem, promovendo programas que priorizem o seu desenvolvimento integral e participação ativa nos espaços decisórios;

IV – proporcionar atendimento de acordo com suas especificidades perante os órgãos públicos e privados prestadores de serviços à população, visando ao gozo de direitos simultaneamente nos campos da saúde, educacional, político, econômico, social, cultural e ambiental;

V – garantir meios e equipamentos públicos que promovam o acesso à produção cultural, à prática esportiva, à mobilidade territorial e à fruição do tempo livre;

VI – promover o território como espaço de integração;

VII – fortalecer as relações institucionais com os entes federados e as redes de órgãos, gestores e conselhos de juventude;

VIII – estabelecer mecanismos que ampliem a gestão de informação e produção de conhecimento sobre juventude;

IX – promover a integração internacional entre os jovens, preferencialmente no âmbito da América Latina e da África, e a cooperação internacional;

X – garantir a integração das políticas de juventude com os Poderes Legislativo e Judiciário, com o Ministério Público e com a Defensoria Pública; e

XI – zelar pelos direitos dos jovens com idade entre 18 (dezoito) e 29 (vinte e nove) anos privados de liberdade e egressos do sistema prisional, formulando políticas de educação e trabalho, incluindo estímulos à sua reinserção social e laboral, bem como criando e estimulando oportunidades de estudo e trabalho que favoreçam o cumprimento do regime semiaberto.

CAPÍTULO II
DOS DIREITOS DOS JOVENS

Seção I
DO DIREITO À CIDADANIA, À PARTICIPAÇÃO SOCIAL E POLÍTICA E À REPRESENTAÇÃO JUVENIL

Art. 4º O jovem tem direito à participação social e política e na formulação, execução e avaliação das políticas públicas de juventude.

Parágrafo único. Entende-se por participação juvenil:

I – a inclusão do jovem nos espaços públicos e comunitários a partir da sua concepção como pessoa ativa, livre, responsável e digna de ocupar uma posição central nos processos políticos e sociais;

II – o envolvimento ativo dos jovens em ações de políticas públicas que tenham por objetivo o próprio benefício, o de suas comunidades, cidades e regiões e o do País;

III – a participação individual e coletiva do jovem em ações que contemplem a defesa dos direitos da juventude ou de temas afetos aos jovens; e

IV – a efetiva inclusão dos jovens nos espaços públicos de decisão com direito a voz e voto.

Art. 5º A interlocução da juventude com o poder público pode realizar-se por intermédio de associações, redes, movimentos e organizações juvenis.

Parágrafo único. É dever do poder público incentivar a livre associação dos jovens.

Art. 6º São diretrizes da interlocução institucional juvenil:

I – a definição de órgão governamental específico para a gestão das políticas públicas de juventude;

II – o incentivo à criação de conselhos de juventude em todos os entes da Federação.

Parágrafo único. Sem prejuízo das atribuições do órgão governamental específico para a gestão das políticas públicas de juventude e dos conselhos de juventude com relação aos direitos previstos neste Estatuto, cabe ao órgão governamental de gestão e aos conselhos dos direitos da criança e do adolescente a interlocução institucional com adolescentes de idade entre 15 (quinze) e 18 (dezoito) anos.

Seção II
DO DIREITO À EDUCAÇÃO

Art. 7º O jovem tem direito à educação de qualidade, com a garantia de educação básica, obrigatória e gratuita, inclusive para os que a ela não tiveram acesso na idade adequada.

§ 1º A educação básica será ministrada em língua portuguesa, assegurada aos jovens indígenas e de povos e comunidades tradicionais a utilização de suas línguas maternas e de processos próprios de aprendizagem.

§ 2º É dever do Estado oferecer aos jovens que não concluíram a educação básica programas na modalidade da educação de jovens e adultos, adaptados às necessidades e especificidades da juventude, inclusive no período noturno, ressalvada a legislação educacional específica.

§ 3º São assegurados aos jovens com surdez o uso e o ensino da Língua Brasileira de Sinais – LIBRAS, em todas as etapas e modalidades educacionais.

§ 4º É assegurada aos jovens com deficiência a inclusão no ensino regular em todos os níveis e modalidades educacionais, incluindo o atendimento educacional especializado, observada a acessibilidade a edificações, transportes, espaços, mobiliários, equipamentos, sistemas e meios de comunicação e assegurados os recursos de tecnologia assistiva e adaptações necessárias a cada pessoa.

§ 5º A Política Nacional de Educação no Campo contemplará a ampliação da oferta de educação para os jovens do campo, em todos os níveis e modalidades educacionais.

Art. 8º O jovem tem direito à educação superior, em instituições públicas ou privadas, com variados graus de abrangência do saber ou especialização do conhecimento, observadas as regras de acesso de cada instituição.

§ 1º É assegurado aos jovens negros, indígenas e alunos oriundos da escola pública o acesso ao ensino superior nas instituições públicas por meio de políticas afirmativas, nos termos da lei.

§ 2º O poder público promoverá programas de expansão da oferta de educação superior nas instituições públicas, de financiamento estudantil e de bolsas de estudos nas instituições privadas, em especial para jovens com deficiência, negros, indígenas e alunos oriundos da escola pública.

Art. 9º O jovem tem direito à educação profissional e tecnológica, articulada com os diferentes níveis e modalidades de educação, ao trabalho, à ciência e à tecnologia, observada a legislação vigente.

Art. 10. É dever do Estado assegurar ao jovem com deficiência o atendimento educacional especializado gratuito, preferencialmente, na rede regular de ensino.

Art. 11. O direito ao programa suplementar de transporte escolar de que trata o art. 4º da Lei nº 9.394, de 20 de dezembro de 1996, será progressivamente estendido ao jovem estudante do ensino fundamental, do ensino médio e da educação superior, no campo e na cidade.

§§ 1º e 2º VETADOS.

Art. 12. É garantida a participação efetiva do segmento juvenil, respeitada sua liberdade de organização, nos conselhos e instâncias deliberativas de gestão democrática das escolas e universidades.

Art. 13. As escolas e as universidades deverão formular e implantar medidas de democratização do acesso e permanência, inclusive programas de assistência estudantil, ação afirmativa e inclusão social para os jovens estudantes.

Seção III

DO DIREITO À PROFISSIONALIZAÇÃO, AO TRABALHO E À RENDA

Art. 14. O jovem tem direito à profissionalização, ao trabalho e à renda, exercido em condições de liberdade, equidade e segurança, adequadamente remunerado e com proteção social.

Art. 15. A ação do poder público na efetivação do direito do jovem à profissionalização, ao trabalho e à renda contempla a adoção das seguintes medidas:

I – promoção de formas coletivas de organização para o trabalho, de redes de economia solidária e da livre associação;

II – oferta de condições especiais de jornada de trabalho por meio de:

a) compatibilização entre os horários de trabalho e de estudo;

b) oferta dos níveis, formas e modalidades de ensino em horários que permitam a compatibilização da frequência escolar com o trabalho regular;

III – criação de linha de crédito especial destinada aos jovens empreendedores;

IV – atuação estatal preventiva e repressiva quanto à exploração e precarização do trabalho juvenil;

V – adoção de políticas públicas voltadas para a promoção do estágio, aprendizagem e trabalho para a juventude;

VI – apoio ao jovem trabalhador rural na organização da produção da agricultura familiar e dos empreendimentos familiares rurais, por meio das seguintes ações:

a) estímulo à produção e à diversificação de produtos;

b) fomento à produção sustentável baseada na agroecologia, nas agroindústrias familiares, na integração entre lavoura, pecuária e floresta e no extrativismo sustentável;

c) investimento em pesquisa de tecnologias apropriadas à agricultura familiar e aos empreendimentos familiares rurais;

d) estímulo à comercialização direta da produção da agricultura familiar, aos empreendimentos familiares rurais e à formação de cooperativas;

e) garantia de projetos de infraestrutura básica de acesso e escoamento de produção, priorizando a melhoria das estradas e do transporte;

f) promoção de programas que favoreçam o acesso ao crédito, à terra e à assistência técnica rural;

VII – apoio ao jovem trabalhador com deficiência, por meio das seguintes ações:

a) estímulo à formação e à qualificação profissional em ambiente inclusivo;

b) oferta de condições especiais de jornada de trabalho;

c) estímulo à inserção no mercado de trabalho por meio da condição de aprendiz.

Art. 16. O direito à profissionalização e à proteção no trabalho dos adolescentes com idade entre 15 (quinze) e 18 (dezoito) anos de idade será regido pelo disposto na Lei nº 8.069, de 13 de julho de 1990 – Estatuto da Criança e do Adolescente, e em leis específicas, não se aplicando o previsto nesta Seção.

Seção IV

DO DIREITO À DIVERSIDADE E À IGUALDADE

Art. 17. O jovem tem direito à diversidade e à igualdade de direitos e de oportunidades e não será discriminado por motivo de:

I – etnia, raça, cor da pele, cultura, origem, idade e sexo;

II – orientação sexual, idioma ou religião;

III – opinião, deficiência e condição social ou econômica.

Art. 18. A ação do poder público na efetivação do direito do jovem à diversidade e à igualdade contempla a adoção das seguintes medidas:

I – adoção, nos âmbitos federal, estadual, municipal e do Distrito Federal, de programas governamentais destinados a assegurar a igualdade de direitos aos jovens de todas as raças e etnias, independentemente de sua origem, relativamente à educação, à profissionalização, ao trabalho e renda, à cultura, à saúde, à segurança, à cidadania e ao acesso à justiça;

II – capacitação dos professores dos ensinos fundamental e médio para a aplicação das diretrizes curriculares nacionais no que se refere ao enfrentamento de todas as formas de discriminação;

III – inclusão de temas sobre questões étnicas, raciais, de deficiência, de orientação sexual, de gênero e de violência doméstica e sexual praticada contra a mulher na formação dos profissionais de educação, de saúde e de segurança pública e dos operadores do direito;

IV – observância das diretrizes curriculares para a educação indígena como forma de preservação dessa cultura;

V – inclusão, nos conteúdos curriculares, de informações sobre a discriminação na sociedade brasileira e sobre o direito de todos os grupos e indivíduos a tratamento igualitário perante a lei; e

VI – inclusão, nos conteúdos curriculares, de temas relacionados à sexualidade, respeitando a diversidade de valores e crenças.

Seção V

DO DIREITO À SAÚDE

Art. 19. O jovem tem direito à saúde e à qualidade de vida, considerando suas especificidades na dimensão da prevenção, promoção, proteção e recuperação da saúde de forma integral.

Art. 20. A política pública de atenção à saúde do jovem será desenvolvida em consonância com as seguintes diretrizes:

I – acesso universal e gratuito ao Sistema Único de Saúde – SUS e a serviços de saúde humanizados e de qualidade, que respeitem as especificidades do jovem;

II – atenção integral à saúde, com especial ênfase ao atendimento e à prevenção dos agravos mais prevalentes nos jovens;

III – desenvolvimento de ações articuladas entre os serviços de saúde e os estabelecimentos de ensino, a sociedade e a família, com vistas à prevenção de agravos;

IV – garantia da inclusão de temas relativos ao consumo de álcool, tabaco e outras drogas, à saúde sexual e reprodutiva, com enfoque de gênero e dos direitos sexuais e reprodutivos nos projetos pedagógicos dos diversos níveis de ensino;

V – reconhecimento do impacto da gravidez planejada ou não, sob os aspectos médico, psicológico, social e econômico;

VI – capacitação dos profissionais de saúde, em uma perspectiva multiprofissional, para lidar com temas relativos à saúde sexual e reprodutiva dos jovens, inclusive com deficiência, e ao abuso de álcool, tabaco e outras drogas pelos jovens;

VII – habilitação dos professores e profissionais de saúde e de assistência social para a identificação dos problemas relacionados ao uso abusivo e à dependência de álcool, tabaco e outras drogas e o devido encaminhamento aos serviços assistenciais e de saúde;

VIII – valorização das parcerias com instituições da sociedade civil na abordagem das questões de prevenção, tratamento e reinserção social dos usuários e dependentes de álcool, tabaco e outras drogas;

IX – proibição de propagandas de bebidas contendo qualquer teor alcoólico com a participação de pessoa com menos de 18 (dezoito) anos de idade;

X – veiculação de campanhas educativas relativas ao álcool, ao tabaco e a outras drogas como causadores de dependência; e

XI – articulação das instâncias de saúde e justiça na prevenção do uso e abuso de álcool, tabaco e outras drogas, inclusive esteróides anabolizantes e, especialmente, *crack*.

Seção VI
DO DIREITO À CULTURA

Art. 21. O jovem tem direito à cultura, incluindo a livre criação, o acesso aos bens e serviços culturais e a participação nas decisões de política cultural, à identidade e diversidade cultural e à memória social.

Art. 22. Na consecução dos direitos culturais da juventude, compete ao poder público:

I – garantir ao jovem a participação no processo de produção, reelaboração e fruição dos bens culturais;

II – propiciar ao jovem o acesso aos locais e eventos culturais, mediante preços reduzidos, em âmbito nacional;

III – incentivar os movimentos de jovens a desenvolver atividades artístico-culturais e ações voltadas à preservação do patrimônio histórico;

IV – valorizar a capacidade criativa do jovem, mediante o desenvolvimento de programas e projetos culturais;

V – propiciar ao jovem o conhecimento da diversidade cultural, regional e étnica do País;

VI – promover programas educativos e culturais voltados para a problemática do jovem nas emissoras de rádio e televisão e nos demais meios de comunicação de massa;

VII – promover a inclusão digital dos jovens, por meio do acesso às novas tecnologias da informação e comunicação;

VIII – assegurar ao jovem do campo o direito à produção e à fruição cultural e aos equipamentos públicos que valorizem a cultura camponesa; e

IX – garantir ao jovem com deficiência acessibilidade e adaptações razoáveis.

Parágrafo único. A aplicação dos incisos I, III e VIII do *caput* deve observar a legislação específica sobre o direito à profissionalização e à proteção no trabalho dos adolescentes.

Art. 23. É assegurado aos jovens de até 29 (vinte e nove) anos pertencentes a famílias de baixa renda e aos estudantes, na forma do regulamento, o acesso a salas de cinema, cineclubes, teatros, espetáculos musicais e circenses, eventos educativos, esportivos, de lazer e entretenimento, em todo o território nacional, promovidos por quaisquer entidades e realizados em estabelecimentos públicos ou particulares, mediante pagamento da metade do preço do ingresso cobrado do público em geral.

§ 1º Terão direito ao benefício previsto no *caput* os estudantes regularmente matriculados nos níveis e modalidades de educação e ensino previstos no Título V da Lei nº 9.394, de 20 de dezembro de 1996 – Lei de Diretrizes e Bases da Educação Nacional, que comprovem sua condição de discente, mediante apresentação, no momento da aquisição do ingresso e na portaria do local de realização do evento, da Carteira de Identificação Estudantil – CIE.

§ 2º A CIE será expedida preferencialmente pela Associação Nacional de Pós-Graduandos, pela União Nacional dos Estudantes, pela União Brasileira dos Estudantes Secundaristas e por entidades estudantis estaduais e municipais a elas filiadas.

§ 3º É garantida a gratuidade na expedição da CIE para estudantes pertencentes a famílias de baixa renda, nos termos do regulamento.

§ 4º As entidades mencionadas no § 2º deste artigo deverão tornar disponível, para eventuais consultas pelo poder público e pelos estabelecimentos referidos no *caput*, banco de dados com o nome e o número de registro dos estudantes portadores da Carteira de Identificação Estudantil, expedida nos termos do § 3º deste artigo.

§ 5º A CIE terá validade até o dia 31 de março do ano subsequente à data de sua expedição.

§ 6º As entidades mencionadas no § 2º deste artigo são obrigadas a manter o documento comprobatório do vínculo do aluno com o estabelecimento escolar, pelo mesmo prazo de validade da respectiva Carteira de Identificação Estudantil.

§ 7º Caberá aos órgãos públicos competentes federais, estaduais, municipais e do Distrito Federal a fiscalização do cumprimento do disposto neste artigo e a aplicação das sanções cabíveis, nos termos do regulamento.

§ 8º Os benefícios previstos neste artigo não incidirão sobre os eventos esportivos de que tratam as Leis nºs 12.663, de 5 de junho de 2012, e 12.780, de 9 de janeiro de 2013.

§ 9º Considera-se de baixa renda, para os fins do disposto no *caput*, a família inscrita no Cadastro Único para Programas Sociais do Governo Federal – CadÚnico cuja renda mensal seja de até 2 (dois) salários mínimos.

§ 10. A concessão do benefício da meia-entrada de que trata o *caput* é limitada a 40% (quarenta por cento) do total de ingressos disponíveis para cada evento.

Art. 24. O poder público destinará, no âmbito dos respectivos orçamentos, recursos financeiros para o fomento dos projetos culturais destinados aos jovens e por eles produzidos.

Art. 25. Na destinação dos recursos do Fundo Nacional da Cultura – FNC, de que trata a Lei nº 8.313, de 23 de dezembro de 1991, serão consideradas as necessidades específicas dos jovens em relação à ampliação do acesso à cultura e à melhoria das condições para o exercício do protagonismo no campo da produção cultural.

Parágrafo único. As pessoas físicas ou jurídicas poderão optar pela aplicação de parcelas do imposto sobre a renda a título de doações ou patrocínios, de que trata a Lei nº 8.313, de 23 de dezembro de 1991, no apoio a projetos culturais apresentados por entidades juvenis legalmente constituídas há, pelo menos, 1 (um) ano.

Seção VII
DO DIREITO À COMUNICAÇÃO E À LIBERDADE DE EXPRESSÃO

Art. 26. O jovem tem direito à comunicação e à livre expressão, à produção de conteúdo, individual e colaborativo, e ao acesso às tecnologias de informação e comunicação.

Art. 27. A ação do poder público na efetivação do direito do jovem à comunicação e à liberdade de expressão contempla a adoção das seguintes medidas:

I – incentivar programas educativos e culturais voltados para os jovens nas emissoras de rádio e televisão e nos demais meios de comunicação de massa;

II – promover a inclusão digital dos jovens, por meio do acesso às novas tecnologias de informação e comunicação;

III – promover as redes e plataformas de comunicação dos jovens, considerando a acessibilidade para os jovens com deficiência;

IV – incentivar a criação e manutenção de equipamentos públicos voltados para a promoção do direito do jovem à comunicação; e

V – garantir a acessibilidade à comunicação por meio de tecnologias assistivas e adaptações razoáveis para os jovens com deficiência.

Seção VIII
DO DIREITO AO DESPORTO E AO LAZER

Art. 28. O jovem tem direito à prática desportiva destinada a seu pleno desenvolvimento, com prioridade para o desporto de participação.

Parágrafo único. O direito à prática desportiva dos adolescentes deverá considerar sua condição peculiar de pessoa em desenvolvimento.

Art. 29. A política pública de desporto e lazer destinada ao jovem deverá considerar:

I – a realização de diagnóstico e estudos estatísticos oficiais acerca da educação física e dos desportos e dos equipamentos de lazer no Brasil;

II – a adoção de lei de incentivo fiscal para o esporte, com critérios que priorizem a juventude e promovam a equidade;

III – a valorização do desporto e do paradesporto educacional;

IV – a oferta de equipamentos comunitários que permitam a prática desportiva, cultural e de lazer.

Art. 30. Todas as escolas deverão buscar pelo menos um local apropriado para a prática de atividades poliesportivas.

Seção IX
DO DIREITO AO TERRITÓRIO E À MOBILIDADE

Art. 31. O jovem tem direito ao território e à mobilidade, incluindo a promoção de políticas públicas de moradia, circulação e equipamentos públicos, no campo e na cidade.

Parágrafo único. Ao jovem com deficiência devem ser garantidas a acessibilidade e as adaptações necessárias.

Art. 32. No sistema de transporte coletivo interestadual, observar-se-á, nos termos da legislação específica:

I – a reserva de 2 (duas) vagas gratuitas por veículo para jovens de baixa renda;

II – a reserva de 2 (duas) vagas por veículo com desconto de 50% (cinquenta por cento), no mínimo, no valor das passagens, para os jovens de baixa renda, a serem utilizadas após esgotadas as vagas previstas no inciso I.

Parágrafo único. Os procedimentos e os critérios para o exercício dos direitos previstos nos incisos I e II serão definidos em regulamento.

Art. 33. A União envidará esforços, em articulação com os Estados, o Distrito Federal e os Municípios, para promover a oferta de transporte público subsidiado para os jovens, com prioridade para os jovens em situação de pobreza e vulnerabilidade, na forma do regulamento.

Seção X
DO DIREITO À SUSTENTABILIDADE E AO MEIO AMBIENTE

Art. 34. O jovem tem direito à sustentabilidade e ao meio ambiente ecologicamente equilibrado, bem de uso comum do povo, essencial à sadia qualidade de vida, e o dever de defendê-lo e preservá-lo para a presente e as futuras gerações.

Art. 35. O Estado promoverá, em todos os níveis de ensino, a educação ambiental voltada para a preservação do meio ambiente e a sustentabilidade, de acordo com a Política Nacional do Meio Ambiente.

Art. 36. Na elaboração, na execução e na avaliação de políticas públicas que incorporem a dimensão ambiental, o poder público deverá considerar:

I – o estímulo e o fortalecimento de organizações, movimentos, redes e outros coletivos de juventude que atuem no âmbito das questões ambientais e em prol do desenvolvimento sustentável;

II – o incentivo à participação dos jovens na elaboração das políticas públicas de meio ambiente;

III – a criação de programas de educação ambiental destinados aos jovens; e

IV – o incentivo à participação dos jovens em projetos de geração de trabalho e renda que visem ao desenvolvimento sustentável nos âmbitos rural e urbano.

Parágrafo único. A aplicação do disposto no inciso IV do *caput* deve observar a legislação específica sobre o direito à profissionalização e à proteção no trabalho dos adolescentes.

Seção XI
DO DIREITO À SEGURANÇA PÚBLICA E AO ACESSO À JUSTIÇA

Art. 37. Todos os jovens têm direito de viver em um ambiente seguro, sem violência, com garantia da sua incolumidade física e mental, sendo-lhes asseguradas a igualdade de oportunidades e facilidades para seu aperfeiçoamento intelectual, cultural e social.

Art. 38. As políticas de segurança pública voltadas para os jovens deverão articular ações da União, dos Estados, do Distrito Federal e dos Municípios e ações não governamentais, tendo por diretrizes:

I – a integração com as demais políticas voltadas à juventude;

II – a prevenção e enfrentamento da violência;

III – a promoção de estudos e pesquisas e a obtenção de estatísticas e informações relevantes para subsidiar as ações de segurança pública e permitir a avaliação periódica dos impactos das políticas públicas quanto às causas, às consequências e à frequência da violência contra os jovens;

IV – a priorização de ações voltadas para os jovens em situação de risco, vulnerabilidade social e egressos do sistema penitenciário nacional;
V – a promoção do acesso efetivo dos jovens à Defensoria Pública, considerando as especificidades da condição juvenil; e
VI – a promoção do efetivo acesso dos jovens com deficiência à justiça em igualdade de condições com as demais pessoas, inclusive mediante a provisão de adaptações processuais adequadas a sua idade.

TÍTULO II – DO SISTEMA NACIONAL DE JUVENTUDE

CAPÍTULO I
DO SISTEMA NACIONAL DE JUVENTUDE – SINAJUVE

Art. 39. É instituído o Sistema Nacional de Juventude – SINAJUVE, cujos composição, organização, competência e funcionamento serão definidos em regulamento.

Art. 40. O financiamento das ações e atividades realizadas no âmbito do SINAJUVE será definido em regulamento.

CAPÍTULO II
DAS COMPETÊNCIAS

Art. 41. Compete à União:
I – formular e coordenar a execução da Política Nacional de Juventude;
II – coordenar e manter o SINAJUVE;
III – estabelecer diretrizes sobre a organização e o funcionamento do SINAJUVE;
IV – elaborar o Plano Nacional de Políticas de Juventude, em parceria com os Estados, o Distrito Federal, os Municípios e a sociedade, em especial a juventude;
V – convocar e realizar, em conjunto com o Conselho Nacional de Juventude, as Conferências Nacionais de Juventude, com intervalo máximo de 4 (quatro) anos;
VI – prestar assistência técnica e suplementação financeira aos Estados, ao Distrito Federal e aos Municípios para o desenvolvimento de seus sistemas de juventude;
VII – contribuir para a qualificação e ação em rede do SINAJUVE em todos os entes da Federação;
VIII – financiar, com os demais entes federados, a execução das políticas públicas de juventude;
IX – estabelecer formas de colaboração com os Estados, o Distrito Federal e os Municípios para a execução das políticas públicas de juventude; e
X – garantir a publicidade de informações sobre repasses de recursos para financiamento das políticas públicas de juventude aos conselhos e gestores estaduais, do Distrito Federal e municipais.

Art. 42. Compete aos Estados:
I – coordenar, em âmbito estadual, o SINAJUVE;
II – elaborar os respectivos planos estaduais de juventude, em conformidade com o Plano Nacional, com a participação da sociedade, em especial da juventude;
III – criar, desenvolver e manter programas, ações e projetos para a execução das políticas públicas de juventude;
IV – convocar e realizar, em conjunto com o Conselho Estadual de Juventude, as Conferências Estaduais de Juventude, com intervalo máximo de 4 (quatro) anos;
V – editar normas complementares para a organização e o funcionamento do SINAJUVE, em âmbito estadual e municipal;
VI – estabelecer com a União e os Municípios formas de colaboração para a execução das políticas públicas de juventude; e
VII – cofinanciar, com os demais entes federados, a execução de programas, ações e projetos das políticas públicas de juventude.

Parágrafo único. Serão incluídos nos censos demográficos dados relativos à população jovem do País.

Art. 43. Compete aos Municípios:
I – coordenar, em âmbito municipal, o SINAJUVE;
II – elaborar os respectivos planos municipais de juventude, em conformidade com os respectivos Planos Nacional e Estadual, com a participação da sociedade, em especial da juventude;
III – criar, desenvolver e manter programas, ações e projetos para a execução das políticas públicas de juventude;
IV – convocar e realizar, em conjunto com o Conselho Municipal de Juventude, as Conferências Municipais de Juventude, com intervalo máximo de 4 (quatro) anos;
V – editar normas complementares para a organização e funcionamento do SINAJUVE, em âmbito municipal;
VI – cofinanciar, com os demais entes federados, a execução de programas, ações e projetos das políticas públicas de juventude; e
VII – estabelecer mecanismos de cooperação com os Estados e a União para a execução das políticas públicas de juventude.

Parágrafo único. Para garantir a articulação federativa com vistas ao efetivo cumprimento das políticas públicas de juventude, os Municípios podem instituir os consórcios de que trata a Lei nº 11.107, de 6 de abril de 2005, ou qualquer outro instrumento jurídico adequado, como forma de compartilhar responsabilidades.

Art. 44. As competências dos Estados e Municípios são atribuídas, cumulativamente, ao Distrito Federal.

CAPÍTULO III
DOS CONSELHOS DE JUVENTUDE

Art. 45. Os conselhos de juventude são órgãos permanentes e autônomos, não jurisdicionais, encarregados de tratar das políticas públicas de juventude e da garantia do exercício dos direitos do jovem, com os seguintes objetivos:
I – auxiliar na elaboração de políticas públicas de juventude que promovam o amplo exercício dos direitos dos jovens estabelecidos nesta Lei;
II – utilizar instrumentos de forma a buscar que o Estado garanta aos jovens o exercício dos seus direitos;
III – colaborar com os órgãos da administração no planejamento e na implementação das políticas de juventude;
IV – estudar, analisar, elaborar, discutir e propor a celebração de instrumentos de cooperação, visando à elaboração de programas, projetos e ações voltados para a juventude;
V – promover a realização de estudos relativos à juventude, objetivando subsidiar o planejamento das políticas públicas de juventude;
VI – estudar, analisar, elaborar, discutir e propor políticas públicas que permitam e garantam a integração e a participação do jovem nos processos social, econômico, político e cultural no respectivo ente federado;
VII – propor a criação de formas de participação da juventude nos órgãos da administração pública;
VIII – promover e participar de seminários, cursos, congressos e eventos correlatos para o debate de temas relativos à juventude;
IX – desenvolver outras atividades relacionadas às políticas públicas de juventude.

§ 1º A lei, em âmbito federal, estadual, do Distrito Federal e municipal, disporá sobre a organização, o funcionamento e a composição dos conselhos de juventude, observada a participação da sociedade civil mediante critério, no mínimo, paritário com os representantes do poder público.

§ 2º VETADO.

Art. 46. São atribuições dos conselhos de juventude:

I – encaminhar ao Ministério Público notícia de fato que constitua infração administrativa ou penal contra os direitos do jovem garantidos na legislação;

II – encaminhar à autoridade judiciária os casos de sua competência;

III – expedir notificações;

IV – solicitar informações das autoridades públicas;

V – assessorar o Poder Executivo local na elaboração dos planos, programas, projetos, ações e proposta orçamentária das políticas públicas de juventude.

Art. 47. Sem prejuízo das atribuições dos conselhos de juventude com relação aos direitos previstos neste Estatuto, cabe aos conselhos de direitos da criança e do adolescente deliberar e controlar as ações em todos os níveis relativas aos adolescentes com idade entre 15 (quinze) e 18 (dezoito) anos.

Art. 48. Esta Lei entra em vigor após decorridos 180 (cento e oitenta) dias de sua publicação oficial.

Brasília, 5 de agosto de 2013;
192º da Independência e
125º da República.
Dilma Rousseff

LEI Nº 12.853, DE 14 DE AGOSTO DE 2013

Altera os arts. 5º, 68, 97, 98, 99 e 100, acrescenta arts. 98-A, 98-B, 98-C, 99-A, 99-B, 100-A, 100-B e 109-A e revoga o art. 94 da Lei nº 9.610, de 19 de fevereiro de 1998, para dispor sobre a gestão coletiva de direitos autorais, e dá outras providências.

► Publicada no *DOU* de 15-8-2013.

Art. 1º Esta Lei dispõe sobre a gestão coletiva de direitos autorais, altera, revoga e acrescenta dispositivos à Lei nº 9.610, de 19 de fevereiro de 1998.

Art. 2º Os arts. 5º, 68, 97, 98, 99 e 100 da Lei nº 9.610, de 19 de fevereiro de 1998, passam a vigorar com as seguintes alterações:

► Alterações inseridas no texto da referida Lei.

Art. 3º A Lei nº 9.610, de 1998, passa a vigorar acrescida dos seguintes arts. 98-A, 98-B, 98-C, 99-A, 99-B, 100-A, 100-B e 109-A:

► Alterações inseridas no texto da referida Lei.

Art. 4º As associações de gestão coletiva de direitos autorais que, antes da vigência da presente Lei, estejam legalmente constituídas e arrecadando e distribuindo os direitos autorais de obras e fonogramas considerar-se-ão habilitadas para exercerem a atividade econômica de cobrança pelo prazo definido em regulamento, devendo obedecer às disposições constantes do art. 98-A da Lei nº 9.610, de 1998.

Art. 5º As associações a que se refere o art. 4º desta Lei terão 60 (sessenta) dias para adaptar seus estatutos ao § 13 do art. 98 da Lei nº 9.610, de 1998, permitindo-se que seus dirigentes concluam os mandatos em curso quando do início da vigência desta Lei até o prazo originalmente previsto, após o qual poderão candidatar-se para mandato de 3 (três) anos, com possibilidade de 1 (uma) recondução, nos termos desta Lei.

Art. 6º Desde que se comprove a observância de todas as exigências para a constituição do novo ente arrecadador unificado, constantes do *caput* do art. 99 da Lei nº 9.610, de 1998, as associações referidas no art. 4º desta Lei poderão requerer ao Ministério da Cultura, no prazo estabelecido em regulamento, que reconheça a pessoa jurídica já constituída como ente arrecadador.

Art. 7º O Ministério da Cultura constituirá, no prazo e nos termos dispostos em regulamento, comissão permanente para aperfeiçoamento da gestão coletiva, que promoverá o aprimoramento contínuo da gestão coletiva de direitos autorais no Brasil por meio da análise da atuação e dos resultados obtidos pelas entidades brasileiras, bem como do exame das melhores práticas internacionais.

Art. 8º Admite-se a delegação, pelo Ministério da Cultura, das competências a ele atribuídas por esta Lei a outro órgão.

Art. 9º Revoga-se o art. 94 da Lei nº 9.610, de 19 de fevereiro de 1998.

Art. 10. Esta Lei entra em vigor após decorridos 120 (cento e vinte) dias de sua publicação oficial.

Brasília, 14 de agosto de 2013;
192º da Independência e
125º da República.
Dilma Rousseff

LEI Nº 12.879, DE 5 DE NOVEMBRO DE 2013

Dispõe sobre a gratuidade dos atos de registro, pelas associações de moradores, necessários à adaptação estatutária à Lei nº 10.406, de 10 de janeiro de 2002 – Código Civil, e para fins de enquadramento dessas entidades como Organizações da Sociedade Civil de Interesse Público.

► Publicada no *DOU* de 6-11-2013.

Art. 1º As associações de moradores são isentas do pagamento de preços, taxas e emolumentos remuneratórios do registro necessário à sua adaptação estatutária à Lei nº 10.406, de 10 de janeiro de 2002 – Código Civil, consoante o disposto no art. 2.031 desse diploma legal, assim como para fins de sua qualificação como Organizações da Sociedade Civil de Interesse Público, de que trata a Lei nº 9.790, de 23 de março de 1999.

Art. 2º Esta Lei entra em vigor na data de sua publicação.

Brasília, 5 de novembro de 2013;
192º da Independência e
125º da República.
Dilma Rousseff

LEI Nº 12.921, DE 26 DE DEZEMBRO DE 2013

Proíbe a fabricação, a comercialização, a distribuição e a propaganda de produtos nacionais e importados, de qualquer natureza, bem como embalagens, destinados ao público infantojuvenil, reproduzindo a forma de cigarros e similares.

► Publicada no *DOU* de 27-12-2013.

Art. 1º Fica proibida a fabricação, a importação, a comercialização, a distribuição e a propaganda, em todo o território nacional, de produtos de qualquer natureza, bem como embalagens, destinados ao público infantojuvenil, reproduzindo a forma de cigarros ou similares.

Art. 2º O descumprimento ao disposto nesta Lei, sujeita o infrator às seguintes penas, sem prejuízo das demais cominações legais:

I – apreensão do produto;

II – multa de R$ 10,00 (dez reais) por embalagem apreendida, a ser corrigida anualmente de acordo com a variação do índice de preços nacional utilizado para verificação do cumprimento das metas inflacionárias.

Parágrafo único. A multa pecuniária prevista no inciso II do *caput* deste artigo será duplicada a cada reincidência.

Art. 3º Esta Lei entra em vigor 180 (cento e oitenta) dias após a data de sua publicação.

Brasília, 26 de dezembro de 2013;
192º da Independência e
125º da República.

Dilma Rousseff

LEI Nº 12.965, DE 23 DE ABRIL DE 2014

Estabelece princípios, garantias, direitos e deveres para o uso da Internet no Brasil.

▸ Publicada no *DOU* de 24-4-2014.

CAPÍTULO I
DISPOSIÇÕES PRELIMINARES

Art. 1º Esta Lei estabelece princípios, garantias, direitos e deveres para o uso da internet no Brasil e determina as diretrizes para atuação da União, dos Estados, do Distrito Federal e dos Municípios em relação à matéria.

Art. 2º A disciplina do uso da internet no Brasil tem como fundamento o respeito à liberdade de expressão, bem como:

I – o reconhecimento da escala mundial da rede;

II – os direitos humanos, o desenvolvimento da personalidade e o exercício da cidadania em meios digitais;

III – a pluralidade e a diversidade;

IV – a abertura e a colaboração;

V – a livre iniciativa, a livre concorrência e a defesa do consumidor; e

VI – a finalidade social da rede.

Art. 3º A disciplina do uso da internet no Brasil tem os seguintes princípios:

I – garantia da liberdade de expressão, comunicação e manifestação de pensamento, nos termos da Constituição Federal;

II – proteção da privacidade;

III – proteção dos dados pessoais, na forma da lei;

IV – preservação e garantia da neutralidade de rede;

V – preservação da estabilidade, segurança e funcionalidade da rede, por meio de medidas técnicas compatíveis com os padrões internacionais e pelo estímulo ao uso de boas práticas;

VI – responsabilização dos agentes de acordo com suas atividades, nos termos da lei;

VII – preservação da natureza participativa da rede;

VIII – liberdade dos modelos de negócios promovidos na internet, desde que não conflitem com os demais princípios estabelecidos nesta Lei.

Parágrafo único. Os princípios expressos nesta Lei não excluem outros previstos no ordenamento jurídico pátrio relacionados à matéria ou nos tratados internacionais em que a República Federativa do Brasil seja parte.

Art. 4º A disciplina do uso da internet no Brasil tem por objetivo a promoção:

I – do direito de acesso à internet a todos;

II – do acesso à informação, ao conhecimento e à participação na vida cultural e na condução dos assuntos públicos;

III – da inovação e do fomento à ampla difusão de novas tecnologias e modelos de uso e acesso; e

IV – da adesão a padrões tecnológicos abertos que permitam a comunicação, a acessibilidade e a interoperabilidade entre aplicações e bases de dados.

Art. 5º Para os efeitos desta Lei, considera-se:

I – internet: o sistema constituído do conjunto de protocolos lógicos, estruturado em escala mundial para uso público e irrestrito, com a finalidade de possibilitar a comunicação de dados entre terminais por meio de diferentes redes;

II – terminal: o computador ou qualquer dispositivo que se conecte à internet;

III – endereço de protocolo de internet (endereço IP): o código atribuído a um terminal de uma rede para permitir sua identificação, definido segundo parâmetros internacionais;

IV – administrador de sistema autônomo: a pessoa física ou jurídica que administra blocos de endereço IP específicos e o respectivo sistema autônomo de roteamento, devidamente cadastrada no ente nacional responsável pelo registro e distribuição de endereços IP geograficamente referentes ao País;

V – conexão à internet: a habilitação de um terminal para envio e recebimento de pacotes de dados pela internet, mediante a atribuição ou autenticação de um endereço IP;

VI – registro de conexão: o conjunto de informações referentes à data e hora de início e término de uma conexão à internet, sua duração e o endereço IP utilizado pelo terminal para o envio e recebimento de pacotes de dados;

VII – aplicações de internet: o conjunto de funcionalidades que podem ser acessadas por meio de um terminal conectado à internet; e

VIII – registros de acesso a aplicações de internet: o conjunto de informações referentes à data e hora de uso de uma determinada aplicação de internet a partir de um determinado endereço IP.

Art. 6º Na interpretação desta Lei serão levados em conta, além dos fundamentos, princípios e objetivos previstos, a natureza da internet, seus usos e costumes particulares e sua importância para a promoção do desenvolvimento humano, econômico, social e cultural.

CAPÍTULO II
DOS DIREITOS E GARANTIAS DOS USUÁRIOS

Art. 7º O acesso à internet é essencial ao exercício da cidadania, e ao usuário são assegurados os seguintes direitos:

I – inviolabilidade da intimidade e da vida privada, sua proteção e indenização pelo dano material ou moral decorrente de sua violação;

II – inviolabilidade e sigilo do fluxo de suas comunicações pela internet, salvo por ordem judicial, na forma da lei;

III – inviolabilidade e sigilo de suas comunicações privadas armazenadas, salvo por ordem judicial;

IV – não suspensão da conexão à internet, salvo por débito diretamente decorrente de sua utilização;

V – manutenção da qualidade contratada da conexão à internet;

VI – informações claras e completas constantes dos contratos de prestação de serviços, com detalhamento sobre o regime de proteção aos registros de conexão e aos registros de acesso a aplicações de internet, bem como sobre práticas de gerenciamento da rede que possam afetar sua qualidade;

VII – não fornecimento a terceiros de seus dados pessoais, inclusive registros de conexão, e de acesso a aplicações de internet, salvo mediante consentimento livre, expresso e informado ou nas hipóteses previstas em lei;

VIII – informações claras e completas sobre coleta, uso, armazenamento, tratamento e proteção de seus dados pessoais, que somente poderão ser utilizados para finalidades que:

a) justifiquem sua coleta;

b) não sejam vedadas pela legislação; e

c) estejam especificadas nos contratos de prestação de serviços ou em termos de uso de aplicações de internet;

IX – consentimento expresso sobre coleta, uso, armazenamento e tratamento de dados pessoais, que deverá ocorrer de forma destacada das demais cláusulas contratuais;

X – exclusão definitiva dos dados pessoais que tiver fornecido a determinada aplicação de internet, a seu requerimento, ao término da relação entre as partes, ressalvadas as hipóteses de guarda obrigatória de registros previstas nesta Lei e na que dispõe sobre a proteção de dados pessoais;

► Inciso X com a redação dada pela Lei nº 13.709, de 14-8-2018.

XI – publicidade e clareza de eventuais políticas de uso dos provedores de conexão à internet e de aplicações de internet;

XII – acessibilidade, consideradas as características físico-motoras, perceptivas, sensoriais, intelectuais e mentais do usuário, nos termos da lei; e

XIII – aplicação das normas de proteção e defesa do consumidor nas relações de consumo realizadas na internet.

Art. 8º A garantia do direito à privacidade e à liberdade de expressão nas comunicações é condição para o pleno exercício do direito de acesso à internet.

Parágrafo único. São nulas de pleno direito as cláusulas contratuais que violem o disposto no *caput*, tais como aquelas que:

I – impliquem ofensa à inviolabilidade e ao sigilo das comunicações privadas, pela internet; ou

II – em contrato de adesão, não ofereçam como alternativa ao contratante a adoção do foro brasileiro para solução de controvérsias decorrentes de serviços prestados no Brasil.

CAPÍTULO III

DA PROVISÃO DE CONEXÃO E DE APLICAÇÕES DE INTERNET

Seção I

DA NEUTRALIDADE DE REDE

Art. 9º O responsável pela transmissão, comutação ou roteamento tem o dever de tratar de forma isonômica quaisquer pacotes de dados, sem distinção por conteúdo, origem e destino, serviço, terminal ou aplicação.

§ 1º A discriminação ou degradação do tráfego será regulamentada nos termos das atribuições privativas do Presidente da República previstas no inciso IV do art. 84 da Constituição Federal, para a fiel execução desta Lei, ouvidos o Comitê Gestor da Internet e a Agência Nacional de Telecomunicações, e somente poderá decorrer de:

I – requisitos técnicos indispensáveis à prestação adequada dos serviços e aplicações; e

II – priorização de serviços de emergência.

§ 2º Na hipótese de discriminação ou degradação do tráfego prevista no § 1º, o responsável mencionado no *caput* deve:

I – abster-se de causar dano aos usuários, na forma do art. 927 da Lei nº 10.406, de 10-1-2002 – Código Civil;

II – agir com proporcionalidade, transparência e isonomia;

III – informar previamente de modo transparente, claro e suficientemente descritivo aos seus usuários sobre as práticas de gerenciamento e mitigação de tráfego adotadas, inclusive as relacionadas à segurança da rede; e

IV – oferecer serviços em condições comerciais não discriminatórias e abster-se de praticar condutas anticoncorrenciais.

§ 3º Na provisão de conexão à internet, onerosa ou gratuita, bem como na transmissão, comutação ou roteamento, é vedado bloquear, monitorar, filtrar ou analisar o conteúdo dos pacotes de dados, respeitado o disposto neste artigo.

Seção II

DA PROTEÇÃO AOS REGISTROS, AOS DADOS PESSOAIS E ÀS COMUNICAÇÕES PRIVADAS

Art. 10. A guarda e a disponibilização dos registros de conexão e de acesso a aplicações de internet de que trata esta Lei, bem como de dados pessoais e do conteúdo de comunicações privadas, devem atender à preservação da intimidade, da vida privada, da honra e da imagem das partes direta ou indiretamente envolvidas.

§ 1º O provedor responsável pela guarda somente será obrigado a disponibilizar os registros mencionados no *caput*, de forma autônoma ou associados a dados pessoais ou a outras informações que possam contribuir para a identificação do usuário ou do terminal, mediante ordem judicial, na forma do disposto na Seção IV deste Capítulo, respeitado o disposto no art. 7º.

§ 2º O conteúdo das comunicações privadas somente poderá ser disponibilizado mediante ordem judicial, nas hipóteses e na forma que a lei estabelecer, respeitado o disposto nos incisos II e III do art. 7º.

§ 3º O disposto no *caput* não impede o acesso aos dados cadastrais que informem qualificação pessoal, filiação e endereço, na forma da lei, pelas autoridades administrativas que detenham competência legal para a sua requisição.

§ 4º As medidas e os procedimentos de segurança e de sigilo devem ser informados pelo responsável pela provisão de serviços de forma clara e atender a padrões definidos em regulamento, respeitado seu direito de confidencialidade quanto a segredos empresariais.

Art. 11. Em qualquer operação de coleta, armazenamento, guarda e tratamento de registros, de dados pessoais ou de comunicações por provedores de conexão e de aplicações de internet em que pelo menos um desses atos ocorra em território nacional, deverão ser obrigatoriamente respeitados a legislação brasileira e os direitos à privacidade, à proteção dos dados pessoais e ao sigilo das comunicações privadas e dos registros.

§ 1º O disposto no *caput* aplica-se aos dados coletados em território nacional e ao conteúdo das comunicações, desde que pelo menos um dos terminais esteja localizado no Brasil.

§ 2º O disposto no *caput* aplica-se mesmo que as atividades sejam realizadas por pessoa jurídica sediada no exterior, desde que oferte serviço ao público brasileiro ou pelo menos uma integrante do mesmo grupo econômico possua estabelecimento no Brasil.

§ 3º Os provedores de conexão e de aplicações de internet deverão prestar, na forma da regulamentação, informações que permitam a verificação quanto ao cumprimento da legislação brasileira referente à coleta, à guarda, ao armazenamento ou ao tratamento de dados, bem como quanto ao respeito à privacidade e ao sigilo de comunicações.

§ 4º Decreto regulamentará o procedimento para apuração de infrações ao disposto neste artigo.

Art. 12. Sem prejuízo das demais sanções cíveis, criminais ou administrativas, as infrações às normas previstas nos arts. 10 e 11 ficam sujeitas, conforme o caso, às seguintes sanções, aplicadas de forma isolada ou cumulativa:

I – advertência, com indicação de prazo para adoção de medidas corretivas;

II – multa de até 10% (dez por cento) do faturamento do grupo econômico no Brasil no seu último exercício, excluídos os tributos, considerados a condição econômica do infrator e o princípio da proporcionalidade entre a gravidade da falta e a intensidade da sanção;

III – suspensão temporária das atividades que envolvam os atos previstos no art. 11; ou

IV – proibição de exercício das atividades que envolvam os atos previstos no art. 11.

Parágrafo único. Tratando-se de empresa estrangeira, responde solidariamente pelo pagamento da multa de que trata o *caput* sua filial, sucursal, escritório ou estabelecimento situado no País.

Subseção I
DA GUARDA DE REGISTROS DE CONEXÃO

Art. 13. Na provisão de conexão à internet, cabe ao administrador de sistema autônomo respectivo o dever de manter os registros de conexão, sob sigilo, em ambiente controlado e de segurança, pelo prazo de 1 (um) ano, nos termos do regulamento.

§ 1º A responsabilidade pela manutenção dos registros de conexão não poderá ser transferida a terceiros.

§ 2º A autoridade policial ou administrativa ou o Ministério Público poderá requerer cautelarmente que os registros de conexão sejam guardados por prazo superior ao previsto no *caput*.

§ 3º Na hipótese do § 2º, a autoridade requerente terá o prazo de 60 (sessenta) dias, contados a partir do requerimento, para ingressar com o pedido de autorização judicial de acesso aos registros previstos no *caput*.

§ 4º O provedor responsável pela guarda dos registros deverá manter sigilo em relação ao requerimento previsto no § 2º, que perderá sua eficácia caso o pedido de autorização judicial seja indeferido ou não tenha sido protocolado no prazo previsto no § 3º.

§ 5º Em qualquer hipótese, a disponibilização ao requerente dos registros de que trata este artigo deverá ser precedida de autorização judicial, conforme disposto na Seção IV deste Capítulo.

§ 6º Na aplicação de sanções pelo descumprimento ao disposto neste artigo, serão considerados a natureza e a gravidade da infração, os danos dela resultantes, eventual vantagem auferida pelo infrator, as circunstâncias agravantes, os antecedentes do infrator e a reincidência.

Subseção II
DA GUARDA DE REGISTROS DE ACESSO A APLICAÇÕES DE INTERNET NA PROVISÃO DE CONEXÃO

Art. 14. Na provisão de conexão, onerosa ou gratuita, é vedado guardar os registros de acesso a aplicações de internet.

Subseção III
DA GUARDA DE REGISTROS DE ACESSO A APLICAÇÕES DE INTERNET NA PROVISÃO DE APLICAÇÕES

Art. 15. O provedor de aplicações de internet constituído na forma de pessoa jurídica e que exerça essa atividade de forma organizada, profissionalmente e com fins econômicos deverá manter os respectivos registros de acesso a aplicações de internet, sob sigilo, em ambiente controlado e de segurança, pelo prazo de 6 (seis) meses, nos termos do regulamento.

§ 1º Ordem judicial poderá obrigar, por tempo certo, os provedores de aplicações de internet que não estão sujeitos ao disposto no *caput* a guardarem registros de acesso a aplicações de internet, desde que se trate de registros relativos a fatos específicos em período determinado.

§ 2º A autoridade policial ou administrativa ou o Ministério Público poderão requerer cautelarmente a qualquer provedor de aplicações de internet que os registros de acesso a aplicações de internet sejam guardados, inclusive por prazo superior ao previsto no *caput*, observado o disposto nos §§ 3º e 4º do art. 13.

§ 3º Em qualquer hipótese, a disponibilização ao requerente dos registros de que trata este artigo deverá ser precedida de autorização judicial, conforme disposto na Seção IV deste Capítulo.

§ 4º Na aplicação de sanções pelo descumprimento ao disposto neste artigo, serão considerados a natureza e a gravidade da infração, os danos dela resultantes, eventual vantagem auferida pelo infrator, as circunstâncias agravantes, os antecedentes do infrator e a reincidência.

Art. 16. Na provisão de aplicações de internet, onerosa ou gratuita, é vedada a guarda:

I – dos registros de acesso a outras aplicações de internet sem que o titular dos dados tenha consentido previamente, respeitado o disposto no art. 7º; ou

II – de dados pessoais que sejam excessivos em relação à finalidade para a qual foi dado consentimento pelo seu titular, exceto nas hipóteses previstas na Lei que dispõe sobre a proteção de dados pessoais.

► **Inciso II com a redação dada pela Lei nº 13.709, de 14-8-2018.**

Art. 17. Ressalvadas as hipóteses previstas nesta Lei, a opção por não guardar os registros de acesso a aplicações de internet não implica responsabilidade sobre danos decorrentes do uso desses serviços por terceiros.

Seção III
DA RESPONSABILIDADE POR DANOS DECORRENTES DE CONTEÚDO GERADO POR TERCEIROS

Art. 18. O provedor de conexão à internet não será responsabilizado civilmente por danos decorrentes de conteúdo gerado por terceiros.

Art. 19. Com o intuito de assegurar a liberdade de expressão e impedir a censura, o provedor de aplicações de internet somente poderá ser responsabilizado civilmente por danos decorrentes de conteúdo gerado por terceiros se, após ordem judicial específica, não tomar as providências para, no âmbito e nos limites técnicos do seu serviço e dentro do prazo assinalado, tornar indisponível o conteúdo apontado como infringente, ressalvadas as disposições legais em contrário.

§ 1º A ordem judicial de que trata o *caput* deverá conter, sob pena de nulidade, identificação clara e específica do conteúdo apontado como infringente, que permita a localização inequívoca do material.

§ 2º A aplicação do disposto neste artigo para infrações a direitos de autor ou a direitos conexos depende de previsão legal específica, que deverá respeitar a liberdade de expressão e demais garantias previstas no art. 5º da Constituição Federal.

§ 3º As causas que versem sobre ressarcimento por danos decorrentes de conteúdos disponibilizados na internet relacionados à honra, à reputação ou a direitos de personalidade, bem como sobre a indisponibilização desses conteúdos por provedores de aplicações de internet, poderão ser apresentadas perante os juizados especiais.

§ 4º O juiz, inclusive no procedimento previsto no § 3º, poderá antecipar, total ou parcialmente, os efeitos da tutela pretendida no pedido inicial, existindo prova inequívoca do fato e considerado o interesse da coletividade na disponibilização do conteúdo na internet, desde que presentes os requisitos de verossimilhança da alegação do autor e de fundado receio de dano irreparável ou de difícil reparação.

Art. 20. Sempre que tiver informações de contato do usuário diretamente responsável pelo conteúdo a que se refere o art. 19, caberá ao provedor de aplicações de internet comunicar-lhe os motivos e informações relativos à indisponibilização de conteúdo, com informações que permitam o contraditório e a ampla defesa em juízo, salvo expressa previsão legal ou expressa determinação judicial fundamentada em contrário.

Parágrafo único. Quando solicitado pelo usuário que disponibilizou o conteúdo tornado indisponível, o provedor de aplicações de internet que exerce essa atividade de forma organizada, profissionalmente e com fins econômicos substituirá o conteúdo tornado indisponível pela motivação ou pela ordem judicial que deu fundamento à indisponibilização.

Art. 21. O provedor de aplicações de internet que disponibilize conteúdo gerado por terceiros será responsabilizado subsidiariamente pela violação da intimidade decorrente da divulgação, sem autorização de seus participantes, de imagens, de vídeos ou de outros materiais contendo cenas de nudez ou de atos sexuais de caráter privado quando, após o recebimento de notificação pelo participante ou seu representante legal, deixar de promover, de forma diligente, no âmbito e nos limites técnicos do seu serviço, a indisponibilização desse conteúdo.

Parágrafo único. A notificação prevista no *caput* deverá conter, sob pena de nulidade, elementos que permitam a identificação específica do material apontado como violador da intimidade do participante e a verificação da legitimidade para apresentação do pedido.

Seção IV
DA REQUISIÇÃO JUDICIAL DE REGISTROS

Art. 22. A parte interessada poderá, com o propósito de formar conjunto probatório em processo judicial cível ou penal, em caráter incidental ou autônomo, requerer ao juiz que ordene ao responsável pela guarda o fornecimento de registros de conexão ou de registros de acesso a aplicações de internet.

Parágrafo único. Sem prejuízo dos demais requisitos legais, o requerimento deverá conter, sob pena de inadmissibilidade:

I – fundados indícios da ocorrência do ilícito;

II – justificativa motivada da utilidade dos registros solicitados para fins de investigação ou instrução probatória; e

III – período ao qual se referem os registros.

Art. 23. Cabe ao juiz tomar as providências necessárias à garantia do sigilo das informações recebidas e à preservação da intimidade, da vida privada, da honra e da imagem do usuário, podendo determinar segredo de justiça, inclusive quanto aos pedidos de guarda de registro.

CAPÍTULO IV
DA ATUAÇÃO DO PODER PÚBLICO

Art. 24. Constituem diretrizes para a atuação da União, dos Estados, do Distrito Federal e dos Municípios no desenvolvimento da internet no Brasil:

I – estabelecimento de mecanismos de governança multiparticipativa, transparente, colaborativa e democrática, com a participação do governo, do setor empresarial, da sociedade civil e da comunidade acadêmica;

II – promoção da racionalização da gestão, expansão e uso da internet, com participação do Comitê Gestor da internet no Brasil;

III – promoção da racionalização e da interoperabilidade tecnológica dos serviços de governo eletrônico, entre os diferentes Poderes e âmbitos da Federação, para permitir o intercâmbio de informações e a celeridade de procedimentos;

IV – promoção da interoperabilidade entre sistemas e terminais diversos, inclusive entre os diferentes âmbitos federativos e diversos setores da sociedade;

V – adoção preferencial de tecnologias, padrões e formatos abertos e livres;

VI – publicidade e disseminação de dados e informações públicos, de forma aberta e estruturada;

VII – otimização da infraestrutura das redes e estímulo à implantação de centros de armazenamento, gerenciamento e disseminação de dados no País, promovendo a qualidade técnica, a inovação e a difusão das aplicações de internet, sem prejuízo à abertura, à neutralidade e à natureza participativa;

VIII – desenvolvimento de ações e programas de capacitação para uso da internet;

IX – promoção da cultura e da cidadania; e

X – prestação de serviços públicos de atendimento ao cidadão de forma integrada, eficiente, simplificada e por múltiplos canais de acesso, inclusive remotos.

Art. 25. As aplicações de internet de entes do poder público devem buscar:

I – compatibilidade dos serviços de governo eletrônico com diversos terminais, sistemas operacionais e aplicativos para seu acesso;

II – acessibilidade a todos os interessados, independentemente de suas capacidades físico-motoras, perceptivas, sensoriais, intelectuais, mentais, culturais e sociais, resguardados os aspectos de sigilo e restrições administrativas e legais;

III – compatibilidade tanto com a leitura humana quanto com o tratamento automatizado das informações;

IV – facilidade de uso dos serviços de governo eletrônico; e

V – fortalecimento da participação social nas políticas públicas.

Art. 26. O cumprimento do dever constitucional do Estado na prestação da educação, em todos os níveis de ensino, inclui a capacitação, integrada a outras práticas educacionais, para o uso seguro, consciente e responsável da internet como ferramenta para o exercício da cidadania, a promoção da cultura e o desenvolvimento tecnológico.

Art. 27. As iniciativas públicas de fomento à cultura digital e de promoção da internet como ferramenta social devem:

I – promover a inclusão digital;

II – buscar reduzir as desigualdades, sobretudo entre as diferentes regiões do País, no acesso às tecnologias da informação e comunicação e no seu uso; e

III – fomentar a produção e circulação de conteúdo nacional.

Art. 28. O Estado deve, periodicamente, formular e fomentar estudos, bem como fixar metas, estratégias, planos e cronogramas, referentes ao uso e desenvolvimento da internet no País.

CAPÍTULO V

DISPOSIÇÕES FINAIS

Art. 29. O usuário terá a opção de livre escolha na utilização de programa de computador em seu terminal para exercício do controle parental de conteúdo entendido por ele como impróprio a seus filhos menores, desde que respeitados os princípios desta Lei e da Lei nº 8.069, de 13-7-1990 – Estatuto da Criança e do Adolescente.

Parágrafo único. Cabe ao poder público, em conjunto com os provedores de conexão e de aplicações de internet e a sociedade civil, promover a educação e fornecer informações sobre o uso dos programas de computador previstos no *caput*, bem como para a definição de boas práticas para a inclusão digital de crianças e adolescentes.

Art. 30. A defesa dos interesses e dos direitos estabelecidos nesta Lei poderá ser exercida em juízo, individual ou coletivamente, na forma da lei.

Art. 31. Até a entrada em vigor da lei específica prevista no § 2º do art. 19, a responsabilidade do provedor de aplicações de internet por danos decorrentes de conteúdo gerado por terceiros, quando se tratar de infração a direitos de autor ou a direitos conexos, continuará a ser disciplinada pela legislação autoral vigente aplicável na data da entrada em vigor desta Lei.

Art. 32. Esta Lei entra em vigor após decorridos 60 (sessenta) dias de sua publicação oficial.

Brasília, 23 de abril de 2014;
193º da Independência e
126º da República.

Dilma Rousseff

PROVIMENTO DO CNJ Nº 37, DE 7 DE JULHO DE 2014

Dispõe sobre o registro de união estável, no Livro "E", por Oficial de Registro Civil das Pessoas Naturais.

► Publicado no *DJe* de 11-7-2014.

O Corregedor Nacional de Justiça em exercício, Conselheiro Guilherme Calmon, no uso de suas atribuições legais e regimentais;

Considerando que compete ao Conselho Nacional de Justiça o controle da atuação administrativa do Poder Judiciário (art. 103-B, § 4º, I, II e III, da Constituição Federal);

Considerando que compete ao Poder Judiciário a fiscalização dos serviços notariais e de registro (art. 103-B, § 4º, I e III, e art. 236, § 1º, ambos da Constituição Federal);

Considerando que compete ao Corregedor Nacional de Justiça expedir provimentos, e outros atos normativos, destinados ao aperfeiçoamento das atividades dos serviços notariais e de registro (art. 8º, X, do Regimento Interno do Conselho Nacional de Justiça);

Considerando a existência de regulamentação, pelas Corregedorias Gerais da Justiça, do registro de união estável no Livro "E" do Registro Civil das Pessoas Naturais;

Considerando a conveniência da edição de normas básicas e uniformes para a realização desse registro, visando conferir segurança jurídica na relação mantida entre os companheiros e desses com terceiros, inclusive no que tange aos aspectos patrimoniais;

Considerando que o reconhecimento da necessidade de edição dessas normas encontra amparo em requerimento nesse sentido formulado pela Associação Nacional dos Registradores de Pessoas Naturais – ARPENBRASIL, autuado como Pedido de Providências nº 0006113-43.2013.2.00.0000;

Considerando o disposto na Resolução nº 175, de 14 de maio de 2013, do Conselho Nacional de Justiça;

Resolve:

Art. 1º É facultativo o registro da união estável prevista nos artigos 1.723 a 1.727 do Código Civil, mantida entre o homem e a mulher, ou entre duas pessoas do mesmo sexo.

Art. 2º O registro da sentença declaratória de reconhecimento e dissolução, ou extinção, bem como da escritura pública de contrato e distrato envolvendo união estável, será feito no Livro "E", pelo Oficial do Registro Civil das Pessoas Naturais da Sede, ou, onde houver, no 1º Subdistrito da Comarca em que os companheiros têm ou tiveram seu último domicílio, devendo constar:

a) a data do registro;

b) o prenome e o sobrenome, a data de nascimento, a profissão, a indicação da numeração da Cédula de Identidade, o domicílio e residência de cada companheiro, e o CPF se houver;

c) prenomes e sobrenomes dos pais;

d) a indicação das datas e dos Ofícios de Registro Civil das Pessoas Naturais em que foram registrados os nascimentos das partes, os seus casamentos ou uniões estáveis anteriores, assim como os óbitos de seus anteriores cônjuges ou companheiros, quando houver, ou os respectivos divórcios ou separações judiciais ou extrajudiciais se foram anteriormente casados;

e) data do trânsito em julgado da sentença ou do acórdão, número do processo, Juízo e nome do Juiz que a proferiu ou do Desembargador que o relatou, quando o caso;

f) data da escritura pública, mencionando-se no último caso, o livro, a página e o Tabelionato onde foi lavrado o ato;

g) regime de bens dos companheiros, ou consignação de que não especificado na respectiva escritura pública ou sentença declaratória.

Art. 3º Serão arquivados pelo Oficial de Registro Civil, em meio físico ou mídia digital segura, os documentos apresentados para o registro da união estável e de sua dissolução, com referência do arquivamento à margem do respectivo assento, de forma a permitir sua localização.

Art. 4º Quando o estado civil dos companheiros não constar da escritura pública, deverão ser exigidas e arquivadas as respectivas certidões de nascimento, ou de casamento com averbação do divórcio ou da separação judicial ou extrajudicial, ou de óbito do cônjuge se o companheiro for viúvo, exceto se mantidos esses assentos no Registro Civil das Pessoas Naturais em que registrada a união estável, hipótese em que bastará sua consulta direta pelo Oficial de Registro.

Art. 5º O registro de união estável decorrente de escritura pública de reconhecimento ou extinção produzirá efeitos patrimoniais entre os companheiros, não prejudicando terceiros que não tiverem participado da escritura pública.

Parágrafo único. O registro da sentença declaratória da união estável, ou de sua dissolução, não altera os efeitos da coisa julgada previstos no art. 472 do Código de Processo Civil.

► Refere-se ao CPC/1973.

► Art. 506 do CPC/2015.

Art. 6º O Oficial deverá anotar o registro da união estável nos atos anteriores, com remissões recíprocas, se lançados em seu Registro Civil das Pessoas Naturais, ou comunicá-lo ao Oficial do Registro Civil das Pessoas Naturais em que estiverem os registros primitivos dos companheiros.

§ 1º O Oficial averbará, no registro da união estável, o óbito, o casamento, a constituição de nova união estável e a interdição dos companheiros, que lhe serão comunicados pelo Oficial de Registro que realizar esses registros, se distinto, fazendo constar o conteúdo dessas averbações em todas as certidões que forem expedidas.

§ 2º As comunicações previstas neste artigo poderão ser efetuadas por meio eletrônico seguro, com arquivamento do comprovante de envio, ou por outro meio previsto em norma da Corregedoria Geral da Justiça para as comunicações de atos do Registro Civil das Pessoas Naturais.

Art. 7º Não é exigível o prévio registro da união estável para que seja registrada a sua dissolução, devendo, nessa hipótese, constar do registro somente a data da escritura pública de dissolução.

§ 1º Se existente o prévio registro da união estável, a sua dissolução será averbada à margem daquele ato.

§ 2º Contendo a sentença em que declarada a dissolução da união estável a menção ao período em que foi mantida, deverá ser promovido o registro da referida união estável e, na sequência, a averbação de sua dissolução.

Art. 8º Não poderá ser promovido o registro, no Livro "E", de união estável de pessoas casadas, ainda que separadas de fato, exceto se separadas judicialmente ou extrajudicialmente, ou se a declaração da união estável decorrer de sentença judicial transitada em julgado.

Art. 9º Em todas as certidões relativas ao registro de união estável no Livro "E" constará advertência expressa de que esse registro não produz os efeitos da conversão da união estável em casamento.

Art. 10. Este Provimento não revoga as normas editadas pelas Corregedorias Gerais da Justiça, no que forem compatíveis.

Art. 11. As Corregedorias Gerais da Justiça deverão dar ciência deste Provimento aos Juízes Corregedores, ou Juízes que na forma da organização local forem competentes para a fiscalização dos serviços extrajudiciais de notas e de registro, e aos responsáveis pelas unidades do serviço extrajudicial de notas e de registro.

Art. 12. Este Provimento entrará em vigor na data de sua publicação.

Brasília, 7 de julho de 2014.

Conselheiro Guilherme Calmon

LEI Nº 12.974, DE 15 DE MAIO DE 2014

Dispõe sobre as atividades das Agências de Turismo.

▸ Publicada no *DOU* de 16-5-2014.

Art. 1º Esta Lei dispõe sobre as atividades das Agências de Turismo.

Art. 2º Entende-se por Agência de Turismo a empresa que tenha por objeto, exclusivamente, a prestação das atividades de turismo definidas nesta Lei.

Art. 3º É privativo das Agências de Turismo o exercício das seguintes atividades:

I – venda comissionada ou intermediação remunerada na comercialização de passagens, passeios, viagens e excursões, nas modalidades aérea, aquaviária, terrestre, ferroviária e conjugadas;

II – assessoramento, planejamento e organização de atividades associadas à execução de viagens turísticas ou excursões;

III – VETADO;

IV – organização de programas, serviços, roteiros e itinerários de viagens, individuais ou em grupo, e intermediação remunerada na sua execução e comercialização; e

V – organização de programas e serviços relativos a viagens educacionais ou culturais e intermediação remunerada na sua execução e comercialização.

§ 1º As Agências de Turismo poderão exercer todas ou algumas das atividades previstas neste artigo.

§ 2º O disposto no inciso I do *caput* deste artigo não inclui a organização dos programas, serviços, roteiros e itinerários relativos aos passeios, viagens e excursões.

§ 3º O disposto no inciso III do *caput* deste artigo não elide a venda direta ao público dos serviços prestados pelas empresas transportadoras, pelos meios de hospedagem e pelas demais empresas fornecedoras de serviços turísticos, inclusive por meio da rede mundial de computadores.

Art. 4º As Agências de Turismo poderão exercer, ainda, e sem caráter privativo, as seguintes atividades:

I – obtenção e legalização de documentos para viajantes;

II – transporte turístico de superfície;

III – desembaraço de bagagens, nas viagens e excursões de seus clientes;

IV – intermediação remunerada de serviços de carga aérea e terrestre;

V – intermediação remunerada na reserva e contratação de hospedagem e na locação de veículos;

VI – intermediação remunerada na reserva e venda de ingressos para espetáculos públicos, artísticos, esportivos e culturais;

VII – VETADO;

VIII – representação de empresa transportadora, de meios de hospedagem e de outras empresas fornecedoras de serviços turísticos;

IX – assessoramento, organização e execução de atividades relativas a feiras, exposições, congressos e eventos similares;

X – venda comissionada ou intermediação remunerada de seguros vinculados a viagens e excursões e de cartões de assistência ao viajante;

XI – venda de livros, revistas e outros artigos destinados a viajantes; e

XII – outros serviços de interesse de viajantes.

Art. 5º Para os efeitos desta Lei, as Agências de Turismo classificam-se nas 2 (duas) categorias abaixo, conforme os serviços que estejam habilitadas a prestar:

I – Agências de Viagens; e

II – Agências de Viagens e Turismo.

§ 1º É privativa das Agências de Viagens e Turismo a execução das atividades referidas nos incisos II, III, IV e V do *caput* do art. 3º.

§ 2º A Agência de Viagens e Turismo poderá utilizar-se da denominação de Operadora Turística.

Art. 6º VETADO.

Art. 7º É vedado o registro como Agência de Turismo à empresa:

I – cuja atividade principal prevista no seu objetivo social seja distinta da estabelecida no art. 2º;

II – que não preencha as condições previstas nesta Lei e no Regulamento.

Art. 8º Constituem prerrogativas das Agências de Turismo registradas na forma desta Lei:

I – o exercício das atividades privativas de que trata o art. 3º, observado o disposto no art. 5º;

II – o recebimento de remuneração pelo exercício de suas atividades; e

III – a habilitação ao recebimento de incentivos e estímulos governamentais previstos na legislação em vigor.

Art. 9º São obrigações das Agências de Turismo, passíveis de fiscalização, em conformidade com os procedimentos previstos nesta Lei e nos atos dela decorrentes:

I – cumprir rigorosamente os contratos e acordos de prestação de serviços turísticos firmados com os usuários ou outras entidades turísticas;

II – disponibilizar e conservar instalações em condições adequadas para o atendimento ao consumidor, em ambiente destinado exclusivamente a essa atividade;

III – mencionar, em qualquer forma impressa de promoção ou de divulgação de viagem ou excursão, o nome das empresas responsáveis pela operação dos serviços contratados e o número de registro no órgão federal responsável pelo cadastramento e pela fiscalização das empresas dedicadas à exploração dos serviços turísticos;

IV – prestar ou apresentar, na forma e no prazo estabelecidos pelo órgão federal responsável pelo cadastramento e pela fiscalização das empresas dedicadas à exploração dos serviços turísticos, as informações e os documentos referentes ao exercício de suas atividades;

V – manter em local visível de suas instalações cópia do certificado de registro no órgão federal responsável pelo cadastramento e pela fiscalização das empresas dedicadas à exploração dos serviços turísticos;

VI – comunicar ao órgão federal responsável pelo cadastramento e pela fiscalização das empresas dedicadas à exploração dos serviços turísticos eventual mudança de endereço e paralisação temporária ou definitiva das atividades; e

VII – apresentar ao órgão federal responsável pelo cadastramento e pela fiscalização das empresas dedicadas à exploração dos serviços turísticos cópia do instrumento que altere o ato constitutivo da sociedade, no prazo máximo de 30 (trinta) dias, contados do seu arquivamento no registro apropriado.

Art. 10. A oferta do serviço prestado pela Agência de Turismo expressará:

I – o serviço oferecido;

II – o preço total, as condições de pagamento e, se for o caso, as de financiamento;

III – as condições para alteração, cancelamento e reembolso do pagamento dos serviços;

IV – as empresas e empreendimentos participantes da viagem ou excursão; e

V – a responsabilidade legal pela execução dos serviços e eventuais restrições existentes para a sua realização.

Arts. 11 a 19. VETADOS.

Art. 20. A Agência de Turismo é diretamente responsável pelos atos de seus prepostos, inclusive os praticados por terceiros por ela contratados ou autorizados, se ao contrário não dispuser a legislação vigente.

Art. 21. A sociedade civil ou comercial de qualquer natureza somente poderá oferecer a seus integrantes, associados, empregados ou terceiros os serviços turísticos de que trata esta Lei quando prestados ou intermediados por Agências de Turismo registradas no órgão federal responsável pelo cadastramento e pela fiscalização das empresas dedicadas à exploração dos serviços turísticos.

Parágrafo único. O disposto neste artigo não se aplica aos casos de fretamento de veículo para uso dos associados, mediante simples ressarcimento das despesas realizadas.

Art. 22. O órgão federal responsável pelo cadastramento e pela fiscalização das empresas dedicadas à exploração dos serviços turísticos exercerá a fiscalização das atividades das Agências de Turismo, objetivando:

I – a proteção ao consumidor, exercida prioritariamente pelo atendimento e averiguação da reclamação;

II – a orientação às empresas para o perfeito atendimento das normas reguladoras de suas atividades; e

III – a verificação do cumprimento da legislação pertinente em vigor.

Parágrafo único. Para os fins deste artigo, os agentes da fiscalização terão livre acesso às instalações, áreas, equipamentos, arquivos, livros e documentos fiscais da empresa fiscalizada, sendo obrigação desta, nos limites da lei, prestar todos os esclarecimentos e informações solicitadas.

Art. 23. A inobservância pela Agência de Turismo das determinações desta Lei sujeitá-la-á às seguintes penalidades, além das sanções penais cabíveis:

I – advertência por escrito;

II – multa;

III – interdição da instalação, estabelecimento, empreendimento ou equipamento;

IV – VETADO; e

V – cancelamento do registro.

Parágrafo único. As penalidades mencionadas neste artigo serão reguladas e aplicadas pelo órgão federal responsável pelo cadastramento e pela fiscalização das empresas dedicadas à exploração dos serviços turísticos.

Art. 24. O exercício de atividades privativas de Agência de Turismo, na forma desta Lei, sem o correspondente registro no órgão federal responsável pelo cadastramento e pela fiscalização das empresas dedicadas à exploração dos serviços turísticos constitui ilícito penal e sujeita o infrator às penas dispostas no art. 47 do Decreto-Lei nº 3.688, de 3 de outubro de 1941 – Lei das Contravenções Penais.

Parágrafo único. VETADO.

Art. 25. VETADO.

Art. 26. A responsabilidade civil da Agência de Turismo poderá ser objeto de seguro.

Art. 27. A Agência de Turismo já registrada como Agência de Turismo, Agência de Viagens ou Agência de Viagens e Turismo deverá adaptar sua denominação ao disposto nesta Lei no prazo máximo de 90 (noventa) dias, contados de sua entrada em vigor.

Art. 28. Esta Lei entra em vigor na data de sua publicação.

Brasília, 15 de maio de 2014;
193º da Independência e
126º da República.
Dilma Rousseff

LEI Nº 13.043, DE 13 DE NOVEMBRO DE 2014

Dispõe sobre os fundos de índice de renda fixa, sobre a responsabilidade tributária na integralização de cotas de fundos ou clubes de investimento por meio da entrega de

ativos financeiros, sobre a tributação das operações de empréstimos de ativos financeiros e sobre a isenção de imposto sobre a renda na alienação de ações de empresas pequenas e médias; prorroga o prazo de que trata a Lei nº 12.431, de 24 de junho de 2011; altera as Leis nºs 10.179, de 6 de fevereiro de 2001, 12.431, de 24 de junho de 2011, 9.718, de 27 de novembro de 1998, 10.637, de 30 de dezembro de 2002, 10.833, de 29 de dezembro de 2003, 12.996, de 18 de junho de 2014, 11.941, de 27 de maio de 2009, 12.249, de 11 de junho de 2010, 10.522, de 19 de julho de 2002, 12.546, de 14 de dezembro de 2011, 11.774, de 17 de setembro de 2008, 12.350, de 20 de dezembro de 2010, 9.430, de 27 de dezembro de 1996, 11.977, de 7 de julho de 2009, 12.409, de 25 de maio de 2011, 5.895, de 19 de junho de 1973, 11.948, de 16 de junho de 2009, 12.380, de 10 de janeiro de 2011, 12.087, de 11 de novembro de 2009, 12.712, de 30 de agosto de 2012, 12.096, de 24 de novembro de 2009, 11.079, de 30 de dezembro de 2004, 11.488, de 15 de junho de 2007, 6.830, de 22 de setembro de 1980, 9.532, de 10 de dezembro de 1997, 11.196, de 21 de novembro de 2005, 10.147, de 21 de dezembro de 2000, 12.860, de 11 de setembro de 2013, 9.393, de 19 de dezembro de 1996, 9.250, de 26 de dezembro de 1995, 12.598, de 21 de março de 2012, 12.715, de 17 de setembro de 2012, 11.371, de 28 de novembro de 2006, 9.481, de 13 de agosto de 1997, 12.688, de 18 de julho de 2012, 12.101, de 27 de novembro de 2009, 11.438, de 29 de dezembro de 2006, 11.478, de 29 de maio de 2007, 12.973, de 13 de maio de 2014, 11.033, de 21 de dezembro de 2004, 9.782, de 26 de janeiro de 1999, 11.972, de 6 de julho de 2009, 5.991, de 17 de dezembro de 1973, 10.406, de 10 de janeiro de 2002, 9.514, de 20 de novembro de 1997, 11.775, de 17 de setembro de 2008, 10.150, de 21 de dezembro de 2000, e 10.865, de 30 de abril de 2004, e o Decreto-Lei nº 911, de 1º de outubro de 1969; revoga dispositivos do Decreto-Lei nº 1.569, de 8 de agosto de 1977, das Leis nºs 5.010, de 30 de maio de 1966, e 8.666, de 21 de junho de 1993, da Medida Provisória nº 2.158-35, de 24 de agosto de 2001, e do Decreto-Lei nº 1.598, de 26 de dezembro de 1977; e dá outras providências.

▸ Publicada no *DOU* 14-11-2014 e retificado em 14-11-2014 – Edição extra.

CAPÍTULO I

DA LEGISLAÇÃO FISCAL E FINANCEIRA

Seção I

DA RESPONSABILIDADE TRIBUTÁRIA NA INTEGRALIZAÇÃO DE COTAS DE FUNDOS OU CLUBES DE INVESTIMENTO POR MEIO DA ENTREGA DE ATIVOS FINANCEIROS

Art. 1º Na integralização de cotas de fundos ou clubes de investimento por meio da entrega de ativos financeiros, fica o administrador que receber os ativos a serem integralizados responsável pela cobrança e recolhimento do imposto sobre a renda devido sobre o ganho de capital, observado o disposto no item 1 da alínea *b* do inciso I do *caput* do art. 70 da Lei nº 11.196, de 21 de novembro de 2005.

§ 1º Em relação aos ativos financeiros sujeitos a retenção do imposto sobre a renda na fonte, a responsabilidade pelo recolhimento do imposto será da instituição ou entidade que faça o pagamento ao beneficiário final, ainda que não seja a fonte pagadora inicial.

§ 2º Cabe ao investidor que integralizar cotas de fundos e clubes de investimento com ativos financeiros a responsabilidade de comprovar o custo de aquisição dos ativos, bem como o valor de mercado pelo qual será realizada a integralização.

§ 3º Cabe ao investidor disponibilizar previamente ao responsável tributário os recursos necessários para o recolhimento do imposto sobre a renda devido nos termos deste artigo e do Imposto sobre Operações de Crédito, Câmbio e Seguro, ou relativas a Títulos ou Valores Mobiliários – IOF, quando aplicável.

§ 4º A comprovação do que dispõe o § 2º será feita por meio da disponibilização ao responsável tributário de nota de corretagem de aquisição, de boletim de subscrição, de instrumento de compra, venda ou doação, de declaração do imposto sobre a renda do investidor, ou de declaração do custo médio de aquisição, conforme instrução da Secretaria da Receita Federal do Brasil.

§ 5º O investidor é responsável pela veracidade, integridade e completude das informações prestadas e constantes dos documentos mencionados no § 4º.

§ 6º O custo de aquisição ou o valor da aplicação financeira não comprovado será considerado igual a 0 (zero), para fins de cômputo da base de cálculo do imposto sobre a renda devido sobre o ganho de capital.

§ 7º É vedada a integralização de cotas de fundos ou de clubes de investimento por meio da entrega de ativos financeiros que não estejam registrados em sistema de registro ou depositados em depositário central autorizado pelo Banco Central do Brasil ou pela Comissão de Valores Mobiliários.

§ 8º Não se aplica o disposto neste artigo à integralização de cotas de fundos ou clubes de investimento por meio da entrega de imóveis, hipótese em que cabe ao cotista o recolhimento do imposto sobre a renda, na forma prevista na legislação específica.

Seção II

DOS FUNDOS DE ÍNDICE DE RENDA FIXA E DAS EMISSÕES DE TÍTULOS DE RESPONSABILIDADE DO TESOURO NACIONAL

Art. 2º Os rendimentos e ganhos de capital auferidos por cotistas de fundos de investimento cujas cotas sejam admitidas à negociação no mercado secundário administrado por bolsa de valores ou entidade do mercado de balcão organizado, cujas carteiras sejam compostas por ativos financeiros que busquem refletir as variações e rentabilidade de índices de renda fixa (Fundos de Índice de Renda Fixa) e cujos regulamentos determinem que suas carteiras sejam compostas, no mínimo, por 75% (setenta e cinco por cento) de ativos financeiros que integrem o índice de renda fixa de referência, sujeitam-se ao imposto sobre a renda às seguintes alíquotas:

I – 25% (vinte e cinco por cento), no caso de Fundos de Índice de Renda Fixa cuja carteira de ativos financeiros apresente prazo médio de repactuação igual ou inferior a 180 (cento e oitenta) dias;

II – 20% (vinte por cento), no caso de Fundos de Índice de Renda Fixa cuja carteira de ativos financeiros apresente prazo médio de repactuação superior a cento e oitenta dias e igual ou inferior a 720 (setecentos e vinte) dias; e

III – 15% (quinze por cento), no caso de Fundos de Índice de Renda Fixa cuja carteira de ativos financeiros apresente prazo médio de repactuação superior a 720 (setecentos e vinte) dias.

§ 1º Os Fundos de Índice de Renda Fixa que descumprirem o percentual mínimo de composição definido no *caput* ficarão sujeitos à incidência do imposto sobre a renda à alíquota de 30% (trinta por cento) durante o prazo do descumprimento.

§ 2º No caso de alteração do prazo médio de repactuação da carteira dos Fundos de Índice de Renda Fixa que implique modificação de seu enquadramento para fins de determinação do regime tributário, será aplicada a alíquota correspondente ao prazo médio de repactuação do Fundo até o dia imediatamente anterior ao da alteração da condição, sujeitando-se os rendimentos auferidos a partir de então à alíquota correspondente ao novo prazo médio de repactuação.

§ 3º É obrigatório o registro das cotas dos Fundos de Índice de Renda Fixa em depositária central de ativos autorizada pela Comissão de Valores Mobiliários ou pelo Banco Central do Brasil.

§ 4º O imposto sobre a renda de que trata este artigo incidirá na fonte e exclusivamente por ocasião do resgate ou da alienação das cotas ou da distribuição de rendimentos.

§ 5º A periodicidade e a metodologia de cálculo do prazo médio de repactuação a que se refere este artigo serão estabelecidas em ato do Ministro de Estado da Fazenda.

§ 6º Ficam isentos de imposto sobre a renda os rendimentos, inclusive ganhos de capital, pagos, creditados, entregues ou remetidos a beneficiário residente ou domiciliado no exterior, exceto em país com tributação favorecida, nos termos do art. 24 da Lei nº 9.430, de 27 de dezembro de 1996, produzidos por cotas de Fundo de Índice de Renda Fixa cujo regulamento determine que sua carteira de ativos financeiros apresente prazo de repactuação superior a 720 (setecentos e vinte) dias.

Art. 3º A base de cálculo do imposto sobre a renda incidente sobre os rendimentos e ganhos auferidos por cotistas de Fundo de Índice de Renda Fixa será:

I – no resgate de cotas, a diferença entre o valor da cota efetivamente utilizado para resgate, conforme condições estipuladas no regulamento do Fundo, e o valor de integralização ou de aquisição da cota no mercado secundário, excluídos o valor do IOF e o dos custos e despesas incorridos, necessários à realização das operações;

II – na alienação de cotas em mercado secundário, a diferença entre o valor da alienação e o valor de integralização ou de aquisição da cota no mercado secundário, excluídos o valor do IOF e o dos custos e despesas incorridos, necessários à realização das operações; e

III – na distribuição de qualquer valor, o valor distribuído.

Art. 4º São responsáveis pelo recolhimento do imposto sobre a renda devido:

I – na alienação de cotas em mercado secundário, a instituição ou entidade que faça o pagamento dos rendimentos ou ganhos ao beneficiário final, ainda que não seja a fonte pagadora original; e

II – no resgate de cotas e na distribuição de qualquer valor, o administrador do fundo.

§ 1º A bolsa de valores ou a entidade de balcão organizado na qual as cotas do Fundo de Índice de Renda Fixa sejam negociadas deverá enviar à instituição ou entidade a que se refere o inciso I do *caput* as informações sobre o custo de aquisição dos ativos para a apuração da base de cálculo do imposto sobre a renda devido pelo investidor, caso a aquisição do ativo tenha sido realizada por intermédio dessa instituição ou entidade e ela não disponha das referidas informações.

§ 2º Nos casos em que a alienação das cotas seja realizada por intermédio de instituição ou entidade diferente da que foi utilizada para aquisição do ativo, o investidor poderá autorizar, expressamente, a bolsa de valores ou a entidade de balcão organizado na qual as cotas do Fundo de Índice de Renda Fixa sejam negociadas a enviar as informações sobre o custo de aquisição dos ativos para apuração da base de cálculo do imposto devido pelo investidor aos responsáveis tributários referidos no *caput*.

§ 3º Nas negociações de cotas no mercado secundário que não tenham sido realizadas em bolsas de valores ou em balcão organizado, ou no resgate de cotas, caberá ao investidor fornecer aos responsáveis tributários referidos no *caput* a data de realização do negócio, a quantidade e o custo dos ativos negociados e outras informações que se façam necessárias para apuração da base de cálculo do imposto sobre a renda devido, cuja comprovação será feita por meio de nota de corretagem de aquisição, de boletim de subscrição, de instrumento de compra, venda ou doação, de declaração do imposto sobre a renda do investidor ou de declaração do custo médio de aquisição, conforme modelo a ser disponibilizado pela Secretaria da Receita Federal do Brasil.

§ 4º A falta da autorização de que trata o § 2º ou a falta de comprovação do custo de aquisição ou do valor da aplicação financeira a que se refere o § 3º implicam considerar o custo de aquisição ou o valor da aplicação financeira igual a 0 (zero), para fins de cômputo da base de cálculo do imposto sobre a renda devido.

§ 5º O investidor é responsável pela veracidade, integridade e completude das informações prestadas.

§ 6º O recolhimento do imposto sobre a renda deverá ser efetuado com observância do disposto no item 1 da alínea *b* do inciso I do *caput* do art. 70 da Lei nº 11.196, de 21 de novembro de 2005.

Art. 5º A Lei nº 10.179, de 6 de fevereiro de 2001, passa a vigorar com as seguintes alterações:

"Art. 1º ....

....

X – realizar operações, definidas em lei, com autarquia, fundação, empresa pública ou sociedade de economia mista, integrantes da administração pública federal, a critério do Ministro de Estado da Fazenda; e

XI – realizar operações relacionadas ao Programa de Financiamento às Exportações – PROEX, instituído pela Lei nº 10.184, de 12 de fevereiro de 2001.

.... "

"Art. 3º ....

I – oferta pública, com a realização de leilões, nas hipóteses dos incisos I e VII do *caput* do art. 1º;

II – oferta pública para pessoas físicas, na hipótese do inciso I do *caput* do art. 1º;

III – direta, com interessado específico e a critério do Ministro de Estado da Fazenda, nas hipóteses dos incisos VI e VII do *caput* do art. 1º;

IV – direta, com interessado específico e a critério do Ministro de Estado da Fazenda, com colocação ao par, na hipótese do inciso II do *caput* do art. 1º;

V – direta, sem contrapartida financeira, a critério do Ministro de Estado da Fazenda, não podendo ser colocados por valor inferior ao par, na hipótese do inciso XI do *caput* do art. 1º;

VI – direta, sem contrapartida financeira, a critério do Ministro de Estado da Fazenda, nas hipóteses dos incisos VIII e IX do *caput* do art. 1º;

VII – direta, a critério do Ministro de Estado da Fazenda, com colocação nas condições definidas na lei a que se refere o inciso X do *caput* do art. 1º, na hipótese do mesmo inciso; e

VIII – direta, com contrapartida financeira, em favor de Fundo de Índice com cotas negociadas em bolsa de valores ou mercado de balcão organizado, autorizados pela Comissão de Valores Mobiliários, em decorrência de contrato celebrado entre a União, por intermédio da Secretaria do Tesouro Nacional, e o Gestor, na hipótese do inciso I do *caput* do art. 1º.

....

§ 2º Os títulos a que se refere o inciso XI do *caput* do art. 1º poderão ser emitidos com prazo inferior ao do financiamento a ser equalizado, observada a equivalência econômica da operação.

§ 3º As emissões anteriores em favor de interessado específico, previstas no inciso XI do *caput* do art. 1º, poderão, desde que haja prévia anuência do interessado e a critério do Ministro de Estado da Fazenda, ser canceladas, emitindo-se, em substituição, títulos com as características do disposto no § 2º.

....

§ 5º O contrato a que se refere o inciso VIII do *caput* deverá resultar de processo seletivo conduzido pela Secretaria do Tesouro Nacional, com o objetivo de apontar o Gestor de Fundos de Índice em referência.

§ 6º No processo seletivo a que se refere o § 5º, o Gestor de Fundos de Índice em referência deverá indicar instituição para exercer a função de Administrador, caso ele próprio não exerça essa função."

"Art. 3º-A. O processo seletivo a que se refere o § 5º do art. 3º desta Lei será realizado na modalidade convite, de acordo com os critérios, condições e prazos a serem estabelecidos em ato do Poder Executivo, e observará o seguinte rito:

I – realização de etapa técnica e etapa comercial, pontuadas de acordo com os pesos definidos no ato do Poder Executivo a que se refere o *caput*, observadas, no mínimo, as seguintes condições:

a) na etapa técnica, as instituições deverão demonstrar capacitação técnica e a estratégia de colocação e desenvolvimento do Fundo de Índice, nos moldes definidos no ato do Poder Executivo a que se refere o *caput*; e

b) na etapa comercial, as instituições deverão apresentar uma única proposta, nos moldes definidos no ato do Poder Executivo a que se refere o *caput*;

II – será desclassificada do processo seletivo a instituição que apresentar mais de uma ou nenhuma proposta técnica ou mais de uma ou nenhuma proposta comercial;

III – em caso de empate entre os 2 (dois) primeiros colocados, será considerada vencedora aquela que obtiver maior nota na etapa técnica;

IV – encerradas as etapas técnica e comercial e ordenadas as propostas, serão avaliados os documentos de habilitação da instituição que apresentou a melhor proposta, para verificação das condições fixadas no ato do Poder Executivo a que se refere o *caput*; e

V – se a instituição classificada em primeiro lugar desatender às exigências habilitatórias, serão examinados os documentos de habilitação da segunda classificada e, sucessivamente, caso haja tal necessidade, das demais instituições, observada a ordem de classificação, até a apuração de uma que atenda às condições fixadas no ato do Poder Executivo a que se refere o *caput*, sendo a instituição declarada vencedora.

§ 1º A modalidade disposta no *caput* observará o número mínimo de 3 (três) convidados, escolhidos dentre os interessados no ramo pertinente ao seu objeto, com disponibilização do instrumento convocatório do processo seletivo no sítio eletrônico do Tesouro Nacional na internet com antecedência de, no mínimo,72 (setenta e duas) horas da apresentação das propostas.

§ 2º O convite será estendido àqueles que manifestarem seu interesse por meio da apresentação de propostas no prazo definido no ato do Poder Executivo a que se refere o *caput*."

Seção III

DA TRIBUTAÇÃO NAS OPERAÇÕES DE EMPRÉSTIMO DE AÇÕES E OUTROS TÍTULOS E VALORES MOBILIÁRIOS

Art. 6º A remuneração auferida pelo emprestador nas operações de empréstimo de ações de emissão de companhias abertas realizadas em entidades autorizadas a prestar serviços de compensação e liquidação de operações com valores mobiliários será tributada pelo imposto sobre a renda de acordo com as regras estabelecidas para aplicação de renda fixa às alíquotas previstas no art. 1º da Lei nº 11.033, de 21 de dezembro de 2004.

§ 1º No caso de pessoa jurídica tributada com base no lucro real, a remuneração de que trata o *caput* será reconhecida pelo emprestador ou pelo tomador como receita ou despesa, conforme o caso, segundo o regime de competência, sem prejuízo do imposto de que trata o *caput*, considerado como antecipação do devido.

§ 2º Quando a remuneração for fixada em percentual sobre o valor das ações objeto do empréstimo, as receitas ou despesas terão por base de cálculo o preço médio da ação verificado no mercado à vista da bolsa de valores em que as ações estiverem admitidas à negociação no dia útil anterior à data de concessão do empréstimo ou no dia útil anterior à data do vencimento da operação, conforme previsto no contrato.

§ 3º Fica responsável pela retenção e recolhimento do imposto de que trata este artigo a entidade autorizada a prestar serviços de compensação e liquidação de operações com valores mobiliários.

Art. 7º O valor, integral ou parcial, reembolsado ao emprestador pelo tomador, decorrente dos proventos distribuídos pela companhia emissora das ações durante o decurso do contrato de empréstimo, é isento do imposto sobre a renda retido na fonte para o emprestador, pessoa física ou jurídica, domiciliado no País ou no exterior.

§ 1º O valor do reembolso de que trata este artigo será:

I – integral em relação aos proventos correspondentes às ações tomadas em empréstimo, caso ocorra o reembolso em decorrência do pagamento de valor equivalente:

a) aos dividendos, em qualquer hipótese; e

b) aos juros sobre o capital próprio – JCP, quando o emprestador não for sujeito à retenção do imposto sobre a renda de que trata o § 2º do art. 9º da Lei nº 9.249, de 26 de dezembro de 1995, por ser entidade imune, fundo ou clube de investimento, ou entidade de previdência complementar, sociedade seguradora e Fundo de Aposentadoria Programada Individual – FAPI, no caso de aplicações dos recursos de que trata o art. 5º da Lei nº 11.053, de 29 de dezembro de 2004; ou

II – parcial em relação ao JCP correspondente às ações tomadas em empréstimo, deduzido o valor equivalente ao imposto sobre a renda na fonte que seria retido e recolhido pela companhia em nome do emprestador na hipótese de o emprestador não ter colocado suas ações para empréstimo nas entidades de que trata o *caput* do art. 6º.

§ 2º No caso de tomador pessoa jurídica tributada com base no lucro real, presumido ou arbitrado, o valor do imposto sobre a renda a que se refere o inciso II do § 1º não poderá ser compensado como antecipação do devido na apuração do Imposto sobre a Renda das Pessoas Jurídicas – IRPJ.

§ 3º No caso de emprestador pessoa jurídica, o valor do reembolso a que se refere o inciso II do § 1º deverá ser incluído na apuração da base de cálculo do IRPJ e da Contribuição Social sobre o Lucro Líquido – CSLL, adicionado do valor correspondente ao imposto sobre a renda retido pela fonte pagadora do JCP em nome do tomador.

§ 4º O valor correspondente ao imposto sobre a renda que foi adicionado na forma do § 3º poderá ser compensado como antecipação do devido na apuração do IRPJ devido pelo emprestador pessoa jurídica, ainda que não tenha sido retido em seu nome.

§ 5º VETADO.

§ 6º O valor correspondente ao JCP reembolsado ao emprestador poderá ser dedutível na apuração do IRPJ, no caso de tomador pessoa jurídica tributada com base no lucro real.

Art. 8º Será devido pelo tomador o imposto sobre a renda à alíquota de 15% (quinze por cento) incidente sobre o valor correspondente ao JCP distribuído pela companhia emissora do papel objeto do empréstimo em ambientes de que trata o art. 6º, na hipótese de operação de empréstimo de ações que tenha como parte emprestadora pessoa física ou jurídica sujeita ao imposto sobre a renda, e como parte tomadora:

I – fundo ou clube de investimento; ou

II – no caso de aplicações dos recursos de que trata o art. 5º da Lei nº 11.053, de 29 de dezembro de 2004:

a) entidade de previdência complementar;

b) sociedade seguradora; ou

c) FAPI.

§ 1º Para fins do disposto no *caput*, a base de cálculo do imposto a ser recolhido é o valor correspondente ao montante originalmente distribuído pela companhia, a título de JCP, em relação ao saldo das ações emprestadas ao tomador mantidas em custódia em sua titularidade acrescido do saldo de ações emprestadas a terceiros.

§ 2º Cabe ao administrador do fundo ou clube de investimento ou entidade responsável pela aplicação dos recursos de que trata o art. 5º da Lei nº 11.053, de 29 de dezembro de 2004, efetuar o recolhimento do imposto sobre a renda à alíquota de 15% (quinze por cento) prevista no *caput*.

§ 3º Para a hipótese de tomador previsto no *caput* que, na data do pagamento do JCP pela companhia emissora, seja também titular de ações não tomadas por meio de empréstimo ou também tenha emprestado ações, a base de cálculo para o imposto sobre a renda será o valor bruto do JCP pago por ação, multiplicado pelo somatório do saldo de ações de sua titularidade e do saldo de ações que o tomador tenha emprestado a terceiros, observando-se para o somatório o limite máximo do número de ações tomadas em empréstimo pelo tomador.

§ 4º O imposto sobre a renda de que trata este artigo será:

I – definitivo, sem direito a qualquer restituição ou compensação por parte do tomador das ações em empréstimo; e

II – recolhido até o terceiro dia útil subsequente ao decêndio de ocorrência dos fatos geradores.

Art. 9º No caso do tomador de ações por empréstimo, a diferença positiva ou negativa entre o valor da alienação e o custo médio de aquisição desses valores será considerada ganho líquido ou perda do mercado de renda variável, sendo esse resultado apurado por ocasião da recompra das ações.

Parágrafo único. Na apuração do imposto de que trata o *caput*, poderão ser computados como custo da operação as corretagens e demais emolumentos efetivamente pagos pelo tomador.

Art. 10. Aplica-se, no que couber, o disposto no art. 6º aos empréstimos de títulos e outros valores mobiliários.

§ 1º No caso do tomador, a diferença positiva entre o valor de alienação e o valor de aquisição será considerada:

I – ganho líquido ou perda, em relação a valores mobiliários de renda variável negociados em bolsa de valores, sendo esse resultado apurado por ocasião da recompra dos valores mobiliários a serem devolvidos; e

II – rendimento, nos demais casos, sendo esse rendimento apurado por ocasião da recompra dos títulos ou valores mobiliários a serem devolvidos.

§ 2º Na apuração do imposto de que trata o inciso I do § 1º, poderão ser computados como custos da operação as corretagens e demais emolumentos efetivamente pagos pelo tomador.

Art. 11. O valor reembolsado ao emprestador pelo tomador, decorrente dos rendimentos distribuídos durante o decurso do contrato de empréstimo de títulos e outros valores mobiliários, é isento do imposto sobre a renda retido na fonte para o emprestador, pessoa física ou jurídica, domiciliado no País ou no exterior.

Parágrafo único. O valor do reembolso de que trata este artigo será deduzido:

I – do valor equivalente ao imposto sobre a renda na fonte que seria devido pelo emprestador; ou

II – do valor equivalente ao imposto de renda retido na fonte previsto no § 1º do art. 12, para as hipóteses previstas no *caput* do art. 12.

Art. 12. O imposto de que trata o art. 8º também incidirá sobre os rendimentos pagos durante o decurso do contrato de empréstimo de títulos e valores mobiliários sujeitos à tributação pelo imposto sobre a renda de acordo com o disposto no art. 1º da Lei nº 11.033, de 21 de dezembro de 2004, quando tenham como parte emprestadora pessoa física ou jurídica sujeita ao imposto sobre a renda, e como parte tomadora:

I – fundo ou clube de investimento; ou

II – no caso de aplicações dos recursos de que trata o art. 5º da Lei nº 11.053, de 29 de dezembro de 2004:

a) entidade de previdência complementar;

b) sociedade seguradora; ou

c) FAPI.

§ 1º O tomador será responsável pelo pagamento do imposto de renda à alíquota de 15% (quinze por cento), incidente sobre os rendimentos distribuídos pelo título ou valor mobiliário.

§ 2º O emprestador dos ativos, pessoa física ou jurídica, será responsável pelo pagamento da diferença entre o valor do imposto que seria devido na hipótese em que o rendimento fosse pago diretamente ao emprestador e o valor devido pelo tomador nos termos do § 1º deste artigo, aplicando-se, no que couber, os procedimentos previstos nos §§ 1º a 4º do art. 8º desta Lei.

Art. 13. No caso do tomador de títulos ou valores mobiliários sujeitos à tributação pelo imposto sobre a renda de acordo com o disposto no art. 1º da Lei nº 11.033, de 21 de dezembro de 2004, a diferença positiva entre o valor da alienação, líquido do IOF, eventualmente incidente, e o valor da aplicação financeira é considerada rendimento, sendo apurada por ocasião da recompra dos referidos títulos e valores mobiliários.

Parágrafo único. Caberá ao tomador o pagamento do imposto de renda de que trata o *caput*.

Art. 14. No caso do emprestador de títulos, ações e outros valores mobiliários, não constitui fato gerador do imposto sobre a renda a liquidação do empréstimo efetivada pela devolução do mesmo título, ação ou valor mobiliário de mesma classe, espécie e emissor.

Parágrafo único. Quando a operação for liquidada por meio de entrega de numerário, o ganho líquido ou rendimento será representado pela diferença positiva entre o valor da liquidação financeira do empréstimo e o custo médio de aquisição dos títulos, ações e outros valores mobiliários.

Art. 15. São responsáveis pela retenção do imposto sobre a renda:

I – a entidade autorizada a prestar serviços de compensação e liquidação, na hipótese prevista no art. 6º; e

II – a instituição que efetuar a recompra dos títulos e dos valores mobiliários, na hipótese prevista no inciso II do § 1º do art. 10.

Parágrafo único. Para efeito do disposto no inciso II do *caput*:

I – o tomador deverá entregar à instituição responsável pela retenção do imposto a nota de corretagem ou de negociação referente à alienação dos títulos ou valores mobiliários; e

II – será aplicada sobre o rendimento:

a) uma das alíquotas de que trata o art. 1º da Lei nº 11.033, de 21 de dezembro de 2004, em função do prazo decorrido entre as datas de alienação e de recompra dos títulos e dos valores mobiliários;

b) a alíquota de 15% (quinze por cento), no caso de investidor residente ou domiciliado no exterior, individual ou coletivo, que realizar operações financeiras no País de acordo com as normas e condições estabelecidas pelo Conselho Monetário Nacional; ou

c) as alíquotas previstas na legislação em vigor para o investidor residente ou domiciliado em país com tributação favorecida, nos termos do art. 24 da Lei nº 9.430, de 27 de dezembro de 1996.

Seção IV
DA ISENÇÃO DE IMPOSTO DE RENDA SOBRE ALIENAÇÃO EM BOLSA DE VALORES DE AÇÕES DE PEQUENAS E MÉDIAS EMPRESAS

Art. 16. Fica isento de imposto sobre a renda o ganho de capital auferido por pessoa física, até 31 de dezembro de 2023, na alienação, realizada no mercado à vista de bolsas de valores, de ações que tenham sido emitidas por companhias que, cumulativamente:

I – tenham as suas ações admitidas à negociação em segmento especial, instituído por bolsa de valores, que assegure, por meio de vínculo contratual entre a bolsa e o emissor, práticas diferenciadas de governança corporativa, contemplando, no mínimo, a obrigatoriedade de cumprimento das seguintes regras:

a) realização de oferta pública de aquisição de ações – OPA, quando exigida pela bolsa de valores, a valor econômico estabelecido em laudo de avaliação, em caso de saída da companhia do segmento especial;

b) resolução de conflitos societários por meio de arbitragem;

c) realização de oferta pública de aquisição para todas as ações em caso de alienação do controle da companhia, pelo mesmo valor e nas mesmas condições ofertadas ao acionista controlador (*tag along*); e

d) previsão expressa no estatuto social da companhia de que seu capital social seja dividido exclusivamente em ações ordinárias;

II – tenham valor de mercado inferior a R$ 700.000.000,00 (setecentos milhões de reais):

a) na data da oferta pública inicial de ações da companhia;

b) em 10 de julho de 2014, para as ações das companhias que já tinham efetuado oferta pública inicial de ações antes dessa data; ou

c) na data das ofertas públicas subsequentes de ações, para as companhias já enquadradas nos casos a que se referem as alíneas *a* e *b*;

III – tenham receita bruta anual inferior a R$ 500.000.000,00 (quinhentos milhões de reais), apurada no balanço consolidado do exercício social:

a) imediatamente anterior ao da data da oferta pública inicial de ações da companhia;

b) de 2013, para as ações das companhias que já tinham efetuado oferta pública inicial de ações antes de 10 de julho de 2014;

c) imediatamente anterior ao da data das ofertas públicas subsequentes de ações, para as companhias já enquadradas nos casos a que se referem as alíneas *a* e *b*; e

IV – em que se verifique distribuição primária correspondente a, no mínimo, 67% (sessenta e sete por cento) do volume total de ações de emissão pela companhia:

a) na oferta pública inicial de ações da companhia;

b) em 10 de julho de 2014, para as ações das companhias que já tinham efetuado oferta pública inicial de ações antes dessa data; ou

c) caso exista, na data da oferta pública de ações subsequente, para as companhias já enquadradas nos casos a que se referem as alíneas *a* e *b*.

§ 1º Para efeitos do disposto no inciso II do *caput*, entende-se por valor de mercado da companhia:

I – para a hipótese prevista na alínea *a* do inciso II do *caput*, o valor apurado ao fim do processo de formação de preço (*bookbuilding* ou leilão em bolsa de valores) na oferta pública inicial de ações;

II – para a hipótese prevista na alínea *b* do inciso II do *caput*, o valor apurado pela média do preço de fechamento das ações, ponderada pelo volume negociado, nos 30 (trinta) pregões imediatamente anteriores a 10 de julho de 2014; ou

III – para a hipótese prevista na alínea *c* do inciso II do *caput*, o valor apurado pela média do preço de fechamento das ações, ponderada pelo volume negociado, nos 30 (trinta) pregões imediatamente anteriores à data de pedido de registro de oferta pública subsequente.

§ 2º Para efeito da isenção de que trata o *caput*, as companhias de que trata este artigo estão obrigadas à apuração do imposto sobre a renda com base no lucro real.

§ 3º A Comissão de Valores Mobiliários disponibilizará, em seu sítio na internet, a relação das ofertas cujo objeto sejam ações beneficiadas por esta Seção, juntamente com o montante de cada emissão.

§ 4º A companhia que atenda aos requisitos previstos neste artigo deve destacar esse fato, por ocasião da emissão pública de ações, na primeira página do Prospecto, ou documento equivalente, e do Anúncio de Início de Distribuição.

§ 5º As companhias de que trata este artigo estão obrigadas a disponibilizar à Secretaria da Receita Federal do Brasil, na forma estabelecida em ato do Secretário da Receita Federal do Brasil, sua base acionária:

I – do dia anterior ao da entrada em vigor do benefício; e

II – do último dia de vigência do benefício.

Art. 17. Para gozo da isenção de que trata o *caput* do art. 16, as ações devem ser adquiridas a partir de 10 de julho de 2014:

I – por ocasião da oferta pública inicial e de ofertas públicas subsequentes de ações;

II – em bolsas de valores, inclusive para as ações das companhias que já tinham efetuado oferta pública inicial de ações antes de 10 de julho de 2014 com observância das condições estabelecidas nesta Seção;

III – no exercício do direito de preferência do acionista, conforme previsto na Lei nº 6.404, de 15 de dezembro de 1976; ou

IV – por meio de bonificações em ações distribuídas até 31 de dezembro de 2023.

§ 1º A manutenção da isenção prevista no *caput* depende da permanência das ações em depositários centrais de ações, nos termos da legislação em vigor.

§ 2º Até 31 de dezembro de 2023, é vedada a compensação de perdas ou prejuízos incorridos na alienação das ações nos termos do *caput*.

§ 3º Até 31 de dezembro de 2023, o valor de alienação das ações referidas neste artigo não será computado para fins de cálculo do limite a que se refere o inciso I do *caput* do art. 3º da Lei nº 11.033, de 21 de dezembro de 2004.

§ 4º O empréstimo das ações referidas neste artigo não afasta a manutenção do direito à isenção pelo emprestador, pessoa física.

§ 5º Em relação ao investidor que já tinha adquirido as ações a que se refere o inciso II do *caput* até 10 de julho de 2014, o custo de aquisição dessas ações será ajustado, para fins de apuração da base de cálculo do imposto sobre a renda, ao maior valor entre o custo de aquisição efetivamente pago e a média do preço de fechamento, ponderada pelo volume negociado, nos últimos 30 (trinta) pregões anteriores a 10 de julho de 2014.

§ 6º As ações adquiridas e não alienadas até 31 de dezembro de 2023 terão seus custos de aquisição ajustados, para fins de apuração da base de cálculo do imposto sobre a renda, ao maior valor entre o custo de aquisição efetivamente pago e a média do preço de fechamento, ponderada pelo volume negociado nos últimos 30 (trinta) pregões anteriores a 31 de dezembro de 2023.

§ 7º As entidades responsáveis pelo depósito centralizado deverão disponibilizar à Secretaria da Receita Federal do Brasil, em relação às companhias de que trata o art. 16 desta Lei, o valor correspondente à média do preço de fechamento das ações de sua emissão, ponderada pelo volume negociado, nos últimos 30 (trinta) pregões anteriores a:

I – 10 de julho de 2014; e

II – 31 de dezembro de 2023.

§ 8º Não se aplica às ações de emissão das companhias que cumpram os requisitos do art. 16, quando negociadas em bolsa de valores, o disposto no § 1º do art. 2º da Lei nº 11.033, de 21 de dezembro de 2004, e no art. 8º da Lei nº 9.959, de 27 de janeiro de 2000.

Art. 18. Ficam isentos de imposto sobre a renda os rendimentos auferidos por pessoa física no resgate de cotas de fundos de investimento em ações constituídos sob a forma de condomínio aberto e que atendam aos requisitos previstos neste artigo.

§ 1º Os fundos de investimento em ações de que trata o *caput* deverão:

I – possuir, no mínimo, 67% (sessenta e sete por cento) de seu patrimônio aplicado em ações cujos ganhos sejam isentos do imposto sobre a renda conforme disposto no art. 16;

II – ter prazo mínimo de resgate de 180 (cento e oitenta) dias; e

III – ter a designação "FIA-Mercado de Acesso".

§ 2º Os fundos de ações tratados neste artigo deverão ter um mínimo de 10 (dez) cotistas, sendo que cada cotista, individualmente ou em conjunto com pessoas a ele ligadas, não poderá deter mais de 10% (dez por cento) das cotas emitidas.

§ 3º Para fins do disposto no § 2º, considera-se pessoa ligada ao cotista:

I – a pessoa física que for parente ou afim até o terceiro grau, cônjuge ou companheiro; ou

II – a pessoa física que seja sua associada, na forma de consórcio ou condomínio, conforme definido na legislação brasileira, em qualquer empreendimento.

§ 4º Os fundos de investimento em ações referidos neste artigo cujas carteiras deixarem de observar o disposto neste artigo terão os seus rendimentos, produzidos a partir do momento do desenquadramento da carteira, tributados na forma estabelecida no inciso I do § 3º do art. 1º da Lei nº 11.033, de 21 de dezembro de 2004, salvo no caso de, cumulativamente:

I – a proporção a que se refere o inciso I do § 1º não se reduzir abaixo de 50% (cinquenta por cento) do total da carteira;

II – a situação de que trata o inciso I deste parágrafo ser regularizada no prazo máximo de 30 (trinta) dias; e

III – não ocorrer nova hipótese de desenquadramento até o último dia do exercício subsequente àquele em que ocorreu o desenquadramento.

§ 5º A Comissão de Valores Mobiliários notificará a Secretaria da Receita Federal do Brasil sempre que for comunicada por administradores de fundos a respeito de desenquadramentos de um FIA-Mercado de Acesso.

Art. 19. As publicações ordenadas pela Lei nº 6.404, de 15 de dezembro de 1976, das companhias que atendam aos requisitos estabelecidos no art. 16 serão feitas por meio do sítio na internet da Comissão de Valores Mobiliários e da entidade administradora do mercado em que as ações da companhia estiverem admitidas à negociação.

§ 1º As companhias de que trata o *caput* estão dispensadas de fazer suas publicações no órgão oficial da União, ou do Estado ou do Distrito Federal, mantida a publicação em jornal de grande circulação editado na localidade em que está situada a sede da companhia, que deverá ser efetuada de forma resumida e com divulgação simultânea da íntegra dos documentos no sítio do mesmo jornal na internet, durante o período em que fizerem *jus* ao benefício estabelecido no art. 16.

§ 2º A publicação de forma resumida, no caso de demonstrações financeiras, deverá conter, no mínimo, comparativamente com os dados do exercício social anterior, informações ou valores globais relativos a cada grupo e respectiva classificação de contas ou registros, assim como extratos das informações relevantes contempladas nas notas explicativas, no parecer dos auditores independentes e do conselho fiscal, se houver.

§ 3º Incumbe ao respectivo jornal providenciar certificação digital da autenticidade dos documentos mantidos no sítio próprio, por autoridade certificadora credenciada no âmbito da Infraestrutura de Chaves Públicas Brasileiras – ICP-Brasil.

SEÇÃO V

DA TRIBUTAÇÃO INCENTIVADA DE TÍTULOS E VALORES MOBILIÁRIOS

Art. 20. A Lei nº 12.431, de 24 de junho de 2011, passa a vigorar com as seguintes alterações:

"Art. 1º...

....

§ 10. Aplica-se o disposto neste artigo aos fundos soberanos que realizarem operações financeiras no País de acordo com as normas e condições estabelecidas pelo Conselho Monetário Nacional, ainda que domiciliados ou residentes em países com tributação favorecida nos termos do art. 24 da Lei nº 9.430, de 27 de dezembro de 1996.

...."

"Art. 2º...

§ 1º O disposto neste artigo aplica-se somente aos ativos que atendam ao disposto nos §§ 1º, 1º-A, 1º-B, 1º-C e 2º do art. 1º, emitidos entre a data da publicação da regulamentação mencionada no § 2º do art. 1º e 31 de dezembro de 2030.

...."

Seção VI

DO REGIME ESPECIAL DE REINTEGRAÇÃO DE VALORES TRIBUTÁRIOS PARA AS EMPRESAS EXPORTADORAS

Art. 21. Fica reinstituído o Regime Especial de Reintegração de Valores Tributários para as Empresas Exportadoras – REINTEGRA, que tem por objetivo devolver parcial ou integralmente o resíduo tributário remanescente na cadeia de produção de bens exportados.

Art. 22. No âmbito do Reintegra, a pessoa jurídica que exporte os bens de que trata o art. 23 poderá apurar crédito, mediante a aplicação de percentual estabelecido pelo Poder Executivo, sobre a receita auferida com a exportação desses bens para o exterior.

§ 1º O percentual referido no *caput* poderá variar entre 0,1% (um décimo por cento) e 3% (três por cento), admitindo-se diferenciação por bem.

§ 2º Excepcionalmente, poderá ser acrescido em até 2 (dois) pontos percentuais o percentual a que se refere o § 1º, em caso de exportação de bens em cuja cadeia de produção se verifique a ocorrência de resíduo tributário que justifique a devolução adicional de que trata este parágrafo, comprovado por estudo ou levantamento realizado conforme critérios e parâmetros definidos em regulamento.

§ 3º Considera-se também exportação a venda a empresa comercial exportadora – ECE, com o fim específico de exportação para o exterior.

§ 4º Para efeitos do *caput*, entende-se como receita de exportação:

I – o valor do bem no local de embarque, no caso de exportação direta; ou

II – o valor da nota fiscal de venda para ECE, no caso de exportação via ECE.

§ 5º Do crédito de que trata este artigo:

I – 17,84% (dezessete inteiros e oitenta e quatro centésimos por cento) serão devolvidos a título da Contribuição para os Programas de Integração Social e de Formação do Patrimônio do Servidor Público – Contribuição para o PIS/PASEP; e

II – 82,16% (oitenta e dois inteiros e dezesseis centésimos por cento) serão devolvidos a título da Contribuição para o Financiamento da Seguridade Social – COFINS.

§ 6º O valor do crédito apurado conforme o disposto neste artigo não será computado na base de cálculo da Contribuição para o PIS/PASEP, da COFINS, do Imposto sobre a Renda das Pessoas Jurídicas – IRPJ e da Contribuição Social sobre o Lucro Líquido – CSLL.

§ 7º Na hipótese de exportação efetuada por cooperativa ou por encomendante, admite-se que os bens sejam produzidos pelo cooperado ou pelo encomendado, respectivamente.

Art. 23. A apuração de crédito nos termos do Reintegra será permitida na exportação de bem que cumulativamente:

I – tenha sido industrializado no País;

II – esteja classificado em código da Tabela de Incidência do Imposto sobre Produtos Industrializados – TIPI, aprovada pelo Decreto nº 7.660, de 23 de dezembro de 2011, e relacionado em ato do Poder Executivo; e

III – tenha custo total de insumos importados não superior a limite percentual do preço de exportação, limite este estabelecido no ato de que trata o inciso II do *caput*.

§ 1º Para efeitos do disposto no inciso I do *caput*, considera-se industrialização, nos termos da legislação do Imposto sobre Produtos Industrializados – IPI, as operações de:

I – transformação;

II – beneficiamento;

III – montagem; e

IV – renovação ou recondicionamento.

§ 2º Para efeitos do disposto no inciso III do *caput*:

I – os insumos originários dos demais países integrantes do Mercado Comum do Sul – MERCOSUL que cumprirem os requisitos do Regime de Origem do MERCOSUL serão considerados nacionais;

II – o custo do insumo importado corresponderá a seu valor aduaneiro, adicionado dos montantes pagos do Imposto de Importação e do Adicional sobre Frete para Renovação da Marinha Mercante, se houver;

III – no caso de insumo importado adquirido de empresa importadora, o custo do insumo corresponderá ao custo final de aquisição do produto colocado no armazém do fabricante exportador; e

IV – o preço de exportação será o preço do bem no local de embarque.

Art. 24. O crédito referido no art. 22 somente poderá ser:

I – compensado com débitos próprios, vencidos ou vincendos, relativos a tributos e contribuições administrados pela Secretaria da Receita Federal do Brasil, observada a legislação específica; ou

II – ressarcido em espécie, observada a legislação específica.

Art. 25. A ECE é obrigada ao recolhimento de valor correspondente ao crédito atribuído à empresa produtora vendedora se:

I – revender, no mercado interno, os produtos adquiridos para exportação; ou

II – no prazo de 180 (cento e oitenta) dias, contado da data da emissão da nota fiscal de venda pela empresa produtora, não houver efetuado a exportação dos produtos para o exterior.

Parágrafo único. O recolhimento do valor referido no *caput* deverá ser efetuado:

I – acrescido de multa de mora ou de ofício e de juros equivalentes à taxa referencial do Sistema Especial de Liquidação e de Custódia – SELIC, para títulos federais, acumulada mensalmente, calculados a partir do primeiro dia do mês subsequente ao da emissão da nota fiscal de venda dos produtos para a ECE até o último dia do mês anterior ao do pagamento, e de 1% (um por cento) no mês do pagamento;

II – a título da Contribuição para o PIS/PASEP e da COFINS, nas proporções definidas no § 5º do art. 22; e

III – até o 10º (décimo) dia subsequente:

a) ao da revenda no mercado interno; ou

b) ao do vencimento do prazo estabelecido para a efetivação da exportação para o exterior.

Art. 26. O Reintegra não se aplica à ECE.

Art. 27. Poderão também fruir do Reintegra as pessoas jurídicas de que tratam os arts. 11-A e 11-B da Lei nº 9.440, de 14 de março de 1997, e o art. 1º da Lei nº 9.826, de 23 de agosto de 1999.

Art. 28. No caso de industrialização por encomenda, somente a pessoa jurídica encomendante poderá fruir do Reintegra.

Art. 29. O Poder Executivo regulamentará o disposto nos arts. 21 a 28, contemplando a relação de que trata o inciso II do *caput* do art. 23.

SEÇÃO VII

DA CONTRIBUIÇÃO PARA O PIS/PASEP E DA COFINS INCIDENTES SOBRE A RECEITA DE ALIENAÇÃO DE PARTICIPAÇÃO SOCIETÁRIA

Art. 30. A Lei nº 9.718, de 27 de novembro de 1998, passa a vigorar com as seguintes alterações:

"Art. 3º..

....

§ 2º..

....

....

IV – as receitas de que trata o inciso IV do *caput* do art. 187 da Lei nº 6.404, de 15 de dezembro de 1976, decorrentes da venda de bens do ativo não circulante, classificado como investimento, imobilizado ou intangível; e

....

§ 14. A pessoa jurídica poderá excluir da base de cálculo da Contribuição para o PIS/Pasep e da COFINS incidentes sobre a receita decorrente da alienação de participação societária o valor despendido para aquisição dessa participação, desde que a receita de alienação não tenha sido excluída da base de cálculo das mencionadas contribuições na forma do inciso IV do § 2º do art. 3º."

"Art. 8º-B. A COFINS incidente sobre as receitas decorrentes da alienação de participações societárias deve ser apurada mediante a aplicação da alíquota de 4% (quatro por cento)."

Art. 31. A Lei nº 10.637, de 30 de dezembro de 2002, passa a vigorar com a seguinte alteração:

"Art. 8º..

....

XIII – as receitas decorrentes da alienação de participações societárias."

Art. 32. A Lei nº 10.833, de 29 de dezembro de 2003, passa a vigorar com a seguinte alteração:

"Art. 10..

....

XXX – as receitas decorrentes da alienação de participações societárias.

...."

SEÇÃO VIII

DO APROVEITAMENTO DE CRÉDITOS FISCAIS NO PAGAMENTO DE DÉBITOS E DEMAIS DISPOSIÇÕES SOBRE PARCELAMENTOS

Art. 33. O contribuinte com parcelamento que contenha débitos de natureza tributária, vencidos até 31 de dezembro de 2013, perante a Secretaria da Receita Federal do Brasil – RFB ou a Procuradoria-Geral da Fazenda Nacional – PGFN poderá, mediante requerimento, utilizar créditos próprios de prejuízos fiscais e de base de cálculo negativa da CSLL, apurados até 31 de dezembro de 2013 e declarados até 30 de junho de 2014, para a quitação antecipada dos débitos parcelados.

§ 1º Os créditos de prejuízo fiscal e de base de cálculo negativa da CSLL poderão ser utilizados, nos termos do *caput*, entre empresas controladora e controlada, de forma direta ou indireta, ou entre empresas que sejam controladas direta ou indiretamente por uma mesma empresa, em 31 de dezembro de 2013, domiciliadas no Brasil, desde que se mantenham nesta condição até a data da opção pela quitação antecipada.

§ 2º Poderão ainda ser utilizados pelo contribuinte a que se refere o *caput* os créditos de prejuízo fiscal e de base de cálculo negativa da CSLL do responsável ou corresponsável pelo crédito tributário que deu origem ao parcelamento.

§ 3º Os créditos das empresas de que tratam os §§ 1º e 2º somente poderão ser utilizados após a utilização total dos créditos próprios.

§ 4º A opção de que trata o *caput* deverá ser feita mediante requerimento apresentado em até 15 (quinze) dias após a publicação desta Lei, observadas as seguintes condições:

I – pagamento em espécie equivalente a, no mínimo, 30% (trinta por cento) do saldo do parcelamento; e

II – quitação integral do saldo remanescente mediante a utilização de créditos de prejuízos fiscais e de base de cálculo negativa da contribuição social sobre o lucro líquido.

§ 5º Para fins de aplicação deste artigo, o valor do crédito a ser utilizado para a quitação de que trata o inciso II do § 4º será determinado mediante a aplicação das seguintes alíquotas:

I – 25% (vinte e cinco por cento) sobre o montante do prejuízo fiscal;

II – 15% (quinze por cento) sobre a base de cálculo negativa da CSLL, no caso das pessoas jurídicas de seguros privados, das de capitalização e das referidas nos incisos I a VII, IX e X do § 1º do art. 1º da Lei Complementar nº 105, de 10 de janeiro de 2001; e

III – 9% (nove por cento) sobre a base de cálculo negativa da CSLL, no caso das demais pessoas jurídicas.

§ 6º O requerimento de que trata o § 4º suspende a exigibilidade das parcelas até ulterior análise dos créditos utilizados.

§ 7º A RFB dispõe do prazo de 5 (cinco) anos para análise dos créditos indicados para a quitação.

§ 8º Na hipótese de indeferimento dos créditos, no todo ou em parte, será concedido o prazo de 30 (trinta) dias para o contribuinte, o responsável ou o corresponsável promover o pagamento em espécie do saldo remanescente do parcelamento.

§ 9º A falta do pagamento de que trata o § 8º implicará rescisão do parcelamento e prosseguimento da cobrança dos débitos remanescentes.

§ 10. Aos débitos parcelados de acordo com as regras descritas nos arts. 1º a 13 da Lei nº 11.941, de 27 de maio de 2009, o disposto nos §§ 1º a 3º do art. 7º daquela Lei somente é aplicável para os valores pagos em espécie, nos termos do inciso I do § 4º deste artigo.

§ 11. A RFB e a PGFN editarão os atos necessários à execução dos procedimentos de que trata este artigo.

§ 12. Para os fins do disposto no § 1º, inclui-se também como controlada a sociedade na qual a participação da controladora seja igual ou inferior a 50% (cinquenta por cento), desde que existente acordo de acionistas que assegure de modo permanente a preponderância individual ou comum nas deliberações sociais, assim como o poder individual ou comum de eleger a maioria dos administradores.

Art. 34. A Lei nº 12.996, de 18 de junho de 2014, passa a vigorar com as seguintes alterações:

"Art. 2º Fica reaberto, até o 15º (décimo quinto) dia após a publicação da Lei decorrente da conversão da Medida Provisória nº 651, de 9 de julho de 2014, o prazo previsto no § 12 do art. 1º e no art. 7º da Lei nº 11.941, de 27 de maio de 2009, bem como o prazo previsto no § 18 do art. 65 da Lei nº 12.249, de 11 de junho de 2010, atendidas as condições estabelecidas neste artigo.

....

§ 2º A opção pelas modalidades de parcelamentos previstas no art. 1º da Lei nº 11.941, de 27 de maio de 2009, e no art. 65 da Lei nº 12.249, de 11 de junho de 2010, ocorrerá mediante:

I – antecipação de 5% (cinco por cento) do montante da dívida objeto do parcelamento, após aplicadas as reduções, na hipótese de o valor total da dívida ser menor ou igual a R$ 1.000.000,00 (um milhão de reais);

II – antecipação de 10% (dez por cento) do montante da dívida objeto do parcelamento, após aplicadas as reduções, na hipótese de o valor total da dívida ser maior que R$ 1.000.000,00 (um milhão de reais) e menor ou igual a R$ 10.000.000,00 (dez milhões de reais);

III – antecipação de 15% (quinze por cento) do montante da dívida objeto do parcelamento, após aplicadas as reduções, na hipótese de o valor total da dívida ser maior que R$ 10.000.000,00 (dez milhões de reais) e menor ou igual a R$ 20.000.000,00 (vinte milhões de reais); e

IV – antecipação de 20% (vinte por cento) do montante da dívida objeto do parcelamento, após aplicadas as reduções, na hipótese de o valor total da dívida ser maior que R$ 20.000.000,00 (vinte milhões de reais).

§ 3º Para fins de enquadramento nos incisos I a IV do § 2º, considera-se o valor total da dívida na data do pedido, sem as reduções.

§ 4º As antecipações a que se referem os incisos I a IV do § 2º deverão ser pagas até o último dia para a opção, resguardado aos contribuintes que aderiram ao parcelamento durante a vigência da Medida Provisória nº 651, de 9 de julho de 2014, o direito de pagar em até 5 (cinco) parcelas.

§ 5º...

....

II – os valores constantes do § 6º do art. 1º da Lei nº 11.941, de 27 de maio de 2009, ou os valores constantes do § 6º do art. 65 da Lei nº 12.249, de 11 de junho de 2010, quando aplicável esta Lei.

....

§ 7º Aplicam-se aos débitos parcelados na forma deste artigo as regras previstas no art. 1º da Lei nº 11.941, de 27 de maio de 2009, independentemente de os débitos terem sido objeto de parcelamento anterior."

Art. 35. VETADO.

Art. 36. Na hipótese de indeferimento dos créditos de prejuízos fiscais e de bases de cálculo negativas da CSLL utilizados para liquidar os débitos parcelados com base no art. 3º da Medida Provisória nº 470, de 13 de outubro de 2009, e nos arts. 1º a 13 da Lei nº 11.941, de 27 de maio de 2009, cabe manifestação de inconformidade que observará o rito do Decreto nº 70.235, de 6 de março de 1972.

Parágrafo único. O contribuinte será intimado a pagar o saldo remanescente do parcelamento no prazo de 30 (trinta) dias da intimação do indeferimento dos créditos de prejuízos fiscais e de bases de cálculo negativas da CSLL ou da intimação da última decisão administrativa no processo administrativo fiscal de que trata o *caput*.

Art. 37. O art. 43 da Lei nº 12.431, de 24 de junho de 2011, passa a vigorar com as seguintes alterações:

"Art. 43...

§ 1º O disposto no *caput* deste artigo aplica-se ao precatório federal de titularidade de pessoa jurídica que, em 31 de dezembro de 2012, seja considerada controladora, controlada, direta ou indireta, ou coligada do devedor, nos termos dos arts. 1.097 a 1.099 da Lei nº 10.406, de 10 de janeiro de 2002 – Código Civil.

§ 2º Para os fins do disposto no § 1º, inclui-se também como controlada a sociedade na qual a participação da controladora seja igual ou inferior a 50% (cinquenta por cento), desde que existente acordo de acionistas que assegure de modo permanente a preponderância individual ou comum nas deliberações sociais, assim como o poder individual ou comum de eleger a maioria dos administradores."

Art. 38. Não serão devidos honorários advocatícios, bem como qualquer sucumbência, em todas as ações judiciais que, direta ou indiretamente, vierem a ser extintas em decorrência de adesão aos parcelamentos previstos na Lei nº 11.941, de 27 de maio de 2009, inclusive nas reaberturas de prazo operadas pelo disposto no art. 17 da Lei nº 12.865, de 9 de outubro de 2013, no art. 93 da Lei nº 12.973, de 13 de maio de 2014, no art. 2º da Lei nº 12.996, de 18 de junho de 2014, e no art. 65 da Lei nº 12.249, de 11 de junho de 2010.

Parágrafo único. O disposto no *caput* aplica-se somente:

I – aos pedidos de desistência e renúncia protocolados a partir de 10 de julho de 2014; ou

II – aos pedidos de desistência e renúncia já protocolados, mas cujos valores de que trata o *caput* não tenham sido pagos até 10 de julho de 2014.

Art. 39. O art. 10 da Lei nº 11.941, de 27 de maio de 2009, passa a vigorar acrescido do seguinte § 2º, renumerando-se o atual parágrafo único para § 1º:

"Art. 10...

§ 1º...

§ 2º Tratando-se de depósito judicial, o disposto no *caput* somente se aplica aos casos em que tenha ocorrido desistência da ação ou recurso e renúncia a qualquer alegação de direito sobre o qual se funda a ação, para usufruir dos benefícios desta Lei."

Art. 40. O art. 127 da Lei nº 12.249, de 11 de junho de 2010, passa a vigorar com a seguinte alteração:

"Art. 127. Até que ocorra a indicação de que trata o art. 5º da Lei nº 11.941, de 27 de maio de 2009, os débitos de devedores que apresentaram pedidos de parcelamentos previstos nos arts. 1º, 2º e 3º da Lei nº 11.941, de 27 de maio de 2009, inclusive nas reaberturas de prazo operadas pelo disposto no art. 17 da Lei nº 12.865, de 9 de outubro de 2013, no art. 93 da Lei nº 12.973, de 13 de maio de 2014, e no art. 2º da Lei nº 12.996, de 18 de junho de 2014, que tenham sido deferidos pela administração tributária devem ser considerados parcelados para os fins do inciso VI do art. 151 da Lei nº 5.172, de 25 de outubro de 1966 – Código Tributário Nacional.

...."

Art. 41. Os débitos relativos à Contribuição Provisória sobre Movimentação ou Transmissão de Valores e de Créditos e Direitos de Natureza Financeira – CPMF podem ser parcelados nos termos da Lei nº 12.996, de 18 junho de 2014, não se aplicando a vedação contida no art. 15 da Lei nº 9.311, de 24 de outubro de 1996.

Art. 42. Os débitos para com a Fazenda Nacional relativos ao Imposto sobre a Renda das Pessoas Jurídicas – IRPJ e à Contribuição Social sobre o Lucro Líquido – CSLL decorrentes do ganho de capital ocorrido até 31 de dezembro de 2008 pela alienação de ações que tenham sido originadas da conversão de títulos patrimoniais de associações civis sem fins lucrativos, poderão ser:

I – pagos à vista com redução de 100% (cem por cento) das multas de mora e de ofício e de 100% (cem por cento) dos juros de mora;

II – parcelados em até 60 (sessenta) prestações, sendo 20% (vinte por cento) de entrada e o restante em parcelas mensais, com redução de 80% (oitenta por cento) da multa isolada e das multas de mora e de ofício, de 40% (quarenta por cento) dos juros de mora.

§ 1º Na hipótese do *caput*, fica remitido, sob condição resolutória até que se efetive o pagamento de que trata o inciso I ou seja quitado o parcelamento de que trata o inciso II, o valor do IRPJ e da CSLL incidente sobre a parcela do ganho de capital relativa a diferença entre o valor atribuído à ação na subscrição de capital e considerado na apuração do referido ganho, ainda que em eventual lançamento de ofício, e o valor verificado na data de início das negociações da ação em operação regular em bolsa de valores, independentemente da existência de cláusula de restrição de comercialização ou transferência.

§ 2º O disposto neste artigo aplica-se à totalidade dos débitos, constituídos ou não, com exigibilidade suspensa ou não, inscritos ou não em Dívida Ativa da União, mesmo que em fase de execução fiscal já ajuizada, ou que tenham sido objeto de parcelamento anterior não integralmente quitado, ainda que excluído por falta de pagamento.

§ 3º Para efeito de consolidação dos débitos de que trata o *caput*, após o ajuste referido no § 1º, poderão ser deduzidos os valores do IRPJ e da CSLL que tenham sido recolhidos, até 31 de dezembro de 2013, em função da alienação posterior das ações decorrentes da conversão de títulos patrimoniais de associações civis sem fins lucrativos pelo próprio sujeito passivo, por empresa controladora ou por empresa controlada de forma direta, desde que:

I – tenha sido utilizado o custo original dos respectivos títulos patrimoniais na apuração do ganho;

II – seja limitado ao valor do IRPJ e da CSLL incidentes sobre o ganho de capital apurado considerando como valor de venda o valor verificado das ações na data de início das negociações em operação regular em bolsa de valores.

§ 4º Os depósitos existentes vinculados aos débitos a serem pagos ou parcelados nos termos deste artigo serão automaticamente convertidos em pagamento definitivo, aplicando-se as reduções previstas no *caput* ao saldo remanescente a ser pago ou parcelado.

§ 5º O contribuinte poderá, mediante requerimento, utilizar créditos de prejuízos fiscais e de base negativa da Contribuição Social sobre o Lucro Líquido – CSLL próprios, apurados até 31 de dezembro de 2013 e declarados até 30 de junho de 2014, para a quitação do saldo remanescente dos débitos após as reduções previstas no *caput*.

§ 6º Para usufruir dos benefícios previstos neste artigo, a pessoa jurídica deverá comprovar a desistência expressa e irrevogável de todas as ações judiciais que tenham por objeto os débitos que serão pagos ou parcelados na forma deste artigo e renunciar a qualquer alegação de direito sobre as quais se fundam as referidas ações.

§ 7º As reduções previstas no *caput* não serão cumulativas com quaisquer outras reduções admitidas em lei.

§ 8º Na hipótese de anterior concessão de redução de multas ou de juros em percentuais diversos dos estabelecidos no *caput*, prevalecerão os percentuais nele referidos, aplicados sobre o saldo original das multas ou dos juros.

§ 9º Enquanto não consolidada a dívida, em relação às parcelas mensais referidas no inciso II do *caput*, o contribuinte deve calcular e recolher mensalmente o valor equivalente ao montante dos débitos objeto do parcelamento dividido pelo número de prestações pretendidas.

I e II – Revogados. Lei nº 13.097, de 19-1-2015.

§ 10. O pagamento ou o pedido de parcelamento deverá ser efetuado até o 15º (décimo quinto) dia após a publicação desta Lei e independerá de apresentação de garantia, mantidas aquelas decorrentes de débitos transferidos de outras modalidades de parcelamento ou de execução fiscal.

§ 11. Implicará imediata rescisão do parcelamento, com cancelamento dos benefícios concedidos, a falta de pagamento:

I – de 3 (três) parcelas, consecutivas ou não; ou

II – de até 2 (duas) prestações, estando pagas todas as demais ou estando vencida a última prestação do parcelamento.

§ 12. É considerada inadimplida a parcela parcialmente paga.

§ 13. Rescindido o parcelamento:

I – será efetuada a apuração do valor original do débito, restabelecendo-se os acréscimos legais na forma da legislação aplicável à época da ocorrência dos respectivos fatos geradores;

II – serão deduzidas do valor referido no inciso I as prestações pagas.

§ 14. Aplica-se ao parcelamento de que trata este artigo o disposto no *caput* e nos §§ 2º e 3º do art. 11, no art. 12, no *caput* do art. 13 e no inciso IX do art. 14 da Lei nº 10.522, de 19 de julho de 2002.

§ 15. Ao parcelamento de que trata este artigo não se aplicam:

I – o § 1º do art. 3º da Lei nº 9.964, de 10 de abril de 2000; e

II – o § 10 do art. 1º da Lei nº 10.684, de 30 de maio de 2003.

§ 16. Não será computado na base de cálculo do IRPJ, da CSLL, do PIS e da COFINS a parcela equivalente à redução do valor do montante principal dos tributos, das multas, dos juros e dos encargos legais em decorrência do disposto neste artigo.

§ 17. A Secretaria da Receita Federal do Brasil e a Procuradoria-Geral da Fazenda Nacional, no âmbito de suas competências, editarão os atos necessários à execução do parcelamento de que trata este artigo.

► Art. 42 com a redação dada pela Lei nº 13.097, de 19-1-2015.

Art. 43. A Lei nº 10.522, de 19 de julho de 2002, passa a vigorar acrescida do seguinte art. 10-A:

"Art. 10-A. O empresário ou a sociedade empresária que pleitear ou tiver deferido o processamento da recuperação judicial, nos termos dos arts. 51, 52 e 70 da Lei nº 11.101, de 9 de fevereiro de 2005, poderão parcelar seus débitos com a Fazenda Nacional, em 84 (oitenta e quatro) parcelas mensais e consecutivas, calculadas observando-se os seguintes percentuais mínimos, aplicados sobre o valor da dívida consolidada:

I – da 1a à 12a prestação: 0,666% (seiscentos e sessenta e seis milésimos por cento);

II – da 13a à 24a prestação: 1% (um por cento);

III – da 25a à 83a prestação: 1,333% (um inteiro e trezentos e trinta e três milésimos por cento); e

IV – 84a prestação: saldo devedor remanescente.

§ 1º O disposto neste artigo aplica-se à totalidade dos débitos do empresário ou da sociedade empresária constituídos ou não, inscritos ou não em Dívida Ativa da União, mesmo que discutidos judicialmente em ação proposta pelo sujeito passivo ou em fase de execução fiscal já ajuizada, ressalvados exclusivamente os débitos incluídos em parcelamentos regidos por outras leis.

§ 2º No caso dos débitos que se encontrarem sob discussão administrativa ou judicial, submetidos ou não à causa legal de suspensão de exigibilidade, o sujeito passivo deverá comprovar que desistiu expressamente e de forma irrevogável da impugnação ou do recurso interposto, ou da ação judicial, e, cumulativamente, renunciou a quaisquer alegações de direito sobre as quais se fundem a ação judicial e o recurso administrativo.

§ 3º O empresário ou a sociedade empresária poderá, a seu critério, desistir dos parcelamentos em curso, independentemente da modalidade, e solicitar que eles sejam parcelados nos termos deste artigo.

§ 4º Além das hipóteses previstas no art. 14-B, é causa de rescisão do parcelamento a não concessão da recuperação judicial de que trata o art. 58 da Lei nº 11.101, de 9 de fevereiro de 2005, bem como a decretação da falência da pessoa jurídica.

§ 5º O empresário ou a sociedade empresária poderá ter apenas um parcelamento de que trata o *caput*, cujos débitos constituídos, inscritos ou não em Dívida Ativa da União, poderão ser incluídos até a data do pedido de parcelamento.

§ 6º A concessão do parcelamento não implica a liberação dos bens e direitos do devedor ou de seus responsáveis que tenham sido constituídos em garantia dos respectivos créditos.

§ 7º O parcelamento referido no *caput* observará as demais condições previstas nesta Lei, ressalvado o disposto no § 1º do art. 11, no inciso II do § 1º do art. 12, nos incisos I, II e VIII do art. 14 e no §2º do art. 14-A."

Art. 44. A Secretaria da Receita Federal do Brasil e a Procuradoria-Geral da Fazenda Nacional, inclusive por meio de ato conjunto quando couber, editarão os atos necessários à efetivação do disposto nesta Seção.

Seção IX
DO FUNDO DE GARANTIA DO TEMPO DE SERVIÇO FGTS

Art. 45. Não serão inscritos em Dívida Ativa os débitos de um mesmo devedor com o Fundo de Garantia do Tempo de Serviço – FGTS cujo valor consolidado seja igual ou inferior a R$ 1.000,00 (mil reais).

Art. 46. Não serão ajuizadas execuções fiscais para a cobrança de débitos de um mesmo devedor com o FGTS cujo valor consolidado seja igual ou inferior a R$ 20.000,00 (vinte mil reais).

Parágrafo único. Entende-se por valor consolidado o resultante da atualização do débito originário, somado aos encargos e acréscimos legais ou contratuais, vencidos até a data da apuração.

Art. 47. Ficam cancelados os débitos com o FGTS inscritos em Dívida Ativa de valor consolidado igual ou inferior a R$ 100,00 (cem reais).

Art. 48. O Procurador da Fazenda Nacional requererá o arquivamento, sem baixa na distribuição, das execuções fiscais de débitos com o FGTS, cujo valor consolidado seja igual ou inferior a R$ 20.000,00 (vinte mil reais), desde que não conste dos autos garantia, integral ou parcial, útil à satisfação do crédito.

Art. 49. O disposto nesta Seção não prejudica o direito conferido ao trabalhador de buscar a satisfação do crédito fundiário de que é titular, qualquer que seja o valor, mediante o ajuizamento de reclamação trabalhista, nos termos do art. 25 da Lei nº 8.036, de 11 de maio de 1990.

Seção X
DA SUBSTITUIÇÃO DA CONTRIBUIÇÃO PREVIDENCIÁRIA SOBRE FOLHA DE PAGAMENTOS

Art. 50. A Lei nº 12.546, de 14 de dezembro de 2011, passa a vigorar com as seguintes alterações:

"Art. 7º Contribuirão sobre o valor da receita bruta, excluídas as vendas canceladas e os descontos incondicionais concedidos, em substituição às contribuições previstas nos incisos I e III do *caput* do art. 22 da Lei nº 8.212, de 24 de julho de 1991, à alíquota de 2% (dois por cento):

....

XII – (VETADO);

XIII – (VETADO).

...."

"Art. 8º Contribuirão sobre o valor da receita bruta, excluídas as vendas canceladas e os descontos incondicionais concedidos, à alíquota de 1% (um por cento), em substituição às contribuições previstas nos incisos I e III do *caput* do art. 22 da Lei nº 8.212, de 24 de julho de 1991, as empresas que fabricam os produtos classificados na TIPI, aprovada pelo Decreto nº 7.660, de 23 de dezembro de 2011, nos códigos referidos no Anexo I.

...."

"Art. 9º...

....

II...

....

c) reconhecida pela construção, recuperação, reforma, ampliação ou melhoramento da infraestrutura, cuja contrapartida seja ativo intangível representativo de direito de exploração, no caso de contratos de concessão de serviços públicos;

....

X – no caso de contrato de concessão de serviços públicos, a receita decorrente da construção, recuperação, reforma, ampliação ou melhoramento da infraestrutura, cuja contrapartida seja ativo financeiro representativo de direito contratual incondicional de receber caixa ou outro ativo financeiro, integrará a base de cálculo da contribuição à medida do efetivo recebimento.

§ 1º No caso de empresas que se dedicam a outras atividades além das previstas nos arts. 7º e 8º, o cálculo da contribuição obedecerá:

...."

Art. 51. Ficam excluídos do Anexo I da Lei nº 12.546, de 14 de dezembro de 2011, os produtos classificados nos seguintes códigos da Tabela de Incidência do Imposto sobre Produtos Industrializados – TIPI, aprovada pelo Decreto nº7.660, de 23 de dezembro de 2011:

I – 1901.20.00;

II – 1901.90.90;

III – 5402.46.00, 5402.47.00 e 5402.33.10.

Art. 52. VETADO.

Art. 53. O art. 14 da Lei nº 11.774, de 17 de setembro de 2008, passa a vigorar com a seguinte alteração:

"Art. 14...

....

§ 4º..

....

IX – execução continuada de procedimentos de preparação ou processamento de dados de gestão empresarial, pública ou privada, e gerenciamento de processos de clientes, com o uso combinado de mão de obra e sistemas computacionais.

...."

Seção XI
DA LEGISLAÇÃO ADUANEIRA

Art. 54. Na situação de calamidade pública, assim reconhecida por ato da autoridade competente, em que haja risco de desabastecimento para atendimento das necessidades básicas da população, poderá ser autorizada a entrega antecipada da mercadoria ao importador, previamente à formalização dos registros associados aos controles administrativos e aduaneiros, em conformidade com o estabelecido em ato do Poder Executivo.

§ 1º Na hipótese do *caput*, o importador terá prazo de 30 (trinta) dias para formalizar os registros exigidos e apresentar os documentos comprobatórios da regular importação e da destinação das mercadorias importadas.

§ 2º A ausência de regularização da importação no prazo estabelecido ensejará a apreensão da mercadoria importada e a instauração de processo administrativo para a aplicação da pena de perdimento.

§ 3º Os órgãos intervenientes no comércio exterior poderão estabelecer normas específicas e outros procedimentos excepcionais de controle para atender ao disposto no *caput*.

§ 4º Os Ministros de Estado da Fazenda e do Desenvolvimento, Indústria e Comércio Exterior editarão ato conjunto estabelecendo a lista de mercadorias que poderão receber o tratamento excepcional a que se refere o *caput*.

Art. 55. Os tributos decorrentes de importação realizada nos termos do art. 54 serão calculados na data do registro da respectiva Declaração de Importação, observado o prazo máximo previsto no § 1º daquele artigo.

Art. 56. A Lei nº 10.833, de 29 de dezembro de 2003, passa a vigorar com as seguintes alterações:

"Art. 67. Na impossibilidade de identificação da mercadoria importada, em razão de seu extravio ou consumo, e de descrição genérica nos documentos comerciais e de transporte disponíveis, será aplicada, para fins de determinação dos impostos e dos direitos incidentes na importação, alíquota única de 80% (oitenta por cento) em regime de tributação simplificada relativa ao Imposto de Importação – II, ao Imposto sobre Produtos Industrializados – IPI, à Contribuição para os Programas de Integração Social e de Formação do Patrimônio do Servidor Público – PIS/PASEP, à Contribuição Social para o Financiamento da Seguridade Social – COFINS e ao Adicional ao Frete para a Renovação da Marinha Mercante – AFRMM.

§ 1º A base de cálculo da tributação simplificada prevista neste artigo será arbitrada em valor equivalente à mediana dos valores por quilograma de todas as mercadorias importadas a título definitivo, pela mesma via de transporte internacional, constantes de declarações registradas no semestre anterior, incluídas as despesas de frete e seguro internacionais.

...."

"Art. 69 ....

....

§ 3º Quando aplicada sobre a exportação, a multa prevista neste artigo incidirá sobre o preço normal definido no art. 2º do Decreto-Lei nº 1.578, de 11 de outubro de 1977."

"Art. 76 ....

I – ....

....

d) emissão de documento de identificação ou quantificação de mercadoria sob controle aduaneiro em desacordo com o previsto em ato normativo, relativamente a sua efetiva qualidade ou quantidade;

e) prática de ato que prejudique a identificação ou quantificação de mercadoria sob controle aduaneiro;

....

g) consolidação ou desconsolidação de carga efetuada em desacordo com disposição estabelecida em ato normativo e que altere o tratamento tributário ou aduaneiro da mercadoria;

....

j) descumprimento de obrigação de apresentar à fiscalização, em boa ordem, os documentos relativos à operação em que realizar ou em que intervier, bem como outros documentos exigidos pela Secretaria da Receita Federal do Brasil; ou

k) descumprimento de determinação legal ou de outras obrigações relativas ao controle aduaneiro previstas em ato normativo não referidas às alíneas c a j;

II – ....

....

d) delegação de atribuição privativa a pessoa não credenciada ou habilitada;

e) prática de qualquer outra conduta sancionada com suspensão de registro, licença, autorização, credenciamento ou habilitação, nos termos de legislação específica; ou

f) agressão ou desacato à autoridade aduaneira no exercício da função;

III – ....

....

d) prática de ato que embarace, dificulte ou impeça a ação da fiscalização aduaneira, para benefício próprio ou de terceiros;

....

§ 1º A aplicação das sanções previstas neste artigo será anotada no registro do infrator pela administração aduaneira, após a decisão definitiva na esfera administrativa, devendo a anotação ser cancelada após o decurso de 5 (cinco) anos de sua efetivação.

§ 2º Para os efeitos do disposto neste artigo, consideram-se intervenientes o importador, o exportador, o beneficiário de regime aduaneiro ou de procedimento simplificado, o despachante aduaneiro e seus ajudantes, o transportador, o agente de carga, o operador de transporte multimodal, o operador portuário, o depositário, o administrador de recinto alfandegado, o perito ou qualquer outra pessoa que tenha relação, direta ou indireta, com a operação de comércio exterior.

....

§ 4º Na aplicação da sanção prevista no inciso I do *caput* e na determinação do prazo para a aplicação das sanções previstas no inciso II do *caput* serão considerados:

I – a natureza e a gravidade da infração cometida;

II – os danos que dela provierem; e

III – os antecedentes do infrator, inclusive quanto à proporção das irregularidades no conjunto das operações por ele realizadas e seus esforços para melhorar a conformidade à legislação, segundo os critérios estabelecidos pela Secretaria da Receita Federal do Brasil.

§ 5º Para os fins do disposto na alínea a do inciso II do *caput* deste artigo, será considerado reincidente o infrator que:

I – cometer nova infração pela mesma conduta já sancionada com advertência, no período de 365 (trezentos e sessenta e cinco) dias, contado da data da aplicação da sanção; ou

II – não sanar a irregularidade que ensejou a aplicação da advertência, depois de um mês de sua aplicação, quando se tratar de conduta passível de regularização.

§ 5º-A. Para os efeitos do § 5º, no caso de operadores que realizam grande quantidade de operações, poderá ser observada a proporção de erros e omissões em razão da quantidade de documentos, declarações e informações a serem prestadas, nos termos, limites e condições disciplinados pelo Poder Executivo.

....

§ 10. Feita a intimação, a não apresentação de impugnação no prazo de 20 (vinte) dias implicará revelia, cabendo a imediata aplicação da penalidade.

§ 10-A. A intimação a que se refere o § 10 deste artigo será:

I – pessoal, pelo autor do procedimento ou por agente preparador, na repartição ou fora dela, produzindo efeitos com a assinatura do sujeito passivo, seu mandatário ou preposto, ou, no caso de recusa, com declaração escrita de quem o intimar;

II – por via postal, telegráfica ou por qualquer outro meio ou via, produzindo efeitos com o recebimento no domicílio indicado à Secretaria da Receita Federal do Brasil pelo interveniente na operação de comércio exterior ou, se omitida a data do recebimento, com o decurso de 15 (quinze) dias da expedição da intimação ao referido endereço;

III – por meio eletrônico, com prova de recebimento, mediante envio ao domicílio tributário do sujeito passivo ou registro em meio magnético ou equivalente utilizado pelo sujeito passivo, produzindo efeitos:

a) 15 (quinze) dias contados da data registrada no comprovante de entrega no domicílio tributário do sujeito passivo;

b) na data em que o sujeito passivo efetuar consulta ao endereço eletrônico a ele atribuído pela administração tributária, se ocorrida antes do prazo previsto na alínea a deste inciso; ou

c) na data registrada no meio magnético ou equivalente utilizado pelo sujeito passivo; ou

IV – por edital, quando resultarem improfícuos os meios previstos nos incisos I a III deste parágrafo, ou no caso de pessoa jurídica declarada inapta perante o Cadastro Nacional de Pessoas Jurídicas – CNPJ, produzindo efeitos com o decurso de 15 (quinze) dias da publicação ou com qualquer manifestação do interessado no mesmo período.

...."

Art. 57. O art. 37 da Lei nº 12.350, de 20 de dezembro de 2010, passa a vigorar com as seguintes alterações:

"Art. 37 ....

§ 1º Para os fins do disposto no inciso II do *caput*, será considerado reincidente o infrator que, no período de 365 (trezentos e sessenta e cinco) dias, contados da data da aplicação da sanção, cometer nova infração pela mesma conduta já penalizada com advertência ou que não sanar, depois de 1 (um) mês da aplicação da sanção ou do prazo fixado em compromisso de ajuste de conduta, a irregularidade que ensejou sua aplicação.

§ 2º A aplicação da multa referida no art. 38 poderá ser reduzida em 75% (setenta e cinco por cento) mediante a adesão a compromisso de ajuste de conduta técnica e operacional do infrator com a Secretaria da Receita Federal do Brasil, a partir da assinatura do respectivo termo, condicionada a referida redução ao cumprimento do respectivo compromisso.

§ 3º Para a aplicação da sanção de suspensão do alfandegamento que atinja local ou recinto de estabelecimento prestador de serviço público portuário ou aeroportuário, deverão ser adotadas medidas para preservar, tanto quanto possível, as operações dos usuários cujas atividades estejam concentradas no recinto atingido pela sanção, mediante:

I – a realização de despachos aduaneiros para a retirada ou embarque de mercadorias que estavam armazenadas no momento da aplicação da suspensão ou para aquelas que estavam em vias de chegar ao local ou recinto;

II – postergação, por até 3 (três) meses, do início da execução da suspensão, para que os intervenientes afetados possam realocar atividades; e

III – limitação dos efeitos da sanção ao segmento de atividades do estabelecimento onde se verificou a respectiva infração.

§ 4º A postergação prevista no inciso II do § 3º poderá ser condicionada à:

I – adesão da empresa interessada a compromisso de ajustamento de conduta técnica e operacional com a Secretaria da Receita Federal do Brasil, caso ainda não tenha aderido; e

II – substituição de administrador ou dirigente responsável pela área de gestão onde ocorreu a infração.

§ 5º Em qualquer caso, o descumprimento de requisito técnico ou operacional para o alfandegamento deverá ser seguido de:

I – ressarcimento pelo órgão ou ente responsável pela administração do local ou recinto de qualquer despesa incorrida pela Secretaria da Receita Federal do Brasil para suprir o requisito descumprido ou mitigar os efeitos de sua falta, mediante recolhimento ao Fundo Especial de Desenvolvimento e Aperfeiçoamento das Atividades de Fiscalização – FUNDAF, criado pelo Decreto-Lei nº 1.437, de 17 de dezembro de 1975, no prazo de 60 (sessenta) dias da apresentação do respectivo auto de cobrança; e

II – instauração pelo órgão ou ente público responsável pela administração do local ou recinto de processo disciplinar para apuração de responsabilidades; ou

III – verificação da inadimplência da concessionária ou permissionária pelo órgão ou ente responsável pela fiscalização contratual, na forma do § 2º do art. 38 da Lei nº 8.987, de 13 de fevereiro de 1995, caso não tenha firmado compromisso de ajuste de conduta com a Secretaria da Receita Federal do Brasil, ou se o tiver descumprido.

§ 6º As providências referidas nos incisos II e III do § 5º deverão ser tomadas pelo órgão ou ente público responsável pela administração do local ou do recinto ou pela fiscalização da concessão ou permissão, no prazo de 10 (dez) dias do recebimento da representação dos fatos pela Secretaria da Receita Federal do Brasil."

Art. 58. As alterações de matérias processuais introduzidas no art. 76 da Lei nº 10.833, de 29 de dezembro de 2003, por meio do art. 54 desta Lei, aplicar-se-ão aos processos em curso, sem prejuízo dos atos realizados na forma do rito anterior.

Seção XII

DA DISPENSA DE RETENÇÃO DE TRIBUTOS FEDERAIS NA AQUISIÇÃO DE PASSAGENS AÉREAS PELOS ÓRGÃOS DA ADMINISTRAÇÃO PÚBLICA FEDERAL

Art. 59. A Lei nº 9.430, de 27 de dezembro de 1996, passa a vigorar com a seguinte alteração:

"Art. 64 ....

....

§ 9º Até 31 de dezembro de 2017, fica dispensada a retenção dos tributos na fonte de que trata o *caput* sobre os pagamentos efetuados por órgãos ou entidades da administração pública federal, mediante a utilização do Cartão de Pagamento do Governo Federal – CPGF, no caso de compra de passagens aéreas diretamente das companhias aéreas prestadoras de serviços de transporte aéreo."

Seção XIII

DO PROGRAMA NACIONAL DE HABITAÇÃO URBANA E DO FUNDO GARANTIDOR DA HABITAÇÃO POPULAR

Art. 60. A Lei nº 11.977, de 7 de julho de 2009, passa a vigorar com as seguintes alterações:

"Art. 4º O Programa Nacional de Habitação Urbana – PNHU tem por objetivo promover a produção ou aquisição de novas unidades habitacionais ou a requalificação de imóveis urbanos, desde 14 de abril de 2009.

...."

"Art. 6º-A ....

....

§ 9º Uma vez consolidada a propriedade em seu nome, em virtude do não pagamento da dívida pelo beneficiário, o FAR e o FDS, na qualidade de credores fiduciários, ficam dispensados de levar o imóvel a leilão, devendo promover sua reinclusão no respectivo programa habitacional, destinando-o à aquisição por beneficiário a ser indicado conforme as políticas habitacionais e regras que estiverem vigentes."

"Art. 11. O PNHR tem como finalidade subsidiar a produção ou reforma de imóveis para agricultores familiares e trabalhadores rurais, por intermédio de operações de repasse de recursos do orçamento geral da União ou de financiamento habitacional com recursos do Fundo de Garantia do Tempo de Serviço – FGTS, desde 14 de abril de 2009.

.... "

"Art. 29. O FGHAB concederá garantia para até 2.000.000 (dois milhões) de financiamentos imobiliários contratados exclusivamente no âmbito do PMCMV."

"Art. 30. As coberturas do FGHAB descritas no art. 20 serão prestadas às operações de financiamento habitacional a partir de 14 de abril de 2009, nos casos de:

.... "

Seção XIV
DA CASA DA MOEDA DO BRASIL

Art. 61. O art. 10 da Lei nº 12.409, de 25 de maio de 2011, passa a vigorar com a seguinte alteração:

"Art. 10 ....

....

§ 2º A despesa envolvida na doação prevista no *caput* não poderá ultrapassar R$ 9.000.000,00 (nove milhões de reais), e os custos serão suportados pela CMB."

Art. 62. A Lei nº 5.895, de 19 de junho de 1973, passa a vigorar com as seguintes alterações:

"Art. 2º ....

§ 1º Para fins interpretativos, a fabricação de cadernetas de passaporte para fornecimento ao Governo brasileiro e as atividades de controle fiscal de que tratam os arts. 27 a 30 da Lei nº 11.488, de 15 de junho de 2007, e o art. 58-T da Lei nº 10.833, de 29 de dezembro de 2003, equiparam-se às atividades constantes do *caput*.

§ 2º Sem prejuízo do disposto neste artigo, a Casa da Moeda do Brasil poderá exercer outras atividades compatíveis com suas atividades industriais, bem como a comercialização de moedas comemorativas nas quantidades autorizadas pelo Banco Central do Brasil."

Seção XV
DO BANCO NACIONAL DE DESENVOLVIMENTO ECONÔMICO E SOCIAL E DO BANCO DA AMAZÔNIA S.A.

Art. 63. Fica a União autorizada a renegociar as condições financeiras e contratuais das operações de crédito com o Banco Nacional de Desenvolvimento Econômico e Social – BNDES firmadas com fundamento no art. 1º da Lei nº 12.397, de 23 de março de 2011, no art. 2º da Lei nº 12.453, de 21 de julho de 2011, e no art. 3º da Lei nº 12.872, de 24 de outubro de 2013.

Parágrafo único. As condições financeiras e contratuais da renegociação de que trata o *caput* serão definidas em ato do Ministro de Estado da Fazenda, observado o seguinte:

I – as dívidas originais e os saldos renegociados deverão ser considerados pelo seu valor de face; e

II – a remuneração será equivalente à Taxa de Juros de Longo Prazo.

Art. 64. O inciso I do *caput* do art. 2º-A da Lei nº 11.948, de 16 de junho de 2009, passa a vigorar com a seguinte redação:

"Art. 2º-A ....

I – até o montante de R$ 6.000.000.000,00 (seis bilhões de reais), visando ao seu enquadramento como instrumento híbrido de capital e dívida, conforme definido pelo Conselho Monetário Nacional, ficando, neste caso, assegurada ao Tesouro Nacional remuneração compatível com o seu custo de captação; e

.... "

Art. 65. Fica a União autorizada, até o montante de R$ 5.000.000.000,00 (cinco bilhões de reais), a renegociar ou estabelecer as condições financeiras e contratuais definidas pelo Ministro de Estado da Fazenda de operações de crédito realizadas com o BNDES, que permitam o seu enquadramento como instrumento elegível ao capital principal, nos termos das normas estabelecidas pelo Conselho Monetário Nacional, devendo a remuneração a ser recebida pelo Tesouro Nacional ser variável e limitada à Taxa de Juros de Longo Prazo.

Art. 66. O art. 1º da Lei nº 12.380, de 10 de janeiro de 2011, passa a vigorar com as seguintes alterações:

"Art. 1º Ficam a União, inclusive mediante fundos, por meio de ato do Poder Executivo, e as entidades da administração pública federal indireta autorizadas a contratar, reciprocamente ou com fundo privado do qual o Tesouro Nacional seja cotista majoritário:

....

II – a cessão de valores mobiliários e de créditos decorrentes de adiantamentos efetuados para futuro aumento de capital; e

....

§ 1º Nas operações de que tratam os incisos I e II do *caput*, poderão ser aceitos em pagamento valores mobiliários, observado o princípio da equivalência econômica, e bens imóveis, na forma do decreto regulamentar.

.... "

Art. 67. O art. 7º da Lei nº 12.087, de 11 de novembro de 2009, passa a vigorar com a seguinte alteração:

"Art. 7º ....

I – ....

....

d) empresas de qualquer porte dos setores definidos pelo Poder Executivo federal, nos termos do regulamento, como estratégicos para a política industrial e tecnológica, nos limites definidos pelo estatuto do fundo;

.... "

Art. 68. A Lei nº 12.712, de 30 de agosto de 2012, passa a vigorar com as seguintes alterações:

"Art. 8º Fica a União autorizada a subscrever e integralizar ações do Banco da Amazônia S.A. ou conceder crédito em condições financeiras e contratuais definidas em ato do Ministro de Estado da Fazenda que permitam o seu enquadramento como instrumento elegível ao capital principal na formação do patrimônio de referência, nos termos de normas estabelecidas pelo Conselho Monetário Nacional, até 31 de dezembro de 2014, no montante de até R$ 1.000.000.000,00 (um bilhão de reais).

§ 1º Para a cobertura do crédito de que trata o *caput*, a União poderá emitir, sob a forma de colocação direta, em favor do Banco da Amazônia S.A., títulos da Dívida Pública Mobiliária Federal, cujas características serão definidas em ato do Ministro de Estado da Fazenda.

§ 2º No caso de emissão de títulos, será respeitada a equivalência econômica com o valor previsto no *caput*.

§ 3º A remuneração a ser recebida pelo Tesouro Nacional deverá ser variável e limitada ao seu custo de captação."

"Art. 33 ....

....

§ 2º O fundo poderá oferecer, direta ou indiretamente, cobertura para quaisquer riscos relacionados às operações de que trata o § 7º, inclusive não gerenciáveis relacionados a concessões, observadas as condições e formas previstas em seu estatuto.

....

§ 9º Em caso de cobertura de risco de engenharia, o fundo não exigirá contragarantia."

Art. 69. A alínea *a* do inciso I do art. 1º da Lei nº 12.096, de 24 de novembro de 2009, passa a vigorar com a seguinte redação:

"Art. 1º...

I – ....

a) à aquisição, produção e arrendamento mercantil de bens de capital, incluídos componentes e serviços tecnológicos relacionados, e o capital de giro associado; à produção de bens de consumo para exportação; ao setor de energia elétrica, a estruturas para exportação de granéis líquidos; a projetos de engenharia; à inovação tecnológica; a projetos de investimento destinados à constituição de capacidade tecnológica e produtiva em setores de alta intensidade de conhecimento e engenharia; a projetos e equipamentos de reciclagem e tratamento ambientalmente adequados de resíduos; e a investimentos no setor de armazenagem nacional de grãos e açúcar; e

...."

Seção XVI
DA DESONERAÇÃO TRIBUTÁRIA NA VENDA DE EQUIPAMENTOS OU MATERIAIS DESTINADOS A USO MÉDICO, HOSPITALAR, CLÍNICO OU LABORATORIAL

Art. 70. Ficam reduzidas a 0 (zero) as alíquotas da Contribuição para o PIS/Pasep e da COFINS incidentes sobre a receita decorrente da venda de equipamentos ou materiais destinados a uso médico, hospitalar, clínico ou laboratorial, quando adquiridos:

I – pela União, Estados, Distrito Federal ou Municípios, bem como pelas suas autarquias e fundações instituídas e mantidas pelo poder público; ou

II – por entidades beneficentes de assistência social que atendam ao disposto na Lei nº 12.101, de 27 de novembro de 2009.

§ 1º O disposto no *caput* aplica-se:

I – exclusivamente aos equipamentos ou materiais listados pelo Poder Executivo;

II – inclusive na venda dos equipamentos ou materiais por pessoa jurídica revendedora às pessoas jurídicas de que trata o *caput*, hipótese em que as reduções de alíquotas ficam condicionadas à observância dos procedimentos estabelecidos pelo Poder Executivo.

§ 2º A pessoa jurídica industrial, ou equiparada, e a pessoa jurídica revendedora ficam solidariamente responsáveis pelas contribuições não pagas em decorrência de aplicação irregular das reduções de alíquotas de que trata este artigo, acrescidas de juros e de multa, na forma da lei.

Seção XVII
DA LEGISLAÇÃO TRIBUTÁRIA E FINANCEIRA APLICÁVEL AOS CONTRATOS DE CONCESSÃO DE SERVIÇOS PÚBLICOS

Art. 71. A Lei nº 11.079, de 30 de dezembro de 2004, passa a vigorar com as seguintes alterações:

"Art. 6º...

....

§ 3º...

....

III – da base de cálculo da Contribuição Previdenciária sobre a Receita Bruta – CPRB devida pelas empresas referidas nos arts. 7º e 8º da Lei nº 12.546, de 14 de dezembro de 2011, a partir de 1º de janeiro de 2015.

§ 4º Até 31 de dezembro de 2013, para os optantes conforme o art. 75 da Lei nº 12.973, de 13 de maio de 2014, e até 31 de dezembro de 2014, para os não optantes, a parcela excluída nos termos do § 3º deverá ser computada na determinação do lucro líquido para fins de apuração do lucro real, da base de cálculo da CSLL e da base de cálculo da Contribuição para o PIS/PASEP e da COFINS, na proporção em que o custo para a realização de obras e aquisição de bens a que se refere o § 2º deste artigo for realizado, inclusive mediante depreciação ou extinção da concessão, nos termos do art. 35 da Lei nº 8.987, de 13 de fevereiro de 1995.

....

§ 6º A partir de 1º de janeiro de 2014, para os optantes conforme o art. 75 da Lei nº 12.973, de 13 de maio de 2014, e de 1º de janeiro de 2015, para os não optantes, a parcela excluída nos termos do § 3º deverá ser computada na determinação do lucro líquido para fins de apuração do lucro real, da base de cálculo da CSLL e da base de cálculo da Contribuição para o PIS/PASEP e da COFINS em cada período de apuração durante o prazo restante do contrato, considerado a partir do início da prestação dos serviços públicos.

§ 7º No caso do § 6º, o valor a ser adicionado em cada período de apuração deve ser o valor da parcela excluída dividida pela quantidade de períodos de apuração contidos no prazo restante do contrato.

§ 8º Para os contratos de concessão em que a concessionária já tenha iniciado a prestação dos serviços públicos nas datas referidas no § 6º, as adições subsequentes serão realizadas em cada período de apuração durante o prazo restante do contrato, considerando o saldo remanescente ainda não adicionado.

§ 9º A parcela excluída nos termos do inciso III do § 3º deverá ser computada na determinação da base de cálculo da contribuição previdenciária de que trata o inciso III do § 3º em cada período de apuração durante o prazo restante previsto no contrato para construção, recuperação, reforma, ampliação ou melhoramento da infraestrutura que será utilizada na prestação de serviços públicos.

§ 10. No caso do § 9º, o valor a ser adicionado em cada período de apuração deve ser o valor da parcela excluída dividida pela quantidade de períodos de apuração contidos no prazo restante previsto no contrato para construção, recuperação, reforma, ampliação ou melhoramento da infraestrutura que será utilizada na prestação de serviços públicos.

§ 11. Ocorrendo a extinção da concessão antes do advento do termo contratual, o saldo da parcela excluída nos termos do § 3º, ainda não adicionado, deverá ser computado na determinação do lucro líquido para fins de apuração do lucro real, da base de cálculo da CSLL e da base de cálculo da Contribuição para o PIS/PASEP, da COFINS e da contribuição previdenciária de que trata o inciso III do § 3º no período de apuração da extinção.

§ 12. Aplicam-se às receitas auferidas pelo parceiro privado nos termos do § 6º o regime de apuração e as alíquotas da Contribuição para o PIS/PASEP e da COFINS aplicáveis às suas receitas decorrentes da prestação dos serviços públicos."

"Art. 8º...

Parágrafo único. VETADO."

Art. 72. A Lei nº 11.488, de 15 de junho de 2007, passa a vigorar com as seguintes alterações:

"Art. 3º...

....

§ 4º Os benefícios previstos no *caput* aplicam-se também na hipótese de, em conformidade com as normas contábeis aplicáveis, as receitas das pessoas jurídicas titulares de contratos de concessão de serviços públicos reconhecidas durante a execução das obras de infraestrutura elegíveis ao REIDI terem como contrapartida ativo intangível representativo de direito de exploração ou ativo financeiro representativo de direito contratual incondicional de receber caixa ou outro ativo financeiro, estendendo-se, inclusive, aos projetos em andamento, já habilitados perante a Secretaria da Receita Federal do Brasil."

"Art. 4º..

....

§ 3º Os benefícios previstos no *caput* aplicam-se também na hipótese de, em conformidade com as normas contábeis aplicáveis, as receitas das pessoas jurídicas titulares de contratos de concessão de serviços públicos reconhecidas durante a execução das obras de infraestrutura elegíveis ao REIDI terem como contrapartida ativo intangível representativo de direito de exploração ou ativo financeiro representativo de direito contratual incondicional de receber caixa ou outro ativo financeiro, estendendo-se, inclusive, aos projetos em andamento, já habilitados perante a Secretaria da Receita Federal do Brasil."

Seção XVIII
DA EXECUÇÃO FISCAL E DO ARROLAMENTO DE BENS E DIREITOS

Art. 73. A Lei nº 6.830, de 22 de setembro de 1980, passa a vigorar com as seguintes alterações:

► Alterações inseridas no texto da referida Lei.

Art. 74. As execuções fiscais de créditos de natureza não tributária cuja prescrição ficou suspensa por mais de 5 (cinco) anos por força da revogação do parágrafo único do art. 5º do Decreto-Lei nº 1.569, de 8 de agosto de 1977, constante do inciso VIII do art. 114 desta Lei, deverão ser extintas.

Art. 75. A revogação do inciso I do art. 15 da Lei nº 5.010, de 30 de maio de 1966, constante do inciso IX do art. 114 desta Lei, não alcança as execuções fiscais da União e de suas autarquias e fundações públicas ajuizadas na Justiça Estadual antes da vigência desta Lei.

Art. 76. O art. 64 da Lei nº 9.532, de 10 de dezembro de 1997, passa a vigorar acrescido do seguinte § 12:

"Art. 64..

....

§ 12. A autoridade fiscal competente poderá, a requerimento do sujeito passivo, substituir bem ou direito arrolado por outro que seja de valor igual ou superior, desde que respeitada a ordem de prioridade de bens a serem arrolados definida pela Secretaria da Receita Federal do Brasil, e seja realizada a avaliação do bem arrolado e do bem a ser substituído nos termos do § 2º do art. 64-A."

Seção XIX
DA LEGISLAÇÃO TRIBUTÁRIA APLICÁVEL AO GÁS NATURAL E À NAFTA

Art. 77. VETADO.

Seção XX
DAS DEMAIS DISPOSIÇÕES SOBRE A CONTRIBUIÇÃO PARA O PIS/PASEP E A COFINS

Art. 78. O art. 3º da Lei nº 10.147, de 21 de dezembro de 2000, passa a vigorar acrescido do seguinte § 4º:

"Art. 3º..

....

§ 4º O saldo credor da Contribuição para o PIS/PASEP e da COFINS apurado pelas pessoas jurídicas de que trata este artigo, na forma do art. 3º da Lei nº 10.637, de 30 de dezembro de 2002, do art. 3º da Lei nº10.833, de 29 de dezembro de 2003, e do art. 15 da Lei nº 10.865, de 30 de abril de 2004, em relação a custos, despesas e encargos vinculados à produção e à comercialização dos produtos referidos no *caput*, acumulado ao final de cada trimestre do ano-calendário, poderá ser objeto de:

I – compensação com débitos próprios, vencidos ou vincendos, relativos a tributos e contribuições administrados pela Secretaria da Receita Federal do Brasil, observada a legislação específica aplicável à matéria; ou

II – pedido de ressarcimento em espécie, observada a legislação específica aplicável à matéria."

Art. 79. O inciso XX do art. 10 da Lei nº 10.833, de 29 de dezembro de 2003, passa a vigorar com a seguinte redação:

"Art. 10..

....

XX – as receitas decorrentes da execução por administração, empreitada ou subempreitada, de obras de construção civil;

...."

Art. 80. A ementa da Lei nº 12.860, de 11 de setembro de 2013, passa a vigorar com a seguinte redação:

"Dispõe sobre a redução a 0 (zero) das alíquotas da Contribuição para o PIS/PASEP e da COFINS incidentes sobre as receitas decorrentes da prestação de serviços de transporte público coletivo rodoviário, metroviário, ferroviário e aquaviário de passageiros."

Art. 81. O art. 1º da Lei nº 12.860, de 11 de setembro de 2013, passa a vigorar com a seguinte redação:

"Art. 1º Ficam reduzidas a 0 (zero) as alíquotas da Contribuição para os Programas de Integração Social e de Formação do Patrimônio do Servidor Público – PIS/Pasep e da Contribuição para o Financiamento da Seguridade Social – COFINS incidentes sobre a receita decorrente da prestação de serviços de transporte público coletivo municipal de passageiros, por meio rodoviário, metroviário, ferroviário e aquaviário.

Parágrafo único. A desoneração de que trata o *caput* alcança também as receitas decorrentes da prestação dos serviços nele referidos no território de região metropolitana regularmente constituída e da prestação dos serviços definidos nos incisos XI a XIII do art. 4º da Lei nº 12.587, de 3 de janeiro de 2012, por qualquer dos meios citados no *caput*."

Seção XXI
DO IMPOSTO SOBRE A PROPRIEDADE TERRITORIAL RURAL E DO IMPOSTO DE RENDA DAS PESSOAS FÍSICAS

Art. 82. A Lei nº 9.393, de 19 de dezembro de 1996, passa a vigorar acrescida do seguinte art. 3º-A:

"Art. 3º-A. Os imóveis rurais oficialmente reconhecidos como áreas ocupadas por remanescentes de comunidades de quilombos que estejam sob a ocupação direta e sejam explorados, individual ou coletivamente, pelos membros destas comunidades são isentos do Imposto sobre a Propriedade Territorial Rural – ITR.

§ 1º Ficam dispensados a constituição de créditos da Fazenda Nacional, a inscrição na Dívida Ativa da União e o ajuizamento da respectiva execução fiscal, e cancelados o lançamento e a inscrição relativos ao ITR referentes aos imóveis rurais de que trata o *caput* a partir da data do registro do título de domínio previsto no art. 68 do Ato das Disposições Constitucionais Transitórias.

§ 2º Observada a data prevista no § 1º, não serão aplicadas as penalidades estabelecidas nos arts. 7º e 9º para fatos geradores ocorridos até a data de publicação da lei decorrente da conversão da Medida Provisória nº 651, de 9 de julho de 2014, e ficam anistiados os valores decorrentes de multas lançadas pela apresentação da declaração do ITR fora do prazo."

Art. 83. O art. 8º da Lei nº 9.393, de 19 de dezembro de 1996, passa a vigorar com a seguinte alteração:

"Art. 8º..

....

§ 3º O contribuinte cujo imóvel se enquadre nas hipóteses estabelecidas nos arts. 2º, 3º e 3º-A fica dispensado da apresentação do DIAT."

Art. 84. A Lei nº 9.250, de 26 de dezembro de 1995, passa a vigorar com as seguintes alterações:

"Art. 4º ....

....

VII – as contribuições para as entidades fechadas de previdência complementar de natureza pública de que trata o § 15 do art. 40 da Constituição Federal, cujo ônus tenha sido do contribuinte, destinadas a custear benefícios complementares assemelhados aos da Previdência Social.

...."

"Art. 8º ....

....

II – ....

....

i) às contribuições para as entidades fechadas de previdência complementar de natureza pública de que trata o § 15 do art. 40 da Constituição Federal, cujo ônus tenha sido do contribuinte, destinadas a custear benefícios complementares assemelhados aos da Previdência Social.

...."

Art. 85. O art. 11 da Lei nº 9.532, de 10 de dezembro de 1997, passa a vigorar acrescido dos seguintes §§ 6º e 7º:

"Art. 11 ....

....

§ 6º As deduções relativas às contribuições para entidades de previdência complementar a que se referem o inciso VII do art. 4º e a alínea i do inciso II do art. 8º da Lei nº 9.250, de 26 de dezembro de 1995, desde que limitadas à alíquota de contribuição do ente público patrocinador, não se sujeitam ao limite previsto no *caput*.

§ 7º Os valores de contribuição excedentes ao disposto no § 6º poderão ser deduzidos desde que seja observado o limite conjunto de dedução previsto no *caput*."

Seção XXII
DO REGIME ESPECIAL DE INCENTIVOS PARA O DESENVOLVIMENTO DE USINAS NUCLEARES

Art. 86. A Lei nº 12.431, de 24 de junho de 2011, passa a vigorar com as seguintes alterações:

"Art. 15 ....

....

§ 4º Aplica-se o disposto neste artigo aos projetos aprovados até 31 de dezembro de 2017."

"Art. 16 ....

....

§ 5º No caso da suspensão aplicável ao Imposto de Importação, fica dispensado, exceto para materiais de construção, o exame de similaridade de que trata o art. 17 do Decreto-Lei nº 37, de 18 de novembro de 1966."

"Art. 16-A. No caso de venda no mercado interno ou de importação de máquinas, aparelhos, instrumentos e equipamentos, novos, e de materiais de construção para utilização ou incorporação em obras de infraestrutura destinadas ao ativo imobilizado, fica suspensa a exigência da:

I – Contribuição para os Programas de Integração Social e de Formação do Patrimônio do Servidor Público – Contribuição para o PIS/PASEP e da Contribuição para o Financiamento da Seguridade Social – COFINS incidentes sobre a venda no mercado interno quando os referidos bens ou materiais de construção forem adquiridos por pessoa jurídica beneficiária do RENUCLEAR;

II – Contribuição para o PIS/PASEP-Importação e da COFINS-Importação quando os referidos bens ou materiais de construção forem importados diretamente por pessoa jurídica beneficiária do RENUCLEAR.

§ 1º Nas notas fiscais relativas às vendas de que trata o inciso I do *caput* deverá constar a expressão "Venda efetuada com suspensão do pagamento da Contribuição para o PIS/PASEP e da COFINS", com a especificação do dispositivo legal correspondente.

§ 2º As suspensões de que trata este artigo convertem-se em alíquota 0 (zero) após a utilização ou incorporação do bem ou material de construção na obra de infraestrutura."

"Art. 16-B. No caso de venda no mercado interno ou de importação de serviços destinados a obras de infraestrutura para incorporação ao ativo imobilizado, fica suspensa a exigência da:

I – Contribuição para o PIS/PASEP e da COFINS incidentes sobre a prestação de serviços efetuada por pessoa jurídica estabelecida no País quando os referidos serviços forem prestados à pessoa jurídica beneficiária do RENUCLEAR; ou

II – Contribuição para o PIS/Pasep-Importação e da COFINS-Importação incidentes sobre a prestação de serviços quando os referidos serviços forem importados diretamente por pessoa jurídica beneficiária do RENUCLEAR.

§ 1º Nas notas fiscais relativas às prestações de serviço de que trata o inciso I do *caput*, deverá constar a expressão "Prestação de serviço efetuada com suspensão do pagamento da Contribuição para o PIS/PASEP e da COFINS", com a especificação do dispositivo legal correspondente.

§ 2º As suspensões de que trata este artigo convertem-se em alíquota 0 (zero) após o serviço ser aplicado na obra de infraestrutura."

"Art. 16-C. No caso de locação de máquinas, aparelhos, instrumentos e equipamentos à pessoa jurídica beneficiária do RENUCLEAR para utilização em obras de infraestrutura a serem incorporadas ao ativo imobilizado, fica suspensa a exigência da Contribuição para o PIS/Pasep e da COFINS incidentes sobre a receita auferida pelo locador.

Parágrafo único. As suspensões de que trata este artigo convertem-se em alíquota 0 (zero) após a aplicação do bem locado na obra de infraestrutura."

"Art. 16-D. Para efeitos dos arts.16 e 16-A, equipara-se ao importador a pessoa jurídica adquirente de bens estrangeiros, no caso de importação realizada por sua conta e ordem por intermédio de pessoa jurídica importadora."

"Art. 16-E. A pessoa jurídica habilitada ao RENUCLEAR que não utilizar ou incorporar o bem ou material de construção na obra de infraestrutura ou que não aplicar o serviço ou o bem locado na citada obra, fica obrigada a recolher os tributos não pagos em decorrência das suspensões usufruídas, acrescidas de juros e multa de mora, na forma da legislação específica, contados a partir do vencimento do tributo relativo à aquisição, locação ou prestação, ou do registro da Declaração de Importação – DI, na condição:

I – de contribuinte, em relação à Contribuição para o PIS/PASEP-Importação, à COFINS-Importação, ao IPI vinculado à importação e ao Imposto de Importação;

II – de responsável, em relação à Contribuição para o PIS/PASEP, à COFINS e ao IPI.

Parágrafo único. A incorporação ou utilização do bem ou material de construção na obra de infraestrutura deve ocorrer no prazo de 5 (cinco) anos, contado da data da respectiva aquisição."

"Art. 17. Os benefícios de que tratam os arts. 16 a 16-C poderão ser usufruídos nas aquisições, importações e locações realizadas até 31 de dezembro de 2020 pela pessoa jurídica habilitada ou coabilitada ao RENUCLEAR."

SEÇÃO XXIII
DAS PRORROGAÇÕES REFERENTES A REGIMES ESPECIAIS DE TRIBUTAÇÃO

Art. 87. O art. 11 da Lei nº 12.598, de 21 de março de 2012, passa a vigorar com a seguinte redação:

"Art. 11. Os benefícios de que tratam os arts. 9º, 9º-A, 9º-B e 10 poderão ser usufruídos em até 20 (vinte) anos contados da data de publicação desta Lei, nas aquisições e importações realizadas depois da habilitação das pessoas jurídicas beneficiadas pelo RETID."

Art. 88. O art. 29 da Lei nº 12.715, de 17 de setembro de 2012, passa a vigorar com a seguinte alteração:

"Art. 29 ....

....

§ 3º O projeto de que trata o *caput* deverá ser apresentado ao Ministério das Comunicações até 30 de junho de 2015.

.........."

Art. 89. O art. 16 da Lei nº 11.371, de 28 de novembro de 2006, passa a vigorar com a seguinte redação:

"Art. 16. Fica reduzida a 0 (zero), em relação aos fatos geradores que ocorrerem até 31 de dezembro de 2022, a alíquota do imposto sobre a renda na fonte incidente nas operações de que trata o inciso V do art. 1ºda Lei nº 9.481, de 13 de agosto de 1997, na hipótese de pagamento, crédito, entrega, emprego ou remessa, por fonte situada no País, a pessoa jurídica domiciliada no exterior, a título de contraprestação de contrato de arrendamento mercantil de aeronave ou de motores destinados a aeronaves, celebrado por empresa de transporte aéreo público regular, de passageiros ou cargas, até 31 de dezembro de 2019."

Art. 90. O inciso I do art. 1º da Lei nº 9.481, de 13 de agosto de 1997, passa a vigorar com a seguinte redação:

"Art. 1º ....

I – receitas de fretes, afretamentos, aluguéis ou arrendamentos de embarcações marítimas ou fluviais ou de aeronaves estrangeiras ou motores de aeronaves estrangeiros, feitos por empresas, desde que tenham sido aprovados pelas autoridades competentes, bem como os pagamentos de aluguel de contêineres, sobrestadia e outros relativos ao uso de serviços de instalações portuárias;

.........."

SEÇÃO XXIV
DAS DEMAIS ALTERAÇÕES NA LEGISLAÇÃO TRIBUTÁRIA

Art. 91. O art. 13 da Lei nº 12.688, de 18 de julho de 2012, passa a vigorar acrescido do seguinte § 12:

"Art. 13 ....

....

§ 12. Caso o certificado não tenha sido emitido até o mês imediatamente posterior ao da concessão da bolsa, poderá ser utilizado, quando emitido, para pagamento da prestação do mês posterior ao da concessão da bolsa ou das prestações vencidas após esta, de forma retroativa, não incidindo a mantenedora em hipótese de rescisão, desde que tenha pago regularmente o valor mínimo, em moeda corrente, de 10% (dez por cento) do valor da prestação."

Art. 92. As perdas incorridas em Certificados de Operações Estruturadas – COE, emitidos de acordo com as normas do Conselho Monetário Nacional, serão dedutíveis na apuração do lucro real.

Art. 93. A Lei nº 12.101, de 27 de novembro de 2009, passa a vigorar com as seguintes alterações:

"Art.13 ....

....

§ 2º Será facultado à entidade substituir até 25% (vinte e cinco por cento) da quantidade das bolsas de estudo definidas no inciso III do *caput* e no § 1º por benefícios concedidos a beneficiários cuja renda familiar mensal per capita não exceda o valor de um salário mínimo e meio, tais como transporte, uniforme, material didático, moradia, alimentação e outros benefícios, ações e serviços definidos em ato do Ministro de Estado da Educação.

.........."

"Art. 13-A..........

§ 1º As entidades que atuam concomitantemente no nível de educação superior e que tenham aderido ao PROUNI e no de educação básica estão obrigadas a cumprir os requisitos exigidos no art. 13, para cada nível de educação, inclusive quanto à complementação eventual da gratuidade por meio da concessão de bolsas de estudo parciais de 50% (cinquenta por cento) e de benefícios, conforme previsto nos §§ 1º e 2º do art. 13.

.........."

"Art.13-B..........

....

§ 2º Será facultado à entidade substituir até 25% (vinte e cinco por cento) da quantidade das bolsas de estudo definidas no inciso II do *caput* e no § 1º por benefícios concedidos a beneficiários cuja renda familiar mensal per capita não exceda o valor de um salário mínimo e meio, tais como transporte, uniforme, material didático, moradia, alimentação e outros benefícios, ações e serviços definidos em ato do Ministro de Estado da Educação.

....

§ 5º As entidades que atuam concomitantemente na educação superior e na educação básica são obrigadas a cumprir os requisitos exigidos no art. 13 e neste artigo de maneira segregada, por nível de educação, inclusive quanto à eventual complementação da gratuidade por meio da concessão de bolsas de estudo parciais de 50% (cinquenta por cento) e de benefícios.

.........."

"Art. 17 ....

....

§ 3º O Termo de Ajuste de Gratuidade poderá ser celebrado somente uma vez com a mesma entidade a cada período de 10 (dez) anos, a contar da data da assinatura do último termo e desde que este tenha sido devidamente cumprido.

.........."

Art. 94. O art. 8º da Lei nº 11.438, de 29 de dezembro de 2006, passa a vigorar com a seguinte redação:

"Art. 8º O Ministério do Esporte informará à Secretaria da Receita Federal do Brasil – RFB os valores correspondentes a doação ou patrocínio destinados ao apoio direto a projetos desportivos e para desportivos, no ano-calendário anterior.

Parágrafo único. A RFB estabelecerá, em ato normativo próprio, a forma, o prazo e as condições para o cumprimento da obrigação acessória a que se refere o *caput* deste artigo."

Art. 95. O § 1º do art. 2º da Lei nº 11.478, de 29 de maio de 2007, passa a vigorar acrescido do seguinte inciso IV:

"Art. 2º..........

§ 1º..........

....

IV – à alíquota 0 (zero), quando pagos, creditados, entregues ou remetidos a beneficiário residente ou domiciliado no exterior, individual ou coletivo, que realizar operações financeiras no País de acordo com as normas e condições estabelecidas pelo Conselho Monetário Nacional, exceto no caso de residente ou domiciliado em país com tributação favorecida, nos termos do art. 24 da Lei nº 9.430, de 27 de dezembro de 1996.

.........."

Art. 96. O art. 89 da Lei nº 12.973, de 13 de maio de 2014, passa a vigorar com a seguinte redação:

"Art. 89. A matriz e a pessoa jurídica controladora ou a ela equiparada, nos termos do art. 83, domiciliadas no Brasil poderão considerar como imposto pago, para fins da dedução de que trata o art. 87, o imposto sobre a renda retido na fonte no Brasil e no exterior, na proporção de sua participação, decorrente de rendimentos recebidos pela filial, sucursal ou controlada, domiciliadas no exterior.

§ 1º O disposto no *caput* somente será permitido se for reconhecida a receita total auferida pela filial, sucursal ou controlada, com a inclusão do imposto retido.

§ 2º Para o imposto sobre a renda retido na fonte no exterior, o valor do imposto a ser considerado está limitado ao valor que o país de domicílio do beneficiário do rendimento permite que seja aproveitado na apuração do imposto devido pela filial, sucursal ou controlada no exterior."

Art. 97. As receitas auferidas pelos fundos garantidores constituídos nos termos das Leis nºs 11.079, de 30 de dezembro de 2004, 11.786, de 25 de setembro de 2008, 11.977, de 7 de julho de 2009, 12.087, de 11 de novembro de 2009,e 12.712, de 30 de agosto de 2012, ficam isentas do Imposto sobre a Renda das Pessoas Jurídicas e da Contribuição Social sobre o Lucro Líquido, inclusive no tocante aos ganhos líquidos mensais e à retenção na fonte sobre os rendimentos de aplicação financeira de renda fixa e de renda variável.

Parágrafo único. Ficam reduzidas a 0 (zero) as alíquotas da Contribuição para o PIS/Pasep e da Contribuição para o Financiamento da Seguridade Social incidentes sobre as receitas e ganhos líquidos de que trata o *caput*.

Art. 98. VETADO.

CAPÍTULO II

DAS DEMAIS ALTERAÇÕES NA LEGISLAÇÃO

Seção I

DA VIGILÂNCIA SANITÁRIA

Art. 99. Os itens 3.1, 3.2, 5.1 e 7.1, bem como seus respectivos subitens, do Anexo II da Lei nº 9.782, de 26 de janeiro de 1999, passam a vigorar na forma do Anexo desta Lei.

Art. 100. O art. 1º da Lei nº 11.972, de 6 de julho de 2009, passa a vigorar com a seguinte alteração:

"Art. 1º Os prazos para renovação das Certificações de Boas Práticas dos produtos sujeitos ao regime de vigilância sanitária, que constam dos subitens dos itens 1.4, 2.4, 4.3, 6.4, 7.2 e 7.3 da tabela do Anexo II da Lei nº 9.782, de 26 de janeiro de 1999, com a redação dada pela Medida Provisória nº 2.190-34, de 23 de agosto de 2001, ficam alterados para até 4 (quatro) anos, conforme regulamentação específica da Agência Nacional de Vigilância Sanitária – ANVISA, observado o risco inerente à atividade da empresa.

...."

Seção II

DA ALIENAÇÃO FIDUCIÁRIA

Art. 101. O Decreto-Lei nº 911, de 1º de outubro de 1969, passa a vigorar com as seguintes alterações:

► Alterações inseridas no texto do referido Dec.-lei.

Art. 102. A Lei nº 10.406, de 10 de janeiro de 2002 – Código Civil, passa a vigorar com as seguintes alterações:

► Alterações inseridas no texto do CC.

Art. 103. A Lei nº 9.514, de 20 de novembro de 1997, passa a vigorar com as seguintes alterações:

► Alterações inseridas no texto da referida lei.

Seção III

DA ADVOCACIA-GERAL DA UNIÃO

Art. 104. O § 7º do art. 8º-A da Lei nº 11.775, de 17 de setembro 2008, passa a vigorar com a seguinte redação:

"Art. 8º-A ....

....

§ 7º A liquidação e a renegociação de que trata este artigo serão regulamentadas por ato do Advogado-Geral da União."

Seção IV

DISPOSIÇÕES FINAIS

Art. 105. A Lei nº 10.150, de 21 de dezembro de 2000, passa a vigorar com as seguintes alterações:

"Art. 1º ....

....

§ 9º A taxa de juros referida na alínea b do inciso II do § 2º deste artigo é citada com arredondamento na segunda casa decimal, correspondendo à taxa de juros de 0,5% (cinco décimos por cento) ao mês, e tem a finalidade única de estabelecer o percentual, fixo e invariável, dos juros remuneratórios, a ser adotado nas novações celebradas a partir da data de vigência desta Lei, independentemente de eventual alteração na taxa de juros remuneratórios aplicável aos depósitos de poupança."

"Art. 3º ....

....

§ 13. Na forma definida pelo Conselho Curador do FCVS, a comprovação do pagamento das contribuições devidas ao FCVS de que trata o § 3º do art. 1º desta Lei pode ser efetuada de maneira consolidada por instituição financeira recolhedora da contribuição, sendo, nesse caso, obrigatória a apresentação de relatório de auditoria independente.

§ 14. Na instrução do processo de novação de créditos originados pela instituição financiadora, os débitos a que se refere o inciso I do *caput* deste artigo compreendem aqueles gerados:

I – pelos contratos de financiamento por ela originados; e

II – pelos contratos de financiamento adquiridos, a partir da data da aquisição.

§ 15. Na instrução do processo de novação de créditos adquiridos, adicionalmente ao previsto no § 14 deste artigo, incluem-se os débitos a que se refere o inciso I do *caput* deste artigo, devidos pelas instituições cedentes, relativamente ao período em que essas permaneceram como titular dos créditos que integram o processo de novação."

Art. 106. O art. 1º da Lei nº 9.481, de 13 de agosto de 1997, passa a vigorar acrescido dos seguintes §§ 2º a 8º, renumerando-se o atual parágrafo único para § 1º:

"Art. 1º ....

§ 1º ....

§ 2º No caso do inciso I do *caput* deste artigo, quando ocorrer execução simultânea do contrato de afretamento ou aluguel de embarcações marítimas e do contrato de prestação de serviço, relacionados à prospecção e exploração de petróleo ou gás natural, celebrados com pessoas jurídicas vinculadas entre si, do valor total dos contratos a parcela relativa ao afretamento ou aluguel não poderá ser superior a:

I – 85% (oitenta e cinco por cento), no caso de embarcações com sistemas flutuantes de produção e/ou armazenamento e descarga (*Floating Production Systems* – FPS);

II – 80% (oitenta por cento), no caso de embarcações com sistema do tipo sonda para perfuração, completação, manutenção de poços (navios-sonda); e

III – 65% (sessenta e cinco por cento), nos demais tipos de embarcações.

§ 3º Para cálculo dos percentuais previstos no § 2º, o contrato celebrado em moeda estrangeira deverá ser convertido para Real à taxa de câmbio da moeda do país de origem, fixada para venda pelo Banco Central do Brasil, correspondente à data da apresentação da proposta pelo fornecedor, que é parte integrante do contrato.

§ 4º Em caso de repactuação ou reajuste dos valores de quaisquer dos contratos, as novas condições deverão ser consideradas para fins de verificação do enquadramento do contrato de afretamento nos limites previstos no § 2º.

§ 5º Para fins de verificação do enquadramento das remessas de afretamento nos limites previstos no § 2º, deverá ser desconsiderado o efeito da variação cambial.

§ 6º A parcela do contrato de afretamento que exceder os limites estabelecidos no § 2º sujeita-se à incidência do imposto de renda na fonte à alíquota de 15% (quinze por cento) ou de 25% (vinte e cinco por cento), quando a remessa for destinada a país ou dependência com tributação favorecida, ou quando o arrendante ou locador for beneficiário de regime fiscal privilegiado, nos termos dos arts. 24 e 24-A da Lei nº 9.430, de 27 de dezembro de 1996.

§ 7º Para efeitos do disposto no § 2º, será considerada vinculada a pessoa jurídica proprietária da embarcação marítima sediada no exterior e a pessoa jurídica prestadora do serviço quando forem sócias, direta ou indiretamente, em sociedade proprietária dos ativos arrendados ou locados.

§ 8º O Ministro da Fazenda poderá elevar ou reduzir em até 10 (dez) pontos percentuais os limites de que trata o § 2º."

Arts. 107 e 108. VETADOS.

Art. 109. O § 10 do art. 87 da Lei nº 12.973, de 13 de maio de 2014, passa a vigorar com a seguinte redação:

"Art.87 ....

....

§ 10. Até o ano-calendário de 2022, a controladora no Brasil poderá deduzir até 9% (nove por cento), a título de crédito presumido sobre a renda incidente sobre a parcela positiva computada no lucro real, observados o disposto no § 2º deste artigo e as condições previstas nos incisos I e IV do art. 91 desta Lei, relativo a investimento em pessoas jurídicas no exterior que realizem as atividades de fabricação de bebidas, de fabricação de produtos alimentícios e de construção de edifícios e de obras de infraestrutura, além das demais indústrias em geral.

...."

Art. 110. VETADO.

CAPÍTULO III

DISPOSIÇÕES FINAIS

Art. 111. A Secretaria da Receita Federal do Brasil regulamentará o disposto nos arts. 1º a 3º e 6º a 15 desta Lei.

Art. 112. A Secretaria da Receita Federal do Brasil e a Comissão de Valores Mobiliários, no âmbito de suas competências, regulamentarão a aplicação do disposto nos arts. 16 a 19 desta Lei.

Art. 113. Esta Lei entra em vigor na data de sua publicação, exceto:

I – os arts. 21 a 28, que entram em vigor a partir da data de publicação do ato do Poder Executivo que estabelecer o percentual de que trata o *caput* do art. 22;

II – os arts. 1º a 15, 30 a 32, 97, 106 e os artigos da Seção XXI do Capítulo I, que entram em vigor a partir de 1º de janeiro de 2015;

III – os arts. 16-A a 16-C da Lei nº 12.431, de 24 de junho de 2011, incluídos pelo art. 86, que entram em vigor a partir de 1º de janeiro de 2015;

IV – os seguintes dispositivos, que entram em vigor a partir do primeiro dia do quarto mês subsequente ao da publicação desta Lei:

a) os incisos XII e XIII do *caput* do art. 7º da Lei nº 12.546, de 14 de dezembro de 2011, com redação dada pelo art. 50, e os arts. 51 a 53; e

b) o art. 98 e os artigos das Seções XVI, XVII, XIX e XX do Capítulo I.

Art. 114. Ficam revogados:

I – os incisos IV e V do *caput* do art. 1º da Lei nº 10.179, de 6 de fevereiro de 2001;

II – o § 3º do art. 20 da Lei nº 10.522, de 19 de julho de 2002;

III – as seguintes alíneas do art. 76 da Lei nº 10.833, de 29 de dezembro de 2003:

a) a, b e *f* do inciso I do *caput*;

b) c do inciso II do *caput*;

c) e do inciso III do *caput*;

IV e VI – VETADOS;

VII – os §§ 3º e 4º do art. 16 da Lei nº 12.431, de 24 de junho de 2011;

VIII – o parágrafo único do art. 5º do Decreto-Lei nº 1.569, de 8 de agosto de 1977;

IX – o inciso I do art. 15 da Lei nº 5.010, de 30 de maio de 1966.

Brasília, 13 de novembro de 2014;
193º da Independência e
126º da República.

Michel Temer

► Optamos por não publicar o anexo desta lei nesta edição.

DECRETO Nº 8.364, DE 17 DE NOVEMBRO DE 2014

Regulamenta o Fórum Permanente das Microempresas e Empresas de Pequeno Porte.

► Publicado no *DOU* de 18-11-2014.

Art. 1º O Fórum Permanente das Microempresas e Empresas de Pequeno Porte é a instância consultiva governamental federal responsável por tratar dos aspectos não tributários relativos ao tratamento diferenciado e favorecido dispensado às microempresas e empresas de pequeno porte.

Parágrafo único. O Secretário Especial da Micro e Pequena Empresa da Secretaria de Governo da Presidência da República exercerá a presidência do Fórum Permanente e, em suas ausências e impedimentos, será substituído pelo Secretário-Adjunto da Secretaria Especial da Micro e Pequena Empresa da Secretaria de Governo da Presidência da República, na forma do Regimento Interno do Fórum Permanente.

► Parágrafo único com a redação dada pelo Dec. nº 8.579, de 26-11-2015.

Art. 2º O Fórum Permanente das Microempresas e Empresas de Pequeno Porte tem como objetivo encaminhar à Secretaria da Micro e Pequena Empresa da Presidência da República propostas que garantam o tratamento favorecido e diferenciado a ser dispensado às microempresas e empresas de pequeno porte, especialmente quanto:

I – à criação e alteração de leis, regulamentos, procedimentos, sistemas de informação, portais e canais de comunicação da administração pública direta e indireta da União, dos Estados, do Distrito Federal e dos Municípios;

II – aos ajustes e aperfeiçoamentos de ações e projetos, governamentais e não governamentais, para harmonizar e potencializar resultados;

III – à articulação e à integração entre instituições, órgãos do Governo federal e entidades de apoio e representação nacional que atuem diretamente no segmento das microempresas e empresas de pequeno porte; e

IV – à implantação e ao desenvolvimento de fóruns regionais das microempresas e empresas de pequeno porte nas unidades da federação e a sua integração com o Fórum Permanente.

Art. 3º Serão convidados a integrar o Fórum Permanente das Microempresas e Empresas de Pequeno Porte:

I – as instituições e órgãos governamentais federais;

II – os fóruns regionais das microempresas e empresas de pequeno porte nas unidades da federação; e

III – as entidades de apoio e de representação nacional do segmento.

Art. 4º O Regimento Interno do Fórum Permanente das Microempresas e Empresas de Pequeno Porte, proposto por seu Presidente, deverá ser aprovado por maioria simples.

Art. 5º Este Decreto entra em vigor na data de sua publicação.

Art. 6º Fica revogado o Decreto nº 6.174, de 1º de agosto de 2007.

Brasília, 17 de novembro de 2014;
193º da Independência e
126º da República.
Michel Temer

LEI Nº 13.097, DE 19 DE JANEIRO DE 2015

Reduz a zero as alíquotas da Contribuição para o PIS/PASEP, da COFINS, da Contribuição para o PIS/PASEP-Importação e da COFINS-Importação incidentes sobre a receita de vendas e na importação de partes utilizadas em aerogeradores; prorroga os benefícios previstos nas Leis nºs 9.250, de 26 de dezembro de 1995, 9.440, de 14 de março de 1997, 10.931, de 2 de agosto de 2004, 11.196, de 21 de novembro de 2005, 12.024, de 27 de agosto de 2009, e 12.375, de 30 de dezembro de 2010; altera o art. 46 da Lei nº 12.715, de 17 de setembro de 2012, que dispõe sobre a devolução ao exterior ou a destruição de mercadoria estrangeira cuja importação não seja autorizada; altera as Leis nºs 9.430, de 27 de dezembro de 1996, 12.546, de 14 de dezembro de 2011, 12.973, de 13 de maio de 2014, 9.826, de 23 de agosto de 1999, 10.833, de 29 de dezembro de 2003, 10.865, de 30 de abril de 2004, 11.051, de 29 de dezembro de 2004, 11.774, de 17 de setembro de 2008, 10.637, de 30 de dezembro de 2002, 12.249, de 11 de junho de 2010, 10.522, de 19 de julho de 2002, 12.865, de 9 de outubro de 2013, 10.820, de 17 de dezembro de 2003, 6.634, de 2 de maio de 1979, 7.433, de 18 de dezembro de 1985, 11.977, de 7 de julho de 2009, 10.931, de 2 de agosto de 2004, 11.076, de 30 de dezembro de 2004, 9.514, de 20 de novembro de 1997, 9.427, de 26 de dezembro de 1996, 9.074, de 7 de julho de 1995, 12.783, de 11 de janeiro de 2013, 11.943, de 28 de maio de 2009, 10.848, de 15 de março de 2004, 7.565, de 19 de dezembro de 1986, 12.462, de 4 de agosto de 2011, 9.503, de 23 de setembro de 1997, 11.442, de 5 de janeiro de 2007, 8.666, de 21 de junho de 1993, 9.782, de 26 de janeiro de 1999, 6.360, de 23 de setembro de 1976, 5.991, de 17 de dezembro de 1973, 12.850, de 2 de agosto de 2013, 5.070, de 7 de julho de 1966, 9.472, de 16 de julho de 1997, 10.480, de 2 de julho de 2002, 8.112, de 11 de dezembro de 1990, 6.530, de 12 de maio de 1978, 5.764, de 16 de dezembro de 1971, 8.080, de 19 de setembro de 1990, 11.079, de 30 de dezembro de 2004, 13.043, de 13 de novembro de 2014, 8.987, de 13 de fevereiro de 1995, 10.925, de 23 de julho de 2004, 12.096, de 24 de novembro de 2009, 11.482, de 31 de maio de 2007, 7.713, de 22 de dezembro de 1988, a Lei Complementar nº 123, de 14 de dezembro de 2006, o Decreto-Lei nº 745, de 7 de agosto de 1969, e o Decreto nº 70.235, de 6 de março de 1972; revoga dispositivos das Leis nºs 4.380, de 21 de agosto de 1964, 6.360, de 23 de setembro de 1976, 7.789, de 23 de novembro de 1989, 8.666, de 21 de junho de 1993, 9.782, de 26 de janeiro de 1999, 10.150, de 21 de dezembro de 2000, 9.430, de 27 de dezembro de 1996, 12.973, de 13 de maio de 2014, 8.177, de 1º de março de 1991, 10.637, de 30 de dezembro de 2002, 10.833, de 29 de dezembro de 2003, 10.865, de 30 de abril de 2004, 11.051, de 29 de dezembro de 2004 e 9.514, de 20 de novembro de 1997, e do Decreto-Lei nº 3.365, de 21 de junho de 1941; e dá outras providências.

► Publicada no *DOU* de 19-1-2015.

A PRESIDENTA DA REPÚBLICA Faço saber que o Congresso Nacional decreta e eu sanciono a seguinte Lei:

CAPÍTULO I
DA LEGISLAÇÃO FISCAL E FINANCEIRA

SEÇÃO I
DA DESONERAÇÃO TRIBUTÁRIA DE PARTES UTILIZADAS EM AEROGERADORES

Art. 1º A Lei nº 10.865, de 30 de abril de 2004, passa a vigorar com as seguintes alterações:

"Art. 8º ....

....

§ 12. ....

....

XL – produtos classificados no Ex 01 do código 8503.00.90 da TIPI.

.... ".

"Art. 28. ....

XXXVII – produtos classificados no Ex 01 do código 8503.00.90 da TIPI.

.... "

SEÇÃO II
DA PRORROGAÇÃO DE BENEFÍCIOS

Art. 2º A Lei nº 9.250, de 26 de dezembro de 1995, passa a vigorar com a seguinte alteração:

"Art. 12. ....

VII – até o exercício de 2019, ano-calendário de 2018, a contribuição patronal paga à Previdência Social pelo empregador doméstico incidente sobre o valor da remuneração do empregado; e

.... "

Art. 3º VETADO.

Art. 4º A Lei nº 10.931, de 2 de agosto de 2004, passa a vigorar com a seguinte alteração:

► Alteração inserida no texto da referida Lei.

Art. 5º A Lei nº 11.196, de 21 de novembro de 2005, passa a vigorar com a seguinte alteração:

"Art. 30. ....

....

II – aplicam-se às vendas efetuadas até 31 de dezembro de 2018."

Art. 6º A Lei nº 12.024, de 27 de agosto de 2009, passa a vigorar com a seguinte alteração:

"Art. 2º Até 31 de dezembro de 2018, a empresa construtora contratada para construir unidades habitacionais de valor de até R$ 100.000,00 (cem mil reais) no âmbito do Programa Minha Casa, Minha Vida – PMCMV, de que trata a Lei nº 11.977, de 7 de julho de 2009, fica autorizada, em caráter opcional, a efetuar o pagamento unificado de tributos equivalente a um por cento da receita mensal auferida pelo contrato de construção.

...."

Art. 7º A Lei nº 12.375, de 30 de dezembro de 2010, passa a vigorar com a seguinte alteração:

"Art. 5º Os estabelecimentos industriais farão jus, até 31 de dezembro de 2018, a crédito presumido do Imposto sobre Produtos Industrializados – IPI na aquisição de resíduos sólidos utilizados como matérias-primas ou produtos intermediários na fabricação de seus produtos.

...."

Seção III

DAS PERDAS NO RECEBIMENTO DE CRÉDITOS NA DETERMINAÇÃO DO LUCRO REAL E DA BASE DE CÁLCULO DA CONTRIBUIÇÃO SOCIAL SOBRE O LUCRO LÍQUIDO

Art. 8º A Lei nº 9.430, de 27 de dezembro de 1996, passa a vigorar com as seguintes alterações:

"Art. 9º..

§ 1º..

....

IV – contra devedor declarado falido ou pessoa jurídica em concordata ou recuperação judicial, relativamente à parcela que exceder o valor que esta tenha se comprometido a pagar, observado o disposto no § 5º.

§ 2º No caso de contrato de crédito em que o não pagamento de uma ou mais parcelas implique o vencimento automático de todas as demais parcelas vincendas, os limites a que se referem as alíneas a e b do inciso II do § 1º e as alíneas a e b do inciso II do § 7º serão considerados em relação ao total dos créditos, por operação, com o mesmo devedor.

....

§ 4º No caso de crédito com pessoa jurídica em processo falimentar, em concordata ou em recuperação judicial, a dedução da perda será admitida a partir da data da decretação da falência ou do deferimento do processamento da concordata ou recuperação judicial, desde que a credora tenha adotado os procedimentos judiciais necessários para o recebimento do crédito.

§ 5º A parcela do crédito cujo compromisso de pagar não houver sido honrado pela pessoa jurídica em concordata ou recuperação judicial poderá, também, ser deduzida como perda, observadas as condições previstas neste artigo.

....

§ 7º Para os contratos inadimplidos a partir da data de publicação da Medida Provisória nº 656, de 7 de outubro de 2014, poderão ser registrados como perda os créditos:

I – em relação aos quais tenha havido a declaração de insolvência do devedor, em sentença emanada do Poder Judiciário;

II – sem garantia, de valor:

a) até R$ 15.000,00 (quinze mil reais), por operação, vencidos há mais de seis meses, independentemente de iniciados os procedimentos judiciais para o seu recebimento;

b) acima de R$ 15.000,00 (quinze mil reais) até R$ 100.000,00 (cem mil reais), por operação, vencidos há mais de um ano, independentemente de iniciados os procedimentos judiciais para o seu recebimento, mantida a cobrança administrativa; e

c) superior a R$ 100.000,00 (cem mil reais), vencidos há mais de um ano, desde que iniciados e mantidos os procedimentos judiciais para o seu recebimento;

III – com garantia, vencidos há mais de dois anos, de valor:

a) até R$ 50.000,00 (cinquenta mil reais), independentemente de iniciados os procedimentos judiciais para o seu recebimento ou o arresto das garantias; e

b) superior a R$ 50.000,00 (cinquenta mil reais), desde que iniciados e mantidos os procedimentos judiciais para o seu recebimento ou o arresto das garantias; e

IV – contra devedor declarado falido ou pessoa jurídica em concordata ou recuperação judicial, relativamente à parcela que exceder o valor que esta tenha se comprometido a pagar, observado o disposto no § 5º."

"Art. 10. ....

I – da conta que registra o crédito de que trata a alínea a do inciso II do § 1º do art. 9º e a alínea a do inciso II do § 7º do art. 9º;

...."

"Art. 11. ....

§ 1º Ressalvadas as hipóteses das alíneas a e b do inciso II do § 1º do art. 9º, das alíneas a e b do inciso II do § 7º do art. 9º e da alínea a do inciso III do § 7º do art. 9º, o disposto neste artigo somente se aplica quando a pessoa jurídica houver tomado as providências de caráter judicial necessárias ao recebimento do crédito.

...."

"Art. 74. ....

....

§ 17. Será aplicada multa isolada de 50% (cinquenta por cento) sobre o valor do débito objeto de declaração de compensação não homologada, salvo no caso de falsidade da declaração apresentada pelo sujeito passivo.

...."

Seção IV

DA DEVOLUÇÃO AO EXTERIOR OU DESTRUIÇÃO DE MERCADORIA ESTRANGEIRA CUJA IMPORTAÇÃO NÃO SEJA AUTORIZADA

Art. 9º A Lei nº 12.715, de 17 de setembro de 2012, passa a vigorar com as seguintes alterações:

"Art. 46. O importador de mercadoria estrangeira cuja importação não seja autorizada por órgão anuente com fundamento na legislação relativa a saúde, metrologia, segurança pública, proteção ao meio ambiente, controles sanitários, fitossanitários e zoossanitários fica obrigado a devolver a mercadoria ao exterior, no prazo de até 30 (trinta) dias da ciência da não autorização.

§ 1º Nos casos em que a legislação específica determinar, a devolução da mercadoria ao exterior deverá ser ao país de origem ou de embarque.

§ 2º Quando julgar necessário, o órgão anuente determinará a destruição da mercadoria em prazo igual ou inferior ao previsto no *caput*.

I – (revogado);

II – (revogado).

§ 3º As embalagens e as unidades de suporte ou de acondicionamento para transporte que se enquadrem na tipificação de não autorização de importação prevista no *caput* estão sujeitas à devolução ou à destruição de que trata este artigo, estejam ou não acompanhando mercadorias e independentemente da situação e do tratamento dispensado a essas mercadorias.

§ 4º A obrigação de devolver ou de destruir será do transportador internacional na hipótese de mercadoria acobertada por conhecimento de carga à ordem, consignada a pessoa inexistente ou a pessoa com domicílio desconhecido ou não encontrado no País.

§ 5º Em casos justificados, os prazos para devolução ou para destruição poderão ser prorrogados, a critério do órgão anuente.

§ 6º Decorrido o prazo para devolução ou para destruição da mercadoria, consideradas as prorrogações concedidas pelo órgão anuente, e não tendo sido adotada a providência, aplica-se ao infrator, importador ou transportador, multa no valor de R$ 10,00 (dez reais) por quilograma ou fração da mercadoria, não inferior no total a R$ 500,00 (quinhentos reais).

§ 7º Transcorrido o prazo de 10 (dez) dias, contado a partir do primeiro dia depois do termo final do prazo a que se refere o § 6º, e não tendo sido adotada a providência:

I – o infrator, importador ou transportador, fica sujeito à multa no valor de R$ 20,00 (vinte reais) por quilograma ou fração da mercadoria, não inferior no total a R$ 1.000,00 (mil reais), sem prejuízo da penalidade prevista no § 6º;

II – o importador fica sujeito à suspensão da habilitação para operar no comércio exterior, na forma estabelecida pela Secretaria da Receita Federal do Brasil, sem prejuízo do disposto no inciso I deste parágrafo; e

III – a obrigação de devolver ou de destruir a mercadoria passará a ser do depositário ou do operador portuário a quem tenha sido confiada, e nesse caso:

a) será fixado novo prazo pelo órgão anuente para cumprimento da obrigação; e

b) o depositário ou o operador portuário ficará sujeito à aplicação das disposições do § 6º e do *caput* e inciso I deste parágrafo.

§ 8º Na hipótese a que se refere o inciso III do § 7º, o importador ou o transportador internacional, conforme o caso, fica obrigado a ressarcir o depositário ou o operador portuário pelas despesas incorridas na devolução ou na destruição, sem prejuízo do pagamento pelos serviços de armazenagem prestados.

I – (revogado);

II – (revogado).

§ 9º No caso de extravio da mercadoria, será aplicada ao responsável multa no valor de R$ 30,00 (trinta reais) por quilograma ou fração da mercadoria, não inferior no total a R$ 1.500,00 (mil e quinhentos reais).

§ 10. Vencido o prazo estabelecido para devolução ou para destruição da mercadoria pelo depositário ou pelo operador portuário, consideradas as prorrogações concedidas pelo órgão anuente, e não tendo sido adotada a providência, poderá a devolução ou a destruição ser efetuada de ofício pelo órgão anuente, recaindo todos os custos sobre o importador ou o transportador internacional, conforme o caso.

I – (revogado);

II – (revogado).

§ 11. O representante legal do transportador estrangeiro no País estará sujeito à obrigação prevista no § 4º e responderá pelas multas e ressarcimentos previstos nos §§ 6º, 7º e 8º, quando estes forem atribuídos ao transportador.

§ 12. O órgão anuente poderá efetuar de ofício e a qualquer tempo a destruição ou a devolução de mercadoria que, a seu critério, ofereça risco iminente.

§ 13. As intimações, inclusive para ciência dos prazos, e a aplicação das penalidades previstas neste artigo serão lavradas por Auditor-Fiscal da Receita Federal do Brasil, observados a formalização em auto de infração, o rito e as competências para julgamento estabelecidos no Decreto nº 70.235, de 6 de março de 1972.

§ 14. O disposto neste artigo não prejudica a aplicação de outras penalidades, nem a representação fiscal para fins penais, quando cabível.

§ 15. O disposto neste artigo aplica-se, no que couber, à mercadoria já desembaraçada e entregue, em relação a qual se verificou posteriormente alguma das hipóteses previstas no *caput*.

§ 16. O Poder Executivo poderá regulamentar o disposto neste artigo."

Seção V

DO IMPOSTO SOBRE A RENDA DA PESSOA FÍSICA

Art. 10. VETADO.

Seção VI

DA DESONERAÇÃO DA INDÚSTRIA SALINEIRA

Art. 11. VETADO.

Seção VII

DA UTILIZAÇÃO DO ÁGIO POR RENTABILIDADE FUTURA (*GOODWILL*) E DA MAIS-VALIA DECORRENTES DE OPERAÇÕES ENTRE PARTES DEPENDENTES OU RELACIONADAS

Art. 12. VETADO.

Seção VIII

DA CONCESSÃO DE CRÉDITO PRESUMIDO DO IPI COMO RESSARCIMENTO DE PIS/COFINS PARA EMPREENDIMENTOS INDUSTRIAIS INSTALADOS NAS ÁREAS DE ATUAÇÃO DA SUPERINTENDÊNCIA DO DESENVOLVIMENTO DA AMAZÔNIA – SUDAM E DA SUPERINTENDÊNCIA DO DESENVOLVIMENTO DO NORDESTE – SUDENE

Art. 13. VETADO.

Seção IX

DA TRIBUTAÇÃO DE BEBIDAS FRIAS

Subseção I

DA ABRANGÊNCIA DO REGIME TRIBUTÁRIO APLICÁVEL À PRODUÇÃO E COMERCIALIZAÇÃO DE CERVEJAS, REFRIGERANTES E OUTRAS BEBIDAS

Art. 14. Observado o disposto nesta Lei, serão exigidos na forma da legislação aplicável à generalidade das pessoas jurídicas a Contribuição para o PIS/PASEP, a Contribuição para o Financiamento da Seguridade Social – COFINS, a Contribuição para o PIS/PASEP-Importação, a COFINS-Importação e o Imposto sobre Produtos Industrializados – IPI devidos pelos importadores e pelas pessoas jurídicas que procedam à industrialização e comercialização dos produtos classificados nos seguintes códigos da Tabela de Incidência do Imposto sobre Produtos Industrializados – TIPI, aprovada pelo Decreto nº 7.660, de 23 de dezembro de 2011:

I – 2106.90.10 Ex 02;

II – 22.01, exceto os Ex 01 e Ex 02 do código 2201.10.00;

III – 22.02, exceto os Ex 01, Ex 02 e Ex 03 do código 2202.90.00; e

IV – 22.02.90.00 Ex 03 e 22.03.

Parágrafo único. O disposto neste artigo, em relação às posições 22.01 e 22.02 da TIPI, alcança, exclusivamente, água e refrigerantes, chás, refrescos, cerveja sem álcool, repositores hidroeletrolíticos, bebidas energéticas e compostos líquidos prontos para o consumo que contenham como ingrediente principal inositol, glucoronolactona, taurina ou cafeína.

SUBSEÇÃO II

DO IMPOSTO SOBRE PRODUTOS INDUSTRIALIZADOS

Art. 15. As alíquotas do IPI incidente no desembaraço aduaneiro e na saída dos estabelecimentos industriais ou equiparados dos produtos de que trata o art. 14 são as seguintes:

I – 6% (seis por cento), para os produtos do inciso IV do art. 14; e

II – 4% (quatro por cento), para os demais produtos de que trata o art. 14, sem prejuízo de eventuais reduções previstas para os produtos que contiverem suco de fruta, extrato de sementes de guaraná ou extrato de açaí, nos termos da legislação aplicável.

§ 1º Na hipótese de saída dos produtos de que trata o art. 14 do estabelecimento importador, industrial ou equiparado nos termos do art. 18 para pessoa jurídica varejista ou consumidor final, as alíquotas de que trata este artigo ficam reduzidas em:

I – 22% (vinte e dois por cento) para os fatos geradores ocorridos no ano-calendário de 2015; e

II – 25% (vinte e cinco por cento) para os fatos geradores ocorridos a partir do ano-calendário de 2016.

§ 2º As reduções de que trata o § 1º não se aplicam na hipótese em que os equipamentos referidos no art. 35 não estejam instalados ou em normal funcionamento, nos termos definidos pela Secretaria da Receita Federal do Brasil.

§ 3º Na hipótese de inobservância das condições estabelecidas para aplicação das reduções de que trata o § 1º, o estabelecimento importador, industrial ou equiparado dos produtos de que trata o art. 14 responderá subsidiariamente com a pessoa jurídica adquirente pelo recolhimento do imposto que deixou de ser pago em decorrência das reduções de alíquotas previstas naquele parágrafo, com os acréscimos cabíveis.

► § 3º com a redação dada pela Lei nº 13.137, de 19-6-2015.

§ 4º O disposto no *caput* e no § 1º não se aplica na hipótese de saída dos produtos de que trata o art. 14 de estabelecimentos industriais ou equiparados de pessoas jurídicas optantes pelo Regime Especial Unificado de Arrecadação de Tributos e Contribuições devidos pelas Microempresas e Empresas de Pequeno Porte – SIMPLES NACIONAL.

§ 5º A partir da publicação desta Lei não será admitida a aplicação das regras de suspensão do IPI nas saídas promovidas pelos estabelecimentos industriais e equiparados das pessoas jurídicas relacionadas no art. 14.

Art. 16. Observado o disposto no § 1º do art. 15, fica reduzida, nos termos do Anexo II desta Lei, a alíquota referida no inciso I do *caput* do art. 15 incidente na saída dos estabelecimentos industriais das cervejas e chopes especiais classificados no código da TIPI referido no inciso IV do art. 14.

§ 1º O Poder Executivo regulamentará as características necessárias para que os produtos relacionados no Anexo II sejam considerados especiais.

§ 2º Para o cálculo dos volumes totais de produção estabelecidos no Anexo II desta Lei, deverá ser considerado o somatório da produção total de cervejas e chopes especiais da pessoa jurídica fabricante das cervejas e chopes especiais de que trata o *caput* com a produção total de cervejas e chopes especiais de todas as pessoas jurídicas que com ela mantenham quaisquer das relações estabelecidas nos incisos do *caput* do art. 18.

§ 3º A pessoa jurídica cuja produção total de cervejas e chopes especiais, calculada na forma do § 2º, ultrapassar o limite máximo estabelecido no Anexo II desta Lei não poderá aplicar a redução de alíquota de que trata o *caput*.

Art. 17. Para efeitos do § 1º do art. 15, considera-se varejista a pessoa jurídica cuja receita decorrente de venda de bens e serviços a consumidor final no ano-calendário imediatamente anterior ao da operação houver sido igual ou superior a 75% (setenta e cinco por cento) de sua receita total de venda de bens e serviços no mesmo período, depois de excluídos os impostos e contribuições incidentes sobre a venda.

Parágrafo único. A pessoa jurídica em início de atividade poderá ser considerada varejista, desde que atendidos os termos e as condições estabelecidos em ato da Secretaria da Receita Federal do Brasil.

Art. 18. Para efeitos da incidência do IPI, nas operações de revenda dos produtos de que trata o art. 14, fica equiparado a industrial o estabelecimento de pessoa jurídica:

I – caracterizado como controladora, controlada ou coligada de pessoa jurídica que industrializa ou importa os produtos de que trata o art. 14, na forma definida no art. 243 da Lei nº 6.404, de 15 de dezembro de 1976;

II – caracterizado como filial de pessoa jurídica que industrializa ou importa os produtos de que trata o art. 14;

III – que, juntamente com pessoa jurídica que industrializa ou importa os produtos de que trata o art. 14, estiver sob controle societário ou administrativo comum;

IV – que apresente sócio ou acionista controlador, em participação direta ou indireta, que seja cônjuge, companheiro, ou parente, consanguíneo ou afim, em linha reta ou colateral, até o terceiro grau, de sócio ou acionista controlador de pessoa jurídica que industrializa ou importa os produtos de que trata o art. 14;

V – que tenha participação no capital social de pessoa jurídica que industrializa ou importa os produtos de que trata o art. 14, exceto nos casos de participação inferior a 1% (um por cento) em pessoa jurídica com registro de companhia aberta junto à Comissão de Valores Mobiliários;

VI – que possuir, em comum com pessoa jurídica que industrializa ou importa os produtos de que trata o art. 14, diretor ou de sócio que exerçam funções de gerência, ainda que essas funções sejam exercidas sob outra denominação;

VII – quando tiver adquirido ou recebido em consignação, no ano anterior, mais de 20% (vinte por cento) do volume de saída da pessoa jurídica que industrializa ou importa os produtos de que trata o art. 14.

Art. 19. Na saída dos produtos de que trata o art. 14 de estabelecimento de pessoa jurídica industrial ou equiparada na forma do art. 18 que mantenha com a pessoa jurídica transportadora quaisquer das relações mencionadas nos incisos do art. 18, o valor do frete integrará a base de cálculo do IPI.

Art. 20. Em caso de descumprimento da equiparação estabelecida pelo art. 18, ficam solidariamente responsáveis pelo imposto não pago, com os acréscimos cabíveis, a pessoa jurídica produtora, fabricante ou importadora dos produtos de que trata o art. 14 e a pessoa jurídica que possua estabelecimento equiparado na forma do art. 18.

Art. 21. Quando a industrialização dos produtos de que trata o art. 14 se der por encomenda, o IPI será devido na saída do produto:

I – do estabelecimento que o industrializar; e

II – do estabelecimento encomendante, que poderá creditar-se do IPI cobrado conforme o inciso I.

Parágrafo único. O encomendante e o industrial respondem solidariamente pelo IPI devido nas operações de que trata o *caput*.

Art. 22. Sujeita-se ao pagamento do IPI, na condição de responsável, o estabelecimento comercial atacadista que possuir ou mantiver produtos de que trata o art. 14 desacompanhados da documentação comprobatória de sua procedência, ou que deles der saída.

Art. 23. Sem prejuízo do disposto no art. 48 da Lei nº 4.502, de 30 de novembro de 1964, as notas fiscais de comercialização dos produtos de que trata o art. 14, emitidas pelo estabelecimento industrial ou equiparado, deverão conter a descrição da marca comercial, tipo de embalagem e volume dos produtos, para perfeita identificação destes e cálculo do imposto devido.

Parágrafo único. A inobservância ao disposto no *caput* implicará considerar as notas fiscais enquadradas no art. 53 da Lei nº 4.502, de 30 de novembro de 1964.

Subseção III
DA CONTRIBUIÇÃO PARA O PIS/PASEP E DA COFINS

Art. 24. As alíquotas das contribuições incidentes na importação dos produtos de que trata o art. 14 são as seguintes:

I – 2,32% (dois inteiros e trinta e dois centésimos por cento), no caso da Contribuição para o PIS/PASEP-Importação; e

II – 10,68% (dez inteiros e sessenta e oito centésimos por cento), no caso da COFINS-Importação.

I – no caso de importação dos produtos referidos nos incisos I a III do *caput* do art. 14:

a) 3,31% (três inteiros e trinta e um centésimos por cento), para a Contribuição para o PIS/PASEP-Importação; e

b) 15,26% (quinze inteiros e vinte e seis centésimos por cento), para a COFINS-Importação;

► Alínea *b* acrescida pela Lei nº 13.137, de 19-6-2015.

II – no caso de importação dos produtos referidos no inciso IV do *caput* do art. 14:

► *Caput* do inciso II com a redação dada pela Lei nº 13.137, de 19-6-2015.

a) 3,74% (três inteiros e setenta e quatro centésimos por cento), para a Contribuição para o PIS/PASEP-Importação; e

b) 17,23% (dezessete inteiros e vinte e três centésimos por cento), para a COFINS-Importação.

► Alíneas *a* e *b* acrescidas pela Lei nº 13.137, de 19-6-2015.

Art. 25. As alíquotas das contribuições incidentes sobre a receita decorrente da venda dos produtos de que trata o art. 14 são as seguintes:

I – 2,32% (dois inteiros e trinta e dois centésimos por cento), no caso da Contribuição para o PIS/PASEP;

II – 10,68% (dez inteiros e sessenta e oito centésimos por cento), no caso da COFINS.

§ 1º No caso de vendas realizadas para pessoa jurídica varejista ou consumidor final, as alíquotas das contribuições incidentes sobre a receita decorrente da venda dos produtos de que trata o art. 14 são as seguintes:

I – 1,86% (um inteiro e oitenta e seis centésimos por cento), no caso da Contribuição para o PIS/PASEP;

II – 8,54% (oito inteiros e cinquenta e quatro centésimos por cento), no caso da COFINS.

§ 1º No caso de vendas realizadas para pessoa jurídica varejista ou consumidor final, as alíquotas de que trata o *caput* ficam reduzidas em:

I – 19,82% (dezenove inteiros e oitenta e dois centésimos por cento), no caso da Contribuição para o PIS/PASEP;

II – 20,03% (vinte inteiros e três centésimos por cento), no caso da COFINS.

► § 1º com a redação dada pela Lei nº 13.137, de 19-6-2015.

§ 2º As alíquotas de que tratam o *caput* e o § 1º aplicam-se inclusive sobre a receita decorrente da venda dos produtos de que trata o art. 14 auferida pelas pessoas jurídicas sujeitas ao regime de apuração cumulativa da Contribuição para o PIS/PASEP e da COFINS, exceto sobre as receitas auferidas pelas pessoas jurídicas optantes pelo SIMPLES NACIONAL.

§ 3º No caso de industrialização por encomenda dos produtos de que trata o art. 14, aplica-se à pessoa jurídica executora da encomenda o disposto nos §§ 2º e 3º do art. 10 da Lei nº 11.051, de 29 de dezembro de 2004, independentemente do regime de apuração a que está submetida.

► § 3º com a redação dada pela Lei nº 13.137, de 19-6-2015.

§ 4º Na hipótese de inobservância das condições estabelecidas para aplicação das alíquotas de que trata o § 1º, a pessoa jurídica alienante dos produtos de que trata o art. 14 responderá subsidiariamente com a pessoa jurídica adquirente pelo recolhimento das contribuições que deixaram de ser pagas em decorrência das reduções de alíquotas previstas naquele parágrafo, com os acréscimos cabíveis.

► § 4º acrescido pela Lei nº 13.137, de 19-6-2015.

Art. 26. Ficam reduzidas, nos termos do Anexo II desta Lei, as alíquotas referidas no *caput* do art. 25, incidentes sobre a receita decorrente da venda das cervejas e chopes especiais classificados no código da TIPI referido no inciso IV do art. 14, auferida pela pessoa jurídica que os tenha industrializado.

§ 1º O Poder Executivo regulamentará as características necessárias para que os produtos relacionados no Anexo II sejam considerados especiais.

§ 2º Para o cálculo dos volumes totais de produção estabelecidos no Anexo II desta Lei, deverá ser considerado o somatório da produção total de cervejas e chopes especiais da pessoa jurídica fabricante das cervejas e chopes especiais de que trata o *caput* com a produção total de cervejas e chopes especiais de todas as pessoas jurídicas que com ela mantenha quaisquer das relações estabelecidas nos incisos do *caput* do art. 18.

§ 3º A pessoa jurídica cuja produção total de cervejas e chopes especiais, calculada na forma do § 2º, ultrapassar o limite máximo estabelecido no Anexo II desta Lei não poderá aplicar a redução de alíquota de que trata o *caput*.

Art. 27. Nas operações de venda dos produtos de que trata o art. 14 por pessoa jurídica industrial ou atacadista, o valor do frete integrará a base de cálculo da Contribuição para o PIS/PASEP e da COFINS apurada pela pessoa jurídica vendedora dos citados produtos.

Art. 28. Ficam reduzidas a 0 (zero) as alíquotas da Contribuição para o PIS/PASEP e da COFINS incidentes sobre a receita decorrente da venda dos produtos de que trata o art. 14, quando auferida pela pessoa jurídica varejista definida na forma do art. 17.

§ 1º O disposto no *caput*:

I – não se aplica às pessoas jurídicas que industrializam ou importam os produtos de que trata o art. 14 e às pessoas jurídicas que possuam estabelecimento equiparado a industrial nos termos do art. 18;

II – aplica-se inclusive às pessoas jurídicas sujeitas ao regime de apuração cumulativa da Contribuição para o PIS/PASEP e da COFINS.

§ 2º O disposto no inciso II do § 1º aplica-se inclusive às pessoas jurídicas optantes pelo Simples Nacional.

Art. 29. Fica vedado à pessoa jurídica descontar os créditos da Contribuição para o PIS/PASEP e da COFINS de que tratam os arts. 30 e 31 desta Lei, o inciso I do art. 3º da Lei nº 10.637, de 30 de dezembro de 2002, e o inciso I do art. 3º da Lei nº 10.833, de 29 de dezembro de 2003, em relação aos produtos de que trata o art. 14 desta Lei revendidos com a aplicação da redução de alíquotas estabelecida no art. 28 desta Lei.

► Artigo com a redação dada pela Lei nº 13.137, de 19-6-2015.

Art. 30. A pessoa jurídica sujeita ao regime de apuração não cumulativa poderá descontar créditos da Contribuição para o PIS/PASEP e da COFINS em relação à aquisição no mercado interno ou à importação dos produtos de que trata o art. 14.

§ 1º Na hipótese de aquisição no mercado interno, os créditos de que trata o *caput* correspondem aos valores informados na nota fiscal pelo vendedor, nos termos do art. 36.

§ 2º Na hipótese de aquisição dos produtos de que trata o *caput* de pessoa jurídica optante pelo Simples Nacional, os créditos serão calculados mediante a aplicação sobre o valor de aquisição constante do documento fiscal de percentual correspondente a:

I – 0,38% (trinta e oito centésimos por cento), em relação à Contribuição para o PIS/PASEP; e

II – 1,60% (um inteiro e sessenta centésimos por cento), em relação à COFINS.

§ 3º Na hipótese de importação, os créditos de que trata o *caput* correspondem aos valores da Contribuição para o PIS/PASEP-Importação e da COFINS-Importação efetivamente pagos na importação dos produtos de que trata o art. 14.

§ 4º O disposto no *caput* e nos §§ 1º e 2º aplica-se inclusive no caso de industrialização por encomenda.

§ 4º acrescido pela Lei nº 13.137, de 19-6-2015.

Art. 31. A pessoa jurídica sujeita ao regime de apuração cumulativa, exceto a pessoa jurídica optante pelo Simples Nacional, poderá descontar créditos presumidos da Contribuição para o PIS/PASEP e da COFINS em relação à aquisição no mercado interno dos produtos de que trata o art. 14.

§ 1º Na hipótese de aquisição no mercado interno de que trata o *caput*, os créditos presumidos de que trata o *caput* correspondem aos valores informados na nota fiscal pelo vendedor, nos termos do art. 36.

§ 2º Na hipótese de aquisição dos produtos de que trata o *caput* de pessoa jurídica optante pelo Simples Nacional, os créditos presumidos serão calculados mediante a aplicação sobre o valor de aquisição constante do documento fiscal de percentual correspondente a:

I – 0,38% (trinta e oito centésimos por cento), em relação à Contribuição para o PIS/PASEP; e

II – 1,60% (um inteiro e sessenta centésimos por cento), em relação à COFINS.

§ 3º O disposto no *caput* e nos §§ 1º e 2º aplica-se inclusive no caso de industrialização por encomenda.

► § 3º acrescido pela Lei nº 13.137, de 19-6-2015.

Art. 32. Os créditos de que tratam os arts. 30 e 31 somente podem ser utilizados para desconto do valor da Contribuição para o PIS/PASEP e da COFINS devido pela pessoa jurídica.

Subseção IV
DOS VALORES MÍNIMOS

Art. 33. Ficam estabelecidos valores mínimos do IPI, da Contribuição para o PIS/PASEP, da COFINS, da Contribuição para o PIS/PASEP-Importação e da COFINS-Importação em função da classificação fiscal na TIPI, do tipo de produto e da capacidade do recipiente, conforme Anexo I desta Lei.

§ 1º O Poder Executivo poderá alterar os valores mínimos de que trata o *caput.*

§ 2º Aplicam-se eventuais reduções previstas para os produtos que contiverem suco de fruta, extrato de sementes de guaraná ou extrato de açaí, nos termos da legislação aplicável, sobre os valores mínimos referidos no *caput.*

Subseção V
DISPOSIÇÕES TRANSITÓRIAS

Art. 34. Até 31 de dezembro de 2017, observado o disposto no art. 25, ficam reduzidas as alíquotas da Contribuição para o PIS/PASEP, da COFINS, da Contribuição para o PIS/PASEP-Importação e da COFINS-Importação, nos termos do Anexo III desta Lei.

Subseção VI
DISPOSIÇÕES FINAIS

Art. 35. As pessoas jurídicas que industrializam os produtos de que trata o art. 14 ficam obrigadas a instalar equipamentos contadores de produção, que possibilitem, ainda, a identificação do tipo de produto, de embalagem e sua marca comercial, aplicando-se, no que couber, as disposições contidas nos arts. 27 a 30 da Lei nº 11.488, de 15 de junho de 2007.

Parágrafo único. A Secretaria da Receita Federal do Brasil estabelecerá a forma, limites, condições e prazos para a aplicação da obrigatoriedade de que trata o *caput* deste artigo, sem prejuízo do disposto no art. 36 da Medida Provisória nº 2.158-35, de 24 de agosto de 2001.

Art. 36. As pessoas jurídicas industriais, importadoras ou comerciais dos produtos de que trata o art. 14, exceto as pessoas jurídicas optantes pelo Simples Nacional, deverão informar os valores devidos da Contribuição para o PIS/PASEP e da COFINS nas notas fiscais de saída referentes a suas operações.

§ 1º Na determinação do valor a ser informado devem ser consideradas as reduções de alíquotas cabíveis estabelecidas nesta Lei.

§ 2º O disposto neste artigo aplica-se inclusive à pessoa jurídica executora da encomenda, no caso de industrialização por encomenda.

Art. 37. O art. 3º da Lei nº 10.833, de 29 de dezembro de 2003, passa a vigorar com a seguinte redação:

"Art. 3º ....

....

§ 16. Opcionalmente, o sujeito passivo poderá calcular o crédito de que trata o inciso III do § 1º deste artigo, relativo à aquisição de embalagens de vidro retornáveis classificadas no código 7010.90.21 da TIPI, destinadas ao ativo imobilizado, de acordo com regulamentação da Secretaria da Receita Federal do Brasil, no prazo de 12 (doze) meses, à razão de 1/12 (um doze avos).

I – (revogado);

II – (revogado).

...."

Art. 38. O art. 17 da Lei nº 10.865, de 30 de abril de 2004, passa a vigorar com a seguinte redação:

"Art. 17. As pessoas jurídicas importadoras dos produtos referidos nos §§ 1º a 3º, 5º a 10, 17 e 19 do art. 8º desta Lei poderão descontar crédito, para fins de determinação da Contribuição para o PIS/Pasep e da Cofins, em relação à importação desses produtos, nas hipóteses:

....

§ 6º Opcionalmente, o sujeito passivo poderá calcular o crédito de que trata o § 4º do art. 15 desta Lei relativo à aquisição de vasilhames classificados no código 7010.90.21 da Tipi, destinados ao ativo imobilizado, no prazo de 12 (doze) meses, poderá creditar-se, a cada mês, de 1/12 (um doze avos) do valor da contribuição incidente, mediante alíquota específica, na aquisição dos vasilhames, de acordo com regulamentação da Secretaria da Receita Federal.

...."

Art. 39. O art. 10 da Lei nº 11.051, de 29 de dezembro de 2004, passa a vigorar com a seguinte alteração:

"Art. 10. ....

§ 1º Na hipótese dos produtos de que tratam os incisos I e V do *caput*, aplica-se à pessoa jurídica encomendante o direito à opção pelo regime especial de que trata o art. 23 da Lei nº 10.865, de 30 de abril de 2004.

...."

Seção X

DOS CRÉDITOS DE PIS/COFINS PARA AS CONCESSIONÁRIAS DE SERVIÇOS PÚBLICOS

Arts. 40 a 42. VETADOS.

Seção XI

DA DEDUTIBILIDADE DOS JUROS PAGOS OU CREDITADOS EM RAZÃO DE TÍTULOS DE DÍVIDA EMITIDOS NO EXTERIOR NA DETERMINAÇÃO DO LUCRO REAL E DA BASE DE CÁLCULO DA CONTRIBUIÇÃO SOCIAL SOBRE O LUCRO LÍQUIDO

Arts. 43 e 44. VETADOS.

Seção XII

DA ADESÃO AOS PROGRAMAS DE PARCELAMENTO E DA QUITAÇÃO ANTECIPADA DOS DÉBITOS FEDERAIS PARCELADOS PELO CONTRIBUINTE EM RECUPERAÇÃO JUDICIAL

Art. 45. VETADO.

Seção XIII

DO DESCARTE DAS MATRIZES FÍSICAS NO PROCESSO ADMINISTRATIVO ELETRÔNICO

Art. 46. O art. 64-B do Decreto nº 70.235, de 6 de março de 1972, passa a vigorar acrescido do seguinte § 3º:

"Art. 64-B. ....

....

§ 3º As matrizes físicas dos atos, dos termos e dos documentos digitalizados e armazenados eletronicamente, nos termos do § 1º, poderão ser descartadas, conforme regulamento."

Art. 47. O art. 23 da Lei nº 12.865, de 9 de outubro de 2013, passa a vigorar com a seguinte redação:

"Art. 23 ....

§ 1º As normas mencionadas no *caput* disporão sobre o conjunto de procedimentos e operações técnicas referentes a produção, classificação, tramitação, uso, avaliação, arquivamento, reprodução e acesso ao documento digitalizado e ao documento que lhe deu origem, observado o disposto nos arts. 7º a 10 da Lei nº 8.159, de 8 de janeiro de 1991, quando se tratar de documentos públicos.

§ 2º O Conselho Monetário Nacional poderá disciplinar ainda o procedimento para o descarte das matrizes físicas dos documentos digitalizados e armazenados eletronicamente, nos termos do § 1º."

Seção XIV

DA APRESENTAÇÃO DA GUIA DE RECOLHIMENTO DO FUNDO DE GARANTIA POR TEMPO DE SERVIÇO E INFORMAÇÕES À PREVIDÊNCIA SOCIAL – GFIP

Art. 48. O disposto no art. 32-A da Lei nº 8.212, de 24 de julho de 1991, deixa de produzir efeitos em relação aos fatos geradores ocorridos no período de 27 de maio de 2009 a 31 de dezembro de 2013, no caso de entrega de declaração sem ocorrência de fatos geradores de contribuição previdenciária.

Art. 49. Ficam anistiadas as multas previstas no art. 32-A da Lei nº 8.212, de 24 de julho de 1991, lançadas até a publicação desta Lei, desde que a declaração de que trata o inciso IV do *caput* do art. 32 da Lei nº 8.212, de 24 de julho de 1991, tenha sido apresentada até o último dia do mês subsequente ao previsto para a entrega.

Art. 50. O disposto nos arts. 48 e 49 não implica restituição ou compensação de quantias pagas.

Seção XV

DA SUBVENÇÃO PARA EQUALIZAÇÃO DE JUROS PARA AS EMPRESAS INDUSTRIAIS EXPORTADORAS

Art. 51. VETADO.

CAPÍTULO II

DAS OPERAÇÕES DE CRÉDITO COM DESCONTO EM FOLHA DE PAGAMENTO

Art. 52. A Lei nº 10.820, de 17 de dezembro de 2003, passa a vigorar com as seguintes alterações:

"Art. 1º Os empregados regidos pela Consolidação das Leis do Trabalho – CLT, aprovada pelo Decreto-Lei nº 5.452, de 1º de maio de 1943, poderão autorizar, de forma irrevogável e irretratável, o desconto em folha de pagamento ou na sua remuneração disponível dos valores referentes ao pagamento de empréstimos, financiamentos e operações de arrendamento mercantil concedidos por instituições financeiras e sociedades de arrendamento mercantil, quando previsto nos respectivos contratos.

....

§ 3º Os empregados de que trata o *caput* poderão solicitar o bloqueio, a qualquer tempo, de novos descontos.

§ 4º O disposto no § 3º não se aplica aos descontos autorizados em data anterior à da solicitação do bloqueio."

"Art. 2º ....

I – empregador, a pessoa jurídica assim definida pela legislação trabalhista e o empresário a que se refere o Título I do Livro II da Parte Especial da Lei nº 10.406, de 10 de janeiro de 2002 – Código Civil;

....

IV – mutuário, empregado que firma com instituição consignatária contrato de empréstimo, financiamento ou arrendamento mercantil regulado por esta Lei;

....

VI – instituição financeira mantenedora, a instituição a que se refere o inciso III do *caput* e que mantém as contas para crédito da remuneração disponível dos empregados;

VII – desconto, ato de descontar, na folha de pagamento ou em momento anterior ao do crédito devido pelo empregador ao empregado como remuneração disponível ou verba rescisória, o valor das prestações assumidas em operações de empréstimo, financiamento ou arrendamento mercantil; e

VIII – remuneração disponível, os vencimentos, subsídios, soldos, salários ou remunerações, descontadas as consignações compulsórias.

...."

"Art. 3º ....

....

II – tornar disponíveis aos empregados, bem como às respectivas entidades sindicais que as solicitem, as informações referentes aos custos referidos no § 2º; e

III – efetuar os descontos autorizados pelo empregado, inclusive sobre as verbas rescisórias, e repassar o valor à instituição consignatária na forma e no prazo previstos em regulamento.

...."

"Art. 4º ....

§ 1º (VETADO).

....

§ 3º Na hipótese de ser firmado um dos acordos a que se referem os §§ 1º ou 2º e sendo observados e atendidos pelo empregado todos os requisitos e condições nele previstos, inclusive as regras de concessão de crédito, não poderá a instituição consignatária negar-se a celebrar o empréstimo, financiamento ou arrendamento mercantil.

....

§ 8º Fica o empregador ou a instituição consignatária obrigada a disponibilizar, inclusive em meio eletrônico, a opção de bloqueio de novos descontos."

"Art. 5º O empregador será o responsável pelas informações prestadas, pelo desconto dos valores devidos e pelo seu repasse às instituições consignatárias, que deverá ser realizado até o quinto dia útil após a data de pagamento ao mutuário de sua remuneração disponível.

§ 1º O empregador, salvo disposição contratual em contrário, não será corresponsável pelo pagamento dos empréstimos, financiamentos e arrendamentos concedidos aos seus empregados, mas responderá como devedor principal e solidário perante a instituição consignatária por valores a ela devidos em razão de contratações por ele confirmadas na forma desta Lei e de seu regulamento que deixarem, por sua falha ou culpa, de ser retidos ou repassados.

§ 2º Na hipótese de comprovação de que o pagamento mensal do empréstimo, financiamento ou arrendamento tenha sido descontado do mutuário e não tenha sido repassado pelo empregador, ou pela instituição financeira mantenedora, na forma do § 5º, à instituição consignatária, fica esta proibida de incluir o nome do mutuário em cadastro de inadimplentes.

§ 3º Na hipótese de ocorrência da situação descrita no § 2º, é cabível o ajuizamento de ação de depósito, nos termos do Capítulo II do Título I do Livro IV da Lei nº 5.869, de 11 de janeiro de 1973 – Código de Processo Civil, em face do empregador, ou da instituição financeira mantenedora, se responsável pelo desconto, na forma do § 5º, e de seus representantes legais.

....

§ 5º O acordo firmado entre o empregador e a instituição financeira mantenedora poderá prever que a responsabilidade pelo desconto de que trata o *caput* será da instituição financeira mantenedora."

CAPÍTULO III

DOS REGISTROS PÚBLICOS

Seção I

DO REGISTRO DE DIREITO REAL DE GARANTIA SOBRE IMÓVEIS RURAIS LOCALIZADOS EM FAIXA DE FRONTEIRA

Art. 53. O art. 2º da Lei nº 6.634, de 2 de maio de 1979, passa a vigorar acrescido do seguinte § 4º:

"Art. 2º ....

....

§ 4º Excetua-se do disposto no inciso V, a hipótese de constituição de direito real de garantia em favor de instituição financeira, bem como a de recebimento de imóvel em liquidação de empréstimo de que trata o inciso II do art. 35 da Lei nº 4.595, de 31 de dezembro de 1964."

Seção II

DOS REGISTROS NA MATRÍCULA DO IMÓVEL

Art. 54. Os negócios jurídicos que tenham por fim constituir, transferir ou modificar direitos reais sobre imóveis são eficazes em relação a atos jurídicos precedentes, nas hipóteses em que não tenham sido registradas ou averbadas na matrícula do imóvel as seguintes informações:

I – registro de citação de ações reais ou pessoais reipersecutórias;

II – averbação, por solicitação do interessado, de constrição judicial, do ajuizamento de ação de execução ou de fase de cumprimento de sentença, procedendo-se nos termos previstos do art. 615-A da Lei nº 5.869, de 11 de janeiro de 1973 – Código de Processo Civil;

III – averbação de restrição administrativa ou convencional ao gozo de direitos registrados, de indisponibilidade ou de outros ônus quando previstos em lei; e

IV – averbação, mediante decisão judicial, da existência de outro tipo de ação cujos resultados ou responsabilidade patrimonial possam reduzir seu proprietário à insolvência, nos termos do inciso II do art. 593 da Lei nº 5.869, de 11 de janeiro de 1973 – Código de Processo Civil.

Parágrafo único. Não poderão ser opostas situações jurídicas não constantes da matrícula no Registro de Imóveis, inclusive para fins de evicção, ao terceiro de boa-fé que adquirir ou receber em garantia direitos reais sobre o imóvel, ressalvados o disposto nos arts. 129 e 130 da Lei nº 11.101, de 9 de fevereiro de 2005, e as hipóteses de aquisição e extinção da propriedade que independam de registro de título de imóvel.

Art. 55. A alienação ou oneração de unidades autônomas integrantes de incorporação imobiliária, parcelamento do solo ou condomínio edilício, devidamente registrada, não poderá ser objeto de evicção ou de decretação de ineficácia, mas eventuais credores do alienante ficam sub-rogados no preço ou no eventual crédito imobiliário, sem prejuízo das perdas e danos imputáveis ao incorporador ou empreendedor, decorrentes de seu dolo ou culpa, bem como da aplicação das disposições constantes da Lei nº 8.078, de 11 de setembro de 1990.

Art. 56. A averbação na matrícula do imóvel prevista no inciso IV do art. 54 será realizada por determinação judicial e conterá a identificação das partes, o valor da causa e o juízo para o qual a petição inicial foi distribuída.

§ 1º Para efeito de inscrição, a averbação de que trata o *caput* é considerada sem valor declarado.

§ 2º A averbação de que trata o *caput* será gratuita àqueles que se declararem pobres sob as penas da lei.

§ 3º O Oficial do Registro Imobiliário deverá comunicar ao juízo a averbação efetivada na forma do *caput*, no prazo de até dez dias contado da sua concretização.

§ 4º A averbação recairá preferencialmente sobre imóveis indicados pelo proprietário e se restringirá a quantos sejam suficientes para garantir a satisfação do direito objeto da ação.

Art. 57. Recebida a comunicação da determinação de que trata o *caput* do art. 56, será feita a averbação ou serão indicadas as pendências a serem satisfeitas para sua efetivação no prazo de 5 (cinco) dias.

Art. 58. O disposto nesta Lei não se aplica a imóveis que façam parte do patrimônio da União, dos Estados, do Distrito Federal, dos Municípios e de suas fundações e autarquias.

Art. 59. A Lei nº 7.433, de 18 de dezembro de 1985, passa a vigorar com as seguintes alterações:

▸ Alteração inserida no texto da referida Lei.

Art. 60. A Lei nº 11.977, de 7 de julho de 2009, passa a vigorar com as seguintes alterações:

"Art. 41. A partir da implementação do sistema de registro eletrônico de que trata o art. 37, os serviços de registros públicos disponibilizarão ao Poder Judiciário e ao Poder Executivo federal, por meio eletrônico e sem ônus, o acesso às informações constantes de seus bancos de dados, conforme regulamento.

Parágrafo único. O descumprimento do disposto no *caput* ensejará a aplicação das penas previstas nos incisos II a IV do *caput* do art. 32 da Lei nº 8.935, de 18 de novembro de 1994."

Art. 61. Os registros e averbações relativos a atos jurídicos anteriores a esta Lei, devem ser ajustados aos seus termos em até 2 (dois) anos, contados do início de sua vigência.

Art. 62. O art. 1º do Decreto-Lei nº 745, de 7 de agosto de 1969, passa a vigorar com a seguinte redação:

"Art. 1º Nos contratos a que se refere o art. 22 do Decreto-Lei nº 58, de 10 de dezembro de 1937, ainda que não tenham sido registrados junto ao Cartório de Registro de Imóveis competente, o inadimplemento absoluto do promissário comprador só se caracterizará se, interpelado por via judicial ou por intermédio de cartório de Registro de Títulos e Documentos, deixar de purgar a mora, no prazo de 15 (quinze) dias contados do recebimento da interpelação.

Parágrafo único. Nos contratos nos quais conste cláusula resolutiva expressa, a resolução por inadimplemento do promissário comprador se operará de pleno direito (art. 474 do Código Civil), desde que decorrido o prazo previsto na interpelação referida no *caput*, sem purga da mora."

CAPÍTULO IV

DA LETRA IMOBILIÁRIA GARANTIDA E DO DIRECIONAMENTO DE RECURSOS DA CADERNETA DE POUPANÇA

Art. 63. A Letra Imobiliária Garantida – LIG é título de crédito nominativo, transferível e de livre negociação, garantido por Carteira de Ativos submetida ao regime fiduciário disciplinado na forma desta Lei.

Parágrafo único. A instituição emissora responde pelo adimplemento de todas as obrigações decorrentes da LIG, independentemente da suficiência da Carteira de Ativos.

Art. 64. A LIG consiste em promessa de pagamento em dinheiro e será emitida por instituições financeiras, exclusivamente sob a forma escritural, mediante registro em depositário central autorizado pelo Banco Central do Brasil, com as seguintes características:

I – a denominação "Letra Imobiliária Garantida";

II – o nome da instituição financeira emitente;

III – o nome do titular;

IV – o número de ordem, o local e a data de emissão;

V – o valor nominal;

VI – a data de vencimento;

VII – a taxa de juros, fixa ou flutuante, admitida a capitalização;

VIII – outras formas de remuneração, quando houver, inclusive baseadas em índices ou taxas de conhecimento público;

IX – a cláusula de correção pela variação cambial, quando houver;

X – a forma, a periodicidade e o local de pagamento;

XI – a identificação da Carteira de Ativos;

XII – a identificação e o valor dos créditos imobiliários e demais ativos que integram a Carteira de Ativos;

XIII – a instituição do regime fiduciário sobre a Carteira de Ativos, nos termos desta Lei;

XIV – a identificação do agente fiduciário, indicando suas obrigações, responsabilidades e remuneração, bem como as hipóteses, condições e forma de sua destituição ou substituição e as demais condições de sua atuação; e

XV – a descrição da garantia real ou fidejussória, quando houver.

§ 1º A LIG é título executivo extrajudicial e pode:

I – ser executada, independentemente de protesto, com base em certidão de inteiro teor emitida pelo depositário central;

II – gerar valor de resgate inferior ao valor de sua emissão, em função de seus critérios de remuneração; e

III – ser atualizada mensalmente por índice de preços, desde que emitida com prazo mínimo de 36 (trinta e seis) meses.

§ 2º É vedado o pagamento dos valores relativos à atualização monetária apropriados desde a emissão, quando ocorrer o resgate antecipado, total ou parcial, em prazo inferior ao estabelecido no inciso III do § 1º, da LIG emitida com previsão de atualização mensal por índice de preços.

Art. 65. A LIG e os ativos que integram a Carteira de Ativos devem ser depositados em entidade autorizada a exercer a atividade de depósito centralizado pelo Banco Central do Brasil, nos termos da Lei nº 12.810, de 15 de maio de 2013.

Parágrafo único. Nas condições estabelecidas pelo Conselho Monetário Nacional, os ativos que integram a Carteira de Ativos podem ser dispensados de depósito, desde que registrados em entidade autorizada pelo Banco Central do Brasil ou pela Comissão de Valores Mobiliários, no âmbito de suas competências, a exercer a atividade de registro de ativos financeiros e de valores mobiliários, nos termos da Lei nº 12.810, de 15 de maio de 2013.

▸ Parágrafo único com a redação dada pela Lei nº 13.476, de 28-8-2017.

Art. 66. A Carteira de Ativos pode ser integrada pelos seguintes ativos:

I – créditos imobiliários;

II – títulos de emissão do Tesouro Nacional;

III – instrumentos derivativos; e

▸ Inciso III com a redação dada pela Lei nº 13.476, de 28-8-2017.

IV – outros ativos que venham a ser autorizados pelo Conselho Monetário Nacional.

§ 1º Os ativos que integram a Carteira de Ativos não podem estar sujeitos a qualquer tipo de ônus, exceto aqueles relacionados à garantia dos direitos dos titulares das LIG.

§ 2º Compete ao Conselho Monetário Nacional estabelecer as modalidades de operação de crédito admitidas como créditos imobiliários para os efeitos desta Lei.

§ 3º O crédito imobiliário somente pode integrar a Carteira de Ativos se:

I – garantido por hipoteca ou por alienação fiduciária de coisa imóvel; ou

II – a incorporação imobiliária objeto da operação de crédito estiver submetida ao regime de afetação a que se refere o art. 31-A da Lei nº 4.591, de 16 de dezembro de 1964.

Art. 67. A Carteira de Ativos deve atender a requisitos de elegibilidade, composição, suficiência, prazo e liquidez estabelecidos pelo Conselho Monetário Nacional.

§ 1º Os requisitos de que trata o *caput* devem contemplar, no mínimo:

I – as características dos ativos da Carteira de Ativos quanto às garantias e ao risco de crédito;

II – a participação dos tipos de ativos previstos no art. 66 no valor total da Carteira de Ativos;

III – o excesso do valor total da Carteira de Ativos em relação ao valor total das LIG por ela garantidas;

IV – o prazo médio ponderado da Carteira de Ativos em relação ao prazo médio ponderado das LIG por ela garantidas;

V – a mitigação do risco cambial, no caso de LIG com cláusula de correção pela variação cambial.

§ 2º O excesso a que se refere o inciso III do § 1º não pode ser inferior a 5% (cinco por cento).

§ 3º Para os fins do disposto no inciso II do § 1º, os créditos imobiliários deverão representar, no mínimo, 50% (cinquenta por cento) do valor total da Carteira de Ativos.

Art. 68. A instituição emissora deve instituir regime fiduciário sobre a Carteira de Ativos, sendo agente fiduciário instituição financeira ou entidade autorizada para esse fim pelo Banco Central do Brasil e beneficiários os titulares das LIG por ela garantidas.

Art. 69. O regime fiduciário é instituído mediante registro em entidade qualificada como depositário central de ativos financeiros, que deve conter:

I – a constituição do regime fiduciário sobre a Carteira de Ativos;

II – a constituição de patrimônio de afetação, integrado pela totalidade dos ativos da Carteira de Ativos submetida ao regime fiduciário;

III – a afetação dos ativos que integram a Carteira de Ativos como garantia das LIG; e

IV – a nomeação do agente fiduciário, com a definição de seus deveres, responsabilidades e remuneração, bem como as hipóteses, condições e forma de sua destituição ou substituição e as demais condições de sua atuação.

Art. 70. Os ativos que integram a Carteira de Ativos submetida ao regime fiduciário constituem patrimônio de afetação, que não se confunde com o da instituição emissora, e:

I – não são alcançados pelos efeitos da decretação de intervenção, liquidação extrajudicial ou falência da instituição emissora, não integrando a massa concursal;

II – não respondem direta ou indiretamente por dívidas e obrigações da instituição emissora, por mais privilegiadas que sejam, até o pagamento integral dos montantes devidos aos titulares das LIG;

III – não podem ser objeto de arresto, sequestro, penhora, busca e apreensão ou qualquer outro ato de constrição judicial em decorrência de outras obrigações da instituição emissora; e

IV – não podem ser utilizados para realizar ou garantir obrigações assumidas pela instituição emissora, exceto as decorrentes da emissão da LIG.

Art. 71. Os recursos financeiros provenientes dos ativos integrantes da Carteira de Ativos ficam liberados do regime fiduciário a que se refere o art. 68, desde que atendidos os requisitos de que trata o art. 67 e adimplidas as obrigações vencidas das LIG por ela garantidas.

Art. 72. O regime fiduciário sobre a Carteira de Ativos extingue-se pelo pagamento integral do principal, juros e demais encargos relativos às LIG por ela garantidas.

Art. 73. Compete à instituição emissora administrar a Carteira de Ativos, mantendo controles contábeis que permitam a sua identificação, bem como evidenciar, em suas demonstrações financeiras, informações a ela referentes.

Art. 74. A instituição emissora deve promover o reforço ou a substituição de ativos que integram a Carteira de Ativos sempre que verificar insuficiência ou inadequação dessa em relação aos requisitos de que tratam os arts. 66 e 67.

Art. 75. A instituição emissora, o depositário central e a entidade registradora, na hipótese a que se refere o parágrafo único do art. 65 desta Lei, devem assegurar ao agente fiduciário o acesso a todas as informações e aos documentos necessários ao desempenho de suas funções.

► Artigo com a redação dada pela Lei nº 13.476, de 28-8-2017.

Art. 76. A instituição emissora responde pela origem e autenticidade dos ativos que integram a Carteira de Ativos.

Art. 77. A instituição emissora responderá pelos prejuízos que causar aos investidores titulares da LIG por descumprimento de disposição legal ou regulamentar, por negligência ou administração temerária ou, ainda, por desvio da finalidade da Carteira de Ativos.

Art. 78. A instituição emissora deve designar o agente fiduciário, especificando, na constituição do regime fiduciário de que trata o art. 68, suas obrigações, responsabilidades e remuneração, bem como as hipóteses, condições e forma de sua destituição ou substituição e as demais condições de sua atuação.

Art. 79. O agente fiduciário deve ser instituição financeira ou outra entidade autorizada para esse fim pelo Banco Central do Brasil.

§ 1º É vedado o exercício da atividade de agente fiduciário por entidades ligadas à instituição emissora.

§ 2º Compete ao Conselho Monetário Nacional estabelecer o conceito de entidade ligada à instituição emissora para os efeitos desta Lei.

Art. 80. Ao agente fiduciário são conferidos poderes gerais de representação da comunhão de investidores titulares de LIG, incumbindo-lhe, adicionalmente às atribuições definidas pelo Conselho Monetário Nacional:

I – zelar pela proteção dos direitos e interesses dos investidores titulares de LIG, monitorando a atuação da instituição emissora da LIG na administração da Carteira de Ativos;

II – adotar as medidas judiciais ou extrajudiciais necessárias à defesa dos interesses dos investidores titulares;

III – convocar a assembleia geral dos investidores titulares de LIG; e

IV – exercer, nas hipóteses a que se refere o art. 84, a administração da Carteira de Ativos, observadas as condições estabelecidas pelo Conselho Monetário Nacional.

Art. 81. As infrações a esta Lei e às normas estabelecidas pelo Conselho Monetário Nacional e pelo Banco Central do Brasil sujeitam o agente fiduciário, seus administradores e os membros de seus órgãos estatutários ou contratuais, às penalidades previstas na legislação aplicável às instituições financeiras.

Art. 82. No exercício de suas atribuições de fiscalização, o Banco Central do Brasil poderá exigir do agente fiduciário a exibição de documentos e livros de escrituração e o acesso, inclusive em tempo real, aos dados armazenados em sistemas eletrônicos.

Parágrafo único. A negativa de atendimento ao disposto no *caput* será considerada infração, sujeita às penalidades a que se refere o art. 81.

Art. 83. A assembleia geral dos investidores titulares de LIG deve ser convocada com antecedência mínima de vinte dias, mediante edital publicado em jornal de grande circulação na praça em que tiver sido feita a emissão da LIG, instalando-se, em primeira convocação, com a presença dos titulares que representem, pelo menos, 2/3 (dois terços) do valor global dos títulos e, em segunda convocação, com qualquer número.

§ 1º A assembleia geral que reunir a totalidade dos investidores titulares de LIG pode considerar sanada a falta de atendimento aos requisitos mencionados no *caput*.

§ 2º Consideram-se válidas as deliberações tomadas pelos investidores titulares de LIG que representem mais da metade do valor global dos títulos presente na assembleia geral, desde que não estabelecido formalmente outro *quorum* específico.

Art. 84. Na hipótese de decretação de intervenção, liquidação extrajudicial ou falência da instituição emissora, o agente fiduciário fica investido de mandato para administrar a Carteira de Ativos, observadas as condições estabelecidas pelo Conselho Monetário Nacional.

§ 1º O agente fiduciário investido de mandato para administrar a Carteira de Ativos tem poderes para ceder, alienar, renegociar, transferir ou de qualquer outra forma dispor dos ativos dela integrantes, incluindo poderes para ajuizar ou defender os investidores titulares de LIG em ações judiciais, administrativas ou arbitrais relacionadas à Carteira de Ativos.

§ 2º Em caso de decretação de qualquer dos regimes a que se refere o *caput*:

I – os ativos integrantes da Carteira de Ativos serão destinados exclusivamente ao pagamento do principal, dos juros e dos demais encargos relativos às LIG por ela garantidas, e ao pagamento das obrigações decorrentes de contratos de derivativos integrantes da carteira, dos seus custos de administração e de obrigações fiscais, não se aplicando aos recursos financeiros provenientes desses ativos o disposto no art. 71; e

II – o agente fiduciário deverá convocar a assembleia geral dos investidores, observados os requisitos do art. 83.

Art. 85. A assembleia geral dos investidores titulares de LIG, convocada em função das hipóteses previstas no art. 84, está legitimada a adotar qualquer medida pertinente à administração da Carteira de Ativos, desde que observadas as condições estabelecidas pelo Conselho Monetário Nacional.

Art. 86. O reconhecimento, pelo Banco Central do Brasil, do estado de insolvência de instituição emissora que, nos termos da legislação em vigor, não estiver sujeita à intervenção, liquidação extrajudicial ou falência, produz os mesmos efeitos estabelecidos nos arts. 84 e 85.

Art. 87. Uma vez liquidados integralmente os direitos dos investidores titulares de LIG e satisfeitos os encargos, custos e despesas relacionados ao exercício desses direitos, os ativos excedentes da Carteira de Ativos serão integrados à massa concursal.

Art. 88. Em caso de insuficiência da Carteira de Ativos para a liquidação integral dos direitos dos investidores das LIG por ela garantidas, esses terão direito de inscrever o crédito remanescente na massa concursal em igualdade de condições com os credores quirografários.

Art. 89. Em caso de solvência da Carteira de Ativos, definida conforme critérios estabelecidos pelo Conselho Monetário Nacional, fica vedado o vencimento antecipado das LIG por ela garantidas, ainda que decretados os regimes de que trata o art. 84 ou reconhecida a insolvência da instituição emissora, nos termos do art. 86.

Art. 90. Ficam isentos de imposto sobre a renda os rendimentos e ganhos de capital produzidos pela LIG quando o beneficiário for:

I – pessoa física residente no país; ou

II – residente ou domiciliado no exterior, exceto em país com tributação favorecida a que se refere o art. 24 da Lei nº 9.430, de 27 de dezembro de 1996, que realizar operações financeiras no País de acordo com as normas e condições estabelecidas pelo Conselho Monetário Nacional.

Parágrafo único. No caso de residente ou domiciliado em país com tributação favorecida a que se refere o art. 24 da Lei nº 9.430, de 27 de dezembro de 1996, aplicar-se-á a alíquota de 15% (quinze por cento).

Art. 91. O Conselho Monetário Nacional regulamentará o disposto nesta Lei quanto à LIG, em especial os seguintes aspectos:

I – condições de emissão da LIG;

II – tipos de instituição financeira autorizada a emitir LIG, inclusive podendo estabelecer requisitos específicos para a emissão;

III – limites de emissão da LIG, inclusive o de emissão de LIG com cláusula de correção pela variação cambial, observado o disposto no parágrafo único;

IV – utilização de índices, taxas ou metodologias de remuneração da LIG;

V – prazo de vencimento da LIG;

VI – prazo médio ponderado da LIG, não podendo ser inferior a vinte e quatro meses;

VII – condições de resgate e de vencimento antecipado da LIG;

VIII – forma e condições para o registro e depósito da LIG e dos ativos que integram a Carteira de Ativos;

IX – requisitos de elegibilidade, composição, suficiência, prazo e liquidez da Carteira de Ativos, inclusive quanto às metodologias de apuração;

X – condições de substituição e reforço dos ativos que integram a Carteira de Ativos;

XI – requisitos para atuação como agente fiduciário e as hipóteses, condições e forma de sua destituição ou substituição;

XII – atribuições do agente fiduciário;

XIII – condições de administração da Carteira de Ativos; e

XIV – condições de utilização de instrumentos derivativos.

Parágrafo único. No primeiro ano de aplicação desta Lei, o limite de emissão de LIG com cláusula de correção pela variação cambial, previsto no inciso III do *caput*, não pode ser superior, para cada emissor, a cinquenta por cento do respectivo saldo total de LIG emitidas.

Art. 92. Aplica-se à LIG, no que não contrariar o disposto nesta Lei, a legislação cambiária.

Art. 93. A distribuição e a oferta pública da LIG observarão o disposto em regulamentação da Comissão de Valores Mobiliários.

Art. 94. Não se aplica à LIG e aos ativos que integram a Carteira de Ativos o disposto no art. 76 da Medida Provisória nº 2.158-35, de 24 de agosto de 2001.

Art. 95. Compete ao Conselho Monetário Nacional dispor sobre a aplicação dos recursos provenientes da captação em depósitos de poupança pelas entidades integrantes do Sistema Brasileiro de Poupança e Empréstimo.

§ 1º As normas editadas pelo Conselho Monetário Nacional devem priorizar o financiamento imobiliário, tendo em vista o disposto na Lei nº 4.380, de 21 de agosto de 1964.

§ 2º As normas editadas pelo Conselho Monetário Nacional poderão:

I – indicar as instituições autorizadas a captar depósitos de poupança no âmbito do Sistema Brasileiro de Poupança e Empréstimo;

II – estabelecer outras formas de direcionamento, inclusive, a aplicação dos recursos de que trata o *caput* em operações de empréstimos para pessoas naturais, garantidas por alienação fiduciária de coisa imóvel; e

III – fixar índices de atualização para as operações com os recursos de que trata o *caput*, diferenciando, caso seja necessário, as condições contratuais de acordo com o indexador adotado.

§ 3º A aplicação em operações de empréstimos para pessoas naturais, garantidas por alienação fiduciária de coisa imóvel, prevista no inciso II do § 2º, não pode ser superior a três por cento da base de cálculo do direcionamento dos depósitos de poupança de que trata este artigo.

§ 4º Ficam convalidados todos os atos do Conselho Monetário Nacional que dispuseram sobre a aplicação dos recursos de que trata o *caput*.

Art. 96. A Lei nº 10.931, de 2 de agosto de 2004, passa a vigorar com as seguintes alterações:

► Alteração inserida no texto da referida Lei.

Art. 97. A Lei nº 11.076, de 30 de dezembro de 2004, passa a vigorar com as seguintes alterações:

"Art. 49. Cabe ao Conselho Monetário Nacional regulamentar as disposições desta Lei referentes ao CDA, ao WA, ao CDCA, à LCA e ao CRA, podendo inclusive estabelecer prazos mínimos e outras condições para emissão e resgate e diferenciar tais condições de acordo com o tipo de indexador adotado contratualmente."

Art. 98. A Lei nº 9.514, de 20 de novembro de 1997, passa a vigorar com as seguintes alterações:

► Alteração inserida no texto da referida Lei.

CAPÍTULO V

DA ATIVIDADE DE SECURITIZAÇÃO DE CRÉDITOS E DE RECEBÍVEIS

Arts. 99 a 105. VETADOS.

CAPÍTULO VI

DO ACESSO, COLETA E REGISTRO DE INFORMAÇÕES REFERENTES AO MERCADO FINANCEIRO E DE CAPITAIS PELO BANCO CENTRAL DO BRASIL

Art. 106. O Banco Central do Brasil poderá requerer dos administradores de fundos de investimento as informações necessárias para o desempenho de suas atribuições.

§ 1º Para o fornecimento das informações de que trata o *caput*, o Banco Central do Brasil poderá dispor a respeito da forma, do prazo e das demais condições.

§ 2º O Banco Central do Brasil e a Comissão de Valores Mobiliários poderão estabelecer procedimento padronizado para a prestação de informações a ambas as Autarquias.

Art. 107. As instituições financeiras e demais instituições autorizadas a funcionar pelo Banco Central do Brasil deverão fornecer-lhe os dados, informações, documentos e verificações relativos às sociedades em que detiverem participação e que se façam necessários à avaliação das operações ativas e passivas e dos riscos assumidos por essas instituições.

CAPÍTULO VII

DA LEGISLAÇÃO DO SETOR ELÉTRICO

Seção I

DAS PEQUENAS CENTRAIS HIDRELÉTRICAS

Art. 108. O art. 26 da Lei nº 9.427, de 26 de dezembro de 1996, passa a vigorar com a seguinte redação:

"Art. 26 ....

I – o aproveitamento de potencial hidráulico de potência superior a 3.000 kW (três mil quilowatts) e igual ou inferior a 30.000 kW (trinta mil quilowatts), destinado a produção independente ou autoprodução, mantidas as características de pequena central hidrelétrica;

....

VI – o aproveitamento de potencial hidráulico de potência superior a 3.000 kW (três mil quilowatts) e igual ou inferior a 50.000 kW (cinquenta mil quilowatts), destinado à produção independente ou autoprodução, independentemente de ter ou não característica de pequena central hidrelétrica.

§ 1º Para o aproveitamento referido no inciso I do *caput* deste artigo, para os empreendimentos hidrelétricos com potência igual ou inferior a 3.000 kW (três mil quilowatts) e para aqueles com base em fontes solar, eólica, biomassa e cogeração qualificada, conforme regulamentação da ANEEL, cuja potência injetada nos sistemas de transmissão ou distribuição seja menor ou igual a 30.000 kW (trinta mil quilowatts), a Aneel estipulará percentual de redução não inferior a 50% (cinquenta por cento) a ser aplicado às tarifas de uso dos sistemas elétricos de transmissão e de distribuição, incidindo na produção e no consumo da energia comercializada pelos aproveitamentos.

....

§ 5º O aproveitamento referido nos incisos I e VI do *caput* deste artigo, os empreendimentos com potência igual ou inferior a 3.000 kW (três mil quilowatts) e aqueles com base em fontes solar, eólica e biomassa cuja potência injetada nos sistemas de transmissão ou distribuição seja menor ou igual a 50.000 kW (cinquenta mil quilowatts) poderão comercializar energia elétrica com consumidor ou conjunto de consumidores reunidos por comunhão de interesses de fato ou de direito, cuja carga seja maior ou igual a 500 kW (quinhentos quilowatts), observados os prazos de carência constantes dos arts. 15 e 16 da Lei nº 9.074, de 7 de julho de 1995, conforme regulamentação da Aneel, podendo o fornecimento ser complementado por empreendimentos de geração associados às fontes aqui referidas, visando à garantia de suas disponibilidades energéticas, mas limitado a 49% (quarenta e nove por cento) da energia média que produzirem, sem prejuízo do previsto nos §§ 1º e 2º deste artigo.

....

§ 7º (VETADO).

...."

Art. 109. A Lei nº 9.074, de 7 de julho de 1995, passa a vigorar com as seguintes alterações:

"Art. 5º ....

I – o aproveitamento de potenciais hidráulicos de potência superior a 3.000 kW (três mil quilowatts) e a implantação de usinas termelétricas de potência superior a 5.000 kW (cinco mil quilowatts), destinados a execução de serviço público;

II – o aproveitamento de potenciais hidráulicos de potência superior a 3.000 kW (três mil quilowatts), destinados à produção independente de energia elétrica;

...."

"Art. 7º ....

....

II – o aproveitamento de potenciais hidráulicos, de potência superior a 3.000 kW (três mil quilowatts) e igual ou inferior a 10.000 kW (dez mil quilowatts), destinados a uso exclusivo do autoprodutor.

.... "

"Art. 8º O aproveitamento de potenciais hidráulicos iguais ou inferiores a 3.000 kW (três mil quilowatts) e a implantação de usinas termoelétricas de potência igual ou inferior a 5.000 kW (cinco mil quilowatts) estão dispensadas de concessão, permissão ou autorização, devendo apenas ser comunicados ao poder concedente.

§ 1º Não poderão ser implantados aproveitamentos hidráulicos descritos no *caput* que estejam localizados em trechos de rios em que outro interessado detenha Registro Ativo para desenvolvimento de Projeto Básico ou Estudo de Viabilidade no âmbito da Aneel, ou ainda em que já haja aproveitamento outorgado.

§ 2º No caso de empreendimento hidrelétrico igual ou inferior a 3.000 kW (três mil quilowatts), construído em rio sem inventário aprovado pela Aneel, na eventualidade do mesmo ser afetado por aproveitamento ótimo do curso d'água, não caberá qualquer ônus ao poder concedente ou a Aneel."

Art. 110. O art. 1º da Lei nº 12.783, de 11 de janeiro de 2013, passa a vigorar com a seguinte redação:

"Art. 1º ....

....

§ 9º Vencido o prazo das concessões ou autorizações de geração hidrelétrica de potência igual ou inferior a 3 MW (três megawatts) aplica-se o disposto no art. 8º da Lei nº 9.074, de 7 de julho de 1995.

.... "

SEÇÃO II
DA PRORROGAÇÃO DOS CONTRATOS DE FORNECIMENTO DE ENERGIA ELÉTRICA ENTRE GERADORES E CONSUMIDORES FINAIS

Arts. 111 e 112. VETADOS.

SEÇÃO III
DA ALTERAÇÃO DO PRAZO DOS CONTRATOS RESULTANTES DE LEILÕES PARA AQUISIÇÃO DE GERAÇÃO EXISTENTE

Art. 113. A Lei nº 10.848, de 15 de março de 2004, passa a vigorar com as seguintes alterações:

"Art. 2º ....

....

§ 2º ....

....

II – para a energia elétrica proveniente de empreendimentos de geração existentes, início de entrega no mesmo ano ou até no segundo ano subsequente ao da licitação e prazo de suprimento de no mínimo 1 (um) e no máximo 15 (quinze) anos;

.... "

CAPÍTULO VIII
DA LEGISLAÇÃO RELATIVA AOS TRANSPORTES

SEÇÃO I
DA LEGISLAÇÃO RELATIVA AO TRANSPORTE AÉREO

Art. 114. Fica criado o Programa de Desenvolvimento da Aviação Regional – PDAR, conforme o disposto nesta Lei.

Art. 115. Para os fins desta Lei, considera-se:

I – aeroporto regional: aeroporto de pequeno ou médio porte, com movimentação anual (passageiros embarcados e desembarcados) inferior a 600.000 (seiscentos mil) passageiros; e

II – rotas regionais: voos que tenham como origem ou destino aeroporto regional.

Parágrafo único. Na região da Amazônia Legal, o limite de que trata o inciso I será ampliado para 800.000 (oitocentos mil) passageiros por ano.

Art. 116. O PDAR tem como objetivos:

I – aumentar o acesso da população brasileira ao sistema aéreo de transporte, com prioridade aos residentes nas regiões menos desenvolvidas do País, considerando tanto o aumento do número de Municípios e rotas atendidos por transporte aéreo regular, como o número de frequências das rotas regionais operadas regularmente;

II – integrar comunidades isoladas à rede nacional de aviação civil, no intuito de facilitar a mobilidade de seus cidadãos; e

III – facilitar o acesso a regiões com potencial turístico, observado o disposto no inciso I.

Art. 117. Fica a União autorizada a conceder subvenção econômica, limitada à utilização de até 30% (trinta por cento) dos recursos do Fundo Nacional de Aviação Civil, a ser destinada diretamente às empresas aéreas regularmente inscritas no PDAR, para:

I – pagamento dos custos relativos às tarifas aeroportuárias e de navegação aérea previstas nos arts. 3º e 8º da Lei nº 6.009, de 26 de dezembro de 1973, para os aeroportos regionais de que trata o inciso I do *caput* do art. 115;

II – pagamento dos custos correspondentes ao Adicional de Tarifa Aeroportuária de que trata a Lei nº 7.920, de 7 de dezembro de 1989; e

III – pagamento de parte dos custos de até 60 (sessenta) passageiros transportados em voos diretos nas rotas regionais de que trata o inciso II do *caput* do art. 115, em função, entre outros critérios, do aeroporto atendido, dos quilômetros voados e do consumo de combustível, podendo ser subvencionados até 50% (cinquenta por cento) dos assentos disponíveis por aeronave, exceto dentro da Amazônia Legal, onde o limite de 50% (cinquenta por cento) não se aplica.

§ 1º As subvenções de que tratam os incisos I e II do *caput* serão concedidas somente para o pagamento dos custos relativos às tarifas devidas em decorrência da operação de voos regulares domésticos e de ligações aéreas sistemáticas em aeroportos regionais definidos nos termos do inciso I do *caput* do art. 115.

§ 2º A subvenção econômica a que se referem os incisos I e II do *caput* não contemplará a Tarifa de Armazenagem e a Tarifa de Capatazia, previstas no art. 3º da Lei nº 6.009, de 26 de dezembro de 1973.

§ 3º Para fins de aplicação do disposto no inciso II do *caput*, a sistemática de recolhimento do adicional sobre as tarifas aeroportuárias de que trata o art. 1º da Lei nº 7.920, de 7 de dezembro de 1989, permanece inalterada, observado o disposto no art. 2º daquela Lei.

§ 4º As subvenções de que trata o inciso III do *caput* serão concedidas somente para as empresas concessionárias de serviços aéreos regulares de transporte de passageiro e para as empresas que operam ligações aéreas sistemáticas.

§ 5º As empresas interessadas em aderir ao PDAR deverão assinar contrato com a União, que conterá as cláusulas mínimas previstas no regulamento.

§ 6º Para a habilitação ao PDAR, será exigida dos interessados documentação relativa à regularidade jurídica e fiscal, bem como comprovação de regularidade no pagamento das tarifas aeroportuárias e de navegação aérea previstas nos arts. 3º e 8º da Lei nº 6.009, de 26 de dezembro de 1973, e do Adicional de Tarifa Aeroportuária de que trata a Lei nº 7.920, de 7 de dezembro de 1989.

§ 7º Todas as empresas interessadas em operar determinada rota regional que atendam aos requisitos legais e regulamentares para concessão de subvenção econômica deverão ser contempladas.

§ 8º A subvenção de rotas com origem ou destino na região da Amazônia Legal terá prioridade sobre aquelas das demais regiões.

Art. 118. Caberá ao Poder Executivo a regulamentação do PDAR, especialmente em relação:

I – às condições gerais para concessão da subvenção;

II – aos critérios de alocação dos recursos disponibilizados;

III – às condições operacionais para pagamento e controle da subvenção econômica de que trata esta Lei;

IV – aos critérios adicionais de priorização da concessão da subvenção econômica; e

V – a periodicidade do pagamento às empresas aéreas.

Parágrafo único. Na regulamentação do PDAR, a União deverá observar a diretriz de preservar e estimular a livre concorrência entre companhias aéreas, fabricantes de aeronaves e fornecedores de equipamentos de aviação civil.

Art. 119. A gestão operacional dos recursos destinados à concessão da subvenção do PDAR de que trata esta Lei será executada pela Secretaria de Aviação Civil da Presidência da República.

§ 1º A Secretaria de Aviação Civil da Presidência da República poderá delegar à Agência Nacional de Aviação Civil as atividades de fiscalização e apuração dos valores relativos à concessão da subvenção do PDAR.

§ 2º As empresas que se recusarem a prestar informações ou dificultarem a fiscalização do poder público poderão ter as subvenções de que trata esta Lei suspensas por tempo indeterminado, sem prejuízo de outras sanções previstas na legislação.

Art. 120. A Secretaria de Aviação Civil da Presidência da República divulgará relatório anual sobre a execução do PDAR, que conterá, entre outras informações:

I – o movimento mensal de passageiros em cada aeroporto regional;

II – o movimento mensal de passageiros transportados em cada rota regional;

III – o resumo da frequência dos voos regionais;

IV – os montantes de subvenção econômica, de forma individualizada, pagos a cada uma das empresas participantes do PDAR;

V – o montante mensal por rubricas das receitas e despesas do Fundo Nacional de Aviação Civil.

§ 1º A determinação expressa no *caput* poderá ser atendida diretamente pela Secretaria de Aviação Civil da Presidência da República ou por delegação à Agência Nacional de Aviação Civil.

§ 2º O relatório de que trata este artigo deverá ser disponibilizado em meio que seja facilmente acessível à sociedade.

Art. 121. O PDAR terá duração de 5 (cinco) anos, renováveis, uma única vez, por igual período.

Parágrafo único. A renovação de que trata o *caput* deverá ser embasada em relatório técnico que a justifique.

Art. 122. A Lei nº 7.565, de 19 de dezembro de 1986, passa a vigorar com as seguintes alterações:

"Art. 36 ....

§ 1º A fim de assegurar uniformidade de tratamento em todo o território nacional, a construção, administração e exploração, sujeitam-se às normas, instruções, coordenação e controle da autoridade aeronáutica, ressalvado o disposto no art. 36-A.

.... "

"Art. 36-A. A autoridade de aviação civil poderá expedir regulamento específico para aeródromos públicos situados na área da Amazônia Legal, adequando suas operações às condições locais, com vistas a promover o fomento regional, a integração social, o atendimento de comunidades isoladas, o acesso à saúde e o apoio a operações de segurança."

Arts. 123 e 124. VETADOS.

Seção II

DO REGISTRO E LICENCIAMENTO DE COLHEITADEIRAS, TRATORES E OUTROS APARELHOS AUTOMOTORES DESTINADOS A EXECUTAR TRABALHOS AGRÍCOLAS

Art. 125. Os arts. 115, 130 e 144 da Lei nº 9.503, de 23 de setembro de 1997, passam a vigorar com as seguintes alterações:

▶ Alteração inserida no texto da referida Lei.

Seção III

DAS COOPERATIVAS DE TRANSPORTE DE CARGAS

Art. 126. VETADO.

CAPÍTULO IX

DA MARGEM DE PREFERÊNCIA PARA PRODUTOS NACIONAIS NAS LICITAÇÕES

Art. 127. VETADO.

CAPÍTULO X

DA VIGILÂNCIA SANITÁRIA

Art. 128. A Lei nº 9.782, de 26 de janeiro de 1999, passa a vigorar com as seguintes alterações:

"Art. 7º ....

....

§ 7º Para o cumprimento do disposto no inciso X deste artigo, a Agência poderá se utilizar de informações confidenciais sobre inspeções recebidas no âmbito de acordos ou convênios com autoridade sanitária de outros países, bem como autorizar a realização de vistorias e inspeções em plantas fabris por instituições nacionais ou internacionais credenciadas pela Agência para tais atividades."

"Art. 15. ....

....

VIII – elaborar, aprovar e promulgar o regimento interno, definir a área de atuação das unidades organizacionais e a estrutura executiva da Agência.

.... "

"Art. 23. ....

....

§ 10. As autorizações de funcionamento de empresas previstas nos subitens dos itens 3.1, 3.2, 5.1 e 7.1 do Anexo II, ficam isentas de renovação."

Art. 129. A Agência Nacional de Vigilância Sanitária terá o prazo de 180 (cento e oitenta) dias, a contar da publicação desta Lei, para publicar o novo regimento interno, nos termos dispostos no inciso VIII do art. 15 da Lei nº 9.782, de 26 de janeiro de 1999, com redação dada por esta Lei.

Art. 130. A Lei nº 6.360, de 23 de setembro de 1976, passa a vigorar com as seguintes alterações:

"Art. 12 ....

§ 1º A Agência Nacional de Vigilância Sanitária – ANVISA – definirá por ato próprio o prazo para renovação do registro dos produtos de que trata esta Lei, não superior a 10 (dez) anos, considerando a natureza do produto e o risco sanitário envolvido na sua utilização.

.... "

"Art. 24-A. Fica estabelecida a Renovação Simplificada do Registro de Medicamentos para os medicamentos que possuam registro no órgão sanitário brasileiro durante período igual ou superior a 10 (dez), que não tenham tido relatos de ineficácia e/ou de eventos adversos significativos e que estejam adequados às exigências sanitárias vigentes, independente de sua classificação de venda.

Parágrafo único. A definição do período de que trata o *caput* será feita pela ANVISA a partir de critérios que envolvam a classe terapêutica do produto, modificações realizadas na sua formulação, nas indicações e posologia e no processo produtivo, bem como a via de administração, a forma farmacêutica e a efetiva exposição do produto ao uso."

"Art. 24-B. Para os fins de renovação de registro dos medicamentos a que se refere o art. 24-A, os requisitos a serem observados pelos interessados no ato serão definidos pela ANVISA em regulamento."

"Art. 50. O funcionamento das empresas de que trata esta Lei dependerá de autorização da ANVISA, concedida mediante a solicitação de cadastramento de suas atividades, do pagamento da respectiva Taxa de Fiscalização de Vigilância Sanitária e de outros requisitos definidos em regulamentação específica da ANVISA.

Parágrafo único. A autorização de que trata este artigo será válida para todo o território nacional e deverá ser atualizada conforme regulamentação específica da ANVISA."

"Art. 73. As análises fiscais e de controle, para fins de fiscalização e monitoramento dos produtos sujeitos ao regime de vigilância sanitária, deverão ser realizadas por laboratório oficial, instituído no âmbito da União, dos Estados, do Distrito Federal ou dos Municípios, ou por laboratórios públicos ou privados credenciados para tal fim.

Parágrafo único. O credenciamento de que trata o *caput* será realizado pela ANVISA ou pelos próprios laboratórios oficiais, nos termos de regulamentação específica editada pela ANVISA."

Art. 131. A Lei nº 5.991, de 17 de dezembro de 1973, passa a vigorar com as seguintes alterações:

"Art. 25. A licença terá sua validade fixada em regulamentação específica pela autoridade sanitária local, de acordo com o risco sanitário das atividades desenvolvidas pelos estabelecimentos, e poderá ser revalidada por períodos iguais e sucessivos.

.... "

"Art. 25-A. Os requisitos e procedimentos para registro, ou notificação, e comercialização de produtos sujeitos à vigilância sanitária considerados de uso tradicional serão regulamentados por ato específico da Agência Nacional de Vigilância Sanitária."

"Art. 25-B. A transferência de titularidade do registro de produtos sujeitos à vigilância sanitária fica condicionada ao pagamento da diferença, a maior, do valor da taxa de fiscalização sanitária."

CAPÍTULO XI

DOS SERVIÇOS DE COMUNICAÇÃO

Seção I

DOS DÉBITOS DE CONCESSIONÁRIAS E PERMISSIONÁRIAS DE SERVIÇOS DE RADIODIFUSÃO

Art. 132. Os débitos de concessionárias e permissionárias de serviços de radiodifusão, bem como de empresas que participam de procedimento licitatório de outorgas de radiodifusão, decorrentes do inadimplemento do preço público devido em razão da outorga do serviço poderão ser pagos nos prazos e condições estabelecidos nesta Lei.

§ 1º O disposto no *caput* aplica-se apenas às parcelas vencidas até a data de publicação desta Lei.

§ 2º As entidades a que se refere o *caput* terão 90 (noventa) dias, contados da publicação desta Lei, para apresentar à União solicitação de pagamento das parcelas em atraso, nas seguintes condições:

I e II – VETADOS.

§ 3º O montante apurado para quitação ou parcelamento dos débitos devidos será corrigido pelo Índice Geral de Preços do Mercado – IGP-M.

§ 4º O valor das parcelas em atraso será acrescido de multa moratória de 1% (um por cento) por mês de atraso, até o limite de 20% (vinte por cento) do valor da outorga, calculada a partir do primeiro dia subsequente ao do vencimento do prazo fixado, até o dia em que ocorrer o pagamento.

§ 5º O não pagamento da parcela no prazo fixado no § 2º implicará o cancelamento da outorga, sujeitando-se a emissora às demais sanções previstas no edital e na legislação em vigor.

§ 6º Nenhuma penalidade decorrente de descumprimento do edital de licitação para concessão e permissão de serviços de radiodifusão poderá ultrapassar o valor da outorga.

Art. 133. VETADO.

Seção II

DAS TAXAS DE FISCALIZAÇÃO E FUNCIONAMENTO REFERENTES AO FISTEL

Art. 134. O art. 6º da Lei nº 5.070, de 7 de julho de 1966, passa a vigorar acrescido dos seguintes §§ 4º a 6º:

"Art. 6º..

....

§ 4º As taxas de que trata este artigo não incidem sobre as estações rádio base, e repetidoras, de baixa potência dos serviços de telecomunicações de interesse coletivo cuja potência de pico máxima, medida na saída do transmissor, não seja superior a 5 W (cinco watts).

§ 5º Incidem sobre as estações rádio base, e repetidoras dos serviços de telecomunicações de interesse coletivo, com potência entre 5 W (cinco watts) e 10 W (dez watts), valores de taxas de fiscalização de instalação equivalentes a 10% (dez por cento) dos valores aplicáveis às demais estações rádio base, e repetidoras do serviço.

§ 6º Considera-se estação rádio base, ou repetidora de baixa potência o equipamento definido na forma do art. 156-A da Lei nº 9.472, de 16 de julho de 1997."

Art. 135. A Tabela de Valores da Taxa de Fiscalização da Instalação por Estação (em R$) constante do Anexo I da Lei nº 5.070, de 7 de julho de 1966, passa a vigorar acrescida das linhas e colunas abaixo:

48 Serviço Móvel Pessoal	a) estação base com potência de saída do transmissor menor do que 5 W	Isento
	b) estação base com potência de saída do transmissor entre 5 W e 10 W	134,00
	c) estação base com potência de saída do transmissor maior do que 10 W	1.340,80
	d) estação repetidora com potência de saída do transmissor menor do que 5 W	Isento
	e) estação repetidora com potência de saída do transmissor entre 5 W e 10 W	134,00
	f) estação repetidora com potência de saída do transmissor maior do que 10 W	1.340,80
	g) móvel	26,83

Art. 136. VETADO.

CAPÍTULO XII

DA PRORROGAÇÃO DA CONCESSÃO DE GRATIFICAÇÃO DE REPRESENTAÇÃO DE GABINETE OU DE GRATIFICAÇÃO TEMPORÁRIA AOS SERVIDORES OU EMPREGADOS REQUISITADOS ADVOCACIA-GERAL DA UNIÃO

Art. 137. O art. 7º da Lei nº 10.480, de 2 de julho de 2002, passa a vigora com a seguinte redação:

"Art. 7º Poderão perceber a Gratificação de Representação de Gabinete ou a Gratificação Temporária, até 1º de fevereiro de 2017, os servidores ou empregados requisitados pela Advocacia-Geral da União.

.... "

CAPÍTULO XIII

DA CESSÃO DE SERVIDOR PÚBLICO FEDERAL PARA SERVIÇO SOCIAL AUTÔNOMO

Art. 138. VETADO.

CAPÍTULO XIV

DA PROFISSÃO DE CORRETOR DE IMÓVEIS

Art. 139. O art. 6º da Lei nº 6.530, de 12 de maio de 1978, passa a vigorar acrescido dos seguintes §§ 2º a 4º, renumerando-se o atual parágrafo único para § 1º:

"Art. 6º...

§ 1º...

§ 2º O corretor de imóveis pode associar-se a uma ou mais imobiliárias, mantendo sua autonomia profissional, sem qualquer outro vínculo, inclusive empregatício e previdenciário, mediante contrato de associação específico, registrado no Sindicato dos Corretores de Imóveis ou, onde não houver sindicato instalado, registrado nas delegacias da Federação Nacional de Corretores de Imóveis.

§ 3º Pelo contrato de que trata o § 2º deste artigo, o corretor de imóveis associado e a imobiliária coordenam, entre si, o desempenho de funções correlatas à intermediação imobiliária e ajustam critérios para a partilha dos resultados da atividade de corretagem, mediante obrigatória assistência da entidade sindical.

§ 4º O contrato de associação não implica troca de serviços, pagamentos ou remunerações entre a imobiliária e o corretor de imóveis associado, desde que não configurados os elementos caracterizadores do vínculo empregatício previstos no art. 3º da Consolidação das Leis do Trabalho – CLT, aprovada pelo Decreto-Lei nº 5.452, de 1º de maio de 1943."

CAPÍTULO XV

DO CAPITAL SOCIAL DAS COOPERATIVAS

Art. 140. O art. 24 da Lei nº 5.764, de 16 de dezembro de 1971, passa a vigorar acrescido do seguinte § 4º:

► Alterações inseridas no texto da referida Lei.

CAPÍTULO XVI

DO PARCELAMENTO DE DÉBITOS FEDERAIS DE ENTIDADES ESPORTIVAS

Art. 141. VETADO.

CAPÍTULO XVII

DA ABERTURA AO CAPITAL ESTRANGEIRO NA OFERTA DE SERVIÇOS À SAÚDE

Art. 142. A Lei nº 8.080, de 19 de setembro de 1990, passa a vigorar com as seguintes alterações:

"Art. 23. É permitida a participação direta ou indireta, inclusive controle, de empresas ou de capital estrangeiro na assistência à saúde nos seguintes casos:

I – doações de organismos internacionais vinculados à Organização das Nações Unidas, de entidades de cooperação técnica e de financiamento e empréstimos;

II – pessoas jurídicas destinadas a instalar, operacionalizar ou explorar:

a) hospital geral, inclusive filantrópico, hospital especializado, policlínica, clínica geral e clínica especializada; e

b) ações e pesquisas de planejamento familiar;

III – serviços de saúde mantidos, sem finalidade lucrativa, por empresas, para atendimento de seus empregados e dependentes, sem qualquer ônus para a seguridade social; e

IV – demais casos previstos em legislação específica."

"Art. 53-A. Na qualidade de ações e serviços de saúde, as atividades de apoio à assistência à saúde são aquelas desenvolvidas pelos laboratórios de genética humana, produção e fornecimento de medicamentos e produtos para saúde, laboratórios de analises clínicas, anatomia patológica e de diagnóstico por imagem e são livres à participação direta ou indireta de empresas ou de capitais estrangeiros."

CAPÍTULO XVIII

DA POSSIBILIDADE DE CONTRATAÇÃO DE PARCERIAS-PÚBLICO PRIVADAS – PPP PELOS PODERES LEGISLATIVO E JUDICIÁRIO

Arts. 143 e 144. VETADOS.

CAPÍTULO XIX

DO IMPOSTO SOBRE A RENDA DA PESSOA JURÍDICA E DA CONTRIBUIÇÃO SOCIAL SOBRE O LUCRO LÍQUIDO – CSLL RELATIVO AO GANHO DE CAPITAL AUFERIDO EM OPERAÇÕES DE TROCA DE AÇÕES POR OCASIÃO DA SUBSCRIÇÃO DE CAPITAL NA SOCIEDADE NOVA BOLSA S/A

Art. 145. O art. 42 da Lei nº 13.043, de 13 de novembro de 2014, passa a vigorar com a seguinte redação:

"Art. 42. Os débitos para com a Fazenda Nacional relativos ao Imposto sobre a Renda das Pessoas Jurídicas – IRPJ e à Contribuição Social sobre o Lucro Líquido – CSLL decorrentes do ganho de capital ocorrido até 31 de dezembro de 2008 pela alienação de ações que tenham sido originadas da conversão de títulos patrimoniais de associações civis sem fins lucrativos, poderão ser:

I – pagos à vista com redução de 100% (cem por cento) das multas de mora e de ofício e de 100% (cem por cento) dos juros de mora;

II – parcelados em até 60 (sessenta) prestações, sendo 20% (vinte por cento) de entrada e o restante em parcelas mensais, com redução de 80% (oitenta por cento) da multa isolada e das multas de mora e de ofício, de 40% (quarenta por cento) dos juros de mora.

§ 1º Na hipótese do *caput*, fica remitido, sob condição resolutória até que se efetive o pagamento de que trata o inciso I ou seja quitado o parcelamento de que trata o inciso II, o valor do IRPJ e da CSLL incidente sobre a parcela do ganho de capital relativa a diferença entre o valor atribuído à ação na subscrição de capital e considerado na apuração do referido ganho, ainda que em eventual lançamento de ofício, e o valor verificado na data de início das negociações da ação em operação regular em bolsa de valores, independentemente da existência de cláusula de restrição de comercialização ou transferência.

§ 2º O disposto neste artigo aplica-se à totalidade dos débitos, constituídos ou não, com exigibilidade suspensa ou não, inscritos ou não em Dívida Ativa da União, mesmo que em fase de execução fiscal já ajuizada, ou que tenham sido objeto de parcelamento anterior não integralmente quitado, ainda que excluído por falta de pagamento.

§ 3º Para efeito de consolidação dos débitos de que trata o *caput*, após o ajuste referido no § 1º, poderão ser deduzidos os valores do IRPJ e da CSLL que tenham sido recolhidos, até 31 de dezembro de 2013, em função da alienação posterior das ações decorrentes da conversão de títulos patrimoniais de associações civis sem fins lucrativos pelo próprio sujeito passivo, por empresa controladora ou por empresa controlada de forma direta, desde que:

I – tenha sido utilizado o custo original dos respectivos títulos patrimoniais na apuração do ganho;

II – seja limitado ao valor do IRPJ e da CSLL incidentes sobre o ganho de capital apurado considerando como valor de venda o valor verificado das ações na data de início das negociações em operação regular em bolsa de valores.

§ 4º Os depósitos existentes vinculados aos débitos a serem pagos ou parcelados nos termos deste artigo serão automaticamente convertidos em pagamento definitivo, aplicando-se as reduções previstas no *caput* ao saldo remanescente a ser pago ou parcelado.

§ 5º O contribuinte poderá, mediante requerimento, utilizar créditos de prejuízos fiscais e de base negativa da Contribuição Social sobre o Lucro Líquido – CSLL próprios, apurados até 31 de dezembro de 2013 e declarados até 30 de junho de 2014, para a quitação do saldo remanescente dos débitos após as reduções previstas no *caput*.

§ 6º Para usufruir dos benefícios previstos neste artigo, a pessoa jurídica deverá comprovar a desistência expressa e irrevogável de todas as ações judiciais que tenham por objeto os débitos que serão pagos ou parcelados na forma deste artigo e renunciar a qualquer alegação de direito sobre as quais se fundam as referidas ações.

§ 7º As reduções previstas no *caput* não serão cumulativas com quaisquer outras reduções admitidas em lei.

§ 8º Na hipótese de anterior concessão de redução de multas ou de juros em percentuais diversos dos estabelecidos no *caput*, prevalecerão os percentuais nele referidos, aplicados sobre o saldo original das multas ou dos juros.

§ 9º Enquanto não consolidada a dívida, em relação às parcelas mensais referidas no inciso II do *caput*, o contribuinte deve calcular e recolher mensalmente o valor equivalente ao montante dos débitos objeto do parcelamento dividido pelo número de prestações pretendidas.

I – (revogado);

II – (revogado).

§ 10. O pagamento ou o pedido de parcelamento deverá ser efetuado até o 15º (décimo quinto) dia após a publicação desta Lei e independerá de apresentação de garantia, mantidas aquelas decorrentes de débitos transferidos de outras modalidades de parcelamento ou de execução fiscal.

§ 11. Implicará imediata rescisão do parcelamento, com cancelamento dos benefícios concedidos, a falta de pagamento:

I – de 3 (três) parcelas, consecutivas ou não; ou

II – de até 2 (duas) prestações, estando pagas todas as demais ou estando vencida a última prestação do parcelamento.

§ 12. É considerada inadimplida a parcela parcialmente paga.

§ 13. Rescindido o parcelamento:

I – será efetuada a apuração do valor original do débito, restabelecendo-se os acréscimos legais na forma da legislação aplicável à época da ocorrência dos respectivos fatos geradores;

II – serão deduzidas do valor referido no inciso I as prestações pagas.

§ 14. Aplica-se ao parcelamento de que trata este artigo o disposto no *caput* e nos §§ 2º e 3º do art. 11, no art. 12, no *caput* do art. 13 e no inciso IX do art. 14 da Lei nº 10.522, de 19 de julho de 2002.

§ 15. Ao parcelamento de que trata este artigo não se aplicam:

I – o § 1º do art. 3º da Lei nº 9.964, de 10 de abril de 2000; e

II – o § 10 do art. 1º da Lei nº 10.684, de 30 de maio de 2003.

§ 16. Não será computado na base de cálculo do IRPJ, da CSLL, do PIS e da COFINS a parcela equivalente à redução do valor do montante principal dos tributos, das multas, dos juros e dos encargos legais em decorrência do disposto neste artigo.

§ 17. A Secretaria da Receita Federal do Brasil e a Procuradoria-Geral da Fazenda Nacional, no âmbito de suas competências, editarão os atos necessários à execução do parcelamento de que trata este artigo."

CAPÍTULO XX

DA DEDUTIBILIDADE DE DESPESAS, PERDAS OU PREJUÍZOS DE INSTITUIÇÕES FINANCEIRAS EM DECORRÊNCIA DE INCONSISTÊNCIAS CONTÁBEIS IDENTIFICADAS PELO ÓRGÃO REGULADOR OU FISCALIZADOR NA DETERMINAÇÃO DO LUCRO REAL E DA BASE DE CÁLCULO DA CONTRIBUIÇÃO SOCIAL SOBRE O LUCRO LÍQUIDO

Art. 146. Os valores registrados como despesas ou perdas pelas instituições financeiras por determinação ou em observância às normas editadas pelo Banco Central do Brasil, durante o período em que estejam sob intervenção ou liquidação extrajudicial, na forma da Lei nº 6.024, de 13 de março de 1974, ou sob regime de administração especial temporária, na forma do Decreto-Lei nº 2.321, de 25 de fevereiro de 1987, ou, ainda, em processo de saneamento conforme previsto no art. 5º da Lei 9.447, de 14 de março de 1997, podem ser deduzidas da base de cálculo do imposto sobre a renda e da contribuição social sobre o lucro líquido obedecido o regime de competência, desde que sua dedutibilidade seja autorizada pela legislação do imposto sobre a renda e da contribuição social sobre o lucro líquido.

CAPÍTULO XXI

DA REDUÇÃO A ZERO DAS ALÍQUOTAS DE PIS/PASEP E DE COFINS PARA PNEUMÁTICOS E CÂMARAS DE AR DE BORRACHA PARA BICICLETAS

Art. 147. Ficam reduzidas a zero as alíquotas das contribuições para PIS/PASEP e COFINS incidentes sobre as receitas de venda dos produtos classificados nos códigos 4011.50.00 e 4013.20.00 da TIPI.

Parágrafo único. A redução a que se refere o *caput* aplica-se às receitas de venda realizadas por pessoas jurídicas fabricantes que utilizarem no processo de industrialização, em estabelecimentos implantados na Zona Franca de Manaus, de acordo com o processo produtivo básico fixado em legislação específica, borracha natural produzida por extrativismo não madeireiro na Região Norte.

CAPÍTULO XXII

DA REDUÇÃO A ZERO DAS ALÍQUOTAS DE PIS/PASEP E DE COFINS INCIDENTES SOBRE A VENDA DE BIOMASSA E DE VAPOR GERADO A PARTIR DA QUEIMA DE BIOMASSA, DESTINADOS A EMPRESA GERADORA DE ENERGIA ELÉTRICA

Art. 148. VETADO.

CAPÍTULO XXIII

DA TRANSFERÊNCIA DE CONCESSÃO OU DO CONTROLE SOCIETÁRIO DA CONCESSIONÁRIA

Art. 149. O art. 27 da Lei nº 8.987, de 13 de fevereiro de 1995, passa a vigorar com a seguinte redação:

"Art. 27. ....

....

§ 2º (Revogado).

§ 3º (Revogado).

§ 4 º (Revogado)."

Art. 150. A Lei nº 8.987, de 13 de fevereiro de 1995, passa a vigorar acrescida do seguinte art. 27-A:

"Art. 27-A. Nas condições estabelecidas no contrato de concessão, o poder concedente autorizará a assunção do controle ou da administração temporária da concessionária por seus financiadores e garantidores com quem não mantenha vínculo societário direto, para promover sua reestruturação financeira e assegurar a continuidade da prestação dos serviços.

§ 1º Na hipótese prevista no *caput*, o poder concedente exigirá dos financiadores e dos garantidores que atendam às exigências de regularidade jurídica e fiscal, podendo alterar ou dispensar os demais requisitos previstos no inciso I do parágrafo único do art. 27.

§ 2º A assunção do controle ou da administração temporária autorizadas na forma do *caput* deste artigo não alterará as obrigações da concessionária e de seus controladores para com terceiros, poder concedente e usuários dos serviços públicos.

§ 3º Configura-se o controle da concessionária, para os fins dispostos no *caput* deste artigo, a propriedade resolúvel de ações ou quotas por seus financiadores e garantidores que atendam os requisitos do art. 116 da Lei nº 6.404, de 15 de dezembro de 1976.

§ 4º Configura-se a administração temporária da concessionária por seus financiadores e garantidores quando, sem a transferência da propriedade de ações ou quotas, forem outorgados os seguintes poderes:

I – indicar os membros do Conselho de Administração, a serem eleitos em Assembleia Geral pelos acionistas, nas sociedades regidas pela Lei 6.404, de 15 de dezembro de 1976; ou administradores, a serem eleitos pelos quotistas, nas demais sociedades;

II – indicar os membros do Conselho Fiscal, a serem eleitos pelos acionistas ou quotistas controladores em Assembleia Geral;

III – exercer poder de veto sobre qualquer proposta submetida à votação dos acionistas ou quotistas da concessionária, que representem, ou possam representar, prejuízos aos fins previstos no *caput* deste artigo;

IV – outros poderes necessários ao alcance dos fins previstos no *caput* deste artigo.

§ 5º A administração temporária autorizada na forma deste artigo não acarretará responsabilidade aos financiadores e garantidores em relação à tributação, encargos, ônus, sanções, obrigações ou compromissos com terceiros, inclusive com o poder concedente ou empregados.

§ 6º O Poder Concedente disciplinará sobre o prazo da administração temporária."

Art. 151. O art. 5º da Lei nº 11.079, de 30 de dezembro de 2004, passa a vigorar com a seguinte redação:

"Art. 5º..

....

§ 2º..

I – os requisitos e condições em que o parceiro público autorizará a transferência do controle ou a administração temporária da sociedade de propósito específico aos seus financiadores e garantidores com quem não mantenha vínculo societário direto, com o objetivo de promover a sua reestruturação financeira e assegurar a continuidade da prestação dos serviços, não se aplicando para este efeito o previsto no inciso I do parágrafo único do art. 27 da Lei nº 8.987, de 13 de fevereiro de 1995;

...."

Art. 152. A Lei nº 11.079, de 30 de dezembro de 2004, passa a vigorar acrescida do seguinte art. 5-A:

"Art. 5º-A. Para fins do inciso I do § 2o do art. 5o, considera-se:

I – o controle da sociedade de propósito específico a propriedade resolúvel de ações ou quotas por seus financiadores e garantidores que atendam os requisitos do art. 116 da Lei nº 6.404, de 15 de dezembro de 1976;

II – A administração temporária da sociedade de propósito específico, pelos financiadores e garantidores quando, sem a transferência da propriedade de ações ou quotas, forem outorgados os seguintes poderes:

a) indicar os membros do Conselho de Administração, a serem eleitos em Assembleia Geral pelos acionistas, nas sociedades regidas pela Lei 6.404, de 15 de dezembro de 1976; ou administradores, a serem eleitos pelos quotistas, nas demais sociedades;

b) indicar os membros do Conselho Fiscal, a serem eleitos pelos acionistas ou quotistas controladores em Assembleia Geral;

c) exercer poder de veto sobre qualquer proposta submetida à votação dos acionistas ou quotistas da concessionária, que representem, ou possam representar, prejuízos aos fins previstos no *caput* deste artigo;

d) outros poderes necessários ao alcance dos fins previstos no *caput* deste artigo;

§ 1º A administração temporária autorizada pelo poder concedente não acarretará responsabilidade aos financiadores e garantidores em relação à tributação, encargos, ônus, sanções, obrigações ou compromissos com terceiros, inclusive com o poder concedente ou empregados.

§ 2º O Poder Concedente disciplinará sobre o prazo da administração temporária."

CAPÍTULO XXIV

DA CESSÃO DE CRÉDITOS DE PREJUÍZO FISCAL E DE BASE DE CÁLCULO NEGATIVA DA CONTRIBUIÇÃO SOCIAL SOBRE O LUCRO LÍQUIDO PARA PESSOAS JURÍDICAS CONTROLADAS, CONTROLADORAS OU COLIGADAS

Art. 153. Para fins do disposto no § 1º do art. 33 da Lei nº 13.043, de 13 de novembro de 2014, ficam reduzidas a 0 (zero) as alíquotas da Contribuição para o PIS/PASEP e da COFINS incidentes sobre a receita auferida pelo cedente com a cessão de créditos de prejuízo fiscal e de base de cálculo negativa da Contribuição Social sobre o Lucro Líquido – CSLL para pessoas jurídicas controladas, controladoras ou coligadas.

Parágrafo único. Nos termos do *caput*, ficam também reduzidas a 0 (zero) as alíquotas da Contribuição para o PIS/PASEP e da COFINS incidentes sobre a receita auferida pela cessionária na hipótese dos créditos cedidos com deságio.

CAPÍTULO XXV

DA UTILIZAÇÃO DOS CRÉDITOS PRESUMIDOS DE PIS/COFINS PELA INDÚSTRIA LEITEIRA

Arts. 154 e 155. VETADOS.

CAPÍTULO XXVI

DOS INCENTIVOS AO DESENVOLVIMENTO REGIONAL DO SEGMENTO AUTOMOTIVO

Art. 156. VETADO.

CAPÍTULO XXVII

DA PRORROGAÇÃO DA SUBVENÇÃO ECONÔMICA AO BNDES

Art. 157. VETADO.

CAPÍTULO XXVIII

DA DISPENSA DE LICITAÇÃO NA AQUISIÇÃO DE EQUIPAMENTOS SENSÍVEIS E NECESSÁRIOS À INVESTIGAÇÃO POLICIAL

Art. 158. O art. 3º da Lei nº 12.850, de 2 de agosto de 2013, passa a vigorar acrescido dos seguintes §§ 1º e 2º:

"Art. 3º ....

§ 1º Havendo necessidade justificada de manter sigilo sobre a capacidade investigatória, poderá ser dispensada licitação para contratação de serviços técnicos especializados, aquisição ou locação de equipamentos destinados à polícia judiciária para o rastreamento e obtenção de provas previstas nos incisos II e V.

§ 2º No caso do § 1º, fica dispensada a publicação de que trata o parágrafo único do art. 61 da Lei nº 8.666, de 21 de junho de 1993, devendo ser comunicado o órgão de controle interno da realização da contratação."

CAPÍTULO XXIX

DO ENQUADRAMENTO DOS REPRESENTANTES COMERCIAIS NO SIMPLES NACIONAL

Art. 159. VETADO.

CAPÍTULO XXX

DA EQUIPARAÇÃO DA COOPERATIVA EXPORTADORA À EMPRESA EXPORTADORA PARA FINS DE FRUIÇÃO DO REINTEGRA

Arts. 160 a 167. VETADOS.

CAPÍTULO XXXII

DAS DISPOSIÇÕES FINAIS

Art. 168. Esta Lei entra em vigor:

I – a partir de 1º de janeiro de 2015, em relação ao art. 1º;

II – 30 (trinta) dias após a sua publicação, em relação aos arts. 54 a 62;

III – no 1º (primeiro) dia do 4º (quarto) mês subsequente ao de sua publicação, em relação aos arts. 14 a 39;

IV – 180 (cento e oitenta) dias após a sua publicação, em relação aos arts. 99 a 105; e

V – a partir da data de sua publicação, em relação aos demais artigos.

Art. 169. Ficam revogados:

I – VETADO;

II – *Revogado.* Lei nº 13.137, de 19-6-2015.

III – a partir do 1º (primeiro) dia do 4º (quarto) mês subsequente ao da publicação desta Lei:

a) os incisos VII a IX do § 1º do art. 2º da Lei nº 10.637, de 30 de dezembro de 2002;

b) os incisos VII a IX do § 1º do art. 2º, e os arts. 51, 53, 54 e 58-A a 58-V da Lei nº 10.833, de 29 de dezembro de 2003;

c) os §§ 6º e 6º-A do art. 8º, o inciso VI do § 8º do art. 15, os §§ 11 e 12 do art. 15, o inciso VI do art. 17, e o § 3º do art. 17 da Lei nº 10.865, de 30 de abril de 2004; e

d) o inciso VI do *caput* do art. 10 da Lei nº 11.051, de 29 de dezembro de 2004;

IV – após o decurso de 180 (cento e oitenta dias) da data de publicação desta Lei, o parágrafo único do art. 3º da Lei nº 9.514, de 20 de novembro de 1997.

Brasília, 19 de janeiro de 2015;
194º da Independência e
127º da República.

Dilma Rousseff

► Optamos por não publicar os Anexos nesta edição.

DECRETO Nº 8.420, DE 18 DE MARÇO DE 2015

Regulamenta a Lei nº 12.846, de 1º de agosto de 2013, que dispõe sobre a responsabilização administrativa de pessoas jurídicas pela prática de atos contra a administração pública, nacional ou estrangeira e dá outras providências.

► Publicado no *DOU* de 19-3-2015.

Art. 1º Este Decreto regulamenta a responsabilização objetiva administrativa de pessoas jurídicas pela prática de atos contra a administração pública, nacional ou estrangeira, de que trata a Lei nº 12.846, de 1º de agosto de 2013.

CAPÍTULO I

DA RESPONSABILIZAÇÃO ADMINISTRATIVA

Art. 2º A apuração da responsabilidade administrativa de pessoa jurídica que possa resultar na aplicação das sanções previstas no art. 6º da Lei nº 12.846, de 2013, será efetuada por meio de Processo Administrativo de Responsabilização – PAR.

Art. 3º A competência para a instauração e para o julgamento do PAR é da autoridade máxima da entidade em face da qual foi praticado o ato lesivo, ou, em caso de órgão da administração direta, do seu Ministro de Estado.

Parágrafo único. A competência de que trata o *caput* será exercida de ofício ou mediante provocação e poderá ser delegada, sendo vedada a subdelegação.

Art. 4º A autoridade competente para instauração do PAR, ao tomar ciência da possível ocorrência de ato lesivo à administração pública federal, em sede de juízo de admissibilidade e mediante despacho fundamentado, decidirá:

I – pela abertura de investigação preliminar;

II – pela instauração de PAR; ou

III – pelo arquivamento da matéria.

§ 1º A investigação de que trata o inciso I do *caput* terá caráter sigiloso e não punitivo e será destinada à apuração de indícios de autoria e materialidade de atos lesivos à administração pública federal.

§ 2º A investigação preliminar será conduzida por comissão composta por dois ou mais servidores efetivos.

§ 3º Em entidades da administração pública federal cujos quadros funcionais não sejam formados por servidores estatutários, a comissão a que se refere o § 2º será composta por dois ou mais empregados públicos.

§ 4º O prazo para conclusão da investigação preliminar não excederá 60 (sessenta) dias e poderá ser prorrogado por igual período, mediante solicitação justificada do presidente da comissão à autoridade instauradora.

§ 5º Ao final da investigação preliminar, serão enviadas à autoridade competente as peças de informação obtidas, acompanhadas de relatório conclusivo acerca da existência de indícios de autoria e materialidade de atos lesivos à administração pública federal, para decisão sobre a instauração do PAR.

Art. 5º No ato de instauração do PAR, a autoridade designará comissão, composta por dois ou mais servidores estáveis, que avaliará fatos e circunstâncias conhecidos e intimará a pessoa jurídica para, no prazo de 30 (trinta) dias, apresentar defesa escrita e especificar eventuais provas que pretende produzir.

§ 1º Em entidades da administração pública federal cujos quadros funcionais não sejam formados por servidores estatutários, a comissão a que se refere o *caput* será composta por dois ou mais empregados públicos, preferencialmente com no mínimo 3 (três) anos de tempo de serviço na entidade.

§ 2º Na hipótese de deferimento de pedido de produção de novas provas ou de juntada de provas julgadas indispensáveis pela comissão, a pessoa jurídica poderá apresentar alegações finais no prazo de 10 (dez) dias, contado da data do deferimento ou da intimação de juntada das provas pela comissão.

§ 3º Serão recusadas, mediante decisão fundamentada, provas propostas pela pessoa jurídica que sejam ilícitas, impertinentes, desnecessárias, protelatórias ou intempestivas.

§ 4º Caso a pessoa jurídica apresente em sua defesa informações e documentos referentes à existência e ao funcionamento de programa de integridade, a comissão processante deverá examiná-lo segundo os parâmetros indicados no Capítulo IV, para a dosimetria das sanções a serem aplicadas.

Art. 6º A comissão a que se refere o art. 5º exercerá suas atividades com independência e imparcialidade, assegurado o sigilo, sempre que necessário à elucidação do fato e à preservação da imagem dos envolvidos, ou quando exigido pelo interesse da administração pública, garantido o direito à ampla defesa e ao contraditório.

Art. 7º As intimações serão feitas por meio eletrônico, via postal ou por qualquer outro meio que assegure a certeza de ciência da pessoa jurídica acusada, cujo prazo para apresentação de defesa será contado a partir da data da cientificação oficial, observado o disposto no Capítulo XVI da Lei nº 9.784, de 29 de janeiro de 1999.

§ 1º Caso não tenha êxito a intimação de que trata o *caput*, será feita nova intimação por meio de edital publicado na imprensa oficial, em jornal de grande circulação no Estado da federação em que a pessoa jurídica tenha sede, e no sítio eletrônico do órgão ou entidade pública responsável pela apuração do PAR, contando-se o prazo para apresentação da defesa a partir da última data de publicação do edital.

§ 2º Em se tratando de pessoa jurídica que não possua sede, filial ou representação no País e sendo desconhecida sua representação no exterior, frustrada a intimação nos termos do *caput*, será feita nova intimação por meio de edital publicado na imprensa oficial e no sítio eletrônico do órgão ou entidade público responsável pela apuração do PAR, contando-se o prazo para apresentação da defesa a partir da última data de publicação do edital.

Art. 8º A pessoa jurídica poderá acompanhar o PAR por meio de seus representantes legais ou procuradores, sendo-lhes assegurado amplo acesso aos autos.

Parágrafo único. É vedada a retirada dos autos da repartição pública, sendo autorizada a obtenção de cópias mediante requerimento.

Art. 9º O prazo para a conclusão do PAR não excederá 180 (cento e oitenta) dias, admitida prorrogação por meio de solicitação do presidente da comissão à autoridade instauradora, que decidirá de forma fundamentada.

§ 1º O prazo previsto no *caput* será contado da data publicação do ato de instauração do PAR.

§ 2º A comissão, para o devido e regular exercício de suas funções, poderá:

I – propor à autoridade instauradora a suspensão cautelar dos efeitos do ato ou do processo objeto da investigação;

II – solicitar a atuação de especialistas com notório conhecimento, de órgãos e entidades públicos ou de outras organizações, para auxiliar na análise da matéria sob exame; e

III – solicitar ao órgão de representação judicial ou equivalente dos órgãos ou entidades lesados que requeira as medidas necessárias para a investigação e o processamento das infrações, inclusive de busca e apreensão, no País ou no exterior.

§ 3º Concluídos os trabalhos de apuração e análise, a comissão elaborará relatório a respeito dos fatos apurados e da eventual responsabilidade administrativa da pessoa jurídica, no qual sugerirá, de forma motivada, as sanções a serem aplicadas, a dosimetria da multa ou o arquivamento do processo.

§ 4º O relatório final do PAR será encaminhado à autoridade competente para julgamento, o qual será precedido de manifestação jurídica, elaborada pelo órgão de assistência jurídica competente.

§ 5º Caso seja verificada a ocorrência de eventuais ilícitos a serem apurados em outras instâncias, o relatório da comissão será encaminhado, pela autoridade julgadora:

I – ao Ministério Público;

II – à Advocacia-Geral da União e seus órgãos vinculados, no caso de órgãos da administração pública direta, autarquias e fundações públicas federais; ou

III – ao órgão de representação judicial ou equivalente no caso de órgãos ou entidades da administração pública não abrangidos pelo inciso II.

§ 6º Na hipótese de decisão contrária ao relatório da comissão, esta deverá ser fundamentada com base nas provas produzidas no PAR.

Art. 10. A decisão administrativa proferida pela autoridade julgadora ao final do PAR será publicada no *Diário Oficial da União* e no sítio eletrônico do órgão ou entidade público responsável pela instauração do PAR.

Art. 11. Da decisão administrativa sancionadora cabe pedido de reconsideração com efeito suspensivo, no prazo de 10 (dez) dias, contado da data de publicação da decisão.

§ 1º A pessoa jurídica contra a qual foram impostas sanções no PAR e que não apresentar pedido de reconsideração deverá cumpri-las no prazo de 30 (trinta) dias, contado do fim do prazo para interposição do pedido de reconsideração.

§ 2º A autoridade julgadora terá o prazo de 30 (trinta) dias para decidir sobre a matéria alegada no pedido de reconsideração e publicar nova decisão.

§ 3º Mantida a decisão administrativa sancionadora, será concedido à pessoa jurídica novo prazo de 30 (trinta) dias para cumprimento das sanções que lhe foram impostas, contado da data de publicação da nova decisão.

Art. 12. Os atos previstos como infrações administrativas à Lei nº 8.666, de 21 de junho de 1993, ou a outras normas de licitações e contratos da administração pública que também sejam tipificados como atos lesivos na Lei nº 12.846, de 2013, serão apurados e julgados conjuntamente, nos mesmos autos, aplicando-se o rito procedimental previsto neste Capítulo.

§ 1º Concluída a apuração de que trata o *caput* e havendo autoridades distintas competentes para julgamento, o processo será encaminhado primeiramente àquela de nível mais elevado, para que julgue no âmbito de sua competência, tendo precedência o julgamento pelo Ministro de Estado competente.

§ 2º Para fins do disposto no *caput*, o chefe da unidade responsável no órgão ou entidade pela gestão de licitações e contratos deve comunicar à autoridade prevista no art. 3º sobre eventuais fatos que configurem atos lesivos previstos no art. 5º da Lei nº 12.846, de 2013.

Art. 13. A Controladoria-Geral da União possui, no âmbito do Poder Executivo federal, competência:

I – concorrente para instaurar e julgar PAR; e

II – exclusiva para avocar os processos instaurados para exame de sua regularidade ou para corrigir-lhes o andamento, inclusive promovendo a aplicação da penalidade administrativa cabível.

§ 1º A Controladoria-Geral da União poderá exercer, a qualquer tempo, a competência prevista no *caput*, se presentes quaisquer das seguintes circunstâncias:

I – caracterização de omissão da autoridade originariamente competente;

II – inexistência de condições objetivas para sua realização no órgão ou entidade de origem;

III – complexidade, repercussão e relevância da matéria;

IV – valor dos contratos mantidos pela pessoa jurídica com o órgão ou entidade atingida; ou

V – apuração que envolva atos e fatos relacionados a mais de um órgão ou entidade da administração pública federal.

§ 2º Ficam os órgãos e entidades da administração pública obrigados a encaminhar à Controladoria-Geral da União todos os documentos e informações que lhes forem solicitados, incluídos os autos originais dos processos que eventualmente estejam em curso.

Art. 14. Compete à Controladoria-Geral da União instaurar, apurar e julgar PAR pela prática de atos lesivos à administração pública estrangeira, o qual seguirá, no que couber, o rito procedimental previsto neste Capítulo.

CAPÍTULO II

DAS SANÇÕES ADMINISTRATIVAS E DOS ENCAMINHAMENTOS JUDICIAIS

Seção I

DISPOSIÇÕES GERAIS

Art. 15. As pessoas jurídicas estão sujeitas às seguintes sanções administrativas, nos termos do art. 6º da Lei nº 12.846, de 2013:

I – multa; e

II – publicação extraordinária da decisão administrativa sancionadora.

Art. 16. Caso os atos lesivos apurados envolvam infrações administrativas à Lei nº 8.666, de 1993, ou a outras normas de licitações e contratos da administração pública e tenha ocorrido a apuração conjunta prevista no art. 12, a pessoa jurídica também estará sujeita a sanções administrativas que tenham como efeito restrição ao direito de participar em licitações ou de celebrar contratos com a administração pública, a serem aplicadas no PAR.

Seção II

DA MULTA

Art. 17. O cálculo da multa se inicia com a soma dos valores correspondentes aos seguintes percentuais do faturamento bruto da pessoa jurídica do último exercício anterior ao da instauração do PAR, excluídos os tributos:

I – um por cento a dois e meio por cento havendo continuidade dos atos lesivos no tempo;

II – um por cento a dois e meio por cento para tolerância ou ciência de pessoas do corpo diretivo ou gerencial da pessoa jurídica;

III – um por cento a quatro por cento no caso de interrupção no fornecimento de serviço público ou na execução de obra contratada;

IV – um por cento para a situação econômica do infrator com base na apresentação de índice de Solvência Geral – SG e de Liquidez Geral – LG superiores a um e de lucro líquido no último exercício anterior ao da ocorrência do ato lesivo;

V – cinco por cento no caso de reincidência, assim definida a ocorrência de nova infração, idêntica ou não à anterior, tipificada como ato lesivo pelo art. 5º da Lei nº 12.846, de 2013, em menos de 5 (cinco) anos, contados da publicação do julgamento da infração anterior; e

VI – no caso de os contratos mantidos ou pretendidos com o órgão ou entidade lesado, serão considerados, na data da prática do ato lesivo, os seguintes percentuais:

a) um por cento em contratos acima de R$ 1.500.000,00 (um milhão e quinhentos mil reais);

b) dois por cento em contratos acima de R$ 10.000.000,00 (dez milhões de reais);

c) três por cento em contratos acima de R$ 50.000.000,00 (cinquenta milhões de reais);

d) quatro por cento em contratos acima de R$ 250.000.000,00 (duzentos e cinquenta milhões *de reais*); e

e) cinco por cento em contratos acima de R$ 1.000.000.000,00 (um bilhão de reais).

Art. 18. Do resultado da soma dos fatores do art. 17 serão subtraídos os valores correspondentes aos seguintes percentuais do faturamento bruto da pessoa jurídica do último exercício anterior ao da instauração do PAR, excluídos os tributos:

I – um por cento no caso de não consumação da infração;

II – um e meio por cento no caso de comprovação de ressarcimento pela pessoa jurídica dos danos a que tenha dado causa;

III – um por cento a um e meio por cento para o grau de colaboração da pessoa jurídica com a investigação ou a apuração do ato lesivo, independentemente do acordo de leniência;

IV – dois por cento no caso de comunicação espontânea pela pessoa jurídica antes da instauração do PAR acerca da ocorrência do ato lesivo; e

V – um por cento a quatro por cento para comprovação de a pessoa jurídica possuir e aplicar um programa de integridade, conforme os parâmetros estabelecidos no Capítulo IV.

Art. 19. Na ausência de todos os fatores previstos nos art. 17 e art. 18 ou de resultado das operações de soma e subtração ser igual ou menor a zero, o valor da multa corresponderá, conforme o caso, a:

I – um décimo por cento do faturamento bruto do último exercício anterior ao da instauração do PAR, excluídos os tributos; ou

II – R$ 6.000,00 (seis mil reais), na hipótese do art. 22.

Art. 20. A existência e quantificação dos fatores previstos nos art. 17 e art. 18, deverá ser apurada no PAR e evidenciada no relatório final da comissão, o qual também conterá a estimativa, sempre que possível, dos valores da vantagem auferida e da pretendida.

§ 1º Em qualquer hipótese, o valor final da multa terá como limite:

I – mínimo, o maior valor entre o da vantagem auferida e o previsto no art. 19; e

II – máximo, o menor valor entre:

a) vinte por cento do faturamento bruto do último exercício anterior ao da instauração do PAR, excluídos os tributos; ou

b) três vezes o valor da vantagem pretendida ou auferida.

§ 2º O valor da vantagem auferida ou pretendida equivale aos ganhos obtidos ou pretendidos pela pessoa jurídica que não ocorreriam sem a prática do ato lesivo, somado, quando for o caso, ao valor correspondente a qualquer vantagem indevida prometida ou dada a agente público ou a terceiros a ele relacionados.

§ 3º Para fins do cálculo do valor de que trata o § 2º, serão deduzidos custos e despesas legítimos comprovadamente executados ou que seriam devidos ou despendidos caso o ato lesivo não tivesse ocorrido.

Art. 21. Ato do Ministro de Estado Chefe da Controladoria-Geral da União fixará metodologia para a apuração do faturamento bruto e dos tributos a serem excluídos para fins de cálculo da multa a que se refere o art. 6º da Lei nº 12.846, de 2013.

Parágrafo único. Os valores de que trata o *caput* poderão ser apurados, entre outras formas, por meio de:

I – compartilhamento de informações tributárias, na forma do inciso II do § 1º do art. 198 da Lei nº 5.172, de 25 de outubro de 1966; e

II – registros contábeis produzidos ou publicados pela pessoa jurídica acusada, no país ou no estrangeiro.

Art. 22. Caso não seja possível utilizar o critério do valor do faturamento bruto da pessoa jurídica no ano anterior ao da instauração ao PAR, os percentuais dos fatores indicados nos art. 17 e art. 18 incidirão:

I – sobre o valor do faturamento bruto da pessoa jurídica, excluídos os tributos, no ano em que ocorreu o ato lesivo, no caso a pessoa jurídica não ter tido faturamento no ano anterior ao da instauração ao PAR;

II – sobre o montante total de recursos recebidos pela pessoa jurídica sem fins lucrativos no ano em que ocorreu o ato lesivo; ou

III – nas demais hipóteses, sobre o faturamento anual estimável da pessoa jurídica, levando em consideração quaisquer informações sobre a sua situação econômica ou o estado de seus negócios, tais como patrimônio, capital social, número de empregados, contratos, dentre outras.

Parágrafo único. Nas hipóteses previstas no *caput*, o valor da multa será limitado entre R$ 6.000,00 (seis mil reais) e R$ 60.000.000,00 (sessenta milhões de reais).

Art. 23. Com a assinatura do acordo de leniência, a multa aplicável será reduzida conforme a fração nele pactuada, observado o limite previsto no § 2º do art. 16 da Lei nº 12.846, de 2013.

§ 1º O valor da multa previsto no *caput* poderá ser inferior ao limite mínimo previsto no art. 6º da Lei nº 12.846, de 2013.

§ 2º No caso de a autoridade signatária declarar o descumprimento do acordo de leniência por falta imputável à pessoa jurídica colaboradora, o valor integral encontrado antes da redução de que trata o *caput* será cobrado na forma da Seção IV, descontando-se as frações da multa eventualmente já pagas.

Seção III
DA PUBLICAÇÃO EXTRAORDINÁRIA DA DECISÃO ADMINISTRATIVA SANCIONADORA

Art. 24. A pessoa jurídica sancionada administrativamente pela prática de atos lesivos contra a administração pública, nos termos da Lei nº 12.846, de 2013, publicará a decisão administrativa sancionadora na forma de extrato de sentença, cumulativamente:

I – em meio de comunicação de grande circulação na área da prática da infração e de atuação da pessoa jurídica ou, na sua falta, em publicação de circulação nacional;

II – em edital afixado no próprio estabelecimento ou no local de exercício da atividade, em localidade que permita a visibilidade pelo público, pelo prazo mínimo de 30 (trinta) dias; e

III – em seu sítio eletrônico, pelo prazo de 30 (trinta) dias e em destaque na página principal do referido sítio.

Parágrafo único. A publicação a que se refere o *caput* será feita a expensas da pessoa jurídica sancionada.

Seção IV
DA COBRANÇA DA MULTA APLICADA

Art. 25. A multa aplicada ao final do PAR será integralmente recolhida pela pessoa jurídica sancionada no prazo de 30 (trinta) dias, observado o disposto nos §§ 1º e 3º do art. 11.

§ 1º Feito o recolhimento, a pessoa jurídica sancionada apresentará ao órgão ou entidade que aplicou a sanção documento que ateste o pagamento integral do valor da multa imposta.

§ 2º Decorrido o prazo previsto no *caput* sem que a multa tenha sido recolhida ou não tendo ocorrido a comprovação de seu pagamento integral, o órgão ou entidade que a aplicou encaminhará o débito para inscrição em Dívida Ativa da União ou das autarquias e fundações públicas federais.

§ 3º Caso a entidade que aplicou a multa não possua Dívida Ativa, o valor será cobrado independentemente de prévia inscrição.

Seção V
DOS ENCAMINHAMENTOS JUDICIAIS

Art. 26. As medidas judiciais, no País ou no exterior, como a cobrança da multa administrativa aplicada no PAR, a promoção da publicação extraordinária, a persecução das sanções referidas nos incisos I a IV do *caput* do art. 19 da Lei nº 12.846, de 2013, a reparação integral dos danos e prejuízos, além de eventual atuação judicial para a finalidade de instrução ou garantia do processo judicial ou preservação do acordo de leniência, serão solicitadas ao órgão de representação judicial ou equivalente dos órgãos ou entidades lesados.

Art. 27. No âmbito da administração pública federal direta, a atuação judicial será exercida pela Procuradoria-Geral da União, com exceção da cobrança da multa administrativa aplicada no PAR, que será promovida pela Procuradoria-Geral da Fazenda Nacional.

Parágrafo único. No âmbito das autarquias e fundações públicas federais, a atuação judicial será exercida pela Procuradoria-Geral Federal, inclusive no que se refere à cobrança da multa administrativa aplicada no PAR, respeitadas as competências específicas da Procuradoria-Geral do Banco Central.

CAPÍTULO III
DO ACORDO DE LENIÊNCIA

Art. 28. O acordo de leniência será celebrado com as pessoas jurídicas responsáveis pela prática dos atos lesivos previstos na Lei nº 12.846, de 2013, e dos ilícitos administrativos previstos na Lei nº 8.666, de 1993, e em outras normas de licitações e contratos, com vistas à isenção ou à atenuação das respectivas sanções, desde que colaborem efetivamente com as investigações e o processo administrativo, devendo resultar dessa colaboração:

I – a identificação dos demais envolvidos na infração administrativa, quando couber; e

II – a obtenção célere de informações e documentos que comprovem a infração sob apuração.

Art. 29. Compete à Controladoria-Geral da União celebrar acordos de leniência no âmbito do Poder Executivo federal e nos casos de atos lesivos contra a administração pública estrangeira.

Art. 30. A pessoa jurídica que pretenda celebrar acordo de leniência deverá:

I – ser a primeira a manifestar interesse em cooperar para a apuração de ato lesivo específico, quando tal circunstância for relevante;

II – ter cessado completamente seu envolvimento no ato lesivo a partir da data da propositura do acordo;

III – admitir sua participação na infração administrativa;

IV – cooperar plena e permanentemente com as investigações e o processo administrativo e comparecer, sob suas expensas e sempre que solicitada, aos atos processuais, até o seu encerramento; e

V – fornecer informações, documentos e elementos que comprovem a infração administrativa.

§ 1º O acordo de leniência de que trata o *caput* será proposto pela pessoa jurídica, por seus representantes, na forma de seu estatuto ou contrato social, ou por meio de procurador com poderes específicos para tal ato, observado o disposto no art. 26 da Lei nº 12.846, de 2013.

§ 2º A proposta do acordo de leniência poderá ser feita até a conclusão do relatório a ser elaborado no PAR.

Art. 31. A proposta de celebração de acordo de leniência poderá ser feita de forma oral ou escrita, oportunidade em que a pessoa jurídica proponente declarará expressamente que foi orientada a respeito de seus direitos, garantias e deveres legais e de que o não atendimento às determinações e solicitações da Controladoria-Geral da União durante a etapa de negociação importará a desistência da proposta.

§ 1º A proposta apresentada receberá tratamento sigiloso e o acesso ao seu conteúdo será restrito aos servidores especificamente designados pela Controladoria-Geral da União para participar da negociação do acordo de leniência, ressalvada a possibilidade de a proponente autorizar a divulgação ou compartilhamento da existência da proposta ou de seu conteúdo, desde que haja anuência da Controladoria-Geral da União.

§ 2º Poderá ser firmado memorando de entendimentos entre a pessoa jurídica proponente e a Controladoria-Geral da União para formalizar a proposta e definir os parâmetros do acordo de leniência.

§ 3º Uma vez proposto o acordo de leniência, a Controladoria-Geral da União poderá requisitar os autos de processos administrativos em curso em outros órgãos ou entidades da administração pública federal relacionados aos fatos objeto do acordo.

Art. 32. A negociação a respeito da proposta do acordo de leniência deverá ser concluída no prazo de 180 (cento e oitenta) dias, contado da data de apresentação da proposta.

Parágrafo único. A critério da Controladoria-Geral da União, poderá ser prorrogado o prazo estabelecido no *caput*, caso presentes circunstâncias que o exijam.

Art. 33. Não importará em reconhecimento da prática do ato lesivo investigado a proposta de acordo de leniência rejeitada, da qual não se fará qualquer divulgação, ressalvado o disposto no § 1º do art. 31.

Art. 34. A pessoa jurídica proponente poderá desistir da proposta de acordo de leniência a qualquer momento que anteceda a assinatura do referido acordo.

Art. 35. Caso o acordo não venha a ser celebrado, os documentos apresentados durante a negociação serão devolvidos, sem retenção de cópias, à pessoa jurídica proponente e será vedado seu uso para fins de responsabilização, exceto quando a administração pública federal tiver conhecimento deles independentemente da apresentação da proposta do acordo de leniência.

Art. 36. O acordo de leniência estipulará as condições para assegurar a efetividade da colaboração e o resultado útil do processo, do qual constarão cláusulas e obrigações que, diante das circunstâncias do caso concreto, reputem-se necessárias.

Art. 37. O acordo de leniência conterá, entre outras disposições, cláusulas que versem sobre:

I – o compromisso de cumprimento dos requisitos previstos nos incisos II a V do *caput* do art. 30;

II – a perda dos benefícios pactuados, em caso de descumprimento do acordo;

III – a natureza de título executivo extrajudicial do instrumento do acordo, nos termos do inciso II do *caput* do art. 585 da Lei nº 5.869, de 11 de janeiro de 1973; e

IV – a adoção, aplicação ou aperfeiçoamento de programa de integridade, conforme os parâmetros estabelecidos no Capítulo IV.

Art. 38. A Controladoria-Geral da União poderá conduzir e julgar os processos administrativos que apurem infrações administrativas previstas na Lei nº 12.846, de 2013, na Lei nº 8.666, de 1993, e em outras normas de licitações e contratos, cujos fatos tenham sido noticiados por meio do acordo de leniência.

Art. 39. Até a celebração do acordo de leniência pelo Ministro de Estado Chefe da Controladoria-Geral da União, a identidade da pessoa jurídica signatária do acordo não será divulgada ao público, ressalvado o disposto no § 1º do art. 31.

Parágrafo único. A Controladoria-Geral da União manterá restrito o acesso aos documentos e informações comercialmente sensíveis da pessoa jurídica signatária do acordo de leniência.

Art. 40. Uma vez cumprido o acordo de leniência pela pessoa jurídica colaboradora, serão declarados em favor da pessoa jurídica signatária, nos termos previamente firmados no acordo, um ou mais dos seguintes efeitos:

I – isenção da publicação extraordinária da decisão administrativa sancionadora;

II – isenção da proibição de receber incentivos, subsídios, subvenções, doações ou empréstimos de órgãos ou entidades públicos e de instituições financeiras públicas ou controladas pelo Poder Público;

III – redução do valor final da multa aplicável, observado o disposto no art. 23; ou

IV – isenção ou atenuação das sanções administrativas previstas nos art. 86 a art. 88 da Lei nº 8.666, de 1993, ou de outras normas de licitações e contratos.

Parágrafo único. Os efeitos do acordo de leniência serão estendidos às pessoas jurídicas que integrarem o mesmo grupo econômico, de fato e de direito, desde que tenham firmado o acordo em conjunto, respeitadas as condições nele estabelecidas.

CAPÍTULO IV

DO PROGRAMA DE INTEGRIDADE

Art. 41. Para fins do disposto neste Decreto, programa de integridade consiste, no âmbito de uma pessoa jurídica, no conjunto de mecanismos e procedimentos internos de integridade, auditoria e incentivo à denúncia de irregularidades e na aplicação efetiva de códigos de ética e de conduta, políticas e diretrizes com objetivo de detectar e sanar desvios, fraudes, irregularidades e atos ilícitos praticados contra a administração pública, nacional ou estrangeira.

Parágrafo único. O programa de integridade deve ser estruturado, aplicado e atualizado de acordo com as características e riscos atuais das atividades de cada pessoa jurídica, a qual por sua vez deve garantir o constante aprimoramento e adaptação do referido programa, visando garantir sua efetividade.

Art. 42. Para fins do disposto no § 4º do art. 5º, o programa de integridade será avaliado, quanto a sua existência e aplicação, de acordo com os seguintes parâmetros:

I – comprometimento da alta direção da pessoa jurídica, incluídos os conselhos, evidenciado pelo apoio visível e inequívoco ao programa;

II – padrões de conduta, código de ética, políticas e procedimentos de integridade, aplicáveis a todos os empregados e administradores, independentemente de cargo ou função exercidos;

III – padrões de conduta, código de ética e políticas de integridade estendidas, quando necessário, a terceiros, tais como, fornecedores, prestadores de serviço, agentes intermediários e associados;

IV – treinamentos periódicos sobre o programa de integridade;

V – análise periódica de riscos para realizar adaptações necessárias ao programa de integridade;

VI – registros contábeis que reflitam de forma completa e precisa as transações da pessoa jurídica;

VII – controles internos que assegurem a pronta elaboração e confiabilidade de relatórios e demonstrações financeiros da pessoa jurídica;

VIII – procedimentos específicos para prevenir fraudes e ilícitos no âmbito de processos licitatórios, na execução de contratos administrativos ou em qualquer interação com o setor público, ainda que intermediada por terceiros, tal como pagamento de tributos, sujeição a fiscalizações, ou obtenção de autorizações, licenças, permissões e certidões;

IX – independência, estrutura e autoridade da instância interna responsável pela aplicação do programa de integridade e fiscalização de seu cumprimento;

X – canais de denúncia de irregularidades, abertos e amplamente divulgados a funcionários e terceiros, e de mecanismos destinados à proteção de denunciantes de boa-fé;

XI – medidas disciplinares em caso de violação do programa de integridade;

XII – procedimentos que assegurem a pronta interrupção de irregularidades ou infrações detectadas e a tempestiva remediação dos danos gerados;

XIII – diligências apropriadas para contratação e, conforme o caso, supervisão, de terceiros, tais como, fornecedores, prestadores de serviço, agentes intermediários e associados;

XIV – verificação, durante os processos de fusões, aquisições e reestruturações societárias, do cometimento de irregularidades ou ilícitos ou da existência de vulnerabilidades nas pessoas jurídicas envolvidas;

XV – monitoramento contínuo do programa de integridade visando seu aperfeiçoamento na prevenção, detecção e combate à ocorrência dos atos lesivos previstos no art. 5º da Lei nº 12.846, de 2013; e

XVI – transparência da pessoa jurídica quanto a doações para candidatos e partidos políticos.

§ 1º Na avaliação dos parâmetros de que trata este artigo, serão considerados o porte e especificidades da pessoa jurídica, tais como:

I – a quantidade de funcionários, empregados e colaboradores;

II – a complexidade da hierarquia interna e a quantidade de departamentos, diretorias ou setores;

III – a utilização de agentes intermediários como consultores ou representantes comerciais;

IV – o setor do mercado em que atua;

V – os países em que atua, direta ou indiretamente;

VI – o grau de interação com o setor público e a importância de autorizações, licenças e permissões governamentais em suas operações;

VII – a quantidade e a localização das pessoas jurídicas que integram o grupo econômico; e

VIII – o fato de ser qualificada como microempresa ou empresa de pequeno porte.

§ 2º A efetividade do programa de integridade em relação ao ato lesivo objeto de apuração será considerada para fins da avaliação de que trata o *caput*.

§ 3º Na avaliação de microempresas e empresas de pequeno porte, serão reduzidas as formalidades dos parâmetros previstos neste artigo, não se exigindo, especificamente, os incisos III, V, IX, X, XIII, XIV e XV do *caput*.

§ 4º Caberá ao Ministro de Estado Chefe da Controladoria-Geral da União expedir orientações, normas e procedimentos complementares referentes à avaliação do programa de integridade de que trata este Capítulo.

§ 5º A redução dos parâmetros de avaliação para as microempresas e empresas de pequeno porte de que trata o § 3º poderá ser objeto de regulamentação por ato conjunto do Ministro de Estado Chefe da Secretaria da Micro e Pequena Empresa e do Ministro de Estado Chefe da Controladoria-Geral da União.

CAPÍTULO V

DO CADASTRO NACIONAL DE EMPRESAS INIDÔNEAS E SUSPENSAS E DO CADASTRO NACIONAL DE EMPRESAS PUNIDAS

Art. 43. O Cadastro Nacional de Empresas Inidôneas e Suspensas – CEIS conterá informações referentes às sanções administrativas impostas a pessoas físicas ou jurídicas que impliquem restrição ao direito de participar de licitações ou de celebrar contratos com a administração pública de qualquer esfera federativa, entre as quais:

I – suspensão temporária de participação em licitação e impedimento de contratar com a administração pública, conforme disposto no inciso III do *caput* do art. 87 da Lei nº 8.666, de 1993;

II – declaração de inidoneidade para licitar ou contratar com a administração pública, conforme disposto no inciso IV do *caput* do art. 87 da Lei nº 8.666, de 1993;

III – impedimento de licitar e contratar com União, Estados, Distrito Federal ou Municípios, conforme disposto no art. 7º da Lei nº 10.520, de 17 de julho de 2002;

IV – impedimento de licitar e contratar com a União, Estados, Distrito Federal ou Municípios, conforme disposto no art. 47 da Lei nº 12.462, de 4 de agosto de 2011;

V – suspensão temporária de participação em licitação e impedimento de contratar com a administração pública, conforme disposto no inciso IV do *caput* do art. 33 da Lei nº 12.527, de novembro de 2011; e

VI – declaração de inidoneidade para licitar ou contratar com a administração pública, conforme disposto no inciso V do *caput* do art. 33 da Lei nº 12.527, de 2011.

Art. 44. Poderão ser registradas no CEIS outras sanções que impliquem restrição ao direito de participar em licitações ou de celebrar contratos com a administração pública, ainda que não sejam de natureza administrativa.

Art. 45. O Cadastro Nacional de Empresas Punidas – CNEP conterá informações referentes:

I – às sanções impostas com fundamento na Lei nº 12.846, de 2013; e

II – ao descumprimento de acordo de leniência celebrado com fundamento na Lei nº 12.846, de 2013.

Parágrafo único. As informações sobre os acordos de leniência celebrados com fundamento na Lei nº 12.846, de 2013, serão registradas no CNEP após a celebração do acordo, exceto se causar prejuízo às investigações ou ao processo administrativo.

Art. 46. Constarão do CEIS e do CNEP, sem prejuízo de outros a serem estabelecidos pela Controladoria-Geral da União, dados e informações referentes a:

I – nome ou razão social da pessoa física ou jurídica sancionada;

II – número de inscrição da pessoa jurídica no Cadastro Nacional da Pessoa Jurídica – CNPJ ou da pessoa física no Cadastro de Pessoas Físicas – CPF;

III – tipo de sanção;

IV – fundamentação legal da sanção;

V – número do processo no qual foi fundamentada a sanção;

VI – data de início de vigência do efeito limitador ou impeditivo da sanção ou data de aplicação da sanção;

VII – data final do efeito limitador ou impeditivo da sanção, quando couber;

VIII – nome do órgão ou entidade sancionador; e

IX – valor da multa, quando couber.

Art. 47. A exclusão dos dados e informações constantes do CEIS ou do CNEP se dará:

I – com fim do prazo do efeito limitador ou impeditivo da sanção; ou

II – mediante requerimento da pessoa jurídica interessada, após cumpridos os seguintes requisitos, quando aplicáveis:

a) publicação da decisão de reabilitação da pessoa jurídica sancionada, nas hipóteses dos incisos II e VI do *caput* do art. 43;

b) cumprimento integral do acordo de leniência;

c) reparação do dano causado; ou

d) quitação da multa aplicada.

Art. 48. O fornecimento dos dados e informações de que tratam os art. 43 a art. 46, pelos órgãos e entidades dos Poderes Executivo, Legislativo e Judiciário de cada uma das esferas de governo, será disciplinado pela Controladoria-Geral da União.

CAPÍTULO VI
DISPOSIÇÕES FINAIS

Art. 49. As informações referentes ao PAR instaurado no âmbito dos órgãos e entidades do Poder Executivo federal serão registradas no sistema de gerenciamento eletrônico de processos administrativos sancionadores mantido pela Controladoria-Geral da União, conforme ato do Ministro de Estado Chefe da Controladoria-Geral da União.

Art. 50. Os órgãos e as entidades da administração pública, no exercício de suas competências regulatórias, disporão sobre os efeitos da Lei nº 12.846, de 2013, no âmbito das atividades reguladas, inclusive no caso de proposta e celebração de acordo de leniência.

Art. 51. O processamento do PAR não interfere no seguimento regular dos processos administrativos específicos para apuração da ocorrência de danos e prejuízos à administração pública federal resultantes de ato lesivo cometido por pessoa jurídica, com ou sem a participação de agente público.

Art. 52. Caberá ao Ministro de Estado Chefe da Controladoria-Geral da União expedir orientações e procedimentos complementares para a execução deste Decreto.

Art. 53. Este Decreto entra em vigor na data de sua publicação.

Brasília, 18 de março de 2015;
194º da Independência e
127º da República.

Dilma Rousseff

LEI Nº 13.111, DE 25 DE MARÇO DE 2015

Dispõe sobre a obrigatoriedade de os empresários que comercializam veículos automotores informarem ao comprador o valor dos tributos incidentes sobre a venda e a situação de regularidade do veículo quanto a furto, multas, taxas anuais, débitos de impostos, alienação fiduciária ou quaisquer outros registros que limitem ou impeçam a circulação do veículo.

▸ Publicada no *DOU* de 26-3-2015.

Art. 1º Esta Lei dispõe sobre a obrigatoriedade de os empresários que comercializam veículos automotores, novos ou usados, informarem ao comprador:

I – o valor dos tributos incidentes sobre a comercialização do veículo;

II – a situação de regularidade do veículo quanto a:

a) furto;

b) multas e taxas anuais legalmente devidas;

c) débitos de impostos;

d) alienação fiduciária; ou

e) quaisquer outros registros que limitem ou impeçam a circulação do veículo.

Art. 2º Os empresários que comercializam veículos automotores, novos ou usados, são obrigados a informar ao comprador a situação de regularidade do veículo junto às autoridades policiais, de trânsito e fazendária das unidades da Federação onde o veículo for registrado e estiver sendo comercializado, relativa a:

I – furto;

II – multas e taxas anuais legalmente devidas;

III – débitos quanto ao pagamento de impostos;

IV – alienação fiduciária; ou

V – quaisquer outros registros que limitem ou impeçam a circulação do veículo.

Parágrafo único. No contrato de compra e venda assinado entre vendedor e comprador devem constar cláusulas contendo informações sobre a natureza e o valor dos tributos incidentes sobre a comercialização do veículo, bem como sobre a situação de regularidade em que se encontra o bem quanto às eventuais restrições previstas no *caput*.

Art. 3º O descumprimento do disposto nesta Lei implica a obrigação de os empresários que comercializam veículos automotores, novos ou usados, arcarem com:

I – o pagamento do valor correspondente ao montante dos tributos, taxas, emolumentos e multas incidentes sobre o veículo e existentes até o momento da aquisição do bem pelo comprador;

II – a restituição do valor integral pago pelo comprador, no caso de o veículo ter sido objeto de furto.

Parágrafo único. As sanções previstas neste artigo serão aplicadas sem prejuízo das demais sanções previstas na Lei nº 8.078, de 11 de setembro de 1990.

Art. 4º Esta Lei entra em vigor após decorridos 60 (sessenta) dias de sua publicação oficial.

Brasília, 25 de março de 2015;
194º da Independência e
127º da República.

Dilma Rousseff

LEI Nº 13.140, DE 26 DE JUNHO DE 2015

Dispõe sobre a mediação entre particulares como meio de solução de controvérsias e sobre a autocomposição de conflitos no âmbito da administração pública; altera a Lei nº 9.469, de 10 de julho de 1997, e o Decreto nº 70.235, de 6 de março de 1972; e revoga o § 2º do art. 6º da Lei nº 9.469, de 10 de julho de 1997.

► Publicada no *DOU* de 29-6-2015.

Art. 1º Esta Lei dispõe sobre a mediação como meio de solução de controvérsias entre particulares e sobre a autocomposição de conflitos no âmbito da administração pública.

Parágrafo único. Considera-se mediação a atividade técnica exercida por terceiro imparcial sem poder decisório, que, escolhido ou aceito pelas partes, as auxilia e estimula a identificar ou desenvolver soluções consensuais para a controvérsia.

CAPÍTULO I
DA MEDIAÇÃO

Seção I
DISPOSIÇÕES GERAIS

Art. 2º A mediação será orientada pelos seguintes princípios:

I – imparcialidade do mediador;
II – isonomia entre as partes;
III – oralidade;
IV – informalidade;
V – autonomia da vontade das partes;
VI – busca do consenso;
VII – confidencialidade;
VIII – boa-fé.

§ 1º Na hipótese de existir previsão contratual de cláusula de mediação, as partes deverão comparecer à primeira reunião de mediação.

§ 2º Ninguém será obrigado a permanecer em procedimento de mediação.

Art. 3º Pode ser objeto de mediação o conflito que verse sobre direitos disponíveis ou sobre direitos indisponíveis que admitam transação.

§ 1º A mediação pode versar sobre todo o conflito ou parte dele.

§ 2º O consenso das partes envolvendo direitos indisponíveis, mas transigíveis, deve ser homologado em juízo, exigida a oitiva do Ministério Público.

Seção II
DOS MEDIADORES

Subseção I
DISPOSIÇÕES COMUNS

Art. 4º O mediador será designado pelo tribunal ou escolhido pelas partes.

§ 1º O mediador conduzirá o procedimento de comunicação entre as partes, buscando o entendimento e o consenso e facilitando a resolução do conflito.

§ 2º Aos necessitados será assegurada a gratuidade da mediação.

Art. 5º Aplicam-se ao mediador as mesmas hipóteses legais de impedimento e suspeição do juiz.

Parágrafo único. A pessoa designada para atuar como mediador tem o dever de revelar às partes, antes da aceitação da função, qualquer fato ou circunstância que possa suscitar dúvida justificada em relação à sua imparcialidade para mediar o conflito, oportunidade em que poderá ser recusado por qualquer delas.

Art. 6º O mediador fica impedido, pelo prazo de um ano, contado do término da última audiência em que atuou, de assessorar, representar ou patrocinar qualquer das partes.

Art. 7º O mediador não poderá atuar como árbitro nem funcionar como testemunha em processos judiciais ou arbitrais pertinentes a conflito em que tenha atuado como mediador.

Art. 8º O mediador e todos aqueles que o assessoram no procedimento de mediação, quando no exercício de suas funções ou em razão delas, são equiparados a servidor público, para os efeitos da legislação penal.

Subseção II
DOS MEDIADORES EXTRAJUDICIAIS

Art. 9º Poderá funcionar como mediador extrajudicial qualquer pessoa capaz que tenha a confiança das partes e seja capacitada para fazer mediação, independentemente de integrar qualquer tipo de conselho, entidade de classe ou associação, ou nele inscrever-se.

Art. 10. As partes poderão ser assistidas por advogados ou defensores públicos.

Parágrafo único. Comparecendo uma das partes acompanhada de advogado ou defensor público, o mediador suspenderá o procedimento, até que todas estejam devidamente assistidas.

Subseção III
DOS MEDIADORES JUDICIAIS

Art. 11. Poderá atuar como mediador judicial a pessoa capaz, graduada há pelo menos dois anos em curso de ensino superior de instituição reconhecida pelo Ministério da Educação e que tenha obtido capacitação em escola ou instituição de formação de mediadores, reconhecida pela Escola Nacional de Formação e Aperfeiçoamento de Magistrados – ENFAM ou pelos tribunais, observados os requisitos mínimos estabelecidos pelo Conselho Nacional de Justiça em conjunto com o Ministério da Justiça.

Art. 12. Os tribunais criarão e manterão cadastros atualizados dos mediadores habilitados e autorizados a atuar em mediação judicial.

§ 1º A inscrição no cadastro de mediadores judiciais será requerida pelo interessado ao tribunal com jurisdição na área em que pretenda exercer a mediação.

§ 2º Os tribunais regulamentarão o processo de inscrição e desligamento de seus mediadores.

Art. 13. A remuneração devida aos mediadores judiciais será fixada pelos tribunais e custeada pelas partes, observado o disposto no § 2º do art. 4º desta Lei.

SEÇÃO III

DO PROCEDIMENTO DE MEDIAÇÃO

SUBSEÇÃO I

DISPOSIÇÕES COMUNS

Art. 14. No início da primeira reunião de mediação, e sempre que julgar necessário, o mediador deverá alertar as partes acerca das regras de confidencialidade aplicáveis ao procedimento.

Art. 15. A requerimento das partes ou do mediador, e com anuência daquelas, poderão ser admitidos outros mediadores para funcionarem no mesmo procedimento, quando isso for recomendável em razão da natureza e da complexidade do conflito.

Art. 16. Ainda que haja processo arbitral ou judicial em curso, as partes poderão submeter-se à mediação, hipótese em que requererão ao juiz ou árbitro a suspensão do processo por prazo suficiente para a solução consensual do litígio.

§ 1º É irrecorrível a decisão que suspende o processo nos termos requeridos de comum acordo pelas partes.

§ 2º A suspensão do processo não obsta a concessão de medidas de urgência pelo juiz ou pelo árbitro.

Art. 17. Considera-se instituída a mediação na data para a qual for marcada a primeira reunião de mediação.

Parágrafo único. Enquanto transcorrer o procedimento de mediação, ficará suspenso o prazo prescricional.

Art. 18. Iniciada a mediação, as reuniões posteriores com a presença das partes somente poderão ser marcadas com a sua anuência.

Art. 19. No desempenho de sua função, o mediador poderá reunir-se com as partes, em conjunto ou separadamente, bem como solicitar das partes as informações que entender necessárias para facilitar o entendimento entre aquelas.

Art. 20. O procedimento de mediação será encerrado com a lavratura do seu termo final, quando for celebrado acordo ou quando não se justificarem novos esforços para a obtenção de consenso, seja por declaração do mediador nesse sentido ou por manifestação de qualquer das partes.

Parágrafo único. O termo final de mediação, na hipótese de celebração de acordo, constitui título executivo extrajudicial e, quando homologado judicialmente, título executivo judicial.

SUBSEÇÃO II

DA MEDIAÇÃO EXTRAJUDICIAL

Art. 21. O convite para iniciar o procedimento de mediação extrajudicial poderá ser feito por qualquer meio de comunicação e deverá estipular o escopo proposto para a negociação, a data e o local da primeira reunião.

Parágrafo único. O convite formulado por uma parte à outra considerar-se-á rejeitado se não for respondido em até trinta dias da data de seu recebimento.

Art. 22. A previsão contratual de mediação deverá conter, no mínimo:

I – prazo mínimo e máximo para a realização da primeira reunião de mediação, contado a partir da data de recebimento do convite;

II – local da primeira reunião de mediação;

III – critérios de escolha do mediador ou equipe de mediação;

IV – penalidade em caso de não comparecimento da parte convidada à primeira reunião de mediação.

§ 1º A previsão contratual pode substituir a especificação dos itens acima enumerados pela indicação de regulamento, publicado por instituição idônea prestadora de serviços de mediação, no qual constem critérios claros para a escolha do mediador e realização da primeira reunião de mediação.

§ 2º Não havendo previsão contratual completa, deverão ser observados os seguintes critérios para a realização da primeira reunião de mediação:

I – prazo mínimo de dez dias úteis e prazo máximo de três meses, contados a partir do recebimento do convite;

II – local adequado a uma reunião que possa envolver informações confidenciais;

III – lista de cinco nomes, informações de contato e referências profissionais de mediadores capacitados; a parte convidada poderá escolher, expressamente, qualquer um dos cinco mediadores e, caso a parte convidada não se manifeste, considerar-se-á aceito o primeiro nome da lista;

IV – o não comparecimento da parte convidada à primeira reunião de mediação acarretará a assunção por parte desta de cinquenta por cento das custas e honorários sucumbenciais caso venha a ser vencedora em procedimento arbitral ou judicial posterior, que envolva o escopo da mediação para a qual foi convidada.

§ 3º Nos litígios decorrentes de contratos comerciais ou societários que não contenham cláusula de mediação, o mediador extrajudicial somente cobrará por seus serviços caso as partes decidam assinar o termo inicial de mediação e permanecer, voluntariamente, no procedimento de mediação.

Art. 23. Se, em previsão contratual de cláusula de mediação, as partes se comprometerem a não iniciar procedimento arbitral ou processo judicial durante certo prazo ou até o implemento de determinada condição, o árbitro ou o juiz suspenderá o curso da arbitragem ou da ação pelo prazo previamente acordado ou até o implemento dessa condição.

Parágrafo único. O disposto no *caput* não se aplica às medidas de urgência em que o acesso ao Poder Judiciário seja necessário para evitar o perecimento de direito.

SUBSEÇÃO III

DA MEDIAÇÃO JUDICIAL

Art. 24. Os tribunais criarão centros judiciários de solução consensual de conflitos, responsáveis pela realização de sessões e audiências de conciliação e mediação, pré-processuais e processuais, e pelo desenvolvimento de programas destinados a auxiliar, orientar e estimular a autocomposição.

Parágrafo único. A composição e a organização do centro serão definidas pelo respectivo tribunal, observadas as normas do Conselho Nacional de Justiça.

Art. 25. Na mediação judicial, os mediadores não estarão sujeitos à prévia aceitação das partes, observado o disposto no art. 5º desta Lei.

Art. 26. As partes deverão ser assistidas por advogados ou defensores públicos, ressalvadas as hipóteses previstas nas Leis nº 9.099, de 26 de setembro de 1995, e 10.259, de 12 de julho de 2001.

Parágrafo único. Aos que comprovarem insuficiência de recursos será assegurada assistência pela Defensoria Pública.

Art. 27. Se a petição inicial preencher os requisitos essenciais e não for o caso de improcedência liminar do pedido, o juiz designará audiência de mediação.

Art. 28. O procedimento de mediação judicial deverá ser concluído em até sessenta dias, contados da primeira sessão, salvo quando as partes, de comum acordo, requererem sua prorrogação.

Parágrafo único. Se houver acordo, os autos serão encaminhados ao juiz, que determinará o arquivamento do processo e, desde que requerido pelas partes, homologará o acordo, por sentença, e o termo final da mediação e determinará o arquivamento do processo.

Art. 29. Solucionado o conflito pela mediação antes da citação do réu, não serão devidas custas judiciais finais.

Seção IV
DA CONFIDENCIALIDADE E SUAS EXCEÇÕES

Art. 30. Toda e qualquer informação relativa ao procedimento de mediação será confidencial em relação a terceiros, não podendo ser revelada sequer em processo arbitral ou judicial salvo se as partes expressamente decidirem de forma diversa ou quando sua divulgação for exigida por lei ou necessária para cumprimento de acordo obtido pela mediação.

§ 1º O dever de confidencialidade aplica-se ao mediador, às partes, a seus prepostos, advogados, assessores técnicos e a outras pessoas de sua confiança que tenham, direta ou indiretamente, participado do procedimento de mediação, alcançando:

I – declaração, opinião, sugestão, promessa ou proposta formulada por uma parte à outra na busca de entendimento para o conflito;

II – reconhecimento de fato por qualquer das partes no curso do procedimento de mediação;

III – manifestação de aceitação de proposta de acordo apresentada pelo mediador;

IV – documento preparado unicamente para os fins do procedimento de mediação.

§ 2º A prova apresentada em desacordo com o disposto neste artigo não será admitida em processo arbitral ou judicial.

§ 3º Não está abrigada pela regra de confidencialidade a informação relativa à ocorrência de crime de ação pública.

§ 4º A regra da confidencialidade não afasta o dever de as pessoas discriminadas no *caput* prestarem informações à administração tributária após o termo final da mediação, aplicando-se aos seus servidores a obrigação de manterem sigilo das informações compartilhadas nos termos do art. 198 da Lei nº 5.172, de 25 de outubro de 1966 – Código Tributário Nacional.

Art. 31. Será confidencial a informação prestada por uma parte em sessão privada, não podendo o mediador revelá-la às demais, exceto se expressamente autorizado.

CAPÍTULO II
DA AUTOCOMPOSIÇÃO DE CONFLITOS EM QUE FOR PARTE PESSOA JURÍDICA DE DIREITO PÚBLICO

Seção I
DISPOSIÇÕES COMUNS

Art. 32. A União, os Estados, o Distrito Federal e os Municípios poderão criar câmaras de prevenção e resolução administrativa de conflitos, no âmbito dos respectivos órgãos da Advocacia Pública, onde houver, com competência para:

I – dirimir conflitos entre órgãos e entidades da administração pública;

II – avaliar a admissibilidade dos pedidos de resolução de conflitos, por meio de composição, no caso de controvérsia entre particular e pessoa jurídica de direito público;

III – promover, quando couber, a celebração de termo de ajustamento de conduta.

§ 1º O modo de composição e funcionamento das câmaras de que trata o *caput* será estabelecido em regulamento de cada ente federado.

§ 2º A submissão do conflito às câmaras de que trata o *caput* é facultativa e será cabível apenas nos casos previstos no regulamento do respectivo ente federado.

§ 3º Se houver consenso entre as partes, o acordo será reduzido a termo e constituirá título executivo extrajudicial.

§ 4º Não se incluem na competência dos órgãos mencionados no *caput* deste artigo as controvérsias que somente possam ser resolvidas por atos ou concessão de direitos sujeitos a autorização do Poder Legislativo.

§ 5º Compreendem-se na competência das câmaras de que trata o *caput* a prevenção e a resolução de conflitos que envolvam equilíbrio econômico-financeiro de contratos celebrados pela administração com particulares.

Art. 33. Enquanto não forem criadas as câmaras de mediação, os conflitos poderão ser dirimidos nos termos do procedimento de mediação previsto na Subseção I da Seção III do Capítulo I desta Lei.

Parágrafo único. A Advocacia Pública da União, dos Estados, do Distrito Federal e dos Municípios, onde houver, poderá instaurar, de ofício ou mediante provocação, procedimento de mediação coletiva de conflitos relacionados à prestação de serviços públicos.

Art. 34. A instauração de procedimento administrativo para a resolução consensual de conflito no âmbito da administração pública suspende a prescrição.

§ 1º Considera-se instaurado o procedimento quando o órgão ou entidade pública emitir juízo de admissibilidade, retroagindo a suspensão da prescrição à data de formalização do pedido de resolução consensual do conflito.

§ 2º Em se tratando de matéria tributária, a suspensão da prescrição deverá observar o disposto na Lei nº 5.172, de 25 de outubro de 1966 – Código Tributário Nacional.

Seção II
DOS CONFLITOS ENVOLVENDO A ADMINISTRAÇÃO PÚBLICA FEDERAL DIRETA, SUAS AUTARQUIAS E FUNDAÇÕES

Art. 35. As controvérsias jurídicas que envolvam a administração pública federal direta, suas autarquias e fundações poderão ser objeto de transação por adesão, com fundamento em:

I – autorização do Advogado-Geral da União, com base na jurisprudência pacífica do Supremo Tribunal Federal ou de tribunais superiores; ou

II – parecer do Advogado-Geral da União, aprovado pelo Presidente da República.

§ 1º Os requisitos e as condições da transação por adesão serão definidos em resolução administrativa própria.

§ 2º Ao fazer o pedido de adesão, o interessado deverá juntar prova de atendimento aos requisitos e às condições estabelecidos na resolução administrativa.

§ 3º A resolução administrativa terá efeitos gerais e será aplicada aos casos idênticos, tempestivamente habilitados mediante pedido de adesão, ainda que solucione apenas parte da controvérsia.

§ 4º A adesão implicará renúncia do interessado ao direito sobre o qual se fundamenta a ação ou o recurso, eventualmente pendentes, de natureza administrativa ou judicial, no que tange aos pontos compreendidos pelo objeto da resolução administrativa.

§ 5º Se o interessado for parte em processo judicial inaugurado por ação coletiva, a renúncia ao direito sobre o qual se fundamenta a ação deverá ser expressa, mediante petição dirigida ao juiz da causa.

§ 6º A formalização de resolução administrativa destinada à transação por adesão não implica a renúncia tácita à prescrição nem sua interrupção ou suspensão.

Art. 36. No caso de conflitos que envolvam controvérsia jurídica entre órgãos ou entidades de direito público que integram a administração pública federal, a Advocacia-Geral da União deverá realizar composição extrajudicial do conflito, observados os procedimentos previstos em ato do Advogado-Geral da União.

§ 1º Na hipótese do *caput*, se não houver acordo quanto à controvérsia jurídica, caberá ao Advogado-Geral da União dirimi-la, com fundamento na legislação afeta.

§ 2º Nos casos em que a resolução da controvérsia implicar o reconhecimento da existência de créditos da União, de suas autarquias e fundações em face de pessoas jurídicas de direito público federais, a Advocacia-Geral da União poderá solicitar ao Ministério do Planejamento, Orçamento e Gestão a adequação orçamentária para quitação das dívidas reconhecidas como legítimas.

§ 3º A composição extrajudicial do conflito não afasta a apuração de responsabilidade do agente público que deu causa à dívida, sempre que se verificar que sua ação ou omissão constitui, em tese, infração disciplinar.

§ 4º Nas hipóteses em que a matéria objeto do litígio esteja sendo discutida em ação de improbidade administrativa ou sobre ela haja decisão do Tribunal de Contas da União, a conciliação de que trata o *caput* dependerá da anuência expressa do juiz da causa ou do Ministro Relator.

Art. 37. É facultado aos Estados, ao Distrito Federal e aos Municípios, suas autarquias e fundações públicas, bem como às empresas públicas e sociedades de economia mista federais, submeter seus litígios com órgãos ou entidades da administração pública federal à Advocacia-Geral da União, para fins de composição extrajudicial do conflito.

Art. 38. Nos casos em que a controvérsia jurídica seja relativa a tributos administrados pela Secretaria da Receita Federal do Brasil ou a créditos inscritos em dívida ativa da União:

I – não se aplicam as disposições dos incisos II e III do *caput* do art. 32;

II – as empresas públicas, sociedades de economia mista e suas subsidiárias que explorem atividade econômica de produção ou comercialização de bens ou de prestação de serviços em regime de concorrência não poderão exercer a faculdade prevista no art. 37;

III – quando forem partes as pessoas a que alude o *caput* do art. 36:

a) a submissão do conflito à composição extrajudicial pela Advocacia-Geral da União implica renúncia do direito de recorrer ao Conselho Administrativo de Recursos Fiscais;

b) a redução ou o cancelamento do crédito dependerá de manifestação conjunta do Advogado-Geral da União e do Ministro de Estado da Fazenda.

Parágrafo único. O disposto neste artigo não afasta a competência do Advogado-Geral da União prevista nos incisos VI, X e XI do art. 4º da Lei Complementar nº 73, de 10 de fevereiro de 1993, e na Lei nº 9.469, de 10 de julho de 1997.

► Parágrafo único com a redação dada pela Lei nº 13.327, de 29-7-2016.

Art. 39. A propositura de ação judicial em que figurem concomitantemente nos polos ativo e passivo órgãos ou entidades de direito público que integrem a administração pública federal deverá ser previamente autorizada pelo Advogado-Geral da União.

Art. 40. Os servidores e empregados públicos que participarem do processo de composição extrajudicial do conflito, somente poderão ser responsabilizados civil, administrativa ou criminalmente quando, mediante dolo ou fraude, receberem qualquer vantagem patrimonial indevida, permitirem ou facilitarem sua recepção por terceiro, ou para tal concorrerem.

CAPÍTULO III

DISPOSIÇÕES FINAIS

Art. 41. A Escola Nacional de Mediação e Conciliação, no âmbito do Ministério da Justiça, poderá criar banco de dados sobre boas práticas em mediação, bem como manter relação de mediadores e de instituições de mediação.

Art. 42. Aplica-se esta Lei, no que couber, às outras formas consensuais de resolução de conflitos, tais como mediações comunitárias e escolares, e àquelas levadas a efeito nas serventias extrajudiciais, desde que no âmbito de suas competências.

Parágrafo único. A mediação nas relações de trabalho será regulada por lei própria.

Art. 43. Os órgãos e entidades da administração pública poderão criar câmaras para a resolução de conflitos entre particulares, que versem sobre atividades por eles reguladas ou supervisionadas.

Art. 44. Os arts. 1º e 2º da Lei nº 9.469, de 10 de julho de 1997, passam a vigorar com a seguinte redação:

> "Art. 1º O Advogado-Geral da União, diretamente ou mediante delegação, e os dirigentes máximos das empresas públicas federais, em conjunto com o dirigente estatutário da área afeta ao assunto, poderão autorizar a realização de acordos ou transações para prevenir ou terminar litígios, inclusive os judiciais.
>
> § 1º Poderão ser criadas câmaras especializadas, compostas por servidores públicos ou empregados públicos efetivos, com o objetivo de analisar e formular propostas de acordos ou transações.
>
> § 3º Regulamento disporá sobre a forma de composição das câmaras de que trata o § 1º, que deverão ter como integrante pelo menos um membro efetivo da Advocacia-Geral da União ou, no caso das empresas públicas, um assistente jurídico ou ocupante de função equivalente.
>
> § 4º Quando o litígio envolver valores superiores aos fixados em regulamento, o acordo ou a transação, sob pena de nulidade, dependerá de prévia e expressa autorização do Advogado-Geral da União e do Ministro de Estado a cuja área de competência estiver afeto o assunto, ou ainda do Presidente da Câmara dos Deputados, do Senado Federal, do Tribunal de Contas da União,

de Tribunal ou Conselho, ou do Procurador-Geral da República, no caso de interesse dos órgãos dos Poderes Legislativo e Judiciário ou do Ministério Público da União, excluídas as empresas públicas federais não dependentes, que necessitarão apenas de prévia e expressa autorização dos dirigentes de que trata o *caput*.

§ 5º Na transação ou acordo celebrado diretamente pela parte ou por intermédio de procurador para extinguir ou encerrar processo judicial, inclusive os casos de extensão administrativa de pagamentos postulados em juízo, as partes poderão definir a responsabilidade de cada uma pelo pagamento dos honorários dos respectivos advogados."

"Art. 2º O Procurador-Geral da União, o Procurador-Geral Federal, o Procurador-Geral do Banco Central do Brasil e os dirigentes das empresas públicas federais mencionadas no *caput* do art. 1º poderão autorizar, diretamente ou mediante delegação, a realização de acordos para prevenir ou terminar, judicial ou extrajudicialmente, litígio que envolver valores inferiores aos fixados em regulamento.

§ 1º No caso das empresas públicas federais, a delegação é restrita a órgão colegiado formalmente constituído, composto por pelo menos um dirigente estatutário.

§ 2º O acordo de que trata o *caput* poderá consistir no pagamento do débito em parcelas mensais e sucessivas, até o limite máximo de sessenta.

§ 3º O valor de cada prestação mensal, por ocasião do pagamento, será acrescido de juros equivalentes à taxa referencial do Sistema Especial de Liquidação e de Custódia – SELIC para títulos federais, acumulada mensalmente, calculados a partir do mês subsequente ao da consolidação até o mês anterior ao do pagamento e de um por cento relativamente ao mês em que o pagamento estiver sendo efetuado.

§ 4º Inadimplida qualquer parcela, após trinta dias, instaurar-se-á o processo de execução ou nele prosseguir-se-á, pelo saldo."

Art. 45. O Decreto nº 70.235, de 6 de março de 1972, passa a vigorar acrescido do seguinte art. 14-A:

"Art. 14-A. No caso de determinação e exigência de créditos tributários da União cujo sujeito passivo seja órgão ou entidade de direito público da administração pública federal, a submissão do litígio à composição extrajudicial pela Advocacia-Geral da União é considerada reclamação, para fins do disposto no inciso III do art. 151 da Lei nº 5.172, de 25 de outubro de 1966 – Código Tributário Nacional."

Art. 46. A mediação poderá ser feita pela internet ou por outro meio de comunicação que permita a transação à distância, desde que as partes estejam de acordo.

Parágrafo único. É facultado à parte domiciliada no exterior submeter-se à mediação segundo as regras estabelecidas nesta Lei.

Art. 47. Esta Lei entra em vigor após decorridos cento e oitenta dias de sua publicação oficial.

Art. 48. Revoga-se o § 2º do art. 6º da Lei nº 9.469, de 10 de julho de 1997.

Brasília, 26 de junho de 2015;
194º da Independência e
127º da República.

Dilma Rousseff

LEI Nº 13.146, DE 6 DE JULHO DE 2015

Institui a Lei Brasileira de Inclusão da Pessoa com Deficiência (Estatuto da Pessoa com Deficiência).

► Publicada no *DOU* de 7-7-2015.

LIVRO I – PARTE GERAL

TÍTULO I – DISPOSIÇÕES PRELIMINARES

CAPÍTULO I

DISPOSIÇÕES GERAIS

Art. 1º É instituída a Lei Brasileira de Inclusão da Pessoa com Deficiência (Estatuto da Pessoa com Deficiência), destinada a assegurar e a promover, em condições de igualdade, o exercício dos direitos e das liberdades fundamentais por pessoa com deficiência, visando à sua inclusão social e cidadania.

Parágrafo único. Esta Lei tem como base a Convenção sobre os Direitos das Pessoas com Deficiência e seu Protocolo Facultativo, ratificados pelo Congresso Nacional por meio do Decreto Legislativo nº 186, de 9 de julho de 2008, em conformidade com o procedimento previsto no § 3º do art. 5º da Constituição da República Federativa do Brasil, em vigor para o Brasil, no plano jurídico externo, desde 31 de agosto de 2008, e promulgados pelo Decreto nº 6.949, de 25 de agosto de 2009, data de início de sua vigência no plano interno.

Art. 2º Considera-se pessoa com deficiência aquela que tem impedimento de longo prazo de natureza física, mental, intelectual ou sensorial, o qual, em interação com uma ou mais barreiras, pode obstruir sua participação plena e efetiva na sociedade em igualdade de condições com as demais pessoas.

§ 1º A avaliação da deficiência, quando necessária, será biopsicossocial, realizada por equipe multiprofissional e interdisciplinar e considerará:

I – os impedimentos nas funções e nas estruturas do corpo;
II – os fatores socioambientais, psicológicos e pessoais;
III – a limitação no desempenho de atividades; e
IV – a restrição de participação.

§ 2º O Poder Executivo criará instrumentos para avaliação da deficiência.

Art. 3º Para fins de aplicação desta Lei, consideram-se:

I – acessibilidade: possibilidade e condição de alcance para utilização, com segurança e autonomia, de espaços, mobiliários, equipamentos urbanos, edificações, transportes, informação e comunicação, inclusive seus sistemas e tecnologias, bem como de outros serviços e instalações abertos ao público, de uso público ou privados de uso coletivo, tanto na zona urbana como na rural, por pessoa com deficiência ou com mobilidade reduzida;

II – desenho universal: concepção de produtos, ambientes, programas e serviços a serem usados por todas as pessoas, sem necessidade de adaptação ou de projeto específico, incluindo os recursos de tecnologia assistiva;

III – tecnologia assistiva ou ajuda técnica: produtos, equipamentos, dispositivos, recursos, metodologias, estratégias, práticas e serviços que objetivem promover a funcionalidade, relacionada à atividade e à participação da pessoa com deficiência ou com mobilidade reduzida, visando à sua autonomia, independência, qualidade de vida e inclusão social;

IV – barreiras: qualquer entrave, obstáculo, atitude ou comportamento que limite ou impeça a participação social da pessoa, bem como o gozo, a fruição e o exercício de seus direitos à acessibilidade, à liberdade de movimento e de expressão, à comunicação, ao acesso à informação, à compreensão, à circulação com segurança, entre outros, classificadas em:

a) barreiras urbanísticas: as existentes nas vias e nos espaços públicos e privados abertos ao público ou de uso coletivo;

b) barreiras arquitetônicas: as existentes nos edifícios públicos e privados;

c) barreiras nos transportes: as existentes nos sistemas e meios de transportes;

d) barreiras nas comunicações e na informação: qualquer entrave, obstáculo, atitude ou comportamento que dificulte ou impossibilite a expressão ou o recebimento de mensagens e de informações por intermédio de sistemas de comunicação e de tecnologia da informação;

e) barreiras atitudinais: atitudes ou comportamentos que impeçam ou prejudiquem a participação social da pessoa com deficiência em igualdade de condições e oportunidades com as demais pessoas;

f) barreiras tecnológicas: as que dificultam ou impedem o acesso da pessoa com deficiência às tecnologias;

V – comunicação: forma de interação dos cidadãos que abrange, entre outras opções, as línguas, inclusive a Língua Brasileira de Sinais (LIBRAS), a visualização de textos, o Braille, o sistema de sinalização ou de comunicação tátil, os caracteres ampliados, os dispositivos multimídia, assim como a linguagem simples, escrita e oral, os sistemas auditivos e os meios de voz digitalizados e os modos, meios e formatos aumentativos e alternativos de comunicação, incluindo as tecnologias da informação e das comunicações;

VI – adaptações razoáveis: adaptações, modificações e ajustes necessários e adequados que não acarretem ônus desproporcional e indevido, quando requeridos em cada caso, a fim de assegurar que a pessoa com deficiência possa gozar ou exercer, em igualdade de condições e oportunidades com as demais pessoas, todos os direitos e liberdades fundamentais;

VII – elemento de urbanização: quaisquer componentes de obras de urbanização, tais como os referentes a pavimentação, saneamento, encanamento para esgotos, distribuição de energia elétrica e de gás, iluminação pública, serviços de comunicação, abastecimento e distribuição de água, paisagismo e os que materializam as indicações do planejamento urbanístico;

VIII – mobiliário urbano: conjunto de objetos existentes nas vias e nos espaços públicos, superpostos ou adicionados aos elementos de urbanização ou de edificação, de forma que sua modificação ou seu traslado não provoque alterações substanciais nesses elementos, tais como semáforos, postes de sinalização e similares, terminais e pontos de acesso coletivo às telecomunicações, fontes de água, lixeiras, toldos, marquises, bancos, quiosques e quaisquer outros de natureza análoga;

IX – pessoa com mobilidade reduzida: aquela que tenha, por qualquer motivo, dificuldade de movimentação, permanente ou temporária, gerando redução efetiva da mobilidade, da flexibilidade, da coordenação motora ou da percepção, incluindo idoso, gestante, lactante, pessoa com criança de colo e obeso;

X – residências inclusivas: unidades de oferta do Serviço de Acolhimento do Sistema Único de Assistência Social (SUAS) localizadas em áreas residenciais da comunidade, com estruturas adequadas, que possam contar com apoio psicossocial para o atendimento das necessidades da pessoa acolhida, destinadas a jovens e adultos com deficiência, em situação de dependência, que não dispõem de condições de autossustentabilidade e com vínculos familiares fragilizados ou rompidos;

XI – moradia para a vida independente da pessoa com deficiência: moradia com estruturas adequadas capazes de proporcionar serviços de apoio coletivos e individualizados que respeitem e ampliem o grau de autonomia de jovens e adultos com deficiência;

XII – atendente pessoal: pessoa, membro ou não da família, que, com ou sem remuneração, assiste ou presta cuidados básicos e essenciais à pessoa com deficiência no exercício de suas atividades diárias, excluídas as técnicas ou os procedimentos identificados com profissões legalmente estabelecidas;

XIII – profissional de apoio escolar: pessoa que exerce atividades de alimentação, higiene e locomoção do estudante com deficiência e atua em todas as atividades escolares nas quais se fizer necessária, em todos os níveis e modalidades de ensino, em instituições públicas e privadas, excluídas as técnicas ou os procedimentos identificados com profissões legalmente estabelecidas;

XIV – acompanhante: aquele que acompanha a pessoa com deficiência, podendo ou não desempenhar as funções de atendente pessoal.

CAPÍTULO II
DA IGUALDADE E DA NÃO DISCRIMINAÇÃO

Art. 4º Toda pessoa com deficiência tem direito à igualdade de oportunidades com as demais pessoas e não sofrerá nenhuma espécie de discriminação.

§ 1º Considera-se discriminação em razão da deficiência toda forma de distinção, restrição ou exclusão, por ação ou omissão, que tenha o propósito ou o efeito de prejudicar, impedir ou anular o reconhecimento ou o exercício dos direitos e das liberdades fundamentais de pessoa com deficiência, incluindo a recusa de adaptações razoáveis e de fornecimento de tecnologias assistivas.

§ 2º A pessoa com deficiência não está obrigada à fruição de benefícios decorrentes de ação afirmativa.

Art. 5º A pessoa com deficiência será protegida de toda forma de negligência, discriminação, exploração, violência, tortura, crueldade, opressão e tratamento desumano ou degradante.

Parágrafo único. Para os fins da proteção mencionada no *caput* deste artigo, são considerados especialmente vulneráveis a criança, o adolescente, a mulher e o idoso, com deficiência.

Art. 6º A deficiência não afeta a plena capacidade civil da pessoa, inclusive para:

I – casar-se e constituir união estável;

II – exercer direitos sexuais e reprodutivos;

III – exercer o direito de decidir sobre o número de filhos e de ter acesso a informações adequadas sobre reprodução e planejamento familiar;

IV – conservar sua fertilidade, sendo vedada a esterilização compulsória;

V – exercer o direito à família e à convivência familiar e comunitária; e

VI – exercer o direito à guarda, à tutela, à curatela e à adoção, como adotante ou adotando, em igualdade de oportunidades com as demais pessoas.

Art. 7º É dever de todos comunicar à autoridade competente qualquer forma de ameaça ou de violação aos direitos da pessoa com deficiência.

Parágrafo único. Se, no exercício de suas funções, os juízes e os tribunais tiverem conhecimento de fatos que caracterizem as violações previstas nesta Lei, devem remeter peças ao Ministério Público para as providências cabíveis.

Art. 8º É dever do Estado, da sociedade e da família assegurar à pessoa com deficiência, com prioridade, a efetivação dos direitos referentes à vida, à saúde, à sexualidade, à paternidade e à maternidade, à alimentação, à habitação, à educação, à profissionalização, ao trabalho, à previdência social, à habilitação e à reabilitação, ao transporte, à acessibilidade, à cultura, ao desporto, ao turismo, ao lazer, à informação, à comunicação, aos avanços científicos e tecnológicos, à dignidade, ao respeito, à liberdade, à convivência familiar e comunitária, entre outros decorrentes da Constituição Federal, da Convenção sobre os Direitos das Pessoas com Deficiência e seu Protocolo Facultativo e das leis e de outras normas que garantam seu bem-estar pessoal, social e econômico.

Seção Única

DO ATENDIMENTO PRIORITÁRIO

Art. 9º A pessoa com deficiência tem direito a receber atendimento prioritário, sobretudo com a finalidade de:

I – proteção e socorro em quaisquer circunstâncias;

II – atendimento em todas as instituições e serviços de atendimento ao público;

III – disponibilização de recursos, tanto humanos quanto tecnológicos, que garantam atendimento em igualdade de condições com as demais pessoas;

IV – disponibilização de pontos de parada, estações e terminais acessíveis de transporte coletivo de passageiros e garantia de segurança no embarque e no desembarque;

V – acesso a informações e disponibilização de recursos de comunicação acessíveis;

VI – recebimento de restituição de imposto de renda;

VII – tramitação processual e procedimentos judiciais e administrativos em que for parte ou interessada, em todos os atos e diligências.

§ 1º Os direitos previstos neste artigo são extensivos ao acompanhante da pessoa com deficiência ou ao seu atendente pessoal, exceto quanto ao disposto nos incisos VI e VII deste artigo.

§ 2º Nos serviços de emergência públicos e privados, a prioridade conferida por esta Lei é condicionada aos protocolos de atendimento médico.

TÍTULO II – DOS DIREITOS FUNDAMENTAIS

CAPÍTULO I

DO DIREITO À VIDA

Art. 10. Compete ao poder público garantir a dignidade da pessoa com deficiência ao longo de toda a vida.

Parágrafo único. Em situações de risco, emergência ou estado de calamidade pública, a pessoa com deficiência será considerada vulnerável, devendo o poder público adotar medidas para sua proteção e segurança.

Art. 11. A pessoa com deficiência não poderá ser obrigada a se submeter a intervenção clínica ou cirúrgica, a tratamento ou a institucionalização forçada.

Parágrafo único. O consentimento da pessoa com deficiência em situação de curatela poderá ser suprido, na forma da lei.

Art. 12. O consentimento prévio, livre e esclarecido da pessoa com deficiência é indispensável para a realização de tratamento, procedimento, hospitalização e pesquisa científica.

§ 1º Em caso de pessoa com deficiência em situação de curatela, deve ser assegurada sua participação, no maior grau possível, para a obtenção de consentimento.

§ 2º A pesquisa científica envolvendo pessoa com deficiência em situação de tutela ou de curatela deve ser realizada, em caráter excepcional, apenas quando houver indícios de benefício direto para sua saúde ou para a saúde de outras pessoas com deficiência e desde que não haja outra opção de pesquisa de eficácia comparável com participantes não tutelados ou curatelados.

Art. 13. A pessoa com deficiência somente será atendida sem seu consentimento prévio, livre e esclarecido em casos de risco de morte e de emergência em saúde, resguardado seu superior interesse e adotadas as salvaguardas legais cabíveis.

CAPÍTULO II

DO DIREITO À HABILITAÇÃO E À REABILITAÇÃO

Art. 14. O processo de habilitação e de reabilitação é um direito da pessoa com deficiência.

Parágrafo único. O processo de habilitação e de reabilitação tem por objetivo o desenvolvimento de potencialidades, talentos, habilidades e aptidões físicas, cognitivas, sensoriais, psicossociais, atitudinais, profissionais e artísticas que contribuam para a conquista da autonomia da pessoa com deficiência e de sua participação social em igualdade de condições e oportunidades com as demais pessoas.

Art. 15. O processo mencionado no art. 14 desta Lei baseia-se em avaliação multidisciplinar das necessidades, habilidades e potencialidades de cada pessoa, observadas as seguintes diretrizes:

I – diagnóstico e intervenção precoces;

II – adoção de medidas para compensar perda ou limitação funcional, buscando o desenvolvimento de aptidões;

III – atuação permanente, integrada e articulada de políticas públicas que possibilitem a plena participação social da pessoa com deficiência;

IV – oferta de rede de serviços articulados, com atuação intersetorial, nos diferentes níveis de complexidade, para atender às necessidades específicas da pessoa com deficiência;

V – prestação de serviços próximo ao domicílio da pessoa com deficiência, inclusive na zona rural, respeitadas a organização das Redes de Atenção à Saúde (RAS) nos territórios locais e as normas do Sistema Único de Saúde (SUS).

Art. 16. Nos programas e serviços de habilitação e de reabilitação para a pessoa com deficiência, são garantidos:

I – organização, serviços, métodos, técnicas e recursos para atender às características de cada pessoa com deficiência;

II – acessibilidade em todos os ambientes e serviços;

III – tecnologia assistiva, tecnologia de reabilitação, materiais e equipamentos adequados e apoio técnico profissional, de acordo com as especificidades de cada pessoa com deficiência;

IV – capacitação continuada de todos os profissionais que participem dos programas e serviços.

Art. 17. Os serviços do SUS e do SUAS deverão promover ações articuladas para garantir à pessoa com deficiência e sua família a aquisição de informações, orientações e formas de acesso às políticas públicas disponíveis, com a finalidade de propiciar sua plena participação social.

Parágrafo único. Os serviços de que trata o *caput* deste artigo podem fornecer informações e orientações nas áreas de saúde, de educação, de cultura, de esporte, de lazer, de transporte, de previdência social, de assistência social, de habitação, de trabalho, de empreendedorismo, de acesso ao crédito, de promoção, proteção e defesa de direitos e nas demais áreas que possibilitem à pessoa com deficiência exercer sua cidadania.

CAPÍTULO III
DO DIREITO À SAÚDE

Art. 18. É assegurada atenção integral à saúde da pessoa com deficiência em todos os níveis de complexidade, por intermédio do SUS, garantido acesso universal e igualitário.

§ 1º É assegurada a participação da pessoa com deficiência na elaboração das políticas de saúde a ela destinadas.

§ 2º É assegurado atendimento segundo normas éticas e técnicas, que regulamentarão a atuação dos profissionais de saúde e contemplarão aspectos relacionados aos direitos e às especificidades da pessoa com deficiência, incluindo temas como sua dignidade e autonomia.

§ 3º Aos profissionais que prestam assistência à pessoa com deficiência, especialmente em serviços de habilitação e de reabilitação, deve ser garantida capacitação inicial e continuada.

§ 4º As ações e os serviços de saúde pública destinados à pessoa com deficiência devem assegurar:

I – diagnóstico e intervenção precoces, realizados por equipe multidisciplinar;

II – serviços de habilitação e de reabilitação sempre que necessários, para qualquer tipo de deficiência, inclusive para a manutenção da melhor condição de saúde e qualidade de vida;

III – atendimento domiciliar multidisciplinar, tratamento ambulatorial e internação;

IV – campanhas de vacinação;

V – atendimento psicológico, inclusive para seus familiares e atendentes pessoais;

VI – respeito à especificidade, à identidade de gênero e à orientação sexual da pessoa com deficiência;

VII – atenção sexual e reprodutiva, incluindo o direito à fertilização assistida;

VIII – informação adequada e acessível à pessoa com deficiência e a seus familiares sobre sua condição de saúde;

IX – serviços projetados para prevenir a ocorrência e o desenvolvimento de deficiências e agravos adicionais;

X – promoção de estratégias de capacitação permanente das equipes que atuam no SUS, em todos os níveis de atenção, no atendimento à pessoa com deficiência, bem como orientação a seus atendentes pessoais;

XI – oferta de órteses, próteses, meios auxiliares de locomoção, medicamentos, insumos e fórmulas nutricionais, conforme as normas vigentes do Ministério da Saúde.

§ 5º As diretrizes deste artigo aplicam-se também às instituições privadas que participem de forma complementar do SUS ou que recebam recursos públicos para sua manutenção.

Art. 19. Compete ao SUS desenvolver ações destinadas à prevenção de deficiências por causas evitáveis, inclusive por meio de:

I – acompanhamento da gravidez, do parto e do puerpério, com garantia de parto humanizado e seguro;

II – promoção de práticas alimentares adequadas e saudáveis, vigilância alimentar e nutricional, prevenção e cuidado integral dos agravos relacionados à alimentação e nutrição da mulher e da criança;

III – aprimoramento e expansão dos programas de imunização e de triagem neonatal;

IV – identificação e controle da gestante de alto risco.

Art. 20. As operadoras de planos e seguros privados de saúde são obrigadas a garantir à pessoa com deficiência, no mínimo, todos os serviços e produtos ofertados aos demais clientes.

Art. 21. Quando esgotados os meios de atenção à saúde da pessoa com deficiência no local de residência, será prestado atendimento fora de domicílio, para fins de diagnóstico e de tratamento, garantidos o transporte e a acomodação da pessoa com deficiência e de seu acompanhante.

Art. 22. À pessoa com deficiência internada ou em observação é assegurado o direito a acompanhante ou a atendente pessoal, devendo o órgão ou a instituição de saúde proporcionar condições adequadas para sua permanência em tempo integral.

§ 1º Na impossibilidade de permanência do acompanhante ou do atendente pessoal junto à pessoa com deficiência, cabe ao profissional de saúde responsável pelo tratamento justificá-la por escrito.

§ 2º Na ocorrência da impossibilidade prevista no § 1º deste artigo, o órgão ou a instituição de saúde deve adotar as providências cabíveis para suprir a ausência do acompanhante ou do atendente pessoal.

Art. 23. São vedadas todas as formas de discriminação contra a pessoa com deficiência, inclusive por meio de cobrança de valores diferenciados por planos e seguros privados de saúde, em razão de sua condição.

Art. 24. É assegurado à pessoa com deficiência o acesso aos serviços de saúde, tanto públicos como privados, e às informações prestadas e recebidas, por meio de recursos de tecnologia assistiva e de todas as formas de comunicação previstas no inciso V do art. 3º desta Lei.

Art. 25. Os espaços dos serviços de saúde, tanto públicos quanto privados, devem assegurar o acesso da pessoa com deficiência, em conformidade com a legislação em vigor, mediante a remoção de barreiras, por meio de projetos arquitetônico, de ambientação de interior e de comunicação que atendam às especificidades das pessoas com deficiência física, sensorial, intelectual e mental.

Art. 26. Os casos de suspeita ou de confirmação de violência praticada contra a pessoa com deficiência serão objeto de notificação compulsória pelos serviços de saúde públicos e privados à autoridade policial e ao Ministério Público, além dos Conselhos dos Direitos da Pessoa com Deficiência.

Parágrafo único. Para os efeitos desta Lei, considera-se violência contra a pessoa com deficiência qualquer ação ou omissão, praticada em local público ou privado, que lhe cause morte ou dano ou sofrimento físico ou psicológico.

CAPÍTULO IV
DO DIREITO À EDUCAÇÃO

Art. 27. A educação constitui direito da pessoa com deficiência, assegurados sistema educacional inclusivo em todos os níveis e aprendizado ao longo de toda a vida, de forma a alcançar o máximo desenvolvimento possível de seus talentos e habilidades físicas, sensoriais, intelectuais e sociais, segundo suas características, interesses e necessidades de aprendizagem.

Parágrafo único. É dever do Estado, da família, da comunidade escolar e da sociedade assegurar educação de qualidade à pessoa com deficiência, colocando-a a salvo de toda forma de violência, negligência e discriminação.

Art. 28. Incumbe ao poder público assegurar, criar, desenvolver, implementar, incentivar, acompanhar e avaliar:

I – sistema educacional inclusivo em todos os níveis e modalidades, bem como o aprendizado ao longo de toda a vida;

II – aprimoramento dos sistemas educacionais, visando a garantir condições de acesso, permanência, participação e aprendizagem, por meio da oferta de serviços e de recursos de acessibilidade que eliminem as barreiras e promovam a inclusão plena;

III – projeto pedagógico que institucionalize o atendimento educacional especializado, assim como os demais serviços e adaptações razoáveis, para atender às características dos estudantes com deficiência e garantir o seu pleno acesso ao currículo em condições de igualdade, promovendo a conquista e o exercício de sua autonomia;

IV – oferta de educação bilíngue, em LIBRAS como primeira língua e na modalidade escrita da língua portuguesa como segunda língua, em escolas e classes bilíngues e em escolas inclusivas;

V – adoção de medidas individualizadas e coletivas em ambientes que maximizem o desenvolvimento acadêmico e social dos estudantes com deficiência, favorecendo o acesso, a permanência, a participação e a aprendizagem em instituições de ensino;

VI – pesquisas voltadas para o desenvolvimento de novos métodos e técnicas pedagógicas, de materiais didáticos, de equipamentos e de recursos de tecnologia assistiva;

VII – planejamento de estudo de caso, de elaboração de plano de atendimento educacional especializado, de organização de recursos e serviços de acessibilidade e de disponibilização e usabilidade pedagógica de recursos de tecnologia assistiva;

VIII – participação dos estudantes com deficiência e de suas famílias nas diversas instâncias de atuação da comunidade escolar;

IX – adoção de medidas de apoio que favoreçam o desenvolvimento dos aspectos linguísticos, culturais, vocacionais e profissionais, levando-se em conta o talento, a criatividade, as habilidades e os interesses do estudante com deficiência;

X – adoção de práticas pedagógicas inclusivas pelos programas de formação inicial e continuada de professores e oferta de formação continuada para o atendimento educacional especializado;

XI – formação e disponibilização de professores para o atendimento educacional especializado, de tradutores e intérpretes da LIBRAS, de guias intérpretes e de profissionais de apoio;

XII – oferta de ensino da LIBRAS, do Sistema Braille e de uso de recursos de tecnologia assistiva, de forma a ampliar habilidades funcionais dos estudantes, promovendo sua autonomia e participação;

XIII – acesso à educação superior e à educação profissional e tecnológica em igualdade de oportunidades e condições com as demais pessoas;

XIV – inclusão em conteúdos curriculares, em cursos de nível superior e de educação profissional técnica e tecnológica, de temas relacionados à pessoa com deficiência nos respectivos campos de conhecimento;

XV – acesso da pessoa com deficiência, em igualdade de condições, a jogos e a atividades recreativas, esportivas e de lazer, no sistema escolar;

XVI – acessibilidade para todos os estudantes, trabalhadores da educação e demais integrantes da comunidade escolar às edificações, aos ambientes e às atividades concernentes a todas as modalidades, etapas e níveis de ensino;

XVII – oferta de profissionais de apoio escolar;

XVIII – articulação intersetorial na implementação de políticas públicas.

§ 1º Às instituições privadas, de qualquer nível e modalidade de ensino, aplica-se obrigatoriamente o disposto nos incisos I, II, III, V, VII, VIII, IX, X, XI, XII, XIII, XIV, XV, XVI, XVII e XVIII do *caput* deste artigo, sendo vedada a cobrança de valores adicionais de qualquer natureza em suas mensalidades, anuidades e matrículas no cumprimento dessas determinações.

§ 2º Na disponibilização de tradutores e intérpretes da LIBRAS a que se refere o inciso XI do *caput* deste artigo, deve-se observar o seguinte:

I – os tradutores e intérpretes da LIBRAS atuantes na educação básica devem, no mínimo, possuir ensino médio completo e certificado de proficiência na LIBRAS;

II – os tradutores e intérpretes da LIBRAS, quando direcionados à tarefa de interpretar nas salas de aula dos cursos de graduação e pós-graduação, devem possuir nível superior, com habilitação, prioritariamente, em Tradução e Interpretação em LIBRAS.

Art. 29. VETADO.

Art. 30. Nos processos seletivos para ingresso e permanência nos cursos oferecidos pelas instituições de ensino superior e de educação profissional e tecnológica, públicas e privadas, devem ser adotadas as seguintes medidas:

I – atendimento preferencial à pessoa com deficiência nas dependências das Instituições de Ensino Superior (IES) e nos serviços;

II – disponibilização de formulário de inscrição de exames com campos específicos para que o candidato com deficiência informe os recursos de acessibilidade e de tecnologia assistiva necessários para sua participação;

III – disponibilização de provas em formatos acessíveis para atendimento às necessidades específicas do candidato com deficiência;

IV – disponibilização de recursos de acessibilidade e de tecnologia assistiva adequados, previamente solicitados e escolhidos pelo candidato com deficiência;

V – dilação de tempo, conforme demanda apresentada pelo candidato com deficiência, tanto na realização de exame para seleção quanto nas atividades acadêmicas, mediante prévia solicitação e comprovação da necessidade;

VI – adoção de critérios de avaliação das provas escritas, discursivas ou de redação que considerem a singularidade linguística da pessoa com deficiência, no domínio da modalidade escrita da língua portuguesa;

VII – tradução completa do edital e de suas retificações em LIBRAS.

CAPÍTULO V
DO DIREITO À MORADIA

Art. 31. A pessoa com deficiência tem direito à moradia digna, no seio da família natural ou substituta, com seu cônjuge ou companheiro ou desacompanhada, ou em moradia para a vida independente da pessoa com deficiência, ou, ainda, em residência inclusiva.

§ 1º O poder público adotará programas e ações estratégicas para apoiar a criação e a manutenção de moradia para a vida independente da pessoa com deficiência.

§ 2º A proteção integral na modalidade de residência inclusiva será prestada no âmbito do SUAS à pessoa com deficiência em situação de dependência que não disponha de condições de autossustentabilidade, com vínculos familiares fragilizados ou rompidos.

Art. 32. Nos programas habitacionais, públicos ou subsidiados com recursos públicos, a pessoa com deficiência ou o seu responsável goza de prioridade na aquisição de imóvel para moradia própria, observado o seguinte:

I – reserva de, no mínimo, 3% (três por cento) das unidades habitacionais para pessoa com deficiência;

II – VETADO;

III – em caso de edificação multifamiliar, garantia de acessibilidade nas áreas de uso comum e nas unidades habitacionais no piso térreo e de acessibilidade ou de adaptação razoável nos demais pisos;

IV – disponibilização de equipamentos urbanos comunitários acessíveis;

V – elaboração de especificações técnicas no projeto que permitam a instalação de elevadores.

§ 1º O direito à prioridade, previsto no *caput* deste artigo, será reconhecido à pessoa com deficiência beneficiária apenas uma vez.

§ 2º Nos programas habitacionais públicos, os critérios de financiamento devem ser compatíveis com os rendimentos da pessoa com deficiência ou de sua família.

§ 3º Caso não haja pessoa com deficiência interessada nas unidades habitacionais reservadas por força do disposto no inciso I do *caput* deste artigo, as unidades não utilizadas serão disponibilizadas às demais pessoas.

Art. 33. Ao poder público compete:

I – adotar as providências necessárias para o cumprimento do disposto nos arts. 31 e 32 desta Lei; e

II – divulgar, para os agentes interessados e beneficiários, a política habitacional prevista nas legislações federal, estaduais, distrital e municipais, com ênfase nos dispositivos sobre acessibilidade.

CAPÍTULO VI
DO DIREITO AO TRABALHO

Seção I
DISPOSIÇÕES GERAIS

Art. 34. A pessoa com deficiência tem direito ao trabalho de sua livre escolha e aceitação, em ambiente acessível e inclusivo, em igualdade de oportunidades com as demais pessoas.

§ 1º As pessoas jurídicas de direito público, privado ou de qualquer natureza são obrigadas a garantir ambientes de trabalho acessíveis e inclusivos.

§ 2º A pessoa com deficiência tem direito, em igualdade de oportunidades com as demais pessoas, a condições justas e favoráveis de trabalho, incluindo igual remuneração por trabalho de igual valor.

§ 3º É vedada restrição ao trabalho da pessoa com deficiência e qualquer discriminação em razão de sua condição, inclusive nas etapas de recrutamento, seleção, contratação, admissão, exames admissional e periódico, permanência no emprego, ascensão profissional e reabilitação profissional, bem como exigência de aptidão plena.

§ 4º A pessoa com deficiência tem direito à participação e ao acesso a cursos, treinamentos, educação continuada, planos de carreira, promoções, bonificações e incentivos profissionais oferecidos pelo empregador, em igualdade de oportunidades com os demais empregados.

§ 5º É garantida aos trabalhadores com deficiência acessibilidade em cursos de formação e de capacitação.

Art. 35. É finalidade primordial das políticas públicas de trabalho e emprego promover e garantir condições de acesso e de permanência da pessoa com deficiência no campo de trabalho.

Parágrafo único. Os programas de estímulo ao empreendedorismo e ao trabalho autônomo, incluídos o cooperativismo e o associativismo, devem prever a participação da pessoa com deficiência e a disponibilização de linhas de crédito, quando necessárias.

Seção II
DA HABILITAÇÃO PROFISSIONAL E REABILITAÇÃO PROFISSIONAL

Art. 36. O poder público deve implementar serviços e programas completos de habilitação profissional e de reabilitação profissional para que a pessoa com deficiência possa ingressar, continuar ou retornar ao campo do trabalho, respeitados sua livre escolha, sua vocação e seu interesse.

§ 1º Equipe multidisciplinar indicará, com base em critérios previstos no § 1º do art. 2º desta Lei, programa de habilitação ou de reabilitação que possibilite à pessoa com deficiência restaurar sua capacidade e habilidade profissional ou adquirir novas capacidades e habilidades de trabalho.

§ 2º A habilitação profissional corresponde ao processo destinado a propiciar à pessoa com deficiência aquisição de conhecimentos, habilidades e aptidões para exercício de profissão ou de ocupação, permitindo nível suficiente de desenvolvimento profissional para ingresso no campo de trabalho.

§ 3º Os serviços de habilitação profissional, de reabilitação profissional e de educação profissional devem ser dotados de recursos necessários para atender a toda pessoa com deficiência, independentemente de sua característica específica, a fim de que ela possa ser capacitada para trabalho que lhe seja adequado e ter perspectivas de obtê-lo, de conservá-lo e de nele progredir.

§ 4º Os serviços de habilitação profissional, de reabilitação profissional e de educação profissional deverão ser oferecidos em ambientes acessíveis e inclusivos.

§ 5º A habilitação profissional e a reabilitação profissional devem ocorrer articuladas com as redes públicas e privadas, especialmente de saúde, de ensino e de assistência social, em todos os níveis e modalidades, em entidades de formação profissional ou diretamente com o empregador.

§ 6º A habilitação profissional pode ocorrer em empresas por meio de prévia formalização do contrato de emprego da pessoa com deficiência, que será considerada para o cumprimento da reserva de vagas prevista em lei, desde que por tempo determinado e concomitante com a inclusão profissional na empresa, observado o disposto em regulamento.

§ 7º A habilitação profissional e a reabilitação profissional atenderão à pessoa com deficiência.

Seção III
DA INCLUSÃO DA PESSOA COM DEFICIÊNCIA NO TRABALHO

Art. 37. Constitui modo de inclusão da pessoa com deficiência no trabalho a colocação competitiva, em igualdade de oportunidades com as demais pessoas, nos termos da legislação trabalhista e previdenciária, na qual devem ser atendidas as regras de acessibilidade, o fornecimento de recursos de tecnologia assistiva e a adaptação razoável no ambiente de trabalho.

Parágrafo único. A colocação competitiva da pessoa com deficiência pode ocorrer por meio de trabalho com apoio, observadas as seguintes diretrizes:

I – prioridade no atendimento à pessoa com deficiência com maior dificuldade de inserção no campo de trabalho;

II – provisão de suportes individualizados que atendam a necessidades específicas da pessoa com deficiência, inclusive a disponibilização de recursos de tecnologia assistiva, de agente facilitador e de apoio no ambiente de trabalho;

III – respeito ao perfil vocacional e ao interesse da pessoa com deficiência apoiada;

IV – oferta de aconselhamento e de apoio aos empregadores, com vistas à definição de estratégias de inclusão e de superação de barreiras, inclusive atitudinais;

V – realização de avaliações periódicas;

VI – articulação intersetorial das políticas públicas;

VII – possibilidade de participação de organizações da sociedade civil.

Art. 38. A entidade contratada para a realização de processo seletivo público ou privado para cargo, função ou emprego está obrigada à observância do disposto nesta Lei e em outras normas de acessibilidade vigentes.

CAPÍTULO VII
DO DIREITO À ASSISTÊNCIA SOCIAL

Art. 39. Os serviços, os programas, os projetos e os benefícios no âmbito da política pública de assistência social à pessoa com deficiência e sua família têm como objetivo a garantia da segurança de renda, da acolhida, da habilitação e da reabilitação, do desenvolvimento da autonomia e da convivência familiar e comunitária, para a promoção do acesso a direitos e da plena participação social.

§ 1º A assistência social à pessoa com deficiência, nos termos do *caput* deste artigo, deve envolver conjunto articulado de serviços do âmbito da Proteção Social Básica e da Proteção Social Especial, ofertados pelo SUAS, para a garantia de seguranças fundamentais no enfrentamento de situações de vulnerabilidade e de risco, por fragilização de vínculos e ameaça ou violação de direitos.

§ 2º Os serviços socioassistenciais destinados à pessoa com deficiência em situação de dependência deverão contar com cuidadores sociais para prestar-lhe cuidados básicos e instrumentais.

Art. 40. É assegurado à pessoa com deficiência que não possua meios para prover sua subsistência nem de tê-la provida por sua família o benefício mensal de 1 (um) salário mínimo, nos termos da Lei nº 8.742, de 7 de dezembro de 1993.

CAPÍTULO VIII
DO DIREITO À PREVIDÊNCIA SOCIAL

Art. 41. A pessoa com deficiência segurada do Regime Geral de Previdência Social (RGPS) tem direito à aposentadoria nos termos da Lei Complementar nº 142, de 8 de maio de 2013.

CAPÍTULO IX
DO DIREITO À CULTURA, AO ESPORTE, AO TURISMO E AO LAZER

Art. 42. A pessoa com deficiência tem direito à cultura, ao esporte, ao turismo e ao lazer em igualdade de oportunidades com as demais pessoas, sendo-lhe garantido o acesso:

I – a bens culturais em formato acessível;

II – a programas de televisão, cinema, teatro e outras atividades culturais e desportivas em formato acessível; e

III – a monumentos e locais de importância cultural e a espaços que ofereçam serviços ou eventos culturais e esportivos.

§ 1º É vedada a recusa de oferta de obra intelectual em formato acessível à pessoa com deficiência, sob qualquer argumento, inclusive sob a alegação de proteção dos direitos de propriedade intelectual.

§ 2º O poder público deve adotar soluções destinadas à eliminação, à redução ou à superação de barreiras para a promoção do acesso a todo patrimônio cultural, observadas as normas de acessibilidade, ambientais e de proteção do patrimônio histórico e artístico nacional.

Art. 43. O poder público deve promover a participação da pessoa com deficiência em atividades artísticas, intelectuais, culturais, esportivas e recreativas, com vistas ao seu protagonismo, devendo:

I – incentivar a provisão de instrução, de treinamento e de recursos adequados, em igualdade de oportunidades com as demais pessoas;

II – assegurar acessibilidade nos locais de eventos e nos serviços prestados por pessoa ou entidade envolvida na organização das atividades de que trata este artigo; e

III – assegurar a participação da pessoa com deficiência em jogos e atividades recreativas, esportivas, de lazer, culturais e artísticas, inclusive no sistema escolar, em igualdade de condições com as demais pessoas.

Art. 44. Nos teatros, cinemas, auditórios, estádios, ginásios de esporte, locais de espetáculos e de conferências e similares, serão reservados espaços livres e assentos para a pessoa com deficiência, de acordo com a capacidade de lotação da edificação, observado o disposto em regulamento.

§ 1º Os espaços e assentos a que se refere este artigo devem ser distribuídos pelo recinto em locais diversos, de boa visibilidade, em todos os setores, próximos aos corredores, devidamente sinalizados, evitando-se áreas segregadas de público e obstrução das saídas, em conformidade com as normas de acessibilidade.

§ 2º No caso de não haver comprovada procura pelos assentos reservados, esses podem, excepcionalmente, ser ocupados por pessoas sem deficiência ou que não tenham mobilidade reduzida, observado o disposto em regulamento.

§ 3º Os espaços e assentos a que se refere este artigo devem situar-se em locais que garantam a acomodação de, no mínimo, 1 (um) acompanhante da pessoa com deficiência ou com mobilidade reduzida, resguardado o direito de se acomodar proximamente a grupo familiar e comunitário.

§ 4º Nos locais referidos no *caput* deste artigo, deve haver, obrigatoriamente, rotas de fuga e saídas de emergência acessíveis, conforme padrões das normas de acessibilidade, a fim de permitir a saída segura da pessoa com deficiência ou com mobilidade reduzida, em caso de emergência.

§ 5º Todos os espaços das edificações previstas no *caput* deste artigo devem atender às normas de acessibilidade em vigor.

§ 6º As salas de cinema devem oferecer, em todas as sessões, recursos de acessibilidade para a pessoa com deficiência.

§ 7º O valor do ingresso da pessoa com deficiência não poderá ser superior ao valor cobrado das demais pessoas.

Art. 45. Os hotéis, pousadas e similares devem ser construídos observando-se os princípios do desenho universal, além de adotar todos os meios de acessibilidade, conforme legislação em vigor.

§ 1º Os estabelecimentos já existentes deverão disponibilizar, pelo menos, 10% (dez por cento) de seus dormitórios acessíveis, garantida, no mínimo, 1 (uma) unidade acessível.

§ 2º Os dormitórios mencionados no § 1º deste artigo deverão ser localizados em rotas acessíveis.

CAPÍTULO X
DO DIREITO AO TRANSPORTE E À MOBILIDADE

Art. 46. O direito ao transporte e à mobilidade da pessoa com deficiência ou com mobilidade reduzida será assegurado em igualdade de oportunidades com as demais pessoas, por meio de identificação e de eliminação de todos os obstáculos e barreiras ao seu acesso.

§ 1º Para fins de acessibilidade aos serviços de transporte coletivo terrestre, aquaviário e aéreo, em todas as jurisdições, consideram-se como integrantes desses serviços os veículos, os terminais, as estações, os pontos de parada, o sistema viário e a prestação do serviço.

§ 2º São sujeitas ao cumprimento das disposições desta Lei, sempre que houver interação com a matéria nela regulada, a outorga, a concessão, a permissão, a autorização, a renovação ou a habilitação de linhas e de serviços de transporte coletivo.

§ 3º Para colocação do símbolo internacional de acesso nos veículos, as empresas de transporte coletivo de passageiros dependem da certificação de acessibilidade emitida pelo gestor público responsável pela prestação do serviço.

Art. 47. Em todas as áreas de estacionamento aberto ao público, de uso público ou privado de uso coletivo e em vias públicas, devem ser reservadas vagas próximas aos acessos de circulação de pedestres, devidamente sinalizadas, para veículos que transportem pessoa com deficiência com comprometimento de mobilidade, desde que devidamente identificados.

§ 1º As vagas a que se refere o *caput* deste artigo devem equivaler a 2% (dois por cento) do total, garantida, no mínimo, 1 (uma) vaga devidamente sinalizada e com as especificações de desenho e traçado de acordo com as normas técnicas vigentes de acessibilidade.

§ 2º Os veículos estacionados nas vagas reservadas devem exibir, em local de ampla visibilidade, a credencial de beneficiário, a ser confeccionada e fornecida pelos órgãos de trânsito, que disciplinarão suas características e condições de uso.

§ 3º A utilização indevida das vagas de que trata este artigo sujeita os infratores às sanções previstas no inciso XX do art. 181 da Lei nº 9.503, de 23 de setembro de 1997 (Código de Trânsito Brasileiro).

► § 3º com a redação dada pela Lei nº 13.281, de 4-5-2016.

§ 4º A credencial a que se refere o § 2º deste artigo é vinculada à pessoa com deficiência que possui comprometimento de mobilidade e é válida em todo o território nacional.

Art. 48. Os veículos de transporte coletivo terrestre, aquaviário e aéreo, as instalações, as estações, os portos e os terminais em operação no País devem ser acessíveis, de forma a garantir o seu uso por todas as pessoas.

§ 1º Os veículos e as estruturas de que trata o *caput* deste artigo devem dispor de sistema de comunicação acessível que disponibilize informações sobre todos os pontos do itinerário.

§ 2º São asseguradas à pessoa com deficiência prioridade e segurança nos procedimentos de embarque e de desembarque nos veículos de transporte coletivo, de acordo com as normas técnicas.

§ 3º Para colocação do símbolo internacional de acesso nos veículos, as empresas de transporte coletivo de passageiros dependem da certificação de acessibilidade emitida pelo gestor público responsável pela prestação do serviço.

Art. 49. As empresas de transporte de fretamento e de turismo, na renovação de suas frotas, são obrigadas ao cumprimento do disposto nos arts. 46 e 48 desta Lei.

Art. 50. O poder público incentivará a fabricação de veículos acessíveis e a sua utilização como táxis e *vans*, de forma a garantir o seu uso por todas as pessoas.

Art. 51. As frotas de empresas de táxi devem reservar 10% (dez por cento) de seus veículos acessíveis à pessoa com deficiência.

§ 1º É proibida a cobrança diferenciada de tarifas ou de valores adicionais pelo serviço de táxi prestado à pessoa com deficiência.

§ 2º O poder público é autorizado a instituir incentivos fiscais com vistas a possibilitar a acessibilidade dos veículos a que se refere o *caput* deste artigo.

Art. 52. As locadoras de veículos são obrigadas a oferecer 1 (um) veículo adaptado para uso de pessoa com deficiência, a cada conjunto de 20 (vinte) veículos de sua frota.

Parágrafo único. O veículo adaptado deverá ter, no mínimo, câmbio automático, direção hidráulica, vidros elétricos e comandos manuais de freio e de embreagem.

TÍTULO III – DA ACESSIBILIDADE

CAPÍTULO I
DISPOSIÇÕES GERAIS

Art. 53. A acessibilidade é direito que garante à pessoa com deficiência ou com mobilidade reduzida viver de forma independente e exercer seus direitos de cidadania e de participação social.

Art. 54. São sujeitas ao cumprimento das disposições desta Lei e de outras normas relativas à acessibilidade, sempre que houver interação com a matéria nela regulada:

I – a aprovação de projeto arquitetônico e urbanístico ou de comunicação e informação, a fabricação de veículos de transporte coletivo, a prestação do respectivo serviço e a execução de qualquer tipo de obra, quando tenham destinação pública ou coletiva;

II – a outorga ou a renovação de concessão, permissão, autorização ou habilitação de qualquer natureza;

III – a aprovação de financiamento de projeto com utilização de recursos públicos, por meio de renúncia ou de incentivo fiscal, contrato, convênio ou instrumento congênere; e

IV – a concessão de aval da União para obtenção de empréstimo e de financiamento internacionais por entes públicos ou privados.

Art. 55. A concepção e a implantação de projetos que tratem do meio físico, de transporte, de informação e comunicação, inclusive de sistemas e tecnologias da informação e comunicação, e de outros serviços, equipamentos e instalações abertos ao público, de uso público ou privado de uso coletivo, tanto na zona urbana como na rural, devem atender aos princípios do desenho universal, tendo como referência as normas de acessibilidade.

§ 1º O desenho universal será sempre tomado como regra de caráter geral.

§ 2º Nas hipóteses em que comprovadamente o desenho universal não possa ser empreendido, deve ser adotada adaptação razoável.

§ 3º Caberá ao poder público promover a inclusão de conteúdos temáticos referentes ao desenho universal nas diretrizes curriculares da educação profissional e tecnológica e do ensino superior e na formação das carreiras de Estado.

§ 4º Os programas, os projetos e as linhas de pesquisa a serem desenvolvidos com o apoio de organismos públicos de auxílio à pesquisa e de agências de fomento deverão incluir temas voltados para o desenho universal.

§ 5º Desde a etapa de concepção, as políticas públicas deverão considerar a adoção do desenho universal.

Art. 56. A construção, a reforma, a ampliação ou a mudança de uso de edificações abertas ao público, de uso público ou privadas de uso coletivo deverão ser executadas de modo a serem acessíveis.

§ 1º As entidades de fiscalização profissional das atividades de Engenharia, de Arquitetura e correlatas, ao anotarem a responsabilidade técnica de projetos, devem exigir a responsabilidade profissional declarada de atendimento às regras de acessibilidade previstas em legislação e em normas técnicas pertinentes.

§ 2º Para a aprovação, o licenciamento ou a emissão de certificado de projeto executivo arquitetônico, urbanístico e de instalações e equipamentos temporários ou permanentes e para o licenciamento ou a emissão de certificado de conclusão de obra ou de serviço, deve ser atestado o atendimento às regras de acessibilidade.

§ 3º O poder público, após certificar a acessibilidade de edificação ou de serviço, determinará a colocação, em espaços ou em locais de ampla visibilidade, do símbolo internacional de acesso, na forma prevista em legislação e em normas técnicas correlatas.

Art. 57. As edificações públicas e privadas de uso coletivo já existentes devem garantir acessibilidade à pessoa com deficiência em todas as suas dependências e serviços, tendo como referência as normas de acessibilidade vigentes.

Art. 58. O projeto e a construção de edificação de uso privado multifamiliar devem atender aos preceitos de acessibilidade, na forma regulamentar.

§ 1º As construtoras e incorporadoras responsáveis pelo projeto e pela construção das edificações a que se refere o *caput* deste artigo devem assegurar percentual mínimo de suas unidades internamente acessíveis, na forma regulamentar.

§ 2º É vedada a cobrança de valores adicionais para a aquisição de unidades internamente acessíveis a que se refere o § 1º deste artigo.

Art. 59. Em qualquer intervenção nas vias e nos espaços públicos, o poder público e as empresas concessionárias responsáveis pela execução das obras e dos serviços devem garantir, de forma segura, a fluidez do trânsito e a livre circulação e acessibilidade das pessoas, durante e após sua execução.

Art. 60. Orientam-se, no que couber, pelas regras de acessibilidade previstas em legislação e em normas técnicas, observado o disposto na Lei nº 10.098, de 19 de dezembro de 2000, nº 10.257, de 10 de julho de 2001, e nº 12.587, de 3 de janeiro de 2012:

I – os planos diretores municipais, os planos diretores de transporte e trânsito, os planos de mobilidade urbana e os planos de preservação de sítios históricos elaborados ou atualizados a partir da publicação desta Lei;

II – os códigos de obras, os códigos de postura, as leis de uso e ocupação do solo e as leis do sistema viário;

III – os estudos prévios de impacto de vizinhança;

IV – as atividades de fiscalização e a imposição de sanções; e

V – a legislação referente à prevenção contra incêndio e pânico.

§ 1º A concessão e a renovação de alvará de funcionamento para qualquer atividade são condicionadas à observação e à certificação das regras de acessibilidade.

§ 2º A emissão de carta de habite-se ou de habilitação equivalente e sua renovação, quando esta tiver sido emitida anteriormente às exigências de acessibilidade, é condicionada à observação e à certificação das regras de acessibilidade.

Art. 61. A formulação, a implementação e a manutenção das ações de acessibilidade atenderão às seguintes premissas básicas:

I – eleição de prioridades, elaboração de cronograma e reserva de recursos para implementação das ações; e

II – planejamento contínuo e articulado entre os setores envolvidos.

Art. 62. É assegurado à pessoa com deficiência, mediante solicitação, o recebimento de contas, boletos, recibos, extratos e cobranças de tributos em formato acessível.

CAPÍTULO II

DO ACESSO À INFORMAÇÃO E À COMUNICAÇÃO

Art. 63. É obrigatória a acessibilidade nos sítios da internet mantidos por empresas com sede ou representação comercial no País ou por órgãos de governo, para uso da pessoa com deficiência, garantindo-lhe acesso às informações disponíveis, conforme as melhores práticas e diretrizes de acessibilidade adotadas internacionalmente.

§ 1º Os sítios devem conter símbolo de acessibilidade em destaque.

§ 2º Telecentros comunitários que receberem recursos públicos federais para seu custeio ou sua instalação e *lan houses* devem possuir equipamentos e instalações acessíveis.

§ 3º Os telecentros e as *lan houses* de que trata o § 2º deste artigo devem garantir, no mínimo, 10% (dez por cento) de seus computadores com recursos de acessibilidade para pessoa com deficiência visual, sendo assegurado pelo menos 1 (um) equipamento, quando o resultado percentual for inferior a 1 (um).

Art. 64. A acessibilidade nos sítios da internet de que trata o art. 63 desta Lei deve ser observada para obtenção do financiamento de que trata o inciso III do art. 54 desta Lei.

Art. 65. As empresas prestadoras de serviços de telecomunicações deverão garantir pleno acesso à pessoa com deficiência, conforme regulamentação específica.

Art. 66. Cabe ao poder público incentivar a oferta de aparelhos de telefonia fixa e móvel celular com acessibilidade que, entre outras tecnologias assistivas, possuam possibilidade de indicação e de ampliação sonoras de todas as operações e funções disponíveis.

Art. 67. Os serviços de radiodifusão de sons e imagens devem permitir o uso dos seguintes recursos, entre outros:

I – subtitulação por meio de legenda oculta;

II – janela com intérprete da LIBRAS;

III – audiodescrição.

Art. 68. O poder público deve adotar mecanismos de incentivo à produção, à edição, à difusão, à distribuição e à comercialização de livros em formatos acessíveis, inclusive em publicações da administração pública ou financiadas com recursos públicos, com vistas a garantir à pessoa com deficiência o direito de acesso à leitura, à informação e à comunicação.

§ 1º Nos editais de compras de livros, inclusive para o abastecimento ou a atualização de acervos de bibliotecas em todos os níveis e modalidades de educação e de bibliotecas públicas, o poder público deverá adotar cláusulas de impedimento à participação de editoras que não ofertem sua produção também em formatos acessíveis.

§ 2º Consideram-se formatos acessíveis os arquivos digitais que possam ser reconhecidos e acessados por *softwares* leitores de telas ou outras tecnologias assistivas que vierem a substituí-los, permitindo leitura com voz sintetizada, ampliação de caracteres, diferentes contrastes e impressão em Braille.

§ 3º O poder público deve estimular e apoiar a adaptação e a produção de artigos científicos em formato acessível, inclusive em LIBRAS.

Art. 69. O poder público deve assegurar a disponibilidade de informações corretas e claras sobre os diferentes produtos e serviços ofertados, por quaisquer meios de comunicação empregados, inclusive em ambiente virtual, contendo a especificação correta de quantidade, qualidade, características, composição e preço, bem como sobre os eventuais riscos à saúde e à segurança do consumidor com deficiência, em caso de sua utilização, aplicando-se, no que couber, os arts. 30 a 41 da Lei nº 8.078, de 11 de setembro de 1990.

§ 1º Os canais de comercialização virtual e os anúncios publicitários veiculados na imprensa escrita, na internet, no rádio, na televisão e nos demais veículos de comunicação abertos ou por assinatura devem disponibilizar, conforme a compatibilidade do meio, os recursos de acessibilidade de que trata o art. 67 desta Lei, a expensas do fornecedor do produto ou do serviço, sem prejuízo da observância do disposto nos arts. 36 a 38 da Lei nº 8.078, de 11 de setembro de 1990.

§ 2º Os fornecedores devem disponibilizar, mediante solicitação, exemplares de bulas, prospectos, textos ou qualquer outro tipo de material de divulgação em formato acessível.

Art. 70. As instituições promotoras de congressos, seminários, oficinas e demais eventos de natureza científico-cultural devem oferecer à pessoa com deficiência, no mínimo, os recursos de tecnologia assistiva previstos no art. 67 desta Lei.

Art. 71. Os congressos, os seminários, as oficinas e os demais eventos de natureza científico-cultural promovidos ou financiados pelo Poder Público devem garantir as condições de acessibilidade e os recursos de tecnologia assistiva.

Art. 72. Os programas, as linhas de pesquisa e os projetos a serem desenvolvidos com o apoio de agências de financiamento e de órgãos e entidades integrantes da administração pública que atuem no auxílio à pesquisa devem contemplar temas voltados à tecnologia assistiva.

Art. 73. Caberá ao poder público, diretamente ou em parceria com organizações da sociedade civil, promover a capacitação de tradutores e intérpretes da LIBRAS, de guias intérpretes e de profissionais habilitados em Braille, audiodescrição, estenotipia e legendagem.

CAPÍTULO III

DA TECNOLOGIA ASSISTIVA

Art. 74. É garantido à pessoa com deficiência acesso a produtos, recursos, estratégias, práticas, processos, métodos e serviços de tecnologia assistiva que maximizem sua autonomia, mobilidade pessoal e qualidade de vida.

Art. 75. O poder público desenvolverá plano específico de medidas, a ser renovado em cada período de 4 (quatro) anos, com a finalidade de:

I – facilitar o acesso a crédito especializado, inclusive com oferta de linhas de crédito subsidiadas, específicas para aquisição de tecnologia assistiva;

II – agilizar, simplificar e priorizar procedimentos de importação de tecnologia assistiva, especialmente as questões atinentes a procedimentos alfandegários e sanitários;

III – criar mecanismos de fomento à pesquisa e à produção nacional de tecnologia assistiva, inclusive por meio de concessão de linhas de crédito subsidiado e de parcerias com institutos de pesquisa oficiais;

IV – eliminar ou reduzir a tributação da cadeia produtiva e de importação de tecnologia assistiva;

V – facilitar e agilizar o processo de inclusão de novos recursos de tecnologia assistiva no rol de produtos distribuídos no âmbito do SUS e por outros órgãos governamentais.

Parágrafo único. Para fazer cumprir o disposto neste artigo, os procedimentos constantes do plano específico de medidas deverão ser avaliados, pelo menos, a cada 2 (dois) anos.

CAPÍTULO IV

DO DIREITO À PARTICIPAÇÃO NA VIDA PÚBLICA E POLÍTICA

Art. 76. O poder público deve garantir à pessoa com deficiência todos os direitos políticos e a oportunidade de exercê-los em igualdade de condições com as demais pessoas.

§ 1º À pessoa com deficiência será assegurado o direito de votar e de ser votada, inclusive por meio das seguintes ações:

I – garantia de que os procedimentos, as instalações, os materiais e os equipamentos para votação sejam apropriados, acessíveis a todas as pessoas e de fácil compreensão e uso, sendo vedada a instalação de seções eleitorais exclusivas para a pessoa com deficiência;

II – incentivo à pessoa com deficiência a candidatar-se e a desempenhar quaisquer funções públicas em todos os níveis de governo, inclusive por meio do uso de novas tecnologias assistivas, quando apropriado;

III – garantia de que os pronunciamentos oficiais, a propaganda eleitoral obrigatória e os debates transmitidos pelas emissoras de televisão possuam, pelo menos, os recursos elencados no art. 67 desta Lei;

IV – garantia do livre exercício do direito ao voto e, para tanto, sempre que necessário e a seu pedido, permissão para que a pessoa com deficiência seja auxiliada na votação por pessoa de sua escolha.

§ 2º O poder público promoverá a participação da pessoa com deficiência, inclusive quando institucionalizada, na condução das questões públicas, sem discriminação e em igualdade de oportunidades, observado o seguinte:

I – participação em organizações não governamentais relacionadas à vida pública e à política do País e em atividades e administração de partidos políticos;

II – formação de organizações para representar a pessoa com deficiência em todos os níveis;

III – participação da pessoa com deficiência em organizações que a representem.

TÍTULO IV – DA CIÊNCIA E TECNOLOGIA

Art. 77. O poder público deve fomentar o desenvolvimento científico, a pesquisa e a inovação e a capacitação tecnológicas, voltados à melhoria da qualidade de vida e ao trabalho da pessoa com deficiência e sua inclusão social.

§ 1º O fomento pelo poder público deve priorizar a geração de conhecimentos e técnicas que visem à prevenção e ao tratamento de deficiências e ao desenvolvimento de tecnologias assistiva e social.

§ 2º A acessibilidade e as tecnologias assistiva e social devem ser fomentadas mediante a criação de cursos de pós-graduação, a formação de recursos humanos e a inclusão do tema nas diretrizes de áreas do conhecimento.

§ 3º Deve ser fomentada a capacitação tecnológica de instituições públicas e privadas para o desenvolvimento de tecnologias assistiva e social que sejam voltadas para melhoria da funcionalidade e da participação social da pessoa com deficiência.

§ 4º As medidas previstas neste artigo devem ser reavaliadas periodicamente pelo poder público, com vistas ao seu aperfeiçoamento.

Art. 78. Devem ser estimulados a pesquisa, o desenvolvimento, a inovação e a difusão de tecnologias voltadas para ampliar o acesso da pessoa com deficiência às tecnologias da informação e comunicação e às tecnologias sociais.

Parágrafo único. Serão estimulados, em especial:

I – o emprego de tecnologias da informação e comunicação como instrumento de superação de limitações funcionais e de barreiras à comunicação, à informação, à educação e ao entretenimento da pessoa com deficiência;

II – a adoção de soluções e a difusão de normas que visem a ampliar a acessibilidade da pessoa com deficiência à computação e aos sítios da internet, em especial aos serviços de governo eletrônico.

Livro II – PARTE ESPECIAL

TÍTULO I – DO ACESSO À JUSTIÇA

CAPÍTULO I

DISPOSIÇÕES GERAIS

Art. 79. O poder público deve assegurar o acesso da pessoa com deficiência à justiça, em igualdade de oportunidades com as demais pessoas, garantindo, sempre que requeridos, adaptações e recursos de tecnologia assistiva.

§ 1º A fim de garantir a atuação da pessoa com deficiência em todo o processo judicial, o poder público deve capacitar os membros e os servidores que atuam no Poder Judiciário, no Ministério Público, na Defensoria Pública, nos órgãos de segurança pública e no sistema penitenciário quanto aos direitos da pessoa com deficiência.

§ 2º Devem ser assegurados à pessoa com deficiência submetida a medida restritiva de liberdade todos os direitos e garantias a que fazem jus os apenados sem deficiência, garantida a acessibilidade.

§ 3º A Defensoria Pública e o Ministério Público tomarão as medidas necessárias à garantia dos direitos previstos nesta Lei.

Art. 80. Devem ser oferecidos todos os recursos de tecnologia assistiva disponíveis para que a pessoa com deficiência tenha garantido o acesso à justiça, sempre que figure em um dos polos da ação ou atue como testemunha, partícipe da lide posta em juízo, advogado, defensor público, magistrado ou membro do Ministério Público.

Parágrafo único. A pessoa com deficiência tem garantido o acesso ao conteúdo de todos os atos processuais de seu interesse, inclusive no exercício da advocacia.

Art. 81. Os direitos da pessoa com deficiência serão garantidos por ocasião da aplicação de sanções penais.

Art. 82. VETADO.

Art. 83. Os serviços notariais e de registro não podem negar ou criar óbices ou condições diferenciadas à prestação de seus serviços em razão de deficiência do solicitante, devendo reconhecer sua capacidade legal plena, garantida a acessibilidade.

Parágrafo único. O descumprimento do disposto no *caput* deste artigo constitui discriminação em razão de deficiência.

CAPÍTULO II

DO RECONHECIMENTO IGUAL PERANTE A LEI

Art. 84. A pessoa com deficiência tem assegurado o direito ao exercício de sua capacidade legal em igualdade de condições com as demais pessoas.

§ 1º Quando necessário, a pessoa com deficiência será submetida à curatela, conforme a lei.

§ 2º É facultado à pessoa com deficiência a adoção de processo de tomada de decisão apoiada.

§ 3º A definição de curatela de pessoa com deficiência constitui medida protetiva extraordinária, proporcional às necessidades e às circunstâncias de cada caso, e durará o menor tempo possível.

§ 4º Os curadores são obrigados a prestar, anualmente, contas de sua administração ao juiz, apresentando o balanço do respectivo ano.

Art. 85. A curatela afetará tão somente os atos relacionados aos direitos de natureza patrimonial e negocial.

§ 1º A definição da curatela não alcança o direito ao próprio corpo, à sexualidade, ao matrimônio, à privacidade, à educação, à saúde, ao trabalho e ao voto.

§ 2º A curatela constitui medida extraordinária, devendo constar da sentença as razões e motivações de sua definição, preservados os interesses do curatelado.

§ 3º No caso de pessoa em situação de institucionalização, ao nomear curador, o juiz deve dar preferência a pessoa que tenha vínculo de natureza familiar, afetiva ou comunitária com o curatelado.

Art. 86. Para emissão de documentos oficiais, não será exigida a situação de curatela da pessoa com deficiência.

Art. 87. Em casos de relevância e urgência e a fim de proteger os interesses da pessoa com deficiência em situação de curatela, será lícito ao juiz, ouvido o Ministério Público, de oficio ou a requerimento do interessado, nomear, desde logo, curador provisório, o qual estará sujeito, no que couber, às disposições do Código de Processo Civil.

TÍTULO II – DOS CRIMES E DAS INFRAÇÕES ADMINISTRATIVAS

Art. 88. Praticar, induzir ou incitar discriminação de pessoa em razão de sua deficiência:

Pena – reclusão, de 1 (um) a 3 (três) anos, e multa.

§ 1º Aumenta-se a pena em 1/3 (um terço) se a vítima encontrar-se sob cuidado e responsabilidade do agente.

§ 2º Se qualquer dos crimes previstos no *caput* deste artigo é cometido por intermédio de meios de comunicação social ou de publicação de qualquer natureza:

Pena – reclusão, de 2 (dois) a 5 (cinco) anos, e multa.

§ 3º Na hipótese do § 2º deste artigo, o juiz poderá determinar, ouvido o Ministério Público ou a pedido deste, ainda antes do inquérito policial, sob pena de desobediência:

I – recolhimento ou busca e apreensão dos exemplares do material discriminatório;

II – interdição das respectivas mensagens ou páginas de informação na internet.

§ 4º Na hipótese do § 2º deste artigo, constitui efeito da condenação, após o trânsito em julgado da decisão, a destruição do material apreendido.

Art. 89. Apropriar-se de ou desviar bens, proventos, pensão, benefícios, remuneração ou qualquer outro rendimento de pessoa com deficiência:

Pena – reclusão, de 1 (um) a 4 (quatro) anos, e multa.

Parágrafo único. Aumenta-se a pena em 1/3 (um terço) se o crime é cometido:

I – por tutor, curador, síndico, liquidatário, inventariante, testamenteiro ou depositário judicial; ou

II – por aquele que se apropriou em razão de ofício ou de profissão.

Art. 90. Abandonar pessoa com deficiência em hospitais, casas de saúde, entidades de abrigamento ou congêneres:

Pena – reclusão, de 6 (seis) meses a 3 (três) anos, e multa.

Parágrafo único. Na mesma pena incorre quem não prover as necessidades básicas de pessoa com deficiência quando obrigado por lei ou mandado.

Art. 91. Reter ou utilizar cartão magnético, qualquer meio eletrônico ou documento de pessoa com deficiência destinados ao recebimento de benefícios, proventos, pensões ou remuneração ou à realização de operações financeiras, com o fim de obter vantagem indevida para si ou para outrem:

Pena – detenção, de 6 (seis) meses a 2 (dois) anos, e multa.

Parágrafo único. Aumenta-se a pena em 1/3 (um terço) se o crime é cometido por tutor ou curador.

TÍTULO III – DISPOSIÇÕES FINAIS E TRANSITÓRIAS

Art. 92. É criado o Cadastro Nacional de Inclusão da Pessoa com Deficiência (Cadastro-Inclusão), registro público eletrônico com a finalidade de coletar, processar, sistematizar e disseminar informações georreferenciadas que permitam a identificação e a caracterização socioeconômica da pessoa com deficiência, bem como das barreiras que impedem a realização de seus direitos.

§ 1º O Cadastro-Inclusão será administrado pelo Poder Executivo federal e constituído por base de dados, instrumentos, procedimentos e sistemas eletrônicos.

§ 2º Os dados constituintes do Cadastro-Inclusão serão obtidos pela integração dos sistemas de informação e da base de dados de todas as políticas públicas relacionadas aos direitos da pessoa com deficiência, bem como por informações coletadas, inclusive em censos nacionais e nas demais pesquisas realizadas no País, de acordo com os parâmetros estabelecidos pela Convenção sobre os Direitos das Pessoas com Deficiência e seu Protocolo Facultativo.

§ 3º Para coleta, transmissão e sistematização de dados, é facultada a celebração de convênios, acordos, termos de parceria ou contratos com instituições públicas e privadas, observados os requisitos e procedimentos previstos em legislação específica.

§ 4º Para assegurar a confidencialidade, a privacidade e as liberdades fundamentais da pessoa com deficiência e os princípios éticos que regem a utilização de informações, devem ser observadas as salvaguardas estabelecidas em lei.

§ 5º Os dados do Cadastro-Inclusão somente poderão ser utilizados para as seguintes finalidades:

I – formulação, gestão, monitoramento e avaliação das políticas públicas para a pessoa com deficiência e para identificar as barreiras que impedem a realização de seus direitos;

II – realização de estudos e pesquisas.

§ 6º As informações a que se refere este artigo devem ser disseminadas em formatos acessíveis.

Art. 93. Na realização de inspeções e de auditorias pelos órgãos de controle interno e externo, deve ser observado o cumprimento da legislação relativa à pessoa com deficiência e das normas de acessibilidade vigentes.

Art. 94. Terá direito a auxílio-inclusão, nos termos da lei, a pessoa com deficiência moderada ou grave que:

I – receba o benefício de prestação continuada previsto no art. 20 da Lei nº 8.742, de 7 de dezembro de 1993, e que passe a exercer atividade remunerada que a enquadre como segurado obrigatório do RGPS;

II – tenha recebido, nos últimos 5 (cinco) anos, o benefício de prestação continuada previsto no art. 20 da Lei nº 8.742, de 7 de dezembro de 1993, e que exerça atividade remunerada que a enquadre como segurado obrigatório do RGPS.

Art. 95. É vedado exigir o comparecimento de pessoa com deficiência perante os órgãos públicos quando seu deslocamento, em razão de sua limitação funcional e de condições de acessibilidade, imponha-lhe ônus desproporcional e indevido, hipótese na qual serão observados os seguintes procedimentos:

I – quando for de interesse do poder público, o agente promoverá o contato necessário com a pessoa com deficiência em sua residência;

II – quando for de interesse da pessoa com deficiência, ela apresentará solicitação de atendimento domiciliar ou fará representar- se por procurador constituído para essa finalidade.

Parágrafo único. É assegurado à pessoa com deficiência atendimento domiciliar pela perícia médica e social do Instituto Nacional do Seguro Social (INSS), pelo serviço público de saúde ou pelo serviço privado de saúde, contratado ou conveniado, que integre o SUS e pelas entidades da rede socioassistencial integrantes do SUAS, quando seu deslocamento, em razão de sua limitação funcional e de condições de acessibilidade, imponha-lhe ônus desproporcional e indevido.

Art. 96. O § 6º-A do art. 135 da Lei nº 4.737, de 15 de julho de 1965 (Código Eleitoral), passa a vigorar com a seguinte redação:

"Art. 135. ....

§ 6º-A. Os Tribunais Regionais Eleitorais deverão, a cada eleição, expedir instruções aos Juízes Eleitorais para orientá-los na escolha dos locais de votação, de maneira a garantir acessibilidade para o eleitor com deficiência ou com mobilidade reduzida, inclusive em seu entorno e nos sistemas de transporte que lhe dão acesso.

...."

Art. 97. A Consolidação das Leis do Trabalho (CLT), aprovada pelo Decreto-Lei nº 5.452, de 1º de maio de 1943, passa a vigorar com as seguintes alterações:

"Art. 428. ....

....

§ 6º Para os fins do contrato de aprendizagem, a comprovação da escolaridade de aprendiz com deficiência deve considerar, sobretudo, as habilidades e competências relacionadas com a profissionalização.

....

§ 8º Para o aprendiz com deficiência com 18 (dezoito) anos ou mais, a validade do contrato de aprendizagem pressupõe anotação na CTPS e matrícula e frequência em programa de aprendizagem desenvolvido sob orientação de entidade qualificada em formação técnico-profissional metódica."

"Art. 433. ....

....

I – desempenho insuficiente ou inadaptação do aprendiz, salvo para o aprendiz com deficiência quando desprovido de recursos de acessibilidade, de tecnologias assistivas e de apoio necessário ao desempenho de suas atividades;

...."

Art. 98. A Lei nº 7.853, de 24 de outubro de 1989, passa a vigorar com as seguintes alterações:

► Alteração inserida no texto da referida Lei.

Art. 99. O art. 20 da Lei nº 8.036, de 11 de maio de 1990, passa a vigorar acrescido do seguinte inciso XVIII:

"Art. 20. ....

....

XVIII – quando o trabalhador com deficiência, por prescrição, necessite adquirir órtese ou prótese para promoção de acessibilidade e de inclusão social.

...."

Art. 100. A Lei nº 8.078, de 11 de setembro de 1990 (Código de Defesa do Consumidor), passa a vigorar com as seguintes alterações:

► Alterações inseridas no texto do referido Código.

Art. 101. A Lei nº 8.213, de 24 de julho de 1991, passa a vigorar com as seguintes alterações:

"Art. 16. ....

I – o cônjuge, a companheira, o companheiro e o filho não emancipado, de qualquer condição, menor de 21 (vinte e um) anos ou inválido ou que tenha deficiência intelectual ou mental ou deficiência grave;

....

III – o irmão não emancipado, de qualquer condição, menor de 21 (vinte e um) anos ou inválido ou que tenha deficiência intelectual ou mental ou deficiência grave;

...."

"Art. 77. ....

....

§ 2º..

....

II – para o filho, a pessoa a ele equiparada ou o irmão, de ambos os sexos, pela emancipação ou ao completar 21 (vinte e um) anos de idade, salvo se for inválido ou tiver deficiência intelectual ou mental ou deficiência grave;

....

§ 4º (VETADO).

...."

"Art. 93. (VETADO):

I – (VETADO);

II – (VETADO);

III – (VETADO);

IV – (VETADO);

V – (VETADO).

§ 1º A dispensa de pessoa com deficiência ou de beneficiário reabilitado da Previdência Social ao final de contrato por prazo determinado de mais de 90 (noventa) dias e a dispensa imotivada em contrato por prazo indeterminado somente poderão ocorrer após a contratação de outro trabalhador com deficiência ou beneficiário reabilitado da Previdência Social.

§ 2º Ao Ministério do Trabalho e Emprego incumbe estabelecer a sistemática de fiscalização, bem como gerar dados e estatísticas sobre o total de empregados e as vagas preenchidas por pessoas com deficiência e por beneficiários reabilitados da Previdência Social, fornecendo-os, quando solicitados, aos sindicatos, às entidades representativas dos empregados ou aos cidadãos interessados.

§ 3º Para a reserva de cargos será considerada somente a contratação direta de pessoa com deficiência, excluído o aprendiz com deficiência de que trata a Consolidação das Leis do Trabalho (CLT), aprovada pelo Decreto-Lei no 5.452, de 1º de maio de 1943.

§ 4º (VETADO)."

"Art. 110-A. No ato de requerimento de benefícios operacionalizados pelo INSS, não será exigida apresentação de termo de curatela de titular ou de beneficiário com deficiência, observados os procedimentos a serem estabelecidos em regulamento."

Art. 102. O art. 2º da Lei nº 8.313, de 23 de dezembro de 1991, passa a vigorar acrescido do seguinte § 3º:

"Art. 2º...

§ 3º Os incentivos criados por esta Lei somente serão concedidos a projetos culturais que forem disponibilizados, sempre que tecnicamente possível, também em formato acessível à pessoa com deficiência, observado o disposto em regulamento."

Art. 103. O art. 11 da Lei nº 8.429, de 2 de junho de 1992, passa a vigorar acrescido do seguinte inciso IX:

"Art. 11. ....

....

IX – deixar de cumprir a exigência de requisitos de acessibilidade previstos na legislação."

Art. 104. A Lei nº 8.666, de 21 de junho de 1993, passa a vigorar com as seguintes alterações:

"Art. 3º...

....

§ 2º..

....

V – produzidos ou prestados por empresas que comprovem cumprimento de reserva de cargos prevista em lei para pessoa com deficiência ou para reabilitado da Previdência Social e que atendam às regras de acessibilidade previstas na legislação.

....

§ 5º Nos processos de licitação, poderá ser estabelecida margem de preferência para:

I – produtos manufaturados e para serviços nacionais que atendam a normas técnicas brasileiras; e

II – bens e serviços produzidos ou prestados por empresas que comprovem cumprimento de reserva de cargos prevista em lei para pessoa com deficiência ou para reabilitado da Previdência Social e que atendam às regras de acessibilidade previstas na legislação.

...."

"Art. 66-A. As empresas enquadradas no inciso V do § 2º e no inciso II do § 5º do art. 3º desta Lei deverão cumprir, durante todo o período de execução do contrato, a reserva de cargos prevista em lei para pessoa com deficiência ou para reabilitado da Previdência Social, bem como as regras de acessibilidade previstas na legislação.

Parágrafo único. Cabe à administração fiscalizar o cumprimento dos requisitos de acessibilidade nos serviços e nos ambientes de trabalho."

Art. 105. O art. 20 da Lei nº 8.742, de 7 de dezembro de 1993, passa a vigorar com as seguintes alterações:

"Art. 20. ....

....

§ 2º Para efeito de concessão do benefício de prestação continuada, considera-se pessoa com deficiência aquela que tem impedimento de longo prazo de natureza física, mental, intelectual ou sensorial, o qual, em interação com uma ou mais barreiras, pode obstruir sua participação plena e efetiva na sociedade em igualdade de condições com as demais pessoas.

....

§ 9º Os rendimentos decorrentes de estágio supervisionado e de aprendizagem não serão computados para os fins de cálculo da renda familiar per capita a que se refere o § 3o deste artigo.

....

§ 11. Para concessão do benefício de que trata o *caput* deste artigo, poderão ser utilizados outros elementos probatórios da condição de miserabilidade do grupo familiar e da situação de vulnerabilidade, conforme regulamento."

Art. 106. VETADO.

Art. 107. A Lei nº 9.029, de 13 de abril de 1995, passa a vigorar com as seguintes alterações:

"Art. 1º É proibida a adoção de qualquer prática discriminatória e limitativa para efeito de acesso à relação de trabalho, ou de sua manutenção, por motivo de sexo, origem, raça, cor, estado civil, situação familiar, deficiência, reabilitação profissional, idade, entre outros, ressalvadas, nesse caso, as hipóteses de proteção à criança e ao adolescente previstas no inciso XXXIII do art. 7º da Constituição Federal."

"Art. 3º Sem prejuízo do prescrito no art. 2º desta Lei e nos dispositivos legais que tipificam os crimes resultantes de preconceito de etnia, raça, cor ou deficiência, as infrações ao disposto nesta Lei são passíveis das seguintes cominações:

.... "

"Art. 4º...

I – a reintegração com ressarcimento integral de todo o período de afastamento, mediante pagamento das remunerações devidas, corrigidas monetariamente e acrescidas de juros legais;

.... "

Art. 108. O art. 35 da Lei nº 9.250, de 26 de dezembro de 1995, passa a vigorar acrescido do seguinte § 5º:

"Art. 35...

§ 5º Sem prejuízo do disposto no inciso IX do parágrafo único do art. 3º da Lei nº 10.741, de 1º de outubro de 2003, a pessoa com deficiência, ou o contribuinte que tenha dependente nessa condição, tem preferência na restituição referida no inciso III do art. 4º e na alínea *c* do inciso II do art. 8º."

Art. 109. A Lei nº 9.503, de 23 de setembro de 1997 (Código de Trânsito Brasileiro), passa a vigorar com as seguintes alterações:

► Alterações inseridas no texto do referido Código.

Art. 110. O inciso VI e o § 1º do art. 56 da Lei nº 9.615, de 24 de março de 1998, passam a vigorar com a seguinte redação:

"Art. 56...

....

VI – 2,7% (dois inteiros e sete décimos por cento) da arrecadação bruta dos concursos de prognósticos e loterias federais e similares cuja realização estiver sujeita a autorização federal, deduzindo-se esse valor do montante destinado aos prêmios;

....

§ 1º Do total de recursos financeiros resultantes do percentual de que trata o inciso VI do *caput*, 62,96% (sessenta e dois inteiros e noventa e seis centésimos por cento) serão destinados ao Comitê Olímpico Brasileiro (COB) e 37,04% (trinta e sete inteiros e quatro centésimos por cento) ao Comitê Paralímpico Brasileiro (CPB), devendo ser observado, em ambos os casos, o conjunto de normas aplicáveis à celebração de convênios pela União."

Art. 111. O art. 1º da Lei nº 10.048, de 8 de novembro de 2000, passa a vigorar com a seguinte redação:

"Art. 1º As pessoas com deficiência, os idosos com idade igual ou superior a 60 (sessenta) anos, as gestantes, as lactantes, as pessoas com crianças de colo e os obesos terão atendimento prioritário, nos termos desta Lei."

Art. 112. A Lei nº 10.098, de 19 de dezembro de 2000, passa a vigorar com as seguintes alterações:

"Art. 2º...

I – acessibilidade: possibilidade e condição de alcance para utilização, com segurança e autonomia, de espaços, mobiliários, equipamentos urbanos, edificações, transportes, informação e comunicação, inclusive seus sistemas e tecnologias, bem como de outros serviços e instalações abertos ao público, de uso público ou privados de uso coletivo, tanto na zona urbana como na rural, por pessoa com deficiência ou com mobilidade reduzida;

II – barreiras: qualquer entrave, obstáculo, atitude ou comportamento que limite ou impeça a participação social da pessoa, bem como o gozo, a fruição e o exercício de seus direitos à acessibilidade, à liberdade de movimento e de expressão, à comunicação, ao acesso à informação, à compreensão, à circulação com segurança, entre outros, classificadas em:

a) barreiras urbanísticas: as existentes nas vias e nos espaços públicos e privados abertos ao público ou de uso coletivo;

b) barreiras arquitetônicas: as existentes nos edifícios públicos e privados;

c) barreiras nos transportes: as existentes nos sistemas e meios de transportes;

d) barreiras nas comunicações e na informação: qualquer entrave, obstáculo, atitude ou comportamento que dificulte ou impossibilite a expressão ou o recebimento de mensagens e de informações por intermédio de sistemas de comunicação e de tecnologia da informação;

III – pessoa com deficiência: aquela que tem impedimento de longo prazo de natureza física, mental, intelectual ou sensorial, o qual, em interação com uma ou mais barreiras, pode obstruir sua participação plena e efetiva na sociedade em igualdade de condições com as demais pessoas;

IV – pessoa com mobilidade reduzida: aquela que tenha, por qualquer motivo, dificuldade de movimentação, permanente ou temporária, gerando redução efetiva da mobilidade, da flexibilidade, da coordenação motora ou da percepção, incluindo idoso, gestante, lactante, pessoa com criança de colo e obeso;

V – acompanhante: aquele que acompanha a pessoa com deficiência, podendo ou não desempenhar as funções de atendente pessoal;

VI – elemento de urbanização: quaisquer componentes de obras de urbanização, tais como os referentes a pavimentação, saneamento, encanamento para esgotos, distribuição de energia elétrica e de gás, iluminação pública, serviços de comunicação, abastecimento e distribuição de água, paisagismo e os que materializam as indicações do planejamento urbanístico;

VII – mobiliário urbano: conjunto de objetos existentes nas vias e nos espaços públicos, superpostos ou adicionados aos elementos de urbanização ou de edificação, de forma que sua modificação ou seu traslado não provoque alterações substanciais nesses elementos, tais como semáforos, postes de sinalização e similares, terminais e pontos de acesso coletivo às telecomunicações, fontes de água, lixeiras, toldos, marquises, bancos, quiosques e quaisquer outros de natureza análoga;

VIII – tecnologia assistiva ou ajuda técnica: produtos, equipamentos, dispositivos, recursos, metodologias, estratégias, práticas e serviços que objetivem promover a funcionalidade, relacionada à atividade e à participação da pessoa com deficiência ou com mobilidade reduzida, visando à sua autonomia, independência, qualidade de vida e inclusão social;

IX – comunicação: forma de interação dos cidadãos que abrange, entre outras opções, as línguas, inclusive a Língua Brasileira de Sinais (LIBRAS), a visualização de textos, o Braille, o sistema de sinalização ou de comunicação tátil, os caracteres ampliados, os dispositivos multimídia, assim como a linguagem simples, escrita e oral, os sistemas auditivos e os meios de voz digitalizados e os modos, meios e formatos aumentativos e alternativos de comunicação, incluindo as tecnologias da informação e das comunicações;

X – desenho universal: concepção de produtos, ambientes, programas e serviços a serem usados por todas as pessoas, sem necessidade de adaptação ou de projeto específico, incluindo os recursos de tecnologia assistiva."

"Art. 3º O planejamento e a urbanização das vias públicas, dos parques e dos demais espaços de uso público deverão ser concebidos e executados de forma a torná-los acessíveis para todas as pessoas, inclusive para aquelas com deficiência ou com mobilidade reduzida.

Parágrafo único. O passeio público, elemento obrigatório de urbanização e parte da via pública, normalmente segregado e em nível diferente, destina-se somente à circulação de pedestres e, quando possível, à implantação de mobiliário urbano e de vegetação."

"Art. 9º ....

Parágrafo único. Os semáforos para pedestres instalados em vias públicas de grande circulação, ou que deem acesso aos serviços de reabilitação, devem obrigatoriamente estar equipados com mecanismo que emita sinal sonoro suave para orientação do pedestre."

"Art. 10-A. A instalação de qualquer mobiliário urbano em área de circulação comum para pedestre que ofereça risco de acidente à pessoa com deficiência deverá ser indicada mediante sinalização tátil de alerta no piso, de acordo com as normas técnicas pertinentes."

"Art. 12-A. Os centros comerciais e os estabelecimentos congêneres devem fornecer carros e cadeiras de rodas, motorizados ou não, para o atendimento da pessoa com deficiência ou com mobilidade reduzida."

Art. 113. A Lei nº 10.257, de 10 de julho de 2001 (Estatuto da Cidade), passa a vigorar com as seguintes alterações:

► Alterações inseridas no texto da referida Lei.

Art. 114. A Lei nº 10.406, de 10 de janeiro de 2002 (Código Civil), passa a vigorar com as seguintes alterações:

► Alterações inseridas no texto do referido Código.

Art. 115. O Título IV do Livro IV da Parte Especial da Lei nº 10.406, de 10 de janeiro de 2002 (Código Civil), passa a vigorar com a seguinte redação:

► Alteração inserida no texto do referido Código.

Art. 116. O Título IV do Livro IV da Parte Especial da Lei nº 10.406, de 10 de janeiro de 2002 (Código Civil), passa a vigorar acrescido do seguinte Capítulo III:

► Alterações inseridas no texto do referido Código.

Art. 117. O art. 1º da Lei nº 11.126, de 27 de junho de 2005, passa a vigorar com a seguinte redação:

"Art. 1º É assegurado a pessoa com deficiência visual acompanhada de cão-guia o direito de ingressar e de permanecer com o animal em todos os meios de transporte e em estabelecimentos abertos ao público, de uso público e privados de uso coletivo, desde que observadas as condições impostas por esta Lei.

....

§ 2º O disposto no *caput* deste artigo aplica-se a todas as modalidades e jurisdições do serviço de transporte coletivo de passageiros, inclusive em esfera internacional com origem no território brasileiro."

Art. 118. O inciso IV do art. 46 da Lei nº 11.904, de 14 de janeiro de 2009, passa a vigorar acrescido da seguinte alínea *k*:

"Art. 46. ....

....

IV – ....

k) de acessibilidade a todas as pessoas.

...."

Art. 119. A Lei nº 12.587, de 3 de janeiro de 2012, passa a vigorar acrescida do seguinte art. 12-B:

"Art. 12-B. Na outorga de exploração de serviço de táxi, reservar-se-ão 10% (dez por cento) das vagas para condutores com deficiência.

§ 1º Para concorrer às vagas reservadas na forma do *caput* deste artigo, o condutor com deficiência deverá observar os seguintes requisitos quanto ao veículo utilizado:

I – ser de sua propriedade e por ele conduzido; e

II – estar adaptado às suas necessidades, nos termos da legislação vigente.

§ 2º No caso de não preenchimento das vagas na forma estabelecida no *caput* deste artigo, as remanescentes devem ser disponibilizadas para os demais concorrentes."

Art. 120. Cabe aos órgãos competentes, em cada esfera de governo, a elaboração de relatórios circunstanciados sobre o cumprimento dos prazos estabelecidos por força das Leis nº 10.048, de 8 de novembro de 2000, e nº 10.098, de 19 de dezembro de 2000, bem como o seu encaminhamento ao Ministério Público e aos órgãos de regulação para adoção das providências cabíveis.

Parágrafo único. Os relatórios a que se refere o *caput* deste artigo deverão ser apresentados no prazo de 1 (um) ano a contar da entrada em vigor desta Lei.

Art. 121. Os direitos, os prazos e as obrigações previstos nesta Lei não excluem os já estabelecidos em outras legislações, inclusive em pactos, tratados, convenções e declarações internacionais aprovados e promulgados pelo Congresso Nacional, e devem ser aplicados em conformidade com as demais normas internas e acordos internacionais vinculantes sobre a matéria.

Parágrafo único. Prevalecerá a norma mais benéfica à pessoa com deficiência.

Art. 122. Regulamento disporá sobre a adequação do disposto nesta Lei ao tratamento diferenciado, simplificado e favorecido a ser dispensado às microempresas e às empresas de pequeno porte, previsto no § 3º do art. 1º da Lei Complementar nº 123, de 14 de dezembro de 2006.

Art. 123. Revogam-se os seguintes dispositivos:

I – o inciso II do § 2º do art. 1º da Lei nº 9.008, de 21 de março de 1995;

II – os incisos I, II e III do art. 3º da Lei nº 10.406, de 10 de janeiro de 2002 (Código Civil);

III – os incisos II e III do art. 228 da Lei nº 10.406, de 10 de janeiro de 2002 (Código Civil);

IV – o inciso I do art. 1.548 da Lei nº 10.406, de 10 de janeiro de 2002 (Código Civil);

V – o inciso IV do art. 1.557 da Lei nº 10.406, de 10 de janeiro de 2002 (Código Civil);

VI – os incisos II e IV do art. 1.767 da Lei nº 10.406, de 10 de janeiro de 2002 (Código Civil);

VII – os arts. 1.776 e 1.780 da Lei nº 10.406, de 10 de janeiro de 2002 (Código Civil).

Art. 124. O § 1º do art. 2º desta Lei deverá entrar em vigor em até 2 (dois) anos, contados da entrada em vigor desta Lei.

Art. 125. Devem ser observados os prazos a seguir discriminados, a partir da entrada em vigor desta Lei, para o cumprimento dos seguintes dispositivos:

I – incisos I e II do § 2º do art. 28, 48 (quarenta e oito) meses;

II – § 6º do art. 44, 84 (oitenta e quatro) meses;

► Inciso II com a redação dada pela Lei nº 14.159, de 2-6-2021.

III – art. 45, 24 (vinte e quatro) meses;

IV – art. 49, 48 (quarenta e oito) meses.

Art. 126. Prorroga-se até 31 de dezembro de 2021 a vigência da Lei nº 8.989, de 24 de fevereiro de 1995.

Art. 127. Esta Lei entra em vigor após decorridos 180 (cento e oitenta) dias de sua publicação oficial.

Brasília, 6 de julho de 2015;
194º da Independência e
127º da República.

Dilma Rousseff

LEI COMPLEMENTAR Nº 151, DE 5 DE AGOSTO DE 2015

Altera a Lei Complementar nº 148, de 25 de novembro de 2014; revoga as Leis nºs 10.819, de 16 de dezembro de 2003, e 11.429, de 26 de dezembro de 2006; e dá outras providências.

► Publicada no *DOU* de 6-8-2015, republicada no *DOU* de 26-11-2015.

Art. 1º A Lei Complementar nº 148, de 25 de novembro de 2014, passa a vigorar com as seguintes alterações:

"Art. 2º A União adotará, nos contratos de refinanciamento de dívidas celebradas entre a União, os Estados, o Distrito Federal e os Municípios, com base, respectivamente, na Lei nº 9.496, de 11 de setembro de 1997, e na Medida Provisória nº 2.185-35, de 24 de agosto de 2001, e nos contratos de empréstimos firmados com os Estados e o Distrito Federal ao amparo da Medida Provisória nº 2.192-70, de 24 de agosto de 2001, as seguintes condições, aplicadas a partir de 1º de janeiro de 2013:

...."

"Art. 3º A União concederá descontos sobre os saldos devedores dos contratos referidos no art. 2º, em valor correspondente à diferença entre o montante do saldo devedor existente em 1º de janeiro de 2013 e aquele apurado utilizando-se a variação acumulada da taxa SELIC desde a assinatura dos respectivos contratos, observadas todas as ocorrências que impactaram o saldo devedor no período."

"Art. 4º ....

Parágrafo único. A União terá até 31 de janeiro de 2016 para promover os aditivos contratuais, independentemente de regulamentação, após o que o devedor poderá recolher, a título de pagamento à União, o montante devido, com a aplicação da Lei, ficando a União obrigada a ressarcir ao devedor os valores eventualmente pagos a maior."

Art. 2º Os depósitos judiciais e administrativos em dinheiro referentes a processos judiciais ou administrativos, tributários ou não tributários, nos quais o Estado, o Distrito Federal ou os Municípios sejam parte, deverão ser efetuados em instituição financeira oficial federal, estadual ou distrital.

Art. 3º A instituição financeira oficial transferirá para a conta única do Tesouro do Estado, do Distrito Federal ou do Município 70% (setenta por cento) do valor atualizado dos depósitos referentes aos processos judiciais e administrativos de que trata o art. 2º, bem como os respectivos acessórios.

§ 1º Para implantação do disposto no *caput* deste artigo, deverá ser instituído fundo de reserva destinado a garantir a restituição da parcela transferida ao Tesouro, observados os demais termos desta Lei Complementar.

§ 2º A instituição financeira oficial tratará de forma segregada os depósitos judiciais e os depósitos administrativos.

§ 3º O montante dos depósitos judiciais e administrativos não repassado ao Tesouro constituirá o fundo de reserva referido no § 1º deste artigo, cujo saldo não poderá ser inferior a 30% (trinta por cento) do total dos depósitos de que trata o art. 2º desta Lei Complementar, acrescidos da remuneração que lhes foi atribuída.

§ 4º VETADO.

§ 5º Os valores recolhidos ao fundo de reserva terão remuneração equivalente à taxa referencial do Sistema Especial de Liquidação e de Custódia – SELIC para títulos federais.

§ 6º Compete à instituição financeira gestora do fundo de reserva de que trata este artigo manter escrituração individualizada para cada depósito efetuado na forma do art. 2º, discriminando:

I – o valor total do depósito, acrescido da remuneração que lhe foi originalmente atribuída; e

II – o valor da parcela do depósito mantido na instituição financeira, nos termos do § 3º deste artigo, a remuneração que lhe foi originalmente atribuída e os rendimentos decorrentes do disposto no § 5º deste artigo.

Art. 4º A habilitação do ente federado ao recebimento das transferências referidas no art. 3º é condicionada à apresentação ao órgão jurisdicional responsável pelo julgamento dos litígios aos quais se refiram os depósitos de termo de compromisso firmado pelo chefe do Poder Executivo que preveja:

I – a manutenção do fundo de reserva na instituição financeira responsável pelo repasse das parcelas ao Tesouro, observado o disposto no § 3º do art. 3º desta Lei Complementar;

II – a destinação automática ao fundo de reserva do valor correspondente à parcela dos depósitos judiciais mantida na instituição financeira nos termos do § 3º do art. 3º, condição esta a ser observada a cada transferência recebida na forma do art. 3º desta Lei Complementar;

III – a autorização para a movimentação do fundo de reserva para os fins do disposto nos arts. 5º e 7º desta Lei Complementar; e

IV – a recomposição do fundo de reserva pelo ente federado, em até quarenta e oito horas, após comunicação da instituição financeira, sempre que o seu saldo estiver abaixo dos limites estabelecidos no § 3º do art. 3º desta Lei Complementar.

Art. 5º A constituição do fundo de reserva e a transferência da parcela dos depósitos judiciais e administrativos acumulados até a data de publicação desta Lei Complementar, conforme dispõe o art. 3º, serão realizadas pela instituição financeira em até quinze dias após a apresentação de cópia do termo de compromisso de que trata o art. 4º.

§ 1º Para identificação dos depósitos, cabe ao ente federado manter atualizada na instituição financeira a relação de inscrições no Cadastro Nacional da Pessoa Jurídica – CNPJ dos órgãos que integram a sua administração pública direta e indireta.

§ 2º Realizada a transferência de que trata o *caput*, os repasses subsequentes serão efetuados em até dez dias após a data de cada depósito.

§ 3º Em caso de descumprimento dos prazos estabelecidos no *caput* e no § 2º deste artigo, a instituição financeira deverá transferir a parcela do depósito acrescida da taxa referencial do SELIC para títulos federais mais multa de 0,33% (trinta e três centésimos por cento) por dia de atraso.

Art. 6º São vedadas quaisquer exigências por parte do órgão jurisdicional ou da instituição financeira além daquelas estabelecidas nesta Lei Complementar.

Art. 7º Os recursos repassados na forma desta Lei Complementar ao Estado, ao Distrito Federal ou ao Município, ressalvados os destinados ao fundo de reserva de que trata o § 3º do art. 3º, serão aplicados, exclusivamente, no pagamento de:

I – precatórios judiciais de qualquer natureza;

II – dívida pública fundada, caso a lei orçamentária do ente federativo preveja dotações suficientes para o pagamento da totalidade dos precatórios judiciais exigíveis no exercício e não remanesçam precatórios não pagos referentes aos exercícios anteriores;

III – despesas de capital, caso a lei orçamentária do ente federativo preveja dotações suficientes para o pagamento da totalidade dos precatórios judiciais exigíveis no exercício, não remanesçam precatórios não pagos referentes aos exercícios anteriores e o ente federado não conte com compromissos classificados como dívida pública fundada;

IV – recomposição dos fluxos de pagamento e do equilíbrio atuarial dos fundos de previdência referentes aos regimes próprios de cada ente federado, nas mesmas hipóteses do inciso III.

Parágrafo único. Independentemente das prioridades de pagamento estabelecidas no *caput* deste artigo, poderá o Estado, o Distrito Federal ou o Município utilizar até 10% (dez por cento) da parcela que lhe for transferida nos termos do *caput* do art. 3º para constituição de Fundo Garantidor de PPPs ou de outros mecanismos de garantia previstos em lei, dedicados exclusivamente a investimentos de infraestrutura.

Art. 8º Encerrado o processo litigioso com ganho de causa para o depositante, mediante ordem judicial ou administrativa, o valor do depósito efetuado nos termos desta Lei Complementar acrescido da remuneração que lhe foi originalmente atribuída será colocado à disposição do depositante pela instituição financeira responsável, no prazo de 3 (três) dias úteis, observada a seguinte composição:

I – a parcela que foi mantida na instituição financeira nos termos do § 3º do art. 3º acrescida da remuneração que lhe foi originalmente atribuída será de responsabilidade direta e imediata da instituição depositária; e

II – a diferença entre o valor referido no inciso I e o total devido ao depositante nos termos do *caput* será debitada do saldo existente no fundo de reserva de que trata o § 3º do art. 3º.

§ 1º Na hipótese de o saldo do fundo de reserva após o débito referido no inciso II ser inferior ao valor mínimo estabelecido no § 3º do art. 3º, o ente federado será notificado para recompô-lo na forma do inciso IV do art. 4º.

§ 2º Na hipótese de insuficiência de saldo no fundo de reserva para o débito do montante devido nos termos do inciso II, a instituição financeira restituirá ao depositante o valor disponível no fundo acrescido do valor referido no inciso I.

§ 3º Na hipótese referida no § 2º deste artigo, a instituição financeira notificará a autoridade expedidora da ordem de liberação do depósito, informando a composição detalhada dos valores liberados, sua atualização monetária, a parcela efetivamente disponibilizada em favor do depositante e o saldo a ser pago depois de efetuada a recomposição prevista no § 1º deste artigo.

Art. 9º Nos casos em que o ente federado não recompuser o fundo de reserva até o saldo mínimo referido no § 3º do art. 3º, será suspenso o repasse das parcelas referentes a novos depósitos até a regularização do saldo.

Parágrafo único. Sem prejuízo do disposto no *caput*, na hipótese de descumprimento por três vezes da obrigação referida no inciso IV do art. 4º, será o ente federado excluído da sistemática de que trata esta Lei Complementar.

Art. 10. Encerrado o processo litigioso com ganho de causa para o ente federado, ser-lhe-á transferida a parcela do depósito mantida na instituição financeira nos termos do § 3º do art. 3º acrescida da remuneração que lhe foi originalmente atribuída.

§ 1º O saque da parcela de que trata o *caput* deste artigo somente poderá ser realizado até o limite máximo do qual não resulte saldo inferior ao mínimo exigido no § 3º do art. 3º.

§ 2º Na situação prevista no *caput*, serão transformados em pagamento definitivo, total ou parcial, proporcionalmente à exigência tributária ou não tributária, conforme o caso, inclusive seus acessórios, os valores depositados na forma do *caput* do art. 2º acrescidos da remuneração que lhes foi originalmente atribuída.

Art. 11. O Poder Executivo de cada ente federado estabelecerá regras de procedimentos, inclusive orçamentários, para a execução do disposto nesta Lei Complementar.

Art. 12. Esta Lei Complementar entra em vigor na data de sua publicação.

Art. 13. Ficam revogadas as Leis nº 10.819, de 16 de dezembro de 2003, e 11.429, de 26 de dezembro de 2006.

Brasília, 5 de agosto de 2015;
194º da Independência e
127º da República.

Dilma Rousseff

PROVIMENTO DO CNJ Nº 51, DE 22 DE SETEMBRO DE 2015

Dispõe sobre a averbação de carta de sentença expedida após homologação de sentença estrangeira relativa a divórcio ou separação Judicial.

▸ Publicado no *DJE* de 28-9-2015.

A Corregedora Nacional da Justiça, Ministra Nancy Andrighi, no uso de suas atribuições legais e regimentais,

Considerando o disposto no art. 236 da Constituição Federal de 1988, no inciso XIV do art. 30 da Lei nº 8.935, de 18 de novembro de 1994, no inciso X do art. 8º do Regimento Interno do Conselho Nacional de Justiça, e inciso XI do art. 3º do Regulamento Geral da Corregedoria Nacional de Justiça;

Considerando a necessidade de homologação das sentenças estrangeiras pelo Superior Tribunal de Justiça para produzirem efeitos no Brasil (art. 105, I, *i* da CF/1988);

Considerando a norma do art. 7º, § 6º do Decreto-Lei nº 4.657/42, que prevê a possibilidade de que a homologação do divórcio produza efeito imediato;

Considerando que a exigência de cumprimento ou execução da sentença estrangeira homologada, nos termo do Código do Processo Civil, supõe o interesse de agir na via judicial;

Resolve:

Art. 1º Ficam autorizados os Cartórios de Registros Civis de Pessoas Naturais, a promoverem a averbação de Carta de Sentença de Divórcio ou Separação Judicial, oriunda de homologação de sentença estrangeira pelo Superior Tribunal de Justiça, independentemente de seu cumprimento ou execução em Juízo Federal.

Art. 2º Este provimento entra em vigor na data de sua publicação.

Brasília, 22 de setembro de 2015.

Ministra Nancy Andrighi

DECRETO Nº 8.538, DE 6 DE OUTUBRO DE 2015

Regulamenta o tratamento favorecido, diferenciado e simplificado para microempresas, empresas de pequeno porte, agricultores familiares, produtores rurais pessoa física, microempreendedores individuais e sociedades cooperativas nas contratações públicas de bens, serviços e obras no âmbito da administração pública federal.

► Publicado no *DOU* de 7-10-2015.

► Ementa com a redação dada pelo Dec. nº 10.273, de 13-3-2020.

Art. 1º Nas contratações públicas de bens, serviços e obras, deverá ser concedido tratamento favorecido, diferenciado e simplificado para microempresas e empresas de pequeno porte, agricultor familiar, produtor rural pessoa física, microempreendedor individual – MEI e sociedades cooperativas, nos termos do disposto neste Decreto, com objetivo de:

► *Caput* com a redação dada pelo Dec. nº 10.273, de 13-3-2020.

I – promover o desenvolvimento econômico e social no âmbito local e regional;

II – ampliar a eficiência das políticas públicas; e

III – incentivar a inovação tecnológica.

§ 1º Subordinam-se ao disposto neste Decreto, além dos órgãos da administração pública federal direta, os fundos especiais, as autarquias, as fundações públicas, as empresas públicas, as sociedades de economia mista e as demais entidades controladas direta ou indiretamente pela União.

§ 2º Para efeitos deste Decreto, considera-se:

I – âmbito local – limites geográficos do Município onde será executado o objeto da contratação;

II – âmbito regional – limites geográficos do Estado ou da região metropolitana, que podem envolver mesorregiões ou microrregiões, conforme definido pelo Instituto Brasileiro de Geografia e Estatística – IBGE; e

III – microempresas e empresas de pequeno porte – os beneficiados pela Lei Complementar nº 123, de 14 de dezembro de 2006, nos termos do inciso I do *caput* do art. 13.

§ 3º Admite-se a adoção de outro critério de definição de âmbito local e regional, justificadamente, em edital, desde que previsto em regulamento específico do órgão ou entidade contratante e que atenda aos objetivos previstos no art. 1º.

§ 4º Para fins do disposto neste Decreto, serão beneficiados pelo tratamento favorecido apenas o produtor rural pessoa física e o agricultor familiar conceituado na Lei nº 11.326, de 24 de julho de 2006, que estejam em situação regular junto à Previdência Social e ao Município e tenham auferido receita bruta anual até o limite de que trata o inciso II do *caput* do art. 3º da Lei Complementar nº 123, de 2006.

Art. 2º Para a ampliação da participação das microempresas e empresas de pequeno porte nas licitações, os órgãos ou as entidades contratantes deverão, sempre que possível:

I – instituir cadastro próprio, de acesso livre, ou adequar os eventuais cadastros existentes, para identificar as microempresas e empresas de pequeno porte sediadas regionalmente, juntamente com suas linhas de fornecimento, de modo a possibilitar a notificação das licitações e facilitar a formação de parcerias e as subcontratações;

II – padronizar e divulgar as especificações dos bens, serviços e obras contratados, de modo a orientar as microempresas e empresas de pequeno porte para que adequem os seus processos produtivos;

III – na definição do objeto da contratação, não utilizar especificações que restrinjam, injustificadamente, a participação das microempresas e empresas de pequeno porte sediadas regionalmente;

IV – considerar, na construção de itens, grupos ou lotes da licitação, a oferta local ou regional dos bens e serviços a serem contratados; e

V – disponibilizar informações no sítio eletrônico oficial do órgão ou da entidade contratante sobre regras para participação nas licitações e cadastramento e prazos, regras e condições usuais de pagamento.

Parágrafo único. O disposto nos incisos I e II do *caput* poderá ser realizado de forma centralizada para os órgãos e as entidades integrantes do Sistema de Serviços Gerais – SISG e conveniados, conforme o disposto no Decreto nº 1.094, de 23 de março de 1994.

Art. 3º Na habilitação em licitações para o fornecimento de bens para pronta entrega ou para a locação de materiais, não será exigida da microempresa ou da empresa de pequeno porte a apresentação de balanço patrimonial do último exercício social.

Art. 4º A comprovação de regularidade fiscal das microempresas e empresas de pequeno porte somente será exigida para efeito de contratação, e não como condição para participação na licitação.

§ 1º Na hipótese de haver alguma restrição relativa à regularidade fiscal quando da comprovação de que trata o *caput*, será assegurado prazo de cinco dias úteis, prorrogável por igual período, para a regularização da documentação, a realização do pagamento ou parcelamento do débito e a emissão de eventuais certidões negativas ou positivas com efeito de certidão negativa.

§ 2º Para aplicação do disposto no § 1º, o prazo para regularização fiscal será contado a partir:

I – da divulgação do resultado da fase de habilitação, na licitação na modalidade pregão e nas regidas pelo Regime Diferenciado de Contratações Públicas sem inversão de fases; ou

II – da divulgação do resultado do julgamento das propostas, nas modalidades de licitação previstas na Lei nº 8.666, de 21 de junho de 1993, e nas regidas pelo Regime Diferenciado de Contratações Públicas com a inversão de fases.

§ 3º A prorrogação do prazo previsto no § 1º poderá ser concedida, a critério da administração pública, quando requerida pelo licitante, mediante apresentação de justificativa.

§ 4º A abertura da fase recursal em relação ao resultado do certame ocorrerá após os prazos de regularização fiscal de que tratam os §§ 1º e 3º.

§ 5º A não regularização da documentação no prazo previsto nos §§ 1º e 3º implicará decadência do direito à contratação, sem prejuízo das sanções previstas no art. 87 da Lei nº 8.666, de 1993, sendo facultado à administração pública convocar os licitantes remanescentes, na ordem de classificação, ou revogar a licitação.

Art. 5º Nas licitações, será assegurada, como critério de desempate, preferência de contratação para as microempresas e empresas de pequeno porte.

§ 1º Entende-se haver empate quando as ofertas apresentadas pelas microempresas e empresas de pequeno porte sejam iguais ou até dez por cento superiores ao menor preço, ressalvado o disposto no § 2º.

§ 2º Na modalidade de pregão, entende-se haver empate quando as ofertas apresentadas pelas microempresas e empresas de pequeno porte sejam iguais ou até cinco por cento superiores ao menor preço.

§ 3º O disposto neste artigo somente se aplicará quando a melhor oferta válida não houver sido apresentada por microempresa ou empresa de pequeno porte.

§ 4º A preferência de que trata o *caput* será concedida da seguinte forma:

I – ocorrendo o empate, a microempresa ou a empresa de pequeno porte melhor classificada poderá apresentar proposta de preço inferior àquela considerada vencedora do certame, situação em que será adjudicado o objeto em seu favor;

II – não ocorrendo a contratação da microempresa ou empresa de pequeno porte, na forma do inciso I, serão convocadas as remanescentes que porventura se enquadrem na situação de empate, na ordem classificatória, para o exercício do mesmo direito; e

III – no caso de equivalência dos valores apresentados pelas microempresas e empresas de pequeno porte que se encontrem em situação de empate, será realizado sorteio entre elas para que se identifique aquela que primeiro poderá apresentar melhor oferta.

§ 5º Não se aplica o sorteio a que se refere o inciso III do § 4º quando, por sua natureza, o procedimento não admitir o empate real, como acontece na fase de lances do pregão, em que os lances equivalentes não são considerados iguais, sendo classificados de acordo com a ordem de apresentação pelos licitantes.

§ 6º No caso do pregão, após o encerramento dos lances, a microempresa ou a empresa de pequeno porte melhor classificada será convocada para apresentar nova proposta no prazo máximo de cinco minutos por item em situação de empate, sob pena de preclusão.

§ 7º Nas demais modalidades de licitação, o prazo para os licitantes apresentarem nova proposta será estabelecido pelo órgão ou pela entidade contratante e estará previsto no instrumento convocatório.

§ 8º Nas licitações do tipo técnica e preço, o empate será aferido levando em consideração o resultado da ponderação entre a técnica e o preço na proposta apresentada pelos licitantes, sendo facultada à microempresa ou empresa de pequeno porte melhor classificada a possibilidade de apresentar proposta de preço inferior, nos termos do regulamento.

§ 9º Conforme disposto nos §§ 14 e 15 do art. 3º da Lei nº 8.666, de 1993, o critério de desempate previsto neste artigo observará as seguintes regras:

I – quando houver propostas beneficiadas com as margens de preferência em relação ao produto estrangeiro, o critério de desempate será aplicado exclusivamente entre as propostas que fizerem jus às margens de preferência, conforme regulamento;

II – nas contratações de bens e serviços de informática e automação, nos termos da Lei nº 8.248, de 23 de outubro de 1991, as microempresas e as empresas de pequeno porte que fizerem jus ao direito de preferência previsto no Decreto nº 7.174, de 12 de maio de 2010, terão prioridade no exercício desse benefício em relação às médias e às grandes empresas na mesma situação; e

III – quando aplicada a margem de preferência a que se refere o Decreto nº 7.546, de 2 de agosto de 2011, não se aplicará o desempate previsto no Decreto nº 7.174, de 2010.

Art. 6º Os órgãos e as entidades contratantes deverão realizar processo licitatório destinado exclusivamente à participação de microempresas e empresas de pequeno porte nos itens ou lotes de licitação cujo valor seja de até R$ 80.000,00 (oitenta mil reais).

Art. 7º Nas licitações para contratação de serviços e obras, os órgãos e as entidades contratantes poderão estabelecer, nos instrumentos convocatórios, a exigência de subcontratação de microempresas ou empresas de pequeno porte, sob pena de rescisão contratual, sem prejuízo das sanções legais, determinando:

I – o percentual mínimo a ser subcontratado e o percentual máximo admitido, a serem estabelecidos no edital, sendo vedada a sub-rogação completa ou da parcela principal da contratação;

II – que as microempresas e as empresas de pequeno porte a serem subcontratadas sejam indicadas e qualificadas pelos licitantes com a descrição dos bens e serviços a serem fornecidos e seus respectivos valores;

III – que, no momento da habilitação e ao longo da vigência contratual, seja apresentada a documentação de regularidade fiscal das microempresas e empresas de pequeno porte subcontratadas, sob pena de rescisão, aplicando-se o prazo para regularização previsto no § 1º do art. 4º;

IV – que a empresa contratada comprometa-se a substituir a subcontratada, no prazo máximo de trinta dias, na hipótese de extinção da subcontratação, mantendo o percentual originalmente subcontratado até a sua execução total, notificando o órgão ou entidade contratante, sob pena de rescisão, sem prejuízo das sanções cabíveis, ou a demonstrar a inviabilidade da substituição, hipótese em que ficará responsável pela execução da parcela originalmente subcontratada; e

V – que a empresa contratada responsabilize-se pela padronização, pela compatibilidade, pelo gerenciamento centralizado e pela qualidade da subcontratação.

§ 1º Deverá constar do instrumento convocatório que a exigência de subcontratação não será aplicável quando o licitante for:

I – microempresa ou empresa de pequeno porte;

II – consórcio composto em sua totalidade por microempresas e empresas de pequeno porte, respeitado o disposto no art. 33 da Lei nº 8.666, de 1993; e

III – consórcio composto parcialmente por microempresas ou empresas de pequeno porte com participação igual ou superior ao percentual exigido de subcontratação.

§ 2º Não se admite a exigência de subcontratação para o fornecimento de bens, exceto quando estiver vinculado à prestação de serviços acessórios.

§ 3º O disposto no inciso II do *caput* deverá ser comprovado no momento da aceitação, na hipótese de a modalidade de licitação ser pregão, ou no momento da habilitação, nas demais modalidades, sob pena de desclassificação.

§ 4º É vedada a exigência no instrumento convocatório de subcontratação de itens ou parcelas determinadas ou de empresas específicas.

§ 5º Os empenhos e pagamentos referentes às parcelas subcontratadas serão destinados diretamente às microempresas e empresas de pequeno porte subcontratadas.

§ 6º São vedadas:

I – a subcontratação das parcelas de maior relevância técnica, assim definidas no instrumento convocatório;

II – a subcontratação de microempresas e empresas de pequeno porte que estejam participando da licitação; e

III – a subcontratação de microempresas ou empresas de pequeno porte que tenham um ou mais sócios em comum com a empresa contratante.

Art. 8º Nas licitações para a aquisição de bens de natureza divisível, e desde que não haja prejuízo para o conjunto ou o complexo do objeto, os órgãos e as entidades contratantes deverão reservar cota de até vinte e cinco por cento do objeto para a contratação de microempresas e empresas de pequeno porte.

§ 1º O disposto neste artigo não impede a contratação das microempresas ou das empresas de pequeno porte na totalidade do objeto.

§ 2º O instrumento convocatório deverá prever que, na hipótese de não haver vencedor para a cota reservada, esta poderá ser adjudicada ao vencedor da cota principal ou, diante de sua recusa, aos licitantes remanescentes, desde que pratiquem o preço do primeiro colocado da cota principal.

§ 3º Se a mesma empresa vencer a cota reservada e a cota principal, a contratação das cotas deverá ocorrer pelo menor preço.

§ 4º Nas licitações por Sistema de Registro de Preço ou por entregas parceladas, o instrumento convocatório deverá prever a prioridade de aquisição dos produtos das cotas reservadas, ressalvados os casos em que a cota reservada for inadequada para atender as quantidades ou as condições do pedido, justificadamente.

§ 5º Não se aplica o benefício disposto neste artigo quando os itens ou os lotes de licitação possuírem valor estimado de até R$ 80.000,00 (oitenta mil reais), tendo em vista a aplicação da licitação exclusiva prevista no art. 6º.

Art. 9º Para aplicação dos benefícios previstos nos arts. 6º a 8º:

I – será considerado, para efeitos dos limites de valor estabelecidos, cada item separadamente ou, nas licitações por preço global, o valor estimado para o grupo ou o lote da licitação que deve ser considerado como um único item; e

II – poderá ser concedida, justificadamente, prioridade de contratação de microempresas e empresas de pequeno porte sediadas local ou regionalmente, até o limite de dez por cento do melhor preço válido, nos seguintes termos:

a) aplica-se o disposto neste inciso nas situações em que as ofertas apresentadas pelas microempresas e empresas de pequeno porte sediadas local ou regionalmente sejam iguais ou até dez por cento superiores ao menor preço;

b) a microempresa ou a empresa de pequeno porte sediada local ou regionalmente melhor classificada poderá apresentar proposta de preço inferior àquela considerada vencedora da licitação, situação em que será adjudicado o objeto em seu favor;

c) na hipótese da não contratação da microempresa ou da empresa de pequeno porte sediada local ou regionalmente com base na alínea *b*, serão convocadas as remanescentes que porventura se enquadrem na situação da alínea *a*, na ordem classificatória, para o exercício do mesmo direito;

d) no caso de equivalência dos valores apresentados pelas microempresas e empresas de pequeno porte sediadas local ou regionalmente, será realizado sorteio entre elas para que se identifique aquela que primeiro poderá apresentar melhor oferta;

e) nas licitações a que se refere o art. 8º, a prioridade será aplicada apenas na cota reservada para contratação exclusiva de microempresas e empresas de pequeno porte;

f) nas licitações com exigência de subcontratação, a prioridade de contratação prevista neste inciso somente será aplicada se o licitante for microempresa ou empresa de pequeno porte sediada local ou regionalmente ou for um consórcio ou uma sociedade de propósito específico formada exclusivamente por microempresas e empresas de pequeno porte sediadas local ou regionalmente;

g) quando houver propostas beneficiadas com as margens de preferência para produto nacional em relação ao produto estrangeiro previstas no art. 3º da Lei nº 8.666, de 1993, a prioridade de contratação prevista neste artigo será aplicada exclusivamente entre as propostas que fizerem jus às margens de preferência, de acordo com os Decretos de aplicação das margens de preferência, observado o limite de vinte e cinco por cento estabelecido pela Lei nº 8.666, de 1993; e

h) a aplicação do benefício previsto neste inciso e do percentual da prioridade adotado, limitado a dez por cento, deverá ser motivada, nos termos dos arts. 47 e 48, § 3º, da Lei Complementar nº 123, de 2006.

Art. 10. Não se aplica o disposto nos art. 6º ao art. 8º quando:

I – não houver o mínimo de três fornecedores competitivos enquadrados como microempresas ou empresas de pequeno porte sediadas local ou regionalmente e capazes de cumprir as exigências estabelecidas no instrumento convocatório;

II – o tratamento diferenciado e simplificado para as microempresas e as empresas de pequeno porte não for vantajoso para a administração pública ou representar prejuízo ao conjunto ou ao complexo do objeto a ser contratado, justificadamente;

III – a licitação for dispensável ou inexigível, nos termos dos arts. 24 e 25 da Lei nº 8.666, de 1993, excetuadas as dispensas tratadas pelos incisos I e II do *caput* do referido art. 24, nas quais a compra deverá ser feita preferencialmente por microempresas e empresas de pequeno porte, observados, no que couber, os incisos I, II e IV do *caput* deste artigo; ou

IV – o tratamento diferenciado e simplificado não for capaz de alcançar, justificadamente, pelo menos um dos objetivos previstos no art. 1º.

Parágrafo único. Para o disposto no inciso II do *caput*, considera-se não vantajosa a contratação quando:

I – resultar em preço superior ao valor estabelecido como referência; ou

II – a natureza do bem, serviço ou obra for incompatível com a aplicação dos benefícios.

Art. 11. Os critérios de tratamento diferenciado e simplificado para as microempresas e empresas de pequeno porte deverão estar expressamente previstos no instrumento convocatório.

Art. 12. Aplica-se o disposto neste Decreto às contratações de bens, serviços e obras realizadas por órgãos e entidades públicas com recursos federais por meio de transferências voluntárias, nas hipóteses previstas no Decreto nº 10.024, de 20 de setembro de 2019, ou quando for utilizado o Regime Diferenciado de Contratações Públicas, conforme disposto na Lei nº 12.462, de 4 de agosto de 2011.

► **Artigo com a redação dada pelo Dec. nº 10.273, de 13-3-2020.**

Art. 13. Para fins do disposto neste Decreto, o enquadramento como:

I – microempresa ou empresa de pequeno porte se dará nos termos do art. 3º, *caput*, incisos I e II, e § 4º da Lei Complementar nº 123, de 2006;

II – agricultor familiar se dará nos termos da Lei nº 11.326, de 24 de julho de 2006;

III – produtor rural pessoa física se dará nos termos da Lei nº 8.212, de 24 de julho de 1991;

IV – microempreendedor individual se dará nos termos do § 1º do art. 18-A da Lei Complementar nº 123, de 2006; e

V – sociedade cooperativa se dará nos termos do art. 34 da Lei nº 11.488, de 15 de junho de 2007, e do art. 4º da Lei nº 5.764, de 16 de dezembro de 1971.

§ 1º O licitante é responsável por solicitar seu desenquadramento da condição de microempresa ou empresa de pequeno porte quando houver ultrapassado o limite de faturamento estabelecido no art. 3º da Lei Complementar nº 123, de 2006, no ano fiscal anterior, sob pena de ser declarado inidôneo para licitar e contratar com a administração pública, sem prejuízo das demais sanções, caso usufrua ou tente usufruir indevidamente dos benefícios previstos neste Decreto.

§ 2º Deverá ser exigida do licitante a ser beneficiado a declaração, sob as penas da lei, de que cumpre os requisitos legais para a qualificação como microempresa ou empresa de pequeno porte, microempreendedor individual, produtor rural pessoa física, agricultor familiar ou sociedade cooperativa, o que o tornará apto a usufruir do tratamento favorecido estabelecido nos art. 42 ao art. 49 da Lei Complementar nº 123, de 2006.

► § 2º com a redação dada pelo Dec. nº 10.273, de 13-3-2020.

Art. 13-A. O disposto neste Decreto se aplica aos consórcios formados exclusivamente por microempresas e empresas de pequeno porte, desde que a soma das receitas brutas anuais não ultrapassem o limite previsto no inciso II do *caput* do art. 3º da Lei Complementar nº 123, de 2006

► Art. 13-A acrescido pelo Dec. nº 10.273, de 13-3-2020.

Art. 14. O Ministério da Economia poderá editar normas complementares para a execução do disposto neste Decreto.

► Artigo com a redação dada pelo Dec. nº 10.273, de 13-3-2020.

Art. 15. Este Decreto entra em vigor noventa dias após a data de sua publicação.

Parágrafo único. Não se aplica o disposto neste Decreto aos processos com instrumentos convocatórios publicados antes da data de sua entrada em vigor.

Art. 16. Fica revogado o Decreto nº 6.204, de 5 de setembro de 2007.

Brasília, 6 de outubro de 2015;
194º da Independência e
127º da República.

Dilma Rousseff

LEI Nº 13.178, DE 22 DE OUTUBRO DE 2015

Dispõe sobre a ratificação dos registros imobiliários decorrentes de alienações e concessões de terras públicas situadas nas faixas de fronteira; e revoga o Decreto-Lei nº 1.414, de 18 de agosto de 1975, e a Lei nº 9.871, de 23 de novembro de 1999.

► Publicada no *DOU* de 23-10-2015.

A PRESIDENTA DA REPÚBLICA Faço saber que o Congresso Nacional decreta e eu sanciono a seguinte Lei:

Art. 1º São ratificados pelos efeitos desta Lei os registros imobiliários referentes a imóveis rurais com origem em títulos de alienação ou de concessão de terras devolutas expedidos pelos Estados em faixa de fronteira, incluindo os seus desmembramentos e remembramentos, devidamente inscritos no Registro de Imóveis até a data de publicação desta Lei, desde que a área de cada registro não exceda ao limite de quinze módulos fiscais, exceto os registros imobiliários referentes a imóveis rurais:

I – cujo domínio esteja sendo questionado nas esferas administrativa ou judicial por órgão ou entidade da administração federal direta e indireta até a data de publicação da alteração deste inciso;

► Inciso I com a redação dada pela Lei nº 14.177, de 22-6-2021.

II – que sejam objeto de ações de desapropriação por interesse social para fins de reforma agrária ajuizadas até a data de publicação desta Lei.

§ 1º Na hipótese de haver sobreposição entre a área correspondente ao registro ratificado e a área correspondente a título de domínio de outro particular, a ratificação não produzirá efeitos na definição de qual direito prevalecerá.

► Parágrafo único renumerado para § 1º pela Lei nº 14.177, de 22-6-2021.

§§ 2º e 3º VETADOS. Lei nº 14.177, de 22-6-2021.

Art. 2º Os registros imobiliários referentes aos imóveis rurais com origem em títulos de alienação ou de concessão de terras devolutas expedidos pelos Estados em faixa de fronteira, incluindo os seus desmembramentos e remembramentos, devidamente inscritos no Registro de Imóveis até a data de publicação desta Lei, com área superior a quinze módulos fiscais, serão ratificados desde que os interessados obtenham no órgão federal responsável:

I – a certificação do georreferenciamento do imóvel, nos termos dos §§ 3º e 5º do art. 176 da Lei nº 6.015, de 31 de dezembro de 1973; e

II – a atualização da inscrição do imóvel no Sistema Nacional de Cadastro Rural, instituído pela Lei nº 5.868, de 12 de dezembro de 1972.

§ 1º Às ratificações de que trata o *caput* deste artigo aplicam-se as exceções constantes dos incisos I e II do *caput* do art. 1º e a regra prevista no parágrafo único do mesmo artigo.

§ 2º Os interessados em obter a ratificação referida no caput deste artigo deverão requerer a certificação e a atualização de que tratam os incisos I e II do caput no prazo de 10 (dez) anos da publicação desta Lei.

► § 2º com a redação dada pela Lei nº 14.177, de 22-6-2021.

§ 3º O requerimento de que trata o § 2º será apreciado pelo órgão federal responsável em até dois anos do pedido, salvo se houver diligências propostas pela autarquia agrária referentes à certificação do georreferenciamento do imóvel, hipótese na qual o período utilizado pelo proprietário para seu atendimento deverá ser debitado do prazo total de análise.

§ 4º Não se admitirá a ratificação pelo decurso do prazo de que trata o § 3º.

§ 5º Decorrido o prazo constante do § 2º sem que o interessado tenha requerido as providências dispostas nos incisos I e II do *caput*, ou na hipótese de a ratificação não ser possível, o órgão federal responsável deverá requerer o registro do imóvel em nome da União ao Cartório de Registro de Imóveis.

§ 6º A ratificação dos registros imobiliários referentes a imóveis com área superior a dois mil e quinhentos hectares ficará condicionada à aprovação do Congresso Nacional, nos termos do § 1º do art. 188 da Constituição Federal.

§ 7º O encaminhamento ao Congresso Nacional para o fim disposto no § 6º dar-se-á nos termos do regulamento.

Art. 3º A ratificação prevista nos arts. 1º e 2º alcançará os registros imobiliários oriundos de alienações e concessões de terras devolutas:

I – federais, efetuadas pelos Estados:

a) na faixa de até sessenta e seis quilômetros de largura, a partir da linha de fronteira, no período compreendido entre o início da vigência da Constituição da República dos Estados Unidos do Brasil, de 24 de fevereiro de 1891, até o início da vigência da Lei nº 4.947, de 6 de abril de 1966; e

b) na faixa de sessenta e seis a cento e cinquenta quilômetros de largura, a partir da linha de fronteira, no período compreendido entre o início da vigência da Lei nº 2.597, de 5 de julho de 1955, até o início da vigência da Lei nº 4.947, de 6 de abril de 1966;

II – estaduais, efetuadas pelos Estados sem prévio assentimento do Conselho de Segurança Nacional:

II – VETADO. Lei nº 14.177, de 22-6-2021.

Art. 4º Caso a desapropriação por interesse social para fins de reforma agrária recaia sobre imóvel rural, inscrito no Registro Geral de Imóveis em nome de particular, que não tenha sido destacado, validamente, do domínio público por título formal ou por força de legislação específica, o Estado no qual esteja situada a área será citado para integrar a ação de desapropriação.

§ 1º Nas ações judiciais em andamento, o órgão federal responsável requererá a citação do Estado.

§ 2º Em qualquer hipótese, feita a citação, se o Estado reivindicar o domínio do imóvel, o valor depositado ficará retido até decisão final sobre a propriedade da área.

§ 3º Nas situações de que trata este artigo, caso venha a ser reconhecido o domínio do Estado sobre a área, fica a União previamente autorizada a desapropriar o imóvel rural de domínio do Estado, prosseguindo a ação de desapropriação em relação a este.

Art. 5º Esta Lei entra em vigor após decorridos quarenta e cinco dias de sua publicação oficial.

Art. 6º Ficam revogados:

I – o Decreto-Lei nº 1.414, de 18 de agosto de 1975; e

II – a Lei nº 9.871, de 23 de novembro de 1999.

Brasília, 22 de outubro de 2015;
194º da Independência e
127º da República.

Dilma Rousseff

CÓDIGO DE ÉTICA E DISCIPLINA DA ORDEM DOS ADVOGADOS DO BRASIL – OAB

▸ Publicado no *DOU* de 4-11-2015.

▸ Aprovado pela Res. nº 2 do Conselho Pleno do CFOAB, de 19-10-2015.

TÍTULO I – DA ÉTICA DO ADVOGADO

CAPÍTULO I

DOS PRINCÍPIOS FUNDAMENTAIS

Art. 1º O exercício da advocacia exige conduta compatível com os preceitos deste Código, do Estatuto, do Regulamento Geral, dos Provimentos e com os princípios da moral individual, social e profissional.

Art. 2º O advogado, indispensável à administração da Justiça, é defensor do Estado Democrático de Direito, dos direitos humanos e garantias fundamentais, da cidadania, da moralidade, da Justiça e da paz social, cumprindo-lhe exercer o seu ministério em consonância com a sua elevada função pública e com os valores que lhe são inerentes.

Parágrafo único. São deveres do advogado:

I – preservar, em sua conduta, a honra, a nobreza e a dignidade da profissão, zelando pelo caráter de essencialidade e indispensabilidade da advocacia;

II – atuar com destemor, independência, honestidade, decoro, veracidade, lealdade, dignidade e boa-fé;

III – velar por sua reputação pessoal e profissional;

IV – empenhar-se, permanentemente, no aperfeiçoamento pessoal e profissional;

V – contribuir para o aprimoramento das instituições, do Direito e das leis;

VI – estimular, a qualquer tempo, a conciliação e a mediação entre os litigantes, prevenindo, sempre que possível, a instauração de litígios;

VII – desaconselhar lides temerárias, a partir de um juízo preliminar de viabilidade jurídica;

VIII – abster-se de:

a) utilizar de influência indevida, em seu benefício ou do cliente;

b) vincular seu nome ou nome social a empreendimentos sabidamente escusos;

▸ Alínea *b* com a redação dada pela Res. nº 7 do Conselho Pleno do CFOAB, de 7-6-2016.

c) emprestar concurso aos que atentem contra a ética, a moral, a honestidade e a dignidade da pessoa humana;

d) entender-se diretamente com a parte adversa que tenha patrono constituído, sem o assentimento deste;

e) ingressar ou atuar em pleitos administrativos ou judiciais perante autoridades com as quais tenha vínculos negociais ou familiares;

f) contratar honorários advocatícios em valores aviltantes.

IX – pugnar pela solução dos problemas da cidadania e pela efetivação dos direitos individuais, coletivos e difusos;

X – adotar conduta consentânea com o papel de elemento indispensável à administração da Justiça;

XI – cumprir os encargos assumidos no âmbito da Ordem dos Advogados do Brasil ou na representação da classe;

XII – zelar pelos valores institucionais da OAB e da advocacia;

XIII – ater-se, quando no exercício da função de defensor público, à defesa dos necessitados.

Art. 3º O advogado deve ter consciência de que o Direito é um meio de mitigar as desigualdades para o encontro de soluções justas e que a lei é um instrumento para garantir a igualdade de todos.

Art. 4º O advogado, ainda que vinculado ao cliente ou constituinte, mediante relação empregatícia ou por contrato de prestação permanente de serviços, ou como integrante de departamento jurídico, ou de órgão de assessoria jurídica, público ou privado, deve zelar pela sua liberdade e independência.

Parágrafo único. É legítima a recusa, pelo advogado, do patrocínio de causa e de manifestação, no âmbito consultivo, de pretensão concernente a direito que também lhe seja aplicável ou contrarie orientação que tenha manifestado anteriormente.

Art. 5º O exercício da advocacia é incompatível com qualquer procedimento de mercantilização.

Art. 6º É defeso ao advogado expor os fatos em Juízo ou na via administrativa falseando deliberadamente a verdade e utilizando de má-fé.

Art. 7º É vedado o oferecimento de serviços profissionais que implique, direta ou indiretamente, angariar ou captar clientela.

CAPÍTULO II
DA ADVOCACIA PÚBLICA

Art. 8º As disposições deste Código obrigam igualmente os órgãos de advocacia pública, e advogados públicos, incluindo aqueles que ocupem posição de chefia e direção jurídica.

§ 1º O advogado público exercerá suas funções com independência técnica, contribuindo para a solução ou redução de litigiosidade, sempre que possível.

§ 2º O advogado público, inclusive o que exerce cargo de chefia ou direção jurídica, observará nas relações com os colegas, autoridades, servidores e o público em geral, o dever de urbanidade, tratando a todos com respeito e consideração, ao mesmo tempo em que preservará suas prerrogativas e o direito de receber igual tratamento das pessoas com as quais se relacione.

CAPÍTULO III
DAS RELAÇÕES COM O CLIENTE

Art. 9º O advogado deve informar o cliente, de modo claro e inequívoco, quanto a eventuais riscos da sua pretensão, e das consequências que poderão advir da demanda. Deve, igualmente, denunciar, desde logo, a quem lhe solicite parecer ou patrocínio, qualquer circunstância que possa influir na resolução de submeter-lhe a consulta ou confiar-lhe a causa.

Art. 10. As relações entre advogado e cliente baseiam-se na confiança recíproca. Sentindo o advogado que essa confiança lhe falta, é recomendável que externe ao cliente sua impressão e, não se dissipando as dúvidas existentes, promova, em seguida, o substabelecimento do mandato ou a ele renuncie.

Art. 11. O advogado, no exercício do mandato, atua como patrono da parte, cumprindo-lhe, por isso, imprimir à causa orientação que lhe pareça mais adequada, sem se subordinar a intenções contrárias do cliente, mas, antes, procurando esclarecê-lo quanto à estratégia traçada.

Art. 12. A conclusão ou desistência da causa, tenha havido, ou não, extinção do mandato, obriga o advogado a devolver ao cliente bens, valores e documentos que lhe hajam sido confiados e ainda estejam em seu poder, bem como a prestar-lhe contas, pormenorizadamente, sem prejuízo de esclarecimentos complementares que se mostrem pertinentes e necessários.

Parágrafo único. A parcela dos honorários paga pelos serviços até então prestados não se inclui entre os valores a ser devolvidos.

Art. 13. Concluída a causa ou arquivado o processo, presume-se cumprido e extinto o mandato.

Art. 14. O advogado não deve aceitar procuração de quem já tenha patrono constituído, sem prévio conhecimento deste, salvo por motivo plenamente justificável ou para adoção de medidas judiciais urgentes e inadiáveis.

Art. 15. O advogado não deve deixar ao abandono ou ao desamparo as causas sob seu patrocínio, sendo recomendável que, em face de dificuldades insuperáveis ou inércia do cliente quanto a providências que lhe tenham sido solicitadas, renuncie ao mandato.

Art. 16. A renúncia ao patrocínio deve ser feita sem menção do motivo que a determinou, fazendo cessar a responsabilidade profissional pelo acompanhamento da causa, uma vez decorrido o prazo previsto em lei (EAOAB, art. 5º, § 3º).

§ 1º A renúncia ao mandato não exclui responsabilidade por danos eventualmente causados ao cliente ou a terceiros.

§ 2º O advogado não será responsabilizado por omissão do cliente quanto a documento ou informação que lhe devesse fornecer para a prática oportuna de ato processual do seu interesse.

Art. 17. A revogação do mandato judicial por vontade do cliente não o desobriga do pagamento das verbas honorárias contratadas, assim como não retira o direito do advogado de receber o quanto lhe seja devido em eventual verba honorária de sucumbência, calculada proporcionalmente em face do serviço efetivamente prestado.

Art. 18. O mandato judicial ou extrajudicial não se extingue pelo decurso de tempo, salvo se o contrário for consignado no respectivo instrumento.

Art. 19. Os advogados integrantes da mesma sociedade profissional, ou reunidos em caráter permanente para cooperação recíproca, não podem representar, em juízo ou fora dele, clientes com interesses opostos.

Art. 20. Sobrevindo conflitos de interesse entre seus constituintes e não conseguindo o advogado harmonizá-los, caber-lhe-á optar, com prudência e discrição, por um dos mandatos, renunciando aos demais, resguardado sempre o sigilo profissional.

Art. 21. O advogado, ao postular em nome de terceiros, contra ex-cliente ou ex-empregador, judicial e extrajudicialmente, deve resguardar o sigilo profissional.

Art. 22. Ao advogado cumpre abster-se de patrocinar causa contrária à validade ou legitimidade de ato jurídico em cuja formação haja colaborado ou intervindo de qualquer maneira; da mesma forma, deve declinar seu impedimento ou o da sociedade que integre quando houver conflito de interesses motivado por intervenção anterior no trato de assunto que se prenda ao patrocínio solicitado.

Art. 23. É direito e dever do advogado assumir a defesa criminal, sem considerar sua própria opinião sobre a culpa do acusado.

Parágrafo único. Não há causa criminal indigna de defesa, cumprindo ao advogado agir, como defensor, no sentido de que a todos seja concedido tratamento condizente com a dignidade da pessoa humana, sob a égide das garantias constitucionais.

Art. 24. O advogado não se sujeita à imposição do cliente que pretenda ver com ele atuando outros advogados, nem fica na contingência de aceitar a indicação de outro profissional para com ele trabalhar no processo.

Art. 25. É defeso ao advogado funcionar no mesmo processo, simultaneamente, como patrono e preposto do empregador ou cliente.

Art. 26. O substabelecimento do mandato, com reserva de poderes, é ato pessoal do advogado da causa.

§ 1º O substabelecimento do mandato sem reserva de poderes exige o prévio e inequívoco conhecimento do cliente.

§ 2º O substabelecido com reserva de poderes deve ajustar antecipadamente seus honorários com o substabelecente.

CAPÍTULO IV
DAS RELAÇÕES COM OS COLEGAS, AGENTES POLÍTICOS, AUTORIDADES, SERVIDORES PÚBLICOS E TERCEIROS

Art. 27. O advogado observará, nas suas relações com os colegas de profissão, agentes políticos, autoridades, servidores públicos e terceiros em geral, o dever de urbanidade, tratando a todos com respeito e consideração, ao mesmo tempo em que preservará seus direitos e prerrogativas, devendo exigir igual tratamento de todos com quem se relacione.

§ 1º O dever de urbanidade há de ser observado, da mesma forma, nos atos e manifestações relacionados aos pleitos eleitorais no âmbito da Ordem dos Advogados do Brasil.

§ 2º No caso de ofensa à honra do advogado ou à imagem da instituição, adotar-se-ão as medidas cabíveis, instaurando-se processo ético-disciplinar e dando-se ciência às autoridades competentes para apuração de eventual ilícito penal.

Art. 28. Consideram-se imperativos de uma correta atuação profissional o emprego de linguagem escorreita e polida, bem como a observância da boa técnica jurídica.

Art. 29. O advogado que se valer do concurso de colegas na prestação de serviços advocatícios, seja em caráter individual, seja no âmbito de sociedade de advogados ou de empresa ou entidade em que trabalhe, dispensar-lhes-á tratamento condigno, que não os torne subalternos seus nem lhes avilte os serviços prestados mediante remuneração incompatível com a natureza do trabalho profissional ou inferior ao mínimo fixado pela Tabela de Honorários que for aplicável.

Parágrafo único. Quando o aviltamento de honorários for praticado por empresas ou entidades públicas ou privadas, os advogados responsáveis pelo respectivo departamento ou gerência jurídica serão instados a corrigir o abuso, inclusive intervindo junto aos demais órgãos competentes e com poder de decisão da pessoa jurídica de que se trate, sem prejuízo das providências que a Ordem dos Advogados do Brasil possa adotar com o mesmo objetivo.

CAPÍTULO V

DA ADVOCACIA PRO BONO

Art. 30. No exercício da advocacia *pro bono*, e ao atuar como defensor nomeado, conveniado ou dativo, o advogado empregará o zelo e a dedicação habituais, de forma que a parte por ele assistida se sinta amparada e confie no seu patrocínio.

§ 1º Considera-se advocacia *pro bono* a prestação gratuita, eventual e voluntária de serviços jurídicos em favor de instituições sociais sem fins econômicos e aos seus assistidos, sempre que os beneficiários não dispuserem de recursos para a contratação de profissional.

§ 2º A advocacia *pro bono* pode ser exercida em favor de pessoas naturais que, igualmente, não dispuserem de recursos para, sem prejuízo do próprio sustento, contratar advogado.

§ 3º A advocacia *pro bono* não pode ser utilizada para fins político-partidários ou eleitorais, nem beneficiar instituições que visem a tais objetivos, ou como instrumento de publicidade para captação de clientela.

CAPÍTULO VI

DO EXERCÍCIO DE CARGOS E FUNÇÕES NA OAB E NA REPRESENTAÇÃO DA CLASSE

Art. 31. O advogado, no exercício de cargos ou funções em órgãos da Ordem dos Advogados do Brasil ou na representação da classe junto a quaisquer instituições, órgãos ou comissões, públicos ou privados, manterá conduta consentânea com as disposições deste Código e que revele plena lealdade aos interesses, direitos e prerrogativas da classe dos advogados que representa.

Art. 32. Não poderá o advogado, enquanto exercer cargos ou funções em órgãos da OAB ou representar a classe junto a quaisquer instituições, órgãos ou comissões, públicos ou privados, firmar contrato oneroso de prestação de serviços ou fornecimento de produtos com tais entidades nem adquirir bens imóveis ou móveis infungíveis de quaisquer órgãos da OAB, ou a estes aliená-los.

► *Caput* com a redação dada pela Res. do CFOAB nº 4, 7-6-2016.

Parágrafo único. Não há impedimento ao exercício remunerado de atividade de magistério na Escola Nacional de Advocacia – ENA, nas Escolas de Advocacia – ESAs e nas Bancas do Exame de Ordem, observados os princípios da moralidade e da modicidade dos valores estabelecidos a título de remuneração.

► Parágrafo único acrescido pela Res. do CFOAB nº 4, 7-6-2016.

Art. 33. Salvo em causa própria, não poderá o advogado, enquanto exercer cargos ou funções em órgãos da OAB ou tiver assento, em qualquer condição, nos seus Conselhos, atuar em processos que tramitem perante a entidade nem oferecer pareceres destinados a instruí-los.

Parágrafo único. A vedação estabelecida neste artigo não se aplica aos dirigentes de Seccionais quando atuem, nessa qualidade, como legitimados a recorrer nos processos em trâmite perante os órgãos da OAB.

Art. 34. Ao submeter seu nome à apreciação do Conselho Federal ou dos Conselhos Seccionais com vistas à inclusão em listas destinadas ao provimento de vagas reservadas à classe nos tribunais, no Conselho Nacional de Justiça, no Conselho Nacional do Ministério Público e em outros colegiados, o candidato assumirá o compromisso de respeitar os direitos e prerrogativas do advogado, não praticar nepotismo nem agir em desacordo com a moralidade administrativa e com os princípios deste Código, no exercício de seu mister.

CAPÍTULO VII

DO SIGILO PROFISSIONAL

Art. 35. O advogado tem o dever de guardar sigilo dos fatos de que tome conhecimento no exercício da profissão.

Parágrafo único. O sigilo profissional abrange os fatos de que o advogado tenha tido conhecimento em virtude de funções desempenhadas na Ordem dos Advogados do Brasil.

Art. 36. O sigilo profissional é de ordem pública, independendo de solicitação de reserva que lhe seja feita pelo cliente.

§ 1º Presumem-se confidenciais as comunicações de qualquer natureza entre advogado e cliente.

§ 2º O advogado, quando no exercício das funções de mediador, conciliador e árbitro, se submete às regras de sigilo profissional.

Art. 37. O sigilo profissional cederá em face de circunstâncias excepcionais que configurem justa causa, como nos casos de grave ameaça ao direito à vida e à honra ou que envolvam defesa própria.

Art. 38. O advogado não é obrigado a depor, em processo ou procedimento judicial, administrativo ou arbitral, sobre fatos a cujo respeito deva guardar sigilo profissional.

CAPÍTULO VIII

DA PUBLICIDADE PROFISSIONAL

Art. 39. A publicidade profissional do advogado tem caráter meramente informativo e deve primar pela discrição e sobriedade, não podendo configurar captação de clientela ou mercantilização da profissão.

Art. 40. Os meios utilizados para a publicidade profissional hão de ser compatíveis com a diretriz estabelecida no artigo anterior, sendo vedados:

I – a veiculação da publicidade por meio de rádio, cinema e televisão;
II – o uso de outdoors, painéis luminosos ou formas assemelhadas de publicidade;
III – as inscrições em muros, paredes, veículos, elevadores ou em qualquer espaço público;
IV – a divulgação de serviços de advocacia juntamente com a de outras atividades ou a indicação de vínculos entre uns e outras;
V – o fornecimento de dados de contato, como endereço e telefone, em colunas ou artigos literários, culturais, acadêmicos ou jurídicos, publicados na imprensa, bem assim quando de eventual participação em programas de rádio ou televisão, ou em veiculação de matérias pela internet, sendo permitida a referência a e-mail;
VI – a utilização de mala direta, a distribuição de panfletos ou formas assemelhadas de publicidade, com o intuito de captação de clientela.

Parágrafo único. Exclusivamente para fins de identificação dos escritórios de advocacia, é permitida a utilização de placas, painéis luminosos e inscrições em suas fachadas, desde que respeitadas as diretrizes previstas no artigo 39.

Art. 41. As colunas que o advogado mantiver nos meios de comunicação social ou os textos que por meio deles divulgar não deverão induzir o leitor a litigar nem promover, dessa forma, captação de clientela.

Art. 42. É vedado ao advogado:
I – responder com habitualidade a consulta sobre matéria jurídica, nos meios de comunicação social;
II – debater, em qualquer meio de comunicação, causa sob o patrocínio de outro advogado;
III – abordar tema de modo a comprometer a dignidade da profissão e da instituição que o congrega;
IV – divulgar ou deixar que sejam divulgadas listas de clientes e demandas;
V – insinuar-se para reportagens e declarações públicas.

Art. 43. O advogado que eventualmente participar de programa de televisão ou de rádio, de entrevista na imprensa, de reportagem televisionada ou veiculada por qualquer outro meio, para manifestação profissional, deve visar a objetivos exclusivamente ilustrativos, educacionais e instrutivos, sem propósito de promoção pessoal ou profissional, vedados pronunciamentos sobre métodos de trabalho usados por seus colegas de profissão.

Parágrafo único. Quando convidado para manifestação pública, por qualquer modo e forma, visando ao esclarecimento de tema jurídico de interesse geral, deve o advogado evitar insinuações com o sentido de promoção pessoal ou profissional, bem como o debate de caráter sensacionalista.

Art. 44. Na publicidade profissional que promover ou nos cartões e material de escritório de que se utilizar, o advogado fará constar seu nome, nome social ou o da sociedade de advogados, o número ou os números de inscrição na OAB.

► *Caput* com a redação dada pela Res. nº 7 do Conselho Pleno do CFOAB, de 7-6-2016.

§ 1º Poderão ser referidos apenas os títulos acadêmicos do advogado e as distinções honoríficas relacionadas à vida profissional, bem como as instituições jurídicas de que faça parte, e as especialidades a que se dedicar, o endereço, *e-mail*, *site*, página eletrônica, *QR Code*, logotipo e a fotografia do escritório, o horário de atendimento e os idiomas em que o cliente poderá ser atendido.

§ 2º É vedada a inclusão de fotografias pessoais ou de terceiros nos cartões de visitas do advogado, bem como menção a qualquer emprego, cargo ou função ocupado, atual ou pretérito, em qualquer órgão ou instituição, salvo o de professor universitário.

Art. 45. São admissíveis como formas de publicidade o patrocínio de eventos ou publicações de caráter científico ou cultural, assim como a divulgação de boletins, por meio físico ou eletrônico, sobre matéria cultural de interesse dos advogados, desde que sua circulação fique adstrita a clientes e a interessados do meio jurídico.

Art. 46. A publicidade veiculada pela internet ou por outros meios eletrônicos deverá observar as diretrizes estabelecidas neste capítulo.

Parágrafo único. A telefonia e a internet podem ser utilizadas como veículo de publicidade, inclusive para o envio de mensagens a destinatários certos, desde que estas não impliquem o oferecimento de serviços ou representem forma de captação de clientela.

Art. 47. As normas sobre publicidade profissional constantes deste capítulo poderão ser complementadas por outras que o Conselho Federal aprovar, observadas as diretrizes do presente Código.

Art. 47-A. Será admitida a celebração de termo de ajustamento de conduta no âmbito dos Conselhos Seccionais e do Conselho Federal para fazer cessar a publicidade irregular praticada por advogados e estagiários.

Parágrafo único. O termo previsto neste artigo será regulamentado mediante edição de provimento do Conselho Federal, que estabelecerá seus requisitos e condições.

► Art. 47-A acrescido pela Res. do CFOAB nº 4, de 27-10-2020.

CAPÍTULO IX
DOS HONORÁRIOS PROFISSIONAIS

Art. 48. A prestação de serviços profissionais por advogado, individualmente ou integrado em sociedades, será contratada, preferentemente, por escrito.

§ 1º O contrato de prestação de serviços de advocacia não exige forma especial, devendo estabelecer, porém, com clareza e precisão, o seu objeto, os honorários ajustados, a forma de pagamento, a extensão do patrocínio, esclarecendo se este abrangerá todos os atos do processo ou limitar-se-á a determinado grau de jurisdição, além de dispor sobre a hipótese de a causa encerrar-se mediante transação ou acordo.

§ 2º A compensação de créditos, pelo advogado, de importâncias devidas ao cliente, somente será admissível quando o contrato de prestação de serviços a autorizar ou quando houver autorização especial do cliente para esse fim, por este firmada.

§ 3º O contrato de prestação de serviços poderá dispor sobre a forma de contratação de profissionais para serviços auxiliares, bem como sobre o pagamento de custas e emolumentos, os quais, na ausência de disposição em contrário, presumem-se devam ser atendidos pelo cliente. Caso o contrato preveja que o advogado antecipe tais despesas, ser-lhe-á lícito reter o respectivo valor atualizado, no ato de prestação de contas, mediante comprovação documental.

§ 4º As disposições deste capítulo aplicam-se à mediação, à conciliação, à arbitragem ou a qualquer outro método adequado de solução dos conflitos.

§ 5º É vedada, em qualquer hipótese, a diminuição dos honorários contratados em decorrência da solução do litígio por qualquer mecanismo adequado de solução extrajudicial.

§ 6º Deverá o advogado observar o valor mínimo da Tabela de Honorários instituída pelo respectivo Conselho Seccional onde for realizado o serviço, inclusive aquele referente às diligências, sob pena de caracterizar-se aviltamento de honorários.

§ 7º O advogado promoverá, preferentemente, de forma destacada a execução dos honorários contratuais ou sucumbenciais.

Art. 49. Os honorários profissionais devem ser fixados com moderação, atendidos os elementos seguintes:

I – a relevância, o vulto, a complexidade e a dificuldade das questões versadas;

II – o trabalho e o tempo a ser empregados;

III – a possibilidade de ficar o advogado impedido de intervir em outros casos, ou de se desavir com outros clientes ou terceiros;

IV – o valor da causa, a condição econômica do cliente e o proveito para este resultante do serviço profissional;

V – o caráter da intervenção, conforme se trate de serviço a cliente eventual, frequente ou constante;

VI – o lugar da prestação dos serviços, conforme se trate do domicílio do advogado ou de outro;

VII – a competência do profissional;

VIII – a praxe do foro sobre trabalhos análogos.

Art. 50. Na hipótese da adoção de cláusula *quota litis*, os honorários devem ser necessariamente representados por pecúnia e, quando acrescidos dos honorários da sucumbência, não podem ser superiores às vantagens advindas a favor do cliente.

§ 1º A participação do advogado em bens particulares do cliente só é admitida em caráter excepcional, quando esse, comprovadamente, não tiver condições pecuniárias de satisfazer o débito de honorários e ajustar com o seu patrono, em instrumento contratual, tal forma de pagamento.

§ 2º Quando o objeto do serviço jurídico versar sobre prestações vencidas e vincendas, os honorários advocatícios poderão incidir sobre o valor de umas e outras, atendidos os requisitos da moderação e da razoabilidade.

Art. 51. Os honorários da sucumbência e os honorários contratuais, pertencendo ao advogado que houver atuado na causa, poderão ser por ele executados, assistindo-lhe direito autônomo para promover a execução do capítulo da sentença que os estabelecer ou para postular, quando for o caso, a expedição de precatório ou requisição de pequeno valor em seu favor.

§ 1º No caso de substabelecimento, a verba correspondente aos honorários da sucumbência será repartida entre o substabelecente e o substabelecido, proporcionalmente à atuação de cada um no processo ou conforme haja sido entre eles ajustado.

§ 2º Quando for o caso, a Ordem dos Advogados do Brasil ou os seus Tribunais de Ética e Disciplina poderão ser solicitados a indicar mediador que contribua no sentido de que a distribuição dos honorários da sucumbência, entre advogados, se faça segundo o critério estabelecido no § 1º.

§ 3º Nos processos disciplinares que envolverem divergência sobre a percepção de honorários da sucumbência, entre advogados, deverá ser tentada a conciliação destes, preliminarmente, pelo relator.

Art. 52. O crédito por honorários advocatícios, seja do advogado autônomo, seja de sociedade de advogados, não autoriza o saque de duplicatas ou qualquer outro título de crédito de natureza mercantil, podendo, apenas, ser emitida fatura, quando o cliente assim pretender, com fundamento no contrato de prestação de serviços, a qual, porém, não poderá ser levada a protesto.

Parágrafo único. Pode, todavia, ser levado a protesto o cheque ou a nota promissória emitido pelo cliente em favor do advogado, depois de frustrada a tentativa de recebimento amigável.

Art. 53. É lícito ao advogado ou à sociedade de advogados empregar, para o recebimento de honorários, sistema de cartão de crédito, mediante credenciamento junto a empresa operadora do ramo.

Parágrafo único. Eventuais ajustes com a empresa operadora que impliquem pagamento antecipado não afetarão a responsabilidade do advogado perante o cliente, em caso de rescisão do contrato de prestação de serviços, devendo ser observadas as disposições deste quanto à hipótese.

Art. 54. Havendo necessidade de promover arbitramento ou cobrança judicial de honorários, deve o advogado renunciar previamente ao mandato que recebera do cliente em débito.

TÍTULO II – DO PROCESSO DISCIPLINAR

CAPÍTULO I

DOS PROCEDIMENTOS

Art. 55. O processo disciplinar instaura-se de ofício ou mediante representação do interessado.

§ 1º A instauração, de ofício, do processo disciplinar dar-se-á em função do conhecimento do fato, quando obtido por meio de fonte idônea ou em virtude de comunicação da autoridade competente.

§ 2º Não se considera fonte idônea a que consistir em denúncia anônima.

Art. 56. A representação será formulada ao Presidente do Conselho Seccional ou ao Presidente da Subseção, por escrito ou verbalmente, devendo, neste último caso, ser reduzida a termo.

Parágrafo único. Nas Seccionais cujos Regimentos Internos atribuírem competência ao Tribunal de Ética e Disciplina para instaurar o processo ético disciplinar, a representação poderá ser dirigida ao seu Presidente ou será a este encaminhada por qualquer dos dirigentes referidos no *caput* deste artigo que a houver recebido.

Art. 57. A representação deverá conter:

I – a identificação do representante, com a sua qualificação civil e endereço;

II – a narração dos fatos que a motivam, de forma que permita verificar a existência, em tese, de infração disciplinar;

III – os documentos que eventualmente a instruam e a indicação de outras provas a ser produzidas, bem como, se for o caso, o rol de testemunhas, até o máximo de cinco;

IV – a assinatura do representante ou a certificação de quem a tomou por termo, na impossibilidade de obtê-la.

Art. 58. Recebida a representação, o Presidente do Conselho Seccional ou o da Subseção, quando esta dispuser de Conselho, designa relator, por sorteio, um de seus integrantes, para presidir a instrução processual.

§ 1º Os atos de instrução processual podem ser delegados ao Tribunal de Ética e Disciplina, conforme dispuser o regimento interno do Conselho Seccional, caso em que caberá ao seu Presidente, por sorteio, designar relator.

§ 2º Antes do encaminhamento dos autos ao relator, serão juntadas a ficha cadastral do representado e certidão negativa ou positiva sobre a existência de punições anteriores, com menção das faltas atribuídas. Será providenciada, ainda, certidão sobre a existência ou não de representações em andamento, a qual, se positiva, será acompanhada da informação sobre as faltas imputadas.

§ 3º O relator, atendendo aos critérios de admissibilidade, emitirá parecer propondo a instauração de processo disciplinar ou o arquivamento liminar da representação, no prazo de 30 (trinta) dias, sob pena de redistribuição do feito pelo Presidente do Conselho Seccional ou da Subseção para outro relator, observando-se o mesmo prazo.

§ 4º O Presidente do Conselho competente ou, conforme o caso, o do Tribunal de Ética e Disciplina, proferirá despacho declarando instaurado o processo disciplinar ou determinando o arquivamento da representação, nos termos do parecer do relator ou segundo os fundamentos que adotar.

§ 5º A representação contra membros do Conselho Federal e Presidentes de Conselhos Seccionais é processada e julgada pelo Conselho Federal, sendo competente a Segunda Câmara reunida em sessão plenária. A representação contra membros da diretoria do Conselho Federal, Membros Honorários Vitalícios e detentores da Medalha Rui Barbosa será processada e julgada pelo Conselho Federal, sendo competente o Conselho Pleno.

§ 6º A representação contra dirigente de Subseção é processada e julgada pelo Conselho Seccional.

§ 7º Os Conselhos Seccionais poderão instituir Comissões de Admissibilidade no âmbito dos Tribunais de Ética e Disciplina, compostas por seus membros ou por Conselheiros Seccionais, com atribuição de análise prévia dos pressupostos de admissibilidade das representações ético-disciplinares, podendo propor seu arquivamento liminar.

▸ § 7º acrescido pela Res. do CFOAB nº 4, 7-6-2016.

Art. 58-A. Nos casos de infração ético-disciplinar punível com censura, será admissível a celebração de termo de ajustamento de conduta, se o fato apurado não tiver gerado repercussão negativa à advocacia.

Parágrafo único. O termo de ajustamento de conduta previsto neste artigo será regulamentado em provimento do Conselho Federal da OAB.

▸ Art. 58-A acrescido pela Res. do CFOAB nº 4, de 27-10-2020.

Art. 59. Compete ao relator do processo disciplinar determinar a notificação dos interessados para prestar esclarecimentos ou a do representado para apresentar defesa prévia, no prazo de 15 (quinze) dias, em qualquer caso.

§ 1º A notificação será expedida para o endereço constante do cadastro de inscritos do Conselho Seccional, observando-se, quanto ao mais, o disposto no Regulamento Geral.

§ 2º Se o representado não for encontrado ou ficar revel, o Presidente do Conselho competente ou, conforme o caso, o do Tribunal de Ética e Disciplina designar-lhe-á defensor dativo.

§ 3º Oferecida a defesa prévia, que deve ser acompanhada dos documentos que possam instruí-la e do rol de testemunhas, até o limite de 5 (cinco), será proferido despacho saneador e, ressalvada a hipótese do § 2º do art. 73 do EAOAB, designada, se for o caso, audiência para oitiva do representante, do representado e das testemunhas.

§ 4º O representante e o representado incumbir-se-ão do comparecimento de suas testemunhas, salvo se, ao apresentarem o respectivo rol, requererem, por motivo justificado, sejam elas notificadas a comparecer à audiência de instrução do processo.

§ 5º O relator pode determinar a realização de diligências que julgar convenientes, cumprindo-lhe dar andamento ao processo, de modo que este se desenvolva por impulso oficial.

§ 6º O relator somente indeferirá a produção de determinado meio de prova quando esse for ilícito, impertinente, desnecessário ou protelatório, devendo fazê-lo fundamentadamente.

§ 7º Concluída a instrução, o relator profere parecer preliminar, a ser submetido ao Tribunal de Ética e Disciplina, dando enquadramento legal aos fatos imputados ao representado.

§ 8º Abre-se, em seguida, prazo comum de 15 (quinze) dias para apresentação de razões finais.

Art. 60. O Presidente do Tribunal de Ética e Disciplina, após o recebimento do processo, devidamente instruído, designa, por sorteio, relator para proferir voto.

§ 1º Se o processo já estiver tramitando perante o Tribunal de Ética e Disciplina ou perante o Conselho competente, o relator não será o mesmo designado na fase de instrução.

§ 2º O processo será incluído em pauta na primeira sessão de julgamentos após a distribuição ao relator.

▸ § 2º com a redação dada pela Res. da OAB nº 1, de 24-2-2016 (*DOU* de 29-2-2016).

§ 3º O representante e o representado são notificados pela Secretaria do Tribunal, com 15 (quinze) dias de antecedência, para comparecerem à sessão de julgamento.

§ 4º Na sessão de julgamento, após o voto do relator, é facultada a sustentação oral pelo tempo de 15 (quinze) minutos, primeiro pelo representante e, em seguida, pelo representado.

Art. 61. Do julgamento do processo disciplinar lavrar-se-á acórdão, do qual constarão, quando procedente a representação, o enquadramento legal da infração, a sanção aplicada, o quórum de instalação e o de deliberação, a indicação de haver sido esta adotada com base no voto do relator ou em voto divergente, bem como as circunstâncias agravantes ou atenuantes consideradas e as razões determinantes de eventual conversão da censura aplicada em advertência sem registro nos assentamentos do inscrito.

Art. 62. Nos acórdãos serão observadas, ainda, as seguintes regras:

§ 1º O acórdão trará sempre a ementa, contendo a essência da decisão.

§ 2º O autor do voto divergente que tenha prevalecido figurará como redator para o acórdão.

§ 3º O voto condutor da decisão deverá ser lançado nos autos, com os seus fundamentos.

§ 4º O voto divergente, ainda que vencido, deverá ter seus fundamentos lançados nos autos, em voto escrito ou em transcrição na ata de julgamento do voto oral proferido, com seus fundamentos.

§ 5º Será atualizado nos autos o relatório de antecedentes do representado, sempre que o relator o determinar.

Art. 63. Na hipótese prevista no art. 70, § 3º, do EAOAB, em sessão especial designada pelo Presidente do Tribunal, serão facultadas ao representado ou ao seu defensor a apresentação de defesa, a produção de prova e a sustentação oral.

Art. 64. As consultas submetidas ao Tribunal de Ética e Disciplina receberão autuação própria, sendo designado relator, por sorteio, para o seu exame, podendo o Presidente, em face da complexidade da questão, designar, subsequentemente, revisor.

Parágrafo único. O relator e o revisor têm prazo de 10 (dez) dias cada um para elaboração de seus pareceres, apresentando-os na primeira sessão seguinte, para deliberação.

Art. 65. As sessões do Tribunal de Ética e Disciplina obedecerão ao disposto no respectivo Regimento Interno, aplicando-se-lhes, subsidiariamente, o do Conselho Seccional.

Art. 66. A conduta dos interessados, no processo disciplinar, que se revele temerária ou caracterize a intenção de alterar a verdade dos fatos, assim como a interposição de recursos com intuito manifestamente protelatório, contrariam os princípios deste Código, sujeitando os responsáveis à correspondente sanção.

Art. 67. Os recursos contra decisões do Tribunal de Ética e Disciplina, ao Conselho Seccional, regem-se pelas disposições do Estatuto da Advocacia e da Ordem dos Advogados do Brasil, do Regulamento Geral e do Regimento Interno do Conselho Seccional.

Parágrafo único. O Tribunal dará conhecimento de todas as suas decisões ao Conselho Seccional, para que determine periodicamente a publicação de seus julgados.

Art. 68. Cabe revisão do processo disciplinar, na forma prevista no Estatuto da Advocacia e da Ordem dos Advogados do Brasil (art. 73, § 5º).

§ 1º Tem legitimidade para requerer a revisão o advogado punido com a sanção disciplinar.

§ 2º A competência para processar e julgar o processo de revisão é do órgão de que emanou a condenação final.

§ 3º Quando o órgão competente for o Conselho Federal, a revisão processar-se-á perante a Segunda Câmara, reunida em sessão plenária.

§ 4º Observar-se-á, na revisão, o procedimento do processo disciplinar, no que couber.

§ 5º O pedido de revisão terá autuação própria, devendo os autos respectivos ser apensados aos do processo disciplinar a que se refira.

§ 6º O pedido de revisão não suspende os efeitos da decisão condenatória, salvo quando o relator, ante a relevância dos fundamentos e o risco de consequências irreparáveis para o requerente, conceder tutela cautelar para que se suspenda a execução.

§ 7º A parte representante somente será notificada para integrar o processo de revisão quando o relator entender que deste poderá resultar dano ao interesse jurídico que haja motivado a representação.

▸ §§ 6º e 7º acrescidos pela Res. do CFOAB nº 4, 7-6-2016.

Art. 69. O advogado que tenha sofrido sanção disciplinar poderá requerer reabilitação, no prazo e nas condições previstos no Estatuto da Advocacia e da Ordem dos Advogados do Brasil (art. 41).

§ 1º A competência para processar e julgar o pedido de reabilitação é do Conselho Seccional em que tenha sido aplicada a sanção disciplinar. Nos casos de competência originária do Conselho Federal, perante este tramitará o pedido de reabilitação.

§ 2º Observar-se-á, no pedido de reabilitação, o procedimento do processo disciplinar, no que couber.

§ 3º O pedido de reabilitação terá autuação própria, devendo os autos respectivos ser apensados aos do processo disciplinar a que se refira.

§ 4º O pedido de reabilitação será instruído com provas de bom comportamento, no exercício da advocacia e na vida social, cumprindo à Secretaria do Conselho competente certificar, nos autos, o efetivo cumprimento da sanção disciplinar pelo requerente.

§ 5º Quando o pedido não estiver suficientemente instruído, o relator assinará prazo ao requerente para que complemente a documentação; não cumprida a determinação, o pedido será liminarmente arquivado.

CAPÍTULO II
DOS ÓRGÃOS DISCIPLINARES

SEÇÃO I
DOS TRIBUNAIS DE ÉTICA E DISCIPLINA

Art. 70. O Tribunal de Ética e Disciplina poderá funcionar dividido em órgãos fracionários, de acordo com seu regimento interno.

Art. 71. Compete aos Tribunais de Ética e Disciplina:

I – julgar, em primeiro grau, os processos ético-disciplinares;

II – responder a consultas formuladas, em tese, sobre matéria ético-disciplinar;

III – exercer as competências que lhe sejam conferidas pelo Regimento Interno da Seccional ou por este Código para a instauração, instrução e julgamento de processos ético-disciplinares;

IV – suspender, preventivamente, o acusado, em caso de conduta suscetível de acarretar repercussão prejudicial à advocacia, nos termos do Estatuto da Advocacia e da Ordem dos Advogados do Brasil;

V – organizar, promover e ministrar cursos, palestras, seminários e outros eventos da mesma natureza acerca da ética profissional do advogado ou estabelecer parcerias com as Escolas de Advocacia, com o mesmo objetivo;

VI – atuar como órgão mediador ou conciliador nas questões que envolvam:

a) dúvidas e pendências entre advogados;

b) partilha de honorários contratados em conjunto ou decorrentes de substabelecimento, bem como os que resultem de sucumbência, nas mesmas hipóteses;

c) controvérsias surgidas quando da dissolução de sociedade de advogados.

SEÇÃO II
DAS CORREGEDORIAS-GERAIS

Art. 72. As Corregedorias-Gerais integram o sistema disciplinar da Ordem dos Advogados do Brasil.

§ 1º O Secretário-Geral Adjunto exerce, no âmbito do Conselho Federal, as funções de Corregedor-Geral, cuja competência é definida em Provimento.

§ 2º Nos Conselhos Seccionais, as Corregedorias-Gerais terão atribuições da mesma natureza, observando, no que couber, Provimento do Conselho Federal sobre a matéria.

§ 3º A Corregedoria-Geral do Processo Disciplinar coordenará ações do Conselho Federal e dos Conselhos Seccionais voltadas para o objetivo de reduzir a ocorrência das infrações disciplinares mais frequentes.

TÍTULO III – DAS DISPOSIÇÕES GERAIS E TRANSITÓRIAS

Art. 73. O Conselho Seccional deve oferecer os meios e o suporte de apoio material, logístico, de informática e de pessoal necessários ao pleno funcionamento e ao desenvolvimento das atividades do Tribunal de Ética e Disciplina.

§ 1º Os Conselhos Seccionais divulgarão, trimestralmente, na internet, a quantidade de processos ético-disciplinares em andamento e as punições decididas em caráter definitivo, preservadas as regras de sigilo.

§ 2º A divulgação das punições referidas no parágrafo anterior destacará cada infração tipificada no artigo 34 da Lei nº 8.906/94.

Art. 74. Em até 180 (cento e oitenta) dias após o início da vigência do presente Código de Ética e Disciplina da OAB, os Conselhos Seccionais e os Tribunais de Ética e Disciplina deverão elaborar ou rever seus Regimentos Internos, adaptando-os às novas regras e disposições deste Código. No caso dos Tribunais de Ética e Disciplina, os Regimentos Internos serão submetidos à aprovação do respectivo Conselho Seccional e, subsequentemente, do Conselho Federal.

Art. 75. A pauta de julgamentos do Tribunal é publicada no Diário Eletrônico da OAB e no quadro de avisos gerais, na sede do Conselho Seccional, com antecedência de 15 (quinze) dias, devendo ser dada prioridade, nos julgamentos, aos processos cujos interessados estiverem presentes à respectiva sessão.

► Artigo com a redação dada pela Res. do CFOAB nº 5, de 2-10-2018.

Art. 76. As disposições deste Código obrigam igualmente as sociedades de advogados, os consultores e as sociedades consultoras em direito estrangeiro e os estagiários, no que lhes forem aplicáveis.

Art. 77. As disposições deste Código aplicam-se, no que couber, à mediação, à conciliação e à arbitragem, quando exercidas por advogados.

Art. 78. Os autos do processo disciplinar podem ter caráter virtual, mediante adoção de processo eletrônico.

Parágrafo único. O Conselho Federal da OAB regulamentará em Provimento o processo ético-disciplinar por meio eletrônico.

Art. 79. Este Código entra em vigor a 1º de setembro de 2016, cabendo ao Conselho Federal e aos Conselhos Seccionais, bem como às Subseções da OAB, promover-lhe ampla divulgação.

► Artigo com a redação dada pela Res. do CFOAB nº 3, de 12-4-2016.

► Em vez de "Este Código entre em vigor a", leia-se "Este Código entra em vigor em".

Art. 80. Fica revogado o Código de Ética e Disciplina editado em 13 de fevereiro de 1995, bem como as demais disposições em contrário.

Brasília, 19 de outubro de 2015.

Marcus Vinicius Furtado Coêlho

LEI Nº 13.188, DE 11 DE NOVEMBRO DE 2015

Dispõe sobre o direito de resposta ou retificação do ofendido em matéria divulgada, publicada ou transmitida por veículo de comunicação social.

► Publicada no *DOU* de 12-11-2015.

Art. 1º Esta Lei disciplina o exercício do direito de resposta ou retificação do ofendido em matéria divulgada, publicada ou transmitida por veículo de comunicação social.

Art. 2º Ao ofendido em matéria divulgada, publicada ou transmitida por veículo de comunicação social é assegurado o direito de resposta ou retificação, gratuito e proporcional ao agravo.

§ 1º Para os efeitos desta Lei, considera-se matéria qualquer reportagem, nota ou notícia divulgada por veículo de comunicação social, independentemente do meio ou da plataforma de distribuição, publicação ou transmissão que utilize, cujo conteúdo atente, ainda que por equívoco de informação, contra a honra, a intimidade, a reputação, o conceito, o nome, a marca ou a imagem de pessoa física ou jurídica identificada ou passível de identificação.

§ 2º São excluídos da definição de matéria estabelecida no § 1º deste artigo os comentários realizados por usuários da internet nas páginas eletrônicas dos veículos de comunicação social.

§ 3º A retratação ou retificação espontânea, ainda que a elas sejam conferidos os mesmos destaque, publicidade, periodicidade e dimensão do agravo, não impedem o exercício do direito de resposta pelo ofendido nem prejudicam a ação de reparação por dano moral.

Art. 3º O direito de resposta ou retificação deve ser exercido no prazo decadencial de 60 (sessenta) dias, contado da data de cada divulgação, publicação ou transmissão da matéria ofensiva, mediante correspondência com aviso de recebimento encaminhada diretamente ao veículo de comunicação social ou, inexistindo pessoa jurídica constituída, a quem por ele responda, independentemente de quem seja o responsável intelectual pelo agravo.

§ 1º O direito de resposta ou retificação poderá ser exercido, de forma individualizada, em face de todos os veículos de comunicação social que tenham divulgado, publicado, republicado, transmitido ou retransmitido o agravo original.

§ 2º O direito de resposta ou retificação poderá ser exercido, também, conforme o caso:

I – pelo representante legal do ofendido incapaz ou da pessoa jurídica;

II – pelo cônjuge, descendente, ascendente ou irmão do ofendido que esteja ausente do País ou tenha falecido depois do agravo, mas antes de decorrido o prazo de decadência do direito de resposta ou retificação.

§ 3º No caso de divulgação, publicação ou transmissão continuada e ininterrupta da mesma matéria ofensiva, o prazo será contado da data em que se iniciou o agravo.

Art. 4º A resposta ou retificação atenderá, quanto à forma e à duração, ao seguinte:

I – praticado o agravo em mídia escrita ou na internet, terá a resposta ou retificação o destaque, a publicidade, a periodicidade e a dimensão da matéria que a ensejou;

II – praticado o agravo em mídia televisiva, terá a resposta ou retificação o destaque, a publicidade, a periodicidade e a duração da matéria que a ensejou;

III – praticado o agravo em mídia radiofônica, terá a resposta ou retificação o destaque, a publicidade, a periodicidade e a duração da matéria que a ensejou.

§ 1º Se o agravo tiver sido divulgado, publicado, republicado, transmitido ou retransmitido em mídia escrita ou em cadeia de rádio ou televisão para mais de um Município ou Estado, será conferido proporcional alcance à divulgação da resposta ou retificação.

§ 2º O ofendido poderá requerer que a resposta ou retificação seja divulgada, publicada ou transmitida nos mesmos espaço, dia da semana e horário do agravo.

§ 3º A resposta ou retificação cuja divulgação, publicação ou transmissão não obedeça ao disposto nesta Lei é considerada inexistente.

§ 4º Na delimitação do agravo, deverá ser considerado o contexto da informação ou matéria que gerou a ofensa.

Art. 5º Se o veículo de comunicação social ou quem por ele responda não divulgar, publicar ou transmitir a resposta ou retificação no prazo de 7 (sete) dias, contado do recebimento do respectivo pedido, na forma do art. 3º, restará caracterizado o interesse jurídico para a propositura de ação judicial.

§ 1º É competente para conhecer do feito o juízo do domicílio do ofendido ou, se este assim o preferir, aquele do lugar onde o agravo tenha apresentado maior repercussão.

§ 2º A ação de rito especial de que trata esta Lei será instruída com as provas do agravo e do pedido de resposta ou retificação não atendido, bem como com o texto da resposta ou retificação a ser divulgado, publicado ou transmitido, sob pena de inépcia da inicial, e processada no prazo máximo de 30 (trinta) dias, vedados:

I – a cumulação de pedidos;

II – a reconvenção;

III – o litisconsórcio, a assistência e a intervenção de terceiros.

§ 3º VETADO.

Art. 6º Recebido o pedido de resposta ou retificação, o juiz, dentro de 24 (vinte e quatro) horas, mandará citar o responsável pelo veículo de comunicação social para que:

I – em igual prazo, apresente as razões pelas quais não o divulgou, publicou ou transmitiu;

II – no prazo de 3 (três) dias, ofereça contestação.

Parágrafo único. O agravo consistente em injúria não admitirá a prova da verdade.

Art. 7º O juiz, nas 24 (vinte e quatro) horas seguintes à citação, tenha ou não se manifestado o responsável pelo veículo de comunicação, conhecerá do pedido e, havendo prova capaz de convencer sobre a verossimilhança da alegação ou justificado receio de ineficácia do provimento final, fixará desde logo as condições e a data para a veiculação, em prazo não superior a 10 (dez) dias, da resposta ou retificação.

§ 1º Se o agravo tiver sido divulgado ou publicado por veículo de mídia impressa cuja circulação seja periódica, a resposta ou retificação será divulgada na edição seguinte à da ofensa ou, ainda, excepcionalmente, em edição extraordinária, apenas nos casos em que o prazo entre a ofensa e a próxima edição indique desproporcionalidade entre a ofensa e a resposta ou retificação.

§ 2º A medida antecipatória a que se refere o *caput* deste artigo poderá ser reconsiderada ou modificada a qualquer momento, em decisão fundamentada.

§ 3º O juiz poderá, a qualquer tempo, impor multa diária ao réu, independentemente de pedido do autor, bem como modificar-lhe o valor ou a periodicidade, caso verifique que se tornou insuficiente ou excessiva.

§ 4º Para a efetivação da tutela específica de que trata esta Lei, poderá o juiz, de ofício ou mediante requerimento, adotar as medidas cabíveis para o cumprimento da decisão.

Art. 8º Não será admitida a divulgação, publicação ou transmissão de resposta ou retificação que não tenha relação com as informações contidas na matéria a que pretende responder nem se enquadre no § 1º do art. 2º desta Lei.

Art. 9º O juiz prolatará a sentença no prazo máximo de 30 (trinta) dias, contado do ajuizamento da ação, salvo na hipótese de conversão do pedido em reparação por perdas e danos.

Parágrafo único. As ações judiciais destinadas a garantir a efetividade do direito de resposta ou retificação previsto nesta Lei processam-se durante as férias forenses e não se suspendem pela superveniência delas.

Art. 10. Das decisões proferidas nos processos submetidos ao rito especial estabelecido nesta Lei, poderá ser concedido efeito suspensivo pelo tribunal competente, desde que constatadas, em juízo colegiado prévio, a plausibilidade do direito invocado e a urgência na concessão da medida.

► O STF, por maioria dos votos, julgou procedente o pedido formulado na ADIN nº 5.415, para declarar a inconstitucionalidade da expressão "em juízo colegiado prévio", prevista neste artigo, e conferir interpretação conforme ao dispositivo, no sentido de permitir ao magistrado integrante do tribunal respectivo decidir monocraticamente sobre a concessão de efeito suspensivo a recurso interposto em face de decisão proferida segundo o rito especial do direito de resposta (*DOU* de 7-6-2021).

Art. 11. A gratuidade da resposta ou retificação divulgada pelo veículo de comunicação, em caso de ação temerária, não abrange as custas processuais nem exime o autor do ônus da sucumbência.

Parágrafo único. Incluem-se entre os ônus da sucumbência os custos com a divulgação, publicação ou transmissão da resposta ou retificação, caso a decisão judicial favorável ao autor seja reformada em definitivo.

Art. 12. Os pedidos de reparação ou indenização por danos morais, materiais ou à imagem serão deduzidos em ação própria, salvo se o autor, desistindo expressamente da tutela específica de que trata esta Lei, os requerer, caso em que o processo seguirá pelo rito ordinário.

§ 1º O ajuizamento de ação cível ou penal contra o veículo de comunicação ou seu responsável com fundamento na divulgação, publicação ou transmissão ofensiva não prejudica o exercício administrativo ou judicial do direito de resposta ou retificação previsto nesta Lei.

§ 2º A reparação ou indenização dar-se-á sem prejuízo da multa a que se refere o § 3º do art. 7º.

Art. 13. O art. 143 do Decreto-Lei nº 2.848, de 7 de dezembro de 1940 (Código Penal), passa a vigorar acrescido do seguinte parágrafo único:

► Alteração inserida no texto do referido Código.

Art. 14. Esta Lei entra em vigor na data de sua publicação.

Brasília, 11 de novembro de 2015;
194º da Independência e
127º da República.

Dilma Rousseff

LEI Nº 13.240, DE 30 DE DEZEMBRO DE 2015

Dispõe sobre a administração, a alienação, a transferência de gestão de imóveis da União e seu uso para a constituição de fundos; altera a Lei nº 9.636, de 15 de maio de 1998, e os Decretos-Lei nºs 3.438, de 17 de julho de 1941, 9.760, de 5 de setembro de 1946, 271, de 28 de fevereiro de 1967, e 2.398, de 21 de dezembro de 1987; e revoga dispositivo da Lei nº 13.139, de 26 de junho de 2015.

► Publicado no *DOU* de 31-12-2015 – edição extra.

Art. 1º Esta Lei dispõe sobre a administração, a alienação, a transferência de gestão de imóveis da União e seu uso para a constituição de fundos.

§ 1º O disposto nesta Lei aplica-se também aos imóveis das autarquias e das fundações públicas federais no caso de adesão expressa do dirigente máximo.

§ 2º Não se aplica o disposto nesta Lei aos imóveis da União:

I – administrados pelo Ministério das Relações Exteriores, pelo Ministério da Defesa ou pelos Comandos da Marinha, do Exército ou da Aeronáutica;

II – situados na Faixa de Fronteira de que trata a Lei nº 6.634, de 2 de maio de 1979, ou na faixa de segurança de que trata o § 3º do art. 49 do Ato das Disposições Constitucionais Transitórias.

§ 3º Para os fins desta Lei, considera-se faixa de segurança a extensão de trinta metros a partir do final da praia, nos termos do § 3º do art. 10 da Lei nº 7.661, de 16 de maio de 1988.

§ 4º Para os casos em que a União seja a proprietária do terreno e das edificações de imóveis enquadrados no regime de ocupação onerosa e para as permissões de uso de imóveis funcionais, será exigido do usuário, pessoa física ou jurídica, seguro patrimonial do imóvel, na forma a ser regulamentada pela Secretaria do Patrimônio da União (SPU).

► § 4º acrescido pela Lei nº 13.465, de 11-7-2017.

Arts. 2º e 3º Revogados. Lei nº 13.465, de 11-7-2017.

Art. 4º Os imóveis inscritos em ocupação poderão ser alienados pelo valor de mercado do imóvel, segundo os critérios de avaliação previstos no art. 11-C da Lei nº 9.636, de 15 de maio de 1998, excluídas as benfeitorias realizadas pelo ocupante.

§ 1º A alienação a que se refere este artigo poderá ser efetuada à vista ou de forma parcelada, permitida a utilização dos recursos do FGTS para pagamento total, parcial ou em amortização de parcelas e liquidação do saldo devedor, observadas as demais regras e condições estabelecidas para uso do FGTS.

§ 2º As demais condições para a alienação dos imóveis inscritos em ocupação a que se refere este artigo serão estabelecidas em ato da Secretaria do Patrimônio da União (SPU).

§ 3º A Secretaria do Patrimônio da União (SPU) verificará a regularidade cadastral dos imóveis a serem alienados e procederá aos ajustes eventualmente necessários durante o processo de alienação.

§ 4º O prazo de validade da avaliação de que trata o *caput* deste artigo será de, no máximo, doze meses.

§ 5º Os templos religiosos poderão, nos termos do *caput* deste artigo, ser alienados aos seus ocupantes com desconto de 25% (vinte e cinco por cento), nos termos do art. 11 desta Lei.

► § 5º acrescido pela Lei nº 14.011, de 10-6-2020.

Art. 5º O ocupante que não optar pela aquisição dos imóveis a que se refere o art. 4º continuará submetido ao regime de ocupação, na forma da legislação vigente.

► Arts. 4º e 5º com a redação dada pela Lei nº 13.465, de 11-7-2017.

Art. 5º-A. Fica o Poder Executivo federal autorizado, por intermédio da Secretaria do Patrimônio da União (SPU), a contratar a Caixa Econômica Federal, independentemente de processo licitatório, para a prestação de serviços relacionados à administração dos contratos, arrecadação e cobrança administrativa decorrentes da alienação dos imóveis a que se refere o art. 4º desta Lei.

Parágrafo único. A Caixa Econômica Federal representará a União na celebração dos contratos de que trata o *caput* deste artigo.

► Art. 5º-A acrescido pela Lei nº 13.465, de 11-7-2017.

Art. 6º A Secretaria do Patrimônio da União verificará a regularidade cadastral dos imóveis a serem alienados e procederá aos ajustes eventualmente necessários durante o processo de alienação.

Art. 7º Revogado pela Lei nº 13.465, de 11-7-2017.

Art. 8º O Ministro de Estado do Planejamento, Desenvolvimento e Gestão, permitida a delegação, editará portaria com a lista de áreas ou imóveis sujeitos à alienação nos termos desta Lei.

► *Caput* com a redação dada pela Lei nº 13.465, de 11-7-2017.

§ 1º Os terrenos de marinha e acrescidos alienados na forma desta Lei:

I – não incluirão:

a) áreas de preservação permanente, na forma do inciso II do *caput* do art. 3º da Lei nº 12.651, de 25 de maio de 2012; ou

b) áreas em que seja vedado o parcelamento do solo, na forma do art. 3º e do inciso I do *caput* do art. 13 da Lei nº 6.766, de 19 de dezembro de 1979;

II – deverão estar situados em área urbana consolidada.

► Inciso II com a redação dada pela Lei nº 13.465, de 11-7-2017.

§ 2º Para os fins desta Lei, considera-se área urbana consolidada aquela:

I – incluída no perímetro urbano ou em zona urbana pelo plano diretor ou por lei municipal específica;

II – com sistema viário implantado e vias de circulação pavimentadas;

III – organizada em quadras e lotes predominantemente edificados;

IV – de uso predominantemente urbano, caracterizado pela existência de edificações residenciais, comerciais, industriais, institucionais, mistas ou voltadas à prestação de serviços; e

V – com a presença de, no mínimo, três dos seguintes equipamentos de infraestrutura urbana implantados:

a) drenagem de águas pluviais;

b) esgotamento sanitário;

c) abastecimento de água potável;

d) distribuição de energia elétrica; e

e) limpeza urbana, coleta e manejo de resíduos sólidos.

§ 3º A alienação dos imóveis de que trata o § 1º não implica supressão das restrições administrativas de uso ou edificação que possam prejudicar a segurança da navegação, conforme estabelecido em ato do Ministro de Estado da Defesa.

§ 4º Não há necessidade de autorização legislativa específica para alienação dos imóveis arrolados na portaria a que se refere o *caput*.

Art. 8º-A. Fica a Secretaria do Patrimônio da União (SPU) autorizada a receber Proposta de Manifestação de Aquisição por ocupante de imóvel da União que esteja regularmente inscrito e adimplente com suas obrigações com aquela Secretaria.

§ 1º O ocupante deverá apresentar à SPU carta formalizando o interesse na aquisição juntamente com a identificação do imóvel e do ocupante, comprovação do período de ocupação e de estar em dia com as respectivas taxas, avaliação do imóvel e das benfeitorias, proposta de pagamento e, para imóveis rurais, georreferenciamento e CAR individualizado.

§ 2º Para a análise da Proposta de Manifestação de Aquisição de que trata este artigo deverão ser cumpridos todos os requisitos e condicionantes estabelecidos na legislação que normatiza a alienação de imóveis da União, mediante a edição da portaria do Ministério do Planejamento, Desenvolvimento e Gestão, de que trata o art. 8º desta Lei, bem como os critérios de avaliação previstos no art. 11-C da Lei nº 9.636, de 15 de maio de 1998.

§ 3º O protocolo da Proposta de Manifestação de Aquisição de imóvel da União pela Secretaria do Patrimônio da União (SPU) não constituirá nenhum direito ao ocupante perante a União.

§ 4º A Secretaria do Patrimônio da União (SPU) fica autorizada a regulamentar a Proposta de Manifestação de Aquisição de que trata este artigo, mediante edição de portaria específica.

▸ Art. 8º-A acrescido pela Lei nº 13.465, de 11-7-2017.

Art. 9º Poderá ser alienado ao ocupante que o tenha como único imóvel residencial no Município ou no Distrito Federal, dispensada a licitação, o imóvel da União situado em área:

I – urbana consolidada, nos termos do § 2º do art. 8º desta Lei, desde que não esteja situado em área de preservação permanente, na forma do inciso II do *caput* do art. 3º da Lei nº 12.651, de 25 de maio de 2012, nem em área na qual seja vedado o parcelamento do solo, na forma do art. 3º e do inciso I do *caput* do art. 13 da Lei nº 6.766, de 19 de dezembro de 1979;

II – rural, desde que o imóvel tenha área igual ou superior à dimensão do módulo de propriedade rural estabelecida pela Lei nº 4.504, de 30 de novembro de 1964, e não superior ao dobro daquela dimensão e não esteja sendo utilizado para fins urbanos.

Art. 10. É assegurado ao ocupante de boa-fé o direito de preferência para a aquisição do respectivo imóvel sujeito a alienação nos termos desta Lei.

Art. 11. O adquirente receberá desconto de 25% (vinte e cinco por cento) na aquisição à vista, com fundamento no art. 4º desta Lei, desde que atendidas as seguintes condições, cumulativamente:

▸ *Caput* com a redação dada pela Lei nº 13.813, de 9-4-2019.

I – tenha sido apresentada manifestação de interesse para a aquisição à vista com o desconto de que trata o *caput* deste artigo no prazo de 30 (trinta) dias, contado a partir da data do recebimento da notificação da inclusão do imóvel na portaria de que trata o art. 8º desta Lei; e

II – tenha sido efetuado o pagamento à vista do valor da alienação no prazo de 60 (sessenta) dias, contado a partir da data da manifestação de interesse do adquirente.

▸ Incisos I e II acrescidos pela Lei nº 13.813, de 9-4-2019.

Parágrafo único. Para as alienações efetuadas de forma parcelada, não será concedido desconto.

▸ Parágrafo único acrescido pela Lei nº 13.465, de 9-4-2017.

Art. 12. O pagamento das alienações realizadas nos termos desta Lei observará critérios fixados em regulamento e poderá ser realizado:

I – à vista;

▸ Inciso I com a redação dada pela Lei nº 13.465, de 11-7-2017.

II – VETADO.

III – a prazo, mediante as condições de parcelamento estabelecidas em ato da Secretaria do Patrimônio da União (SPU).

▸ Inciso III acrescido pela Lei nº 13.465, de 11-7-2017.

Art. 13. Revogado. Lei nº 13.465, de 11-7-2017.

Art. 14. É a União autorizada a transferir aos Municípios a gestão das orlas e praias marítimas, estuarinas, lacustres e fluviais federais, inclusive as áreas de bens de uso comum com exploração econômica, tais como calçadões, praças e parques públicos, excetuados:

▸ *Caput* com a redação dada pela Lei nº 13.813, de 9-4-2019.

I – os corpos d'água;

II – as áreas consideradas essenciais para a estratégia de defesa nacional;

III – as áreas reservadas à utilização de órgãos e entidades federais;

IV – as áreas destinadas à exploração de serviço público de competência da União;

V – as áreas situadas em unidades de conservação federais.

§ 1º A transferência prevista neste artigo ocorrerá mediante assinatura de termo de adesão com a União.

§ 2º O termo de adesão será disponibilizado no sítio eletrônico do Ministério do Planejamento, Orçamento e Gestão para preenchimento eletrônico e preverá, entre outras cláusulas:

I – a sujeição do Município às orientações normativas e à fiscalização pela Secretaria do Patrimônio da União;

II – o direito dos Municípios sobre a totalidade das receitas auferidas com as utilizações autorizadas;

III – a possibilidade de a União retomar a gestão, a qualquer tempo, devido a descumprimento de normas da Secretaria do Patrimônio da União ou por razões de interesse público superveniente;

IV – a reversão automática da área à Secretaria do Patrimônio da União no caso de cancelamento do termo de adesão;

V – a responsabilidade integral do Município, no período de gestão municipal, pelas ações ocorridas, pelas omissões praticadas e pelas multas e indenizações decorrentes.

§ 3º VETADO.

Art. 15. Ficam transferidos aos Municípios e ao Distrito Federal os logradouros públicos, pertencentes a parcelamentos do solo para fins urbanos aprovados ou regularizados pelo poder local e registrados nos cartórios de registro de imóveis, localizados em terrenos de domínio da União.

Art. 16. A Secretaria do Patrimônio da União poderá reconhecer a utilização de terrenos da União por terceiros em áreas de preservação ambiental ou necessárias à preservação dos ecossistemas naturais, inclusive em Área de Preservação Permanente – APP, inscrevendo-os em regime de ocupação, observados os prazos da Lei nº 9.636, de 15 de maio de 1998, devendo ser comprovado perante o órgão ambiental competente que a utilização não concorre nem tenha concorrido para comprometimento da integridade dessas áreas.

§ 1º O ocupante responsabiliza-se pela preservação do meio ambiente na área inscrita em ocupação e pela obtenção das licenças urbanísticas e ambientais eventualmente necessárias, sob pena de cancelamento da inscrição de ocupação.

§ 2º O reconhecimento de que trata este artigo não se aplica às áreas de uso comum.

Art. 17. A União repassará 20% (vinte por cento) da receita patrimonial decorrente da alienação dos imóveis a que se refere o art. 4º aos Municípios e ao Distrito Federal onde estão localizados.

Caput com a redação dada pela Lei nº 13.465, de 11-7-2017.

Art. 18. As receitas patrimoniais da União decorrentes da venda de imóveis de que tratam o art. 8º desta Lei e os arts. 12 a 15 e 16-C da Lei nº 9.636, de 15 de maio de 1998, e dos direitos reais a eles associados, bem como as obtidas com as alienações e outras operações dos fundos imobiliários, descontados os custos operacionais, comporão o Fundo instituído pelo Decreto-Lei nº 1.437, de 17 de dezembro de 1975, e integrarão a subconta especial destinada a atender às despesas com o Programa de Administração Patrimonial Imobiliária da União (PROAP), instituído pelo art. 37 da Lei nº 9.636, de 15 de maio de 1998, ressalvadas aquelas com outra destinação prevista em lei.

▸ *Caput* com a redação dada pela Lei nº 13.465, de 11-7-2017.

Parágrafo único. Revogado. Lei nº 13.465, de 11-7-2017.

Art. 18-A. O percentual de 2,5% (dois inteiros e cinco décimos por cento) das receitas patrimoniais da União arrecadadas anualmente por meio da cobrança de taxa de ocupação, foro e laudêmio, recuperação de dívida ativa, arrendamentos, aluguéis, cessão e permissão de uso, multas e outras taxas patrimoniais integrará a subconta especial destinada a atender às despesas previstas no Programa de Administração Patrimonial Imobiliária da União (PROAP), instituído pelo art. 37 da Lei nº 9.636, de 15 de maio de 1998, ressalvadas aquelas com outra destinação prevista em lei.

Parágrafo único. Os recursos referidos no *caput* deste artigo serão alocados para as finalidades previstas nos incisos II a VIII do *caput* do art. 37 da Lei 9.636, de 15 de maio de 1998, e poderão ser utilizados a qualquer momento pela Secretaria do Patrimônio da União (SPU).

► Art. 18-A acrescido pela Lei nº 13.465, de 11-7-2017.

Art. 19. A Lei nº 9.636, de 15 de maio de 1998, passa a vigorar com as seguintes alterações:

"Seção IX – VETADO"

"Art. 24 ....

....

III – revogado;

....

VII – o preço mínimo de venda será fixado com base no valor de mercado do imóvel, estabelecido em avaliação de precisão feita pela SPU, cuja validade será de doze meses;

....

§ 2º Para realização das avaliações de que trata o inciso VII, é dispensada a homologação dos serviços técnicos de engenharia realizados pela Caixa Econômica Federal.

...."

"Art. 37. Fica instituído o Programa de Administração Patrimonial Imobiliária da União – PROAP, destinado, segundo as possibilidades e as prioridades definidas pela administração pública federal:

I – à adequação dos imóveis de uso especial aos critérios de:

a) acessibilidade das pessoas com deficiência ou com mobilidade reduzida;

b) sustentabilidade;

c) baixo impacto ambiental;

d) eficiência energética;

e) redução de gastos com manutenção;

f) qualidade e eficiência das edificações;

II – à ampliação e à qualificação do cadastro dos bens imóveis da União;

III – à aquisição, à reforma, ao restauro e à construção de imóveis;

IV – ao incentivo à regularização e à fiscalização dos imóveis públicos federais e ao incremento das receitas patrimoniais;

V – ao desenvolvimento de recursos humanos visando à qualificação da gestão patrimonial;

VI – à modernização e à informatização dos métodos e processos inerentes à gestão patrimonial dos imóveis públicos federais;

VII – à regularização fundiária.

...."

Art. 20. Os imóveis de propriedade da União arrolados na portaria de que trata o art. 8º e os direitos reais a eles associados poderão ser destinados à integralização de cotas em fundos de investimento.

► *Caput* com a redação dada pela Lei nº 13.465, de 11-7-2017.

§ 1º O Ministro de Estado do Planejamento, Orçamento e Gestão editará nova portaria para definir os imóveis abrangidos pelo *caput* e a destinação a ser dada a eles.

§ 2º O fundo de investimento deverá ter em seu estatuto, entre outras disposições:

I – o objetivo de administrar os bens e direitos sob sua responsabilidade, podendo, para tanto, alienar, reformar, edificar, adquirir ou alugar os bens e direitos sob sua responsabilidade;

II – a permissão para adquirir ou integralizar cotas, inclusive com imóveis e com direitos reais a eles associados, em outros fundos de investimento;

III – a permissão para aceitar como ativos, inclusive com periodicidade superior a sessenta meses, contratos de locação com o poder público;

IV – a delimitação da responsabilidade dos cotistas por suas obrigações até o limite de sua participação no patrimônio do fundo;

V – a vedação à realização de operações que possam implicar perda superior ao valor do patrimônio do fundo;

VI – a possibilidade de o fundo poder ter suas cotas negociadas em ambiente de negociação centralizada e eletrônica, inclusive em bolsa de valores e de mercadorias ou em mercado de balcão organizado.

§ 3º A União poderá contratar, por meio de processo licitatório, prestação de serviços de constituição, de estruturação, de administração e de gestão de fundo de investimento, para os fins de que trata o *caput* deste artigo, dispensada a licitação para a contratação de instituições financeiras oficiais federais.

► § 3º com a redação dada pela Lei nº 13.813, de 9-4-2019.

§ 4º Os fundos referidos no *caput* deste artigo poderão ter por objeto a realização de programas de regularização fundiária, rural ou urbana, de que tratam as Leis nos 9.636, de 15 de maio de 1998, e 13.465, de 11 de julho de 2017, com o encargo de que as áreas inseridas nas poligonais dos programas sejam regularizadas e alienadas aos seus ocupantes, sempre que possível, e, além das matérias referidas no § 2º deste artigo, devem estar previstas em seus regulamentos as seguintes disposições:

I – previsão de ressarcimento aos fundos dos encargos de aprovação de projetos de parcelamento e registro dos imóveis situados na poligonal;

II – obrigação de alienar, ou conceder gratuitamente, os imóveis regularizados aos seus ocupantes;

III – permissão para amortizar os custos da regularização por meio de imóveis disponíveis, não ocupados ou alienados, situados na poligonal do projeto de regularização;

IV – previsão de que os imóveis regularizados e não ocupados disponíveis dentro da poligonal deverão, preferencialmente, ser alienados, podendo, no entanto, ser retidos no fundo até a integralização do custo do programa de regularização;

V – previsão de que poderão ser livremente alienados os imóveis desocupados e fora da poligonal da regularização fundiária.

§ 5º Em caso de imóveis em que recaia interesse público ou de imóveis de uso especial, bem como no caso de necessidade de realização de obras de infraestrutura, os fundos de regularização de que trata o § 6º deste artigo poderão utilizar as receitas de alienação de outros imóveis situados na poligonal para ressarcimento dos custos efetivamente incorridos.

§ 6º Ficam os fundos com o objeto descrito no § 4º deste artigo sujeitos ao regime de que trata a Lei nº 8.668, de 25 de junho de 1993.

§ 7º As quotas dos fundos com o objeto descrito no § 4º deste artigo constituem valores mobiliários sujeitos ao regime da Lei nº 6.385, de 7 de dezembro de 1976.

§ 8º A integralização de bens e direitos imobiliários da União nos fundos de que trata este artigo poderá ser feita com base em laudo de avaliação homologado pela Secretaria de Coordenação e Governança do Patrimônio da União e aprovado pela assembleia de cotistas, exceto quando se tratar da primeira oferta pública de distribuição de quotas do fundo.

► §§ 4º a 8º acrescidos pela Lei nº 14.011, de 10-6-2020.

Art. 20-A. Para os fins do disposto no art. 20 desta Lei, a União é autorizada a prever no instrumento convocatório a hipótese de realização das despesas iniciais de estruturação do fundo de investimento, observada a disponibilidade financeira e orçamentária.

Parágrafo único. As despesas de que trata o *caput* deste artigo serão amortizadas por meio do recebimento de cotas equivalentes aos valores despendidos.

► Art. 20-A acrescido pela Lei nº 13.813, de 9-4-2019.

Art. 21. Fica o Poder Executivo autorizado a, por intermédio da Secretaria do Patrimônio da União, celebrar contratos ou convênios com órgãos e entidades da União, de Estados, do Distrito Federal ou de Municípios, notadamente a Caixa Econômica Federal e a Agência de Desenvolvimento do Distrito Federal – TERRACAP, para a execução de ações de cadastramento, regularização, avaliação e outras medidas necessárias ao processo de alienação dos bens imóveis a que se refere esta Lei e representá-la na celebração de contratos ou em outros ajustes.

§ 1º Observados os procedimentos licitatórios previstos em lei, fica autorizada a contratação da iniciativa privada para a execução das ações de demarcação, avaliação e alienação dos bens imóveis a que se refere esta Lei.

§ 2º Na contratação da Caixa Econômica Federal:

I – será dispensada a homologação pelo ente público das avaliações realizadas;

II – a validade das avaliações será de um ano; e

III – VETADO.

§ 3º O Ministro de Estado do Planejamento, Orçamento e Gestão, permitida a delegação, editará portaria para arrolar as áreas ou os imóveis alcançados pelos contratos e convênios previstos neste artigo.

Art. 22. Os imóveis não operacionais que constituem o patrimônio imobiliário do Fundo do Regime Geral de Previdência Social serão geridos pela Secretaria de Coordenação e Governança do Patrimônio da União da Secretaria Especial de Desestatização, Desinvestimento e Mercados do Ministério da Economia, observado o disposto na legislação relativa ao patrimônio imobiliário da União.

► *Caput* com a redação dada pela Lei nº 14.011, de 10-6-2020.

§§ 1º e 2º *Revogados.* Lei nº 14.011, de 10-6-2020.

§ 3º Para fins do disposto neste artigo, o Instituto Nacional do Seguro Social (INSS) publicará a listagem dos imóveis operacionais e não operacionais que constituem o patrimônio imobiliário do Fundo do Regime Geral de Previdência Social e transferirá a gestão dos imóveis não operacionais para a Secretaria de Coordenação e Governança do Patrimônio da União.

§ 4º Sempre que possível, a Secretaria de Coordenação e Governança do Patrimônio da União providenciará a conversão do patrimônio imobiliário de que trata o *caput* deste artigo em recursos financeiros, por meio dos mecanismos de alienação e de utilização onerosa.

§ 5º Os recursos financeiros resultantes da alienação ou da utilização onerosa dos imóveis de que trata o § 4º deste artigo serão destinados ao Fundo do Regime Geral de Previdência Social.

§ 6º A Secretaria de Coordenação e Governança do Patrimônio da União, em conjunto com o INSS, nos termos de regulamento, identificará os imóveis que não tenham aproveitamento econômico ou não apresentem potencial imediato de alienação ou de utilização onerosa e que poderão ser objeto de outras formas de destinação, inclusive no âmbito de programas habitacionais e de regularização fundiária destinados à população de baixa renda.

§ 7º Na hipótese de a Secretaria de Coordenação e Governança do Patrimônio da União dar destinação não econômica aos imóveis de que trata este artigo, nos termos do § 6º, a União recomporá o Fundo do Regime Geral de Previdência Social por meio de permuta de imóveis com valor equivalente, conforme avaliação de valor de mercado realizada nos 12 (doze) meses anteriores, prorrogáveis por igual período.

§ 8º A destinação não econômica de imóveis para atendimento de interesse dos Estados, do Distrito Federal ou dos Municípios poderá ocorrer somente após a permuta de que trata o § 7º deste artigo, cabendo ao ente federativo interessado a recomposição patrimonial à União, exceto quando a recomposição for dispensada por lei.

§ 9º Quando se tratar dos imóveis não operacionais sob a gestão da Secretaria de Coordenação e Governança do Patrimônio da União, a União representará o Fundo do Regime Geral de Previdência Social nos direitos, nos créditos, nos deveres e nas obrigações e exercerá as atribuições e competências estabelecidas na Lei nº 9.702, de 17 de novembro de 1998.

§ 10. Caberá ao Fundo do Regime Geral de Previdência Social arcar com as despesas decorrentes da conservação, da avaliação e da administração dos imóveis que constituam o seu patrimônio imobiliário, nos termos de regulamento.

§ 11. Aplica-se o disposto no *caput* deste artigo aos imóveis funcionais ocupados ou não que constituam o patrimônio imobiliário do Fundo do Regime Geral de Previdência Social.

§ 12. As medidas necessárias para a operacionalização do disposto neste artigo serão objeto de ato conjunto da Secretaria de Coordenação e Governança do Patrimônio da União, da Secretaria Especial de Previdência e Trabalho do Ministério da Economia e do INSS.

► §§ 3º a 12 acrescidos pela Lei nº 14.011, de 10-6-2020.

Art. 22-A. Os imóveis operacionais destinados à prestação de serviços aos segurados e beneficiários do Regime Geral de Previdência Social, ainda que parcialmente, permanecem afetados às suas finalidades.

§ 1º A Secretaria de Coordenação e Governança do Patrimônio da União reverterá imóveis não operacionais do Fundo do Regime Geral de Previdência Social para utilização pelos órgãos responsáveis pelos serviços de que trata o *caput* deste artigo.

§ 2º Na hipótese de os imóveis de que trata o *caput* deste artigo perderem seu caráter operacional, os imóveis serão preferencialmente afetados ou cedidos ao serviço de assistência social da União, dos Estados, do Distrito Federal ou dos Municípios, nos termos de regulamento.

§ 3º A utilização dos imóveis para os fins de que trata este artigo não será onerosa.

Art. 22-B. Ficam revertidos aos respectivos Estados, ao Distrito Federal e aos Municípios os imóveis doados ao Fundo do

Regime Geral de Previdência Social cujas obras não tenham sido iniciadas até 1º de dezembro de 2019.

► Arts. 22-A e 22-B acrescidos pela Lei nº 14.011, de 10-6-2020.

Art. 23. Os imóveis do Instituto Nacional de Colonização e Reforma Agrária – INCRA desprovidos de vocação agrícola poderão ser doados a Estado, ao Distrito Federal ou a Município, para o fim específico de regularização fundiária de assentamento urbano, nos termos da Lei nº 11.977, de 7 de julho de 2009.

Art. 24. O *caput* do art. 4º do Decreto-Lei nº 3.438, de 17 de julho de 1941, passa a vigorar com a seguinte redação:

"Art. 4º Ficam sujeitos ao regime enfitêutico os terrenos de marinha e os seus acrescidos, exceto aqueles necessários aos logradouros e aos serviços públicos ou quando houver disposição legal em sentido diverso.

...."

Art. 25. O Decreto-Lei nº 9.760, de 5 de setembro de 1946, passa a vigorar com as seguintes alterações:

► Alterações inseridas no referido Decreto-lei.

Art. 26. VETADO.

Art. 27. O Decreto-Lei nº 2.398, de 21 de dezembro de 1987, passa a vigorar com as seguintes alterações:

"Art. 1º A taxa de ocupação de terrenos da União será de 2% (dois por cento) do valor do domínio pleno do terreno, excluídas as benfeitorias, anualmente atualizado pela Secretaria do Patrimônio da União.

I – (revogado);

II – (revogado).

...."

"Art. 3º A transferência onerosa, entre vivos, do domínio útil e da inscrição de ocupação de terreno da União ou cessão de direito a eles relativos dependerá do prévio recolhimento do laudêmio, em quantia correspondente a 5% (cinco por cento) do valor atualizado do domínio pleno do terreno, excluídas as benfeitorias.

....

§ 5º A não observância do prazo estipulado no § 4º sujeitará o adquirente à multa de 0,05% (cinco centésimos por cento), por mês ou fração, sobre o valor do terreno, excluídas as benfeitorias.

...."

"Art. 6º-A. São dispensados de lançamento e cobrança as taxas de ocupação, os foros e os laudêmios referentes aos terrenos de marinha e seus acrescidos inscritos em regime de ocupação, quando localizados em ilhas oceânicas ou costeiras que contenham sede de Município, desde a data da publicação da Emenda Constitucional nº 46, de 5 de maio de 2005, até a conclusão do processo de demarcação, sem cobrança retroativa por ocasião da conclusão dos procedimentos de demarcação."

"Art. 6º-B. A União repassará 20% (vinte por cento) dos recursos arrecadados por meio da cobrança de taxa de ocupação, foro e laudêmio aos Municípios e ao Distrito Federal onde estão localizados os imóveis que deram origem à cobrança.

Parágrafo único. Os repasses de que trata o *caput* serão realizados até o dia 1º de fevereiro do ano subsequente ao recebimento dos recursos."

Art. 28. Esta Lei entra em vigor na data de sua publicação.

Art. 29. Ficam revogados:

I – o inciso III do *caput* do art. 24 e o inciso II do *caput* do art. 27 da Lei nº 9.636, de 15 de maio de 1998;

II – o art. 1º da Lei nº 13.139, de 26 de junho de 2015, na parte em que altera a redação do art. 100 do Decreto-Lei nº 9.760, de 5 de setembro de 1946.

Brasília, 30 de dezembro de 2015;
194º da Independência e
127º da República.

Dilma Rousseff

DECRETO Nº 8.771, DE 11 DE MAIO DE 2016

Regulamenta a Lei nº 12.965, de 23 de abril de 2014, para tratar das hipóteses admitidas de discriminação de pacotes de dados na internet e de degradação de tráfego, indicar procedimentos para guarda e proteção de dados por provedores de conexão e de aplicações, apontar medidas de transparência na requisição de dados cadastrais pela administração pública e estabelecer parâmetros para fiscalização e apuração de infrações.

► Publicado no *DOU* de 11-5-2016 – edição extra.

CAPÍTULO I
DISPOSIÇÕES GERAIS

Art. 1º Este Decreto trata das hipóteses admitidas de discriminação de pacotes de dados na internet e de degradação de tráfego, indica procedimentos para guarda e proteção de dados por provedores de conexão e de aplicações, aponta medidas de transparência na requisição de dados cadastrais pela administração pública e estabelece parâmetros para fiscalização e apuração de infrações contidas na Lei nº 12.965, de 23 de abril de 2014.

Art. 2º O disposto neste Decreto se destina aos responsáveis pela transmissão, pela comutação ou pelo roteamento e aos provedores de conexão e de aplicações de internet, definida nos termos do inciso I do *caput* do art. 5º da Lei nº 12.965, de 2014.

Parágrafo único. O disposto neste Decreto não se aplica:

I – aos serviços de telecomunicações que não se destinem ao provimento de conexão de internet; e

II – aos serviços especializados, entendidos como serviços otimizados por sua qualidade assegurada de serviço, de velocidade ou de segurança, ainda que utilizem protocolos lógicos TCP/IP ou equivalentes, desde que:

a) não configurem substituto à internet em seu caráter público e irrestrito; e

b) sejam destinados a grupos específicos de usuários com controle estrito de admissão.

CAPÍTULO II
DA NEUTRALIDADE DE REDE

Art. 3º A exigência de tratamento isonômico de que trata o art. 9º da Lei nº 12.965, de 2014, deve garantir a preservação do caráter público e irrestrito do acesso à internet e os fundamentos, princípios e objetivos do uso da internet no País, conforme previsto na Lei nº 12.965, de 2014.

Art. 4º A discriminação ou a degradação de tráfego são medidas excepcionais, na medida em que somente poderão decorrer de requisitos técnicos indispensáveis à prestação adequada de serviços e aplicações ou da priorização de serviços de emergência, sendo necessário o cumprimento de todos os requisitos dispostos no art. 9º, § 2º, da Lei nº 12.965, de 2014.

Art. 5º Os requisitos técnicos indispensáveis à prestação adequada de serviços e aplicações devem ser observados pelo responsável de atividades de transmissão, de comutação ou de roteamento, no âmbito de sua respectiva rede, e têm como objetivo manter sua estabilidade, segurança, integridade e funcionalidade.

§ 1º Os requisitos técnicos indispensáveis apontados no *caput* são aqueles decorrentes de:

I – tratamento de questões de segurança de redes, tais como restrição ao envio de mensagens em massa (spam) e controle de ataques de negação de serviço; e

II – tratamento de situações excepcionais de congestionamento de redes, tais como rotas alternativas em casos de interrupções da rota principal e em situações de emergência.

§ 2º A Agência Nacional de Telecomunicações – Anatel atuará na fiscalização e na apuração de infrações quanto aos requisitos técnicos elencados neste artigo, consideradas as diretrizes estabelecidas pelo Comitê Gestor da Internet – CGIbr.

Art. 6º Para a adequada prestação de serviços e aplicações na internet, é permitido o gerenciamento de redes com o objetivo de preservar sua estabilidade, segurança e funcionalidade, utilizando-se apenas de medidas técnicas compatíveis com os padrões internacionais, desenvolvidos para o bom funcionamento da internet, e observados os parâmetros regulatórios expedidos pela Anatel e consideradas as diretrizes estabelecidas pelo CGIbr.

Art. 7º O responsável pela transmissão, pela comutação ou pelo roteamento deverá adotar medidas de transparência para explicitar ao usuário os motivos do gerenciamento que implique a discriminação ou a degradação de que trata o art. 4º, tais como:

I – a indicação nos contratos de prestação de serviço firmado com usuários finais ou provedores de aplicação; e

II – a divulgação de informações referentes às práticas de gerenciamento adotadas em seus sítios eletrônicos, por meio de linguagem de fácil compreensão.

Parágrafo único. As informações de que trata esse artigo deverão conter, no mínimo:

I – a descrição dessas práticas;

II – os efeitos de sua adoção para a qualidade de experiência dos usuários; e

III – os motivos e a necessidade da adoção dessas práticas.

Art. 8º A degradação ou a discriminação decorrente da priorização de serviços de emergência somente poderá decorrer de:

I – comunicações destinadas aos prestadores dos serviços de emergência, ou comunicação entre eles, conforme previsto na regulamentação da Agência Nacional de Telecomunicações - ANATEL; ou

II – comunicações necessárias para informar a população em situações de risco de desastre, de emergência ou de estado de calamidade pública.

Parágrafo único. A transmissão de dados nos casos elencados neste artigo será gratuita.

Art. 9º Ficam vedadas condutas unilaterais ou acordos entre o responsável pela transmissão, pela comutação ou pelo roteamento e os provedores de aplicação que:

I – comprometam o caráter público e irrestrito do acesso à internet e os fundamentos, os princípios e os objetivos do uso da internet no País;

II – priorizem pacotes de dados em razão de arranjos comerciais; ou

III – privilegiem aplicações ofertadas pelo próprio responsável pela transmissão, pela comutação ou pelo roteamento ou por empresas integrantes de seu grupo econômico.

Art. 10. As ofertas comerciais e os modelos de cobrança de acesso à internet devem preservar uma internet única, de natureza aberta, plural e diversa, compreendida como um meio para a promoção do desenvolvimento humano, econômico, social e cultural, contribuindo para a construção de uma sociedade inclusiva e não discriminatória.

CAPÍTULO III
DA PROTEÇÃO AOS REGISTROS, AOS DADOS PESSOAIS E ÀS COMUNICAÇÕES PRIVADAS

Seção I
DA REQUISIÇÃO DE DADOS CADASTRAIS

Art. 11. As autoridades administrativas a que se refere o art. 10, § 3º, da Lei nº 12.965, de 2014, indicarão o fundamento legal de competência expressa para o acesso e a motivação para o pedido de acesso aos dados cadastrais.

§ 1º O provedor que não coletar dados cadastrais deverá informar tal fato à autoridade solicitante, ficando desobrigado de fornecer tais dados.

§ 2º São considerados dados cadastrais:

I – a filiação;

II – o endereço; e

III – a qualificação pessoal, entendida como nome, prenome, estado civil e profissão do usuário.

§ 3º Os pedidos de que trata o *caput* devem especificar os indivíduos cujos dados estão sendo requeridos e as informações desejadas, sendo vedados pedidos coletivos que sejam genéricos ou inespecíficos.

Art. 12. A autoridade máxima de cada órgão da administração pública federal publicará anualmente em seu sítio na internet relatórios estatísticos de requisição de dados cadastrais, contendo:

I – o número de pedidos realizados;

II – a listagem dos provedores de conexão ou de acesso a aplicações aos quais os dados foram requeridos;

III – o número de pedidos deferidos e indeferidos pelos provedores de conexão e de acesso a aplicações; e

IV – o número de usuários afetados por tais solicitações.

Seção II
PADRÕES DE SEGURANÇA E SIGILO DOS REGISTROS, DADOS PESSOAIS E COMUNICAÇÕES PRIVADAS

Art. 13. Os provedores de conexão e de aplicações devem, na guarda, armazenamento e tratamento de dados pessoais e comunicações privadas, observar as seguintes diretrizes sobre padrões de segurança:

I – o estabelecimento de controle estrito sobre o acesso aos dados mediante a definição de responsabilidades das pessoas que terão possibilidade de acesso e de privilégios de acesso exclusivo para determinados usuários;

II – a previsão de mecanismos de autenticação de acesso aos registros, usando, por exemplo, sistemas de autenticação dupla para assegurar a individualização do responsável pelo tratamento dos registros;

III – a criação de inventário detalhado dos acessos aos registros de conexão e de acesso a aplicações, contendo o momento, a duração, a identidade do funcionário ou do responsável pelo acesso designado pela empresa e o arquivo acessado, inclusive para cumprimento do disposto no art. 11, § 3º, da Lei nº 12.965, de 2014; e

IV – o uso de soluções de gestão dos registros por meio de técnicas que garantam a inviolabilidade dos dados, como encriptação ou medidas de proteção equivalentes.

§ 1º Cabe ao CGIbr promover estudos e recomendar procedimentos, normas e padrões técnicos e operacionais para o disposto nesse artigo, de acordo com as especificidades e o porte dos provedores de conexão e de aplicação.

§ 2º Tendo em vista o disposto nos incisos VII a X do *caput* do art. 7º da Lei nº 12.965, de 2014, os provedores de conexão e aplicações devem reter a menor quantidade possível de dados pessoais, comunicações privadas e registros de conexão e acesso a aplicações, os quais deverão ser excluídos:

I – tão logo atingida a finalidade de seu uso; ou

II – se encerrado o prazo determinado por obrigação legal.

Art. 14. Para os fins do disposto neste Decreto, considera-se:

I – dado pessoal – dado relacionado à pessoa natural identificada ou identificável, inclusive números identificativos, dados locacionais ou identificadores eletrônicos, quando estes estiverem relacionados a uma pessoa; e

II – tratamento de dados pessoais – toda operação realizada com dados pessoais, como as que se referem a coleta, produção, recepção, classificação, utilização, acesso, reprodução, transmissão, distribuição, processamento, arquivamento, armazenamento, eliminação, avaliação ou controle da informação, modificação, comunicação, transferência, difusão ou extração.

Art. 15. Os dados de que trata o art. 11 da Lei nº 12.965, de 2014, deverão ser mantidos em formato interoperável e estruturado, para facilitar o acesso decorrente de decisão judicial ou determinação legal, respeitadas as diretrizes elencadas no art. 13 deste Decreto.

Art. 16. As informações sobre os padrões de segurança adotados pelos provedores de aplicação e provedores de conexão devem ser divulgadas de forma clara e acessível a qualquer interessado, preferencialmente por meio de seus sítios na internet, respeitado o direito de confidencialidade quanto aos segredos empresariais.

CAPÍTULO IV

DA FISCALIZAÇÃO E DA TRANSPARÊNCIA

Art. 17. A Anatel atuará na regulação, na fiscalização e na apuração de infrações, nos termos da Lei nº 9.472, de 16 de julho de 1997.

Art. 18. A Secretaria Nacional do Consumidor atuará na fiscalização e na apuração de infrações, nos termos da Lei nº 8.078, de 11 de setembro de 1990.

Art. 19. A apuração de infrações à ordem econômica ficará a cargo do Sistema Brasileiro de Defesa da Concorrência, nos termos da Lei nº 12.529, de 30 de novembro de 2011.

Art. 20. Os órgãos e as entidades da administração pública federal com competências específicas quanto aos assuntos relacionados a este Decreto atuarão de forma colaborativa, consideradas as diretrizes do CGIbr, e deverão zelar pelo cumprimento da legislação brasileira, inclusive quanto à aplicação das sanções cabíveis, mesmo que as atividades sejam realizadas por pessoa jurídica sediada no exterior, nos termos do art. 11 da Lei nº 12.965, de 2014.

Art. 21. A apuração de infrações à Lei nº 12.965, de 2014, e a este Decreto atenderá aos procedimentos internos de cada um dos órgãos fiscalizatórios e poderá ser iniciada de ofício ou mediante requerimento de qualquer interessado.

Art. 22. Este Decreto entra em vigor trinta dias após a data de sua publicação.

Brasília, 11 de maio de 2016;
195º da Independência e
128º da República.

Dilma Rousseff

PROVIMENTO DO CNJ Nº 53, DE 16 DE MAIO DE 2016

Dispõe sobre a averbação direta por Oficial de Registro Civil das Pessoas Naturais da sentença estrangeira de divórcio consensual simples ou puro, no assento de casamento, independentemente de homologação judicial.

▸ Publicado no *DJe* de 16-5-2016.

Art. 1º A averbação direta no assento de casamento da sentença estrangeira de divórcio consensual simples ou puro, bem como da decisão não judicial de divórcio, que pela lei brasileira tem natureza jurisdicional, deverá ser realizada perante o Oficial de Registro Civil das Pessoas Naturais a partir de 18 de março de 2016.

1º – A averbação direta de que trata o caput desse artigo independe de prévia homologação da sentença estrangeira pelo Superior Tribunal de Justiça e/ou de prévia manifestação de qualquer outra autoridade judicial brasileira.

2º – A averbação direta dispensa a assistência de advogado ou defensor público.

3º – A averbação da sentença estrangeira de divórcio consensual, que, além da dissolução do matrimônio, envolva disposição sobre guarda de filhos, alimentos e/ou partilha de bens – aqui denominado divórcio consensual qualificado – dependerá de prévia homologação pelo Superior Tribunal de Justiça.

Art. 2º Para averbação direta, o interessado deverá apresentar, no Registro Civil de Pessoas Naturais junto ao assento de seu casamento, cópia integral da sentença estrangeira, bem como comprovação do trânsito em julgado, acompanhada de tradução oficial juramentada e de chancela consular.

Art. 3º Havendo interesse em retomar o nome de solteiro, o interessado na averbação direta deverá demonstrar a existência de disposição expressa na sentença estrangeira, exceto quando a legislação estrangeira permitir a retomada, ou quando o interessado comprovar, por documento do registro civil estrangeiro a alteração do nome.

Art. 4º Serão arquivados pelo Oficial de Registro Civil de Pessoas Naturais, em meio físico ou mídia digital segura, os documentos apresentados para a averbação da sentença estrangeira de divórcio, com referência do arquivamento à margem do respectivo assento.

Art. 5º Este Provimento não revoga as normas editadas pelas Corregedorias-Gerais de Justiça, no que forem compatíveis.

Art. 6º As Corregedorias-Gerais da Justiça deverão dar ciência desse Provimento aos Oficiais de Registro Civil das Pessoas Naturais dos seus Estados.

Art. 7º Este Provimento entrará em vigor na data de sua publicação.

Brasília, 16 de maio de 2016.

Ministra **Nancy Andrighi**

LEI Nº 13.300, DE 23 DE JUNHO DE 2016

Disciplina o processo e o julgamento dos mandados de injunção individual e coletivo e dá outras providências.

▸ Publicada no *DOU* de 24-6-2016.

Art. 1º Esta Lei disciplina o processo e o julgamento dos mandados de injunção individual e coletivo, nos termos do inciso LXXI do art. 5º da Constituição Federal.

Art. 2º Conceder-se-á mandado de injunção sempre que a falta total ou parcial de norma regulamentadora torne inviável o exercício dos direitos e liberdades constitucionais e das prerrogativas inerentes à nacionalidade, à soberania e à cidadania.

Parágrafo único. Considera-se parcial a regulamentação quando forem insuficientes as normas editadas pelo órgão legislador competente.

Art. 3º São legitimados para o mandado de injunção, como impetrantes, as pessoas naturais ou jurídicas que se afirmam titulares dos direitos, das liberdades ou das prerrogativas referidos no art. 2º e, como impetrado, o Poder, o órgão ou a autoridade com atribuição para editar a norma regulamentadora.

Art. 4º A petição inicial deverá preencher os requisitos estabelecidos pela lei processual e indicará, além do órgão impetrado, a pessoa jurídica que ele integra ou aquela a que está vinculado.

§ 1º Quando não for transmitida por meio eletrônico, a petição inicial e os documentos que a instruem serão acompanhados de tantas vias quantos forem os impetrados.

§ 2º Quando o documento necessário à prova do alegado encontrar-se em repartição ou estabelecimento público, em poder de autoridade ou de terceiro, havendo recusa em fornecê-lo por certidão, no original, ou em cópia autêntica, será ordenada, a pedido do impetrante, a exibição do documento no prazo de 10 (dez) dias, devendo, nesse caso, ser juntada cópia à segunda via da petição.

§ 3º Se a recusa em fornecer o documento for do impetrado, a ordem será feita no próprio instrumento da notificação.

Art. 5º Recebida a petição inicial, será ordenada:

I – a notificação do impetrado sobre o conteúdo da petição inicial, devendo-lhe ser enviada a segunda via apresentada com as cópias dos documentos, a fim de que, no prazo de 10 (dez) dias, preste informações;

II – a ciência do ajuizamento da ação ao órgão de representação judicial da pessoa jurídica interessada, devendo-lhe ser enviada cópia da petição inicial, para que, querendo, ingresse no feito.

Art. 6º A petição inicial será desde logo indeferida quando a impetração for manifestamente incabível ou manifestamente improcedente.

Parágrafo único. Da decisão de relator que indeferir a petição inicial, caberá agravo, em 5 (cinco) dias, para o órgão colegiado competente para o julgamento da impetração.

Art. 7º Findo o prazo para apresentação das informações, será ouvido o Ministério Público, que opinará em 10 (dez) dias, após o que, com ou sem parecer, os autos serão conclusos para decisão.

Art. 8º Reconhecido o estado de mora legislativa, será deferida a injunção para:

I – determinar prazo razoável para que o impetrado promova a edição da norma regulamentadora;

II – estabelecer as condições em que se dará o exercício dos direitos, das liberdades ou das prerrogativas reclamados ou, se for o caso, as condições em que poderá o interessado promover ação própria visando a exercê-los, caso não seja suprida a mora legislativa no prazo determinado.

Parágrafo único. Será dispensada a determinação a que se refere o inciso I do *caput* quando comprovado que o impetrado deixou de atender, em mandado de injunção anterior, ao prazo estabelecido para a edição da norma.

Art. 9º A decisão terá eficácia subjetiva limitada às partes e produzirá efeitos até o advento da norma regulamentadora.

§ 1º Poderá ser conferida eficácia *ultra partes* ou *erga omnes* à decisão, quando isso for inerente ou indispensável ao exercício do direito, da liberdade ou da prerrogativa objeto da impetração.

§ 2º Transitada em julgado a decisão, seus efeitos poderão ser estendidos aos casos análogos por decisão monocrática do relator.

§ 3º O indeferimento do pedido por insuficiência de prova não impede a renovação da impetração fundada em outros elementos probatórios.

Art. 10. Sem prejuízo dos efeitos já produzidos, a decisão poderá ser revista, a pedido de qualquer interessado, quando sobrevierem relevantes modificações das circunstâncias de fato ou de direito.

Parágrafo único. A ação de revisão observará, no que couber, o procedimento estabelecido nesta Lei.

Art. 11. A norma regulamentadora superveniente produzirá efeitos *ex nunc* em relação aos beneficiados por decisão transitada em julgado, salvo se a aplicação da norma editada lhes for mais favorável.

Parágrafo único. Estará prejudicada a impetração se a norma regulamentadora for editada antes da decisão, caso em que o processo será extinto sem resolução de mérito.

Art. 12. O mandado de injunção coletivo pode ser promovido:

I – pelo Ministério Público, quando a tutela requerida for especialmente relevante para a defesa da ordem jurídica, do regime democrático ou dos interesses sociais ou individuais indisponíveis;

II – por partido político com representação no Congresso Nacional, para assegurar o exercício de direitos, liberdades e prerrogativas de seus integrantes ou relacionados com a finalidade partidária;

III – por organização sindical, entidade de classe ou associação legalmente constituída e em funcionamento há pelo menos 1 (um) ano, para assegurar o exercício de direitos, liberdades e prerrogativas em favor da totalidade ou de parte de seus membros ou associados, na forma de seus estatutos e desde que pertinentes a suas finalidades, dispensada, para tanto, autorização especial;

IV – pela Defensoria Pública, quando a tutela requerida for especialmente relevante para a promoção dos direitos humanos e a defesa dos direitos individuais e coletivos dos necessitados, na forma do inciso LXXIV do art. 5º da Constituição Federal.

Parágrafo único. Os direitos, as liberdades e as prerrogativas protegidos por mandado de injunção coletivo são os pertencentes, indistintamente, a uma coletividade indeterminada de pessoas ou determinada por grupo, classe ou categoria.

Art. 13. No mandado de injunção coletivo, a sentença fará coisa julgada limitadamente às pessoas integrantes da coletividade, do grupo, da classe ou da categoria substituídos pelo impetrante, sem prejuízo do disposto nos §§ 1º e 2º do art. 9º.

Parágrafo único. O mandado de injunção coletivo não induz litispendência em relação aos individuais, mas os efeitos da coisa julgada não beneficiarão o impetrante que não requerer a desistência da demanda individual no prazo de 30 (trinta) dias a contar da ciência comprovada da impetração coletiva.

Art. 14. Aplicam-se subsidiariamente ao mandado de injunção as normas do mandado de segurança, disciplinado pela Lei nº 12.016, de 7 de agosto de 2009, e do Código de Processo Civil, instituído pela Lei nº 5.869, de 11 de janeiro de 1973, e pela Lei nº 13.105, de 16 de março de 2015, observado o disposto em seus arts. 1.045 e 1.046.

Art. 15. Esta Lei entra em vigor na data de sua publicação.

Brasília, 23 de junho de 2016;
195º da Independência e
128º da República.

Michel Temer

LEI Nº 13.303, DE 30 DE JUNHO DE 2016

Dispõe sobre o estatuto jurídico da empresa pública, da sociedade de economia mista e de suas subsidiárias, no âmbito da União, dos Estados, do Distrito Federal e dos Municípios.

(EXCERTOS)

► Publicada no *DOU* de 1º-7-2016.

TÍTULO I – DISPOSIÇÕES APLICÁVEIS ÀS EMPRESAS PÚBLICAS E ÀS SOCIEDADES DE ECONOMIA MISTA

CAPÍTULO I
DISPOSIÇÕES PRELIMINARES

Art. 1º Esta Lei dispõe sobre o estatuto jurídico da empresa pública, da sociedade de economia mista e de suas subsidiárias, abrangendo toda e qualquer empresa pública e sociedade de economia mista da União, dos Estados, do Distrito Federal e dos Municípios que explore atividade econômica de produção ou comercialização de bens ou de prestação de serviços, ainda que a atividade econômica esteja sujeita ao regime de monopólio da União ou seja de prestação de serviços públicos.

§ 1º O Título I desta Lei, exceto o disposto nos arts. 2º, 3º, 4º, 5º, 6º, 7º, 8º, 11, 12 e 27, não se aplica à empresa pública e à sociedade de economia mista que tiver, em conjunto com suas respectivas subsidiárias, no exercício social anterior, receita operacional bruta inferior a R$ 90.000.000,00 (noventa milhões de reais).

§ 2º O disposto nos Capítulos I e II do Título II desta Lei aplica-se inclusive à empresa pública dependente, definida nos termos do inciso III do art. 2º da Lei Complementar nº 101, de 4 de maio de 2000, que explore atividade econômica, ainda que a atividade econômica esteja sujeita ao regime de monopólio da União ou seja de prestação de serviços públicos.

§ 3º Os Poderes Executivos poderão editar atos que estabeleçam regras de governança destinadas às suas respectivas empresas públicas e sociedades de economia mista que se enquadrem na hipótese do § 1º, observadas as diretrizes gerais desta Lei.

§ 4º A não edição dos atos de que trata o § 3º no prazo de 180 (cento e oitenta) dias a partir da publicação desta Lei submete as respectivas empresas públicas e sociedades de economia mista às regras de governança previstas no Título I desta Lei.

§ 5º Submetem-se ao regime previsto nesta Lei a empresa pública e a sociedade de economia mista que participem de consórcio, conforme disposto no art. 279 da Lei nº 6.404, de 15 de dezembro de 1976, na condição de operadora.

§ 6º Submete-se ao regime previsto nesta Lei a sociedade, inclusive a de propósito específico, que seja controlada por empresa pública ou sociedade de economia mista abrangidas no *caput*.

§ 7º Na participação em sociedade empresarial em que a empresa pública, a sociedade de economia mista e suas subsidiárias não detenham o controle acionário, essas deverão adotar, no dever de fiscalizar, práticas de governança e controle proporcionais à relevância, à materialidade e aos riscos do negócio do qual são partícipes, considerando, para esse fim:

I – documentos e informações estratégicos do negócio e demais relatórios e informações produzidos por força de acordo de acionistas e de Lei considerados essenciais para a defesa de seus interesses na sociedade empresarial investida;

II – relatório de execução do orçamento e de realização de investimentos programados pela sociedade, inclusive quanto ao alinhamento dos custos orçados e dos realizados com os custos de mercado;

III – informe sobre execução da política de transações com partes relacionadas;

IV – análise das condições de alavancagem financeira da sociedade;

V – avaliação de inversões financeiras e de processos relevantes de alienação de bens móveis e imóveis da sociedade;

VI – relatório de risco das contratações para execução de obras, fornecimento de bens e prestação de serviços relevantes para os interesses da investidora;

VII – informe sobre execução de projetos relevantes para os interesses da investidora;

VIII – relatório de cumprimento, nos negócios da sociedade, de condicionantes socioambientais estabelecidas pelos órgãos ambientais;

IX – avaliação das necessidades de novos aportes na sociedade e dos possíveis riscos de redução da rentabilidade esperada do negócio;

X – qualquer outro relatório, documento ou informação produzido pela sociedade empresarial investida considerado relevante para o cumprimento do comando constante do *caput*.

Art. 2º A exploração de atividade econômica pelo Estado será exercida por meio de empresa pública, de sociedade de economia mista e de suas subsidiárias.

§ 1º A constituição de empresa pública ou de sociedade de economia mista dependerá de prévia autorização legal que indique, de forma clara, relevante interesse coletivo ou imperativo de segurança nacional, nos termos do *caput* do art. 173 da Constituição Federal.

§ 2º Depende de autorização legislativa a criação de subsidiárias de empresa pública e de sociedade de economia mista, assim como a participação de qualquer delas em empresa privada, cujo objeto social deve estar relacionado ao da investidora, nos termos do inciso XX do art. 37 da Constituição Federal.

§ 3º A autorização para participação em empresa privada prevista no § 2º não se aplica a operações de tesouraria, adjudicação de ações em garantia e participações autorizadas pelo Conselho de Administração em linha com o plano de negócios da empresa pública, da sociedade de economia mista e de suas respectivas subsidiárias.

Art. 3º Empresa pública é a entidade dotada de personalidade jurídica de direito privado, com criação autorizada por lei e com patrimônio próprio, cujo capital social é integralmente detido pela União, pelos Estados, pelo Distrito Federal ou pelos Municípios.

Parágrafo único. Desde que a maioria do capital votante permaneça em propriedade da União, do Estado, do Distrito Federal ou do Município, será admitida, no capital da empresa pública, a participação de outras pessoas jurídicas de direito público interno, bem como de entidades da administração indireta da União, dos Estados, do Distrito Federal e dos Municípios.

Art. 4º Sociedade de economia mista é a entidade dotada de personalidade jurídica de direito privado, com criação autorizada por lei, sob a forma de sociedade anônima, cujas ações com direito a voto pertençam em sua maioria à União, aos Estados, ao Distrito Federal, aos Municípios ou a entidade da administração indireta.

§ 1º A pessoa jurídica que controla a sociedade de economia mista tem os deveres e as responsabilidades do acionista controlador, estabelecidos na Lei nº 6.404, de 15 de dezembro de 1976, e deverá exercer o poder de controle no interesse da companhia, respeitado o interesse público que justificou sua criação.

§ 2º Além das normas previstas nesta Lei, a sociedade de economia mista com registro na Comissão de Valores Mobiliários sujeita-se às disposições da Lei nº 6.385, de 7 de dezembro de 1976.

CAPÍTULO II

DO REGIME SOCIETÁRIO DA EMPRESA PÚBLICA E DA SOCIEDADE DE ECONOMIA MISTA

SEÇÃO I

DAS NORMAS GERAIS

Art. 5º A sociedade de economia mista será constituída sob a forma de sociedade anônima e, ressalvado o disposto nesta Lei, estará sujeita ao regime previsto na Lei nº 6.404, de 15 de dezembro de 1976.

Art. 6º O estatuto da empresa pública, da sociedade de economia mista e de suas subsidiárias deverá observar regras de governança corporativa, de transparência e de estruturas, práticas de gestão de riscos e de controle interno, composição da administração e, havendo acionistas, mecanismos para sua proteção, todos constantes desta Lei.

Art. 7º Aplicam-se a todas as empresas públicas, as sociedades de economia mista de capital fechado e as suas subsidiárias as disposições da Lei nº 6.404, de 15 de dezembro de 1976, e as normas da Comissão de Valores Mobiliários sobre escrituração e elaboração de demonstrações financeiras, inclusive a obrigatoriedade de auditoria independente por auditor registrado nesse órgão.

Art. 8º As empresas públicas e as sociedades de economia mista deverão observar, no mínimo, os seguintes requisitos de transparência:

I – elaboração de carta anual, subscrita pelos membros do Conselho de Administração, com a explicitação dos compromissos de consecução de objetivos de políticas públicas pela empresa pública, pela sociedade de economia mista e por suas subsidiárias, em atendimento ao interesse coletivo ou ao imperativo de segurança nacional que justificou a autorização para suas respectivas criações, com definição clara dos recursos a serem empregados para esse fim, bem como dos impactos econômico-financeiros da consecução desses objetivos, mensuráveis por meio de indicadores objetivos;

II – adequação de seu estatuto social à autorização legislativa de sua criação;

III – divulgação tempestiva e atualizada de informações relevantes, em especial as relativas a atividades desenvolvidas, estrutura de controle, fatores de risco, dados econômico-financeiros, comentários dos administradores sobre o desempenho, políticas e práticas de governança corporativa e descrição da composição e da remuneração da administração;

IV – elaboração e divulgação de política de divulgação de informações, em conformidade com a legislação em vigor e com as melhores práticas;

V – elaboração de política de distribuição de dividendos, à luz do interesse público que justificou a criação da empresa pública ou da sociedade de economia mista;

VI – divulgação, em nota explicativa às demonstrações financeiras, dos dados operacionais e financeiros das atividades relacionadas à consecução dos fins de interesse coletivo ou de segurança nacional;

VII – elaboração e divulgação da política de transações com partes relacionadas, em conformidade com os requisitos de competitividade, conformidade, transparência, equidade e comutatividade, que deverá ser revista, no mínimo, anualmente e aprovada pelo Conselho de Administração;

VIII – ampla divulgação, ao público em geral, de carta anual de governança corporativa, que consolide em um único documento escrito, em linguagem clara e direta, as informações de que trata o inciso III;

IX – divulgação anual de relatório integrado ou de sustentabilidade.

§ 1º O interesse público da empresa pública e da sociedade de economia mista, respeitadas as razões que motivaram a autorização legislativa, manifesta-se por meio do alinhamento entre seus objetivos e aqueles de políticas públicas, na forma explicitada na carta anual a que se refere o inciso I do *caput*.

§ 2º Quaisquer obrigações e responsabilidades que a empresa pública e a sociedade de economia mista que explorem atividade econômica assumam em condições distintas às de qualquer outra empresa do setor privado em que atuam deverão:

I – estar claramente definidas em lei ou regulamento, bem como previstas em contrato, convênio ou ajuste celebrado com o ente público competente para estabelecê-las, observada a ampla publicidade desses instrumentos;

II – ter seu custo e suas receitas discriminados e divulgados de forma transparente, inclusive no plano contábil.

§ 3º Além das obrigações contidas neste artigo, as sociedades de economia mista com registro na Comissão de Valores Mobiliários sujeitam-se ao regime informacional estabelecido por essa autarquia e devem divulgar as informações previstas neste artigo na forma fixada em suas normas.

§ 4º Os documentos resultantes do cumprimento dos requisitos de transparência constantes dos incisos I a IX do *caput* deverão ser publicamente divulgados na internet de forma permanente e cumulativa.

Art. 9º A empresa pública e a sociedade de economia mista adotarão regras de estruturas e práticas de gestão de riscos e controle interno que abranjam:

I – ação dos administradores e empregados, por meio da implementação cotidiana de práticas de controle interno;

II – área responsável pela verificação de cumprimento de obrigações e de gestão de riscos;

III – auditoria interna e Comitê de Auditoria Estatutário.

§ 1º Deverá ser elaborado e divulgado Código de Conduta e Integridade, que disponha sobre:

I – princípios, valores e missão da empresa pública e da sociedade de economia mista, bem como orientações sobre a prevenção de conflito de interesses e vedação de atos de corrupção e fraude;
II – instâncias internas responsáveis pela atualização e aplicação do Código de Conduta e Integridade;
III – canal de denúncias que possibilite o recebimento de denúncias internas e externas relativas ao descumprimento do Código de Conduta e Integridade e das demais normas internas de ética e obrigacionais;
IV – mecanismos de proteção que impeçam qualquer espécie de retaliação a pessoa que utilize o canal de denúncias;
V – sanções aplicáveis em caso de violação às regras do Código de Conduta e Integridade;
VI – previsão de treinamento periódico, no mínimo anual, sobre Código de Conduta e Integridade, a empregados e administradores, e sobre a política de gestão de riscos, a administradores.

§ 2º A área responsável pela verificação de cumprimento de obrigações e de gestão de riscos deverá ser vinculada ao diretor-presidente e liderada por diretor estatutário, devendo o estatuto social prever as atribuições da área, bem como estabelecer mecanismos que assegurem atuação independente.

§ 3º A auditoria interna deverá:
I – ser vinculada ao Conselho de Administração, diretamente ou por meio do Comitê de Auditoria Estatutário;
II – ser responsável por aferir a adequação do controle interno, a efetividade do gerenciamento dos riscos e dos processos de governança e a confiabilidade do processo de coleta, mensuração, classificação, acumulação, registro e divulgação de eventos e transações, visando ao preparo de demonstrações financeiras.

§ 4º O estatuto social deverá prever, ainda, a possibilidade de que a área de *compliance* se reporte diretamente ao Conselho de Administração em situações em que se suspeite do envolvimento do diretor-presidente em irregularidades ou quando este se furtar à obrigação de adotar medidas necessárias em relação à situação a ele relatada.

Art. 10. A empresa pública e a sociedade de economia mista deverão criar comitê estatutário para verificar a conformidade do processo de indicação e de avaliação de membros para o Conselho de Administração e para o Conselho Fiscal, com competência para auxiliar o acionista controlador na indicação desses membros.

Parágrafo único. Devem ser divulgadas as atas das reuniões do comitê estatutário referido no *caput* realizadas com o fim de verificar o cumprimento, pelos membros indicados, dos requisitos definidos na política de indicação, devendo ser registradas as eventuais manifestações divergentes de conselheiros.

Art. 11. A empresa pública não poderá:
I – lançar debêntures ou outros títulos ou valores mobiliários, conversíveis em ações;
II – emitir partes beneficiárias.

Art. 12. A empresa pública e a sociedade de economia mista deverão:
I – divulgar toda e qualquer forma de remuneração dos administradores;
II – adequar constantemente suas práticas ao Código de Conduta e Integridade e a outras regras de boa prática de governança corporativa, na forma estabelecida na regulamentação desta Lei.

Parágrafo único. A sociedade de economia mista poderá solucionar, mediante arbitragem, as divergências entre acionistas e a sociedade, ou entre acionistas controladores e acionistas minoritários, nos termos previstos em seu estatuto social.

Art. 13. A lei que autorizar a criação da empresa pública e da sociedade de economia mista deverá dispor sobre as diretrizes e restrições a serem consideradas na elaboração do estatuto da companhia, em especial sobre:
I – constituição e funcionamento do Conselho de Administração, observados o número mínimo de 7 (sete) e o número máximo de 11 (onze) membros;
II – requisitos específicos para o exercício do cargo de diretor, observado o número mínimo de 3 (três) diretores;
III – avaliação de desempenho, individual e coletiva, de periodicidade anual, dos administradores e dos membros de comitês, observados os seguintes quesitos mínimos:
a) exposição dos atos de gestão praticados, quanto à licitude e à eficácia da ação administrativa;
b) contribuição para o resultado do exercício;
c) consecução dos objetivos estabelecidos no plano de negócios e atendimento à estratégia de longo prazo;
IV – constituição e funcionamento do Conselho Fiscal, que exercerá suas atribuições de modo permanente;
V – constituição e funcionamento do Comitê de Auditoria Estatutário;
VI – prazo de gestão dos membros do Conselho de Administração e dos indicados para o cargo de diretor, que será unificado e não superior a 2 (dois) anos, sendo permitidas, no máximo, 3 (três) reconduções consecutivas;
VII – VETADO;
VIII – prazo de gestão dos membros do Conselho Fiscal não superior a 2 (dois) anos, permitidas 2 (duas) reconduções consecutivas.

Seção II
DO ACIONISTA CONTROLADOR

Art. 14. O acionista controlador da empresa pública e da sociedade de economia mista deverá:
I – fazer constar do Código de Conduta e Integridade, aplicável à alta administração, a vedação à divulgação, sem autorização do órgão competente da empresa pública ou da sociedade de economia mista, de informação que possa causar impacto na cotação dos títulos da empresa pública ou da sociedade de economia mista e em suas relações com o mercado ou com consumidores e fornecedores;
II – preservar a independência do Conselho de Administração no exercício de suas funções;
III – observar a política de indicação na escolha dos administradores e membros do Conselho Fiscal.

Art. 15. O acionista controlador da empresa pública e da sociedade de economia mista responderá pelos atos praticados com abuso de poder, nos termos da Lei nº 6.404, de 15 de dezembro de 1976.

§ 1º A ação de reparação poderá ser proposta pela sociedade, nos termos do art. 246 da Lei nº 6.404, de 15 de dezembro de 1976, pelo terceiro prejudicado ou pelos demais sócios, independentemente de autorização da assembleia-geral de acionistas.

§ 2º Prescreve em 6 (seis) anos, contados da data da prática do ato abusivo, a ação a que se refere o § 1º.

Seção III
DO ADMINISTRADOR

Art. 16. Sem prejuízo do disposto nesta Lei, o administrador de empresa pública e de sociedade de economia mista é submetido às normas previstas na Lei nº 6.404, de 15 de dezembro de 1976.

Parágrafo único. Consideram-se administradores da empresa pública e da sociedade de economia mista os membros do Conselho de Administração e da diretoria.

Art. 17. Os membros do Conselho de Administração e os indicados para os cargos de diretor, inclusive presidente, diretor-geral e diretor-presidente, serão escolhidos entre cidadãos de reputação ilibada e de notório conhecimento, devendo ser atendidos, alternativamente, um dos requisitos das alíneas *a*, *b* e *c* do inciso I e, cumulativamente, os requisitos dos incisos II e III:

I – ter experiência profissional de, no mínimo:

a) 10 (dez) anos, no setor público ou privado, na área de atuação da empresa pública ou da sociedade de economia mista ou em área conexa àquela para a qual forem indicados em função de direção superior; ou

b) 4 (quatro) anos ocupando pelo menos um dos seguintes cargos:

1. cargo de direção ou de chefia superior em empresa de porte ou objeto social semelhante ao da empresa pública ou da sociedade de economia mista, entendendo-se como cargo de chefia superior aquele situado nos 2 (dois) níveis hierárquicos não estatutários mais altos da empresa;
2. cargo em comissão ou função de confiança equivalente a DAS-4 ou superior, no setor público;
3. cargo de docente ou de pesquisador em áreas de atuação da empresa pública ou da sociedade de economia mista;

c) 4 (quatro) anos de experiência como profissional liberal em atividade direta ou indiretamente vinculada à área de atuação da empresa pública ou sociedade de economia mista;

II – ter formação acadêmica compatível com o cargo para o qual foi indicado; e

III – não se enquadrar nas hipóteses de inelegibilidade previstas nas alíneas do inciso I do *caput* do art. 1º da Lei Complementar nº 64, de 18 de maio de 1990, com as alterações introduzidas pela Lei Complementar nº 135, de 4 de junho de 2010.

§ 1º O estatuto da empresa pública, da sociedade de economia mista e de suas subsidiárias poderá dispor sobre a contratação de seguro de responsabilidade civil pelos administradores.

§ 2º É vedada a indicação, para o Conselho de Administração e para a diretoria:

I – de representante do órgão regulador ao qual a empresa pública ou a sociedade de economia mista está sujeita, de Ministro de Estado, de Secretário de Estado, de Secretário Municipal, de titular de cargo, sem vínculo permanente com o serviço público, de natureza especial ou de direção e assessoramento superior na administração pública, de dirigente estatutário de partido político e de titular de mandato no Poder Legislativo de qualquer ente da federação, ainda que licenciados do cargo;

II – de pessoa que atuou, nos últimos 36 (trinta e seis) meses, como participante de estrutura decisória de partido político ou em trabalho vinculado a organização, estruturação e realização de campanha eleitoral;

III – de pessoa que exerça cargo em organização sindical;

IV – de pessoa que tenha firmado contrato ou parceria, como fornecedor ou comprador, demandante ou ofertante, de bens ou serviços de qualquer natureza, com a pessoa político-administrativa controladora da empresa pública ou da sociedade de economia mista ou com a própria empresa ou sociedade em período inferior a 3 (três) anos antes da data de nomeação;

V – de pessoa que tenha ou possa ter qualquer forma de conflito de interesse com a pessoa político-administrativa controladora da empresa pública ou da sociedade de economia mista ou com a própria empresa ou sociedade.

§ 3º A vedação prevista no inciso I do § 2º estende-se também aos parentes consanguíneos ou afins até o terceiro grau das pessoas nele mencionadas.

§ 4º Os administradores eleitos devem participar, na posse e anualmente, de treinamentos específicos sobre legislação societária e de mercado de capitais, divulgação de informações, controle interno, código de conduta, a Lei nº 12.846, de 1º de agosto de 2013 (Lei Anticorrupção), e demais temas relacionados às atividades da empresa pública ou da sociedade de economia mista.

§ 5º Os requisitos previstos no inciso I do *caput* poderão ser dispensados no caso de indicação de empregado da empresa pública ou da sociedade de economia mista para cargo de administrador ou como membro de comitê, desde que atendidos os seguintes quesitos mínimos:

I – o empregado tenha ingressado na empresa pública ou na sociedade de economia mista por meio de concurso público de provas ou de provas e títulos;

II – o empregado tenha mais de 10 (dez) anos de trabalho efetivo na empresa pública ou na sociedade de economia mista;

III – o empregado tenha ocupado cargo na gestão superior da empresa pública ou da sociedade de economia mista, comprovando sua capacidade para assumir as responsabilidades dos cargos de que trata o *caput*.

Seção IV
DO CONSELHO DE ADMINISTRAÇÃO

Art. 18. Sem prejuízo das competências previstas no art. 142 da Lei nº 6.404, de 15 de dezembro de 1976, e das demais atribuições previstas nesta Lei, compete ao Conselho de Administração:

I – discutir, aprovar e monitorar decisões envolvendo práticas de governança corporativa, relacionamento com partes interessadas, política de gestão de pessoas e código de conduta dos agentes;

II – implementar e supervisionar os sistemas de gestão de riscos e de controle interno estabelecidos para a prevenção e mitigação dos principais riscos a que está exposta a empresa pública ou a sociedade de economia mista, inclusive os riscos relacionados à integridade das informações contábeis e financeiras e os relacionados à ocorrência de corrupção e fraude;

III – estabelecer política de porta-vozes visando a eliminar risco de contradição entre informações de diversas áreas e as dos executivos da empresa pública ou da sociedade de economia mista;

IV – avaliar os diretores da empresa pública ou da sociedade de economia mista, nos termos do inciso III do art. 13, podendo contar com apoio metodológico e procedimental do comitê estatutário referido no art. 10.

Art. 19. É garantida a participação, no Conselho de Administração, de representante dos empregados e dos acionistas minoritários.

§ 1º As normas previstas na Lei nº 12.353, de 28 de dezembro de 2010, aplicam-se à participação de empregados no Conselho de Administração da empresa pública, da sociedade de economia mista e de suas subsidiárias e controladas e das demais empresas em que a União, direta ou indiretamente, detenha a maioria do capital social com direito a voto.

§ 2º É assegurado aos acionistas minoritários o direito de eleger 1 (um) conselheiro, se maior número não lhes couber pelo processo de voto múltiplo previsto na Lei nº 6.404, de 15 de dezembro de 1976.

Art. 20. É vedada a participação remunerada de membros da administração pública, direta ou indireta, em mais de 2 (dois) conselhos, de administração ou fiscal, de empresa pública, de sociedade de economia mista ou de suas subsidiárias.

Art. 21. VETADO.

Parágrafo único. VETADO.

SEÇÃO V
DO MEMBRO INDEPENDENTE DO CONSELHO DE ADMINISTRAÇÃO

Art. 22. O Conselho de Administração deve ser composto, no mínimo, por 25% (vinte e cinco por cento) de membros independentes ou por pelo menos 1 (um), caso haja decisão pelo exercício da faculdade do voto múltiplo pelos acionistas minoritários, nos termos do art. 141 da Lei nº 6.404, de 15 de dezembro de 1976.

§ 1º O conselheiro independente caracteriza-se por:

I – não ter qualquer vínculo com a empresa pública ou a sociedade de economia mista, exceto participação de capital;

II – não ser cônjuge ou parente consanguíneo ou afim, até o terceiro grau ou por adoção, de chefe do Poder Executivo, de Ministro de Estado, de Secretário de Estado ou Município ou de administrador da empresa pública ou da sociedade de economia mista;

III – não ter mantido, nos últimos 3 (três) anos, vínculo de qualquer natureza com a empresa pública, a sociedade de economia mista ou seus controladores, que possa vir a comprometer sua independência;

IV – não ser ou não ter sido, nos últimos 3 (três) anos, empregado ou diretor da empresa pública, da sociedade de economia mista ou de sociedade controlada, coligada ou subsidiária da empresa pública ou da sociedade de economia mista, exceto se o vínculo for exclusivamente com instituições públicas de ensino ou pesquisa;

V – não ser fornecedor ou comprador, direto ou indireto, de serviços ou produtos da empresa pública ou da sociedade de economia mista, de modo a implicar perda de independência;

VI – não ser funcionário ou administrador de sociedade ou entidade que esteja oferecendo ou demandando serviços ou produtos à empresa pública ou à sociedade de economia mista, de modo a implicar perda de independência;

VII – não receber outra remuneração da empresa pública ou da sociedade de economia mista além daquela relativa ao cargo de conselheiro, à exceção de proventos em dinheiro oriundos de participação no capital.

§ 2º Quando, em decorrência da observância do percentual mencionado no *caput*, resultar número fracionário de conselheiros, proceder-se-á ao arredondamento para o número inteiro:

I – imediatamente superior, quando a fração for igual ou superior a 0,5 (cinco décimos);

II – imediatamente inferior, quando a fração for inferior a 0,5 (cinco décimos).

§ 3º Não serão consideradas, para o cômputo das vagas destinadas a membros independentes, aquelas ocupadas pelos conselheiros eleitos por empregados, nos termos do § 1º do art. 19.

§ 4º Serão consideradas, para o cômputo das vagas destinadas a membros independentes, aquelas ocupadas pelos conselheiros eleitos por acionistas minoritários, nos termos do § 2º do art. 19.

§ 5º VETADO.

SEÇÃO VI
DA DIRETORIA

Art. 23. É condição para investidura em cargo de diretoria da empresa pública e da sociedade de economia mista a assunção de compromisso com metas e resultados específicos a serem alcançados, que deverá ser aprovado pelo Conselho de Administração, a quem incumbe fiscalizar seu cumprimento.

§ 1º Sem prejuízo do disposto no *caput*, a diretoria deverá apresentar, até a última reunião ordinária do Conselho de Administração do ano anterior, a quem compete sua aprovação:

I – plano de negócios para o exercício anual seguinte;

II – estratégia de longo prazo atualizada com análise de riscos e oportunidades para, no mínimo, os próximos 5 (cinco) anos.

§ 2º Compete ao Conselho de Administração, sob pena de seus integrantes responderem por omissão, promover anualmente análise de atendimento das metas e resultados na execução do plano de negócios e da estratégia de longo prazo, devendo publicar suas conclusões e informá-las ao Congresso Nacional, às Assembleias Legislativas, à Câmara Legislativa do Distrito Federal ou às Câmaras Municipais e aos respectivos tribunais de contas, quando houver.

§ 3º Excluem-se da obrigação de publicação a que se refere o § 2º as informações de natureza estratégica cuja divulgação possa ser comprovadamente prejudicial ao interesse da empresa pública ou da sociedade de economia mista.

SEÇÃO VII
DO COMITÊ DE AUDITORIA ESTATUTÁRIO

Art. 24. A empresa pública e a sociedade de economia mista deverão possuir em sua estrutura societária Comitê de Auditoria Estatutário como órgão auxiliar do Conselho de Administração, ao qual se reportará diretamente.

§ 1º Competirá ao Comitê de Auditoria Estatutário, sem prejuízo de outras competências previstas no estatuto da empresa pública ou da sociedade de economia mista:

I – opinar sobre a contratação e destituição de auditor independente;

II – supervisionar as atividades dos auditores independentes, avaliando sua independência, a qualidade dos serviços prestados e a adequação de tais serviços às necessidades da empresa pública ou da sociedade de economia mista;

III – supervisionar as atividades desenvolvidas nas áreas de controle interno, de auditoria interna e de elaboração das demonstrações financeiras da empresa pública ou da sociedade de economia mista;

IV – monitorar a qualidade e a integridade dos mecanismos de controle interno, das demonstrações financeiras e das informações e medições divulgadas pela empresa pública ou pela sociedade de economia mista;

V – avaliar e monitorar exposições de risco da empresa pública ou da sociedade de economia mista, podendo requerer, entre outras, informações detalhadas sobre políticas e procedimentos referentes a:

a) remuneração da administração;

b) utilização de ativos da empresa pública ou da sociedade de economia mista;

c) gastos incorridos em nome da empresa pública ou da sociedade de economia mista;

VI – avaliar e monitorar, em conjunto com a administração e a área de auditoria interna, a adequação das transações com partes relacionadas;

VII – elaborar relatório anual com informações sobre as atividades, os resultados, as conclusões e as recomendações do Comitê de Auditoria Estatutário, registrando, se houver, as divergências significativas entre administração, auditoria independente e Comitê de Auditoria Estatutário em relação às demonstrações financeiras;

VIII – avaliar a razoabilidade dos parâmetros em que se fundamentam os cálculos atuariais, bem como o resultado atuarial dos planos de benefícios mantidos pelo fundo de pensão, quando a empresa pública ou a sociedade de economia mista for patrocinadora de entidade fechada de previdência complementar.

§ 2º O Comitê de Auditoria Estatutário deverá possuir meios para receber denúncias, inclusive sigilosas, internas e externas à empresa pública ou à sociedade de economia mista, em matérias relacionadas ao escopo de suas atividades.

§ 3º O Comitê de Auditoria Estatutário deverá se reunir quando necessário, no mínimo bimestralmente, de modo que as informações contábeis sejam sempre apreciadas antes de sua divulgação.

§ 4º A empresa pública e a sociedade de economia mista deverão divulgar as atas das reuniões do Comitê de Auditoria Estatutário.

§ 5º Caso o Conselho de Administração considere que a divulgação da ata possa pôr em risco interesse legítimo da empresa pública ou da sociedade de economia mista, a empresa pública ou a sociedade de economia mista divulgará apenas o extrato das atas.

§ 6º A restrição prevista no § 5º não será oponível aos órgãos de controle, que terão total e irrestrito acesso ao conteúdo das atas do Comitê de Auditoria Estatutário, observada a transferência de sigilo.

§ 7º O Comitê de Auditoria Estatutário deverá possuir autonomia operacional e dotação orçamentária, anual ou por projeto, dentro de limites aprovados pelo Conselho de Administração, para conduzir ou determinar a realização de consultas, avaliações e investigações dentro do escopo de suas atividades, inclusive com a contratação e utilização de especialistas externos independentes.

Art. 25. O Comitê de Auditoria Estatutário será integrado por, no mínimo, 3 (três) e, no máximo, 5 (cinco) membros, em sua maioria independentes.

§ 1º São condições mínimas para integrar o Comitê de Auditoria Estatutário:

I – não ser ou ter sido, nos 12 (doze) meses anteriores à nomeação para o Comitê:

a) diretor, empregado ou membro do conselho fiscal da empresa pública ou sociedade de economia mista ou de sua controladora, controlada, coligada ou sociedade em controle comum, direta ou indireta;

b) responsável técnico, diretor, gerente, supervisor ou qualquer outro integrante com função de gerência de equipe envolvida nos trabalhos de auditoria na empresa pública ou sociedade de economia mista;

II – não ser cônjuge ou parente consanguíneo ou afim, até o segundo grau ou por adoção, das pessoas referidas no inciso I;

III – não receber qualquer outro tipo de remuneração da empresa pública ou sociedade de economia mista ou de sua controladora, controlada, coligada ou sociedade em controle comum, direta ou indireta, que não seja aquela relativa à função de integrante do Comitê de Auditoria Estatutário;

IV – não ser ou ter sido ocupante de cargo público efetivo, ainda que licenciado, ou de cargo em comissão da pessoa jurídica de direito público que exerça o controle acionário da empresa pública ou sociedade de economia mista, nos 12 (doze) meses anteriores à nomeação para o Comitê de Auditoria Estatutário.

§ 2º Ao menos 1 (um) dos membros do Comitê de Auditoria Estatutário deve ter reconhecida experiência em assuntos de contabilidade societária.

§ 3º O atendimento às previsões deste artigo deve ser comprovado por meio de documentação mantida na sede da empresa pública ou sociedade de economia mista pelo prazo mínimo de 5 (cinco) anos, contado a partir do último dia de mandato do membro do Comitê de Auditoria Estatutário.

Seção VIII
DO CONSELHO FISCAL

Art. 26. Além das normas previstas nesta Lei, aplicam-se aos membros do Conselho Fiscal da empresa pública e da sociedade de economia mista as disposições previstas na Lei nº 6.404, de 15 de dezembro de 1976, relativas a seus poderes, deveres e responsabilidades, a requisitos e impedimentos para investidura e a remuneração, além de outras disposições estabelecidas na referida Lei.

§ 1º Podem ser membros do Conselho Fiscal pessoas naturais, residentes no País, com formação acadêmica compatível com o exercício da função e que tenham exercido, por prazo mínimo de 3 (três) anos, cargo de direção ou assessoramento na administração pública ou cargo de conselheiro fiscal ou administrador em empresa.

§ 2º O Conselho Fiscal contará com pelo menos 1 (um) membro indicado pelo ente controlador, que deverá ser servidor público com vínculo permanente com a administração pública.

CAPÍTULO III
DA FUNÇÃO SOCIAL DA EMPRESA PÚBLICA E DA SOCIEDADE DE ECONOMIA MISTA

Art. 27. A empresa pública e a sociedade de economia mista terão a função social de realização do interesse coletivo ou de atendimento a imperativo da segurança nacional expressa no instrumento de autorização legal para a sua criação.

§ 1º A realização do interesse coletivo de que trata este artigo deverá ser orientada para o alcance do bem-estar econômico e para a alocação socialmente eficiente dos recursos geridos pela empresa pública e pela sociedade de economia mista, bem como para o seguinte:

I – ampliação economicamente sustentada do acesso de consumidores aos produtos e serviços da empresa pública ou da sociedade de economia mista;

II – desenvolvimento ou emprego de tecnologia brasileira para produção e oferta de produtos e serviços da empresa pública ou da sociedade de economia mista, sempre de maneira economicamente justificada.

§ 2º A empresa pública e a sociedade de economia mista deverão, nos termos da lei, adotar práticas de sustentabilidade ambiental e de responsabilidade social corporativa compatíveis com o mercado em que atuam.

§ 3º A empresa pública e a sociedade de economia mista poderão celebrar convênio ou contrato de patrocínio com pessoa física ou com pessoa jurídica para promoção de atividades culturais, sociais, esportivas, educacionais e de inovação tecnológica, desde que comprovadamente vinculadas ao fortalecimento de sua marca, observando-se, no que couber, as normas de licitação e contratos desta Lei.

TÍTULO II – DISPOSIÇÕES APLICÁVEIS ÀS EMPRESAS PÚBLICAS, ÀS SOCIEDADES DE ECONOMIA MISTA E ÀS SUAS SUBSIDIÁRIAS QUE EXPLOREM ATIVIDADE ECONÔMICA DE PRODUÇÃO OU COMERCIALIZAÇÃO DE BENS OU DE PRESTAÇÃO DE SERVIÇOS, AINDA QUE A ATIVIDADE ECONÔMICA ESTEJA SUJEITA AO REGIME DE MONOPÓLIO DA UNIÃO OU SEJA DE PRESTAÇÃO DE SERVIÇOS PÚBLICOS

CAPÍTULO I
DAS LICITAÇÕES

Seção I
DA EXIGÊNCIA DE LICITAÇÃO E DOS CASOS DE DISPENSA E DE INEXIGIBILIDADE

Art. 28. Os contratos com terceiros destinados à prestação de serviços às empresas públicas e às sociedades de economia mista, inclusive de engenharia e de publicidade, à aquisição e à locação de bens, à alienação de bens e ativos integrantes do respectivo patrimônio ou à execução de obras a serem integradas a esse patrimônio, bem como à implementação de ônus real sobre tais bens, serão precedidos de licitação nos termos desta Lei, ressalvadas as hipóteses previstas nos arts. 29 e 30.

§ 1º Aplicam-se às licitações das empresas públicas e das sociedades de economia mista as disposições constantes dos arts. 42 a 49 da Lei Complementar nº 123, de 14 de dezembro de 2006.

§ 2º O convênio ou contrato de patrocínio celebrado com pessoas físicas ou jurídicas de que trata o § 3º do art. 27 observará, no que couber, as normas de licitação e contratos desta Lei.

§ 3º São as empresas públicas e as sociedades de economia mista dispensadas da observância dos dispositivos deste Capítulo nas seguintes situações:

I – comercialização, prestação ou execução, de forma direta, pelas empresas mencionadas no *caput*, de produtos, serviços ou obras especificamente relacionados com seus respectivos objetos sociais;

II – nos casos em que a escolha do parceiro esteja associada a suas características particulares, vinculada a oportunidades de negócio definidas e específicas, justificada a inviabilidade de procedimento competitivo.

§ 4º Consideram-se oportunidades de negócio a que se refere o inciso II do § 3º a formação e a extinção de parcerias e outras formas associativas, societárias ou contratuais, a aquisição e a alienação de participação em sociedades e outras formas associativas, societárias ou contratuais e as operações realizadas no âmbito do mercado de capitais, respeitada a regulação pelo respectivo órgão competente.

Art. 29. É dispensável a realização de licitação por empresas públicas e sociedades de economia mista:

I – para obras e serviços de engenharia de valor até R$ 100.000,00 (cem mil reais), desde que não se refiram a parcelas de uma mesma obra ou serviço ou ainda a obras e serviços de mesma natureza e no mesmo local que possam ser realizadas conjunta e concomitantemente;

II – para outros serviços e compras de valor até R$ 50.000,00 (cinquenta mil reais) e para alienações, nos casos previstos nesta Lei, desde que não se refiram a parcelas de um mesmo serviço, compra ou alienação de maior vulto que possa ser realizado de uma só vez;

III – quando não acudirem interessados à licitação anterior e essa, justificadamente, não puder ser repetida sem prejuízo para a empresa pública ou a sociedade de economia mista, bem como para suas respectivas subsidiárias, desde que mantidas as condições preestabelecidas;

IV – quando as propostas apresentadas consignarem preços manifestamente superiores aos praticados no mercado nacional ou incompatíveis com os fixados pelos órgãos oficiais competentes;

V – para a compra ou locação de imóvel destinado ao atendimento de suas finalidades precípuas, quando as necessidades de instalação e localização condicionarem a escolha do imóvel, desde que o preço seja compatível com o valor de mercado, segundo avaliação prévia;

VI – na contratação de remanescente de obra, de serviço ou de fornecimento, em consequência de rescisão contratual, desde que atendida a ordem de classificação da licitação anterior e aceitas as mesmas condições do contrato encerrado por rescisão ou distrato, inclusive quanto ao preço, devidamente corrigido;

VII – na contratação de instituição brasileira incumbida regimental ou estatutariamente da pesquisa, do ensino ou do desenvolvimento institucional ou de instituição dedicada à recuperação social do preso, desde que a contratada detenha inquestionável reputação ético-profissional e não tenha fins lucrativos;

VIII – para a aquisição de componentes ou peças de origem nacional ou estrangeira necessários à manutenção de equipamentos durante o período de garantia técnica, junto ao fornecedor original desses equipamentos, quando tal condição de exclusividade for indispensável para a vigência da garantia;

IX – na contratação de associação de pessoas com deficiência física, sem fins lucrativos e de comprovada idoneidade, para a prestação de serviços ou fornecimento de mão de obra, desde que o preço contratado seja compatível com o praticado no mercado;

X – na contratação de concessionário, permissionário ou autorizado para fornecimento ou suprimento de energia elétrica ou gás natural e de outras prestadoras de serviço público, segundo as normas da legislação específica, desde que o objeto do contrato tenha pertinência com o serviço público.

XI – nas contratações entre empresas públicas ou sociedades de economia mista e suas respectivas subsidiárias, para aquisição ou alienação de bens e prestação ou obtenção de serviços, desde que os preços sejam compatíveis com os praticados no mercado e que o objeto do contrato tenha relação com a atividade da contratada prevista em seu estatuto social;

XII – na contratação de coleta, processamento e comercialização de resíduos sólidos urbanos recicláveis ou reutilizáveis, em áreas com sistema de coleta seletiva de lixo, efetuados por associações ou cooperativas formadas exclusivamente por pessoas físicas de baixa renda que tenham como ocupação econômica a coleta de materiais recicláveis, com o uso de equipamentos compatíveis com as normas técnicas, ambientais e de saúde pública;

XIII – para o fornecimento de bens e serviços, produzidos ou prestados no País, que envolvam, cumulativamente, alta complexidade tecnológica e defesa nacional, mediante parecer de comissão especialmente designada pelo dirigente máximo da empresa pública ou da sociedade de economia mista;

XIV – nas contratações visando ao cumprimento do disposto nos arts. 3º, 4º, 5º e 20 da Lei nº 10.973, de 2 de dezembro de 2004, observados os princípios gerais de contratação dela constantes;

XV – em situações de emergência, quando caracterizada urgência de atendimento de situação que possa ocasionar prejuízo ou comprometer a segurança de pessoas, obras, serviços, equipamentos e outros bens, públicos ou particulares, e somente para os bens necessários ao atendimento da situação emergencial e para as parcelas de obras e serviços que possam ser concluídas no prazo máximo de 180 (cento e oitenta) dias consecutivos e ininterruptos, contado da ocorrência da emergência, vedada a prorrogação dos respectivos contratos, observado o disposto no § 2º;

XVI – na transferência de bens a órgãos e entidades da administração pública, inclusive quando efetivada mediante permuta;

XVII – na doação de bens móveis para fins e usos de interesse social, após avaliação de sua oportunidade e conveniência socioeconômica relativamente à escolha de outra forma de alienação;

XVIII – na compra e venda de ações, de títulos de crédito e de dívida e de bens que produzam ou comercializem.

► O STF, por maioria de votos, referendou as medidas cautelares concedidas nas Ações Diretas de Inconstitucionalidade nºs 5.624, 5.846, 5.924 e 6.029 para conferir a este inciso interpretação conforme a Constituição Federal, nos seguintes termos: I) a alienação do controle acionário de empresas públicas e sociedades de economia mista exige autorização legislativa e licitação; e II) a exigência de autorização legislativa, todavia, não se aplica a alienação do controle de suas subsidiárias e controladas. Nesse caso, a operação pode ser realizada sem a necessidade de licitação, desde que siga procedimentos que observem os princípios da administração pública inscritos no art. 37 da Constituição, respeitada, sempre, a exigência de necessária competitividade (*DJe* de 29-11-2019).

§ 1º Na hipótese de nenhum dos licitantes aceitar a contratação nos termos do inciso VI do *caput*, a empresa pública e a sociedade de economia mista poderão convocar os licitantes remanescentes, na ordem de classificação, para a celebração do contrato nas condições ofertadas por estes, desde que o respectivo valor seja igual ou inferior ao orçamento estimado para a contratação, inclusive quanto aos preços atualizados nos termos do instrumento convocatório.

§ 2º A contratação direta com base no inciso XV do *caput* não dispensará a responsabilização de quem, por ação ou omissão, tenha dado causa ao motivo ali descrito, inclusive no tocante ao disposto na Lei nº 8.429, de 2 de junho de 1992.

§ 3º Os valores estabelecidos nos incisos I e II do *caput* podem ser alterados, para refletir a variação de custos, por deliberação do Conselho de Administração da empresa pública ou sociedade de economia mista, admitindo-se valores diferenciados para cada sociedade.

Art. 30. A contratação direta será feita quando houver inviabilidade de competição, em especial na hipótese de:

I – aquisição de materiais, equipamentos ou gêneros que só possam ser fornecidos por produtor, empresa ou representante comercial exclusivo;

II – contratação dos seguintes serviços técnicos especializados, com profissionais ou empresas de notória especialização, vedada a inexigibilidade para serviços de publicidade e divulgação:

a) estudos técnicos, planejamentos e projetos básicos ou executivos;

b) pareceres, perícias e avaliações em geral;

c) assessorias ou consultorias técnicas e auditorias financeiras ou tributárias;

d) fiscalização, supervisão ou gerenciamento de obras ou serviços;

e) patrocínio ou defesa de causas judiciais ou administrativas;

f) treinamento e aperfeiçoamento de pessoal;

g) restauração de obras de arte e bens de valor histórico.

§ 1º Considera-se de notória especialização o profissional ou a empresa cujo conceito no campo de sua especialidade, decorrente de desempenho anterior, estudos, experiência, publicações, organização, aparelhamento, equipe técnica ou outros requisitos relacionados com suas atividades, permita inferir que o seu trabalho é essencial e indiscutivelmente o mais adequado à plena satisfação do objeto do contrato.

§ 2º Na hipótese do *caput* e em qualquer dos casos de dispensa, se comprovado, pelo órgão de controle externo, sobrepreço ou superfaturamento, respondem solidariamente pelo dano causado quem houver decidido pela contratação direta e o fornecedor ou o prestador de serviços.

§ 3º O processo de contratação direta será instruído, no que couber, com os seguintes elementos:

I – caracterização da situação emergencial ou calamitosa que justifique a dispensa, quando for o caso;

II – razão da escolha do fornecedor ou do executante;

III – justificativa do preço.

Seção II
DISPOSIÇÕES DE CARÁTER GERAL SOBRE LICITAÇÕES E CONTRATOS

Art. 31. As licitações realizadas e os contratos celebrados por empresas públicas e sociedades de economia mista destinam-se a assegurar a seleção da proposta mais vantajosa, inclusive no que se refere ao ciclo de vida do objeto, e a evitar operações em que se caracterize sobrepreço ou superfaturamento, devendo observar os princípios da impessoalidade, da moralidade, da igualdade, da publicidade, da eficiência, da probidade administrativa, da economicidade, do desenvolvimento nacional sustentável, da vinculação ao instrumento convocatório, da obtenção de competitividade e do julgamento objetivo.

§ 1º Para os fins do disposto no *caput*, considera-se que há:

I – sobrepreço quando os preços orçados para a licitação ou os preços contratados são expressivamente superiores aos preços referenciais de mercado, podendo referir-se ao valor unitário de um item, se a licitação ou a contratação for por preços unitários de serviço, ou ao valor global do objeto, se a licitação ou a contratação for por preço global ou por empreitada;

II – superfaturamento quando houver dano ao patrimônio da empresa pública ou da sociedade de economia mista caracterizado, por exemplo:

a) pela medição de quantidades superiores às efetivamente executadas ou fornecidas;

b) pela deficiência na execução de obras e serviços de engenharia que resulte em diminuição da qualidade, da vida útil ou da segurança;

c) por alterações no orçamento de obras e de serviços de engenharia que causem o desequilíbrio econômico-financeiro do contrato em favor do contratado;

d) por outras alterações de cláusulas financeiras que gerem recebimentos contratuais antecipados, distorção do cronograma físico-financeiro, prorrogação injustificada do prazo contratual com custos adicionais para a empresa pública ou a sociedade de economia mista ou reajuste irregular de preços.

§ 2º O orçamento de referência do custo global de obras e serviços de engenharia deverá ser obtido a partir de custos unitários de insumos ou serviços menores ou iguais à mediana de seus correspondentes no Sistema Nacional de Pesquisa de Custos e Índices da Construção Civil (SINAPI), no caso de construção civil em geral, ou no Sistema de Custos Referenciais de Obras (SICRO), no caso de obras e serviços rodoviários, devendo ser observadas as peculiaridades geográficas.

§ 3º No caso de inviabilidade da definição dos custos consoante o disposto no § 2º, a estimativa de custo global poderá ser apurada por meio da utilização de dados contidos em tabela de referência formalmente aprovada por órgãos ou entidades da administração pública federal, em publicações técnicas especializadas, em banco de dados e sistema específico instituído para o setor ou em pesquisa de mercado.

§ 4º A empresa pública e a sociedade de economia mista poderão adotar procedimento de manifestação de interesse privado para o recebimento de propostas e projetos de empreendimentos com vistas a atender necessidades previamente identificadas, cabendo a regulamento a definição de suas regras específicas.

§ 5º Na hipótese a que se refere o § 4º, o autor ou financiador do projeto poderá participar da licitação para a execução do empreendimento, podendo ser ressarcido pelos custos aprovados pela empresa pública ou sociedade de economia mista caso não vença o certame, desde que seja promovida a cessão de direitos de que trata o art. 80.

Art. 32. Nas licitações e contratos de que trata esta Lei serão observadas as seguintes diretrizes:

I – padronização do objeto da contratação, dos instrumentos convocatórios e das minutas de contratos, de acordo com normas internas específicas;

II – busca da maior vantagem competitiva para a empresa pública ou sociedade de economia mista, considerando custos e benefícios, diretos e indiretos, de natureza econômica, social ou ambiental, inclusive os relativos à manutenção, ao desfazimento de bens e resíduos, ao índice de depreciação econômica e a outros fatores de igual relevância;

III – parcelamento do objeto, visando a ampliar a participação de licitantes, sem perda de economia de escala, e desde que não atinja valores inferiores aos limites estabelecidos no art. 29, incisos I e II;

IV – adoção preferencial da modalidade de licitação denominada pregão, instituída pela Lei nº 10.520, de 17 de julho de 2002, para a aquisição de bens e serviços comuns, assim considerados aqueles cujos padrões de desempenho e qualidade possam ser objetivamente definidos pelo edital, por meio de especificações usuais no mercado;

V – observação da política de integridade nas transações com partes interessadas.

§ 1º As licitações e os contratos disciplinados por esta Lei devem respeitar, especialmente, as normas relativas à:

I – disposição final ambientalmente adequada dos resíduos sólidos gerados pelas obras contratadas;

II – mitigação dos danos ambientais por meio de medidas condicionantes e de compensação ambiental, que serão definidas no procedimento de licenciamento ambiental;

III – utilização de produtos, equipamentos e serviços que, comprovadamente, reduzam o consumo de energia e de recursos naturais;

IV – avaliação de impactos de vizinhança, na forma da legislação urbanística;

V – proteção do patrimônio cultural, histórico, arqueológico e imaterial, inclusive por meio da avaliação do impacto direto ou indireto causado por investimentos realizados por empresas públicas e sociedades de economia mista;

VI – acessibilidade para pessoas com deficiência ou com mobilidade reduzida.

§ 2º A contratação a ser celebrada por empresa pública ou sociedade de economia mista da qual decorra impacto negativo sobre bens do patrimônio cultural, histórico, arqueológico e imaterial tombados dependerá de autorização da esfera de governo encarregada da proteção do respectivo patrimônio, devendo o impacto ser compensado por meio de medidas determinadas pelo dirigente máximo da empresa pública ou sociedade de economia mista, na forma da legislação aplicável.

§ 3º As licitações na modalidade de pregão, na forma eletrônica, deverão ser realizadas exclusivamente em portais de compras de acesso público na internet.

§ 4º Nas licitações com etapa de lances, a empresa pública ou sociedade de economia mista disponibilizará ferramentas eletrônicas para envio de lances pelos licitantes.

Art. 33. O objeto da licitação e do contrato dela decorrente será definido de forma sucinta e clara no instrumento convocatório.

Art. 34. O valor estimado do contrato a ser celebrado pela empresa pública ou pela sociedade de economia mista será sigiloso, facultando-se à contratante, mediante justificação na fase de preparação prevista no inciso I do art. 51 desta Lei, conferir publicidade ao valor estimado do objeto da licitação, sem prejuízo da divulgação do detalhamento dos quantitativos e das demais informações necessárias para a elaboração das propostas.

§ 1º Na hipótese em que for adotado o critério de julgamento por maior desconto, a informação de que trata o *caput* deste artigo constará do instrumento convocatório.

§ 2º No caso de julgamento por melhor técnica, o valor do prêmio ou da remuneração será incluído no instrumento convocatório.

§ 3º A informação relativa ao valor estimado do objeto da licitação, ainda que tenha caráter sigiloso, será disponibilizada a órgãos de controle externo e interno, devendo a empresa pública ou a sociedade de economia mista registrar em documento formal sua disponibilização aos órgãos de controle, sempre que solicitado.

§ 4º VETADO.

Art. 35. Observado o disposto no art. 34, o conteúdo da proposta, quando adotado o modo de disputa fechado e até sua abertura, os atos e os procedimentos praticados em decorrência desta Lei submetem-se à legislação que regula o acesso dos cidadãos às informações detidas pela administração pública, particularmente aos termos da Lei nº 12.527, de 18 de novembro de 2011.

Art. 36. A empresa pública e a sociedade de economia mista poderão promover a pré-qualificação de seus fornecedores ou produtos, nos termos do art. 64.

Art. 37. A empresa pública e a sociedade de economia mista deverão informar os dados relativos às sanções por elas aplicadas aos contratados, nos termos definidos no art. 83, de forma a manter atualizado o cadastro de empresas inidôneas de que trata o art. 23 da Lei nº 12.846, de 1º de agosto de 2013.

§ 1º O fornecedor incluído no cadastro referido no *caput* não poderá disputar licitação ou participar, direta ou indiretamente, da execução de contrato.

§ 2º Serão excluídos do cadastro referido no *caput*, a qualquer tempo, fornecedores que demonstrarem a superação dos motivos que deram causa à restrição contra eles promovida.

Art. 38. Estará impedida de participar de licitações e de ser contratada pela empresa pública ou sociedade de economia mista a empresa:

I – cujo administrador ou sócio detentor de mais de 5% (cinco por cento) do capital social seja diretor ou empregado da empresa pública ou sociedade de economia mista contratante;

II – suspensa pela empresa pública ou sociedade de economia mista;

III – declarada inidônea pela União, por Estado, pelo Distrito Federal ou pela unidade federativa a que está vinculada a empresa pública ou sociedade de economia mista, enquanto perdurarem os efeitos da sanção;

IV – constituída por sócio de empresa que estiver suspensa, impedida ou declarada inidônea;

V – cujo administrador seja sócio de empresa suspensa, impedida ou declarada inidônea;

VI – constituída por sócio que tenha sido sócio ou administrador de empresa suspensa, impedida ou declarada inidônea, no período dos fatos que deram ensejo à sanção;

VII – cujo administrador tenha sido sócio ou administrador de empresa suspensa, impedida ou declarada inidônea, no período dos fatos que deram ensejo à sanção;

VIII – que tiver, nos seus quadros de diretoria, pessoa que participou, em razão de vínculo de mesma natureza, de empresa declarada inidônea.

Parágrafo único. Aplica-se a vedação prevista no *caput*:

I – à contratação do próprio empregado ou dirigente, como pessoa física, bem como à participação dele em procedimentos licitatórios, na condição de licitante;

II – a quem tenha relação de parentesco, até o terceiro grau civil, com:

a) dirigente de empresa pública ou sociedade de economia mista;

b) empregado de empresa pública ou sociedade de economia mista cujas atribuições envolvam a atuação na área responsável pela licitação ou contratação;

c) autoridade do ente público a que a empresa pública ou sociedade de economia mista esteja vinculada.

III – cujo proprietário, mesmo na condição de sócio, tenha terminado seu prazo de gestão ou rompido seu vínculo com a respectiva empresa pública ou sociedade de economia mista promotora da licitação ou contratante há menos de 6 (seis) meses.

Art. 39. Os procedimentos licitatórios, a pré-qualificação e os contratos disciplinados por esta Lei serão divulgados em portal específico mantido pela empresa pública ou sociedade de economia mista na internet, devendo ser adotados os seguintes prazos mínimos para apresentação de propostas ou lances, contados a partir da divulgação do instrumento convocatório:

I – para aquisição de bens:

a) 5 (cinco) dias úteis, quando adotado como critério de julgamento o menor preço ou o maior desconto;

b) 10 (dez) dias úteis, nas demais hipóteses;

II – para contratação de obras e serviços:

a) 15 (quinze) dias úteis, quando adotado como critério de julgamento o menor preço ou o maior desconto;

b) 30 (trinta) dias úteis, nas demais hipóteses;

III – no mínimo 45 (quarenta e cinco) dias úteis para licitação em que se adote como critério de julgamento a melhor técnica ou a melhor combinação de técnica e preço, bem como para licitação em que haja contratação semi-integrada ou integrada.

Parágrafo único. As modificações promovidas no instrumento convocatório serão objeto de divulgação nos mesmos termos e prazos dos atos e procedimentos originais, exceto quando a alteração não afetar a preparação das propostas.

Art. 40. As empresas públicas e as sociedades de economia mista deverão publicar e manter atualizado regulamento interno de licitações e contratos, compatível com o disposto nesta Lei, especialmente quanto a:

I – glossário de expressões técnicas;

II – cadastro de fornecedores;

III – minutas-padrão de editais e contratos;

IV – procedimentos de licitação e contratação direta;

V – tramitação de recursos;

VI – formalização de contratos;

VII – gestão e fiscalização de contratos;

VIII – aplicação de penalidades;

IX – recebimento do objeto do contrato.

Art. 41. Aplicam-se às licitações e contratos regidos por esta Lei as normas de direito penal contidas nos arts. 89 a 99 da Lei nº 8.666, de 21 de junho de 1993.

SEÇÃO III
DAS NORMAS ESPECÍFICAS PARA OBRAS E SERVIÇOS

Art. 42. Na licitação e na contratação de obras e serviços por empresas públicas e sociedades de economia mista, serão observadas as seguintes definições:

I – empreitada por preço unitário: contratação por preço certo de unidades determinadas;

II – empreitada por preço global: contratação por preço certo e total;

III – tarefa: contratação de mão de obra para pequenos trabalhos por preço certo, com ou sem fornecimento de material;

IV – empreitada integral: contratação de empreendimento em sua integralidade, com todas as etapas de obras, serviços e instalações necessárias, sob inteira responsabilidade da contratada até a sua entrega ao contratante em condições de entrada em operação, atendidos os requisitos técnicos e legais para sua utilização em condições de segurança estrutural e operacional e com as características adequadas às finalidades para as quais foi contratada;

V – contratação semi-integrada: contratação que envolve a elaboração e o desenvolvimento do projeto executivo, a execução de obras e serviços de engenharia, a montagem, a realização de testes, a pré-operação e as demais operações necessárias e suficientes para a entrega final do objeto, de acordo com o estabelecido nos §§ 1º e 3º deste artigo;

VI – contratação integrada: contratação que envolve a elaboração e o desenvolvimento dos projetos básico e executivo, a execução de obras e serviços de engenharia, a montagem, a realização de testes, a pré-operação e as demais operações necessárias e suficientes para a entrega final do objeto, de acordo com o estabelecido nos §§ 1º, 2º e 3º deste artigo;

VII – anteprojeto de engenharia: peça técnica com todos os elementos de contornos necessários e fundamentais à elaboração do projeto básico, devendo conter minimamente os seguintes elementos:

a) demonstração e justificativa do programa de necessidades, visão global dos investimentos e definições relacionadas ao nível de serviço desejado;

b) condições de solidez, segurança e durabilidade e prazo de entrega;

c) estética do projeto arquitetônico;

d) parâmetros de adequação ao interesse público, à economia na utilização, à facilidade na execução, aos impactos ambientais e à acessibilidade;

e) concepção da obra ou do serviço de engenharia;

f) projetos anteriores ou estudos preliminares que embasaram a concepção adotada;

g) levantamento topográfico e cadastral;

h) pareceres de sondagem;

i) memorial descritivo dos elementos da edificação, dos componentes construtivos e dos materiais de construção, de forma a estabelecer padrões mínimos para a contratação;

VIII – projeto básico: conjunto de elementos necessários e suficientes, com nível de precisão adequado, para, observado o disposto no § 3º, caracterizar a obra ou o serviço, ou o complexo de obras ou de serviços objeto da licitação, elaborado com base nas indicações dos estudos técnicos preliminares, que assegure a viabilidade técnica e o adequado tratamento do impacto ambiental do empreendimento e que possibilite a avaliação do custo da obra e a definição dos métodos e do prazo de execução, devendo conter os seguintes elementos:

a) desenvolvimento da solução escolhida, de forma a fornecer visão global da obra e a identificar todos os seus elementos constitutivos com clareza;

b) soluções técnicas globais e localizadas, suficientemente detalhadas, de forma a minimizar a necessidade de reformulação ou de variantes durante as fases de elaboração do projeto executivo e de realização das obras e montagem;

c) identificação dos tipos de serviços a executar e de materiais e equipamentos a incorporar à obra, bem como suas especificações, de modo a assegurar os melhores resultados para o empreendimento, sem frustrar o caráter competitivo para a sua execução;

d) informações que possibilitem o estudo e a dedução de métodos construtivos, instalações provisórias e condições organizacionais para a obra, sem frustrar o caráter competitivo para a sua execução;

e) subsídios para montagem do plano de licitação e gestão da obra, compreendendo a sua programação, a estratégia de suprimentos, as normas de fiscalização e outros dados necessários em cada caso;

f) VETADO;

IX – projeto executivo: conjunto dos elementos necessários e suficientes à execução completa da obra, de acordo com as normas técnicas pertinentes;

X – matriz de riscos: cláusula contratual definidora de riscos e responsabilidades entre as partes e caracterizadora do equilíbrio econômico-financeiro inicial do contrato, em termos de ônus financeiro decorrente de eventos supervenientes à contratação, contendo, no mínimo, as seguintes informações:

a) listagem de possíveis eventos supervenientes à assinatura do contrato, impactantes no equilíbrio econômico-financeiro da avença, e previsão de eventual necessidade de prolação de termo aditivo quando de sua ocorrência;

b) estabelecimento preciso das frações do objeto em que haverá liberdade das contratadas para inovar em soluções metodológicas ou tecnológicas, em obrigações de resultado, em termos de modificação das soluções previamente delineadas no anteprojeto ou no projeto básico da licitação;

c) estabelecimento preciso das frações do objeto em que não haverá liberdade das contratadas para inovar em soluções metodológicas ou tecnológicas, em obrigações de meio, devendo haver obrigação de identidade entre a execução e a solução pré-definida no anteprojeto ou no projeto básico da licitação.

§ 1º As contratações semi-integradas e integradas referidas, respectivamente, nos incisos V e VI do *caput* deste artigo restringir-se-ão a obras e serviços de engenharia e observarão os seguintes requisitos:

I – o instrumento convocatório deverá conter:

a) anteprojeto de engenharia, no caso de contratação integrada, com elementos técnicos que permitam a caracterização da obra ou do serviço e a elaboração e comparação, de forma isonômica, das propostas a serem ofertadas pelos particulares;

b) projeto básico, nos casos de empreitada por preço unitário, de empreitada por preço global, de empreitada integral e de contratação semi-integrada, nos termos definidos neste artigo;

c) documento técnico, com definição precisa das frações do empreendimento em que haverá liberdade de as contratadas inovarem em soluções metodológicas ou tecnológicas, seja em termos de modificação das soluções previamente delineadas no anteprojeto ou no projeto básico da licitação, seja em termos de detalhamento dos sistemas e procedimentos construtivos previstos nessas peças técnicas;

d) matriz de riscos;

II – o valor estimado do objeto a ser licitado será calculado com base em valores de mercado, em valores pagos pela administração pública em serviços e obras similares ou em avaliação do custo global da obra, aferido mediante orçamento sintético ou metodologia expedita ou paramétrica;

III – o critério de julgamento a ser adotado será o de menor preço ou de melhor combinação de técnica e preço, pontuando-se na avaliação técnica as vantagens e os benefícios que eventualmente forem oferecidos para cada produto ou solução;

IV – na contratação semi-integrada, o projeto básico poderá ser alterado, desde que demonstrada a superioridade das inovações em termos de redução de custos, de aumento da qualidade, de redução do prazo de execução e de facilidade de manutenção ou operação.

§ 2º No caso dos orçamentos das contratações integradas:

I – sempre que o anteprojeto da licitação, por seus elementos mínimos, assim o permitir, as estimativas de preço devem se basear em orçamento tão detalhado quanto possível, devendo a utilização de estimativas paramétricas e a avaliação aproximada baseada em outras obras similares ser realizadas somente nas frações do empreendimento não suficientemente detalhadas no anteprojeto da licitação, exigindo-se das contratadas, no mínimo, o mesmo nível de detalhamento em seus demonstrativos de formação de preços;

II – quando utilizada metodologia expedita ou paramétrica para abalizar o valor do empreendimento ou de fração dele, consideradas as disposições do inciso I, entre 2 (duas) ou mais técnicas estimativas possíveis, deve ser utilizada nas estimativas de preço-base a que viabilize a maior precisão orçamentária, exigindo-se das licitantes, no mínimo, o mesmo nível de detalhamento na motivação dos respectivos preços ofertados.

§ 3º Nas contratações integradas ou semi-integradas, os riscos decorrentes de fatos supervenientes à contratação associados à escolha da solução de projeto básico pela contratante deverão ser alocados como de sua responsabilidade na matriz de riscos.

§ 4º No caso de licitação de obras e serviços de engenharia, as empresas públicas e as sociedades de economia mista abrangidas por esta Lei deverão utilizar a contratação semi-integrada, prevista no inciso V do *caput*, cabendo a elas a elaboração ou a contratação do projeto básico antes da licitação de que trata este parágrafo, podendo ser utilizadas outras modalidades previstas nos incisos do *caput* deste artigo, desde que essa opção seja devidamente justificada.

§ 5º Para fins do previsto na parte final do § 4º, não será admitida, por parte da empresa pública ou da sociedade de economia mista, como justificativa para a adoção da modalidade de contratação integrada, a ausência de projeto básico.

Art. 43. Os contratos destinados à execução de obras e serviços de engenharia admitirão os seguintes regimes:

I – empreitada por preço unitário, nos casos em que os objetos, por sua natureza, possuam imprecisão inerente de quantitativos em seus itens orçamentários;

II – empreitada por preço global, quando for possível definir previamente no projeto básico, com boa margem de precisão, as quantidades dos serviços a serem posteriormente executados na fase contratual;

III – contratação por tarefa, em contratações de profissionais autônomos ou de pequenas empresas para realização de serviços técnicos comuns e de curta duração;

IV – empreitada integral, nos casos em que o contratante necessite receber o empreendimento, normalmente de alta complexidade, em condição de operação imediata;

V – contratação semi-integrada, quando for possível definir previamente no projeto básico as quantidades dos serviços a serem posteriormente executados na fase contratual, em obra ou serviço de engenharia que possa ser executado com diferentes metodologias ou tecnologias;

VI – contratação integrada, quando a obra ou o serviço de engenharia for de natureza predominantemente intelectual e de inovação tecnológica do objeto licitado ou puder ser executado com diferentes metodologias ou tecnologias de domínio restrito no mercado.

§ 1º Serão obrigatoriamente precedidas pela elaboração de projeto básico, disponível para exame de qualquer interessado, as licitações para a contratação de obras e serviços, com exceção daquelas em que for adotado o regime previsto no inciso VI do *caput* deste artigo.

§ 2º É vedada a execução, sem projeto executivo, de obras e serviços de engenharia.

Art. 44. É vedada a participação direta ou indireta nas licitações para obras e serviços de engenharia de que trata esta Lei:

I – de pessoa física ou jurídica que tenha elaborado o anteprojeto ou o projeto básico da licitação;

II – de pessoa jurídica que participar de consórcio responsável pela elaboração do anteprojeto ou do projeto básico da licitação;

III – de pessoa jurídica da qual o autor do anteprojeto ou do projeto básico da licitação seja administrador, controlador, gerente, responsável técnico, subcontratado ou sócio, neste último caso quando a participação superar 5% (cinco por cento) do capital votante.

§ 1º A elaboração do projeto executivo constituirá encargo do contratado, consoante preço previamente fixado pela empresa pública ou pela sociedade de economia mista.

§ 2º É permitida a participação das pessoas jurídicas e da pessoa física de que tratam os incisos II e III do *caput* deste artigo em licitação ou em execução de contrato, como consultor ou técnico, nas funções de fiscalização, supervisão ou gerenciamento, exclusivamente a serviço da empresa pública e da sociedade de economia mista interessadas.

§ 3º Para fins do disposto no *caput*, considera-se participação indireta a existência de vínculos de natureza técnica, comercial, econômica, financeira ou trabalhista entre o autor do projeto básico, pessoa física ou jurídica, e o licitante ou responsável pelos serviços, fornecimentos e obras, incluindo-se os fornecimentos de bens e serviços a estes necessários.

§ 4º O disposto no § 3º deste artigo aplica-se a empregados incumbidos de levar a efeito atos e procedimentos realizados pela empresa pública e pela sociedade de economia mista no curso da licitação.

Art. 45. Na contratação de obras e serviços, inclusive de engenharia, poderá ser estabelecida remuneração variável vinculada ao desempenho do contratado, com base em metas, padrões de qualidade, critérios de sustentabilidade ambiental e prazos de entrega definidos no instrumento convocatório e no contrato.

Parágrafo único. A utilização da remuneração variável respeitará o limite orçamentário fixado pela empresa pública ou pela sociedade de economia mista para a respectiva contratação.

Art. 46. Mediante justificativa expressa e desde que não implique perda de economia de escala, poderá ser celebrado mais de um contrato para executar serviço de mesma natureza quando o objeto da contratação puder ser executado de forma concorrente e simultânea por mais de um contratado.

§ 1º Na hipótese prevista no *caput* deste artigo, será mantido controle individualizado da execução do objeto contratual relativamente a cada um dos contratados.

§ 2º VETADO.

SEÇÃO IV
DAS NORMAS ESPECÍFICAS PARA AQUISIÇÃO DE BENS

Art. 47. A empresa pública e a sociedade de economia mista, na licitação para aquisição de bens, poderão:

I – indicar marca ou modelo, nas seguintes hipóteses:

a) em decorrência da necessidade de padronização do objeto;

b) quando determinada marca ou modelo comercializado por mais de um fornecedor constituir o único capaz de atender o objeto do contrato;

c) quando for necessária, para compreensão do objeto, a identificação de determinada marca ou modelo apto a servir como referência, situação em que será obrigatório o acréscimo da expressão "ou similar ou de melhor qualidade";

II – exigir amostra do bem no procedimento de pré-qualificação e na fase de julgamento das propostas ou de lances, desde que justificada a necessidade de sua apresentação;

III – solicitar a certificação da qualidade do produto ou do processo de fabricação, inclusive sob o aspecto ambiental, por instituição previamente credenciada.

Parágrafo único. O edital poderá exigir, como condição de aceitabilidade da proposta, a adequação às normas da Associação Brasileira de Normas Técnicas (ABNT) ou a certificação da qualidade do produto por instituição credenciada pelo Sistema Nacional de Metrologia, Normalização e Qualidade Industrial (SINMETRO).

Art. 48. Será dada publicidade, com periodicidade mínima semestral, em sítio eletrônico oficial na internet de acesso irrestrito, à relação das aquisições de bens efetivadas pelas empresas públicas e pelas sociedades de economia mista, compreendidas as seguintes informações:

I – identificação do bem comprado, de seu preço unitário e da quantidade adquirida;

II – nome do fornecedor;

III – valor total de cada aquisição.

Seção V
DAS NORMAS ESPECÍFICAS PARA ALIENAÇÃO DE BENS

Art. 49. A alienação de bens por empresas públicas e por sociedades de economia mista será precedida de:

I – avaliação formal do bem contemplado, ressalvadas as hipóteses previstas nos incisos XVI a XVIII do art. 29;

II – licitação, ressalvado o previsto no § 3º do art. 28.

Art. 50. Estendem-se à atribuição de ônus real a bens integrantes do acervo patrimonial de empresas públicas e de sociedades de economia mista as normas desta Lei aplicáveis à sua alienação, inclusive em relação às hipóteses de dispensa e de inexigibilidade de licitação.

Seção VI
DO PROCEDIMENTO DE LICITAÇÃO

Art. 51. As licitações de que trata esta Lei observarão a seguinte sequência de fases:

I – preparação;

II – divulgação;

III – apresentação de lances ou propostas, conforme o modo de disputa adotado;

IV – julgamento;

V – verificação de efetividade dos lances ou propostas;

VI – negociação;

VII – habilitação;

VIII – interposição de recursos;

IX – adjudicação do objeto;

X – homologação do resultado ou revogação do procedimento.

§ 1º A fase de que trata o inciso VII do *caput* poderá, excepcionalmente, anteceder as referidas nos incisos III a VI do *caput*, desde que expressamente previsto no instrumento convocatório.

§ 2º Os atos e procedimentos decorrentes das fases enumeradas no *caput* praticados por empresas públicas, por sociedades de economia mista e por licitantes serão efetivados preferencialmente por meio eletrônico, nos termos definidos pelo instrumento convocatório, devendo os avisos contendo os resumos dos editais das licitações e contratos abrangidos por esta Lei ser previamente publicados no *Diário Oficial da União, do Estado* ou *do Município* e na internet.

Art. 52. Poderão ser adotados os modos de disputa aberto ou fechado, ou, quando o objeto da licitação puder ser parcelado, a combinação de ambos, observado o disposto no inciso III do art. 32 desta Lei.

§ 1º No modo de disputa aberto, os licitantes apresentarão lances públicos e sucessivos, crescentes ou decrescentes, conforme o critério de julgamento adotado.

§ 2º No modo de disputa fechado, as propostas apresentadas pelos licitantes serão sigilosas até a data e a hora designadas para que sejam divulgadas.

Art. 53. Quando for adotado o modo de disputa aberto, poderão ser admitidos:

I – a apresentação de lances intermediários;

II – o reinício da disputa aberta, após a definição do melhor lance, para definição das demais colocações, quando existir diferença de pelo menos 10% (dez por cento) entre o melhor lance e o subsequente.

Parágrafo único. Consideram-se intermediários os lances:

I – iguais ou inferiores ao maior já ofertado, quando adotado o julgamento pelo critério da maior oferta;

II – iguais ou superiores ao menor já ofertado, quando adotados os demais critérios de julgamento.

Art. 54. Poderão ser utilizados os seguintes critérios de julgamento:

I – menor preço;

II – maior desconto;

III – melhor combinação de técnica e preço;

IV – melhor técnica;

V – melhor conteúdo artístico;

VI – maior oferta de preço;

VII – maior retorno econômico;

VIII – melhor destinação de bens alienados.

§ 1º Os critérios de julgamento serão expressamente identificados no instrumento convocatório e poderão ser combinados na hipótese de parcelamento do objeto, observado o disposto no inciso III do art. 32.

§ 2º Na hipótese de adoção dos critérios referidos nos incisos III, IV, V e VII do *caput* deste artigo, o julgamento das propostas será efetivado mediante o emprego de parâmetros específicos, definidos no instrumento convocatório, destinados a limitar a subjetividade do julgamento.

§ 3º Para efeito de julgamento, não serão consideradas vantagens não previstas no instrumento convocatório.

§ 4º O critério previsto no inciso II do *caput*:

I – terá como referência o preço global fixado no instrumento convocatório, estendendo-se o desconto oferecido nas propostas ou lances vencedores a eventuais termos aditivos;

II – no caso de obras e serviços de engenharia, o desconto incidirá de forma linear sobre a totalidade dos itens constantes do orçamento estimado, que deverá obrigatoriamente integrar o instrumento convocatório.

§ 5º Quando for utilizado o critério referido no inciso III do *caput*, a avaliação das propostas técnicas e de preço considerará o percentual de ponderação mais relevante, limitado a 70% (setenta por cento).

§ 6º Quando for utilizado o critério referido no inciso VII do *caput*, os lances ou propostas terão o objetivo de proporcionar economia à empresa pública ou à sociedade de economia mista, por meio da redução de suas despesas correntes, remunerando-se o licitante vencedor com base em percentual da economia de recursos gerada.

§ 7º Na implementação do critério previsto no inciso VIII do *caput* deste artigo, será obrigatoriamente considerada, nos termos do respectivo instrumento convocatório, a repercussão, no meio social, da finalidade para cujo atendimento o bem será utilizado pelo adquirente.

§ 8º O descumprimento da finalidade a que se refere o § 7º deste artigo resultará na imediata restituição do bem alcançado ao acervo patrimonial da empresa pública ou da sociedade de economia mista, vedado, nessa hipótese, o pagamento de indenização em favor do adquirente.

Art. 55. Em caso de empate entre 2 (duas) propostas, serão utilizados, na ordem em que se encontram enumerados, os seguintes critérios de desempate:

I – disputa final, em que os licitantes empatados poderão apresentar nova proposta fechada, em ato contínuo ao encerramento da etapa de julgamento;

II – avaliação do desempenho contratual prévio dos licitantes, desde que exista sistema objetivo de avaliação instituído;

III – os critérios estabelecidos no art. 3º da Lei nº 8.248, de 23 de outubro de 1991, e no § 2º do art. 3º da Lei nº 8.666, de 21 de junho de 1993;

IV – sorteio.

Art. 56. Efetuado o julgamento dos lances ou propostas, será promovida a verificação de sua efetividade, promovendo-se a desclassificação daqueles que:

I – contenham vícios insanáveis;

II – descumpram especificações técnicas constantes do instrumento convocatório;

III – apresentem preços manifestamente inexequíveis;

IV – se encontrem acima do orçamento estimado para a contratação de que trata o § 1º do art. 57, ressalvada a hipótese prevista no *caput* do art. 34 desta Lei;

V – não tenham sua exequibilidade demonstrada, quando exigido pela empresa pública ou pela sociedade de economia mista;

VI – apresentem desconformidade com outras exigências do instrumento convocatório, salvo se for possível a acomodação a seus termos antes da adjudicação do objeto e sem que se prejudique a atribuição de tratamento isonômico entre os licitantes.

§ 1º A verificação da efetividade dos lances ou propostas poderá ser feita exclusivamente em relação aos lances e propostas mais bem classificados.

§ 2º A empresa pública e a sociedade de economia mista poderão realizar diligências para aferir a exequibilidade das propostas ou exigir dos licitantes que ela seja demonstrada, na forma do inciso V do *caput*.

§ 3º Nas licitações de obras e serviços de engenharia, consideram-se inexequíveis as propostas com valores globais inferiores a 70% (setenta por cento) do menor dos seguintes valores:

I – média aritmética dos valores das propostas superiores a 50% (cinquenta por cento) do valor do orçamento estimado pela empresa pública ou sociedade de economia mista; ou

II – valor do orçamento estimado pela empresa pública ou sociedade de economia mista.

§ 4º Para os demais objetos, para efeito de avaliação da exequibilidade ou de sobrepreço, deverão ser estabelecidos critérios de aceitabilidade de preços que considerem o preço global, os quantitativos e os preços unitários, assim definidos no instrumento convocatório.

Art. 57. Confirmada a efetividade do lance ou proposta que obteve a primeira colocação na etapa de julgamento, ou que passe a ocupar essa posição em decorrência da desclassificação de outra que tenha obtido colocação superior, a empresa pública e a sociedade de economia mista deverão negociar condições mais vantajosas com quem o apresentou.

§ 1º A negociação deverá ser feita com os demais licitantes, segundo a ordem inicialmente estabelecida, quando o preço do primeiro colocado, mesmo após a negociação, permanecer acima do orçamento estimado.

§ 2º VETADO.

§ 3º Se depois de adotada a providência referida no § 1º deste artigo não for obtido valor igual ou inferior ao orçamento estimado para a contratação, será revogada a licitação.

Art. 58. A habilitação será apreciada exclusivamente a partir dos seguintes parâmetros:

I – exigência da apresentação de documentos aptos a comprovar a possibilidade da aquisição de direitos e da contração de obrigações por parte do licitante;

II – qualificação técnica, restrita a parcelas do objeto técnica ou economicamente relevantes, de acordo com parâmetros estabelecidos de forma expressa no instrumento convocatório;

III – capacidade econômica e financeira;

IV – recolhimento de quantia a título de adiantamento, tratando-se de licitações em que se utilize como critério de julgamento a maior oferta de preço.

§ 1º Quando o critério de julgamento utilizado for a maior oferta de preço, os requisitos de qualificação técnica e de capacidade econômica e financeira poderão ser dispensados.

§ 2º Na hipótese do § 1º, reverterá a favor da empresa pública ou da sociedade de economia mista o valor de quantia eventualmente exigida no instrumento convocatório a título de adiantamento, caso o licitante não efetue o restante do pagamento devido no prazo para tanto estipulado.

Art. 59. Salvo no caso de inversão de fases, o procedimento licitatório terá fase recursal única.

§ 1º Os recursos serão apresentados no prazo de 5 (cinco) dias úteis após a habilitação e contemplarão, além dos atos praticados nessa fase, aqueles praticados em decorrência do disposto nos incisos IV e V do *caput* do art. 51 desta Lei.

§ 2º Na hipótese de inversão de fases, o prazo referido no § 1º será aberto após a habilitação e após o encerramento da fase prevista no inciso V do *caput* do art. 51, abrangendo o segundo prazo também atos decorrentes da fase referida no inciso IV do *caput* do art. 51 desta Lei.

Art. 60. A homologação do resultado implica a constituição de direito relativo à celebração do contrato em favor do licitante vencedor.

Art. 61. A empresa pública e a sociedade de economia mista não poderão celebrar contrato com preterição da ordem de classificação das propostas ou com terceiros estranhos à licitação.

Art. 62. Além das hipóteses previstas no § 3º do art. 57 desta Lei e no inciso II do § 2º do art. 75 desta Lei, quem dispuser de competência para homologação do resultado poderá revogar a licitação por razões de interesse público decorrentes de fato superveniente que constitua óbice manifesto e incontornável, ou anulá-la por ilegalidade, de ofício ou por provocação de terceiros, salvo quando for viável a convalidação do ato ou do procedimento viciado.

§ 1º A anulação da licitação por motivo de ilegalidade não gera obrigação de indenizar, observado o disposto no § 2º deste artigo.

§ 2º A nulidade da licitação induz à do contrato.

§ 3º Depois de iniciada a fase de apresentação de lances ou propostas, referida no inciso III do *caput* do art. 51 desta Lei, a revogação ou a anulação da licitação somente será efetivada depois de se conceder aos licitantes que manifestem interesse em contestar o respectivo ato prazo apto a lhes assegurar o exercício do direito ao contraditório e à ampla defesa.

§ 4º O disposto no *caput* e nos §§ 1º e 2º deste artigo aplica-se, no que couber, aos atos por meio dos quais se determine a contratação direta.

Seção VII
DOS PROCEDIMENTOS AUXILIARES DAS LICITAÇÕES

Art. 63. São procedimentos auxiliares das licitações regidas por esta Lei:

I – pré-qualificação permanente;

II – cadastramento;

III – sistema de registro de preços;

IV – catálogo eletrônico de padronização.

Parágrafo único. Os procedimentos de que trata o *caput* deste artigo obedecerão a critérios claros e objetivos definidos em regulamento.

Art. 64. Considera-se pré-qualificação permanente o procedimento anterior à licitação destinado a identificar:

I – fornecedores que reúnam condições de habilitação exigidas para o fornecimento de bem ou a execução de serviço ou obra nos prazos, locais e condições previamente estabelecidos;

II – bens que atendam às exigências técnicas e de qualidade da administração pública.

§ 1º O procedimento de pré-qualificação será público e permanentemente aberto à inscrição de qualquer interessado.

§ 2º A empresa pública e a sociedade de economia mista poderão restringir a participação em suas licitações a fornecedores ou produtos pré-qualificados, nas condições estabelecidas em regulamento.

§ 3º A pré-qualificação poderá ser efetuada nos grupos ou segmentos, segundo as especialidades dos fornecedores.

§ 4º A pré-qualificação poderá ser parcial ou total, contendo alguns ou todos os requisitos de habilitação ou técnicos necessários à contratação, assegurada, em qualquer hipótese, a igualdade de condições entre os concorrentes.

§ 5º A pré-qualificação terá validade de 1 (um) ano, no máximo, podendo ser atualizada a qualquer tempo.

§ 6º Na pré-qualificação aberta de produtos, poderá ser exigida a comprovação de qualidade.

§ 7º É obrigatória a divulgação dos produtos e dos interessados que forem pré-qualificados.

Art. 65. Os registros cadastrais poderão ser mantidos para efeito de habilitação dos inscritos em procedimentos licitatórios e serão válidos por 1 (um) ano, no máximo, podendo ser atualizados a qualquer tempo.

§ 1º Os registros cadastrais serão amplamente divulgados e ficarão permanentemente abertos para a inscrição de interessados.

§ 2º Os inscritos serão admitidos segundo requisitos previstos em regulamento.

§ 3º A atuação do licitante no cumprimento de obrigações assumidas será anotada no respectivo registro cadastral.

§ 4º A qualquer tempo poderá ser alterado, suspenso ou cancelado o registro do inscrito que deixar de satisfazer as exigências estabelecidas para habilitação ou para admissão cadastral.

Art. 66. O Sistema de Registro de Preços especificamente destinado às licitações de que trata esta Lei reger-se-á pelo disposto em decreto do Poder Executivo e pelas seguintes disposições:

§ 1º Poderá aderir ao sistema referido no *caput* qualquer órgão ou entidade responsável pela execução das atividades contempladas no art. 1º desta Lei.

§ 2º O registro de preços observará, entre outras, as seguintes condições:

I – efetivação prévia de ampla pesquisa de mercado;

II – seleção de acordo com os procedimentos previstos em regulamento;

III – desenvolvimento obrigatório de rotina de controle e atualização periódicos dos preços registrados;

IV – definição da validade do registro;

V – inclusão, na respectiva ata, do registro dos licitantes que aceitarem cotar os bens ou serviços com preços iguais ao do licitante vencedor na sequência da classificação do certame, assim como dos licitantes que mantiverem suas propostas originais.

§ 3º A existência de preços registrados não obriga a administração pública a firmar os contratos que deles poderão advir, sendo facultada a realização de licitação específica, assegurada ao licitante registrado preferência em igualdade de condições.

Art. 67. O catálogo eletrônico de padronização de compras, serviços e obras consiste em sistema informatizado, de gerenciamento centralizado, destinado a permitir a padronização dos itens a serem adquiridos pela empresa pública ou sociedade de economia mista que estarão disponíveis para a realização de licitação.

Parágrafo único. O catálogo referido no *caput* poderá ser utilizado em licitações cujo critério de julgamento seja o menor preço ou o maior desconto e conterá toda a documentação e todos os procedimentos da fase interna da licitação, assim como as especificações dos respectivos objetos, conforme disposto em regulamento.

CAPÍTULO II

DOS CONTRATOS

Seção I

DA FORMALIZAÇÃO DOS CONTRATOS

Art. 68. Os contratos de que trata esta Lei regulam-se pelas suas cláusulas, pelo disposto nesta Lei e pelos preceitos de direito privado.

Art. 69. São cláusulas necessárias nos contratos disciplinados por esta Lei:

I – o objeto e seus elementos característicos;

II – o regime de execução ou a forma de fornecimento;

III – o preço e as condições de pagamento, os critérios, a data-base e a periodicidade do reajustamento de preços e os critérios de atualização monetária entre a data do adimplemento das obrigações e a do efetivo pagamento;

IV – os prazos de início de cada etapa de execução, de conclusão, de entrega, de observação, quando for o caso, e de recebimento;

V – as garantias oferecidas para assegurar a plena execução do objeto contratual, quando exigidas, observado o disposto no art. 68;

VI – os direitos e as responsabilidades das partes, as tipificações das infrações e as respectivas penalidades e valores das multas;

VII – os casos de rescisão do contrato e os mecanismos para alteração de seus termos;

VIII – a vinculação ao instrumento convocatório da respectiva licitação ou ao termo que a dispensou ou a inexigiu, bem como ao lance ou proposta do licitante vencedor;

IX – a obrigação do contratado de manter, durante a execução do contrato, em compatibilidade com as obrigações por ele assumidas, as condições de habilitação e qualificação exigidas no curso do procedimento licitatório;

X – matriz de riscos.

§ 1º VETADO.

§ 2º Nos contratos decorrentes de licitações de obras ou serviços de engenharia em que tenha sido adotado o modo de disputa aberto, o contratado deverá reelaborar e apresentar à empresa pública ou à sociedade de economia mista e às suas respectivas subsidiárias, por meio eletrônico, as planilhas com indicação dos quantitativos e dos custos unitários, bem como do detalhamento das Bonificações e Despesas Indiretas (BDI) e dos Encargos Sociais (ES), com os respectivos valores adequados ao lance vencedor, para fins do disposto no inciso III do *caput* deste artigo.

Art. 70. Poderá ser exigida prestação de garantia nas contratações de obras, serviços e compras.

§ 1º Caberá ao contratado optar por uma das seguintes modalidades de garantia:

I – caução em dinheiro;

II – seguro-garantia;

III – fiança bancária.

§ 2º A garantia a que se refere o *caput* não excederá a 5% (cinco por cento) do valor do contrato e terá seu valor atualizado nas mesmas condições nele estabelecidas, ressalvado o previsto no § 3º deste artigo.

§ 3º Para obras, serviços e fornecimentos de grande vulto envolvendo complexidade técnica e riscos financeiros elevados, o limite de garantia previsto no § 2º poderá ser elevado para até 10% (dez por cento) do valor do contrato.

§ 4º A garantia prestada pelo contratado será liberada ou restituída após a execução do contrato, devendo ser atualizada monetariamente na hipótese do inciso I do § 1º deste artigo.

Art. 71. A duração dos contratos regidos por esta Lei não excederá a 5 (cinco) anos, contados a partir de sua celebração, exceto:

I – para projetos contemplados no plano de negócios e investimentos da empresa pública ou da sociedade de economia mista;

II – nos casos em que a pactuação por prazo superior a 5 (cinco) anos seja prática rotineira de mercado e a imposição desse prazo inviabilize ou onere excessivamente a realização do negócio.

Parágrafo único. É vedado o contrato por prazo indeterminado.

Art. 72. Os contratos regidos por esta Lei somente poderão ser alterados por acordo entre as partes, vedando-se ajuste que resulte em violação da obrigação de licitar.

Art. 73. A redução a termo do contrato poderá ser dispensada no caso de pequenas despesas de pronta entrega e pagamento das quais não resultem obrigações futuras por parte da empresa pública ou da sociedade de economia mista.

Parágrafo único. O disposto no *caput* não prejudicará o registro contábil exaustivo dos valores despendidos e a exigência de recibo por parte dos respectivos destinatários.

Art. 74. É permitido a qualquer interessado o conhecimento dos termos do contrato e a obtenção de cópia autenticada de seu inteiro teor ou de qualquer de suas partes, admitida a exigência de ressarcimento dos custos, nos termos previstos na Lei nº 12.527, de 18 de novembro de 2011.

Art. 75. A empresa pública e a sociedade de economia mista convocarão o licitante vencedor ou o destinatário de contratação com dispensa ou inexigibilidade de licitação para assinar o termo de contrato, observados o prazo e as condições estabelecidos, sob pena de decadência do direito à contratação.

§ 1º O prazo de convocação poderá ser prorrogado 1 (uma) vez, por igual período.

§ 2º É facultado à empresa pública ou à sociedade de economia mista, quando o convocado não assinar o termo de contrato no prazo e nas condições estabelecidos:

I – convocar os licitantes remanescentes, na ordem de classificação, para fazê-lo em igual prazo e nas mesmas condições propostas pelo primeiro classificado, inclusive quanto aos preços atualizados em conformidade com o instrumento convocatório;

II – revogar a licitação.

Art. 76. O contratado é obrigado a reparar, corrigir, remover, reconstruir ou substituir, às suas expensas, no total ou em parte, o objeto do contrato em que se verificarem vícios, defeitos ou incorreções resultantes da execução ou de materiais empregados, e responderá por danos causados diretamente a terceiros ou à empresa pública ou sociedade de economia mista, independentemente da comprovação de sua culpa ou dolo na execução do contrato.

Art. 77. O contratado é responsável pelos encargos trabalhistas, fiscais e comerciais resultantes da execução do contrato.

§ 1º A inadimplência do contratado quanto aos encargos trabalhistas, fiscais e comerciais não transfere à empresa pública ou à sociedade de economia mista a responsabilidade por seu pagamento, nem poderá onerar o objeto do contrato ou restringir a regularização e o uso das obras e edificações, inclusive perante o Registro de Imóveis.

§ 2º VETADO.

Art. 78. O contratado, na execução do contrato, sem prejuízo das responsabilidades contratuais e legais, poderá subcontratar partes da obra, serviço ou fornecimento, até o limite admitido, em cada caso, pela empresa pública ou pela sociedade de economia mista, conforme previsto no edital do certame.

§ 1º A empresa subcontratada deverá atender, em relação ao objeto da subcontratação, as exigências de qualificação técnica impostas ao licitante vencedor.

§ 2º É vedada a subcontratação de empresa ou consórcio que tenha participado:

I – do procedimento licitatório do qual se originou a contratação;

II – direta ou indiretamente, da elaboração de projeto básico ou executivo.

§ 3º As empresas de prestação de serviços técnicos especializados deverão garantir que os integrantes de seu corpo técnico executem pessoal e diretamente as obrigações a eles imputadas, quando a respectiva relação for apresentada em procedimento licitatório ou em contratação direta.

Art. 79. Na hipótese do § 6º do art. 54, quando não for gerada a economia prevista no lance ou proposta, a diferença entre a economia contratada e a efetivamente obtida será descontada da remuneração do contratado.

Parágrafo único. Se a diferença entre a economia contratada e a efetivamente obtida for superior à remuneração do contratado, será aplicada a sanção prevista no contrato, nos termos do inciso VI do *caput* do art. 69 desta Lei.

Art. 80. Os direitos patrimoniais e autorais de projetos ou serviços técnicos especializados desenvolvidos por profissionais autônomos ou por empresas contratadas passam a ser propriedade da empresa pública ou sociedade de economia mista que os tenha contratado, sem prejuízo da preservação da identificação dos respectivos autores e da responsabilidade técnica a eles atribuída.

Seção II
DA ALTERAÇÃO DOS CONTRATOS

Art. 81. Os contratos celebrados nos regimes previstos nos incisos I a V do art. 43 contarão com cláusula que estabeleça a possibilidade de alteração, por acordo entre as partes, nos seguintes casos:

I – quando houver modificação do projeto ou das especificações, para melhor adequação técnica aos seus objetivos;

II – quando necessária a modificação do valor contratual em decorrência de acréscimo ou diminuição quantitativa de seu objeto, nos limites permitidos por esta Lei;

III – quando conveniente a substituição da garantia de execução;

IV – quando necessária a modificação do regime de execução da obra ou serviço, bem como do modo de fornecimento, em face de verificação técnica da inaplicabilidade dos termos contratuais originários;

V – quando necessária a modificação da forma de pagamento, por imposição de circunstâncias supervenientes, mantido o valor inicial atualizado, vedada a antecipação do pagamento, com relação ao cronograma financeiro fixado, sem a correspondente contraprestação de fornecimento de bens ou execução de obra ou serviço;

VI – para restabelecer a relação que as partes pactuaram inicialmente entre os encargos do contratado e a retribuição da administração para a justa remuneração da obra, serviço ou fornecimento, objetivando a manutenção do equilíbrio econômico-financeiro inicial do contrato, na hipótese de sobrevirem fatos imprevisíveis, ou previsíveis porém de consequências incalculáveis, retardadores ou impeditivos da execução do ajustado, ou, ainda, em caso de força maior, caso fortuito ou fato do príncipe, configurando álea econômica extraordinária e extracontratual.

§ 1º O contratado poderá aceitar, nas mesmas condições contratuais, os acréscimos ou supressões que se fizerem nas obras, serviços ou compras, até 25% (vinte e cinco por cento) do valor inicial atualizado do contrato, e, no caso particular de reforma de edifício ou de equipamento, até o limite de 50% (cinquenta por cento) para os seus acréscimos.

§ 2º Nenhum acréscimo ou supressão poderá exceder os limites estabelecidos no § 1º, salvo as supressões resultantes de acordo celebrado entre os contratantes.

§ 3º Se no contrato não houverem sido contemplados preços unitários para obras ou serviços, esses serão fixados mediante acordo entre as partes, respeitados os limites estabelecidos no § 1º.

§ 4º No caso de supressão de obras, bens ou serviços, se o contratado já houver adquirido os materiais e posto no local dos trabalhos, esses materiais deverão ser pagos pela empresa pública ou sociedade de economia mista pelos custos de aquisição regularmente comprovados e monetariamente corrigidos, podendo caber indenização por outros danos eventualmente decorrentes da supressão, desde que regularmente comprovados.

§ 5º A criação, a alteração ou a extinção de quaisquer tributos ou encargos legais, bem como a superveniência de disposições legais, quando ocorridas após a data da apresentação da proposta, com comprovada repercussão nos preços contratados, implicarão a revisão destes para mais ou para menos, conforme o caso.

§ 6º Em havendo alteração do contrato que aumente os encargos do contratado, a empresa pública ou a sociedade de economia mista deverá restabelecer, por aditamento, o equilíbrio econômico-financeiro inicial.

§ 7º A variação do valor contratual para fazer face ao reajuste de preços previsto no próprio contrato e as atualizações, compensações ou penalizações financeiras decorrentes das condições de pagamento nele previstas, bem como o empenho de dotações orçamentárias suplementares até o limite do seu valor corrigido, não caracterizam alteração do contrato e podem ser registrados por simples apostila, dispensada a celebração de aditamento.

§ 8º É vedada a celebração de aditivos decorrentes de eventos supervenientes alocados, na matriz de riscos, como de responsabilidade da contratada.

....

TÍTULO III – DISPOSIÇÕES FINAIS E TRANSITÓRIAS

....

Art. 97. Esta Lei entra em vigor na data de sua publicação.

Brasília, 30 de junho de 2016;
195º da Independência e
128º da República.

Michel Temer

DECRETO Nº 8.945, DE 27 DE DEZEMBRO DE 2016

Regulamenta, no âmbito da União, a Lei nº 13.303, de 30 de junho de 2016, que dispõe sobre o estatuto jurídico da empresa pública, da sociedade de economia mista e de suas subsidiárias, no âmbito da União, dos Estados, do Distrito Federal e dos Municípios.

(EXCERTOS)

► Publicado no *DOU* de 28-12-2016, republicado no *DOU* de 4-1-2017.

CAPÍTULO I
DISPOSIÇÕES PRELIMINARES

Seção I
DO ÂMBITO DE APLICAÇÃO E DAS DEFINIÇÕES

Art. 1º Este Decreto regulamenta, no âmbito da União, a Lei nº 13.303, de 30 de junho de 2016, que dispõe sobre o estatuto jurídico da empresa pública, da sociedade de economia mista e de suas subsidiárias.

Parágrafo único. As disposições deste Decreto se aplicam também às empresas estatais sediadas no exterior e às transnacionais, no que couber.

Art. 2º Para os fins deste Decreto, considera-se:

I – empresa estatal – entidade dotada de personalidade jurídica de direito privado, cuja maioria do capital votante pertença direta ou indiretamente à União;

II – empresa pública – empresa estatal cuja maioria do capital votante pertença diretamente à União e cujo capital social seja constituído de recursos provenientes exclusivamente do setor público;

III – sociedade de economia mista – empresa estatal cuja maioria das ações com direito a voto pertença diretamente à União e cujo capital social admite a participação do setor privado;

IV – subsidiária – empresa estatal cuja maioria das ações com direito a voto pertença direta ou indiretamente a empresa pública ou a sociedade de economia mista;

V – conglomerado estatal – conjunto de empresas estatais formado por uma empresa pública ou uma sociedade de economia mista e as suas respectivas subsidiárias;

VI – sociedade privada – entidade dotada de personalidade jurídica de direito privado, com patrimônio próprio e cuja maioria do capital votante não pertença direta ou indiretamente à União, a Estado, ao Distrito Federal ou a Município; e

VII – administradores – membros do Conselho de Administração e da Diretoria da empresa estatal.

Parágrafo único. Incluem-se no inciso IV do *caput* as subsidiárias integrais e as demais sociedades em que a empresa estatal detenha o controle acionário majoritário, inclusive as sociedades de propósito específico.

Seção II
DA CONSTITUIÇÃO DA EMPRESA ESTATAL

Art. 3º A exploração de atividade econômica pela União será exercida por meio de empresas estatais.

Art. 4º A constituição de empresa pública ou de sociedade de economia mista, inclusive por meio de aquisição ou assunção de controle acionário majoritário, dependerá de prévia autorização legal que indique, de forma clara, relevante interesse coletivo ou imperativo de segurança nacional, nos termos do *caput* do art. 173 da Constituição.

Art. 5º O estatuto social da empresa estatal indicará, de forma clara, o relevante interesse coletivo ou o imperativo de segurança nacional, nos termos do *caput* do art. 173 da Constituição.

Art. 6º A constituição de subsidiária, inclusive sediada no exterior ou por meio de aquisição ou assunção de controle acionário majoritário, dependerá de prévia autorização legal, que poderá estar prevista apenas na lei de criação da empresa pública ou da sociedade de economia mista controladora.

Art. 7º Na hipótese de a autorização legislativa para a constituição de subsidiária ser genérica, o Conselho de Administração da empresa estatal terá de autorizar, de forma individualizada, a constituição de cada subsidiária.

Parágrafo único. A subsidiária deverá ter objeto social vinculado ao da estatal controladora.

Seção III
DAS PARTICIPAÇÕES MINORITÁRIAS

Art. 8º A participação de empresa estatal em sociedade privada dependerá de:

I – prévia autorização legal, que poderá constar apenas da lei de criação da empresa pública ou da sociedade de economia mista investidora;

II – vinculação com o objeto social da empresa estatal investidora; e

III – na hipótese de a autorização legislativa ser genérica, autorização do Conselho de Administração para participar de cada empresa.

§ 1º A necessidade de autorização legal para participação em empresa privada não se aplica a operações de tesouraria, adjudicação de ações em garantia e participações autorizadas pelo Conselho de Administração em linha com o plano de negócios da empresa estatal.

§ 2º A empresa estatal que possuir autorização legislativa para criar subsidiária e também para participar de outras empresas poderá constituir subsidiária cujo objeto social seja participar de outras sociedades, inclusive minoritariamente, desde que o estatuto social autorize expressamente a constituição de subsidiária como empresa de participações e que cada investimento esteja vinculado ao plano de negócios.

§ 3º O Conselho de Administração da empresa de participações de que trata o § 2º poderá delegar à Diretoria, observada a alçada a ser definida pelo próprio Conselho, a competência para conceder a autorização prevista no inciso III do *caput*.

§ 4º Não se aplica o disposto no inciso III do *caput* nas hipóteses de exercício, por empresa de participações, de direito de preferência e de prioridade para a manutenção de sua participação na sociedade da qual participa.

Art. 9º A empresa estatal que detiver participação equivalente a cinquenta por cento ou menos do capital votante em qualquer outra empresa, inclusive transnacional ou sediada no exterior, deverá elaborar política de participações societárias que contenha práticas de governança e controle proporcionais à relevância, à materialidade e aos riscos do negócio do qual participe.

§ 1º A política referida no *caput* deverá ser aprovada pelo Conselho de Administração da empresa ou, se não houver, de sua controladora, e incluirá:

I – documentos e informações estratégicos do negócio e demais relatórios e informações produzidos por exigência legal ou em razão de acordo de acionistas que sejam considerados essenciais para a defesa de seus interesses na sociedade empresarial investida;

II – relatório de execução do orçamento de capital e de realização de investimentos programados pela sociedade empresarial investida, inclusive quanto ao alinhamento dos custos orçados e dos realizados com os custos de mercado;

III – informe sobre execução da política de transações com partes relacionadas da sociedade empresarial investida;

IV – análise das condições de alavancagem financeira da sociedade empresarial investida;

V – avaliação de inversões financeiras e de processos relevantes de alienação de bens móveis e imóveis da sociedade empresarial investida;

VI – relatório de risco das contratações para execução de obras, fornecimento de bens e prestação de serviços relevantes para os interesses da empresa estatal investidora;

VII – informe sobre execução de projetos relevantes para os interesses da empresa estatal investidora;

VIII – relatório de cumprimento, nos negócios da sociedade empresarial investida, de condicionantes socioambientais estabelecidas pelos órgãos ambientais;

IX – avaliação das necessidades de novos aportes na sociedade empresarial investida e dos possíveis riscos de redução da rentabilidade esperada do negócio; e

X – qualquer outro relatório, documento ou informação produzido pela sociedade empresarial investida, considerado relevante para o cumprimento do comando constante do *caput*.

CAPÍTULO II
DO REGIME SOCIETÁRIO DAS EMPRESAS ESTATAIS

Seção I
DAS NORMAS GERAIS

Art. 10. A sociedade de economia mista será constituída sob a forma de sociedade anônima e estará sujeita ao regime previsto na Lei nº 6.404, de 15 de dezembro de 1976, exceto no que se refere:

I – à quantidade mínima de membros do Conselho de Administração;

II – ao prazo de atuação dos membros do Conselho Fiscal; e

III – às pessoas aptas a propor ação de reparação por abuso do poder de controle e ao prazo prescricional para sua propositura.

§ 1º O disposto no *caput* aplica-se às subsidiárias de sociedade de economia mista, exceto quanto à constituição facultativa do Conselho de Administração e à possibilidade de adoção da forma de sociedade limitada para subsidiárias em liquidação.

§ 2º Além das normas previstas neste Decreto, a empresa estatal com registro na Comissão de Valores Mobiliários – CVM se sujeita ao disposto na Lei nº 6.385, de 7 de dezembro de 1976.

Art. 11. A empresa pública adotará, preferencialmente, a forma de sociedade anônima, que será obrigatória para as suas subsidiárias.

Parágrafo único. A empresa pública não poderá:

I – lançar debêntures ou outros títulos ou valores mobiliários, conversíveis em ações; e

II – emitir partes beneficiárias.

Art. 12. As empresas estatais deverão observar as regras de escrituração e elaboração de demonstrações financeiras contidas na Lei nº 6.404, de 1976, e nas normas da CVM, inclusive quanto à obrigatoriedade de auditoria independente por Auditor registrado naquela Autarquia.

Parágrafo único. As empresas estatais deverão elaborar demonstrações financeiras trimestrais nos termos do *caput* e divulgá-las em sítio eletrônico.

Art. 13. As empresas estatais deverão observar os seguintes requisitos mínimos de transparência:

I – elaboração de carta anual, subscrita pelos membros do Conselho de Administração, com a explicitação dos compromissos de consecução de objetivos de políticas públicas pela empresa estatal e por suas subsidiárias, em atendimento ao interesse coletivo ou ao imperativo de segurança nacional que justificou a autorização de sua criação, com a definição clara dos recursos a serem empregados para esse fim e dos impactos econômico-financeiros da consecução desses objetivos, mensuráveis por meio de indicadores objetivos;

II – adequação do objeto social, estabelecido no estatuto social, às atividades autorizadas na lei de criação;

III – divulgação tempestiva e atualizada de informações relevantes, em especial aquelas relativas a atividades desenvolvidas, estrutura de controle, fatores de risco, dados econômico-financeiros, comentários dos administradores sobre desempenho, políticas e práticas de governança corporativa e descrição da composição e da remuneração da administração;

IV – elaboração e divulgação de política de divulgação de informações, em conformidade com a legislação em vigor e com as melhores práticas;

V – elaboração de política de distribuição de dividendos, à luz do interesse público que justificou a criação da empresa estatal;

VI – divulgação, em notas explicativas às demonstrações financeiras, dos dados operacionais e financeiros das atividades relacionadas à consecução dos fins de interesse coletivo ou de imperativo de segurança nacional que justificou a criação da empresa estatal;

VII – elaboração e divulgação da política de transações com partes relacionadas, que abranja também as operações com a União e com as demais empresas estatais, em conformidade com os requisitos de competitividade, conformidade, transparência, equidade e comutatividade, que deverá ser revista, no mínimo, anualmente e aprovada pelo Conselho de Administração;

VIII – ampla divulgação, ao público em geral, de carta anual de governança corporativa, que consolide em um único documento escrito, em linguagem clara e direta, as informações de que trata o inciso III;

IX – divulgação anual de relatório integrado ou de sustentabilidade; e

X – divulgação, em local de fácil acesso ao público em geral, dos Relatórios Anuais de Atividades de Auditoria Interna – RAINT, assegurada a proteção das informações sigilosas e das informações pessoais, nos termos do art. 6º, *caput*, inciso III, da Lei nº 12.527, de 18 de novembro de 2011.

§ 1º Para fins de cumprimento do disposto neste artigo, a empresa estatal deverá elaborar carta anual única para os fins dos incisos I e III do *caput*, conforme modelo disponibilizado no sítio eletrônico do Ministério do Planejamento, Desenvolvimento e Gestão.

§ 2º O interesse público da empresa estatal, respeitadas as razões que motivaram a autorização legislativa, manifesta-se por meio do alinhamento entre seus objetivos e aqueles de políticas públicas, na forma explicitada na carta anual a que se refere o inciso I do *caput*.

§ 3º As obrigações e responsabilidades que a empresa estatal assuma em condições distintas às do setor em que atua deverão:

I – estar claramente definidas em lei ou regulamento e estarem previstas em contrato, convênio ou ajuste celebrado com o ente público competente para estabelecê-las, observada a ampla publicidade desses instrumentos; e

II – ter seu custo e suas receitas discriminados e divulgados de forma transparente, inclusive no plano contábil.

§ 4º Além das obrigações contidas neste artigo, as empresas estatais com registro na CVM sujeitam-se ao regime de informações e às regras de divulgação estabelecidos por essa Autarquia.

§ 5º Os documentos resultantes do cumprimento dos requisitos de transparência constantes dos incisos I a X do *caput* deverão ser divulgados no sítio eletrônico da empresa de forma permanente e cumulativa.

Art. 14. As subsidiárias poderão cumprir as exigências estabelecidas por este Decreto por meio de compartilhamento de custos, estruturas, políticas e mecanismos de divulgação com sua controladora.

SEÇÃO II
GESTÃO DE RISCOS E CONTROLE INTERNO

Art. 15. A empresa estatal adotará regras de estruturas e práticas de gestão de riscos e controle interno que abranjam:

I – ação dos administradores e empregados, por meio da implementação cotidiana de práticas de controle interno;

II – área de integridade e de gestão de riscos; e

III – auditoria interna e Comitê de Auditoria Estatutário.

Art. 16. A área de integridade e gestão de riscos terá suas atribuições previstas no estatuto social, com mecanismos que assegurem atuação independente, e deverá ser vinculada diretamente ao Diretor-Presidente, podendo ser conduzida por ele próprio ou por outro Diretor estatutário.

§ 1º O Diretor estatutário referido no *caput* poderá ter outras competências.

§ 2º O estatuto social preverá, ainda, a possibilidade de a área de integridade se reportar diretamente ao Conselho de Administração da empresa ou, se não houver, ao Conselho de Administração da controladora, nas situações em que houver suspeita do envolvimento do Diretor-Presidente em irregularidades ou quando este deixar de adotar as medidas necessárias em relação à situação a ele relatada.

§ 3º Serão enviados relatórios trimestrais ao Comitê de Auditoria Estatutário sobre as atividades desenvolvidas pela área de integridade.

Art. 17. A auditoria interna deverá:

I – auxiliar o Conselho de Administração da empresa ou, se não houver, de sua controladora, ao qual se reportará diretamente; e

II – ser responsável por aferir a adequação do controle interno, a efetividade do gerenciamento dos riscos e dos processos de governança e a confiabilidade do processo de coleta, mensuração, classificação, acumulação, registro e divulgação de eventos e transações, visando ao preparo de demonstrações financeiras.

Art. 18. Será elaborado e divulgado pela empresa estatal Código de Conduta e Integridade, que disporá sobre:

I – princípios, valores e missão da empresa estatal, além de orientações sobre a prevenção de conflito de interesses e vedação de atos de corrupção e fraude;

II – instâncias internas responsáveis pela atualização e aplicação do Código de Conduta e Integridade;

III – canal de denúncias que possibilite o recebimento de denúncias internas e externas relativas ao descumprimento do Código de Conduta e Integridade e das demais normas internas de ética e obrigacionais;

IV – mecanismos de proteção que impeçam qualquer espécie de retaliação à pessoa que utilize o canal de denúncias;

V – sanções aplicáveis em caso de violação às regras do Código de Conduta e Integridade; e

VI – previsão de treinamento periódico, no mínimo anual, sobre o Código de Conduta e Integridade, para empregados e administradores, e sobre a política de gestão de riscos, para administradores.

Art. 19. A empresa estatal deverá:

I – divulgar toda e qualquer forma de remuneração dos administradores e Conselheiros Fiscais, de forma detalhada e individual; e

II – adequar constantemente suas práticas ao Código de Conduta e Integridade e a outras regras de boa prática de governança corporativa, na forma estabelecida por este Decreto e pela Comissão Interministerial de Governança Corporativa e de Administração de Participações Societárias da União – CGPAR.

Art. 20. A empresa estatal poderá utilizar a arbitragem para solucionar as divergências entre acionistas e sociedade, ou entre acionistas controladores e acionistas minoritários, nos termos previstos em seu estatuto social.

Seção III
DO COMITÊ DE ELEGIBILIDADE

Art. 21. A empresa estatal criará comitê de elegibilidade estatutário com as seguintes competências:

I – opinar, de modo a auxiliar os acionistas na indicação de administradores e Conselheiros Fiscais sobre o preenchimento dos requisitos e a ausência de vedações para as respectivas eleições; e

II – verificar a conformidade do processo de avaliação dos administradores e dos Conselheiros Fiscais.

§ 1º O comitê de elegibilidade estatutário deliberará por maioria de votos, com registro em ata.

§ 2º A ata deverá ser lavrada na forma de sumário dos fatos ocorridos, inclusive das dissidências e dos protestos, e conter a transcrição apenas das deliberações tomadas.

§ 3º O comitê de elegibilidade estatutário poderá ser constituído por membros de outros comitês, preferencialmente o de auditoria, por empregados ou Conselheiros de Administração, observado o disposto nos arts. 156 e 165 da Lei nº 6.404, de 1976, sem remuneração adicional.

Art. 22. O órgão ou a entidade da administração pública federal responsável pelas indicações de administradores e Conselheiros Fiscais encaminhará:

I – formulário padronizado para análise do comitê ou da comissão de elegibilidade da empresa estatal, acompanhado dos documentos comprobatórios e da sua análise prévia de compatibilidade; e

II – nome e dados da indicação à Casa Civil da Presidência da República, para fins de aprovação prévia.

§ 1º O formulário padronizado será disponibilizado no sítio eletrônico do Ministério do Planejamento, Desenvolvimento e Gestão.

§ 2º O comitê ou a comissão de elegibilidade deverá opinar, no prazo de oito dias úteis, contado da data de recebimento do formulário padronizado, sob pena de aprovação tácita e responsabilização dos seus membros caso se comprove o descumprimento de algum requisito.

§ 3º Após a manifestação do comitê ou da comissão de elegibilidade, o órgão ou a entidade da administração pública responsável pela indicação do Conselheiro deverá encaminhar sua decisão final de compatibilidade para a Procuradoria-Geral da Fazenda Nacional, no caso de indicação da União para empresa pública ou sociedade de economia mista, ou para a empresa controladora, no caso de indicação para subsidiárias.

§ 4º As indicações dos acionistas minoritários e dos empregados também deverão ser feitas por meio do formulário padronizado disponibilizado pelo Ministério do Planejamento, Desenvolvimento e Gestão e, caso não sejam submetidas previamente ao comitê ou à comissão de elegibilidade, serão verificadas pela secretaria da assembleia ou pelo Conselho de Administração no momento da eleição.

Art. 23. O órgão ou a entidade da administração pública federal responsável pela indicação de administradores ou Conselheiros Fiscais preservará a independência dos membros estatutários no exercício de suas funções.

Seção IV
DO ESTATUTO SOCIAL

Art. 24. O estatuto social da empresa estatal deverá conter as seguintes regras mínimas:

I – constituição do Conselho de Administração, com, no mínimo, sete e, no máximo, onze membros;

II – definição de, no mínimo, um requisito específico adicional para o cargo de Diretor, em relação ao cargo de Conselheiro de Administração, observado o quantitativo mínimo de três Diretores;

III – avaliação de desempenho, individual e coletiva, de periodicidade anual, dos membros estatutários, observados os seguintes quesitos mínimos para os administradores:

a) exposição dos atos de gestão praticados quanto à licitude e à eficácia da ação administrativa;

b) contribuição para o resultado do exercício; e

c) consecução dos objetivos estabelecidos no plano de negócios e atendimento à estratégia de longo prazo;

IV – constituição obrigatória do Conselho Fiscal e funcionamento de modo permanente;

V – constituição obrigatória do Comitê de Auditoria Estatutário e funcionamento de modo permanente, ficando autorizada a criação de comitê único pelas empresas que possuam subsidiária em sua estrutura;

VI – prazo de gestão unificado para os membros do Conselho de Administração, não superior a dois anos, sendo permitidas, no máximo, três reconduções consecutivas;

VII – prazo de gestão unificado para os membros da Diretoria, não superior a dois anos, permitidas, no máximo, três reconduções consecutivas;

VIII – segregação das funções de Presidente do Conselho de Administração e Presidente da empresa; e

IX – prazo de atuação dos membros do Conselho Fiscal não superior a dois anos, sendo permitidas, no máximo, duas reconduções consecutivas.

§ 1º A constituição do Conselho de Administração é facultativa para as empresas subsidiárias de capital fechado, nos termos do art. 31.

§ 2º No prazo a que se referem os incisos VI, VII e IX do *caput* serão considerados os períodos anteriores de gestão ou de atuação ocorridos há menos de dois anos e a transferência de Diretor para outra Diretoria da mesma empresa estatal.

§ 3º Para fins do disposto no inciso VII do *caput*, no caso de instituição financeira pública federal ou de empresa estatal de capital aberto, não se considera recondução a eleição de Diretor para atuar em outra Diretoria da mesma empresa estatal.

§ 4º Atingidos os prazos máximos a que se referem os incisos VI, VII e IX do *caput*, o retorno de membro estatutário para uma mesma empresa só poderá ocorrer após decorrido período equivalente a um prazo de gestão ou de atuação.

Seção V
DO ACIONISTA CONTROLADOR

Art. 25. O acionista controlador da empresa estatal responderá pelos atos praticados com abuso de poder, nos termos da Lei nº 6.404, de 1976.

Art. 26. A pessoa jurídica que controla a empresa estatal tem os deveres e as responsabilidades do acionista controlador, estabelecidos na Lei nº 6.404, de 1976, e deverá exercer o poder de controle no interesse da empresa estatal, respeitado o interesse público que justificou a sua criação.

Seção VI
DO ADMINISTRADOR E DA ASSEMBLEIA GERAL

Art. 27. Sem prejuízo do disposto na Lei nº 13.303, de 2016, e em outras leis específicas, o administrador de empresa estatal é submetido às normas previstas na Lei nº 6.404, de 1976, inclusive quanto às regras de eleição, destituição e remuneração.

§ 1º A remuneração dos administradores será sempre fixada pela assembleia geral.

§ 2º O voto da União na assembleia geral que fixar a remuneração dos administradores das empresas estatais federais observará a orientação da Secretaria de Coordenação e Governança das Empresas Estatais do Ministério do Planejamento, Desenvolvimento e Gestão.

§ 3º Toda empresa estatal disporá de assembleia geral, que será regida pelo disposto na Lei nº 6.404, de 1976, inclusive quanto à sua competência para alterar o capital social e o estatuto social da empresa e para eleger e destituir seus Conselheiros a qualquer tempo.

Seção VII
DOS REQUISITOS PARA SER ADMINISTRADOR DE EMPRESAS ESTATAIS

Art. 28. Os administradores das empresas estatais deverão atender os seguintes requisitos obrigatórios:

I – ser cidadão de reputação ilibada;

II – ter notório conhecimento compatível com o cargo para o qual foi indicado;

III – ter formação acadêmica compatível com o cargo para o qual foi indicado; e

IV – ter, no mínimo, uma das experiências profissionais abaixo:

a) dez anos, no setor público ou privado, na área de atuação da empresa estatal ou em área conexa àquela para a qual forem indicados em função de direção superior;

b) quatro anos em cargo de Diretor, de Conselheiro de Administração, de membro de comitê de auditoria ou de chefia superior em empresa de porte ou objeto social semelhante ao da empresa estatal, entendendo-se como cargo de chefia superior aquele situado nos dois níveis hierárquicos não estatutários mais altos da empresa;

c) quatro anos em cargo em comissão ou função de confiança equivalente a nível 4, ou superior, do Grupo-Direção e Assessoramento Superiores – DAS, em pessoa jurídica de direito público interno;

d) quatro anos em cargo de docente ou de pesquisador, de nível superior na área de atuação da empresa estatal; ou

e) quatro anos como profissional liberal em atividade vinculada à área de atuação da empresa estatal.

§ 1º A formação acadêmica deverá contemplar curso de graduação ou pós-graduação reconhecido ou credenciado pelo Ministério da Educação.

§ 2º As experiências mencionadas em alíneas distintas do inciso IV do *caput* não poderão ser somadas para a apuração do tempo requerido.

§ 3º As experiências mencionadas em uma mesma alínea do inciso IV do *caput* poderão ser somadas para a apuração do tempo requerido, desde que relativas a períodos distintos.

§ 4º Somente pessoas naturais poderão ser eleitas para o cargo de administrador de empresas estatais.

§ 5º Os Diretores deverão residir no País.

§ 6º Aplica-se o disposto neste artigo aos administradores das empresas estatais, inclusive aos representantes dos empregados e dos acionistas minoritários, e também às indicações da União ou das empresas estatais para o cargo de administrador em suas participações minoritárias em empresas estatais de outros entes federativos.

Seção VIII
DAS VEDAÇÕES PARA INDICAÇÃO PARA COMPOR O CONSELHO DE ADMINISTRAÇÃO

Art. 29. É vedada a indicação para o Conselho de Administração e para a Diretoria:

I – de representante do órgão regulador ao qual a empresa estatal está sujeita;

II – de Ministro de Estado, de Secretário Estadual e de Secretário Municipal;

III – de titular de cargo em comissão na administração pública federal, direta ou indireta, sem vínculo permanente com o serviço público;

IV – de dirigente estatutário de partido político e de titular de mandato no Poder Legislativo de qualquer ente federativo, ainda que licenciado;

V – de parentes consanguíneos ou afins até o terceiro grau das pessoas mencionadas nos incisos I a IV;

VI – de pessoa que atuou, nos últimos trinta e seis meses, como participante de estrutura decisória de partido político;

VII – de pessoa que atuou, nos últimos trinta e seis meses, em trabalho vinculado a organização, estruturação e realização de campanha eleitoral;

VIII – de pessoa que exerça cargo em organização sindical;

IX – de pessoa física que tenha firmado contrato ou parceria, como fornecedor ou comprador, demandante ou ofertante, de bens ou serviços de qualquer natureza, com a União, com a própria estatal ou com empresa estatal do seu conglomerado estatal, nos três anos anteriores à data de sua nomeação;

X – de pessoa que tenha ou possa ter qualquer forma de conflito de interesse com a pessoa político-administrativa controladora da empresa estatal ou com a própria estatal; e

XI – de pessoa que se enquadre em qualquer uma das hipóteses de inelegibilidade previstas nas alíneas do inciso I do *caput* do art. 1º da Lei Complementar nº 64, de 18 de maio de 1990.

§ 1º Aplica-se a vedação do inciso III do *caput* ao servidor ou ao empregado público aposentado que seja titular de cargo em comissão da administração pública federal direta ou indireta.

§ 2º Aplica-se o disposto neste artigo a todos os administradores das empresas estatais, inclusive aos representantes dos empregados e dos minoritários, e também às indicações da União ou das empresas estatais para o cargo de administrador em suas participações minoritárias em empresas estatais de outros entes federativos.

Seção IX
DA VERIFICAÇÃO DOS REQUISITOS E DAS VEDAÇÕES PARA ADMINISTRADORES E CONSELHEIROS FISCAIS

Art. 30. Os requisitos e as vedações para administradores e Conselheiros Fiscais são de aplicação imediata e devem ser observados nas nomeações e nas eleições realizadas a partir da data de publicação deste Decreto, inclusive nos casos de recondução.

§ 1º Os requisitos deverão ser comprovados documentalmente, na forma exigida pelo formulário padronizado, disponibilizado no sítio eletrônico do Ministério do Planejamento, Desenvolvimento e Gestão.

§ 2º Será rejeitado o formulário que não estiver acompanhado dos documentos comprobatórios.

§ 3º O indicado apresentará declaração de que não incorre em nenhuma das hipóteses de vedação, nos termos do formulário padronizado.

Seção X
DO CONSELHO DE ADMINISTRAÇÃO

Art. 31. Todas as empresas estatais, ressalvadas as subsidiárias de capital fechado, deverão ter Conselho de Administração.

Art. 32. Sem prejuízo das competências previstas no art. 142 da Lei nº 6.404, de 1976, e das demais atribuições previstas na Lei nº 13.303, de 2016, compete ao Conselho de Administração:

I – discutir, aprovar e monitorar decisões que envolvam práticas de governança corporativa, relacionamento com partes interessadas, política de gestão de pessoas e código de conduta dos agentes;

II – implementar e supervisionar os sistemas de gestão de riscos e de controle interno estabelecidos para a prevenção e a mitigação dos principais riscos a que está exposta a empresa estatal, inclusive os riscos relacionados à integridade das informações contábeis e financeiras e aqueles relacionados à ocorrência de corrupção e fraude;

III – estabelecer política de divulgação de informações para mitigar o risco de contradição entre as diversas áreas e os executivos da empresa estatal; e

IV – avaliar os Diretores da empresa estatal, nos termos do inciso III do *caput* do art. 24, podendo contar com apoio metodológico e procedimental do comitê de elegibilidade estatutário referido no art. 21.

§ 1º Na hipótese de não ter sido constituído Conselho de Administração, as competências previstas no *caput* serão exercidas pela Diretoria.

§ 2º É vedada a existência de membro suplente no Conselho de Administração, inclusive para representante dos empregados.

Art. 33. No Conselho de Administração, é garantida a participação de:

I – um representante dos empregados, escolhido nos termos da Lei nº 12.353, de 28 de dezembro de 2010, inclusive quanto à eleição direta pelos empregados e à dispensa para empresas com menos de duzentos empregados; e

II – no mínimo, um representante dos acionistas minoritários, eleito nos termos da Lei nº 6.404, de 1976.

Art. 34. A remuneração mensal devida aos membros dos Conselhos de Administração da empresa estatal não excederá a dez por cento da remuneração mensal média dos Diretores da empresa, excluídos os valores relativos a adicional de férias e benefícios, sendo vedado o pagamento de participação, de qualquer espécie, nos lucros da empresa.

Art. 35. É vedada a participação remunerada de membros da administração pública federal, direta ou indireta, em mais de dois órgãos colegiados de empresa estatal, incluídos os Conselhos de Administração e Fiscal e os Comitês de Auditoria.

§ 1º Incluem-se na vedação do *caput* os servidores ou os empregados públicos de quaisquer dos Poderes da União, concursados ou não, exceto se estiverem licenciados sem remuneração, e os Diretores das empresas estatais de qualquer ente federativo.

§ 2º Incluem-se na vedação do *caput* os inativos ocupantes de cargo em comissão na administração pública federal direta ou indireta.

Art. 36. A composição do Conselho de Administração deve ter, no mínimo, vinte e cinco por cento de membros independentes.

§ 1º O Conselheiro de Administração independente caracteriza-se por:

I – não ter vínculo com a empresa estatal ou com empresa de seu conglomerado estatal, exceto quanto à participação em Conselho de Administração da empresa controladora ou à participação em seu capital social;

II – não ser cônjuge ou parente consanguíneo ou afim ou por adoção, até o terceiro grau, de chefe do Poder Executivo, de Ministro de Estado, de Secretário de Estado, do Distrito Federal ou de Município ou de administrador da empresa estatal ou de empresa de seu conglomerado estatal;

III – não ter mantido, nos últimos três anos, vínculo de qualquer natureza com a empresa estatal ou com os seus controladores, que possa vir a comprometer a sua independência;

IV – não ser ou não ter sido, nos últimos três anos, empregado ou Diretor da empresa estatal, de empresa de seu conglomerado estatal ou de empresa coligada;

V – não ser fornecedor ou comprador, direto ou indireto, de serviços ou produtos da empresa estatal ou de empresa de seu conglomerado estatal;

VI – não ser empregado ou administrador de empresa ou entidade que ofereça ou demande serviços ou produtos à empresa estatal ou à empresa de seu conglomerado estatal; e

VII – não receber outra remuneração da empresa estatal ou de empresa de seu conglomerado estatal, além daquela relativa ao cargo de Conselheiro, exceto a remuneração decorrente de participação no capital da empresa.

§ 2º Na hipótese de o cálculo do número de Conselheiros independentes não resultar em número inteiro, será feito o arredondamento:

I – para mais, quando a fração for igual ou superior a cinco décimos; e

II – para menos, quando a fração for inferior a cinco décimos.

§ 3º Para os fins deste artigo, serão considerados independentes os Conselheiros eleitos por acionistas minoritários, mas não aqueles eleitos pelos empregados.

§ 4º O Ministério supervisor ao qual a empresa estatal esteja vinculada, ou sua controladora, deverá indicar os membros independentes do Conselho de Administração de que trata o *caput*, caso os demais acionistas não o façam.

Art. 37. É condição para a investidura em cargo de Diretoria da empresa estatal a assunção de compromisso com metas e resultados específicos a serem alcançados, que deverá ser aprovado pelo Conselho de Administração, ao qual incumbe fiscalizar o seu cumprimento.

§ 1º Sem prejuízo do disposto no *caput*, a Diretoria deverá apresentar, até a última reunião ordinária do Conselho de Administração do ano anterior, a quem compete sua aprovação:

I – o plano de negócios para o exercício anual seguinte; e

II – a estratégia de longo prazo atualizada com análise de riscos e oportunidades para, no mínimo, os cinco anos seguintes.

§ 2º Na hipótese de não ter sido constituído Conselho de Administração, a Diretoria-Executiva aprovará o plano de negócios e a estratégia de longo prazo.

§ 3º Compete ao Conselho de Administração da empresa, se houver, ou de sua controladora, sob pena de seus integrantes responderem por omissão, promover anualmente análise quanto ao atendimento das metas e dos resultados na execução do plano de negócios e da estratégia de longo prazo, devendo publicar suas conclusões e informá-las ao Congresso Nacional e ao Tribunal de Contas da União.

§ 4º Excluem-se da obrigação de publicação a que se refere o § 3º as informações de natureza estratégica cuja divulgação possa ser comprovadamente prejudicial ao interesse da empresa estatal.

§ 5º O atendimento das metas e dos resultados na execução do plano de negócios e da estratégia de longo prazo deverá gerar reflexo financeiro para os Diretores das empresas estatais, inclusive nas empresas dependentes ou deficitárias, sob a forma de remuneração variável, nos termos estabelecidos pela Secretaria de Coordenação e Governança das Empresas Estatais do Ministério do Planejamento, Desenvolvimento e Gestão.

Seção XI
DO COMITÊ DE AUDITORIA ESTATUTÁRIO

Art. 38. A empresa estatal deverá possuir Comitê de Auditoria Estatutário como órgão auxiliar do Conselho de Administração da empresa, se houver, ou de sua controladora, ao qual se reportará diretamente, observado o disposto no art. 16.

§ 1º Competirá ao Comitê de Auditoria Estatutário, sem prejuízo de outras competências previstas em lei:

I – opinar sobre a contratação e a destituição de auditor independente;

II – supervisionar as atividades dos auditores independentes e avaliar a sua independência, a qualidade dos serviços prestados e a adequação de tais serviços às necessidades da empresa estatal;

III – supervisionar as atividades desenvolvidas nas áreas de controle interno, de auditoria interna e de elaboração das demonstrações financeiras da empresa estatal;

IV – monitorar a qualidade e a integridade dos mecanismos de controle interno, das demonstrações financeiras e das informações e medições divulgadas pela empresa estatal;

V – avaliar e monitorar a exposição ao risco da empresa estatal e requerer, entre outras, informações detalhadas sobre políticas e procedimentos referentes a:

a) remuneração da administração;

b) utilização de ativos da empresa estatal; e

c) gastos incorridos em nome da empresa estatal;

VI – avaliar e monitorar, em conjunto com a administração da estatal e a área de auditoria interna, a adequação e a divulgação das transações com partes relacionadas;

VII – elaborar relatório anual com informações sobre as atividades, os resultados, as conclusões e as suas recomendações, e registrar, se houver, as divergências significativas entre administração, auditoria independente e o Comitê de Auditoria Estatutário em relação às demonstrações financeiras; e

VIII – avaliar a razoabilidade dos parâmetros em que se fundamentam os cálculos atuariais e o resultado atuarial dos planos de benefícios mantidos pelo fundo de pensão, quando a empresa estatal for patrocinadora de entidade fechada de previdência complementar.

§ 2º O Comitê de Auditoria Estatutário deverá possuir meios para receber denúncias, inclusive de caráter sigiloso, internas e externas à empresa estatal, em matérias relacionadas às suas atividades.

§ 3º O Comitê de Auditoria Estatutário deverá realizar, no mínimo, quatro reuniões mensais nas empresas de capital aberto e nas instituições financeiras, ou, no mínimo, duas reuniões nas demais empresas estatais.

§ 4º A empresa estatal deverá divulgar as atas das reuniões do Comitê de Auditoria Estatutário.

§ 5º Na hipótese de o Conselho de Administração considerar que a divulgação da ata possa pôr em risco interesse legítimo da empresa estatal, apenas o seu extrato será divulgado.

§ 6º A restrição de que trata o § 5º não será oponível aos órgãos de controle, que terão total e irrestrito acesso ao conteúdo das atas do Comitê de Auditoria Estatutário, observada a transferência de sigilo.

§ 7º O Comitê de Auditoria Estatutário deverá possuir autonomia operacional e dotação orçamentária, anual ou por projeto, nos limites aprovados pelo Conselho de Administração, para conduzir ou determinar a realização de consultas, avaliações e investigações relacionadas às suas atividades, inclusive com a contratação e a utilização de especialistas externos independentes.

§ 8º A remuneração dos membros do Comitê de Auditoria Estatutário será fixada pela assembleia geral, em montante não inferior à remuneração dos Conselheiros Fiscais.

§ 9º Os membros do Conselho de Administração poderão ocupar cargo no Comitê de Auditoria Estatutário da própria empresa, desde que optem pela remuneração de membro do referido Comitê.

Art. 39. O Comitê de Auditoria Estatutário, eleito e destituído pelo Conselho de Administração, será integrado por, no mínimo, três membros e, no máximo, cinco membros.

§ 1º São condições mínimas para integrar o Comitê de Auditoria Estatutário:

I – não ser ou ter sido, nos doze meses anteriores à nomeação para o Comitê:

a) Diretor, empregado ou membro do Conselho Fiscal da empresa estatal ou de sua controladora, subsidiária, coligada ou sociedade em controle comum, direta ou indireta; e

b) responsável técnico, Diretor, gerente, supervisor ou qualquer outro integrante com função de gerência de equipe envolvida nos trabalhos de auditoria na empresa estatal;

II – não ser cônjuge ou parente consanguíneo ou afim ou por adoção, até o segundo grau, das pessoas referidas no inciso I;

III – não receber qualquer outro tipo de remuneração da empresa estatal ou de sua controladora, subsidiária, coligada ou sociedade em controle comum, direta ou indireta, que não seja aquela relativa à função de membro do Comitê de Auditoria Estatutário;

IV – não ser ou ter sido ocupante de cargo público efetivo, ainda que licenciado, ou de cargo em comissão na administração pública federal direta, nos doze meses anteriores à nomeação para o Comitê de Auditoria Estatutário; e

V – não se enquadrar nas vedações de que tratam os incisos I, IV, IX, X e XI do *caput* do art. 29.

§ 2º O Comitê de Auditoria Estatutário será composto de modo que a maioria dos membros observe também as demais vedações de que trata o art. 29.

§ 3º O disposto na alínea *a* do inciso I do § 1º não se aplica a empregado de empresa estatal não vinculada ao mesmo conglomerado estatal.

§ 4º O disposto no inciso IV do § 1º se aplica a servidor de autarquia ou fundação que tenha atuação nos negócios da empresa estatal.

§ 5º Os membros do Comitê de Auditoria Estatutário devem ter experiência profissional ou formação acadêmica compatível com o cargo, preferencialmente na área de contabilidade, auditoria ou no setor de atuação da empresa, devendo, no mínimo, um dos membro obrigatoriamente ter experiência profissional reconhecida em assuntos de contabilidade societária.

§ 6º Na formação acadêmica, exige-se curso de graduação ou pós-graduação reconhecido ou credenciado pelo Ministério da Educação.

§ 7º O atendimento às previsões deste artigo deve ser comprovado por meio de documentação mantida na sede da empresa estatal pelo prazo mínimo de cinco anos, contado do último dia de mandato do membro do Comitê de Auditoria Estatutário.

§ 8º É vedada a existência de membro suplente no Comitê de Auditoria Estatutário.

§ 9º O mandato dos membros do Comitê de Auditoria Estatutário será de dois ou três anos, não coincidente para cada membro, permitida uma reeleição.

§ 10. Os membros do Comitê de Auditoria Estatutário poderão ser destituídos pelo voto justificado da maioria absoluta do Conselho de Administração.

§ 11. O Conselho de Administração poderá convidar membros do Comitê de Auditoria Estatutário para assistir às suas reuniões, sem direito a voto.

Seção XII
DO CONSELHO FISCAL

Art. 40. Além das normas previstas neste Decreto, aplicam-se aos membros do Conselho Fiscal da empresa estatal o disposto na Lei nº 6.404, de 1976, inclusive quanto a seus poderes, deveres e responsabilidades, a requisitos e impedimentos para a investidura e a remuneração.

§ 1º É vedado o pagamento de participação no lucro da empresa para os membros do Conselho Fiscal e o pagamento de remuneração a esses membros em montante superior ao pago para os Conselheiros de Administração.

§ 2º O Conselho Fiscal contará com, no mínimo, um membro indicado pelo Ministério da Fazenda, como representante do Tesouro Nacional, que deverá ser servidor público com vínculo permanente com a administração pública federal.

Art. 41. Os Conselheiros Fiscais das empresas estatais deverão atender os seguintes critérios:

I – ser pessoa natural, residente no País e de reputação ilibada;

II – ter formação acadêmica compatível com o exercício da função;

III – ter experiência mínima de três anos em cargo de:

a) direção ou assessoramento na administração pública, direta ou indireta; ou

b) Conselheiro Fiscal ou administrador em empresa;

IV – não se enquadrar nas vedações de que tratam os incisos I, IV, IX, X e XI do *caput* do art. 29;

V – não se enquadrar nas vedações de que trata o art. 147 da Lei nº 6.404, de 1976; e

VI – não ser ou ter sido membro de órgão de administração nos últimos vinte e quatro meses e não ser empregado da empresa estatal ou de sua subsidiária, ou do mesmo grupo, ou ser cônjuge ou parente, até terceiro grau, de administrador da empresa estatal.

§ 1º A formação acadêmica deverá contemplar curso de graduação ou pós-graduação reconhecido ou credenciado pelo Ministério da Educação.

§ 2º As experiências mencionadas em alíneas distintas do inciso III do *caput* não poderão ser somadas para a apuração do tempo requerido.

§ 3º As experiências mencionadas em uma mesma alínea do inciso III do *caput* poderão ser somadas para apuração do tempo requerido, desde que relativas a períodos distintos.

§ 4º O disposto no inciso VI do *caput* não se aplica aos empregados da empresa estatal controladora, ainda que sejam integrantes de seus órgãos de administração, quando inexistir grupo de sociedades formalmente constituído.

§ 5º Aplica-se o disposto neste artigo aos Conselheiros Fiscais das empresas estatais, inclusive aos representante dos minoritários, e às indicações da União ou das empresas estatais em suas participações minoritárias em empresas estatais de outros entes federativos.

▸ **Mantivemos "representante" conforme publicação oficial.**

Seção XIII
DO TREINAMENTO E DO SEGURO DE RESPONSABILIDADE

Art. 42. Os administradores e Conselheiros Fiscais das empresas estatais, inclusive os representantes de empregados e minoritários, devem participar, na posse e anualmente, de treinamentos específicos disponibilizados pela empresa estatal sobre:

I – legislação societária e de mercado de capitais;

II – divulgação de informações;

III – controle interno;

IV – código de conduta;

V – Lei nº 12.846, de 1º de agosto de 2013; e

VI – demais temas relacionados às atividades da empresa estatal.

Parágrafo único. É vedada a recondução do administrador ou do Conselheiro Fiscal que não participar de nenhum treinamento anual disponibilizado pela empresa nos últimos dois anos.

Art. 43. O estatuto da empresa estatal poderá dispor sobre a contratação de seguro de responsabilidade civil pelos administradores.

CAPÍTULO III
DA FUNÇÃO SOCIAL DA EMPRESA ESTATAL

Art. 44. A empresa estatal terá a função social de realização do interesse coletivo ou de atendimento a imperativo da segurança nacional expressa no instrumento de autorização legal para a sua criação.

§ 1º A realização do interesse coletivo de que trata este artigo deverá ser orientada para o alcance do bem-estar econômico e para a alocação socialmente eficiente dos recursos geridos pela empresa estatal, e também para:

I – a ampliação economicamente sustentada do acesso de consumidores aos produtos e serviços da empresa estatal; ou

II – o desenvolvimento ou o emprego de tecnologia brasileira para produção e oferta de produtos e serviços da empresa estatal, sempre de maneira economicamente justificada.

§ 2º A empresa estatal deverá, nos termos da lei, adotar práticas de sustentabilidade ambiental e de responsabilidade social corporativa compatíveis com o mercado em que atua.

§ 3º A empresa estatal poderá celebrar instrumentos de convênio quando observados os seguintes parâmetros cumulativos:

I – a convergência de interesses entre as partes;

II – a execução em regime de mútua cooperação;

III – o alinhamento com a função social de realização do interesse coletivo;

IV – a análise prévia da conformidade do convênio com a política de transações com partes relacionadas;

V – a análise prévia do histórico de envolvimento com corrupção ou fraude, por parte da instituição beneficiada, e da existência de controles e políticas de integridade na instituição; e

VI – a vedação de celebrar convênio com dirigente de partido político, titular de mandato eletivo, empregado ou administrador da empresa estatal, ou com seus parentes consanguíneos ou afins até o terceiro grau, e também com pessoa jurídica cujo proprietário ou administrador seja uma dessas pessoas.

§ 4º Além do disposto no § 3º, a celebração de convênio ou contrato de patrocínio deverá observar os seguintes parâmetros cumulativos adicionais:

I – a destinação para promoção de atividades culturais, sociais, esportivas, educacionais e de inovação tecnológica;

II – a vinculação ao fortalecimento da marca da empresa estatal; e

III – a aplicação, no que couber, da legislação de licitações e contratos.

....

Art. 79. Este Decreto entra em vigor na data de sua publicação.

Brasília, 27 de dezembro de 2016;
195º da Independência e
128º da República

Michel Temer

LEI Nº 13.431, DE 4 DE ABRIL DE 2017

Estabelece o sistema de garantia de direitos da criança e do adolescente vítima ou testemunha de violência e altera a Lei nº 8.069, de 13 de julho de 1990 (Estatuto da Criança e do Adolescente).

► Publicada no *DOU* de 5-4-2017.

O PRESIDENTE DA REPÚBLICA Faço saber que o Congresso Nacional decreta e eu sanciono a seguinte Lei:

TÍTULO I – DISPOSIÇÕES GERAIS

Art. 1º Esta Lei normatiza e organiza o sistema de garantia de direitos da criança e do adolescente vítima ou testemunha de violência, cria mecanismos para prevenir e coibir a violência, nos termos do art. 227 da Constituição Federal, da Convenção sobre os Direitos da Criança e seus protocolos adicionais, da Resolução nº 20/2005 do Conselho Econômico e Social das Nações Unidas e de outros diplomas internacionais, e estabelece medidas de assistência e proteção à criança e ao adolescente em situação de violência.

Art. 2º A criança e o adolescente gozam dos direitos fundamentais inerentes à pessoa humana, sendo-lhes asseguradas a proteção integral e as oportunidades e facilidades para viver sem violência e preservar sua saúde física e mental e seu desenvolvimento moral, intelectual e social, e gozam de direitos específicos à sua condição de vítima ou testemunha.

Parágrafo único. A União, os Estados, o Distrito Federal e os Municípios desenvolverão políticas integradas e coordenadas que visem a garantir os direitos humanos da criança e do adolescente no âmbito das relações domésticas, familiares e sociais, para resguardá-los de toda forma de negligência, discriminação, exploração, violência, abuso, crueldade e opressão.

Art. 3º Na aplicação e interpretação desta Lei, serão considerados os fins sociais a que ela se destina e, especialmente, as condições peculiares da criança e do adolescente como pessoas em desenvolvimento, às quais o Estado, a família e a sociedade devem assegurar a fruição dos direitos fundamentais com absoluta prioridade.

Parágrafo único. A aplicação desta Lei é facultativa para as vítimas e testemunhas de violência entre 18 (dezoito) e 21 (vinte e um) anos, conforme disposto no parágrafo único do art. 2º da Lei nº 8.069, de 13 de julho de 1990 (Estatuto da Criança e do Adolescente).

Art. 4º Para os efeitos desta Lei, sem prejuízo da tipificação das condutas criminosas, são formas de violência:

I – violência física, entendida como a ação infligida à criança ou ao adolescente que ofenda sua integridade ou saúde corporal ou que lhe cause sofrimento físico;

II – violência psicológica:

a) qualquer conduta de discriminação, depreciação ou desrespeito em relação à criança ou ao adolescente mediante ameaça, constrangimento, humilhação, manipulação, isolamento, agressão verbal e xingamento, ridicularização, indiferença, exploração ou intimidação sistemática (*bullying*) que possa comprometer seu desenvolvimento psíquico ou emocional;

b) o ato de alienação parental, assim entendido como a interferência na formação psicológica da criança ou do adolescente, promovida ou induzida por um dos genitores, pelos avós ou por quem os tenha sob sua autoridade, guarda ou vigilância, que leve ao repúdio de genitor ou que cause prejuízo ao estabelecimento ou à manutenção de vínculo com este;

c) qualquer conduta que exponha a criança ou o adolescente, direta ou indiretamente, a crime violento contra membro de sua família ou de sua rede de apoio, independentemente do ambiente em que cometido, particularmente quando isto a torna testemunha;

III – violência sexual, entendida como qualquer conduta que constranja a criança ou o adolescente a praticar ou presenciar conjunção carnal ou qualquer outro ato libidinoso, inclusive exposição do corpo em foto ou vídeo por meio eletrônico ou não, que compreenda:

a) abuso sexual, entendido como toda ação que se utiliza da criança ou do adolescente para fins sexuais, seja conjunção carnal ou outro ato libidinoso, realizado de modo presencial ou por meio eletrônico, para estimulação sexual do agente ou de terceiro;

b) exploração sexual comercial, entendida como o uso da criança ou do adolescente em atividade sexual em troca de remuneração ou qualquer outra forma de compensação, de forma independente ou sob patrocínio, apoio ou incentivo de terceiro, seja de modo presencial ou por meio eletrônico;

c) tráfico de pessoas, entendido como o recrutamento, o transporte, a transferência, o alojamento ou o acolhimento da criança ou do adolescente, dentro do território nacional ou para o estrangeiro, com o fim de exploração sexual, mediante ameaça, uso de força ou outra forma de coação, rapto, fraude, engano, abuso de autoridade, aproveitamento de situação de vulnerabilidade ou entrega ou aceitação de pagamento, entre os casos previstos na legislação;

IV – violência institucional, entendida como a praticada por instituição pública ou conveniada, inclusive quando gerar revitimização.

§ 1º Para os efeitos desta Lei, a criança e o adolescente serão ouvidos sobre a situação de violência por meio de escuta especializada e depoimento especial.

§ 2º Os órgãos de saúde, assistência social, educação, segurança pública e justiça adotarão os procedimentos necessários por ocasião da revelação espontânea da violência.

§ 3º Na hipótese de revelação espontânea da violência, a criança e o adolescente serão chamados a confirmar os fatos na forma especificada no § 1º deste artigo, salvo em caso de intervenções de saúde.

§ 4º O não cumprimento do disposto nesta Lei implicará a aplicação das sanções previstas na Lei nº 8.069, de 13 de julho de 1990 (Estatuto da Criança e do Adolescente).

TÍTULO II – DOS DIREITOS E GARANTIAS

Art. 5º A aplicação desta Lei, sem prejuízo dos princípios estabelecidos nas demais normas nacionais e internacionais de proteção dos direitos da criança e do adolescente, terá como base, entre outros, os direitos e garantias fundamentais da criança e do adolescente a:

I – receber prioridade absoluta e ter considerada a condição peculiar de pessoa em desenvolvimento;

II – receber tratamento digno e abrangente;

III – ter a intimidade e as condições pessoais protegidas quando vítima ou testemunha de violência;

IV – ser protegido contra qualquer tipo de discriminação, independentemente de classe, sexo, raça, etnia, renda, cultura, nível educacional, idade, religião, nacionalidade, procedência regional, regularidade migratória, deficiência ou qualquer outra condição sua, de seus pais ou de seus representantes legais;

V – receber informação adequada à sua etapa de desenvolvimento sobre direitos, inclusive sociais, serviços disponíveis, representação jurídica, medidas de proteção, reparação de danos e qualquer procedimento a que seja submetido;

VI – ser ouvido e expressar seus desejos e opiniões, assim como permanecer em silêncio;

VII – receber assistência qualificada jurídica e psicossocial especializada, que facilite a sua participação e o resguarde contra comportamento inadequado adotado pelos demais órgãos atuantes no processo;

VIII – ser resguardado e protegido de sofrimento, com direito a apoio, planejamento de sua participação, prioridade na tramitação do processo, celeridade processual, idoneidade do atendimento e limitação das intervenções;

IX – ser ouvido em horário que lhe for mais adequado e conveniente, sempre que possível;

X – ter segurança, com avaliação contínua sobre possibilidades de intimidação, ameaça e outras formas de violência;

XI – ser assistido por profissional capacitado e conhecer os profissionais que participam dos procedimentos de escuta especializada e depoimento especial;

XII – ser reparado quando seus direitos forem violados;

XIII – conviver em família e em comunidade;

XIV – ter as informações prestadas tratadas confidencialmente, sendo vedada a utilização ou o repasse a terceiro das declarações feitas pela criança e pelo adolescente vítima, salvo para os fins de assistência à saúde e de persecução penal;

XV – prestar declarações em formato adaptado à criança e ao adolescente com deficiência ou em idioma diverso do português.

Parágrafo único. O planejamento referido no inciso VIII, no caso de depoimento especial, será realizado entre os profissionais especializados e o juízo.

Art. 6º A criança e o adolescente vítima ou testemunha de violência têm direito a pleitear, por meio de seu representante legal, medidas protetivas contra o autor da violência.

Parágrafo único. Os casos omissos nesta Lei serão interpretados à luz do disposto na Lei nº 8.069, de 13 de julho de 1990 (Estatuto da Criança e do Adolescente), na Lei nº 11.340, de 7 de agosto de 2006 (Lei Maria da Penha), e em normas conexas.

TÍTULO III – DA ESCUTA ESPECIALIZADA E DO DEPOIMENTO ESPECIAL

Art. 7º Escuta especializada é o procedimento de entrevista sobre situação de violência com criança ou adolescente perante órgão da rede de proteção, limitado o relato estritamente ao necessário para o cumprimento de sua finalidade.

Art. 8º Depoimento especial é o procedimento de oitiva de criança ou adolescente vítima ou testemunha de violência perante autoridade policial ou judiciária.

Art. 9º A criança ou o adolescente será resguardado de qualquer contato, ainda que visual, com o suposto autor ou acusado, ou com outra pessoa que represente ameaça, coação ou constrangimento.

Art. 10. A escuta especializada e o depoimento especial serão realizados em local apropriado e acolhedor, com infraestrutura e espaço físico que garantam a privacidade da criança ou do adolescente vítima ou testemunha de violência.

Art. 11. O depoimento especial reger-se-á por protocolos e, sempre que possível, será realizado uma única vez, em sede de produção antecipada de prova judicial, garantida a ampla defesa do investigado.

§ 1º O depoimento especial seguirá o rito cautelar de antecipação de prova:

I – quando a criança ou o adolescente tiver menos de 7 (sete) anos;

II – em caso de violência sexual.

§ 2º Não será admitida a tomada de novo depoimento especial, salvo quando justificada a sua imprescindibilidade pela autoridade competente e houver a concordância da vítima ou da testemunha, ou de seu representante legal.

Art. 12. O depoimento especial será colhido conforme o seguinte procedimento:

I – os profissionais especializados esclarecerão a criança ou o adolescente sobre a tomada do depoimento especial, informando-lhe os seus direitos e os procedimentos a serem adotados e planejando sua participação, sendo vedada a leitura da denúncia ou de outras peças processuais;

II – é assegurada à criança ou ao adolescente a livre narrativa sobre a situação de violência, podendo o profissional especializado intervir quando necessário, utilizando técnicas que permitam a elucidação dos fatos;

III – no curso do processo judicial, o depoimento especial será transmitido em tempo real para a sala de audiência, preservado o sigilo;

IV – findo o procedimento previsto no inciso II deste artigo, o juiz, após consultar o Ministério Público, o defensor e os assistentes técnicos, avaliará a pertinência de perguntas complementares, organizadas em bloco;

V – o profissional especializado poderá adaptar as perguntas à linguagem de melhor compreensão da criança ou do adolescente;

VI – o depoimento especial será gravado em áudio e vídeo.

§ 1º À vítima ou testemunha de violência é garantido o direito de prestar depoimento diretamente ao juiz, se assim o entender.

§ 2º O juiz tomará todas as medidas apropriadas para a preservação da intimidade e da privacidade da vítima ou testemunha.

§ 3º O profissional especializado comunicará ao juiz se verificar que a presença, na sala de audiência, do autor da violência pode prejudicar o depoimento especial ou colocar o depoente em situação de risco, caso em que, fazendo constar em termo, será autorizado o afastamento do imputado.

§ 4º Nas hipóteses em que houver risco à vida ou à integridade física da vítima ou testemunha, o juiz tomará as medidas de proteção cabíveis, inclusive a restrição do disposto nos incisos III e VI deste artigo.

§ 5º As condições de preservação e de segurança da mídia relativa ao depoimento da criança ou do adolescente serão objeto de regulamentação, de forma a garantir o direito à intimidade e à privacidade da vítima ou testemunha.

§ 6º O depoimento especial tramitará em segredo de justiça.

TÍTULO IV – DA INTEGRAÇÃO DAS POLÍTICAS DE ATENDIMENTO

CAPÍTULO I

DISPOSIÇÕES GERAIS

Art. 13. Qualquer pessoa que tenha conhecimento ou presencie ação ou omissão, praticada em local público ou privado, que constitua violência contra criança ou adolescente tem o dever de comunicar o fato imediatamente ao serviço de recebimento e monitoramento de denúncias, ao conselho tutelar ou à autoridade policial, os quais, por sua vez, cientificarão imediatamente o Ministério Público.

Parágrafo único. A União, os Estados, o Distrito Federal e os Municípios poderão promover, periodicamente, campanhas de conscientização da sociedade, promovendo a identificação das violações de direitos e garantias de crianças e adolescentes e a divulgação dos serviços de proteção e dos fluxos de atendimento, como forma de evitar a violência institucional.

Art. 14. As políticas implementadas nos sistemas de justiça, segurança pública, assistência social, educação e saúde deverão adotar ações articuladas, coordenadas e efetivas voltadas ao acolhimento e ao atendimento integral às vítimas de violência.

§ 1º As ações de que trata o *caput* observarão as seguintes diretrizes:

I – abrangência e integralidade, devendo comportar avaliação e atenção de todas as necessidades da vítima decorrentes da ofensa sofrida;

II – capacitação interdisciplinar continuada, preferencialmente conjunta, dos profissionais;

III – estabelecimento de mecanismos de informação, referência, contrarreferência e monitoramento;

IV – planejamento coordenado do atendimento e do acompanhamento, respeitadas as especificidades da vítima ou testemunha e de suas famílias;

V – celeridade do atendimento, que deve ser realizado imediatamente – ou tão logo quanto possível – após a revelação da violência;

VI – priorização do atendimento em razão da idade ou de eventual prejuízo ao desenvolvimento psicossocial, garantida a intervenção preventiva;

VII – mínima intervenção dos profissionais envolvidos; e

VIII – monitoramento e avaliação periódica das políticas de atendimento.

§ 2º Nos casos de violência sexual, cabe ao responsável da rede de proteção garantir a urgência e a celeridade necessárias ao atendimento de saúde e à produção probatória, preservada a confidencialidade.

Art. 15. A União, os Estados, o Distrito Federal e os Municípios poderão criar serviços de atendimento, de ouvidoria ou de resposta, pelos meios de comunicação disponíveis, integrados às redes de proteção, para receber denúncias de violações de direitos de crianças e adolescentes.

Parágrafo único. As denúncias recebidas serão encaminhadas:

I – à autoridade policial do local dos fatos, para apuração;

II – ao conselho tutelar, para aplicação de medidas de proteção; e

III – ao Ministério Público, nos casos que forem de sua atribuição específica.

Art. 16. O poder público poderá criar programas, serviços ou equipamentos que proporcionem atenção e atendimento integral e interinstitucional às crianças e adolescentes vítimas ou testemunhas de violência, compostos por equipes multidisciplinares especializadas.

Parágrafo único. Os programas, serviços ou equipamentos públicos poderão contar com delegacias especializadas, serviços de saúde, perícia médico-legal, serviços socioassistenciais, varas especializadas, Ministério Público e Defensoria Pública, entre outros possíveis de integração, e deverão estabelecer parcerias em caso de indisponibilidade de serviços de atendimento.

CAPÍTULO II
DA SAÚDE

Art. 17. A União, os Estados, o Distrito Federal e os Municípios poderão criar, no âmbito do Sistema Único de Saúde (SUS), serviços para atenção integral à criança e ao adolescente em situação de violência, de forma a garantir o atendimento acolhedor.

Art. 18. A coleta, guarda provisória e preservação de material com vestígios de violência serão realizadas pelo Instituto Médico Legal (IML) ou por serviço credenciado do sistema de saúde mais próximo, que entregará o material para perícia imediata, observado o disposto no art. 5º desta Lei.

CAPÍTULO III
DA ASSISTÊNCIA SOCIAL

Art. 19. A União, os Estados, o Distrito Federal e os Municípios poderão estabelecer, no âmbito do Sistema Único de Assistência Social (Suas), os seguintes procedimentos:

I – elaboração de plano individual e familiar de atendimento, valorizando a participação da criança e do adolescente e, sempre que possível, a preservação dos vínculos familiares;

II – atenção à vulnerabilidade indireta dos demais membros da família decorrente da situação de violência, e solicitação, quando necessário, aos órgãos competentes, de inclusão da vítima ou testemunha e de suas famílias nas políticas, programas e serviços existentes;

III – avaliação e atenção às situações de intimidação, ameaça, constrangimento ou discriminação decorrentes da vitimização, inclusive durante o trâmite do processo judicial, as quais deverão ser comunicadas imediatamente à autoridade judicial para tomada de providências; e

IV – representação ao Ministério Público, nos casos de falta de responsável legal com capacidade protetiva em razão da situação de violência, para colocação da criança ou do adolescente sob os cuidados da família extensa, de família substituta ou de serviço de acolhimento familiar ou, em sua falta, institucional.

CAPÍTULO IV
DA SEGURANÇA PÚBLICA

Art. 20. O poder público poderá criar delegacias especializadas no atendimento de crianças e adolescentes vítimas de violência.

§ 1º Na elaboração de suas propostas orçamentárias, as unidades da Federação alocarão recursos para manutenção de equipes multidisciplinares destinadas a assessorar as delegacias especializadas.

§ 2º Até a criação do órgão previsto no *caput* deste artigo, a vítima será encaminhada prioritariamente a delegacia especializada em temas de direitos humanos.

§ 3º A tomada de depoimento especial da criança ou do adolescente vítima ou testemunha de violência observará o disposto no art. 14 desta Lei.

Art. 21. Constatado que a criança ou o adolescente está em risco, a autoridade policial requisitará à autoridade judicial responsável, em qualquer momento dos procedimentos de investigação e responsabilização dos suspeitos, as medidas de proteção pertinentes, entre as quais:

I – evitar o contato direto da criança ou do adolescente vítima ou testemunha de violência com o suposto autor da violência;

II – solicitar o afastamento cautelar do investigado da residência ou local de convivência, em se tratando de pessoa que tenha contato com a criança ou o adolescente;

III – requerer a prisão preventiva do investigado, quando houver suficientes indícios de ameaça à criança ou adolescente vítima ou testemunha de violência;

IV – solicitar aos órgãos socioassistenciais a inclusão da vítima e de sua família nos atendimentos a que têm direito;

V – requerer a inclusão da criança ou do adolescente em programa de proteção a vítimas ou testemunhas ameaçadas; e

VI – representar ao Ministério Público para que proponha ação cautelar de antecipação de prova, resguardados os pressupostos legais e as garantias previstas no art. 5º desta Lei, sempre que a demora possa causar prejuízo ao desenvolvimento da criança ou do adolescente.

Art. 22. Os órgãos policiais envolvidos envidarão esforços investigativos para que o depoimento especial não seja o único meio de prova para o julgamento do réu.

CAPÍTULO V
DA JUSTIÇA

Art. 23. Os órgãos responsáveis pela organização judiciária poderão criar juizados ou varas especializadas em crimes contra a criança e o adolescente.

Parágrafo único. Até a implementação do disposto no *caput* deste artigo, o julgamento e a execução das causas decorrentes das práticas de violência ficarão, preferencialmente, a cargo dos juizados ou varas especializadas em violência doméstica e temas afins.

TÍTULO V – DOS CRIMES

Art. 24. Violar sigilo processual, permitindo que depoimento de criança ou adolescente seja assistido por pessoa estranha ao processo, sem autorização judicial e sem o consentimento do depoente ou de seu representante legal.

Pena – reclusão, de 1 (um) a 4 (quatro) anos, e multa.

TÍTULO VI – DISPOSIÇÕES FINAIS E TRANSITÓRIAS

Art. 25. O art. 208 da Lei nº 8.069, de 13 de julho de 1990 (Estatuto da Criança e do Adolescente), passa a vigorar acrescido do seguinte inciso XI:

► Alterações inseridas no texto da referida Lei.

Art. 26. Cabe ao poder público, no prazo máximo de 60 (sessenta) dias contado da entrada em vigor desta Lei, emanar atos normativos necessários à sua efetividade.

Art. 27. Cabe aos Estados, ao Distrito Federal e aos Municípios, no prazo máximo de 180 (cento e oitenta) dias contado da entrada em vigor desta Lei, estabelecer normas sobre o sistema de garantia de direitos da criança e do adolescente vítima ou testemunha de violência, no âmbito das respectivas competências.

Art. 28. Revoga-se o art. 248 da Lei nº 8.069, de 13 de julho de 1990 (Estatuto da Criança e do Adolescente).

Art. 29. Esta Lei entra em vigor após decorrido 1 (um) ano de sua publicação oficial.

Brasília, 4 de abril de 2017;
196º da Independência e
129º da República.

Michel Temer

DECRETO Nº 9.039, DE 27 DE ABRIL DE 2017

Promulga a Convenção sobre a Obtenção de Provas no Estrangeiro em Matéria Civil ou Comercial, firmada em Haia, em 18 de março de 1970.

► Publicado no *DOU* de 28-4-2017.

O PRESIDENTE DA REPÚBLICA, no uso da atribuição que lhe confere o art. 84, *caput*, inciso IV, da Constituição,

Considerando que a República Federativa do Brasil aderiu à Convenção sobre a Obtenção de Provas no Estrangeiro em Matéria Civil ou Comercial, em Haia, em 18 de março de 1970;

Considerando que o Congresso Nacional aprovou a Convenção, por meio do Decreto Legislativo nº 137, de 19 de fevereiro de 2013, com reserva ao parágrafo 2º do art. 4º e ao Capítulo II, nos termos do art. 33, e com as declarações previstas nos art. 8º e art. 23;

Considerando que a República Federativa do Brasil depositou, junto ao Ministério dos Negócios Estrangeiros dos Países Baixos, em 9 de abril de 2014 com reserva ao parágrafo 2º do art. 4º e ao Capítulo II, nos termos do art. 33, e com as declarações previstas nos art. 8º e art. 23; e

Considerando que a Convenção entrou em vigor para a República Federativa do Brasil, no plano jurídico externo, em 8 de junho de 2014;

DECRETA:

Art. 1º Fica promulgada a Convenção sobre a Obtenção de Provas no Estrangeiro em Matéria Civil ou Comercial, firmada em Haia, em 18 de março de 1970, com reserva ao parágrafo 2º do art. 4º e ao Capítulo II, nos termos do art. 33, e com as declarações previstas nos art. 8º e art. 23, anexa a este Decreto.

Art. 2º São sujeitos à aprovação do Congresso Nacional atos que possam resultar em revisão da Convenção e ajustes complementares que acarretem encargos ou compromissos gravosos ao patrimônio nacional, nos termos do inciso I do *caput* do art. 49 da Constituição.

Art. 3º Este Decreto entra em vigor na data de sua publicação.

Brasília, 27 de abril de 2017;
196º da Independência e
129º da República.

Michel Temer

CONVENÇÃO SOBRE A OBTENÇÃO DE PROVAS NO ESTRANGEIRO EM MATÉRIA CIVIL OU COMERCIAL

(Firmada em 18 de março de 1970)

(Em vigor desde 7 de outubro de 1972)

Os Estados Signatários da presente Convenção,

Desejando facilitar a transmissão e o cumprimento de Cartas Rogatórias e promover a harmonização dos diversos métodos por eles utilizados para tais fins;

Desejando tornar mais eficiente a cooperação judiciária mútua em matéria civil ou comercial;

Decidiram firmar uma Convenção e concordaram com as seguintes disposições:

CAPÍTULO I

CARTAS ROGATÓRIAS

Artigo 1º

Em matéria civil ou comercial, uma autoridade judiciária de um Estado Contratante pode, de acordo com as disposições de sua legislação, requerer por Carta Rogatória à autoridade competente de um outro Estado Contratante a obtenção de provas ou a prática de qualquer outro ato judicial.

Cartas Rogatórias não serão utilizadas para obter meios de prova que não sejam destinados a ser utilizados em processo judicial já iniciado ou que se pretenda iniciar.

A expressão "outro ato judicial" não diz respeito à citação, intimação ou notificação de documentos judiciais nem à entrega de processos pelos quais são executadas decisões ou determinações judiciais, nem às medidas provisórias ou de salvaguarda.

Artigo 2º

Cada Estado Contratante designará uma Autoridade Central que se encarregará de receber as Cartas Rogatórias procedentes de uma autoridade judiciária de outro Estado Contratante e de transmiti-las à autoridade competente para cumprimento. A Autoridade Central é organizada de acordo com a legislação prevista por cada Estado.

As Cartas Rogatórias serão remetidas à Autoridade Central do Estado requerido, sem intervenção de qualquer outra autoridade deste Estado.

Artigo 3º

A Carta Rogatória especificará:

a) a autoridade requerente e, se for do conhecimento da autoridade requerente, a autoridade requerida;

b) o nome e o endereço das partes e de seus representantes, se houver algum;

c) a natureza do processo para o qual as provas são requeridas, fornecendo todas as informações necessárias para esse fim;

d) as provas a serem obtidas ou outros documentos judiciais a serem cumpridos.

Quando apropriado, a Carta Rogatória conterá, *inter alia*:

e) o nome e o endereço das pessoas a serem ouvidas;

f) as perguntas a serem feitas às pessoas a serem ouvidas ou os fatos sobre os quais elas devem ser ouvidas;

g) os documentos ou outros bens, móveis e imóveis, a serem examinados;

h) o pedido de receber o depoimento sob juramento ou compromisso e qualquer formalidade especial a ser utilizada;

i) as formalidades especiais a serem seguidas, conforme previsto no artigo 9º.

A Carta Rogatória fornecerá também as informações necessárias à aplicação do artigo 11.

Não poderá ser exigida a legalização da Carta Rogatória ou qualquer outra formalidade análoga.

Artigo 4º

A Carta Rogatória será redigida no idioma da autoridade requerida ou acompanhada de uma tradução para esse idioma.

Entretanto, os Estados Contratantes aceitarão as Cartas Rogatórias redigidas em inglês ou francês, ou traduzidas para um desses idiomas, a não ser que tenham feito a ressalva permitida pelo artigo 33.

Os Estados Contratantes que tenham mais de um idioma oficial e não possam, segundo sua legislação interna, aceitar Cartas Rogatórias em um desses idiomas para a totalidade de seu território, especificarão, por meio de uma declaração, o idioma no qual as cartas ou as suas traduções serão redigidas para execução em determinadas partes de seu território. Em caso de inobservância, sem motivos justificáveis, da obrigação decorrente daquela declaração, os custos da tradução para o idioma exigido ficarão a cargo do Estado de origem.

Os Estados Contratantes poderão, por meio de declaração, especificar outro idioma ou outros idiomas, diferentes dos previstos nos parágrafos precedentes, nos quais as Cartas Rogatórias possam ser dirigidas à sua Autoridade Central.

As traduções anexas às Cartas Rogatórias serão reconhecidas como corretas nos dois Estados, quer por representante diplomático ou consular, quer por tradutor juramentado ou por pessoa com autorização para tal.

Artigo 5º

Caso a Autoridade Central considere que as disposições da presente Convenção não foram respeitadas, informará imediatamente à autoridade do Estado requerente que transmitiu a Carta Rogatória, expondo os motivos de sua objeção à Carta.

Artigo 6º

Se a Carta Rogatória tiver sido transmitida a uma autoridade que não possua competência para cumpri-la, esta deverá enviá-la imediatamente à autoridade judiciária competente do mesmo Estado para que seja cumprida de acordo com sua legislação.

Artigo 7º

A autoridade requerente será informada, se assim o desejar, da data e do local em que ocorrerão os procedimentos, para que as partes interessadas e seus representantes, se houver, possam estar presentes. Essa informação será enviada diretamente às partes ou a seus representantes, se a autoridade do Estado requerente assim o solicitar.

Artigo 8º

Qualquer Estado Contratante poderá declarar que autoridades judiciárias da autoridade requerente de um outro Estado Contratante poderão assistir ao cumprimento de uma Carta Rogatória. Poderá ser exigida autorização prévia da autoridade competente designada pelo Estado declarante.

Artigo 9º

A autoridade judiciária que cumprirá a Carta Rogatória aplicará a legislação de seu país no que diz respeito às formalidades a serem seguidas.

Entretanto, essa autoridade atenderá ao pedido da autoridade requerente de que se proceda de forma especial, a não ser que tal procedimento seja incompatível com a legislação do Estado requerido ou que sua execução não seja possível, quer em virtude da prática judiciária seguida, quer em virtude de dificuldades de ordem prática.

As Cartas Rogatórias serão cumpridas prontamente.

Artigo 10

No cumprimento de uma Carta Rogatória, a autoridade requerida utilizará os meios de coação apropriados e previstos por sua legislação para a execução de decisões proferidas por suas próprias autoridades ou de pedidos formulados por uma parte em processo interno.

Artigo 11

A Carta Rogatória não será cumprida caso a pessoa em causa invoque uma prerrogativa para que não deponha ou um impedimento legal que a impeça de depor, estabelecida de acordo com:

a) a lei do Estado requerido; ou

b) a lei do Estado requerente, quando a prerrogativa ou o impedimento tenham sido especificados na Carta Rogatória ou, a pedido da autoridade requerida, tenham sido, de outra forma, confirmados pela autoridade requerente.

Os Estados Contratantes poderão ainda declarar que reconhecem as prerrogativas e os impedimentos legais previstos na legislação de outros Estados, diferentes do Estado requerente e do Estado requerido, nos termos especificados em tal declaração.

Artigo 12

O cumprimento da Carta Rogatória só poderá ser recusado quando:

a) no Estado requerido o cumprimento não estiver no âmbito das atribuições do poder judiciário; ou

b) o Estado requerido considerá-lo prejudicial à sua soberania ou segurança.

O cumprimento não pode ser recusado pela única razão de a legislação do Estado requerido reivindicar uma competência judiciária exclusiva sobre o objeto do pedido ou não reconhecer o direito em que se baseia o pedido.

Artigo 13

Os documentos que indicam o cumprimento da Carta Rogatória serão transmitidos pela autoridade requerida à autoridade requerente pela mesma via utilizada por esta.

Quando a Carta Rogatória não for cumprida, no todo ou em parte, a autoridade requerente será imediatamente informada pela mesma via e ser-lhe-ão comunicadas as razões do não cumprimento.

Artigo 14

O cumprimento das Cartas Rogatórias não poderá dar lugar ao reembolso de taxas ou custas de qualquer natureza.

Entretanto, o Estado requerido tem o direito de exigir que o Estado requerente o reembolse dos honorários pagos a peritos e intérpretes e das custas ocasionadas pela aplicação de um procedimento especial solicitado pelo Estado requerente, conforme previsto no artigo 9º, parágrafo 2º.

A autoridade requerida, cuja lei obriga as próprias partes a recolher as provas e que não é capaz, por si só, de cumprir as Cartas Rogatórias, poderá designar uma pessoa habilitada para o cumprimento, após obter o consentimento da autoridade requerente. Ao procurar obter esse consentimento, a autoridade requerida indicará os custos aproximados que resultariam desse procedimento. Caso a autoridade requerente consinta, deverá reembolsar as despesas daí decorrentes. Na falta de consentimento, a autoridade requerente não será responsável pelos custos.

CAPÍTULO II

OBTENÇÃO DE PROVAS POR REPRESENTANTES DIPLOMÁTICOS, AGENTES CONSULARES OU COMISSÁRIOS

Artigo 15

Em matéria civil ou comercial, os representantes diplomáticos ou agentes consulares de um Estado Contratante poderão, sem coação, no território de um outro Estado Contratante e na área em que exercem suas funções, obter qualquer prova de cidadãos de um Estado que eles representam para auxiliar em processos instaurados neste Estado.

Os Estados Contratantes poderão declarar que tais provas poderão ser obtidas por um representante diplomático ou agente consular somente mediante autorização concedida pela autoridade competente designada pelo Estado declarante.

Artigo 16

Os representantes diplomáticos ou agentes consulares de um Estado Contratante poderão ainda obter, sem coação, no território de um outro Estado Contratante e na área em que exercem suas funções, qualquer prova de cidadãos do Estado em que exercem suas funções ou de um terceiro Estado, para auxiliar em processos instaurados no Estado que representam, se:

a) uma autoridade competente designada pelo Estado no qual exerce suas funções conceder sua autorização de forma geral ou em caso específico;

b) forem respeitadas as condições que a autoridade competente fixar na autorização.

Os Estados Contratantes poderão declarar que as provas previstas neste artigo poderão ser obtidas sem autorização prévia.

Artigo 17

Em matéria civil ou comercial, uma pessoa devidamente designada como comissário poderá obter, sem coação, no território de um Estado Contratante, provas para auxiliar um processo instaurado em outro Estado Contratante, se:

a) uma autoridade competente designada pelo Estado onde tem lugar a obtenção das provas conceder sua autorização de forma geral ou em caso específico; e

b) o comissário respeitar as condições que a referida autoridade designada estabelecer na autorização.

Os Estados Contratantes poderão declarar que as provas previstas neste artigo poderão ser obtidas sem autorização prévia.

Artigo 18

Os Estados Contratantes poderão declarar que os representantes diplomáticos, agentes consulares ou comissários autorizados a recolher provas, de acordo com os artigos 15, 16 ou 17, têm autonomia para se dirigir às autoridades competentes por eles designadas para obter a assistência necessária ao recolhimento, com coação, de tais provas. As declarações poderão impor as condições que os Estados declarantes julguem convenientes.

Se a autoridade competente deferir o pedido, utilizará as medidas de coação apropriadas e previstas por sua legislação para procedimentos internos.

Artigo 19

A autoridade competente, ao conceder a autorização prevista nos artigos 15, 16 ou 17 ou ao deferir o requerimento mencionado no artigo 18, poderá indicar as condições que julgar adequadas, como no que diz respeito à data, hora e lugar da obtenção de provas. Do mesmo modo, poderá exigir que lhe sejam previamente notificados, com razoável antecedência, a data, a hora e o lugar acima referidos. Em tal caso, um representante da autoridade ficará autorizado a estar presente na obtenção das provas.

Artigo 20

Quando da obtenção das provas conforme previsto nos artigos deste Capítulo, as pessoas interessadas poderão ser representadas legalmente.

Artigo 21

Quando um representante diplomático, agente consular ou comissário for autorizado a obter provas, conforme previsto nos artigos 15, 16 ou 17:

a) poderá recolher qualquer tipo de prova que não for incompatível com a legislação do Estado onde as provas são recolhidas ou que não contrariar a autorização concedida nos termos dos artigos supracitados e obter, nas mesmas condições, um depoimento sob juramento ou simples compromisso;

b) salvo se a pessoa convocada a comparecer ou fornecer provas for cidadã do Estado onde o processo aguarda julgamento, a convocação para comparecer ou fornecer provas será redigida no idioma do lugar em que a prova deva ser recolhida ou será acompanhada de uma tradução para esse idioma;

c) a convocação indicará que a pessoa em questão poderá ser representada de acordo com a lei e, nos Estados que não tenham apresentado a declaração prevista no artigo 18, que não é obrigada a comparecer nem a apresentar provas;

d) as provas poderão ser recolhidas da forma prevista pela legislação do Estado no qual corre o processo desde que elas não sejam proibidas pela legislação do Estado onde são recolhidas;

e) a pessoa convocada a fornecer provas poderá invocar as prerrogativas e os impedimentos legais previstos no artigo 11.

Artigo 22

Caso o recolhimento de provas não seja realizado conforme previsto no presente Capítulo, em virtude de uma pessoa se recusar a fornecê-las, será possível remeter posteriormente uma Carta Rogatória para o mesmo fim, de acordo com as disposições do Capítulo I.

CAPÍTULO III

DISPOSIÇÕES GERAIS

Artigo 23

Os Estados Contratantes podem, no momento da assinatura, ratificação ou adesão, declarar que não cumprirão as Cartas Rogatórias que tenham sido emitidas com o propósito de obterem o que é conhecido, nos países de Common Law, pela designação de "*pre-trial discovery of documents*".

Artigo 24

Um Estado Contratante pode designar, além da Autoridade Central, outras autoridades cuja competência determinará. Entretanto, as Cartas Rogatórias poderão ser sempre transmitidas à Autoridade Central.

Os Estados Federais poderão designar mais de uma Autoridade Central.

Artigo 25

Os Estados Contratantes nos quais mais de um sistema jurídico esteja em vigor poderão designar as autoridades de um desses sistemas, que terão competência exclusiva para o cumprimento das Cartas Rogatórias, conforme disposto na presente Convenção.

Artigo 26

Qualquer Estado Contratante, se obrigado por razões de limitações de ordem constitucional, poderá solicitar ao Estado requerente que o reembolse das despesas resultantes do cumprimento de Cartas Rogatórias quando se referirem à citação, intimação ou notificação para comparecimento de pessoa para a obtenção de provas, à ajuda de custo devida à pessoa que prestar depoimento e aos custos relativos à transcrição de tais provas.

Quando um Estado recorrer às disposições do parágrafo precedente, qualquer outro Estado poderá solicitar-lhe o reembolso de despesas semelhantes.

Artigo 27

As disposições da presente Convenção não impedirão que um Estado Contratante:

a) declare que possam ser transmitidas Cartas Rogatórias às suas autoridades judiciárias por outras vias que não sejam as previstas no artigo 2º;

b) permita, nos termos de sua legislação ou práticas internas, que quaisquer atos decorrentes da aplicação da presente Convenção sejam realizados em condições menos restritivas;

c) permita, nos termos de sua legislação ou práticas internas, métodos de obtenção de provas diferentes dos previstos na presente Convenção.

Artigo 28

A presente Convenção não impedirá que dois ou mais Estados Contratantes convenham em derrogar:

a) as disposições do artigo 2º, no que diz respeito aos métodos de transmissão das Cartas Rogatórias;

b) as disposições do artigo 4º, no que diz respeito ao emprego dos idiomas;

c) as disposições do artigo 8º, no que diz respeito à presença de autoridades judiciárias no cumprimento das Cartas Rogatórias;

d) as disposições do artigo 11, no que diz respeito às prerrogativas para não depor e aos impedimentos para depor;

e) as disposições do artigo 13, no que diz respeito aos métodos de devolução das Cartas Rogatórias cumpridas à autoridade requerente;

f) as disposições do artigo 14, no que diz respeito ao pagamento de custos;

g) as disposições do Capítulo II.

Artigo 29

A presente Convenção substituirá, nas relações entre os Estados que a tenham ratificado, os artigos 8º a 16, das Convenções relativas ao Processo Civil, assinadas na Haia, respectivamente em 17 de julho de 1905 e em 1º de março de 1954, caso os referidos Estados sejam partes de uma ou de ambas as Convenções.

Artigo 30

A presente Convenção em nada afetará a aplicação do artigo 23 da Convenção de 1905 ou do artigo 24 da Convenção de 1954.

Artigo 31

Os acordos adicionais às Convenções de 1905 e 1954, firmados pelos Estados Contratantes, serão considerados igualmente aplicáveis à presente Convenção, a menos que os Estados interessados convenham de outro modo.

Artigo 32

Sem prejuízo da aplicação dos artigos 29 e 31, a presente Convenção não derroga as convenções de que os Estados Contratantes sejam ou venham a ser partes e que contenham disposições sobre as matérias regidas pela presente Convenção.

Artigo 33

Os Estados Contratantes, no momento da assinatura da ratificação ou da adesão, têm autonomia para excluir, no todo ou em parte, a aplicação das disposições do parágrafo 2º do artigo 4º, bem como do Capítulo II. Nenhuma outra reserva será permitida.

Os Estados Contratantes poderão, a qualquer momento, retirar uma reserva que tenham feito. O efeito da reserva cessará sessenta dias após a notificação de sua retirada.

Quando um Estado tenha feito uma reserva, qualquer outro Estado afetado por ela poderá aplicar a mesma regra em relação ao Estado que a adotou.

Artigo 34

Os Estados poderão, a qualquer momento, retirar ou modificar uma declaração.

Artigo 35

Os Estados Contratantes indicarão ao Ministério dos Negócios Estrangeiros dos Países Baixos, quer no momento do depósito de seu instrumento de ratificação ou adesão, quer posteriormente, as autoridades previstas nos artigos 2º, 8º, 24 e 25.

Os Estados Contratantes deverão, do mesmo modo, caso necessário, informar o Ministério sobre:

a) a designação das autoridades às quais os representantes diplomáticos ou agentes consulares deverão dirigir-se para prestar informação, solicitar permissão ou obtenção de provas, nos termos do disposto nos artigos 15, 16 e 18, respectivamente;

b) a designação das autoridades que poderão conceder aos comissários a autorização para a obtenção de provas, nos termos do disposto no artigo 17 ou a assistência prevista no artigo 18;

c) as declarações mencionadas nos artigos 4º, 8º, 11, 15, 16, 17, 18, 23 e 27;

d) a retirada ou a modificação das designações e declarações acima mencionadas;

e) a retirada das reservas.

Artigo 36

As dificuldades que possam surgir entre os Estados Contratantes por motivo da aplicação da presente Convenção serão solucionadas pela via diplomática.

Artigo 37

A presente Convenção fica aberta à assinatura dos Estados representados na 11ª Sessão da Conferência da Haia de Direito Internacional Privado.

Será ratificada e os instrumentos de ratificação serão depositados no Ministério dos Negócios Estrangeiros dos Países Baixos.

Artigo 38

A presente Convenção entrará em vigor no sexagésimo dia após o depósito do terceiro instrumento de ratificação previsto no artigo 37, parágrafo 2º.

A Convenção entrará em vigor, para cada Estado signatário que a tenha ratificado posteriormente, no sexagésimo dia após o depósito do respectivo instrumento de ratificação.

Artigo 39

Os Estados não representados na 11ª Sessão da Conferência da Haia de Direito Internacional Privado que sejam membros da Conferência ou da Organização das Nações Unidas ou de um órgão especial desta, ou que sejam parte do Estatuto do Tribunal Internacional de Justiça poderão aderir à presente Convenção após sua entrada em vigor, nos termos do artigo 38, parágrafo 1º.

O instrumento de adesão será depositado no Ministério dos Negócios Estrangeiros dos Países Baixos.

A Convenção entrará em vigor, para o Estado aderente, sessenta dias após o depósito de seu instrumento de adesão.

A adesão só produzirá efeitos nas relações entre o Estado aderente e os Estados Contratantes que declararem aceitar essa adesão. A declaração será depositada no Ministério dos Negócios Estrangeiros dos Países Baixos, que enviará, pela via diplomática, uma cópia certificada a cada um dos Estados Contratantes.

A Convenção entrará em vigor entre o Estado aderente e o Estado que declarar aceitar essa adesão sessenta dias após o depósito da declaração de aceitação.

Artigo 40

Qualquer Estado, no momento da assinatura, da ratificação ou da adesão, poderá declarar que a presente Convenção se aplicará ao conjunto dos territórios por si representados no plano internacional, ou a um ou mais deles. Essa declaração terá efeito a partir do momento da entrada em vigor da Convenção para o Estado em questão.

Posteriormente, a qualquer momento, as extensões dessa natureza serão notificadas ao Ministério dos Negócios Estrangeiros dos Países Baixos.

A Convenção entrará em vigor, nos territórios abrangidos por tal extensão, no sexagésimo dia após a notificação mencionada no parágrafo precedente.

Artigo 41

A presente Convenção terá a duração de cinco anos a contar da data de sua entrada em vigor nos termos do artigo 38, parágrafo 1º, mesmo para os Estados que tiverem ratificado ou que a ela tiverem aderido posteriormente.

A Convenção será tacitamente renovada de cinco em cinco anos, salvo denúncia.

A denúncia será notificada ao Ministério dos Negócios Estrangeiros dos Países Baixos, pelo menos seis meses antes do final do período de cinco anos.

A denúncia poderá limitar-se a alguns dos territórios aos quais a Convenção se aplica.

A denúncia só produzirá efeito relativamente ao Estado que a tiver notificado. A Convenção continuará em vigor para os demais Estados contratantes.

Artigo 42

O Ministério dos Negócios Estrangeiros dos Países Baixos notificará, aos Estados referidos no artigo 37, bem como aos Estados que tiverem aderido nos termos do artigo 39, sobre:

a) as assinaturas e ratificações mencionadas no artigo 37;

b) a data na qual a presente Convenção entrará em vigor, conforme o disposto no artigo 38, parágrafo 1º;

c) as adesões previstas no artigo 39 e as datas a partir das quais produzirão seus efeitos;

d) as extensões previstas no artigo 40 e as datas a partir das quais produzirão seus efeitos;

e) as designações, reservas e declarações mencionadas nos artigos 33 e 35;

f) as denúncias previstas no artigo 41, parágrafo 3º.

Em fé do que, os abaixo assinados, devidamente autorizados, firmaram a presente Convenção.

Concluída na Haia, em 18 de março de 1970, em inglês e francês, tendo os dois textos igual fé, em um único exemplar, que será depositado nos arquivos do Governo dos Países Baixos e do qual será remetida, por via diplomática, uma cópia certificada a cada um dos Estados representados na 11ª Sessão da Conferência da Haia de Direito Internacional Privado.

LEI Nº 13.455, DE 26 DE JUNHO DE 2017

Dispõe sobre a diferenciação de preços de bens e serviços oferecidos ao público em função do prazo ou do instrumento de pagamento utilizado, e altera a Lei nº 10.962, de 11 de outubro de 2004.

► Publicada no *DOU* de 27-6-2017.

O PRESIDENTE DA REPÚBLICA

Faço saber que o Congresso Nacional decreta e eu sanciono a seguinte Lei:

Art. 1º Fica autorizada a diferenciação de preços de bens e serviços oferecidos ao público em função do prazo ou do instrumento de pagamento utilizado.

Parágrafo único. É nula a cláusula contratual, estabelecida no âmbito de arranjos de pagamento ou de outros acordos para prestação de serviço de pagamento, que proíba ou restrinja a diferenciação de preços facultada no *caput* deste artigo.

Art. 2º A Lei nº 10.962, de 11 de outubro de 2004, passa a vigorar acrescida do seguinte art. 5º-A:

► Alterações inseridas no texto da referida lei.

Art. 3º Esta Lei entra em vigor na data de sua publicação.

Brasília, 26 de junho de 2017;
196º da Independência e
129º da República.

Michel Temer

LEI Nº 13.465, DE 11 DE JULHO DE 2017

Dispõe sobre a regularização fundiária rural e urbana, sobre a liquidação de créditos concedidos aos assentados da reforma agrária e sobre a regularização fundiária no âmbito da Amazônia Legal; institui mecanismos para aprimorar a eficiência dos procedimentos de alienação de imóveis da União; altera as Leis nºs 8.629, de 25 de fevereiro de 1993, 13.001, de 20 de junho de 2014, 11.952, de 25 de junho de 2009, 13.340, de 28 de setembro de 2016, 8.666, de 21 de junho de 1993, 6.015, de 31 de dezembro de 1973, 12.512, de 14 de outubro de 2011, 10.406, de 10 de janeiro de 2002 (Código Civil), 13.105, de 16 de março de 2015 (Código de Processo Civil), 11.977, de 7 de julho de 2009, 9.514, de 20 de novembro de 1997, 11.124, de 16 de junho de 2005, 6.766, de 19 de dezembro de 1979, 10.257, de 10 de julho de 2001, 12.651, de 25 de maio de 2012, 13.240, de 30 de dezembro de 2015, 9.636, de 15 de maio de 1998,8.036, de 11 de maio de 1990, 13.139, de 26 de junho de 2015, 11.483, de 31 de maio de 2007, e a 12.712, de 30 de agosto de 2012, a Medida Provisória nº 2.220, de 4 de setembro de 2001, e os Decretos-Leis nºs 2.398, de 21 de dezembro de 1987, 1.876, de 15 de julho de 1981, 9.760, de 5 de setembro de 1946, e 3.365, de 21 de junho de 1941; revoga dispositivos da Lei Complementar nº 76, de 6 de julho de 1993, e da Lei nº 13.347, de 10 de outubro de 2016; e dá outras providências.

(EXCERTOS)

► Publicada em *DOU* de 12-7-2017, retificada em *DOU* de 6-9-2017.

Art. 1º Esta Lei dispõe sobre a regularização fundiária rural e urbana, sobre a liquidação de créditos concedidos aos assentados da reforma agrária e sobre a regularização fundiária no âmbito da Amazônia Legal; institui mecanismos para aprimorar a eficiência dos procedimentos de alienação de imóveis da União; e dá outras providências.

....

TÍTULO II – DA REGULARIZAÇÃO FUNDIÁRIA URBANA

CAPÍTULO I
DISPOSIÇÕES GERAIS

SEÇÃO I
DA REGULARIZAÇÃO FUNDIÁRIA URBANA

Art. 9º Ficam instituídas no território nacional normas gerais e procedimentos aplicáveis à Regularização Fundiária Urbana (REURB), a qual abrange medidas jurídicas, urbanísticas, ambientais e sociais destinadas à incorporação dos núcleos urbanos informais ao ordenamento territorial urbano e à titulação de seus ocupantes.

§ 1º Os poderes públicos formularão e desenvolverão no espaço urbano as políticas de suas competências de acordo com os princípios de sustentabilidade econômica, social e ambiental e ordenação territorial, buscando a ocupação do solo de maneira eficiente, combinando seu uso de forma funcional.

§ 2º A REURB promovida mediante legitimação fundiária somente poderá ser aplicada para os núcleos urbanos informais comprovadamente existentes, na forma desta Lei, até 22 de dezembro de 2016.

Art. 10. Constituem objetivos da REURB, a serem observados pela União, Estados, Distrito Federal e Municípios:

I – identificar os núcleos urbanos informais que devam ser regularizados, organizá-los e assegurar a prestação de serviços públicos aos seus ocupantes, de modo a melhorar as condições urbanísticas e ambientais em relação à situação de ocupação informal anterior;

II – criar unidades imobiliárias compatíveis com o ordenamento territorial urbano e constituir sobre elas direitos reais em favor dos seus ocupantes;

III – ampliar o acesso à terra urbanizada pela população de baixa renda, de modo a priorizar a permanência dos ocupantes nos próprios núcleos urbanos informais regularizados;

IV – promover a integração social e a geração de emprego e renda;

V – estimular a resolução extrajudicial de conflitos, em reforço à consensualidade e à cooperação entre Estado e sociedade;

VI – garantir o direito social à moradia digna e às condições de vida adequadas;

VII – garantir a efetivação da função social da propriedade;

VIII – ordenar o pleno desenvolvimento das funções sociais da cidade e garantir o bem-estar de seus habitantes;

IX – concretizar o princípio constitucional da eficiência na ocupação e no uso do solo;

X – prevenir e desestimular a formação de novos núcleos urbanos informais;

XI – conceder direitos reais, preferencialmente em nome da mulher;

XII – franquear participação dos interessados nas etapas do processo de regularização fundiária.

Art. 11. Para fins desta Lei, consideram-se:

I – núcleo urbano: assentamento humano, com uso e características urbanas, constituído por unidades imobiliárias de área inferior à fração mínima de parcelamento prevista na Lei nº 5.868, de 12 de dezembro de 1972, independentemente da propriedade do solo, ainda que situado em área qualificada ou inscrita como rural;

II – núcleo urbano informal: aquele clandestino, irregular ou no qual não foi possível realizar, por qualquer modo, a titulação de seus ocupantes, ainda que atendida a legislação vigente à época de sua implantação ou regularização;

III – núcleo urbano informal consolidado: aquele de difícil reversão, considerados o tempo da ocupação, a natureza das edificações, a localização das vias de circulação e a presença de equipamentos públicos, entre outras circunstâncias a serem avaliadas pelo Município;

IV – demarcação urbanística: procedimento destinado a identificar os imóveis públicos e privados abrangidos pelo núcleo urbano informal e a obter a anuência dos respectivos titulares de direitos inscritos na matrícula dos imóveis ocupados, culminando com averbação na matrícula destes imóveis da viabilidade da regularização fundiária, a ser promovida a critério do Município;

V – Certidão de Regularização Fundiária (CRF): documento expedido pelo Município ao final do procedimento da REURB, constituído do projeto de regularização fundiária aprovado, do termo de compromisso relativo a sua execução e, no caso da legitimação fundiária e da legitimação de posse, da listagem dos ocupantes do núcleo urbano informal regularizado, da devida qualificação destes e dos direitos reais que lhes foram conferidos;

VI – legitimação de posse: ato do poder público destinado a conferir título, por meio do qual fica reconhecida a posse de imóvel objeto da REURB, conversível em aquisição de direito real de propriedade na forma desta Lei, com a identificação de seus ocupantes, do tempo da ocupação e da natureza da posse;

VII – legitimação fundiária: mecanismo de reconhecimento da aquisição originária do direito real de propriedade sobre unidade imobiliária objeto da REURB;

VIII – ocupante: aquele que mantém poder de fato sobre lote ou fração ideal de terras públicas ou privadas em núcleos urbanos informais.

§ 1º Para fins da REURB, os Municípios poderão dispensar as exigências relativas ao percentual e às dimensões de áreas destinadas ao uso público ou ao tamanho dos lotes regularizados, assim como a outros parâmetros urbanísticos e edilícios.

§ 2º Constatada a existência de núcleo urbano informal situado, total ou parcialmente, em área de preservação permanente ou em área de unidade de conservação de uso sustentável ou de proteção de mananciais definidas pela União, Estados ou Municípios, a REURB observará, também, o disposto nos arts. 64 e 65 da Lei nº 12.651, de 25 de maio de 2012, hipótese na qual se torna obrigatória a elaboração de estudos técnicos, no âmbito da REURB, que justifiquem as melhorias ambientais em relação à situação de ocupação informal anterior, inclusive por meio de compensações ambientais, quando for o caso.

§ 3º No caso de a REURB abranger área de unidade de conservação de uso sustentável que, nos termos da Lei nº 9.985, de 18 de julho de 2000, admita regularização, será exigida também a anuência do órgão gestor da unidade, desde que estudo técnico comprove que essas intervenções de regularização fundiária implicam a melhoria das condições ambientais em relação à situação de ocupação informal anterior.

§ 4º Na REURB cuja ocupação tenha ocorrido às margens de reservatórios artificiais de água destinados à geração de energia ou ao abastecimento público, a faixa da área de preservação permanente consistirá na distância entre o nível máximo operativo normal e a cota máxima *maximorum*.

§ 5º Esta Lei não se aplica aos núcleos urbanos informais situados em áreas indispensáveis à segurança nacional ou de interesse da defesa, assim reconhecidas em decreto do Poder Executivo federal.

§ 6º Aplicam-se as disposições desta Lei aos imóveis localizados em área rural, desde que a unidade imobiliária tenha área inferior à fração mínima de parcelamento prevista na Lei nº 5.868, de 12 de dezembro de 1972.

Art. 12. A aprovação municipal da REURB corresponde à aprovação urbanística do projeto de regularização fundiária e, na hipótese de o Município ter órgão ambiental capacitado, à aprovação ambiental.

► *Caput* com a redação dada pela Lei nº 14.118, de 12-1-2021.

§ 1º Considera-se órgão ambiental capacitado o órgão municipal que possua em seus quadros ou à sua disposição profissionais com atribuição técnica para a análise e a aprovação dos estudos referidos no art. 11, independentemente da existência de convênio com os Estados ou a União.

§ 2º Os estudos referidos no art. 11 deverão ser elaborados por profissional legalmente habilitado, compatibilizar-se com o projeto de regularização fundiária e conter, conforme o caso, os elementos constantes dos arts. 64 ou 65 da Lei nº 12.651, de 25 de maio de 2012.

§ 3º Os estudos técnicos referidos no art. 11 aplicam-se somente às parcelas dos núcleos urbanos informais situados nas áreas de preservação permanente, nas unidades de conservação de uso sustentável ou nas áreas de proteção de mananciais e poderão ser feitos em fases ou etapas, sendo que a parte do núcleo urbano informal não afetada por esses estudos poderá ter seu projeto aprovado e levado a registro separadamente.

§ 4º A aprovação ambiental da REURB prevista neste artigo poderá ser feita pelos Estados na hipótese de o Município não dispor de capacidade técnica para a aprovação dos estudos referidos no art. 11.

Art. 13. A REURB compreende duas modalidades:

I – REURB de Interesse Social (REURB-S) – regularização fundiária aplicável aos núcleos urbanos informais ocupados predominantemente por população de baixa renda, assim declarados em ato do Poder Executivo municipal; e

II – REURB de Interesse Específico (REURB-E) – regularização fundiária aplicável aos núcleos urbanos informais ocupados por população não qualificada na hipótese de que trata o inciso I deste artigo.

§ 1º Serão isentos de custas e emolumentos, entre outros, os seguintes atos registrais relacionados à REURB-S:

I – o primeiro registro da REURB-S, o qual confere direitos reais aos seus beneficiários;

II – o registro da legitimação fundiária;

III – o registro do título de legitimação de posse e a sua conversão em título de propriedade;

IV – o registro da CRF e do projeto de regularização fundiária, com abertura de matrícula para cada unidade imobiliária urbana regularizada;

V – a primeira averbação de construção residencial, desde que respeitado o limite de até setenta metros quadrados;

VI – a aquisição do primeiro direito real sobre unidade imobiliária derivada da REURB-S;

VII – o primeiro registro do direito real de laje no âmbito da REURB-S; e

VIII – o fornecimento de certidões de registro para os atos previstos neste artigo.

§ 2º Os atos de que trata este artigo independem da comprovação do pagamento de tributos ou penalidades tributárias, sendo vedado ao oficial de registro de imóveis exigir sua comprovação.

§ 3º O disposto nos §§ 1º e 2º deste artigo aplica-se também à REURB-S que tenha por objeto conjuntos habitacionais ou condomínios de interesse social construídos pelo poder público, diretamente ou por meio da administração pública indireta, que já se encontrem implantados em 22 de dezembro de 2016.

§ 4º Na REURB, os Municípios e o Distrito Federal poderão admitir o uso misto de atividades como forma de promover a integração social e a geração de emprego e renda no núcleo urbano informal regularizado.

§ 5º A classificação do interesse visa exclusivamente à identificação dos responsáveis pela implantação ou adequação das obras de infraestrutura essencial e ao reconhecimento do direito à gratuidade das custas e emolumentos notariais e registrais em favor daqueles a quem for atribuído o domínio das unidades imobiliárias regularizadas.

§ 6º Os cartórios que não cumprirem o disposto neste artigo, que retardarem ou não efetuarem o registro de acordo com as normas previstas nesta Lei, por ato não justificado, ficarão sujeitos às sanções previstas no art. 44 da Lei nº 11.977, de 7 de julho de 2009, observado o disposto nos §§ 3º-A e 3º-B do art. 30 da Lei nº 6.015, de 31 de dezembro de 1973.

§ 7º A partir da disponibilidade de equipamentos e infraestrutura para prestação de serviço público de abastecimento de água, coleta de esgoto, distribuição de energia elétrica, ou outros serviços públicos, é obrigatório aos beneficiários da REURB realizar a conexão da edificação à rede de água, de coleta de esgoto ou de distribuição de energia elétrica e adotar as demais providências necessárias à utilização do serviço, salvo disposição em contrário na legislação municipal.

Seção II
DOS LEGITIMADOS PARA REQUERER A REURB

Art. 14. Poderão requerer a REURB:

I – a União, os Estados, o Distrito Federal e os Municípios, diretamente ou por meio de entidades da administração pública indireta;

II – os seus beneficiários, individual ou coletivamente, diretamente ou por meio de cooperativas habitacionais, associações de moradores, fundações, organizações sociais, organizações da sociedade civil de interesse público ou outras associações civis que tenham por finalidade atividades nas áreas de desenvolvimento urbano ou regularização fundiária urbana;

III – os proprietários de imóveis ou de terrenos, loteadores ou incorporadores;

IV – a Defensoria Pública, em nome dos beneficiários hipossuficientes; e

V – o Ministério Público.

§ 1º Os legitimados poderão promover todos os atos necessários à regularização fundiária, inclusive requerer os atos de registro.

§ 2º Nos casos de parcelamento do solo, de conjunto habitacional ou de condomínio informal, empreendidos por particular, a conclusão da REURB confere direito de regresso àqueles que suportarem os seus custos e obrigações contra os responsáveis pela implantação dos núcleos urbanos informais.

§ 3º O requerimento de instauração da REURB por proprietários de terreno, loteadores e incorporadores que tenham dado causa à formação de núcleos urbanos informais, ou os seus sucessores, não os eximirá de responsabilidades administrativa, civil ou criminal.

CAPÍTULO II
DOS INSTRUMENTOS DA REURB

Seção I
DISPOSIÇÕES GERAIS

Art. 15. Poderão ser empregados, no âmbito da REURB, sem prejuízo de outros que se apresentem adequados, os seguintes institutos jurídicos:

I – a legitimação fundiária e a legitimação de posse, nos termos desta Lei;

II – a usucapião, nos termos dos arts. 1.238 a 1.244 da Lei nº 10.406, de 10 de janeiro de 2002 (Código Civil), dos arts. 9º a 14 da Lei nº 10.257, de 10 de julho de 2001, e do art. 216-A da Lei nº 6.015, de 31 de dezembro de 1973;

III – a desapropriação em favor dos possuidores, nos termos dos §§ 4º e 5º do art. 1.228 da Lei nº 10.406, de 10 de janeiro de 2002 (Código Civil);

IV – a arrecadação de bem vago, nos termos do art. 1.276 da Lei nº 10.406, de 10 de janeiro de 2002 (Código Civil);

V – o consórcio imobiliário, nos termos do art. 46 da Lei nº 10.257, de 10 de julho de 2001;

VI – a desapropriação por interesse social, nos termos do inciso IV do art. 2º da Lei nº 4.132, de 10 de setembro de 1962;

VII – o direito de preempção, nos termos do inciso I do art. 26 da Lei nº 10.257, de 10 de julho de 2001;

VIII – a transferência do direito de construir, nos termos do inciso III do art. 35 da Lei nº 10.257, de 10 de julho de 2001;

IX – a requisição, em caso de perigo público iminente, nos termos do § 3º do art. 1.228 da Lei nº 10.406, de 10 de janeiro de 2002 (Código Civil);

X – a intervenção do poder público em parcelamento clandestino ou irregular, nos termos do art. 40 da Lei nº 6.766, de 19 de dezembro de 1979;

XI – a alienação de imóvel pela administração pública diretamente para seu detentor, nos termos da alínea *f* do inciso I do art. 17 da Lei nº 8.666, de 21 de junho de 1993;

XII – a concessão de uso especial para fins de moradia;

XIII – a concessão de direito real de uso;

XIV – a doação; e

XV – a compra e venda.

Art. 16. Na REURB-E, promovida sobre bem público, havendo solução consensual, a aquisição de direitos reais pelo particular ficará condicionada ao pagamento do justo valor da unidade imobiliária regularizada, a ser apurado na forma estabelecida em ato do Poder Executivo titular do domínio, sem considerar o valor das acessões e benfeitorias do ocupante e a valorização decorrente da implantação dessas acessões e benfeitorias.

Parágrafo único. As áreas de propriedade do poder público registradas no Registro de Imóveis, que sejam objeto de ação judicial versando sobre a sua titularidade, poderão ser objeto da REURB, desde que celebrado acordo judicial ou extrajudicial, na forma desta Lei, homologado pelo juiz.

Art. 17. Na REURB-S promovida sobre bem público, o registro do projeto de regularização fundiária e a constituição de direito real em nome dos beneficiários poderão ser feitos em ato único, a critério do ente público promovente.

Parágrafo único. Nos casos previstos no *caput* deste artigo, serão encaminhados ao cartório o instrumento indicativo do direito real constituído, a listagem dos ocupantes que serão beneficiados pela REURB e respectivas qualificações, com indicação das respectivas unidades, ficando dispensadas a apresentação de título cartorial individualizado e as cópias da documentação referente à qualificação de cada beneficiário.

Art. 18. O Município e o Distrito Federal poderão instituir como instrumento de planejamento urbano Zonas Especiais de Interesse Social (ZEIS), no âmbito da política municipal de ordenamento de seu território.

§ 1º Para efeitos desta Lei, considera-se ZEIS a parcela de área urbana instituída pelo plano diretor ou definida por outra lei municipal, destinada preponderantemente à população de baixa renda e sujeita a regras específicas de parcelamento, uso e ocupação do solo.

§ 2º A REURB não está condicionada à existência de ZEIS.

Seção II
DA DEMARCAÇÃO URBANÍSTICA

Art. 19. O poder público poderá utilizar o procedimento de demarcação urbanística, com base no levantamento da situação da área a ser regularizada e na caracterização do núcleo urbano informal a ser regularizado.

§ 1º O auto de demarcação urbanística deve ser instruído com os seguintes documentos:

I – planta e memorial descritivo da área a ser regularizada, nos quais constem suas medidas perimetrais, área total, confrontantes, coordenadas georreferenciadas dos vértices definidores de seus limites, números das matrículas ou transcrições atingidas, indicação dos proprietários identificados e ocorrência de situações de domínio privado com proprietários não identificados em razão de descrições imprecisas dos registros anteriores;

II – planta de sobreposição do imóvel demarcado com a situação da área constante do registro de imóveis.

§ 2º O auto de demarcação urbanística poderá abranger uma parte ou a totalidade de um ou mais imóveis inseridos em uma ou mais das seguintes situações:

I – domínio privado com proprietários não identificados, em razão de descrições imprecisas dos registros anteriores;

II – domínio privado objeto do devido registro no registro de imóveis competente, ainda que de proprietários distintos; ou

III – domínio público.

§ 3º Os procedimentos da demarcação urbanística não constituem condição para o processamento e a efetivação da REURB.

Art. 20. O poder público notificará os titulares de domínio e os confrontantes da área demarcada, pessoalmente ou por via postal, com aviso de recebimento, no endereço que constar da matrícula ou da transcrição, para que estes, querendo, apresentem impugnação à demarcação urbanística, no prazo comum de trinta dias.

§ 1º Eventuais titulares de domínio ou confrontantes não identificados, ou não encontrados ou que recusarem o recebimento da notificação por via postal, serão notificados por edital, para que, querendo, apresentem impugnação à demarcação urbanística, no prazo comum de trinta dias.

§ 2º O edital de que trata o § 1º deste artigo conterá resumo do auto de demarcação urbanística, com a descrição que permita a identificação da área a ser demarcada e seu desenho simplificado.

§ 3º A ausência de manifestação dos indicados neste artigo será interpretada como concordância com a demarcação urbanística.

§ 4º Se houver impugnação apenas em relação à parcela da área objeto do auto de demarcação urbanística, é facultado ao poder público prosseguir com o procedimento em relação à parcela não impugnada.

§ 5º A critério do poder público municipal, as medidas de que trata este artigo poderão ser realizadas pelo registro de imóveis do local do núcleo urbano informal a ser regularizado.

§ 6º A notificação conterá a advertência de que a ausência de impugnação implicará a perda de eventual direito que o notificado titularize sobre o imóvel objeto da REURB.

Art. 21. Na hipótese de apresentação de impugnação, poderá ser adotado procedimento extrajudicial de composição de conflitos.

§ 1º Caso exista demanda judicial de que o impugnante seja parte e que verse sobre direitos reais ou possessórios relativos ao imóvel abrangido pela demarcação urbanística, deverá informá-la ao poder público, que comunicará ao juízo a existência do procedimento de que trata o *caput* deste artigo.

§ 2º Para subsidiar o procedimento de que trata o *caput* deste artigo, será feito um levantamento de eventuais passivos tributários, ambientais e administrativos associados aos imóveis objeto de impugnação, assim como das posses existentes, com vistas à identificação de casos de prescrição aquisitiva da propriedade.

§ 3º A mediação observará o disposto na Lei nº 13.140, de 26 de junho de 2015, facultando-se ao poder público promover a alteração do auto de demarcação urbanística ou adotar qualquer outra medida que possa afastar a oposição do proprietário ou dos confrontantes à regularização da área ocupada.

§ 4º Caso não se obtenha acordo na etapa de mediação, fica facultado o emprego da arbitragem.

Art. 22. Decorrido o prazo sem impugnação ou caso superada a oposição ao procedimento, o auto de demarcação urbanística será encaminhado ao registro de imóveis e averbado nas matrículas por ele alcançadas.

§ 1º A averbação informará:

I – a área total e o perímetro correspondente ao núcleo urbano informal a ser regularizado;

II – as matrículas alcançadas pelo auto de demarcação urbanística e, quando possível, a área abrangida em cada uma delas; e

III – a existência de áreas cuja origem não tenha sido identificada em razão de imprecisões dos registros anteriores.

§ 2º Na hipótese de o auto de demarcação urbanística incidir sobre imóveis ainda não matriculados, previamente à averbação, será aberta matrícula, que deverá refletir a situação registrada do imóvel, dispensadas a retificação do memorial descritivo e a apuração de área remanescente.

§ 3º Nos casos de registro anterior efetuado em outra circunscrição, para abertura da matrícula de que trata o § 2º deste artigo, o oficial requererá, de ofício, certidões atualizadas daquele registro.

§ 4º Na hipótese de a demarcação urbanística abranger imóveis situados em mais de uma circunscrição imobiliária, o oficial do registro de imóveis responsável pelo procedimento comunicará as demais circunscrições imobiliárias envolvidas para averbação da demarcação urbanística nas respectivas matrículas alcançadas.

§ 5º A demarcação urbanística será averbada ainda que a área abrangida pelo auto de demarcação urbanística supere a área disponível nos registros anteriores.

§ 6º Não se exigirá, para a averbação da demarcação urbanística, a retificação da área não abrangida pelo auto de demarcação urbanística, ficando a apuração de remanescente sob a responsabilidade do proprietário do imóvel atingido.

Seção III
DA LEGITIMAÇÃO FUNDIÁRIA

Art. 23. A legitimação fundiária constitui forma originária de aquisição do direito real de propriedade conferido por ato do poder público, exclusivamente no âmbito da REURB, àquele que detiver em área pública ou possuir em área privada, como sua, unidade imobiliária com destinação urbana, integrante de núcleo urbano informal consolidado existente em 22 de dezembro de 2016.

§ 1º Apenas na REURB-S, a legitimação fundiária será concedida ao beneficiário, desde que atendidas as seguintes condições:

I – o beneficiário não seja concessionário, foreiro ou proprietário exclusivo de imóvel urbano ou rural;

► Inciso I com a redação dada pela Lei nº 14.118, de 12-1-2021.

II – o beneficiário não tenha sido contemplado com legitimação de posse ou fundiária de imóvel urbano com a mesma finalidade, ainda que situado em núcleo urbano distinto; e

III – em caso de imóvel urbano com finalidade não residencial, seja reconhecido pelo poder público o interesse público de sua ocupação.

§ 2º Por meio da legitimação fundiária, em qualquer das modalidades da REURB, o ocupante adquire a unidade imobiliária com destinação urbana livre e desembaraçada de quaisquer ônus, direitos reais, gravames ou inscrições, eventualmente existentes em sua matrícula de origem, exceto quando disserem respeito ao próprio legitimado.

§ 3º Deverão ser transportadas as inscrições, as indisponibilidades ou os gravames existentes no registro da área maior originária para as matrículas das unidades imobiliárias que não houverem sido adquiridas por legitimação fundiária.

§ 4º Na REURB-S de imóveis públicos, a União, os Estados, o Distrito Federal e os Municípios, e as suas entidades vinculadas, quando titulares do domínio, ficam autorizados a reconhecer o direito de propriedade aos ocupantes do núcleo urbano informal regularizado por meio da legitimação fundiária.

§ 5º Nos casos previstos neste artigo, o poder público encaminhará a CRF para registro imediato da aquisição de propriedade, dispensados a apresentação de título individualizado e as cópias da documentação referente à qualificação do beneficiário, o projeto de regularização fundiária aprovado, a listagem dos ocupantes e sua devida qualificação e a identificação das áreas que ocupam.

§ 6º Poderá o poder público atribuir domínio adquirido por legitimação fundiária aos ocupantes que não tenham constado da listagem inicial, mediante cadastramento complementar, sem prejuízo dos direitos de quem haja constado na listagem inicial.

Art. 24. Nos casos de regularização fundiária urbana previstos na Lei nº 11.952, de 25 de junho de 2009, os Municípios poderão utilizar a legitimação fundiária e demais instrumentos previstos nesta Lei para conferir propriedade aos ocupantes.

Seção IV
DA LEGITIMAÇÃO DE POSSE

Art. 25. A legitimação de posse, instrumento de uso exclusivo para fins de regularização fundiária, constitui ato do poder público destinado a conferir título, por meio do qual fica reconhecida a posse de imóvel objeto da REURB, com a identificação de seus ocupantes, do tempo da ocupação e da natureza da posse, o qual é conversível em direito real de propriedade, na forma desta Lei.

§ 1º A legitimação de posse poderá ser transferida por causa mortis ou por ato inter vivos.

§ 2º A legitimação de posse não se aplica aos imóveis urbanos situados em área de titularidade do poder público.

Art. 26. Sem prejuízo dos direitos decorrentes do exercício da posse mansa e pacífica no tempo, aquele em cujo favor for expedido título de legitimação de posse, decorrido o prazo de cinco anos de seu registro, terá a conversão automática dele em título de propriedade, desde que atendidos os termos e as condições do art. 183 da Constituição Federal, independentemente de prévia provocação ou prática de ato registral.

§ 1º Nos casos não contemplados pelo art. 183 da Constituição Federal, o título de legitimação de posse poderá ser convertido em título de propriedade, desde que satisfeitos os requisitos de usucapião estabelecidos na legislação em vigor, a requerimento do interessado, perante o registro de imóveis competente.

§ 2º A legitimação de posse, após convertida em propriedade, constitui forma originária de aquisição de direito real, de modo que a unidade imobiliária com destinação urbana regularizada restará livre e desembaraçada de quaisquer ônus, direitos reais, gravames ou inscrições, eventualmente existentes em sua matrícula de origem, exceto quando disserem respeito ao próprio beneficiário.

Art. 27. O título de legitimação de posse poderá ser cancelado pelo poder público emitente quando constatado que as condições estipuladas nesta Lei deixaram de ser satisfeitas, sem que seja devida qualquer indenização àquele que irregularmente se beneficiou do instrumento.

CAPÍTULO III
DO PROCEDIMENTO ADMINISTRATIVO

Seção I
DISPOSIÇÕES GERAIS

Art. 28. A REURB obedecerá às seguintes fases:

I – requerimento dos legitimados;

II – processamento administrativo do requerimento, no qual será conferido prazo para manifestação dos titulares de direitos reais sobre o imóvel e dos confrontantes;

III – elaboração do projeto de regularização fundiária;

IV – saneamento do processo administrativo;

V – decisão da autoridade competente, mediante ato formal, ao qual se dará publicidade;

VI – expedição da CRF pelo Município; e

VII – registro da CRF e do projeto de regularização fundiária aprovado perante o oficial do cartório de registro de imóveis em que se situe a unidade imobiliária com destinação urbana regularizada.

Parágrafo único. Não impedirá a REURB, na forma estabelecida nesta Lei, a inexistência de lei municipal específica que trate de medidas ou posturas de interesse local aplicáveis a projetos de regularização fundiária urbana.

Art. 29. A fim de fomentar a efetiva implantação das medidas da REURB, os entes federativos poderão celebrar convênios ou outros instrumentos congêneres com o Ministério das Cidades, com vistas a cooperar para a fiel execução do disposto nesta Lei.

Art. 30. Compete aos Municípios nos quais estejam situados os núcleos urbanos informais a serem regularizados:

I – classificar, caso a caso, as modalidades da REURB;

II – processar, analisar e aprovar os projetos de regularização fundiária; e

III – emitir a CRF.

§ 1º Na REURB requerida pela União ou pelos Estados, a classificação prevista no inciso I do *caput* deste artigo será de responsabilidade do ente federativo instaurador.

§ 2º O Município deverá classificar e fixar, no prazo de até cento e oitenta dias, uma das modalidades da REURB ou indeferir, fundamentadamente, o requerimento.

§ 3º A inércia do Município implica a automática fixação da modalidade de classificação da REURB indicada pelo legitimado em seu requerimento, bem como o prosseguimento do procedimento administrativo da REURB, sem prejuízo de futura revisão dessa classificação pelo Município, mediante estudo técnico que a justifique.

Art. 31. Instaurada a REURB, o Município deverá proceder às buscas necessárias para determinar a titularidade do domínio dos imóveis onde está situado o núcleo urbano informal a ser regularizado.

§ 1º Tratando-se de imóveis públicos ou privados, caberá aos Municípios notificar os titulares de domínio, os responsáveis pela implantação do núcleo urbano informal, os confinantes e os terceiros eventualmente interessados, para, querendo, apresentar impugnação no prazo de trinta dias, contado da data de recebimento da notificação.

§ 2º Tratando-se de imóveis públicos municipais, o Município deverá notificar os confinantes e terceiros eventualmente interessados, para, querendo, apresentar impugnação no prazo de trinta dias, contado da data de recebimento da notificação.

§ 3º Na hipótese de apresentação de impugnação, será iniciado o procedimento extrajudicial de composição de conflitos de que trata esta Lei.

§ 4º A notificação do proprietário e dos confinantes será feita por via postal, com aviso de recebimento, no endereço que constar da matrícula ou da transcrição, considerando-se efetuada quando comprovada a entrega nesse endereço.

§ 5º A notificação da REURB também será feita por meio de publicação de edital, com prazo de trinta dias, do qual deverá constar, de forma resumida, a descrição da área a ser regularizada, nos seguintes casos:

I – quando o proprietário e os confinantes não forem encontrados; e

II – quando houver recusa da notificação por qualquer motivo.

§ 6º A ausência de manifestação dos indicados referidos nos §§ 1º e 4º deste artigo será interpretada como concordância com a REURB.

§ 7º Caso algum dos imóveis atingidos ou confinantes não esteja matriculado ou transcrito na serventia, o Distrito Federal ou os Municípios realizarão diligências perante as serventias anteriormente competentes, mediante apresentação da planta do perímetro regularizado, a fim de que a sua situação jurídica atual seja certificada, caso possível.

§ 8º O requerimento de instauração da REURB ou, na forma de regulamento, a manifestação de interesse nesse sentido por parte de qualquer dos legitimados garantem perante o poder público aos ocupantes dos núcleos urbanos informais situados em áreas públicas a serem regularizados a permanência em suas respectivas unidades imobiliárias, preservando-se as situações de fato já existentes, até o eventual arquivamento definitivo do procedimento.

§ 9º Fica dispensado o disposto neste artigo, caso adotados os procedimentos da demarcação urbanística.

Art. 32. A REURB será instaurada por decisão do Município, por meio de requerimento, por escrito, de um dos legitimados de que trata esta Lei.

Parágrafo único. Na hipótese de indeferimento do requerimento de instauração da REURB, a decisão do Município deverá indicar as medidas a serem adotadas, com vistas à reformulação e à reavaliação do requerimento, quando for o caso.

Art. 33. Instaurada a REURB, compete ao Município aprovar o projeto de regularização fundiária, do qual deverão constar as responsabilidades das partes envolvidas.

§ 1º A elaboração e o custeio do projeto de regularização fundiária e da implantação da infraestrutura essencial obedecerão aos seguintes procedimentos:

I – na REURB-S, caberá ao Município ou ao Distrito Federal a responsabilidade de elaborar e custear o projeto de regularização fundiária e a implantação da infraestrutura essencial, quando necessária;

a e b) Revogadas. ***Lei nº 14.118, de 12-1-2021.***

II – na REURB-E, a regularização fundiária será contratada e custeada por seus potenciais beneficiários ou requerentes privados;

III – na REURB-E sobre áreas públicas, se houver interesse público, o Município poderá proceder à elaboração e ao custeio do projeto de regularização fundiária e da implantação da infraestrutura essencial, com posterior cobrança aos seus beneficiários.

► Parágrafo único transformado em § 1º e com a redação dada pela Lei nº 14.118, de 12-1-2021.

§ 2º Na REURB-S, fica facultado aos legitimados promover, a suas expensas, os projetos e os demais documentos técnicos necessários à regularização de seu imóvel, inclusive as obras de infraestrutura essencial nos termos do § 1º do art. 36 desta Lei.

► § 2º acrescido pela Lei nº 14.118, de 12-1-2021.

Art. 34. Os Municípios poderão criar câmaras de prevenção e resolução administrativa de conflitos, no âmbito da administração local, inclusive mediante celebração de ajustes com os Tribunais de Justiça estaduais, as quais deterão competência para dirimir conflitos relacionados à REURB, mediante solução consensual.

§ 1º O modo de composição e funcionamento das câmaras de que trata o *caput* deste artigo será estabelecido em ato do Poder Executivo municipal e, na falta do ato, pelo disposto na Lei nº 13.140, de 26 de junho de 2015.

§ 2º Se houver consenso entre as partes, o acordo será reduzido a termo e constituirá condição para a conclusão da REURB, com consequente expedição da CRF.

§ 3º Os Municípios poderão instaurar, de ofício ou mediante provocação, procedimento de mediação coletiva de conflitos relacionados à REURB.

§ 4º A instauração de procedimento administrativo para a resolução consensual de conflitos no âmbito da REURB suspende a prescrição.

§ 5º Os Municípios e o Distrito Federal poderão, mediante a celebração de convênio, utilizar os Centros Judiciários de Solução de Conflitos e Cidadania ou as câmaras de mediação credenciadas nos Tribunais de Justiça.

Seção II
DO PROJETO DE REGULARIZAÇÃO FUNDIÁRIA

Art. 35. O projeto de regularização fundiária conterá, no mínimo:

I – levantamento planialtimétrico e cadastral, com georreferenciamento, subscrito por profissional competente, acompanhado de Anotação de Responsabilidade Técnica (ART) ou Registro de Responsabilidade Técnica (RRT), que demonstrará as unidades, as construções, o sistema viário, as áreas públicas, os acidentes geográficos e os demais elementos caracterizadores do núcleo a ser regularizado;

II – planta do perímetro do núcleo urbano informal com demonstração das matrículas ou transcrições atingidas, quando for possível;

III – estudo preliminar das desconformidades e da situação jurídica, urbanística e ambiental;

IV – projeto urbanístico;

V – memoriais descritivos;

VI – proposta de soluções para questões ambientais, urbanísticas e de reassentamento dos ocupantes, quando for o caso;

VII – estudo técnico para situação de risco, quando for o caso;

VIII – estudo técnico ambiental, para os fins previstos nesta Lei, quando for o caso;

IX – cronograma físico de serviços e implantação de obras de infraestrutura essencial, compensações urbanísticas, ambientais e outras, quando houver, definidas por ocasião da aprovação do projeto de regularização fundiária; e

X – termo de compromisso a ser assinado pelos responsáveis, públicos ou privados, pelo cumprimento do cronograma físico definido no inciso IX deste artigo.

Parágrafo único. O projeto de regularização fundiária deverá considerar as características da ocupação e da área ocupada para definir parâmetros urbanísticos e ambientais específicos, além de identificar os lotes, as vias de circulação e as áreas destinadas a uso público, quando for o caso.

Art. 36. O projeto urbanístico de regularização fundiária deverá conter, no mínimo, indicação:

I – das áreas ocupadas, do sistema viário e das unidades imobiliárias, existentes ou projetadas;

II – das unidades imobiliárias a serem regularizadas, suas características, área, confrontações, localização, nome do logradouro e número de sua designação cadastral, se houver;

III – quando for o caso, das quadras e suas subdivisões em lotes ou as frações ideais vinculadas à unidade regularizada;

IV – dos logradouros, espaços livres, áreas destinadas a edifícios públicos e outros equipamentos urbanos, quando houver;

V – de eventuais áreas já usucapidas;

VI – das medidas de adequação para correção das desconformidades, quando necessárias;

VII – das medidas de adequação da mobilidade, acessibilidade, infraestrutura e relocação de edificações, quando necessárias;

VIII – das obras de infraestrutura essencial, quando necessárias;

IX – de outros requisitos que sejam definidos pelo Município.

§ 1º Para fins desta Lei, considera-se infraestrutura essencial os seguintes equipamentos:

I – sistema de abastecimento de água potável, coletivo ou individual;

II – sistema de coleta e tratamento do esgotamento sanitário, coletivo ou individual;

III – rede de energia elétrica domiciliar;

IV – soluções de drenagem, quando necessário; e

V – outros equipamentos a serem definidos pelos Municípios em função das necessidades locais e características regionais.

§ 2º A REURB pode ser implementada por etapas, abrangendo o núcleo urbano informal de forma total ou parcial.

§ 3º As obras de implantação de infraestrutura essencial, de equipamentos comunitários e de melhoria habitacional, bem como sua manutenção, podem ser realizadas antes, durante ou após a conclusão da REURB.

§ 4º O Município definirá os requisitos para elaboração do projeto de regularização, no que se refere aos desenhos, ao memorial descritivo e ao cronograma físico de obras e serviços a serem realizados, se for o caso.

§ 5º A planta e o memorial descritivo deverão ser assinados por profissional legalmente habilitado, dispensada a apresentação de Anotação de Responsabilidade Técnica (ART) no Conselho Regional de Engenharia e Agronomia (Crea) ou de Registro de Responsabilidade Técnica (RRT) no Conselho de Arquitetura e Urbanismo (CAU), quando o responsável técnico for servidor ou empregado público.

Art. 37. Na REURB-S, caberá ao poder público competente, diretamente ou por meio da administração pública indireta, implementar a infraestrutura essencial, os equipamentos comunitários e as melhorias habitacionais previstos nos projetos de regularização, assim como arcar com os ônus de sua manutenção.

Art. 38. Na REURB-E, o Distrito Federal ou os Municípios deverão definir, por ocasião da aprovação dos projetos de regularização fundiária, nos limites da legislação de regência, os responsáveis pela:

I – implantação dos sistemas viários;

II – implantação da infraestrutura essencial e dos equipamentos públicos ou comunitários, quando for o caso; e

III – implementação das medidas de mitigação e compensação urbanística e ambiental, e dos estudos técnicos, quando for o caso.

§ 1º As responsabilidades de que trata o *caput* deste artigo poderão ser atribuídas aos beneficiários da REURB-E.

§ 2º Os responsáveis pela adoção de medidas de mitigação e compensação urbanística e ambiental deverão celebrar termo de compromisso com as autoridades competentes como condição de aprovação da REURB-E.

Art. 39. Para que seja aprovada a REURB de núcleos urbanos informais, ou de parcela deles, situados em áreas de riscos geotécnicos, de inundações ou de outros riscos especificados em lei, estudos técnicos deverão ser realizados, a fim de examinar a possibilidade de eliminação, de correção ou de administração de riscos na parcela por eles afetada.

§ 1º Na hipótese do *caput* deste artigo, é condição indispensável à aprovação da REURB a implantação das medidas indicadas nos estudos técnicos realizados.

§ 2º Na REURB-S que envolva áreas de riscos que não comportem eliminação, correção ou administração, os Municípios deverão proceder à realocação dos ocupantes do núcleo urbano informal a ser regularizado.

Seção III
DA CONCLUSÃO DA REURB

Art. 40. O pronunciamento da autoridade competente que decidir o processamento administrativo da REURB deverá:

I – indicar as intervenções a serem executadas, se for o caso, conforme o projeto de regularização fundiária aprovado;

II – aprovar o projeto de regularização fundiária resultante do processo de regularização fundiária; e

III – identificar e declarar os ocupantes de cada unidade imobiliária com destinação urbana regularizada, e os respectivos direitos reais.

Art. 41. A Certidão de Regularização Fundiária (CRF) é o ato administrativo de aprovação da regularização que deverá acompanhar o projeto aprovado e deverá conter, no mínimo:

I – o nome do núcleo urbano regularizado;

II – a localização;

III – a modalidade da regularização;

IV – as responsabilidades das obras e serviços constantes do cronograma;

V – a indicação numérica de cada unidade regularizada, quando houver;

VI – a listagem com nomes dos ocupantes que houverem adquirido a respectiva unidade, por título de legitimação fundiária ou mediante ato único de registro, bem como o estado civil, a profissão, o número de inscrição no cadastro das pessoas físicas do Ministério da Fazenda e do registro geral da cédula de identidade e a filiação.

CAPÍTULO IV
DO REGISTRO DA REGULARIZAÇÃO FUNDIÁRIA

Art. 42. O registro da CRF e do projeto de regularização fundiária aprovado será requerido diretamente ao oficial do cartório de registro de imóveis da situação do imóvel e será efetivado independentemente de determinação judicial ou do Ministério Público.

Parágrafo único. Em caso de recusa do registro, o oficial do cartório do registro de imóveis expedirá nota devolutiva fundamentada, na qual indicará os motivos da recusa e formulará exigências nos termos desta Lei.

Art. 43. Na hipótese de a REURB abranger imóveis situados em mais de uma circunscrição imobiliária, o procedimento será efetuado perante cada um dos oficiais dos cartórios de registro de imóveis.

Parágrafo único. Quando os imóveis regularizados estiverem situados na divisa das circunscrições imobiliárias, as novas matrículas das unidades imobiliárias serão de competência do oficial do cartório de registro de imóveis em cuja circunscrição estiver situada a maior porção da unidade imobiliária regularizada.

Art. 44. Recebida a CRF, cumprirá ao oficial do cartório de registro de imóveis prenotá-la, autuá-la, instaurar o procedimento registral e, no prazo de quinze dias, emitir a respectiva nota de exigência ou praticar os atos tendentes ao registro.

§ 1º O registro do projeto REURB aprovado importa em:

I – abertura de nova matrícula, quando for o caso;

II – abertura de matrículas individualizadas para os lotes e áreas públicas resultantes do projeto de regularização aprovado; e

III – registro dos direitos reais indicados na CRF junto às matrículas dos respectivos lotes, dispensada a apresentação de título individualizado.

§ 2º Quando o núcleo urbano regularizado abranger mais de uma matrícula, o oficial do registro de imóveis abrirá nova matrícula para a área objeto de regularização, conforme previsto no inciso I do § 1º deste artigo, destacando a área abrangida na matrícula de origem, dispensada a apuração de remanescentes.

§ 3º O registro da CRF dispensa a comprovação do pagamento de tributos ou penalidades tributárias de responsabilidade dos legitimados.

§ 4º O registro da CRF aprovado independe de averbação prévia do cancelamento do cadastro de imóvel rural no Instituto Nacional de Colonização e Reforma Agrária (INCRA).

§ 5º O procedimento registral deverá ser concluído no prazo de sessenta dias, prorrogável por até igual período, mediante justificativa fundamentada do oficial do cartório de registro de imóveis.

§ 6º O oficial de registro fica dispensado de providenciar a notificação dos titulares de domínio, dos confinantes e de terceiros eventualmente interessados, uma vez cumprido esse rito pelo Município, conforme o disposto no art. 31 desta Lei.

§ 7º O oficial do cartório de registro de imóveis, após o registro da CRF, notificará o INCRA, o Ministério do Meio Ambiente e a Secretaria da Receita Federal do Brasil para que esses órgãos cancelem, parcial ou totalmente, os respectivos registros existentes no Cadastro Ambiental Rural (CAR) e nos demais cadastros relacionados a imóvel rural, relativamente às unidades imobiliárias regularizadas.

Art. 45. Quando se tratar de imóvel sujeito a regime de condomínio geral a ser dividido em lotes com indicação, na matrícula, da área deferida a cada condômino, o Município poderá indicar, de forma individual ou coletiva, as unidades imobiliárias correspondentes às frações ideais registradas, sob sua exclusiva responsabilidade, para a especialização das áreas registradas em comum.

Parágrafo único. Na hipótese de a informação prevista no *caput* deste artigo não constar do projeto de regularização fundiária aprovado pelo Município, as novas matrículas das unidades imobiliárias serão abertas mediante requerimento de especialização formulado pelos legitimados de que trata esta Lei, dispensada a outorga de escritura pública para indicação da quadra e do lote.

Art. 46. Para atendimento ao princípio da especialidade, o oficial do cartório de registro de imóveis adotará o memorial descritivo da gleba apresentado com o projeto de regularização fundiária e deverá averbá-lo na matrícula existente, anteriormente ao registro do projeto, independentemente de provocação, retificação, notificação, unificação ou apuração de disponibilidade ou remanescente.

§ 1º Se houver dúvida quanto à extensão da gleba matriculada, em razão da precariedade da descrição tabular, o oficial do cartório de registro de imóveis abrirá nova matrícula para a área destacada e averbará o referido destaque na matrícula matriz.

§ 2º As notificações serão emitidas de forma simplificada, indicando os dados de identificação do núcleo urbano a ser regularizado, sem a anexação de plantas, projetos, memoriais ou outros documentos, convidando o notificado a comparecer à sede da serventia para tomar conhecimento da CRF com a advertência de que o não comparecimento e a não apresentação de impugnação, no prazo legal, importará em anuência ao registro.

§ 3º Na hipótese de o projeto de regularização fundiária não envolver a integralidade do imóvel matriculado, o registro será feito com base na planta e no memorial descritivo referentes à área objeto de regularização e o destaque na matrícula da área total deverá ser averbado.

Art. 47. Os padrões dos memoriais descritivos, das plantas e das demais representações gráficas, inclusive as escalas adotadas e outros detalhes técnicos, seguirão as diretrizes estabelecidas pela autoridade municipal ou distrital competente, as quais serão consideradas atendidas com a emissão da CRF.

Parágrafo único. Não serão exigidos reconhecimentos de firma nos documentos que compõem a CRF ou o termo individual de legitimação fundiária quando apresentados pela União, Estados, Distrito Federal, Municípios ou entes da administração indireta.

Art. 48. O registro da CRF produzirá efeito de instituição e especificação de condomínio, quando for o caso, regido pelas disposições legais específicas, hipótese em que fica facultada aos condôminos a aprovação de convenção condominial.

Art. 49. O registro da CRF será feito em todas as matrículas atingidas pelo projeto de regularização fundiária aprovado, devendo ser informadas, quando possível, as parcelas correspondentes a cada matrícula.

Art. 50. Nas matrículas abertas para cada parcela, deverão constar dos campos referentes ao registro anterior e ao proprietário:

I – quando for possível, a identificação exata da origem da parcela matriculada, por meio de planta de sobreposição do parcelamento com os registros existentes, a matrícula anterior e o nome de seu proprietário;

II – quando não for possível identificar a exata origem da parcela matriculada, todas as matrículas anteriores atingidas pela REURB e a expressão "proprietário não identificado", dispensando-se nesse caso os requisitos dos itens 4 e 5 do inciso II do art. 167 da Lei nº 6.015, de 31 de dezembro de 1973.

Art. 51. Qualificada a CRF e não havendo exigências nem impedimentos, o oficial do cartório de registro de imóveis efetuará o seu registro na matrícula dos imóveis cujas áreas tenham sido atingidas, total ou parcialmente.

Parágrafo único. Não identificadas as transcrições ou as matrículas da área regularizada, o oficial do cartório de registro abrirá matrícula com a descrição do perímetro do núcleo urbano informal que constar da CRF e nela efetuará o registro.

Art. 52. Registrada a CRF, será aberta matrícula para cada uma das unidades imobiliárias regularizadas.

Parágrafo único. Para os atuais ocupantes das unidades imobiliárias objeto da REURB, os compromissos de compra e venda, as cessões e as promessas de cessão valerão como título hábil para a aquisição da propriedade, quando acompanhados da prova de quitação das obrigações do adquirente, e serão registrados nas matrículas das unidades imobiliárias correspondentes, resultantes da regularização fundiária.

Art. 53. Com o registro da CRF, serão incorporados automaticamente ao patrimônio público as vias públicas, as áreas destinadas ao uso comum do povo, os prédios públicos e os equipamentos urbanos, na forma indicada no projeto de regularização fundiária aprovado.

Parágrafo único. A requerimento do Município, o oficial de registro de imóveis abrirá matrícula para as áreas que tenham ingressado no domínio público.

Art. 54. As unidades desocupadas e não comercializadas alcançadas pela REURB terão as suas matrículas abertas em nome do titular originário do domínio da área.

Parágrafo único. As unidades não edificadas que tenham sido comercializadas a qualquer título terão suas matrículas abertas em nome do adquirente, conforme procedimento previsto nos arts. 84 e 98 desta Lei.

► Parágrafo único com a redação dada pela Lei nº 14.118, de 12-1-2021.

....

CAPÍTULO VII

DOS CONJUNTOS HABITACIONAIS

Art. 59. Serão regularizados como conjuntos habitacionais os núcleos urbanos informais que tenham sido constituídos para a alienação de unidades já edificadas pelo próprio empreendedor, público ou privado.

§ 1º Os conjuntos habitacionais podem ser constituídos de parcelamento do solo com unidades edificadas isoladas, parcelamento do solo com edificações em condomínio, condomínios horizontais ou verticais, ou ambas as modalidades de parcelamento e condomínio.

§ 2º As unidades resultantes da regularização de conjuntos habitacionais serão atribuídas aos ocupantes reconhecidos, salvo quando o ente público promotor do programa habitacional demonstrar que, durante o processo de regularização fundiária, há obrigações pendentes, caso em que as unidades imobiliárias regularizadas serão a ele atribuídas.

Art. 60. Para a aprovação e registro dos conjuntos habitacionais que compõem a REURB ficam dispensadas a apresentação do habite-se e, no caso de REURB-S, as respectivas certidões negativas de tributos e contribuições previdenciárias.

CAPÍTULO VIII
DO CONDOMÍNIO URBANO SIMPLES

Art. 61. Quando um mesmo imóvel contiver construções de casas ou cômodos, poderá ser instituído, inclusive para fins de REURB, condomínio urbano simples, respeitados os parâmetros urbanísticos locais, e serão discriminadas, na matrícula, a parte do terreno ocupada pelas edificações, as partes de utilização exclusiva e as áreas que constituem passagem para as vias públicas ou para as unidades entre si.

Parágrafo único. O condomínio urbano simples será regido por esta Lei, aplicando-se, no que couber, o disposto na legislação civil, tal como os arts. 1.331 a 1.358 da Lei nº 10.406, de 10 de janeiro de 2002 (Código Civil).

Art. 62. A instituição do condomínio urbano simples será registrada na matrícula do respectivo imóvel, na qual deverão ser identificadas as partes comuns ao nível do solo, as partes comuns internas à edificação, se houver, e as respectivas unidades autônomas, dispensada a apresentação de convenção de condomínio.

§ 1º Após o registro da instituição do condomínio urbano simples, deverá ser aberta uma matrícula para cada unidade autônoma, à qual caberá, como parte inseparável, uma fração ideal do solo e das outras partes comuns, se houver, representada na forma de percentual.

§ 2º As unidades autônomas constituídas em matrícula própria poderão ser alienadas e gravadas livremente por seus titulares.

§ 3º Nenhuma unidade autônoma poderá ser privada de acesso ao logradouro público.

§ 4º A gestão das partes comuns será feita de comum acordo entre os condôminos, podendo ser formalizada por meio de instrumento particular.

Art. 63. No caso da REURB-S, a averbação das edificações poderá ser efetivada a partir de mera notícia, a requerimento do interessado, da qual constem a área construída e o número da unidade imobiliária, dispensada a apresentação de habite-se e de certidões negativas de tributos e contribuições previdenciárias.

CAPÍTULO IX
DA ARRECADAÇÃO DE IMÓVEIS ABANDONADOS

Art. 64. Os imóveis urbanos privados abandonados cujos proprietários não possuam a intenção de conservá-los em seu patrimônio ficam sujeitos à arrecadação pelo Município ou pelo Distrito Federal na condição de bem vago.

§ 1º A intenção referida no *caput* deste artigo será presumida quando o proprietário, cessados os atos de posse sobre o imóvel, não adimplir os ônus fiscais instituídos sobre a propriedade predial e territorial urbana, por cinco anos.

§ 2º O procedimento de arrecadação de imóveis urbanos abandonados obedecerá ao disposto em ato do Poder Executivo municipal ou distrital e observará, no mínimo:

I – abertura de processo administrativo para tratar da arrecadação;

II – comprovação do tempo de abandono e de inadimplência fiscal;

III – notificação ao titular do domínio para, querendo, apresentar impugnação no prazo de trinta dias, contado da data de recebimento da notificação.

§ 3º A ausência de manifestação do titular do domínio será interpretada como concordância com a arrecadação.

§ 4º Respeitado o procedimento de arrecadação, o Município poderá realizar, diretamente ou por meio de terceiros, os investimentos necessários para que o imóvel urbano arrecadado atinja prontamente os objetivos sociais a que se destina.

§ 5º Na hipótese de o proprietário reivindicar a posse do imóvel declarado abandonado, no transcorrer do triênio a que alude o art. 1.276 da Lei nº 10.406, de 10 de janeiro de 2002 (Código Civil), fica assegurado ao Poder Executivo municipal ou distrital o direito ao ressarcimento prévio, e em valor atualizado, de todas as despesas em que eventualmente houver incorrido, inclusive tributárias, em razão do exercício da posse provisória.

Art. 65. Os imóveis arrecadados pelos Municípios ou pelo Distrito Federal poderão ser destinados aos programas habitacionais, à prestação de serviços públicos, ao fomento da REURB-S ou serão objeto de concessão de direito real de uso a entidades civis que comprovadamente tenham fins filantrópicos, assistenciais, educativos, esportivos ou outros, no interesse do Município ou do Distrito Federal.

....

CAPÍTULO XI
DISPOSIÇÕES FINAIS E TRANSITÓRIAS

Art. 68. Ao Distrito Federal são atribuídas as competências, os direitos e as responsabilidades reservadas aos Estados e aos Municípios, na forma desta Lei.

Art. 69. As glebas parceladas para fins urbanos anteriormente a 19 de dezembro de 1979, que não possuírem registro, poderão ter a sua situação jurídica regularizada mediante o registro do parcelamento, desde que esteja implantado e integrado à cidade, podendo, para tanto, utilizar-se dos instrumentos previstos nesta Lei.

§ 1º O interessado requererá ao oficial do cartório de registro de imóveis a efetivação do registro do parcelamento, munido dos seguintes documentos:

I – planta da área em regularização assinada pelo interessado responsável pela regularização e por profissional legalmente habilitado, acompanhada da Anotação de Responsabilidade Técnica (ART) no Conselho Regional de Engenharia e Agronomia (Crea) ou de Registro de Responsabilidade Técnica (RRT) no Conselho de Arquitetura e Urbanismo (CAU), contendo o perímetro da área a ser regularizada e as subdivisões das quadras, lotes e áreas públicas, com as dimensões e numeração dos lotes, logradouros, espaços livres e outras áreas com destinação específica, se for o caso, dispensada a ART ou o RRT quando o responsável técnico for servidor ou empregado público;

II – descrição técnica do perímetro da área a ser regularizada, dos lotes, das áreas públicas e de outras áreas com destinação específica, quando for o caso;

III – documento expedido pelo Município, atestando que o parcelamento foi implantado antes de 19 de dezembro de 1979 e que está integrado à cidade.

§ 2º A apresentação da documentação prevista no § 1º deste artigo dispensa a apresentação do projeto de regularização fundiária, de estudo técnico ambiental, de CRF ou de quaisquer outras manifestações, aprovações, licenças ou alvarás emitidos pelos órgãos públicos.

Art. 70. As disposições da Lei nº 6.766, de 19 de dezembro de 1979, não se aplicam à REURB, exceto quanto ao disposto nos arts. 37, 38, 39, no *caput* e nos §§ 1º, 2º, 3º e 4º do art. 40 e nos arts. 41, 42, 44, 47, 48, 49, 50, 51 e 52 da referida Lei.

Art. 71. Para fins da REURB, ficam dispensadas a desafetação e as exigências previstas no inciso I do *caput* do art. 17 da Lei nº 8.666, de 21 de junho de 1993.

....

Art. 73. Devem os Estados criar e regulamentar fundos específicos destinados à compensação, total ou parcial, dos custos referentes aos atos registrais da REURB-S previstos nesta Lei.

Parágrafo único. Para que os fundos estaduais acessem os recursos do Fundo Nacional de Habitação de Interesse Social (FNHIS), criado pela Lei nº 11.124, de 16 de junho de 2005, deverão firmar termo de adesão, na forma a ser regulamentada pelo Poder Executivo federal.

Art. 74. Serão regularizadas, na forma desta Lei, as ocupações que incidam sobre áreas objeto de demanda judicial que versem sobre direitos reais de garantia ou constrições judiciais, bloqueios e indisponibilidades, ressalvada a hipótese de decisão judicial específica que impeça a análise, aprovação e registro do projeto de regularização fundiária urbana.

Art. 75. As normas e os procedimentos estabelecidos nesta Lei poderão ser aplicados aos processos administrativos de regularização fundiária iniciados pelos entes públicos competentes até a data de publicação desta Lei, sendo regidos, a critério deles, pelos arts. 288-A a 288-G da Lei nº 6.015, de 31 de dezembro de 1973, e pelos arts. 46 a 71-A da Lei nº 11.977, de 7 de julho de 2009.

Art. 76. O Sistema de Registro Eletrônico de Imóveis (SREI) será implementado e operado, em âmbito nacional, pelo Operador Nacional do Sistema de Registro Eletrônico de Imóveis (ONR).

§ 1º O procedimento administrativo e os atos de registro decorrentes da REURB serão feitos preferencialmente por meio eletrônico, na forma dos arts. 37 a 41 da Lei nº 11.977, de 7 de julho de 2009.

§ 2º O ONR será organizado como pessoa jurídica de direito privado, sem fins lucrativos.

§ 3º VETADO.

§ 4º Caberá à Corregedoria Nacional de Justiça do Conselho Nacional de Justiça exercer a função de agente regulador do ONR e zelar pelo cumprimento de seu estatuto.

§ 5º As unidades do serviço de registro de imóveis dos Estados e do Distrito Federal integram o SREI e ficam vinculadas ao ONR.

§ 6º Os serviços eletrônicos serão disponibilizados, sem ônus, ao Poder Judiciário, ao Poder Executivo federal, ao Ministério Público, aos entes públicos previstos nos regimentos de custas e emolumentos dos Estados e do Distrito Federal, e aos órgãos encarregados de investigações criminais, fiscalização tributária e recuperação de ativos.

§ 7º A administração pública federal acessará as informações do SREI por meio do Sistema Nacional de Gestão de Informações Territoriais (Sinter), na forma de regulamento.

§ 8º VETADO.

§ 9º Fica criado o fundo para a implementação e custeio do SREI, que será gerido pelo ONR e subvencionado pelas unidades do serviço de registro de imóveis dos Estados e do Distrito Federal referidas no § 5º deste artigo.

§ 10. Caberá ao agente regulador do ONR disciplinar a instituição da receita do fundo para a implementação e o custeio do registro eletrônico de imóveis, estabelecer as cotas de participação das unidades de registro de imóveis do País, fiscalizar o recolhimento e supervisionar a aplicação dos recursos e as despesas do gestor, sem prejuízo da fiscalização ordinária e própria como for prevista nos estatutos.

► §§ 9º e 10 acrescidos pela Lei nº 14.118, de 12-1-2021.

....

TÍTULO III – DOS PROCEDIMENTOS DE AVALIAÇÃO E ALIENAÇÃO DE IMÓVEIS DA UNIÃO

Art. 83. Os procedimentos para a REURB promovida em áreas de domínio da União serão regulamentados em ato específico da Secretaria do Patrimônio da União (SPU), sem prejuízo da eventual adoção de procedimentos e instrumentos previstos para a REURB.

Art. 84. Os imóveis da União objeto da REURB-E que forem objeto de processo de parcelamento reconhecido pela autoridade pública poderão ser, no todo ou em parte, vendidos diretamente aos seus ocupantes, dispensados os procedimentos exigidos pela Lei nº 8.666, de 21 de junho de 1993.

§ 1º A venda aplica-se unicamente aos imóveis ocupados até 22 de dezembro de 2016, exigindo-se que o usuário seja regularmente inscrito e esteja em dia com suas obrigações para com a Secretaria do Patrimônio da União (SPU).

§ 2º A venda direta de que trata este artigo somente poderá ser concedida para, no máximo, dois imóveis, um residencial e um não residencial, regularmente cadastrados em nome do beneficiário na Secretaria do Patrimônio da União (SPU).

§ 3º A venda direta de que trata este artigo deverá obedecer à Lei nº 9.514, de 20 de novembro de 1997, ficando a União com a propriedade fiduciária dos bens alienados até a quitação integral, na forma dos §§ 4º e 5º deste artigo.

§ 4º Para ocupantes com renda familiar situada entre cinco e dez salários mínimos, a aquisição poderá ser realizada à vista ou em até duzentas e quarenta parcelas mensais e consecutivas, mediante sinal de, no mínimo, 5% (cinco por cento) do valor da avaliação, e o valor da parcela mensal não poderá ser inferior ao valor equivalente ao devido pelo usuário a título de taxa de foro ou ocupação, quando requerido pelo interessado.

§ 5º Para ocupantes com renda familiar acima de dez salários mínimos, a aquisição poderá ser realizada à vista ou em até cento e vinte parcelas mensais e consecutivas, mediante um sinal de, no mínimo, 10% (dez por cento) do valor da avaliação, e o valor da parcela mensal não poderá ser inferior ao valor equivalente ao devido pelo usuário a título de taxa de foro ou ocupação, quando requerido pelo interessado.

§ 6º A regulamentação do disposto neste artigo será efetuada pela Secretaria do Patrimônio da União (SPU) no prazo de doze meses contado da data de publicação desta Lei.

Art. 85. O preço de venda será fixado com base no valor de mercado do imóvel, segundo os critérios de avaliação previstos no art. 11-C da Lei nº 9.636, de 15 de maio de 1998, excluídas as acessões e as benfeitorias realizadas pelo ocupante.

§ 1º O prazo de validade da avaliação a que se refere o *caput* deste artigo será de, no máximo, doze meses.

§ 2º Nos casos de condomínio edilício privado, as áreas comuns, excluídas suas benfeitorias, serão adicionadas na fração ideal da unidade privativa correspondente.

Art. 86. As pessoas físicas de baixa renda que, por qualquer título, utilizem regularmente imóvel da União, inclusive imóveis provenientes de entidades federais extintas, para fins de moradia até 22 de dezembro de 2016, e que sejam isentas do pagamento de qualquer valor pela utilização, na forma da legislação patrimonial e dos cadastros da Secretaria do Patrimônio da União (SPU), poderão requerer diretamente ao oficial de registro de imóveis, mediante apresentação da Certidão de Autorização de Transferência (CAT) expedida pela SPU, a transferência gratuita da propriedade do imóvel, desde que preencham os requisitos previstos no § 5º do art. 31 da Lei nº 9.636, de 15 de maio de 1998.

§ 1º A transferência gratuita de que trata este artigo somente poderá ser concedida uma vez por beneficiário.

§ 2º A avaliação prévia do imóvel e a prévia autorização legislativa específica não configuram condição para a transferência gratuita de que trata este artigo.

Art. 87. Para obter gratuitamente a concessão de direito real de uso ou o domínio pleno do imóvel, o interessado deverá requerer à Secretaria do Patrimônio da União (SPU) a Certidão de Autorização de Transferência para fins de REURB-S (CAT-REURB-S), a qual valerá como título hábil para a aquisição do direito mediante o registro no cartório de registro de imóveis competente.

Parágrafo único. Efetivado o registro da transferência da concessão de direito real de uso ou do domínio pleno do imóvel, o oficial do cartório de registro de imóveis, no prazo de trinta dias, notificará a Superintendência do Patrimônio da União no Estado ou no Distrito Federal, informando o número da matrícula do imóvel e o seu Registro Imobiliário Patrimonial (RIP), o qual deverá constar da CAT-REURB-S.

Art. 88. Na hipótese de imóveis destinados à REURB-S cuja propriedade da União ainda não se encontre regularizada no cartório de registro de imóveis competente, a abertura de matrícula poderá ser realizada por meio de requerimento da Secretaria do Patrimônio da União (SPU), dirigido ao oficial do referido cartório, acompanhado dos seguintes documentos:

I – planta e memorial descritivo do imóvel, assinados por profissional habilitado perante o Conselho Regional de Engenharia e Agronomia (Crea) ou o Conselho de Arquitetura e Urbanismo (CAU), condicionados à apresentação da Anotação de Responsabilidade Técnica (ART) ou do Registro de Responsabilidade Técnica (RRT), quando for o caso; e

II – ato de discriminação administrativa do imóvel da União para fins de REURB-S, a ser expedido pela Secretaria do Patrimônio da União (SPU).

§ 1º O oficial do cartório de registro de imóveis deverá, no prazo de trinta dias, contado da data de protocolo do requerimento, fornecer à Superintendência do Patrimônio da União no Estado ou no Distrito Federal a certidão da matrícula aberta ou os motivos fundamentados para a negativa da abertura, hipótese para a qual deverá ser estabelecido prazo para que as pendências sejam supridas.

§ 2º O disposto no *caput* deste artigo não se aplica aos imóveis da União submetidos a procedimentos específicos de identificação e demarcação, os quais continuam submetidos às normas pertinentes.

Art. 89. Os procedimentos para a transferência gratuita do direito real de uso ou do domínio pleno de imóveis da União no âmbito da REURB-S, inclusive aqueles relacionados à forma de comprovação dos requisitos pelos beneficiários, serão regulamentados em ato específico da Secretaria do Patrimônio da União (SPU).

Art. 90. Ficam a União, suas autarquias e fundações autorizadas a transferir aos Estados, aos Municípios e ao Distrito Federal as áreas públicas federais ocupadas por núcleos urbanos informais, para que promovam a REURB nos termos desta Lei, observado o regulamento quando se tratar de imóveis de titularidade de fundos.

....

TÍTULO IV – DISPOSIÇÕES FINAIS

Art. 98. Fica facultado aos Estados, aos Municípios e ao Distrito Federal utilizar a prerrogativa de venda direta aos ocupantes de suas áreas públicas objeto da REURB-E, dispensados os procedimentos exigidos pela Lei nº 8.666, de 21 de junho de 1993, e desde que os imóveis se encontrem ocupados até 22 de dezembro de 2016, devendo regulamentar o processo em legislação própria nos moldes do disposto no art. 84 desta Lei.

....

Art. 102. Fica a União autorizada a doar ao Estado de Rondônia as glebas públicas arrecadadas e registradas em nome da União nele situadas.

§ 1º São excluídas da autorização de que trata o *caput* deste artigo:

I – as áreas relacionadas nos incisos II a XI do art. 20 da Constituição Federal;

II – as terras destinadas ou em processo de destinação pela União a projetos de assentamento;

III – as áreas de unidades de conservação já instituídas pela União e aquelas em processo de instituição, conforme regulamento;

IV – as áreas afetadas, de modo expresso ou tácito, a uso público, comum ou especial;

V – as áreas objeto de títulos expedidos pela União que não tenham sido extintos por descumprimento de cláusula resolutória;

VI – as áreas urbanas consolidadas, que serão objeto de doação diretamente da União ao Município, nos termos da Lei nº 11.952, de 25 de junho de 2009.

§ 2º As glebas objeto de doação ao Estado de Rondônia deverão ser preferencialmente utilizadas em atividades de conservação ambiental e desenvolvimento sustentável, de assentamento, de colonização e de regularização fundiária, podendo ser adotado o regime de concessão de uso previsto no Decreto-Lei nº 271, de 28 de fevereiro de 1967.

§ 3º As doações serão efetuadas de forma gradativa, à medida que reste comprovado que a gleba anteriormente transferida tenha sido destinada nos termos do § 2º deste artigo.

§ 4º A aquisição ou arrendamento de lotes por estrangeiros obedecerá aos limites, às condições e às restrições estabelecidos na legislação federal.

§ 5º A doação de glebas públicas federais aos Estados de Roraima e do Amapá será regida pela Lei nº 10.304, de 5 de novembro de 2001.

§ 6º O Poder Executivo da União editará ato para regulamentar este artigo, inclusive para fixar critérios de definição das glebas a serem alienadas.

Art. 103. Os interessados poderão, no prazo de cento e oitenta dias, requerer à Secretaria Especial de Agricultura Familiar e do Desenvolvimento Agrário, ao INCRA e à Secretaria do Patrimônio da União (SPU) a revisão das decisões administrativas denegatórias, ainda que judicializadas, caso em que o pedido deverá ser objeto de análise final no prazo de um ano.

Parágrafo único. O disposto neste artigo não impede o interessado de pleitear direitos previstos nesta Lei, desde que preencha os pressupostos fáticos pertinentes.

....

Art. 105. Em caso de certificação de imóveis rurais em unidade de conservação situados em região de difícil acesso ou em que a implantação do marco físico implique supressão de cobertura vegetal, deverão ser utilizados vértices virtuais para fins de georreferenciamento.

Art. 106. O disposto nesta Lei aplica-se à ilha de Fernando de Noronha e às demais ilhas oceânicas e costeiras, em conformidade com a legislação patrimonial em vigor.

Art. 107. Decreto do Poder Executivo federal poderá regulamentar o disposto nesta Lei.

Art. 108. Esta Lei entra em vigor na data de sua publicação.

Art. 109. Ficam revogados:

I – os arts. 14 e 15 da Lei Complementar nº 76, de 6 de julho de 1993;

II – os arts. 27 e 28 da Lei nº 9.636, de 15 de maio de 1998;

III – os seguintes dispositivos da Lei nº 11.952, de 25 de junho de 2009:

a) o § 2º do art. 5º;

b) o parágrafo único do art. 18;

c) os incisos I, II, III e IV do *caput* e os §§ 1º e 2º, todos do art. 30; e

d) os §§ 4º e 5º do art. 15;

IV – o Capítulo III da Lei nº 11.977, de 7 de julho de 2009;

V – VETADO;

VI – os arts. 288-B a 288-G da Lei nº 6.015, de 31 de dezembro de 1973;

VII – os arts. 2º, 3º, 7º e 13 da Lei nº 13.240, de 30 de dezembro de 2015;

VIII – o parágrafo único do art. 14, o § 5º do art. 24, o § 3º do art. 26 e os arts. 29, 34, 35 e 45 da Lei nº 9.636, de 15 de maio de 1998;

IX – o § 1º do art. 1º da Lei nº 13.347, de 10 de outubro de 2016.

Brasília, 11 de julho de 2017;
196º da Independência e
129º da República.

Michel Temer

DECRETO Nº 9.176, DE 19 DE OUTUBRO DE 2017

Promulga a Convenção sobre a Cobrança Internacional de Alimentos para Crianças e Outros Membros da Família e o Protocolo sobre a Lei Aplicável às Obrigações de Prestar Alimentos, firmados pela República Federativa do Brasil, em Haia, em 23 de novembro de 2007.

► Publicado no *DOU* de 20-10-2017.

Considerando que a República Federativa do Brasil firmou a Convenção sobre a Cobrança Internacional de Alimentos para Crianças e Outros Membros da Família e o Protocolo sobre a Lei Aplicável às Obrigações de Prestar Alimentos, em Haia, em 23 de novembro de 2007;

Considerando que o Congresso Nacional aprovou a Convenção e o Protocolo por meio do Decreto Legislativo nº 146, de 9 de dezembro de 2016, com reserva ao Artigo 20, § 1º, alínea *e*, e ao Artigo 30, § 1º, com fundamento, respectivamente, no Artigo 20, § 2º, e no Artigo 30, § 8º, e realização da declaração que trata o Artigo 3º, § 2º, todos da Convenção;

Considerando que o Governo brasileiro depositou, junto ao Ministério dos Negócios Estrangeiros do Reino dos Países Baixos, em 17 de julho de 2017, os instrumentos de ratificação da Convenção e do Protocolo, com reserva ao Artigo 20, § 1º, alínea *e*, e ao Artigo 30, § 1º, com fundamento, respectivamente, no Artigo 20, § 2º, e no Artigo 30, § 8º, e realização da declaração que trata o Artigo 3º, § 2º, todos da Convenção, e que os referidos instrumentos entrarão em vigor para a República Federativa do Brasil, no plano jurídico externo, em 1º de novembro de 2017; DECRETA:

Art. 1º Ficam promulgados a Convenção sobre a Cobrança Internacional de Alimentos para Crianças e Outros Membros da Família e o Protocolo sobre a Lei Aplicável às Obrigações de Prestar Alimentos, firmados em Haia, em 23 de novembro de 2007, anexos a este Decreto, com reserva ao Artigo 20, § 1º, alínea *e*, e ao Artigo 30, § 1º, com fundamento, respectivamente, no Artigo 20, § 2º, e no Artigo 30, § 8º, e realização da declaração que trata o Artigo 3º, § 2º, todos da Convenção.

Art. 2º São sujeitos à aprovação do Congresso Nacional atos que possam resultar em revisão da Convenção e do Protocolo e ajustes complementares que acarretem encargos ou compromissos gravosos ao patrimônio nacional, nos termos do inciso I do *caput* do art. 49 da Constituição.

Art. 3º Este Decreto entra em vigor na data de sua publicação.

Brasília, 19 de outubro de 2017;
196º da Independência e
129º da República.

Michel Temer

CONVENÇÃO SOBRE A COBRANÇA INTERNACIONAL DE ALIMENTOS PARA CRIANÇAS E OUTROS MEMBROS DA FAMÍLIA

(Concluída em 23 de novembro de 2007)

Os Estados signatários da presente Convenção,

Desejando melhorar a cooperação entre os Estados para a cobrança internacional de alimentos para crianças e outros membros da família,

Conscientes da necessidade de dispor de procedimentos que produzam resultados e que sejam acessíveis, rápidos, eficientes, econômicos, adaptáveis a diversas situações e justos,

Desejando aproveitar os aspectos mais úteis das Convenções da Haia vigentes, assim como de outros instrumentos internacionais, particularmente a Convenção das Nações Unidas sobre a Prestação de Alimentos no Estrangeiro, de 20 de junho de 1956,

Pretendendo beneficiar-se dos avanços tecnológicos e criar um sistema flexível e adaptável às novas necessidades e às oportunidades oferecidas pelos avanços tecnológicos,

Recordando que, em conformidade com os artigos 3º e 27 da Convenção das Nações Unidas sobre os Direitos da Criança, de 20 de novembro de 1989,

- em todas as medidas concernentes às crianças, o interesse superior da criança será considerado prioritário,

- toda criança tem direito a um padrão de vida adequado para permitir seu desenvolvimento físico, mental, espiritual, moral e social,

- os pais ou outros responsáveis pela criança têm a responsabilidade primária de assegurar, dentro de suas possibilidades e de sua capacidade financeira, as condições de vida necessárias para o desenvolvimento da criança, e

- os Estados devem tomar todas as medidas apropriadas, incluindo a conclusão de acordos internacionais, com vistas a assegurar alimentos para a criança por parte dos pais ou outros responsáveis, em particular quando essas pessoas vivam em Estado diferente daquele em que a criança reside,

Resolveram celebrar a presente Convenção e acordaram as seguintes disposições:

CAPÍTULO I
OBJETO, ÂMBITO DE APLICAÇÃO E DEFINIÇÕES

Artigo 1º
Objeto

A presente Convenção tem por objeto assegurar a eficácia da cobrança internacional de alimentos para crianças e outros membros da família, principalmente ao:

a) estabelecer um sistema abrangente de cooperação entre as autoridades dos Estados Contratantes;

b) possibilitar a apresentação de pedidos para a obtenção de decisões em matéria de alimentos;

c) garantir o reconhecimento e a execução de decisões em matéria de alimentos; e

d) requerer medidas eficazes para a rápida execução de decisões em matéria de alimentos.

Artigo 2º
Âmbito de aplicação

§ 1º A presente Convenção será aplicada:

a) às obrigações de prestar alimentos derivadas de uma relação de filiação, em favor de uma pessoa menor de 21 anos;

b) a reconhecimento e execução ou a execução de decisão relativa a obrigações de prestar alimentos decorrentes de relação conjugal, quando o pedido for apresentado juntamente com a solicitação de que trata a alínea *a* deste artigo; e

c) às obrigações de prestar alimentos decorrentes de relação conjugal, com exceção dos capítulos II e III.

§ 2º Qualquer Estado Contratante poderá, em conformidade com o artigo 62, reservar-se o direito de limitar a aplicação da Convenção, no que tange ao parágrafo 1º, alínea *a*, às pessoas que não tenham alcançado a idade de 18 anos. O Estado Contratante que fizer essa reserva não poderá exigir a aplicação da Convenção para pessoas de idade excluída por sua reserva.

§ 3º Qualquer Estado Contratante poderá, em conformidade com o artigo 63, declarar a extensão da aplicação, no todo ou em parte, da Convenção a outras obrigações de prestar alimentos derivadas de relação familiar, filiação, casamento ou afinidade, incluindo, especialmente, as obrigações relativas a pessoas vulneráveis. Tal declaração somente criará obrigações entre dois Estados Contratantes na medida em que suas declarações incluam as mesmas obrigações de prestar alimentos e as mesmas partes da Convenção.

§ 4º As disposições desta Convenção serão aplicadas às crianças independentemente do estado civil de seus pais.

Artigo 3º
Definições

Para os fins da presente Convenção:

a) "credor" significa pessoa a quem são devidos ou a quem se alegue serem devidos alimentos;

b) "devedor" significa pessoa que deve ou de quem se reclama alimentos;

c) "assistência jurídica" significa a assistência necessária para permitir aos demandantes conhecer e exercer seus direitos e para assegurar que seus pedidos sejam tratados de forma completa e efetiva no Estado Requerido. As formas de prover essa assistência podem incluir, na medida do necessário, consultoria jurídica, ajuda para apresentar o caso perante autoridade, representação em juízo e isenção de despesas processuais;

d) "acordo por escrito" significa acordo registrado em qualquer meio cujo conteúdo esteja disponível e possa ser utilizado como referência em consultas posteriores;

e) "acordo em matéria de alimentos" significa acordo por escrito relativo ao pagamento de alimentos que:

i) foi redigido ou registrado formalmente como instrumento autêntico por autoridade competente; ou

ii) foi autenticado, concluído, registrado ou depositado perante autoridade competente, e pode ser objeto de revisão e modificação por autoridade competente;

f) "pessoa vulnerável" significa pessoa que, em razão de limitação ou insuficiência de suas faculdades físicas ou mentais, não está em condições de prover sua própria mantença.

CAPÍTULO II
COOPERAÇÃO ADMINISTRATIVA

Artigo 4º
Designação de Autoridades Centrais

§ 1º Cada Estado Contratante designará uma Autoridade Central encarregada de cumprir as obrigações que a Convenção impõe a tal Autoridade.

§ 2º Estados federativos, Estados com mais de um sistema jurídico ou Estados que possuem unidades territoriais autônomas poderão designar mais de uma Autoridade Central e especificar o âmbito territorial ou pessoal de suas funções. O Estado que fizer uso dessa faculdade designará a Autoridade Central à qual pode ser endereçada qualquer comunicação para transmissão à Autoridade Central competente dentro desse Estado.

§ 3º A designação da Autoridade Central ou das Autoridades Centrais, seus dados de contato e, quando cabível, o alcance de suas funções, conforme o parágrafo 2º, serão comunicados pelo Estado Contratante à Secretaria Permanente da Conferência da Haia de Direito Internacional Privado no momento do depósito do instrumento de ratificação ou de adesão ou da declaração feita conforme o artigo 61. Os Estados Contratantes informarão prontamente à Secretaria Permanente qualquer modificação nessa designação.

Artigo 5º
Funções gerais das Autoridades Centrais

As Autoridades Centrais deverão:

a) cooperar entre si e promover a cooperação entre as autoridades competentes de seus respectivos Estados para alcançar os objetivos da Convenção;

b) procurar, na medida do possível, soluções para as dificuldades que surjam na aplicação da Convenção.

Artigo 6º

Funções específicas das Autoridades Centrais

§ 1º As Autoridades Centrais prestarão auxílio com relação aos pedidos previstos no Capítulo III. Em particular, deverão:

a) transmitir e receber tais pedidos;

b) iniciar ou facilitar o início de procedimentos relativos a esses pedidos.

§ 2º Em relação a tais pedidos, tomarão todas as medidas apropriadas para:

a) prestar ou facilitar a prestação de assistência jurídica, quando as circunstâncias assim o requeiram;

b) ajudar a localizar o devedor ou o credor;

c) ajudar a obter informações pertinentes relativas à renda e, se necessário, a outros aspectos econômicos do devedor ou do credor, incluindo a localização de ativos;

d) estimular soluções amigáveis a fim de obter pagamento voluntário de alimentos, recorrendo, quando apropriado, à mediação, à conciliação ou a outros procedimentos análogos;

e) facilitar a execução permanente das decisões em matéria de alimentos, inclusive o pagamento de valores atrasados;

f) facilitar a cobrança e a rápida transferência dos pagamentos de alimentos;

g) facilitar a obtenção de documentos ou outros elementos de prova;

h) prover assistência para a determinação de filiação quando esta for necessária para a cobrança de alimentos;

i) iniciar ou facilitar o início de procedimentos para obter as medidas cautelares necessárias que tenham caráter territorial e cuja finalidade seja assegurar o resultado de um pedido de alimentos em curso;

j) facilitar a comunicação de atos processuais.

§ 3º As funções da Autoridade Central estabelecidas por este artigo poderão ser desempenhadas, na medida do permitido na lei de seu Estado, por órgãos públicos ou outras instituições submetidas à supervisão das autoridades competentes desse Estado. A designação desses órgãos públicos ou outras instituições, bem como os dados de contato e o âmbito de suas funções, serão comunicados pelo Estado Contratante à Secretaria Permanente da Conferência da Haia de Direito Internacional Privado. Os Estados Contratantes comunicarão prontamente qualquer alteração à Secretaria Permanente.

§ 4º Nenhuma disposição deste artigo ou do artigo 7º será interpretada de maneira a impor a uma Autoridade Central a obrigação de exercer funções que, conforme a lei do Estado Requerido, são de competência exclusiva de autoridades judiciais.

Artigo 7º

Solicitação de medidas específicas

§ 1º Uma Autoridade Central poderá dirigir solicitação fundamentada a outra Autoridade Central para que esta adote as medidas específicas adequadas, conforme o artigo 6º, parágrafo 2º, alíneas *b, c, g, h, i* e *j*, desde que não esteja pendente qualquer pedido previsto no artigo 10. A Autoridade Central Requerida tomará tais medidas se as considerar necessárias para ajudar potencial demandante a apresentar pedido previsto no artigo 10 ou a decidir se deve apresentar tal pedido.

§ 2º Uma Autoridade Central poderá também adotar medidas específicas, por solicitação de outra Autoridade Central, referente a caso de cobrança de alimentos pendente no Estado Requerente que apresente algum elemento de estraneidade.

Artigo 8º

Custos da Autoridade Central

§ 1º Cada Autoridade Central assumirá seus próprios custos na aplicação desta Convenção.

§ 2º As Autoridades Centrais não repassarão ao demandante nenhum custo pelos serviços que prestarem com base nesta Convenção, com exceção dos custos excepcionais decorrentes de uma solicitação de medidas específicas nos termos do artigo 7º.

§ 3º A Autoridade Central Requerida não poderá cobrar os custos mencionados no parágrafo 2º sem concordância prévia do demandante sobre os custos dos referidos serviços.

CAPÍTULO III

PEDIDOS POR MEIO DE AUTORIDADES CENTRAIS

Artigo 9º

Pedido por meio de Autoridades Centrais

Pedidos previstos neste Capítulo serão remetidos à Autoridade Central do Estado Requerido por meio da Autoridade Central do Estado Contratante em que resida o demandante. Para os fins deste artigo, mera estada não constitui residência.

Artigo 10

Pedidos disponíveis

§ 1º As seguintes categorias de pedidos estarão disponíveis, no Estado Requerente, para o credor que pretenda cobrar alimentos, nos termos desta Convenção:

a) reconhecimento ou reconhecimento e execução de decisão;

b) execução de decisão proferida ou reconhecida no Estado Requerido;

c) obtenção de decisão no Estado Requerido quando não exista decisão, incluída a determinação de filiação, quando necessária;

d) obtenção de decisão no Estado Requerido quando reconhecimento e execução de decisão não forem possíveis ou tiverem sido denegados por falta de requisito para reconhecimento e execução, nos termos do artigo 20, ou por algum dos fundamentos especificados no artigo 22, alíneas *b* ou *e*;

e) modificação de decisão proferida no Estado Requerido;

f) modificação de decisão proferida em outro Estado que não o Requerido.

§ 2º As seguintes categorias de pedidos estarão disponíveis, no Estado Requerente, para o devedor contra quem exista decisão em matéria de alimentos:

a) reconhecimento de decisão ou procedimento equivalente que implique suspensão ou limitação da execução de decisão anterior proferida no Estado Requerido;

b) modificação de decisão proferida no Estado Requerido;

c) modificação de decisão proferida em outro Estado, que não o Requerido.

§ 3º Salvo se disposto de outro modo por esta Convenção, os pedidos previstos nos parágrafos 1º e 2º serão processados nos termos da lei do Estado Requerido e os pedidos previstos no parágrafo 1º, alíneas *c* a *f* e parágrafo 2º, alíneas *b* e *c*, estarão sujeitos às normas de competência aplicáveis no Estado Requerido.

Artigo 11

Conteúdo do pedido

§ 1º Todos os pedidos feitos com base no artigo 10 conterão, no mínimo:

a) declaração relativa à natureza do pedido ou dos pedidos;

b) nome e dados de contato do demandante, incluídos endereço e data de nascimento;

c) nome do demandado e, quando conhecidos, endereço e data de nascimento;

d) nome e data de nascimento de qualquer pessoa para a qual se solicite alimentos;

e) motivos em que se fundamenta o pedido;

f) quando a demanda for apresentada pelo credor, informação relativa ao local ao qual deve ser enviado ou eletronicamente transmitido.

g) qualquer informação ou documento especificado por declaração formulada pelo Estado Requerido, nos termos do artigo 63, salvo no caso dos pedidos previstos no artigo 10, parágrafo 1º, alínea *a* e parágrafo 2º, alínea a;

h) nome e dados de contato da pessoa ou do setor da Autoridade Central do Estado Requerente responsável pelo processamento do pedido.

§ 2º Quando cabível, o pedido incluirá também as seguintes informações, quando sejam conhecidas:

a) situação econômica do credor;

b) situação econômica do devedor, incluindo nome e endereço de seu empregador, bem como natureza e localização de seus bens;

c) qualquer outra informação que permita localizar o demandado.

§ 3º O pedido estará acompanhado de quaisquer informações ou documentos necessários, incluídos documentos relativos ao direito do demandante de receber assistência jurídica gratuita. Quando se tratar de pedido previsto nos artigos 10, parágrafo 1º, alínea *a*, e parágrafo 2º, alínea *a*, estará acompanhado unicamente dos documentos listados no artigo 25.

§ 4º Pedidos previstos no artigo 10 poderão ser apresentados por meio do formulário recomendado e publicado pela Conferência da Haia de Direito Internacional Privado.

Artigo 12

Transmissão, recepção e processamento de pedidos e casos por meio de Autoridades Centrais

§ 1º A Autoridade Central do Estado Requerente assistirá o demandante a certificar-se de que o pedido esteja acompanhado de todas as informações e documentos que, no entender dessa Autoridade, sejam necessários para a análise do pedido.

§ 2º A Autoridade Central do Estado Requerente, satisfeitos os requisitos da Convenção, transmitirá o pedido à Autoridade Central do Estado Requerido em favor do demandante e com o consentimento deste. O pedido estará acompanhado do formulário de transmissão previsto no Anexo 1. A Autoridade Central do Estado Requerente, quando solicitado pela Autoridade Central do Estado Requerido, fornecerá cópia completa, certificada pela autoridade competente do Estado de origem, de qualquer dos documentos indicados no artigo 16, parágrafo 3º, no artigo 25, parágrafo 1º, alíneas *a*), *b*) e *d*), parágrafo 3º, alínea *b*) e no artigo 30, parágrafo 3º.

§ 3º A Autoridade Central Requerida, dentro de seis semanas após a data de recepção do pedido, acusará seu recebimento utilizando o formulário previsto no Anexo 2, informará à Autoridade Central do Estado Requerente quais providências iniciais foram ou serão adotadas para executar o pedido e poderá solicitar quaisquer outros documentos ou informações. Dentro do mesmo prazo de seis semanas, a Autoridade Central Requerida fornecerá à Autoridade Central Requerente nome e dados de contato da pessoa ou do setor responsável por responder às consultas relativas ao estado de tramitação do pedido.

§ 4º Dentro de três meses após o aviso de recebimento, a Autoridade Central Requerida informará à Autoridade Central Requerente o estado de tramitação do pedido.

§ 5º As Autoridades Centrais Requerida e Requerente devem manter-se mutuamente informadas sobre:

a) nome da pessoa ou do setor responsável por um caso concreto;

b) estado de tramitação do caso;

e fornecerão respostas aos pedidos de informações em prazo razoável.

§ 6º As Autoridades Centrais processarão os casos com a celeridade que permita o exame adequado do seu conteúdo.

§ 7º As Autoridades Centrais utilizarão os meios de comunicação mais ágeis e eficazes de que disponham.

§ 8º A Autoridade Central Requerida poderá denegar o processamento do pedido somente quando manifestamente não cumprir os requisitos exigidos pela Convenção. Nesse caso, a Autoridade Central informará prontamente os motivos da recusa à Autoridade Central Requerente.

§ 9º A Autoridade Central Requerida não poderá recusar pedido pelo simples motivo da necessidade de documentos ou informações adicionais. Entretanto, a Autoridade Central Requerida poderá solicitar à Autoridade Central Requerente que apresente esses documentos ou informações adicionais. Caso a Autoridade Central Requerente não os apresente dentro de três meses ou em prazo maior fixado pela Autoridade Central Requerida, esta poderá decidir que não mais processará o pedido. Nesse caso, comunicará sua decisão à Autoridade Central Requerente.

Artigo 13

Meios de comunicação

Nenhum pedido apresentado por meio das Autoridades Centrais dos Estados Contratantes nos termos deste Capítulo, e nenhum documento ou informação anexado ou fornecido por uma Autoridade Central, poderão ser impugnados pelo demandado somente em razão dos meios de comunicação utilizados entre as Autoridades Centrais.

Artigo 14

Acesso efetivo aos procedimentos

§ 1º O Estado Requerido garantirá aos demandantes acesso efetivo aos procedimentos, incluídos os de execução e de recurso, que resultem de pedidos previstos neste Capítulo.

§ 2º Para garantir esse acesso efetivo, o Estado Requerido proporcionará assistência jurídica gratuita nos termos dos artigos 14 a 17, salvo nos casos de aplicação do parágrafo 3º.

§ 3º O Estado Requerido não estará obrigado a prestar assistência jurídica gratuita se, e na medida em que os procedimentos desse Estado permitam ao demandante formular seu pedido sem necessitar dessa assistência e que a Autoridade Central proporcione gratuitamente os serviços necessários.

§ 4º As condições de obtenção da assistência jurídica gratuita não serão mais restritivas do que as fixadas para os casos domésticos equivalentes.

§ 5º Não se exigirá qualquer garantia, fiança ou depósito, seja qual for sua denominação, para assegurar o pagamento de custos e despesas em procedimentos derivados desta Convenção.

Artigo 15

Assistência jurídica gratuita para os pedidos de alimentos para crianças

§ 1º O Estado Requerido prestará assistência jurídica gratuita para qualquer pedido em matéria de alimentos para pessoa menor de 21 anos, e decorrente de relação de filiação, apresentado por credor nos termos deste Capítulo.

§ 2º Não obstante o disposto no parágrafo 1º, o Estado Requerido poderá negar assistência jurídica gratuita para pedidos diferentes dos previstos no artigo 10, parágrafo 1º, alíneas *a* e *b* e dos casos compreendidos no artigo 20, parágrafo 4º, se considerar que, no mérito, o pedido ou qualquer recurso é manifestamente infundado.

Artigo 16

Declaração para permitir exame focado nos recursos econômicos da criança

§ 1º Não obstante o disposto no artigo 15, parágrafo 1º, um Estado poderá declarar que, de acordo com o artigo 63, prestará assistência jurídica gratuita em pedidos diversos dos previstos no artigo 10, parágrafo 1º, alíneas *a* e *b* e dos casos compreendidos no artigo 20, parágrafo 4º, somente por meio de exame dos recursos econômicos da criança.

§ 2º Um Estado, no momento de apresentar tal declaração, informará à Secretaria Permanente da Conferência da Haia de Direito Internacional Privado sobre a forma como realizará o exame dos recursos econômicos da criança, incluindo os parâmetros econômicos que deverão ser observados para satisfazer os critérios do exame.

§ 3º Um pedido referido no §1º, dirigido a um Estado que fez a declaração nele mencionada, conterá declaração formal do demandante indicando que os recursos econômicos da criança cumprem os parâmetros aos quais se faz referência no parágrafo 2º. O Estado Requerido só poderá solicitar mais provas sobre os recursos econômicos da criança se tiver fundamentos razoáveis para acreditar que a informação proporcionada pelo demandante é inexata.

§ 4º Se a mais favorável assistência jurídica prevista na lei do Estado Requerido com relação a pedidos de alimentos nos termos deste Capítulo em favor de crianças e decorrentes de relação de filiação for mais favorável do que a prevista nos parágrafos 1º a 3º, prestar-se-á a assistência jurídica mais favorável.

Artigo 17

Pedidos não enquadráveis nos artigos 15 ou 16

No caso de todos os pedidos apresentados em aplicação desta Convenção, exceto aqueles enquadrados nos artigos 15 ou 16:

a) a prestação de assistência jurídica gratuita poderá submeter-se a exame de recursos econômicos do demandante ou a análise de mérito;

b) um demandante que seja beneficiário de assistência jurídica gratuita no Estado de origem terá direito, em qualquer procedimento de reconhecimento ou execução, à assistência jurídica gratuita ao menos equivalente à prevista na lei do Estado Requerido nas mesmas circunstâncias.

CAPÍTULO IV

RESTRIÇÕES PARA INICIAR PROCEDIMENTOS

Artigo 18

Limites aos procedimentos

§ 1º Quando uma decisão for proferida no Estado Contratante no qual o credor tenha sua residência habitual, o devedor não poderá iniciar em qualquer outro Estado Contratante procedimentos para modificar a decisão ou obter nova decisão, enquanto o credor continuar residindo habitualmente no Estado no qual se proferiu a decisão.

§ 2º O disposto no parágrafo 1º não será aplicado:

a) quando as partes tiverem acordado por escrito a respeito da competência desse outro Estado Contratante, salvo em litígios sobre obrigações de prestar alimentos para crianças;

b) quando o credor se submeter à competência do outro Estado Contratante, expressamente ou opondo-se quanto ao mérito do caso, sem impugnar essa competência na primeira oportunidade disponível;

c) quando a autoridade competente do Estado de origem não puder ou se negar a exercer sua competência para modificar a decisão ou proferir uma nova; ou

d) quando a decisão adotada no Estado de origem não puder ser reconhecida ou declarada executável no Estado Contratante no qual se esteja buscando procedimentos para modificar a decisão ou se proferir uma nova.

CAPÍTULO V

RECONHECIMENTO E EXECUÇÃO

Artigo 19

Âmbito de aplicação do Capítulo

§ 1º O presente Capítulo aplicar-se-á às decisões proferidas por autoridade judicial ou administrativa em matéria de obrigação de prestar alimentos. O termo "decisão" inclui também ajustes ou acordos celebrados perante ditas autoridades ou homologados por essas. Uma decisão poderá estabelecer método de ajuste automático por indexação e exigência de pagar atrasados, alimentos retroativos ou juros, bem como fixação de custos ou despesas.

§ 2º Se a decisão não se referir exclusivamente a obrigação de prestar alimentos, a aplicação do presente Capítulo limitar-se-á às partes da decisão relativas à obrigação de prestar alimentos.

§ 3º Para os fins do parágrafo 1º, "autoridade administrativa" significa organismo público cujas decisões, em conformidade com a lei do Estado onde está estabelecido:

a) possam ser objeto de recurso ou de revisão por autoridade judicial; e

b) têm força e efeitos similares aos de decisão de autoridade judicial sobre a mesma matéria.

§ 4º O presente Capítulo também se aplica aos acordos em matéria de alimentos, em conformidade com o artigo 30.

§ 5º As disposições do presente Capítulo aplicar-se-ão aos pedidos de reconhecimento e execução apresentados diretamente à autoridade competente do Estado Requerido, em conformidade com o artigo 37.

Artigo 20

Requisitos para reconhecimento e execução

§ 1º Uma decisão proferida em um Estado Contratante ("o Estado de origem") será reconhecida e executada em outros Estados Contratantes se:

a) o demandado tinha sua residência habitual no Estado de origem ao tempo em que se iniciaram os procedimentos;

b) o demandado tiver se submetido à competência expressamente ou opondo-se quanto ao mérito sem impugnar essa competência na primeira oportunidade disponível;

c) o credor tinha sua residência habitual no Estado de origem ao tempo em que se iniciaram os procedimentos;

d) a criança para a qual se concedeu alimentos tinha sua residência habitual no Estado de origem ao tempo em que se iniciaram os procedimentos, desde que o demandado tenha vivido com a criança nesse Estado ou tenha residido nesse Estado e nele prestado alimentos para a criança;

e) as partes tiverem acordado por escrito a competência, salvo em litígios sobre obrigações de prestar alimentos para crianças; ou

f) a decisão tiver sido proferida por autoridade no exercício de sua competência sobre estado civil ou responsabilidade parental, salvo se dita competência tiver se baseada unicamente na nacionalidade de uma das partes.

§ 2º Um Estado Contratante poderá formular reserva, de acordo com o artigo 62, com relação ao parágrafo 1º, alíneas *c*, *e*, ou *f*.

§ 3º Um Estado Contratante que formule reserva de acordo com o parágrafo 2º reconhecerá e executará uma decisão se, em circunstâncias de fato semelhantes, sua lei outorgar ou tiver outorgado competência às suas autoridades para proferir essa decisão.

§ 4º Um Estado Contratante adotará todas as medidas necessárias para que se profira decisão em favor do credor quando não for possível o reconhecimento de decisão como consequência de reserva de acordo com o parágrafo 2º e se o devedor tiver sua residência habitual nesse Estado. O disposto na frase anterior não se aplicará aos pedidos diretos de reconhecimento e execução previstos no artigo 19, parágrafo 5º ou aos pedidos de alimentos referidos no artigo 2º, parágrafo 1º, alínea *b*.

§ 5º Uma decisão em favor de criança menor de 18 anos que não possa ser reconhecida somente em razão das reservas a que se referem o parágrafo 1º, alíneas *c*, *e*, ou *f* será aceita para reconhecer a legitimidade da criança a pleitear alimentos no Estado Requerido.

§ 6º Uma decisão só será reconhecida se surtir efeitos no Estado de origem e só será executada quando for executável no referido Estado.

Artigo 21
Divisibilidade e reconhecimento e execução parcial

§ 1º Se o Estado Requerido não puder reconhecer ou executar a totalidade da decisão, reconhecerá ou executará qualquer parte divisível da referida decisão que possa ser objeto de reconhecimento ou execução.

§ 2º Sempre será possível solicitar reconhecimento ou execução parcial de decisão.

Artigo 22
Fundamentos para denegação do reconhecimento e da execução

Reconhecimento e execução de decisão poderão ser denegados se:

a) o reconhecimento e a execução da decisão for manifestamente incompatível com a ordem pública do Estado Requerido;

b) a decisão tiver sido obtida mediante fraude processual;

c) estiver em curso perante autoridade do Estado Requerido procedimento entre as mesmas partes e com o mesmo objeto que tiver sido iniciado anteriormente;

d) a decisão for incompatível com outra decisão proferida entre as mesmas partes e com o mesmo objeto, seja no Estado Requerido ou em outro Estado, desde que essa última decisão cumpra os requisitos necessários para seu reconhecimento e execução no Estado Requerido;

e) no caso em que o demandado não tiver comparecido nem tiver sido representado no procedimento no Estado de origem:

i) quando a lei do Estado de origem previr a comunicação desse ato processual, e o demandado não tiver sido devidamente comunicado nem tiver tido a oportunidade de ser ouvido; ou

ii) quando a lei do Estado de origem não previr a comunicação desse ato processual, e o demandado não tiver sido devidamente comunicado da decisão nem tiver tido a oportunidade de recorrer quanto a questões de fato e de direito; ou

f) a decisão tiver sido proferida em desacordo com o artigo 18.

Artigo 23
Procedimento para um pedido de reconhecimento e execução

§ 1º Nos termos do disposto nesta Convenção, os procedimentos para reconhecimento e execução serão regidos pela lei do Estado Requerido.

§ 2º Quando pedido de reconhecimento e execução de decisão tiver sido feito por meio das Autoridades Centrais, em conformidade com o Capítulo III, a Autoridade Central Requerida prontamente:

a) transmitirá o pedido à autoridade competente que, sem demora, declarará a decisão executável ou a registrará para sua execução; ou

b) adotará essas medidas, se for a autoridade competente.

§ 3º Quando um pedido for apresentado diretamente a uma autoridade competente do Estado Requerido, de acordo com o artigo 19, parágrafo 5º, essa autoridade, sem demora, declarará a decisão executável ou registrar-la-á para execução.

§ 4º Uma declaração ou registro só poderá ser denegado pelas razões especificadas no artigo 22, alínea a. Nessa fase, demandante e demandado não poderão apresentar alegações.

§ 5º A comunicação dos atos processuais ao demandante e ao demandado, referente à declaração ou ao registro em conformidade com os parágrafos 2º e 3º, ou à denegação decidida de acordo com o parágrafo 4º, será prontamente realizada, e as partes poderão recorrer para alegar questões de fato e de direito.

§ 6º O recurso poderá ser apresentado dentro dos 30 dias seguintes à comunicação de ato processual prevista no parágrafo 5º. Se o recorrente não reside no Estado Contratante no qual se realizou ou se denegou a declaração ou o registro, o recurso poderá ser interposto dentro dos 60 dias seguintes à referida comunicação.

§ 7º O recurso poderá ser baseado somente:

a) nos fundamentos para denegação de reconhecimento e execução previstos no artigo 22;

b) nos requisitos para reconhecimento e execução previstos no artigo 20;

c) na autenticidade ou integridade de documento transmitido de acordo com o artigo 25, parágrafo 1º, alíneas *a*, *b* ou *d* ou parágrafo 3º, alínea *b*.

§ 8º O recurso do demandado também poderá se fundamentar na satisfação do débito quando reconhecimento e execução se refiram a débitos vencidos.

§ 9º Demandante e demandado serão prontamente intimados da decisão sobre o recurso.

§ 10 Recurso ulterior, se permitido pela lei do Estado Requerido, não suspenderá a execução da decisão, salvo em circunstâncias excepcionais.

§ 11 A autoridade competente atuará rapidamente para proferir decisão sobre reconhecimento e execução, assim como para decidir sobre qualquer recurso.

Artigo 24

Procedimento alternativo para um pedido de reconhecimento e execução

§ 1º Não obstante o disposto no artigo 23, parágrafos 2º a 11, um Estado poderá declarar, de acordo com o artigo 63, que aplicará o procedimento de reconhecimento e execução previsto neste artigo.

§ 2º Quando pedido de reconhecimento e execução de decisão tiver sido feito por meio das Autoridades Centrais de acordo com o Capítulo III, a Autoridade Central Requerida prontamente:

a) encaminhará o pedido à autoridade competente, que decidirá sobre o pedido de reconhecimento e execução; ou

b) proferirá tal decisão, se for a autoridade competente.

§ 3º A autoridade competente proferirá decisão sobre reconhecimento e execução depois que o demandado tiver sido comunicado sobre o procedimento devida e prontamente e depois de que ambas as partes tiverem tido a oportunidade adequada de serem ouvidas.

§ 4º A autoridade competente poderá conhecer de ofício os fundamentos para a denegação de reconhecimento e execução previstos no artigo 22, alíneas *a*, *c* e *d*. A autoridade competente poderá conhecer qualquer dos fundamentos previstos nos artigos 20, 22 e 23, parágrafo 7º, alínea *c* se forem alegados pelo demandado ou se surgirem a partir da leitura dos documentos apresentados de acordo com o artigo 25.

§ 5º A denegação de reconhecimento e execução também poderá ser fundamentada na satisfação do débito, quando o reconhecimento e a execução se refiram a débitos vencidos.

§ 6º O recurso ulterior, se permitido pela lei do Estado Requerido, não suspenderá a execução da decisão, salvo em circunstâncias excepcionais.

§ 7º A autoridade competente atuará rapidamente para proferir uma decisão sobre reconhecimento e execução, assim como para decidir sobre qualquer recurso.

Artigo 25

Documentos

§ 1º O pedido de reconhecimento e execução de acordo com os artigos 23 ou 24 será acompanhado dos seguintes documentos:

a) texto completo da decisão;

b) documento no qual conste que a decisão é executável no Estado de origem e, se a decisão emanou de uma autoridade administrativa, documento no qual se indique a observância dos requisitos previstos no artigo 19, parágrafo 3º, salvo se aquele Estado tiver declarado de acordo com o artigo 57 que as decisões de suas autoridades administrativas sempre cumprem tais requisitos;

c) se o demandado não compareceu nem foi representado nos procedimentos no Estado de origem, documento que ateste, conforme o caso, que o demandado foi devidamente comunicado do ato processual e que teve oportunidade de ser ouvido ou que foi devidamente comunicado da decisão e que teve oportunidade de recorrer para alegar questões de fato e de direito;

d) quando necessário, documento no qual se indique o montante dos valores atrasados e a data em que foram calculados;

e) quando necessário, em caso de decisão que estabeleça o ajuste automático dos valores mediante indexação, documento que contenha a informação necessária para realizar os cálculos correspondentes;

f) quando necessário, documento que indique a extensão do benefício de assistência jurídica gratuita recebida pelo demandante no Estado de origem.

§ 2º Em caso de recurso com fundamento no artigo 23, parágrafo 7º, alínea *c*, ou de pedido da autoridade competente do Estado Requerido, cópia completa do documento respectivo, certificada pela autoridade competente do Estado de origem, será prontamente fornecida:

a) pela Autoridade Central do Estado Requerente, quando o pedido tiver sido realizado de acordo com o Capítulo III;

b) pelo demandante, quando a solicitação tiver sido apresentada diretamente perante a autoridade competente do Estado Requerido.

§ 3º Um Estado Contratante poderá declarar, de acordo com o artigo 57:

a) que o pedido deve ser acompanhado de cópia completa da decisão, certificada pela autoridade competente no Estado de origem;

b) as circunstâncias nas quais aceitará, em vez do texto completo da decisão, resumo ou extrato da decisão, redigido pela autoridade competente do Estado de origem, o qual poderá ser apresentado mediante formulário recomendado e publicado pela Conferência da Haia de Direito Internacional Privado; ou

c) que não exige documento que indique que se cumprem os requisitos previstos no artigo 19, parágrafo 3º.

Artigo 26

Procedimento no caso de pedido de reconhecimento

Este Capítulo será aplicado, mutatis mutandis, a pedido de reconhecimento de decisão, à exceção da exigência do caráter executório, que será substituída pela exigência de que a decisão surta efeitos no Estado de origem.

Artigo 27

Questões de fato

As autoridades competentes do Estado Requerido estarão vinculadas às questões de fato nas quais a autoridade do Estado de origem tenha fundamentado sua decisão.

Artigo 28

Proibição de revisão de mérito

As autoridades competentes do Estado Requerido não poderão revisar o mérito de uma decisão.

Artigo 29

Não exigência da presença física da criança ou do demandante

Não será exigida a presença física da criança ou do demandante em qualquer procedimento iniciado no Estado Requerido de acordo com este Capítulo.

Artigo 30

Acordos em matéria de alimentos

§ 1º Acordo em matéria de alimentos celebrado em um Estado Contratante poderá ser reconhecido e executado como decisão de acordo com este Capítulo, desde que seja executável com força de decisão no Estado de origem.

§ 2º Para os efeitos do artigo 10, parágrafo 1º, alíneas *a* e *b*, e parágrafo 2º, alínea *a*, o termo "decisão" compreende acordo em matéria de alimentos.

§ 3º O pedido de reconhecimento e execução de acordo em matéria de alimentos será acompanhado dos seguintes documentos:

a) texto completo do acordo em matéria de alimentos; e

b) documento que indique que o acordo em matéria de alimentos é executável como decisão no Estado de origem.

§ 4º O reconhecimento e a execução de acordo em matéria de alimentos poderão ser denegados se:

a) o reconhecimento e a execução forem manifestamente incompatíveis com a ordem pública do Estado Requerido;

b) o acordo em matéria de alimentos tiver sido obtido mediante fraude ou falsificação;

c) o acordo em matéria de alimentos for incompatível com decisão proferida entre as mesmas partes e com o mesmo objeto, seja no Estado Requerido ou em outro Estado, desde que essa última decisão cumpra os requisitos necessários para obter seu reconhecimento e sua execução no Estado Requerido.

§ 5º As disposições deste Capítulo, com exceção dos artigos 20, 22, 23, parágrafo 7º, e do artigo 25, parágrafos 1º e 3º, serão aplicadas, mutatis mutandis, ao reconhecimento e à execução de acordo em matéria de alimentos, com as seguintes ressalvas:

a) declaração ou registro nos termos do artigo 23, parágrafos 2º e 3º, poderá ser denegada somente pelo fundamento previsto no parágrafo 4º, alínea a; e

b) recurso ou apelação a que se refere o artigo 23, parágrafo 6º, poderá ser fundamentado somente:

i) nos fundamentos de denegação de reconhecimento e execução previstos no parágrafo 4º;

ii) na autenticidade ou integridade de documento transmitido de acordo com o parágrafo 3º.

c) no que se refere ao procedimento previsto no artigo 24, parágrafo 4º, a autoridade competente poderá conhecer de ofício o fundamento para denegação de reconhecimento e execução previsto no parágrafo 4º, alínea *a*, deste artigo. A autoridade competente poderá conhecer todos os fundamentos previstos no parágrafo 4º deste artigo, bem como da autenticidade e da integridade de qualquer documento transmitido de acordo com o parágrafo 3º, se forem alegados pelo demandado ou se surgirem a partir da leitura de tais documentos.

§ 6º Quando estiver em andamento recurso a respeito de acordo em matéria de alimentos perante autoridade competente de um Estado Contratante, os procedimentos de reconhecimento e execução desse acordo serão suspensos.

§ 7º Um Estado poderá declarar que pedidos de reconhecimento e execução de acordos em matéria de alimentos poderão ser apresentados somente por meio de Autoridades Centrais.

§ 8º Um Estado Contratante poderá reservar o direito de não reconhecer nem executar acordo em matéria de alimentos, de acordo com o artigo 62.

Artigo 31

Decisões resultantes do efeito combinado de medidas de urgência e sentenças que as confirmam

Quando uma decisão for o resultado do efeito combinado de uma medida de urgência proferida em um Estado e de uma decisão proferida por uma autoridade de outro Estado ("Estado confirmante") que confirme a medida de urgência:

a) considerar-se-á Estado de origem cada um desses Estados, para efeitos deste Capítulo;

b) os requisitos estabelecidos no artigo 22, alínea *e*, estarão cumpridos se o demandado tiver sido comunicado devidamente do ato processual no Estado confirmante e se tiver tido a oportunidade de recorrer da confirmação da medida de urgência;

c) o requisito estabelecido no artigo 20, parágrafo 6º, de que a decisão seja executável no Estado de origem, estará cumprido se a decisão for executável no Estado confirmante; e

d) o artigo 18 não impedirá o início de procedimentos de modificação da decisão em um ou em outro Estado.

CAPÍTULO VI

EXECUÇÃO PELO ESTADO REQUERIDO

Artigo 32

Execução conforme a lei nacional

§ 1º A execução será realizada de acordo com a lei do Estado Requerido, sujeita às disposições deste Capítulo.

§ 2º A execução será rápida.

§ 3º No caso de pedidos apresentados por meio de Autoridades Centrais, quando uma decisão tiver sido declarada executável ou tiver sido registrada para sua execução de acordo com o Capítulo V, proceder-se-á à execução sem necessidade de qualquer outra atuação por parte do demandante.

§ 4º Terão eficácia todas as normas relativas à duração da obrigação de prestar alimentos aplicáveis no Estado de origem da decisão.

§ 5º O prazo de prescrição relativo à execução de atrasados determinar-se-á de acordo com a lei do Estado de origem da decisão ou do Estado Requerido, a que estabelecer o prazo maior.

Artigo 33

Não discriminação

O Estado Requerido disponibilizará, para os casos compreendidos no âmbito desta Convenção, ao menos, as mesmas medidas de execução aplicáveis aos casos internos.

Artigo 34

Medidas de execução

§ 1º Os Estados Contratantes tornarão disponíveis nos seus direitos internos medidas efetivas para executar as decisões com base nesta Convenção.

§ 2º Tais medidas poderão abranger:

a) retenção do salário;

b) bloqueio de contas bancárias ou de outras fontes;

c) deduções nas prestações de seguro social;

d) gravame ou alienação forçada de bens;

e) retenção do reembolso de tributos;

f) retenção ou suspensão de benefícios de pensão;

g) informação aos organismos de crédito;

h) denegação, suspensão ou revogação de certas permissões (carteira de habilitação, por exemplo);

i) recurso à mediação, à conciliação ou a outros meios alternativos de solução de litígios que favoreçam a execução voluntária.

Artigo 35

Transferência de fundos

§ 1º Os Estados Contratantes são estimulados a promover, inclusive por meio de acordos internacionais, a utilização dos meios menos custosos e mais eficazes disponíveis para efetuar transferências de fundos destinados ao pagamento de alimentos.

§ 2º Um Estado Contratante, cuja lei imponha restrições às transferências de fundos, dará a mais alta prioridade às transferências de fundos destinados ao pagamento de alimentos com base nesta Convenção.

CAPÍTULO VII
ÓRGÃOS PÚBLICOS

Artigo 36
Órgãos públicos na qualidade de demandante

§ 1º Para os fins de pedido de reconhecimento e execução, em aplicação do artigo 10, parágrafo 1º, alíneas *a* e *b*, e dos casos do artigo 20, parágrafo 4º, o termo "credor" compreende órgão público que atue no lugar de pessoa a quem se deva alimentos ou órgão ao qual se deva reembolso de prestações pagas a título de alimentos.

§ 2º O direito de um órgão público de atuar no lugar de uma pessoa a quem se deva alimentos ou de pedir reembolso da prestação paga ao credor a título de alimentos é regido pela lei a que está submetido esse órgão.

§ 3º Um órgão público pode pedir reconhecimento ou execução de:

a) decisão proferida contra devedor a pedido de órgão público que reclame o pagamento de benefícios providos a título de alimentos;

b) decisão proferida que tenha como partes credor e devedor, na medida dos benefícios providos ao credor a título de alimentos;

§ 4º O órgão público que invocar o reconhecimento ou solicitar a execução de uma decisão fornecerá, a pedido, qualquer documento para comprovar tanto o seu direito, de acordo com o parágrafo 2º, quanto o pagamento das prestações ao credor.

CAPÍTULO VIII
DISPOSIÇÕES GERAIS

Artigo 37
Solicitações apresentadas diretamente às autoridades competentes

§ 1º A Convenção não excluirá a possibilidade de recorrer a procedimentos disponíveis no direito interno de um Estado Contratante que autorizem uma pessoa (o demandante) a acionar diretamente uma autoridade competente deste Estado em matéria regida pela Convenção, incluindo a obtenção ou a modificação de decisão em matéria de alimentos, respeitado o disposto no artigo 18.

§ 2º O artigo 14, parágrafo 5º, e o artigo 17, alínea *b*, e as disposições dos Capítulos V, VI, VII e deste capítulo, à exceção do artigo 40, parágrafo 2º, do artigo 42, do artigo 43, parágrafo 3º, do artigo 44, parágrafo 3º, e dos artigos 45 e 55, aplicam-se às solicitações de reconhecimento e execução apresentadas diretamente a autoridade competente de um Estado Contratante.

§ 3º Para fins do parágrafo 2º, o artigo 2º, parágrafo 1º, alínea *a*, aplicar-se-á a decisão que outorga alimentos a pessoa vulnerável cuja idade for superior à idade especificada naquela alínea, quando tal decisão tenha sido proferida antes que a pessoa tivesse atingido essa idade e tenha concedido alimentos para além dessa idade, em razão de sua vulnerabilidade.

Artigo 38
Proteção de dados de caráter pessoal

Os dados pessoais obtidos ou transmitidos em aplicação da Convenção somente poderão ser utilizados para os fins para os quais foram obtidos ou transmitidos.

Artigo 39
Sigilo

Qualquer autoridade que processe informações assegurará seu sigilo de acordo com a lei do seu Estado.

Artigo 40
Não divulgação de informações

§ 1º Uma autoridade não poderá divulgar nem confirmar informações obtidas ou transmitidas em aplicação desta Convenção se entender que a saúde, a segurança ou a liberdade de uma pessoa possa ser colocada em risco.

§ 2º Uma decisão neste sentido, tomada por uma Autoridade Central, será levada em consideração por outra Autoridade Central, particularmente nos casos de violência familiar.

§ 3º Nenhuma previsão deste artigo impedirá a obtenção e a transmissão de informações por e entre autoridades, na medida necessária ao cumprimento das obrigações decorrentes da Convenção.

Artigo 41
Dispensa de legalização

Nenhuma legalização ou formalidade similar pode ser requerida no contexto desta Convenção.

Artigo 42
Procuração

A Autoridade Central do Estado Requerido somente poderá exigir procuração do demandante se for atuar em seu nome em processos judiciais ou perante outras autoridades ou, ainda, para designar representante para estes fins.

Artigo 43
Cobrança de custos

§ 1º A cobrança de quaisquer custos decorrentes da aplicação desta Convenção não terá prioridade sobre a cobrança de alimentos.

§ 2º Um Estado pode cobrar custos de uma parte sucumbente.

§ 3º Para os fins de um pedido decorrente do artigo 10, parágrafo 1º, alínea *b*, com a finalidade de cobrar os custos de uma parte sucumbente, de acordo com o parágrafo 2º, o termo "credor" no artigo 10, parágrafo 1º, incluirá um Estado.

§ 4º Este artigo aplicar-se-á sem prejuízo do artigo 8º.

Artigo 44
Exigências idiomáticas

§ 1º Qualquer pedido e documentos a ele relacionados serão redigidos no idioma original e acompanhados de tradução para o idioma oficial do Estado Requerido ou qualquer outro idioma que o Estado Requerido indicar que pode aceitar, mediante declaração feita de acordo com o artigo 63, salvo dispensa de tradução da autoridade competente deste Estado.

§ 2º Um Estado Contratante que possuir vários idiomas oficiais e que, por razões de direito interno, não puder aceitar para o conjunto de seu território documentos em desses idiomas, informará, mediante declaração feita de acordo com o artigo 63, o idioma para o qual devem ser traduzidos para envio às diferentes partes de seu território.

§ 3º Salvo se as Autoridades Centrais dispuserem em contrário, qualquer outra comunicação entre elas será enviada no idioma oficial do Estado Requerido ou em francês ou em inglês. Todavia, um Estado Contratante pode, fazendo a reserva prevista no artigo 62, opor-se à utilização do francês ou do inglês.

Artigo 45
Meios e custos de tradução

§ 1º Nos casos de pedidos previstos no Capítulo III, as Autoridades Centrais podem acordar, em caso especial ou de forma geral, que a tradução para o idioma oficial do Estado Requerido seja feita no Estado Requerido a partir do idioma original ou de qualquer outro idioma acordado. Se não houver acordo e se a Autoridade Central Requerente não puder cumprir as exigências do artigo 44, parágrafos 1º e 2º, o pedido e os documentos a ele relacionados poderão ser transmitidos acompanhados de tradução para francês ou inglês, para que seja traduzido posteriormente para o idioma oficial do Estado Requerido.

§ 2º Os custos de tradução decorrentes da aplicação do parágrafo 1º ficarão a cargo do Estado Requerente, salvo acordo em contrário das Autoridades Centrais dos Estados envolvidos.

§ 3º Não obstante o artigo 8º, a Autoridade Central Requerente poderá deixar a cargo do demandante os custos de tradução de um pedido e dos documentos que o acompanham, salvo se esses custos puderem ser cobertos pelo seu sistema de assistência jurídica.

Artigo 46
Sistemas jurídicos não unificados
Interpretação

§ 1º No que se refere a um Estado onde estão em vigor dois ou mais sistemas jurídicos ou conjuntos de normas que tratam de qualquer questão regida por esta Convenção, em relação a diferentes unidades territoriais:

a) qualquer referência à lei ou ao procedimento de um Estado será compreendida, quando cabível, como referência à lei ou ao procedimento vigente na unidade territorial pertinente;

b) qualquer referência a decisão proferida, reconhecida, reconhecida e executada, executada ou modificada naquele Estado será compreendida, quando cabível, como referência a decisão proferida, reconhecida, reconhecida e executada, executada ou modificada na unidade territorial pertinente;

c) qualquer referência a autoridade judicial ou administrativa daquele Estado será compreendida, quando cabível, como referência a autoridade judicial ou administrativa da unidade territorial pertinente;

d) qualquer referência a autoridades competentes, órgãos públicos ou outros órgãos daquele Estado, com exceção das Autoridades Centrais, será compreendida, quando cabível, como referência a autoridades ou órgãos autorizados a atuar na unidade territorial pertinente;

e) qualquer referência a residência ou residência habitual naquele Estado será compreendida, quando cabível, como referência a residência ou residência habitual na unidade territorial pertinente;

f) qualquer referência a localização de bens naquele Estado será compreendida, quando cabível, como referência a localização de bens na unidade territorial pertinente;

g) qualquer referência a acordo de reciprocidade em vigor naquele Estado será compreendida, quando cabível, como referência a acordo de reciprocidade vigente na unidade territorial pertinente;

h) qualquer referência a assistência jurídica gratuita naquele Estado será compreendida, quando cabível, como referência a assistência jurídica gratuita na unidade territorial pertinente;

i) qualquer referência a acordo em matéria de alimentos concluído em um Estado será compreendida, quando cabível, como referência a acordo em matéria de alimentos concluído na unidade territorial pertinente;

j) qualquer referência a cobrança de custos por um Estado será compreendida, quando cabível, como referência a cobrança de custos pela unidade territorial pertinente.

§ 2º Este artigo não se aplica a uma Organização Regional de Integração Econômica.

Artigo 47
Sistemas jurídicos não unificados
Regras materiais

§ 1º Um Estado Contratante com duas ou mais unidades territoriais nas quais se aplicam diferentes sistemas jurídicos não será obrigado a aplicar esta Convenção às situações que envolverem unicamente essas diferentes unidades territoriais.

§ 2º Uma autoridade competente em uma unidade territorial de um Estado Contratante com duas ou mais unidades territoriais nas quais se aplicam diferentes sistemas jurídicos não será obrigada a reconhecer ou executar decisão de outro Estado Contratante somente porque esta decisão foi reconhecida ou executada em outra unidade territorial do mesmo Estado Contratante nos termos desta Convenção.

§ 3º Este artigo não se aplica a uma Organização Regional de Integração Econômica.

Artigo 48
Coordenação com Convenções da Haia anteriores em matéria de obrigações alimentares

Nas relações entre Estados Contratantes, observado o disposto no artigo 56, parágrafo 2º, esta Convenção substitui a Convenção de Haia de 2 de outubro de 1973 sobre o Reconhecimento e Execução de Decisões Relativas às Obrigações de Prestar Alimentos e a Convenção de Haia de 15 de abril de 1958 com relação a reconhecimento e execução de decisões relativas às obrigações de prestar alimentos para crianças, na medida em que seus âmbitos de aplicação entre os Estados coincidam com o âmbito de aplicação desta Convenção.

Artigo 49
Coordenação com a Convenção de Nova Iorque de 1956

Nas relações entre Estados Contratantes, esta Convenção substitui a Convenção das Nações Unidas sobre Prestação de Alimentos no Estrangeiro, de 20 de junho de 1956, na medida em que seu âmbito de aplicação entre os Estados corresponda ao âmbito de aplicação desta Convenção.

Artigo 50
Relação com as Convenções da Haia anteriores relativas à comunicação de atos processuais e à obtenção de provas

Esta Convenção não derroga a Convenção da Haia de 1º de março de 1954, relativa ao procedimento civil, a Convenção da Haia de 15 de novembro de 1965, relativa à citação, intimação e notificação no exterior de atos judiciais e extrajudiciais em matéria civil ou comercial, e a Convenção da Haia de 18 de março de 1970 sobre Obtenção de Provas no Exterior em Matéria Civil ou Comercial.

Artigo 51
Coordenação com instrumentos e acordos complementares

§ 1º Esta Convenção não derroga qualquer instrumento internacional celebrado antes desta, do qual Estados Contratantes sejam Partes e que contenham disposições sobre as matérias reguladas por esta Convenção.

§ 2º Qualquer Estado Contratante poderá celebrar com um ou mais Estados Contratantes acordos que contenham disposições sobre as matérias reguladas pela Convenção a fim de melhorar a aplicação da Convenção entre eles, desde que tais acordos estejam em consonância com o objeto e a finalidade desta Convenção e que não afetem, nas relações desses Estados com outros Estados Contratantes, a aplicação das disposições desta Convenção. Os Estados que tiverem celebrado tais acordos transmitirão cópia ao depositário desta Convenção.

§ 3º Os parágrafos 1º e 2º se aplicam igualmente a acordos de reciprocidade e a leis uniformes baseadas em vínculos especiais entre os Estados em questão.

§ 4º Esta Convenção não afeta a aplicação de instrumentos de Organização Regional de Integração Econômica Parte da Convenção adotados após sua celebração, no que se refere às matérias reguladas pela Convenção, desde que tais instrumentos não afetem, nas relações dos Estados membros da Organização Regional de Integração Econômica com outros Estados Contratantes, a aplicação das disposições da Convenção. No que se refere a reconhecimento ou execução de decisões entre os Estados membros da Organização Regional de Integração Econômica, a Convenção não afeta as regras da Organização, tenham sido elas adotadas antes ou depois da celebração desta Convenção.

Artigo 52
Regra da eficácia máxima

§ 1º Esta Convenção não impede a aplicação de tratado, acordo ou instrumento internacional vigente entre o Estado Requerente e o Estado Requerido ou de acordo de reciprocidade vigente no Estado Requerido que preveja:

a) bases mais amplas para reconhecimento de decisões em matéria de alimentos, sem prejuízo do artigo 22, alínea *f*, da Convenção;

b) procedimentos simplificados e mais céleres relativos a pedido de reconhecimento ou de reconhecimento e execução de decisões em matéria de alimentos;

c) assistência jurídica mais favorável que aquela prevista nos artigos 14 a 17; ou

d) procedimentos que permitam a demandante de um Estado Requerente apresentar solicitação diretamente à Autoridade Central do Estado Requerido.

§ 2º Esta Convenção não impedirá a aplicação de uma lei em vigor no Estado Requerido que preveja regras mais eficazes, tais como as mencionadas no parágrafo 1º, alíneas *a* a *c*. Entretanto, no que se refere aos procedimentos simplificados e mais céleres mencionados no parágrafo 1º, alínea *b*, esses devem ser compatíveis com a proteção oferecida às partes nos termos dos artigos 23 e 24, particularmente no que se refere aos direitos das partes de serem devidamente notificadas sobre os procedimentos e de terem oportunidade adequada de serem ouvidas, e no que se refere aos efeitos de contestação ou recurso.

Artigo 53
Interpretação uniforme

Para a interpretação desta Convenção, levar-se-á em conta seu caráter internacional e a necessidade de promover a uniformidade de sua aplicação.

Artigo 54
Avaliação do funcionamento prático da Convenção

§ 1º O Secretário-Geral da Conferência da Haia de Direito Internacional Privado convocará periodicamente uma Comissão Especial a fim de avaliar o funcionamento prático da Convenção e de estimular o desenvolvimento de boas práticas sobre a Convenção.

§ 2º Para esse fim, os Estados Contratantes colaborarão com a Secretaria Permanente da Conferência da Haia de Direito Internacional Privado a fim de coletar as informações relativas ao funcionamento prático da Convenção, incluindo estatísticas e jurisprudência.

Artigo 55
Alteração de formulários

§ 1º Os formulários anexados a esta Convenção poderão ser alterados por decisão de uma Comissão Especial convocada pelo Secretário-Geral da Conferência da Haia de Direito Internacional Privado, para a qual serão convidados todos os Estados Contratantes e todos os Membros. A proposta de alteração dos formulários será incluída na ordem do dia da Reunião.

§ 2º As alterações adotadas pelos Estados Contratantes presentes na Comissão especial entrarão em vigor para todos os Estados Contratantes no primeiro dia do sétimo mês após a data de sua comunicação pelo depositário a todos os Estados Contratantes.

§ 3º Durante o prazo previsto no parágrafo 2º, qualquer Estado Contratante poderá notificar por escrito ao depositário que faz reserva a essa alteração, de acordo com o artigo 62. O Estado que tenha feito tal reserva será tratado, no que se refere a essa alteração, como se não fosse Parte da Convenção, até que a reserva seja retirada.

Artigo 56
Disposições transitórias

§ 1º A Convenção será aplicada em todos os casos em que:

a) uma solicitação baseada no artigo 7º ou um pedido conforme o Capítulo III tenha sido recebido pela Autoridade Central do Estado Requerido após a entrada em vigor da Convenção entre o Estado Requerente e o Estado Requerido;

b) uma solicitação de reconhecimento e execução tenha sido apresentada diretamente a uma autoridade competente do Estado destinatário após a entrada em vigor da Convenção entre o Estado de origem e o Estado destinatário.

§ 2º No que se refere a reconhecimento e execução das decisões entre os Estados Contratantes desta Convenção que sejam igualmente Partes de alguma das Convenções da Haia em matéria de alimentos mencionadas no artigo 48, se as condições para reconhecimento e execução previstas nesta Convenção impedirem reconhecimento e execução de decisão proferida no Estado de origem antes da entrada em vigor desta Convenção neste Estado, a qual seria reconhecida e executada nos termos da Convenção em vigor ao tempo em que a decisão foi proferida, aplicar-se-ão as condições desta última Convenção.

§ 3º O Estado destinatário não é obrigado, com base nesta Convenção, a executar uma decisão ou um acordo em matéria de alimentos com relação a pagamentos devidos antes da entrada em vigor da Convenção entre o Estado de origem e o Estado destinatário, salvo no que se refere às obrigações de prestar alimentos decorrentes de uma relação de filiação em favor de uma pessoa menor de 21 anos.

Artigo 57
Fornecimento de informações relativas às leis, procedimentos e serviços

§ 1º Um Estado Contratante, ao tempo em que depositar seu instrumento de ratificação ou de adesão ou que fizer declaração prevista no artigo 61 da Convenção, fornecerá à Secretaria

Permanente da Conferência da Haia de Direito Internacional Privado:

a) descrição de sua legislação e de seus procedimentos relativos às obrigações em matéria de alimentos;

b) descrição das medidas que tomará para satisfazer as obrigações decorrentes do artigo 6º;

c) descrição da forma pela qual fornecerá aos demandantes acesso efetivo aos procedimentos, de acordo com o artigo 14;

d) descrição de suas regras e procedimentos de execução, incluindo quaisquer limites à execução, principalmente das regras de proteção ao devedor e os prazos de prescrição;

e) qualquer declaração relativa ao artigo 25, parágrafo 1º, alínea *b*, e parágrafo 3º.

§ 2º Os Estados Contratantes poderão, para satisfazerem suas obrigações decorrentes do parágrafo 1º, utilizar formulário de perfil do país, recomendado e publicado pela Conferência da Haia de Direito Internacional Privado.

§ 3ºAs informações serão mantidas atualizadas pelos Estados Contratantes.

CAPÍTULO IX
DISPOSIÇÕES FINAIS

Artigo 58
Assinatura, ratificação e adesão

§ 1º A Convenção estará aberta para assinatura dos Estados que eram Membros da Conferência da Haia de Direito Internacional Privado quando da sua Vigésima-primeira Sessão e dos demais Estados que participaram daquela Sessão.

§ 2º Ela será ratificada, aceita ou aprovada e os instrumentos de ratificação, aceitação ou aprovação serão depositados junto ao Ministério dos Assuntos Estrangeiros do Reino dos Países Baixos, depositário da Convenção.

§ 3º Qualquer outro Estado ou Organização Regional de Integração Econômica poderá aderir à Convenção após sua entrada em vigor, de acordo com o artigo 60, parágrafo 1º.

§ 4º O instrumento de adesão será depositado junto ao depositário.

§ 5º A adesão somente terá efeito nas relações entre o Estado que adere e os Estados Contratantes que não tiverem oposto objeção a essa adesão nos 12 meses seguintes à data da notificação prevista no artigo 65. Tal objeção poderá igualmente ser oposta por qualquer Estado ao tempo de sua ratificação, aceitação ou aprovação da Convenção, posterior àquela adesão. Tais objeções serão notificadas ao depositário.

Artigo 59
Organizações Regionais de Integração Econômica

§ 1º Uma Organização Regional de Integração Econômica constituída unicamente de Estados soberanos e que têm competência sobre algumas ou todas as matérias reguladas por esta Convenção poderá igualmente assinar, aceitar, aprovar ou aderir a esta Convenção. A Organização Regional de Integração Econômica terá, nesse caso, os mesmos direitos e obrigações que um Estado Contratante, na medida em que a organização tenha competência sobre as matérias regidas pela Convenção.

§ 2º No momento da assinatura, da aceitação, da aprovação ou da adesão, a Organização Regional de Integração Econômica notificará ao depositário, por escrito, das matérias regidas por esta Convenção cuja competência lhe foi transferida por seus Estados Membros. A Organização notificará prontamente o depositário, por escrito, sobre qualquer modificação na delegação de competência especificada na notificação mais recente feita com base neste parágrafo.

§ 3º No momento da assinatura, aceitação, aprovação ou adesão, uma Organização Regional de Integração Econômica poderá declarar, de acordo com o artigo 63, que tem competência sobre todas as matérias regidas por esta Convenção e que os Estados Membros que transferiram suas competências à Organização Regional de Integração Econômica neste âmbito estão vinculados a esta Convenção pelo efeito da assinatura, aceitação, aprovação ou adesão da Organização.

§ 4º Para os fins de entrada em vigor desta Convenção, qualquer instrumento depositado por uma Organização Regional de Integração Econômica não será levado em conta, a menos que a Organização Regional de Integração Econômica faça uma declaração de acordo com o §3º.

§ 5º Qualquer referência a "Estado Contratante" ou a "Estado" nesta Convenção aplicar-se-á igualmente, quando apropriado, a Organização Regional de Integração Econômica que seja Parte. Quando uma declaração for feita por uma Organização Regional de Integração Econômica de acordo com o parágrafo 3º, toda referência a "Estado Contratante" ou a "Estado" nesta Convenção aplicar-se-á igualmente, quando cabível, aos Estados Membros da Organização.

Artigo 60
Entrada em vigor

§ 1º A Convenção entrará em vigor no primeiro dia do mês seguinte ao fim de um período de três meses após o depósito do segundo instrumento de ratificação, aceitação ou aprovação de que trata o artigo 58.

§ 2º A partir de então, a Convenção entrará em vigor:

a) para cada Estado ou Organização Regional de Integração Econômica de acordo com o artigo 59, parágrafo 1º, ratificando-a, aceitando-a ou aprovando-a posteriormente, no primeiro dia do mês seguinte ao fim de um período de três meses após o depósito de seu instrumento de ratificação, aceitação ou aprovação;

b) para cada Estado ou Organização Regional de Integração Econômica de acordo com o artigo 58, parágrafo 3º, no dia seguinte ao fim do período durante o qual objeções podem ser opostas nos termos do artigo 58, parágrafo 5º;

c) para as unidades territoriais às quais a Convenção foi estendida de acordo com o artigo 61, no primeiro dia do mês seguinte ao fim de um período de três meses após a notificação mencionada em tal artigo.

Artigo 61
Declarações relativas aos sistemas jurídicos não-unificados

§ 1º Um Estado que tenha duas ou mais unidades territoriais às quais se apliquem diferentes sistemas jurídicos às matérias regidas por esta Convenção pode, ao tempo da assinatura, da ratificação, da aceitação, da aprovação ou da adesão, declarar, de acordo com o artigo 63, que esta Convenção se aplicará a todas as unidades territoriais ou somente a uma ou várias dentre elas, e poderá, a qualquer tempo, modificar essa declaração fazendo uma nova declaração.

§ 2º Qualquer declaração será notificada ao depositário e indicará expressamente as unidades territoriais às quais se aplica a Convenção.

§ 3º Se um Estado não fizer declaração sobre este artigo, a Convenção será aplicada a todas as unidades territoriais deste Estado.

§ 4º Este artigo não se aplica a uma Organização Regional de Integração Econômica.

Artigo 62
Reservas

§ 1º Qualquer Estado Contratante poderá, no mais tardar ao tempo da ratificação, da aceitação, da aprovação ou da adesão, ou ao tempo em que fizer uma declaração de acordo com o artigo 61, fazer uma ou mais das reservas previstas nos artigos 2º, parágrafo 2º, 20, parágrafo 2º, 30, parágrafo 8º, 44, parágrafo 3,º e 55, parágrafo 3º. Nenhuma outra reserva será admitida.

§ 2º Qualquer Estado poderá, a qualquer tempo, retirar uma reserva que tiver feito. Esta retirada será notificada ao depositário.

§ 3º O efeito da reserva cessará no primeiro dia do terceiro mês após a notificação mencionada no parágrafo 2º.

§ 4º As reservas feitas nos termos deste artigo não terão efeitos recíprocos, com exceção da reserva prevista no artigo 2º, parágrafo 2º.

Artigo 63
Declarações

§ 1º As declarações previstas no artigo 2º, parágrafo 3º, no artigo 11, parágrafo 1º, alínea *g*, no artigo 16, parágrafo 1º, no artigo 24, parágrafo 1º, no artigo 30, parágrafo 7º, no artigo 44, parágrafos 1º e 2º, no artigo 59, parágrafo 3º e no artigo 61, parágrafo 1º, poderão ser feitas quando da assinatura, ratificação, aceitação, aprovação ou adesão ou a qualquer tempo e poderão ser modificadas ou retiradas a qualquer tempo.

§ 2º As declarações, modificações e retiradas serão notificadas ao depositário.

§ 3º Uma declaração feita ao tempo da assinatura, da ratificação, da aceitação, da aprovação ou da adesão terá efeito no momento da entrada em vigor da Convenção para o Estado em questão.

§ 4º Uma declaração feita posteriormente, assim como uma modificação ou uma retirada de uma declaração, terá efeito no primeiro dia do mês seguinte ao fim de um período de três meses após a data de recepção da notificação pelo depositário.

Artigo 64
Denúncia

§ 1º Qualquer Estado Contratante poderá denunciar a Convenção por meio de notificação escrita ao depositário. A denúncia poderá se limitar a algumas unidades territoriais de um Estado às quais se aplica a Convenção.

§ 2º A denúncia terá efeito no primeiro dia do mês seguinte ao fim de um período de 12 meses após a data de recepção da notificação pelo depositário. Quando for especificado na notificação que a denúncia terá efeito em um período maior, ela o terá ao final do período em questão, após a data de recepção da notificação pelo depositário.

Artigo 65
Notificação

O depositário notificará os Membros da Conferência da Haia de Direito Internacional Privado, bem como os Estados e as Organizações Regionais de Integração Econômica que assinaram, ratificaram, aceitaram, aprovaram ou aderiram de acordo com os artigos 58 e 59, sobre as informações seguintes:

a) assinaturas, ratificações, aceitações e aprovações mencionadas nos artigos 58 e 59;

b) adesões e objeções às adesões mencionadas nos artigos 58, parágrafos 3º e 5º e 59;

c) data de entrada em vigor da Convenção de acordo com o artigo 60;

d) declarações previstas no artigo 2º, parágrafo 3º, no artigo 11, parágrafo 1º, alínea *g*, no artigo 16, parágrafo 1º, no artigo 24, parágrafo 1º, no artigo 30, parágrafo 7º, no artigo 44, parágrafos 1º e 2º, no artigo 59, parágrafo 3º, e no artigo 61, parágrafo 1º;

e) acordos previstos no artigo 51, parágrafo 2º;

f) reservas previstas no artigo 2º, parágrafo 2º, no artigo 20, parágrafo 2º, no artigo 30, parágrafo 8º, no artigo 44, parágrafo 3º e no artigo 55, parágrafo 3º, e retirada de reservas prevista no artigo 62, parágrafo 2º;

g) denúncias previstas no artigo 64.

Em fé do que, os abaixo assinados, devidamente autorizados, assinaram esta Convenção.

Feita na Haia, em 23 de novembro de 2007, em francês e inglês, sendo os dois textos igualmente autênticos, em um único exemplar, que será depositado nos arquivos do Governo do Reino dos Países Baixos e do qual uma cópia autenticada será enviada, pela via diplomática, a cada um dos Membros da Conferência da Haia de Direito Internacional Privado quando da sua Vigésima-primeira Sessão, bem como a cada um dos demais Estados que participaram daquela Sessão.

PROTOCOLO SOBRE A LEI APLICÁVEL ÀS OBRIGAÇÕES DE PRESTAR ALIMENTOS

(Concluído em 23 de novembro de 2007)

Os Estados signatários do presente Protocolo,

Desejosos de estabelecer disposições comuns acerca da lei aplicável à obrigação de prestar alimentos,

Desejando modernizar a Convenção da Haia relativa à Lei Aplicável em Matéria de Obrigação de Prestar Alimentos a Menores, de 24 de outubro de 1956, e a Convenção da Haia sobre a Lei Aplicável à Obrigação de Prestar Alimentos, de 2 de outubro de 1973,

Desejando desenvolver regras gerais sobre a lei aplicável que possam complementar a Convenção da Haia de 23 de Novembro de 2007 sobre a Cobrança Internacional de Alimentos para Crianças e Outros Membros da Família,

Resolveram celebrar um Protocolo para esse fim e acordaram as seguintes disposições:

Artigo 1º
Âmbito de aplicação

1. O presente Protocolo definirá a lei aplicável à obrigação de prestar alimentos resultante de relações de parentesco, filiação, casamento ou afinidade, inclusive a obrigação de prestar alimentos em relação a crianças, independentemente do estado civil dos pais.

2. Decisões proferidas em aplicação do presente Protocolo não farão juízo prévio acerca da existência de alguma das relações dispostas no parágrafo 1º.

Artigo 2º
Aplicação universal

O presente Protocolo aplica-se mesmo que a lei aplicável seja aquela de um Estado não-contratante.

Artigo 3º
Norma Geral sobre a lei aplicável

1. As obrigações de prestar alimentos regular-se-ão pela lei do Estado de residência habitual do credor, salvo quando o presente Protocolo dispuser de outra forma.

2. Em caso de mudança de residência habitual do credor, a lei do Estado de nova residência habitual aplicar-se-á a partir do momento em que a mudança ocorra.

Artigo 4º
Normas especiais em favor de determinados credores

1. Os dispositivos seguintes aplicar-se-ão no caso de obrigação de prestar alimentos:

a) de pais em favor de seus filhos;

b) de pessoas distintas dos pais em favor de pessoas que não tenham atingido a idade de 21 anos, com exceção das obrigações que derivem das relações às quais o artigo 5º se refere; e

c) de filhos em favor de seus pais.

2. Aplicar-se-á a lei do foro se o credor não conseguir, em razão da lei referida no Artigo 3º, obter a prestação de alimentos do devedor.

3. Não obstante a previsão do artigo 3º, aplicar-se-á a lei do foro se o credor tiver acionado a autoridade competente do Estado de residência habitual do devedor. Entretanto, aplicar-se-á a lei do Estado da residência habitual do credor se este não puder obter a prestação de alimentos do devedor em razão da lei do foro.

4. Se o credor não conseguir obter a prestação de alimentos do devedor em razão das leis a que se refere o Artigo 3º e os parágrafos 2 e 3 do presente artigo, aplicar-se-á a lei do Estado da nacionalidade comum do credor e do devedor, se houver.

Artigo 5º
Norma especial relativa a cônjuges e ex-cônjuges

No caso de obrigação de prestar de alimentos entre cônjuges, ex-cônjuges ou entre pessoas cujo matrimônio tenha sido anulado, o artigo 3º não se aplicará caso uma das partes se oponha, e a lei do outro Estado, em particular a do Estado de sua última residência habitual comum, apresentar vinculação mais estreita com o matrimônio. Neste caso, aplicar-se-á a lei deste outro Estado.

Artigo 6º
Norma especial de defesa

Com relação a obrigações de prestar alimentos distintas daquelas surgidas de relação entre pais e filhos em favor de criança e daquelas dispostas no artigo 5º, o devedor pode opor-se a uma pretensão do credor com o fundamento de que não existe tal obrigação nem segundo a lei do Estado de residência habitual do devedor, nem segundo a lei do Estado de nacionalidade comum das partes, se houver.

Artigo 7º
Designação da lei aplicável para fins de um procedimento específico

1. Não obstante as disposições previstas nos artigos 3º ao 6º, o credor e o devedor de alimentos poderão, unicamente para o propósito de procedimento específico em determinado Estado, designar expressamente a lei do referido Estado como aplicável a uma obrigação alimentar.

2. Uma designação feita antes da instituição de tal procedimento deverá ser objeto de acordo, firmado por ambas as partes, por escrito ou registrado em qualquer meio, cujo conteúdo seja acessível, de maneira a poder ser utilizado para consulta futura.

Artigo 8º
Designação da lei aplicável

1. Não obstante as disposições previstas nos artigos 3º ao 6º, o credor e o devedor de alimentos poderão, a qualquer momento, designar uma das leis seguintes como aplicável a uma obrigação de prestar alimentos:

a) a lei de qualquer Estado do qual alguma das partes seja nacional no momento da designação;

b) a lei do Estado de residência habitual de qualquer das partes no momento da designação;

c) a lei designada pelas partes como aplicável ou a lei de fato aplicada ao seu regime de bens;

d) a lei designada pelas partes como aplicável ou a lei de fato aplicada ao seu divórcio ou à sua separação judicial.

2. Tal acordo deverá ser feito por escrito ou registrado em qualquer meio, cujo conteúdo seja acessível, de maneira a poder ser utilizado para consulta futura, e deverá ser assinado por ambas as partes.

3. O parágrafo 1º não se aplicará às obrigações de prestar alimentos em favor de uma pessoa menor de 18 anos ou de um adulto que, por razões de diminuição ou insuficiência de suas faculdades pessoais, não se encontre em condições de proteger seus interesses.

4. Não obstante a lei designada pelas partes de acordo com o parágrafo 1º, a lei do Estado de residência habitual do credor, no momento da designação, determinará se o credor pode renunciar o seu direito a alimentos.

5. A menos que no momento da designação as partes tenham sido plenamente informadas e conscientizadas das consequências de sua designação, a lei designada pelas partes não se aplicará quando sua aplicação levar a consequências manifestamente injustas ou não razoáveis para qualquer das partes.

Artigo 9º
"Domicílio" em vez de "nacionalidade"

Um Estado que utilize o conceito de "domicílio" como fator de conexão em matéria de família poderá informar à Secretaria Permanente da Conferência da Haia de Direito Internacional Privado que, para os fins de casos apresentados perante suas autoridades, a palavra "nacionalidade" nos Artigos 4º e 6º será substituída pela palavra "domicílio", tal como definida naquele Estado.

Artigo 10
Órgãos públicos

O direito de um órgão público de solicitar o reembolso de benefício fornecido ao credor a título de prestação de alimentos reger-se-á pela lei a que esse órgão está sujeito.

Artigo 11
Âmbito da lei aplicável

A lei aplicável à obrigação de prestar alimentos determinará, entre outros:

a) se, em que medida, e de quem o credor pode reclamar alimentos;

b) a medida em que o credor pode reclamar alimentos retroativamente;

c) a base de cálculo do montante dos alimentos e a indexação;

d) quem pode iniciar um procedimento em matéria de alimentos, exceto as questões relativas à capacidade processual e à representação em juízo;

e) a prescrição ou o prazo para iniciar uma ação;

f) o alcance da obrigação de um devedor de alimentos, quando um órgão público solicita o reembolso das prestações fornecidas a um credor a título de alimentos.

Artigo 12

Exclusão de reenvio

No Protocolo, o termo "lei" significa o direito em vigor em um Estado, com exceção de suas normas de conflito de leis.

Artigo 13

Ordem pública

A aplicação da lei determinada de acordo com o Protocolo poderá ser recusada apenas na medida em que seus efeitos sejam manifestamente contrários à ordem pública do foro.

Artigo 14

Determinação do montante de alimentos

Mesmo que a lei aplicável disponha de outra forma, serão levados em consideração na determinação do montante da prestação de alimentos as necessidades do credor e os recursos do devedor, assim como qualquer compensação concedida ao credor em lugar dos pagamentos periódicos de prestação de alimentos.

Artigo 15

Não aplicação do Protocolo a conflitos internos

1. Um Estado Contratante no qual se apliquem diferentes sistemas jurídicos ou conjuntos de normas em matéria de obrigações de prestar alimentos não estará obrigado a aplicar as normas do Protocolo aos conflitos que envolvam unicamente tais diferentes sistemas ou conjuntos de normas legais.

2. O presente Artigo não se aplicará a uma Organização Regional de Integração Econômica.

Artigo 16

Sistemas jurídicos não unificados de caráter territorial

1. Em relação a um Estado no qual se apliquem, em unidades territoriais diferentes, dois ou mais sistemas jurídicos ou conjuntos de normas legais relativos às matérias tratadas pelo presente Protocolo:

a) qualquer referência à lei do Estado será interpretada, quando cabível, como uma referência à lei em vigor na unidade territorial pertinente;

b) qualquer referência às autoridades competentes ou órgãos públicos daquele Estado será interpretada, quando cabível, como uma referência àqueles competentes para atuar na unidade territorial pertinente;

c) qualquer referência à residência habitual naquele Estado será interpretada, quando cabível, como a residência habitual na unidade territorial pertinente;

d) qualquer referência ao Estado do qual duas pessoas tenham nacionalidade comum será interpretada como uma referência à unidade territorial designada pela lei daquele Estado ou, na ausência de normas pertinentes, à unidade territorial com a qual a obrigação de prestar alimentos tenha vinculação mais estreita;

e) qualquer referência ao Estado de que uma pessoa é nacional se interpretará como uma referência à unidade territorial designada pela lei daquele Estado ou, na ausência de normas pertinentes, à unidade territorial com a qual a pessoa tenha vinculação mais estreita.

2. Para os propósitos de identificação das leis aplicáveis em virtude do presente Protocolo, quando um Estado compreenda duas ou mais unidades territoriais, cada qual com seu próprio sistema jurídico ou conjunto de normas relativas a matérias reguladas pelo presente Protocolo, aplicar-se-ão as seguintes regras:

a) se houver, em determinado Estado, normas em vigor que determinem a lei de qual unidade territorial será aplicável, aplicar-se-á a lei daquela unidade;

b) na ausência de tais regras, aplicar-se-á a lei da unidade territorial pertinente, tal como definido no parágrafo 1.

3. O presente Artigo não se aplicará a uma Organização Regional de Integração Econômica.

Artigo 17

Sistemas jurídicos não unificados de caráter pessoal

Para fins de identificação da lei aplicável em virtude do presente Protocolo em relação a um Estado no qual existam dois ou mais sistemas jurídicos ou conjuntos de normas aplicáveis a diferentes categorias de pessoas relacionadas a matérias compreendidas no escopo do presente Protocolo, qualquer referência à lei de tal Estado se interpretará como uma referência ao sistema jurídico determinado pelas normas em vigor naquele Estado.

Artigo 18

Coordenação com as Convenções da Haia em matéria de obrigações alimentares anteriores

Nas relações entre Estados Contratantes, o presente Protocolo substitui a Convenção da Haia, de 2 de outubro de 1973, sobre a Lei Aplicável às Obrigações de Prestar Alimentos e a Convenção da Haia, de 24 de outubro de 1956, sobre a Lei Aplicável às Obrigações de Prestar Alimentos a Menores.

Artigo 19

Coordenação com outros instrumentos

1. O presente Protocolo não afeta outros instrumentos internacionais aos quais os Estados Contratantes são ou se tornarão Partes e que contêm dispositivos sobre matérias reguladas pelo Protocolo, exceto se for feita declaração em contrário pelos Estados-Partes de tais instrumentos.

2. O Parágrafo 1º também se aplica às leis uniformes baseadas na existência de vínculos especiais de caráter regional ou de outra natureza entre os Estados interessados.

Artigo 20

Interpretação uniforme

Ao interpretar o presente Protocolo, dever-se-á ter em conta seu caráter internacional e a necessidade de promover a uniformidade em sua aplicação.

Artigo 21

Revisão do funcionamento prático do Protocolo

1. O Secretário-Geral da Conferência da Haia de Direito Internacional Privado convocará, quando necessário, uma Comissão Especial com o propósito de revisar o funcionamento prático do Protocolo.

2. Para o propósito de tal revisão, os Estados contratantes cooperarão com o Secretaria Permanente da Conferência da Haia de Direito Internacional Privado na obtenção de jurisprudência relativa à aplicação do Protocolo.

Artigo 22

Disposições transitórias

O presente Protocolo não se aplicará a alimentos reclamados em um Estado Contratante por período anterior a sua entrada em vigor naquele Estado.

Artigo 23
Assinatura, ratificação e adesão

1. O presente Protocolo está aberto à assinatura de todos os Estados.

2. O presente Protocolo está sujeito a ratificação, aceitação ou aprovação pelos Estados signatários.

3. O presente Protocolo está aberto para adesão por todos os Estados.

4. Instrumentos de ratificação, aceitação, aprovação ou adesão serão depositados no Ministério de Relações Exteriores do Reino dos Países Baixos, depositário do Protocolo.

Artigo 24
Organizações Regionais de Integração Econômica

1. Uma Organização Regional de Integração Econômica constituída unicamente por Estados soberanos e que tenha competência sobre algumas ou todas as matérias reguladas pelo presente Protocolo poderá igualmente assinar, aceitar, aprovar ou aderir ao Protocolo. Nesse caso, a Organização Regional de Integração Econômica terá os mesmos direitos e obrigações que um Estado contratante na medida em que aquela Organização tenha competência sobre a matéria regulada pelo presente Protocolo.

2. No momento da assinatura, aceitação, aprovação ou adesão, a Organização Regional de Integração Econômica notificará, por escrito, ao depositário a matéria regulada pelo Protocolo sobre as quais os Estados Membros tenham transferido a competência para tal Organização.

3. No momento da assinatura, aceitação, aprovação ou adesão, a Organização Regional de Integração Econômica poderá declarar, de acordo com o Artigo 28, que exerce competência sobre todas as matérias reguladas pelo presente Protocolo e que os Estados Membros que tiverem transferido competência para a Organização Regional de Integração Econômica a respeito da matéria em questão estarão obrigados pelo presente Protocolo em virtude da assinatura, aceitação, aprovação ou adesão da Organização.

4. Para o propósito de entrada em vigor do Protocolo, um instrumento depositado por uma Organização Regional de Integração Econômica não será levado em consideração a menos que a Organização Regional de Integração Econômica faça uma declaração de acordo com o parágrafo 3.

5. Qualquer referência no Protocolo a "Estado Contratante" ou "Estado" se aplica igualmente a uma Organização Regional de Integração Econômica que seja Parte, quando apropriado. Quando uma Organização Regional de Integração Econômica fizer declaração disposta no parágrafo 3º, qualquer referência a "Estado Contratante" ou "Estado" no Protocolo aplicar-se-á igualmente aos Estados-Membros da Organização pertinente.

Artigo 25
Entrada em vigor

1. O Protocolo entrará em vigor no primeiro dia do mês seguinte ao fim de um período de três meses após o depósito do segundo instrumento de ratificação, aceitação, aprovação ou adesão de que trata o Artigo 23.

2. A partir de então, o Protocolo entrará em vigor:

a) para cada Estado ou cada Organização Regional de Integração Econômica a que se refere o artigo 24 que posteriormente o ratifique, aceite ou aprove, ou que lhe promova adesão, no primeiro dia do mês seguinte ao fim de um do período de três meses após o depósito de seus instrumentos de ratificação, aceitação, aprovação ou adesão.

b) para as unidades territoriais as quais o Protocolo tenha sido estendido de conformidade com o Artigo 26, no primeiro dia do mês seguinte ao fim de um período de três meses depois de notificação da declaração prevista no referido artigo.

Artigo 26
Declarações com respeito a sistemas jurídicos não-unificados

1. Um Estado que tenha duas ou mais unidades territoriais às quais se apliquem diferentes sistemas jurídicos às matérias regidas por este Protocolo pode, ao tempo da assinatura, da ratificação, da aceitação, da aprovação ou da adesão, declarar, de acordo com o artigo 28, que este Protocolo se aplicará a todas as unidades territoriais ou somente a uma ou várias dentre elas, e poderá, a qualquer tempo, modificar essa declaração fazendo uma nova declaração.

2. Qualquer declaração será notificada ao depositário e indicará expressamente as unidades territoriais às quais se aplica o Protocolo.

3. Se um Estado não fizer declaração sobre este artigo, o Protocolo será aplicado a todas as unidades territoriais deste Estado.

4. Este artigo não se aplica a uma Organização Regional de Integração Econômica.

Artigo 27
Reservas

Não se admitirão reservas ao presente Protocolo.

Artigo 28
Declarações

1. As declarações previstas no artigo 24, parágrafo 3º e no artigo 26, parágrafo 1º poderão ser feitas no momento da assinatura, ratificação, aceitação, aprovação ou adesão, ou a qualquer tempo e poderão ser modificados ou retirados a qualquer tempo.

2. As declarações, as modificações e as retiradas serão notificadas ao depositário.

3. Uma declaração feita no momento da assinatura, ratificação, aceitação, aprovação ou adesão terá efeito no momento da entrada em vigor do presente Protocolo para o Estado em questão.

4. Uma declaração feita posteriormente, assim como qualquer modificação ou retirada de uma declaração, terá efeito no primeiro dia do mês seguinte ao fim de um período de três meses após a data de recepção da notificação pelo depositário.

Artigo 29
Denúncia

1. Qualquer Estado Contratante poderá denunciar o Protocolo por meio de notificação escrita ao depositário. A denúncia poderá se limitar a algumas unidades territoriais de um Estado que tenha um sistema jurídico não unificado ao qual se aplique o Protocolo.

2. A denúncia terá efeito no primeiro dia do mês seguinte ao fim de um período de 12 meses após a data de recepção da notificação pelo depositário. Quando for especificado na notificação que a denúncia terá efeito em um período maior, ela o terá ao final do período em questão, após a data de recepção da notificação pelo depositário.

Artigo 30
Notificação

O depositário notificará os Membros da Conferência da Haia de Direito Internacional Privado, bem como os Estados e Organizações Regionais de Integração Econômica que assinaram, ratificaram, aceitaram, aprovaram ou aderiram de acordo com os artigos 23 e 24, sobre as informações seguintes:

a) assinaturas, ratificações, aceitações, aprovações e adesões mencionadas nos artigos 23 e 24;

b) data de entrada em vigor do Protocolo de acordo com o Artigo 25;

c) declarações previstas no artigo 24, parágrafo 3º e 26, parágrafo 1º;

d) denúncias previstas no artigo 29.

Em fé do que, os abaixo assinados, devidamente autorizados por seus respectivos Governos, assinaram o presente Tratado.

Feito na Haia, no dia 23 de novembro de 2007, nos idiomas francês e inglês, sendo ambos os textos igualmente autênticos, em um único exemplar, que será depositado nos arquivos do Governo do Reino dos Países Baixos e do qual uma cópia autenticada será enviada, pela via diplomática, a cada um dos Membros da Conferência da Haia de Direito Internacional Privado quando da sua Vigésima-primeira Sessão, bem como a cada um dos demais Estados que participaram daquela Sessão.

PROVIMENTO DO CNJ Nº 63, DE 14 NOVEMBRO DE 2017

Institui modelos únicos de certidão de nascimento, de casamento e de óbito, a serem adotadas pelos ofícios de registro civil das pessoas naturais, e dispõe sobre o reconhecimento voluntário e a averbação da paternidade e maternidade socioafetiva no Livro "A" e sobre o registro de nascimento e emissão da respectiva certidão dos filhos havidos por reprodução assistida.

O CORREGEDOR NACIONAL DE JUSTIÇA, usando de suas atribuições, legais e regimentais e

CONSIDERANDO o poder de fiscalização e de normatização do Poder Judiciário dos atos praticados por seus órgãos (art. 103-B, § 4º, I, II e III, da Constituição Federal de 1988);

CONSIDERANDO a competência do Poder Judiciário de fiscalizar os serviços notariais e de registro (arts. 103-B, § 4º, I e III, e 236, § 1º, da Constituição Federal);

CONSIDERANDO a competência da Corregedoria Nacional de Justiça de regulamentar a padronização das certidões de nascimento, casamento, óbito e certidão de inteiro teor (art. 19, *caput*, da Lei de Registros Públicos);

CONSIDERANDO a existência de convênio firmado entre a Associação dos Registradores de Pessoas Naturais (ARPEN-Brasil) e a Receita Federal do Brasil (RFB) que viabiliza a integração da Central Nacional de Informações do Registro Civil (CRC) com o banco de dados da RFB;

CONSIDERANDO a gratuidade da incorporação do número do Cadastro de Pessoas Físicas (CPF) aos documentos de identidade civil da União, dos Estados e do Distrito Federal e, mediante essa integração de dados, a possibilidade de verificação do cumprimento dos requisitos de elegibilidade para concessão e manutenção dos benefícios sociais pelo órgão concedente (art. 9º da Lei nº 13.444, de 11 de maio de 2017);

CONSIDERANDO a possibilidade de a naturalidade do cidadão corresponder à do município em que ocorreu o nascimento ou à do município de residência da mãe do registrando, desde que localizado em território nacional, cabendo a opção ao declarante no ato de registro de nascimento (art. 1º da Lei nº 13.484, de 26 de setembro de 2017);

CONSIDERANDO a possibilidade, no caso de adoção iniciada antes do registro de nascimento, de o declarante optar pela naturalidade do município de residência do adotante na data do registro;

CONSIDERANDO a necessidade de constar no assento de casamento a naturalidade dos cônjuges (art. 1º da Lei nº 13.484/2017);

CONSIDERANDO a importância da integração de dados para aumentar a confiabilidade da documentação e diminuir as possibilidades de fraudes no país, além de contemplar as fontes primárias de todo e qualquer cidadão concernentes ao nascimento, casamento e óbito, que compõem a base de dados da CRC;

CONSIDERANDO o eventual interesse de pessoa física de solicitar, quando da expedição de nascimento atualizada, a averbação de outros documentos, de forma a facilitar seu acesso a programas sociais e reunir informações em documento único;

CONSIDERANDO o sistema de registro eletrônico, que facilita a interoperabilidade de dados (arts. 37 e seguintes da Lei nº 11.977, de 7 de julho de 2009);

CONSIDERANDO o direito do adotado de acesso irrestrito a todos os procedimentos e incidentes da adoção (art. 48 do Estatuto da Criança e do Adolescente);

CONSIDERANDO a existência de regulamentação pelas corregedorias-gerais de justiça dos Estados do reconhecimento voluntário de paternidade e maternidade socioafetiva perante os oficiais de registro civil das pessoas naturais;

CONSIDERANDO a conveniência de edição de normas básicas e uniformes para a realização do registro ou averbação, visando conferir segurança jurídica à paternidade ou à maternidade socioafetiva estabelecida, inclusive no que diz respeito a aspectos sucessórios e patrimoniais;

CONSIDERANDO a ampla aceitação doutrinária e jurisprudencial da paternidade e maternidade socioafetiva, contemplando os princípios da afetividade e da dignidade da pessoa humana como fundamento da filiação civil;

CONSIDERANDO a possibilidade de o parentesco resultar de outra origem que não a consanguinidade e o reconhecimento dos mesmos direitos e qualificações aos filhos, havidos ou não da relação de casamento ou por adoção, proibida toda designação discriminatória relativa à filiação (arts. 1.539 e 1.596 do Código Civil);

CONSIDERANDO a possibilidade de reconhecimento voluntário da paternidade perante o oficial de registro civil das pessoas naturais e, ante o princípio da igualdade jurídica e de filiação, de reconhecimento voluntário da paternidade ou maternidade socioafetiva;

CONSIDERANDO a necessidade de averbação, em registro público, dos atos judiciais ou extrajudiciais que declararem ou reconhecerem a filiação (art. 10, II, do Código Civil);

CONSIDERANDO o fato de que a paternidade socioafetiva, declarada ou não em registro público, não impede o reconhecimento do vínculo de filiação concomitante baseado na origem biológica, com os efeitos jurídicos próprios (Supremo Tribunal Federal – RE nº 898.060/SC);

CONSIDERANDO o previsto no art. 227, § 6º, da Constituição Federal e no art. 1.609 do Código Civil;

CONSIDERANDO as disposições do Provimento CN-CNJ nº 13, de 3 de setembro de 2010, bem como da Resolução CNJ nº 175, de 14 de maio de 2013;

CONSIDERANDO o reconhecimento da união contínua, pública e duradoura entre pessoas do mesmo sexo como família, com eficácia *erga omnes* e efeito vinculante para toda a administração pública e demais órgãos do Poder Judiciário (Supremo Tribunal Federal, ADPF nº 132/RJ e ADI nº 4.277/DF);

CONSIDERANDO a garantia do direito ao casamento civil às pessoas do mesmo sexo (Superior Tribunal de Justiça, REsp nº 1.183.378/RS);

CONSIDERANDO as normas éticas para uso de técnicas de reprodução assistida, tornando-as dispositivo deontológico a ser seguido por todos os médicos brasileiros (Resolução CFM nº 2.121, *DOU* de 24 de setembro de 2015);

CONSIDERANDO a necessidade de uniformização, em todo o território nacional, do registro de nascimento e da emissão da respectiva certidão para filhos havidos por técnica de reprodução assistida de casais homoafetivos e heteroafetivos;

CONSIDERANDO a competência da Corregedoria Nacional de Justiça de expedir provimentos e outros atos normativos destinados ao aperfeiçoamento das atividades dos serviços notariais e de registro (art. 8º, X, do Regimento Interno do Conselho Nacional de Justiça);

CONSIDERANDO as sugestões encaminhadas à Corregedoria Nacional de Justiça, bem como as decisões proferidas nos autos dos Pedidos de Providência nº 0006194-84.2016.2.00.0000, 0002653-77.2015.2.00.0000, 00003764-28.2017.2.00.0000 e 0005066-92.2017.2.00.0000, em trâmite no Conselho Nacional de Justiça,

RESOLVE:

Seção I
DAS REGRAS GERAIS

Art. 1º Os modelos únicos de certidão de nascimento, de casamento e de óbito, a serem adotados pelos ofícios de registro civil das pessoas naturais em todo o país, ficam instituídos na forma dos Anexos I, II e III deste provimento.

Art. 2º As certidões de casamento, nascimento e óbito, sem exceção, passarão a consignar a matrícula que identifica o código nacional da serventia, o código do acervo, o tipo do serviço prestado, o tipo de livro, o número do livro, o número da folha, o número do termo e o dígito verificador, observados os códigos previstos no Anexo IV.

§ 1º A certidão de inteiro teor requerida pelo adotado deverá dispor sobre todo o conteúdo registral, mas dela não deverá constar a origem biológica, salvo por determinação judicial (art. 19, § 3º, c/c o art. 95, parágrafo único, da Lei de Registros Públicos).

§ 2º A certidão de inteiro teor, de natimorto e as relativas aos atos registrados ou transcritos no Livro E deverão ser emitidas de acordo com o modelo do Anexo V.

Art. 3º O oficial de registro civil das pessoas naturais incluirá no assento de nascimento, em campo próprio, a naturalidade do recém-nascido ou a do adotado na hipótese de adoção iniciada antes do registro de nascimento.

§ 1º O registrando poderá ser cidadão do município em que ocorreu o nascimento ou do município de residência da mãe na data do nascimento, desde que localizado em território nacional, cabendo ao declarante optar no ato de registro de nascimento.

§ 2º Os modelos de certidão de nascimento continuarão a consignar, em campo próprio, o local de nascimento do registrando, que corresponderá ao local do parto.

Art. 4º As certidões de nascimento deverão conter, no campo filiação, as informações referentes à naturalidade, domicílio ou residência atual dos pais do registrando.

Art. 5º O número da declaração do nascido vivo, quando houver, será obrigatoriamente lançado em campo próprio da certidão de nascimento.

Art. 6º O CPF será obrigatoriamente incluído nas certidões de nascimento, casamento e óbito.

§ 1º Se o sistema para a emissão do CPF estiver indisponível, o registro não será obstado, devendo o oficial averbar, sem ônus, o número do CPF quando do reestabelecimento do sistema.

§ 2º Nos assentos de nascimento, casamento e óbito lavrados em data anterior à vigência deste provimento, poderá ser averbado o número de CPF, de forma gratuita, bem como anotados o número do DNI ou RG, título de eleitor e outros dados cadastrais públicos relativos à pessoa natural, mediante conferência.

§ 3º A partir da vigência deste provimento, a emissão de segunda via de certidão de nascimento, casamento e óbito dependerá, quando possível, da prévia averbação cadastral do número de CPF no respectivo assento, de forma gratuita.

§ 4º A inclusão de dados cadastrais nos assentos e certidões por meio de averbação ou anotação não dispensará a parte interessada de apresentar o documento original quando exigido pelo órgão solicitante ou quando necessário à identificação do portador.

§ 5º As certidões não necessitarão de quadros predefinidos, sendo suficiente que os dados sejam preenchidos conforme a disposição prevista nos Anexos I, II, III e IV, e os sistemas para emissão das certidões de que tratam referidos anexos deverão possuir quadros capazes de adaptar-se ao texto a ser inserido.

Art. 7º Será incluída no assento de casamento a naturalidade dos cônjuges (art. 70 da Lei de Registros Públicos).

Art. 8º O oficial de registro civil das pessoas naturais não poderá exigir a identificação do doador de material genético como condição para a lavratura do registro de nascimento de criança gerada mediante técnica de reprodução assistida.

Art. 9º Os novos modelos deverão ser implementados até o dia 1º de janeiro de 2018 e não devem conter quadros preestabelecidos para o preenchimento dos nomes dos genitores e progenitores, bem como para anotações de cadastro que não estejam averbadas ou anotadas nos respectivos registros.

Parágrafo único. As certidões expedidas em modelo diverso até a data de implementação mencionada no *caput* deste artigo não precisarão ser substituídas e permanecerão válidas por prazo indeterminado.

Seção II
DA PATERNIDADE SOCIOAFETIVA

Art. 10. O reconhecimento voluntário da paternidade ou da maternidade socioafetiva de pessoas acima de 12 anos será autorizado perante os oficiais de registro civil das pessoas naturais.

► *Caput* com a redação dada pelo Provimento do CNJ nº 83, de 14-8-2019.

§ 1º O reconhecimento voluntário da paternidade ou maternidade será irrevogável, somente podendo ser desconstituído pela via judicial, nas hipóteses de vício de vontade, fraude ou simulação.

§ 2º Poderão requerer o reconhecimento da paternidade ou maternidade socioafetiva de filho os maiores de dezoito anos de idade, independentemente do estado civil.

§ 3º Não poderão reconhecer a paternidade ou maternidade socioafetiva os irmãos entre si nem os ascendentes.

§ 4º O pretenso pai ou mãe será pelo menos dezesseis anos mais velho que o filho a ser reconhecido.

Art. 10-A. A paternidade ou a maternidade socioafetiva deve ser estável e deve estar exteriorizada socialmente.

§ 1º O registrador deverá atestar a existência do vínculo afetivo da paternidade ou maternidade socioafetiva mediante apuração objetiva por intermédio da verificação de elementos concretos.

§ 2º O requerente demonstrará a afetividade por todos os meios em direito admitidos, bem como por documentos, tais como: apontamento escolar como responsável ou representante do aluno; inscrição do pretenso filho em plano de saúde ou em órgão de previdência; registro oficial de que residem na mesma unidade domiciliar; vínculo de conjugalidade – casamento ou união estável – com o ascendente biológico; inscrição como dependente do requerente em entidades associativas; fotografias em celebrações relevantes; declaração de testemunhas com firma reconhecida.

§ 3º A ausência destes documentos não impede o registro, desde que justificada a impossibilidade, no entanto, o registrador deverá atestar como apurou o vínculo socioafetivo.

§ 4º Os documentos colhidos na apuração do vínculo socioafetivo deverão ser arquivados pelo registrador (originais ou cópias) juntamente com o requerimento.

► Art. 10-A acrescido pelo pelo Provimento do CNJ nº 83, de 14-8-2019.

Art. 11. O reconhecimento da paternidade ou maternidade socioafetiva será processado perante o oficial de registro civil das pessoas naturais, ainda que diverso daquele em que foi lavrado o assento, mediante a exibição de documento oficial de identificação com foto do requerente e da certidão de nascimento do filho, ambos em original e cópia, sem constar do traslado menção à origem da filiação.

§ 1º O registrador deverá proceder à minuciosa verificação da identidade do requerente, mediante coleta, em termo próprio, por escrito particular, conforme modelo constante do Anexo VI, de sua qualificação e assinatura, além de proceder à rigorosa conferência dos documentos pessoais.

§ 2º O registrador, ao conferir o original, manterá em arquivo cópia de documento de identificação do requerente, juntamente com o termo assinado.

§ 3º Constarão do termo, além dos dados do requerente, os dados do campo FILIAÇÃO e do filho que constam no registro, devendo o registrador colher a assinatura do pai e da mãe do reconhecido, caso este seja menor.

§ 4º Se o filho for menor de 18 anos, o reconhecimento da paternidade ou maternidade socioafetiva exigirá o seu consentimento.

► § 4º com a redação dada pelo Provimento do CNJ nº 83, de 14-8-2019.

§ 5º A coleta da anuência tanto do pai quanto da mãe e do filho maior de doze anos deverá ser feita pessoalmente perante o oficial de registro civil das pessoas naturais ou escrevente autorizado.

§ 6º Na falta da mãe ou do pai do menor, na impossibilidade de manifestação válida destes ou do filho, quando exigido, o caso será apresentado ao juiz competente nos termos da legislação local.

§ 7º Serão observadas as regras da tomada de decisão apoiada quando o procedimento envolver a participação de pessoa com deficiência (Capítulo III do Título IV do Livro IV do Código Civil).

§ 8º O reconhecimento da paternidade ou da maternidade socioafetiva poderá ocorrer por meio de documento público ou particular de disposição de última vontade, desde que seguidos os demais trâmites previstos neste provimento.

§ 9º Atendidos os requisitos para o reconhecimento da paternidade ou maternidade socioafetiva, o registrador encaminhará o expediente ao representante do Ministério Público para parecer.

I – O registro da paternidade ou maternidade socioafetiva será realizado pelo registrador após o parecer favorável do Ministério Público;

II – Se o parecer for desfavorável, o registrador não procederá o registro da paternidade ou maternidade socioafetiva e comunicará o ocorrido ao requerente, arquivando-se o expediente;

III – Eventual dúvida referente ao registo deverá ser remetida ao juízo competente para dirimi-la.

► § 9º acrescido pelo Provimento do CNJ nº 83, de 14-8-2019.

Art. 12. Suspeitando de fraude, falsidade, má-fé, vício de vontade, simulação ou dúvida sobre a configuração do estado de posse de filho, o registrador fundamentará a recusa, não praticará o ato e encaminhará o pedido ao juiz competente nos termos da legislação local.

Art. 13. A discussão judicial sobre o reconhecimento da paternidade ou de procedimento de adoção obstará o reconhecimento da filiação pela sistemática estabelecida neste provimento.

Parágrafo único. O requerente deverá declarar o desconhecimento da existência de processo judicial em que se discuta a filiação do reconhecendo, sob pena de incorrer em ilícito civil e penal.

Art. 14. O reconhecimento da paternidade ou maternidade socioafetiva somente poderá ser realizado de forma unilateral e não implicará o registro de mais de dois pais e de duas mães no campo FILIAÇÃO no assento de nascimento.

§ 1º Somente é permitida a inclusão de um ascendente socioafetivo, seja do lado paterno ou do materno.

§ 2º A inclusão de mais de um ascendente socioafetivo deverá tramitar pela via judicial.

► §§ 1º e 2º acrescidos pelo Provimento do CNJ nº 83, de 14-8-2019.

Art. 15. O reconhecimento espontâneo da paternidade ou maternidade socioafetiva não obstaculizará a discussão judicial sobre a verdade biológica.

Seção III
DA REPRODUÇÃO ASSISTIDA

Art. 16. O assento de nascimento de filho havido por técnicas de reprodução assistida será inscrito no Livro A, independentemente de prévia autorização judicial e observada a legislação em vigor no que for pertinente, mediante o comparecimento de ambos os pais, munidos de documentação exigida por este provimento.

§ 1º Se os pais forem casados ou conviverem em união estável, poderá somente um deles comparecer ao ato de registro, desde que apresente a documentação referida no art. 17, III, deste provimento.

§ 2º No caso de filhos de casais homoafetivos, o assento de nascimento deverá ser adequado para que constem os nomes dos ascendentes, sem referência a distinção quanto à ascendência paterna ou materna.

Art. 17. Será indispensável, para fins de registro e de emissão da certidão de nascimento, a apresentação dos seguintes documentos:

I – declaração de nascido vivo (DNV);

II – declaração, com firma reconhecida, do diretor técnico da clínica, centro ou serviço de reprodução humana em que foi realizada a reprodução assistida, indicando que a criança foi gerada por reprodução assistida heteróloga, assim como o nome dos beneficiários;

III – certidão de casamento, certidão de conversão de união estável em casamento, escritura pública de união estável ou sentença em que foi reconhecida a união estável do casal.

§ 1º Na hipótese de gestação por substituição, não constará do registro o nome da parturiente, informado na declaração de nascido vivo, devendo ser apresentado termo de compromisso firmado pela doadora temporária do útero, esclarecendo a questão da filiação.

§ 2º Nas hipóteses de reprodução assistida post mortem, além dos documentos elencados nos incisos do *caput* deste artigo, conforme o caso, deverá ser apresentado termo de autorização prévia específica do falecido ou falecida para uso do material biológico preservado, lavrado por instrumento público ou particular com firma reconhecida.

§ 3º O conhecimento da ascendência biológica não importará no reconhecimento do vínculo de parentesco e dos respectivos efeitos jurídicos entre o doador ou a doadora e o filho gerado por meio da reprodução assistida.

Art. 18. Será vedada aos oficiais registradores a recusa ao registro de nascimento e à emissão da respectiva certidão de filhos havidos por técnica de reprodução assistida, nos termos deste provimento.

§ 1º A recusa prevista no *caput* deverá ser comunicada ao juiz competente nos termos da legislação local, para as providências disciplinares cabíveis.

§ 2º Todos os documentos referidos no art. 17 deste provimento deverão permanecer arquivados no ofício em que foi lavrado o registro civil.

Art. 19. Os registradores, para os fins do presente provimento, deverão observar as normas legais referentes à gratuidade de atos.

Seção IV
DAS DISPOSIÇÕES FINAIS

Art. 20. Revogam-se os Provimentos CN-CNJ nº 2 e 3, de 27 de abril de 2009, e 52, de 14 de março de 2016.

Art. 21. Este provimento entra em vigor na data de sua publicação.

Brasília, 20 de novembro de 2017

Ministro João Otávio de Noronha

Corregedor Nacional de Justiça

LEI Nº 13.709, DE 14 DE AGOSTO DE 2018

Lei Geral de Proteção de Dados Pessoais (LGPD).

▸ Publicada no *DOU* de 15-8-2018.

▸ Ementa com a redação dada pela Lei nº 13.853, de 8-7-2019.

O PRESIDENTE DA REPÚBLICA

Faço saber que o Congresso Nacional decreta e eu sanciono a seguinte Lei:

CAPÍTULO I
DISPOSIÇÕES PRELIMINARES

Art. 1º Esta Lei dispõe sobre o tratamento de dados pessoais, inclusive nos meios digitais, por pessoa natural ou por pessoa jurídica de direito público ou privado, com o objetivo de proteger os direitos fundamentais de liberdade e de privacidade e o livre desenvolvimento da personalidade da pessoa natural.

Parágrafo único. As normas gerais contidas nesta Lei são de interesse nacional e devem ser observadas pela União, Estados, Distrito Federal e Municípios.

▸ Parágrafo único acrescido pela Lei nº 13.853, de 8-7-2019.

Art. 2º A disciplina da proteção de dados pessoais tem como fundamentos:

I – o respeito à privacidade;

II – a autodeterminação informativa;

III – a liberdade de expressão, de informação, de comunicação e de opinião;

IV – a inviolabilidade da intimidade, da honra e da imagem;

V – o desenvolvimento econômico e tecnológico e a inovação;

VI – a livre iniciativa, a livre concorrência e a defesa do consumidor; e

VII – os direitos humanos, o livre desenvolvimento da personalidade, a dignidade e o exercício da cidadania pelas pessoas naturais.

Art. 3º Esta Lei aplica-se a qualquer operação de tratamento realizada por pessoa natural ou por pessoa jurídica de direito público ou privado, independentemente do meio, do país de sua sede ou do país onde estejam localizados os dados, desde que:

I – a operação de tratamento seja realizada no território nacional;

II – a atividade de tratamento tenha por objetivo a oferta ou o fornecimento de bens ou serviços ou o tratamento de dados de indivíduos localizados no território nacional; ou

▸ Inciso II com a redação dada pela Lei nº 13.853, de 8-7-2019.

III – os dados pessoais objeto do tratamento tenham sido coletados no território nacional.

§ 1º Consideram-se coletados no território nacional os dados pessoais cujo titular nele se encontre no momento da coleta.

§ 2º Excetua-se do disposto no inciso I deste artigo o tratamento de dados previsto no inciso IV do *caput* do art. 4º desta Lei.

Art. 4º Esta Lei não se aplica ao tratamento de dados pessoais:

I – realizado por pessoa natural para fins exclusivamente particulares e não econômicos;

II – realizado para fins exclusivamente:

a) jornalístico e artísticos; ou

b) acadêmicos, aplicando-se a esta hipótese os arts. 7º e 11 desta Lei;

III – realizado para fins exclusivos de:

a) segurança pública;

b) defesa nacional;

c) segurança do Estado; ou

d) atividades de investigação e repressão de infrações penais; ou

IV – provenientes de fora do território nacional e que não sejam objeto de comunicação, uso compartilhado de dados com agentes de tratamento brasileiros ou objeto de transferência internacional de dados com outro país que não o de proveniência, desde que o país de proveniência proporcione grau de proteção de dados pessoais adequado ao previsto nesta Lei.

§ 1º O tratamento de dados pessoais previsto no inciso III será regido por legislação específica, que deverá prever medidas proporcionais e estritamente necessárias ao atendimento do interesse público, observados o devido processo legal, os princípios gerais de proteção e os direitos do titular previstos nesta Lei.

§ 2º É vedado o tratamento dos dados a que se refere o inciso III do *caput* deste artigo por pessoa de direito privado, exceto em procedimentos sob tutela de pessoa jurídica de direito público, que serão objeto de informe específico à autoridade nacional e que deverão observar a limitação imposta no § 4º deste artigo.

§ 3º A autoridade nacional emitirá opiniões técnicas ou recomendações referentes às exceções previstas no inciso III do *caput* deste artigo e deverá solicitar aos responsáveis relatórios de impacto à proteção de dados pessoais.

§ 4º Em nenhum caso a totalidade dos dados pessoais de banco de dados de que trata o inciso III do *caput* deste artigo poderá ser tratada por pessoa de direito privado, salvo por aquela que possua capital integralmente constituído pelo poder público.

► § 4º com a redação dada pela Lei nº 13.853, de 8-7-2019.

Art. 5º Para os fins desta Lei, considera-se:

I – dado pessoal: informação relacionada a pessoa natural identificada ou identificável;

II – dado pessoal sensível: dado pessoal sobre origem racial ou étnica, convicção religiosa, opinião política, filiação a sindicato ou a organização de caráter religioso, filosófico ou político, dado referente à saúde ou à vida sexual, dado genético ou biométrico, quando vinculado a uma pessoa natural;

III – dado anonimizado: dado relativo a titular que não possa ser identificado, considerando a utilização de meios técnicos razoáveis e disponíveis na ocasião de seu tratamento;

IV – banco de dados: conjunto estruturado de dados pessoais, estabelecido em um ou em vários locais, em suporte eletrônico ou físico;

V – titular: pessoa natural a quem se referem os dados pessoais que são objeto de tratamento;

VI – controlador: pessoa natural ou jurídica, de direito público ou privado, a quem competem as decisões referentes ao tratamento de dados pessoais;

VII – operador: pessoa natural ou jurídica, de direito público ou privado, que realiza o tratamento de dados pessoais em nome do controlador;

VIII – encarregado: pessoa indicada pelo controlador e operador para atuar como canal de comunicação entre o controlador, os titulares dos dados e a Autoridade Nacional de Proteção de Dados (ANPD);

► Inciso VIII com a redação dada pela Lei nº 13.853, de 8-7-2019.

IX – agentes de tratamento: o controlador e o operador;

X – tratamento: toda operação realizada com dados pessoais, como as que se referem a coleta, produção, recepção, classificação, utilização, acesso, reprodução, transmissão, distribuição, processamento, arquivamento, armazenamento, eliminação, avaliação ou controle da informação, modificação, comunicação, transferência, difusão ou extração;

XI – anonimização: utilização de meios técnicos razoáveis e disponíveis no momento do tratamento, por meio dos quais um dado perde a possibilidade de associação, direta ou indireta, a um indivíduo;

XII – consentimento: manifestação livre, informada e inequívoca pela qual o titular concorda com o tratamento de seus dados pessoais para uma finalidade determinada;

XIII – bloqueio: suspensão temporária de qualquer operação de tratamento, mediante guarda do dado pessoal ou do banco de dados;

XIV – eliminação: exclusão de dado ou de conjunto de dados armazenados em banco de dados, independentemente do procedimento empregado;

XV – transferência internacional de dados: transferência de dados pessoais para país estrangeiro ou organismo internacional do qual o país seja membro;

XVI – uso compartilhado de dados: comunicação, difusão, transferência internacional, interconexão de dados pessoais ou tratamento compartilhado de bancos de dados pessoais por órgãos e entidades públicos no cumprimento de suas competências legais, ou entre esses e entes privados, reciprocamente, com autorização específica, para uma ou mais modalidades de tratamento permitidas por esses entes públicos, ou entre entes privados;

XVII – relatório de impacto à proteção de dados pessoais: documentação do controlador que contém a descrição dos processos de tratamento de dados pessoais que podem gerar riscos às liberdades civis e aos direitos fundamentais, bem como medidas, salvaguardas e mecanismos de mitigação de risco;

XVIII – órgão de pesquisa: órgão ou entidade da administração pública direta ou indireta ou pessoa jurídica de direito privado sem fins lucrativos legalmente constituída sob as leis brasileiras, com sede e foro no País, que inclua em sua missão institucional ou em seu objetivo social ou estatutário a pesquisa básica ou aplicada de caráter histórico, científico, tecnológico ou estatístico; e

XIX – autoridade nacional: órgão da administração pública responsável por zelar, implementar e fiscalizar o cumprimento desta Lei em todo o território nacional.

► Incisos XVIII e XIX com a redação dada pela Lei nº 13.853, de 8-7-2019.

Art. 6º As atividades de tratamento de dados pessoais deverão observar a boa-fé e os seguintes princípios:

I – finalidade: realização do tratamento para propósitos legítimos, específicos, explícitos e informados ao titular, sem possibilidade de tratamento posterior de forma incompatível com essas finalidades;

II – adequação: compatibilidade do tratamento com as finalidades informadas ao titular, de acordo com o contexto do tratamento;

III – necessidade: limitação do tratamento ao mínimo necessário para a realização de suas finalidades, com abrangência dos dados pertinentes, proporcionais e não excessivos em relação às finalidades do tratamento de dados;

IV – livre acesso: garantia, aos titulares, de consulta facilitada e gratuita sobre a forma e a duração do tratamento, bem como sobre a integralidade de seus dados pessoais;

V – qualidade dos dados: garantia, aos titulares, de exatidão, clareza, relevância e atualização dos dados, de acordo com a necessidade e para o cumprimento da finalidade de seu tratamento;

VI – transparência: garantia, aos titulares, de informações claras, precisas e facilmente acessíveis sobre a realização do tratamento e os respectivos agentes de tratamento, observados os segredos comercial e industrial;

VII – segurança: utilização de medidas técnicas e administrativas aptas a proteger os dados pessoais de acessos não autorizados e de situações acidentais ou ilícitas de destruição, perda, alteração, comunicação ou difusão;

VIII – prevenção: adoção de medidas para prevenir a ocorrência de danos em virtude do tratamento de dados pessoais;

IX – não discriminação: impossibilidade de realização do tratamento para fins discriminatórios ilícitos ou abusivos;

X – responsabilização e prestação de contas: demonstração, pelo agente, da adoção de medidas eficazes e capazes de comprovar a observância e o cumprimento das normas de proteção de dados pessoais e, inclusive, da eficácia dessas medidas.

CAPÍTULO II
DO TRATAMENTO DE DADOS PESSOAIS

Seção I
DOS REQUISITOS PARA O TRATAMENTO DE DADOS PESSOAIS

Art. 7º O tratamento de dados pessoais somente poderá ser realizado nas seguintes hipóteses:

I – mediante o fornecimento de consentimento pelo titular;

II – para o cumprimento de obrigação legal ou regulatória pelo controlador;

III – pela administração pública, para o tratamento e uso compartilhado de dados necessários à execução de políticas públicas previstas em leis e regulamentos ou respaldadas em contratos, convênios ou instrumentos congêneres, observadas as disposições do Capítulo IV desta Lei;

IV – para a realização de estudos por órgão de pesquisa, garantida, sempre que possível, a anonimização dos dados pessoais;

V – quando necessário para a execução de contrato ou de procedimentos preliminares relacionados a contrato do qual seja parte o titular, a pedido do titular dos dados;

VI – para o exercício regular de direitos em processo judicial, administrativo ou arbitral, esse último nos termos da Lei nº 9.307, de 23 de setembro de 1996 (Lei de Arbitragem);

VII – para a proteção da vida ou da incolumidade física do titular ou de terceiro;

VIII – para a tutela da saúde, exclusivamente, em procedimento realizado por profissionais de saúde, serviços de saúde ou autoridade sanitária;

► Inciso VIII com a redação dada pela Lei nº 13.853, de 8-7-2019.

IX – quando necessário para atender aos interesses legítimos do controlador ou de terceiro, exceto no caso de prevalecerem direitos e liberdades fundamentais do titular que exijam a proteção dos dados pessoais; ou

X – para a proteção do crédito, inclusive quanto ao disposto na legislação pertinente.

§§ 1º e 2º *Revogados*. Lei nº 13.853, de 8-7-2019.

§ 3º O tratamento de dados pessoais cujo acesso é público deve considerar a finalidade, a boa-fé e o interesse público que justificaram sua disponibilização.

§ 4º É dispensada a exigência do consentimento previsto no *caput* deste artigo para os dados tornados manifestamente públicos pelo titular, resguardados os direitos do titular e os princípios previstos nesta Lei.

§ 5º O controlador que obteve o consentimento referido no inciso I do *caput* deste artigo que necessitar comunicar ou compartilhar dados pessoais com outros controladores deverá obter consentimento específico do titular para esse fim, ressalvadas as hipóteses de dispensa do consentimento previstas nesta Lei.

§ 6º A eventual dispensa da exigência do consentimento não desobriga os agentes de tratamento das demais obrigações previstas nesta Lei, especialmente da observância dos princípios gerais e da garantia dos direitos do titular.

§ 7º O tratamento posterior dos dados pessoais a que se referem os §§ 3º e 4º deste artigo poderá ser realizado para novas finalidades, desde que observados os propósitos legítimos e específicos para o novo tratamento e a preservação dos direitos do titular, assim como os fundamentos e os princípios previstos nesta Lei.

► § 7º acrescido pela Lei nº 13.853, de 8-7-2019.

Art. 8º O consentimento previsto no inciso I do art. 7º desta Lei deverá ser fornecido por escrito ou por outro meio que demonstre a manifestação de vontade do titular.

§ 1º Caso o consentimento seja fornecido por escrito, esse deverá constar de cláusula destacada das demais cláusulas contratuais.

§ 2º Cabe ao controlador o ônus da prova de que o consentimento foi obtido em conformidade com o disposto nesta Lei.

§ 3º É vedado o tratamento de dados pessoais mediante vício de consentimento.

§ 4º O consentimento deverá referir-se a finalidades determinadas, e as autorizações genéricas para o tratamento de dados pessoais serão nulas.

§ 5º O consentimento pode ser revogado a qualquer momento mediante manifestação expressa do titular, por procedimento gratuito e facilitado, ratificados os tratamentos realizados sob amparo do consentimento anteriormente manifestado enquanto não houver requerimento de eliminação, nos termos do inciso VI do *caput* do art. 18 desta Lei.

§ 6º Em caso de alteração de informação referida nos incisos I, II, III ou V do art. 9º desta Lei, o controlador deverá informar ao titular, com destaque de forma específica do teor das alterações, podendo o titular, nos casos em que o seu consentimento é exigido, revogá-lo caso discorde da alteração.

Art. 9º O titular tem direito ao acesso facilitado às informações sobre o tratamento de seus dados, que deverão ser disponibilizadas de forma clara, adequada e ostensiva acerca de, entre outras características previstas em regulamentação para o atendimento do princípio do livre acesso:

I – finalidade específica do tratamento;

II – forma e duração do tratamento, observados os segredos comercial e industrial;

III – identificação do controlador;

IV – informações de contato do controlador;

V – informações acerca do uso compartilhado de dados pelo controlador e a finalidade;

VI – responsabilidades dos agentes que realizarão o tratamento; e

VII – direitos do titular, com menção explícita aos direitos contidos no art. 18 desta Lei.

§ 1º Na hipótese em que o consentimento é requerido, esse será considerado nulo caso as informações fornecidas ao titular tenham conteúdo enganoso ou abusivo ou não tenham sido apresentadas previamente com transparência, de forma clara e inequívoca.

§ 2º Na hipótese em que o consentimento é requerido, se houver mudanças da finalidade para o tratamento de dados pessoais não compatíveis com o consentimento original, o controlador deverá informar previamente o titular sobre as mudanças de finalidade, podendo o titular revogar o consentimento, caso discorde das alterações.

§ 3º Quando o tratamento de dados pessoais for condição para o fornecimento de produto ou de serviço ou para o exercício de direito, o titular será informado com destaque sobre esse fato e sobre os meios pelos quais poderá exercer os direitos do titular elencados no art. 18 desta Lei.

Art. 10. O legítimo interesse do controlador somente poderá fundamentar tratamento de dados pessoais para finalidades legítimas, consideradas a partir de situações concretas, que incluem, mas não se limitam a:

I – apoio e promoção de atividades do controlador; e

II – proteção, em relação ao titular, do exercício regular de seus direitos ou prestação de serviços que o beneficiem, respeitadas as legítimas expectativas dele e os direitos e liberdades fundamentais, nos termos desta Lei.

§ 1º Quando o tratamento for baseado no legítimo interesse do controlador, somente os dados pessoais estritamente necessários para a finalidade pretendida poderão ser tratados.

§ 2º O controlador deverá adotar medidas para garantir a transparência do tratamento de dados baseado em seu legítimo interesse.

§ 3º A autoridade nacional poderá solicitar ao controlador relatório de impacto à proteção de dados pessoais, quando o tratamento tiver como fundamento seu interesse legítimo, observados os segredos comercial e industrial.

Seção II
DO TRATAMENTO DE DADOS PESSOAIS SENSÍVEIS

Art. 11. O tratamento de dados pessoais sensíveis somente poderá ocorrer nas seguintes hipóteses:

I – quando o titular ou seu responsável legal consentir, de forma específica e destacada, para finalidades específicas;

II – sem fornecimento de consentimento do titular, nas hipóteses em que for indispensável para:

a) cumprimento de obrigação legal ou regulatória pelo controlador;

b) tratamento compartilhado de dados necessários à execução, pela administração pública, de políticas públicas previstas em leis ou regulamentos;

c) realização de estudos por órgão de pesquisa, garantida, sempre que possível, a anonimização dos dados pessoais sensíveis;

d) exercício regular de direitos, inclusive em contrato e em processo judicial, administrativo e arbitral, este último nos termos da Lei nº 9.307, de 23 de setembro de 1996 (Lei de Arbitragem);

e) proteção da vida ou da incolumidade física do titular ou de terceiro;

f) tutela da saúde, exclusivamente, em procedimento realizado por profissionais de saúde, serviços de saúde ou autoridade sanitária; ou

▶ Alínea *f* com a redação dada pela Lei nº 13.853, de 8-7-2019.

g) garantia da prevenção à fraude e à segurança do titular, nos processos de identificação e autenticação de cadastro em sistemas eletrônicos, resguardados os direitos mencionados no art. 9º desta Lei e exceto no caso de prevalecerem direitos e liberdades fundamentais do titular que exijam a proteção dos dados pessoais.

§ 1º Aplica-se o disposto neste artigo a qualquer tratamento de dados pessoais que revele dados pessoais sensíveis e que possa causar dano ao titular, ressalvado o disposto em legislação específica.

§ 2º Nos casos de aplicação do disposto nas alíneas *a* e *b* do inciso II do *caput* deste artigo pelos órgãos e pelas entidades públicas, será dada publicidade à referida dispensa de consentimento, nos termos do inciso I do *caput* do art. 23 desta Lei.

§ 3º A comunicação ou o uso compartilhado de dados pessoais sensíveis entre controladores com objetivo de obter vantagem econômica poderá ser objeto de vedação ou de regulamentação por parte da autoridade nacional, ouvidos os órgãos setoriais do Poder Público, no âmbito de suas competências.

§ 4º É vedada a comunicação ou o uso compartilhado entre controladores de dados pessoais sensíveis referentes à saúde com objetivo de obter vantagem econômica, exceto nas hipóteses relativas a prestação de serviços de saúde, de assistência farmacêutica e de assistência à saúde, desde que observado o § 5º deste artigo, incluídos os serviços auxiliares de diagnose e terapia, em benefício dos interesses dos titulares de dados, e para permitir:

I – a portabilidade de dados quando solicitada pelo titular; ou

II – as transações financeiras e administrativas resultantes do uso e da prestação dos serviços de que trata este parágrafo.

▶ § 4º com a redação dada pela Lei nº 13.853, de 8-7-2019.

§ 5º É vedado às operadoras de planos privados de assistência à saúde o tratamento de dados de saúde para a prática de seleção de riscos na contratação de qualquer modalidade, assim como na contratação e exclusão de beneficiários.

▶ § 5º acrescido pela Lei nº 13.853, de 8-7-2019.

Art. 12. Os dados anonimizados não serão considerados dados pessoais para os fins desta Lei, salvo quando o processo de anonimização ao qual foram submetidos for revertido, utilizando exclusivamente meios próprios, ou quando, com esforços razoáveis, puder ser revertido.

§ 1º A determinação do que seja razoável deve levar em consideração fatores objetivos, tais como custo e tempo necessários para reverter o processo de anonimização, de acordo com as tecnologias disponíveis, e a utilização exclusiva de meios próprios.

§ 2º Poderão ser igualmente considerados como dados pessoais, para os fins desta Lei, aqueles utilizados para formação do perfil comportamental de determinada pessoa natural, se identificada.

§ 3º A autoridade nacional poderá dispor sobre padrões e técnicas utilizados em processos de anonimização e realizar verificações acerca de sua segurança, ouvido o Conselho Nacional de Proteção de Dados Pessoais.

Art. 13. Na realização de estudos em saúde pública, os órgãos de pesquisa poderão ter acesso a bases de dados pessoais, que serão tratados exclusivamente dentro do órgão e estritamente para a finalidade de realização de estudos e pesquisas e mantidos em ambiente controlado e seguro, conforme práticas de segurança previstas em regulamento específico e que incluam, sempre que possível, a anonimização ou pseudonimização dos dados, bem como considerem os devidos padrões éticos relacionados a estudos e pesquisas.

§ 1º A divulgação dos resultados ou de qualquer excerto do estudo ou da pesquisa de que trata o *caput* deste artigo em nenhuma hipótese poderá revelar dados pessoais.

§ 2º O órgão de pesquisa será o responsável pela segurança da informação prevista no *caput* deste artigo, não permitida, em circunstância alguma, a transferência dos dados a terceiro.

§ 3º O acesso aos dados de que trata este artigo será objeto de regulamentação por parte da autoridade nacional e das autoridades da área de saúde e sanitárias, no âmbito de suas competências.

§ 4º Para os efeitos deste artigo, a pseudonimização é o tratamento por meio do qual um dado perde a possibilidade de associação, direta ou indireta, a um indivíduo, senão pelo uso de informação adicional mantida separadamente pelo controlador em ambiente controlado e seguro.

Seção III

DO TRATAMENTO DE DADOS PESSOAIS DE CRIANÇAS E DE ADOLESCENTES

Art. 14. O tratamento de dados pessoais de crianças e de adolescentes deverá ser realizado em seu melhor interesse, nos termos deste artigo e da legislação pertinente.

§ 1º O tratamento de dados pessoais de crianças deverá ser realizado com o consentimento específico e em destaque dado por pelo menos um dos pais ou pelo responsável legal.

§ 2º No tratamento de dados de que trata o § 1º deste artigo, os controladores deverão manter pública a informação sobre os tipos de dados coletados, a forma de sua utilização e os procedimentos para o exercício dos direitos a que se refere o art. 18 desta Lei.

§ 3º Poderão ser coletados dados pessoais de crianças sem o consentimento a que se refere o § 1º deste artigo quando a coleta for necessária para contatar os pais ou o responsável legal, utilizados uma única vez e sem armazenamento, ou para sua proteção, e em nenhum caso poderão ser repassados a terceiro sem o consentimento de que trata o § 1º deste artigo.

§ 4º Os controladores não deverão condicionar a participação dos titulares de que trata o § 1º deste artigo em jogos, aplicações de internet ou outras atividades ao fornecimento de informações pessoais além das estritamente necessárias à atividade.

§ 5º O controlador deve realizar todos os esforços razoáveis para verificar que o consentimento a que se refere o § 1º deste artigo foi dado pelo responsável pela criança, consideradas as tecnologias disponíveis.

§ 6º As informações sobre o tratamento de dados referidas neste artigo deverão ser fornecidas de maneira simples, clara e acessível, consideradas as características físico-motoras, perceptivas, sensoriais, intelectuais e mentais do usuário, com uso de recursos audiovisuais quando adequado, de forma a proporcionar a informação necessária aos pais ou ao responsável legal e adequada ao entendimento da criança.

Seção IV

DO TÉRMINO DO TRATAMENTO DE DADOS

Art. 15. O término do tratamento de dados pessoais ocorrerá nas seguintes hipóteses:

I – verificação de que a finalidade foi alcançada ou de que os dados deixaram de ser necessários ou pertinentes ao alcance da finalidade específica almejada;

II – fim do período de tratamento;

III – comunicação do titular, inclusive no exercício de seu direito de revogação do consentimento conforme disposto no § 5º do art. 8º desta Lei, resguardado o interesse público; ou

IV – determinação da autoridade nacional, quando houver violação ao disposto nesta Lei.

Art. 16. Os dados pessoais serão eliminados após o término de seu tratamento, no âmbito e nos limites técnicos das atividades, autorizada a conservação para as seguintes finalidades:

I – cumprimento de obrigação legal ou regulatória pelo controlador;

II – estudo por órgão de pesquisa, garantida, sempre que possível, a anonimização dos dados pessoais;

III – transferência a terceiro, desde que respeitados os requisitos de tratamento de dados dispostos nesta Lei; ou

IV – uso exclusivo do controlador, vedado seu acesso por terceiro, e desde que anonimizados os dados.

CAPÍTULO III

DOS DIREITOS DO TITULAR

Art. 17. Toda pessoa natural tem assegurada a titularidade de seus dados pessoais e garantidos os direitos fundamentais de liberdade, de intimidade e de privacidade, nos termos desta Lei.

Art. 18. O titular dos dados pessoais tem direito a obter do controlador, em relação aos dados do titular por ele tratados, a qualquer momento e mediante requisição:

I – confirmação da existência de tratamento;

II – acesso aos dados;

III – correção de dados incompletos, inexatos ou desatualizados;

IV – anonimização, bloqueio ou eliminação de dados desnecessários, excessivos ou tratados em desconformidade com o disposto nesta Lei;

V – portabilidade dos dados a outro fornecedor de serviço ou produto, mediante requisição expressa, de acordo com a regulamentação da autoridade nacional, observados os segredos comercial e industrial;

► Inciso V com a redação dada pela Lei nº 13.853, de 8-7-2019.

VI – eliminação dos dados pessoais tratados com o consentimento do titular, exceto nas hipóteses previstas no art. 16 desta Lei;

VII – informação das entidades públicas e privadas com as quais o controlador realizou uso compartilhado de dados;

VIII – informação sobre a possibilidade de não fornecer consentimento e sobre as consequências da negativa;

IX – revogação do consentimento, nos termos do § 5º do art. 8º desta Lei.

§ 1º O titular dos dados pessoais tem o direito de peticionar em relação aos seus dados contra o controlador perante a autoridade nacional.

§ 2º O titular pode opor-se a tratamento realizado com fundamento em uma das hipóteses de dispensa de consentimento, em caso de descumprimento ao disposto nesta Lei.

§ 3º Os direitos previstos neste artigo serão exercidos mediante requerimento expresso do titular ou de representante legalmente constituído, a agente de tratamento.

§ 4º Em caso de impossibilidade de adoção imediata da providência de que trata o § 3º deste artigo, o controlador enviará ao titular resposta em que poderá:

I – comunicar que não é agente de tratamento dos dados e indicar, sempre que possível, o agente; ou

II – indicar as razões de fato ou de direito que impedem a adoção imediata da providência.

§ 5º O requerimento referido no § 3º deste artigo será atendido sem custos para o titular, nos prazos e nos termos previstos em regulamento.

§ 6º O responsável deverá informar, de maneira imediata, aos agentes de tratamento com os quais tenha realizado uso compartilhado de dados a correção, a eliminação, a anonimização ou o bloqueio dos dados, para que repitam idêntico procedimento, exceto nos casos em que esta comunicação seja comprovadamente impossível ou implique esforço desproporcional.

► § 6º com a redação dada pela Lei nº 13.853, de 8-7-2019.

§ 7º A portabilidade dos dados pessoais a que se refere o inciso V do *caput* deste artigo não inclui dados que já tenham sido anonimizados pelo controlador.

§ 8º O direito a que se refere o § 1º deste artigo também poderá ser exercido perante os organismos de defesa do consumidor.

Art. 19. A confirmação de existência ou o acesso a dados pessoais serão providenciados, mediante requisição do titular:

I – em formato simplificado, imediatamente; ou

II – por meio de declaração clara e completa, que indique a origem dos dados, a inexistência de registro, os critérios utilizados e a finalidade do tratamento, observados os segredos comercial e industrial, fornecida no prazo de até 15 (quinze) dias, contado da data do requerimento do titular.

§ 1º Os dados pessoais serão armazenados em formato que favoreça o exercício do direito de acesso.

§ 2º As informações e os dados poderão ser fornecidos, a critério do titular:

I – por meio eletrônico, seguro e idôneo para esse fim; ou

II – sob forma impressa.

§ 3º Quando o tratamento tiver origem no consentimento do titular ou em contrato, o titular poderá solicitar cópia eletrônica integral de seus dados pessoais, observados os segredos comercial e industrial, nos termos de regulamentação da autoridade nacional, em formato que permita a sua utilização subsequente, inclusive em outras operações de tratamento.

§ 4º A autoridade nacional poderá dispor de forma diferenciada acerca dos prazos previstos nos incisos I e II do *caput* deste artigo para os setores específicos.

Art. 20. O titular dos dados tem direito a solicitar a revisão de decisões tomadas unicamente com base em tratamento automatizado de dados pessoais que afetem seus interesses, incluídas as decisões destinadas a definir o seu perfil pessoal, profissional, de consumo e de crédito ou os aspectos de sua personalidade.

► *Caput* com a redação dada pela Lei nº 13.853, de 8-7-2019.

§ 1º O controlador deverá fornecer, sempre que solicitadas, informações claras e adequadas a respeito dos critérios e dos procedimentos utilizados para a decisão automatizada, observados os segredos comercial e industrial.

§ 2º Em caso de não oferecimento de informações de que trata o § 1º deste artigo baseado na observância de segredo comercial e industrial, a autoridade nacional poderá realizar auditoria para verificação de aspectos discriminatórios em tratamento automatizado de dados pessoais.

§ 3º VETADO. Lei nº 13.853, de 8-7-2019.

Art. 21. Os dados pessoais referentes ao exercício regular de direitos pelo titular não podem ser utilizados em seu prejuízo.

Art. 22. A defesa dos interesses e dos direitos dos titulares de dados poderá ser exercida em juízo, individual ou coletivamente, na forma do disposto na legislação pertinente, acerca dos instrumentos de tutela individual e coletiva.

CAPÍTULO IV

DO TRATAMENTO DE DADOS PESSOAIS PELO PODER PÚBLICO

Seção I

DAS REGRAS

Art. 23. O tratamento de dados pessoais pelas pessoas jurídicas de direito público referidas no parágrafo único do art. 1º da Lei nº 12.527, de 18 de novembro de 2011 (Lei de Acesso à Informação), deverá ser realizado para o atendimento de sua finalidade pública, na persecução do interesse público, com o objetivo de executar as competências legais ou cumprir as atribuições legais do serviço público, desde que:

I – sejam informadas as hipóteses em que, no exercício de suas competências, realizam o tratamento de dados pessoais, fornecendo informações claras e atualizadas sobre a previsão legal, a finalidade, os procedimentos e as práticas utilizadas para a execução dessas atividades, em veículos de fácil acesso, preferencialmente em seus sítios eletrônicos;

II – VETADO ; e

III – seja indicado um encarregado quando realizarem operações de tratamento de dados pessoais, nos termos do art. 39 desta Lei; e

► Inciso III com a redação dada pela Lei nº 13.853, de 8-7-2019.

IV – VETADO. Lei nº 13.853, de 8-7-2019.

§ 1º A autoridade nacional poderá dispor sobre as formas de publicidade das operações de tratamento.

§ 2º O disposto nesta Lei não dispensa as pessoas jurídicas mencionadas no *caput* deste artigo de instituir as autoridades de que trata a Lei nº 12.527, de 18 de novembro de 2011 (Lei de Acesso à Informação).

§ 3º Os prazos e procedimentos para exercício dos direitos do titular perante o Poder Público observarão o disposto em legislação específica, em especial as disposições constantes da Lei nº 9.507, de 12 de novembro de 1997 (Lei do *Habeas Data*), da Lei nº 9.784, de 29 de janeiro de 1999 (Lei Geral do Processo Administrativo), e da Lei nº 12.527, de 18 de novembro de 2011 (Lei de Acesso à Informação).

§ 4º Os serviços notariais e de registro exercidos em caráter privado, por delegação do Poder Público, terão o mesmo tratamento dispensado às pessoas jurídicas referidas no *caput* deste artigo, nos termos desta Lei.

§ 5º Os órgãos notariais e de registro devem fornecer acesso aos dados por meio eletrônico para a administração pública, tendo em vista as finalidades de que trata o *caput* deste artigo.

Art. 24. As empresas públicas e as sociedades de economia mista que atuam em regime de concorrência, sujeitas ao disposto no art. 173 da Constituição Federal, terão o mesmo tratamento dispensado às pessoas jurídicas de direito privado particulares, nos termos desta Lei.

Parágrafo único. As empresas públicas e as sociedades de economia mista, quando estiverem operacionalizando políticas públicas e no âmbito da execução delas, terão o mesmo tratamento dispensado aos órgãos e às entidades do Poder Público, nos termos deste Capítulo.

Art. 25. Os dados deverão ser mantidos em formato interoperável e estruturado para o uso compartilhado, com vistas à execução de políticas públicas, à prestação de serviços públicos, à descentralização da atividade pública e à disseminação e ao acesso das informações pelo público em geral.

Art. 26. O uso compartilhado de dados pessoais pelo Poder Público deve atender a finalidades específicas de execução de políticas públicas e atribuição legal pelos órgãos e pelas entidades públicas, respeitados os princípios de proteção de dados pessoais elencados no art. 6º desta Lei.

§ 1º É vedado ao Poder Público transferir a entidades privadas dados pessoais constantes de bases de dados a que tenha acesso, exceto:

I – em casos de execução descentralizada de atividade pública que exija a transferência, exclusivamente para esse fim específico e determinado, observado o disposto na Lei nº 12.527, de 18 de novembro de 2011 (Lei de Acesso à Informação);

II – VETADO;

III – nos casos em que os dados forem acessíveis publicamente, observadas as disposições desta Lei;

IV – quando houver previsão legal ou a transferência for respaldada em contratos, convênios ou instrumentos congêneres; ou

V – na hipótese de a transferência dos dados objetivar exclusivamente a prevenção de fraudes e irregularidades, ou proteger e resguardar a segurança e a integridade do titular dos dados, desde que vedado o tratamento para outras finalidades.

► Incisos IV e V acrescidos pela Lei nº 13.853, de 8-7-2019.

§ 2º Os contratos e convênios de que trata o § 1º deste artigo deverão ser comunicados à autoridade nacional.

Art. 27. A comunicação ou o uso compartilhado de dados pessoais de pessoa jurídica de direito público a pessoa de direito privado será informado à autoridade nacional e dependerá de consentimento do titular, exceto:

Parágrafo único. A informação à autoridade nacional de que trata o *caput* deste artigo será objeto de regulamentação.

► Parágrafo único acrescido pela Lei nº 13.853, de 8-7-2019.

I – nas hipóteses de dispensa de consentimento previstas nesta Lei;

II – nos casos de uso compartilhado de dados, em que será dada publicidade nos termos do inciso I do *caput* do art. 23 desta Lei; ou

III – nas exceções constantes do § 1º do art. 26 desta Lei.

Art. 28. VETADO.

Art. 29. A autoridade nacional poderá solicitar, a qualquer momento, aos órgãos e às entidades do poder público a realização de operações de tratamento de dados pessoais, informações específicas sobre o âmbito e a natureza dos dados e outros detalhes do tratamento realizado e poderá emitir parecer técnico complementar para garantir o cumprimento desta Lei.

► Artigo com a redação dada pela Lei nº 13.853, de 8-7-2019.

Art. 30. A autoridade nacional poderá estabelecer normas complementares para as atividades de comunicação e de uso compartilhado de dados pessoais.

SEÇÃO II
DA RESPONSABILIDADE

Art. 31. Quando houver infração a esta Lei em decorrência do tratamento de dados pessoais por órgãos públicos, a autoridade nacional poderá enviar informe com medidas cabíveis para fazer cessar a violação.

Art. 32. A autoridade nacional poderá solicitar a agentes do Poder Público a publicação de relatórios de impacto à proteção de dados pessoais e sugerir a adoção de padrões e de boas práticas para os tratamentos de dados pessoais pelo Poder Público.

CAPÍTULO V
DA TRANSFERÊNCIA INTERNACIONAL DE DADOS

Art. 33. A transferência internacional de dados pessoais somente é permitida nos seguintes casos:

I – para países ou organismos internacionais que proporcionem grau de proteção de dados pessoais adequado ao previsto nesta Lei;

II – quando o controlador oferecer e comprovar garantias de cumprimento dos princípios, dos direitos do titular e do regime de proteção de dados previstos nesta Lei, na forma de:

a) cláusulas contratuais específicas para determinada transferência;

b) cláusulas-padrão contratuais;

c) normas corporativas globais;

d) selos, certificados e códigos de conduta regularmente emitidos;

III – quando a transferência for necessária para a cooperação jurídica internacional entre órgãos públicos de inteligência, de investigação e de persecução, de acordo com os instrumentos de direito internacional;

IV – quando a transferência for necessária para a proteção da vida ou da incolumidade física do titular ou de terceiro;

V – quando a autoridade nacional autorizar a transferência;

VI – quando a transferência resultar em compromisso assumido em acordo de cooperação internacional;

VII – quando a transferência for necessária para a execução de política pública ou atribuição legal do serviço público, sendo dada publicidade nos termos do inciso I do *caput* do art. 23 desta Lei;

VIII – quando o titular tiver fornecido o seu consentimento específico e em destaque para a transferência, com informação prévia sobre o caráter internacional da operação, distinguindo claramente esta de outras finalidades; ou

IX – quando necessário para atender as hipóteses previstas nos incisos II, V e VI do art. 7º desta Lei.

Parágrafo único. Para os fins do inciso I deste artigo, as pessoas jurídicas de direito público referidas no parágrafo único do art. 1º da Lei nº 12.527, de 18 de novembro de 2011 (Lei de Acesso à Informação), no âmbito de suas competências legais, e responsáveis, no âmbito de suas atividades, poderão requerer à autoridade nacional a avaliação do nível de proteção a dados pessoais conferido por país ou organismo internacional.

Art. 34. O nível de proteção de dados do país estrangeiro ou do organismo internacional mencionado no inciso I do *caput* do art. 33 desta Lei será avaliado pela autoridade nacional, que levará em consideração:

I – as normas gerais e setoriais da legislação em vigor no país de destino ou no organismo internacional;

II – a natureza dos dados;

III – a observância dos princípios gerais de proteção de dados pessoais e direitos dos titulares previstos nesta Lei;

IV – a adoção de medidas de segurança previstas em regulamento;

V – a existência de garantias judiciais e institucionais para o respeito aos direitos de proteção de dados pessoais; e

VI – outras circunstâncias específicas relativas à transferência.

Art. 35. A definição do conteúdo de cláusulas-padrão contratuais, bem como a verificação de cláusulas contratuais específicas para uma determinada transferência, normas corporativas globais ou selos, certificados e códigos de conduta, a que se refere o inciso II do *caput* do art. 33 desta Lei, será realizada pela autoridade nacional.

§ 1º Para a verificação do disposto no *caput* deste artigo, deverão ser considerados os requisitos, as condições e as garantias mínimas para a transferência que observem os direitos, as garantias e os princípios desta Lei.

§ 2º Na análise de cláusulas contratuais, de documentos ou de normas corporativas globais submetidas à aprovação da autoridade nacional, poderão ser requeridas informações suplementares ou realizadas diligências de verificação quanto às operações de tratamento, quando necessário.

§ 3º A autoridade nacional poderá designar organismos de certificação para a realização do previsto no *caput* deste artigo, que permanecerão sob sua fiscalização nos termos definidos em regulamento.

§ 4º Os atos realizados por organismo de certificação poderão ser revistos pela autoridade nacional e, caso em desconformidade com esta Lei, submetidos a revisão ou anulados.

§ 5º As garantias suficientes de observância dos princípios gerais de proteção e dos direitos do titular referidas no *caput* deste artigo serão também analisadas de acordo com as medidas técnicas e organizacionais adotadas pelo operador, de acordo com o previsto nos §§ 1º e 2º do art. 46 desta Lei.

Art. 36. As alterações nas garantias apresentadas como suficientes de observância dos princípios gerais de proteção e dos direitos do titular referidas no inciso II do art. 33 desta Lei deverão ser comunicadas à autoridade nacional.

CAPÍTULO VI
DOS AGENTES DE TRATAMENTO DE DADOS PESSOAIS

Seção I
DO CONTROLADOR E DO OPERADOR

Art. 37. O controlador e o operador devem manter registro das operações de tratamento de dados pessoais que realizarem, especialmente quando baseado no legítimo interesse.

Art. 38. A autoridade nacional poderá determinar ao controlador que elabore relatório de impacto à proteção de dados pessoais, inclusive de dados sensíveis, referente a suas operações de tratamento de dados, nos termos de regulamento, observados os segredos comercial e industrial.

Parágrafo único. Observado o disposto no *caput* deste artigo, o relatório deverá conter, no mínimo, a descrição dos tipos de dados coletados, a metodologia utilizada para a coleta e para a garantia da segurança das informações e a análise do controlador com relação a medidas, salvaguardas e mecanismos de mitigação de risco adotados.

Art. 39. O operador deverá realizar o tratamento segundo as instruções fornecidas pelo controlador, que verificará a observância das próprias instruções e das normas sobre a matéria.

Art. 40. A autoridade nacional poderá dispor sobre padrões de interoperabilidade para fins de portabilidade, livre acesso aos dados e segurança, assim como sobre o tempo de guarda dos registros, tendo em vista especialmente a necessidade e a transparência.

Seção II
DO ENCARREGADO PELO TRATAMENTO DE DADOS PESSOAIS

Art. 41. O controlador deverá indicar encarregado pelo tratamento de dados pessoais.

§ 1º A identidade e as informações de contato do encarregado deverão ser divulgadas publicamente, de forma clara e objetiva, preferencialmente no sítio eletrônico do controlador.

§ 2º As atividades do encarregado consistem em:

I – aceitar reclamações e comunicações dos titulares, prestar esclarecimentos e adotar providências;

II – receber comunicações da autoridade nacional e adotar providências;

III – orientar os funcionários e os contratados da entidade a respeito das práticas a serem tomadas em relação à proteção de dados pessoais; e

IV – executar as demais atribuições determinadas pelo controlador ou estabelecidas em normas complementares.

§ 3º A autoridade nacional poderá estabelecer normas complementares sobre a definição e as atribuições do encarregado, inclusive hipóteses de dispensa da necessidade de sua indicação, conforme a natureza e o porte da entidade ou o volume de operações de tratamento de dados.

§ 4º VETADO. Lei nº 13.853, de 8-7-2019.

Seção III
DA RESPONSABILIDADE E DO RESSARCIMENTO DE DANOS

Art. 42. O controlador ou o operador que, em razão do exercício de atividade de tratamento de dados pessoais, causar a outrem dano patrimonial, moral, individual ou coletivo, em violação à legislação de proteção de dados pessoais, é obrigado a repará-lo.

§ 1º A fim de assegurar a efetiva indenização ao titular dos dados:

I – o operador responde solidariamente pelos danos causados pelo tratamento quando descumprir as obrigações da legislação de proteção de dados ou quando não tiver seguido as instruções lícitas do controlador, hipótese em que o operador equipara-se ao controlador, salvo nos casos de exclusão previstos no art. 43 desta Lei;

II – os controladores que estiverem diretamente envolvidos no tratamento do qual decorreram danos ao titular dos dados respondem solidariamente, salvo nos casos de exclusão previstos no art. 43 desta Lei.

§ 2º O juiz, no processo civil, poderá inverter o ônus da prova a favor do titular dos dados quando, a seu juízo, for verossímil a alegação, houver hipossuficiência para fins de produção de prova ou quando a produção de prova pelo titular resultar-lhe excessivamente onerosa.

§ 3º As ações de reparação por danos coletivos que tenham por objeto a responsabilização nos termos do *caput* deste artigo podem ser exercidas coletivamente em juízo, observado o disposto na legislação pertinente.

§ 4º Aquele que reparar o dano ao titular tem direito de regresso contra os demais responsáveis, na medida de sua participação no evento danoso.

Art. 43. Os agentes de tratamento só não serão responsabilizados quando provarem:

I – que não realizaram o tratamento de dados pessoais que lhes é atribuído;

II – que, embora tenham realizado o tratamento de dados pessoais que lhes é atribuído, não houve violação à legislação de proteção de dados; ou

III – que o dano é decorrente de culpa exclusiva do titular dos dados ou de terceiro.

Art. 44. O tratamento de dados pessoais será irregular quando deixar de observar a legislação ou quando não fornecer a segurança que o titular dele pode esperar, consideradas as circunstâncias relevantes, entre as quais:

I – o modo pelo qual é realizado;

II – o resultado e os riscos que razoavelmente dele se esperam;

III – as técnicas de tratamento de dados pessoais disponíveis à época em que foi realizado.

Parágrafo único. Responde pelos danos decorrentes da violação da segurança dos dados o controlador ou o operador que, ao deixar de adotar as medidas de segurança previstas no art. 46 desta Lei, der causa ao dano.

Art. 45. As hipóteses de violação do direito do titular no âmbito das relações de consumo permanecem sujeitas às regras de responsabilidade previstas na legislação pertinente.

CAPÍTULO VII
DA SEGURANÇA E DAS BOAS PRÁTICAS

Seção I
DA SEGURANÇA E DO SIGILO DE DADOS

Art. 46. Os agentes de tratamento devem adotar medidas de segurança, técnicas e administrativas aptas a proteger os dados pessoais de acessos não autorizados e de situações acidentais ou ilícitas de destruição, perda, alteração, comunicação ou qualquer forma de tratamento inadequado ou ilícito.

§ 1º A autoridade nacional poderá dispor sobre padrões técnicos mínimos para tornar aplicável o disposto no *caput* deste artigo, considerados a natureza das informações tratadas, as características específicas do tratamento e o estado atual da tecnologia, especialmente no caso de dados pessoais sensíveis, assim como os princípios previstos no *caput* do art. 6º desta Lei.

§ 2º As medidas de que trata o *caput* deste artigo deverão ser observadas desde a fase de concepção do produto ou do serviço até a sua execução.

Art. 47. Os agentes de tratamento ou qualquer outra pessoa que intervenha em uma das fases do tratamento obriga-se a garantir a segurança da informação prevista nesta Lei em relação aos dados pessoais, mesmo após o seu término.

Art. 48. O controlador deverá comunicar à autoridade nacional e ao titular a ocorrência de incidente de segurança que possa acarretar risco ou dano relevante aos titulares.

§ 1º A comunicação será feita em prazo razoável, conforme definido pela autoridade nacional, e deverá mencionar, no mínimo:

I – a descrição da natureza dos dados pessoais afetados;

II – as informações sobre os titulares envolvidos;

III – a indicação das medidas técnicas e de segurança utilizadas para a proteção dos dados, observados os segredos comercial e industrial;

IV – os riscos relacionados ao incidente;

V – os motivos da demora, no caso de a comunicação não ter sido imediata; e

VI – as medidas que foram ou que serão adotadas para reverter ou mitigar os efeitos do prejuízo.

§ 2º A autoridade nacional verificará a gravidade do incidente e poderá, caso necessário para a salvaguarda dos direitos dos titulares, determinar ao controlador a adoção de providências, tais como:

I – ampla divulgação do fato em meios de comunicação; e

II – medidas para reverter ou mitigar os efeitos do incidente.

§ 3º No juízo de gravidade do incidente, será avaliada eventual comprovação de que foram adotadas medidas técnicas adequadas que tornem os dados pessoais afetados ininteligíveis, no âmbito e nos limites técnicos de seus serviços, para terceiros não autorizados a acessá-los.

Art. 49. Os sistemas utilizados para o tratamento de dados pessoais devem ser estruturados de forma a atender aos requisitos de segurança, aos padrões de boas práticas e de governança e aos princípios gerais previstos nesta Lei e às demais normas regulamentares.

Seção II
DAS BOAS PRÁTICAS E DA GOVERNANÇA

Art. 50. Os controladores e operadores, no âmbito de suas competências, pelo tratamento de dados pessoais, individualmente ou por meio de associações, poderão formular regras de boas práticas e de governança que estabeleçam as condições de organização, o regime de funcionamento, os procedimentos, incluindo reclamações e petições de titulares, as normas de segurança, os padrões técnicos, as obrigações específicas para os diversos envolvidos no tratamento, as ações educativas, os mecanismos internos de supervisão e de mitigação de riscos e outros aspectos relacionados ao tratamento de dados pessoais.

§ 1º Ao estabelecer regras de boas práticas, o controlador e o operador levarão em consideração, em relação ao tratamento e aos dados, a natureza, o escopo, a finalidade e a probabilidade e a gravidade dos riscos e dos benefícios decorrentes de tratamento de dados do titular.

§ 2º Na aplicação dos princípios indicados nos incisos VII e VIII do *caput* do art. 6º desta Lei, o controlador, observados a estrutura, a escala e o volume de suas operações, bem como a sensibilidade dos dados tratados e a probabilidade e a gravidade dos danos para os titulares dos dados, poderá:

I – implementar programa de governança em privacidade que, no mínimo:

a) demonstre o comprometimento do controlador em adotar processos e políticas internas que assegurem o cumprimento, de forma abrangente, de normas e boas práticas relativas à proteção de dados pessoais;

b) seja aplicável a todo o conjunto de dados pessoais que estejam sob seu controle, independentemente do modo como se realizou sua coleta;

c) seja adaptado à estrutura, à escala e ao volume de suas operações, bem como à sensibilidade dos dados tratados;

d) estabeleça políticas e salvaguardas adequadas com base em processo de avaliação sistemática de impactos e riscos à privacidade;

e) tenha o objetivo de estabelecer relação de confiança com o titular, por meio de atuação transparente e que assegure mecanismos de participação do titular;

f) esteja integrado a sua estrutura geral de governança e estabeleça e aplique mecanismos de supervisão internos e externos;

g) conte com planos de resposta a incidentes e remediação; e

h) seja atualizado constantemente com base em informações obtidas a partir de monitoramento contínuo e avaliações periódicas;

II – demonstrar a efetividade de seu programa de governança em privacidade quando apropriado e, em especial, a pedido da autoridade nacional ou de outra entidade responsável por promover o cumprimento de boas práticas ou códigos de conduta, os quais, de forma independente, promovam o cumprimento desta Lei.

§ 3º As regras de boas práticas e de governança deverão ser publicadas e atualizadas periodicamente e poderão ser reconhecidas e divulgadas pela autoridade nacional.

Art. 51. A autoridade nacional estimulará a adoção de padrões técnicos que facilitem o controle pelos titulares dos seus dados pessoais.

CAPÍTULO VIII
DA FISCALIZAÇÃO

Seção I
DAS SANÇÕES ADMINISTRATIVAS

Art. 52. Os agentes de tratamento de dados, em razão das infrações cometidas às normas previstas nesta Lei, ficam sujeitos às seguintes sanções administrativas aplicáveis pela autoridade nacional:

I – advertência, com indicação de prazo para adoção de medidas corretivas;

II – multa simples, de até 2% (dois por cento) do faturamento da pessoa jurídica de direito privado, grupo ou conglomerado no Brasil no seu último exercício, excluídos os tributos, limitada, no total, a R$ 50.000.000,00 (cinquenta milhões de reais) por infração;

III – multa diária, observado o limite total a que se refere o inciso II;

IV – publicização da infração após devidamente apurada e confirmada a sua ocorrência;

V – bloqueio dos dados pessoais a que se refere a infração até a sua regularização;

VI – eliminação dos dados pessoais a que se refere a infração;

VII a IX – VETADOS;

§ 1º As sanções serão aplicadas após procedimento administrativo que possibilite a oportunidade da ampla defesa, de forma gradativa, isolada ou cumulativa, de acordo com as peculiaridades do caso concreto e considerados os seguintes parâmetros e critérios:

I – a gravidade e a natureza das infrações e dos direitos pessoais afetados;

II – a boa-fé do infrator;

III – a vantagem auferida ou pretendida pelo infrator;

IV – a condição econômica do infrator;

V – a reincidência;

VI – o grau do dano;

VII – a cooperação do infrator;

VIII – a adoção reiterada e demonstrada de mecanismos e procedimentos internos capazes de minimizar o dano, voltados ao tratamento seguro e adequado de dados, em consonância com o disposto no inciso II do § 2º do art. 48 desta Lei;

IX – a adoção de política de boas práticas e governança;

X – suspensão parcial do funcionamento do banco de dados a que se refere a infração pelo período máximo de 6 (seis) meses, prorrogável por igual período, até a regularização da atividade de tratamento pelo controlador;

XI – suspensão do exercício da atividade de tratamento dos dados pessoais a que se refere a infração pelo período máximo de 6 (seis) meses, prorrogável por igual período;

XII – proibição parcial ou total do exercício de atividades relacionadas a tratamento de dados.

► Incisos X a XII com a redação dada pela Lei nº 13.853, de 8-6-2019, promulgado nos termos do art. 66, § 5º, da CF (*DOU* de 20-12-2019).

§ 2º O disposto neste artigo não substitui a aplicação de sanções administrativas, civis ou penais definidas na Lei nº 8.078, de 11 de setembro de 1990, e em legislação específica.

► § 2º com a redação dada pela Lei nº 13.853, de 8-7-2019.

§ 3º O disposto nos incisos I, IV, V, VI, X, XI e XII do *caput* deste artigo poderá ser aplicado às entidades e aos órgãos públicos, sem prejuízo do disposto na Lei nº 8.112, de 11 de dezembro de 1990, na Lei nº 8.429, de 2 de junho de 1992, e na Lei nº 12.527, de 18 de novembro de 2011.

► § 3º com a redação dada pela Lei nº 13.853, de 8-6-2019, promulgado nos termos do art. 66, § 5º, da CF (*DOU* de 20-12-2019).

§ 4º No cálculo do valor da multa de que trata o inciso II do *caput* deste artigo, a autoridade nacional poderá considerar o faturamento total da empresa ou grupo de empresas, quando não dispuser do valor do faturamento no ramo de atividade empresarial em que ocorreu a infração, definido pela autoridade nacional, ou quando o valor for apresentado de forma incompleta ou não for demonstrado de forma inequívoca e idônea.

§ 5º O produto da arrecadação das multas aplicadas pela ANPD, inscritas ou não em dívida ativa, será destinado ao Fundo de Defesa de Direitos Difusos de que tratam o art. 13 da Lei nº 7.347, de 24 de julho de 1985, e a Lei nº 9.008, de 21 de março de 1995.

► § 5º acrescido pela Lei nº 13.853, de 8-7-2019.

§ 6º As sanções previstas nos incisos X, XI e XII do *caput* deste artigo serão aplicadas:

I – somente após já ter sido imposta ao menos 1 (uma) das sanções de que tratam os incisos II, III, IV, V e VI do *caput* deste artigo para o mesmo caso concreto; e

II – em caso de controladores submetidos a outros órgãos e entidades com competências sancionatórias, ouvidos esses órgãos.

► § 6º com a redação dada pela Lei nº 13.853, de 8-6-2019, promulgado nos termos do art. 66, § 5º, da CF (*DOU* de 20-12-2019).

§ 7º Os vazamentos individuais ou os acessos não autorizados de que trata o *caput* do art. 46 desta Lei poderão ser objeto de conciliação direta entre controlador e titular e, caso não haja acordo, o controlador estará sujeito à aplicação das penalidades de que trata este artigo.

► § 7º acrescido pela Lei nº 13.853, de 8-7-2019.

► Art. 52 republicado no *DOU* de 15-8-2018 – edição extra, em virtude de erro material.

Art. 53. A autoridade nacional definirá, por meio de regulamento próprio sobre sanções administrativas a infrações a esta Lei, que deverá ser objeto de consulta pública, as metodologias que orientarão o cálculo do valor-base das sanções de multa.

§ 1º As metodologias a que se refere o *caput* deste artigo devem ser previamente publicadas, para ciência dos agentes de tratamento, e devem apresentar objetivamente as formas e dosimetrias para o cálculo do valor-base das sanções de multa, que deverão conter fundamentação detalhada de todos os seus elementos, demonstrando a observância dos critérios previstos nesta Lei.

§ 2º O regulamento de sanções e metodologias correspondentes deve estabelecer as circunstâncias e as condições para a adoção de multa simples ou diária.

Art. 54. O valor da sanção de multa diária aplicável às infrações a esta Lei deve observar a gravidade da falta e a extensão do dano ou prejuízo causado e ser fundamentado pela autoridade nacional.

Parágrafo único. A intimação da sanção de multa diária deverá conter, no mínimo, a descrição da obrigação imposta, o prazo razoável e estipulado pelo órgão para o seu cumprimento e o valor da multa diária a ser aplicada pelo seu descumprimento.

CAPÍTULO IX

DA AUTORIDADE NACIONAL DE PROTEÇÃO DE DADOS (ANPD) E DO CONSELHO NACIONAL DE PROTEÇÃO DE DADOS PESSOAIS E DA PRIVACIDADE

Seção I

DA AUTORIDADE NACIONAL DE PROTEÇÃO DE DADOS (ANPD)

Art. 55. VETADO.

Art. 55-A. Fica criada, sem aumento de despesa, a Autoridade Nacional de Proteção de Dados (ANPD), órgão da administração pública federal, integrante da Presidência da República.

§ 1º A natureza jurídica da ANPD é transitória e poderá ser transformada pelo Poder Executivo em entidade da administração pública federal indireta, submetida a regime autárquico especial e vinculada à Presidência da República.

§ 2º A avaliação quanto à transformação de que dispõe o § 1º deste artigo deverá ocorrer em até 2 (dois) anos da data da entrada em vigor da estrutura regimental da ANPD.

§ 3º O provimento dos cargos e das funções necessários à criação e à atuação da ANPD está condicionado à expressa autorização física e financeira na lei orçamentária anual e à permissão na lei de diretrizes orçamentárias.

Art. 55-B. É assegurada autonomia técnica e decisória à ANPD.

Art. 55-C. A ANPD é composta de:

I – Conselho Diretor, órgão máximo de direção;

II – Conselho Nacional de Proteção de Dados Pessoais e da Privacidade;

III – Corregedoria;

IV – Ouvidoria;

V – órgão de assessoramento jurídico próprio; e

VI – unidades administrativas e unidades especializadas necessárias à aplicação do disposto nesta Lei.

Art. 55-D. O Conselho Diretor da ANPD será composto de 5 (cinco) diretores, incluído o Diretor-Presidente.

§ 1º Os membros do Conselho Diretor da ANPD serão escolhidos pelo Presidente da República e por ele nomeados, após aprovação pelo Senado Federal, nos termos da alínea *f* do inciso III do art. 52 da Constituição Federal, e ocuparão cargo em comissão do Grupo-Direção e Assessoramento Superiores – DAS, no mínimo, de nível 5.

§ 2º Os membros do Conselho Diretor serão escolhidos dentre brasileiros que tenham reputação ilibada, nível superior de educação e elevado conceito no campo de especialidade dos cargos para os quais serão nomeados.

§ 3º O mandato dos membros do Conselho Diretor será de 4 (quatro) anos.

§ 4º Os mandatos dos primeiros membros do Conselho Diretor nomeados serão de 2 (dois), de 3 (três), de 4 (quatro), de 5 (cinco) e de 6 (seis) anos, conforme estabelecido no ato de nomeação.

§ 5º Na hipótese de vacância do cargo no curso do mandato de membro do Conselho Diretor, o prazo remanescente será completado pelo sucessor.

Art. 55-E. Os membros do Conselho Diretor somente perderão seus cargos em virtude de renúncia, condenação judicial transitada em julgado ou pena de demissão decorrente de processo administrativo disciplinar.

§ 1º Nos termos do *caput* deste artigo, cabe ao Ministro de Estado Chefe da Casa Civil da Presidência da República instaurar o processo administrativo disciplinar, que será conduzido por comissão especial constituída por servidores públicos federais estáveis.

§ 2º Compete ao Presidente da República determinar o afastamento preventivo, somente quando assim recomendado pela comissão especial de que trata o § 1º deste artigo, e proferir o julgamento.

Art. 55-F. Aplica-se aos membros do Conselho Diretor, após o exercício do cargo, o disposto no art. 6º da Lei nº 12.813, de 16 de maio de 2013.

Parágrafo único. A infração ao disposto no *caput* deste artigo caracteriza ato de improbidade administrativa.

Art. 55-G. Ato do Presidente da República disporá sobre a estrutura regimental da ANPD.

§ 1º Até a data de entrada em vigor de sua estrutura regimental, a ANPD receberá o apoio técnico e administrativo da Casa Civil da Presidência da República para o exercício de suas atividades.

§ 2º O Conselho Diretor disporá sobre o regimento interno da ANPD.

Art. 55-H. Os cargos em comissão e as funções de confiança da ANPD serão remanejados de outros órgãos e entidades do Poder Executivo federal.

Art. 55-I. Os ocupantes dos cargos em comissão e das funções de confiança da ANPD serão indicados pelo Conselho Diretor e nomeados ou designados pelo Diretor-Presidente.

Art. 55-J. Compete à ANPD:

I – zelar pela proteção dos dados pessoais, nos termos da legislação;

II – zelar pela observância dos segredos comercial e industrial, observada a proteção de dados pessoais e do sigilo das informações quando protegido por lei ou quando a quebra do sigilo violar os fundamentos do art. 2º desta Lei;

III – elaborar diretrizes para a Política Nacional de Proteção de Dados Pessoais e da Privacidade;

IV – fiscalizar e aplicar sanções em caso de tratamento de dados realizado em descumprimento à legislação, mediante processo administrativo que assegure o contraditório, a ampla defesa e o direito de recurso;

V – apreciar petições de titular contra controlador após comprovada pelo titular a apresentação de reclamação ao controlador não solucionada no prazo estabelecido em regulamentação;

VI – promover na população o conhecimento das normas e das políticas públicas sobre proteção de dados pessoais e das medidas de segurança;

VII – promover e elaborar estudos sobre as práticas nacionais e internacionais de proteção de dados pessoais e privacidade;

VIII – estimular a adoção de padrões para serviços e produtos que facilitem o exercício de controle dos titulares sobre seus dados pessoais, os quais deverão levar em consideração as especificidades das atividades e o porte dos responsáveis;

IX – promover ações de cooperação com autoridades de proteção de dados pessoais de outros países, de natureza internacional ou transnacional;

X – dispor sobre as formas de publicidade das operações de tratamento de dados pessoais, respeitados os segredos comercial e industrial;

XI – solicitar, a qualquer momento, às entidades do poder público que realizem operações de tratamento de dados pessoais informe específico sobre o âmbito, a natureza dos dados e os demais detalhes do tratamento realizado, com a possibilidade de emitir parecer técnico complementar para garantir o cumprimento desta Lei;

XII – elaborar relatórios de gestão anuais acerca de suas atividades;

XIII – editar regulamentos e procedimentos sobre proteção de dados pessoais e privacidade, bem como sobre relatórios de impacto à proteção de dados pessoais para os casos em que o tratamento representar alto risco à garantia dos princípios gerais de proteção de dados pessoais previstos nesta Lei;

XIV – ouvir os agentes de tratamento e a sociedade em matérias de interesse relevante e prestar contas sobre suas atividades e planejamento;

XV – arrecadar e aplicar suas receitas e publicar, no relatório de gestão a que se refere o inciso XII do *caput* deste artigo, o detalhamento de suas receitas e despesas;

XVI – realizar auditorias, ou determinar sua realização, no âmbito da atividade de fiscalização de que trata o inciso IV e com a devida observância do disposto no inciso II do *caput* deste artigo, sobre o tratamento de dados pessoais efetuado pelos agentes de tratamento, incluído o poder público;

XVII – celebrar, a qualquer momento, compromisso com agentes de tratamento para eliminar irregularidade, incerteza jurídica ou situação contenciosa no âmbito de processos administrativos, de acordo com o previsto no Decreto-Lei nº 4.657, de 4 de setembro de 1942;

XVIII – editar normas, orientações e procedimentos simplificados e diferenciados, inclusive quanto aos prazos, para que microempresas e empresas de pequeno porte, bem como iniciativas empresariais de caráter incremental ou disruptivo que se autodeclarem *startups* ou empresas de inovação, possam adequar-se a esta Lei;

XIX – garantir que o tratamento de dados de idosos seja efetuado de maneira simples, clara, acessível e adequada ao seu entendimento, nos termos desta Lei e da Lei nº 10.741, de 1º de outubro de 2003 (Estatuto do Idoso);

XX – deliberar, na esfera administrativa, em caráter terminativo, sobre a interpretação desta Lei, as suas competências e os casos omissos;

XXI – comunicar às autoridades competentes as infrações penais das quais tiver conhecimento;

XXII – comunicar aos órgãos de controle interno o descumprimento do disposto nesta Lei por órgãos e entidades da administração pública federal;

XXIII – articular-se com as autoridades reguladoras públicas para exercer suas competências em setores específicos de atividades econômicas e governamentais sujeitas à regulação; e

XXIV – implementar mecanismos simplificados, inclusive por meio eletrônico, para o registro de reclamações sobre o tratamento de dados pessoais em desconformidade com esta Lei.

§ 1º Ao impor condicionantes administrativas ao tratamento de dados pessoais por agente de tratamento privado, sejam eles limites, encargos ou sujeições, a ANPD deve observar a exigência de mínima intervenção, assegurados os fundamentos, os princípios e os direitos dos titulares previstos no art. 170 da Constituição Federal e nesta Lei.

§ 2º Os regulamentos e as normas editados pela ANPD devem ser precedidos de consulta e audiência públicas, bem como de análises de impacto regulatório.

§ 3º A ANPD e os órgãos e entidades públicos responsáveis pela regulação de setores específicos da atividade econômica e governamental devem coordenar suas atividades, nas correspondentes esferas de atuação, com vistas a assegurar o cumprimento de suas atribuições com a maior eficiência e promover o adequado funcionamento dos setores regulados, conforme legislação específica, e o tratamento de dados pessoais, na forma desta Lei.

§ 4º A ANPD manterá fórum permanente de comunicação, inclusive por meio de cooperação técnica, com órgãos e entidades da administração pública responsáveis pela regulação de setores específicos da atividade econômica e governamental, a fim de facilitar as competências regulatória, fiscalizatória e punitiva da ANPD.

§ 5º No exercício das competências de que trata o *caput* deste artigo, a autoridade competente deverá zelar pela preservação do segredo empresarial e do sigilo das informações, nos termos da lei.

§ 6º As reclamações colhidas conforme o disposto no inciso V do *caput* deste artigo poderão ser analisadas de forma agregada, e as eventuais providências delas decorrentes poderão ser adotadas de forma padronizada.

Art. 55-K. A aplicação das sanções previstas nesta Lei compete exclusivamente à ANPD, e suas competências prevalecerão, no que se refere à proteção de dados pessoais, sobre as competências correlatas de outras entidades ou órgãos da administração pública.

Parágrafo único. A ANPD articulará sua atuação com outros órgãos e entidades com competências sancionatórias e normativas afetas ao tema de proteção de dados pessoais e será o órgão central de interpretação desta Lei e do estabelecimento de normas e diretrizes para a sua implementação.

Art. 55-L. Constituem receitas da ANPD:

I – as dotações, consignadas no orçamento geral da União, os créditos especiais, os créditos adicionais, as transferências e os repasses que lhe forem conferidos;

II – as doações, os legados, as subvenções e outros recursos que lhe forem destinados;

III – os valores apurados na venda ou aluguel de bens móveis e imóveis de sua propriedade;

IV – os valores apurados em aplicações no mercado financeiro das receitas previstas neste artigo;

V – VETADO;

VI – os recursos provenientes de acordos, convênios ou contratos celebrados com entidades, organismos ou empresas, públicos ou privados, nacionais ou internacionais;

VII – o produto da venda de publicações, material técnico, dados e informações, inclusive para fins de licitação pública.

► Arts. 55-A a 55-L acrescidos pela Lei nº 13.853, de 8-7-2019.

Arts. 56 e 57. VETADOS.

Seção II

DO CONSELHO NACIONAL DE PROTEÇÃO DE DADOS PESSOAIS E DA PRIVACIDADE

Art. 58. VETADO.

Art. 58-A. O Conselho Nacional de Proteção de Dados Pessoais e da Privacidade será composto de 23 (vinte e três) representantes, titulares e suplentes, dos seguintes órgãos:

I – 5 (cinco) do Poder Executivo federal;

II – 1 (um) do Senado Federal;

III – 1 (um) da Câmara dos Deputados;

IV – 1 (um) do Conselho Nacional de Justiça;

V – 1 (um) do Conselho Nacional do Ministério Público;

VI – 1 (um) do Comitê Gestor da Internet no Brasil;

VII – 3 (três) de entidades da sociedade civil com atuação relacionada a proteção de dados pessoais;

VIII – 3 (três) de instituições científicas, tecnológicas e de inovação;

IX – 3 (três) de confederações sindicais representativas das categorias econômicas do setor produtivo;

X – 2 (dois) de entidades representativas do setor empresarial relacionado à área de tratamento de dados pessoais; e

XI – 2 (dois) de entidades representativas do setor laboral.

§ 1º Os representantes serão designados por ato do Presidente da República, permitida a delegação.

§ 2º Os representantes de que tratam os incisos I, II, III, IV, V e VI do *caput* deste artigo e seus suplentes serão indicados pelos titulares dos respectivos órgãos e entidades da administração pública.

§ 3º Os representantes de que tratam os incisos VII, VIII, IX, X e XI do *caput* deste artigo e seus suplentes:

I – serão indicados na forma de regulamento;

II – não poderão ser membros do Comitê Gestor da Internet no Brasil;

III – terão mandato de 2 (dois) anos, permitida 1 (uma) recondução.

§ 4º A participação no Conselho Nacional de Proteção de Dados Pessoais e da Privacidade será considerada prestação de serviço público relevante, não remunerada.

Art. 58-B. Compete ao Conselho Nacional de Proteção de Dados Pessoais e da Privacidade:

I – propor diretrizes estratégicas e fornecer subsídios para a elaboração da Política Nacional de Proteção de Dados Pessoais e da Privacidade e para a atuação da ANPD;

II – elaborar relatórios anuais de avaliação da execução das ações da Política Nacional de Proteção de Dados Pessoais e da Privacidade;

III – sugerir ações a serem realizadas pela ANPD;

IV – elaborar estudos e realizar debates e audiências públicas sobre a proteção de dados pessoais e da privacidade; e

V – disseminar o conhecimento sobre a proteção de dados pessoais e da privacidade à população.

► Arts. 58-A e 58-B acrescidos pela Lei nº 13.853, de 8-7-2019.

Art. 59. VETADO.

CAPÍTULO X
DISPOSIÇÕES FINAIS E TRANSITÓRIAS

Art. 60. A Lei nº 12.965, de 23 de abril de 2014 (Marco Civil da Internet), passa a vigorar com as seguintes alterações:

► Alterações inseridas no texto da referida lei.

Art. 61. A empresa estrangeira será notificada e intimada de todos os atos processuais previstos nesta Lei, independentemente de procuração ou de disposição contratual ou estatutária, na pessoa do agente ou representante ou pessoa responsável por sua filial, agência, sucursal, estabelecimento ou escritório instalado no Brasil.

Art. 62. A autoridade nacional e o Instituto Nacional de Estudos e Pesquisas Educacionais Anísio Teixeira (INEP), no âmbito de suas competências, editarão regulamentos específicos para o acesso a dados tratados pela União para o cumprimento do disposto no § 2º do art. 9º da Lei nº 9.394, de 20 de dezembro de 1996 (Lei de Diretrizes e Bases da Educação Nacional), e aos referentes ao Sistema Nacional de Avaliação da Educação Superior (SINAES), de que trata a Lei nº 10.861, de 14 de abril de 2004.

Art. 63. A autoridade nacional estabelecerá normas sobre a adequação progressiva de bancos de dados constituídos até a data de entrada em vigor desta Lei, consideradas a complexidade das operações de tratamento e a natureza dos dados.

Art. 64. Os direitos e princípios expressos nesta Lei não excluem outros previstos no ordenamento jurídico pátrio relacionados à matéria ou nos tratados internacionais em que a República Federativa do Brasil seja parte.

Art. 65. Esta Lei entra em vigor:

► *Caput* com a redação dada pela Lei nº 13.853, de 8-7-2019.

I – dia 28 de dezembro de 2018, quanto aos arts. 55-A, 55-B, 55-C, 55-D, 55-E, 55-F, 55-G, 55-H, 55-I, 55-J, 55-K, 55-L, 58-A e 58-B; e

► Inciso I com a redação dada pela Lei nº 13.853, de 8-7-2019.

I-A – dia 1º de agosto de 2021, quanto aos arts. 52, 53 e 54;

► Inciso I-A acrescido pela Lei nº 14.010, de 10-6-2020.

II – 24 (vinte e quatro) meses após a data de sua publicação, quanto aos demais artigos.

► Inciso II acrescido pela Lei nº 13.853, de 8-7-2019.

Brasília, 14 de agosto de 2018;
197º da Independência e
130º da República.

Michel Temer

LEI Nº 13.775, DE 20 DE DEZEMBRO DE 2018

Dispõe sobre a emissão de duplicata sob a forma escritural; altera a Lei nº 9.492, de 10 de setembro de 1997; e dá outras providências.

► Publicada no *DOU* de 21-12-2018.

O PRESIDENTE DA REPÚBLICA

Faço saber que o Congresso Nacional decreta e eu sanciono a seguinte Lei:

Art. 1º Esta Lei dispõe sobre a emissão de duplicata sob a forma escritural.

Art. 2º A duplicata de que trata a Lei nº 5.474, de 18 de julho de 1968, pode ser emitida sob a forma escritural, para circulação como efeito comercial, observadas as disposições desta Lei.

Art. 3º A emissão de duplicata sob a forma escritural far-se-á mediante lançamento em sistema eletrônico de escrituração gerido por quaisquer das entidades que exerçam a atividade de escrituração de duplicatas escriturais.

§ 1º As entidades de que trata o *caput* deste artigo deverão ser autorizadas por órgão ou entidade da administração federal direta ou indireta a exercer a atividade de escrituração de duplicatas.

§ 2º No caso da escrituração de que trata o *caput* deste artigo, feita por Central Nacional de Registro de Títulos e Documentos, após autorizada a exercer a atividade prevista no *caput* deste artigo, nos termos do § 1º deste artigo, a referida escrituração caberá ao oficial de registro do domicílio do emissor da duplicata.

§ 3º Se o oficial de registro não estiver integrado ao sistema central, a competência de que trata o § 2º deste artigo será transferida para a Capital da respectiva entidade federativa.

§ 4º O valor total dos emolumentos cobrados pela central nacional de que trata o § 2º deste artigo para a prática dos atos descritos nesta Lei será fixado pelos Estados e pelo Distrito Federal, observado o valor máximo de R$ 1,00 (um real) por duplicata.

Art. 4º Deverá ocorrer no sistema eletrônico de que trata o art. 3º desta Lei, relativamente à duplicata emitida sob a forma escritural, a escrituração, no mínimo, dos seguintes aspectos:

I – apresentação, aceite, devolução e formalização da prova do pagamento;

II – controle e transferência da titularidade;

III – prática de atos cambiais sob a forma escritural, tais como endosso e aval;

IV – inclusão de indicações, informações ou de declarações referentes à operação com base na qual a duplicata foi emitida ou ao próprio título; e

V – inclusão de informações a respeito de ônus e gravames constituídos sobre as duplicatas.

§ 1º O gestor do sistema eletrônico de escrituração deverá realizar as comunicações dos atos de que trata o *caput* deste artigo ao devedor e aos demais interessados.

§ 2º O órgão ou entidade da administração federal de que trata o § 1º do art. 3º desta Lei poderá definir a forma e os procedimentos que deverão ser observados para a realização das comunicações previstas no § 1º deste artigo.

§ 3º O sistema eletrônico de escrituração de que trata o *caput* deste artigo disporá de mecanismos que permitam ao sacador e ao sacado comprovarem, por quaisquer meios de prova admitidos em direito, a entrega e o recebimento das mercadorias ou a prestação do serviço, devendo a apresentação das provas ser efetuada em meio eletrônico.

§ 4º Os endossantes e avalistas indicados pelo apresentante ou credor como garantidores do cumprimento da obrigação constarão como tal dos extratos de que trata o art. 6º desta Lei.

Art. 5º Constituirá prova de pagamento, total ou parcial, da duplicata emitida sob a forma escritural a liquidação do pagamento em favor do legítimo credor, utilizando-se qualquer meio de pagamento existente no âmbito do Sistema de Pagamentos Brasileiro.

Parágrafo único. A prova de pagamento de que trata o *caput* deste artigo deverá ser informada no sistema eletrônico de escrituração previsto no art. 3º desta Lei, com referência expressa à duplicata amortizada ou liquidada.

Art. 6º Os gestores dos sistemas eletrônicos de escrituração de que trata o art. 3º desta Lei ou os depositários centrais, na hipótese de a duplicata emitida sob a forma escritural ter sido depositada de acordo com a Lei nº 12.810, de 15 de maio de 2013, expedirão, a pedido de qualquer solicitante, extrato do registro eletrônico da duplicata.

§ 1º Deverão constar do extrato expedido, no mínimo:

I – a data da emissão e as informações referentes ao sistema eletrônico de escrituração no âmbito do qual a duplicata foi emitida;

II – os elementos necessários à identificação da duplicata, nos termos do art. 2º da Lei nº 5.474, de 18 de julho de 1968;

III – a cláusula de inegociabilidade; e

IV – as informações acerca dos ônus e gravames.

§ 2º O extrato de que trata o *caput* deste artigo pode ser emitido em forma eletrônica, observados requisitos de segurança que garantam a autenticidade do documento.

§ 3º O sistema eletrônico de escrituração de que trata o art. 3º desta Lei deverá manter em seus arquivos cópia eletrônica dos extratos emitidos.

§ 4º Será gratuita a qualquer solicitante a informação, prestada por meio da rede mundial de computadores, de inadimplementos registrados em relação a determinado devedor.

Art. 7º A duplicata emitida sob a forma escritural e o extrato de que trata o art. 6º desta Lei são títulos executivos extrajudiciais, devendo-se observar, para sua cobrança judicial, o disposto no art. 15 da Lei nº 5.474, de 18 de julho de 1968.

Art. 8º A Lei nº 9.492, de 10 de setembro de 1997, passa a vigorar com as seguintes alterações:

► Alterações inseridas no texto da referida Lei.

Art. 9º Os lançamentos no sistema eletrônico de que trata o art. 3º desta Lei substituem o Livro de Registro de Duplicatas, previsto no art. 19 da Lei nº 5.474, de 18 de julho de 1968.

Art. 10. São nulas de pleno direito as cláusulas contratuais que vedam, limitam ou oneram, de forma direta ou indireta, a emissão ou a circulação de duplicatas emitidas sob a forma cartular ou escritural.

Art. 11. O órgão ou entidade da administração federal de que trata o § 1º do art. 3º desta Lei poderá regulamentar o disposto nesta Lei, inclusive quanto à forma e periodicidade do compartilhamento de registros, à fiscalização da atividade de escrituração de duplicatas escriturais, aos requisitos de funcionamento do sistema eletrônico de escrituração e às condições de emissão, de negociação, de liquidação e de escrituração da duplicata emitida sob a forma escritural.

Parágrafo único. Em caso de descumprimento desta Lei ou da regulamentação de que trata o *caput* deste artigo, serão aplicáveis as disposições da Lei nº 13.506, de 13 de novembro de 2017, pelo órgão ou entidade da administração federal de que trata o § 1º do art. 3º desta Lei.

Art. 12. Às duplicatas escriturais são aplicáveis, de forma subsidiária, as disposições da Lei nº 5.474, de 18 de julho de 1968.

§ 1º A apresentação da duplicata escritural será efetuada por meio eletrônico, observados os prazos determinados pelo órgão ou entidade da administração federal de que trata o § 1º do art. 3º desta Lei ou, na ausência dessa determinação, o prazo de 2 (dois) dias úteis contados de sua emissão.

§ 2º O devedor poderá, por meio eletrônico, recusar, no prazo, nas condições e pelos motivos previstos nos arts. 7º e 8º da Lei nº 5.474, de 18 de julho de 1968, a duplicata escritural apresentada ou, no mesmo prazo acrescido de sua metade, aceitá-la.

§ 3º Para fins de protesto, a praça de pagamento das duplicatas escriturais de que trata o inciso VI do § 1º do art. 2º da Lei nº 5.474, de 18 de julho de 1968, deverá coincidir com o domicílio do devedor, segundo a regra geral do § 1º do art. 75 e do art. 327 da Lei nº 10.406, de 10 de janeiro de 2002 (Código Civil), salvo convenção expressa entre as partes que demonstre a concordância inequívoca do devedor.

Art. 13. Esta Lei entra em vigor após decorridos 120 (cento e vinte) dias de sua publicação oficial.

Brasília, 20 de dezembro de 2018;
197º da Independência e
130º da República.

Michel Temer

LEI COMPLEMENTAR Nº 167, DE 24 DE ABRIL DE 2019

Dispõe sobre a Empresa Simples de Crédito (ESC) e altera a Lei nº 9.613, de 3 de março de 1998 (Lei de Lavagem de Dinheiro), a Lei nº 9.249, de 26 de dezembro de 1995, e a Lei Complementar nº 123, de 14 de dezembro de 2006 (Lei do Simples Nacional), para regulamentar a ESC e instituir o Inova Simples.

► Publicada no *DOU* de 25-4-2019.

Art. 1º A Empresa Simples de Crédito (ESC), de âmbito municipal ou distrital, com atuação exclusivamente no Município de sua sede e em Municípios limítrofes, ou, quando for o caso, no Distrito Federal e em Municípios limítrofes, destina-se à realização de operações de empréstimo, de financiamento e de desconto de títulos de crédito, exclusivamente com recursos próprios, tendo como contrapartes microempreendedores individuais, microempresas e empresas de pequeno porte, nos termos da Lei Complementar nº 123, de 14 de dezembro de 2006 (Lei do SIMPLES Nacional).

Art. 2º A ESC deve adotar a forma de empresa individual de responsabilidade limitada (EIRELI), empresário individual ou sociedade limitada constituída exclusivamente por pessoas naturais e terá por objeto social exclusivo as atividades enumeradas no art. 1º desta Lei Complementar.

§ 1º O nome empresarial de que trata o *caput* deste artigo conterá a expressão "Empresa Simples de Crédito", e não poderá constar dele, ou de qualquer texto de divulgação de suas atividades, a expressão "banco" ou outra expressão identificadora de instituição autorizada a funcionar pelo Banco Central do Brasil.

§ 2º O capital inicial da ESC e os posteriores aumentos de capital deverão ser realizados integralmente em moeda corrente.

§ 3º O valor total das operações de empréstimo, de financiamento e de desconto de títulos de crédito da ESC não poderá ser superior ao capital realizado.

§ 4º A mesma pessoa natural não poderá participar de mais de uma ESC, ainda que localizadas em Municípios distintos ou sob a forma de filial.

Art. 3º É vedada à ESC a realização de:

I – qualquer captação de recursos, em nome próprio ou de terceiros, sob pena de enquadramento no crime previsto no art. 16 da Lei nº 7.492, de 16 de junho de 1986 (Lei dos Crimes contra o Sistema Financeiro Nacional); e

II – operações de crédito, na qualidade de credora, com entidades integrantes da administração pública direta, indireta e fundacional de qualquer dos poderes da União, dos Estados, do Distrito Federal e dos Municípios.

Art. 4º A receita bruta anual da ESC não poderá exceder o limite de receita bruta para Empresa de Pequeno Porte (EPP) definido na Lei Complementar nº 123, de 14 de dezembro de 2006 (Lei do Simples Nacional).

Parágrafo único. Considera-se receita bruta, para fins do disposto no *caput* deste artigo, a remuneração auferida pela ESC com a cobrança de juros, inclusive quando cobertos pela venda do valor do bem objeto de alienação fiduciária.

Art. 5º Nas operações referidas no art. 1º desta Lei Complementar, devem ser observadas as seguintes condições:

I – a remuneração da ESC somente pode ocorrer por meio de juros remuneratórios, vedada a cobrança de quaisquer outros encargos, mesmo sob a forma de tarifa;

II – a formalização do contrato deve ser realizada por meio de instrumento próprio, cuja cópia deverá ser entregue à contraparte da operação;

III – a movimentação dos recursos deve ser realizada exclusivamente mediante débito e crédito em contas de depósito de titularidade da ESC e da pessoa jurídica contraparte na operação.

§ 1º A ESC poderá utilizar o instituto da alienação fiduciária em suas operações de empréstimo, de financiamento e de desconto de títulos de crédito.

§ 2º A ESC deverá providenciar a anotação, em bancos de dados, de informações de adimplemento e de inadimplemento de seus clientes, na forma da legislação em vigor.

§ 3º É condição de validade das operações de que trata o *caput* deste artigo o registro delas em entidade registradora autorizada pelo Banco Central do Brasil ou pela Comissão de Valores Mobiliários, nos termos do art. 28 da Lei nº 12.810, de 15 de maio de 2013.

§ 4º Não se aplicam à ESC as limitações à cobrança de juros previstas no Decreto nº 22.626, de 7 de abril de 1933 (Lei da Usura), e no art. 591 da Lei nº 10.406, de 10 de janeiro de 2002 (Código Civil).

Art. 6º É facultado ao Banco Central do Brasil, não constituindo violação ao dever de sigilo, o acesso às informações decorrentes do registro de que trata o § 3º do art. 5º desta Lei Complementar, para fins estatísticos e de controle macroprudencial do risco de crédito.

Art. 7º As ESCs estão sujeitas aos regimes de recuperação judicial e extrajudicial e ao regime falimentar regulados pela Lei nº 11.101, de 9 de fevereiro de 2005 (Lei de Falências).

Art. 8º A ESC deverá manter escrituração com observância das leis comerciais e fiscais e transmitir a Escrituração Contábil Digital (ECD) por meio do Sistema Público de Escrituração Digital (SPED).

Art. 9º Constitui crime o descumprimento do disposto no art. 1º, no § 3º do art. 2º, no art. 3º e no *caput* do art. 5º desta Lei Complementar.

Pena – reclusão, de 1 (um) a 4 (quatro) anos, e multa.

Art. 10. O Serviço Brasileiro de Apoio às Micro e Pequenas Empresas (SEBRAE) poderá apoiar a constituição e o fortalecimento das ESCs.

Art. 11. O art. 9º da Lei nº 9.613, de 3 de março de 1998 (Lei de Lavagem de Dinheiro), passa a vigorar com a seguinte redação:

"Art. 9º ....

....

Parágrafo único. ....

....

V – as empresas de arrendamento mercantil (*leasing*), as empresas de fomento comercial (*factoring*) e as Empresas Simples de Crédito (ESC);

...."

Art. 12. Os arts. 15 e 20 da Lei nº 9.249, de 26 de dezembro de 1995, passam a vigorar com a seguinte redação:

"Art. 15. ....

§ 1º ....

....

IV – 38,4% (trinta e oito inteiros e quatro décimos por cento), para as atividades de operação de empréstimo, de financiamento e de desconto de títulos de crédito realizadas por Empresa Simples de Crédito (ESC).

...."

"Art. 20. A base de cálculo da Contribuição Social sobre o Lucro Líquido (CSLL) devida pelas pessoas jurídicas que efetuarem o pagamento mensal ou trimestral a que se referem os arts. 2º, 25 e 27 da Lei nº 9.430, de 27 de dezembro de 1996, corresponderá aos seguintes percentuais aplicados sobre a receita bruta definida pelo art. 12 do Decreto-Lei nº 1.598, de 26 de dezembro de 1977, auferida no período, deduzida das devoluções, das vendas canceladas e dos descontos incondicionais concedidos:

I – 32% (trinta e dois por cento) para a receita bruta decorrente das atividades previstas no inciso III do § 1º do art. 15 desta Lei;

II – 38,4% (trinta e oito inteiros e quatro décimos por cento) para a receita bruta decorrente das atividades previstas no inciso IV do § 1º do art. 15 desta Lei; e

III – 12% (doze por cento) para as demais receitas brutas.

...."

Art. 13. A Lei Complementar nº 123, de 14 de dezembro de 2006 (Lei do SIMPLES Nacional), passa a vigorar com as seguintes alterações:

► Alterações inseridas no texto da referida Lei Complementar.

Art. 14. Esta Lei Complementar entra em vigor na data de sua publicação.

Brasília, 24 de abril de 2019;
198º da Independência e
131º da República.

Jair Messias Bolsonaro

DECRETO Nº 9.921, DE 18 DE JULHO DE 2019

Consolida atos normativos editados pelo Poder Executivo federal que dispõem sobre a temática da pessoa idosa.

► Publicado no *DOU* de 19-7-2019.

TÍTULO I – DISPOSIÇÕES PRELIMINARES

Art. 1º Este Decreto consolida os atos normativos editados pelo Poder Executivo federal, que dispõem sobre a temática da pessoa idosa, em observância ao disposto na Lei Complementar nº 95, de 26 de fevereiro de 1998, e no Decreto nº 9.191, de 1º de novembro de 2017.

§ 1º Para fins do disposto neste Decreto, considera-se consolidação a reunião de atos normativos pertinentes a determinada matéria em um único diploma legal, com a revogação formal daqueles atos normativos incorporados à consolidação e sem a modificação do alcance nem da interrupção da força normativa dos dispositivos consolidados, nos termos do disposto no art. 13, § 1º, da Lei Complementar nº 95, de 1998, e no art. 45 do Decreto nº 9.191, de 2017.

§ 2º A consolidação de atos normativos tem por objetivo eliminar do ordenamento jurídico brasileiro normas de conteúdo idêntico ou divergente, observado o disposto no art. 46 do Decreto nº 9.191, de 2017.

Art. 2º Para fins do disposto neste Decreto, considera-se pessoa idosa aquela com idade igual ou superior a sessenta anos, em observância ao disposto na Lei nº 10.741, de 1º de outubro de 2003 – Estatuto do Idoso.

TÍTULO II – DOS DIREITOS FUNDAMENTAIS DA PESSOA IDOSA

CAPÍTULO I
DA POLÍTICA NACIONAL DO IDOSO

► Capítulo I renomeado pelo Dec. nº 10.604, de 20-1-2021.

Art. 3º As competências dos órgãos e das entidades da administração pública federal, na implementação da Política Nacional do Idoso, são as estabelecidas neste Capítulo.

► Artigo com a redação dada pelo Dec. nº 10.604, de 20-1-2021.

Seção I
DAS COMPETÊNCIAS E DA IMPLEMENTAÇÃO DA POLÍTICA NACIONAL DO IDOSO

► Seção I renomeada pelo Dec. nº 10.604, de 20-1-2021.

Art. 4º Compete ao Ministério da Mulher, da Família e dos Direitos Humanos:

I – coordenar a Política Nacional do Idoso;

► Inciso I com a redação dada pelo Dec. nº 10.604, de 20-1-2021.

II – articular e apoiar a estruturação de rede nacional de proteção e defesa dos direitos da pessoa idosa;

III – apoiar a capacitação de recursos humanos para atendimento da pessoa idosa junto aos órgãos e às entidades da administração pública;

IV – participar, em conjunto com os demais órgãos e entidades da administração pública referidos neste Decreto, da formulação, do acompanhamento e da avaliação da Política Nacional do Idoso;

► Inciso IV com a redação dada pelo Dec. nº 10.604, de 20-1-2021.

V – promover eventos específicos para a discussão de questões relativas ao envelhecimento e à velhice;

VI – coordenar, financiar e apoiar estudos, levantamentos, pesquisas e publicações sobre a situação da pessoa idosa, de forma direta ou em parceria com outros órgãos ou entidades da administração pública;

VII – encaminhar as denúncias relacionadas com a violação dos direitos da pessoa idosa aos órgãos públicos competentes; e

VIII – zelar, em conjunto com o Conselho Nacional dos Direitos da Pessoa Idosa, pela aplicação das normas que dispõem sobre a proteção da pessoa idosa.

Art. 5º Compete ao Instituto Nacional do Seguro Social – INSS:

I – prestar atendimento preferencial à pessoa idosa:

a) nas áreas do seguro social, com vistas a garantir a habilitação e a manutenção dos benefícios; e

b) nas áreas de exame médico pericial, de inscrição de beneficiários, de serviço social e nos setores de informações;

II – prestar atendimento, preferencialmente, nas áreas da arrecadação e fiscalização, com vistas à prestação de informações e ao cálculo de contribuições individuais; e

III – estabelecer critérios para viabilizar o atendimento preferencial à pessoa idosa.

Art. 6º Compete ao INSS esclarecer a pessoa idosa sobre os seus direitos previdenciários e os meios de exercê-los.

§ 1º Nos postos do seguro social, o atendimento às pessoas idosas beneficiárias, que estejam em via de aposentadoria, será prioritário.

§ 2º O serviço social, em parceria com os órgãos governamentais e não governamentais, estimulará a criação e a manutenção de programas de preparação para aposentadorias, por meio do assessoramento às entidades de classes, às instituições de natureza social, às empresas e aos órgãos e às entidades da administração pública, por meio de suas unidades de gestão de pessoas.

Art. 7º A pessoa idosa aposentada, exceto por invalidez, que retornar ao trabalho nas atividades abrangidas pelo Regime Geral de Previdência Social, quando acidentada no trabalho, será encaminhada ao programa de reabilitação do INSS e não fará jus a outras prestações de serviço, exceto aquelas decorrentes de sua condição de aposentada.

Art. 8º Compete ao Ministério do Desenvolvimento Regional, por meio da Secretaria Nacional de Desenvolvimento Regional e Urbano:

I – observar, nos programas habitacionais com recursos da União ou por ela geridos, os seguintes critérios:

a) identificação da população idosa e das suas necessidades habitacionais, dentro da população-alvo dos programas;

b) alternativas habitacionais adequadas para a população idosa identificada;

c) previsão de equipamentos urbanos de uso público que atendam às necessidades da população idosa; e

d) estabelecimento de diretrizes para que os projetos eliminem barreiras arquitetônicas e urbanas, que não utilizam tipologias habitacionais adequadas para a população idosa identificada;

II – promover a viabilização da concessão de linhas de crédito com vistas ao acesso à moradia para a pessoa idosa, junto:

a) às entidades de crédito habitacional;
b) aos governos dos Estados e do Distrito Federal; e
c) a entidades, públicas ou privadas, relacionadas com os investimentos habitacionais;

III – incentivar e promover, em articulação com os Ministérios da Educação, da Saúde, da Ciência, Tecnologia e Inovações e da Cidadania e, ainda, junto às instituições de ensino e de pesquisa, a elaboração de estudos para aprimorar as condições de habitabilidade para as pessoas idosas, além de sua divulgação e de sua aplicação aos padrões habitacionais vigentes; e

► Inciso III com a redação dada pelo Dec. nº 10.604, de 20-1-2021.

IV – estimular a inclusão no ordenamento jurídico brasileiro de:
a) mecanismos que induzam a eliminação de barreiras arquitetônicas para a pessoa idosa em equipamentos urbanos de uso público; e
b) adaptação, em programas habitacionais, dos critérios estabelecidos no inciso I do *caput*.

Art. 9º Compete ao Ministério da Saúde, por meio da Secretaria de Atenção Primária à Saúde, em articulação com as secretarias de saúde dos Estados, do Distrito Federal e dos Municípios:

I – garantir à pessoa idosa a assistência integral à saúde, entendida como o conjunto articulado e contínuo das ações e dos serviços preventivos e curativos, nos diversos níveis de atendimento do Sistema Único de Saúde – SUS;

II – hierarquizar o atendimento à pessoa idosa a partir das unidades básicas e da implantação da unidade de referência, com equipe multiprofissional e interdisciplinar, de acordo com as normas específicas do Ministério da Saúde;

III – estruturar centros de referência de acordo com as normas específicas do Ministério da Saúde, com características de assistência à saúde, de pesquisa, de avaliação e de treinamento;

IV – garantir à pessoa idosa o acesso à assistência hospitalar;

V – fornecer medicamentos, órteses e próteses necessários à recuperação e à reabilitação da saúde da pessoa idosa;

VI – estimular a participação da pessoa idosa nas instâncias de controle social do SUS;

VII – desenvolver política de prevenção para que a população envelheça de forma a manter bom estado de saúde;

VIII – desenvolver e apoiar programas de prevenção, de educação e de promoção à saúde da pessoa idosa, de forma a:
a) estimular a permanência da pessoa idosa na comunidade, junto à família, e o desempenho de papel social ativo, com a autonomia e a independência que lhe for própria;
b) estimular o autocuidado e o cuidado informal;
c) envolver a população nas ações de promoção da saúde da pessoa idosa;
d) estimular a formação de grupos de autoajuda e de grupos de convivência, em integração com instituições que atuam no campo social; e
e) produzir e difundir material educativo sobre a saúde da pessoa idosa;

IX – adotar e aplicar normas de funcionamento às instituições geriátricas e similares, com fiscalização pelos gestores do SUS;

X – elaborar normas de serviços geriátricos hospitalares e acompanhar a sua implementação;

XI – desenvolver formas de cooperação entre as secretarias de saúde dos Estados, do Distrito Federal, dos Municípios, as organizações não governamentais e entre os centros de referência em geriatria e gerontologia, para treinamento dos profissionais de saúde;

XII – incluir a geriatria como especialidade clínica, para efeito de concursos públicos federais;

XIII – elaborar e apoiar estudos e pesquisas de caráter epidemiológico com vistas à ampliação do conhecimento sobre a pessoa idosa e subsidiar as ações de prevenção, de tratamento e de reabilitação; e

XIV – estimular a criação, na rede de serviços do SUS, de centros de cuidados diurno, a saber hospital-dia e centro-dia, de unidades de atendimento domiciliar e de outros serviços alternativos para a pessoa idosa.

Art. 10. Compete ao Ministério da Educação, em articulação com órgãos e entidades da administração pública federal, estadual, distrital e municipal de educação:

► *Caput* com a redação dada pelo Dec. nº 10.604, de 20-1-2021.

I – viabilizar a implementação de programa educacional destinado à pessoa idosa, de modo a atender ao disposto no inciso III do *caput* do art. 10 da Lei nº 8.842, de 4 de janeiro de 1994;

II – incentivar a inclusão da pessoa idosa nos programas educacionais de conteúdos sobre o processo de envelhecimento;

III – estimular e apoiar a admissão da pessoa idosa na universidade, de forma a propiciar a integração intergeracional;

IV – incentivar o desenvolvimento de programas educativos destinados à comunidade, à pessoa idosa e à sua família, por meio dos meios de comunicação de massa; e

V – incentivar a inclusão de disciplinas de Gerontologia e Geriatria nos currículos dos cursos superiores.

Art. 11. Compete ao Ministério da Economia, por meio dos seus órgãos e de suas entidades vinculadas, garantir a implementação de mecanismos que impeçam a discriminação da pessoa idosa quanto à sua participação no mercado de trabalho.

Art. 12. Compete ao Ministério do Turismo, por meio dos seus órgãos e de suas entidades vinculadas, criar programa de âmbito nacional, com vistas a:

► *Caput* com a redação dada pelo Dec. nº 10.604, de 20-1-2021.

I – garantir à pessoa idosa a participação no processo de produção, de reelaboração e de fruição dos bens culturais;

II – garantir à pessoa idosa o acesso aos locais e aos eventos culturais, com preços reduzidos;

III – valorizar o registro da memória e a transmissão de informações e habilidades da pessoa idosa aos mais jovens, como meio de garantir a continuidade e a identidade cultural; e

IV – incentivar os movimentos sociais que promovem os direitos das pessoas idosas a desenvolver atividades culturais.

Parágrafo único. Compete às entidades vinculadas ao Ministério do Turismo, no âmbito de suas competências, a implementação de atividades específicas, conjugadas à Política Nacional do Idoso.

► Parágrafo único com a redação dada pelo Dec. nº 10.604, de 20-1-2021.

Art. 13. Os Ministérios que atuam nas áreas de habitação e urbanismo, de saúde, de educação e desporto, de trabalho, de previdência e assistência social, de cultura e de justiça elaborarão proposta orçamentária, no âmbito de suas competências, que contemple o financiamento de programas compatíveis com a Política Nacional do Idoso.

► Artigo com a redação dada pelo Dec. nº 10.604, de 20-1-2021.

Art. 14. Compete aos Ministérios envolvidos na Política Nacional do Idoso, no âmbito de suas competências, promover a capacitação de recursos humanos destinados ao atendimento da pessoa idosa.

► *Caput* com a redação dada pelo Dec. nº 10.604, de 20-1-2021.

Parágrafo único. Para viabilizar a capacitação de recursos humanos a que se refere o *caput*, os Ministérios poderão firmar convênios com instituições governamentais e não governamentais, nacionais, estrangeiras ou internacionais.

Art. 15. ***Compete aos conselhos setoriais, no âmbito da seguridade social, a formulação, a coordenação, a supervisão e a avaliação da Política Nacional do Idoso, respeitadas as suas esferas de atribuições administrativas.***

► Artigo com a redação dada pelo Dec. nº 10.604, de 20-1-2021.

Seção II

DAS MODALIDADES DE ATENDIMENTO

Art. 16. Para fins do disposto neste Capítulo, entende-se por modalidade asilar o atendimento, em regime de internato, à pessoa idosa sem vínculo familiar ou sem condições de prover a própria subsistência, de modo a satisfazer as suas necessidades de moradia, de alimentação, de saúde e de convivência social.

Parágrafo único. A assistência na modalidade asilar de atendimento ocorre na hipótese de inexistência de grupo familiar, de abandono, ou de carência de recursos financeiros próprios ou da própria família.

Art. 17. Para fins do disposto neste Capítulo, entende-se por modalidade não asilar de atendimento:

I – centro de convivência – local destinado à permanência diurna da pessoa idosa, onde são desenvolvidas atividades físicas, laborativas, recreativas, culturais, associativas e de educação para a cidadania;

II – centro de cuidados diurno: hospital-dia e centro-dia – local destinado à permanência diurna da pessoa idosa dependente ou que possua deficiência temporária e necessite de assistência médica ou de assistência multiprofissional;

III – casa-lar – residência, em sistema participativo, cedida por órgãos ou entidades da administração pública, ou por entidades privadas, destinada às pessoas idosas detentoras de renda insuficiente para a sua manutenção e sem família;

IV – oficina abrigada de trabalho – local destinado ao desenvolvimento, pela pessoa idosa, de atividades produtivas, que lhe proporcione a oportunidade de elevar sua renda, regido por normas específicas;

V – atendimento domiciliar – serviço prestado no lar da pessoa idosa dependente e que vive sozinha, por profissionais da área da saúde ou pessoas da própria comunidade, com a finalidade de suprir as suas necessidades da vida diária; e

VI – outras formas de atendimento – iniciativas desenvolvidas na própria comunidade, com vistas à promoção e à integração da pessoa idosa na família e na sociedade.

Seção III

DO ATENDIMENTO PREFERENCIAL E DA ASSISTÊNCIA ASILAR

Art. 18. A pessoa idosa terá atendimento preferencial nos órgãos e nas entidades da administração pública e nas instituições privadas prestadores de serviços à população.

Parágrafo único. A pessoa idosa que não tenha meios de prover a sua própria subsistência, que não tenha família ou cuja família não tenha condições de prover a sua manutenção, terá assegurada a assistência asilar, pela União, pelos Estados, pelo Distrito Federal e pelos Municípios, na forma prevista em lei.

Art. 19. Fica proibida a permanência em instituições asilares, de caráter social, de pessoas idosas que tenham doenças que exijam assistência médica permanente ou assistência de enfermagem intensiva, cuja falta possa agravar ou pôr em risco a sua vida ou a vida de terceiros.

Parágrafo único. A permanência ou não da pessoa idosa doente em instituições asilares, de caráter social, dependerá de avaliação médica prestada pelo serviço de saúde local.

Art. 20. Para implementar as condições estabelecidas no art. 19, as instituições asilares poderão firmar contratos ou convênios com o sistema de saúde local.

CAPÍTULO II

DO DIREITO AO ENVELHECIMENTO ATIVO E SAUDÁVEL

Seção I

DA ESTRATÉGIA BRASIL AMIGO DA PESSOA IDOSA

Art. 21. Este Capítulo regulamenta a Estratégia Brasil Amigo da Pessoa Idosa para incentivar as comunidades e as cidades a promoverem ações destinadas ao envelhecimento ativo, saudável, sustentável e cidadão da população, principalmente das pessoas mais vulneráveis.

Parágrafo único. O Ministério da Mulher, da Família e dos Direitos Humanos, por meio da Secretaria Nacional de Promoção e Defesa dos Direitos da Pessoa Idosa, operacionalizará a Estratégia Brasil Amigo da Pessoa Idosa.

► Parágrafo único acrescido pelo Dec. nº 10.604, de 20-1-2021.

Art. 22. A Estratégia Brasil Amigo da Pessoa Idosa tem como diretrizes:

I – o protagonismo da pessoa idosa;

II – Revogado. *Dec. nº 10.604, de 20-1-2021;*

III – a orientação por políticas públicas destinadas ao envelhecimento populacional e à efetivação da Política Nacional do Idoso, de que trata a Lei nº 8.842, de 1994, e do Estatuto do Idoso, instituído pela Lei nº 10.741, de 2003;

► Inciso III com a redação dada pelo Dec. nº 10.604, de 20-1-2021.

IV – o fortalecimento dos serviços públicos destinados à pessoa idosa, no âmbito das políticas de assistência social, de saúde, de desenvolvimento urbano, de direitos humanos, de educação e de comunicação; e

V – a intersetorialidade e a interinstitucionalidade, por meio da atuação conjunta de órgãos e entidades públicas e privadas, conselhos nacional, estaduais, distrital e municipais de direitos da pessoa idosa e organismos internacionais na abordagem do envelhecimento e da pessoa idosa.

Art. 23. Para fins do disposto neste Capítulo, considera-se:

I – envelhecimento ativo – o processo de melhoria das condições de saúde, da participação e da segurança, de modo a melhorar a qualidade de vida durante o envelhecimento;

II – envelhecimento saudável – o processo de desenvolvimento e manutenção da capacidade funcional que permita o bem-estar da pessoa idosa;

III – envelhecimento cidadão – aquele em que há o exercício de direitos civis, políticos e sociais;

IV – envelhecimento sustentável – aquele que garante o bem-estar da pessoa idosa em relação a direitos, renda, saúde, atividades, respeito, e em relação à sociedade, nos aspectos de produção, de convivência intergeracional e de harmonia, com o amplo conceito de desenvolvimento econômico; e

V – comunidade e cidade amiga das pessoas idosas – aquela que estimula o envelhecimento ativo ao propiciar oportunidades para a melhoria da saúde, da participação e da segurança, de forma a melhorar a qualidade de vida da pessoa idosa durante o processo de envelhecimento.

Seção II
DOS OBJETIVOS DA ESTRATÉGIA BRASIL AMIGO DA PESSOA IDOSA

Art. 24. São objetivos da Estratégia Brasil Amigo da Pessoa Idosa:

I – fomentar programas, ações, serviços e benefícios que promovam o envelhecimento ativo, saudável, cidadão e sustentável por meio de comunidades e de cidades amigas das pessoas idosas;

II – contribuir para a efetivação de políticas públicas, programas, ações, benefícios e serviços destinados à população idosa, principalmente a mais vulnerável;

III – fortalecer os conselhos de direitos das pessoas idosas e a rede nacional de proteção e defesa dos direitos da pessoa idosa;

IV – promover a articulação governamental com vistas à integração das políticas setoriais;

V – planejar e implementar estudos, pesquisas e publicações sobre a situação social das pessoas idosas; e

VI – fortalecer o ordenamento jurídico para o favorecimento da qualidade de vida da pessoa idosa.

Art. 25. A Estratégia Brasil Amigo da Pessoa Idosa tem como principais atividades:

I – o apoio técnico aos entes federativos que aderirem à Estratégia, com vistas à promoção das comunidades e das cidades amigas das pessoas idosas;

II – a realização de diagnóstico que contemple o protagonismo e a participação da população idosa, além de informações sobre a gestão das ações, dos programas, dos benefícios e dos serviços ofertados à população idosa;

III – a elaboração de plano que contemple as ações a serem executadas pelos Municípios para a população idosa;

IV – Revogado. Dec. nº 10.604, de 20-1-2021;

V – o reconhecimento pelo Governo federal de políticas públicas, programas, ações, serviços ou benefícios, implementados pelos Municípios, que promovam o envelhecimento ativo, saudável, cidadão e sustentável da população idosa.

Parágrafo único. O reconhecimento de que trata o inciso V do *caput* ocorrerá por meio da concessão de certificados, selos ou instrumentos congêneres.

Art. 26. A participação dos entes federativos na Estratégia Brasil Amigo da Pessoa Idosa ocorrerá por meio da assinatura de termo de adesão, hipótese em que caberá:

I – aos Estados:

a) indicar o órgão responsável pela Estratégia;

b) indicar os servidores que participarão das capacitações, presenciais ou a distância, oferecidas;

c) auxiliar o Governo federal na sensibilização, na mobilização e na capacitação dos Municípios para a adesão e a implementação da Estratégia;

d) fornecer apoio logístico para a realização de capacitações presenciais de servidores e de lideranças comunitárias nos Municípios;

e) apoiar tecnicamente os Municípios na elaboração do diagnóstico e do plano de que tratam os incisos II e III do* caput *do art. 25 e na execução das suas ações, em conjunto com os demais parceiros;

▸ Alínea *e* com a redação dada pelo Dec. nº 10.604, de 20-1-2021.

f) monitorar, em sistema próprio da Estratégia, a sua implementação, inclusive a partir da verificação das políticas públicas, dos programas, das ações, dos serviços ou dos benefícios implementados pelos Municípios; e

g) identificar os Municípios que atendam aos critérios estabelecidos pelo Ministério da Mulher, da Família e dos Direitos Humanos, com vistas a habilitá-los ao reconhecimento de que trata o inciso V do* caput *do art. 25; e

▸ Alínea *g* com a redação dada pelo Dec. nº 10.604, de 20-1-2021.

II – aos Municípios:

a) indicar o órgão responsável pela Estratégia;

b) indicar os servidores que participarão das capacitações, presenciais ou a distância, oferecidas;

c) divulgar as capacitações oferecidas, presenciais ou a distância, para as lideranças comunitárias;

d) instituir o Conselho Municipal de Direitos da Pessoa Idosa, como condição imprescindível para a adesão à Estratégia ou, quando já instituído, mantê-lo ativo, de forma a garantir as condições para o exercício de suas competências legais;

e) elaborar o diagnóstico e o plano de que tratam, respectivamente, os incisos II e III do *caput* do art. 25;

f) executar as ações do plano de que trata o inciso III do *caput* do art. 25; e

g) inserir informações em sistema próprio da Estratégia.

Parágrafo único. Ao Distrito Federal caberá exercer, no que couber, as atribuições de que tratam os incisos I e II do *caput*.

Art. 27. Poderão ser firmadas parcerias com órgãos e entidades da administração pública ou privadas para a implementação da Estratégia Brasil Amigo da Pessoa Idosa.

Art. 28. As ações da Estratégia Brasil Amigo da Pessoa Idosa serão executadas de forma descentralizada e integrada, por meio da conjugação de esforços entre a União, os Estados, o Distrito Federal e os Municípios, observados a intersetorialidade, as especificidades das políticas públicas setoriais, a participação da sociedade civil e o controle social.

Parágrafo único. A Estratégia Brasil Amigo da Pessoa Idosa será implementada a partir da articulação entre as políticas de assistência social, de saúde, de direitos humanos, de educação, de trabalho, de cultura e de esporte, entre outras.

Seção III
DO COMITÊ GESTOR DA ESTRATÉGIA BRASIL AMIGO DA PESSOA IDOSA

Art. 29.* Revogado. *Dec. nº 10.604, de 20-1-2021.

Seção IV
DAS COMPETÊNCIAS DO COMITÊ GESTOR DA ESTRATÉGIA BRASIL AMIGO DA PESSOA IDOSA

Arts. 30 a 33.* Revogados. *Dec. nº 10.604, de 20-1-2021.

CAPÍTULO III
DO ACESSO PREFERENCIAL AO TRANSPORTE COLETIVO PELA PESSOA IDOSA

Art. 34. Este Capítulo dispõe sobre o acesso preferencial ao transporte coletivo pela pessoa idosa, no sistema de transporte coletivo interestadual nos modais rodoviário, ferroviário e aquaviário.

Parágrafo único. Para fins do disposto neste Capítulo, compete à Agência Nacional de Transportes Terrestres e à Agência Nacional de Transportes Aquaviários, no âmbito de suas competências, editar as normas complementares para dispor sobre o detalhamento das medidas necessárias para conceder o acesso preferencial ao transporte coletivo pela pessoa idosa.

Art. 35. No sistema de transporte coletivo interestadual serão observados, em conformidade com o disposto neste Capítulo e no art. 40 da Lei nº 10.741, de 2003 – Estatuto do Idoso:

I – a reserva de duas vagas gratuitas por veículo para pessoa idosa com renda igual ou inferior a dois salários-mínimos; e

II – o desconto de cinquenta por cento, no mínimo, no valor das passagens, para a pessoa idosa que exceder as vagas gratuitas, com renda igual ou inferior a dois salários-mínimos.

Parágrafo único. Caberá aos órgãos competentes definir os mecanismos e os critérios para o exercício dos direitos previstos nos incisos I e II do *caput*.

Art. 36. Observado o disposto na legislação local, deverá ser assegurada a reserva de cinco por cento das vagas nos estacionamentos públicos e privados para a pessoa idosa, as quais deverão ser posicionadas de forma a garantir a sua comodidade.

Art. 37. Serão asseguradas a prioridade e a segurança da pessoa idosa nos procedimentos de embarque e de desembarque nos veículos do sistema de transporte coletivo.

Art. 38. Para fins do disposto neste Capítulo, considera-se:

I – serviço de transporte interestadual de passageiros – serviço que transpõe o limite do Estado, do Distrito Federal ou do Território;

II – linha – serviço de transporte coletivo de passageiros executado em uma ligação de dois pontos terminais, nela incluídos os seccionamentos e as alterações operacionais efetivadas, aberto ao público em geral, de natureza regular e permanente, com itinerário definido no ato de sua delegação ou outorga;

III – seção – serviço realizado em trecho do itinerário de linha do serviço de transporte, com fracionamento do preço de passagem; e

IV – bilhete de viagem da pessoa idosa – documento que comprove a concessão do transporte gratuito da pessoa idosa, fornecido pela empresa prestadora do serviço de transporte, para possibilitar o ingresso da pessoa idosa no veículo.

Art. 39. Serão reservadas duas vagas gratuitas em cada veículo, comboio ferroviário ou embarcação do serviço convencional de transporte interestadual de passageiros, à pessoa idosa com renda igual ou inferior a dois salários-mínimos, observado o disposto no inciso I do *caput* do art. 35.

§ 1º Para fins do disposto no *caput*, estão incluídos na condição de serviço convencional:

I – os serviços de transporte rodoviário interestadual convencional de passageiros, prestado com veículo de características básicas, com ou sem sanitários, em linhas regulares;

II – os serviços de transporte ferroviário interestadual de passageiros, em linhas regulares; e

III – os serviços de transporte aquaviário interestadual, abertos ao público, realizados em rios, lagos, lagoas e baías, que operam linhas regulares, inclusive travessias.

§ 2º A pessoa idosa, para fazer uso da reserva de que trata o *caput*:

I – solicitará um único Bilhete de Viagem da Pessoa Idosa, nos pontos de venda próprios da transportadora, com antecedência de, no mínimo, três horas em relação ao horário de partida do ponto inicial da linha do serviço de transporte; e

II – poderá solicitar a emissão do bilhete de viagem de retorno, respeitados os procedimentos da venda de bilhete de passagem.

§ 3º Na existência de seções, nos pontos de seção devidamente autorizados para embarque de passageiros, a reserva de assentos também estará disponível até o horário definido para o ponto inicial da linha, observado o disposto no § 2º.

§ 4º Transcorrido o prazo a que se refere o § 2º, na hipótese de os bilhetes das vagas reservadas de que trata o *caput* não terem sido concedidos à pessoa idosa com renda igual ou inferior a dois salários-mínimos, as empresas prestadoras dos serviços de transporte poderão comercializá-los.

§ 5º Na hipótese prevista no § 4º, as vagas reservadas de que trata o *caput* continuarão disponíveis para a concessão da gratuidade à pessoa idosa com renda igual ou inferior a dois salários-mínimos enquanto os seus bilhetes não forem vendidos.

§ 6º Na data da viagem, a pessoa idosa comparecerá ao terminal de embarque com, no mínimo, trinta minutos de antecedência em relação ao horário previsto para o início da viagem, sob pena da perda do benefício.

§ 7º O Bilhete de Viagem da Pessoa Idosa e o bilhete com desconto do valor da passagem são intransferíveis.

Art. 40. Observado o disposto no inciso II do *caput* do art. 35, além das vagas previstas no art. 39, a pessoa idosa com renda igual ou inferior a dois salários-mínimos terá direito ao desconto mínimo de cinquenta por cento do valor da passagem para os demais assentos do veículo, do comboio ferroviário ou da embarcação do serviço convencional de transporte interestadual de passageiros.

Parágrafo único. Para ter direito ao desconto previsto no *caput*, a pessoa idosa deverá adquirir o bilhete de passagem, de maneira a obedecer os seguintes prazos:

I – para viagens com distância de até quinhentos quilômetros, adquiri-lo com, no máximo, seis horas de antecedência; e

II – para viagens com distância acima de quinhentos quilômetros, adquiri-lo com, no máximo, doze horas de antecedência.

Art. 41. O Bilhete de Viagem da Pessoa Idosa será emitido pela empresa prestadora do serviço, em, no mínimo, duas vias.

§ 1º Uma via do bilhete de viagem da pessoa idosa será destinada ao passageiro e não poderá ser recolhida pela empresa prestadora do serviço de transporte.

§ 2º A segunda via do Bilhete de Viagem da Pessoa Idosa será arquivada e mantida pela empresa prestadora do serviço de transporte, pelo prazo de um ano, contado da data do término da viagem.

§ 3º As empresas prestadoras dos serviços de transporte informarão à ANTT e à ANTAQ, na periodicidade definida em seus regulamentos, a movimentação de usuários titulares do benefício, por seção e por situação.

Art. 42. No ato de solicitação do bilhete de viagem de pessoa idosa ou do desconto no valor da passagem, o interessado apresentará documento pessoal que comprove a sua idade e a renda igual ou inferior a dois salários-mínimos.

§ 1º A comprovação de idade da pessoa idosa será feita por meio da apresentação de documento pessoal de identidade original, com fé pública, que contenha foto.

§ 2º A comprovação de renda igual ou inferior a dois salários-mínimos será feita por meio da apresentação de um dos seguintes documentos:

I – Carteira de Trabalho e Previdência Social com anotações atualizadas;

II – contracheque de pagamento ou documento expedido pelo empregador;

III – carnê de contribuição para o INSS;

IV – extrato de pagamento de benefício ou declaração fornecida pelo INSS ou por outro regime de previdência social público ou privado; e

V – documento ou carteira emitida pelas secretarias estaduais, distrital ou municipais de assistência social ou congêneres.

Art. 43. A pessoa idosa ficará sujeita aos procedimentos de identificação de passageiros ao se apresentar para o embarque, de acordo com as normas estabelecidas pela ANTT e pela ANTAQ, no âmbito de suas competências.

Art. 44. O benefício concedido à pessoa idosa assegura os mesmos direitos garantidos aos demais passageiros.

Parágrafo único. As tarifas de pedágio e de utilização dos terminais e as despesas com alimentação não estão incluídas no benefício tarifário.

Art. 45. A ANTT, a ANTAQ e a concessionária ou a permissionária, quando disponibilizado o benefício tarifário, adotarão as providências necessárias ao atendimento ao disposto no *caput* do art. 35 da Lei nº 9.074, de 7 de julho de 1995.

Parágrafo único. A concessionária ou a permissionária apresentará a documentação necessária para a comprovação do impacto do benefício no equilíbrio econômico-financeiro do contrato, observados os termos estabelecidos na legislação aplicável.

Art. 46. Aos infratores ao disposto neste Capítulo serão aplicadas as sanções previstas no art. 78-A e a 78-K da Lei nº 10.233, de 5 de junho de 2001.

TÍTULO III – DISPOSIÇÕES FINAIS

Art. 47. Ficam revogados:

I – o Decreto nº 1.948, de 3 de julho de 1996;

II – o Decreto nº 5.934, de 18 de outubro de 2006;

III – o Decreto nº 6.800, de 18 de março de 2009;

IV – o Decreto nº 8.114, de 30 de setembro de 2013; e

V – o Decreto nº 9.328, de 3 de abril de 2018.

Art. 48. Este Decreto entra em vigor cento e vinte dias após a data de sua publicação.

Brasília, 18 de julho de 2019;
198º da Independência e
131º da República.

Jair Messias Bolsonaro

DECRETO Nº 9.927, DE 22 DE JULHO DE 2019

Dispõe sobre o Comitê para Gestão da Rede Nacional para a Simplificação do Registro e da Legalização de Empresas e Negócios – CGSIM.

▸ Publicado no *DOU* de 23-7-2019.

Art. 1º Este Decreto dispõe sobre o Comitê para Gestão da Rede Nacional para a Simplificação do Registro e da Legalização de Empresas e Negócios – CGSIM.

Art. 2º Compete ao CGSIM:

I – normatizar a inscrição, o cadastro, a abertura, o alvará, o arquivamento, as licenças, a permissão, a autorização, os registros e os demais itens relativos à abertura, à legalização e ao funcionamento de empresários e de pessoas jurídicas de qualquer porte, atividade econômica ou composição societária;

II – elaborar e aprovar o modelo operacional da Rede Nacional para a Simplificação do Registro e da Legalização de Empresas e Negócios – Redesim;

III – elaborar e aprovar programa de trabalho para implementação e operação da Redesim;

IV – definir seu programa de trabalho;

V – acompanhar e avaliar periodicamente o programa de trabalho aprovado e estabelecer os procedimentos básicos para o acompanhamento e a avaliação periódicos das atividades e das ações de competência dos subcomitês e dos grupos de trabalho do CGSIM;

VI – elaborar e aprovar, por maioria simples, seu regimento interno; e

VII – editar as resoluções necessárias ao exercício de suas competências.

Art. 3º O CGSIM é composto por representantes dos seguintes órgãos e entidades:

I – membros natos:

a) o Secretário de Governo Digital da Secretaria Especial de Desburocratização, Gestão e Governo Digital do Ministério da Economia;

b) o Subsecretário de Arrecadação, Cadastros e Atendimento da Secretaria Especial da Receita Federal do Brasil do Ministério da Economia;

c) o Diretor do Departamento Nacional de Registro Empresarial e Integração da Secretaria de Governo Digital da Secretaria Especial de Desburocratização, Gestão e Governo Digital do Ministério da Economia;

d) o Coordenador-Geral de Gestão de Cadastros da Subsecretaria de Arrecadação, Cadastros e Atendimento da Subsecretaria-Geral da Receita Federal do Brasil da Secretaria Especial da Receita Federal do Brasil do Ministério da Economia; e

e) o Subsecretário de Desenvolvimento das Micro e Pequenas Empresas, Empreendedorismo e Artesanato da Secretaria de Desenvolvimento da Indústria, Comércio, Serviços e Inovação da Secretaria Especial de Produtividade, Emprego e Competitividade do Ministério da Economia;

II – membros indicados:

a) um representante da Secretaria Especial de Desburocratização, Gestão e Governo Digital do Ministério da Economia;

b) um representante da Secretaria Nacional de Segurança Pública do Ministério da Justiça e Segurança Pública;

c) um representante da Agência Nacional de Vigilância Sanitária do Ministério da Saúde;

d) um representante do Ministério do Meio Ambiente;

e) um representante do Serviço Brasileiro de Apoio às Micro e Pequenas Empresas – Sebrae;

f) um representante da Associação Brasileira de Entidades Estaduais de Meio Ambiente;

g) um representante da Associação Nacional de Órgãos Municipais de Meio Ambiente;

h) um presidente de junta comercial, indicado pela Federação Nacional das Juntas Comerciais;

i) um secretário de fazenda estadual ou distrital, indicado pelo Conselho Nacional de Política Fazendária do Ministério da Economia;

j) um representante dos Municípios, indicado, em sistema de rodízio anual, pela Confederação Nacional de Municípios ou pela Frente Nacional de Prefeitos; e

k) um secretário de fazenda municipal, indicado pela Associação Brasileira das Secretarias de Finanças das Capitais.

§ 1º A Presidência do CGSIM será exercida, em sistema de rodízio anual, pelo Secretário de Governo Digital da Secretaria Especial de Desburocratização, Gestão e Governo Digital do Ministério da Economia e pelo Subsecretário de Arrecadação, Cadastros e Atendimento da Secretaria Especial da Receita Federal do Brasil do Ministério da Economia.

§ 2º O Presidente do CGSIM será substituído, em suas ausências e seus impedimentos, pelo Diretor do Departamento Nacional de Registro Empresarial e Integração da Secretaria de Governo Digital da Secretaria Especial de Desburocratização, Gestão e Governo Digital do Ministério da Economia.

§ 3º Os membros do CGSIM de que tratam as alíneas *a* a *g* do inciso II do *caput* serão indicados pelos titulares dos órgãos e entidades representados.

§ 4º Os membros do CGSIM poderão se fazer representar, em suas ausências e impedimentos, por seus suplentes.

§ 5º Os suplentes dos membros do CGSIM de que trata o inciso I do *caput* serão seus substitutos nos cargos.

§ 6º Os suplentes dos membros do CGSIM de que trata o inciso II do *caput* serão indicados do mesmo modo que os titulares.

§ 7º Os membros do CGSIM serão designados pelo Ministro de Estado da Economia.

§ 8º O Presidente do CGSIM poderá convidar representantes de órgãos ou entidades públicas ou privadas e da sociedade para participarem das reuniões do CGSIM, sem direito a voto.

Art. 4º Compete ao Presidente do CGSIM:

I – convocar e presidir as reuniões;

II – coordenar e supervisionar a implementação e o funcionamento da Redesim; e

III – exercer outras competências previstas no regimento interno do CGSIM.

Art. 5º O CGSIM se reunirá, em caráter ordinário, trimestralmente e, em caráter extraordinário, sempre que convocado por seu Presidente.

Parágrafo único. O quórum de reunião do CGSIM é de maioria absoluta dos membros e o quórum de aprovação é de maioria simples.

Art. 6º O CGSIM poderá instituir subcomitês e grupos de trabalho para subsidiar o Comitê em temas específicos.

Art. 7º Os subcomitês e os grupos de trabalho:

I – serão instituídos por ato do CGSIM, que estabelecerá seus objetivos específicos e sua composição, inclusive quanto à sua coordenação;

II – não poderão ter mais de dez membros;

III – terão caráter temporário e duração não superior a um ano; e

IV – estarão limitados a três operando simultaneamente.

Parágrafo único. O Presidente do CGSIM poderá convidar a participar dos subcomitês e dos grupos de trabalho representantes de órgãos ou entidades públicas ou privadas e da sociedade civil, de acordo com a pauta de cada reunião.

Art. 8º A Secretaria-Executiva do CGSIM será exercida pelo Departamento Nacional de Registro Empresarial e Integração da Secretaria de Governo Digital da Secretaria Especial de Desburocratização, Gestão e Governo Digital do Ministério da Economia.

Parágrafo único. O Sebrae prestará apoio técnico à Secretaria-Executiva do CGSIM.

Art. 9º Os membros do CGSIM, dos subcomitês e dos grupos de trabalho que se encontrarem no Distrito Federal se reunirão presencialmente ou por meio de videoconferência, a critério de seu Presidente, e os membros que se encontrarem em outros entes federativos participarão da reunião por meio de videoconferência.

Art. 10. A participação no CGSIM, nos subcomitês e nos grupos de trabalho será considerada prestação de serviço público relevante, não remunerada.

Art. 11. Ficam revogados:

I – o Decreto nº 6.884, de 25 de junho de 2009; e

II – o Decreto nº 9.105, de 25 de julho de 2017.

Art. 12. Este Decreto entra em vigor na data de sua publicação.

Brasília, 22 de julho de 2019;
198º da Independência e
131º da República.
Jair Messias Bolsonaro

DECRETO Nº 9.936, DE 24 DE JULHO DE 2019

Regulamenta a Lei nº 12.414, de 9 de junho de 2011, que disciplina a formação e a consulta a bancos de dados com informações de adimplemento, de pessoas naturais ou de pessoas jurídicas, para formação de histórico de crédito.

► Publicado no *DOU* de 25-7-2019 e retificado no *DOU* de 1º-8-2019.

Art. 1º Este Decreto regulamenta a Lei nº 12.414, de 9 de junho de 2011, que disciplina a formação e a consulta a bancos de dados com informações de adimplemento, de pessoas naturais ou de pessoas jurídicas, para formação de histórico de crédito.

CAPÍTULO I

DAS CONDIÇÕES PARA FUNCIONAMENTO DOS GESTORES DE BANCOS DE DADOS

Art. 2º O funcionamento dos gestores de bancos de dados e o compartilhamento de informações autorizados pela Lei nº 12.414, de 2011, deverão atender aos seguintes requisitos mínimos:

I – aspectos econômico-financeiros: patrimônio líquido mínimo de R$ 100.000.000,00 (cem milhões de reais), detido pelo gestor de banco de dados, comprovado por meio de demonstração financeira relativa ao exercício mais recente auditada por auditor independente registrado na Comissão de Valores Mobiliários;

II – aspectos técnico-operacionais:

a) certificação técnica emitida por empresa qualificada independente, renovada, no mínimo, a cada três anos, e revisada anualmente, que:

1. ateste a disponibilidade de plataforma tecnológica apta a preservar a integridade e o sigilo dos dados armazenados; e
2. indique que as estruturas tecnológicas envolvidas no fornecimento do serviço de cadastro seguem as melhores práticas de segurança da informação, inclusive quanto a plano de recuperação em caso de desastre, com infraestrutura de cópia de segurança para o armazenamento dos dados dos cadastrados, das autorizações e das solicitações de cancelamento e de reabertura de cadastro;

b) certificação técnica emitida por empresa qualificada independente, renovada, no mínimo, a cada três anos, e revisada anualmente, que ateste a adequabilidade da política de segurança da informação sobre a criação, a guarda, a utilização e o descarte de informações no âmbito interno e externo, inclusive quanto à transferência ou à utilização de informações por outras empresas prestadoras de serviço contratadas;

c) certificação técnica emitida por empresa qualificada independente, renovada, no mínimo, a cada três anos, com revisão anual, que ateste a adequabilidade da política de estabelecimento da responsabilidade, principalmente quanto aos quesitos de sigilo e proteção das informações, de privacidade de dados dos clientes e de prevenção e tratamento de fraudes;

d) implementação e manutenção de programa de gestão de vulnerabilidades, programa de prevenção de vazamentos de dados e controles de acesso privilegiado;

e) asseguração de procedimentos de segurança e realização de testes periódicos de *firewalls*, de vulnerabilidade e penetração, por entidade independente; e

f) implementação e manutenção de programa de gestão de fornecedores que os classifique de acordo com a criticidade, com a adoção de regras de verificações de acordo com sua relevância, de modo a assegurar o cumprimento dos requisitos estabelecidos na política de segurança do gestor de banco de dados;

III – aspectos relacionados à governança:

a) aprovação e manutenção de estatuto ou contrato social com o desenho e as regras relativas à estrutura administrativa do gestor de banco de dados;

b) disponibilização dos procedimentos operacionais do desempenho da atividade e dos controles de risco disponíveis;

c) disponibilização mensal das informações relevantes relacionadas ao seu funcionamento no período que atestem a plena operação do gestor de banco de dados, tais como:

1. desempenho econômico-financeiro;
2. quantitativo de operações registradas;
3. quantitativo de consultas realizadas;
4. quantitativo de cadastrados;
5. quantitativo de consulentes cadastrados;
6. quantitativo de fontes ativas;
7. relatório de erros ocorridos;
8. quantitativo de ocorrências registradas no serviço de atendimento ao consumidor; e
9. ouvidoria;

d) designação pelo conselho de administração ou, se inexistente, pela diretoria da entidade, de diretores responsáveis técnicos pela gestão do banco de dados e pela política de segurança da informação; e

e) asseguração da política de transparência de uso e coleta de dados por empresa de auditoria independente registrada na Comissão de Valores Mobiliários; e

IV – aspectos relacionais:

a) disponibilização de canais de acesso, inclusive em sítio eletrônico, que assegurem ao cadastrado a possibilidade de exercer os seus direitos, de forma simples e segura, em especial aqueles de que tratam os art. 5º e art. 6º da Lei nº 12.414, de 2011;

b) manutenção de serviço gratuito de atendimento ao consumidor que atenda aos requisitos estabelecidos no Decreto nº 6.523, de 31 de julho de 2008, ou em ato normativo que venha a substituí-lo;

c) constituição e manutenção de componente organizacional de ouvidoria, com a atribuição de atuar como canal de comunicação entre os gestores de bancos de dados e os cadastrados, inclusive na mediação de conflitos;

d) divulgação ampla dos serviços prestados pelo serviço de atendimento ao consumidor e pelo componente de ouvidoria, de que tratam as alíneas *b* e *c* do inciso IV do *caput*, com informações completas acerca das suas finalidades, suas formas de acesso e sua utilização; e

e) disponibilização aos cadastrados de formas de acesso gratuito ao serviço de atendimento ao consumidor e ao componente de ouvidoria por telefone, pelo sítio eletrônico da entidade e pelos demais canais de comunicação, inclusive nos extratos e nos comprovantes fornecidos ao cadastrado.

§ 1º O ato constitutivo da pessoa jurídica, as suas eventuais alterações, a ata de eleição de administradores, quando aplicável, e os documentos comprobatórios dos aspectos a que se refere o *caput* serão disponibilizados aos órgãos públicos sempre que solicitado.

§ 2º Os documentos referidos nos incisos II e III do *caput* serão atualizados e disponibilizados, de forma pública e de fácil acesso, no sítio eletrônico da entidade.

§ 3º O serviço gratuito de atendimento ao consumidor deverá prestar esclarecimentos aos cadastrados sobre os principais elementos e critérios considerados para a composição da nota ou da pontuação de crédito, exceto quanto às informações consideradas sigilosas em decorrência de sigilo empresarial.

§ 4º Compete ao órgão de ouvidoria, no mínimo:

I – receber, registrar, instruir, analisar e dar tratamento formal e adequado às reclamações dos cadastrados não solucionadas no prazo de cinco dias úteis pelos demais canais de atendimento;

II – prestar esclarecimentos e informar os reclamantes sobre o andamento de suas reclamações e das providências adotadas, conforme número de protocolo, observado o prazo de dez dias úteis para resposta, contado da data de registro da reclamação; e

III – propor ao gestor do banco de dados medidas corretivas ou de aprimoramento relativas aos procedimentos e às rotinas, em decorrência da análise das reclamações recebidas.

§ 5º Para o gestor de banco de dados em operação na data da entrada em vigor deste Decreto, poderá ser considerado, para fins de cumprimento da exigência de que trata o inciso I do *caput*, o patrimônio líquido de pessoas jurídicas controladoras ou associadas que assumam, contratual ou estatutariamente, responsabilidade solidária pelo cumprimento das obrigações financeiras do gestor.

§ 6º O patrimônio líquido dos controladores e associados que, nos termos do disposto no § 5º, vier a ser considerado na composição do valor previsto no inciso I do *caput* não será superior a:

I – sessenta por cento do valor, até 31 de dezembro de 2020;
II – cinquenta por cento do valor, até 31 de dezembro de 2022;
III – quarenta por cento do valor, até 31 de dezembro de 2023;
IV – trinta por cento do valor, até 31 de dezembro de 2024;
V – vinte por cento do valor, até 31 de dezembro de 2025; e
VI – dez por cento do valor, até 31 de dezembro de 2026.

§ 7º A responsabilidade a ser estabelecida, contratual ou estatutariamente, na forma prevista no § 5º, abrangerá, no mínimo, os valores correspondentes aos percentuais de que trata o § 6º.

§ 8º Na hipótese em que a responsabilidade pela gestão de banco de dados que esteja em operação na data da entrada em vigor deste Decreto seja transferida para outra pessoa jurídica:

I – as certificações e as asseguraçōes emitidas e os testes realizados antes da transferência da responsabilidade pela gestão de banco de dados que ainda estejam em vigor podem ser considerados para fins de cumprimento dos requisitos de funcionamento de que trata o inciso II do *caput* pela pessoa jurídica que venha a assumir essa responsabilidade; e

II – o disposto nos § 5º ao § 7º se aplica à pessoa jurídica que venha a assumir essa responsabilidade.

§ 9º Os responsáveis técnicos pela gestão do banco de dados e pela política de segurança da informação:

I – devem ocupar os cargos de diretor estatutário, administrador ou sócio gerente da entidade; e

II – podem acumular as atribuições de que trata o inciso I e o *caput* e exercer outras atividades na entidade, desde que não gerem conflito de interesses.

CAPÍTULO II

DO HISTÓRICO DE CRÉDITO

Art. 3º O histórico de crédito do cadastrado é composto pelo conjunto de dados financeiros e de pagamentos relativos às operações de crédito e obrigações de pagamento adimplidas ou em andamento realizadas por pessoa natural ou jurídica.

Art. 4º Para fins do disposto neste Decreto, o conjunto de dados financeiros e de pagamentos é composto por:

I – data da concessão do crédito ou da assunção da obrigação de pagamento;

II – valor do crédito concedido ou da obrigação de pagamento assumida;

III – valores devidos das prestações ou das obrigações, com indicação das datas de vencimento e de pagamento; e

IV – valores pagos, integral ou parcialmente, das prestações ou obrigações, com indicação das datas de pagamento.

Art. 5º Os bancos de dados apresentarão, para fins de composição do histórico de crédito, informações objetivas, claras, verdadeiras e de fácil compreensão, que sejam necessárias para a avaliação da situação econômico-financeira do cadastrado e da composição de sua nota de crédito.

Art. 6º O gestor de banco de dados deverá disponibilizar ao cadastrado, por meio físico e eletrônico, acesso ao sistema de registro e acompanhamento de solicitação de correção de erro nas informações relativas ao histórico de crédito do cadastrado.

CAPÍTULO III

DA AUTORIZAÇÃO PARA DISPONIBILIZAÇÃO DE HISTÓRICO DE CRÉDITO A CONSULENTES

Art. 7º A disponibilização a consulentes do histórico de crédito do cadastrado, pelo gestor de banco de dados, fica condicionada à autorização, prévia e específica, do cadastrado.

Parágrafo único. A autorização de que trata o *caput* também se aplica aos bancos de dados em funcionamento em 9 de julho de 2019, conforme o disposto no inciso II do *caput* do art. 7º da Lei Complementar nº 166, de 8 de abril de 2019.

Art. 8º A autorização para disponibilização de histórico de crédito a consulentes será concedida pelo cadastrado a gestor de banco de dados, em formato físico ou eletrônico, diretamente ou por meio de consulente, conforme o modelo apresentado no Anexo.

§ 1º A autorização de que trata o *caput* será concedida:

I – para cada acesso pelo consulente autorizado; ou

II – para acesso pelo consulente autorizado por prazo fixo:

a) de até três meses, na hipótese de autorização concedida por pessoa natural; ou

b) de até doze meses, na hipótese de autorização concedida por pessoa jurídica.

§ 2º Na hipótese de o consulente ser instituição autorizada a funcionar pelo Banco Central do Brasil, a autorização de que trata o *caput* poderá ser concedida por prazo indeterminado, limitado ao período de duração do relacionamento contratual entre a instituição e o cadastrado.

§ 3º O cadastrado poderá revogar a autorização concedida por prazo fixo ou indeterminado, unilateralmente, a qualquer tempo, perante o gestor de bancos de dados.

§ 4º A autorização de que trata o *caput* será extensiva a todos os gestores de bancos de dados.

CAPÍTULO IV

DA CONSULTA AO BANCO DE DADOS

Art. 9º As informações sobre o cadastrado constantes dos bancos de dados somente poderão ser acessadas por consulentes que com ele mantiverem ou pretenderem manter relação comercial ou creditícia.

Parágrafo único. O gestor do banco de dados manterá políticas e controles para garantir que as informações sobre o cadastrado sejam acessadas somente por consulente que atender ao disposto neste artigo.

CAPÍTULO V

DOS DEVERES E DAS RESPONSABILIDADES DO GESTOR DE BANCO DE DADOS

Art. 10. O gestor do banco de dados deverá:

I – indicar, em cada resposta a consulta, a data da última atualização das informações enviadas ao banco de dados;

II – adotar as cautelas necessárias à preservação do sigilo das informações que lhe forem enviadas e divulgá-las apenas para as finalidades previstas na Lei nº 12.414, de 2011;

III – manter sistemas de guarda e acesso com requisitos de segurança que protejam as informações de acesso por terceiros não autorizados e de uso em desacordo com as finalidades previstas na Lei nº 12.414, de 2011;

IV – dotar os sistemas de guarda e acesso das informações de características de rastreabilidade passíveis de serem auditadas;

V – disponibilizar, em seus sítios eletrônicos, para consulta do cadastrado, com acesso formalizado, de maneira segura e gratuita:

a) as informações sobre o cadastrado constantes do banco de dados no momento da solicitação;

b) a indicação das fontes que encaminharam informações sobre o cadastrado, com endereço e telefone para contato;

c) a indicação dos gestores dos bancos de dados com os quais as informações sobre o cadastrado tenham sido compartilhadas; e

d) a indicação clara dos consulentes que tiveram acesso ao histórico de crédito e à nota de crédito do cadastrado nos seis meses anteriores à data da solicitação;

VI – informar claramente os direitos do cadastrado definidos em lei e em normas infralegais pertinentes à sua relação com as fontes e os gestores de bancos de dados, inclusive em seu sítio eletrônico;

VII – disponibilizar, em seu sítio eletrônico, a relação de órgãos governamentais aos quais o cadastrado poderá recorrer em caso de violação de dados; e

VIII – manter por, no mínimo, quinze anos os dados sobre as autorizações concedidas, os pedidos de cancelamento e a reabertura de cadastro, exclusão, revogação e correção de anotação.

Parágrafo único. As informações de que trata o inciso V do *caput* serão gratuitamente disponibilizadas ao cadastrado também por telefone.

Art. 11. O gestor do banco de dados não poderá informar aos consulentes as fontes individuais das informações.

Art. 12. O gestor de banco de dados manterá em arquivo, exclusivamente para fins de auditoria, os dados, as autorizações concedidas, os pedidos de cancelamento e a reabertura de cadastro, exclusão, revogação e correção de anotação, pelo prazo mínimo de quinze anos, contado da data do cancelamento do cadastro.

CAPÍTULO VI

DO CANCELAMENTO OU DA REABERTURA DO CADASTRO E DA SUSPENSÃO DE ACESSO

Art. 13. O cadastrado poderá requerer a gestor de banco de dados, a qualquer tempo, o cancelamento e a reabertura do seu cadastro e a suspensão do acesso à sua nota de crédito por consulentes.

§ 1º O gestor que receber a solicitação de suspensão de acesso à nota de crédito deverá, no prazo de dois dias úteis, contado da data de sua solicitação:

I – suspender, por prazo indeterminado, o acesso à nota de crédito por consulentes; e

II – transmitir a solicitação aos demais gestores, que deverão atendê-la no prazo de dois dias úteis, contado da data do recebimento da comunicação.

§ 2º O direito de acesso do cadastrado à sua própria nota de crédito será mantido durante o período de suspensão de que trata o *caput*.

Art. 14. As solicitações de cancelamento ou de reabertura do cadastro e de suspensão de acesso à nota de crédito do cadastrado serão realizadas de forma expressa e poderão ser feitas por meio eletrônico.

§ 1º Não será admitido pedido de exclusão parcial de informações registradas em banco de dados, exceto se houverem sido indevidamente registradas.

§ 2º O gestor de banco de dados não poderá anotar informações de adimplemento de cadastrado que tenha solicitado o cancelamento do seu cadastro após o prazo de dois dias úteis, contado da data de sua solicitação.

§ 3º O gestor de banco de dados manterá disponível ao cadastrado, por meio telefônico e eletrônico, sistema de registro e acompanhamento de solicitação de cancelamento ou reabertura do cadastro e de suspensão de acesso à nota de crédito do cadastrado.

CAPÍTULO VII

DO ENVIO DE INFORMAÇÕES PELA FONTE

Art. 15. As fontes fornecerão aos gestores de bancos de dados o conjunto de dados financeiros e de pagamentos e os dados pessoais do cadastrado, mesmo na hipótese de o termo inicial desse período ser anterior a 9 de julho de 2019, conforme o inciso II do *caput* do art. 7º da Lei Complementar nº 166, de 2019.

§ 1º Os dados pessoais deverão ser fornecidos pelas fontes aos gestores de bancos de dados para a abertura do cadastro e sempre que houver alteração no conteúdo dessas informações.

§ 2º As informações de adimplemento prestadas pelas fontes compreenderão, no mínimo, o período de doze meses anteriores à data de prestação da informação.

Art. 16. O envio das informações pelas fontes aos gestores de bancos de dados será realizado por mecanismos que preservem a integridade e o sigilo dos dados enviados.

Parágrafo único. Os gestores de bancos de dados poderão fornecer às fontes os mecanismos de envio das informações, observado o disposto no art. 10 da Lei nº 12.414, de 2011.

Art. 17. Serão definidos em comum acordo entre as fontes e os gestores de bancos de dados o padrão e o leiaute para o envio das seguintes informações:

I – dados da fonte:

a) nome da fonte; e

b) CNPJ/CPF da fonte;

II – dados do cadastrado:

a) nome do cadastrado;

b) CPF/CNPJ do cadastrado;

c) endereço residencial ou comercial do cadastrado;

d) endereço eletrônico do cadastrado, quando houver; e

e) telefone do cadastrado;

III – informações de adimplemento:

a) natureza da relação:

1. creditícia;
2. comercial;
3. de serviço continuado; ou
4. outra a ser definida;

b) data de início da concessão do crédito ou da assunção da obrigação de pagamento;

c) valor do crédito concedido ou, quando for possível definir, da obrigação assumida;

d) datas de pagamentos a vencer;

e) valores de pagamentos a vencer;

f) datas de vencimento pretéritas;

g) valores devidos nas datas de vencimento pretéritas;

h) datas dos pagamentos realizados, mesmo que parciais; e

i) valores dos pagamentos realizados, mesmo que parciais.

Parágrafo único. Os reguladores das fontes poderão, no âmbito de suas competências legais, editar atos normativos complementares sobre o padrão e o leiaute de que trata o *caput*.

CAPÍTULO VIII

DOS PROCEDIMENTOS NA HIPÓTESE DE VAZAMENTO DE INFORMAÇÕES

Art. 18. Na ocorrência de vazamento de informações de cadastrados ou de outro incidente de segurança que possa acarretar risco ou prejuízo relevante a cadastrados, o gestor de banco de dados comunicará o fato:

I – à Autoridade Nacional de Proteção de Dados, na hipótese de ocorrência que envolva o fornecimento de dados de pessoas naturais;

II – ao Banco Central do Brasil, na hipótese de ocorrência que envolva o fornecimento de dados prestados por instituições autorizadas a funcionar pelo Banco Central do Brasil; e

III – à Secretaria Nacional do Consumidor do Ministério da Justiça e Segurança Pública, na hipótese de ocorrência que envolva o fornecimento de dados de consumidores.

§ 1º A comunicação de que trata o *caput* será feita no prazo de dois dias úteis, contado da data do conhecimento do incidente, e mencionará, no mínimo:

I – a descrição da natureza dos dados pessoais afetados;

II – as informações sobre os cadastrados envolvidos;

III – a indicação das medidas de segurança utilizadas para a proteção dos dados, inclusive os procedimentos de encriptação;

IV – os riscos relacionados ao incidente; e

V – as medidas que foram ou que serão adotadas para reverter ou mitigar os efeitos do prejuízo.

§ 2º No juízo de gravidade do incidente de que trata o *caput*, será avaliada eventual comprovação de que foram adotadas medidas técnicas adequadas que tornem os dados pessoais afetados ininteligíveis para terceiros não autorizados a acessá-los.

§ 3º Será obrigatória a pronta comunicação aos cadastrados afetados pelo incidente de segurança de que trata este artigo.

CAPÍTULO IX
DISPOSIÇÕES FINAIS

Art. 19. Na hipótese de decisão baseada em consulta ao banco de dados e realizada exclusivamente por meios automatizados, caso o cadastrado solicite ao consulente a revisão da decisão, o consulente apresentará o resultado no prazo de sete dias úteis, contado da data do requerimento de revisão.

Art. 20. Não poderá ser registrada pelo gestor do banco de dados como informação negativa a ausência de comunicação pela fonte sobre a situação de adimplência do cadastrado.

Art. 21. Compete exclusivamente ao Banco Central do Brasil requerer aos gestores de banco de dados, na forma e no prazo que estabelecer, as informações necessárias para o desempenho das atribuições de que trata o § 6º do art. 12 da Lei nº 12.414, de 2011.

Art. 22. Fica revogado o Decreto nº 7.829, de 17 de outubro de 2012.

Art. 23. Este Decreto entra em vigor na data de sua publicação.

Brasília, 24 de julho de 2019;
198º da Independência e
131º da República.

Jair Messias Bolsonaro

ANEXO
MODELO DE AUTORIZAÇÃO PARA DISPONIBILIZAÇÃO DE HISTÓRICO DE CRÉDITO A CONSULENTES

1. Autorizo os gestores de banco de dados de que trata a Lei nº 12.414, de 9 de junho de 2011, a disponibilizar a(o) ________________________________, CNPJ nº _________________, o meu histórico de crédito, o qual abrangerá os dados financeiros e de pagamentos relativos às operações de crédito e obrigações de pagamento adimplidas em seus respectivos vencimentos, e aquelas a vencer, constantes de banco(s) de dados, com a finalidade única e exclusiva de subsidiar a análise e a eventual concessão de crédito, a venda a prazo ou outras transações comerciais e empresariais que impliquem risco financeiro.

2. Esta autorização tem validade:

( ) para uma consulta nesta data;

( ) até __/__/___; ou

( ) por tempo indeterminado (somente no caso dos consulentes de que trata o § 2º do art. 8º do Decreto nº 9.936, de 24 de julho de 2019).

3. Estou ciente de que poderei revogar, a qualquer tempo, esta autorização, perante o gestor de banco de dados.

Local e data:

Nome:

CPF/CNPJ:

RG.:

Assinatura (ou certificação eletrônica):

LEI Nº 13.874, DE 20 DE SETEMBRO DE 2019

Institui a Declaração de Direitos de Liberdade Econômica; estabelece garantias de livre mercado; altera as Leis nºs 10.406, de 10 de janeiro de 2002 (Código Civil), 6.404, de 15 de dezembro de 1976, 11.598, de 3 de dezembro de 2007, 12.682, de 9 de julho de 2012, 6.015, de 31 de dezembro de 1973, 10.522, de 19 de julho de 2002, 8.934, de 18 de novembro 1994, o Decreto-Lei nº 9.760, de 5 de setembro de 1946 e a Consolidação das Leis do Trabalho, aprovada pelo Decreto-Lei nº 5.452, de 1º de maio de 1943; revoga a Lei Delegada nº 4, de 26 de setembro de 1962, a Lei nº 11.887, de 24 de dezembro de 2008, e dispositivos do Decreto-Lei nº 73, de 21 de novembro de 1966; e dá outras providências.

► Publicada no *DOU* de 20-9-2019, edição extra – B.

CAPÍTULO I
DISPOSIÇÕES GERAIS

Art. 1º Fica instituída a Declaração de Direitos de Liberdade Econômica, que estabelece normas de proteção à livre iniciativa e ao livre exercício de atividade econômica e disposições sobre a atuação do Estado como agente normativo e regulador, nos termos do inciso IV do *caput* do art. 1º, do parágrafo único do art. 170 e do *caput* do art. 174 da Constituição Federal.

§ 1º O disposto nesta Lei será observado na aplicação e na interpretação do direito civil, empresarial, econômico, urbanístico e do trabalho nas relações jurídicas que se encontrem no seu âmbito de aplicação e na ordenação pública, inclusive sobre exercício das profissões, comércio, juntas comerciais, registros públicos, trânsito, transporte e proteção ao meio ambiente.

§ 2º Interpretam-se em favor da liberdade econômica, da boa-fé e do respeito aos contratos, aos investimentos e à propriedade todas as normas de ordenação pública sobre atividades econômicas privadas.

§ 3º O disposto nos arts. 1º, 2º, 3º e 4º desta Lei não se aplica ao direito tributário e ao direito financeiro, ressalvado o inciso X do *caput* do art. 3º.

§ 4º O disposto nos arts. 1º, 2º, 3º e 4º desta Lei constitui norma geral de direito econômico, conforme o disposto no inciso I do *caput* e nos §§ 1º, 2º, 3º e 4º do art. 24 da Constituição Federal, e será observado para todos os atos públicos de liberação da atividade econômica executados pelos Estados, pelo Distrito Federal e pelos Municípios, nos termos do § 2º deste artigo.

§ 5º O disposto no inciso IX do *caput* do art. 3º desta Lei não se aplica aos Estados, ao Distrito Federal e aos Municípios, exceto se:

I – o ato público de liberação da atividade econômica for derivado ou delegado por legislação ordinária federal; ou

II – o ente federativo ou o órgão responsável pelo ato decidir vincular-se ao disposto no inciso IX do *caput* do art. 3º desta Lei por meio de instrumento válido e próprio.

§ 6º Para fins do disposto nesta Lei, consideram-se atos públicos de liberação a licença, a autorização, a concessão, a inscrição, a permissão, o alvará, o cadastro, o credenciamento, o estudo, o plano, o registro e os demais atos exigidos, sob qualquer denominação, por órgão ou entidade da administração pública na aplicação de legislação, como condição para o exercício de atividade econômica, inclusive o início, a continuação e o fim para a instalação, a construção, a operação, a produção, o funcionamento, o uso, o exercício ou a realização, no âmbito público ou privado, de atividade, serviço, estabelecimento, profissão, instalação, operação, produto, equipamento, veículo, edificação e outros.

Art. 2º São princípios que norteiam o disposto nesta Lei:

I – a liberdade como uma garantia no exercício de atividades econômicas;

II – a boa-fé do particular perante o poder público;

III – a intervenção subsidiária e excepcional do Estado sobre o exercício de atividades econômicas; e

IV – o reconhecimento da vulnerabilidade do particular perante o Estado.

Parágrafo único. Regulamento disporá sobre os critérios de aferição para afastamento do inciso IV do *caput* deste artigo, limitados a questões de má-fé, hipersuficiência ou reincidência.

CAPÍTULO II

DA DECLARAÇÃO DE DIREITOS DE LIBERDADE ECONÔMICA

Art. 3º São direitos de toda pessoa, natural ou jurídica, essenciais para o desenvolvimento e o crescimento econômicos do País, observado o disposto no parágrafo único do art. 170 da Constituição Federal:

I – desenvolver atividade econômica de baixo risco, para a qual se valha exclusivamente de propriedade privada própria ou de terceiros consensuais, sem a necessidade de quaisquer atos públicos de liberação da atividade econômica;

II – desenvolver atividade econômica em qualquer horário ou dia da semana, inclusive feriados, sem que para isso esteja sujeita a cobranças ou encargos adicionais, observadas:

a) as normas de proteção ao meio ambiente, incluídas as de repressão à poluição sonora e à perturbação do sossego público;

b) as restrições advindas de contrato, de regulamento condominial ou de outro negócio jurídico, bem como as decorrentes das normas de direito real, incluídas as de direito de vizinhança; e

c) a legislação trabalhista;

III – definir livremente, em mercados não regulados, o preço de produtos e de serviços como consequência de alterações da oferta e da demanda;

IV – receber tratamento isonômico de órgãos e de entidades da administração pública quanto ao exercício de atos de liberação da atividade econômica, hipótese em que o ato de liberação estará vinculado aos mesmos critérios de interpretação adotados em decisões administrativas análogas anteriores, observado o disposto em regulamento;

V – gozar de presunção de boa-fé nos atos praticados no exercício da atividade econômica, para os quais as dúvidas de interpretação do direito civil, empresarial, econômico e urbanístico serão resolvidas de forma a preservar a autonomia privada, exceto se houver expressa disposição legal em contrário;

VI – desenvolver, executar, operar ou comercializar novas modalidades de produtos e de serviços quando as normas infralegais se tornarem desatualizadas por força de desenvolvimento tecnológico consolidado internacionalmente, nos termos estabelecidos em regulamento, que disciplinará os requisitos para aferição da situação concreta, os procedimentos, o momento e as condições dos efeitos;

VII – VETADO;

VIII – ter a garantia de que os negócios jurídicos empresariais paritários serão objeto de livre estipulação das partes pactuantes, de forma a aplicar todas as regras de direito empresarial apenas de maneira subsidiária ao avençado, exceto normas de ordem pública;

IX – ter a garantia de que, nas solicitações de atos públicos de liberação da atividade econômica que se sujeitam ao disposto nesta Lei, apresentados todos os elementos necessários à instrução do processo, o particular será cientificado expressa e imediatamente do prazo máximo estipulado para a análise de seu pedido e de que, transcorrido o prazo fixado, o silêncio da autoridade competente importará aprovação tácita para todos os efeitos, ressalvadas as hipóteses expressamente vedadas em lei;

X – arquivar qualquer documento por meio de microfilme ou por meio digital, conforme técnica e requisitos estabelecidos em regulamento, hipótese em que se equiparará a documento físico para todos os efeitos legais e para a comprovação de qualquer ato de direito público;

XI – não ser exigida medida ou prestação compensatória ou mitigatória abusiva, em sede de estudos de impacto ou outras liberações de atividade econômica no direito urbanístico, entendida como aquela que:

a) VETADO;

b) requeira medida que já era planejada para execução antes da solicitação pelo particular, sem que a atividade econômica altere a demanda para execução da referida medida;

c) utilize-se do particular para realizar execuções que compensem impactos que existiriam independentemente do empreendimento ou da atividade econômica solicitada;

d) requeira a execução ou prestação de qualquer tipo para áreas ou situação além daquelas diretamente impactadas pela atividade econômica; ou

e) mostre-se sem razoabilidade ou desproporcional, inclusive utilizada como meio de coação ou intimidação; e

XII – não ser exigida pela administração pública direta ou indireta certidão sem previsão expressa em lei.

§ 1º Para fins do disposto no inciso I do *caput* deste artigo:

I – ato do Poder Executivo federal disporá sobre a classificação de atividades de baixo risco a ser observada na ausência de legislação estadual, distrital ou municipal específica;

II – na hipótese de ausência de ato do Poder Executivo federal de que trata o inciso I deste parágrafo, será aplicada resolução do Comitê para Gestão da Rede Nacional para a Simplificação do Registro e da Legalização de Empresas e Negócios (CGSIM), independentemente da aderência do ente federativo à Rede Nacional para a Simplificação do Registro e da Legalização de Empresas e Negócios (REDESIM); e

III – na hipótese de existência de legislação estadual, distrital ou municipal sobre a classificação de atividades de baixo risco, o ente federativo que editar ou tiver editado norma específica encaminhará notificação ao Ministério da Economia sobre a edição de sua norma.

§ 2º A fiscalização do exercício do direito de que trata o inciso I do *caput* deste artigo será realizada posteriormente, de ofício ou como consequência de denúncia encaminhada à autoridade competente.

§ 3º O disposto no inciso III do *caput* deste artigo não se aplica:

I – às situações em que o preço de produtos e de serviços seja utilizado com a finalidade de reduzir o valor do tributo, de postergar a sua arrecadação ou de remeter lucros em forma de custos ao exterior; e

II – à legislação de defesa da concorrência, aos direitos do consumidor e às demais disposições protegidas por lei federal.

§ 4º *Revogado.* Lei nº 14.011, de 10-6-2020.

§ 5º O disposto no inciso VIII do *caput* deste artigo não se aplica à empresa pública e à sociedade de economia mista definidas nos arts. 3º e 4º da Lei nº 13.303, de 30 de junho de 2016.

§ 6º O disposto no inciso IX do *caput* deste artigo não se aplica quando:

I – versar sobre questões tributárias de qualquer espécie ou de concessão de registro de marcas;

II – a decisão importar em compromisso financeiro da administração pública; e

III – houver objeção expressa em tratado em vigor no País.

§ 7º A aprovação tácita prevista no inciso IX do *caput* deste artigo não se aplica quando a titularidade da solicitação for de agente público ou de seu cônjuge, companheiro ou parente em linha reta ou colateral, por consanguinidade ou afinidade, até o 3º (terceiro) grau, dirigida a autoridade administrativa ou política do próprio órgão ou entidade da administração pública em que desenvolva suas atividades funcionais.

§ 8º O prazo a que se refere o inciso IX do *caput* deste artigo será definido pelo órgão ou pela entidade da administração pública solicitada, observados os princípios da impessoalidade e da eficiência e os limites máximos estabelecidos em regulamento.

§ 9º VETADO.

§ 10. O disposto no inciso XI do *caput* deste artigo não se aplica às situações de acordo resultantes de ilicitude.

§ 11. Para os fins do inciso XII do *caput* deste artigo, é ilegal delimitar prazo de validade de certidão emitida sobre fato imutável, inclusive sobre óbito.

CAPÍTULO III
DAS GARANTIAS DE LIVRE INICIATIVA

Art. 4º É dever da administração pública e das demais entidades que se vinculam a esta Lei, no exercício de regulamentação de norma pública pertencente à legislação sobre a qual esta Lei versa, exceto se em estrito cumprimento a previsão explícita em lei, evitar o abuso do poder regulatório de maneira a, indevidamente:

I – criar reserva de mercado ao favorecer, na regulação, grupo econômico, ou profissional, em prejuízo dos demais concorrentes;

II – redigir enunciados que impeçam a entrada de novos competidores nacionais ou estrangeiros no mercado;

III – exigir especificação técnica que não seja necessária para atingir o fim desejado;

IV – redigir enunciados que impeçam ou retardem a inovação e a adoção de novas tecnologias, processos ou modelos de negócios, ressalvadas as situações consideradas em regulamento como de alto risco;

V – aumentar os custos de transação sem demonstração de benefícios;

VI – criar demanda artificial ou compulsória de produto, serviço ou atividade profissional, inclusive de uso de cartórios, registros ou cadastros;

VII – introduzir limites à livre formação de sociedades empresariais ou de atividades econômicas;

VIII – restringir o uso e o exercício da publicidade e propaganda sobre um setor econômico, ressalvadas as hipóteses expressamente vedadas em lei federal; e

IX – exigir, sob o pretexto de inscrição tributária, requerimentos de outra natureza de maneira a mitigar os efeitos do inciso I do *caput* do art. 3º desta Lei.

CAPÍTULO IV
DA ANÁLISE DE IMPACTO REGULATÓRIO

Art. 5º As propostas de edição e de alteração de atos normativos de interesse geral de agentes econômicos ou de usuários dos serviços prestados, editadas por órgão ou entidade da administração pública federal, incluídas as autarquias e as fundações públicas, serão precedidas da realização de análise de impacto regulatório, que conterá informações e dados sobre os possíveis efeitos do ato normativo para verificar a razoabilidade do seu impacto econômico.

Parágrafo único. Regulamento disporá sobre a data de início da exigência de que trata o *caput* deste artigo e sobre o conteúdo, a metodologia da análise de impacto regulatório, os quesitos mínimos a serem objeto de exame, as hipóteses em que será obrigatória sua realização e as hipóteses em que poderá ser dispensada.

CAPÍTULO V
DAS ALTERAÇÕES LEGISLATIVAS E DISPOSIÇÕES FINAIS

Art. 6º Fica extinto o Fundo Soberano do Brasil (FSB), fundo especial de natureza contábil e financeira, vinculado ao Ministério da Economia, criado pela Lei nº 11.887, de 24 de dezembro de 2008.

Art. 7º A Lei nº 10.406, de 10 de janeiro de 2002 (Código Civil), passa a vigorar com as seguintes alterações:

► Alterações inseridas no texto do referido Código.

Art. 8º O art. 85 da Lei nº 6.404, de 15 de dezembro de 1976, passa a vigorar com as seguintes alterações:

► Alterações inseridas no texto da referida Lei.

Art. 9º O art. 4º da Lei nº 11.598, de 3 de dezembro de 2007, passa a vigorar acrescido do seguinte § 5º:

► Alterações inseridas no texto da referida Lei.

Art. 10. A Lei nº 12.682, de 9 de julho de 2012, passa a vigorar acrescida do seguinte art. 2º-A:

► Alterações inseridas no texto da referida Lei.

Art. 11. O Decreto-Lei nº 9.760, de 5 de setembro de 1946, passa a vigorar com as seguintes alterações:

"Art. 14. Da decisão proferida pelo Secretário de Coordenação e Governança do Patrimônio da União da Secretaria Especial de Desestatização, Desinvestimento e Mercados do Ministério da Economia será dado conhecimento aos recorrentes que, no prazo de 20 (vinte) dias, contado da data de sua ciência, poderão interpor recurso, sem efeito suspensivo, dirigido ao superior hierárquico, em última instância."

"Art. 100. ....

....

§ 5º Considerada improcedente a impugnação, a autoridade submeterá o recurso à autoridade superior, nos termos estabelecidos em regulamento.

...."

"Art. 216. O Ministro de Estado da Economia, diretamente ou por ato do Secretário Especial de Desestatização, Desinvestimento e Mercados do Ministério da Economia, ouvido previamente o Secretário de Coordenação e Governança do Patrimônio da União, editará os atos necessários à execução do disposto neste Decreto-Lei."

Art. 12. O art. 1º da Lei nº 6.015, de 31 de dezembro de 1973, passa a vigorar acrescido do seguinte § 3º:

► Alterações inseridas no texto da referida Lei.

Art. 13. A Lei nº 10.522, de 19 de julho de 2002, passa a vigorar com as seguintes alterações:

► Alterações inseridas no texto da referida Lei.

Art. 14. A Lei nº 8.934, de 18 de novembro de 1994, passa a vigorar com as seguintes alterações:

► Alterações inseridas no texto da referida Lei.

Art. 15. A Consolidação das Leis do Trabalho, aprovada pelo Decreto-Lei nº 5.452, de 1º de maio de 1943, passa a vigorar com as seguintes alterações:

"Art. 13. ....

....

§ 2º A Carteira de Trabalho e Previdência Social (CTPS) obedecerá aos modelos que o Ministério da Economia adotar.

§ 3º *Revogado.*

§ 4º *Revogado.*"

"Art. 14. A CTPS será emitida pelo Ministério da Economia preferencialmente em meio eletrônico.

Parágrafo único. Excepcionalmente, a CTPS poderá ser emitida em meio físico, desde que:

I – nas unidades descentralizadas do Ministério da Economia que forem habilitadas para a emissão;

II – mediante convênio, por órgãos federais, estaduais e municipais da administração direta ou indireta;

III – mediante convênio com serviços notariais e de registro, sem custos para a administração, garantidas as condições de segurança das informações."

"Art. 15. Os procedimentos para emissão da CTPS ao interessado serão estabelecidos pelo Ministério da Economia em regulamento próprio, privilegiada a emissão em formato eletrônico."

"Art. 16. A CTPS terá como identificação única do empregado o número de inscrição no Cadastro de Pessoas Físicas (CPF).

I – *Revogado;*

II – *Revogado;*

III – *Revogado;*

IV – *Revogado.*

Parágrafo único. *Revogado.*

a) Revogada;

b) Revogada."

"Art. 29. O empregador terá o prazo de 5 (cinco) dias úteis para anotar na CTPS, em relação aos trabalhadores que admitir, a data de admissão, a remuneração e as condições especiais, se houver, facultada a adoção de sistema manual, mecânico ou eletrônico, conforme instruções a serem expedidas pelo Ministério da Economia.

....

§ 6º A comunicação pelo trabalhador do número de inscrição no CPF ao empregador equivale à apresentação da CTPS em meio digital, dispensado o empregador da emissão de recibo.

§ 7º Os registros eletrônicos gerados pelo empregador nos sistemas informatizados da CTPS em meio digital equivalem às anotações a que se refere esta Lei.

§ 8º O trabalhador deverá ter acesso às informações da sua CTPS no prazo de até 48 (quarenta e oito) horas a partir de sua anotação."

"Art. 40. A CTPS regularmente emitida e anotada servirá de prova:

....

II – *Revogado;*

...."

"Art. 74. O horário de trabalho será anotado em registro de empregados.

§ 1º *Revogado.*

§ 2º Para os estabelecimentos com mais de 20 (vinte) trabalhadores será obrigatória a anotação da hora de entrada e de saída, em registro manual, mecânico ou eletrônico, conforme instruções expedidas pela Secretaria Especial de Previdência e Trabalho do Ministério da Economia, permitida a pré-assinalação do período de repouso.

§ 3º Se o trabalho for executado fora do estabelecimento, o horário dos empregados constará do registro manual, mecânico ou eletrônico em seu poder, sem prejuízo do que dispõe o *caput* deste artigo.

§ 4º Fica permitida a utilização de registro de ponto por exceção à jornada regular de trabalho, mediante acordo individual escrito, convenção coletiva ou acordo coletivo de trabalho."

"Art. 135. ....

....

§ 3º Nos casos em que o empregado possua a CTPS em meio digital, a anotação será feita nos sistemas a que se refere o § 7º do art. 29 desta Consolidação, na forma do regulamento, dispensadas as anotações de que tratam os §§ 1º e 2º deste artigo."

Art. 16. O Sistema de Escrituração Digital das Obrigações Fiscais, Previdenciárias e Trabalhistas (eSocial) será substituído, em nível federal, por sistema simplificado de escrituração digital de obrigações previdenciárias, trabalhistas e fiscais.

Parágrafo único. Aplica-se o disposto no *caput* deste artigo às obrigações acessórias à versão digital gerenciadas pela Receita Federal do Brasil do Livro de Controle de Produção e Estoque da Secretaria Especial da Receita Federal do Brasil (Bloco K).

Art. 17. Ficam resguardados a vigência e a eficácia ou os efeitos dos atos declaratórios do Procurador-Geral da Fazenda Nacional, aprovados pelo Ministro de Estado respectivo e editados até a data de publicação desta Lei, nos termos do inciso II do *caput* do art. 19 da Lei nº 10.522, de 19 de julho de 2002.

Art. 18. A eficácia do disposto no inciso X do *caput* do art. 3º desta Lei fica condicionada à regulamentação em ato do Poder Executivo federal, observado que:

I – para documentos particulares, qualquer meio de comprovação da autoria, integridade e, se necessário, confidencialidade de documentos em forma eletrônica é válido, desde que escolhido de comum acordo pelas partes ou aceito pela pessoa a quem for oposto o documento; e

II – independentemente de aceitação, o processo de digitalização que empregar o uso da certificação no padrão da Infraestrutura de Chaves Públicas Brasileira (ICP-Brasil) terá garantia de integralidade, autenticidade e confidencialidade para documentos públicos e privados.

Art. 19. Ficam revogados:

I – a Lei Delegada nº 4, de 26 de setembro de 1962;

II – os seguintes dispositivos do Decreto-Lei nº 73, de 21 de novembro de 1966:

a) inciso III do *caput* do art. 5º; e

b) inciso X do *caput* do art. 32;

III – a Lei nº 11.887, de 24 de dezembro de 2008;

IV – VETADO;

V – os seguintes dispositivos da Consolidação das Leis do Trabalho, aprovada pelo Decreto-Lei nº 5.452, de 1º de maio de 1943:

a) art. 17;

b) art. 20;

c) art. 21;

d) art. 25;

e) art. 26;

f) art. 30;

g) art. 31;
h) art. 32;
i) art. 33;
j) art. 34;
k) inciso II do art. 40;
l) art. 53;
m)art. 54;
n) art. 56;
o) art. 141;
p) parágrafo único do art. 415;
q) art. 417;
r) art. 419;
s) art. 420;
t) art. 421;
u) art. 422; e
v) art. 633;

VI – os seguintes dispositivos da Lei nº 8.934, de 18 de novembro de 1994:

a) parágrafo único do art. 2º;
b) inciso VIII do *caput* do art. 35;
c) art. 43; e
d) parágrafo único do art. 47.

Art. 20. Esta Lei entra em vigor:

I – VETADO;

II – na data de sua publicação, para os demais artigos.

Brasília, 20 de setembro de 2019;
198º da Independência e
131º da República.

Jair Messias Bolsonaro

LEI Nº 13.966, DE 26 DE DEZEMBRO DE 2019

Dispõe sobre o sistema de franquia empresarial e revoga a Lei nº 8.955, de 15 de dezembro de 1994 (Lei de Franquia).

► Publicada no *DOU* de 27-12-2019.

Art. 1º Esta Lei disciplina o sistema de franquia empresarial, pelo qual um franqueador autoriza por meio de contrato um franqueado a usar marcas e outros objetos de propriedade intelectual, sempre associados ao direito de produção ou distribuição exclusiva ou não exclusiva de produtos ou serviços e também ao direito de uso de métodos e sistemas de implantação e administração de negócio ou sistema operacional desenvolvido ou detido pelo franqueador, mediante remuneração direta ou indireta, sem caracterizar relação de consumo ou vínculo empregatício em relação ao franqueado ou a seus empregados, ainda que durante o período de treinamento.

§ 1º Para os fins da autorização referida no *caput*, o franqueador deve ser titular ou requerente de direitos sobre as marcas e outros objetos de propriedade intelectual negociados no âmbito do contrato de franquia, ou estar expressamente autorizado pelo titular.

§ 2º A franquia pode ser adotada por empresa privada, empresa estatal ou entidade sem fins lucrativos, independentemente do segmento em que desenvolva as atividades.

Art. 2º Para a implantação da franquia, o franqueador deverá fornecer ao interessado Circular de Oferta de Franquia, escrita em língua portuguesa, de forma objetiva e acessível, contendo obrigatoriamente:

I – histórico resumido do negócio franqueado;

II – qualificação completa do franqueador e das empresas a que esteja ligado, identificando-as com os respectivos números de inscrição no Cadastro Nacional da Pessoa Jurídica (CNPJ);

III – balanços e demonstrações financeiras da empresa franqueadora, relativos aos 2 (dois) últimos exercícios;

IV – indicação das ações judiciais relativas à franquia que questionem o sistema ou que possam comprometer a operação da franquia no País, nas quais sejam parte o franqueador, as empresas controladoras, o subfranqueador e os titulares de marcas e demais direitos de propriedade intelectual;

V – descrição detalhada da franquia e descrição geral do negócio e das atividades que serão desempenhadas pelo franqueado;

VI – perfil do franqueado ideal no que se refere a experiência anterior, escolaridade e outras características que deve ter, obrigatória ou preferencialmente;

VII – requisitos quanto ao envolvimento direto do franqueado na operação e na administração do negócio;

VIII – especificações quanto ao:

a) total estimado do investimento inicial necessário à aquisição, à implantação e à entrada em operação da franquia;
b) valor da taxa inicial de filiação ou taxa de franquia;
c) valor estimado das instalações, dos equipamentos e do estoque inicial e suas condições de pagamento;

IX – informações claras quanto a taxas periódicas e outros valores a serem pagos pelo franqueado ao franqueador ou a terceiros por este indicados, detalhando as respectivas bases de cálculo e o que elas remuneram ou o fim a que se destinam, indicando, especificamente, o seguinte:

a) remuneração periódica pelo uso do sistema, da marca, de outros objetos de propriedade intelectual do franqueador ou sobre os quais este detém direitos ou, ainda, pelos serviços prestados pelo franqueador ao franqueado;
b) aluguel de equipamentos ou ponto comercial;
c) taxa de publicidade ou semelhante;
d) seguro mínimo;

X – relação completa de todos os franqueados, subfranqueados ou subfranqueadores da rede e, também, dos que se desligaram nos últimos 24 (vinte quatro) meses, com os respectivos nomes, endereços e telefones;

XI – informações relativas à política de atuação territorial, devendo ser especificado:

a) se é garantida ao franqueado a exclusividade ou a preferência sobre determinado território de atuação e, neste caso, sob que condições;
b) se há possibilidade de o franqueado realizar vendas ou prestar serviços fora de seu território ou realizar exportações;
c) se há e quais são as regras de concorrência territorial entre unidades próprias e franqueadas;

XII – informações claras e detalhadas quanto à obrigação do franqueado de adquirir quaisquer bens, serviços ou insumos necessários à implantação, operação ou administração de sua franquia apenas de fornecedores indicados e aprovados pelo franqueador, incluindo relação completa desses fornecedores;

XIII – indicação do que é oferecido ao franqueado pelo franqueador e em quais condições, no que se refere a:

a) suporte;
b) supervisão de rede;
c) serviços;
d) incorporação de inovações tecnológicas às franquias;
e) treinamento do franqueado e de seus funcionários, especificando duração, conteúdo e custos;
f) manuais de franquia;

g) auxílio na análise e na escolha do ponto onde será instalada a franquia; e

h) leiaute e padrões arquitetônicos das instalações do franqueado, incluindo arranjo físico de equipamentos e instrumentos, memorial descritivo, composição e croqui;

XIV – informações sobre a situação da marca franqueada e outros direitos de propriedade intelectual relacionados à franquia, cujo uso será autorizado em contrato pelo franqueador, incluindo a caracterização completa, com o número do registro ou do pedido protocolizado, com a classe e subclasse, nos órgãos competentes, e, no caso de cultivares, informações sobre a situação perante o Serviço Nacional de Proteção de Cultivares (SNPC);

XV – situação do franqueado, após a expiração do contrato de franquia, em relação a:

a) *know-how* da tecnologia de produto, de processo ou de gestão, informações confidenciais e segredos de indústria, comércio, finanças e negócios a que venha a ter acesso em função da franquia;

b) implantação de atividade concorrente à da franquia;

XVI – modelo do contrato-padrão e, se for o caso, também do pré-contrato-padrão de franquia adotado pelo franqueador, com texto completo, inclusive dos respectivos anexos, condições e prazos de validade;

XVII – indicação da existência ou não de regras de transferência ou sucessão e, caso positivo, quais são elas;

XVIII – indicação das situações em que são aplicadas penalidades, multas ou indenizações e dos respectivos valores, estabelecidos no contrato de franquia;

XIX – informações sobre a existência de cotas mínimas de compra pelo franqueado junto ao franqueador, ou a terceiros por este designados, e sobre a possibilidade e as condições para a recusa dos produtos ou serviços exigidos pelo franqueador;

XX – indicação de existência de conselho ou associação de franqueados, com as atribuições, os poderes e os mecanismos de representação perante o franqueador, e detalhamento das competências para gestão e fiscalização da aplicação dos recursos de fundos existentes;

XXI – indicação das regras de limitação à concorrência entre o franqueador e os franqueados, e entre os franqueados, durante a vigência do contrato de franquia, e detalhamento da abrangência territorial, do prazo de vigência da restrição e das penalidades em caso de descumprimento;

XXII – especificação precisa do prazo contratual e das condições de renovação, se houver;

XXIII – local, dia e hora para recebimento da documentação proposta, bem como para início da abertura dos envelopes, quando se tratar de órgão ou entidade pública.

§ 1º A Circular de Oferta de Franquia deverá ser entregue ao candidato a franqueado, no mínimo, 10 (dez) dias antes da assinatura do contrato ou pré-contrato de franquia ou, ainda, do pagamento de qualquer tipo de taxa pelo franqueado ao franqueador ou a empresa ou a pessoa ligada a este, salvo no caso de licitação ou pré-qualificação promovida por órgão ou entidade pública, caso em que a Circular de Oferta de Franquia será divulgada logo no início do processo de seleção.

§ 2º Na hipótese de não cumprimento do disposto no § 1º, o franqueado poderá arguir anulabilidade ou nulidade, conforme o caso, e exigir a devolução de todas e quaisquer quantias já pagas ao franqueador, ou a terceiros por este indicados, a título de filiação ou de *royalties*, corrigidas monetariamente.

Art. 3º Nos casos em que o franqueador subloque ao franqueado o ponto comercial onde se acha instalada a franquia, qualquer uma das partes terá legitimidade para propor a renovação do contrato de locação do imóvel, vedada a exclusão de qualquer uma delas do contrato de locação e de sublocação por ocasião da sua renovação ou prorrogação, salvo nos casos de inadimplência dos respectivos contratos ou do contrato de franquia.

Parágrafo único. O valor do aluguel a ser pago pelo franqueado ao franqueador, nas sublocações de que trata o *caput*, poderá ser superior ao valor que o franqueador paga ao proprietário do imóvel na locação originária do ponto comercial, desde que:

I – essa possibilidade esteja expressa e clara na Circular de Oferta de Franquia e no contrato; e

II – o valor pago a maior ao franqueador na sublocação não implique excessiva onerosidade ao franqueado, garantida a manutenção do equilíbrio econômico-financeiro da sublocação na vigência do contrato de franquia.

Art. 4º Aplica-se ao franqueador que omitir informações exigidas por lei ou veicular informações falsas na Circular de Oferta de Franquia a sanção prevista no § 2º do art. 2º desta Lei, sem prejuízo das sanções penais cabíveis.

Art. 5º Para os fins desta Lei, as disposições referentes ao franqueador ou ao franqueado aplicam-se, no que couber, ao subfranqueador e ao subfranqueado, respectivamente.

Art. 6º VETADO.

Art. 7º Os contratos de franquia obedecerão às seguintes condições:

I – os que produzirem efeitos exclusivamente no território nacional serão escritos em língua portuguesa e regidos pela legislação brasileira;

II – os contratos de franquia internacional serão escritos originalmente em língua portuguesa ou terão tradução certificada para a língua portuguesa custeada pelo franqueador, e os contratantes poderão optar, no contrato, pelo foro de um de seus países de domicílio.

§ 1º As partes poderão eleger juízo arbitral para solução de controvérsias relacionadas ao contrato de franquia.

§ 2º Para os fins desta Lei, entende-se como contrato internacional de franquia aquele que, pelos atos concernentes à sua conclusão ou execução, à situação das partes quanto a nacionalidade ou domicílio, ou à localização de seu objeto, tem liames com mais de um sistema jurídico.

§ 3º Caso expresso o foro de opção no contrato internacional de franquia, as partes deverão constituir e manter representante legal ou procurador devidamente qualificado e domiciliado no país do foro definido, com poderes para representá-las administrativa e judicialmente, inclusive para receber citações.

Art. 8º A aplicação desta Lei observará o disposto na legislação de propriedade intelectual vigente no País.

Art. 9º Revoga-se a Lei nº 8.955, de 15 de dezembro de 1994 (Lei de Franquia).

Art. 10. Esta Lei entra em vigor após decorridos 90 (noventa) dias de sua publicação oficial.

Brasília, 26 de dezembro de 2019;
198º da Independência e
131º da República.

Jair Messias Bolsonaro

LEI Nº 13.999, DE 18 DE MAIO DE 2020

Institui o Programa Nacional de Apoio às Microempresas e Empresas de Pequeno Porte (PRONAMPE), para o desenvolvimento e o fortalecimento dos pequenos negócios; e altera as Leis nºs 13.636, de 20 de março de 2018, 10.735, de 11 de setembro de 2003, e 9.790, de 23 de março de 1999.

► Publicada no *DOU* de 19-5-2020.

CAPÍTULO I

DISPOSIÇÃO PRELIMINAR

Art. 1º Fica instituído o Programa Nacional de Apoio às Microempresas e Empresas de Pequeno Porte (PRONAMPE), vinculado à Secretaria Especial de Produtividade, Emprego e Competitividade (SEPEC) do Ministério da Economia, cujo objeto é o desenvolvimento e o fortalecimento dos pequenos negócios.

CAPÍTULO II

DO PROGRAMA NACIONAL DE APOIO ÀS MICROEMPRESAS E EMPRESAS DE PEQUENO PORTE (PRONAMPE)

***Art. 2º** O PRONAMPE é destinado às pessoas a que se referem os incisos I e II do* caput *do art. 3º da Lei Complementar nº 123, de 14 de dezembro de 2006, considerada a receita bruta auferida no exercício imediatamente anterior ao da contratação.*

► *Caput* com a redação dada pela Lei nº 14.161, de 2-6-2021.

***§ 1º** A linha de crédito concedida no âmbito do PRONAMPE corresponderá a até 30% (trinta por cento) da receita bruta anual calculada com base no exercício anterior ao da contratação, salvo no caso das empresas que tenham menos de 1 (um) ano de funcionamento, hipótese em que o limite do empréstimo corresponderá a até 50% (cinquenta por cento) do seu capital social ou a até 30% (trinta por cento) de 12 (doze) vezes a média da sua receita bruta mensal apurada no período, desde o início de suas atividades, o que for mais vantajoso.*

► § 1º com a redação dada pela Lei nº 14.161, de 2-6-2021.

§ 2º Poderão aderir ao PRONAMPE e, assim, requerer a garantia do Fundo Garantidor de Operações (FGO), de que trata a Lei nº 12.087, de 11 de novembro de 2009, o Banco do Brasil S.A., a Caixa Econômica Federal, o Banco do Nordeste do Brasil S.A., o Banco da Amazônia S.A., os bancos estaduais, as agências de fomento estaduais, as cooperativas de crédito, os bancos cooperados, as instituições integrantes do sistema de pagamentos brasileiro, as plataformas tecnológicas de serviços financeiros (*fintechs*), as organizações da sociedade civil de interesse público de crédito, e as demais instituições financeiras públicas e privadas autorizadas a funcionar pelo Banco Central do Brasil, atendida a disciplina do Conselho Monetário Nacional e do Banco Central do Brasil a elas aplicável.

§ 3º As pessoas a que se refere o *caput* deste artigo que contratarem as linhas de crédito no âmbito do PRONAMPE assumirão contratualmente a obrigação de fornecer informações verídicas e de preservar o quantitativo de empregados em número igual ou superior ao verificado na data da publicação desta Lei, no período compreendido entre a data da contratação da linha de crédito e o 60º (sexagésimo) dia após o recebimento da última parcela da linha de crédito.

§ 4º O não atendimento a qualquer das obrigações de que trata o § 3º deste artigo implicará o vencimento antecipado da dívida pela instituição financeira.

§ 5º Fica vedada a celebração do contrato de empréstimo de que trata esta Lei com empresas que possuam condenação relacionada a trabalho em condições análogas às de escravo ou a trabalho infantil.

§§ 6º e 7º VETADOS.

§ 8º Caso haja autorização por parte das pessoas que contratarem as linhas de crédito no âmbito do PRONAMPE, o Serviço Brasileiro de Apoio às Micro e Pequenas Empresas (Sebrae) receberá os dados cadastrais relativos às operações concedidas, para ofertar a provisão de assistência e ferramentas de gestão às microempresas destinatárias da linha de crédito.

§ 9º VETADO.

§ 10. Os créditos concedidos no âmbito do PRONAMPE servirão ao financiamento das atividades econômicas do empresário, da empresa ou do profissional liberal nas suas diversas dimensões e poderão ser utilizados para investimentos e para capital de giro isolado e associado, vedada a sua destinação para distribuição de lucros e dividendos entre os sócios.

► § 10 com a redação dada pela Lei nº 14.045, de 20-8-2020.

§ 11. As instituições financeiras que utilizem recursos do Fundo Geral de Turismo (FUNGETUR), de que trata o art. 11 do Decreto-Lei nº 1.191, de 27 de outubro de 1971, poderão aderir ao PRONAMPE e requerer garantia do FGO para essas operações, as quais, para fins do disposto nos §§ 4º e 4º-A do art. 6º desta Lei, deverão ser agrupadas como carteira específica no âmbito de cada instituição.

► § 11 acrescido pela Lei nº 14.043, de 19-8-2020.

§ 12. Se houver disponibilidade de recursos, poderão também ser contratantes das operações de crédito do PRONAMPE as associações, as fundações de direito privado e as sociedades cooperativas, excluídas as cooperativas de crédito, e, nessa hipótese, os recursos recebidos deverão ser destinados ao financiamento das atividades dos contratantes.

► § 12 acrescido pela Lei nº 14.042, de 19-8-2020.

***Art. 3º** As instituições financeiras participantes poderão formalizar operações de crédito no âmbito do PRONAMPE nos períodos estabelecidos pela SEPEC, observados os seguintes parâmetros:*

► *Caput* com a redação dada pela Lei nº 14.161, de 2-6-2021.

***I** – taxa de juros anual máxima igual à taxa do Sistema Especial de Liquidação e de Custódia (SELIC), acrescida de:*

► *Caput* com a redação dada pela Lei nº 14.161, de 2-6-2021.

a) *1,25% (um inteiro e vinte e cinco centésimos por cento) sobre o valor concedido, para as operações concedidas até 31 de dezembro de 2020;*

b) *6% (seis por cento), no máximo, sobre o valor concedido, para as operações concedidas a partir de 1º de janeiro de 2021;*

► Alíneas *a* e *b* acrescidas pela Lei nº 14.161, de 2-6-2021.

II – prazo de 36 (trinta e seis) meses para o pagamento; e

► A alteração que seria inserida neste inciso pela Lei nº 14.045, de 20-8-2020, foi vetada, razão pela qual mantivemos a redação.

III – VETADO.

§ 1º Para efeito de controle dos limites a que se refere o § 1º do art. 2º desta Lei, o Banco do Brasil S.A. disponibilizará consulta das pessoas inscritas no Cadastro Nacional da Pessoa Jurídica (CNPJ) que se beneficiaram do PRONAMPE, com a discriminação dos montantes já contratados.

► Parágrafo único transformado em § 1º pela Lei nº 14.115, de 29-12-2020.

§ 2º O termo final das prorrogações de que trata o *caput* deste artigo não poderá ser posterior ao último dia útil do ano de 2020.

► § 2º com a redação dada pela Lei nº 14.115, de 29-12-2020.

► A alteração que seria inserida neste parágrafo pela Lei nº 14.161, de 2-6-2021, foi vetada, razão pela qual mantivemos a redação.

§ 3º As instituições participantes do PRONAMPE operarão com recursos próprios e poderão contar com garantia a ser prestada pelo FGO PRONAMPE, de até 100% (cem por cento) do valor de cada operação garantida, com cobertura pelo Fundo da inadimplência limitada ao valor máximo segregado pelo administrador do FGO para a garantia da carteira da instituição participante do PRONAMPE, não podendo ultrapassar 85% (oitenta e cinco por cento) da carteira à qual esteja vinculada.

§ 4º Ato do Secretário Especial de Produtividade, Emprego e Competitividade de que trata o* caput *deste artigo definirá também a taxa de juros aplicável à linha de crédito concedida no âmbito do PRONAMPE, observado o máximo previsto no inciso I do* caput *deste artigo.

► §§ 3º e 4º acrescidos pela Lei nº 14.161, de 2-6-2021.

CAPÍTULO II-A

DOS PROFISSIONAIS LIBERAIS

► Capítulo II-A acrescido pela Lei nº 14.045, de 20-8-2020.

Art. 3º-A. Os profissionais liberais, assim entendidos, para fins desta Lei, as pessoas físicas que exercem, por conta própria, atividade econômica com fins lucrativos, tanto de nível técnico quanto de nível superior, poderão contratar operações de crédito garantidas pelo PRONAMPE nas seguintes condições:

► *Caput* do art. 3º-A acrescido pela Lei nº 14.045, de 20-8-2020.

I – taxa de juros anual máxima igual à taxa do Sistema Especial de Liquidação e de Custódia (SELIC), acrescida de 5% (cinco por cento);

II – prazo de até 36 (trinta e seis) meses para o pagamento, dos quais até 8 (oito) meses poderão ser de carência com capitalização de juros; e

III – valor da operação limitado a 50% (cinquenta por cento) do total anual do rendimento do trabalho sem vínculo empregatício informado na Declaração de Ajuste Anual referente ao ano-calendário de 2019, no limite máximo de R$ 100.000,00 (cem mil reais).

► Incisos I a III acrescidos pela Lei nº 14.045, de 20-8-2020.

§ 1º Ficam excluídos das operações de crédito garantidas pelo PRONAMPE os profissionais liberais que tenham participação societária em pessoa jurídica ou que possuam vínculo empregatício de qualquer natureza.

► Parágrafo único renumerado para § 1º pela Lei nº 14.161, de 2-6-2021.

§ 2º Para efeito de controle do limite a que se refere o inciso III do* caput *deste artigo, o Banco do Brasil S.A. disponibilizará consulta das pessoas inscritas no Cadastro de Pessoas Físicas (CPF) que se beneficiaram do PRONAMPE, com a discriminação dos montantes já contratados.

§ 3º As operações de que trata o* caput *deste artigo deverão ser formalizadas nos mesmos prazos, inclusive prorrogações, estabelecidos no art. 3º desta Lei.

► §§ 2º e 3º acrescidos pela Lei nº 14.161, de 2-6-2021.

CAPÍTULO II-B

DA DISPENSA DE CERTIDÕES E DA RECUPERAÇÃO DE INADIMPLÊNCIA

► Capítulo II-B acrescido pela Lei nº 14.045, de 20-8-2020.

Art. 4º Para fins de concessão de crédito no âmbito do PRONAMPE, as instituições financeiras participantes ficam dispensadas de observar as seguintes disposições:

I – o § 1º do art. 362 da Consolidação das Leis do Trabalho (CLT), aprovada pelo Decreto-Lei nº 5.452, de 1º de maio de 1943;

II – o inciso IV do § 1º do art. 7º da Lei nº 4.737, de 15 de julho de 1965;

III – as alíneas *b* e *c* do *caput* do art. 27 da Lei nº 8.036, de 11 de maio de 1990;

IV – a alínea *a* do inciso I do *caput* do art. 47 da Lei nº 8.212, de 24 de julho de 1991;

V – o art. 10 da Lei nº 8.870, de 15 de abril de 1994;

VI – o art. 1º da Lei nº 9.012, de 30 de março de 1995;

VII – o art. 20 da Lei nº 9.393, de 19 de dezembro de 1996; e

VIII – o art. 6º da Lei nº 10.522, de 19 de julho de 2002.

§ 1º Aplica-se às instituições financeiras públicas federais a dispensa prevista no *caput* deste artigo, observado o disposto na Lei nº 13.898, de 11 de novembro de 2019.

§ 2º Na concessão de crédito ao amparo do PRONAMPE, somente poderá ser exigida a garantia pessoal do proponente em montante igual ao empréstimo contratado, acrescido dos encargos, salvo nos casos de empresas constituídas e em funcionamento há menos de 1 (um) ano, cuja garantia pessoal poderá alcançar até 150% (cento e cinquenta por cento) do valor contratado, mais acréscimos.

► § 2º com a redação dada pela Lei nº 14.042, de 19-8-2020.

Art. 5º Na hipótese de inadimplemento do contratante, as instituições financeiras participantes do PRONAMPE farão a cobrança da dívida em nome próprio, em conformidade com as suas políticas de crédito, e recolherão os valores recuperados ao FGO, relativos a cada operação, na proporção do saldo devedor honrado pelo Fundo.

§ 1º Na cobrança do crédito inadimplido garantido por recursos públicos, não se admitirá, por parte das instituições financeiras participantes do PRONAMPE, a adoção de procedimentos para recuperação de crédito menos rigorosos do que aqueles usualmente empregados em suas próprias operações de crédito.

§ 2º As despesas necessárias para a recuperação dos créditos inadimplidos correrão por conta das instituições financeiras participantes do PRONAMPE.

§ 3º As instituições financeiras participantes do PRONAMPE, em conformidade com as suas políticas de crédito, deverão empregar os melhores esforços e adotar os procedimentos necessários para a recuperação dos créditos no âmbito do Programa e não poderão interromper ou negligenciar o acompanhamento.

§ 4º As instituições financeiras participantes do PRONAMPE serão responsáveis pela veracidade das informações fornecidas e pela exatidão dos valores a serem eventualmente reembolsados.

§ 5º Os créditos honrados eventualmente não recuperados serão leiloados pelos agentes financeiros no prazo de 18 (dezoito) meses, contado da data da amortização da última parcela passível de vencimento, observadas as condições estabelecidas no estatuto do Fundo.

► A alteração que seria inserida neste parágrafo pela Lei nº 14.045, de 20-8-2020, foi vetada, razão pela qual mantivemos a redação.

§ 6º Os créditos não arrematados serão oferecidos novamente em leilão, no prazo estabelecido no § 5º deste artigo, e poderão ser alienados àquele que oferecer o maior lance, independentemente do valor de avaliação.

► A alteração que seria inserida neste parágrafo pela Lei nº 14.045, de 20-8-2020, foi vetada, razão pela qual mantivemos a redação.

§ 7º Após o decurso do prazo previsto no § 5º deste artigo, o patrimônio segregado no Fundo para o PRONAMPE será liquidado no prazo de 12 (doze) meses.

► A alteração que seria inserida neste parágrafo pela Lei nº 14.045, de 20-8-2020, foi vetada, razão pela qual mantivemos a redação.

§ 8º Após a realização do último leilão de que trata o § 6º deste artigo pelos agentes financeiros, a parcela do crédito sub-rogada pelo FGO eventualmente não alienada será considerada extinta de pleno direito.

► §§ 5º a 8º acrescidos pela Lei nº 14.042, de 19-8-2020.

CAPÍTULO III

DO MODELO FINANCEIRO-OPERACIONAL

Art. 6º A União aumentará sua participação no FGO em R$ 15.900.000.000,00 (quinze bilhões e novecentos milhões de reais), independentemente do limite estabelecido nos arts. 7º e 8º da Lei nº 12.087, de 11 de novembro de 2009, exclusivamente para cobertura das operações contratadas no âmbito do PRONAMPE.

§ 1º A integralização adicional de cotas pela União de que trata este artigo será realizada por ato da SEPEC do Ministério da Economia.

§ 2º O valor não utilizado para garantia das operações contratadas no prazo previsto no *caput* do art. 3º desta Lei, assim como os valores recuperados, inclusive no caso de inadimplência, deverão ser devolvidos à União, nos termos em que dispuser a SEPEC, e serão integralmente utilizados para pagamento da dívida pública de responsabilidade do Tesouro Nacional.

§ 3º O FGO responderá por suas obrigações com os bens e direitos alocados para a finalidade do PRONAMPE, e o cotista ou seus agentes públicos não responderão por qualquer obrigação ou eventual prejuízo do Fundo, salvo o cotista pela integralização das cotas que subscrever.

§ 4º As instituições financeiras participantes do PRONAMPE operarão com recursos próprios e poderão contar com garantia a ser prestada pelo FGO de até 100% (cem por cento) do valor de cada operação garantida.

► § 4º com a redação dada pela Lei nº 14.042, de 19-8-2020.

► A alteração que seria inserida neste parágrafo pela Lei nº 14.045, de 20-8-2020, foi vetada, razão pela qual mantivemos a redação.

§ 4º-A. A garantia de que trata o § 4º deste artigo será limitada a 85% (oitenta e cinco por cento) da carteira de cada agente financeiro nos termos do estatuto do Fundo, observado o disposto no § 3º do art. 3º desta Lei.

► § 4º-A com a redação dada pela Lei nº 14.161, de 2-6-2021.

§ 4º-B. Os agentes financeiros que aderirem ao PRONAMPE poderão optar por limite individual de cobertura de carteira inferior ao estabelecido no § 4º-A deste artigo, nos termos em que dispuser o estatuto do FGO.

► § 4º-B acrescido pela Lei nº 14.161, de 2-6-2021.

§ 5º Nas operações de que trata o § 4º deste artigo, o limite global a ser ressarcido às instituições financeiras em razão da garantia prestada pelo FGO no âmbito do PRONAMPE fica limitado ao montante aportado pela União no FGO para o atendimento do Programa.

► § 5º com a redação dada pela Lei nº 14.161, de 2-6-2021.

§ 6º Fica autorizada a utilização do Fundo de Aval às Micro e Pequenas Empresas (FAMPE) do Sebrae como instrumento complementar ao FGO na estruturação das garantias relativas às operações no âmbito do PRONAMPE.

§ 7º As instituições financeiras públicas federais deverão priorizar em suas políticas operacionais as contratações de empréstimo no âmbito do PRONAMPE, inclusive com a utilização, quando cabível, de recursos dos fundos constitucionais de financiamento.

§ 8º O FGO não contará com qualquer tipo de garantia ou aval por parte da União e responderá por suas obrigações contraídas no âmbito do PRONAMPE até o limite do valor dos bens e direitos integrantes do seu patrimônio alocados para o Programa.

► § 8º acrescido pela Lei nº 14.045, de 20-8-2020.

Art. 6º-A. Para as contratações realizadas no âmbito do PRONAMPE, não se aplica ao FGO o disposto nos §§ 3º e 6º do art. 9º da Lei nº 12.087, de 11 de novembro de 2009.

► Art. 6º-A acrescido pela Lei nº 14.042, de 19-8-2020.

► A alteração que seria inserida neste artigo pela Lei nº 14.045, de 20-8-2020, foi vetada, razão pela qual mantivemos a redação.

CAPÍTULO IV

VETADO.

CAPÍTULO V

DA REGULAÇÃO E DA SUPERVISÃO DAS OPERAÇÕES DE CRÉDITO REALIZADAS NO ÂMBITO DO PRONAMPE

Art. 8º Compete ao Banco Central do Brasil fiscalizar o cumprimento, pelas instituições participantes do PRONAMPE, das condições estabelecidas para as operações de crédito realizadas no âmbito do Programa.

Art. 9º O Conselho Monetário Nacional e o Banco Central do Brasil, no âmbito de suas competências, poderão disciplinar os aspectos necessários para operacionalizar e fiscalizar as instituições participantes do PRONAMPE quanto ao disposto nesta Lei, observados os preceitos da Lei nº 13.506, de 13 de novembro de 2017.

CAPÍTULO VI

DO ESTÍMULO AO MICROCRÉDITO

Art. 10. A Lei nº 13.636, de 20 de março de 2018, passa a vigorar com as seguintes alterações:

"Art. 1º Fica instituído, no âmbito do Ministério da Economia, o Programa Nacional de Microcrédito Produtivo Orientado (PNMPO), com objetivo de apoiar e financiar atividades produtivas de empreendedores, principalmente por meio da disponibilização de recursos para o microcrédito produtivo orientado.

....

§ 2º A renda ou a receita bruta anual para enquadramento dos beneficiários do PNMPO, definidos no § 1º deste artigo, fica limitada ao valor máximo de receita bruta estabelecido para a microempresa, nos termos da Lei Complementar nº 123, de 14 de dezembro de 2006.

§ 3º Para os efeitos do disposto nesta Lei, considera-se microcrédito produtivo orientado o crédito concedido para fomento e financiamento das atividades produtivas, cuja metodologia será estabelecida em ato do Conselho Monetário Nacional, admitida a possibilidade de relacionamento direto com os empreendedores ou o uso de tecnologias digitais e eletrônicas que possam substituir o contato presencial, para fins de orientação e obtenção de crédito.

§ 4º Revogado."

"Art. 3º ....

....

XI – agentes de crédito;

XII – instituições financeiras que realizem, nos termos da regulamentação do Conselho Monetário Nacional, operações exclusivamente por meio de sítio eletrônico ou de aplicativo;

XIII – pessoas jurídicas especializadas no apoio, no fomento ou na orientação às atividades produtivas mencionadas no art. 1º desta Lei;

XIV – correspondentes no País;

XV – Empresas Simples de Crédito (ESCs), de que trata a Lei Complementar nº 167, de 24 de abril de 2019.

§ 1º As instituições de que tratam os incisos I a XV do *caput* deste artigo deverão estimular e promover a participação dos seus correspondentes no PNMPO, aplicando-se-lhes o seguinte:

I – as atividades de que trata o § 3º do art. 1º desta Lei poderão ser executadas, mediante contrato de prestação de serviço, por meio de pessoas jurídicas que demonstrem possuir qualificação técnica para atuação no segmento de microcrédito, conforme critérios estabelecidos pelo Conselho Monetário Nacional; e

II – a pessoa jurídica contratada, na hipótese de que trata o inciso I deste parágrafo, atuará por conta e sob diretrizes da entidade contratante, que assume inteira responsabilidade pelo cumprimento da legislação e da regulamentação relativa a essas atividades.

§ 2º As instituições financeiras públicas que se enquadrem nas disposições do *caput* deste artigo poderão atuar no PNMPO por intermédio de sociedade da qual participem direta ou indiretamente, ou por meio de convênio ou contrato com quaisquer das instituições referidas nos incisos V a XV do *caput* deste artigo, desde que tais entidades tenham por objeto prestar serviços necessários à contratação e ao acompanhamento de operações de microcrédito produtivo orientado e desde que esses serviços não representem atividades privativas de instituições financeiras.

....

§ 4º As organizações da sociedade civil de interesse público, os agentes de crédito constituídos como pessoas jurídicas e as pessoas jurídicas especializadas de que tratam os incisos X, XI, XIII, XIV e XV do *caput* deste artigo deverão observar as diretrizes estabelecidas pelo Ministério da Economia para realizar operações no âmbito do PNMPO, nos termos estabelecidos no inciso II do*caput*do art. 6º desta Lei.

§ 5º As entidades a que se referem os incisos V a XV do *caput* deste artigo poderão prestar os seguintes serviços, sob responsabilidade das demais entidades referidas no*caput*deste artigo:

I – a recepção e o encaminhamento de propostas de abertura de contas de depósitos à vista e de conta de poupança, de microsseguros e de serviços de adquirência;

....

§ 6º ....

....

III – outros serviços e produtos desenvolvidos e precificados para o desenvolvimento da atividade produtiva dos microempreendedores, conforme o art. 1º desta Lei.

.... "

"Art. 6º Ao Ministério da Economia compete:

....

II – estabelecer requisitos para cadastro das entidades de que tratam os incisos X, XI, XIII, XIV e XV do *caput* do art. 3º desta Lei, entre os quais a exigência de inscrição dos agentes de crédito citados no inciso XI do*caput*do referido artigo como contribuintes individuais do Regime Geral de Previdência Social, nos termos das alíneas *g* e *h* do inciso V do *caput* do art. 11 da Lei nº 8.213, de 24 de julho de 1991.

.... "

Art. 11. A Lei nº 10.735, de 11 de setembro de 2003, passa a vigorar com as seguintes alterações:

"Art. 2º ....

....

VIII – os critérios para o repasse dos recursos da exigibilidade de que trata o art. 1º desta Lei para aplicação por parte de entidades autorizadas a operar ou participar do Programa Nacional de Microcrédito Produtivo Orientado (PNMPO), respeitadas as operações a elas permitidas, nos termos da legislação e da regulamentação em vigor;

IX – os critérios para aquisição de créditos de outras instituições financeiras ou de outras entidades autorizadas a operar ou a participar do PNMPO, respeitadas as operações a elas permitidas, nos termos da legislação e da regulamentação em vigor; e

....

§ 1º O Conselho Monetário Nacional poderá, com base em critérios de proporcionalidade e de eficiência e observada a isonomia de tratamento para efeito de manutenção de livre e justa concorrência, isentar parte das instituições referidas no art. 1º desta Lei do cumprimento do direcionamento dos depósitos à vista de que trata esta Lei, com o objetivo de assegurar o funcionamento regular das instituições desobrigadas e a aplicação efetiva dos recursos em operações de crédito de que trata esta Lei.

§ 2º Na hipótese de repasse para instituição não autorizada a funcionar pelo Banco Central do Brasil, a responsabilidade pelo correto direcionamento dos recursos, nos termos da regulamentação em vigor, permanece com a instituição financeira repassadora."

"Art. 3º ....

Parágrafo único. Alternativamente ao disposto no *caput* deste artigo, o Conselho Monetário Nacional poderá estabelecer custo financeiro às instituições referidas no art. 1º desta Lei que apresentarem insuficiência na aplicação de recursos, nos termos previstos nesta Lei."

Art. 12. O art. 2º da Lei nº 9.790, de 23 de março de 1999, passa a vigorar acrescido do seguinte parágrafo único:

▸ Alteração inserida no texto da referida Lei.

CAPÍTULO VII
DISPOSIÇÕES FINAIS

Art. 13. Expirado o prazo para contratações previsto nesta Lei, fica o Poder Executivo autorizado a adotar o PRONAMPE como política oficial de crédito de caráter permanente com tratamento diferenciado e favorecido, nas mesmas condições estabelecidas nesta Lei, com o objetivo de consolidar os pequenos negócios como agentes de sustentação, transformação e desenvolvimento da economia nacional.

Art. 14. Revoga-se o § 4º do art. 1º da Lei nº 13.636, de 20 de março de 2018.

Art. 15. Esta Lei entra em vigor na data de sua publicação.

Brasília, 18 de maio de 2020;
199º da Independência e
132º da República.

Jair Messias Bolsonaro

PROVIMENTO DO CNJ Nº 100, DE 26 DE MAIO DE 2020

Dispõe sobre a prática de atos notariais eletrônicos utilizando o sistema e-Notariado, cria a Matrícula Notarial Eletrônica – MNE e dá outras providências.

► Publicado no *DJe* de 26-5-2020.

O CORREGEDOR NACIONAL DE JUSTIÇA, no uso de suas atribuições constitucionais, legais e regimentais e

CONSIDERANDO o poder de fiscalização e de normatização do Poder Judiciário dos atos praticados por seus órgãos (art. 103-B, § 4º, I, II e III, da Constituição Federal de 1988);

CONSIDERANDO a competência do Poder Judiciário de fiscalizar os serviços extrajudiciais (arts. 103-B, § 4º, I e III, e 236, § 1º, da Constituição Federal);

CONSIDERANDO a competência da Corregedoria Nacional de Justiça de expedir provimentos e outros atos normativos destinados ao aperfeiçoamento das atividades dos serviços extrajudiciais (art. 8º, X, do Regimento Interno do Conselho Nacional de Justiça);

CONSIDERANDO a obrigação dos serviços extrajudiciais de cumprir as normas técnicas estabelecidas pelo Poder Judiciário (arts. 37 e 38 da Lei nº 8.935, de 18 de novembro de 1994);

CONSIDERANDO a prerrogativa do sistema notarial de atribuição de fé pública e a possibilidade de exercício dessa prerrogativa em meio eletrônico;

CONSIDERANDO que os atos notariais previstos no Código Civil e na Lei nº 8.935/94, art. 41, poderão ser prestados por meio eletrônico;

CONSIDERANDO a necessidade de evitar a concorrência predatória por serviços prestados remotamente que podem ofender a fé pública notarial;

CONSIDERANDO o disposto no § 8º do art. 2º-A da Lei nº 12.682/12, que dispõe sobre a elaboração e o arquivamento em meio eletrônico de documentos públicos, com a utilização da certificação digital no padrão da Infraestrutura de Chaves Públicas Brasileira (ICP-Brasil);

CONSIDERANDO o disposto no Provimento nº 88/2019, que prevê a criação do Cadastro Único de Clientes do Notariado – CCN, do Cadastro Único de Beneficiários Finais – CBF e do Índice Único de Atos Notariais;

CONSIDERANDO as vantagens advindas da adoção de instrumentos tecnológicos que permitam a preservação das informações prestadas perante os notários;

CONSIDERANDO a necessidade de regulamentar a implantação do sistema de atos notariais eletrônicos – e-Notariado, de modo a conferir uniformidade na prática de ato notarial eletrônico em todo o território nacional;

CONSIDERANDO a Orientação nº 9, de 13 de março de 2020, da Corregedoria Nacional de Justiça, que dispõe sobre a necessidade de as Corregedorias-Gerais do Poder Judiciário nacional observarem medidas temporárias de prevenção ao contágio pelo novo coronavírus (COVID-19);

CONSIDERANDO a necessidade de se manter a prestação dos serviços extrajudiciais, o fato de que os serviços notariais são essenciais ao exercício da cidadania e que devem ser prestados, de modo eficiente, adequado e contínuo;

CONSIDERANDO a decisão proferida nos autos do Pedido de Providências nº 0001333-84.2018.2.00.0000.

RESOLVE:

CAPÍTULO I
DISPOSIÇÕES GERAIS

Art. 1º Este provimento estabelece normas gerais sobre a prática de atos notariais eletrônicos em todos os tabelionatos de notas do País.

Art. 2º Para fins deste provimento, considera-se:

I – assinatura eletrônica notarizada: qualquer forma de verificação de autoria, integridade e autenticidade de um documento eletrônico realizada por um notário, atribuindo fé pública;

II – certificado digital notarizado: identidade digital de uma pessoa física ou jurídica, identificada presencialmente por um notário a quem se atribui fé pública;

III – assinatura digital: resumo matemático computacionalmente calculado a partir do uso de chave privada e que pode ser verificado com o uso de chave pública, cujo certificado seja conforme a Medida Provisória nº 2.200-2/2001 ou qualquer outra tecnologia autorizada pela lei;

IV – biometria: dado ou conjunto de informações biológicas de uma pessoa, que possibilita ao tabelião confirmar a identidade e a sua presença, em ato notarial ou autenticação em ato particular.

V – videoconferência notarial: ato realizado pelo notário para verificação da livre manifestação da vontade das partes em relação ao ato notarial lavrado eletronicamente;

VI – ato notarial eletrônico: conjunto de metadados, gravações de declarações de anuência das partes por videoconferência notarial e documento eletrônico, correspondentes a um ato notarial;

VII – documento físico: qualquer peça escrita ou impressa em qualquer suporte que ofereça prova ou informação sobre um ato, fato ou negócio, assinada ou não, e emitida na forma que lhe for própria.

VIII – digitalização ou desmaterialização: processo de reprodução ou conversão de fato, ato, documento, negócio ou coisa, produzidos ou representados originalmente em meio não digital, para o formato digital;

IX – papelização ou materialização: processo de reprodução ou conversão de fato, ato, documento, negócio ou coisa, produzidos ou representados originalmente em meio digital, para o formato em papel;

X – documento eletrônico: qualquer arquivo em formato digital que ofereça prova ou informação sobre um ato, fato ou negócio, emitido na forma que lhe for própria, inclusive aquele cuja autoria seja verificável pela internet;

XI – documento digitalizado: reprodução digital de documento originalmente em papel ou outro meio físico;

XII – documento digital: documento originalmente produzido em meio digital;

XIII – meio eletrônico: ambiente de armazenamento ou tráfego de informações digitais;

XIV – transmissão eletrônica: toda forma de comunicação a distância com a utilização de redes de comunicação, tal como os serviços de internet;

XV – usuários internos: tabeliães de notas, substitutos, interinos, interventores, escreventes e auxiliares com acesso às funcionalidades internas do sistema de processamento em meio eletrônico;

XVI – usuários externos: todos os demais usuários, incluídas partes, membros do Poder Judiciário, autoridades, órgãos governamentais e empresariais;

XVII – CENAD: Central Notarial de Autenticação Digital, que consiste em uma ferramenta para os notários autenticarem os documentos digitais, com base em seus originais, que podem ser em papel ou natos-digitais;

XVIII – cliente do serviço notarial: todo o usuário que comparecer perante um notário como parte direta ou indiretamente interessada em um ato notarial, ainda que por meio de representantes, independentemente de ter sido o notário escolhido pela parte outorgante, outorgada ou por um terceiro;

Art. 3º São requisitos da prática do ato notarial eletrônico:

I – videoconferência notarial para captação do consentimento das partes sobre os termos do ato jurídico;

II – concordância expressada pela partes com os termos do ato notarial eletrônico;

III – assinatura digital pelas partes, exclusivamente através do e-Notariado;

IV – assinatura do Tabelião de Notas com a utilização de certificado digital ICP-Brasil;

IV – uso de formatos de documentos de longa duração com assinatura digital;

► Mantivemos o inciso IV conforme publicação oficial.

Parágrafo único. A gravação da videoconferência notarial deverá conter, no mínimo:

a) a identificação, a demonstração da capacidade e a livre manifestação das partes atestadas pelo tabelião de notas;

b) o consentimento das partes e a concordância com a escritura pública;

c) o objeto e o preço do negócio pactuado;

d) a declaração da data e horário da prática do ato notarial; e

e) a declaração acerca da indicação do livro, da página e do tabelionato onde será lavrado o ato notarial.

Art. 4º Para a lavratura do ato notarial eletrônico, o notário utilizará a plataforma e-Notariado, através do link www.e-notariado.org.br, com a realização da videoconferência notarial para captação da vontade das partes e coleta das assinaturas digitais.

Art. 5º O Colégio Notarial do Brasil – Conselho Federal manterá um registro nacional único dos Certificados Digitais Notarizados e de biometria.

Art. 6º A competência para a prática dos atos regulados neste Provimento é absoluta e observará a circunscrição territorial em que o tabelião recebeu sua delegação, nos termos do art. 9º da Lei nº 8.935/1994.

CAPÍTULO II

DO SISTEMA DE ATOS NOTARIAIS ELETRÔNICO E-NOTARIADO

Art. 7º Fica instituído o Sistema de Atos Notariais Eletrônicos, e-Notariado, disponibilizado na internet pelo Colégio Notarial do Brasil – Conselho Federal, dotado de infraestrutura tecnológica necessária à atuação notarial eletrônica, com o objetivo de:

I – interligar os notários, permitindo a prática de atos notariais eletrônicos, o intercâmbio de documentos e o tráfego de informações e dados;

II – aprimorar tecnologias e processos para viabilizar o serviço notarial em meio eletrônico;

III – implantar, em âmbito nacional, um sistema padronizado de elaboração de atos notariais eletrônicos, possibilitando a solicitação de atos, certidões e a realização de convênios com interessados; e

IV – implantar a Matrícula Notarial Eletrônica – MNE.

§ 1º O e-Notariado deve oferecer acesso aos dados e às informações constantes de sua base de dados para o juízo competente responsável pela fiscalização da atividade extrajudicial, para as Corregedorias dos Estados e do Distrito Federal e para a Corregedoria Nacional de Justiça.

§ 2º Os notários, pessoalmente ou por intermédio do e-Notariado, devem fornecer meios tecnológicos para o acesso das informações exclusivamente estatísticas e genéricas à Administração Pública Direta, sendo-lhes vedado o envio e o repasse de dados, salvo disposição legal ou judicial específica.

Art. 8º O Sistema de Atos Notariais Eletrônicos, e-Notariado, será implementado e mantido pelo Colégio Notarial do Brasil – Conselho Federal, CNB-CF, sem ônus ou despesas para o Conselho Nacional de Justiça e demais órgãos ou entidades do Poder Público.

§ 1º Para a implementação e gestão do sistema e-Notariado, o Colégio Notarial do Brasil – Conselho Federal deverá:

I – adotar as medidas operacionais necessárias, coordenando a implantação e o funcionamento dos atos notariais eletrônicos, emitindo certificados eletrônicos;

II – estabelecer critérios e normas técnicas para a seleção dos tabelionatos de notas autorizados a emitir certificados eletrônicos para a lavratura de atos notariais eletrônicos;

III – estabelecer normas, padrões, critérios e procedimentos de segurança referentes a assinaturas eletrônicas, certificados digitais e emissão de atos notariais eletrônicos e outros aspectos tecnológicos atinentes ao seu bom funcionamento.

§ 2º As seccionais do Colégio Notarial do Brasil atuarão para capacitar os notários credenciados para a emissão de certificados eletrônicos, segundo diretrizes do Colégio Notarial do Brasil – Conselho Federal.

§ 3º Para manutenção, gestão e aprimoramento contínuo do e-Notariado, o CNB-CF poderá ser ressarcido dos custos pelos delegatários, interinos e interventores aderentes à plataforma eletrônica na proporção dos serviços utilizados.

Art. 9º O acesso ao e-Notariado será feito com assinatura digital, por certificado digital notarizado, nos termos da MP nº 2.200-2/2001 ou, quando possível, por biometria.

§ 1º As autoridades judiciárias e os usuários internos terão acesso às funcionalidades doe-Notariado de acordo com o perfil que lhes for atribuído no sistema.

§ 2º Os usuários externos poderão acessar o e-Notariado mediante cadastro prévio, sem assinatura eletrônica, para conferir a autenticidade de ato em que tenham interesse.

§ 3º Para a assinatura de atos notariais eletrônicos é imprescindível a realização de videoconferência notarial para captação do consentimento das partes sobre os termo do ato jurídico, a concordância com o ato notarial, a utilização da assinatura digital e a assinatura do Tabelião de Notas com o uso de certificado digital, segundo a Infraestrutura de Chaves Públicas Brasileira – ICP.

§ 4º O notário fornecerá, gratuitamente, aos clientes do serviço notarial certificado digital notarizado, para uso exclusivo e por tempo determinado, na plataforma e-Notariado e demais plataformas autorizadas pelo Colégio Notarial Brasil-CF.

§ 5º Os notários poderão operar na Infraestrutura de Chaves Públicas Brasileira – ICP Brasil ou utilizar e oferecer outros meios de comprovação da autoria e integridade de documentos em forma eletrônica, sob sua fé pública, desde que operados e regulados pelo Colégio Notarial do Brasil – Conselho Federal.

Art. 10. O e-Notariado disponibilizará as seguintes funcionalidades:

I – matrícula notarial eletrônica;

II – portal de apresentação dos notários;

III – fornecimento de certificados digitais notarizados e assinaturas eletrônicas notarizadas;
IV – sistemas para realização de videoconferências notariais para gravação do consentimento das partes e da aceitação do ato notarial;
V – sistemas de identificação e de validação biométrica;
VI – assinador digital e plataforma de gestão de assinaturas;
VII – interconexão dos notários;
VIII – ferramentas operacionais para os serviços notariais eletrônicos;
IX – Central Notarial de Autenticação Digital – CENAD;
XII – Cadastro Único de Clientes do Notariado – CCN;

► Mantivemos o inciso XII conforme publicação oficial.

XIII – Cadastro Único de Beneficiários Finais – CBF;

► Mantivemos o inciso XIII conforme publicação oficial.

XIV – Índice Único de Atos Notariais – IU.

► Mantivemos o inciso XIV conforme publicação oficial.

Art. 11. O sistema e-Notariado contará com módulo de fiscalização e geração de relatórios (correição *on-line*), para efeito de contínuo acompanhamento, controle e fiscalização pelos juízes responsáveis pela atividade extrajudicial, pelas Corregedorias de Justiça dos Estados e do Distrito Federal e pela Corregedoria Nacional de Justiça.

Parágrafo único. A habilitação dos responsáveis pela fiscalização deverá ser realizada diretamente no link www.e-notariado.org.br, acessando o campo "correição *on-line*", permitindo o acesso ao sistema em até 24horas (vinte e quatro horas).

CAPÍTULO III

DA MATRÍCULA NOTARIAL ELETRÔNICA – MNE

Art. 12. Fica instituída a Matrícula Notarial Eletrônica – MNE, que servirá como chave de identificação individualizada, facilitando a unicidade e rastreabilidade da operação eletrônica praticada.

§ 1º A Matrícula Notarial Eletrônica será constituída de 24 (vinte e quatro) dígitos, organizados em 6 (seis) campos, observada a estrutura CCCCCC.AAAA.MM.DD.NNNNNNNN-DD, assim distribuídos:

I – o primeiro campo (CCCCCC) será constituído de 6 (seis) dígitos, identificará o Código Nacional de Serventia (CNS), atribuído pelo Conselho Nacional de Justiça, e determinará o tabelionato de notas onde foi lavrado o ato notarial eletrônico;
II – o segundo campo (AAAA), separado do primeiro por um ponto, será constituído de 4 (quatro) dígitos e indicará o ano em que foi lavrado o ato notarial;
III – o terceiro campo (MM), separado do segundo por um ponto, será constituído de 2(dois) dígitos e indicará o mês em que foi lavrado o ato notarial;
IV – o quarto campo (DD), separado do terceiro por um ponto, será constituído de 2(dois) dígitos e indicará o dia em que foi lavrado o ato notarial;
III – o quinto campo (NNNNNNNN), separado do quarto por um ponto, será constituído de 8 (oito) dígitos e conterá o número sequencial do ato notarial de forma crescente ao infinito;

► Mantivemos o inciso III conforme publicação oficial.

IV – o sexto e último campo (DD), separado do quinto por um hífen, será constituído de 2 (dois) dígitos e conterá os dígitos verificadores, gerados pela aplicação do algoritmo Módulo 97 Base 10, conforme Norma ISO 7064:2003.

► Mantivemos o inciso IV conforme publicação oficial.

§ 2º O número da Matrícula Notarial Eletrônica integra o ato notarial eletrônico, devendo ser indicado em todas as cópias expedidas.

§ 3º Os traslados e certidões conterão, obrigatoriamente, a expressão "Consulte a validade do ato notarial emwww.docautentico.com.br/valida".

CAPÍTULO IV

DO ACESSO AO SISTEMA

Art. 13. O sistema e-Notariado estará disponível 24 (vinte e quatro) horas por dia, ininterruptamente, ressalvados os períodos de manutenção do sistema.

Parágrafo único. As manutenções programadas do sistema serão sempre informadas com antecedência mínima de 24h (vinte e quatro horas) e realizadas, preferencialmente, entre 0h de sábado e 22h de domingo, ou entre 0h e 6h, dos demais dias da semana.

Art. 14. A consulta aos dados e documentos do sistema e-Notariado estará disponível por meio do link http://www.e-notariado.org.br/consulta.

§ 1º Para a consulta de que trata o *caput* deste artigo será exigido o cadastro no sistema através do link http://www.e-notariado.org.br/cadastro.

§ 2º O usuário externo que for parte em ato notarial eletrônico ou que necessitar da conferência da autenticidade de um ato notarial será autorizado a acessar o sistema sempre que necessário.

§ 3º O sítio eletrônico do sistema e-Notariado deverá ser acessível somente por meio de conexão segura HTTPS, e os servidores de rede deverão possuir certificados digitais adequados para essa finalidade.

Art. 15. A impressão do ato notarial eletrônico conterá, em destaque, a chave de acesso e QR Code para consulta e verificação da autenticidade do ato notarial na Internet.

CAPÍTULO V

ATOS NOTARIAIS ELETRÔNICOS

Art. 16. Os atos notariais eletrônicos reputam-se autênticos e detentores de fé pública, como previsto na legislação processual.

Parágrafo único. O CNB-CF poderá padronizar campos codificados no ato notarial eletrônico ou em seu traslado, para que a informação estruturada seja tratável eletronicamente.

Art. 17. Os atos notariais celebrados por meio eletrônico produzirão os efeitos previstos no ordenamento jurídico quando observarem os requisitos necessários para a sua validade, estabelecidos em lei e neste provimento.

Parágrafo único. As partes comparecentes ao ato notarial eletrônico aceitam a utilização da videoconferência notarial, das assinaturas eletrônicas notariais, da assinatura do tabelião denotas e, se aplicável, biometria recíprocas.

Art. 18. A identificação, o reconhecimento e a qualificação das partes, de forma remota, será feita pela apresentação da via original de identidade eletrônica e pelo conjunto de informações a que o tabelião teve acesso, podendo utilizar-se, em especial, do sistema de identificação do e-Notariado, de documentos digitalizados, cartões de assinatura abertos por outros notários, bases biométricas públicas ou próprias, bem como, a seu critério, de outros instrumentos de segurança.

§ 1º O tabelião de notas poderá consultar o titular da serventia onde a firma da parte interessada esteja depositada, devendo o pedido ser atendido de pronto, por meio do envio de cópia digitalizada do cartão de assinatura e dos documentos via correio eletrônico.

§ 2º O Colégio Notarial do Brasil – Conselho Federal poderá implantar funcionalidade eletrônica para o compartilhamento obrigatório de cartões de firmas entre todos os usuários do e-Notariado.

§ 3º O armazenamento da captura da imagem facial no cadastro das partes dispensa a coleta da respectiva impressão digital quando exigida.

Art. 19. Ao tabelião de notas da circunscrição do imóvel ou do domicílio do adquirente compete, de forma remota e com exclusividade, lavrar as escrituras eletronicamente, por meio do e-Notariado, com a realização de videoconferência e assinaturas digitais das partes.

§ 1º Quando houver um ou mais imóveis de diferentes circunscrições no mesmo ato notarial, será competente para a prática de atos remotos o tabelião de quaisquer delas.

§ 2º Estando o imóvel localizado no mesmo estado da federação do domicílio do adquirente, este poderá escolher qualquer tabelionato de notas da unidade federativa para a lavratura do ato.

§ 3º Para os fins deste provimento, entende-se por adquirente, nesta ordem, o comprador, a parte que está adquirindo direito real ou a parte em relação à qual é reconhecido crédito.

Art. 20. Ao tabelião de notas da circunscrição do fato constatado ou, quando inaplicável este critério, ao tabelião do domicílio do requerente compete lavrar as atas notariais eletrônicas, de forma remota e com exclusividade por meio do e-Notariado, com a realização de videoconferência e assinaturas digitais das partes.

Parágrafo único. A lavratura de procuração pública eletrônica caberá ao tabelião do domicílio do outorgante ou do local do imóvel, se for o caso.

Art. 21. A comprovação do domicílio, em qualquer das hipóteses deste provimento, será realizada:

I – em se tratando de pessoa jurídica ou ente equiparado: pela verificação da sede da matriz, ou da filial em relação a negócios praticados no local desta, conforme registrado nos órgãos de registro competentes.

II – em se tratando de pessoa física: pela verificação do título de eleitor, ou outro domicílio comprovado.

Parágrafo único. Na falta de comprovação do domicílio da pessoa física, será observado apenas o local do imóvel, podendo ser estabelecidos convênios com órgãos fiscais para que os notários identifiquem, de forma mais célere e segura, o domicílio das partes.

Art. 22. A desmaterialização será realizada por meio da CENAD nos seguintes documentos:

I – na cópia de um documento físico digitalizado, mediante a conferência com o documento original ou eletrônico; e

II – em documento híbrido.

§ 1º Após a conferência do documento físico, o notário poderá expedir cópias autenticadas em papel ou em meio digital.

§ 2º As cópias eletrônicas oriundas da digitalização de documentos físicos serão conferidas na CENAD.

§ 3º A autenticação notarial gerará um registro na CENAD, que conterá os dados do notário ou preposto que o tenha assinado, a data e hora da assinatura e um código de verificação (hash), que será arquivado.

§ 4º O interessado poderá conferir o documento eletrônico autenticado pelo envio desse mesmo documento à CENAD, que confirmará a autenticidade por até 5 (cinco) anos.

Art. 23. Compete, exclusivamente, ao tabelião de notas:

I – a materialização, a desmaterialização, a autenticação e a verificação da autoria de documento eletrônico;

II – autenticar a cópia em papel de documento original digitalizado e autenticado eletronicamente perante outro notário;

III – reconhecer as assinaturas eletrônicas apostas em documentos digitais; e

IV – realizar o reconhecimento da firma como autêntica no documento físico, devendo ser confirmadas, por videoconferência, a identidade, a capacidade daquele que assinou e a autoria da assinatura a ser reconhecida.

§ 1º Tratando-se de documento atinente a veículo automotor, será competente para o reconhecimento de firma, de forma remota, o tabelião de notas do município de emplacamento do veículo ou de domicílio do adquirente indicados no Certificado de Registro de Veículo – CRV ou na Autorização para Transferência de Propriedade de Veículo – ATPV.

§ 2º O tabelião arquivará o trecho da videoconferência em que constar a ratificação da assinatura pelo signatário com expressa menção ao documento assinado, observados os requisitos previstos no parágrafo único do art. 3º deste provimento.

§ 3º A identidade das partes será atestada remotamente nos termos do art. 18.

Art. 24. Em todas as escrituras e procurações em que haja substabelecimento ou revogação de outro ato deverá ser devidamente informado o notário, livro e folhas, número de protocolo e data do ato substabelecido ou revogado.

Art. 25. Deverá ser consignado em todo ato notarial eletrônico de reconhecimento de firma por autenticidade que a assinatura foi aposta no documento, perante o tabelião, seu substituto ou escrevente, em procedimento de videoconferência.

Art. 26. Outros atos eletrônicos poderão ser praticados com a utilização do sistema e-Notariado, observando-se as disposições gerais deste provimento.

CAPÍTULO VI
DOS CADASTROS

Art. 27. O Colégio Notarial do Brasil – Conselho Federal manterá o cadastro de todos os tabeliães de notas e pessoas com atribuição notarial em todo o território nacional, ainda que conferida em caráter temporário.

§ 1º O cadastro incluirá dados dos prepostos, especificando quais poderes lhes foram conferidos pelo titular, e conterá as datas de início e término da delegação notarial ou preposição, bem como os seus eventuais períodos de interrupção.

§ 2º Os Tribunais de Justiça deverão, em até 60 (sessenta) dias, verificar se os dados cadastrais dos notários efetivos, interinos e interventores bem como dos seus respectivos prepostos estão atualizados no Sistema Justiça Aberta, instaurando o respectivo procedimento administrativo em desfavor daqueles que não observarem a determinação, comunicando o cumprimento da presente determinação à Corregedoria Nacional de Justiça.

§ 3º As decisões de suspensão ou perda de delegação de pessoa com atribuição notarial, ainda que sujeitas a recursos, as nomeações de interinos, interventores e prepostos e a outorga e renúncia de delegação deverão ser comunicadas, no prazo de 48 (quarenta e oito) horas, à Corregedoria Nacional de Justiça para fins de atualização no sistema Justiça Aberta.

Art. 28. O Colégio Notarial do Brasil – Conselho Federal manterá o Cadastro Único de Clientes do Notariado – CCN, o Cadastro Único de Beneficiários Finais – CBF e o Índice Único de Atos Notariais, nos termos do Provimento nº 88/2019, da Corregedoria Nacional de Justiça.

§ 1º Os dados para a formação e atualização da base nacional do CCN serão fornecidos pelos próprios notários de forma sincronizada ou com periodicidade, no máximo, quinzenal, com:

I – dados relativos aos atos notariais protocolares praticados; e

II – dados relacionados aos integrantes do seu cadastro de firmas abertas:

a) para as pessoas físicas: indicação do CPF; nome completo; filiação; profissão; data de nascimento; estado civil e qualificação do cônjuge; cidade; nacionalidade; naturalidade; endereços residencial e profissional completos, com indicação da cidade e CEP; endereço eletrônico; telefones, inclusive celular; documento de identidade com órgão emissor e data de emissão; dados do passaporte ou carteira civil, se estrangeiro; imagem do documento; data da ficha; numero da ficha; imagem da ficha; imagem da foto; dados biométricos, especialmente impressões digitais e fotografia; enquadramento na condição de pessoa exposta politicamente, nos termos da Resolução COAF nº 29, de 28 de março de 2017; e enquadramento em qualquer das condições previstas no art. 1º da Resolução COAF nº 31, de 7 de junho de 2019; e

b) para as pessoas jurídicas: indicação do CNPJ; razão social e nome de fantasia, este quando constar do contrato social ou do Cadastro Nacional de Pessoa Jurídica (CNPJ); número do telefone; endereço completo, inclusive eletrônico; nome completo, número de inscrição no Cadastro de Pessoas Físicas – CPF, número do documento de identificação e nome do órgão expedidor ou, se estrangeiro, dados do passaporte ou carteira civil dos seus proprietários, sócios e beneficiários finais; nome completo, número de inscrição no Cadastro de Pessoas Físicas – CPF, número do documento de identificação e nome do órgão expedidor ou, se estrangeiro, dados do passaporte ou carteira civil dos representantes legais, prepostos e dos demais envolvidos que compareçam ao ato, nome dos representantes legais, prepostos e dos demais envolvidos que compareçam ao ato.

§ 2º Os notários ficam obrigados a remeter ao CNB-CF, por sua central notarial de serviços eletrônicos compartilhados – CENSEC, os dados essenciais dos atos praticados que compõem o Índice Único, em periodicidade não superior a quinze dias, nos termos das instruções complementares.

§ 3º São dados essenciais:

I – a identificação do cliente;

II – a descrição pormenorizada da operação realizada;

III – o valor da operação realizada;

IV – o valor de avaliação para fins de incidência tributária;

V – a data da operação;

VI – a forma de pagamento;

VII – o meio de pagamento; e

VIII – outros dados, nos termos de regulamentos especiais, de instruções complementares ou orientações institucionais do CNB-CF.

CAPÍTULO VII

DISPOSIÇÕES FINAIS

Art. 29. Os atos notariais eletrônicos, cuja autenticidade seja conferida pela internet por meio do e-Notariado, constituem instrumentos públicos para todos os efeitos legais e são eficazes para os registros públicos, instituições financeiras, juntas comerciais, Detrans e para a produção de efeitos jurídicos perante a administração pública e entre particulares.

Art. 30. Fica autorizada a realização de ato notarial híbrido, com uma das partes assinando fisicamente o ato notarial e a outra, a distância, nos termos desse provimento.

Art. 31. É permitido o arquivamento exclusivamente digital de documentos e papéis apresentados aos notários, seguindo as mesmas regras de organização dos documentos físicos.

Art. 32. A comunicação adotada para atendimento a distância deve incluir os números dos telefones da serventia, endereços eletrônicos de *e-mail*, o uso de plataformas eletrônicas de comunicação e de mensagens instantâneas como WhatsApp, Skype e outras disponíveis para atendimento ao público, devendo ser dada ampla divulgação.

Art. 33. Os dados das partes poderão ser compartilhados somente entre notários e, exclusivamente, para a prática de atos notariais, em estrito cumprimento à Lei nº 13.709/2018 (Lei Geral de Proteção de Dados Pessoais).

Art. 34. Os códigos-fontes do Sistema e-Notariado e respectiva documentação técnica serão mantidos e são de titularidade e propriedade do Colégio Notarial do Brasil – Conselho Federal.

Parágrafo único. Ocorrendo a extinção do Colégio Notarial do Brasil – Conselho Federal, ou a paralisação da prestação dos serviços objeto deste Provimento, sem substituição por associação ou entidade de classe que o assuma em idênticas condições mediante autorização da Corregedoria Nacional de Justiça – CNJ, o sistema e-Notariado e as suas funcionalidades, em sua totalidade, serão transmitido são Conselho Nacional de Justiça ou à entidade por ele indicada, com o código-fonte e as informações técnicas necessárias para o acesso e a utilização, bem como para a continuação de seu funcionamento na forma prevista neste Provimento, sem ônus, custos ou despesas para o Poder Público, sem qualquer remuneração por direitos autorais e de propriedade intelectual, a fim de que os atos notariais eletrônicos permaneçam em integral funcionamento.

Art. 35. O e-Notariado será implementado com a publicação deste provimento e, no prazo máximo de 6 meses, naquilo que houver necessidade de cronograma técnico, informado periodicamente à Corregedoria Nacional de Justiça.

Art. 36. Fica vedada a prática de atos notariais eletrônicos ou remotos com recepção de assinaturas eletrônicas a distância sem a utilização do e-Notariado.

Art. 37. Nos Tribunais de Justiça em que são exigidos selos de fiscalização, o ato notarial eletrônico deverá ser lavrado com a indicação do selo eletrônico ou físico exigido pelas normas estaduais ou distrital.

Parágrafo único. São considerados nulos os atos eletrônicos lavrados em desconformidade com o disposto no *caput* deste artigo.

Art. 38. Este Provimento entra em vigor na data de sua publicação, ficando revogadas todas as disposições em contrário constantes de normas das Corregedorias-Gerais de Justiça dos Estados e do Distrito Federal que tratem sobre o mesmo tema ou qualquer outra forma de prática de ato notarial eletrônico, transmissão de consentimento e assinaturas remotas.

Ministro Humberto Martins

Corregedor Nacional de Justiça

LEI Nº 14.010, DE 10 DE JUNHO DE 2020

Dispõe sobre o Regime Jurídico Emergencial e Transitório das relações jurídicas de Direito Privado (RJET) no período da pandemia do coronavírus (Covid-19).

► Publicada no *DOU* de 12-6-2020.

O PRESIDENTE DA REPÚBLICA Faço saber que o Congresso Nacional decreta e eu sanciono a seguinte Lei:

CAPÍTULO I
DISPOSIÇÕES GERAIS

Art. 1º Esta Lei institui normas de caráter transitório e emergencial para a regulação de relações jurídicas de Direito Privado em virtude da pandemia do coronavírus (Covid-19).

Parágrafo único. Para os fins desta Lei, considera-se 20 de março de 2020, data da publicação do Decreto Legislativo nº 6, como termo inicial dos eventos derivados da pandemia do coronavírus (Covid-19).

Art. 2º A suspensão da aplicação das normas referidas nesta Lei não implica sua revogação ou alteração.

CAPÍTULO II
DA PRESCRIÇÃO E DECADÊNCIA

Art. 3º Os prazos prescricionais consideram-se impedidos ou suspensos, conforme o caso, a partir da entrada em vigor desta Lei até 30 de outubro de 2020.

► Arts. 205, 206 e 207 do CC.

§ 1º Este artigo não se aplica enquanto perdurarem as hipóteses específicas de impedimento, suspensão e interrupção dos prazos prescricionais previstas no ordenamento jurídico nacional.

► Arts. 197 a 204 do CC.

§ 2º Este artigo aplica-se à decadência, conforme ressalva prevista no art. 207 da Lei nº 10.406, de 10 de janeiro de 2002 (Código Civil).

CAPÍTULO III
DAS PESSOAS JURÍDICAS DE DIREITO PRIVADO

Art. 4º As pessoas jurídicas de direito privado referidas nos incisos I a III do art. 44 do Código Civil deverão observar as restrições à realização de reuniões e assembleias presenciais até 30 de outubro de 2020, durante a vigência desta Lei, observadas as determinações sanitárias das autoridades locais.

► Artigo promulgado nos termos do art. 66, § 7º, da CF (*DOU* de 8-9-2020 – edição extra).

Art. 5º A assembleia geral, inclusive para os fins do art. 59 do Código Civil, até 30 de outubro de 2020, poderá ser realizada por meios eletrônicos, independentemente de previsão nos atos constitutivos da pessoa jurídica.

Parágrafo único. A manifestação dos participantes poderá ocorrer por qualquer meio eletrônico indicado pelo administrador, que assegure a identificação do participante e a segurança do voto, e produzirá todos os efeitos legais de uma assinatura presencial.

CAPÍTULO IV
DA RESILIÇÃO, RESOLUÇÃO E REVISÃO DOS CONTRATOS

Art. 6º As consequências decorrentes da pandemia do coronavírus (Covid-19) nas execuções dos contratos, incluídas as previstas no art. 393 do Código Civil, não terão efeitos jurídicos retroativos.

Art. 7º Não se consideram fatos imprevisíveis, para os fins exclusivos dos arts. 317, 478, 479 e 480 do Código Civil, o aumento da inflação, a variação cambial, a desvalorização ou a substituição do padrão monetário.

§ 1º As regras sobre revisão contratual previstas na Lei nº 8.078, de 11 de setembro de 1990 (Código de Defesa do Consumidor), e na Lei nº 8.245, de 18 de outubro de 1991, não se sujeitam ao disposto no *caput* deste artigo.

§ 2º Para os fins desta Lei, as normas de proteção ao consumidor não se aplicam às relações contratuais subordinadas ao Código Civil, incluindo aquelas estabelecidas exclusivamente entre empresas ou empresários.

► Arts. 6º e 7º promulgados nos termos do art. 66, § 7º, da CF (*DOU* de 8-9-2020 – edição extra).

CAPÍTULO V
DAS RELAÇÕES DE CONSUMO

Art. 8º Até 30 de outubro de 2020, fica suspensa a aplicação do art. 49 do Código de Defesa do Consumidor na hipótese de entrega domiciliar (delivery) de produtos perecíveis ou de consumo imediato e de medicamentos.

CAPÍTULO VI
DAS LOCAÇÕES DE IMÓVEIS URBANOS

Art. 9º Não se concederá liminar para desocupação de imóvel urbano nas ações de despejo, a que se refere o art. 59, § 1º, incisos I, II, V, VII, VIII e IX, da Lei nº 8.245, de 18 de outubro de 1991, até 30 de outubro de 2020.

► Artigo promulgado nos termos do art. 66, § 7º, da CF (*DOU* de 8-9-2020 – edição extra).

CAPÍTULO VII
DA USUCAPIÃO

Art. 10. Suspendem-se os prazos de aquisição para a propriedade imobiliária ou mobiliária, nas diversas espécies de usucapião, a partir da entrada em vigor desta Lei até 30 de outubro de 2020.

CAPÍTULO VIII
DOS CONDOMÍNIOS EDILÍCIOS

Art. 11. VETADO.

Art. 12. A assembleia condominial, inclusive para os fins dos arts. 1.349 e 1.350 do Código Civil, e a respectiva votação poderão ocorrer, em caráter emergencial, até 30 de outubro de 2020, por meios virtuais, caso em que a manifestação de vontade de cada condômino será equiparada, para todos os efeitos jurídicos, à sua assinatura presencial.

Parágrafo único. Não sendo possível a realização de assembleia condominial na forma prevista no *caput*, os mandatos de síndico vencidos a partir de 20 de março de 2020 ficam prorrogados até 30 de outubro de 2020.

Art. 13. É obrigatória, sob pena de destituição do síndico, a prestação de contas regular de seus atos de administração.

CAPÍTULO IX
DO REGIME CONCORRENCIAL

Art. 14. Ficam sem eficácia os incisos XV e XVII do § 3º do art. 36 e o inciso IV do art. 90 da Lei nº 12.529, de 30 de novembro de 2011, em relação a todos os atos praticados e com vigência de 20 de março de 2020 até 30 de outubro de 2020 ou enquanto durar o estado de calamidade pública reconhecido pelo Decreto Legislativo nº 6, de 20 de março de 2020.

§ 1º Na apreciação, pelo órgão competente, das demais infrações previstas no art. 36 da Lei nº 12.529, de 30 de novembro de 2011, caso praticadas a partir de 20 de março de 2020, e enquanto durar o estado de calamidade pública reconhecido pelo Decreto Legislativo nº 6, de 20 de março de 2020, deverão ser consideradas as circunstâncias extraordinárias decorrentes da pandemia do coronavírus (Covid-19).

§ 2º A suspensão da aplicação do inciso IV do art. 90 da Lei nº 12.529, de 30 de novembro de 2011, referida no *caput*, não afasta a possibilidade de análise posterior do ato de concentração ou de apuração de infração à ordem econômica, na forma do art. 36 da Lei nº 12.529, de 2011, dos acordos que não forem necessários ao combate ou à mitigação das consequências decorrentes da pandemia do coronavírus (Covid-19).

CAPÍTULO X
DO DIREITO DE FAMÍLIA E SUCESSÕES

Art. 15. Até 30 de outubro de 2020, a prisão civil por dívida alimentícia, prevista no art. 528, § 3º e seguintes da Lei nº 13.105, de 16 de março de 2015 (Código de Processo Civil), deverá ser cumprida exclusivamente sob a modalidade domiciliar, sem prejuízo da exigibilidade das respectivas obrigações.

Art. 16. O prazo do art. 611 do Código de Processo Civil para sucessões abertas a partir de 1º de fevereiro de 2020 terá seu termo inicial dilatado para 30 de outubro de 2020.

Parágrafo único. O prazo de 12 (doze) meses do art. 611 do Código de Processo Civil, para que seja ultimado o processo de inventário e de partilha, caso iniciado antes de 1º de fevereiro de 2020, ficará suspenso a partir da entrada em vigor desta Lei até 30 de outubro de 2020.

CAPÍTULO XI

Arts. 17 e 18. VETADOS.

CAPÍTULO XII
DISPOSIÇÕES FINAIS

Art. 19. VETADO.

Art. 20. O *caput* do art. 65 da Lei nº 13.709, de 14 de agosto de 2018, passa a vigorar acrescido do seguinte inciso I-A:

► Alteração inserida no texto da referida lei.

Art. 21. Esta Lei entra em vigor na data de sua publicação.

Brasília, 10 de junho de 2020;
199º da Independência e
132º da República.

Jair Messias Bolsonaro

LEI Nº 14.016, DE 23 DE JUNHO DE 2020

Dispõe sobre o combate ao desperdício de alimentos e a doação de excedentes de alimentos para o consumo humano.

► Publicada no *DOU* de 24-6-2020.

Art. 1º Os estabelecimentos dedicados à produção e ao fornecimento de alimentos, incluídos alimentos *in natura*, produtos industrializados e refeições prontas para o consumo, ficam autorizados a doar os excedentes não comercializados e ainda próprios para o consumo humano que atendam aos seguintes critérios:

I – estejam dentro do prazo de validade e nas condições de conservação especificadas pelo fabricante, quando aplicáveis;

II – não tenham comprometidas sua integridade e a segurança sanitária, mesmo que haja danos à sua embalagem;

III – tenham mantidas suas propriedades nutricionais e a segurança sanitária, ainda que tenham sofrido dano parcial ou apresentem aspecto comercialmente indesejável.

§ 1º O disposto no *caput* deste artigo abrange empresas, hospitais, supermercados, cooperativas, restaurantes, lanchonetes e todos os demais estabelecimentos que forneçam alimentos preparados prontos para o consumo de trabalhadores, de empregados, de colaboradores, de parceiros, de pacientes e de clientes em geral.

§ 2º A doação de que trata o *caput* deste artigo poderá ser feita diretamente, em colaboração com o poder público, ou por meio de bancos de alimentos, de outras entidades beneficentes de assistência social certificadas na forma da lei ou de entidades religiosas.

§ 3º A doação de que trata o *caput* deste artigo será realizada de modo gratuito, sem a incidência de qualquer encargo que a torne onerosa.

Art. 2º Os beneficiários da doação autorizada por esta Lei serão pessoas, famílias ou grupos em situação de vulnerabilidade ou de risco alimentar ou nutricional.

Parágrafo único. A doação a que se refere esta Lei em nenhuma hipótese configurará relação de consumo.

Art. 3º O doador e o intermediário somente responderão nas esferas civil e administrativa por danos causados pelos alimentos doados se agirem com dolo.

§ 1º A responsabilidade do doador encerra-se no momento da primeira entrega do alimento ao intermediário ou, no caso de doação direta, ao beneficiário final.

§ 2º A responsabilidade do intermediário encerra-se no momento da primeira entrega do alimento ao beneficiário final.

§ 3º Entende-se por primeira entrega o primeiro desfazimento do objeto doado pelo doador ao intermediário ou ao beneficiário final, ou pelo intermediário ao beneficiário final.

Art. 4º Doadores e eventuais intermediários serão responsabilizados na esfera penal somente se comprovado, no momento da primeira entrega, ainda que esta não seja feita ao consumidor final, o dolo específico de causar danos à saúde de outrem.

Art. 5º Durante a vigência da emergência de saúde pública de importância internacional decorrente do coronavírus responsável pelo surto de 2019, de que trata a Lei nº 13.979, de 6 de fevereiro de 2020, o governo federal procederá preferencialmente à aquisição de alimentos, pelo Programa de Aquisição de Alimentos (PAA), da parcela da produção de agricultores familiares e pescadores artesanais comercializada de forma direta e frustrada em consequência da suspensão espontânea ou compulsória do funcionamento de feiras e de outros equipamentos de comercialização direta por conta das medidas de combate à pandemia da Covid-19.

Parágrafo único. O disposto no *caput* deste artigo não se aplica às situações nas quais os governos estaduais ou municipais estejam adotando medidas semelhantes.

Art. 6º Esta Lei entra em vigor na data de sua publicação.

Brasília, 23 de junho de 2020;
199º da Independência e
132º da República.

Jair Messias Bolsonaro

DECRETO Nº 10.271, DE 6 DE MARÇO DE 2020

Dispõe sobre a execução da Resolução GMC nº 37/19, de 15 de julho de 2019, do Grupo Mercado Comum, que dispõe sobre a proteção dos consumidores nas operações de comércio eletrônico.

▸ Publicado no *DOU* de 9-3-2020.

Art. 1º A Resolução GMC nº 37/19 adotada pelo Grupo Mercado Comum em 15 de julho de 2019, anexa a este Decreto, será executada e cumprida integralmente em seus termos.

Art. 2º Este Decreto entra em vigor na data de sua publicação.

Brasília, 6 de março de 2020;
199º da Independência
132º da República.

Jair Messias Bolsonaro

MERCOSUL/GMC/RES. Nº 37/19 DEFESA DO CONSUMIDOR PROTEÇÃO AO CONSUMIDOR NO COMÉRCIO ELETRÔNICO

TENDO EM VISTA: O Tratado de Assunção, o Protocolo de Ouro Preto, a Decisão nº 64/10 do Conselho do Mercado Comum e as Resoluções nºs 123/96, 124/96 e 34/11 do Grupo Mercado Comum.

CONSIDERANDO:

Que é importante aprofundar a harmonização de legislações na área de defesa do consumidor no âmbito do Mercosul.

Que é necessário avançar e impulsionar ações no âmbito da proteção dos direitos do consumidor.

Que, nesse sentido, é pertinente regular a proteção dos consumidores no comércio eletrônico.

O GRUPO MERCADO COMUM

RESOLVE:

Art. 1º No comércio eletrônico, deve-se garantir aos consumidores, durante todo o processo da transação, o direito à informação clara, suficiente, verídica e de fácil acesso sobre o fornecedor, o produto e/ou serviço e a transação realizada.

Art. 2º O fornecedor deve colocar à disposição dos consumidores, em seu sítio na internet e demais meios eletrônicos, em localização de fácil visualização e previamente à formalização do contrato, a seguinte informação:

I – nome comercial e social do fornecedor;

II – endereço físico e eletrônico do fornecedor;

III – endereço de correio eletrônico de serviço de atendimento ao consumidor;

IV – número de identificação tributária do fornecedor;

V – identificação do fabricante, se corresponder;

VI – identificação de registros dos produtos sujeitos a regimes de autorização prévia, se corresponder;

VII – as características essenciais do produto ou serviço, incluídos os riscos para a saúde e a segurança dos consumidores;

VIII – o preço, incluídos os impostos e a discriminação de qualquer custo adicional ou acessório, tais como custos de entrega ou seguro;

IX – as modalidades de pagamento, detalhando a quantidade de parcelas, sua periodicidade e o custo financeiro total da operação, para o caso de vendas a prazo;

X – os termos, condições e/ou limitações da oferta e disponibilidade do produto ou serviço;

XI – as condições a que se sujeitam a garantia legal e/ou contratual do produto ou serviço; e

XII – qualquer outra condição ou característica relevante do produto ou serviço que deva ser de conhecimento dos consumidores.

Art. 3º O fornecedor deve assegurar um acesso fácil e de clara visibilidade aos termos da contratação, assegurando que esses possam ser lidos, guardados e/ou armazenados pelo consumidor, de maneira inalterável.

Art. 4º A redação do contrato deve ser realizada de forma completa, clara e facilmente legível, sem menções, referências ou remissões a textos ou documentos que não forem entregues simultaneamente. O fornecedor deve apresentar um resumo do contrato antes de sua formalização, enfatizando as cláusulas de maior significância para o consumidor.

Art. 5º O fornecedor deve outorgar ao consumidor os meios técnicos para conhecimento e correção de erros na introdução de dados, antes de realizar a transação. Igualmente, deve proporcionar um mecanismo de confirmação expressa da decisão de efetuar a transação, de forma que o silêncio do consumidor não seja considerado como consentimento.

Art. 6º O consumidor poderá exercer seu direito de arrependimento ou retratação nos prazos que a norma aplicável estabelecer.

Art. 7º O fornecedor deve proporcionar um serviço eficiente de atendimento de consultas e reclamações dos consumidores.

Art. 8º Os Estados-Partes propiciarão que os fornecedores adotem mecanismos de resolução de controvérsias *on-line* ágeis, justos, transparentes, acessíveis e de baixo custo, a fim de que os consumidores possam obter satisfação às suas reclamações.

Deverão considerar-se, especialmente, os casos de reclamação por parte de consumidores em situação vulnerável e de desvantagem.

Art. 9º Nas atividades relacionadas com o comércio eletrônico transfronteiriço, as agências de proteção ao consumidor ou outros organismos competentes dos Estados-Partes procurarão cooperar entre si para a adequada proteção dos consumidores.

Art. 10. A presente Resolução abrange os fornecedores radicados ou estabelecidos em algum dos Estados-Partes ou que operem comercialmente sob algum de seus domínios de internet.

Art. 11. Esta Resolução deverá ser incorporada ao ordenamento jurídico dos Estados-Partes antes de 15-1-2020.

LI GMC Ext. – Santa Fé, 15-7-2019.

NOVO

DECRETO Nº 10.634, DE 22 DE FEVEREIRO DE 2021

Dispõe sobre a divulgação de informações aos consumidores referentes aos preços dos combustíveis automotivos.

▸ Publicado no *DOU* de 23-2-2021.

Art. 1º Este Decreto dispõe sobre a divulgação de informações aos consumidores referentes aos preços dos combustíveis automotivos.

Parágrafo único. Os consumidores têm o direito de receber informações corretas, claras, precisas, ostensivas e legíveis sobre os preços dos combustíveis automotivos no território nacional.

Art. 2º Os postos revendedores de combustíveis automotivos deverão informar aos consumidores, na forma estabelecida no parágrafo único do art. 1º, os preços reais e promocionais dos combustíveis, nos termos do disposto no Decreto nº 5.903, de 20 de setembro de 2006.

§ 1º Na hipótese de concessão de descontos nos preços de forma vinculada ao uso de aplicativos de fidelização pelos postos revendedores de combustíveis automotivos, deverão ser informados ao consumidor:

I – o preço real, de forma destacada;

II – o preço promocional, vinculado ao uso do aplicativo de fidelização; e

III – o valor do desconto.

§ 2º Observado o disposto no inciso III do § 1º, a divulgação do desconto poderá ocorrer pelo valor real ou percentual.

§ 3º Quando a utilização do aplicativo de fidelização proporcionar a devolução de dinheiro ao consumidor, o valor e a forma da devolução deverão ser informados de forma correta, clara, precisa, ostensiva e legível aos consumidores.

Art. 3º Os postos revendedores de combustíveis automotivos ficam obrigados a informar os valores estimados de tributos das mercadorias e dos serviços oferecidos por meio de painel afixado em local visível do estabelecimento.

Art. 4º O painel afixado dos componentes do preço do combustível automotivo nos postos revendedores a que se refere o art. 3º deverá conter:

I – o valor médio regional no produtor ou no importador;

II – o preço de referência para o Imposto sobre Operações relativas à Circulação de Mercadorias e Prestação de Serviços de Transporte Interestadual e Intermunicipal e de Comunicação – ICMS;

III – o valor do ICMS;

IV – o valor da Contribuição para os Programas de Integração Social e de Formação do Patrimônio do Servidor Público – Contribuição para o PIS/PASEP e da Contribuição para o Financiamento da Seguridade Social – COFINS; e

V – o valor da Contribuição de Intervenção no Domínio Econômico incidente sobre a importação e a comercialização de petróleo e seus derivados, gás natural e seus derivados, e álcool etílico combustível – CIDE-combustíveis.

Art. 5º Este Decreto entra em vigor trinta dias após a data de sua publicação.

Brasília, 22 de fevereiro de 2021;
200º da Independência e
133º da República.

Jair Messias Bolsonaro

NOVA

MEDIDA PROVISÓRIA Nº 1.040, DE 29 DE MARÇO DE 2021

Dispõe sobre a facilitação para abertura de empresas, a proteção de acionistas minoritários, a facilitação do comércio exterior, o Sistema Integrado de Recuperação de Ativos, as cobranças realizadas pelos conselhos profissionais, a profissão de tradutor e intérprete público, a obtenção de eletricidade e a prescrição intercorrente na Lei nº 10.406, de 10 de janeiro de 2002 – Código Civil.

► Publicada no *DOU* de 30-3-2021.

CAPÍTULO I
DO OBJETO

Art. 1º Esta Medida Provisória dispõe sobre a facilitação para abertura de empresas, a proteção de acionistas minoritários, a facilitação do comércio exterior, o Sistema Integrado de Recuperação de Ativos – SIRA, as cobranças realizadas pelos conselhos profissionais, a profissão de tradutor e intérprete público, a obtenção de eletricidade e a prescrição intercorrente na Lei nº 10.406, de 10 de janeiro de 2002 – Código Civil.

CAPÍTULO II
DA FACILITAÇÃO PARA ABERTURA DE EMPRESAS

Art. 2º A Lei nº 11.598, de 3 de dezembro de 2007, passa a vigorar com as seguintes alterações:

► Alterações inseridas no texto da referida Lei.

Art. 3º A Lei nº 8.934, de 18 de novembro de 1994, passa a vigorar com as seguintes alterações:

► Alterações inseridas no texto da referida Lei.

Art. 4º Os órgãos, as entidades e as autoridades competentes disporão do prazo de sessenta dias, contado da data de publicação desta Medida Provisória, para se adequar às alterações promovidas na Lei nº 11.598, de 2007, de que trata o art. 2º.

§ 1º Compete ao Ministério da Economia notificar os órgãos, as entidades e as autoridades competentes quanto às alterações promovidas na Lei nº 11.598, de 2007, no prazo de cinco dias úteis, contado da data de publicação desta Medida Provisória.

§ 2º Será assegurado aos Municípios o direito de denunciar, a qualquer tempo, a sua adesão por meio do consórcio de que trata o art. 2º da Lei nº 11.598, de 2007.

§ 3º Será assegurado aos integradores estaduais o direito de solicitar a sua substituição por outro órgão ao Comitê para Gestão da Rede Nacional para Simplificação do Registro e da Legalização de Empresas e Negócios, no prazo de trinta dias, contado da data de publicação desta Medida Provisória.

§ 4º Na hipótese prevista no § 3º ou de descumprimento das normas da REDESIM pelo integrador estadual, o Comitê para Gestão da Rede Nacional para Simplificação do Registro e da Legalização de Empresas e Negócios definirá o órgão que assumirá a função de integrador estadual.

CAPÍTULO III
DA PROTEÇÃO DE ACIONISTAS MINORITÁRIOS

Art. 5º A Lei nº 6.404, de 15 de dezembro de 1976, passa a vigorar com as seguintes alterações:

► Alterações inseridas no texto da referida Lei.

Art. 6º A Comissão de Valores Mobiliários poderá estabelecer regras de transição para as obrigações decorrentes do disposto neste Capítulo.

CAPÍTULO IV
DA FACILITAÇÃO DO COMÉRCIO EXTERIOR

Seção I
DAS LICENÇAS, AUTORIZAÇÕES OU EXIGÊNCIAS ADMINISTRATIVAS PARA IMPORTAÇÕES OU EXPORTAÇÕES

Art. 7º Fica vedado aos órgãos e às entidades da administração pública federal direta e indireta estabelecer limites aos valores de mercadorias ou de serviços correlatos praticados nas importações ou nas exportações ou deixar de autorizar ou de licenciar operações de importação ou de exportação em razão dos valores nelas praticados.

Parágrafo único. O disposto no *caput* não se aplica aos regulamentos ou aos procedimentos de natureza tributária ou aduaneira de competência da Secretaria Especial da Receita Federal do Brasil do Ministério da Economia.

Art. 8º Será provida aos importadores, aos exportadores e aos demais intervenientes no comércio exterior solução de guichê único eletrônico por meio do qual possam encaminhar documentos, dados ou informações aos órgãos e às entidades da administração pública federal direta e indireta como condição para a importação ou exportação de bens a ponto único acessível por meio da internet.

§ 1º O órgão ou a entidade responsável pela exigência administrativa, após a análise dos documentos, dos dados ou das informações recebidas por meio da solução referida no *caput*, notificará o demandante do resultado por meio do próprio guichê único eletrônico nos prazos previstos na legislação.

§ 2º A solução de que trata o *caput* deverá:

I – permitir aos importadores, aos exportadores e aos demais intervenientes no comércio exterior conhecer as exigências administrativas impostas por órgãos e por entidades da administração pública federal direta e indireta para a concretização de operações de importação ou de exportação; e

II – atender ao disposto no Artigo 10, parágrafo 4, do Acordo sobre a Facilitação do Comércio anexo ao Protocolo de Emenda ao Acordo Constitutivo da Organização Mundial do Comércio, promulgado pelo Decreto nº 9.326, de 3 de abril de 2018.

§ 3º O recolhimento das taxas impostas por órgãos e entidades da administração pública federal direta e indireta em razão do exercício do poder de polícia ou da prestação de serviço público relacionado a operações de comércio exterior ocorrerá preferencialmente por meio da solução de guichê único eletrônico a que se refere o *caput*.

§ 4º Compete ao Ministério da Economia a gestão da solução de guichê único eletrônico a que se refere o *caput*.

Art. 9º Fica vedado aos órgãos e às entidades da administração pública federal direta e indireta exigir o preenchimento de formulários em papel ou em formato eletrônico ou a apresentação de documentos, dados ou informações para a realização de importações ou exportações por outros meios, distintos da solução de guichê único eletrônico a que se refere o art. 8º.

§ 1º O disposto no *caput* não se aplica:

I – quando, em razão de circunstâncias técnicas ou operacionais excepcionais relacionadas a determinada exportação ou importação, não for possível o uso da solução de guichê único a que se refere o art. 8º; e

II – aos procedimentos de habilitação, de registro ou de certificação de estabelecimentos, produtos ou processos produtivos relacionados com o comércio doméstico ou de modo análogo a este.

§ 2º As exigências vigentes na data de publicação desta Medida Provisória serão revisadas na forma estabelecida em ato do Poder Executivo federal.

Art. 10. Fica vedada aos órgãos e às entidades da administração pública federal direta e indireta a imposição de exigência de licença ou de autorização sobre importação ou exportação em razão de características das mercadorias, quando não estiverem previstas em ato normativo.

Parágrafo único. As exigências de que trata o *caput* vigentes na data de publicação desta Medida Provisória serão revisadas na forma estabelecida em ato do Poder Executivo federal.

Seção II

DO COMÉRCIO EXTERIOR DE SERVIÇOS, INTANGÍVEIS E OUTRAS OPERAÇÕES QUE PRODUZAM VARIAÇÕES NO PATRIMÔNIO DAS PESSOAS FÍSICAS, DAS PESSOAS JURÍDICAS OU DOS ENTES DESPERSONALIZADOS

Art. 11. A Lei nº 12.546, de 14 de dezembro 2011, passa a vigorar com as seguintes alterações:

"Art. 25. Os órgãos e as entidades da administração pública federal direta e indireta, ressalvada a Secretaria Especial da Receita Federal do Brasil do Ministério da Economia, compartilharão com a Secretaria Especial de Comércio Exterior e Assuntos Internacionais do Ministério da Economia dados e informações relativos às transações entre residentes ou domiciliados no País e residentes ou domiciliados no exterior que compreendam serviços, intangíveis e outras operações que produzam variações no patrimônio das pessoas físicas, das pessoas jurídicas ou dos entes despersonalizados.

§ 1º O compartilhamento de que trata o *caput*:

I – será realizado nos termos estabelecidos em ato do Poder Executivo federal;

II – observará os requisitos de sigilo e segurança da informação previstos em lei;

III – poderá abranger dados e informações obtidos:

a) no cumprimento de obrigações tributárias acessórias;

b) na realização de operações no mercado de câmbio; e

c) em pesquisas realizadas para produção, análise e disseminação de informações de natureza estatística; e

IV – observará o disposto na Lei nº 13.709, de 14 de agosto de 2018.

§ 2º Ato conjunto do Ministro de Estado da Economia e do dirigente máximo do órgão ou da entidade da administração pública federal direta e indireta que detiver os dados e as informações estabelecerá as regras complementares para o compartilhamento de que trata o *caput*."

"Art. 26. Os dados e as informações de que trata o art. 25 serão utilizados pela Secretaria Especial de Comércio Exterior e Assuntos Internacionais do Ministério da Economia para a elaboração e a compilação de dados estatísticos e para o exercício de outras competências institucionais definidas em ato do Poder Executivo federal."

"Art. 27. Ato do Ministro de Estado da Economia estabelecerá normas complementares ao cumprimento do disposto nos art. 24 ao art. 26."

Seção III

DA ORIGEM NÃO PREFERENCIAL

Art. 12. A Lei nº 12.546, de 2011, passa a vigorar com as seguintes alterações:

"Art. 29. As investigações de defesa comercial sob a competência da Secretaria de Comércio Exterior da Secretaria Especial de Comércio Exterior e Assuntos Internacionais do Ministério da Economia serão baseadas na origem declarada do produto.

...."

"Art. 31. ....

§ 1º ....

I – ....

....

h) mercadorias obtidas por pessoa jurídica de país do leito do mar ou do subsolo marinho, sempre que o país tenha direitos para explorar esse fundo do mar ou subsolo marinho;

i) bens obtidos no espaço extraterrestre, sempre que sejam obtidos por pessoa jurídica ou por pessoa natural do país; e *j*) mercadorias produzidas exclusivamente com materiais listados nas alíneas *a* a *i*;

....

§ 2º Entende-se ter passado por transformação substancial, para fins do disposto no art. 28 ao art. 45:

I – o produto em cuja elaboração tenham sido utilizados materiais não originários do país, quando resultante de processo de transformação que lhe confira uma nova individualidade, caracterizada pelo fato de estar classificado em posição tarifária (primeiros quatro dígitos do Sistema Harmonizado de Designação e Codificação de Mercadorias – SH) diferente da posição dos mencionados materiais, ressalvado o disposto no § 3º; ou

II – o produto em cuja elaboração tenham sido utilizados materiais não originários do país, quando o valor aduaneiro desses materiais não exceder cinquenta por cento do valor *Free on Board* – FOB do produto, ressalvado o disposto no § 3º.

§ 3º Não será considerado originário do país exportador o produto resultante de operação ou processo efetuado no seu território pelo qual adquira a forma final em que será comercializado quando, na operação ou no processo, for utilizado material não originário do país e consista apenas em montagem, embalagem, fracionamento em lotes ou volumes, seleção, classificação, marcação, composição de sortimentos de mercadorias ou simples diluições em água ou outra substância que não altere as características do produto como originário ou outras operações ou processos equivalentes, ainda que esses resultem no cumprimento do disposto no § 2º ou em outros critérios estabelecidos pelo Poder Executivo federal na forma do disposto no art. 32.

§ 4º Caso não sejam atendidos os requisitos referidos no § 2º, o produto será considerado originário do país de origem dos materiais que representem a maior participação no valor FOB."

"Art. 34. ....

....

V – ao índice de materiais não originários utilizados na obtenção do produto.

§ 1º A apresentação das informações a que se refere o *caput* não exclui a possibilidade de realização de diligência ou fiscalização nos estabelecimentos do produtor estrangeiro, do importador ou do exportador.

....

§ 3º Na hipótese de o produtor estrangeiro, o exportador ou o importador negar acesso às informações referidas neste artigo, não as fornecer tempestivamente ou criar obstáculos ao procedimento de verificação de origem não preferencial, a mercadoria será presumida como originária do país gravado com a medida de defesa comercial que motivou a abertura de investigação de origem não preferencial."

"Art. 36. Compete à Secretaria de Comércio Exterior da Secretaria Especial de Comércio Exterior e Assuntos Internacionais do Ministério da Economia realizar a verificação de origem não preferencial, por meio da apresentação de denúncia ou de ofício, quando houver indícios da não observância ao disposto nos art. 31, art. 32 e art. 34.

§ 1º Iniciado o procedimento de verificação de origem não preferencial, o produtor estrangeiro será notificado para a apresentação das informações de que trata o art. 34.

§ 2º A origem determinada pela Secretaria de Comércio Exterior da Secretaria Especial de Comércio Exterior e Assuntos Internacionais do Ministério da Economia com a conclusão do procedimento de verificação de origem não preferencial será aplicada a todas as importações de mercadorias idênticas do mesmo exportador ou produtor.

§ 3º A Secretaria de Comércio Exterior da Secretaria Especial de Comércio Exterior e Assuntos Internacionais do Ministério da Economia poderá rever a origem a que se refere o § 2º por meio da apresentação, por parte do interessado, das informações referidas no art. 34, de modo a demonstrar o atendimento às regras de origem não preferenciais a que se referem os art. 31 e art. 32."

"Art. 40. ....

§ 1º O importador arcará com os ônus decorrentes da devolução ao exterior dos produtos a que se refere o *caput*.

§ 2º Na hipótese de restrição quantitativa relativa à aplicação de cotas, a devolução ao exterior estará limitada ao que exceder a cota."

CAPÍTULO V

DO SISTEMA INTEGRADO DE RECUPERAÇÃO DE ATIVOS

Art. 13. Fica o Poder Executivo federal autorizado a instituir, sob a governança da Procuradoria-Geral da Fazenda Nacional, o SIRA, constituído por conjunto de instrumentos, mecanismos e iniciativas destinados a:

I – facilitar a identificação e a localização de bens e devedores; e

II – a constrição e a alienação de ativos.

Art. 14. São objetivos do SIRA:

I – promover o desenvolvimento nacional e o bem-estar social por meio da redução dos custos de transação de concessão de créditos por meio do aumento do índice de efetividade das ações que envolvam a recuperação de créditos;

II – conferir efetividade às decisões judiciais que visem à satisfação das obrigações de todas as naturezas, em âmbito nacional;

III – reunir dados cadastrais, relacionamentos e bases patrimoniais de pessoas físicas e jurídicas para subsidiar a tomada de decisão, no âmbito de processo judicial em que seja demandada a recuperação de créditos públicos ou privados;

IV – fornecer aos usuários, conforme os respectivos níveis de acesso, os dados cadastrais, os relacionamentos e as bases patrimoniais das pessoas requisitadas, de forma estruturada e organizada; e

V – garantir, com a quantidade, a qualidade e a tempestividade necessárias, os insumos de dados e informações relevantes para a recuperação de créditos públicos ou privados.

Art. 15. São princípios do SIRA:

I – máxima efetividade e eficiência na identificação e na recuperação de ativos e na proteção do crédito e do credor;

II – promoção da transformação digital e estímulo ao uso de soluções tecnológicas na recuperação de créditos públicos e privados;

III – racionalização e sustentabilidade econômico-financeira das soluções de tecnologia da informação e comunicações de dados, permitida a atribuição aos usuários, quando houver, dos custos de operacionalização do serviço, na forma prevista em regulamento;

IV – respeito à privacidade, à inviolabilidade da intimidade, da honra e da imagem das pessoas e às instituições, na forma prevista em lei; e

V – ampla interoperabilidade e integração com os sistemas utilizados pelo Poder Judiciário, de forma a subsidiar a tomada de decisão e racionalizar e permitir o cumprimento eficaz de ordens judiciais relacionadas à recuperação de ativos.

Art. 16. Ato do Presidente da República disporá sobre:

I – as regras e as diretrizes para o compartilhamento de dados e informações;

II – a relação nominal das bases mínimas que comporão o SIRA;

III – a periodicidade com que a Procuradoria-Geral da Fazenda Nacional apresentará ao Ministério da Economia e ao Conselho Nacional de Justiça relatório sobre as bases geridas e integradas;

IV – o procedimento administrativo para o exercício, na forma prevista em lei, do poder de requisição das informações contidas em bancos de dados geridos por órgãos e entidades, públicos e privados, e o prazo para atendimento da requisição, sem prejuízo da celebração de acordos de cooperação, convênios e ajustes de qualquer natureza, quando necessário;

V – a forma de sustentação econômico-financeira do SIRA; e

VI – as demais competências da Procuradoria-Geral da Fazenda Nacional e do órgão central de tecnologia da informação no âmbito do SIRA.

CAPÍTULO VI

DAS COBRANÇAS REALIZADAS POR CONSELHOS PROFISSIONAIS

Art. 17. A Lei nº 12.514, de 28 de outubro de 2011, passa a vigorar com as seguintes alterações:

"Art. 8º ....

Parágrafo único. O disposto no *caput* não obsta ou limita a realização de medidas administrativas de cobrança, tais como a notificação extrajudicial, a inclusão em cadastros de inadimplentes e o protesto de certidões de dívida ativa."

CAPÍTULO VII

DA PROFISSÃO DE TRADUTOR E INTÉRPRETE PÚBLICO

Art. 18. São requisitos para o exercício da profissão de tradutor e intérprete público:

I – ter capacidade civil;

II – ter formação em curso superior completo em qualquer área do conhecimento;

III – ser brasileiro nato ou naturalizado;

IV – ser aprovado em concurso para aferição de aptidão;

V – não estar enquadrado nas hipóteses de inelegibilidade previstas na alínea *e* do inciso I do *caput* do art. 1º da Lei Complementar nº 64, de 18 de maio de 1990; e

VI – ter registro na junta comercial do local de seu domicílio ou de atuação mais frequente.

Art. 19. O tradutor e intérprete público poderá se habilitar e se registrar para um ou mais idiomas estrangeiros.

Art. 20. O cumprimento do disposto no art. 18 habilita o tradutor e intérprete público a atuar em qualquer Estado e no Distrito Federal e a manter inscrição apenas no local de seu domicílio ou de atuação mais frequente.

Art. 21. O concurso para aferição de aptidão de que trata o inciso IV do *caput* do art. 18:

I – será válido por prazo indefinido;

II – incluirá prova escrita e prova oral, com simulação de interpretação consecutiva, para avaliar a compreensão das sutilezas e dificuldades de cada um dos idiomas;

III – será organizado nacionalmente pelo Departamento Nacional de Registro Empresarial e Integração da Secretaria de Governo Digital da Secretaria Especial de Desburocratização, Gestão e Governo Digital do Ministério da Economia, com apoio das juntas comerciais dos Estados e do Distrito Federal; e

IV – será regido pelas normas editadas pelo Diretor do Departamento Nacional de Registro Empresarial e Integração da Secretaria de Governo Digital da Secretaria Especial de Desburocratização, Gestão e Governo Digital do Ministério da Economia.

Art. 22. São atividades privativas dos tradutores e intérpretes públicos:

I – traduzir qualquer documento que tenha de ser apresentado em outro idioma perante pessoa jurídica de direito público interno ou serviços notariais e de registro de notas ou de títulos e documentos;

II – realizar traduções oficiais, quando exigido por lei;

III – interpretar e verter verbalmente, perante ente público, a manifestação de pessoa que não domine a língua portuguesa se não houver agente público apto a realizar a atividade ou se exigido por lei específica;

IV – transcrever, traduzir ou verter mídia eletrônica de áudio ou vídeo, em outro idioma, certificada por ato notarial; e

V – realizar, quando solicitados pela autoridade competente, os exames necessários à verificação da exatidão de qualquer tradução que tenha sido arguida como incompleta, imprecisa, errada ou fraudulenta.

Parágrafo único. O disposto no *caput* não impede:

I – a designação, pela autoridade competente, de tradutor e intérprete público ad hoc no caso de inexistência, impedimento ou indisponibilidade de tradutor e intérprete público habilitado para o idioma; e

II – a realização da atividade por agente público:

a) ocupante de cargo ou emprego com atribuições relacionadas com a atividade de tradutor ou intérprete; ou

b) com condições de realizar traduções e interpretações simples e correlatas com as atribuições de seu cargo ou emprego.

Art. 23. Presumem-se fiéis e exatas as traduções realizadas pelos tradutores e intérpretes públicos.

§ 1º Nenhuma tradução terá fé pública se não for realizada por tradutor e intérprete público, exceto as traduções:

I – feitas por corretores de navios, em sua área de atuação;

II – dos manifestos e documentos que as embarcações estrangeiras tiverem de apresentar para despacho aduaneiro;

III – realizadas por agentes públicos com cargo ou emprego de tradutor ou intérprete ou que sejam inerentes às atividades do cargo ou emprego; e

IV – que se enquadrem nas hipóteses previstas em ato do Poder Executivo federal.

§ 2º A presunção de que trata o *caput* não afasta:

I – a obrigação de o documento na língua original acompanhar a sua respectiva tradução; e

II – a possibilidade de ente público ou qualquer interessado impugnar, nos termos estabelecidos nas normas de processo administrativo ou de processo judicial aplicáveis ao caso concreto, a fidedignidade ou exatidão da tradução.

Art. 24. Os tradutores e intérpretes públicos que realizarem traduções incompletas, imprecisas, erradas ou fraudulentas estarão sujeitos às seguintes sanções, além de eventual responsabilização civil e criminal:

I – advertência;

II – suspensão do registro por até um ano; e

III – cassação do registro, vedada nova habilitação em prazo inferior a quinze anos.

Parágrafo único. A dosimetria da pena considerará:

I – as punições recebidas pelo tradutor e intérprete público nos últimos dez anos;

II – a existência ou não de má-fé; e

III – a gravidade do erro ou a configuração de culpa grave.

Art. 25. O processo administrativo contra os tradutores e intérpretes públicos seguirá o disposto na Lei nº 9.784, de 29 de janeiro de 1999.

Art. 26. O processo administrativo será processado e julgado pela junta comercial do Estado ou do Distrito Federal no qual o tradutor e intérprete público estiver inscrito.

Parágrafo único. Caberá recurso da decisão da junta comercial ao Diretor do Departamento Nacional de Registro Empresarial e Integração, que decidirá em última instância.

Art. 27. Os tradutores públicos e intérpretes comerciais que, na data de entrada em vigor desta Medida Provisória, já estavam habilitados na forma prevista no regulamento aprovado pelo Decreto nº 13.609, de 21 de outubro de 1943, poderão continuar a exercer as atividades no território nacional, nos termos do disposto neste Capítulo.

Art. 28. O tradutor e intérprete público poderá optar por se organizar na forma de sociedade unipessoal.

Art. 29. Os tradutores e intérpretes públicos poderão realizar os seus atos em meio eletrônico, atendido o disposto na Medida Provisória nº 2.200-2, de 24 de agosto de 2001.

Art. 30. O Diretor do Departamento Nacional de Registro Empresarial e Integração da Secretaria de Governo Digital da Secretaria Especial de Desburocratização, Gestão e Governo Digital do Ministério da Economia poderá editar normas complementares para a execução do disposto neste Capítulo.

CAPÍTULO VIII

DA OBTENÇÃO DE ELETRICIDADE

Art. 31. Na execução de obras de extensão de redes aéreas de distribuição de responsabilidade da concessionária ou permissionária de serviço público de distribuição de energia elétrica, a licença ou autorização para realização de obras em vias públicas, quando for exigida e não houver prazo estabelecido pelo Poder Público local, será emitida pelo órgão público competente no prazo de cinco dias úteis, contado da data de apresentação do requerimento.

§ 1º Na hipótese de não haver decisão do órgão competente após o encerramento do prazo estabelecido no *caput* ou na legislação local, a concessionária ou permissionária de serviço público de distribuição de energia elétrica ficará autorizada a realizar a obra em conformidade com as condições estabelecidas no requerimento apresentado, observada a legislação aplicável.

§ 2º Na hipótese de descumprimento das condições estabelecidas no requerimento ou na legislação aplicável, o órgão público poderá cassar, a qualquer tempo, a licença ou autorização a que se refere o § 1º, assegurado o direito à ampla defesa e ao contraditório à concessionária ou permissionária.

§ 3º O disposto neste artigo aplica-se exclusivamente às solicitações de conexão em área urbana, com potência contratada de até 140 kVA (cento e quarenta quilovolt-ampere), cuja distância até a rede de distribuição mais próxima seja de, no máximo, cento e cinquenta metros e onde não haja a necessidade de realização de obras de ampliação, reforço ou melhoria no sistema de distribuição de energia elétrica existente.

CAPÍTULO IX

DA PRESCRIÇÃO INTERCORRENTE

Art. 32. A Lei nº 10.406, de 2002 – Código Civil, passa a vigorar com as seguintes alterações:

▸ Alterações inseridas no texto do referido Código.

CAPÍTULO X

DISPOSIÇÕES FINAIS

Art. 33. Ficam revogados:

I – o Decreto nº 13.609, de 1943;

II – o Decreto nº 20.256, de 20 de dezembro de 1945;

III – a Lei nº 2.145, de 29 de dezembro de 1953;

IV – o art. 1º da Lei nº 2.410, de 29 de janeiro de 1955;

V – o art. 1º da Lei nº 2.698, de 27 de dezembro de 1955;

VI – a Lei nº 2.807, de 28 de junho de 1956;

VII – a Lei nº 2.815, de 6 de julho de 1956;

VIII – o art. 1º da Lei nº 3.053, de 22 de dezembro de 1956;

IX – a Lei nº 3.187, de 28 de junho de 1957;

X – a Lei nº 3.227, de 27 de julho de 1957;

XI – a Lei nº 4.557, de 10 de dezembro de 1964;

XII – os art. 14 e art. 15 da Lei nº 5.025, de 10 de junho de 1966;

XIII – o art. 15 do Decreto-Lei nº 491, de 5 de março de 1969;

XIV – o art. 2º do Decreto-Lei nº 666, de 2 de julho de 1969;

XV – a parte do art. 1º do Decreto-Lei nº 687, de 18 de julho de 1969, que altera o art. 2º do Decreto-Lei nº 666, de 1969

XVI – o art. 2º da Lei nº 6.137, de 7 de novembro de 1974;

XVII – o Decreto-Lei nº 1.416, de 25 de agosto de 1975;

XVIII – o Decreto-Lei nº 1.427, de 2 de dezembro de 1975;

XIX – o parágrafo único do art. 140 da Lei nº 6.404, de 1976;

XX – o Decreto nº 84.248, de 28 de novembro de 1979;

XXI – a Lei nº 7.409, de 25 de novembro de 1985;

XXII – a Lei nº 7.690, de 15 de dezembro de 1988;

XXIII – o art. 5º da Lei nº 8.387, de 30 de dezembro de 1991;

XXIV – os seguintes dispositivos da Lei nº 8.934, de 1994:

a) o inciso IV do *caput* e o parágrafo único do art. 35;

b) o inciso III do *caput* do art. 37;

c) o art. 58; e

d) o art. 60;

XXV – os seguintes dispositivos da Lei nº 11.598, de 2007:

a) o parágrafo único do art. 2º; e

b) os § 1º ao § 4º do art. 4º;

XXVI – os seguintes dispositivos da Lei nº 12.546, de 2011:

a) os § 3º ao § 6º do art. 25;

b) os § 1º ao § 4º do art. 26;

c) o art. 37; e

d) o parágrafo único do art. 40.

Art. 34. Esta Medida Provisória entra em vigor na data de sua publicação e produz efeitos:

I – trezentos e sessenta dias, contado da data de sua publicação, quanto à parte do art. 5º que altera o § 3º do art. 138 da Lei nº 6.404, de 1976;

II – no primeiro dia útil do primeiro mês após a data de sua publicação, quanto aos art. 8º ao art. 12 e incisos III ao XV, XVII, XXII e XXVI do *caput* do art. 33;

III – noventa dias, contado da data de sua publicação, quanto ao art. 7º; e

IV – na data de sua publicação, quanto aos demais dispositivos.

Brasília, 29 de março de 2021;
200º da Independência e
133º da República.

Jair Messias Bolsonaro

NOVA

LEI COMPLEMENTAR Nº 182, DE 1º DE JUNHO DE 2021

Institui o marco legal das startups *e do empreendedorismo inovador; e altera a Lei nº 6.404, de 15 de dezembro de 1976, e a Lei Complementar nº 123, de 14 de dezembro de 2006.*

▸ Publicada no *DOU* de 2-6-2021, para vigorar 90 dias após a sua publicação.

CAPÍTULO I

DAS DEFINIÇÕES, DOS PRINCÍPIOS E DAS DIRETRIZES FUNDAMENTAIS

Art. 1º Esta Lei Complementar institui o marco legal das *startups* e do empreendedorismo inovador.

Parágrafo único. Esta Lei Complementar:

I – estabelece os princípios e as diretrizes para a atuação da administração pública no âmbito da União, dos Estados, do Distrito Federal e dos Municípios;

II – apresenta medidas de fomento ao ambiente de negócios e ao aumento da oferta de capital para investimento em empreendedorismo inovador; e

III – disciplina a licitação e a contratação de soluções inovadoras pela administração pública.

Art. 2º Para os efeitos desta Lei Complementar, considera-se:

I – investidor-anjo: investidor que não é considerado sócio nem tem qualquer direito a gerência ou a voto na administração da empresa, não responde por qualquer obrigação da empresa e é remunerado por seus aportes;

II – ambiente regulatório experimental (*sandbox* regulatório): conjunto de condições especiais simplificadas para que as pessoas jurídicas participantes possam receber autorização temporária dos órgãos ou das entidades com competência de regulamentação setorial para desenvolver modelos de negócios inovadores e testar técnicas e tecnologias experimentais, mediante o cumprimento de critérios e de limites previamente estabelecidos pelo órgão ou entidade reguladora e por meio de procedimento facilitado.

Art. 3º Esta Lei Complementar é pautada pelos seguintes princípios e diretrizes:

I – reconhecimento do empreendedorismo inovador como vetor de desenvolvimento econômico, social e ambiental;

II – incentivo à constituição de ambientes favoráveis ao empreendedorismo inovador, com valorização da segurança jurídica e da liberdade contratual como premissas para a promoção do investimento e do aumento da oferta de capital direcionado a iniciativas inovadoras;

III – importância das empresas como agentes centrais do impulso inovador em contexto de livre mercado;

IV – modernização do ambiente de negócios brasileiro, à luz dos modelos de negócios emergentes;

V – fomento ao empreendedorismo inovador como meio de promoção da produtividade e da competitividade da economia brasileira e de geração de postos de trabalho qualificados;

VI – aperfeiçoamento das políticas públicas e dos instrumentos de fomento ao empreendedorismo inovador;

VII – promoção da cooperação e da interação entre os entes públicos, entre os setores público e privado e entre empresas, como relações fundamentais para a conformação de ecossistema de empreendedorismo inovador efetivo;

VIII – incentivo à contratação, pela administração pública, de soluções inovadoras elaboradas ou desenvolvidas por *startups*, reconhecidos o papel do Estado no fomento à inovação e as potenciais oportunidades de economicidade, de benefício e de solução de problemas públicos com soluções inovadoras; e

IX – promoção da competitividade das empresas brasileiras e da internacionalização e da atração de investimentos estrangeiros.

CAPÍTULO II

DO ENQUADRAMENTO DE EMPRESAS STARTUPS

Art. 4º São enquadradas como *startups* as organizações empresariais ou societárias, nascentes ou em operação recente, cuja atuação caracteriza-se pela inovação aplicada a modelo de negócios ou a produtos ou serviços ofertados.

§ 1º Para fins de aplicação desta Lei Complementar, são elegíveis para o enquadramento na modalidade de tratamento especial destinada ao fomento de *startup* o empresário individual, a empresa individual de responsabilidade limitada, as sociedades empresárias, as sociedades cooperativas e as sociedades simples:

I – com receita bruta de até R$ 16.000.000,00 (dezesseis milhões de reais) no ano-calendário anterior ou de R$ 1.333.334,00 (um milhão, trezentos e trinta e três mil trezentos e trinta e quatro reais) multiplicado pelo número de meses de atividade no ano-calendário anterior, quando inferior a 12 (doze) meses, independentemente da forma societária adotada;

II – com até 10 (dez) anos de inscrição no Cadastro Nacional da Pessoa Jurídica (CNPJ) da Secretaria Especial da Receita Federal do Brasil do Ministério da Economia; e

III – que atendam a um dos seguintes requisitos, no mínimo:

a) declaração em seu ato constitutivo ou alterador e utilização de modelos de negócios inovadores para a geração de produtos ou serviços, nos termos do inciso IV do *caput* do art. 2º da Lei nº 10.973, de 2 de dezembro de 2004; ou

b) enquadramento no regime especial Inova Simples, nos termos do art. 65-A da Lei Complementar nº 123, de 14 de dezembro de 2006.

§ 2º Para fins de contagem do prazo estabelecido no inciso II do § 1º deste artigo, deverá ser observado o seguinte:

I – para as empresas decorrentes de incorporação, será considerado o tempo de inscrição da empresa incorporadora;

II – para as empresas decorrentes de fusão, será considerado o maior tempo de inscrição entre as empresas fundidas; e

III – para as empresas decorrentes de cisão, será considerado o tempo de inscrição da empresa cindida, na hipótese de criação de nova sociedade, ou da empresa que a absorver, na hipótese de transferência de patrimônio para a empresa existente.

CAPÍTULO III

DOS INSTRUMENTOS DE INVESTIMENTO EM INOVAÇÃO

Art. 5º As *startups* poderão admitir aporte de capital por pessoa física ou jurídica, que poderá resultar ou não em participação no capital social da *startup*, a depender da modalidade de investimento escolhida pelas partes.

§ 1º Não será considerado como integrante do capital social da empresa o aporte realizado na *startup* por meio dos seguintes instrumentos:

I – contrato de opção de subscrição de ações ou de quotas celebrado entre o investidor e a empresa;

II – contrato de opção de compra de ações ou de quotas celebrado entre o investidor e os acionistas ou sócios da empresa;
III – debênture conversível emitida pela empresa nos termos da Lei nº 6.404, de 15 de dezembro de 1976;
IV – contrato de mútuo conversível em participação societária celebrado entre o investidor e a empresa;
V – estruturação de sociedade em conta de participação celebrada entre o investidor e a empresa;
VI – contrato de investimento-anjo na forma da Lei Complementar nº 123, de 14 de dezembro 2006;
VII – outros instrumentos de aporte de capital em que o investidor, pessoa física ou jurídica, não integre formalmente o quadro de sócios da *startup* e/ou não tenha subscrito qualquer participação representativa do capital social da empresa.

§ 2º Realizado o aporte por qualquer das formas previstas neste artigo, a pessoa física ou jurídica somente será considerada quotista, acionista ou sócia da *startup* após a conversão do instrumento do aporte em efetiva e formal participação societária.

§ 3º Os valores recebidos por empresa e oriundos dos instrumentos jurídicos estabelecidos neste artigo serão registrados contabilmente, de acordo com a natureza contábil do instrumento.

Art. 6º A Comissão de Valores Mobiliários (CVM) estabelecerá em regulamento as regras para aporte de capital na forma do art. 5º desta Lei Complementar por parte de fundos de investimento.

Art. 7º VETADO.

Art. 8º O investidor que realizar o aporte de capital a que se refere o art. 5º desta Lei Complementar:

I – não será considerado sócio ou acionista nem possuirá direito a gerência ou a voto na administração da empresa, conforme pactuação contratual;
II – não responderá por qualquer dívida da empresa, inclusive em recuperação judicial, e a ele não se estenderá o disposto no art. 50 da Lei nº 10.406, de 10 de janeiro de 2002 (Código Civil), no art. 855-A da Consolidação das Leis do Trabalho (CLT), aprovada pelo Decreto-Lei nº 5.452, de 1º de maio de 1943, nos arts. 124, 134 e 135 da Lei nº 5.172, de 25 de outubro de 1966 (Código Tributário Nacional), e em outras disposições atinentes à desconsideração da personalidade jurídica existentes na legislação vigente.

Parágrafo único. As disposições do inciso II do *caput* deste artigo não se aplicam às hipóteses de dolo, de fraude ou de simulação com o envolvimento do investidor.

CAPÍTULO IV

DO FOMENTO À PESQUISA, AO DESENVOLVIMENTO E À INOVAÇÃO

Art. 9º As empresas que possuem obrigações de investimento em pesquisa, desenvolvimento e inovação, decorrentes de outorgas ou de delegações firmadas por meio de agências reguladoras, ficam autorizadas a cumprir seus compromissos com aporte de recursos em *startups* por meio de:

I – fundos patrimoniais de que trata a Lei nº 13.800, de 4 de janeiro de 2019, destinados à inovação, na forma do regulamento;
II – Fundos de Investimento em Participações (FIP), autorizados pela CVM, nas categorias:
a) capital semente;
b) empresas emergentes; e
c) empresas com produção econômica intensiva em pesquisa, desenvolvimento e inovação; e
III – investimentos em programas, em editais ou em concursos destinados a financiamento, a aceleração e a escalabilidade de *startups*, gerenciados por instituições públicas, tais como empresas públicas direcionadas ao desenvolvimento de pesquisa, inovação e novas tecnologias, fundações universitárias, entidades paraestatais e bancos de fomento que tenham como finalidade o desenvolvimento de empresas de base tecnológica, de ecossistemas empreendedores e de estímulo à inovação.

§ 1º O disposto no *caput* deste artigo não se aplica aos percentuais mínimos legais ou contratuais estabelecidos para serem aportados em fundos públicos.

§ 2º O representante legal do FIP, do fundo patrimonial ou da instituição pública que receber recursos nos termos do *caput* deste artigo emitirá certificado comprobatório para fins de eficácia liberatória quanto às obrigações legais ou contratuais de investimento em pesquisa, desenvolvimento e inovação, na exata proporção do seu aporte, por ocasião:

I – da efetiva transferência do recurso ao fundo patrimonial, após a celebração de instrumento de transferência de recursos, no valor das despesas qualificadas para esse fim;
II – do efetivo comprometimento do recurso, após a assinatura do boletim de subscrição do FIP, nos termos do regulamento editado pela CVM; e
III – do efetivo recebimento do recurso pela instituição pública para efetivação de programas e de editais direcionados às atividades referidas no inciso III do *caput* do art. 9º desta Lei Complementar.

§ 3º Para que o fundo patrimonial ou o FIP capte recursos perante as empresas que possuem obrigações legais ou contratuais de investimento em pesquisa, desenvolvimento e inovação, e para que essa captação tenha eficácia liberatória quanto às obrigações, a sua destinação estará adstrita às diretivas indicadas pela entidade setorial responsável por fiscalizar tais obrigações.

Art. 10. Ato do Poder Executivo federal regulamentará a forma de prestação de contas do FIP, do fundo patrimonial ou da instituição pública que receber recursos nos termos do art. 9º desta Lei Complementar e a fiscalização das obrigações legais ou contratuais de investimento em pesquisa, desenvolvimento e inovação.

CAPÍTULO V

DOS PROGRAMAS DE AMBIENTE REGULATÓRIO EXPERIMENTAL (*SANDBOX* REGULATÓRIO)

Art. 11. Os órgãos e as entidades da administração pública com competência de regulamentação setorial poderão, individualmente ou em colaboração, no âmbito de programas de ambiente regulatório experimental (*sandbox* regulatório), afastar a incidência de normas sob sua competência em relação à entidade regulada ou aos grupos de entidades reguladas.

§ 1º A colaboração a que se refere o *caput* deste artigo poderá ser firmada entre os órgãos e as entidades, observadas suas competências.

§ 2º Entende-se por ambiente regulatório experimental (*sandbox* regulatório) o disposto no inciso II do *caput* do art. 2º desta Lei Complementar.

§ 3º O órgão ou a entidade a que se refere o *caput* deste artigo disporá sobre o funcionamento do programa de ambiente regulatório experimental e estabelecerá:

I – os critérios para seleção ou para qualificação do regulado;
II – a duração e o alcance da suspensão da incidência das normas; e

III – as normas abrangidas.

CAPÍTULO VI
DA CONTRATAÇÃO DE SOLUÇÕES INOVADORAS PELO ESTADO

Seção I
DISPOSIÇÕES GERAIS

Art. 12. As licitações e os contratos a que se refere este Capítulo têm por finalidade:

I – resolver demandas públicas que exijam solução inovadora com emprego de tecnologia; e

II – promover a inovação no setor produtivo por meio do uso do poder de compra do Estado.

§ 1º Os órgãos e as entidades da administração pública direta, autárquica e fundacional de quaisquer dos Poderes da União, dos Estados, do Distrito Federal e dos Municípios subordinam-se ao regime disposto neste Capítulo.

§ 2º As empresas públicas, as sociedades de economia mista e suas subsidiárias poderão adotar, no que couber, as disposições deste Capítulo, nos termos do regulamento interno de licitações e contratações de que trata o art. 40 da Lei nº 13.303, de 30 de junho de 2016, e seus conselhos de administração poderão estabelecer valores diferenciados para os limites de que tratam o § 2º do art. 14 e o § 3º do art. 15 desta Lei Complementar.

§ 3º Os valores estabelecidos neste Capítulo poderão ser anualmente atualizados pelo Poder Executivo federal, de acordo com o Índice Nacional de Preços ao Consumidor Amplo (IPCA) ou outro que venha a substituí-lo.

Seção II
DA LICITAÇÃO

Art. 13. A administração pública poderá contratar pessoas físicas ou jurídicas, isoladamente ou em consórcio, para o teste de soluções inovadoras por elas desenvolvidas ou a ser desenvolvidas, com ou sem risco tecnológico, por meio de licitação na modalidade especial regida por esta Lei Complementar.

§ 1º A delimitação do escopo da licitação poderá restringir-se à indicação do problema a ser resolvido e dos resultados esperados pela administração pública, incluídos os desafios tecnológicos a serem superados, dispensada a descrição de eventual solução técnica previamente mapeada e suas especificações técnicas, e caberá aos licitantes propor diferentes meios para a resolução do problema.

§ 2º O edital da licitação será divulgado, com antecedência de, no mínimo, 30 (trinta) dias corridos até a data de recebimento das propostas:

I – em sítio eletrônico oficial centralizado de divulgação de licitações ou mantido pelo ente público licitante; e

II – no diário oficial do ente federativo.

§ 3º As propostas serão avaliadas e julgadas por comissão especial integrada por, no mínimo, 3 (três) pessoas de reputação ilibada e reconhecido conhecimento no assunto, das quais:

I – 1 (uma) deverá ser servidor público integrante do órgão para o qual o serviço está sendo contratado; e

II – 1 (uma) deverá ser professor de instituição pública de educação superior na área relacionada ao tema da contratação.

§ 4º Os critérios para julgamento das propostas deverão considerar, sem prejuízo de outros definidos no edital:

I – o potencial de resolução do problema pela solução proposta e, se for o caso, da provável economia para a administração pública;

II – o grau de desenvolvimento da solução proposta;

III – a viabilidade e a maturidade do modelo de negócio da solução;

IV – a viabilidade econômica da proposta, considerados os recursos financeiros disponíveis para a celebração dos contratos; e

V – a demonstração comparativa de custo e benefício da proposta em relação às opções funcionalmente equivalentes.

§ 5º O preço indicado pelos proponentes para execução do objeto será critério de julgamento somente na forma disposta nos incisos IV e V do § 4º deste artigo.

§ 6º A licitação poderá selecionar mais de uma proposta para a celebração do contrato de que trata o art. 14 desta Lei Complementar, hipótese em que caberá ao edital limitar a quantidade de propostas selecionáveis.

§ 7º A análise da documentação relativa aos requisitos de habilitação será posterior à fase de julgamento das propostas e contemplará somente os proponentes selecionados.

§ 8º Ressalvado o disposto no § 3º do art. 195 da Constituição Federal, a administração pública poderá, mediante justificativa expressa, dispensar, no todo ou em parte:

I – a documentação de habilitação de que tratam os incisos I, II e III, bem como a regularidade fiscal prevista no inciso IV do *caput* do art. 27 da Lei nº 8.666, de 21 de junho de 1993; e

II – a prestação de garantia para a contratação.

§ 9º Após a fase de julgamento das propostas, a administração pública poderá negociar com os selecionados as condições econômicas mais vantajosas para a administração e os critérios de remuneração que serão adotados, observado o disposto no § 3º do art. 14 desta Lei Complementar.

§ 10. Encerrada a fase de julgamento e de negociação de que trata o § 9º deste artigo, na hipótese de o preço ser superior à estimativa, a administração pública poderá, mediante justificativa expressa, com base na demonstração comparativa entre o custo e o benefício da proposta, aceitar o preço ofertado, desde que seja superior em termos de inovações, de redução do prazo de execução ou de facilidade de manutenção ou operação, limitado ao valor máximo que se propõe a pagar.

Seção III
DO CONTRATO PÚBLICO PARA SOLUÇÃO INOVADORA

Art. 14. Após homologação do resultado da licitação, a administração pública celebrará Contrato Público para Solução Inovadora (CPSI) com as proponentes selecionadas, com vigência limitada a 12 (doze) meses, prorrogável por mais um período de até 12 (doze) meses.

§ 1º O CPSI deverá conter, entre outras cláusulas:

I – as metas a serem atingidas para que seja possível a validação do êxito da solução inovadora e a metodologia para a sua aferição;

II – a forma e a periodicidade da entrega à administração pública de relatórios de andamento da execução contratual, que servirão de instrumento de monitoramento, e do relatório final a ser entregue pela contratada após a conclusão da última etapa ou meta do projeto;

III – a matriz de riscos entre as partes, incluídos os riscos referentes a caso fortuito, força maior, risco tecnológico, fato do príncipe e álea econômica extraordinária;

IV – a definição da titularidade dos direitos de propriedade intelectual das criações resultantes do CPSI; e

V – a participação nos resultados de sua exploração, assegurados às partes os direitos de exploração comercial, de licenciamento e de transferência da tecnologia de que são titulares.

§ 2º O valor máximo a ser pago à contratada será de R$ 1.600.000,00 (um milhão e seiscentos mil reais) por CPSI, sem prejuízo da possibilidade de o edital de que trata o art. 13 desta Lei Complementar estabelecer limites inferiores.

§ 3º A remuneração da contratada deverá ser feita de acordo com um dos seguintes critérios:

I – preço fixo;

II – preço fixo mais remuneração variável de incentivo;

III – reembolso de custos sem remuneração adicional;

IV – reembolso de custos mais remuneração variável de incentivo; ou

V – reembolso de custos mais remuneração fixa de incentivo.

§ 4º Nas hipóteses em que houver risco tecnológico, os pagamentos serão efetuados proporcionalmente aos trabalhos executados, de acordo com o cronograma físico-financeiro aprovado, observado o critério de remuneração previsto contratualmente.

§ 5º Com exceção das remunerações variáveis de incentivo vinculadas ao cumprimento das metas contratuais, a administração pública deverá efetuar o pagamento conforme o critério adotado, ainda que os resultados almejados não sejam atingidos em decorrência do risco tecnológico, sem prejuízo da rescisão antecipada do contrato caso seja comprovada a inviabilidade técnica ou econômica da solução.

§ 6º Na hipótese de a execução do objeto ser dividida em etapas, o pagamento relativo a cada etapa poderá adotar critérios distintos de remuneração.

§ 7º Os pagamentos serão feitos após a execução dos trabalhos, e, a fim de garantir os meios financeiros para que a contratada implemente a etapa inicial do projeto, a administração pública deverá prever em edital o pagamento antecipado de uma parcela do preço anteriormente ao início da execução do objeto, mediante justificativa expressa.

§ 8º Na hipótese prevista no § 7º deste artigo, a administração pública certificar-se-á da execução da etapa inicial e, se houver inexecução injustificada, exigirá a devolução do valor antecipado ou efetuará as glosas necessárias nos pagamentos subsequentes, se houver.

Seção IV
DO CONTRATO DE FORNECIMENTO

Art. 15. Encerrado o contrato de que trata o art. 14 desta Lei Complementar, a administração pública poderá celebrar com a mesma contratada, sem nova licitação, contrato para o fornecimento do produto, do processo ou da solução resultante do CPSI ou, se for o caso, para integração da solução à infraestrutura tecnológica ou ao processo de trabalho da administração pública.

§ 1º Na hipótese prevista no § 6º do art. 13 desta Lei Complementar, quando mais de uma contratada cumprir satisfatoriamente as metas estabelecidas no CPSI, o contrato de fornecimento será firmado, mediante justificativa, com aquela cujo produto, processo ou solução atenda melhor às demandas públicas em termos de relação de custo e benefício com dimensões de qualidade e preço.

§ 2º A vigência do contrato de fornecimento será limitada a 24 (vinte e quatro) meses, prorrogável por mais um período de até 24 (vinte e quatro) meses.

§ 3º Os contratos de fornecimento serão limitados a 5 (cinco) vezes o valor máximo definido no § 2º do art. 14 desta Lei Complementar para o CPSI, incluídas as eventuais prorrogações, hipótese em que o limite poderá ser ultrapassado nos casos de reajuste de preços e dos acréscimos de que trata o § 1º do art. 65 da Lei nº 8.666, de 21 de junho de 1993.

CAPÍTULO VII
DISPOSIÇÕES FINAIS

Art. 16. A Lei nº 6.404, de 15 de dezembro de 1976, passa a vigorar com as seguintes alterações:

► Alterações inseridas no texto da referida Lei.

Art. 17. A Lei Complementar nº 123, de 14 de dezembro de 2006, passa a vigorar com as seguintes alterações:

► Alterações inseridas no texto da referida Lei Complementar.

Art. 18. Ficam revogados os seguintes dispositivos:

I – incisos I e II do *caput* do art. 294 da Lei nº 6.404, de 15 de dezembro de 1976; e

II – os §§ 1º, 2º e 9º do art. 65-A da Lei Complementar nº 123, de 14 de dezembro de 2006.

Art. 19. Esta Lei Complementar entra em vigor após decorridos 90 (noventa) dias de sua publicação oficial.

Brasília, 1º de junho de 2021;
200º da Independência e
133º da República.

Jair Messias Bolsonaro

NOVO

PROVIMENTO DO CFOAB Nº 205, DE 15 DE JULHO DE 2021

Dispõe sobre a publicidade e a informação da advocacia.

► Publicada no *DOABe* de 21-7-2021.

Art. 1º É permitido o marketing jurídico, desde que exercido de forma compatível com os preceitos éticos e respeitadas as limitações impostas pelo Estatuto da Advocacia, Regulamento Geral, Código de Ética e Disciplina e por este Provimento.

§ 1º As informações veiculadas deverão ser objetivas e verdadeiras e são de exclusiva responsabilidade das pessoas físicas identificadas e, quando envolver pessoa jurídica, dos sócios administradores da sociedade de advocacia que responderão pelos excessos perante a Ordem dos Advogados do Brasil, sem excluir a participação de outros inscritos que para ela tenham concorrido.

§ 2º Sempre que solicitado pelos órgãos competentes para a fiscalização da Ordem dos Advogados do Brasil, as pessoas indicadas no parágrafo anterior deverão comprovar a veracidade das informações veiculadas, sob pena de incidir na infração disciplinar prevista no art. 34, inciso XVI, do Estatuto da Advocacia e da OAB, entre outras eventualmente apuradas.

Art. 2º Para fins deste provimento devem ser observados os seguintes conceitos:

I – Marketing jurídico: Especialização do marketing destinada aos profissionais da área jurídica, consistente na utilização de estratégias planejadas para alcançar objetivos do exercício da advocacia;

II – Marketing de conteúdos jurídicos: estratégia de marketing que se utiliza da criação e da divulgação de conteúdos jurídicos, disponibilizados por meio de ferramentas de comunicação, voltada para informar o público e para a consolidação profissional do(a) advogado(a) ou escritório de advocacia;

III – Publicidade: meio pelo qual se tornam públicas as informações a respeito de pessoas, ideias, serviços ou produtos, utilizando os meios de comunicação disponíveis, desde que não vedados pelo Código de Ética e Disciplina da Advocacia;

IV – Publicidade profissional: meio utilizado para tornar pública as informações atinentes ao exercício profissional, bem como os dados do perfil da pessoa física ou jurídica inscrita na Ordem dos Advogados do Brasil, utilizando os meios de comunicação disponíveis, desde que não vedados pelo Código de Ética e Disciplina da Advocacia;

V – Publicidade de conteúdos jurídicos: divulgação destinada a levar ao conhecimento do público conteúdos jurídicos;

VI – Publicidade ativa: divulgação capaz de atingir número indeterminado de pessoas, mesmo que elas não tenham buscado informações acerca do anunciante ou dos temas anunciados;

VII – Publicidade passiva: divulgação capaz de atingir somente público certo que tenha buscado informações acerca do anunciante ou dos temas anunciados, bem como por aqueles que concordem previamente com o recebimento do anúncio;

VIII – Captação de clientela: para fins deste provimento, é a utilização de mecanismos de marketing que, de forma ativa, independentemente do resultado obtido, se destinam a angariar clientes pela indução à contratação dos serviços ou estímulo do litígio, sem prejuízo do estabelecido no Código de Ética e Disciplina e regramentos próprios.

Art. 3º A publicidade profissional deve ter caráter meramente informativo e primar pela discrição e sobriedade, não podendo configurar captação de clientela ou mercantilização da profissão, sendo vedadas as seguintes condutas:

I – referência, direta ou indireta, a valores de honorários, forma de pagamento, gratuidade ou descontos e reduções de preços como forma de captação de clientes;

II – divulgação de informações que possam induzir a erro ou causar dano a clientes, a outros(as) advogados(as) ou à sociedade;

III – anúncio de especialidades para as quais não possua título certificado ou notória especialização, nos termos do parágrafo único do art. 3º-A do Estatuto da Advocacia;

IV – utilização de orações ou expressões persuasivas, de autoengrandecimento ou de comparação;

V – distribuição de brindes, cartões de visita, material impresso e digital, apresentações dos serviços ou afins de maneira indiscriminada em locais públicos, presenciais ou virtuais, salvo em eventos de interesse jurídico.

§ 1º Entende-se por publicidade profissional sóbria, discreta e informativa a divulgação que, sem ostentação, torna público o perfil profissional e as informações atinentes ao exercício profissional, conforme estabelecido pelo § 1º, do art. 44, do Código de Ética e Disciplina, sem incitar diretamente ao litígio judicial, administrativo ou à contratação de serviços, sendo vedada a promoção pessoal.

§ 2º Os consultores e as sociedades de consultores em direito estrangeiro devidamente autorizadas pela Ordem dos Advogados do Brasil, nos termos do Provimento nº 91/2000, somente poderão realizar o marketing jurídico com relação às suas atividades de consultoria em direito estrangeiro correspondente ao país ou Estado de origem do profissional interessado. Para esse fim, nas peças de caráter publicitário a sociedade acrescentará obrigatoriamente ao nome ou razão social que internacionalmente adote a expressão "Consultores em direito estrangeiro" (art. 4º do Provimento nº 91/2000).

Art. 4º No marketing de conteúdos jurídicos poderá ser utilizada a publicidade ativa ou passiva, desde que não esteja incutida a mercantilização, a captação de clientela ou o emprego excessivo de recursos financeiros, sendo admitida a utilização de anúncios, pagos ou não, nos meios de comunicação, exceto nos meios vedados pelo art. 40 do Código de Ética e Disciplina e desde que respeitados os limites impostos pelo inciso V do mesmo artigo e pelo Anexo Único deste provimento.

§ 1º Admite-se, na publicidade de conteúdos jurídicos, a identificação profissional com qualificação e títulos, desde que verdadeiros e comprováveis quando solicitados pela Ordem dos Advogados do Brasil, bem como com a indicação da sociedade da qual faz parte.

§ 2º Na divulgação de imagem, vídeo ou áudio contendo atuação profissional, inclusive em audiências e sustentações orais, em processos judiciais ou administrativos, não alcançados por segredo de justiça, serão respeitados o sigilo e a dignidade profissional e vedada a referência ou menção a decisões judiciais e resultados de qualquer natureza obtidos em procedimentos que patrocina ou participa de alguma forma, ressalvada a hipótese de manifestação espontânea em caso coberto pela mídia.

§ 3º Para os fins do previsto no inciso V do art. 40 do Código de Ética e Disciplina, equiparam-se ao *e-mail*, todos os dados de contato e meios de comunicação do escritório ou advogado(a), inclusive os endereços dos *sites*, das redes sociais e os aplicativos de mensagens instantâneas, podendo também constar o logotipo, desde que em caráter informativo, respeitados os critérios de sobriedade e discrição.

§ 4º Quando se tratar de venda de bens e eventos (livros, cursos, seminários ou congressos), cujo público-alvo sejam advogados(as), estagiários(as) ou estudantes de direito, poderá ser utilizada a publicidade ativa, observadas as limitações do *caput* deste artigo.

§ 5º É vedada a publicidade a que se refere o *caput* mediante uso de meios ou ferramentas que influam de forma fraudulenta no seu impulsionamento ou alcance.

Art. 5º A publicidade profissional permite a utilização de anúncios, pagos ou não, nos meios de comunicação não vedados pelo art. 40 do Código de Ética e Disciplina.

§ 1º É vedado o pagamento, patrocínio ou efetivação de qualquer outra despesa para viabilizar aparição em rankings, prêmios ou qualquer tipo de recebimento de honrarias em eventos ou publicações, em qualquer mídia, que vise destacar ou eleger profissionais como detentores de destaque.

§ 2º É permitida a utilização de logomarca e imagens, inclusive fotos dos(as) advogados(as) e do escritório, assim como a identidade visual nos meios de comunicação profissional, sendo vedada a utilização de logomarca e símbolos oficiais da Ordem dos Advogados do Brasil.

§ 3º É permitida a participação do advogado ou da advogada em vídeos ao vivo ou gravados, na internet ou nas redes sociais, assim como em debates e palestras virtuais, desde que observadas as regras dos arts. 42 e 43 do CED, sendo vedada a utilização de casos concretos ou apresentação de resultados.

Art. 6º Fica vedada, na publicidade ativa, qualquer informação relativa às dimensões, qualidades ou estrutura física do escritório, assim como a menção à promessa de resultados ou a utilização de casos concretos para oferta de atuação profissional.

Parágrafo único. Fica vedada em qualquer publicidade a ostentação de bens relativos ao exercício ou não da profissão, como uso de veículos, viagens, hospedagens e bens de consumo, bem como a menção à promessa de resultados ou a utilização de casos concretos para oferta de atuação profissional.

Art. 7º Considerando que é indispensável a preservação do prestígio da advocacia, as normas estabelecidas neste provimento também se aplicam à divulgação de conteúdos que, apesar de não se relacionarem com o exercício da advocacia, possam atingir a reputação da classe à qual o profissional pertence.

Art. 8º Não é permitido vincular os serviços advocatícios com outras atividades ou divulgação conjunta de tais atividades, salvo a de magistério, ainda que complementares ou afins.

Parágrafo único. Não caracteriza infração ético-disciplinar o exercício da advocacia em locais compartilhados (*coworking*), sendo vedada a divulgação da atividade de advocacia em conjunto com qualquer outra atividade ou empresa que compartilhem o mesmo espaço, ressalvada a possibilidade de afixação de placa indicativa no espaço físico em que se desenvolve a advocacia e a veiculação da informação de que a atividade profissional é desenvolvida em local de *coworking*.

Art. 9º Fica criado o Comitê Regulador do Marketing Jurídico, de caráter consultivo, vinculado à Diretoria do Conselho Federal, que nomeará seus membros, com mandato concomitante ao da gestão, e será composto por:

I – 5 (cinco) Conselheiros(as) Federais, um(a) de cada região do país, indicados(as) pela Diretoria do CFOAB;

II – 1 (um) representante do Colégio de Presidentes de Seccionais.

III – 1 (um) representante indicado pelo Colégio de Presidentes dos Tribunais de Ética e Disciplina;

IV – 1 (um) representante indicado pela Coordenação Nacional de Fiscalização da Atividade Profissional da Advocacia; e

V – 1 (um) representante indicado pelo Colégio de Presidentes das Comissões da Jovem Advocacia.

§ 1º O Comitê Regulador do Marketing Jurídico se reunirá periodicamente para acompanhar a evolução dos critérios específicos sobre marketing, publicidade e informação na advocacia constantes do Anexo Único deste provimento, podendo propor ao Conselho Federal a alteração, a supressão ou a inclusão de novos critérios e propostas de alteração do provimento.

§ 2º Com a finalidade de pacificar e unificar a interpretação dos temas pertinentes perante os Tribunais de Ética e Disciplina e Comissões de Fiscalização das Seccionais, o Comitê poderá propor ao Órgão Especial, com base nas disposições do Código de Ética e Disciplina e pelas demais disposições previstas neste provimento, sugestões de interpretação dos dispositivos sobre publicidade e informação.

Art. 10. As Seccionais poderão conceder poderes coercitivos à respectiva Comissão de Fiscalização, permitindo a expedição de notificações com a finalidade de dar efetividade às disposições deste provimento.

Art. 11. Faz parte integrante do presente provimento o Anexo Único, que estabelece os critérios específicos sobre a publicidade e informação da advocacia.

Art. 12. Fica revogado o Provimento nº 94, de 5 de setembro de 2000, bem como as demais disposições em contrário.

Parágrafo único. Este provimento não se aplica às eleições do sistema OAB, que possui regras próprias quanto à campanha e à publicidade.

Art. 13. Este Provimento entra em vigor no prazo de 30 (trinta) dias a contar da data de sua publicação no Diário Eletrônico da OAB.

Brasília, 15 de julho de 2021.

Felipe de Santa Cruz Oliveira Scaletsky

ANEXO ÚNICO

Anuários	Somente é possível a participação em publicações que indiquem, de forma clara e precisa, qual a metodologia e os critérios de pesquisa ou de análise que justifiquem a inclusão de determinado escritório de advocacia ou advogado(a) na publicação, ou ainda que indiquem que se trata de mera compilação de escritórios ou advogados(as). É vedado o pagamento, patrocínio ou efetivação de qualquer outra despesa para viabilizar anúncios ou aparição em publicações como contrapartida de premiação ou ranqueamento.
Aplicativos para responder consultas jurídicas	Não é admitida a utilização de aplicativos de forma indiscriminada para responder automaticamente consultas jurídicas a não clientes por suprimir a imagem, o poder decisório e as responsabilidades do profissional, representando mercantilização dos serviços jurídicos.
Aquisição de palavra-chave a exemplo do Google Ads	Permitida a utilização de ferramentas de aquisição de palavra-chave quando responsivo a uma busca iniciada pelo potencial cliente e desde que as palavras selecionadas estejam em consonância com ditames éticos. Proibido o uso de anúncios ostensivos em plataformas de vídeo.
Cartão de visitas	Deve conter nome ou nome social do(a) advogado(a) e o número da inscrição na OAB e o nome da sociedade, se integrante de sociedade. Pode conter número de telefone, endereço físico/eletrônico, *QR Code* que permita acesso aos dados/site. Pode ser físico e eletrônico.
Chatbot	Permitida a utilização para o fim de facilitar a comunicação ou melhorar a prestação de serviços jurídicos, não podendo afastar a pessoalidade da prestação do serviço jurídico, nem suprimir a imagem, o poder decisório e as responsabilidades do profissional. É possível, por exemplo, a utilização no site para responder as primeiras dúvidas de um potencial cliente ou para encaminhar as primeiras informações sobre a atuação do escritório. Ou ainda, como uma solução para coletar dados, informações ou documentos.
Correspondências e comunicados (mala direta);	O envio de cartas e comunicações a uma coletividade ("mala direta") é expressamente vedado. Somente é possível o envio de cartas e comunicações se destinadas a clientes e pessoas de relacionamento pessoal ou que os solicitem ou os autorizem previamente, desde que não tenham caráter mercantilista, que não representem captação de clientes e que não impliquem oferecimento de serviços.
Criação de conteúdo, palestras, artigos;	Deve ser orientada pelo caráter técnico informativo, sem divulgação de resultados concretos obtidos, clientes, valores ou gratuidade.
Ferramentas Tecnológicas	Podem ser utilizadas com a finalidade de auxiliar os(as) advogados(as) a serem mais eficientes em suas atividades profissionais, sem suprimir a imagem, o poder decisório e as responsabilidades do profissional.
Grupos de "whatsapp"	Permitida a divulgação por meio de grupos de *whatsapp*, desde que se trate de grupo de pessoas determinadas, das relações do(a) advogado(a) ou do escritório de advocacia e seu conteúdo respeite as normas do Código de Ética e Disciplina e do presente provimento.
***Lives* nas redes sociais e Youtube**	É permitida a realização de *lives* nas redes sociais e vídeos no *Youtube*, desde que seu conteúdo respeite as normas do Código de Ética e Disciplina e do presente provimento.

Patrocínio e impulsionamento nas redes sociais	Permitido, desde que não se trate de publicidade contendo oferta de serviços jurídicos.
Petições, papéis, pastas e materiais de escritório	Pode conter nome e nome social do(a) advogado(a) e da sociedade, endereço físico/eletrônico, número de telefone e logotipo.
Placa de identificação do escritório	Pode ser afixada no escritório ou na residência do(a) advogado(a), não sendo permitido que seja luminosa tal qual a que se costuma ver em farmácias e lojas de conveniência. Suas dimensões não são preestabelecidas, bastando que haja proporcionalidade em relação às dimensões da fachada do escritório ou residência, sempre respeitando os critérios de discrição e moderação.
Redes Sociais	É permitida a presença nas redes sociais, desde que seu conteúdo respeite as normas do Código de Ética e Disciplina e do presente provimento.

REGIMENTOS INTERNOS

REGIMENTO INTERNO DO SUPREMO TRIBUNAL FEDERAL

► Publicado no *DJU* de 27-10-1980.

DISPOSIÇÃO INICIAL

Art. 1º Este Regimento estabelece a composição e a competência dos órgãos do Supremo Tribunal Federal, regula o processo e o julgamento dos feitos que lhe são atribuídos pela Constituição da República e a disciplina dos seus serviços.

PARTE I – DA ORGANIZAÇÃO E COMPETÊNCIA

TÍTULO I – DO TRIBUNAL

CAPÍTULO I

DA COMPOSIÇÃO DO TRIBUNAL

Art. 2º O Tribunal compõe-se de onze Ministros, tem sede na Capital da República e jurisdição em todo território nacional.

Parágrafo único. O Presidente e Vice-Presidente são eleitos pelo Tribunal, dentre os Ministros.

Art. 3º São órgãos do Tribunal o Plenário, as Turmas e o Presidente.

Art. 4º As Turmas são constituídas de cinco Ministros.

§ 1º A Turma é presidida pelo Ministro mais antigo dentre seus membros, por um período de um ano, vedada a recondução, até que todos os seus integrantes hajam exercido a Presidência, observada a ordem decrescente de antiguidade.

§ 2º É facultado ao Ministro mais antigo recusar a Presidência, desde que o faça antes da proclamação de sua escolha.

§ 3º Na hipótese de vacância do cargo de Presidente de Turma, assumir-lhe-á, temporariamente, a Presidência o Ministro mais antigo que nela tiver assento.

§ 4º A escolha do Presidente da Turma, observado o critério estabelecido no § 1º deste artigo, dar-se-á na última sessão ordinária da Turma que preceder a cessação ordinária do mandato anual, ressalvada a situação prevista no parágrafo seguinte.

► §§ 1º a 4º com a redação dada pela ER nº 25, de 26-6-2008.

§ 5º Se a Presidência da Turma vagar-se por outro motivo, a escolha a que se refere o § 4º deste artigo dar-se-á na sessão ordinária imediatamente posterior à ocorrência da vaga, hipótese em que o novo Presidente exercerá, por inteiro, o mandato de um ano a contar da data de sua investidura.

§ 6º Considera-se empossado o sucessor, em qualquer das situações a que se referem os §§ 4º e 5º deste artigo, na mesma data de sua escolha para a Presidência da Turma, com início e exercício do respectivo mandato a partir da primeira sessão subsequente.

§ 7º O Presidente da Turma é substituído, nas suas ausências ou impedimentos eventuais ou temporários, pelo Ministro mais antigo dentre os membros que a compõem.

§ 8º O Presidente do Tribunal, ao deixar o cargo, passa a integrar a Turma de que sai o novo Presidente.

§ 9º O Ministro que for eleito Vice-Presidente permanece em sua Turma.

§ 10. O Ministro que se empossa no Supremo Tribunal Federal integra a Turma onde existe a vaga.

► §§ 5º a 10 acrescidos pela ER nº 25, de 26-6-2008.

CAPÍTULO II

DA COMPETÊNCIA DO PLENÁRIO

Art. 5º Compete ao Plenário processar e julgar originariamente:

I – nos crimes comuns, o Presidente da República, o Vice-Presidente da República, os Deputados e Senadores, os Ministros do Supremo Tribunal Federal e o Procurador-Geral da República, e nos crimes comuns e de responsabilidade, os Ministros de Estado e os Comandantes da Marinha, do Exército e da Aeronáutica, ressalvado o disposto no art. 52, I, da Constituição Federal, os membros dos Tribunais Superiores, os do Tribunal de Contas da União e os chefes de missão diplomática de caráter permanente, bem como apreciar pedidos de arquivamento por atipicidade da conduta.

► Inciso I com a redação dada pela ER nº 57, de 16-10-2020.

II – *Revogado*; ER nº 49, de 3-6-2014.

III – os litígios entre Estados estrangeiros ou organismos internacionais e a União, os Estados, o Distrito Federal ou os Territórios;

IV – as causas e conflitos entre a União, os Estados, o Distrito Federal e os Territórios ou entre uns e outros, inclusive os respectivos órgãos da administração indireta;

V – os mandados de segurança contra atos do Presidente da República, das Mesas da Câmara e do Senado Federal, do Supremo Tribunal Federal, bem como os impetrados pela União contra atos de governos estaduais, ou por um Estado contra outro;

► Inciso V com a redação dada pela ER nº 49, de 3-6-2014.

VI – a declaração de suspensão de direitos prevista no art. 154 da Constituição;

VII – a representação do Procurador-Geral da República, por inconstitucionalidade ou para interpretação de lei ou ato normativo federal ou estadual;

VIII – a requisição de intervenção federal nos Estados, ressalvada a competência do Tribunal Superior Eleitoral prevista no art. 11, § 1º, *b*, da Constituição;

IX – o pedido de avocação e as causas avocadas a que se refere o art. 119, I, *o*, da Constituição;

X – o pedido de medida cautelar nas representações oferecidas pelo Procurador-Geral da República;

XI – as ações contra atos individuais do Presidente do Conselho Nacional de Justiça e do Presidente do Conselho Nacional do Ministério Público;

► Inciso XI acrescido pela ER nº 49, de 3-6-2014.

XII – apreciar, *ad referendum*, decisão do relator sobre pedido de tutela de urgência, quando o objeto de questionamento for ato do Presidente da República, do Presidente da Câmara dos Deputados, do Presidente do Senado Federal e do Presidente do Supremo Tribunal Federal.

► Inciso XII acrescido pela ER nº 54, de 1º-7-2020.

Art. 6º Também compete ao Plenário:

I – processar e julgar originariamente:

a) o *habeas corpus*, quando for coator ou paciente o Presidente da República, a Câmara, o Senado, o próprio Tribunal ou qualquer de seus Ministros, o Conselho Nacional da Magistratura, o Procurador-Geral da República, ou quando a coação provier do Tribunal Superior Eleitoral, ou, nos casos do art. 129, § 2º, da Constituição, do Superior Tribunal Militar, bem assim quando se relacionar com extradição requisitada por Estado estrangeiro;

b) a revisão criminal de julgado do Tribunal;

c) a ação rescisória de julgado do Tribunal;

d a f) Revogadas; ER nº 45, de 10-6-2011.
g) Revogada; ER nº 49, de 3-6-2014.
h) as arguições de suspeição;
i) Revogada. ER nº 45, de 10-6-2011.
II – julgar:
a) além do disposto no art. 5º, VII, as arguições de inconstitucionalidade suscitadas nos demais processos;
b) os processos remetidos pelas Turmas e os incidentes de execução que, de acordo com o art. 343, lhe forem submetidos;
c) os *habeas corpus* remetidos ao seu julgamento pelo Relator;
d) o agravo regimental contra ato do Presidente e contra despacho do Relator nos processos de sua competência;
III – julgar em recurso ordinário:
a) os *habeas corpus* denegados pelo Tribunal Superior Eleitoral ou, nos casos do art. 129, § 2º, da Constituição, pelo Superior Tribunal Militar;
b) os *habeas corpus* denegados pelo Tribunal Federal de Recursos, quando for coator Ministro de Estado;
c) a ação penal julgada pelo Superior Tribunal Militar, quando o acusado for Governador ou Secretário de Estado;
d) as causas em que forem partes Estado estrangeiro ou organismo internacional, de um lado, e, de outro, município ou pessoa domiciliada ou residente no país;
IV – julgar, em grau de embargos, os processos decididos pelo Plenário ou pelas Turmas, nos casos previstos neste regimento.

Parágrafo único. Nos casos das letras *a* e *b* do inciso III, o recurso ordinário não poderá ser substituído por pedido originário.

Art. 7º Compete ainda ao Plenário:
I – eleger o Presidente e o Vice-Presidente do Tribunal e os membros do Conselho Nacional da Magistratura;
II – eleger, dentre os Ministros, os que devam compor o Tribunal Superior Eleitoral e organizar, para o mesmo fim, as listas de advogados de notável saber jurídico e idoneidade moral a serem submetidas ao Presidente da República;
III – elaborar e votar o Regimento do Tribunal e nele dispor sobre os recursos do art. 119, III, *a* e *d*, da Constituição, atendendo à natureza, espécie ou valor pecuniário das causas em que forem interpostos, bem como à relevância da questão federal;
IV – resolver as dúvidas que forem submetidas pelo Presidente ou pelos Ministros sobre a ordem do serviço ou a interpretação e a execução do Regimento;
V – criar comissões temporárias;
VI – conceder licença ao Presidente e, por mais de três meses, aos Ministros;
VII – deliberar sobre a inclusão, alteração e cancelamento de enunciados da Súmula da Jurisprudência Predominante do Supremo Tribunal Federal;
VIII – decidir, administrativamente, sobre o encaminhamento de solicitação de opinião consultiva ao Tribunal Permanente de Revisão do MERCOSUL, mediante prévio e necessário juízo de admissibilidade do pedido e sua pertinência processual a ser relatado pelo Presidente do Supremo Tribunal Federal.

► Inciso VIII acrescido pela ER nº 48, de 3-4-2012 (publicada do *DJE* de 10-4-2012 e retificada no *DJE* de 13-4-2012).

Art. 8º Compete ao Plenário e às Turmas, nos feitos de sua competência:
I – julgar o agravo regimental, o de instrumento, os embargos declaratórios e as medidas cautelares;
II – censurar ou advertir os juízes das instâncias inferiores e condená-los nas custas, sem prejuízo da competência do Conselho Nacional da Magistratura;
III – homologar as desistências requeridas em sessão, antes de iniciada a votação;
IV – representar à autoridade competente quando, em autos ou documentos de que conhecer, houver indício de crime de ação pública;
V – mandar riscar expressões desrespeitosas em requerimentos, pareceres ou quaisquer alegações submetidas ao Tribunal.

CAPÍTULO III
DA COMPETÊNCIA DAS TURMAS

Art. 9º Além do disposto no art. 8º, compete às Turmas:
I – processar e julgar originariamente:
a) o *habeas corpus*, quando o coator ou paciente for Tribunal, funcionário ou autoridade, cujos atos estejam diretamente subordinados à jurisdição do Supremo Tribunal Federal, ou se tratar de crime sujeito à mesma jurisdição em única instância, ressalvada a competência do Plenário;
b) os incidentes de execução que, de acordo com o art. 343, III, lhes forem submetidos;
c) a reclamação que vise a preservar a competência do Tribunal ou a garantir a autoridade de suas decisões ou Súmulas Vinculantes;
d) os mandados de segurança contra atos do Tribunal de Contas da União e do Procurador-Geral da República.

► Alíneas *c* e *d* com a redação dada pela ER nº 49, de 3-6-2014.

e) os mandados de injunção contra atos do Tribunal de Contas da União e dos Tribunais Superiores;
f) os *habeas data* contra atos do Tribunal de Contas da União e do Procurador-Geral da República;
g) a ação em que todos os membros da magistratura sejam direta ou indiretamente interessados, e aquela em que mais da metade dos membros do tribunal de origem estejam impedidos ou sejam direta ou indiretamente interessados;
h) a extradição requisitada por Estado estrangeiro;

► Alíneas *e* a *h* acrescidas pela ER nº 45, de 10-6-2011.

i) as ações contra o Conselho Nacional de Justiça ou contra o Conselho Nacional do Ministério Público, ressalvada a competência do Plenário;

► Alínea *i* acrescida pela ER nº 49, de 3-6-2014.

j e k) Revogadas. ER nº 57, de 16-10-2020.
II – julgar em recurso ordinário:
a) os *habeas corpus* denegados em única ou última instância pelos tribunais locais ou federais, ressalvada a competência do Plenário;
b) a ação penal nos casos do art. 129, § 1º, da Constituição, ressalvada a hipótese prevista no art. 6º, inciso III, letra *c*.
III – julgar, em recurso extraordinário, as causas a que se referem os arts. 119, III, 139 e 143 da Constituição, observado o disposto no art. 11 e seu parágrafo único.

Parágrafo único. No caso da letra *a* do inciso II, o recurso ordinário não poderá ser substituído por pedido originário.

Art. 10. A Turma que tiver conhecimento da causa ou de algum de seus incidentes, inclusive de agravo para subida de recurso denegado ou procrastinado na instância de origem, tem jurisdição preventa para os recursos, reclamações e incidentes posteriores, mesmo em execução, ressalvada a competência do Plenário e do Presidente do Tribunal.

► *Caput* com a redação dada pela ER nº 9, de 8-10-2001.

§ 1º Prevalece o disposto neste artigo, ainda que a Turma haja submetido a causa, ou algum de seus incidentes, ao julgamento do Plenário.

§ 2º A prevenção, se não reconhecida de ofício, poderá ser arguida por qualquer das partes ou pelo Procurador-Geral até o início do julgamento pela outra Turma.

§ 3º Desaparecerá a prevenção se da Turma não fizer parte nenhum dos Ministros que funcionaram em julgamento anterior ou se tiver havido total alteração da composição das Turmas.

§ 4º Salvo o caso do parágrafo anterior, prevenção do relator que deixe o Tribunal comunica-se à Turma.

► § 4º acrescido pela ER nº 34, de 7-8-2009.

Art. 11. A Turma remeterá o feito ao julgamento do Plenário independente de acórdão e de nova pauta:

I – quando considerar relevante a arguição de inconstitucionalidade ainda não decidida pelo Plenário, e o Relator não lhe houver afetado o julgamento;

II – quando, não obstante decidida pelo Plenário, a questão de inconstitucionalidade, algum Ministro propuser o seu reexame;

III – quando algum Ministro propuser revisão da jurisprudência compendiada na Súmula.

Parágrafo único. Poderá a Turma proceder da mesma forma, nos casos do art. 22, parágrafo único, quando não o houver feito o Relator.

CAPÍTULO IV

DO PRESIDENTE E DO VICE-PRESIDENTE

Art. 12. O Presidente e o Vice-Presidente têm mandato por dois anos, vedada a reeleição para o período imediato.

§ 1º Proceder-se-á à eleição, por voto secreto, na segunda sessão ordinária do mês anterior ao da expiração do mandato, ou na segunda sessão ordinária imediatamente posterior à ocorrência de vaga por outro motivo.

§ 2º O *quorum* para a eleição é de oito Ministros; se não alcançado, será designada sessão extraordinária para a data mais próxima, convocados os Ministros ausentes.

§ 3º Considera-se presente à eleição o Ministro, mesmo licenciado, que enviar o seu voto, em sobrecarta fechada, que será aberta publicamente pelo Presidente, depositando-se a cédula na urna, sem quebra do sigilo.

§ 4º Está eleito, em primeiro escrutínio, o Ministro que obtiver número de votos superior à metade dos membros do Tribunal.

§ 5º Em segundo escrutínio, concorrerão somente os dois Ministros mais votados no primeiro.

§ 6º Não alcançada, no segundo escrutínio, a maioria a que se refere o § 4º, proclamar-se-á eleito, dentre os dois, o mais antigo.

§ 7º Realizar-se-á a posse, em sessão solene, em dia e hora marcados naquela em que se proceder à eleição.

§ 8º Os mandatos do Presidente e do Vice-Presidente estender-se-ão até a posse dos respectivos sucessores, se marcada para data excedente do biênio.

Art. 13. São atribuições do Presidente:

I – velar pelas prerrogativas do Tribunal;

II – representá-lo perante os demais poderes e autoridades;

III – dirigir-lhe os trabalhos e presidir-lhe as sessões plenárias, cumprindo e fazendo cumprir este Regimento;

IV – *Suprimido.* ER nº 18, de 2-8-2006;

V – despachar:

a) antes da distribuição, o pedido de assistência judiciária;

b) a reclamação por erro de ata referente à sessão que lhe caiba presidir;

c) como Relator, nos termos dos arts. 932 e 1.042 do Código de Processo Civil, até eventual distribuição, as petições, os recursos extraordinários e os agravos em recurso extraordinário ineptos ou manifestamente inadmissíveis, inclusive por incompetência, intempestividade, deserção, prejuízo ou ausência de preliminar formal e fundamentada de repercussão geral, bem como aqueles cujo tema seja destituído de repercussão geral, conforme jurisprudência do Tribunal;

d) como Relator, nos termos dos arts. 932 e 1.042 do Código de Processo Civil, até eventual distribuição, os recursos extraordinários e os agravos que veiculem pretensão contrária a jurisprudência dominante ou a súmula do Supremo Tribunal Federal;

► Alíneas *c* e *d* com a redação dada pela ER nº 54, de 1º-7-2020.

e) como Relator, até eventual distribuição, os *habeas corpus* que sejam inadmissíveis em razão de incompetência manifesta, encaminhando os autos ao órgão que repute competente.

► Alínea *e* acrescida pela ER nº 54, de 1º-7-2020.

VI – executar e fazer cumprir os seus despachos, suas decisões monocráticas, suas resoluções, suas ordens e os acórdãos transitados em julgado e por ele relatados, bem como as deliberações do Tribunal tomadas em sessão administrativa e outras de interesse institucional, facultada a delegação de atribuições para a prática de atos processuais não decisórios;

► Inciso VI com a redação dada pela ER nº 41, de 16-9-2010.

VII – decidir questões de ordem, ou submetê-las ao Tribunal, quando entender necessário;

VIII – decidir questões urgentes nos períodos de recesso ou de férias;

► Inciso VIII com a redação dada pela ER nº 26, de 22-10-2008.

IX – proferir voto de qualidade nas decisões do Plenário, para as quais o Regimento Interno não preveja solução diversa, quando o empate na votação decorra de ausência de Ministro em virtude de:

► *Caput* do inciso IX com a redação dada pela ER nº 35, de 2-12-2009.

a) impedimento ou suspeição;

b) vaga ou licença médica superior a 30 (trinta) dias, quando seja urgente a matéria e não se possa convocar o Ministro licenciado.

► Alíneas *a* e *b* acrescidas pela ER nº 35, de 2-12-2009.

X – dar posse aos Ministros e conceder-lhes transferência de Turma;

XI – conceder licença aos Ministros, de até três meses, e aos servidores do Tribunal;

XII – nomear e dar posse ao Diretor-Geral, ao Secretário-Geral da Presidência, aos Secretários e aos Assessores-Chefes;

► Inciso XII com a redação dada pela ER nº 50, de 19-4-2016.

XIII – superintender a ordem e a disciplina do Tribunal, bem como aplicar penalidades aos seus servidores;

XIV – apresentar ao Tribunal relatório circunstanciado dos trabalhos do ano;

XV – relatar a arguição de suspeição oposta a Ministro;

XVI – assinar a correspondência destinada ao Presidente da República; ao Vice-Presidente da República; ao Presidente do Senado Federal; aos Presidentes dos Tribunais Superiores, entre estes incluído o Tribunal de Contas da União; ao Procurador-Geral da República; aos Governadores dos Estados e do Distrito Federal; aos Chefes de Governo estrangeiro e seus representantes no Brasil; às autoridades públicas, em resposta a pedidos de informação sobre assunto pertinente ao Poder Judiciário e ao Supremo Tribunal Federal, ressalvado o disposto no inciso XVI do art. 21;

► Inciso XVI acrescido pela ER nº 7, de 6-4-1998.

XVI-A – designar magistrados para atuação como Juiz Auxiliar do Supremo Tribunal Federal em auxílio à Presidência e aos Ministros, sem prejuízo dos direitos e vantagens de seu cargo, além dos definidos pelo Presidente em ato próprio;

► Inciso XVI-A com a redação dada pela ER nº 32, de 7-8-2009.

XVII – convocar audiência pública para ouvir o depoimento de pessoas com experiência e autoridade em determinada matéria, sempre que entender necessário o esclarecimento de questões ou circunstâncias de fato, com repercussão geral e de interesse público relevante, debatidas no âmbito do Tribunal;

XVIII – decidir, de forma irrecorrível, sobre a manifestação de terceiros, subscrita por procurador habilitado, em audiências públicas ou em qualquer processo em curso no âmbito da Presidência;

► Incisos XVII e XVIII acrescidos pela ER nº 29, de 18-2-2009.

XIX – praticar os demais atos previstos na lei e no Regimento.

► Inciso XVII renumerado para inciso XIX pela ER nº 29, de 18-2-2009.

Parágrafo único. O Presidente poderá delegar a outro Ministro o exercício da faculdade prevista no inciso VIII.

Art. 14. O Vice-Presidente substitui o Presidente nas licenças, ausências e impedimentos eventuais. Em caso de vaga, assume a presidência até a posse do novo titular.

CAPÍTULO V
DOS MINISTROS

Seção I
DISPOSIÇÕES GERAIS

Art. 15. Os Ministros tomam posse em sessão solene do Tribunal, ou perante o Presidente, em período de recesso ou de férias.

§ 1º No ato da posse, o Ministro prestará compromisso de bem cumprir os deveres do cargo, de conformidade com a Constituição e as leis da República.

§ 2º Do compromisso de posse será lavrado termo assinado pelo Presidente, pelo empossado, pelos Ministros presentes e pelo Diretor-Geral.

Art. 16. Os Ministros têm as prerrogativas, garantias, direitos e incompatibilidades inerentes ao exercício da magistratura.

Parágrafo único. Receberão o tratamento de Excelência, conservando o título e as honras correspondentes, mesmo após a aposentadoria, e usarão vestes talares, nas sessões solenes, e capas, nas sessões ordinárias ou extraordinárias.

Art. 17. A antiguidade do Ministro no Tribunal é regulada na seguinte ordem:

I – a posse;

II – a nomeação;

III – a idade.

Parágrafo único. Esgotada a lista, nos casos em que o Regimento manda observar a antiguidade decrescente, o imediato ao Ministro mais moderno será o mais antigo no Tribunal, ou na Turma, conforme o caso.

Art. 18. Não podem ter assento, simultaneamente, no Tribunal, parentes consanguíneos ou afins na linha ascendente ou descendente, e na colateral, até o terceiro grau, inclusive.

Parágrafo único. A incompatibilidade resolve-se na seguinte ordem:

I – antes da posse:

a) contra o último nomeado;

b) se a nomeação for da mesma data, contra o menos idoso.

II – depois da posse:

a) contra o que deu causa à incompatibilidade;

b) se a causa for imputável a ambos, contra o mais moderno.

Art. 19. O Ministro de uma Turma tem o direito de transferir-se para outra onde haja vaga; havendo mais de um pedido, terá preferência o do mais antigo.

Art. 20. Os Ministros têm jurisdição em todo o território nacional.

Seção II
DO RELATOR

Art. 21. São atribuições do Relator:

I – ordenar e dirigir o processo;

II – executar e fazer cumprir os seus despachos, suas decisões monocráticas, suas ordens e seus acórdãos transitados em julgado, bem como determinar às autoridades judiciárias e administrativas providências relativas ao andamento e à instrução dos processos de sua competência, facultada a delegação de atribuições para a prática de atos processuais não decisórios a outros Tribunais e a juízos de primeiro grau de jurisdição;

► Inciso II com a redação dada pela ER nº 41, de 16-9-2010.

III – submeter ao Plenário, à Turma, ou aos Presidentes, conforme a competência, questões de ordem para o bom andamento dos processos;

IV – submeter ao Plenário ou à Turma, nos processos da competência respectiva, medidas cautelares necessárias à proteção de direito suscetível de grave dano de incerta reparação, ou ainda destinadas a garantir a eficácia da ulterior decisão da causa;

V – determinar, em caso de urgência, as medidas do inciso anterior, *ad referendum* do Plenário ou da Turma;

V-A – decidir questões urgentes no plantão judicial realizado nos dias de sábado, domingo, feriados e naqueles em que o Tribunal o determinar, na forma regulamentada em Resolução;

► Inciso V-A acrescido pela ER nº 42, de 2-12-2010.

VI – determinar, em agravo de instrumento, a subida, com as razões das partes, de recurso denegado ou procrastinado, para melhor exame;

VII – requisitar os autos originais, quando necessário;

VIII – homologar as desistências, ainda que o feito se ache em mesa para julgamento;

IX – julgar prejudicado pedido ou recurso que haja perdido o objeto;

X – pedir dia para julgamento dos feitos nos quais estiver habilitado a proferir voto, ou passá-los ao Revisor, com o relatório, se for o caso;

XI – remeter *habeas corpus* ou recurso de *habeas corpus* ao julgamento do Plenário;

XII – assinar cartas de sentença;

XIII – delegar atribuições a outras autoridades judiciárias, nos casos previstos em lei e neste Regimento;

XIV – apresentar em mesa para julgamento os feitos que independam de pauta;

XV – determinar a instauração de inquérito a pedido do Procurador-Geral da República, da autoridade policial ou do ofendido, bem como o seu arquivamento, quando o requerer o Procurador-Geral da República, ou quando verificar:

► *Caput* do inciso XV com a redação dada pela ER nº 44, de 2-6-2011.

a) a existência manifesta de causa excludente da ilicitude do fato;
b) a existência manifesta de causa excludente da culpabilidade do agente, salvo inimputabilidade;
c) que o fato narrado evidentemente não constitui crime;
d) extinta a punibilidade do agente; ou
e) ausência de indícios mínimos de autoria ou materialidade.

► Alíneas *a* a *e* acrescidas pela ER nº 44, de 2-6-2011.

XVI – assinar a correspondência oficial, em nome do Supremo Tribunal Federal, nas matérias e nos processos sujeitos à sua competência jurisdicional, podendo dirigir-se a qualquer autoridade pública, inclusive ao Chefe dos Poderes da República;

► Inciso XVI acrescido pela ER nº 7, de 6-4-1998.

XVII – convocar audiência pública para ouvir o depoimento de pessoas com experiência e autoridade em determinada matéria, sempre que entender necessário o esclarecimento de questões ou circunstâncias de fato, com repercussão geral ou de interesse público relevante;
XVIII – decidir, de forma irrecorrível, sobre a manifestação de terceiros, subscrita por procurador habilitado, em audiências públicas ou nos processos de sua relatoria;

► Incisos XVII e XVIII acrescidos pela ER nº 29, de 18-2-2009.

XIX – julgar o pedido de assistência judiciária;
XX – praticar os demais atos que lhe incumbam ou sejam facultados em lei e no Regimento.

► Incisos XIX e XX acrescidos pela ER nº 33, de 7-8-2009.

§ 1º Poderá o(a) Relator(a) negar seguimento a pedido ou recurso manifestamente inadmissível, improcedente ou contrário à jurisprudência dominante ou à Súmula do Tribunal, deles não conhecer em caso de incompetência manifesta, encaminhando os autos ao órgão que repute competente, bem como cassar ou reformar, liminarmente, acórdão contrário à orientação firmada nos termos do art. 543-B do Código de Processo Civil.

► § 1º com a redação dada pela ER nº 21 de 30-4-2007.
► Refere-se ao CPC/1973.

§ 2º Poderá ainda o Relator, em caso de manifesta divergência com a Súmula, prover, desde logo, o recurso extraordinário.

► § 2º acrescido pela ER nº 2, de 4-12-1985.

§ 3º Ao pedir dia para julgamento ou apresentar o feito em mesa, indicará o Relator, nos autos, se o submete ao Plenário ou à Turma, salvo se pela simples designação da classe estiver fixado o órgão competente.

► § 2º transformado em § 3º pela ER nº 2, de 4-12-1985.

§ 4º O Relator comunicará à Presidência, para os fins do art. 328 deste Regimento, as matérias sobre as quais proferir decisões de sobrestamento ou devolução de autos, nos termos do art. 543-B do CPC/1973.

► § 4º acrescido pela ER nº 22, de 30-11-2007.
► Refere-se ao CPC/1973.

Art. 21-A. Compete ao relator convocar juízes ou desembargadores para a realização do interrogatório e de outros atos da instrução dos inquéritos criminais e ações penais originárias, na sede do tribunal ou no local onde se deva produzir o ato, bem como definir os limites de sua atuação.

§ 1º Caberá ao magistrado instrutor, convocado na forma do *caput*:
I – designar e realizar as audiências de interrogatório, inquirição de testemunhas, acareação, transação, suspensão condicional do processo, admonitórias e outras;
II – requisitar testemunhas e determinar condução coercitiva, caso necessário;
III – expedir e controlar o cumprimento das cartas de ordem;
IV – determinar intimações e notificações;
V – decidir questões incidentes durante a realização dos atos sob sua responsabilidade;
VI – requisitar documentos ou informações existentes em bancos de dados;
VII – fixar ou prorrogar prazos para a prática de atos durante a instrução;
VIII – realizar inspeções judiciais;
IX – requisitar, junto aos órgãos locais do Poder Judiciário, o apoio de pessoal, equipamentos e instalações adequados para os atos processuais que devam ser produzidos fora da sede do Tribunal;
X – exercer outras funções que lhes sejam delegadas pelo relator ou pelo Tribunal e relacionadas à instrução dos inquéritos criminais e das ações penais originárias.

§ 2º As decisões proferidas pelo magistrado instrutor, no exercício das atribuições previstas no parágrafo anterior, ficam sujeitas ao posterior controle do relator, de ofício ou mediante provocação do interessado, no prazo de 5 (cinco) dias contados da ciência do ato.

► Art. 21-A acrescido pela ER nº 36, de 2-12-2009.

Art. 21-B. Todos os processos de competência do Tribunal poderão, a critério do relator ou do ministro vistor com a concordância do relator, ser submetidos a julgamento em listas de processos em ambiente presencial ou eletrônico, observadas as respectivas competências das Turmas ou do Plenário.

§ 1º Serão julgados preferencialmente em ambiente eletrônico os seguintes processos:
I – agravos internos, agravos regimentais e embargos de declaração;
II – medidas cautelares em ações de controle concentrado;
III – referendo de medidas cautelares e de tutelas provisórias;
IV – demais classes processuais, inclusive recursos com repercussão geral reconhecida, cuja matéria discutida tenha jurisprudência dominante no âmbito do STF.

§ 2º Nas hipóteses de cabimento de sustentação oral previstas neste regimento interno, fica facultado à Procuradoria-Geral da República, à Advocacia-Geral da União, à Defensoria Pública da União, aos advogados e demais habilitados nos autos encaminhar as respectivas sustentações por meio eletrônico após a publicação da pauta e até 48 horas antes de iniciado o julgamento em ambiente virtual.

§ 3º No caso de pedido de destaque feito por qualquer ministro, o relator encaminhará o processo ao órgão colegiado competente para julgamento presencial, com publicação de nova pauta.

§ 4º Em caso de excepcional urgência, o Presidente do Supremo Tribunal Federal e os Presidentes das Turmas poderão convocar sessão virtual extraordinária, com prazos fixados no respectivo ato convocatório.

§ 5º Ato do Presidente do Tribunal regulamentará os procedimentos das sessões virtuais.

► Art. 21-B com a redação dada pela ER nº 53, de 18-3-2020.

Art. 22. O Relator submeterá o feito ao julgamento do Plenário, quando houver relevante arguição de inconstitucionalidade ainda não decidida.

Parágrafo único. Poderá o Relator proceder na forma deste artigo:

a) quando houver matérias em que divirjam as Turmas entre si ou alguma delas em relação ao Plenário.

b) quando em razão da relevância da questão jurídica ou da necessidade de prevenir divergência entre as Turmas, convier pronunciamento do Plenário.

SEÇÃO III

DO REVISOR

Art. 23. Há revisão nos seguintes processos:

I – ação rescisória;

II – revisão criminal;

III – ação penal originária prevista no art. 5º, I e II;

IV – recurso ordinário criminal previsto no art. 6º, III, *c*;

V – declaração de suspensão de direitos do art. 5º, VI.

Parágrafo único. Nos embargos relativos aos processos referidos, não haverá revisão.

Art. 24. Será Revisor o Ministro que se seguir ao Relator na ordem decrescente de antiguidade.

Parágrafo único. Em caso de substituição definitiva do Relator, será também substituído o Revisor, consoante o disposto neste artigo.

Art. 25. Compete ao Revisor:

I – sugerir ao Relator medidas ordinatórias do processo que tenham sido omitidas;

II – confirmar, completar ou retificar o relatório;

III – pedir dia para julgamento dos feitos nos quais estiver habilitado a proferir voto.

CAPÍTULO VI

DAS COMISSÕES

Art. 26. As Comissões colaboram no desempenho dos encargos do Tribunal.

Art. 27. As Comissões são:

I – Permanentes;

II – Temporárias.

§ 1º São Permanentes:

I – a Comissão de Regimento;

II – a Comissão de Jurisprudência;

III – a Comissão de Documentação;

IV – a Comissão de Coordenação.

§ 2º As Comissões Temporárias podem ser criadas pelo Plenário ou pelo Presidente e se extinguem preenchido o fim a que se destinem.

§ 3º As Comissões Permanentes compõem-se de três membros, podendo funcionar com a presença de dois, sendo que a Comissão de Regimento possui um membro-suplente.

§ 4º As Comissões Temporárias podem ter qualquer número de membros.

Art. 28. O Presidente designará os membros das Comissões, com mandatos coincidentes com o seu, assegurada a participação de Ministros das duas Turmas.

► Artigo com a redação dada pela ER nº 24, de 20-5-2008.

Art. 29. Cada Comissão será presidida pelo mais antigo de seus integrantes.

Art. 30. Compete às Comissões Permanentes e Temporárias:

I – expedir normas de serviço e sugerir ao Presidente do Tribunal as que envolvam matéria de sua competência;

II – requisitar ao Presidente do Tribunal os servidores necessários, que não poderão ser deslocados sem audiência dos Ministros perante os quais servirem;

III – entender-se, por seu Presidente, com outras autoridades ou instituições, nas matérias de sua competência, ressalvada a do Presidente do Tribunal.

Art. 31. São atribuições da Comissão de Regimento:

I – velar pela atualização do Regimento, propondo emendas no texto em vigor e emitindo parecer àquelas de iniciativa de outras Comissões ou de Ministros;

II – opinar em processo administrativo, quando consultada pelo Presidente.

Art. 32. São atribuições da Comissão de Jurisprudência:

I – selecionar os acórdãos que devam publicar-se em seu inteiro teor na Revista Trimestral de Jurisprudência, preferindo os indicados pelos Relatores;

II – promover a divulgação, em sumário, das decisões não publicadas na íntegra, bem como a edição de um boletim interno, para conhecimento, antes da publicação dos acórdãos, das questões jurídicas decididas pelas Turmas e pelo Plenário;

III – providenciar a publicação abreviada ou por extenso, das decisões sobre matéria constitucional, em volumes seriados;

IV – velar pela expansão, atualização e publicação da Súmula;

V – superintender:

a) os serviços de sistematização e divulgação da jurisprudência do Tribunal;

b) a edição da Revista Trimestral de Jurisprudência e outras publicações, bem como de índices que facilitem a pesquisa de julgados ou processos.

VI – emitir pronunciamento sobre pedido de inscrição como repertório autorizado.

Art. 33. São atribuições da Comissão de Documentação:

I – orientar os serviços de guarda e conservação dos processos, livros e documentos do Tribunal;

II – manter serviço de documentação para recolher elementos que sirvam de subsídio à história do Tribunal, com pastas individuais, contendo dados bibliográficos dos Ministros e dos Procuradores-Gerais.

Art. 34. É atribuição da Comissão de Coordenação sugerir aos Presidentes do Tribunal e das Turmas, bem como aos Ministros, medidas destinadas a prevenir decisões discrepantes, aumentar o rendimento das sessões, abreviar a publicação dos acórdãos e facilitar a tarefa dos advogados.

CAPÍTULO VII

DAS LICENÇAS, SUBSTITUIÇÕES E CONVOCAÇÕES

Art. 35. A licença é requerida com a indicação do período, começando a correr do dia em que passar a ser utilizada.

Art. 36. O Ministro licenciado não poderá exercer qualquer das suas funções jurisdicionais ou administrativas.

Parágrafo único. Salvo contraindicação médica, o Ministro licenciado poderá reassumir o cargo a qualquer tempo, entendendo-se que desistiu do restante do prazo, bem assim proferir decisões em processos que, antes da licença, lhe hajam sido conclusos para julgamento ou tenham recebido o seu visto como Relator ou Revisor.

Art. 37. Nas ausências ou impedimentos eventuais ou temporários, são substituídos:

I – o Presidente do Tribunal pelo Vice-Presidente, e este pelos demais Ministros, na ordem decrescente de antiguidade;

II – o Presidente da Turma pelo Ministro mais antigo dentre os seus membros;

III – o Presidente da Comissão pelo mais antigo dentre os seus membros;

IV – qualquer dos membros da Comissão de Regimento pelo suplente.

Art. 38. O Relator é substituído:

I – pelo Revisor, se houver, ou pelo Ministro imediato em antiguidade, dentre os do Tribunal ou da Turma, conforme a competência, na vacância, nas licenças ou ausências em razão de missão oficial, de até trinta dias, quando se tratar de deliberação sobre medida urgente;

► Inciso I com a redação dada pela ER nº 42, de 2-12-2010.

II – pelo Ministro designado para lavrar o acórdão, quando vencido no julgamento;

III – mediante redistribuição, nos termos do art. 69 deste Regimento Interno;

► Inciso III com a redação dada pela ER nº 42, de 2-12-2010.

IV – em caso de aposentadoria, renúncia ou morte:

a) pelo Ministro nomeado para a sua vaga;

b) pelo Ministro que tiver proferido o primeiro voto vencedor, acompanhando o do Relator, para lavrar ou assinar os acórdãos dos julgamentos anteriores à abertura da vaga;

c) pela mesma forma da letra *b* deste inciso, e enquanto não empossado o novo Ministro, para assinar carta de sentença e admitir recurso.

Art. 39. O Revisor é substituído, em caso de vaga, impedimento ou licença por mais de trinta dias, pelo Ministro que se lhe seguir em ordem decrescente de antiguidade.

Art. 40. Para completar *quorum* no Plenário, em razão de impedimento ou licença superior a 30 (trinta) dias, o Presidente do Tribunal convocará o Ministro licenciado.

► Artigo com a redação dada pela ER nº 35, de 2-12-2009.

Art. 41. Para completar *quorum* em uma das Turmas, serão convocados Ministros da outra, na ordem crescente de antiguidade.

CAPÍTULO VIII
DA POLÍCIA DO TRIBUNAL

Art. 42. O Presidente responde pela polícia do Tribunal. No exercício dessa atribuição pode requisitar o auxílio de outras autoridades, quando necessário.

Art. 43. Ocorrendo infração à lei penal na sede ou dependência do Tribunal, o Presidente instaurará inquérito, se envolver autoridade ou pessoa sujeita à sua jurisdição, ou delegará esta atribuição a outro Ministro.

§ 1º Nos demais casos, o Presidente poderá proceder na forma deste artigo ou requisitar a instauração de inquérito à autoridade competente.

§ 2º O Ministro incumbido do inquérito designará escrivão dentre os servidores do Tribunal.

Art. 44. A polícia das sessões e das audiências compete ao seu Presidente.

Art. 45. Os inquéritos administrativos serão realizados consoante as normas próprias.

CAPÍTULO IX
DA REPRESENTAÇÃO POR DESOBEDIÊNCIA OU DESACATO

Art. 46. Sempre que tiver conhecimento de desobediência a ordem emanada do Tribunal ou de seus Ministros, no exercício da função, ou de desacato ao Tribunal ou a seus Ministros, o Presidente comunicará o fato ao órgão competente do Ministério Público, provendo-o dos elementos de que dispuser para a propositura da ação penal.

Art. 47. Decorrido o prazo de trinta dias, sem que tenha sido instaurada a ação penal, o Presidente dará ciência ao Tribunal, em sessão secreta, para as providências que julgar necessárias.

TÍTULO II – DA PROCURADORIA-GERAL DA REPÚBLICA

Art. 48. O Procurador-Geral da República toma assento à mesa à direita do Presidente.

Parágrafo único. Os Subprocuradores-Gerais poderão oficiar junto às Turmas mediante delegação do Procurador-Geral.

Art. 49. O Procurador-Geral manifestar-se-á nas oportunidades previstas em lei e neste Regimento.

Art. 50. Sempre que couber ao Procurador-Geral manifestar-se, o Relator mandará abrir-lhe vista antes de pedir dia para julgamento ou passar os autos ao Revisor.

§ 1º Quando não fixado diversamente neste Regimento, será de quinze dias o prazo para o Procurador-Geral manifestar-se.

§ 2º Excedido o prazo, o Relator poderá requisitar os autos, facultando, se ainda oportuna, a posterior juntada do parecer.

§ 3º Caso omitida a vista, considerar-se-á sanada a falta se não for arguida até a abertura da sessão de julgamento, exceto na ação penal originária ou inquérito de que possa resultar responsabilidade penal.

Art. 51. Nos processos em que atuar como representante judicial da União, ou como titular da ação penal, o Procurador-Geral tem os mesmos poderes e ônus que as partes, ressalvadas as disposições expressas em lei ou neste Regimento.

Art. 52. O Procurador-Geral terá vista dos autos:

I – nas representações e outras arguições de inconstitucionalidade;

II – nas causas avocadas;

III – nos processos oriundos de Estados estrangeiros;

IV – nos litígios entre Estado estrangeiro ou organismo internacional e a União, os Estados, o Distrito Federal e os Territórios;

V – nas ações penais originárias;

VI – nas ações cíveis originárias;

VII – nos conflitos de jurisdição ou competência e de atribuições;

VIII – nos *habeas corpus* originários e nos recursos de *habeas corpus*;

IX – nos mandados de segurança;

X – nas revisões criminais e ações rescisórias;

XI – nos pedidos de intervenção federal;

XII – nos inquéritos de que possa resultar responsabilidade penal;

XIII – nos recursos criminais;

XIV – nos outros processos em que a lei impuser a intervenção do Ministério Público;

XV – nos demais processos, quando, pela relevância da matéria, ele a requerer, ou for determinada pelo Relator, Turma ou Plenário.

Parágrafo único. Salvo na ação penal originária ou nos inquéritos, poderá o Relator dispensar a vista ao Procurador-Geral quando houver urgência, ou quando sobre a matéria versada no processo já houver o Plenário firmado jurisprudência.

Art. 53. O Procurador-Geral poderá pedir preferência para julgamento de processo em pauta.

Parte II – DO PROCESSO

TÍTULO I – DISPOSIÇÕES GERAIS

CAPÍTULO I
DO REGISTRO E CLASSIFICAÇÃO

Art. 54. As petições iniciais e os processos remetidos, ou incidentes, serão protocolados no dia da entrada, na ordem de recebimento, e registrados no primeiro dia útil imediato.

Art. 55. O registro far-se-á em numeração contínua e seriada em cada uma das classes seguintes:

I – Ação Cível Originária;
II – Ação Penal;
III – Ação Rescisória;
IV – Agravo de Instrumento;
V – Apelação Cível;
VI – Arguição de Relevância;
VII – Arguição de Suspeição;
VIII – Carta Rogatória;

► A concessão de *exequatur* às cartas rogatórias passou a ser da competência do STJ, conforme art. 105, I, *i*, da CF, com a redação dada pela EC nº 45, de 8-12-2004.

IX – Comunicação;
X – Conflito de Atribuições;
XI – Conflito de Jurisdição;
XII – Extradição;
XIII – *Habeas Corpus*;
XIV – Inquérito;
XV – Intervenção Federal;
XVI – Mandado de Segurança;
XVII – Pedido de Avocação;
XVIII – Petição;
XIX – Processo Administrativo;
XX – Reclamação;
XXI – Recurso Criminal;
XXII – Recurso Extraordinário;
XXIII – Representação;
XXIV – Revisão Criminal;
XXV – Sentença Estrangeira;
XXVI – Suspensão de Direitos;
XXVII – Suspensão de Segurança;
XXVIII – Proposta de Súmula Vinculante.

► Inciso XXVIII acrescido pela ER nº 46, de 6-7-2011.

Art. 56. O Presidente resolverá, mediante instrução normativa, as dúvidas que se suscitarem na classificação dos feitos, observando-se as seguintes normas:

I – na classe *habeas corpus* serão incluídos os pedidos originários e os recursos inclusive os da Justiça Eleitoral;

II – na classe Recurso Extraordinário serão incluídos:

a) os recursos eleitorais e trabalhistas fundados em inconstitucionalidade;
b) os recursos extraordinários criminais;
c) os recursos extraordinários em mandado de segurança;

III – na classe Recurso Criminal serão incluídos os recursos criminais ordinários;

IV – na classe Ação Penal serão incluídas as ações penais privadas;

V – na classe Inquérito serão incluídos os policiais e os administrativos, de que possa resultar responsabilidade penal, e que só passarão à classe Ação Penal após o recebimento da denúncia ou queixa;

VI – a classe Intervenção Federal compreende os pedidos autônomos e os formulados em execução de julgado do Tribunal; estes últimos serão autuados em apenso, salvo se os autos principais tiverem sido enviados a outra instância;

VII – na classe Processo Administrativo serão incluídos os que devam ser apreciados pelo Tribunal; os que devam ser submetidos ao Presidente ou ao Diretor-Geral obedecerão à classificação estabelecida pelo Presidente;

VIII – na classe Pedido de Avocação se compreende o julgamento das causas avocadas;

IX – os expedientes que não tenham classificação específica nem sejam acessórios ou incidentes serão incluídos na classe Petição, se contiverem requerimento, ou na classe Comunicação, em qualquer outro caso;

X – não se altera a classe do processo:

a) pela interposição de embargos ou agravo regimental;
b) pela exceção de suspeição de juiz de outra instância;
c) pela arguição de inconstitucionalidade formulada incidentemente pelas partes ou pelo Procurador-Geral;
d) pela reclamação por erro de ata;
e) pelos pedidos incidentes ou acessórios;
f) pelos pedidos de execução, salvo a intervenção federal.

XI – far-se-á na autuação nota distintiva do recurso ou incidente, quando este não alterar a classe e o número do processo.

CAPÍTULO II
DO PREPARO E DA DESERÇÃO

Art. 57. Salvo os casos de isenção, compete às partes antecipar o pagamento do respectivo preparo.

Parágrafo único. O preparo compreende o recolhimento de custas e das despesas de todos os atos do processo, inclusive o porte de remessa e retorno, quando for o caso.

► Art. 57 com a redação dada pela ER nº 42, de 2-12-2010.

Art. 58. Quando autor e réu recorrerem, cada recurso estará sujeito a preparo integral.

§ 1º Tratando-se de litisconsortes necessários, bastará que um dos recursos seja preparado, para que todos sejam julgados, ainda que não coincidam suas pretensões.

§ 2º O assistente é equiparado para esse efeito ao litisconsorte.

§ 3º O terceiro prejudicado que recorrer fará o preparo do seu recurso, independentemente do preparo dos recursos que, porventura, tenham sido interpostos pelo autor ou pelo réu.

Art. 59. O recolhimento do preparo:

► *Caput* com a redação dada pela ER nº 42, de 2-12-2010.

I – quando se tratar de recurso, será feito no tribunal de origem, perante as suas secretarias e no prazo previsto na lei processual;

II – quando se tratar de feitos de competência originária, será comprovado no ato de seu protocolo.

► Incisos I e II com a redação dada pela ER nº 42, de 2-12-2010.

§ 1º Nenhum recurso subirá ao Supremo Tribunal Federal, salvo caso de isenção, sem a prova do respectivo preparo e do pagamento das despesas de remessa e retorno, no prazo legal.

§ 2º O preparo efetuar-se-á, mediante guia, à repartição arrecadadora competente, juntando-se aos autos o comprovante.

§ 3º A não comprovação do pagamento do preparo no ato do protocolo da ação originária ou seu pagamento parcial serão certificados nos autos pela Secretaria Judiciária.

► § 3º com a redação dada pela ER nº 42, de 2-12-2010.

Art. 60. Com ou sem o preparo, os autos serão distribuídos ao Relator ou registrados à Presidência, de acordo com a respectiva competência, salvo os casos definidos neste Regimento.

► Artigo com a redação dada pela ER nº 42, de 2-12-2010.

Art. 61. Cabe às partes prover o pagamento antecipado das despesas dos atos que realizem ou requeiram no processo, ficando o vencido, afinal, responsável pelas custas e despesas pagas pelo vencedor.

§ 1º Haverá isenção do preparo:

I – nos conflitos de jurisdição, nos *habeas corpus* e nos demais processos criminais, salvo a ação penal privada;

II – nos pedidos e recursos formulados ou interpostos pelo Procurador-Geral da República, pela Fazenda Pública em geral ou por beneficiário de assistência judiciária.

§ 2º Nas causas em que forem partes Estados estrangeiros e organismos internacionais, prevalecerá o que dispuserem os tratados ratificados pelo Brasil.

Art. 62. A assistência judiciária, perante o Tribunal, será requerida ao Presidente antes da distribuição; nos demais casos, ao relator.

Art. 63. Sem prejuízo da nomeação, quando couber, do defensor ou curador dativo, o pedido de assistência judiciária será deferido ou não, de acordo com a legislação em vigor.

Parágrafo único. Prevalecerá no Tribunal a assistência judiciária já concedida em outra instância.

Art. 64. O pagamento dos preços cobrados pelo fornecimento de cópias, autenticadas ou não, ou de certidões por fotocópia ou meio equivalente será antecipado ou garantido com depósito na Secretaria, consoante tabela aprovada pelo Presidente.

Art. 65. A deserção do recurso por falta de preparo será declarada:

I – pelo Presidente, antes da distribuição;

II – pelo relator;

III – pelo Plenário ou pela Turma, ao conhecer do feito.

Parágrafo único. Do despacho que declarar a deserção caberá agravo regimental.

CAPÍTULO III
DA DISTRIBUIÇÃO

Art. 66. A distribuição será feita por sorteio ou prevenção, mediante sistema informatizado, acionado automaticamente, em cada classe de processo.

► *Caput* com a redação dada pela ER nº 38, de 11-2-2010.

§ 1º O sistema informatizado de distribuição automática e aleatória de processos é público, e seus dados são acessíveis aos interessados.

§ 2º Sorteado o Relator, ser-lhe-ão imediatamente conclusos os autos.

► §§ 1º e 2º com a redação dada pela ER nº 18, de 2-8-2006.

Art. 67. Far-se-á a distribuição entre todos os Ministros, inclusive os ausentes ou licenciados por até trinta dias, excetuado o Presidente.

§ 1º Não haverá distribuição a cargo vago e a Ministro licenciado ou em missão oficial por mais de trinta dias, impondo-se a compensação dos feitos livremente distribuídos ao Ministro que vier assumir o cargo ou retornar da licença ou missão oficial, salvo se o Tribunal dispensar a compensação.

§ 2º Será compensada a distribuição que deixar de ser feita ao Vice-Presidente quando substituir o Presidente.

► §§ 1º e 2º com a redação dada pela ER nº 42, de 2-12-2010.

§ 3º Declarado o impedimento ou a suspeição pelo Relator ou pelo Tribunal, a Secretaria Judiciária procederá, *ex officio*, a novo sorteio, compensando-se a distribuição.

► § 3º com a redação dada pela ER nº 49, de 3-6-2014.

§ 4º Haverá também compensação quando o processo tiver de ser distribuído por prevenção a determinado Ministro.

► § 3º transformado em § 4º pela ER nº 2, de 4-12-1985.

§ 5º Salvo os casos de prevenção, o ministro que estiver ocupando a Presidência do Tribunal Superior Eleitoral será excluído da distribuição de processos com pedido de medida liminar ou qualquer outro pedido de natureza urgente, com posterior compensação, durante os três meses anteriores e o mês posterior ao pleito eleitoral.

► § 5º com a redação dada pela ER nº 54, de 1º-7-2020.

§ 6º A prevenção deve ser alegada pela parte na primeira oportunidade que se lhe apresente, sob pena de preclusão.

§ 7º O processo que retornar ao Tribunal, por alegado erro material em decisão transitada em julgado, será encaminhado ao relator ou ao sucessor.

§ 8º O processo que tiver como objeto ato de Ministro do Tribunal será distribuído com sua exclusão.

§ 9º O Ministro que tiver exercido a Presidência do Conselho Nacional de Justiça será excluído da distribuição de processo no qual se impugne ato por ele praticado em tal exercício.

§ 10. Nos períodos de recesso e de férias, os processos de que trata o parágrafo anterior serão encaminhados ao Vice-Presidente.

► §§ 6º a 10 acrescidos pela ER nº 34, de 7-8-2009.

§ 11. O processo de acervo de cargo vago que determinar a prevenção de outro feito será redistribuído ao Relator sorteado para o processo prevento, com compensação.

§ 12. A prevenção do Ministro Vice-Presidente, ainda quando no exercício da Presidência, não o exclui da distribuição.

► §§ 11 e 12 acrescidos pela ER nº 42, de 2-12-2010.

Art. 68. Em *habeas corpus*, mandado de segurança, reclamação, extradição, conflitos de jurisdição e de atribuições, diante de risco grave de perecimento de direito ou na hipótese de a prescrição da pretensão punitiva ocorrer nos seis meses seguintes ao início da licença, ausência ou vacância, poderá o Presidente determinar a redistribuição, se o requerer o interessado ou o Ministério Público, quando o Relator estiver licenciado, ausente ou o cargo estiver vago por mais de trinta dias.

► Artigo com a redação dada pela ER nº 42, de 2-12-2010.

§ 1º Em caráter excepcional poderá o Presidente do Tribunal, nos demais feitos, fazer uso da faculdade prevista neste artigo.

§ 2º *Revogado.* ER nº 42, de 2-12-2010.

§ 3º Far-se-á compensação, salvo dispensa do Tribunal, quando cessar a licença ou ausência ou preenchido o cargo vago.

► § 3º com a redação dada pela ER nº 42, de 2-12-2010.

Art. 69. A distribuição da ação ou do recurso gera prevenção para todos os processos a eles vinculados por conexão ou continência.

§ 1º O conhecimento excepcional de processo por outro Ministro que não o prevento prorroga-lhe a competência nos termos do § 6º do art. 67.

§ 2º Não se caracterizará prevenção, se o relator, sem ter apreciado liminar, nem o mérito da causa, não conhecer do pedido, declinar da competência, ou homologar pedido de desistência por decisão transitada em julgado.

► Artigo com a redação dada pela ER nº 34, de 7-8-2009.

Art. 70. Será distribuída ao relator do feito principal a reclamação que tenha como causa de pedir o descumprimento de decisão cujos efeitos sejam restritos às partes.

► *Caput* com a redação dada pela ER nº 34, de 7-8-2009.

§ 1º Será objeto de livre distribuição a reclamação que tenha como causa de pedir o descumprimento de súmula vinculante ou de decisão dotada de efeito *erga omnes*.

§ 2º Se o relator da causa principal já não integrar o Tribunal, a reclamação será distribuída ao sucessor.

§ 3º Se o relator assumir a Presidência do Tribunal, a reclamação será redistribuída ao Ministro que o substituir na Turma.

§ 4º Será distribuída ao Presidente a reclamação que tiver como causa de pedir a usurpação da sua competência ou o descumprimento de decisão sua.

§ 5º Julgada procedente a reclamação por usurpação da competência, fica prevento o relator para o processo avocado.

§ 6º A reclamação, que tiver como causa de pedir a usurpação da competência por prerrogativa de foro, será distribuída ao relator de *habeas corpus* oriundo do mesmo inquérito ou ação penal.

► §§ 1º a 6º acrescidos pela ER nº 34, de 7-8-2009.

Art. 71. Os embargos declaratórios e as questões incidentes terão como Relator o do processo principal.

Art. 72. O prolator do despacho impugnado será o Relator do agravo regimental.

Art. 73. A arguição de suspeição a Ministro terá como Relator o Presidente do Tribunal, ou o Vice-Presidente, se aquele for o recusado.

Art. 74. A ação penal será distribuída ao mesmo Relator do inquérito.

§ 1º O inquérito ou a ação penal, que retornar ao Tribunal por restabelecimento da competência por prerrogativa de foro, será distribuído ao relator original.

§ 2º Na hipótese anterior, se o relator original já não estiver no Tribunal, o processo será distribuído livremente.

► §§ 1º e 2º com a redação dada pela ER nº 34, de 7-8-2009.

Art. 75. O Ministro eleito Presidente continuará como Relator ou Revisor do processo em que tiver lançado o relatório ou aposto o seu visto.

Art. 76. Se a decisão embargada for de uma Turma, far-se-á a distribuição dos embargos dentre os Ministros da outra; se do Plenário, serão excluídos da distribuição o Relator e o Revisor.

Art. 77. Na distribuição de ação rescisória e de revisão criminal, será observado o critério estabelecido no artigo anterior.

Parágrafo único. Tratando-se de recurso extraordinário eleitoral, de *habeas corpus* contra ato do Tribunal Superior Eleitoral, ou de recurso de *habeas corpus* denegado pelo mesmo Tribunal, serão excluídos da distribuição, se possível, os Ministros que ali tenham funcionado no mesmo processo ou no processo originário.

Art. 77-A. Serão distribuídos ao mesmo relator a ação cautelar e o processo ou recurso principais.

Art. 77-B. Na ação direta de inconstitucionalidade, na ação direta de inconstitucionalidade por omissão, na ação declaratória de constitucionalidade e na arguição de descumprimento de preceito fundamental, aplica-se a regra de distribuição por prevenção quando haja coincidência total ou parcial de objetos.

Art. 77-C. Serão distribuídos ao mesmo relator requerimento de prisão preventiva para extradição e outro pedido de extradição da mesma pessoa, ainda que formulado por Estado diferente.

Parágrafo único. Fica prevento para reiteração de pedido de extradição o relator que tenha negado seguimento ao primeiro pedido por decisão transitada em julgado.

Art. 77-D. Serão distribuídos por prevenção os *habeas corpus* oriundos do mesmo inquérito ou ação penal.

§ 1º A prevenção para *habeas corpus* relativo a ações penais distintas oriundas de um mesmo inquérito observará os critérios de conexão e de continência.

§ 2º O relator da reclamação que tenha como causa de pedir a usurpação da competência em inquérito ou ação penal, fica prevento para *habeas corpus* a eles relativo.

§ 3º *Habeas corpus* contra ato praticado em inquérito ou ação penal em trâmite no Tribunal será distribuído com exclusão do respectivo relator.

§ 4º Os inquéritos e as ações penais, que passem a ser de competência do Tribunal em virtude de prerrogativa de foro, serão distribuídos por prevenção ao relator de *habeas corpus* a eles relativo.

§ 5º O relator da revisão criminal fica prevento para *habeas corpus* relativo ao mesmo processo.

► Arts. 77-A a 77-D acrescidos pela ER nº 34, de 7-8-2009.

CAPÍTULO IV
DOS ATOS E FORMALIDADES

Seção I
DISPOSIÇÕES GERAIS

Art. 78. O ano judiciário no Tribunal divide-se em dois períodos, recaindo as férias em janeiro e julho.

§ 1º Constituem recesso os feriados forenses compreendidos entre os dias 20 de dezembro e 6 de janeiro, inclusive.

► § 1º com a redação dada pela ER nº 50, de 19-4-2016.

§ 2º Sem prejuízo do disposto no inciso VIII do art. 13 e inciso V-A do art. 21, suspendem-se os trabalhos do Tribunal durante o recesso e as férias, bem como nos sábados, domingos, feriados e nos dias em que o Tribunal o determinar.

► § 2º com a redação dada pela ER nº 42, de 2-12-2010.

§ 3º Os Ministros indicarão seu endereço para eventual convocação durante as férias ou recesso.

Art. 79. Os atos processuais serão autenticados, conforme o caso, mediante a assinatura ou a rubrica do Presidente, dos Ministros ou dos servidores para tal fim qualificados.

§ 1º É exigida a assinatura usual nos acórdãos, na correspondência oficial, no fecho das cartas de sentença e nas certidões.

§ 2º Os livros necessários ao expediente serão rubricados pelo Presidente ou por funcionário designado.

§ 3º As rubricas e assinaturas usuais dos servidores serão registradas em livro próprio, para identificação do signatário.

Art. 80. As peças que devam integrar ato ordinatório ou executório poderão ser-lhe anexadas em cópia autenticada.

Art. 81. A critério do Presidente do Tribunal, dos Presidentes das Turmas ou do relator, conforme o caso, a notificação de ordens ou decisões será feita:

I – por servidor credenciado da Secretaria;

II – por via postal ou por qualquer modo eficaz de telecomunicação, com as cautelas necessárias à autenticação da mensagem e do seu recebimento.

Parágrafo único. Poder-se-á admitir a resposta pela forma indicada no inciso II deste artigo.

Art. 82. Da publicação do expediente de cada processo constará, além do nome das partes e o de seu advogado, o número sequencial indicativo de sua posição na edição respectiva.

► *Caput* com a redação dada pela ER nº 6, de 12-6-1996.

§ 1º Nos recursos, figurarão os nomes dos advogados constituídos pelas partes no processo, salvo se constituído perante o Tribunal outro advogado que requeira a menção de seu nome nas publicações.

§ 2º É suficiente a indicação do nome de um dos advogados, quando a parte houver constituído mais de um, ou o constituído substabelecer a outro com reserva de poderes.

§ 3º As publicações dos expedientes dos diversos processos serão acompanhadas, em cada edição do Diário da Justiça, do índice alfabético dos nomes de todos os advogados neles indicados e do índice numérico dos feitos cujo expediente contar da edição, ambos referidos aos números sequenciais mencionados no *caput* deste artigo.

► §§ 1º a 3º com a redação dada pela ER nº 6, de 12-6-1996.

§ 4º Quando a parte não estiver representada por advogado, constará do índice alfabético o seu nome.

§ 5º O erro ou omissão das referências correspondentes a determinado processo nos índices alfabéticos ou numérico implicará a ineficácia da respectiva publicação.

§ 6º A retificação de publicação no Diário da Justiça, com efeito de intimação, decorrente de incorreções ou omissões, será providenciada pela Secretaria, *ex officio*, ou mediante despacho do Presidente ou do Relator, conforme dispuser ato normativo da Presidência do Tribunal.

► §§ 4º a 6º acrescidos pela ER nº 6, de 12-6-1996.

Art. 83. A publicação da pauta de julgamento antecederá quarenta e oito horas, pelo menos, à sessão em que os processos possam ser chamados.

§ 1º Independem de pauta:

I – as questões de ordem sobre a tramitação dos processos;

II – o julgamento do processo remetido pela Turma ao Plenário;

III – o julgamento de *habeas corpus* ou de conflito de jurisdições, competências ou atribuições; e

► Inciso III com a redação dada pela ER nº 54, de 1º-7-2020.

IV – o julgamento de embargos de declaração ou de agravo regimental em matéria processual penal.

► Inciso IV acrescido pela ER nº 54, de 1º-7-2020.

§ 2º Havendo expressa concordância das partes, poderá ser dispensada a inclusão de outros processos na pauta de julgamento.

Art. 84. Os editais destinados a divulgação de ato poderão conter, apenas, o essencial à defesa ou resposta, observados os requisitos processuais.

§ 1º A parte que requerer a publicação nos termos deste artigo fornecerá o respectivo resumo, respondendo pelas suas deficiências.

§ 2º O prazo do edital será determinado entre vinte e sessenta dias, a critério do relator, e correrá da data de sua publicação, por uma só vez, no *Diário da Justiça*.

§ 3º A publicação do edital deverá ser feita no prazo de vinte dias contados de sua expedição, certificada nos autos, sob pena de extinguir-se o processo, sem julgamento do mérito, se a parte, intimada pelo *Diário da Justiça*, não suprir a falta em dez dias.

§ 4º O prazo para a defesa ou resposta começará a correr do termo do prazo determinado no edital.

Art. 85. Nenhuma publicação terá efeito de citação ou intimação, quando ocorrida durante o recesso ou as férias do Tribunal.

Art. 86. A vista às partes transcorre na Secretaria, podendo o advogado retirar autos nos casos previstos em lei, mediante recibo, pelo prazo de cinco dias se outro não lhe for assinado, observando-se, em relação ao Procurador-Geral, o disposto nos artigos 50 e 52.

§ 1º Os advogados constituídos após a remessa do processo ao Tribunal poderão, a requerimento, ter vista dos autos, na oportunidade e pelo prazo que o relator estabelecer.

§ 2º O relator indeferirá o pedido, se houver justo motivo.

Art. 87. Aos Ministros julgadores será distribuída cópia do relatório antecipadamente:

I – nas representações por inconstitucionalidade ou para interpretação de lei ou ato normativo federal ou estadual;

II – nos feitos em que haja revisor;

III – nas causas avocadas;

IV – nos demais feitos, a critério do relator.

Seção II

DAS ATAS E DA RECLAMAÇÃO POR ERRO

Art. 88. As atas serão submetidas a aprovação na sessão seguinte.

Art. 89. Contra erro contido em ata, poderá o interessado reclamar, dentro de 48 horas, em petição dirigida ao Presidente do Tribunal ou da Turma, conforme o caso.

§ 1º Não se admitirá a reclamação a pretexto de modificar o julgado.

§ 2º A reclamação não suspenderá o prazo para recurso, salvo o disposto no artigo 91.

Art. 90. A petição será entregue ao protocolo, e por este encaminhada ao encarregado da ata, que levará a despacho no mesmo dia, com sua informação.

Art. 91. Se o pedido for julgado procedente, far-se-á retificação da ata e nova publicação.

Art. 92. O despacho que julgar a reclamação será irrecorrível.

Seção III

DAS DECISÕES

Art. 93. As conclusões do Plenário e das Turmas, em suas decisões, constarão de acórdão, do qual fará parte a transcrição do áudio do julgamento.

► *Caput* com a redação dada pela ER nº 26, de 22-10-2008.

Parágrafo único. Dispensam acórdão as decisões de remessa de processo ao Plenário e de provimento de agravo de instrumento.

Art. 94. Nos processos julgados no Pleno e nas Turmas, o Relator subscreverá o acórdão, registrando o nome do Presidente.

► *Caput* com a redação dada pela ER nº 16, de 25-8-2005.

Parágrafo único. *Suprimido*. ER nº 16, de 25-8-2005.

Art. 95. A publicação do acórdão, por suas conclusões e ementa, far-se-á, para todos os efeitos, no *Diário da Justiça*.

§ 1º Salvo manifestação expressa de ministro em sentido contrário, a publicação do acórdão no *Diário da Justiça* far-se-á automaticamente quando transcorrido o prazo de sessenta dias desde a proclamação do resultado do julgamento.

► Parágrafo único transformado em § 1º e com a redação dada pela ER nº 54, de 1º-7-2020.

§ 2º Nos casos em que não tenham sido liberados pelos respectivos Ministros o relatório, os votos escritos e a revisão de apartes de julgamento, no prazo previsto no § 1º, a Secretaria Judiciária fará constar do texto transcrito do julgamento a ressalva de que ele não foi revisto pelo respectivo ministro.

§ 3º Na hipótese prevista no § 2º, a ementa do acórdão consistirá no dispositivo do voto vencedor.

► §§ 2º e 3º acrescidos pela ER nº 54, de 1º-7-2020.

Art. 96. Em cada julgamento a transcrição do áudio registrará o relatório, a discussão, os votos fundamentados, bem como as perguntas feitas aos advogados e suas respostas, e será juntada aos autos com o acórdão, depois de revista e rubricada.

► *Caput* com a redação dada pela ER nº 26, de 22-10-2008.

§ 1º Após a sessão de julgamento, a Secretaria das Sessões procederá à transcrição da discussão, dos votos orais, bem como das perguntas feitas aos advogados e suas respostas.

§ 2º Os gabinetes dos Ministros liberarão o relatório, os votos escritos e a transcrição da discussão, no prazo de vinte dias contados da sessão de julgamento.

§ 3º A Secretaria das Sessões procederá à transcrição do áudio do relatório e dos votos lidos que não tenham sido liberados no prazo do § 2º, com a ressalva de que não foram revistos.

§ 4º A Secretaria das Sessões encaminhará os autos ao Relator sorteado ou ao Relator para o acórdão, para elaboração deste e da ementa no prazo de dez dias.

§ 5º A transcrição do áudio dos feitos julgados conjuntamente será trasladada para os autos do chamado em primeiro lugar e anexada aos demais em cópia autêntica.

► §§ 1º a 5º com a redação dada pela ER nº 26, de 22-10-2008.

§ 6º As inexatidões materiais e os erros de escrita ou de cálculo, contidos na decisão, podem ser corrigidos por despacho do Relator, mediante reclamação, quando referentes à ata, ou por via de embargos de declaração, quando couberem.

§ 7º O Relator sorteado ou o Relator para o acórdão poderá autorizar, antes da publicação, a divulgação, em texto ou áudio, do teor do julgamento.

► §§ 6º e 7º acrescidos pela ER nº 26, de 22-10-2008.

Art. 97. Também se juntará aos autos, como parte integrante do acórdão, um extrato da ata que conterá:

I – a decisão proclamada pelo Presidente;

II – os nomes do Presidente, do relator, ou, quando vencido, do que for designado, dos demais Ministros que tiverem participado do julgamento, e do Procurador-Geral ou Subprocurador-Geral, quando presente;

III – os nomes dos Ministros impedidos e ausentes;

IV – os nomes dos advogados que tiverem feito sustentação oral.

Art. 98. O acórdão de julgamento em sessão secreta será lavrado pelo autor do primeiro voto vencedor, que não se mencionará, e conterá, de forma sucinta, a exposição da controvérsia, a fundamentação adotada e o dispositivo, bem como o enunciado da conclusão de voto divergente se houver.

Parágrafo único. O acórdão será assinado pelo Presidente, que lhe rubricará todas as folhas, e pelos Ministros que houverem participado do julgamento, na ordem decrescente de antiguidade.

Seção IV
DA JURISPRUDÊNCIA

Art. 99. São repositórios oficiais da jurisprudência do Tribunal:

I – o *Diário da Justiça*, a *Revista Trimestral de Jurisprudência*, a *Súmula da Jurisprudência Predominante do Supremo Tribunal Federal* e outras publicações por ele editadas, bem como as de outras entidades, que venham a ser autorizadas mediante convênio;

II – para períodos anteriores, as seguintes publicações: *Supremo Tribunal Federal-Jurisprudência* (1892-1898); *Revista do Supremo Tribunal Federal*; *Jurisprudência do Supremo Tribunal Federal*, a primeira e a última editadas pela Imprensa Nacional.

Parágrafo único. Além dos consagrados por sua tradição, são repositórios autorizados para indicação de julgados, perante o Tribunal, os repertórios, revistas e periódicos, registrados de conformidade com ato normativo baixado pela Presidência.

Art. 100. Constarão do *Diário da Justiça* a ementa e conclusões de todos os acórdãos; e, dentre eles, a Comissão de Jurisprudência selecionará os que devam publicar-se em seu inteiro teor na *Revista Trimestral de Jurisprudência*.

Parágrafo único. A distribuição gratuita das publicações do Tribunal far-se-á de acordo com os planos organizados (Decreto-Lei nº 102, de 13 de janeiro de 1967, alterado pela Lei nº 6.201, de 16 de abril de 1975).

Art. 101. A declaração de constitucionalidade ou inconstitucionalidade de lei ou ato normativo, pronunciada por maioria qualificada, aplica-se aos novos feitos submetidos às Turmas ou ao Plenário, salvo o disposto no artigo 103.

Art. 102. A jurisprudência assentada pelo Tribunal será compendiada na *Súmula do Supremo Tribunal Federal*.

§ 1º A inclusão de enunciados na *Súmula*, bem como a sua alteração ou cancelamento, serão deliberados em Plenário, por maioria absoluta.

§ 2º Os verbetes cancelados ou alterados guardarão a respectiva numeração com a nota correspondente, tomando novos números os que forem modificados.

§ 3º Os adendos e emendas à *Súmula*, datados e numerados em séries separadas e sucessivas, serão publicados três vezes consecutivas no *Diário da Justiça*.

§ 4º A citação da *Súmula*, pelo número correspondente, dispensará, perante o Tribunal, a referência a outros julgados no mesmo sentido.

Art. 103. Qualquer dos Ministros pode propor a revisão da jurisprudência assentada em matéria constitucional e da compendiada na Súmula, procedendo-se ao sobrestamento do feito, se necessário.

CAPÍTULO V
DOS PRAZOS

Art. 104. Os prazos no Tribunal correm da publicação do ato ou do aviso no *Diário da Justiça*, salvo o disposto nos parágrafos seguintes.

§ 1º As intimações decorrentes de publicação de ato ou aviso consideram-se feitas no dia da circulação do *Diário da Justiça*.

§ 2º Os prazos somente começam a correr a partir do primeiro dia útil após a intimação.

§ 3º As decisões ou despachos designativos de prazos podem determinar que estes corram da intimação pessoal ou da ciência por outro meio eficaz.

§ 4º Os prazos marcados em correspondência postal, telegráfica ou telefônica correm do seu recebimento, a menos que, sendo confirmativa ou *pro memoria*, tal comunicação se refira a prazo com data diversa para o seu começo.

§ 5º Considera-se prorrogado o prazo até o primeiro dia útil imediato, se o vencimento cair em feriado, ou em dia em que for determinado o fechamento da Secretaria ou o encerramento do expediente antes da hora normal.

§ 6º As citações obedecerão ao disposto nas leis processuais.

Art. 105. Não correm os prazos nos períodos de férias e recesso, salvo as hipóteses previstas em lei ou neste Regimento.

§ 1º Nos casos deste artigo, os prazos começam ou continuam a fluir no dia de reabertura do expediente.

§ 2º Também não corre prazo, havendo obstáculo judicial ou motivo de força maior comprovado, reconhecido pelo Tribunal.

§ 3º As informações oficiais, apresentadas fora do prazo por justo motivo, podem ser admitidas, se ainda oportuna a sua apreciação.

§ 4º Ficam inalterados, durante os recessos forenses e as férias do Tribunal, os prazos determinados pela Presidência no exercício da competência prevista no art. 13, VIII, deste Regimento Interno.

► § 4º acrescido pela ER nº 37, de 11-2-2010.

Art. 106. Mediante pedido conjunto de ambas as partes, inclusive por telegrama ou radiograma, o relator pode admitir redução ou prorrogação de prazo dilatório por tempo razoável.

Parágrafo único. Na hipótese deste artigo, cabe às partes diligenciar o conhecimento do despacho concessivo ou denegatório, independente de publicação ou intimação.

Art. 107. O prazo para o preparo que deva ser feito no Supremo Tribunal Federal é de dez dias.

Art. 108. Os prazos para diligências serão fixados nos atos que as ordenarem, salvo disposição em contrário deste Regimento.

Art. 109. Os prazos para editais são os fixados neste Regimento e na lei.

Art. 110. Os prazos não especificados neste Regimento:

I – serão fixados pelo Tribunal, pelo Presidente, pelas Turmas ou por seus Presidentes, ou pelo relator, conforme o caso;

II – não tendo sido fixado prazo, nos termos do item anterior, este será de quinze dias para contestação e de cinco dias para interposição de recurso ou qualquer outro ato.

Parágrafo único. O Procurador-Geral da República e a Fazenda Pública em geral têm prazo em quádruplo para contestação e em dobro para interposição de recurso, observando-se, no mais, o que dispõem a lei e o Regimento.

Art. 111. Os prazos para os Ministros, salvo acúmulo de serviço, são os seguintes:

I – dez dias para atos administrativos e despachos em geral;

II – vinte dias para o visto do revisor;

III – trinta dias para o visto do relator.

Art. 112. Salvo disposição em contrário, os servidores do Tribunal terão o prazo de quarenta e oito horas para os atos do processo.

TÍTULO II – DAS PROVAS

CAPÍTULO I

DISPOSIÇÕES GERAIS

Art. 113. A proposição, admissão e produção de provas no Tribunal obedecerão às leis processuais, observados os preceitos especiais deste Título.

CAPÍTULO II

DOS DOCUMENTOS E INFORMAÇÕES

Art. 114. Se a parte não puder instruir, desde logo, suas alegações, por impedimento ou demora em obter certidões ou cópias autenticadas de notas ou registros em repartições ou estabelecimentos públicos, o Relator conceder-lhe-á prazo para esse fim. Se houver recusa no fornecimento, o Relator as requisitará.

Art. 115. Nos recursos interpostos em instância inferior, não se admitirá juntada de documentos desde que recebidos os autos no Tribunal, salvo:

I – para comprovação de textos legais ou de precedentes judiciais, desde que estes últimos não se destinem a suprir, tardiamente, pressuposto recursal não observado;

II – para prova de fatos supervenientes, inclusive decisões em processos conexos, que afetem ou prejudiquem os direitos postulados;

III – em cumprimento de determinação do Relator, do Plenário ou da Turma.

§ 1º O disposto neste artigo aplica-se aos recursos interpostos perante o Tribunal.

§ 2º Após o julgamento, serão devolvidos às partes os documentos que estiverem juntos por linha, salvo se deliberada a sua anexação aos autos.

Art. 116. Em caso de impugnação, as partes comprovarão a fidelidade da transcrição de textos de leis e demais atos do poder público, bem como a vigência e o teor de normas pertinentes à causa, quando emanarem de Estado estrangeiro, de organismo internacional ou, no Brasil, de Estado e Municípios.

Art. 117. A parte será intimada por publicação no *Diário da Justiça* ou, se o Relator o determinar, pela forma indicada no art. 81, para falar sobre documento junto pela parte contrária, após sua última intervenção no processo.

Art. 118. O advogado prestará os esclarecimentos pedidos pelos Ministros, durante o julgamento, sobre peças dos autos e sobre citações que tiver feito de textos legais, precedentes judiciais e trabalhos doutrinários.

CAPÍTULO III

DA APRESENTAÇÃO DE PESSOAS E OUTRAS DILIGÊNCIAS

Art. 119. No processo em que se fizer necessária a presença da parte ou de terceiro, o Plenário, a Turma ou o Relator poderá, independente de outras sanções legais, expedir ordem de condução da pessoa que, intimada, deixar de comparecer sem motivo justificado.

Art. 120. Observar-se-ão as formalidades da lei na realização de exames periciais, arbitramentos, buscas e apreensões, na exibição e conferência de documentos e em quaisquer outras diligências determinadas ou deferidas pelo Plenário, pela Turma ou pelo Relator.

CAPÍTULO IV

DOS DEPOIMENTOS

Art. 121. Os depoimentos poderão ser gravados e, depois de transcritos, serão assinados pelo Relator e pelo depoente.

► *Caput* com a redação dada pela ER nº 26, de 22-10-2008.

Parágrafo único. Aplica-se o disposto neste artigo ao interrogatório dos acusados.

TÍTULO III – DAS SESSÕES

CAPÍTULO I

DISPOSIÇÕES GERAIS

Art. 122. Haverá sessões ordinárias, do Plenário e das Turmas, nos dias designados, e extraordinárias, mediante convocação.

Art. 123. As sessões ordinárias do Plenário terão início às 14 horas e terminarão às 18 horas, com intervalo de trinta minutos, podendo ser prorrogadas sempre que o serviço o exigir.

► *Caput* com a redação dada pela ER nº 7, de 6-4-1998.

§ 1º As sessões ordinárias das Turmas terão início às 14 horas e terminarão às 18 horas, com intervalo de trinta minutos, podendo ser prorrogadas sempre que o serviço o exigir.

► § 1º acrescido pela ER nº 7, de 6-4-1998.

§ 2º As sessões extraordinárias terão início à hora designada e serão encerradas quando cumprido o fim a que se destinem.

► Parágrafo único transformado em § 2º pela ER nº 7, de 6-4-1998.

Art. 124. As sessões serão públicas, salvo quando este Regimento determinar que sejam secretas, ou assim o deliberar o Plenário ou a Turma.

Parágrafo único. Os advogados ocuparão a tribuna para formularem requerimento, produzirem sustentação oral, ou responderem às perguntas que lhes forem feitas pelos Ministros.

Art. 125. Nas sessões do Plenário e das Turmas, observar-se-á a seguinte ordem:

I – verificação do número de Ministros;
II – discussão e aprovação da ata anterior;
III – indicações e propostas;
IV – julgamento dos processos em mesa.

Art. 126. Os processos conexos poderão ser objeto de um só julgamento.

Parágrafo único. Se houver mais de um Relator, os relatórios serão feitos sucessivamente, antes do debate e julgamento.

Art. 127. Podem ser julgados conjuntamente os processos que versarem a mesma questão jurídica, ainda que apresentem peculiaridades.

Parágrafo único. Na hipótese deste artigo, os relatórios sucessivos reportar-se-ão ao anterior, indicando as peculiaridades do caso.

Art. 128. Os julgamentos a que o Regimento não der prioridade realizar-se-ão, sempre que possível, de conformidade com a ordem crescente de numeração dos feitos em cada classe.

§ 1º Os processos serão chamados pela ordem de antiguidade decrescente dos respectivos Relatores. O critério da numeração referir-se-á a cada Relator.

§ 2º O Presidente poderá dar preferência aos julgamentos nos quais os advogados devam produzir sustentação oral.

Art. 129. Em caso de urgência, o Relator poderá indicar preferência para o julgamento.

Art. 130. Poderá ser deferida preferência a requerimento do Procurador-Geral, de julgamento relativo a processos em que houver medida cautelar.

Art. 131. Nos julgamentos, o Presidente do Plenário ou da Turma, feito o relatório, dará a palavra, sucessivamente, ao autor, recorrente, peticionário ou impetrante, e ao réu, recorrido ou impetrado, para sustentação oral.

§ 1º O assistente somente poderá produzir sustentação oral quando já admitido.

§ 2º Não haverá sustentação oral nos julgamentos de agravo, embargos declaratórios, arguição de suspeição e medida cautelar.

§ 3º Admitida a intervenção de terceiros no processo de controle concentrado de constitucionalidade, fica-lhes facultado produzir sustentação oral, aplicando-se, quando for o caso, a regra do § 2º do artigo 132 deste Regimento.

► § 3º acrescido pela ER nº 15, de 30-3-2004.

§ 4º No julgamento conjunto de causas ou recursos sobre questão idêntica, a sustentação oral por mais de um advogado obedecerá ao disposto no § 2º do artigo 132.

► § 4º acrescido pela ER nº 20, de 16-10-2006.

§ 5º Os advogados e procuradores que desejarem realizar sustentação oral por videoconferência, nas sessões presenciais de julgamento do Plenário e das Turmas, deverão inscrever-se, utilizando o formulário eletrônico disponibilizado no sítio eletrônico do Supremo Tribunal Federal até 48 horas antes do dia da sessão.

► § 5º acrescido pela ER nº 53, de 18-3-2020.

Art. 132. Cada uma das partes falará pelo tempo máximo de quinze minutos, excetuada a ação penal originária, na qual o prazo será de uma hora, prorrogável pelo Presidente.

§ 1º O Procurador-Geral terá prazo igual ao das partes, falando em primeiro lugar se a União for autora ou recorrente.

§ 2º Se houver litisconsortes não representados pelo mesmo advogado, o prazo, que se contará em dobro, será dividido igualmente entre os do mesmo grupo, se diversamente entre eles não se convencionar.

§ 3º O opoente terá prazo próprio para falar, igual ao das partes.

§ 4º Havendo assistente, na ação penal pública, falará depois do Procurador-Geral, a menos que o recurso seja deste.

§ 5º O Procurador-Geral falará depois do autor da ação penal privada.

§ 6º Se, em ação penal, houver recurso de corréus em posição antagônica, cada grupo terá prazo completo para falar.

§ 7º Nos processos criminais, havendo corréus que sejam coautores, se não tiverem o mesmo defensor, o prazo será contado em dobro e dividido igualmente entre os defensores, salvo se estes convencionarem outra divisão do tempo.

Art. 133. Cada Ministro poderá falar duas vezes sobre o assunto em discussão e mais uma vez, se for o caso, para explicar a modificação do voto. Nenhum falará sem autorização do Presidente, nem interromperá a quem estiver usando a palavra, salvo para apartes, quando solicitados e concedidos.

Parágrafo único. Os apartes constarão do acórdão, salvo se cancelados pelo Ministro aparteante, caso em que será anotado o cancelamento.

► Parágrafo único acrescido pela ER nº 40, de 5-8-2010.

Art. 134. O ministro que pedir vista dos autos deverá apresentá-los, para prosseguimento da votação, no prazo de trinta dias, contado da data da publicação da ata de julgamento.

► *Caput* com a redação dada pela ER nº 54, de 1º-7-2020.

§ 1º Ao reencetar-se o julgamento, serão computados os votos já proferidos pelos Ministros, ainda que não compareçam ou hajam deixado o exercício do cargo.

§ 2º Não participarão do julgamento os Ministros que não tenham assistido ao relatório ou aos debates, salvo quando se derem por esclarecidos.

► § 2º com a redação dada pela ER nº 2, de 4-12-1985.

§ 3º Se, para o efeito do *quorum* ou desempate na votação, for necessário o voto de Ministro nas condições do parágrafo anterior, serão renovados o relatório e a sustentação oral, computando-se os votos anteriormente proferidos.

§ 4º O prazo a que se refere o *caput* ficara suspenso nos períodos de recesso ou férias coletivas e poderá ser prorrogado, por uma única vez, por igual período, mediante manifestação expressa do ministro vistor ao presidente do respectivo colegiado.

► § 4º acrescido pela ER nº 54, de 1º-7-2020.

Art. 135. Concluído o debate oral, o Presidente tomará os votos do Relator, do Revisor, se houver, e dos outros Ministros, na ordem inversa da antiguidade.

§ 1º Os Ministros poderão antecipar o voto se o Presidente autorizar.

§ 2º Encerrada a votação, o Presidente proclamará a decisão.

§ 3º Se o Relator for vencido, ficará designado o Revisor para redigir o acórdão.

§ 4º Se não houver Revisor, ou se este também ficar vencido, designar-se-á para redigir o acórdão o Ministro que houver proferido o primeiro voto prevalecente, ressalvado o disposto no artigo 324, § 3º, deste Regimento.

► § 4º com a redação dada pela ER nº 49, de 3-6-2014.

Art. 136. As questões preliminares serão julgadas antes do mérito, deste não se conhecendo se incompatível com a decisão daquelas.

§ 1º Sempre que, no curso do relatório, ou antes dele, algum dos Ministros suscitar preliminar, será ela, antes de julgada, discutida pelas partes, que poderão usar da palavra pelo prazo regimental. Se não acolhida a preliminar, prosseguir-se-á no julgamento.

§ 2º Quando a preliminar versar nulidade suprível, converter-se-á o julgamento em diligência e o Relator, se for necessário, ordenará a remessa dos autos ao juiz de primeira instância ou ao Presidente do Tribunal *a quo* para os fins de direito.

Art. 137. Rejeitada a preliminar, ou se com ela for compatível a apreciação do mérito, seguir-se-ão a discussão e julgamento da matéria principal, pronunciando-se sobre esta os juízes vencidos na preliminar.

Art. 138. Preferirá aos demais, na sua classe, o processo, em mesa, cujo julgamento tenha sido iniciado.

Art. 139. O julgamento, uma vez iniciado, ultimar-se-á na mesma sessão, ainda que excedida a hora regimental.

Art. 140. O Plenário ou a Turma poderá converter o julgamento em diligência, quando necessária à decisão da causa.

CAPÍTULO II
DAS SESSÕES SOLENES

Art. 141. O Tribunal reúne-se em sessão solene:

I – para dar posse ao Presidente e ao Vice-Presidente;
II – para dar posse aos Ministros;
III – para receber o Presidente da República;
IV – para receber Chefe de Estado estrangeiro, em visita oficial ao Brasil;
V – para celebrar acontecimento de alta relevância, quando convocado por deliberação plenária em sessão administrativa;
VI – para instalar o ano judiciário.

► Inciso VI acrescido pela ER nº 14, de 25-3-2004.

§ 1º A sessão solene a que se refere o inciso VI realizar-se-á sempre no primeiro dia útil do mês de fevereiro de cada ano.

§ 2º Na solenidade de instalação do ano judiciário, integrarão a Mesa, mediante convite, os Presidentes da República, do Congresso Nacional, da Câmara dos Deputados, do Tribunal Superior Eleitoral, do Superior Tribunal de Justiça, do Superior Tribunal Militar, do Tribunal Superior do Trabalho e o Procurador-Geral da República e farão uso da palavra as autoridades indicadas pelo Presidente do Supremo Tribunal Federal.

► §§ 1º e 2º acrescidos pela ER nº 14, de 25-3-2004.

Art. 142. O cerimonial das sessões solenes será regulado por ato do Presidente.

CAPÍTULO III
DAS SESSÕES DO PLENÁRIO

Art. 143. O Plenário, que se reúne com a presença mínima de seis Ministros, é dirigido pelo Presidente do Tribunal.

Parágrafo único. O *quorum* para a votação de matéria constitucional e para a eleição do Presidente e do Vice-Presidente, dos membros do Conselho Nacional da Magistratura e do Tribunal Superior Eleitoral é de oito Ministros.

Art. 144. Nas sessões do Plenário, o Presidente tem assento à mesa, na parte central, ficando o Procurador-Geral à sua direita. Os demais Ministros sentar-se-ão, pela ordem decrescente de antiguidade, alternadamente, nos lugares laterais, a começar pela direita.

Art. 145. Terão prioridade, no julgamento do Plenário, observados os artigos 128 a 130 e 138:

I – os *habeas corpus*;
II – os pedidos de extradição;
III – as causas criminais e, dentre estas, as de réu preso;
IV – os conflitos de jurisdição;
V – os recursos oriundos do Tribunal Superior Eleitoral;
VI – os mandados de segurança;
VII – as reclamações;
VIII – as representações;
IX – os pedidos de avocação e as causas avocadas.

Art. 146. Havendo, por ausência ou falta de um Ministro, nos termos do art. 13, IX, empate na votação de matéria cuja solução dependa de maioria absoluta, considerar-se-á julgada a questão proclamando-se a solução contrária à pretendida ou à proposta.

Parágrafo único. No julgamento de *habeas corpus* e de recursos de *habeas corpus* proclamar-se-á, na hipótese de empate, a decisão mais favorável ao paciente.

► Art. 146 com a redação dada pela ER nº 35, de 2-12-2009.

CAPÍTULO IV
DAS SESSÕES DAS TURMAS

Art. 147. As Turmas reúnem-se com a presença, pelo menos, de três Ministros.

Art. 148. Nas sessões das Turmas, o Presidente tem assento à mesa, na parte central, ficando o Procurador-Geral à sua direita. Os demais Ministros sentar-se-ão, pela ordem decrescente de antiguidade, alternadamente, nos lugares laterais, a começar pela direita.

Parágrafo único. Quando o Presidente do Tribunal comparecer à sessão de Turma para julgar processo a que estiver vinculado, ou do qual houver pedido vista, assumir-lhe-á a presidência pelo tempo correspondente ao julgamento.

Art. 149. Terão prioridade, no julgamento, observados os artigos 128 a 130 e 138:

I – os *habeas corpus*;
II – as causas criminais, dentre estas as de réu preso;
III – as reclamações.

► Inciso III acrescido pela ER nº 9, de 8-10-2001.

Art. 150. O Presidente da Turma terá sempre direito a voto.

§ 1º Se ocorrer empate, será adiada a decisão até tomar-se o voto do Ministro que esteve ausente.

§ 2º Persistindo a ausência, ou havendo vaga, impedimento ou licença de Ministro da Turma, por mais de um mês, convocar-se-á Ministro da outra, na ordem decrescente de antiguidade.

§ 3º Nos *habeas corpus* e recursos em matéria criminal, exceto o recurso extraordinário, havendo empate, prevalecerá a decisão mais favorável ao paciente ou réu.

CAPÍTULO V

DAS SESSÕES ADMINISTRATIVAS E DE CONSELHO

Art. 151. As sessões serão secretas:

I – quando algum dos Ministros pedir que o Plenário ou a Turma se reúna em Conselho;

II – quando convocadas pelo Presidente para assunto administrativo ou da economia do Tribunal.

Art. 152. Nenhuma pessoa, além dos Ministros, será admitida às sessões secretas, salvo quando convocada especialmente.

Parágrafo único. No caso do inciso I do artigo anterior, o julgamento prosseguirá em sessão pública.

Art. 153. O registro das sessões secretas conterá somente a data e os nomes dos presentes, exceto quando as deliberações devam ser publicadas.

TÍTULO IV – DAS AUDIÊNCIAS

Art. 154. Serão públicas as audiências:

I – *Suprimido.* ER nº 18, de 2-8-2006;

II – para instrução de processo, salvo motivo relevante;

III – para ouvir o depoimento das pessoas de que tratam os artigos 13, inciso XVII, e 21, inciso XVII, deste Regimento.

► Inciso III acrescido pela ER nº 29, de 18-2-2009.

Parágrafo único. A audiência prevista no inciso III observará o seguinte procedimento:

I – o despacho que a convocar será amplamente divulgado e fixará prazo para a indicação das pessoas a serem ouvidas;

II – havendo defensores e opositores relativamente à matéria objeto da audiência, será garantida a participação das diversas correntes de opinião;

III – caberá ao Ministro que presidir a audiência pública selecionar as pessoas que serão ouvidas, divulgar a lista dos habilitados, determinando a ordem dos trabalhos e fixando o tempo que cada um disporá para se manifestar;

IV – o depoente deverá limitar-se ao tema ou questão em debate;

V – a audiência pública será transmitida pela TV Justiça e pela Rádio Justiça;

VI – os trabalhos da audiência pública serão registrados e juntados aos autos do processo, quando for o caso, ou arquivados no âmbito da Presidência;

VII – os casos omissos serão resolvidos pelo Ministro que convocar a audiência.

► Parágrafo único acrescido pela ER nº 29, de 18-2-2009.

Art. 155. O Ministro que presidir a audiência deliberará sobre o que lhe for requerido.

§ 1º Respeitada a prerrogativa dos advogados, nenhum dos presentes se dirigirá ao Presidente da audiência, a não ser de pé e com sua licença.

§ 2º O secretário da audiência fará constar em ata o que nela ocorrer.

TÍTULO V – DOS PROCESSOS SOBRE COMPETÊNCIA

CAPÍTULO I

DA RECLAMAÇÃO

Art. 156. Caberá reclamação do Procurador-Geral da República, ou do interessado na causa, para preservar a competência do Tribunal ou garantir a autoridade das suas decisões.

Parágrafo único. A reclamação será instruída com prova documental.

Art. 157. O relator requisitará informações da autoridade, a quem for imputada a prática do ato impugnado, que as prestará no prazo de cinco dias.

Art. 158. O relator poderá determinar a suspensão do curso do processo em que se tenha verificado o ato reclamado, ou a remessa dos respectivos autos ao Tribunal.

Art. 159. Qualquer interessado poderá impugnar o pedido do reclamante.

Art. 160. Decorrido o prazo para informações, dar-se-á vista ao Procurador-Geral, quando a reclamação não tenha sido por ele formulada.

Art. 161. Julgando procedente a reclamação, o Plenário ou a Turma poderá:

► *Caput* com a redação dada pela ER nº 9, de 8-10-2001.

I – avocar o conhecimento do processo em que se verifique usurpação de sua competência;

II – ordenar que lhe sejam remetidos, com urgência, os autos do recurso para ele interposto;

III – cassar decisão exorbitante de seu julgado, ou determinar medida adequada à observância de sua jurisdição.

Parágrafo único. O Relator poderá julgar a reclamação quando a matéria for objeto de jurisprudência consolidada do Tribunal.

► Parágrafo único acrescido pela ER nº 13, de 25-3-2004.

Art. 162. O Presidente do Tribunal ou da Turma determinará o imediato cumprimento da decisão, lavrando-se o acórdão posteriormente.

► Artigo com a redação dada pela ER nº 9, de 8-10-2001.

CAPÍTULO II

DO CONFLITO DE JURISDIÇÃO OU COMPETÊNCIA E DE ATRIBUIÇÕES

Art. 163. O conflito de jurisdição ou competência poderá ocorrer entre autoridades judiciárias; o de atribuições, entre autoridades judiciárias e administrativas.

Art. 164. Dar-se-á conflito nos casos previstos nas leis processuais.

Art. 165. O conflito poderá ser suscitado pela parte interessada, pelo Ministério Público ou por qualquer das autoridades conflitantes.

Art. 166. Poderá o relator, de ofício, ou a requerimento de qualquer das partes, determinar, quando o conflito for positivo, seja sobrestado o processo, e, neste caso, bem assim no de conflito negativo, designar um dos órgãos para resolver, em caráter provisório, as medidas urgentes.

Art. 167. Sempre que necessário, o relator mandará ouvir as autoridades em conflito, no prazo de dez dias.

Art. 168. Prestadas ou não as informações, o relator dará vista do processo ao Procurador-Geral e, a seguir, apresentá-lo-á em mesa para julgamento.

§ 1º Na decisão do conflito, compreender-se-á como expresso o que nela virtualmente se contenha ou dela resulte.

§ 2º Da decisão de conflito não caberá recurso.

§ 3º No caso de conflito positivo, o Presidente poderá determinar o imediato cumprimento da decisão, lavrando-se o acórdão, posteriormente.

TÍTULO VI – DA DECLARAÇÃO DE INCONSTITUCIONALIDADE E DA INTERPRETAÇÃO DE LEI

CAPÍTULO I

DA DECLARAÇÃO DE INCONSTITUCIONALIDADE DE LEI OU ATO NORMATIVO

Art. 169. O Procurador-Geral da República poderá submeter ao Tribunal, mediante representação, o exame de lei ou ato normativo federal ou estadual, para que seja declarada a sua inconstitucionalidade.

§ 1º Proposta a representação, não se admitirá desistência, ainda que afinal o Procurador-Geral se manifeste pela sua improcedência.

§ 2º Não se admitirá assistência a qualquer das partes.

▸ §§ 1º e 2º com a redação dada pela ER nº 2, de 4-12-1985.

Art. 170. O relator pedirá informações à autoridade da qual tiver emanado o ato, bem como ao Congresso Nacional ou à Assembleia Legislativa, se for o caso.

§ 1º Se houver pedido de medida cautelar, o relator submetê-la-á ao Plenário e somente após a decisão solicitará as informações.

§ 2º As informações serão prestadas no prazo de trinta dias, contados do recebimento do pedido, podendo ser dispensadas, em caso de urgência, pelo relator, *ad referendum* do Tribunal.

§ 3º Se, ao receber os autos, ou no curso do processo, o relator entender que a decisão é urgente, em face do relevante interesse de ordem pública que envolve, poderá, com prévia ciência das partes, submetê-lo ao conhecimento do Tribunal, que terá a faculdade de julgá-lo com os elementos de que dispuser.

Art. 171. Recebidas as informações, será aberta vista ao Procurador-Geral, pelo prazo de quinze dias, para emitir parecer.

Art. 172. Decorrido o prazo do artigo anterior, ou dispensadas as informações em razão da urgência, o relator, lançado o relatório, do qual a Secretaria remeterá cópia a todos os Ministros, pedirá dia para julgamento.

Art. 173. Efetuado o julgamento, com o *quorum* do artigo 143, parágrafo único, proclamar-se-á a inconstitucionalidade ou a constitucionalidade do preceito ou do ato impugnados, se num ou noutro sentido se tiverem manifestado seis Ministros.

Parágrafo único. Se não for alcançada a maioria necessária à declaração de inconstitucionalidade, estando licenciados ou ausentes Ministros em número que possa influir no julgamento, este será suspenso a fim de aguardar-se o comparecimento dos Ministros ausentes, até que se atinja o *quorum.*

Art. 174. Proclamada a constitucionalidade na forma do artigo anterior, julgar-se-á improcedente a representação.

Art. 175. Julgada procedente a representação e declarada a inconstitucionalidade total ou parcial de Constituição Estadual, de lei ou decreto federal ou estadual, de resolução de órgão judiciário ou legislativo, bem como de qualquer outro ato normativo federal ou estadual ou de autoridade da administração direta ou indireta, far-se-á comunicação à autoridade ou órgão responsável pela expedição do ato normativo impugnado.

Parágrafo único. Se a declaração de inconstitucionalidade de lei ou ato estadual se fundar nos incisos VI e VII do artigo 10 da Constituição, a comunicação será feita, logo após a decisão, à autoridade interessada, bem como, depois do trânsito em julgado, ao Presidente da República, para os efeitos do § 2º do artigo 11 da Constituição.

Art. 176. Arguida a inconstitucionalidade de lei ou ato normativo federal, estadual ou municipal, em qualquer outro processo submetido ao Plenário, será ela julgada em conformidade com o disposto nos artigos 172 a 174, depois de ouvido o Procurador-Geral.

§ 1º Feita a arguição em processo de competência da Turma, e considerada relevante, será ele submetido ao Plenário, independente de acórdão, depois de ouvido o Procurador-Geral.

§ 2º De igual modo procederão o Presidente do Tribunal e os das Turmas, se a inconstitucionalidade for alegada em processo de sua competência.

Art. 177. O Plenário julgará a prejudicial de inconstitucionalidade e as demais questões da causa.

Art. 178. Declarada, incidentalmente, a inconstitucionalidade, na forma prevista nos artigos 176 e 177, far-se-á a comunicação, logo após a decisão, à autoridade ou órgão interessado, bem como, depois do trânsito em julgado, ao Senado Federal, para os efeitos do artigo 42, VII, da Constituição.

CAPÍTULO II

DA INTERPRETAÇÃO DE LEI

Art. 179. O Procurador-Geral da República poderá submeter ao Tribunal o exame de lei ou ato normativo federal ou estadual para que este lhe fixe a interpretação.

Art. 180. A representação será instruída com o texto integral da lei ou do ato normativo e conterá os motivos que justificam a necessidade de sua interpretação prévia, bem como o entendimento que lhe dá o representante.

Art. 181. Proposta a representação, dela não poderá desistir o Procurador-Geral.

Parágrafo único. Não se admitirá assistência a qualquer das partes.

▸ Art. 181 com a redação dada pela ER nº 2, de 4-12-1985.

Art. 182. O Relator, se entender que não há motivos que justifiquem a necessidade da interpretação prévia, poderá indeferir, liminarmente, a representação, em despacho fundamentado, do qual caberá agravo regimental.

Art. 183. Se não indeferir liminarmente a representação, o Relator solicitará informações à autoridade da qual tiver emanado o ato, bem como ao Congresso Nacional ou à Assembleia Legislativa, se for o caso.

Parágrafo único. As informações, prestadas no prazo de trinta dias, serão acompanhadas, em se tratando de lei, de cópia de todas as peças do processo legislativo.

Art. 184. Recebidas as informações, o Relator, lançado o relatório do qual a secretaria remeterá cópia a todos os Ministros, pedirá dia para julgamento.

Art. 185. Efetuado o julgamento, com o *quorum* do parágrafo único do art. 143, proclamar-se-á a interpretação que tiver apoio de, pelo menos, seis Ministros.

§ 1º Se não for alcançada a maioria necessária, estando licenciados ou ausentes Ministros em número que possa influir no julgamento, este será suspenso a fim de aguardar-se o comparecimento desses Ministros, até que se atinja o *quorum.*

§ 2º Na hipótese de os votos se dividirem entre mais de duas interpretações, proceder-se-á, em outra sessão designada pelo Presidente, à segunda votação restrita à escolha, pelo *quorum* de seis Ministros, pelo menos, de uma dentre as duas interpretações anteriormente mais votadas.

Art. 186. A interpretação adotada no julgamento da representação será imediatamente comunicada, pelo Presidente do Tribunal, à autoridade a quem tiverem sido solicitadas as informações.

Art. 187. A partir da publicação do acórdão, por suas conclusões e ementa, no Diário da Justiça da União, a interpretação nele fixada terá força vinculante para todos os efeitos.

TÍTULO VII – DAS GARANTIAS CONSTITUCIONAIS

CAPÍTULO I
DO *HABEAS CORPUS*

Art. 188. Dar-se-á *habeas corpus* sempre que alguém sofrer ou se achar ameaçado de sofrer violência ou coação em sua liberdade de locomoção, por ilegalidade ou abuso de poder.

Art. 189. O *habeas corpus* pode ser impetrado:

I – por qualquer pessoa, em seu favor ou de outrem;

II – pelo Ministério Público.

Art. 190. A petição de *habeas corpus* deverá conter:

I – o nome do impetrante, bem como o do paciente e do coator;

II – os motivos do pedido e, quando possível, a prova documental dos fatos alegados;

III – a assinatura do impetrante ou de alguém a seu rogo, se não souber ou não puder escrever.

Art. 191. O Relator requisitará informações do apontado coator e, sem prejuízo do disposto no art. 21, IV e V, poderá:

I – sendo relevante a matéria, nomear advogado para acompanhar e defender oralmente o pedido, se o impetrante não for diplomado em direito;

II – ordenar diligências necessárias à instrução do pedido, no prazo que estabelecer, se a deficiência deste não for imputável ao impetrante;

III – determinar a apresentação do paciente à sessão do julgamento, se entender conveniente;

IV – no *habeas corpus* preventivo, expedir salvo-conduto em favor do paciente, até decisão do feito, se houver grave risco de consumar-se a violência.

Art. 192. Quando a matéria for objeto de jurisprudência consolidada do Tribunal, o Relator poderá desde logo denegar ou conceder a ordem, ainda que de ofício, à vista da documentação da petição inicial ou do teor das informações.

► *Caput* com a redação dada pela ER nº 30, de 29-5-2009.

§ 1º Não se verificando a hipótese do *caput*, instruído o processo e ouvido o Procurador-Geral em dois dias, o Relator apresentará o feito em mesa para julgamento na primeira sessão da Turma ou do Plenário, observando-se, quanto à votação, o disposto nos arts. 146, parágrafo único, e 150, § 3º.

§ 2º Não apresentado o processo na primeira sessão, o impetrante poderá requerer seja cientificado pelo Gabinete, por qualquer via, da data do julgamento.

§ 3º Não se conhecerá de pedido desautorizado pelo paciente.

► §§ 1º a 3º acrescidos pela ER nº 30, de 29-5-2009.

Art. 193. O Tribunal poderá, de ofício:

I – usar da faculdade prevista no art. 191, III;

II – expedir ordem de *habeas corpus* quando, no curso de qualquer processo, verificar que alguém sofre ou se ache ameaçado de sofrer violência ou coação em sua liberdade de locomoção por, ilegalidade ou abuso de poder.

Art. 194. A decisão concessiva de *habeas corpus* será imediatamente comunicada às autoridades a quem couber cumpri-la, sem prejuízo da remessa de cópia autenticada do acórdão.

Parágrafo único. A comunicação mediante ofício, telegrama ou radiograma, bem como o salvo-conduto, em caso de ameaça de violência ou coação, serão firmados pelo Presidente do Tribunal ou da Turma.

Art. 195. Ordenada a soltura do paciente, em virtude de *habeas corpus*, a autoridade que, por má-fé ou evidente abuso de poder, tiver determinado a coação, será condenada nas custas, remetendo-se ao Ministério Público traslado das peças necessárias à apuração de sua responsabilidade penal.

Art. 196. O carcereiro ou diretor da prisão, o escrivão, o oficial de justiça ou a autoridade judiciária, policial ou militar que embaraçarem ou procrastinarem o encaminhamento do pedido de *habeas corpus*, as informações sobre a causa da violência, coação ou ameaça, ou a condução e apresentação do paciente, serão multados na forma da legislação processual vigente, sem prejuízo de outras sanções penais e administrativas.

Art. 197. Havendo desobediência ou retardamento abusivo no cumprimento da ordem de *habeas corpus*, por parte do detentor ou carcereiro, o Presidente do Tribunal expedirá mandado de prisão contra o desobediente e oficiará ao Ministério Público, a fim de que promova a ação penal.

Parágrafo único. Na hipótese deste artigo, o Tribunal ou o seu Presidente tomarão as providências necessárias ao cumprimento da decisão, com emprego de meios legais cabíveis, e determinarão, se necessário, a apresentação do paciente ao Relator ou a magistrado local por ele designado.

Art. 198. As fianças que se tiverem de prestar perante o Tribunal, em virtude de *habeas corpus*, serão processadas pelo Relator, a menos que este delegue essa atribuição a outro magistrado.

Art. 199. Se, pendente o processo de *habeas corpus*, cessar a violência ou coação, julgar-se-á prejudicado o pedido, podendo, porém, o Tribunal declarar a ilegalidade do ato e tomar as providência cabíveis para a punição do responsável.

CAPÍTULO II
DO MANDADO DE SEGURANÇA

Art. 200. Conceder-se-á mandado de segurança para proteger direito líquido e certo não amparado por *habeas corpus*, quando a autoridade responsável pela ilegalidade ou abuso de poder estiver sob a jurisdição do Tribunal.

Parágrafo único. O direito de pedir segurança extingue-se após cento e vinte dias da ciência, pelo interessado, do ato impugnado.

Art. 201. Não se dará mandado de segurança quando estiver em causa:

I – ato de que caiba recurso administrativo com efeito suspensivo, independente de caução;

II – despacho ou decisão judicial, de que caiba recurso, ou que seja suscetível de correição;

III – ato disciplinar, salvo se praticado por autoridade incompetente ou com inobservância de formalidade essencial.

Art. 202. A petição inicial, que deverá preencher os requisitos dos artigos 282 e 283 do Código de Processo Civil, será apresentada em duas vias, e os documentos que instruírem a primeira deverão ser reproduzidos, por cópia, na segunda, salvo o disposto no artigo 114 deste Regimento.

► Refere-se ao CPC/1973.

Art. 203. O relator mandará notificar a autoridade coatora para prestar informações no prazo previsto em lei.

§ 1º Quando relevante o fundamento e do ato impugnado puder resultar a ineficácia da medida, caso deferida, o relator determinar-lhe-á a suspensão, salvo nos casos vedados em lei.

§ 2º A notificação será instruída com a segunda via da inicial e cópias dos documentos, bem como do despacho concessivo da liminar, se houver.

Art. 204. A medida liminar vigorará pelo prazo de noventa dias, contado de sua efetivação e prorrogável por mais trinta dias, se o acúmulo de serviço o justificar.

Parágrafo único. Se, por ação ou omissão, o beneficiário da liminar der causa à procrastinação do julgamento do pedido, poderá o relator revogar a medida.

Art. 205. Recebidas as informações ou transcorrido o respectivo prazo, sem o seu oferecimento, o Relator, após vista ao Procurador-Geral, pedirá dia para julgamento, ou, quando a matéria for objeto de jurisprudência consolidada do Tribunal, julgará o pedido.

► *Caput* com a redação dada pela ER nº 28, de 18-2-2009.

Parágrafo único. O julgamento de mandado de segurança contra ato do Presidente do Supremo Tribunal Federal ou do Conselho Nacional da Magistratura será presidido pelo Vice-Presidente ou, no caso de ausência ou impedimento, pelo Ministro mais antigo dentre os presentes à sessão. Se lhe couber votar, nos termos do artigo 146, I a III e V, e seu voto produzir empate, observar-se-á o seguinte:

I – não havendo votado algum Ministro, por motivo de ausência ou licença que não deva perdurar por mais de três meses, aguardar-se-á o seu voto;

II – havendo votado todos os Ministros, salvo os impedidos ou licenciados por período remanescente superior a três meses, prevalecerá o ato impugnado.

Art. 206. A concessão ou a denegação de segurança na vigência de medida liminar serão imediatamente comunicadas à autoridade apontada como coatora.

TÍTULO VIII – DOS PROCESSOS ORIUNDOS DE ESTADOS ESTRANGEIROS

CAPÍTULO I
DA EXTRADIÇÃO

Art. 207. Não se concederá extradição sem prévio pronunciamento do Supremo Tribunal Federal sobre a legalidade e a procedência do pedido, observada a legislação vigente.

Art. 208. Não terá andamento o pedido de extradição sem que o extraditando seja preso e colocado à disposição do Tribunal.

Art. 209. O Relator designará dia e hora para o interrogatório do extraditando e requisitará a sua apresentação.

Art. 210. No interrogatório, ou logo após, intimar-se-á o defensor do extraditando para apresentar defesa escrita no prazo de dez dias.

§ 1º O Relator dará advogado ao extraditando que não o tiver, e curador, se for o caso.

§ 2º Será substituído o defensor, constituído ou dativo, que não apresentar a defesa no prazo deste artigo.

Art. 211. É facultado ao Relator delegar o interrogatório do extraditando a juiz do local onde estiver preso.

Parágrafo único. Para o fim deste artigo, serão os autos remetidos ao juiz delegado, que os devolverá, uma vez apresentada a defesa ou exaurido o prazo.

Art. 212. Junta a defesa e aberta vista por dez dias ao Procurador-Geral, o Relator pedirá dia para julgamento.

Parágrafo único. O Estado requerente da extradição poderá ser representado por advogado para acompanhar o processo perante o Tribunal.

Art. 213. O extraditando permanecerá na prisão, à disposição do Tribunal, até o julgamento final.

Art. 214. No processo de extradição, não se suspende no recesso e nas férias o prazo fixado por lei para o cumprimento de diligência determinada pelo Relator ou pelo Tribunal.

CAPÍTULO II
DA HOMOLOGAÇÃO DE SENTENÇA ESTRANGEIRA

► A homologação de sentença estrangeira passou a ser da competência do STJ, conforme art. 105, I, *i*, da CF, com a redação dada pela EC nº 45, de 8-12-2004.

Art. 215. A sentença estrangeira não terá eficácia no Brasil sem a prévia homologação pelo Supremo Tribunal Federal ou por seu Presidente.

► Artigo com a redação dada pela ER nº 1, de 25-11-1981.

Art. 216. Não será homologada sentença que ofenda a soberania nacional, a ordem pública e os bons costumes.

Art. 217. Constituem requisitos indispensáveis à homologação da sentença estrangeira:

I – haver sido proferida por juiz competente;

II – terem sido as partes citadas ou haver-se legalmente verificado a revelia;

III – ter passado em julgado e estar revestida das formalidades necessárias à execução no lugar em que foi proferida;

IV – estar autenticada pelo cônsul brasileiro e acompanhada de tradução oficial.

Art. 218. A homologação será requerida pela parte interessada, devendo a petição inicial conter as indicações constantes da lei processual, e ser instruída com a certidão ou cópia autêntica do texto integral da sentença estrangeira e com outros documentos indispensáveis, devidamente traduzidos e autenticados.

Parágrafo único. *Revogado.* ER nº 1, de 25-11-1981.

Art. 219. Se a petição inicial não preencher os requisitos exigidos no artigo anterior ou apresentar defeitos ou irregularidades que dificultem o julgamento, o Presidente mandará que o requerente a emende ou complete, no prazo de dez dias, sob pena de indeferimento.

Parágrafo único. Se o requerente não promover, no prazo marcado, mediante intimação ao advogado, ato ou diligência que lhe for determinado no curso do processo, será este julgado extinto pelo Presidente ou pelo Plenário, conforme o caso.

► Parágrafo único com a redação dada pela ER nº 1, de 25-11-1981.

Art. 220. Autuados a petição e os documentos, o Presidente mandará citar o requerido para, em quinze dias, contestar o pedido.

§ 1º O requerido será citado por oficial de justiça, se domiciliado no Brasil, expedindo-se, para isso, carta de ordem; se domiciliado no estrangeiro, pela forma estabelecida na lei do País, expedindo-se carta rogatória.

► A concessão de *exequatur* às cartas rogatórias passou a ser da competência do STJ, conforme art. 105, I, *i*, da CF, com a redação dada pela EC nº 45, de 8-12-2004.

§ 2º Certificado pelo oficial de justiça ou afirmado, em qualquer caso, pelo requerente, que o citando se encontra em lugar ignorado, incerto ou inacessível, a citação far-se-á mediante edital.

Art. 221. A contestação somente poderá versar sobre a autenticidade dos documentos, a inteligência da sentença e a observância dos requisitos indicados nos artigos 217 e 218.

§ 1º Revel ou incapaz o requerido, dar-se-lhe-á curador especial que será pessoalmente notificado.

§ 2º Apresentada a contestação, será admitida réplica em cinco dias.

§ 3º Transcorrido o prazo da contestação ou da réplica, oficiará o Procurador-Geral no prazo de dez dias.

Art. 222. Se o requerido, o curador especial ou o Procurador-Geral não impugnarem o pedido de homologação, sobre ele decidirá o Presidente.

Parágrafo único. Da decisão do Presidente que negar a homologação cabe agravo regimental.

► Art. 222 com a redação dada pela ER nº 1, de 25-11-1981.

Art. 223. Havendo impugnação à homologação, o processo será distribuído para julgamento pelo Plenário.

Parágrafo único. Caberão ao relator os demais atos relativos ao andamento e à instrução do processo e o pedido de dia para julgamento.

► Art. 223 com a redação dada pela ER nº 1, de 25-11-1981.

Art. 224. A execução far-se-á por carta de sentença, no juízo competente, observadas as regras estabelecidas para a execução de julgado nacional da mesma natureza.

CAPÍTULO III
DA CARTA ROGATÓRIA

► A concessão de *exequatur* a cartas rogatórias passou a ser da competência do STJ, conforme art. 105, I, *i*, da CF, com a redação dada pela EC nº 45, de 8-12-2004.

Art. 225. Compete ao Presidente do Tribunal conceder *exequatur* a cartas rogatórias de juízos ou Tribunais estrangeiros.

Art. 226. Recebida a rogatória, o interessado residente no país será intimado, podendo, no prazo de cinco dias, impugná-la.

► *Caput* com a redação dada pela ER nº 2, de 4-12-1985.

§ 1º Findo esse prazo, abrir-se-á vista ao Procurador-Geral, que também poderá impugnar o cumprimento da rogatória.

§ 2º A impugnação só será admitida se a rogatória atentar contra a soberania nacional ou a ordem pública, ou se lhe faltar autenticidade.

► §§ 1º e 2º acrescidos pela ER nº 2, de 4-12-1985.

Art. 227. Concedido o *exequatur*, seguir-se-á a remessa da rogatória ao juízo no qual deva ser cumprida.

Parágrafo único. Da concessão ou denegação do *exequatur* cabe agravo regimental.

Art. 228. No cumprimento da carta rogatória cabem embargos relativos a quaisquer atos que lhe sejam referentes, opostos no prazo de dez dias, por qualquer interessado ou pelo Ministério Público local, julgando-os o Presidente após audiência do Procurador-Geral.

Parágrafo único. Da decisão que julgar os embargos cabe agravo regimental.

► Art. 228 com a redação dada pela ER nº 2, de 4-12-1985.

Art. 229. Cumprida a rogatória, será devolvida ao Supremo Tribunal Federal, no prazo de dez dias, e por este remetida, em igual prazo, por via diplomática, ao juízo ou Tribunal de origem.

TÍTULO IX – DAS AÇÕES ORIGINÁRIAS

CAPÍTULO I
DA AÇÃO PENAL ORIGINÁRIA

Art. 230. A denúncia nos crimes de ação pública, a queixa nos de ação privada, bem como a representação, quando indispensável ao exercício da primeira, obedecerão ao que dispõe a lei processual.

Art. 230-A. Ao receber inquérito oriundo de instância inferior, o Relator verificará a competência do Supremo Tribunal Federal, recebendo-o no estado em que se encontrar.

Art. 230-B. O Tribunal não processará comunicação de crime, encaminhando-a à Procuradoria-Geral da República.

Art. 230-C. Instaurado o inquérito, a autoridade policial deverá em sessenta dias reunir os elementos necessários à conclusão das investigações, efetuando as inquirições e realizando as demais diligências necessárias à elucidação dos fatos, apresentando, ao final, peça informativa.

§ 1º O Relator poderá deferir a prorrogação do prazo sob requerimento fundamentado da autoridade policial ou do Procurador-Geral da República, que deverão indicar as diligências que faltam ser concluídas.

§ 2º Os requerimentos de prisão, busca e apreensão, quebra de sigilo telefônico, bancário, fiscal, e telemático, interceptação telefônica, além de outras medidas invasivas, serão processados e apreciados, em autos apartados e sob sigilo, pelo Relator.

► Arts. 230-A a 230-C acrescidos pela ER nº 44, de 2-6-2011.

Art. 231. Apresentada a peça informativa pela autoridade policial, o Relator encaminhará os autos ao Procurador-Geral da República, que terá quinze dias para oferecer a denúncia ou requerer o arquivamento.

► *Caput* com a redação dada pela ER nº 44, de 2-6-2011.

§ 1º As diligências complementares ao inquérito podem ser requeridas pelo Procurador-Geral ao Relator, interrompendo o prazo deste artigo, se deferidas.

§ 2º As diligências complementares não interrompem o prazo para oferecimento da denúncia, se o indiciado estiver preso.

§ 3º Na hipótese do parágrafo anterior, se as diligências forem indispensáveis ao oferecimento da denúncia, o Relator determinará o relaxamento da prisão do indiciado; se não o forem, mandará, depois de oferecida a denúncia, que se realizem em separado, sem prejuízo da prisão e do processo.

§ 4º O Relator tem competência para determinar o arquivamento, quando o requerer o Procurador-Geral da República ou quando verificar:

► *Caput* do § 4º com a redação dada pela ER nº 44, de 2-6-2011.

a) a existência manifesta de causa excludente da ilicitude do fato;

b) a existência manifesta de causa excludente da culpabilidade do agente, salvo inimputabilidade;

c) que o fato narrado evidentemente não constitui crime;

d) extinta a punibilidade do agente; ou

e) ausência de indícios mínimos de autoria ou materialidade, nos casos em que forem descumpridos os prazos para a instrução do inquérito ou para oferecimento de denúncia.

► Alíneas *a* a *e* acrescidas pela ER nº 44, de 2-6-2011.

§ 5º Se o indiciado estiver preso, o prazo a que se refere o *caput* será de cinco dias.

§ 6º O inquérito arquivado por falta de indícios mínimos de autoria ou materialidade poderá ser reaberto, caso surjam novos elementos.

► §§ 5º e 6º acrescidos pela ER nº 44, de 2-6-2011.

Art. 232. Se o inquérito versar sobre a prática de crime de ação privada, o Relator determinará seja aguardada a iniciativa do ofendido ou de quem por lei esteja autorizado a oferecer queixa.

Parágrafo único. Verificando a extinção da punibilidade, ainda que não haja iniciativa do ofendido, o Relator, após ouvir o Procurador-Geral da República, poderá arquivar o feito.

► Parágrafo único com a redação dada pela ER nº 44, de 2-6-2011.

Art. 233. O Relator, antes do recebimento ou da rejeição da denúncia ou da queixa, mandará notificar o acusado para oferecer resposta escrita no prazo de quinze dias.

§ 1º A notificação será feita na forma da lei processual penal.

§ 2º Com a notificação, será entregue ao acusado cópia da denúncia ou queixa, do despacho do Relator e dos documentos por este indicados.

► §§ 1º e 2º com a redação dada pela ER nº 44, de 2-6-2011.

§ 3º Se desconhecido o paradeiro do acusado, será este notificado por edital, com o prazo de cinco dias, para que apresente a resposta prevista neste artigo.

Art. 234. Apresentada, ou não, a resposta, o Relator pedirá dia para que o Plenário ou a Turma, conforme o caso, delibere sobre o recebimento ou a rejeição da denúncia ou da queixa.

► *Caput* com a redação dada pela ER nº 49, de 3-6-2014.

§ 1º É facultada a sustentação oral, pelo tempo máximo de quinze minutos, no julgamento de que trata este artigo.

► § 1º acrescido pela ER nº 2, de 4-12-1985.

§ 2º Encerrados os debates, o Tribunal passará a deliberar em sessão pública.

► § 2º com a redação dada pela ER nº 44, de 2-6-2011.

Art. 235. Recebida a denúncia ou a queixa, o Relator designará dia e hora para o interrogatório, mandando citar o acusado e intimar o Procurador-Geral, bem como o querelante ou o assistente, se for o caso.

► Artigo com a redação dada pela ER nº 2, de 4-12-1985.

Parágrafo único. Ao receber ação penal oriunda de instância inferior, o Relator verificará a competência do Supremo Tribunal Federal, recebendo-a no estado em que se encontrar.

► Parágrafo único acrescido pela ER nº 44, de 2-6-2011.

Art. 236. Requerida a suspensão do exercício de mandato parlamentar, nos termos do art. 32, § 5º, da Constituição, o Tribunal, dada vista à defesa pelo prazo de quinze dias, julgará o pedido, observado o procedimento previsto no artigo anterior.

Parágrafo único. O pedido, de que trata este artigo, será processado em apartado, como incidente, e não obstará o prosseguimento da ação penal.

► Art. 236 com a redação dada pela ER nº 2, de 4-12-1985.

Art. 237. Não comparecendo o acusado, ou não constituindo advogado, o Relator nomear-lhe-á defensor.

Art. 238. O prazo para a defesa prévia será de cinco dias e contar-se-á do interrogatório ou da intimação do defensor dativo.

Art. 239. A instrução do processo obedecerá, no que couber, ao procedimento comum do Código de Processo Penal.

§ 1º O Relator poderá delegar o interrogatório do réu e qualquer dos atos de instrução a juiz ou membro de outro Tribunal, que tenha competência territorial no local onde devam ser produzidos.

► Antigo parágrafo único transformado em § 1º pela ER nº 2, de 4-12-1985.

§ 2º Na hipótese de a Câmara dos Deputados ou o Senado Federal comunicar ao Tribunal que, por iniciativa de sua Mesa, resolveu sustar o processo, o Plenário decidirá sobre a suspensão deste.

► § 2º acrescido pela ER nº 2, de 4-12-1985.

Art. 240. Terminada a inquirição de testemunhas, o Relator dará vista sucessiva à acusação e à defesa, pelo prazo de cinco dias, para requererem diligências, em razão de circunstâncias ou fatos apurados na instrução.

Art. 241. Concluídas as diligências acaso deferidas, mandará o Relator dar vista às partes para alegações, pelo prazo de quinze dias, sendo comum o prazo do acusador e do assistente, bem como o dos corréus.

Art. 242. Findos os prazos do artigo anterior, e após ouvir o Procurador-Geral na ação penal privada, pelo prazo de quinze dias, o Relator poderá ordenar diligências para sanar nulidade ou suprir falta que prejudique a apuração da verdade.

Art. 243. Observado o disposto no artigo anterior, o Relator lançará o relatório e passará os autos ao Revisor, que pedirá dia para julgamento.

Parágrafo único. A Secretaria remeterá cópia do relatório aos Ministros logo após o pedido de dia formulado pelo Revisor.

Art. 244. A requerimento das partes ou do Procurador-Geral, o Relator poderá admitir que deponham, na sessão de julgamento, testemunhas arroladas com antecedência de quinze dias, intimadas na forma da lei e do Regimento.

Art. 245. Na sessão de julgamento observar-se-á o seguinte:

I – o Relator apresentará o relatório lavrado e, se houver, o aditamento ou retificação do Revisor;

II – as testemunhas arroladas serão inquiridas pelo relator e, facultativamente, pelos demais Ministros; em primeiro lugar, as de acusação e, depois, as de defesa;

III – admitir-se-ão, a seguir, perguntas do Procurador-Geral e das partes;

IV – ouvir-se-ão os peritos para esclarecimentos previamente ordenados pelo Relator, de ofício, ou a requerimento das partes ou do Procurador-Geral;

V – findas as inquirições e efetuadas quaisquer diligências que o Tribunal houver determinado, será dada a palavra à acusação e à defesa, pelo tempo de uma hora, prorrogável pelo Presidente;

VI – na ação penal privada, o Procurador-Geral falará por último, por trinta minutos;

VII – encerrados os debates, o Tribunal passará a deliberar em sessão secreta, sem a presença das partes e do Procurador-Geral, e proclamará o resultado do julgamento em sessão pública.

§ 1º O julgamento efetuar-se-á, em uma ou mais sessões, a critério do Tribunal.

§ 2º Nomear-se-á defensor ad hoc se o advogado constituído pelo réu ou o defensor anteriormente nomeado não comparecer à sessão de julgamento, a qual será adiada se aquele o requerer para exame dos autos.

Art. 246. Aplica-se o art. 105 aos prazos fixados neste Capítulo, salvo se o acusado estiver preso ou se a ação penal estiver na iminência de extinguir-se pela prescrição.

CAPÍTULO II
DA AÇÃO CÍVEL ORIGINÁRIA

Art. 247. A ação cível originária, prevista no artigo 119, I, *c* e *d*, da Constituição, será processada nos termos deste Regimento e da lei.

§ 1º O prazo para a contestação será fixado pelo relator.

§ 2º O relator poderá delegar atos instrutórios a juiz ou membro de outro Tribunal que tenha competência territorial no local onde devam ser produzidos.

Art. 248. Encerrada a fase postulatória, o relator proferirá despacho saneador, nos termos da lei processual.

Art. 249. Finda a instrução, o relator dará vista, sucessivamente, ao autor, ao réu e ao Procurador-Geral, se não for parte, para arrazoarem, no prazo de cinco dias.

Art. 250. Findos os prazos do artigo anterior, o relator lançará nos autos o relatório, do qual a Secretaria remeterá cópia aos demais Ministros, e pedirá dia para julgamento.

Art. 251. Na sessão de julgamento, será dada a palavra às partes e ao Procurador-Geral pelo tempo de trinta minutos, prorrogável pelo Presidente.

CAPÍTULO III
DA AVOCAÇÃO DE CAUSAS

Art. 252. Quando, de decisão proferida em qualquer Juízo ou Tribunal, decorrer imediato perigo de grave lesão à ordem, à saúde, à segurança ou às finanças públicas, poderá o Procurador-Geral da República requerer a avocação da causa, para que se lhe suspendam os efeitos, devolvendo-se o conhecimento integral do litígio ao Supremo Tribunal Federal, salvo se a decisão se restringir a questão incidente, caso em que o conhecimento a ela se limitará.

Parágrafo único. Não caberá pedido de avocação, se a decisão impugnada houver transitado em julgado, ou admitir recurso com efeito suspensivo.

Art. 253. No requerimento, que deverá ser acompanhado de certidão da decisão impugnada e da data de sua intimação, o Procurador-Geral da República identificará a causa a ser avocada e apresentará as razões que justificam a avocação.

Art. 254. Distribuído o pedido, poderá o Relator:

I – se entender necessário, solicitar, para serem prestadas em dez dias, informações ao juiz ou Tribunal que houver proferido a decisão;

II – indeferir, liminarmente, por despacho do qual caberá agravo regimental, o pedido que manifestamente não atenda aos requisitos da avocatória;

III – determinar a imediata suspensão dos efeitos da decisão, até a deliberação final do Plenário.

Art. 255. Se não indeferir liminarmente o pedido, determinará o Relator ao juiz ou Tribunal de origem que faça intimar os procuradores das partes para que se manifestem nos autos principais no prazo comum de dez dias.

Parágrafo único. Com a manifestação das partes, ou sem ela, subirão os autos principais ao Supremo Tribunal Federal, onde serão apensados aos do pedido de avocação.

Art. 256. Observado o disposto no artigo anterior e conclusos os autos ao Relator, deverá este, no prazo de dez dias, mandar incluí-los em pauta para julgamento.

§ 1º Após o relatório, será facultada a palavra ao Procurador-Geral e às partes pelo tempo máximo de quinze minutos.

§ 2º Encerrados os debates, o Tribunal passará a deliberar, em sessão secreta, sem a presença das partes e do Procurador-Geral, e proclamará o resultado do julgamento em sessão pública.

Art. 257. Indeferida a avocatória, os autos apensados serão devolvidos à instância de origem, onde os prazos, considerados suspensos (arts. 254, III, e 255), retomarão seu curso, após intimação das partes.

Art. 258. Deferido o pedido, os autos da causa avocada serão conclusos ao Relator, que, se não determinar diligência, mandará ouvir, sucessivamente, pelo prazo de cinco dias, as partes e o Procurador-Geral; em seguida, lançará o relatório, do qual a Secretaria remeterá cópia a todos os Ministros, e pedirá dia para julgamento.

CAPÍTULO IV
DA AÇÃO RESCISÓRIA

Art. 259. Caberá ação rescisória de decisão proferida pelo Plenário ou por Turma do Tribunal, bem assim pelo Presidente, nos casos previstos na lei processual.

Art. 260. Distribuída a inicial, o relator mandará citar o réu, fixando-lhe prazo para contestação.

Art. 261. Contestada a ação, ou transcorrido o prazo, o relator proferirá despacho saneador e deliberará sobre as provas requeridas.

Parágrafo único. O relator poderá delegar atos instrutórios a juiz ou membro de outro Tribunal que tenha competência territorial no local onde devam ser produzidos.

Art. 262. Concluída a instrução, o relator abrirá vista sucessiva às partes, por dez dias, para o oferecimento de razões e, após ouvido o Procurador-Geral, lançará o relatório e passará os autos ao revisor que pedirá dia para julgamento.

CAPÍTULO V
DA REVISÃO CRIMINAL

Art. 263. Será admitida a revisão, pelo Tribunal, dos processos criminais findos, em que a condenação tiver sido por ele proferida ou mantida no julgamento de ação penal originária ou recurso criminal ordinário:

I – quando a decisão condenatória for contrária ao texto expresso da lei penal ou à evidência dos autos;

II – quando a decisão condenatória se fundar em depoimentos, exames ou documentos comprovadamente falsos;

III – quando, após a decisão condenatória, se descobrirem novas provas de inocência do condenado ou de circunstância que determine ou autorize diminuição especial da pena.

Parágrafo único. No caso do inciso I, primeira parte, caberá a revisão, pelo Tribunal, de processo em que a condenação tiver sido por ele proferida ou mantida no julgamento de recurso extraordinário, se seu fundamento coincidir com a questão federal apreciada.

Art. 264. A revisão poderá ser requerida a qualquer tempo, depois de transitada em julgado a decisão condenatória, esteja ou não extinta a pena.

Parágrafo único. Não é admissível reiteração do pedido, com o mesmo fundamento, salvo se fundado em novas provas.

Art. 265. A revisão poderá ser pedida pelo próprio condenado ou seu procurador legalmente habilitado, ou, falecido aquele, pelo seu cônjuge, ascendente, descendente ou irmão.

Parágrafo único. Aplica-se ao processo de revisão o disposto nos incisos I e II do art. 191 deste Regimento.

Art. 266. O pedido de revisão será sempre instruído com o inteiro teor, autenticado, da decisão condenatória, com a prova de haver esta passado em julgado e com os documentos comprobatórios das alegações em que se fundar, indicadas, igualmente, as provas que serão produzidas.

Parágrafo único. Se a decisão impugnada for confirmatória de outras, estas deverão, também, vir comprovadas no seu inteiro teor.

Art. 267. O relator admitirá ou não as provas requeridas e determinará a produção de outras que entender necessárias, facultado o agravo regimental.

Parágrafo único. A qualquer tempo, o Relator poderá solicitar informações ao juiz da execução e requisitar os autos do processo sob revisão.

Art. 268. Instruído o processo, o Relator ouvirá o requerente e o Procurador-Geral, no prazo de cinco dias para cada um, e, lançado o relatório, passará os autos ao revisor que pedirá dia para o julgamento.

Parágrafo único. Quando a condenação houver sido imposta em ação penal originária, o julgamento da revisão atenderá ao disposto no art. 245, inciso VII, deste Regimento.

Art. 269. Se julgar procedente a revisão, o Tribunal poderá absolver o acusado, alterar a classificação da infração, modificar a pena ou anular o processo.

Parágrafo único. A pena imposta pela decisão revista não poderá ser agravada.

Art. 270. À vista da certidão do acórdão que houver cassado ou reformado a decisão condenatória, o juiz da execução mandará juntá-la aos autos, para seu cumprimento, determinando desde logo o que for de sua competência.

Art. 271. A absolvição implicará o restabelecimento de todos os direitos perdidos em virtude da condenação, devendo o Tribunal, se for o caso, impor a medida de segurança cabível.

Art. 272. O Tribunal, se o interessado o requerer, poderá reconhecer, na forma da lei, o direito a uma justa indenização pelos prejuízos sofridos.

CAPÍTULO VI

DOS LITÍGIOS COM ESTADOS ESTRANGEIROS OU ORGANISMOS INTERNACIONAIS

Art. 273. O processo dos litígios entre Estados estrangeiros e a União, os Estados, o Distrito Federal ou os Territórios observará o rito estabelecido para a ação cível originária.

Art. 274. Obedecerão ao mesmo procedimento as ações entre os organismos internacionais, de que o Brasil participe, e as entidades de direito público interno referidas no artigo anterior.

Art. 275. A capacidade processual e a legitimidade de representação dos Estados estrangeiros e dos organismos internacionais regulam-se pelas normas estabelecidas nos tratados ratificados pelo Brasil.

CAPÍTULO VII

DA SUSPENSÃO DE DIREITOS

Art. 276. A representação prevista no art. 154 da Constituição terá o procedimento da ação penal originária.

Parágrafo único. Desde que não tenha havido liminar, o Presidente poderá proceder na forma do art. 162.

TÍTULO X – DOS PROCESSOS INCIDENTES

CAPÍTULO I

DOS IMPEDIMENTOS E DA SUSPEIÇÃO

Art. 277. Os Ministros declarar-se-ão impedidos ou suspeitos nos casos previstos em lei.

Parágrafo único. Não estão impedidos os Ministros que, no Tribunal Superior Eleitoral, tenham funcionado no mesmo processo ou no processo originário, os quais devem ser excluídos, se possível, da distribuição.

► § 1º transformado em parágrafo único pela ER nº 2, de 4-12-1985.

► § 2º *Suprimido* pela ER nº 2, de 4-12-1985.

Art. 278. A suspeição será arguida perante o Presidente, ou o Vice-Presidente, se aquele for o recusado.

Parágrafo único. A petição será instruída com os documentos comprobatórios da arguição e o rol de testemunhas.

Art. 279. A suspeição do relator poderá ser suscitada até cinco dias após a distribuição; a do revisor, em igual prazo, após a conclusão dos autos; e a dos demais Ministros, até o início do julgamento.

Art. 280. O Presidente mandará arquivar a petição, se manifesta a sua improcedência.

Art. 281. Será ilegítima a arguição de suspeição, quando provocada pelo excipiente, ou quando houver ele praticado ato que importe na aceitação do Ministro.

Art. 282. Se admitir a arguição, o Presidente ouvirá o Ministro recusado e, a seguir, inquirirá as testemunhas indicadas, submetendo o incidente ao Tribunal em sessão secreta.

Art. 283. O Ministro que não reconhecer a suspeição funcionará até o julgamento da arguição.

Parágrafo único. A afirmação de suspeição pelo arguido, ainda que por outro fundamento, põe fim ao incidente.

Art. 284. A arguição será sempre individual, não ficando os demais Ministros impedidos de apreciá-la, ainda que também recusados.

Art. 285. Afirmada a suspeição pelo arguido, ou declarada pelo Tribunal, ter-se-ão por nulos os atos por ele praticados.

Art. 286. Não se fornecerá, salvo ao arguente e ao arguido, certidão de qualquer peça do processo de suspeição, antes de afirmada pelo arguido ou declarada pelo Tribunal.

Parágrafo único. Da certidão constará obrigatoriamente o nome de quem a requereu, bem assim o desfecho que houver tido a arguição.

Art. 287. Aplicar-se-á aos impedimentos dos Ministros o processo estabelecido para a suspeição, no que couber.

CAPÍTULO II

DA HABILITAÇÃO INCIDENTE

Art. 288. Em caso de falecimento de alguma das partes:

I – o cônjuge, herdeiro ou legatário requererá sua habilitação, bem como a citação da outra parte para contestá-la no prazo de quinze dias;

II – qualquer dos outros interessados poderá requerer a citação do cônjuge, herdeiro ou legatário para providenciarem sua habilitação em quinze dias.

§ 1º No caso do inciso II deste artigo, se a parte não providenciar a habilitação, o processo correrá à revelia.

§ 2º Na hipótese do parágrafo anterior, nomear-se-á curador ao revel, oficiando também o Procurador-Geral.

Art. 289. A citação far-se-á na pessoa do procurador constituído nos autos, mediante publicação no *Diário da Justiça*, ou à parte, pessoalmente, se não estiver representada no processo.

Art. 290. Quando incertos os sucessores, a citação far-se-á por edital.

Art. 291. O cessionário ou sub-rogado poderão habilitar-se apresentando o documento da cessão ou sub-rogação e pedindo a citação dos interessados.

Parágrafo único. O cessionário de herdeiro somente após a habilitação deste poderá apresentar-se.

Art. 292. O Relator, se contestado o pedido, facultará às partes sumária produção de provas, em cinco dias, e julgará, em seguida, a habilitação.

Art. 293. Não dependerá de decisão do Relator, processando-se nos autos da causa principal, o pedido de habilitação:

I – do cônjuge e herdeiros necessários que provem por documento sua qualidade e o óbito do falecido;

II – fundado em sentença, com trânsito em julgado, que atribua ao requerente a qualidade de herdeiro ou sucessor;

III – do herdeiro que for incluído sem qualquer oposição no inventário;

IV – quando estiver declarada a ausência ou determinada a arrecadação da herança jacente;

V – quando oferecidos os artigos de habilitação, a parte reconhecer a procedência do pedido e não houver oposição de terceiro.

Art. 294. O cessionário ou o adquirente podem prosseguir na causa, juntando aos autos o respectivo título e provando a sua identidade, caso em que sucederão ao cedente ou ao credor originário que houverem falecido.

Art. 295. Já havendo pedido de dia para julgamento, não se decidirá o requerimento de habilitação.

Art. 296. A parte que não se habilitar perante o Tribunal poderá fazê-lo em outra instância.

CAPÍTULO III
DA SUSPENSÃO DE SEGURANÇA

Art. 297. Pode o Presidente, a requerimento do Procurador-Geral, ou da pessoa jurídica de direito público interessada, e para evitar grave lesão à ordem, à saúde, à segurança e à economia pública, suspender, em despacho fundamentado, a execução de liminar, ou da decisão concessiva de mandado de segurança, proferida em única ou última instância, pelos tribunais locais ou federais.

§ 1º O Presidente pode ouvir o impetrante, em cinco dias, e o Procurador-Geral, quando não for o requerente, em igual prazo.

§ 2º Do despacho que conceder a suspensão caberá agravo regimental.

§ 3º A suspensão de segurança vigorará enquanto pender o recurso, ficando sem efeito, se a decisão concessiva for mantida pelo Supremo Tribunal Federal ou transitar em julgado.

CAPÍTULO IV
DA RECONSTITUIÇÃO DE AUTOS PERDIDOS

Art. 298. O pedido de reconstituição de autos, no Tribunal, será apresentado ao Presidente e distribuído ao Relator do processo desaparecido ou ao seu substituto.

Art. 299. A parte contrária será citada para contestar o pedido no prazo de cinco dias, cabendo ao Relator exigir as cópias, contrafés e reproduções dos atos e documentos que estiverem em seu poder.

Parágrafo único. Se o citado concordar com a reconstituição, lavrar-se-á o respectivo auto que, assinado pelas partes e homologado pelo Relator, suprirá o processo desaparecido.

Art. 300. O Relator determinará as diligências necessárias, solicitando informações e cópias autênticas, se for o caso, a outros juízes e Tribunais.

Art. 301. O julgamento de reconstituição caberá ao Plenário ou à Turma competente para o processo extraviado.

Art. 302. Quem tiver dado causa à perda ou extravio responderá pelas despesas de reconstituição.

Art. 303. Julgada a reconstituição, o processo seguirá os trâmites normais.

Parágrafo único. Encontrado o processo original, nele prosseguirá o feito, apensando-se os autos reconstituídos.

TÍTULO XI – DOS RECURSOS

CAPÍTULO I
DISPOSIÇÕES GERAIS

Art. 304. Admitir-se-ão medidas cautelares nos recursos, independentemente dos seus efeitos.

Art. 305. Não caberá recurso da deliberação da Turma ou do relator que remeter processo ao julgamento do Plenário, ou que determinar, em agravo de instrumento, o processamento de recurso denegado ou procrastinado.

Art. 306. Os recursos serão processados, na instância de origem, pelas normas da legislação aplicável, observados os artigos 59, 307 e 308 deste Regimento.

CAPÍTULO II
DOS RECURSOS CRIMINAIS

SEÇÃO I
DOS RECURSOS ORDINÁRIOS

Art. 307. Caberá recurso ordinário para o Tribunal, no prazo de três dias (art. 565 do Código de Processo Penal Militar), de decisão de única ou última instância da Justiça Militar, nos casos do art. 129, parágrafos 1º e 2º, da Constituição.

Art. 308. Recebido o recurso, abrir-se-á vista às partes, sucessivamente, por cinco dias, para o oferecimento de razões, na instância de origem (art. 566 do Código de Processo Penal Militar).

Art. 309. Distribuído o recurso, a Secretaria, imediatamente, fará os autos com vista ao Procurador-Geral. Devolvidos e conclusos ao Relator, este pedirá dia para julgamento, no Plenário ou na Turma, conforme o caso.

Parágrafo único. Na hipótese do art. 6º, III, *c*, lançado o relatório, passará os autos ao Revisor que pedirá dia para julgamento. Logo após, a Secretaria remeterá cópia do relatório aos Ministros.

SEÇÃO II
DO RECURSO DE *HABEAS CORPUS*

Art. 310. O recurso ordinário para o Tribunal, das decisões denegatórias de *habeas corpus*, será interposto no prazo de cinco dias, nos próprios autos em que se houver proferido a decisão recorrida, com as razões do pedido de reforma.

Art. 311. Distribuído o recurso, a Secretaria, imediatamente, fará os autos com vista ao Procurador-Geral, pelo prazo de dois dias.

Conclusos ao Relator, este submeterá o feito a julgamento do Plenário ou da Turma, conforme o caso.

Art. 312. Aplicar-se-á, no que couber, ao processamento do recurso o disposto com relação ao pedido originário de *habeas corpus*.

CAPÍTULO III
DOS AGRAVOS

Seção I
DO AGRAVO DE INSTRUMENTO

Art. 313. Caberá agravo de instrumento:

I – de decisão de juiz de primeira instância nas causas a que se refere o art. 6º, III, *d*, nos casos admitidos na legislação processual;

II – de despacho de Presidente de Tribunal que não admitir recurso da competência do Supremo Tribunal Federal;

III – quando se retardar, injustificadamente, por mais de trinta dias, o despacho a que se refere o inciso anterior, ou a remessa do processo ao Tribunal.

Parágrafo único. Na petição do agravo a que se refere o inciso I deste artigo, poderá o agravante requerer que o agravo fique retido nos autos, a fim de que o Tribunal dele conheça, preliminarmente, por ocasião do julgamento da apelação, desde que assim o solicite nas razões ou contrarrazões desta.

Art. 314. O agravo de instrumento obedecerá, no juízo ou Tribunal de origem, às normas da legislação processual vigente.

Art. 314-A. O agravo em recurso extraordinário será registrado ao Presidente para que exerça as atribuições conferidas no art. 13, inciso V, alíneas *c* e *d*, ou determine a distribuição dos processos quando não identificar a presença dos óbices nelas previstos.

Parágrafo único. Os agravos oriundos do Tribunal Superior Eleitoral e aqueles concernentes a matérias criminais em que haja prevenção, nos termos deste regimento, serão encaminhados diretamente à distribuição.

► Art. 314-A acrescido pela ER nº 54, de 1º-7-2020.

Art. 315. Distribuído o agravo e ouvido, se necessário, o Procurador-Geral, o relator o colocará em mesa para julgamento, sem prejuízo das atribuições que lhe confere o artigo 21, nos incisos VI e IX e no seu § 1º.

Parágrafo único. Quando interposto contra despacho que houver indeferido o processamento de arguição de relevância, o agravo de instrumento prescindirá de Relator e será julgado em Conselho, observando-se, no que couber, o disposto no artigo 328, incisos VII e X.

Art. 316. O provimento de agravo de instrumento, ou a determinação do relator para que subam os autos, não prejudica o exame e o julgamento, no momento oportuno, do cabimento do recurso denegado.

§ 1º O provimento será registrado na ata e certificado nos autos, juntando-se ulteriormente a transcrição do áudio.

► § 1º com a redação dada pela ER nº 26, de 22-10-2008.

§ 2º O provimento do agravo de instrumento e a determinação do relator para que suba o recurso serão comunicados ao tribunal de origem pelo Presidente do Tribunal para processamento do recurso.

§ 3º Se os autos principais tiverem subido em virtude de recurso da parte contrária, serão devolvidos à origem para processamento do recurso admitido.

Seção II
DO AGRAVO REGIMENTAL

Art. 317. Ressalvadas as exceções previstas neste Regimento, caberá agravo regimental, no prazo de cinco dias, de decisão do Presidente do Tribunal, de Presidente de Turma ou do relator, que causar prejuízo ao direito da parte.

§ 1º A petição conterá, sob pena de rejeição liminar, as razões do pedido de reforma da decisão agravada.

§ 2º O agravo regimental será protocolado e, sem qualquer outra formalidade, submetido ao prolator do despacho, que poderá reconsiderar o seu ato ou submeter o agravo ao julgamento do Plenário ou da Turma, a quem caiba a competência, computando-se também o seu voto.

§ 3º Provido o agravo, o Plenário ou a Turma determinará o que for de direito.

§ 4º O agravo regimental não terá efeito suspensivo.

§ 5º O agravo interno poderá, a critério do relator, ser submetido a julgamento por meio eletrônico, observada a respectiva competência da Turma ou do Plenário.

► § 5º acrescido pela ER nº 51, de 22-6-2016 (*DJe* 24-6-2016, republicada no *DJe* 28-6-2016).

CAPÍTULO IV
DA APELAÇÃO CÍVEL

Art. 318. Caberá apelação nas causas em que forem partes um estado estrangeiro ou organismo internacional, de um lado, e, de outro, município ou pessoa domiciliada ou residente no país.

Art. 319. O Relator, após a vista ao Procurador-Geral, pedirá dia para o julgamento.

Art. 320. O agravo retido nos autos, se houver, será julgado preliminarmente.

Parágrafo único. Quando não influir na decisão do mérito, o provimento do agravo não impedirá o imediato julgamento da apelação.

CAPÍTULO V
DO RECURSO EXTRAORDINÁRIO

Art. 321. O recurso extraordinário para o Tribunal será interposto no prazo estabelecido na lei processual pertinente, com indicação do dispositivo que o autorize, dentre os casos previstos nos artigos 102, III, *a*, *b*, *c*, e 121, § 3º, da Constituição Federal.

► *Caput* com a redação dada pela ER nº 12, de 12-12-2003.

§ 1º Se na causa tiverem sido vencidos autor e réu, qualquer deles poderá aderir ao recurso da outra parte nos termos da lei processual civil.

§ 2º Aplicam-se ao recurso adesivo as normas de admissibilidade, preparo e julgamento do recurso extraordinário, não sendo processado ou conhecido quando houver desistência do recurso principal, ou for este declarado inadmissível ou deserto.

§ 3º Se o recurso extraordinário for admitido pelo Tribunal ou pelo relator do agravo de instrumento, o recorrido poderá interpor recurso adesivo juntamente com a apresentação de suas contrarrazões.

§ 4º O recurso extraordinário não tem efeito suspensivo.

§ 5º *Revogado.* ER nº 21, de 30-4-2007.

Art. 322. O Tribunal recusará recurso extraordinário cuja questão constitucional não oferecer repercussão geral, nos termos deste capítulo.

Parágrafo único. Para efeito da repercussão geral, será considerada a existência, ou não, de questões que, relevantes do ponto de vista econômico, político, social ou jurídico, ultrapassem os interesses subjetivos das partes.

► Art. 322 com a redação dada pela ER nº 21, de 30-4-2007.

Art. 323. Quando não for caso de inadmissibilidade do recurso por outra razão, o(a) Relator(a) ou o Presidente submeterá, por meio eletrônico, aos demais ministros, cópia de sua manifestação sobre a existência, ou não, de repercussão geral.

► *Caput* com a redação dada pela ER nº 42, de 2-12-2010.

§ 1º Nos processos em que o Presidente atuar como relator, sendo reconhecida a existência de repercussão geral, seguir-se-á livre distribuição para o julgamento de mérito.

§ 2º Tal procedimento não terá lugar, quando o recurso versar questão cuja repercussão já houver sido reconhecida pelo Tribunal, ou quando impugnar decisão contrária a súmula ou a jurisprudência dominante, casos em que se presume a existência de repercussão geral.

► §§ 1º e 2º com a redação dada pela ER nº 42, de 2-12-2010.

§ 3º Mediante decisão irrecorrível, poderá o(a) Relator(a) admitir de ofício ou a requerimento, em prazo que fixar, a manifestação de terceiros, subscrita por procurador habilitado, sobre a questão da repercussão geral.

► § 3º acrescido pela ER nº 42, de 2-12-2010.

Art. 323-A. O julgamento de mérito de questões com repercussão geral, nos casos de reafirmação de jurisprudência dominante da Corte, também poderá ser realizado por meio eletrônico.

► Artigo acrescido pela ER nº 42, de 2-12-2010.

Parágrafo único. Quando o relator não propuser a reafirmação de jurisprudência dominante, outro ministro poderá fazê-lo, mediante manifestação devidamente fundamentada.

► Parágrafo único acrescido pela ER nº 54, de 1º-7-2020.

Art. 323-B. O relator poderá propor, por meio eletrônico, a revisão do reconhecimento da repercussão geral quando o mérito do tema ainda não tiver sido julgado.

► Art. 323-B acrescido pela ER nº 54, de 1º-7-2020.

Art. 324. Recebida a manifestação do(a) Relator(a), os demais ministros encaminhar-lhe-ão, também por meio eletrônico, no prazo comum de 20 (vinte) dias, manifestação sobre a questão da repercussão geral.

► *Caput* com a redação dada pela ER nº 31, de 29-5-2009.

§ 1º Somente será analisada a repercussão geral da questão se a maioria absoluta dos ministros reconhecerem a existência de matéria constitucional.

§ 2º A decisão da maioria absoluta dos ministros no sentido da natureza infraconstitucional da matéria terá os mesmos efeitos da ausência de repercussão geral, autorizando a negativa de seguimento aos recursos extraordinários sobrestados na origem que versem sobre matéria idêntica.

§ 3º O ministro que não se manifestar no prazo previsto no *caput* terá sua não participação registrada na ata do julgamento.

► §§ 1º a 3º com a redação dada pela ER nº 54, de 1º-7-2020.

§ 4º Não alcançado o quórum necessário para o reconhecimento da natureza infraconstitucional da questão ou da existência, ou não, de repercussão geral, o julgamento será suspenso e automaticamente retomado na sessão em meio eletrônico imediatamente seguinte, com a coleta das manifestações dos ministros ausentes.

§ 5º No julgamento realizado por meio eletrônico, se vencido o relator, redigirá o acórdão o ministro sorteado dentre aqueles que dele divergiram ou não se manifestaram, a quem competirá relatar o caso para o exame do mérito ou de eventuais incidentes processuais.

► §§ 4º e 5º acrescidos pela ER nº 54, de 1º-7-2020.

Art. 325. O(A) Relator(a) juntará cópia das manifestações aos autos, quando não se tratar de processo informatizado, e, uma vez definida a existência da repercussão geral, julgará o recurso ou pedirá dia para seu julgamento, após vista ao Procurador-Geral, se necessária; negada a existência, formalizará e subscreverá decisão de recusa do recurso.

Parágrafo único. O teor da decisão preliminar sobre a existência da repercussão geral, que deve integrar a decisão monocrática ou o acórdão, constará sempre das publicações dos julgamentos no Diário Oficial, com menção clara à matéria do recurso.

► Art. 325 com a redação dada pela ER nº 21, de 30-4-2007.

Art. 325-A. Reconhecida a repercussão geral, serão distribuídos ou redistribuídos ao relator do recurso paradigma, por prevenção, os processos relacionados ao mesmo tema.

► Artigo acrescido pela ER nº 42, de 2-12-2010.

Art. 326. Toda decisão de inexistência de repercussão geral é irrecorrível e, valendo para todos os recursos sobre questão idêntica, deve ser comunicada, pelo(a) Relator(a), à Presidência do Tribunal, para os fins do artigo subsequente e do artigo 329.

► Artigo com a redação dada pela ER nº 21, de 30-4-2007.

§ 1º Poderá o relator negar repercussão geral com eficácia apenas para o caso concreto.

§ 2º Se houver recurso, a decisão do relator de restringir a eficácia da ausência de repercussão geral ao caso concreto deverá ser confirmada por dois terços dos ministros para prevalecer.

§ 3º Caso a proposta do relator não seja confirmada por dois terços dos ministros, o feito será redistribuído, na forma do art. 324, § 5º, deste Regimento Interno, sem que isso implique reconhecimento automático da repercussão geral da questão constitucional discutida no caso.

§ 4º Na hipótese do § 3º, o novo relator sorteado prosseguirá no exame de admissibilidade do recurso, na forma dos arts. 323 e 324 deste Regimento Interno.

► §§ 1º a 4º acrescidos pela ER nº 54, de 1º-7-2020.

Art. 326-A. Os recursos indicados como representativos de controvérsia constitucional pelas instâncias de origem e os feitos julgados no Superior Tribunal de Justiça sob a sistemática de recursos repetitivos serão registrados previamente ao Presidente, que poderá afetar o tema diretamente ao Plenário Virtual, na forma do art. 323 do regimento interno, distribuindo-se o feito por sorteio, em caso de reconhecimento da repercussão geral, a um dos ministros que tenham se manifestado nesse sentido.

§ 1º Caso os recursos representativos de controvérsia constitucional ou os feitos julgados no STJ sob a sistemática de recursos repetitivos não recebam proposta de afetação pelo Presidente e sejam distribuídos, poderá o relator proceder na forma do art. 326, *caput* e parágrafos.

§ 2º A decisão proferida nos processos mencionados no § 1º será comunicada a instância de origem e ao Superior Tribunal de Justiça, respectivamente, inclusive para os fins do art. 1.037, § 1º, do Código de Processo Civil.

► Art. 326-A acrescido pela ER nº 54, de 1º-7-2020.

Art. 327. A Presidência do Tribunal recusará recursos que não apresentem preliminar formal e fundamentada de repercussão geral, bem como aqueles cuja matéria carecer de repercussão geral, segundo precedente do Tribunal, salvo se a tese tiver sido revista ou estiver em procedimento de revisão.

§ 1º Igual competência exercerá o(a) Relator(a) sorteado, quando o recurso não tiver sido liminarmente recusado pela Presidência.

§ 2º Da decisão que recusar recurso, nos termos deste artigo, caberá agravo.

► Art. 327 com a redação dada pela ER nº 21, de 30-4-2007.

Art. 328. Protocolado ou distribuído recurso cuja questão for suscetível de reproduzir-se em múltiplos feitos, a Presidência do Tribunal ou o(a) Relator(a), de ofício ou a requerimento da parte interessada, comunicará o fato aos tribunais ou turmas de juizado especial, a fim de que observem o disposto no art. 543-B do Código de Processo Civil, podendo pedir-lhes informações, que deverão ser prestadas em 5 (cinco) dias, e sobrestar todas as demais causas com questão idêntica.

Parágrafo único. Quando se verificar subida ou distribuição de múltiplos recursos com fundamento em idêntica controvérsia, a Presidência do Tribunal ou o(a) Relator(a) selecionará um ou mais representativos da questão e determinará a devolução dos demais aos tribunais ou turmas de juizado especial de origem, para aplicação dos parágrafos do art. 543-B do Código de Processo Civil.

► Art. 328 com a redação dada pela ER nº 21, de 30-4-2007.

► Refere-se ao CPC/1973.

Art. 328-A. Nos casos previstos no art. 543-B, *caput*, do Código de Processo Civil, o Tribunal de origem não emitirá juízo de admissibilidade sobre os recursos extraordinários já sobrestados, nem sobre os que venham a ser interpostos, até que o Supremo Tribunal Federal decida os que tenham sido selecionados nos termos do § 1º daquele artigo.

► Art. 328-A acrescido pela ER nº 23, de 11-3-2008.

► Refere-se ao CPC/1973.

§ 1º Nos casos anteriores, o Tribunal de origem sobrestará os agravos de instrumento contra decisões que não tenham admitido os recursos extraordinários, julgando-os prejudicados nas hipóteses do art. 543-B, § 2º, e, quando coincidente o teor dos julgamentos, § 3º.

► § 1º com a redação dada pela ER nº 27, de 28-11-2008.

► Refere-se ao CPC/1973.

§ 2º Julgado o mérito do recurso extraordinário em sentido contrário ao dos acórdãos recorridos, o Tribunal de origem remeterá ao Supremo Tribunal Federal os agravos em que não se retratar.

► § 2º acrescido pela ER nº 23, de 11-3-2008.

Art. 329. A Presidência do Tribunal promoverá ampla e específica divulgação do teor das decisões sobre repercussão geral, bem como formação e atualização de banco eletrônico de dados a respeito.

► Artigo com a redação dada pela ER nº 21, de 30-4-2007.

CAPÍTULO VI
DOS EMBARGOS

SEÇÃO I
DOS EMBARGOS DE DIVERGÊNCIA E DOS EMBARGOS INFRINGENTES

Art. 330. Cabem embargos de divergência à decisão de Turma que, em recurso extraordinário ou em agravo de instrumento, divergir de julgado de outra Turma ou do Plenário na interpretação do direito federal.

Art. 331. A divergência será comprovada mediante certidão, cópia autenticada ou pela citação do repositório de jurisprudência, oficial ou credenciado, inclusive em mídia eletrônica, em que tiver sido publicada a decisão divergente, ou ainda pela reprodução de julgado disponível na internet, com indicação da respectiva fonte, mencionando, em qualquer caso, as circunstâncias que identifiquem ou assemelhem os casos confrontados.

► *Caput* com a redação dada pela ER nº 26, de 22-10-2008.

Parágrafo único. *Revogado*. ER nº 26, de 22-10-2008.

Art. 332. Não cabem embargos, se a jurisprudência do Plenário ou de ambas as Turmas estiver firmada no sentido da decisão embargada, salvo o disposto no artigo 103.

Art. 333. Cabem embargos infringentes à decisão não unânime do Plenário ou da Turma:

I – que julgar procedente a ação penal;

II – que julgar improcedente a revisão criminal;

III – que julgar a ação rescisória;

IV – que julgar a representação de inconstitucionalidade;

V – que, em recurso criminal ordinário, for desfavorável ao acusado.

Parágrafo único. O cabimento dos embargos, em decisão do Plenário, depende da existência, no mínimo, de quatro votos divergentes, salvo nos casos de julgamento criminal em sessão secreta.

Art. 334. Os embargos de divergência e os embargos infringentes serão opostos no prazo de quinze dias, perante a Secretaria, e juntos aos autos, independentemente de despacho.

Art. 335. Interpostos os embargos, o Relator abrirá vista ao recorrido, por quinze dias, para contrarrazões.

► *Caput* com a redação dada pela ER nº 47, de 24-2-2012.

§ 1º Transcorrido o prazo do *caput*, o Relator do acórdão embargado apreciará a admissibilidade do recurso.

§ 2º Da decisão que não admitir os embargos, caberá agravo, em cinco dias, para o órgão competente para o julgamento do recurso.

§ 3º Admitidos os embargos, proceder-se-á à distribuição nos termos do art. 76.

► §§ 1º a 3º com a redação dada pela ER nº 47, de 24-2-2012.

Art. 336. Na sessão de julgamento, aplicar-se-ão, supletivamente, as normas do processo originário, observado o disposto no artigo 146.

Parágrafo único. Recebidos os embargos de divergência, o Plenário julgará a matéria restante, salvo nos casos do artigo 313, I e II, quando determinará a subida do recurso principal.

SEÇÃO II
DOS EMBARGOS DE DECLARAÇÃO

Art. 337. Cabem embargos de declaração, quando houver no acórdão obscuridade, dúvida, contradição ou omissão que devam ser sanadas.

§ 1º Os embargos declaratórios serão interpostos no prazo de cinco dias.

§ 2º Independentemente de distribuição ou preparo, a petição será dirigida ao relator do acórdão que, sem qualquer outra formalidade, a submeterá a julgamento na primeira sessão da Turma ou do Plenário, conforme o caso.

§ 3º Os embargos de declaração poderão, a critério do relator, ser submetidos a julgamento por meio eletrônico, observada a respectiva competência da Turma ou do Plenário.

► § 3º acrescido pela ER nº 51, de 22-6-2016 (*DJe* 24-6-2016, republicada no *DJe* 28-6-2016).

Art. 338. Se os embargos forem recebidos, a nova decisão se limitará a corrigir a inexatidão, ou a sanar a obscuridade, dúvida, omissão ou contradição, salvo se algum outro aspecto da causa tiver de ser apreciado como consequência necessária.

Art. 339. Os embargos declaratórios suspendem o prazo para interposição de outro recurso, salvo na hipótese do § 2º deste artigo.

§ 1º O prazo para interposição de outro recurso, nos termos deste artigo, é suspenso na data de interposição dos embargos de declaração, e o que lhe sobejar começa a correr do primeiro dia útil seguinte à publicação da decisão proferida nos mesmos embargos.

§ 2º Quando meramente protelatórios, assim declarados expressamente, será o embargante condenado a pagar ao embargado multa não excedente de um por cento sobre o valor da causa.

TÍTULO XII – DA EXECUÇÃO

CAPÍTULO I

DISPOSIÇÕES GERAIS

Art. 340. A execução e o cumprimento das decisões do Tribunal observarão o disposto nos artigos 13, VI, e 21, II, do Regimento Interno e, no que couber, à legislação processual.

Art. 341. Os atos de execução e de cumprimento das decisões e acórdãos transitados em julgado serão requisitados diretamente ao Ministro que funcionou como relator do processo na fase de conhecimento, observado o disposto nos arts. 38, IV, e 75 do Regimento Interno.

► Arts. 340 e 341 com a redação dada pela ER nº 41, de 16-9-2010.

Art. 342. Os atos de execução que não dependerem de carta de sentença serão ordenados a quem os deva praticar ou delegados a outras autoridades judiciárias.

Art. 343. Se necessário, os incidentes de execução poderão ser levados à apreciação:

I – do Presidente, por qualquer dos Ministros;

II – do Plenário, pelo Presidente, pelo relator ou pelas Turmas ou seus Presidentes;

III – da Turma, por seu Presidente ou pelo relator.

Art. 344. *Revogado.* ER nº 41, de 16-9-2010.

CAPÍTULO II

DA EXECUÇÃO CONTRA A FAZENDA PÚBLICA

Art. 345. Na execução por quantia certa, fundada em decisão proferida contra a Fazenda Pública em ação da competência originária do Tribunal, citar-se-á a devedora para opor embargos em dez dias; se esta não os opuser, no prazo regimental, observar-se-ão as seguintes regras:

I – o Presidente do Tribunal requisitará o pagamento ao Presidente da República, ao Governador ou ao Prefeito, conforme o caso;

II – far-se-á o pagamento na ordem de apresentação do respectivo pedido e à conta do crédito próprio.

Art. 346. Se o credor for preterido no seu direito de preferência, o Presidente do Tribunal poderá, depois de ouvido o Procurador-Geral, em cinco dias, ordenar o sequestro da quantia necessária para satisfazer o débito.

CAPÍTULO III

DA CARTA DE SENTENÇA

Art. 347. Será extraída carta de sentença, a requerimento do interessado, para execução da decisão:

I – quando deferida a homologação de sentença estrangeira;

► A homologação de sentença estrangeira passou a ser da competência do STJ, conforme art. 105, I, *i*, da CF, com a redação dada pela EC nº 45, de 8-12-2004.

II – quando o interessado não a houver providenciado na instância de origem e pender de julgamento do Tribunal recurso sem efeito suspensivo.

Art. 348. O pedido será dirigido ao Presidente ou ao relator, que o apreciará.

Art. 349. A carta de sentença conterá as peças indicadas na lei processual e outras que o requerente indicar; será autenticada pelo funcionário encarregado e assinada pelo Presidente ou relator.

CAPÍTULO IV

DA INTERVENÇÃO FEDERAL NOS ESTADOS

Art. 350. A requisição de intervenção federal, prevista no artigo 11, § 1º, *a*, *b* e *c*, da Constituição, será promovida:

I – de ofício, ou mediante pedido do Presidente do Tribunal de Justiça do Estado, no caso do inciso IV do artigo 10 da Constituição, se a coação for exercida contra o Poder Judiciário;

II – de ofício, ou mediante pedido do Presidente do Tribunal de Justiça do Estado ou de Tribunal Federal, quando se tratar de prover a execução de ordem ou decisão judiciária, com ressalva, conforme a matéria, da competência do Tribunal Superior Eleitoral e do disposto no inciso seguinte;

III – de ofício, ou mediante pedido da parte interessada, quando se tratar de prover a execução de ordem ou decisão do Supremo Tribunal Federal;

IV – mediante representação do Procurador Geral, nos casos do inciso VII do artigo 10 da Constituição, assim como no inciso VI, quando se tratar de prover a execução de lei federal.

Art. 351. O Presidente, ao receber o pedido:

I – tomará as providências oficiais que lhe parecerem adequadas para remover, administrativamente, a causa do pedido;

II – mandará arquivá-lo se for manifestamente infundado, cabendo do seu despacho agravo regimental.

Art. 352. Realizada a gestão prevista no inciso I do artigo anterior, solicitadas informações à autoridade estadual e ouvido o Procurador-Geral, o pedido será relatado pelo Presidente, em sessão plenária pública ou secreta.

Art. 353. O julgamento, se não tiver sido público, será proclamado em sessão pública.

Art. 354. Julgado procedente o pedido, o Presidente do Supremo Tribunal Federal imediatamente comunicará a decisão aos órgãos do Poder Público interessados e requisitará a intervenção ao Presidente da República.

TÍTULO XIII – DA SÚMULA VINCULANTE

► Título XIII acrescido pela ER nº 46, de 6-7-2011.

Art. 354-A. Recebendo proposta de edição, revisão ou cancelamento de Súmula Vinculante, a Secretaria Judiciária a autuará e registrará ao Presidente, para apreciação, no prazo de 5 (cinco) dias, quanto à adequação formal da proposta.

Art. 354-B. Verificado o atendimento dos requisitos formais, a Secretaria Judiciária publicará edital no sítio do Tribunal e no *Diário da Justiça Eletrônico*, para ciência e manifestação de interessados no prazo de 5 (cinco) dias, encaminhando a seguir os autos ao Procurador-Geral da República.

Art. 354-C. Devolvidos os autos com a manifestação do Procurador-Geral da República, o Presidente submeterá as manifestações e a proposta de edição, revisão ou cancelamento de Súmula aos Ministros da Comissão de Jurisprudência, em meio eletrônico, para que se manifestem no prazo comum de 15 (quinze dias); decorrido o prazo, a proposta, com ou sem manifestação, será submetida, também por meio eletrônico, aos demais Ministros, pelo mesmo prazo comum.

► Arts. 354-A e 354-C acrescidos pela ER nº 46, de 6-7-2011.

Art. 354-D. Decorridos os prazos previstos no art. 354-C, o Presidente submeterá a proposta de edição, revisão ou cancelamento de súmula vinculante à deliberação do Tribunal Pleno, mediante inclusão em pauta, salvo se já houver manifestação contrária a proposta por parte da maioria absoluta dos Ministros do Tribunal, hipótese em que o Presidente a rejeitará monocraticamente.

Parágrafo único. Contra a decisão do Presidente pela rejeição de proposta atinente a súmula vinculante caberá agravo regimental, na forma do art. 317 deste regimento.

► Art. 354-D com a redação dada pela ER nº 54, de 1º-7-2020.

Art. 354-E. A proposta de edição, revisão ou cancelamento de Súmula Vinculante poderá versar sobre questão com repercussão geral reconhecida, caso em que poderá ser apresentada por qualquer Ministro logo após o julgamento de mérito do processo, para deliberação imediata do Tribunal Pleno na mesma sessão.

Art. 354-F. O teor da proposta de Súmula aprovada, que deve constar do acórdão, conterá cópia dos debates que lhe deram origem, integrando-o, e constarão das publicações dos julgamentos no *Diário da Justiça Eletrônico*.

Art. 354-G. A proposta de edição, revisão ou cancelamento de Súmula tramitará sob a forma eletrônica, e as informações correspondentes ficarão disponíveis aos interessados no sítio do STF.

► Arts. 354-E a 354-G acrescidos pela ER nº 46, de 6-7-2011.

TÍTULO XIV – DA SOLICITAÇÃO DE OPINIÃO CONSULTIVA AO TRIBUNAL PERMANENTE DE REVISÃO DO MERCOSUL

► Título XIV acrescido pela ER nº 48, de 3-4-2012 (publicada do *DJE* de 10-4-2012 e retificada no *DJE* de 13-4-2012).

Art. 354-H. A solicitação de opinião consultiva deve originar-se necessariamente de processo em curso perante o Poder Judiciário brasileiro e restringe-se exclusivamente à vigência ou interpretação jurídica do Tratado de Assunção, do Protocolo de Ouro Preto, dos protocolos e acordos celebrados no âmbito do Tratado de Assunção, das Decisões do Conselho do Mercado Comum – CMC, das Resoluções do Grupo Mercado Comum – GMC e das Diretrizes da Comissão de Comércio do MERCOSUL – CCM.

Art. 354-I. Têm legitimidade para requerer o encaminhamento de solicitação de opinião consultiva ao Tribunal Permanente de Revisão do MERCOSUL, o juiz da causa ou alguma das partes.

Art. 354-J. A solicitação de opinião consultiva indicará:

I – a exposição dos fatos e do objeto da solicitação;

II – a descrição das razões que motivaram a solicitação;

III – a indicação precisa da Normativa MERCOSUL a respeito da qual se realiza a consulta; e

IV – a indicação do juízo e da ação em que originada a solicitação;

Parágrafo único. A solicitação deve ser feita por escrito e poderá estar acompanhada das considerações, se as houver, formuladas pelas partes em litígio e pelo Ministério Público acerca da questão objeto da consulta e de qualquer documentação que possa contribuir para sua instrução.

Art. 354-K. Ao receber a solicitação, o Presidente do Supremo Tribunal Federal iniciará o processo de colheita de votos dos demais Ministros pelo processo virtual ou, se entender conveniente, encaminhará cópias aos demais Ministros antes da sessão administrativa designada para deliberação sobre a presença dos requisitos de admissibilidade do pedido e sua pertinência processual.

Art. 354-L. Uma vez preenchidos os requisitos de admissibilidade, a solicitação será encaminhada ao Tribunal Permanente de Revisão, com cópia para a Secretaria do MERCOSUL, e para as demais Cortes Supremas dos Estados Partes do MERCOSUL.

Art. 354-M. A opinião consultiva emitida pelo Tribunal Permanente de Revisão não terá caráter vinculante nem obrigatório.

► Arts. 354-H a 354-M acrescidos pela ER nº 48, de 3-4-2012 (publicada no *DJE* de 10-4-2012 e retificada no *DJE* de 13-4-2012).

PARTE III – DOS SERVIÇOS DO TRIBUNAL

TÍTULO I – DA SECRETARIA

Art. 355. À Secretaria do Tribunal incumbe a execução dos serviços administrativos, e será dirigida pelo Diretor-Geral, com habilitação universitária em direito, administração, economia ou ciências contábeis, nomeado, em comissão, pelo Presidente, nos termos da lei.

► *Caput* com a redação dada pela ER nº 50, de 19-4-2016.

§ 1º A organização da Secretaria do Tribunal, a competência de seus vários órgãos e as atribuições dos secretários, chefes e servidores serão fixadas, em ato próprio, pelo Tribunal.

► § 1º com a redação dada pela ER nº 8, de 8-5-2001.

§ 2º O Secretário de Controle Interno e os demais titulares das Secretarias que integram a Secretaria do Tribunal serão nomeados, em Comissão, pelo Presidente, nos termos da lei.

► § 2º com a redação dada pela ER nº 11, de 2-10-2003.

§ 3º O Diretor-Geral, em suas faltas ou impedimentos, será substituído na forma prevista no ato a que se refere o parágrafo anterior.

► § 2º transformado em § 3º pela ER nº 8, de 8-5-2001.

§ 4º Além das atribuições fixadas no Regulamento da Secretaria, incumbe ao Diretor-Geral:

a) apresentar ao Presidente todas as petições e papéis dirigidos ao Tribunal;

b) manter sob sua direta fiscalização, e permanentemente atualizado, o assentamento funcional dos Ministros;

c) manter sob sua guarda o selo do Tribunal.

► § 3º transformado em § 4º pela ER nº 8, de 8-5-2001.

§ 5º Ao Secretário do Pleno incumbe:

a) secretariar as sessões e lavrar as respectivas atas, assinando-as, com o Presidente, depois de lidas e aprovadas;

b) secretariar as audiências de instrução processual.

► § 4º transformado em § 5º pela ER nº 8, de 8-5-2001.

§ 6º As Turmas serão secretariadas pelos funcionários do Quadro da Secretaria que forem designados pelo Presidente do Tribunal.

► § 5º transformado em § 6º pela ER nº 8, de 8-5-2001.

§ 7º Os funcionários da Secretaria, quando tiverem de comparecer a serviço perante o Plenário ou Turma, em sessão, usarão vestuário adequado e capa preta.

► § 6º transformado em § 7º pela ER nº 8, de 8-5-2001.

§ 8º Salvo se funcionário efetivo do Tribunal, não poderá ser nomeado para cargo em Comissão, ou designado para função gratificada, cônjuge ou parente (arts. 330 a 336 do Código Civil), em linha reta ou colateral, até terceiro grau, inclusive, de qualquer dos Ministros em atividade.

► § 7º transformado em § 8º pela ER nº 8, de 8-5-2001.

TÍTULO II – DO GABINETE DO PRESIDENTE

Art. 356. O Gabinete da Presidência, órgão de assessoramento desta no tocante à superintendência administrativa que a ela compete, é dirigido pelo Chefe de Gabinete da Presidência, bacharel em Direito, nomeado, em comissão, pelo Presidente.

Parágrafo único. Incumbe ao Presidente, observado o disposto nos parágrafos 1º e 2º do art. 357, deste Regimento, organizar seu Gabinete e assessorias, dando-lhes estrutura necessária à execução de suas atribuições e fixando sua lotação.

► Art. 356 com a redação dada pela ER nº 50, de 19-4-2016.

Art. 356-A. À Secretaria Geral da Presidência incumbe a execução dos serviços judiciários, e será dirigida pelo Secretário-Geral da Presidência, bacharel em Direito, nomeado, em comissão, pelo Presidente.

► Artigo acrescido pela ER nº 50, de 19-4-2016.

TÍTULO III – DOS GABINETES DOS MINISTROS

Art. 357. Comporão os Gabinetes dos Ministros:

► *Caput* com a redação dada pela ER nº 43, de 2-12-2010.

I – um Chefe de Gabinete, portador de diploma de curso de nível superior;

II – cinco Assessores, bacharéis em Direito;

III – dois Assistentes Judiciários, portadores de diploma de curso de nível superior;

► Incisos I a III com a redação dada pela ER nº 43, de 2-12-2010.

IV – servidores e funções comissionadas em quantitativo definido pela Corte.

► Inciso IV acrescido pela ER nº 43, de 2-12-2010.

§ 1º No mínimo três, do total de cargos em comissão de cada Gabinete de Ministro, deverão ser recrutados do Quadro de Pessoal da Secretaria do Tribunal.

► § 1º acrescido pela ER nº 43, de 2-12-2010.

§ 2º Não pode ser nomeado para cargo em comissão, na forma deste artigo, cônjuge ou parente, em linha reta ou colateral, até o terceiro grau, inclusive, de qualquer dos Ministros em atividade.

► Antigo parágrafo único transformado em § 2º e com a redação dada pela ER nº 43, de 2-12-2010.

Art. 358. São atribuições dos Assessores de Ministros:

I – classificar os votos proferidos pelo Ministro e velar pela conservação das cópias e índices necessários à consulta;

II – verificar as pautas, de modo que o Ministro vogal, em casos de julgamento interrompido, ou de embargos, ação rescisória ou reclamação, possa consultar, na sessão, a cópia do voto que houver proferido anteriormente;

III – cooperar na revisão da transcrição do áudio e cópias dos votos e acórdãos do Ministro, antes da juntada nos autos;

► Inciso III com a redação dada pela ER nº 26, de 22-10-2008.

IV – selecionar, dentre os processos submetidos ao exame do Ministro, aqueles que versem questões de solução já compendiada na Súmula, para serem conferidos pelo Ministro;

V – fazer pesquisa de doutrina e de jurisprudência;

VI – executar outros trabalhos compatíveis com suas atribuições, que forem determinados pelo Ministro, cujas instruções deverá observar.

Parágrafo único. Quando a nomeação para Assessor de Ministro recair em funcionário efetivo de outro serviço, autarquia, entidade paraestatal ou sociedade de economia mista, dar-se-á prévio entendimento com o seu dirigente.

Art. 359. Para trabalhos urgentes, os Ministros poderão requisitar o auxílio do serviço de áudio do Tribunal.

► Artigo com a redação dada pela ER nº 26, de 22-10-2008.

Art. 360. O horário do pessoal do gabinete, observadas a duração legal e as peculiaridades do serviço, será o determinado pelo Ministro.

PARTE IV – DISPOSIÇÕES FINAIS

TÍTULO ÚNICO – DAS EMENDAS REGIMENTAIS E DEMAIS ATOS NORMATIVOS OU INDIVIDUAIS E DISPOSIÇÕES GERAIS E TRANSITÓRIAS

► Denominação do título com a redação dada pela ER nº 1, de 25-11-1981.

CAPÍTULO I

DAS EMENDAS REGIMENTAIS E DEMAIS ATOS NORMATIVOS OU INDIVIDUAIS

Art. 361. Os demais atos da competência do Tribunal, normativos ou individuais, obedecem à seguinte nomenclatura:

I – em matéria regimental:

a) Emenda Regimental – para emendar o Regimento Interno, suprimindo-lhe, acrescentando-lhe ou modificando-lhe disposições;

b) Ato Regimental – para complementar o Regimento Interno;

II – em matéria administrativa:

a) Regulamento da Secretaria – para fixar a organização da Secretaria, a competência de seus vários órgãos e as atribuições dos diretores, chefes e servidores, bem assim para complementar, no âmbito do Tribunal, a legislação relativa ao funcionalismo, ou regular sua aplicação;

b) Ato Regulamentar – para introduzir modificações no Regulamento da Secretaria, bem assim para dispor normativamente, quando necessário ou conveniente, sobre matéria correlata com a que nele se regula;

c) Deliberação – para dar solução, sem caráter normativo, a casos determinados.

Parágrafo único. Salvo o Regulamento da Secretaria e a Deliberação, os atos de que trata este artigo são numerados, como segue:

I – a Emenda Regimental e o Ato Regimental, em séries próprias e numeração seguida que prosseguem enquanto vigente o Regimento Interno ao qual se referem;

II – o Ato Regulamentar, em numeração seguida e ininterrupta.

► Art. 361 com a redação dada pela ER nº 1, de 25-11-1981.

Art. 362. Ao Presidente, aos Ministros e às Comissões é facultada a apresentação de propostas de atos normativos da competência do Tribunal.

§ 1º As propostas considerar-se-ão aprovadas se obtiverem o voto favorável da maioria absoluta do Tribunal.

§ 2º A Comissão de Regimento opinará previamente, por escrito, sobre as propostas em matéria regimental, salvo quando subscritas por seus membros ou pela maioria do Tribunal, ou em caso de urgência.

► Art. 362 com a redação dada pela ER nº 1, de 25-11-1981.

Art. 363. Os atos da competência própria do Presidente, em matéria regimental ou administrativa, obedecem à seguinte nomenclatura:

► *Caput* com a redação dada pela ER nº 1, de 25-11-1981.

I – Resolução – numerada seguida e ininterruptamente, para complementar o Regimento Interno ou o Regulamento da Secretaria e resolver os casos omissos, bem assim para complementar a legislação relativa ao funcionalismo, ou regular sua aplicação;

II – Portaria – sem numeração, para designar os membros das Comissões Permanentes e Temporárias, nomear, designar, exonerar, demitir e aposentar servidores ou aplicar-lhes penalidades;

► Incisos I e II com a redação dada pela ER nº 1, de 25-11-1981.

III – Despacho – para designar a realização de audiência pública de que trata o art. 13, XVII, deste Regimento.

► Inciso III acrescido pela ER nº 29, de 18-2-2009.

Art. 364. Os atos normativos de que trata este Capítulo entrarão em vigor na data de sua publicação no *Diário da Justiça*, salvo se dispuserem de modo diverso.

Parágrafo único. No que se referirem apenas à economia interna do Tribunal, os atos normativos entrarão em vigor desde que aprovados.

► Art. 364 com a redação dada pela ER nº 1, de 25-11-1981.

CAPÍTULO II
DISPOSIÇÕES GERAIS E TRANSITÓRIAS

Art. 365. O Tribunal presta homenagem aos Ministros:

I – por motivo de afastamento definitivo do seu serviço;

II – por motivo de falecimento;

III – para celebrar o centenário de nascimento.

§ 1º Por deliberação plenária tomada em sessão administrativa com a presença mínima de oito Ministros e os votos favoráveis de seis, o Tribunal pode homenagear pessoa estranha e falecida, de excepcional relevo no governo do País, na administração da Justiça ou no aperfeiçoamento das instituições jurídicas.

§ 2º Quando a homenagem consistir na aposição de busto ou estátua em dependência do Tribunal, dependerá de proposta escrita e justificada de quatro Ministros, pelo menos, sobre a qual opinará fundamentalmente Comissão especial de três Ministros, designada pelo Presidente, e de aprovação do Plenário, por maioria mínima de oito votos, em duas sessões administrativas consecutivas, com intervalo não inferior a seis meses entre uma e outra.

► Art. 365 com a redação dada pela ER nº 1, de 25-11-1981.

Art. 365-A. Quando requerida a realização de sessão administrativa por três Ministros, pelo menos, o Presidente a convocará de imediato para que o Tribunal aprecie a matéria objeto desse requerimento.

► Artigo acrescido pela ER nº 8, de 8-5-2001.

Art. 366. Os casos omissos serão resolvidos pelo Presidente, ouvida a Comissão de Regimento.

Art. 367. Compete ao Presidente o julgamento do pedido de reexame de decisão do Supremo Tribunal Federal, ou de seu Presidente, que houver homologado sentença estrangeira do divórcio de brasileiro com as restrições inerentes ao art. 7º, § 6º, da Lei de Introdução ao Código Civil, na redação anterior à que lhe deu o art. 49 da Lei nº 6.515, de 26 de dezembro de 1977.

► A referida Lei de Introdução ao Código Civil teve a sua ementa alterada para Lei de Introdução às normas do Direito Brasileiro pela Lei nº 12.376, de 30-12-2010.

► A homologação de sentença estrangeira passou a ser da competência do STJ, conforme art. 105, I, *i*, da CF, com a redação dada pela EC nº 45, de 8-12-2004.

§ 1º O pedido de reexame poderá ser feito por ambos os cônjuges ou por um deles, devendo processar-se nos próprios autos da homologação.

§ 2º Aplicam-se, no que couber, ao pedido de reexame as normas regimentais do procedimento de homologação, inclusive as pertinentes à execução e ao recurso cabível.

Art. 368. Este Regimento entrará em vigor em 1º de dezembro de 1980.

Parágrafo único. Às decisões proferidas até 30 de novembro de 1980 continuará aplicável o art. 308 do Regimento Interno aprovado a 18 de junho de 1970, com as modificações introduzidas pelas Emendas Regimentais posteriores.

Art. 369. Revogam-se o Regimento Interno aprovado a 18 de junho de 1970, as Emendas Regimentais que lhe alteraram a redação, e as Emendas Regimentais números 6, de 9 de março de 1978, 7, de 23 de agosto de 1978, e 8, de 7 de junho de 1979, bem assim as demais disposições em contrário.

Sala das Sessões, em 15 de outubro de 1980.

Antonio Neder

REGIMENTO INTERNO DO SUPERIOR TRIBUNAL DE JUSTIÇA

► Publicado no *DJU* de 7-7-1989.

O Superior Tribunal de Justiça, no uso de suas atribuições, resolve aprovar o seguinte Regimento Interno:

PARTE I – DA COMPOSIÇÃO, ORGANIZAÇÃO E COMPETÊNCIA

TÍTULO I – DO TRIBUNAL

CAPÍTULO I
DA COMPOSIÇÃO E ORGANIZAÇÃO

Art. 1º O Superior Tribunal de Justiça, com sede na Capital Federal e Jurisdição em todo o território nacional, compõe-se de trinta e três Ministros.

Art. 2º O Tribunal funciona:

I – em Plenário e pelo seu órgão especial (Constituição, artigo 93, XI), denominado Corte Especial;

II – em Seções especializadas;

III – em Turmas especializadas.

§ 1º O Plenário, constituído da totalidade dos Ministros, é presidido pelo Presidente do Tribunal.

§ 2º A Corte Especial será integrada pelos quinze Ministros mais antigos e presidida pelo Presidente do Tribunal.

► § 2º com a redação dada pela ER nº 9, de 24-9-2008.

§ 3º Há no Tribunal três Seções, integradas pelos componentes das Turmas da respectiva área de especialização. As Seções são presididas pelo Ministro mais antigo, por um período de dois anos, vedada a recondução, até que todos os componentes da Seção hajam exercido a presidência.

§ 4º As Seções compreendem seis Turmas, constituídas de cinco Ministros cada uma. A Primeira e a Segunda Turmas compõem a Primeira Seção; a Terceira e a Quarta Turmas, a Segunda Seção; e a Quinta e a Sexta Turmas, a Terceira Seção. O Ministro mais antigo integrante da Turma é o seu presidente, observada a disposição do parágrafo anterior quanto à periodicidade.

► § 4º com a redação dada pela ER nº 4, de 2-12-1993.

§ 5º Na composição das Turmas, observar-se-á a opção feita pelo Ministro, atendendo-se à ordem de antiguidade.

§ 6º Para os fins dos §§ 3º e 4º deste artigo, considerar-se-á a antiguidade dos Ministros no respectivo órgão fracionário.

► § 6º acrescido pela ER nº 4, de 2-12-1993.

Art. 3º O Presidente, o Vice-Presidente e o Corregedor Nacional de Justiça são eleitos pelo Plenário, dentre os seus membros; o Corregedor-Geral da Justiça Federal é o Vice-Presidente e o Vice-Corregedor-Geral, o Ministro mais antigo integrante do Conselho da Justiça Federal, que não exerça cargo de direção naquele órgão.

► *Caput* com a redação dada pela ER nº 29, de 22-5-2018.

§ 1º O Presidente, o Vice-Presidente e o Corregedor Nacional de Justiça integram apenas o Plenário e a Corte Especial, respeitado o art. 2º, § 2º, deste Regimento.

► § 1º com a redação dada pela ER nº 29, de 22-5-2018.

§ 2º O Presidente, o Vice-Presidente e o Corregedor Nacional de Justiça ao concluírem seus mandatos e retornarem às Turmas, ocuparão as vagas disponíveis, respeitada sempre, nas escolhas, a ordem de antiguidade.

► *Caput* do § 2º com a redação dada pela ER nº 29, de 22-5-2018.

I e II – *Revogados*. ER nº 29, de 22-5-2018.

§ 3º O Ministro que houver exercido o cargo de Presidente do Superior Tribunal de Justiça não poderá ocupar outro cargo ou função administrativa no âmbito do Tribunal, no Conselho da Justiça Federal, no Conselho Nacional de Justiça, na Escola Nacional de Formação e Aperfeiçoamento de Magistrados Ministro Sálvio de Figueiredo Teixeira e no Tribunal Superior Eleitoral, salvo presidência de Turma, Seção ou composição de Comissão Permanente.

§ 4º Os Ministros não poderão exercer mais de uma função administrativa cumulativamente, com exceção da hipótese prevista no *caput* deste artigo, no caso de todas já terem sido preenchidas e nos casos previstos em lei.

§ 5º Não há vedação para acumulação de cargo administrativo com suplência nem de cargo administrativo com função jurisdicional, inclusive quando se tratar do Tribunal Superior Eleitoral, salvo para o exercício dos cargos de Corregedor-Geral da Justiça Eleitoral, Corregedor Nacional de Justiça e Diretor-Geral da Escola Nacional de Formação e Aperfeiçoamento de Magistrados Ministro Sálvio de Figueiredo Teixeira.

► §§ 3º a 5º com a redação dada pela ER nº 29, de 22-5-2018.

§ 6º Não será elegível o Ministro para os cargos de Presidente e Vice-Presidente do Tribunal, Corregedor Nacional de Justiça, membro efetivo do Conselho da Justiça Federal, Diretor-Geral da Escola Nacional de Formação e Aperfeiçoamento de Magistrados Ministro Sálvio de Figueiredo Teixeira, Ministro Ouvidor do Superior Tribunal de Justiça e membro efetivo e suplente do Tribunal Superior Eleitoral, caso Ministro mais novo em ordem de antiguidade já tenha exercido o mesmo cargo ou função.

► § 6º acrescido pela ER nº 15, de 17-9-2014.

Art. 4º O Ministro empossado integrará a Turma onde se deu a vaga para a qual foi nomeado, ou ocupará vaga resultante da transferência de Ministro (artigo 32).

Art. 5º O Conselho de Administração será integrado pelos onze Ministros mais antigos e presidido pelo Presidente do Tribunal, competindo-lhe decidir sobre matéria administrativa, nos termos deste Regimento.

► *Caput* com a redação dada pela ER nº 9, de 24-9-2008.

§ 1º O Conselho de Administração reunir-se-á, ordinariamente, ao menos uma vez a cada trimestre.

§ 2º As reuniões ordinárias do Conselho de Administração serão convocadas pelo Presidente, mediante aviso escrito enviado com antecedência mínima de cinco dias corridos, contendo a pauta correspondente.

§ 3º O Presidente convocará o Conselho de Administração em caráter extraordinário, sempre que a necessidade exigir, não sendo necessária a observância do prazo previsto no parágrafo anterior.

► §§ 1º a 3º acrescidos pela ER nº 38, de 4-9-2020.

Art. 6º Junto ao Tribunal funciona o Conselho da Justiça Federal, com atuação em todo o território nacional, cabendo-lhe a supervisão administrativa e orçamentária da Justiça Federal de primeiro e segundo graus.

► Artigo com a redação dada pela ER nº 4, de 2-12-1993.

Art. 7º O Conselho da Justiça Federal é integrado pelo Presidente, Vice-Presidente e três Ministros do Tribunal, eleitos por dois anos, e pelos Presidentes dos cinco Tribunais Regionais Federais.

► *Caput* com a redação dada pela ER nº 4, de 2-12-1993.

§ 1º O Presidente do Tribunal preside o Conselho da Justiça Federal.

§ 2º Ao escolher os três Ministros que integrarão o Conselho, o Tribunal elegerá, também, os respectivos suplentes.

► §§ 1º e 2º acrescidos pela ER nº 4, de 2-12-1993.

CAPÍTULO II

DA COMPETÊNCIA DO PLENÁRIO, DA CORTE ESPECIAL, DAS SEÇÕES E DAS TURMAS

Seção I

DAS ÁREAS DE ESPECIALIZAÇÃO

Art. 8º Há no Tribunal três áreas de especialização estabelecidas em razão da matéria.

► *Caput* com a redação dada pela ER nº 2, de 4-6-1992.

Parágrafo único. A competência da Corte Especial não está sujeita à especialização.

Art. 9º A competência das Seções e das respectivas Turmas é fixada em função da natureza da relação jurídica litigiosa.

§ 1º À Primeira Seção cabe processar e julgar os feitos relativos a:

► *Caput* do § 1º com a redação dada pela ER nº 2, de 4-6-1992.

I – licitações e contratos administrativos;

II – nulidade ou anulabilidade de atos administrativos;

III – ensino superior;

IV – inscrição e exercício profissionais;

V – direito sindical;

VI – nacionalidade;

VII – desapropriação, inclusive a indireta;

VIII – responsabilidade civil do Estado;

IX – tributos de modo geral, impostos, taxas, contribuições e empréstimos compulsórios;

X – preços públicos e multas de qualquer natureza;

► Incisos I a X com a redação dada pela ER nº 2, de 4-6-1992.

XI – servidores públicos civis e militares;

► Inciso XI com a redação dada pela ER nº 11, de 6-4-2010.

XII – *habeas corpus* referentes às matérias de sua competência;

► Inciso XII acrescido pela ER nº 11, de 6-4-2010.

XIII – benefícios previdenciários, inclusive os decorrentes de acidentes do trabalho;

► Inciso XIII com a redação dada pela ER nº 14, de 5-12-2011.

XIV – direito público em geral.

► Inciso XIV acrescido pela ER nº 14, de 5-12-2011.

§ 2º À Segunda Seção cabe processar e julgar os feitos relativos a:

► *Caput* do § 2º com a redação dada pela ER nº 2, de 4-6-1992.

I – domínio, posse e direitos reais sobre coisa alheia, salvo quando se tratar de desapropriação;

II – obrigações em geral de direito privado, mesmo quando o Estado participar do contrato;

III – responsabilidade civil, salvo quando se tratar de responsabilidade civil do Estado;

IV – direito de família e sucessões;

V – direito do trabalho;

VI – propriedade industrial, mesmo quando envolverem arguição de nulidade do registro;

VII – constituição, dissolução e liquidação de sociedade;

VIII – comércio em geral, inclusive o marítimo e o aéreo, bolsas de valores, instituições financeiras e mercado de capitais;

IX – falências e concordatas;

X – títulos de crédito;

XI – registros públicos, mesmo quando o Estado participar da demanda;

► Incisos I a XI com a redação dada pela ER nº 2, de 4-6-1992.

XII – locação predial urbana;

► Inciso XII com a redação dada pela ER nº 11, de 6-4-2010.

XIII – *habeas corpus* referentes às matérias de sua competência;

XIV – direito privado em geral.

► Incisos XIII e XIV acrescidos pela ER nº 11, de 6-4-2010.

§ 3º À Terceira Seção cabe processar e julgar os feitos relativos à matéria penal em geral, salvo os casos de competência originária da Corte Especial e os *habeas corpus* de competência das Turmas que compõem a Primeira e a Segunda Seção.

► *Caput* do § 3º com a redação dada pela ER nº 14, de 5-12-2011.

I e II – *Revogados*; ER nº 14, de 5-12-2011.

III e IV – *Revogados*. ER nº 11, de 6-4-2010.

Seção II
DA COMPETÊNCIA DO PLENÁRIO

Art. 10. Compete ao Plenário:

I – dar posse aos membros do Tribunal;

II – eleger o Presidente e o Vice-Presidente do Tribunal, os Ministros membros do Conselho da Justiça Federal, titulares e suplentes, e o Diretor da Revista do Tribunal, dando-lhes posse;

► Inciso II com a redação dada pela ER nº 4, de 2-12-1993.

III – eleger, dentre os Ministros do Tribunal, os que devam compor o Tribunal Superior Eleitoral, na condição de membros efetivos e substitutos;

IV – decidir sobre a disponibilidade e aposentadoria de membro do Tribunal, por interesse público;

V – votar o Regimento Interno e as suas emendas;

VI – elaborar as listas tríplices dos juízes, desembargadores, advogados e membros do Ministério Público que devam compor o Tribunal (Constituição, artigo 104 e seu parágrafo único);

VII – propor ao Poder Legislativo a alteração do número de membros do Tribunal e dos Tribunais Regionais Federais, a criação e a extinção de cargos, e a fixação de vencimentos de seus membros, dos juízes dos Tribunais Regionais e dos Juízes Federais, bem assim a criação ou extinção de Tribunal Regional Federal e a alteração da organização e divisão judiciárias;

► Inciso VII com a redação dada pela ER nº 4, de 2-12-1993.

VIII – aprovar o Regimento Interno do Conselho da Justiça Federal;

► Inciso VIII acrescido pela ER nº 4, de 2-12-1993.

IX – eleger, dentre os Ministros do Tribunal, o que deve compor o Conselho Nacional de Justiça, observada a ordem de antiguidade;

X – indicar, na forma do inciso XXXII e do parágrafo único do art. 21, um juiz federal e um juiz de Tribunal Regional Federal para as vagas do Conselho Nacional de Justiça e um juiz para a vaga do Conselho Nacional do Ministério Público.

► Incisos IX e X acrescidos pela ER nº 15, de 17-9-2014.

Seção III
DA COMPETÊNCIA DA CORTE ESPECIAL

Art. 11. Compete à Corte Especial processar e julgar:

I – nos crimes comuns, os Governadores dos Estados e do Distrito Federal e, nestes e nos de responsabilidade, os desembargadores dos Tribunais de Justiça dos Estados e do Distrito Federal, os membros dos Tribunais de Contas dos Estados e do Distrito Federal, os dos Tribunais Regionais Federais, dos Tribunais Regionais Eleitorais e do Trabalho, os membros dos Conselhos ou Tribunais de Contas dos Municípios e os do Ministério Público da União que oficiem perante Tribunais;

II – os *habeas corpus*, quando for paciente qualquer das pessoas mencionadas no inciso anterior;

III – os mandados de injunção, quando a elaboração da norma regulamentadora for atribuição de órgão, entidade ou autoridade federal, da administração direta ou indireta, excetuados os casos de competência do Supremo Tribunal Federal e dos órgãos da Justiça Militar, da Justiça Eleitoral, da Justiça do Trabalho e da Justiça Federal;

IV – os mandados de segurança e os *habeas data* contra ato do próprio Tribunal ou de qualquer de seus órgãos;

V – as revisões criminais e as ações rescisórias de seus próprios julgados;

VI – o incidente de assunção de competência quando a matéria for comum a mais de uma seção;

► Inciso VI com a redação dada pela ER nº 24, de 28-9-2016.

VII – a exceção da verdade, quando o querelante, em virtude de prerrogativa de função, deva ser julgado originariamente pelo Tribunal;

VIII – a requisição de intervenção federal nos Estados e no Distrito Federal, ressalvada a competência do Supremo Tribunal Federal e do Tribunal Superior Eleitoral (Constituição, artigo 36, II e IV);

IX – as arguições de inconstitucionalidade de lei ou ato normativo suscitadas nos processos submetidos ao julgamento do Tribunal;

X – as reclamações para a preservação de sua competência e garantia de suas decisões;

XI – as questões incidentes, em processos da competência das Seções ou Turmas, as quais lhe tenham sido submetidas (artigo 16);

XII – os conflitos de competência entre relatores ou Turmas integrantes de Seções diversas, ou entre estas;

XIII – os embargos de divergência, se a divergência for entre Turmas de Seções diversas, entre Seções, entre Turma e Seção que não integre ou entre Turma e Seção com a própria Corte Especial;

► Inciso XIII com a redação dada pela ER nº 24, de 28-9-2016.

XIV – *Revogado.* ER nº 22, de 16-3-2016.

XV – as suspeições e impedimentos levantados contra Ministro em processo de sua competência;

XVI – o recurso especial repetitivo.

► Inciso XVI acrescido pela ER nº 24, de 28-9-2016.

Parágrafo único. Compete, ainda, à Corte Especial:

I – prorrogar o prazo para a posse e o início do exercício dos Ministros, na forma da lei;

II – dirimir as dúvidas que lhe forem submetidas pelo Presidente ou pelos Ministros, sobre a interpretação e execução de norma regimental ou a ordem dos processos de sua competência;

III – conceder licença ao Presidente e aos Ministros, bem assim julgar os processos de verificação de invalidez de seus membros;

IV – constituir comissões, bem como aprovar a designação do Ministro Coordenador do Centro de Soluções Consensuais de Conflitos do Superior Tribunal de Justiça;

► Inciso IV com a redação dada pela ER nº 23, de 28-9-2016.

V – elaborar e encaminhar a proposta orçamentária do Superior Tribunal de Justiça, bem como aprovar e encaminhar as propostas orçamentárias dos Tribunais Regionais Federais, da Justiça Federal de primeiro grau e do Conselho da Justiça Federal;

► Inciso V com a redação dada pela ER nº 4, de 2-12-1993.

VI – deliberar sobre a substituição de Ministro, nos termos do artigo 56;

► Inciso VI com a redação dada pela ER nº 3, de 8-8-1993.

VII – sumular a jurisprudência uniforme comum às Seções e deliberar sobre a alteração e o cancelamento de suas súmulas;

VIII – apreciar e encaminhar ao Poder Legislativo propostas de criação ou extinção de cargos do quadro de servidores do Tribunal e a fixação dos respectivos vencimentos, bem como do Conselho da Justiça Federal e da Justiça Federal de primeiro e segundo graus;

► Inciso VIII com a redação dada pela ER nº 4, de 2-12-1993.

IX – apreciar e encaminhar ao Poder Legislativo projeto de lei sobre o regimento de custas da Justiça Federal e do Superior Tribunal de Justiça.

► Inciso IX com a redação dada pela ER nº 22, de 16-3-2016.

X – autorizar Ministro a se ausentar do País, salvo quando se tratar de férias, de licença e de recesso ou em feriados;

► Inciso X acrescido pela ER nº 7, de 1º-3-2004.

XI – *Suprimido.* ER nº 9, de 24-9-2008.

SEÇÃO IV
DA COMPETÊNCIA DAS SEÇÕES

Art. 12. Compete às Seções processar e julgar:

I – os mandados de segurança, os *habeas corpus* e o *habeas data* contra ato de Ministro de Estado;

► Inciso I alterado tacitamente com a nova redação dada ao art. 105, I, *b* e *c*, pela EC nº 23, de 2-9-1999.

II – as revisões criminais e as ações rescisórias de seus julgados e das Turmas que compõem a respectiva área da especialização;

III – as reclamações para a preservação de suas competências e garantia da autoridade de suas decisões e das Turmas;

IV – os conflitos de competência entre quaisquer Tribunais, ressalvada a competência do Supremo Tribunal Federal (Constituição, artigo 102, I, *o*), bem assim entre Tribunal e juízes a ele não vinculados e juízes vinculados a Tribunais diversos;

V – os conflitos de competência entre relatores e Turmas integrantes da Seção;

VI – os conflitos de atribuições entre autoridades administrativas e judiciárias da União, ou entre autoridades judiciárias de um Estado e administrativas de outro, ou do Distrito Federal, ou entre as deste e da União;

VII – as questões incidentes em processos da competência das Turmas da respectiva área de especialização, as quais lhes tenham sido submetidas por essas;

VIII – as suspeições e os impedimentos levantados contra os Ministros, salvo em se tratando de processo da competência da Corte Especial;

IX – o incidente de assunção de competência quando a matéria for restrita a uma Seção;

► Inciso IX com a redação dada pela ER nº 24, de 28-9-2016.

X – o recurso especial repetitivo.

► Inciso X acrescido pela ER nº 24, de 28-9-2016.

Parágrafo único. Compete, ainda, às Seções:

I – julgar embargos de divergência, quando as Turmas divergirem entre si ou de decisão da Seção que integram;

► Inciso I com a redação dada pela ER nº 24, de 28-9-2016.

II – julgar feitos de competência de Turma, e por esta remetidos (artigo 14);

III – sumular a jurisprudência uniforme das Turmas da respectiva área de especialização e deliberar sobre a alteração e o cancelamento de súmulas.

SEÇÃO V
DA COMPETÊNCIA DAS TURMAS

Art. 13. Compete às Turmas:

I – processar e julgar, originariamente:

a) os *habeas corpus*, quando for coator governador de Estado e do Distrito Federal, desembargador dos Tribunais de Justiça dos Estados e do Distrito Federal, membro dos Tribunais de Contas dos Estados e do Distrito Federal, dos Tribunais Regionais Federais, dos Tribunais Regionais Eleitorais e do Trabalho, dos Conselhos ou Tribunais de Contas dos Municípios e do Ministério Público da União que oficie perante Tribunais;

b) os *habeas corpus*, quando o coator for Tribunal cujos atos estejam diretamente subordinados à jurisdição do Superior Tribunal de Justiça;

II – julgar em recurso ordinário:

a) os *habeas corpus* decididos em única ou última instância pelos Tribunais Regionais Federais ou pelos Tribunais dos Estados, do Distrito Federal e Territórios, quando denegatória a decisão;

b) os mandados de segurança decididos em única instância pelos Tribunais Regionais Federais ou pelos Tribunais dos

Estados, do Distrito Federal e Territórios, quando denegatória a decisão;

III – julgar os recursos ordinários e os agravos nas causas em que forem partes Estado estrangeiro ou organismo internacional de um lado e, do outro, Município ou pessoa residente ou domiciliada no país;

► Inciso III com a redação dada pela ER nº 24, de 28-9-2016.

IV – julgar, em recurso especial, as causas decididas em única ou última instância pelos Tribunais Regionais Federais ou pelos Tribunais dos Estados, do Distrito Federal e Territórios, quando a decisão recorrida:

a) contrariar tratado ou lei federal, ou negar-lhes vigência;

b) julgar válida lei ou ato de governo local contestado em face de lei federal;

c) der à lei federal interpretação divergente da que lhe haja atribuído outro Tribunal.

Art. 14. As Turmas remeterão os feitos de sua competência à Seção de que são integrantes:

I – quando algum dos Ministros propuser revisão da jurisprudência assentada em Súmula pela Seção;

II – quando convier pronunciamento da Seção, em razão da relevância da questão, e para prevenir divergência entre as Turmas da mesma Seção;

III – nos incidentes de assunção de competência.

► Inciso III com a redação dada pela ER nº 24, de 28-9-2016.

Parágrafo único. A remessa do feito à Seção far-se-á independentemente de acórdão, salvo no caso do item III (artigo 118, § 1º).

Seção VI
DISPOSIÇÕES COMUNS

Art. 15. À Corte Especial, às Seções e às Turmas cabe, ainda, nos processos de sua competência:

I – julgar os agravos, os embargos de declaração e as demais arguições;

► Inciso I com a redação dada pela ER nº 22, de 16-3-2016.

II – julgar os incidentes de execução que lhes forem submetidos;

III – julgar a restauração de autos físicos ou eletrônicos desaparecidos;

► Inciso III com a redação dada pela ER nº 22, de 16-3-2016.

IV – representar à autoridade competente, quando, em autos ou documentos de que conhecer, houver indício de crime de ação pública.

Art. 16. As Seções e as Turmas remeterão os feitos de sua competência à Corte Especial:

I – quando acolherem a arguição de inconstitucionalidade, desde que a matéria ainda não tenha sido decidida pela Corte Especial;

II – quando algum dos Ministros propuser revisão da jurisprudência assentada em Súmula pela Corte Especial;

III – *Revogado.* ER nº 22, de 16-3-2016.

IV – quando convier pronunciamento da Corte Especial em razão da relevância da questão jurídica, ou da necessidade de prevenir divergência entre as Seções.

Parágrafo único. A remessa do feito à Corte Especial far-se-á independentemente de acórdão, salvo nos casos dos itens I e III.

CAPÍTULO III
DO PRESIDENTE E DO VICE-PRESIDENTE

Seção I
DISPOSIÇÕES GERAIS

Art. 17. O Presidente e o Vice-Presidente têm mandato por dois anos, a contar da posse, vedada a reeleição.

§ 1º O disposto neste artigo aplica-se aos Ministros efetivos e suplentes do Conselho da Justiça Federal e ao Diretor da Revista.

► § 1º com a redação dada pela ER nº 4, de 2-12-1993.

§ 2º A eleição, por voto secreto do Plenário, dar-se-á trinta dias antes do término do biênio; a posse, no último dia desse. Se as respectivas datas não recaírem em dia útil, a eleição ou a posse serão transferidas para o primeiro dia útil seguinte.

► § 2º com a redação dada pela ER nº 5, de 23-5-1995.

§ 3º A eleição far-se-á com a presença de, pelo menos, dois terços dos membros do Tribunal, inclusive o Presidente. Não se verificando *quorum*, será designada sessão extraordinária para a data mais próxima, convocados os Ministros ausentes. Ministro licenciado não participará da eleição.

§ 4º Considera-se eleito, em primeiro escrutínio, o Ministro que obtiver a maioria absoluta dos votos dos membros do Tribunal. Em segundo escrutínio, concorrerão somente os dois Ministros mais votados no primeiro, concorrendo, entretanto, todos os nomes com igual número de votos na última posição a considerar. Se nenhum reunir a maioria absoluta de sufrágios, proclamar-se-á eleito o mais votado, ou o mais antigo, no caso de empate.

§ 5º A eleição do Presidente precederá à do Vice-Presidente, quando ambas se realizarem na mesma sessão.

Art. 18. O Vice-Presidente assumirá a Presidência quando ocorrer vacância e imediatamente convocará o Plenário para, no prazo máximo de trinta dias, fazer a eleição.

§ 1º O eleito tomará posse no prazo de quinze dias, exercendo o mandato pelo período fixado no artigo 17.

§ 2º No caso de o Vice-Presidente ser eleito Presidente, na mesma sessão eleger-se-á o seu sucessor, aplicando-se-lhe o disposto no parágrafo anterior.

► Art. 18 com a redação dada pela ER nº 5, de 23-5-1995.

Art. 19. Se ocorrer vaga no cargo de Vice-Presidente, será o Plenário convocado a fazer eleição. O eleito completará o período de seu antecessor, salvo o caso previsto no § 2º do artigo anterior.

► Artigo com a redação dada pela ER nº 5, de 23-5-1995.

Art. 20. A eleição, por votação secreta, do Corregedor Nacional de Justiça, dos membros do Conselho da Justiça Federal e de seus suplentes e do Ministro Diretor da Revista far-se-á juntamente com a do Presidente e do Vice-Presidente, salvo se, por qualquer motivo, não houver coincidência do mandato, caso em que a eleição se realizará no prazo máximo de trinta dias antes do término do biênio.

► *Caput* com a redação dada pela ER nº 15, de 17-9-2014.

Parágrafo único. Ocorrendo vaga em qualquer desses cargos, o Plenário será convocado a fazer eleição, assegurado ao eleito o mandato de dois anos.

► Parágrafo único com a redação dada pela ER nº 5, de 23-5-1995.

Seção II
DAS ATRIBUIÇÕES DO PRESIDENTE

Art. 21. São atribuições do Presidente:

I – representar o Tribunal perante os Poderes da República, dos Estados e dos Municípios, e demais autoridades;
II – velar pelas prerrogativas do Tribunal, cumprindo e fazendo cumprir o seu Regimento Interno;
III – dirigir os trabalhos do Tribunal, presidindo as sessões plenárias e da Corte Especial;
IV – convocar as sessões extraordinárias do Plenário e da Corte Especial;
V – designar dia para julgamento dos processos da competência do Plenário e da Corte Especial;
VI – proferir, no Plenário e na Corte Especial, o voto de desempate;
VII – relatar o agravo interposto de sua decisão;

► Inciso VII com a redação dada pela ER nº 22, de 16-3-2016.

VIII – manter a ordem nas sessões, adotando, para isso, as providências necessárias;
IX – submeter questões de ordem ao Tribunal;
X – determinar as providências necessárias ao cumprimento das ordens e das decisões do Tribunal, ressalvadas as atribuições dos Presidentes das Seções, das Turmas e dos relatores;

► Inciso X com a redação dada pela ER nº 22, de 16-3-2016.

XI – assinar, com o relator, os acórdãos da Corte Especial, bem assim as cartas de sentença e as rogatórias;
XII – *Revogado*. ER nº 10, de 11-11-2009;
XIII – decidir:
a) as petições de recursos para o Supremo Tribunal Federal, resolvendo os incidentes que se suscitarem;
b) os pedidos de suspensão da execução de medida liminar ou de sentença, sendo ele o relator das reclamações para preservar a sua competência ou garantir a autoridade das suas decisões nesses feitos;

► Alínea *b* com a redação dada pela ER nº 7, de 1º-3-2004.

c) durante o recesso do Tribunal ou nas férias coletivas dos seus membros, os pedidos de liminar em mandado de segurança, podendo, ainda, determinar liberdade provisória ou sustação de ordem de prisão, e demais medidas que reclamem urgência;
d) sobre pedidos de livramento condicional, bem assim sobre os incidentes em processos de indulto, anistia e graça;
e) sobre deserção de recursos não preparados no Tribunal;
f) sobre a expedição de ordens de pagamento devido pela Fazenda Pública, despachando os precatórios;
g) sobre o sequestro, no caso do artigo 731 do Código de Processo Civil;

► Refere-se ao CPC/1973.

h) os pedidos de extração de carta de sentença;
i) *Revogada*. ER nº 24, de 28-9-2016;
j) as reclamações, por erro da ata do Plenário e da Corte Especial, e na publicação de acórdãos;
k) *Revogada*. ER nº 24, de 28-9-2016;
l) sobre dúvidas suscitadas pela Secretaria do Tribunal relacionadas a distribuição de feitos e a incidentes referentes à redistribuição disciplinada no art. 72;
m) sobre os pedidos de suspensão de processos em incidente de resolução de demandas repetitivas;
n) sobre a necessidade de determinar, na autuação do feito, a identificação do nome da parte apenas por suas iniciais, nas hipóteses em que, expressamente, a lei indicar ser indispensável a restrição à publicidade de seu nome como meio para a proteção de bem objeto de sigilo no processo.

► Alíneas *l* a *n* acrescidas pela ER nº 24, de 28-9-2016.

XIV – proferir os despachos do expediente;
XV – dar posse aos Ministros durante o recesso do Tribunal ou nas férias, e conceder-lhes transferências de Seção ou Turma;
XVI – conceder licença aos Ministros *ad referendum* da Corte Especial;
XVII – criar comissões temporárias e designar os seus membros e ainda os das comissões permanentes, bem como designar o Ministro Coordenador do Centro de Soluções Consensuais de Conflitos do Superior Tribunal de Justiça, com aprovação da Corte Especial;

► Inciso XVII com a redação dada pela ER nº 23, de 28-9-2016.

XVIII – determinar, em cumprimento de deliberação do Tribunal, o início do processo de verificação da invalidez de Ministro;
XIX – nomear curador ao paciente, na hipótese do item anterior, se se tratar de incapacidade mental, bem assim praticar os demais atos preparatórios do procedimento;
XX – baixar as resoluções e instruções normativas referentes à deliberação do Plenário, da Corte Especial ou do Conselho de Administração, bem como as que digam respeito à rotina dos trabalhos de distribuição;
XXI – baixar os atos indispensáveis à disciplina dos serviços e à polícia do Tribunal;
XXII – adotar as providências necessárias à elaboração da proposta orçamentária do Tribunal e encaminhar pedidos de abertura de créditos adicionais e especiais;
XXIII – resolver as dúvidas suscitadas na classificação dos feitos e papéis registrados na Secretaria do Tribunal, baixando as instruções necessárias;
XXIV – rubricar os livros necessários ao expediente ou designar funcionário para fazê-lo;
XXV – assinar os atos de provimento e vacância dos cargos e empregos da Secretaria do Tribunal, dando posse aos servidores;
XXVI – assinar os atos relativos à vida funcional dos servidores;

► Inciso XXVI com a redação dada pela ER nº 4, de 2-12-1993.

XXVII – impor penas disciplinares aos servidores da Secretaria;
XXVIII – delegar, nos termos da lei, competência ao Diretor-Geral da Secretaria do Tribunal, para a prática de atos administrativos;

► Inciso XXVIII com a redação dada pela ER nº 4, de 2-12-1993.

XXIX – velar pela regularidade e exatidão das publicações dos dados estatísticos sobre os trabalhos do Tribunal a cada mês;
XXX – apresentar ao Tribunal, no mês de fevereiro, relatório circunstanciado dos trabalhos efetuados no ano decorrido, bem como mapas dos julgados;
XXXI – praticar todos os demais atos de gestão necessários ao funcionamento dos serviços administrativos;

► Inciso XXXI com a redação dada pela ER nº 4, de 2-12-1993.

XXXII – fixar a data de início do procedimento de escolha e indicação de um juiz federal e de um juiz do Tribunal Regional Federal para as vagas do Conselho Nacional de Justiça e de um juiz para a vaga do Conselho Nacional do Ministério Público.

► Inciso XXXII acrescido pela ER nº 15, de 17-9-2014.

Parágrafo único. O procedimento previsto neste inciso terá início até sessenta dias do término do mandato do conselheiro, ou, caso não cumprido integralmente, logo após a vacância do cargo, observadas as seguintes disposições:
I – os magistrados de primeiro e segundo graus interessados em ocupar uma das vagas disponíveis deverão apresentar seus currículos ao Superior Tribunal de Justiça e serão convocados mediante:

a) publicação no *Diário da Justiça* eletrônico;

b) divulgação na página eletrônica do Superior Tribunal de Justiça na rede mundial de computadores (internet);

c) comunicação aos respectivos Tribunais, para que divulguem, por todos os meios disponíveis, o prazo e a forma de inscrição aos juízes de primeiro e segundo graus a eles vinculados, informando à Presidência do Superior Tribunal de Justiça as medidas efetivamente tomadas para a divulgação da convocação;

II – o prazo para encaminhamento dos currículos será de dez dias, se outro não fixar a Presidência, contados da data da publicação da convocação no *Diário da Justiça* eletrônico;

III – o currículo deverá ser encaminhado ao Superior Tribunal de Justiça por via eletrônica, e seu conteúdo deverá ser preenchido em formulário padronizado posto à disposição na página eletrônica;

IV – encerrado o prazo, a Presidência colocará os currículos à disposição dos Ministros e convocará sessão do Plenário para a escolha do nome;

V – a lista de magistrados inscritos, com *links* para os respectivos currículos, será colocada à disposição do público, inclusive na página eletrônica;

VI – a indicação será definida em sessão do Plenário, por votação secreta, cabendo a cada Ministro votar em um juiz ou em um desembargador por vaga;

VII – será indicado o juiz ou o desembargador que obtiver a maioria absoluta dos votos;

VIII – não sendo alcançada a maioria absoluta de votos por nenhum juiz ou desembargador, seguir-se-á um segundo sufrágio, em que concorrerão os candidatos que tiverem obtido as duas maiores votações na etapa anterior, sendo indicado o que obtiver a maioria simples dos votos;

IX – em caso de empate no segundo sufrágio, será indicado o juiz ou o desembargador mais antigo na carreira e, persistindo o empate, o mais idoso;

X – o nome do juiz ou do desembargador escolhido será publicado no *Diário da Justiça* eletrônico e divulgado na página eletrônica do Superior Tribunal de Justiça.

► Parágrafo único acrescido pela ER nº 15, de 17-9-2014.

Art. 21-A. O Presidente do Tribunal, por indicação do relator, poderá convocar magistrado vitalício para a realização de atos de instrução das sindicâncias, inquéritos, ações e demais procedimentos penais originários, na sede do STJ ou no local onde se deva produzir o ato, bem como definir os limites de sua atuação.

§ 1º Caberá ao magistrado instrutor convocado na forma do *caput*:

I – designar e realizar as audiências de interrogatório, inquirição de testemunhas, acareação, transação, suspensão condicional do processo, admonitórias e outras;

II – requisitar testemunhas e determinar condução coercitiva, caso necessário;

III – expedir e controlar o cumprimento das cartas de ordem;

IV – determinar intimações e notificações;

V – decidir questões incidentes durante a realização dos atos sob sua responsabilidade;

VI – requisitar documentos ou informações existentes em bancos de dados;

VII – fixar ou prorrogar prazos para a prática de atos durante a instrução;

VIII – realizar inspeções judiciais;

IX – requisitar aos órgãos locais do Poder Judiciário apoio de pessoal e de equipamentos e instalações adequados para os atos processuais que devam ser produzidos fora da sede do Tribunal;

X – exercer outras funções que lhe sejam delegadas pelo relator ou pelo Tribunal.

§ 2º As decisões proferidas pelo magistrado instrutor no exercício das atribuições previstas no parágrafo anterior ficam sujeitas a posterior controle do relator, de ofício ou mediante provocação do interessado, no prazo de cinco dias da ciência do ato.

§ 3º A convocação de magistrados instrutores vigerá pelo prazo de seis meses, prorrogável por igual período, até o máximo de dois anos, a critério do relator, sem prejuízo das vantagens e direitos de seu cargo de origem, ficando condicionada à disponibilidade orçamentária.

§ 4º O número máximo de juízes instrutores no Tribunal é restrito a treze, um para cada gabinete de Ministro integrante da Corte Especial, excluídos o Presidente e o Corregedor Nacional de Justiça.

Art. 21-B. O Presidente do Tribunal poderá convocar magistrados vitalícios até o número de sete, para atuarem como juízes auxiliares em apoio à Presidência.

► *Caput* do art. 21-B com a redação dada pela ER nº 37, de 4-9-2020.

§ 1º O Presidente ainda convocará um juiz federal para exercer a função de Secretário-Geral do Conselho da Justiça Federal e um juiz vitalício para prestar auxílio à Escola Nacional de Formação e Aperfeiçoamento de Magistrados Ministro Sálvio de Figueiredo Teixeira, por indicação do Diretor-Geral da Escola.

§ 2º A convocação de juiz auxiliar vigerá pelo prazo de um ano, prorrogável por igual período, sem prejuízo dos direitos e vantagens de seu cargo de origem, ficando condicionada à disponibilidade orçamentária.

► §§ 1º e 2º com a redação dada pela ER nº 37, de 4-9-2020.

§ 3º *Revogado.* ER nº 37, de 4-9-2020.

Art. 21-C. Sem prejuízo dos arts. 21-A e 21-B, os Ministros podem indicar ao Presidente a convocação de um magistrado vitalício para auxiliá-los nos afazeres de seus gabinetes, em caráter excepcional, quando o justificado acúmulo de serviço o exigir.

Parágrafo único. A convocação de juiz auxiliar vigerá pelo prazo de um ano, prorrogável por igual período, sem prejuízo dos direitos e vantagens de seu cargo de origem, ficando condicionada à disponibilidade orçamentária.

Art. 21-D. Serão regulados por resolução as convocações, direitos, vantagens, vencimentos e dispensas dos magistrados instrutores e auxiliares.

► Arts. 21-A a 21-D acrescidos pela ER nº 21, de 3-2-2016.

Art. 21-E. São atribuições do Presidente antes da distribuição:

I – apreciar e homologar pedidos de desistência, de autocomposição das partes e de habilitação em razão de falecimento de qualquer das partes;

II – apreciar os pedidos de gratuidade da justiça nos feitos de competência originária;

III – determinar o cancelamento do registro do feito se a parte, intimada na pessoa de seu advogado, não realizar o pagamento, em quinze dias, das custas e despesas de ingresso;

IV – apreciar os habeas corpus e as revisões criminais inadmissíveis por incompetência manifesta, encaminhando os autos ao órgão que repute competente;

V – não conhecer de recurso inadmissível, prejudicado ou que não tiver impugnado especificamente todos os fundamentos da decisão recorrida;

VI – negar provimento a recurso que for contrário a súmula do Supremo Tribunal Federal ou do Superior Tribunal de Justiça, a acórdão proferido em julgamento de recursos repetitivos ou a entendimento firmado em incidente de assunção de competência;

VII – dar provimento a recurso se a decisão recorrida for contrária a súmula do Supremo Tribunal Federal ou do Superior Tribunal de Justiça, a acórdão proferido em julgamento de recursos repetitivos ou a entendimento firmado em incidente de assunção de competência;

VIII – determinar a devolução ao Tribunal de origem dos recursos fundados em controvérsia idêntica àquela já submetida ao rito de julgamento de casos repetitivos para adoção das medidas cabíveis;

IX – remeter o processo ao Supremo Tribunal Federal após juízo positivo de admissibilidade quando entender versar o recurso especial sobre matéria constitucional, dando vista ao recorrente pelo prazo de quinze dias para que demonstre a existência de repercussão geral e manifeste-se sobre a questão constitucional, bem como vista à parte adversa para, por igual prazo, apresentar contrarrazões.

§ 1º Opostos embargos de declaração contra decisão do Presidente, caberá a ele a sua análise.

§ 2º Interposto agravo interno contra a decisão do Presidente proferida no exercício das competências previstas neste artigo, os autos serão distribuídos, observado o disposto no art. 9º deste Regimento, caso não haja retratação da decisão agravada.

§ 3º O Presidente do Tribunal poderá delegar ao Vice-Presidente e aos Presidentes das Seções, dentro de suas respectivas áreas de atuação, a análise das matérias previstas neste artigo, observado o que dispõem os §§ 1º e 2º.

§ 4º A delegação de que trata o § 3º far-se-á mediante ato do Presidente do Tribunal, se houver concordância dos delegatários.

§ 5º Os Presidentes das Seções poderão indicar ao Presidente do Tribunal, para subdelegação, um membro integrante da respectiva Seção.

► Art. 21-E acrescido pela ER nº 24, de 28-9-2016.

Seção III

DAS ATRIBUIÇÕES DO VICE-PRESIDENTE

Art. 22. Ao Vice-Presidente incumbe substituir o Presidente nas férias, licenças, ausências e impedimentos eventuais, e sucedê-lo, no caso de vaga, na forma do artigo 18.

§ 1º O Vice-Presidente integra o Plenário e a Corte Especial também nas funções de relator e revisor.

§ 2º Ao Vice-Presidente incumbe, ainda:

I – por delegação do Presidente:

a) decidir as petições de recursos para o Supremo Tribunal Federal, resolvendo os incidentes que se suscitarem;

b) auxiliar na supervisão e fiscalização dos serviços da Secretaria do Tribunal;

c) *Revogada*. ER nº 10, de 11-11-2009;

d) decidir as matérias previstas no art. 21-E deste Regimento.

► Alínea *d* acrescida pela ER nº 24, de 28-9-2016.

II – exercer, no Conselho da Justiça Federal, as funções que lhe competirem, de acordo com o Regimento Interno.

§ 3º A delegação das atribuições previstas no item I do parágrafo anterior far-se-á mediante ato do Presidente e de comum acordo com o Vice-Presidente.

CAPÍTULO IV

DAS ATRIBUIÇÕES DO COORDERNADOR GERAL DA JUSTIÇA FEDERAL

Art. 23. O Corregedor-Geral exercerá, no Conselho da Justiça Federal, as atribuições que lhe couberem, na conformidade da lei e do seu Regimento Interno e integrará o Plenário e a Corte Especial também nas funções de relator e revisor.

► Artigo com a redação dada pela ER nº 22, de 16-3-2016.

CAPÍTULO V

DAS ATRIBUIÇÕES DO PRESIDENTE DE SEÇÃO

Art. 24. Compete ao Presidente de Seção:

I – presidir as sessões, onde terá apenas o voto de desempate;

II – manter a ordem nas sessões;

III – convocar sessões extraordinárias;

IV – mandar incluir em pauta os processos de sua Seção e assinar as atas das sessões;

V – assinar os ofícios executórios e quaisquer comunicações referentes aos processos julgados pela respectiva Seção;

VI – indicar ao Presidente funcionários da Secretaria do Tribunal a serem designados para os cargos de direção de sua Seção;

VII – assinar a correspondência de sua Seção;

► Incisos V a VII com a redação dada pela ER nº 6, de 12-8-2002.

VIII – decidir, por delegação do Presidente do Tribunal e no âmbito de sua atuação, as matérias previstas no art. 21-E deste Regimento.

► Inciso VIII acrescido pela ER nº 24, de 28-9-2016.

CAPÍTULO VI

DAS ATRIBUIÇÕES DO PRESIDENTE DE TURMA

Art. 25. Compete ao Presidente de Turma:

I – presidir as sessões de sua Turma, onde terá participação também na condição de relator, revisor ou vogal;

II – manter a ordem nas sessões;

III – convocar as sessões extraordinárias;

IV – mandar incluir em pauta os processos da respectiva Turma e assinar as atas das sessões;

V – assinar os ofícios executórios e quaisquer comunicações referentes aos processos julgados pela respectiva Turma;

VI – indicar ao Presidente funcionários da Secretaria do Tribunal a serem designados para os cargos de direção de sua Turma;

VII – assinar a correspondência de sua Turma.

► Incisos V a VII com a redação dada pela ER nº 6, de 12-8-2002.

CAPÍTULO VII

DOS MINISTROS

Seção I

DISPOSIÇÕES GERAIS

Art. 26. A indicação, pelo Superior Tribunal de Justiça, de juízes, desembargadores, advogados e membros do Ministério Público, a serem nomeados pelo Presidente da República, para comporem o Tribunal, far-se-á em lista tríplice.

§ 1º Ocorrendo vaga destinada a advogado ou a membro do Ministério Público, o Presidente do Tribunal, nos cinco dias seguintes, solicitará ao órgão de representação da classe que providencie a lista sêxtupla dos candidatos, observados os requisitos constitucionais (Constituição, artigo 104, parágrafo único).

§ 2º Tratando-se de vaga a ser preenchida por juiz ou desembargador, o Presidente solicitará aos Tribunais Regionais Federais e aos Tribunais de Justiça que enviem, no prazo de dez dias, relação dos magistrados que contem mais de trinta e cinco e menos de sessenta e cinco anos de idade, com indicação das datas de nascimento (Constituição, artigo 104, parágrafo único).

§ 3º Recebida a lista sêxtupla, ou esgotado o prazo indicado no parágrafo anterior, convocará o Presidente, de imediato, sessão do Tribunal para elaboração da lista tríplice.

§ 4º Para a composição da lista tríplice, o Tribunal reunir-se-á, em sessão pública, com o *quorum* de dois terços de seus membros, além do Presidente.

§ 5º Somente constará de lista tríplice o candidato que obtiver, em primeiro ou subsequente escrutínio, a maioria absoluta dos votos dos membros do Tribunal, observado o disposto no artigo 27, § 3º.

§ 6º Os candidatos figurarão na lista de acordo com a ordem decrescente dos sufrágios que obtiverem, respeitado, também, o número de ordem do escrutínio. Em caso de empate, terá preferência o mais idoso.

► §§ 5º e 6º com a redação dada pela ER nº 1, de 23-5-1991.

§ 7º A escolha dos nomes que comporão lista tríplice far-se-á em votação secreta, realizando-se tantos escrutínios quantos forem necessários.

§ 8º Para colocação dos nomes na lista, em caso de empate, far-se-á o desempate em favor do candidato mais idoso; se ainda persistir o empate, adotar-se-á o critério do tempo de serviço público no cargo, para os magistrados e membros do Ministério Público, ou o tempo de inscrição na Ordem como advogado, para os advogados.

Art. 27. Aberta a sessão, será ela transformada em conselho, para que o Tribunal aprecie aspectos gerais referentes à escolha dos candidatos, seus currículos, vida pregressa e se satisfazem os requisitos constitucionais exigidos. Os membros do Tribunal receberão, quando possível, com antecedência de, no mínimo, setenta e duas horas da data da sessão, relação dos candidatos, instruída com cópia dos respectivos currículos.

§ 1º Tornada pública a sessão, o Presidente designará a Comissão Escrutinadora, que será integrada por três membros do Tribunal.

§ 2º Existindo mais de uma vaga a ser preenchida por advogado ou membro do Ministério Público, para cada lista sêxtupla, será elaborada lista tríplice, observando-se o que dispõe o § 3º deste artigo.

§ 3º Tratando-se de lista tríplice única, cada Ministro, no primeiro escrutínio, votará em três nomes. Ter-se-á como constituída, se, em primeiro escrutínio, três ou mais candidatos obtiverem maioria absoluta dos votos do Tribunal, hipótese em que figurarão na lista, pela ordem decrescente de sufrágios, os nomes dos três mais votados. Em caso contrário, efetuar-se-á segundo escrutínio e, se necessário, novos escrutínios, concorrendo, em cada um, candidatos em número correspondente ao dobro dos nomes a serem inseridos, ainda, na lista, de acordo com a ordem da votação alcançada no escrutínio anterior, incluídos, entretanto, todos os nomes com igual número de votos na última posição a ser considerada. Restando, apenas, uma vaga a preencher, será considerado escolhido o candidato mais votado, com preferência ao mais idoso, em caso de empate.

► § 3º com a redação dada pela ER nº 1, de 23-5-1991.

§ 4º Se existirem duas ou mais vagas a serem providas dentre juízes ou desembargadores, o Tribunal deliberará, preliminarmente, se as listas se constituirão, cada uma, com três nomes distintos, ou se, composta a primeira com três nomes, a segunda e subsequentes deverão ser integradas pelos dois nomes remanescentes da lista anterior, acrescidos de mais um nome.

§ 5º Se o Tribunal deliberar que, em cada lista, constarão três nomes distintos, cada Ministro, no primeiro escrutínio, votará em tantos nomes quantos necessários à constituição das listas tríplices. Nesse caso, na organização simultânea das listas, os nomes que obtiverem, em primeiro escrutínio, maioria absoluta dos votos dos membros do Tribunal, figurarão, pela ordem decrescente de votos, em primeiro lugar, em cada uma das listas, de acordo com sua numeração, e nos lugares subsequentes das listas, horizontalmente considerados, pela mesma ordem, da primeira à última. Se, no primeiro escrutínio, não se preencherem todos os lugares das diversas listas, proceder-se-á a segundo e, se necessário, a novos escrutínios, na forma definida na última parte do § 3º deste artigo, distribuindo-se, nas listas, os nomes escolhidos, de acordo com a ordem prevista para o primeiro escrutínio. No segundo e subsequentes escrutínios, cada Ministro votará em tantos nomes quantos faltarem para serem incluídos nas listas.

§ 6º Se o Tribunal deliberar que, na constituição das listas, será adotado o critério previsto na segunda hipótese do § 4º deste artigo, cada Ministro, em primeiro escrutínio, votará em tantos nomes quantas forem as vagas a preencher e em mais dois. Nessa hipótese, na organização simultânea das listas, atendido o disposto no § 5º do artigo 27, a primeira será integrada, na ordem decrescente dos sufrágios alcançados, por três nomes; a segunda lista constituir-se-á dos dois nomes remanescentes da primeira, mais o nome que tenha obtido a quarta votação; a terceira lista dar-se-á por composta dos dois nomes remanescentes da lista anterior, mais o nome que haja obtido a quinta votação, respeitada a ordem dos escrutínios, e assim sucessivamente. Se, no primeiro escrutínio, não se preencherem todos os lugares das diversas listas, nos termos deste parágrafo, proceder-se-á a segundo e a novos escrutínios, na forma definida no parágrafo anterior e na última parte do § 3º deste artigo.

§ 7º No ofício de encaminhamento ao Poder Executivo, da lista tríplice única ou das diversas listas tríplices, far-se-á referência ao número de votos obtidos pelos indicados e à ordem do escrutínio em que se deu a escolha.

Art. 28. Os Ministros tomarão posse, no prazo de trinta dias, em sessão plenária e solene do Tribunal, podendo fazê-lo perante o Presidente, em período de recesso ou férias.

► *Caput* com a redação dada pela ER nº 1, de 23-5-1991.

§ 1º No ato da posse, o Ministro prestará compromisso de bem desempenhar os deveres do cargo, e de bem cumprir e fazer cumprir a Constituição e as leis do País.

§ 2º Do compromisso, lavrar-se-á, em livro especial, termo que será assinado pelo Presidente, pelo empossado e pelo Diretor-Geral da Secretaria.

§ 3º Somente será dada posse ao Ministro que antes haja provado:

a) ser brasileiro;

b) contar mais de trinta e cinco e menos de sessenta e cinco anos de idade;

c) satisfazer aos demais requisitos inscritos em lei.

§ 4º O prazo para a posse poderá ser prorrogado pela Corte Especial, na forma da lei.

Art. 29. Os Ministros têm as prerrogativas, garantias, direitos e incompatibilidades inerentes ao exercício da Magistratura.

§ 1º Os Ministros receberão o tratamento de Excelência e usarão vestes talares, nas sessões solenes, e capas, nas sessões ordinárias ou extraordinárias; conservarão o título e as honras correspondentes, mesmo depois da aposentadoria.

► Antigo parágrafo único transformado em § 1º pela ER nº 1, de 23-5-1991.

§ 2º A Presidência do Tribunal velará pela preservação dos direitos, interesses e prerrogativas dos Ministros aposentados.

► § 2º acrescido pela ER nº 1, de 23-5-1991.

Art. 30. A antiguidade do Ministro no Tribunal, para sua colocação nas sessões, distribuição de serviços, revisão dos processos, substituições e outros quaisquer efeitos legais ou regimentais, é regulada na seguinte ordem:

I – pela posse;

II – pela nomeação;

III – pela idade.

Parágrafo único. Respeitar-se-á, no Superior Tribunal de Justiça, a antiguidade que vinha sendo observada no Tribunal Federal de Recursos, em relação aos seus Ministros.

Art. 31. Havendo, dentre os Ministros do Tribunal, cônjuges, parentes consanguíneos ou afins, em linha reta ou no terceiro grau da linha colateral, integrarão Seções diferentes, e o primeiro que conhecer da causa impede que o outro participe do julgamento quando da competência da Corte Especial.

Art. 32. Os Ministros têm direito de transferir-se para Seção ou Turma, onde haja vaga, antes da posse de novo Ministro, ou, em caso de permuta, para qualquer outra. Havendo mais de um pedido, terá preferência o do mais antigo.

Art. 33. Os Ministros têm jurisdição em todo o território nacional e domicílio no Distrito Federal.

► *Caput* com a redação dada pela ER nº 7, de 1º-3-2004.

Parágrafo único. É dever dos Ministros, entre outros estabelecidos em lei e neste Regimento:

I – manter residência no Distrito Federal;

II – comparecer às sessões de julgamento, nelas permanecendo até o seu final, salvo com autorização prévia do Presidente do órgão julgador.

► Incisos I e II acrescidos pela ER nº 7, de 1º-3-2004.

SEÇÃO II
DO RELATOR

Art. 34. São atribuições do relator:

I – ordenar e dirigir o processo;

II – determinar às autoridades judiciárias e administrativas, sujeitas à sua jurisdição, providências relativas ao andamento e à instrução do processo, exceto se forem da competência da Corte Especial, da Seção, da Turma ou de seus Presidentes;

III – delegar atribuições a autoridades judiciárias de instância inferior, nos casos previstos em lei ou neste Regimento;

IV – submeter à Corte Especial, à Seção, à Turma, ou ao Presidente, conforme a competência, questões de ordem para o bom andamento dos processos;

V – submeter à Corte Especial, à Seção, à Turma, nos processos da competência respectiva, medidas cautelares ou tutelas provisórias necessárias à proteção de direito suscetível de grave dano de incerta reparação ou ainda destinadas a garantir a eficácia da ulterior decisão da causa;

VI – determinar, em caso de urgência, as medidas ou tutelas do inciso anterior, ad referendum da Corte Especial, da Seção ou da Turma;

► Incisos V e VI com a redação dada pela ER nº 24, de 28-9-2016.

VII – decidir o agravo interposto de decisão que inadmitir recurso especial;

► Inciso VII com a redação dada pela ER nº 22, de 16-3-2016.

VIII – requisitar os autos originais, quando necessário;

IX – apreciar e homologar pedidos de desistência, de autocomposição das partes e de habilitação em razão de falecimento de qualquer das partes, ainda que o feito se ache em pauta ou em mesa para julgamento;

► Inciso IX com a redação dada pela ER nº 24, de 28-9-2016.

X – pedir dia para julgamento dos feitos que lhe couberem por distribuição, ou passá-los ao revisor, com o relatório, se for o caso;

XI – julgar prejudicado pedido ou recurso que haja perdido o objeto;

XII – propor à Seção ou à Turma seja o processo submetido à Corte Especial ou à Seção, conforme o caso;

XIII – decidir o pedido de carta de sentença e assiná-la;

XIV – apresentar em mesa para julgamento os feitos que independem de pauta;

XV – redigir o acórdão, quando o seu voto for o vencedor no julgamento;

XVI – determinar a autuação do agravo como recurso especial;

XVII – determinar o arquivamento de inquérito, ou peças informativas, quando o requerer o Ministério Público, ou submeter o requerimento à decisão do órgão competente do Tribunal;

XVIII – distribuídos os autos:

► *Caput* do inciso XVIII com a redação dada pela ER nº 22, de 16-3-2016.

a) não conhecer do recurso ou pedido inadmissível, prejudicado ou daquele que não tiver impugnado especificamente todos os fundamentos da decisão recorrida;

b) negar provimento ao recurso ou pedido que for contrário a tese fixada em julgamento de recurso repetitivo ou de repercussão geral, a entendimento firmado em incidente de assunção de competência, a súmula do Supremo Tribunal Federal ou do Superior Tribunal de Justiça ou, ainda, a jurisprudência dominante acerca do tema;

c) dar provimento ao recurso se o acórdão recorrido for contrário a tese fixada em julgamento de recurso repetitivo ou de repercussão geral, a entendimento firmado em incidente de assunção de competência, a súmula do Supremo Tribunal Federal ou do Superior Tribunal de Justiça ou, ainda, a jurisprudência dominante acerca do tema.

► Alíneas *a* a *c* acrescidas pela ER nº 22, de 16-3-2016.

XIX – decidir o mandado de segurança quando for inadmissível, prejudicado ou quando se conformar com tese fixada em julgamento de recurso repetitivo ou de repercussão geral, a entendimento firmado em incidente de assunção de competência, a súmula do Superior Tribunal de Justiça ou do Supremo Tribunal Federal, a jurisprudência dominante acerca do tema ou as confrontar;

XX – decidir o habeas corpus quando for inadmissível prejudicado ou quando a decisão impugnada se conformar com tese fixada em julgamento de recurso repetitivo ou de repercussão geral, a entendimento firmado em incidente de assunção de competência, a súmula do Superior Tribunal de Justiça ou do

Supremo Tribunal Federal, a jurisprudência dominante acerca do tema ou as confrontar;

► Incisos XIX e XX com a redação dada pela ER nº 24, de 28-9-2016.

XXI – decidir o agravo de instrumento interposto com base no art. 1.027, §1º, do CPC;

► Inciso XXI acrescido pela ER nº 22, de 16-3-2016.

XXII – decidir o conflito de competência quando for inadmissível, prejudicado ou quando se conformar com tese fixada em julgamento de recurso repetitivo ou de repercussão geral, a entendimento firmado em incidente de assunção de competência, a súmula do Superior Tribunal de Justiça ou do Supremo Tribunal Federal, a jurisprudência dominante acerca do tema ou as confrontar;

XXIII – remeter o processo ao Supremo Tribunal Federal após juízo positivo de admissibilidade quando entender versar o recurso especial sobre matéria constitucional, dando vista ao recorrente pelo prazo de quinze dias para que demonstre a existência de repercussão geral e manifeste-se sobre a questão constitucional, bem como vista à parte adversa para, por igual prazo, apresentar contrarrazões;

XXIV – determinar a devolução ao Tribunal de origem dos recursos especiais fundados em controvérsia idêntica àquela já submetida ao rito de julgamento de casos repetitivos para adoção das medidas cabíveis;

XXV – julgar recurso fundado em nulidade da decisão recorrida por vício de procedimento;

XXVI – executar e fazer cumprir os despachos, as decisões monocráticas, as ordens e os acórdãos transitados em julgado nas ações penais, inquéritos e demais procedimentos penais originários de sua relatoria, bem como determinar às autoridades judiciárias e administrativas providências relativas ao andamento e à instrução de processos, facultada a delegação de atribuições para a prática de atos processuais previstos no art. 21-A deste Regimento a outros Tribunais e a juízos de primeiro grau de jurisdição, ficando as decisões proferidas sujeitas a posterior controle do relator, de ofício ou mediante provocação do interessado, no prazo de cinco dias da ciência do ato.

► Incisos XXII a XXVI acrescidos pela ER nº 24, de 28-9-2016.

Seção III
DO REVISOR

Art. 35. Sujeitam-se a revisão os seguintes processos:

I – ação rescisória;

II – ação penal originária;

III – revisão criminal.

► Art. 35 com a redação dada pela ER nº 1, de 23-5-1991.

Art. 36. Será revisor o Ministro que se seguir ao relator, na ordem decrescente de antiguidade, no órgão julgador.

Parágrafo único. Em caso de substituição definitiva do relator, será também substituído o revisor, na conformidade do disposto neste artigo.

► Parágrafo único com a redação dada pela ER nº 4, de 2-12-1993.

Art. 37. Compete ao revisor:

I – sugerir ao relator medidas ordinatórias do processo, que tenham sido omitidas;

II – confirmar, completar ou retificar o relatório;

III – pedir dia para julgamento;

IV – determinar a juntada de petição, enquanto os autos lhe estiverem conclusos, submetendo, conforme o caso, desde logo, a matéria à consideração do relator.

CAPÍTULO VIII
DO CONSELHO DE ADMINISTRAÇÃO

Art. 38. Ao Conselho de Administração incumbe:

I – deliberar sobre a organização dos serviços administrativos da Secretaria do Tribunal;

► Inciso I com a redação dada pela ER nº 4, de 2-12-1993.

II – dispor sobre os cargos de direção e assessoramento superiores, as funções de direção e assistência intermediárias e as funções de representação de gabinete, a forma do respectivo provimento, os níveis de vencimentos e gratificação, dentro dos limites estabelecidos em lei;

III – aprovar os critérios para as progressões e ascensões funcionais dos servidores da Secretaria do Tribunal;

IV – deliberar sobre as demais matérias administrativas e referentes a servidores do Tribunal, que lhe sejam submetidas pelo Presidente;

V – exercer as atribuições administrativas não previstas na competência do Plenário, da Corte Especial ou do Presidente ou as que lhe hajam sido delegadas;

VI – *Revogado*. ER nº 19, de 11-11-2015.

Parágrafo único. Para ausentar-se do território nacional, o ministro deverá comunicar o fato, em regra, com a antecedência mínima de 15 dias, ao Conselho de Administração, salvo quando se tratar de férias, licença, recesso ou feriado.

► Parágrafo único acrescido pela ER nº 19, de 11-11-2015.

Art. 39. Dos atos e decisões do Conselho de Administração não cabe recurso administrativo.

CAPÍTULO IX
DAS COMISSÕES

Art. 40. As comissões, permanentes ou temporárias, colaboram no desempenho dos encargos do Tribunal.

§ 1º São comissões permanentes:

I – a Comissão de Regimento Interno;

II – a Comissão de Jurisprudência;

III – a Comissão de Documentação;

IV – a Comissão de Coordenação;

► § 1º com a redação dada pela ER nº 2, de 4-6-1992.

V – a Comissão Gestora de Precedentes.

► Inciso V acrescido pela ER nº 26, de 13-12-2016.

§ 2º As Comissões permanentes serão integradas de três Ministros efetivos e um suplente, salvo a de Jurisprudência e a de Regimento Interno, que serão compostas de seis Ministros efetivos, respeitada, em todos os casos, a paridade de representação de cada uma das Seções do Tribunal.

► § 2º com a redação dada pela ER nº 30, de 22-5-2018.

§ 3º As Comissões temporárias, que podem ser criadas pela Corte Especial ou pelo Presidente do Tribunal e ter qualquer número de membros, extinguem-se, preenchido o fim a que se destinem.

► § 3º acrescido pela ER nº 2, de 4-6-1992.

Art. 41. O Presidente designará os membros das comissões, submetendo-os à aprovação da Corte Especial.

§ 1º A comissão será presidida pelo Ministro mais antigo dentre os seus integrantes.

§ 2º *Revogado*. ER nº 15, de 17-9-2014.

Art. 42. As comissões permanentes ou temporárias poderão:

I – sugerir ao Presidente do Tribunal normas de serviço relativas à matéria de sua competência;

II – entender-se, por seu Presidente, com outras autoridades ou instituições, nos assuntos de sua competência, por delegação do Presidente do Tribunal.

Art. 43. À Comissão de Regimento Interno cabe:

I – velar pela atualização do Regimento, propondo emendas ao texto em vigor e emitindo parecer sobre as emendas de iniciativa de outra comissão ou de Ministro;

II – opinar em processo administrativo, quando consultada pelo Presidente.

Art. 44. À Comissão de Jurisprudência cabe:

I – velar pela expansão, atualização e publicação da Súmula da Jurisprudência Predominante do Tribunal;

II – supervisionar os serviços de sistematização da jurisprudência do Tribunal, sugerindo medidas que facilitem a pesquisa de julgados ou processos;

III – orientar iniciativas de coleta e divulgação dos trabalhos dos Ministros que já se afastaram definitivamente do Tribunal;

IV – propor à Corte Especial ou à Seção que seja compendiada em súmula a jurisprudência do Tribunal, quando verificar que as Turmas não divergem na interpretação do direito;

V – sugerir medidas destinadas a abreviar a publicação dos acórdãos.

Art. 45. À Comissão de Documentação cabe:

I – supervisionar a administração dos serviços da biblioteca, do arquivo e do museu do Tribunal, sugerindo ao Presidente, medidas tendentes ao seu aperfeiçoamento;

II – acompanhar a política de guarda e conservação de processos, livros, periódicos e documentos históricos do Tribunal;

III – manter, na Secretaria de Documentação, serviço de documentação para recolher elementos que sirvam de subsídio à história do Tribunal, com pastas individuais contendo dados biográficos e bibliográficos dos Ministros;

► Incisos I a III com a redação dada pela ER nº 7, de 1º-3-2004.

IV – deliberar sobre questões que excedam a esfera de competência administrativa da Secretaria de Documentação.

► Inciso IV acrescido pela ER nº 7, de 1º-3-2004.

Art. 46. À Comissão de Coordenação cabe:

I – sugerir ao Presidente medidas tendentes à modernização administrativa do Tribunal;

II – sugerir aos Presidentes do Tribunal, das Seções e das Turmas, medidas destinadas a aumentar o rendimento das sessões, abreviar a publicação dos acórdãos e facilitar a tarefa dos advogados;

III – supervisionar os serviços de informática, fiscalizando a sua execução e propondo as providências para a sua atualização e aperfeiçoamento.

Art. 46-A. À Comissão Gestora de Precedentes cabe:

I – supervisionar os trabalhos do Núcleo de Gerenciamento de Precedentes – Nugep, em especial os relacionados à gestão dos casos repetitivos e dos incidentes de assunção de competência, bem como ao controle e ao acompanhamento de processos sobrestados na Corte em razão da aplicação da sistemática dos recursos repetitivos e da repercussão geral;

II – sugerir ao Presidente do Tribunal medidas para o aperfeiçoamento da formação e da divulgação dos precedentes qualificados, conforme disposto no Código de Processo Civil;

III – sugerir aos Presidentes do Tribunal e das Seções medidas destinadas a ampliar a afetação de processos aos ritos dos recursos repetitivos e da assunção de competência;

IV – desenvolver trabalho de inteligência, em conjunto com o Conselho Nacional de Justiça, com os Tribunais Regionais Federais e com os Tribunais de Justiça, a fim de identificar matérias com potencial de repetitividade ou com relevante questão de direito, de grande repercussão social, aptas a serem submetidas ao Superior Tribunal de Justiça sob a sistemática dos recursos repetitivos e da assunção de competência;

V – acompanhar, inclusive antes da distribuição, os processos que possuam matéria com potencial de repetitividade ou com relevante questão de direito, de grande repercussão social, a fim de propor ao Presidente do Tribunal medidas para a racionalização dos julgamentos desta Corte por meio de definições de teses jurídicas em recursos repetitivos ou em assunção de competência;

VI – deliberar sobre questões que excedam a esfera de competência administrativa do Núcleo de Gerenciamento de Precedentes – Nugep, além de outras atribuições referentes a casos repetitivos e a incidentes de assunção de competência.

► Art. 46-A acrescido pela ER nº 26, de 13-12-2016.

CAPÍTULO X
DO CONSELHO DA JUSTIÇA FEDERAL

Art. 47. Ao Conselho da Justiça Federal, que funciona junto ao Tribunal, cabe exercer a supervisão administrativa e orçamentária da Justiça Federal de primeiro e segundo graus.

Art. 48. O Conselho da Justiça Federal elaborará o seu Regimento Interno e o submeterá à aprovação do Plenário do Tribunal.

► Arts. 47 e 48 com a redação dada pela ER nº 4, de 2-12-1993.

Art. 49. Dos atos e decisões do Conselho da Justiça Federal não cabe recurso administrativo.

CAPÍTULO XI
DAS LICENÇAS, SUBSTITUIÇÕES E CONVOCAÇÕES

Art. 50. A licença é requerida pelo Ministro com a indicação do prazo e do dia do início.

§ 1º Salvo contraindicação médica, o Ministro licenciado poderá proferir decisões em processos de que, antes da licença, haja pedido vista, ou que tenham recebido o seu visto como relator ou revisor.

§ 2º O Ministro licenciado pode reassumir o cargo, a qualquer tempo, entendendo-se que desistiu do restante do prazo.

§ 3º Se a licença for para tratamento da própria saúde, o Ministro somente poderá reassumir o cargo, antes do término do prazo, se não houver contraindicação médica.

Art. 51. Nas ausências ou impedimentos eventuais ou temporários, a substituição no Tribunal dar-se-á da seguinte maneira:

I – o Presidente do Tribunal, pelo Vice-Presidente, e este, pelos demais Ministros, na ordem decrescente de antiguidade;

II – o Presidente da Seção, pelo Ministro que o seguir na antiguidade dentre os seus membros;

III – o Presidente da Turma, pelo Ministro que o seguir na antiguidade dentre os seus membros;

IV – os Presidentes das Comissões, pelo mais antigo dentre os seus membros;

V – qualquer dos membros das Comissões, pelo suplente;

VI – O Corregedor-Geral da Justiça Federal, pelo Vice-Corregedor-Geral, inclusive mediante delegação, e esse pelo Ministro integrante do Conselho da Justiça Federal imediato em antiguidade naquele órgão.

► Inciso VI com a redação dada pela ER nº 29, de 22-5-2018.

Art. 52. O relator é substituído:

I – no caso de impedimento, ausência ou obstáculos eventuais, em se cogitando da adoção de medidas urgentes, pelo revisor, se houver, ou pelo Ministro imediato em antiguidade, no Plenário, na Corte Especial, na Seção ou na Turma, conforme a competência;

II – quando vencido, em sessão de julgamento, pelo Ministro designado para redigir o acórdão;

III – em caso de ausência por mais de trinta dias, mediante redistribuição;

IV – em caso de transferência para outra Seção, salvo quanto aos processos em que tiver lançado seu visto, e, bem assim, quando de aposentadoria, exoneração ou morte:

▸ *Caput* do inciso IV com a redação dada pela ER nº 1, de 23-5-1991.

a) pelo Ministro que preencher sua vaga na Turma;

b) pelo Ministro que tiver proferido o primeiro voto vencedor, condizente com o do relator, para lavrar ou assinar os acórdãos dos julgamentos anteriores à abertura da vaga;

c) pela mesma forma da letra *b* deste inciso, e, enquanto não preenchida sua vaga, para assinar carta de sentença e admitir recurso.

▸ Alínea *c* com a redação dada pela ER nº 1, de 23-5-1991.

Art. 53. O revisor é substituído, em caso de vaga, impedimento ou licença por mais de trinta dias, na Corte Especial, Seção ou Turma, pelo Ministro que o seguir em antiguidade.

Art. 54. *Revogado.* ER nº 22, de 16-3-2016.

Art. 55. Para as sessões da Corte Especial, nos casos de impedimento de Ministros dela integrantes, serão convocados outros Ministros, obedecida a ordem de antiguidade.

Parágrafo único. Para completar *quorum* em uma das Seções, serão convocados Ministros de outra Seção, e, em uma das Turmas, Ministros de outra Turma, de preferência da mesma Seção, observada, quando possível, a ordem de antiguidade, de modo a que a substituição seja feita por Ministro que ocupe, em sua Seção ou Turma, posição correspondente à do substituído.

▸ Art. 55 com a redação dada pela ER nº 1, de 23-5-1991.

Art. 56. Em caso de vaga ou de afastamento de Ministro, por prazo superior a trinta dias, poderá ser convocado Juiz de Tribunal Regional Federal ou Desembargador, sempre pelo voto da maioria absoluta dos membros da Corte Especial.

▸ *Caput* com a redação dada pela ER nº 29, de 22-5-2018.

Parágrafo único. O magistrado convocado receberá a diferença de vencimento correspondente ao cargo de Ministro, inclusive diárias e transporte, se for o caso.

▸ Parágrafo único com a redação dada pela ER nº 3, de 8-8-2013.

CAPÍTULO XII
DA POLÍCIA DO TRIBUNAL

Art. 57. O Presidente, no exercício da atribuição referente à polícia do Tribunal, poderá requisitar o auxílio de outras autoridades, quando necessário.

Art. 58. Ocorrendo infração à lei penal na sede ou dependências, do Tribunal, o Presidente instaurará inquérito, se envolver autoridade ou pessoa sujeita à sua jurisdição, ou delegará esta atribuição a outro Ministro.

§ 1º Nos demais casos, o Presidente poderá proceder na forma deste artigo ou requisitar a instauração de inquérito à autoridade competente.

§ 2º O Ministro incumbido do inquérito designará secretário dentre os servidores do Tribunal.

Art. 59. A polícia das sessões e das audiências compete ao seu Presidente.

CAPÍTULO XIII
DA REPRESENTAÇÃO POR DESOBEDIÊNCIA OU DESACATO

Art. 60. Sempre que tiver conhecimento de desobediência a ordem emanada do Tribunal ou de seus Ministros, no exercício da função, ou de desacato ao Tribunal, ou a seus Ministros, o Presidente comunicará o fato ao órgão competente do Ministério Público, provendo-o dos elementos de que dispuser para a propositura da ação penal.

Parágrafo único. Decorrido o prazo de trinta dias, sem que tenha sido instaurada a ação penal, o Presidente dará ciência ao Tribunal, em sessão secreta, para as providências que julgar necessárias.

TÍTULO II – DO MINISTÉRIO PÚBLICO

Art. 61. Perante o Tribunal, funciona o Procurador-Geral da República, ou o Subprocurador-Geral, mediante delegação do Procurador-Geral.

Art. 62. O Ministério Público Federal manifestar-se-á nas oportunidades previstas em lei e neste Regimento.

Art. 63. Nos processos em que atuar como titular da ação penal, o Procurador-Geral ou o Subprocurador-Geral têm os mesmos poderes e ônus que as partes, ressalvadas as disposições expressas em lei ou neste Regimento.

Art. 64. O Ministério Público terá vista dos autos:

I – nas arguições de inconstitucionalidade;

II – nos incidentes de assunção de competência;

▸ Inciso II com a redação dada pela ER nº 24, de 28-9-2016.

III – nos mandados de segurança, mandados de injunção, *habeas corpus* e *habeas data*, originários ou em grau de recurso;

IV – nas ações penais originárias e nas revisões criminais;

V – nos conflitos de competência e de atribuições;

VI – nas ações rescisórias e apelações cíveis;

VII – nos pedidos de intervenção federal;

VIII – nas notícias-crime;

IX – nos inquéritos de que possa resultar responsabilidade penal;

X – nos recursos criminais;

XI – nas reclamações que não houver formulado;

XII – nos outros processos em que a lei impuser a intervenção do Ministério Público;

XIII – nos demais feitos quando, pela relevância da matéria, ele a requerer, ou for determinada pelo relator.

▸ Incisos VIII a XIII com a redação dada pela ER nº 4, de 2-12-1993.

Parágrafo único. Salvo na ação penal originária ou nos inquéritos, poderá o relator, quando houver urgência, ou quando sobre a matéria versada no processo já houver a Corte Especial firmado jurisprudência, tomar o parecer do Ministério Público oralmente.

▸ Parágrafo único com a redação dada pela ER nº 4, de 2-12-1993.

Art. 65. O Procurador-Geral ou Subprocurador-Geral poderão pedir preferência para julgamento de processo em pauta.

TÍTULO III – DA DEFENSORIA PÚBLICA

▸ Título III acrescido pela ER nº 19, de 11-11-2015.

Art. 65-A. Perante o Tribunal, atuarão os defensores públicos:

I – em processos oriundos:

a) da Defensoria Pública da União nos Estados e no Distrito Federal;

b) das Defensorias Públicas dos Estados e do Distrito Federal;

II – nos casos de curadoria especial;

III – em processos nos quais houver parte desassistida por advogado ou patrocinada por advogado dativo.

Art. 65-B. O relator do recurso especial repetitivo poderá autorizar manifestação da Defensoria Pública na condição de *amicus curiae*.

► Arts. 65-A e 65-B acrescidos pela ER nº 19, de 11-11-2015.

PARTE II – DO PROCESSO

TÍTULO I – DISPOSIÇÕES GERAIS

CAPÍTULO I

DO REGISTRO E CLASSIFICAÇÃO DOS FEITOS

Art. 66. As petições e os processos serão registrados no protocolo da Secretaria do Tribunal no mesmo dia do recebimento.

Parágrafo único. O Presidente do Tribunal, mediante instrução normativa, disciplinará o uso de meio eletrônico na tramitação de processos judiciais, comunicação de atos e transmissão de peças processuais, com observância da lei processual.

► Parágrafo único com a redação dada pela ER nº 22, de 16-3-2016.

Art. 67. O registro far-se-á em numeração contínua e seriada em cada uma das classes seguintes:

I – Ação Penal (APn);
II – Ação Rescisória (AR);
III – Agravo de Instrumento (Ag);
IV – Recurso Ordinário (RO);

► Inciso IV com a redação dada pela ER nº 24, de 28-9-2016.

V – Comunicação (Com);
VI – Conflito de Competência (CC);
VII – Conflito de Atribuições (CAt);
VIII – Exceção de Impedimento (ExImp);
IX – Exceção de Suspeição (ExSusp);
X – Exceção da Verdade (ExVerd);
XI – *Habeas Corpus* (HC);
XII – *Habeas Data* (HD);
XIII – Inquérito (Inq);
XIV – Interpelação Judicial (IJ);
XV – Intervenção Federal (IF);
XVI – Mandado de Injunção (MI);
XVII – Mandado de Segurança (MS);

► Incisos XIII a XVII com a redação dada pela ER nº 7, de 1º-3-2004.

XVIII – Pedido de Tutela Provisória (TP);

► Inciso XVIII com a redação dada pela ER nº 24, de 28-9-2016.

XIX – Petição (Pet);
XX – Precatório (Prc);
XXI – Processo Administrativo (PA);
XXII – Reclamação (Rcl);
XXIII – Recurso Especial (REsp);
XXIV – Representação (Rp);
XXV – Recurso em *Habeas Corpus* (RHC);
XXVI – Recurso em Mandado de Segurança (RMS);
XXVII – Revisão Criminal (RvCr);
XXVIII – Sindicância (Sd);
XXIX – Suspensão de Liminar e de Sentença (SLS);

► Incisos XIX a XXIX com a redação dada pela ER nº 7, de 1º-3-2004.

XXX – Suspensão de Segurança (SS);

► Inciso XXX acrescido pela ER nº 7, de 1º-3-2004.

XXXI – Homologação de Decisão Estrangeira (HDE);

► Inciso XXXI com a redação dada pela ER nº 24, de 28-9-2016.

XXXII – Carta Rogatória (CR);

► Inciso XXXII acrescido pela ER nº 18, de 17-12-2014.

XXXIII – Agravo em Recurso Especial (AREsp);
XXXIV – Embargos de Divergência em Recurso Especial (EREsp);
XXXV – Embargos de Divergência em Agravo em Recurso Especial (EAREsp);
XXXVI – Suspensão em Incidente de Resolução de Demandas Repetitivas (SIRDR);
XXXVII – Medidas Protetivas de Urgência – Lei Maria da Penha (MPUMP);
XXXVIII – Medidas Protetivas – Estatuto do Idoso (MPEI);
XXXIX – Pedido de Busca e Apreensão Criminal (PBAC);
XL – Pedido de Prisão Preventiva (PePrPr);
XLI – Pedido de Prisão Temporária (PePrTe);
XLII – Pedido de Quebra de Sigilo de Dados e/ou Telefônico (QuebSig);
XLIII – Medidas Investigativas sobre Organizações Criminosas (MISOC);
XLIV – Cautelar Inominada Criminal (CauInomCrim);
XLV – Alienação de Bens do Acusado (AlienBac);
XLVI – Embargos de Terceiro (ET);
XLVII – Embargos do Acusado (EmbAc);
XLVIII – Insanidade Mental do Acusado (InsanAc);
XLIX – Restituição de Coisas Apreendidas (ReCoAp);
L – Pedido de Uniformização de Interpretação de Lei (PUIL).

► Incisos XXXIII a L acrescidos pela ER nº 22, de 16-3-2016.

Parágrafo único. O Presidente resolverá, mediante instrução normativa, as dúvidas que se suscitarem na classificação dos efeitos e papéis, observando-se as seguintes normas:

► § 1º transformado em parágrafo único pela ER nº 4, de 2-12-1993.

I – na classe Comunicação (Com), incluem-se as comunicações de prisão;

II – na classe Recurso Especial (REsp), incluem-se os recursos especiais de modo geral: cíveis, criminais, em mandado de segurança e em *habeas corpus*;

III – a classe Recurso Ordinário (RO) compreende o recurso ordinário interposto nas causas em que forem partes Estado estrangeiro ou organismo internacional de um lado e, do outro, Município ou pessoa residente ou domiciliada no País;

► Inciso III com a redação dada pela ER nº 24, de 28-9-2016.

IV – as classes Recurso em *Habeas Corpus* (RHC) e Recurso em Mandado de Segurança (RMS) compreendem os recursos ordinários interpostos na forma do disposto no artigo 105, II, *a* e *b*, da Constituição;

► Inciso IV com a redação dada pela ER nº 4, de 2-12-1993.

IV-A – a classe Suspensão em Incidente de Resolução de Demandas Repetitivas (SIRDR) compreende o pedido de suspensão de todos os processos individuais ou coletivos em curso no território nacional que versem sobre a questão objeto do incidente já instaurado;

► Inciso IV-A acrescido pela ER nº 22, de 16-3-2016.

V – na classe Inquérito (Inq), são incluídos os policiais e os administrativos que possam resultar em responsabilidade penal, e que só passarão à classe Ação Penal (APn) após o oferecimento da denúncia ou queixa;

► Inciso V com a redação dada pela ER nº 4, de 2-12-1993.

VI – na classe Sindicância (Sd), são incluídas as administrativas ou policiais, assim como quaisquer informações relativas à prática de ilícitos;

► Inciso VI com a redação dada pela ER nº 7, de 1º-3-2004.

VII – a classe Intervenção Federal (IF) compreende os pedidos autônomos e os formulados em execução de julgado do Tribunal; estes últimos serão autuados em apenso, salvo se os autos principais tiverem sido enviados a outra instância;

VIII – os expedientes que não tenham classificação específica, nem sejam acessórios ou incidentes, serão incluídos na classe Petição (Pet), se contiverem requerimento, ou na classe Comunicação (Com), em qualquer outro caso;

VIII-A – a classe Pedido de Uniformização de Interpretação de Lei (PUIL) compreende a medida interposta contra decisão:

▸ *Caput* do inciso VIII-A com a redação dada pela ER nº 24, de 28-9-2016.

a) da Turma Nacional de Uniformização no âmbito da Justiça Federal que, em questões de direito material, contrarie súmula ou jurisprudência dominante no Superior Tribunal de Justiça;

b) da Turma Recursal dos Juizados Especiais da Fazenda Pública no âmbito dos Estados, do Distrito Federal, dos Territórios e dos Municípios quando as Turmas de diferentes Estados derem a lei federal interpretações divergentes, ou quando a decisão proferida estiver em contrariedade com súmula do Superior Tribunal de Justiça; e

c) das Turmas de Uniformização dos Juizados Especiais da Fazenda Pública no âmbito dos Estados, do Distrito Federal, dos Territórios e dos Municípios quando a orientação adotada pelas Turmas de Uniformização contrariar súmula do Superior Tribunal de Justiça;

▸ Alíneas *a* a *c* acrescidas pela ER nº 24, de 28-9-2016.

VIII-B – a classe Pedido de Tutela Provisória (TP) compreende o pedido de tutela provisória de urgência de caráter antecedente;

▸ Inciso VIII-B acrescido pela ER nº 24, de 28-9-2016.

IX – não se altera a classe do processo:

a) pela oposição de Embargos de Declaração (EDcl) e pela interposição de Agravo Interno (AgInt);

▸ Alínea *a* com a redação dada pela ER nº 22, de 16-3-2016.

b) pelos pedidos incidentes ou acessórios, inclusive pela interposição de exceções de impedimento e de suspeição;

c) pela arguição de inconstitucionalidade formulada incidentemente pelas partes;

d) pelos pedidos de execução, salvo a intervenção federal;

X – far-se-á na autuação nota distintiva do recurso ou incidente, quando este não alterar a classe e o número do processo.

CAPÍTULO II
DA DISTRIBUIÇÃO

Art. 68. Os processos da competência do Tribunal serão distribuídos por classe, tendo, cada uma, designação distintiva e numeração segundo a ordem em que houverem sido apresentados os feitos, observando-se as classes mencionadas no artigo 67.

Parágrafo único. Fazendo-se a distribuição pelo computador, além da numeração por classe, adotar-se-á numeração geral, que poderá ser a que tomou o feito na instância inferior, desde que integrada no sistema de computação eletrônica do Tribunal.

Art. 69. Far-se-á a distribuição dos feitos da competência do Tribunal mediante sorteio automático, por sistema informatizado, observados os princípios da publicidade e da alternatividade, bem como a instrução normativa prevista no art. 21, XX, deste Regimento.

▸ *Caput* com a redação dada pela ER nº 22, de 16-3-2016.

Parágrafo único. O registro ao Presidente do Tribunal equipara-se em seus efeitos à distribuição regular.

▸ Parágrafo único acrescido pela ER nº 22, de 16-3-2016.

Art. 70. Far-se-á a distribuição entre todos os Ministros, inclusive os licenciados por até trinta dias.

§ 1º A distribuição poderá ser dispensada pela Corte Especial.

§ 2º Não será compensada a distribuição que deixar de ser feita ao Vice-Presidente, quando substituir o Presidente.

§ 3º Em caso de impedimento do relator, será feito novo sorteio, compensando-se a distribuição.

§ 4º Haverá também compensação quando o processo tiver de ser distribuído, por prevenção, a determinado Ministro.

§ 5º O Ministro que se deva aposentar por implemento de idade ficará excluído da distribuição, a requerimento seu, durante os sessenta dias que antecederem o afastamento; aplica-se a mesma regra ao que requerer aposentadoria, suspendendo-se a distribuição a partir da apresentação do requerimento e pelo prazo máximo de sessenta dias. Se ocorrer desistência do pedido, proceder-se-á a compensação.

▸ § 5º acrescido pela ER nº 4, de 2-12-1993.

§ 6º Suspende-se a distribuição de processos, sem posterior compensação, aos Ministros que compõem o Tribunal Superior Eleitoral na condição de membros efetivos, nos seguintes termos:

I – para o Corregedor da Justiça Eleitoral, entre os noventa dias anteriores e os trinta posteriores à data fixada para a realização das eleições;

II – para o outro membro efetivo, entre os sessenta dias anteriores e os trinta posteriores à data fixada para a realização das eleições.

▸ § 6º acrescido pela ER nº 22, de 16-3-2016.

Art. 71. A distribuição da ação, do recurso ou do incidente torna preventa a competência do relator para todos os feitos posteriores referentes ao mesmo processo ou a processo conexo, inclusive na fase de cumprimento de decisão; a distribuição do inquérito e da sindicância, bem como a realizada para efeito da concessão de fiança ou de decretação de prisão preventiva ou de qualquer diligência anterior à denúncia ou queixa, prevenirá a da ação penal.

▸ *Caput* com a redação dada pela ER nº 24, de 28-9-2016.

§ 1º Se o relator deixar o Tribunal ou transferir-se de Seção, a prevenção será do órgão julgador.

§ 2º Vencido o relator, a prevenção referir-se-á ao Ministro designado para lavrar o acórdão.

§ 3º Se o recurso tiver subido por decisão do relator no agravo de instrumento, ser-lhe-á distribuído ou ao seu sucessor.

§ 4º A prevenção, se não for reconhecida de ofício, poderá ser arguida por qualquer das partes ou pelo órgão do Ministério Público, até o início do julgamento.

§ 5º Observar-se-á a regra da distribuição por prevenção de processo para o Presidente de Seção e para as hipóteses previstas no art. 70, §§ 5º e 6º.

§ 6º Há prevenção nas ações e nos recursos decorrentes do mesmo procedimento policial investigatório, ainda que derivados de inquéritos diversos.

▸ §§ 5º e 6º acrescidos pela ER nº 24, de 28-9-2016.

Art. 72. Nos casos de afastamento de Ministro, proceder-se-á da seguinte forma:

▸ *Caput* com a redação dada pela ER nº 1, de 23-5-1991.

I – se o afastamento for por prazo entre quatro e trinta dias, os processos considerados de natureza urgente, consoante fundada alegação do interessado, serão redistribuídos aos demais integrantes da respectiva Seção ou, se for o caso, da Corte Especial, com oportuna compensação;

II – se o afastamento for por prazo superior a trinta dias e não for convocado substituto, será suspensa a distribuição ao Ministro afastado, e os processos a seu cargo, considerados de natureza urgente, consoante fundada alegação do interessado, serão redistribuídos aos demais integrantes da respectiva Seção ou, se for o caso, da Corte Especial, com oportuna compensação;

► Incisos I e II com a redação dada pela ER nº 22, de 16-3-2016.

III – se o afastamento for por prazo superior a trinta dias e for convocado substituto, não haverá redistribuição, e o substituto receberá os processos que lhe forem distribuídos e os do substituído; nesta última hipótese, renova-se, se for caso, o pedido de data para o julgamento ou o relatório.

► Inciso III com a redação dada pela ER nº 1, de 23-5-1991.

Parágrafo único. Quando o Ministro afastado já houver proferido decisão em processo de competência de Turma, a redistribuição mencionada nas hipóteses dos incisos I e II far-se-á somente entre os membros daquele Órgão Julgador.

► Parágrafo único acrescido pela ER nº 1, de 23-5-1991.

Art. 73. Os embargos declaratórios e as questões incidentes terão como relator o Ministro que redigiu o acórdão embargado.

► Artigo com a redação dada pela ER nº 7, de 1º-3-2004.

Art. 74. No caso de embargos de divergência, apenas se fará o sorteio de novo relator.

► Artigo com a redação dada pela ER nº 22, de 16-3-2016.

Art. 75. O prolator da decisão impugnada será o relator do agravo regimental, com direito a voto.

Art. 76. Na arguição de suspeição a Ministro, observar-se-á o disposto no artigo 276.

► Artigo com a redação dada pela ER nº 1, de 23-5-1991.

Art. 77. O Ministro eleito Presidente, Vice-Presidente ou Corregedor-Geral da Justiça Federal continuará como relator ou revisor do processo em que tiver lançado o relatório ou aposto o seu visto.

► Artigo com a redação dada pela ER nº 22, de 16-3-2016.

Art. 78. Se a decisão embargada for de uma Turma, far-se-á distribuição dos embargos dentre os Ministros da outra; se da Corte Especial, serão excluídos da distribuição o relator e o revisor.

Art. 79. Na distribuição de ação rescisória e de revisão criminal, será observado o critério estabelecido no artigo anterior.

Parágrafo único. A distribuição do mandado de segurança contra ato do próprio Tribunal, far-se-á de preferência a Ministro que não haja participado da decisão impugnada.

► Parágrafo único acrescido pela ER nº 2, de 4-6-1992.

Art. 80. O Ministro a quem tocar a distribuição é o preparador e relator do processo.

CAPÍTULO III
DOS ATOS E FORMALIDADES

Seção I
DISPOSIÇÕES GERAIS

Art. 81. O ano judiciário no Tribunal divide-se em dois períodos, recaindo as férias dos Ministros nos períodos de 2 a 31 de janeiro e de 2 a 31 de julho.

§ 1º O Tribunal iniciará e encerrará seus trabalhos, respectivamente, no primeiro e no último dia útil de cada período, com a realização de sessão da Corte Especial.

§ 2º Além dos fixados em lei, serão feriados no Tribunal:

I – os dias compreendidos no período de 20 de dezembro a 6 de janeiro;

► Inciso I com a redação dada pela ER nº 16, de 19-11-2014.

II – os dias da Semana Santa, compreendidos desde a quarta-feira até o domingo de Páscoa;

III – os dias de segunda e terça-feira de Carnaval;

IV – os dias 11 de agosto, 1º e 2 de novembro e 8 de dezembro.

Art. 82. Se a necessidade do serviço judiciário lhes exigir a contínua presença no Tribunal, gozarão trinta dias consecutivos de férias individuais, por semestre:

I – o Presidente e o Vice-Presidente;

II – o Corregedor-Geral da Justiça Federal.

► Inciso II com a redação dada pela ER nº 22, de 16-3-2016.

Art. 83. Suspendem-se as atividades judicantes do Tribunal nos feriados, nas férias coletivas e nos dias em que o Tribunal o determinar.

§ 1º Nas hipóteses previstas neste artigo, poderá o Presidente ou seu substituto legal decidir pedidos de liminar em mandado de segurança e *habeas corpus*, determinar liberdade provisória ou sustação de ordem de prisão, e demais medidas que reclamem urgência.

§ 2º Os Ministros indicarão seu endereço para eventual convocação durante as férias.

Art. 84. Os atos e termos do processo serão autenticados, conforme o caso, mediante a assinatura ou rubrica dos Ministros ou a dos servidores para tal fim qualificados, podendo ser produzidos, transmitidos, armazenados e assinados por meio eletrônico, na forma da lei.

► *Caput* com a redação dada pela ER nº 22, de 16-3-2016.

§§ 1º a 3º *Revogados*. ER nº 22, de 16-3-2016.

Art. 85. As peças que devam integrar ato ordinatório, instrutório ou executório poderão ser a ele anexadas em cópia autenticada.

Art. 86. Se as nulidades ou irregularidades no processamento dos feitos forem sanáveis, proceder-se-á pelo modo menos oneroso para as partes e para o serviço do Tribunal.

Art. 87. A critério do Presidente do Tribunal, dos Presidentes das Seções, das Turmas ou do relator, a comunicação oficial dos atos será feita:

► *Caput* com a redação dada pela ER nº 22, de 16-3-2016.

I – por servidor credenciado da Secretaria, na forma da lei processual;

II – por meio eletrônico, via postal ou qualquer outro modo eficaz de telecomunicação, com as cautelas necessárias à autenticação da mensagem e do seu recebimento.

► Incisos I e II com a redação dada pela ER nº 22, de 16-3-2016.

Parágrafo único. Poder-se-á admitir a resposta pela forma indicada no inciso II deste artigo.

Art. 88. Da autuação e da publicação do expediente de cada processo constará, além do nome das partes e o de seu advogado, o da respectiva sociedade a que pertença, desde que esta esteja devidamente registrada na Ordem dos Advogados do Brasil.

§ 1º Constando dos autos pedido expresso para que as comunicações dos atos processuais sejam feitas especificamente em nome dos advogados ou das sociedades indicadas, a Secretaria adotará as medidas necessárias ao seu atendimento, conforme a lei processual.

§ 2º O Presidente do Tribunal, mediante ato próprio, disciplinará o cadastramento das sociedades de advogados perante o Superior Tribunal de Justiça, para atender aos fins previstos na legislação processual.

► Art. 88 com a redação dada pela ER nº 22, de 16-3-2016.

Art. 89. As pautas do Plenário, da Corte Especial, das Seções e das Turmas serão organizadas pelos Secretários, com aprovação dos respectivos Presidentes.

Art. 90. A publicação da pauta de julgamento antecederá cinco dias úteis, pelo menos, à sessão em que os processos poderão ser chamados e será certificada nos autos.

§ 1º A pauta de julgamento será afixada na entrada da sala em que se realizará a sessão de julgamento.

§ 2º Serão incluídos em nova pauta os processos que não tiverem sido julgados, salvo aqueles expressamente adiados para a primeira sessão seguinte, observado o disposto no parágrafo único do art. 150 deste Regimento.

► Art. 90 com a redação dada pela ER nº 20, de 2-12-2015.

Art. 91. Independem de pauta:

I – o julgamento de *habeas corpus*, recursos de *habeas corpus*, conflitos de competência e de atribuições e exceções de suspeição e impedimento;

► Inciso I com a redação dada pela ER nº 22, de 16-3-2016.

II – as questões de ordem sobre o processamento de feitos.

Parágrafo único. A regra deste artigo não se aplica ao processo cuja matéria tenha sido objeto de audiência pública nos termos do inciso I do art. 185 deste Regimento.

► Parágrafo único com a redação dada pela ER nº 22, de 16-3-2016.

Art. 92. Os editais destinados à divulgação do ato poderão conter, apenas, o essencial à defesa ou à resposta, observados os requisitos processuais.

§ 1º A parte que requerer a publicação nos termos deste artigo fornecerá o respectivo resumo, respondendo pelas suas deficiências, nos termos da lei processual.

§ 2º O prazo do edital será determinado entre vinte e sessenta dias, a critério do relator, e correrá da data de sua publicação no Diário da Justiça eletrônico, com observância da lei processual.

§ 3º A publicação do edital deverá ser feita no prazo de vinte dias, contados de sua expedição, e certificada nos autos, sob pena de extinguir-se o processo sem resolução do mérito, se a parte, intimada pelo Diário da Justiça eletrônico, não suprir a falta em dez dias.

► §§ 1º a 3º com a redação dada pela ER nº 22, de 16-3-2016.

§ 4º O prazo para a defesa ou resposta começará a correr do termo do prazo determinado no edital.

Art. 93. Nenhuma publicação terá efeito de citação ou intimação, quando ocorrida nos feriados ou nas férias do Tribunal, salvo nos casos do artigo 83, § 1º.

Art. 94. A vista às partes transcorre na Secretaria, podendo o advogado retirar autos nos casos previstos em lei, mediante recibo.

§ 1º Os advogados constituídos após a remessa do processo ao Tribunal poderão, a requerimento, ter vista dos autos, na oportunidade e pelo prazo que o relator estabelecer.

§ 2º O relator indeferirá o pedido, se houver justo motivo.

Seção II
DAS ATAS E DA RECLAMAÇÃO POR ERRO

Art. 95. As atas serão lidas e submetidas à aprovação na sessão seguinte.

Art. 96. Contra erro contido em ata, poderá o interessado reclamar, dentro de quarenta e oito horas, em petição dirigida ao Presidente do Tribunal, da Seção ou da Turma, conforme o caso.

§ 1º Não se admitirá a reclamação quando importar modificação do julgado.

§ 2º A reclamação não suspenderá o prazo para recurso, salvo o disposto no artigo 98.

Art. 97. A petição será entregue ao protocolo, e por este encaminhada ao encarregado da ata, que a levará a despacho no mesmo dia com sua informação.

Art. 98. Se o pedido for julgado procedente, far-se-á retificação da ata e nova publicação.

Art. 99. A decisão que julgar a reclamação será irrecorrível.

Seção III
DAS DECISÕES

► Seção III com a redação dada pela ER nº 35, de 8-5-2019.

Art. 100. As conclusões da Corte Especial, das Seções e das Turmas, em suas decisões, constarão de acórdão.

► *Caput* com a redação dada pela ER nº 35, de 8-5-2019.

Parágrafo único. Dispensam acórdão:

I – a remessa do feito à Seção ou à Corte Especial, em razão da relevância da questão jurídica, ou da necessidade de prevenir divergência entre as Turmas;

II – a remessa do feito à Corte Especial, ou à Seção respectiva, para o fim de ser compendiada em Súmula a jurisprudência do Tribunal, ou para revisão da Súmula;

III – a conversão do julgamento em diligência;

IV – se o órgão julgador do Tribunal o determinar.

Art. 101. Subscreve o acórdão o relator que o lavrou, e, na Corte Especial, também o Ministro que presidiu o julgamento. Se o relator for vencido na questão principal, ficará designado o revisor para redigir o acórdão. Se não houver revisor, ou se este também tiver sido vencido, será designado para redigir o acórdão o Ministro que proferiu o primeiro voto-vencedor (art. 52, II).

► *Caput* com a redação dada pela ER nº 6, de 12-8-2002.

§ 1º Se o relator, por ausência ou outro motivo relevante, não o puder fazer, lavrará o acórdão o revisor, ou o Ministro que o seguir na ordem de antiguidade.

§ 2º Se o Ministro que presidiu o julgamento na Corte Especial, por ausência ou outro motivo relevante, não puder assinar o acórdão, apenas o relator o fará, mencionando-se, no local da assinatura do Presidente, a circunstância.

► § 2º com a redação dada pela ER nº 6, de 12-8-2002.

Art. 102. A publicação do acórdão por suas conclusões e ementa far-se-á, para intimar as partes, no *Diário da Justiça eletrônico*.

► *Caput* com a redação dada pela ER nº 22, de 16-3-2016.

Parágrafo único. As partes serão intimadas, das decisões em que se tiver dispensado o acórdão, pela publicação da ata da sessão de julgamento.

Art. 103. Em cada julgamento, o relatório e os votos, fundamentados, serão juntados aos autos com o acórdão, depois de revistos.

► *Caput* com a redação dada pela ER nº 35, de 8-5-2019.

§ 1º As inexatidões materiais e os erros de escrita ou cálculo contidos na decisão poderão ser corrigidos por despacho do relator ou por via de embargos de declaração, quando couberem.

§ 2º Concluído o julgamento, o Gabinete do Ministro providenciará a elaboração dos documentos para publicação no prazo improrrogável de trinta dias.

§ 3º Decorridos os trinta dias mencionados no parágrafo anterior, os autos serão conclusos ao relator, para que lavre o acórdão.

§ 4º A publicação do acórdão no Diário da Justiça eletrônico far-se-á no prazo máximo de quarenta dias, contados a partir da data da sessão em que tiver sido proclamado o resultado do julgamento.

§ 5º Escoado o prazo de que trata o parágrafo anterior sem que tenha sido publicado o acórdão, a secretaria do órgão julgador providenciará, nos dez dias subsequentes, a publicação do acórdão independentemente de revisão, adotando-se como ementa a apresentação em sessão.

§ 6º O prazo de publicação ficará suspenso nos períodos de recesso e de férias coletivas.

► §§ 1º a 6º com a redação dada pela ER nº 35, de 8-5-2019.

§§ 7º e 8º *Revogados*. ER nº 35, de 8-5-2019.

Art. 104. Também se juntará aos autos, como parte integrante do acórdão, a minuta do julgamento, que conterá:

I – a decisão proclamada pelo Presidente;

II – os nomes do Presidente do órgão julgador, do relator, ou, quando vencido, do que for designado, dos demais Ministros que tiverem participado do julgamento e do Subprocurador-Geral, quando presente;

III – os nomes dos Ministros impedidos e ausentes;

IV – os nomes dos advogados que tiverem feito sustentação oral.

Art. 104-A. Os acórdãos proferidos em julgamento de incidente de assunção de competência e de recursos especiais repetitivos deverão, nos termos do § 3º do art. 1.038, c/c art. 984, § 2º, do Código de Processo Civil, conter:

I – os fundamentos relevantes da questão jurídica discutida, favoráveis ou contrários, entendidos esses como a conclusão dos argumentos deduzidos no processo capazes de, em tese, respectivamente, confirmar ou infirmar a conclusão adotada pelo órgão julgador;

II – a definição dos fundamentos determinantes do julgado;

III – a tese jurídica firmada pelo órgão julgador, em destaque;

IV – a solução dada ao caso concreto pelo órgão julgador.

§ 1º Para definição dos fundamentos determinantes do julgado, o processo poderá ter etapas diferentes de deliberação, caso o órgão julgador, mesmo com votos convergentes, tenha adotado fundamentos diversos para a solução da causa.

§ 2º O Presidente do órgão julgador, identificando que o(s) fundamento(s) determinante(s) para o julgamento da causa não possui(em) a adesão da maioria dos votos dos Ministros, convocará, na mesma sessão de julgamento, nova etapa de deliberação, que contemplará apenas a definição do(s) fundamento(s) determinante(s).

► Art. 104-A acrescido pela ER nº 24, de 28-9-2016.

SEÇÃO IV
DOS PRAZOS

Art. 105. A contagem dos prazos observará o disposto na lei processual.

► *Caput* com a redação dada pela ER nº 22, de 16-3-2016.

§§ 1º e 2º *Revogados*. ER nº 22, de 16-3-2016.

Art. 106. Não correm os prazos no período aludido no artigo 81, § 2º, I, e nas férias, salvo nas hipóteses previstas em lei.

► *Caput* com a redação dada pela ER nº 1, de 23-5-1991.

§ 1º Nos casos deste artigo, os prazos começam ou continuam a fluir no dia de reabertura do expediente.

§ 2º Também não corre prazo nas hipóteses previstas em lei, quando houver obstáculo criado em detrimento da parte ou for comprovado motivo de força maior, reconhecido pelo Tribunal.

► § 2º com a redação dada pela ER nº 22, de 16-3-2016.

§ 3º As informações oficiais apresentadas fora do prazo por justo motivo poderão ser admitidas, se ainda oportuna a sua apreciação.

Art. 107. Mediante pedido conjunto das partes, o relator poderá admitir prorrogação de prazo por tempo razoável.

Art. 108. Os prazos para diligências serão fixados nos atos que as ordenarem, salvo disposição em contrário deste Regimento.

Art. 109. Os prazos não especificados em lei ou neste Regimento serão fixados pela Corte Especial, pelo Presidente, pelas Seções, pelas Turmas, ou por seus Presidentes, ou pelo relator, conforme o caso.

§ 1º Computar-se-á em dobro o prazo para manifestações nos autos, quando forem partes o Ministério Público, a Defensoria Pública, a União, os Estados, o Distrito Federal, os Municípios ou suas respectivas autarquias e fundações de direito público.

§ 2º O Ministério Público, a Defensoria Pública e os entes públicos mencionados no § 1º serão intimados pessoalmente, mediante carga, nos autos físicos, ou por meio eletrônico, contando-se-lhes em dobro todos os prazos.

► §§ 1º e 2º com a redação dada pela ER nº 24, de 28-9-2016.

§ 3º Não se aplica o prazo em dobro ao Ministério Público quando se tratar de processo criminal.

► § 3º acrescido pela ER nº 24, de 28-9-2016.

Art. 110. Os prazos para os Ministros, salvo acúmulo de serviço, se de outra forma não dispuser a lei processual ou este Regimento, são os seguintes:

► *Caput* com a redação dada pela ER nº 22, de 16-3-2016.

I – dez dias para atos administrativos e para decisões interlocutórias;

► Inciso I com a redação dada pela ER nº 22, de 16-3-2016.

II – vinte dias para o "visto" do revisor;

III – trinta dias para o "visto" do relator.

Art. 111. Salvo disposição em contrário, os servidores do Tribunal terão o prazo de cinco dias para executar os atos do processo, inclusive para certificar a data do trânsito em julgado da decisão e, na sequência, independentemente de despacho e conforme o caso, arquivar os autos, remeter ao Supremo Tribunal Federal ou baixar ao juízo de origem.

► Artigo com a redação dada pela ER nº 22, de 16-3-2016.

Seção V

DAS DESPESAS PROCESSUAIS

Art. 112. No Tribunal, serão devidas custas nos processos de sua competência originária e recursal, nos termos da lei.

► *Caput* com a redação dada pela ER nº 9, de 24-9-2008.

§ 1º Não são custas os preços cobrados pelo fornecimento de cópias autenticadas ou não, ou de certidões e traslados por fotocópia ou processo equivalente de reprodução.

§ 2º O pagamento dos preços será antecipado ou garantido com depósito, consoante tabela aprovada pelo Presidente.

§ 3º O Presidente do Tribunal, anualmente, fará expedir a tabela de custas atualizada segundo o índice estabelecido em lei.

► § 3º acrescido pela ER nº 9, de 24-9-2008.

§ 4º É dispensado o recolhimento do porte de remessa e de retorno no processo em autos eletrônicos.

§ 5º O Presidente do Tribunal, mediante instrução normativa, disciplinará o regime de cobrança do porte de remessa e retorno dos autos dos processos que tiverem de ser digitalizados.

► §§ 4º e 5º acrescidos pela ER nº 22, de 16-3-2016.

Art. 113. O preparo de recurso da competência do Supremo Tribunal Federal será feito no prazo e na forma do disposto na lei processual, bem como no Regimento Interno e na Tabela de Custas do Supremo Tribunal Federal.

► Artigo com a redação dada pela ER nº 22, de 16-3-2016.

Seção VI

DA ASSISTÊNCIA JUDICIÁRIA

Art. 114. O requerimento dos benefícios da assistência judiciária, no Tribunal, será apresentado ao Presidente ou ao relator, conforme o estado da causa, na forma da Lei nº 1.060/50, com as alterações introduzidas pela Lei nº 7.510/86.

Art. 115. Sem prejuízo da nomeação, quando couber, de defensor ou curador dativo, o pedido de assistência judiciária será decidido de acordo com a legislação em vigor.

§ 1º Não cabe recurso da decisão que se proferir, mas a Corte Especial, a Seção ou a Turma, ao conhecerem do feito, poderão conceder o benefício negado.

§ 2º Prevalecerá no Tribunal a assistência judiciária já concedida em outra instância.

Art. 116. Nos crimes de ação privada, o Presidente ou o relator, a requerimento da parte necessitada, oficiará à Defensoria Pública da União para que promova a ação penal quando de competência originária do Tribunal, ou intimará membro da Defensoria Pública a prosseguir no processo quando em grau de recurso.

► Artigo com a redação dada pela ER nº 19, de 11-11-2015.

Seção VII

DOS DADOS ESTATÍSTICOS

Art. 117. Serão divulgados, mensalmente, dados estatísticos sobre os trabalhos do Tribunal no mês anterior, entre os quais: o número de votos que cada Ministro, nominalmente indicado, proferiu como relator ou revisor, o número de feitos que lhe foram distribuídos no mesmo período e o número de processos que recebeu em consequência de pedido de vista ou como revisor.

Parágrafo único. Os dados estatísticos solicitados pelo Conselho Nacional de Justiça serão transmitidos eletronicamente.

► Parágrafo único acrescido pela ER nº 22, de 16-3-2016.

CAPÍTULO IV

DA JURISPRUDÊNCIA

Seção I

DA UNIFORMIZAÇÃO DE JURISPRUDÊNCIA

► Seção I revogada pela ER nº 22, de 16-3-2016.

Arts. 118 a 121. *Revogados.* ER nº 22, de 16-3-2016.

Seção I-A

DO REGISTRO E DA FORMAÇÃO DOS PRECEDENTES QUALIFICADOS

► Seção I-A acrescida pela ER nº 24, de 28-9-2016.

Art. 121-A. Os acórdãos proferidos em julgamento de incidente de assunção de competência e de recursos especiais repetitivos bem como os enunciados de súmulas do Superior Tribunal de Justiça constituem, segundo o art. 927 do Código de Processo Civil, precedentes qualificados de estrita observância pelos Juízes e Tribunais.

§ 1º Os incidentes de assunção de competência e os processos afetados para julgamento sob o rito dos recursos especiais repetitivos serão organizados e divulgados por meio de enunciados de temas com numeração sequencial, contendo o registro da matéria a ser decidida e, após o julgamento, a tese firmada e seus fundamentos determinantes.

§ 2º Os precedentes qualificados deverão ser divulgados na internet, de forma sistematizada, com a indicação precisa das informações relacionadas a todas as fases percorridas de seu procedimento.

► Art. 121-A acrescido pela ER nº 24, de 28-9-2016.

Seção II

DA SÚMULA

Art. 122. A jurisprudência firmada pelo Tribunal será compendiada na Súmula do Superior Tribunal de Justiça.

§ 1º Poderão ser inscritos na súmula os enunciados correspondentes às decisões firmadas por unanimidade dos membros componentes da Corte Especial ou da Seção, em um caso, por maioria absoluta em pelo menos dois julgamentos concordantes.

► § 1º com a redação dada pela ER nº 24, de 28-9-2016.

§ 2º A inclusão da matéria objeto de julgamento na Súmula da Jurisprudência do Tribunal será deliberada pela Corte Especial ou pela Seção, por maioria absoluta dos seus membros.

§ 3º Se a Seção entender que a matéria a ser sumulada é comum às Seções, remeterá o feito à Corte Especial.

Art. 123. Os enunciados da Súmula, seus adendos e emendas, datados e numerados, serão publicados três vezes no *Diário da União*, em datas próximas.

Parágrafo único. As edições ulteriores da Súmula incluirão os adendos e emendas.

Art. 124. A citação da Súmula pelo número correspondente dispensará, perante o Tribunal, a referência a outros julgados no mesmo sentido.

Art. 125. Os enunciados da Súmula prevalecem e serão revistos na forma estabelecida neste Regimento Interno.

§ 1º Qualquer dos Ministros poderá propor, em novos feitos, a revisão da jurisprudência compendiada na Súmula, sobrestando-se o julgamento, se necessário.

§ 2º Se algum dos Ministros propuser revisão da jurisprudência compendiada na súmula, em julgamento perante a Turma, esta, se acolher a proposta, remeterá o feito ao julgamento da Corte Especial ou da Seção, dispensada a lavratura do acórdão, juntando-se, entretanto, a certidão de julgamento e tomando-se o parecer do Ministério Público Federal.

► § 2º com a redação dada pela ER nº 35, de 8-5-2019.

§ 3º A alteração ou o cancelamento do enunciado da Súmula serão deliberados na Corte Especial ou nas Seções, conforme o caso, por maioria absoluta dos seus membros, com a presença de, no mínimo, dois terços de seus componentes.

§ 4º Ficarão vagos, com a nota correspondente, para efeito de eventual restabelecimento, os números dos enunciados que o Tribunal cancelar ou alterar, tomando os que forem modificados novos números da série.

Art. 126. Qualquer Ministro poderá propor, na Turma, a remessa do feito à Corte Especial, ou à Seção, para o fim de ser compendiada em Súmula a jurisprudência do Tribunal, quando verificar que as Turmas não divergem na interpretação do direito.

§ 1º Na hipótese referida neste artigo, dispensa-se a lavratura de acórdão, certificada nos autos a decisão da Turma.

► § 1º com a redação dada pela ER nº 35, de 8-5-2019.

§ 2º O processo e o julgamento observarão, no que couber, o disposto nos arts. 271-B e seguintes deste Regimento.

► § 2º com a redação dada pela ER nº 24, de 28-9-2016.

§ 3º A Comissão de Jurisprudência poderá, também, propor à Corte Especial ou à Seção que seja compendiada em Súmula a jurisprudência do Tribunal, quando verificar que as Turmas não divergem na interpretação do direito.

§ 4º Proferido o julgamento, em decisão tomada pela maioria absoluta dos membros que integram o Órgão Julgador, o relator deverá redigir o projeto de súmula, a ser aprovado pelo Tribunal na mesma sessão ou na primeira sessão ordinária seguinte.

► § 4º acrescido pela ER nº 22, de 16-3-2016.

Art. 127. Quando convier pronunciamento da Corte Especial ou da Seção, em razão da relevância da questão jurídica, ou da necessidade de prevenir divergências entre as Turmas, o relator, ou outro Ministro, no julgamento de qualquer recurso, poderá propor a remessa do feito à apreciação da Seção respectiva, ou da Corte Especial, se a matéria for comum às Seções.

§ 1º Acolhida a proposta, a Turma remeterá o feito ao julgamento da Seção ou da Corte Especial, dispensada a lavratura do acórdão. Com a certidão de julgamento, os autos irão ao Presidente do órgão do Tribunal, para designar a sessão de julgamento. A secretaria expedirá cópias do relatório e fará sua distribuição aos Ministros que compuserem o órgão competente para o julgamento.

► § 1º com a redação dada pela ER nº 35, de 8-5-2019.

§ 2º Proferido o julgamento, cópia do acórdão será, no prazo da sua publicação, remetida à Comissão de Jurisprudência, para elaboração de projeto de Súmula, se for o caso.

Seção III
DA DIVULGAÇÃO DA JURISPRUDÊNCIA

Art. 128. A jurisprudência do Tribunal será divulgada pelas seguintes publicações:

► *Caput* com a redação dada pela ER nº 1, de 23-5-1991.

I – Diário da Justiça eletrônico;

► Inciso I com a redação dada pela ER nº 22, de 16-3-2016.

II – *Revogado*. ER nº 10, de 11-11-2009.

III – *Revista do Superior Tribunal de Justiça*;

IV – repositórios autorizados.

► Incisos III e IV com a redação dada pela ER nº 1, de 23-5-1991.

Art. 129. Serão publicadas no *Diário da Justiça eletrônico* as ementas de todos os acórdãos do Tribunal e as decisões dos relatores, sem prejuízo de sua divulgação em meio eletrônico diverso.

► *Caput* com a redação dada pela ER nº 22, de 16-3-2016.

§ 1º Autorizando o relator, as suas decisões poderão ser publicadas por ementas.

§ 2º Quando de idêntico conteúdo, as decisões e as ementas de acórdãos e de decisões poderão ser publicadas com única redação, indicando-se o número dos respectivos processos.

► §§ 1º e 2º acrescidos pela ER nº 6, de 12-8-2002.

Seção III-A
DO GABINETE DA REVISTA

► Seção III-A acrescida pela ER nº 34, de 8-5-2019.

Art. 129-A. O Gabinete da Revista será responsável por editar as seguintes publicações repositório de jurisprudência:

I – Revista do Superior Tribunal de Justiça;

II – Revista de Súmulas do Superior Tribunal de Justiça;

III – Outras a critério do Ministro Diretor da Revista.

Art. 129-B. Mediante ato do Ministro Diretor da Revista, o Gabinete editará, ainda, as publicações especiais em memória de eventos relevantes do Tribunal, o Regimento Interno do Superior Tribunal de Justiça e a Revista Jurídica do Superior Tribunal de Justiça.

► Arts. 129-A e 129-B com a redação dada pela ER nº 34, de 8-5-2019.

Art. 130. *Revogado*. ER nº 10, de 11-11-2009.

Art. 131. Na *Revista do Superior Tribunal de Justiça* serão publicados em seu inteiro teor:

► *Caput* com a redação dada pela ER nº 1, de 23-5-1991.

I – os acórdãos selecionados pelo Ministro Diretor;

II – os atos normativos expedidos pelo Tribunal e pelo Conselho de Justiça Federal;

III – as Súmulas editadas pela Corte e pelas Seções.

► Incisos I a III com a redação dada pela ER nº 1, de 23-5-1991.

§ 1º As decisões sobre matéria constitucional e as que ensejarem a edição de Súmulas serão, também, publicadas em volumes seriados, distintos da publicação normal da *Revista*.

§ 2º A Comissão de Jurisprudência colaborará na seleção dos acórdãos a publicar, dando-se preferência aos que forem indicados pelos respectivos relatores.

► §§ 1º e 2º com a redação dada pela ER nº 1, de 23-5-1991.

§ 3º *Revogado*. ER nº 34, de 8-5-2019.

Art. 132. A direção da *Revista* é exercida por um Ministro, escolhido pelo Tribunal, nos termos do artigo 17 deste Regimento.

► *Caput* com a redação dada pela ER nº 4, de 2-12-1993.

Parágrafo único. No caso de vacância, o Tribunal escolherá outro Ministro para completar o período.

► Parágrafo único com a redação dada pela ER nº 1, de 23-5-1991.

Art. 133. São repositórios autorizados as publicações de entidades oficiais ou particulares, habilitadas na forma deste Regimento.

Art. 134. Para a habilitação prevista no artigo anterior, o representante ou editor responsável pela publicação solicitará inscrição por escrito ao Ministro Diretor da Revista, com os seguintes elementos:

I – denominação, sede e endereço da pessoa jurídica que edita a revista;

II – nome de seu diretor ou responsável;

III – um exemplar dos três números antecedentes ao mês do pedido de inscrição, dispensáveis no caso de a Biblioteca do Tribunal já os possuir;

IV – compromisso de os acórdãos selecionados para publicação corresponderem, na íntegra, às cópias fornecidas, gratuitamente, pelo Tribunal, autorizada a supressão do nome das partes e seus advogados.

Parágrafo único. Poderão ser credenciadas como repositório da jurisprudência, para os efeitos do § 1º, *b*, do artigo 255 deste Regimento, publicações especializadas, sem a obrigação de divulgar a jurisprudência deste Tribunal.

Art. 135. O deferimento da inscrição implicará a obrigação de fornecer, gratuitamente, dois exemplares de cada publicação subsequente à Biblioteca do Tribunal.

Art. 136. A inscrição poderá ser cancelada a qualquer tempo, por conveniência do Tribunal.

Art. 137. As publicações inscritas poderão mencionar seu registro como repositórios autorizados de divulgação dos julgados do Tribunal.

Art. 138. A direção da Revista manterá em dia o registro das inscrições e cancelamentos, articulando-se com a Biblioteca para efeito de acompanhar o atendimento da obrigação prevista no artigo 135.

► Arts. 133 a 138 com a redação dada pela ER nº 1, de 23-5-1991.

TÍTULO II – DAS PROVAS

CAPÍTULO I

DISPOSIÇÃO GERAL

Art. 139. A proposição, admissão e produção de provas, no Tribunal, obedecerão às leis processuais, observados os preceitos especiais deste título.

CAPÍTULO II

DOS DOCUMENTOS E INFORMAÇÕES

Art. 140. Se a parte não puder instruir, desde logo, suas alegações, por impedimento ou demora em obter certidões ou cópias autenticadas de notas ou registros em estabelecimentos públicos, o relator conceder-lhe-á prazo para esse fim ou as requisitará diretamente àqueles estabelecimentos.

Art. 141. *Revogado.* ER nº 22, de 16-3-2016.

Art. 142. Em caso de impugnação, ou por determinação do relator, as partes deverão provar a fidelidade da transcrição de textos de leis e demais atos do poder público, bem como a vigência e o teor de normas pertinentes à causa, quando emanarem de Estado estrangeiro, de organismo internacional, ou, no Brasil, de Estados e Municípios.

Art. 143. A parte será intimada por publicação no *Diário da Justiça eletrônico* ou, se o relator o determinar, pela forma indicada no art. 87 deste Regimento, para pronunciar-se sobre documento juntado pela parte contrária, após a última intervenção dela no processo.

► Artigo com a redação dada pela ER nº 22, de 16-3-2016.

Art. 144. Os Ministros poderão solicitar esclarecimentos ao advogado, durante o julgamento, sobre peças dos autos e sobre as citações que tiver feito de textos legais, de precedentes judiciais e de trabalhos doutrinários.

CAPÍTULO III

DA APRESENTAÇÃO DE PESSOAS E OUTRAS DILIGÊNCIAS

Art. 145. Quando, em qualquer processo, for necessária a apresentação da parte ou de terceiro que não tiver atendido à notificação, a Corte Especial, a Seção, a Turma ou o relator poderá expedir ordem de condução de recalcitrante.

Art. 146. Observar-se-ão as formalidades da lei na realização de exames periciais, arbitramentos, buscas e apreensões, na exibição e conferência de documentos e em quaisquer outras diligências determinadas ou deferidas pela Corte Especial, pela Seção, pela Turma ou pelo relator.

CAPÍTULO IV

DOS DEPOIMENTOS

Art. 147. Os depoimentos poderão ser gravados com a utilização de recursos audiovisuais, e os termos de audiência serão assinados no ato pelo relator, pelo depoente, pelo membro do Ministério Público e pelos advogados.

► *Caput* com a redação dada pela ER nº 35, de 8-5-2019.

§ 1º Admite-se a prática de atos processuais por meio de videoconferência ou de outro recurso tecnológico de transmissão de sons e imagens em tempo real.

§ 2º Aplica-se o disposto neste artigo ao interrogatório.

► §§ 1º e 2º acrescidos pela ER nº 22, de 16-3-2016.

TÍTULO III – DAS SESSÕES

CAPÍTULO I

DISPOSIÇÕES GERAIS

Art. 148. O Plenário reúne-se, mediante convocação do Presidente, quando houver matéria em pauta.

Parágrafo único. Haverá sessão da Corte Especial, de Seção ou de Turmas nos dias designados e, extraordinariamente, mediante convocação especial.

Art. 149. Nas sessões, o Presidente tem assento na parte central da mesa de julgamento, ficando o representante do Ministério Público à sua direita. Os demais Ministros sentar-se-ão, pela ordem de antiguidade, alternadamente, nos lugares laterais, a começar pela direita.

§ 1º Se o Presidente do Tribunal comparecer à Seção ou à Turma, para julgar processo a que estiver vinculado, assumirá a sua presidência.

§ 2º Havendo juiz convocado, este tomará o lugar do Ministro mais moderno; se houver mais de um juiz convocado, a antiguidade será regulada na seguinte ordem:

a) pela data da convocação;

b) pela posse no Tribunal de origem.

Art. 150. As sessões ordinárias começarão às quatorze horas, podendo ser prorrogadas após as dezoito horas, sempre que o serviço o exigir.

Parágrafo único. Em caso de acúmulo de processos pendentes de julgamento, poderá a Seção ou a Turma marcar o prosseguimento da sessão para o subsequente dia livre, considerando-se intimados os interessados, mediante o anúncio em sessão.

► Parágrafo único com a redação dada pela ER nº 1, de 23-5-1991.

Art. 151. As sessões e votações serão públicas, ressalvada a hipótese prevista no artigo 93, IX, da Constituição Federal e as disposições inscritas nos artigos 182, 183 e 184 deste Regimento.

§ 1º Os advogados ocuparão a tribuna para formular requerimento, produzir sustentação oral, ou para responder às perguntas que lhes forem feitas pelos Ministros.

§ 2º Aos advogados é facultado requerer que conste de ata sua presença na sessão de julgamento, podendo prestar esclarecimentos em matéria de fato.

§ 3º Os advogados deverão usar beca sempre que ocuparem a tribuna.

Art. 152. Nas sessões do Plenário, da Corte Especial, de Seção e de Turma, observar-se-á a seguinte ordem, no que couber:

I – verificação do número de Ministros;
II – leitura, discussão e aprovação da ata da sessão anterior;
III – indicações e propostas;
IV – julgamento dos processos.

Art. 153. Os processos conexos poderão ser objeto de um só julgamento, fazendo-se a oportuna apensação.

Parágrafo único. Os processos que versem sobre a mesma questão jurídica, ainda que apresentem aspectos peculiares, poderão ser julgados conjuntamente.

► Parágrafo único com a redação dada pela ER nº 1, de 23-5-1991.

Art. 154. No julgamento das ações penais originárias, das revisões criminais, dos pedidos de intervenção federal, dos recursos especiais, dos embargos de divergência, dos recursos ordinários, dos mandados de segurança, dos recursos ordinários em mandados de segurança, dos mandados de injunção e das ações rescisórias, o relator distribuirá, sempre que possível, por meio eletrônico, cópia do relatório aos demais integrantes do órgão julgador.

► Artigo com a redação dada pela ER nº 24, de 28-9-2016.

Art. 155. Os julgamentos a que este Regimento ou a lei não derem prioridade serão realizados, preferencialmente, segundo a ordem de conclusão dos feitos, nos termos da legislação processual.

► *Caput* com a redação dada pela ER nº 22, de 16-3-2016.

Parágrafo único. *Revogado.* ER nº 22, de 16-3-2016.

Art. 156. A Secretaria atenderá, preferencialmente, à ordem cronológica de recebimento dos pronunciamentos judiciais para sua publicação e efetivação, nos termos da legislação processual.

► Artigo com a redação dada pela ER nº 22, de 16-3-2016.

Art. 157. Quando deferida preferência solicitada pelo representante do Ministério Público, para processo em que houver medida liminar ou acautelatória, o julgamento far-se-á com prioridade.

Art. 158. O pedido de sustentação oral deverá ser requerido à coordenadoria do órgão julgador:

► *Caput* com a redação dada pela ER nº 28, de 6-12-2017.

I – até dois dias úteis após a publicação da pauta, com preferência sobre as demais sustentações, respeitada a ordem de inscrição, e sem prejuízo das preferências legais e regimentais;

II – ainda que ultrapassado o prazo previsto no inciso anterior, o pedido de sustentação oral poderá ser feito até o início da sessão.

► Incisos I e II acrescidos pela ER nº 28, de 6-12-2017.

§ 1º Terão preferência para a sustentação oral, na seguinte ordem, mediante comprovação de sua condição, aqueles com necessidades especiais; as gestantes, as lactantes, enquanto perdurar o estado gravídico ou o período de amamentação; as adotantes, as que derem à luz, pelo período de 120 dias (art. 7-A da Lei n. 8.906, de 4 de julho de 1994); e os idosos com idade igual ou superior a sessenta anos.

► § 1º com a redação dada pela ER nº 25, de 13-12-2016.

§ 2º O Plenário poderá disciplinar o uso de videoconferência ou de outro recurso tecnológico de transmissão de sons e imagens em tempo real, para realização de sustentação oral.

► § 2º com a redação dada pela ER nº 28, de 6-12-2017.

Art. 159. Não haverá sustentação oral no julgamento de:

► *Caput* com a redação dada pela ER nº 22, de 16-3-2016.

I – embargos declaratórios;
II – arguição de suspeição;
III – tutela de urgência requerida no Superior Tribunal de Justiça, em caráter antecedente;
IV – agravo, salvo expressa disposição legal em contrário;
V – exceção de suspeição;
VI – exceção de impedimento;
VII – medidas protetivas de urgência – Lei Maria da Penha;
VIII – medidas protetivas – Estatuto do Idoso;
IX – pedido de busca e apreensão criminal;
X – pedido de quebra de sigilo de dados e/ou telefônico;
XI – cautelar inominada criminal;
XII – alienação de bens do acusado;
XIII – embargos de terceiro;
XIV – embargos do acusado;
XV – insanidade mental do acusado;
XVI – restituição de coisas apreendidas;
XVII – pedido de uniformização de interpretação de lei;
XVIII – prisão preventiva;
XIX – prisão temporária.

► Incisos I a XIX acrescidos pela ER nº 22, de 16-3-2016.

§ 1º Nos demais julgamentos, o Presidente da Corte Especial, da Seção ou da Turma, feito o relatório dará a palavra, sucessivamente, ao autor, recorrente ou impetrante, e ao réu, recorrido ou impetrado, para sustentação de suas alegações.

§ 2º Se o representante do Ministério Público estiver agindo como fiscal da lei, fará uso da palavra após o recorrente e o recorrido.

Art. 160. Nos casos do § 1º do artigo anterior, cada uma das partes falará pelo tempo máximo de quinze minutos, excetuado o julgamento da ação penal originária, na qual o prazo será de uma hora (artigo 229, V).

§ 1º O representante do Ministério Público terá prazo igual ao das partes, quando em tal situação processual estiver agindo.

§ 2º Se houver litisconsortes não representados pelo mesmo advogado, o prazo será contado em dobro e dividido igualmente entre os do mesmo grupo, se diversamente não o convencionarem.

§ 3º O opoente falará após as partes originárias e pelo mesmo prazo.

§ 4º O assistente, na ação penal pública, falará depois do representante do Ministério Público, a menos que o recurso seja dele.

§ 5º O representante do Ministério Público falará depois do autor da ação penal privada.

§ 6º Se, em ação penal, houver recurso de corréus, em posição antagônica, cada grupo terá prazo completo para falar.

§ 7º Nos processos criminais, havendo corréus que sejam coautores do delito, se não tiverem o mesmo defensor, o prazo será contado em dobro e dividido igualmente entre os defensores, salvo se convencionarem outra divisão do tempo.

§ 8º Admitida a intervenção de terceiros nas hipóteses de recurso especial repetitivo, fica-lhes facultado produzir sustentação oral, observado o § 2º deste artigo.

► § 8º acrescido pela ER nº 20, de 2-12-2015.

Art. 161. Cada Ministro poderá falar duas vezes sobre o assunto em discussão e mais uma vez, se for o caso, para explicar a modificação de voto. Nenhum falará sem que o Presidente lhe conceda a palavra, nem interromperá aquele que a estiver usando.

§ 1º Em qualquer fase do julgamento, posterior ao relatório ou à sustentação oral, poderão os julgadores pedir esclarecimentos ao relator, ao revisor e aos advogados dos litigantes, quando presentes, sobre fatos e circunstâncias pertinentes à matéria em debate, ou, ainda, pedir vista dos autos, caso em que o julgamento será suspenso. Surgindo questão nova, o próprio relator poderá pedir a suspensão do julgamento por uma única oportunidade.

► Parágrafo único transformado em § 1º pela ER nº 33, de 8-5-2019.

§ 2º Havendo segundo pedido de vista dos autos, o pleito será tido como coletivo, de modo que o prazo de sessenta dias constante do art. 162 deste Regimento será contado de forma conjunta, beneficiando-se da prorrogação do prazo por trinta dias apenas os Ministros que a requererem.

§ 3º O pedido de vista coletivo impede a posterior solicitação de vista de qualquer Ministro.

§ 4º O julgador poderá proferir seu voto-vista mesmo que os Ministros que o antecedem na ordem de votação ainda não estejam habilitados para tal.

► §§ 2º a 4º acrescidos pela ER nº 33, de 8-5-2019.

Art. 162. Nos julgamentos, o pedido de vista não impede votem os Ministros que se tenham por habilitados a fazê-lo, e o Ministro que o formular restituirá os autos ao Presidente do Órgão Julgador dentro de, no máximo, sessenta dias a contar do momento em que os autos lhe forem disponibilizados, devendo prosseguir o julgamento do feito na sessão subsequente ao fim do prazo, com ou sem o voto-vista.

► *Caput* com a redação dada pela ER nº 17, de 17-12-2014.

§ 1º O prazo a que se refere o *caput* poderá ser prorrogado por trinta dias, mediante requerimento fundamentado ao Colegiado.

§ 2º O prazo de restituição dos autos ficará suspenso nos períodos de recesso e de férias coletivas.

§ 3º O julgamento que tiver sido iniciado prosseguirá, computando-se os votos já proferidos pelos Ministros, mesmo que não compareçam ou hajam deixado o exercício do cargo, ainda que o Ministro afastado seja o relator.

► §§ 1º a 3º com a redação dada pela ER nº 17, de 17-12-2014.

§ 4º Não participará do julgamento o Ministro que não tiver assistido à sustentação oral.

§ 5º Se, para efeito do *quorum* ou desempate na votação, for necessário o voto de Ministro que não tenha assistido à sustentação oral, esta será renovada, computando-se os votos proferidos.

§ 6º Nos casos de julgamento de declaração de inconstitucionalidade de lei ou ato normativo do Poder Público, recurso especial repetitivo, revisão de tese firmada em recurso repetitivo, incidente de assunção de competência e revisão de tese firmada em incidente de assunção de competência, se o órgão julgador entender necessária a tomada de votos de Ministros que não assistiram à sustentação oral, aplicar-se-á o disposto no parágrafo anterior.

§ 7º Se estiver ausente o Ministro que houver comparecido ao início do julgamento, mas ainda não tiver votado, o seu voto será dispensado, desde que obtidos sufi cientes votos concordantes sobre todas as questões.

► §§ 4º a 7º com a redação dada pela ER nº 32, de 8-5-2019.

§ 8º Ausente o Presidente que iniciou o julgamento, este prosseguirá sob a presidência de seu substituto. Na Corte Especial ou na Seção, a substituição será feita por quem não houver proferido voto.

► § 8º acrescido pela ER nº 32, de 8-5-2019.

Art. 163. Concluído o debate oral, o Presidente tomará os votos do relator, do revisor, se houver, e dos outros Ministros, que os seguirem na ordem decrescente de antiguidade. Esgotada a lista, o imediato ao Ministro mais moderno será o mais antigo. Encerrada a votação, o Presidente proclamará a decisão.

Art. 164. As questões preliminares serão julgadas antes do mérito, deste não se conhecendo se incompatível com a decisão daquelas.

§ 1º Se, antes ou no curso do relatório, algum dos Ministros suscitar preliminar, será ela, antes de julgada, discutida pelas partes, que poderão usar da palavra. Se não for acolhida, o relator fará o relatório, prosseguindo-se no julgamento.

§ 2º Quando a preliminar versar nulidade suprível, converter-se-á o julgamento em diligência e o relator, se for necessário, ordenará a remessa dos autos à instância inferior, para os fins de direito.

Art. 165. Se for rejeitada a preliminar, ou, se embora acolhida, não vedar a apreciação do mérito, seguir-se-ão a discussão e o julgamento da matéria principal, e sobre ela também proferirão votos os Ministros vencidos na anterior conclusão.

Art. 166. Preferirá aos demais, com dia designado, o processo cujo julgamento houver sido suspenso, salvo se o adiamento tiver resultado de vista e se estiver aguardando a devolução dos autos.

Art. 167. O julgamento, uma vez iniciado, ultimar-se-á na mesma sessão, ainda que excedida a hora regimental.

Art. 168. A Corte Especial, a Seção ou a Turma poderão converter o julgamento em diligência, quando necessária à decisão da causa. Neste caso, o feito será novamente incluído em pauta.

► Artigo com a redação dada pela ER nº 1, de 23-5-1991.

CAPÍTULO II

DAS SESSÕES SOLENES

Art. 169. O Tribunal, pelo seu Plenário, reúne-se em sessão solene:

I – para dar posse aos Ministros e aos titulares de sua direção;

II – para celebrar acontecimentos de alta relevância, mediante convocação do Presidente.

Art. 170. O cerimonial das sessões será regulado por ato do Presidente.

CAPÍTULO III
DAS SESSÕES DO PLENÁRIO

Art. 171. O Plenário, que se reúne com a presença da maioria absoluta dos seus membros, é dirigido pelo Presidente do Tribunal.

Parágrafo único. Quando o Plenário se reunir para apreciar e deliberar a respeito das matérias inscritas no artigo 10, II, IV, V, VI e VII, deste Regimento, será observado o *quorum* de dois terços dos membros do Tribunal.

CAPÍTULO IV
DAS SESSÕES DA CORTE ESPECIAL

Art. 172. A Corte Especial, que se reúne com a presença da maioria absoluta de seus membros, é dirigida pelo Presidente do Tribunal.

Parágrafo único. No julgamento de matéria constitucional, intervenção federal, ação penal originária, sumulação de jurisprudência e alteração ou cancelamento de enunciado de súmula e incidente de assunção de competência, será exigida a presença de dois terços de seus membros.

► Parágrafo único com a redação dada pela ER nº 24, de 28-9-2016.

Art. 173. Terão prioridade no julgamento da Corte Especial:

I – as causas criminais, havendo réu preso;

II – o mandado de segurança, o mandado de injunção e o *habeas data*;

III – a requisição de intervenção federal nos Estados;

IV – as reclamações;

V – os conflitos de competência e de atribuições;

VI – recurso especial repetitivo.

► Inciso VI acrescido pela ER nº 22, de 16-3-2016.

Art. 174. Excetuados os casos em que se exige o voto de maioria qualificada, as decisões serão tomadas pelo voto da maioria dos Ministros.

Art. 175. O Presidente não proferirá voto, salvo:

I – nos casos em que o julgamento depender de *quorum* qualificado para apuração do resultado;

II – em matéria administrativa;

III – nos demais casos, quando ocorrer empate.

CAPÍTULO V
DAS SESSÕES DAS SEÇÕES

Art. 176. As Seções se reúnem com a presença da maioria absoluta de seus integrantes.

Parágrafo único. No julgamento da sumulação de jurisprudência e alteração ou cancelamento de súmula e incidente de assunção de competência, será exigida a presença de dois terços de seus membros.

► Parágrafo único com a redação dada pela ER nº 24, de 28-9-2016.

Art. 177. Terão prioridade no julgamento da Seção:

I – as causas criminais, havendo réu preso;

II – os *habeas corpus*;

III – o mandado de segurança e o *habeas data*;

IV – os conflitos de competência e de atribuições;

V – recurso especial repetitivo.

► Inciso V acrescido pela ER nº 22, de 16-3-2016.

Art. 178. Excetuados os casos em que se exige o voto da maioria absoluta dos seus membros, as decisões serão tomadas pelo voto da maioria dos Ministros.

CAPÍTULO VI
DAS SESSÕES DAS TURMAS

Art. 179. As Turmas reúnem-se com a presença de, pelo menos, três Ministros.

Art. 180. Terão prioridade no julgamento das Turmas:

I – as causas criminais, havendo réu preso;

II – os *habeas corpus*.

Art. 181. A decisão da Turma será tomada pelo voto da maioria absoluta dos seus membros.

§ 1º O Presidente da Turma participa dos seus julgamentos com as funções de relator, revisor e vogal.

§ 2º Não alcançada a maioria de que trata este artigo, será adiado o julgamento para o fim de ser tomado o voto do Ministro ausente.

§ 3º Persistindo a ausência, ou havendo vaga, impedimento ou licença, por mais de um mês, convocar-se-á Ministro de outra Turma (artigo 55).

§ 4º No *habeas corpus* e no recurso em *habeas corpus*, havendo empate, prevalecerá a decisão mais favorável ao paciente.

CAPÍTULO VII
DAS SESSÕES ADMINISTRATIVAS E DE CONSELHO

Art. 182. Observado o disposto no artigo 151, serão reservadas as sessões:

I – quando o Presidente ou algum dos Ministros pedir que a Corte Especial, a Seção ou Turma se reúna em Conselho;

II – quando convocadas pelo Presidente para assunto administrativo ou da economia interna do Tribunal.

Art. 183. As sessões do Conselho de Administração serão reservadas.

Parágrafo único. Nenhuma pessoa, além dos Ministros, será admitida às sessões reservadas do Conselho de Administração e nos casos do inciso II do artigo anterior.

Art. 184. As decisões tomadas em sessão administrativa serão motivadas, sendo as disciplinares tomadas pelo voto da maioria absoluta dos membros do órgão julgador.

TÍTULO III-A – DO JULGAMENTO VIRTUAL

► Título III-A acrescido pela ER nº 27, de 13-12-2016.

CAPÍTULO I
DISPOSIÇÕES GERAIS

► Capítulo I acrescido pela ER nº 27, de 13-12-2016.

Art. 184-A. Ficam criados órgãos julgadores virtuais correspondentes à Corte Especial, às Seções e às Turmas do Superior Tribunal de Justiça, com a finalidade de julgamento eletrônico de recursos.

► *Caput* do art. 184-A com a redação dada pela ER nº 36, de 24-3-2020.

Parágrafo único. Os seguintes recursos podem ser submetidos ao julgamento virtual:

I – Embargos de Declaração;

II – Agravo Interno;

III – Agravo Regimental.

► Parágrafo único acrescido pela ER nº 27, de 13-12-2016.

Art. 184-B. As sessões virtuais devem estar disponíveis para acesso às partes, a seus advogados, aos defensores públicos e aos membros do Ministério Público na página do Superior Tribunal de Justiça na internet, mediante identificação eletrônica.

► Art. 184-B com a redação dada pela ER nº 40, de 29-4-2021.

Art. 184-C. As sessões virtuais contemplarão as seguintes etapas:

► *Caput* do art. 184-C acrescido pela ER nº 27, de 13-12-2016.

I – inclusão do processo, pelo relator, na plataforma eletrônica para julgamento;

II – publicação da pauta no *Diário da Justiça eletrônico* com a informação da inclusão do processo;

► Incisos I e II acrescidos pela ER nº 27, de 13-12-2016.

III – início das sessões virtuais, que coincidirá, preferencialmente, com as sessões ordinárias dos respectivos órgãos colegiados, restringindo-se, no caso das Turmas, às sessões ordinárias de terça-feira;

► Inciso III com a redação dada pela ER nº 36, de 24-3-2020.

IV – fim do julgamento, que corresponderá ao sétimo dia corrido do início do julgamento.

► Inciso IV acrescido pela ER nº 27, de 13-12-2016.

CAPÍTULO II

DO PROCEDIMENTO PARA JULGAMENTO VIRTUAL

► Capítulo II acrescido pela ER nº 27, de 13-12-2016.

Art. 184-D. O relator no julgamento virtual incluirá os dados do processo na plataforma eletrônica do STJ com a indicação do Órgão Julgador, acompanhados do relatório e do voto do processo.

Parágrafo único. A pauta será publicada no *Diário da Justiça eletrônico* cinco dias úteis antes do início da sessão de julgamento virtual, prazo no qual:

I – é facultado aos integrantes do Órgão Julgador expressar a não concordância com o julgamento virtual;

II – as partes, por meio de advogado devidamente constituído, bem como o Ministério Público e os defensores públicos poderão apresentar memoriais e, de forma fundamentada, manifestar oposição ao julgamento virtual ou solicitar sustentação oral, observado o disposto no art. 159.

Art. 184-E. Transcorrido o prazo previsto no parágrafo único do art. 184-D, de maneira automática, será liberada a consulta ao relatório e voto do relator aos Ministros integrantes do respectivo Órgão Julgador que decidirão, no prazo de sete dias corridos, os processos incluídos na sessão de julgamento eletrônico.

► Arts. 184-D e 184-E acrescidos pela ER nº 27, de 13-12-2016.

Art. 184-F. Somente serão computados os votos expressamente manifestados.

► *Caput* com a redação dada pela ER nº 39, de 29-4-2021.

§ 1º Revogado. ER nº 39, de 29-4-2021.

§ 2º O processo será excluído da pauta de julgamento virtual nas hipóteses em que, no prazo do parágrafo único do art. 184-D, qualquer integrante do Órgão Julgador expresse não concordância com o julgamento virtual, se acolhida a oposição feita por qualquer das partes, pelo defensor público ou pelo Ministério Público ou se houver o deferimento de sustentação oral.

► § 2º acrescido pela ER nº 27, de 13-12-2016.

§ 3º Aplicam-se ao julgamento virtual, no que couber, as disposições dos arts. 55 e 103, § 6º.

► § 3º com a redação dada pela ER nº 39, de 29-4-2021.

§ 4º Não alcançado o quórum na votação, o julgamento será suspenso e incluído na sessão virtual imediatamente subsequente.

► § 4º acrescido pela ER nº 39, de 29-4-2021.

Art. 184-G. Findo o prazo de sete dias corridos de que trata o art. 184-E, o sistema contará os votos e lançará, de forma automatizada, na plataforma eletrônica, o resultado do julgamento.

Art. 184-H. Caberá às Coordenadorias dos Órgãos Julgadores a finalização dos acórdãos relativos aos processos julgados em sessões virtuais, disponibilizando-os, lavrados, para assinatura dos Ministros.

► Arts. 184-G e 184-H acrescidos pela ER nº 27, de 13-12-2016.

TÍTULO IV – DAS AUDIÊNCIAS

Art. 185. Serão públicas as audiências:

I – do Presidente ou do relator para ouvir pessoas ou entidades com experiência e conhecimento em matéria de interesse para a fixação ou alteração de tese repetitiva ou de enunciado de súmula;

► Inciso I com a redação dada pela ER nº 22, de 16-3-2016.

II – do relator, para instrução do processo, salvo exceção legal.

Art. 186. O Ministro que presidir a audiência deliberará sobre o que lhe for requerido, ressalvada a competência da Corte Especial, da Seção, da Turma e dos demais Ministros.

§ 1º Respeitada a prerrogativa dos advogados e dos membros do Ministério Público, nenhum dos presentes se dirigirá ao Presidente da audiência, a não ser de pé e com a sua licença.

§ 2º O Secretário da audiência fará constar em ata o que nela ocorrer.

§ 3º A audiência pública prevista no inciso I do art. 185 será presidida pelo Ministro que a convocou, facultada a delegação a outro Ministro.

§ 4º O Ministro que convocou a audiência prevista no inciso I do art. 185 divulgará, com antecedência mínima de trinta dias, as orientações gerais sobre o procedimento a ser adotado, observado o seguinte:

I – o despacho convocatório da audiência pública será amplamente divulgado e delimitará a(s) questão(ões) objeto de debate, fixará prazo para a indicação das pessoas a serem ouvidas e determinará a notificação dos Ministros do respectivo Órgão Julgador e o encaminhamento de convites a pessoas ou a entidades que possuam estreita relação com a questão a ser apresentada;

II – será garantida a participação de pessoas ou de entidades que defendam diferentes opiniões relativas à matéria objeto da audiência pública;

III – caberá ao Ministro que presidir a audiência pública selecionar as pessoas que serão ouvidas, divulgar a lista dos habilitados, determinar a ordem dos trabalhos, fixar o tempo de que cada um disporá para se manifestar e zelar, na medida do possível, pela garantia de pluralidade de expositores;

IV – os depoentes deverão limitar-se à questão em debate;

V – os trabalhos da audiência pública serão registrados e juntados aos autos do processo e ao projeto de súmula e disponibilizados no sítio eletrônico do Tribunal;

VI – os casos omissos serão resolvidos pelo Ministro que convocou a audiência.

► §§ 3º e 4º acrescidos pela ER nº 22, de 16-3-2016.

TÍTULO V – DOS PROCESSOS SOBRE COMPETÊNCIA

CAPÍTULO I

DA RECLAMAÇÃO

Art. 187. Para preservar a competência do Tribunal, garantir a autoridade de suas decisões e a observância de julgamento proferido em incidente de assunção de competência, caberá reclamação da parte interessada ou do Ministério Público desde que, na primeira hipótese, haja esgotado a instância ordinária.

► *Caput* com a redação dada pela ER nº 24, de 28-9-2016.

Parágrafo único. A reclamação, dirigida ao Presidente do Tribunal e instruída com prova documental, será autuada e distribuída ao relator da causa principal, sempre que possível.

Art. 188. Ao despachar a reclamação, o relator:

I – requisitará informações da autoridade a quem for imputada a prática do ato impugnado, a qual as prestará no prazo de dez dias;

II – ordenará, se necessário, para evitar dano irreparável, a suspensão do processo ou do ato impugnado;

III – determinará a citação do beneficiário da decisão impugnada, que terá quinze dias para apresentar contestação.

► Inciso III acrescido pela ER nº 22, de 16-3-2016.

Art. 189. Qualquer interessado poderá impugnar o pedido do reclamante.

Art. 190. O Ministério Público, nas reclamações que não houver formulado, terá vista do processo por cinco dias, após o decurso do prazo para informações e para oferecimento da contestação pelo beneficiário do ato impugnado.

► Artigo com a redação dada pela ER nº 22, de 16-3-2016.

Art. 191. Julgando procedente a reclamação, o Tribunal cassará a decisão exorbitante de seu julgado ou determinará medida adequada à preservação de sua competência.

Art. 192. O Presidente determinará o imediato cumprimento da decisão, lavrando-se o acórdão posteriormente.

CAPÍTULO II
DO CONFLITO DE COMPETÊNCIA E DE ATRIBUIÇÕES

Art. 193. O conflito de competência poderá ocorrer entre autoridades judiciárias; o de atribuições, entre autoridades judiciárias e administrativas.

Art. 194. Dar-se-á o conflito nos casos previstos nas leis processuais.

Art. 195. O conflito poderá ser suscitado pela parte interessada, pelo Ministério Público, ou por qualquer das autoridades conflitantes.

Art. 196. Poderá o relator, de ofício, ou a requerimento de qualquer das partes, determinar, quando o conflito for positivo, seja sobrestado o processo, e, neste caso, bem assim no de conflito negativo, designar um dos órgãos para resolver, em caráter provisório, as medidas urgentes.

Art. 197. Sempre que necessário, o relator mandará ouvir as autoridades em conflito no prazo de dez dias.

Art. 198. Prestadas ou não as informações, o relator dará vista do processo ao Ministério Público, pelo prazo de quinze dias, e, após, apresentá-lo-á em mesa para julgamento.

► *Caput* com a redação dada pela ER nº 1, de 23-5-1991.

§ 1º Da decisão será dada ciência, antes mesmo da lavratura do acórdão, por via telegráfica, aos órgãos envolvidos no conflito.

§ 2º No caso de conflito entre relatores ou Turmas integrantes de Seções diversas, ou entre estas, feita a distribuição, proceder-se-á, no que couber, na forma estabelecida no presente capítulo.

TÍTULO VI – DA DECLARAÇÃO DE INCONSTITUCIONALIDADE DE LEI OU DE ATO NORMATIVO DO PODER PÚBLICO

Art. 199. Se, por ocasião do julgamento perante a Corte Especial, for arguida a inconstitucionalidade de lei ou ato normativo do poder público, suspender-se-á o julgamento, a fim de ser tomado o parecer do Ministério Público, no prazo de quinze dias.

§ 1º Devolvidos os autos e lançado o relatório, serão eles encaminhados ao Presidente da Corte Especial para designar a sessão de julgamento. A Secretaria distribuirá cópias autenticadas do relatório aos Ministros.

§ 2º Proclamar-se-á a inconstitucionalidade ou a constitucionalidade do preceito ou ato impugnado, se num ou noutro sentido se tiver manifestado a maioria absoluta dos membros da Corte Especial.

§ 3º Se não for alcançada a maioria absoluta necessária à declaração de inconstitucionalidade, estando ausentes Ministros em número que possa influir no julgamento, este será suspenso, a fim de aguardar-se o comparecimento dos Ministros ausentes, até que se atinja o *quorum*; não atingido, desta forma, o *quorum*, será convocado Ministro não integrante da Corte, observada a ordem de antiguidade (artigo 162, § 3º).

§ 4º Cópia do acórdão será, no prazo para sua publicação, remetida à Comissão de Jurisprudência que, após registrá-lo, ordenará a sua publicação na Revisa do Tribunal.

Art. 200. A Seção ou a Turma remeterá o feito ao julgamento da Corte Especial quando a maioria acolher arguição de inconstitucionalidade por ela ainda não decidida.

§ 1º Acolhida a arguição, será publicado o acórdão, ouvido, em seguida, o representante do Ministério Público, em quinze dias.

§ 2º Devolvidos os autos, observar-se-á o disposto nos §§ 1º e 3º do artigo anterior.

§ 3º O relator, ainda que não integre a Corte Especial, dela participará no julgamento do incidente, excluindo-se o Ministro mais moderno.

TÍTULO VII – DAS GARANTIAS CONSTITUCIONAIS

CAPÍTULO I
DO *HABEAS CORPUS*

Art. 201. O relator requisitará informações do apontado coator, no prazo que fixar, podendo, ainda:

I – nomear advogado para acompanhar e defender oralmente o pedido, se o impetrante não for bacharel em Direito;

II – ordenar diligências necessárias a instrução do pedido;

III – se convier ouvir o paciente, determinar sua apresentação à sessão do julgamento;

IV – no *habeas corpus* preventivo, expedir salvo-conduto em favor do paciente, até decisão do feito, se houver grave risco de consumar-se a violência.

Art. 202. Instruído o processo e ouvido o Ministério Público em dois dias, o relator o colocará em mesa para julgamento, na primeira sessão da Turma, da Seção ou da Corte Especial, ou, se a matéria for objeto de jurisprudência consolidada do Superior Tribunal de Justiça ou do Supremo Tribunal Federal, poderá decidir monocraticamente.

► *Caput* com a redação dada pela ER nº 16, de 19-11-2014.

§ 1º Opondo-se o paciente, não se conhecerá do pedido.

§ 2º Às comunicações de prisão aplicam-se o procedimento previsto neste artigo e, no que couber, as disposições do presente capítulo.

Art. 203. O Tribunal poderá, de ofício:

I – se convier ouvir o paciente, determinar sua apresentação à sessão de julgamento;

II – expedir ordem de *habeas corpus*, quando, no curso de qualquer processo, verificar que alguém sofre ou está na iminência de sofrer coação ilegal.

Art. 204. A decisão concessiva de *habeas corpus* será imediatamente comunicada às autoridades a quem couber cumpri-la, sem prejuízo da remessa de cópia do acórdão.

§ 1º A comunicação, mediante ofício ou telegrama, bem como o salvo-conduto, em caso de ameaça de violência ou coação, serão firmados pelo Presidente do órgão julgador que tiver concedido a ordem.

§ 2º Na hipótese de anulação do processo, poderá o Tribunal ou o juiz aguardar o recebimento da cópia do acórdão para o efeito de renovação dos atos processuais.

Art. 205. Ordenada a soltura do paciente, em virtude de *habeas corpus*, a autoridade que, por má-fé ou evidente abuso de poder, tiver determinado a coação, será condenada nas custas, remetendo-se ao Ministério Público traslado das peças necessárias à propositura da ação penal.

Art. 206. O carcereiro ou o diretor da prisão, o escrivão, o oficial de Justiça ou a autoridade judiciária, policial ou militar, que embaraçarem ou procrastinarem o encaminhamento do pedido de *habeas corpus*, ou as informações sobre a causa da violência, coação ou ameaça, serão multados na forma da legislação processual vigente, sem prejuízo de outras sanções penais ou administrativas.

Art. 207. Havendo desobediência ou retardamento abusivo no cumprimento da ordem de *habeas corpus*, de parte do detentor ou carcereiro, o Presidente do Tribunal, Seção ou da Turma expedirá mandado contra o desobediente e oficiará ao Ministério Público, a fim de que promova a ação penal.

Parágrafo único. Na hipótese deste artigo, a Seção, a Turma ou respectivo Presidente tomará as providências necessárias ao cumprimento da decisão, com emprego dos meios legais cabíveis, e determinará, se necessário, a apresentação do paciente ao relator ou ao juiz por ele designado.

Art. 208. As fianças que tiverem de ser prestadas perante o Tribunal serão processadas e julgadas pelo relator, a menos que este delegue essa atribuição a outro magistrado.

Art. 209. Se, pendente o processo de *habeas corpus*, cessar a violência ou coação, julgar-se-á prejudicado o pedido, podendo, porém, o Tribunal declarar a ilegalidade do ato e tomar as providências cabíveis para punição do responsável.

Art. 210. Quando o pedido for manifestamente incabível, ou for manifesta a incompetência do Tribunal para dele tomar conhecimento originariamente, ou for reiteração de outro com os mesmos fundamentos, o relator o indeferirá liminarmente.

CAPÍTULO II
DO MANDADO DE SEGURANÇA

Art. 211. O mandado de segurança, de competência originária do Tribunal, terá seu processo iniciado por petição em duplicata que preencherá os requisitos legais e conterá a indicação precisa da autoridade a quem se atribua o ato impugnado.

§ 1º A segunda via da inicial será instruída com cópias de todos os documentos, autenticadas pelo requerente e conferidas pela Secretaria do Tribunal.

§ 2º Se o requerente afirmar que o documento necessário à prova de suas alegações se acha em repartição ou estabelecimento público, ou em poder de autoridade que lhe recuse certidão, o relator requisitará, preliminarmente, por ofício, a exibição do documento, em original ou cópia autenticada, no prazo de dez dias. Se a autoridade indicada pelo requerente for a coatora, a requisição se fará no próprio instrumento da notificação.

§ 3º Nos casos do parágrafo anterior, a Secretaria do Tribunal mandará extrair tantas cópias do documento quantas se tornarem necessárias à instrução do processo.

Art. 212. Se for manifesta a incompetência do Tribunal, ou manifestamente incabível a segurança, ou se a petição inicial não atender aos requisitos legais, ou excedido o prazo estabelecido no artigo 18, da Lei nº 1.533, de 1951, poderá o relator indeferir, desde logo, o pedido.

► A Lei nº 1.533, de 31-12-1951, foi revogada pela Lei nº 12.016, de 7-8-2009 (Lei do Mandado de Segurança Individual e Coletivo).

Art. 213. Ao despachar a inicial, o relator mandará ouvir a autoridade apontada coatora, mediante ofício, acompanhado da segunda via da petição, instruída com as cópias dos documentos, a fim de que preste informações, no prazo de dez dias.

§ 1º Se o relator entender relevante o fundamento do pedido, e do ato impugnado puder resultar a ineficácia da medida, caso deferida, ordenará a respectiva suspensão liminar até o julgamento.

§ 2º Havendo litisconsortes, a citação far-se-á, também, mediante ofício, para o que serão apresentadas tantas cópias quantos forem os citados. O ofício será remetido pelo correio, através de carta registrada, com aviso de recepção, a fim de ser juntado aos autos.

§ 3º A Secretaria juntará aos autos cópia autenticada do ofício e prova de sua remessa ao destinatário.

Art. 214. Transcorrido o prazo de dez dias do pedido de informações, com ou sem estas, serão os outros encaminhados ao Ministério Público que emitirá parecer no prazo de cinco dias.

Parágrafo único. Devolvidos os autos, o relator, em cinco dias, pedirá dia para julgamento, ou, se a matéria for objeto de jurisprudência consolidada do Superior Tribunal de Justiça ou do Supremo Tribunal Federal, poderá decidir monocraticamente.

► Parágrafo único com a redação dada pela ER nº 16, de 19-11-2014.

Art. 215. Os processos de mandado de segurança terão prioridade sobre todos os feitos, salvo *habeas corpus*.

CAPÍTULO III
DO MANDADO DE INJUNÇÃO E DO *HABEAS DATA*

Art. 216. No mandado de injunção e no *habeas data*, serão observadas as normas da legislação de regência. Enquanto estas não forem promulgadas, observar-se-ão, no que couber, o Código de Processo Civil e a Lei nº 1.533, de 31 de dezembro de 1951.

► A Lei nº 1.533, de 31-12-1951, foi revogada pela Lei nº 12.016, de 7-8-2009 (Lei do Mandado de Segurança Individual e Coletivo).

TÍTULO VII-A – DOS PROCESSOS ORIUNDOS DE ESTADOS ESTRANGEIROS

► Título VII-A acrescido pela ER nº 18, de 17-12-2014.

CAPÍTULO I
DA HOMOLOGAÇÃO DE DECISÃO ESTRANGEIRA

► Capítulo com a denominação dada pela ER nº 24, de 28-9-2016.

Art. 216-A. É atribuição do Presidente do Tribunal homologar decisão estrangeira, ressalvado o disposto no art. 216-K.

► *Caput* com a redação dada pela ER nº 24, de 28-9-2016.

§ 1º Serão homologados os provimentos não judiciais que, pela lei brasileira, tiverem natureza de sentença.

► § 1º acrescido pela ER nº 18, de 17-12-2014.

§ 2º As decisões estrangeiras poderão ser homologadas parcialmente.

► § 2º com a redação dada pela ER nº 24, de 28-9-2016.

Art. 216-B. A decisão estrangeira não terá eficácia no Brasil sem a prévia homologação do Superior Tribunal de Justiça.

Art. 216-C. A homologação da decisão estrangeira será proposta pela parte requerente, devendo a petição inicial conter os requisitos indicados na lei processual, bem como os previstos no art. 216-D, e ser instruída com o original ou cópia autenticada da decisão homologanda e de outros documentos indispensáveis, devidamente traduzidos por tradutor oficial ou juramentado no Brasil e chancelados pela autoridade consular brasileira competente, quando for o caso.

► Arts. 216-B e 216-C com a redação dada pela ER nº 24, de 28-9-2016.

Art. 216-D. A decisão estrangeira deverá:

► *Caput* com a redação dada pela ER nº 24, de 28-9-2016.

I – ter sido proferida por autoridade competente;

II – conter elementos que comprovem terem sido as partes regularmente citadas ou ter sido legalmente verificada a revelia;

III – ter transitado em julgado.

► Incisos I a III acrescidos pela ER nº 18, de 17-12-2014.

Art. 216-E. Se a petição inicial não preencher os requisitos exigidos nos artigos anteriores ou apresentar defeitos ou irregularidades que dificultem o julgamento do mérito, o Presidente assinará prazo razoável para que o requerente a emende ou complete.

Parágrafo único. Após a intimação, se o requerente ou o seu procurador não promover, no prazo assinalado, ato ou diligência que lhe for determinada no curso do processo, será este arquivado pelo Presidente.

► Art. 216-E acrescido pela ER nº 18, de 17-12-2014.

Art. 216-F. Não será homologada a decisão estrangeira que ofender a soberania nacional, a dignidade da pessoa humana e/ou a ordem pública.

Art. 216-G. Admitir-se-á a tutela provisória nos procedimentos de homologação de decisão estrangeira.

► Arts. 216-F e 216-G com a redação dada pela ER nº 24, de 28-9-2016.

Art. 216-H. A parte interessada será citada para, no prazo de quinze dias, contestar o pedido.

Parágrafo único. A defesa somente poderá versar sobre a inteligência da decisão alienígena e a observância dos requisitos indicados nos arts. 216-C, 216-D e 216-F.

Art. 216-I. Revel ou incapaz o requerido, dar-se-lhe-á curador especial, que será pessoalmente notificado.

Art. 216-J. Apresentada contestação, serão admitidas réplica e tréplica em cinco dias.

Art. 216-K. Contestado o pedido, o processo será distribuído para julgamento pela Corte Especial, cabendo ao relator os demais atos relativos ao andamento e à instrução do processo.

Parágrafo único. O relator poderá decidir monocraticamente nas hipóteses em que já houver jurisprudência consolidada da Corte Especial a respeito do tema.

► Arts. 216-H a 216-K acrescidos pela ER nº 18, de 17-12-2014.

Art. 216-L. O Ministério Público terá vista dos autos pelo prazo de quinze dias, podendo impugnar o pedido.

► Artigo com a redação dada pela ER nº 24, de 28-9-2016.

Art. 216-M. Das decisões do Presidente ou do relator caberá agravo.

► Artigo acrescido pela ER nº 18, de 17-12-2014.

Art. 216-N. A decisão estrangeira homologada será executada por carta de sentença no Juízo Federal competente.

► Artigo com a redação dada pela ER nº 24, de 28-9-2016.

CAPÍTULO II
DA CONCESSÃO DE *EXEQUATUR* A CARTAS ROGATÓRIAS

► Capítulo II acrescido pela ER nº 18, de 17-12-2014.

Art. 216-O. É atribuição do Presidente conceder *exequatur* a cartas rogatórias, ressalvado o disposto no art. 216-T.

§ 1º Será concedido *exequatur* à carta rogatória que tiver por objeto atos decisórios ou não decisórios.

§ 2º Os pedidos de cooperação jurídica internacional que tiverem por objeto atos que não ensejem juízo deliberatório do Superior Tribunal de Justiça, ainda que denominados de carta rogatória, serão encaminhados ou devolvidos ao Ministério da Justiça para as providências necessárias ao cumprimento por auxílio direto.

Art. 216-P. Não será concedido *exequatur* à carta rogatória que ofender a soberania nacional, a dignidade da pessoa humana e/ou a ordem pública.

Art. 216-Q. A parte requerida será intimada para, no prazo de quinze dias, impugnar o pedido de concessão do *exequatur*.

§ 1º A medida solicitada por carta rogatória poderá ser realizada sem ouvir a parte requerida, quando sua intimação prévia puder resultar na ineficiência da cooperação internacional.

§ 2º No processo de concessão do *exequatur*, a defesa somente poderá versar sobre a autenticidade dos documentos, a inteligência da decisão e a observância dos requisitos previstos neste Regimento.

Art. 216-R. Revel ou incapaz a parte requerida, dar-se-lhe-á curador especial.

Art. 216-S. O Ministério Público terá vista dos autos nas cartas rogatórias pelo prazo de quinze dias, podendo impugnar o pedido de concessão do *exequatur*.

► Artigo com a redação dada pela ER nº 24, de 28-9-2016.

Art. 216-T. Havendo impugnação ao pedido de concessão de *exequatur* a carta rogatória de ato decisório, o Presidente poderá determinar a distribuição dos autos do processo para julgamento pela Corte Especial.

Art. 216-U. Das decisões do Presidente ou do relator na concessão de *exequatur* a carta rogatória caberá agravo.

Art. 216-V. Após a concessão do *exequatur*, a carta rogatória será remetida ao Juízo Federal competente para cumprimento.

§ 1º Das decisões proferidas pelo Juiz Federal competente no cumprimento da carta rogatória caberão embargos, que poderão ser opostos pela parte interessada ou pelo Ministério Público Federal no prazo de dez dias, julgando-os o Presidente deste Tribunal.

§ 2º Os embargos de que trata o parágrafo anterior poderão versar sobre qualquer ato referente ao cumprimento da carta rogatória, exceto sobre a própria concessão da medida ou o seu mérito.

Art. 216-W. Da decisão que julgar os embargos cabe agravo.

Parágrafo único. O Presidente ou o relator do agravo, quando possível, poderá ordenar diretamente o atendimento à medida solicitada.

Art. 216-X. Cumprida a carta rogatória ou verificada a impossibilidade de seu cumprimento, será devolvida ao Presidente deste Tribunal no prazo de dez dias, e ele a remeterá, em igual prazo, por meio do Ministério da Justiça ou do Ministério das Relações Exteriores, à autoridade estrangeira de origem.

► Arts. 216-O a 216-X acrescidos pela ER nº 18, de 17-12-2014.

TÍTULO VIII – DAS AÇÕES ORIGINÁRIAS

CAPÍTULO I

DA AÇÃO PENAL ORIGINÁRIA

Art. 217. Nos crimes de ação penal pública, o Ministério Público terá o prazo de quinze dias para oferecer denúncia ou pedir arquivamento do inquérito ou das peças informativas.

§ 1º Diligências complementares poderão ser deferidas pelo relator, com interrupção do prazo deste artigo.

§ 2º Se o indiciado estiver preso:

a) o prazo para oferecimento da denúncia será de cinco dias;

b) as diligências complementares não interromperão o prazo, salvo se o relator, ao deferi-las, determinar o relaxamento da prisão.

Art. 218. O relator será o juiz da instrução, que se realizará segundo o disposto neste capítulo, no Código de Processo Penal, no que for aplicável, e neste Regimento Interno.

Parágrafo único. O relator terá as atribuições que a legislação penal confere aos juízes singulares, podendo submeter diretamente à decisão do órgão colegiado competente as questões surgidas durante a instrução.

► Parágrafo único com a redação dada pela ER nº 2, de 4-6-1992.

Art. 219. Competirá ao relator:

I – determinar o arquivamento do inquérito ou das peças informativas, quando o requerer o Ministério Público, ou submeter o requerimento à decisão da Corte Especial;

II – decretar a extinção da punibilidade nos casos previstos em lei.

Art. 220. Apresentada a denúncia ou a queixa ao Tribunal, far-se-á a notificação do acusado para oferecer resposta no prazo de quinze dias.

§ 1º Com a notificação, serão entregues ao acusado cópia da denúncia ou da queixa, do despacho do relator e dos documentos por este indicados.

§ 2º Se desconhecido o paradeiro do acusado, ou se este criar dificuldades para que o oficial cumpra a diligência, proceder-se-á a sua notificação por edital, contendo o teor resumido da acusação, para que compareça ao Tribunal, em cinco dias, onde terá vista dos autos pelo prazo de quinze dias, a fim de apresentar a resposta prevista neste artigo.

Art. 221. Se, com a resposta, forem apresentados novos documentos, será intimada a parte contrária para sobre eles se manifestar no prazo de cinco dias.

Parágrafo único. Na ação penal de iniciativa privada, será ouvido, em igual prazo, o Ministério Público.

Art. 222. A seguir, o relator pedirá dia para que a Corte Especial delibere sobre o recebimento ou a rejeição da denúncia ou da queixa, ou sobre a improcedência da acusação, se a decisão não depender de outras provas.

§ 1º No julgamento de que trata este artigo, será facultada sustentação oral pelo prazo de quinze minutos, primeiro à acusação, depois à defesa.

§ 2º Encerrados os debates, a Corte Especial passará a deliberar, determinando o Presidente as pessoas que poderão permanecer no recinto, observado o disposto no artigo 229, VI.

Art. 223. Recebida a denúncia ou a queixa, o relator designará dia e hora para o interrogatório, mandando citar o acusado ou querelado, e intimar o órgão do Ministério Público, bem como o querelante ou o assistente, se for o caso.

Art. 224. O prazo para defesa prévia será de cinco dias, contado do interrogatório ou da intimação do defensor dativo.

Art. 225. A instrução obedecerá, no que couber, ao procedimento comum do Código de Processo Penal.

§ 1º O relator poderá delegar a realização do interrogatório ou de outro ato da instrução a juiz ou membro de Tribunal do local de cumprimento da carta de ordem.

§ 2º Por expressa determinação do relator, as intimações poderão ser feitas por carta registrada com aviso de recebimento.

Art. 226. Concluída a inquirição de testemunhas, serão intimadas a acusação e a defesa, para requerimento de diligências no prazo de cinco dias.

Art. 227. Realizadas as diligências ou não sendo estas requeridas nem determinadas pelo relator, serão intimadas a acusação e a defesa para, sucessivamente, apresentarem, no prazo de quinze dias, alegações escritas.

§ 1º Será comum o prazo do acusador e do assistente, bem como o dos corréus.

§ 2º Na ação penal de iniciativa privada, o Ministério Público terá vista, por igual prazo, após as alegações das partes.

§ 3º O relator poderá, após as alegações escritas, determinar, de ofício, a realização de provas reputadas imprescindíveis para o julgamento da causa.

Art. 228. Finda a instrução, o relator dará vista do processo às partes, pelo prazo de cinco dias, para requererem o que considerarem conveniente apresentar na sessão de julgamento.

§ 1º O relator apreciará e decidirá esses requerimentos para, em seguida, lançando relatório nos autos, encaminhá-los ao revisor, que pedirá dia para o julgamento.

§ 2º Ao designar a sessão de julgamento, o Presidente determinará a intimação das partes e das testemunhas cujos depoimentos o relator tenha deferido.

§ 3º A Secretaria expedirá cópias do relatório e fará sua distribuição aos Ministros.

Art. 229. Na sessão de julgamento, observar-se-á o seguinte:

I – a Corte Especial reunir-se-á com a presença de pelo menos dois terços de seus membros, excluído o Presidente;

II – aberta a sessão, apregoadas as partes e as testemunhas arroladas e admitidas, lançado o querelante que deixar de comparecer (Código de Processo Civil, artigo 29) e, salvo o caso do artigo 60, III, do Código de Processo Penal, proceder-se-á às demais diligências preliminares;

► Refere-se ao CPC/1973.

III – a seguir, o relator apresentará relatório do feito, resumindo as principais peças dos autos e a prova produzida. Se algum dos Ministros solicitar a leitura integral dos autos ou de partes deles, o relator poderá ordenar seja ela efetuada pelo Secretário;

IV – o relator passará a inquirir as testemunhas cujos depoimentos tenha deferido, podendo reperguntá-las os outros Ministros, o órgão do Ministério Público e as partes;

V – findas as inquirições e efetuadas as diligências que o relator ou Tribunal houver determinado, o Presidente dará a palavra, sucessivamente, ao querelante, se houver, ao órgão do Ministério Público e ao acusado, ou ao seu defensor, para sustentação oral, podendo cada um ocupar a tribuna durante uma hora, assegurado ao assistente um quarto do tempo da acusação;

VI – encerrados os debates, a Corte Especial passará a proferir o julgamento, podendo o Presidente limitar a presença no recinto às partes e aos seus advogados, ou somente a estes, se o interesse público o exigir.

Art. 230. O julgamento efetuar-se-á em uma ou mais sessões, a critério do Tribunal, observado, no que for aplicável, o disposto no Título XII do Livro I, do Código de Processo Penal (artigos 381 a 393 do Código de Processo Penal).

► O art. 393 do CPP foi revogado pela Lei nº 12.403, de 4-5-2011.

Art. 231. O acórdão será lavrado pelo relator e, se vencido este, pelo Ministro que for designado (artigo 52, II).

► Artigo com a redação dada pela ER nº 1, de 23-5-1991.

Art. 232. Nos casos em que somente se procede mediante queixa, considerar-se-á perempta a ação penal quando o querelante deixar de comparecer, sem motivo justificado, a qualquer ato a que deva estar presente, ou deixar de formular o pedido de condenação nas alegações finais, tudo na forma da lei processual.

CAPÍTULO II
DA AÇÃO RESCISÓRIA

Art. 233. A ação rescisória terá início por petição escrita, acompanhada de tantas cópias quantos forem os réus.

Art. 234. Distribuída a inicial, preenchendo esta os requisitos legais (Código de Processo Civil, arts. 319, 320, 330, 332 e 968), o relator mandará citar o réu, assinando-lhe prazo nunca inferior a quinze dias nem superior a trinta, para responder aos termos da ação.

► Artigo com a redação dada pela ER nº 22, de 16-3-2016.

Art. 235. Contestada a ação, ou transcorrido o prazo, o relator fará o saneamento do processo, deliberando sobre as provas requeridas.

Art. 236. O relator poderá delegar competência a juiz ou a membro de outro Tribunal do local onde deva ser produzida a prova, fixando prazo para a devolução dos autos.

Art. 237. Concluída a instrução, o relator abrirá vista, sucessivamente, ao autor e ao réu pelo prazo de dez dias, para razões finais, cabendo ao representante do Ministério Público emitir parecer após o prazo para as razões finais do autor e do réu; em seguida, o relator pedirá dia para julgamento.

► *Caput* com a redação dada pela ER nº 24, de 28-9-2016.

Parágrafo único. A Secretaria, ao ser incluído o feito em pauta, expedirá cópias autenticadas do relatório e as distribuirá entre os Ministros que compuserem o órgão do Tribunal competente para o julgamento.

Art. 238. A escolha de relator recairá, sempre que possível, em Ministro que não haja participado do julgamento rescindendo.

► Artigo com a redação dada pela ER nº 24, de 28-9-2016.

CAPÍTULO III
DA REVISÃO CRIMINAL

Art. 239. À Corte Especial caberá a revisão de decisões criminais que tiver proferido, e à Seção, das decisões suas e das Turmas.

Art. 240. No caso do inciso I, primeira parte, do artigo 621 do Código de Processo Penal, caberá a revisão, pelo Tribunal, do processo em que a condenação tiver sido por ele proferida ou mantida no julgamento de recurso especial, se seu fundamento coincidir com a questão federal apreciada.

Art. 241. A revisão terá início por uma petição instruída com a certidão de haver passado em julgado a decisão condenatória e com as peças necessárias à comprovação dos fatos arguidos, e será processada e julgada na forma da lei processual.

Art. 242. Dirigida ao Presidente, será a petição distribuída, quando possível, a um relator que não haja participado do julgamento objeto da revisão.

§ 1º O relator poderá determinar que se apensem os autos originais, se daí não advier dificuldade à execução normal da sentença.

§ 2º Não estando a petição suficientemente instruída, e julgando o relator inconveniente ao interesse da Justiça que se apensem os autos originais, este a indeferirá liminarmente.

Art. 243. Se a petição for recebida, será ouvido o Ministério Público, que dará parecer no prazo de dez dias. Em seguida, o relator, lançando relatório, passará os autos ao revisor, que pedirá dia para julgamento.

Parágrafo único. A Secretaria expedirá cópias do relatório e fará a sua distribuição aos Ministros.

TÍTULO IX – DOS RECURSOS

CAPÍTULO I
DOS RECURSOS ORDINÁRIOS

Seção I
DO RECURSO ORDINÁRIO EM *HABEAS CORPUS*

Art. 244. O recurso ordinário em *habeas corpus* será interposto na forma e no prazo estabelecidos na legislação processual vigente.

Art. 245. Distribuído o recurso, a Secretaria fará os autos com vista ao Ministério Público pelo prazo de dois dias.

Parágrafo único. Conclusos os autos ao relator, este submeterá o feito a julgamento na primeira sessão que se seguir à data da conclusão.

Art. 246. Será aplicado, no que couber, ao processo e julgamento do recurso, o disposto com relação ao pedido originário de *habeas corpus* (artigos 201 e seguintes).

Seção II
DO RECURSO ORDINÁRIO EM MANDADO DE SEGURANÇA

Art. 247. Aplicam-se ao recurso ordinário em mandado de segurança, quanto aos requisitos de admissibilidade e ao procedimento no Tribunal recorrido, as regras do art. 1.028 do Código de Processo Civil.

► Artigo com a redação dada pela ER nº 22, de 16-3-2016.

Art. 248. Distribuído o recurso, a Secretaria fará os autos com vista ao Ministério Público pelo prazo de cinco dias.

Parágrafo único. Conclusos os autos ao relator, este pedirá dia para julgamento.

Seção III

DO RECURSO ORDINÁRIO EM PROCESSOS EM QUE FOR PARTE ESTADO ESTRANGEIRO

▸ Denominação da Seção III com a redação dada pela ER nº 22, de 16-3-2016.

Art. 249. Aplicam-se ao recurso ordinário, quanto aos requisitos de admissibilidade e ao procedimento no Juízo de origem, as normas do Código de Processo Civil relativas à apelação, no que couber.

▸ Artigo com a redação dada pela ER nº 22, de 16-3-2016.

Art. 250. Distribuído o recurso ordinário, será aberta vista ao Ministério Público pelo prazo de vinte dias.

▸ *Caput* com a redação dada pela ER nº 22, de 16-3-2016.

Parágrafo único. Conclusos os autos ao relator, este pedirá dia para julgamento.

Art. 251. O recurso ordinário não será incluído em pauta antes do agravo de instrumento interposto do mesmo processo.

▸ Artigo com a redação dada pela ER nº 22, de 16-3-2016.

Art. 252. *Revogado.* ER nº 22, de 16-3-2016.

Seção IV

DO AGRAVO EM RECURSO ESPECIAL

▸ Denominação da Seção IV com a redação dada pela ER nº 16, de 19-11-2014.

Art. 253. O agravo interposto de decisão que não admitiu o recurso especial obedecerá, no Tribunal de origem, às normas da legislação processual vigente.

▸ *Caput* com a redação dada pela ER nº 16, de 19-11-2014.

Parágrafo único. Distribuído o agravo e ouvido, se necessário, o Ministério Público no prazo de cinco dias, o relator poderá:

▸ *Caput* do parágrafo único com a redação dada pela ER nº 16, de 19-11-2014.

I – não conhecer do agravo inadmissível, prejudicado ou daquele que não tenha impugnado especificamente todos os fundamentos da decisão recorrida;

▸ Inciso I com a redação dada pela ER nº 22, de 16-3-2016.

II – conhecer do agravo para:

▸ *Caput* do inciso II com a redação dada pela ER nº 22, de 16-3-2016.

a) não conhecer do recurso especial inadmissível, prejudicado ou daquele que não tenha impugnado especificamente todos os fundamentos da decisão recorrida;

b) negar provimento ao recurso especial que for contrário a tese fixada em julgamento de recurso repetitivo ou de repercussão geral, a entendimento firmado em incidente de assunção de competência, a súmula do Supremo Tribunal Federal ou do Superior Tribunal de Justiça ou, ainda, a jurisprudência dominante acerca do tema;

c) dar provimento ao recurso especial se o acórdão recorrido for contrário a tese fixada em julgamento de recurso repetitivo ou de repercussão geral, a entendimento firmado em incidente de assunção de competência, a súmula do Supremo Tribunal Federal ou do Superior Tribunal de Justiça ou, ainda, a jurisprudência dominante acerca do tema.

▸ Alíneas *a* a *c* com a redação dada pela ER nº 22, de 16-3-2016.

d) determinar sua autuação como recurso especial quando não verificada qualquer das hipóteses previstas nas alíneas *b* e *c*, observando-se, daí em diante, o procedimento relativo a esse recurso.

▸ Alínea *d* com a redação dada pela ER nº 16, de 19-11-2014.

Seção V

DO AGRAVO DE INSTRUMENTO

▸ Seção V acrescida pela ER nº 16, de 19-11-2014.

Art. 254. O agravo interposto de decisão interlocutória nas causas em que forem partes Estado estrangeiro ou organismo internacional de um lado e, do outro, Município ou pessoa residente ou domiciliada no País seguirá o disposto na legislação processual em vigor.

▸ Artigo com a redação dada pela ER nº 16, de 19-11-2014.

CAPÍTULO II

DO RECURSO ESPECIAL

Art. 255. O recurso especial será interposto na forma e no prazo estabelecido na legislação processual vigente e recebido no efeito devolutivo, salvo quando interposto do julgamento de mérito do incidente de resolução de demandas repetitivas, hipótese em que terá efeito suspensivo.

▸ *Caput* com a redação dada pela ER nº 22, de 16-3-2016.

§ 1º Quando o recurso fundar-se em dissídio jurisprudencial, o recorrente fará a prova da divergência com a certidão, cópia ou citação do repositório de jurisprudência, oficial ou credenciado, inclusive em mídia eletrônica, em que houver sido publicado o acórdão divergente, ou ainda com a reprodução de julgado disponível na internet, com indicação da respectiva fonte, devendo-se, em qualquer caso, mencionar as circunstâncias que identifiquem ou assemelhem os casos confrontados.

▸ § 1º com a redação dada pela ER nº 22, de 16-3-2016.

§ 2º *Revogado.* ER nº 22, de 16-3-2016.

§ 3º São repositórios oficiais de jurisprudência, para o fim do § 1º deste artigo, a Revista Trimestral de Jurisprudência do Supremo Tribunal Federal, a Revista do Superior Tribunal de Justiça e a Revista do Tribunal Federal de Recursos e, autorizados ou credenciados, os habilitados na forma do art. 134 e seu parágrafo único deste Regimento.

▸ § 3º com a redação dada pela ER nº 22, de 16-3-2016.

§ 4º Distribuído o recurso, o relator, após vista ao Ministério Público, se necessário, pelo prazo de vinte dias, poderá:

I – não conhecer do recurso especial inadmissível, prejudicado ou que não tiver impugnado especificamente os fundamentos da decisão recorrida;

II – negar provimento ao recurso especial que for contrário a tese fixada em julgamento de recurso repetitivo ou de repercussão geral, a entendimento firmado em incidente de assunção de competência, ou, ainda, a súmula ou jurisprudência consolidada do Supremo Tribunal Federal ou do Superior Tribunal de Justiça;

III – dar provimento ao recurso especial após vista ao recorrido, se o acórdão recorrido for contrário a tese fixada em julgamento de recurso repetitivo ou de repercussão geral, a entendimento firmado em incidente de assunção de competência ou, ainda, a súmula ou jurisprudência consolidada do Supremo Tribunal Federal ou do Superior Tribunal de Justiça.

▸ § 4º com a redação dada pela ER nº 24, de 28-9-2016.

§ 5º No julgamento do recurso especial, verificar-se-á, preliminarmente, se o recurso é cabível. Decidida a preliminar pela negativa, a Turma não conhecerá do recurso; se pela afirmativa, julgará a causa, aplicando o direito à espécie, com observância da regra prevista no art. 10 do Código de Processo Civil.

§ 6º Julgado o recurso especial criminal, a decisão favorável ao réu preso será imediatamente comunicada às autoridades a quem couber cumpri-la, sem prejuízo da remessa de cópia do acórdão.

► §§ 5º e 6º acrescidos pela ER nº 24, de 28-9-2016.

CAPÍTULO II-A
DO RECURSO ESPECIAL REPETITIVO

► Capítulo II-A acrescido pela ER nº 24, de 28-9-2016.

SEÇÃO I
DO RECURSO ESPECIAL REPRESENTATIVO DA CONTROVÉRSIA

► Seção I acrescida pela ER nº 24, de 28-9-2016.

Art. 256. Havendo multiplicidade de recursos especiais com fundamento em idêntica questão de direito, caberá ao presidente ou ao vice-presidente dos Tribunais de origem (Tribunal de Justiça ou Tribunal Regional Federal), conforme o caso, admitir dois ou mais recursos especiais representativos da controvérsia, que serão encaminhados ao Superior Tribunal de Justiça, ficando os demais processos, individuais ou coletivos, suspensos até o pronunciamento do STJ.

► *Caput* com a redação dada pela ER nº 24, de 28-9-2016.

§ 1º Os recursos especiais representativos da controvérsia serão selecionados pelo Tribunal de origem, que deverá levar em consideração o preenchimento dos requisitos de admissibilidade e, preferencialmente:

I – a maior diversidade de fundamentos constantes do acórdão e dos argumentos no recurso especial;

II – a questão de mérito que puder tornar prejudicadas outras questões suscitadas no recurso;

III – a divergência, se existente, entre órgãos julgadores do Tribunal de origem, caso em que deverá ser observada a representação de todas as teses em confronto.

§ 2º O Tribunal de origem, no juízo de admissibilidade:

I – delimitará a questão de direito a ser processada e julgada sob o rito do recurso especial repetitivo, com a indicação dos respectivos códigos de assuntos da Tabela Processual Unificada do Conselho Nacional de Justiça;

II – informará, objetivamente, a situação fática específica na qual surgiu a controvérsia;

III – indicará, precisamente, os dispositivos legais em que se fundou o acórdão recorrido;

IV – informará a quantidade de processos que ficarão suspensos na origem com a mesma questão de direito em tramitação no STJ;

V – informará se outros recursos especiais representativos da mesma controvérsia estão sendo remetidos conjuntamente, destacando, na decisão de admissibilidade de cada um deles, os números dos demais;

VI – explicitará, na parte dispositiva, que o recurso especial foi admitido como representativo da controvérsia.

► §§ 1º e 2º acrescidos pela ER nº 24, de 28-9-2016.

Art. 256-A. No Superior Tribunal de Justiça, os recursos especiais encaminhados pelos Tribunais de origem como representativos da controvérsia deverão receber identificação própria no sistema informatizado e, após as etapas de autuação e classificação, ser registrados ao Presidente do STJ.

Art. 256-B. Compete ao Presidente do STJ:

I – oficiar ao presidente ou ao vice-presidente do Tribunal de origem, conforme o caso, para complementar informações do recurso especial representativo da controvérsia;

II – abrir vista dos autos ao Ministério Público Federal para que, no prazo improrrogável de quinze dias, manifeste-se exclusivamente a respeito dos pressupostos de admissibilidade do recurso especial como representativo da controvérsia.

Art. 256-C. Com ou sem o parecer do Ministério Público Federal, o processo será concluso ao Presidente do STJ para que, no prazo de vinte dias, em despacho irrecorrível, decida se o recurso especial representativo da controvérsia preenche os requisitos do art. 256 deste Regimento.

Art. 256-D. Caso o Presidente do STJ admita o recurso especial, determinará a distribuição dos autos nos seguintes termos:

I – por dependência, para os recursos especiais representativos da controvérsia que contiverem a mesma questão de direito;

II – de forma livre, mediante sorteio automático, para as demais hipóteses.

Parágrafo único. O Superior Tribunal de Justiça manterá, em sua página na internet, em destaque, relação dos recursos especiais representativos da controvérsia aptos, com a respectiva descrição da questão de direito e com o número sequencial correspondente à controvérsia.

Art. 256-E. Compete ao relator do recurso especial representativo da controvérsia, no prazo máximo de sessenta dias úteis a contar da data de conclusão do processo, reexaminar a admissibilidade do recurso representativo da controvérsia a fim de:

I – rejeitar, de forma fundamentada, a indicação do recurso especial como representativo da controvérsia devido à ausência dos pressupostos recursais genéricos ou específicos e ao não cumprimento dos requisitos regimentais, observado o disposto no art. 256-F deste Regimento;

II – propor à Corte Especial ou à Seção a afetação do recurso especial representativo da controvérsia para julgamento sob o rito dos recursos repetitivos, nos termos do Código de Processo Civil e da Seção II deste Capítulo.

Art. 256-F. Caso o relator inadmita o recurso especial como representativo da controvérsia devido à ausência dos pressupostos recursais genéricos ou específicos ou ao não cumprimento dos requisitos previstos neste Regimento, indicará recursos especiais existentes em seu acervo em substituição ao recurso inadmitido ou determinará a comunicação ao presidente ou vice-presidente do Tribunal de origem para que remeta ao STJ, em substituição, dois ou mais recursos especiais aptos que tratem da mesma questão de direito.

§ 1º Será inadmitido na origem recurso especial que apresente o mesmo óbice de admissibilidade reconhecido pelo Presidente do STJ ou pelo relator no julgamento de recurso representativo de idêntica questão de direito.

§ 2º Os recursos especiais aptos encaminhados pelo Tribunal de origem em substituição, nos termos do *caput* deste artigo, seguirão, no STJ, o mesmo procedimento do recurso representativo da controvérsia.

§ 3º Os recursos anteriormente suspensos nos Tribunais de origem permanecerão nessa condição, contendo a indicação do número sequencial da controvérsia de que trata o parágrafo único do art. 256-D deste Regimento.

§ 4º Caso o relator inadmita o recurso especial representativo da controvérsia porque a matéria não é apta a julgamento repetitivo ou porque não caracterizada a multiplicidade de recursos capaz de ensejar a afetação do processo para julgamento pelo sistema dos recursos repetitivos à Seção ou à Corte Especial, os processos suspensos em todo o território nacional retomarão seu curso normal.

Art. 256-G. Não adotadas as providências previstas nos incisos I e II do art. 256-E deste Regimento no prazo estabelecido no seu *caput*, presumir-se-á que o recurso especial representativo da controvérsia teve sua indicação rejeitada pelo relator.

§ 1º A rejeição, expressa ou presumida, do recurso especial representativo da controvérsia será comunicada aos Ministros do STJ e aos presidentes ou vice-presidentes dos Tribunais de origem.

§ 2º Os processos suspensos em todo o território nacional em razão de recurso especial representativo da controvérsia rejeitado retomarão seu curso normal.

Art. 256-H. Os recursos especiais interpostos em julgamento de mérito do incidente de resolução de demandas repetitivas serão processados nos termos desta Seção, não se aplicando a presunção prevista no art. 256-G deste Regimento.

► Arts. 256-A a 256-H acrescidos pela ER nº 24, de 28-9-2016.

SEÇÃO II
DA COMPETÊNCIA PARA AFETAÇÃO E DO PROCEDIMENTO PREPARATÓRIO PARA O JULGAMENTO DO RECURSO ESPECIAL REPETITIVO

► Seção II acrescida pela ER nº 24, de 28-9-2016.

Art. 256-I. O recurso especial representativo da controvérsia apto, bem como o recurso especial distribuído cuja multiplicidade de processos com idêntica questão de direito seja reconhecida pelo relator, nos termos do art. 1.037 do Código de Processo Civil, será submetido pela Seção ou pela Corte Especial, conforme o caso, ao rito dos recursos repetitivos para julgamento, observadas as regras previstas no Capítulo II-B do Título IX da Parte I do Regimento Interno.

Parágrafo único. O Superior Tribunal de Justiça manterá, em sua página na internet, em destaque, relação dos recursos especiais afetados, com a respectiva descrição da questão de direito e com o número sequencial correspondente ao tema afetado.

Art. 256-J. O relator poderá solicitar informações aos Tribunais de origem a respeito da questão afetada e autorizar, em decisão irrecorrível, ante a relevância da matéria, a manifestação escrita de pessoas naturais ou jurídicas, órgãos ou entidades especializadas, com representatividade adequada, a serem prestadas no prazo improrrogável de quinze dias.

Art. 256-K. A fim de instruir o procedimento, pode o relator, nos termos dos arts. 185 e 186 deste Regimento, fixar data para ouvir pessoas ou entidades com experiência e conhecimento na matéria em audiência pública.

Art. 256-L. Publicada a decisão de afetação, os demais recursos especiais em tramitação no STJ fundados em idêntica questão de direito:

I – se já distribuídos, serão devolvidos ao Tribunal de origem, para nele permanecerem suspensos, por meio de decisão fundamentada do relator;

II – se ainda não distribuídos, serão devolvidos ao Tribunal de origem por decisão fundamentada do Presidente do STJ.

Art. 256-M. Após a publicação da decisão de afetação, será concedida vista dos autos ao Ministério Público Federal pelo prazo de quinze dias.

Parágrafo único. Com ou sem o parecer do Ministério Público Federal, o processo será concluso ao relator para elaboração do voto.

► Arts. 256-I a 256-M acrescidos pela ER nº 24, de 28-9-2016.

SEÇÃO III
DO JULGAMENTO DO RECURSO ESPECIAL REPETITIVO

► Seção III acrescida pela ER nº 24, de 28-9-2016.

Art. 256-N. Após a liberação do relator, o processo será incluído na pauta para julgamento na Seção ou na Corte Especial.

§ 1º O julgamento de recurso especial repetitivo terá preferência sobre os demais processos, ressalvados os casos de réu preso e os pedidos de habeas corpus e de mandado de segurança.

§ 2º Deve ser observado o prazo máximo de um ano para o julgamento do tema repetitivo, a contar da data da publicação da afetação.

§ 3º Quando o órgão julgador decidir questão relativa ao procedimento de recursos repetitivos ou à aplicação da sistemática da repercussão geral no Tribunal, os documentos relacionados ao julgamento serão disponibilizados ao Núcleo de Gerenciamento de Precedentes – Nugep.

Art. 256-O. Desafetado o processo da sistemática do recurso repetitivo, deverão constar da decisão ou do resultado do julgamento as consequências desse ato e sua motivação.

§ 1º Caso não seja cancelado o tema, a decisão de que trata o *caput* explicitará, ainda, se há necessidade de envio de novos recursos representativos da controvérsia tratando da mesma questão de direito, em substituição, para julgamento do mérito do tema.

§ 2º A Secretaria comunicará o teor da decisão proferida nos termos do *caput* e do § 1º deste artigo aos Ministros integrantes do respectivo órgão julgador e aos Tribunais de origem.

§ 3º Os recursos especiais enviados em substituição serão distribuídos por dependência ao Ministro que determinou a desafetação do recurso especial ou ao sucessor do acervo, excetuada a hipótese de o Ministro não compor mais o órgão julgador competente para apreciar a matéria ou de alteração de competência para apreciação da matéria, caso em que o recurso será distribuído entre os integrantes do órgão julgador competente para apreciar a questão.

§ 4º Na hipótese do § 2º deste artigo, os recursos anteriormente suspensos permanecerão nessa condição, vinculados ao número do tema no STJ.

§ 5º Caso seja cancelado o tema, os processos suspensos em todo o território nacional retomarão seu curso normal.

Art. 256-P. O Presidente do respectivo órgão julgador velará pelo cumprimento dos prazos previstos neste capítulo.

Parágrafo único. A fim de dar cumprimento ao disposto no *caput*, quando ultrapassados oito meses a contar da publicação da decisão de afetação, o Presidente do órgão julgador determinará que seja cientificado o relator ou o Ministro que tiver pedido vista, respeitados os prazos do art. 162 deste Regimento.

Art. 256-Q. No julgamento de mérito do tema repetitivo, o relator ou o Ministro relator para acórdão delimitará objetivamente a tese firmada pelo órgão julgador.

§ 1º Alterada a tese firmada no julgamento de recurso interposto contra o acórdão citado no *caput*, proceder-se-á à nova delimitação com os fundamentos determinantes da tese.

§ 2º A decisão de que trata o § 1º deste artigo será objeto de comunicação aos Ministros do órgão julgador, ao Presidente do STJ e aos presidentes ou vice-presidentes dos Tribunais de origem.

§ 3º O acórdão deverá ser redigido nos termos do art. 104-A deste Regimento.

► Arts. 256-N a 256-Q acrescidos pela ER nº 24, de 28-9-2016.

Seção IV
DA PUBLICAÇÃO DO ACÓRDÃO

► Seção IV acrescida pela ER nº 24, de 28-9-2016.

Art. 256-R. O acórdão proferido no julgamento do recurso especial repetitivo gerará as seguintes consequências nos demais recursos especiais fundados em idêntica questão de direito:

I – se já distribuídos e não devolvidos à origem por trazerem outras questões além da afetada, serão julgados pelo relator, observada a tese firmada no julgamento de mérito do respetivo tema;

II – se ainda não distribuídos e não devolvidos à origem, serão julgados pelo Presidente do STJ;

III – se suspensos nas instâncias de origem, aplicam-se os arts. 1.040 e 1.041 do Código de Processo Civil.

Parágrafo único. O disposto no inciso III aplica-se a todos os processos que tratem de idêntica questão de direito, mesmo que não tenham sido objeto de suspensão.

► Art. 256-R acrescido pela ER nº 24, de 28-9-2016.

Seção V
DA REVISÃO DE ENTENDIMENTO FIRMADO EM TEMA REPETITIVO

► Seção V acrescida pela ER nº 24, de 28-9-2016.

Art. 256-S. É cabível a revisão de entendimento consolidado em enunciado de tema repetitivo, por proposta de Ministro integrante do respectivo órgão julgador ou de representante do Ministério Público Federal que oficie perante o Superior Tribunal de Justiça.

§ 1º A revisão ocorrerá nos próprios autos do processo julgado sob o rito dos recursos repetitivos, caso ainda esteja em tramitação, ou será objeto de questão de ordem, independentemente de processo a ela vinculado.

§ 2º A revisão de entendimento terá como relator o Ministro integrante do órgão julgador que a propôs ou o seu Presidente nos casos de proposta formulada pelo representante do Ministério Público Federal.

§ 3º O acórdão proferido na questão de ordem será inserido, como peça eletrônica complementar, no(s) processo(s) relacionado(s) ao enunciado de tema repetitivo.

Art. 256-T. O procedimento de revisão de entendimento será iniciado por:

I – decisão do Ministro proponente com a indicação expressa de se tratar de proposta de revisão de enunciado de tema repetitivo e exposição dos fundamentos da alteração da tese anteriormente firmada;

II – petição do representante do Ministério Público Federal dirigida ao relator do processo que ensejou a criação do tema, ou ao Presidente do órgão julgador, dependendo do caso, com os requisitos previstos no inciso I.

§ 1º No prazo de vinte dias, o relator do processo que ensejou a criação do tema ou o Presidente do órgão julgador decidirá se a proposta de revisão de entendimento preenche os requisitos deste artigo.

§ 2º Nos casos de propostas formuladas por Ministro do STJ, será concedida vista dos autos ao Ministério Público Federal pelo prazo improrrogável de quinze dias para manifestação sobre a revisão proposta.

Art. 256-U. Com ou sem o parecer do Ministério Público Federal, o processo será concluso ao relator ou ao Presidente do órgão julgador, conforme o caso, para julgamento.

Parágrafo único. A revisão deve observar, em relação ao julgamento e à publicação do acórdão, o disposto nas Seções III e IV deste Capítulo.

Art. 256-V. O Presidente do órgão julgador poderá propor, em questão de ordem, a revisão de entendimento consolidado em enunciado de tema repetitivo para adequação ao entendimento do Supremo Tribunal Federal em repercussão geral, em ação de controle concentrado de constitucionalidade, em enunciado de súmula vinculante e em incidente de assunção de competência.

§ 1º A revisão ocorrerá nos próprios autos do recurso julgado sob o rito dos repetitivos, caso ainda esteja em tramitação, ou será objeto de questão de ordem, independentemente de processo a ela vinculado.

§ 2º O acórdão proferido na questão de ordem será inserido, como peça eletrônica complementar, no(s) processo(s) relacionado(s) ao tema repetitivo.

► Arts. 256-S a 256-V acrescidos pela ER nº 24, de 28-9-2016.

Seção VI
DAS DISPOSIÇÕES FINAIS

► Seção VI acrescida pela ER nº 24, de 28-9-2016.

Art. 256-W. O Superior Tribunal de Justiça publicará, em sua página na internet, até o dia 15 de cada mês, relatório com o quantitativo de decisões proferidas pela Presidência com fundamento nos incisos I e II do art. 1.040 do Código de Processo Civil.

Parágrafo único. O relatório previsto no *caput* será encaminhado eletronicamente ao Conselho Nacional de Justiça.

Art. 256-X. As competências atribuídas ao Presidente do STJ neste capítulo podem ser delegadas ao Vice-Presidente e aos Presidentes das Seções, dentro de suas respectivas áreas de atuação.

§ 1º A delegação de que trata o *caput* far-se-á mediante ato do Presidente do Tribunal, se houver concordância do Presidente do respectivo Órgão Fracionário.

§ 2º Os Presidentes das Seções poderão indicar ao Presidente do Tribunal, para subdelegação, um membro integrante da respectiva Seção.

► Arts. 256-W a 256-X acrescidos pela ER nº 24, de 28-9-2016.

CAPÍTULO II-B
DA AFETAÇÃO DE PROCESSOS À SISTEMÁTICA DOS RECURSOS REPETITIVOS E DA ADMISSÃO DE INCIDENTE DE ASSUNÇÃO DE COMPETÊNCIA EM MEIO ELETRÔNICO.

► Capítulo II-B acrescido pela ER nº 24, de 28-9-2016.

Art. 257. É obrigatório ao relator o uso da ferramenta eletrônica de afetação do recurso especial à sistemática dos repetitivos e de admissão do incidente de assunção de competência, nos termos desse capítulo.

► Art. 257 com a redação dada pela ER nº 24, de 28-9-2016.

Art. 257-A. Incluída pelo relator, em meio eletrônico, a proposta de afetação ou de admissão do processo à sistemática dos recursos repetitivos ou da assunção de competência, os demais Ministros do respectivo órgão julgador terão o prazo de sete dias corridos para se manifestar sobre a proposição.

§ 1º Para a afetação ou admissão eletrônica, os Ministros deverão observar, entre outros requisitos, se o processo veicula matéria de competência do STJ, se preenche os pressupostos recursais genéricos e específicos, se não possui vício grave que impeça o seu conhecimento e, no caso da afetação do recurso à sistemática dos repetitivos, se possui multiplicidade de processos com idêntica questão de direito ou potencial de multiplicidade.

§ 2º Caso a maioria dos Ministros integrantes do respectivo órgão julgador decidam, na sessão eletrônica, pelo não preenchimento dos requisitos previstos no § 1º, a questão não será afetada ou admitida para julgamento repetitivo ou como assunção de competência, retornando os autos ao relator para decisão.

§ 3º Rejeitada a proposta de afetação ou de admissão porque a questão não é de competência do STJ, a matéria discutida no processo não será objeto de nova inclusão para afetação ou admissão eletrônica.

► Art. 257-A acrescido pela ER nº 24, de 28-9-2016.

Art. 257-B. Somente serão computados os votos expressamente manifestados.

► *Caput* com a redação dada pela ER nº 39, de 29-4-2021.

Parágrafo único. Não alcançado o quórum ou havendo empate na votação, o julgamento será suspenso e incluído na sessão virtual imediatamente subsequente.

► Parágrafo único acrescido pela ER nº 39, de 29-4-2021.

Art. 257-C. Findo o prazo de que trata o art. 257-A deste Regimento, o sistema contabilizará as manifestações e lançará, de forma automatizada, na plataforma eletrônica, suma com o resultado da deliberação colegiada sobre a afetação do processo à sistemática dos recursos repetitivos ou a admissão do incidente de assunção de competência.

Parágrafo único. Será afetado para julgamento pela sistemática dos recursos repetitivos ou admitido o incidente de assunção de competência à Corte Especial ou à Seção o processo que contar com o voto da maioria simples dos Ministros.

Art. 257-D. Afetado o recurso ou admitido o incidente, os dados serão incluídos no sistema informatizado do Tribunal, sendo-lhe atribuído número sequencial referente ao enunciado de tema.

Art. 257-E. Será publicada, no *Diário da Justiça eletrônico*, a decisão colegiada pela afetação do recurso ou pela admissão do incidente, acompanhada das manifestações porventura apresentadas pelos demais Ministros.

► Arts. 257-C a 257-E acrescidos pela ER nº 24, de 28-9-2016.

Seção I
DO AGRAVO REGIMENTAL EM MATÉRIA PENAL

► Seção I acrescida pela ER nº 24, de 28-9-2016.

Art. 258. A parte que se considerar agravada por decisão do Presidente da Corte Especial, de Seção, de Turma ou de relator, à exceção do indeferimento de liminar em procedimento de *habeas corpus* e recurso ordinário em *habeas corpus*, poderá requerer, dentro de cinco dias, a apresentação do feito em mesa relativo à matéria penal em geral, para que a Corte Especial, a Seção ou a Turma sobre ela se pronuncie, confirmando-a ou reformando-a.

► *Caput* com a redação dada pela ER nº 24, de 28-9-2016.

§ 1º O órgão do Tribunal competente para conhecer do agravo é o que seria competente para o julgamento do pedido ou recurso

§ 2º Não cabe agravo regimental da decisão do relator que der provimento a agravo de instrumento, para determinar a subida de recurso não admitido.

§ 3º O agravo regimental será submetido ao prolator da decisão, que poderá reconsiderá-la ou submeter o agravo ao julgamento da Corte Especial, da Seção ou da Turma, conforme o caso, computando-se também o seu voto.

§ 4º Se a decisão agravada for do Presidente da Corte Especial ou da Seção, o julgamento será presidido por seu substituto, que votará no caso de empate.

► §§ 3º e 4º acrescidos pela ER nº 24, de 28-9-2016.

Seção I-A
DO AGRAVO INTERNO

► Seção I-A acrescida pela ER nº 24, de 28-9-2016.

Art. 259. Contra decisão proferida por Ministro caberá agravo interno para que o respectivo órgão colegiado sobre ela se pronuncie, confirmando-a ou reformando-a.

§ 1º O órgão do Tribunal competente para conhecer do agravo é o que seria competente para o julgamento do pedido ou recurso.

§ 2º Na petição de agravo interno, o recorrente impugnará especificadamente os fundamentos da decisão agravada.

§ 3º O agravo será dirigido ao relator, que intimará o agravado para manifestar-se sobre o recurso no prazo de quinze dias, ao final do qual, não havendo retratação, o relator levá-lo-á a julgamento pelo órgão colegiado, com inclusão em pauta.

§ 4º Quando o agravo interno for declarado manifestamente inadmissível ou improcedente em votação unânime, o órgão colegiado, em decisão fundamentada, condenará o agravante a pagar ao agravado multa fixada entre 1% e 5% do valor atualizado da causa.

§ 5º A interposição de qualquer outro recurso está condicionada ao depósito prévio do valor da multa prevista no § 4º, à exceção da Fazenda Pública e do beneficiário de gratuidade da justiça, que farão o pagamento ao final.

§ 6º O agravo interno será submetido ao prolator da decisão, que poderá reconsiderá-la ou submeter o agravo ao julgamento da Corte Especial, da Seção ou da Turma, conforme o caso, computando-se também o seu voto.

§ 7º Se a decisão agravada for do Presidente da Corte Especial ou da Seção, o julgamento será presidido por seu substituto, que votará no caso de empate.

► Art. 259 com a redação dada pela ER nº 24, de 28-9-2016.

Parágrafo único. *Revogado.* ER nº 29, de 22-5-2018.

Seção II
DOS EMBARGOS INFRINGENTES

► Seção II revogada pela ER nº 22, de 16-3-2016.

Arts. 260 a 262. *Revogados.* ER nº 22, de 16-3-2016.

Seção III
DOS EMBARGOS DE DECLARAÇÃO

Art. 263. Cabem embargos de declaração contra qualquer decisão judicial, a serem opostos no prazo legal, para:

► *Caput* com a redação dada pela ER nº 22, de 16-3-2016.

I – esclarecer obscuridade ou eliminar contradição;

II – suprir omissão de ponto ou questão sobre a qual devia pronunciar-se o Órgão Julgador de ofício ou a requerimento; ou

III – corrigir erro material.

► Incisos I a III acrescidos pela ER nº 22, de 16-3-2016.

§ 1º O embargado será intimado para, querendo, manifestar-se, no prazo legal, sobre os embargos opostos, caso seu eventual acolhimento possa implicar a modificação da decisão embargada.

▶ § 1º com a redação dada pela ER nº 22, de 16-3-2016.

§ 2º *Revogado.* ER nº 22, de 16-3-2016.

Art. 264. Os embargos de declaração serão incluídos em pauta, salvo se opostos nas classes previstas no art. 91 deste Regimento ou nas demais classes criminais.

▶ *Caput* com a redação dada pela ER nº 24, de 28-9-2016.

§ 1º Se os embargos de declaração forem opostos contra decisão de relator ou outra decisão unipessoal, o Órgão Julgador da decisão embargada decidi-los-á monocraticamente.

§ 2º Quando manifestamente protelatórios os embargos de declaração, na forma do § 4º do art. 1.026 do Código de Processo Civil, condenar-se-á o embargante, em decisão fundamentada, a pagar ao embargado multa não excedente a 2% sobre o valor atualizado da causa.

▶ §§ 1º e 2º acrescidos pela ER nº 22, de 16-3-2016.

Art. 265. Os embargos de declaração interrompem o prazo para a interposição de recursos por qualquer das partes, salvo quando manifestamente protelatórios, na forma do § 4º do art. 1.026 do Código de Processo Civil.

▶ *Caput* com a redação dada pela ER nº 22, de 16-3-2016.

Parágrafo único. *Revogado.* ER nº 22, de 16-3-2016.

Seção IV
DOS EMBARGOS DE DIVERGÊNCIA

Art. 266. Cabem embargos de divergência contra acórdão de Órgão Fracionário que, em recurso especial, divergir do julgamento atual de qualquer outro Órgão Jurisdicional deste Tribunal, sendo:

▶ *Caput* com a redação dada pela ER nº 22, de 16-3-2016.

I – os acórdãos, embargado e paradigma, de mérito;

II – um acórdão de mérito e outro que não tenha conhecido do recurso, embora tenha apreciado a controvérsia.

▶ Incisos I e II acrescidos pela ER nº 22, de 16-3-2016.

§ 1º Poderão ser confrontadas teses jurídicas contidas em julgamentos de recursos e de ações de competência originária.

§ 2º A divergência que autoriza a interposição de embargos de divergência pode verificar-se na aplicação do direito material ou do direito processual.

§ 3º Cabem embargos de divergência quando o acórdão paradigma for do mesmo Órgão Fracionário que proferiu a decisão embargada, desde que sua composição tenha sofrido alteração em mais da metade de seus membros.

§ 4º O recorrente provará a divergência com certidão, cópia ou citação de repositório oficial ou credenciado de jurisprudência, inclusive em mídia eletrônica, em que foi publicado o acórdão divergente, ou com a reprodução de julgado disponível na internet, indicando a respectiva fonte, e mencionará as circunstâncias que identificam ou assemelham os casos confrontados.

▶ §§ 1º a 4º com a redação dada pela ER nº 22, de 16-3-2016.

Art. 266-A. Os embargos de divergência serão juntados aos autos independentemente de despacho, e sua oposição interrompe o prazo para interposição de recurso extraordinário por qualquer das partes.

Art. 266-B. Se os embargos de divergência não forem providos ou não alterarem a conclusão do julgamento anterior, o recurso extraordinário interposto pela outra parte antes da publicação do julgamento dos embargos de divergência será processado e julgado independentemente de ratificação.

Art. 266-C. Sorteado o relator, ele poderá indeferir os embargos de divergência liminarmente se intempestivos ou se não comprovada ou não configurada a divergência jurisprudencial atual, ou negar-lhes provimento caso a tese deduzida no recurso seja contrária a fixada em julgamento de recurso repetitivo ou de repercussão geral, a entendimento firmado em incidente de assunção de competência, a súmula do Supremo Tribunal Federal ou do Superior Tribunal de Justiça ou, ainda, a jurisprudência dominante acerca do tema.

Art. 266-D. O Ministério Público, quando necessário seu pronunciamento sobre os embargos de divergência, terá vista dos autos por vinte dias.

▶ Arts. 266-A a 266-D acrescidos pela ER nº 22, de 16-3-2016.

Art. 267. Admitidos os embargos de divergência em decisão fundamentada, promover-se-á a publicação, no Diário da Justiça eletrônico, do termo de vista ao embargado, para apresentar impugnação nos quinze dias subsequentes.

▶ *Caput* com a redação dada pela ER nº 22, de 16-3-2016.

Parágrafo único. Impugnados ou não os embargos, serão os autos conclusos ao relator, que pedirá a inclusão do feito na pauta de julgamento.

CAPÍTULO IV
DOS RECURSOS PARA O SUPREMO TRIBUNAL FEDERAL

Art. 268. Das decisões do Tribunal são cabíveis os seguintes recursos para o Supremo Tribunal Federal:

I – recurso ordinário, nos casos previstos no artigo 102, II, *a*, da Constituição;

II – recurso extraordinário, nos casos previstos no artigo 102, III, *a*, *b*, e *c*, da Constituição.

Art. 269. Os recursos serão processados, no âmbito do Tribunal, na conformidade da legislação processual vigente e do Regimento Interno do Supremo Tribunal Federal.

Art. 270. O Presidente do Tribunal decidirá a respeito da admissibilidade do recurso.

Parágrafo único. Da decisão que não admitir o recurso, caberá agravo para o Supremo Tribunal Federal, salvo quando fundado na aplicação de entendimento firmado em regime de repercussão geral ou em julgamento de recurso repetitivo.

▶ Parágrafo único com a redação dada pela ER nº 24, de 28-9-2016.

TÍTULO X – DOS PROCESSOS INCIDENTES

CAPÍTULO I
DA SUSPENSÃO DE SEGURANÇA, DE LIMINAR E DE SENTENÇA

▶ Denominação do Capítulo com a redação dada pela ER nº 7, de 1º-3-2004.

Art. 271. Poderá o Presidente do Tribunal, a requerimento da pessoa jurídica de direito público interessada ou do Procurador-Geral da República, e para evitar grave lesão à ordem, à saúde, à segurança e à economia públicas, suspender, em despacho fundamentado, a execução de liminar ou de decisão concessiva de mandado de segurança, proferida, em única ou última instância, pelos Tribunais Regionais Federais ou pelos Tribunais dos Estados e do Distrito Federal.

Igualmente, em caso de manifesto interesse público ou de flagrante ilegitimidade e para evitar grave lesão à ordem, à saúde, à segurança e à economia públicas, poderá o Presidente do Tribunal suspender, em despacho fundamentado, a requerimento do Ministério Público ou da pessoa jurídica de direito público interessada, a execução da liminar nas ações movidas contra o Poder Público ou seus agentes que for concedida ou mantida pelos Tribunais Regionais Federais ou pelos Tribunais dos Estados e do Distrito Federal, inclusive em tutela antecipada, bem como suspender a execução de sentença proferida em processo de ação cautelar inominada, em processo de ação popular e em ação civil pública, enquanto não transitada em julgado.

► *Caput* com a redação dada pela ER nº 7, de 1º-3-2004.

§ 1º O Presidente poderá ouvir o impetrante, em cinco dias, e, o Procurador-Geral, quando este não for o requerente, em igual prazo.

► § 1º com a redação dada pela ER nº 1, de 23-5-1991.

§ 2º Da decisão a que se refere este artigo caberá agravo regimental, no prazo de cinco dias, para a Corte Especial.

► § 2º com a redação dada pela ER nº 12, de 1º-9-2010.

§ 3º A suspensão vigorará enquanto pender o recurso, ficando sem efeito se a decisão concessiva for mantida pelo Superior Tribunal de Justiça ou transitar em julgado.

► § 3º com a redação dada pela ER nº 1, de 23-5-1991.

CAPÍTULO I-A

DA SUSPENSÃO DE PROCESSOS EM INCIDENTE DE RESOLUÇÃO DE DEMANDAS REPETITIVAS

► Capítulo I-A acrescido pela ER nº 22, de 16-3-2016.

Art. 271-A. Poderá o Presidente do Tribunal, a requerimento do Ministério Público, da Defensoria Pública ou das partes de incidente de resolução de demandas repetitivas em tramitação, considerando razões de segurança jurídica ou de excepcional interesse social, suspender, em decisão fundamentada, todos os processos individuais ou coletivos em curso no território nacional que versem sobre a questão objeto do incidente.

§ 1º A parte de processo em curso em localidade de competência territorial diversa daquela em que tramita o incidente de resolução de demandas repetitivas deverá comprovar a inadmissão do incidente no Tribunal com jurisdição sobre o estado ou região em que tramite a sua demanda.

§ 2º O Presidente poderá ouvir, no prazo de cinco dias, o relator do incidente no Tribunal de origem e o Ministério Público Federal.

§ 3º A suspensão vigorará até o trânsito em julgado da decisão proferida no incidente de resolução de demanda repetitiva.

► Art. 271-A acrescido pela ER nº 22, de 16-3-2016.

CAPÍTULO I-B

DO INCIDENTE DE ASSUNÇÃO DE COMPETÊNCIA

► Capítulo I-B acrescido pela ER nº 24, de 28-9-2016.

Art. 271-B. O relator ou o Presidente proporá, de ofício ou a requerimento da parte, do Ministério Público ou da Defensoria Pública, na forma preconizada pelo Capítulo II-B do Título IX da Parte I do Regimento Interno, mediante decisão irrecorrível, a assunção de competência de julgamento de recurso, de remessa necessária ou de processo de competência originária que envolver relevante questão de direito, com grande repercussão social, sem repetição em múltiplos processos.

§ 1º A Corte Especial ou a Seção, conforme o caso, admitirá o recurso, a remessa necessária ou o processo de competência originária se reconhecer interesse público na assunção de competência.

§ 2º A desistência ou o abandono do processo não impedem o exame do mérito.

§ 3º Se não for o requerente, o Ministério Público intervirá obrigatoriamente no processo e deverá assumir sua titularidade em caso de desistência ou de abandono.

Art. 271-C. Na decisão que determinou a assunção de competência, o relator ou o Presidente identificará com precisão a questão a ser submetida a julgamento.

Art. 271-D. O relator ou o Presidente ouvirá as partes e os demais interessados, inclusive pessoas, órgãos e entidades com interesse na controvérsia, que, no prazo comum de quinze dias, poderão requerer a juntada de documentos, bem como as diligências necessárias para a elucidação da questão de direito controvertida; em seguida, manifestar-se-á o Ministério Público Federal no mesmo prazo.

§ 1º A fim de instruir o procedimento, pode o Presidente ou o relator, nos termos dos arts. 185 e 186 deste Regimento, fixar data para ouvir pessoas ou entidades com experiência e conhecimento na matéria em audiência pública.

§ 2º Concluídas as diligências, o Presidente ou o relator solicitará dia para julgamento do processo.

Art. 271-E. No julgamento do incidente de assunção de competência, a Corte Especial e as Seções se reunirão com o quórum mínimo de dois terços de seus membros.

Art. 271-F. O acórdão deverá ser redigido nos termos do art. 104-A deste Regimento.

Art. 271-G. O acórdão proferido, em assunção de competência, pela Corte Especial vinculará todos os órgãos do Tribunal e, pela Seção, vinculará as Turmas e Ministros que a compõem, exceto se houver revisão de tese.

Parágrafo único. O Superior Tribunal de Justiça manterá, em sua página na internet, em destaque, relação dos incidentes de assunção de competência pendentes de julgamento e julgados, com a indicação da respectiva descrição da questão de direito e com o número sequencial do incidente.

► Arts. 271-B a 271-G acrescidos pela ER nº 24, de 28-9-2016.

CAPÍTULO II

DOS IMPEDIMENTOS E DA SUSPEIÇÃO

Art. 272. Os Ministros se declararão impedidos ou suspeitos nos casos previstos em lei.

Parágrafo único. Poderá o Ministro, ainda, dar-se por suspeito se afirmar a existência de motivo de ordem íntima que, em consciência, o iniba de julgar.

Art. 273. Se a suspeição ou impedimento for do relator ou revisor, tal fato será declarado por despacho nos autos. Se for do relator, irá o processo ao Presidente, para nova distribuição; se do revisor, o processo passará ao Ministro que o seguir na ordem de antiguidade.

Parágrafo único. Nos demais casos, o Ministro declarará o seu impedimento verbalmente, registrando-se na ata a declaração.

Art. 274. A arguição de suspeição do relator poderá ser suscitada até quinze dias após a distribuição, quando fundada em motivo preexistente; no caso de motivo superveniente, o prazo de quinze dias será contado do fato que a ocasionou. A do revisor, em igual prazo, após a conclusão; a dos demais Ministros, até o início do julgamento.

Art. 275. A suspeição deverá ser deduzida em petição assinada pela própria parte, ou procurador com poderes especiais, indicando os fatos que a motivaram e acompanhada de prova documental e rol de testemunhas, se houver.

Art. 276. Se o Ministro averbado de suspeito for o relator e reconhecer a suspeição, por despacho nos autos, ordenará a remessa deles ao Presidente, para nova distribuição; se for o revisor, passará ao Ministro que o seguir na ordem de antiguidade.

§ 1º Não aceitando a suspeição, o Ministro continuará vinculado ao feito. Neste caso, será suspenso o julgamento até a solução do incidente, que será autuado em apartado, com designação de relator.

► Antigo parágrafo único transformado em § 1º pela ER nº 1, de 23-5-1991.

§ 2º Em matéria penal, nos processos de competência originária da Corte Especial, será relator o Presidente do Tribunal ou o Vice-Presidente se aquele for o recusado.

► § 2º com a redação dada pela ER nº 22, de 16-3-2016.

Art. 277. Autuada e distribuída a petição, e se reconhecida, preliminarmente, a relevância da arguição, o relator mandará ouvir o Ministro recusado, no prazo de dez dias, e, com ou sem resposta, ordenará o processo, colhendo as provas.

§ 1º Se a suspeição for de manifesta improcedência, o relator a rejeitará liminarmente.

§ 2º A afirmação de suspeição pelo arguido, ainda que por outro fundamento, põe fim ao incidente.

Art. 278. Preenchidas as formalidades do artigo anterior, o relator levará o incidente à mesa, na primeira sessão, quando se procederá ao julgamento, sem a presença do Ministro recusado.

Parágrafo único. Competirá à Seção da qual participe o Ministro recusado o julgamento do incidente, a menos que este haja sido suscitado em processo da competência da Corte Especial, caso em que a esta competirá o julgamento.

Art. 279. Reconhecida a procedência da suspeição, se haverá por nulo o que tiver sido processado perante o Ministro recusado, após o fato que ocasionou a suspeição. Caso contrário, o arguente será condenado ao pagamento das custas.

Parágrafo único. Será ilegítima a suspeição quando o arguente a tiver provocado ou, depois de manifestada a causa, praticar qualquer ato que importe a aceitação do Ministro recusado.

Art. 280. Afirmados o impedimento ou a suspeição pelo arguido, ter-se-ão por nulos os atos por ele praticados.

Art. 281. A arguição será sempre individual, não ficando os demais Ministros impedidos de apreciá-la, ainda que também recusados.

Art. 282. Não se fornecerá, salvo ao arguente e ao arguido, certidão de qualquer peça do processo de suspeição.

Parágrafo único. Da certidão constará, obrigatoriamente, o nome do requerente e a decisão que houver sido proferida.

CAPÍTULO III

DA HABILITAÇÃO INCIDENTE

Art. 283. A habilitação incidente será processada na forma da lei processual.

Art. 284. O relator, se contestado o pedido, facultará às partes sumária produção de provas, em cinco dias, e julgará, em seguida, a habilitação, cabendo agravo regimental da decisão.

Art. 285. Não dependerá de decisão do relator o pedido de habilitação:

I – do cônjuge e herdeiros necessários que provem por documento sua qualidade e o óbito do *de cujus*, e promovam a citação dos interessados para a renovação da instância;

II – fundado em sentença, com trânsito em julgado, que atribua ao requerente a qualidade de herdeiro necessário ou sucessor;

III – quando confessado ou não impugnado pela outra parte o parentesco, e se não houver oposição de terceiro.

Art. 286. Já havendo pedido de dia para julgamento, não se decidirá o requerimento de habilitação.

Art. 287. A parte que não se habilitar perante o Tribunal, poderá fazê-lo na instância inferior.

CAPÍTULO IV

DA TUTELA PROVISÓRIA

► Denominação do Capítulo IV com a redação dada pela ER nº 22, de 16-3-2016.

Art. 288. Admitir-se-ão tutela de urgência ou tutela da evidência requeridas em caráter antecedente ou incidental na forma da lei processual.

§ 1º A petição inicial da ação que visa à prestação de tutela de urgência em caráter antecedente será apensada oportunamente ao processo a que se refere.

§ 2º O relator poderá apreciar a liminar e a própria tutela de urgência, ou submetê-las ao Órgão Julgador competente.

► Art. 288 com a redação dada pela ER nº 22, de 16-3-2016.

CAPÍTULO V

DA MEDIAÇÃO

► Capítulo V acrescido pela ER nº 23, de 28-9-2016.

Art. 288-A. O Centro de Soluções Consensuais de Conflitos do Superior Tribunal de Justiça, responsável por realizar sessões e audiências de conciliação e mediação e por desenvolver programas destinados a auxiliar, orientar e estimular a autocomposição, será coordenado pelo Ministro designado pelo Presidente.

Parágrafo único. O Presidente, por proposta do Ministro Coordenador, disciplinará a criação e o funcionamento do Centro, bem como a inscrição, a remuneração, os impedimentos, a forma de desligamento e os afastamentos dos mediadores, com observância das normas de regência.

Art. 288-B. O mediador judicial será designado pelo Ministro Coordenador dentre aqueles que constarem do cadastro de mediadores mantido pelo Centro de Soluções Consensuais de Conflitos do Superior Tribunal de Justiça ou de cadastro de âmbito nacional.

§ 1º O relator poderá solicitar ao Centro a indicação de mediador para auxiliá-lo também em procedimento de conciliação.

§ 2º O relator pode encaminhar o processo de ofício para a mediação.

Art. 288-C. É admitido o uso da mediação para solução das controvérsias sujeitas à competência do Tribunal que versem sobre direitos disponíveis ou sobre direitos indisponíveis que admitam transação, conforme a legislação de regência, resguardada a gratuidade da mediação aos necessitados.

► Arts. 288-A a 288-C acrescidos pela ER nº 23, de 28-9-2016.

CAPÍTULO VI

DA DESCONSIDERAÇÃO DA PERSONALIDADE JURÍDICA

► Capítulo VI acrescido pela ER nº 24, de 28-9-2016.

Art. 288-D. O incidente de desconsideração da personalidade jurídica será instaurado a pedido da parte ou do Ministério

Público, quando lhe couber intervir no processo, e é cabível em todas as fases da ação de competência originária.

§ 1º Compete ao relator apreciar o pedido de desconsideração da personalidade jurídica, que deve ser fundamentado e demonstrar o preenchimento dos pressupostos específicos previstos em lei.

§ 2º A instauração do incidente de desconsideração da personalidade jurídica suspenderá o processo e será comunicada imediatamente à Secretaria Judiciária, para as anotações devidas.

§ 3º Dispensa-se a instauração do incidente se a desconsideração da personalidade jurídica for requerida na petição inicial de ação de competência originária, hipótese em que haverá imediata distribuição, será citado o sócio ou a pessoa jurídica e não se suspenderá o processo.

Art. 288-E. Instaurado o incidente, o sócio ou a pessoa jurídica será citado para manifestar-se e requerer as provas cabíveis no prazo de quinze dias.

Art. 288-F. Concluída a instrução, se necessária, o incidente será resolvido pelo relator por decisão interlocutória, sujeita a agravo interno.

Art. 288-G. Aplica-se o disposto neste Capítulo à hipótese de desconsideração inversa da personalidade jurídica.

► Arts. 288-D e 288-G acrescidos pela ER nº 24, de 28-9-2016.

TÍTULO XI – DOS PROCEDIMENTOS ADMINISTRATIVOS

CAPÍTULO I

DA ELEIÇÃO DE MEMBROS DO TRIBUNAL SUPERIOR ELEITORAL

Art. 289. A eleição, em escrutínio secreto, de Ministro para integrar o Tribunal Superior Eleitoral, é feita na primeira sessão do Plenário a que se seguir a comunicação de extinção de mandato, feita pelo Presidente do Tribunal Superior Eleitoral.

Parágrafo único. Não podem ser eleitos membros efetivos ou suplentes o Presidente, o Vice-Presidente, o Corregedor Nacional de Justiça, o Corregedor-Geral da Justiça Federal, o Diretor-Geral da Escola Nacional de Formação e Aperfeiçoamento de Magistrados Ministro Sálvio de Figueiredo Teixeira e o Ministro Ouvidor do Superior Tribunal de Justiça, observado o disposto nos §§ 5º e 6º do art. 3º deste Regimento.

► Parágrafo único com a redação dada pela ER nº 15, de 17-9-2014.

CAPÍTULO II

DA DISPONIBILIDADE E DA APOSENTADORIA POR INTERESSE PÚBLICO

Art. 290. O Tribunal poderá determinar por motivo de interesse público, em escrutínio secreto e pelo voto de dois terços de seus membros, a disponibilidade ou a aposentadoria de Ministro do Tribunal, assegurada ampla defesa.

CAPÍTULO III

DA VERIFICAÇÃO DE INVALIDEZ

Art. 291. O processo de verificação da invalidez do magistrado, para o fim de aposentadoria, terá início a seu requerimento, ou por ordem do Presidente do Tribunal, de ofício, ou em cumprimento de deliberação do Tribunal.

§ 1º Instaurado o processo de verificação da invalidez, o paciente será afastado, desde logo, do exercício do cargo, até final decisão, devendo ficar concluído o processo no prazo de sessenta dias.

§ 2º Tratando-se de incapacidade mental, o Presidente nomeará curador ao paciente, sem prejuízo da defesa que este queira oferecer pessoalmente, ou por procurador que constituir.

Art. 292. Como preparador do processo, funcionará o Presidente do Tribunal, até as razões finais, inclusive, efetuando-se, depois delas, a sua distribuição.

Art. 293. O paciente será notificado, por ofício do Presidente, para alegar, em dez dias, prorrogáveis por mais dez, o que entender a bem de seus direitos, podendo juntar documentos. Com o ofício, será remetida cópia da ordem inicial.

Art. 294. Decorrido o prazo do artigo antecedente, com a resposta, ou sem ela, o Presidente nomeará uma junta de três médicos para proceder ao exame do paciente e ordenará as demais diligências necessárias à averiguação do caso.

Parágrafo único. A recusa do paciente em submeter-se à perícia médica permitirá o julgamento baseado em quaisquer outras provas.

Art. 295. Concluídas as diligências, poderá o paciente, ou o seu curador, apresentar alegações no prazo de dez dias. Os autos, a seguir, serão informados pela Secretaria e distribuídos.

Art. 296. O julgamento será feito pela Corte Especial, participando o Presidente da votação.

Art. 297. A decisão do Tribunal, pela incapacidade do magistrado, será tomada pelo voto da maioria absoluta dos seus membros.

Art. 298. A decisão que concluir pela incapacidade do magistrado será imediatamente comunicada ao Poder Executivo, para os devidos fins.

Art. 299. O magistrado que, por dois anos consecutivos, afastar-se, ao todo, por seis meses ou mais, para tratamento de saúde, deverá submeter-se, ao requerer nova licença para igual fim, dentro de dois anos, a exame para verificação de invalidez.

Art. 300. Na hipótese de a verificação da invalidez houver sido requerida pelo magistrado, o processo, após parecer da junta médica designada pelo Presidente do Tribunal, será informado pela Secretaria e distribuído a um Ministro, observando-se as normas inscritas nos artigos 296 e seguintes.

TÍTULO XII – DO CUMPRIMENTO DAS DECISÕES DO TRIBUNAL

► Denominação do Título XII com a redação dada pela ER nº 22, de 16-3-2016.

CAPÍTULO I

DISPOSIÇÕES GERAIS

Art. 301. As determinações necessárias ao cumprimento das decisões competem:

► *Caput* com a redação dada pela ER nº 22, de 16-3-2016.

I – ao Presidente, quanto às decisões que houver proferido e quanto às decisões tomadas pelo Plenário, pela Corte Especial e pelo Conselho de Administração;

II – ao Presidente da Seção, quanto aos acórdãos e às decisões desta e às suas decisões individuais.

► Incisos I e II com a redação dada pela ER nº 22, de 16-3-2016.

III – ao Presidente de Turma, quanto aos acórdãos e às decisões desta e às suas decisões individuais;

IV – ao relator, quanto às suas decisões acautelatórias ou de instrução e direção do processo.

► Incisos III e IV acrescidos pela ER nº 22, de 16-3-2016.

Parágrafo único. As disposições deste artigo não se aplicam às ações penais originárias.

► Parágrafo único acrescido pela ER nº 24, de 28-9-2016.

Art. 302. *Revogado.* ER nº 22, de 16-3-2016.

Art. 302-A. Nas ações penais originárias, os atos de execução e de cumprimento das decisões e acórdãos transitados em julgado serão requisitados diretamente ao Ministro que funcionou como relator do processo na fase de conhecimento.

► Artigo acrescido pela ER nº 24, de 28-9-2016.

Art. 303. Os atos executivos de cumprimento das decisões do Tribunal serão requisitados ou delegados a quem os deva praticar.

► Artigo com a redação dada pela ER nº 22, de 16-3-2016.

Art. 304. As impugnações ao cumprimento das decisões e os eventuais incidentes poderão ser levados à apreciação:

► *Caput* do art. 304 com a redação dada pela ER nº 22, de 16-3-2016.

I – da Corte Especial, pelo Presidente, pelo relator, pela Seção ou pela Turma ou por seus Presidentes;

II – da Seção, por seu Presidente ou pelo relator;

III – da Turma, por seu Presidente ou pelo relator.

Art. 305. O cumprimento das decisões do Tribunal atenderá, no que couber, à legislação processual.

► Artigo com a redação dada pela ER nº 22, de 16-3-2016.

CAPÍTULO II
DA CARTA DE SENTENÇA PENAL

► Capítulo II com a denominação dada pela ER nº 24, de 28-9-2016.

Art. 306. A carta de sentença deve conter, pelo menos, as seguintes peças e informações:

► *Caput* com a redação dada pela ER nº 24, de 28-9-2016.

I – qualificação completa do executado;

II – interrogatório do executado na polícia e em juízo, conforme o caso;

► Incisos I e II com a redação dada pela ER nº 24, de 28-9-2016.

III – cópia da denúncia;

IV – cópia da sentença, voto(s) e acórdão(s) e respectivo(s) termo(s) de publicação, inclusive contendo, se for o caso, a menção expressa ao deferimento de detração que importe determinação de regime de cumprimento de pena mais benéfico do que o legalmente cabível sem a detração, pelo próprio juízo do processo de conhecimento, nos termos do art. 387, § 2º, do Código de Processo Penal, acrescentado pela Lei nº 12.736/2012;

V – informação sobre os endereços em que o executado possa ser localizado, os antecedentes criminais e o grau de instrução;

VI – instrumentos de mandato, substabelecimentos, despachos de nomeação de defensores dativos ou de intimação da Defensoria Pública;

VII – certidões de trânsito em julgado da condenação para a acusação e para a defesa;

VIII – cópia do mandado de prisão temporária e/ou preventiva, com a respectiva certidão da data do cumprimento, para cômputo da detração;

IX – cópia de eventual alvará de soltura, com a certidão da data do cumprimento da ordem de soltura, para cômputo da detração, caso esta já não tenha sido apreciada pelo Juízo do processo de conhecimento para determinação do regime de cumprimento de pena, nos termos do art. 387, § 2º, do Código de Processo Penal, acrescentado pela Lei nº 12.736/2012;

X – nome e endereço do curador, se houver;

XI – informações acerca do estabelecimento prisional em que o condenado encontra-se recolhido e para o qual deve ser removido, na hipótese de deferimento de detração que importe determinação de regime de cumprimento de pena mais benéfico do que o legalmente cabível sem a detração pelo próprio juízo do processo de conhecimento, nos termos do art. 387, § 2º, do Código de Processo Penal, acrescentado pela Lei nº 12.736/2012;

XII – cópias da decisão de pronúncia e da certidão de preclusão em se tratando de condenação em crime doloso contra a vida;

XIII – certidão carcerária;

XIV – cópias de outras peças do processo reputadas indispensáveis à adequada execução da pena, a critério do relator.

► Incisos III a XIV acrescidos pela ER nº 24, de 28-9-2016.

Arts. 307 e 308. *Revogados.* ER nº 24, de 28-9-2016.

CAPÍTULO III
DO CUMPRIMENTO DE DECISÃO DO TRIBUNAL QUE RECONHEÇA A EXIGIBILIDADE DE OBRIGAÇÃO DE PAGAR QUANTIA CERTA PELA FAZENDA PÚBLICA

► Denominação do Capítulo III com a redação dada pela ER nº 22, de 16-3-2016.

Art. 309. A execução por quantia certa fundada em decisão proferida contra a Fazenda Pública em ação da competência originária do Tribunal observará o disposto na lei processual.

► *Caput* com a redação dada pela ER nº 22, de 16-3-2016.

I e II – *Revogados.* ER nº 22, de 16-3-2016.

§ 1º A Fazenda Pública será intimada na pessoa de seu representante judicial por carga ou meio eletrônico, para, querendo, no prazo de trinta dias e nos próprios autos, impugnar o cumprimento de decisão.

§ 2º Se não houver impugnação no prazo regimental ou se forem rejeitadas as arguições da executada, observar-se-á o disposto na lei processual.

► §§ 1º e 2º acrescidos pela ER nº 22, de 16-3-2016.

Art. 310. As requisições de pagamento das somas ao qual a Fazenda Pública for condenada serão dirigidas ao Presidente do Tribunal, que determinará as providências ao devedor para depósito ou alocação orçamentária.

Art. 311. O Presidente do Tribunal determinará o pagamento integral das requisições e autorizará, a requerimento do credor e exclusivamente para os casos de preterimento de seu direito de precedência ou de não alocação orçamentária do valor necessário à satisfação do seu débito, o sequestro da quantia respectiva.

► Arts. 310 e 311 com a redação dada pela ER nº 22, de 16-3-2016.

CAPÍTULO IV
DA INTERVENÇÃO FEDERAL NOS ESTADOS

Art. 312. A requisição de intervenção federal, prevista nos artigos 34, VI, e 36, II e IV, da Constituição, será promovida:

I – de ofício, ou mediante pedido do Presidente do Tribunal de Justiça do Estado, ou do Presidente de Tribunal Federal, quando se tratar de prover a execução de ordem ou decisão judicial, com ressalva, conforme a matéria, da competência do Supremo Tribunal Federal ou do Tribunal Superior Eleitoral (Constituição, artigo 34, VI, e artigo 36, II);

II – de ofício, ou mediante pedido da parte interessada, quando se tratar de prover a execução de ordem ou decisão do

Superior Tribunal de Justiça (Constituição, artigo 34, VI, e artigo 36, II);

III – mediante representação do Procurador-Geral da República, quando se tratar de prover a execução de lei federal (Constituição, artigo 34, VI, e artigo 36, IV).

Art. 313. O Presidente, ao receber o pedido:

I – tomará as providências oficiais que lhe parecerem adequadas para remover, administrativamente, a causa do pedido;

II – mandará arquivá-lo, se for manifestamente infundado, cabendo da sua decisão agravo regimental.

Art. 314. Realizada a gestão prevista no inciso I do artigo anterior, solicitadas informações à autoridade estadual, que as deverá prestar, no prazo de trinta dias, e ouvido o Procurador-Geral, em igual prazo, o pedido será distribuído a um relator.

► *Caput* com a redação dada pela ER nº 1, de 23-5-1991.

Parágrafo único. Tendo em vista o interesse público, poderá a Corte Especial limitar a presença no recinto às partes e seus advogados, ou somente a estes.

► Parágrafo único acrescido pela ER nº 1, de 23-5-1991.

Art. 315. Julgado procedente o pedido, o Presidente do Tribunal comunicará imediatamente a decisão aos órgãos interessados do Poder Público e requisitará a intervenção ao Presidente da República.

PARTE III – DOS SERVIÇOS ADMINISTRATIVOS

TÍTULO I – DA SECRETARIA DO TRIBUNAL

Art. 316. À Secretaria do Tribunal incumbe a execução dos serviços administrativos do Tribunal.

§ 1º O Diretor-Geral da Secretaria do Tribunal, com formação superior, será nomeado em comissão pelo Presidente do Tribunal.

§ 2º Compete ao Diretor-Geral supervisionar, coordenar e dirigir todas as atividades administrativas da Secretaria, observadas as orientações estabelecidas pelo Presidente e de acordo com as deliberações do Tribunal.

► §§ 1º e 2º acrescidos pela ER nº 12, de 1º-9-2010, que também revogou o parágrafo único.

Art. 317. A organização da Secretaria do Tribunal será fixada em resolução do Conselho de Administração (artigo 38, I), cabendo ao Presidente, em ato próprio, especificar as atribuições das diversas unidades, bem assim de seus diretores, chefes e servidores.

Art. 318. O Diretor-Geral da Secretaria, em suas férias, faltas e impedimentos, será substituído por Diretor de Secretaria, com os requisitos exigidos para o cargo, e designado pelo Presidente.

Art. 319. Além das atribuições estabelecidas no ato do Presidente a que se refere o artigo 317, incumbe ao Diretor-Geral da Secretaria:

► *Caput* com a redação dada pela ER nº 4, de 2-12-1993.

I – apresentar ao Presidente as petições e papéis dirigidos ao Tribunal;

II – despachar com o Presidente o expediente da Secretaria;

III – manter sob sua direta fiscalização, e permanentemente atualizado, o assentamento funcional dos Ministros;

IV – relacionar-se, pessoalmente, com os Ministros no encaminhamento dos assuntos administrativos referentes a seus gabinetes, ressalvada a competência do Presidente;

V – secretariar, salvo dispensa do Presidente, as sessões administrativas do Plenário e do Conselho de Administração, lavrando as respectivas atas e assinando-as com o Presidente;

► Inciso V com a redação dada pela ER nº 4, de 2-12-1993.

VI – exercer outras atribuições que lhe sejam delegadas pelo Presidente.

Art. 320. O Secretário do Plenário e da Corte Especial, das Seções e das Turmas serão designados pelo Presidente do Tribunal, dentre funcionários do Quadro de Pessoal da Secretaria, e mediante indicação do respectivo Presidente, em se tratando das Seções e Turmas.

Art. 321. Os secretários dos órgãos julgadores, o Diretor-Geral, qualquer diretor, chefe ou servidor da Secretaria, que tiverem de servir nas sessões do Plenário, da Corte Especial, Seção ou Turma, ou a elas comparecer a serviço, usarão capa e vestuário condigno.

TÍTULO II – DO GABINETE DO PRESIDENTE

Art. 322. Ao Gabinete da Presidência do Tribunal incumbe o exercício das atividades de apoio administrativo à execução das funções do Presidente e a assessoria no planejamento e fixação das diretrizes para a administração do Tribunal, bem assim, no desempenho de suas demais atribuições previstas em lei e neste Regimento, inclusive no que concerne às funções de auditoria e de representação oficial e social do Tribunal.

► *Caput* com a redação dada pela ER nº 4, de 2-12-1993.

Parágrafo único. Ao Secretário-Geral da Presidência, bacharel em Direito, Administração ou Economia, nomeado em comissão, compete supervisionar e coordenar as atividades administrativas, e de assessoramento e planejamento do Gabinete, de acordo com a orientação estabelecida pelo Presidente.

► Parágrafo único com a redação dada pela ER nº 1, de 23-5-1991.

Art. 323. A organização administrativa e dos órgãos de assessoramento, planejamento e auditoria do Gabinete será estabelecida por ato do Presidente.

Art. 324. *Revogado*. ER nº 35, de 8-5-2019.

TÍTULO III – DO GABINETE DOS MINISTROS

Art. 325. Cada Ministro disporá de um gabinete para executar os serviços administrativos e de assessoramento jurídico.

§ 1º Os servidores do Gabinete, de estrita confiança do Ministro, serão por este indicados ao Presidente, que os designará para nele terem exercício.

§ 2º O Assessor de Ministro, bacharel em Direito, nomeado em comissão pelo Presidente, mediante indicação do Ministro, poderá ser recrutado do Quadro de Pessoal da Secretaria, ou não, e permanecerá em exercício, enquanto bem servir, a critério do Ministro.

§ 3º No caso de afastamento definitivo do Ministro, o Assessor permanecerá no exercício das respectivas funções até o encerramento dos trabalhos do Gabinete, não podendo, porém, esse exercício prolongar-se por mais de sessenta dias, devendo, de qualquer modo, cessar à data da nomeação do novo titular.

§ 3º No caso de afastamento definitivo do Ministro, o assessor permanecerá no exercício das respectivas funções até o encerramento dos trabalhos do Gabinete, não podendo, porém, esse exercício prolongar-se por mais de noventa dias, devendo, de qualquer modo, cessar à data da nomeação do novo titular.

► § 3º com a redação dada pela ER nº 31, de 8-5-2019.

Art. 326. Ao Assessor cabe executar trabalhos e tarefas que lhe forem atribuídos pelo Ministro.

Art. 327. O horário do pessoal do Gabinete, observada a duração legal e as peculiaridades do serviço, será o estabelecido pelo Ministro.

Parágrafo único. *Revogado.* ER nº 35, de 8-5-2019.

TÍTULO IV – DA SECRETARIA DO CONSELHO DA JUSTIÇA FEDERAL

Arts. 328 a 331. *Revogados.* ER nº 4, de 2-12-1993.

PARTE IV – DISPOSIÇÕES FINAIS

TÍTULO I – DAS EMENDAS AO REGIMENTO

Art. 332. A iniciativa de emenda ao Regimento Interno cabe a qualquer membro ou Comissão do Tribunal.

Parágrafo único. A proposta de emenda que não for de iniciativa da Comissão de Regimento será encaminhada a ela, que dará seu parecer, dentro de dez dias. Nos casos urgentes, esse prazo poderá ser reduzido.

Art. 333. Quando ocorrer mudança na legislação que determine alteração do Regimento Interno esta será proposta ao Tribunal pela Comissão de Regimento, no prazo de dez dias, contados da vigência da lei.

Art. 334. As emendas considerar-se-ão aprovadas se obtiverem o voto favorável de dois terços dos membros do Tribunal, não entrando em vigor antes de sua publicação no Diário da Justiça eletrônico.

► Artigo com a redação dada pela ER nº 22, de 16-3-2016.

Art. 335. As emendas aprovadas serão numeradas ordinalmente.

TÍTULO II – DAS DISPOSIÇÕES GERAIS E TRANSITÓRIAS

Art. 336. Ocorrendo alteração do número de Ministros, previsto na data da publicação deste Regimento, a competência do Plenário limitar-se-á às eleições do Presidente do Tribunal, do Vice-Presidente, dos membros do Conselho da Justiça Federal e do Diretor da Revista, transferindo-se para a Corte Especial as demais competências elencadas no artigo 10.

Art. 337. O Tribunal presta homenagem aos Ministros:

I – por motivo de afastamento definitivo do seu serviço;

II – por motivo de falecimento;

III – para celebrar centenário de nascimento.

Parágrafo único. Por deliberação da Corte Especial, tomada com a presença de dois terços dos seus membros e pelo voto da maioria absoluta dos seus integrantes, o Tribunal pode homenagear pessoa estranha e falecida, de excepcional relevo no governo do País, na administração da Justiça ou no aperfeiçoamento das instituições jurídicas.

Art. 338. O Presidente do Tribunal, mediante instrução normativa, disciplinará a remessa aos Tribunais Regionais Federais, dos feitos da competência destes e que se encontrem na Secretaria do Superior Tribunal de Justiça, pendentes de julgamento.

Art. 339. O Conselho da Justiça Federal elaborará o seu Regimento Interno e o submeterá à aprovação da Corte Especial, no prazo de cento e vinte dias da vigência deste Regimento.

Art. 340. Os embargos de declaração, interpostos de acórdãos proferidos em processos dos quais o Tribunal haja perdido a competência para julgar, serão encaminhados ao Tribunal Regional Federal respectivo.

Art. 341. Os acórdãos proferidos pelo Tribunal Federal de Recursos e ainda não publicados, serão incluídos no expediente de publicação do Tribunal, e aguardarão, na Secretaria deste, a interposição de recurso.

Parágrafo único. Interposto o recurso, serão os autos encaminhados ao Tribunal Regional Federal respectivo, para o seu processamento. Igual procedimento será adotado em relação a recursos interpostos de acórdãos do Tribunal Federal de Recursos, que estejam sendo processados na Secretaria do Superior Tribunal de Justiça.

Art. 342. Os feitos da competência do Tribunal Federal de Recursos e incluídos na competência do Superior Tribunal de Justiça serão redistribuídos.

Art. 343. Os precatórios de requisição de pagamento das somas a que a Fazenda Pública tiver sido condenada, e em andamento na Secretaria do Tribunal, serão objeto de resolução a ser baixada pela Presidência do Tribunal.

Art. 344. Este Regimento Interno entrará em vigor quinze dias após a sua publicação, revogadas as disposições em contrário.

Superior Tribunal de Justiça, 22 de junho de 1989.

Evandro Gueiros Leite

SÚMULAS E ENUNCIADOS

SÚMULAS VINCULANTES DO SUPREMO TRIBUNAL FEDERAL

1. Ofende a garantia constitucional do ato jurídico perfeito a decisão que, sem ponderar as circunstâncias do caso concreto, desconsidera a validez e a eficácia de acordo constante de termo de adesão instituído pela Lei Complementar nº 110/2001.

► Publicada no *DOU* de 6-6-2007.

2. É inconstitucional a lei ou ato normativo estadual ou distrital que disponha sobre sistemas de consórcios e sorteios, inclusive bingos e loterias.

► Publicada no *DOU* de 6-6-2007.

3. Nos processos perante o Tribunal de Contas da União asseguram-se o contraditório e a ampla defesa quando da decisão puder resultar anulação ou revogação de ato administrativo que beneficie o interessado, excetuada a apreciação da legalidade do ato de concessão inicial de aposentadoria, reforma e pensão.

► Publicada no *DOU* de 6-6-2007.

4. Salvo nos casos previstos na Constituição, o salário mínimo não pode ser usado como indexador de base de cálculo de vantagem de servidor público ou de empregado, nem ser substituído por decisão judicial.

► Publicada no *DOU* de 9-5-2008.

5. A falta de defesa técnica por advogado no processo administrativo disciplinar não ofende a Constituição.

► Publicada no *DOU* de 16-5-2008.

6. Não viola a Constituição o estabelecimento de remuneração inferior ao salário mínimo para as praças prestadoras de serviço militar inicial.

► Publicada no *DOU* de 16-5-2008.

7. A norma do § 3º do artigo 192 da Constituição, revogada pela Emenda Constitucional nº 40/2003, que limitava a taxa de juros reais a 12% ao ano, tinha sua aplicação condicionada à edição de lei complementar.

► Publicada no *DOU* de 20-6-2008.

► MP nº 2.172-32, de 23-8-2001, que até o encerramento desta edição não havia sido convertida em lei, estabelece a nulidade das disposições contratuais que menciona e inverte, nas hipóteses que prevê, o ônus da prova nas ações intentadas para sua declaração.

8. São inconstitucionais o parágrafo único do artigo 5º do Decreto-Lei nº 1.569/1977 e os artigos 45 e 46 da Lei nº 8.212/1991, que tratam de prescrição e decadência de crédito tributário.

► Publicada no *DOU* de 20-6-2008.

9. O disposto no artigo 127 da Lei nº 7.210/1984 (Lei de Execução Penal) foi recebido pela ordem constitucional vigente, e não se lhe aplica o limite temporal previsto no *caput* do artigo 58.

► Publicada no *DOU* de 20-6-2008 e republicada no *DOU* de 27-6-2008.

10. Viola a cláusula de reserva de plenário (CF, art. 97) a decisão de órgão fracionário de Tribunal que, embora não declare expressamente a inconstitucionalidade de lei ou ato normativo do poder público, afasta sua incidência, no todo ou em parte.

► Publicada no *DOU* de 27-6-2008.

11. Só é lícito o uso de algemas em casos de resistência e de fundado receio de fuga ou de perigo à integridade física própria ou alheia, por parte do preso ou de terceiros, justificada a excepcionalidade por escrito, sob pena de responsabilidade disciplinar, civil e penal do agente ou da autoridade e de nulidade da prisão ou do ato processual a que se refere, sem prejuízo da responsabilidade civil do Estado.

► Publicada no *DOU* de 22-8-2008.

12. A cobrança de taxa de matrícula nas universidades públicas viola o disposto no art. 206, IV, da Constituição Federal.

► Publicada no *DOU* de 22-8-2008.

13. A nomeação de cônjuge, companheiro ou parente em linha reta, colateral ou por afinidade, até o terceiro grau, inclusive, da autoridade nomeante ou de servidor da mesma pessoa jurídica investido em cargo de direção, chefia ou assessoramento, para o exercício de cargo em comissão ou de confiança ou, ainda, de função gratificada na administração pública direta e indireta em qualquer dos Poderes da União, dos Estados, do Distrito Federal e dos Municípios, compreendido o ajuste mediante designações recíprocas, viola a Constituição Federal.

► Publicada no *DOU* de 29-8-2008.

14. É direito do defensor, no interesse do representado, ter acesso amplo aos elementos de prova que, já documentados em procedimento investigatório realizado por órgão com competência de polícia judiciária, digam respeito ao exercício do direito de defesa.

► Publicada no *DOU* de 9-2-2009.

15. O cálculo de gratificações e outras vantagens do servidor público não incide sobre o abono utilizado para se atingir o salário mínimo.

► Publicada no *DOU* de 1º-7-2009.

16. Os artigos 7º, IV, e 39, § 3º (redação da EC nº 19/1998), da Constituição, referem-se ao total da remuneração percebida pelo servidor público.

► Publicada no *DOU* de 1º-7-2009.

17. Durante o período previsto no § 1º do artigo 100 da Constituição, não incidem juros de mora sobre os precatórios que nele sejam pagos.

► Publicada no *DOU* de 10-11-2009.

► Refere-se ao art. 100, § 5º, com a redação dada pela EC nº 62, de 9-12-2009.

18. A dissolução da sociedade ou do vínculo conjugal, no curso do mandato, não afasta a inelegibilidade prevista no § 7º do artigo 14 da Constituição Federal.

► Publicada no *DOU* de 10-11-2009.

19. A taxa cobrada exclusivamente em razão dos serviços públicos de coleta, remoção e tratamento ou destinação de lixo ou resíduos provenientes de imóveis, não viola o artigo 145, II, da Constituição Federal.

► Publicada no *DOU* de 10-11-2009.

20. A Gratificação de Desempenho de Atividade Técnico-Administrativa – GDATA, instituída pela Lei nº 10.404/2002, deve ser deferida aos inativos nos valores correspondentes a 37,5 (trinta e sete vírgula cinco) pontos no período de fevereiro a maio de 2002 e, nos termos do artigo 5º, parágrafo único, da Lei nº 10.404/2002, no período de junho de 2002 até a conclusão dos efeitos do último ciclo de avaliação a que se refere o artigo 1º da Medida Provisória nº 198/2004, a partir da qual passa a ser de 60 (sessenta) pontos.

► Publicada no *DOU* de 10-11-2009.

21. É inconstitucional a exigência de depósito ou arrolamento prévios de dinheiro ou bens para admissibilidade de recurso administrativo.

▸ Publicada no *DOU* de 10-11-2009.

22. A Justiça do Trabalho é competente para processar e julgar as ações de indenização por danos morais e patrimoniais decorrentes de acidente de trabalho propostas por empregado contra empregador, inclusive aquelas que ainda não possuíam sentença de mérito em primeiro grau quando da promulgação da Emenda Constitucional nº 45/2004.

▸ Publicada no *DOU* de 11-12-2009.

23. A Justiça do Trabalho é competente para processar e julgar ação possessória ajuizada em decorrência do exercício do direito de greve pelos trabalhadores da iniciativa privada.

▸ Publicada no *DOU* de 11-12-2009.

24. Não se tipifica crime material contra a ordem tributária, previsto no art. 1º, incisos I a IV, da Lei nº 8.137/1990, antes do lançamento definitivo do tributo.

▸ Publicada no *DOU* de 11-12-2009.

25. É ilícita a prisão civil de depositário infiel, qualquer que seja a modalidade do depósito.

▸ Publicada no *DOU* de 23-12-2009.

26. Para efeito de progressão de regime no cumprimento de pena por crime hediondo, ou equiparado, o juízo da execução observará a inconstitucionalidade do art. 2º da Lei nº 8.072, de 25 de julho de 1990, sem prejuízo de avaliar se o condenado preenche, ou não, os requisitos objetivos e subjetivos do benefício, podendo determinar, para tal fim, de modo fundamentado, a realização de exame criminológico.

▸ Publicada no *DOU* de 23-12-2009.

27. Compete à Justiça estadual julgar causas entre consumidor e concessionária de serviço público de telefonia, quando a ANATEL não seja litisconsorte passiva necessária, assistente, nem opoente.

▸ Publicada no *DOU* de 23-12-2009.

28. É inconstitucional a exigência de depósito prévio como requisito de admissibilidade de ação judicial na qual se pretenda discutir a exigibilidade de crédito tributário.

▸ Publicada no *DOU* de 17-2-2010.

29. É constitucional a adoção, no cálculo do valor de taxa, de um ou mais elementos da base de cálculo própria de determinado imposto, desde que não haja integral identidade entre uma base e outra.

▸ Publicada no *DOU* de 17-2-2010.

30. ....

▸ O STF decidiu suspender a publicação da Súmula Vinculante nº 30, em razão de questão de ordem levantada pelo Ministro José Antonio Dias Toffoli, em 4-2-2010.

31. É inconstitucional a incidência do Imposto sobre Serviços de Qualquer Natureza – ISS sobre operações de locação de bens móveis.

▸ Publicada no *DOU* de 17-2-2010.

32. O ICMS não incide sobre alienação de salvados de sinistro pelas seguradoras.

▸ Publicada no *DOU* de 24-2-2011.

33. Aplicam-se ao servidor público, no que couber, as regras do regime geral da previdência social sobre aposentadoria especial de que trata o artigo 40, § 4º, inciso III da Constituição Federal, até a edição de lei complementar específica.

▸ Publicada no *DOU* de 24-4-2014.

34. A Gratificação de Desempenho de Atividade de Seguridade Social e do Trabalho – GDASST, instituída pela Lei nº 10.483/2002, deve ser estendida aos inativos no valor correspondente a 60 (sessenta) pontos, desde o advento da Medida Provisória nº 198/2004, convertida na Lei nº 10.971/2004, quando tais inativos façam jus à paridade constitucional.

▸ Publicada no *DOU* de 24-10-2014.

35. A homologação da transação penal prevista no artigo 76 da Lei nº 9.099/1995 não faz coisa julgada material e, descumpridas suas cláusulas, retoma-se a situação anterior, possibilitando-se ao Ministério Público a continuidade da persecução penal mediante oferecimento de denúncia ou requisição de inquérito policial.

▸ Publicada no *DOU* de 24-10-2014.

36. Compete à Justiça Federal comum processar e julgar civil denunciado pelos crimes de falsificação e de uso de documento falso quando se tratar de falsificação da Caderneta de Inscrição e Registro (CIR) ou de Carteira de Habilitação de Amador (CHA), ainda que expedidas pela Marinha do Brasil.

▸ Publicada no *DOU* de 24-10-2014.

37. Não cabe ao Poder Judiciário, que não tem função legislativa, aumentar vencimentos de servidores públicos sob o fundamento de isonomia.

▸ Publicada no *DOU* de 24-10-2014.

38. É competente o Município para fixar o horário de funcionamento de estabelecimento comercial.

▸ Publicada no *DOU* de 20-3-2015.

39. Compete privativamente à União legislar sobre vencimentos dos membros das polícias civil e militar e do corpo de bombeiros militar do Distrito Federal.

▸ Publicada no *DOU* de 20-3-2015.

40. A contribuição confederativa de que trata o art. 8º, IV, da Constituição Federal, só é exigível dos filiados ao sindicato respectivo.

▸ Publicada no *DOU* de 20-3-2015.

41. O serviço de iluminação pública não pode ser remunerado mediante taxa.

▸ Publicada no *DOU* de 20-3-2015.

42. É inconstitucional a vinculação do reajuste de vencimentos de servidores estaduais ou municipais a índices federais de correção monetária.

▸ Publicada no *DOU* de 20-3-2015.

43. É inconstitucional toda modalidade de provimento que propicie ao servidor investir-se, sem prévia aprovação em concurso público destinado ao seu provimento, em cargo que não integra a carreira na qual anteriormente investido.

▸ Publicada no *DOU* de 17-4-2015.

44. Só por lei se pode sujeitar a exame psicotécnico a habilitação de candidato a cargo público.

▸ Publicada no *DOU* de 17-4-2015.

45. A competência constitucional do Tribunal do Júri prevalece sobre o foro por prerrogativa de função estabelecido exclusivamente pela constituição estadual.

▸ Publicada no *DOU* de 17-4-2015.

46. A definição dos crimes de responsabilidade e o estabelecimento das respectivas normas de processo e julgamento são da competência legislativa privativa da União.

► Publicada no *DOU* de 17-4-2015.

47. Os honorários advocatícios incluídos na condenação ou destacados do montante principal devido ao credor consubstanciam verba de natureza alimentar cuja satisfação ocorrerá com a expedição de precatório ou requisição de pequeno valor, observada ordem especial restrita aos créditos dessa natureza.

► Publicada no *DOU* de 2-6-2015.

48. Na entrada de mercadoria importada do exterior, é legítima a cobrança do ICMS por ocasião do desembaraço aduaneiro.

► Publicada no *DOU* de 2-6-2015.

49. Ofende o princípio da livre concorrência lei municipal que impede a instalação de estabelecimentos comerciais do mesmo ramo em determinada área.

► Publicada no *DOU* de 23-6-2015.

50. Norma legal que altera o prazo de recolhimento de obrigação tributária não se sujeita ao princípio da anterioridade.

► Publicada no *DOU* de 23-6-2015.

51. O reajuste de 28,86%, concedido aos servidores militares pelas Leis nºs 8.622/1993 e 8.627/1993, estende-se aos servidores civis do poder executivo, observadas as eventuais compensações decorrentes dos reajustes diferenciados concedidos pelos mesmos diplomas legais.

► Publicada no *DOU* de 23-6-2015.

52. Ainda quando alugado a terceiros, permanece imune ao IPTU o imóvel pertencente a qualquer das entidades referidas pelo art. 150, VI, *c*, da Constituição Federal, desde que o valor dos aluguéis seja aplicado nas atividades para as quais tais entidades foram constituídas.

► Publicada no *DOU* de 23-6-2015.

53. A competência da Justiça do Trabalho prevista no art. 114, VIII, da Constituição Federal alcança a execução de ofício das contribuições previdenciárias relativas ao objeto da condenação constante das sentenças que proferir e acordos por ela homologados.

► Publicada no *DOU* de 23-6-2015.

54. A medida provisória não apreciada pelo congresso nacional podia, até a Emenda Constitucional 32/2001, ser reeditada dentro do seu prazo de eficácia de trinta dias, mantidos os efeitos de lei desde a primeira edição.

► Publicada no *DJe* de 22-3-2016.

55. O direito ao auxílio-alimentação não se estende aos servidores inativos.

► Publicada no *DJe* de 22-3-2016.

56. A falta de estabelecimento penal adequado não autoriza a manutenção do condenado em regime prisional mais gravoso, devendo-se observar, nessa hipótese, os parâmetros fixados no RE 641.320/RS.

► Publicada no *DOU* de 8-8-2016.

57. A imunidade tributária constante do art. 150, VI, *d*, da CF aplica-se à importação e comercialização, no mercado interno, do livro eletrônico (*e-book*) e dos suportes exclusivamente utilizados para fixá-lo, como os leitores de livros eletrônicos (*e-readers*), ainda que possuam funcionalidades acessórias.

► Publicada no *DOU* de 24-4-2020.

58. Inexiste direito a crédito presumido de IPI relativamente à entrada de insumos isentos, sujeitos à alíquota zero ou não tributáveis, o que não contraria o princípio da não cumulatividade.

► Publicada no *DOU* de 8-5-2020.

SÚMULAS DO SUPREMO TRIBUNAL FEDERAL

► As súmulas, a partir do nº 622, foram publicadas após a CF/1988.

1. É vedada a expulsão de estrangeiro casado com brasileira, ou que tenha filho brasileiro dependente da economia paterna.

2. *Sem eficácia. HC* nº 47.663/SP (*DJU* de 27-11-1970).

3. A imunidade concedida a deputados estaduais é restrita à Justiça do Estado.

► *Súmula superada.* Recurso Extraordinário nº 456.679-6/DF (*DJU* de 7-4-2006).

4. *Cancelada.* Inquérito nº 104/RS (*DJU* de 2-10-1981).

5. A sanção do projeto supre a falta de iniciativa do Poder Executivo.

► Súmula aplicável na vigência da CF/1946. Representação nº 890/GB.

6. A revogação ou anulação, pelo Poder Executivo, de aposentadoria, ou qualquer outro ato aprovado pelo Tribunal de Contas, não produz efeitos antes de aprovada por aquele Tribunal, ressalvada a competência revisora do Judiciário.

7. Sem prejuízo de recurso para o congresso, não é exequível contrato administrativo a que o tribunal de contas houver negado registro.

8. Diretor de sociedade de economia mista pode ser destituído no curso do mandato.

9. Para o acesso de auditores ao Superior Tribunal Militar, só concorrem os de segunda entrância.

10. O tempo de serviço militar conta-se para efeito de disponibilidade e aposentadoria do servidor público estadual.

11. A vitaliciedade não impede a extinção do cargo, ficando o funcionário em disponibilidade, com todos os vencimentos.

12. A vitaliciedade do professor catedrático não impede o desdobramento da cátedra.

13. A equiparação de extranumerário a funcionário efetivo, determinada pela Lei nº 2.284, de 9-8-1954, não envolve reestruturação, não compreendendo, portanto, os vencimentos.

14. *Cancelada.* Recursos Extraordinários nºs 88.968-0/PR (*DJU* de 11-4-1980) e 74.486/RJ.

15. Dentro do prazo de validade do concurso, o candidato aprovado tem o direito à nomeação, quando o cargo for preenchido sem observância da classificação.

16. Funcionário nomeado por concurso tem o direito à posse.

17. A nomeação de funcionário sem concurso pode ser desfeita antes da posse.

18. Pela falta residual, não compreendida na absolvição pelo juízo criminal, é admissível a punição administrativa do servidor público.

19. É inadmissível segunda punição de servidor público, baseada no mesmo processo em que se fundou a primeira.

20. É necessário processo administrativo, com ampla defesa, para demissão de funcionário admitido por concurso.

21. Funcionário em estágio probatório não pode ser exonerado nem demitido sem inquérito ou sem as formalidades legais de apuração de sua capacidade.

22. O estágio probatório não protege o funcionário contra a extinção do cargo.

23. Verificados os pressupostos legais para o licenciamento da obra, não o impede a declaração de utilidade pública para desapropriação do imóvel, mas o valor da obra não se incluirá na indenização, quando a desapropriação for efetivada.

24. Funcionário interino substituto é demissível, mesmo antes de cessar a causa da substituição.

25. A nomeação a termo não impede a livre demissão, pelo Presidente da República, de ocupante de cargo dirigente de autarquia.

26. Os servidores do instituto de aposentadoria e pensões dos industriários não podem acumular a sua gratificação bienal com o adicional de tempo de serviço previsto no estatuto dos funcionários civis da união.

27. Os servidores públicos não têm vencimentos irredutíveis, prerrogativa dos membros do poder judiciário e dos que lhes são equiparados.

28. O estabelecimento bancário é responsável pelo pagamento de cheque falso, ressalvadas as hipóteses de culpa exclusiva ou concorrente do correntista.

29. Gratificação devida a servidores do "sistema fazendário" não se estende aos dos tribunais de contas.

30. Servidores de coletorias não têm direito a percentagem pela cobrança de contribuições destinadas à PETROBRAS.

31. Para aplicação da Lei nº 1.741, de 22-11-1952, soma-se o tempo de serviço ininterrupto em mais de um cargo em comissão.

32. Para aplicação da Lei nº 1.741, de 22-11-1952, soma-se o tempo de serviço ininterrupto em cargo em comissão e em função gratificada.

33. A Lei nº 1.741, de 22-11-1952, é aplicável às autarquias federais.

34. No Estado de São Paulo, funcionário eleito vereador fica licenciado por toda a duração do mandato.

35. Em caso de acidente do trabalho ou de transporte, a concubina tem direito de ser indenizada pela morte do amásio, se entre eles não havia impedimento para o matrimônio.

36. Servidor vitalício está sujeito à aposentadoria compulsória, em razão da idade.

37. Não tem direito de se aposentar pelo tesouro nacional o servidor que não satisfizer as condições estabelecidas na legislação do serviço público federal, ainda que aposentado pela respectiva instituição previdenciária, com direito, em tese, a duas aposentadorias.

38. Reclassificação posterior à aposentadoria não aproveita ao servidor aposentado.

39. À falta de lei, funcionário em disponibilidade não pode exigir, judicialmente, o seu aproveitamento, que fica subordinado ao critério de conveniência da administração.

40. A elevação da entrância da comarca não promove automaticamente o juiz, mas não interrompe o exercício de suas funções na mesma comarca.

41. Juízes preparadores ou substitutos não têm direito aos vencimentos da atividade fora dos períodos de exercício.

42. É legítima a equiparação de juízes do Tribunal de Contas, em direitos e garantias, aos membros do Poder Judiciário.

43. Não contraria a Constituição Federal o art. 61 da Constituição de São Paulo, que equiparou os vencimentos do Ministério Público aos da Magistratura.

44. O exercício do cargo pelo prazo determinado na Lei nº 1.341, de 30-1-1951, art. 91, dá preferência para a nomeação interina de Procurador da República.

45. A estabilidade dos substitutos do Ministério Público Militar não confere direito aos vencimentos da atividade fora dos períodos de exercício.

46. Desmembramento de serventia de justiça não viola o princípio da vitaliciedade do serventuário.

47. Reitor de universidade não é livremente demissível pelo Presidente da República durante o prazo de sua investidura.

48. É legítimo o rodízio de docentes livres na substituição do professor catedrático.

49. A cláusula de inalienabilidade inclui a incomunicabilidade dos bens.

50. A lei pode estabelecer condições para a demissão de extranumerário.

51. Militar não tem direito a mais de duas promoções na passagem para a inatividade, ainda que por motivos diversos.

52. A promoção de militar, vinculada à inatividade, pode ser feita, quando couber, a posto inexistente no quadro.

53. A promoção de professor militar, vinculada à sua reforma, pode ser feita, quando couber, a posto inexistente no quadro.

54. A reserva ativa do magistério militar não confere vantagens vinculadas à efetiva passagem para a inatividade.

55. Militar da reserva está sujeito à pena disciplinar.

56. Militar reformado não está sujeito à pena disciplinar.

57. Militar inativo não tem direito ao uso do uniforme fora dos casos previstos em lei ou regulamento.

58. É válida a exigência de média superior a quatro para aprovação em estabelecimento de ensino superior, consoante o respectivo regimento.

59. Imigrante pode trazer, sem licença prévia, automóvel que lhe pertença desde mais de seis meses antes do seu embarque para o Brasil.

60. Não pode o estrangeiro trazer automóvel quando não comprovada a transferência definitiva de sua residência para o Brasil.

61. Brasileiro domiciliado no estrangeiro, que se transfere definitivamente para o Brasil, pode trazer automóvel licenciado em seu nome há mais de seis meses.

62. Não basta a simples estada no estrangeiro por mais de seis meses, para dar direito à trazida de automóvel com fundamento em transferência de residência.

63. É indispensável, para trazida de automóvel, a prova do licenciamento há mais de seis meses no país de origem.

64. É permitido trazer do estrangeiro, como bagagem, objetos de uso pessoal e doméstico, desde que, por sua quantidade e natureza, não induzam finalidade comercial.

65. A cláusula de aluguel progressivo anterior à Lei nº 3.494, de 19-12-1958, continua em vigor em caso de prorrogação legal ou convencional da locação.

► A Lei nº 3.494, de 19-12-1958, foi revogada pela Lei nº 4.494, de 25-11-1964.

66. É legítima a cobrança do tributo que houver sido aumentado após o orçamento, mas antes do início do respectivo exercício financeiro.

67. É inconstitucional a cobrança do tributo que houver sido criado ou aumentado no mesmo exercício financeiro.

68. É legítima a cobrança, pelos municípios, no exercício de 1961, de tributo estadual, regularmente criado ou aumentado, e que lhes foi transferido pela Emenda Constitucional nº 5, de 21-11-1961.

69. A Constituição Estadual não pode estabelecer limite para o aumento de tributos municipais.

70. É inadmissível a interdição de estabelecimento como meio coercitivo para cobrança do tributo.

71. Embora pago indevidamente, não cabe restituição de tributo indireto.

72. No julgamento de questão constitucional, vinculada a decisão do Tribunal Superior Eleitoral, não estão impedidos os ministros do Supremo Tribunal Federal que ali tenham funcionado no mesmo processo ou no processo originário.

73. A imunidade das autarquias, implicitamente contida no artigo 31, V, *a*, da Constituição Federal, abrange tributos estaduais e municipais.

74. O imóvel transcrito em nome de autarquia, embora objeto de promessa de venda a particulares, continua imune de impostos locais.

► RE nº 69.781, do Tribunal Pleno, julgou que "não mais vigora a Súmula 74".

75. Sendo vendedora uma autarquia, a sua imunidade fiscal não compreende o imposto de transmissão *inter vivos*, que é encargo do comprador.

76. As sociedades de economia mista não estão protegidas pela imunidade fiscal do artigo 31, V, *a*, da Constituição Federal.

77. Está isenta de impostos federais a aquisição de bens pela Rede Ferroviária Federal.

78. Estão isentas de impostos locais as empresas de energia elétrica, no que respeita às suas atividades específicas.

79. O Banco do Brasil não tem isenção de tributos locais.

80. Para a retomada de prédio situado fora do domicílio do locador, exige-se a prova da necessidade.

81. As cooperativas não gozam de isenção de impostos locais, com fundamento na Constituição e nas leis federais.

82. São inconstitucionais o Imposto de Cessão e a taxa sobre inscrição de promessa de venda de imóvel, substitutivos do Imposto de Transmissão, por incidirem sobre ato que não transfere o domínio.

83. Os ágios de importação incluem-se no valor dos artigos importados para incidência do Imposto de Consumo.

84. Não estão isentos do Imposto de Consumo os produtos importados pelas cooperativas.

85. Não estão sujeitos ao Imposto de Consumo os bens de uso pessoal e doméstico trazidos, como bagagem, do exterior.

86. Não está sujeito ao Imposto de Consumo automóvel usado, trazido do exterior pelo proprietário.

87. Somente no que não colidirem com a Lei nº 3.244, de 14-8-1957, são aplicáveis acordos tarifários anteriores.

88. É válida a majoração da tarifa alfandegária, resultante da Lei nº 3.244, de 14-8-1957, que modificou o acordo geral sobre tarifas aduaneiras e comércio (GATT), aprovado pela Lei nº 313, de 30-7-1948.

89. Estão isentas do Imposto de Importação frutas importadas da Argentina, do Chile, da Espanha e de Portugal, enquanto vigentes os respectivos acordos comerciais.

90. É legítima a lei local que faça incidir o imposto de indústrias e profissões com base no movimento econômico do contribuinte.

91. A incidência do Imposto Único não isenta comerciante de combustíveis do Imposto de Indústrias e Profissões.

92. É constitucional o art. 100, II, da Lei nº 4.563, de 20-2-1957, do município de Recife, que faz variar o Imposto de Licença em função do aumento do capital do contribuinte.

93. Não está isenta do Imposto de Renda a atividade profissional do arquiteto.

94. É competente a autoridade alfandegária para o desconto, na fonte, do Imposto de Renda correspondente às comissões dos despachantes aduaneiros.

95. Para cálculo do Imposto de Lucro Extraordinário, incluem-se, no capital, as reservas do ano-base, apuradas em balanço.

96. O Imposto de Lucro Imobiliário incide sobre a venda de imóvel da meação do cônjuge sobrevivente, ainda que aberta a sucessão antes da vigência da Lei nº 3.470, de 28-11-1958.

► Conforme Res. do SF nº 38, de 8-7-1960, está suspensa, por motivo de inconstitucionalidade declarada pelo STF, a execução da Lei nº 3.470, de 28-11-1958, no que se refere à cobrança do Imposto de Renda sobre os vencimentos dos magistrados.

97. É devida a alíquota anterior do Imposto de Lucro Imobiliário, quando a promessa de venda houver sido celebrada antes da vigência da lei que a tiver elevado.

► Conforme Res. do SF nº 38, de 8-7-1960, está suspensa, por motivo de inconstitucionalidade declarada pelo STF, a execução da Lei nº 3.470, de 28-11-1958, no que se refere à cobrança do Imposto de Renda sobre os vencimentos dos magistrados.

98. Sendo o imóvel alienado na vigência da Lei nº 3.470, de 28-11-1958, ainda que adquirido por herança, usucapião ou a título gratuito, é devido o Imposto de Lucro Imobiliário.

► Conforme Res. do SF nº 38, de 8-7-1960, está suspensa, por motivo de inconstitucionalidade declarada pelo STF, a execução da Lei nº 3.470, de 28-11-1958, no que se refere à cobrança do Imposto de Renda sobre os vencimentos dos magistrados.

99. Não é devido o Imposto de Lucro Imobiliário quando a alienação de imóvel, adquirido por herança, ou a título gratuito, tiver sido anterior à vigência da Lei nº 3.470, de 28-11-1958.

► Conforme Res. do SF nº 38, de 8-7-1960, está suspensa, por motivo de inconstitucionalidade declarada pelo STF, a execução da Lei nº 3.470, de 28-11-1958, no que se refere à cobrança do Imposto de Renda sobre os vencimentos dos magistrados.

100. Não é devido o Imposto de Lucro Imobiliário quando a alienação de imóvel, adquirido por usucapião, tiver sido anterior à vigência da Lei nº 3.470, de 28-11-1958.

► Conforme Res. do SF nº 38, de 8-7-1960, está suspensa, por motivo de inconstitucionalidade declarada pelo STF, a execução da Lei nº 3.470, de 28-11-1958, no que se refere à cobrança do Imposto de Renda sobre os vencimentos dos magistrados.

101. O mandado de segurança não substitui a ação popular.

102. É devido o Imposto Federal do Selo pela incorporação de reservas, em reavaliação de ativo, ainda que realizada antes da vigência da Lei nº 3.519, de 30-12-1958.

103. É devido o Imposto Federal do Selo na simples reavaliação de ativo, realizada posteriormente à vigência da Lei nº 3.519, de 30-12-1958.

104. Não é devido o Imposto Federal do Selo na simples reavaliação de ativo anterior à vigência da Lei nº 3.519, de 30-12-1958.

105. Salvo se tiver havido premeditação, o suicídio do segurado no período contratual de carência não exime o segurador do pagamento do seguro.

106. É legítima a cobrança de selo sobre registro de automóvel, na conformidade da legislação estadual.

107. É inconstitucional o imposto de selo de 3%, *ad valorem*, do Paraná, quanto aos produtos remetidos para fora do Estado.

108. É legítima a incidência do Imposto de Transmissão *Inter Vivos* sobre o valor do imóvel ao tempo da alienação, e não da promessa, na conformidade da legislação local.

109. É devida a multa prevista no art. 15, § 6º, da Lei nº 1.300, de 28-12-1950, ainda que a desocupação do imóvel tenha resultado da notificação e não haja sido proposta ação de despejo.

► A Lei nº 1.300, de 28-12-1950, foi revogada pela Lei nº 4.494, de 25-11-1964.

110. O Imposto de Transmissão *Inter Vivos* não incide sobre a construção, ou parte dela, realizada pelo adquirente, mas sobre o que tiver sido construído ao tempo da alienação do terreno.

111. É legítima a incidência do Imposto de Transmissão *Inter Vivos* sobre a restituição, ao antigo proprietário, de imóvel que deixou de servir à finalidade da sua desapropriação.

112. O Imposto de Transmissão *Causa Mortis* é devido pela alíquota vigente ao tempo da abertura da sucessão.

113. O Imposto de Transmissão *Causa Mortis* é calculado sobre o valor dos bens na data da avaliação.

114. O Imposto de Transmissão *Causa Mortis* não é exigível antes da homologação do cálculo.

115. Sobre os honorários do advogado contratado pelo inventariante, com a homologação do Juiz, não incide o Imposto de Transmissão *Causa Mortis*.

116. Em desquite ou inventário, é legítima a cobrança do chamado Imposto de Reposição, quando houver desigualdade dos valores partilhados.

117. A lei estadual pode fazer variar a alíquota do Imposto de Vendas e Consignações em razão da espécie do produto.

118. Estão sujeitas ao Imposto de Vendas e Consignações as transações sobre minerais, que ainda não estão compreendidos na legislação federal sobre o Imposto Único.

► Súmula superada com a vigência da Lei nº 4.425, de 8-10-1964. RE nº 70.138.

► A Lei nº 4.425, de 8-10-1964, foi revogada pelo Dec.-lei nº 1.038, de 21-10-1969.

119. É devido o Imposto de Vendas e Consignações sobre a venda de cafés ao Instituto Brasileiro do Café, embora o lote, originariamente, se destinasse à exportação.

120. Parede de tijolos de vidro translúcido pode ser levantada a menos de metro e meio do prédio vizinho, não importando servidão sobre ele.

121. É vedada a capitalização de juros, ainda que expressamente convencionada.

122. O enfiteuta pode purgar a mora enquanto não decretado o comisso por sentença.

123. Sendo a locação regida pelo Dec. nº 24.150, de 20-4-1934, o locatário não tem direito à purgação da mora, prevista na Lei nº 1.300, de 28-12-1950.

► O Dec. nº 24.150, de 20-4-1934, foi revogado pela Lei nº 8.245, de 18-10-1991 (Lei das Locações).

► A Lei nº 1.300, de 28-12-1950, foi revogada pela Lei nº 4.494, de 25-11-1964.

124. É inconstitucional o adicional do Imposto de Vendas e Consignações cobrado pelo Estado do Espírito Santo sobre cafés da cota de expurgo entregues ao Instituto Brasileiro do Café.

125. Não é devido o Imposto de Vendas e Consignações sobre a parcela do Imposto de Consumo que onera a primeira venda realizada pelo produtor.

126. É inconstitucional a chamada taxa de aguardente, do Instituto do Açúcar e do Álcool.

127. É indevida a taxa de armazenagem, posteriormente aos primeiros trinta dias, quando não exigível o Imposto de Consumo, cuja cobrança tenha motivado a retenção da mercadoria.

128. É indevida a taxa de assistência médica e hospitalar das instituições de previdência social.

129. Na conformidade da legislação local, é legítima a cobrança de taxas de calçamento.

130. A taxa de despacho aduaneiro (art. 66 da Lei nº 3.244, de 14-8-1957) continua a ser exigível após o Dec. Legislativo nº 14, de 25-8-1960, que aprovou alterações introduzidas no Acordo Geral sobre Tarifas Aduaneiras e Comércio (GATT).

► Súmula com pedido de revisão proposto no RE nº 69.234/SP.

131. A taxa de despacho aduaneiro (art. 66 da Lei nº 3.244, de 14-8-1957) continua a ser exigível após o Dec. Legislativo nº 14, de 25-8-1960, mesmo para as mercadorias incluídas na vigente lista III do Acordo Geral sobre Tarifas Aduaneiras e Comércio (GATT).

► Súmula com pedido de revisão proposto no RE nº 69.234/SP.

132. Não é devida a taxa de previdência social na importação de amianto bruto ou em fibra.

133. Não é devida a taxa de despacho aduaneiro na importação de fertilizantes e inseticidas.

134. A isenção fiscal para a importação de frutas da Argentina compreende a taxa de despacho aduaneiro e a taxa de previdência social.

135. É inconstitucional a taxa de eletrificação de Pernambuco.

136. É constitucional a taxa de estatística da Bahia.

137. A taxa de fiscalização da exportação incide sobre a bonificação cambial concedida ao exportador.

138. É inconstitucional a taxa contra fogo, do Estado de Minas Gerais, incidente sobre prêmio de seguro contra fogo.

139. É indevida a cobrança do imposto de transação a que se refere a Lei nº 899, de 1957, art. 58, IV, *e*, do antigo Distrito Federal.

140. Na importação de lubrificantes é devida a taxa de previdência social.

141. Não incide a taxa de previdência social sobre combustíveis.

142. Não é devida a taxa de previdência social sobre mercadorias isentas do Imposto de Importação.

143. Na forma da lei estadual, é devido o Imposto de Vendas e Consignações na exportação de café pelo Estado da Guanabara, embora proveniente de outro Estado.

144. É inconstitucional a incidência da taxa de recuperação econômica de Minas Gerais sobre contrato sujeito ao Imposto Federal do Selo.

145. Não há crime, quando a preparação do flagrante pela polícia torna impossível a sua consumação.

146. A prescrição da ação penal regula-se pela pena concretizada na sentença, quando não há recurso da acusação.

147. A prescrição de crime falimentar começa a correr da data em que deveria estar encerrada a falência, ou do trânsito em julgado da sentença que a encerrar ou que julgar cumprida a concordata.

148. É legítimo o aumento de tarifas portuárias por ato do Ministro da Viação e Obras Públicas.

149. É imprescritível a ação de investigação de paternidade, mas não o é a de petição de herança.

150. Prescreve a execução no mesmo prazo de prescrição da ação.

151. Prescreve em um ano a ação do segurador sub-rogado para haver indenização por extravio ou perda de carga transportada por navio.

152. *Revogada*. Súm. nº 494 do STF.

153. Simples protesto cambiário não interrompe a prescrição.

154. Simples vistoria não interrompe a prescrição.

155. É relativa a nulidade do processo criminal por falta de intimação da expedição de precatória para inquirição de testemunha.

156. É absoluta a nulidade do julgamento, pelo júri, por falta de quesito obrigatório.

157. É necessária prévia autorização do Presidente da República para desapropriação, pelos Estados, de empresa de energia elétrica.

158. Salvo estipulação contratual averbada no Registro Imobiliário, não responde o adquirente pelas benfeitorias do locatário.

159. Cobrança excessiva, mas de boa-fé, não dá lugar às sanções do art. 1.531 do Código Civil.

► Refere-se ao CC/1916. Art. 940 do CC/2002.

160. É nula a decisão do Tribunal que acolhe, contra o réu, nulidade não arguida no recurso da acusação, ressalvados os casos de recurso de ofício.

161. Em contrato de transporte, é inoperante a cláusula de não indenizar.

162. É absoluta a nulidade do julgamento pelo júri, quando os quesitos da defesa não precedem aos das circunstâncias agravantes.

163. Salvo contra a Fazenda Pública, sendo a obrigação ilíquida, contam-se os juros moratórios desde a citação inicial para a ação.

► Súmula com a primeira parte superada. RE nº 109.156/SP (*DJU* de 7-8-1987).

164. No processo de desapropriação, são devidos juros compensatórios desde a antecipada imissão de posse, ordenada pelo juiz, por motivo de urgência.

165. A venda realizada diretamente pelo mandante ao mandatário não é atingida pela nulidade do art. 1.133, II, do Código Civil.

► Refere-se ao CC/1916. Art. 497 do CC/2002.

166. É inadmissível o arrependimento no compromisso de compra e venda sujeito ao regime do Decr.-Lei nº 58, de 10 de dezembro de 1937.

167. Não se aplica o regime do Dec.-Lei nº 58, de 10-12-1937, ao compromisso de compra e venda não inscrito no Registro Imobiliário, salvo se o promitente vendedor se obrigou a efetuar o registro.

168. Para os efeitos do Dec.-Lei nº 58, de 10 de dezembro de 1937, admite-se a inscrição imobiliária do compromisso de compra e venda no curso da ação.

169. Depende de sentença a aplicação da pena de comisso.

170. É resgatável a enfiteuse instituída anteriormente à vigência do Código Civil.

► Refere-se ao CC/1916. Art. 2.038 do CC.

171. Não se admite, na locação em curso, de prazo determinado, a majoração de encargos a que se refere a Lei nº 3.844, de 15-12-1960.

► A Lei nº 3.844, de 15-12-1960, foi revogada pela Lei nº 4.494, de 25-11-1964.

172. Não se admite, na locação em curso, de prazo determinado, o reajustamento de aluguel a que se refere a Lei nº 3.085, de 29-12-1956.

► A Lei nº 3.085, de 29-12-1956, foi revogada pela Lei nº 4.494, de 25-11-1964.

173. Em caso de obstáculo judicial admite-se a purga da mora, pelo locatário, além do prazo legal.

174. Para a retomada do imóvel alugado, não é necessária a comprovação dos requisitos legais na notificação prévia.

175. Admite-se a retomada de imóvel alugado para uso de filho que vai contrair matrimônio.

176. O promitente comprador, nas condições previstas na Lei nº 1.300, de 28-12-1950, pode retomar o imóvel locado.

► A Lei nº 1.300, de 28-12-1950, foi revogada pela Lei nº 4.494, de 25-11-1964.

177. O cessionário do promitente comprador, nas mesmas condições deste, pode retomar o imóvel locado.

178. Não excederá de cinco anos a renovação judicial de contrato de locação fundada no Dec. nº 24.150, de 20-4-1934.

► O Dec. nº 24.150, de 20-4-1934, foi revogado pela Lei nº 8.245, de 18-10-1991 (Lei das Locações).

179. O aluguel arbitrado judicialmente nos termos da Lei nº 3.085, de 29-12-1956, art. 6º, vigora a partir da data do laudo pericial.

► A Lei nº 3.085, de 29-12-1956, foi revogada pela Lei nº 4.494, de 25-11-1964.

180. Na ação revisional do art. 31 do Dec. nº 24.150, de 20-4-1934, o aluguel arbitrado vigora a partir do laudo pericial.

► O Dec. nº 24.150, de 20-4-1934, foi revogado pela Lei nº 8.245, de 18-10-1991 (Lei das Locações).

181. Na retomada, para construção mais útil, de imóvel sujeito ao Dec. nº 24.150, de 20-4-1934, é sempre devida indenização para despesas de mudança do locatário.

► O Dec. nº 24.150, de 20-4-1934, foi revogado pela Lei nº 8.245, de 18-10-1991 (Lei das Locações).

182. Não impede o reajustamento do débito pecuário, nos termos da Lei nº 1.002, de 24-12-1949, a falta de cancelamento da renúncia à moratória da Lei nº 209, de 2-1-1948.

183. Não se incluem no reajustamento pecuário dívidas estranhas à atividade agropecuária.

184. Não se incluem no reajustamento pecuário dívidas contraídas posteriormente a 19-12-1946.

185. Em processo de reajustamento pecuário, não responde a União pelos honorários do advogado do credor ou do devedor.

186. Não infringe a lei a tolerância da quebra de um por cento no transporte por estrada de ferro, prevista no regulamento de transportes.

187. A responsabilidade contratual do transportador, pelo acidente com o passageiro, não é elidida por culpa de terceiro, contra o qual tem ação regressiva.

188. O segurador tem ação regressiva contra o causador do dano, pelo que efetivamente pagou, até o limite previsto no contrato de seguro.

189. Avais em branco e superpostos consideram-se simultâneos e não sucessivos.

190. O não pagamento de título vencido há mais de 30 dias, sem protesto, não impede a concordata preventiva.

191. *Cancelada.* RE nº 79.625/SP (*DJU* de 8-7-1975).

192. Não se inclui no crédito habilitado em falência a multa fiscal com efeito de pena administrativa.

193. Para a restituição prevista no artigo 76, § 2º, da Lei das Falências, conta-se o prazo de quinze dias da entrega da coisa e não da sua remessa.

► Refere-se à antiga Lei das Falências. Art. 85, parágrafo único, da Lei nº 11.101, de 9-2-2005 (Lei de Recuperação de Empresas e Falências).

194. É competente o Ministro do Trabalho para a especificação das atividades insalubres.

195. Contrato de trabalho para obra certa, ou de prazo determinado, transforma-se em contrato de prazo indeterminado, quando prorrogado por mais de quatro anos.

196. Ainda que exerça atividade rural, o empregado de empresa industrial ou comercial é classificado de acordo com a categoria do empregador.

197. O empregado com representação sindical só pode ser despedido mediante inquérito em que se apure falta grave.

198. As ausências motivadas por acidente do trabalho não são descontáveis do período aquisitivo das férias.

199. O salário das férias do empregado horista corresponde à média do período aquisitivo, não podendo ser inferior ao mínimo.

200. Não é inconstitucional a Lei nº 1.530, de 26-12-1951, que manda incluir na indenização por despedida injusta parcela correspondente a férias proporcionais.

201. O vendedor pracista, remunerado mediante comissão, não tem direito ao repouso semanal remunerado.

202. Na equiparação de salário, em caso de trabalho igual, toma-se em conta o tempo de serviço na função, e não no emprego.

203. Não está sujeita à vacância de sessenta dias a vigência de novos níveis de salário mínimo.

204. Tem direito o trabalhador substituto, ou de reserva, ao salário mínimo no dia em que fica à disposição do empregador sem ser aproveitado na função específica; se aproveitado, recebe o salário-contratual.

205. Tem direito a salário integral o menor não sujeito à aprendizagem metódica.

206. É nulo o julgamento ulterior pelo júri com a participação de jurado que funcionou em julgamento anterior do mesmo processo.

207. As gratificações habituais, inclusive a de Natal, consideram-se tacitamente convencionadas, integrando o salário.

208. O assistente do Ministério Público não pode recorrer, extraordinariamente, de decisão concessiva de *habeas corpus*.

209. O salário produção, como outras modalidades de salário prêmio, é devido, desde que verificada a condição a que estiver subordinado, e não pode ser suprimido unilateralmente pelo empregador, quando pago com habitualidade.

210. O assistente do Ministério Público pode recorrer, inclusive extraordinariamente, na ação penal, nos casos dos artigos 584, § 1º, e 598 do Código de Processo Penal.

211. Contra a decisão proferida sobre o agravo no auto do processo, por ocasião do julgamento da apelação, não se admitem embargos infringentes ou de nulidade.

212. Tem direito ao adicional de serviço perigoso o empregado de posto de revenda de combustível líquido.

213. É devido o adicional de serviço noturno, ainda que sujeito o empregado ao regime de revezamento.

214. A duração legal da hora de serviço noturno (52 minutos e 30 segundos) constitui vantagem suplementar, que não dispensa o salário adicional.

215. Conta-se a favor de empregado readmitido o tempo de serviço anterior, salvo se houver sido despedido por falta grave ou tiver recebido a indenização legal.

216. Para decretação da absolvição de instância pela paralisação do processo por mais de trinta dias, é necessário que o autor, previamente intimado, não promova o andamento da causa.

217. Tem direito de retornar ao emprego, ou ser indenizado em caso de recusa do empregador, o aposentado que recupera a capacidade de trabalho dentro de cinco anos, a contar da aposentadoria, que se torna definitiva após esse prazo.

218. É competente o Juízo da Fazenda Nacional da Capital do Estado, e não o da situação da coisa, para a desapropriação promovida por empresa de energia elétrica, se a União Federal intervém como assistente.

219. Para a indenização devida a empregado que tinha direito a ser readmitido, e não foi, levam-se em conta as vantagens advindas à sua categoria no período do afastamento.

220. A indenização devida a empregado estável, que não é readmitido ao cessar sua aposentadoria, deve ser paga em dobro.

221. A transferência de estabelecimento, ou a sua extinção parcial, por motivo que não seja de força maior, não justifica a transferência de empregado estável.

222. O princípio da identidade física do juiz não é aplicável às Juntas de Conciliação e Julgamento da Justiça do Trabalho.

► EC nº 24, de 9-12-1999, extinguiu a representação pelos juízes classistas na Justiça do Trabalho e substituiu as Juntas de Conciliação e Julgamento por Varas do Trabalho.

223. Concedida isenção de custas ao empregado, por elas não responde o sindicato que o representa em juízo.

224. Os juros da mora, nas reclamações trabalhistas, são contados desde a notificação inicial.

225. Não é absoluto o valor probatório das anotações da Carteira Profissional.

226. Na ação de desquite, os alimentos são devidos desde a inicial e não da data da decisão que os concede.

227. A concordata do empregador não impede a execução de crédito nem a reclamação de empregado na Justiça do Trabalho.

228. Não é provisória a execução na pendência de recurso extraordinário, ou de agravo destinado a fazê-lo admitir.

► O STF, no julgamento do RE nº 84.334/SP, decidiu que essa súmula não mais prevalece.

229. A indenização acidentária não exclui a do direito comum, em caso de dolo ou culpa grave do empregador.

230. A prescrição da ação de acidente do trabalho conta-se do exame pericial que comprovar a enfermidade ou verificar a natureza da incapacidade.

231. O revel, em processo cível, pode produzir provas, desde que compareça em tempo oportuno.

232. Em caso de acidente do trabalho, são devidas diárias até doze meses, as quais não se confundem com a indenização acidentária, nem com o auxílio-enfermidade.

233. Salvo em caso de divergência qualificada (Lei nº 623, de 1949), não cabe recurso de embargos contra decisão que nega provimento a agravo ou não conhece de recurso extraordinário, ainda que por maioria de votos.

234. São devidos honorários de advogado em ação de acidente do trabalho julgada procedente.

235. É competente para a ação de acidente do trabalho a Justiça Cível Comum, inclusive em segunda instância, ainda que seja parte autarquia seguradora.

► O STF, no julgamento do Conflito de Competência nº 7.204, definiu a competência da justiça trabalhista, a partir da EC nº 45/2004, para julgamento das ações de indenização por danos morais e patrimoniais decorrentes de acidente do trabalho.

236. Em ação de acidente do trabalho, a autarquia seguradora não tem isenção de custas.

237. O usucapião pode ser arguido em defesa.

238. Em caso de acidente do trabalho, a multa pelo retardamento da liquidação é exigível do segurador sub-rogado, ainda que autarquia.

239. Decisão que declara indevida a cobrança do imposto em determinado exercício não faz coisa julgada em relação aos posteriores.

240. O depósito para recorrer, em ação de acidente do trabalho, é exigível do segurador sub-rogado, ainda que autarquia.

241. A contribuição previdenciária incide sobre o abono incorporado ao salário.

242. O agravo no auto do processo deve ser apreciado, no julgamento da apelação, ainda que o agravante não tenha apelado.

243. Em caso de dupla aposentadoria, os proventos a cargo do IAPFESP não são equiparáveis aos pagos pelo Tesouro Nacional, mas calculados à base da média salarial nos últimos doze meses de serviço.

244. A importação de máquinas de costura está isenta do Imposto de Consumo.

245. A imunidade parlamentar não se estende ao corréu sem essa prerrogativa.

246. Comprovado não ter havido fraude, não se configura o crime de emissão de cheque sem fundos.

247. O relator não admitirá os embargos da Lei nº 623, de 19-2-1949, nem deles conhecerá o Supremo Tribunal Federal, quando houver jurisprudência firme do plenário no mesmo sentido da decisão embargada.

248. É competente, originariamente, o Supremo Tribunal Federal, para o mandado de segurança contra o ato do Tribunal de Contas da União.

249. É competente o Supremo Tribunal Federal para a ação rescisória, quando, embora não tendo conhecido do recurso extraordinário, ou havendo negado provimento a agravo, tiver apreciado a questão federal controvertida.

250. A intervenção da União desloca o processo do juízo cível comum para o fazendário.

251. Responde a Rede Ferroviária Federal S.A. perante o foro comum e não perante o juízo especial da Fazenda Nacional, a menos que a União intervenha na causa.

252. Na ação rescisória, não estão impedidos juízes que participaram do julgamento rescindendo.

253. Nos embargos da Lei nº 623, de 19-2-1949, no Supremo Tribunal Federal, a divergência somente será acolhida, se tiver sido indicada na petição de recurso extraordinário.

254. Incluem-se os juros moratórios na liquidação, embora omisso o pedido inicial ou a condenação.

255. *Cancelada.* ERE nº 74.244/PR (*DJU* de 19-12-1973).

256. É dispensável pedido expresso para condenação do réu em honorários, com fundamento nos artigos 63 ou 64 do Código de Processo Civil.

► Refere-se ao CPC/1939.

257. São cabíveis honorários de advogado na ação regressiva do segurador contra o causador do dano.

258. É admissível reconvenção em ação declaratória.

259. Para produzir efeito em juízo não é necessária a inscrição, no Registro Público, de documentos de procedência estrangeira, autenticados por via consular.

260. O exame de livros comerciais, em ação judicial, fica limitado às transações entre os litigantes.

261. Para a ação de indenização, em caso de avaria, é dispensável que a vistoria se faça judicialmente.

262. Não cabe medida possessória liminar para liberação alfandegária de automóvel.

263. O possuidor deve ser citado pessoalmente para a ação de usucapião.

264. Verifica-se a prescrição intercorrente pela paralisação da ação rescisória por mais de cinco anos.

265. Na apuração de haveres, não prevalece o balanço não aprovado pelo sócio falecido, excluído ou que se retirou.

266. Não cabe mandado de segurança contra lei em tese.

267. Não cabe mandado de segurança contra ato judicial passível de recurso ou correição.

268. Não cabe mandado de segurança contra decisão judicial com trânsito em julgado.

269. O mandado de segurança não é substitutivo de ação de cobrança.

270. Não cabe mandado de segurança para impugnar enquadramento da Lei nº 3.780, de 12-7-1960, que envolva exame de prova ou de situação funcional complexa.

271. Concessão de mandado de segurança não produz efeitos patrimoniais em relação a período pretérito, os quais devem ser reclamados administrativamente ou pela via judicial própria.

272. Não se admite como ordinário recurso extraordinário de decisão denegatória de mandado de segurança.

273. Nos embargos da Lei nº 623, de 19-2-1949, a divergência sobre questão prejudicial ou preliminar, suscitada após a interposição do recurso extraordinário, ou do agravo, somente será acolhida se o acórdão padrão for anterior à decisão embargada.

274. *Revogada.* Súm. nº 549 do STF.

275. Está sujeita a recurso *ex officio* sentença concessiva de reajustamento pecuário anterior à vigência da Lei nº 2.804, de 25 de junho de 1956.

276. Não cabe recurso de revista em ação executiva fiscal.

277. São cabíveis embargos, em favor da Fazenda Pública, em ação executiva fiscal, não sendo unânime a decisão.

278. São cabíveis embargos em ação executiva fiscal contra decisão reformatória da de primeira instância, ainda que unânime.

279. Para simples reexame de prova não cabe recurso extraordinário.

280. Por ofensa a direito local não cabe recurso extraordinário.

281. É inadmissível o recurso extraordinário, quando couber, na Justiça de origem, recurso ordinário da decisão impugnada.

282. É inadmissível o recurso extraordinário, quando não ventilada, na decisão recorrida, a questão federal suscitada.

283. É inadmissível o recurso extraordinário, quando a decisão recorrida assenta em mais de um fundamento suficiente e o recurso não abrange todos eles.

284. É inadmissível o recurso extraordinário, quando a deficiência na sua fundamentação não permitir a exata compreensão da controvérsia.

285. Não sendo razoável a arguição de inconstitucionalidade, não se conhece do recurso extraordinário fundado na letra *c* do artigo 101, III, da Constituição Federal.

286. Não se conhece do recurso extraordinário fundado em divergência jurisprudencial, quando a orientação do plenário do Supremo Tribunal Federal já se firmou no mesmo sentido da decisão recorrida.

287. Nega-se provimento ao agravo, quando a deficiência na sua fundamentação, ou na do recurso extraordinário, não permitir a exata compreensão da controvérsia.

288. Nega-se provimento a agravo para subida de recurso extraordinário, quando faltar no traslado o despacho agravado, a decisão recorrida, a petição de recurso extraordinário ou qualquer peça essencial à compreensão da controvérsia.

289. O provimento do agravo por uma das Turmas do Supremo Tribunal Federal, ainda que sem ressalva, não prejudica a questão do cabimento do recurso extraordinário.

290. Nos embargos da Lei nº 623, de 19-2-1949, a prova de divergência far-se-á por certidão, ou mediante indicação do *Diário da Justiça* ou de repertório de jurisprudência autorizado, que a tenha publicado, com a transcrição do trecho que configure a divergência, mencionadas as circunstâncias que identifiquem ou assemelhem os casos confrontados.

291. No recurso extraordinário pela letra *d* do art. 101, III, da Constituição, a prova do dissídio jurisprudencial far-se-á por certidão, ou mediante indicação do *Diário da Justiça* ou de repertório de jurisprudência autorizado, com a transcrição do trecho que configure a divergência, mencionadas as circunstâncias que identifiquem ou assemelhem os casos confrontados.

► Refere-se à CF/1946.

292. Interposto o recurso extraordinário por mais de um dos fundamentos indicados no artigo 101, III, da Constituição, a admissão apenas por um deles não prejudica o seu conhecimento por qualquer dos outros.

► Refere-se à CF/ 1946. Art. 102, III, da CF.

293. São inadmissíveis embargos infringentes contra decisão em matéria constitucional submetida ao plenário dos Tribunais.

294. São inadmissíveis embargos infringentes contra decisão do Supremo Tribunal Federal em mandado de segurança.

295. São inadmissíveis embargos infringentes contra decisão unânime do Supremo Tribunal Federal em ação rescisória.

296. São inadmissíveis embargos infringentes sobre matéria não ventilada, pela Turma, do julgamento do recurso extraordinário.

297. Oficiais e praças das milícias dos Estados, no exercício de função policial civil, não são considerados militares para efeitos penais, sendo competente a Justiça Comum para julgar os crimes cometidos por ou contra eles.

► Súmula com pedido de revisão proposto no RHC nº 56.049/SP (*DJU* de 30-6-1978) e HC nº 82.142-1/MS (*DJU* de 12-9-2003).

298. O legislador ordinário só pode sujeitar civis à Justiça Militar, em tempo de paz, nos crimes contra a segurança externa do País ou as instituições militares.

299. O recurso ordinário e o extraordinário interpostos no mesmo processo de mandado de segurança, ou de *habeas corpus*, serão julgados conjuntamente pelo Tribunal Pleno.

300. São incabíveis os embargos da Lei nº 623, de 19-2-1949, contra provimento de agravo para subida de recurso extraordinário.

301. *Cancelada.* RHC nº 49.038/AM.

302. Está isenta da taxa de previdência social a importação de petróleo bruto.

303. Não é devido o Imposto Federal de Selo em contrato firmado com autarquia anteriormente à vigência da Emenda Constitucional nº 5, de 21-11-1961.

304. Decisão denegatória de mandado de segurança, não fazendo coisa julgada contra o impetrante, não impede o uso da ação própria.

305. Acordo de desquite ratificado por ambos os cônjuges não é retratável unilateralmente.

▸ Súmula editada antes da vigência da Lei nº 6.515, de 26-12-1977 (Lei do Divórcio).

306. As taxas de recuperação econômica e de assistência hospitalar de Minas Gerais são legítimas, quando incidem sobre matéria tributável pelo Estado.

307. É devido o adicional de serviço insalubre, calculado à base do salário mínimo da região, ainda que a remuneração contratual seja superior ao salário mínimo acrescido da taxa de insalubridade.

308. A taxa de despacho aduaneiro, sendo adicional do Imposto de Importação, não incide sobre borracha importada com isenção daquele imposto.

309. A taxa de despacho aduaneiro, sendo adicional do Imposto de Importação, não está compreendida na isenção do Imposto de Consumo para automóvel usado trazido do exterior pelo proprietário.

310. Quando a intimação tiver lugar na sexta-feira, ou a publicação com efeito de intimação for feita nesse dia, o prazo judicial terá início na segunda-feira imediata, salvo se não houver expediente, caso em que começará no primeiro dia útil que se seguir.

311. No típico acidente do trabalho, a existência de ação judicial não exclui a multa pelo retardamento da liquidação.

312. Músico integrante de orquestra da empresa, com atuação permanente e vínculo de subordinação, está sujeito à legislação geral do trabalho, e não à especial dos artistas.

313. Provada a identidade entre o trabalho diurno e o noturno, é devido o adicional, quanto a este, sem a limitação do art. 73, § 3º, da CLT, independentemente da natureza da atividade do empregador.

314. Na composição do dano por acidente do trabalho, ou de transporte, não é contrário à lei tomar para base da indenização o salário do tempo da perícia ou da sentença.

315. Indispensável o traslado das razões da revista, para julgamento, pelo Tribunal Superior do Trabalho, do agravo para sua admissão.

316. A simples adesão à greve não constitui falta grave.

317. São improcedentes os embargos declaratórios, quando não pedida a declaração do julgado anterior, em que se verificou a omissão.

318. É legítima a cobrança, em 1962, pela municipalidade de São Paulo, do Imposto de Indústrias e Profissões, consoante as Leis nºs 5.917 e 5.919, de 1961 (aumento anterior à vigência do orçamento e incidência do tributo sobre o movimento econômico do contribuinte).

319. O prazo do recurso ordinário para o Supremo Tribunal Federal, em *habeas corpus* ou mandado de segurança, é de cinco dias.

320. A apelação despachada pelo juiz no prazo legal não fica prejudicada pela demora da juntada, por culpa do cartório.

321. *Revogada.* Representação nº 1.428-2/RO (*DJU* de 17-2-1989).

322. Não terá seguimento pedido ou recurso dirigido ao Supremo Tribunal Federal, quando manifestamente incabível, ou apresentado fora do prazo, ou quando for evidente a incompetência do Tribunal.

323. É inadmissível a apreensão de mercadorias como meio coercitivo para pagamento de tributos.

324. A imunidade do artigo 31, V, da Constituição Federal não compreende as taxas.

▸ Refere-se à CF/1946.

325. As emendas ao Regimento Interno do Supremo Tribunal Federal, sobre julgamento de questão constitucional, aplicam-se aos pedidos ajuizados e aos recursos interpostos anteriormente a sua aprovação.

326. É legítima a incidência do Imposto de Transmissão *Inter Vivos* sobre a transferência do domínio útil.

327. O direito trabalhista admite a prescrição intercorrente.

328. É legítima a incidência de Imposto de Transmissão *Inter Vivos* sobre a doação de imóvel.

329. O Imposto de Transmissão *Inter Vivos* não incide sobre a transferência de ações de sociedade imobiliária.

330. O Supremo Tribunal Federal não é competente para conhecer de mandado de segurança contra atos dos Tribunais de Justiça dos Estados.

331. É legítima a incidência do Imposto de Transmissão *Causa Mortis*, no inventário por morte presumida.

332. É legítima a incidência do Imposto de Vendas e Consignações sobre a parcela do preço correspondente aos ágios cambiais.

333. Está sujeita ao Imposto de Vendas e Consignações a venda realizada por invernista não qualificado como pequeno produtor.

334. É legítima a cobrança, ao empreiteiro, do Imposto de Vendas e Consignações, sobre o valor dos materiais empregados, quando a empreitada não for apenas de lavor.

335. É válida a cláusula de eleição do foro para os processos oriundos do contrato.

336. A imunidade da autarquia financiadora, quanto ao contrato de financiamento, não se estende à compra e venda entre particulares, embora constantes os dois atos de um só instrumento.

337. A controvérsia entre o empregador e o segurador não suspende o pagamento devido ao empregado por acidente do trabalho.

338. Não cabe ação rescisória no âmbito da Justiça do Trabalho.

339. Não cabe ao Poder Judiciário, que não tem função legislativa, aumentar vencimentos de servidores públicos sob fundamento de isonomia.

340. Desde a vigência do Código Civil, os bens dominicais, como os demais bens públicos, não podem ser adquiridos por usucapião.

▸ Refere-se ao CC/1916. Art. 100 do CC.

341. É presumida a culpa do patrão ou comitente pelo ato culposo do empregado ou preposto.

▸ Refere-se ao CC/1916. Art. 933 do CC.

342. Cabe agravo no auto do processo, e não agravo de petição, do despacho que não admite a reconvenção.

343. Não cabe ação rescisória por ofensa a literal disposição de lei, quando a decisão rescindenda se tiver baseado em texto legal de interpretação controvertida nos tribunais.

344. Sentença de primeira instância concessiva de *habeas corpus*, em caso de crime praticado em detrimento de bens, serviços ou interesses da União, está sujeita a recurso *ex officio*.

345. Na chamada desapropriação indireta, os juros compensatórios são devidos a partir da perícia, desde que tenha atribuído valor atual ao imóvel.

► O STF, no julgamento do RE nº 74.803, decidiu que essa súmula não mais prevalece.

346. A Administração Pública pode declarar a nulidade dos seus próprios atos.

347. O Tribunal de Contas, no exercício de suas atribuições, pode apreciar a constitucionalidade das leis e dos atos do Poder Público.

348. É constitucional a criação de taxa de construção, conservação e melhoramento de estradas.

349. A prescrição atinge somente as prestações de mais de dois anos, reclamadas com fundamento em decisão normativa da Justiça do Trabalho, ou em convenção coletiva de trabalho, quando não estiver em causa a própria validade de tais atos.

350. O Imposto de Indústrias e Profissões não é exigível de empregado, por falta de autonomia na sua atividade profissional.

351. É nula a citação por edital de réu preso na mesma unidade da Federação em que o juiz exerce a sua jurisdição.

352. Não é nulo o processo penal por falta de nomeação de curador ao réu menor que teve assistência de defensor dativo.

353. São incabíveis os embargos da Lei nº 623, de 19-2-1949, com fundamento em divergência entre decisões da mesma Turma do Supremo Tribunal Federal.

354. Em caso de embargos infringentes parciais, é definitiva a parte da decisão embargada em que não houve divergência na votação.

355. Em caso de embargos infringentes parciais, é tardio o recurso extraordinário interposto após o julgamento dos embargos, quanto à parte da decisão embargada que não fora por eles abrangida.

356. O ponto omisso da decisão, sobre o qual não foram opostos embargos declaratórios, não pode ser objeto de recurso extraordinário, por faltar o requisito do prequestionamento.

357. É lícita a convenção pela qual o locador renuncia, durante a vigência do contrato, a ação revisional do art. 31 do Decreto nº 24.150, de 20-4-1934.

► O Dec. nº 24.150, de 20-4-1934, foi revogado pela Lei nº 8.245, de 18-10-1991 (Lei das Locações).

358. O servidor público em disponibilidade tem direito aos vencimentos integrais do cargo.

359. Ressalvada a revisão prevista em lei, os proventos da inatividade regulam-se pela lei vigente ao tempo em que o militar, ou o servidor civil, reuniu os requisitos necessários.

► Súmula com redação alterada. ERE nº 72.509/PR.

360. Não há prazo de decadência para a representação de inconstitucionalidade prevista no artigo 8º, parágrafo único, da Constituição Federal.

► Refere-se à CF/1946.

361. No processo penal, é nulo o exame realizado por um só perito, considerando-se impedido o que tiver funcionado anteriormente na diligência da apreensão.

362. A condição de ter o clube sede própria para a prática de jogo lícito não o obriga a ser proprietário do imóvel em que tem sede.

363. A pessoa jurídica de direito privado pode ser demandada no domicílio da agência, ou estabelecimento, em que se praticou o ato.

364. Enquanto o Estado da Guanabara não tiver Tribunal Militar de segunda instância, o Tribunal de Justiça é competente para julgar os recursos das decisões da auditoria da Polícia Militar.

365. Pessoa jurídica não tem legitimidade para propor ação popular.

366. Não é nula a citação por edital que indica o dispositivo da lei penal, embora não transcreva a denúncia ou queixa, ou não resuma os fatos em que se baseia.

367. Concede-se liberdade ao extraditando que não foi retirado do País no prazo do artigo 16 do Decreto-Lei nº 394, de 28-4-1938.

368. Não há embargos infringentes no processo de reclamação.

369. Julgados do mesmo tribunal não servem para fundamentar o recurso extraordinário por divergência jurisprudencial.

370. Julgada improcedente a ação renovatória da locação, terá o locatário, para desocupar o imóvel, o prazo de seis meses, acrescido de tantos meses quantos forem os anos da ocupação, até o limite total de dezoito meses.

► O STF, no julgamento do RE nº 65.137/RJ, decidiu que essa súmula não é mais aplicada, desde que revogada a Lei nº 1.300, de 28-12-1950.

371. Ferroviário, que foi admitido como servidor autárquico, não tem direito a dupla aposentadoria.

372. A Lei nº 2.752, de 10-4-1956, sobre dupla aposentadoria, aproveita, quando couber, a servidores aposentados antes de sua publicação.

373. Servidor nomeado após aprovação no curso de capacitação policial, instituído na polícia do Distrito Federal, em 1941, preenche o requisito da nomeação por concurso a que se referem as Lei nºs 705, de 16-5-1949, e 1.639, de 14-7-1952.

374. Na retomada para construção mais útil, não é necessário que a obra tenha sido ordenada pela autoridade pública.

375. Não renovada a locação regida pelo Dec. nº 24.150, de 20-4-1934, aplica-se o direito comum e não a legislação especial do inquilinato.

► O Dec. nº 24.150, de 20-4-1934, foi revogado pela Lei nº 8.245, de 18-10-1991 (Lei das Locações).

376. Na renovação de locação, regida pelo Decreto nº 24.150, de 20-4-1934, o prazo do novo contrato conta-se da transcrição da decisão exequenda no Registro de Títulos e Documentos; começa, porém, da terminação do contrato anterior, se esta tiver ocorrido antes do registro.

► O Dec. nº 24.150, de 20-4-1934, foi revogado pela Lei nº 8.245, de 18-10-1991 (Lei das Locações).

377. No regime de separação legal de bens, comunicam-se os adquiridos na constância do casamento.

378. Na indenização por desapropriação incluem-se honorários do advogado do expropriado.

379. No acordo de desquite não se admite renúncia aos alimentos, que poderão ser pleiteados ulteriormente, verificados os pressupostos legais.

380. Comprovada a existência de sociedade de fato entre os concubinos, é cabível a sua dissolução judicial, com a partilha do patrimônio adquirido pelo esforço comum.

381. Não se homologa sentença de divórcio obtida por procuração, em país de que os cônjuges não eram nacionais.

► Súmula editada antes da vigência da Lei nº 6.515, de 26-12-1977 (Lei do Divórcio).

382. A vida em comum sob o mesmo teto, *more uxorio*, não é indispensável à caracterização do concubinato.

383. A prescrição em favor da Fazenda Pública recomeça a correr, por dois anos e meio, a partir do ato interruptivo, mas não fica reduzida aquém de cinco anos, embora o titular do direito a interrompa durante a primeira metade do prazo.

384. A demissão de extranumerário do serviço público federal, equiparado a funcionário de provimento efetivo para efeito de estabilidade, é da competência do Presidente da República.

385. Oficial das Forças Armadas só pode ser reformado, em tempo de paz, por decisão de Tribunal Militar permanente, ressalvada a situação especial dos atingidos pelo art. 177 da Constituição de 1937.

386. Pela execução de obra musical por artistas remunerados é devido direito autoral, não exigível quando a orquestra for de amadores.

387. A cambial emitida ou aceita com omissões, ou em branco, pode ser completada pelo credor de boa-fé, antes da cobrança ou do protesto.

388. *Revogada*. HC nº 53.777/MG.

389. Salvo limite legal, a fixação de honorários de advogado, em complemento da condenação, depende das circunstâncias da causa, não dando lugar a recurso extraordinário.

390. A exibição judicial de livros comerciais pode ser requerida como medida preventiva.

391. O confinante certo deve ser citado pessoalmente para a ação de usucapião.

392. O prazo para recorrer de acórdão concessivo de segurança conta-se da publicação oficial de suas conclusões, e não da anterior ciência à autoridade para cumprimento da decisão.

393. Para requerer revisão criminal, o condenado não é obrigado a recolher-se à prisão.

394. *Cancelada*, com efeito *ex nunc*. Inq. nº 687-4/SP (*DJU* de 9-11-2001).

395. Não se conhece de recurso de *habeas corpus* cujo objeto seja resolver sobre o ônus das custas, por não estar mais em causa a liberdade de locomoção.

396. Para a ação penal por ofensa à honra, sendo admissível a exceção da verdade quanto ao desempenho de função pública, prevalece a competência especial por prerrogativa de função, ainda que já tenha cessado o exercício funcional do ofendido.

397. O poder de polícia da Câmara dos Deputados e do Senado Federal, em caso de crime cometido nas suas dependências, compreende, consoante o regimento, a prisão em flagrante do acusado e a realização do inquérito.

398. O Supremo Tribunal Federal não é competente para processar e julgar, originariamente, deputado ou senador acusado de crime.

399. Não cabe recurso extraordinário por violação de lei federal, quando a ofensa alegada for a regimento de tribunal.

400. Decisão que deu razoável interpretação à lei, ainda que não seja a melhor, não autoriza recurso extraordinário pela letra *a* do artigo 101, III, da Constituição Federal.

► Refere-se à CF/1946.

401. Não se conhece do recurso de revista, nem dos embargos de divergência, do processo trabalhista, quando houver jurisprudência firme do Tribunal Superior do Trabalho no mesmo sentido da decisão impugnada, salvo se houver colisão com a jurisprudência do Supremo Tribunal Federal.

402. Vigia noturno tem direito a salário adicional.

403. É de decadência o prazo de trinta dias para instauração do inquérito judicial, a contar da suspensão, por falta grave, de empregado estável.

404. Não contrariam a Constituição os artigos 3º, 22 e 27 da Lei nº 3.244, de 14-8-1957, que definem as atribuições do Conselho de Política Aduaneira quanto à tarifa flexível.

► Refere-se à CF/1946.

405. Denegado o mandado de segurança pela sentença, ou no julgamento do agravo, dela interposto, fica sem efeito a liminar concedida, retroagindo os efeitos da decisão contrária.

406. O estudante ou professor bolsista e o servidor público em missão de estudo satisfazem a condição da mudança de residência para o efeito de trazer automóvel do exterior, atendidos os demais requisitos legais.

407. Não tem direito ao terço de campanha o militar que não participou de operações de guerra, embora servisse na "zona de guerra".

408. Os servidores fazendários não têm direito a percentagem pela arrecadação de receita federal destinada ao Banco Nacional de Desenvolvimento Econômico.

409. Ao retomante, que tenha mais de um prédio alugado, cabe optar entre eles, salvo abuso de direito.

410. Se o locador, utilizando prédio próprio para residência ou atividade comercial, pede o imóvel locado para uso próprio, diverso do que tem o por ele ocupado, não está obrigado a provar a necessidade, que se presume.

411. O locatário autorizado a ceder a locação pode sublocar o imóvel.

412. No compromisso de compra e venda com cláusula de arrependimento, a devolução do sinal por quem o deu, ou a sua restituição em dobro, por quem a recebeu, exclui indenização maior a título de perdas e danos, salvo os juros moratórios e os encargos do processo.

413. O compromisso de compra e venda de imóveis, ainda que não loteados, dá direito à execução compulsória quando reunidos os requisitos legais.

414. Não se distingue a visão direta da oblíqua, na proibição de abrir janela, ou fazer terraço, eirado, ou varanda, a menos de metro e meio do prédio de outrem.

415. Servidão de trânsito não titulada, mas tornada permanente, sobretudo pela natureza das obras realizadas, considera-se aparente, conferindo direito à proteção possessória.

416. Pela demora no pagamento do preço da desapropriação não cabe indenização complementar além dos juros.

417. Pode ser objeto de restituição, na falência, dinheiro em poder do falido, recebido em nome de outrem, ou do qual, por lei ou contrato, não tivesse ele a disponibilidade.

► Súmula editada antes da vigência da Lei nº 11.101, de 9-2-2005 (Lei de Recuperação de Empresas e Falências).

418. O empréstimo compulsório não é tributo, e sua arrecadação não está sujeita à exigência constitucional da prévia autorização orçamentária.

► O STF, no julgamento do RE nº 111.954-3/PR (*DJU* de 24-6-1988), decidiu que essa súmula perdeu a validade em face dos arts. 18, § 3º e 21, § 2º, II, da CF/1967 (EC nº 1/1969).

419. Os Municípios têm competência para regular o horário do comércio local, desde que não infrinjam leis estaduais ou federais válidas.

420. Não se homologa sentença proferida no estrangeiro, sem prova do trânsito em julgado.

421. Não impede a extradição a circunstância de ser o extraditando casado com brasileira ou ter filho brasileiro.

422. A absolvição criminal não prejudica a medida de segurança, quando couber, ainda que importe privação da liberdade.

423. Não transita em julgado a sentença por haver omitido o recurso *ex officio*, que se considera interposto *ex lege*.

424. Transita em julgado o despacho saneador de que não houve recurso, excluídas as questões deixadas, explícita ou implicitamente, para a sentença.

► O STF, no julgamento do RE nº 104.469, decidiu que essa súmula não é aplicável às hipóteses previstas no art. 267, § 3º do CPC/1973.

425. O agravo despachado no prazo legal não fica prejudicado pela demora da juntada, por culpa do cartório; nem o agravo entregue em cartório no prazo legal, embora despachado tardiamente.

426. A falta do termo específico não prejudica o agravo no auto do processo, quando oportuna a interposição por petição ou no termo da audiência.

427. *Cancelada*. RE nº 66.447/MG.

428. Não fica prejudicada a apelação entregue em cartório no prazo legal, embora despachada tardiamente.

429. A existência de recurso administrativo com efeito suspensivo não impede o uso do mandado de segurança contra omissão da autoridade.

430. Pedido de reconsideração na via administrativa não interrompe o prazo para o mandado de segurança.

431. É nulo o julgamento de recurso criminal, na segunda instância, sem prévia intimação, ou publicação da pauta, salvo em *habeas corpus*.

432. Não cabe recurso extraordinário com fundamento no artigo 101, III, *d*, da Constituição Federal, quando a divergência alegada for entre decisões da Justiça do Trabalho.

433. É competente o Tribunal Regional do Trabalho para julgar mandado de segurança contra ato de seu presidente em execução de sentença trabalhista.

434. A controvérsia entre seguradores indicados pelo empregador na ação de acidente do trabalho não suspende o pagamento devido ao acidentado.

435. O Imposto de Transmissão *Causa Mortis*, pela transferência de ações, é devido ao Estado em que tem sede a companhia.

436. É válida a Lei nº 4.093, de 24-10-1959, do Paraná, que revogou a isenção concedida às cooperativas por lei anterior.

437. Está isenta da taxa de despacho aduaneiro a importação de equipamento para a indústria automobilística, segundo plano aprovado, no prazo legal, pelo órgão competente.

438. É legítima a cobrança, em 1962, da taxa de educação e saúde, de Santa Catarina, adicional do Imposto de Vendas e Consignações.

439. Estão sujeitos à fiscalização tributária ou previdenciária quaisquer livros comerciais, limitado o exame aos pontos objetos da investigação.

440. Os benefícios da legislação federal de serviços de guerra não são exigíveis dos Estados, sem que a lei estadual assim disponha.

441. O militar, que passa à inatividade com proventos integrais, não tem direito às cotas trigésimas a que se refere o código de vencimentos e vantagens dos militares.

442. A inscrição do contrato de locação no Registro de Imóveis, para a validade da cláusula de vigência contra o adquirente do imóvel, ou perante terceiros, dispensa a transcrição no Registro de Títulos e Documentos.

443. A prescrição das prestações anteriores ao período previsto em lei não ocorre, quando não tiver sido negado, antes daquele prazo, o próprio direito reclamado, ou a situação jurídica de que ele resulta.

444. Na retomada para construção mais útil, de imóvel sujeito ao Decreto nº 24.150, de 20-4-1934, a indenização se limita às despesas de mudança.

► O Dec. nº 24.150, de 20-4-1934, foi revogado pela Lei nº 8.245, de 18-10-1991 (Lei das Locações).

445. A Lei nº 2.437, de 7-3-1955, que reduz prazo prescricional, é aplicável às prescrições em curso na data de sua vigência (1º de janeiro de 1956), salvo quanto aos processos então pendentes.

► Lei nº 2.437, de 7-3-1955, refere-se ao CC/1916.

446. Contrato de exploração de jazida ou pedreira não está sujeito ao Decreto nº 24.150, de 20-4-1934.

► O Dec. nº 24.150, de 20-4-1934, foi revogado pela Lei nº 8.245, de 18-10-1991 (Lei das Locações).

447. É válida a disposição testamentária em favor de filho adulterino do testador com sua concubina.

► Refere-se ao CC/1916.

448. O prazo para o assistente recorrer, supletivamente, começa a correr imediatamente após o transcurso do prazo do Ministério Público.

► Súmula com pedido de revisão preliminar suscitado no HC nº 50.417/SP.

449. O valor da causa, na consignatória de aluguel, corresponde a uma anuidade.

450. São devidos honorários de advogado sempre que vencedor o beneficiário de justiça gratuita.

451. A competência especial por prerrogativa de função não se estende ao crime cometido após a cessação definitiva do exercício funcional.

452. Oficiais e praças do Corpo de Bombeiros do Estado da Guanabara respondem perante a Justiça Comum por crime anterior à Lei nº 427, de 11-10-1948.

► Art. 8º da LC nº 20, de 1º-7-1974, que estabelece que os Estados do Rio de Janeiro e da Guanabara passarão a constituir um único Estado, sob a denominação de Estado do Rio de Janeiro, a partir de 15 de março de 1975.

453. Não se aplicam à segunda instância o artigo 384 e parágrafo único do Código de Processo Penal, que possibilitam dar nova definição jurídica ao fato delituoso, em virtude de circunstância elementar não contida explícita ou implicitamente, na denúncia ou queixa.

► O art. 384 do CPP foi alterado pela Lei nº 11.719/2008.

454. Simples interpretação de cláusulas contratuais não dá lugar a recurso extraordinário.

455. Da decisão que se seguir ao julgamento de constitucionalidade pelo Tribunal Pleno, são inadmissíveis embargos infringentes quanto à matéria constitucional.

456. O Supremo Tribunal Federal, conhecendo do recurso extraordinário, julgará a causa, aplicando o direito à espécie.

457. O Tribunal Superior do Trabalho, conhecendo da revista, julgará a causa, aplicando o direito à espécie.

458. O processo de execução trabalhista não exclui a remição pelo executado.

459. No cálculo da indenização por despedida injusta, incluem-se os adicionais, ou gratificações que, pela habitualidade, se tenham incorporado ao salário.

460. Para efeito do adicional de insalubridade, a perícia judicial, em reclamação trabalhista, não dispensa o enquadramento da atividade entre as insalubres, que é ato da competência do Ministro do Trabalho e Previdência Social.

461. É duplo, e não triplo, o pagamento de salário nos dias destinados a descanso.

462. No cálculo da indenização por despedida injusta inclui-se, quando devido, o repouso semanal remunerado.

463. Para efeito de indenização e estabilidade, conta-se o tempo em que o empregado esteve afastado, em serviço militar obrigatório, mesmo anteriormente à Lei nº 4.072, de 1º-6-1962.

464. No cálculo da indenização por acidente de trabalho, inclui-se, quando devido, o repouso semanal remunerado.

465. O regime de manutenção de salário, aplicável ao IAPM e ao IAPTEC, exclui a indenização tarifada na lei de acidentes do trabalho, mas não o benefício previdenciário.

466. Não é inconstitucional a inclusão de sócios e administradores de sociedades e titulares de firmas individuais como contribuintes obrigatórios da previdência social.

467. A base do cálculo das contribuições previdenciárias, anteriormente à vigência da Lei Orgânica da Previdência Social, é o salário mínimo mensal, observados os limites da Lei nº 2.755, de 1956.

468. Após a Emenda Constitucional nº 5, de 21-11-1961, em contrato firmado com a União, Estado, Município ou Autarquia, é devido o Imposto Federal de Selo pelo contratante não protegido pela imunidade, ainda que haja repercussão do ônus tributário sobre o patrimônio daquelas entidades.

469. A multa de cem por cento, para o caso de mercadoria importada irregularmente, é calculada à base do custo de câmbio da categoria correspondente.

470. O Imposto de Transmissão *Inter Vivos* não incide sobre a construção, ou parte dela, realizada, inequivocadamente, pelo promitente comprador, mas sobre o valor do que tiver sido construído antes da promessa de venda.

471. As empresas aeroviárias não estão isentas do Imposto de Indústrias e Profissões.

472. A condenação do autor em honorários de advogado, com fundamento no art. 64 do CPC, depende de reconvenção.

- Refere-se ao CPC/1939. Art. 20 do CPC/1973.
- Arts. 82, § 2º, 84 e 85 do CPC/2015.

473. A administração pode anular seus próprios atos, quando eivados de vícios que os tornam ilegais, porque deles não se originam direitos; ou revogá-los, por motivo de conveniência ou oportunidade, respeitados os direitos adquiridos, e ressalvada, em todos os casos, a apreciação judicial.

474. Não há direito líquido e certo, amparado pelo mandado de segurança, quando se escuda em lei cujos efeitos foram anulados por outra, declarada constitucional pelo Supremo Tribunal Federal.

475. A Lei nº 4.686, de 21-6-1965, tem aplicação imediata aos processos em curso, inclusive em grau de recurso extraordinário.

476. Desapropriadas as ações de uma sociedade, o poder desapropriante, imitido na posse, pode exercer, desde logo, todos os direitos inerentes aos respectivos títulos.

477. As concessões de terras devolutas situadas na faixa de fronteira, feitas pelos Estados, autorizam, apenas, o uso, permanecendo o domínio com a União, ainda que se mantenha inerte ou tolerante, em relação aos possuidores.

478. O provimento em cargos de juízes substitutos do trabalho deve ser feito independentemente de lista tríplice, na ordem de classificação dos candidatos.

479. As margens dos rios navegáveis são de domínio público, insuscetíveis de expropriação e, por isso mesmo, excluídas de indenização.

480. Pertencem ao domínio e administração da União, nos termos dos artigos 4º, IV, e 186, da Constituição Federal de 1967, as terras ocupadas por silvícolas.

481. Se a locação compreende, além do imóvel, fundo de comércio, com instalações e pertences, como no caso de teatros, cinemas e hotéis, não se aplicam ao retomante as restrições do artigo 8º, *e*, parágrafo único, do Decreto nº 24.150, de 20-4-1934.

- O Dec. nº 24.150, de 20-4-1934, foi revogado pela Lei nº 8.245, de 18-10-1991 (Lei das Locações).

482. O locatário, que não for sucessor ou cessionário do que o precedeu na locação, não pode somar os prazos concedidos a este, para pedir a renovação do contrato, nos termos do Decreto nº 24.150, de 20-4-1934.

- O Dec. nº 24.150, de 20-4-1934, foi revogado pela Lei nº 8.245, de 18-10-1991 (Lei das Locações).

483. É dispensável a prova da necessidade, na retomada de prédio situado em localidade para onde o proprietário pretende transferir residência, salvo se mantiver, também, a anterior, quando dita prova será exigida.

484. Pode, legitimamente, o proprietário pedir o prédio para a residência de filho, ainda que solteiro, de acordo com o artigo 11, III, da Lei nº 4.494, de 25-11-1964.

485. Nas locações regidas pelo Decreto nº 24.150, de 20-4-1934, a presunção de sinceridade do retomante é relativa, podendo ser ilidida pelo locatário.

- O Dec. nº 24.150, de 20-4-1934, foi revogado pela Lei nº 8.245, de 18-10-1991 (Lei das Locações).

486. Admite-se a retomada para sociedade da qual o locador, ou seu cônjuge, seja sócio, com participação predominante no capital social.

487. Será deferida a posse a quem, evidentemente, tiver o domínio, se com base neste for ela disputada.

488. A preferência a que se refere o art. 9º da Lei nº 3.912, de 3-7-1961, constitui direito pessoal. Sua violação resolve-se em perdas e danos.

489. A compra e venda de automóvel não prevalece contra terceiros, de boa-fé, se o contrato não foi transcrito no Registro de Títulos e Documentos.

490. A pensão correspondente à indenização oriunda de responsabilidade civil deve ser calculada com base no salário mínimo vigente ao tempo da sentença e ajustar-se-á às variações ulteriores.

491. É indenizável o acidente que cause a morte de filho menor, ainda que não exerça trabalho remunerado.

492. A empresa locadora de veículos responde, civil e solidariamente com o locatário, pelos danos por este causados a terceiros, no uso do carro locado.

493. O valor da indenização, se consistente em prestações periódicas e sucessivas, compreenderá, para que se mantenha inalterável na sua fixação, parcelas compensatórias do Imposto de Renda, incidentes sobre os juros do capital gravado ou caucionado, nos termos dos artigos 911 e 912 do Código de Processo Civil.

► Refere-se ao CPC/1939.

► Art. 533 do CPC/2015.

494. A ação para anular venda de ascendente a descendente, sem consentimento dos demais, prescreve em vinte anos, contados da data do ato, revogada a Súmula nº 152.

495. A restituição em dinheiro da coisa vendida a crédito, entregue nos 15 (quinze) dias anteriores ao pedido de falência ou de concordata, cabe, quando, ainda que consumada ou transformada, não faça o devedor prova de haver sido alienada a terceiro.

► Súmula editada antes da vigência da Lei nº 11.101, de 9-2-2005 (Lei de Recuperação de Empresas e Falências).

496. São válidos, porque salvaguardados pelas Disposições Constitucionais Transitórias da Constituição Federal de 1967, os Decretos-Leis expedidos entre 24 de janeiro e 15 de março de 1967.

497. Quando se tratar de crime continuado, a prescrição regula-se pela pena imposta na sentença, não se computando o acréscimo decorrente da continuação.

498. Compete à Justiça dos Estados, em ambas as instâncias, o processo e o julgamento dos crimes contra a economia popular.

499. Não obsta à concessão do *sursis* condenação anterior à pena de multa.

500. Não cabe a ação cominatória para compelir-se o réu a cumprir obrigação de dar.

501. Compete à Justiça ordinária estadual o processo e o julgamento, em ambas as instâncias, das causas de acidente do trabalho, ainda que promovidas contra a União, suas autarquias, empresas públicas ou sociedades de economia mista.

502. Na aplicação do artigo 839, do Código de Processo Civil, com a redação da Lei nº 4.290, de 5-12-1963, a relação do valor da causa e salário mínimo vigente na capital do estado, ou do território, para o efeito de alçada, deve ser considerada na data do ajuizamento do pedido.

► Refere-se ao CPC/1939. Arts. 258 a 261 do CPC/1973.

► Arts. 291 a 293 do CPC/2015.

503. A dúvida, suscitada por particular, sobre o direito de tributar, manifestado por dois Estados, não configura litígio da competência originária do Supremo Tribunal Federal.

504. Compete à Justiça Federal, em ambas as instâncias, o processo e o julgamento das causas fundadas em contrato de seguro marítimo.

505. Salvo quando contrariarem a Constituição, não cabe recurso para o Supremo Tribunal Federal, de quaisquer decisões da Justiça do Trabalho, inclusive dos presidentes de seus tribunais.

506. *Revogada.* SS (AgRg no AgRg no AgRg) nº 1.945-7/AL.

507. A ampliação dos prazos a que se refere o artigo 32 do Código de Processo Civil aplica-se aos executivos fiscais.

► Refere-se ao CPC/1939.

508. Compete à Justiça Estadual, em ambas as instâncias, processar e julgar as causas que for parte o Banco do Brasil S.A.

509. A Lei nº 4.632, de 18-5-1965, que alterou o artigo 64 do Código de Processo Civil, aplica-se aos processos em andamento, nas instâncias ordinárias.

► Refere-se ao CPC/1939.

510. Praticado o ato por autoridade, no exercício de competência delegada, contra ela cabe o mandado de segurança ou a medida judicial.

511. Compete à Justiça Federal, em ambas as instâncias, processar e julgar as causas entre autarquias federais e entidades públicas locais, inclusive mandados de segurança, ressalvada a ação fiscal, nos termos da Constituição Federal de 1967, artigo 119, § 3º.

512. Não cabe condenação em honorários de advogados na ação de mandado de segurança.

513. A decisão que enseja a interposição de recurso ordinário ou extraordinário, não é a do plenário que resolve o incidente de inconstitucionalidade, mas a do órgão (Câmaras, Grupos ou Turmas) que completa o julgamento do feito.

514. Admite-se ação rescisória contra sentença transitada em julgado, ainda que contra ela não se tenham esgotado todos os recursos.

515. A competência para a ação rescisória não é do Supremo Tribunal Federal, quando a questão federal, apreciada no recurso extraordinário ou no agravo de instrumento, seja diversa da que foi suscitada no pedido rescisório.

516. O Serviço Social da Indústria – SESI – está sujeito à jurisdição da Justiça Estadual.

517. As sociedades de economia mista só têm foro na Justiça Federal, quando a União intervém como assistente ou opoente.

518. A intervenção da União, em feito já julgado pela segunda instância e pendente de embargos, não desloca o processo para o Tribunal Federal de Recursos.

► O TFR foi extinto pela CF/1988.

519. Aplica-se aos executivos fiscais o princípio da sucumbência a que se refere o art. 64 do Código de Processo Civil.

► Refere-se ao CPC/1939. Art. 20 do CPC/1973.

► Art. 82, § 2º, do CPC/2015.

520. Não exige a lei que, para requerer o exame a que se refere o artigo 777 do Código de Processo Penal, tenha o sentenciado cumprido mais de metade do prazo da medida de segurança imposta.

521. O foro competente para o processo e julgamento dos crimes de estelionato, sob a modalidade da emissão dolosa de cheque sem provisão de fundos, é o do local onde se deu a recusa do pagamento pelo sacado.

522. Salvo ocorrência de tráfico para o exterior, quando, então, a competência será da Justiça Federal, compete à Justiça dos Estados o processo e julgamento dos crimes relativos a entorpecentes.

523. No processo penal, a falta da defesa constitui nulidade absoluta, mas a sua deficiência só o anulará se houver prova de prejuízo para o réu.

524. Arquivado o inquérito policial, por despacho do juiz, a requerimento do Promotor de Justiça, não pode a ação penal ser iniciada, sem novas provas.

525. A medida de segurança não será aplicada em segunda instância, quando só o réu tenha recorrido.

526. Subsiste a competência do Supremo Tribunal Federal para conhecer e julgar a apelação, nos crimes de Lei de Segurança Nacional, se houve sentença antes da vigência do Ato Institucional nº 2.

► Súmula editada antes da CF/1988.

527. Após a vigência do Ato Institucional nº 6, que deu nova redação ao art. 114, III, da Constituição Federal de 1967, não cabe recurso extraordinário das decisões do juiz singular.

528. Se a decisão contiver partes autônomas, a admissão parcial, pelo Presidente do Tribunal *a quo*, de recurso extraordinário que, sobre qualquer delas se manifestar, não limitará a apreciação de todas pelo Supremo Tribunal Federal, independentemente de interposição de agravo de instrumento.

529. Subsiste a responsabilidade do empregador pela indenização decorrente de acidente do trabalho, quando o segurador, por haver entrado em liquidação, ou por outro motivo, não se encontrar em condições financeiras, de efetuar, na forma da lei, o pagamento que o seguro obrigatório visava garantir.

530. Na legislação anterior ao art. 4º da Lei nº 4.749, de 12-8-1965, a contribuição para a previdência social não estava sujeita ao limite estabelecido no art. 69 da Lei nº 3.807, de 26-8-1960, sobre o 13º salário a que se refere o art. 3º da Lei nº 4.281, de 8-11-1963.

531. É inconstitucional o Decreto nº 51.668, de 17-1-1963, que estabeleceu salário profissional para trabalhadores de transportes marítimos, fluviais e lacustres.

532. É constitucional a Lei nº 5.043, de 21-6-1966, que concedeu remissão das dívidas fiscais oriundas da falta de oportuno pagamento de selo nos contratos particulares com a Caixa Econômica e outras entidades autárquicas.

► A Lei nº 5.043, de 21-6-1966, foi revogada pela Lei nº 5.143, de 20-10-1966.

533. Nas operações denominadas "crediários", com emissão de vales ou certificados para compras e nas quais, pelo financiamento, se cobram, em separado, juros, selos e outras despesas, incluir-se-á tudo no custo da mercadoria e sobre esse preço global calcular-se-á o Imposto de Vendas e Consignações.

534. O Imposto de Importação sobre o extrato alcoólico de malte, como matéria-prima para fabricação de *whisky*, incide à base de 60%, desde que desembarcado antes do Decreto-Lei nº 398, de 30-12-1968.

535. Na importação, a granel, de combustíveis líquidos é admissível a diferença de peso, para mais, até 4%, motivada pelas variações previstas no Decreto-Lei nº 1.028, de 4-1-1939, art. 1º.

536. São objetivamente imunes ao Imposto sobre Circulação de Mercadoria os produtos industrializados, em geral, destinados à exportação, além de outros, com a mesma destinação, cuja isenção a lei determinar.

537. É inconstitucional a exigência de Imposto Estadual do Selo, quando feita nos atos e instrumentos tributados ou regulados por lei federal, ressalvado o disposto no art. 15, § 5º da Constituição Federal de 1946.

538. A avaliação judicial para o efeito de cálculo das benfeitorias dedutíveis do Imposto sobre Lucro Imobiliário, independe do limite a que se refere a Lei nº 3.470, de 28-11-1958, art. 8º, parágrafo único.

539. É constitucional a lei do município que reduz o Imposto Predial Urbano sobre imóvel ocupado pela residência do proprietário, que não possua outro.

540. No preço da mercadoria sujeita ao Imposto de Vendas e Consignações, não se incluem as despesas de frete e carreto.

541. O Imposto sobre Vendas e Consignações não incide sobre a venda ocasional de veículos e equipamentos usados, que não se insere na atividade profissional do vendedor, e não é realizada com o fim de lucro, sem caráter, pois, de comercialidade.

542. Não é inconstitucional a multa instituída pelo Estado-Membro, como sanção pelo retardamento do início ou da ultimação do inventário.

543. A Lei nº 2.975, de 27-11-1965, revogou, apenas, as isenções de caráter geral, relativa ao imposto único sobre combustíveis, não as especiais, por outras leis concedidas.

544. Isenções tributárias concedidas, sob condição onerosa, não podem ser livremente suprimidas.

545. Preços de serviços públicos e taxas não se confundem, porque estas, diferentemente daqueles, são compulsórias e têm sua cobrança condicionada à prévia autorização orçamentária, em relação à lei que as instituiu.

546. Cabe a restituição do tributo pago indevidamente, quando reconhecido por decisão que o contribuinte *de jure* não recuperou do contribuinte de *facto* o *quantum* respectivo.

547. Não é lícito à autoridade proibir que o contribuinte em débito adquira estampilhas, despache mercadorias nas alfândegas e exerça suas atividades profissionais.

548. É inconstitucional o Decreto-Lei nº 643, de 19-6-1947, artigo 4º, do Paraná, na parte que exige selo proporcional sobre atos e instrumentos regulados por lei federal.

549. A taxa de bombeiros do Estado de Pernambuco é constitucional, revogada a Súmula nº 274.

550. A isenção concedida pelo artigo 2º da Lei nº 1.815, de 1953, às empresas de navegação aérea não compreende a taxa de melhoramentos de portos, instituída pela Lei nº 3.421, de 1958.

551. É inconstitucional a taxa de urbanização da Lei nº 2.320, de 20-12-1961, instituída pelo município de Porto Alegre, porque seu fato gerador é o mesmo da transmissão imobiliária.

552. Com a regulamentação do art. 15, da Lei nº 5.316/1967, pelo Decreto nº 71.037/1972, tornou-se exequível a exigência da exaustão da via administrativa antes do início da ação de acidente do trabalho.

► Súmula superada. RE nº 91.742-0/SP (*DJU* de 21-12-1979) e RE nº 87.160-8/SP (*DJU* de 14-9-1979).

553. O Adicional ao Frete para Renovação da Marinha Mercante (AFRMM) é contribuição parafiscal, não sendo abrangido pela imunidade prevista na letra *d*, inciso III, do artigo 19 da Constituição Federal.

► Refere-se à CF/1967.

554. O pagamento de cheque emitido sem provisão de fundos, após o recebimento da denúncia, não obsta ao prosseguimento da ação penal.

555. É competente o Tribunal de Justiça para julgar conflito de jurisdição entre Juiz de Direito do Estado e a Justiça Militar local.

► O STF, no julgamento dos Conflitos de Jurisdição nº 6.155-2/SP (*DJU* de 25-5-1979) e nº 6.195/SP (*DJU* de 28-9-1979), entendeu que não mais vigora o princípio contido nesta súmula.

556. É competente a Justiça Comum para julgar as causas em que é parte sociedade de economia mista.

557. É competente a Justiça Federal para julgar as causas em que são partes a COBAL e a CIBRAZEM.

558. É constitucional o art. 27, do Decreto-Lei nº 898, de 29-9-1969.

559. O Decreto-Lei nº 730, de 5 agosto de 1969, revogou a exigência de homologação, pelo Ministro da Fazenda, das Resoluções do Conselho de Política Aduaneira.

560. A extinção de punibilidade, pelo pagamento do tributo devido, estende-se ao crime de contrabando ou descaminho, por força do artigo 18, § 2º, do Decreto-Lei nº 157/1967.

► Prejudicada pela Lei nº 6.910, de 27-5-1981, que restringe a aplicação do referido Decreto-Lei.

561. Em desapropriação, é devida a correção monetária até a data do efetivo pagamento da indenização, devendo proceder-se à atualização do cálculo, ainda que por mais de uma vez.

562. Na indenização de danos materiais decorrentes de ato ilícito cabe a atualização de seu valor, utilizando-se, para esse fim, dentre outros critérios, os índices de correção monetária.

***563.* Cancelada. *ADPF nº 357/DF* (*DOU de 6-7-2021*).**

564. A ausência de fundamentação do despacho de recebimento de denúncia por crime falimentar enseja nulidade processual, salvo se já houver sentença condenatória.

565. A multa fiscal moratória constitui pena administrativa, não se incluindo no crédito habilitado em falência.

566. Enquanto pendente, o pedido de readaptação fundado em desvio funcional não gera direitos para o servidor, relativamente ao cargo pleiteado.

567. A Constituição, ao assegurar, no parágrafo 3º, do art. 102, a contagem integral de tempo de serviço público federal, estadual ou municipal para os efeitos de aposentadoria e disponibilidade não proíbe à União, aos Estados e aos Municípios mandarem contar, mediante Lei, para efeito diverso, tempo de serviço prestado a outra pessoa de direito público interno.

► Refere-se à CF/1967.

► Art. 19, III, da CF/1988.

568. A identificação criminal não constitui constrangimento ilegal, ainda que o indiciado já tenha sido identificado civilmente.

► Súmula superada. Art. 5º, LVIII, da CF/1988 e RHC nº 66.881-0/DF.

569. É inconstitucional a discriminação de alíquotas do Imposto de Circulação de Mercadorias nas operações interestaduais, em razão de o destinatário ser, ou não, contribuinte.

570. O Imposto de Circulação de Mercadorias não incide sobre a importação de bens de capital.

571. O comprador de café ao IBC, ainda que sem expedição de nota fiscal, habilita-se, quando da comercialização do produto, ao crédito do ICM que incidiu sobre a operação anterior.

572. No cálculo do Imposto de Circulação de Mercadorias devido na saída de mercadorias para o exterior, não se incluem fretes pagos a terceiros, seguros e despesas de embarque.

573. Não constitui fato gerador do Imposto de Circulação de Mercadorias a saída física de máquinas, utensílios e implementos a título de comodato.

574. Sem lei estadual que a estabeleça, é ilegítima a cobrança do Imposto de Circulação de Mercadorias sobre o fornecimento de alimentação e bebidas em restaurante ou estabelecimento similar.

575. À mercadoria importada de país signatário do GATT, ou membro da ALALC, estende-se a isenção do Imposto sobre Circulação de Mercadorias concedida a similar nacional.

576. É lícita a cobrança do Imposto de Circulação de Mercadorias sobre produtos importados sob o regime da alíquota zero.

577. Na importação de mercadorias do exterior, o fato gerador do Imposto de Circulação de Mercadorias ocorre no momento de sua entrada no estabelecimento do importador.

578. Não podem os Estados, a título de ressarcimento de despesas, reduzir a parcela de 20% (vinte por cento) do produto da arrecadação do Imposto de Circulação de Mercadorias, atribuída aos Municípios pelo artigo 23, § 8º, da Constituição Federal.

► Refere-se à CF/1967. Art. 155, II, da CF.

579. A cal virgem e a hidratada estão sujeitas ao Imposto de Circulação de Mercadorias.

580. A isenção prevista no art. 13, parágrafo único, do Decreto-Lei nº 43/1966, restringe-se aos filmes cinematográficos.

581. A exigência de transporte em navio de bandeira brasileira, para efeito de isenção tributária, legitimou-se com o advento do Decreto-Lei nº 666, de 2-7-1969.

582. É constitucional a Res. nº 640/69, do Conselho de Política Aduaneira, que reduziu a alíquota do Imposto de Importação para a soda cáustica, destinada a zonas de difícil distribuição e abastecimento.

583. Promitente-comprador de imóvel residencial transcrito em nome de autarquia é contribuinte do Imposto Predial e Territorial Urbano.

584. Ao Imposto de Renda calculado sobre os rendimentos do ano-base, aplica-se a lei vigente no exercício financeiro em que deve ser apresentada a declaração.

585. Não incide o Imposto de Renda sobre a remessa de divisas para pagamento de serviços prestados no exterior, por empresa que não opera no Brasil.

► O STF, no julgamento do RE nº 101.066-5/SP (*DJU* de 19-10-1984), entendeu inaplicável esta súmula após a vigência do Dec.-lei nº 1.418/1975.

586. Incide Imposto de Renda sobre os juros remetidos para o exterior, com base em contrato de mútuo.

587. Incide Imposto de Renda sobre o pagamento de serviços técnicos contratados no exterior e prestados no Brasil.

588. O Imposto sobre Serviços não incide sobre os depósitos, as comissões e taxas de desconto, cobrados pelos estabelecimentos bancários.

589. É inconstitucional a fixação de adicional progressivo do Imposto Predial e Territorial Urbano em função do número de imóveis do contribuinte.

590. Calcula-se o Imposto de Transmissão *Causa Mortis* sobre o saldo credor da promessa de compra e venda de imóvel, no momento da abertura da sucessão do promitente vendedor.

591. A imunidade ou a isenção tributária do comprador não se estende ao produtor, contribuinte do Imposto sobre Produtos Industrializados.

592. Nos crimes falimentares, aplicam-se as causas interruptivas da prescrição, previstas no Código Penal.

593. Incide o percentual do Fundo de Garantia do Tempo de Serviço (FGTS) sobre a parcela da remuneração correspondente a horas extraordinárias de trabalho.

594. Os direitos de queixa e de representação podem ser exercidos, independentemente, pelo ofendido ou por seu representante legal.

595. É inconstitucional a taxa municipal de conservação de estradas de rodagem cuja base de cálculo seja idêntica à do Imposto Territorial Rural.

596. As disposições do Decreto nº 22.626 de 1933 não se aplicam às taxas de juros e aos outros encargos cobrados nas operações realizadas por instituições públicas ou privadas, que integram o Sistema Financeiro Nacional.

597. Não cabem embargos infringentes de acórdão que, em mandado de segurança, decidiu, por maioria de votos, a apelação.

598. Nos embargos de divergência não servem como padrão de discordância os mesmos paradigmas invocados para demonstrá-la, mas repelidos como não dissidentes no julgamento do recurso extraordinário.

599. *Cancelada.* RE (AgRg nos EDiv nos EDcl no AgRg) nº 283.240-5/RS (*DJE* de 14-3-2008), RE (AgRg nos EDiv nos EDcl no AgRg) nº 285.093-4/MG (*DJE* de 28-3-2008) e RE (AgRg nos EDiv no AgRg) nº 356.069-7/RS (*DJE* de 28-3-2008).

600. Cabe ação executiva contra o emitente e seus avalistas, ainda que não apresentado o cheque ao sacado no prazo legal, desde que não prescrita ação cambiária.

601. Os artigos 3º, II, e 55 da Lei Complementar nº 40/1981 (Lei Orgânica do Ministério Público) não revogaram a legislação anterior que atribui a iniciativa para a ação penal pública, no processo sumário, ao juiz ou à autoridade policial, mediante Portaria ou Auto de Prisão em Flagrante.

602. Nas causas criminais, o prazo de interposição de recurso extraordinário é de dez dias.

603. A competência para o processo e julgamento de latrocínio é do juiz singular e não do Tribunal do Júri.

604. A prescrição pela pena em concreto é somente da pretensão executória da pena privativa de liberdade.

605. Não se admite continuidade delitiva nos crimes contra a vida.

606. Não cabe *habeas corpus* originário para o Tribunal Pleno de decisão de Turma, ou do Plenário, proferida em *habeas corpus* ou no respectivo recurso.

607. Na ação penal regida pela Lei nº 4.611/1965, a denúncia, como substitutivo da Portaria, não interrompe a prescrição.

► A Lei nº 4.611, de 2-4-1965, foi revogada pela Lei nº 9.099, de 26-9-1995 (Lei dos Juizados Especiais).

608. No crime de estupro, praticado mediante violência real, a ação penal é pública incondicionada.

609. É pública incondicionada a ação penal por crime de sonegação fiscal.

610. Há crime de latrocínio, quando o homicídio se consuma, ainda que não realize o agente a subtração de bens da vítima.

611. Transitada em julgado a sentença condenatória, compete ao Juízo das Execuções a aplicação da lei mais benigna.

612. Ao trabalhador rural não se aplicam, por analogia, os benefícios previstos na Lei nº 6.367, de 19-10-1976.

613. Os dependentes de trabalhador rural não têm direito a pensão previdenciária, se o óbito ocorreu anteriormente à vigência da Lei Complementar nº 11/1971.

614. Somente o Procurador-Geral da Justiça tem legitimidade para propor ação direta interventiva por inconstitucionalidade de lei municipal.

615. O princípio constitucional da anualidade (§ 29 do artigo 153 da Constituição Federal) não se aplica à revogação de isenção do Imposto de Circulação de Mercadorias.

► Refere-se à CF/1967. Art. 150, I e III, da CF.

616. É permitida a cumulação da multa contratual com os honorários de advogado, após o advento do Código de Processo Civil vigente.

► Refere-se ao CPC/1973.

617. A base de cálculo dos honorários de advogado em desapropriação é a diferença entre a oferta e a indenização, corrigidas ambas monetariamente.

618. Na desapropriação, direta ou indireta, a taxa dos juros compensatórios é de 12% (doze por cento) ao ano.

619. *Revogada.* HC nº 92.566/SP (*DJE* de 5-6-2009).

620. A sentença proferida contra Autarquias não está sujeita a reexame necessário, salvo quando sucumbente em execução de dívida ativa.

621. Não enseja embargos de terceiro à penhora a promessa de compra e venda não inscrita no Registro de Imóveis.

622. Não cabe agravo regimental contra decisão do relator que concede ou indefere liminar em mandado de segurança.

623. Não gera por si só a competência originária do Supremo Tribunal Federal para conhecer do mandado de segurança com base no art. 102, I, *n*, da Constituição, dirigir-se o pedido contra deliberação administrativa do tribunal de origem, da qual haja participado a maioria ou a totalidade de seus membros.

624. Não compete ao Supremo Tribunal Federal conhecer originariamente de mandado de segurança contra atos de outros tribunais.

625. Controvérsia sobre matéria de direito não impede concessão de mandado de segurança.

626. A suspensão da liminar em mandado de segurança, salvo determinação em contrário da decisão que a deferir, vigorará até o trânsito em julgado da decisão definitiva de concessão da segurança ou, havendo recurso, até a sua manutenção pelo Supremo Tribunal Federal, desde que o objeto da liminar deferida coincida, total ou parcialmente, com o da impetração.

627. No mandado de segurança contra a nomeação de magistrado da competência do Presidente da República, este é considerado autoridade coatora, ainda que o fundamento da impetração seja nulidade ocorrida em fase anterior do procedimento.

628. Integrante de lista de candidatos a determinada vaga da composição de tribunal é parte legítima para impugnar a validade da nomeação de concorrente.

629. A impetração de mandado de segurança coletivo por entidade de classe em favor dos associados independe da autorização destes.

630. A entidade de classe tem legitimação para o mandado de segurança ainda quando a pretensão veiculada interesse apenas a uma parte da respectiva categoria.

631. Extingue-se o processo de mandado de segurança se o impetrante não promove, no prazo assinado, a citação do litisconsorte passivo necessário.

632. É constitucional lei que fixa o prazo de decadência para a impetração de mandado de segurança.

633. É incabível a condenação em verba honorária nos recursos extraordinários interpostos em processo trabalhista, exceto nas hipóteses previstas na Lei nº 5.584/1970.

634. Não compete ao Supremo Tribunal Federal conceder medida cautelar para dar efeito suspensivo a recurso extraordinário que ainda não foi objeto de juízo de admissibilidade na origem.

635. Cabe ao Presidente do Tribunal de origem decidir o pedido de medida cautelar em recurso extraordinário ainda pendente do seu juízo de admissibilidade.

636. Não cabe recurso extraordinário por contrariedade ao princípio constitucional da legalidade, quando a sua verificação pressuponha rever a interpretação dada a normas infraconstitucionais pela decisão recorrida.

637. Não cabe recurso extraordinário contra acórdão de Tribunal de Justiça que defere pedido de intervenção estadual em Município.

638. A controvérsia sobre a incidência, ou não, de correção monetária em operações de crédito rural é de natureza infraconstitucional, não viabilizando recurso extraordinário.

639. Aplica-se a Súmula nº 288 quando não constarem do traslado do agravo de instrumento as cópias das peças necessárias à verificação da tempestividade do recurso extraordinário não admitido pela decisão agravada.

640. É cabível recurso extraordinário contra decisão proferida por juiz de primeiro grau nas causas de alçada, ou por turma recursal de juizado especial cível e criminal.

641. Não se conta em dobro o prazo para recorrer, quando só um dos litisconsortes haja sucumbido.

642. Não cabe ação direta de inconstitucionalidade de lei do Distrito Federal derivada da sua competência legislativa municipal.

643. O Ministério Público tem legitimidade para promover ação civil pública cujo fundamento seja a ilegalidade de reajuste de mensalidades escolares.

644. Ao titular do cargo de procurador de autarquia não se exige a apresentação de instrumento de mandato para representá-la em juízo.

► Súmula retificada. *DJU* de 9-12-2003.

645. É competente o Município para fixar o horário de funcionamento de estabelecimento comercial.

646. Ofende o princípio da livre concorrência lei municipal que impede a instalação de estabelecimentos comerciais do mesmo ramo em determinada área.

647. Compete privativamente à União legislar sobre vencimentos dos membros das polícias civil e militar do Distrito Federal.

648. A norma do § 3º do art. 192 da Constituição, revogada pela EC nº 40/2003, que limitava a taxa de juros reais a 12% ao ano, tinha sua aplicabilidade condicionada à edição de lei complementar.

649. É inconstitucional a criação, por Constituição estadual, de órgão de controle administrativo do Poder Judiciário do qual participem representantes de outros Poderes ou entidades.

650. Os incisos I e XI do art. 20 da CF não alcançam terras de aldeamentos extintos, ainda que ocupadas por indígenas em passado remoto.

► Súmula retificada. *DJU* de 29-10-2003.

651. A medida provisória não apreciada pelo Congresso Nacional podia, até a EC nº 32/2001, ser reeditada dentro do seu prazo de eficácia de trinta dias, mantidos os efeitos de lei desde a primeira edição.

► Súmula retificada. *DJU* de 1º-7-2004.

► Convertida na Súm. Vinc. nº 54 do STF.

652. Não contraria a Constituição o art. 15, § 1º, do Decreto-Lei nº 3.365/1941 (Lei da Desapropriação por utilidade pública).

653. No Tribunal de Contas estadual, composto por sete conselheiros, quatro devem ser escolhidos pela Assembleia Legislativa e três pelo chefe do Poder Executivo estadual, cabendo a este indicar um dentre auditores e outro dentre membros do Ministério Público, e um terceiro à sua livre escolha.

654. A garantia da irretroatividade da lei, prevista no art. 5º, XXXVI, da Constituição da República, não é invocável pela entidade estatal que a tenha editado.

655. A exceção prevista no art. 100, *caput*, da Constituição, em favor dos créditos de natureza alimentícia, não dispensa a expedição de precatório, limitando-se a isentá-los da observância da ordem cronológica dos precatórios decorrentes de condenações de outra natureza.

656. É inconstitucional a lei que estabelece alíquotas progressivas para o Imposto de Transmissão *Inter Vivos* de Bens Imóveis – ITBI com base no valor venal do imóvel.

657. A imunidade prevista no art. 150, VI, *d*, da CF abrange os filmes e papéis fotográficos necessários à publicação de jornais e periódicos.

658. São constitucionais os arts. 7º da Lei nº 7.787/1989 e 1º da Lei nº 7.894/1989 e da Lei nº 8.147/1990, que majoraram a alíquota de FINSOCIAL, quando devida a contribuição por empresas dedicadas exclusivamente à prestação de serviços.

659. É legítima a cobrança da COFINS, do PIS e do FINSOCIAL sobre as operações relativas a energia elétrica, serviços de telecomunicações, derivados de petróleo, combustíveis e minerais do País.

660. Não incide ICMS na importação de bens por pessoa física ou jurídica que não seja contribuinte do imposto.

► Súmula republicada. *DJU* de 28-3-2006.

661. Na entrada de mercadoria importada do exterior, é legítima a cobrança do ICMS por ocasião do desembaraço aduaneiro.

662. É legítima a incidência do ICMS na comercialização de exemplares de obras cinematográficas, gravados em fitas de videocassete.

663. Os §§ 1º e 3º do art. 9º do Decreto-Lei nº 406/1968 foram recebidos pela Constituição.

664. É inconstitucional o inciso V do art. 1º da Lei nº 8.033/1990, que instituiu a incidência do Imposto nas Operações de Crédito, Câmbio e Seguros – IOF sobre saques efetuados em caderneta de poupança.

► A Res. do SF nº 28, de 29-11-2007 (*DOU* de 30-11-2007), suspendeu a execução do inciso V do art. 1º da Lei nº 8.033, de 12-4-1990.

665. É constitucional a Taxa de Fiscalização dos Mercados de Títulos e Valores Mobiliários instituída pela Lei nº 7.940/1989.

666. A contribuição confederativa de que trata o art. 8º, IV, da Constituição, só é exigível dos filiados ao sindicato respectivo.

667. Viola a garantia constitucional de acesso à jurisdição a taxa judiciária calculada sem limite sobre o valor da causa.

668. É inconstitucional a lei municipal que tenha estabelecido, antes da Emenda Constitucional nº 29/2000, alíquotas progressivas para o IPTU, salvo se destinada a assegurar o cumprimento da função social da propriedade urbana.

669. Norma legal que altera o prazo de recolhimento da obrigação tributária não se sujeita ao princípio da anterioridade.

670. O serviço de iluminação pública não pode ser remunerado mediante taxa.

671. Os servidores públicos e os trabalhadores em geral têm direito, no que concerne à URP de abril/maio de 1988, apenas ao valor correspondente a 7/30 de 16,19% sobre os vencimentos e salários pertinentes aos meses de abril e maio de 1988, não cumulativamente, devidamente corrigido até o efetivo pagamento.

672. O reajuste de 28,86%, concedido aos servidores militares pelas Leis nºs 8.622/1993 e 8.627/1993, estende-se aos servidores civis do Poder Executivo, observadas as eventuais compensações decorrentes dos reajustes diferenciados concedidos pelos mesmos diplomas legais.

► Súmula retificada. *DJU* de 1º-6-2004.

673. O art. 125, § 4º, da Constituição, não impede a perda da graduação de militar mediante procedimento administrativo.

674. A anistia prevista no art. 8º do ADCT não alcança os militares expulsos com base em legislação disciplinar ordinária, ainda que em razão de atos praticados por motivação política.

675. Intervalos fixados para descanso e alimentação durante a jornada de seis horas não descaracterizam o sistema de turnos ininterruptos de revezamento para o efeito do art. 7º, XIV, da Constituição.

676. A garantia da estabilidade provisória prevista no art. 10, II, *a*, do ADCT, também se aplica ao suplente do cargo de direção de Comissões Internas de Prevenção de Acidentes (CIPA).

677. Até que lei venha a dispor a respeito, incumbe ao Ministério do Trabalho proceder ao registro das entidades sindicais e zelar pela observância do princípio da unicidade.

678. São inconstitucionais os incisos I e III do art. 7º da Lei nº 8.162/1991, que afastam, para efeito de anuênio e de licença-prêmio, a contagem do tempo de serviço regido pela CLT dos servidores que passaram a submeter-se ao regime jurídico único.

679. A fixação de vencimentos dos servidores públicos não pode ser objeto de convenção coletiva.

680. O direito ao auxílio-alimentação não se estende aos servidores inativos.

► Convertida na Súm. Vinc. nº 55 do STF.

681. É inconstitucional a vinculação do reajuste de vencimentos de servidores estaduais ou municipais a índices federais de correção monetária.

682. Não ofende a Constituição a correção monetária no pagamento com atraso dos vencimentos de servidores públicos.

683. O limite de idade para a inscrição em concurso público só se legitima em face do art. 7º, XXX, da Constituição, quando possa ser justificado pela natureza das atribuições do cargo a ser preenchido.

684. É inconstitucional o veto não motivado à participação de candidato a concurso público.

685. É inconstitucional toda modalidade de provimento que propicie ao servidor investir-se, sem prévia aprovação em concurso público destinado ao seu provimento, em cargo que não integra a carreira na qual anteriormente investido.

686. Só por lei se pode sujeitar a exame psicotécnico a habilitação de candidato a cargo público.

687. A revisão de que trata o art. 58 do ADCT não se aplica aos benefícios previdenciários concedidos após a promulgação da Constituição de 1988.

688. É legítima a incidência da contribuição previdenciária sobre o 13º salário.

689. O segurado pode ajuizar ação contra a instituição previdenciária perante o juízo federal do seu domicílio ou nas varas federais da Capital do Estado-Membro.

690. Compete originariamente ao Supremo Tribunal Federal o julgamento de *habeas corpus* contra decisão de Turma Recursal de Juizados Especiais Criminais.

► O Tribunal Pleno, no julgamento do HC nº 86.834-7/SP (*DJU* de 9-3-2007), decidiu que não mais prevalece essa súmula.

691. Não compete ao Supremo Tribunal Federal conhecer de *habeas corpus* impetrado contra decisão do Relator que, em *habeas corpus* requerido a tribunal superior, indefere a liminar.

692. Não se conhece de *habeas corpus* contra omissão de relator de extradição, se fundado em fato ou direito estrangeiro cuja prova não constava dos autos, nem foi ele provocado a respeito.

693. Não cabe *habeas corpus* contra decisão condenatória a pena de multa, ou relativo a processo em curso por infração penal a que a pena pecuniária seja a única cominada.

694. Não cabe *habeas corpus* contra a imposição da pena de exclusão de militar ou de perda de patente ou de função pública.

695. Não cabe *habeas corpus* quando já extinta a pena privativa de liberdade.

696. Reunidos os pressupostos legais permissivos da suspensão condicional do processo, mas se recusando o Promotor de Justiça a propô-la, o Juiz, dissentindo, remeterá a questão ao Procurador-Geral, aplicando-se por analogia o art. 28 do Código de Processo Penal.

697. A proibição de liberdade provisória nos processos por crimes hediondos não veda o relaxamento da prisão processual por excesso de prazo.

► Súmula editada antes da Lei nº 11.464, de 28-3-2007, que alterou o art. 2º, II, da Lei nº 8.072, de 25-7-1990 (Lei Crimes Hediondos).

698. Não se estende aos demais crimes hediondos a admissibilidade de progressão no regime de execução da pena aplicada ao crime de tortura.

► Súmula editada antes da Lei nº 11.464, de 28-3-2007, que alterou o art. 2º, II, da Lei nº 8.072, de 25-7-1990 (Lei Crimes Hediondos).

699. O prazo para interposição de agravo, em processo penal, é de cinco dias, de acordo com a Lei nº 8.038/1990, não se aplicando o disposto a respeito nas alterações da Lei nº 8.950/1994 ao Código de Processo Civil.

► Refere-se ao CPC/1973.

700. É de cinco dias o prazo para interposição de agravo contra decisão do juiz da execução penal.

701. No mandado de segurança impetrado pelo Ministério Público contra decisão proferida em processo penal, é obrigatória a citação do réu como litisconsorte passivo.

702. A competência do Tribunal de Justiça para julgar prefeitos restringe-se aos crimes de competência da Justiça comum estadual; nos demais casos, a competência originária caberá ao respectivo tribunal de segundo grau.

703. A extinção do mandato do prefeito não impede a instauração de processo pela prática dos crimes previstos no art. 1º do Decreto-Lei nº 201/1967.

704. Não viola as garantias do juiz natural, da ampla defesa e do devido processo legal a atração por continência ou conexão do processo do corréu ao foro por prerrogativa de função de um dos denunciados.

705. A renúncia do réu ao direito de apelação, manifestada sem a assistência do defensor, não impede o conhecimento da apelação por este interposta.

706. É relativa a nulidade decorrente da inobservância da competência penal por prevenção.

707. Constitui nulidade a falta de intimação do denunciado para oferecer contrarrazões ao recurso interposto da rejeição da denúncia, não a suprindo a nomeação de defensor dativo.

708. É nulo o julgamento da apelação se, após a manifestação nos autos da renúncia do único defensor, o réu não foi previamente intimado para constituir outro.

709. Salvo quando nula a decisão de primeiro grau, o acórdão que provê o recurso contra a rejeição da denúncia vale, desde logo, pelo recebimento dela.

710. No processo penal, contam-se os prazos da data da intimação, e não da juntada aos autos do mandado ou da carta precatória ou de ordem.

711. A lei penal mais grave aplica-se ao crime continuado ou ao crime permanente, se a sua vigência é anterior à cessação da continuidade ou permanência.

712. É nula a decisão que determina o desaforamento de processo da competência do júri sem audiência da defesa.

713. O efeito devolutivo da apelação contra decisões do júri é adstrito aos fundamentos da sua interposição.

714. É concorrente a legitimidade do ofendido, mediante queixa, e do Ministério Público, condicionada à representação do ofendido, para a ação penal por crime contra a honra de servidor público em razão do exercício de suas funções.

715. A pena unificada para atender ao limite de trinta anos de cumprimento, determinado pelo art. 75 do Código Penal, não é considerada para a concessão de outros benefícios, como o livramento condicional ou regime mais favorável de execução.

716. Admite-se a progressão de regime de cumprimento da pena ou a aplicação imediata de regime menos severo nela determinada, antes do trânsito em julgado da sentença condenatória.

717. Não impede a progressão de regime de execução da pena, fixada em sentença não transitada em julgado, o fato de o réu se encontrar em prisão especial.

718. A opinião do julgador sobre a gravidade em abstrato do crime não constitui motivação idônea para a imposição de regime mais severo do que o permitido segundo a pena aplicada.

719. A imposição do regime de cumprimento mais severo do que a pena aplicada permitir exige motivação idônea.

720. O art. 309 do Código de Trânsito Brasileiro, que reclama decorra do fato perigo de dano, derrogou o art. 32 da Lei das Contravenções Penais no tocante à direção sem habilitação em vias terrestres.

721. A competência constitucional do Tribunal do Júri prevalece sobre o foro por prerrogativa de função estabelecido exclusivamente pela Constituição estadual.

722. São da competência legislativa da União a definição dos crimes de responsabilidade e o estabelecimento das respectivas normas de processo e julgamento.

723. Não se admite a suspensão condicional do processo por crime continuado, se a soma da pena mínima da infração mais grave com o aumento mínimo de um sexto for superior a um ano.

724. Ainda quando alugado a terceiros, permanece imune ao IPTU o imóvel pertencente a qualquer das entidades referidas pelo art. 150, VI, *c*, da Constituição, desde que o valor dos aluguéis seja aplicado nas atividades essenciais de tais entidades.

725. É constitucional o § 2º do art. 6º da Lei nº 8.024/1990, resultante da conversão da Medida Provisória nº 168/1990, que fixou o BTN fiscal como índice de correção monetária aplicável aos depósitos bloqueados pelo Plano Collor I.

726. Para efeito de aposentadoria especial de professores, não se computa o tempo de serviço prestado fora da sala de aula.

727. Não pode o magistrado deixar de encaminhar ao Supremo Tribunal Federal o agravo de instrumento interposto da decisão que não admite recurso extraordinário, ainda que referente a causa instaurada no âmbito dos Juizados Especiais.

728. É de três dias o prazo para a interposição de recurso extraordinário contra decisão do Tribunal Superior Eleitoral, contado, quando for o caso, a partir da publicação do acórdão, na própria sessão de julgamento, nos termos do art. 12 da Lei nº 6.055/1974, que não foi revogado pela Lei nº 8.950/1994.

729. A decisão na ADECON nº 4 não se aplica à antecipação de tutela em causa de natureza previdenciária.

730. A imunidade tributária conferida a instituições de assistência social sem fins lucrativos pelo art. 150, VI, *c*, da Constituição, somente alcança as entidades fechadas de previdência social privada se não houver contribuição dos beneficiários.

731. Para fim da competência originária do Supremo Tribunal Federal, é de interesse geral da magistratura a questão de saber se, em face da LOMAN, os juízes têm direito à licença-prêmio.

732. É constitucional a cobrança da contribuição do salário-educação, seja sob a Carta de 1969, seja sob a Constituição Federal de 1988, e no regime da Lei nº 9.424/1996.

733. Não cabe recurso extraordinário contra decisão proferida no processamento de precatórios.

734. Não cabe reclamação quando já houver transitado em julgado o ato judicial que se alega tenha desrespeitado decisão do Supremo Tribunal Federal.

735. Não cabe recurso extraordinário contra acórdão que defere medida liminar.

736. Compete à Justiça do Trabalho julgar as ações que tenham como causa de pedir o descumprimento de normas trabalhistas relativas à segurança, higiene e saúde dos trabalhadores.

SÚMULAS DO SUPERIOR TRIBUNAL DE JUSTIÇA

1. O foro do domicílio ou da residência do alimentando é o competente para a ação de investigação de paternidade, quando cumulada com a de alimentos.

2. Não cabe *habeas data* (Constituição Federal, artigo 5º, LXXII, *a*) se não houve recusa de informações por parte da autoridade administrativa.

3. Compete ao Tribunal Regional Federal dirimir conflito de competência verificado, na respectiva região, entre Juiz Federal e Juiz Estadual investido de jurisdição federal.

4. Compete à Justiça Estadual julgar causa decorrente do processo eleitoral sindical.

5. A simples interpretação de cláusula contratual não enseja recurso especial.

6. Compete à Justiça Comum Estadual processar e julgar delito decorrente de acidente de trânsito envolvendo viatura de Polícia Militar, salvo se autor e vítima forem policiais militares em situação de atividade.

7. A pretensão de simples reexame de prova não enseja recurso especial.

8. Aplica-se a correção monetária aos créditos habilitados em concordata preventiva, salvo durante o período compreendido entre as datas de vigência da Lei nº 7.274, de 10-12-1984, e do Decreto-Lei nº 2.283, de 27-2-1986.

9. A exigência da prisão provisória, para apelar, não ofende a garantia constitucional da presunção de inocência.

10. Instalada a Junta de Conciliação e Julgamento, cessa a competência do Juiz de Direito em matéria trabalhista, inclusive para a execução das sentenças por ele proferidas.

► EC nº 24, de 9-12-1999, extinguiu a representação pelos juízes classistas na Justiça do Trabalho e substituiu as Juntas de Conciliação e Julgamento por Varas do Trabalho.

11. A presença da União ou de qualquer de seus entes, na ação de usucapião especial, não afasta a competência do foro da situação do imóvel.

12. Em desapropriação, são cumuláveis juros compensatórios e moratórios.

13. A divergência entre julgados do mesmo Tribunal não enseja recurso especial.

14. Arbitrados os honorários advocatícios em percentual sobre o valor da causa, a correção monetária incide a partir do respectivo ajuizamento.

15. Compete à Justiça Estadual processar e julgar os litígios decorrentes de acidente do trabalho.

16. A legislação ordinária sobre crédito rural não veda a incidência da correção monetária.

17. Quando o falso se exaure no estelionato, sem mais potencialidade lesiva, é por este absorvido.

18. A sentença concessiva do perdão judicial é declaratória da extinção da punibilidade, não subsistindo qualquer efeito condenatório.

19. A fixação do horário bancário, para atendimento ao público, é da competência da União.

20. A mercadoria importada de país signatário do GATT é isenta do ICM, quando contemplado com esse favor o similar nacional.

21. Pronunciado o réu, fica superada a alegação do constrangimento ilegal da prisão por excesso de prazo na instrução.

22. Não há conflito de competência entre o Tribunal de Justiça e Tribunal de Alçada do mesmo Estado-Membro.

23. O Banco Central do Brasil é parte legítima nas ações fundadas na Res. nº 1.154/1986.

24. Aplica-se ao crime de estelionato, em que figure como vítima entidade autárquica da Previdência Social, a qualificadora do § 3º do artigo 171 do Código Penal.

25. Nas ações da Lei de Falências o prazo para a interposição de recurso conta-se da intimação da parte.

26. O avalista do título de crédito vinculado a contrato de mútuo também responde pelas obrigações pactuadas, quando no contrato figurar como devedor solidário.

27. Pode a execução fundar-se em mais de um título extrajudicial relativos ao mesmo negócio.

28. O contrato de alienação fiduciária em garantia pode ter por objeto bem que já integrava o patrimônio do devedor.

29. No pagamento em juízo para elidir falência, são devidos correção monetária, juros e honorários de advogado.

30. A comissão de permanência e a correção monetária são inacumuláveis.

31. A aquisição, pelo segurado, de mais de um imóvel financiado pelo Sistema Financeiro da Habitação, situados na mesma localidade, não exime a seguradora da obrigação de pagamento dos seguros.

32. Compete à Justiça Federal processar justificações judiciais destinadas a instruir pedidos perante entidades que nela têm exclusividade de foro, ressalvada a aplicação do artigo 15, II, da Lei nº 5.010/1966.

33. A incompetência relativa não pode ser declarada de ofício.

34. Compete à Justiça Estadual processar e julgar causa relativa a mensalidade escolar, cobrada por estabelecimento particular de ensino.

35. Incide correção monetária sobre as prestações pagas, quando de sua restituição, em virtude da retirada ou exclusão do participante de plano de consórcio.

36. A correção monetária integra o valor da restituição, em caso de adiantamento de câmbio, requerida em concordata ou falência.

37. São cumuláveis as indenizações por dano material e dano moral oriundos do mesmo fato.

38. Compete à Justiça Estadual Comum, na vigência da Constituição de 1988, o processo por contravenção penal, ainda que praticada em detrimento de bens, serviços ou interesse da União ou de suas entidades.

39. Prescreve em vinte anos a ação para haver indenização, por responsabilidade civil, de sociedade de economia mista.

40. Para obtenção dos benefícios de saída temporária e trabalho externo, considera-se o tempo de cumprimento da pena no regime fechado.

41. O Superior Tribunal de Justiça não tem competência para processar e julgar, originariamente, mandado de segurança contra ato de outros tribunais ou dos respectivos órgãos.

42. Compete à Justiça Comum Estadual processar e julgar as causas cíveis em que é parte sociedade de economia mista e os crimes praticados em seu detrimento.

43. Incide correção monetária sobre dívida por ato ilícito a partir da data do efetivo prejuízo.

44. A definição, em ato regulamentar, de grau mínimo de disacusia, não exclui, por si só, a concessão do benefício previdenciário.

45. No reexame necessário, é defeso, ao Tribunal, agravar a condenação imposta à Fazenda Pública.

46. Na execução por carta, os embargos do devedor serão decididos no juízo deprecante, salvo se versarem unicamente vícios ou defeitos da penhora, avaliação ou alienação dos bens.

47. Compete à Justiça Militar processar e julgar crime cometido por militar contra civil, com emprego de arma pertencente à corporação, mesmo não estando em serviço.

48. Compete ao juízo do local da obtenção da vantagem ilícita processar e julgar crimes de estelionato cometido mediante falsificação de cheque.

49. Na exportação de café em grão, não se inclui na base de cálculo do ICM a quota de contribuição, a que se refere o artigo 2º do Decreto-Lei nº 2.295, de 21-11-1986.

50. O Adicional de Tarifa Portuária incide apenas nas operações realizadas com mercadorias importadas ou exportadas, objeto do comércio de navegação de longo curso.

51. A punição do intermediador, no jogo do bicho, independe da identificação do "apostador" ou do "banqueiro".

52. Encerrada a instrução criminal, fica superada a alegação de constrangimento por excesso de prazo.

53. Compete à Justiça Comum Estadual processar e julgar civil acusado de prática de crime contra instituições militares estaduais.

54. Os juros moratórios fluem a partir do evento danoso, em caso de responsabilidade extracontratual.

55. Tribunal Regional Federal não é competente para julgar recurso de decisão proferida por juiz estadual não investido de jurisdição federal.

56. Na desapropriação para instituir servidão administrativa são devidos os juros compensatórios pela limitação de uso da propriedade.

57. Compete à Justiça Comum Estadual processar e julgar ação de cumprimento fundada em acordo ou convenção coletiva não homologados pela Justiça do Trabalho.

58. Proposta a execução fiscal, a posterior mudança de domicílio do executado não desloca a competência já fixada.

59. Não há conflito de competência se já existe sentença com trânsito em julgado, proferida por um dos juízos conflitantes.

60. É nula a obrigação cambial assumida por procurador do mutuário vinculado ao mutuante, no exclusivo interesse deste.

61. *Cancelada. DJe* de 7-5-2018.

62. Compete à Justiça Estadual processar e julgar o crime de falsa anotação na Carteira de Trabalho e Previdência Social, atribuído à empresa privada.

63. São devidos direitos autorais pela retransmissão radiofônica de músicas em estabelecimentos comerciais.

64. Não constitui constrangimento ilegal o excesso de prazo na instrução, provocado pela defesa.

65. O cancelamento, previsto no artigo 29 do Decreto-Lei nº 2.303, de 21-11-1986, não alcança os débitos previdenciários.

66. Compete à Justiça Federal processar e julgar execução fiscal promovida por Conselho de Fiscalização profissional.

67. Na desapropriação, cabe a atualização monetária, ainda que por mais de uma vez, independente do decurso de prazo superior a um ano entre o cálculo e o efetivo pagamento da indenização.

68. *Cancelada. DJe* de 3-4-2019.

69. Na desapropriação direta, os juros compensatórios são devidos desde a antecipada imissão na posse e, na desapropriação indireta, a partir da efetiva ocupação do imóvel.

70. Os juros moratórios, na desapropriação direta ou indireta, contam-se desde o trânsito em julgado da sentença.

71. O bacalhau importado de país signatário do GATT é isento do ICM.

72. A comprovação da mora é imprescindível à busca e apreensão do bem alienado fiduciariamente.

73. A utilização de papel-moeda grosseiramente falsificado configura, em tese, o crime de estelionato, da competência da Justiça Estadual.

74. Para efeitos penais, o reconhecimento da menoridade do réu requer prova por documento hábil.

75. Compete à Justiça Comum Estadual processar e julgar o policial militar por crime de promover ou facilitar a fuga de preso de estabelecimento penal.

76. A falta de registro de compromisso de compra e venda de imóvel não dispensa a prévia interpelação para constituir em mora o devedor.

77. A Caixa Econômica Federal é parte ilegítima para figurar no polo passivo das ações relativas às contribuições para o fundo PIS/PASEP.

78. Compete à Justiça Militar processar e julgar policial de corporação estadual, ainda que o delito tenha sido praticado em outra unidade federativa.

79. Os bancos comerciais não estão sujeitos a registro nos Conselhos Regionais de Economia.

80. A Taxa de Melhoramento dos Portos não se inclui na base de cálculo do ICM.

81. Não se concede fiança quando, em concurso material, a soma das penas mínimas cominadas for superior a dois anos de reclusão.

82. Compete à Justiça Federal, excluídas as reclamações trabalhistas, processar e julgar os feitos relativos a movimentação do FGTS.

83. Não se conhece do recurso especial pela divergência, quando a orientação do Tribunal se firmou no mesmo sentido da decisão recorrida.

84. É admissível a oposição de embargos de terceiro fundados em alegação de posse advinda do compromisso de compra e venda de imóvel, ainda que desprovido do registro.

85. Nas relações jurídicas de trato sucessivo em que a Fazenda Pública figure como devedora, quando não tiver sido negado o próprio direito reclamado, a prescrição atinge apenas as prestações vencidas antes do quinquênio anterior à propositura da ação.

86. Cabe recurso especial contra acórdão proferido no julgamento de agravo de instrumento.

87. A isenção do ICMS relativa às rações balanceadas para animais abrange o concentrado e o suplemento.

88. São admissíveis embargos infringentes em processo falimentar.

89. A ação acidentária prescinde de exaurimento da via administrativa.

90. Compete à Justiça Estadual Militar processar e julgar o policial militar pela prática do crime militar, e à Comum pela prática do crime comum simultâneo àquele.

91. *Cancelada. DJU* de 23-11-2000.

92. A terceiro de boa-fé não é oponível a alienação fiduciária não anotada no Certificado de Registro do veículo automotor.

93. A legislação sobre cédulas de crédito rural, comercial e industrial admite o pacto de capitalização de juros.

94. *Cancelada. DJe* de 3-4-2019.

95. A redução da alíquota do Imposto sobre Produtos Industrializados ou do Imposto de Importação não implica redução do ICMS.

96. O crime de extorsão consuma-se independentemente da obtenção da vantagem indevida.

97. Compete à Justiça do Trabalho processar e julgar reclamação de servidor público relativamente a vantagens trabalhistas anteriores à instituição do regime jurídico único.

98. Embargos de declaração manifestados com notório propósito de prequestionamento não têm caráter protelatório.

99. O Ministério Público tem legitimidade para recorrer no processo em que oficiou como fiscal da lei, ainda que não haja recurso da parte.

100. É devido o Adicional ao Frete para Renovação da Marinha Mercante na importação sob o regime de Benefícios Fiscais à Exportação (BEFIEX).

101. A ação de indenização do segurado em grupo contra a seguradora prescreve em um ano.

102. A incidência dos juros moratórios sobre os compensatórios, nas ações expropriatórias, não constitui anatocismo vedado em lei.

103. Incluem-se entre os imóveis funcionais que podem ser vendidos os administrados pelas Forças Armadas e ocupados pelos servidores civis.

104. Compete à Justiça Estadual o processo e julgamento dos crimes de falsificação e uso de documento falso relativo a estabelecimento particular de ensino.

105. Na ação de mandado de segurança não se admite condenação em honorários advocatícios.

106. Proposta a ação no prazo fixado para o seu exercício, a demora na citação, por motivos inerentes ao mecanismo da Justiça, não justifica o acolhimento da arguição de prescrição ou decadência.

107. Compete à Justiça Comum Estadual processar e julgar crime de estelionato praticado mediante falsificação das guias de recolhimento das contribuições previdenciárias, quando não ocorrente lesão à autarquia federal.

108. A aplicação de medidas socioeducativas ao adolescente, pela prática de ato infracional, é de competência exclusiva do juiz.

109. O reconhecimento do direito a indenização, por falta de mercadoria transportada via marítima, independe de vistoria.

110. A isenção do pagamento de honorários advocatícios, nas ações acidentárias, é restrita ao segurado.

111. Os honorários advocatícios, nas ações previdenciárias, não incidem sobre as prestações vencidas após a sentença.

▸ Súmula com redação alterada. *DJU* de 4-10-2006.

112. O depósito somente suspende a exigibilidade do crédito tributário se for integral e em dinheiro.

113. Os juros compensatórios, na desapropriação direta, incidem a partir da imissão na posse, calculados sobre o valor da indenização, corrigido monetariamente.

114. Os juros compensatórios, na desapropriação indireta, incidem a partir da ocupação, calculados sobre o valor da indenização, corrigido monetariamente.

115. Na instância especial é inexistente recurso interposto por advogado sem procuração nos autos.

116. A Fazenda Pública e o Ministério Público têm o prazo em dobro para interpor agravo regimental no Superior Tribunal de Justiça.

117. A inobservância do prazo de quarenta e oito horas, entre a publicação de pauta e o julgamento sem a presença das partes, acarreta nulidade.

118. O agravo de instrumento é o recurso cabível da decisão que homologa a atualização do cálculo da liquidação.

119. A ação de desapropriação indireta prescreve em vinte anos.

120. O oficial de farmácia, inscrito no Conselho Regional de Farmácia, pode ser responsável técnico por drogaria.

121. Na execução fiscal o devedor deverá ser intimado, pessoalmente, do dia e hora da realização do leilão.

122. Compete à Justiça Federal o processo e julgamento unificado dos crimes conexos de competência federal e estadual, não se aplicando a regra do art. 78, II, *a*, do Código de Processo Penal.

123. A decisão que admite, ou não, o recurso especial deve ser fundamentada, com o exame dos seus pressupostos gerais e constitucionais.

124. A Taxa de Melhoramento dos Portos tem base de cálculo diversa do Imposto de Importação, sendo legítima a sua cobrança sobre a importação de mercadorias de países signatários do GATT, da ALALC ou ALADI.

125. O pagamento de férias não gozadas por necessidade do serviço não está sujeito à incidência do Imposto de Renda.

126. É inadmissível recurso especial, quando o acórdão recorrido assenta em fundamentos constitucional e infraconstitucional, qualquer deles suficiente, por si só, para mantê-lo, e a parte vencida não manifesta recurso extraordinário.

127. É ilegal condicionar a renovação da licença de veículo ao pagamento de multa, da qual o infrator não foi notificado.

128. Na execução fiscal haverá segundo leilão, se o primeiro não houver lanço superior à avaliação.

129. O exportador adquire o direito de transferência de crédito do ICMS quando realiza a exportação do produto e não ao estocar a matéria-prima.

130. A empresa responde, perante o cliente, pela reparação de dano ou furto de veículo ocorridos em seu estacionamento.

131. Nas ações de desapropriação incluem-se no cálculo da verba advocatícia as parcelas relativas aos juros compensatórios e moratórios, devidamente corrigidos.

132. A ausência de registro da transferência não implica a responsabilidade do antigo proprietário por dano resultante de acidente que envolva o veículo alienado.

133. A restituição da importância adiantada, à conta de contrato de câmbio, independe de ter sido a antecipação efetuada nos quinze dias anteriores ao requerimento da concordata.

134. Embora intimado de penhora em imóvel do casal, o cônjuge do executado pode opor embargos de terceiro para defesa de sua meação.

135. O ICMS não incide na gravação e distribuição de filmes e videoteipes.

136. O pagamento de licença-prêmio não gozada por necessidade do serviço não está sujeito ao Imposto de Renda.

137. Compete à Justiça Comum Estadual processar e julgar ação de servidor público municipal, pleiteando direitos relativos a vínculo estatutário.

138. O ISS incide na operação de arrendamento mercantil de coisas móveis.

139. Cabe à Procuradoria da Fazenda Nacional propor execução fiscal para cobrança de crédito relativo ao ITR.

140. Compete à Justiça Comum Estadual processar e julgar crime em que o indígena figure autor ou vítima.

141. Os honorários de advogado em desapropriação direta são calculados sobre a diferença entre a indenização e a oferta, corrigidos monetariamente.

142. *Cancelada.* AR nº 512/DF (*DJU* de 19-2-2001).

143. Prescreve em cinco anos a ação de perdas e danos pelo uso de marca comercial.

144. Os créditos de natureza alimentícia gozam de preferência, desvinculados os precatórios da ordem cronológica dos créditos de natureza diversa.

145. No transporte desinteressado, de simples cortesia, o transportador só será civilmente responsável por danos causados ao transportado quando incorrer em dolo ou culpa grave.

146. O segurado, vítima de novo infortúnio, faz jus a um único benefício, somado ao salário de contribuição vigente no dia do acidente.

147. Compete à Justiça Federal processar e julgar os crimes praticados contra funcionário público federal, quando relacionados com o exercício da função.

148. Os débitos relativos a benefício previdenciário, vencidos e cobrados em juízo após a vigência da Lei nº 6.899/1981, devem ser corrigidos monetariamente na forma prevista nesse diploma legal.

149. A prova exclusivamente testemunhal não basta à comprovação da atividade rurícola, para efeito da obtenção do benefício previdenciário.

150. Compete à Justiça Federal decidir sobre a existência de interesse jurídico, que justifique a presença, no processo, da União, suas autarquias ou empresas públicas.

151. A competência para o processo e julgamento por crime de contrabando ou descaminho define-se pela prevenção do Juízo Federal do lugar da apreensão dos bens.

152. *Cancelada.* REsp. nº 73.552/RJ, de 13-6-2007 (*DJU* de 25-6-2007).

153. A desistência da execução fiscal, após o oferecimento dos embargos, não exime o exequente dos encargos da sucumbência.

154. Os optantes pelo FGTS, nos termos da Lei nº 5.958, de 1973, têm direito à taxa progressiva de juros, na forma do artigo 4º da Lei nº 5.107, de 1966.

155. O ICMS incide na importação de aeronave, por pessoa física, para uso próprio.

156. A prestação de serviço de composição gráfica, personalizada e sob encomenda, ainda que envolva fornecimento de mercadorias, está sujeita, apenas, ao ISS.

157. *Cancelada.* REsp. nº 261.571/SP, de 24-4-2002 (*DJU* de 7-5-2002).

158. Não se presta a justificar embargos de divergência o dissídio com acórdão de Turma ou Seção que não mais tenha competência para a matéria neles versada.

159. O benefício acidentário, no caso de contribuinte que perceba remuneração variável, deve ser calculado com base na média aritmética dos últimos doze meses de contribuição.

160. É defeso, ao município, atualizar o IPTU, mediante decreto, em percentual superior ao índice oficial de correção monetária.

161. É da competência da Justiça Estadual autorizar o levantamento dos valores relativos ao PIS/PASEP e FGTS, em decorrência do falecimento do titular da conta.

162. Na repetição de indébito tributário, a correção monetária incide a partir do pagamento indevido.

163. O fornecimento de mercadorias com a simultânea prestação de serviços em bares, restaurantes e estabelecimentos similares constitui fato gerador do ICMS a incidir sobre o valor total da operação.

164. O prefeito municipal, após a extinção do mandato, continua sujeito a processo por crime previsto no artigo 1º do Decreto-Lei nº 201, de 27-2-1967.

165. Compete à Justiça Federal processar e julgar crime de falso testemunho cometido no processo trabalhista.

166. Não constitui fato gerador do ICMS o simples deslocamento de mercadoria de um para outro estabelecimento do mesmo contribuinte.

167. O fornecimento de concreto, por empreitada, para construção civil, preparado no trajeto até a obra em betoneiras acopladas a caminhões, é prestação de serviço, sujeitando-se apenas à incidência do ISS.

168. Não cabem embargos de divergência, quando a jurisprudência do Tribunal se firmou no mesmo sentido do acórdão embargado.

169. São inadmissíveis embargos infringentes no processo de mandado de segurança.

170. Compete ao juízo onde primeiro for intentada a ação envolvendo acumulação de pedidos, trabalhista e estatuário, decidi-la nos limites da sua jurisdição, sem prejuízo do ajuizamento de nova causa, com o pedido remanescente, no juízo próprio.

171. Cominadas cumulativamente, em Lei especial, penas privativa de liberdade e pecuniária, é defeso a substituição da prisão por multa.

172. Compete à Justiça Comum processar e julgar militar por crime de abuso de autoridade, ainda que praticado em serviço.

173. Compete à Justiça Federal processar e julgar o pedido de reintegração em cargo público federal, ainda que o servidor tenha sido dispensado antes da instituição do Regime Jurídico Único.

174. *Cancelada.* REsp. nº 213.054/SP, de 24-10-2001 (*DJU* de 6-11-2001).

175. Descabe o depósito prévio nas ações rescisórias propostas pelo INSS.

176. É nula a cláusula contratual que sujeita o devedor à taxa de juros divulgada pela ANBID/CETIP.

177. O Superior Tribunal de Justiça é incompetente para processar e julgar, originariamente, mandado de segurança contra ato de órgão colegiado presidido por Ministro de Estado.

178. O INSS não goza de isenção do pagamento de custas e emolumentos, nas ações acidentárias e de benefícios propostas na Justiça Estadual.

179. O estabelecimento de crédito que recebe dinheiro, em depósito judicial, responde pelo pagamento da correção monetária relativa aos valores recolhidos.

180. Na lide trabalhista, compete ao Tribunal Regional do Trabalho dirimir conflito de competência verificado, na res-

Súmulas

pectiva região, entre Juiz Estadual e Junta de Conciliação e Julgamento.

▸ A EC nº 24, de 9-12-1999, extinguiu a representação pelos juízes classistas na Justiça do Trabalho e substituiu as Juntas de Conciliação e Julgamento por Varas do Trabalho.

181. É admissível ação declaratória, visando obter certeza quanto à exata interpretação de cláusula contratual.

182. É inviável o agravo do artigo 545 do Código de Processo Civil que deixa de atacar especificamente os fundamentos da decisão agravada.

183. *Cancelada.* EDecl. no Confl. de Comp. nº 27.676/BA, de 8-11-2000 (*DJU* de 24-11-2000).

184. A microempresa de representação comercial é isenta do Imposto de Renda.

185. Nos depósitos judiciais, não incide o Imposto sobre Operações Financeiras.

186. Nas indenizações por ato ilícito, os juros compostos somente são devidos por aquele que praticou o crime.

187. É deserto o recurso interposto para o Superior Tribunal de Justiça, quando o recorrente não recolhe, na origem, a importância das despesas de remessa e retorno dos autos.

188. Os juros moratórios, na repetição do indébito tributário, são devidos a partir do trânsito em julgado da sentença.

189. É desnecessária a intervenção do Ministério Público nas execuções fiscais.

190. Na execução fiscal, processada perante a Justiça Estadual, cumpre à Fazenda Pública antecipar o numerário destinado ao custeio das despesas com o transporte dos oficiais de justiça.

191. A pronúncia é causa interruptiva da prescrição, ainda que o Tribunal do Júri venha a desclassificar o crime.

192. Compete ao Juízo das Execuções Penais do Estado a execução das penas impostas a sentenciados pela Justiça Federal, Militar ou Eleitoral, quando recolhidos a estabelecimentos sujeitos à administração estadual.

193. O direito de uso de linha telefônica pode ser adquirido por usucapião.

194. Prescreve em vinte anos a ação para obter, do construtor, indenização por defeitos da obra.

195. Em embargos de terceiro não se anula ato jurídico, por fraude contra credores.

196. Ao executado que, citado por edital ou por hora certa, permanecer revel, será nomeado curador especial, com legitimidade para apresentação de embargos.

197. O divórcio direto pode ser concedido sem que haja prévia partilha dos bens.

198. Na importação de veículo por pessoa física, destinado a uso próprio, incide o ICMS.

199. Na execução hipotecária de crédito vinculado ao Sistema Financeiro da Habilitação, nos termos da Lei nº 5.741/1971, a petição inicial deve ser instruída com, pelo menos, dois avisos de cobrança.

200. O Juízo Federal competente para processar e julgar acusado de crime de uso de passaporte falso é o do lugar onde o delito se consumou.

201. Os honorários advocatícios não podem ser fixados em salários mínimos.

202. A impetração de segurança por terceiro, contra ato judicial, não se condiciona à interposição de recurso.

203. Não cabe recurso especial contra decisão proferida por órgão de segundo grau dos Juizados Especiais.

▸ Súmula com redação alterada. *DJU* de 3-6-2002.

204. Os juros de mora nas ações relativas a benefícios previdenciários incidem a partir da citação válida.

205. A Lei nº 8.009/1990 aplica-se à penhora realizada antes de sua vigência.

206. A existência de vara privativa, instituída por lei estadual, não altera a competência territorial resultante das leis de processo.

207. É inadmissível recurso especial quando cabíveis embargos infringentes contra o acórdão proferido no tribunal de origem.

208. Compete à Justiça Federal processar e julgar prefeito municipal por desvio de verba sujeita a prestação de contas perante órgão federal.

209. Compete à Justiça Estadual processar e julgar prefeito por desvio de verba transferida e incorporada ao patrimônio municipal.

210. A ação de cobrança das contribuições para o FGTS prescreve em trinta anos.

211. Inadmissível recurso especial quanto à questão que, a despeito da oposição de embargos declaratórios, não foi apreciada pelo tribunal *a quo*.

212. A compensação de créditos tributários não pode ser deferida em ação cautelar ou por medida liminar cautelar ou antecipatória.

▸ Súmula com redação alterada. *DJU* de 23-5-2005.

213. O mandado de segurança constitui ação adequada para a declaração do direito à compensação tributária.

214. O fiador na locação não responde por obrigações resultantes de aditamento ao qual não anuiu.

215. A indenização recebida pela adesão a programa de incentivo à demissão voluntária não está sujeita à incidência do Imposto de Renda.

216. A tempestividade de recurso interposto no Superior Tribunal de Justiça é aferida pelo registro no protocolo da Secretaria e não pela data da entrega na agência do correio.

217. *Cancelada.* AgRg na SS nº 1.204/AM, de 23-10-2003 (*DJU* de 10-11-2003).

218. Compete à Justiça dos Estados processar e julgar ação de servidor estadual decorrente de direitos e vantagens estatuários no exercício de cargo em comissão.

219. Os créditos decorrentes de serviços prestados à massa falida, inclusive a remuneração do síndico, gozam dos privilégios próprios dos trabalhistas.

220. A reincidência não influi no prazo da prescrição da pretensão punitiva.

221. São civilmente responsáveis pelo ressarcimento de dano, decorrente de publicação pela imprensa, tanto o autor do escrito quanto o proprietário do veículo de divulgação.

222. Compete à Justiça Comum processar e julgar as ações relativas à contribuição sindical prevista no artigo 578 da CLT.

223. A certidão de intimação do acórdão recorrido constitui peça obrigatória no instrumento de agravo.

224. Excluído do feito o ente federal, cuja presença levara o Juiz Estadual a declinar da competência, deve o Juiz Federal restituir os autos e não suscitar conflito.

225. Compete ao Tribunal Regional do Trabalho apreciar recursos contra sentença proferida por órgão de primeiro grau da Justiça Trabalhista, ainda que para declarar-lhe a nulidade em virtude de incompetência.

226. O Ministério Público tem legitimidade para recorrer na ação de acidente do trabalho, ainda que o segurado esteja assistido por advogado.

227. A pessoa jurídica pode sofrer dano moral.

228. É inadmissível o interdito proibitório para a proteção do direito autoral.

229. O pedido de pagamento de indenização à seguradora suspende o prazo de prescrição até que o segurado tenha ciência da decisão.

230. *Cancelada.* CComp. n°s 30.513/SP, 30.500/SP e 30.504/SP, de 11-10-2000 (*DJU* de 9-11-2000).

231. A incidência da circunstância atenuante não pode conduzir à redução da pena abaixo do mínimo legal.

232. A Fazenda Pública, quando parte no processo, fica sujeita à exigência do depósito prévio dos honorários do perito.

233. O contrato de abertura de crédito, ainda que acompanhado de extrato da conta-corrente, não é título executivo.

234. A participação de membro do Ministério Público na fase investigatória criminal não acarreta o seu impedimento ou suspeição para o oferecimento da denúncia.

235. A conexão não determina a reunião dos processos, se um deles já foi julgado.

236. Não compete ao Superior Tribunal de Justiça dirimir conflitos de competência entre juízes trabalhistas vinculados a Tribunais Regionais do Trabalho diversos.

237. Nas operações com cartão de crédito, os encargos relativos ao financiamento não são considerados no cálculo do ICMS.

238. A avaliação da indenização devida ao proprietário do solo, em razão de alvará de pesquisa mineral, é processada no Juízo Estadual da situação do imóvel.

239. O direito à adjudicação compulsória não se condiciona ao registro do compromisso de compra e venda no cartório de imóveis.

240. A extinção do processo, por abandono da causa pelo autor, depende de requerimento do réu.

241. A reincidência penal não pode ser considerada como circunstância agravante e, simultaneamente, como circunstância judicial.

242. Cabe ação declaratória para reconhecimento de tempo de serviço para fins previdenciários.

243. O benefício da suspensão do processo não é aplicável em relação às infrações penais cometidas em concurso material, concurso formal ou continuidade delitiva, quando a pena mínima cominada, seja pelo somatório seja pela incidência da majorante, ultrapassar o limite de 1 (um) ano.

244. Compete ao foro do local da recusa processar e julgar o crime de estelionato mediante cheque sem provisão de fundos.

245. A notificação destinada a comprovar a mora nas dívidas garantidas por alienação fiduciária dispensa a indicação do valor do débito.

246. O valor do seguro obrigatório deve ser deduzido da indenização judicialmente fixada.

247. O contrato de abertura de crédito em conta-corrente, acompanhado do demonstrativo de débito, constitui documento hábil para o ajuizamento de ação monitória.

248. Comprovada a prestação dos serviços, a duplicata não aceita, mas protestada, é título hábil para instruir pedido de falência.

249. A Caixa Econômica Federal tem legitimidade passiva para integrar processo em que se discute correção monetária do FGTS.

250. É legítima a cobrança de multa fiscal de empresa em regime de concordata.

251. A meação só responde pelo ato ilícito quando o credor, na execução fiscal, provar que o enriquecimento dele resultante aproveitou ao casal.

252. Os saldos das contas do FGTS, pela legislação infraconstitucional, são corrigidos em 42,72% (IPC) quanto às perdas de janeiro de 1989 e 44,80% (IPC) quanto às de abril de 1990, acolhidos pelo STJ os índices de 18,02% (LBC) quanto às perdas de junho de 1987, de 5,38% (BTN) para maio de 1990 e 7,00% (TR) para fevereiro de 1991, de acordo com o entendimento do STF (RE nº 226.855-7/RS).

253. O art. 557 do CPC, que autoriza o relator a decidir o recurso, alcança o reexame necessário.

254. A decisão do Juízo Federal que exclui da relação processual ente federal não pode ser reexaminada no Juízo Estadual.

255. Cabem embargos infringentes contra acórdão, proferido por maioria, em agravo retido, quando se tratar de matéria de mérito.

256. *Cancelada.* AgRg nº 792.846/SP, de 21-5-2008 (*DJE* de 9-6-2008).

257. A falta de pagamento do prêmio do seguro obrigatório de Danos Pessoais causados por Veículos Automotores de Vias Terrestres (DPVAT) não é motivo para a recusa do pagamento da indenização.

258. A nota promissória vinculada a contrato de abertura de crédito não goza de autonomia em razão da iliquidez do título que a originou.

259. A ação de prestação de contas pode ser proposta pelo titular de conta-corrente bancária.

260. A convenção de condomínio aprovada, ainda que sem registro, é eficaz para regular as relações entre os condôminos.

261. A cobrança de direitos autorais pela retransmissão radiofônica de músicas, em estabelecimentos hoteleiros, deve ser feita conforme a taxa média de utilização de equipamento, apurada em liquidação.

262. Incide o Imposto de Renda sobre o resultado das aplicações financeiras realizadas pelas cooperativas.

263. *Cancelada.* REsps. n°s 443.143/GO e 470.632/SP, de 27-8-2003 (*DJU* de 24-9-2003).

264. É irrecorrível o ato judicial que apenas manda processar a concordata preventiva.

265. É necessária a oitiva do menor infrator antes de decretar-se a regressão da medida socioeducativa.

266. O diploma ou habilitação legal para o exercício do cargo deve ser exigido na posse e não na inscrição para o concurso público.

267. A interposição de recurso, sem efeito suspensivo, contra decisão condenatória não obsta a expedição de mandado de prisão.

268. O fiador que não integrou a relação processual na ação de despejo não responde pela execução do julgado.

269. É admissível a adoção do regime prisional semiaberto aos reincidentes condenados a pena igual ou inferior a quatro anos se favoráveis as circunstâncias judiciais.

270. O protesto pela preferência de crédito, apresentado por ente federal em execução que tramita na Justiça Estadual, não desloca a competência para a Justiça Federal.

271. A correção monetária dos depósitos judiciais independe de ação específica contra o banco depositário.

272. O trabalhador rural, na condição de segurado especial, sujeito à contribuição obrigatória sobre a produção rural comercializada, somente faz jus à aposentadoria por tempo de serviço, se recolher contribuições facultativas.

273. Intimada a defesa da expedição da carta precatória, torna-se desnecessária intimação da data da audiência no juízo deprecado.

274. O ISS incide sobre o valor dos serviços de assistência médica, incluindo-se neles as refeições, os medicamentos e as diárias hospitalares.

275. O auxiliar de farmácia não pode ser responsável técnico por farmácia ou drogaria.

276. *Cancelada.* AR nº 3.761/PR, de 12-11-2008 (*DJe* de 20-11-2008).

277. Julgada procedente a investigação de paternidade, os alimentos são devidos a partir da citação.

278. O termo inicial do prazo prescricional, na ação de indenização, é a data em que o segurado teve ciência inequívoca da incapacidade laboral.

279. É cabível execução por título extrajudicial contra a Fazenda Pública.

280. O art. 35 do Decreto-Lei nº 7.661, de 1945, que estabelece a prisão administrativa, foi revogado pelos incisos LXI e LXVII do art. 5º da Constituição Federal de 1988.

► O Dec.-lei nº 7.661, de 21-6-1945, foi revogado pela Lei nº 11.101, de 9-2-2005 (Lei de Recuperação de Empresas e Falências).

281. A indenização por dano moral não está sujeita a tarifação prevista na Lei de Imprensa.

► O STF julgou procedente a ADPF nº 130-7 (*DOU* de 12-5-2009), para declarar a incompatibilidade da Lei nº 5.250, de 9-2-1967 (Lei de Imprensa), com a CF/1988.

282. Cabe a citação por edital em ação monitória.

283. As empresas administradoras de cartão de crédito são instituições financeiras e, por isso, os juros remuneratórios por elas cobrados não sofrem as limitações da Lei de Usura.

284. A purga da mora, nos contratos de alienação fiduciária, só é permitida quando já pagos pelo menos 40% (quarenta por cento) do valor financiado.

285. Nos contratos bancários posteriores ao Código de Defesa do Consumidor incide a multa moratória nele prevista.

286. A renegociação de contrato bancário ou a confissão da dívida não impede a possibilidade de discussão sobre eventuais ilegalidades dos contratos anteriores.

287. A Taxa Básica Financeira (TBF) não pode ser utilizada como indexador de correção monetária nos contratos bancários.

288. A Taxa de Juros de Longo Prazo (TJLP) pode ser utilizada como indexador de correção monetária nos contratos bancários.

289. A restituição das parcelas pagas a plano de previdência privada deve ser objeto de correção plena, por índice que recomponha a efetiva desvalorização da moeda.

290. Nos planos de previdência privada, não cabe ao beneficiário a devolução da contribuição efetuada pelo patrocinador.

291. A ação de cobrança de parcelas de complementação de aposentadoria pela previdência privada prescreve em cinco anos.

292. A reconvenção é cabível na ação monitória, após a conversão do procedimento em ordinário.

293. A cobrança antecipada do Valor Residual Garantido (VRG) não descaracteriza o contrato de arrendamento mercantil.

294. Não é potestativa a cláusula contratual que prevê a comissão de permanência, calculada pela taxa média de mercado apurada pelo Banco Central do Brasil, limitada à taxa do contrato.

295. A Taxa Referencial (TR) é indexador válido para contratos posteriores à Lei nº 8.177/1991, desde que pactuada.

296. Os juros remuneratórios, não cumuláveis com a comissão de permanência, são devidos no período de inadimplência, à taxa média de mercado estipulada pelo Banco Central do Brasil, limitada ao percentual contratado.

297. O Código de Defesa do Consumidor é aplicável às instituições financeiras.

298. O alongamento de dívida originada de crédito rural não constitui faculdade da instituição financeira, mas, direito do devedor nos termos da lei.

299. É admissível a ação monitória fundada em cheque prescrito.

300. O instrumento de confissão de dívida, ainda que originário de contrato de abertura de crédito, constitui título executivo extrajudicial.

301. Em ação investigatória, a recusa do suposto pai a submeter-se ao exame de DNA induz presunção *juris tantum* de paternidade.

302. É abusiva a cláusula contratual de plano de saúde que limita no tempo a internação hospitalar do segurado.

303. Em embargos de terceiro, quem deu causa à constrição indevida deve arcar com os honorários advocatícios.

304. É ilegal a decretação da prisão civil daquele que não assume expressamente o encargo de depositário judicial.

305. É descabida a prisão civil do depositário quando, decretada a falência da empresa, sobrevém a arrecadação do bem pelo síndico.

306. Os honorários advocatícios devem ser compensados quando houver sucumbência recíproca, assegurado o direito autônomo do advogado à execução do saldo sem excluir a legitimidade da própria parte.

307. A restituição de adiantamento de contrato de câmbio, na falência, deve ser atendida antes de qualquer crédito.

308. A hipoteca firmada entre a construtora e o agente financeiro, anterior ou posterior à celebração da promessa de compra e venda, não tem eficácia perante os adquirentes do imóvel.

309. O débito alimentar que autoriza a prisão civil do alimentante é o que compreende as três prestações anteriores ao ajuizamento da execução e as que se vencerem no curso do processo.

► Súmula com redação alterada. *DJU* de 19-4-2006.

310. O auxílio-creche não integra o salário de contribuição.

311. Os atos do presidente do tribunal que disponham sobre processamento e pagamento de precatório não têm caráter jurisdicional.

312. No processo administrativo para imposição de multa de trânsito, são necessárias as notificações da autuação e da aplicação da pena decorrente da infração.

313. Em ação de indenização, procedente o pedido, é necessária a constituição de capital ou caução fidejussória para a garantia de pagamento da pensão, independentemente da situação financeira do demandado.

314. Em execução fiscal, não localizados bens penhoráveis, suspende-se o processo por um ano, findo o qual se inicia o prazo da prescrição quinquenal intercorrente.

315. Não cabem embargos de divergência no âmbito do agravo de instrumento que não admite recurso especial.

316. Cabem embargos de divergência contra acórdão que, em agravo regimental, decide recurso especial.

317. É definitiva a execução de título extrajudicial, ainda que pendente apelação contra sentença que julgue improcedentes os embargos.

318. Formulado pedido certo e determinado, somente o autor tem interesse recursal em arguir o vício da sentença ilíquida.

319. O encargo de depositário de bens penhorados pode ser expressamente recusado.

320. A questão federal somente ventilada no voto vencido não atende ao requisito do prequestionamento.

321. *Cancelada.* REsp 1.536.786-MG (*DJe* 29-2-2016).

322. Para a repetição de indébito, nos contratos de abertura de crédito em conta-corrente, não se exige a prova do erro.

323. A inscrição do nome do devedor pode ser mantida nos serviços de proteção ao crédito até o prazo máximo de cinco anos, independentemente da prescrição da execução.

▸ Súmula com a redação alterada. *DJe* de 16-12-2009.

324. Compete à Justiça Federal processar e julgar ações de que participa a Fundação Habitacional do Exército, equiparada à entidade autárquica federal, supervisionada pelo Ministério do Exército.

325. A remessa oficial devolve ao Tribunal o reexame de todas as parcelas da condenação suportadas pela Fazenda Pública, inclusive dos honorários de advogado.

326. Na ação de indenização por dano moral, a condenação em montante inferior ao postulado na inicial não implica sucumbência recíproca.

327. Nas ações referentes ao Sistema Financeiro da Habitação, a Caixa Econômica Federal tem legitimidade como sucessora do Banco Nacional da Habitação.

328. Na execução contra instituição financeira, é penhorável o numerário disponível, excluídas as reservas bancárias mantidas no Banco Central.

329. O Ministério Público tem legitimidade para propor ação civil pública em defesa do patrimônio público.

330. É desnecessária a resposta preliminar de que trata o artigo 514 do Código de Processo Penal, na ação penal instruída por inquérito policial.

331. A apelação interposta contra sentença que julga embargos à arrematação tem efeito meramente devolutivo.

332. A fiança prestada sem autorização de um dos cônjuges implica a ineficácia total da garantia.

333. Cabe mandado de segurança contra ato praticado em licitação promovida por sociedade de economia mista ou empresa pública.

334. O ICMS não incide no serviço dos provedores de acesso à Internet.

335. Nos contratos de locação, é válida a cláusula de renúncia à indenização das benfeitorias e ao direito de retenção.

336. A mulher que renunciou aos alimentos na separação judicial tem direito à pensão previdenciária por morte do ex-marido, comprovada a necessidade econômica superveniente.

337. É cabível a suspensão condicional do processo na desclassificação do crime e na procedência parcial da pretensão punitiva.

338. A prescrição penal é aplicável nas medidas socioeducativas.

339. É cabível ação monitória contra a Fazenda Pública.

340. A lei aplicável à concessão de pensão previdenciária por morte é aquela vigente na data do óbito do segurado.

341. A frequência a curso de ensino formal é causa de remição de parte do tempo de execução de pena sob regime fechado ou semiaberto.

342. No procedimento para aplicação de medida socioeducativa, é nula a desistência de outras provas em face da confissão do adolescente.

343.* Cancelada. DJe *de 3-5-2021.

344. A liquidação por forma diversa estabelecida na sentença não ofende a coisa julgada.

345. São devidos honorários advocatícios pela Fazenda Pública nas execuções individuais de sentença proferida em ações coletivas, ainda que não embargadas.

346. É vedada aos militares temporários, para aquisição de estabilidade, a contagem em dobro de férias e licenças não gozadas.

347. O conhecimento de recurso de apelação do réu independe de sua prisão.

348. *Cancelada.* Conflito de Competência nº 107.635/PR (*DJE* de 23-3-2010).

349. Compete à Justiça Federal ou aos juízes com competência delegada o julgamento das execuções fiscais de contribuições devidas pelo empregador ao FGTS.

350. O ICMS não incide sobre o serviço de habilitação de telefone celular.

351. A alíquota de contribuição para o Seguro de Acidente do Trabalho (SAT) é aferida pelo grau de risco desenvolvido em cada empresa, individualizada pelo seu CNPJ, ou pelo grau de risco da atividade preponderante quando houver apenas um registro.

352. A obtenção ou a renovação do Certificado de Entidade Beneficente de Assistência Social (CEBAS) não exime a entidade do cumprimento dos requisitos legais supervenientes.

353. As disposições do Código Tributário Nacional não se aplicam às contribuições para o FGTS.

354. A invasão do imóvel é causa de suspensão do processo expropriatório para fins de reforma agrária.

355. É válida a notificação do ato de exclusão do programa de recuperação fiscal do REFIS pelo *Diário Oficial* ou pela Internet.

356. É legítima a cobrança da tarifa básica pelo uso dos serviços de telefonia fixa.

357. *Revogada.* REsp. nº 1.074.799/MG (*DJE* de 22-6-2009).

358. O cancelamento de pensão alimentícia de filho que atingiu a maioridade está sujeito à decisão judicial, mediante contraditório, ainda que nos próprios autos.

359. Cabe ao órgão mantenedor do Cadastro de Proteção ao Crédito a notificação do devedor antes de proceder à inscrição.

360. O benefício da denúncia espontânea não se aplica aos tributos sujeitos a lançamento por homologação regularmente declarados, mas pagos a destempo.

361. A notificação do protesto, para requerimento de falência da empresa devedora, exige a identificação da pessoa que a recebeu.

362. A correção monetária do valor da indenização do dano moral incide desde a data do arbitramento.

363. Compete à Justiça estadual processar e julgar a ação de cobrança ajuizada por profissional liberal contra cliente.

364. O conceito de impenhorabilidade de bem de família abrange também o imóvel pertencente a pessoas solteiras, separadas e viúvas.

365. A intervenção da União como sucessora da Rede Ferroviária Federal S/A (RFFSA) desloca a competência para a Justiça Federal ainda que a sentença tenha sido proferida por Juízo estadual.

366. *Cancelada.* Conf. de Comp. nº 101.977/SP (*DJE* de 22-9-2009).

367. A competência estabelecida pela EC nº 45/2004 não alcança os processos já sentenciados.

368. Compete à Justiça comum estadual processar e julgar os pedidos de retificação de dados cadastrais da Justiça Eleitoral.

369. No contrato de arrendamento mercantil (*leasing*), ainda que haja cláusula resolutiva expressa, é necessária a notificação prévia do arrendatário para constituí-lo em mora.

370. Caracteriza dano moral a apresentação antecipada de cheque pré-datado.

371. Nos contratos de participação financeira para a aquisição de linha telefônica, o Valor Patrimonial da Ação (VPA) é apurado com base no balancete do mês da integralização.

372. Na ação de exibição de documentos, não cabe a aplicação de multa cominatória.

373. É ilegítima a exigência de depósito prévio para admissibilidade de recurso administrativo.

374. Compete à Justiça Eleitoral processar e julgar a ação para anular débito decorrente de multa eleitoral.

375. O reconhecimento da fraude à execução depende do registro da penhora do bem alienado ou da prova de má-fé do terceiro adquirente.

376. Compete à turma recursal processar e julgar o mandado de segurança contra ato de juizado especial.

377. O portador de visão monocular tem direito de concorrer, em concurso público, às vagas reservadas aos deficientes.

378. Reconhecido o desvio de função, o servidor faz jus às diferenças salariais decorrentes.

379. Nos contratos bancários não regidos por legislação específica, os juros moratórios poderão ser convencionados até o limite de 1% ao mês.

380. A simples propositura da ação de revisão de contrato não inibe a caracterização da mora do autor.

381. Nos contratos bancários, é vedado ao julgador conhecer, de ofício, da abusividade das cláusulas.

382. A estipulação de juros remuneratórios superiores a 12% ao ano, por si só, não indica abusividade.

383. A competência para processar e julgar as ações conexas de interesse de menor é, em princípio, do foro do domicílio do detentor de sua guarda.

384. Cabe ação monitória para haver saldo remanescente oriundo de venda extrajudicial de bem alienado fiduciariamente em garantia.

385. Da anotação irregular em cadastro de proteção ao crédito, não cabe indenização por dano moral, quando preexistente legítima inscrição, ressalvado o direito ao cancelamento.

386. São isentas de imposto de renda as indenizações de férias proporcionais e o respectivo adicional.

387. É lícita a cumulação das indenizações de dano estético e dano moral.

388. A simples devolução indevida de cheque caracteriza dano moral.

389. A comprovação do pagamento do "custo do serviço" referente ao fornecimento de certidão de assentamentos constantes dos livros da companhia é requisito de procedibilidade da ação de exibição de documentos ajuizada em face da sociedade anônima.

390. Nas decisões por maioria, em reexame necessário, não se admitem embargos infringentes.

391. O ICMS incide sobre o valor da tarifa de energia elétrica correspondente à demanda de potência efetivamente utilizada.

392. A Fazenda Pública pode substituir a certidão de dívida ativa (CDA) até a prolação da sentença de embargos, quando se tratar de correção de erro material ou formal, vedada a modificação do sujeito passivo da execução.

393. A exceção de pré-executividade é admissível na execução fiscal relativamente às matérias conhecíveis de ofício que não demandem dilação probatória.

394. É admissível, em embargos à execução fiscal, compensar os valores de imposto de renda retidos indevidamente na fonte com os valores restituídos apurados na declaração anual.

▸ Súmula republicada. *DJe* de 21-10-2009.

395. O ICMS incide sobre o valor da venda a prazo constante da nota fiscal.

396. A Confederação Nacional da Agricultura tem legitimidade ativa para a cobrança da contribuição sindical rural.

397. O contribuinte do IPTU é notificado do lançamento pelo envio do carnê ao seu endereço.

398. A prescrição da ação para pleitear os juros progressivos sobre os saldos de conta vinculada do FGTS não atinge o fundo de direito, limitando-se às parcelas vencidas.

399. Cabe à legislação municipal estabelecer o sujeito passivo do IPTU.

400. O encargo de 20% previsto no Dec.-lei nº 1.025/1969 é exigível na execução fiscal proposta contra a massa falida.

401. O prazo decadencial da ação rescisória só se inicia quando não for cabível qualquer recurso do último pronunciamento judicial.

402. O contrato de seguro por danos pessoais compreende os danos morais, salvo cláusula expressa de exclusão.

403. Independe de prova do prejuízo a indenização pela publicação não autorizada de imagem de pessoa com fins econômicos ou comerciais.

404. É dispensável o aviso de recebimento (AR) na carta de comunicação ao consumidor sobre a negativação de seu nome em bancos de dados e cadastros.

405. A ação de cobrança de seguro obrigatório (DPVAT) prescreve em três anos.

406. A Fazenda Pública pode recusar a substituição do bem penhorado por precatório.

407. É legítima a cobrança da tarifa de água fixada de acordo com as categorias de usuários e as faixas de consumo.

408. *Cancelada. DJe* de 18-11-2020.

409. Em execução fiscal, a prescrição ocorrida antes da propositura da ação pode ser decretada de ofício (art. 219, § 5º, do CPC).

410. A prévia intimação pessoal do devedor constitui condição necessária para a cobrança de multa pelo descumprimento de obrigação de fazer ou não fazer.

411. É devida a correção monetária ao creditamento do IPI quando há oposição ao seu aproveitamento decorrente de resistência ilegítima do Fisco.

412. A ação de repetição de indébito de tarifas de água e esgoto sujeita-se ao prazo prescricional estabelecido no Código Civil.

413. O farmacêutico pode acumular a responsabilidade técnica por uma farmácia e uma drogaria ou por duas drogarias.

414. A citação por edital na execução fiscal é cabível quando frustradas as demais modalidades.

415. O período de suspensão do prazo prescricional é regulado pelo máximo da pena cominada.

416. É devida a pensão por morte aos dependentes do segurado que, apesar de ter perdido essa qualidade, preencheu os requisitos legais para a obtenção de aposentadoria até a data do seu óbito.

417. Na execução civil, a penhora de dinheiro na ordem de nomeação de bens não tem caráter absoluto.

418. *Cancelada.* (*DJe* de 1º-8-2016).

419. Descabe a prisão civil do depositário judicial infiel.

420. Incabível, em embargos de divergência, discutir o valor de indenização por danos morais.

421. Os honorários advocatícios não são devidos à Defensoria Pública quando ela atua contra a pessoa jurídica de direito público à qual pertença.

422. O art. 6º, *e*, da Lei nº 4.380/1964 não estabelece limitação aos juros remuneratórios nos contratos vinculados ao SFH.

423. A Contribuição para Financiamento da Seguridade Social – COFINS incide sobre as receitas provenientes das operações de locação de bens móveis.

424. É legítima a incidência de ISS sobre os serviços bancários congêneres da lista anexa ao Dec.-lei nº 406/1968 e à LC nº 56/1987.

► A LC nº 56, de 15-12-1987, foi revogada pela LC nº 116, de 31-7-2003 (Lei do ISS).

425. A retenção da contribuição para a seguridade social pelo tomador do serviço não se aplica às empresas optantes pelo SIMPLES.

426. Os juros de mora na indenização do seguro DPVAT fluem a partir da citação.

427. A ação de cobrança de diferenças de valores de complementação de aposentadoria prescreve em cinco anos contados da data do pagamento.

428. Compete ao Tribunal Regional Federal decidir os conflitos de competência entre juizado especial federal e juízo federal da mesma seção judiciária.

429. A citação postal, quando autorizada por lei, exige o aviso de recebimento.

430. O inadimplemento da obrigação tributária pela sociedade não gera, por si só, a responsabilidade solidária do sócio-gerente.

431. É ilegal a cobrança de ICMS com base no valor da mercadoria submetido ao regime de pauta fiscal.

432. As empresas de construção civil não estão obrigadas a pagar ICMS sobre mercadorias adquiridas como insumos em operações interestaduais.

433. O produto semielaborado, para fins de incidência de ICMS, é aquele que preenche cumulativamente os três requisitos do art. 1º da Lei Complementar nº 65/1991.

► LC nº 65, de 15-4-1991, define, na forma da alínea *a* do inciso X do § 2º, do art. 155 da Constituição, os produtos semielaborados que podem ser tributados pelos Estados e Distrito Federal, quando de sua exportação para o exterior.

434. O pagamento da multa por infração de trânsito não inibe a discussão judicial do débito.

435. Presume-se dissolvida irregularmente a empresa que deixar de funcionar no seu domicílio fiscal, sem comunicação aos órgãos competentes, legitimando o redirecionamento da execução fiscal para o sócio-gerente.

436. A entrega de declaração pelo contribuinte reconhecendo débito fiscal constitui o crédito tributário, dispensada qualquer outra providência por parte do fisco.

437. A suspensão da exigibilidade do crédito tributário superior a quinhentos mil reais para opção pelo REFIS pressupõe a homologação expressa do comitê gestor e a constituição de garantia por meio do arrolamento de bens.

438. É inadmissível a extinção da punibilidade pela prescrição da pretensão punitiva com fundamento em pena hipotética, independentemente da existência ou sorte do processo penal.

439. Admite-se o exame criminológico pelas peculiaridades do caso, desde que em decisão motivada.

440. Fixada a pena-base no mínimo legal, é vedado o estabelecimento de regime prisional mais gravoso do que o cabível em razão da sanção imposta, com base apenas na gravidade abstrata do delito.

441. A falta grave não interrompe o prazo para obtenção de livramento condicional.

442. É inadmissível aplicar, no furto qualificado, pelo concurso de agentes, a majorante do roubo.

443. O aumento na terceira fase de aplicação da pena no crime de roubo circunstanciado exige fundamentação concreta, não sendo suficiente para a sua exasperação a mera indicação do número de majorantes.

444. É vedada a utilização de inquéritos policiais e ações penais em curso para agravar a pena-base.

445. As diferenças de correção monetária resultantes de expurgos inflacionários sobre os saldos de FGTS têm como termo inicial a data em que deveriam ter sido creditadas.

446. Declarado e não pago o débito tributário pelo contribuinte, é legítima a recusa de expedição de certidão negativa ou positiva com efeito de negativa.

447. Os Estados e o Distrito Federal são partes legítimas na ação de restituição de imposto de renda retido na fonte proposta por seus servidores.

448. A opção pelo SIMPLES de estabelecimentos dedicados às atividades de creche, pré-escola e ensino fundamental é admitida somente a partir de 24-10-2000, data de vigência da Lei nº 10.034/2000.

449. A vaga de garagem que possui matrícula própria no registro de imóveis não constitui bem de família para efeito de penhora.

450. Nos contratos vinculados ao SFH, a atualização do saldo devedor antecede sua amortização pelo pagamento da prestação.

451. É legítima a penhora da sede do estabelecimento comercial.

452. A extinção das ações de pequeno valor é faculdade da Administração Federal, vedada a atuação judicial de ofício.

453. Os honorários sucumbenciais, quando omitidos em decisão transitada em julgado, não podem ser cobrados em execução ou em ação própria.

454. Pactuada a correção monetária nos contratos do SFH pelo mesmo índice aplicável à caderneta de poupança, incide a taxa referencial (TR) a partir da vigência da Lei nº 8.177, de 1º-3-1991.

455. A decisão que determina a produção antecipada de provas com base no art. 366 do CPP deve ser concretamente fundamentada, não a justificando unicamente o mero decurso do tempo.

456. É incabível a correção monetária dos salários de contribuição considerados no cálculo do salário de benefício de auxílio-doença, aposentadoria por invalidez, pensão ou auxílio-reclusão concedidos antes da vigência da CF/1988.

457. Os descontos incondicionais nas operações mercantis não se incluem na base de cálculo do ICMS.

458. A contribuição previdenciária incide sobre a comissão paga ao corretor de seguros.

459. A Taxa Referencial (TR) é o índice aplicável, a título de correção monetária, aos débitos com o FGTS recolhidos pelo empregador mas não repassados ao fundo.

460. É incabível o mandado de segurança para convalidar a compensação tributária realizada pelo contribuinte.

461. O contribuinte pode optar por receber, por meio de precatório ou por compensação, o indébito tributário certificado por sentença declaratória transitada em julgado.

462. Nas ações em que representa o FGTS, a CEF, quando sucumbente, não está isenta de reembolsar as custas antecipadas pela parte vencedora.

463. Incide imposto de renda sobre os valores percebidos a título de indenização por horas extraordinárias trabalhadas, ainda que decorrentes de acordo coletivo.

464. A regra de imputação de pagamentos estabelecida no art. 354 do Código Civil não se aplica às hipóteses de compensação tributária.

465. Ressalvada a hipótese de efetivo agravamento do risco, a seguradora não se exime do dever de indenizar em razão da transferência do veículo sem a sua prévia comunicação.

466. O titular da conta vinculada ao FGTS tem o direito de sacar o saldo respectivo quando declarado nulo seu contrato de trabalho por ausência de prévia aprovação em concurso público.

467. Prescreve em cinco anos, contados do término do processo administrativo, a pretensão da Administração Pública de promover a execução da multa por infração ambiental.

468. A base de cálculo do PIS, até a edição da MP nº 1.212/1995, era o faturamento ocorrido no sexto mês anterior ao do fato gerador.

469. *Cancelada. DJe* de 17-4-2018.

470. *Cancelada.* (*DJe* de 15-6-2015).

471. Os condenados por crimes hediondos ou assemelhados cometidos antes da vigência da Lei nº 11.464/2007 sujeitam-se ao disposto no art. 112 da Lei nº 7.210/1984 (Lei de Execução Penal) para a progressão de regime prisional.

472. A cobrança de comissão de permanência – cujo valor não pode ultrapassar a soma dos encargos remuneratórios e moratórios previstos no contrato – exclui a exigibilidade dos juros remuneratórios, moratórios e da multa contratual.

473. O mutuário do SFH não pode ser compelido a contratar o seguro habitacional obrigatório com a instituição financeira mutuante ou com a seguradora por ela indicada.

474. A indenização do seguro DPVAT, em caso de invalidez parcial do beneficiário, será paga de forma proporcional ao grau da invalidez.

475. Responde pelos danos decorrentes de protesto indevido o endossatário que recebe por endosso translativo título de crédito contendo vício formal extrínseco ou intrínseco, ficando ressalvado seu direito de regresso contra os endossantes e avalistas.

476. O endossatário de título de crédito por endosso-mandato só responde por danos decorrentes de protesto indevido se extrapolar os poderes de mandatário.

477. A decadência do art. 26 do CDC não é aplicável à prestação de contas para obter esclarecimentos sobre cobrança de taxas, tarifas e encargos bancários.

478. Na execução de crédito relativo a cotas condominiais, este tem preferência sobre o hipotecário.

479. As instituições financeiras respondem objetivamente pelos danos gerados por fortuito interno relativo a fraudes e delitos praticados por terceiros no âmbito de operações bancárias.

480. O juízo da recuperação judicial não é competente para decidir sobre a constrição de bens não abrangidos pelo plano de recuperação da empresa.

481. Faz jus ao benefício da justiça gratuita a pessoa jurídica com ou sem fins lucrativos que demonstrar sua impossibilidade de arcar com os encargos processuais.

482. A falta de ajuizamento da ação principal no prazo do art. 806 do CPC acarreta a perda da eficácia da liminar deferida e a extinção do processo cautelar.

483. O INSS não está obrigado a efetuar depósito prévio do preparo por gozar das prerrogativas e privilégios da Fazenda Pública.

484. Admite-se que o preparo seja efetuado no primeiro dia útil subsequente, quando a interposição do recurso ocorrer após o encerramento do expediente bancário.

485. A Lei de Arbitragem aplica-se aos contratos que contenham cláusula arbitral, ainda que celebrados antes da sua edição.

486. É impenhorável o único imóvel residencial do devedor que esteja locado a terceiros, desde que a renda obtida com a locação seja revertida para a subsistência ou a moradia da sua família.

487. O parágrafo único do art. 741 do CPC não se aplica às sentenças transitadas em julgado em data anterior à da sua vigência.

488. O § 2º do art. 6º da Lei nº 9.469/1997, que obriga à repartição dos honorários advocatícios, é inaplicável a acordos ou transações celebrados em data anterior à sua vigência.

► O referido art. 6º, § 2º, foi revogado pela Lei nº 13.140, de 26-6-2015.

489. Reconhecida a continência, devem ser reunidas na Justiça Federal as ações civis públicas propostas nesta e na Justiça estadual.

490. A dispensa de reexame necessário, quando o valor da condenação ou do direito controvertido for inferior a sessenta salários mínimos, não se aplica a sentenças ilíquidas.

491. É inadmissível a chamada progressão *per saltum* de regime prisional.

492. O ato infracional análogo ao tráfico de drogas, por si só, não conduz obrigatoriamente à imposição de medida socioeducativa de internação do adolescente.

493. É inadmissível a fixação de pena substitutiva (art. 44 do CP) como condição especial ao regime aberto.

494. O benefício fiscal do ressarcimento do crédito presumido do IPI relativo às exportações incide mesmo quando as matérias-primas ou os insumos sejam adquiridos de pessoa física ou jurídica não contribuinte do PIS/PASEP.

495. A aquisição de bens integrantes do ativo permanente da empresa não gera direito a creditamento de IPI.

496. Os registros de propriedade particular de imóveis situados em terrenos de marinha não são oponíveis à União.

497. Os créditos das autarquias federais preferem aos créditos da Fazenda estadual desde que coexistam penhoras sobre o mesmo bem.

498. Não incide imposto de renda sobre a indenização por danos morais.

499. As empresas prestadoras de serviços estão sujeitas às contribuições ao Sesc e Senac, salvo se integradas noutro serviço social.

500. A configuração do crime do art. 244-B do ECA independe da prova da efetiva corrupção do menor, por se tratar de delito formal.

501. É cabível a aplicação retroativa da Lei nº 11.343/2006, desde que o resultado da incidência das suas disposições, na íntegra, seja mais favorável ao réu do que o advindo da aplicação da Lei nº 6.368/1976, sendo vedada a combinação de leis.

502. Presentes a materialidade e a autoria, afigura-se típica, em relação ao crime previsto no art. 184, § 2º, do CP, a conduta de expor à venda CDs e DVDs "piratas".

503. O prazo para ajuizamento de ação monitória em face do emitente de cheque sem força executiva é quinquenal, a contar do dia seguinte à data de emissão estampada na cártula.

504. O prazo para ajuizamento de ação monitória em face do emitente de nota promissória sem força executiva é quinquenal, a contar do dia seguinte ao vencimento do título.

505. A competência para processar e julgar as demandas que têm por objeto obrigações decorrentes dos contratos de planos de previdência privada firmados com a Fundação Rede Ferroviária de Seguridade Social – REFER é da Justiça estadual.

506. A Anatel não é parte legítima nas demandas entre a concessionária e o usuário de telefonia decorrentes de relação contratual.

507. A acumulação de auxílio-acidente com aposentadoria pressupõe que a lesão incapacitante e a aposentadoria sejam anteriores a 11-11-1997, observado o critério do art. 23 da Lei nº 8.213/1991 para definição do momento da lesão nos casos de doença profissional ou do trabalho.

508. A isenção da COFINS concedida pelo art. 6º, II, da LC nº 70/1991 às sociedades civis de prestação de serviços profissionais foi revogada pelo art. 56 da Lei nº 9.430/1996.

509. É lícito ao comerciante de boa-fé aproveitar os créditos de ICMS decorrentes de nota fiscal posteriormente declarada inidônea, quando demonstrada a veracidade da compra e venda.

510. A liberação de veículo retido apenas por transporte irregular de passageiros não está condicionada ao pagamento de multas e despesas.

511. É possível o reconhecimento do privilégio previsto no § 2º do art. 155 do CP nos casos de crime de furto qualificado, se estiverem presentes a primariedade do agente, o pequeno valor da coisa e a qualificadora for de ordem objetiva.

512. *Cancelada.* QO na Pet 11.796-DF (*DJe* de 28-11-2016).

513. A *abolitio criminis* temporária prevista na Lei nº 10.826/2003 aplica-se ao crime de posse de arma de fogo de uso permitido com numeração, marca ou qualquer outro sinal de identificação raspado, suprimido ou adulterado, praticado somente até 23-10-2005.

514. A CEF é responsável pelo fornecimento dos extratos das contas individualizadas vinculadas ao FGTS dos trabalhadores participantes do Fundo de Garantia do Tempo de Serviço, inclusive para fins de exibição em juízo, independentemente do período em discussão.

515. A reunião de execuções fiscais contra o mesmo devedor constitui faculdade do Juiz.

516. A contribuição de intervenção no domínio econômico para o INCRA (Decreto-Lei nº 1.110/1970), devida por empregadores rurais e urbanos, não foi extinta pelas Leis nº 7.787/1989, 8.212/1991 e 8.213/1991, não podendo ser compensada com a contribuição ao INSS.

517. São devidos honorários advocatícios no cumprimento de sentença, haja ou não impugnação, depois de escoado o prazo para pagamento voluntário, que se inicia após a intimação do advogado da parte executada.

518. Para fins do art. 105, III, *a*, da Constituição Federal, não é cabível recurso especial fundado em alegada violação de enunciado de súmula.

519. Na hipótese de rejeição da impugnação ao cumprimento de sentença, não são cabíveis honorários advocatícios.

520. O benefício de saída temporária no âmbito da execução penal é ato jurisdicional insuscetível de delegação à autoridade administrativa do estabelecimento prisional.

521. A legitimidade para a execução fiscal de multa pendente de pagamento imposta em sentença condenatória é exclusiva da Procuradoria da Fazenda Pública.

522. A conduta de atribuir-se falsa identidade perante autoridade policial é típica, ainda que em situação de alegada autodefesa.

523. A taxa de juros de mora incidente na repetição de indébito de tributos estaduais deve corresponder à utilizada para cobrança do tributo pago em atraso, sendo legítima a incidência da taxa Selic, em ambas as hipóteses, quando prevista na legislação local, vedada sua cumulação com quaisquer outros índices.

524. No tocante à base de cálculo, o ISSQN incide apenas sobre a taxa de agenciamento quando o serviço prestado por sociedade empresária de trabalho temporário for de intermediação, devendo, entretanto, englobar também os valores dos salários e encargos sociais dos trabalhadores por ela contratados nas hipóteses de fornecimento de mão de obra.

► Item 10 da Lista de Serviços Anexa à LC nº 116, de 37-7-2003 (Dispõe sobre o Imposto Sobre Serviços de Qualquer Natureza – ISSQN).

525. A Câmara de Vereadores não possui personalidade jurídica, apenas personalidade judiciária, somente podendo demandar em juízo para defender os seus direitos institucionais.

526. O reconhecimento de falta grave decorrente do cometimento de fato definido como crime doloso no cumprimento da pena prescinde do trânsito em julgado de sentença penal condenatória no processo penal instaurado para apuração do fato.

527. O tempo de duração da medida de segurança não deve ultrapassar o limite máximo da pena abstratamente cominada ao delito praticado.

528. Compete ao juiz federal do local da apreensão da droga remetida do exterior pela via postal processar e julgar o crime de tráfico internacional.

529. No seguro de responsabilidade civil facultativo, não cabe o ajuizamento de ação pelo terceiro prejudicado direta e exclusivamente em face da seguradora do apontado causador do dano.

530. Nos contratos bancários, na impossibilidade de comprovar a taxa de juros efetivamente contratada – por ausência de pactuação ou pela falta de juntada do instrumento aos autos –, aplica-se a taxa média de mercado, divulgada pelo BACEN, praticada nas operações da mesma espécie, salvo se a taxa cobrada for mais vantajosa para o devedor.

531. Em ação monitória fundada em cheque prescrito ajuizada contra o emitente, é dispensável a menção ao negócio jurídico subjacente à emissão da cártula.

532. Constitui prática comercial abusiva o envio de cartão de crédito sem prévia e expressa solicitação do consumidor, configurando-se ato ilícito indenizável e sujeito à aplicação de multa administrativa.

533. Para o reconhecimento da prática de falta disciplinar no âmbito da execução penal, é imprescindível a instauração de procedimento administrativo pelo diretor do estabelecimento prisional, assegurado o direito de defesa, a ser realizado por advogado constituído ou defensor público nomeado.

534. A prática de falta grave interrompe a contagem do prazo para a progressão de regime de cumprimento de pena, o qual se reinicia a partir do cometimento dessa infração.

535. A prática de falta grave não interrompe o prazo para fim de comutação de pena ou indulto.

536. A suspensão condicional do processo e a transação penal não se aplicam na hipótese de delitos sujeitos ao rito da Lei Maria da Penha.

537. Em ação de reparação de danos, a seguradora denunciada, se aceitar a denunciação ou contestar o pedido do autor, pode ser condenada, direta e solidariamente junto com o segurado, ao pagamento da indenização devida à vítima, nos limites contratados na apólice.

538. As administradoras de consórcio têm liberdade para estabelecer a respectiva taxa de administração, ainda que fixada em percentual superior a dez por cento.

539. É permitida a capitalização de juros com periodicidade inferior à anual em contratos celebrados com instituições integrantes do Sistema Financeiro Nacional a partir de 31/3/2000 (MP nº 1.963-17/2000, reeditada como MP nº 2.170-36/2001), desde que expressamente pactuada.

540. Na ação de cobrança do seguro DPVAT, constitui faculdade do autor escolher entre os foros do seu domicílio, do local do acidente ou ainda do domicílio do réu.

541. A previsão no contrato bancário de taxa de juros anual superior ao duodécuplo da mensal é suficiente para permitir a cobrança da taxa efetiva anual contratada.

542. A ação penal relativa ao crime de lesão corporal resultante de violência doméstica contra a mulher é pública incondicionada.

543. Na hipótese de resolução de contrato de promessa de compra e venda de imóvel submetido ao Código de Defesa do Consumidor, deve ocorrer a imediata restituição das parcelas pagas pelo promitente comprador – integralmente, em caso de culpa exclusiva do promitente vendedor/construtor, ou parcialmente, caso tenha sido o comprador quem deu causa ao desfazimento.

544. É válida a utilização de tabela do Conselho Nacional de Seguros Privados para estabelecer a proporcionalidade da indenização do seguro DPVAT ao grau de invalidez também na hipótese de sinistro anterior a 16/12/2008, data da entrada em vigor da Medida Provisória nº 451/2008.

545. Quando a confissão for utilizada para a formação do convencimento do julgador, o réu fará jus à atenuante prevista no art. 65, III, *d*, do Código Penal.

546. A competência para processar e julgar o crime de uso de documento falso é firmada em razão da entidade ou órgão ao qual foi apresentado o documento público, não importando a qualificação do órgão expedidor.

547. Nas ações em que se pleiteia o ressarcimento dos valores pagos a título de participação financeira do consumidor no custeio de construção de rede elétrica, o prazo prescricional é de vinte anos na vigência do Código Civil de 1916. Na vigência do Código Civil de 2002, o prazo é de cinco anos se houver previsão contratual de ressarcimento e de três anos na ausência de cláusula nesse sentido, observada a regra de transição disciplinada em seu art. 2.028.

548. Incumbe ao credor a exclusão do registro da dívida em nome do devedor no cadastro de inadimplentes no prazo de cinco dias úteis, a partir do integral e efetivo pagamento do débito.

549. É válida a penhora de bem de família pertencente a fiador de contrato de locação.

550. A utilização de escore de crédito, método estatístico de avaliação de risco que não constitui banco de dados, dispensa o consentimento do consumidor, que terá o direito de solicitar esclarecimentos sobre as informações pessoais valoradas e as fontes dos dados considerados no respectivo cálculo.

551. Nas demandas por complementação de ações de empresas de telefonia, admite-se a condenação ao pagamento de dividendos e juros sobre capital próprio independentemente de pedido expresso. No entanto, somente quando previstos no título executivo, poderão ser objeto de cumprimento de sentença.

552. O portador de surdez unilateral não se qualifica como pessoa com deficiência para o fim de disputar as vagas reservadas em concursos públicos.

553. Nos casos de empréstimo compulsório sobre o consumo de energia elétrica, é competente a Justiça estadual para o julgamento de demanda proposta exclusivamente contra a Eletrobrás. Requerida a intervenção da União no feito após a prolação de sentença pelo juízo estadual, os autos devem ser remetidos ao Tribunal Regional Federal competente para o julgamento da apelação se deferida a intervenção.

554. Na hipótese de sucessão empresarial, a responsabilidade da sucessora abrange não apenas os tributos devidos pela sucedida, mas também as multas moratórias ou punitivas referentes a fatos geradores ocorridos até a data da sucessão.

555. Quando não houver declaração do débito, o prazo decadencial quinquenal para o Fisco constituir o crédito tributário conta-se exclusivamente na forma do art. 173, I, do CTN, nos casos em que a legislação atribui ao sujeito passivo o dever de antecipar o pagamento sem prévio exame da autoridade administrativa.

556. É indevida a incidência de imposto de renda sobre o valor da complementação de aposentadoria pago por entidade de previdência privada e em relação ao resgate de contribuições recolhidas para referidas entidades patrocinadoras no período de 1º-1-1989 a 31-12-1995, em razão da isenção concedida pelo art. 6º, VII, *b*, da Lei nº 7.713/1988, na redação anterior à que lhe foi dada pela Lei nº 9.250/1995.

557. A renda mensal inicial (RMI) alusiva ao benefício de aposentadoria por invalidez precedido de auxílio-doença será apurada na forma do art. 36, § 7º, do Decreto nº 3.048/1999, observando-se, porém, os critérios previstos no art. 29, § 5º, da Lei nº 8.213/1991, quando intercalados períodos de afastamento e de atividade laboral.

558. Em ações de execução fiscal, a petição inicial não pode ser indeferida sob o argumento da falta de indicação do CPF e/ou RG ou CNPJ da parte executada.

559. Em ações de execução fiscal, é desnecessária a instrução da petição inicial com o demonstrativo de cálculo do débito, por tratar-se de requisito não previsto no art. 6º da Lei nº 6.830/1980.

560. A decretação da indisponibilidade de bens e direitos, na forma do art. 185-A do CTN, pressupõe o exaurimento das diligências na busca por bens penhoráveis, o qual fica caracterizado quando infrutíferos o pedido de constrição sobre ativos financeiros e a expedição de ofícios aos registros públicos do domicílio do executado, ao DENATRAN ou DETRAN.

561. Os Conselhos Regionais de Farmácia possuem atribuição para fiscalizar e autuar as farmácias e drogarias quanto ao cumprimento da exigência de manter profissional legalmente habilitado (farmacêutico) durante todo o período de funcionamento dos respectivos estabelecimentos.

562. É possível a remição de parte do tempo de execução da pena quando o condenado, em regime fechado ou semiaberto, desempenha atividade laborativa, ainda que extramuros.

563. O Código de Defesa do Consumidor é aplicável às entidades abertas de previdência complementar, não incidindo nos contratos previdenciários celebrados com entidades fechadas.

564. No caso de reintegração de posse em arrendamento mercantil financeiro, quando a soma da importância antecipada a título de valor residual garantido (VRG) com o valor da venda do bem ultrapassar o total do VRG previsto contratualmente, o arrendatário terá direito de receber a respectiva diferença, cabendo, porém, se estipulado no contrato, o prévio desconto de outras despesas ou encargos pactuados.

565. A pactuação das tarifas de abertura de crédito (TAC) e de emissão de carnê (TEC), ou outra denominação para o mesmo fato gerador, é válida apenas nos contratos bancários anteriores ao início da vigência da Resolução-CMN nº 3.518/2007, em 30/4/2008.

566. Nos contratos bancários posteriores ao início da vigência da Resolução-CMN nº 3.518/2007, em 30-4-2008, pode ser cobrada a tarifa de cadastro no início do relacionamento entre o consumidor e a instituição financeira.

567. Sistema de vigilância realizado por monitoramento eletrônico ou por existência de segurança no interior de estabelecimento comercial, por si só, não torna impossível a configuração do crime de furto.

568. O relator, monocraticamente e no Superior Tribunal de Justiça, poderá dar ou negar provimento ao recurso quando houver entendimento dominante acerca do tema.

569. Na importação, é indevida a exigência de nova certidão negativa de débito no desembaraço aduaneiro, se já apresentada a comprovação da quitação de tributos federais quando da concessão do benefício relativo ao regime de drawback.

570. Compete à Justiça Federal o processo e julgamento de demanda em que se discute a ausência de ou o obstáculo ao credenciamento de instituição particular de ensino superior no Ministério da Educação como condição de expedição de diploma de ensino a distância aos estudantes.

571. A taxa progressiva de juros não se aplica às contas vinculadas ao FGTS de trabalhadores qualificados como avulsos. (Súmula 571, PRIMEIRA SEÇÃO, julgado em 27/04/2016, DJe 02/05/2016)

572. O Banco do Brasil, na condição de gestor do Cadastro de Emitentes de Cheques sem Fundos (CCF), não tem a responsabilidade de notificar previamente o devedor acerca da sua inscrição no aludido cadastro, tampouco legitimidade passiva para as ações de reparação de danos fundadas na ausência de prévia comunicação.

573. Nas ações de indenização decorrente de seguro DPVAT, a ciência inequívoca do caráter permanente da invalidez, para fins de contagem do prazo prescricional, depende de laudo médico, exceto nos casos de invalidez permanente notória ou naqueles em que o conhecimento anterior resulte comprovado na fase de instrução.

574. Para a configuração do delito de violação de direito autoral e a comprovação de sua materialidade, é suficiente a perícia realizada por amostragem do produto apreendido, nos aspectos externos do material, e é desnecessária a identificação dos titulares dos direitos autorais violados ou daqueles que os representem.

575. Constitui crime a conduta de permitir, confiar ou entregar a direção de veículo automotor a pessoa que não seja habilitada, ou que se encontre em qualquer das situações previstas no art. 310 do CTB, independentemente da ocorrência de lesão ou de perigo de dano concreto na condução do veículo.

576. Ausente requerimento administrativo no INSS, o termo inicial para a implantação da aposentadoria por invalidez concedida judicialmente será a data da citação válida.

577. É possível reconhecer o tempo de serviço rural anterior ao documento mais antigo apresentado, desde que amparado em convincente prova testemunhal colhida sob o contraditório.

Súmulas

578. Os empregados que laboram no cultivo da cana-de-açúcar para empresa agroindustrial ligada ao setor sucroalcooleiro detêm a qualidade de rurícola, ensejando a isenção do FGTS desde a edição da Lei Complementar nº 11/1971 até a promulgação da Constituição Federal de 1988.

579. Não é necessário ratificar o recurso especial interposto na pendência do julgamento dos embargos de declaração, quando inalterado o resultado anterior.

580. A correção monetária nas indenizações do seguro DPVAT por morte ou invalidez, prevista no § 7º do art. 5º da Lei nº 6.194/1974, redação dada pela Lei nº 11.482/2007, incide desde a data do evento danoso.

581. A recuperação judicial do devedor principal não impede o prosseguimento das ações e execuções ajuizadas contra terceiros devedores solidários ou coobrigados em geral, por garantia cambial, real ou fidejussória.

582. Consuma-se o crime de roubo com a inversão da posse do bem mediante emprego de violência ou grave ameaça, ainda que por breve tempo e em seguida à perseguição imediata ao agente e recuperação da coisa roubada, sendo prescindível a posse mansa e pacífica ou desvigiada.

583. O arquivamento provisório previsto no art. 20 da Lei nº 10.522/2002, dirigido aos débitos inscritos como dívida ativa da União pela Procuradoria-Geral da Fazenda Nacional ou por ela cobrados, não se aplica às execuções fiscais movidas pelos conselhos de fiscalização profissional ou pelas autarquias federais.

584. As sociedades corretoras de seguros, que não se confundem com as sociedades de valores mobiliários ou com os agentes autônomos de seguro privado, estão fora do rol de entidades constantes do art. 22, § 1º, da Lei nº 8.212/1991, não se sujeitando à majoração da alíquota da COFINS prevista no art. 18 da Lei nº 10.684/2003.

585. A responsabilidade solidária do ex-proprietário, prevista no art. 134 do Código de Trânsito Brasileiro – CTB, não abrange o IPVA incidente sobre o veículo automotor, no que se refere ao período posterior à sua alienação.

586. A exigência de acordo entre o credor e o devedor na escolha do agente fiduciário aplica-se, exclusivamente, aos contratos não vinculados ao Sistema Financeiro da Habitação – SFH.

587. Para a incidência da majorante prevista no art. 40, V, da Lei nº 11.343/2006, é desnecessária a efetiva transposição de fronteiras entre estados da Federação, sendo suficiente a demonstração inequívoca da intenção de realizar o tráfico interestadual.

588. A prática de crime ou contravenção penal contra a mulher com violência ou grave ameaça no ambiente doméstico impossibilita a substituição da pena privativa de liberdade por restritiva de direitos.

589. É inaplicável o princípio da insignificância nos crimes ou contravenções penais praticados contra a mulher no âmbito das relações domésticas.

590. Constitui acréscimo patrimonial a atrair a incidência do imposto de renda, em caso de liquidação de entidade de previdência privada, a quantia que couber a cada participante, por rateio do patrimônio, superior ao valor das respectivas contribuições à entidade em liquidação, devidamente atualizadas e corrigidas.

591. É permitida a "prova emprestada" no processo administrativo disciplinar, desde que devidamente autorizada pelo juízo competente e respeitados o contraditório e a ampla defesa.

592. O excesso de prazo para a conclusão do processo administrativo disciplinar só causa nulidade se houver demonstração de prejuízo à defesa.

593. O crime de estupro de vulnerável se configura com a conjunção carnal ou prática de ato libidinoso com menor de 14 anos, sendo irrelevante eventual consentimento da vítima para a prática do ato, sua experiência sexual anterior ou existência de relacionamento amoroso com o agente.

594. O Ministério Público tem legitimidade ativa para ajuizar ação de alimentos em proveito de criança ou adolescente independentemente do exercício do poder familiar dos pais, ou do fato de o menor se encontrar nas situações de risco descritas no art. 98 do Estatuto da Criança e do Adolescente, ou de quaisquer outros questionamentos acerca da existência ou eficiência da Defensoria Pública na comarca.

595. As instituições de ensino superior respondem objetivamente pelos danos suportados pelo aluno/consumidor pela realização de curso não reconhecido pelo Ministério da Educação, sobre o qual não lhe tenha sido dada prévia e adequada informação.

596. A obrigação alimentar dos avós tem natureza complementar e subsidiária, somente se configurando no caso de impossibilidade total ou parcial de seu cumprimento pelos pais.

597. A cláusula contratual de plano de saúde que prevê carência para utilização dos serviços de assistência médica nas situações de emergência ou de urgência é considerada abusiva se ultrapassado o prazo máximo de 24 horas contado da data da contratação.

598. É desnecessária a apresentação de laudo médico oficial para o reconhecimento judicial da isenção do imposto de renda, desde que o magistrado entenda suficientemente demonstrada a doença grave por outros meios de prova.

599. O princípio da insignificância é inaplicável aos crimes contra a administração pública.

600. Para a configuração da violência doméstica e familiar prevista no artigo 5º da Lei nº 11.340/2006 (Lei Maria da Penha) não se exige a coabitação entre autor e vítima.

601. O Ministério Público tem legitimidade ativa para atuar na defesa de direitos difusos, coletivos e individuais homogêneos dos consumidores, ainda que decorrentes da prestação de serviço público.

602. O Código de Defesa do Consumidor é aplicável aos empreendimentos habitacionais promovidos pelas sociedades cooperativas.

603. *Cancelada. DJe* de 27-8-2018.

604. O mandado de segurança não se presta para atribuir efeito suspensivo a recurso criminal interposto pelo Ministério Público.

605. A superveniência da maioridade penal não interfere na apuração de ato infracional nem na aplicabilidade de medida socioeducativa em curso, inclusive na liberdade assistida, enquanto não atingida a idade de 21 anos.

606. Não se aplica o princípio da insignificância a casos de transmissão clandestina de sinal de internet via radiofrequência, que caracteriza o fato típico previsto no art. 183 da Lei nº 9.472/1997.

607. A majorante do tráfico transnacional de drogas (art. 40, I, da Lei nº 11.343/2006) configura-se com a prova da destinação internacional das drogas, ainda que não consumada a transposição de fronteiras.

608. Aplica-se o Código de Defesa do Consumidor aos contratos de plano de saúde, salvo os administrados por entidades de autogestão.

609. A recusa de cobertura securitária, sob a alegação de doença preexistente, é ilícita se não houve a exigência de exames médicos prévios à contratação ou a demonstração de má-fé do segurado.

610. O suicídio não é coberto nos dois primeiros anos de vigência do contrato de seguro de vida, ressalvado o direito do beneficiário à devolução do montante da reserva técnica formada.

611. Desde que devidamente motivada e com amparo em investigação ou sindicância, é permitida a instauração de processo administrativo disciplinar com base em denúncia anônima, em face do poder-dever de autotutela imposto à Administração.

612. O certificado de entidade beneficente de assistência social (CEBAS), no prazo de sua validade, possui natureza declaratória para fins tributários, retroagindo seus efeitos à data em que demonstrado o cumprimento dos requisitos estabelecidos por lei complementar para a fruição da imunidade.

613. Não se admite a aplicação da teoria do fato consumado em tema de Direito Ambiental.

614. O locatário não possui legitimidade ativa para discutir a relação jurídico-tributária de IPTU e de taxas referentes ao imóvel alugado nem para repetir indébito desses tributos.

615. Não pode ocorrer ou permanecer a inscrição do município em cadastros restritivos fundada em irregularidades na gestão anterior quando, na gestão sucessora, são tomadas as providências cabíveis à reparação dos danos eventualmente cometidos.

616. A indenização securitária é devida quando ausente a comunicação prévia do segurado acerca do atraso no pagamento do prêmio, por constituir requisito essencial para a suspensão ou resolução do contrato de seguro.

617. A ausência de suspensão ou revogação do livramento condicional antes do término do período de prova enseja a extinção da punibilidade pelo integral cumprimento da pena.

618. A inversão do ônus da prova aplica-se às ações de degradação ambiental.

619. A ocupação indevida de bem público configura mera detenção, de natureza precária, insuscetível de retenção ou indenização por acessões e benfeitorias.

620. A embriaguez do segurado não exime a seguradora do pagamento da indenização prevista em contrato de seguro de vida.

621. Os efeitos da sentença que reduz, majora ou exonera o alimentante do pagamento retroagem à data da citação, vedadas a compensação e a repetibilidade.

622. A notificação do auto de infração faz cessar a contagem da decadência para a constituição do crédito tributário; exaurida a instância administrativa com o decurso do prazo para a impugnação ou com a notificação de seu julgamento definitivo e esgotado o prazo concedido pela Administração para o pagamento voluntário, inicia-se o prazo prescricional para a cobrança judicial.

623. As obrigações ambientais possuem natureza *propter rem*, sendo admissível cobrá-las do proprietário ou possuidor atual e/ou dos anteriores, à escolha do credor.

624. É possível cumular a indenização do dano moral com a reparação econômica da Lei nº 10.559/2002 (Lei da Anistia Política).

625. O pedido administrativo de compensação ou de restituição não interrompe o prazo prescricional para a ação de repetição de indébito tributário de que trata o art. 168 do CTN nem o da execução de título judicial contra a Fazenda Pública.

626. A incidência do IPTU sobre imóvel situado em área considerada pela lei local como urbanizável ou de expansão urbana não está condicionada à existência dos melhoramentos elencados no art. 32, § 1º, do CTN.

627. O contribuinte faz jus à concessão ou à manutenção da isenção do imposto de renda, não se lhe exigindo a demonstração da contemporaneidade dos sintomas da doença nem da recidiva da enfermidade.

628. A teoria da encampação é aplicada no mandado de segurança quando presentes, cumulativamente, os seguintes requisitos: a) existência de vínculo hierárquico entre a autoridade que prestou informações e a que ordenou a prática do ato impugnado; b) manifestação a respeito do mérito nas informações prestadas; e c) ausência de modificação de competência estabelecida na Constituição Federal.

629. Quanto ao dano ambiental, é admitida a condenação do réu à obrigação de fazer ou à de não fazer cumulada com a de indenizar.

630. A incidência da atenuante da confissão espontânea no crime de tráfico ilícito de entorpecentes exige o reconhecimento da traficância pelo acusado, não bastando a mera admissão da posse ou propriedade para uso próprio.

631. O indulto extingue os efeitos primários da condenação (pretensão executória), mas não atinge os efeitos secundários, penais ou extrapenais.

632. Nos contratos de seguro regidos pelo Código Civil, a correção monetária sobre a indenização securitária incide a partir da contratação até o efetivo pagamento.

633. A Lei nº 9.784/1999, especialmente no que diz respeito ao prazo decadencial para a revisão de atos administrativos no âmbito da Administração Pública federal, pode ser aplicada, de forma subsidiária, aos estados e municípios, se inexistente norma local e específica que regule a matéria.

634. Ao particular aplica-se o mesmo regime prescricional previsto na Lei de Improbidade Administrativa para o agente público.

635. Os prazos prescricionais previstos no art. 142 da Lei nº 8.112/1990 iniciam-se na data em que a autoridade competente para a abertura do procedimento administrativo toma conhecimento do fato, interrompem-se com o primeiro ato de instauração válido – sindicância de caráter punitivo ou processo disciplinar – e voltam a fluir por inteiro, após decorridos 140 dias desde a interrupção.

636. A folha de antecedentes criminais é documento suficiente a comprovar os maus antecedentes e a reincidência.

637. O ente público detém legitimidade e interesse para intervir, incidentalmente, na ação possessória entre particulares, podendo deduzir qualquer matéria defensiva, inclusive, se for o caso, o domínio.

638. É abusiva a cláusula contratual que restringe a responsabilidade de instituição financeira pelos danos decorrentes de roubo, furto ou extravio de bem entregue em garantia no âmbito de contrato de penhor civil.

639. Não fere o contraditório e o devido processo decisão que, sem ouvida prévia da defesa, determine transferência ou permanência de custodiado em estabelecimento penitenciário federal.

640. O benefício fiscal que trata do Regime Especial de Reintegração de Valores Tributários para as Empresas Exportadoras (REINTEGRA) alcança as operações de venda de mercadorias de origem nacional para a Zona Franca de Manaus, para consumo, industrialização ou reexportação para o estrangeiro.

641. A portaria de instauração do processo administrativo disciplinar prescinde da exposição detalhada dos fatos a serem apurados.

642. O direito à indenização por danos morais transmite-se com o falecimento do titular, possuindo os herdeiros da vítima legitimidade ativa para ajuizar ou prosseguir a ação indenizatória.

643. A execução da pena restritiva de direitos depende do trânsito em julgado da condenação.

644. O núcleo de prática jurídica deve apresentar o instrumento de mandato quando constituído pelo réu hipossuficiente, salvo nas hipóteses em que é nomeado pelo juízo.

645. O crime de fraude à licitação é formal, e sua consumação prescinde da comprovação do prejuízo ou da obtenção de vantagem.

646. É irrelevante a natureza da verba trabalhista para fins de incidência da contribuição ao FGTS, visto que apenas as verbas elencadas em lei (art. 28, § 9º, da Lei nº 8.212/1991), em rol taxativo, estão excluídas da sua base de cálculo, por força do disposto no art. 15, § 6º, da Lei nº 8.036/1990.

647. São imprescritíveis as ações indenizatórias por danos morais e materiais decorrentes de atos de perseguição política com violação de direitos fundamentais ocorridos durante o regime militar.

648. A superveniência da sentença condenatória prejudica o pedido de trancamento da ação penal por falta de justa causa feito em habeas corpus.

649. Não incide ICMS sobre o serviço de transporte interestadual de mercadorias destinadas ao exterior.

SÚMULAS DO TRIBUNAL FEDERAL DE RECURSOS

► As Súmulas abaixo foram publicadas antes da CF/1988, que extinguiu o TFR. Foram mantidas nesta edição por sua importância histórica.

1. Ao servidor que se integrar, pelas chamadas clientelas originária ou secundária, no Plano de Classificação de Cargos, é vedado concorrer, pela denominação clientela geral, à inclusão em outra Categoria Funcional.

2. Nos termos do art. 3º do Decreto-Lei nº 730/1969, pode a Comissão Executiva do Conselho de Política Aduaneira estabelecer preço de referência e baixar a respectiva resolução.

3. Não se aplica à admissão de pessoal pelo Banco Central do Brasil a norma do art. 1º da Lei nº 6.334, de 1976, que fixa em 50 (cinquenta) anos o limite de idade para inscrição em concursos.

4. É compatível com o art. 19 do Código Tributário Nacional a disposição do art. 23 do Decreto-Lei nº 37, de 18 de novembro de 1966.

5. A multa prevista no art. 60, I, da Lei nº 3.244, de 1957, na redação do art. 169 do Decreto-Lei nº 37, de 1966, não se aplica ao caso de embarque da mercadoria no Exterior após o vencimento do prazo de validade da respectiva guia de importação.

6. A multa prevista no art. 60, I, da Lei nº 3.244, de 1957, na redação do art. 169 do Decreto-Lei nº 37, de 1966, não se aplica ao caso de embarque da mercadoria no Exterior antes de emitida a guia de importação, mas chegada ao território nacional depois da expedição do referido documento.

7. O art. 51 do Código da Propriedade Industrial (Lei nº 5.772, de 21-12-1971) também se aplica aos pedidos de privilégio.

► A Lei nº 5.772, de 21-12-1971, foi revogada pela Lei nº 9.279, de 14-5-1996 (Lei da Propriedade Industrial).

8. Não constitui obstáculo à concessão da dupla aposentadoria de que trata a Lei nº 2.752, de 1958, art. 1º e parágrafo único, em favor do ferroviário da Estrada de Ferro Central do Brasil, o fato de deter a condição de extranumerário da União Federal à data da autarquização da referida Estrada, e nessa situação ter sido posto à sua disposição, nela obtendo modificações e melhorias funcionais.

9. O aumento de 30% do Decreto-Lei nº 1.348, de 1974, no que respeita aos funcionários aposentados anteriormente à implantação do Plano de Classificação de Cargos, incide sobre a totalidade dos respectivos proventos.

10. Considera-se como termo inicial dos prazos do art. 24 da Lei nº 5.772, de 21 de dezembro de 1971 (Código da Propriedade Industrial), para os depósitos anteriores a essa Lei, a data de sua vigência.

► A Lei nº 5.772, de 21-12-1971, foi revogada pela Lei nº 9.279, de 14-5-1996 (Lei de Propriedade Industrial).

11. Nas readaptações de que tratam as Leis nºs 3.780, de 1960, e 4.242, de 1963, não é exigível a prova de suficiência do art. 5º do Decreto-Lei nº 625, de 1969.

12. A regra do § 1º do art. 15 da Lei nº 4.862, de 1965, somente se refere a decisões proferidas na instância administrativa.

13. A Justiça Federal é competente para o processo e julgamento da ação de usucapião, desde que o bem usucapiendo confronte com imóvel da União, autarquias ou empresas públicas federais.

14. O processo e julgamento de ação possessória relativa a terreno do domínio da União, autarquias e empresas públicas federais, somente são da competência da Justiça Federal, quando dela participar qualquer dessas entidades, como autora, ré, assistente ou opoente.

15. Compete à Justiça Federal julgar mandado de segurança contra ato que diga respeito ao ensino superior, praticado por dirigente de estabelecimento particular.

16. Compete à Justiça Estadual julgar mandado de segurança contra ato referente ao ensino de 1º e 2º graus e exames supletivos (Lei nº 5.692, de 1971), salvo se praticado por autoridade federal.

17. A competência para homologar opção de servidor da União, autarquias e empresas públicas federais, pelo FGTS, é do Juiz Federal.

18. O processo e julgamento das reclamações trabalhistas de que trata o art. 110 da Constituição competem ao Juiz Federal da Seção Judiciária onde o empregado prestar serviços (CLT, art. 651), embora o empregador tenha sede e foro noutra unidade da federação.

19. Compete ao Tribunal Federal de Recursos julgar conflito de jurisdição entre auditor militar e juiz de direito dos Estados em que haja Tribunal Militar Estadual (Constituição Federal, art. 192).

20. Compete à Justiça Militar Estadual processar e julgar os integrantes das polícias militares estaduais nos crimes militares (Código Penal Militar, art. 9º).

21. Após a Emenda Constitucional nº 7, de 1977, a competência para o processo e julgamento das ações de indenização, por danos ocorridos em mercadorias, no transporte aéreo, é da Justiça comum estadual, ainda quando se discuta a aplicação da Convenção de Varsóvia relativamente ao limite da responsabilidade do transportador.

22. Compete à Justiça Federal processar e julgar contravenções penais praticadas em detrimento de bens, serviços ou interesses da União, autarquias e empresas públicas federais.

23. O juízo da execução criminal é o competente para a aplicação de lei nova mais benigna a fato julgado por sentença condenatória irrecorrível.

24. A avaliação da indenização devida ao proprietário do solo, em razão de alvará de pesquisa mineral, é processada no juízo estadual da situação do imóvel.

25. É aplicável a correção monetária, em razão da mora no pagamento de indenização decorrente de seguro obrigatório.

27. É legítima a exigência do Adicional ao Frete para a Renovação da Marinha Mercante (AFRMM), em importação sob regime de *drawback*, realizada antes da vigência do Decreto-Lei nº 1.626, de 1º de junho de 1978.

28. O preço de referência (Decreto-Lei nº 1.111, de 1970, art. 2º) aplica-se também às importações, provenientes de países-membros da ALALC.

29. Os certificados de quitação e de regularidade não podem ser negados, enquanto pendente de decisão, na via administrativa, o débito levantado.

30. Conexos os crimes praticados por policial militar e por civil, ou acusados estes como coautores pela mesma infração, compete à Justiça Militar Estadual processar e julgar o policial militar pelo crime militar (Código Penal Militar, art. 9º) e à Justiça comum, o civil.

31. Compete à Justiça Estadual o processo e julgamento de crime de falsificação ou de uso de certificado de conclusão de curso de 1º e 2º graus, desde que não se refira a estabelecimento federal de ensino ou a falsidade não seja de assinatura de funcionário federal.

32. Na execução por carta (CPC, art. 747 c/c o art. 658), os embargos do devedor serão decididos no juízo deprecante, salvo se versarem unicamente vícios ou defeitos da penhora, avaliação ou alienação dos bens.

► Refere-se ao CPC/1973.

► Arts. 914, § 2º, c/c 845, § 2º, do CPC/2015.

33. O juízo deprecado, na execução por carta, é o competente para julgar os embargos de terceiro, salvo se o bem apreendido foi indicado pelo juízo deprecante.

34. O duplo grau de jurisdição (Código de Processo Civil, art. 475, II) é aplicável quando se trata de sentença proferida contra a União, o Estado e o Município, só incidindo, em relação às autarquias, quando estas forem sucumbentes na execução da dívida ativa (Código de Processo Civil, art. 475, III).

► Refere-se ao CPC/1973.

► Art. 496 do CPC/2015.

35. Aos militares citados no art. 2º da Lei nº 3.067, de 1956 (Polícia Militar e Corpo de Bombeiros), aplicam-se os critérios de promoção previstos no art. 33, § 2º, da Lei nº 2.370, de 1954.

36. A promoção prevista no art. 33 da Lei nº 2.370, de 1954, não se acumula com a do art. 1º da Lei nº 3.067, de 1956.

38. Os Certificados de Quitação e de Regularidade de Situação não podem ser negados, se o débito estiver garantido por penhora regular (CTN, art. 206).

39. Não está sujeita ao Imposto de Renda a indenização recebida por pessoa jurídica, em decorrência de desapropriação amigável ou judicial.

40. A execução fiscal da Fazenda Pública federal será proposta perante o juiz de direito da comarca do domicílio do devedor, desde que não seja ela sede de vara da Justiça Federal.

41. O direito do servidor inativo à revisão de proventos prevista no art. 10 e seus parágrafos do Decreto-Lei nº 1.256, de 1973, só se integrou com a publicação do decreto de implantação do plano de classificação de cargos instituído pela Lei nº 5.645, de 1970, no órgão respectivo, e desde que tenha sido efetivada essa condicionante antes da revogação daqueles dispositivos pelo Decreto-Lei nº 1.325, de 1974.

42. Salvo convenção das partes, o processo expropriatório não se suspende por motivo de dúvida fundada em domínio.

43. O direito de crédito a que se refere o art. 36 do RIPI, Decreto nº 70.162, de 18 de fevereiro de 1972, restringe-se às máquinas, aparelhos e equipamentos produzidos no País, não se estendendo a mercadorias importadas, de idêntica natureza, provenientes de país signatário do Acordo Geral de Tarifas e Comércio (GATT).

44. Ajuizada a execução fiscal anteriormente à falência, com penhora realizada antes desta, não ficam os bens penhorados sujeitos à arrecadação no juízo falimentar; proposta a execução fiscal contra a massa falida, a penhora far-se-á no rosto dos autos do processo da quebra, citando-se o síndico.

45. As multas fiscais, sejam moratórias ou punitivas, estão sujeitas à correção monetária.

46. Nos casos de devolução do depósito efetuado em garantia de instância e de repetição do indébito tributário, a correção monetária é calculada desde a data do depósito ou do pagamento indevido e incide até o efetivo recebimento da importância reclamada.

47. Cancelado o débito fiscal, a correção monetária, relativa à restituição da importância depositada em garantia de instância, incide a partir da data da efetivação do depósito.

48. Não cabem embargos infringentes a acórdão proferido em agravo de petição, em execução fiscal, após a vigência do Código de Processo Civil de 1973.

49. Compete à Justiça Estadual processar e julgar as causas em que são partes instituições financeiras em regime de liquidação extrajudicial, salvo se a União Federal, suas entidades autárquicas e empresas públicas forem interessadas na condição de autoras, rés, assistentes ou opoentes.

50. Tem direito, em tese, à aposentadoria pelo Tesouro Nacional o ferroviário da antiga "The Great Western of Brazil Railway Company Limited" que tenha nela ingressado antes da encampação, passando para Rede Ferroviária Federal na condição de servidor cedido.

51. Compete à Justiça Estadual decidir pedido de brasileira naturalizada para adicionar patronímico de companheiro brasileiro nato.

52. Compete à Justiça Federal o processo e julgamento unificado dos crimes conexos de competência federal e estadual, não se aplicando a regra do art. 78, II, *a*, do Código de Processo Penal.

53. Compete à Justiça Estadual processar e julgar questões pertinentes ao direito de família, ainda que estas objetivem reivindicação de benefícios previdenciários.

54. Compete à Justiça Estadual de primeira instância processar e julgar crimes de tráfico internacional de entorpecentes, quando praticado o delito em comarca que não seja sede de vara do juízo federal.

55. Compete à Justiça comum o julgamento de militar das Forças Armadas que, não se encontrando numa das situações previstas no art. 9º do Código Penal Militar, praticar delito contra integrante da Polícia Militar em função policial civil.

56. Faz jus à aposentadoria estatutária o ferroviário servidor da administração direta que haja optado pelo regime da CLT após implementar 35 (trinta e cinco) anos de serviço efetivo.

57. É cabível a reversão da pensão previdenciária e daquela decorrente de ato ilícito aos demais beneficiários, em caso de morte do respectivo titular ou a sua perda por força de impedimento.

58. Não é absoluta a competência definida no art. 96, do Código de Processo Civil, relativamente à abertura de inventário, ainda que existente interesse de menor, podendo a ação ser ajuizada em foro diverso do domicílio do inventariado.

► Refere-se ao CPC/1973.

► Art. 48 do CPC/2015.

59. A autoridade fiscal de primeiro grau que expede a notificação para pagamento do tributo está legitimada passivamente para a ação de segurança, ainda que sobre a controvérsia haja decisão, em grau de recurso, de Conselho de Contribuintes.

60. Compete à Justiça Federal decidir da admissibilidade de mandado de segurança impetrado contra atos de dirigentes de pessoas jurídicas privadas, ao argumento de estarem agindo por delegação do poder público federal.

61. Para configurar a competência da Justiça Federal, é necessário que a União, entidade autárquica ou empresa pública federal, ao intervir como assistente, demonstre legítimo interesse jurídico no deslinde da demanda, não bastando a simples alegação de interesse na causa.

62. Compete à Justiça Federal processar e julgar ação de desapropriação promovida por concessionária de energia elétrica, se a União intervém como assistente.

63. A pensão de que trata o art. 242 da Lei nº 1.711, de 1952, não se confunde com a que decorre de filiação do falecido funcionário ao regime da previdência social (LOPS). É cabível sua cumulação, preenchidos os requisitos legais exigidos.

64. A mulher que dispensou, no acordo de desquite, a prestação de alimentos, conserva, não obstante, o direito à pensão decorrente do óbito do marido, desde que comprovada a necessidade do benefício.

65. Nas operações realizadas com a empresa Investors Overseas Services, é indevida a aplicação da multa aos investidores, cabendo a estes apenas o pagamento do Imposto do Selo.

66. Compete à Justiça do Trabalho processar e julgar os litígios decorrentes das relações de trabalho entre os Municípios de Território Federal e seus empregados.

67. Compete à Justiça Federal processar e julgar os litígios decorrentes das relações de trabalho entre os Territórios Federais e seus empregados.

68. A correção monetária não incide nas aquisições de unidades residenciais do INPS, quando a opção de compra tiver sido anterior à vigência do Decreto-lei nº 19, de 1966, sendo irrelevantes, em face da Lei nº 5.049, de 1966, o valor ou a área do imóvel.

69. Incumbe ao expropriante pagar o salário do assistente técnico do expropriado.

70. Os juros moratórios, na desapropriação, fluem a partir do trânsito em julgado da sentença que fixa a indenização.

71. A correção monetária incide sobre as prestações de benefícios previdenciários em atraso, observado o critério do salário mínimo vigente à época da liquidação da obrigação.

72. Compete à Justiça do Trabalho processar e julgar os litígios decorrentes das relações de trabalho entre as Fundações instituídas por lei federal e seus empregados.

73. Não cabe exigir dos municípios o certificado de quitação, ou de regularidade de situação.

74. Os juros compensatórios, na desapropriação, incidem a partir da imissão na posse e são calculados, até a data do laudo, sobre o valor simples da indenização e, desde então, sobre referido valor corrigido monetariamente.

75. Na desapropriação, a correção monetária prevista no § 2º do art. 26 do Decreto-Lei nº 3.365, de 1941, incide a partir da data do laudo de avaliação, observando-se a Lei nº 5.670, de 1971.

76. Em tema de Imposto de Renda, a desclassificação da escrita somente se legitima na ausência de elementos concretos que permitam a apuração do lucro real da empresa, não a justificando simples atraso na escrita.

77. Cabem embargos infringentes a acórdão não unânime proferido em remessa *ex officio* (Código de Processo Civil, art. 475).

▶ Refere-se ao CPC/1973.

▶ Art. 496 do CPC/2015.

78. Proposta a ação no prazo fixado para o seu exercício, a demora na citação, por motivos inerentes ao mecanismo da Justiça, não justifica o acolhimento da arguição de prescrição.

79. Não incide a contribuição previdenciária sobre a quantia paga a título de indenização de aviso prévio.

80. É legítima a cobrança da taxa de despacho aduaneiro de empresas de energia elétrica no período compreendido entre a vigência do Decreto-Lei nº 37, de 1966, e a data da extinção do tributo.

81. Mármores e granitos afeiçoados ao emprego final, mediante processo de industrialização, estão sujeitos ao Imposto sobre Produtos Industrializados.

82. Compete à Justiça do Trabalho processar e julgar as reclamações pertinentes ao cadastramento no Plano de Integração Social (PIS) ou indenização compensatória pela falta deste, desde que não envolvam relações de trabalho dos servidores da União, suas autarquias e empresas públicas.

83. Compete à Justiça Federal processar e julgar reclamação trabalhista movida contra representação diplomática de país estrangeiro, inclusive para decidir sobre a preliminar de imunidade de jurisdição.

84. A aposentadoria assegurada no art. 197, letra *c*, da Constituição Federal, aos ex-combatentes, submete-se, quanto ao cálculo dos proventos, aos critérios da legislação previdenciária, ressalvada a situação daqueles que, na vigência da Lei nº 4.297, de 1963, preencheram as condições nela previstas.

85. A contribuição previdenciária da empresa, por serviços prestados pelo trabalhador autônomo, passou a ser devida a partir da vigência do Decreto-Lei nº 959, de 13 de outubro de 1969.

86. Estendem-se às empresas de construção civil, que tenham aderido ao programa de contenção de preços, os favores fiscais constantes do art. 35, § 2º, da Lei nº 4.862, de 1965.

87. Compete à Justiça comum estadual o processo e julgamento da ação de cobrança de contribuições sindicais.

88. Compete à Justiça do Trabalho o processo e julgamento de reclamação ajuizada contra a Rede Ferroviária Federal S/A por servidor cedido pela União Federal.

89. Compete à Junta de Conciliação e Julgamento, sediada em Comarca do interior, cumprir carta precatória expedida por Juiz Federal, em matéria trabalhista.

90. Ao servidor estatutário que optou pelo regime celetista, na forma da Lei nº 6.184, de 1974, é assegurado o direito à gratificação adicional por tempo de serviço correspondente aos períodos anteriores à opção.

91. O reajuste do abono de permanência, a partir da vigência do Decreto-Lei nº 795, de 1969, obedece ao critério das variações do salário mínimo.

92. O pagamento dos tributos, para efeito de extinção de punibilidade (Decreto-Lei nº 157, de 1967, art. 18, § 2º; STF, Súmula 560), não elide a pena de perdimento de bens autorizada pelo Decreto-Lei nº 1.455, de 1976, art. 23.

▶ **Súmula prejudicada pela edição da Lei nº 6.910, de 25-5-1981, que restringe a aplicação do Dec.-lei nº 157, de 10-2-1967.**

93. A multa decorrente do atraso no pagamento das contribuições previdenciárias não é aplicável às pessoas de direito público.

94. Provadas as despesas com assistência médico-hospitalar prestada a segurado, vítima de acidente de trânsito, tem o INPS direito à sub-rogação perante a seguradora responsável pelo seguro obrigatório.

95. Compete ao juiz federal processar e julgar pedido de *habeas corpus* contra ato do Secretário-Geral do Ministério da Justiça que, no exercício de competência delegada pelo Ministro do Estado, decreta prisão administrativa.

96. As companhias distribuidoras de títulos e valores mobiliários estão sujeitas a registro nos Conselhos Regionais de Economia.

97. As resoluções do Conselho de Política Aduaneira, destinadas à fixação de pauta de valor mínimo, devem conter motivação expressa.

98. Compete à Justiça Federal processar e julgar os crimes praticados contra servidor público federal, no exercício de suas funções com estas relacionados.

99. A Fazenda Pública, nas execuções fiscais, não está sujeita a prévio depósito para custear despesas do avaliador.

100. O lucro obtido com a exportação de açúcar demerara, adquirido e exportado pelo Instituto do Açúcar e do Álcool, está isento do Imposto de Renda.

101. As multas fiscais não são dedutíveis como despesas operacionais, para fins do Imposto de Renda.

102. A regra inscrita no art. 205 da Constituição, com a redação da Emenda Constitucional nº 7, de 1977, não é de aplicabilidade imediata, porque dependente de lei regulamentadora.

103. Compete ao Tribunal Federal de Recursos processar e julgar, originariamente, mandado de segurança impetrado contra ato de órgão colegiado presidido por ministro de Estado.

104. A Lei nº 2.579, de 1955, somente ampara o ex-combatente que tenha servido no teatro de operações bélicas da Itália.

105. Aos prazos em curso no período compreendido entre 20 de dezembro e 6 de janeiro, na Justiça Federal, aplica-se a regra do art. 179 do Código de Processo Civil.

► Refere-se ao CPC/1973.

► Art. 220 do CPC/2015.

106. A seguradora não tem direito à restituição do Imposto sobre Produtos Industrializados, no caso de sinistro ocorrido com mercadorias, após a sua saída do estabelecimento produtor.

107. A ação de cobrança do crédito previdenciário contra a Fazenda Pública está sujeita à prescrição quinquenal estabelecida no Decreto nº 20.910, de 1932.

108. A constituição do crédito previdenciário está sujeita ao prazo de decadência de 5 (cinco) anos.

109. A desapropriação iniciada segundo o procedimento previsto no Decreto-Lei nº 512, de 1969, prosseguirá na forma da Lei das Desapropriações por Utilidade Pública, no caso de manifesta discordância do expropriado com o preço oferecido.

110. Os juros compensatórios, na desapropriação, são calculados à taxa de 12% (doze por cento) ao ano.

111. Os embargos do devedor devem ser previamente preparados no prazo de 30 (trinta) dias, contado da intimação do despacho que determinar o seu pagamento.

112. Em execução fiscal, a responsabilidade pessoal do sócio-gerente de sociedade por quotas, decorrente de violação da lei ou excesso de mandato, não atinge a meação de sua mulher.

113. As netas maiores, órfãs de pai e mãe, só terão direito à pensão militar (Lei nº 3.765, de 1960, art. 7º, inciso III) se forem inválidas ou interditas e não puderem prover a própria subsistência.

114. Compete à Justiça Comum Estadual processar e julgar as causas entre os sindicatos e seus associados.

115. Compete à Justiça Federal processar e julgar os crimes contra a organização do trabalho, quando tenham por objeto a organização geral do trabalho ou direitos dos trabalhadores considerados coletivamente.

116. O militar reformado ou transferido para a reserva a partir da vigência da Lei nº 4.902, de 1965, não faz jus à promoção ao posto ou graduação imediatos.

117. A regra do art. 236, § 2º, do Código de Processo Civil, não incide quando o procurador da República funciona como advogado da União Federal, ressalvada a disposição inscrita no art. 25 da Lei nº 6.830, de 1980.

► Refere-se ao CPC/1973.

118. Na ação expropriatória, a revelia do expropriado não implica em aceitação do valor da oferta e, por isso, não autoriza a dispensa da avaliação.

119. A partir da vigência do Código de Processo Civil de 1973, é cabível a cumulação da multa contratual com honorários advocatícios na execução hipotecária, regida pela Lei nº 5.741, de 1971.

120. A decisão proferida em processo de retificação do registro civil, a fim de fazer prova junto à administração militar, não faz coisa julgada relativamente à União Federal, se esta não houver sido citada para o feito.

121. Não cabe mandado de segurança contra ato ou decisão, de natureza jurisdicional, emanado de relator ou presidente de turma.

122. A companheira, atendidos os requisitos legais, faz jus à pensão do segurado falecido, quer em concorrência com os filhos do casal, quer em sucessão a estes, não constituindo obstáculo a ocorrência do óbito antes da vigência do Decreto-Lei nº 66, de 1966.

124. Prescreve em 20 (vinte) anos a ação do beneficiário, ou do terceiro sub-rogado nos direitos destes, fundada no seguro obrigatório de responsabilidade civil.

125. Compete à Justiça comum estadual processar e julgar ação penal instaurada em decorrência de acidente de trânsito envolvendo veículo da União, de autarquia ou de empresa pública federal.

126. Na cobrança de crédito previdenciário, proveniente da execução de contrato de construção de obra, o proprietário, dono da obra ou condômino de unidade imobiliária, somente será acionado quando não for possível lograr do construtor, através de execução contra ele intentada, a respectiva liquidação.

129. É exigível das autarquias o depósito previsto no art. 488, II, do Código de Processo Civil, para efeito de processamento da ação rescisória.

► Refere-se ao CPC/1973.

► Art. 968, II, do CPC/2015.

130. No cálculo do Imposto de Renda, não se inclui o ágio cambial pago na aquisição da moeda estrangeira a ser remetida para o Exterior a título de juros devidos.

131. A partir do exercício de 1967, o contribuinte do Imposto de Renda, para fazer jus à alíquota minorada de 3% (três por cento), prevista no art. 53 da Lei nº 4.504, de 1964, deverá comprovar o cadastramento do imóvel no INCRA.

132. Os fundos de reserva e os lucros suspensos, enquanto não distribuídos, integram o patrimônio da sociedade e devem ser considerados para efeito de tributação, ainda que pessoa pública detenha a maioria das ações do seu capital.

133. Compete à Justiça comum estadual processar e julgar prefeito municipal acusado de desvio de verba recebida em razão de convênio firmado com a União Federal.

134. Não cabe ação rescisória por violação de literal disposição de lei se, ao tempo em que foi prolatada a sentença rescindenda, a interpretação era controvertida nos tribunais, embora posteriormente se tenha fixado favoravelmente à pretensão do autor.

136. A correção monetária, na desapropriação, deve ser calculada com base na variação nominal das Obrigações do Tesouro Nacional (OTN).

137. A sentença que, em execução fiscal promovida por autarquia, julga extinto o processo, sem decidir o mérito (Código de Processo Civil, art. 267), não está sujeita ao duplo grau de jurisdição obrigatório.

▸ Refere-se ao CPC/1973.

▸ Art. 485 do CPC/2015.

138. A pena de perdimento de veículo, utilizado em contrabando ou descaminho, somente se justifica se demonstrada, em procedimento regular, a responsabilidade do seu proprietário na prática do ilícito.

139. Mercadoria estrangeira importada de países signatários do GATT ou do Tratado de Montevidéu, para a Zona Franca de Manaus, está isenta do pagamento do Adicional ao Frete para Renovação da Marinha Mercante – AFRMM.

140. As unidades hospitalares, com até 200 leitos, que possuam "dispensário de medicamentos", não estão sujeitas à exigência de manter farmacêutico.

141. Nas ações de desapropriação, computam-se, no cálculo da verba advocatícia, as parcelas relativas aos juros compensatórios e moratórios, devidamente corrigidas.

142. A limitação administrativa *non aedificandi* imposta aos terrenos marginais das estradas de rodagem, em zona rural, não afeta o domínio do proprietário, nem obriga a qualquer indenização.

143. Os serviços de composição e impressão gráficas, personalizados, previstos no art. 8º, § 1º, do Decreto-Lei nº 406, de 1968, com as alterações introduzidas pelo Decreto-Lei nº 834, de 1969, estão sujeitos apenas ao ISS, não incidindo o IPI.

144. Para que faça jus à isenção da quota patronal relativa às contribuições previdenciárias, é indispensável comprove a entidade filantrópica ter sido declarada de utilidade pública por decreto federal.

145. Extingue-se o processo de mandado de segurança, se o autor não promover, no prazo assinado, a citação do litisconsorte necessário.

146. A "quota de previdência" relativa aos serviços prestados pelos Estados, Municípios e suas autarquias incide sobre tarifas ou preços públicos, mesmo no regime anterior ao Decreto-Lei nº 1.505, de 1976, não atingindo, porém, as taxas, entendidas estas na restrita acepção de espécie do gênero tributo.

147. É indispensável a instauração do procedimento administrativo, a que alude o art. 27 do Decreto-Lei nº 1.455, de 1976, para aplicação da pena de perdimento de mercadorias importadas, cujo prazo de permanência em recintos alfandegados tenha-se expirado.

148. É competente a Justiça comum estadual para processar e julgar ação cível proposta contra o Escritório Central de Arrecadação e Distribuição – ECAD.

150. Compete à Justiça do Trabalho processar e julgar os litígios entre a administração direta ou indireta do Distrito Federal e os seus servidores, regidos pela legislação trabalhista.

151. É vedado, ao oficial médico da ativa, o exercício acumulado de cargo ou emprego público de médico civil.

153. Constituído, no quinquênio, através de auto de infração ou notificação de lançamento, o crédito tributário, não há falar em decadência, fluindo, a partir daí, em princípio, o prazo prescricional, que, todavia, fica em suspenso, até que sejam decididos os recursos administrativos.

154. A Fazenda Pública, nas execuções fiscais, não está sujeita a prévio depósito para custear despesas do oficial de justiça.

155. O "primeiro provimento" a que se refere o art. 3º da Lei nº 6.732, de 1979, para efeito de incorporação dos quintos, há de ser entendido como a primeira investidura em cargo ou função de confiança, ainda que anterior ao Plano de Classificação de Cargos, instituído pela Lei nº 5.645, de 1970.

156. Sindicatos representativos de atividades econômicas ou profissionais idênticas, ou categoria econômica específica, podem organizar-se em federações.

157. A perda definitiva do vínculo com a administração pública federal, ou a passagem do servidor para a inatividade, faz cessar o direito à ocupação de imóvel funcional, em Brasília.

158. Compete à Justiça do Trabalho processar e julgar reclamação contra empresa privada contratada para a prestação de serviços à administração pública.

159. É legítima a divisão da pensão previdenciária entre a esposa e a companheira, atendidos os requisitos exigidos.

160. A suspeita de fraude na concessão de benefício previdenciário, não enseja, de plano, a sua suspensão ou cancelamento, mas dependerá de apuração em procedimento administrativo.

161. Não se inclui na base de cálculo do PIS a parcela relativa ao IPI.

163. Nas relações jurídicas de trato sucessivo, em que a Fazenda Pública figure como devedora, somente prescrevem as prestações vencidas antes do quinquênio anterior à propositura da ação.

164. O gozo dos benefícios fiscais dos arts. 13 e 14, da Lei nº 4.239, de 1963, até o advento do Decreto-Lei nº 1.598, de 1977, não se restringia aos rendimentos industriais ou agrícolas do empreendimento.

165. A isenção do Imposto de Importação, concedida por Resolução do CPA, não exclui a mercadoria da alíquota minorada de 1% (um por cento), prevista na Lista Nacional Brasileira, para a Taxa de Melhoramento dos Portos.

166. Os Municípios não estão sujeitos ao recolhimento do salário-educação.

167. A contribuição previdenciária não incide sobre o valor da habitação fornecida por empresa agroindustrial, a título de liberalidade, a seus empregados, em observância a acordo coletivo de trabalho.

168. O encargo de 20% (vinte por cento), do Decreto-Lei nº 1.025, de 1969, é sempre devido nas execuções fiscais da União e substitui, nos embargos, a condenação do devedor em honorários advocatícios.

169. Na comarca em que não foi criada Junta de Conciliação e Julgamento, é competente o Juiz de Direito para processar e julgar litígios de natureza trabalhista.

170. Não se extingue a pensão previdenciária, se do novo casamento não resulta melhoria na situação econômico-financeira da viúva, de modo a tornar dispensável o benefício.

171. No cálculo da renda mensal do benefício de aposentadoria invalidez é considerado como de atividade o período em que o segurado tenha percebido auxílio-doença ou outra aposentadoria invalidez.

174. A partir da vigência do Decreto-Lei nº 1.418, de 1975, o imposto de renda incide na fonte sobre a remessa de divisas para o exterior, em pagamento de serviços técnicos, de assistência técnica, administrativa e semelhantes, ali prestados por empresa estrangeira, sem prejuízo das isenções previstas no Decreto-Lei nº 1.446, de 1976.

175. A base de cálculo da contribuição FUNRURAL é o valor comercial da mercadoria, neste incluído o ICM, se devido.

178. Resolvido o contrato de trabalho com a transferência do servidor do regime da CLT para o estatutário, em decorrência de lei, assiste-lhe o direito de movimentar a conta vinculada do FGTS.

180. Compete à Justiça Federal processar e julgar pedidos de complementação de proventos da aposentadoria dos ferroviários cedidos à Rede Ferroviária Federal S/A. Imprópria a reclamação trabalhista para a espécie.

181. Cabe ao empregador, e não ao BNH ou IAPAS, o encargo de individualizar as contas vinculadas dos empregados, referentes ao FGTS.

182. É ilegítimo o lançamento do Imposto de Renda arbitrado com base apenas em extratos ou depósitos bancários.

183. Compete ao Juiz Federal do Distrito Federal processar e julgar mandado de segurança contra ato do Presidente do BNH.

184. Em execução movida contra sociedade por quotas, o sócio-gerente, citado em nome próprio, não tem legitimidade para opor embargos de terceiro, visando livrar da constrição judicial seus bens particulares.

185. Filhos solteiros maiores e inválidos, presumida a dependência econômica, têm direito a pensão previdenciária por morte do pai.

186. A prescrição de que trata o art. 110, § 1º, do Código Penal é da pretensão punitiva.

187. O adicional de insalubridade incide sobre o salário mínimo regional.

188. Na liquidação por cálculo do contador, a apelação da sentença homologatória ressente-se do pressuposto de admissibilidade, quando o apelante não tenha oferecido oportuna impugnação.

189. Proposta a execução fiscal, a posterior mudança de domicílio do executado não desloca a competência já fixada.

190. A intimação pessoal da penhora ao executado torna dispensável a publicação de que trata o art. 12 da Lei das Execuções Fiscais.

191. É compatível a exigência da contribuição para o PIS com o Imposto Único sobre Combustíveis e Lubrificantes.

192. O agente marítimo, quando no exercício exclusivo das atribuições próprias, não é considerado responsável tributário, nem se equipara ao transportador para efeitos do Decreto-Lei nº 37, de 1966.

193. A majoração da alíquota do Adicional ao Frete para Renovação da Marinha Mercante não está sujeita ao princípio da anterioridade.

194. Os servidores previdenciários inscritos no Plano de Pecúlio Facultativo - PPF antes das alterações unilateralmente editadas pela Portaria MPAS nº 1.160, de 1978, têm direito, na aposentadoria, ao levantamento de 20% (vinte por cento) do pecúlio, independentemente de opção por acréscimo da contribuição.

195. O mandado de segurança não é meio processual idôneo para dirimir litígios trabalhistas.

196. Cabem embargos, e não agravo de petição, da sentença de liquidação no processo de execução trabalhista.

197. A pensão por morte de trabalhador rural, ocorrida após a entrada em vigor da Lei Complementar nº 11, de 1971, não requerida na via administrativa, é devida a partir da citação.

198. Atendidos os demais requisitos, é devida a aposentadoria especial, se perícia judicial constata que a atividade exercida pelo segurado é perigosa, insalubre ou penosa, mesmo não inscrita em Regulamento.

199. Compete à Justiça Militar Estadual processar e julgar os crimes cometidos por policial militar, mediante uso de arma da corporação, mesmo que se encontre no exercício de policiamento civil.

200. Compete à Justiça Federal processar e julgar o crime de falsificação ou de uso de documento perante a Justiça do Trabalho.

201. Não constitui obstáculo à conversão da aposentadoria comum, por tempo de serviço, em especial, o fato de o segurado haver se aposentado antes da vigência da Lei nº 6.887, de 1980.

203. O procedimento sumário previsto na Lei nº 1.508, de 1951, compreende também a iniciativa do Ministério Público para a ação penal, nas contravenções referentes à caça, conforme remissão feita pelo art. 34 da Lei nº 5.197, de 1967.

204. O fato de a Lei nº 6.439, de 1977, que instituiu o SINPAS, dizer que as entidades da Previdência Social têm sede e foro no Distrito Federal podendo, provisoriamente, funcionar no Rio de Janeiro, não importa em que as ações contra elas interpostas devam ser necessariamente ajuizadas nesta última cidade.

205. O reajuste semestral de salário não se aplica ao servidor público regido pela Consolidação das Leis do Trabalho.

206. O reajuste da base de cálculo de contribuições previdenciárias, instituído pelo art. 5.º e parágrafos da Lei nº 6.332, de 1976, não está sujeito ao princípio da anterioridade.

207. Nas ações executivas regidas pela Lei nº 5.741, de 1971, o praceamento do imóvel penhorado independe de avaliação.

208. A simples confissão da dívida, acompanhada do seu pedido de parcelamento, não configura denúncia espontânea.

209. Nas execuções fiscais da Fazenda Nacional, é legítima a cobrança cumulativa de juros de mora e multa moratória.

210. Na execução fiscal, não sendo encontrado o devedor, nem bens arrestáveis, é cabível a citação editalícia.

211. O Adicional ao Frete para Renovação da Marinha Mercante (AFRMM) não é devido na remessa de mercadoria nacional para a Zona Franca de Manaus.

212. A partir da vigência do Decreto-Lei nº 1.820, de 1980, o servidor público celetista não tem direito à percepção de salário mínimo profissional.

213. O exaurimento da via administrativa não é condição para a propositura de ação de natureza previdenciária.

214. A prestação de serviços de caráter continuado, em atividades de natureza permanente, com subordinação, observância de horário e normas de repartição, mesmo em Grupo Tarefa, configura relação empregatícia.

215. Servidor contratado a título precário não pode concorrer a processo seletivo para ascensão funcional.

216. Compete à Justiça Federal processar e julgar mandado de segurança impetrado contra ato de autoridade previdenciária, ainda que localizada em comarca do interior.

217. No âmbito da Justiça Federal, aplica-se aos feitos trabalhistas o princípio da identidade física do Juiz.

218. A sentença, proferida em ação expropriatória à qual se tenha atribuído valor igual ou inferior a 50 (cinquenta) OTNs, não está sujeita ao duplo grau obrigatório, nem enseja recurso de apelação.

219. Não havendo antecipação de pagamento, o direito de constituir o crédito previdenciário extingue-se decorridos 5 (cinco) anos do primeiro dia do exercício seguinte àquele em que ocorreu o fato gerador.

220. As mercadorias oriundas do estrangeiro, com simples trânsito em porto nacional, destinadas a outro País, não estão sujeitas ao pagamento de Taxa de Melhoramento dos Portos (TMP).

221. A Taxa de Melhoramento dos Portos (TMP), referente a mercadoria oriunda do estrangeiro com trânsito em porto nacional e destinada a outro porto nacional, somente é devida no destino.

222. A prorrogação da jornada diária de trabalho não constitui alteração unilateral do contrato, desde que mantido o limite do horário semanal avençado.

223. O empregado, durante o desvio funcional, tem direito à diferença salarial, ainda que o empregador possua quadro de pessoal organizado em carreira.

224. O fato de não serem adjudicados bens que, levados a leilão, deixaram de ser arrematados, não acarreta a extinção do processo de execução.

226. Na prorrogação da jornada de trabalho da mulher bancária, até 8 (oito) horas diárias, não excedentes de 40 (quarenta) horas semanais (CLT, art. 225), com observância do disposto no art. 59 e seu § 1º da CLT, é inaplicável a regra do art. 374 desse diploma legal.

227. A mudança de critério jurídico adotado pelo fisco não autoriza a revisão de lançamento.

229. A mãe do segurado tem direito à pensão previdenciária, em caso de morte do filho, se provada a dependência econômica, mesmo não exclusiva.

230. No processo seletivo de ascensão funcional das entidades componentes do SINPAS, o servidor somente pode concorrer no âmbito da autarquia a que pertence.

231. O aeronauta em atividade profissional, após reunir as condições para aposentadoria especial por tempo de serviço, tem direito ao abono de permanência.

232. A pensão do art. 5º, parágrafo único, da Lei nº 3.373, de 1958, ampara com exclusividade as filhas de funcionário público federal.

233. Compete à Justiça Comum Estadual processar e julgar o policial militar por crime de promover ou facilitar fuga de preso de cadeia pública.

234. Não cabe medida cautelar em ação rescisória para obstar os efeitos da coisa julgada.

235. A falta de peças de traslado obrigatório será suprida com a conversão do agravo de instrumento em diligência.

236. O empréstimo compulsório instituído pelo Decreto-Lei nº 2.047, de 1983, não está sujeito ao princípio da anterioridade.

238. A saída de veículo furtado para o exterior não configura o crime de descaminho ou contrabando, competindo à Justiça Comum Estadual o processo e julgamento dos delitos dela decorrentes.

240. A intimação do representante judicial da Fazenda Pública, nos embargos à execução fiscal, será feita pessoalmente.

241. A extinção da punibilidade pela prescrição da pretensão punitiva prejudica o exame do mérito da apelação criminal.

242. O bem alienado fiduciariamente não pode ser objeto de penhora nas execuções ajuizadas contra o devedor fiduciário.

244. A intervenção da União, suas autarquias e empresas públicas em concurso de credores ou de preferência não desloca a competência para a Justiça Federal.

245. Na execução de sentença prevalece, para efeito da alçada recursal de que trata a Lei nº 6.825, de 1980, o valor apurado na liquidação.

► A Lei nº 6.825, de 22-9-1980, foi revogada pela Lei nº 8.197, de 27-6-1991, também revogada pela Lei nº 9.469, de 10-7-1997, que dispõe sobre a intervenção da União nas causas em que figurarem, como autores ou réus, entes da administração indireta e regula os pagamentos devidos pela Fazenda Pública em virtude de sentença judiciária.

247. Não constitui pressuposto da ação anulatória do débito fiscal o depósito de que cuida o art. 38 da Lei nº 6.830, de 1980.

248. O prazo da prescrição interrompido pela confissão e parcelamento da dívida fiscal recomeça a fluir no dia em que o devedor deixa de cumprir o acordo celebrado.

249. A reparação do dano não pode ser imposta como condição da suspensão da execução da pena.

251. Os ferroviários provenientes da "The Leopoldina Railway Company Limited" são regidos pela CLT, pelo que não têm direito à dupla aposentadoria.

252. O § 3º do art. 125 da Constituição Federal institui hipótese de competência relativa, pelo que não elide a competência concorrente da Justiça Federal.

► Refere-se à CF/1969.

253. A companheira tem direito a concorrer com outros dependentes à pensão militar, sem observância da ordem de preferência.

254. Compete à Justiça Federal processar e julgar os delitos praticados por funcionário público federal no exercício de suas funções e com estas relacionadas.

255. Compete à Justiça Federal processar e julgar causa cujo objeto diga respeito a eleições sindicais.

256. A falta de impugnação dos embargos do devedor não produz, em relação à Fazenda Pública, os efeitos de revelia.

257. Não rendem juros os depósitos judiciais na Caixa Econômica Federal a que se referem o Decreto-lei nº 759, de 12-8-1969, art. 16, e o Decreto-Lei nº 1.737, de 20-12-1979, art. 3º.

258. Inclui-se na base de cálculo do PIS a parcela relativa ao ICM.

259. Não cabe agravo de instrumento em causa sujeita à alçada de que trata a Lei nº 6.825, de 1980, salvo se versar sobre valor da causa ou admissibilidade do recurso.

► A Lei nº 6.825, de 22-9-1980, foi revogada pela Lei nº 8.197, de 27-6-1991.

260. No primeiro reajuste do benefício previdenciário, deve-se aplicar o índice integral do aumento verificado, independentemente do mês da concessão, considerado, nos reajustes subsequentes, o salário mínimo então atualizado.

261. No litisconsórcio ativo voluntário, determina-se o valor da causa, para efeito de alçada recursal, dividindo-se o valor global pelo número de litisconsortes.

262. Não se vincula ao processo o juiz que não colheu prova em audiência.

263. A produção antecipada de prova, por si só, não previne a competência da ação principal.

264. As cooperativas não estão sujeitas à tributação do Imposto de Renda por excesso de retirada de seus dirigentes.

265. No pagamento antecipado de débito oriundo de contrato de mútuo com garantia hipotecária, de que conste correção monetária anual, o saldo devedor será atualizado de acordo com a variação da UPC.

ENUNCIADOS DAS JORNADAS DE DIREITO CIVIL

I JORNADA DE DIREITO CIVIL

(Realizada em 12 e 13-9-2002)

1. PARTE GERAL

1. Art. 2º: A proteção que o Código defere ao nascituro alcança o natimorto no que concerne aos direitos da personalidade, tais como: nome, imagem e sepultura.

2. Art. 2º: Sem prejuízo dos direitos da personalidade nele assegurados, o art. 2º do Código Civil não é sede adequada para questões emergentes da reprogenética humana, que deve ser objeto de um estatuto próprio.

3. Art. 5º: A redução do limite etário para a definição da capacidade civil aos 18 anos não altera o disposto no art. 16, I, da Lei nº 8.213/1991, que regula específica situação de dependência econômica para fins previdenciários e outras situações similares de proteção, previstas em legislação especial.

4. Art. 11: O exercício dos direitos da personalidade pode sofrer limitação voluntária, desde que não seja permanente nem geral.

5. Arts. 12 e 20: 1. As disposições do art. 12 têm caráter geral e aplicam-se, inclusive, às situações previstas no art. 20, excepcionados os casos expressos de legitimidade para requerer as medidas nele estabelecidas; 2. As disposições do art. 20 do novo Código Civil têm a finalidade específica de regrar a projeção dos bens personalíssimos nas situações nele enumeradas. Com exceção dos casos expressos de legitimação que se conformem com a tipificação preconizada nessa norma, a ela podem ser aplicadas subsidiariamente as regras instituídas no art. 12.

6. Art. 13: A expressão "exigência médica" contida no art. 13 refere-se tanto ao bem-estar físico quanto ao bem-estar psíquico do disponente.

7. Art. 50: Só se aplica a desconsideração da personalidade jurídica quando houver a prática de ato irregular e, limitadamente, aos administradores ou sócios que nela hajam incorrido.

8. Art. 62, parágrafo único: A constituição de fundação para fins científicos, educacionais ou de promoção do meio ambiente está compreendida no Código Civil, art. 62, parágrafo único.

9. Art. 62, parágrafo único: Deve ser interpretado de modo a excluir apenas as fundações com fins lucrativos.

10. Art. 66, § 1º: Em face do princípio da especialidade, o art. 66, § 1º, deve ser interpretado em sintonia com os arts. 70 e 178 da LC nº 75/1993.

11. Art. 79: Não persiste no novo sistema legislativo a categoria dos bens imóveis por acessão intelectual, não obstante a expressão "tudo quanto se lhe incorporar natural ou artificialmente", constante da parte final do art. 79 do Código Civil.

12. Art. 138: Na sistemática do art. 138, é irrelevante ser ou não escusável o erro, porque o dispositivo adota o princípio da confiança.

13. Art. 170: O aspecto objetivo da convenção requer a existência do suporte fático no negócio a converter-se.

14. Art. 189: 1. O início do prazo prescricional ocorre com o surgimento da pretensão, que decorre da exigibilidade do direito subjetivo; 2. O art. 189 diz respeito a casos em que a pretensão nasce imediatamente após a violação do direito absoluto ou da obrigação de não fazer.

2. DIREITO DAS OBRIGAÇÕES

15. Art. 240: As disposições do art. 236 do novo Código Civil também são aplicáveis à hipótese do art. 240, *in fine*.

16. Art. 299: O art. 299 do Código Civil não exclui a possibilidade da assunção cumulativa da dívida quando dois ou mais devedores se tornam responsáveis pelo débito com a concordância do credor.

17. Art. 317: A interpretação da expressão "motivos imprevisíveis" constante do art. 317 do novo Código Civil deve abarcar tanto causas de desproporção não previsíveis como também causas previsíveis, mas de resultados imprevisíveis.

18. Art. 319: A "quitação regular" referida no art. 319 do novo Código Civil engloba a quitação dada por meios eletrônicos ou por quaisquer formas de "comunicação a distância", assim entendida aquela que permite ajustar negócios jurídicos e praticar atos jurídicos sem a presença corpórea simultânea das partes ou de seus representantes.

19. Art. 374: A matéria da compensação no que concerne às dívidas fiscais e parafiscais de estados, do Distrito Federal e de municípios não é regida pelo art. 374 do Código Civil.

► O art. 374 do CC foi revogado pela Lei nº 10.677/2003.

20. Art. 406: A taxa de juros moratórios a que se refere o art. 406 é a do art. 161, § 1º, do Código Tributário Nacional, ou seja, um por cento ao mês. A utilização da taxa SELIC como índice de apuração dos juros legais não é juridicamente segura, porque impede o prévio conhecimento dos juros; não é operacional, porque seu uso será inviável sempre que se calcularem somente juros ou somente correção monetária; é incompatível com a regra do art. 591 do novo Código Civil, que permite apenas a capitalização anual dos juros, e pode ser incompatível com o art. 192, § 3º, da Constituição Federal, se resultarem juros reais superiores a doze por cento ao ano.

21. Art. 421: A função social do contrato, prevista no art. 421 do novo Código Civil, constitui cláusula geral a impor a revisão do princípio da relatividade dos efeitos do contrato em relação a terceiros, implicando a tutela externa do crédito.

22. Art. 421: A função social do contrato, prevista no art. 421 do novo Código Civil, constitui cláusula geral que reforça o princípio de conservação do contrato, assegurando trocas úteis e justas.

23. Art. 421: A função social do contrato, prevista no art. 421 do novo Código Civil, não elimina o princípio da autonomia contratual, mas atenua ou reduz o alcance desse princípio quando presentes interesses metaindividuais ou interesse individual relativo à dignidade da pessoa humana.

24. Art. 422: Em virtude do princípio da boa-fé, positivado no art. 422 do novo Código Civil, a violação dos deveres anexos constitui espécie de inadimplemento, independentemente de culpa.

25. Art. 422: O art. 422 do Código Civil não inviabiliza a aplicação pelo julgador do princípio da boa-fé nas fases pré-contratual e pós-contratual.

26. Art. 422: A cláusula geral contida no art. 422 do novo Código Civil impõe ao juiz interpretar e, quando necessário, suprir e corrigir o contrato segundo a boa-fé objetiva, entendida como a exigência de comportamento leal dos contratantes.

27. Art. 422: Na interpretação da cláusula geral da boa-fé, deve-se levar em conta o sistema do Código Civil e as conexões sistemáticas com outros estatutos normativos e fatores metajurídicos.

28. Art. 445 (§§ 1º e 2º): O disposto no art. 445, §§ 1º e 2º, do Código Civil reflete a consagração da doutrina e da jurisprudência quanto à natureza decadencial das ações edilícias.

29. Art. 456: A interpretação do art. 456 do novo Código Civil permite ao evicto a denunciação direta de qualquer dos responsáveis pelo vício.

30. Art. 463: A disposição do parágrafo único do art. 463 do novo Código Civil deve ser interpretada como fator de eficácia perante terceiros.

31. Art. 475: As perdas e danos mencionados no art. 475 do novo Código Civil dependem da imputabilidade da causa da possível resolução.

32. Art. 534: No contrato estimatório (art. 534), o consignante transfere ao consignatário, temporariamente, o poder de alienação da coisa consignada com opção de pagamento do preço de estima ou sua restituição ao final do prazo ajustado.

33. Art. 557: O novo Código Civil estabeleceu um novo sistema para a revogação da doação por ingratidão, pois o rol legal previsto no art. 557 deixou de ser taxativo, admitindo, excepcionalmente, outras hipóteses.

34. Art. 591: No novo Código Civil, quaisquer contratos de mútuo destinados a fins econômicos presumem-se onerosos (art. 591), ficando a taxa de juros compensatórios limitada ao disposto no art. 406, com capitalização anual.

35. Art. 884: A expressão "se enriquecer à custa de outrem" do art. 886 do novo Código Civil não significa, necessariamente, que deverá haver empobrecimento.

36. Art. 886: O art. 886 do novo Código Civil não exclui o direito à restituição do que foi objeto de enriquecimento sem causa nos casos em que os meios alternativos conferidos ao lesado encontram obstáculos de fato.

3. RESPONSABILIDADE CIVIL

37. Art. 187: A responsabilidade civil decorrente do abuso do direito independe de culpa e fundamenta-se somente no critério objetivo-finalístico.

38. Art. 927: A responsabilidade fundada no risco da atividade, como prevista na segunda parte do parágrafo único do art. 927 do novo Código Civil, configura-se quando a atividade normalmente desenvolvida pelo autor do dano causar a pessoa determinada um ônus maior do que aos demais membros da coletividade.

39. Art. 928: A impossibilidade de privação do necessário à pessoa, prevista no art. 928, traduz um dever de indenização equitativa, informado pelo princípio constitucional da proteção à dignidade da pessoa humana. Como consequência, também os pais, tutores e curadores serão beneficiados pelo limite humanitário do dever de indenizar, de modo que a passagem ao patrimônio do incapaz se dará não quando esgotados todos os recursos do responsável, mas se reduzidos estes ao montante necessário à manutenção de sua dignidade.

40. Art. 928: O incapaz responde pelos prejuízos que causar de maneira subsidiária ou excepcionalmente como devedor principal, na hipótese do ressarcimento devido pelos adolescentes que praticarem atos infracionais nos termos do art. 116 do Estatuto da Criança e do Adolescente, no âmbito das medidas socioeducativas ali previstas.

41. Art. 928: A única hipótese em que poderá haver responsabilidade solidária do menor de 18 anos com seus pais é ter sido emancipado nos termos do art. 5º, parágrafo único, inc. I, do novo Código Civil.

42. Art. 931: O art. 931 amplia o conceito de fato do produto existente no art. 12 do Código de Defesa do Consumidor, imputando responsabilidade civil à empresa e aos empresários individuais vinculados à circulação dos produtos.

43. Art. 931: A responsabilidade civil pelo fato do produto, prevista no art. 931 do novo Código Civil, também inclui os riscos do desenvolvimento.

44. Art. 934: Na hipótese do art. 934, o empregador e o comitente somente poderão agir regressivamente contra o empregado ou preposto se estes tiverem causado dano com dolo ou culpa.

45. Art. 935: No caso do art. 935, não mais se poderá questionar a existência do fato ou quem seja o seu autor se essas questões se acharem categoricamente decididas no juízo criminal.

46. Art. 944: A possibilidade de redução do montante da indenização em face do grau de culpa do agente, estabelecida no parágrafo único do art. 944 do novo Código Civil, deve ser interpretada restritivamente, por representar uma exceção ao princípio da reparação integral do dano, não se aplicando às hipóteses de responsabilidade objetiva.

► Redação dada pelo Enunciado 380 da IV Jornada.

47. Art. 945: O art. 945 do novo Código Civil, que não encontra correspondente no Código Civil de 1916, não exclui a aplicação da teoria da causalidade adequada.

48. Art. 950, parágrafo único: O parágrafo único do art. 950 do novo Código Civil institui direito potestativo do lesado para exigir pagamento da indenização de uma só vez, mediante arbitramento do valor pelo juiz, atendidos os arts. 944 e 945 e a possibilidade econômica do ofensor.

49. Art. 1.228, § 2º: Interpreta-se restritivamente a regra do art. 1.228, § 2º, do novo Código Civil, em harmonia com o princípio da função social da propriedade e com o disposto no art. 187.

50. Art. 2.028: A partir da vigência do novo Código Civil, o prazo prescricional das ações de reparação de danos que não houver atingido a metade do tempo previsto no Código Civil de 1916 fluirá por inteiro, nos termos da nova lei (art. 206).

Moção:

No que tange à responsabilidade civil, o novo Código representa, em geral, notável avanço, com progressos indiscutíveis, entendendo a Comissão que não há necessidade de prorrogação da *vacatio legis*.

4. DIREITO DE EMPRESA

51. Art. 50: A teoria da desconsideração da personalidade jurídica – *disregard doctrine* – fica positivada no novo Código Civil, mantidos os parâmetros existentes nos microssistemas legais e na construção jurídica sobre o tema.

52. Art. 903: As disposições relativas aos títulos de crédito do Código Civil aplicam-se àqueles regulados por leis especiais no caso de omissão ou lacuna.

► Redação dada pelo Enunciado nº 464 da V Jornada.

53. Art. 966: Deve-se levar em consideração o princípio da função social na interpretação das normas relativas à empresa, a despeito da falta de referência expressa.

54. Art. 966: É caracterizador do elemento empresa a declaração da atividade-fim, assim como a prática de atos empresariais.

55. Arts. 968, 969 e 1.150: O domicílio da pessoa jurídica empresarial regular é o estatutário ou o contratual em que indicada a sede da empresa, na forma dos arts. 968, IV, e 969, combinado com o art. 1.150, todos do Código Civil.

56. *Cancelado.* Enunciado nº 235 da III Jornada.

57. Art. 983: A opção pelo tipo empresarial não afasta a natureza simples da sociedade.

58. Arts. 986 e seguintes: A sociedade em comum compreende as figuras doutrinárias da sociedade de fato e da irregular.

59. Arts. 990, 1.009, 1.016, 1.017 e 1.091: Os sociogestores e os administradores das empresas são responsáveis subsidiária e ilimitadamente pelos atos ilícitos praticados, de má gestão ou contrários ao previsto no contrato social ou estatuto, consoante estabelecem os arts. 990, 1.009, 1.016, 1.017 e 1.091, todos do Código Civil.

60. Art. 1.011, § 1º: As expressões "de peita" ou "suborno" do § 1º do art. 1.011 do novo Código Civil devem ser entendidas como corrupção, ativa ou passiva.

61. Art. 1.023: O termo "subsidiariamente" constante do inc. VIII do art. 997 do Código Civil deverá ser substituído por "solidariamente" a fim de compatibilizar esse dispositivo com o art. 1.023 do mesmo Código.

62. Art. 1.031: Com a exclusão do sócio remisso, a forma de reembolso das suas quotas, em regra, deve-se dar com base em balanço especial, realizado na data da exclusão.

63. Art. 1.043: Suprimir o art. 1.043 ou interpretá-lo no sentido de que só será aplicado às sociedades ajustadas por prazo determinado.

64. Cancelado pelo Enunciado nº 234, da III Jornada.

65. Art. 1.052: A expressão "sociedade limitada" tratada no art. 1.052 e seguintes do novo Código Civil deve ser interpretada *stricto sensu*, como "sociedade por quotas de responsabilidade limitada".

66. Art. 1.062: A teor do § 2º do art. 1.062 do Código Civil, o administrador só pode ser pessoa natural.

67. Arts. 1.085, 1.030 e 1.033, III: A quebra do *affectio societatis* não é causa para a exclusão do sócio minoritário, mas apenas para dissolução (parcial) da sociedade.

68. Arts. 1.088 e 1.089: Suprimir os arts. 1.088 e 1.089 do novo Código Civil em razão de estar a matéria regulamentada em lei especial.

69. Art. 1.093: As sociedades cooperativas são sociedades simples sujeitas à inscrição nas juntas comerciais.

70. Art. 1.116: As disposições sobre incorporação, fusão e cisão previstas no Código Civil não se aplicam às sociedades anônimas. As disposições da Lei nº 6.404/1976 sobre essa matéria aplicam-se, por analogia, às demais sociedades naquilo em que o Código Civil for omisso.

71. Arts. 1.158 e 1.160: Suprimir o art. 1.160 do Código Civil por estar a matéria regulada mais adequadamente no art. 3º da Lei nº 6.404/1976 (disciplinadora das S.A.) e dar nova redação ao § 2º do art. 1.158, de modo a retirar a exigência da designação do objeto da sociedade.

72. Art. 1.164: Suprimir o art. 1.164 do novo Código Civil.

73. Art. 2.031: Não havendo revogação do art. 1.160 do Código Civil nem modificação do § 2º do art. 1.158 do mesmo diploma, é de interpretar-se este dispositivo no sentido de não aplicá-lo à denominação das sociedades anônimas e sociedades Ltda., já existentes, em razão de se tratar de direito inerente à sua personalidade.

74. Art. 2.045: Apesar da falta de menção expressa, como exigido pelas Leis Complementares nº 95/1998 e nº 107/2001, estão revogadas as disposições de leis especiais que contiverem matéria regulada inteiramente no novo Código Civil, como, v.g., as disposições da Lei nº 6.404/1976, referente à sociedade comandita por ações, e do Decreto nº 3.708/1919, sobre sociedade de responsabilidade limitada.

75. Art. 2.045: A disciplina de matéria mercantil no novo Código Civil não afeta a autonomia do Direito Comercial.

5. DIREITO DAS COISAS

76. Art. 1.197: O possuidor direto tem direito de defender a sua posse contra o indireto, e este, contra aquele (art. 1.197, *in fine*, do novo Código Civil).

77. Art. 1.205: A posse das coisas móveis e imóveis também pode ser transmitida pelo *constituto* possessório.

78. Art. 1.210: Tendo em vista a não recepção pelo novo Código Civil da *exceptio proprietatis* (art. 1.210, § 2º) em caso de ausência de prova suficiente para embasar decisão liminar ou sentença final ancorada exclusivamente no *ius possessionis*, deverá o pedido ser indeferido e julgado improcedente, não obstante eventual alegação e demonstração de direito real sobre o bem litigioso.

79. Art. 1.210: A *exceptio proprietatis*, como defesa oponível às ações possessórias típicas, foi abolida pelo Código Civil de 2002, que estabeleceu a absoluta separação entre os juízos possessório e petitório.

80. Art. 1.212: É inadmissível o direcionamento de demanda possessória ou ressarcitória contra terceiro possuidor de boa-fé, por ser parte passiva ilegítima diante do disposto no art. 1.212 do novo Código Civil. Contra o terceiro de boa-fé, cabe tão somente a propositura de demanda de natureza real.

81. Art. 1.219: O direito de retenção previsto no art. 1.219 do Código Civil, decorrente da realização de benfeitorias necessárias e úteis, também se aplica às acessões (construções e plantações) nas mesmas circunstâncias.

82. Art. 1.228: É constitucional a modalidade aquisitiva de propriedade imóvel prevista nos §§ 4º e 5º do art. 1.228 do novo Código Civil.

83. Art. 1.228: Nas ações reivindicatórias propostas pelo Poder Público, não são aplicáveis as disposições constantes dos §§ 4º e 5º do art. 1.228 do novo Código Civil.

▸ **Redação dada pelo Enunciado nº 304 da IV Jornada.**

84. Art. 1.228: A defesa fundada no direito de aquisição com base no interesse social (art. 1.228, §§ 4º e 5º, do novo Código Civil) deve ser arguida pelos réus da ação reivindicatória, eles próprios responsáveis pelo pagamento da indenização.

85. Art. 1.240: Para efeitos do art. 1.240, *caput*, do novo Código Civil, entende-se por "área urbana" o imóvel edificado ou não, inclusive unidades autônomas vinculadas a condomínios edilícios.

86. Art. 1.242: A expressão "justo título" contida nos arts. 1.242 e 1.260 do Código Civil abrange todo e qualquer ato jurídico hábil, em tese, a transferir a propriedade, independentemente de registro.

87. Art. 1.245: Considera-se também título translativo, para fins do art. 1.245 do novo Código Civil, a promessa de compra e venda devidamente quitada (arts. 1.417 e 1.418 do Código Civil e § 6º do art. 26 da Lei nº 6.766/1979).

88. Art. 1.285: O direito de passagem forçada, previsto no art. 1.285 do CC, também é garantido nos casos em que o acesso à via pública for insuficiente ou inadequado, consideradas, inclusive, as necessidades de exploração econômica.

89. Art. 1.331: O disposto nos arts. 1.331 a 1.358 do novo Código Civil aplica-se, no que couber, aos condomínios assemelhados, tais como loteamentos fechados, multipropriedade imobiliária e clubes de campo.

90. Art. 1.331: Deve ser reconhecida personalidade jurídica ao condomínio edilício.

► Redação dada pelo Enunciado nº 246 da III Jornada.

91. Art. 1.331: A convenção de condomínio ou a assembleia-geral podem vedar a locação de área de garagem ou abrigo para veículos a estranhos ao condomínio.

92. Art. 1.337: As sanções do art. 1.337 do novo Código Civil não podem ser aplicadas sem que se garanta direito de defesa ao condômino nocivo.

93. Art. 1.369: As normas previstas no Código Civil sobre direito de superfície não revogam as relativas a direito de superfície constantes do Estatuto da Cidade (Lei nº 10.257/2001) por ser instrumento de política de desenvolvimento urbano.

94. Art. 1.371: As partes têm plena liberdade para deliberar, no contrato respectivo, sobre o rateio dos encargos e tributos que incidirão sobre a área objeto da concessão do direito de superfície.

95. Art. 1.418: O direito à adjudicação compulsória (art. 1.418 do novo Código Civil), quando exercido em face do promitente vendedor, não se condiciona ao registro da promessa de compra e venda no cartório de registro imobiliário (Súmula nº 239 do STJ).

6. ENUNCIADOS PROPOSITIVOS DE ALTERAÇÃO LEGISLATIVA

96. Alteração do § 1º do art. 1.336 do Código Civil, relativo a multas por inadimplemento no pagamento da contribuição condominial, para o qual se sugere a seguinte redação:

"Art. 1.336. (...)

§ 1º O condômino que não pagar sua contribuição ficará sujeito aos juros moratórios convencionados ou, não sendo previstos, de um por cento ao mês e multa de até 10% sobre o eventual risco de emendas sucessivas que venham a desnaturá-lo ou mesmo a inibir a sua entrada em vigor".

Não obstante, entendeu a Comissão da importância de aprimoramento do texto legislativo, que poderá, perfeitamente, ser efetuado durante a vigência do próprio Código, o que ocorreu, por exemplo, com o diploma de 1916, por meio da grande reforma verificada em 1919.

7. DIREITO DE FAMÍLIA E SUCESSÕES

97. Art. 25: No que tange à tutela especial da família, as regras do Código Civil que se referem apenas ao cônjuge devem ser estendidas à situação jurídica que envolve o companheiro, como, por exemplo, na hipótese de nomeação de curador dos bens do ausente (art. 25 do Código Civil).

98. Art. 1.521, IV, do novo Código Civil: O inc. IV do art. 1.521 do novo Código Civil deve ser interpretado à luz do Decreto-lei nº 3.200/1941, no que se refere à possibilidade de casamento entre colaterais de 3º grau.

99. Art. 1.565, § 2º: O art. 1.565, § 2º, do Código Civil não é norma destinada apenas às pessoas casadas, mas também aos casais que vivem em companheirismo, nos termos do art. 226, *caput*, §§ 3º e 7º, da Constituição Federal de 1988, e não revogou o disposto na Lei nº 9.263/1996.

100. Art. 1.572: Na separação, recomenda-se apreciação objetiva de fatos que tornem evidente a impossibilidade da vida em comum.

101. Art. 1.583: Sem prejuízo dos deveres que compõem a esfera do poder familiar, a expressão "guarda de filhos", à luz do art. 1.583, pode compreender tanto a guarda unilateral quanto a compartilhada, em atendimento ao princípio do melhor interesse da criança.

102. Art. 1.584: A expressão "melhores condições" no exercício da guarda, na hipótese do art. 1.584, significa atender ao melhor interesse da criança.

103. Art. 1.593: O Código Civil reconhece, no art. 1.593, outras espécies de parentesco civil além daquele decorrente da adoção, acolhendo, assim, a noção de que há também parentesco civil no vínculo parental proveniente quer das técnicas de reprodução assistida heteróloga relativamente ao pai (ou mãe) que não contribuiu com seu material fecundante, quer da paternidade socioafetiva, fundada na posse do estado de filho.

104. Art. 1.597: No âmbito das técnicas de reprodução assistida envolvendo o emprego de material fecundante de terceiros, o pressuposto fático da relação sexual é substituído pela vontade (ou eventualmente pelo risco da situação jurídica matrimonial) juridicamente qualificada, gerando presunção absoluta ou relativa de paternidade no que tange ao marido da mãe da criança concebida, dependendo da manifestação expressa (ou implícita) da vontade no curso do casamento.

105. Art. 1.597: As expressões "fecundação artificial", "concepção artificial" e "inseminação artificial" constantes, respectivamente, dos incs. III, IV e V do art. 1.597 deverão ser interpretadas como "técnica de reprodução assistida".

106. Art. 1.597, inc. III: Para que seja presumida a paternidade do marido falecido, será obrigatório que a mulher, ao se submeter a uma das técnicas de reprodução assistida com o material genético do falecido, esteja na condição de viúva, sendo obrigatória, ainda, a autorização escrita do marido para que se utilize seu material genético após sua morte.

107. Art. 1.597, IV: Finda a sociedade conjugal, na forma do art. 1.571, a regra do inc. IV somente poderá ser aplicada se houver autorização prévia, por escrito, dos ex-cônjuges para a utilização dos embriões excedentários, só podendo ser revogada até o início do procedimento de implantação desses embriões.

108. Art. 1.603: No fato jurídico do nascimento, mencionado no art. 1.603, compreende-se, à luz do disposto no art. 1.593, a filiação consanguínea e também a socioafetiva.

109. Art. 1.605: A restrição da coisa julgada oriunda de demandas reputadas improcedentes por insuficiência de prova não deve prevalecer para inibir a busca da identidade genética pelo investigando.

110. Art. 1.621, § 2º: É inaplicável o § 2º do art. 1.621 do novo Código Civil às adoções realizadas com base no Estatuto da Criança e do Adolescente.

► O art. 1.621 do CC foi revogado pela Lei nº 12.010/2009.

111. Art. 1.626: A adoção e a reprodução assistida heteróloga atribuem a condição de filho ao adotado e à criança resultante de técnica conceptiva heteróloga; porém, enquanto na adoção haverá o desligamento dos vínculos entre o adotado e seus parentes consanguíneos, na reprodução assistida heteróloga sequer será estabelecido o vínculo de parentesco entre a criança e o doador do material fecundante.

► O art. 1.626 do CC foi revogado pela Lei nº 12.010/2009.

112. Art. 1.630: Em acordos celebrados antes do advento do novo Código, ainda que expressamente convencionado que os alimentos cessarão com a maioridade, o juiz deve ouvir os interessados, apreciar as circunstâncias do caso concreto e obedecer ao princípio *rebus sic stantibus*.

113. Art. 1.639: É admissível a alteração do regime de bens entre os cônjuges, quando então o pedido, devidamente motivado e assinado por ambos os cônjuges, será objeto de autorização judicial, com ressalva dos direitos de terceiros, inclusive dos entes públicos, após perquirição de inexistência de dívida de qualquer natureza, exigida ampla publicidade.

114. Art. 1.647: O aval não pode ser anulado por falta de vênia conjugal, de modo que o inc. III do art. 1.647 apenas caracteriza a inoponibilidade do título ao cônjuge que não assentiu.

115. Art. 1.725: Há presunção de comunhão de aquestos na constância da união extramatrimonial mantida entre os companheiros, sendo desnecessária a prova do esforço comum para se verificar a comunhão dos bens.

116. Art. 1.815: O Ministério Público, por força do art. 1.815 do novo Código Civil, desde que presente o interesse público, tem legitimidade para promover ação visando à declaração da indignidade de herdeiro ou legatário.

117. Art. 1831: O direito real de habitação deve ser estendido ao companheiro, seja por não ter sido revogada a previsão da Lei nº 9.278/1996, seja em razão da interpretação analógica do art. 1.831, informado pelo art. 6º, *caput*, da CF/88.

118. Art. 1.967, *caput* e § 1º: O testamento anterior à vigência do novo Código Civil se submeterá à redução prevista no § 1º do art. 1.967 naquilo que atingir a porção reservada ao cônjuge sobrevivente, elevado que foi à condição de herdeiro necessário.

119. Art. 2.004: Para evitar o enriquecimento sem causa, a colação será efetuada com base no valor da época da doação, nos termos do *caput* do art. 2.004, exclusivamente na hipótese em que o bem doado não mais pertença ao patrimônio do donatário. Se, ao contrário, o bem ainda integrar seu patrimônio, a colação se fará com base no valor do bem na época da abertura da sucessão, nos termos do art. 1.014 do CPC, de modo a preservar a quantia que efetivamente integrará a legítima quando esta se constituiu, ou seja, na data do óbito (resultado da interpretação sistemática do art. 2.004 e seus parágrafos, juntamente com os arts. 1.832 e 884 do Código Civil).

8. PROPOSTAS DE MODIFICAÇÃO DO NOVO CÓDIGO CIVIL

120. Proposição sobre o art. 1.526:

Proposta: Deverá ser suprimida a expressão "será homologada pelo juiz" no art. 1.526, o qual passará a dispor: "Art. 1.526. A habilitação de casamento será feita perante o oficial do Registro Civil e ouvido o Ministério Público."

121. Proposição sobre o art. 1.571, § 2º:

Proposta: Dissolvido o casamento pelo divórcio direto ou por conversão, no que diz respeito ao sobrenome dos cônjuges, aplica-se o disposto no art. 1.578.

122. Proposição sobre o art. 1.572, *caput*:

Proposta: Dar ao art. 1.572, *caput*, a seguinte redação: "Qualquer dos cônjuges poderá propor a ação de separação judicial com fundamento na impossibilidade da vida em comum".

123. Proposição sobre o art. 1.573:

Proposta: Revogar o art. 1.573.

► Prejudicado pelo Enunciado nº 254 da III Jornada.

124. Proposição sobre o art. 1.578:

Proposta: Alterar o dispositivo para: "Dissolvida a sociedade conjugal, o cônjuge perde o direito à utilização do sobrenome do outro, salvo se a alteração acarretar:

I – evidente prejuízo para a sua identificação;

II – manifesta distinção entre o seu nome de família e o dos filhos havidos da união dissolvida;

III – dano grave reconhecido na decisão judicial".

E, por via de consequência, estariam revogados os §§ 1º e 2º do mesmo artigo.

125. Proposição sobre o art. 1.641, inc. II:

Redação atual: "da pessoa maior de sessenta anos".

Proposta: Revogar o dispositivo.

126. Proposição sobre o art. 1.597, incs. III, IV e V:

Proposta: Alterar as expressões "fecundação artificial", "concepção artificial" e "inseminação artificial" constantes, respectivamente, dos incs. III, IV e V do art. 1.597 para "técnica de reprodução assistida".

127. Proposição sobre o art. 1.597, inc. III:

Proposta: Alterar o inc. III para constar "havidos por fecundação artificial homóloga".

128. Proposição sobre o art. 1.597, inc. IV:

Proposta: Revogar o dispositivo.

129. Proposição para inclusão de um artigo no final do cap. II, subtítulo II, cap. XI, título I, do livro IV, com a seguinte redação: "Art. 1.597-A. A maternidade será presumida pela gestação.

Parágrafo único. Nos casos de utilização das técnicas de reprodução assistida, a maternidade será estabelecida em favor daquela que forneceu o material genético, ou que, tendo planejado a gestação, valeu-se da técnica de reprodução assistida heteróloga".

130. Proposição sobre o art. 1.601:

Redação atual: "Cabe ao marido o direito de contestar a paternidade dos filhos nascidos de sua mulher, sendo tal ação imprescritível.

Parágrafo único. Contestada a filiação, os herdeiros do impugnante têm direito de prosseguir na ação".

Redação proposta: "Cabe ao marido o direito de contestar a paternidade dos filhos nascidos de sua mulher, sendo tal ação imprescritível.

§ 1º Não se desconstituirá a paternidade caso fique caracterizada a posse do estado de filho.

§ 2º Contestada a filiação, os herdeiros do impugnante têm direito de prosseguir na ação".

131. Proposição sobre o art. 1.639, § 2º:

Proposta a seguinte redação ao § 2º do mencionado art. 1.639: "É inadmissível a alteração do regime de bens entre os cônjuges, salvo nas hipóteses específicas definidas no art. 1.641, quando então o pedido, devidamente motivado e assinado por ambos os cônjuges, será objeto de autorização judicial, apurada a procedência das razões invocadas e ressalvados os direitos de terceiros, inclusive dos entes públicos, após perquirição de inexistência de dívida de qualquer natureza, exigida ampla publicidade".

132. Proposição sobre o art. 1.647, inc. III, do novo Código Civil: outorga conjugal em aval. Suprimir as expressões "ou aval" do inc. III do art. 1.647 do novo Código Civil.

133. Proposição sobre o art. 1.702:

Proposta: Alterar o dispositivo para: "Na separação judicial, sendo um dos cônjuges desprovido de recursos, prestar-lhe-á o outro pensão alimentícia nos termos do que houverem acordado ou do que vier a ser fixado judicialmente, obedecidos os critérios do art. 1.694".

134. Proposição sobre o art. 1.704, *caput*:

Proposta: Alterar o dispositivo para: "Se um dos cônjuges separados judicialmente vier a necessitar de alimentos e não tiver parentes em condições de prestá-los nem aptidão para o trabalho, o ex-cônjuge será obrigado a prestá-los mediante pensão a ser fixada pelo juiz, em valor indispensável à sobrevivência".

Revoga-se, por consequência, o parágrafo único do art. 1.704. "§ 2º Contestada a filiação, os herdeiros do impugnante têm direito de prosseguir na ação".

135. Proposição sobre o art. 1.726:

Proposta: A união estável poderá converter-se em casamento mediante pedido dos companheiros perante o oficial do registro civil, ouvido o Ministério Público.

136. Proposição sobre o art. 1.736, inc. I:

Proposta: Revogar o dispositivo.

137. Proposição sobre o art. 2.044:

Proposta: Alteração do art. 2.044 para que o prazo da *vacatio legis* seja alterado de um para dois anos.

9. TEMAS OBJETO DE CONSIDERAÇÃO PELA COMISSÃO

A Comissão conheceu do tema suscitado quanto à indicada violação do princípio da bicameralidade, durante a tramitação do projeto do Código Civil em sua etapa final na Câmara dos Deputados, em face do art. 65 da Constituição Federal de 1988, tendo assentado que a matéria desborda, neste momento, do exame específico levado a efeito.

Pronunciamento: A Comissão subscreve o entendimento segundo o qual impende apreender e aperfeiçoar o Código Civil brasileiro instituído por meio da Lei nº 10.406, de 10 de janeiro de2002, tanto porque apresenta alterações estruturais nas relações jurídicas interprivadas, quanto porque ainda revela necessidade de melhoria em numerosos dispositivos.

Manifesta preocupação com o prazo contido no art. 2.044, a fim de que tais intentos sejam adequadamente levados a efeito. Deve-se proceder a uma hermenêutica construtiva que, por certo, não apenas aprimorará o texto sancionado, como também propiciará à comunidade jurídica brasileira e aos destinatários da norma em geral um razoável conhecimento do novo Código, imprescindível para sua plena eficácia jurídica e social.

Demais disso, é cabível remarcar que diplomas legais de relevo apresentam lapso temporal alargado de *vacatio legis.*

A preocupação com a exiguidade da *vacatio* valoriza o papel decisivo da jurisprudência, evidenciando-se, a rigor, que um código não nasce pronto, a norma se faz código em contínuo processo de construção.

II JORNADA DE DIREITO CIVIL

► Não foram publicados Enunciados nesta jornada.

III JORNADA DE DIREITO CIVIL

(Realizada em 1º e 3-5-2004)

1. PARTE GERAL

138. Art. 3º: A vontade dos absolutamente incapazes, na hipótese do inc. I do art. 3º, é juridicamente relevante na concretização de situações existenciais a eles concernentes, desde que demonstrem discernimento bastante para tanto.

139. Art. 11: Os direitos da personalidade podem sofrer limitações, ainda que não especificamente previstas em lei, não podendo ser exercidos com abuso de direito de seu titular, contrariamente à boa-fé objetiva e aos bons costumes.

140. Art. 12: A primeira parte do art. 12 do Código Civil refere-se às técnicas de tutela específica, aplicáveis de ofício, enunciadas no art. 461 do CPC, devendo ser interpretada com resultado extensivo.

141. Art. 41: A remissão do art. 41, parágrafo único, do Código Civil às "pessoas jurídicas de direito público, a que se tenha dado estrutura de direito privado", diz respeito às fundações públicas e aos entes de fiscalização do exercício profissional.

142. Art. 44: Os partidos políticos, os sindicatos e as associações religiosas possuem natureza associativa, aplicando-se-lhes o Código Civil.

143. Art. 44: A liberdade de funcionamento das organizações religiosas não afasta o controle de legalidade e legitimidade constitucional de seu registro, nem a possibilidade de reexame pelo Judiciário da compatibilidade de seus atos com a lei e com seus estatutos.

144. Art. 44: A relação das pessoas jurídicas de Direito Privado, constante do art. 44, I a V, do Código Civil, não é exaustiva.

145. Art. 47: O art. 47 não afasta a aplicação da teoria da aparência.

146. Art. 50: Nas relações civis, interpretam-se restritivamente os parâmetros de desconsideração da personalidade jurídica previstos no art. 50 (desvio de finalidade social ou confusão patrimonial).

147. Art. 66: A expressão "por mais de um Estado", contida no § 2º do art. 66, não exclui o Distrito Federal e os Territórios. A atribuição de velar pelas fundações, prevista no art. 66 e seus parágrafos, ao MP local, isto é, dos Estados, Distrito Federal e Territórios onde situadas, não exclui a necessidade de fiscalização de tais pessoas jurídicas pelo MPF, quando se tratar de fundações instituídas ou mantidas pela União, autarquia ou empresa pública federal, ou que destas recebam verbas, nos termos da Constituição, da LC nº 75/1993 e da Lei de Improbidade.

148. Art. 156: Ao "estado de perigo" (art. 156) aplica-se, por analogia, o disposto no § 2º do art. 157.

149. Art. 157: Em atenção ao princípio da conservação dos contratos, a verificação da lesão deverá conduzir, sempre que possível, à revisão judicial do negócio jurídico e não à sua anulação, sendo dever do magistrado incitar os contratantes a seguir as regras do art. 157, § 2º, do Código Civil de 2002.

150. Art. 157: A lesão de que trata o art. 157 do Código Civil não exige dolo de aproveitamento.

151. Art. 158: O ajuizamento da ação pauliana pelo credor com garantia real (art. 158, § 1º) prescinde de prévio reconhecimento judicial da insuficiência da garantia.

152. Art. 167: Toda simulação, inclusive a inocente, é invalidante.

153. Art. 167: Na simulação relativa, o negócio simulado (aparente) é nulo, mas o dissimulado será válido se não ofender a lei nem causar prejuízos a terceiros.

154. Art. 194: O juiz deve suprir de ofício a alegação de prescrição em favor do absolutamente incapaz.

► O art. 194 do CC foi revogado pela Lei nº 11.280/2006.

155. Art. 194: O art. 194 do Código Civil de 2002, ao permitir a declaração *ex officio* da prescrição de direitos patrimoniais em favor do absolutamente incapaz, derrogou o disposto no § 5º do art. 219 do CPC/1973.

► O art. 194 do CC foi revogado pela Lei nº 11.280/2006.

156. Art. 198: Desde o termo inicial do desaparecimento, declarado em sentença, não corre a prescrição contra o ausente.

157. Art. 212: O termo "confissão" deve abarcar o conceito lato de depoimento pessoal, tendo em vista que este consiste em meio de prova de maior abrangência, plenamente admissível no ordenamento jurídico brasileiro.

158. Art. 215: A amplitude da noção de "prova plena" (isto é, "completa") importa presunção relativa acerca dos elementos indicados nos incisos do § 1º, devendo ser conjugada com o disposto no parágrafo único do art. 219.

2. DIREITO DAS OBRIGAÇÕES E RESPONSABILIDADE CIVIL

159. Art. 186: O dano moral, assim compreendido todo o dano extrapatrimonial, não se caracteriza quando há mero aborrecimento inerente a prejuízo material.

160. Art. 243: A obrigação de creditar dinheiro em conta vinculada de FGTS é obrigação de dar, obrigação pecuniária, não afetando a natureza da obrigação a circunstância de a disponibilidade do dinheiro depender da ocorrência de uma das hipóteses previstas no art. 20 da Lei nº 8.036/1990.

161. Arts. 389 e 404: Os honorários advocatícios previstos nos arts. 389 e 404 do Código Civil apenas têm cabimento quando ocorre a efetiva atuação profissional do advogado.

162. Art. 395: A inutilidade da prestação que autoriza a recusa da prestação por parte do credor deverá ser aferida objetivamente, consoante o princípio da boa-fé e a manutenção do sinalagma, e não de acordo com o mero interesse subjetivo do credor.

163. Art. 405: A regra do art. 405 do novo Código Civil aplica-se somente à responsabilidade contratual, e não aos juros moratórios na responsabilidade extracontratual, em face do disposto no art. 398 do novo Código Civil, não afastando, pois, o disposto na Súmula 54 do STJ.

164. Arts. 406, 2.044 e 2.045: Tendo início a mora do devedor ainda na vigência do Código Civil de 1916, são devidos juros de mora de 6% ao ano, até 10 de janeiro de 2003; a partir de 11 de janeiro de 2003 (data de entrada em vigor do novo Código Civil), passa a incidir o art. 406 do Código Civil de 2002.

165. Art. 413: Em caso de penalidade, aplica-se a regra do art. 413 ao sinal, sejam as arras confirmatórias ou penitenciais.

166. Arts. 421 e 422 ou 113: A frustração do fim do contrato, como hipótese que não se confunde com a impossibilidade da prestação ou com a excessiva onerosidade, tem guarida no Direito brasileiro pela aplicação do art. 421 do Código Civil.

167. Arts. 421 a 424: Com o advento do Código Civil de 2002, houve forte aproximação principiológica entre esse Código e o Código de Defesa do Consumidor, no que respeita à regulação contratual, uma vez que ambos são incorporadores de uma nova teoria geral dos contratos.

168. Art. 422: O princípio da boa-fé objetiva importa no reconhecimento de um direito a cumprir em favor do titular passivo da obrigação.

169. Art. 422: O princípio da boa-fé objetiva deve levar o credor a evitar o agravamento do próprio prejuízo.

170. Art. 422: A boa-fé objetiva deve ser observada pelas partes na fase de negociações preliminares e após a execução do contrato, quando tal exigência decorrer da natureza do contrato.

171. Art. 423: O contrato de adesão, mencionado nos arts. 423 e 424 do novo Código Civil, não se confunde com o contrato de consumo.

172. Art. 424: As cláusulas abusivas não ocorrem exclusivamente nas relações jurídicas de consumo. Dessa forma, é possível a identificação de cláusulas abusivas em contratos civis comuns, como, por exemplo, aquela estampada no art. 424 do Código Civil de 2002.

173. Art. 434: A formação dos contratos realizados entre pessoas ausentes, por meio eletrônico, completa-se com a recepção da aceitação pelo proponente.

174. Art. 445: Tratando-se de vício oculto, o adquirente tem os prazos do *caput* do art. 445 para obter redibição ou abatimento de preço, desde que os vícios se revelem nos prazos estabelecidos no § 1º, fluindo, entretanto, a partir do conhecimento do defeito.

175. Art. 478: A menção à imprevisibilidade e à extraordinariedade, insertas no art. 478 do CC, deve ser interpretada não somente em relação ao fato que gere o desequilíbrio, mas também em relação às consequências que ele produz.

176. Art. 478: Em atenção ao princípio da conservação dos negócios jurídicos, o art. 478 do Código Civil de 2002 deverá conduzir, sempre que possível, à revisão judicial dos contratos e não à resolução contratual.

177. Art. 496: Por erro de tramitação, que retirou a segunda hipótese de anulação de venda entre parentes (venda de descendente para ascendente), deve ser desconsiderada a expressão "em ambos os casos", no parágrafo único do art. 496.

178. Art. 528: Na interpretação do art. 528, devem ser levadas em conta, após a expressão "a benefício de", as palavras "seu crédito, excluída a concorrência de", que foram omitidas por manifesto erro material.

179. *Revogado.* Enunciado nº 357 da IV Jornada.

180. Arts. 575 e 582: A regra do parágrafo único do art. 575 do novo Código Civil, que autoriza a limitação pelo juiz do aluguel-pena arbitrado pelo locador, aplica-se também ao aluguel arbitrado pelo comodante, autorizado pelo art. 582, 2ª parte, do novo Código Civil.

181. Art. 618: O prazo referido no art. 618, parágrafo único, do Código Civil refere-se unicamente à garantia prevista no *caput*, sem prejuízo de poder o dono da obra, com base no mau cumprimento do contrato de empreitada, demandar perdas e danos.

182. Art. 655: O mandato outorgado por instrumento público previsto no art. 655 do Código Civil somente admite substabelecimento por instrumento particular quando a forma pública for facultativa e não integrar a substância do ato.

183. Arts. 660 e 661: Para os casos em que o § 1º do art. 661 exige poderes especiais, a procuração deve conter a identificação do objeto.

184. Arts. 664 e 681: Da interpretação conjunta desses dispositivos, extrai-se que o mandatário tem o direito de reter, do objeto da operação que lhe foi cometida, tudo o que lhe for devido em virtude do mandato, incluindo-se a remuneração ajustada e o reembolso de despesas.

185. Art. 757: A disciplina dos seguros do Código Civil e as normas da previdência privada que impõem a contratação exclusivamente por meio de entidades legalmente autorizadas não impedem a formação de grupos restritos de ajuda mútua, caracterizados pela autogestão.

186. Art. 790: O companheiro deve ser considerado implicitamente incluído no rol das pessoas tratadas no art. 790, parágrafo único, por possuir interesse legítimo no seguro da pessoa do outro companheiro.

187. Art. 798: No contrato de seguro de vida, presume-se, de forma relativa, ser premeditado o suicídio cometido nos dois primeiros anos de vigência da cobertura, ressalvado ao beneficiário o ônus de demonstrar a ocorrência do chamado "suicídio involuntário".

188. Art. 884: A existência de negócio jurídico válido e eficaz é, em regra, uma justa causa para o enriquecimento.

189. Art. 927: Na responsabilidade civil por dano moral causado à pessoa jurídica, o fato lesivo, como dano eventual, deve ser devidamente demonstrado.

190. Art. 931: A regra do art. 931 do novo Código Civil não afasta as normas acerca da responsabilidade pelo fato do produto previstas no art. 12 do Código de Defesa do Consumidor, que continuam mais favoráveis ao consumidor lesado.

191. Art. 932: A instituição hospitalar privada responde, na forma do art. 932, III, do Código Civil, pelos atos culposos praticados por médicos integrantes de seu corpo clínico.

192. Arts. 949 e 950: Os danos oriundos das situações previstas nos arts. 949 e 950 do Código Civil de 2002 devem ser analisados em conjunto, para o efeito de atribuir indenização por perdas e danos materiais, cumulada com dano moral e estético.

3. DIREITO DE EMPRESA

193. Art. 966: O exercício das atividades de natureza exclusivamente intelectual está excluído do conceito de empresa.

194. Art. 966: Os profissionais liberais não são considerados empresários, salvo se a organização dos fatores da produção for mais importante que a atividade pessoal desenvolvida.

195. Art. 966: A expressão "elemento de empresa" demanda interpretação econômica, devendo ser analisada sob a égide da absorção da atividade intelectual, de natureza científica, literária ou artística, como um dos fatores da organização empresarial.

196. Arts. 966 e 982: A sociedade de natureza simples não tem seu objeto restrito às atividades intelectuais.

197. Arts. 966, 967 e 972: A pessoa natural, maior de 16 e menor de 18 anos, é reputada empresário regular se satisfizer os requisitos dos arts. 966 e 967; todavia, não tem direito a concordata preventiva, por não exercer regularmente a atividade por mais de dois anos.

198. Art. 967: A inscrição do empresário na Junta Comercial não é requisito para a sua caracterização, admitindo-se o exercício da empresa sem tal providência. O empresário irregular reúne os requisitos do art. 966, sujeitando-se às normas do Código Civil e da legislação comercial, salvo naquilo em que forem incompatíveis com a sua condição ou diante de expressa disposição em contrário.

199. Art. 967: A inscrição do empresário ou sociedade empresária é requisito delineador de sua regularidade, e não da sua caracterização.

200. Art. 970: É possível a qualquer empresário individual, em situação regular, solicitar seu enquadramento como microempresário ou empresário de pequeno porte, observadas as exigências e restrições legais.

201. Arts. 971 e 984: O empresário rural e a sociedade empresária rural, inscritos no registro público de empresas mercantis, estão sujeitos à falência e podem requerer concordata.

202. Arts. 971 e 984: O registro do empresário ou sociedade rural na Junta Comercial é facultativo e de natureza constitutiva, sujeitando-o ao regime jurídico empresarial. É inaplicável esse regime ao empresário ou sociedade rural que não exercer tal opção.

203. Art. 974: O exercício da empresa por empresário incapaz, representado ou assistido somente é possível nos casos de incapacidade superveniente ou incapacidade do sucessor na sucessão por morte.

204. Art. 977: A proibição de sociedade entre pessoas casadas sob o regime da comunhão universal ou da separação obrigatória só atinge as sociedades constituídas após a vigência do Código Civil de 2002.

205. Art. 977: Adotar as seguintes interpretações ao art. 977: 1. a vedação à participação de cônjuges casados nas condições previstas no artigo refere-se unicamente a uma mesma sociedade; 2. o artigo abrange tanto a participação originária (na constituição da sociedade) quanto a derivada, isto é, fica vedado o ingresso de sócio casado em sociedade de que já participa o outro cônjuge.

206. Arts. 981, 983, 997, 1.006, 1.007 e 1.094: A contribuição do sócio exclusivamente em prestação de serviços é permitida nas sociedades cooperativas (art. 1.094, I) e nas sociedades simples propriamente ditas (art. 983, 2ª parte).

207. Art. 982: A natureza de sociedade simples da cooperativa, por força legal, não a impede de ser sócia de qualquer tipo societário, tampouco de praticar ato de empresa.

208. Arts. 983, 986 e 991: As normas do Código Civil para as sociedades em comum e em conta de participação são aplicáveis independentemente de a atividade dos sócios, ou do sócio ostensivo, ser ou não própria de empresário sujeito a registro (distinção feita pelo art. 982 do CC entre sociedade simples e empresária).

209. Arts. 985, 986 e 1.150: O art. 986 deve ser interpretado em sintonia com os arts. 985 e 1.150, de modo a ser considerada em comum a sociedade que não tenha seu ato constitutivo inscrito no registro próprio ou em desacordo com as normas legais previstas para esse registro (art. 1.150), ressalvadas as hipóteses de registros efetuados de boa-fé.

210. Art. 988: O patrimônio especial a que se refere o art. 988 é aquele afetado ao exercício da atividade, garantidor de terceiro, e de titularidade dos sócios em comum, em face da ausência de personalidade jurídica.

211. Art. 989: Presume-se disjuntiva a administração dos sócios a que se refere o art. 989.

212. Art. 990: Embora a sociedade em comum não tenha personalidade jurídica, o sócio que tem seus bens constritos por dívida contraída em favor da sociedade, e não participou do ato por meio do qual foi contraída a obrigação, tem o direito de indicar bens afetados às atividades empresariais para substituir a constrição.

213. Art. 997: O art. 997, II, não exclui a possibilidade de sociedade simples utilizar firma ou razão social.

214. Arts. 997 e 1.054: As indicações contidas no art. 997 não são exaustivas, aplicando-se outras exigências contidas na legislação pertinente para fins de registro.

215. Art. 998: A sede a que se refere o *caput* do art. 998 poderá ser a da administração ou a do estabelecimento onde se realizam as atividades sociais.

216. Arts. 999, 1.004 e 1.030: O *quorum* de deliberação previsto nos arts. 1.004, parágrafo único, e 1.030 é de maioria absoluta do capital representado pelas quotas dos demais sócios, consoante a regra geral fixada no art. 999 para as deliberações na sociedade simples. Esse entendimento aplica-se ao art. 1.058 em caso de exclusão de sócio remisso ou redução do valor de sua quota ao montante já integralizado.

217. Arts. 1.010 e 1.053: Com a regência supletiva da sociedade limitada, pela lei das sociedades por ações, ao sócio que participar de deliberação na qual tenha interesse contrário ao da sociedade aplicar-se-á o disposto no art. 115, § 3º, da Lei nº 6.404/1976. Nos demais casos, aplica-se o disposto no art. 1.010, § 3º, se o voto proferido foi decisivo para a aprovação da deliberação, ou o art. 187 (abuso do direito), se o voto não tiver prevalecido.

218. Art. 1.011: Não são necessárias certidões de nenhuma espécie para comprovar os requisitos do art. 1.011

no ato de registro da sociedade, bastando declaração de desimpedimento.

219. Art. 1.015: Está positivada a teoria *ultra vires* no Direito brasileiro, com as seguintes ressalvas: a) o ato *ultra vires* não produz efeito apenas em relação à sociedade; b) sem embargo, a sociedade poderá, por meio de seu órgão deliberativo, ratificá-lo; c) o Código Civil amenizou o rigor da teoria *ultra vires*, admitindo os poderes implícitos dos administradores para realizar negócios acessórios ou conexos ao objeto social, os quais não constituem operações evidentemente estranhas aos negócios da sociedade; d) não se aplica o art. 1.015 às sociedades por ações, em virtude da existência de regra especial de responsabilidade dos administradores (art. 158, II, da Lei nº 6.404/1976).

220. Art. 1.016: É obrigatória a aplicação do art. 1.016 do Código Civil de 2002, que regula a responsabilidade dos administradores, a todas as sociedades limitadas, mesmo àquelas cujo contrato social preveja a aplicação supletiva das normas das sociedades anônimas.

221. Art. 1.028: Diante da possibilidade de o contrato social permitir o ingresso na sociedade do sucessor de sócio falecido, ou de os sócios acordarem com os herdeiros a substituição de sócio falecido, sem liquidação da quota em ambos os casos, é lícita a participação de menor em sociedade limitada, estando o capital integralizado, em virtude da inexistência de vedação no Código Civil.

222. Art. 1.053: O art. 997, V, não se aplica a sociedade limitada na hipótese de regência supletiva pelas regras das sociedades simples.

223. Art. 1.053: O parágrafo único do art. 1.053 não significa a aplicação em bloco da Lei nº 6.404/1976 ou das disposições sobre a sociedade simples. O contrato social pode adotar, nas omissões do Código sobre as sociedades limitadas, tanto as regras das sociedades simples quanto as das sociedades anônimas.

224. Art. 1.055: A solidariedade entre os sócios da sociedade limitada pela exata estimação dos bens conferidos ao capital social abrange os casos de constituição e aumento do capital e cessa após cinco anos da data do respectivo registro.

225. Art. 1.057: Sociedade limitada. Instrumento de cessão de quotas. Na omissão do contrato social, a cessão de quotas sociais de uma sociedade limitada pode ser feita por instrumento próprio, averbado junto ao registro da sociedade, independentemente de alteração contratual, nos termos do art. 1.057 e parágrafo único, do Código Civil.

226. Art. 1.074: A exigência da presença de três quartos do capital social, como *quorum* mínimo de instalação em primeira convocação, pode ser alterada pelo contrato de sociedade limitada com até dez sócios, quando as deliberações sociais obedecerem à forma de reunião, sem prejuízo da observância das regras do art. 1.076 referentes ao *quorum* de deliberação.

227. Art. 1.076 c/c art. 1.071: O *quorum* mínimo para a deliberação da cisão da sociedade limitada é de três quartos do capital social.

228. Art. 1.078: As sociedades limitadas estão dispensadas da publicação das demonstrações financeiras a que se refere o § 3º do art. 1.078. Naquelas de até dez sócios, a deliberação de que trata o art. 1.078 pode dar-se na forma dos §§ 2º e 3º do art. 1.072, e a qualquer tempo, desde que haja previsão contratual nesse sentido.

229. Art. 1.080: A responsabilidade ilimitada dos sócios pelas deliberações infringentes da lei ou do contrato torna desnecessária a desconsideração da personalidade jurídica, por não constituir a autonomia patrimonial da pessoa jurídica escudo para a responsabilização pessoal e direta.

230. Art. 1.089: A fusão e a incorporação de sociedade anônima continuam reguladas pelas normas previstas na Lei nº 6.404/1976, não revogadas pelo Código Civil (art. 1.089), quanto a esse tipo societário.

231. Arts. 1.116 a 1.122: A cisão de sociedades continua disciplinada na Lei nº 6.404/1976, aplicável a todos os tipos societários, inclusive no que se refere aos direitos dos credores. Interpretação dos arts. 1.116 a 1.122 do Código Civil.

232. Arts. 1.116, 1.117 e 1.120: Nas fusões e incorporações entre sociedades reguladas pelo Código Civil, é facultativa a elaboração de protocolo firmado pelos sócios ou administradores das sociedades; havendo sociedade anônima ou comandita por ações envolvida na operação, a obrigatoriedade do protocolo e da justificação somente a ela se aplica.

233. Art. 1.142: A sistemática do contrato de trespasse delineada pelo Código Civil nos arts. 1.142 e ss., especialmente seus efeitos obrigacionais, aplica-se somente quando o conjunto de bens transferidos importar a transmissão da funcionalidade do estabelecimento empresarial.

234. Art. 1.148: Quando do trespasse do estabelecimento empresarial, o contrato de locação do respectivo ponto não se transmite automaticamente ao adquirente. Fica cancelado o Enunciado nº 64.

235. Art. 1.179: O pequeno empresário, dispensado da escrituração, é aquele previsto na Lei nº 9.841/1999. Fica cancelado o Enunciado nº 56.

4. DIREITO DAS COISAS

236. Arts. 1.196, 1.205 e 1.212: Considera-se possuidor, para todos os efeitos legais, também a coletividade desprovida de personalidade jurídica.

237. Art. 1.203: É cabível a modificação do título da posse. *interversio possessionis*, na hipótese em que o até então possuidor direto demonstrar ato exterior e inequívoco de oposição ao antigo possuidor indireto, tendo por efeito a caracterização do *animus domini*.

238. Art. 1.210: Ainda que a ação possessória seja intentada além de “ano e dia” da turbação ou esbulho, e, em razão disso, tenha seu trâmite regido pelo procedimento ordinário (CPC, art. 924), nada impede que o juiz conceda a tutela possessória liminarmente, mediante antecipação de tutela, desde que presentes os requisitos autorizadores do art. 273, I ou II, bem como aqueles previstos no art. 461-A e parágrafos, todos do CPC/1973.

239. Art. 1.210: Na falta de demonstração inequívoca de posse que atenda à função social, deve-se utilizar a noção de “melhor posse”, com base nos critérios previstos no parágrafo único do art. 507 do Código Civil/1916.

240. Art. 1.228: A justa indenização a que alude o § 5º do art. 1.228 não tem como critério valorativo, necessariamente, a avaliação técnica lastreada no mercado imobiliário, sendo indevidos os juros compensatórios.

241. Art. 1.228: O registro da sentença em ação reivindicatória, que opera a transferência da propriedade para o nome dos possuidores, com fundamento no interesse social (art. 1.228, § 5º), é condicionado ao pagamento da respectiva indenização, cujo prazo será fixado pelo juiz.

242. Art. 1.276: A aplicação do art. 1.276 depende do devido processo legal, em que seja assegurado ao interessado demonstrar a não cessação da posse.

243. Art. 1.276: A presunção de que trata o § 2º do art. 1.276 não pode ser interpretada de modo a contrariar a norma-princípio do art. 150, IV, da Constituição da República.

244. Art. 1.291: O art. 1.291 deve ser interpretado conforme a Constituição, não sendo facultada a poluição das águas, quer sejam essenciais ou não às primeiras necessidades da vida.

245. Art. 1.293: Muito embora omisso acerca da possibilidade de canalização forçada de águas por prédios alheios, para fins da agricultura ou indústria, o art. 1.293 não exclui a possibilidade da canalização forçada pelo vizinho, com prévia indenização aos proprietários prejudicados.

246. Art. 1.331: Fica alterado o Enunciado nº 90, com supressão da parte final: "Nas relações jurídicas inerentes às atividades de seu peculiar interesse". Prevalece o texto: "Deve ser reconhecida personalidade jurídica ao condomínio edilício".

247. Art. 1.331: No condomínio edilício é possível a utilização exclusiva de área "comum" que, pelas próprias características da edificação, não se preste ao "uso comum" dos demais condôminos.

248. Art. 1.334, V: O *quorum* para alteração do regimento interno do condomínio edilício pode ser livremente fixado na convenção.

249. Art. 1.369: A propriedade superficiária pode ser autonomamente objeto de direitos reais de gozo e de garantia, cujo prazo não exceda a duração da concessão da superfície, não se lhe aplicando o art. 1.474.

250. Art. 1.369: Admite-se a constituição do direito de superfície por cisão.

251. Art. 1.379: O prazo máximo para o usucapião extraordinário de servidões deve ser de 15 anos, em conformidade com o sistema geral de usucapião previsto no Código Civil.

252. Art. 1.410: A extinção do usufruto pelo não uso, de que trata o art. 1.410, VIII, independe do prazo previsto no art. 1.389, III, operando-se imediatamente. Tem-se por desatendida, nesse caso, a função social do instituto.

253. Art. 1.417: O promitente comprador, titular de direito real (art. 1.417), tem a faculdade de reivindicar de terceiro o imóvel prometido à venda.

5. DIREITO DE FAMÍLIA E SUCESSÕES

254. Art. 1.573: Formulado o pedido de separação judicial com fundamento na culpa (art. 1.572 e/ou art. 1.573 e incisos), o juiz poderá decretar a separação do casal diante da constatação da insubsistência da comunhão plena de vida (art. 1.511), que caracteriza hipótese de "outros fatos que tornem evidente a impossibilidade da vida em comum", sem atribuir culpa a nenhum dos cônjuges.

255. Art. 1.575: Não é obrigatória a partilha de bens na separação judicial.

256. Art. 1.593: A posse do estado de filho (parentalidade socioafetiva) constitui modalidade de parentesco civil.

257. Art. 1.597: As expressões "fecundação artificial", "concepção artificial" e "inseminação artificial", constantes, respectivamente, dos incisos III, IV e V do art. 1.597 do CC, devem ser interpretadas restritivamente, não abrangendo a utilização de óvulos doados e a gestação de substituição.

258. Arts. 1.597 e 1.601: Não cabe a ação prevista no art. 1.601 do CC se a filiação tiver origem em procriação assistida heteróloga, autorizada pelo marido nos termos do inc. V do art. 1.597, cuja paternidade configura presunção absoluta.

259. Art. 1.621: A revogação do consentimento não impede, por si só, a adoção, observado o melhor interesse do adotando.

► O art. 1.621 do CC foi revogado pela Lei nº 12.010/2009.

260. Arts. 1.639, § 2º, e 2.039: A alteração do regime de bens prevista no § 2º do art. 1.639 do Código Civil também é permitida nos casamentos realizados na vigência da legislação anterior.

261. Art. 1.641: A obrigatoriedade do regime da separação de bens não se aplica a pessoa maior de 60 anos, quando o casamento for precedido de união estável iniciada antes dessa idade.

262. Arts. 1.641 e 1.639: A obrigatoriedade da separação de bens, nas hipóteses previstas nos incisos I e III do art. 1.641 do Código Civil, não impede a alteração do regime, desde que superada a causa que o impôs.

263. Art. 1.707: O art. 1.707 do Código Civil não impede seja reconhecida válida e eficaz a renúncia manifestada por ocasião do divórcio (direto ou indireto) ou da dissolução da "união estável". A irrenunciabilidade do direito a alimentos somente é admitida enquanto subsista vínculo de Direito de Família.

264. Art. 1.708: Na interpretação do que seja procedimento indigno do credor, apto a fazer cessar o direito a alimentos, aplicam-se, por analogia, as hipóteses dos incisos I e II do art. 1.814 do Código Civil.

265. Art. 1.708: Na hipótese de concubinato, haverá necessidade de demonstração da assistência material prestada pelo concubino a quem o credor de alimentos se uniu.

266. Art. 1.790: Aplica-se o inc. I do art. 1.790 também na hipótese de concorrência do companheiro sobrevivente com outros descendentes comuns, e não apenas na concorrência com filhos comuns.

267. Art. 1.798: A regra do art. 1.798 do Código Civil deve ser estendida aos embriões formados mediante o uso de técnicas de reprodução assistida, abrangendo, assim, a vocação hereditária da pessoa humana a nascer cujos efeitos patrimoniais se submetem às regras previstas para a petição da herança.

268. Art. 1.799: Nos termos do inc. I do art. 1.799, pode o testador beneficiar filhos de determinada origem, não devendo ser interpretada extensivamente a cláusula testamentária respectiva.

269. Art. 1.801: A vedação do art. 1.801, III, do Código Civil não se aplica à união estável, independentemente do período de separação de fato (art. 1.723, § 1º).

270. Art. 1.829: O art. 1.829, I, só assegura ao cônjuge sobrevivente o direito de concorrência com os descendentes do autor da herança quando casados no regime da separação convencional de bens ou, se casados nos regimes da comunhão parcial ou participação final nos aquestos, o falecido possuísse bens particulares, hipóteses em que a concorrência se restringe a tais bens, devendo os bens comuns (meação) ser partilhados exclusivamente entre os descendentes.

271. Art. 1.831: O cônjuge pode renunciar ao direito real de habitação, nos autos do inventário ou por escritura pública, sem prejuízo de sua participação na herança.

IV JORNADA DE DIREITO CIVIL

(Realizada em 25 e 27-10-2006)

1. PARTE GERAL

272. Art. 10: Não é admitida em nosso ordenamento jurídico a adoção por ato extrajudicial, sendo indispensável a atuação jurisdicional, inclusive para a adoção de maiores de 18 anos.

273. Art. 10: Tanto na adoção bilateral quanto na unilateral, quando não se preserva o vínculo com qualquer dos genitores originários, deverá ser averbado o cancelamento do registro originário de nascimento do adotado, lavrando-se novo registro. Sendo unilateral a adoção, e sempre que se preserve o vínculo originário com um dos genitores, deverá ser averbada a substituição do nome do pai ou mãe naturais pelo nome do pai ou mãe adotivos.

274. Art. 11: Os direitos da personalidade, regulados de maneira não exaustiva pelo Código Civil, são expressões da cláusula geral de tutela da pessoa humana, contida no art. 1º, III, da Constituição (princípio da dignidade da pessoa humana). Em caso de colisão entre eles, como nenhum pode sobrelevar os demais, deve-se aplicar a técnica da ponderação.

275. Arts. 12 e 20: O rol dos legitimados de que tratam os arts. 12, parágrafo único, e 20, parágrafo único, do Código Civil também compreende o companheiro.

276. Art. 13: O art. 13 do Código Civil, ao permitir a disposição do próprio corpo por exigência médica, autoriza as cirurgias de transgenitalização, em conformidade com os procedimentos estabelecidos pelo Conselho Federal de Medicina, e a consequente alteração do prenome e do sexo no Registro Civil.

277. Art. 14: O art. 14 do Código Civil, ao afirmar a validade da disposição gratuita do próprio corpo, com objetivo científico ou altruístico, para depois da morte, determinou que a manifestação expressa do doador de órgãos em vida prevalece sobre a vontade dos familiares, portanto, a aplicação do art. 4º da Lei nº 9.434/1997 ficou restrita à hipótese de silêncio do potencial doador.

278. Art. 18: A publicidade que divulgar, sem autorização, qualidade inerente a determinada pessoa, ainda que sem mencionar seu nome, mas sendo capaz de identificá-la, constitui violação a direito da personalidade.

279. Art. 20: A proteção à imagem deve ser ponderada com outros interesses constitucionalmente tutelados, especialmente em face do direito de amplo acesso à informação e da liberdade de imprensa. Em caso de colisão, levar-se-á em conta a notoriedade do retratado e dos fatos abordados, bem como a veracidade destes e, ainda, as características de sua utilização (comercial, informativa, biográfica), privilegiando-se medidas que não restrinjam a divulgação de informações.

280. Arts. 44, 57 e 60: Por força do art. 44, § 2º, consideram-se aplicáveis às sociedades reguladas pelo Livro II da Parte Especial, exceto às limitadas, os arts. 57 e 60, nos seguintes termos: a) havendo previsão contratual, é possível aos sócios deliberar a exclusão de sócio por justa causa, pela via extrajudicial, cabendo ao contrato disciplinar o procedimento de exclusão, assegurado o direito de defesa, por aplicação analógica do art. 1.085; b) as deliberações sociais poderão ser convocadas por iniciativa de sócios que representem 1/5 (um quinto) do capital social, na omissão do contrato. A mesma regra aplica-se na hipótese de criação, pelo contrato, de outros órgãos de deliberação colegiada.

281. Art. 50: A aplicação da teoria da desconsideração, descrita no art. 50 do Código Civil, prescinde da demonstração de insolvência da pessoa jurídica.

282. Art. 50: O encerramento irregular das atividades da pessoa jurídica, por si só, não basta para caracterizar abuso da personalidade jurídica.

283. Art. 50: É cabível a desconsideração da personalidade jurídica denominada "inversa" para alcançar bens de sócio que se valeu da pessoa jurídica para ocultar ou desviar bens pessoais, com prejuízo a terceiros.

284. Art. 50: As pessoas jurídicas de direito privado sem fins lucrativos ou de fins não econômicos estão abrangidas no conceito de abuso da personalidade jurídica.

285. Art. 50: A teoria da desconsideração, prevista no art. 50 do Código Civil, pode ser invocada pela pessoa jurídica, em seu favor.

286. Art. 52: Os direitos da personalidade são direitos inerentes e essenciais à pessoa humana, decorrentes de sua dignidade, não sendo as pessoas jurídicas titulares de tais direitos.

287. Art. 98: O critério da classificação de bens indicado no art. 98 do Código Civil não exaure a enumeração dos bens públicos, podendo ainda ser classificado como tal o bem pertencente a pessoa jurídica de direito privado que esteja afetado à prestação de serviços públicos.

288. Arts. 90 e 91: A pertinência subjetiva não constitui requisito imprescindível para a configuração das universalidades de fato e de direito.

289. Art. 108: O valor de 30 salários mínimos constante no art. 108 do Código Civil brasileiro, em referência à forma pública ou particular dos negócios jurídicos que envolvam bens imóveis, é o atribuído pelas partes contratantes, e não qualquer outro valor arbitrado pela Administração Pública com finalidade tributária.

290. Art. 157: A lesão acarretará a anulação do negócio jurídico quando verificada, na formação deste, a desproporção manifesta entre as prestações assumidas pelas partes, não se presumindo a premente necessidade ou a inexperiência do lesado.

291. Art. 157: Nas hipóteses de lesão previstas no art. 157 do Código Civil, pode o lesionado optar por não pleitear a anulação do negócio jurídico, deduzindo, desde logo, pretensão com vista à revisão judicial do negócio por meio da redução do proveito do lesionador ou do complemento do preço.

292. Art. 158: Para os efeitos do art. 158, § 2º, a anterioridade do crédito é determinada pela causa que lhe dá origem, independentemente de seu reconhecimento por decisão judicial.

293. Art. 167: Na simulação relativa, o aproveitamento do negócio jurídico dissimulado não decorre tão somente do afastamento do negócio jurídico simulado, mas do necessário preenchimento de todos os requisitos substanciais e formais de validade daquele.

294. Arts. 167 e 168: Sendo a simulação uma causa de nulidade do negócio jurídico, pode ser alegada por uma das partes contra a outra.

295. Art. 191: A revogação do art. 194 do Código Civil pela Lei nº 11.280/2006, que determina ao juiz o reconhecimento de ofício da prescrição, não retira do devedor a possibilidade de renúncia admitida no art. 191 do texto codificado.

296. Art. 197: Não corre a prescrição entre os companheiros, na constância da união estável.

297. Art. 212: O documento eletrônico tem valor probante, desde que seja apto a conservar a integridade de seu conteúdo e idôneo a apontar sua autoria, independentemente da tecnologia empregada.

298. Arts. 212 e 225: Os arquivos eletrônicos incluem-se no conceito de "reproduções eletrônicas de fatos ou de coisas" do art. 225 do Código Civil, aos quais deve ser aplicado o regime jurídico da prova documental.

299. Art. 2.028: Iniciada a contagem de determinado prazo sob a égide do Código Civil de 1916, e vindo a lei nova a reduzi-lo, prevalecerá o prazo antigo, desde que transcorrido mais de metade deste na data da entrada em vigor do novo

Código. O novo prazo será contado a partir de 11 de janeiro de 2003, desprezando-se o tempo anteriormente decorrido, salvo quando o não aproveitamento do prazo já vencido implicar aumento do prazo prescricional previsto na lei revogada, hipótese em que deve ser aproveitado o prazo já transcorrido durante o domínio da lei antiga, estabelecendo-se uma continuidade temporal.

300. Art. 2.035: A lei aplicável aos efeitos atuais dos contratos celebrados antes do novo Código Civil será a vigente na época da celebração; todavia, havendo alteração legislativa que evidencie anacronismo da lei revogada, o juiz equilibrará as obrigações das partes contratantes, ponderando os interesses traduzidos pelas regras revogada e revogadora, bem como a natureza e a finalidade do negócio.

2. DIREITO DAS COISAS

301. Art. 1.198 c/c o art. 1.204: É possível a conversão da detenção em posse, desde que rompida a subordinação, na hipótese de exercício em nome próprio dos atos possessórios.

302. Arts. 1.200 e 1.214: Pode ser considerado justo título para a posse de boa-fé o ato jurídico capaz de transmitir a posse *ad usucapionem*, observado o disposto no art. 113 do Código Civil.

303. Art. 1.201: Considera-se justo título, para a presunção relativa da boa-fé do possuidor, o justo motivo que lhe autoriza a aquisição derivada da posse, esteja ou não materializado em instrumento público ou particular. Compreensão na perspectiva da função social da posse.

304. Art. 1.228: São aplicáveis as disposições dos §§ 4º e 5º do art. 1.228 do Código Civil às ações reivindicatórias relativas a bens públicos dominicais, mantido, parcialmente, o Enunciado nº 83 da I Jornada de Direito Civil, no que concerne às demais classificações dos bens públicos.

305. Art. 1.228: Tendo em vista as disposições dos §§ 3º e 4º do art. 1.228 do Código Civil, o Ministério Público tem o poder-dever de atuar nas hipóteses de desapropriação, inclusive a indireta, que encerrem relevante interesse público, determinado pela natureza dos bens jurídicos envolvidos.

306. Art. 1.228: A situação descrita no § 4º do art. 1.228 do Código Civil enseja a improcedência do pedido reivindicatório.

307. Art. 1.228: Na desapropriação judicial (art. 1.228, § 4º), poderá o juiz determinar a intervenção dos órgãos públicos competentes para o licenciamento ambiental e urbanístico.

308. Art. 1.228: A justa indenização devida ao proprietário em caso de desapropriação judicial (art. 1.228, § 5º) somente deverá ser suportada pela Administração Pública no contexto das políticas públicas de reforma urbana ou agrária, tratando-se de possuidores de baixa renda e desde que tenha havido intervenção daquela nos termos da lei processual. Não sendo os possuidores de baixa renda, aplica-se a orientação do Enunciado nº 84 da I Jornada de Direito Civil.

309. Art. 1.228: O conceito de posse de boa-fé de que trata o art. 1.201 do Código Civil não se aplica ao instituto previsto no § 4º do art. 1.228.

310. Art. 1.228: Interpreta-se extensivamente a expressão "imóvel reivindicado" (art. 1.228, § 4º), abrangendo pretensões tanto no juízo petitório quanto no possessório.

311. Caso não seja pago o preço fixado para a desapropriação judicial, e ultrapassado o prazo prescricional para se exigir o crédito correspondente, estará autorizada a expedição de mandado para registro da propriedade em favor dos possuidores.

312. Art. 1.239: Observado o teto constitucional, a fixação da área máxima para fins de usucapião especial rural levará em consideração o módulo rural e a atividade agrária regionalizada.

313. Arts. 1.239 e 1.240: Quando a posse ocorre sobre área superior aos limites legais, não é possível a aquisição pela via da usucapião especial, ainda que o pedido restrinja a dimensão do que se quer usucapir.

314. Art. 1.240: Para os efeitos do art. 1.240, não se deve computar, para fins de limite de metragem máxima, a extensão compreendida pela fração ideal correspondente à área comum.

315. Art. 1.241: O art. 1.241 do Código Civil permite ao possuidor que figurar como réu em ação reivindicatória ou possessória formular pedido contraposto e postular ao juiz seja declarada adquirida, mediante usucapião, a propriedade imóvel, valendo a sentença como instrumento para registro imobiliário, ressalvados eventuais interesses de confinantes e terceiros.

316. Art. 1.276: Eventual ação judicial de abandono de imóvel, caso procedente, impede o sucesso de demanda petitória.

317. Art. 1.243: A *accessio possessionis* de que trata o art. 1.243, primeira parte, do Código Civil não encontra aplicabilidade relativamente aos arts. 1.239 e 1.240 do mesmo diploma legal, em face da normatividade do usucapião constitucional urbano e rural, arts. 183 e 191, respectivamente.

318. Art. 1.258: O direito à aquisição da propriedade do solo em favor do construtor de má-fé (art. 1.258, parágrafo único) somente é viável quando, além dos requisitos explícitos previstos em lei, houver necessidade de proteger terceiros de boa-fé.

319. Art. 1.277: A condução e a solução das causas envolvendo conflitos de vizinhança devem guardar estreita sintonia com os princípios constitucionais da intimidade, da inviolabilidade da vida privada e da proteção ao meio ambiente.

320. Arts. 1.338 e 1.331: O direito de preferência de que trata o art. 1.338 deve ser assegurado não apenas nos casos de locação, mas também na hipótese de venda da garagem.

321. Art. 1.369: Os direitos e obrigações vinculados ao terreno e, bem assim, aqueles vinculados à construção ou à plantação formam patrimônios distintos e autônomos, respondendo cada um de seus titulares exclusivamente por suas próprias dívidas e obrigações, ressalvadas as fiscais decorrentes do imóvel.

322. Art. 1.376: O momento da desapropriação e as condições da concessão superficiária serão considerados para fins da divisão do montante indenizatório (art. 1.376), constituindo-se litisconsórcio passivo necessário simples entre proprietário e superficiário.

323. É dispensável a anuência dos adquirentes de unidades imobiliárias no "termo de afetação" da incorporação imobiliária.

324. É possível a averbação do termo de afetação de incorporação imobiliária (Lei nº 4.591/1964, art. 31-B) a qualquer tempo, na matrícula do terreno, mesmo antes do registro do respectivo Memorial de Incorporação no Registro de Imóveis.

325. É impenhorável, nos termos da Lei nº 8.009/1990, o direito real de aquisição do devedor fiduciante.

2.1 Proposições legislativas

326. Propõe-se a alteração do art. 31-A da Lei nº 4.591/1964, que passaria a ter a seguinte redação: "Art. 31-A. O terreno e as acessões objeto de incorporação imobiliária, bem como os demais bens e direitos a ela vinculados, manter-se-ão apartados do patrimônio do incorporador e constituirão patrimônio

Enunciados

de afetação, destinado à consecução da incorporação correspondente e à entrega das unidades imobiliárias aos respectivos adquirentes".

327. Suprima-se o art. 9º da Lei nº 10.931/2004. (Unânime)

328. Propõe-se a supressão do inc. V do art. 1.334 do Código Civil.

3. DIREITO DE FAMÍLIA E SUCESSÕES

329. Art. 1.520: A permissão para casamento fora da idade núbil merece interpretação orientada pela dimensão substancial do princípio da igualdade jurídica, ética e moral entre o homem e a mulher, evitando-se, sem prejuízo do respeito à diferença, tratamento discriminatório.

330. Art. 1.524: As causas suspensivas da celebração do casamento poderão ser arguidas inclusive pelos parentes em linha reta de um dos nubentes e pelos colaterais em segundo grau, por vínculo decorrente de parentesco civil.

331. Art. 1.639: O estatuto patrimonial do casal pode ser definido por escolha de regime de bens distinto daqueles tipificados no Código Civil (arts. 1.639 e 1.640, parágrafo único), e, para efeito de fiel observância do disposto no art. 1.528 do Código Civil, cumpre certificação a respeito, nos autos do processo de habilitação matrimonial.

332. Art. 1.548: A hipótese de nulidade prevista no inc. I do art. 1.548 do Código Civil se restringe ao casamento realizado por enfermo mental absolutamente incapaz, nos termos do inc. II do art. 3º do Código Civil.

► Os referidos art. 3º, II, e 1.548, I, foram revogados pela Lei nº 13.146, de 6-7-2015.

333. Arts. 1.584 e 1.589: O direito de visita pode ser estendido aos avós e pessoas com as quais a criança ou o adolescente mantenha vínculo afetivo, atendendo ao seu melhor interesse.

334. Art. 1.584: A guarda de fato pode ser reputada como consolidada diante da estabilidade da convivência familiar entre a criança ou o adolescente e o terceiro guardião, desde que seja atendido o princípio do melhor interesse.

335. Art. 1.636: A guarda compartilhada deve ser estimulada, utilizando-se, sempre que possível, da mediação e da orientação de equipe interdisciplinar.

336. Art. 1.584: O parágrafo único do art. 1.584 aplica-se também aos filhos advindos de qualquer forma de família.

337. Art. 1.588: O fato de o pai ou a mãe constituírem nova união não repercute no direito de terem os filhos do leito anterior em sua companhia, salvo quando houver comprometimento da sadia formação e do integral desenvolvimento da personalidade destes.

338. Art. 1.588: A cláusula de não tratamento conveniente para a perda da guarda dirige-se a todos os que integram, de modo direto ou reflexo, as novas relações familiares.

339. A paternidade socioafetiva, calcada na vontade livre, não pode ser rompida em detrimento do melhor interesse do filho.

340. Art. 1.665: No regime da comunhão parcial de bens é sempre indispensável a autorização do cônjuge, ou seu suprimento judicial, para atos de disposição sobre bens imóveis.

341. Art. 1.696: Para os fins do art. 1.696, a relação socioafetiva pode ser elemento gerador de obrigação alimentar.

342. Art. 1.695: Observadas suas condições pessoais e sociais, os avós somente serão obrigados a prestar alimentos aos netos em caráter exclusivo, sucessivo, complementar e não solidário quando os pais destes estiverem impossibilitados de fazê-lo, caso em que as necessidades básicas dos alimentandos serão aferidas, prioritariamente, segundo o nível econômico-financeiro de seus genitores.

343. Art. 1.700: A transmissibilidade da obrigação alimentar é limitada às forças da herança.

344. Art. 1.701: A obrigação alimentar originada do poder familiar, especialmente para atender às necessidades educacionais, pode não cessar com a maioridade.

345. Art. 1.708: O "procedimento indigno" do credor em relação ao devedor, previsto no parágrafo único do art. 1.708 do CC, pode ensejar a exoneração ou apenas a redução do valor da pensão alimentícia para quantia indispensável à sobrevivência do credor.

346. Art. 1.725: Na união estável o regime patrimonial obedecerá à norma vigente no momento da aquisição de cada bem, salvo contrato escrito.

4. DIREITO DAS OBRIGAÇÕES E RESPONSABILIDADE CIVIL

347. Art. 266: A solidariedade admite outras disposições de conteúdo particular além do rol previsto no art. 266 do Código Civil.

348. Arts. 275/282: O pagamento parcial não implica, por si só, renúncia à solidariedade, a qual deve derivar dos termos expressos da quitação ou, inequivocamente, das circunstâncias do recebimento da prestação pelo credor.

349. Art. 282: Com a renúncia à solidariedade quanto a apenas um dos devedores solidários, o credor só poderá cobrar do beneficiado a sua quota na dívida, permanecendo a solidariedade quanto aos demais devedores, abatida do débito a parte correspondente aos beneficiados pela renúncia.

350. Art. 284: A renúncia à solidariedade diferencia-se da remissão, em que o devedor fica inteiramente liberado do vínculo obrigacional, inclusive no que tange ao rateio da quota do eventual codevedor insolvente, nos termos do art. 284.

351. Art. 282: A renúncia à solidariedade em favor de determinado devedor afasta a hipótese de seu chamamento ao processo.

352. Art. 300: Salvo expressa concordância dos terceiros, as garantias por eles prestadas se extinguem com a assunção da dívida; já as garantias prestadas pelo devedor primitivo somente serão mantidas se este concordar com a assunção.

353. Art. 303: A recusa do credor, quando notificado pelo adquirente de imóvel hipotecado comunicando-lhe o interesse em assumir a obrigação, deve ser justificada.

354. Arts. 395, 396 e 408: A cobrança de encargos e parcelas indevidas ou abusivas impede a caracterização da mora do devedor.

355. Art. 413: Não podem as partes renunciar à possibilidade de redução da cláusula penal se ocorrer qualquer das hipóteses previstas no art. 413 do Código Civil, por se tratar de preceito de ordem pública.

356. Art. 413: Nas hipóteses previstas no art. 413 do Código Civil, o juiz deverá reduzir a cláusula penal de ofício.

357. Art. 413: O art. 413 do Código Civil é o que complementa o art. 4º da Lei nº 8.245/1991. Revogado o Enunciado nº 179 da III Jornada.

358. Art. 413: O caráter manifestamente excessivo do valor da cláusula penal não se confunde com a alteração das circunstâncias, a excessiva onerosidade e a frustração do fim do negócio jurídico, que podem incidir autonomamente e possibilitar sua revisão para mais ou para menos.

359. Art. 413: A redação do art. 413 do Código Civil não impõe que a redução da penalidade seja proporcionalmente idêntica ao percentual adimplido.

360. Art. 421: O princípio da função social dos contratos também pode ter eficácia interna entre as partes contratantes.

361. Arts. 421, 422 e 475: O adimplemento substancial decorre dos princípios gerais contratuais, de modo a fazer preponderar a função social do contrato e o princípio da boa-fé objetiva, balizando a aplicação do art. 475.

362. Art. 422: A vedação do comportamento contraditório (*venire contra factum proprium*) funda-se na proteção da confiança, tal como se extrai dos arts. 187 e 422 do Código Civil.

363. Art. 422: Os princípios da probidade e da confiança são de ordem pública, sendo obrigação da parte lesada apenas demonstrar a existência da violação.

364. Arts. 424 e 828: No contrato de fiança é nula a cláusula de renúncia antecipada ao benefício de ordem quando inserida em contrato de adesão.

365. Art. 478. A extrema vantagem do art. 478 deve ser interpretada como elemento acidental da alteração das circunstâncias, que comporta a incidência da resolução ou revisão do negócio por onerosidade excessiva, independentemente de sua demonstração plena.

366. Art. 478: O fato extraordinário e imprevisível causador de onerosidade excessiva é aquele que não está coberto objetivamente pelos riscos próprios da contratação.

367. Art. 479: Em observância ao princípio da conservação do contrato, nas ações que tenham por objeto a resolução do pacto por excessiva onerosidade, pode o juiz modificá-lo equitativamente, desde que ouvida a parte autora, respeitada sua vontade e observado o contraditório.

368. Art. 496: O prazo para anular venda de ascendente para descendente é decadencial de dois anos (art. 179 do Código Civil).

369. Arts. 732 e 735: Diante do preceito constante no art. 732 do Código Civil, teleologicamente e em uma visão constitucional de unidade do sistema, quando o contrato de transporte constituir uma relação de consumo, aplicam-se as normas do Código de Defesa do Consumidor que forem mais benéficas a este.

370. Art. 757: Nos contratos de seguro por adesão, os riscos predeterminados indicados no art. 757, parte final, devem ser interpretados de acordo com os arts. 421, 422, 424, 759 e 799 do Código Civil e 1º, III, da Constituição Federal.

371. Art. 763: A mora do segurado, sendo de escassa importância, não autoriza a resolução do contrato, por atentar ao princípio da boa-fé objetiva.

372. Art. 766: Em caso de negativa de cobertura securitária por doença preexistente, cabe à seguradora comprovar que o segurado tinha conhecimento inequívoco daquela.

373. Art. 787: Embora sejam defesos pelo § 2º do art. 787 do Código Civil, o reconhecimento da responsabilidade, a confissão da ação ou a transação não retiram do segurado o direito à garantia, sendo apenas ineficazes perante a seguradora.

374. Arts. 792 e 795: No contrato de seguro, o juiz deve proceder com equidade, atentando às circunstâncias reais, e não a probabilidades infundadas, quanto à agravação dos riscos.

375. Art. 801: No seguro em grupo de pessoas, exige-se o quórum qualificado de 3/4 do grupo, previsto no § 2º do art. 801 do Código Civil, apenas quando as modificações impuserem novos ônus aos participantes ou restringirem seus direitos na apólice em vigor.

376. Art. 763: Para efeito de aplicação do art. 763 do Código Civil, a resolução do contrato depende de prévia interpelação.

377. Art. 927: O art. 7º, XXVIII, da Constituição Federal não é impedimento para a aplicação do disposto no art. 927, parágrafo único, do Código Civil quando se tratar de atividade de risco.

378. Art. 931: Aplica-se o art. 931 do Código Civil, haja ou não relação de consumo.

379. Art. 944: O art. 944, *caput*, do Código Civil não afasta a possibilidade de se reconhecer a função punitiva ou pedagógica da responsabilidade civil.

380. Art. 944: Atribui-se nova redação ao Enunciado nº 46 da I Jornada de Direito Civil, pela supressão da parte final: não se aplicando às hipóteses de responsabilidade objetiva.

381. Art. 950, parágrafo único: O lesado pode exigir que a indenização sob a forma de pensionamento seja arbitrada e paga de uma só vez, salvo impossibilidade econômica do devedor, caso em que o juiz poderá fixar outra forma de pagamento, atendendo à condição financeira do ofensor e aos benefícios resultantes do pagamento antecipado.

5. DIREITO DE EMPRESA

382. Art. 983: Nas sociedades, o registro observa a natureza da atividade (empresarial ou não, art. 966); as demais questões seguem as normas pertinentes ao tipo societário adotado (art. 983). São exceções as sociedades por ações e as cooperativas (art. 982, parágrafo único).

383. Art. 997: A falta de registro do contrato social (irregularidade originária, art. 998) ou de alteração contratual versando sobre matéria referida no art. 997 (irregularidade superveniente, art. 999, parágrafo único) conduz à aplicação das regras da sociedade em comum (art. 986).

384. Art. 999: Nas sociedades personificadas previstas no Código Civil, exceto a cooperativa, é admissível o acordo de sócios, por aplicação analógica das normas relativas às sociedades por ações pertinentes ao acordo de acionistas.

385. Art. 999: A unanimidade exigida para a modificação do contrato social somente alcança as matérias referidas no art. 997, prevalecendo, nos demais casos de deliberação dos sócios, a maioria absoluta, se outra mais qualificada não for prevista no contrato.

386. Na apuração dos haveres do sócio devedor, por consequência da liquidação de suas quotas na sociedade para pagamento ao seu credor (art. 1.026, parágrafo único), não devem ser consideradas eventuais disposições contratuais restritivas à determinação de seu valor.

387. Art. 1.026: A opção entre fazer a execução recair sobre o que ao sócio couber no lucro da sociedade ou sobre a parte que lhe tocar em dissolução orienta-se pelos princípios da menor onerosidade e da função social da empresa.

388. Art. 1.026: O disposto no art. 1.026 do Código Civil não exclui a possibilidade de o credor fazer recair a execução sobre os direitos patrimoniais da quota de participação que o devedor possui no capital da sociedade.

389. Art. 1.026: Quando se tratar de sócio de serviço, não poderá haver penhora das verbas descritas no art. 1.026, se de caráter alimentar.

390. *Revogado.* Enunciado nº 480 da V Jornada.

391. Arts. 1.031, 1.057 e 1.058: A sociedade limitada pode adquirir suas próprias quotas, observadas as condições estabelecidas na Lei das Sociedades por Ações.

392. Art. 1.077: Nas hipóteses do art. 1.077 do CC, cabe aos sócios delimitar seus contornos para compatibilizá-los com os princípios da preservação e da função social da empresa, aplicando-se, supletiva (art. 1.053, parágrafo único) ou analogicamente (art. 4º da LICC), o art. 137, § 3º, da Lei das Sociedades por Ações, para permitir a reconsideração da deliberação que autorizou a retirada do sócio dissidente.

► A antiga Lei de Introdução ao Código Civil – LICC (Dec.-lei nº 4.657, de 9-4-1942) teve sua ementa alterada pela Lei nº 12.376, de 30-12-2010, para Lei de Introdução às Normas de Direito Brasileiro – LINDB.

393. Art. 1.143: A validade da alienação do estabelecimento empresarial não depende de forma específica, observado o regime jurídico dos bens que a exijam.

394. Art. 2.031: Ainda que não promovida a adequação do contrato social no prazo previsto no art. 2.031 do Código Civil, as sociedades não perdem a personalidade jurídica adquirida antes de seu advento.

395. Art. 2.031: A sociedade registrada antes da vigência do Código Civil não está obrigada a adaptar seu nome às novas disposições.

396. Art. 2.035: A capacidade para contratar a constituição da sociedade submete-se à lei vigente no momento do registro.

V JORNADA DE DIREITO CIVIL

(Realizada em 9 e 11-11-2011)

1. PARTE GERAL

397. Art. 5º: A emancipação por concessão dos pais ou por sentença do juiz está sujeita à desconstituição por vício de vontade.

398. Art. 12, parágrafo único: As medidas previstas no art. 12, parágrafo único, do Código Civil podem ser invocadas por qualquer uma das pessoas ali mencionadas de forma concorrente e autônoma.

399. Arts. 12, parágrafo único, e 20, parágrafo único: Os poderes conferidos aos legitimados para a tutela *post mortem* dos direitos da personalidade, nos termos dos. arts. 12, parágrafo único, e 20, parágrafo único, do Código Civil, não compreendem a faculdade de limitação voluntária.

400. Arts. 12, parágrafo único, e 20, parágrafo único: Os parágrafos únicos dos arts. 12 e 20 asseguram legitimidade, por direito próprio, aos parentes, cônjuge ou companheiro para a tutela contra lesão perpetrada *post mortem*.

401. Art. 13: Não contraria os bons costumes a cessão gratuita de direitos de uso de material biológico para fins de pesquisa científica, desde que a manifestação de vontade tenha sido livre, esclarecida e puder ser revogada a qualquer tempo, conforme as normas éticas que regem a pesquisa científica e o respeito aos direitos fundamentais.

402. Art. 14, parágrafo único: O art. 14, parágrafo único, do Código Civil, fundado no consentimento informado, não dispensa o consentimento dos adolescentes para a doação de medula óssea prevista no art. 9º, § 6º, da Lei nº 9.434/1997 por aplicação analógica dos arts. 28, § 2º (alterado pela Lei nº 12.010/2009), e 45, § 2º, do ECA.

403. Art. 15: O direito à inviolabilidade de consciência e de crença, previsto no art. 5º, VI, da Constituição Federal, aplica-se também à pessoa que se nega a tratamento médico, inclusive transfusão de sangue, com ou sem risco de morte, em razão do tratamento ou da falta dele, desde que observados os seguintes critérios: a) capacidade civil plena, excluído o suprimento pelo representante ou assistente; b) manifestação de vontade livre, consciente e informada; e c) oposição que diga respeito exclusivamente à própria pessoa do declarante.

404. Art. 21: A tutela da privacidade da pessoa humana compreende os controles espacial, contextual e temporal dos próprios dados, sendo necessário seu expresso consentimento para tratamento de informações que versem especialmente o estado de saúde, a condição sexual, a origem racial ou étnica, as convicções religiosas, filosóficas e políticas.

405. Art. 21: As informações genéticas são parte da vida privada e não podem ser utilizadas para fins diversos daqueles que motivaram seu armazenamento, registro ou uso, salvo com autorização do titular.

406. Art. 50: A desconsideração da personalidade jurídica alcança os grupos de sociedade quando estiverem presentes os pressupostos do art. 50 do Código Civil e houver prejuízo para os credores até o limite transferido entre as sociedades.

407. Art. 61: A obrigatoriedade de destinação do patrimônio líquido remanescente da associação à instituição municipal, estadual ou federal de fins idênticos ou semelhantes, em face da omissão do estatuto, possui caráter subsidiário, devendo prevalecer a vontade dos associados, desde que seja contemplada entidade que persiga fins não econômicos.

408. Arts. 70 e 7º da Lei de Introdução às Normas do Direito Brasileiro: Para efeitos de interpretação da expressão "domicílio" do art. 7º da Lei de Introdução às Normas do Direito Brasileiro, deve ser considerada, nas hipóteses de litígio internacional relativo a criança ou adolescente, a residência habitual destes, pois se trata de situação fática internacionalmente aceita e conhecida.

409. Art. 113: Os negócios jurídicos devem ser interpretados não só conforme a boa-fé e os usos do lugar de sua celebração, mas também de acordo com as práticas habitualmente adotadas entre as partes.

410. Art. 157: A inexperiência a que se refere o art. 157 não deve necessariamente significar imaturidade ou desconhecimento em relação à prática de negócios jurídicos em geral, podendo ocorrer também quando o lesado, ainda que estipule contratos costumeiramente, não tenha conhecimento específico sobre o negócio em causa.

411. Art. 186: O descumprimento de contrato pode gerar dano moral quando envolver valor fundamental protegido pela Constituição Federal de 1988.

412. Art. 187: As diversas hipóteses de exercício inadmissível de uma situação jurídica subjetiva, tais como *supressio*, *tu quoque*, *surrectio* e *venire contra factum proprium*, são concreções da boa-fé objetiva.

413. Art. 187: Os bons costumes previstos no art. 187 do Código Civil possuem natureza subjetiva, destinada ao controle da moralidade social de determinada época, e objetiva, para permitir a sindicância da violação dos negócios jurídicos em questões não abrangidas pela função social e pela boa-fé objetiva.

414. Art. 187: A cláusula geral do art. 187 do CC tem fundamento constitucional nos princípios da solidariedade, devido processo legal e proteção da confiança, e aplica-se a todos os ramos do direito.

415. Art. 190: O art. 190 do Código Civil refere-se apenas às exceções impróprias (dependentes/não autônomas). As exceções propriamente ditas (independentes/autônomas) são imprescritíveis.

416. Art. 202: A propositura de demanda judicial pelo devedor, que importe impugnação do débito contratual ou de cártula representativa do direito do credor, é causa interruptiva da prescrição.

417. Art. 202, I: O art. 202, I, do CC deve ser interpretado sistematicamente com o art. 219, § 1º, do CPC, de modo a se entender que o efeito interruptivo da prescrição produzido pelo despacho que ordena a citação é retroativo até a data da propositura da demanda.

418. Art. 206: O prazo prescricional de três anos para a pretensão relativa a aluguéis aplica-se aos contratos de locação de imóveis celebrados com a administração pública.

419. Art. 206, § 3º, V: O prazo prescricional de três anos para a pretensão de reparação civil aplica-se tanto à responsabilidade contratual quanto à responsabilidade extracontratual.

420. Art. 206, § 3º, V: Não se aplica o art. 206, § 3º, V, do Código Civil às pretensões indenizatórias decorrentes de acidente de trabalho, após a vigência da Emenda Constitucional nº 45, incidindo a regra do art. 7º, XXIX, da Constituição da República.

2. DIREITO DAS OBRIGAÇÕES

421. Arts. 112 e 113: Os contratos coligados devem ser interpretados segundo os critérios hermenêuticos do Código Civil, em especial os dos arts. 112 e 113, considerada a sua conexão funcional.

422. Art. 300: (Fica mantido o teor do Enunciado nº 352) A expressão "garantias especiais" constante do art. 300 do CC/2002 refere-se a todas as garantias, quaisquer delas, reais ou fidejussórias, que tenham sido prestadas voluntária e originariamente pelo devedor primitivo ou por terceiro, vale dizer, aquelas que dependeram da vontade do garantidor, devedor ou terceiro para se constituírem.

423. Art. 301: O art. 301 do CC deve ser interpretado de forma a também abranger os negócios jurídicos nulos e a significar a continuidade da relação obrigacional originária em vez de "restauração", porque, envolvendo hipótese de transmissão, aquela relação nunca deixou de existir.

424. Art. 303, segunda parte: A comprovada ciência de que o reiterado pagamento é feito por terceiro no interesse próprio produz efeitos equivalentes aos da notificação de que trata o art. 303, segunda parte.

425. Art. 308: O pagamento repercute no plano da eficácia, e não no plano da validade como preveem os arts. 308, 309 e 310 do Código Civil.

426. Art. 389: Os honorários advocatícios previstos no art. 389 do Código Civil não se confundem com as verbas de sucumbência, que, por força do art. 23 da Lei nº 8.906/1994, pertencem ao advogado.

427. Art. 397, parágrafo único: É válida a notificação extrajudicial promovida em serviço de registro de títulos e documentos de circunscrição judiciária diversa da do domicílio do devedor.

428. Art. 405: Os juros de mora, nas obrigações negociais, fluem a partir do advento do termo da prestação, estando a incidência do disposto no art. 405 da codificação limitada às hipóteses em que a citação representa o papel de notificação do devedor ou àquelas em que o objeto da prestação não tem liquidez.

429. Art. 413: As multas previstas nos acordos e convenções coletivas de trabalho, cominadas para impedir o descumprimento das disposições normativas constantes desses instrumentos, em razão da negociação coletiva dos sindicatos e empresas, têm natureza de cláusula penal e, portanto, podem ser reduzidas pelo juiz do trabalho quando cumprida parcialmente a cláusula ajustada ou quando se tornarem excessivas para o fim proposto, nos termos do art. 413 do Código Civil.

430. Art. 416, parágrafo único: No contrato de adesão, o prejuízo comprovado do aderente que exceder ao previsto na cláusula penal compensatória poderá ser exigido pelo credor independentemente de convenção.

431. Art. 421: A violação do art. 421 conduz à invalidade ou à ineficácia do contrato ou de cláusulas contratuais.

432. Art. 422: Em contratos de financiamento bancário, são abusivas cláusulas contratuais de repasse de custos administrativos (como análise do crédito, abertura de cadastro, emissão de fichas de compensação bancária etc.), seja por estarem intrinsecamente vinculadas ao exercício da atividade econômica, seja por violarem o princípio da boa-fé objetiva.

433. Art. 424: A cláusula de renúncia antecipada ao direito de indenização e retenção por benfeitorias necessárias é nula em contrato de locação de imóvel urbano feito nos moldes do contrato de adesão.

434. Art. 456: A ausência de denunciação da lide ao alienante, na evicção, não impede o exercício de pretensão reparatória por meio de via autônoma.

435. Art. 462: O contrato de promessa de permuta de bens imóveis é título passível de registro na matrícula imobiliária.

436. Art. 474: A cláusula resolutiva expressa produz efeitos extintivos independentemente de pronunciamento judicial.

437. Art. 475: A resolução da relação jurídica contratual também pode decorrer do inadimplemento antecipado.

438. Art. 477: A exceção de inseguridade, prevista no art. 477, também pode ser oposta à parte cuja conduta põe, manifestamente em risco, a execução do programa contratual.

439. Art. 478: A revisão do contrato por onerosidade excessiva fundada no Código Civil deve levar em conta a natureza do objeto do contrato. Nas relações empresariais, observar-se-á a sofisticação dos contratantes e a alocação de riscos por eles assumidas com o contrato.

440. Art. 478: É possível a revisão ou resolução por excessiva onerosidade em contratos aleatórios, desde que o evento superveniente, extraordinário e imprevisível não se relacione com a álea assumida no contrato.

441. Art. 488, parágrafo único: Na falta de acordo sobre o preço, não se presume concluída a compra e venda. O parágrafo único do art. 488 somente se aplica se houverem diversos preços habitualmente praticados pelo vendedor, caso em que prevalecerá o termo médio.

442. Art. 844: A transação, sem a participação do advogado credor dos honorários, é ineficaz quanto aos honorários de sucumbência definidos no julgado.

3. RESPONSABILIDADE CIVIL

443. Arts. 393 e 927: O caso fortuito e a força maior somente serão considerados como excludentes da responsabilidade civil quando o fato gerador do dano não for conexo à atividade desenvolvida.

444. Art. 927: A responsabilidade civil pela perda de chance não se limita à categoria de danos extrapatrimoniais, pois, conforme as circunstâncias do caso concreto, a chance perdida pode apresentar também a natureza jurídica de dano patrimonial. A chance deve ser séria e real, não ficando adstrita a percentuais apriorísticos.

445. Art. 927: O dano moral indenizável não pressupõe necessariamente a verificação de sentimentos humanos desagradáveis como dor ou sofrimento.

446. Art. 927: A responsabilidade civil prevista na segunda parte do parágrafo único do art. 927 do Código Civil deve levar em consideração não apenas a proteção da vítima e a atividade do ofensor, mas também a prevenção e o interesse da sociedade.

447. Art. 927: As agremiações esportivas são objetivamente responsáveis por danos causados a terceiros pelas torcidas organizadas, agindo nessa qualidade, quando, de qualquer modo, as financiem ou custeiem, direta ou indiretamente, total ou parcialmente.

448. Art. 927: A regra do art. 927, parágrafo único, segunda parte, do CC aplica-se sempre que a atividade normalmente desenvolvida, mesmo sem defeito e não essencialmente perigosa, induza, por sua natureza, risco especial e diferenciado aos direitos de outrem. São critérios de avaliação desse risco, entre outros, a estatística, a prova técnica e as máximas de experiência.

449. Art. 928, parágrafo único: A indenização equitativa a que se refere o art. 928, parágrafo único, do CC não é necessariamente reduzida sem prejuízo do Enunciado nº 39 da I Jornada de Direito Civil.

450. Art. 932, I: Considerando que a responsabilidade dos pais pelos atos danosos praticados pelos filhos menores é objetiva, e não por culpa presumida, ambos os genitores, no exercício do poder familiar, são, em regra, solidariamente responsáveis por tais atos, ainda que estejam separados, ressalvado o direito de regresso em caso de culpa exclusiva de um dos genitores.

451. Arts. 932 e 933: A responsabilidade civil por ato de terceiro funda-se na responsabilidade objetiva ou independente de culpa, estando superado o modelo de culpa presumida.

452. Art. 936: A responsabilidade civil do dono ou detentor de animal é objetiva, admitindo-se a excludente do fato exclusivo de terceiro.

453. Art. 942: Na via regressiva, a indenização atribuída a cada agente será fixada proporcionalmente à sua contribuição para o evento danoso.

454. Art. 943: O direito de exigir reparação a que se refere o art. 943 do Código Civil abrange inclusive os danos morais, ainda que a ação não tenha sido iniciada pela vítima.

455. Art. 944: Embora o reconhecimento dos danos morais se dê, em numerosos casos, independentemente de prova (*in re ipsa*), para a sua adequada quantificação, deve o juiz investigar, sempre que entender necessário, as circunstâncias do caso concreto, inclusive por intermédio da produção de depoimento pessoal e da prova testemunhal em audiência.

456. Art. 944: A expressão "dano" no art. 944 abrange não só os danos individuais, materiais ou imateriais, mas também os danos sociais, difusos, coletivos e individuais homogêneos a serem reclamados pelos legitimados para propor ações coletivas.

457. Art. 944: A redução equitativa da indenização tem caráter excepcional e somente será realizada quando a amplitude do dano extrapolar os efeitos razoavelmente imputáveis à conduta do agente.

458. Art. 944: O grau de culpa do ofensor, ou a sua eventual conduta intencional, deve ser levado em conta pelo juiz para a quantificação do dano moral.

459. Art. 945: A conduta da vítima pode ser fator atenuante do nexo de causalidade na responsabilidade civil objetiva.

460. Art. 951: A responsabilidade subjetiva do profissional da área da saúde, nos termos dos arts. 951 do Código Civil e 14, § 4º, do Código de Defesa do Consumidor, não afasta a sua responsabilidade objetiva pelo fato da coisa da qual tem a guarda, em caso de uso de aparelhos ou instrumentos que, por eventual disfunção, venham a causar danos a pacientes, sem prejuízo do direito regressivo do profissional em relação ao fornecedor do aparelho e sem prejuízo da ação direta do paciente, na condição de consumidor, contra tal fornecedor.

4. DIREITO DE EMPRESA

461. Art. 889: As duplicatas eletrônicas podem ser protestadas por indicação e constituirão título executivo extrajudicial mediante a exibição pelo credor do instrumento de protesto, acompanhado do comprovante de entrega das mercadorias ou de prestação dos serviços.

462. Art. 889, § 3º: Os títulos de crédito podem ser emitidos, aceitos, endossados ou avalizados eletronicamente, mediante assinatura com certificação digital, respeitadas as exceções previstas em lei.

463. Art. 897: A prescrição da pretensão executória não atinge o próprio direito material ou crédito que podem ser exercidos ou cobrados por outra via processual admitida pelo ordenamento jurídico.

464. Art. 903: Revisão do Enunciado nº 52 – As disposições relativas aos títulos de crédito do Código Civil aplicam-se àqueles regulados por leis especiais no caso de omissão ou lacuna.

465. Arts. 968, § 3º, e 1.033, parágrafo único: A "transformação de registro" prevista nos arts. 968, § 3º, e 1.033, parágrafo único, do Código Civil não se confunde com a figura da transformação de pessoa jurídica.

466. Arts. 968, IV, parte final, e 997, II: Para fins do direito falimentar, o local do principal estabelecimento é aquele de onde partem as decisões empresariais, e não necessariamente a sede indicada no registro público.

467. Art. 974, § 3º: A exigência de integralização do capital social prevista no art. 974, § 3º, não se aplica à participação de incapazes em sociedades anônimas e em sociedades com sócios de responsabilidade ilimitada nas quais a integralização do capital social não influa na proteção do incapaz.

468. Art. 980-A: A empresa individual de responsabilidade limitada só poderá ser constituída por pessoa natural.

469. Arts. 44 e 980-A: A empresa individual de responsabilidade limitada (EIRELI) não é sociedade, mas novo ente jurídico personificado.

470. Art. 980-A: O patrimônio da empresa individual de responsabilidade limitada responderá pelas dívidas da pessoa jurídica, não se confundindo com o patrimônio da pessoa natural que a constitui, sem prejuízo da aplicação do instituto da desconsideração da personalidade jurídica.

471. Os atos constitutivos da EIRELI devem ser arquivados no registro competente, para fins de aquisição de personalidade jurídica. A falta de arquivamento ou de registro de alterações dos atos constitutivos configura irregularidade superveniente.

472. Art. 980-A: É inadequada a utilização da expressão "social" para as empresas individuais de responsabilidade limitada.

473. Art. 980-A, § 5º: A imagem, o nome ou a voz não podem ser utilizados para a integralização do capital da EIRELI.

474. Arts. 981 e 983: Os profissionais liberais podem organizar-se sob a forma de sociedade simples, convencionando a responsabilidade limitada dos sócios por dívidas da sociedade, a despeito da responsabilidade ilimitada por atos praticados no exercício da profissão.

475. Arts. 981 e 983: Considerando ser da essência do contrato de sociedade a partilha do risco entre os sócios, não desfigura a sociedade simples o fato de o respectivo contrato social prever distribuição de lucros, rateio de despesas e concurso de auxiliares.

476. Art. 982: Eventuais classificações conferidas pela lei tributária às sociedades não influem para sua caracterização como empresárias ou simples, especialmente no que se refere ao registro dos atos constitutivos e à submissão ou não aos dispositivos da Lei nº 11.101/2005.

477. Art. 983: O art. 983 do Código Civil permite que a sociedade simples opte por um dos tipos empresariais dos arts. 1.039 a 1.092 do CC. Adotada a forma de sociedade anônima ou de comandita por ações, porém ela será considerada empresária.

478. Art. 997, *caput* e III: A integralização do capital social em bens imóveis pode ser feita por instrumento particular de contrato social ou de alteração contratual, ainda que se trate de sociedade sujeita ao registro exclusivamente no registro civil de pessoas jurídicas.

479. Art. 997, VII: Na sociedade simples pura (art. 983, parte final, do CC/2002), a responsabilidade dos sócios depende de previsão contratual. Em caso de omissão, será ilimitada e subsidiária, conforme o disposto nos arts. 1.023 e 1.024 do CC/2002.

480. Art. 1.029: Revogado o Enunciado nº 390 da III Jornada ["Em regra, é livre a retirada de sócio nas sociedades limitadas e anônimas fechadas, por prazo indeterminado, desde que tenham integralizado a respectiva parcela do capital, operando-se a denúncia (arts. 473 e 1.029)"].

481. Art. 1.030, parágrafo único: O insolvente civil fica de pleno direito excluído das sociedades contratuais das quais seja sócio.

482. Arts. 884 e 1.031: Na apuração de haveres de sócio retirante de sociedade *holding* ou controladora, deve ser apurado o valor global do patrimônio, salvo previsão contratual diversa. Para tanto, deve-se considerar o valor real da participação da *holding* ou controladora nas sociedades que o referido sócio integra.

483. Art. 1.033, parágrafo único: Admite-se a transformação do registro da sociedade anônima, na hipótese do art. 206, I, *d*, da Lei nº 6.404/1976, em empresário individual ou empresa individual de responsabilidade limitada.

484. Art. 1.074, § 1º: Quando as deliberações sociais obedecerem à forma de reunião, na sociedade limitada com até 10 (dez) sócios, é possível que a representação do sócio seja feita por outras pessoas além das mencionadas no § 1º do art. 1.074 do Código Civil (outro sócio ou advogado), desde que prevista no contrato social.

485. Art. 1.076: O sócio que participa da administração societária não pode votar nas deliberações acerca de suas próprias contas, na forma dos arts. 1.071, I, e 1.074, § 2º, do Código Civil.

486. Art. 1.134: A sociedade estrangeira pode, independentemente de autorização do Poder Executivo, ser sócia em sociedades de outros tipos além das anônimas.

487. Arts. 50, 884, 1.009, 1.016, 1.036 e 1.080: Na apuração de haveres de sócio retirante (art. 1.031 do CC), devem ser afastados os efeitos da diluição injustificada e ilícita da participação deste na sociedade.

488. Art. 1.142 e Súmula nº 451 do STJ: Admite-se a penhora do *website* e de outros intangíveis relacionados com o comércio eletrônico.

489. Arts. 1.043, II, 1.051, 1.063, § 3º, 1.084, § 1º, 1.109, parágrafo único, 1.122, 1.144, 1.146, 1.148 e 1.149 do Código Civil; e 71 da Lei Complementar nº 123/2006: No caso da microempresa, da empresa de pequeno porte e do microempreendedor individual, dispensados de publicação dos seus atos (art. 71 da Lei Complementar nº 123/2006), os prazos estabelecidos no Código Civil contam-se da data do arquivamento do documento (termo inicial) no registro próprio.

490. Art. 1.147: A ampliação do prazo de cinco anos de proibição de concorrência pelo alienante ao adquirente do estabelecimento, ainda que convencionada no exercício da autonomia da vontade, pode ser revista judicialmente, se abusiva.

491. Art. 1.166: A proteção ao nome empresarial, limitada ao Estado-Membro para efeito meramente administrativo, estende-se a todo o território nacional por força do art. 5º, XXIX, da Constituição da República e do art. 8º da Convenção Unionista de Paris.

5. DIREITO DAS COISAS

492. A posse constitui direito autônomo em relação à propriedade e deve expressar o aproveitamento dos bens para o alcance de interesses existenciais, econômicos e sociais merecedores de tutela.

493. O detentor (art. 1.198 do Código Civil) pode, no interesse do possuidor, exercer a autodefesa do bem sob seu poder.

494. A faculdade conferida ao sucessor singular de somar ou não o tempo da posse de seu antecessor não significa que, ao optar por nova contagem, estará livre do vício objetivo que maculava a posse anterior.

495. No desforço possessório, a expressão "contanto que o faça logo" deve ser entendida restritivamente apenas como a reação imediata ao fato do esbulho ou da turbação, cabendo ao possuidor recorrer à via jurisdicional nas demais hipóteses.

496. O conteúdo do art. 1.228, §§ 4º e 5º, pode ser objeto de ação autônoma, não se restringindo à defesa em pretensões reivindicatórias.

497. O prazo, na ação de usucapião, pode ser completado no curso do processo, ressalvadas as hipóteses de má-fé processual do autor.

498. A fluência do prazo de dois anos previsto pelo art. 1.240-A para a nova modalidade de usucapião nele contemplada tem início com a entrada em vigor da Lei nº 12.424/2011.

499. A aquisição da propriedade na modalidade de usucapião prevista no art. 1.240-A do Código Civil só pode ocorrer em virtude de implemento de seus pressupostos anteriormente ao divórcio. O requisito "abandono do lar" deve ser interpretado de maneira cautelosa, mediante a verificação de que o afastamento do lar conjugal representa descumprimento simultâneo de outros deveres conjugais, tais como assistência material e sustento do lar, onerando desigualmente aquele que se manteve na residência familiar e que se responsabiliza unilateralmente pelas despesas oriundas da manutenção da família e do próprio imóvel, o que justifica a perda da propriedade e a alteração do regime de bens quanto ao imóvel objeto de usucapião.

500. A modalidade de usucapião prevista no art. 1.240-A do Código Civil pressupõe a propriedade comum do casal e compreende todas as formas de família ou entidades familiares, inclusive homoafetivas.

501. As expressões "ex-cônjuge" e "ex-companheiro", contidas no art. 1.240-A do Código Civil, correspondem à situação fática da separação, independentemente de divórcio.

502. O conceito de posse direta referido no art. 1.240-A do Código Civil não coincide com a acepção empregada no art. 1.197 do mesmo Código.

503. É relativa a presunção de propriedade decorrente do registro imobiliário, ressalvado o sistema Torrens.

504. A escritura declaratória de instituição e convenção firmada pelo titular único de edificação composta por unidades autônomas é título hábil para registro da propriedade horizontal no competente registro de imóveis, nos termos dos arts. 1.332 a 1.334 do Código Civil.

505. É nula a estipulação que, dissimulando ou embutindo multa acima de 2%, confere suposto desconto de pontualidade no pagamento da taxa condominial, pois configura fraude à lei (art. 1.336, § 1º, do Código Civil), e não redução por merecimento.

506. Estando em curso contrato de alienação fiduciária, é possível a constituição concomitante de nova garantia fiduciária sobre o mesmo bem imóvel, que, entretanto, incidirá sobre a respectiva propriedade superveniente que o fiduciante vier a readquirir, quando do implemento da condição a que estiver subordinada a primeira garantia fiduciária; a nova garantia poderá ser registrada na data em que convencionada e será eficaz desde a data do registro, produzindo efeito *ex tunc*.

507. Na aplicação do princípio da função social da propriedade imobiliária rural, deve ser observada a cláusula aberta do § 1º do art. 1.228 do Código Civil, que, em consonância com o disposto no art. 5º, XXIII, da Constituição de 1988, permite melhor objetivar a funcionalização mediante critérios de valoração centrados na primazia do trabalho.

508. Verificando-se que a sanção pecuniária mostrou-se ineficaz, a garantia fundamental da função social da propriedade (arts. 5º, XXIII, da CRFB e 1.228, § 1º, do CC) e a vedação ao abuso do direito (arts. 187 e 1.228, § 2º, do CC) justificam a exclusão do condômino antissocial, desde que a ulterior assembleia prevista na parte final do parágrafo único do art. 1.337 do Código Civil delibere a propositura de ação judicial com esse fim, asseguradas todas as garantias inerentes ao devido processo legal.

509. A resolução da propriedade, quando determinada por causa originária, prevista no título, opera *ex tunc* e *erga omnes*; se decorrente de causa superveniente, atua *ex nunc* e *inter partes*.

510. Ao superficiário que não foi previamente notificado pelo proprietário para exercer o direito de preferência previsto no art. 1.373 do CC é assegurado o direito de, no prazo de seis meses, contado do registro da alienação, adjudicar para si o bem mediante depósito do preço.

511. Do leilão, mesmo que negativo, a que se refere o art. 27 da Lei nº 9.514/1997, será lavrada ata que, subscrita pelo leiloeiro, poderá ser averbada no registro de imóveis competente, sendo a transmissão da propriedade do imóvel levado a leilão formalizada mediante contrato de compra e venda.

6. DIREITO DE FAMÍLIA E SUCESSÕES

512. Art. 1.517: O art. 1.517 do Código Civil, que exige autorização dos pais ou responsáveis para casamento, enquanto não atingida a maioridade civil, não se aplica ao emancipado.

513. Art. 1.527, parágrafo único: O juiz não pode dispensar, mesmo fundamentadamente, a publicação do edital de proclamas do casamento, mas sim o decurso do prazo.

514. Art. 1.571: A Emenda Constitucional nº 66/2010 não extinguiu o instituto da separação judicial e extrajudicial.

515. Art. 1.574, *caput*: Pela interpretação teleológica da EC nº 66/2010, não há prazo mínimo de casamento para a separação consensual.

516. Art. 1.574, parágrafo único: Na separação judicial por mútuo consentimento, o juiz só poderá intervir no limite da preservação do interesse dos incapazes ou de um dos cônjuges, permitida a cindibilidade dos pedidos com a concordância das partes, aplicando-se esse entendimento também ao divórcio.

517. Art. 1.580: A Emenda Constitucional nº 66/2010 extinguiu os prazos previstos no art. 1.580 do Código Civil, mantido o divórcio por conversão.

518. Arts. 1.583 e 1.584: A Lei nº 11.698/2008, que deu nova redação aos arts. 1.583 e 1.584 do CC, não se restringe à guarda unilateral e à guarda compartilhada, podendo ser adotada aquela mais adequada à situação do filho, em atendimento ao princípio do melhor interesse da criança e do adolescente. A regra aplica-se a qualquer modelo de família. Atualizados os Enunciados n. 101 e 336 em razão de mudança legislativa, agora abrangidos por este enunciado.

519. Art. 1.593: O reconhecimento judicial do vínculo de parentesco em virtude de socioafetividade deve ocorrer a partir da relação entre pai(s) e filho(s), com base na posse do estado de filho, para que produza efeitos pessoais e patrimoniais.

520. Art. 1.601: O conhecimento da ausência de vínculo biológico e a posse de estado de filho obstam a contestação da paternidade presumida.

521. Art. 1.606: Qualquer descendente possui legitimidade, por direito próprio, para propor o reconhecimento do vínculo de parentesco em face dos avós ou de qualquer ascendente de grau superior, ainda que o pai não tenha iniciado a ação de prova da filiação em vida.

522. Arts. 1.694, 1.696, primeira parte, e 1.706: Cabe prisão civil do devedor nos casos de não prestação de alimentos gravídicos estabelecidos com base na Lei nº 11.804/2008, inclusive deferidos em qualquer caso de tutela de urgência.

523. Art. 1.698: O chamamento dos codevedores para integrar a lide, na forma do art. 1.698 do Código Civil, pode ser requerido por qualquer das partes, bem como pelo Ministério Público, quando legitimado.

524. Art. 1.723: As demandas envolvendo união estável entre pessoas do mesmo sexo constituem matéria de Direito de Família.

525. Arts. 1.723, § 1º, 1.790, 1.829 e 1.830: Os arts. 1.723, § 1º, 1.790, 1.829 e 1.830 do CC admitem a concorrência sucessória entre cônjuge e companheiro sobreviventes na sucessão legítima, quanto aos bens adquiridos onerosamente na união estável.

526. Art. 1.726: É possível a conversão de união estável entre pessoas do mesmo sexo em casamento, observados os requisitos exigidos para a respectiva habilitação.

527. Art. 1.832: Na concorrência entre o cônjuge e os herdeiros do *de cujus*, não será reservada a quarta parte da herança para o sobrevivente no caso de filiação híbrida.

528. Arts. 1.729, parágrafo único, e 1.857: É válida a declaração de vontade expressa em documento autêntico, também chamado "testamento vital", em que a pessoa estabelece disposições sobre o tipo de tratamento de saúde, ou não tratamento, que deseja no caso de se encontrar sem condições de manifestar a sua vontade.

529. Art. 1.951: O fideicomisso, previsto no art. 1.951 do CC, somente pode ser instituído por testamento.

VI JORNADA DE DIREITO CIVIL

(Realizada em 11 e 12-3-2013)

1. PARTE GERAL

530. A emancipação, por si só, não elide a incidência do Estatuto da Criança e do Adolescente.

Artigo: 5º, parágrafo único, do Código Civil

531. A tutela da dignidade da pessoa humana na sociedade da informação inclui o direito ao esquecimento.

Artigo: 11 do Código Civil

532. É permitida a disposição gratuita do próprio corpo como objetivos exclusivamente científicos, nos termos dos artigos 11 e 13 do Código Civil.

Artigos: 11 e 13 do Código Civil

533. O paciente plenamente capaz poderá deliberar sobre todos os aspectos concernentes a tratamento médico que possa lhe causar risco de vida, seja imediato ou mediato, salvo as situações de emergência ou no curso de procedimentos médicos cirúrgicos que não possam ser interrompidos.

Artigo: 15 do Código Civil

534. As associações podem desenvolver atividade econômica, desde que não haja finalidade lucrativa.

Artigo: 53 do Código Civil

535. Para a existência da pertença, o art. 93 do CC não exige elemento subjetivo como requisito para o ato de destinação.

Artigo: 93 do Código Civil

536. Resultando do negócio jurídico nulo consequências patrimoniais capazes de ensejar pretensões, é possível, quanto a estas, a incidência da prescrição.

Artigo: 169 do Código Civil

537. A previsão contida no art. 169 não impossibilita que, excepcionalmente, negócios jurídicos nulos produzam efeitos a serem preservados quando justificados por interesses merecedores de tutela.

Artigo: 169 do Código Civil

538. No que diz respeito a terceiros eventualmente prejudicados, o prazo decadencial de que trata o art. 179 do Código Civil não se conta da celebração do negócio jurídico, mas da ciência que dele tiverem.

Artigo: 179 do Código Civil

539. O abuso de direito é uma categoria jurídica autônoma em relação à responsabilidade civil. Por isso, o exercício abusivo de posições jurídicas desafia controle independentemente de dano.

Artigo: 187 do Código Civil

2. OBRIGAÇÕES E CONTRATOS

540. Havendo perecimento do objeto da prestação indivisível por culpa de apenas um dos devedores, todos respondem, de maneira divisível, pelo equivalente e só o culpado, pelas perdas e danos.

Artigo: 263 do Código Civil

541. O contrato de prestação de serviço pode ser gratuito.

Artigo: 594 do Código Civil

542. A recusa de renovação das apólices de seguro de vida pelas seguradoras em razão da idade do segurado é discriminatória e atenta contra a função social do contrato.

Artigos: 765 e 796 do Código Civil

543. Constitui abuso do direito a modificação acentuada das condições do seguro de vida e de saúde pela seguradora quando da renovação do contrato.

Artigo: 765 do Código Civil

544. O seguro de responsabilidade civil facultativo garante dois interesses, o do segurado contra os efeitos patrimoniais da imputação de responsabilidade e o da vítima à indenização, ambos destinatários da garantia, com pretensão própria e independente contra a seguradora.

Artigo: 787 do Código Civil

545. O prazo para pleitear a anulação de venda de ascendente a descendente sem anuência dos demais descendentes e/ou do cônjuge do alienante é de dois anos, contados da ciência do ato, que se presume absolutamente, tratando-se de transferência imobiliária, a partir da data do registro de imóveis.

Artigos: 179 e 496 do Código Civil

546. O § 2º do art. 787 do CC deve ser interpretado em consonância com o art. 422 do mesmo diploma legal, não obstando o direito à indenização e ao reembolso.

Artigos: 787, § 2º, e 422

547. Na hipótese de alteração da obrigação principal sem o consentimento do fiador, a exoneração deste é automática, não se aplicando o disposto no art. 835 do CC quanto à necessidade de permanecer obrigado pelo prazo de 60 (sessenta) dias após a notificação ao credor, ou de 120 (cento e vinte dias) dias no caso de fiança locatícia.

Artigos: 366 e 835 do CC e 40, X, da Lei nº 8.245/1991

548. Caracterizada a violação de dever contratual, incumbe ao devedor o ônus de demonstrar que o fato causador do dano não lhe pode ser imputado.

Artigos: 389 e 475 do Código Civil

549. A promessa de doação no âmbito da transação constitui obrigação positiva e perde o caráter de liberalidade previsto no art. 538 do CC.

Artigo: 538 do Código Civil

3. RESPONSABILIDADE CIVIL

550. A quantificação da reparação por danos extrapatrimoniais nãodeve estar sujeita a tabelamento ou a valores fixos.

Artigos: 186 e 944 do Código Civil

551. Nas violações aos direitos relativos a marcas, patentes e desenhos industriais, será assegurada a reparação civil ao seu titular, incluídos tanto os danos patrimoniais como os danos extrapatrimoniais.

Artigos: 186, 884, 927 e 944 do Código Civil

552. Constituem danos reflexos reparáveis as despesas suportadas pela operadora de plano de saúde decorrentes de complicações de procedimentos por ela não cobertos.

Artigo: 786, *caput*, do Código Civil

553. Nas ações de responsabilidade civil por cadastramento indevido nos registros de devedores inadimplentes realizados por instituições financeiras, a responsabilidade civil é objetiva.

Artigo: 927 do Código Civil

554. Independe de indicação do local específico da informação a ordem judicial para que o provedor de hospedagem bloqueie determinado conteúdo ofensivo na internet.

Artigo: 927, parágrafo único, do Código Civil

555. "Os direitos de outrem" mencionados no parágrafo único do art. 927 do CC devem abranger não apenas a vida e a integridade física, mas também outros direitos, de caráter patrimonial ou extrapatrimonial.

Artigo: 927, parágrafo único, do Código Civil

556. A responsabilidade civil do dono do prédio ou construção por sua ruína, tratada pelo art. 937 do Código Civil, é objetiva.

Artigo: 937 do Código Civil

557. Nos termos do art. 938 do Código Civil, se a coisa cair ou for lançada de condomínio edilício, não sendo possível identificar de qual unidade, responderá o condomínio, assegurado o direito de regresso.

Artigo: 938 do Código Civil

558. São solidariamente responsáveis pela reparação civil, juntamente com os agentes públicos que praticaram atos de improbidade administrativa, as pessoas, inclusive as jurídicas, que para eles concorreram ou deles se beneficiaram direta ou indiretamente.

Artigos: 942, *caput* e parágrafo único, do Código Civil, combinado com os arts. 3º, 4º, 5º e 6º da Lei nº 8.429, de 2-6-1992 (Lei de Improbidade Administrativa)

559. Observado o Enunciado nº 369 do CJF, no transporte aéreo, nacional e internacional, a responsabilidade do transportador em relação aos passageiros gratuitos, que viajarem por cortesia, é objetiva, devendo atender à integral reparação de danos patrimoniais e extrapatrimoniais.

Artigos: 732 e 736 do Código Civil, 256, § 2º, *b*, da Lei nº 7.565/1986 e 1º do Dec. nº 5.910/2006

560. No plano patrimonial, a manifestação do dano reflexo ou por ricochete não se restringe às hipóteses previstas no art. 948 do Código Civil.

Artigo: 948 do Código Civil

561. No caso do art. 952 do Código Civil, se a coisa faltar, dever-se-á, além de reembolsar o seu equivalente ao prejudicado, indenizar também os lucros cessantes.

Artigo: 952 do Código Civil

562. Aos casos do art. 931 do Código Civil aplicam-se as excludentes da responsabilidade objetiva.

Artigo: 931 do Código Civil

4. DIREITO DAS COISAS

563. O reconhecimento da posse por parte do Poder Público competente anterior à sua legitimação nos termos da Lei nº 11.977/2009 constitui título possessório.

Artigo: 1.196 do Código Civil

564. As normas relativas à usucapião extraordinária (art. 1.238, *caput*, do CC) e à usucapião ordinária (art. 1.242, *caput*, do CC), por estabelecerem redução de prazo em benefício do possuidor, têm aplicação imediata, não incidindo o disposto no art. 2.028 do CC.

Artigo: 1.238 do Código Civil

565. Não ocorre a perda da propriedade por abandono de resíduos sólidos, que são considerados bens socioambientais, nos termos da Lei nº 12.305/2012.

Artigo: 1.275, III, do Código Civil

566. A cláusula convencional que restringe a permanência de animais em unidades autônomas residenciais deve ser valorada à luz dos parâmetros legais de sossego, insalubridade e periculosidade.

Referência legislativa: Código Civil, art. 1.335, I, e Lei nº 4.591/1964, art. 19

567. A avaliação do imóvel para efeito do leilão previsto no § 1º do art. 27 da Lei nº 9.514/1997 deve contemplar o maior valor entre a avaliação efetuada pelo município para cálculo do imposto de transmissão *inter vivos* (ITBI) devido para a consolidação da propriedade no patrimônio do credor fiduciário e o critério fixado contratualmente.

Referência legislativa: Lei nº 9.514/1997, art. 27, § 1º

568. O direito de superfície abrange o direito de utilizar o solo, o subsolo ou o espaço aéreo relativo ao terreno, na forma estabelecida no contrato, admitindo-se o direito de sobrelevação, atendida a legislação urbanística.

Referência legislativa: Código Civil, art. 1.369, e Estatuto da Cidade, art. 21

569. No caso do art. 1.242, parágrafo único, a usucapião, como matéria de defesa, prescinde do ajuizamento da ação de usucapião, visto que, nessa hipótese, o usucapiente já é o titular do imóvel no registro.

Artigo: 1.242, parágrafo único, do Código Civil

5. FAMÍLIA E SUCESSÕES

570. O reconhecimento de filho havido em união estável fruto de técnica de reprodução assistida heteróloga *a parte* consentida expressamente pelo companheiro representa a formalização do vínculo jurídico de paternidade-filiação, cuja constituição se deu no momento do início da gravidez da companheira.

Artigos: 1.607 e 1.609 do Código Civil

571. Se comprovada a resolução prévia e judicial de todas as questões referentes aos filhos menores ou incapazes, o tabelião de notas poderá lavrar escrituras públicas de dissolução conjugal.

Artigos: 1.571 a 1.582 do Código Civil, combinados com a Lei nº 11.441/2007

572. Mediante ordem judicial, é admissível, para a satisfação do crédito alimentar atual, o levantamento do saldo de conta vinculada ao FGTS.

Artigos: 1.695 e 1.701, parágrafo único, do Código Civil

573. Na apuração da possibilidade do alimentante, observar-se-ão os sinais exteriores de riqueza.

Artigo: 1.694, § 1º, do Código Civil

574. A decisão judicial de interdição deverá fixar os limites da curatela para todas as pessoas a ela sujeitas, sem distinção, a fim de resguardar os direitos fundamentais e a dignidade do interdito (art. 1.772).

Artigo: 1.772 do Código Civil

575. Concorrendo herdeiros de classes diversas, a renúncia de qualquer deles devolve sua parte aos que integram a mesma ordem dos chamados a suceder.

Artigo: 1.810 do Código Civil

VII JORNADA DE DIREITO CIVIL

(Realizada em 28 e 29-9-2015)

1. PARTE GERAL

576. O direito ao esquecimento pode ser assegurado por tutela judicial inibitória.

Artigo: art. 21 do Código Civil

577. A possibilidade de instituição de categorias de associados com vantagens especiais admite a atribuição de pesos diferenciados ao direito de voto, desde que isso não acarrete a sua supressão em relação a matérias previstas no art. 59 do CC.

Artigo: art. 55 do Código Civil

578. Sendo a simulação causa de nulidade do negócio jurídico, sua alegação prescinde de ação própria.

Artigo: art. 167 do Código Civil

579. Nas pretensões decorrentes de doenças profissionais ou de caráter progressivo, o cômputo da prescrição iniciar-se-á somente a partir da ciência inequívoca da incapacidade do indivíduo, da origem e da natureza dos danos causados.

Artigo: art. 189 do Código Civil

580. É de 3 anos, pelo art. 206, § 3º, V, do CC, o prazo prescricional para a pretensão indenizatória da seguradora contra o causador de dano ao segurado, pois a seguradora sub-roga-se em seus direitos.

Artigo: art. 206, § 3º, V, do Código Civil

581. Em complemento ao Enunciado 295, a decretação *ex officio* da prescrição ou da decadência deve ser precedida de oitiva das partes.

Artigo: 191 do Código Civil

2. DIREITO DAS OBRIGAÇÕES E CONTRATOS

582. Com suporte na liberdade contratual e, portanto, em concretização da autonomia privada, as partes podem pactuar garantias contratuais atípicas.

Artigo: arts. 421 e 425 do Código Civil

583. O art. 441 do Código Civil deve ser interpretado no sentido de abranger também os contratos aleatórios, desde que não inclua os elementos aleatórios do contrato.

Artigo: art. 441 do Código Civil

584. Desde que não haja forma exigida para a substância do contrato, admite-se que o distrato seja pactuado por forma livre.

Artigo: art. 472 do Código Civil

585. Impõe-se o pagamento de indenização do seguro mesmo diante de condutas, omissões ou declarações ambíguas do segurado que não guardem relação com o sinistro.

Artigo: arts. 765 e 766 do Código Civil

586. Para a caracterização do adimplemento substancial (tal qual reconhecido pelo Enunciado 361 da IV Jornada de Direito Civil – CJF), levam-se em conta tanto aspectos quantitativos quanto qualitativos.

Artigo: art. 475 do Código Civil

3. RESPONSABILIDADE CIVIL

587. O dano à imagem restará configurado quando presente a utilização indevida desse bem jurídico, independentemente da concomitante lesão a outro direito da personalidade, sendo dispensável a prova do prejuízo do lesado ou do lucro do ofensor para a caracterização do referido dano, por se tratar de modalidade de dano *in re ipsa*.

Artigo: art. 927 do Código Civil

588. O patrimônio do ofendido não pode funcionar como parâmetro preponderante para o arbitramento de compensação por dano extrapatrimonial.

Artigo: art. 927 do Código Civil

589. A compensação pecuniária não é o único modo de reparar o dano extrapatrimonial, sendo admitida a reparação *in natura*, na forma de retratação pública ou outro meio.

Artigo: art. 927 do Código Civil

590. A responsabilidade civil dos pais pelos atos dos filhos menores, prevista no art. 932, inc. I, do Código Civil, não obstante objetiva, pressupõe a demonstração de que a conduta imputada ao menor, caso o fosse a um agente imputável, seria hábil para a sua responsabilização.

Artigo: art. 932, I, Código Civil

4. DIREITO DAS COISAS

591. A ação de reintegração de posse nos contratos de alienação fiduciária em garantia de coisa imóvel pode ser proposta a partir da consolidação da propriedade do imóvel em poder do credor fiduciário e não apenas após os leilões extrajudiciais previstos no art. 27 da Lei nº 9.514/1997.

Artigo: arts. 26, 27, 30 e 37-A da Lei nº 9.514/1997

592. O art. 519 do Código Civil derroga o art. 35 do Decreto-Lei nº 3.365/1941 naquilo que ele diz respeito a cenários de tredestinação ilícita. Assim, ações de retrocessão baseadas em alegações de tredestinação ilícita não precisam, quando julgadas depois da incorporação do bem desapropriado ao patrimônio da entidade expropriante, resolver-se em perdas e danos.

Artigo: art. 519 do Código Civil

593. É indispensável o procedimento de demarcação urbanística para regularização fundiária social de áreas ainda não matriculadas no Cartório de Registro de Imóveis, como requisito à emissão dos títulos de legitimação da posse e de domínio.

Artigo: art. 1.196 do Código Civil, 56 e 57 da Lei nº 11.977/2009

594. É possível adquirir a propriedade de área menor do que o módulo rural estabelecido para a região, por meio da usucapião especial rural.

Artigo: art. 1.239 do Código Civil

595. O requisito "abandono do lar" deve ser interpretado na ótica do instituto da usucapião familiar como abandono voluntário da posse do imóvel somado à ausência da tutela da família, não importando em averiguação da culpa pelo fim do casamento ou união estável. Revogado o Enunciado 499.

Artigo: art. 1240-A do Código Civil

596. O condomínio edilício pode adquirir imóvel por usucapião.

Artigo: art. 1243-A do Código Civil

597. A posse impeditiva da arrecadação, prevista no art. 1.276 do Código Civil, é efetiva e qualificada por sua função social.

Artigo: art. 1276 do Código Civil

598. Na redação do art. 1.293, "*agricultura e indústria*" não são apenas qualificadores do prejuízo que pode ser causado pelo aqueduto, mas também finalidades que podem justificar sua construção.

Artigo: art. 1293 do Código Civil

5. DIREITO DE FAMÍLIA E SUCESSÕES

599. Deve o magistrado, em sede de execução de alimentos avoengos, analisar as condições do(s) devedor(es), podendo aplicar medida coercitiva diversa da prisão civil ou determinar seu cumprimento em modalidade diversa do regime fechado (prisão em regime aberto ou prisão domiciliar), se o executado comprovar situações que contraindiquem o rigor na aplicação desse meio executivo e o torne atentatório à sua dignidade, como corolário do princípio de proteção aos idosos e garantia à vida.

Artigo: art. 528 da Lei nº 13.105/2015 (CPC/2015), art. 19 da Lei nº 5.478/1968 (Lei de Alimentos)

600. Após registrado judicialmente o testamento e sendo todos os interessados capazes e concordes com os seus termos, não havendo conflito de interesses, é possível que se faça o inventário extrajudicial.

Artigo: art. 610, § 1º, da Lei nº 13.105/2015 (CPC/2015)

601. É existente e válido o casamento entre pessoas do mesmo sexo.

Artigo: art. 1.514 do Código Civil

Enunciados

602. Transitada em julgado a decisão concessiva do divórcio, a expedição do mandado de averbação independe do julgamento da ação originária em que persista a discussão dos aspectos decorrentes da dissolução do casamento.

Artigo: art. 1.571 do Código Civil

603. A distribuição do tempo de convívio na guarda compartilhada deve atender precipuamente ao melhor interesse dos filhos, não devendo a divisão de forma equilibrada, a que alude o § 2º do art. 1.583 do Código Civil, representar convivência livre ou, ao contrário, repartição de tempo matematicamente igualitária entre os pais.

Artigo: art. 1.583, § 2º, do Código Civil

604. A divisão, de forma equilibrada, do tempo de convívio dos filhos com a mãe e com o pai, imposta na guarda compartilhada pelo § 2º do art. 1.583 do Código Civil, não deve ser confundida com a imposição do tempo previsto pelo instituto da guarda alternada, pois esta não implica apenas a divisão do tempo de permanência dos filhos com os pais, mas também o exercício exclusivo da guarda pelo genitor que se encontra na companhia do filho.

Artigo: art. 1.583, § 2º do Código Civil

605. A guarda compartilhada não exclui a fixação do regime de convivência.

Artigo: art. 1.583 do Código Civil

606. O tempo de convívio com os filhos "de forma equilibrada com a mãe e com o pai" deve ser entendido como divisão proporcional de tempo, da forma que cada genitor possa se ocupar dos cuidados pertinentes ao filho, em razão das peculiaridades da vida privada de cada um.

Artigo: art. 1.583, § 2º, do Código Civil

607. A guarda compartilhada não implica ausência de pagamento de pensão alimentícia.

Artigo: art. 1.583 c/c 1.694 c/c 1.701 do Código Civil

608. É possível o registro de nascimento dos filhos de pessoas do mesmo sexo originários de reprodução assistida, diretamente no Cartório do Registro Civil, sendo dispensável a propositura de ação judicial, nos termos da regulamentação da Corregedoria local.

Artigo: arts. 1.593 e 1.596 do Código Civil

609. O regime de bens no casamento somente interfere na concorrência sucessória do cônjuge com descendentes do falecido.

Artigo: art. 1.640, parágrafo único, e 1.829 do Código Civil

610. Nos casos de comoriência entre ascendente e descendente, ou entre irmãos, reconhece-se o direito de representação aos descendentes e aos filhos dos irmãos.

Artigo: arts. 1.851 e 1.854 do Código Civil

611. O testamento hológrafo simplificado, previsto no art. 1.879 do Código Civil, perderá sua eficácia se, nos 90 dias subsequentes ao fim das circunstâncias excepcionais que autorizaram a sua confecção, o disponente, podendo fazê-lo, não testar por uma das formas testamentárias ordinárias.

Artigo: art. 1.879 do Código Civil

612. O prazo para exercer o direito de anular a partilha amigável judicial, decorrente de dissolução de sociedade conjugal ou de união estável, extingue-se em 1 (um) ano da data do trânsito em julgado da sentença homologatória, consoante dispõem o art. 2.027, parágrafo único, do Código Civil de 2002, e art. 657, parágrafo único, do CPC/2015.

Artigo: art. 2.027, parágrafo único, do Código Civil

VIII JORNADA DE DIREITO CIVIL

(Realizada em 26 e 27-4-2018)

PARTE GERAL

613. Art. 12: A liberdade de expressão não goza de posição preferencial em relação aos direitos da personalidade no ordenamento jurídico brasileiro.

614. Art. 39: Os efeitos patrimoniais da presunção de morte posterior à declaração da ausência são aplicáveis aos casos do art. 7º, de modo que, se o presumivelmente morto reaparecer nos dez anos seguintes à abertura da sucessão, receberá igualmente os bens existentes no estado em que se acharem.

615. Art. 53: As associações civis podem sofrer transformação, fusão, incorporação ou cisão.

616. Art. 166: Os requisitos de validade previstos no Código Civil são aplicáveis aos negócios jurídicos processuais, observadas as regras processuais pertinentes.

617. Art. 187: O abuso do direito impede a produção de efeitos do ato abusivo de exercício, na extensão necessária a evitar sua manifesta contrariedade à boa-fé, aos bons costumes, à função econômica ou social do direito exercido.

OBRIGAÇÕES

618. Art. 288: O devedor não é terceiro para fins de aplicação do art. 288 do Código Civil, bastando a notificação prevista no art. 290 para que a cessão de crédito seja eficaz perante ele.

619. Art. 397: A interpelação extrajudicial de que trata o parágrafo único do art. 397 do Código Civil admite meios eletrônicos como *e-mail* ou aplicativos de conversa *on-line*, desde que demonstrada a ciência inequívoca do interpelado, salvo disposição em contrário no contrato.

620. Art. 884: A obrigação de restituir o lucro da intervenção, entendido como a vantagem patrimonial auferida a partir da exploração não autorizada de bem ou direito alheio, fundamenta-se na vedação do enriquecimento sem causa.

CONTRATOS

621. Art. 421: Os contratos coligados devem ser interpretados a partir do exame do conjunto das cláusulas contratuais, de forma a privilegiar a finalidade negocial que lhes é comum.

622. Art. 541: Para a análise do que seja bem de pequeno valor, nos termos do que consta do art. 541, parágrafo único, do Código Civil, deve-se levar em conta o patrimônio do doador.

DIREITO DAS COISAS

623. Art. 504: Ainda que sejam muitos os condôminos, não há direito de preferência na venda da fração de um bem entre dois coproprietários, pois a regra prevista no art. 504, parágrafo único, do Código Civil, visa somente a resolver eventual concorrência entre condôminos na alienação da fração a estranhos ao condomínio.

624. Art. 1.247: A anulação do registro, prevista no art. 1.247 do Código Civil, não autoriza a exclusão dos dados invalidados do teor da matrícula.

625. Art. 1.358: A incorporação imobiliária que tenha por objeto o condomínio de lotes poderá ser submetida ao regime do patrimônio de afetação, na forma da lei especial.

626. Art. 1.428: Não afronta o art. 1.428 do Código Civil, em relações paritárias, o pacto marciano, cláusula contratual que autoriza que o credor se torne proprietário da coisa objeto da garantia mediante aferição de seu justo valor e restituição do supérfluo (valor do bem em garantia que excede o da dívida).

627. Art. 1.510: O direito real de laje é passível de usucapião.

628. Art. 1.711: Os patrimônios de afetação não se submetem aos efeitos de recuperação judicial da sociedade instituidora e prosseguirão sua atividade com autonomia e incomunicáveis em relação ao seu patrimônio geral, aos demais patrimônios de afetação por ela constituídos e ao plano de recuperação até que extintos, nos termos da legislação respectiva, quando seu resultado patrimonial, positivo ou negativo, será incorporado ao patrimônio geral da sociedade instituidora.

RESPONSABILIDADE CIVIL

629. Art. 944: A indenização não inclui os prejuízos agravados, nem os que poderiam ser evitados ou reduzidos mediante esforço razoável da vítima. Os custos da mitigação devem ser considerados no cálculo da indenização.

630. Art. 945: Culpas não se compensam. Para os efeitos do art. 945 do Código Civil, cabe observar os seguintes critérios: (i) há diminuição do quantum da reparação do dano causado quando, ao lado da conduta do lesante, verifica-se ação ou omissão do próprio lesado da qual resulta o dano, ou o seu agravamento, desde que (ii) reportadas ambas as condutas a um mesmo fato, ou ao mesmo fundamento de imputação, conquanto possam ser simultâneas ou sucessivas, devendo-se considerar o percentual causal do agir de cada um.

631. Art. 946: Como instrumento de gestão de riscos na prática negocial paritária, é lícita a estipulação de cláusula que exclui a reparação por perdas e danos decorrentes do inadimplemento (cláusula excludente do dever de indenizar) e de cláusula que fixa valor máximo de indenização (cláusula limitativa do dever de indenizar).

FAMÍLIA E SUCESSÕES

632. Art. 1.596: Nos casos de reconhecimento de multiparentalidade paterna ou materna, o filho terá direito à participação na herança de todos os ascendentes reconhecidos.

633. Art. 1.597: É possível ao viúvo ou ao companheiro sobrevivente, o acesso à técnica de reprodução assistida póstuma – por meio da maternidade de substituição, desde que haja expresso consentimento manifestado em vida pela sua esposa ou companheira.

634. Art. 1.641: É lícito aos que se enquadrem no rol de pessoas sujeitas ao regime da separação obrigatória de bens (art. 1.641 do Código Civil) estipular, por pacto antenupcial ou contrato de convivência, o regime da separação de bens, a fim de assegurar os efeitos de tal regime e afastar a incidência da Súmula 377 do STF.

635. Art. 1.655: O pacto antenupcial e o contrato de convivência podem conter cláusulas existenciais, desde que estas não violem os princípios da dignidade da pessoa humana, da igualdade entre os cônjuges e da solidariedade familiar.

636. Art. 1.735: O impedimento para o exercício da tutela do inc. IV do art. 1.735 do Código Civil pode ser mitigado para atender ao princípio do melhor interesse da criança.

637. Art. 1.767: Admite-se a possibilidade de outorga ao curador de poderes de representação para alguns atos da vida civil, inclusive de natureza existencial, a serem especificados na sentença, desde que comprovadamente necessários para proteção do curatelado em sua dignidade.

638. Art. 1.775: A ordem de preferência de nomeação do curador do art. 1.775 do Código Civil deve ser observada quando atender ao melhor interesse do curatelado, considerando suas vontades e preferências, nos termos do art. 755, II, e § 1º, do CPC.

639. Art. 1.783-A:

A opção pela tomada de decisão apoiada é de legitimidade exclusiva da pessoa com deficiência.

A pessoa que requer o apoio pode manifestar, antecipadamente, sua vontade de que um ou ambos os apoiadores se tornem, em caso de curatela, seus curadores.

640. Art. 1.783-A: A tomada de decisão apoiada não é cabível, se a condição da pessoa exigir aplicação da curatela.

641. Art. 1.790: A decisão do Supremo Tribunal Federal que declarou a inconstitucionalidade do art. 1.790 do Código Civil não importa equiparação absoluta entre o casamento e a união estável. Estendem-se à união estável apenas as regras aplicáveis ao casamento que tenham por fundamento a solidariedade familiar. Por outro lado, é constitucional a distinção entre os regimes, quando baseada na solenidade do ato jurídico que funda o casamento, ausente na união estável.

642. Art. 1.836: Nas hipóteses de multiparentalidade, havendo o falecimento do descendente com o chamamento de seus ascendentes à sucessão legítima, se houver igualdade em grau e diversidade em linha entre os ascendentes convocados a herdar, a herança deverá ser dividida em tantas linhas quantos sejam os genitores.

643. Art. 1.973: O rompimento do testamento (art. 1.973 do Código Civil) se refere exclusivamente às disposições de caráter patrimonial, mantendo-se válidas e eficazes as de caráter extrapatrimonial, como o reconhecimento de filho e o perdão ao indigno.

644. Art. 2.003:

Os arts. 2.003 e 2.004 do Código Civil e o art. 639 do CPC devem ser interpretados de modo a garantir a igualdade das legítimas e a coerência do ordenamento.

O bem doado, em adiantamento de legítima, será colacionado de acordo com seu valor atual na data da abertura da sucessão, se ainda integrar o patrimônio do donatário.

Se o donatário já não possuir o bem doado, este será colacionado pelo valor do tempo de sua alienação, atualizado monetariamente.

ENUNCIADOS DAS JORNADAS DE DIREITO PROCESSUAL CIVIL

I JORNADA DE DIREITO PROCESSUAL CIVIL

(Realizada em 24 e 27-8-2017)

1. A verificação da violação à boa-fé objetiva dispensa a comprovação do animus do sujeito processual.

2. As disposições do CPC aplicam-se supletiva e subsidiariamente às Leis n°s 9.099/1995, 10.259/2001 e 12.153/2009, desde que não sejam incompatíveis com as regras e princípios dessas Leis.

3. As disposições do CPC aplicam-se supletiva e subsidiariamente ao Código de Processo Penal, no que não forem incompatíveis com esta Lei.

4. A entrada em vigor de acordo ou tratado internacional que estabeleça dispensa da caução prevista no art. 83, § 1º, I do CPC/2015, implica na liberação da caução previamente imposta.

5. Ao proferir decisão parcial de mérito ou decisão parcial fundada no art. 485 do CPC, condenar-se-á proporcionalmente o vencido a pagar honorários ao advogado do vencedor, nos termos do art. 85 do CPC.

6. A fixação dos honorários de sucumbência por apreciação equitativa só é cabível nas hipóteses previstas no § 8º do art. 85 do CPC.

7. A ausência de resposta ao recurso pela parte contrária, por si só, não tem o condão de afastar a aplicação do disposto no art. 85, § 11, do CPC.

8. Não cabe majoração de honorários advocatícios em agravo de instrumento, salvo se interposto contra decisão interlocutória que tenha fixado honorários na origem, respeitados os limites estabelecidos no art. 85, §§ 2º, 3º e 8º, do CPC.

9. Aplica-se o art. 90, § 4º, do CPC ao reconhecimento da procedência do pedido feito pela Fazenda Pública nas ações relativas às prestações de fazer e de não fazer.

10. O benefício do § 4º do art. 90 do CPC aplica-se apenas à fase de conhecimento.

11. Aplica-se o disposto nos arts. 133 a 137 do CPC às hipóteses de desconsideração indireta e expansiva da personalidade jurídica.

12. É cabível a intervenção de *amicus curiae* (art. 138 do CPC) no procedimento do Mandado de Injunção (Lei nº 13.300/2016).

13. O art. 139, VI, do CPC autoriza o deslocamento para o futuro do termo inicial do prazo.

14. A ordem cronológica do art. 153 do CPC não será renovada quando houver equívoco atribuível ao Poder Judiciário no cumprimento de despacho ou decisão.

15. Aplicam-se às entidades referidas no § 3º do art. 186 do CPC as regras sobre intimação pessoal das partes e suas testemunhas (art. 186, § 2º; art. 455, § 4º, IV; art. 513, § 2º, II e art. 876, § 1º, II, todos do CPC).

16. As disposições previstas nos arts. 190 e 191 do CPC poderão aplicar-se aos procedimentos previstos nas leis que tratam dos juizados especiais, desde que não ofendam os princípios e regras previstos nas Leis n°s 9.099/1995, 10.259/2001 e 12.153/2009.

17. A Fazenda Pública pode celebrar convenção processual, nos termos do art. 190 do CPC.

18. A convenção processual pode ser celebrada em pacto antenupcial ou em contrato de convivência, nos termos do art. 190 do CPC.

19. O prazo em dias úteis previsto no art. 219 do CPC aplica-se também aos procedimentos regidos pelas Leis n°s 9.099/1995, 10.259/2001 e 12.153/2009.

20. Aplica-se o art. 219 do CPC na contagem do prazo para oposição de embargos à execução fiscal previsto no art. 16 da Lei nº 6.830/1980.

21. A suspensão dos prazos processuais prevista no *caput* do art. 220 do CPC estende-se ao Ministério Público, à Defensoria Pública e à Advocacia Pública.

22. Em causas que dispensem a fase instrutória, é possível o julgamento de improcedência liminar do pedido que contrariar decisão do Supremo Tribunal Federal em controle concentrado de constitucionalidade ou enunciado de súmula vinculante.

23. Na ausência de auxiliares da justiça, o juiz poderá realizar a audiência inaugural do art. 334 do CPC, especialmente se a hipótese for de conciliação.

24. Havendo a Fazenda Pública publicizado ampla e previamente as hipóteses em que está autorizada a transigir, pode o juiz dispensar a realização da audiência de mediação e conciliação, com base no art. 334, § 4º, II, do CPC, quando o direito discutido na ação não se enquadrar em tais situações.

25. As audiências de conciliação ou mediação, inclusive dos juizados especiais, poderão ser realizadas por videoconferência, áudio, sistemas de troca de mensagens, conversa on-line, conversa escrita, eletrônica, telefônica e telemática ou outros mecanismos que estejam à disposição dos profissionais da autocomposição para estabelecer a comunicação entre as partes.

26. A multa do § 8º do art. 334 do CPC não incide no caso de não comparecimento do réu intimado por edital.

27. Não é necessário o anúncio prévio do julgamento do pedido nas situações do art. 355 do CPC.

28. Os incisos do art. 357 do CPC não exaurem o conteúdo possível da decisão de saneamento e organização do processo.

29. A estabilidade do saneamento não impede a produção de outras provas, cuja necessidade se origine de circunstâncias ou fatos apurados na instrução.

30. É admissível a prova emprestada, ainda que não haja identidade de partes, nos termos do art. 372 do CPC.

31. A compatibilização do disposto nos arts. 378 e 379 do CPC com o art. 5º, LXIII, da CF/1988, assegura à parte, exclusivamente, o direito de não produzir prova contra si quando houver reflexos no ambiente penal.

32. A vedação à apresentação de defesa prevista no art. 382, § 4º, do CPC, não impede a alegação pelo réu de matérias defensivas conhecíveis de ofício.

33. No depoimento pessoal, o advogado da contraparte formulará as perguntas diretamente ao depoente.

34. A qualificação incompleta da testemunha só impede a sua inquirição se houver demonstração de efetivo prejuízo.

35. Considerando os princípios do acesso à justiça e da segurança jurídica, persiste o interesse de agir na propositura de ação declaratória a respeito da questão prejudicial incidental, a ser distribuída por dependência da ação preexistente, inexistindo litispendência entre ambas as demandas (arts. 329 e 503, § 1º, do CPC).

36. O disposto no art. 506 do CPC não permite que se incluam, dentre os beneficiados pela coisa julgada, litigantes de outras demandas em que se discuta a mesma tese jurídica.

37. Aplica-se aos juizados especiais o disposto nos parágrafos do art. 489 do CPC.

38. As medidas adequadas para efetivação da tutela provisória independem do trânsito em julgado, inclusive contra o Poder Público (art. 297 do CPC).

39. Cassada ou modificada a tutela de urgência na sentença, a parte poderá, além de interpor recurso, pleitear o respectivo restabelecimento na instância superior, na petição de recurso ou em via autônoma.

40. A irreversibilidade dos efeitos da tutela de urgência não impede sua concessão, em se tratando de direito provável, cuja lesão seja irreversível.

41. Nos processos sobrestados por força do regime repetitivo, é possível a apreciação e a efetivação de tutela provisória de urgência, cuja competência será do órgão jurisdicional onde estiverem os autos.

42. É cabível a concessão de tutela provisória de urgência em incidente de desconsideração da personalidade jurídica.

43. Não ocorre a estabilização da tutela antecipada requerida em caráter antecedente, quando deferida em ação rescisória.

44. É requisito da petição inicial da tutela cautelar requerida em caráter antecedente a indicação do valor da causa.

45. Aplica-se às tutelas provisórias o princípio da fungibilidade, devendo o juiz esclarecer as partes sobre o regime processual a ser observado.

46. A cessação da eficácia da tutela cautelar, antecedente ou incidental, pela não efetivação no prazo de 30 dias, só ocorre se caracterizada omissão do requerente.

47. A probabilidade do direito constitui requisito para concessão da tutela da evidência fundada em abuso do direito de defesa ou em manifesto propósito protelatório da parte contrária.

48. É admissível a tutela provisória da evidência, prevista no art. 311, II, do CPC, também em casos de tese firmada em repercussão geral ou em súmulas dos tribunais superiores.

49. A tutela da evidência pode ser concedida em mandado de segurança.

50. A eficácia da produção antecipada de provas não está condicionada a prazo para a propositura de outra ação.

51. Havendo registro judicial ou autorização expressa do juízo sucessório competente, nos autos do procedimento de abertura, registro e cumprimento de testamento, sendo todos os interessados capazes e concordes, poderão ser feitos o inventário e a partilha por escritura pública.

52. Na organização do esboço da partilha tratada pelo art. 651 do CPC, deve-se incluir a meação do companheiro.

53. Para o reconhecimento definitivo do domínio ou da posse do terceiro embargante (art. 681 do CPC), é necessária a presença, no polo passivo dos embargos, do réu ou do executado a quem se impute a titularidade desse domínio ou dessa posse no processo principal.

54. Estando o processo em grau de recurso, o requerimento de habilitação far-se-á de acordo com o Regimento Interno do respectivo tribunal (art. 687 do CPC).

55. É cabível apelação contra sentença proferida no procedimento especial de habilitação (arts. 687 a 692 do CPC).

56. A legitimidade conferida à Defensoria Pública pelo art. 720 do CPC compreende as hipóteses de jurisdição voluntária previstas na legislação extravagante, notadamente no Estatuto da Criança e do Adolescente.

57. Todos os legitimados a promover a curatela, cujo rol deve incluir o próprio sujeito a ser curatelado, também o são para realizar o pedido do seu levantamento.

58. O prazo para interposição do agravo previsto na Lei nº 8.437/92 é de quinze dias, conforme o disposto no art. 1.070 do CPC.

59. Não é exigível identidade absoluta entre casos para a aplicação de um precedente, seja ele vinculante ou não, bastando que ambos possam compartilhar os mesmos fundamentos determinantes.

60. É direito das partes a manifestação por escrito, no prazo de cinco dias, sobre fato superveniente ou questão de ofício na hipótese do art. 933, § 1º, do CPC, ressalvada a concordância expressa com a forma oral em sessão.

61. Deve ser franqueado às partes sustentar oralmente as suas razões, na forma e pelo prazo previsto no art. 937, *caput*, do CPC, no agravo de instrumento que impugne decisão de resolução parcial de mérito (art. 356, § 5º, do CPC).

62. Aplica-se a técnica prevista no art. 942 do CPC no julgamento de recurso de apelação interposto em mandado de segurança.

63. A técnica de que trata o art. 942, § 3º, I, do CPC aplica-se à hipótese de rescisão parcial do julgado.

64. Ao despachar a reclamação, deferida a suspensão do ato impugnado, o relator pode conceder tutela provisória satisfativa correspondente à decisão originária cuja autoridade foi violada.

65. A desistência do recurso pela parte não impede a análise da questão objeto do incidente de assunção de competência.

66. Admite-se a correção da falta de comprovação do feriado local ou da suspensão do expediente forense, posteriormente à interposição do recurso, com fundamento no art. 932, parágrafo único, do CPC.

67. Há interesse recursal no pleito da parte para impugnar a multa do art. 334, § 8º, do CPC por meio de apelação, embora tenha sido vitoriosa na demanda.

68. A intempestividade da apelação desautoriza o órgão a quo a proferir juízo positivo de retratação.

69. A hipótese do art. 1.015, parágrafo único, do CPC abrange os processos concursais, de falência e recuperação.

70. É agravável o pronunciamento judicial que postergar a análise de pedido de tutela provisória ou condicioná-la a qualquer exigência.

71. É cabível o recurso de agravo de instrumento contra a decisão que indefere o pedido de atribuição de efeito suspensivo a Embargos à Execução, nos termos do art. 1.015, X, do CPC.

72. É admissível a interposição de agravo de instrumento tanto para a decisão interlocutória que rejeita a inversão do ônus da prova, como para a que a defere.

73. Para efeito de não conhecimento do agravo de instrumento por força da regra prevista no § 3º do art. 1.018 do CPC, deve o juiz, previamente, atender ao art. 932, parágrafo único, e art. 1.017, § 3º, do CPC, intimando o agravante para sanar o vício ou complementar a documentação exigível.

74. O termo "manifestamente" previsto no § 4º do art. 1.021 do CPC se refere tanto à improcedência quanto à inadmissibilidade do agravo.

75. Cabem embargos declaratórios contra decisão que não admite recurso especial ou extraordinário, no tribunal de origem ou no tribunal superior, com a consequente interrupção do prazo recursal.

76. É considerada omissa, para efeitos do cabimento dos embargos de declaração, a decisão que, na superação de precedente, não se manifesta sobre a modulação de efeitos.

77. Para impugnar decisão que obsta trânsito a recurso excepcional e que contenha simultaneamente fundamento relacionado à sistemática dos recursos repetitivos ou da repercussão geral (art. 1.030, I, do CPC) e fundamento relacionado à análise dos pressupostos de admissibilidade recursais (art. 1.030, V, do CPC), a parte sucumbente deve interpor, simultaneamente, agravo interno (art. 1.021 do CPC) caso queira impugnar a parte relativa aos recursos repetitivos ou repercussão geral e agravo em recurso especial/extraordinário (art. 1.042 do CPC) caso queira impugnar a parte relativa aos fundamentos de inadmissão por ausência dos pressupostos recursais.

78. A suspensão do recurso prevista no art. 1.030, III, do CPC deve se dar apenas em relação ao capítulo da decisão afetada pelo repetitivo, devendo o recurso ter seguimento em relação ao remanescente da controvérsia, salvo se a questão repetitiva for prejudicial à solução das demais matérias.

79. Na hipótese do art. 1.032 do CPC, cabe ao relator, após possibilitar que o recorrente adite o seu recurso para inclusão de preliminar sustentando a existência de repercussão geral, oportunizar ao recorrido que, igualmente, adite suas contrarrazões para sustentar a inexistência da repercussão.

80. Quando o Supremo Tribunal Federal considerar como reflexa a ofensa à Constituição afirmada no recurso extraordinário, deverá, antes de remetê-lo ao Superior Tribunal de Justiça para julgamento como recurso especial, conceder prazo de quinze dias para que as partes complementem suas razões e contrarrazões de recurso.

81. A devolução dos autos pelo Superior Tribunal de Justiça ou Supremo Tribunal Federal ao tribunal de origem depende de decisão fundamentada, contra a qual cabe agravo na forma do art. 1.037, § 13, II, do CPC.

82. Quando houver pluralidade de pedidos de admissão de *amicus curiae*, o relator deve observar, como critério para definição daqueles que serão admitidos, o equilíbrio na representatividade dos diversos interesses jurídicos contrapostos no litígio, velando, assim, pelo respeito à amplitude do contraditório, paridade de tratamento e isonomia entre todos os potencialmente atingidos pela decisão.

83. Caso os embargos de divergência impliquem alteração das conclusões do julgamento anterior, o recorrido que já tiver interposto o recurso extraordinário terá o direito de complementar ou alterar suas razões, nos exatos limites da modificação, no prazo de quinze dias, contados da intimação da decisão dos embargos de divergência.

84. O comparecimento espontâneo da parte constitui termo inicial dos prazos para pagamento e, sucessivamente, impugnação ao cumprimento de sentença.

85. Na execução de título extrajudicial ou judicial (art. 515, § 1º, do CPC) é cabível a citação postal.

86. As prestações vincendas até o efetivo cumprimento da obrigação incluem-se na execução de título executivo extrajudicial (arts. 323 e 318, parágrafo único, do CPC).

87. O acordo de reparação de danos feito durante a suspensão condicional do processo, desde que devidamente homologado por sentença, é título executivo judicial.

88. A caução prevista no inc. IV do art. 520 do CPC não pode ser exigida em cumprimento definitivo de sentença. Considera-se como tal o cumprimento de sentença transitada em julgado no processo que deu origem ao crédito executado, ainda que sobre ela penda impugnação destituída de efeito suspensivo.

89. Conta-se em dias úteis o prazo do *caput* do art. 523 do CPC.

90. Conta-se em dobro o prazo do art. 525 do CPC nos casos em que o devedor é assistido pela Defensoria Pública.

91. Interpreta-se o art. 524 do CPC e seus parágrafos no sentido de permitir que a parte patrocinada pela Defensoria Pública continue a valer-se da contadoria judicial para elaborar cálculos para execução ou cumprimento de sentença.

92. A intimação prevista no *caput* do art. 523 do CPC deve contemplar, expressamente, o prazo sucessivo para impugnar o cumprimento de sentença.

93. Da decisão que julga a impugnação ao cumprimento de sentença cabe apelação, se extinguir o processo, ou agravo de instrumento, se não o fizer.

94. Aplica-se o procedimento do art. 920 do CPC à impugnação ao cumprimento de sentença, com possibilidade de rejeição liminar nas hipóteses dos arts. 525, § 5º, e 918 do CPC.

95. O juiz, antes de rejeitar liminarmente a impugnação ao cumprimento de sentença (art. 525, § 5º, do CPC), deve intimar o impugnante para sanar eventual vício, em observância ao dever processual de cooperação (art. 6º do CPC).

96. Os critérios referidos no *caput* do art. 537 do CPC devem ser observados no momento da fixação da multa, que não está limitada ao valor da obrigação principal e não pode ter sua exigibilidade postergada para depois do trânsito em julgado.

97. A execução pode ser promovida apenas contra o titular do bem oferecido em garantia real, cabendo, nesse caso, somente a intimação de eventual coproprietário que não tenha outorgado a garantia.

98. O art. 782, § 3º, do CPC não veda a possibilidade de o credor, ou mesmo o órgão de proteção ao crédito, fazer a inclusão extrajudicial do nome do executado em cadastros de inadimplentes.

99. A inclusão do nome do executado em cadastros de inadimplentes poderá se dar na execução definitiva de título judicial ou extrajudicial.

100. Interpreta-se a expressão condomínio edilício do art. 784, X, do CPC de forma a compreender tanto os condomínios verticais, quanto os horizontais de lotes, nos termos do art. 1.358-A do Código Civil.

101. É admissível ação monitória, ainda que o autor detenha título executivo extrajudicial.

102. A falta de oposição dos embargos de terceiro preventivos no prazo do art. 792, § 4º, do CPC não impede a propositura dos embargos de terceiro repressivos no prazo do art. 675 do mesmo Código.

103. Pode o exequente – em execução de obrigação de fazer fungível, decorrente do inadimplemento relativo, voluntário e inescusável do executado – requerer a satisfação da obrigação por terceiro, cumuladamente ou não com perdas e danos, considerando que o *caput* do art. 816 do CPC não derrogou o *caput* do art. 249 do Código Civil.

104. O fornecimento de certidão para fins de averbação premonitória (art. 799, IX, do CPC) independe de prévio despacho ou autorização do juiz.

105. As hipóteses de penhora do art. 833, § 2º, do CPC aplicam-se ao cumprimento da sentença ou à execução de título extrajudicial relativo a honorários advocatícios, em razão de sua natureza alimentar.

106. Na expropriação, a apropriação de frutos e rendimentos poderá ser priorizada em relação à adjudicação, se não prejudicar o exequente e for mais favorável ao executado.

107. Não se aplica a suspensão do art. 982, I, do CPC ao cumprimento de sentença anteriormente transitada em julgado e que tenha decidido questão objeto de posterior incidente de resolução de demandas repetitivas.

II JORNADA DE DIREITO PROCESSUAL CIVIL

PARTE GERAL

108. A competência prevista nas alíneas do art. 53, I, do CPC não é de foros concorrentes, mas de foros subsidiários.

109. Na hipótese de cumulação alternativa, acolhido integralmente um dos pedidos, a sucumbência deve ser suportada pelo réu.

110. A instauração do incidente de desconsideração da personalidade jurídica não suspenderá a tramitação do processo de execução e do cumprimento de sentença em face dos executados originários.

111. O incidente de desconsideração da personalidade jurídica pode ser aplicado ao processo falimentar.

112. A intervenção do Ministério Público como fiscal da ordem jurídica não inviabiliza a celebração de negócios processuais.

113. As disposições previstas nos arts. 190 e 191 do CPC poderão ser aplicadas ao procedimento de recuperação judicial.

114. Os entes despersonalizados podem celebrar negócios jurídicos processuais.

115. O negócio jurídico processual somente se submeterá à homologação quando expressamente exigido em norma jurídica, admitindo-se, em todo caso, o controle de validade da convenção.

116. Aplica-se o art. 219 do CPC na contagem dos prazos processuais previstos na Lei nº 6.830/1980.

117. O art. 356 do CPC pode ser aplicado nos julgamentos dos tribunais.

118. É cabível a fixação de honorários advocatícios na ação de produção antecipada de provas na hipótese de resistência da parte requerida na produção da prova.

PROCESSO DE CONHECIMENTO

119. É admissível o ajuizamento de ação de exibição de documentos, de forma autônoma, inclusive pelo procedimento comum do CPC (art. 318 e seguintes).

120. Deve o juiz determinar a emenda também na reconvenção, possibilitando ao reconvinte, a fim de evitar a sua rejeição prematura, corrigir defeitos e/ou irregularidades.

121. Não cabe aplicar multa a quem, comparecendo à audiência do art. 334 do CPC, apenas manifesta desinteresse na realização de acordo, salvo se a sessão foi designada unicamente por requerimento seu e não houver justificativa para a alteração de posição.

122. O prazo de contestação é contado a partir do primeiro dia útil seguinte à realização da audiência de conciliação ou mediação, ou da última sessão de conciliação ou mediação, na hipótese de incidência do art. 335, inc. I, do CPC.

123. Aplica-se o art. 339 do CPC à autoridade coatora indicada na inicial do mandado de segurança e à pessoa jurídica que compõe o polo passivo.

124. Não há preclusão consumativa do direito de apresentar contestação, se o réu se manifesta, antes da data da audiência de conciliação ou de mediação, quanto à incompetência do juízo.

125. A decisão parcial de mérito não pode ser modificada senão em decorrência do recurso que a impugna.

126. O juiz pode resolver parcialmente o mérito, em relação à matéria não afetada para julgamento, nos processos suspensos em razão de recursos repetitivos, repercussão geral, incidente de resolução de demandas repetitivas ou incidente de assunção de competência.

127. O juiz pode homologar parcialmente a delimitação consensual das questões de fato e de direito, após consulta às partes, na forma do art. 10 do CPC.

128. Exceto quando reconhecida sua nulidade, a convenção das partes sobre o ônus da prova afasta a redistribuição por parte do juiz.

TUTELA PROVISÓRIA E PROCEDIMENTOS ESPECIAIS

129. É admitida a exibição de documentos como objeto de produção antecipada de prova, nos termos do art. 381 do CPC.

130. É possível a estabilização de tutela antecipada antecedente em face da Fazenda Pública.

131. A remissão ao art. 672, feita no art. 664, § 4º, do CPC, consiste em erro material decorrente da renumeração de artigos durante a tramitação legislativa. A referência deve ser compreendida como sendo ao art. 662, norma que possui conteúdo integrativo adequado ao comando expresso e finalístico do art. 664, § 4º.

132. O prazo para apresentação de embargos de terceiro tem natureza processual e deve ser contado em dias úteis.

133. É admissível a formulação de reconvenção em resposta aos embargos de terceiro, inclusive para o propósito de veicular pedido típico de ação pauliana, nas hipóteses de fraude contra credores.

134. A apelação contra a sentença que julga improcedentes os embargos ao mandado monitório não é dotada de efeito suspensivo automático (art. 702, § 4º, e 1.012, § 1º, V, CPC).

RECURSOS E PRECEDENTES JUDICIAIS

135. É admissível a concessão de tutela da evidência fundada em tese firmada em incidente de assunção de competência.

136. A caução exigível em cumprimento provisório de sentença poderá ser dispensada se o julgado a ser cumprido estiver em consonância com tese firmada em incidente de assunção de competência.

137. Se o recurso do qual se originou a decisão embargada comportou a aplicação da técnica do art. 942 do CPC, os declaratórios eventualmente opostos serão julgados com a composição ampliada.

138. É cabível reclamação contra acórdão que aplicou indevidamente tese jurídica firmada em acórdão proferido em julgamento de recursos extraordinário ou especial repetitivos, após o esgotamento das instâncias ordinárias, por analogia ao quanto previsto no art. 988, § 4º, do CPC.

139. A ausência de retratação do órgão julgador, na hipótese prevista no art. 1030, II, do CPC, dispensa a ratificação expressa para que haja o juízo de admissibilidade e a eventual remessa do recurso extraordinário ou especial ao tribunal superior competente, na forma dos arts. 1.030, V, *c*, e 1.041 do CPC.

140. A suspensão de processos pendentes, individuais ou coletivos, que tramitam no Estado ou na região prevista no art. 982, I, do CPC não é decorrência automática e necessária da admissão do IRDR, competindo ao relator ou ao colegiado decidir acerca da sua conveniência.

141. É possível a conversão de Incidente de Assunção de Competência em Incidente de Resolução de Demandas Repetitivas, se demonstrada a efetiva repetição de processos em que se discute a mesma questão de direito.

142. Determinada a suspensão decorrente da admissão do IRDR (art. 982, I), a alegação de distinção entre a questão jurídica versada em uma demanda em curso e aquela a ser julgada no incidente será veiculada por meio do requerimento previsto no art. 1.037, § 10.

143. A revisão da tese jurídica firmada no incidente de resolução de demandas repetitivas pode ser feita pelas partes, nos termos do art. 977, II, do CPC/2015.

144. No caso de apelação, o deferimento de tutela provisória em sentença retira-lhe o efeito suspensivo referente ao capítulo atingido pela tutela.

145. O recurso cabível contra a decisão que julga a liquidação de sentença é o Agravo de Instrumento.

EXECUÇÃO E CUMPRIMENTO DE SENTENÇA

146. O prazo de 3 (três) dias previsto pelo art. 528 do CPC conta-se em dias úteis e na forma dos incisos do art. 231 do CPC, não se aplicando seu § 3º.

147. Basta o inadimplemento de uma parcela, no todo ou em parte, para decretação da prisão civil prevista no art. 528, § 7º, do CPC.

148. A reiteração pelo exequente ou executado de matérias já preclusas pode ensejar a aplicação de multa por conduta contrária à boa-fé.

149. A falta de averbação da pendência de processo ou da existência de hipoteca judiciária ou de constrição judicial sobre bem no registro de imóveis não impede que o exequente comprove a má-fé do terceiro que tenha adquirido a propriedade ou qualquer outro direito real sobre o bem.

150. Aplicam-se ao direito de laje os arts. 791, 804 e 889, III, do CPC.

151. O legitimado pode remir a execução até a lavratura do auto de adjudicação ou de alienação (CPC, art. 826).

152. O pacto de impenhorabilidade (arts. 190, 200 e 833, I) produz efeitos entre as partes, não alcançando terceiros.

153. A penhorabilidade dos bens, observados os critérios do art. 190 do CPC, pode ser objeto de convenção processual das partes.

154. O exequente deve providenciar a intimação do coproprietário no caso da penhora de bem indivisível ou de direito real sobre bem indivisível.

155. A penhora a que alude o art. 860 do CPC poderá recair sobre direito litigioso ainda não reconhecido por decisão transitada em julgado.

156. O decurso de tempo entre a avaliação do bem penhorado e a sua alienação não importa, por si só, nova avaliação, a qual deve ser realizada se houver, nos autos, indícios de que houve majoração ou diminuição no valor.

157. No leilão eletrônico, a proposta de pagamento parcelado (art. 895 do CPC), observado o valor mínimo fixado pelo juiz, deverá ser apresentada até o início do leilão, nos termos do art. 886, IV, do CPC.

158. A sentença de rejeição dos embargos à execução opostos pela Fazenda Pública não está sujeita à remessa necessária.

ENUNCIADOS DA JORNADA DE DIREITO COMERCIAL

I JORNADA DE DIREITO COMERCIAL

(Realizada em 22, 23 e 24-10-2012)

1. EMPRESA E ESTABELECIMENTO

1. Decisão judicial que considera ser o nome empresarial violador do direito de marca não implica a anulação do respectivo registro no órgão próprio nem lhe retira os efeitos, preservado o direito de o empresário alterá-lo.

2. A vedação de registro de marca que reproduza ou imite elemento característico ou diferenciador de nome empresarial de terceiros, suscetível de causar confusão ou associação (art. 124, V, da Lei nº 9.279/1996), deve ser interpretada restritivamente e em consonância com o art. 1.166 do Código Civil.

► Art. 124, V, da Lei nº 9.279, de 14-5-1996 (Lei da Propriedade Industrial).

3. A Empresa Individual de Responsabilidade Limitada – EIRELI não é sociedade unipessoal, mas um novo ente, distinto da pessoa do empresário e da sociedade empresária.

4. Uma vez subscrito e efetivamente integralizado, o capital da empresa individual de responsabilidade limitada não sofrerá nenhuma influência decorrente de ulteriores alterações no salário mínimo.

5. Quanto às obrigações decorrentes de sua atividade, o empresário individual tipificado no art. 966 do Código Civil responderá primeiramente com os bens vinculados à exploração de sua atividade econômica, nos termos do art. 1.024 do Código Civil.

6. O empresário individual regularmente inscrito é o destinatário da norma do art. 978 do Código Civil, que permite alienar ou gravar de ônus real o imóvel incorporado à empresa, desde que exista, se for o caso, prévio registro de autorização conjugal no Cartório de Imóveis, devendo tais requisitos constar do instrumento de alienação ou de instituição do ônus real, com a consequente averbação do ato à margem de sua inscrição no Registro Público de Empresas Mercantis

7. O nome de domínio integra o estabelecimento empresarial como bem incorpóreo para todos os fins de direito.

8. A sub-rogação do adquirente nos contratos de exploração atinentes ao estabelecimento adquirido, desde que não possuam caráter pessoal, é a regra geral, incluindo o contrato de locação.

2. DIREITO SOCIETÁRIO

9. Quando aplicado às relações jurídicas empresariais, o art. 50 do Código Civil não pode ser interpretado analogamente ao art. 28, § 5º, do CDC ou ao art. 2º, § 2º, da CLT.

10. Nas sociedades simples, os sócios podem limitar suas responsabilidades entre si, à proporção da participação no capital social, ressalvadas as disposições específicas.

11. A regra do art. 1.015, parágrafo único, do Código Civil deve ser aplicada à luz da teoria da aparência e do primado da boa-fé objetiva, de modo a prestigiar a segurança do tráfego negocial. As sociedades se obrigam perante terceiros de boa-fé.

12. A regra contida no art. 1.055, § 1º, do Código Civil deve ser aplicada na hipótese de inexatidão da avaliação de bens conferidos ao capital social; a responsabilidade nela prevista não afasta a desconsideração da personalidade jurídica quando presentes seus requisitos legais.

13. A decisão que decretar a dissolução parcial da sociedade deverá indicar a data de desligamento do sócio e o critério de apuração de haveres.

14. É vedado aos administradores de sociedades anônimas votarem para aprovação/rejeição de suas próprias contas, mesmo que o façam por interposta pessoa.

► Art. 115, § 1º, da Lei nº 6.404, de 15-12-1976 (Lei das Sociedades por Ações).

15. O vocábulo "transação", mencionado no art. 183, § 1º, *d*, da Lei das S.A., deve ser lido como sinônimo de "negócio jurídico", e não no sentido técnico que é definido pelo Capítulo XIX do Título VI do Livro I da Parte Especial do Código Civil brasileiro.

► Art. 183, § 1º, *d*, da Lei nº 6.404, de 15-12-1976 (Lei das Sociedades por Ações).

16. O adquirente de cotas ou ações adere ao contrato social ou estatuto no que se refere à cláusula compromissória (cláusula de arbitragem) nele existente; assim, estará vinculado à previsão da opção da jurisdição arbitral, independentemente de assinatura e/ou manifestação específica a esse respeito.

► Art. 109 § 3º, da Lei nº 6.404, de 15-12-1976 (Lei das Sociedades por Ações).

► Lei nº 9.307, de 23-9-1996 (Lei da Arbitragem).

17. Na sociedade limitada com dois sócios, o sócio titular de mais da metade do capital social pode excluir extrajudicialmente o sócio minoritário desde que atendidas as exigências materiais e procedimentais previstas no art. 1.085, *caput* e parágrafo único, do CC.

18. O capital social da sociedade limitada poderá ser integralizado, no todo ou em parte, com quotas ou ações de outra sociedade, cabendo aos sócios a escolha do critério de avaliação das respectivas participações societárias, diante da responsabilidade solidária pela exata estimação dos bens conferidos ao capital social, nos termos do art. 1.055, § 1º, do Código Civil.

19. Não se aplica o Código de Defesa do Consumidor às relações entre sócios/acionistas ou entre eles e a sociedade.

3. OBRIGAÇÕES EMPRESARIAIS, CONTRATOS E TÍTULOS DE CRÉDITO

20. Não se aplica o Código de Defesa do Consumidor aos contratos celebrados entre empresários em que um dos contratantes tenha por objetivo suprir-se de insumos para sua atividade de produção, comércio ou prestação de serviços.

21. Nos contratos empresariais, o dirigismo contratual deve ser mitigado, tendo em vista a simetria natural das relações interempresariais.

22. Não se presume solidariedade passiva (art. 265 do Código Civil) pelo simples fato de duas ou mais pessoas jurídicas integrarem o mesmo grupo econômico.

23. Em contratos empresariais, é lícito às partes contratantes estabelecer parâmetros objetivos para a interpretação dos requisitos de revisão e/ou resolução do pacto contratual.

24. Os contratos empresariais coligados, concretamente formados por unidade de interesses econômicos, permitem a arguição da exceção de contrato não cumprido, salvo quando a obrigação inadimplida for de escassa importância.

25. A revisão do contrato por onerosidade excessiva fundada no Código Civil deve levar em conta a natureza do objeto do contrato. Nas relações empresariais, deve-se presumir a sofisticação dos contratantes e observar a alocação de riscos por eles acordada.

26. O contrato empresarial cumpre sua função social quando não acarreta prejuízo a direitos ou interesses, difusos ou coletivos, de titularidade de sujeitos não participantes da relação negocial.

27. Não se presume violação à boa-fé objetiva se o empresário, durante as negociações do contrato empresarial, preservar segredo de empresa ou administrar a prestação de informações reservadas, confidenciais ou estratégicas, com o objetivo de não colocar em risco a competitividade de sua atividade.

28. Em razão do profissionalismo com que os empresários devem exercer sua atividade, os contratos empresariais não podem ser anulados pelo vício da lesão fundada na inexperiência.

29. Aplicam-se aos negócios jurídicos entre empresários a função social do contrato e a boa-fé objetiva (arts. 421 e 422 do Código Civil), em conformidade com as especificidades dos contratos empresariais.

30. Nos contratos de *shopping center*, a cláusula de fiscalização das contas do lojista é justificada desde que as medidas fiscalizatórias não causem embaraços à atividade do lojista.

31. O contrato de distribuição previsto no art. 710 do Código Civil é uma modalidade de agência em que o agente atua como mediador ou mandatário do proponente e faz jus à remuneração devida por este, correspondente aos negócios concluídos em sua zona. No contrato de distribuição autêntico, o distribuidor comercializa diretamente o produto recebido do fabricante ou fornecedor, e seu lucro resulta das vendas que faz por sua conta e risco.

32. Nos contratos de prestação de serviços nos quais as partes contratantes são empresários e a função econômica do contrato está relacionada com a exploração de atividade empresarial, as partes podem pactuar prazo superior a quatro anos, dadas as especificidades da natureza do serviço a ser prestado, sem constituir violação do disposto no art. 598 do Código Civil.

33. Nos contratos de prestação de serviços nos quais as partes contratantes são empresários e a função econômica do contrato está relacionada com a exploração de atividade empresarial, é lícito às partes contratantes pactuarem, para a hipótese de denúncia imotivada do contrato, multas superiores àquelas previstas no art. 603 do Código Civil.

34. Com exceção da garantia contida no artigo 618 do Código Civil, os demais artigos referentes, em especial, ao contrato de empreitada (arts. 610 a 626) aplicar-se-ão somente de forma subsidiária às condições contratuais acordadas pelas partes de contratos complexos de engenharia e construção, tais como EPC, EPC-M e Aliança.

35. Não haverá revisão ou resolução dos contratos de derivativos por imprevisibilidade e onerosidade excessiva (arts. 317 e 478 a 480 do Código Civil).

36. O pagamento da comissão, no contrato de corretagem celebrado entre empresários, pode ser condicionado à celebração do negócio previsto no contrato ou à mediação útil ao cliente, conforme os entendimentos prévios entre as partes. Na ausência de ajuste ou previsão contratual, o cabimento da comissão deve ser analisado no caso concreto, à luz da boa-fé objetiva e da vedação ao enriquecimento sem causa, sendo devida se o negócio não vier a se concretizar por fato atribuível exclusivamente a uma das partes.

37. Aos contratos de transporte aéreo internacional celebrados por empresários aplicam-se as disposições da Convenção de Montreal e a regra da indenização tarifada nela prevista (art. 22 do Decreto nº 5.910/2006).

38. É devida devolução simples, e não em dobro, do valor residual garantido (VRG) em caso de reintegração de posse do bem objeto de arrendamento mercantil celebrado entre empresários.

39. Não se aplica a vedação do art. 897, parágrafo único, do Código Civil, aos títulos de crédito regulados por lei especial, nos termos do seu art. 903, sendo, portanto, admitido o aval parcial nos títulos de crédito regulados em lei especial.

► Art. 897, par. ún., do CC.

40. O prazo prescricional de 6 (seis) meses para o exercício da pretensão à execução do cheque pelo respectivo portador é contado do encerramento do prazo de apresentação, tenha ou não sido apresentado ao sacado dentro do referido prazo. No caso de cheque pós-datado apresentado antes da data de emissão ao sacado ou da data pactuada com o emitente, o termo inicial é contado da data da primeira apresentação.

► Arts. 46 e 59 e ss. da Lei nº 7.357, de 2-9-1985 (Lei do Cheque).

41. A cédula de crédito bancário é título de crédito dotado de força executiva, mesmo quando representativa de dívida oriunda de contrato de abertura de crédito bancário em conta-corrente, não sendo a ela aplicável a orientação da Súmula nº 233 do STJ.

4. CRISE DA EMPRESA: FALÊNCIA E RECUPERAÇÃO

42. O prazo de suspensão previsto no art. 6º, § 4º, da Lei nº 11.101/2005 pode excepcionalmente ser prorrogado, se o retardamento do feito não puder ser imputado ao devedor.

43. A suspensão das ações e execuções previstas no art. 6º da Lei nº 11.101/2005 não se estende aos coobrigados do devedor.

► Art. 6º da Lei nº 11.101, de 9-2-2005 (Lei de Recuperação de Empresas e Falências).

44. A homologação de plano de recuperação judicial aprovado pelos credores está sujeita ao controle judicial de legalidade.

► Art. 53 da Lei nº 11.101, de 9-2-2005 (Lei de Recuperação de Empresas e Falências).

45. O magistrado pode desconsiderar o voto de credores ou a manifestação de vontade do devedor, em razão de abuso de direito.

46. Não compete ao juiz deixar de conceder a recuperação judicial ou de homologar a extrajudicial com fundamento na análise econômico-financeira do plano de recuperação aprovado pelos credores.

47. Nas alienações realizadas nos termos do art. 60 da Lei nº 11.101/2005, não há sucessão do adquirente nas dívidas do devedor, inclusive nas de natureza tributária, trabalhista e decorrentes de acidentes de trabalho.

48. A apuração da responsabilidade pessoal dos sócios, controladores e administradores feita independentemente da realização do ativo e da prova da sua insuficiência para cobrir o passivo, prevista no art. 82 da Lei nº 11.101/2005, não se refere aos casos de desconsideração da personalidade jurídica.

49. Os deveres impostos pela Lei nº 11.101/2005 ao falido, sociedade limitada, recaem apenas sobre os administradores, não sendo cabível nenhuma restrição à pessoa dos sócios não administradores.

50. A extensão dos efeitos da quebra a outras pessoas jurídicas e físicas confere legitimidade à massa falida para figurar nos polos ativo e passivo das ações nas quais figurem aqueles atingidos pela falência.

51. O saldo do crédito não coberto pelo valor do bem e/ou da garantia dos contratos previstos no § 3º do art. 49 da Lei nº 11.101/2005 é crédito quirografário, sujeito à recuperação judicial.

52. A decisão que defere o processamento da recuperação judicial desafia agravo de instrumento.

53. A assembleia-geral de credores para deliberar sobre o plano de recuperação judicial é una, podendo ser realizada em uma ou mais sessões, das quais participarão ou serão considerados presentes apenas os credores que firmaram a lista de presença encerrada na sessão em que instalada a assembleia-geral.

54. O deferimento do processamento da recuperação judicial não enseja o cancelamento da negativação do nome do devedor nos órgãos de proteção ao crédito e nos tabelionatos de protestos.

55. O parcelamento do crédito tributário na recuperação judicial é um direito do contribuinte, e não uma faculdade da Fazenda Pública, e, enquanto não for editada lei específica, não é cabível a aplicação do disposto no art. 57 da Lei nº 11.101/2005 e no art.191-A do CTN.

56. A Fazenda Pública não possui legitimidade ou interesse de agir para requerer a falência do devedor empresário.

► Art. 97 da Lei nº 11.101, 9-2-2005 (Lei de Recuperação de Empresas e Falências).

57. O plano de recuperação judicial deve prever tratamento igualitário para os membros da mesma classe de credores que possuam interesses homogêneos, sejam estes delineados em função da natureza do crédito, da importância do crédito ou de outro critério de similitude justificado pelo proponente do plano e homologado pelo magistrado.

II JORNADA DE DIREITO COMERCIAL

(Realizada em 27-2-2015)

EMPRESA E ESTABELECIMENTO

58. O empresário individual casado é o destinatário da norma do art. 978 do CC e não depende da outorga conjugal para alienar ou gravar de ônus real o imóvel utilizado no exercício da empresa, desde que exista prévia averbação de autorização conjugal à conferência do imóvel ao patrimônio empresarial no cartório de registro de imóveis, com a consequente averbação do ato à margem de sua inscrição no registro público de empresas mercantis.

59. A mera instalação de um novo estabelecimento, em lugar antes ocupado por outro, ainda que no mesmo ramo de atividade, não implica responsabilidade por sucessão prevista no art. 1.146 do CC.

60. Os acordos e negócios de abstenção de uso de marcas entre sociedades empresárias não são oponíveis em face do Instituto Nacional de Propriedade Industrial – INPI, sem prejuízo de os litigantes obterem tutela jurisdicional de abstenção entre eles na Justiça Estadual.

► Art. 124 da Lei nº 9.279, de 14-5-1996 (Lei da Propriedade Industrial).

61. Em atenção ao princípio do tratamento favorecido à microempresa e à empresa de pequeno porte, é possível a representação de empresário individual, sociedade empresária ou EIRELI, quando enquadrados nos respectivos regimes tributários, por meio de preposto, perante os juizados especiais cíveis, bastando a comprovação atualizada do seu enquadramento.

62. O produtor rural, nas condições mencionadas do art. 971 do CC, pode constituir EIRELI.

DIREITO SOCIETÁRIO

63. O nu-proprietário de quotas ou ações gravadas com usufruto, quando não regulado no respectivo ato institutivo, pode exercer o direito de fiscalização da sociedade.

64. Criado o conselho de administração na sociedade limitada, não regida supletivamente pela Lei de Sociedade por Ações (art. 1.053, parágrafo único, do Código Civil) e, caso não haja regramento específico sobre o órgão no contrato, serão aplicadas, por analogia, as normas da sociedade anônima.

65. O mandatário do sócio residente ou domiciliado no exterior (art. 119 da Lei nº 6.404/1976) não é responsável pelas obrigações de seu mandante.

► Art. 119 da Lei nº 6.404, de 15-12-1976 (Lei das Sociedades por Ações).

66. A limitação de distribuição de dividendos periódicos de que trata o art. 204, §1º da Lei das Sociedades por Ações refere-se ao lucro distribuível, reconhecido em balanço intermediário levantado conforme o Estatuto Social, e não à antecipação do pagamento de dividendos por conta do lucro cuja existência é provável, nos termos da legislação tributária.

OBRIGAÇÕES EMPRESARIAIS, CONTRATOS E TÍTULOS DE CRÉDITO

67. Na locação *built to suit*, é válida a estipulação contratual que estabeleça cláusula penal compensatória equivalente à totalidade dos alugueres a vencer, sem prejuízo da aplicação do art. 416, parágrafo único, do Código Civil.

► Art. 54-A da Lei nº 8.245, de 18-10-1991 (Lei das Locações).

68. No contrato de comissão com cláusula *del credere*, responderá solidariamente com o terceiro contratante o comissário que tiver cedido seus direitos ao comitente, nos termos da parte final do art. 694 do Código Civil.

69. Prescrita a pretensão do credor à execução de título de crédito, o endossante e o avalista, do obrigado principal ou de coobrigado, não respondem pelo pagamento da obrigação, salvo em caso de locupletamento indevido.

► Art. 61 da Lei n. 7.357, de 2-9-1985

70. O prazo estabelecido no art. 21, § 1º, da Lei nº 9.492/1997, para o protesto por falta de aceite é aplicável apenas na falta de disposição diversa contida em lei especial referente a determinado título de crédito (por exemplo, duplicatas). Aplica-se, portanto, a disposição contida no art. 44, 2ª alínea, da Lei Uniforme de Genebra, ao protesto por falta de aceite de letra de câmbio.

► Art. 21, § 1º, da Lei nº 9.492, de 10-9-1997 (Lei do Protesto de Títulos).

71. A prescrição trienal da pretensão à execução, em face do emitente e seu avalista, de nota promissória à vista não apresentada a pagamento no prazo legal ou fixado no título, conta-se a partir do término do referido prazo.

CRISE DA EMPRESA

72. A legitimidade do Ministério Público para propor e conduzir a ação de responsabilidade de que trata o art. 46 da Lei nº 6.024/1974 não cessa com a decretação da falência da instituição submetida a regime especial, porquanto o art. 47 da mencionada lei foi revogado tacitamente pelo art. 7º, II, da Lei nº 9.447/1997.

73. Para que seja preservada a eficácia do disposto na parte final do § 2º do artigo 6º da Lei nº 11.101/2005, é necessário que, no juízo do trabalho, o crédito trabalhista para fins de habilitação seja calculado até a data do pedido da recuperação judicial ou da decretação da falência, para não se ferir a *par* *condicio creditorum* e observarem-se os arts. 49, *caput*, e 124 da Lei nº 11.101/2005.

► Arts. 6º, §§ 1º e 2º, e 9º, II, da Lei nº 11.101, de 9-2-2005 (Lei de Recuperação de Empresas e Falências).

74. Embora a execução fiscal não se suspenda em virtude do deferimento do processamento da recuperação judicial, os atos que importem em constrição do patrimônio do devedor devem ser analisados pelo Juízo recuperacional, a fim de garantir o princípio da preservação da empresa.

► Arts. 6º, § 7º, da Lei nº 11.101, de 9-2-2005 (Lei de Recuperação de Empresas e Falências).

75. Havendo convenção de arbitragem, caso uma das partes tenha a falência decretada:

► Lei nº 9.307, de 23-9-1996 (Lei da Arbitragem).

► Lei nº 11.101, de 9-2-2005 (Lei de Recuperação de Empresas e Falências).

I – eventual procedimento arbitral já em curso não se suspende e novo procedimento arbitral pode ser iniciado, aplicando-se, em ambos os casos, a regra do art. 6º, § 1º, da Lei nº 11.101/2005; e

► Art. 6º da Lei nº 11.101, de 9-2-2005 (Lei de Recuperação de Empresas e Falências).

II – o administrador judicial não pode recusar a eficácia da cláusula compromissória, dada a autonomia desta em relação ao contrato.

76. Nos casos de emissão de títulos de dívida pela companhia recuperanda, na qual exista agente fiduciário ou figura similar representando uma coletividade de credores, caberá ao agente fiduciário o exercício do voto em assembleia geral de credores, nos termos e mediante as autorizações previstas no documento de emissão, ressalvada a faculdade de qualquer investidor final pleitear ao juízo da recuperação o desmembramento do direito de voz e voto em assembleia para exercê-los individualmente, unicamente mediante autorização judicial.

► Art. 39 da Lei nº 11.101, de 9-2-2005 (Lei de Recuperação de Empresas e Falências).

77. As alterações do plano de recuperação judicial devem ser submetidas à assembleia geral de credores, e a aprovação obedecerá ao quórum previsto no art. 45 da Lei nº 11.101/05, tendo caráter vinculante a todos os credores submetidos à recuperação judicial, observada a ressalva do art. 50, § 1º, da Lei nº 11.101/2005, ainda que propostas as alterações após dois anos da concessão da recuperação judicial e desde que ainda não encerrada por sentença.

► Arts. 51, III, 56, da Lei nº 11.101, de 9-2-2005 (Lei de Recuperação de Empresas e Falências).

78. O pedido de recuperação judicial deve ser instruído com a relação completa de todos os credores do devedor, sujeitos ou não à recuperação judicial, inclusive fiscais, para um completo e adequado conhecimento da situação econômico-financeira do devedor.

79. O requisito do inc. III do §1º do art. 58 da Lei nº 11.101 aplica-se a todas as classes nas quais o plano de recuperação judicial não obteve aprovação nos termos do art. 45 desta Lei.

80. Para classificar-se credor, em pedido de habilitação, como privilegiado especial, em razão do art. 83, IV, *d* da Lei de Falências, exige-se, cumulativamente, que:

a) esteja vigente a LC 147/2014 na data em que distribuído o pedido de recuperação judicial ou decretada a falência do devedor;

b) o credor faça prova de que, no momento da distribuição do pedido de recuperação judicial ou da decretação da falência, preenchia os requisitos legais para ser reconhecido como microempreendedor individual, microempresa ou empresa de pequeno porte.

► Art. 3º da LC nº 123, de 14-12-2006 (Estatuto Nacional da Microempresa e da Empresa de Pequeno Porte).

81. Aplica-se à recuperação judicial, no que couber, o princípio da *par condicio creditorum*.

► Art. 124 da Lei nº 11.101, 9-2-2005 (Lei de Recuperação de Empresas e Falências).

III JORNADA DE DIREITO COMERCIAL

(Aprovados em 7-6-2019).

Obrigações Empresariais, Contratos e Títulos de Crédito

82. A indenização devida ao Representante, prevista no art. 27, alínea *j*, da Lei nº 4.886/1965, deve ser apurada com base nas comissões recebidas durante todo o período em que exerceu a representação, afastando-se os efeitos de eventual pagamento a menor, decorrente de prática ilegal ou irregular da Representada reconhecida por decisão judicial ou arbitral transitada em julgado.

83. O complexo edilício constituído por unidades condominiais comerciais autônomas, sem exploração econômica coordenada de forma unitária, ainda que chamado "shopping do tipo vendido", não caracteriza contrato de *shopping center*.

84. O seguro contra risco de morte ou perda de integridade física de pessoas que vise garantir o direito patrimonial de terceiro ou que tenha finalidade indenizatória submete-se às regras do seguro de dano, mas o valor remanescente, quando houver, será destinado ao segurado, ao beneficiário indicado ou aos sucessores.

Direito Societário

85. A obrigação de voto em bloco, prevista em Acordo de Acionistas, não pode ser invocada, por seus signatários ou por membros do Conselho de Administração, com o propósito de eximi-los da obrigação de votar em consonância com a Lei e com os interesses da Companhia.

86. O desacerto do mérito da decisão negocial não é, por si só, causa de responsabilidade civil do administrador, a qual pressupõe o descumprimento de dever legal ou estatutário.

87. O cargo de liquidante pode ser ocupado tanto por pessoa natural, quanto por pessoa jurídica, sendo obrigatória, neste último caso, a indicação do nome do profissional responsável pela condução dos trabalhos, que deverá atender aos requisitos e impedimentos previstos em lei, e sobre o qual recairão os deveres e as responsabilidades legais.

88. A ação de responsabilidade contra controlador (LSA, art. 117) ou sociedade controladora (LSA, art. 246) não pressupõe a prévia deliberação assemblear.

Comércio Internacional

89. Para fins de interpretação do art. 3(2) da CISG (Convenção das Nações Unidas sobre Contratos de Compra e Venda Internacional de Mercadorias), promulgada pelo Decreto nº 8.327, a natureza de compra e venda de mercadoria é prevalente e não é descaracterizada pelo (i) caráter híbrido do bem objeto da compra e venda, como eletrodomésticos inteligentes, computadores e outros itens com funcionalidades digitais associadas, nem pela (ii) prestação de serviços acessórios de instalação, atualização ou desenvolvimento de *software* necessários para o funcionamento do bem objeto da compra e venda.

90. Na interpretação da CISG (Convenção das Nações Unidas sobre Contratos de Compra e Venda Internacional de Mercadorias), promulgada pelo Decreto nº 8.327, ou de contrato a ela submetido, deve-se atentar para a jurisprudência e doutrina internacionais sobre a CISG, tendo em vista as diretrizes fixadas no seu art. 7(1).

Empresa e Estabelecimento

91. A desconsideração da personalidade jurídica de sociedades integrantes de mesmo grupo societário (de fato ou de direito) exige a comprovação dos requisitos do art. 50 do Código Civil por meio do incidente de desconsideração da personalidade jurídica ou na forma do art. 134, § 2º, do Código de Processo Civil.

92. A Empresa Individual de Responsabilidade Limitada (EIRELI) poderá ser constituída por pessoa natural ou por pessoa jurídica, nacional ou estrangeira, sendo a limitação para figurar em uma única EIRELI apenas para pessoa natural.

93. O cônjuge ou companheiro de titular de EIRELI é legitimado para ajuizar ação de apuração de haveres, para fins de partilha de bens, na forma do art. 600, parágrafo único, do Código de Processo Civil.

94. A vedação da sociedade entre cônjuges contida no art. 977 do Código Civil não se aplica às sociedades anônimas, em comandita por ações e cooperativa.

95. Os perfis em redes sociais, quando explorados com finalidade empresarial, podem se caracterizar como elemento imaterial do estabelecimento empresarial.

Crise da Empresa: Falência e Recuperação

96. A recuperação judicial do empresário rural, pessoa natural ou jurídica, sujeita todos os créditos existentes na data do pedido, inclusive os anteriores à data da inscrição no Registro Público de Empresas Mercantis.

97. O produtor rural, pessoa natural ou jurídica, na ocasião do pedido de recuperação judicial, não precisa estar inscrito há mais de dois anos no Registro Público de Empresas Mercantis, bastando a demonstração de exercício de atividade rural por esse período e a comprovação da inscrição anterior ao pedido.

98. A admissão pelo juízo competente do processamento da recuperação judicial em consolidação processual (litisconsórcio ativo) não acarreta automática aceitação da consolidação substancial.

99. Para fins de aplicação da parte final do art. 49, § 3º, da Lei nº 11.101/2005, é do devedor o ônus da prova da essencialidade do bem.

100. Consideram-se sujeitos à recuperação judicial, na forma do art. 49 da Lei nº 11.101/2005, os créditos decorrentes de fatos geradores anteriores ao pedido de recuperação judicial, independentemente da data de eventual acordo, sentença ou trânsito em julgado.

101. O incidente de desconsideração da personalidade jurídica deve ser observado no processo falimentar, sem a suspensão do processo.

102. A decisão que defere o processamento da recuperação judicial desafia agravo de instrumento, nos termos do art. 1.015 do CPC/2015.

103. Em se tratando de processo eletrônico, os editais previstos na Lei nº 11.101/2005 podem ser publicados em versão resumida, somente apontando onde se encontra a relação de credores nos autos, bem como indicando o sítio eletrônico que contenha a íntegra do edital.

104. Não haverá sucessão do adquirente de ativos em relação a penalidades pecuniárias aplicadas ao devedor com base na Lei nº 12.846/2013 (Lei Anticorrupção), quando a alienação ocorrer com fundamento no art. 60 da Lei nº 11.101/2005.

105. Se apontado pelo administrador judicial, no relatório previsto no art. 22, III, *e*, da Lei nº 11.101/2005, que não foram encontrados bens suficientes sequer para cobrir os custos do processo, incluindo honorários do Administrador Judicial, o processo deve ser encerrado, salvo se credor interessado depositar judicialmente tais valores conforme art. 82 do CPC/2015, hipótese em que o crédito referente ao valor depositado será classificado como extraconcursal, nos termos do art. 84, II, da Lei nº 11.101/2005.

106. O juízo da recuperação extrajudicial poderá determinar, no início do processo, a suspensão de ações ou execuções propostas por credores sujeitos ao plano de recuperação extrajudicial, com a finalidade de preservar a eficácia e a utilidade da decisão que vier a homologá-lo.

Propriedade Intelectual

107. O fato gerador do parágrafo único do art. 40 da Lei nº 9.279/1996 não engloba a hipótese de mora administrativa havida em concausa ou perpetrada pelo depositante do pedido de patente, desde que demonstrada conduta abusiva deste.

108. Não cabe a condenação do INPI em sucumbência, nos termos do art. 85 do CPC, quando a matéria não for de seu conhecimento prévio e não houver resistência judicial posterior.

109. Os pedidos de abstenção de uso e indenização, quando cumulados com ação visando anular um direito de propriedade industrial, são da competência da Justiça Federal, em face do art. 55 do CPC.

110. Aplicam-se aos negócios jurídicos de propriedade intelectual o disposto sobre a função social dos contratos, probidade e boa-fé.

111. Nas ações de nulidade de indeferimento de pedido de registro de marca, o titular do registro marcário apontado como anterioridade impeditiva é litisconsorte passivo necessário, à luz do que dispõe o art. 115 do CPC.

112. O termo inicial do prazo de 30 dias previsto no parágrafo único do art. 162 da Lei nº 9.279/1996 é o primeiro dia útil subsequente ao término *in albis* do prazo de 60 dias previsto no caput do mesmo artigo.

113. Em ações que visam anular um direito de propriedade industrial, a citação do INPI para se manifestar sobre os pedidos deve ocorrer apenas após a contestação do titular do direito de propriedade industrial.

114. A proteção jurídica ao conjunto-imagem de um produto ou serviço não se estende à funcionalidade técnica.

115. As limitações de direitos autorais estabelecidas nos arts. 46, 47 e 48 da Lei de Direitos Autorais devem ser interpretadas extensivamente, em conformidade com os direitos fundamentais e a função social da propriedade estabelecida no art. 5º, XXIII, da CF/1988.

ENUNCIADOS CÍVEIS DO FÓRUM NACIONAL DE JUIZADOS ESPECIAIS (FONAJE)

1. O exercício do direito de ação no Juizado Especial Cível é facultativo para o autor.

2. Substituído pelo Enunciado 58.

3. Lei local não poderá ampliar a competência do Juizado Especial.

4. Nos Juizados Especiais só se admite a ação de despejo prevista no art. 47, inciso III, da Lei nº 8.245/1991.

5. A correspondência ou contrafé recebida no endereço da parte é eficaz para efeito de citação, desde que identificado o seu recebedor.

6. Não é necessária a presença do juiz togado ou leigo na Sessão de Conciliação, nem a do juiz togado na audiência de instrução conduzida por juiz leigo.

► Enunciado com a redação dada pelo XXXVII Encontro – Florianópolis/SC.

7. A sentença que homologa o laudo arbitral é irrecorrível.

8. As ações cíveis sujeitas aos procedimentos especiais não são admissíveis nos Juizados Especiais.

9. O condomínio residencial poderá propor ação no Juizado Especial, nas hipóteses do art. 275, inciso II, item *b*, do Código de Processo Civil.

10. A contestação poderá ser apresentada até a audiência de Instrução e Julgamento.

11. Nas causas de valor superior a vinte salários mínimos, a ausência de contestação, escrita ou oral, ainda que presente o réu, implica revelia.

12. A perícia informal é admissível na hipótese do art. 35 da Lei nº 9.099/1995.

13. Os prazos processuais nos Juizados Especiais Cíveis, contam-se da data da intimação ou ciência do ato respectivo, e não da juntada do comprovante da intimação, observando-se as regras de contagem do CPC ou do Código Civil, conforme o caso.

► Enunciado com a redação dada pelo XXI Encontro – Vitória/ES.

14. Os bens que guarnecem a residência do devedor, desde que não essenciais a habitabilidade, são penhoráveis.

15. Nos Juizados Especiais não é cabível o recurso de agravo, exceto nas hipóteses dos artigos 544 e 557 do CPC.

► Enunciado com a redação dada pelo XXI Encontro – Vitória/ ES.

16. *Cancelado.*

17. *Substituído* pelo Enunciado 98 (XIX Encontro – Aracaju/SE).

18 e 19. *Cancelados.*

20. O comparecimento pessoal da parte às audiências é obrigatório. A pessoa jurídica poderá ser representada por preposto.

21. *Cancelado.*

22. A multa cominatória é cabível desde o descumprimento da tutela antecipada, nos casos dos incisos V e VI, do art. 52 da Lei nº 9.099/1995.

23 e 24. *Cancelados.*

25. *Substituído* pelo Enunciado nº 144 (XXVIII FONAJE – Salvador/BA).

26. São cabíveis a tutela acautelatória e a antecipatória nos Juizados Especiais Cíveis (nova redação – XXIV Encontro – Florianópolis/SC).

27. Na hipótese de pedido de valor até 20 salários mínimos, é admitido pedido contraposto no valor superior ao da inicial, até o limite de 40 salários mínimos, sendo obrigatória à assistência de advogados às partes.

28. Havendo extinção do processo com base no inciso I, do art. 51, da Lei nº 9.099/1995, é necessária a condenação em custas.

29. *Cancelado.*

30. É taxativo o elenco das causas previstas na o art. 3º da Lei nº 9.099/1995.

31. É admissível pedido contraposto no caso de ser a parte ré pessoa jurídica.

32. Substituído pelo Enunciado nº 139.

33. É dispensável a expedição de carta precatória nos Juizados Especiais Cíveis, cumprindo-se os atos nas demais comarcas, mediante via postal, por ofício do Juiz, fax, telefone ou qualquer outro meio idôneo de comunicação.

34. *Cancelado.*

35. Finda a instrução, não são obrigatórios os debates orais.

36. A assistência obrigatória prevista no art. 9º da Lei nº 9.099/1995 tem lugar a partir da fase instrutória, não se aplicando para a formulação do pedido e a sessão de conciliação.

37. Em exegese ao art. 53, § 4º, da Lei nº 9.099/1995, não se aplica ao processo de execução o disposto no art. 18, § 2º, da referida lei, sendo autorizados o arresto e a citação editalícia quando não encontrado o devedor, observados, no que couber, os arts. 653 e 654 do Código de Processo Civil.

► Enunciado com a redação dada pelo XXI Encontro – Vitória/ES.

38. A análise do art. 52, IV, da Lei nº 9.099/1995, determina que, desde logo, expeça-se o mandado de penhora, depósito, avaliação e intimação, inclusive da eventual audiência de conciliação designada, considerando-se o executado intimado com a simples entrega de cópia do referido mandado em seu endereço, devendo, nesse caso, ser certificado circunstanciadamente.

39. Em observância ao art. 2º da Lei nº 9.099/1995, o valor da causa corresponderá à pretensão econômica objeto do pedido.

40. O conciliador ou juiz leigo não está incompatibilizado nem impedido de exercer a advocacia, exceto perante o próprio Juizado Especial em que atue ou se pertencer aos quadros do Poder Judiciário.

41. A correspondência ou contrafé recebida no endereço do advogado é eficaz para efeito de intimação, desde que identificado o seu recebedor.

► Enunciado com a redação dada pelo XXI Encontro – Vitória/ES.

42. *Substituído* pelo Enunciado nº 99.

43. Na execução do título judicial definitivo, ainda que não localizado o executado, admite-se a penhora de seus bens, dispensado o arresto. A intimação de penhora observará ao disposto no artigo 19, § 2º, da Lei nº 9.099/1995.

44. No âmbito dos Juizados Especiais, não são devidas despesas para efeito do cumprimento de diligências, inclusive, quando da expedição de cartas precatórias.

45. *Substituído* pelo Enunciado nº 75.

46. A fundamentação da sentença ou do acórdão poderá ser feita oralmente, com gravação por qualquer meio, eletrônico ou digital, consignando-se apenas o dispositivo na ata.

► Enunciado com a redação dada pelo XIV Encontro.

47. *Substituído* pelo Enunciado nº 135.

48. O disposto no parágrafo 1º do art. 9º da Lei nº 9.099/1995 é aplicável às microempresas e às empresas de pequeno porte.

► Enunciado com a redação dada pelo XXI Encontro – Vitória/ES.

49. *Cancelado.*

50. Para efeito de alçada, em sede de Juizados Especiais, tomar-se-á como base o salário mínimo nacional.

51. Os processos de conhecimento contra empresas sob liquidação extrajudicial, concordata ou recuperação judicial devem prosseguir até a sentença de mérito, para constituição do título executivo judicial, possibilitando a parte habilitar o seu crédito, no momento oportuno, pela via própria.

► Enunciado com a redação dada XXI Encontro – Vitória/ES.

52. Os embargos à execução poderão ser decididos pelo juiz leigo, observado o art. 40 da Lei nº 9.099/1995.

53. Deverá constar da citação a advertência, em termos claros, da possibilidade de inversão do ônus da prova.

54. A menor complexidade da causa para a fixação da competência é aferida pelo objeto da prova e não em face do direito material.

55. Substituído pelo Enunciado nº 76.

56 e 57. *Cancelados.*

58. As causas cíveis enumeradas no art. 275 II, do CPC admitem condenação superior a 40 salários mínimos e sua respectiva execução, no próprio Juizado.

► Substitui o Enunciado nº 2.

59. Admite-se o pagamento do débito por meio de desconto em folha de pagamento, após anuência expressa do devedor e em percentual que reconheça não afetar sua subsistência e a de sua família, atendendo sua comodidade e conveniência pessoal.

60. É cabível a aplicação da desconsideração da personalidade jurídica, inclusive na fase de execução.

► Enunciado com a redação dada pelo XIII Encontro – Campo Grande/MS.

61. *Cancelado.*

62. Cabe exclusivamente às Turmas Recursais conhecer e julgar o mandado de segurança e o habeas corpus impetrados em face de atos judiciais oriundos dos Juizados Especiais.

63. Contra decisões das Turmas Recursais são cabíveis somente os embargos declaratórios e o Recurso Extraordinário.

64 a 66. *Cancelados.*

67. *Substituído* pelo Enunciado nº 91.

68. Somente se admite conexão em Juizado Especial Cível quando as ações puderem submeter-se à sistemática da Lei nº 9.099/1995.

69. As ações envolvendo danos morais não constituem, por si só, matéria complexa.

70. As ações nas quais se discute a ilegalidade de juros não são complexas para o fim de fixação da competência dos Juizados Especiais, exceto quando exigirem perícia contábil.

► Enunciado com a redação dada pelo XXX Encontro – São Paulo/SP.

71. É cabível a designação de audiência de conciliação em execução de título judicial.

72. *Substituído* pelo Enunciado nº 148.

73. As causas de competência dos Juizados Especiais em que forem comuns o objeto ou a causa de pedir poderão ser reunidas para efeito de instrução, se necessária, e julgamento.

74. A prerrogativa de foro na esfera penal não afasta a competência dos Juizados Especiais Cíveis.

75. A hipótese do § 4º, do 53, da Lei nº 9.099/1995, também se aplica às execuções de título judicial, entregando-se ao exequente, no caso, certidão do seu crédito, como título para futura execução, sem prejuízo da manutenção do nome do executado no Cartório Distribuidor.

► Enunciado com a redação dada pelo XXI Encontro – Vitória/ES.

► Substitui o Enunciado nº 45.

76. No processo de execução, esgotados os meios de defesa e inexistindo bens para a garantia do débito, expede-se a pedido do exequente certidão de dívida para fins de inscrição no serviço de Proteção ao Crédito – SPC e SERASA, sob pena de responsabilidade.

► Substitui o Enunciado nº 55.

77. O advogado cujo nome constar do termo de audiência estará habilitado para todos os atos do processo, inclusive para o recurso.

78. O oferecimento de resposta, oral ou escrita, não dispensa o comparecimento pessoal da parte, ensejando, pois, os efeitos da revelia.

79. Designar-se-á hasta pública única, se o bem penhorado não atingir valor superior a sessenta salários mínimos.

80. O recurso Inominado será julgado deserto quando não houver o recolhimento integral do preparo e sua respectiva comprovação pela parte, no prazo de 48 horas, não admitida a complementação intempestiva (art. 42, § 1º, da Lei nº 9.099/1995).

► Enunciado com a redação dada pelo XII Encontro – Maceió-AL.

81. A arrematação e a adjudicação podem ser impugnadas, no prazo de cinco dias do ato, por simples pedido.

► Enunciado com a redação dada pelo XXI Encontro – Vitória/ES.

82. Nas ações derivadas de acidentes de trânsito a demanda poderá ser ajuizada contra a seguradora, isolada ou conjuntamente com os demais coobrigados.

83. *Cancelado.*

84. Compete ao Presidente da Turma Recursal o juízo de admissibilidade do Recurso Extraordinário, salvo disposição em contrário.

► Enunciado com a redação dada pelo XXII Encontro – Manaus/AM.

85. O Prazo para recorrer da decisão de Turma Recursal fluirá da data do julgamento.

86. Os prazos processuais nos procedimentos sujeitos ao rito especial dos Juizados Especiais não se suspendem e nem se interrompem.

► Enunciado com a redação dada pelo XXI Encontro – Vitória/ES.

87. A Lei nº 10.259/2001 não altera o limite da alçada previsto no artigo 3º, inciso I, da Lei nº 9.099/1995.

88. Não cabe recurso adesivo em sede de Juizado Especial, por falta de expressa previsão legal.

89. A incompetência territorial pode ser reconhecida de ofício no sistema de juizados especiais cíveis.

90. A desistência do autor, mesmo sem a anuência do réu já citado, implicará na extinção do processo sem julgamento do mérito, ainda que tal ato se dê em audiência de instrução e julgamento.

91. O conflito de competência entre juízes de Juizados Especiais vinculados à mesma Turma Recursal será decidido por esta. Inexistindo tal vinculação, será decidido pela Turma Recursal para a qual for distribuído.

► Enunciado com a redação dada pelo XXII Encontro – Manaus/AM.

► Substitui o Enunciado nº 67.

92. Nos termos do art. 46 da Lei nº 9.099/1995, é dispensável o relatório nos julgamentos proferidos pelas Turmas Recursais.

93. Substituído pelo Enunciado nº 140.

94. É cabível, em Juizados Especiais Cíveis, a propositura de ação de revisão de contrato, inclusive quando o autor pretenda o parcelamento de dívida, observado o valor de alçada, exceto quando exigir perícia contábil

► Enunciado com a redação dada pelo XXX FONAJE – São Paulo/SP.

95. Finda a audiência de instrução, conduzida por Juiz Leigo, deverá ser apresentada a proposta de sentença ao Juiz Togado em até dez dias, intimadas as partes no próprio termo da audiência para a data da leitura da sentença.

96. A condenação do recorrente vencido, em honorários advocatícios, independe da apresentação de contrarrazões.

97. O artigo 475, *j*, do CPC – Lei nº 11.323/2005 – aplica-se aos Juizados Especiais, ainda que o valor da multa somado ao da execução ultrapasse o valor de 40 salários mínimos.

98. É vedada a acumulação SIMULTÂNEA das condições de preposto e advogado na mesma pessoa (arts. 35, I e 36, II da Lei nº 8.906/1994 combinado com o art. 23 do Código de Ética e Disciplina da OAB).

► Substitui o Enunciado nº 17.

99. O preposto que comparece sem carta de preposição, obriga-se a apresentá-la no prazo que for assinado, para validade de eventual acordo, sob as penas dos artigos 20 e 51, I, da Lei nº 9.099/1995, conforme o caso.

► Substitui o Enunciado nº 42.

100. A penhora de valores depositados em banco poderá ser feita independentemente de a agência situar-se no Juízo da execução.

101. Aplica-se ao Juizado Especial o disposto no art. 285, *a*, do CPC.

102. O relator, nas Turmas Recursais Cíveis, em decisão monocrática, poderá negar seguimento a recurso manifestamente inadmissível, improcedente, prejudicado ou em desacordo com Súmula ou jurisprudência dominante das Turmas Recursais ou da Turma de Uniformização ou ainda de Tribunal Superior, cabendo recurso interno para a Turma Recursal, no prazo de cinco dias.

103. O relator, nas Turmas Recursais Cíveis, em decisão monocrática, poderá dar provimento a recurso se a decisão estiver em manifesto confronto com Súmula do Tribunal Superior ou Jurisprudência dominante do próprio juizado, cabendo recurso interno para a Turma Recursal, no prazo de 5 dias

► Enunciados nºs 102 e 103 com a redação dada pelo XXXVI Encontro – Belém/PA.

104. *Substituído* pelo Enunciado nº 142.

105. *Cancelado.*

106. Havendo dificuldade de pagamento direto ao credor, ou resistência deste, o devedor, a fim de evitar a multa de 10%, deverá efetuar depósito perante o juízo singular de origem, ainda que os autos estejam na instância recursal.

107. Nos acidentes ocorridos antes da MP nº 340/2006, convertida na Lei nº 11.482/2007, o valor devido do seguro obrigatório é de 40 (quarenta) salários mínimos, não sendo possível modificá-lo por Resolução do CNSP e/ou SUSEP.

► Enunciado com a redação dada pelo XXVI Encontro – Fortaleza/CE.

108. A mera recusa ao pagamento de indenização decorrente de seguro obrigatório não configura dano moral.

109. *Cancelado.*

110. *Substituído* pelo Enunciado nº 141.

111. O condomínio, se admitido como autor, deve ser representado em audiência pelo síndico, ressalvado o disposto no § 2º do art. 1.348 do Código Civil.

► Enunciado com a redação dada pelo XXI Encontro – Vitória/ES.

112. A intimação da penhora e avaliação realizada na pessoa do executado dispensa a intimação do advogado. Sempre que possível o oficial de Justiça deve proceder a intimação do executado no mesmo momento da constrição judicial (art. 475, § 1º, CPC).

113. As turmas recursais reunidas poderão, mediante decisão de dois terços dos seus membros, salvo disposição regimental em contrário, aprovar súmulas.

114. A gratuidade da justiça não abrange o valor devido em condenação por litigância de má-fé.

115. Indeferida a concessão do benefício da gratuidade da justiça requerido em sede de recurso, conceder-se-á o prazo de 48 horas para o preparo.

116. O Juiz poderá, de ofício, exigir que a parte comprove a insuficiência de recursos para obter a concessão do benefício da gratuidade da justiça (art. 5º, LXXIV, da CF), uma vez que a afirmação da pobreza goza apenas de presunção relativa de veracidade.

117. É obrigatória a segurança do Juízo pela penhora para apresentação de embargos à execução de título judicial ou extrajudicial perante o Juizado Especial.

118. Quando manifestamente inadmissível ou infundado o recurso interposto, a turma recursal ou o relator em decisão monocrática condenará o recorrente a pagar multa de 1% e indenizar o recorrido no percentual de até 20% do valor da causa, ficando a interposição de qualquer outro recurso condicionada ao depósito do respectivo valor.

119. *Substituído* pelo Enunciado nº 147.

120. A multa derivada de descumprimento de antecipação de tutela é passível de execução mesmo antes do trânsito em julgado da sentença.

121. Os fundamentos admitidos para embargar a execução da sentença estão disciplinados no art. 52, inciso IX, da Lei nº 9.099/1995 e não no artigo 475-L do CPC, introduzido pela Lei nº 11.232/2005.

122. É cabível a condenação em custas e honorários advocatícios na hipótese de não conhecimento do recurso inominado.

123. O art. 191 do CPC não se aplica aos processos cíveis que tramitam perante o Juizado Especial.

124. Das decisões proferidas pelas Turmas Recursais em mandado de segurança não cabe recurso ordinário.

125. Nos juizados especiais, não são cabíveis embargos declaratórios contra acórdão ou súmula na hipótese do art. 46 da Lei nº 9.099/1995, com finalidade exclusiva de prequestionamento, para fins de interposição de recurso extraordinário.

126. Em execução eletrônica de título extrajudicial, o título de crédito será digitalizado e o original apresentado até a sessão de conciliação ou prazo assinado, a fim de ser carimbado ou retido pela secretaria.

127. O cadastro de que trata o art. 1º, § 2º, III, *b*, da Lei nº 11.419/2006 deverá ser presencial e não poderá se dar mediante procuração, ainda que por instrumento público e com poderes especiais.

128. Além dos casos de segredo de justiça e sigilo judicial, os documentos digitalizados em processo eletrônico somente serão disponibilizados aos sujeitos processuais, vedado o acesso a consulta pública fora da secretaria do juizado.

129. Nos juizados especiais que atuem com processo eletrônico, ultimado o processo de conhecimento em meio físico, a execução dar-se-á de forma eletrônica, digitalizando as peças necessárias.

130. Os documentos digitais que impliquem efeitos no meio não digital, uma vez materializados, terão a autenticidade certificada pelo Diretor de Secretaria ou Escrivão.

131. As empresas públicas e sociedades de economia mista dos Estados, do Distrito Federal e dos Municípios podem ser demandadas nos Juizados Especiais.

132. *Substituído* pelo Enunciado nº 144.

133. O valor de alçada de 60 salários mínimos previsto no artigo 2º da Lei nº 12.153/2009, não se aplica aos Juizados Especiais Cíveis, cujo limite permanece em 40 salários mínimos.

134. As inovações introduzidas pelo artigo 5º da Lei nº 12.153/2009 não são aplicáveis aos Juizados Especiais Cíveis (Lei nº 9.099/1995).

135. O acesso da microempresa ou empresa de pequeno porte no sistema dos juizados especiais depende da comprovação de sua qualificação tributária atualizada e documento fiscal referente ao negócio jurídico objeto da demanda.

► Substitui o Enunciado nº 47.

136. O reconhecimento da litigância de má-fé poderá implicar em condenação ao pagamento de custas, honorários de advogado, multa e indenização nos termos dos artigos 55, *caput*, da Lei nº 9.099/1995 e 18 do Código de Processo Civil.

137. Enunciado renumerado como nº 8 da Fazenda Pública.

138. Enunciado renumerado como nº 9 da Fazenda Pública.

139. A exclusão da competência do Sistema dos Juizados Especiais quanto às demandas sobre direitos ou interesses difusos ou coletivos, dentre eles os individuais homogêneos, aplica-se tanto para as demandas individuais de natureza multitudinária quanto para as ações coletivas. Se, no exercício de suas funções, os juízes e tribunais tiverem conhecimento de fatos que possam ensejar a propositura da ação civil coletiva, remeterão peças ao Ministério Público e/ou à Defensoria Pública para as providências cabíveis.

► Enunciado com a redação dada pelo XXXVI Encontro – Belém/PA.

► Substitui o Enunciado nº 32.

140. O bloqueio *on-line* de numerário será considerado para todos os efeitos como penhora, dispensando-se a lavratura do termo e intimando-se o devedor da constrição.

► Substitui o Enunciado nº 93.

141. A microempresa e a empresa de pequeno porte, quando autoras, devem ser representadas, inclusive em audiência, pelo empresário individual ou pelo sócio dirigente.

► Substitui o Enunciado nº 110.

142. Na execução por título judicial o prazo para oferecimento de embargos será de quinze dias e fluirá da intimação da penhora.

► Substitui o Enunciado nº 104.

143. A decisão que põe fim aos embargos à execução de título judicial ou extrajudicial é sentença, contra a qual cabe apenas recurso inominado.

144. A multa cominatória não fica limitada ao valor de 40 salários mínimos, embora deva ser razoavelmente fixada pelo Juiz, obedecendo ao valor da obrigação principal, mais perdas e danos, atendidas as condições econômicas do devedor.

► Substitui o Enunciado nº 132.

145. A penhora não é requisito para a designação de audiência de conciliação na execução fundada em título extrajudicial (XXIX Encontro – Bonito/MS).

146. A pessoa jurídica que exerça atividade de *factoring* e de gestão de créditos e ativos financeiros, excetuando as entidades descritas no art. 8º, § 1º, inciso IV, da Lei nº 9.099/1995, não será admitida a propor ação perante o Sistema dos Juizados Especiais (art. 3º, § 4º, VIII, da Lei Complementar nº 123, de 14 de dezembro de 2006).

147. A constrição eletrônica de bens e valores poderá ser determinada de ofício pelo juiz.

► Substitui o Enunciado nº 119.

148. Inexistindo interesse de incapazes, o Espólio pode ser parte nos Juizados Especiais Cíveis.

► Substitui o Enunciado nº 72.

149. Enunciado renumerado como nº 2 da Fazenda Pública.

150. Enunciado renumerado como nº 3 da Fazenda Pública.

151. *Cancelado.*

152. Enunciado renumerado como nº 5 da Fazenda Pública.

153. Enunciado renumerado como nº 6 da Fazenda Pública.

154. Enunciado renumerado como nº 1 da Fazenda Pública.

155. Admitem-se embargos de terceiro, no sistema dos juizados, mesmo pelas pessoas excluídas pelo parágrafo primeiro do art. 8 da Lei nº 9.099/1995.

156. Na execução de título judicial, o prazo para oposição de embargos flui da data do depósito espontâneo, valendo este como termo inicial, ficando dispensada a lavratura de termo de penhora.

157. O disposto no artigo 294 do CPC não possui aplicabilidade nos Juizados Especiais Cíveis, o que confere ao autor a possibilidade de aditar seu pedido até o momento da AIJ (ou fase instrutória), sendo resguardado ao réu o respectivo direito de defesa.

158. *Cancelado.*

159. Não existe omissão a sanar por meio de embargos de declaração quando o acórdão não enfrenta todas as questões arguidas pelas partes, desde que uma delas tenha sido suficiente para o julgamento do recurso.

160. Nas hipóteses do artigo 515, § 3º, do CPC, e quando reconhecida a prescrição na sentença, a turma recursal, dando provimento ao recurso, poderá julgar de imediato o mérito, independentemente de requerimento expresso do recorrente.

161. Considerado o princípio da especialidade, o CPC/2015 somente terá aplicação ao Sistema dos Juizados Especiais nos casos de expressa e específica remissão ou na hipótese de compatibilidade com os critérios previstos no art. 2º da Lei nº 9.099/1995.

162. Não se aplica ao Sistema dos Juizados Especiais a regra do art. 489 do CPC/2015 diante da expressa previsão contida no art. 38, *caput*, da Lei nº 9.099/1995.

163. Os procedimentos de tutela de urgência requeridos em caráter antecedente, na forma prevista nos arts. 303 a 310 do CPC/2015, são incompatíveis com o Sistema dos Juizados Especiais.

164. O art. 229, *caput*, do CPC/2015 não se aplica ao Sistema de Juizados Especiais.

165. Nos Juizados Especiais Cíveis, todos os prazos serão contados de forma contínua.

166. Nos Juizados Especiais Cíveis, o juízo prévio de admissibilidade do recurso será feito em primeiro grau.

167. Não se aplica aos Juizados Especiais a necessidade de publicação no Diário Eletrônico quando o réu for revel – art. 346 do CPC.

168. Não se aplica aos recursos dos Juizados Especiais o disposto no artigo 1.007 do CPC 2015.

Índice Alfabético-Remissivo das Súmulas e Enunciados

SÚMULAS DO STF

SÚMULAS DO STJ

Índice Remissivo

ENUNCIADOS DAS JORNADAS DE DIREITO CIVIL

Índice Alfabético-Remissivo da Legislação Complementar

T

U

V